Satzger · Schluckebier · Widmaier

Strafprozessordnung

Satzger · Schluckebier · Widmaier

Strafprozessordnung

Mit GVG und EMRK
Kommentar

Herausgegeben von

Prof. Dr. Helmut Satzger
Professor an der Ludwig-Maximilians-Universität München

Dr. h.c. Wilhelm Schluckebier
Richter des Bundesverfassungsgerichts a.D.

Bearbeitet von

Markus Andrä · Werner Beulke · René Börner · Nikolaus Bosch · Raimund Brunner · Susanne Claus · Carina Dorneck · Ralf Eschelbach · Ulrich Franke · Andreas Grube · Georg-Friedrich Güntge · Anke Hadamitzky · Christian Hanft · Stefan Harrendorf · Sonja Heine · David Herrmann · Josef Hoch · Kai Höltkemeier · Alexander Ignor · Markus Jäger · Robert Jofer · Johannes Kaspar · Jasper Klinge · Hans Kudlich · Martin Linke · Carsten Momsen · Gundula Momsen-Pflanz · Silke Noltensmeier-von Osten · Andreas Quentin · Christian Ritscher · Henning Rosenau · Constantin Salat · Alexander Sättele · Helmut Satzger · Wilhelm Schluckebier · Robert Schnabl · Heinz Schöch · Jan C. Schuhr · Wilhelm Sing · Theresa Steinberger-Fraunhofer · Michael Tsambikakis · Kerstin Veit · Kilian Wegner · Raik Werner · Volker Ziegler

5. Auflage

Carl Heymanns Verlag 2023

Zitiervorschlag: SSW-StPO/*Bearbeiter* § … Rn. …

Bibliografische Information der Deutschen Nationalbibliothek

Die Deutsche Nationalbibliothek verzeichnet diese Publikation in der Deutschen Nationalbibliografie; detaillierte bibliografische Daten sind im Internet über http://dnb.d-nb.de abrufbar.

ISBN 978-3-452-29724-2

www.wolterskluwer.de

Umschlagkonzeption: Martina Busch, Grafikdesign, Homburg Kirrberg
Satz: Datagroup-Int SRL, Timisoara, Romania
Druck und Weiterverarbeitung: Druckerei C. H. Beck

Gedruckt auf säurefreiem, alterungsbeständigem und chlorfreiem Papier.

Vorwort

Das Erscheinen der nunmehr fünften Auflage des SSW-StPO, gerade einmal zwei Jahre nach der Vorauflage, ist ein kleines Jubiläum, welches wir – nachdem bereits das »Schwesterwerk«, der SSW-StGB, die Marke der fünften Auflage passieren konnte – mit diesem Kommentar feiern dürfen. Zu unserer großen Freude hat es das Werk geschafft, in Wissenschaft, Rechtsprechung und Lehre gleichermaßen Anerkennung zu finden und dementsprechend häufig konsultiert sowie vielfach zitiert zu werden. Dank der überaus positiven Aufnahme der beiden Kommentarbände dürfen sie mit Fug und Recht zur Riege der Standardkommentare gezählt werden. Mittlerweile sind sie nicht nur für die Praxis, sondern auch für die Wissenschaft und für die Ausbildung des juristischen Nachwuchses zu einem unverzichtbaren Bestandteil des realen oder virtuellen Schreibtisches geworden.

Die relativ schnelle Abfolge der einzelnen Auflagen ist freilich kein Selbstzweck: Seit der vierten Auflage des SSW-StPO hat sich der Gesetzgeber im Bereich des Strafverfahrensrechts alles andere als zurückgehalten und viele, teilweise sehr folgenreiche Änderungen und Ergänzungen der den Strafprozess prägenden Gesetze vorgenommen. Um hier höchste Aktualität bieten zu können, waren die überaus fleißigen Autorinnen und Autoren im Einklang mit den sehr engagierten Mitarbeiterinnen und Mitarbeitern des Verlages – nicht zuletzt den zusätzlichen Belastungen der Pandemie trotzend – bestrebt, eine Neuauflage so zeitnah wie möglich auf den Markt zu bringen. Dass dieses Ziel mit der vorliegenden fünften Auflage erreicht werden konnte, ist die Frucht einer kollektiven Anstrengung, für die wir – die Herausgeber – allen ganz herzlich danken, die ihre Zeit, ihre Energie, ihre Ideen und Mühen darauf verwendet haben, diesen Plan umzusetzen.

Die vorliegende Neuauflage berücksichtigt eine Vielzahl an Reformgesetzen im Bereich der Strafprozessordnung und – soweit von strafprozessualer Bedeutung – des Gerichtsverfassungsgesetzes. Genannt seien nur

- das Gesetz zur Änderung der Strafprozessordnung – Erweiterung der Wiederaufnahmemöglichkeiten zuungunsten des Verurteilten gemäß § 362 StPO und zur Änderung der zivilrechtlichen Verjährung (Gesetz zur Herstellung materieller Gerechtigkeit; BGBl. I 2021, S. 5252),
- das Gesetz zur Neuregelung des Rechts der notwendigen Verteidigung (BGBl. I 2019, S. 2128),
- das Gesetz zur Umsetzung der Änderungsrichtlinie zur Vierten EU-Geldwäscherichtlinie (BGBl. I 2019, S. 2602) sowie
- das Gesetz zur Durchführung der Verordnung (EU) 2017/1939 des Rates vom 12. Oktober 2017 zur Durchführung einer Verstärkten Zusammenarbeit zur Errichtung der Europäischen Staatsanwaltschaft (BGBl. I 2020, S. 1648).

Darüber hinaus finden ergänzend beispielsweise auch noch Änderungen und Berichtigungen im Zusammenhang mit dem Gesetz zur Einführung der elektronischen Akte in der Justiz und zur weiteren Förderung des elektronischen Rechtsverkehrs (BGBl. I 2017, S. 2208) sowie solche im Hinblick auf das Gesetz zur Änderung des Strafgesetzbuches – Strafbarkeit des Betreibens krimineller Handelsplattformen im Internet (BGBl. I 2021, S. 3544) Berücksichtigung.

Des Weiteren enthält der Kommentar umfangreiche Erläuterungen der für das Strafrecht wichtigen Artikel der Europäischen Menschenrechtskonvention sowie zum immer bedeutsamer werdenden Bereich des EU-Rechts, das auch einige der oben genannten strafverfahrensrechtlichen Reformen angestoßen hat. Soweit das Kapitel zur EMRK betroffen ist, lässt sich die nach wie vor aktuelle Rechtsprechung zu agent-provocateur-Fällen im Kontext des Art. 6 EMRK hervorheben, die – auch wenn sich eine Annäherung zeigt – nach wie vor strenger als die der deutschen Gerichte (BGH, BVerfG) ist. Eine ausführliche Kommentierung der für das grenzüberschreitende Doppelbestrafungsverbot grundlegenden und praktisch sehr bedeutsamen Art. 50 EU-Grundrechtecharta und Art. 54 Schengener Durchführungsübereinkommen ist ebenfalls umfasst.

Beide Bände des SSW zusammengenommen verfolgen das Ziel, den Nutzerinnen und Nutzern umfassend, aber doch in kompakter, übersichtlicher und verständlicher Form die Regelungen des deutschen Straf- und Strafprozessrechts und seiner europäischen Bezüge näherzubringen. Die Erläuterungen sind einerseits an den Bedürfnissen der Praxis orientiert, indem vor allem die höchstrichterliche Rechtsprechung umfänglich abgebildet und kommentiert wird. Andererseits werden aber auch wertvolle Impulse für die Wissenschaft gesetzt, indem kriminalpolitische Fragestellungen aufgezeigt und die praktische Handhabung des Straf- und Strafverfahrensrechts – wo nötig und sinnvoll – einer kritischen Würdigung unterzogen wird. Ein zusätzlicher Mehrwert der gemeinsamen Nutzung von SSW-StPO und SSW-StGB entsteht dadurch, dass die Kommentierungen in beiden Werken an geeigneter Stelle aufeinander Bezug nehmen. Auch für die Ausbildung sind die beiden Kommentare bereits wertvolle und gern genutzte Hilfsmittel geworden.

Um eine noch effizientere und einfachere Arbeit mit den beiden Kommentaren zu ermöglichen, sind diese auf »www.wolterskluwer-online.de« auch als elektronische Ausgabe erhältlich.

Sehr dankbar sind wir dafür, dass uns der Großteil des Autorenteams für die Neuauflage die Treue gehalten hat und die Kommentierungstätigkeit in der fünften Auflage fortgesetzt hat. Wir bedauern, dass Herr Prof. *Heinz Schöch*, ein Mann der »ersten Stunde« des SSW, seine Kommentierungen nicht fortführen konnte und bedanken uns nochmals ganz ausdrücklich für seine bisherigen Verdienste als einer der Gründungsväter des SSW. Dankenswerterweise führt sein Schüler Herr RiBGH Dr. *Raik Werner* diese Kommentierungen weiter. Höchst erfreulich ist es, dass wir des Weiteren mit Herrn Dr. *Martin Linke* sowie Herrn RA *Constantin Salat* das Kommentatorenteam nicht nur verstärken, sondern auch verjüngen konnten.

Wie immer möchten wir das Vorwort nicht beschließen, ohne uns aufrichtig bei den Mitarbeiterinnen und Mitarbeitern des Verlags, allen voran bei Frau *Katharina Tobschirbel* zu bedanken, deren unablässige, professionelle Organisation maßgeblich zum Gelingen dieser Auflage beigetragen hat.

Für Anregungen und Hinweise unter info-wkd@wolterskluwer.com sind wir selbstverständlich stets dankbar.

Der vorliegende Kommentar befindet sich auf dem Stand von Juni 2022.

München und Berlin im Juni 2022

Helmut Satzger

Wilhelm Schluckebier

Dr. Kai Höltkemeier
Richter am Landgericht Augsburg

Prof. Dr. Dr. Alexander Ignor
Rechtsanwalt, apl. Professor an der Humboldt-Universität zu Berlin

Prof. Dr. Markus Jäger
Richter am Bundesgerichtshof
Richter am Verfassungsgerichtshof des Freistaates Sachsen
Honorarprofessor an den Universitäten Leipzig und Dresden

Dr. Robert Jofer
Rechtsanwalt, München; Lehrbeauftragter an der Ludwig-Maximilians-Universität München

Prof. Dr. Johannes Kaspar
Professor an der Universität Augsburg

Jasper Klinge
Oberstaatsanwalt beim Bundesgerichtshof

Prof. Dr. Hans Kudlich
Professor an der Friedrich-Alexander-Universität Erlangen-Nürnberg

Dr. Martin Linke
Lehrbeauftragter an der Universität Potsdam

Prof. Dr. Carsten Momsen
Professor an der Freien Universität Berlin

Dr. Gundula Momsen-Pflanz
Vorsitzende Richterin am Landgericht

Dr. Silke Noltensmeier-von Osten
Oberstaatsanwältin bei der Staatsanwaltschaft Bremen

Dr. Andreas Quentin
Richter am Bundesgerichtshof

Christian Ritscher
Bundesanwalt beim Bundesgerichtshof

Prof. Dr. Henning Rosenau
Professor an der Martin-Luther-Universität Halle-Wittenberg

Constantin Salat
Rechtsanwalt, München

Alexander Sättele
Rechtsanwalt und FA Strafrecht, Berlin
Lehrbeauftragter an der Hochschule für Wirtschaft und Recht, Berlin

Prof. Dr. Helmut Satzger
Professor an der Ludwig-Maximilians-Universität München

Dr. h.c. Wilhelm Schluckebier
Richter des Bundesverfassungsgerichts a.D.

Dr. Robert Schnabl
Oberstaatsanwalt als ständiger Vertreter des Ltd. Oberstaatsanwalts bei der Staatsanwaltschaft Traunstein

Prof. Dr. Heinz Schöch
em. Universitätsprofessor an der Ludwig-Maximilans-Universität München

Die Autorinnen und Autoren

Markus Andrä
Staatsanwalt als Gruppenleiter bei der Staatsanwaltschaft Traunstein

Prof. Dr. Werner Beulke
em. Universitätsprofessor Passau
Rechtsanwalt und Gutachter, Passau

Prof. Dr. René Börner
Außerplanmäßiger Professor an der Universität Potsdam
Rechtsanwalt und FAStR, Potsdam

Prof. Dr. Nikolaus Bosch
Professor an der Universität Bayreuth

Dr. Raimund Brunner
Vizepräsident des Landgerichts Aschaffenburg a.D.

Dr. Susanne Claus
Regierungsdirektorin im Bundesministerium der Justiz und für Verbraucherschutz

Dr. Carina Dorneck
Rechtsassessorin Martin-Luther-Universität Halle-Wittenberg

Prof. Dr. Ralf Eschelbach
Richter am Bundesgerichtshof
Honorarprofessor an der Eberhard-Karls-Universität Tübingen

Dr. Ulrich Franke
Vorsitzender Richter am Bundesgerichtshof

Dr. Andreas Grube
Richter am Bundesgerichtshof

Prof. Dr. Georg-Friedrich Güntge
Leitender Oberstaatsanwalt als ständiger Vertreter des Generalstaatsanwalts, Generalstaatsanwaltschaft Schleswig-Holstein
Honorarprofessor an der Christian-Albrechts-Universität Kiel

Anke Hadamitzky
Bundesanwältin beim Bundesgerichtshof

Dr. Christian Hanft
Richter am Landgericht Augsburg

Prof. Dr. Stefan Harrendorf
Professor an der Universität Greifswald

Dr. Sonja Heine
Bundesanwältin beim Bundesgerichtshof

Dr. David Herrmann
Rechtsanwalt, FA für Strafrecht und FA für Medizinrecht, Augsburg
Lehrbeauftragter an der Universität Augsburg

Josef Hoch
Präsident des Unabhängigen Kontrollrates
Richter am Bundesgerichtshof a.D.

Prof. Dr. Jan C. Schuhr
Professor an der Ruprecht-Karls-Universität Heidelberg

Wilhelm Sing
Amtsgerichtsdirektor Amtsgericht Traunstein

Dr. Theresa Steinberger-Fraunhofer
Vorsitzende Richterin am Landgericht Traunstein

Prof. Dr. Michael Tsambikakis
Rechtsanwalt, Fachanwalt für Strafrecht sowie Fachanwalt für Medizinrecht, Köln
Honorarprofessor der juristischen Fakultät der Universität Passau

Dr. Kerstin Veit
Richterin am Oberlandesgericht München

Prof. Dr. Kilian Wegner
Juniorprofessor an der Europa-Universität Viadrina Frankfurt (Oder)

Dr. Raik Werner
Richter am Bundesgerichtshof

Volker Ziegler
Vorsitzender Richter als weiterer aufsichtsführender Richter am Landgericht Traunstein

Im Einzelnen haben bearbeitet

Einleitung	Beulke
StPO	
§§ 1–21	Börner/Linke
§§ 22–31	Kudlich/Noltensmeier-von Osten
Vor § 32	Claus
§§ 32–41a	Claus
Vor §§ 42 ff.	Tsambikakis
§§ 42–47	Tsambikakis
§§ 48–51	Güntge
§§ 52–56	Eschelbach
§§ 57–58	Güntge
§§ 58a–58b	Tsambikakis
§§ 59–67	Güntge
§§ 68–69	Franke
§§ 70–71	Güntge
§§ 72–93	Bosch
§§ 94–98	Eschelbach
Vor §§ 98a–98c	Jäger
§§ 98a–98c	Jäger
§§ 99–101b	Eschelbach
§§ 102–110	Hadamitzky
§§ 110a–111	Eschelbach
§ 111a	Harrendorf
§§ 111b–111q	Heine
Vor §§ 112 ff.	Herrmann
§§ 112–130	Herrmann
§§ 131–132	Satzger
§ 132a	Harrendorf
§§ 133–135	Tsambikakis
§§ 136–136a	Eschelbach
§§ 137–139	Beulke
§§ 140–145	Beulke/Salat
§§ 145a–149	Beulke
§§ 151–154f	Schnabl
§§ 155–160a	Ziegler
§ 160b	Ignor/Wegner
§§ 161–163c	Ziegler
§§ 163d–163g	Höltkemeier
§§ 164–177	Sing/Andrä
§§ 199–202	Rosenau
§ 202a	Ignor/Wegner
§§ 203–211	Rosenau
§ 212	Ignor/Wegner
§§ 213–239	Grube
§§ 240–243	Franke
§§ 244–246a	Sättele
§§ 247–247a	Tsambikakis
§ 248	Franke
§ 249–255	Kudlich/Schuhr
§ 255a	Tsambikakis
§§ 256–257a	Franke
§§ 257b–257c	Ignor/Wegner
§§ 258–260	Franke

§ 261	Schluckebier
§§ 262–263	Franke
§§ 264–266	Rosenau/Dorneck
§§ 267–275a	Güntge
Vor §§ 276 ff.	Werner
§§ 276–295	Werner
Vor §§ 296 ff.	Hoch
§§ 296–311a	Hoch
Vor §§ 312 ff.	Brunner
§§ 312–332	Brunner
Vor §§ 333 ff.	Momsen/Momsen-Pflanz
§§ 333–336	Momsen/Momsen-Pflanz
§§ 337	Momsen
§§ 338–358	Momsen/Momsen-Pflanz
Vor §§ 359 ff.	Kaspar
§§ 359–373a	Kaspar
§ 373b	Jofer
Vor §§ 374 ff.	Jofer
§§ 374–394	Jofer
Vor §§ 395 ff.	Schöch/Werner
§§ 395–397a	Schöch/Werner
§ 397b	Werner
§§ 398–406l	Schöch/Werner
§§ 407–412	Momsen
§§ 413–420	Rosenau
§§ 421–443	Heine
§ 444	Kudlich/Schuhr
§§ 449–463e	Hanft
Vor §§ 464 ff.	Steinberger-Fraunhofer
§§ 464–473a	Steinberger-Fraunhofer
§§ 474–499	Klinge/Ritscher
§ 500	Klinge

GVG

§§ 1–27	Veit
§§ 28–58	Güntge
Vor §§ 59 ff.	Werner
§§ 59–78	Werner
§§ 78a–78b	Veit
§§ 115–140a	Quentin
Vor §§ 141 ff.	Schnabl
§§ 141–152	Schnabl
§§ 153–183	Quentin
§§ 184–191	Rosenau
§§ 192–197	Rosenau/Dorneck
§§ 198–201	Satzger

EMRK

Art. 1–3, 5–8, 15, 34, 41, 43, 46	Satzger
Art. 2 zur EMRK des 7. ZP	Satzger
Art. 4 zur EMRK des 7. ZP	Satzger
Art. 50 GRCh	Satzger
Art. 54 SDÜ	Satzger

Inhaltsverzeichnis

Diss.	Dissertation
DJ	Deutsche Justiz (Zs.)
DNA	Desoxyribonukleinsäure
DNotZ	Deutsche Notar-Zeitschrift
DÖV	Die Öffentliche Verwaltung (Zs.)
DR	Deutsches Recht (Zs.)
DRiG	Deutsches Richtergesetz
DRiZ	Deutsche Richterzeitung (Zs.)
DRZ	Deutsche Rechts-Zeitschrift
DSGVO	Datenschutz-Grundverordnung
DStR	Deutsches Steuerrecht (Zs.)
DuD	Datenschutz und Datensicherheit (Zs.)
DVBl	Deutsches Verwaltungsblatt (Zs.)
e.V.	eingetragener Verein
EBAO	Einforderungs- und Beitreibungsanordnung
ebd.	ebenda
ECHR	European Court of Human Rights
ECN	European Competition Network
EDV	Elektronische Datenverarbeitung
EG	Europäische Gemeinschaft
EGGVG	Einführungsgesetz zum Gerichtsverfassungsgesetz
EGMR	Europäischer Gerichtshof für Menschenrechte
EGOWiG	Einführungsgesetz zum Ordnungswidrigkeitengesetz
EGStGB	Einführungsgesetz zum Strafgesetzbuch
EGStPO	Einführungsgesetz zur Strafprozessordnung
EGV	Vertrag zur Gründung der Europäischen Gemeinschaft
EGVP	Elektronisches Gerichts- und Verwaltungspostfach der Justiz
EGZPO	Einführungsgesetz zur Zivilprozessordnung
EichG	Eichgesetz
Einf.	Einführung
Einl.	Einleitung
einschl.	Einschließlich
einschr.	Einschränkend
EJIL	European Journal of International Law (Zs.)
EKMR	Europäische Kommission für Menschenrechte
ELR	European Law Reporter (Zs.)
EMRK	Europäische Konvention zum Schutze der Menschenrechte und Grundfreiheiten
EN-Nr.	Eilnachrichten-Nummer (ZAP)
entspr.	entsprechend
Erg.	Ergänzung/Ergebnis
erg.	ergänzend
Erl.	Erläuterung/Erlass
etc.	et cetera
ETS	European Treaty Series
EU	Europäische Union
EuGH	Europäischer Gerichtshof
EuGRZ	Europäische Grundrechte-Zeitschrift
EuR	Europarecht (Zs.)
EUR	Euro
EuRAG	Gesetz über die Tätigkeit europäischer Rechtsanwälte in Deutschland
EuRHÜbk	Europäisches Übereinkommen über die Rechtshilfe in Strafsachen
EuStA	Europäische Staatsanwaltschaft
EUV	Vertrag über die Europäische Union
EuZW	Europäische Zeitschrift für Wirtschaftsrecht
EV	Ermittlungsverfahren
evtl.	eventuell

EWR	Europäischer Wirtschaftsraum
EWS	Europäisches Wirtschafts- und Steuerrecht (Zs.)
f.	folgende
FA	Führungsaufsicht/Fachanwalt
FamFG	Gesetz über das Verfahren in Familiensachen und in den Angelegenheiten der freiwilligen Gerichtsbarkeit
FamG	Familiengericht
FamRZ	Zeitschrift für das gesamte Familienrecht
FE	Fahrerlaubnis
FEE	Fahrerlaubnisentziehung
FeV	Fahrerlaubnisverordnung
ff.	fortfolgende
FG	Finanzgericht/Festgabe
FGG	Gesetz über die Angelegenheiten der freiwilligen Gerichtsbarkeit
FGO	Finanzgerichtsordnung
FS	Festschrift (im Literaturverzeichnis auffindbar unter »Jubilar-FS«, bspw. »Amelung-FS«
G 10	Gesetz zur Beschränkung des Brief-, Post- und Fernmeldegeheimnisses
G.	Gesetz
GA	Goltdammer´s Archiv für Strafrecht (Zs.)
GBA	Generalbundesanwalt/Grundbuchamt
GBl	Gesetzblatt
GBO	Grundbuchordnung
GbR	Gesellschaft bürgerlichen Rechts
GebrMG	Gebrauchsmustergesetz
gem.	gemäß
GG	Grundgesetz
ggf.	gegebenenfalls
ggü.	gegenüber
GKG	Gerichtskostengesetz
GmbH	Gesellschaft mit beschränkter Haftung
GmbHG	GmbH-Gesetz
GMBl	Gemeinsames Ministerialblatt
GmS-OGB	Gemeinsamer Senat der Obersten Gerichtshöfe des Bundes
GO	Geschäftsordnung
grds.	grundsätzlich
GS	Gedächtnisschrift (im Literaturverzeichnis auffindbar unter »Jubilar-FG«, bspw. »BGH-FS«)/Großer Senat
GStA	Generalstaatsanwalt/Generalstaatsanwaltschaft
GVBl.	Gesetz- und Verordnungsblatt
GVG	Gerichtsverfassungsgesetz
GWB	Gesetz gegen Wettbewerbsbeschränkungen
GwG	Gesetz über das Aufspüren von Gewinnen aus schweren Straftaten
h.A.	herrschende Ansicht
h.L.	herrschende Lehre
h.M.	herrschende Meinung
HalblSchG	Halbleiterschutzgesetz
Halbs.	Halbsatz
HansOLG	Hanseatisches Oberlandesgericht
HbStrVf	Handbuch zum Strafverfahren; s. im Literaturverzeichnis unter *Heghmanns/Scheffler*
Hdb. StA	Handbuch für den Staatsanwalt, 6. Aufl. 2018, s. im Literaturverzeichnis unter »Vordermayer/von Heintschel-Heinegg/Schnabl«
HESt	Höchstrichterliche Entscheidungen, Sammlung von Entscheidungen der Oberlandesgerichte und der Obersten Gerichte in Strafsachen
HGB	Handelsgesetzbuch

HinterlO	Hinterlegungsordnung
Hinw.	Hinweis/e
HK-GS	Handkommentar Gesamtes Strafrecht; s. im Literaturverzeichnis unter *Dölling/Duttge/Rössner*
HK-StPO	Heidelberger Kommentar zur Strafprozessordnung; s. im Literaturverzeichnis unter *Julius/Gercke/Kurth*
HmbGVBl.	Hamburgisches Gesetz- und Verordnungsblatt
HRG	Hochschulrahmengesetz
HRRS	Höchstrichterliche Rechtsprechung zum Strafrecht (Online-Zeitschrift)
Hrsg.	Herausgeber
Hs.	Halbsatz
HV	Hauptverhandlung
i.d.F.	in der Fassung
i.d.R.	in der Regel
i.d.S.	in dieser Sache
i.e.S.	im engeren Sinne
i.H.d.	in Höhe des/der
i.R.d.	im Rahmen des/der
i.S.	im Sinne
i.S.e.	im Sinne eines/einer
i.S.v.	im Sinne von
i.Ü.	im Übrigen
i.V.m.	in Verbindung mit
i.w.S.	im weiteren Sinne
IGH	Internationaler Gerichtshof
IMEI	International Mobile Station Equipment Identity (Endgerätekennung)
IMSI	International Mobile Subscriber Identity (Teilnehmeridentifikationsnummer)
insb.	Insbesondere
InsO	Insolvenzordnung
IntFamRVG	Gesetz zur Durch- und Ausführung bestimmter Rechtsinstrumente auf dem Gebiet des internationalen Familienrechts
IPBPR	Internationaler Pakt über bürgerliche und politische Rechte
IRG	Internationales Rechtshilfegesetz
IStGH	Internationaler Strafgerichtshof
JA	Juristische Arbeitsblätter (Zs.)
JAmt	Das Jugendamt (Zs.)
JArbSchG	Jugendarbeitsschutzgesetz
JBeitrO	Justizbeitreibungsordnung
JBl.	Juristische Blätter
jew.	Jeweils
JGG	Jugendgerichtsgesetz
JGH	Jugendgerichtshilfe
JK	Jura-Kartei, Beilage zur Jura (Zs.)
JKomG	Gesetz über die Verwendung elektronischer Kommunikationsformen in der Justiz
JMBl.	Justizministerialblatt
JMBl. NRW	Justizministerialblatt für das Land Nordrhein-Westfalen
JÖSchG	Gesetz zum Schutze der Jugend in der Öffentlichkeit
JR	Juristische Rundschau (Zs.)
JR Rspr	Juristische Rundschau (Zs.), Rechtsprechungsbeilage
JRE	Jahrbuch für Recht und Ethik
JugG	Jugendgericht
JugK	Jugendkammer
JuMiG	Justizmitteilungsgesetz
JuMoG	Justizmodernisierungsgesetz

Jura	Juristische Ausbildung (Zs.)
JurBüro	Das Juristische Büro (Zs.)
juris	Juristisches Informationssystem
jurisPR	juris PraxisReport
JuS	Juristische Schulung (Zs.)
Justiz	Amtsblatt des Justizministeriums Baden-Württemberg
JVA	Justizvollzugsanstalt
JVBl.	Justizverwaltungsblatt
JVEG	Justizvergütungs- und -entschädigungsgesetz
JVollzGB	Gesetzbuch über den Justizvollzug
JW	Juristische Wochenschrift (Zs.)
JZ	Juristenzeitung (Zs.)
K&R	Kommunikation und Recht (Zs.)
Kap.	Kapitel
KG	Kammergericht
KJ	Kritische Justiz (Zs.)
KK-StPO	Karlsruher Kommentar zur Strafprozessordnung; s. im Literaturverzeichnis unter *Hannich u.a.* (2008)
KMR	Kleinknecht/Müller/Reitberger – Kommentar zur Strafprozessordnung; s. im Literaturverzeichnis unter *v. Heintschel-Heinegg/Stöckel*
KO	Konkursordnung
KonsG	Konsulargesetz
Kriminalistik	Zeitschrift für die gesamte kriminalistische Wissenschaft und Praxis (Zs.)
krit.	Kritisch
KritV	Kritische Vierteljahresschrift für Gesetzgebung und Rechtswissenschaft (Zs.)
KSchG	Kündigungsschutzgesetz
KUG	Gesetz betreffend das Urheberrecht an Werken der bildenden Künste und der Photographie (Kunsturhebergesetz)
KV	Kostenverzeichnis
KWG	Kreditwesengesetz
LAG	Landesarbeitsgericht
Lfg.	Lieferung
LFGB	Lebensmittel-, Bedarfsgegenstände- und Futtermittelgesetzbuch
LG	Landgericht
Lit.	Literatur
lit.	litera (Buchstabe)
LKA	Landeskriminalamt
LM	*Lindenmaier-Möhring*, Entscheidungen des Bundesgerichtshofs
LOStA	Leitender Oberstaatsanwalt
LPartG	Lebenspartnerschaftsgesetz
LR	Löwe/Rosenberg, Die Strafprozessordnung und das Gerichtsverfassungsgesetz mit Nebengesetzen; s. im Literaturverzeichnis unter *Rieß u.a.* (1997 ff.) sowie unter *Erb. u.a.* (2006 ff.)
LRE	Sammlung lebensmittelrechtlicher Entscheidungen
Ls.	Leitsatz
LSA	Land Sachsen-Anhalt
LSG	Landessozialgericht
LuftVG	Luftverkehrsgesetz
LZ	Leipziger Zeitschrift für Deutsches Recht (1907 bis 1933)
m. abl. Anm.	mit ablehnender Anmerkung
m. abl. Bespr.	mit ablehnender Besprechung
m.Anm.	mit Anmerkung
m. Bespr.	mit Besprechung
m. krit. Anm.	mit kritischer Anmerkung

m. krit. Bespr.	mit kritischer Besprechung
m. zust. Anm.	mit zustimmender Anmerkung
m. zust. Bespr.	mit zustimmender Besprechung
m.E.	meines Erachtens
m.N.	mit Nachweisen
m.w.N.	mit weiteren Nachweisen
M/K	Rechtsprechungsübersicht von Miebach/Kusch in NStZ bzw. NStZ-RR
MAD	Amt für den Militärischen Abschirmdienst
MADG	Gesetz über den Militärischen Abschirmdienst
max.	maximal
MDR	Monatsschrift für Deutsches Recht (Zs.)
MedR	Medizinrecht (Zs.)
MiStra	Anordnung über Mitteilungen in Strafsachen
MittBayNot	Mitteilungen des Bayerischen Notarvereins (Zs.)
Mm.	Mindermeinung
MMR	Multimedia und Recht (Zeitschrift)
MOG	Gesetz zur Durchführung der Gemeinsamen Marktorganisation und der Direktzahlungen
MRK	Konvention zum Schutze der Menschenrechte und Grundfreiheiten
MRRG	Melderechtsrahmengesetz
MschrKrim	Monatsschrift für Kriminologie und Strafrechtsreform (Zs.)
n.F.	neue Fassung
n.v.	nicht veröffentlicht
Nachtr.	Nachtrag
Nachw.	Nachweis
NATO	North Atlantic Treaty Organisation
Nds.	Niedersachsen, niedersächsisch
Nds.Rpfl.	Niedersächsische Rechtspflege
NdsVBl.	Niedersächsische Verwaltungsblätter (Zs.)
NJ	Neue Justiz (Zs.)
NJOZ	Neue Juristische Online Zeitschrift
NJW	Neue Juristische Wochenschrift (Zs.)
NJW-RR	Neue Juristische Wochenschrift; Rechtsprechungs-Report (Zs.)
NK	Neue Kriminalpolitik (Zs.)
NK	Nomos Kommentar
Notar	Zeitschrift des Deutschen Notarvereins (Zs.)
NotBZ	Zeitschrift für die notarielle Beratungs- und Beurkundungspraxis
Nr.	Nummer
NStE	Neue Entscheidungssammlung für das Strafrecht
NStZ	Neue Zeitschrift für Strafecht
NStZ-RR	Neue Zeitschrift für Strafrecht, Rechtsprechungs-Report
NVwZ-RR	Neue Zeitschrift für Verwaltungsrecht – Rechtsprechungs-Report
NW	Nordrhein-Westfalen
NZI	Neue Zeitschrift für das Recht der Insolvenz und Sanierung (Zs.)
NZS	Neue Zeitschrift für Sozialrecht (Zs.)
NZV	Neue Zeitschrift für Verkehrsrecht (Zs.)
NZWehrr	Neue Zeitschrift für Wehrrecht (Zs.)
o.Ä.	oder Ähnliche/r/s
o.g.	oben genannt/e/er/es
OGH	Oberster Gerichtshof für die Britische Zone
OGHSt	Entscheidungen des Obersten Gerichtshofes für die Britische Zone in Strafsachen (1949/50)
ÖJZ	Österreichische Juristen-Zeitung (Zeitschrift)
ÖJZ	Österreichische Juristen-Zeitung (Zs.)
OLG	Oberlandesgericht
OLG-NL	OLG-Rechtsprechung Neue Länder (Zs.)

OLGSt	Entscheidungen der Oberlandesgerichte in Strafsachen und über Ordnungswidrigkeiten
OpferRRG	Opferrechtsreformgesetz (Gesetz zur Verbesserung der Rechte von Verletzten im Strafverfahren)
OrgKG	Gesetz zur Bekämpfung des illegalen Rauschgifthandels und anderer Erscheinungsformen der organisierten Kriminalität
OrgStA	Anordnung über Organisation und Dienstbetrieb der Staatsanwaltschaften
OStA	Oberstaatsanwalt
OVG	Oberverwaltungsgericht
OWi	Ordnungswidrigkeit
OWiG	Ordnungswidrigkeitengesetz
PA	Prozessrecht aktiv (Zs.)
ParteienG	Parteiengesetz
PaßG	Passgesetz
PatG	Patentgesetz
PCR	Polymerase Chain Reaction
PersAuswG	Personalausweisgesetz
Pf	Rechtsprechungsübersicht von Pfeiffer in NStZ
Pf/M	Rechtsprechungsübersicht von Pfeiffer/Miebach in NStZ
PflR	Zeitschrift für Rechtsfragen der ambulanten Pflege
PflVG	Pflichtversicherungsgesetz
PKH	Prozesskostenhilfe
PolG	Polizeigesetz
Polizei	Die Polizei (Zs.)
PostG	Postgesetz
Prot.	Protokoll(e)
PStR	Praxis Steuerstrafrecht (Zs.)
PsychKG	Psychisch-Kranken-Gesetz
PsychThG	Psychotherapeutengesetz
PUAG	Untersuchungsausschussgesetz
R&P	Recht & Psychiatrie (Zs.)
RA	Rechtsanwalt/Rechtsanwälte
RAF	Rote Armee Fraktion
RAK	Rechtsanwaltskammer
RDG	Rechtsdienstleistungsgesetz
Rdn.	Randnummer (werkinterner Querverweis)
Recht	Das Recht (Zs.) (1897–1944)
RefE	Referentenentwurf
RG	Reichsgericht
RGBl.	Reichsgesetzblatt
RGRspr	Rechtsprechung des Deutschen Reichsgerichts in Strafsachen, hrsg. von den Mitgliedern der Reichsanwaltschaft
RGSt	Entscheidungen des Reichsgerichts in Strafsachen
RGZ	Entscheidungen des Reichsgerichts in Zivilsachen
RiStBV	Richtlinien für das Straf- und Bußgeldverfahren
RiVASt	Richtlinien für den Verkehr mit dem Ausland in strafrechtlichen Angelegenheiten
RIW	Recht der Internationalen Wirtschaft (Zs.)
RL	Richtlinie
Rn.	Randnummer (externer Verweis)
Rpfleger	Der Deutsche Rechtspfleger (Zs.)
RPflG	Rechtspflegergesetz
RsprEinhG	Gesetz zur Wahrung der Einheitlichkeit der Rechtsprechung der obersten Gerichtshöfe des Bundes
RÜ	Rechtsprechungsübersicht (Zs.)
RuP	Recht und Politik (Zs.)

RVG	Rechtsanwaltsvergütungsgesetz oder Reichsverwaltungsgericht
RVGreport	RVG Report (Zs.)
S.	Satz oder Seite
s.	siehe
s.o.	siehe oben
s.u.	siehe unten
SächsPolG	Polizeigesetz des Freistaates Sachsen
SächsVBl.	Sächsische Verwaltungsblätter
SächsVerfGH	Sächsischer Verfassungsgerichtshof
Sch/Sch	Schönke/Schröder (s. im Literaturverzeichnis dort)
SchlHA	Schleswig-Holstein Anzeigen (Zs.)
SchlHOLG	Schleswig-Holsteinisches Oberlandesgericht
SDÜ	Schengener Durchführungsübereinkommen
SG	Soldatengesetz
SGB	Sozialgesetzbuch
SGG	Sozialgerichtsgesetz
SigG	Signaturgesetz
SIS	Schengener Informationssystem
SJZ	Süddeutsche Juristenzeitung (Zs.)
Slg.	Sammlung
SOG	Sicherheits- und Ordnungsgesetz
sog.	sogenannt(e)
SSW	Satzger/Schluckebier/Widmaier (s. im Literaturverzeichnis dort)
st. Rspr.	ständige Rechtsprechung
StA	Staatsanwalt/Staatsanwaltschaft
StBerG	Steuerberatungsgesetz
Std.	Stunde(n)
StGB	Strafgesetzbuch
StPO	Strafprozessordnung
StPOuaFG	Gesetz zur Fortentwicklung der Strafprozessordnung und zur Änderung weiterer Vorschriften, vom 25.06.2021, BGBl. I, S. 2099
StPR	Strafprozessrecht
str.	streitig
StraFo	Strafverteidiger Forum (Zs.)
StrÄndG	Strafrechtsänderungsgesetz
StrEG	Gesetz über die Entschädigung für Strafverfolgungsmaßnahmen
StrK	Strafkammer
StRR	Strafrechtsreport (Zs.)
StrRG	Strafrechts-Reformgesetz
StUG	Gesetz über die Unterlagen des Staatssicherheitsdienstes der ehemaligen Deutschen Demokratischen Republik
StV	Strafverteidiger (Zs.)
StVG	Straßenverkehrsgesetz
StVO	Straßenverkehrsordnung
StVollstrK	Strafvollstreckungskammer
StVollstrO	Strafvollstreckungsordnung
StVollzG	Strafvollzugsgesetz
SubvG	Subventionsgesetz
SVR	Straßenverkehrsrecht (Zs.)
Symp.	Symposium
ThUG	Therapieunterbringungsgesetz
ThürVerfGH	Thüringer Verfassungsgerichtshof
TierSchG	Tierschutzgesetz
TKG	Telekommunikationsgesetz
TKÜ	Überwachung des Telekommunikationsverkehrs (»Telekommunikationsüberwachung«)
TKÜV	Telekommunikations-Überwachungsverordnung

TOA	Täter-Opfer-Ausgleich
TVöD	Tarifvertrag für den öffentlichen Dienst
Tz.	Teilziffer
u.	und/unten
u.a.	unten angegebenen
u.a.	unter anderem
u.Ä.	und Ähnliche/s
u.U.	unter Umständen
UdSSR	Union der Sozialistischen Sowjetrepubliken
U-Haft	Untersuchungshaft
UK	United Kingdom
umfangr.	umfangreich
umstr.	umstritten
UN	Vereinte Nationen
unzutr.	unzutreffend
UrhG	Urheberrechtsgesetz
Urt.	Urteil
USA	United States of America
USt	Umsatzsteuer
UStG	Umsatzsteuergesetz
usw.	und so weiter
UVollzG	Untersuchungshaftvollzugsgesetz
UVollzO	Untersuchungshaftvollzugsordnung
UWG	Gesetz gegen den unlauteren Wettbewerb oder Unabhängige Wählergemeinschaft
UZwG	Gesetz über den unmittelbaren Zwang bei Ausübung öffentlicher Gewalt durch Vollzugsbeamte des Bundes
v.	vom/von
v.a.	vor allem
Var.	Variante
VE	Verdeckter Ermittler
VereinsG	Vereinsgesetz
VerfG	Verfassungsgericht
VerfO	Verfahrensordnung
Veröff.	Veröffentlichung
VerschG	Verschollenheitsgesetz
VersR	Versicherungsrecht (Zs.)
vert.	vertiefend
VerwArch	Verwaltungsarchiv (Zs.)
VG	Verwaltungsgericht
VGH	Verwaltungsgerichtshof
vgl.	vergleiche
VO	Verordnung
Voraufl.	Vorauflage
Vorb.	Vorbemerkung
Vorbem.	Vorbemerkung
VRR	VerkehrsRechtsReport (Zs.)
VRS	Verkehrsrechtssammlung
VStGB	Völkerstrafgesetzbuch
VV	Vergütungsverzeichnis/Verwaltungsvorschrift
VwGO	Verwaltungsgerichtsordnung
VwVfG	Verwaltungsverfahrensgesetz
VZR	Verkehrszentralregister
w.N.	weitere Nachweise
WahlO	Wahlordnung

WDO	Wehrdisziplinarordnung
weit.	weiter/e
wg.	wegen
WiStG	Wirtschaftsstrafgesetz
wistra	Zeitschrift für Wirtschafts- und Steuerstrafrecht
WM	Wertpapier-Mitteilungen, Zeitschrift für Wirtschafts- und Bankrecht oder Wohnungswirtschaft und Mietrecht (Zs.)
WRV	Weimarer Reichsverfassung
WStG	Wehrstrafgesetz oder Wechselsteuergesetz
WÜD	Wiener Übereinkommen über diplomatische Beziehungen
WÜK	Wiener Übereinkommen über konsularische Beziehungen
WuW	Wirtschaft und Wettbewerb (Zs.)
WVRK	Wiener Vertragsrechtskonvention
YB	Yearbook of the European Convention of the Human Rights, the European Commission and the European Court of Human Rights
z.	zu/zum/zur
z.B.	zum Beispiel
z.T.	zum Teil
z.Zt.	zur Zeit
zahlr.	zahlreich
ZAP	Zeitschrift für die Anwaltspraxis
ZD	Zeitschrift für Datenschutz
ZEG	Zuständigkeitsergänzungsgesetz
ZEuS	Zeitschrift für europarechtliche Studien
ZFdG	Gesetz über das Zollkriminalamt und die Zollfahndungsämter
ZfS	Zeitschrift für Schadensrecht
ZfStrVo	Zeitschrift für Strafvollzug und Straffälligenhilfe
Ziff.	Ziffer
ZInsO	Zeitschrift für das gesamte Insolvenzrecht
ZIP	Zeitschrift für Wirtschaftsrecht
ZIS	Zeitschrift für Internationale Strafrechtsdogmatik
zit.	zitiert
ZJJ	Zeitschrift für Jugendkriminalität und Jugendhilfe
ZJS	Zeitschrift für das Juristische Studium
ZÖR	Zeitschrift für öffentliches Recht (Österreich)
ZOV	Zeitschrift für offene Vermögensfragen
ZP	Zusatzprotokoll
ZPO	Zivilprozessordnung
Zs.	Zeitschrift
ZRP	Zeitschrift für Rechtspolitik (Zs.)
ZSchG	Zeugenschutzgesetz
ZSEG	Zeugen- und Sachverständigen-Entschädigungsgesetz
ZSHG	Gesetz zur Harmonisierung des Schutzes gefährdeter Zeugen
ZStV	Zentrales Staatsanwaltschaftliches Verfahrensregister
ZStW	Zeitschrift für die gesamte Strafrechtswissenschaft
zT.	zum Teil
zugl.	zugleich
ZUM-RD	Zeitschrift für Urheber- und Medienrecht, Rechtsprechungsdienst
zusf.	zusammenfassend
zust.	zuständig/zustimmend
zutr.	zutreffend
ZVG	Zwangsversteigerungsgesetz
zw.	zweifelhaft, zweifelnd, zwischen
ZWH	Zeitschrift für Wirtschaftsstrafrecht und Haftung im Unternehmen
ZZP	Zeitschrift für Zivilprozess

Literaturverzeichnis

AK-StPO/*Bearbeiter*	Kommentar zur Strafprozeßordnung, Reihe Alternativkommentare, 1987 ff.
Alsberg/*Bearbeiter*	Der Beweisantrag im Strafprozess, 7. Aufl. 2022
Altenhain/Jahn/Kinzig	Die Praxis der Verständigung im Strafprozess, 2020 (abrufbar unter https://www.nomos-elibrary.de/10.5771/9783748922094.pdf?download_full_pdf=1, zuletzt abgerufen am 15.03.2022)
Ambos	Internationales Strafrecht; Strafanwendungsrecht, Völkerstrafrecht, Europäisches Strafrecht, Rechtshilfe, 5. Aufl. 2018
Amelung-FS	Festschrift für Knut Amelung zum 70. Geburtstag, 2009 (zit.: FS Amelung)
Andoor	Tatfragen in der strafrechtlichen Revision, 2020
AnwK-StPO/*Bearbeiter*	Krekeler/Löffelmann/Sommer (Hrsg), Anwaltkommentar StPO, 2. Aufl. 2010
AnwK-Uhaft/*Bearbeiter*	König (Hrsg.), Anwaltkommentar Untersuchungshaft, 2011
Arnemann	Defizite der Wiederaufnahme in Strafsachen, 2019
Arnold	Entwicklungen der Strafverteidigung, 2019
Arntzen	Psychologie der Zeugenaussage, 5. Aufl. 2011
Arntzen	Vernehmungspsychologie, 3. Aufl. 2008
Artkämper	Die »gestörte« Hauptverhandlung, 5. Aufl. 2017
Artkämper/Schilling/Floren	Vernehmungen, 6. Aufl. 2021
Arzt/Weber/Heinrich/Hilgendorf	Strafrecht Besonderer Teil, 3. Aufl. 2015
Barton	Strafverteidigung 2020
Barton/Dubelaar/Kölbel/Lindemann	Vom hochgemuten, voreiligen Griff nach der Wahrheit – Fehlurteile im Strafprozess, 2018
Bauer	Rechtliche Maßgaben für geschlechtergerechte Sprache, 2020
Baumann, K.	Die Systematik der Regelungen über die beweissichernde Sicherstellung im Strafverfahren (§§ 94 bis 98 StPO), 2010
Beckemper	Durchsetzung des Verteidigerkonsultationsrechts und die Eigenverantwortlichkeit des Beschuldigten, 2002
Becker/Kinzig	Rechtsmittel im Strafrecht. Eine international vergleichende Untersuchung zur Rechtswirklichkeit und Effizienz von Rechtsmitteln, 2000, Bd. 1: Rechtsvergleichender Teil, Bd. 2: Empirischer Teil
BeckOK-GG/*Bearbeiter*	Beck'scher Online-Kommentar zum Grundgesetz, hrsg. v. Epping/Hillgruber, 49. Ed. (Stand: 15.11.2021)
BeckOK-GVG/*Bearbeiter*	Beck'scher Online-Kommentar zum Gerichtsverfassungsgesetz, hrsg. v. Graf, 13. Ed. (Stand: 15.11.2021)
BeckOK-IT-Recht/*Bearbeiter*	Beck'scher Online-Kommentar zum IT-Recht, hrsg. v. Borges/Hilber, 5. Ed. (Stand: 01.01.2022)
BeckOK-StGB/*Bearbeiter*	Beck'scher Online-Kommentar zum Strafgesetzbuch, hrsg. v. v. Heintschel-Heinegg, 51. Ed. (Stand: 01.011.2021)
BeckOK-StPO/*Bearbeiter*	Beck'scher Onlinekommentar zur Strafprozessordnung (mit RiStBV und MiStra), hrsg. v. Graf, 42. Ed. (Stand: 01.01.2022)

Beck-Formularbuch/ *Bearbeiter*	Beck'sches Formularbuch für den Strafverteidiger, hrsg. v. Hamm/ Leipold, 6. Aufl. 2018
Beck-Prozessformularbuch	Beck'sches Prozessformularbuch, hrsg. v. Mes, 15. Aufl. 2022
Bender/Häcker/Schwarz	Tatsachenfeststellung vor Gericht, 5. Aufl. 2021
Beulke	Die Verteidiger im Strafverfahren, Funktion und Rechtsstellung, 1980
ders./Ruhmannseder	Die Strafbarkeit des Verteidigers, 2. Aufl. 2010
ders./Swoboda	Jugendstrafrecht, 16. Aufl. 2020
ders./Swoboda	Strafprozessrecht, 15. Aufl. 2020
Beulke-FS	Festschrift für Werner Beulke, 2015 (zit.: FS Beulke)
BGH-FG	50 Jahre Bundesgerichtshof, Festgabe aus der Wissenschaft, Bd. IV, Strafrecht und Strafprozeßrecht, 2000 (zit.: FG BGH)
BGH-FS	Festschrift aus Anlaß des fünfzigjährigen Bestehens von Bundesgerichtshof, Bundesanwaltschaft und Rechtsanwaltschaft beim Bundesgerichtshof, 2000 (zit.: FS BGH/FS 50 Jahre BGH)
Blozik	Subsidiaritätsklauseln im Strafverfahren, 2012
Bockemühl	Handbuch des Fachanwalts Strafrecht, 8. Aufl. 2020
Bode	Verdeckte strafprozessuale Ermittlungsmaßnahmen, 2012
Böhme	Das Strafgerichtliche Fehlurteil – Systemimmanenz oder vermeidbares Unrecht?, 2018
Bohn	Die Wiederaufnahme des Strafverfahrens zuungunsten des Angeklagten vor dem Hintergrund neuer Beweise, 2016
Böttcher-FS	Festschrift für Reinhard Böttcher zum 70. Geburtstag, 2007 (zit.: FS Böttcher)
Breyer/Endler	AnwaltFormulare Strafrecht, 4. Aufl. 2018
Brodowski	Verdeckte technische Überwachungsmaßnahmen im Polizei- und Strafverfahrensrecht, 2016
Brune	Die ungeschriebenen Rügepräklusionen im Revisionsverfahren, 2022
Brunner/Dölling	Jugendgerichtsgesetz, Kommentar, 14. Aufl. 2021
Bruns-FS	Festschrift für Hans-Jürgen Bruns zum 70. Geburtstag, 1978 (zit.: FS Bruns)
Brüssow/Gatzweiler/ Krekeler/Mehle	Strafverteidigung in der Praxis, 4. Aufl. 2007
Buermeyer	Gutachterliche Stellungnahme zur Öffentlichen Anhörung zur »Formulierungshilfe« des BMJV zur Einführung von Rechtsgrundlagen für Online-Durchsuchung und Quellen-TKÜ im Strafprozess, Ausschuss-Drucksache 18(6)334 im Ausschuss für Recht und Verbraucherschutz des Deutschen Bundestages am 31.05.2017, abrufbar unter https://freiheitsrechte.org/home/wp-content/uploads/2017/05/Stellungnahme-RiLG-Dr.-Buermeyer-LL.M..pdf (zuletzt abgerufen am 15.03.2022)
Burhoff	Handbuch für das strafrechtliche Ermittlungsverfahren, 9. Aufl. 2022
ders.	Handbuch für das straßenverkehrsrechtliche OWi-Verfahren, 6. Aufl. 2021
ders.	Handbuch für die strafrechtliche Hauptverhandlung, 9. Aufl. 2019

ders./Kotz	Handbuch für die strafrechtlichen Rechtsmittel und Rechtsbehelfe, 2. Aufl. 2016
BVerfG-FG	Bundesverfassungsgericht und Grundgesetz, Festgabe aus Anlaß des 25jährigen Bestehens des Bundesverfassungsgerichts, Erster Bd.: Verfassungsgerichtsbarkeit, Zweiter Bd.: Verfassungsauslegung, 1976 (zit.: FG BVerfG)
v. Coelln	Zur Medienöffentlichkeit der Dritten Gewalt, 2005
Dahs	Die Revision im Strafprozess, 9. Aufl. 2017 (zit.: Dahs)
ders.	Handbuch des Strafverteidigers, 8. Aufl. 2015 (zit.: Dahs Handbuch)
Dahs-FS	Festschrift für Hans Dahs, 2005 (zit.: FS Dahs)
Dallmeyer	Beweisführung im Strengbeweisverfahren, 2002
DAV-FS	Strafverteidigung im Rechtsstaat. 25 Jahre Arbeitsgemeinschaft Strafrecht des Deutschen Anwaltsvereins, 2009 (zit.: FS DAV)
Dencker	Verwertungsverbote im Strafprozess, 1977
Doll	Strafprozessuale Konturierung des Kernbereichs privater Lebensgestaltung, 2021
Dölling/Duttge/König/ Rössner	Gesamtes Strafrecht, Kommentar, 5. Aufl. 2021
Dörr/Grote/Marauhn	EMRK/GG, Konkordanzkommentar zum europäischen und deutschen Grundrechtsschutz, 2. Aufl. 2013
Dölling/Jehle	Taten, Täter, Opfer: Grundlagenfragen und aktuelle Probleme der Kriminalität und ihrer Kontrolle, 2013
Dreher-FS	Festschrift für Eduard Dreher zum 70. Geburtstag am 29. April 1977, 1977 (zit.: FS Dreher)
Dreier	Grundgesetz-Kommentar, 3 Bände, Bd. 1, 3. Aufl. 2013; Bd. 2, 3. Aufl. 2015; Bd. 3, 3. Aufl. 2018
Drews	Die Königin unter den Beweismitteln? 2013
Dudeck/Kaspar/ Lindemann	Verantwortung und Zurechnung im Spiegel von Strafrecht und Psychiatrie, 2014
Dunkel	Fehlentscheidungen in der Justiz, 2018
Dünnebier-FS	Festschrift für Hanns Dünnebier zum 75. Geburtstag, 1982 (zit.: FS Dünnebier)
Eisenberg	Beweisrecht der StPO, 10. Aufl. 2017 (zit. auch: *Eisenberg* BT)
ders.	Jugendgerichtsgesetz: JGG, Kommentar, 22. Aufl. 2021
Eisenberg-FS	Festschrift für Ulrich Eisenberg zum 70. Geburtstag, 2009 (zit.: FS Eisenberg)
Eisenberg-FS II	Festschrift für Ulrich Eisenberg zum 80. Geburtstag, 2019 (zit.: FS Eisenberg III)
Eisenmenger	Die Grundrechtsrelevanz »virtueller Streifenfahrten« – dargestellt am Beispiel ausgewählter Kommunikationsdienste des Internats, 2017
Ellbogen	Die verdeckte Ermittlungstätigkeit der Strafverfolgungsbehörden durch die Zusammenarbeit mit V-Personen und Informanten, 2004
Engisch	Einführung in das juristische Denken, 12. Aufl. 2018
Engisch-FS	Festschrift für Karl Engisch zum 70. Geburtstag, 1969 (zit.: FS Engisch)
Engländer/Fahl/Satzger	Strafverteidigung – Grundlagen und Stolpersteine, Symposium für Werner Beulke, 2012

Erker	Das Beanstandungsrecht gemäß § 238 II StPO, 1988
Eser-FS	Festschrift für Albin Eser zum 70. Geburtstag, 2005 (zit.: FS Eser)
Esser	Auf dem Weg zu einem europäischen Strafverfahrensrecht: Die Grundlagen im Spiegel der Rechtsprechung des Europäischen Gerichtshofs für Menschenrechte (EGMR) in Straßburg, 2002
ders.	Europäisches und Internationales Strafrecht, 4. Aufl. 2020
Fahl	Rechtsmissbrauch im Strafprozess, 2004
Feichtlbauer	Verständigung als Fremdkörper im deutschen Strafprozess? Eine Untersuchung unter besonderer Berücksichtigung des »fair-trail«-Grundsatzes, 2021
Fezer	Strafprozeßrecht, 2. Aufl. 1995
Fezer-FS	Festschrift für Gerhard Fezer zum 70. Geburtstag am 29. Oktober 2008, 2008 (zit.: FS Fezer)
Fischer	Strafgesetzbuch und Nebengesetze, Kommentar, 69. Aufl. 2022
Fischer-FS	Festschrift für Thomas Fischer, 2018 (zit.: FS Fischer)
Fischer/Hoven	Verdacht, Baden-Badener Strafrechtsgespräche Band. 2, 2017
Franke/Wienroeder	Betäubungsmittelgesetz (BtMG), Kommentar, 3. Aufl. 2008,
Franzen/Gast/Joecks	siehe Joecks/Jäger/Randt
Frowein/Peukert	Europäische Menschenrechtskonvention, EMRK-Kommentar, 4. Aufl. 2019
Funcke	Die Korrektur des Strafausspruches zugunsten des Verurteilten im Wege der Wiederaufnahme des Strafverfahrens, 1995
Geerds-FS	Festschrift für Friedrich Geerds zum 70. Geburtstag, 1995 (zit.: FS Geerds)
Geppert-FS	Festschrift für Klaus Geppert zum 70. Geburtstag, 2011 (zit.: FS Geppert)
Gerson	Das Recht auf Beschuldigung Strafprozessuale –Verfahrensbalance durch kommunikative Autonomie, 2016
Goedings	Die Befangenheit des Staatsanwalts. Eine rechtsvergleichende Untersuchung, 2018
Göhler	Ordnungswidrigkeitengesetz, Kommentar, 18. Aufl. 2021
Gössel	Strafverfahrensrecht, Teil 1, 1977; Strafverfahrensrecht Teil 2, 1979
Gössel-FS	Festschrift für Karl Heinz Gössel zum 70. Geburtstag, 2002 (zit.: FS Gössel)
Grabenwarter/Pabel	Europäische Menschenrechtskonvention, 7. Aufl. 2021
Graf	Strafprozessordnung (StPO), mit Gerichtsverfassungsgesetz und Nebengesetzen, Kommentar, 4. Aufl. 2021
Graf/Jäger/Wittig	Wirtschafts- und Steuerstrafrecht, Kommentar, 2. Auflage 2017
Graf-Schlicker-FS	Festschrift für Marie Luise Graf-Schlicker, 2018 (zit.: FS Graf-Schlicker)
Greco	Strafprozesstheorie und materielle Rechtskraft, 2015
Groth	Unbewusste Äußerungen und das Verbot des Selbstbelastungszwangs, 2003
Grözinger	Die Überwachung von Cloud-Storage, 2018
Grünwald-FS	Festschrift für Gerald Grünwald zum siebzigsten Geburtstag, 1999 (zit.: FS Grünwald)

Grüneberg/*Bearbeiter*	(vormals Palandt), Bürgerliches Gesetzbuch, Kommentar, 81. Aufl. 2022
Hdb. Beweiswürdigung/*Bearbeiter*	Handbuch der Beweiswürdigung, hrsg. v. Geipel, 3. Aufl. 2017
Hdb. StrafR/*Bearbeiter*	Handbuch des Strafrechts, hrsg. v. Hilgendorf/Kudlich/Valerius, 2019 ff., Sektion I: Strafrecht Allgemeiner Teil (Bd. 1-3); Sektion II: Besonderer Teil des Strafrechts (Bd. 4-6); Sektion III: Strafverfahrensrecht (Bd. 7-9)
Hahn	Die gesamten Materialien zur Strafprozeßordnung und dem Einführungsgesetz zu derselben vom 1. Februar 1877, 2. Aufl. 1885
Hamm/Pauly	Die Revision in Strafsachen, 8. Aufl. 2021
Hamm-FS	Festschrift für Rainer Hamm zum 65. Geburtstag, 2008 (zit.: FS Hamm)
Hanack-FS	Festschrift für Ernst-Walter Hanack zum 70. Geburtstag, 1999 (zit.: FS Hanack)
v. Harenne	Das Zeugnisverweigerungsrecht der Berufshelfer nach § 53a StPO, 2002
Hecker	Europäisches Strafrecht, 5. Aufl. 2015
Heghmanns/Scheffler	Handbuch zum Strafverfahren, 2008
Heinitz-FS	Festschrift für Ernst Heinitz zum 70. Geburtstag, 1972 (zit.: FS Heinitz)
Heller	Das Gesetz zur Regelung der Verständigung im Strafverfahren – No big deal?, 2012
Hellmann	Strafprozeßrecht, 2. Aufl. 2005
Henkel	Strafverfahrensrecht. Ein Lehrbuch, 2. Aufl. 1968
Hentschel/König/Dauer	Straßenverkehrsrecht, Kommentar, 4. Aufl. 2021 (zit. auch: Jagusch/*Bearbeiter*)
Hentschel/Krumm	Fahrerlaubnis – Alkohol – Drogen, 7. Aufl. 2018
Herrmann	Untersuchungshaft, 2007
Hirsch-FS	Festschrift für Hans-Joachim Hirsch zum 70. Geburtstag am 11. April 1999, 1999 (zit.: FS Hirsch)
HK-GS/*Bearbeiter*	Gesamtes Strafrecht, StGB – StPO – Nebengesetze, Kommentar, hrsg. v. Dölling/Duttge/König/Rössner, 5. Aufl. 2022
HK-StPO/*Bearbeiter*	Heidelberger Kommentar, Strafprozessordnung, hrsg. v. Gercke/Julius/Temming/Zöller, 6. Aufl. 2019
Hoven/Effer-Uhe/Kemony/Rösinger	Einheit der Prozessrechtswissenschaft?, 2016
Huber/Wollenschläger	Landesrecht Bayer, 2. Aufl. 2021
Huttenlocher	Dealen wird Gesetz – die Urteilsabsprache im Strafprozess und ihre Kodifizierung, 2007
Ignor	Geschichte des Strafprozesses in Deutschland 1532–1846, 2002
Jahn/Krehl/Löffelmann/Güntge	Die Verfassungsbeschwerde in Strafsachen, 2. Aufl. 2017
Jarass/Pieroth	Grundgesetz für die Bundesrepublik Deutschland, Kommentar, 16. Aufl. 2020
Jescheck/Weigend	Lehrbuch des Strafrechts Allgemeiner Teil, 5. Aufl. 1996
Joecks/Jäger	Strafprozessordnung, Studienkommentar, 4. Aufl. 2015

Joecks/Jäger/Randt	Steuerstrafrecht, Kommentar, 8. Aufl. 2015 (zit. auch: Franzen/Gast/Joecks)
Jung-FS	Festschrift für Heike Jung zum 65. Geburtstag, 2007 (zit.: FS Jung)
Kaehne	Die Anfechtung sitzungspolizeilicher Maßnahmen, 2000
Kästle	Das Wesen der Strafprozessualen Revision, 2018
Katholnigg	Strafgerichtsverfassungsrecht, 3. Aufl. 1999
Kargl-FS	Festschrift für Walter Kargl zum 70. Geburtstag, 2015 (zit.: FS Kargl)
Kaspar	Sentencing Guidelines versus freies tatrichterliches Ermessen – Brauchen wir ein neues Strafzumessungsrecht?, Gutachten C zum 72. Deutschen Juristentag, 2019 (zit.: DJT-Gutachten C)
Kierzkowski	Die Unparteilichkeit des Richters im Strafverfahren unter Berücksichtigung von Art. 6 Abs. 1 Satz 1 EMRK, 2016
Kindhäuser/Schumann	Strafprozessrecht, 6. Aufl. 2021
Kissel/Mayer	Gerichtsverfassungsgesetz, Kommentar, 10. Aufl. 2021
KK/*Bearbeiter*	Karlsruher Kommentar zur Strafprozessordnung, hrsg. v. Hannich, 8. Aufl. 2019 (zit. auch: KK-StPO/*Bearbeiter*)
KK-OWiG/*Bearbeiter*	Karlsruher Kommentar zum Gesetz über Ordnungswidrigkeiten, hrsg. v. Mitsch, 5. Aufl. 2018
Klesczewski	Ordnungswidrigkeitenrecht, 2. Aufl. 2016
ders.	Strafprozessrecht, 2. Aufl. 2013
KMR/*Bearbeiter*	Kleinknecht/Müller/Reitberger, Kommentar zur Strafprozessordnung, hrsg. v. *v. Heintschel-Heinegg/Stöckel*, Loseblatt, Stand: 106. EL Juni 2021
Kleih	Die strafprozessuale Überwachung der Telekommunikation, 2009
Klein	Inhalt und Reichweite der Belehrungsvorschrift des § 136 StPO, 2005
Knemeyer	Polizei- und Ordnungsrecht, 11. Aufl. 2007 (zit.: Knemeyer POR)
Köhnken/Sporer	Identifizierung von Tatverdächtigen durch Augenzeugen, 1990
Kopp/Ramsauer	VwVfG, Kommentar, 22. Aufl. 2021
Korge	Die Beschlagnahme elektronisch gespeicherter Daten bei privaten Trägern von Berufsgeheimnissen, 2009
Körner/Patzak/Volkmer	Betäubungsmittelgesetz – Betäubungsmittel-Verschreibungsverordnung, Arzneimittelgesetz, Neue-psychoaktive-Stoffe-Gesetz, Anti-Doping-Gesetz, Grundstoffüberwachungsgesetz, Kommentar, 9. Aufl. 2019
Kramer	Juristische Methodenlehre, 6. Aufl. 2019
Krause	Die Revision im Strafverfahren, 5. Aufl. 2001
Kretschmer	Das strafprozessuale Verbot der reformatio in peius und die Maßregeln, 1999
Krey/Heinrich	Deutsches Strafverfahrensrecht, 2. Aufl. 2018
Kühl	Unschuldsvermutung, Freispruch und Einstellung, 1983
Kühne	Strafprozessrecht. Eine systematische Darstellung des deutschen und europäischen Strafverfahrensrechts, 9. Aufl. 2015
Lackner/Kühl	Strafgesetzbuch, Kommentar, 29. Aufl. 2018
Lange-FS	Festschrift für Richard Lange zum 70. Geburtstag, 1976 (zit.: FS Lange)

von der Lippe	Die »Widerspruchslösung« der Rechtsprechung für strafprozessuale Beweisverwertungsverbote, 2001
LK/*Bearbeiter*	Leipziger Kommentar, Strafgesetzbuch, hrsg. v. Cirener/Radtke/Rissing-van Saan/Rönnau/Schluckebier, 13. Aufl. 2019 ff.; 12. Aufl. 2006 ff.; 11. Aufl. 1992 ff.
LR/*Bearbeiter*	Löwe/Rosenberg (Hrsg.), Die Strafprozessordnung und das Gerichtsverfassungsgesetz, Kommentar, 27. Aufl. 2016 ff.; 26. Aufl. 2006–2014
Lüderssen-FS	Festschrift für Klaus Lüderssen zum 70. Geburtstag, 2002 (zit.: FS Lüderssen)
MAH Strafverteidigung/*Bearbeiter*	Münchener Anwaltshandbuch Strafverteidigung, hrsg. v. Müller/Schlothauer/Knauer, 3. Aufl. 2022
Maiberg	Zur Widerspruchsabhängigkeit von strafprozessualen Verwertungsverboten, 2003
Maiwald-FS	Festschrift für Manfred Maiwald, 2009
Malek/Popp	Strafsachen im Internet, 2. Aufl. 2015
v. Mangoldt/Klein/Starck	Kommentar zum Grundgesetz, 3 Bände, 7. Aufl. 2018
Martens	Öffentlich als Rechtsbegriff, 1969
Marxen/Tiemann	Die Wiederaufnahme in Strafsachen, 3. Aufl. 2014
Maunz/Dürig	Grundgesetz, Kommentar, hrsg. von Herzog/Scholz/Herdegen/Klein, Loseblatt, Stand: 94. EL Januar 2020
Maunz/Schmidt-Bleibtreu/Klein/Bethge	Bundesverfassungsgerichtsgesetz, Kommentar, Loseblatt, Stand: 60. EL Juli 2020
Mayer-FS	Festschrift für Hellmuth Mayer zum 70. Geburtstag, 1966 (zit.: FS Mayer)
Mehle-FS	Festschrift für Volkmar Mehle zum 65. Geburtstag, 2010 (zit.: FS Mehle)
Meier, B.-D	Strafrechtliche Sanktionen, 5. Aufl. 2019
Meurer-GS	Gedächtnisschrift für Dieter Meurer, 2002 (zit.: GS Meurer)
Meyer, F.	Willensmängel beim Rechtsmittelverzicht des Angeklagten im Strafverfahren, 2003
Meyer, J.	Charta der Grundrechte der Europäischen Union, 5. Aufl. 2019
Meyer, K.-GS	Gedächtnisschrift für Karlheinz Meyer, 1990 (zit.: GS Karlheinz Meyer)
Meyer-Goßner	Prozessvoraussetzungen und Prozesshindernisse, 2011
ders./Schmitt	Strafprozessordnung, Kommentar, 65. Aufl. 2022
Meyer-Goßner-FS	Festschrift für Lutz Meyer-Goßner zum 65. Geburtstag, 2001 (zit.: FS Meyer-Goßner)
Meyer-Ladewig/Nettesheim/von Raumer/*Bearbeiter*	Europäische Menschenrechtskonvention, 4. Aufl. 2017
Michel	Die audiovisuelle Aufzeichnung von Beschuldigtenvernehmungen im Ermittlungsverfahren, 2019
Miebach/Hohmann	Wiederaufnahme in Strafsachen, 2016
Momsen	Verfahrensfehler und Rügeberechtigung im Strafprozeß, 1997
MüKo-BGB/*Bearbeiter*	Münchener Kommentar zum Bürgerlichen Gesetzbuch, hrsg. v. Säcker/Rixecker/Oetker/Limperg, 8. Aufl. 2019; 7. Aufl. 2015 ff.; 6. Aufl. 2012 ff.;

MüKo-StGB/*Bearbeiter*	Münchener Kommentar zum Strafgesetzbuch, hrsg. v. Erb/Schäfer, 3. Aufl. 2016 f.; 2. Aufl. 2011 ff.
MüKo-StPO/*Bearbeiter*	Münchener Kommentar zur Strafprozessordnung, hrsg. v. Erb/ Schäfer, 2014 ff.
MüKo-ZPO/*Bearbeiter*	Münchener Kommentar zur Zivilprozessordnung, hrsg. v. Krüger/ Rauscher, 6. Aufl. 2020; 5. Aufl. 2016 f.; 4. Aufl. 2012
Müller, T.	Die Täuschung des Beschuldigten, 2022
Müller, E./Gussmann	Berufsrisiken des Strafverteidigers, 2007
Müller-FS	Festschrift für Egon Müller, 2008 (zit.: FS Müller)
Müller/Opper/von Stetten	Berufsrisiken des Strafverteidigers, 2. Aufl. 2021
v. Münch/Kunig	Grundgesetz Kommentar, 2 Bände, 7. Aufl. 2021
Münchhalffen/Gatzweiler	Das Recht der Untersuchungshaft, 3. Aufl. 2009
Musielak/Voit	Kommentar zur Zivilprozessordnung, 18. Aufl. 2021 (zit.: Musielak/*Bearbeiter*)
Neumann/Kurz, Rieger	Risiken für die innere Sicherheit beim Einsatz von Schadsoftware in der Strafverfolgung, Sachverständigenauskunft zum Änderungsantrag der Fraktionen CDU/CSU und SPD zum Entwurf eines Gesetzes zur Änderung des Strafgesetzbuchs, des Jugendgerichtsgesetzes, der Strafprozessordnung und weiterer Gesetze (Ausschussdrucksache 18/11272), https://www.ccc.de/system/uploads/227/original/Stellungnahme_CCC-Staatstrojaner.pdf (zuletzt abgerufen am 15.03.2022)
Niemöller/Schlothauer/ Weider	Gesetz zur Verständigung im Strafverfahren, Kommentar, 2010
NK/*Bearbeiter*	Nomos Kommentar zum Strafgesetzbuch, hrsg. v. Kindhäuser/ Neumann/Paeffgen, 5. Aufl. 2017
NK-WSS/*Bearbeiter*	Nomos Kommentar zum Wirtschafts- und Steuerstrafrecht, hrsg. v. Leitner/Rosenau, 2. Aufl. 2022
Odersky-FS	Festschrift für Walter Odersky zum 65. Geburtstag, 1996 (zit.: FS Odersky)
Oğlakcıoğlu/Schuhr/ Rückert	Axiome des nationalen und internationalen Strafverfahrensrechts, 2016
Osmer	Der Umfang des Beweisverwertungsverbotes nach § 136a StPO, 1966
Ostendorf	Jugendgerichtsgesetz, NomosKommentar, 11. Aufl. 2021
Otte	Rechtsgrundlagen der Glaubwürdigkeitsbegutachtung von Zeugen im Strafprozess, 2002
Otto-FS	Festschrift für Harro Otto zum 70. Geburtstag, 2007 (zit.: FS Otto)
Park	Durchsuchung und Beschlagnahme, 4. Aufl. 2018
Pestalozza	Verfassungsprozeßrecht, 3. Aufl. 1991
Peters	Fehlerquellen im Strafprozeß. Eine Untersuchung der Wiederaufnahmeverfahren in der Bundesrepublik Deutschland, 3 Bände 1970–1974
ders.	Strafprozeß. Ein Lehrbuch, 4. Aufl. 1985
ders./*Altwicker*	Europäische Menschenrechtskonvention, 2. Aufl. 2012
Peters-FG	Festgabe für Karl Peters zum 80. Geburtstag, 1984 (zit.: FG Peters)
Peters-FS	Festschrift für Karl Peters zum 70. Geburtstag, 1974 (zit.: FS Peters)
Pfeiffer	Strafprozessordnung, Kommentar, 5. Aufl. 2005

Prütting/Gehrlein	ZPO Kommentar, 13. Aufl. 2021
Quedenfeld/Füllsack u.a.	Verteidigung in Steuerstrafsachen, 5. Aufl. 2016
Radtke/Hohmann	Strafprozessordnung, Kommentar, 2. Aufl. 2021
Ranft	Strafprozessrecht, 3. Aufl. 2005
Raske	Wie bei polizeilichen Vernehmungen ein falscher Tatverdacht entsteht, 2013
Rebmann/Roth/Herrmann	Gesetz über Ordnungswidrigkeiten, Kommentar, 3. Aufl., Loseblatt, Stand: 29. EL Oktober 2020
Reitemeier/Koujouie	Das neue Recht der Vermögensabschöpfung – Ein Leitfaden für die Praxis (Generalstaatsanwaltschaft Celle), 2017
Renka	Zur Verwertbarkeit von Selbstkommunikation im deutschen Strafprozess, 2016
Rensen/Brink	Linien der Rechtsprechung des Bundesverfassungsgerichts, Kommentar, 2009
Rieß-FS	Festschrift für Peter Rieß zum 70. Geburtstag am 4. Juni 2002, 2002 (zit.: FS Rieß)
Rissing-van Saan-FS	Festschrift für Ruth Rissing-van Saan zum 65. Geburtstag, 2011 (zit.: FS Rissing-van Saan)
Rottmeier	Kernbereich privater Lebensgestaltung und strafprozessuale Lauschangriffe, 2017
Roxin	Strafrecht, Allgemeiner Teil, Bd. I, 5. Aufl. 2020
ders./Achenbach/Jäger/Heinrich	Strafprozessrecht, 17. Aufl. 2019
ders./Schünemann	Strafverfahrensrecht, 29. Aufl. 2017
Roxin-FS I	Festschrift für Claus Roxin zum 70. Geburtstag, 2001 (zit.: FS Roxin)
Roxin-FS II	Festschrift für Claus Roxin zum 80. Geburtstag, 2 Bände, 2011 (zit.: FS Roxin)
Ruhs	Rechtsbehelfe bei Verständigungen, 2018
Sachs	Grundgesetz, Kommentar, 9. Aufl. 2021
ders.	Verfassungsprozessrecht, 4. Aufl. 2016
Safferling	Internationales Strafrecht, 2011
Salecker	Das Äußerungsrecht des Angeklagten und seines Verteidigers gem. § 257 StPO, 2008
Salger-FS	Festschrift für Hannskarl Salger zum Abschied aus dem Amt als Vizepräsident des Bundesgerichtshofes, 1995 (zit.: FS Salger)
Sarstedt/Hamm	Die Revision in Strafsachen, 5. Aufl. 1983
Sarstedt-FS	Festschrift für Werner Sarstedt zum 70. Geburtstag, 1981 (zit.: FS Sarstedt)
Satzger	Die Europäisierung des Strafrechts, 2001
ders.	Internationales und Europäisches Strafrecht, 9. Aufl. 2020
ders./Schluckebier/Widmaier	Strafgesetzbuch, Kommentar, 5. Aufl. 2021 (zit.: SSW-StGB/*Bearbeiter*)
Savic	Die digitale Dimension des Strafprozessrechts. Zur Doppelnatur digitaler Beweise, 2019
Savini	Handbuch zur Vermögensabschöpfung nach altem und neuem Recht, 6. Aufl. 2021

Scheffler	Die überlange Dauer von Strafverfahren, 1991
Schellenberg	Die Hauptverhandlung im Strafverfahren, 2. Aufl. 2000
Schenke	Polizei- und Ordnungsrecht, 11. Aufl. 2021 (zit.: *Schenke* POR)
Schlaich/Korioth	Das Bundesverfassungsgericht, 12. Aufl. 2021
Schlegel	Normative Grenzen für internetbasierte Ermittlungsmethoden, 2019
Schletz	Die erweiterte Revision in Strafsachen, 2021
Schlothauer-FS	Festschrift für Reinhold Schlothauer zum 70. Geburtstag, 2018 (zit.: FS Schlothauer)
Schlothauer/Weider/Nobis	Untersuchungshaft, 5. Aufl. 2016
Schlothauer/Weider/Wollschläger	Verteidigung im Revisionsverfahren, 3. Aufl. 2017
Schlüchter	Das Strafverfahren, 2. Aufl. 1983
Schlüchter-GS	Gedächtnisschrift für Ellen Schlüchter, 2002 (zit.: GS Schlüchter)
Schmid, W.	Die Verwirkung von Verfahrensrügen im Strafprozeß, 1967
Schmidt, Eb.	Lehrkommentar zur Strafprozeßordnung und zum Gerichtsverfassungsgesetz, Teil I: Die rechtstheoretischen und die rechtspolitischen Grundlagen des Strafverfahrensrechts, 2. Aufl. 1964; Teil II: Erläuterungen zur Strafprozeßordnung und zum Einführungsgesetz, 1957; Teil III: Erläuterungen zum Gerichtsverfassungsgesetz und zum Einführungsgesetz, 1960; Nachtrag I: Nachträge und Ergänzungen zu Teil II, 1967; Nachtrag II: Nachtragsbd. II, 1970
ders.	Einführung in die Geschichte der deutschen Strafrechtspflege, 3. Aufl. 1965
Schmidt, Eb.-FS	Festschrift für Eberhard Schmidt zum 70. Geburtstag, 1961 (zit.: FS Eb. Schmidt)
Schöch-FS	Festschrift für Heinz Schöch, 2010 (zit.: FS Schöch)
Schönke/Schröder	Strafgesetzbuch, Kommentar, 30. Aufl. 2019 (zit. auch: Sch/Sch/*Bearbeiter*)
Schramm	Internationales Strafrecht, 2. Aufl. 2018
Schreiber-FS	Festschrift für Ludwig Schreiber, 2003 (zit.: FS Schreiber)
Schroeder/Verrel	Strafprozessrecht, 7. Aufl. 2017
Schroeder-FS	Festschrift für Friedrich-Christian Schroeder zum 70. Geburtstag, 2006 (zit.: FS Schroeder)
Schroth/Schroth	Die Rechte des Verletzten im Strafprozess, 3. Aufl. 2018
Schumann/Bruckmüller/Soyer	Pre-trial Emergency defence, Schriftenreihe der Vereinigung Österreichischer StrafverteidigerInnen, Band 16, 2012
Seebode	Der Vollzug der Untersuchungshaft, 1985
Sickor	Das Geständnis, 2014
Simon	Gesetzesauslegung im Strafrecht – Eine Analyse der höchstrichterlichen Rechtsprechung, 2005
Seiber-FS	Digitalisierung, Globalisierung und Risikoprävention, Festschrift für Ulrich Sieber zum 70. Geburtstag, 2 Teilbände
SK-StGB/*Bearbeiter*	Systematischer Kommentar zum Strafgesetzbuch, 9. Aufl. 2015 ff.
SK-StPO/*Bearbeiter*	Systematischer Kommentar zur Strafprozessordnung, Bd. VI: 6. Aufl. 2022 ff.; Bd. I-V, VII-X: 5. Aufl. 2015 ff.

Stelzer	Die repressive Online-Durchsuchung nach § 100b StPO, 2021
Sowada	Der gesetzliche Richter im Strafverfahren, 2002
Statistisches Bundesamt	Rechtspflege Strafgerichte, Fachserie 10, Reihe 2.3., 2020
Stoffer	Wie viel Privatisierung »verträgt« das strafprozessuale Ermittlungsverfahren?, 2016
Stöckel-FS	Festschrift für Karl-Heinz Stöckel, 2010 (zit.: FS Stöckel)
Strauda-FS	Festschrift zu Ehren des Strafrechtsausschusses der Bundesrechtsanwaltskammer, 2006 (zit.: FS Strauda)
Streinz	Europarecht, 11. Aufl. 2019
Taschke	Die behördliche Zurückhaltung von Beweismitteln im Strafprozess, 1989
Thomas/Putzo	Zivilprozessordnung: ZPO, Kommentar, 43. Aufl. 2022
Tröndle-FS	Festschrift für Herbert Tröndle zum 70. Geburtstag, 1989 (zit.: FS Tröndle)
Tsambikakis	Strafprozessuale Zeugnisverweigerungsrechte aus beruflichen Gründen – Studien zu § 53a StPO, 2011
Tyszkiewicz	Tatprovokation als Ermittlungsmaßnahme, 2014
Ufer	Der Verwertungswiderspruch in Theorie und Praxis, 2002
Venzlaff/Förster et al.	Psychiatrische Begutachtung, 7. Aufl. 2021
Verrel	Die Selbstbelastungsfreiheit im Strafverfahren, 2001
Volk	Prozeßvoraussetzungen und Strafrecht. Zum Verhältnis von materiellem Recht und Prozeßrecht, 1978
ders./Engländer	Grundkurs StPO, 10. Aufl. 2021
Volk-FS	Festschrift für Klaus Volk zum 65. Geburtstag, 2009 (zit.: FS Volk)
Vordermayer/von Heintschel-Heinegg/Schnabl	Handbuch für den Staatsanwalt, 6. Aufl. 2018 (zit. auch: Hdb. StA/*Bearbeiter*)
Wasserburg	Die Wiederaufnahme des Strafverfahrens, 1983
Wagner	Rechtsstandort Deutschland im Wettbewerb, 2017
Weber, K.	Betäubungsmittelgesetz, Kommentar, 6. Aufl. 2021
v. Weber-FS	Festschrift für Hellmuth von Weber zum 70. Geburtstag, 1963 (zit.: FS von Weber)
Wessels/Beulke/Satzger	Strafrecht AT, 51. Aufl. 2021
Weiner/Ferber	Handbuch des Adhäsionsverfahrens, 2. Aufl. 2016
Wank	Die Auslegung von Gesetzen, 6. Aufl. 2015
Warken	Klassifizierung elektronischer Beweismittel für strafprozessuale Zwecke, 2018
Widmaier/Müller/Schlothauer	Münchner Anwaltshandbuch Strafverteidigung, 2. Aufl. 2014
Widmaier-FS	Festschrift für Gunter Widmaier zum 70. Geburtstag, 2008 (zit.: FS Widmaier)
Wohlers	Entstehung und Funktion der Staatsanwaltschaft, 1994
Wölm	Schutz der Internetkommunikation und »heimliche Internetaufklärung«, 2014

Wolter	Zur Theorie und Systematik des Strafprozeßrechts, Symposium zu Ehren von Hans-Joachim Rudolphi, 1995 (zit.: Rudolphi-Symposium)
Zippelius	Juristische Methodenlehre, 12. Aufl. 2021

Einleitung

Übersicht | Rdn.

A. Wesen und Ziele des Strafverfahrens. I. Begriff des Strafverfahrensrechts und Wesen des Strafprozesses. 1. Während das primär im Strafgesetzbuch (StGB vom 15.05.1871, RGBl 1871, 127) geregelte **materielle Strafrecht** festlegt, welche menschlichen Verhaltensweisen mit Strafen oder Maßregeln sanktioniert werden sollen (*Roxin*, AT1, § 1 Rn. 1 f.), ist unter dem Terminus **»Strafprozessrecht« oder »Strafverfahrensrecht«** (zur Abgrenzung: *Heger/Pohlreich*, Strafprozessrecht, Rn. 1; vert. *Heger* in: Hdb. StrafR VII § 25 Rn. 1 ff.) jener Komplex von Normen zu verstehen, der festlegt, auf welche **Art und Weise** die materielle Sanktionsandrohung durchgesetzt werden soll und der den Verfahrensbeteiligten hierfür Handlungsanweisungen erteilt (*Joecks/Jäger*, StPO, Einl. Rn. 1). 1

2. Unter dem Begriff **»Strafprozess«** wird ein rechtlich geordneter, sich von Lage zu Lage entwickelnder, durch Handlungen der Prozesssubjekte gesteuerter Vorgang verstanden, der auf die Gewinnung eines Richterspruchs über ein materielles Rechtsverhältnis gerichtet ist (vgl. hierzu maßgebend: *Goldschmidt*, Der Prozess als Rechtslage, 1925, S. 146 ff.; *Schmidt*, Lehrkommentar I [1964] S. 56). Dieses Verständnis des Strafprozesses als **final** auf eine originär richterliche Entscheidung zielende Institution hat durch die Kodifizierung verfahrensbeendender Absprachen (Gesetz zur Regelung der Verständigung im Strafverfahren vom 29.07.2009, BGBl. I 2009, S. 2353, in Kraft getreten am 04.08.2009) scheinbar Abstriche erfahren. Auch wenn Art und Inhalt der Verfahrensbeendigung nunmehr vermehrt zur Disposition der Beteiligten stehen, wird der Kernbereich der finalen Konzeption des Strafprozesses hierdurch jedoch nicht berührt. Die Neukonzeption der gesetzlichen Regelung stellt lediglich die Legalisierung der schon bisher praeter legem existierenden Absprachepraxis dar und ermöglicht durch deren nunmehr zwingende Ausrichtung an den gesetzgeberischen Vorgaben eine bessere revisionsrechtliche Kontrolle. In einer Grundsatzentscheidung vom 19.03.2013 hat das BVerfG konstatiert, »zum gegenwärtigen Zeitpunkt« könne »die Verfassungswidrigkeit der gesetzlichen Regelung der Verständigung im Strafverfahren nicht festgestellt« werden (BVerfGE 133, 168, 203). Wird das zweifelsohne bis heute bestehende Vollzugsdefizit jedoch nicht – falls nötig, durch geeignete Maßnahmen des Gesetzgebers – behoben, droht nach Auffassung des Gerichts ein verfassungswidriger Zustand einzutreten (BVerfGE 133, 168, 236; vert. *Beulke/Stoffer* JZ 2013, 662; *Knauer* NStZ 2013, 433; *Kudlich* NStZ 2013, 379; KK-StPO/*Moldenhauer/Wenske* § 257c Rn. 5a ff.; *Mosbacher* NZWiSt 2013, 201; *Niemöller* GA 2014, 179; *Weigend* StV 2013, 424; *Stuckenberg* ZIS 2013, 212; *Tsambikakis* ZWH 2013, 209; zur Debatte um die Reform der Wiederaufnahme zuungunsten des Angeklagten s. nur *Letzgus* NStZ 2020, 717). Im Jahr 2020 haben *Altenhain/Jahn/Kinzig* eine Evolution der Vorschriften über die strafprozessuale Verständigung angefertigt (*Altenhain/Jahn/Kinzig* Die Praxis der Verständigung im Strafprozess, s. Rdn. 239). Danach existieren zwar noch immer Anfangsschwierigkeiten, die Praxis der Absprachen ist aber keineswegs verfassungswidrig (zust.: BVerfG NJW 2021, 2269 m.Anm. *Fahl* NStZ-RR 2021, 315). Die Gewichte i.R.d. Prozessgeschehens haben sich durch die Neuregelung zwar in Richtung einer größeren Bedeutung konsensualer Elemente verschoben. Die dem Verfahrensbegriff innewohnende Finalität wird hierdurch aber nicht grundsätzlich infrage gestellt (zweifelnd allerdings LR/*Kühne* Einl. B Rn. 1). Wegen der singulären Rechtsfriedensfunktion eines gerichtlichen Urteils ist am Grundsatz der finalen Ausrichtung des Strafverfahrens auf eine richterliche Entscheidung festzuhalten und gleichzeitig die Möglichkeit einer verfahrensbeendenden Verständigung zur Erhaltung der Effektivität des Strafverfolgungsapparates unter Wahrung der übrigen Prozessziele anzuerkennen (s.u. Rdn. 239). Wird bei der Auslegung der Regelungen zur Legalisierung der Absprachen im Strafverfahren die Effektivität der Strafverfolgung im Wege praktischer Konkordanz mit den sonstigen Verfahrenszielen einem schonenden Ausgleich zugeführt, fügen sich die §§ 160b, 202a, 212, 257b, 257c durchaus in das Konzept des deutschen Strafprozesses ein (vert. s.u. Rdn. 236 ff.). 2

3. Die strafprozessualen Regelungen berechtigen und verpflichten die staatlichen Strafverfolgungsbehörden zur Ausübung von Hoheitsgewalt unter Wahrung der gesetzlich vorgegebenen Beschränkungen und sind somit Teil des **öffentlichen Rechts**. Hierbei entfalten die strafverfahrensrechtlichen Handlungsermächtigungen (z.B. §§ 81a, 112 ff., 94 ff., 102 ff., 100a ff.) einerseits rechtfertigende Wirkung hinsichtlich der Eingriffe in subjektive Rechte des Bürgers, andererseits werden durch sie Verhaltensweisen, die gegen strafrechtliche Tatbestände verstoßen, materiell-rechtlich gerechtfertigt. 3

Bezeichnenderweise werden die Normen der Strafprozessordnung als **»angewandtes Verfassungsrecht«** verstanden (BVerfGE 32, 373, 383; BGHSt 19, 325, 330), stellen die hier verorteten Handlungsermächtigungen den Strafverfolgungsbehörden doch ein weit gefächertes Eingriffsinstrumentarium in grundrechtlich hochsensible Schutzgüter zur Verfügung. Inwieweit in diesem Bereich Eingriffe durch Änderungen der Gesetze oder deren Auslegung durch die Rspr. zugelassen werden, lässt grundlegende Rückschlüsse auf die Gewichtung von schutzwürdigen Individualinteressen und staatlichem Sicherheitsdenken zu, sodass der Ausdruck vom Strafprozessrecht als **Seismograf der Staatsverfassung** (*Roxin/Schünemann* § 2 Rn. 1; instruktiv *Amelung* StV 2002, 161; s.a. *Beulke* StV 1990, 180 »Spiegelbild der gesellschaftlichen Ordnung«) durchaus berechtigt ist.

4 **II. Ziele des Strafverfahrens.** Die Ziele des Strafverfahrens sind vielgestaltig und können im Einzelfall miteinander in Konflikt geraten. Gemeinhin wird die Zielsetzung des Strafprozesses dahin gehend formuliert, dieser sei darauf gerichtet, eine **materiell richtige, prozessförmig zustande gekommene und Rechtsfrieden schaffende Entscheidung** über die Strafbarkeit des Beschuldigten herbeizuführen (vgl. BVerfGE 113, 29; BVerfG NJW 2018, 2385 [Rn. 68]; *Beulke/Swoboda* Strafprozessrecht Rn. 7 ff.; *Dölling* FS Beulke, S. 679; KK-StPO/*Fischer* Einl. Rn. 3; MüKo-StPO/*Kudlich* Einl. Rn. 11; *Kudlich* in: Hdb. StrafR VII § 1 Rn. 4 ff.). Primäres Anliegen des Gesetzgebers wie auch des Gesetzesanwenders muss es sein, diese grundlegenden Verfahrensziele mittels Abwägung einem schonenden **Ausgleich** zuzuführen, ohne dass dabei eines der Grundprinzipien vollständig verdrängt oder ausgehöhlt wird (zu den Verfahrenszielen als Argumentationstopos in der Rspr.: *Kröpil* JR 2013, 14). Bei allen staatlichen Maßnahmen im Kontext der Strafverfolgung muss berücksichtigt werden, dass es zentrales Anliegen eines jeden Strafprozesses ist, einen **objektiven** Ausspruch über Schuld und Strafe zu treffen. Es gilt gerade nicht mehr die Zielsetzung des mittelalterlichen Inquisitionsprozesses, den Beschuldigten wenn irgend möglich zu überführen (Meyer-Goßner/*Schmitt* Einl. Rn. 2).

5 **1. Feststellung und Durchsetzung des staatlichen »Strafanspruchs« durch das Auffinden einer materiell richtigen Entscheidung. a) Durchsetzung des »staatlichen Strafanspruchs«.** Hauptaufgabe des Strafverfahrens ist die **Feststellung** tatsächlich begangener Verstöße gegen das materielle Strafrecht und die **Durchsetzung** der hierfür durch dieses angeordneten Rechtsfolgen (BVerfGE 20, 45, 49; 133, 168, 199; BVerfG NJW 2018, 2385 [Rn. 68]; BGH NJW 2007, 3010; s.a. *Rieß* JR 2006, 269). Ziel eines jeden Strafprozesses ist demzufolge zunächst die Klärung der Frage, ob eine Straftat begangen wurde, sowie bejahendenfalls die Ermittlung des Täters, die Feststellung seiner Schuld und seine Bestrafung, im Gegenzug aber auch der Freispruch des Unschuldigen (BVerfGE 39, 1, 45 ff.; 88, 203, 257 f.; BVerfG StV 2017, 361, 362). Dem formellen Strafrecht kommt somit eine »dienende« Funktion gegenüber den materiell-strafrechtlichen Regelungen zu (krit. *Kröpil* Jus 2015, 509), fungiert es doch als Instrumentarium zu deren praktischer Umsetzung. Dies bedeutet allerdings **nicht**, dass dem Strafprozessrecht gegenüber dem materiellen Strafrecht **nur** eine **untergeordnete Bedeutung** zuzuerkennen ist – vielmehr konstituiert das Strafverfahrensrecht erst die faktische Geltung der materiellen Strafrechtsordnung, die nur über die tatsächliche Umsetzung ihrer Sanktionsdrohungen einen Beachtlichkeitsanspruch erlangt (LR/*Kühne* Einl. B Rn. 8 ff.). Die materiellen **Strafzwecke** (nach den herrschenden Vereinigungstheorien neben Schuldausgleich auch Aspekte positiver und negativer Spezial- und Generalprävention; vgl. umfassend zu den Strafzwecken: NK/*Hassemer/Neumann* Vor § 1 Rn. 268 ff.; *Hörnle* Straftheorien 2011; *Meier*, Strafrechtliche Sanktionen [2009] S. 6 ff.) wirken somit mittelbar in das Strafprozessrecht hinein.

6 Wird im Zusammenhang mit der Umsetzung der materiell-strafrechtlich vorgesehenen Sanktionen bei erwiesenen Verstößen der Terminus von der Durchsetzung des **»staatlichen Strafanspruchs«** (vgl. statt vieler BVerfGE 133, 168, 199; BGHSt 16, 122, 125) gebraucht, so ist diese Begrifflichkeit missverständlich (krit. auch *Volk/Engländer*, Grundkurs StPO, § 3 Rn. 2; *Weigend*, Deliktsopfer und Strafverfahren, 1989, S. 191 ff.; positiver: *Hauck*, Heimliche Strafverfolgung und Schutz der Privatheit, 2014, S. 117). Infrage steht nicht etwa eine subjektive Rechtsposition des Staates, die der Legaldefinition des Anspruchs in § 194 BGB gleichkommt. Auch der potenziell Verletzte einer Straftat hat grundsätzlich keinen verfassungsrechtlich verbürgten umfassenden Anspruch auf Strafverfolgung Dritter. Nach der inzwischen gesicherten Rspr. des BVerfG besteht in bestimmten Ausnahmefällen doch ein verfassungsrechtlich begründetes subjektiv-öffentliches Recht auf Strafverfolgung Dritter, nämlich dort, wo der Einzelne nicht in der Lage ist, erhebliche Straftaten gegen seine höchstpersönlichen Rechtsgüter abzuwehren und ein Verzicht auf die effektive Verfolgung solcher Taten zu einer Erschütterung des Vertrauens in das Gewaltmonopol des Staates und einem allgemeinen Klima der Rechtsunsicherheit und Gewalt führen kann (BVerfG [Gorch Fock] NJW 2015, 150 m.Anm. *Vahle* Kriminalistik 2015, 191; BVerfG [Münchener Lokalderby] NStZ-RR 2015, 347; BVerfG [Kunduz] StV 2017, 373 m. Bespr. *Esser/Lubrich* StV 2017, 418). Lediglich insoweit besteht eine staatliche Verpflichtung zum Tätigwerden i.R.d. Rechtsgüterschutzes, die sich aus der Funktion der Grundrechte als Schutzrechte gegenüber staatlicher Hoheitsgewalt ergibt (vert. zur Rechtsgüterschutzdiskussion s. den Inzest Beschluss BVerfGE 120, 224; dazu statt aller *Hassemer* NJW 2008, 1142; *Müssig* FS Fischer, S. 171; *Paeffgen* FS Wolter, S. 125; *Roxin* StV 2009, 544). Daher kann der staatliche Straf»anspruch« weder einem Verzicht noch einer Verwirkung durch Entstehung eines Vertrauenstatbestandes (BGHSt 40, 48, 59) oder durch schwere Verfahrensfehler (BGHSt 32, 345, 353; *Beulke/Swoboda* Strafprozessrecht Rn. 444; *Foth* NJW 1984, 221, 222; s. aber auch *Hillenkamp* NJW 1989, 2841) unterliegen. Dies schließt es nicht aus, bezüglich einzelner Beweiserhebungsmaßnahmen Beweisverwertungsverbote anzuerkennen, wenn die rechtsstaatlich vorgegebenen Verfahrensnormen gröblich missachtet wurden (s.u. Rdn. 260 ff.).

b) **Grundsatz der materiellen Wahrheit.** Zentrales, durch das Rechtsstaatsprinzip vorgegebenes Anliegen eines jeden Strafverfahrens ist es, eine in materiell-rechtlicher Hinsicht richtige und damit letztendlich **gerechte Entscheidung** herbeizuführen (BVerfG NJW 2018, 2385 [Rn. 68]; BGHSt 47, 62, 65; 49, 112, 120). Die Bindung des Strafverfahrens an die Zielsetzung, ein Prozessergebnis unter Zugrundelegung eines materiell richtigen Sachverhalts erzielen zu können, wird trotz der nunmehr gesetzlich legitimierten Absprachepraxis (§ 257c) nicht infrage gestellt (BVerfGE 133, 168, 226 ff.; BGHSt 50, 40, 63; OLG Celle StV 2011, 341; *Beulke/Stoffer* JZ 2013, 662, 664; *Lindemann* in: Hdb. StrafR VII § 2 Rn. 61 ff.; *Kühne* ebenda § 9 Rn. 1 ff.). Der gesetzgeberische Wille ist ausweislich der §§ 244 Abs. 1, 246, 257c Abs. 1 Satz 2, 359 Nr. 5 trotz aller Sparzwänge und Opportunitätserwägungen nach wie vor darauf gerichtet, innerhalb der Grenzen des prozessual Zulässigen einen materiell wahren Sachverhalt zur Grundlage strafrichterlicher Entscheidungen zu machen, und muss in der praktischen Umsetzung beachtet werden (vert. *Jahn* GA 2014, 588; *Radtke* GA 2012, 187). Gleichwohl wird ein gefundenes Prozessergebnis nur selten mit der »vollen objektiven Wahrheit« übereinstimmen. Vielmehr weisen die beschränkten Möglichkeiten menschlichen Erkenntnisvermögens und prozessualer Aufklärung zu der realistischen Erkenntnis, dass letztendlich nur eine »forensische Wahrheit« gefunden werden kann. Mit dieser müssen sich die Beteiligten am Strafverfahren aufgrund prozessökonomischer Erwägungen begnügen (vgl. instruktiv zum Spannungsverhältnis unterschiedlicher Wahrheitsbegriffe *Kargel* ARSP 2019, 171; *Kühne* GA 2008, 361; s.a. *Becker* FS Fischer, S. 603; *Schünemann* FS Kühne, S. 361; *Beulke* Einleitungsreferat 43. Strafverteidigertag Regensburg 2019). 7

Wahrheit und Gerechtigkeit dienen als oberste Leitprinzipien des gesamten Strafprozessrechts (*Kudlich* FS Schlothauer, S. 335; *Murmann* GA 2004, 65, 68; *Salas*, Kritik des strafprozessualen Denkens, 2005, S. 294) und rechtfertigen als grundlegende Zielsetzung die Eingriffsbefugnisse der Strafverfolgungsbehörden in individuelle, grundrechtlich geschützte Positionen. Die Bedeutung des Grundsatzes der materiellen Wahrheit für die Ausgestaltung des Verfahrens zeigt sich in der Gegenüberstellung zum Zivilverfahrensrecht, in welchem das Gericht infolge des Beibringungsgrundsatzes allein den von den Parteien zu Gehör gebrachten Sachvortrag berücksichtigen darf und im Fall eines hieraus resultierenden *non liquet* nach der jeweiligen Beweislastverteilung entscheiden muss. Die in einem solchen Verfahren ermittelte »Wahrheit« ist folglich notwendigerweise beschränkt. Das Gericht vermag selbige nur auf der Grundlage des ihm von den Parteien präsentierten Sachvortrages zu bestimmen und muss somit gegebenenfalls sehenden Auges eine materiell falsche Entscheidung treffen. Demgegenüber verpflichtet der das Strafverfahren bestimmende **Amtsermittlungsgrundsatz** (§§ 155 Abs. 2, 160 Abs. 1, Abs. 2, 202, 244 Abs. 2, s.u. Rdn. 54 f.) die Strafverfolgungsbehörden grundsätzlich zur weitestmöglichen Aufklärung des entscheidungserheblichen Sachverhalts und sorgt folglich dafür, dass der der Entscheidung zugrunde liegende Tatsachenstoff in größtmöglicher Hinsicht ein Abbild des tatsächlichen Geschehens ist. Zusätzlich zu den behördlichen Ermittlungsmaßnahmen dienen insb. auch die Fragerechte der übrigen Verfahrensbeteiligten (BGHSt 13, 252, 254; 21, 334, 360) und das Recht zur Stellung von Beweisanträgen dem Ziel der Wahrheitsermittlung. 8

Damit der Straftäter einer gerechten, d.h. auf Grundlage des tatsächlichen Geschehens bemessenen, Strafe zugeführt werden kann, bedarf es einer **funktionstüchtigen Strafrechtspflege**, die ihrer Verpflichtung zur Amtsermittlung auch umfassend gerecht wird (BVerfGE 34, 238, 248 f.; 80, 367, 375; BVerfG NJW 2002, 51; BVerfG NJW 2018, 2385 [Rn. 68]; BVerfG StV 2021, 2 [Rz. 50]; 2021, 141 [Rz. 24]; *Lindemann* Hand. des Strafrechts VII § 2 Rn. 3; *Schwarz* Jura 2007, 334). Die Funktionsfähigkeit der Rechtspflege ist somit notwendiges Erfordernis der ihr zukommenden Funktion, gerechte Entscheidungen zu erzeugen (ausführl. *Landau* NStZ 2011, 537, 544; *Rieß* StraFo 2000, 364; krit. *Hassemer* StV 1982, 275; *Sommer* StraFo 2014, 441). Eine ausreichende finanzielle, sachliche und personelle Ausstattung der mit der Strafverfolgung befassten Institutionen ist folglich unabdingbare Voraussetzung einer Prozessordnung, die Wahrheit und Gerechtigkeit nicht nur als wohlmeinende Prinzipien versteht, sondern auch faktisch umzusetzen in der Lage ist. 9

Der Grundsatz materieller Wahrheit ist in unauflöslicher Weise mit dem **Schuldgrundsatz** verbunden (BGHSt 18, 274, 275 f.; *Heger/Pohlreich*, Strafprozessrecht, Rn. 17). Wenn nur derjenige verurteilt werden darf, der in individuell-schuldhafter Weise gegen die Normen des materiellen Strafrechts verstoßen hat, muss eben dieses auch mit größtmöglicher Sicherheit aufgeklärt werden. 10

Die Verpflichtung, den der Entscheidung zugrunde zu legenden Sachverhalt aufzuklären, beinhaltet die Pflicht zur möglichst eindeutigen Festlegung dessen, was nach Ansicht der Strafverfolgungsbehörden geschehen ist. Nicht immer ist jedoch, nachdem alle zur Verfügung stehenden Erkenntnis- und Beweismittel ausgenutzt wurden, eine Aufklärung des Tatgeschehens in jedem Aspekt mit der für eine abschließende Entscheidung erforderlichen Sicherheit möglich. In diesen Fällen dienen die Instrumente des Zweifelssatzes (*in dubio pro reo*) sowie der Wahl-, Post- und Präpendenzfeststellung dazu, einen eindeutigen Sachverhalt zu unterstellen (vgl. hierzu BGH wistra 2017, 76; OLG Köln StV 2016, 218; *Wessels/Beulke/Satzger*, AT, Rn. 1298 ff.; zur Verfassungskonformität der ungleichartigen Wahlfeststellung vgl. BGH NJW 2017, 2842 m.Anm. *Jahn* und 11

Bespr. *Kudlich* JA 2017, 870; *Mosbacher* JuS 2018, 129, 133 s. ferner *Mitsch* JR 2017, 8; *Pohlreich* ZStW 128 [2016], 676; *Schuhr* NStZ 2014, 437). Diese Instrumente stellen somit einerseits eine Ausnahme vom Grundsatz der materiellen Wahrheit dar, als bei ihrer Anwendung in Kauf genommen wird, zugunsten der Entscheidungssicherheit einen Sachverhalt als wahr zu unterstellen, der sich so möglicherweise gar nicht zugetragen hat. Andererseits dienen sie der Absicherung dieses Prinzips insofern, als ihnen das Gebot zugrunde liegt, die faktischen Erkenntnismöglichkeiten bis aufs Letztmögliche auszunutzen und erst dann mit Fiktionen zu arbeiten.

12 **2. Die Gewährung eines rechtsstaatlichen Verfahrens.** Die Funktion der Strafrechtspflege, den Straftäter einer gerechten Strafe zuzuführen bzw. den Unschuldigen zu entlasten, kann in einem Rechtsstaat (vgl. Art. 20 Abs. 3 GG) nicht absolut gelten. **Gerechtigkeit** kann es **nicht um jeden Preis** geben (BVerfG JZ 2011, 249, 250; BGHSt 38, 215, 219 f.; *Jahn* StraFo 2011, 117; *Wolter* GA 1999, 158). Da die Mechanismen der Strafverfolgung tief in das Leben und die Rechte desjenigen eingreifen, der als möglicher Straftäter in Betracht gezogen wird, bedarf es eines wirksamen Schutzes vor übermäßigen, d.h. unverhältnismäßigen Eingriffen. Dies ist unabdingbar, weil sich einerseits im Laufe des Verfahrens die Unschuld des Beschuldigten herausstellen kann, andererseits stets die Gefahr besteht, dass die Exekutive die ihr in Form des Strafverfahrensrechts an die Hand gegebenen Machtmittel missbraucht. Das **prozessordnungsmäßige Zustandekommen der Entscheidung** ist deshalb eine weitere Aufgabe des Strafverfahrensrechts, die gleichberechtigt neben dem Erfordernis einer effektiven Strafverfolgung steht (BVerfG NJW 1990, 563; BVerfG NJW 2018, 2385 [Rn. 68]). Der zwischen diesen beiden Aufgaben vorprogrammierte Konflikt durchzieht das gesamte Verfahrensrecht. Zum Teil ist er bereits durch das Gesetz selbst entschieden (z.B. bei der Untersuchungshaft durch Art. 104 GG, §§ 112 ff.), zum Teil muss er durch Rspr. und Wissenschaft (z.B. im Wege der Anerkennung von Beweisverwertungsverboten, s.u. Rdn. 259 ff.) ausgefochten werden. Bei der stets erforderlichen Abwägung zwischen der Effektivität der Strafverfolgung und den schutzwürdigen Beschuldigtenrechten muss ein besonderes Augenmerk darauf gelenkt werden, dass Effektivierungsbestrebungen nicht zunehmend zulasten der Rechtsstellung des Beschuldigten gehen dürfen (BVerfG StV 2000, 1 m.Anm. *Naucke*; BGH NStZ 1997, 195; *Beulke*, Einleitungsreferat 43. Strafverteidigertag Regensburg 2019; *Leutheusser-Schnarrenberger* ZRP 1998, 87; *Rieß* NStZ 1994, 409; *Scheffler* GA 1995, 449; *Hassemer* DRiZ 1992, 357).

13 **3. Die Rechtsfriedensfunktion.** Abschließendes Ziel eines jeden Strafverfahrens ist die Schaffung von Rechtsfrieden durch eine bindende und unumstößliche Entscheidung des dem Prozess zugrunde liegenden Falles (BVerfG NJW 2018, 2385 [Rn. 68]; BGHSt 18, 274, 278; KG StV 2012, 358, 360). Obwohl die Strafverfolgung auf der Basis der Unschuldsvermutung geführt wird (EGMR [Krebs vs. Deutschland] StV 2021, 631), wird der Rechtsfrieden bereits durch den Verdacht einer Straftat, der nichts anderes darstellt als die Vermutung eines Verstoßes gegen materiell-strafrechtliche Normen und somit einer Rechtsgutsverletzung, gestört. Dieser Konflikt zwischen Verdacht gegen den Beschuldigten einerseits und Vermutung seiner Unschuld andererseits wird dadurch aufgelöst, dass die Strafgerichte den zugrunde liegenden Sachverhalt verbindlich feststellen und einer **letztendlich (nahezu) unangreifbaren** materiell-rechtlichen Beurteilung unterziehen, die entweder die völlige Entlastung des Beschuldigten von der ihm zur Last gelegten Tat oder aber die Anordnung bestimmter Rechtsfolgen zur Konsequenz hat.

14 Auch das Ziel der Schaffung von Rechtsfrieden kann zu den vorgenannten Funktionen (Wahrheitsermittlung und Prozessordnungsgemäßheit des Verfahrens) in Widerstreit treten. Treten nachträglich Zweifel an der Übereinstimmung einer gerichtlichen Entscheidung mit der materiellen Wahrheit auf, so streitet selbiges Prinzip für eine Neuaufnahme des Verfahrens, obwohl dies der Rechtsfriedensfunktion gerade zuwiderläuft. Letztere zielt vielmehr darauf ab, die Frage von Schuld oder Unschuld und die daraus folgenden Bestrafungskonsequenzen nicht dauerhaft offen zu lassen oder zur Disposition zu stellen. Vielmehr dient das Institut der Rechtskraft dazu, dem Ziel des Rechtsfriedens im Einzelfall den Vorrang einzuräumen (BGHSt 7, 283, 285; s.u. Rdn. 336 ff.). Da aber Gerechtigkeit und Rechtsfrieden als Ausprägungen des Rechtsstaatsprinzips jeweils Institute von Verfassungsrang sind, bedarf es eines Ausgleichs zwischen Rechtskraft und materieller Gerechtigkeit. In Fallgruppen, in denen die Aufrechterhaltung rechtskräftiger Entscheidungen extrem ungerecht erscheint, sind daher Möglichkeiten der **Durchbrechung** der Rechtskraft anerkannt. Diese Funktion kommt dem Recht der Wiederaufnahme des Verfahrens zu (§§ 359 ff.). Das Prinzip der Beständigkeit der Entscheidung ist damit die Regel, Beschränkungen durch den Gesetzgeber aus rechtsstaatlichen Gründen sind die Ausnahme (BGHSt 45, 37, 38; Radtke/Hohmann/*Radtke* Einl. Rn. 97; zur Debatte um die Reform der Wiederaufnahme zuungunsten des Angeklagten s. nur BGBl. I 2021, S. 5252; Meyer-Goßner/*Schmitt* § 362 Rn. 19; OK-StPO/*Singelnstein* § 362 Rn. 11; *Aust*/*Schmidt* ZRP 2020, 251; *Bung* HRRS 2019, 109; *Frister*/*Müller* ZRP 2019, 101; *Hoven* JZ 2021, 1154; *Kubiciel* GA 2021, 380; *Letzgus* NStZ 2020, 717; *Slogsnat* ZStW 133,[2021], 741; *Zehetgruber* JR 2020, 157, 161 ff.).

B. Rechtsquellen des Strafprozessrechts und ihre Auslegung. I. Rechtsquellen des Strafprozessrechts. Das Strafverfahrensrecht ist aufgrund der Zuordnung zur konkurrierenden Gesetzgebungskompetenz des Bundes in Art. 74 Abs. 1 Nr. 1 GG vorwiegend in Form von Bundesrecht kodifiziert. Unter anderem folgende Gesetze enthalten strafverfahrensrechtlich relevante Regelungen (zur Entwicklung von den Reichsjustizgesetzen hin zum aktuellen Strafverfahrensrecht vgl. ausf. LR/*Kühne* Einl. F; *Stuckenberg* in: Hdb. StrafR VII § 6 Rn. 1 ff.; *Kuhli* ebenda § 7 Rn. 8 ff. m.w.N.): 15

- Strafprozessordnung (**StPO**) vom 01.02.1877 in der Fassung der Bekanntmachung aus dem Jahr 1987 mitsamt dem Einführungsgesetz zur Strafprozessordnung (**EGStPO**);
- Gerichtsverfassungsgesetz (**GVG**) vom 27.01.1877 in der Fassung der Bekanntmachung aus dem Jahr 1975, das z.B. die sachliche Zuständigkeit (vgl. § 1 i.V.m. §§ 24 ff., 74 ff., 120 GVG), die Gerichtsbesetzung sowie den Aufbau der Staatsanwaltschaften regelt (vgl. §§ 141 ff. GVG) mitsamt Einführungsgesetz zum GVG vom 27.01.1877 (**EGGVG**), in dem z.B. der Rechtsschutz gegen sog. Justizverwaltungsakte normiert ist, §§ 23 ff. EGGVG;
- **Grundgesetz** für die Bundesrepublik Deutschland, vgl. z.B. das Rechtsstaats- und Sozialstaatsprinzip des Art. 20 Abs. 3 GG und die Vorschriften über die rechtsprechende Gewalt, Art. 92 ff. GG, hier insb. die Justizgrundrechte in Art. 101 Abs. 1 Satz 2, 103 Abs. 1, Abs. 3, 104 GG;
- Europäische Konvention zum Schutze der Menschenrechte und Grundfreiheiten (**EMRK**) vom 04.11.1950 (die in der Bundesrepublik im Rang einfachen Bundesrechts steht, Transformationsgesetz BGBl. 1952 II, S. 685), vgl. insb. die Regelung über Rechte des Angeklagten in Art. 6 EMRK;
- Jugendgerichtsgesetz (**JGG**), das auf das Reichsjugendgerichtsgesetz aus dem Jahr 1923 zurückgeht und heute in der Fassung einer Bekanntmachung aus dem Jahr 1974 gilt und die Besonderheiten des Strafverfahrens gegen Jugendliche und Heranwachsende regelt, z.B. die Bildung besonderer Jugendgerichte, vgl. §§ 33 ff. JGG;
- Strafgesetzbuch (**StGB**), das insb. Regelungen über das Strafantragsrecht (§§ 77 ff. StGB) und die Verjährung (§§ 78 ff. StGB) enthält;
- Gesetz über Ordnungswidrigkeiten (**OWiG**), welches Bestimmungen im Hinblick auf die Behandlung von Ordnungswidrigkeiten im Strafprozess enthält und den Übergang zwischen Straf- und Ordnungswidrigkeitenverfahren festlegt;
- Abgabenordnung: §§ 385–408 **AO** enthalten Besonderheiten des Verfahrensgangs in Steuerstrafsachen (s.u. Rdn. 351 ff.);
- Bundeskriminalamtgesetz (**BKAG**) vom 01.08.1997 regelt die Zusammenarbeit von Bund und Ländern in kriminalpolizeilichen Angelegenheiten;
- Bundeszentralregistergesetz: §§ 51 ff. **BZRG** normieren Verwertungsverbote für tilgungsreife und getilgte Vorstrafen;
- Betäubungsmittelgesetz: §§ 35 ff. **BtMG** enthalten punktuelle Sonderregelungen für das Verfahren zur Verfolgung von Betäubungsmitteldelikten;
- bestimmte Vorschriften der Zivilprozessordnung (**ZPO**) finden im Fall von Verweisungen durch die StPO Anwendung (z.B. gem. § 37 Abs. 1 für das Verfahren bei Zustellungen);
- Gesetz über die internationale Rechtshilfe in Strafsachen (**IRG**) trifft Regelungen zum Rechtshilfeverkehr mit dem Ausland in strafrechtlichen Verfahren.

Landesrechtliche Rechtsquellen des Strafverfahrensrechts können dort relevant werden, wo bundesrechtliche Öffnungsklauseln, Regelungsvorbehalte und -ermächtigungen existieren (§ 6 EGStPO; vgl. LR/*Kühne* Einl. C Rn. 5); ferner hinsichtlich der organisatorischen Voraussetzungen des Strafverfahrens (Gerichtsorganisation, Bestimmung der nach § 380 einzuschaltenden Vergleichsbehörde, Bestimmung der Ermittlungsbeamten der StA i.S.d. § 152 Abs. 2 GVG, etc.). 16

Neben den eigentlichen, das Strafverfahren regelnden Rechtsnormen existieren zahlreiche – für die Praxis sehr bedeutsame – **Justizverwaltungsvorschriften** der Länder ohne Rechtsnormqualität, die das gleichförmige Handeln der Strafverfolgungsbehörden fördern und sichern, so u.a. 17

- Richtlinien für das Strafverfahren und das Bußgeldverfahren (**RiStBV** vom 01.01.1977 i.d.F. v. 30.11.2018),
- Anordnung über Mitteilungen in Strafsachen (**MiStra** vom 01.02.2019),
- Richtlinien zum Jugendgerichtsgesetz (**RiJGG** vom 01.08.1994),
- Strafvollstreckungsordnung (**StrVollstrO** vom 01.08.2011),
- Richtlinien für den Verkehr mit dem Ausland in strafrechtlichen Angelegenheiten (**RiVASt** vom 18.09.1984 i.d.F.v. 23.12.2016).

Zunehmend Einfluss auf das innerstaatliche Strafverfahrensrecht erlangt das **Recht der Europäischen Union.** 18
Die früher der sog. dritten Säule des EG-Rechts unterfallende Polizeiliche und Justizielle Zusammenarbeit

wurde durch den Vertrag von Lissabon (ABl. 2007/C 306/01) in Art. 67 ff. AEUV von der Ebene rein intergouvernementaler Zusammenarbeit in einen supranationalen Kontext überführt (vgl. zu den grundlegenden Änderungen durch den Vertrag von Lissabon *Mayer* JuS 2010, 189; zu strafrechtsrelevanten Entwicklungen im Kontext der EU *Brodowski* ZIS 2011, 940, ZIS 2012, 558, ZIS 2013, 455, ZIS 2015, 79, ZiS 2016, 106, ZiS 2017, 11, 688, ZIS 2018, 493; *Esser* in: Hdb. StrafR I § 13 Rn. 16; *Landau* NStZ 2011, 537; umfassend: *Satzger*, Internationales und Europäisches Strafrecht, §§ 7 ff., S. 98 ff.; *ders.*, ZiS 2016, 771; *F. Zimmermann*, Strafgewaltkonflikte in der Europäischen Union, 2015, zu ihm: *Schramm*, ZiS 2017, 151). Auf der Grundlage der Art. 34 Abs. 2 lit. b, d EUV a.F. wurden zahlreiche Übereinkommen und Rahmenbeschlüsse von strafprozessualer Relevanz verwirklicht (z.B. Übereinkommen über die **Rechtshilfe in Strafsachen**, ABl. 2000 C 197/1; Rahmenbeschluss über den **Europäischen Haftbefehl**, ABl. 2002 L 190/1; Rahmenbeschluss über die Europäische Beweisanordnung; ABl. 2008 L 350, 72), die als Teil des *acquis communautaire* bis zu ihrer Aufhebung oder Änderung auch nach der Neukonzeption der Zuständigkeiten bestehen bleiben. Art. 82 Abs. 1, Abs. 2 AEUV räumen der EU nunmehr unter Zugrundelegung des Prinzips gegenseitiger Anerkennung gerichtlicher Entscheidungen Befugnisse zur Festlegung strafprozessualer Mindeststandards durch Richtlinien ein, begrenzt allerdings durch die Grundsätze der Subsidiarität und Verhältnismäßigkeit, Art. 5 Abs. 1, Abs. 3, Abs. 4 AEUV und die Vorbehaltsklausel des Art. 83 Abs. 3 AEUV (vgl. zur Befürchtung der Nivellierung der nationalen Strafverfahrensrechte *Kühne*, Strafprozessrecht, Rn. 48). Inzwischen gibt es in vielen Teilbereichen Bestrebungen, bisher geltende Rahmenbeschlüsse in Richtlinien umzusetzen. Die europäische Rechtsentwicklung gewinnt also auch im Verfahrensrecht zunehmend an Dynamik. Entscheidende Bedeutung kommt insofern dem sogenannten **Stockholmer Programm** zu, das vom Europäischen Rat im Dezember 2009 angenommen wurde (ABl. 2010 C 115/1; dazu *Zeder* EuR 2012, 34): Es enthält einen sechsstufigen **»Fahrplan zur Stärkung der Verfahrensrechte von Verdächtigen oder Beschuldigten in Strafverfahren«**, der vorsieht, nach und nach bestimmte Maßnahmen zum Schutz des Beschuldigten zu ergreifen (vgl. *Dettmers/Dinter* DRiZ 2011, 402; *Gatzweiler* StraFo 2011, 293). Das inhaltlich hieran anschließende **Brüsseler Programm**, das der Europäische Rat im Juni 2014 beschlossen hat (ABl. 2014 C 240/13), führt diese kriminalpolitische Linie fort und nimmt zusätzlich Aspekte des Opferschutzes und der grenzüberschreitenden Tätigkeit bzw. operativen Zusammenarbeit in den Blick.

19 Zur Realisierung dieser Programme haben Europäisches Parlament und Rat in den vergangenen Jahren u.a. bereits die **Richtlinie über das Recht auf Dolmetschleistungen und Übersetzungen in Strafverfahren** (RL 2010/64/EU vom 20.10.2010, ABl. 2010 L 280/1) sowie die **Richtlinie über das Recht auf Belehrung und Unterrichtung im Strafverfahren** (RL 2012/13/EU vom 22.05.2012, ABl. 2012 L 142/1; hierzu *Esser* FS Wolter, S. 1329) verabschiedet. Beide Richtlinien wurden in Deutschland durch das **Gesetz zur Stärkung der Verfahrensrechte Beschuldigter im Strafverfahren** vom 02.07.2013 (BGBl. I 2013, S. 1938) umgesetzt (hierzu *Christl* NStZ 2014, 376; *Eisenberg* JR 2013, 442). Zu verweisen ist ferner beispielhaft auf die **Richtlinie über das Recht auf Zugang zu einem Rechtsbeistand in Strafverfahren und in Verfahren zur Vollstreckung des Europäischen Haftbefehls sowie über das Recht auf Benachrichtigung eines Dritten bei Freiheitsentzug und das Recht auf Kommunikation mit Dritten und mit Konsularbehörden während des Freiheitsentzugs** (RL 2013/48/EU vom 22.10.2013, ABl. 2013 L 294; hierzu *Corell/Sidhu* StV 2012, 246), auf die **Richtlinie über die Stärkung bestimmter Aspekte der Unschuldsvermutung und des Rechts auf Anwesenheit in der Verhandlung in Strafverfahren** (RL 2016/343/EU vom 09.03.2016, ABl. 2016 L 65), auf die **Richtlinie über Verfahrensgarantien in Strafverfahren für verdächtige oder beschuldigte Kinder** (RL 2016/800/EU vom 11.05.2016, ABl. 2016 L 132/1, umgesetzt im Gesetz zur Verstärkung der Verfahrensrechte von Beschuldigten im Jugendstrafverfahrensrecht, BGBl. I 2019, S. 2146) sowie auf **die Richtlinie über Prozesskostenhilfe für Verdächtige und beschuldigte Personen in Strafverfahren sowie für gesuchte Personen in Verfahren zur Vollstreckung eines Europäischen Haftbefehl** (RL 2016/1919/EU vom 26.10.2016, ABl. 2016 L 297/1, umgesetzt im Gesetz zur Neuregelung der notwendigen Verteidigung vom 12.12.2019, BGBl. I 2019, S. 2128).

Die Schaffung einer **Europäischen Staatsanwaltschaft (EuStA**, englisch: European Public Prosecutor's Office [EPPO]) auf Grundlage des Art. 86 AEUV ist nunmehr verwirklicht (zur Entwicklung s. Vorschlag des Europäischen Rates der Europäischen Union für eine Verordnung über die Errichtung der Europäischen Staatsanwaltschaft vom 31.01.2017, Ratsdok. 5766/17; vert. *Böse* JZ 2017, 82; *Esser* StV 2014, 494; *Satzger* NStZ 2013, 206; *Schramm* JZ 2014, 749; *Wildt* AnwBl 2014, 340; *Zeder* StraFo 2014, 239; vgl. auch den Sammelband der ECPI zur Europäischen Staatsanwaltschaft: The European Prosecutor's Office – Legal and Criminal Policy Perspectives).

Mit der Verordnung VO 2017/1939, ABl. 2017 L 283/1 ist ein entsprechender Rechtsakt erlassen (zu den Einzelheiten s.a. auch das factsheet der Kommission vom 01.08.2018, https://ec.europa.eu/commission/presscorner/detail/de/MEMO_18_4767, Abrufdatum: 08.02.2022). Zentrale Aufgabe der EuStA ist es, Straftaten

zum Nachteil der finanziellen Interessen der Union zu bekämpfen (Art. 86 Abs. 1 UA 1, Abs. 2 AEUV). Die EuStA folgt einem **Zwei-Hüte-Modell** (hierzu *Magnus*, HRRS 2018, 143, 144), ist also in zwei Ebenen gegliedert: Auf zentraler Ebene leitet ein Europäischer Generalstaatsanwalt die EuStA, die selbst Institution der Union ist (zu den Unstimmigkeiten im Vorfeld der personellen Besetzung des ersten Generalstaatsanwalts vgl. www.lto.de/recht/justiz/j/eu-staatsanwaltschaft-koevesi-bohnert-ritter-parlament-rat/). Er wird hierbei von jeweils einem Europäischen Staatsanwalt aus jedem Mitgliedsstaat unterstützt, die ihre Arbeit am Sitz der EuStA in Luxemburg verrichten werden. Auf dezentraler Ebene werden in den Mitgliedsstaaten Delegierte Europäische Staatsanwälte tätig: Sie leiten die Ermittlungen vor Ort nach dem jeweiligen Recht des Mitgliedsstaates, stehen dabei aber unter Aufsicht des Generalstaatsanwalts. Damit ist ein Ende des nationalen Anklagemonopols verbunden, das teils beklagt wird (etwa *Schneiderhan* DRiZ 2017, 360), andererseits als nicht weitgehend genug empfunden wird (*Böse* JZ 2017, 82 hält es für geboten, statt der nationalen die Europäischen Gerichte mit den entsprechenden Verfahren zu befassen).
An der EuStA nehmen nur diejenigen Mitgliedstaaten teil, die sich für eine verstärkte Zusammenarbeit iSv. Art. 86 Abs. 1 UA 3, 326 ff. AEUV ausgesprochen haben; neben der Bundesrepublik Deutschland sind dies 21 weitere EU-Staaten. Wichtig wird eine enge und möglichst reibungslose Zusammenarbeit mit artverwandten europäischen Institutionen wie Eurojust, OLAF und Europol sein (hierzu sogleich). Am 01.06.2021 hat in den 22 teilnehmenden Ländern die EuStA ihre Arbeit aufgenommen (zur Rechtsgrundlage in Deutschland: Eu Fin Sch StB, BT-Drs. 19/7886, vgl. zum Ganzen *Satzger/von Maltitz*, JURA 2018, 153).
OLAF (= Office Européen de Lutte Anti-Fraude) ist das Europäische Amt für Betrugsbekämpfung und widmet sich der Bekämpfung von Korruption, Betrug und sonstigen rechtswidrigen Handlungen zum finanziellen Nachteil der Europäischen Union (vgl. ABl. 1999 L 136/20, zudem VO 883/2013 ABl. 2013, L 248/1, geändert durch VO 2016/2030, ABl. 2016 L 317/1). OLAF arbeitet hierzu eng mit den zuständigen Behörden der Mitgliedsstaaten zusammen, um dort durch Weitergabe von Informationen an mitgliedsstaatliche Strafverfolgungsbehörden Ermittlungsmaßnahmen zu initiieren und zu befördern. OLAF ist dabei auf Verwaltungsuntersuchungen beschränkt, kann aber gerade nicht aus eigener Kraft Strafverfahren einleiten. Für die Zukunft bringt jener Kompetenzbereich Fragen nach einer klaren Zuständigkeitsabgrenzung und Zweifel hinsichtlich einer Zusammenarbeit ohne Reibungsverluste mit anderen Einrichtungen mit sich. Hierauf eingehend hat die Europäische Kommission versichert, OLAF werde insb. gegenüber der neu geschaffenen EuStA einen klar umrissenen eigenen Zuständigkeitsbereich haben, der auf den administrativen Bereich zurückgenommen ist: Dem Europäischen Amt für Betrugsbekämpfung verbleibt die verwaltungsrechtliche Untersuchung von Unregelmäßigkeiten und soll auch in denjenigen Staaten, die sich nicht an der EuStA beteiligen, eine effektive Betrugsbekämpfung sichern (vgl. factsheet der Kommission vom 01.08.2018, https://ec.europa.eu/commission/presscorner/detail/de/MEMO_18_4767, Abrufdatum: 08.02.2022).
Europol wiederum ist das Europäische Polizeiamt mit Sitz im niederländischen Den Haag und fußt in rechtlicher Hinsicht auf ex-Art. 29 ff. EUV, die nunmehr als Art. 87–89 AEUV die polizeiliche Zusammenarbeit regeln; konkret wird die Arbeit von Europol in der VO (EU) 2016/794, ABl. 2016 L 135/53 normiert. Zielsetzung von Europol ist die bessere polizeiliche Zusammenarbeit der Mitgliedsstaaten. Zu den Aufgaben von Europol zählen demgemäß insb. die Analyse, Informationsgewinnung und Koordination der nationalen Ermittlungsbehörden bezogen v.a. auf organisierte und schwere, grenzüberschreitende Kriminalität (vgl. Art. 88 Abs. 1 AEUV). Nicht gegeben ist bislang eine originäre eigene Ermittlungszuständigkeit von Europol, gleichfalls fehlt es dem Europäischen Polizeiamt an genuinen Exekutivbefugnissen. Art. 88 Abs. 3 AEUV stellt vielmehr klar, dass operative Maßnahmen nur in Verbindung und in Absprache mit den Behörden der betreffenden Mitgliedsstaaten ergriffen werden dürfen und dass insb. die Anwendung von Zwangsmaßnahmen den zuständigen Behörden der Mitgliedsstaaten vorbehalten bleibt.
Eurojust war bislang die Entsprechung zu Europol auf justiziellem Bereich, vgl. Art. 85 AEUV, und fungierte als zentrale ständige Auskunfts-, Dokumentations- und Clearingstelle. Sie besorgte die bessere Zusammenarbeit der nationalen Staatsanwaltschaften. Hinsichtlich des Wortlauts des Art. 86 Abs. 1 AEUV, wonach »ausgehend von Eurojust eine Europäische Staatsanwaltschaft« eingesetzt werden kann, hat man Eurojust nicht schlicht in der EuStA aufgehen lassen, sondern sich für die Lösung entschieden, dass Eurojust sogar mit gestärkter Position fortbestehen soll: Als Rechtsnachfolgerin der bisherigen Stelle Eurojust wird nun eine Agentur der Europäischen Union für Justizielle Zusammenarbeit in Strafsachen mit eigener Rechtspersönlichkeit errichtet, vgl. Art. 1 der VO 2018/1727 (Geltung ab 12.12.2019). Eurojust soll also künftig auch die EuStA bei ihrer Arbeit unterstützen bzw. ihr die eigenen Ressourcen zur Verfügung stellen; zu den Einzelheiten jener Zusammenarbeit zwischen EuStA und Eurojust vgl. genauer VO 2018/1727, ABl. 2018 L 295/138.
Auch die rechtlichen Möglichkeiten eines **europäischen Beweistransfers** wurden in den letzten Jahren beständig weiterentwickelt (vgl. *Beulke/Swoboda* Strafprozessrecht Rn. 30 f.; *Stefanopoulou* JR 2011, 54). Aktuelles Beispiel für einen entsprechenden unionsrechtlichen Legislativakt ist die **Richtlinie über die Euro-**

päische Ermittlungsanordnung in Strafsachen (RL 2014/41/EU vom 03.04.2014, ABl. 2014 L 130/1; vert. *Ambos/Rackow/Schork* StV 2021, 126; *Schuster* StV 2015, 393; *Ahlbrecht*, StV 2018, 601). Wissenschaftlich begleitet wird die stetig voranschreitende »Europäisierung des Strafverfahrensrechts« namentlich durch die **European Criminal Policy Initiative (ECPI)**, einer Gruppe von mittlerweile 16 Strafrechtswissenschaftlern aus zehn Mitgliedsstaaten der EU, die im November 2013 ein **»Manifest zum Europäischen Strafverfahrensrecht«** vorgelegt hat, in welchem sechs zentrale Forderungen an den Unionsgesetzgeber enthalten sind (vgl. ZIS 2013, Heft 11 mit einführenden Erläuterungen von *Satzger/Zimmermann*]).

20 **Nichtige Rechtsnormen** stellen keine taugliche Rechtsgrundlage für strafverfolgungsbehördliches Handeln dar. Hat das **Bundesverfassungsgericht** vor Feststellung der Verfassungswidrigkeit einer strafprozessualen Norm allerdings einstweilige Anordnungen erlassen, so stellen diese eine rechtfertigende Eingriffsgrundlage dar (sog. **normvertretendes Übergangsrecht**; exemplarisch zur Vorratsdatenspeicherung BGH NJW 2011, 467; s.a. EuGH, Große Kammer, StV 2021, 621).

21 Dem **Bundesverfassungsgericht** zufolge resultiert aus dem Grundsatz der **Völkerrechtsfreundlichkeit** des Grundgesetzes in Verbindung mit der richterlichen Bindung an Recht und Gesetz (Art. 20 Abs. 3 GG i.V.m. Art. 59 Abs. 2 GG) die verfassungsimmanente Pflicht aller nationalen Gerichte, einschlägige Entscheidungen internationaler Gerichte zur Kenntnis zu nehmen und sich mit ihnen auseinanderzusetzen (BVerfG NJW 2011, 207 zur Judikatur des Internationalen Gerichtshofs zum Konsularrecht).

22 **II. Die Auslegung strafprozessualer Normen.** Die Auslegung dient der Ermittlung des Inhalts und somit zugleich des Geltungsbereiches einer gesetzlich fixierten Norm. Hierbei ist zu unterscheiden zwischen den geschriebenen und ungeschriebenen Regeln zur Auslegung, die Teil der Rechtsordnung sind und als solche den Anwendungsbereich einer Norm bestimmen, und den durch Auslegung gewonnenen Grundsätzen, die auch im Fall langjähriger höchstrichterlicher Rspr. keine Bindungswirkung entfalten, es sei denn, sie sind im Einzelfall durch lang dauernde Übung und allgemeine Überzeugung von ihrer Rechtsverbindlichkeit zu Gewohnheitsrecht erstarkt.

Zur Auslegung von Normen als wohl wichtigstem Bestandteil der juristischen Methodenlehre existieren zahlreiche grundlegende Werke (beispielhaft: *Canaris/Larenz* Methodenlehre der Rechtswissenschaft [2014]; *Engisch* Einführung in das juristische Denken; *E. Kramer* Juristische Methodenlehre; *Rüthers/Fischer/Birk* Rechtstheorie [2020]; *Simon* Gesetzesauslegung im Strafrecht; *Wank* Die Auslegung von Gesetzen; *Zippelius* Juristische Methodenlehre).

23 Durch Auslegung zu ermitteln ist der **objektivierte Wille des Gesetzgebers**, der nicht gleichzusetzen ist mit den subjektiven Vorstellungen des historischen Gesetzgebers (BGHSt 10, 157, 159; 26, 156, 159; krit. *Duttge* FS Krey, S. 39, 54 f.). Dennoch kann auch eine **historische Auslegung** ausgehend von den Materialien zum Gesetzgebungsprozess wertvolle Anhaltspunkte zum Geltungsbereich der Norm liefern, sofern die der Gesetzesfassung zugrunde gelegten rechtlichen und tatsächlichen Gesichtspunkte nach wie vor fortbestehen. Keine Auslegungsmethode beansprucht alleinige Geltungsherrschaft, vielmehr ist im Einzelfall durch ihre **Zusammenschau** das fragliche Rechtsproblem zu lösen. Der Grundsatz *in dubio pro reo* gilt bei der Auslegung nicht.

24 Äußerste Grenze einer jeden Auslegung ist der Wortlaut einer Gesetzesbestimmung. Die **grammatische Auslegung** nimmt ihren Ausgangspunkt beim reinen Gesetzestext (vgl. BGHSt 18, 152). Eine rein formale Wortlautbetrachtung darf jedoch nicht die alleinige Grundlage bilden, die Reichweite einer Norm zu bestimmen, vielmehr sind die hierdurch gefundenen Ergebnisse vorläufiger Natur und insb. an Sinn und Zweck der Bestimmung zu messen (BGHSt 30, 97, 101). Ist hingegen der Wortlaut eindeutig, würde eine hiervon abweichende Auslegung durch Exekutive oder Judikative den verfassungsrechtlich verankerten Grundsatz der Gewaltenteilung verletzen (BVerfGE 8, 28, 33; vert. *Kudlich* FS Puppe, S. 123). Teilweise wird vertreten, dass der Wortsinn einer Norm nur dort eine Grenze richterlicher Auslegung bilden solle, wo diese zulasten des Betroffenen gehe. Eine ausschließlich zugunsten des Betroffenen erfolgende Auslegung sei jedoch auch jenseits dessen möglich (BGHSt 52, 31). Dies vermag unter methodologischen Gesichtspunkten nicht zu überzeugen, da mit einer solchen Argumentation der Unterschied von Auslegung und Analogie nivelliert und letztendlich ein Analogieschluss vorgenommen wird ohne dessen Voraussetzungen zu prüfen.

25 Mittels **systematischer Auslegung** wird im Vergleich zu anderen Normen desselben oder eines anderen Gesetzes (auch eines anderen Rechtsgebiets) und zu Grundsätzen gefestigter Rspr. (BVerfGE 45, 363, 372) versucht, Strukturen und Gemeinsamkeiten bzw. aussagekräftige rechtsrelevante Gegensätze zu finden.

26 Die **teleologische Auslegung** stellt innerhalb des durch den Gesetzeswortlaut vorgegebenen Rahmens auf den objektiven Zweckinhalt (Telos) der Norm ab. Hierbei ist bei der Auslegung strafprozessualer Normen zuvorderst auf die Zwecke des Strafverfahrens (s.o. Rdn. 4 ff.) sowie auf die Wahrung der grundlegenden Prozessmaximen (s.u. Rdn. 43 ff.) abzustellen. Mittels dieses Auslegungsinstruments kann auch ein Wan-

del gesellschaftlicher Anschauungen berücksichtigt werden, um den Bedürfnissen sozialer Realität bei der Bestimmung der Reichweite von Normen gerecht zu werden (BVerfGE 10, 354, 368; BGHSt 10, 157, 160).

Bei der Anwendung aller gängigen Methoden der Auslegungen ist darauf zu achten, dass sich das so gefundene Ergebnis nicht in Widerspruch zu den Regelungen des Grundgesetzes und ungeschriebener verfassungsrechtlicher Prinzipien setzt, **sog. verfassungskonforme Auslegung** (vert. *Kuhlen,* Die verfassungskonforme Auslegung von Strafgesetzen [2006]). Bestehen mehrere Auslegungsmöglichkeiten, so ist im Zweifel derjenigen der Vorzug zu geben, welche den Gewährleistungsgehalt der Grundrechte weitestmöglich zur Geltung kommen lässt. 27

Ein »weicher Vorrang« (einen Vorbehalt tragender Verfassungsgrundsätze statuierend BVerfGE 111, 307), der an und für sich nur mit einfachem Gesetzesrang ausgestatteten EMRK vor den nationalen Strafprozessnormen, wird rechtspraktisch dadurch verwirklicht, dass BVerfG und BGH in Anbetracht der völkerrechtlichen Verbindlichkeit der Entscheidungen des EGMR die »**konventionskonforme Auslegung** des deutschen Strafprozessrechts« (BVerfGE 74, 358; BVerfG NJW 2007, 204; BGHSt 46, 93, 97) »im Rahmen methodisch vertretbarer Gesetzesauslegung« (BVerfGE 111, 307; s.a. BVerfG NJW 2011, 1931: Verbot der Einschränkung des Grundrechtsschutzes nach dem GG) fordern. Die nationalen Gerichte sind daher gehalten, bei der Auslegung der strafprozessualen Regelungen die Interpretationen der EMRK durch den EGMR zu beachten (ausf. *Payandeh* DÖV 2011, 382; *Satzger* Jura 2009, 759: s.u. Art. 1 EMRK Rdn. 25 f.; sehr krit. *Roxin/Schünemann* § 3 Rn. 16 ff.). Auch zu Rechtsakten der Europäischen Union darf sich die Auslegung von Vorschriften des nationalen Strafverfahrensrechts nicht in Widerspruch setzen (sog. **unionsrechtskonforme Auslegung**). 28

Über eine erweiternde Auslegung hinaus geht die **Analogie** (zur grds. Unbedenklichkeit vgl. BVerfGE 82, 6). Mittels dieses Rechtsanwendungsinstrumentes wird im Fall einer planwidrigen Lücke im Gesetz ein gesetzlich geregelter Falltypus auf einen nicht normierten, vergleichbaren Sachverhalt angewendet. Im materiellen Strafrecht untersagen Art. 103 Abs. 2 GG, 7 EMRK, § 1 StGB eine täterungünstige, d.h. strafbegründende oder strafschärfende Analogie (s.a. Art. 7 EMRK Rdn. 24 ff.). Der Analogieschluss zu strafverfahrensrechtlichen Vorschriften ist hingegen sowohl zugunsten als auch zulasten des Beschuldigten innerhalb der Grenzen des verfassungsrechtlich Zulässigen grds. möglich (einschränkend: *Welp* JR 91, 267; *Jäger* GA 06, 615). 29

C. Verfahrensgang. Das Strafverfahren kann in vier grundlegende Verfahrensabschnitte unterteilt werden, wobei die drei erstgenannten das **Erkenntnisverfahren** bilden: 30

- Ermittlungsverfahren
- Zwischenverfahren
- Hauptverfahren, an das sich ggf. ein Rechtsmittelverfahren anschließt
- Vollstreckungsverfahren

Bereits vor der Begründung eines Anfangsverdachts (§ 152 Abs. 2) stattfindende **polizeiliche Vorfeld- oder Initiativermittlungen**, die in der Praxis insb. im Bereich der Betäubungsmitteldelikte und der organisierten Kriminalität mit dem Ziel vorbeugender Verbrechensbekämpfung betrieben werden und gezielt anhand von Vermutungen oder unpräzisen Hinweisen versuchen, einen Anfangsverdacht zu begründen, unterfallen nicht dem Regelungsgefüge der StPO. Die Zulässigkeit solcher Ermittlungen im Grenzbereich von präventiv- und repressiv-polizeilichem Tätigwerden ist außerhalb von bestehenden polizeirechtlichen Regelungen stark umstritten (MüKo-StPO/*Kudlich* Einl. Rn. 212 f.; vert. *Artzt,* Die verfahrensrechtliche Bedeutung polizeilicher Vorfeldermittlungen [2002]; *Hoppe*, Vorfeldermittlungen im Spannungsverhältnis von Rechtsstaat und Bekämpfung Organisierter Kriminalität [1999]; *Weßlau,* Vorfeldermittlungen [1989], S. 110; *Wohlers* GA 2014, 675). 31

Auch **Vorermittlungen der StA** finden in der Verfahrenswirklichkeit statt und werden in Rspr. und Schrifttum weitestgehend anerkannt. Sie dienen der aus dem Legalitätsprinzip resultierenden Verfolgungsverpflichtung (s.u. Rdn. 52), deren Erfüllung Klarheit über das Bestehen eines Anfangsverdachts aufseiten der StA voraussetzt (BGHSt 38, 227; LR/*Mavany* § 152 Rn. 43 ff.; KK-StPO/*Diemer* § 152 Rn. 10; KMR-StPO/*Eschelbach* Vor § 213 Rn. 35, *Keller/Griesbaum* NStZ 1990, 416; *Lange*, Vorermittlungen, S. 38; Meyer-Goßner/*Schmitt* § 152 Rn. 4b; krit. *Hellmann* FS Kühne, S. 235, 246 ff.). 32

I. Ermittlungsverfahren. Das Strafverfahren beginnt mit einem Ermittlungsverfahren (§§ 151 ff.). Dessen Ziel ist die Klärung, ob ein hinreichender Verdacht dahin gehend bejaht werden kann, dass einem konkreten Beschuldigten ein Verstoß gegen ein Strafgesetz vorzuwerfen ist. Hierfür werden in einem freien, überwiegend von Zweckmäßigkeitserwägungen geprägten Vorverfahren sowohl be- als auch entlastende Beweismittel ausfindig gemacht, die später (sofern sich der Verdacht erhärtet) i.R.e. Hauptverhandlung zur Begründung des Tatvorwurfs Verwendung finden sollen. Die lückenlose Dokumentation aller Beweiserhebungen und sonstigen Feststellungen geschieht durch Aufnahme jedweder Ermittlungstätigkeiten und -ergebnisse in den 33

Akten, ggf. in Form von sog. Vermerken, die vollständig sein müssen (BGHStV 2017, 361). Diese dienen als Grundlage für spätere Aufklärungstätigkeit im Verfahren (§§ 170, 203, 244 Abs. 2) und ermöglichen bei Akteneinsichtnahme i.S.d. § 147 einen weitestgehend vollständigen Überblick des Verteidigers und des unverteidigten Beschuldigten (unter den Voraussetzungen des § 147 Abs. 4 Satz 1) über das gesamte bisherige Ermittlungsgeschehen sowie eventuell über rechtliche Einschätzungen der Verfolgungsbehörden.
Betrieben wird dieses erste strafprozessuale Verfahrensstadium von der StA (»Herrin des Ermittlungsverfahrens« – vgl. *Lilie* ZStW 111 [1999], 807; MüKo-StPO/*Kudlich* Einl. Rn. 214). In Gang gesetzt wird das Ermittlungsverfahren durch amtliche Wahrnehmungen der Strafverfolgungsbehörden, die einen Anfangsverdacht begründen, oder infolge einer Strafanzeige bzw. eines Strafantrages (§ 158 Abs. 2). Der **Anfangsverdacht** muss auf konkreten Tatsachen beruhen; vage Anhaltspunkte und bloße Vermutungen reichen nicht aus (vgl. BVerfGE 44, 353, 371 f., 115, 166, 197 f.; BVerfG NJW 2014, 1650 u. NJW 2015, 1585, 1586; BGH BeckRS 2016, 15673; vert. *Eisenberg* JA 2017, 462). Insb. dürfen strafprozessuale Eingriffsmaßnahmen (z.B. Durchsuchung) nicht der Ausforschung dienen, um daraufhin einen Tatverdacht begründen zu können (BVerfG wistra 2016 149; BVerfG StV 2020, 729; BVerfG StV 2022, 137; AG Bautzen StraFo 2015, 20; LG Trier StV 2016, 347; LG Rostock StV 2019, 319). Erheblichen Eingriffen in die grundrechtlich geschützte Lebenssphäre des Betroffenen entspricht ein besonderes Rechtfertigungsbedürfnis nach dem Grundsatz der Verhältnismäßigkeit. Eine Zwangsmaßnahme muss, im Hinblick auf den bei der Anordnung verfolgten gesetzlichen Zweck, Erfolg versprechend sein. Ferner muss gerade diese Zwangsmaßnahme zur Ermittlung und Verfolgung der vorgeworfenen Tat erforderlich sein; dies ist nicht der Fall, wenn andere, weniger einschneidende Mittel zur Verfügung stehen. Schließlich muss der jeweilige Eingriff in angemessenem Verhältnis zur Tatschwere und der Stärke des Tatverdachts stehen (BVerfGE 96, 44, 51). Ein schwerwiegender Grundrechtseingriff, wie ihn z.B. die Durchsuchung von Geschäftsräumen (§ 102) eines Rechtsanwalts darstellt, kann nicht damit gerechtfertigt werden, dass zugunsten des Beschuldigten ermittelt werden soll; die entsprechenden Schriftstücke kann dieser selbst heraussuchen und den Strafverfolgungsorganen übergeben (BVerfG StV 2008, 393; LG Neuruppin StraFo 2016, 291). Steht fest, dass eine Straftat begangen wurde, kann auch aus rechtlich zulässigem Verhalten ein Anfangsverdacht bezüglich einer bestimmten Person erwachsen (z.B. infolge des legalen Erwerbs des Tatwerkzeugs; Meyer-Goßner/*Schmitt* § 152 Rn. 4a). Ein Anfangsverdacht für die Begehung einer Straftat kann durch legales Verhalten allerdings nur begründet werden, wenn weitere Anhaltspunkte im Sinne konkreter Verdachtsmomente hinzutreten (BVerfG NJW 2014, 3085 – *Fall Edathy*; BVerfG NJW 2002, 1940 – *Tafelpapiergeschäfte*; BVerfG NJW 1994, 2079; OLG Hamburg NJW 1984, 1635; LG Regensburg StraFo 2015, 18; s.a. LG Duisburg StV 2022, 222; vert. *Jahn* in: Fischer/Hoven, Verdacht, S. 147; *Hoven* NStZ 2014, 361; *Satzger* FS Beulke, S. 1009 ff.).
Rein faktisch werden die Ermittlungen – trotz der rechtlichen Vorherrschaft der StA – überwiegend von den **Ermittlungspersonen des Polizeidienstes** durchgeführt, die wie die StA dem Legalitätsprinzip, also einem Ermittlungszwang bei Anfangsverdacht, unterliegen (§§ 152 Abs. 2, 163 Abs. 1; s.u. Rn. 52).

34 Das Ermittlungsverfahren endet mit der **Einstellung** des Verfahrens nach § 170 Abs. 2, wenn kein hinreichender Tatverdacht als Anklagevoraussetzung bestätigt werden kann (sei es, weil keine ausreichenden tatsächlichen Verdachtsmomente gegen einen konkreten Beschuldigten vorliegen, weil der prognostisch nachweisbare Sachverhalt keine Strafnorm erfüllt oder weil eine Prozessvoraussetzung fehlt) bzw. aufgrund von Opportunitätserwägungen nach §§ 153 ff., 31a BtMG, 45, 47 JGG, wenn die dort aufgeführten Voraussetzungen erfüllt sind. Von der Einstellung ist der Beschuldigte unter den Voraussetzungen des § 170 Abs. 2 Satz 2 (i.V.m. Nr. 88 RiStBV) zu benachrichtigen. Eine Benachrichtigung des Antragstellers unter Angabe von Gründen erfolgt in den von § 171 aufgeführten Fällen. Hierbei ist die Form der Zustellung zu wahren und eine Beschwerdebelehrung zu erteilen, wenn der Antragsteller der Verletzte ist und kein Fall des § 172 Abs. 2 Satz 3 vorliegt, in dem das Klageerzwingungsverfahren unstatthaft ist. Kann hingegen ein **hinreichender Tatverdacht** ermittelt werden und erfolgt keine Verweisung auf den Privatklageweg (vgl. § 376), endet das Ermittlungsverfahren mit **Erhebung der öffentlichen Klage** nach § 170 Abs. 1. Ein hinreichender Tatverdacht liegt dann vor, wenn aufgrund der vorläufigen Tatbewertung die Wahrscheinlichkeit einer Verurteilung gegeben ist (Einzelheiten § 203 Rdn. 3).

35 **II. Zwischenverfahren.** Das Zwischenverfahren (§§ 199 ff.) beginnt damit, dass die StA die Anklageschrift bei Gericht einreicht (= Erhebung der öffentlichen Klage). Der Beschuldigte wird hierdurch zum Angeschuldigten (§ 157 Var. 1) und die Strafsache bei Gericht **anhängig**, wodurch mangels alleiniger Dispositionsbefugnis des Gerichts (vgl. § 156 zur Anklagerücknahmebefugnis der StA) jedoch noch keine Rechtshängigkeit begründet wird. Das zuständige Gericht prüft sodann, ob das Hauptverfahren eröffnet wird. Hierzu informiert der Vorsitzende des zuständigen Gerichts den Angeschuldigten über den Inhalt der Anklageschrift verbunden mit der Aufforderung, Anträge auf Beweiserhebungen zu stellen und etwaige Ein-

wände gegen die Eröffnung des Hauptverfahrens geltend zu machen (§ 201). Das Gericht trifft – wenn notwendig nach nochmaligen Ermittlungen (§ 202) – eine eigene, von der Einschätzung der StA unabhängige Entscheidung, über das Vorliegen des hinreichenden Tatverdachts im Hinblick auf die angeklagte Tat. Zweck dieser nochmaligen Überprüfung ist die Vermeidung unnötig stigmatisierender Hauptverhandlungen. Bejaht das Gericht den hinreichenden Tatverdacht, erlässt es einen Eröffnungsbeschluss (§§ 203, 207). Dieser stellt eine Prozessvoraussetzung dar (s.u. Rdn. 105), macht die Strafsache **rechtshängig** und bewirkt eine Begrenzung des aburteilungsfähigen Prozessstoffes (vgl. § 265 f.). Ist aus Sicht des Gerichts hingegen kein hinreichender Tatverdacht gegeben, wird es den Erlass eines Eröffnungsbeschlusses ablehnen (§ 204). Vor dem Hintergrund der strukturellen Aufgabenverteilung zwischen StA und Gericht kommen im Zwischenverfahren nur einzelne ergänzende richterlich veranlasste Beweiserhebungen in Betracht. Ermittlungen größeren Umfangs zur Komplettierung eines von der StA unzulänglich belegten Anklagevorwurfs sind gesetzlich nicht vorgesehen (OLG Karlsruhe wistra 2004, 276, 279; AG Gummersbach StV 2015, 165, 266; KK-StPO/*Schneider*, § 202 Rn. 2). Im Fall der Erhebung der öffentlichen Klage durch Strafbefehl (vgl. § 407 Abs. 1 Satz 2) finden die §§ 199 ff. keine Anwendung, vielmehr bestimmt § 408 die Entscheidungsmöglichkeiten des Strafrichters. Legt der Beschuldigte form- und fristgerecht Einspruch gegen den Strafbefehl ein, terminiert das Gericht eine Hauptverhandlung. Dem Antrag auf Erlass eines Strafbefehls kommt dann die Funktion der Anklageschrift, dem Strafbefehl selbst die Funktion des Eröffnungsbeschlusses zu.

III. Hauptverfahren. Das Hauptverfahren (§§ 213 ff.) beginnt mit dem Erlass des Eröffnungsbeschlusses, 36
durch den der Angeschuldigte zum Angeklagten wird (§ 157 Var. 2), und kann nochmals untergliedert werden in die **Vorbereitung** einerseits (§§ 213–225a) und die **Durchführung der Hauptverhandlung** andererseits (§§ 226–275). Die Vorbereitung der Hauptverhandlung durch den Vorsitzenden des Gerichts beinhaltet das Studium der von der StA überstellten Akten, die Erstellung eines Verhandlungsplanes und mündet in die Terminbestimmung (§ 213; ggf. samt Abstimmung des äußeren Verlaufs der Hauptverhandlung nach Abs. 2). Zur Hauptverhandlung hat der Vorsitzende den Angeklagten (§§ 214 Abs. 1 Satz 1, 216, 217), ggf. seinen Verteidiger (§ 218 Satz 1) sowie die von den Beteiligten benannten Zeugen und Sachverständigen (§§ 214, 219 Abs. 1 Satz 1) zu laden.

Der Ablauf der sehr formstrengen **Hauptverhandlung** (vgl. §§ 244, 257, 258, 260; sog. **Justizförmigkeit**) 37
ergibt sich aus § 243. Als Instrument zur Ermittlung des wahren Tatsachengeschehens steht die Beweisaufnahme (§ 244) im Zentrum des Geschehens. Geleitet wird diese durch das Gericht, welches aber Angeklagtem, Verteidiger, Staatsanwalt und Nebenkläger die Möglichkeit gibt, Beweisanträge zu stellen. Geprägt wird das Hauptverfahren durch die Grundsätze der Unmittelbarkeit und Mündlichkeit: § 261 sieht vor, dass nur dasjenige Tatsachenmaterial Grundlage der richterlichen Urteilsfindung sein darf, das in der Hauptverhandlung zum Gegenstand des Verfahrens gemacht, d.h. auf prozessordnungsgemäßem Wege in das Verfahren eingeführt wurde (gemeint ist damit im Grundsatz: Vernehmung der Zeugen und Sachverständigen, Verlesung der Urkunden, Inaugenscheinnahme der entsprechenden Gegenstände oder Schauplätze, Vernehmung des Beschuldigten). Gem. § 238 Abs. 1 steht die Prozessleitung in der Hauptverhandlung dem Vorsitzenden zu (soweit nicht für spezielle Maßnahmen eine gesamtgerichtliche Zuständigkeit besteht, z.B. §§ 27 Abs. 1, 51, 70, 77, 228 Abs. 1 Satz 1, 230 Abs. 2, 231 Abs. 2, 231a Abs. 3 Satz 1, 236, 244 Abs. 6 Satz 1, 266 Abs. 1, 270 Abs. 1, etc.). Ist ein Verfahrensbeteiligter mit einer prozessleitenden Entscheidung des Gerichtsvorsitzenden nicht einverstanden, kann er eine Entscheidung durch das gesamte Gericht beantragen, § 238 Abs. 2. Unterlässt er die Anrufung des Gerichts, verwirkt er, sofern es sich um ein verzichtbares Recht handelt, i.R.d. Revisionsverfahrens das Recht, eine Rechtsverletzung i.S.v. § 337 zu rügen (BGHSt 1, 322, 325; 51, 144, 147; 55, 65; NStZ 2012, 344; *Mosbacher* FS Widmaier, S. 339; *ders.* NStZ 2011, 606; krit. *Bauer* StV 2012, 191; *Beulke/Swoboda* Strafprozessrecht Rn. 575; *Ignor/Bertheau* NStZ 2013, 188; *Lindemann* StV 2010, 379; *Gaede* wistra 2010, 210; *Widmaier* NStZ 2011, 305). Der Umstand, dass der Angeklagte in der Hauptverhandlung keinen Beweisantrag gestellt hat, steht jedoch im Revisionsverfahren einer Aufklärungsrüge nicht entgegen (BGH NStZ 2020, 497). Zudem übt der Vorsitzende nach § 176 GVG die Sitzungspolizei aus. Über die Hauptverhandlung ist Protokoll i.S.d. §§ 271 ff. zu führen. Zur besonderen Beweiskraft dieses Protokolls vgl. § 274.

In der Regel endet die Hauptverhandlung mit einem **Urteil** (§ 260), wobei zwischen dem freisprechenden 38
oder verurteilenden Urteil mit Schuldspruch in der Sache und dem Prozessurteil des § 260 Abs. 3 (bei Fehlen einer Prozessvoraussetzung, s.u. Rdn. 126 ff.) zu unterscheiden ist.

Der Strafprozess im **angloamerikanischen Rechtsraum** ist durch eine Zweiteilung der Hauptverhandlung 39
zum Zwecke der Wahrung der Objektivität der Richter geprägt. Auch im Geltungsbereich des deutschen Strafprozessrechts wird die Aufteilung der Urteilsfindung in **Tat- und Schuldinterlokut** diskutiert. Im ersten Teil würde nur geklärt, ob der Angeklagte die Tat begangen hat (vert. zu diesem sog. **guilty plea:** *Trüg* ZStW

120 [2008] 331, 340 ff.), während erst im zweiten Teil die konkret zu verhängende Sanktion unter Berücksichtigung der besonderen persönlichen Verhältnisse des Angeklagten festzulegen wäre (vgl. hierzu Alternativ-Entwurf: Novelle zur Strafprozeßordnung, Reform der Hauptverhandlung, bearb. von *J. Baumann* u.a., 1985; *Kaiser* FS Lenckner, S. 781, 792 ff.). Derart weitreichende Reformen sind ausgehend von der jüngsten Gesetzgebungshistorie in Deutschland derzeit nicht zu erwarten, vielmehr sind die diesbzgl. Aktivitäten auf eine Weiterentwicklung des Strafverfahrensrechts innerhalb der überkommenen Strukturen gerichtet (vgl. *Albrecht*, Rechtstatsachenforschung, S. 8 ff. – nach BGH NStZ 1985, 561 steht es den Gerichten allerdings frei, durch selbstständige Verfahrensgestaltung ein sog. **informelles Schuldinterlokut** zu praktizieren; hierzu: *Dahs* FS Beulke, S. 671, 675 ff.).

40 An das Hauptverfahren erster Instanz kann sich ein **Rechtsmittelverfahren** anschließen, wenn einer der Rechtsmittelberechtigten (StA oder Angeklagter bzw. Verteidiger, §§ 296 ff.; ggf. auch Privatkläger, § 390 oder Nebenkläger, § 401) Berufung oder Revision gegen das erstinstanzliche Urteil einlegt. Hierdurch wird die Rechtskraft des Urteils gehemmt (sog. Suspensiveffekt) und das Verfahren vor ein Gericht höherer Ordnung gebracht (sog. Devolutiveffekt). Das Rechtsstaatsgebot verbietet es dem Gericht, i.R.d. Auslegung und Handhabung der Verfahrensnormen den Zugang zur Rechtsmittelinstanz von Voraussetzungen abhängig zu machen, die unerfüllbar oder unzumutbar sind oder den Zugang in einer Weise erschweren, die aus Sachgründen nicht mehr zu rechtfertigen ist (BVerfG StV 2016, 769). Ob dieses Gebot bei der heutigen rigiden Handhabung der Verfahrensrüge im Revisionsrecht (vert. § 344 Rdn. 35 ff.) ausreichend Beachtung findet, erschein sehr zweifelhaft (statt aller: MüKo-StPO/*Knauer*/*Kudlich* Vor § 333 Rn. 21 ff.; *Rosenau* FS Fischer, S. 790, 803).

41 Das Hauptverfahren endet mit dem **rechtskräftigen Abschluss** der strafgerichtlichen Untersuchungen (zur Rechtskraft s.u. Rdn. 336; *Bülte* in: Hdb. StrafR VII § 27 Rn. 1 ff.).

42 **IV. Vollstreckungsverfahren.** Nach Rechtskraft des Urteils schließt sich im Fall einer Verurteilung zu einer Strafe oder Maßregel der Besserung und Sicherung sowie ggf. Nebenfolgen das Vollstreckungsverfahren (§§ 449 ff.) an, das hauptsächlich in der Hand der StA liegt (§ 451 Abs. 1 – bei Verurteilungen nach Jugendstrafrecht hingegen ist Vollstreckungsleiter der Jugendrichter, §§ 82, 110 Abs. 1 JGG). Daneben existieren auch gerichtliche Befugnisse für besonders wichtige Entscheidungen i.R.d. Vollstreckung (vgl. §§ 458 ff.). Zum Vollstreckungsverfahren gehören alle behördlichen Tätigkeiten, durch welche die Umsetzung, Abwandlung oder Aufhebung der strafrichterlichen Entscheidung ermöglicht werden sollen. Im Fall einer Freiheitsstrafe, die nicht zur Bewährung ausgesetzt wurde, umfasst die Strafvollstreckung sämtliche Maßnahmen zwischen Rechtskraft und Strafantritt sowie die Überwachung der Durchführung. Zu unterscheiden ist die Strafvollstreckung, bei der es um die Frage geht, »ob« die Sanktion – wie im Urteil rechtskräftig vorgegeben – tatsächlich umgesetzt werden soll (z.B. Widerruf einer gewährten Strafaussetzung zur Bewährung), von den Maßnahmen des **Vollzugs**, welche die faktische Durchführung der Sanktion betreffen, also die Frage, »wie« die im Urteil festgesetzte Sanktion realisiert wird (z.B. offener oder geschlossener Strafvollzug, Urlaub, Postempfang etc.). Bzgl. der Freiheitsstrafe sind Einzelheiten des Strafvollzuges in den StrafVollzG der Bundesländer geregelt (z.B. BayStVollzG v. 10.12.2007)

43 **D. Die strafverfahrensrechtlichen Prozessmaximen.** Als Prozessmaximen werden diejenigen in der StPO, im GVG oder direkt im GG verankerten fundamentalen Prinzipien des Strafverfahrens bezeichnet, die in ihrer Gesamtschau die Rechtsstaatlichkeit des tief in die Bürgerrechte eingreifenden Strafverfahrens garantieren (vert. *Weigend* ZStW 113 [2001], 271).

44 **I. Anklagegrundsatz, § 151.** 1. Notwendiger Ausgangspunkt eines strafgerichtlichen Verfahrens ist die Erhebung einer öffentlichen Klage (§ 151) durch eine vom Gericht unabhängige Instanz (sog. **Akkusationsprinzip**). Diese Instanz ist im Grundsatz die StA (§ 152 Abs. 1). Das Gericht kann nicht auf eigene Veranlassung hin tätig werden, der Grundsatz *nemo iudex sine actore* (»Wo kein Kläger, da kein Richter!«) gilt im deutschen Strafverfahrensrecht lückenlos. Die verfahrenseinleitende Anklage ist Prozessvoraussetzung und als solche in jeder Lage des Verfahrens von Amts wegen zu prüfen (BGHSt 5, 225, 227; s.u. Rdn. 110 ff.). Die StA erforscht den Sachverhalt (§ 160 Abs. 1) und erhebt – sofern die Ermittlungen ausreichend Anhaltspunkte ergeben – öffentliche Klage durch Einreichung der Anklageschrift bei Gericht (§ 170 Abs. 1) oder ggf. durch Stellung eines Antrags auf Strafbefehlserlass (§ 407 Abs. 1 Satz 1).

45 Konsequenz des Akkusationsprinzips ist, dass der Beantwortung der Schuld- und Straffrage durch das Gericht nur die von der StA zur Anklage gebrachten Taten unterliegen (vgl. §§ 151, 155; hierzu vert. *Ambos* Jura 2008, 586; *Huber* JuS 2008, 779). **Gegenstand der Urteilsfindung** ist folglich nur diese angeklagte Tat im prozessualen Sinne, wenn auch in der Gestalt, in der sie sich nach dem Ergebnis der Hauptverhandlung darstellt. Die Reichweite des entscheidungsrelevanten Prozessstoffes resultiert aus dem Inhalt der **Anklageschrift**

(Angeschuldigter, zur Last gelegte Tat samt Zeit und Ort ihrer Begehung, gesetzliche Merkmale, einschlägige Strafvorschriften – sog. **Anklagesatz**, vgl. § 200 Abs. 1 Satz 1).

2. Für den Fall, dass erst im Laufe der Hauptverhandlung der Verdacht hinsichtlich weiterer Straftaten des Angeklagten offenbar wird, hängt die Beurteilung der Frage, ob eine Aburteilung dieser Straftaten im laufenden Verfahren (nach rechtlichem Hinweis auf die geänderte Beurteilung gem. § 265 Abs. 1) zulässig ist oder ob eine **Nachtragsanklage** nach § 266 Abs. 1 erforderlich wird, davon ab, ob die erst nach Anklage offenbar gewordenen neuen Tatumstände und die daraus resultierenden neuen Tatvorwürfe noch die bereits angeklagte Tat im prozessualen Sinne nach § 264 Abs. 1 betreffen. Nur in diesem Fall kommt eine umfassende Aburteilung unter Einbeziehung der neuen Erkenntnisse in Betracht. Der Begriff der prozessualen Tat ist nicht etwa mit dem materiell-rechtlichen Straftatbestand gleichzusetzen, sondern umfasst »das gesamte Verhalten des Beschuldigten, soweit es mit dem durch die Strafverfolgungsorgane (z.B. in der Anklage) bezeichneten geschichtlichen Vorkommnis nach der Auffassung des Lebens einen einheitlichen Vorgang bildet« (BGHSt 45, 211, 212; BGH NStZ 2021, 120 [Ziff. 13]; *Huber* JuS 2012, 208; *Steinberg/Stam* Jura 2010, 907; näher § 264 Rdn. 4 ff.). 46

3. Gegenstück zum Anklagegrundsatz ist das sog. Inquisitionsprinzip, dessen Kennzeichen die Personalunion von Ermittler, Ankläger und Richter ist. Eine derartige Konstruktion der Strafverfolgung ist jedoch mit der Gefahr der Voreingenommenheit des Richters behaftet. Die »gespaltene« Übertragung der Strafverfolgung auf die Anklagebehörde StA einerseits und das entscheidungsbefugte Gericht andererseits als zwei voneinander unabhängige Instanzen stellt einen der herausragenden Verdienste der seit 1848 in Deutschland Platz greifenden Bewegung des liberalen Strafprozesses dar (vert. *Ignor*, Geschichte des Strafprozesses in Deutschland 1532–1846, S. 231). 47

II. Offizialmaxime, § 152 Abs. 1. **1.** Zur Erhebung der öffentlichen Klage ist gem. § 152 Abs. 1 die StA berufen. Diese Regelung stellt eine einfachgesetzliche Verankerung des sog. Offizialprinzips dar, welches allein den Staat zur Einleitung sowie zur weiteren Durchführung des Strafverfahrens ermächtigt (Strafverfolgung *ex officio*) und dem einzelnen Bürger (etwa dem durch die Straftat Verletzten) damit im Grundsatz die Möglichkeit der selbstständigen Einleitung eines Strafverfahrens verwehrt. Dem Staat obliegt folglich ein Anklagemonopol, wohingegen in älteren Verfahrensordnungen die Verfolgung von Straftaten mittels Popularklage möglich war (z.B. im römischen Recht) oder dem Verletzten die Erhebung der Strafklage anheimfiel. 48

2. Der Grundsatz der Strafverfolgung von Amts wegen begründet einen markanten Unterschied zwischen Straf- und Zivilprozessrecht. Im Zivilverfahren obliegt die Einleitung sowie das weitere Betreiben des Prozesses dem klagewilligen Bürger selbst (sog. **Dispositionsmaxime**). 49

3. Eine Durchbrechung des Offizialprinzips ist in §§ 374 ff. vorgesehen. Bei den dort aufgezählten sog. **Privatklagedelikten** übernimmt der Verletzte selbst die Rolle des Anklägers. Rechtfertigen lässt sich dies damit, dass die Privatklagedelikte im Vergleich zu den Offizialdelikten mit weniger gravierenden Rechtsgutsbeeinträchtigungen verbunden sind, die zudem über die Rechtssphäre des Betroffenen hinaus kaum Wirkungen entfalten, weshalb das öffentliche Interesse lediglich in recht geringem Maße berührt wird. Der Privatkläger erhält gem. § 385 weitgehend die Stellung des Staatsanwalts. Dazu wird ihm nach § 385 Abs. 3 Satz 2 (BGBl. I 2017, S. 2208, 2213) ein eigenes Akteneinsichtsrecht gewährt, auch wenn er nicht anwaltlich vertreten ist. Jedoch besteht für die StA nach § 376 die Möglichkeit, die öffentliche Klage zu erheben bzw. die Verfolgung jederzeit nach § 377 Abs. 2 Satz 1 zu übernehmen, wenn dies im öffentlichen Interesse liegt. 50

4. Das Offizialprinzip wird darüber hinaus durch die Institute der **sog. Antrags-** und **Ermächtigungsdelikte** eingeschränkt (vert. *Bosch* Jura 2013, 368; *Mitsch* JA 2014, 1). 51

a) Bei **reinen Antragsdelikten** (§§ 77 ff. StGB) sind die Strafverfolgungsorgane zwar auch ohne Vorliegen eines Strafantrags dazu berechtigt, Ermittlungen anzustellen (arg. e § 127 Abs. 3), eine gerichtliche Verurteilung erfordert jedoch als Prozessvoraussetzung einen wirksamen Strafantrag. Ist dieser nicht gestellt, muss das Verfahren eingestellt werden. Beispiele für reine Antragsdelikte sind §§ 123, 185, 257, 289 und 323a StGB.

b) Anders ist die Rechtslage bei den **relativen Antragsdelikten** (abweichende Terminologie bei *Fischer* Vor § 77 Rn. 2 f.: »Mischform«): Bei diesen Straftatbeständen können die staatlichen Behörden das Fehlen eines Strafantrags dadurch überwinden, dass sie ein besonderes öffentliches Interesse an der Strafverfolgung darlegen. Fehlt bei einem relativen Antragsdelikt der Strafantrag, führt dies nicht zwangsläufig zur Einstellung des Strafverfahrens, vielmehr liegt es an der StA zu prüfen, ob sie das notwendige besondere öffentliche Interesse bejahen kann. Konkludent bringt sie die Bejahung eben dieses Interesses bereits durch die Anklage zum Ausdruck. Relative Antragsdelikte sind u.a. §§ 182, 223 u. 229 i.V.m. 230, 238, 299 i.V.m. 301, 303 i.V.m. 303c StGB.

c) Bei den sog. **Ermächtigungsdelikten** hängt die Strafverfolgung von der Ermächtigung einer bestimmten Person ab, so z.B. von der des Bundespräsidenten im Fall seiner Verunglimpfung, § 90 Abs. 4 StGB (weitere Beispiele, vgl. *Haller/Conzen*, Strafverfahren, Rn. 11).

52 **III. Legalitätsprinzip, §§ 152 Abs. 2, 170 Abs. 1.** **1.** Das sog. Legalitätsprinzip, auch bezeichnet als **Ermittlungs- bzw. Anklagezwang**, bildet das notwendige Korrelat zum staatlichen Anklagemonopol (sog. Offizialmaxime, s.o. Rdn. 48 ff.). Da der Gesetzgeber die Durchsetzung des »materiellen Strafanspruchs« einzig und allein in die Hände des Staates legt, ergibt sich für diesen die aus Art. 3 GG folgende Verpflichtung, gegen jeden Verdächtigen ohne Ansehen von Person und Stellung vorzugehen (sog. Justizgewährleistungsanspruch, BVerfG NStZ 1982, 430). Gesetzlich verankert ist das Legalitätsprinzip in §§ 152 Abs. 2, 170 Abs. 1. Es verpflichtet die StA (und über § 163 auch die Beamten des Polizeidienstes) bei Vorliegen eines Anfangsverdachts (zum Begriff vgl. o. Rdn. 33 u. § 152 Rdn. 6 ff.) hinsichtlich einer Straftat, Ermittlungen aufzunehmen und bei dessen Bestätigung durch einen hinreichenden Tatverdacht (vgl. § 170 Rdn. 11 ff.) Anklage zu erheben. Prozessual abgesichert wird die Einhaltung des Legalitätsprinzips durch das Klageerzwingungsverfahren nach §§ 172 ff., an dessen formale Anforderungen keine übertriebenen Anforderungen gestellt werden dürfen (BVerfG AnwBl 2018, 684), materiell-rechtlich flankiert durch die Sanktionsdrohung des § 258a StGB (Strafvereitelung im Amt).

53 2. Den diametralen Gegensatz zum Legalitätsprinzip bildet das sog. **Opportunitätsprinzip**. Wo dieses Geltung beansprucht, steht es den zuständigen Institutionen frei, eine Straftat zu verfolgen. Im deutschen Strafprozessrecht bildet das Opportunitätsprinzip – gesetzlich verankert in §§ 153 ff., § 31a BtMG, §§ 45, 47 JGG – die Ausnahme zum Legalitätsgrundsatz. In den einschlägigen Fällen leichterer, aber auch mittlerer Kriminalität haben die Strafverfolgungsbehörden die Möglichkeit, trotz hinreichenden Tatverdachts aus Zweckmäßigkeitsgesichtspunkten eine Verfahrenseinstellung vorzunehmen (LR/*Mavany* § 152 Rn. 10; *Hein* JuS 2013, 899; *Nestler* JA 2012, 88; *Pommer* Jura 2007, 662; *Schulenberg* JuS 2004, 765; *Stam* in: Hdb. StrafR VII § 10 Rn. 8 ff.).

54 **IV. (Amts-) Ermittlungsgrundsatz, insb. § 244 Abs. 2.** **1.** Der Terminus »Ermittlungsgrundsatz« (auch **Untersuchungsgrundsatz** oder **Instruktionsprinzip**) bezeichnet die Pflicht der Strafverfolgungsbehörden, den verfahrensrelevanten Sachverhalt von Amts wegen aufzuklären (§§ 155 Abs. 2, 160 Abs. 2, 244 Abs. 2). Teilweise wird zur Bezeichnung dieser Untersuchungsverpflichtung auch der Begriff »Inquisitionsprinzip« herangezogen, was allerdings die Gefahr von Verwechslungen mit derselben Benennung der Personalunion von Ermittler und Richter mit sich bringt (s.o. Rdn. 47). Vorzugswürdig ist es daher, eine der o.g. Bezeichnungen zu verwenden, um zum Ausdruck zu bringen, dass Polizei und StA eine umfassende Sachverhaltsermittlung zu besorgen haben und dass nach dem mit der Anklageerhebung einhergehenden Übergang der Verfahrensherrschaft auf das Gericht diesem die weitestmögliche Aufklärung des Sachverhalts obliegt. Aus der Amtsaufklärungspflicht folgt ein Anspruch darauf, dass die Strafverfolgungsbehörden alle für die Strafsache relevanten tatsächlichen Sachverhaltsaspekte ermitteln und hierbei alle tauglichen und erlaubten Beweismittel in den Prozess einführen (BGHSt 32, 115, 122; vert. *Jahn* GA 2014, 588; *Zabel* in: Hdb. StrafR VII § 11 Rn. 15 ff.).

55 2. Im **Gegensatz** zu dem das Strafverfahren prägenden Ermittlungsgrundsatz, herrscht im Zivilprozess der Grundsatz der Verhandlungsmaxime, d.h. es ist Sache der Parteien zu entscheiden, über welche Tatsachenkenntnisse das Gericht für seine Entscheidung verfügt und welche Tatsachen für beweisbedürftig erachtet werden (Prinzip der formellen Wahrheit; ausf. zu diesem Antagonismus: *Weigend* FS Rissing-van Saan, S. 749). Im Strafprozess hingegen herrscht der Anspruch, dass das tatsächliche Geschehen aufgeklärt werden soll (Prinzip der materiellen Wahrheit, vgl. Rdn. 7 ff.), sodass z.B. ein erwiesenermaßen unwahres Geständnis keine Bindung des Gerichts zur Folge hat (auch nicht im Fall der Verständigung, vgl. § 257c Abs. 1 Satz 2 u. unten Rdn. 241) und die Erhebung von entlastenden Beweisen keinen entsprechenden Beweisantrag des Angeklagten voraussetzt.

56 **V. Grundsatz freier richterlicher Beweiswürdigung, § 261.** 1. Gem. § 261 entscheidet das Gericht über das Ergebnis der Beweisaufnahme nach seiner freien, aus dem Inbegriff der Verhandlung geschöpften Überzeugung (vgl. BVerfG NJW 2003, 2444; *Geppert* Jura 2004, 105). Hierbei besteht im Grundsatz keinerlei Bindung an Beweisregeln (anders z.B. noch Art. 67 CCC, der Grundlage für das Sprichwort wurde, dass nur »zweier Zeugen Mund die Wahrheit kundtut«, oder das Gottesurteil des germanischen Strafprozesses, vgl. zu Letzterem *Otte*, Rechtsgrundlagen der Glaubwürdigkeitsbegutachtung von Zeugen im Strafprozess, d.h. es ist dem Gericht nicht vorgeschrieben, unter welchen Voraussetzungen es eine Tatsache als bewiesen ansehen darf (BGH NJW 1963, 869 f.; MüKo-StPO/*Kudlich* Einl. Rn. 200 m.w.N.). Von einer Beachtung der Gesetze der Logik, wissenschaftlicher Erkenntnisse und von den Erfahrungssätzen des täglichen Lebens ist der Richter hingegen nicht entbunden. Zudem darf er seine Befugnis zur freien Würdigung nicht miss-

bräuchlich ausüben. Das bedeutet, dass er seine Entscheidung erst nach umfassender Aufklärung des Sachverhalts (§ 244 Abs. 2) treffen und nur diejenigen Tatsachen zugrunde legen darf, die er als erwiesen ansieht. Außerdem muss er den Beweis mit nachprüfbaren Argumenten führen (BGH NStZ 2016, 490 m.Anm. *Eisenberg/Müller*; vert. *Geipel* Hdb. Beweiswürdigung). In einer **Aussage gegen Aussage-Konstellation** bedarf es in einem Urteil, das die Tatbegehung bejaht, der hinreichenden Darstellung der Aussage des (der) einzigen Belastungszeugen(in) mit den dazugehörigen Details. Ferner müssen mögliche Falschbelastungsmotive nachvollziehbar ausgeschlossen werden. Etwaige suggestive Einflüsse bedürfen einer eingehenden Darstellung und beweisrechtlichen Würdigung (BGHSt 44, 256; BGH StV 2022, 211, 217, 219; *Jansen* Zeuge und Aussagepsychologie [3. Aufl. 2022] Rn. 52; *Geipel/Renzikowski* Verteidigung bei Sexualdelikten [2022] Rn. 81).

2. Ausnahmsweise existieren **Beweisregeln**, z.B. § 274, wonach Verstöße gegen wesentliche Förmlichkeiten der Hauptverhandlung nur mithilfe des Sitzungsprotokolls nachgewiesen werden können (vgl. aber auch BGH StV 2015, 98 zum Entfallen der Beweiskraft des Protokolls), oder § 190 StGB, wonach der Wahrheitsbeweis bzgl. einer Tatsachenbehauptung durch den Ausgang eines strafgerichtlichen Verfahrens erbracht wird, wenn die behauptete Tatsache die Begehung einer Straftat war. 57

Eine anerkannte Beweisregel kann auch in der aus dem *nemo-tenetur*-Grundsatz (s.u. Rdn. 150) abgeleiteten Regel gesehen werden, wonach aus der Tatsache, dass ein Beschuldigter ein ihm zustehendes Recht wahrnimmt, keine nachteiligen Folgen für ihn abgeleitet werden dürfen (vgl. zum Verbot, aus einem berechtigten Schweigen des Beschuldigten belastende Tatsachen zu folgern, BGHSt 34, 324, 326; BGH NStZ 2016, 59 m. Bespr. *Kudlich* JA 2016, 73; BGH NStZ 2018, 286; KG NJW 2010, 2900; *Schneider* NStZ 2017, 73, 126; sogar das Scheitern eines Alibibeweises ist kein Beweisanzeichen für eine Täterschaft, BGHSt 41, 153, 154; zur Würdigung berechtigter Zeugnisverweigerung zulasten des Angeklagten: BGH NStZ 2014, 416 m. Anm. *Kudlich* JA 2014, 632; BGH StV 2018, 786). Eine »späte« Einlassung des Angeklagten kann gewürdigt werden (BGH NStZ 2021, 319). Der Grundsatz *in dubio pro reo* (s.u. Rdn. 63) ist hingegen keine Beweis-, sondern eine Entscheidungsregel (BGH NStZ 2010, 102; 2012, 171; MüKo-StPO/*Kudlich* Einl. Rn. 202). Eingeschränkt wird die freie richterliche Beweiswürdigung schließlich auch aufgrund der Interpretation anderer Verfahrensvorschriften, v.a. durch die Anerkennung von **Beweisverwertungsverboten** (s.u. Rdn. 260 ff.).

VI. Mündlichkeitsgrundsatz, § 261. Aus § 261 folgt auch, dass die Entscheidung des Gerichts über das Ergebnis der Beweisaufnahme auf der Überzeugung zu beruhen hat, die es allein aus der mündlichen Verhandlung schöpft. Der Grundsatz der Mündlichkeit verlangt demzufolge, dass der Prozessstoff in der Hauptverhandlung umfassend angesprochen wird, da das Urteil nur auf denjenigen Fakten beruhen darf, die für die Verfahrensbeteiligten vernehmbar waren (vgl. BGH NStZ 1990, 228, 229; BGH StV 2013, 548). Hierdurch soll die Urteilsfindung für den Angeklagten besser nachvollziehbar sein und insgesamt der Öffentlichkeit eine Möglichkeit zur effektiven Kontrolle der Strafjustiz gegeben werden. Schöffen haben anders als Berufsrichter kein gesetzlich gewährleistetes Recht, die Akten einzusehen (BGHSt 13, 73, 75; zust. *Beulke/Swoboda* Strafprozessrecht Rn. 626; *Krüger* FS Schünemann, S. 915; krit. *Ellbogen* DRiZ 2010, 136; *Hillenkamp* FS Kaiser, S. 1437) und können ihr Urteil somit schon rein faktisch allein auf ihre Eindrücke aus der mündlichen Verhandlung stützen (*Börner* ZStW 122 [2010], 157; vert. MüKo-StPO/*Kudlich* Einl. Rn. 190 ff.). Zur Erleichterung des Verständnisses in der Hauptverhandlung ist es jedoch zulässig, ihnen z.B. Tonbandprotokolle als Begleittext zum Mitlesen zur Verfügung zu stellen (BGHSt 43, 36). Eine Entscheidung im schriftlichen Verfahren ist im Strafprozess anders als in §§ 128 Abs. 2, Abs. 3, 331 Abs. 3 ZPO nicht möglich. § 249 Abs. 1 stellt eine besondere Ausprägung des Grundsatzes der Mündlichkeit beim Beweis durch Urkunden dar: Im Grundsatz müssen alle Urkunden und andere als Beweismittel dienenden Schriftstücke in der Hauptverhandlung verlesen werden (krit. *Krahl* GA 1998, 329). Eine für die Praxis bedeutsame Einschränkung des grundsätzlichen Erfordernisses der Verlesung von Urkunden ergibt sich aus der Möglichkeit des Selbstleseverfahrens nach § 249 Abs. 2 (vgl. hierzu BGH NStZ 2012, 346 m. Bespr. *Albrecht* ZIS 2012, 163; BGH NStZ 2012, 708 m. Bespr. *Mosbacher* NStZ 2013, 199; BGHSt 58, 15; weiterführend *Kirchner* StraFo 2015, 52; Meyer-Goßner/*Schmitt* § 249 Rn. 16 ff. und *Ventzke* StV 2014, 114). 58

Eine wichtige **Ausnahme** vom Grundsatz der Mündlichkeit hat der BGH hinsichtlich der **Verlesung des Anklagesatzes** zugelassen. Zwar ist der Anklagesatz gem. § 243 Abs. 3 Satz 1 immer zu verlesen (auch nach Zurückverweisung der Sache durch ein Rechtsmittelgericht), und hierauf kann auch nicht verzichtet werden (BGH NStZ 2018, 614), in Verfahren, in denen – wie etwa bei einer Betrugsserie – massenweise und gleichförmig begangene Delikte angeklagt sind, soll es aber nach Ansicht des Großen Strafsenats – infolge einer teleologischen Reduktion des § 243 Abs. 3 Satz 1 – genügen, wenn der Anklagesatz in der Hauptverhandlung lediglich insofern wörtlich vorgelesen wird, als in ihm die gleichartige Tatausführung, welche die Merkmale des jeweiligen Tatbestands erfüllt, beschrieben und die Gesamtzahl der Taten, der Tatzeitraum sowie bei Vermögensdelikten der Gesamtschaden bestimmt sind. Eine Verlesung der näheren individualisie-

renden tatsächlichen Umstände der Einzeltaten oder Einzelakte sei in derartigen Fällen entbehrlich (BGHSt 56, 109 m. zust. Anm. *Gössel* JR 2011, 710; BGH NStZ 2011, 420; krit. *Börner* NStZ 2011, 436; *Ziegert* FS Schöch, S. 879; BGH NStZ 2014, 49 m.Anm. *Ferber*).
Zu den Anforderungen an die mündliche Offenlegung von Verständigungsgesprächen s.u. Rdn. 234; hierzu bereits vor der Normierung BGHSt 43, 195.

59 **VII. Unmittelbarkeitsgrundsatz, insb. §§ 226 Abs. 1, 250, 261.** **1.** Nach dem allein für die Hauptverhandlung relevanten Grundsatz der Unmittelbarkeit ist das Gericht gehalten, sich einen möglichst direkten Eindruck vom relevanten Tatgeschehen zu verschaffen (vert. *Rolinski* FS Kühne, S. 297; *Krüger* FS Rengier, S. 423). Dies setzt voraus, dass das gesamte Gericht während der Hauptverhandlung ununterbrochen anwesend ist, § 226 Abs. 1. Bei Ausfall eines Richters muss die gesamte Hauptverhandlung wiederholt werden, es sei denn, es war von vornherein ein Ergänzungsrichter präsent, vgl. § 192 Abs. 2 GVG. Ausnahmsweise kann ein Teil der Beweisaufnahme nach §§ 223 ff. durch beauftragte oder ersuchte Richter erfolgen.

60 **2.** Bei der Rekonstruktion des Tatgeschehens vor Gericht soll möglichst das tatnächste Beweismittel Verwendung finden, z.B. also der Zeuge, der das Tatgeschehen unmittelbar erlebt hat statt eines Zeugen vom Hörensagen. Dies führt aber nicht zu einer generellen Unzulässigkeit »tatferner« Beweismittel. Auch ein Zeuge vom Hörensagen bleibt trotz der insofern missverständlichen Bezeichnung als »mittelbarer Zeuge« ein unmittelbares Beweismittel, berichtet er doch unmittelbar über das, was er erlebt hat. Bei einer Wahlmöglichkeit zwischen einem unmittelbaren Tatzeugen und einem bloßen Zeugen vom Hörensagen folgt zwar aus dem Grundsatz der Unmittelbarkeit, dass möglichst auf den unmittelbaren Zeugen zurückgegriffen werden sollte. Solange das Gericht jedoch in angemessenem Maße berücksichtigt, dass ein nur mittelbarer Zeuge weniger verlässlich ist als ein unmittelbarer, und überdies der Aufklärungspflicht (§ 244 Abs. 2, s.o. Rdn. 54) hinreichend Rechnung trägt, kann es auch das tatfernere Beweismittel wählen (BGH NStZ 2004, 50 m. Bespr. *Winkler* JA 2004, 276; BGH StV 2016, 774; BGH StV 2018, 791;KK-StPO/*Diemer* § 250 Rn. 10 ff.; HK-StPO/*Julius* § 244 Rn. 10 f.; umfassende Bestandsaufnahme zum Zeugen vom Hörensagen bei *Detter* NStZ 2003, 1 – anders z.B. in Japan, wo gem. § 320 Abs. 1 JStPO für die Beweisaufnahme das aus dem amerikanischen Recht übernommene »Prinzip der Ausschließung des Zeugen vom Hörensagen [Hearsay-Beweisverbots-Regeln]« gilt, dazu *Kato* in: Duttge/Tadaki [Hrsg.] Aktuelle Entwicklungslinien des japanischen Strafrechts im 21. Jahrhundert, [2017], S. 139, 155).

61 **3.** Deutlicher gesetzlich verankert ist der aus dem Unmittelbarkeitsprinzip resultierende Vorrang des Personalbeweises (z.B. Vernehmung eines Zeugen) vor dem Urkundsbeweis (Verlesung der früheren Vernehmung des Zeugen): Beruht der Beweis einer Tatsache auf der Wahrnehmung einer Person, so darf deren Vernehmung in der Hauptverhandlung nicht durch Verlesung eines Vernehmungsprotokolls oder einer Erklärung ersetzt werden, § 250, Art. 6 Abs. 3 lit. d EMRK (vert. *Mosbacher* NStZ 2014, 1). Auch hier bestehen allerdings gesetzlich verankerte Durchbrechungen, §§ 251 ff., 49 f., 232 f., 325 (zu entsprechenden Reformbestrebungen vgl. den AE-Beweisaufnahme in GA 2014, 1 ff.). Zudem steht der Unmittelbarkeitsgrundsatz nur der Ersetzung, nicht der Ergänzung des Zeugenbeweises durch Verlesung eines Vernehmungsprotokolls – namentlich zur Überprüfung der Glaubhaftigkeit von Zeugenaussagen – entgegen (BGH StV 2014, 205).

62 **VIII. Unschuldsvermutung und »in dubio pro reo«.** 1. Die **Unschuldsvermutung** ist in Art. 6 Abs. 2 EMRK völkerrechtlich verankert (EGMR [Poncelet vs. Belgien], Urt. v. 20.03.2010 – 44418/07, NJW 2011, 1789; EGMR [Krebs vs. Deutschland] StV 2021, 631; s.a. die Richtlinie über die Stärkung bestimmter Aspekte der Unschuldsvermutung und des Rechts auf Anwesenheit in der Verhandlung in Strafverfahren, RL 2016/343/EU vom 09.03.2016, ABl. 2016 L 65) und nimmt in Deutschland gem. Art. 59 Abs. 2 GG den Rang eines einfachen Gesetzes ein. Als Ausprägung des Rechtsstaatsprinzips genießt die Unschuldsvermutung allerdings auch Verfassungsrang (BVerfGE 82, 106; BGH JR 2017, 226 m.Anm. *Stuckenberg*; vert. *Stuckenberg*, Untersuchungen zur Unschuldsvermutung [1998]; *Lindemann* in: Hdb. StrafR VII § 2 Rn. 49 ff.; *Weigend* FS Rogall, S. 739 sowie u. Art. 6 EMRK Rdn. 109 f.). Ausgangspunkt des Strafverfahrens ist die Vermutung der Unschuld des Beschuldigten. Eine Verurteilung setzt den vollständigen Nachweis seiner Schuld voraus (**Schuldgrundsatz**). Die Unschuldsvermutung wird verletzt, wenn eine Gerichtsentscheidung oder eine Äußerung eines Amtsträgers zu erkennen gibt, eine einer Straftat angeklagte Person sei schuldig, obwohl der gesetzliche Beweis ihrer Schuld noch nicht erbracht ist (EGMR [Karaman] NJW 2015, 37, 39; s.a. *Stuckenberg* GA 2016, 689). Tatsächliche Zweifel im Hinblick auf die Tat- und Schuldfrage, die sich auch nach Ausschöpfung aller Beweismittel nicht ausräumen lassen, stehen einer Verurteilung somit entgegen. Bestehen keinerlei solche Zweifel und kommt es zu einer Verurteilung des Angeklagten, endet die Unschuldsvermutung mit der Rechtskraft des Urteils (BVerfGE 35, 202, 232). Jeder Freispruch enthält materiell die Bestätigung, dass die Unschuldsvermutung nicht zulasten des Beschuldigten widerlegt werden konnte. Daher kann die Unschuldsvermutung auch durch ein freisprechendes Urteil verletzt werden. Insoweit kommt es nicht nur

auf den Tenor der freisprechenden Entscheidung, sondern auch auf die Urteilsbegründung an. Erfolgt ein Freispruch aus rechtlichen Gründen, so scheidet eine Verletzung der Unschuldsvermutung im Regelfall aus. Bei einem Freispruch aus tatsächlichen Gründen ist es verstärkt von Bedeutung, dass in der Begründung keine den Rechtsfolgenausspruch konterkarierende Äußerung enthalten ist, wobei die Abgrenzung zwischen Tat- und Rechtsfrage schwierig ist. Eine Verletzung des Art. 6 Abs. 2 EMRK liegt bspw. vor, wenn die Urteilsgründe die Haltung des Gerichts zum Ausdruck bringen, dass der Angeklagte tatsächlich schuldig ist (EGMR [Cleve] StV 2016, 1 m.Anm. *Stuckenberg*). Hingegen wird die Verletzung des Art. 6 Abs. 2 EMRK (und entsprechend eine Beschwer als Voraussetzung der Zulässigkeit eines Rechtsmittels) abgelehnt, wenn der Angeklagte im Urteil als der Tat überführt eingestuft, er jedoch wegen nicht erwiesener Schuldfähigkeit i.S.v. § 20 StGB freigesprochen wird (BGH [Mollath] NJW 2016, 728 m.Anm. *Michalke* und *Grosse-Wilde/Stuckenberg* StV 2017, 784 und Bespr. *Jahn* JuS 2016, 180 sowie *Satzger* Jura 2016, 956; vert. auch *Ahlbrecht* StV 2016, 257; *Weigend* FS-Rogall, S. 739, 749). Zur Unschuldsvermutung i.R.d. Strafzumessung vgl. BGH NStZ 2014, 202, zur Unschuldsvermutung bei Ablehnung der Strafrestaussetzung aufgrund einer weiteren Tat s. EGMR [Müller] NJW 2015, 539.

Die Unschuldsvermutung gilt im gesamten Strafverfahren: Der Betroffene darf vor förmlicher Feststellung seiner Schuld nicht als Schuldiger behandelt werden. Hierdurch werden in Grundrechte des Beschuldigten eingreifende, auf einem Verdacht der Straftatbegehung beruhende Strafverfolgungsmaßnahmen nicht ausgeschlossen, da mit ihrer Hilfe gerade geklärt werden soll, ob der Tatvorwurf begründet ist (BVerfG NJW 1990, 2741; zur U-Haft: *Herrmann* StraFo 2016, 89).

2. Der in § 261 sowie Art. 6 Abs. 2 EMRK verortete (LR/*Esser* Art. 6 EMRK Rn. 307 ff.; *Noack* Jura 2004, 63
539; SK-StPO/*Meyer* Art. 6 EMRK Rn. 326; *Stuckenberg* StV 2007, 655; vert. *Zopfs*, Der Grundsatz »in dubio pro reo« [1999]; *Lindemann* in: Hdb. StrafR VII § 2 Rn. 54 ff.; u. Art. 6 EMRK Rdn. 116) Grundsatz »im Zweifel für den Angeklagten« (**in dubio pro reo**) besagt, dass nach abgeschlossener Beweiswürdigung noch bestehende Unsicherheiten an der Schuld des Angeklagten in tatsächlicher Hinsicht zu dessen Freispruch führen müssen. Diese »Entscheidungsregel« (s.o. Rdn. 57) findet keine Anwendung auf einzelne Beweiselemente, sondern greift i.R.d. verfahrensabschließenden Überzeugungsgewinnung auf der Grundlage des insgesamt ermittelten Tatsachenstoffes ein (BGH NStZ 2010, 102; NStZ-RR 2012, 171). Sie zwingt das Gericht überdies nicht dazu, von der für den Angeklagten günstigsten Fallkonstellation auszugehen, wenn hierfür keine konkreten Anhaltspunkte bestehen (BGHSt 51, 324; BGH NStZ 2009, 630). Verletzt ist der Grundsatz *in dubio pro reo* nur dann, wenn der Richter verurteilt hat, obwohl er Zweifel an der Schuld hatte (nicht schon, wenn er diese Zweifel nur hätte haben müssen, BVerfG NJW 2002, 3015) und wenn sich dies aus den Urteilsgründen selbst ergibt (BVerfG NJW 1988, 477). In einem Verfahren gegen mehrere Angeklagte können solche Feststellungen, die nach dem Zweifelssatz zugunsten eines Angeklagten getroffen werden, nicht Grundlage für Feststellungen zum Nachteil eines anderen Angeklagten sein. Ist die Tatbeteiligung eines Angeklagten nicht sicher feststellbar, und wird dieser deshalb freigesprochen, können also hinsichtlich eines Mitangeklagten nach dem Zweifelsgrundsatz für diesen günstige Feststellungen geboten sein, die auf der Annahme einer Tatbeteiligung des freigesprochenen Mitangeklagten beruhen (BGH StV 2015, 153). Selbst bei einem Angeklagten kann es zur »gesplitteten« Anwendung des in dubio pro reo-Grundsatzes kommen, so wenn bei einem Verkehrsunfall bzgl. der Feststellung der Schuldunfähigkeit des Beschuldigten ein möglichst hoher, bei der Prüfung der Fahruntüchtigkeit ein möglichst geringer Blutalkohol-Abbauwert angenommen wird (Meyer-Goßner/*Schmitt* § 261 Rn. 32).

Neben sämtlichen strafbegründenden Faktoren werden auch strafzumessungsrelevante Umstände vom 64
Zweifelssatz erfasst (BGH StV 2000, 656). **Keine Anwendung** findet er hingegen auf die Beurteilung rechtlicher Zweifelsfragen (BGHSt 14, 68, 73).

Umstritten ist, auf welche Punkte sich der Anwendungsbereich des Zweifelssatzes jenseits der Schuld- 65
und Straffrage erstreckt: Auf Prozessvoraussetzungen ist er grundsätzlich anwendbar, wobei jedoch auf die Besonderheiten der jeweiligen Verfahrensvoraussetzung abzustellen ist (BGHSt 46, 349, 352 m.Anm. *Verrel* JR 2002, 212; BGH NStZ 2010, 160; LR/*Stuckenberg* § 206a Rn. 37 ff.; für tendenziell großzügige Anwendung MüKo-StPO/*Kudlich* Einl. Rn. 400; vert. *Meyer-Goßner*, Prozessvoraussetzungen und Prozesshindernisse [2011], S. 60 ff.; *Schwabenbauer*, Der Zweifelssatz im Strafprozessrecht [2012], S. 97 ff.). Ist der Begehungszeitpunkt einer Tat unklar und somit auch die Frage des Eintritts der Verjährung, wirkt sich dieser Zweifel zugunsten des Angeklagten aus (BGHSt 47, 138, 147). Gleiches gilt für tatsächliche Unsicherheiten im Hinblick auf einen bereits eingetretenen Strafklageverbrauch (BGHSt 46, 349, 352) sowie für das Vorliegen eines Strafantrages nach §§ 77 ff. StGB (BGHSt 22, 90; vert. *Stuckenberg* JA 2000, 568). Bei **sonstigen Verfahrensfragen** findet der Zweifelssatz nach h.A. jedoch grundsätzlich keine Anwendung (BGHSt 16, 164, 166 hinsichtlich der Voraussetzungen des § 136a; einschränkend *Beulke/Swoboda* Strafprozessrecht Rn. 218; abl. *Roxin/Schünemann* § 45 Rn. 63; BGH NStZ 2012, 345, 346 zu § 136 Abs. 1 Satz 2; abl. LR/*Gless* § 136

Rn. 78). Bei der Frage, ob Heranwachsende nach Jugend- oder nach Erwachsenenstrafrecht abgeurteilt werden (§ 105 JGG), findet im Zweifel das Jugendstrafrecht Anwendung (BGHSt 12, 116).

66 Keine unmittelbare Wirkung hat der Zweifelsgrundsatz bei der Entscheidung der StA, öffentliche Klage zu erheben, jedoch können sich in diesem Kontext mittelbare Wirkungen i.R.d. zu treffenden Prognose über ein Urteil des Gerichts ergeben (MüKo-StPO/*Kudlich* Einl. Rn. 227; vgl. hierzu § 170).

67 **IX. Beschleunigungsgebot, Art. 20 Abs. 3 GG, Art. 6 Abs. 1 EMRK.** **1.** Nach allgemeiner Auffassung ergibt sich aus Art. 2 Abs. 2 Satz 2 GG i.V.m. Art. 20 Abs. 3 GG das Gebot der zügigen Durchführung von Strafverfahren (BVerfG NStZ 2006, 680; s.a. *Krehl/Eidam* NStZ 2006, 1; *Laue* GA 2005, 648; *Murmann* in: Hdb. StrafR VII § 12 Rn. 1 ff.; *Mansdörfer* GA 2010, 153; *Paeffgen* GA 2014, 275; vert. *Baumanns*, Der Beschleunigungsgrundsatz im Strafverfahren [2011]), welches u.a. beinhaltet, dass der Angeklagte »innerhalb einer angemessenen Frist« vom entscheidungszuständigen Gericht gehört wird (Art. 6 Abs. 1 Satz 1 EMRK; s.u. Art. 6 EMRK Rdn. 87 ff.). Die zügige Durchführung des Strafverfahrens ist sowohl im Interesse des Beschuldigten als auch im öffentlichen Interesse geboten, da zunehmender Zeitablauf die Beweisführung und somit die Ermittlung der materiellen Wahrheit im Verfahren erschwert (BGHSt 26, 228, 232). In der StPO wird der Beschleunigungsgrundsatz nicht ausdrücklich genannt, liegt aber verschiedenen Regelungen zugrunde, vgl. §§ 121, 122, 163 Abs. 2; § 72 Abs. 5 JGG (aktueller Rspr.-Überblick zu den verschiedenen Aspekten rechtsstaatswidriger Verfahrensverzögerung bei *Rinklin* StRR 2015, 44 u. 84).

68 **2.** Um die Angemessenheit der Dauer eines Strafverfahrens beurteilen zu können, sind die gesamte Dauer von Beginn bis zum Ende des Verfahrens sowie die Art und Schwere des Tatvorwurfes, die Schwierigkeit des Verfahrens, Besonderheiten in den Ermittlungen sowie das Ausmaß der mit der Verfahrensdauer verknüpften Belastungen für den Beschuldigten zu berücksichtigen (sog. **Relativität** des Beschleunigungsgebotes, BGH NStZ 2003, 384; 2004, 504; s.a. KG BeckRS 2017, 117156 [Überhaft]). Besonders dann, wenn Untersuchungshaft angeordnet wurde, ist eine rasche richterliche Entscheidung herbeizuführen (BVerfG NJW 2006, 677; OLG Stuttgart StraFo 2013, 509; *Pieroth/Hartmann* StV 2008, 276; *Schultheis* NStZ 2015, 144). Das Beschleunigungsgebot in Haftsachen wird verfassungsrechtlich auf Art. 2 Abs. 2 Satz 2 GG gestützt (BVerfGE 46, 194, 195). Es ist auch in Art. 5 Abs. 3 S. 1 Hs. 2 EMRK verankert (u. Art. 5 EMRK Rdn. 54 ff.). An den zügigen Fortgang des Verfahrens und an die Begründungstiefe der Haftfortdauerentscheidung sind dabei umso strengere Anforderungen zu stellen, je länger die Untersuchungshaft andauert (BVerfG StV 2013, 640; OLG Hamm StRR 2014, 449; OLG Hamburg StV 2015, 309). Kann dem verfassungsrechtlichen Beschleunigungsgebot in Haftsachen nicht Rechnung getragen werden, weil der Staat seiner Pflicht zur verfassungsgemäßen Ausstattung der Gerichte nicht nachkommt, haben die mit der Haftprüfung betrauten Fachgerichte die verfassungsrechtlich gebotenen Konsequenzen zu ziehen, indem sie die Haftentscheidung aufheben; ansonsten verfehlen sie die ihnen obliegende Aufgabe, den Grundrechtsschutz der Betroffenen zu verwirklichen (BVerfG StV 2015, 39; OLG Köln StV 2016, 445; OLG Bremen StV 2012, 824). Die relevante Zeitspanne beginnt, wenn der Beschuldigte von den Ermittlungen offiziell in Kenntnis gesetzt wird und endet mit rechtskräftigem Verfahrensabschluss (EGMR NJW 2006, 1645; BGHZ 199, 87, 93 = NJW 2014, 220, 221; BGH NStZ-RR 2001, 294; OLG Hamm NStZ-RR 2009, 318; *Laue* Jura 2005, 89). Auch Verzögerungen infolge von Vorabentscheidungsverfahren zum EuGH (EGMR StV 2009, 561 m.Anm. *Krehl*) und von Verfassungsbeschwerden vor dem BVerfG sind hierbei zu berücksichtigen. Ein Verstoß gegen Art. 6 Abs. 1 Satz 1 EMRK liegt jedoch nur im Fall einer *rechtsstaatswidrigen* Verfahrensverzögerung vor. Zeitliche Verzögerungen, die nicht durch staatliche Behörden (hierzu BGH StV 2009, 693), sondern durch Dritte (auch den Beschuldigten oder Verteidiger selbst) verursacht worden sind, können eine solche nicht begründen (BVerfG NStZ-RR 2005, 346; BGH NJW 2014, 1183, 1185; KG StV 2009, 534; Einzelheiten u. Art. 5 EMRK Rdn. 58; Art. 6 EMRK Rdn. 87 ff.). In zunehmendem Maße zieht die neuere Rspr. allerdings derlei selbst veranlasste Verzögerungen als Begründung heran, um einzelne Verfahrensrechte wegen missbräuchlicher Verwendung zu begrenzen (BVerfG StV 2007, 366; KG StV 2009, 577 m. krit. Anm. *Schlothauer*; *Degener* FS Dencker, S. 23; *Schmitt* StraFo 2008, 313, 317; *Tepperwien* NStZ 2009, 1, 5; *Wohlers* NJW 2010, 2470). Eine Beschwerde gegen die Verhängung von Untersuchungshaft ist im Fall der Nichtabhelfung spätestens vor Ablauf von drei Tagen dem Beschwerdegericht vorzulegen (§ 306 Abs. 2 2. Alt.); eine erhebliche Fristüberschreitung kann der Beschwerde zum Erfolg verhelfen (KG StV 2015 m.Anm. *Ahmed* StV 2016, 799; vert. § 306 Rdn. 24).

69 **3.** Lange Zeit gingen die Gerichte davon aus, eine rechtsstaatswidrige überlange Verfahrensdauer begründe einen mildernden Umstand i.R.d. Strafzumessung (BGHSt 24, 239; 35, 137, 141). Eine grundlegende Änderung der Judikatur trat mit der Entscheidung des Großen Senats vom 17.01.2008 ein, in der die reine Strafzumessungslösung aufgegeben und stattdessen entschieden wurde, eine angemessene Behandlung von Verfahrensverzögerungen habe auf der Strafvollstreckungsebene zu erfolgen (sog. **Vollstreckungslösung** oder

Kompensationsmodell, BGHSt [GrS] 52, 124; m.Anm. *Gaede* JZ 2008, 422; BGH BeckRS 2020, 40263; *Ignor/Bertheau* NJW 2008, 2209; *Pohlit* FS Rissing-van Saan, S. 453; *I. Roxin* FS Volk, S. 617; *Streng* JZ 2008, 979; zur Vereinbarkeit mit der EMRK s.u. Art. 6 EMRK Rdn. 98). Zentraler Inhalt dieser Vollstreckungslösung ist, dass die Verfahrensverzögerung zwar nach wie vor i.R.d. Strafzumessung nach allgemeinen Grundsätzen, d.h. innerhalb des gesetzlichen Strafrahmens, berücksichtigungsfähig bleibt (BGH StV 2009, 638; NStZ-RR 2011, 171; StV 2015, 172), die eigentliche Kompensation des staatlichen Fehlverhaltens aber erst durch Anrechnung auf die zu vollstreckende (Gesamt-) Strafe erfolgen soll (Rechtsgedanke des § 51 Abs. 1 Satz 1, Abs. 4 Satz 2 StGB). Vgl. hierzu näher Rdn. 115 ff.

4. Bei leichteren Verstößen gegen den Beschleunigungsgrundsatz soll schon die **ausdrückliche Feststellung der rechtsstaatswidrigen Verfahrensverzögerung in den Urteilsgründen** ausreichend Kompensation gewähren, sodass daneben keine Anrechnung im Wege der Vollstreckung erforderlich sei, sondern allenfalls eine Berücksichtigung i.R.d. Strafzumessung (BGH NStZ 2012, 653; vgl. u. Rdn. 116). 70

5. Äußerst krit. war die Tatsache zu beurteilen, dass früher im Fall eines Freispruchs keine hinreichende gesetzliche Regelung zur Kompensation immaterieller Schäden bei überlanger Verfahrensdauer existierte. Der EGMR mahnte dies mehrfach an und sprach dem jeweils Betroffenen eine Entschädigung in Geld gem. Art. 41 EMRK zu (EGMR NJW 2006, 2389; StV 2009, 519; NJW 2010, 3355). Auch der BGH monierte, Art. 13 EMRK, der eine innerstaatliche Rechtsschutzmöglichkeit gegen Verfahrensverzögerungen einfordert, finde in der deutschen Rechtsordnung keinen Widerhall. Als Reaktion auf diese Kritik wurde inzwischen in **§§ 198–201 GVG** eine Regelung verankert, wonach die Oberlandesgerichte zur Entscheidung über Entschädigungsansprüche infolge überlanger Verfahren berufen sind (vgl. hierzu: *Gercke/Heinisch* NStZ 2012, 300; *Graf* NZWiSt 2012, 121; *Guckelberger* DÖV 2012, 289; *Roller* DRiZ 2015, 66; *Sommer* StV 2012, 110; vert. *Kolleck-Feser* Verfahrensverzögerungen im Strafverfahren und die Untätigkeitsbeschwerde der Staatsanwaltschaft, [2015], S. 121 ff.). Erfasst werden sowohl materielle (»angemessene« Entschädigung ohne entgangenen Gewinn, § 198 Abs. 1 Satz 1 GVG) als auch immaterielle Schäden (1200 € für jedes Jahr der Verzögerung, § 198 Abs. 2 Satz 3 GVG). Im Entschädigungsprozess gilt – wie auch sonst im Zivilprozess – der Beibringungsgrundsatz. Der Entschädigungskläger muss die Tatsachen vortragen und gegebenenfalls beweisen, die nach seiner Auffassung eine unangemessene Dauer des Ausgangsverfahrens begründen (BGHZ 199, 87, 100 = NJW 2014, 220, 223; vert. *Reiter* ad legendum 2015, 151). Entschädigung erhält ein Verfahrensbeteiligter nur, wenn er bei dem mit der Sache befassten Gericht die Dauer des Verfahrens gerügt hat (Verzögerungsrüge, § 198 Abs. 3 GVG). Str. ist, ob die rechtzeitige Erhebung einer Verzögerungsrüge gem. § 198 Abs. 3 Satz 1 GVG auch als Anspruchsvoraussetzung für eine Kompensation durch das Vollstreckungsmodell erforderlich ist (abl. BeckOK-StPO/*Graf* § 199 GVG Rn. 11; LR-*Krauß* Nachtr. § 199 GVG Rn. 19; MüKo-StPO/*Kreicker* § 198 GVG Rn. 64). Jedenfalls für die Wiedergutmachung durch ausdrückliche Feststellung der unangemessenen Verfahrensdauer in den Urteilsgründen bedarf es keiner vorhergehenden Verzögerungsrüge (BGH StV 2015, 154 – i.Ü. offengelassen). 71

6. Wird zwischen dem tatrichterlichen Urteil und der Entscheidung über die zulässig eingelegte Revision gegen das Beschleunigungsgebot verstoßen, muss das Revisionsgericht dies von Amts wegen berücksichtigen (BGH NStZ 2006, 295). Zwangsmaßnahmen, die dem Grundsatz der Verhältnismäßigkeit genügen müssen, können im konkreten Fall unzulässig sein, wenn ein erheblicher Verstoß gegen das Beschleunigungsverbot zu verzeichnen ist, insb. steht ein solcher der Fortführung der U-Haft nach Erlass des ersten tatrichterlichen Urteils entgegen (BVerfG NJW 2006, 672). 72

7. Ein **Verfahrenshindernis** entsteht nach herrschender Rspr. grundsätzlich nicht allein durch eine überlange Dauer des Strafverfahrens, sodass auch bei absolut unangemessener Länge des Prozesses keine Einstellung nach § 260 Abs. 3 erfolgt. Nichtsdestotrotz teilten die Gerichte immer schon die Ansicht, dass es Extremfälle gibt, in denen aufgrund besonders gravierender Verfahrensverzögerung und den damit verbundenen Belastungen des Beschuldigten das Gebot der Rechtsstaatlichkeit des Strafverfahrens ein anerkennenswertes Interesse an der Strafverfolgung entfallen lässt, folglich also ein Verfahrenshindernis anzuerkennen ist (BVerfG NJW 2003, 2897; BGHSt 46, 159, 171 f.; LR/*Krauß*, § 199 GVG Nachtr. Rn. 13). Auch eine Einstellung gem. § 153 Abs. 2, § 153a Abs. 2 oder § 206a Abs. 1 erscheint denkbar (vgl. die unterschiedlichen Lösungen in BGHSt 46, 159, 169; OLG Rostock StV 2011, 220; OLG Düsseldorf StV 1995, 400; LG Bremen StV 2011, 223; LG Frankfurt NJW 1997, 1994). S.u. Rdn. 115 ff. 73

8. Für die Hauptverhandlung gilt als spezielle Ausprägung des Beschleunigungsgrundsatzes die **Konzentrationsmaxime**. Möglichkeiten zur **Unterbrechung** existieren nur sehr eingeschränkt (§§ 228 Abs. 1 Satz 1 Alt. 2, 229, § 10 Abs. 1 EGStPO [Pandemie, dazu LG Osnabrück StV 2021, 81]); ab einer gewissen Dauer muss das Verfahren **ausgesetzt werden** (§§ 228 Abs. 1 Satz 1 Alt. 1, 229 Abs. 4 und 5), was eine erneute Durchführung der Hauptverhandlung im vollen Umfang erforderlich macht. Fristberechnung: Weder der Tag, an dem die Unterbrechung angeordnet wird, noch derjenige, an dem die Verhandlung festgesetzt wird, ist ein- 74 zurechnen (BGH NStZ 2020, 622; SK-StPO/*Wolter* § 229 Rn. 3; Meyer-Goßner/*Schmitt* § 229 Rn. 9; s.a. *Gräbener* NStZ 2020, 514). Grundsätzlich ist die Hauptverhandlung, soweit dies möglich ist, in einem Gang durchzuführen, um den zur Entscheidung berufenen Personen einen frischen, unvermittelten Eindruck von den urteilsbildenden Faktoren zu verschaffen (BGH NJW 1996, 3019). Auf diese Weise soll gewährleistet werden, dass der Urteilsspruch aus dem »Inbegriff der Verhandlung« gewonnen werden kann und nicht dem Grundsatz der Mündlichkeit und Unmittelbarkeit der Hauptverhandlung zuwider den Akten entnommen werden muss (BGH StV 2014, 2; hierzu *Bock* FS Beulke, S. 633)

75 **X. Öffentlichkeitsgrundsatz, § 169 Satz 1 GVG, Art. 6 Abs. 1 Satz 1, 2 EMRK.** Das **Öffentlichkeitsprinzip** sichert das Gebot einer transparenten Justiz, indem in § 169 Abs. 1 Satz 1 GVG normiert wird, dass im Grundsatz jedermann einer mündlichen Hauptverhandlung im Strafverfahren beiwohnen darf (BGHSt 28, 341, 434; *Kudlich* JA 2000, 970). Hierauf besteht allerdings kein verfassungsrechtlich begründeter Anspruch (BVerfGE 15, 303, 307). Der Zugang zur Hauptverhandlung ist nicht lückenlos gewährleistet. Das Gesetz sieht zum Schutz hochrangiger Rechtsgüter und Interessen (Schutz der Privatsphäre des Angeklagten oder der Zeugen, Schutz vor Gefährdungen der Staatssicherheit oder Sittlichkeit) in §§ 169 Satz 2, 170 ff. GVG Durchbrechungen vor.

Faktisch sicherlich bedeutsamer als die unmittelbare Teilnahme einzelner Personen ist heute die **Berichterstattung durch die Medien**, welche eine mittelbare Öffentlichkeit herstellt (vert. LR/*Wickern* Vor § 169 GVG Rn. 14 ff.; s.a. *Hassemer* ZRP 2013, 149; *Heger* FS Beulke, S. 759; *ders.* in: Hdb. StrafR VII § 13 Rn. 8 ff.; *Jung* GA 2014, 257). Ohne diese mediale Vermittlungsmöglichkeit würde der Kontroll- und Informationszweck des verfassungsrechtlichen Öffentlichkeitsgrundsatzes unzureichend umgesetzt werden. Die Zugänglichkeit der Gerichtsverhandlung gerade für Pressevertreter ist daher verfassungsrechtlich von besonderem Gewicht (BVerwG NJW 2015, 807, 809; StV 2016, 542; vert. *Bosch* Jura 2016, 45). Insoweit ist in der Rspr. des BVerfG anerkannt, dass es zulässig ist, für Medienvertreter in öffentlichkeitswirksamen Verfahren **Platzkontingente** im Gerichtssaal zu reservieren (BVerfG NJW 1993, 915). Reichen diese nicht aus, muss ein **faires Auswahlverfahren** – ggf. unter Differenzierung nach Medienarten (z.B. Fernsehen, Printmedien, ausländische Medienvertreter bei entsprechenden Bezügen des Falles) durchgeführt werden (EGMR NJW 2013, 521; BVerfG NJW 2013, 1293 m.Anm. *Zuck*; *Frenz* DVBl. 2013, 721 u. *Kühne* StV 2013, 417; vert. *von Coelln* DÖV 2006, 804). Die Tonübertragung in einen Arbeitsraum für Personen, die für Presse, Hörfunk, Fernsehen oder andere Medien berichten, kann vom Gericht zugelassen werden (Einzelheiten s.u. *Quentin* zu § 169 Abs. 1 Satz 3–5 GVG; zur rechtspolitischen Diskussion: *Exner*, Jura 2017, 770; *Feldmann*, GA 2016, 20; *Kreicker*, ZIS 2017, 85; *Mitsch*, ZRP 2014, 137; *Norouzi*, StV 2016, 590). **Ton- und Filmaufnahmen der Presse** dürfen innerhalb des Sitzungssaals nur vor Beginn und nach Ende der Sitzung sowie während der Verhandlungspausen gemacht werden (vgl. § 169 Abs. 1 Satz 2 GVG). Im Rahmen der Sitzungspolizei kann der Vorsitzende diesbezügliche Beschränkungen anordnen (vgl. Nr. 129 Abs. 3 RiStBV; § 176 GVG), z.B. dass Bildaufnahmen des Angeklagten nur anonymisiert (»verpixelt«) veröffentlicht werden dürfen (OLG Bremen StV 2016, 549). Die Ermessensentscheidung des Vorsitzenden über sitzungspolizeiliche Anordnungen hat unter Abwägung der unterschiedlichen kollidierenden Interessen den Grundsatz der Verhältnismäßigkeit zu wahren (BVerfGE 119, 309; NStZ 1995, 40; NJW 1996, 310; *Eisenberg* StraFo 2007, 286). Werden Ton- und Bildaufnahmen unmittelbar vor oder nach einer Verhandlung oder in den Sitzungspausen mittels einer sitzungspolizeilichen Anordnung ausgeschlossen oder beschränkt, so muss das Gericht im Interesse des materiellen Grundrechtsschutzes die hierfür maßgebenden Gründe offenlegen (BVerfG NJW 2014, 3013, 3014). Vor Aufruf der Sache besteht keine Anwesenheitspflicht des Angeklagten und seines Verteidigers im Gerichtssaal (VerfGH Berlin StraFo 2018, 109). Für die Verkündung von BGH-Entscheidungen können in besonderen Fällen Ton- und Fernseh-Rundfunkaufnahmen sowie Ton- und Filmaufnahmen zum Zwecke der öffentlichen Vorführung oder der Veröffentlichung ihres Inhalts zugelassen werden (§ 169 Abs. 3 Satz 1 GVG; dazu *Saliger* JZ 2016, 824). Die Anrufung des Gerichts gem. § 238 Abs. 2 gegen eine sitzungspolizeiliche Maßnahme ist jederzeit möglich. Eine Beschwerde oder ein Antrag gem. § 23 EGGVG sind hingegen unzulässig. Früher war strittig, ob Maßnahmen nach § 176 GVG ausnahmsweise von den betroffenen Dritten (z.B. den Vertretern der Presse) mit der Beschwerde (§ 304) angefochten werden können, wenn durch die Anordnung ihre Rechtsposition über die Hauptverhandlung hinaus beeinträchtigt wird (in diesem Sinne z.B.: OLG München NStZ 2007, 120; *Hillenbrand* StRR 2013, 244; dagegen – e contrario ex § 181 Abs. 1 GVG BGH NJW 2015, 3671; OLG Hamm NStZ-RR 2012, 118; BeckOK-StPO/*Allgayer*, § 176 Rn. 18; Richterhandbuch-*Wenske*/*Moldenhauer*, Kapitel E II. Rn. 321; offengelassen in BGHSt 44, 23). Inzwischen hat die 3. Kammer des Ersten Senats des BVerfG (StV 2015, 201; vert. *Bosch* Jura 2016, 45; *Kindhäuser* FS Wolter, S. 979) jedoch eine Verfassungsbeschwerde gegen eine sitzungspolizeiliche Anordnung (insb. »Verpixelung«) gem. § 176 GVG zugelassen. Heute bejaht die

herrschende Ansicht ein solches Beschwerderecht (insb. der Medienvertreter), wenn durch die Anordnung Rechtspositionen des Betroffenen berührt werden (BVerfG NJW 2017, 798), allerdings kann die sitzungspolizeiliche Maßnahme in einem solchen Beschwerdeverfahren nur darauf überprüft werden, ob sie einen zulässigen Zweck verfolgt, dem Verhältnismäßigkeitsgrundsatz entspricht und ob das dem Vorsitzenden eingeräumte Ermessen fehlerfrei ausgeübt wurde (OLG Stuttgart NStZ-RR 2016, 383). Im Hinblick auf die schwankende und restriktive Rspr. der Strafgerichte bedarf es für die Zulässigkeit der Verfassungsbeschwerde nicht der vorrangigen Inanspruchnahme des Rechtsbehelfs der Beschwerde (BVerfG Beck RS 2016, 49952; Meyer-Goßner/*Schmitt* § 176 GVG Rn. 16).
Im Strafverfahren gegen Jugendliche (nicht jedoch gegen Heranwachsende) gilt abweichend vom Prinzip des § 169 Satz 1 GVG der Grundsatz der Nichtöffentlichkeit (§ 48 Abs. 1 JGG).

XI. Fair-trial-Grundsatz, Art. 20 Abs. 3 GG, Art. 6 Abs. 1 EMRK. **1.** Bei Betrachtung der strafprozessualen 76
Rspr. der letzten Jahre fällt auf, dass diese mit zunehmender Häufigkeit unmittelbar auf den Grundsatz des »*fair trial*« zur Herleitung von Rechten und Pflichten der am Strafprozess Beteiligten zurückgreift. Dabei leitet sie das Gebot eines fairen, an den Grundsätzen von Billigkeit und Gerechtigkeit ausgerichteten Strafverfahrens (vgl. BGHSt 49, 112, 120) aus dem Rechtsstaatsprinzip des Art. 20 Abs. 3 GG i.V.m. dem Freiheitsrecht des Art. 2 Abs. 1 GG ab (BVerfGE 26, 66, 71; 66, 313, 318; BVerfG NJW 2007, 499, 500; s.a. *Brunhöber* ZIS 2010, 761, 762 u. *Jahn* ZStW 127 [2015], 549 ff.), während ein anderer Begründungsansatz eine Gesamtschau der Art. 1 Abs. 1, 2 Abs. 2 Satz 2, 20 Abs. 3, 101 Abs. 1 Satz 2, 103 Abs. 1 GG, Art. 6 Abs. 1 Satz 1 EMRK anstellt (BVerfG NJW 2001, 2245; *Hartmann/Apfel* Jura 2008, 495).

2. Das »Grundrecht« auf ein faires Verfahren gewährt **prozessuale Mindestgrundsätze** (vert. Art. 6 EMRK 77
Rdn. 36 f.). Der konkrete Inhalt dieses Prozessrechtsgrundsatzes samt der Frage, in welchen Fällen sich aus ihm die Verpflichtung eines der Beteiligten zu einem bestimmten Prozessverhalten ergibt und welche prozessualen Konsequenzen bei deren Nichtbeachtung gezogen werden müssen, sind nach wie vor offen. Eine zu ausufernde Berufung auf diesen noch nicht hinreichend durch Rspr. und Literatur ausgeformten Prozessrechtsgrundsatz birgt die Gefahr in sich, dass die Bindung an die Normen der StPO relativiert wird und folglich Rechtsunsicherheit hinsichtlich der Ausgestaltung des Verfahrensrechts entsteht. Zudem muss die Regelungsprärogative des Gesetzgebers hinsichtlich der grundsätzlichen Konzeption des Strafverfahrensrechts gewahrt werden (vgl. BGH NStZ 1984, 274). Rechtsstaatlich geboten ist gerade eine Beachtung des positiven Rechts durch die Strafrechtsprechung und nicht eine faktische Lockerung der Bindung hieran durch eine ungebundene Ausfüllung und Erweiterung prozessualer Regelungen (BGHSt 40, 217). Ein Prozesshindernis kann daher infolge des Bestimmtheitsgebots aus dem *fair-trial*-Grundsatz in der Regel nicht hergeleitet werden (BGH NJW 2007, 3010; BGHSt 42, 191, 193; dazu *Beulke/Satzger* JuS 1997, 1074; s.a. *Beulke/Swoboda* Strafprozessrecht Rn. 448). Primär verpflichtet das Gebot des *fair trial* den Gesetzgeber, bei der Ausgestaltung der Verfahrensvorschriften rechtsstaatlichen Prinzipien Rechnung zu tragen. Dieser Grundsatz darf aber **nicht als Allzweckwaffe** vorschnell herangezogen werden, wenn spezielle verfahrensrechtliche Regelungen existieren (die ihrerseits nicht selten gerade auf dem *fair-trial*-Prinzip beruhen) – diese sind vorrangig (vgl. BGH NStZ 2009, 168 zur Richterablehnung wegen Befangenheit; BGHSt 49, 112, 120; *Hamm* FS Salger, S. 290; *Meyer-Goßner* NStZ 1982, 362; *Rzepka*, Zur Fairness im deutschen Strafverfahren [2000] – unglücklich insofern BGHSt 32, 44).
Die Rüge einer Verletzung des *fair-trial*-Grundsatzes kommt z.B. dann in Betracht, wenn das Gericht ein von ihm selbst geschaffenes Vertrauen verletzt hat (ThürVerfGH NJW 2003, 740; vgl. LR/*Mavany* § 154 Rn. 62).

3. Weitere Beispiele für konkrete prozessuale Folgen, die die Rspr. aus dem fair-trial-Grundsatz abgeleitet 78
hat (ausf. Gaede, Fairness als Teilhabe [2007]; MüKo-StPO/*Gaede* Art. 6 EMRK Rn. 97 ff.): Verwertungsverbot hinsichtlich **rechtswidrig erhobener oder erlangter Informationen** nach Maßgabe der Abwägungslösung (BVerfGE 130, 1 [im konkreten Fall abgelehnt]); Verwertungsverbot nach heimlicher akustischer Überwachung eines Ehegattengespräches im **Besucherzimmer einer U-Haft-Einrichtung** (BGHSt 53, 294); Berücksichtigung der Rspr. des IGH (BVerfG NJW 2007, 499); Ermittlung eines vollständigen und aktuellen Strafzumessungssachverhaltes (BVerfG JR 2008, 73); **Verteidigerwahlrecht** des Beschuldigten (BVerfGE 39, 238, 243); **Schweigerecht** des Beschuldigten (EGMR StV 2003, 257; BVerfG NStZ 1995, 555; BGHSt 38, 214, 220); Recht zur **direkten Befragung eines V-Mannes** (EGMR StV 1997, 617); Verbot der Verurteilung allein oder maßgeblich aufgrund einer Zeugenaussage ohne die Ermöglichung der **Ausübung des Fragerechts** des Angeklagten im Ermittlungs- oder Hauptverfahren (EGMR NJW 2003, 2893; NJW 2013, 3225); Berücksichtigung eines **Lockspitzeleinsatzes** gegen eine unverdächtige und nicht tatgeneigte Person i.R.d. Strafzumessung (BVerfG NJW 2015, 1083; BGH NStZ 2014, 277; BGHSt 45, 321, 335 im Anschluss an EGMR StV 1999, 127; gegen die Strafzumessungslösung und i.S.e. Verwertungsverbots allerdings ausdrücklich: EGMR StV 2015, 405 [Furcht vs. Deutschland]; EGMR StV 2021, 621 [Kuzmina vs.

Russland] m. Bespr. *Conen* StV 2022, 182; nach Ansicht des 1. [in jüngster Rspr.] und 2. Strafsenats des BGH ergibt sich aus dem *fair-trial*-Grundsatz, dass die rechtsstaatswidrige Provokation einer Straftat durch Strafverfolgungsbehörden oder von ihnen gelenkte Dritte regelmäßig ein Verfahrenshindernis zur Folge hat [BGHSt 60, 276 m.Anm. *Eisenberg* NJW 2016, 98, *Mosbacher* JuS 2016, 127; BGH BeckRS 2021, 42005 m. Bespr. *Janssen/Wennekers* StV 2022, 338; *Nestler* Jura 2022, 650; a.A. BGHSt 60, 238]); Verbot der staatlichen Ausforschung eines Beschuldigten durch einen **Polizeispitzel als Zellengenossen** (EGMR StV 2003, 257; vgl. aber auch EGMR NJW 2010, 213); Gebot der **Pflichtverteidigerbestellung** bereits im Ermittlungsverfahren im Fall der richterlichen Vernehmung eines Belastungszeugen (BGHSt 46, 93, 100; s.a. *Ransiek* FS Fischer, S. 777); Verbot eines Bewährungswiderrufs wegen einer noch nicht rechtskräftig abgeurteilten Straftat (EGMR NJW 2004, 43); Verwertungsverbot für durch **Brechmitteleinsatz** erlangte Beweise (EGMR NJW 2006, 3117); Rechtswidrigkeit einer Verständigung, deren Gegenstand die Verhängung einer zur Bewährung auszusetzenden Freiheitsstrafe ist, ohne dass der Angeklagte vorab auf konkret in Betracht kommende Bewährungsauflagen (§ 56b Abs. 1 Satz 1 StGB) hingewiesen wurde (BGHSt 59, 172; BGH NJW 2014, 3173; OLG Saarbrücken NJW 2014, 238).

79 **XII. Prozessuale Fürsorgepflicht.** Aus der Zusammenschau von Sozial- und Rechtsstaatsprinzip lässt sich eine Garantie der »**Waffengleichheit**« unter den Verfahrensbeteiligten (LR/*Esser* Art. 6 EMRK Rn. 202 ff.; SK-StPO/*Meyer* Art. 6 EMRK Rn. 151; *Arnold* StV 2015, 588; *Safferling* NStZ 2004, 181) sowie eine Verpflichtung aller Strafverfolgungsbehörden zu prozessualer Fürsorge gegenüber dem Beschuldigten ableiten (vgl. BVerfG NJW 1981, 1719; BGHSt 48, 221). Eine umfassende Fürsorgepflicht folgt daraus jedoch nicht, würde hierdurch doch die eigenverantwortliche Subjektstellung des Beschuldigten im Prozess missachtet werden (vgl. *Maiwald* FS Lange, S. 745 ff.). Rechtsdogmatisch angebracht ist es stattdessen, die prozessuale Fürsorgepflicht der Verfolgungsbehörden als Ausprägung des *fair-trial*-Prinzips einzustufen. Soweit die Aufrechterhaltung einer gleichmäßigen Informations- und Chancenverteilung dies gebietet, resultieren aus der Fürsorgepflicht – freilich unter Wahrung der Pflicht zur Wahrheitsermittlung – **Hilfspflichten**, die es dem Beschuldigten ermöglichen, seine Verteidigungsrechte adäquat wahrzunehmen (z.B. Hinweispflichten, Gewährung angemessener Fristen sowie Vorbereitungsmöglichkeiten bei veränderten Prozesssituationen, Terminverlegungsanträge des Verteidigers [KG Beck RS 2019, 26470], Heilung von Verfahrensmängeln etc.). Auch gegenüber anderen hilfsbedürftigen, in das Verfahren involvierten Personen, z.B. Zeugen, bestehen Hilfspflichten (BGH NStZ 1984, 31).

80 **XIII. Verhältnismäßigkeit/Übermaßverbot.** Der Grundsatz der Verhältnismäßigkeit folgt aus dem Rechtsstaatsprinzip und dem Wesen der Grundrechte selbst und hat somit Verfassungsrang (BVerfG NJW 1974, 227; 1986, 769). An den Anforderungen dieses Prinzips ist jeder staatliche Eingriff in grundrechtsrelevante Bereiche zu messen und wird hierdurch begrenzt (BVerfG NJW 1995, 1811; LR/*Erb* § 160 Rn. 40), unabhängig davon, ob die konkrete Eingriffsermächtigung dieses Erfordernis ausdrücklich benennt (wie z.B. §§ 81 Abs. 2 Satz 2, 97 Abs. 5 Satz 2, 112 Abs. 1 Satz 2, 120 Abs. 1 Satz 1, 160a Abs. 2 Satz 1, 163b Abs. 2 Satz 2, 163d Abs. 1 Satz 1) oder nicht. Für Maßnahmen staatlicher Strafverfolgung bedeutet dies, dass sie grundsätzlich in einem angemessenen Verhältnis zur **Bedeutung und Schwere der Straftat** und insb. zum **Grad des Verdachts** stehen müssen (BVerfGE 67, 157, 173). Eine strafprozessuale Eingriffsmaßnahme muss daher zur Erreichung des durch die gesetzgeberische Regelung vorgegebenen Ziels **geeignet** und **erforderlich** sein. Zudem ist in Bezug auf die verfolgten Ziele in jedem Einzelfall nochmals mittels einer **Abwägung** mit der wertsetzenden Bedeutung der betroffenen Grundrechte zu überprüfen, ob die Maßnahme den Betroffenen in Anbetracht der o.g. Kriterien auch nicht übermäßig belastet (BVerfG NJW 1963, 1598; 1973, 891; bzgl. der Durchsuchung von Anwaltskanzleien: BVerfGE 59, 95; BVerfG StV 2008, 393). Eine Durchsuchung nach § 103 StPO, die eine nicht verdächtigte Person betrifft, setzt – anders als die Maßnahmen beim Tatverdächtigen (§ 102 StPO), für die eine allgemeine Aussicht genügt, irgendwelche relevanten Beweismittel zu finden – voraus, dass hinreichend individualisierte (bestimmte) Beweismittel für die den Gegenstand des Verfahrens bildende Straftat gesucht werden (BGH StV 2022, 138; s.a. oben Rdn. 33). Ausprägungen des Verhältnismäßigkeitsgrundsatzes stellen u.a. die in §§ 98a Abs. 1 Satz 2, 100a Abs. 1 Nr. 3, 100b Abs. 1 Nr. 3, 100c Abs. 1 Nr. 4, 100f Abs. 1, 100g Abs. 1 Satz 2, 100h Abs. 2 Satz 2, 163e Abs. 1 Satz 2 enthaltenen Subsidiaritätsklauseln dar. Auch die gestufte Zulässigkeit von Zwangsmaßnahmen, die sich in Form der unterschiedlichen Verdachtsschwellen, der in Straftatkatalogen vorgegebenen Anlasstaten und dem Erfordernis der Erheblichkeit der Straftat äußert, ist Ausdruck des Verhältnismäßigkeitsprinzips.

81 **XIV. Grundsatz des gesetzlichen Richters, Art. 101 GG.** Das Prozessgrundrecht des Art. 101 GG (i.V.m. § 16 Satz 1 GVG) als »Kernstück« des Rechtsstaates (BVerfGE 40, 356, 361) legt fest, dass Ausnahmegerichte unzulässig sind, niemand seinem gesetzlichen Richter entzogen werden darf und Gerichte für besondere Sach-

gebiete nur durch Gesetz errichtet werden können. Mit der Garantie des gesetzlichen Richters will Art. 101 Abs. 1 Satz 2 GG der Gefahr vorbeugen, dass die Justiz durch eine Manipulation der rechtsprechenden Organe sachfremden Einflüssen ausgesetzt wird. Damit sollen die Unabhängigkeit der Rspr. gewahrt und das Vertrauen der Rechtssuchenden und der Öffentlichkeit in die Unparteilichkeit und Sachlichkeit der Gerichte gesichert werden (BVerfG wistra 2017, 187, 188). Es sind somit objektive und generelle Regelungen erforderlich, die die Zuständigkeit der Strafgerichte regeln (BVerfGE 95, 322, 327), damit im Hinblick auf die von vornherein feststehende Aburteilungsbefugnis des Gerichts keine Manipulationen möglich sind (vert. *Sowada*, Der gesetzliche Richter, S. 136). Zu diesem Zwecke regeln StPO und GVG die örtliche, sachliche und funktionelle Zuständigkeit. Das diesen einfachgesetzlichen Regelungen zugrunde liegende grundrechtsgleiche Recht wird nicht schon dann verletzt, wenn eine diesen Normen widersprechende Fehlbesetzung oder die Entscheidung eines falschen Gerichts auf einem reinen »error in procedendo« beruht (BVerfGE 30, 165, 167), sondern nur dann, wenn der Verstoß gegen Zuständigkeitsregeln objektiv willkürlich erfolgt, d.h. nach den gesetzlichen Maßstäben schlechterdings völlig unvertretbar ist (BVerfGE 87, 282; BGHSt 42, 205; BGH NJW 1993, 1607; BGH StV 2016, 622 m. Bspr. *Kudlich* JA 2016, 551; BGH wistra 2022, 123; *Mosbache*r JuS 2022, 126 f.; vgl. auch HK-StPO/*Julius*/*Beckemper* § 270 Rn. 9; MüKo-StPO/*Kudlich* Einl. Rn. 68). Der Grundsatz des gesetzlichen Richters gilt für jede Art richterlicher Tätigkeit einschließlich der des Ermittlungsrichters (BVerfGE 25, 336). Die Überbeanspruchung eines einzelnen Richters (z.B. durch einen Doppelvorsitz) oder eines Spruchkörpers beeinträchtigt den Anspruch auf den gesetzlichen Richter nicht (BVerfG NJW 2012, 2334, 2335; a.A.: *Fischer*/*Krehl* StV 2012, 550; *Fischer* FS Beulke, S. 709, 715 ff.; vert. u. Rdn. 137 und bei § 338). Bei Überlastung eines Spruchkörpers kann von Verfassungs wegen jedoch eine nachträgliche Änderung des Geschäftsverteilungsplans gem. § 21e Abs. 3 GVG geboten sein. Das Gebot zügiger Verfahrensgestaltung lässt allerdings das Recht auf den gesetzlichen Richter nicht vollständig zurücktreten: In derartigen Fällen muss vielmehr das Recht des Angeklagten auf den gesetzlichen Richter mit dem rechtsstaatlichen Gebot einer funktionstüchtigen Strafrechtspflege und dem verfassungsrechtlichen Grundsatz zügiger Verfahrensgestaltung in einen angemessenen Ausgleich gebracht werden (BGH Beschl. v. 25.03.2015 – 5 StR 70/15, juris).

XV. Grundsatz des rechtlichen Gehörs, Art. 103 Abs. 1 GG. 1. Das **grundrechtsgleiche Recht** auf rechtliches Gehör, welches Art. 103 Abs. 1 GG gewährt, beinhaltet nach st. Rspr. des BVerfG die Garantie, dass einer gerichtlichen Entscheidung nur solche Tatsachen und Beweisergebnisse zugrunde gelegt werden, zu denen Stellung zu nehmen den Beteiligten, deren Rechte durch die Entscheidung unmittelbar beeinträchtigt sind, **Gelegenheit** gegeben war (BVerfGE 18, 399, 404; BVerfG NJW 1994, 3220). Dem Beschuldigten muss also die Möglichkeit gewährt werden, sich zu den erhobenen Vorwürfen, zu dem dem Prozess zugrunde liegenden Tatsachenstoff, zu ihm gesondert bekannten (BVerfGE 20, 349) oder offenkundigen Tatsachen (BVerfGE 10, 177, 182), den Ergebnissen der Beweiserhebung und den verfahrensrechtlichen Aspekten des konkreten Falles zu äußern, Anträge zu stellen und Ausführungen zu machen. Zugleich ist das Gericht verpflichtet, seine Ausführungen zur Kenntnis zu nehmen und bei der Entscheidungsfindung zu berücksichtigen (BVerfGE 6, 19, 20; 64, 135, 144; BVerfG NJW 2004, 1519; speziell zum Revisionsverfahren: *Wohlers* JZ 2011, 78). Es handelt sich nicht nur um »ein prozessuales Urrecht des Menschen« (BVerfGE 55, 1, 6), sondern um »ein **objektiv rechtliches Verfahrensprinzip**, das für ein rechtsstaatliches Verfahren im Sinne des Grundgesetzes konstitutiv und grundsätzlich unabdingbar ist« (BVerfG NJW 2004, 2443; 2006, 1048; NStZ 2007, 274). Der Einzelne soll nicht nur Objekt der richterlichen Entscheidung sein, sondern vor einer Entscheidung, die seine Rechte betrifft, zu Wort kommen, um als **Subjekt** Einfluss auf das Verfahren und sein Ergebnis nehmen zu können. Rechtliches Gehör sichert den Prozessbeteiligten ein Recht auf Information, Äußerung und Berücksichtigung mit der Folge, dass sie ihr Verhalten im Prozess selbstbestimmt und situationsspezifisch gestalten können (vert. *Krehl* FS Hassemer, S. 1055; *Rüping*, Der Grundsatz rechtlichen Gehörs und seine Bedeutung im Strafverfahren [1976]). Die Garantie der Gehörsgewährung soll sicherstellen, dass die gefundene Entscheidung nicht mit Aufklärungsmängeln behaftet ist, die ihren Grund in unterlassener Kenntnisnahme oder Nichtberücksichtigung des Vortrags der Verfahrensbeteiligten haben (BVerfGE 65, 305, 307). 82

2. Art. 103 Abs. 1 GG bedarf der **Ausgestaltung** in den einzelnen Verfahrensordnungen (BVerfGE 74, 1, 5). Für das Strafverfahren sind insb. §§ 33, 33a, 115, 136, 147, 163a Abs. 1, 201, 243 Abs. 4 und 5, 257, 258 Abs. 2, 265, 356a zu nennen. Nicht jeder Verstoß gegen eine Norm, die Art. 103 Abs. 1 GG einfachgesetzlich konkretisiert, stellt indes gleichsam einen Verstoß gegen diesen verfassungsrechtlichen Grundsatz dar. Ein solcher kann nur angenommen werden, wenn das Gericht bei Auslegung und Anwendung der konkretisierenden Norm Tragweite und Bedeutung des rechtlichen Gehörs verkannt hat (BVerfGE 74, 228, 233). Auf eine Verletzung des Grundsatzes rechtlichen Gehörs lässt sich z.B. schließen, wenn das Gericht einen Eröffnungs- 83 beschluss erlässt, ohne vorher dem Gesuch des Verteidigers auf Akteneinsicht stattzugeben (KG StV 2016, 545) oder wenn es auf ein Vorbringen des Beschuldigten in der Urteilsbegründung nicht eingeht, obwohl der betreffende Punkt von zentraler Bedeutung für die Entscheidungsfindung war (BVerfG NJW 1992, 2879).

84 3. Zur Wahrung der **Rechtsposition des Beschuldigten** genügt es, wenn ihm **Gelegenheit** zur Äußerung gegeben wird, er seine prozessualen Möglichkeiten also z.B. durch Wortmeldung nutzen kann. Eine Verwirkung seines prozessgrundrechtlichen Anspruches durch eigene Nachlässigkeit ist indes möglich (BVerfGE 5, 10; vgl. z.B. §§ 231 Abs. 2, 231a, 231b, 232, 233). Wird neues Beweismaterial zum Nachteil des Beschuldigten eingebracht, kann er sich jedoch darauf verlassen, dass ihn das Gericht darauf hinweist (BVerfGE 15, 218). Der Beschuldigte muss nicht nur mit seinen tatsächlichen Ausführungen gehört werden, er kann aus Art. 103 Abs. 1 GG auch das Recht ableiten, dass seine rechtlichen Ansichten beim Gericht Gehör finden. Dies bedeutet jedoch nicht, dass er auch zu der letztendlich erfolgenden rechtlichen Würdigung durch das Gericht nochmals Stellung nehmen darf. Überraschende Entscheidungen sind also trotz des grundrechtsgleichen Anspruchs auf rechtliches Gehör nicht ausgeschlossen (BayVerfGH NJW 1964, 2295), solange nicht die gerichtliche Fürsorgepflicht (s.o. Rdn. 79) eine vorherige Information des Beschuldigten gebietet. In manchen Normen, z.B. § 81, lässt der Gesetzgeber eine Anhörung des Verteidigers genügen. Im Umkehrschluss folgt daraus, dass in den nicht dergestalt eingeschränkten Fällen Beschuldigter und Verteidiger gehört werden müssen (OLG Karlsruhe JZ 1969, 710 m.Anm. *Eb. Schmidt*). Im Fall einer schriftlichen Verteidigeräußerung außerhalb der Hauptverhandlung kann die Anhörung des Beschuldigten hierdurch als gewahrt angesehen werden (BGH MDR 1974, 367).

85 4. Ein Verstoß gegen das Recht auf rechtliches Gehör kann bei widerruflichen Entscheidungen durch eine Neuentscheidung des Gerichts bzw. durch Gewährung rechtlichen Gehörs bei der Entscheidung über den Widerruf geheilt werden. Die gleiche Möglichkeit besteht im Rahmen einer zweiten Tatsacheninstanz als Rechtsmittelinstanz (BVerfGE 8, 182). Bestehen diese Möglichkeiten nicht, kann über ein **Nachverfahren** Abhilfe geschafft werden, das von Amts wegen oder auf Antrag im Rahmen einer sog. **Anhörungsrüge** eingeleitet wird (§§ 33a, 311a, 356a; vgl. auch § 311 Abs. 3; krit. *Eschelbach/Geipel/Weiler* StV 2010, 325; *Lohse* StraFo 2010, 433). Die erfolglose Erhebung einer derartigen Anhörungsrüge ist in der Regel Voraussetzung für die Zulässigkeit einer auf die Verletzung des Art. 103 Abs. 1 GG gestützten **Verfassungsbeschwerde** (Gebot der Rechtswegerschöpfung gem. § 90 Abs. 2 BVerfGG; vert. *Jahn/Krehl/Löffelmann/Güntge*, Die Verfassungsbeschwerde in Strafsachen [2017], Rn. 191 ff.). Wurde im Hinblick auf eine für eine gerichtliche Entscheidung relevante Tatsache oder ein ausschlaggebendes Beweisergebnis das rechtliche Gehör unzulässiger Weise nicht gewährt, besteht ein **verfassungsunmittelbares Verwertungsverbot** hinsichtlich einer Berücksichtigung zuungunsten des Beschuldigten (BVerfGE 13, 24, 191), was bezüglich des Urteils schon aus § 261 folgt.

86 5. Während dem Beschuldigten das Schutzrecht des Art. 103 Abs. 1 GG zusteht, kann sich die StA als Repräsentantin von Hoheitsgewalt mangels Grundrechtsberechtigung nicht auf diese Rechtsposition berufen. Ihr Anspruch auf Anhörung ist somit nur einfachgesetzlicher Art (§ 33 Abs. 1, 2; vgl. hierzu OLG Braunschweig NJW 1962, 753, **a.A.** *Arndt* NJW 1962, 1194; *Röhl* NJW 1964, 275).

87 **E. Prozessvoraussetzungen und Prozesshindernisse. I. Begriff und Bedeutung.** Die sog. **Prozess- oder Verfahrensvoraussetzungen** bilden die Bedingungen für die Zulässigkeit eines Urteils in der Sache vor dem infrage stehenden Gericht und unter Mitwirkung der aktuellen Prozessbeteiligten (vgl. grundlegend *Bülow*, Die Lehre von den Prozesseinreden und den Prozessvoraussetzungen, [1868]; *Volk*, Prozessvoraussetzungen im Strafrecht [1978]; *Meyer-Goßner* in: Hdb. StrafR VII § 20 Rn. 1 ff., § 21 Rn. 1 ff.; ferner BGHSt 10, 74, 75; SK-StPO/*Paeffgen* Anhang § 206a Rn. 1 ff.; *Rieß*, Wiss. FG 50 Jahre BGH, S. 809), sei es in Form einer Verurteilung, sei es in Form eines Freispruches (sog. Sachurteil). Es handelt sich nach h.M. um Umstände, die so schwer wiegen, dass von ihrem Vorliegen bzw. Fehlen abhängt, ob überhaupt ein Sachurteil ergehen kann (statt aller: BGHSt 46, 159, 169; Meyer-Goßner/*Schmitt* Einl. Rn. 142; MüKo-StPO/*Kudlich* Einl. Rn. 353; *Volk/Engländer*, Grundkurs StPO, § 14 Rn. 2). Terminologisch kann unterschieden werden zwischen **positiven** Prozessvoraussetzungen (Bedingungen, die vor Erlass eines Sachurteils notwendigerweise positiv vorliegen müssen – z.B. der Strafantrag bei den Antragsdelikten) und **negativen** Prozessvoraussetzungen **bzw. Prozesshindernissen** (Umstände, deren Vorliegen ein Sachurteil ausschließt – z.B. die anderweitige Rechtshängigkeit; vert. *Krack* GA 2003, 536).

88 Die StPO selbst kennt den Begriff der Prozessvoraussetzung nicht, sondern verwendet u.a. in §§ 206a Abs. 1, 260 Abs. 3, 304 Abs. 4 Satz 2 Nr. 2, 467 Abs. 3 Satz 2 Nr. 2 den Terminus »**Verfahrenshindernis**«. Terminologisch führt das Vorliegen eines Prozesshindernisses bzw. das Fehlen einer Prozessvoraussetzung entweder zu einem Befassungs- oder Bestrafungsverbot (zu dieser Terminologie eingehend: *Meyer-Goßner*, Prozessvoraussetzungen und Prozesshindernisse [2011], S. 27 ff., 38 ff.; vgl. auch BGHSt 51, 202, 205; BGH

NJW 2015, 1032, 1033; OLG Hamburg NStZ 2014, 534, 535; OLG Hamm NStZ-RR 2008, 383; krit. LR-*Stuckenberg* § 206a Rn. 29). Im Fall eines **Befassungsverbotes** (z.B. bei fehlender Anklage oder fehlendem Eröffnungsbeschluss, bei Strafunmündigkeit, beim Vorliegen anderweitiger Rechtshängigkeit oder einer bereits rechtskräftigen Entscheidung) ist es dem Gericht untersagt, sachlich über den Vorwurf zu befinden. Das Verfahren muss zwingend eingestellt werden – selbst wenn ansonsten ein Freispruch ergehen müsste (BGHSt 46, 130). Fällt das Prozesshindernis jedoch weg, kann ein neues Verfahren eingeleitet werden. Zur Rechtsfolge bei fehlender gerichtlicher Zuständigkeit s.u. Rdn. 93. Ein **Bestrafungsverbot** (u.a. fehlender Strafantrag, Verjährung) hindert hingegen nicht die Durchführung des Verfahrens, sondern nur die Bestrafung. Gemeinhin wird das Verfahren auch hier mit einer Einstellung enden, jedoch geht ein Freispruch der Einstellung vor (OLG München NJW 2008, 3151, 3155). Näher zu den Rechtsfolgen von Prozesshindernissen in den einzelnen Verfahrensstadien s.u. Rdn. 126 ff.

Ob die Verfahrensvoraussetzungen gegeben sind, muss grundsätzlich **in jedem Stadium des Verfahrens von Amts wegen geprüft werden**, auch in der Rechtsmittelinstanz (*Ostendorf*, Strafprozessrecht [2018], Rn. 83; einschr. *Meyer-Goßner* NStZ 2003, 169 hinsichtlich der Bestrafungsverbote; diff. auch MüKo-StPO/*Kudlich* Einl. Rn. 396 ff.). Eine gesetzliche Einschränkung der *ex-officio*-Prüfung in zeitlicher Hinsicht enthält aber z.B. § 16 hinsichtlich der örtlichen Zuständigkeit des Gerichts (s.u. Rdn. 95). Ergibt sich das Vorliegen eines Prozesshindernisses, dürfen die Ermittlungen nicht in Gang gesetzt bzw. muss das bereits laufende Verfahren eingestellt werden. Die Prozessvoraussetzungen werden in der Regel im sog. **Freibeweisverfahren** überprüft, eine Bindung an die von der StPO zugelassenen Beweismittel besteht hierbei nicht (BGHSt 46, 349, 351; krit. *Roxin/Schünemann* § 21 Rn. 23). Noch nicht endgültig geklärt ist, inwieweit der Zweifelssatz »**in dubio pro reo**« auf Prozessvoraussetzungen anzuwenden ist (s.o. Rdn. 65). 89

II. Einzelne Prozessvoraussetzungen. Ein bloßer Verfahrensmangel genügt, wie § 337 zeigt, grds. nicht für die Annahme eines Prozesshindernisses. Es erwächst nur dann, wenn der gesetzgeberische Wille zutage tritt, dass an den entsprechenden Sachverhalt die Zulässigkeit eines strafgerichtlichen Urteils in der Sache insgesamt gekoppelt sein soll (BGHSt 15, 287, 290; 41, 72, 75). Selbst aus Verfahrensfehlern i.S.v. § 338, bei denen das Beruhen der Entscheidung auf dem Fehler unwiderlegbar vermutet wird, ist nicht automatisch ein Prozesshindernis herzuleiten (BGHSt 26, 84, 88). In Judikatur und Schrifttum wurde ein Kanon gesicherter Prozesshindernisse entwickelt, der jedoch entwicklungsoffen ist. 90

1. Deutsche Gerichtsbarkeit. Die in §§ 18–20 GVG aufgeführten Exterritorialen (Mitglieder der diplomatischen Missionen und konsularischen Vertretungen sowie Repräsentanten ausländischer Staaten) unterfallen nicht der deutschen Gerichtsbarkeit, sodass kein Strafverfahren gegen sie eingeleitet werden darf (BGH NStZ 2013, 600). Auch wenn das deutsche Strafrecht auf eine Auslandstat gem. §§ 3 ff. StGB nicht anwendbar ist, besteht prozessual ein Verfahrenshindernis (BGHSt 34, 1, 3). 91

2. Rechtswegeröffnung nach § 13 GVG. Die Erhebung einer Anklage vor einem Strafgericht setzt voraus, dass der Rechtsweg zur ordentlichen Gerichtsbarkeit nach § 13 GVG eröffnet ist, es sich bei dem fraglichen Verfahren also um eine Strafsache handelt. In unmittelbarem Zusammenhang verwirklichte Ordnungswidrigkeiten können im selben Prozess mit abgeurteilt werden (§ 82 OWiG). 92

3. Sachliche, funktionelle und örtliche Zuständigkeit des Gerichts. a) Das Gericht, welches ein Urteil in einer Strafsache fällen soll, muss nach den einschlägigen Regelungen des GVG, auf die § 1 verweist (insb. §§ 24 ff., 74 ff., 120 GVG), **sachlich zuständig** sein. Es prüft seine sachliche Zuständigkeit grundsätzlich in jeder Lage des Verfahrens von Amts wegen (§ 6). 93

Im Zwischenverfahren kann die Anrufung eines sachlich unzuständigen Gerichts über **§ 209** korrigiert werden: Hält das angerufene Gericht die Zuständigkeit eines Gerichts höherer Ordnung für begründet, wird es diesem – vermittelt über die StA – die Sache zur Entscheidung vorlegen (§ 209 Abs. 2); im umgekehrten Falle kann das angerufene Gericht das Hauptverfahren vor jedem von ihm für zuständig gehaltenen Gericht niedrigerer Ordnung in seinem Gerichtsbezirk eröffnen (§ 209 Abs. 1).

Zwischen Erlass des Eröffnungsbeschlusses und Beginn der Hauptverhandlung gilt **§ 225a Abs. 1**. Hält ein Gericht hiernach die sachliche Zuständigkeit eines Gerichts höherer Ordnung für begründet, legt es diesem die Akten durch Vermittlung der StA vor. Das Gericht, dem die Sache vorgelegt worden ist, entscheidet daraufhin durch Beschluss darüber, ob es die Sache übernimmt.

Im **Hauptverfahren** bleibt es aus Gründen der Prozessökonomie (BGHSt 46, 238, 240) bei der Zuständigkeit des Gerichts höherer Ordnung, auch wenn eigentlich ein Gericht niederer Ordnung zuständig wäre (**§ 269**). Ist die Sache fälschlicherweise vor ein Gericht niederer Ordnung gebracht worden, wird nach **§ 270 Abs. 1** verwiesen. Diese Verweisung an das höhere Gericht hat nach § 270 Abs. 3 Bindungswirkung – vorbehaltlich begonnen hat, ist indes umstritten. Die Beantwortung dieser Frage hängt davon ab, wie stark die Schutzbedürftigkeit des Beschuldigten eingeschätzt wird.

107 Der BGH und ein Teil des Schrifttums sprechen sich dafür aus, dass ein Eröffnungsbeschluss auch noch **während** der **Hauptverhandlung** erlassen werden kann (BGHSt 29, 224, 228; 50, 267, 269; BGH NStZ-RR 2011, 150; NStZ 2014, 664; wohl auch LR-*Stuckenberg* § 207 Rn. 60), jedoch nicht mehr in der Rechtsmittelinstanz (BGHSt 33, 167, 168; OLG Zweibrücken NStZ-RR 2009, 287; OLG Bamberg wistra 2017, 80; BeckOK-StPO/*Ritscher* § 207 Rn. 16). Um dieser Ansicht zufolge einen wirksamen Eröffnungsbeschluss zu erreichen, muss allerdings beim LG auch dann die Große Strafkammer in ihrer Besetzung außerhalb der Hauptverhandlung mit drei Berufsrichtern ohne Mitwirkung der Schöffen über die nachträgliche Eröffnung des Hauptverfahrens in der Hauptverhandlung entscheiden, wenn die Kammer die Hauptverhandlung in reduzierter Besetzung (§ 76 Abs. 2 S. 4 GVG) durchführt (BGH NStZ 2014, 664 m.Anm. *Hoffmann*; BGH NStZ 2012, 50). Folgt man dieser Auffassung, stellt sich das Folgeproblem, wie lange eine Nachholung konkret möglich ist. Fraglich erscheint insofern insb., ob der Eröffnungsbeschluss auch noch nach der Vernehmung des Angeklagten zur Sache erlassen werden kann.

108 Die wohl h.L. (HK-StPO/*Julius*/*Schmidt* § 207 Rn. 17; *Meyer-Goßner* FS Eser, S. 378; SK-StPO/*Paeffgen* § 203 Rn. 4; Radtke/Hohmann-StPO/*Reinhart* § 207 Rn. 16; *Beulke*/*Swoboda* Strafprozessrecht Rn. 439; *Heger*/*Pohlreich* Strafprozessrecht Rn. 347; *Roxin*/*Schünemann* § 42 Rn. 13) **lehnt die Nachholbarkeit** des Eröffnungsbeschlusses zu Recht **ab**: Die vom Gesetz ausdrücklich vorgesehene rechtsstaatliche Sicherung in Form des den konkreten Tatverdacht bestätigenden Eröffnungsbeschlusses darf nicht aus rein prozessökonomischen Erwägungen ohne äquivalentes Schutzinstrument aufgegeben werden. Zudem droht eine Umgehung der Zuständigkeitsvorschriften: Erfolgt der Eröffnungsbeschluss regulär im Zwischenverfahren, ist keine Entscheidungsbeteiligung der Schöffen vorgesehen. Eine Nachholung des Eröffnungsbeschlusses in der Hauptverhandlung erfordert jedoch eine Entscheidung in selbiger, sodass an und für sich die Schöffen mitwirken müssten. Die h.M. »löst« das Problem dadurch, dass bei Nachholung des Eröffnungsbeschlusses die Hauptverhandlung unterbrochen und somit eine Entscheidung ohne Schöffenmitwirkung möglich wird (BGH StV 2011, 365; NStZ 2012, 50; 2014, 664; KMR/*Seidl* § 207 Rn. 25). Dies stellt jedoch eine Umgehung der in §§ 30 Abs. 2, 76 Abs. 1 S. 2 GVG vorgesehenen Besetzungsregelung dar. Einzig und allein gesetzeskonform ist daher die Lösung, das Verfahren auch in der erstinstanzlichen Hauptverhandlung gem. **§ 260 Abs. 3** durch Prozessurteil einzustellen. Da das zugrunde liegende Prozesshindernis vorübergehender Art ist, tritt durch das einstellende Urteil allerdings kein Strafklageverbrauch ein, sodass die StA die Möglichkeit hat, erneut Klage zu erheben.

109 **b) Beseitigung von »weniger gravierenden« Fehlern des Eröffnungsbeschlusses.** Weist der Eröffnungsbeschluss nur **minder schwere Fehler** auf, bleibt er zunächst wirksam. Die Fehler können dann in der Hauptverhandlung geheilt werden. Ob ein Fehler geheilt werden kann oder aber zur Einstellung des Verfahrens zwingt, hängt davon ab, **inwieweit dem Beschuldigten aufgrund des (ursprünglichen) Eröffnungsbeschlusses mit den daraus ersichtlichen Informationen eine sachgerechte Verteidigung möglich ist** (OLG Karlsruhe JR 1991, 37).

Zur Abgrenzung der unwirksamkeitsbegründenden von den ausbesserungsfähigen Mängeln hat sich eine äußerst umfangreiche Kasuistik herausgebildet. Wenn die schriftliche Abfassung des Eröffnungsbeschlusses ganz unterblieben ist, erweist sich der Mangel als derart gravierend, dass der bloß mündliche (nicht protokollierte) Beschluss als unwirksam anzusehen ist (BGH NStZ 2018, 155; BGH StV 2013, 132 m.Anm. *Stuckenberg*; Meyer-Goßner/*Schmitt* § 207 Rn. 8; MüKo-StPO/*Kudlich* Einl Rn. 374; SK-StPO/*Paeffgen* § 207 Rn. 15). Allerdings soll das Fehlen der Unterschrift eines Richters noch nicht zur Unwirksamkeit des Eröffnungsbeschlusses führen, solange – was im Freibeweis zu klären ist – die Beschlussfassung selbst von allen hierzu berufenen Richtern in ordnungsgemäßer Weise durchgeführt wurde (BGH NStZ 2014, 400; StV 2012, 451; OLG Stuttgart NStZ-RR 2010, 343; **a.A.** OLG Frankfurt NJW 1991, 2849, 2850; HK-StPO/*Julius*/*Schmidt* § 207 Rn. 18). Selbst in der Beteiligung eines ausgeschlossenen Richters soll kein schwerwiegender Mangel liegen (BGHSt 29, 351, 355), was angesichts der damit einhergehenden Verletzung des Art. 101 Abs. 1 Satz 2 GG nicht zu überzeugen vermag (ebenso LR/*Stuckenberg* § 207 Rn. 67; *Nelles* NStZ 1982, 96, 102).

110 **13. Wirksame Anklage.** Auch eine wirksame Anklage i.S.d. § 200 Abs. 1 ist Prozessvoraussetzung. Weist die Anklage Mängel auf, wird hier ebenso zwischen **Unwirksamkeit** und **bloßer Fehlerhaftigkeit** unterschieden. Den Ausschlag für die Unwirksamkeit gibt die Beeinträchtigung des Zweckes, den man der Anklageschrift zuerkennt:

111 a) Der Inhalt der Anklageschrift (Überblick bei *Weitner*/*Schuster* JA 2014, 612) bestimmt den Prozessgegenstand. Nur die prozessuale Tat, die in der Anklageschrift enthalten ist, kann zur Grundlage der Entscheidung

gemacht werden. Der Anklageschrift kommt deshalb eine **Umgrenzungsfunktion** hinsichtlich des Verfahrensgegenstandes zu. **Bleibt unklar, auf welche Person und welchen konkreten Sachverhalt sich die Anklage bezieht und welchen Umfang die Rechtskraft einer entsprechenden Verurteilung hätte**, ist sie **unwirksam** und das Verfahren einzustellen (BGHSt 46, 130, 133 m. zust. Anm. *Krack* JR 2001, 423; BGHSt 57, 138, 139; BGH NStZ-RR 2018, 353; BGH StV 2019, 1 m.Anm. *Lange*; BGH StV 2019, 317; KG StV 2016, 547). Anderenfalls könnte das sog. Doppelverfolgungsverbot (»*ne bis in idem*«, Art. 103 Abs. 3 GG) nicht gewahrt werden. Selbst bei derart wesentlichen Mängeln, welche der Umgrenzungsfunktion der Anklageschrift nicht genügen, kann aber nach früher weit verbreiteter Ansicht in der Hauptverhandlung erster Instanz eine **Nachbesserung** stattfinden (BGH GA 1973, 111, 112; OLG Karlsruhe NStZ 1993, 147). Überzeugender ist es jedoch im Einklang mit der heute ganz herrschenden Ansicht, wie bei wesentlichen Mängeln des Eröffnungsbeschlusses (s.o. Rdn. 106 ff.), ein nicht durch einen gerichtlichen Hinweis zu Beginn der Hauptverhandlung zu heilendes Prozesshindernis mit der Folge eines einstellenden Urteils nach § 260 Abs. 3 anzunehmen (BGH StV 2019, 4 [Rn. 22]; OLG Oldenburg StV 2010, 511; Meyer-Goßner/*Schmitt* § 200 Rn. 26; KK-StPO/*Schneider* § 200 Rn. 33; LR/*Stuckenberg* § 200 Rn. 88; MüKo-StPO/*Kudlich* Einl. Rn. 372; SK-StPO/*Paeffgen* § 200 Rn. 29; *Geppert* NStZ 1996, 62).

b) Neben der Umgrenzung des Verfahrensgegenstandes kommt der Anklageschrift auch eine **Informationsfunktion** zu, die darin besteht, dem Beschuldigten sowie dem Gericht die für die Verteidigung und die Durchführung des Verfahrens notwendigen Tatsachen hinsichtlich des konkreten Tatvorwurfs und deren rechtlicher Bewertung durch die StA zu vermitteln. Sie gewährleistet, dass der Beschuldigte seinen Anspruch auf rechtliches Gehör (Art. 103 Abs. 1 GG) angemessen wahrnehmen kann. Mängel, welche die Informationsfunktion betreffen (z.B. Unvollständigkeit des wesentlichen Ergebnisses der Ermittlungen, vgl. z.B. LG Cottbus StV 2014, 332), bewirken **nicht die Unwirksamkeit** der Anklage und stellen folglich auch kein Verfahrenshindernis dar (anders bei erheblichen Mängeln *Rosenau* u. § 200 Rdn. 20). Sie können nach der zutreffenden h.A. in der Hauptverhandlung geheilt werden, und zwar in der Regel durch richterlichen Hinweis gem. § 265 (BGHSt 40, 390, 392; BGH NStZ 2010, 159, 160; abw. OLG Schleswig NStZ-RR 1996, 111). Wird der Fehler allerdings schon im Zwischenverfahren offenbar, muss das Gericht den Erlass des Eröffnungsbeschlusses ablehnen, sofern die StA nicht zu einer Nachbesserung bereit ist (LR/*Stuckenberg* § 200 Rn. 92; SK-StPO/*Paeffgen* § 200 Rn. 28; a.A.: Meyer-Goßner/*Schmitt* § 200 Rn. 27; KK-StPO/*Schneider* § 200 Rn. 35; s.a. OLG Nürnberg StV 2011, 467). 112

Da der Große Senat (BGHSt 40, 138) das Institut der sog. »fortgesetzten Handlung« (= materielle Tateinheit bei Taten mit gleichartiger Begehungsweise gegen dasselbe Rechtsgut) aufgegeben hat, haben sich die Anforderungen i.S.d. § 200 Abs. 1 an die Formulierung der Anklageschrift bei **Serientaten** erhöht. Diese müssen nun in der Anklage einzeln umschrieben werden. Um Lücken hinsichtlich der Verfolgung von **Sexualstraftaten** zu vermeiden, ist nach der neueren Rspr. die **Umgrenzungsfunktion** bei Serientaten aus diesem Bereich bereits dann erfüllt, wenn in der Anklage das Tatopfer, die Art und Weise der Tatbegehung in Grundzügen, ein bestimmter Tatzeitraum sowie die Zahl der den Gegenstand des Vorwurfs bildenden Straftaten mitgeteilt werden (BGHSt 40, 44, 46). Verändert sich im Verlauf des Verfahrens das Bild des Geschehens, wie es in der Anklageschrift und dem Eröffnungsbeschluss umschrieben ist, so ist die Prüfung der Frage, ob die Identität der prozessualen Tat trotz Veränderungen des Tatbildes noch gewahrt ist, nach dem Kriterium der »Nämlichkeit« der Tat zu beurteilen. Dies ist dann der Fall, wenn bestimmte Merkmale die Tat weiterhin als ein einmaliges und unverwechselbares Geschehen kennzeichnen (BGH NStZ 2020, 46 und 308). Auch im Wirtschaftsstrafverfahren deutet sich in der jüngsten Rspr. eine derartige Vorgehensweise an (BGHSt 56, 183; BGH NStZ 2008, 351 m. krit. Anm. *Krehl* NStZ 2008, 525; OLG Celle wistra 2014, 109; Meyer-Goßner/*Schmitt* § 200 Rn. 9; s.a. *Fischer* StGB Vor § 52 Rn. 25; abw. BGH wistra 2010, 66). Im Zusammenhang mit **Bandendelikten** sind der Rspr. zufolge jedenfalls keine höheren Anforderungen an die Bestimmtheit der Anklageschrift i.S.d. § 200 Abs. 1 Satz 1 zu stellen als materiell-rechtlich an einen entsprechenden Schuldspruch (BGHSt 57, 88 m.Anm. *Wenske* NStZ 2013, 351). Im Gegenzug wird in den genannten Verfahren besonders auf einen Ausgleich durch Stärkung der **Informationsfunktion** geachtet. So ist das Gericht z.B. verpflichtet, die Angeklagten und Verteidiger darüber aufzuklären, welchen Geschehensablauf es dem weiteren Verfahren zugrunde legen will, sobald eine der zunächst nicht näher präzisierten Einzeltaten aufgrund des Verfahrensfortgangs individualisiert werden kann (BGHSt 44, 153, 156 f.; zusammenfassend *Altvater* Prax. FS 50 Jahre BGH, S. 495). 113

14. Umstrittene Fallgruppen. a) Tod des Angeklagten als Verfahrenshindernis. Nach dem **Tod des Angeklagten** darf keine Sachentscheidung mehr ergehen. Während früher angenommen wurde, dass das Verfahren von selbst endet (BGHSt 34, 184; BGH NStZ 1983, 179), bedarf es nach heute h.M. eines förm- 114 lichen, konstitutiven Einstellungsbeschlusses (§ 206a) (BGHSt 45, 108, 110; BGH NStZ 2012, 707; NStZ-RR 2014, 349; *Heger* GA 2009, 45; MüKo-StPO/*Kudlich* Einl. Rn. 367).

115 **b) Überlange Verfahrensdauer.** Umstritten ist, ob eine überlange Verfahrensdauer (unter Berücksichtigung der Gesamtdauer, gerechnet ab Kenntnis des Beschuldigten von der Einleitung des Ermittlungsverfahrens bis zum rechtskräftigen Prozessabschluss) in Extremfällen bei Verschulden der Strafverfolgungsorgane ein Verfahrenshindernis begründen kann. Früher hielt die Rspr. die völlige Einstellung des Verfahrens nicht für sachgerecht und verwies für den Ausgleich der Belastungen eines lang dauernden Verfahrens auf die Strafzumessungsebene (BGHSt 24, 239; 35, 137, 141; BGH StV 1999, 206). Die Grundsatzentscheidung in BGHSt (GrS) 52, 124 läutete jedoch einen fundamentalen Rechtsprechungswandel von dem bis dahin praktizierten **Strafabschlagsmodell** hin zur sog. **Vollstreckungslösung** ein. Hintergrund der Entscheidung war die Tatsache, dass das Strafzumessungsmodell in den Fällen keine Berücksichtigung der Verfahrensverzögerung mehr zuließ, in denen wegen Erreichens der gesetzlichen Mindeststrafe kein Ausgleich der erlittenen Nachteile mehr möglich war (BGH NJW 2007, 3294, 3296), ebenso wenig im Fall der absoluten Strafandrohung lebenslanger Freiheitsstrafe (BVerfG NStZ 2006, 680, 681 f.).

116 Nunmehr hat die Kompensation einer überlangen Verfahrensdauer nach Ansicht der Rspr. in zwei Schritten zu erfolgen: Zunächst ist die Verfahrensverzögerung – unabhängig von ihrem Grund – i.R.d. Strafzumessung als besonderer Strafmilderungsgrund weiterhin nach allgemeinen Grundsätzen zu berücksichtigen (BGHSt [GrS] 52, 124, 141 f.; BGH StV 2009, 638; NStZ-RR 2011, 171). Hierfür müssen Art und Ausmaß der Verzögerung sowie ihre Ursachen ermittelt und im Urteil konkret festgestellt werden (BGHSt [GrS] 52, 124, 146). Die eigentliche Kompensation des staatlichen Fehlverhaltens erfolgt, sofern die Verfahrensverzögerung sich als rechtsstaatswidrig darstellt und deren ausdrückliche Feststellung im Urteil als Ausgleich nicht genügt (vgl. EGMR NJW 1984, 2749, 2751; 2001, 213, 214; BGH NStZ-RR 2009, 248), erst auf einer zweiten Stufe nach der Strafzumessung – ähnlich wie im Fall der Anrechnung von Untersuchungshaft gem. § 51 Abs. 1 Satz 1, Abs. 4 Satz 2 StGB – durch Anrechnung auf die zu vollstreckende Strafe. Hierfür muss in der Urteilsformel selbst ein konkret bezifferter Teil der verhängten (Gesamt-) Strafe genannt werden, der als vollstreckt gelten soll (BGHSt [GrS] 52, 124, 146; BGH wistra 2011, 297). Für die Bemessung des Strafteils, der i.R.d. Rechtsabschlagsmodells als bereits vollstreckt gelten soll, sind die Kriterien Verzögerungsumfang, Gewicht etwaiger verzögernder Verfahrensfehler sowie Auswirkungen auf den Angeklagten abzuwägen. Die Höhe der im Fall rechtsstaatswidriger Verfahrensverzögerung nach der Vollstreckungslösung zu gewährenden Kompensation ist losgelöst von der Strafhöhe, auf die das Tatgericht erkannt hat, zu ermitteln, da es sich um eine rein am Entschädigungsgedanken orientierte, eigene Rechtsfolge neben der Strafzumessung handelt (BGH NStZ 2012, 316, 317). Eine Kompensation ist zwingend auch für Verzögerungen im Jugendstrafverfahren zu gewähren, sofern ein über die Feststellung der Verzögerung hinausgehender Ausgleich geboten ist. Das gilt zumindest, wenn die Jugendstrafe sowohl auf »schädliche Neigungen« als auch auf die »Schwere der Schuld« (§ 17 Abs. 2 JGG) gestützt wird. Weder stehen das Erziehungsprinzip noch die strafzumessungsrechtlichen Vorgaben des § 18 Abs. 2 JGG entgegen (BGH JR 2018, 573 m. im Ergebnis zust. Anm. *Kölbel*). Auch die Rspr. konzediert, dass Extremfälle denkbar sind, in denen aufgrund des besonders schwerwiegenden Ausmaßes der Verfahrensverzögerung und den damit einhergehenden Belastungen des Beschuldigten das Rechtsstaatsgebot ein legitimes Interesse an der Strafverfolgung entfallen lässt und eine Fortsetzung des Strafverfahrens rechtsstaatlich nicht mehr tragbar, mithin also ein Verfahrenshindernis anzuerkennen ist (BVerfG NJW 2003, 2897; BGHSt 46, 159, 171 f.; OLG Rostock StV 2011, 220; LG Bremen StV 2014, 334 und StV 2011, 223; HK-StPO/*Julius/Schmidt* § 206a Rn. 9; abl. *Volk/Engländer*, Grundkurs StPO, § 14 Rn. 27; s.a. Art. 6 EMRK Rdn. 99). In extrem gelagerten rechtsstaatswidrigen Fällen kommt auch eine Einstellung gem. § 153 Abs. 2 (BGHSt 46, 159, 169 m.Anm. *Ostendorf/Radke* JZ 2001, 1094), gem. § 153a Abs. 2 (LG Frankfurt NJW 1997, 1994) oder gem. § 206a Abs. 1 (OLG Düsseldorf StV 1995, 400; OLG Rostock StV 2011, 220) in Betracht. Hingegen soll bei minder schweren Verstößen gegen den Beschleunigungsgrundsatz bereits die ausdrückliche Feststellung der rechtsstaatswidrigen Verfahrensverzögerung in den Urteilsgründen zur Kompensation genügen (EGMR StV 2005, 475; BGHSt [GrS] 52, 124, 146; BGH StV 2008, 633, 635 m. Bespr. *Scheffler* StV 2009, 719; BGH StV 2009, 692; NStZ 2012, 470 u. 653; zum Problem insgesamt vgl. *Pohlit* FS Rissing-van Saan, S. 453; *I. Roxin*, Die Rechtsfolgen schwerwiegender Rechtsstaatsverstöße in der Strafrechtspflege, 4. A. 2004, S. 243; *dies.* StV 2008, 14; *dies.* FS Volk, S. 617; *Hillenkamp* NJW 1989, 2841; *Waßmer* ZStW 118 [2006], 159).

117 **c) Tatprovokation durch polizeiliche Lockspitzel.** Hat ein **polizeilicher Lockspitzel (sog. agent provocateur)** *eine nicht* tatgeneigte Person zur Straftatbegehung bewegt und hat der so Beeinflusste die Tat nur aufgrund dieser Einflussnahme begangen oder überwiegt das tatprovozierende Lockspitzelverhalten im Verhältnis zum ursprünglichen Anfangsverdacht in unvertretbarer Weise (BGH NStZ 2014, 277), stellt sich

die Frage, ob der staatliche Strafanspruch einer Verwirkung infolge widersprüchlichen Verhaltens (sog. *venire contra factum proprium*) zugänglich ist und ob hierdurch ein Verfahrenshindernis entsteht (so statt vieler *Eisenberg* Beweisrecht Rn. 1036a; *Herzog* StV 2003, 410; *Seher/Grothe-Meumann* FS Rogall, S. 707; *Wolfslast*, Staatlicher Strafanspruch und Verwirkung [1995], S. 216 ff.). Das **BVerfG** (BVerfG NJW 1995, 651; zur Begründung wird Art. 1 Abs. 1 Satz 1 GG i.V.m. dem Rechtsstaatsprinzip herangezogen) hat in einem derartigen Fall bereits ein Verfahrenshindernis anerkannt. Der **BGH** entschied in den 80er Jahren des vergangenen Jahrhunderts ebenfalls noch mehrfach (u.a. BGH NJW 1981, 1626, NStZ 84, 519), dass im Fall einer rechtsstaatswidrigen Einwirkung der staatliche Strafanspruch verwirkt sein kann und insoweit ein Prozesshindernis bestehen sollte. Als rechtsstaatswidrig wurde der Lockspitzeleinsatz dann qualifiziert, wenn der zur Straftat Verleitete bisher nicht vorbestraft war oder aber rauschmittelabhängig. Ebenso wurde im Fall einer unverhältnismäßig intensiven Tatprovokation entschieden. Abgelehnt wurde die Rechtsstaatswidrigkeit der staatlichen Einflussnahme in einem Fall, in dem der Drogendealer zunächst aus eigener Motivation an den Lockspitzel herantrat (BGH NJW 1987, 1874).

Mit der Leitentscheidung des 1. Senats in BGHSt 32, 345 ff. ging der BGH indes dazu über, eine **polizeiliche Tatprovokation nur** noch als **Strafmilderungsgrund** anzusehen (**sog. Strafzumessungslösung**, BGHSt 33, 283 f.; BGH StV 2008, 21; 2012, 415; 2014, 321 m. abl. Bespr. *Eisenberg* GA 2014, 404; BGH NStZ 2015, 226; gegen eine Übertragung der Strafvollstreckungslösung auf die hiesige Fallgestaltung: *I. Roxin* FS Beulke, S. 987). Der Große Senat bestätigte dies als st. Rspr. in BGHSt 33, 356. Die dargestellte Rechtsprechungspraxis wurde trotz der konstant abweichenden Judikatur des EGMR (u. Rdn. 120), wonach die Verleitung Unverdächtiger zu Straftaten als konventionswidriger Verstoß gegen das Prinzip des »*fair trial*« anzusehen ist, bis in jüngste Zeit noch aufrechterhalten (vgl. aber nun u. Rdn. 120). Der BGH erkannte zwar seinerseits den Verstoß gegen Art. 6 Abs. 1 Satz 1 EMRK an, sah hierin jedoch lediglich ein zusätzliches Argument für seine Strafzumessungslösung (BGHSt 45, 321 m. krit. Anm. *Endriss/Kinzig* NStZ 2000, 271; BGHSt 47, 44, 47; BGH NStZ 2009, 405; *I. Roxin* FS DAV, S. 1070). Gegen die Annahme eines Verfahrenshindernisses beim Einsatz eines agent provocateur führte der BGH bis vor Kurzem noch an, dass hierdurch der Schutz vor strafrechtlich sanktionierten Rechtsgutsverletzungen zur alleinigen Disposition des Lockspitzels gestellt würde. Wie dargelegt (Rdn. 87), sollen lediglich Umstände, die so schwer wiegen, dass ihr Fehlen ein Sachurteil ausschießt, ein Verfahrenshindernis begründen. Eine derart gravierende Beeinträchtigung erachtete der BGH in Fällen der Tatprovokation nicht für gegeben. Überdies müssten Prozesshindernisse an konkret überprüfbare Tatsachen anknüpfen (BGHSt 24, 239, 240) und dürften sich nicht erst aus dem Ergebnis der Beweisaufnahme ergeben. Mithin hinge die Annahme eines Verfahrenshindernisses nicht von klar zu bestimmenden Tatsachen, sondern von der einzelfallabhängigen Bewertung der Einflussnahme durch den Lockspitzel ab. Allerdings ist – selbst wenn man dieser Ansicht folgt – noch nicht zwingend über die Strafbarkeit des durch den agent provocateur Angestifteten entschieden. In Extremfällen rechtsstaatswidriger Einflussnahme auf einen absolut nicht Tatgeneigten kann ein (gesetzlich nicht geregelter) **Schuld- bzw. Strafausschließungsgrund** zur Straffreiheit des Angestifteten führen (*Beulke* StV 1990, 183; *Roxin* FS Kreuzer, S. 675; offengelassen in BVerfG NJW 2015, 1083, 1084). 118

Eine abweichende Ansicht will zwar kein Verfahrenshindernis anerkennen, jedoch ein Beweisthemaverbot hinsichtlich aller durch die Provokation erlangten Beweismittel annehmen (*Lüderssen* FS Peters, 349 ff.). 119

Auch der EGMR (EGMR [Teixeira de Castro] StV 1999, 127 m.Anm. *Kempf* u. *Sommer* NStZ 1999, 48; EGMR [Ramanauskas] NJW 2009, 3565 m. Bespr. *Esser/Gaede/Tsambikakis* NStZ 2011, 140, 142; *Gaede/Buermeyer* HRRS 2008, 279 u. *Greco* StraFo 2010, 52; EGMR [Prado Bugallo] NJW 2012, 3502, 3503) geht im Gegensatz zur bisherigen Rspr. des BGH davon aus, dass Art. 6 EMRK die Verwendung von Beweisen untersagt, die aufgrund einer unzulässigen Tatprovokation erlangt worden sind. In einer Entscheidung gegen die Bundesrepublik (EGMR [Furcht vs. Deutschland] StV 2015, 405 = StraFo 2014, 504 m.Anm. *Sommer*; s.a. EGMR [Kuzmina u.a. vs. Russland] StV 2021, 621 m. Bespr. *Conen* StV 2022, 182) hat das Gericht nunmehr ausdrücklich eine Abkehr von der deutschen Strafzumessungslösung angemahnt. Um ein faires Verfahren i.S.v. Art. 6 Abs. 1 EMRK zu gewährleisten, müssten alle als Ergebnis einer rechtsstaatswidrigen Tatprovokation erlangten Beweise ausgeschlossen werden oder es müsse ein Verfahren mit ähnlichen Konsequenzen gelten (vert. Art. 6 EMRK Rdn. 77). Das BVerfG (NJW 2015, 1083, 1085 m. krit. Anm. *Eisenberg* StraFo 2015, 102; *Jäger* JA 2015, 473) hebt in Reaktion auf diese Entscheidung zwar hervor, dass nationale Rechtssysteme nicht zwingend dem dogmatischen Ansatz des EGMR folgen müssten. Es empfiehlt den Strafgerichten aber gleichwohl, zukünftig in vergleichbaren Fällen ein Verwertungsverbot zu erwägen (BVerfG NJW 2015, 1083, 1086 a.E.). Daraufhin hat sich der 2. Strafsenat mit Urteil vom 10.06.2015 nicht nur von der bisher str. Rspr. des BGH in Gestalt der Strafzumessungslösung gelöst, sondern in einem Fall eklatant rechtsstaatswidriger Tatprovokation sogar ein Verfahrenshindernis anerkannt (BGHSt 60, 276 = NJW 2016, 91 m.Anm. *Eisenberg; Eidam* StV 2016, 129; *Jäger* JA 2016, 308; *Jahn/Kudlich* JR 2016, 54; 120

Mosbacher JuS 2016, 127; *Mitsch* NStZ 2016, 52 und *Satzger* Jura 2016, 574; s.a. *Eisenberg* GA 2014, 107). Dies entspricht inzwischen der ständigen Rspr. des 2 Strafsenats (vgl. Entsch. d. 4. Strafsenats, NStZ 2016, 232). Die anderen Senate sind zurückhaltender und halten ausdrücklich an der Strafzumessungslösung fest (so noch BGHSt 60, 238 [1. Senat]) oder setzen zumindest im Einzelfall die Hürde für Anerkennung eines Verfahrenshindernisses sehr hoch (BGH NStZ 2018, 355 [1. Senat] m.Anm. *Esser*; BGH StraFo 2019, 17 [5. Senat]). Am 15.10.2020 hat der EGMR die BRD wegen Verstoßes gegen das Gebot eines fairen Verfahrens durch diese Rspr. verurteilt (Az.: 40495/15, 40913/15, 37273/15, StV-S 2021, 1 = NJW 2021, 3515 [Akbay u.a. vs. Deutschland], dazu *Esser* StV 2021, 383). Es bleibt abzuwarten, ob dies nunmehr eine generelle Änderung der Rspr. einleitet. Immerhin bejaht in jüngster Zeit nun auch der erste Senat des BGH ein Verfahrenshindernis (BGH BeckRS 2021, 42005 m. Bespr. *Janssen/Wennekers* StV 2022, 338 u. *Nestler* Jura 2022, 650; s.a. oben Rdn. 78).

121 **d) Begrenzte Lebenserwartung.** Das Strafverfahren gegen den vormaligen Generalsekretär des Zentralkomitees der SED und Staatsratsvorsitzenden der DDR, Erich Honecker, wurde vom BerlVerfGH eingestellt, weil nahezu sicher davon ausgegangen werden konnte, der Angeklagte werde den Abschluss des Verfahrens nicht mehr erleben (BerlVerfGH NJW 1993, 515, 517). Gegen ein solches Prozesshindernis der »begrenzten Lebenserwartung« spricht jedoch, dass das Feststellungs- und Aufklärungsinteresse der Rechtsgemeinschaft auch im Fall einer lebensbedrohlichen Erkrankung des Angeklagten schützenswert ist. Der Beschuldigte wird nicht zum bloßen Verfahrensobjekt degradiert, solange er verhandlungsfähig ist (s.o. Rdn. 97). Anderes gilt in den Fällen, in denen gerade die mit dem Strafverfahren einhergehende Belastung aufgrund des schlechten Gesundheitszustands des Beschuldigten dessen Tod zu bewirken droht. Ein Verfahrenshindernis lässt sich hinsichtlich dieser Konstellation aus Art. 2 Abs. 2 Satz 1 GG ableiten (BVerfG NJW 2002, 51; EuGRZ 2009, 645).

122 **e) Verstoß gegen das Verhältnismäßigkeitsprinzip.** In verschiedenen Verfahren gegen Bürger der ehemaligen DDR betreffend den Vorwurf der Spionage (§ 99 StGB) hat das BVerfG ein Prozesshindernis aus dem verfassungsrechtlichen Grundsatz der Verhältnismäßigkeit, letztendlich also aus dem Rechtsstaatsprinzip, abgeleitet (BVerfGE 92, 277). Dieses singuläre Vorgehen erfolgte unter dem besonderen Eindruck der historischen Geschehnisse rund um die Wiedervereinigung. Es steht diametral der Forderung entgegen, dass das Vorliegen oder Nichtvorliegen eines Verfahrenshindernisses ohne Weiteres feststellbar sein muss. Anderenfalls könnte jede für »unangemessen« gehaltene Strafverfolgung infolge einer willkürlichen gerichtlichen Entscheidung unterbleiben. Dies würde letztendlich nichts anderes als eine Einzelabolition oder Amnestie darstellen, die einzuführen allein der Gesetzgeber befugt ist (*Schlüchter/Duttge* NStZ 1996, 457; *Volk* NStZ 1995, 367).

123 **f) Androhung der Folter.** Wird einem Beschuldigten im Rahmen einer polizeilichen Vernehmung zur Erzwingung einer Aussage Folter angedroht, liegt hierin ein Verstoß gegen Art. 104 Abs. 1 Satz 2 GG, Art. 3 EMRK. Als Folge dieses Verstoßes wird zwar hinsichtlich der erzwungenen Aussage ein unselbstständiges Beweisverwertungsverbot nach § 136a begründet. Ein Hindernis für das gesamte Verfahren entsteht jedoch nicht (LG Frankfurt StV 2003, 327 [Fall Gäfgen]; offengelassen von BVerfG NJW 2005, 656; die Verfahrensfairness trotz des Verstoßes gegen das Verbot unmenschlicher Behandlung im Rahmen einer Gesamtabwägung bejahend: EGMR NJW 2010, 3145; vert. Art. 3 EMRK Rdn. 46).

124 **g) Grundsatz des fairen Verfahrens.** Völlig offen ist, ob in besonders gelagerten Fällen aus einem Verstoß gegen den **fair-trial-Grundsatz** ein Verfahrenshindernis abgeleitet werden kann (zust. LR/*Kühne* Einl. I Rn. 116). Diskutiert wurde dies z.B. im Hinblick auf einen Fall, in dem ein Beamter wegen einer im Zusammenhang mit seiner Dienstausübung stehenden Straftat angeklagt wurde und ihm vom Dienstherrn die beamtenrechtlich erforderliche Aussagegenehmigung nicht erteilt wurde (zust. *Niehaus* NStZ 2008, 355). Nachdem das erstinstanzliche Gericht ein Verfahrenshindernis infolge der fundamentalen Einschränkungen jeglicher Verteidigungsmöglichkeiten des Angeklagten angenommen hatte, zog der BGH ausgehend von einer grundsätzlichen **»Beweiswürdigungslösung«** (BGH NJW 2007, 3010; s.a. *Jahn* JuS 2007, 1058; *Laue* ZStW 120 [2008], 246) ein **Verfahrenshindernis** – wenn überhaupt – allenfalls für die Fälle in Betracht, in denen die durch die Sperrerklärung bewirkte **Beschränkung der Verteidigungsmöglichkeiten in ihrem Kernbereich** nicht anderweitig ausgeglichen werden könne.

Ein **Verfahrenshindernis** auf der Grundlage des *fair-trial*-Prinzips ist auch dann zu befürworten, wenn sich die StA nicht an ihre im Rahmen von Erörterungen (§ 160b) getätigte Zusage hält, eine Teileinstellung i.S.d. § 154 Abs. 2 zu beantragen oder in anderen Ermittlungsverfahren gem. § 154 Abs. 1 die Verfolgung einzustellen, sofern der Beschuldigte seinen Teil der Vereinbarung (z.B. Ablegen eines Geständnisses) eingehalten hat (*Beulke/Swoboda* Strafprozessrecht Rn. 610; *Beulke/Stoffer* JZ 2013, 662, 667; *Eisenberg* NStZ 2008, 698,

699; LR-*Erb* § 160b Nachtr. Rn. 11; Meyer-Goßner/*Schmitt* § 160b Rn. 11; anders BGHSt 52, 165, 172 f.: Korrektur im Wege der Strafzumessung).

Für den Regelfall ist aber daran festzuhalten, dass ein – wenn auch schwerwiegender – Verfahrensmangel allein nicht zu einem Verfahrenshindernis führt, sondern dem Beschuldigten die Möglichkeit einräumt, Rechtsmittel gegen die Entscheidung einzulegen (vgl. BVerfG NJW 1981, 1719; 1983, 1043; Beispielsfälle bei Meyer-Goßner/*Schmitt* Einl. Rn. 148b; *Volk/Engländer*, Grundkurs StPO, § 14 Rn. 30); zur Frage der Anerkennung eines Beweisverwertungsverbots für belastende Beweise, die unter Verletzung prozessualer Normen erlangt worden sind, s. u. Rdn. 264 ff.

h) Verstöße gegen Völkerrecht. Grundsätzlich begründet ein Zuwiderlaufen gegen die allgemeinen Regeln des Völkerrechts i.S.d. Art. 25 GG kein Prozesshindernis (BVerfG NJW 1986, 3021 im Fall der völkerrechtswidrigen Festnahme eines mutmaßlichen Unterstützers einer terroristischen Vereinigung). Eine Ausnahme kann dann bestehen, wenn infolge völkerrechtswidriger Verletzungen ausländischen Hoheitsgebietes Ansprüche gegen die BRD geltend gemacht werden, die der Durchführung des Strafverfahrens entgegenstehen (BGH NStZ 1985, 464). Gleichwohl zieht nicht jede Verletzung der Gebietshoheit eines ausländischen Staates ein Verfahrenshindernis nach sich (BGH NStZ 1995, 95 zur Problematik des Lockspitzeleinsatzes im Ausland). 125

III. Folgen des Fehlens einer Prozessvoraussetzung. Hinsichtlich der Folgen eines Prozesshindernisses ist zu unterscheiden, in welchem Stadium sich das Verfahren befindet und ob das Hindernis endgültig oder behebbar ist. 126

1. Vorverfahren. Erkennt die StA ein **endgültiges** Prozesshindernis bereits im Ermittlungsverfahren, wird das Verfahren nach **§ 170 Abs. 2** eingestellt. Bei nur **vorübergehenden** und behebbaren Verfahrenshindernissen ermöglicht eine **analoge Anwendung** des **§ 205** der StA eine vorläufige Einstellung. § 154f ist lex specialis im Fall der Abwesenheit oder sonstigen persönlichen Verhinderung des Beschuldigten für längere Zeit. 127

2. Zwischenverfahren. Nach Erhebung der öffentlichen Klage hat das Gericht im Rahmen seiner Entscheidung gem. § 199, ob ein Hauptverfahren eröffnet wird, die Prozessvoraussetzungen von Amts wegen zu prüfen. Im Fall eines **endgültigen** Verfahrenshindernisses beschließt es, das **Hauptverfahren nicht zu eröffnen** (§ 204), es sei denn die StA kommt ihm mit einer Einstellung unter Rücknahme der Anklage zuvor (§§ 170 Abs. 2, 156). Ist das Prozesshindernis **behebbar**, kann das Gericht das Verfahren nach **§ 205 direkt oder analog** vorläufig einstellen. Besonderheiten gelten für die Fälle der Unzuständigkeit, vgl. §§ 209, 209a (s.o. Rdn. 93 ff.). Ist nach den Ergebnissen des vorbereitenden Verfahrens der Angeschuldigte einer Straftat hinreichend verdächtig, erlässt das Gericht einen Eröffnungsbeschluss, § 203. 128

3. Hauptverfahren. Im Hauptverfahren besteht bei **vorübergehenden**, voraussichtlich behebbaren Prozesshindernissen die Möglichkeit, das Verfahren auszusetzen bzw. zu unterbrechen (§ 228); auch eine Einstellung nach § 205 analog kann erfolgen. Im Fall eines **endgültigen** Prozesshindernisses, welches **vor bzw. außerhalb der Hauptverhandlung** offenbar wird, muss das Gericht das Verfahren durch **Beschluss** einstellen (§ 206a). 129

Bei einem Bekanntwerden des Prozesshindernisses erst **während der Hauptverhandlung** ist das Verfahren in der Regel durch **Prozessurteil** gem. § 260 Abs. 3 einzustellen (beachte aber Rdn. 131). Dies gilt immer im Fall eines sog. **Befassungsverbotes**, welches es dem Gericht von vornherein untersagt, sich sachlich mit dem erhobenen Vorwurf auseinanderzusetzen. Ein solches Befassungsverbot greift in den Fällen fehlender Anklage oder fehlenden Eröffnungsbeschlusses, nicht begründeter deutscher Gerichtsbarkeit bzw. gerichtlicher Zuständigkeit, Nicht-Existenz, Strafunmündigkeit oder parlamentarischer bzw. diplomatischer Immunität des Beschuldigten, entgegenstehender Rechtskraft oder Rechtshängigkeit. Eine Einstellung muss hier auch dann erfolgen, wenn das Gericht auf der Grundlage des Verfahrensganges bereits zu der Überzeugung gelangt ist, dass eigentlich ein Freispruch erfolgen müsste. Fällt das Befassungsverbot später weg, kann ein neues Verfahren eingeleitet werden. Auch hier bestehen Besonderheiten bei sachlicher und funktioneller Unzuständigkeit (vgl. nur §§ 225a, 269, 270, s.o. Rdn. 93 ff.). 130

Demgegenüber ist bei Vorliegen eines Prozesshindernisses in Gestalt eines reinen **Bestrafungsverbotes**, welches nicht die Durchführung des Verfahrens als solches untersagt, aber der Bestrafung des Angeklagten entgegensteht, zu differenzieren. Grundsätzlich ist auch hier das Verfahren gem. § 260 Abs. 3 einzustellen. Steht hingegen fest, dass ein Tatnachweis nicht zu erbringen und der Angeklagte deshalb freizusprechen ist, hat ein Urteil in der Sache zu ergehen, um den Vorwurf strafbaren Verhaltens eindeutig zurückzunehmen (BGHSt 46, 131, 136; OLG München NJW 2008, 3151, 3155). Ein Bestrafungsverbot ist zu bejahen im Fall eines fehlenden oder zurückgenommenen Strafantrags bei absoluten Antragsdelikten bzw. fehlender Bejahung des besonderen öffentlichen Interesses durch die StA, im Fall der Strafverfolgungsverjährung sowie der Ver- 131

Bei Äußerungen gegenüber einem Strafverfolgungsorgan, die ohne Befragung von sich aus erfolgt sind (sog. **Spontanäußerungen**), greifen mangels Beschuldigteneigenschaft keine speziellen Beschuldigtenrechte ein. Hier bestünde i.Ü. schon gar keine faktische Möglichkeit zur vorausgehenden Belehrung. Die Spontanäußerung ist im weiteren Verfahrensgang uneingeschränkt verwertbar (BGH StV 1990, 194; SK-StPO/*Rogall* § 136 Rn. 44; *Schneider* NStZ 2017, 130). Wirkt eine derartige Spontanäußerung jedoch verdachtsbegründend, muss umgehend eine Belehrung gem. § 136 Abs. 1 Satz 2 erfolgen, ehe der Betroffene weitere Äußerungen tätigt (vgl. BGH NJW 2009, 3589 m.Anm. *Meyer-Mews* u. *Ellbogen* NStZ 2010, 464). Gleiches gilt, wenn die Spontanäußerung als Anknüpfungspunkt für konkrete Nachfragen dient (vgl. BGHSt 58, 301 m. Bespr. *Eisenberg* StV 2013, 779 und Anm. *Wohlers* JR 2014, 131).

148 Sog. **informatorische Befragungen** erfolgen zwar auf Initiative der Strafverfolgungsbehörden, jedoch werden zunächst nur Erkundigungen eingeholt, ohne dass bereits ein Anfangsverdacht bzgl. einer konkreten Person bestünde. Ziel ist es, einen Überblick über ein noch unklares Geschehen zu bekommen – wie z.B. bei Ankunft der Polizeibeamten an einem Unfallort. Da noch kein auf eine Person konkretisierter Anfangsverdacht besteht, ist die Befragung von mutmaßlich am Geschehen Beteiligten nicht als Beschuldigten-, sondern als Zeugenbefragung zu werten (BGHSt 38, 214, 227; BGH NStZ 1983, 86; SK-StPO/*Rogall* Vor § 133 Rn. 42 ff.; z.T. enger AG Bayreuth StV 2004, 370; *Koch* JA 2004, 558). Eine Belehrung nach § 136 Abs. 1 Satz 2 muss demnach auch hier nicht erfolgen. Umstritten ist allerdings die Frage der Verwertbarkeit einer ohne Belehrung getätigten Aussage im Rahmen einer informatorischen Befragung. Der BGH sowie die h.L. bejahen die Verwertbarkeit (BGHSt 38, 214, 228; *Schneider* NStZ 2017, 130). Hiergegen spricht jedoch, dass die Schutzbedürftigkeit bei einer solchen auf strafverfolgungsbehördliche Initiative zurückzuführenden Äußerung derjenigen bei der eigentlichen Beschuldigtenvernehmung entspricht (LG Heilbronn StV 2005, 380; *Schaal*, Beweisverwertungsverbot bei informatorischer Befragung [2002]; SK-StPO/*Wohlers* § 163a Rn. 49).

149 **2. Ausgewählte Rechte des Beschuldigten. a) Belehrungsrechte**: Gem. § 136 Abs. 1 Satz 1 ist der Beschuldigte vor jeder Vernehmung darüber zu informieren, welche Tat aufgrund welcher Strafvorschriften ihm zur Last gelegt wird. Nach § 136 Abs. 1 Satz 2 ist er darauf hinzuweisen, dass es ihm nach dem Gesetz freisteht, sich zu der Beschuldigung zu äußern oder nicht zur Sache auszusagen und jederzeit, auch schon vor seiner Vernehmung, einen von ihm zu wählenden Verteidiger zu befragen. Möchte der Beschuldigte vor seiner Vernehmung einen Verteidiger befragen, sind ihm gem. § 136 Abs. 1 Satz 3 und 4 Informationen zur Verfügung zu stellen, die es ihm erleichtern, einen Verteidiger zu kontaktieren. Auf bestehende anwaltliche Notdienste ist dabei hinzuweisen. Gem. § 136 Abs. 1 Satz 5 ist er ferner darüber zu belehren, dass er zu seiner Entlastung einzelne Beweiserhebungen beantragen und unter den Voraussetzungen des § 140 die Bestellung eines (Pflicht-) Verteidigers nach Maßgabe des § 141 und des § 142 Abs. 1 beanspruchen kann; zu Letzterem ist er auf die Kostentragungspflicht im Fall seiner Verurteilung hinzuweisen. Schließlich ist der Beschuldigte gem. § 136 Abs. 1 Satz 6 in geeigneten Fällen darauf hinzuweisen, dass er sich schriftlich äußern und einen Täter-Opfer-Ausgleich anstreben kann. Für den Fall einer staatsanwaltschaftlichen Vernehmung gilt § 136 i.V.m. § 163a Abs. 3 Satz 2, bei polizeilicher Vernehmung i.V.m. § 163a Abs. 4 Satz 2, wonach dem Beschuldigten von der Polizei nicht die möglicherweise verwirklichten Strafvorschriften vorgehalten werden müssen. Näher insb. zu den Folgen einer unterlassenen Belehrung s.u. Rdn. 298; § 136 Rdn. 68 ff. Im Fall einer Festnahme hat eine Belehrung gem. § 114b Abs. 1, 2 zu erfolgen. Bei ausländischen Staatsangehörigen umfasst diese auch das Recht, die Unterrichtung der konsularischen Vertretung ihres Heimatstaates verlangen zu können, § 114b Abs. 2 Satz 4 i.V.m. Art. 36 Abs. 1b) Satz 3 WÜK (BVerfG NJW 2007, 499 m. Bespr. *Burchard* JZ 2007, 891; *Kreß* GA 2007, 396; *T. Walter* JR 2007, 99). Fehlt dieser Hinweis auf die Möglichkeit einer Unterrichtung der konsularischen Vertretung, soll die Verwertbarkeit der Aussage von den Umständen des Einzelfalls abhängen (BVerfG StV 2011, 329; BGH StV 2011, 603; generelle Ablehnung eines Verwertungsverbots noch bei BGHSt 52, 48, 55 u. 52, 110, 116; vert. *Esser* JR 2008, 271; *Gless/Peters* StV 2011, 369; *Meyer-Mews* StraFo 2012, 7 s.u. Rdn. 301 f.).

150 **b) »nemo-tenetur-Prinzip«**: Der Beschuldigte ist, gestützt auf sein allgemeines Persönlichkeitsrecht (Art. 2 Abs. 1 i.V.m. Art. 1 Abs. 1 GG) und das Rechtsstaatsprinzip (Art. 20 Abs. 3 GG), in keiner Weise verpflichtet, an seiner Überführung selbst mitzuwirken – *nemo tenetur se ipsum accusare* (niemand ist verpflichtet, sich selbst zu belasten; vert. EGMR NJW 2011, 201; BVerfGE 56, 37, 43; BGHSt 38, 214, 220; 49, 56, 59; BGH NStZ 2018, 229; BGH NJW 2018, 1986 m.Anm. *Jahn*, *Eisenberg* StV 2018, 769; *Bosch* Jura 2018, 1061; *Lindemann* in: Hdb. StrafR VII § 2 Rn. 56 ff. und *Mosbacher* JuS 2018, 767; s.a. *Böse* GA 2002, 98; *Eidam*, Die strafprozessuale Selbstbelastungsfreiheit am Beginn des 21. Jahrhunderts [2007]; *Esser* JR 2004, 98; *Gleß* FS Beulke, S. 723; *Huber* JuS 2007, 711; *Kasiske* JuS 2014, 15; *Nieto Martin/Blumenberg* FS Beulke, S. 855; *Rogall* FS Beulke, S. 973; *Torka*, Nachtatverhalten und Nemo tenetur, 2000; krit. im

Lichte der Verständigung: *Leitmeier* JR 2014, 372); umfassend: Art. 6 EMRK Rdn. 46 ff.). Den staatlichen Behörden ist es untersagt, eine aktive Selbstbelastung zu erzwingen. §§ 136 Abs. 1 Satz 2 und 136a sind einfachgesetzliche Ausgestaltungen dieses essenziellen Beschuldigtenrechts. Verweigert der Beschuldigte in Ausübung seines Schweigerechts eine Aussage in vollem Umfang, darf weder sein Schweigen noch sein hiermit untrennbar zusammenhängendes prozessuales Verhalten vom Gericht bei der Urteilsfindung zu seinen Lasten gewertet werden (BGHSt 25, 365, 368; BGH StV 2008, 236; 2015, 146; 2016, 132; OLG Brandenburg NStZ-RR 2015, 53 m.Anm. *Schulz-Merkel* StRR 2015, 103; OLG Hamm Beschl. v. 11.09.2012 – 3 RVs 56/12 [juris]; KG NJW 2010, 2900; *Schneider* NStZ 2017, 73, 126). Das nonverbale Verhalten des Angeklagten darf nur dann verwertet werden, wenn es in seiner Äußerung eindeutig und erheblich ist (BGH NStZ 2021, 318). Lässt sich der Beschuldigte nach anfänglichem Schweigen doch ein, unterliegt seine Aussage der umfassenden Beweiswürdigung. Das Tatgericht ist deshalb nicht gehindert, einer in Kenntnis der Ergebnisse der abgeschlossenen Ermittlungen und der Beweisaufnahme abgegebenen Schilderung deswegen einen geringeren Beweiswert beizumessen, weil der Angeklagte bei diesem Kenntnisstand die Möglichkeit hatte, seine Darstellung an die bisherigen Ermittlungen anzupassen (BGH NStZ 2021, 319). Nicht negativ bewertet werden darf die Weigerung, einen potenziellen Zeugen gem. § 53 Abs. 2 Satz 1 von der Schweigepflicht zu entbinden (BGHSt 45, 363, 364; 45, 367). Verweigert der Beschuldigte hingegen lediglich die Beantwortung einzelner Fragen (sog. »teilweises Schweigen«), darf das Gericht hieraus ggf. nachteilige Schlüsse ziehen (BGHSt 20, 298, 300; BGH JR 2003, 165; vert. *Miebach* NStZ 2000, 234). Über das Schweigerrecht hinaus ist der Beschuldigte, auch wenn er sich zur Aussage entschließt, nicht verpflichtet, die Wahrheit zu sagen (BGHSt 3, 149, 152). Er kann also sanktionslos lügen, sofern er hierdurch nicht §§ 145d, 164, 185 ff. StGB verwirklicht (BGH NJW 2015, 1705). Im Gegensatz zum Schweigen kann das Gericht bei Offenbarwerden einer Lüge des Beschuldigten dessen Glaubwürdigkeit infrage stellen, wobei jedoch zu beachten ist, dass auch ein Unschuldiger vor Gericht Zuflucht zu einer Lüge nehmen kann (zu Recht zurückhaltend daher: BGH StV 2011, 269; StV 2016, 139 und 417; LR/*Gless* § 136 Rn. 65). Einer Auslieferung zum Zweck der Strafverfolgung in einem anderen Staat steht nicht entgegen, dass in dem ersuchenden Staat das Schweigerecht und die Selbstbelastungsfreiheit nicht in dem Umfang gewährleistet sind, wie nach deutschem Strafprozess- und Verfassungsrecht, solange die aus Art. 23 Abs. 1 S. 3 i.V.m. Art. 79 Abs. 3 und Art. 1 GG sich ergebenden Grundsätze nicht verletzt werden; deshalb darf z.B. nach Großbritannien ausgeliefert werden, obwohl im britischen Strafprozess die Möglichkeit besteht, unter bestimmten Umständen das Schweigen eines Angeklagten zu seinem Nachteil zu verwenden (BVerfG StV 2017, 241 m.Anm. *Esser*). Im Fall interner Unternehmensuntersuchungen durch externe Anwälte, deren Ergebnisse nach Ansicht des BVerfG nicht beschlagnahmefrei sein sollen (BVerfG StV 2018, 547 m.Bepr. *Kempf/Corsten* StV 2019, 59 – Jones Day/VW) reibt sich die arbeitsrechtliche Wahrheitspflicht mit dem nemo tenetur-Grundsatz (*Bergmann/Schwarz* [Hrsg] Internal Investigations und Ermittlungsverfahren [2019]; *Petrasch* StV 2019, Heft 2 Editorial S. I, dazu ausf. u. Rdn. 323 sowie § 97 Rdn. 39 und § 160a Rdn. 13).

c) Anspruch auf rechtliches Gehör: Art. 103 Abs. 1 GG verleiht dem Beschuldigten einen Anspruch auf 151
rechtliches Gehör, konkretisiert u.a. durch §§ 33 Abs. 1, 3, 136 Abs. 1, 147 Abs. 4, 201 Abs. 1, 243 Abs. 5, 257 Abs. 1, 258 Abs. 1, 2, 265, 356a (s.o. Rdn. 82 ff.). Im Grundsatz ist der Beschuldigte **vor** jeder für ihn nachteiligen Entscheidung des Gerichts innerhalb und außerhalb der Hauptverhandlung anzuhören (§ 33 Abs. 1, 3). Ausschließlich solche Tatsachen und Beweisergebnisse dürfen einer gerichtlichen Entscheidung zugrunde gelegt werden, zu denen der Beschuldigte die **Möglichkeit** hatte, Stellung zu nehmen (BGHSt 26, 332; KMR/*Ziegler* § 33 Rn. 10). Bereits im Vor- und Zwischenverfahren wird dieser prozessgrundrechtliche Anspruch durch §§ 115, 118, 201, 228 abgesichert, im Rechtsmittelverfahren dienen hierzu §§ 308 Abs. 1, 311 Abs. 3, 311a, 324 Abs. 2, 326, 350, 351 Abs. 2. Art 103 Abs. 1 GG umfasst auch die Möglichkeit, sich zu verfahrensrelevanten Tatsachen zu äußern und dem Gericht rechtliche Ausführungen vorzulegen (BVerfGE 12, 110). Gewährt das Gericht dem Beschuldigten die Gelegenheit, von seinen dergestalt bestimmten Rechten Gebrauch zu machen und nutzt er diese Gelegenheit schuldhaft nicht, trägt er die dadurch bedingten Verfahrensnachteile. In der Hauptverhandlung erfolgt die Vernehmung des Angeklagten zur Sache gem. § 243 Abs. 5 Satz 2 nach Maßgabe des § 136 Abs. 2, d.h. durch mündlichen Bericht, mündliche Befragung und diesbezügliche Antworten. Dem Angeklagten ist es insoweit aber gestattet, seine mündlichen Äußerungen unter Verwendung von Notizen oder eines Manuskripts abzugeben (BGH wistra 2015, 152; Meyer-Goßner/*Schmitt* § 243 Rn. 31; vert. u. § 243 Rdn. 21).

d) Recht auf (effektive) **Verteidigung:** Gem. § 137 Abs. 1 Satz 1 steht dem Beschuldigten das Recht zu, 152
sich **in jeder Lage des Verfahrens eines Verteidigers zu bedienen.** Zudem hat er in den Fällen notwendiger Verteidigung nach §§ 140 f. Anspruch auf Beiordnung eines Pflichtverteidigers, der seine Belange wirksam wahrnimmt (BGH NStZ 2017, 59; Übersicht zur notwendigen Verteidigung beim AG: *Hillenbrand* StRR 2014, 4; aktenanalytische Studie zur Praxis der Beiordnung von Pflichtverteidigern: *Schoeller* StV 2017, 194;

zur Rechtsentwicklung in Österreich *Schumann/Bruckmüller/Soyer* [Hrsg.] Pre-trial Emergency Defence, [2012]; Einzelheiten s. §§ 140 ff.). **Verweigern** die Strafverfolgungsorgane dem Beschuldigten vor oder während seiner Vernehmung die gewünschte **Kontaktaufnahme** mit dem gewählten Verteidiger, ist seine Aussage **unverwertbar** (BGHSt 38, 372, 373 m. zust. Anm. *Roxin* JZ 1993, 426; vgl. auch BGH NStZ 2013, 604). Ein Beweisverwertungsverbot greift auch ein, wenn der Beschuldigte nicht oder nur unzureichend über sein Recht zur Verteidigerkonsultation bzw. über die Möglichkeit der Bestellung eines Pflichtverteidigers belehrt worden ist (BGHSt 47, 172, 174; 233, 235; s.u. Rdn. 299) oder wenn die Strafverfolgungsbehörden ihm nicht in ausreichendem Maße »erste Hilfe« bei der Herstellung des Kontaktes zum Verteidiger geleistet haben (BGHSt 42, 15, 19 f.; anders allerdings BGHSt 47, 233, 235 m. abl. Anm. *Roxin* JZ 2002, 898; BGH NStZ 2006, 114 u. 236; vert. *Beulke* NStZ 1996, 257; *Beulke/Barisch* StV 2006, 569; *Corell* StraFo 2011, 34). Das **Recht auf wirksame Verteidigung** (Art. 6 Abs. 3 lit. c EMRK) wird beispielsweise durch eine ermessensfehlerhafte Ablehnung bzw. Nichtbescheidung eines Terminverlegungsgesuchs verletzt (OLG Oldenburg StV 2015, 156). Gleiches gilt, wenn das Gericht die Hauptverhandlung nicht unterbricht, obwohl der Pflichtverteidiger sich nicht hinreichend vorbereiten konnte, weil er unter Missachtung der Ladungsfrist bestellt wurde (BGH NStZ 2009, 650). Nach Auffassung des 2. Strafsenats genügt auch die bisherige Praxis, wonach zahlreiche Revisionshauptverhandlungen ohne Anwesenheit der Angeklagten und ihrer gewählten Verteidiger durchgeführt werden, nicht den Anforderungen des Art. 6 Abs. 3 lit. c EMRK (BGH NStZ 2015, 47).

153 e) **Anwesenheitsrechte:** § 230 Abs. 1 konkretisiert das bereits aus Art. 103 Abs. 1 GG abzuleitende Recht des Angeklagten auf Anwesenheit in der Hauptverhandlung (vgl. Art. 14 Abs. 3 lit. d IPBPR; OLG Karlsruhe NStZ-RR 2008, 315; vert. *Beukelmann* NJW-Spezial 2014, 376; *Laue* JA 2010, 294). Die Ausnahmevorschriften in §§ 231 ff. sind in Anbetracht dieser grundrechtlichen Verankerung eng auszulegen (zutreffend restriktive Auslegung des § 247 daher bei BGHSt [GrS] 55, 87 m.Anm. *Bung* HRRS 2010, 50; BGH StV 2019, 517; *Eisenberg* StV 2009, 344; *Fezer* NStZ 2011, 49 u. *Schlothauer* StV 2009, 228; ebenso: BGH StraFo 2015, 22; BGH StV 2015, 86; BGH StV 2015, 87 m.Anm. *Ventzke*; für eine Einschränkung der Präsenzpflicht: *Beukelmann* FS v. Heintschel-Heinegg, S. 21). Berücksichtigt man dies, kann nicht von einem »eigenmächtigen Sich-Entfernen« i.S.v. § 231 Abs. 2 ausgegangen werden, wenn der Beschuldigte einen ernsthaften Suizidversuch unternimmt, der zu seiner Verhandlungsunfähigkeit führt (so aber BGHSt 56, 298; ebenfalls abl. *Trüg* NJW 2011, 3256; vert. *Eisenberg* NStZ 2012, 63). Wird das Recht des Angeklagten auf Anwesenheit in der Hauptverhandlung nicht gewahrt, ist der absolute Revisionsgrund des § 338 Nr. 5 gegeben (vgl. z.B. BGH NStZ 2015, 181; StV 2014, 4). § 168c Abs. 2, 5 verleihen dem Beschuldigten grundsätzlich (Ausnahmen: § 168c Abs. 3, 4) ein Recht auf Anwesenheit bei ermittlungs**richterlichen Vernehmungen** von **Zeugen und Sachverständigen**, auf vorherige Benachrichtigung hierüber sowie darauf, sich nach der Vernehmung dazu zu erklären oder an die vernommene Person Fragen zu stellen (s. § 168c Abs. 2 Satz 2). Wird das Anwesenheitsrecht oder die diesbezügliche Benachrichtigungspflicht verletzt, begründet dies ein Beweisverwertungsverbot hinsichtlich der in Abwesenheit des Beschuldigten gefundenen Erkenntnisse (BGHSt 26, 332, 334; BGH NJW 2003, 3142; sehr restriktiv allerdings nunmehr OLG München NStZ 2015, 300; zum revisionsrechtlich ggf. erforderlichen Vortrag von Negativtatsachen: BGH NStZ 2015, 98).

154 f) **Beweisantragsrecht:** Der Angeklagte ist berechtigt, in der Hauptverhandlung Beweisanträge zu stellen, die nur unter Heranziehung eines in §§ 244 Abs. 3–5, 245 aufgelisteten Grundes abgewiesen werden können. Das Beweisantragsrecht im Ermittlungs- und Zwischenverfahren ist in §§ 166 Abs. 1, 201 Abs. 1 normiert.

155 g) **Fragerecht:** Gem. § 240 Abs. 2 Satz 1 i.V.m. Abs. 1 hat der Angeklagte in der Hauptverhandlung das Recht, Fragen an Zeugen und Sachverständige zu stellen (vgl. auch Art. 6 Abs. 3 lit. d EMRK). Nicht gestattet ist die gegenseitige Befragung von Mitangeklagten (§ 240 Abs. 2 Satz 2). Zur Wahrung einer kontradiktorischen Verfahrensgestaltung müssen sämtliche Beweise grundsätzlich im Beisein des Angeklagten erhoben werden, wobei Ausnahmen nur unter besonderer Berücksichtigung des Rechts auf effektive Verteidigung zugelassen werden können (EGMR Urt. v. 19.07.2012 – 26171/07 –; EGMR StV 1997, 617; BGHSt [GrS] 55, 87; BGH NStZ 2004, 505; *Beulke* FS Rieß, S. 3). Der Ausschluss des Befragungsrechts führt nicht zur Unverwertbarkeit einer belastenden Aussage, wenn das Verfahren in seiner Gesamtheit einschließlich der Art und Weise der Beweiserhebung und -würdigung den Geboten der Verfahrensfairness genügt. In jedem Fall ist eine zurückhaltende Beweiswürdigung geboten, wenn der Angeklagte einen ihn belastenden Zeugen nicht direkt befragen konnte, ihm also die Wahrnehmung seines **Konfrontationsrechts** (generell hierzu Art. 6 EMRK Rdn. 60 ff.) allenfalls in eingeschränktem Maße möglich war (vgl. EGMR [Schatschaschwili] StV 2017, 213; mit Bespr. *Satzger* Jura 2016, 1083; *Dionysopoulou* ZIS 2017, 629; *Swoboda* FS Eisenberg II [2019], S. 539; *Thörnich* ZIS 2017, 39; BGH NStZ 2018, 51 m. Bespr. *Gaede* StV 2018, 175; *Mosbacher* JuS 2017, 746; s.a. EGMR JR *2013, 170 m.Anm. Schroeder*, EGMR StV 2014 m.Anm. *Pauly* und EGMR JR 2015, 95 m. Anm. *Lohse* JR 2015, 60; BVerfG StV 2010, 337; BGHSt 51, 150; 55, 70; BGH NStZ 2018, 51; BGH StV 2015, 142 m. Bespr. *Jahn* JuS 2014, 948; vert. *Beulke/Swoboda* Strafprozessrecht Rn. 190, 261; *Krausbeck*,

Konfrontative Zeugenbefragung [2010]; *Renzikowski* FS Mehle, S. 529; *Schmitt* FS Rissing-van Saan, S. 617; *Weigend* FS Wolter, S. 1145).

h) Recht auf informationelle Selbstbestimmung: Das Recht auf informationelle Selbstbestimmung wurde als Teilaspekt und besondere Ausprägung des allgemeinen Persönlichkeitsrechts (Art. 2 Abs. 1 i.V.m. Art. 1 Abs. 1 GG) vom BVerfG im **Volkszählungsurteil** etabliert. Es soll »die aus dem Gedanken der Selbstbestimmung folgende Befugnis des Einzelnen [umfassen], grundsätzlich selbst zu entscheiden, wann und innerhalb welcher Grenzen persönliche Lebenssachverhalte offenbart werden« (BVerfGE 65, 1, 42; s.a. BVerfGE 80, 367, 373; *Frenz* JA 2013, 840). Indem der Grundrechtsträger nicht permanent eine staatliche Dokumentation seiner Grundrechtsausübung befürchten muss, flankiert das Recht auf informationelle Selbstbestimmung die freie Ausübung der anderen Grundrechte. Die StPO enthält diesbezüglich jedoch zahlreiche Eingriffsermächtigungen, z.B. §§ 152 ff. hinsichtlich der Anlegung einer Strafakte, § 100h hinsichtlich des Einsatzes technischer Mittel bei der Observation und §§ 474 ff. in Bezug auf Auskünfte und Akteneinsicht (z.B. durch andere Behörden, Privatpersonen). §§ 479, 483 ff. legen die Voraussetzungen fest, unter denen personenbezogene Daten, die in einem Strafprozess ermittelt wurden, zu Zwecken künftiger Strafverfolgung verarbeitet, übermittelt und verwendet werden dürfen (dazu BVerfG StV 2002, 577; *Hilger* StraFo 2001, 109; *Singelnstein* ZStW 120 [2008], 854; *ders.* NStZ 2020, 639, 640). 156

i) Der durch das Gesetz zur Einführung der elektronischen Akte in der Justiz und zur weiteren Förderung des elektronischen Rechtsverkehrs vom 05.07.2017 (BGBl. I 2017, S. 2208; näher § 147 Rdn. 3) geänderte **§ 147 Abs. 4** gewährt dem Beschuldigten, der keinen Verteidiger hat, in entsprechender Anwendung der Absätze 1 bis 3 des § 147 das Recht, die Akten einzusehen und unter Aufsicht amtlich verwahrte Beweisstücke zu besichtigen, soweit der Untersuchungszweck auch in einem anderen Strafverfahren nicht gefährdet werden kann und überwiegende schutzwürdige Interessen Dritter nicht entgegenstehen (dazu § 147 Rdn. 47 ff.). 157

3. Missbrauchsschranke der Beschuldigtenrechte. Die StPO kennt kein allgemeines, § 242 BGB vergleichbares Missbrauchsverbot. Die vorhandenen Einzelregelungen (§§ 26a Abs. 1 Nr. 3, 138a Abs. 1 Nr. 2, 241, 244 Abs. 3 Satz 2 Var. 6) belegen jedoch den gesetzgeberischen und durch richterliche Rechtsfortbildung zu konkretisierenden Willen, dass eine Berufung auf ein gewährtes prozessuales Recht nur zulässig sein soll, sofern es nicht missbraucht wird (insoweit zutr. BVerfG NJW 2009, 1469 Rn. 47; BGHSt 51, 298; vert. MüKo-StPO/*Kudlich* Einl. Rn. 342 ff.; **a.A.** *Eisenberg*, Beweisrecht, Rn. 174; *Gaede* StraFo 2007, 29; *Roxin/Schünemann* § 19 Rn. 13). Ein Missbrauch prozessualer Rechte ist anzunehmen, wenn ein Verfahrensbeteiligter eine ihm verfahrensrechtlich eingeräumte Möglichkeit dazu nutzt, gezielt verfahrensfremde oder verfahrenswidrige Zwecke zu verfolgen (BGHSt 38, 111, 113; 51, 88, 93; Radtke/Hohmann/*Radtke* Einl. Rn. 93; ähnl. *Fahl*, Rechtsmissbrauch im Strafprozess, [2004], S. 68 ff., 124 ff.; *Kudlich*, Strafprozeß und allgemeines Mißbrauchsverbot, [1998]; Meyer-Goßner/*Schmitt* Einl. Rn. 111; *Pfister* StV 2009, 550; *Satzger/Hanft* NStZ 2007, 185; abl. Erläuterung zu These 33 zur Strafverteidigung des Strafrechtsausschusses der BRAK, 2. Aufl. 2015; Beispiele aus der Praxis bei *Stollenwerk* DRiZ 2015, 138). Damit die Missbrauchskontrolle nicht ihrerseits missbräuchlich eingesetzt wird (hierzu *Müller* FS Beulke, S. 889, 900; *Strate* HRRS 2014, 134, 137 ff.), ist darauf zu achten, dass nicht schon jedes widersprüchliche, sondern erst ein arglistiges Verhalten des Beschuldigten als missbräuchlich eingestuft wird (OLG Hamm StraFo 2009, 287; *Beulke* StV 2009, 554; **a.A.** BGH StV 2009, 66, 169 m. abl. Anm. *Beulke/Witzigmann* StV 2009, 394). Für den Verteidiger ergibt sich aus seiner Verantwortung für die Effektivität der Strafrechtspflege in ihrem Kernbereich (s.u. Rdn. 161), dass eine Verwirkung von Rechten erst im Fall der **Prozesssabotage** infrage kommt (BGH NStZ 2009, 692; *Beulke* FS Amelung, S. 543; **a.A.** LG Augsburg wistra 2011, 473; *Roxin* FS Hanack, S. 1, 14; zum »Konfliktstaatsanwalt und -richter« vgl. *Artkämper* Kriminalistik 2015, 187, 188 ff.). 158

4. Pflichten des Beschuldigten. Zwar ist der Beschuldigte nicht verpflichtet, **aktiv** bei der Sachaufklärung mitzuhelfen (BGHSt 45, 367, 368), jedoch trifft ihn die Pflicht zur Hinnahme der mit dem Strafverfahren notwendigerweise verbundenen Beeinträchtigungen, z.B. zur **Duldung von Zwangsmaßnahmen** (z.B. U-Haft gem. §§ 112 ff. und Gegenüberstellung i.S.d. § 58 Abs. 2 Satz 1 [mit Anwesenheitsrecht des Verteidigers, Satz 2; dazu § 58 Rdn. 3 ff.]; ausf. BGHSt 39, 96, 98 f. m. abl. Anm. *Welp* JR 1994, 37; BGH JR 2011, 119 m.Anm. *Eisenberg*). 159

Das Anwesenheitsrecht des Beschuldigten in der Hauptverhandlung (§ 230; o. Rdn. 153) begründet zugleich eine **Anwesenheitspflicht** (zur partiellen Konventionswidrigkeit von § 329 a.F. s. dort sowie EGMR NStZ 2013, 350 m. krit. Bespr. *Mosbacher* NStZ 2013, 312 u. Anm. *Hüls/Reichling* StV 2014, 242; zur Neuregelung vgl. BGBl. I 2015, S. 1332 und *Frisch* NStZ 2015, 69). Daneben ist der Beschuldigte verpflichtet, im Ermittlungsverfahren zu **Vernehmungen** vor dem **Ermittlungsrichter** und der **StA zu erscheinen** (§ 133 Abs. 1 bzw. § 163a Abs. 3 Satz 1). Eine zwangsweise Vorführung (§§ 134, 135 ggf. i.V.m. § 163a Abs. 3 Satz 2), um der Vernehmungsperson zumindest einen persönlichen Eindruck vom zu Vernehmenden zu

Willen des Beschuldigten bestellt werden darf – und zwar selbst dann, wenn Letzterer ebenfalls Rechtsanwalt ist (BVerfG NJW 1998, 2205).

167 e) Nach den sog. **verfassungsrechtlich-prozessualen Theorien** folgt aus Art. 2 Abs. 1 GG i.V.m. dem *fair-trial*-Grundsatz, dass jede Prozesshandlung statthaft sei, die vom Verteidigungszweck gedeckt werde und kein ausdrückliches gesetzliches Verbot verletze (statt aller *Bernsmann* StraFo 1999, 226; *ders.* StV 2006, *Paulus* NStZ 1992, 305, 310; im Ansatz ähnlich Radtke/Hohmann/*Reinhart* § 137 Rn. 10; SK-StPO/*Wohlers* Vor § 137 Rn. 27 ff.). Diese Ansicht führt jedoch nicht entscheidend weiter, da sie durch ihre Beschränkung auf Prozesshandlungen z.B. nicht in der Lage ist, Unterlassungen des Verteidigers hinreichend sicher als zulässig oder unzulässig einzustufen. Auch den Verteidiger als »soziale Gegenmacht« zu bezeichnen, hat keinerlei praktische Auswirkungen (hiergegen bereits *Beulke* Verteidiger im Strafverfahren [1980] S. 55 ff.; sympathisierend hingegen *Arnold* Entwicklungen der Strafverteidigung S. 35 – zu ihm *Weigend* StV 2021, 210; *Jahn/Brodowski* in: Hdb. StrafR VII § 17 Rn. 34, 127).

168 **3. Vertrauensprinzip.** a) Wahlverteidiger und Beschuldigter sind durch einen **Geschäftsbesorgungsvertrag** über die Erbringung von Diensten miteinander verbunden (OLG Hamburg wistra 2004, 39; Grüneberg/*Weidenkaff* Vor § 611 Rn. 20, 24, § 675 Rn. 23), der nichts an der Unabhängigkeit des Verteidigers von seinem Mandanten ändert (BGH StV 1993, 564). Der Verteidiger behält seine Unabhängigkeit auch dann, wenn Dritte die Verteidigerkosten übernommen haben (zu den rechtlichen Grenzen der Drittfinanzierung *Brockhaus,* StraFo 2019, 133). Der Mandantenwille »siegt« ausschließlich in gesetzlich ausdrücklich geregelten Fällen (z.B. §§ 297, 302 Abs. 2). Gegen den Willen des Beschuldigten darf der Verteidiger z.B. Beweisanträge stellen (BVerfG NJW 1995, 1952; *Beulke* FS Sieber, S. 512, 525; *ders.* JZ 2021, 403, 406; **a.A.** *Wolf,* Das System des Rechts der Strafverteidigung, 2000, S. 379; SK-StPO/*Wohlers* Vor §§ 137 ff. Rn. 52; *Bernsmann* StraFo 1996, 226, 230; LR-StPO/*Jahn* Vor § 137 Rn. 49 f.; Radtke/Homann/*Reinhart* § 137 Rn. 18) oder auf Freispruch plädieren (*Beulke*, Verteidiger im Strafverfahren, S. 129 ff., 131; a.A. *Barton* FS Beulke, S. 605 ff., 620). Im Fall einer Kollision von Verteidiger- und Mandantenwille liegt es am Beschuldigten, das Verteidigungsverhältnis aufzulösen und einen anderen Rechtsanwalt zu beauftragen. Um ein für eine effektive Verteidigung notwendiges Vertrauensverhältnis zwischen beiden zu garantieren, werden in der Regel jedoch klare Absprachen über das Verteidigerverhalten im Prozess getroffen.

169 b) **§ 53 Abs. 1 Nr. 2** berechtigt den Verteidiger zur Verweigerung des Zeugnisses über das, was ihm in seiner Eigenschaft als Verteidiger vom Beschuldigten anvertraut wurde oder ihm anderweitig bekannt geworden ist. Allerdings hat der Beschuldigte die Möglichkeit, den Verteidiger gem. **§ 53 Abs. 2 Satz 1** von seiner Schweigepflicht zu entbinden, was nach h.M. zur Folge hat, dass auch Interna des Verteidiger-/Mandantenverhältnisses Gegenstand einer Zeugenvernehmung des Verteidigers sein können (BGH StV 2010, 287 m. krit. Bespr. *Bosbach* StraFo 2011, 172; **a.A.** BGH NStZ 2008, 115 m. abl. Anm. *Beulke/Ruhmannseder* StV 2008, 284). Richtigerweise muss § 53 Abs. 2 Satz 1 indes angesichts der Stellung des Verteidigers als unabhängiges Organ der Rechtspflege dahin gehend teleologisch reduziert werden, dass der Verteidiger nicht dazu gezwungen werden kann, eigene Überlegungen und Recherchen, die er i.R.d. Mandatsarbeit angestrengt hat, zu offenbaren (vert. *Beulke* ZIS 2011, 324; *Lammer* FS Wolter, S. 1031; *Matt* FS Widmaier, S. 851, 859; *Schäfer* FS Hanack, S. 77, 89; für ein eigenständiges Schweigerecht de lege ferenda: *Beulke* FS I.-Roxin, S. 555). Flankiert wird das Zeugnisverweigerungsrecht des Verteidigers durch das Beweiserhebungs- und -verwertungsverbot des § 160a Abs. 1 Sätze 1 und 2, wonach Ermittlungsmaßnahmen, die sich gegen Strafverteidiger richten und voraussichtlich dem Zeugnisverweigerungsrecht unterfallende Erkenntnisse erbringen, ebenso wie Maßnahmen, die diese Zweckbestimmung erst nach Anfall der Erkenntnisse erlangt haben (LG Augsburg StV 2014, 468), unzulässig und dennoch erlangte Erkenntnisse nicht verwertbar sind (vorbehaltlich der Verdachtsklausel des § 160a Abs. 4 Satz 1). Entsprechende Aufzeichnungen sind samt Niederschriften (z.B. hierzu gefertigte Vermerke) zu löschen (§ 160a Abs. 1 Satz 3, LG Dresden StRR 2014, 389; zum Geheimnisschutz des Verteidigers allgemein *Beulke/Ruhmannseder* StV 2011, 180 u. 252; *dies.*, Strafbarkeit des Verteidigers, Rn. 463 ff.; speziell nach Eintritt der Rechtskraft *Beulke* FS Fezer, S. 3; zu ihm: *Schöch* FS Beulke, S. 1039, 1040 f.).

170 c) Das zur Absicherung rechtsstaatlich gebotener materieller Verteidigung notwendige Vertrauensverhältnis zwischen Verteidiger und Beschuldigtem erfordert ungestörte, nach außen abgeschirmte **Kontakt**möglichkeiten (*Beulke* Jura 1986, 645; vor dem Hintergrund der Regelung des § 160a *Müller-Jacobsen* NJW 2011, 257). § 148 Abs. 1 gewährleistet vor diesem Hintergrund, dass der Beschuldigte – inhaftiert oder nicht – während des gesamten Verfahrens in freiem, unüberwachtem mündlichen und schriftlichen Verkehr mit seinem Verteidiger stehen kann. Hiervon werden auch **Mandatsanbahnungsgespräche** erfasst, sofern sie dem wirklichen oder mutmaßlichen Willen des Beschuldigten entsprechen (BGH StV 2016, 414; OLG Düsseldorf StV 1984, 106; HK-StPO/*Julius*/*Schiemann* § 148 Rn. 7; *König* StV 2011, 704, 706; LR/*Jahn* § 148 Rn. 8;

vgl. auch These 4 der Thesen zur Strafverteidigung des Strafrechtsausschusses der BRAK, 2. Aufl. 2015; **a.A.** KG StV 1991, 524; krit. auch OLG Hamm StV 2010, 586 m. abl. Anm. *Bung*; zu § 160a: BGH NJW 2014, 1314). Wird der Anwalt von Dritten beauftragt (z.B. der Ehefrau), so ist er noch kein Verteidiger. In diesen »Anbiederungsfällen« kann sich der Anwalt noch nicht als »Verteidiger« ausgeben und z.B. keine Verteidigerpost an den Inhaftierten senden. Er benötigt einen Sprechschein der StA, den die StA nach (unverbindlicher) Rückfrage an den Inhaftierten oder nach Ausfüllen einer entsprechenden »Besuchskarte« seitens des Inhaftierten erteilt (zum Teil skeptisch dazu u. § 137 Rn. 10). Einschränkungsmöglichkeiten ergeben sich aus § 148 Abs. 2 (Überwachung des schriftlichen Verkehrs bei Terrorismusverdacht) und §§ 31 ff. EGGVG (sog. **Kontaktsperre**; krit. *Docke* StV 3/2015 Editorial). Vorbehaltlich dieser Ausnahmeregelungen darf sich eine **Briefkontrolle** nur darauf beziehen, ob es sich wirklich um einen Schriftwechsel mit dem Verteidiger handelt, was anhand äußerer Merkmale festzustellen ist (OLG Frankfurt StV 2005, 228; *Egon Müller/Schmidt* NStZ 2007, 385; vgl. auch BVerfG StV 2010, 162). Ein unzulässigerweise geöffneter Brief darf im Strafverfahren gegen den Beschuldigten nicht verwertet werden (LG München I StV 2005, 28). Auch durch § 119 Abs. 1, der Kommunikationsbeschränkungen zulasten von Untersuchungsgefangenen zur Abwehr einer Flucht-, Verdunkelungs- oder Wiederholungsgefahr vorsieht, wird der Schutz der Kommunikation des Beschuldigten mit seinem Verteidiger nicht eingeschränkt, wie sich aus § 119 Abs. 4 Satz 1 ergibt (BVerfG NJW 2012, 2790; vgl. auch BGH StV 2011, 744; LG Dresden StV 2011, 744). § 97 Abs. 1 Nr. 1 statuiert zudem ein **Beschlagnahmeverbot** hinsichtlich solcher Unterlagen, die der Geheimnissphäre unterfallen, unabhängig davon, ob sie sich beim Verteidiger oder beim Beschuldigten befinden (BVerfG NJW 2002, 2458; BVerfG StraFo 2015, 61; BGHSt 44, 46, 48; SK-StPO/*Wohlers* § 148 Rn. 28; *Kudlich* JuS 2005, 760; vert. *Beulke* FS Lüderssen, S. 693; *Winterhoff* AnwBl 2011, 789, 791 f.; *Schäfer* FS Hanack, S. 77). Dies gilt bereits vor Einleitung eines Ermittlungsverfahrens (betrifft also v.a. *internal investigations*), weil die Vertrauensbeziehung auch dann schützenswert ist, wenn ein künftiges Ermittlungsverfahren befürchtet wird (LG Braunschweig StV 2016, 352 m.Anm. *Jahn/Kirsch* NZWiSt 2016, 39). Die Unterlagen müssen also nicht nach dem Zeitpunkt erstellt worden sein, an dem der Mandant zum Beschuldigten erklärt worden ist (LG Müchen I NStZ 2019, 172 m. zust. Anm. *Dominok*; LG Braunschweig NStZ 2016, 28 m.Anm. *Schneider* NStZ 2016, 309; MüKo-StPO/*Hauschild* § 97 Rn. 29; KK-StPO/*Greven* § 97 Rn. 24 [Verfahren muss sich jedoch objektiv abzeichnen]; vert. u. § 97 Rdn. 34; a.A. Meyer-Goßner/Schmitt/*Köhler* § 97 Rn. 36a). Aus § 97 Abs. 2 Satz 3 folgt, dass eine Beschlagnahme dann zulässig ist, wenn der Verteidiger einer Teilnahme oder Datenhehlerei, Begünstigung, Strafvereitelung oder Hehlerei verdächtig ist. Mit Schaffung des § 160a Abs. 4 Satz 1 hat der Gesetzgeber sich gegen die Meinung entschieden, welche insofern einen Vorrang des § 148 annehmen wollte (so i.E. auch BVerfG NJW 2010, 2937; vgl. § 148; § 160a). Überdies ist zu beachten, dass die §§ 97 Abs. 1 Nr. 1, 148 nur im Strafverfahren (und im OWi-Verfahren gegen eine juristische Person, s. LG Braunschweig StV 2016, 352; s.a. unten Rdn. 323) gegen den Mandanten eingreifen, nicht hingegen zugunsten des Verteidigers, der sich bei Gelegenheit der Verteidigung (womöglich) selbst strafbar gemacht hat und sich daher selbst in der Beschuldigtenrolle wiederfindet (BGHSt 53, 257 m. insoweit zust. Anm. *Gössel* NStZ 2010, 288; *Ruhmannseder* NJW 2009, 2647 u. *Wohlers* JR 2009, 523 u. krit. Bespr. *Barton* JZ 2010, 102 u. *Kühne* HRRS 2009, 547; BVerfG StV 2010, 666 m. krit. Anm. *Norouzi*).

Wegen des Vorranges des § 148 darf der Fernmeldeverkehr zwischen Verteidiger und Beschuldigtem nicht **171**
überwacht werden – selbst dann nicht, wenn der Verteidiger einer Datenhehlerei, Begünstigung, Strafvereitelung oder Hehlerei zugunsten des Beschuldigten verdächtig ist (BGHSt 33, 347). Anders als bezüglich der Beschlagnahme ändert die Neufassung des § 160a hieran nichts (*Beulke* FS Fezer, S. 3; Meyer-Goßner/Schmitt/*Köhler* § 100a Rn. 21; *Roxin/Schünemann* § 36 Rn. 12; SK-StPO/*Wolter/Greco* § 100a Rn. 56; s.a. *Puschke/Singelnstein* NJW 2008, 113). Zudem fasst das BVerfG den mündlichen Kontakt zwischen Verteidiger und Mandant als Teil des unantastbaren Kernbereichs privater Lebensgestaltung auf, sodass ein Erhebungs- und Verwertungsverbot i.S.v. § 100d Abs. 1 und 2 gilt (BVerfGE 109, 279; s.a. BVerfG NJW 2007, 2749 und 2752). Umstritten ist, ob der Verdacht einer Vortatbeteiligung des Verteidigers (§ 160a Abs. 4 Satz 1 Var. 1) zur Telefonüberwachung berechtigt (dafür auf der Grundlage der früheren Regelung: BGHSt 33, 347, 348 f. sowie [nunmehr] Meyer-Goßner/Schmitt/*Köhler* § 100a Rn. 21; dagegen: *Beulke/Ruhmannseder* StV 2011, 180, 186; HK-StPO/*Gercke* § 100a Rn. 28; Einzelheiten u. § 100a). Dieselben Grundsätze müssen auch im Fall des großen und kleinen »Lauschangriffs« (§ 100c bzw. § 100f) und der Online-Durchsuchung nach § 100b gelten, sodass auch insoweit 160a Abs. 4 Satz 1 für Strafverteidiger keine Bedeutung erlangt (*Beulke/Ruhmannseder* StV 2011, 252, 253; *Eisenberg* Beweisrecht Rn. 2489, 2524b; SK-StPO/*Wolter* § 100c Rn. 85; s.u. § 100c).

172 4. **Grundlegende Verteidigerrechte.** a) **Anwesenheitsrechte:** Der Verteidiger hat ein Anwesenheitsrecht bei jeder richterlichen (**168c Abs. 1**) und staatsanwaltschaftlichen (**§§ 163a Abs. 3 Satz 2, 168c Abs. 1**) Vernehmung des Beschuldigten. Durch eine Ergänzung des § 163a Abs. 4 aufgrund des Zweiten Gesetzes zur Stärkung der Verfahrensrechte von Beschuldigten im Strafverfahren und zur Änderung des Schöffenrechts (BR-Drs. 513/17; zurückgehend auf Art. 3 Abs. 3 lit. b der Richtlinie 2013/48/EU) ist das Anwesenheitsrecht des Verteidigers seit 2017 **auch für polizeiliche Beschuldigtenvernehmungen** verankert. Nach **§ 163 Abs. 4 Satz 3** gilt § 168c Abs. 1 und 5 für den Verteidiger entsprechend. Daher ist der Verteidiger nicht mehr darauf angewiesen, seine Anwesenheit bei der polizeilichen Beschuldigtenvernehmung mittelbar durchzusetzen, indem er dem Beschuldigten rät, in seiner Abwesenheit die Aussage zu verweigern. Durch dasselbe Gesetz wurde § 168c Abs. 1 um die Sätze 2 und 3 erweitert. Dem Verteidiger (und dem Staatsanwalt) ist danach – zur Sicherstellung einer wirksamen Teilnahme an der Befragung – nach der Vernehmung des Beschuldigten die Gelegenheit zu geben, sich dazu zu erklären oder Fragen an den Beschuldigten zu stellen, die entsprechend § 241 Abs. 2 zurückgewiesen werden dürfen. Zeugenvernehmungen darf der Verteidiger nur beiwohnen, wenn sie durch einen Richter durchgeführt werden (§ 168c Abs. 2, der wie Abs. 1 entsprechend um die Sätze 2 und 3 erweitert wurde). Gleiches gilt für die Einnahme eines Augenscheins (§ 168d). Auf Vernehmungen eines Mitbeschuldigten ist § 168c Abs. 2 nach zutreffender Ansicht analog anwendbar (OLG Karlsruhe StV 1996, 302 m. zust. Anm. *Rieß*; *Küpper/Mosbacher* JuS 1998, 690; **a.A.** BGHSt 42, 391, 393 m. zust. Anm. *Theisen* JR 1998, 168; BGH StV 2002, 584 m.Anm. *Wohlers*; OLG Köln NStZ 2012, 174).

173 Im Hinblick auf den Schutzzweck der Norm und die Bedeutung richterlicher Vernehmungen für die Beweisgewinnung folgt aus einem Verstoß gegen die Benachrichtigungspflicht des § 168c Abs. 5 ein Verwertungsverbot (BGH NJW 2003, 3142; zweifelnd: BGHSt 53, 191). Dieses muss auch zugunsten Mitbeschuldigter Wirkung entfalten, sog. **Drittwirkung** (*Mosbacher* JuS 2009, 696; *Weßlau* StV 2010, 43; **a.A.** BGHSt 53, 191 m. abl. Anm. *Fezer* NStZ 2009, 524 u. *Gless* NStZ 2010, 98; krit. auch *Kudlich* JR 2009, 303). Zu Forderungen weitergehender Mitwirkungsmöglichkeiten *de lege ferenda* vgl. Diskussionsentwurf für eine Reform des Strafverfahrens StV 2004, 228; dazu *Beulke* FS Rieß, S. 3; *Ignor/Matt* StV 2002, 102; *E. Müller* FS DAV, S. 681; *Schünemann* GA 2008, 314; *Zypries* StraFo 2004, 221).

174 Aus §§ 137, 138a ff. folgt ein unbeschränktes Anwesenheitsrecht des Verteidigers in der Hauptverhandlung, welches auch nicht durch Verhängung sitzungspolizeilicher Maßnahmen gegen den Verteidiger unterlaufen werden darf (OLG Hamm JZ 2004, 205 m.Anm. *Jahn*). Die Nutzung eines Laptops durch die Verteidigung in der Hauptverhandlung ist statthaft; sie kann allenfalls dann untersagt werden, wenn konkrete Anhaltspunkte für einen Missbrauch (z.B. für unzulässige Ton- oder Bildaufzeichnungen) i.S. einer Störung der Ordnung gem. § 176 GVG vorliegen (LG Cottbus StV 2019, 187). Noch nicht abschließend geklärt ist hingegen, ob dem Verteidiger aus sitzungspolizeilichen Gründen die Mitnahme eines Mobiltelefons in die Hauptverhandlung untersagt werden darf, um so eine befürchtete Kontaktaufnahme des inhaftierten Beschuldigten zu Dritten zu unterbinden (so OLG Stuttgart NJW 2011, 2899 m. abl. Anm. *Michalke* u. *Kühne* StV 2012, 720); angesichts des staatlichen Vertrauensvorschusses, den der Verteidiger als Organ der Rechtspflege genießt (BVerfG NJW 2006, 1500, 1501; BVerfG NJW 2012, 2790, Rn. 39, dazu oben Rdn. 161) ist das abzulehnen, denn es ist nicht davon auszugehen, dass der Verteidiger seine Befugnisse missbraucht (zu paralleler Argumentation bei Ausübung des Akteneinsichtsrechts s. nur OLG Zweibrücken StV 2017, 437; LG Regensburg StraFo 2017, 451, 453 u. unten § 147 Rdn. 29).

175 b) Dem Verteidiger steht ein eigenes Recht zu, **Beweisanträge** zu stellen (BGH NStZ 2009, 581). Ebenso ist er eigenständig zur **Sachverhaltsermittlung** berechtigt (BGHSt 46, 1, 4; Einzelheiten bei *Beulke/Ruhmannseder* Rn. 84 ff.; s.a. *Bockemühl* FS Beulke, S. 647), im Regelfall aber nicht verpflichtet (LG Duisburg StV 2017, 175).

176 c) Der Verteidiger darf sich in jeder Lage des Verfahrens **für den Beschuldigten äußern**, § 137. Auch ehrenrührige Äußerungen ohne Wahrheitsbeweis können dabei gem. § 193 StGB gerechtfertigt sein (BVerfG NJW 2000, 199; LG Düsseldorf StV 2002, 660). Haltlose Beleidigungen gegenüber anderen Prozessbeteiligten sind hingegen nicht gestattet (OLG Jena NJW 2002, 1890; OLG Bremen NStZ-RR 2013, 276; vert. Beulke FS Müller, S. 45 ff.). Auch gegenüber seinem Mandanten darf sich der Verteidiger nicht in ehrverletzender Weise äußern, denn die Vertrauensbeziehung zwischen Mandant und Verteidiger begründet, jedenfalls für Letzteren, keine »beleidigungsfreie Sphäre« (BGHSt 53, 257 m. zust. Anm. Barton JZ 2010, 102; BVerfG StV 2010, 666; Gaede FS I.-Roxin, S. 569). Umstritten ist, inwieweit der Beschuldigte berechtigt ist, seine Einlassung durch eine von seinem Verteidiger in seinem Namen abgegebene Erklärung zu ersetzen. Prozesspraktisch günstig erscheint es, eine solche Verlesung zumindest dann als **mündliche** Einlassung des Beschuldigten zuzulassen, wenn der Beschuldigte sie auf Nachfrage des Gerichts genehmigt. Bei Verteidigerschriftsätzen muss – etwa durch Unterschrift oder durch Formulierung in Ich-Form – erkennbar sein, dass der Angekl. die Erklärung als eigene Äußerung verstanden wissen will und sich seines Verteidigers gleichsam als

»Schreibhilfe« bedient (vgl. MAH Strafverteidigung/*Schlothauer* § 3 Rn. 230). Bei in der Hauptverhandlung verlesenen schriftlichen Ausführungen des Verteidigers, in denen er Angaben des schweigenden Angekl. wiedergibt, muss der Angekl. diese Erklärung bestätigen oder erklären, dass er sie als eigene Einlassung verstanden wissen will (BGH StV 2002, 182; BGH NStZ-RR 2005, 353; BGH, NStZ 2021, 180; OLG Celle NStZ 1988, 426; OLG Koblenz StV 2017, 166; OLG Köln StraFo 2017, 237; MüKo-StPO/*Miebach* § 261 Rn. 199; HK-StPO/*Temming* § 243 Rn. 24; KMR-*Noltensmeier-von Osten*, § 163a Rn. 10; *Gillmeister* FS Mehle, S. 233, 240; Schlothauer StV 2007, 623; *Schlothauer* FS Beulke, S. 1023; zweifelnd BGH NStZ 2006, 408; BGH NStZ 2008, 349 m. abl. Anm. Schlösser NStZ 2008, 310; **krit.** KMR/*Eschelbach* § 243 Rn. 177 ff.; Richterhandbuch-*Wenske/Moldenhauer* Kapitel E II. Rn. 181). Schweigen allein genügt nicht (*Wessing* in Graf § 137 Rn. 6; **a.A.** BGH StV 1998, 59 mit abl. Anm. *Park*). In diesem Kontext ist eine sog. »qualifizierte« Belehrung hinsichtlich der prozessualen Konsequenzen der Zustimmung vorzunehmen (vert. *Beulke* FS Strauda, S. 87; **a.A.** BVerfG StRR 2009, 122; *Detter* FS Rissing-van Saan, S. 97, 105; *Pfister* FS Miebach, S. 25). Überdies ist i.R.d. Beweiswürdigung zu berücksichtigen, dass einer vom Verteidiger verlesenen schriftlichen Einlassung des Angeklagten in der Regel nur ein verminderter Beweiswert zukommt (BGH NStZ 2008, 476; KG NStZ 2010, 533).

Umstritten ist die Rechtsnatur des sog. *opening statement* gem. § 243 Abs. 5 Satz 3 und 4. Zwar besagt § 243 Abs. 5 Satz 3, dass der Verteidiger vor der Vernehmung des Angeklagten »für diesen« eine Erklärung zur Anklage abgeben kann, gleichwohl muss es sich um ein eigenes Recht des Verteidigers handeln (*Schneider* FS Rogall, S. 667; a.A. Meyer-Goßner/*Schmitt* § 243 Rn. 31c). Das ergibt sich schon daraus, dass der Angeklagte unmittelbar darauf vernommen werden soll, und es gibt keinen Sinn, dem Angeklagten zweimal ein Recht zur Stellungnahme einzuräumen. Es handelt sich also um eine Erklärung des Verteidigers als Gegengewicht zur Anklage. Dass der Verteidiger »für den Angeklagten« spricht, ist eine Selbstverständlichkeit. Schon seit germanischer Zeit sprechen wir vom »Vorsprecher«, der später zum »Fürsprecher« bis hin zu unserem heutigen »Verteidiger« mutierte (*Beulke* Der Verteidiger im Strafverfahren, 1980, S. 25 ff.). In den Schweizer Kantonen Aargau und Bern ist die offizielle Standesbezeichnung des Verteidigers noch heute »Fürsprecher« – in Solothurn »Fürsprech«. Die Gesetzesformulierung des neuen § 243 Abs. 5 Satz 2 ist also wenig aussagekräftig. Die Eröffnungserklärung soll auch als Akt offener Verhandlungsführung zur besseren Strukturierung der Hauptverhandlung und damit zur Effizienzsteigerung des Verfahrens beitragen (BT-Drs 18/11277, S. 33; KK-StPO/*Schneider* § 243 Rn. 66 ff.), das von einer Erklärung des Angeklagten zu verlangen, wäre wenig sachgerecht, zumal es sich immer um Fälle der notwendigen Verteidigung handelt, deren gemeinsamer Nenner schließlich die Überforderung des Angeklagten hinsichtlich einer Selbstverteidigung ist. Da es sich um ein eigenes Recht des Verteidigers und keine Beschuldigteneinlassung handelt, muss der Beschuldigte auch nicht jede Wertung des Sachverhalts seitens des Verteidigers als eigene Einlassung gegen sich gelten lassen, sofern er nicht ausdrücklich widerspricht. Das ist vor allem wichtig, wenn der Angeklagte von seinem Aussageverweigerungsrecht Gebrauch macht. Die Rechtslage ist insoweit nicht anders als bei schriftlichen Stellungnahmen des Verteidigers (z.B. auch im Ermittlungs- oder Zwischenverfahren) trotz schweigendem Beschuldigten. Natürlich kann der Verteidiger die Stellungnahme auch dazu nutzen, die Einlassung des Angeklagten zu präzisieren, dann – aber auch nur dann – muss der Angeklagte sie nach den allgemeinen Regeln gegen sich gelten lassen (dazu oben in dieser Rdn. [176]), wenn er sich nach vorheriger Belehrung auf Rückfrage seitens des Gerichts die Erklärung seines Verteidigers als Angeklagteneinlassung zu eigen macht (KK-StPO/*Schneider* § 243 Rn. 70; *Singelnstein/Derin* NJW 2017, 2646, 2651; a.A. Meyer-Goßner/*Schmitt* § 243 Rn. 31c). Damit insoweit beim Gericht keine falschen Vorstellungen entstehen, ist der Verteidiger allerdings gut beraten, bis zur endgültigen Klärung der Rechtsfrage jeweils ausdrücklich darauf hinzuweisen, dass es sich nicht um eine Erklärung des Beschuldigten, sondern um eine eigene Stellungnahme des Verteidigers handelt.

d) Das **Fragerecht** des Verteidigers in der Hauptverhandlung folgt aus § 240 Abs. 2. Nach der Vernehmung 177
des Angeklagten und nach jeder Beweiserhebung ist dem Verteidiger auf Verlangen Gelegenheit zu geben, sich dazu zu erklären, ohne dass hierdurch sein Schlussvortrag vorweggenommen werden dürfte (§ 257 Abs. 2, 3; vert. *Witting* StraFo 2010, 133, 136 f.).

e) Von herausragender Bedeutung ist das **Akteneinsichtsrecht** des Verteidigers, § 147. Hiernach kann der 178
verteidigte Beschuldigte sein Informationsrecht grundsätzlich nur vermittelt durch den Verteidiger ausüben (Ausnahme bei ausschließlicher Verständnismöglichkeit des Angeklagten, vgl. OLG Köln StV 1999, 12). Für den unverteidigten Beschuldigten sieht § 147 Abs. 4 in entsprechender Anwendung der Abs. 1 bis 3 ebenso ein Akteneinsichtsrecht vor. Diese Änderung durch das Gesetz zur Einführung der elektronischen Akte und zur weiteren Förderung des elektronischen Rechtsverkehrs vom 05.07.2017 (BGBl. I 2017, S. 2208) beruht auf Art. 6 Abs. 3 lit. a EMRK (vgl. Art. 6 EMRK Rn. 43). Der Verteidiger darf seinen Mandanten **umfassend informieren** (zur Reichweite des Rechts auf Akteneinsicht vgl. § 147 Rdn. 4 ff.; *Wohlers/Schlegel* NStZ 2010,

486) und hierzu auch Kopien von Aktenauszügen anfertigen und übergeben, sofern auf diese Weise nicht der **Überraschungseffekt** von Zwangsmaßnahmen unterlaufen wird (sehr str., ausführl. *Beulke*, Verteidiger im Strafverfahren, S. 89 ff., 148 f.; *Beulke/Ruhmannseder* Rn. 42 ff.; *Beulke/Witzigmann* FS Schiller, S. 48, 58 ff.). Zur grundsätzlichen Unbeschränkbarkeit des Akteneinsichtsrechts nach Abschluss der Ermittlungen vgl. § 169a. Zur Rspr. des EGMR (StV 2001, 201; NStZ 2009, 164; StV 2010, 490), wonach eine umfassende Verweigerung des Akteneinsichtsrechts in Haftsachen unzulässig ist, und ihrer Umsetzung durch das Gesetz zur Änderung des Untersuchungshaftrechts in § 147 Abs. 2 Satz 2 vgl. *Beulke/Witzigmann* NStZ 2011, 254; LR/*Jahn* § 147 Nachtr. Rn. 7 ff.; *Peglau* JR 2012, 231 sowie § 147.

179 f) Der Verteidiger kann für den Beschuldigten – allerdings nicht gegen dessen Willen – **Rechtsmittel** einlegen, § 297.Auch für eine nachträgliche Beschränkung des Rechtsmittels bedarf der Verteidiger einer ausdrücklichen Ermächtigung des Beschuldigten (OLG Bamberg StV 2019, 181).

180 5. **Verteidigerpflichten.** Den Verteidiger treffen gegenüber seinem Mandanten Pflichten aus dem zwischen ihnen bestehenden Vertragsverhältnis, so etwa die Pflicht zur **ordnungsgemäßen Geschäftsbesorgung** (§ 675 i.V.m. § 242 BGB). Es obliegt ihm, dem Beschuldigten durch sachgerechte Aktivitäten beizustehen (*Barton* Mindeststandards der Strafverteidigung 1994, S. 324 ff.; *Weigend* FS Schlothauer, S. 191) eine **Verschwiegenheitspflicht** (§ 203 StGB) sowie eine **Treuepflicht**. Gegenüber den anderen Verfahrensbeteiligten ist der Verteidiger verpflichtet, die **Funktionstüchtigkeit der Rechtspflege in ihrem Kernbereich** zu respektieren. So ist es ihm v.a. verboten, zu lügen und Beweismittel zu verfälschen In der Hauptverhandlung unterliegt der Strafverteidiger einer **Robenpflicht** (OLG München NStZ 2007, 120; LG Mannheim NJW 2009, 1094; *Beulke* FS Hamm, S. 21). Ob Strafverteidigerinnen in der Hauptverhandlung ein **Kopftuch** tragen dürfen, ist derzeit noch ungeklärt (*Bubrowski*, FAZ vom 18.05.2017, S. 10; s.a. *Muckel* JA 2017, 78).

181 6. **Strafbarkeitsrisiken des Verteidigers.** a) **Strafvereitelung.** Solange sich der Verteidiger **prozessual zulässiger Mittel** bedient, darf eine durch sein Verteidigungsverhalten bedingte Beeinträchtigung des staatlichen »Strafanspruchs« (zur Kritik an dieser Begrifflichkeit s.o. Rdn. 6) **nicht** als **tatbestandlich** i.S.d. § 258 StGB behandelt werden (OLG Düsseldorf StV 1998, 65; vert. *Beulke/Ruhmannseder* Rn. 1 ff.). Das Vorliegen einer »Vereitelungshandlung« i.S.d. § 258 StGB, ist **»prozessrechtsakzessorisch«** zu bestimmen (BGHSt 38, 345, 347 m.Anm. *Beulke* JR 1994, 116; *Kempf* StV 2003, 79). Unter Zugrundelegung der hier vertretenen **eingeschränkten Organtheorie** (s.o. Rdn. 161 ff.) liegt ein »strafvereitelndes Verteidigerverhalten« dann vor, wenn der Verteidiger gegen seine Wahrheitspflicht verstößt (wobei er zwar keine falschen Aussagen treffen darf, nicht jedoch Tatsachen offenbaren muss, die seinem Mandanten schaden, vgl. *Beulke/Ruhmannseder* Rn. 17; MüKo-StPO/*Kudlich*, Einl. Rn. 325; *Satzger* Jura 2007, 759; These 19 der Thesen zur Strafverteidigung des Strafrechtsausschusses der BRAK, 2. Aufl. 2015) oder aber Beweismittel beseitigt oder verfälscht (vgl. *Herdegen* StraFo 2008, 137).

182 Statt genereller Abgrenzungskriterien arbeitet die Rspr. zur Eingrenzung der Reichweite des Tatbestandes mit einem Fallgruppenkatalog (Übersicht bei *Beulke*, Verteidiger im Strafverfahren, S. 149 ff.; *Beulke/Ruhmannseder* Rn. 622 ff.; MAH Strafverteidigung/*Müller/Leitner* § 39 Rn. 4 ff.; *Müller/Opper/von Stetten* Berufsrisiken Rn. 23 ff.; Einzelheiten s.a. *Jahn/Brodowski* in: Hdb. StrafR VII § 17 Rn. 107 ff., 125 ff.). Als taugliche Tathandlungen i.S.d. § 258 StGB wurden hiernach anerkannt: das Erfinden von Lügen für den Angeklagten bzw. der an diesen gerichtete Ratschlag zur Lüge (BGH NStZ 1999, 188 m.Anm. *Beulke* FS Roxin, S. 1174; OLG Nürnberg NJW 2012, 1895 m.Anm. *Ruhmannseder*, str. – abw. *Bernsmann* StraFo 1999, 230; *Sommer*, Kapitel I Rn. 181; SK-StPO/*Wohlers* Vor § 137 Rn. 72, 74, 96), die Verleitung eines Zeugen zu wahrheitswidrigen Aussagen (BGHSt 31, 10, 12 f), die wissentliche Benennung eines zum Meineid entschlossenen Zeugen (BGHSt 29, 99, 107; These 20 Abs. 1 der Thesen zur Strafverteidigung des Strafrechtsausschusses der BRAK, 2. Aufl. 2015), falsche Angaben bzgl. Tatwerkzeugen (Überführungsstücke), die der Verteidiger in seinem Besitz hat (BGHSt 63, 174 = BGH StV 2019, 164 mit i. E. zustimmender Bespr. *Beulke* StV 2019, 205; *Jäger* JA 2019, 154; *Wohlers* JR 2020, 573), wahrheitswidrige Angaben in der Hauptverhandlung (OLG Frankfurt NStZ 1981, 144); Aushandeln einer Verfahrensabsprache, in der der Schuldvorwurf »heruntergehandelt« wird, obwohl Gericht, StA und Verteidigung übereinstimmend (anders bei kontroverser Beurteilung des vorläufigen Verfahrensergebnisses!) von der Nachweisbarkeit eines Qualifikationsmerkmals ausgehen (*Beulke* FS Schlothauer S. 329 f., 315) und die Stellung eines straftatbegründenden Beweisantrages (BGHSt 47, 238; *Stegbauer* JR 2003, 74).

183 Nicht tatbestandlich i.S.d. § 258 Abs. 1 StGB sind hingegen: die reine Darlegung der Rechtslage durch den Verteidiger (umfasst auch eine Beratung dahin gehend, wie eine abweichende Tatschilderung sich auf die rechtliche Beurteilung auswirken würde), der Rat an den Beschuldigten, von seinem Schweigerecht (MDR/H 1982, 970) oder an einen Zeugen von seinem Zeugnis- oder Aussageverweigerungsrecht Gebrauch zu machen (BGHSt 10, 393, 394), der Antrag auf Freispruch, wenn der Schuldnachweis gegen den Angeklagten in den

Augen des Verteidigers in der Hauptverhandlung nicht erbracht wurde (RGSt 66, 316, 325), die Gewährung eines Schmerzensgeldes an den Geschädigten mit dem Ziel, ihn zur Entlastung des Angeklagten zu motivieren, auch wenn der Verteidiger die Möglichkeit der Unwahrheit der so getätigten Aussage in Kauf nimmt (BGHSt 46, 53, 54 m. zust. Anm. *Beulke* FS Roxin, S. 1176; *Cramer/Papadopoulos* NStZ 2001, 148; krit. *Fezer* JZ 2007, 668) sowie die Einlegung eines aussichtslosen Rechtsmittels (LG Augsburg wistra 2011, 473). Gegenstand kontroverser Diskussionen war in den letzten Jahrzehnten die Frage, inwieweit dem Verteidiger eine Strafbarkeit wegen (versuchter) Strafvereitelung droht, wenn er ein Ablehnungsgesuch wegen Besorgnis der Befangenheit (unter Inkaufnahme einer erheblichen Verfahrensverzögerung) verspätet einreicht (LG Nürnberg/Fürth StV 2010, 136 m. Bespr. *Jahn* JuS 2010, 552) oder wenn er im Rahmen seiner Revisionsbegründung unter Verweis auf das Hauptverhandlungsprotokoll (angeblich) unwahre Tatsachen vorträgt (LG Augsburg NJW 2012, 93 m. Bespr. *Kudlich* JA 2011, 948; hierzu auch *Fahl* StV 2015, 51 und *Kempf* StV 2015, 55; vert. *Beulke*, Alternativen zur Freiheitsstrafe, 36. Strafverteidigertag in Hannover 2012 [2013], S. 171, 177 ff.; *Jahn/Ebner* NJW 2012, 30).

b) **Geldwäsche.** Der Strafverteidiger kann mit der prekären Situation konfrontiert sein, dass seinem Mandanten höchstwahrscheinlich lediglich aus den begangenen Straftaten herrührende finanzielle Mittel zur Verfügung stehen. Wenn der Mandant im Verdacht steht, eine der Katalogtaten des § 261 Abs. 1 Satz 2 StGB begangen zu haben, ergibt sich bei Entgegennahme von Honorarzahlungen die Frage nach einer Strafbarkeit des Verteidigers wegen Geldwäsche. Das Strafbarkeitsrisiko wird dadurch verschärft, dass § 261 Abs. 5 StGB im subjektiven Tatbestand Leichtfertigkeit genügen lässt. Nach Ansicht des OLG Hamburg (StV 2000, 205 m.Anm. *Lüderssen*) gebietet Art. 12 GG eine **verfassungskonforme Auslegung** des objektiven Tatbestandes des § 261 Abs. 2 StGB dahin gehend, dass angemessene Verteidigerhonorare **nicht hierunter subsumiert werden dürfen**. Nach anderer Ansicht ist der objektive Tatbestand **teleologisch zu reduzieren**, wenn dem Verteidiger hinsichtlich der Bemakelung des Geldes lediglich dolus eventualis oder Fahrlässigkeit vorgeworfen werden kann (*Beulke* FS Rudolphi, S. 391; *Beulke/Ruhmannseder* Rn. 170 ff.). Wieder andere Stimmen halten in Anbetracht des Gebots wirtschaftlicher Verwertbarkeit der grundrechtlich geschützten Berufstätigkeit einen **besonderen Rechtfertigungsgrund** für einschlägig (*Bernsmann* StV 2000, 40). 184

Der 2. Senat ging in BGHSt 47, 68 von der grundsätzlichen Vereinbarkeit des § 261 StGB mit Art. 12 GG aus. Auch der Verteidiger unterfalle einer Strafbarkeit wegen Geldwäsche, sofern er hinsichtlich der Herkunft des Geldes mit direktem Vorsatz handle. Gegen eine einschränkende Auslegung des objektiven Tatbestandes sprächen sowohl der eindeutige Gesetzeswortlaut als auch die bewusste Entscheidung des Gesetzgebers gegen eine verteidigerbezogene Sonderregelung. Das **Bundesverfassungsgericht** setzte dieser Diskussion einen Schlusspunkt, indem es entschied, dass der in § 261 StGB liegende schwerwiegende Eingriff in das Grundrecht des Strafverteidigers auf freie Berufsausübung nur auf der Grundlage einer **verfassungskonformen Auslegung** der Norm dahin gehend gerechtfertigt werden könne, dass der subjektive Tatbestand der Geldwäsche die **positive Kenntnis** des Verteidigers von der Herkunft der finanziellen Mittel voraussetze (BVerfGE 110, 226 m.Anm. *Ranft* Jura 2004, 759; *Wohlers* JZ 2004, 678; ähnlich *Matt* GA 2002, 137).Eine Strafbarkeit wegen Geldwäsche finde folglich insoweit keine Anwendung; ebenso wenig sei der Verteidiger bei bloß billigender Inkaufnahme der »Bemakelung« des Geldes strafbar. In § 261 Abs. 1 Satz 3, Abs. 6 StGB in der Neufassung vom 18.03.2021 (BGBl. I 2021, S. 327) sind diese Verteidigerprivilegien z.T. gesetzlich fixiert. Ob darüber hinaus noch gem. § 261 StGB für den Verteidiger Bestrafungsrisiken bestehen, ist noch nicht geklärt. Die bloße Übernahme eines Wahlmandats wegen einer Katalogtat i.S.v. § 261 Abs. 1 Satz 2 StGB begründet somit grundsätzlich keinen Anfangsverdacht. Ein solcher kann nach Ansicht der Rspr. nur dann entstehen, wenn tatsächliche Anhaltspunkte für die Annahme vorlägen, dass der Verteidiger zum Zeitpunkt der Honorarannahme bösgläubig war, z.B. aufgrund **außergewöhnlicher Honorarhöhe** oder der **Erfüllungsmodalitäten** der Honorarforderung (BVerfG StV 2005, 195; vgl. zum Ganzen auch *Fernandez/Heinrich* ZStW 126 [2014], 382; OK-StGB/*Ruhmannseder* § 261 Rn. 41 ff., *Beulke/Hallweger* FS Barton, im Erscheinen 2022). 185

c) **Andere Delikte.** In den letzten Jahren sind vermehrt **neue, bislang weniger intensiv diskutierte Strafbarkeitsrisiken** zulasten des Verteidigers in den Fokus gerückt, etwa wegen ehrenrühriger Äußerungen gegenüber dem Mandanten im Hinblick auf andere Prozessbeteiligte (Strafbarkeit gem. **§ 185 StGB**; vgl. BGHSt 53, 257; BVerfG StV 2010, 666; *Gaede* FS I.-Roxin, S. 569). Besonders schwierig ist insoweit die Abgrenzung zwischen zulässiger pointierter, polemischer und überspitzt erfolgender Meinungsäußerung einerseits und verbotener Formalbeleidigung und »**Schmähkritik**« andererseits. Von Verfassungs wegen ist der Begriff der Schmähkritik eng auszulegen. Wenn also z.B. der Strafverteidiger in einem Telefonat mit einem Journalisten die eine Untersuchungshaft hinsichtlich des Mandanten anstrebende Staatsanwältin als »dahergelaufene«, »durchgeknallte«, »widerwärtige«, »boshafte«, »dümmliche«, »geisteskranke StAin« bezeichnet, setzt die 186

Bejahung einer strafbaren Ehrverletzung durch ein Strafgericht immer noch die konkrete Wertung voraus, dass es nicht um eine Sachauseinandersetzung ging, sondern die Diffamierung der Person im Vordergrund stand (BVerfG StV 2017, 178). Auch gegenüber dem Gericht müssen »deutliche Worte« zulässig sein, andererseits hielt der BGH die Zulässigkeitsgrenze bereits für überschritten, wenn der Verteidiger in einem Schreiben an seinen inhaftierten Mandanten von einem, »unfähigen und faulen« Richter spricht, »an dessen Verstand man mit Fug und Recht zweifeln muss« (BGHSt 53, 257; dazu *Gaede* FS I. Roxin, S. 569; *Beulke/Ruhmannseder* Rn. 323 ff.; zur Beschlagnahmemöglichkeit in der Zelle BVerfG StV 2010, 666). Nach Ansicht der Rspr. soll die Weitergabe in den Akten befindlicher, kinderpornografischer Abbildungen an den Mandanten gem. **§ 184b Abs. 2 StGB**; strafbar sein (OLG Frankfurt NJW 2013, 1107 m.Anm. *König* u. Bespr. *Beulke/Witzigmann* FS Schiller, S. 48 ff.). Auch die Weitergabe kinderpornografischer Daten an einen Sachverständigen soll nach § 184b Abs. 2 StGB strafbar sein, sofern dies für die Gutachtenerstattung nicht erforderlich ist (BGH NStZ 2014, 514 m. Bespr. *Jahn* JuS 2014, 1046 sowie *Meyer-Lohkamp/Schwerdtfeger* StV 2014, 772; s.a. *Jahn* FS Beulke, S. 801). Zunehmend wird gegen Strafverteidiger auch wegen **Parteiverrats** (§ 356 StGB) vorgegangen, wenn sie Mandanten beraten, bei denen unmittelbar widerstreitende materiellrechtliche Interessen im Einzelfall bestehen. Die rein theoretische Möglichkeit eines Interessenkonflikts genügt hingegen nicht (LG Kiel StV 2017, 187), so z.B. wenn es um die Unterstützung eines Angeklagten und eines Zeugen im Rahmen einer Tat im prozessualen Sinne geht. Da der Sinn und Zweck der Vorschrift als Schutz des Ansehens der Anwaltschaft als eines wichtigen Organs der Rechtspflege begriffen wird, spielt es keine Rolle, wenn die Mandanten die Interessenüberschneidung akzeptieren. Reine »Vorfeldtätigkeit« zur Ermittlung eines etwaigen Interessenkonflikts unterfällt jedoch nicht dem Tatbestand (LK-*Gillmeister* § 356 Rn. 52), ein Akteneinsichtsgesuch nach § 147 zwecks einschlägiger Recherche soll hingegen bereits als strafbarer Parteiverrat einzustufen sein (OLG Hamburg StV 2017, 184 unter Verweis auf ein Akteneinsichtsrecht nach § 475, s. dazu § 475 Rdn. 11 ff., *vert. Beulke/Ruhmannseder* Rn. 203 ff.). Auch die Mitwirkung an **Verfahrensabsprachen unter Missachtung der gesetzlichen Vorgaben** birgt zulasten des Verteidigers ein nicht unerhebliches Strafbarkeitsrisiko (näher hierzu *Beulke* FS Schlothauer, S. 313; *Dießner* StV 2011, 43; *Erb* StV 2014, 103; *Fahl* in: Strafverteidigung – Grundlagen und Stolpersteine [Symposion für Werner Beulke], 2012, S. 17; *Fischer* HRRS 2014, 324; *Schlothauer* in: Niemöller/Schlothauer/Weider, Gesetz zur Verständigung im Strafverfahren [2010], Teil D Rn. 1 ff.; *Wegerich* Moderne Kriminalgesetzgebung: Produzent von Parteiverrat? [2015] S. 108 ff.).

187 **IV. Die Staatsanwaltschaft. 1. Aufgaben der Staatsanwaltschaft.** Je nach Verfahrensstadium fungiert die StA als:

- »Herrin des Ermittlungsverfahrens«,
- Anklagevertreterin im Zwischen- und Hauptverfahren oder
- Strafvollstreckungsbehörde.

188 a) Sie übt (vorbehaltlich der in § 376 vorgesehenen Privatklagedelikte) das in § 152 Abs. 1 fixierte staatliche Anklagemonopol aus. Das Legalitätsprinzip (o. Rdn. 52 f.) verpflichtet sie grundsätzlich, beim Vorliegen tatsächlicher Anhaltspunkte hinsichtlich aller verfolgbaren Straftaten einzuschreiten (§ 152 Abs. 2). Kenntnis von den Straftaten erhält die StA durch die Entgegennahme von Anzeigen oder Strafanträgen (§ 158) oder anderweitige Kenntnisnahme, hier vorrangig durch Informationen vonseiten der Polizei. Ihr obliegt die **Erforschung des Sachverhalts** (selbst oder durch die Polizei), um entscheiden zu können, ob öffentliche Klage erhoben werden soll oder nicht (§§ 160 Abs. 1, 163; *Heghmanns* in: Hdb. StrafR VII § 16 Rn. 16 ff.; zur Frage der Zulässigkeit sog. Nachermittlungen: *Engländer/Zimmermann* FS Beulke, S. 699). Die StA ist dabei zur **Objektivität verpflichtet**, d.h. sie ist gehalten, nicht nur die den Beschuldigten belastenden, sondern auch die ihn entlastenden Umstände zu ermitteln und all die Beweise zu erheben, deren Verlust zu besorgen ist (§ 160 Abs. 2). Hierzu ist sie befugt, Auskünfte von Behörden einzuholen und Ermittlungen jedweder Art entweder selbst vorzunehmen oder durch die Beamten des Polizeidienstes vornehmen zu lassen (sog. **Ermittlungsgeneralklausel**, § 161 Abs. 1 Satz 1, vgl. *Hefendehl* StV 2001, 700), soweit nicht spezielle gesetzliche Befugnisse existieren. Aus den §§ 161, 163 ergibt sich der Grundsatz der freien Gestaltung des Ermittlungsverfahrens. Die Vorschriften ermächtigen die Ermittlungsbehörden, im Rahmen ihrer Zuständigkeit »Ermittlungen jeder Art« vorzunehmen (BVerfG NStZ 1996, 45). Stets gilt das Übermaßverbot und neben dem Ermittlungszweck sowie den Rechten Dritter ist der Grundsatz der Verhältnismäßigkeit zu beachten (LR-*Erb* § 161 Rn. 44; KMR-*Noltensmeier-von Osten* § 161 [2020] Rn. 18 ff.) Die StA kann vor Anklageerhebung richterliche Untersuchungshandlungen, insb. **Zwangsmaßnahmen** wie Durchsuchung (§§ 102 ff.), Beschlagnahme (§§ 94 ff.) und Untersuchungshaft (§§ 112 ff.) beim AG **beantragen**, wenn sie hierfür eine Notwendigkeit sieht (§ 162 Abs. 1). Allein die wörtliche Übernahme einer Antragsbegründung der StA für eine Durchsuchungsanordnung durch den Ermittlungsrichter rechtfertigt nicht die Annahme,

eine eigenverantwortliche Prüfung durch den Richter habe nicht stattgefunden (BVerfG NJW 2015, 851). Einzelne Zwangsmaßnahmen darf die StA bei Gefahr im Verzug auch selbstständig **anordnen** (z.B. § 98 Abs. 1 Satz 1) bzw. zunächst anordnen und später durch das Gericht bestätigen lassen (wie z.B. § 100e Abs. 1 Satz 2, 3). Gem. §§ 153 ff. ist die StA berechtigt, das Verfahren aus Opportunitätsgründen einzustellen (krit. zur regional uneinheitlichen Anwendung dieser Vorschriften: *Heinz* FS Kühne, S. 213). Aus diesen weitreichenden Kompetenzen erklärt sich, dass die StA gemeinhin als **Herrin des Ermittlungsverfahrens** bezeichnet wird (BGH NJW 2007, 2269, 2273; zum Ganzen *Heghmanns* GA 2003, 433; *Kretschmer* Jura 2004, 452). Kraft der ihr gesetzlich zuerkannten **Leitungs- und Kontrollbefugnis** trägt sie die **Gesamtverantwortung** für die Durchführung des Verfahrens unter Mitverantwortung für alle polizeilichen Maßnahmen (BGHSt 57, 1, 2; BGH NStZ 2012, 581, 582; NJW 2009, 2612; zur Rechtsmissbrauchsgrenze: *Vogel/Brodowski* StV 2009, 632).
Nach § 170 Abs. 1 unterliegt die StA dem Legalitätsprinzip (s.o. Rdn. 52 f.), d.h. sie **muss** öffentliche Klage erheben, wenn die Ermittlungen hierzu genügenden Anlass bieten. Andernfalls hat eine Einstellung nach § 170 Abs. 2 zu erfolgen. Wenn die StA das Ermittlungsverfahren gem. § 170 Abs. 2 eingestellt hat, kann derjenige, der einen Antrag auf Strafverfolgung gestellt hat, sofern er zugleich Verletzter der Straftat ist, gegen den Einstellungsbescheid im Wege des Klagerzwingungsverfahrens vorgehen (§§ 172 ff.; zum Verletztenbegriff s.a. § 373b und o. Rdn. 135).

b) § 226 Abs. 1 verpflichtet die StA, ihre Anwesenheit durch einen (nicht notwendig denselben) Beamten 189
während der gesamten **Hauptverhandlung** sicherzustellen. Der Staatsanwalt verliest die Anklageschrift (§ 243 Abs. 3), ihm steht i.R.d. Beweisaufnahme ein Frage- und Beweisantragsrecht (§§ 240 Abs. 2 Satz 1, 244 ff.) zu. § 258 Abs. 1 berechtigt und verpflichtet den sitzungsvertretenden Staatsanwalt einen Schlussvortrag zu halten. Die Rechtsmittelbefugnis der StA besteht auch **zugunsten** des Angeklagten (§ 296).

c) Die StA ist in Strafsachen gegen Erwachsene **Vollstreckungsbehörde** gem. § 451. Gem. §§ 492 ff. wer- 190
den nach Erledigung eines Verfahrens gegen einen bestimmten Beschuldigten Daten in ein **länderübergreifendes staatsanwaltschaftliches Verfahrensregister** (SISY = staatsanwaltschaftliches Informationssystem) eingetragen (vert. *Kestel* StV 1997, 266; *Lemke* NStZ 1995, 484). Zudem unterliegt die StA bestimmten **Mitteilungspflichten** nach dem Justizmitteilungsgesetz (vgl. auch »Anordnung über Mitteilungen in Strafsachen« v. 19.05.2008 [MiStra]).

2. **Organisation der Staatsanwaltschaft.** Die Organisation der StA verläuft parallel zu der der Gerichte. 191
Ebenso bestimmt sich ihre örtliche Zuständigkeit (§ 143 GVG). Zu Aufbau und sachlicher Zuständigkeit vgl. §§ 141–142a GVG. Zur Europäischen StA s.o. Rdn. 19.
Die **Bundesanwaltschaft** mit dem **Generalbundesanwalt** als Behördenleiter (§ 142 Abs. 1 Nr. 1 GVG) und den ihm unterstellten Bundesanwälten vertritt die Anklage bei allen Verfahren vor dem BGH (s. §§ 135, 121 Abs. 2 GVG). § 142a GVG eröffnet zudem eine **Sonderzuständigkeit** der Bundesanwaltschaft bei erstinstanzlicher Zuständigkeit der Oberlandesgerichte (s. § 120 Abs. 1, 2 GVG), welche in diesen Fällen die Gerichtsbarkeit des Bundes ausüben (§ 120 Abs. 6 GVG i.V.m. Art. 96 Abs. 5 GG). Zwischen der Bundesanwaltschaft und den StAen der Länder besteht keinerlei Über-/Unterordnungsverhältnis (vert. *Bock*, Jura 2017, 895). Durch Vereinbarungen der Landesjustizminister bzw. -senatoren wurde länderübergreifend die **Zentralstelle in Ludwigsburg** zur Erfassung und Aufklärung nationalsozialistischen Unrechts geschaffen. Anklagen erfolgen nach Abschluss der Ermittlungen der Zentralstelle durch die für den Wohnort des Täters örtlich zuständige StA (hierzu *Kuchenbauer* NJW 2009, 14).

Grundsätzlich obliegt die Strafverfolgung jedoch den Ländern. Die StA ist hier wie folgt aufgebaut: 192
a) **Generalstaatsanwaltschaft beim OLG** (§ 142 Abs. 1 Nr. 2 GVG) mit erstinstanzlicher Zuständigkeit für die Staatsschutzdelikte des § 120 GVG im Fall einer Abgabe der Sache durch den Generalbundesanwalt gem. § 142a Abs. 2 GVG sowie Rechtsmittelzuständigkeit für Verfahren vor dem OLG.
b) StA bei den **Landgerichten**, denen jeweils ein **Leitender Oberstaatsanwalt** vorsteht, mit erst- und zweitinstanzlicher Zuständigkeit am LG (§ 142 Abs. 1 Nr. 2 i.V.m. §§ 73 ff. GVG). Entsprechend § 74c Abs. 3 GVG bestehen auch **Schwerpunktstaatsanwaltschaften** für mehrere Landgerichtsbezirke zur Bekämpfung der Wirtschaftskriminalität (§ 143 Abs. 4 GVG).
c) **Amtsanwaltschaft beim Amtsgericht**, § 142 Abs. 1 Nr. 3 GVG. Abweichend vom Grundsatz des § 142 Abs. 1 Nr. 3 GVG wird ein großer Teil der staatsanwaltschaftlichen Funktionen beim AG von der StA beim LG mit ausgeübt.

3. **Funktionsweise der Staatsanwaltschaft.** Die StA ist monokratisch und hierarchisch aufgebaut. Inner- 193
halb der StA können daher beliebige Veränderungen der Zuständigkeit vorgenommen werden, sodass eine Strafsache nicht notwendigerweise durchgehend von ein und demselben Staatsanwalt bearbeitet werden muss. Die dem Behördenleiter beigeordneten Staatsanwälte bei der StA eines Gerichts handeln als dessen

Vertreter und sind als solche **zu allen Amtsverrichtungen berechtigt**, die **in seinen Zuständigkeitsbereich** fallen, ohne diesbezüglich einen besonderen Auftrag nachweisen zu müssen (§ 144 GVG). Staatsanwaltschaftliche Prozesshandlungen (s.u. Rdn. 216 ff.) entfalten auch dann im »Außenverhältnis« Wirksamkeit, wenn sie einer im »Innenverhältnis« bindenden Weisung zuwiderlaufen. Die leitenden Beamten der StA bei den Oberlandesgerichten (Generalstaatsanwälte) und den Landgerichten (Leitende Oberstaatsanwälte) besitzen ein **Devolutionsrecht**, kraft dessen sie sämtliche Amtsverrichtungen der StA bei allen Gerichten ihres Bezirks **selbst übernehmen dürfen** (§ 145 Abs. 1 1. Var. GVG). Darüber hinaus sind sie kraft **Substitutionsrecht** berechtigt, bei allen Gerichten ihres Bezirks die Ausübung der Amtsverrichtungen einem **anderen** als dem zunächst zugeteilten Beamten **zuzuweisen** (§ 145 Abs. 1 2. Var. GVG) oder eine andere StA hiermit zu beauftragen (BGH NStZ 1998, 309). Dieses Substitutionsrecht steht auch dem jeweiligen Justizminister zu (Meyer-Goßner/*Schmitt* § 147 GVG Rn. 1).

194 Die Beamten der StA sind gem. §§ 146, 147 GVG **weisungsabhängig**. Weisungsberechtigt sind: der Bundesjustizminister gegenüber dem Generalbundesanwalt und den Bundesanwälten sowie der jeweilige Landesjustizminister gegenüber allen staatsanwaltlichen Beamten des Landes (sog. **externes** Weisungsrecht, § 147 Nr. 1 und 2 GVG); darüber hinaus: der Generalbundesanwalt gegenüber den Bundesanwälten, der Generalstaatsanwalt gegenüber den anderen Staatsanwälten beim OLG und gegenüber den untergeordneten Staatsanwälten beim LG und AG sowie der Leitende Oberstaatsanwalt der StA beim Landgericht gegenüber den Beamten der StA seines Bezirks (sog. **internes** Weisungsrecht, § 147 Nr. 3 GVG).

195 Die Bindungswirkung entsprechender Weisungen unterliegt jedoch Grenzen. Das Rechtsstaatsprinzip (Art. 20 Abs. 3 GG) gebietet die **Rechtmäßigkeit** der Weisungen. Diese dürfen insb. nicht dem Legalitätsprinzip oder einer materiellen Strafnorm zuwiderlaufen (z.B. § 344 StGB: Verfolgung Unschuldiger; § 258a StGB: Strafvereitelung im Amt, vert. *Beining* ZJS 2015, 546; *Trentmann* JR 2016, 229). §§ 63 Abs. 2 BBG, 36 Abs. 2 BeamtStG verwehren es dem einzelnen Staatsanwalt, über die Rechtmäßigkeit einer Weisung eigenständig zu entscheiden. Vielmehr muss er seine Bedenken dem unmittelbaren Vorgesetzten und – wenn nötig – darüber hinaus dem nächsthöheren Vorgesetzten vortragen. Wird die Anordnung bestätigt, ist er **verpflichtet** sie auszuführen, es sei denn, er würde sich hierdurch **strafbar** machen, eine **Ordnungswidrigkeit** begehen oder die **Menschenwürde verletzen**. Greift keiner dieser Ausnahmen ein, sieht sich der Staatsanwalt jedoch infolge einer persönlichen Gewissensentscheidung daran gehindert, der Weisung nachzukommen, ist ihm das Recht zuzuerkennen, die Sache ohne beamtenrechtliche Konsequenzen abzugeben. Ein Konflikt zwischen Weisung und individueller Entscheidung des einzelnen Staatsanwalts ist durch **Ausübung des auf Ermessensseite reduzierten Devolutions- und Substitutionsrechts** zu lösen (ebenso *Bosch* Jura 2015, 56, 63; *Kretschmer* Jura 2004, 452; ähnlich *Roxin/Schünemann* § 9 Rn. 13; **a.A.**: absolute Bindungswirkung *Fezer*, Strafprozeßrecht, 2 Rn. 17 ff.; LR/*Franke* § 146 GVG Rn. 33; *Kissel/Mayer*, GVG, § 146 Rn. 9). Für die Hauptverhandlung folgt aus dem in § 261 verankerten Unmittelbarkeitsprinzip ein weitestgehendes Recht des Sitzungsstaatsanwalts auf eigenverantwortliche Entscheidung. Im Konfliktfall muss der in der Verhandlung anwesende Sitzungsstaatsanwalt immer die Möglichkeit haben, einer zuvor erteilten Weisung nicht nachzukommen. Die konkrete Ausgestaltung des Schlussplädoyers ist weisungsfrei (str.; ebenso: *Roxin/Schünemann* § 9 Rn. 13; *Böhm* DRiZ 2000, 255; *Bosch* Jura 2015, 56, 62 f.; *Magnus* GA 2014, 390, 393 f.).

196 **4. Stellung der Staatsanwaltschaft.** **a)** Der hierarchische Aufbau, das Weisungsprinzip sowie das Devolutions- und Substitutionsrecht legen die Einordnung der StA als **Organ der Exekutive** nahe (so BVerfGE 103, 142, 156; BVerfG NJW 2002, 815; krit. *Schaefer* FS Hamm, S. 643). Andererseits unterliegt die Weisungsgebundenheit Grenzen: § 150 GVG normiert die Unabhängigkeit der StA von den Gerichten, § 160 Abs. 2 verpflichtet sie zur Objektivität bei der Wahrnehmung der Ermittlungsaufgaben und §§ 153 ff. gestehen ihr weitreichende Einstellungsmöglichkeiten zu. Dies spricht für eine Einordnung als **Organ der Rechtspflege** (so BGHSt 24, 170, 171; *Günter* DRiZ 2002, 65; *Lilie* FS Mehle, S. 359). Nach h.L. ist von einer **Zwitterstellung** der StA unter Überwiegen der Rechtspflegefunktion auszugehen (ausf. *Kelker* ZStW 118 [2006], 389). In Anbetracht dessen ist der Umstand, dass der Generalbundesanwalt die Stellung eines politischen Beamten hat, der jederzeit von der Regierung in den einstweiligen Ruhestand versetzt werden kann, reformbedürftig. *De lege ferenda* existiert zur Sicherung der Gewaltenteilung die Forderung, das externe Weisungsrecht der Justizminister transparenter zu gestalten und Einzelfallweisungen vollständig zu untersagen (*Altvater* FS Miebach, S. 4; *Arenhövel* FS Nehm, S. 231; *Frank* ZRP 2010, 147; *Reuter* ZRP 2011, 104; vgl. auch *Schaefer* FS Stöckel, S. 318 ff.; krit. *Strate* HRRS 2014, 134, 135 f.).

197 **b)** Gem. §§ 152 Abs. 2, 170 unterliegt die StA bei Vorliegen des jeweiligen Verdachtsgrades einer Pflicht zur Strafverfolgung (Legalitätsprinzip, s.o. Rdn. 52). Nicht geklärt ist dabei, wem die **Entscheidungskompetenz** darüber obliegt, ob das jeweils infrage stehende Verhalten bei rechtlicher Betrachtung eine »verfolgbare strafbare Handlung« darstellt. Will die StA ein von ihr für strafbar erachtetes Verhalten anklagen, welches nach

st. Rspr. keinen Strafvorwurf nach sich zieht, bleibt es ihr unbenommen, die bisherige Gerichtspraxis zur Überprüfung zu stellen. Zur konstanten Weiterentwicklung der Rspr. ist dies auch erforderlich; anderenfalls hätten die Gerichte keine Gelegenheit, eine einmal etablierte Entscheidungspraxis zu korrigieren. Das Erfordernis des Eröffnungsbeschlusses nach § 203 gewährt dem Beschuldigten insofern ein ausreichendes Maß an Schutz (zutreffend *Hillenkamp* JuS 2003, 164; *Kühne*, Strafprozessrecht, Rn. 143).

Hält die StA jedoch entgegen einer anders lautenden, gefestigten Rspr. ein von ihr zu beurteilendes Verhalten nicht für strafbar, stellt sich die Frage, ob sie insofern einem Anklagezwang unterliegt und die Rechtsprechungspraxis somit eine Bindungswirkung für das Anklageverhalten entfaltet. Gegen eine solche **Bindung des Staatsanwalts an die höchstrichterliche Rspr.** spricht, dass die StA gem. § 150 GVG von den Gerichten unabhängig ist und als Leiterin des Ermittlungsverfahrens innerhalb des ihr eingeräumten Beurteilungsspielraums frei entscheiden kann, ob sie anklagen oder das Verfahren einstellen möchte. Hiernach ließe sich ein Verstoß gegen das Legalitätsprinzip mit dem Argument ablehnen, die Verpflichtung zur Anklage komme nur dann zum Tragen, wenn auch die Anklagebehörde vom Vorliegen einer verfolgbaren Straftat ausgeht (in diesem Sinne etwa *Hellmann*, Strafprozeßrecht, Rn. 66; *Kretschmer* Jura 2004, 452; *Roxin/Schünemann* § 9 Rn. 14; SK-StPO/*Weßlau/Deiters* § 152 Rn. 18). 198

Demgegenüber befürworten die Rspr. sowie Teile der Literatur (BGHSt 15, 155; OLG Zweibrücken wistra 2007, 275 m. Bespr. *Jahn* JuS 2007, 691; HK-StPO/*Gercke* § 152 Rn. 16; KK-StPO/*Moldenhauer* § 170 Rn. 6; *Bosch* Jura 2015, 56, 63 f.) zutreffend eine Bindung der StA an die höchstrichterliche Rspr., wenn – gemessen an diesem Maßstab – eine Anklageerhebung geboten ist. Die anders lautende Ansicht laufe der Übertragung der rechtsprechenden Gewalt auf die Gerichte (Art. 92 GG) zuwider, da diesen die Möglichkeit genommen werde, über ein Rechtsverhältnis abschließend zu entscheiden. § 170 Abs. 1 verpflichte die StA gerade dann zur Anklage, wenn eine hinreichende Verurteilungswahrscheinlichkeit bestehe, was bei entsprechender Entscheidungspraxis in vergleichbaren Fällen zu bejahen sei. Zudem gebiete der Gleichheitsgrundsatz des Art. 3 Abs. 1 GG eine einheitliche Anklagepraxis. Der StA stehe es trotz Verpflichtung zur Anklage frei, ihre Rechtsauffassung im gerichtlichen Verfahren kundzutun und ggf. Freispruch aus Rechtsgründen zu beantragen. 199

Folgt man dieser Auffassung, stellt sich notwendigerweise die Frage, wann eine Rspr. hinreichend gefestigt ist, um die Bindungswirkung auszulösen. Zur Wahrung des Handlungsspielraumes des Staatsanwalts sollten hierfür nur eindeutige BGH-Urteile bzw. eine ständige unangefochtene Rspr. unterer Gerichte herangezogen werden. In allen anderen Fällen muss man der StA die Berechtigung einräumen, die Frage der Strafbarkeit eigenständig zu beurteilen (BGHSt 15, 155, 158).

c) Wie weit die Anklagepflicht in Fällen **außerdienstlicher Kenntniserlangung** von Straftaten reicht, ist ebenfalls umstritten. Der Wortlaut der §§ 152 Abs. 2, 160 Abs. 1 spricht für eine uneingeschränkte Geltung des Legalitätsprinzips. Unter Berufung auf das Recht des Amtsträgers auf eine geschützte Privatsphäre (Art. 2 Abs. 1, 1 Abs. 1 GG) lehnen Teile des Schrifttums allerdings eine Pflicht zum Einschreiten generell ab (SK-StGB/*Hoyer* § 258a Rn. 6; *Laubenthal* FS Weber, 2004, S. 109; *Pawlik* ZStW 111 [1999], 354). Im Hinblick auf die durch das Legalitätsprinzip bezweckte Durchsetzung des staatlichen Strafanspruchs, den Schutz der Gesellschaft vor Straftaten und die Wahrung des Gleichheitsgrundsatzes kann eine solch weitgehende Ausnahme von der Anklagepflicht jedoch nicht befürwortet werden. Vielmehr ist mittels Abwägung im Einzelfall zu ermitteln, ob ein Anklagezwang ausnahmsweise entfällt. Dabei ist zum einen zu berücksichtigen, wie eng die Verknüpfung mit der Privatsphäre des Staatsanwalts ist. Zum anderen kommt es darauf an, wie schwer das in Rede stehende Vergehen wiegt und wie sehr die Allgemeinheit gefährdet wäre, sofern ein Einschreiten unterbliebe (BGHSt 5, 225, 229; 12, 277, 280 f.; *Fischer* StGB § 258a Rn. 4a; *Lackner/Kühl*, StGB, § 258a Rn. 4; HK-StPO/*Gercke* § 152 Rn. 8; KMR/*Kulhanek* § 152 Rn. 7b). Eine Anklagepflicht ist trotz privater Kenntniserlangung anzunehmen, wenn es sich um schwerwiegende Straftaten handelt, welche die Belange der Öffentlichkeit in besonderem Maße berühren (RGSt 70, 251 f.), wie z.B. bei Mord oder räuberischer Erpressung (**a.A.**: Anklagepflicht nur bei Katalogtaten i.S.d. § 138 StGB: MK-StGB/*Cramer* § 258a Rn. 7; LR/*Erb* § 160 Rn. 29a; *Roxin/Schünemann* § 39 Rn. 3] bzw. § 100a Abs. 2 StPO: *Kramer*, Grundlagen des Strafverfahrensrechts, Ermittlung und Verfahren, 8. Aufl. 2014, Rn. 177 oder § 100c Abs. 2 StPO: SSW-StGB/*Jahn* § 258a Rn. 89; Anklagepflicht bei Verbrechen i.S.v. § 12 Abs. 1 StGB: *Hellmann*, Strafprozessrecht, Rn. 52). Gleiches gilt für die gem. § 163 Abs. 1 ebenfalls dem Legalitätsprinzip verpflichteten Beamten des Polizeidienstes (BGHSt 38, 388; BGH wistra 2000, 92). 200

d) Die Ablehnungsnormen der §§ 22 ff., 74 gelten ihrem Wortlaut nach nur für Richter und Sachverständige. Der Staatsanwalt hat vorbehaltlich des § 160 Abs. 2 das Recht zur einseitigen Ausübung seiner Amtsfunktionen. So darf er zunächst von der für den Beschuldigten ungünstigsten möglichen Sachverhaltskonstellation ausgehen. In der Hauptverhandlung verliest er die Anklage (§ 243 Abs. 3) und bringt damit zum Ausdruck, dass er dem Angeklagten ein bestimmtes Verhalten vorwirft, ohne hierbei auf verbleibende Zweifel 201 an dessen Schuld eingehen zu müssen. Nichtsdestotrotz ist auch der Staatsanwalt als Organ der Rechtspflege letztendlich den Prinzipien von Wahrheit, Gerechtigkeit und Verfahrensfairness verpflichtet. Er muss insofern zwar nicht strikt neutral agieren und jeden Verdacht einer Voreingenommenheit vermeiden (BVerfG NJW 2001, 1121, 1128), darf jedoch durch sein Verhalten auch keinen Verdacht dahin gehend begründen, dass er **ausschließlich zulasten oder zugunsten des Beschuldigten handele oder zu einer neutralen Würdigung der Ermittlungsergebnisse nicht bereit oder in der Lage sei.** Insofern kann – unter Berücksichtigung der Notwendigkeit gewisser einseitiger Orientierungen der StA als Verfolgungsbehörde – der Rechtsgedanke der §§ 22 ff. analog herangezogen werden. Dies gilt grundsätzlich für die als verdichtete Befangenheitsgründe konzipierten **Ausschließungsgründe** der § 22 Nr. 1, 2, 3, 4 Var. 4, Nr. 5. Nicht analog anwendbar ist § 22 Nr. 4 Var. 1 und 2: Ein Staatsanwalt darf ein Verfahren auch dann weiter betreuen, wenn er in der Sache als Staatsanwalt oder Polizeibeamter bereits zuvor tätig geworden ist (weiterführend *Pfeiffer* FS Rebmann, S. 359 ff.).

202 Auch der Rechtsgedanke der Regelung des § 24 zur **Besorgnis der Befangenheit** kann auf die Rolle des Staatsanwalts übertragen werden (krit. HK-StPO/*Temming* Vor §§ 22 ff. Rn. 6). Wenn Anhaltspunkte eine »gesteigerte Befangenheit« im o.g. Sinne ergeben, d.h. wenn zu befürchten ist, dass die Person des Staatsanwalts zur objektiven Wertung des Ermittlungsergebnisses nicht in der Lage ist, sollte die insofern belastete Person auch nicht die Aufgaben eines Staatsanwalts wahrnehmen. Dies liegt v.a. dann nahe, wenn der ein Verfahren betreuende Staatsanwalt zugleich in selbigem als Zeuge auftritt (BGH NStZ 1994, 194; BGH StV 1989, 240). Zweifel an seiner gebotenen Neutralität bestehen in einer solchen Konstellation insb. im Hinblick auf die **neutrale Würdigung seiner eigenen Aussage.** Gleichwohl darf es nicht in der Macht des Angeklagten stehen, den Anklagevertreter durch die bloße Benennung als Zeuge aus dem Verfahren zu drängen (BGH StV 2008, S. 337 m. krit. Bespr. *Kelker* StV 2008, 381; zust. *Bosch* Jura 2015, 56, 65). Die Zeugenrolle des Staatsanwalts führt daher nur **insoweit** zu seinem Ausschluss vom Verfahren, **als seine Tätigkeit in untrennbarem Zusammenhang mit der Zeugenaussage steht.** So muss die Würdigung seiner eigenen Aussage durch einen anderen Staatsanwalt erfolgen (partielle Vertretung, vgl. BGH NStZ 2020, 180; BGH StV 2019, 308 m. Anm. *Stuckenberg* JR 2019, 163; HK-GS/*Bosbach* § 31 Rn. 5), sofern die Vernehmung mehr als nur formale Aspekte betrifft (BGH NStZ-RR 2001, 107).

203 Abweichende Lösungsansätze wollen ein Ablehnungsrecht gegenüber dem »befangenen Staatsanwalt« aus dem ungeschriebenen rechtsstaatlichen Verfahrensprinzip des »*fair trial*« ableiten (*Arloth* NJW 1985, 417, 418; *Egon Müller* JuS 1989, 311) oder mittels Rechtsanalogie neben §§ 22 ff. die Ausschließungsgründe für Verwaltungsbeamte gem. §§ 20 ff. VwVfG (*Böttcher* FS Roxin, S. 1335) oder zusätzlich §§ 138a, 138b (*Krey*, Strafprozessrecht I, Rn. 419) heranziehen.

204 Nicht anwendbar sind die in §§ 25 ff. niedergelegten Verfahrensregelungen. Der Beschuldigte kann zwar den Dienstvorgesetzten bitten, den befangenen Staatsanwalt gem. § 145 GVG zu ersetzen. Davon abgesehen ist der Angeklagte jedoch auf das Rechtsmittel der Revision zu verweisen. In der weiteren Mitwirkung des zu Recht abgelehnten Staatsanwalts ist ein **Revisionsgrund i.S.v. § 337** zu sehen (so auch u. § 22 Rdn. 5; BGH NStZ 1983, 135; 1991, 595; *Kretschmer* Jura 2004, 452; MüKo-StPO/*Kudlich* Einl. Rn. 297; *Pawlik* NStZ 1995, 309; a.A. *Bosch* Jura 2015, 56, 65). Für den Zeitraum der Geltendmachung des Ablehnungsrechts wird man hingegen § 25 analog heranziehen können (insb. unverzügliche Geltendmachung der Ablehnung). Die anderweitig vertretenen Lösungsansätze i.S.e. analogen Heranziehung der §§ 22 ff. auch im Hinblick auf das Verfahren (*Frisch* StV 1993, 613) bzw. i.S.e. dem *fair-trial*-Gebot entspringenden Verpflichtung des Gerichts, auf einen Austausch des Staatsanwalts gem. § 145 GVG hinzuwirken (LG Mönchengladbach StV 1987, 333), laufen demgegenüber auf eine dem Grundsatz des § 150 GVG widersprechende Kontrollbefugnis des Gerichts gegenüber der StA hinaus. Ebenso wenig überzeugt es, die Entscheidung, den staatsanwaltschaftlichen Sitzungsvertreter nicht auszutauschen, als gem. § 23 EGGVG anfechtbaren Justizverwaltungsakt einzustufen (so aber *Bottke* StV 1986, 120, 123; *Hilgendorf* StV 1996, 50; *Roxin/Schünemann* § 9 Rn. 15). Die rein innerbehördliche Maßnahme entfaltet keine Außenwirkung. Zudem würde eine derartige Lösung dem Beschuldigten zu weitgehende Mittel der Verfahrensverzögerung an die Hand geben.

205 **5. Polizisten als Ermittlungspersonen der Staatsanwaltschaft. a) Doppelfunktion.** Welcher Rechtmäßigkeitsmaßstab an ein polizeiliches Tätigwerden anzulegen ist, hängt davon ab, ob es sich um ein präventives oder repressives Vorgehen handelt:

Präventives Handeln ist gegeben, wenn die Polizei zur Verhinderung von Störungen der öffentlichen Sicherheit (worunter v.a. die Vermeidung von Straftaten zählt) und Ordnung tätig wird. Taugliche Rechtsgrundlagen für derlei Gefahrverhinderungsmaßnahmen – und somit Rechtmäßigkeitsmaßstab – bilden die **Polizei- und Sicherheitsgesetze der Länder.**

Unter **repressivem** Tätigwerden sind diejenigen polizeilichen Maßnahmen zu verstehen, die von der Polizei zur Aufklärung bereits begangener Straftaten ergriffen werden. Die Rechtmäßigkeit des Vorgehens bemisst sich insoweit nach den Vorschriften des Strafprozessrechts.

In Grenzfällen, in denen eine Subsumtion unter den präventiven oder repressiven Bereich unsicher ist (sog. **206** doppelfunktionale Maßnahmen) ist die Rechtslage streitig. Nach früher h.A. galt als maßgebendes Kriterium der Schwerpunkt der Tätigkeit (BVerwG 47, 255, 264; OVG Lüneburg NVwZ-RR 2014, 327; OLG Münster NwVBl. 2012, 364; VGH Mannheim NVwZ-RR 1990, 413; *Knemeyer/Schmidt* POR Rn. 122; Huber/Wollenschläger-*Wollenschläger*, Landesrecht Bayern § 3 Rn. 89; *Schneckenberger* BayVBl. 2001, 129, 130; *Schoch* Jura 2013, 1115, 1118; *Beulke/Swoboda* Strafprozessrecht Rn. 162 m.w.N.). Nach dieser Ansicht ist im Fall der Anordnung einer Geiselbefreiung in der Regel der Zweck »Schutz der Geisel« überwiegen, sodass die StA in einer solchen Situation nicht befugt ist, einen Schusswaffengebrauch anzuordnen (AK/*Achenbach* § 163 Rn. 11). Auch die im Rahmen einer Vernehmung geäußerte Androhung von Folter mit dem Zweck, den dergestalt bedrohten Entführer zur Offenbarung des Versteckes der mutmaßlich noch lebenden Geisel zu bewegen, ist als schwerpunktmäßig präventives Handeln einzustufen (Fall *Gäfgen*, s.o. Rdn. 123; vert. zum Ganzen *Deiters* FS Wolter, S. 861). Im Rahmen der Prüfung der Zulässigkeit »**legendierter Kontrollen**« (z.B. der des Drogentransports verdächtige PKW-Fahrer wird im Rahmen einer fingierten Fahrzeugkontrolle angehalten und durchsucht) hat sich der BGH neuerdings auf den Standpunkt gestellt, die **Polizei habe ein Wahlrecht**, ob sie sich auf das präventive Polizeirecht oder das repressive Strafverfahrensrecht (bei bestimmten Zwangsmitteln mit Richtervorbehalt) stützen wolle (BGHSt 62, 123; hierzu krit. *Beulke/Swoboda* Strafprozessrecht Rn. 162; *Kempf* FS Fischer, S. 673; *Leipold/Beukelmann* NJW-Spezial 2017, 536; s.a. *Jäger* JA 2018, 551; *Mosbacher* JuS 2018, 767, 771). Die entspricht im öffentlichen Recht aber inzwischen der h.A. (Kopp/Ramsauer-*Ramsauer* VwVfG § 2 Rn. 35; *Schenke* POR Rn. 11, 423 und auch u. *Zieger* § 161 Rn. 35).

Die Notwendigkeit eines repressiven Einsatzes der Polizei ergibt sich aus der Tatsache, dass die StA als sol- **207** che weder sachlich noch personell zur Vornahme der gem. § 160 erforderlichen Ermittlungen in der Lage ist und sich insofern der **Behörden und Beamten des allgemeinen Polizeidienstes** bedienen muss (§ 161). Eine Machtbegrenzung der StA folgt daraus, dass sie selbst dem Justizministerium unterstellt ist, während die aufgrund von Landesgesetzen (Art. 30, 70 GG) strukturierte Polizei dem Innenministerium untersteht.

b) **Staatsanwaltschaftliches Weisungsrecht.** Das der StA gem. § 161 Abs. 1 verliehene Weisungsrecht als **208** Ausdruck ihrer Gesamtverantwortung für ein rechtsstaatliches Ermittlungsverfahren (BGH NJW 2009, 2612) besteht nur im Rahmen repressiver polizeilicher Tätigkeit, z.B. im Fall der Anordnung der Festnahme eines Verdächtigen. Zwar ist die StA gegenüber allen Beamten des Polizeidienstes weisungsbefugt, allerdings sind ihr nur die sog. Ermittlungspersonen i.S.d. § 152 GVG unmittelbar untergeordnet. Wer diese Ermittlungspersonen sind, bestimmt das Landesrecht (vgl. in Bayern § 1 Verordnung über die Ermittlungspersonen der Staatsanwaltschaft, *Ziegler/Tremel* Nr. 75: »Ermittlungspersonen« sind alle Polizeibeamten ab dem Dienstgrad eines Polizeimeisters, aber auch andere Beamte z.B. der Finanz-, Forst-, Jagd- und Fischereiverwaltung).

Auch die **sonstigen Polizeibeamten** sind gem. 161 Abs. 1 Satz 2 verpflichtet, den **Ermittlungsersuchen** der **209** StA zu entsprechen, allerdings besteht insofern kein Subordinationsverhältnis.

c) **Eigenständige Ermittlungen.** Unabhängig von staatsanwaltschaftlichen Weisungen werden die Beam- **210** ten des Polizeidienstes bei entsprechenden Wahrnehmungen (zur Problematik privater Kenntniserlangung s.o. Rdn. 200) oder im Fall von an die Polizei gerichteten Anzeigen auch aus eigenem Antrieb tätig. Dabei unterliegen sie gem. § 163 Abs. 1 Satz 1 wie die StA dem Legalitätsprinzip (s.o. Rdn. 52). § 163 Abs. 1, 2 Satz 1 geht davon aus, dass die Polizei nach dem Erstzugriff den Vorgang unverzüglich an die StA weiterleitet, die daraufhin die Leitung des Ermittlungsverfahrens übernimmt. Rein faktisch führt jedoch aufgrund fehlender personeller Ressourcen und fallbezogener Informationen aufseiten der StA zumeist die Polizei die Ermittlungen bis zur Anklagereife durch (krit. dazu *Ambos* Jura 2003, 674; *Lilie* ZStW 106 [1994], 625; *Rieß* FS Schäfer, S. 195 f.; *Schaefer* FS Hanack, S. 191 und *Schünemann*, Kriminalistik 1999, 74 und 146).

Zum Zwecke der Aufklärung von Straftaten stehen **allen Polizeibeamten** z.B. folgende Zwangsrechte zur **211** Verfügung: die vorläufige Festnahme (§§ 127 Abs. 1 Satz 1, Abs. 2, 163b Abs. 1 Satz 2), die Vornahme erkennungsdienstlicher Maßnahmen (§§ 81b, 163b Abs. 1 Satz 3), die Identitätsfeststellung (§ 163b), die Herstellung von Bildaufnahmen und der Einsatz sonstiger technischer Mittel (§ 100h) und die Vernehmung von erschienenen und aussagebereiten Beschuldigten, (freiwillig erschienenen) Zeugen und Sachverständigen (vgl. §§ 163 Abs. 3, 163a Abs. 1, 4). Dagegen obliegt die Befugnis zur Anordnung von körperlichen Untersuchungen des Beschuldigten (§ 81a Abs. 2 Satz 1 [anders gem. § 81a Abs. 1 Satz 2 bei Blutproben im Fall des Verdachts bestimmter Straßenverkehrsdelikte]) oder von Zeugen (§ 81c Abs. 5), von Beschlagnahmen (§ 98 Abs. 1) und Durchsuchungen (§ 105 Abs. 1 Satz 1), der Einrichtung von Kontrollstellen (§ 111 Abs. 2) und der Ausschreibungen zur Fahndung (§ 131 Abs. 1) **nur den Ermittlungspersonen der StA** – und zwar auch diesen nur im Fall von »Gefahr im Verzug«.

212 §§ 161 Abs. 1, 163 begründen keine bloße Aufgabenzuweisung, sondern sind als **Ermittlungsgeneralklausel** ausgestaltet. Diese kann als Befugnisnorm für polizeiliche Eingriffsmaßnahmen herangezogen werden, wenn die StPO oder Spezialgesetze, die nach wie vor nach dem Prinzip der Einzeleingriffsermächtigung ausgestaltet sind, keine Spezialbefugnisse enthalten. Ein Bedürfnis für eine derartige Generalklausel besteht, da der technische Fortschritt und die Entstehung neuer Erscheinungsformen kriminellen Verhaltens eine abschließende gesetzliche Regelung aller denkbaren Ermittlungsmaßnahmen ausschließen. Gleichwohl ist dem verfassungsrechtlichen Wesentlichkeitsprinzip dadurch Rechnung zu tragen, dass auf die Ermittlungsgeneralklausel keine Eingriffe von erheblicher Grundrechtsintensität gestützt werden. Bereits längerfristige Observationen des Beschuldigten, Durchsuchungen oder Beschlagnahmen sind vom Gesetzgeber ausdrücklich an besondere formale und materielle Voraussetzungen geknüpft worden. §§ 161 Abs. 1, 163 Abs. 1 vermögen nur solche Eingriffe in Grundrechte zu rechtfertigen, die in ihrer Eingriffsintensität unterhalb der Schwelle derartiger Ermittlungshandlungen liegen, wie z.B. kurzfristige Überwachungen des Beschuldigten oder das Einholen von Erkundigungen in seinem Umfeld (BT-Drs. 14/1484, S. 20, 23; *Hilger* StraFo 2001, 109, 111; *Lilie* ZStW 111 [1999], 807; krit. *Hefendehl* StV 2001, 700; *ders.* GA 2011, 209; vgl. auch BVerfG NJW 2009, 1405 – Abfrage von Kreditkartendaten und VGH Rheinland-Pfalz NJW 2014, 1434 – Ankauf von Steuerdaten-CD). Im Einzelfall kann str. sein, ob die jeweiligen Maßnahmen noch von der Ermittlungsgeneralklausel gedeckt sind oder es einer spezialgesetzlichen Regelung bedarf, so z.B. bei der Einschleusung eines V-Mannes in das Tätermilieu (dazu unter Rdn. 329) oder der Heranziehung von datenschutzrechtlich unzulässigen privaten Videoaufnahmen zur Begründung eines Tatverdachts (dazu unter Rdn. 322).

213 Rechtlich problematisch ist die **Nutzung präventivpolizeilich gewonnener Daten zu Strafverfolgungszwecken**. Für die Zulässigkeit einer solchen zweckfremden Nutzung spricht zuvorderst die häufige Untrennbarkeit präventiver und repressiver Zwecke. Jedoch dürfen durch einen derartigen Transfer präventivpolizeilich erhobener Daten nicht die speziellen Eingriffsvoraussetzungen der strafprozessualen Eingriffsnormen umgangen werden (*Schnarr* StraFo 1998, 217). § 161 Abs. 2 sieht daher vor, dass personenbezogene Daten, die auf der Grundlage anderer Gesetze gewonnen wurden, ohne Einwilligung des Betroffenen nur zur Aufklärung solcher Straftaten verwendet werden dürfen, zu deren Aufklärung eine solche Maßnahme auch nach den Regeln der StPO hätte angeordnet werden können (vgl. auch die Sonderregelung des §§ 100e Abs. 6 Nr. 3 i.V.m. 161 Abs. 2 Satz 2; vert. hierzu *Wolter* FS Kühne, S. 379; s.a. BVerfGE 130, 1). Noch restriktiver ist die Verwendung präventiv-polizeilicher Erkenntnisse aus einem Einsatz technischer Mittel zur Eigensicherung bei nicht offenen Ermittlungen in oder aus **Wohnungen** in § 161 Abs. 3 geregelt. Insoweit ist eine Rechtmäßigkeitsfeststellung durch das AG erforderlich (vgl. SK-StPO/*Wolter* § 100c Rn. 22 ff.; *Brodersen* NJW 2000, 2538; *Sinn* Jura 2003, 812).

214 **V. Der Nebenkläger.** Der durch eine Straftat aus dem Katalog des § 395 Abs. 1 Verletzte, der in § 395 Abs. 2 Nr. 1 genannte Angehörige eines Getöteten oder der erfolgreiche Antragsteller im Klageerzwingungsverfahren (§ 395 Abs. 2 Nr. 2) kann sich durch schriftliche Anschlusserklärung i.S.d. § 396 Abs. 1 Satz 1 der von der StA erhobenen öffentlichen Klage als **Nebenkläger** anschließen (zum Verletztenbegriff s.a. § 373b und o. Rdn. 135; zur Opferdiskussion s. ferner *Barton* in: Hdb. StrafR VII § 19 Rn. 2 ff.; zum Zeugenbeistand *Bott* StraFo 2018, 410). Dem Institut der Nebenklage liegt zum einen der Vergeltungsgedanke zugrunde, zum anderen soll dem Verletzten nach dem Willen des Gesetzgebers die Möglichkeit zur Kontrolle der StA eingeräumt werden. Die prozessualen Rechte des Nebenklägers (v.a. Anwesenheits- und Beweisantragsrechte) werden in § 397 Abs. 1 aufgezählt. § 397a Abs. 1 gestattet unter den dort genannten Voraussetzungen die Hinzuziehung eines Opferanwalts (zur Diskussion der Gruppenvertretung: *Pues* StV 2014, 304); hilfsweise ermöglicht § 397a Abs. 2 die Gewährung von Prozesskostenhilfe gem. §§ 114 ff. ZPO. Zur Rechtsmittelbefugnis des Nebenklägers vgl. die Kommentierung zu §§ 400 ff.

Der **Anwendungsbereich** der Nebenklage wurde in der Vergangenheit **kontinuierlich ausgeweitet**, zuletzt durch das 2. OpferRRG vom 29.07.2009, in Kraft getreten am 01.10.2010 (BGBl. I 2009, S. 2280). Dabei wurde § 395 Abs. 3 zu einem **allgemeinen Auffangtatbestand** für Opfer von im Einzelfall besonders schwerwiegenden Taten umgestaltet (krit. hierzu *Barton* JA 2009, 753, 755; *Bung* StV 2009, 430, 435; *Feltes/Ruch* FS Eisenberg II [2019], S. 425; *Herrmann* ZIS 2010, 236, 241 f.; *Jahn* in: Rationalität und Empathie, [2014], S. 143, 152 f.; *Jahn/Bung* StV 2012, 754; *Safferling* ZStW 122 [2010], 94 f.; *Weigend* FS Schöch, S. 947, 955 ff.; LR/*Wenske* § 395 Nachtr. Rn. 9 f.). In Großverfahren (NSU-Prozess, Loveparade-Prozess, OEZ-Prozess) hat eine hohe Anzahl von Nebenklägern und Nebenklägervertretern und die Gebrauchmachung deren Rechte zu organisatorischen Schwierigkeiten geführt (*Berger*, NStZ 2019, 251). Deshalb wurde die Regelung des § 397b geschaffen. Danach kann das Gericht mehreren Nebenklägern, die gleich gelagerte Interessen verfolgen, einen gemeinschaftlichen Rechtsanwalt beiordnen, sog. Gemeinschaftliche Nebenklagevertretung bzw. Bündelung der Nebenklage (z.T. krit. *Claus,* NStZ 2020, 57, 60). In neuerer Zeit wird die Tendenz beobachtet, dass Unternehmen ihre Rechte als Verletzte einer Straftat und das Mittel der Nebenklage verstärkt zur Vorbereitung der zivilgerichtlichen Durchsetzung von Schadensersatzansprüchen einsetzen (vgl. *Hansen* GRUR-Prax 2014, 295; *Wessing/Hiéramente* WuW 2015, 220; zu weiteren einschlägigen Reformplänen s.u. Rdn. 357).

VI. Der Privatkläger. In den Fällen der in § 374 Abs. 1 aufgeführten Vergehen (erweitert in Nr. 5 um die Nötigung nach § 240 Abs. 1 bis 3 StGB; vgl. BR-Drs. 527/17 sowie s. § 374 Rdn. 1), die typischerweise das öffentliche Interesse in nur geringem Maße berühren, kann der Verletzte das Verfahren (nach einem für bestimmte Fallgruppen obligatorischen Sühneversuch i.S.d. § 380) als **Privatkläger** durch Klageerhebung einleiten. Privatklageberechtigt sind neben dem Verletzten (s.a. Meyer-Goßner/*Schmitt* § 374 Rn. 5) die in § 374 Abs. 2, 3 Genannten. Trifft ein Privatklagedelikt mit einem Offizialdelikt im Rahmen einer Tat im prozessualen Sinn zusammen, ist die Privatklage ausgeschlossen; das entsprechende Delikt ist – ohne Rücksicht auf das öffentliche Interesse – gemeinsam mit dem Offizialdelikt zu verfolgen. Der Privatkläger übernimmt weitgehend die Stellung der StA, ist jedoch anders als diese nicht zur Objektivität verpflichtet. Ferner kann er die Privatklage auch nach Eröffnung des Hauptverfahrens wieder zurücknehmen (§ 391 Abs. 1). Die StA kann gem. § 377 Abs. 2 Satz 1 in jeder Lage des Verfahrens bis zum Eintritt der Rechtskraft des Urteils durch eine ausdrückliche Erklärung die Verfolgung des in Rede stehenden Delikts übernehmen. Die Durchführung des Privatklageverfahrens hängt von der Leistung eines Prozesskostenvorschusses ab (§ 379a i.V.m. § 16 GKG). Hinzu kommt unter den Voraussetzungen des § 379 eine Verpflichtung zur Sicherheitsleistung für die zu erwartenden Kosten des Beschuldigten. 215

G. Prozesshandlungen. I. Begriff. Prozesshandlungen sind **alle prozessual relevanten Betätigungen der Verfahrensbeteiligten, gleich welcher Art** (vgl. BGHSt 26, 384, 386; Meyer-Goßner/*Schmitt* Einl. Rn. 95; MüKo-StPO/*Kudlich* Einl. Rn. 331). Unter den Begriff fallen daneben auch die Einwirkungen Dritter, die den Prozess ermöglichen oder (zumindest teilweise) beenden (z.B. Strafantrag oder dessen Rücknahme). Teilweise wird vertreten, dass nur solche Erklärungen Prozesshandlungen darstellen, die eine prozessuale Rechtsfolge willensgemäß auslösen, die also den Prozess dem erklärten Willen gem. weiter fördern sollen (*Roxin/Schünemann* § 22 Rn. 1). Bestimmte Prozesshandlungen sind insofern »**doppelfunktionell**«, als sie zugleich Auswirkungen materiell-rechtlicher Art haben (z.B. die rechtmäßige Untersuchungshaft als Rechtfertigungsgrund für §§ 239, 240 StGB). 216
Die Prozesshandlungen lassen sich (rechtsfolgenneutral) unterteilen in **Erwirkungshandlungen**, die einen anderen zu einem bestimmten Prozessverhalten veranlassen sollen (z.B. Beweisanträge), und **Bewirkungshandlungen**, bei denen die Rechtsfolge unmittelbar eintritt (z.B. Rechtsmittelverzicht).

II. Wirksamkeitsvoraussetzungen. 1. Verhandlungsfähigkeit. Die Verhandlungsfähigkeit des **Beschuldigten**, also die Fähigkeit, seine Interessen im Prozess vernünftig wahrzunehmen, Prozesserklärungen abzugeben und entgegenzunehmen, ist nicht nur Prozessvoraussetzung (s.o. Rdn. 97), sondern auch notwendige Bedingung für die Wirksamkeit der von ihm getätigten Prozesshandlungen (z.B. OLG Dresden StraFo 2015, 149). Für andere Prozessbeteiligte bestehen teilweise Sonderregeln (§ 374 Abs. 3 für den Privatkläger, § 77 Abs. 3 hinsichtlich des Antragsstellers). Gründe der Rechtssicherheit bedingen es, dass die Verhandlungsunfähigkeit der »amtlichen« Prozessrechtssubjekte (**Richter oder Staatsanwalt**) grundsätzlich nicht zur Unwirksamkeit ihrer Prozesshandlungen führt (anders hinsichtlich des StA: Meyer-Goßner/*Schmitt* Einl. Rn. 99). Eine andere Beurteilung erscheint insofern nur im Fall eines offensichtlichen Widerspruches zu rechtsstaatlichen Grundprinzipien gerechtfertigt. 217

2. Adressat von Prozesshandlungen. Voraussetzung für die Wirksamkeit einer Prozesshandlung ist der Eingang beim richtigen Adressaten. Verallgemeinernd kann hierzu gesagt werden, dass Adressat der Prozesshandlung eines Verfahrensbeteiligten vorbehaltlich anderer Regelungen dasjenige Rechtspflegeorgan ist, das den jeweiligen Verfahrensabschnitt leitet. Adressat der Bekanntmachung einer Entscheidung des Gerichts hingegen sind die jeweils davon betroffenen Verfahrensbeteiligten. Im Offizialverfahren gehört hierzu zwingend die StA. 218

3. Inhalt und Wirksamkeit der Prozesshandlung. Unter dem Vorbehalt spezieller gesetzlicher Regelungen sind folgende Anforderungen an sämtliche Prozesshandlungen zu stellen: 219
a) Prozessuales Verhalten mit prozessgestaltender Wirkung bedarf eines **objektiv erkennbaren Erklärungswertes**, der durch **Auslegung** festgestellt werden muss (BGHSt 46, 131, 134). Gem. dem in § 300 verankerten Rechtsgedanken ist nicht die u.U. irrtumsbedingte Wortwahl entscheidend, sondern der einer Erklärung tatsächlich zugrunde liegende Wille, den es unter Zuhilfenahme des gesamten prozessinternen Verhaltens zu

bestimmen gilt. Dementsprechend genügt ein verborgener innerer Wille nicht, sondern nur derjenige, der auch objektiv in der Erklärung zum Ausdruck kommt (BGHSt 32, 394, 400).

220 b) Prozesshandlungen sind aus Gründen der Rechtssicherheit grundsätzlich **bedingungsfeindlich**, da die öffentlich-rechtliche Natur des Strafverfahrens den zweifelsfreien Bestand aller Erklärungen verlangt, die das Verfahren beeinflussen. Bspw. darf die Einlegung eines Rechtsmittels nicht unter eine Bedingung gestellt werden (BGHSt 5, 183, 184, vgl. jedoch die gesetzlich vorgesehenen Ausnahmen in §§ 315 Abs. 2, 342 Abs. 2). Ist eine Bedingung nicht ausnahmsweise zulässig, entfaltet die mit ihr verknüpfte Prozesshandlung keine Wirkung (BGHSt 25, 187; LR/*Kühne* Einl. Abschn. K Rn. 29).

221 Zu den ausnahmsweise zulässigen Bedingungen zählen die sog. **reinen Rechtsbedingungen**. Hierbei handelt es sich schon nicht um Bedingungen im eigentlichen Sinne, da Rechtsfragen weder zukünftige noch unsichere Umstände darstellen. Unproblematisch sind ferner **innerprozessuale Bedingungen**, da die hierdurch erzeugten Ungewissheiten mit den Interessen aller Beteiligten vereinbar sind, weil noch im selben Verfahren durch das Gericht verbindlich geklärt wird, ob die Bedingung eingetreten ist oder nicht. Zulässig sind daher auch sog. **Eventualbeweisanträge**, d.h. im Abschlussplädoyer vom Staatsanwalt oder vom Verteidiger gestellte Anträge auf Erhebung eines weiteren Beweises für den Fall, dass das Gericht nicht iSd primär gestellten Antrags (z.B. auf Freispruch) entscheiden sollte. Für das Gericht bestehen keine Unklarheiten, wenn der Antrag vom innerprozessualen Vorgang der Verurteilung abhängig gemacht wird, sodass eine derartige Verknüpfung unter Rechtssicherheitsgesichtspunkten unproblematisch ist (BGHSt 32, 10, 13; BGH NStZ 1995, 98). Jedoch muss sich die Behauptung, die unter Beweis gestellt werden soll, inhaltlich auf die Entscheidung beziehen, die zur Bedingung der Anträge erhoben wird, da anderenfalls ein Missbrauch des Beweisantragsrechts droht. Ein Antrag auf Vernehmung eines den Angeklagten entlastenden Zeugen darf daher von einer Ablehnung des Antrags auf Freispruch abhängig gemacht werden, nicht jedoch von der Verwerfung des Antrags auf Strafaussetzung zur Bewährung (BGHSt 40, 287, 289; s.a. *Ingelfinger* Rechtsprobleme bedingter Beweisanträge im Strafprozess, [2002]).

222 c) Prozesshandlungen sind in den Fällen **unwirksam**, in denen es das **Gesetz** vorschreibt (z.B. § 8 Abs. 4 RPflG) oder wenn die entsprechende Handlung kraft gesetzlicher Normierung keine Regelungswirkung entfalten kann (wie z.B. in dem Fall, dass der Verteidiger entgegen § 302 Abs. 2 ohne diesbezügliche Ermächtigung ein Rechtsmittel des Beschuldigten zurücknimmt). Zudem haben gem. dem in §§ 44, 46 VwVfG verankerten Rechtsgedanken **schwerwiegende Mängel** einer Prozesshandlung deren Unwirksamkeit zur Folge, wenn es sich nicht um bloße Verfahrens-, Form- oder Zuständigkeitsmängel handelt und sie für einen objektiven Betrachter offensichtlich sind.

223 d) Nach der bereits vor Jahrzehnten entwickelten sog. **Evidenztheorie** können auch gerichtliche Entscheidungen nichtig sein – nämlich dann, wenn sie mit einem derart schweren und offen zutage liegenden Mangel behaftet sind, dass es unter dem Gesichtspunkt materieller Gerechtigkeit selbst bei angemessener Berücksichtigung der Belange der Rechtssicherheit und des Rechtsfriedens schier unerträglich wäre, ihnen bindende Wirkung beizumessen (vgl. z.B. BVerfG NJW 1985, 1125, BGHSt 29, 216; 33, 126, 127). Diese Ansicht wird – mit beachtlichen Argumenten – **zunehmend krit. hinterfragt** (vgl. Meyer-Goßner/*Schmitt* Einl. Rn. 103 ff. und MüKo-StPO/*Kudlich* Einl. Rn. 340 jew. m.w.N.; in dieselbe Richtung BGH NStZ 2009, 579). Unstreitig ist jedenfalls, dass für richterliche Entscheidungen zunächst stets die Vermutung der Wirksamkeit gelten muss. Dass selbst schwere Verfahrensverstöße in aller Regel keine Nichtigkeit eines Urteils bedingen, folgt im Umkehrschluss aus § 338. Auch ein Urteil, dass trotz einer bereits rechtskräftigen Sachentscheidung in derselben Sache erging (Verstoß gegen das Gebot ne bis in idem), muss nicht zwingend als nichtig eingestuft werden, da insofern Abhilfemöglichkeiten in Gestalt des § 358 Nr. 5 (Wiederaufnahme; vgl. LR/*Kühne* Einl. K Rn. 119) sowie des Prüfverfahrens nach § 458 (hierzu LG Koblenz, NStZ 1981, 195) bereitstehen. Gleichwohl scheint die Rspr. nicht gänzlich von der Evidenztheorie abzurücken: So erklärte das OLG München ein Urteil für nichtig, dass auf einer informellen Verfahrensabsprache beruhte, die unter Missachtung sämtlicher gesetzlicher Vorgaben – namentlich unter grobem Verstoß gegen die gerichtliche Aufklärungspflicht (§§ 257c Abs. 1 Satz 2 i.V.m. § 244 Abs. 2) – zustande gekommen war (OLG München NJW 2013, 2371 m. abl. Anm. *Kudlich* NJW 2013, 3216; *Leitmeier* NStZ 2014, 690; *Meyer-Goßner* StV 2013, 614; abl. auch Meyer-Goßner/*Schmitt* Einl. Rn. 104; *Beulke* FS Schlothauer, S. 315, 325; dazu u. Rdn. 247). Von den Fällen der Unwirksamkeit zu unterscheiden ist die prozessuale Überholung durch Fortgang des Verfahrens (BVerfGE 9, 160).

224 e) Andere Prozesshandlungen als gerichtliche Entscheidungen sind unwirksam, wenn sie offensichtlich nicht ernstlich gemeint waren oder nur zum Schein abgegeben wurden. Die falsche Benennung von Prozesserklärungen schadet nicht (§ 300 direkt oder unter Anwendung seines Rechtsgedankens).

225 f) Ein **Verzicht** auf Prozesshandlungen, hinsichtlich deren Vornahme keine Pflicht besteht, kann ab dem Zeitpunkt erfolgen, in dem die Handlung selbst zulässig wäre (z.B. Lauf der Antragsfrist des § 77b StGB,

Lauf der Rechtsmittelfrist des § 302), und bis zu dem Moment, in dem die Handlung nicht mehr wirksam ausgeführt werden kann (z.B. Ablauf der genannten Fristen). Der Verzicht ist seinerseits Prozesshandlung (vgl. exemplarisch KK-StPO/*Griesbaum* § 158 Rn. 55).

g) Auch ohne eine explizite generelle Regelung lässt sich aus der Gesamtschau derjenigen Regelungen der StPO, die einen Missbrauch untersagen (z.B. §§ 26a Abs. 1 Nr. 3, 138a Abs. 1 Nr. 2, 231a Abs. 1 Satz 1, 241 Abs. 1, 2, 244 Abs. 3 Satz 2 6. Var., 245 Abs. 2 Satz 3 5. Var., 266 Abs. 3 Satz 1), ein **allgemeines strafprozessuales Missbrauchsverbot** ableiten (o. Rn. 158; BGH 38, 111, 113; KK-StPO/*Fischer* Einl. Rn. 67 ff.; Meyer-Goßner/*Schmitt* Einl. Rn. 111; *Pfister* StV 2009, 550; a.A. *Gaede* StraFo 2007, 29; *Roxin/Schünemann* § 19 Rn. 13; SK-StPO/*Wohlers* Vor § 137 Rn. 63; *Weßlau* FS Lüderssen, S. 787; vert. *Fahl*, Rechtsmissbrauch im Strafprozess [2004]; *Kudlich*, Strafprozess und allgemeines Missbrauchsverbot [1998]), wonach es einem Verfahrensbeteiligten untersagt ist, seine gesetzlich eingeräumten Rechte zur gezielten Durchsetzung verfahrensfremder oder verfahrenswidriger Interessen einzusetzen (*Beulke* StV 2009, 554; *Beulke/Witzigmann* StV 2009, 394). Eine diesem allgemeinen Missbrauchsverbot zuwiderlaufende Prozesshandlung ist unzulässig, nicht jedoch unwirksam (für den Fall der bewusst unwahren Protokollrüge BGHSt 51, 88; beachte die Aufgabe des Verbotes der Rügeverkümmerung durch BGHSt 51, 298, vgl. hierzu § 274). 226

4. **Widerruflichkeit der Prozesshandlungen.** a) **Urteile** sowie **urteilsähnliche Entscheidungen** (vgl. jedoch die Sonderregelung in § 411 Abs. 3) sind in der Regel **ab Bekanntmachung (§ 35 Abs. 1, 2)** unwiderruflich, ebenso die **der sofortigen Beschwerde unterliegenden Beschlüsse** (einschränkend § 311 Abs. 3 Satz 2) und der Eröffnungsbeschluss, dessen verfahrenstragende Wirkung eine Aufhebung verbietet (BGH 10, 247; LR/*Stuckenberg* § 207 Rn. 45). Bis zur Bekanntmachung sind diese Entscheidungen hingegen frei widerruflich. 227

b) **Andere gerichtliche Beschlüsse** stellen nur laufende Entscheidungen dar, daher sind sie widerruflich (vgl. § 306 Abs. 2), unabhängig davon, ob dies wie z.B. in § 56f StGB, gesetzlich vorgesehen ist. Ein solcher Widerruf kann von Amts wegen oder als Reaktion auf eine Beschwerde oder Gegenvorstellung erfolgen und setzt inhaltlich voraus, dass die zu widerrufende Entscheidung inhaltlich falsch ist, auf Grundlage eines fälschlicherweise angenommenen Sachverhalts entschieden wurde oder mit einem erheblichen Verfahrensfehler behaftet ist, der durch den Widerruf geheilt werden soll. Unzulässig ist der Widerruf, wenn durch ihn eine Sachentscheidung, die in Rechtskraft erwachsen ist, nachträglich aufgehoben oder geändert würde (BGHSt 17, 94, 97). 228

c) **Einfache** andere Prozesserklärungen sind grds. widerruflich, bspw. der Antrag auf Aussetzung der Hauptverhandlung bei Nichtwahrung der Ladungsfrist, § 217 Abs. 2. Ein Widerruf führt aber nicht dazu, dass eine auf der Prozesshandlung beruhende Entscheidung ihre Wirksamkeit verlöre. Teilweise ist die Widerruflichkeit auch besonders geregelt (vgl. § 77 StGB, §§ 156, 411 Abs. 3, § 391, § 302). 229

d) Andere **prozesstragende** bzw. **prozessbeendende** Erklärungen, wie etwa der Verzicht auf die Stellung eines Strafantrags gegenüber einem Strafverfolgungsorgan (BGH NJW 1957, 1368), sind in der Regel **unwiderruflich.** So ist beispielsweise die Zustimmungserklärung der StA zu einem Verständigungsvorschlag des Gerichts als gestaltende Prozesserklärung unanfechtbar und unwiderruflich (BGHSt 57, 273). Nach Ansicht der Rspr. gilt dies grds. a. für die **Rücknahme eines Rechtsmittels** bzw. den **Verzicht** auf ein solches (in diesem Sinne BGHSt 10, 245, 247; 45, 51, 53; OLG München StV 2007, 459; *Meyer-Goßner* StV 2011, 53; *Bischoff* JuS 2018, 670; unter Anerkennung von Ausnahmen auch KG NStZ 2007, 541; anders *Niemöller* StV 2010, 598 u. StV 2011, 54). Eine Erklärung über die Rücknahme eines Rechtsmittels, die im Zuge einer Verständigung in einem *anderen* Verfahren als Teil einer sog. verfahrensübergreifenden Gesamtlösung abgegeben wird, ist selbst dann als Prozesserklärung unwiderruflich und unanfechtbar, wenn die Bindungswirkung der Verständigung aufgrund der Unzulässigkeit der Gesamtlösung nicht auch diese Erklärung umfasst (BGH NStZ 2016, 177; OLG Hamburg NStZ 2017, 307; zur Unzulässigkeit einer derartigen Gesamtlösung s. *Knauer/Pretsch* NStZ 2015, 238; *Mosbacher* JuS 2015, 701, 703). 230

5. **Nichtvorliegen von Willensmängeln.** a) Ist eine Prozesshandlung durch **Täuschung** oder **Drohung** bedingt, wird teilweise vertreten, dies führe zu ihrer Unwirksamkeit, was aus dem § 136a zugrunde liegenden Rechtsgedanken folgen soll (so *Roxin/Schünemann* § 22 Rn. 7). Die Rspr. lehnt dies aus Gründen der Rechtssicherheit im Grundsatz zu Recht ab (BGHSt 45, 51, 53; BGH StV 2013, 199 f). Ausnahmen von dieser generellen Unbeachtlichkeit von Willensmängeln sind geboten, sofern im Einzelfall eine Abwägung zu einem Vorrang der Willensfreiheit vor dem Prinzip der Rechtssicherheit führt (BGHSt 17, 14, 18; MüKo-StPO/*Kudlich* Einl. Rn. 339). 231

b) Auch sonstige **Irrtümer** in der Erklärung oder im Beweggrund bleiben ohne Einfluss auf die Wirksamkeit von Prozesshandlungen. §§ 119 ff. BGB finden auf Prozesshandlungen keine Anwendung (RGSt 57, 83). So kann bspw. ein Rechtsmittelverzicht oder eine Rechtsmittelrücknahme nicht wegen Irrtums angefochten werden (BGH StV 1999, 411; BGH NStZ 2006, 351). 232

Genauso können die **Gerichte** ihre Entscheidungen nicht jenseits der gesetzlich ausdrücklich oder stillschweigend festgelegten Korrekturmöglichkeiten wegen eines Irrtums abändern. Ein Eröffnungsbeschluss kann bspw. nicht wieder aufgehoben werden, weil der von §§ 203, 207 vorausgesetzte Verdachtsgrad nachträglich nicht mehr besteht. In solchen Fällen ist der Angeklagte freizusprechen (OLG Frankfurt JR 1986, 470 m.Anm. *Meyer-Goßner*; anders hingegen LG Konstanz JR 2000, 306 m. zust. Anm. *Hecker*; *Ulsenheimer* NStZ 1984, 440).

233 Allerdings können Prozesshandlungen, die auf Willensmängeln beruhen, deshalb unwirksam sein, weil das Gericht im Vorfeld seine **prozessuale Fürsorgepflicht** verletzt hat. In der Rspr. ist dies namentlich im Zusammenhang mit dem Verzicht des Beschuldigten auf Rechtsmittel anerkannt (BGHSt 18, 257, 259; 45, 51; OLG Düsseldorf StraFo 2012, 105; vgl. auch OLG Nürnberg StV 2014, 529). Mit Blick auf das Gebot des »*fair trial*« ist das Gericht verpflichtet, durch Willensmängel bedingte Prozesshandlungen nach Möglichkeit zu verhindern. Auch wenn ein Gericht durch objektiv fehlerhafte Erklärungen beim Beschuldigten Fehlvorstellungen bewirkt, die diesen zu einer Prozesshandlung veranlassen, ist Letztere unwirksam (BGHSt 46, 257, 258 m. zust. Anm. *Hamm* NStZ 2001, 494; BGH wistra 2011, 236; OLG Köln StV 2014, 207).

234 **6. Form.** Prozesshandlungen können sowohl durch aktives Tun als auch durch Unterlassen vorgenommen werden, sie können ausdrücklich oder konkludent erfolgen. Ausdrücklich entäußerte Prozesshandlungen können mündlich, schriftlich oder durch Erklärung zu Protokoll abgegeben werden. Formzwänge bestimmen sich im konkreten Fall nach der jeweils anzuwendenden gesetzlichen Regelung. Existiert eine solche nicht, müssen in der Hauptverhandlung vorgenommene Prozesshandlungen **mündlich** erfolgen, ggf. auch konkludent (BGH NStZ 2005, 47). Außerhalb der Hauptverhandlung sind Prozesshandlungen grds. **schriftlich** vorzunehmen. Nach § 184 GVG gilt jeweils: Die Gerichtssprache ist Deutsch (vgl. zu daraus folgenden Problemen *Braitsch*, Gerichtssprache für Sprachunkundige im Lichte des »*fair trial*«, 1991; zum Anspruch auf Verdolmetschung bzw. schriftliche Übersetzung gem. § 187 GVG: *Christl* NStZ 2014, 376; *Kotz* StV 2012, 626; *Schneider* StV 2015, 379; s.a. OLG München StRR 2014, 186).

235 Im Fall gesetzlich angeordneter **Schriftform** ist anders als i.R.d. § 126 Abs. 1 BGB nicht zwingend eine eigenhändige Unterschrift des Erklärenden erforderlich. Für die Zwecke des Strafverfahrens reicht es grundsätzlich aus, wenn aus dem jeweiligen Schriftstück sowohl sein Inhalt als auch die Person des Erklärenden hinreichend klar entnommen werden können (BGHSt 2, 77, 78; zur ausnahmsweise erforderlichen Unterschrift eines Verteidigers oder RA vgl. §§ 172 Abs. 3 S. 2, 345 Abs. 2, 366 Abs. 2, 390 Abs. 2). Der Schriftform ist im Regelfall auch durch **Telefax**, **Telebrief**, **Computerfax**, **Fernschreiben** oder **Telegramm** Genüge getan, nicht jedoch durch eine **telefonische Erklärung** – auch dann **nicht**, wenn der Empfänger eine schriftliche Aufzeichnung anfertigt (BGHSt 30, 64, 66; **a.A.** LG Münster NJW 2005, 166 m.Anm. *Kudlich* JuS 2005, 660). § 41a regelt die Möglichkeit **elektronischer Übermittlung** von Schriftstücken, vorausgesetzt, diese enthalten eine qualifizierte elektronische Signatur (vgl. die Verordnung über den elektronischen Rechtsverkehr in Revisionsstrafsachen zwischen dem Generalbundesanwalt beim BGH und den Strafsenaten beim BGH, BGBl. I 2005 S. 3191). **Einfache E-Mails** ohne eine solche Signatur genügen mangels ausreichender Identifizierungsmöglichkeit des Absenders nicht (OLG Oldenburg NJW 2009, 536).

236 **H. Die Verständigung im Strafverfahren. I. Grundlagen.** Mit dem »**Gesetz zur Regelung der Verständigung im Strafverfahren**«, in Kraft getreten am 04.08.2009 (BGBl. I 2009, S. 2353), sieht die StPO (v.a. in § 257c) erstmals ausdrücklich »**Verständigungen**« zwischen dem Beschuldigten und den Strafverfolgungsorganen vor, die auf eine konsensuale Verfahrensgestaltung oder -beendigung gerichtet sind. Nach jahrzehntelanger, *praeter* – wenn nicht gar *contra* – *legem* verlaufender Entwicklung ist die »Absprache« unter den am Strafverfahren Beteiligten heute somit ein eigenständiges Institut des Strafprozessrechts und kann aus der Praxis – trotz nicht verstummter Kritik (statt vieler *Duttge* FS Schünemann, S. 875; *Eisenberg*, Beweisrecht, Rn. 42 ff.; *Herzog* GA 2014, 688; *Hettinger* JZ 2011, 292; *Heuser/Bockemühl* StV 2021, 63; *Kreß* ZStW 116 [2004], 172; *Ransiek* ZIS 2008, 116; *Schünemann* StraFo 2015, 177; *Weßlau* ZStW 116 [2004], 151) – namentlich in Wirtschaftsstrafverfahren nicht mehr hinweg gedacht werden (so u.a. KMR/*Eschelbach* Vor § 213 Rn. 66 ff.; *Fromm* ZWH 2015, 4; *Jahn* StV 2011, 497; *Knauer* FS v. Heintschel-Heinegg S. 245; LR/*Kühne* Einl. G Rn. 58 ff.; *Weider* StraFo 2003, 40). Die Forderung nach einer gesetzlichen Regelung wurde beständig lauter und zuletzt auch vom Großen Senat des Bundesgerichtshofs für Strafsachen erhoben (BGHSt [GrS] 50, 40; *Beulke/Satzger* JuS 1997, 1072, 1080; *Braun* StraFo 2001, 77), bis nach mehreren in Praxis und Wissenschaft hochumstrittenen Entwürfen (vert. hierzu *Huttenlocher* Dealen wird Gesetz – die Urteilsabsprache im Strafprozess und ihre Kodifizierung [2007]) die besagte Neuregelung verabschiedet wurde. Mittels einer Verständigung werden dem Beschuldigten zumeist Strafmilderungen bzw. ein konkretes Strafmaß seitens des Gerichts als »Gegenleistung« für die Abgabe eines Voll- oder Teilgeständnisses zugesichert. Gerade

bei komplizierten Sachverhalten ermöglicht die Verständigung daher eine Verfahrensbeschleunigung. Dem Angeklagten steht kein subjektives Recht auf eine Verständigung zu (BGH StV 2016, 97).

Die StPO enthält über § 257c hinaus, der gem. § 332 auch für das Berufungsverfahren gilt (OLG Brandenburg NStZ 2020, 759; Meyer-Goßner/*Schmitt* § 332 Rn. 1), **für jedes Verfahrensstadium** eine Regelung, welche die Möglichkeit einer **Erörterung des Verfahrenstandes** mit den Verfahrensbeteiligten vorsieht (vgl. **§§ 160b, 202a, 212, 257b**). Dies sichert die Transparenz des Verfahrens und stellt einen Weg zur Verfahrensbeschleunigung zur Verfügung, ohne dass das Ziel zwingend eine Verfahrenserledigung sein muss. Derlei Erörterungen entfalten im Unterschied zur Verständigung i.S.d. § 257c grundsätzlich **keine Bindungswirkung**. Die Existenz dieser Normen belegt, dass die dort vorgesehenen Kontakte nicht per se den Vorwurf der Befangenheit des Gerichts zu begründen vermögen (BGH wistra 2008, 154; 2011, 72; StraFo 2012, 137). Ob ein Befangenheitsgrund gegeben ist, ist vielmehr eine Frage des Einzelfalls (BGH NStZ 2011, 44; StraFo 2012, 222; BGH NStZ 2019, 223 m.Anm. *Ventzke*; krit. *Salditt* FS I.-Roxin, S. 687; s.a. *Fromm* ZWH 2015, 4; *Isfen* ZStW 125 [2013], 325; s.a. unter Rdn. 247). 237

II. Grundsätzliche Einwände gegen die Verständigung. Ein über eine Verständigung herbeigeführter Abschluss des Strafverfahrens steht nicht reibungslos mit verfassungsrechtlichen Grundsätzen und mit den – häufig auf diesen beruhenden – überkommenen Prozessgrundsätzen in Einklang, weshalb der Gesetzgeber bei Schaffung der gesetzlichen Regelung mit folgenden Problemkreisen konfrontiert war (BT-Drs. 16/12310, S. 1; s.a. *Landau* NStZ 2014, 425, 426): 238

- Beruht der Ausgang eines Verfahrens nicht mehr auf dem gesetzlich hierfür vorgesehenen Prozedere, besteht die Gefahr, dass der Beschuldigte zu einem »Objekt« der Verhandlungen zwischen Richter, StA und Verteidigung wird (vgl. *König* NJW 2012, 1915). Dies kann eine Verletzung des **fair-trial-Prinzips** begründen, etwa bei Zerstörung eines Vertrauenstatbestandes durch Nichteinhaltung einer von den Strafverfolgungsorganen abgegebenen Zusage.
- Wird durch das »Entgegenkommen« der Strafverfolgungsorgane der indisponible staatliche »Strafanspruch« preisgegeben, besteht die Gefahr einer Verletzung des **Legalitätsprinzips.**
- Ein Widerspruch zum Grundsatz **schuldangemessenen Strafens** (§ 46 StGB) entsteht, wenn jenseits des Anwendungsbereichs der §§ 153 ff. für schwere Straftaten Rechtsfolgen verhängt werden, die in keinem Verhältnis zum Tatvorwurf stehen.
- Der **Untersuchungsgrundsatz** als Absicherung des strafprozessualen Ziels der Erforschung materieller Wahrheit wird missachtet, wenn das Gericht trotz bestehender Zweifel an der Schuld des Angeklagten »blind« auf ein Geständnis vertraut, um damit eine langwierige und kostspielige Beweisaufnahme zu vermeiden.
- Bedenken erzeugt die Absprachenpraxis auch im Hinblick auf die **Prinzipien der Öffentlichkeit, Mündlichkeit und Unmittelbarkeit**, findet die eigentliche »Verständigung« doch regelmäßig außerhalb der Hauptverhandlung statt.
- Eine frühzeitige Meinungsbildung des Gerichts verträgt sich schwer mit dem Prinzip **freier richterlicher Überzeugungsbildung** (§ 261).
- Das Erfordernis einer Zustimmung durch den Angeklagten und die StA zur Verständigung konfligiert mit **Art. 92 GG**, wonach die rechtsprechende Gewalt den Richtern anvertraut ist.
- **Anwesenheits- und Mitwirkungsrechte der Prozessbeteiligten** drohen durch Absprachen außerhalb der Hauptverhandlung, u.U. auch nur zwischen einzelnen Verfahrensbeteiligten, umgangen zu werden.
- Werden dem Angeklagten vonseiten des Gerichts »Zugeständnisse« gemacht, ist Ausgangspunkt der Urteilsfindung nicht wie durch Art. 20 Abs. 3 GG vorgegeben seine Unschuld (Verstoß gegen die **Unschuldsvermutung**).
- Machen die Strafverfolgungsorgane deutlich, im Fall eines Geständnisses zur Zusage einer Strafmilderung bereit zu sein, gerät der Beschuldigte unter Druck, sich selbst zu belasten. Hieraus resultiert ein Konflikt mit dem **nemo-tenetur-Grundsatz**. Daher wird teils vorgeschlagen, die Verwertbarkeit des Geständnisses am Maßstab des § 136a zu messen.
- Auch die Gefahr richterlicher **Befangenheit** (§ 24 Abs. 2) wird virulent, da die Absprache im Fall ihres Scheiterns die objektive Haltung des Richters zum Verfahrensinhalt zu beeinträchtigen droht.

III. Die Regelung. 1. Einfügung in das strafprozessuale Regelungssystem. Die Anerkennung der Verständigung als statthaftes Mittel der Verfahrensgestaltung, wie sie vom Gesetzgeber verwirklicht wurde, führt **nicht** zu einer eigenständigen Verfahrensordnung mit eigenständigen Prozessgrundsätzen. Vielmehr wurden die diesbzgl. entwickelten Vorgaben **in das bestehende Regelungssystem der StPO** integriert, um die uneingeschränkte Geltung der überkommenen Prozessgrundsätze zu sichern (vgl. *Knauer* FS v. Heintschel-Heinegg S. 245, 256; hinsichtlich der **gerichtlichen Aufklärungspflicht** ausdrücklich: § 257c Abs. 1 Satz 2). Das 239

Gericht muss folglich die Anklage pflichtgemäß in tatsächlicher und rechtlicher Hinsicht überprüfen, ehe es eine Verständigung erwägt (BGH NStZ 2008, 54; zur richterlichen Kontrolle bei der Verständigung s.a. *Höland* FS Beulke, S. 787, 799). Die StPO enthält nach wie vor **kein** reines **Konsensprinzip**, nach dem die am Verfahren Beteiligten frei über die Tatsachengrundlage, auf der das Urteil beruht, disponieren können. Vielmehr ist auch ein aufgrund einer Absprache ergangenes Urteil dem Grundsatz **materieller Wahrheit** verpflichtet (BVerfGE 133, 168, 204 ff.; BGH StV 2009, 232; *Leitmeier* HRRS 2013, 362; vert.: *Kudlich* FS Schlothauer, S. 335; zweifelnd: *Fischer* StraFo 2009, 177, 181; *Gössel* FS Beulke, S. 743; *Kühne* GA 2008, 361; *Malek* StV 2011, 559). Die gesetzliche Regelung knüpft maßgeblich an die von der **höchstrichterlichen Rspr.** zuvor errichteten **Mindestvoraussetzungen** für die Zulässigkeit von Verfahrensabsprachen an (BGHSt 43, 195; 50, 40; zum Ganzen: *Murmann* FS Roxin-II, S. 1385; *Niemöller/Schlothauer/Weider*, Gesetz zur Regelung der Verständigung [2010]; *Rosenau* FS Puppe, S. 1601; *Schünemann* FS Wolter, S. 1107; zur einschlägigen Rspr. seit Inkrafttreten der Neuregelung: *Bittmann* ZWH 2014, 249; *Deutscher* StRR 2014, 288 sowie *Krawczyk/Schüler* StRR 2014, 284; *Schneider* NStZ 2014, 192 u. 252; *Wenske* DRiZ 2011, 393 u. DRiZ 2012, 123 u. 198).

Das **BVerfG** hat die gesetzliche Regelung in einer Grundsatzentscheidung vom 19.03.2013 für verfassungskonform erachtet (BVerfGE 133, 168 = NStZ 2013, 295 m. Bespr. *Beulke/Stoffer* JZ 2013, 662; *Fezer* HRRS 2013, 117; *Fischer* FS Kühne, S. 203; *Knauer* NStZ 2013, 433; *König/Harrendorf* AnwBl 2013, 321; *Kudlich* ZRP 2013, 162; *Löffelmann* JR 2013, 333; *Meyer* NJW 2013, 1850; *Mosbacher* NZWiSt 2013, 201; *Niemöller* StV 2013, 420; *Stuckenberg* ZIS 2013, 212; *Trück* ZWH 2013, 169; *Weigend* StV 2013, 424; BVerfG StV 2016, 409; s.a. *Börner* ZIS 2018, 178; *Norouzi* FS Schlothauer, S. 355; *Rönnau* ZiS 2018, 167; zur Vereinbarkeit von Verfahrensabsprachen mit der EMRK vgl. EGMR NJW 2015, 1745). Der Gesetzgeber sei von Verfassungs wegen nicht gehindert, Absprachen im Strafverfahren mit dem Ziel einer Verfahrensvereinfachung zu legalisieren, sofern durch hinreichende Vorkehrungen sichergestellt sei, dass die verfassungsrechtlichen Anforderungen gewahrt blieben. Allerdings konstatierten die Richter ein erhebliches Vollzugsdefizit in der Justizpraxis. Dies habe zwar »derzeit noch nicht« die Verfassungswidrigkeit der Regelung zur Folge. Der Gesetzgeber sei jedoch berufen, dieser Fehlentwicklung ggf. durch geeignete Maßnahmen entgegenzuwirken, um den Eintritt eines verfassungswidrigen Zustands zu verhindern (zu den Folgen der Entscheidung für die Praxis vgl. *Erhard* StV 2013, 655; *Landau* NStZ 2014, 425, 428 ff.; KK-StPO/*Moldenhauer/Wenske* § 257c Rn. 5 ff.; *Tsambikakis* ZWH 2013, 209). In Konsequenz der BVerfG-Entscheidung haben in den Jahren 2018–2020 *Karsten Altenhain, Matthias Jahn* und *Jörg Kinzig* eine Evaluation der Vorschriften über die strafprozessuale Verständigung vorgelegt (*Altenhain/Jahn/Kinzig* Die Praxis der Verständigung im Strafprozess, 2020 [auch abrufbar unter https://www.nomos-elibrary.de/10.5771/9783748922094.pdf?download_full_pdf=1, Abrufdatum: 08.05.2022]). Ein Ergebnis der Studie ist einerseits, dass informelle Absprache immer noch teils praktiziert und die Transparenz- und Dokumentationspflichten nicht stets befolgt werden, dass aber andererseits die Verständigungspraxis »besser als ihr Ruf« ist. Es gibt in der Praxis anscheinend in einigen Bereichen durchaus Bedürfnis nach konsensualen Praktiken, die, wie sich gezeigt hat, auch rechtsstaatlich zufriedenstellend erfüllt werden können (BVerfG NJW 2021, 2269, 2270; *Kudlich* ZRP 2021, 81, 83).

240 2. **Zulässiger Inhalt einer verfahrensbeendenden Verständigung.** **§ 257c** schreibt in Abs. 1 Satz 1 ausdrücklich die Zulässigkeit der verfahrensbeendenden Verständigung fest und regelt in Abs. 2, 3 ihren Anwendungsbereich.

a) Eine zulässige Verständigung setzt **Konnexität** i.S.e. **sachlichen Verknüpfung** zwischen dem für den Angeklagten angesonnenen Verhalten und der Zusage des Gerichts voraus (unzulässig z.B. Inaussichtstellen einer Strafmilderung gegen Begleichung von Steuerschulden, BGHSt 49, 84, 87; dazu *Beulke/Swoboda* JZ 2005, 67; Strafaussetzung zur Bewährung als Gegenleistung für den Entlastungszeugen, BGHSt 40, 287, 290; Strafmilderung bei Berufungsrücknahme in einem Parallelverfahren, *Mosbacher* JuS 2015, 701, 702; offengelassen in BGH StV 2021, 11; a.A. KG NStZ 2015, 236 m. abl. Anm. *Knauer/Pretsch*; MüKo-StPO/*Jahn/Kudlich* § 257 c Rn. 105; Meyer-Goßner/*Schmitt* § 257c Rn. 15b). Der Gesetzgeber hielt auch die Zusage eines konkreten Strafrahmens im Fall eines Verzichts des Angeklagten auf mögliche Beweisanträge für unzulässig (BT-Drs. 16/12310, S. 13; krit. *Beulke/Swoboda* Strafprozessrecht Rn. 597; für Zulässigkeit wohl auch *Schlothauer* FS Beulke, S. 1023, 1034).

241 b) Regelmäßig wird eine Verständigung ein **Geständnis** des Beschuldigten beinhalten, jedoch ist dies nicht zwingend (vgl. § 257c Abs. 2 Satz 2: »soll«). Ein in irgendeiner Form **»qualifiziertes« Geständnis** (denkbar: Vollständigkeit, Ernsthaftigkeit) wird zwar nach wie vor nicht verlangt, um den Beurteilungsspielraum des Tatgerichts nicht zusätzlich zu beschränken. Die fachgerichtliche Rspr. ging indes bereits vor der Grundsatzentscheidung des BVerfG davon aus, dass eine Verurteilung auf Basis einer Verständigung nicht ausschließlich auf ein **»inhaltsleeres Formalgeständnis«** – etwa in Form einer bloßen Bezugnahme auf den

Anklagesatz – oder »**schlankes Geständnis**« gestützt werden darf (BGH NStZ 2009, 467; StV 2011, 608 u. StV 2012, 134; OLG Celle StV 2011, 341). Darüber hinausgehend fordert das BVerfG nunmehr, **alle verständigungsbasierten Geständnisse zwingend durch Beweisaufnahme in der Hauptverhandlung** – also nicht etwa durch bloßen Abgleich mit der Aktenlage – **auf ihre Richtigkeit zu überprüfen** (BVerfGE 133, 168, 209; BGH NStZ 2017, 173; ebenso OK-StPO/*Eschelbach* § 257c Rn. 24; LR/*Stuckenberg* § 257c Rn. 23 a.E.; dazu auch *Greco* GA 2016, 1; zu den rechtspraktischen Folgen: *Schneider* NStZ 2014, 192, 193). Dass dem Urteil eine Verständigung vorausgegangen ist, entbindet das Gericht nicht von der Pflicht zur Aufklärung und Darlegung des Sachverhalts (BGH Beschl. v. 20.09.2012 – 3 StR 380/12 bei *Cierniak/Niehaus* NStZ-RR 2015, 164, 166 f.).

c) Sowohl der **Schuldspruch** (d.h. insb. der dem Urteil zugrunde liegende Sachverhalt) als auch **Maßregeln der Besserung und Sicherung** dürfen **nicht** zum Gegenstand einer Verständigung gemacht werden (§ 257c Abs. 2 Satz 3; hierzu auch BGH NStZ 2021, 509). Auch die Einziehung von Taterträgen nach §§ 73–73c StGB gehört nicht zu den Rechtsfolgen, die einer Verständigung gem. § 257c Abs. 2 zugänglich sind. Lediglich ein Absehen von Einziehung gem. § 421 kommt als Verständigungsgegenstand in Betracht (BGH NStZ 2018, 366 m.Anm. *Leppich* wistra 2018, 505). **Regelbeispiele** wurden nach Inkrafttreten der Neuregelung zunächst als zulässige »Verhandlungsmasse« angesehen, da sie – formal betrachtet – anerkanntermaßen die Strafzumessung betreffen (vgl. *Knauer/Lickleder* NStZ 2012, 366, 372). Angesichts der materiell-rechtlich nahezu äquivalenten Funktion von Regelbeispielen und tatbestandlichen Qualifikationen bzw. Privilegierungen, die ihrerseits als Element des Schuldspruchs unzweifelhaft keiner Verständigung zugänglich sind, entschied das BVerfG jedoch, dass bei verfassungsorientierter, teleologischer Auslegung des § 257c Abs. 2 Satz 1 auch Regelbeispiele und sonstige Strafrahmenverschiebungen – etwa in Form von Sonderstrafrahmen für besonders oder minder schwere Fälle – nicht der Disposition der Verfahrensbeteiligten unterliegen (BverfGE 133, 168, 210 ff.; ebenso bereits zuvor *Rieß* StraFo 2010, 10, 11; OK-StPO/*Eschelbach* § 257c Rn. 11.1; tendenziell einschränkend aber BGH NStZ 2017, 363 und 2013, 540 und im Anschluss hieran KK-StPO/*Moldenhauer/Wenske* § 257c Rn. 18a f.; abl. *Schneider* NStZ 2014, 192, 195; vert. *Schmitt* FS Tolksdorf, S. 399, 403; *Pauka/Link/Armenat* StraFo 2019, 5, 6). 242

d) Zulässig hingegen ist eine Verständigung über die sonstigen **Rechtsfolgen**, die im Urteil (z.B. Strafaussetzung zur Bewährung, § 56 StGB, § 267 Abs. 3 Satz 4) bzw. in den damit verbundenen Beschlüssen (z.B. **Bewährungsauflagen**, § 268a Abs. 1) verhängt werden können. Wenn das Gericht i.R.d. Verständigung nach § 257c die Verhängung einer zur Bewährung auszusetzenden Freiheitsstrafe zusagt, gebietet es die Verfahrensfairness (Art. 20 Abs. 3 GG, Art. 6 Abs. 1 Satz 1 EMRK), den Angeklagten auf konkret in Betracht kommende Bewährungsauflagen gem. § 56b Abs. 1 Satz 1 StGB bereits i.R.d. der Verständigung vorausgehenden Rechtsgesprächs hinzuweisen (BGHSt 59, 172; BGH wistra 2017, 115; BGH NStZ 2018, 420; OLG Frankfurt/M. StV 2016, 98; OLG Saarbrücken NJW 2014, 238; a.A. OLG Rostock StV 2016, 100; anders bei gescheiterten Verständigungsgesprächen: KG StRR 2014, 306). Etwas anderes soll dem BGH zufolge (BGH StV 2015, 151; ebenso: *Schneider* NStZ 2014, 192, 196) jedoch für Weisungen gem. § 56c StGB gelten, da diese – im Unterschied zu Bewährungsauflagen – keinen Sanktionscharakter aufweisen, sondern ausschließlich in spezialpräventiver Weise dazu dienen, positiven Einfluss auf die künftige Lebensführung des Verurteilten zu nehmen (vgl. § 56c Abs. 1 Satz 1 StGB). Auch die Entscheidung über die Fortdauer der Untersuchungshaft (§ 268b) ist – als »dazugehöriger Beschluss« i.S.v. § 257c Abs. 2 Satz 1 – zulässiger Verständigungsgegenstand (BGH NStZ 2014, 219; s.a. BGH NStZ 2015, 294, 295; StV 2016, 97). Keiner Vereinbarung zugänglich ist die Art und Weise des **Strafvollzugs**. Gem. § 257c Abs. 3 Satz 2 darf das Gericht im Zuge der Verständigungsverhandlungen **Ober- und Untergrenze** der möglichen Strafe angeben, sich jedoch hierbei nicht auf eine exakte Strafhöhe (sog. **Punktstrafe**) festlegen (BGHSt 51, 84, 86; BGH NStZ 2011, 231 u. 648; KG wistra 2015, 288). Wird ein Strafrahmen in Aussicht gestellt, so sind hierbei die allgemeinen Grundsätze der Strafzumessung (§ 46 StGB) zu berücksichtigen, insb. ist also der Grundsatz schuldangemessenen Strafens sowohl hinsichtlich der Ober- als auch der Untergrenze zu beachten. Wird dieser Spielraum unterschritten, liegt in dem entsprechenden »Angebot« ein gesetzlich nicht vorgesehener Vorteil i.S.d. § 136a Abs. 1 Satz 3 Alt. 2, der die Unverwertbarkeit des in diesem Rahmen abgegebenen Geständnisses zur Folge hat (BGH StV 2002, 637). Auch darf das Gericht nicht mit einer Strafmilderung aufwarten, deren Zusage im Vergleich zur ansonsten zu verhängenden Strafe eine unangemessene **Sanktionsschere** bedeuten würde (BGH StV 2007, 619; *Kempf* StV 2009, 269, 270). Der Beschuldigte hat im Rahmen einer Verständigung weder einen Anspruch darauf, vom Gericht eine Strafobergrenze für den Fall der Aburteilung ohne Verständigung mitgeteilt zu bekommen (BGH NStZ 2015, 358, 359; ZWH 2014, 86 m. zust. Anm. *Trück*; zust. auch *Ziegert* StraFo 2014, 228, 231 f.), noch darauf, dass die gegen ihn zu verhängende Strafe automatisch der Untergrenze des angekündigten Strafrahmens entspricht (BGH NStZ 2012, 584; 2013, 417 m. krit. Anm. *Klötzer-Assion/Velke* ZWH 2013, 427). 243

244 e) Gem. § 257c Abs. 2 Satz 1 können auch **sonstige verfahrensbezogene Maßnahmen** des jeweiligen Erkenntnisverfahrens Inhalt einer Verständigung werden. Nach früherem Verständnis fielen hierunter – neben denkbaren Absprachen über die Form der Beweiserhebung (z.B. Videovernehmung) – namentlich Vereinbarungen über eine **Einstellung des Verfahrens gem. §§ 153, 153a, 154 oder 154a** (BT-Drs. 16/12310, s. 13; BVerfG StV 2016, 406; OLG Frankfurt NStZ-RR 2011, 49; Niemöller/Schlothauer/Weider-*Niemöller*, Gesetz zur Regelung der Verständigung [2010], Teil B, § 257c Rn. 38; *Nötzel/Klauck* NStZ 2021, 544). Das BVerfG wandte sich im Rahmen seiner Grundsatzentscheidung indes unter Verweis auf den Wortlaut des § 257c Abs. 1 (»über den weiteren Fortgang und das Ergebnis *des* Verfahrens«) sowie des § 257c Abs. 2 Satz 1 (»im zugrunde liegenden Erkenntnisverfahren«) gegen sog. **»Gesamtlösungen«**, also gegen die Einbeziehung *anderer* Verfahren – insb. in Form der **staatsanwaltlichen Zusage, andere bei ihr anhängige Ermittlungsverfahren gem. § 154 Abs. 1 einzustellen** – in die Verständigungsgespräche gem. § 257c. Von Seiten der StA gegebene Versprechen hinsichtlich **anderer** bei ihr anhängiger Ermittlungsverfahren stellen also keinen zulässigen Verständigungsgegenstand i.S.d. § 257c dar und können dementsprechend weder Bindungswirkung i.S.v. § 257c Abs. 4, 5 noch einen schutzwürdigen Vertrauenstatbestand begründen (BVerfGE 133, 168, 214 Teileinstellungen innerhalb desselben Verfahrens nach § 154 Abs. 2 und Verfolgungsbeschränkungen gem. § 154a Abs. 2 sind zulässiger Verständigungsinhalt im Rahmen von § 257c [OK-StPO/*Eschelbach* § 257c Rn. 16; KK-StPO/*Moldenhauer/Wenske* § 257c Rn. 14; a.A. ohne Begründung BGH NStZ 2016, 244 m. abl. Anm. *Bittmann*]. Gespräche über eine komplette Verfahrenseinstellung gem. § 153 Abs. 2 Satz 1 bzw. § 153a Abs. 2 Satz 1 sollen indes nach [nicht überzeugender] Ansicht des KG [NStZ 2014, 293] von vornherein nicht dem Regelungsregime der Verständigung unterfallen, da es sich insoweit nicht um einen urteilsbezogenen Vorgang handle [ähnlich für eine »Totaleinstellung« gem. § 47 Abs. 2 OWiG mangels konnexer Gegenleistung des Betroffenen: OLG Hamburg Beschl. v. 27.03.2015 – 1 RB 58/14 = BeckRS 2015, 09842]. Ob sog. Gesamtlösungen im Rahmen von Erörterungen mit der StA auf Basis des § 160b [weiterhin] zulässig sind und ob insofern ein schutzwürdiges Vertrauen des Beschuldigten begründet werden kann, ist derzeit noch offen [vgl. *Beulke/Stoffer* JZ 2013, 662, 666 f.; LR-*Erb* § 160b Nachtr. Rn. 10 f.; *Schneider* NStZ 2014, 192, 196 f.]. Nach Ansicht des BGH darf jedenfalls die StA anlässlich einer Verständigung ankündigen, andere bei ihr anhängige Ermittlungsverfahren nach § 154 Abs. 1 einzustellen, solange nicht der Eindruck erweckt wird, dass es sich dabei um einen von der Bindungswirkung der Verständigung erfassten Bestandteil handelt [BGH NStZ 2017, 56 m.Anm. *Bittmann*]. I.Ü. ist die Rspr. gegenüber Gesamtlösungen im Wege der Einbeziehung »verfahrensfremder« Ermittlungsverfahren in die Absprache derzeit noch sehr zurückhaltend [vgl. BGH wistra 2017, 31 m.Anm. *Pflaum*].

245 f) Ebenso kann ein bestimmtes **Prozessverhalten** zum Gegenstand einer Absprache gemacht werden (§ 257c Abs. 2 Satz 1 a.E.), solange hierbei das Konnexitätserfordernis gewahrt wird. So ist die Höhe der Kompensation für eine hinsichtlich Art, Ausmaß und ihrer Ursachen prozessordnungsgemäß festgestellte überlange Verfahrensdauer ein zulässiger Verständigungsgegenstand (BGHSt 61, 43). Die Fortdauer der Untersuchungshaft kann Gegenstand einer Verständigung sein (BGH NStZ 2015, 294). In der Berufungsinstanz kann eine teilweise Berufungsrücknahme in Form einer nachträglichen Beschränkung des Rechtsmittels wegen der damit verbundenen Geständnisfiktion zulässigerweise Gegenstand einer Verständigung sein (OLG Brandenburg NStZ 2020, 759; *Ignor/Wegner* u. § 257c Rdn. 49; Meyer-Goßner/*Schmitt* § 257c Rn. 17b). Auch über eine Rücknahme von gestellten Beweisanträgen kann zulässigerweise eine Verständigung stattfinden (BVerfG StV 2016, 409). Eine Verständigung darf hingegen **nicht** über die Annahme einer tatsächlich gar nicht bestehenden Verfahrensverzögerung erfolgen, um auf diesem Wege einen Teil der Strafe für bereits vollstreckt erklären zu können (BGH StV 2011, 74; zur Vollstreckungslösung bei rechtsstaatswidrigen Verfahrensverzögerungen s.o. Rdn. 67 ff., 115 ff.).

246 **3. Zustandekommen und Offenlegung einer verfahrensbeendenden Verständigung.** Eine Verständigung i.S.d. § 257c Abs. 1 Satz 1 kommt gem. § 257c Abs. 3 Satz 1, 4 dadurch zustande, dass das Gericht in der Hauptverhandlung einen Verständigungsvorschlag bekannt gibt und sowohl Angeklagter als auch Staatsanwalt diesem Vorschlag zustimmen. Die Zustimmungserklärung ist als gestaltende Prozesserklärung unanfechtbar und unwiderruflich (BGHSt 57, 273 m.Anm. *Kudlich* NStZ 2013, 119). Die Zustimmung zum Verständigungsvorschlag muss ausdrücklich erfolgen. Eine nur konkludente Erklärung reicht nicht aus. Das betrifft sowohl die Zustimmung des Angeklagten (BGH NStZ 2019, 688 m. zust. Anm. *Kudlich* und *Bockemühl/Heuser* StV 2021, 8), als auch die Zustimmung der StA (BVerfG NJW 2021, 2269; BGH NStZ-RR 2017, 87). Verteidiger und Nebenkläger als Verfahrensbeteiligte können an Verständigungsgesprächen zwar teilnehmen, jedoch das Zustandekommen nicht verhindern. Ob unter dem Aspekt »Schwierigkeit der Rechtslage« regelmäßig bereits die Erörterung einer Verständigung Anlass zur Beiordnung eines Verteidigers gem. § 140 Abs. 2 Satz 1 Var. 3 gibt, ist von der Rspr. noch nicht abschließend geklärt (in diesem Sinne ein

obiter dictum des OLG Naumburg NStZ 2014, 116 m. abl. Anm. *Wenske* sowie *Peglau* jurisPR-StrafR 6/2014 Anm. 2; abl. OLG Bamberg NStZ 2015, 184). Dies verkennt die Schwierigkeiten im Umgang mit der Verständigung. Eine **notwendige Verteidigung** i.S.v. § 140 Abs. 2 liegt nach zutreffender Ansicht zumindest dann vor, wenn im konkreten Einzelfall eine Einigung über für den Angeklagten weitreichende Rechtsfolgen angestrebt wird und der Beschuldigte dies beantragt (vgl. u. § 140 Rdn. 50; ebenso: *Jahn/Müller* NJW 2009, 2625, 2627; in diese Richtung auch *Wenske* NStZ 2014, 117, 118; de lege ferenda für die Aufnahme von Verständigungsgesprächen in den Katalog des § 140 Abs. 1: LR-*Jahn* § 257c Rn. 89, 128 [Jugendstrafverfahren]; *Theile* NStZ 2012, 666, 670; *Feichtlbauer* Verständigung als Fremdkörper im deutschen Strafprozess?, 2021, S. 294, 320 f.). Eines der Hauptziele der Regelung der Verständigung war es, **heimliche** »informelle« Absprachen zu unterbinden. Der Gesetzgeber hat daher eine ganze Reihe von **Mitteilungs-, Belehrungs- und Dokumentationspflichten** statuiert, die keineswegs als bloße Ordnungsvorschriften verstanden werden dürfen, sondern zum »Kern des gesetzlichen Regelungskonzepts« gehören (BVerfGE 133, 168, 222 f.; s.a. BVerfG NStZ 2014, 528, 529; BVerfG NStZ 2015, 170 m.Anm. *Knauer/Ptretsch*). Verständigungsbezogene Erörterungen liegen vor, sobald bei Gesprächen ausdrücklich oder konkludent Fragen des prozessualen Verhaltens eines Verfahrensbeteiligten in einem hinreichend deutlichen Kontext zum Verfahrensergebnis gebracht werden. Abzugrenzen sind diese Erörterungen, bei denen ein Verfahrensergebnis einerseits und ein prozessuales Verhalten des Angeklagten andererseits in ein Gegenseitigkeitsverhältnis i.S.v. Leistung und Gegenleistung gesetzt werden, von sonstigen verfahrensfördernden Gesprächen, die nicht auf eine einvernehmliche Verfahrensbeendigung abzielen (BGH NStZ 2020, 237 m. Bespr. *Heuser/Bockemühl* StV 2021, 63; vert. Meyer-Goßner/*Schmitt* § 243 Rn. 18a; KK-StPO-*Schneider* § 243 Rn. 38 ff.). Solche unverbindlichen Erörterungen, die das Gericht ohne Verständigungsbezug als Ausdruck transparenten kommunikativen Verhandlungsstils führen kann, sind z.B. Rechtsgespräche und Hinweise auf die vorläufige Beurteilung der Beweislage oder die strafmildernde Wirkung eines Geständnisses (BGH StV 2021, 4) und (in bisher noch nicht geklärtem Ausmaß) u.U. auch die Mitteilung einer Ober- und Untergrenze der nach dem Verfahrensstand vorläufig zu erwartenden Strafe (BGH StV 2016, 87 m. krit. Anm. *Kudlich*). Auch Sondierungsgespräche müssen mitgeteilt werden, selbst wenn sie noch nicht ganz konkret sind, die Ablegung eines Geständnisses aber bereits mit den einer Verständigung zugänglichen Gesichtspunkten einer Beschränkung des Anklagevorwurfs und der Haftfrage verbunden werden (BGH NStZ 2021, 61; OLG Zweibrücken NStZ 2021, 253; BayObLG NStZ 2021, 320). Gespräche zwischen den Verfahrensbeteiligten, die ausschließlich der Organisation sowie der verfahrenstechnischen Vorbereitung und Durchführung der Hauptverhandlung dienen (z.B. Abstimmung der Termine), werden also mangels eines Bezugs zum Verfahrensergebnis insoweit nicht erfasst. Eine Verständigung ist regelmäßig nur dann mit dem Grundsatz des fairen Verfahrens zu vereinbaren, wenn der Angeklagte vor ihrem Zustandekommen über deren nur eingeschränkte Bindungswirkung für das Gericht **belehrt** worden ist (dazu u. Rdn. 250). Die **Transparenzvorschriften** des Verständigungsgesetzes dienen dem Schutz der Grundrechte des von einer Verständigung Betroffenen vor einem im Geheimen sich vollziehenden »Schulterschluss« zwischen Gericht, StA und Verteidigung (BVerfG NStZ 2014, 528, 529; NJW 2015, 1235, 1237; *Roxin/Schünemann* § 44 Rn. 68a; eingehend zu den Transparenzvorschriften *Pfister* StraFo 2016, 187). Das Gericht muss gem. **§ 243 Abs. 4 Satz 1** in der Hauptverhandlung mitteilen, ob Erörterungen i.S.v. §§ 202a, 212 im Hinblick auf eine Verständigung nach § 257c vorausgegangen sind und – wenn ja – deren wesentlichen Inhalt, inklusive der Darlegung, welche Standpunkte die Teilnehmer des Gesprächs (vor allem StA und Verteidigung) eingenommen haben, und auf welche Resonanz die bei den anderen am Gespräch Beteiligten jeweils stieß, insb. auch, ob sich das Gericht hierzu geäußert hat (zu den inhaltlichen Anforderungen vgl. BGH NStZ 2018, 363 und 487 m.Anm. *Bittmann;* BGH StV 2021, 3 und 6; BGH NStZ 2021, 310 m.Anm. *Knauer/Pretsch*; BGH wistra 2022, 120; s.a. BGH NStZ 2022, 187). Mitteilungspflichtig sind auch Gespräche, die nur mit dem Vorsitzenden geführt wurden (BVerfG 133, 168, 215 f.; BGH NStZ 2020, 751 m.Anm. *Bittmann*; BGH StV 2019, 376 und 377; BGH StV 2016, 95; OLG Brandenburg NStZ 2020, 759; Meyer-Goßner/*Schmitt* § 243 Rn. 18c). Nach diesen Grundsätzen können auch Gespräche über eine Teileinstellung des Verfahrens während der Hauptverhandlung der Mitteilungspflicht des § 243 Abs. 4 unterliegen (BGH NStZ 2021, 61). Dies ist dann der Fall, wenn sie in einen Konnex zum Prozessverhalten der Verfahrensbeteiligten gebracht werden, sich also die (vorläufige) Einstellung nach § 154 Abs. 2 durch das Gericht als Gegenleistung für eine von einem anderen Verfahrensbeteiligten in Aussicht gestellte oder zugesagte Leistung i.S.e. »synallagmatischen Verknüpfung der jeweiligen Handlungsbeiträge« darstellt, so z.B. wenn der Angeklagte im Gegenzug ein Geständnis angeboten hat (BGH NStZ 2016, 221; KK-StPO/*Schneider* § 243 Rn. 40; MüKo-StPO/*Arnoldi* § 243 Rn. 48). Andernfalls lösen Gespräche, die auf eine Teileinstellung von Taten während laufender Hauptverhandlung nach § 154 Abs. 2 abzielen, keine Mitteilungsplicht aus (BGH StV 2021, 4). Das kommt z.B. bei Verhandlungen zwischen der **StA und dem Gericht** in Betracht (BGH NStZ 2018, 49 m.Anm. *Bittmann* unter Aufgabe der früheren gegenteiligen Rspr.; Meyer-Goßner/*Schmitt* § 243 Rn. 18c; KK-StPO/*Schneider* § 243 Rn. 40). Gespräche ausschließlich zwischen **StA und Verteidigung** werden nicht von der Mitteilungspflicht nach § 243 Abs. 4 erfasst (BVerfG NStZ 2014, 592, 594; BGH NStZ 2016, 362 m.Anm. *Arnoldi*; Meyer-Goßner/*Schmitt* § 243 Rn. 18c; KK-StPO/*Schneider* § 243 Rn. 50). Neben der Mitteilung von erfolgreichen und gescheiterten Erörterungen (dazu BGH StV 2019, 371; BGH StV 2016, 94, 95: »Selbst die sofortige Ablehnung einer Verständigung durch einen Verfahrensbeteiligten ist [...] mitteilungsbedürftig.«) erfasst § 243 Abs. 4 insb. auch die Mitteilung, dass **keine** Verständigungsgespräche stattgefunden haben (sog. **Negativmitteilung**, vgl. BVerfG NStZ 2014, 592 m. krit. Anm. *Klotz* StV 2015, 1; BVerfG NJW 2014, 3504; Bay ObLG NStZ 2021, 320; KG StV 2014, 522; Meyer-Goßner/*Schmitt* § 243 Rn. 18b; *Schlothauer* StV 2013, 679; LR/*Becker* § 243 Rn. 52c; SK-StPO/*Frister* § 243 Rn. 43; *Mosbacher* NZWiSt 2013, 2201, 206; krit. KK-StPO/*Schneider* § 243 Rn. 57 [jetzt aber die Notwendigkeit nicht mehr infrage stellend]; die in BGHSt 58, 315 vom 2. Strafsenat vertretene gegenteilige Auffassung verstößt nach Ansicht des BVerfG gegen das Willkürverbot). Vollzieht sich das Verständigungsgeschehen in der Hauptverhandlung, bedarf es hierüber keiner gesonderten Mitteilung nach § 243 Abs. 4 (BGH NStZ 2017, 299). Unter »Gericht« i.S.v. § 243 Abs. 4 Satz 1 ist grundsätzlich nicht das nach Aufhebung und Zurückverweisung der Sache durch das Revisionsgericht nach § 354 Abs. 2, 3 berufene Gericht zu verstehen, sodass dieses nicht die im ersten Rechtsdurchgang geführten Erörterungen mitteilen muss (OLG Hamburg NStZ 2016, 182). Dies gilt ebenso für das Berufungsgericht, wenn über das Rechtsmittel erstmals verhandelt wird und lediglich gescheiterte Verständigungsgespräche vor dem Amtsgericht stattgefunden haben.

Die Beachtung der **Mitteilungspflicht** ist gem. **§ 273 Abs. 1a Satz 2** zu protokollieren. Fehlt ein entsprechender Hinweis im Protokoll, belegt dies lediglich, dass eine entsprechende Mitteilung unterblieben ist, nicht jedoch, dass keine Erörterungen außerhalb der Hauptverhandlung stattgefunden haben (BVerfGE 133, 168, 217; Meyer-Goßner/*Schmitt* § 243 Rn. 18b; a.A. noch LR/*Becker* § 243 Rn. 52d). Die auf die fehlende Protokollierung des Inhalts von Verständigungserörterungen außerhalb der Hauptverhandlung nach § 273 Abs. 1a Satz 2 gerichtete Verfahrensrüge soll ausnahmsweise in zulässiger Weise auf den Vortrag beschränkt werden können, dass sich der Verfahrensfehler aus dem Protokoll ergebe (OLG Bremen StV 2016, 790; eingehender zur Zulässigkeit von Rügen der Verletzung der §§ 243 Abs. 4, 273 Abs. 1a s. *Cirener* NStZ-RR 2016, 97). Auch eine konkludent getroffene (rechtswidrige) Verständigung löst die Transparenz- und Dokumentationspflichten nach §§ 243 Abs. 4, 273 Abs. 1a aus (OLG Hamm NStZ 2016, 565 m.Anm. *Bittmann*; *Roxin/Schünemann* § 44 Rn. 68a). **§§ 160b, 202a, 212** schreiben vor, dass der wesentliche Inhalt **aller** außerhalb der Hauptverhandlung erfolgten Erörterungen **aktenkundig** zu machen ist (vgl. Meyer-Goßner/*Schmitt* § 160b Rn. 8). Aus Transparenzgründen sind dem Gericht – trotz Fehlens einer entsprechenden Regelung – auch die Inhalte und das Ergebnis von – außerhalb der Hauptverhandlung erfolgten – Verständigungsgesprächen zwischen StA und Verteidigung mitzuteilen (BGH NStZ 2013, 353, 355; 2012, 347; *Pauly* FS Rissing-van Saan, S. 425, 431). Bei Erörterungen in der Hauptverhandlung wird ihr wesentlicher Ablauf und Inhalt **im Protokoll vermerkt**, dasselbe gilt für die Verständigung (**§ 273 Abs. 1 Satz 2, Abs. 1a Satz 1**), wobei das BVerfG sehr hohe inhaltliche Anforderungen stellt (BVerfGE 133, 168, 217; BGH StV 2019, 377). Auch die Tatsache, dass keine Verständigung stattgefunden hat, ist aus Transparenzgründen gem. **§ 273 Abs. 1a Satz 3** ins Protokoll aufzunehmen (sog. **Negativattest**) und gehört zu den wesentlichen Förmlichkeiten i.S.d. § 274 Satz 1 (krit. insofern *Niemöller* FS Rissing-van Saan, S. 393 ff.). Ist im Protokoll weder vermerkt, dass es zu einer Verständigung gekommen ist, noch, dass eine solche nicht stattgefunden hat, ist das Protokoll nach Ansicht der Rspr. in sich widersprüchlich bzw. lückenhaft und zeitigt daher insofern keine Beweiskraft i.S.d. § 274 (BGHSt 56, 3 m.Anm. *Bauer* StV 2011, 340; BGH StV 2016, 772; so auch *Brand/Petermann* NJW 2010, 268, 270; krit. Niemöller/Schlothauer/Weider/*Niemöller* Teil B § 273 Rn. 27 ff.; *Nistler* JuS 2009, 916, 918). Ob eine Absprache zustande gekommen ist, muss dann i.R.d. Revisionsverfahrens im Freibeweisverfahren geklärt werden (namentlich durch Einholung dienstlicher Erklärungen der Verfahrensbeteiligten), wobei verbleibende Zweifel – entgegen allgemeiner Grundsätze – aus Fairnessgesichtspunkten nicht zulasten des Angeklagten gehen dürfen, da sie auf dem von den Verfolgungsbehörden zu verantwortenden Verstoß gegen die in § 273 Abs. 1a Satz 3 normierte Dokumentationspflicht gründen (BVerfG NJW 2012, 1136 m. zust. Anm. *Kröpil* JR 2013, 203 u. *Niemöller* StV 2012, 387, 390). Auch in den **Urteilsgründen** muss zur Absicherung der Kontrollpflicht der Rechtsmittelgerichte auf eine vorausgehende Verständigung i.S.d. § 257c Bezug genommen werden (**§ 267 Abs. 3 Satz 5**; vgl. hierzu BGHSt 58, 184). Der durch Verständigungsgespräche außerhalb der Hauptverhandlung entstehende Eindruck einer Voreingenommenheit des Gerichts kann dadurch verhindert werden, dass auch diese nur in Anwesenheit aller Verfahrensbeteiligten erfolgen (BGH StV 2011, 72).

Das BVerfG hat Verstöße gegen die Transparenz- und Dokumentationspflichten des Verständigungsgesetzes bewusst in die Nähe absoluter Revisionsgründe gerückt (BVerfG NStZ 2014, 528, 529; BGH NStZ 2020,

751 m.Anm. *Bittmann*; BGH NStZ 2021, 310 [Rn. 17] m.Anm. *Knauer/Pretsch*; OLG Nürnberg StV 2015, 282, 283; krit. *Kasiske* NJW-Spezial 2015, 184; *Niemöller* NStZ 2015, 489; *Walther* NStZ 2015, 383; abgrenzend: BGH NStZ 2013, 724), um sog. informelle Absprachen endgültig zu unterbinden. Entgegen der früheren Rspr. des BGH ist die Verletzung der (Negativ-) Mitteilungspflicht des § 243 Abs. 4 Satz 1 nach Ansicht des BVerfG **in der Regel revisibel**, da in diesem Fall ein Beruhen des Urteils i.S.d. § 337 auf einem Verstoß gegen § 257c zumeist nicht auszuschließen sei: Bei einem Verstoß gegen Transparenz- und Dokumentationspflichten könne nicht sicher ausgeschlossen werden, dass das Urteil auf eine gesetzwidrige »informelle« Absprache oder hierauf gerichtete Gesprächsbemühungen zurückgehe (BVerfGE 133, 168, 223; BVerfG NJW 2015, 1235, 1237; BGH NJW 2013, 3046; NStZ 2016, 244; StV 2021, 1 und 3; s. aber auch BGH NStZ 2021, 61 [Rn. 12 ff.]; vert. *Allgayer* NStZ 2015, 185; *Lam* StraFo 2014, 407). Es ist also eine um normative Aspekte angereicherte Beruhensprüfung durchzuführen, bei der auf die Art und Schwere des Verstoßes abgestellt wird und die über eine reine Kausalitätsprüfung hinausgeht (vgl. auch *Roxin/Schünemann* § 44 Rn. 68; diese auf der Rspr. des BVerfG basierende normative Prüfung begegnet nach BGH StV 2016, 81, 85 »gewichtigen Bedenken«). Gleiches gelte, sofern im Protokoll das gem. § 273 Abs. 1a Satz 3 erforderliche Negativattest fehle, obwohl eine Verständigung gem. § 257c nicht zustande gekommen sei (BVerfGE 133, 168, 223; vert. *Beulke/Stoffer* JZ 2013, 662, 670; allgemein zur revisionsgerichtlichen Kontrolle von Verständigungen: *Altvater* StraFo 2014, 221; *Schneider* NStZ 2014, 252; *Ventzke* StraFo 2012, 212). Damit hat das BVerfG Verstöße gegen die Transparenz- und Dokumentationspflichten des Verständigungsgesetzes bewusst in die Nähe absoluter Revisionsgründe gerückt (so ausdr. BVerfG NStZ 2014, 528, 529; OLG Nürnberg StV 2015, 282, 283). Nur ausnahmsweise kann ausgeschlossen werden, dass das Urteil auf einem derartigen Verfahrensfehler beruht, wenn zweifelsfrei feststeht, dass es keinerlei Gespräche gegeben hat, in denen die Möglichkeit einer Verständigung im Raum stand (BVerfGE 133, 168, 223; BVerfG NJW 2014, 3504, 3506; 2015, 1235, 1237). Die Rüge eines Verstoßes gegen die Mitteilungs- und Dokumentationspflicht gem. § 243 Abs. 4 Satz 2 setzt nicht voraus, dass der Verteidiger zuvor vom Zwischenrechtsbehelf des § 238 Abs. 2 Gebrauch gemacht hat (BGHSt 59, 252; BGH StV 2016, 94; OLG Brandenburg NStZ 2020, 759 [Rn. 21]). Rügt die bei den Verständigungsgesprächen nicht anwesende StA die Verletzung der Mitteilungspflichten nach § 243 Abs. 4, liegt kein Verstoß gegen § 339 vor, weil § 243 Abs. 4 nicht lediglich zugunsten des Angeklagten besteht, sondern in erster Linie dazu dient, die Öffentlichkeit und Transparenz des Verständigungsverfahrens zu garantieren (BGH StV 2016, 772).

Das BVerfG stellte im Rahmen seiner Grundsatzentscheidung zur Verfassungskonformität der Regelungen 247
zur Verständigung im Strafverfahren unmissverständlich die **Unzulässigkeit sog. »informeller«, außerhalb des gesetzlichen Regelungskonzepts erfolgender Absprachen** fest (BVerfGE 133, 168, 212 ff.; näher hierzu *Beulke/Stoffer* JZ 2013, 662, 671 f.; s.a. BGHSt 59, 21 m.Anm. *Kudlich* JZ 2014, 471, *Niemöller* JR 2014, 216 und *Trück* ZWH 2014, 179; BGH StV 2015, 153). Derlei Vereinbarungen kommt seit Einführung der gesetzlichen Regelung keinerlei Bindungswirkung zu (BGH NStZ 2011, 107; StV 2011, 74 m.Anm. *Bachmann/Goeck* JR 2011, 168 ff.; SK-StPO/*Velten* § 257c Rn. 32; zum Problem s.a. *Heuser/Bockemühl* StV 2021, 63). Sie werden von der Protokollierungspflicht nach § 273 Abs. 1a Satz 3 nicht erfasst (BGH StV 2016, 772; OLG Bremen StV 2016, 790; s. Rdn. 246). In Anknüpfung an die Entscheidung des Verfassungsgerichts belegte das OLG München ein Urteil, welches auf eine »informelle« Absprache zurückging, gar mit dem Verdikt der Nichtigkeit: Neben Verletzung sämtlicher Offenlegungs-, Dokumentations-, Hinweis- und Belehrungspflichten hatte das Gericht seine Entscheidung trotz offensichtlich erforderlicher weiterer Aufklärung allein auf die erkennbar ungenügende Einlassung des Angeklagten gestützt, ohne sich über deren sachliche Richtigkeit ein »eigenes Urteil« zu bilden (OLG München NJW 2013, 2371 m. abl. Anm. *Meyer-Goßner* StV 2013, 613; s. bereits oben Rdn. 223). Die Mitwirkung der StA als »Wächterin« über die Rechtmäßigkeit der Verständigung (vgl. BVerfGE 133, 168, 220) darf nicht umgangen werden. Vor diesem Hintergrund erfordert die Abgrenzung einer »informellen« Absprache ohne Beteiligung der StA zu einer lediglich offen gestalteten Verhandlungsführung des Gerichts unter Abgabe vorläufiger Einschätzungen zur Sach- und Rechtslage eine diffizile Würdigung der konkreten Umstände des Einzelfalls (vgl. OLG München StV 2014, 523 m. abl. Anm. *Wenske*; abl. auch *Hillenbrand* StRR 2014, 105; s.a. BGH StV 2014, 518).

Ein Richter kann wegen Besorgnis der Befangenheit gem. § 24 Abs. 2 abgelehnt werden, wenn bei einem Verfahren gegen mehrere Mitangeklagte Verständigungsgespräche nur zwischen einigen Verteidigern der Mitangeklagten ohne die Anwesenheit der übrigen Verteidiger geführt werden. Sofern ein solches vertrauliches Gespräch zwischen Gericht und ausgewählten Mitangeklagten stattgefunden hat, muss der Vorsitzende alle Verfahrensbeteiligten über die Durchführung und den Inhalt des Gesprächs unverzüglich und umfassend informieren, um von vornherein jedem Anschein der Heimlichkeit vorzubeugen und dem Recht auf ein faires, rechtsstaatliches Verfahren Rechnung zu tragen (BGH NStZ 2019, 223 m.Anm. *Ventzke*).

Allen Verfahrensbeteiligen, die an einer »informellen« Verständigung mitwirken, droht ein nicht unerhebliches Strafbarkeitsrisiko (§§ 339, 258, 258a, 348 StGB), wobei Einzelheiten insofern noch ungeklärt sind (vert. *Beulke* FS Schlothauer S. 313; *Beulke/Ruhmannseder* Rn. 120 ff.; *Beulke/Stoffer* JZ 2013, 662, 671 f.; *Dießner* StV 2011, 43, 45 ff.; *Fahl* in: Strafverteidigung – Grundlagen und Stolpersteine [Symposion für Werner Beulke], 2012, S. 17; *Kubik*, Die unzulässige Sanktionsschere [2014], S. 169 ff.; *Sauer/Münkel*, Absprachen im Strafprozess, 2. A. [2014], S. 191; *Niemöller/Schlothauer/Weider/Schlothauer* Teil D Rn. 47 ff.).

248 **4. Bindungswirkung. a)** Nach früherer Rspr. sollte keiner der an einer Absprache Beteiligten an selbige gebunden sein (BGH NJW 1994, 1293), sodass allein der Angeklagte das Risiko der Nichteinhaltung trug. Der BGH leitete doch mit zunehmender Verbreitung von Verfahrensbeendigungen infolge einer Verständigung aus dem *fair-trial*-Grundsatz eine Bindung des erkennenden Gerichts an eine zulässig getroffene Absprache ab, solange nicht »schwerwiegende neue Umstände« (BGHSt 43, 195, 210; krit. *Satzger* JA 1998, 98; s.a. BGH StV 2003, 481 m. abl. Anm. *Schlothauer*) bzw. »bereits vorhandene relevante tatsächliche oder rechtliche Aspekte« (BGHSt 50, 40, 50; BGH StV 2009, 239) eine abweichende Beurteilung der Sache erforderten.

249 b) § 257c Abs. 4 Satz 1 geht im Grundsatz von einer **Bindung** des Tatgerichts an die (allen Anforderungen entsprechende) Verständigung aus, lässt diese jedoch **entfallen, wenn rechtlich oder tatsächlich bedeutsame Umstände übersehen** worden sind **oder sich neu ergeben** haben *und* das Gericht infolgedessen zu der Überzeugung gelangt, dass der in Aussicht gestellte **Strafrahmen nicht mehr tat- oder schuldangemessen** ist (BGH NStZ 2013, 417; StV 2013, 193). Dies kann auch gelten, wenn der Angeklagte unter Verletzung der Mitteilungspflicht in seinem Recht auf ein faires Verfahren und seiner Selbstbelastungsfreiheit verletzt ist (OLG Brandenburg NStZ 2020, 759). Mit dieser Regelung soll sichergestellt werden, dass das Gericht kein falsches oder ungerechtes Urteil fällen muss, nachdem es einen bei Abschluss der Vereinbarung bestehenden Irrtum über die Sach- oder Rechtslage, der zur Zusage eines unangemessenen Strafrahmens führte, nunmehr erkennt. Krit. ist anzumerken, dass die vorhandene Regelung in ihren Voraussetzungen zu unbestimmt ist und daher das Vertrauen des Angeklagten in die Wirksamkeit der Absprache nicht ausreichend geschützt wird. Zudem **entfällt** nach § 257c Abs. 4 Satz 2 die Bindungswirkung auch dann, wenn das **weitere Prozessverhalten des Angeklagten nicht dem Verhalten entspricht**, welches das Gericht seiner Prognose zugrunde gelegt hatte. Angemessen erscheint diese Rechtsfolge, sofern der Angeklagte die von ihm zugesagte Leistung nicht erbringt (z.B. nur Teilgeständnis statt umfassendem Geständnis). Jedoch ist die Ausschlussregelung insofern zu unbestimmt, als vom Wortlaut auch ein sonstiges, in der Absprache nicht näher spezifiziertes Prozessverhalten des Angeklagten erfasst wird, wie z.B. die Beanstandung einer Maßnahme des Vorsitzenden gem. § 238 Abs. 2. Auf das Verteidigungsverhalten des Angeklagten wird durch diese latente Drohung des Gesetzgebers ein erheblicher Druck ausgeübt, der sich mit dem in Art. 6 Abs. 3 lit. c) EMRK statuierten Recht auf Verteidigung nur schwerlich verträgt (krit. auch *Fahl/Geraats* JA 2009, 791, 796). Die durch eine zustande gekommene Verständigung eingetretene Bindungswirkung entfällt weder durch einen »Widerruf« der StA noch kraft Gesetzes, vielmehr bedarf es dazu einer Entscheidung durch das *Tatgericht*, wenn und soweit es die Voraussetzungen des § 257c Abs. 4 Satz 1 oder 2 bejaht. Vor dieser »Aufkündigung« bleibt das Gericht unabhängig von einer gegenteiligen Auffassung der StA an die Verständigung gebunden (BGH StV 2017, 287). Auf von der StA zugesagte Leistungen hat das Gericht hingegen keinen direkten Einfluss. Auf sie soll sich deshalb die Bindungswirkung des § 257c Abs. 4 nicht beziehen (BT-Drs. 16/12310, S. 13; s. aber u. Rdn. 258).

250 c) Nach **§ 257c Abs. 5** ist der Angeklagte **über** die **Voraussetzungen und Folgen** einer Abweichung des Gerichts von dem in Aussicht gestellten Ergebnis nach Abs. 4 **zu belehren**. Die Belehrung stellt eine wesentliche Förmlichkeit dar, die gem. § 273 Abs. 1a Satz 2 in das Sitzungsprotokoll aufzunehmen ist. Sie muss gemeinsam mit dem gerichtlichen Verständigungsvorschlag erteilt werden (BGH NStZ 2015, 358; StV 2011, 76, 2013, 682, 683). Eine Verständigung ist regelmäßig nur dann mit dem Grundsatz des fairen Verfahrens zu vereinbaren, wenn der Angeklagte vor ihrem Zustandekommen nach § 257c Abs. 5 über deren nur eingeschränkte Bindungswirkung für das Gericht belehrt worden ist (BVerfGE 133, 168, 237; BGH NStZ 2020, 237 m. Bespr. *Heuser/Bockemühl* StV 2021, 63). Unterbleibt die Belehrung oder wird sie zu spät (d.h. erst nach der Zustimmung des Beschuldigten zur Verständigung) erteilt, ist – entgegen der früheren Rspr. (BGH wistra 2011, 73, 74 u. wistra 2011, 75, 76) – regelmäßig davon auszugehen, dass das Urteil **auf diesem Verfahrensfehler beruht** (§ 337), eine entsprechende Revision also Erfolg hat (BVerfG StraFo 2014, 415, 416; NJW 2012, 1058, 1071; BGH NStZ 2019, 169; StV 2013, 611; 2014, 518; 2016, 98; NStZ-RR 2017, 51; 120; OLG München StV 2014, 79; s.a. *Cierniak/Niehaus* NStZ-RR 2017, 129). Dies gilt ausnahmsweise dann nicht, wenn der Beschuldigte nach den konkreten Feststellungen des Revisionsgerichts, auch bei ordnungsgemäßer Belehrung ein Geständnis abgelegt hätte (BVerfG NJW 2014, 3506, 3507; StV 2013, 674;

BGH StV 2013, 682; *Jahn* StV 2011, 497, 501). Überdies führt eine Missachtung der Belehrungspflicht zu einem Beweisverwertungsverbot hinsichtlich eines nach Zustandekommen der Verständigung abgegebenen Geständnisses (OLG Rostock StV 2014, 81; anders noch BGH StV 2011, 76, 78).

Sobald das Gericht den Beschluss – das Entfallen der Bindungswirkung tritt nicht kraft Gesetzes ein (BGHSt 57, 273) – gefasst hat, von der Verständigung abweichen zu wollen, muss gem. § 257c Abs. 4 Satz 4 **unverzüglich** und unter Angabe der objektiven, vom Revisionsgericht überprüfbaren Gründe (vgl. *Jahn/Müller* NJW 2009, 2625, 2629; Niemöller/Schlothauer/Weider/*Niemöller* Teil B § 257c Rn. 113) an den Angeklagten eine **Mitteilung** zum Entfallen der Bindungswirkung ergehen. Eine im Einzelfall möglicherweise aus der veränderten rechtlichen Beurteilung des Tatgeschehens erwachsende Hinweispflicht des Gerichts gem. § 265 bleibt unberührt von § 257c IV 1 bestehen – auch wenn das Gericht sich nicht von seiner Strafrahmenzusage lösen will (BGHSt 56, 235; vgl. auch BGH StV 2013, 193).

d) Umstritten ist, inwieweit auch die Rechtsmittelgerichte bzw. die Gerichte nach Zurückverweisung 251
(§ 354 Abs. 2, 3) durch eine erstinstanzliche Verständigung gebunden sind. Das (eingeschränkte) Verbot der reformatio in peius (§§ 331 Abs. 1, 358 Abs. 2; vgl. § 358) schützt den Beschuldigten insoweit nur unzureichend, wenn ausschließlich oder ebenfalls die StA Rechtsmittel eingelegt hat (zur Praxis der »Sperrberufung« nach einer Verständigung: StA Nürnberg-Fürth StraFo 2014, 426 m. krit. Anm. *Schlothauer*; s.a. *Wenske* NStZ 2015, 137, 141). Dennoch ist das Berufungsgericht nach dem Willen des Gesetzgebers (vgl. BT-Drs. 16/12310, S. 15) grundsätzlich nicht an eine erstinstanzlich erzielte Verständigung gebunden (Meyer-Goßner/*Schmitt* § 257c Rn. 28). Der Rspr. zufolge besteht zudem keine Bindungswirkung nach Aufhebung und Zurückverweisung durch das Revisionsgericht hinsichtlich einer zunächst durch das Instanzgericht zugesagten Strafobergrenze (BGH StV 2010, 470; 2011, 337; 2013, 612). Auch wenn das Verfahren, in dem es zu einer Verständigung gekommen war, ausgesetzt ist (§ 229 Abs. 4), entfällt die Bindung des Gerichts an die Verständigung (BGH NStZ 2021, 568). In bestimmten Konstellationen ergibt sich jedoch eine faktische Bindungswirkung unter fair-trial-Gesichtspunkten: Beispielsweise verträgt es sich nicht mit dem Grundsatz des fair trial, einen Wegfall der Bindungswirkung in Fällen anzunehmen, in denen ein Rechtsmittel zur Zurückverweisung führt, weil das Tatgericht die Verständigung rechtsfehlerhaft widerrufen hat. Insoweit muss das neue Tatgericht an die alte Verständigung gebunden sein (Niemöller/Schlothauer/Weider-*Weider* Teil C Rn. 57; *Gless* FS Schlothauer S. 433, 437).

5. **Rechtsmittelverzicht im Rahmen einer Verständigung.** Vor der gesetzlichen Normierung des »Deals« 252
wurde der aufgrund einer Urteilsabsprache ausgesprochene **Rechtsmittelverzicht des Angeklagten als unwirksam** behandelt, um die durch Absprachen gefundenen Urteile nicht der Kontrolle durch die Rechtsmittelgerichte zu entziehen. Nach Auffassung des Großen Senats des BGH sollte der Angeklagte aber trotz der vorausgehenden Absprache dann wirksam auf Rechtsmittel verzichten können, wenn das Gericht ihm eine **qualifizierte Belehrung** dahin gehend erteilte, dass er trotz des vereinbarten Verzichts frei sei, ein solches einzulegen (BGHSt GrS 50, 40 m.Anm. *Dahs* NStZ 2005, 580; krit. hierzu: *Hellmann* Rn. 698; *Satzger* JA 2005, 684). Diese von der Rspr. geschaffene »Zusatzbelehrung« verankert nun **§ 35a Satz 3** im Gesetz. Darüber hinaus **schließt § 302 Abs. 1 Satz 2** einen **wirksamen Rechtsmittelverzicht** im Fall einer vorausgegangenen Verständigung **vollständig aus**, auch wenn qualifiziert belehrt wurde (zur Vereinbarkeit des Rechtsmittelverzichts im Rahmen einer Verständigung mit der EMRK: EGMR NJW 2015, 1745). In Fällen »informeller« Verständigung (s.o. Rdn. 247) muss dies erst recht gelten (BVerfGE 133, 168, 213 f.; BGHSt 59, 21, 26 m. Anm. *Kudlich* JZ 2014, 471 u. Anm. *Trück* ZWH 2014, 179; OLG Köln NStZ 2014, 727 m. krit. Anm. *Schneider* NStZ 2015, 53; OLG München StV 2013, 493; OLG Celle StV 2012, 141 m. zust. Anm. *Meyer-Goßner*; **a.A.** *Bittmann* NStZ-RR 2011, 102, 104). Unabhängig vom Inhalt der Vereinbarung kann der Angeklagte daher innerhalb der gesetzlich vorgesehenen Fristen uneingeschränkt Rechtsmittel einlegen (zur früheren Diskussion vgl. BGH StV 2009, 169 m. abl. Anm. *Beulke/Witzigmann* StV 2009, 394).

Die Radikallösung des Gesetzgebers, nach einer Verständigung überhaupt keinen wirksamen Rechtsmittel- 253
verzicht mehr zuzulassen, wird in der Verfahrenspraxis offenbar teils dadurch unterlaufen, dass zwei zum Schein abgegebene Erklärungen miteinander kombiniert werden, nämlich der Beschuldigte ein Rechtsmittel einlegt und dieses vereinbarungsgemäß unverzüglich (z.B. 54 Minuten später, s. BGHSt 55, 82) zurücknimmt. Entgegen der überzeugenden Auffassung, wonach eine solche Rücknahme als funktionales Äquivalent dem unwirksamen Rechtsmittelverzicht vollständig gleichsteht und somit ebenfalls unwirksam sein muss (Niemöller/Schlothauer/Weider/*Niemöller* Teil B § 302 Rn. 16; *ders.* NStZ 2013, 19, 24 f.; s.a. § 302 Rdn. 59), geht BGHSt 55, 82 von der Zulässigkeit und Wirksamkeit eines solchen Vorgehens aus (krit. *Altvater* StraFo 2014, 221, 222; *Fischer* ZRP 2010, 249; *Gericke* NStZ 2011, 110; *Jahn* StV 2011, 497, 503; *Scheffler/Lehmann* StV 2015, 123, 128; ebenfalls krit. zur Teilrücknahme während laufender Berufungseinlegungsfrist: *Wenske* NStZ 2015, 137, 139; vgl. auch These 47 der Thesen zur Strafverteidigung des Straf-

rechtsausschusses der BRAK, 2. Aufl. 2015). Jedenfalls sofern kein Missbrauch nachweisbar ist, steht die Rspr. auf dem Standpunkt, dass die Rücknahme eines Rechtsmittels dem Rechtsmittelverzicht nicht gleichgestellt werden kann, sodass § 302 Abs. 1 Satz 2 auch im Fall vorausgegangener Verständigung einer Rechtsmittelrücknahme innerhalb der Frist zur Einlegung eines Rechtsmittels nicht entgegensteht (OLG Köln StV 2018, 803). Zum Problem des Versäumens der Rechtsmittelfrist nach Rechtsmittelverzicht im Zusammenhang mit einer Verständigung vgl. § 302.

254 6. **Verständigung im Jugendstrafverfahren.** § 257c findet auch im Jugendstrafverfahren Anwendung, jedoch ist infolge des dort verfahrensleitenden Erziehungsgedankens eine Verständigung vor dem Jugendgericht nur in den wenigsten Fällen als probates Mittel anzusehen (BGH BeckRS 2018, 3836; BT-Drs. 16/12310, S. 10; *Fahl* NStZ 2009, 613). Noch immer nicht endgültig geklärt ist, ob die nach früherer Rspr. vertretene Unzulässigkeit einer Absprache über die Anwendung von Jugendstrafrecht auf Heranwachsende noch Gültigkeit beansprucht (BGH StV 2001, 555). Der Erziehungsgedanke spricht dafür, diese Rspr. beizubehalten (Beck-Ok-StPO/*Eschelbach* § 257c 7.1; *Burhoff*, Hauptverhandlung, Rn. 66a; *Nowak*, JR 2010, 248, 251; KK-StPO/*Moldenhauer/Wenske* § 257c Rn. 18d; *Beulke/Swoboda* Jugendstrafrecht Rn. 221; **a.A.** Meyer-Goßner/*Schmitt* § 257c Rn. 7).

255 7. **Fehlerfolgen der gescheiterten oder missbräuchlichen Verständigung.** a) Scheitert eine Verständigung, entstehen aus den bei diesen Verhandlungen geäußerten Einschätzungen (z.B. bzgl. der vom Gericht angedachten Straferwartung) keinerlei Bindungswirkungen (BGH NStZ 2018, 232 und 419). Sie begründen aber im Regelfall auch **keine Befangenheit** des Richters. Eine offene, kommunikative Verhandlungsführung, im Rahmen derer das Gericht sich nach dem jeweiligen Sachstand zu den (vorläufigen) Prozessaussichten äußert, ist typischer Inhalt von Verständigungsgesprächen (außerhalb der Hauptverhandlung auch stets ohne sofortige Einbindung der Schöffen) und deshalb (solange keine falltypischen Besonderheiten erkennbar sind) ebenso wenig ein die Besorgnis der Befangenheit rechtfertigender Umstand wie eine – die Bedeutung des Geständnisses einschließende – Prognose zur möglichen Straferwartung (OLG Hamburg StV 2019, 382 mit sehr krit. Bespr. *Harrendorf/Lagler* StV 2019, 428). **Entfällt nachträglich die Bindungswirkung** der Verständigung (z.B. infolge eines **Widerrufs** i.S.d. § 257c Abs. 4 Satz 1 u. 2), stellt sich die Frage nach den hieraus folgenden **Konsequenzen** (vert. *Rode* StraFo 2015, 89). § 257c Abs. 4 Satz 3 statuiert ein im Lichte der Verfahrensfairness gebotenes **Beweisverwertungsverbot** hinsichtlich eines vom Angeklagten bereits abgelegten **Geständnisses** (vert. *Beulke/Swoboda* JZ 2005, 67, 73; *Gless* FS Schlothauer, S. 433; *Momsen/Washington* FS Rogall S. 593). Die Widerspruchslösung des BGH findet auf dieses kraft Gesetzes bestehende Verwertungsverbot keine Anwendung (OK-StPO/*Eschelbach* § 257c Rn. 36; *Velten* StV 2012, 172, 176). Auch in der Rechtsmittelinstanz und nach Zurückverweisung findet das in § 257c Abs. 4 Satz 3 niedergelegte Verwertungsverbot aus Gründen des fair trial und des Vertrauensschutzes analoge Anwendung, wenn das Gericht die ursprüngliche – in rechtmäßiger Weise vor dem Instanzgericht zustande gekommene – Verständigung nicht gegen sich gelten lassen will. In diesem Fall ist der Angeklagte gem. § 257c Abs. 4 Satz 4 analog i.S.e. qualifizierten Belehrung über die Unverwertbarkeit seines erstinstanzlich abgelegten Geständnisses aufzuklären (OLG Karlsruhe NStZ 2014, 294, 295 m. zust. Anm. *Moldenhauer* NStZ 2014, 493; OLG Düsseldorf StV 2011, 80 m. krit. Anm. *Kuhn* StV 2012, 10; **a.A.** OLG Nürnberg wistra 2012, 243; vert. *Altvater* StraFo 2014, 221, 222; *El-Ghazi* JR 2012, 406; *Moldenhauer/Wenske* NStZ 2012, 184; *Schneider* NZWiSt 2015, 1, 4 f.; *Wenske* NStZ 2015, 137, 141 ff.).

Über eine evtl. **Fernwirkung** des Beweisverwertungsverbotes trifft das Gesetz keine Aussage, sodass zu befürchten steht, dass die Rspr. über den von ihr entwickelten Spurenansatz, wonach die Erlangung und Verwertung weiterer Beweismittel, zu denen die Spur des unverwertbaren Beweismittels geführt hat, zulässig ist, alle infolge des Geständnisses erlangten Beweise für eine Verurteilung des Angeklagten verwertet. Dies widerspricht jedenfalls in den Konstellationen, in denen die Strafverfolgungsorgane die Verantwortung für den Wegfall der Bindungswirkung tragen (also z.B. wenn das Gericht verständigungsrelevante Gesichtspunkte i.S.d. § 257c Abs. 4 Satz 1 Var. 1 übersehen hat), dem Prinzip des fair trial, sodass zumindest hier das Verbot der Verwertung auch für mittelbar aufgrund des Geständnisses erlangte Beweismittel gelten muss (*Beulke/Swoboda* Strafprozessrecht Rn. 607; *Jahn/Müller* NJW 2009, 2625, 2629; *Murmann* ZIS 2009, 526, 538; *Rode* StraFo 2015, 89; *Rogall* FS Rengier S. 435, 442; *Schlothauer/Weider* StV 2009, 600, 605; **a.A.** *Bittmann* wistra 2009, 414, 416; Meyer-Goßner/*Schmitt* § 257c Rn. 28 [im Regelfall]). Hinsichtlich sonstiger, im Vertrauen auf die Bindungswirkung der Absprache getroffener Prozesshandlungen des Angeklagten (z.B. Rücknahme von Beweisanträgen, Zustimmung zur Verlesung von Protokollen) findet sich im Gesetz ebenfalls keine Regelung. Hier bieten sich die Möglichkeiten, entweder vom status quo ante auszugehen und die entsprechenden Handlungen als nicht erfolgt anzusehen (so Niemöller/Schlothauer/Weider/*Weider* Teil C Rn. 78 ff.; *Wenske* DRiZ 2012, 123, 125 f.) oder die Verhandlung ausgehend vom status quo unter

Einbeziehung der erfolgten Handlungen fortzusetzen (so Niemöller/Schlothauer/Weider/*Niemöller* Teil B § 257c Rn. 130 ff.). Diejenigen Prozesshandlungen (z.B. Beweisanträge), die nur infolge der Verständigung unterlassen wurden, können jedenfalls zulässigerweise nachgeholt und vom Gericht auch nicht als verspätet abgelehnt werden (OK-StPO/*Eschelbach* § 257c Rn. 39).
Zu den Folgen einer erstinstanzlich getroffenen, rechtswidrigen Verständigung für die Berufungsinstanz s. *Beulke/Swoboda* Strafprozessrecht Rn. 609 u. unten § 257c.

b) Ein Scheitern der Verständigung infolge unterschiedlicher Ansichten über den letztendlich gefundenen Inhalt der Vereinbarung (sog. **Dissens**) dürfte aufgrund der nunmehr gesetzlich geregelten Pflichten zur Aktenführung und Protokollierung der zentralen Punkte vorhergehender Erörterungen bzw. der Verständigung selbst kaum noch auftreten bzw. nachweisbar sein. Sollte ein solcher Fall dennoch einmal auftreten, gebietet der Grundsatz des fairen Verfahrens auch hier, die Verwertung des Geständnisses zu unterlassen bzw. dem Angeklagten, der auf Grundlage anderer Beweismittel verurteilt werden kann, eine Strafmilderung zu gewähren (BGHSt 42, 191, 194, dazu *Beulke/Satzger* JuS 1997, 1077, 1079). 256

c) Missachtet das **Gericht**, ohne dass ein Grund für den Wegfall der Bindungswirkung vorliegt, eine **zulässige** und in der Zusicherung **klare** Verfahrensabsprache (treuwidriges Abweichen), kann der Angeklagte diese **unzulässige Außerachtlassung der Bindungswirkung im Rechtsmittelverfahren rügen** und sich zum Beweis auf die diesbzgl. Protokollierungen berufen. Bei informellen Verfahrensabsprachen entfällt dieser Vertrauenstatbestand (BGH StV 2011, 645). 257

Verweigert **die StA** den Vollzug einer zulässigen Verständigung gem. § 257c (bspw. durch Verweigerung der Zustimmung/des Antrags zur vereinbarten Einstellung gem. §§ 154 Abs. 2, 154a Abs. 2), lässt sich der Schutz des Beschuldigten weitaus schwieriger realisieren, da sich die Bindungswirkung des § 257c Abs. 4 nicht auf Zusagen der StA bezieht. Im Lichte des **fair-trial-Grundsatzes** muss der Angeklagte in diesem Fall so gestellt werden, als hätte die StA ihre Zusage eingehalten (*Lindemann* JR 2009, 82; KK-StPO/*Moldenhauer/Wenske* § 257c Rn. 36; *Sauer* wistra 2009, 141; SK-StPO/*Velten* § 257c Rn. 30). 258

I. Beweis und Beweisverwertungsverbote. I. Der Beweis im Strafprozess. Die **Unschuldsvermutung** (s.o. Rdn. 62 ff.) sowie der Unmittelbarkeitsgrundsatz (s.o. Rdn. 59 ff.) bedingen, dass eine Verurteilung wegen einer Straftat nur erfolgen kann, wenn die Tatsachen, welche den Verstoß gegen eine Strafnorm begründen, in der Hauptverhandlung bewiesen werden. Hierbei unterliegen sämtliche für die Schuld- und Straffrage relevanten Tatsachen, soweit sie nicht offenkundig i.S.d. § 244 Abs. 3 Satz 2 1. Var. sind (vgl. § 244), dem sog. **Strengbeweisverfahren**. Demzufolge kann der Nachweis der Schuld des Angeklagten und der Faktoren, welche die Höhe der zu verhängenden Strafe begründen, nur durch das in §§ 244 ff. vorgesehene Verfahren erfolgen, d.h. durch die in §§ 48 ff. (Zeuge), §§ 72 ff. (Sachverständiger), §§ 86 ff. (Augenschein) und §§ 249 ff. (Urkunden) geregelten Beweismittel sowie durch die Einlassung des Angeklagten (als Beweismittel i.w.S., vgl. *Beulke/Swoboda* Strafprozessrecht Rn. 284). Rein prozessual erhebliche Tatsachen oder solche Faktoren, die für andere gerichtliche Entscheidungen als Urteile relevant sind, unterliegen nicht diesen Bindungen, sondern werden im Freibeweisverfahren ermittelt. Im Fall doppelrelevanter Tatsachen sind die Anforderungen des Strengbeweisverfahrens zu wahren (BGH StV 1982, 101). 259

II. Funktion der Beweisverbote. Der strafprozessuale Untersuchungsgrundsatz (§ 244 Abs. 2, s.o. Rdn. 54 f.) gebietet die möglichst lückenlose Aufklärung des gesamten entscheidungsrelevanten Sachverhalts. Grundsätzlich müssen die Strafverfolgungsbehörden somit alle tauglichen und verfügbaren Beweismittel heranziehen und das Gericht ist gehalten, diese – ausgehend von dem in § 261 verankerten Grundsatz der umfassenden Beweiswürdigung – zur Grundlage seiner Entscheidung zu machen. Gleichwohl fordert die StPO **keine Wahrheitserforschung um jeden Preis** (BGHSt 14, 358, 365; 52, 11, 17). Sämtliche Maßnahmen der Strafverfolgungsbehörden müssen den Vorgaben des Grundgesetzes entsprechen und dürfen nur innerhalb der von der Verfassung vorgesehenen Schranken in Grundrechte eingreifen. Zu beachten sind insofern insb. der Anspruch auf ein faires und rechtsstaatliches Verfahren (Art. 2 Abs. 1, 20 Abs. 3 GG), die jedem Eingriff von vornherein entzogene Menschenwürde (Art. 1 Abs. 1 GG) sowie das allgemeine Persönlichkeitsrecht (Art. 2 Abs. 1 i.V.m. 1 Abs. 1 GG) in seinen verschiedenartigen Ausprägungen (vgl. zum verfassungsgerichtlich entwickelten Grundrecht auf Gewährleistung der Vertraulichkeit und Integrität informationstechnischer Systeme BVerfGE 130, 274; BVerfG NJW 2013, 1499; *Sachs/Krings* JuS 2008, 481). Die durch die Verfassung vorgegebenen Eingriffsgrenzen bilden absolute Schranken für ein zulässiges Vorgehen der Strafverfolgungsorgane. Dementsprechend werden sowohl der Untersuchungsgrundsatz als auch der Grundsatz der umfassenden Beweiswürdigung bei Erreichen dieser verfassungsrechtlichen Grenzen zum Schutz höherwertiger Rechtsgüter und Interessen mittels Beweisverboten durchbrochen. Beweisverbote stellen also in erster Linie Mittel zur Sicherung von Individualrechten dar. Allenfalls als Nebenfunktion dienen sie der Abwehr von Gefahren für die Wahrheitsermittlung oder der Disziplinierung der Strafverfolgungsorgane 260 (grundlegend: *Ambos*, Beweisverwertungsverbote [2010]; *Beulke* StV 1990, 180; Dencker FS Meyer-Goßner, S. 237; Fezer, Grundfragen der Beweisverwertungsverbote [1995]; Gössel FS Hanack, S. 277; Jahn, Gutachten zum 67. Deutschen Juristentag [2008], C; Löffelmann, Die normativen Grenzen der Wahrheitserforschung im Strafverfahren [2008]; Paul NStZ 2013, 489; Popp, Grundlagen der Fehlerkorrektur im Strafverfahren [2005]; Weichbrodt, Der verbotene Beweis im Straf- und Zivilprozess [2012]; Wolter, Wiss. FG 50 Jahre BGH, S. 963; »ketzerisch«: *Greco* FS Rogall S. 485).

Beweisverbote stellen sich in den meisten Fällen als **Verbote der Belastung des Beschuldigten** dar. Beweise für die Unschuld des Beschuldigten können in der Regel nicht unter Verweis auf Verfahrensverstöße übergangen werden (*Brandis*, Beweisverbote als Belastungsverbote aus der Sicht des Beschuldigten, [2001], S. 305; LR/*Gössel* Einl. Abschn. L, Rn. 170).

261 **III. Einteilung der Beweisverwertungsverbote.** Eine konsistente Terminologie besteht im Bereich der Beweisverbote ebenso wenig wie eine umfassende Systematik. Grundlegend zu unterscheiden ist zwischen **Beweiserhebungsverboten**, die unmittelbar die Ermittlungsbefugnisse der Strafverfolgungsbehörden beschränken und **Beweisverwertungsverboten**, die einem bereits erhobenen Beweis die Berücksichtigungsfähigkeit für die Urteilsbildung (und Verdachtsbegründung, s.u. Rdn. 281) absprechen.

Im Hinblick auf die Kategorie der Beweiserhebungsverbote kann nochmals zwischen Beweisthema-, Beweismittel- und Beweismethodenverboten unterschieden werden:

Beweisthemaverbote untersagen die Aufklärung bestimmter Sachverhalte. So verbietet etwa § 100d Abs. 1 die Ermittlung von Erkenntnissen aus dem Kernbereich persönlicher Lebensgestaltung i.R.d. akustischen Wohnraumüberwachung.

Beweismittelverbote verhindern lediglich die Verwendung bestimmter Beweismittel, belassen den Strafverfolgungsbehörden aber die Möglichkeit zur Aufklärung eines Sachverhalts mit anderen Beweismitteln. Nicht als Beweismittel infrage kommen z.B. gem. §§ 52, 53, 54, 55, 81c Abs. 3 zeugnis-, aussage- und untersuchungsverweigerungsberechtigte Personen, die sich auf ihr Verweigerungsrecht berufen.

Beweismethodenverbote schließen bestimmte Arten der Beweisgewinnung aus, z.B. § 136a Abs. 1, 2.

262 Greift bzgl. eines Beweismittels ein **Beweisverwertungsverbot** ein, ist dieses **umfassend** und darf nicht durch Rückgriff auf ein anderes Beweismittel unterlaufen werden. Besteht beispielsweise hinsichtlich der **Aussage des Beschuldigten** vor der Polizei ein Beweisverwertungsverbot, ist es auch unzulässig, den Polizeibeamten als **Zeugen** vom Hörensagen darüber zu vernehmen, was der Beschuldigte in seiner Vernehmung ausgesagt hat (zum Problemkreis des hypothetischen Ersatzeingriffes, s.u. Rdn. 282).

263 **IV. Gesetzliche Beweisverwertungsverbote.** §§ 81a Abs. 3, 81c Abs. 3 Satz 5, 100d Abs. 2 Satz 1, Abs. 5 Satz 1, 100e Abs. 6, 100f Abs. 4, 100h Abs. 4, 108 Abs. 2, 3, 110a Abs. 1 Satz 5, 136a Abs. 3 Satz 2 (ggf. i.V.m. § 69 Abs. 3), 160a Abs. 1 Satz 2, Abs. 2 Satz 3, § 161 Abs. 2, 3, 163 Abs. 2 Satz 2, 479 Abs. 2, 3 enthalten gesetzlich verankerte Beweisverwertungsverbote. § 257c Abs. 4 Satz 3 verbietet ausdrücklich die Verwertung eines Geständnisses, das vor dem Hintergrund einer **Verständigung** zustande kam, wenn sich das Gericht später von der Verständigung löst (s.o. Rdn. 255).

Außerhalb der StPO sind Beweisverwertungsverbote z.B. in §§ 51 Abs. 1 BZRG, 393 Abs. 2 AO, 97 Abs. 1 Satz 3 InsO, 4 ff. StUG, § 6 Abs. 2 Satz 3 i.V.m. § 7 Abs. 6 G 10, § 11 Abs. 6 GwG, §§ 4 Abs. 2, 7 Abs. 2 ABMG, Art. 13 Abs. 5 Satz 2 GG sowie in Art. 15 VN-Anti-Folter-Übk normiert.

264 **V. Nicht normierte Beweisverwertungsverbote. 1.** Die Annahme eines Beweisverwertungsverbots hängt **nicht** von dessen ausdrücklicher Normierung ab. Ebenso wenig zwingend ist der Schluss von einem Beweiserhebungs- auf ein Beweisverwertungsverbot: Nicht jede fehlerhafte Beweiserhebung muss die Unverwertbarkeit des erlangten Beweismittels zur Folge haben (BVerfG JZ 2011, 249; NJW 2011, 2783; BGHSt 19, 325, 331; 38, 372, 373; OLG Stuttgart StV 2017, 17). Andererseits ist die Unzulässigkeit der Beweiserhebung nicht Voraussetzung für die Annahme eines Verwertungsverbots. Auch rechtsfehlerfrei erlangte Beweise können einem Verbot der Verwertung unterliegen, so z.B. im Fall des Verbots der Verwertung bestimmter Kenntnisse aus einer zulässigen Telefonüberwachung (§§ 100d, 479 Abs. 2 Satz 1). Beruht ein Beweisverwertungsverbot auf einem Beweiserhebungsverbot ist von einem **unselbstständigen** Beweisverwertungsverbot die Rede, bei vorausgehender rechtmäßiger Beweiserhebung von einem **selbstständigen Beweisverwertungsverbot** (*Küpper* JZ 1990, 416; *Finger* JA 2006, 529; krit. insoweit *Duttge* FS v. Heintschel-Heinegg, S. 103). Ein »relatives« Beweisverbot ist eine zumeist nicht gebräuchliche Kategorie (zutreffende Kritik bei *Fahl* NStZ 2021, 261).

2. Die Beantwortung der Frage, welche Folgen ein Verstoß gegen strafprozessuale Verfahrensvorschriften hat und ob hierzu ein Verwertungsverbot zählt, obliegt in erster Linie den zuständigen Fachgerichten. Das Bundesverfassungsgericht prüft die von den Fachgerichten vorgenommene Abwägung zwischen dem durch den Verfahrensverstoß bewirkten Eingriff in die Rechtsstellung des Beschwerdeführers einerseits und den

Strafverfolgungsinteressen des Staates anderseits daher nicht im Einzelnen nach. Seine Kompetenz beschränkt sich vielmehr auf die Kontrolle, ob die Fachgerichte in verfassungsrechtlich erheblicher Weise den Schutzbereich der verletzten Verfahrensnorm verkannt oder die weiteren Anforderungen für die Annahme eines Verwertungsverbotes hinsichtlich rechtswidrig gewonnener Beweise überspannt haben (BVerfG NStZ 2011, 103 [*Liechtenstein Steuer-CD*]; dazu *Lucke* HRRS 2011, 527). Nach **Ansicht des Bundesverfassungsgerichts** ist ein Beweisverwertungsverbot **von Verfassungs wegen** zumindest bei schwerwiegenden, bewussten oder willkürlichen Verfahrensverstößen, bei denen die grundrechtlichen Sicherungen planmäßig oder systematisch außer Acht gelassen worden sind, geboten (BVerfGE 113, 29, 61; 130, 1, 28). Ein absolutes Beweisverwertungsverbot unmittelbar aus den Grundrechten hat das BVerfG nur in den Fällen anerkannt, in denen der absolute **Kernbereich** privater Lebensgestaltung berührt ist (BVerfGE 109, 279, 320; vert. *Kudlich* FS Fischer, S. 723; *Wolter* FS Feigen, S. 396; *Roxin* FS Kühne, S. 1057). So ist der Inhalt eines **nichtöffentlich geführten Selbstgesprächs** im Strafverfahren unverwertbar, da es dem durch Art. 2 Abs. 1 GG i.V.m. Art. 1 Abs. 1 GG absolut geschützten Kernbereich der Persönlichkeit zuzurechnen ist (BGHSt 57, 71 m. Bespr. *Warg* NStZ 2012, 237; *Mitsch* NJW 2012, 1486). Nach der sog. »Mühlenteichtheorie« hindert die rechtswidrige Erhebung von Beweisen deren Verwertung zugunsten eines Angeklagten nicht (BGH BeckRS 2019, 6677; *Roxin/Schäfer/Widmaier* StV 2006, 655; *Beulke/Swoboda* Strafprozessrecht Rn. 704).

3. Für die Fälle der Verletzung der Belehrungspflicht nach § 55 Abs. 2 konzipierte der BGH die sog. **Rechtskreistheorie.** Die Revisibilität der Verwertung von ohne Hinweis auf das Aussageverweigerungsrecht erlangten Aussagen (und damit im Ergebnis die Verwertbarkeit der Beweise) soll davon abhängen, ob die »Verletzung den Rechtskreis des Beschwerdeführers wesentlich berührt oder ob sie für ihn nur von untergeordneter oder keiner Bedeutung ist« (BGHSt [GrS] 11, 213, 215; 38, 214, 220; krit. *Rudolphi* MDR 1970, 93, 95 ff.; *Fezer* JuS 1978, 325, 327 ff.). Relevante Kriterien seien der Rechtfertigungsgrund der Regelung sowie das ihrer Schaffung zugrunde liegende Interesse. Einen allgemeinen Maßstab zur Ermittlung von Beweisverwertungsverboten kann diese Lehre bereits aufgrund ihrer Unbestimmtheit **nicht** bereithalten (BGHSt 42, 73, 77; s.a. *Neuhaus* FS Herzberg, S. 879). Zudem erscheint die Beschränkung auf wesentliche Rechte des Beschuldigten in Anbetracht von dessen generellem Anspruch auf ein justizförmiges Verfahren bedenklich (*Ambos*, Beweisverwertungsverbote, [2010], S. 42 m.w.N.). Auch lässt sich das in §§ 69 Abs. 3, 72 i.V.m. § 136a Abs. 3 für den Fall einer Verletzung von Verfahrensvorschriften gegen Dritte normierte Beweisverwertungsverbot mit diesem Ansatz nicht erklären. Der Verweis des BGH darauf, dass im Fall der Verletzung von Normen, die übergeordnete rechtsstaatliche Grundlagen des Verfahrens garantieren, keine Rechtskreisberührung notwendig sei, führt nicht weiter, da völlig offen ist, welche Normen genau eine solche Qualität aufweisen. Gleichwohl wird die Rechtskreistheorie in der Rspr. immer wieder zur Beurteilung von Verwertbarkeitsfragen herangezogen, z.B. zur Begründung der Verwertbarkeit einer Beschuldigtenaussage vor dem Ermittlungsrichter, zu der der Verteidiger des Mitbeschuldigten nicht geladen wurde (BGHSt 53, 191 m. krit. Anm. *Gless* NStZ 2010, 98; abl. auch *Roxin* FS Kühne, S. 317, 330 ff.) oder zur Verwertbarkeit der Aussage eines Mitangeklagten, der unter Verletzung des § 136 Abs. 1 Satz 2 (Befragung zur Sache, obwohl er zu erkennen gegeben hat, nicht zur Sache aussagen zu wollen) vernommen wurde (BGH NStZ-RR 2016, 377 m. Bespr. *Jäger* JA 2017, 74) oder zur Verwertbarkeit eines Beweismittels, das im Wege einer Durchsuchung einer Wohnung eines Dritten gefunden wurde beim Verstoß gegen den Richtervorbehalt (BGH NStZ 2021, 59). Die Tendenz der Rspr. geht aber dahin, die Rechtskreisberührung nur **als ein Kriterium i.R.e. Abwägung** zu sehen (s.u. Rdn. 269, 273). 265

4. Nach vielfach vertretener Ansicht soll eine Verwertung des Beweismittels dann ausgeschlossen sein, wenn dies der durch teleologische Auslegung zu ermittelnde **Schutzzweck** der verletzten Beweiserhebungsnorm gebietet (KMR/*Paulus* § 244 Rn. 516 ff.; *Rudolphi* MDR 1970, 93, 97 ff.). Maßgeblich ist demnach, ob der Gesetzgeber durch die Regelung zur Beweiserhebung den Einfluss der unter Verstoß hiergegen erlangten Beweismittel auf die Urteilsbildung gerade verhindern wollte oder ob der Beschränkung der Ermittlungsbefugnisse ein anderer Schutzzweck zugrunde liegt, der durch eine Verwertung nicht tangiert würde. Primäres Anliegen der Beweisverwertungsverbote ist die durch die Subjektstellung des Beschuldigten gebotene Verfahrensfairness. Hiernach folgt beispielhaft aus einer körperlichen Untersuchung durch einen Nichtarzt entgegen § 81a Abs. 1 Satz 2 oder durch eine Person anderen Geschlechts entgegen § 81d Abs. 1 Satz 1 kein Beweisverwertungsverbot, da sich der Schutzzweck dieser Normen (Verhinderung von Gesundheitsgefahren bzw. Schutz des Schamgefühls) mit Beendigung der Maßnahme verbraucht hat und eine Verwertung im Prozess keine Vertiefung des Unrechts begründet (s.u. Rdn. 317 m.w.N.). 266

5. Eine Modifikation dieser Lehre stellt die von *Amelung* vertretene Auffassung dar, der zufolge Beweisverwertungsverbote zum »**Schutz von Informationsbeherrschungsrechten**«, zur »**Sicherung der Wahrheitsfindung**« und zur Wahrung der rechtsethischen »**Legitimation des Staates zum Strafen**« bestehen können. Diese unterschiedlichen Verbotstypen sollen sich in ihrer Normstruktur, ihrer konkreten Ausgestaltung sowie 267

ihrer Reichweite unterscheiden (*Amelung*, Informationsbeherrschungsrechte im Strafprozess, 1990; *ders.* JR 2008, 327; *ders.*, Prinzipien strafprozessualer Beweisverwertungsverbote, [2011]). Verwertungsverbote zum Schutz von Informationsbeherrschungsrechten sollen nach diesem Konzept auf der Grundlage öffentlich-rechtlicher Abwehr- und Folgenbeseitigungsansprüche des Bürgers (insb. aufgrund von Eingriffen in Art. 2 Abs. 1 i.V.m. 1 Abs. 1 GG und Art. 10 GG) begründet werden und gegen alle Strafverfolgungsorgane gerichtet sein. Eine Zustimmung zur Verwertung sei möglich, solange nur die Verletzung eines individuellen Informationsbeherrschungsrechtes im Raume stehe. Verwertungsverbote zur Sicherung der Wahrheitsfindung, die sich insb. aus einer Verweigerung rechtlichen Gehörs ergeben könnten, untersagten hingegen nur den Gerichten die Berücksichtigung der Beweismittel. Für diese Kategorie besteht nach *Amelung* die Möglichkeit einer nachträglichen Heilung. Eine Zustimmung hinsichtlich der Verwertung sei aber unwirksam, wenn ein Verwertungsverbot sicherstellen wolle, dass der Staat zur Herbeiführung einer Strafe nur rechtsethisch legitimierbare Mittel einsetzt.

6. *Jäger* (Beweisverwertung und Beweisverwertungsverbote im Strafprozess, 2003) stellt i.S.e. »**beweisgegenständlichen Schutzfunktion**« der Erhebungsnorm darauf ab, ob der Sinn der verletzten Beweiserhebungsnorm darin besteht, der Beweisführung einen bestimmten Beweisgegenstand zu entziehen. Nur dann sei ein unselbstständiges Beweisverwertungsverbot zu bejahen.

268 7. Der **EGMR** prüft i.R.d. Art. 6 EMRK bei rechtswidrig erlangten Beweismitteln auf der Basis einer **Gesamtbetrachtung**, ob das Verfahren insgesamt nicht mehr fair war. Insofern muss auch berücksichtigt werden, ob die Rechte der Verteidigung beachtet worden sind. Dabei kommt es insb. darauf an, ob der Beschuldigte die Echtheit der Beweise angreifen und sich seiner Verwertung widersetzen konnte. Von Bedeutung ist weiter die Beweiskraft, ob nämlich die näheren Umstände, unter denen der Beweis erlangt wurde, Zweifel an seiner Verlässlichkeit und Genauigkeit begründen, ob weitere unbemakelte Beweise vorhanden waren und welcher Natur die Verletzung eines anderen Konventionsrechts gewesen ist (EGMR NJW 2010, 213 Rn. 90; Einzelheiten bei MüKo-StPO/*Gaede* Art. 6 EMRK Rn. 356 ff.).

269 8 In der **deutschen Rspr.** wird überwiegend die **Abwägungslehre** bevorzugt, wonach eine Beweisverwertung ausgeschlossen ist, wenn eine Abwägung der im konkreten Fall virulenten Interessen ergibt, dass das auf Wahrung seiner Rechte gerichtete Individualinteresse des Bürgers gegenüber dem staatlichen Interesse an der Strafverfolgung überwiegt. Im Rahmen dieser Einzelfallabwägung sollen insb. die Schwere des Delikts und das Gewicht des Verfahrensverstoßes von Bedeutung sein (BVerfG JR 2012, 211, 213; StV 2008, 1, 4; BGHSt 47, 172, 179; 51, 285; 54, 69, 87; BGH NStZ 2019, 227; BGH StV 2017, 498; Meyer-Goßner/*Schmitt* Einl. Rn. 55a; *Neuber* NStZ 2019, 113; *Paul* NStZ 2013, 489, 491 ff.).

270 9. Die verfassungsrechtlich geprägte **Beweisbefugnislehre** stellt eine Fortentwicklung der Abwägungslehre dar. Sie basiert auf der Annahme, dass § 244 Abs. 2 die notwendige Ermächtigungsgrundlage für die in einer Beweisverwertung liegenden Grundrechtseingriffe liefert. Damit diese Eingriffe verfassungsrechtlich gerechtfertigt werden können, muss die Verwertung des jeweils infrage stehenden Beweises geeignet, erforderlich und angemessen zur Verfolgung der staatlichen Strafverfolgungsinteressen und insb. der Ermittlung eines bestimmten Beweiszieles sein. Bei der Prüfung der Verhältnismäßigkeit im engeren Sinne ist diesem Konzept zufolge insb. die Wechselwirkung im Verhältnis zu den Grundrechten des Beschuldigten zu berücksichtigen (*Jahn*, Gutachten zum 67. Deutschen Juristentag [2008], C 66; *ders.* FS Stöckel, 2010, S. 270 f.; zur Kritik: *Beulke* Jura 2008, 653, 656; *Jäger* GA 2008, 437; *Rogall* JZ 2008, 818). Hingegen soll die Schwere des verwirklichten Tatunrechts gerade nicht in die Abwägung eingestellt werden (*Jahn*, Gutachten, C 71). Woran sich allerdings stattdessen das in die Abwägung einzustellende Aufklärungsinteresse bemisst, wird nicht hinreichend deutlich. Auch dürfte es sich bei der Ermittlungsklausel des § 244 Abs. 2 nur um eine Aufgabenzuweisung und nicht um eine eigenständige Eingriffsbefugnis handeln. Trotz der zu begrüßenden rechtsstaatlichen Verankerung und Ausrichtung dieses Lösungsansatzes ist daher noch nicht ersichtlich, inwiefern er eine Präzisierung gegenüber der allgemeinen Abwägungslehre zu leisten vermag.

271 **10.** Einen anderen Ausgangspunkt nimmt die von *Rogall* entwickelte sog. **normative Fehlerfolgenlehre** (*Rogall* ZStW 91 [1979], 1, 31; *ders.* FS Hanack, S. 293; *ders.* JZ 2008, 818; hieran anknüpfend *Pitsch*, Beweisverbote [2009]). Hiernach sollen nicht die Individualrechte des Beschuldigten als Abwägungsgegenpol zu den staatlichen Strafverfolgungsinteressen die Grundlage der Begründung von Beweisverwertungsverboten bilden. Vielmehr sei eine »Fehlerfolgenbegrenzung« zur ressourcenschonenden Sicherung des strafprozessualen Systems vorzunehmen, wenn nicht die Schwere des Verfahrensfehlers, die hierdurch bedingte Interessenverletzung und das Erfordernis einer prozessualen Fehlerkorrektur ein Verwertungsverbot begründeten. Infolge des hohen Abstraktionsniveaus dieser Lehre ermangelt es ihr jedoch an handhabbaren Abwägungskriterien für den Einzelfall. Um die Schwere des Verfahrensfehlers zu bestimmen muss sie letztendlich doch auf den Schutzzweck der verletzten Verfahrensnorm zurückgreifen (zur Kritik: *Ambos*, Beweisverwertungsverbote, [2010], S. 45).

11. Ein **revisionsrechtlich orientierter Ansatz** der Begründung von Beweisverwertungsverboten geht von der grundsätzlichen Revisibilität jeglichen Rechtsverstoßes gem. § 337 Abs. 2 aus und siedelt die relevante Abwägung i.R.d. Beruhensprüfung des § 337 Abs. 1 an (*Kühne*, Strafprozessrecht, Rn. 909 ff.). Hier soll die Auswirkung des rechtsfehlerhaft erlangten Beweises für die dem Urteil zugrunde liegende richterliche Überzeugung ermittelt werden. Ein Beweisverwertungsverbot sei nur dann anzunehmen, wenn das bemakelte Beweismittel nicht hinweggedacht werden könne, ohne dass zugleich die Möglichkeit eines anders lautenden Urteils entstünde. Wäre dasselbe Urteil auch ohne das fragliche Beweismittel gefällt worden, soll das Beweismittel verwertbar sein, wenn auch ohne Relevanz. Hypothetische Kausalitätserwägungen werden nach diesem Ansatz nur insofern relevant, als es zu ermitteln gilt, wie das Gericht ohne das Vorliegen des infrage stehenden Beweismittels entschieden hätte. Ob das Beweismittel auch durch einen hypothetischen rechtmäßigen Ersatzeingriff hätte erlangt werden können, soll nicht berücksichtigt werden. Probleme wirft diese Lehre allerdings in den der tatrichterlichen Entscheidung vorgelagerten Verfahrensstadien auf, da hier der Beweiswert der einzelnen Beweismittel nur schwerlich ermittelt werden kann. Zudem ist diesem Ansatz grundlegend entgegenzuhalten, dass die revisiblen Rechtsfehler, wie § 336 zu entnehmen ist, gerade nur solche sein können, die durch die richterliche Entscheidung, primär das Urteil, begründet sind. Ob die Verwertung eines Beweismittels nach Verstößen anderer Strafverfolgungsorgane gegen Beweiserhebungsnormen aber zu einem Rechtsfehler des Urteils führt, bedarf einer gesonderten Begründung und kann nicht durch den Verweis auf das Beruhen beantwortet werden. 272

12. Weiterhin wird auch eine **Kombination** von Schutzzweck- und Abwägungslehre vertreten (BGHSt 46, 189, 195 f.; vert. *Ambos*, Beweisverwertungsverbote, [2010], S. 48; LR/*Gössel* Einl. Abschn. L, Rn. 155). So zieht die Rspr. des **BGH** zwar überwiegend die Abwägungslehre (o. Rdn. 269), teils aber auch die Schutzzwecklehre oder eine Kombination hieraus heran. Mittels zusätzlicher Kontrollkriterien (von *Roxin/Schünemann* § 24 Rn. 30 als »vierfache Reduktionsstrategie« bezeichnet) resultiert hieraus oftmals eine Zurückdrängung der Beschuldigteninteressen durch ein weitreichendes Augenmerk auf die Effektivität staatlicher Strafverfolgung (starke Einschränkung von Beweisverwertungsverboten bei Delikten von erheblicher Schwere, Beweisverwertungsverbote unter dem Vorbehalt rechtzeitigen Widerspruchs des verteidigten Beschuldigten [s.u. Rdn. 275]; Rückgriff auf die Mechanismen geringerer Bestrafung [Strafzumessungslösung] oder erhöhter Anforderungen an die richterliche Überzeugungsbildung [Beweiswürdigungslösung] anstelle der Annahme eines Beweisverwertungsverbotes). Nicht selten gerät die Abwägungslehre so zu einem einzelfallbezogenen Vielfaktorenansatz mit nicht prognostizierbarem Ergebnis (umfassende Kritik bei *Trüg/Habetha* NStZ 2008, 481, 485 ff.). 273

13. Im Hinblick auf eine dogmatisch saubere Abgrenzung zwischen Schutzzweck- und Abwägungslehre ist nach **eigener Auffassung** zu differenzieren: Wird gegen ausdrückliche Regelungen des Strafverfahrensrechts verstoßen, ist die Abwägungslehre allein nicht geeignet, ein hierauf beruhendes unselbstständiges Beweisverwertungsverbot zu begründen. Die grundlegende Abwägung, dass das staatliche Strafverfolgungsinteresse hinter das Gebot der Einhaltung einer Beweiserhebungsnorm zurücktrete, wurde hier bereits vom **Gesetzgeber** getroffen. Vielmehr ist in solchen Fällen ein Verwertungsverbot dann anzunehmen, wenn dies der **Schutzzweck der betreffenden Norm** gebietet. Ist demgegenüber keine grundlegende gesetzgeberische Abwägung vorgenommen worden, sodass ein Beweisverwertungsverbot auf der Grundlage verfassungsrechtlicher Beweismittelbeschränkungen ermittelt werden muss, wie dies regelmäßig bei selbstständigen Beweisverwertungsverboten der Fall ist, ist eine umfassende Abwägung aller betroffenen Interessen vorzunehmen (*Beulke* ZStW 103 [1991], 657, 663 f.; ebenso *Eisenberg*, Beweisrecht, Rn. 370; *Ostendorf*, Strafprozessrecht Rn. 380; *Sternberg-Lieben* JZ 1995, 848). 274

VI. Einschränkung über die Widerspruchslösung. Die Rspr. erkennt in einer zunehmenden Anzahl von Fällen nur dann ein Beweisverwertungsverbot an, wenn der verteidigte Beschuldigte der Verwertung des Beweismittels rechtzeitig widersprochen hat (vert. *Radtke* FS Schlothauer, S. 453; ausf. Übersicht bei *Burhoff*, Hauptverhandlung, Rn. 1166d). Ansätze zu diesem formellen Erfordernis lassen sich bereits in der Rspr. des RG finden (RGSt 50, 364, 365; 58, 100, 101). Insb. eine Entscheidung des BGH im Jahr 1992 zur Unverwertbarkeit einer unter Verstoß gegen das Belehrungsgebot nach § 136 Abs. 1 Satz 2 erlangten Aussage (BGHSt 38, 214) hat jedoch der Widerspruchslösung Vorschub geleistet. Sie findet heute insb. **Anwendung** in Fällen des Unterlassens einer nach § 136 Abs. 1 Satz 2 gebotenen Belehrung (BGHSt 38, 214; 42, 15, 22; LG Detmold StV 2018, 649), bei Verstößen gegen die Benachrichtigungspflicht des § 168c Abs. 5 (BGHSt 26, 332, 334; BGH NJW 2003, 3142), bei Fehlen der Anordnungsvoraussetzungen des § 110a für den Einsatz Verdeckter Ermittler (BGH NStZ-RR 2001, 260) oder des § 100a für Telekommunikationsüberwachungen (BGHSt 51, 1; BGH StV 2016, 771; s.a. unten Rdn. 311) sowie bei Verstößen gegen den Richtervorbehalt des § 81a Abs. 2 Satz 1 (OLG Hamm NJW 2009, 242; OLG Frankfurt StV 2011, 611; OLG Celle StV 2011, 82; 275

Maßnahme nach den Regeln der StPO hätte angeordnet werden dürfen (vert. BGHSt 53, 64, 67; KG StraFo 2019, 213; *Allgayer/Klein* wistra 2010, 130; *Singelnstein* ZStW 120 [2008], 854). Für Daten, die mittels akustischer Wohnraumüberwachung erlangt wurden, enthält § 100e Abs. 6 Nr. 1 insoweit eine Sonderregelung.

283 b) Gem. **§ 161 Abs. 3** dürfen Erkenntnisse, welche aufgrund anderer Gesetze (z.B. aufgrund der polizeilichen Standardmaßnahmen in den Polizeigesetzen der Länder) gewonnen wurden, nur dann im Rahmen eines Strafverfahrens verwendet werden, wenn sie auch durch eine rechtmäßige Eingriffsmaßnahme auf strafprozessualer Grundlage hätten erlangt werden können.

284 c) Ob aus diesen bewussten gesetzgeberischen Entscheidungen ein allgemeiner Grundsatz der Beachtlichkeit hypothetischer Ermittlungsverläufe im Strafverfahren folgt, ist umstritten. Als problematisch stellt sich insofern dar, ob eine wegen Eingreifens eines unselbstständigen Verwertungsverbotes an und für sich unzulässige Beweisverwertung dennoch als zulässig anzusehen ist, weil die Strafverfolgungsorgane bei hypothetisch rechtmäßigem Alternativverhalten dasselbe Beweisergebnis hätten erlangen können (sog. **hypothetischer Ersatzeingriff**; vgl. BGH NStZ 2012, 104, 105; BGH StV 2017, 498; OLG Hamm StV 2007, 69; OLG Celle NStZ 1989, 385; LG Bremen StV 2006, 571; *Rogall* NStZ 1988, 385; krit. HK-StPO/*Julius/Beckemper* § 261 Rn. 14). Es bietet sich an, auch hier für diejenigen unselbstständigen Verwertungsverbote, die auf der Verletzung von StPO-Normen beruhen, auf den **Schutzzweck** der verletzten Regelung abzustellen. Das **unmittelbar** rechtswidrig erlangte Beweismittel kann nicht durch hypothetische Rechtmäßigkeitserwägungen »legalisiert« werden, wenn anderenfalls der Verfahrensverstoß vollständig sanktionslos bliebe. Dies gilt insb. in den Fällen eines Beweisverwertungsverbotes wegen der Umgehung präventiven Rechtsschutzes in Form von Richtervorbehalten (BGH StV 2016, 539; BGH StraFo 2017, 103; OLG Düsseldorf NStZ 2017, 177 m. Anm. *Radtke*; s. ferner u. Rdn. 309 u. 314 f.; abzulehnen: OLG Zweibrücken NStZ 2019, 301). Lässt jedoch der Schutzzweck der verletzten Beweiserhebungsnorm die Verwertung aufgrund hypothetischer Erwägungen grundsätzlich zu, so ist zu beachten, dass i.R.d. Hypothese auf den konkreten Ermittlungsverlauf abzustellen ist – nur Fehler in der rechtlichen Vorgehensweise der Strafverfolgungsorgane vermögen über den Einwand rechtmäßigen Alternativverhaltens korrigiert zu werden, nicht jedoch fehlerhaftes kriminalistisches Vorgehen in tatsächlicher Hinsicht (näher *Beulke* Jura 2008, 653, 661).

285 **Mittelbare** Beweismittel können hingegen jedenfalls dann herangezogen werden, wenn die Strafverfolgungsorgane diese ohnehin auf legalem Wege gefunden hätten (s.o. zur Fernwirkungsproblematik Rdn. 278 ff.). Bei verfassungsrechtlich abgeleiteten Beweismittelbeschränkungen ist der Aspekt des hypothetisch rechtmäßigen Ersatzeingriffes in die Gesamtabwägung einzustellen (Einzelheiten bei *Beulke* ZStW 103 [1991], 657 ff.; *Jahn*, Gutachten zum 67. Deutschen Juristentag [2008]; C 74 ff.).

286 4. **Qualifizierte Belehrung.** Für verschiedene Beweisverwertungsverbote, v.a. solche infolge des Einsatzes von verbotenen Vernehmungsmethoden i.S.d. **§ 136a Abs. 1** (vgl. BGHSt 52, 11, 24; OLG Frankfurt StV 2003, 325; offengelassen durch BGHSt 53, 112, 116; BGH NStZ 2021, 431 m. Bespr. *Mosbacher* JuS 2021, 749, 752; *Taute/Homann* StraFo 2021, 338), wird die Möglichkeit diskutiert, das Nichtfortwirken des Verfahrensverstoßes vom Vorliegen einer **qualifizierten Belehrung** abhängig zu machen. Durch eine solche kann zwar nicht die Heilung des ursprünglichen Verfahrensmangels und das Entfallen des schon bestehenden Verwertungsverbotes bewirkt werden. Jedoch soll eine erneute, zu einem verwertbaren Ergebnis führende Beweiserhebung infolge der qualifizierten Belehrung ermöglicht werden. Inhaltlich setzt diese voraus, dass der Beschuldigte ausdrücklich auf die Unverwertbarkeit der bisherigen Angaben hingewiesen wird (vgl. LG Frankfurt StV 2003, 325; *Arnoldi* NStZ 2019, 230).

287 Zumindest im Hinblick auf Beweisverwertungsverbote, die auf einer **fehlenden Belehrung gem. §§ 136 Abs. 1 Satz 2**, 163a Abs. 4 (s.u. Rdn. 298) beruhen, hat sich das Institut der qualifizierten Belehrung ebenfalls in der höchstrichterlichen Rspr. durchgesetzt (seit BGHSt 53, 112). Jedoch soll trotz fehlender qualifizierter Belehrung die aus einer späteren Vernehmung, bei der nur »einfach« nach § 136 Abs. 1 Satz 2 belehrt wurde, resultierende Aussage nicht zwangsläufig unverwertbar sein. Dem Verstoß gegen das Erfordernis einer qualifizierten Belehrung komme nicht die gleiche Bedeutung zu wie dem gesetzlich verankerten Belehrungserfordernis. Vielmehr sei die Frage nach der Verwertbarkeit anhand einer Einzelfallabwägung zu beantworten, in welche u.a. einzustellen sei, ob sich die Nichtvornahme der qualifizierten Belehrung als bewusste Umgehung dargestellt habe, ob neue Aussagen getätigt wurden oder lediglich der ursprüngliche Vernehmungsinhalt wiederholt wurde und ob der Beschuldigte davon ausging, seine früheren Angaben würden gegen ihn verwendet werden können (BGHSt 53, 112 m. krit. Anm. *Gless/Wennekers* JR 2009, 383 u. *Kasiske* ZIS 2009, 319; BGH NStZ 2019, 227 m.Anm. *Arnoldi*; BGH NStZ 2009, 649 m. abl. Anm. *Grasnick* NStZ 2010, 158; OLG Hamm StV 2010, 5; vgl. auch BGH NStZ 2015, 291; ebenso *Hinderer* JA 2012, 115; KK-StPO/*Diemer* § 136 Rn. 27a). Diese halbherzige Lösung verdient keine Zustimmung; vielmehr muss auch das Unterbleiben der qualifizierten Belehrung stets die Unverwertbarkeit der anschließenden Aussage

zur Folge haben, denn der Beschuldigte wird regelmäßig nicht einschätzen können, inwiefern er durch seine frühere Aussage bereits »festgelegt« ist (HK-StPO/*Ahlbrecht* § 136 Rn. 23; *Beulke/Swoboda* Strafprozessrecht Rn. 182; *Ransiek* FS Beulke, S. 949, 951; *Roxin* HRRS 2009, 186; SK-StPO/*Rogall* § 136 Rn. 64, 87 ff.; s.a. *Rogall* FS Geppert, S. 519; *Schneider* FS Wolf, S. 421, 434).

Auch für denjenigen Zeugen, der in der Hauptverhandlung von seinem Zeugnisverweigerungsrecht gem. 288 § 52 Gebrauch macht, gleichzeitig aber auf das **Verwertungsverbot des § 252 verzichten** will, sodass seine nicht-richterliche Aussage in den Prozess eingeführt werden kann, gilt das Erfordernis einer qualifizierten Belehrung durch den Vorsitzenden über Möglichkeiten und Rechtsfolgen des Verzichts (BGHSt 57, 254; BGH NStZ 2020, 432 m.Anm. *Ventzke*; BGH NStZ 2021, 58; zum Problem s. aber auch Rdn. 295). Der 2. Strafsenat hat ferner im Wege eines Anfragebeschlusses die Absicht geäußert, eine qualifizierte Belehrung des angehörigen Zeugen **vor** seiner **ermittlungsrichterlichen** Vernehmung darüber zu verlangen, dass seine Angaben ungeachtet seines späteren Aussageverhaltens in Durchbrechung eines möglichen **Verwertungsverbots nach § 252** gegen den Angeklagten verwertet werden können (BGH NStZ 2014, 596 m.Anm. *El-Ghazi* JR 2015, 343; zust. *Bosch* FS v. Heintschel-Heinegg, S. 64 ff.; MüKo-StPO/*Ellbogen* § 252 Rn. 54; *Neumann* ZIS 2016, 121). Dies hat jedoch der Große Strafsenat des BGH verworfen (BGHSt 61, 221; s.a. unten Rdn. 295).

Ob eine qualifizierte Belehrung erfolgen muss, wenn dem Beschuldigten in der Vernehmung unzulässig erlangte Erkenntnisse vorgehalten wurden (z.B. aus einer Wohnungsdurchsuchung ohne erforderliche richterliche Anordnung gem. § 105, dazu u. Rdn. 316) ist derzeit noch nicht endgültig geklärt (vgl. BGH NStZ 2019, 227, 229).

VIII. Ausgewählte Beweisverwertungsverbote. 1. Beweisverwertungsverbote im Hinblick auf Aussageverweigerungsrechte von Zeugen. a) Fehlende Belehrung des Angehörigenzeugen, § 52 Abs. 3. 289 § 52 Abs. 3 Satz 1 (i.V.m. §§ 161a Abs. 1 Satz 2, 163 Abs. 3 Satz 2) gebietet vor jeder richterlichen, staatsanwaltschaftlichen und polizeilichen Vernehmung die Belehrung derjenigen Personen, die zur Verweigerung des Zeugnisses i.S.d. § 52 Abs. 1 berechtigt sind, über ihr diesbezügliches Recht. Im Fall einer Verletzung dieser Belehrungspflicht folgt aus dem Schutzzweck des § 52 (»schonende Rücksicht auf die Familienbande«, BGHSt [GrS] 11, 213, 216) ein **Verbot der Verwertung** der so erhaltenen Aussage (BGHSt 14, 159, 160), sofern das Unterlassen der Belehrung **ursächlich** für die Zeugenaussage war. Eine Verwertung ist demnach trotz unterbliebener Belehrung zulässig, wenn der Vernommene sein Zeugnisverweigerungsrecht kannte und auch ohne den Verfahrensverstoß ausgesagt hätte (BGHSt 38, 214, 225; BGH NStZ-RR 2004, 212).

Die Geltung des Beweisverwertungsverbots ist unabhängig von der Frage, ob das vernehmende Strafver- 290 folgungsorgan von der Angehörigeneigenschaft des Vernommenen und dem daraus folgenden Belehrungserfordernis Kenntnis hatte (BGH StV 2002, 3). Allenfalls im Fall eines wissentlich geleugneten Verlöbnisses lässt sich über die Verwertbarkeit der Aussage streiten (offengelassen, aber mit bejahender Tendenz BGHSt 48, 294). Ein Widerspruch des Angeklagten gegen die Verwertung der ohne Belehrung erfolgten Aussage seines Angehörigen ist für das Eingreifen eines Verwertungsverbotes nicht erforderlich (s.o. Rdn. 275).

Wurde der Zeuge zu Lebzeiten verhört, ohne belehrt zu werden, und **verstirbt** er hiernach, ist entgegen 291 der Rspr. (BGHSt 22, 35 ff.; ebenso *Geppert* Jura 1988, 305, 310) wegen des Fortbestehens des familienbezogenen Schutzgebotes die Verwertung auch über den Tod des Angehörigenzeugen hinaus ausgeschlossen (ebenso *Peters* JR 1969, 428 f.).

Bei einem Verstoß gegen das **Beschlagnahmeverbot des § 97 Abs. 1**, welches eine Umgehung der §§ 52, 292 53, 53a verhindern soll, ist ebenfalls ein Beweisverwertungsverbot anzunehmen (BGHSt 18, 227, 229; OLG München NStZ 2006, 300).

b) Strafbare Aussage eines nach § 53 Zeugnisverweigerungsberechtigten. Ein gem. § 53 zeugnisver- 293 weigerungsberechtigter Berufsgeheimnisträger muss von Gesetzes wegen nicht über sein Recht zur Zeugnisverweigerung belehrt werden (zu Ausnahmen infolge gerichtlicher Fürsorgepflicht vgl. § 53 Rn. 42; Meyer-Goßner/*Schmitt* § 53 Rn. 44). Sagt er jedoch vor Gericht aus, ohne durch den Angeklagten von seiner Schweigepflicht entbunden zu sein, und verwirklicht hierdurch den Straftatbestand des § 203 Abs. 1 StGB, plädiert die Rspr. für die Verwertbarkeit der Aussage. Das Strafbarkeitsrisiko sei allein für den Zeugen, nicht jedoch für die aus § 244 Abs. 2 resultierende Aufklärungspflicht der Gerichte relevant (BGHSt 9, 59; 15, 200, 202; 18, 146, 147; im Grundsatz ebenso *Kudlich/Roy* JA 2003, 569; SK-StPO/*Rogall* § 53 Rn. 20). Hiergegen spricht jedoch, dass § 203 StGB gerade die Belange des im konkreten Fall Beschuldigten im Hinblick auf eine vertrauliche Kommunikation schützt. Der Schutzzweck des § 53 gebietet es in Ergänzung zur materiellen Strafnorm, eine unter Verletzung der Geheimhaltungspflicht zustande gekommene Aussage nicht zu verwerten (*Beulke* Verteidiger im Strafverfahren S. 46; *Freund* GA 1993, 49; *Haffke* GA 1973, 65). Die Rspr. verneint die Verwertbarkeit lediglich, wenn das Gericht dem Berufsgeheimnisträger (wissentlich oder unwissentlich) die falsche Auskunft erteilt hat, er sei von der Schweigepflicht entbunden worden (BGHSt 42, 73, 76).

294 c) **Fehlende Belehrung über das Auskunftsverweigerungsrecht i.S.d. § 55.** Im Fall einer Verletzung der aus § 55 Abs. 2 (ggf. i.V.m. §§ 161a Abs. 1 Satz 2, 163 Abs. 3 Satz 2) folgenden Pflicht zur Belehrung eines Zeugen über sein Recht, Auskünfte zu verweigern, die ihn selbst oder einen Angehörigen der Gefahr einer Verfolgung wegen Straftaten oder Ordnungswidrigkeiten aussetzen, ist die Begründung eines Beweisverwertungsverbotes umstritten. Für ein Verwertungsverbot wird vereinzelt ins Feld geführt, § 55 diene dem Interesse des Angeklagten an einer konfliktfrei zustande gekommenen Zeugenaussage, da diese mit höherer Wahrscheinlichkeit wahr sei (*Roxin/Schünemann* § 24 Rn. 48). Demgegenüber **verneint** die **h.M.** zu Recht ein **Beweisverwertungsverbot**. Die Belehrungspflicht des § 55 schützt allein den Zeugen davor, sich selbst oder Angehörige zu belasten, betrifft hingegen nicht den Rechtskreis des Angeklagten (BGHSt GrS 11, 213, 218; Meyer-Goßner/*Schmitt* § 55 Rn. 17; a.A. LR/*Ignor/Berthau* § 55 Rn. 41; ausf. *Eschelbach* u. § 55 Rdn. 29 ff.). Ein **Verwertungsverbot** besteht infolge dieser Schutzrichtung jedoch, wenn der Zeuge, der nicht über sein Auskunftsverweigerungsrecht belehrt wurde, später zum Beschuldigten wird, also gegen ihn selbst ein Strafverfahren eingeleitet wird (Meyer-Goßner/*Schmitt* § 55 Rn. 17; SK-StPO/*Rogall* Vor § 133 Rn. 192; **a.A.:** OLG Jena NStZ-RR 2011, 279 [Strafmilderungsgrund]). Das Verwertungsverbot steht indes nach Ansicht der Rspr. unter dem Vorbehalt des rechtzeitigen Widerspruchs durch den verteidigten Angeklagten (BGH NZV 2001, 527; OLG Celle NStZ 2002, 386; s.a. § 53 und oben Rdn. 275; zur Frage der Strafbarkeit des nicht belehrten Zeugen nach § 153 StGB vgl. OLG Karlsruhe StV 2003, 505 m. abl. Anm. *H.-E. Müller*).

295 d) **Zeugnisverweigerung in der Hauptverhandlung, § 252.** Macht ein Zeuge erst in der Hauptverhandlung von seinem Zeugnisverweigerungsrecht (§§ 52–53a) Gebrauch, statuiert § 252 ein Verlesungsverbot hinsichtlich früherer Vernehmungsprotokolle. Nach h.L. und st. Rspr. folgt aus dieser Norm über den eigentlichen Wortlaut hinaus ein Verbot jeglicher Verwertung des Aussageinhalts im Strafverfahren (BGH NStZ 2021, 58). Dieses besteht nach Ansicht der Rspr. jedoch nur im Hinblick auf polizeiliche und staatsanwaltschaftliche Vernehmungsprotokolle, wohingegen die Verwertung einer Vernehmung durch eine richterliche Verhörsperson zulässig sein soll (BGHSt 2, 99 ff.; 21, 218, 219; 49, 72, 77; BGH NStZ 2012, 521; sehr str.; krit. *Eschelbach* FS v. Heitschel-Heinegg, S. 147, 155; *Meyer* StV 2015, 319), allerdings nur, sofern der Zeuge bei seiner richterlichen Vernehmung über sein Zeugnisverweigerungsrecht belehrt worden ist; einer »qualifizierten Belehrung« dahin gehend, dass er vor der richterlichen Vernehmung zusätzlich auch über die Möglichkeit der Einführung und Verwertung seiner Aussage im weiteren Verfahren belehrt worden ist, bedarf es nach Ansicht des BGH hingegen nicht (BGHSt 61, 221 [Großer Senat] m. Bespr. *Satzger* Jura 2017, 605; *F. Schumann* JR 2017, 381; anders noch Anfragebeschluss des 2. Senats, BGH NStZ 2014, 596; s. oben Rdn. 288; zu Einzelheiten § 252 Rdn. 20 ff. m.w.N.). Das Beweisverwertungsverbot des § 252 ist nicht davon abhängig, dass der verteidigte Angeklagte in der Hauptverhandlung einer Verwertung widerspricht (BGHSt 45, 203, 205). Es besteht auch dann, wenn das Zeugnisverweigerungsrecht – etwa durch Heirat – erst nach der Vernehmung entstanden ist (BGHSt 22, 219, 220; 27, 231). Selbst wenn ein Verlöbnis oder eine Ehe nur zu dem Zweck eingegangen werden, das Zeugnisverweigerungsrecht herbeizuführen, sollte am Grundsatz der Unverwertbarkeit nicht gerüttelt werden (*Beulke*/Swoboda Strafprozessrecht Rn. 646; *Kretschmer* Jura 2000, 461; **a.A.** BGHSt 45, 342, 350 m. zust. Anm. *Eckstein* JA 2002, 134). War der Zeuge früher Beschuldigter in demselben oder einem anderen Verfahren, so ist seine damalige Einlassung im Verfahren gegen den Angeklagten unverwertbar, soweit der Zeuge die Aussage nun nach § 52 rechtmäßig verweigert oder verweigern könnte (BGHSt 20, 384; OLG Koblenz StV 2014, 331; Meyer-Goßner/*Schmitt* § 252 Rn. 11; vert. u. § 252). Zulässig soll die Verwertung der früheren Zeugenaussage hingegen nach Ansicht der Rspr. sein, wenn der Zeuge sie gestattet, obwohl er in der Hauptverhandlung von seinem Zeugnisverweigerungsrecht Gebrauch macht, um eine Aussage in der Hauptverhandlung zu vermeiden – (BGHSt 45, 203, 205; 52, 148, 150 f.; **a.A.** *Beulke*/*Swoboda* Strafprozessrecht Rn. 646; SK-StPO/*Rogall* § 52 Rn. 92; *Roxin* FS Rieß, S. 451), allerdings muss der Zeuge vorher ausdrücklich über die Folgen des Verzichts auf die Unverwertbarkeit seiner früheren Aussage qualifiziert belehrt worden sein (BGH NStZ 2020, 432 m.Anm. *Ventzke*; BGH NStZ 2021, 58; zum Teilverzicht s. BGH NStZ 2020, 741 m.Anm. *Eisenberg*). Die nachträgliche Ausübung eines Zeugnisverweigerungsrechts nach § 52 hat auf eine Verwertung einer Bild-Ton-Aufzeichnung nach § 255a keinen Einfluss (BGH NStZ 2020, 181 mit Kommentar *Börner* NStZ 2020, 369; Meyer-Goßner/*Schmitt* § 255a Rn. 8a; a.A. KK-*Diemer* § 255a Rn. 9a). Nicht einschlägig ist § 252 ferner, wenn ein Berufsgeheimnisträger im Zeitpunkt seiner Aussage gem. § 53 Abs. 2 Satz 1 wirksam von der Schweigepflicht entbunden war, diese Entbindung später aber wirksam widerrufen wurde (BGH NStZ 2012, 281 m. abl. Anm. *Geppert* u. *Jäger* JA 2012, 472; LR/*Ignor/Bertheau* § 53 Rn. 83; HK-StPO/*Julius*/*Bär* § 252 Rn. 4; **a.A.** MüKo-StPO/*Ellbogen* § 252 Rn. 13; *Kudlich/Schuhr* u. § 252 Rdn. 13).

Teilweise wird § 252 auch für die Fälle herangezogen, in denen ein Zeuge in einem frühen Verfahrensstadium ordnungsgemäß belehrt ausgesagt hat, sich aber in der Hauptverhandlung auf sein Auskunftsverweigerungsrecht i.S.d. § 55 beruft (*Eisenberg*, Beweisrecht, Rn. 1129; *Geppert* Jura 1988, 305, 313; SK-StPO/*Velten* § 252 Rn. 10). Eine direkte Anwendung dieser Norm muss hier infolge der eindeutigen Verweisung nur auf das Zeugnisverweigerungsrecht ausscheiden. Für eine analoge Anwendung des § 252 auf die Fälle des § 55 fehlt es an einer vergleichbaren Interessenlage. Das Zeugnisverweigerungsrecht des Angehörigen oder Berufsgeheimnisträgers schützt den Familienfrieden bzw. die vertrauliche Kommunikation und damit auch den Angeklagten selbst. Das Auskunftsverweigerungsrecht schützt hingegen nur den Zeugen vor Selbstbelastung. Auf diesen Schutz kann der Zeuge nach ordnungsgemäßer Belehrung wirksam verzichten und sich somit bewusst dem Verfolgungsrisiko unter Verwertung seiner Aussage aussetzen. Eine Verwertung muss dann aber erst recht im Ausgangsverfahren zulasten des durch § 55 gerade nicht geschützten Beschuldigten erfolgen dürfen (BGHSt 6, 209, 211; 337, 350; BGH NStZ 1998, 46 m. zust. Anm. *Dölling* NStZ 1988, 6, 8 ff.). In praktischer Hinsicht wird dies in der Regel per Einvernahme der Verhörsperson gelöst (BGH NStZ 1996, 96), da eine Verlesung des zuvor angefertigten Vernehmungsprotokolls nach § 251 Abs. 1 Nr. 1, Abs. 2 Nr. 3 das Einverständnis aller Beteiligten voraussetzen würde (BGH NJW 2002, 309). 296

2. Beweisverwertungsverbote als Absicherung des Schutzes vor Selbstbelastung (nemo tenetur). Der nach Art. 1 Abs. 1, 20 Abs. 3 GG gebotene Schutz des Beschuldigten vor Zwang zur Selbstbelastung (s.o. Rdn. 150; BVerfGE 56, 37, 49; ausf. *Rogall*, Der Beschuldigte als Beweismittel gegen sich selbst, 1977) bedingt bei strafverfolgungsbehördlicher Missachtung das Entstehen eines Beweisverwertungsverbotes (BGHSt 38, 214, 218 ff.; BGH NStZ 2019, 36 m.Anm. *Vogler*; ausf. *Verrel*, Die Selbstbelastungsfreiheit im Strafverfahren [2001], S. 119 ff.). Charakteristische Ausprägung ist das gesetzliche verankerte Beweisverwertungsverbot aus § 136a Abs. 3 Satz 2 im Hinblick auf durch verbotene Vernehmungsmethoden nach § 136a Abs. 1 erlangte Aussagen. 297

a) Fehlen der Belehrung über das Schweigerecht des Beschuldigten gem. § 136 Abs. 1 Satz 2 bzw. über das Ausmaß der Beschuldigung gem. § 136 Abs. 1 Satz 1. Seit Inkrafttreten des Gesetzes zur Fortentwicklung der StPO und zur Änderung weiterer Vorschriften vom 01.07.2021 (BGBl. I 2021, S. 2099) gilt, dass »bei Beginn der Vernehmung« (also bei jeder Vernehmung und nicht nur bei der »ersten« Vernehmung) der Beschuldigte gem. § 136 Abs. 1 Satz 2 hinzuweisen ist, dass es ihm nach dem Gesetz freistehe, sich zu der Beschuldigung zu äußern oder nicht zur Sache auszusagen. Nach inzwischen gefestigter Rspr., die sich nach jahrelangem Streit der h.L. angeschlossen hat, resultiert aus einer unterlassenen Belehrung des Beschuldigten über sein Recht zu schweigen gem. **§ 136 Abs. 1 Satz 2 bei einer Vernehmung in und außerhalb der Hauptverhandlung** die Unverwertbarkeit der so erlangten Aussage (unter dem umstrittenen Vorbehalt rechtzeitigen Widerspruchs des verteidigten Angeklagten gegen die Verwertung, BGHSt 38, 214, 218; s.a. § 136, s.o. Rn. 274). Allerdings kann das Verwertungsverbot nur im Verfahren gegen den Nichtbelehrten gelten, da die Interessen eines Drittbeschuldigten nicht durch die unterlassene Belehrung berührt werden (BGH StV 1995, 231 m. abl. Anm. *Dencker*; abl. auch *Roxin/Schünemann* § 24 Rn. 32; *Roxin* FS Kühne, S. 317, 324 ff.). Kennt der Beschuldigte sein Schweigerecht, soll die Verwertung seiner Aussage trotz unterbliebener Belehrung zulässig sein (BGHSt 38, 214, 220; 47, 172, 173). Zur Problematik gegenläufiger Kommunikation durch die Vernehmungsperson vgl. *Salditt* FS Beulke, S. 999. 298

Wird der Beschuldigte zwar grundsätzlich darüber informiert, dass gegen ihn ein Strafverfahren eingeleitet worden ist und ihm ein Aussageverweigerungsrecht zusteht, entspricht aber die Belehrung über den konkreten Tatvorwurf nicht den gesetzlichen Anforderungen des § 136 Abs. 1 Satz 1 (i.V.m. § 163a Abs. 4 Satz 1), wiegt dieser Verfahrensverstoß in der Regel weniger schwer als ein Verstoß gegen § 136 Abs. 1 Satz 2, weshalb die generelle Bejahung eines Beweisverwertungsverbots verfehlt erscheint. Vielmehr hängt die Verwertbarkeit davon ab, inwieweit die Aussagefreiheit im konkreten Fall durch die fehlerhafte Belehrung beeinträchtigt war (vgl. BGH StV 2013, 485 m. krit. Anm. *Neuhaus*; *Jahn* JuS 2012, 658). I.Ü. erscheint die Annahme eines Beweisverwertungsverbots insb. dann naheliegend, wenn dem Beschuldigten der konkrete Tatvorwurf in täuschender Absicht nicht eröffnet wurde, da das Verhalten der Vernehmungsperson einer gem. § 136a verbotenen Vernehmungsmethode zumindest nahe kommt (LR/*Gless* § 136 Rn. 103; SK-StPO/*Rogall* § 136 Rn. 99).

b) Verweigerte Verteidigerkonsultation. Das **Unterlassen** der durch § 136 Abs. 1 Satz 2 geforderten **Belehrung** über das Recht auf Verteidigerkonsultation begründet bei Unkenntnis des Beschuldigten von seinem Recht ein Verwertungsverbot hinsichtlich der so erlangten Aussage (BGHSt 47, 172, 174 m. Anm. *Wohlers* JR 2002, 294), da insoweit ein zentrales und durch Art. 6 Abs. 3 lit. c EMRK geschütztes Beschuldigtenrecht verletzt wird. Auch dieses Verwertungsverbot steht nach Ansicht des BGH allerdings 299 unter dem Vorbehalt rechtzeitigen Widerspruches des verteidigten Angeklagten (BGHSt 42, 15, 22; BGH StV 2004, 57; krit. dazu *Geppert* FS Otto, S. 913). Unschädlich soll es hingegen sein, wenn der Beschuldigte zwar auf sein Verteidigerkonsultationsrecht hingewiesen wurde, aber entgegen § 136 Abs. 1 Satz 5 Alt. 2 nicht darauf, dass er auch bei fehlender Zahlungsfähigkeit einen Verteidiger in Anspruch nehmen kann (BGH StV 2006 566; BGH NStZ 2018, 671 m.Anm *Jäger* [teilweise Zustimmung bei Beschuldigten, denen die Mittel zur Verteidigerkonsultation selbst zur Verfügung stehen – so auch *Kudlich* JA 2018, 792]; OLG Köln JR 2016, 264 m. krit. Anm. *Schuhr*; Meyer-Goßner/*Schmitt* § 136 Rn. 21; *Schneider* FS Wolf, S. 421, 447; **a.A.** *Beulke/Swoboda* Strafprozessrecht Rn. 179, *Neuhaus* StV 2010, 48; *ders.* FS Schlothauer, S. 245; *Eschelbach* u. § 136 Rn. 75, 76). Ferner ist der Beschuldigte nach dem neu angefügten § 136 Abs. 1 Satz 5 Hs. 2 auf die Kostenfolge des § 465 im Fall einer Pflichtverteidigung hinzuweisen. Zur nachträglichen Herbeiführung einer verwertbaren Aussage durch qualifizierte Belehrung s.o. Rdn. 286 f.

300 Die Verwertung einer Aussage darf nicht erfolgen, wenn dem Beschuldigten zuvor unter Verstoß gegen §§ 136 Abs. 1 Satz 2, 137, Art. 6 Abs. 3 lit. c EMRK die gewünschte **Beiziehung** oder **Befragung** eines gewählten **Verteidigers** verwehrt wurde (BGHSt 38, 372, 373; BGH NStZ 2008, 643; zurückhaltender speziell für Terrorismusverfahren EGMR HRRS 2017, Nr. 272 m. Bespr. *Jahn* JuS 2017, 177) oder die Strafverfolgungsbehörden schuldhaft ihre Hilfspflichten bei der Verteidigerkonsultation verletzt haben (BGHSt 42, 15, 20; 47, 233, 235; BGH NStZ 2006, 114 u. 236; vert. *Corell* StraFo 2011, 34). Durch das Zweite Gesetz zur Stärkung der Verfahrensrechte von Beschuldigten im Strafverfahren und zur Änderung des Schöffenrechts (BR-Drs. 513/17) wurden nach § 136 Abs. 1 Satz 2 folgende Sätze 3 und 4 neu eingefügt: »Möchte der Beschuldigte vor seiner Vernehmung einen Verteidiger befragen, sind ihm allgemeine Informationen zur Verfügung zu stellen, die es ihm erleichtern, einen Verteidiger zu kontaktieren. Auf bestehende anwaltliche Notdienste ist dabei hinzuweisen.« Damit wird erstmals gesetzlich geregelt, inwieweit Ermittlungsbeamte im Bedarfsfall aktive Unterstützungshandlungen zur Durchsetzung des Rechts des Beschuldigten auf Verteidigerkonsultation leisten müssen (dazu näher § 136 Rdn. 58). Unterlassen Polizeibeamte die gem. § 115 Abs. 1 gebotene unverzügliche Vorführung bewusst, um die Verteidigerbestellung gem. § 140 Abs. 1 Nr. 4 durch den Haftrichter zu umgehen, ist ein Verwertungsverbot hinsichtlich der polizeilichen Beschuldigtenvernehmung anzunehmen (anders jedoch bei bloßer Verkennung des § 115 Abs. 1: BGHSt 60, 38 m. krit. Bespr. *Kasiske* HRRS 2015, 69; allgemein für Eingreifen eines Beweisverwertungsverbots bei nicht rechtzeitig erfolgter Pflichtverteidigerbestellung: *Eisenberg* StV 2015, 180, 181; *von Stetten* FS Beulke, S. 1053). Überdies gebietet es der hohe Rang der Selbstbelastungsfreiheit, dass **Spontanäußerungen** eines inhaftierten Beschuldigten – zumal zum Randgeschehen – **nicht zum Anlass für sachaufklärende Nachfragen** genommen werden, wenn der Beschuldigte nach Belehrung über seine Rechte nach § 136 Abs. 1 Satz 2 die Konsultation durch einen benannten Verteidiger begehrt und i.Ü. erklärt hat, bis auf Weiteres von seinem Schweigerecht Gebrauch zu machen. Wird er von den Strafverfolgungsbehörden durch entsprechende Nachfragen gleichwohl dazu verleitet, sich zum Tatgeschehen zu äußern, unterliegen die entsprechenden Aussagen regelmäßig einem Beweisverwertungsverbot – nur ausnahmsweise kann von einer Sinnesänderung und einer nunmehr gewollten Aussage ohne Beistand durch einen Verteidiger ausgegangen werden (BGHSt 58, 301 m. Bespr. *Eisenberg* StV 2013, 779 sowie m.Anm. *Jäger* JA 2013, 793; *Jahn* JuS 2013, 1047 u. *Wohlers* JR 2014, 131). Hingegen unterliegt die Aussage eines Belastungszeugen im Ermittlungsverfahren, die wegen späterer Ausübung seines Zeugnisverweigerungsrechts nur durch Vernehmung der Verhörsperson in die Hauptverhandlung eingeführt werden kann, und bei der weder der Angeklagte zugegen war, noch durch die Strafverfolgungsbehörden ein Pflichtverteidiger bestellt wurde, nach Ansicht der Rspr. trotz des Verstoßes gegen das in Art. 6 Abs. 3 lit. d EMRK verankerten Fragerechts keinem Beweisverwertungsverbot. Jedoch soll das Beweismittel nach der sog. **Beweiswürdigungslösung** nur im Fall der Bestätigung durch weitere Beweisergebnisse als Urteilsgrundlage herangezogen werden dürfen (BGHSt 46, 93; krit. *Kunert* NStZ 2001, 217).

301 **c) Fehlen der Belehrung gem. § 114b Abs. 2 Satz 3 i.V.m. Art. 36 Abs. 1b Satz 3 WÜK.** Während der *1. Strafsenat* des BGH offengelassen hat, ob aus der unterlassenen Belehrung eines Beschuldigten mit ausländischer Staatsangehörigkeit über sein Recht auf Unterrichtung der konsularischen Vertretung (§ 114b Abs. 2 Satz 3 i.V.m. Art. 36 Abs. 1b Satz 3 des Wiener Konsularrechtsübereinkommens [WÜK], vgl. hierzu BVerfG NJW 2007, 499 m. Bespr. *Kreß* GA 2007, 396 u. *T. Walter* JR 2007, 99) ein (unter dem Vorbehalt rechtzeitigen Widerspruchs gegen die Verwertung stehendes) Verwertungsverbot folgen kann (BGHSt 52, 38, 41), lehnten der *3. und 5. Strafsenat* im Rahmen einer Abwägung aller berührten Interessen ein **Beweisverwertungsverbot** grundsätzlich ab (BGHSt 52, 48, 55; 52, 110, 116 m. Bespr. *Esser* JR 2008, 271; *Mosbacher* JuS 2008, 688, 691; *Paulus/Müller* StV 2009, 495; *Schomburg/Schuster* NStZ 2008, 593; *Weigend* StV 2008, 39). Der *5. Senat* wollte die in solchen Fällen resultierende Beeinträchtigung des Beschuldigten im Wege der Strafzumessung und im Bedarfsfalle im Wege der **Vollstreckungslösung** ausgleichen, d.h., dass im

Fall unzureichender Kompensationsmöglichkeiten der Verfahrensnachteile ein Teil der an sich verhängten Strafe als vollstreckt gelten sollte (BGHSt 52, 48, 55 ff.). Berechtigterweise wandte der *3. Senat* hiergegen ein, dass eine Quantifizierung eines als vollstreckt zu geltenden Teils der Strafe nur in Fällen rechtsstaatswidriger Verfahrensverzögerung möglich sei und die Vollstreckungslösung daher nicht geeignet sei, andere Verfahrensfehler zu kompensieren (BGHSt 52, 110).

Inzwischen hat das **BVerfG** klargestellt, dass ein Beweisverwertungsverbot keineswegs von vornherein ausgeschlossen ist. Vielmehr sei die Verwertbarkeit anhand einer **Abwägung unter Berücksichtigung aller Umstände des Einzelfalls** zu prüfen, um der Rspr. des IStGH (Fälle La Grand und Avena) gerecht zu werden (BVerfG StV 2011, 329; im Anschluss daran: BGH StV 2011, 603; vert. *Gless/Peters* StV 2011, 369; *Meyer-Mews* StraFo 2012, 7). 302

3. **Verwertungsverbote zum Schutz der Intim- und Privatsphäre.** a) Bei der Beantwortung der Frage, ob Eingriffe in das gem. Art. 2 Abs. 1 i.V.m. Art. 1 Abs. 1 GG grundrechtlich geschützte allgemeine Persönlichkeitsrecht ein Beweisverwertungsverbot nach sich ziehen, ist die Dreisphärentheorie des Bundesverfassungsgerichts zu berücksichtigen (BVerfGE 34, 238, 245 ff.; 109, 279; zu Schwierigkeiten bei der Umsetzung vgl. *Meyer-Mews* StraFo 2016, 177, 183; *Wolter* NStZ 1993, 1; *Lindemann* JR 2006, 191; *Rogall* FS Fezer, S. 61). Hiernach genießen soziale Kontakte auf der 1. Stufe, der sog. »Sozialsphäre«, keinen besonderen Schutz. Bei Eingriffen in die »schlichte Privatsphäre« (2. Stufe) ist das staatliche Strafverfolgungsinteresse gegen die Privatinteressen des Beschuldigten abzuwägen. Auf der 3. Stufe (»Intimsphäre«) gewährt Art. 2 Abs. 1 i.V.m. 1 Abs. 1 GG jedem Bürger einen **unantastbaren Kernbereich privater Lebensgestaltung**, in den unabhängig von einer Güterabwägung kein Eingriff staatlicher Gewalt erfolgen darf. 303

Teilweise hat der Gesetzgeber die verfassungsrechtliche Rspr. aufgegriffen und bei spezifischen Eingriffen umgesetzt (z.B. in § 100d Abs. 1 und 2), sodass schon kraft einfachgesetzlicher Anordnung Erkenntnisse, die durch Eingriffe in den **Kernbereich privater Lebensgestaltung** erlangt werden, nicht verwertet werden dürfen. Im Umkehrschluss folgt daraus, dass unter Wahrung der gesetzlichen Eingriffsbefugnisse erlangte Erkenntnisse im Anlassstrafverfahren einer Verwertung zugänglich sind (zu Einschränkungen in anderen Strafverfahren vgl. o. Rdn. 282 sowie § 479 Abs. 2 Satz 1). 304

b) Für Bereiche ohne gesetzliche Regelung sind nach wie vor die von der Rspr. entwickelten Grundsätze anzuwenden. Bei der hier zur Ermittlung eines Beweisverbotes erforderlich werdenden Abwägung zwischen Interessen des Beschuldigten einerseits und der Effektivität der Strafverfolgung andererseits sprechen **für** die Verwertbarkeit insb. die **Schwere des Tatvorwurfs** sowie die **Unverzichtbarkeit des Beweismittels** für die Beweisführung, **gegen** die Verwertbarkeit hingegen der **Rang** des betroffenen Grundrechts sowie die **Schwere des konkreten Eingriffs** (exemplarisch BGH JR 1994, 430). 305

Ob **Tagebuchaufzeichnungen** im Strafverfahren verwertet werden können, hängt davon ab, ob sie der absolut geschützten und somit eine Verwertbarkeit ausschließenden Intimsphäre unterfallen oder lediglich als Grundrechtsausübung auf dem Niveau der Sozialsphäre einzustufen sind. Bei der Beurteilung, ob der Kernbereich privater Lebensgestaltung tangiert ist, sind das Geheimhaltungsinteresse des Betroffenen, der Grad der Höchstpersönlichkeit des Inhalts der Aufzeichnungen sowie der unmittelbare Bezug zu begangenen Straftaten zu berücksichtigen. Identische Maßstäbe gelten für tagebuchähnliche Aufzeichnungen, z.B. in einem Testament (LG Koblenz NJW 2010, 2227, 2228). Angesichts der Notwendigkeit einer Überprüfung, welcher Sphäre die Inhalte der entsprechenden Dokumente angehören, ist beim äußeren Anschein eines Tagebuchs o.ä. nicht schon die Kenntnisnahme des Inhalts unzulässig, sondern erst die Verwendung der Aufzeichnungen als Grundlage weiterer Ermittlungen (**a.A.** *Lammer* Verdeckte Ermittlungen im Strafprozeß [1992] S. 100 f., der nur eine äußere Besichtigung zulassen will, z.B. mittels Durchsehens einer Mappe mit der Aufschrift »Tagebuch«; wie aber durch eine solche Durchsicht Geschäftspapiere o.ä. ausgesondert werden sollen, ohne vom Inhalt der Schriftstücke zumindest überblicksartig Kenntnis zu nehmen, erschließt sich nicht). 306

In den Fällen, in denen keine absolute Unverwertbarkeit aufgrund eines Eingriffs in die Intimsphäre gegeben ist, hängt die Verwertbarkeit der Aufzeichnungen vom Ergebnis einer Abwägung des Persönlichkeitsrechts des Tagebuchverfassers aus Art. 2 Abs. 1, 1 Abs. 1 GG mit dem staatlichen Interesse an effektiver Strafverfolgung ab (BVerfG StraFo 2008, 421; VerfGH Berlin JR 2010, 339; BGHSt 19, 325). Im Fall einer schriftlichen Auseinandersetzung eines unter Mordverdacht stehenden Beschuldigten mit seinen Tötungsgelüsten sah BGHSt 34, 397 die Aufzeichnungen angesichts der Schwere des Tatverdachts als verwertbar an (bestätigt von BVerfGE 80, 367 ff.; lesenswert ferner BGH NStZ 2000, 383; *Ellbogen* NStZ 2001, 460; **a.A.** für eine Einordnung in die der Verwertbarkeit entzogenen Intimsphäre *Lorenz* GA 1992, 254 ff.). 307

Auch bei **heimlichen Tonbandaufnahmen**, die nicht von §§ 100c Abs. 1 oder § 100f Abs. 1 gedeckt sind, ist die Verwertbarkeit anhand einer Interessenabwägung auf Basis der Sphärentheorie zu ermitteln. Anerkannt ist zumindest, dass ein Verwertungsverbot für die mittels eines »großen Lauschangriffs« auf eine Wohnung 308 i.S.v. Art. 13 GG gewonnenen Erkenntnisse besteht, wenn nur nach den Regeln des »kleinen Lauschangriffs« vorgegangen wurde (BGHSt 42, 372, 377; zust. *Wollweber* NStZ 1997, 351). Nicht verwertet werden dürfen die mittels eines großen Lauschangriffs erlangten Informationen, ferner wenn die Maßnahme entgegen § 100e Abs. 1 Satz 1 nicht von der Staatsschutzkammer angeordnet wurde. **§ 100d Abs. 2 Satz 1** sieht für Fälle des **großen Lauschangriffs** ein Verwertungsverbot für Äußerungen vor, die dem Kernbereich privater Lebensgestaltung zuzurechnen sind (vgl. BGHSt 50, 206 [Selbstgespräch im Krankenzimmer] m.Anm. *Ellbogen* NStZ 2006, 179 u. *Lindemann* JR 2006, 191). Diese Regelung wird entsprechend anwendbar erklärt z.B. beim kleinen Lauschangriff (§ 100f Abs. 4), weiteren Maßnahmen außerhalb von Wohnraum (100h Abs. 4) und Verdeckten Ermittlern (§ 110a Abs. 1 Satz 5). So darf ein in einem Pkw geführtes, nach Maßgabe des § 100f abgehörtes **Selbstgespräch** nicht verwertet werden, da es aufgrund der Nichtöffentlichkeit des Ortes der Gedankenäußerungen sowie der Flüchtigkeit des gesprochenen Wortes dem unantastbaren Bereich des allgemeinen Persönlichkeitsrechts zuzuordnen ist (BGHSt 57, 71 m. Bespr. *Allgayer* NStZ 2012, 399; *Ernst/Sturm* HRRS 2012, 374; *Jahn/Geck* JZ 2012, 561; *Ladiges* StV 2012, 517; *Mitsch* NJW 2012, 1486; *Warg* NStZ 2012, 237; *Wohlers* JR 2012, 389; *Zimmermann* GA 2013, 162).

309 4. **Beweisverwertungsverbote im Zusammenhang mit einer TKÜ, §§ 100a ff..** Sind die materiellen Eingriffsvoraussetzungen einer TKÜ nicht gegeben (z.B. weil kein Verdacht hinsichtlich einer Katalogtat besteht, das Subsidiaritätsprinzip einer Überwachung entgegensteht oder es sich um ein Gespräch des Beschuldigten mit seinem Verteidiger handelt), liegt die Unzulässigkeit der Verwertung der so erlangten Beweismittel nahe (zum Überblick. *Meyer-Mews* StraFo 2016, 177). Nach Ansicht der Rspr. steht den Strafverfolgungsorganen im Hinblick auf die Prüfung der materiellen Anordnungsvoraussetzungen allerdings ein **Beurteilungsspielraum** zu, weshalb ein Verwertungsverbot nur bei grober Fehleinschätzung hinsichtlich der materiellen Voraussetzungen der TKÜ oder bei objektiver **Willkür** eingreifen soll (BGHSt 41, 30, 34 m. krit. Anm. *Bernsmann* NStZ 1995, 512; *Küpper* JR 1996, 214; BGHSt 47, 362, 366 m.Anm. *Schlothauer* StV 2003, 208; HK-StPO/*Gercke* § 100a Rn. 46; vgl. auch *Landau/Sander* StraFo 1998, 397: Maßstab der »verfahrensrechtlichen Nachvollziehbarkeit« dazu § 100a Rn. 35). Abzulehnen ist die Ansicht, wonach materielle Fehler aufgrund hypothetischer Rechtmäßigkeitserwägungen heilbar sein sollen (so BGHSt 48, 240 m.Anm. *Arloth* NStZ 2003, 609; *Kudlich* JR 2003, 453). Hiergegen spricht, dass auf diesem Wege das Erfordernis einer sorgfältigen *ex-ante*-Prüfung der Anordnungsvoraussetzungen wie z.B. des Verdachts hinsichtlich einer Katalogtat umgangen würde (*Bernsmann/Sotelsek* StV 2004, 113; *Kinzig* StV 2004, 560, 565; *Beulke/Swoboda* Strafprozessrecht Rn. 363; s.a. oben Rdn. 284).

310 **Rein formelle Fehler** bei der Anordnung ziehen grundsätzlich kein Verwertungsverbot nach sich (offengelassen in BGHSt 31, 304, 308). So steht es nach Auffassung der Rspr. einer Verwertung nicht entgegen, wenn keine zeitliche Befristung i.S.v. §§ 100f Abs. 4, 100e Abs. 1 Satz 4 vorgenommen wird (BGHSt 44, 243, 248). Eine andere Beurteilung ist indes geboten, wenn die gem. § 100e Abs. 1 erforderliche gerichtliche oder staatsanwaltliche Anordnung vollständig fehlt (BGHSt 31, 304, 308 f.; **a.A.** LG Mannheim StV 2002, 242). Sehr strittig ist, ob Erkenntnisse von Telefonüberwachung im Ausland, die im Inland so nicht erhoben werden durften, verwertet werden können. Dies hat das LG Berlin im EncroChat Verfahren zu Recht abgelehnt (LG Berlin NStZ 2021, 696 m. krit. Anm. *Labusga*; *Beulke/Swoboda* Strafprozessrecht Rn. 699 ff.). Die höhergerichtliche Rspr. ist dem bisher nicht gefolgt (zum Streitstand u.a. BGH wistra 2022, 209; Conseil Constitutionnel wistra 2022, 209; KG NStZ-RR 2021, 353 m.Anm. *Immel*; OLG Brandenburg BeckRS 2021, 442180; OLG Bremen NStZ-RR 2021, 158; OLG Celle Beck RS 2021, 24319; OLG Hamburg BeckRS 2021, 2226; OLG Karlsruhe Beck RS 2021, 33716; OLG Rostock BeckRS 2021, 11981; OLG Schleswig NStZ 2021, 693; *Wahl* ZIS 2021, 452; *Derin/Singelnstein* NStZ 2021, 449; *Strate* HRRS 2022, 15).

311 Das von der Rspr. errichtete Widerspruchserfordernis des verteidigten Angeklagten in der Hauptverhandlung (BGHSt 51, 1, 3; BGH StV 2001, 545 m. abl. Anm. *Ventzke*) ist neben den grundsätzlichen Ablehnungsgründen (s.o. Rdn. 277) im Bereich der TKÜ zusätzlich dem Einwand ausgesetzt, insoweit werde ein gesetzlich nicht legitimierter Eingriff in Art. 10 GG begründet (*Wollweber* wistra 2001, 182). Nach Ansicht des BGH soll das Widerspruchserfordernis sogar bei Behauptung einer »täuschungsähnlichen Situation« hinsichtlich späterer Folgevernehmungen (dazu BGH StV 1996, 360) eingreifen (BGH StV 2016, 771).

312 Werden bei einer TKÜ Erkenntnisse ermittelt, welche andere Taten betreffen als die, deretwegen die Maßnahme angeordnet wurde, stellt sich die Frage nach der Verwertbarkeit dieser sog. **Zufallsfunde**. War die ursprüngliche TKÜ rechtswidrig, dürfen die Zufallsfunde nicht verwertet werden (BGH NStZ 2003, 499). War die Maßnahme hingegen rechtmäßig, ist eine Verwertung unter den Voraussetzungen der §§ 479 Abs. 2 Satz 1, 161 Abs. 3 zulässig (vgl. oben Rdn. 282 und § 479). I.Ü. gilt trotz an und für sich zulässiger Beweisgewinnung ein Verwertungsverbot. Dies schließt jedoch nach Ansicht der Rspr. nicht aus, dass mittels Weiterverfolgung der aufgefundenen Informationen andere Beweismittel ermittelt werden (sog. **Spurenansatz;**

BGHSt 27, 355, 358; OLG München wistra 2006, 472; LG Landshut NStZ 1999, 635; z.T. restriktiver OLG Karlsruhe NJW 2004, 2687 m. zust. Bespr. *Allgayer* NStZ 2006, 603; *Kudlich* JuS 2004, 1019; hiergegen vgl. Argumentation Rdn. 278).

5. **Beweisverwertungsverbote bei körperlicher Untersuchung.** Werden körperliche Untersuchungen, insb. Blutentnahmen, abweichend von § 81a Abs. 1 durch einen Nichtarzt durchgeführt, gebietet der Schutzzweck der Norm (Sicherung vor Gesundheitsgefahren), der sich nach Durchführung der Maßnahme verbraucht hat, **nicht** die Unverwertbarkeit des so erlangten Beweismittels, dessen Beweiswert nicht gemindert ist (BGHSt 24, 125, 128; OLG Karlsruhe StV 2005, 376; *Fahl* JuS 2001, 53; *Beulke* ZStW 103 [1991], 657, 672; **a.A.** *Eb. Schmidt* MDR 1970, 461, 464; *Ambos*, Beweisverwertungsverbote [2010] S. 58). 313

Grundsätzlich unterliegen Maßnahmen nach § 81a Abs. 1 dem Vorbehalt richterlicher Anordnung. Nur bei Gefahr in Verzug, d.h. wenn der Zweck der Zwangsmaßnahme durch ein Zuwarten bis zur Entscheidung durch einen Richter vereitelt zu werden droht, sind die StA bzw. ihre Hilfsbeamten zur Anordnung berechtigt (Regel-Ausnahme-Verhältnis). Wurde trotz fehlender Gefahr im Verzug eine zwangsweise Blutentnahme durch Polizei oder StA ohne Einholung einer richterlichen Anordnung eingeleitet, gingen die Strafgerichte – auch nach der verfassungsgerichtlichen Betonung der Revisibilität der Voraussetzungen der Eilkompetenz vor dem Hintergrund des Art. 19 Abs. 4 GG (BVerfG NJW 2007, 1345) – von der grundsätzlichen Verwertbarkeit des so erlangten Beweismaterials aus. Der grundsätzliche Richtervorbehalt des § 81a Abs. 2 Satz 1 (Ausnahme nach Satz 2 bei Verdacht einer Straftat nach §§ 315a Abs. 1 Nr. 1, Abs. 2 und 3, 315c Abs. 1 Nr. 1 lit. a, Abs. 2, 316 StGB) gehöre anders als der des § 105 i.V.m. Art. 13 GG nicht zum rechtsstaatlich verankerten Mindestschutzniveau (BVerfG NJW 2008, 3053; StraFo 2011, 145, 146), sodass bei Einstellung in eine Abwägung das Allgemeininteresse an der Sicherheit des Straßenverkehrs die nur geringe Beeinträchtigung der körperlichen Unversehrtheit des Betroffenen überwiege (OLG Bamberg NJW 2009, 2146; KG NStZ 2010, 468; OLG Düsseldorf NZV 2010, 306; LG Itzehoe StV 2008, 457; vert. *Weinhold* SVR 2010, 13). 314

Etwas anderes muss aber jedenfalls dann gelten, wenn die Anordnungsbehörde **bewusst** gegen § 81a Abs. 2 Satz 1 verstößt. Wird der Richtervorbehalt **objektiv willkürlich** oder **unter gröblicher Verkennung der Rechtslage** missachtet, ist der Grundsatz des »*fair trial*« verletzt und das Beweismittel daher **unverwertbar** (BGHSt 24, 125, 131; OLG Nürnberg StV 2010, 624; OLG Dresden JR 2010, 87; OLG Celle NJW 2009, 3524; OLG Hamm StV 2009, 459; Rspr.-Übersicht bei *Ernst* Jura 2011, 94 und *Metz* NStZ-RR 2014, 329). Ein derart gravierender, ein Verwertungsverbot begründender Verstoß, wird insb. angenommen, wenn die Polizei trotz der mittlerweile etablierten Rspr. zur Einschaltungspflicht eines Ermittlungsrichters die Polizei systematisch an einer Umgehung des Richtervorbehalts festhält (»Fehler im System«; OLG Oldenburg NJW 2009, 3591; SchlHOLG StV 2010, 13). So darf ein Polizeibeamter seine Eilkompetenz gem. § 81a Abs. 2 Satz 1 nicht mit einer allgemeinen Dienstanweisung begründen, sondern muss eine selbstständige Prüfung vornehmen; denn eine generelle Betrachtungsweise verkennt den Schutzzweck des einzelfallorientierten Richtervorbehalts (OLG Köln StV 2012, 6). Voraussetzung für ein Beweisverwertungsverbot ist nach Ansicht der Rspr. auch hier, dass der Angeklagte unter Angabe der Angriffsrichtung, d.h. mit spezifizierter Begründung, widerspricht (OLG Hamburg NJW 2008, 2597; OLG Hamm NJW 2011, 468 u. 469; OLG Frankfurt a.M. NStZ-RR 2011, 46; abl. *Prittwitz* StV 2008, 486, 492; zur Argumentation gegen das Widerspruchserfordernis s.o. Rdn. 275). 315

Kein Verwertungsverbot wird durch das bloße Übergehen des Anordnungsvorrangs der StA vor den polizeilichen Ermittlungspersonen (BVerfG NJW 2010, 2864 Rn. 29, 31) begründet (OLG Hamm StV 2009, 462), durch die Verletzung der Dokumentationspflichten (BGH NJW 2007, 1346; OLG Köln NStZ 2009, 406, 407; OLG Frankfurt a.M. NStZ-RR 2011, 46, 48) oder das Fehlen eines nächtlichen richterlichen Eildienstes (BVerfG StraFo 2011, 145; OLG Naumburg StRR 2011, 200).

6. **Beweisverwertungsverbote bei Missachtung des Richtervorbehalts im Fall der Wohnungsdurchsuchung.** Parallele Grundsätze wie bei der Missachtung des Richtervorbehalts bei körperlichen Untersuchungen (Rdn. 313–315) gelten auch bei der Nichtbeachtung des Richtervorbehalts im Fall der Wohnungsdurchsuchung, die Art. 13 Abs. 2 Halbs. 1 GG grundsätzlich dem Richter vorbehält. Der präventive Richtervorbehalt zielt auf eine vorbeugende Kontrolle der Maßnahme durch eine unabhängige und neutrale Instanz. Nur bei Gefahr im Verzug darf die Wohnungsdurchsuchung auch durch die in den Gesetzen vorgesehenen anderen Organe angeordnet werden, Art. 13 Abs. 2 Halbs. 2 GG. Gem. § 105 Abs. 1 dürfen Durchsuchungen generell nur durch den Richter, bei Gefahr im Verzug auch durch die StA und – nachrangig – deren Ermittlungspersonen (§ 152 GVG, s. oben Rdn. 208) angeordnet werden. Angesichts des Verfassungsrangs dieses Richtervorbehalts stellt das BVerfG erhöhte Anforderungen an die Begründung und Dokumentation der Eilbedürftigkeit. Danach sind reine Spekulationen, hypothetische Erwägungen oder lediglich auf kriminalistische Alltagserfahrung gestützte, fallunabhängige Vermutungen als Grundlage der 316

Annahme von Gefahr im Verzug nicht ausreichend (BVerfGE 103, 142, 155). Den Strafverfolgungsorganen steht auch kein Ermessens- oder Beurteilungsspielraum zu (BVerfG NStZ 2003, 319). Es besteht eine verfassungsrechtliche Verpflichtung, die Erreichbarkeit eines Ermittlungsrichters auch durch die Einrichtung eines Bereitschaftsdienstes zu sichern. Das gilt für die gesamte Tageszeit (ganzjährig 6–21 Uhr) auch außerhalb der üblichen Dienststunden. Während der Nachtzeiten ist ein ermittlungsrichterlicher Bereitschaftsdienst jedenfalls bei einem Bedarf einzurichten, der über den Einzelfall hinausgeht. Ob dies erforderlich ist, haben die Gerichtspräsidenten nach pflichtgemäßem Ermessen in eigener Verantwortung zu entscheiden. Für die Art und Weise der Bedarfsermittlung steht ihnen ein Beurteilungs- und Prognosespielraum zu (BVerfG NJW 2019, 1428 mit Anm. *Kissel* und Bepr. *Muckel* JA 2019, 471). Gibt es also einen tatsächlichen Bedarf für einen richterlichen 24-Stunden-Einsatz, so muss er eingerichtet werden. In welchem Ausmaß Beweismittel aus Durchsuchungen ohne richterliche Anordnung verwertbar sind, ist bis heute noch wenig geklärt (s. z.B. BGH NStZ 1989, 375; BGH NStZ 2019, 227 m.Anm. *Arnoldi*; vert. LR/*Tsambikakis*, § 105 Rn. 102, 141, 146). In der derzeitigen Rspr. ist zumindest anerkannt, dass ein bei der Durchsuchung gefundenes Beweismittel unverwertbar ist, wenn die StA oder ihre Ermittlungspersonen absichtlich oder objektiv willkürlich (= grob fahrlässig) das Richterprivileg umgehen (BVerfG NJW 2006, 2684; BGHSt 51, 285; 61, 266; BGH StV 2016, 539) oder dass die Voraussetzungen des Richtervorbehalts in gleichgewichtig grober Weise verkannt werden (BVerfG NJW 2011, 2783; BGH NStZ 2020, 621; m. zust. Anm. *Hoffmann/Koenen* JR 2021, 540). Dann kann die Rechtmäßigkeit auch nicht auf die hypothetische Erwägung gestützt werden, selbst bei Einschaltung des Ermittlungsrichters wäre die Wohnungsdurchsuchung gestattet worden (BGH NStZ 2012, 104, 105 [Rn. 12]; abzulehnen deshalb OLG Zweibrücken NStZ 2019, 301 [es handelte sich dort um grobe Verkennung des Richtervorbehalts, bei dem eine hypothetische Heilung entfällt]; vert. KK-StPO/*Bruns* § 105 Rn. 21; *Beulke/Swoboda* Strafprozessrecht Rn. 363). Ob die Rspr. auch dieses Verwertungsverbot von einem rechtzeitigen Widerspruch seitens des Verteidigers in der Hauptverhandlung abhängig macht (s. oben Rdn. 275), ist derzeit noch nicht abschließend geklärt (dafür: BGH StV 2018, 772 m.Anm. *Schäuble*).

317 **7. Rechtswidrige Beweismittelerlangung durch Privatpersonen.** **a)** Stellt sich die Frage der Verwertbarkeit von Beweismitteln, welche die Strafverfolgungsbehörden von Privatpersonen erhalten haben, so ist der staatlich veranlasste Einsatz von Privatpersonen zum Zwecke der Beweisgewinnung von den Fällen zu unterscheiden, in denen ein Privater aus eigener Initiative ermittelt und die so erlangten Ergebnisse erst nachträglich an die zuvor nicht beteiligten Strafverfolgungsbehörden weitergibt. Im Fall einer staatlichen Veranlassung der Beweismittelgewinnung muss eine **Zurechnung** der prozessrechtlichen Bindungen erfolgen. Würde im Fall strafverfolgungsbehördlicher Beweiserhebung ein Verbot der Verwertung greifen, muss die Rechtsfolge der Unverwertbarkeit auch gelten, wenn stattdessen eine Privatperson **im gezielten Auftrag der Strafverfolgungsbehörden** das Beweismittel erlangt hat. Anderenfalls könnte die Geltung der gesetzlichen Eingriffsbeschränkungen sowie der Rechtsgrundsätze aus Grundgesetz und EMRK mittels gezielter Umgehung ausgehebelt werden (EGMR [M.M. v. Niederlande] StV 2004, 1; dazu *Gaede* StV 2004, 46; BGHSt 34, 362, 364; vert. *Roxin* FS Rogall S. 651; *Sotelsek* wistra 2020, 361, 366; *Stoffer* Wie viel Privatisierung »verträgt« das strafprozessuale Ermittlungsverfahren? [2016]). Eine Zurechnung muss auch dann gelten, wenn die Strafverfolgungsbehörden routinemäßig Ermittlungen durch Privatfirmen als Grundlage einer Strafverfolgung heranziehen. Deshalb besteht ein Beweisverwertungsverbot für ein Strafverfahren bei Auswertung von massenhaft durchgeführten Geschwindigkeitsmessungen im öffentlichen Straßenverkehr, die eine private Firma ohne die gebotene staatliche Kontrolle bzgl. der Korrektheit der eingesetzten Geräte mittels einer am Straßenrand dauerhaft installierten Kamera durchgeführt hat (OLG Saarbrücken NStZ 2018, 480).

318 b) Ist die Beweismittelerlangung auf **eigeninitiatives Handeln** eines Privaten zurückzuführen, das einen Straftatbestand erfüllt, aber gerechtfertigt ist, sind die materiell **rechtmäßig** erlangten Beweismittel jedenfalls dann uneingeschränkt verwertbar, wenn der Rechtfertigungsgrund im Zeitpunkt der Hauptverhandlung noch fortwirkt (*Beckemper/Wegner* JA 2003, 510; z.T. abw. BayObLGSt 1994, 6, 8; *Störmer* Jura 1994, 621 f.; *B. Kramer* NJW 1990, 1760).

319 Stellt sich die Beweismittelerlangung durch die Privatperson als **materiell strafrechtswidrig** dar, sind die von ihr gefundenen und den Strafverfolgungsbehörden zur Verfügung gestellten Beweismittel trotz des Rechtsverstoßes **grundsätzlich verwertbar**, da die Vorschriften der StPO sich nur an den staatlichen Strafverfolgungsapparat richten (BVerfG NStZ 2011, 103; KK-StPO/*Bader* Vor § 48 Rn. 52; **a.A.** *Rogall* ZStW 91 [1979], 1, 41 f.). **Unverwertbarkeit** ist allerdings dann anzunehmen, wenn die Beweismittel durch ein **eklatant menschenwürdewidriges oder grob rechtsstaatswidriges** Verhalten eines Privaten erlangt wurden (z.B. Erzielung eines Geständnisses durch Folter oder den Einsatz von Drogen; BGHSt 44, 129: § 136a analog; Meyer-Goßner/*Schmitt* § 136a Rn. 3; *Brodag*, Strafverfahrensrecht, Rn. 263; *Kindhäuser/Schumann* Strafprozessrecht § 6 Rn. 46; differenzierend KK-StPO/*Bader* Vor § 48 Rn. 52; *Radtke*/Homann Einleitung

Rn. 84; *Mende, B.*, Grenzen privater Ermittlungen durch den Verletzten einer Straftat, 2001, S. 244; *Wölfl* JA 2001, 504; *Hoven/Wiedmer* StV 2022, 247). Etwas anderes gilt auch bei gezielter Auslagerung von Befugnissen der Strafverfolgungsbehörden auf Private, die dann im amtlichen Auftrag handeln (*Beulke/Swoboda* Strafprozessrecht Rn. 203; *Kaspar* GA 2013, 206, 219; Meyer-Goßner/*Schmitt* § 136a Rn. 3; s. bereits oben Rdn. 317).

Diese Maßstäbe privater Beweismittelerlangung sind nach neuester Rspr. auch bei der Frage der Verwertbarkeit von durch **ausländische Geheimdienste** gewonnenen Informationen anzuwenden (OLG Hamburg NJW 2005, 2327 [Fall Motassadeq]; vert. *Ambos* StV 2009, 151, 158; *Gless* JR 2008, 317, 325; *Schuster*, Verwertbarkeit im Ausland gewonnener Beweise im deutschen Strafprozess, 2006, S. 221). Zur Frage von Beweisverwertungsverboten bei Völkerrechtsverstößen s.u. Rdn. 324. 320

c) Hinsichtlich der Verwertbarkeit von Beweismitteln, die durch private Eingriffe in die **Intim- oder Sozialsphäre** (s.o. Rdn. 303 ff.) erlangt wurden, ist der gleiche Maßstab anzulegen wie an staatliche Ermittlungshandlungen (vgl. BGHSt 14, 358, 359 [Tonband]; BGHSt 19, 325, 331 [Tagebuch], dazu LG Zweibrücken NJW 2004, 85; s.a. *Eisenberg* Beweisrecht Rn. 387 ff.), da jedenfalls die Verwertung in der Hauptverhandlung den entsprechenden Eingriff in das allgemeine Persönlichkeitsrecht nunmehr von staatlicher Seite wiederholen würde (*Wölfl* Die Verwertbarkeit heimlicher privater Ton- und Bildaufnahmen im Strafverfahren, 1997, S. 107 ff.). 321

d) Aufzeichnungen eines Verkehrsteilnehmers beim Betrieb einer Dashcam (On-Board-Kamera) sollen im Straf- und Bußgeldverfahren auch dann als Beweismittel herangezogen werden können, wenn sie unter Verstoß gegen das datenschutzrechtliche Verbot gem. § 6b BDSG zustande gekommen sind, nach dem die Beobachtung öffentlich zugänglicher Räume mit optisch-elektronischen Einrichtungen nur begrenzt zulässig ist (für das Zivilverfahren: BGH BeckRS 2018, 8602 m.Anm. *Löffelmann* JR 2018, 639 u. *Nestler* Jura 2018, 1184 und Bspr. *Schumann* Jura 2019, 3). Ob ein Beweisverwertungsverbot besteht, soll auf der Basis der Abwägungslehre (Rdn. 269, 302) im Einzelfall zu ermitteln sein, wobei einerseits das allgemeine Persönlichkeitsrecht, hier konkretisiert im Recht auf informationelle Selbstbestimmung (Art. 2 Abs. 1 i.V.m. Art. 1 Abs. 1 GG, s. dazu BverfGE 120, 378) und andererseits das Interesse der Allgemeinheit an einer effektiven Strafverfolgung gegeneinander abzuwägen sind. Dabei kommt es insb. Auf die Intensität des Eingriffs, die Tatschwere sowie die Beweissituation an. So lässt die Rspr. z.B. die Verwertung einer Aufnahme der Verkehrsvorgänge inklusive der Identifizierung des Betroffenen über das Kennzeichen zu, wenn dies zur Verfolgung einer besonders verkehrssicherheitsbeeinträchtigenden Ordnungswidrigkeit erforderlich ist (OLG Stuttgart JR 2016, 656 m.Anm. *Löffelmann* und AG Nienburg ZD 2015, 341; VG Ansbach ZD 2014, 590; KMR/*Bär* § 100h Rn. 9; *Born* NZV 2016, 114; *Satzger* Jura 2015, 1394; *Günther/Selzer* ZJS 2016, 756, 770; *Lutz* Automatisiertes Fahren, Dashcams und die Speicherung beweisrelevanter Daten, 2017, S. 241 [dazu *Schiemann* KriPoZ 3/2019 online]; **krit.** *Wolky* StV 2017, 20 und *Niehaus* NZV 2016, 551, 556; für den Zivilprozess: ebenso AG Nürnberg DAR 2015, 472; *Balzer/Nugel* NJW 2014, 1622 – anders hingegen LG Heilbronn NJW-RR 2015, 1019; AG München ZD 2014, 530; vert. *Mäsch/Ziegenrücker* JuS 2018, 750). Unverwertbarkeit ist hingegen gegeben, wenn die privat installierte Kamera (z.B. am Auto oder Fahrradhelm) Aufgaben der allgemeinen Verkehrskontrolle übernehmen soll, um andere, sich nicht regelkonform verhaltende Verkehrsteilnehmer generell einer strafrechtlichen Verfolgung zuzuführen (OLG Celle NStZ 2018, 293, 296; VG Göttingen ZD-Aktuell 2016, 05391; Meyer-Goßner/Schmitt/*Köhler* § 100h Rn. 1a), zur Unverwertbarkeit von Messdaten privat durchgeführter fest installierter Verkehrsüberwachung s. oben Rdn. 317. Die Grundsätze zur Auswertung von Dashcams im Straßenverkehr werden sinngemäß übertragen auf Aufnahmen einer am Wohnhaus fest installierten Videokamera (Meyer-Goßner/Schmitt/*Köhler* § 100h Rn. 1b). Wenn die Filmaufnahmen vom Täter selbst hergestellt worden sind, können sie als Augenscheinobjekte auch gegen den Willen des Beschuldigten und Geschädigten verwertet werden (*Metz* NStZ 2020, 9). 322

e) Liegt eine den Beschuldigten belastende Aussage vor, zu welcher er in einem außerstrafrechtlichen Verfahren verpflichtet war, gebietet der *nemo-tenetur*-Grundsatz die Unverwertbarkeit dieser Aussage im Strafverfahren (**Gemeinschuldnerbeschluss** BverfGE 56, 37, 51, nunmehr gesetzlich verankert in § 97 Abs. 1 Satz 3 InsO; beachte aber OLG Jena NStZ 2011, 172; OLG Celle StV 2013, 555 zum Nichteingreifen des Verwertungsverbotes im Fall von ohne Verpflichtung offenbarten belastenden Tatsachen; zur Regelung des § 393 Abs. 2 AO für im Besteuerungsverfahren offenbarte Tatsachen s.u. Rdn. 356). Umstritten ist hingegen die Verwertbarkeit selbstbelastender Aussagen, die im Rahmen von **unternehmensinternen Untersuchungen (Internal Investigations)** durch Angestellte nichtstaatlicher Institutionen erlangt wurden, wie im Fall der durch die US-amerikanische **SEC** (Securities and Exchange Commission) geleiteten Befragungen im Siemens-Konzern bzw. der Befragungsunterlagen der Kanzlei Jones Day für Volkswagen im Dieselstreit. Hier muss Folgendes gelten: Unterlag der befragte Arbeitnehmer einer arbeitsrechtlich erzwingbaren Mitwirkungspflicht oder wurde er über das Bestehen einer derartigen Verpflichtung getäuscht, gebietet es das schützenswerte Schweigerecht des 323

Beschuldigten unter Zugrundelegung des *nemo-tenetur*-Prinzips bzw. einer analogen Anwendung des § 136a, ein Beweisverwertungsverbot für diese Aussagen anzunehmen (*Bittmann/Molkenbur* wistra 2009, 373; *Böhm* WM 2009, 1923; *Jahn* StV 2009, 41; *Momsen* ZIS 2011, 508; *Pfordte* FS DAV, S. 740 ff.; *Theile* StV 2011, 381; ähnlich: *Wastl/Litzka/Pusch* NStZ 2009, 68). Zweifelhaft und einer Klärung durch die Gerichte vorbehalten ist hier die Frage, ob der Arbeitgeber die Einforderung der Aussagepflicht des Arbeitnehmers auf extern eingeschaltete Privatermittler delegieren kann und ob dies Auswirkungen auf die strafprozessuale Verwertbarkeitsfrage hat (eine Delegation zulassend *Bittmann/Molkenbur* wistra 2009, 373, 375 unter Berufung auf §§ 242, 241 Abs. 2 BGB; zweifelnd *Jahn* StV 2009, 41, 44 f.). Wurde der Arbeitnehmer vor die freie Wahl gestellt auszusagen, ohne dass ihm rechtlich negative Konsequenzen drohten (z.B. i.R.e. unternehmensinternen Amnestieprogrammes), bestand keinerlei Aussagezwang, der mit einem Verwertungsverbot kompensiert werden müsste. Zur Problematik der Durchsuchung und Beschlagnahme der Unterlagen für den Fall, dass es sich um Befragungen durch einen Rechtsanwalt handelt (s. BVerfG StV 2018, 547 m. Bepr. *Kempf/Corsten* StV 2019, 59 und *Knauer* NStZ 2019, 164; BGH StV 2017, 363; LG Hamburg StV 2011, 148; LG Mannheim NStZ 2012, 713; LG Braunschweig StV 2016, 352 m.Anm. *Lis, Klengel/Buchert* NStZ 2016, 383; LG Stuttgart StV 2019, 7 m.Anm. *Jahn;* dazu auch *Dierlamm* FS Schlothauer, S. 205; *Dorneck* wistra 2022, 141; *Mansdörfer* JM 2019, 123; *Petrasch* StV 2019, Heft 2 Editorial S. I.; *Reuling/Schoop* ZIS 2018, 361; *Sartorius/Schmidt* wistra 2020, 393; *Wohlers* FS-Rogall, S. 757; zur Neuregelung durch das Gesetz zur Stärkung der Integrität in der Wirtschaft s. statt aller: *Achenbach* ZIS 2020, 1; *Fehrenbach wistra 2021, 95; Sartorius/Schmidt* wistra 2020, 393; *Köllner* NZI 2020, 60; *Schäfer* wistra 2021, 89; *Beulke/Ruhmannseder* Compliance aktuell/2021, 12010 Rn. 1 ff.).

324 **8. Beweisverwertungsverbot wegen völkerrechtswidriger Beweismittelerlangung.** Bei Verstößen deutscher Behörden gegen innerstaatlich bindendes Völkerrecht (aufgrund legislativer Transformation i.S.d. Art. 59 Abs. 2 Satz 1 GG, Völkergewohnheitsrecht oder allgemeinen Rechtsgrundsätzen aus Art. 25 GG) wird im Außenverhältnis die völkerrechtliche Verantwortlichkeit der BRD begründet, den Verstoß in angemessener Weise durch Wiederherstellung des *status quo ante* rückgängig zu machen. Begründet ein völkerrechtswidriges Verhalten zugleich die Verletzung subjektiver Rechte eines Betroffenen, stellt sich die Frage einer Restitution mittels Anerkennung eines Beweisverwertungsverbotes.

325 Diskutiert wird v.a. die Anerkennung von Beweisverwertungsverboten im Zusammenhang mit Fällen der grenzüberschreitenden internationalen Beweisrechtshilfe. Bedient sich ein Staat der Hilfe eines anderen Staates, um auf dem Territorium des letzteren ein Beweismittel zu erheben, so besteht eine Bindung des ersuchenden Staates an die insoweit erteilten Vorgaben und Beschränkungen des ersuchten Staates z.B. hinsichtlich der zur Verfolgung freigegebenen Straftaten. Verstößt der ersuchende Staat gegen diesen fremdstaatlichen sog. **Spezialitätsvorbehalt** (hierzu *Gless/Eymann* StV 2008, 318, 320) des ersuchten Staates ist – unabhängig davon, ob die Beweishilfe i.R.e. zwischenstaatlichen Abkommens erfolgte (vgl. z.B. das Europäische Rechtshilfeübereinkommen, allerdings mit Fiskalvorbehalt in Art. 2a) oder ein Fall der sog. informellen Rechtshilfe vorliegt – laut Rspr. von einem Beweisverwertungsverbot auszugehen (BGHSt 334, 343 f.; BGH NStZ 1999, 363; s.a. OLG München StV 2015, 348). Nimmt ein deutscher Polizeibeamter anlässlich der Verfolgung einer Ordnungswidrigkeit eine strafprozessuale Maßnahme auf ausländischem Staatsgebiet vor, ohne dass dies durch eine völkerrechtliche Vereinbarung oder eine einzelfallbezogene Zustimmung des betroffenen Staates erlaubt ist, unterliegen die bei dieser Maßnahme gewonnenen Erkenntnisse jedenfalls dann einem Verwertungsverbot, wenn der betroffene Staat der Maßnahme bzw. der Verwertung auch nicht nachträglich zustimmt (OLG Koblenz NStZ 2017, 108 m.Anm. *Radtke*).

326 Zur Frage der Zuerkennung eines Beweisverwertungsverbotes in Fällen des Verstoßes gegen Art. 36 WÜK s.o. Rdn. 301 f.

Zur Ablehnung eines allgemeinen Zurechnungsgrundsatzes im Hinblick auf Verfahrenshandlungen in anderen durch die EMRK gebundenen Staaten vgl. BGHSt 55, 70.

327 **9. Beweisverwertungsverbote bei heimlichen Ermittlungen. a) Einsatz verdeckter Ermittler oder sonst verdeckt operierender Hilfspersonen.** Heimliche Ermittlungsmaßnahmen, welche die Gefahr ungewollter Selbstbelastung oder der Belastung von nahen Angehörigen in sich bergen, sind dem Eingriffsinstrumentarium der StPO nicht fremd. So setzen u.a. die Überwachung der Telekommunikation nach § 100a und der Einsatz technischer Mittel zur Online-Durchsuchung (§ 100b) sowie zur Abhörung des nichtöffentlich gesprochenen Wortes nach §§ 100c, 100f notwendigerweise ein verdecktes Vorgehen der Ermittlungsbehörden voraus. Gerade aus diesem Grund unterliegen derlei Maßnahmen jedoch hohen formellen und materiellen Anforderungen. Der BGH stellte daher in seinem Beschluss zur strafprozessualen Online-Durchsuchung (BGHSt 51, 211) zutreffenderweise fest, dass im Rahmen von Eingriffsermächtigungen (in con-

creto § 102), die auf ein offenes Vorgehen der Strafverfolgungsbehörden ausgelegt sind, keine heimliche Ermittlungstätigkeit gerechtfertigt sei.

§§ 110a ff. stellen eine Rechtsgrundlage für den Einsatz von **verdeckten Ermittlern** (kurz: vE; Begriffsdefinition in § 110a Abs. 2, vgl. § 110a) dar. Fehlen deren **materielle Anordnungsvoraussetzungen**, sind die durch einen materiell rechtswidrig zum Einsatz gekommenen vE erlangten Informationen nicht verwertbar (AG Koblenz StV 1995, 518; *Beulke/Rogat* JR 1996, 520). Die Rspr. erkennt dies allerdings nur in Fällen objektiv willkürlichen Verhaltens der Strafverfolgungsorgane oder einer grob unvertretbaren und schlechterdings nicht mehr nachvollziehbaren Anordnung an (BGHSt 42, 103, 104 m. krit. Anm. *Bernsmann* NStZ 1997, 250; *Weßlau* StV 1996, 579). Die bloße Verletzung von **formellen Anforderungen** der §§ 110a ff. führt hingegen nicht zu einem Beweisverwertungsverbot (BGH StV 1995, 398), es sei denn, es liegt überhaupt keine Anordnung vonseiten der StA oder der des zuständigen Gerichts vor (Meyer-Goßner/*Schmitt* § 110b Rn. 11; **a.A.** *Zaczyk* StV 1993, 496). Ob im letzteren Fall ein Widerspruch gegen die Beweisverwertung erforderlich ist (s. Rdn. 275) ist str. (dafür: BGH StV 1996, 529; dagegen: Meyer-Goßner/Schmitt/*Köhler* § 110b Rn. 11). Verwertbar sind auch diejenigen Informationen, die aufgrund eines staatsanwaltschaftlich angeordneten vE-Einsatzes im Fall von Gefahr in Verzug in den ersten drei Tagen einer solchen Maßnahme erlangt wurden, ohne dass eine richterliche Zustimmung i.S.d. § 110b Abs. 2 Satz 4 erfolgt ist (BGHSt 41, 64, 66; zust. *Beulke/Rogat* JR 1996, 520; **a.A.** *Weßlau* StV 1995, 506). Die Verwertbarkeit von Informationen zulasten notwendigerweise mitbetroffener Dritter in gegen diese gerichteten Verfahren soll von der hypothetischen Erwägung abhängen, ob auch ihnen gegenüber ein vE-Einsatz rechtmäßigerweise hätte angeordnet werden können (BGH NStZ 1997, 294). 328

Werden die Ermittlungen nicht durch einen vE durchgeführt, sondern durch einen **V-Mann**/eine V-Person (d.h. eine durch die Strafverfolgungsbehörden mit konkretem Ermittlungsauftrag eingesetzte Privatperson), fehlt bisher eine spezielle gesetzliche Regelung sowohl bzgl. der materiellen als auch hinsichtlich der formellen Rechtmäßigkeitsanforderungen. Nach herrschender Ansicht in Deutschland ist der Einsatz von V-Männern/Leuten durch die Ermittlungsgeneralklausel des § 161 Abs. 1 Satz 1 i.V.m. § 163 Abs. 1 Satz 2 abgedeckt (BGHSt 32, 115; 45, 321; *Beulke/Swoboda* Strafprozessrecht Rn. 651; Meyer-Goßner/*Schmitt* § 163 Rn. 34a). Den Angaben der V-Person kommt aber lediglich ein eingeschränkter Beweiswert zu, weshalb sie äußerst sorgfältig und zurückhaltend zu würdigen sind und durch andere gewichtige Beweisanzeichen außerhalb der Aussage bestätigt werden müssen (BGH StV 2018, 787). Die Rspr. des EGMR ist insoweit restriktiver als die deutsche (s. nur EGMR NJW 2010, 213, 214; vgl. auch EGMR NJW 2009, 3565 der den Einsatz von verdeckt operierenden Ermittlern als grundsätzlich zulässig [Einzelheiten hierzu u. Art. 6 EMRK Rdn. 41]) anerkennt, die Verwertbarkeit hieraus erlangter Beweismittel jedoch an die Existenz einer missbrauchsverhindernden Regelung von Anordnungs- und Verfahrensvoraussetzungen knüpft. Wegen des Fehlens einer gesetzlichen Regelung ist auch auf der Basis der h.A. in Deutschland äußerst umstritten, ob und in welchem Ausmaße beim Einsatz von V-Leuten Beweisverwertungsverbote in Betracht kommen, z.B. weil der V-Mann zur Aufdeckung nur geringfügiger Kriminalität eingesetzt worden ist oder um die Einsatzbeschränkungen des vE zu umgehen (s. sogleich Rdn. 332 f.). In Teilen des deutschen Schrifttums wird im Einsatz einer V-Person ganz generell ein ungerechtfertigter Eingriff in das Grundrecht auf informationelle Selbstbestimmung (Art. 2 Abs. 1 i.V.m. 1 Abs. 1 GG) gesehen und daher eine spezielle gesetzliche Ermächtigung gefordert (*Gercke* StV 2017, 615; LR/*Gleß* § 136a Rn. 44; KMR/*Bockemühl* § 110a Rn. 5, 9; LR/*Erb* § 163 Rn. 65; *Eschelbach* u. § 136 Rdn. 23).Welche Konsequenzen das für die Verwertbarkeit der vom V-Mann (bis zur Schaffung einer Rechtsgrundlage immer rechtswidrig) erlangten Beweismittel hat, ist auch innerhalb dieser Meinung umstritten. 329

Durch den Einsatz verdeckt operierender Ermittlungshelfer – sei es polizeilicher oder privater Art – wird vor allem die nicht von der Hand zu weisende Gefahr begründet, dass strafprozessuale Schutznormen (insb. §§ 136, 136a, 52, 252) **gezielt umgangen werden.** Dies gilt es mittels der Anerkennung von Beweisverwertungsverboten zu verhindern. Im Einzelnen umstritten ist jedoch, auf welchem Wege und in welchen Fällen derlei Ergebnisse wünschenswert sind. Mangels Vornahme einer Befragung in offengelegter Eigenschaft als amtliche Verhörsperson (vgl. zum Vernehmungsbegriff § 136) unterliegen weder vE noch V-Mann der Belehrungspflicht nach §§ 163a Abs. 4 Satz 2, 136 (BGHSt [GrS] 42, 139, 145 zur Konstellation der Hörfalle; **a.A.** *Müssig* GA 2004, 87). Auch eine analoge Anwendung dieser Normen kommt mangels vergleichbarer Konfliktsituation (das Belehrungserfordernis begründet sich nach h.A. als Reaktion auf die Vorstellung des Befragten, zur Aussage gegenüber einem offen auftretenden Hoheitsträger verpflichtet zu sein) grundsätzlich nicht in Betracht. Dies gilt umso mehr im Fall einer bloßen Observation bei Straftaten. 330

Bisher erkannte der BGH **lediglich** in den Fällen, in denen bei Einsatz eines vE oder eines V-Manns die besonderen **Zwangswirkungen der Untersuchungshaft** ausgenutzt wurden, ein Beweisverwertungsverbot an (BGHSt 44, 129, 134; unter Annahme eines Verstoßes gegen den Grundsatz des *fair trial* BGHSt 55, 331

nach § 174 Abs. 2 im Klageerzwingungsverfahren und nach § 211 im Zwischenverfahren (vgl. § 174 und § 211). Zur Streitfrage um die Rechtskraftfähigkeit von Beschlüssen nach § 153 Abs. 2 vgl. § 153 Rdn. 19 ff. **Nicht rechtskraftfähig** sind hingegen die Einstellungsverfügungen der StA (LG Gießen StV 1984, 327) sowie diejenigen gerichtlichen Beschlüsse, die nur mittels einfacher Beschwerde angegriffen werden können (arg. e § 306 Abs. 2 – jederzeitige Änderungsmöglichkeit).

341 **II. Formelle Rechtskraft.** Die **formelle Rechtskraft** eines Urteils hat zur Folge, dass Selbiges vollstreckt werden kann (§ 449) und in materielle Rechtskraft (s.u. Rdn. 342 f.) erwächst. Ein strafgerichtliches **Urteil** wird formell rechtskräftig, wenn es in demselben Verfahren nicht mehr anfechtbar ist, d.h. entweder

– die **Rechtsmittelfrist** (§§ 314, 319 für die Berufung; §§ 341, 346 für die Revision) ohne wirksame Einlegung eines Rechtsmittels und daraus resultierender Rechtskrafthemmung i.S.d. §§ 316 Abs. 1, 343 Abs. 1 **abgelaufen** ist oder
– alle Anfechtungsberechtigten **wirksam** auf Rechtsmittel **verzichtet** bzw. ein eingelegtes Rechtsmittel **wirksam zurückgenommen** haben, § 302, oder
– das **Revisionsgericht abschließend** in der Strafsache entschieden hat, § 354 Abs. 1.

Ein Urteil kann auch in **Teilrechtskraft** erwachsen, wenn es zulässigerweise nur teilweise angefochten wird, z.B. nur hinsichtlich des Rechtsfolgenausspruches (sog. **horizontale** Teilrechtskraft hinsichtlich des Schuldspruchs, vgl. BGHSt 54, 135) oder nur hinsichtlich einer einzelnen Tat im materiellen Sinne (sog. **vertikale** Teilrechtskraft, vgl. BGHSt 49, 209).

342 **III. Materielle Rechtskraft.** Die **materielle Rechtskraft** führt zu einer **Sperrwirkung** in dem Sinne, dass die in einem Verfahren durch eine Sachentscheidung abgeurteilte prozessuale Tat i.S.d. § 264 (zum strafprozessualen Tatbegriff vgl. § 264 Rdn. 4 ff.) nicht nochmals zum Gegenstand eines Strafverfahrens und eines Sachurteils gemacht werden darf (st. Rspr. seit RGSt 2, 347; BGH NJW 2019, 1470). Dieser Grundsatz des »ne bis in idem« ist durch Art. 103 Abs. 3 GG mit Verfassungsrang ausgestattet und vermag als Prozessgrundrecht eine Verfassungsbeschwerde zu begründen. Das rechtskräftige Sachurteil – gleich ob Verurteilung oder Freispruch – begründet für spätere Prozesse ein **Verfahrenshindernis** (BVerfGE 3, 248, 251; BGHSt 5, 323, 328; s.o. Rdn. 100). Ein reines Prozessurteil i.S.d. § 260 Abs. 3 hat einen Strafklageverbrauch zur Folge, wenn es aufgrund eines **unbehebbaren** Prozesshindernisses ergeht (**a.A.** Meyer-Goßner/*Schmitt* Einl. Rn. 172: nur bei Entscheidung über Bestrafungsverbot; offengelassen in BGHSt 32, 209, 210). Durch die Sperrwirkung rechtskräftiger Urteile tragen die Strafverfolgungsbehörden das Risiko einer unzulänglichen Sachverhaltsermittlung (sog. Sanktionsfunktion).

343 Die Bindungswirkung bezieht sich auf den Rechtsfolgenausspruch des Urteils. Eine für andere Gerichte bindende Feststellungswirkung hinsichtlich des in den Urteilsgründen getroffenen Sachverhalts besteht nicht (BGHSt 43, 106; BGH NStZ-RR 2004, 238).

344 **IV. Rechtliche Qualifizierung.** Das **Wesen der Rechtskraft** lässt sich auf unterschiedliche Arten begreifen:
1. Nach der früher vertretenen **materiell-rechtlichen** Rechtskrafttheorie begründet das rechtskräftige Urteil selbstständiges materielles Recht, sodass selbst bei Verurteilung eines Unschuldigen ein materieller Strafanspruch entsteht (*Birkmeyer* Deutsches Strafprozeßrecht [1898] S. 680).
2. Die auf *Goldschmidt* zurückgehende **Gestaltungstheorie** lehnt zwar die konstitutionell durch das Urteil begründete materielle Strafbarkeit eines unschuldig Verurteilten ab; nach ihr erlangt dieser jedoch die Stellung eines schuldig Gesprochenen (*Goldschmidt* Der Prozeß als Rechtslage [1925] S. 211 ff.; dazu vert. *Popp*, Verfahrenstheoretische Grundlagen der Fehlerkorrektur im Strafverfahren, 2005, S. 267).
3. Nach der inzwischen herrschenden sog. **prozessrechtlichen Rechtskrafttheorie** entfaltet das Urteil rein prozessuale Verbindlichkeit, sodass die Vollstreckung eines inhaltlich unrichtigen Urteils zwar rechtswidrig ist, dem unschuldig Verurteilten hiergegen jedoch keine Notwehrrechte zustehen (vgl. *Ranft* Rn. 1875; MüKo-StPO/*Kudlich* Einl. Rn. 505).

345 **V. Durchbrechung der Rechtskraft.** Trotz Rechtskraft können Urteile nochmals eine Änderung erfahren, wenn einer der Wiederaufnahmegründe der §§ 359 ff. eingreift und das Wiederaufnahmeverfahren durchgeführt wird, wenn eine Wiedereinsetzung i.S.d. §§ 44 ff. in die Rechtsmittelfrist erfolgreich ist, per Urteilsaufhebung zugunsten eines Mitangeklagten durch das Revisionsgericht i.S.d. § 357 sowie durch bundesverfassungsgerichtliche Aufhebung aufgrund erfolgreicher Verfassungsbeschwerde (§ 95 Abs. 2 BVerfGG; vert. *Jahn/Krehl/Löffelmann/Güntge* Die Verfassungsbeschwerde in Strafsachen, 2. Aufl. 2017; *Deckers* FS Fischer, S. 623).

346 **Offensichtliche Schreib- und Fassungsfehler** sind einer nachträglichen Berichtigung zugänglich (BGHSt 5, 5, 7; BGH NZV 2006, 610; StraFo 2015, 161), dies stellt keine Durchbrechung der Rechtskraft dar.

Treten erst nach der letzten Tatsachenverhandlung neue Tatsachen ein, die für die Schuld- oder Straffrage relevant sind (z.B. auf die Tat zurückzuführendes Versterben des Opfers einer rechtskräftig abgeurteilten Körperverletzung) wird teilweise die Möglichkeit einer »**Ergänzungs-**« oder »**Vervollständigungsklage**« angenommen. Da jedoch auch Spätfolgen zu der sie verursachenden Tat im prozessualen Sinne (§ 264) gehören, muss die materielle Rechtskraft des Urteils deren Berücksichtigung ausschließen, solange nicht einer der gesetzlich vorgesehenen Wiederaufnahmegründe einschlägig ist. Wegen ihres Ausnahmecharakters verbietet sich eine analoge Heranziehung der §§ 359 ff. (BVerfGE 65, 377, 381; *Achenbach* ZStW 87 [1975], 95; *Roxin/Schünemann* § 52 Rn. 15). 347

K. Spezielle Verfahrensarten. I. Strafbefehlsverfahren. Zur beschleunigten und Kosten sparenden Regulierung von Fällen minder schwerer Kriminalität enthalten die §§ 407 ff. eine besondere Verfahrensart. Diese macht eine Hauptverhandlung nur dann erforderlich, wenn der Angeklagte gegen den ihm zugestellten Strafbefehl form- und fristgerecht Einspruch i.S.d. § 410 Abs. 1 einlegt. Ansonsten wird der Strafbefehl rechtskräftig und somit Grundlage der Vollstreckung (vert. u. §§ 407 ff.; *Beulke/Swoboda* Strafprozessrecht Rn. 800 ff.; *Heger/Pohlreich* Strafprozessrecht Rn. 335 ff.; *Huber* JuS 2019, 666; *Wenske/Moldenhauer* Beck´sches Richterhandbuch Rn. 466 ff.). 348

II. Beschleunigtes Verfahren. In Fällen erstinstanzlicher Amtsgerichtszuständigkeit kann nach §§ 417 ff. ein beschleunigtes Verfahren durchgeführt werden, das zahlreiche formale Erleichterungen mit sich bringt (v.a. Wegfall des Zwischenverfahrens gem. § 418 Abs. 1, Verkürzung der Ladungsfristen nach § 418 Abs. 2 sowie erweiterte Verlesungsmöglichkeiten und Gründe für die Ablehnung von Beweisanträgen nach § 420; vert. *Rengier* FS Rogall, S. 631). 349

III. Sicherungsverfahren. Ist ein Strafverfahren wegen Verhandlungsunfähigkeit des Täters undurchführbar oder scheidet eine Sanktionierung mit Schuld ahndenden Strafen wegen offensichtlicher (oder nicht auszuschließender, vgl. BGHSt 22, 1; **a.A.** *Sax* JZ 1968, 533) Schuldunfähigkeit im Tatzeitpunkt von vornherein aus, ermöglicht das in §§ 413 ff. geregelte Sicherungsverfahren die Verhängung der in § 71 StGB vorgesehenen Maßregeln der Besserung und Sicherung, wenn deren Anordnung im Zeitpunkt der Entscheidung über die Verfahrenseröffnung nach dem Stand der Ermittlungen zu erwarten ist (§ 413). Ein solches, die Straftat nicht als Grund, aber zum Anlass nehmendes Verfahren, stellt sich als Ausübung reiner Verwaltungstätigkeit dar. Zu den Konkurrenzen der strafprozessualen und verwaltungsrechtlichen Verfahren vgl. § 413. 350
Eine spezialgesetzliche Regelung hat das Verfahren zur Verhängung der vorbehaltenen oder nachträglichen Sicherungsverwahrung in **§ 275a** erfahren, welcher die §§ 413 ff. verdrängt.

IV. Steuerstrafverfahren. Für das Verfahren zur Aufklärung von Steuer- und Zollstraftaten gelten gem. § 385 Abs. 1 AO grundsätzlich die allgemeinen strafprozessualen Normen, jedoch existieren in den §§ 385–408 AO vorrangige Spezialregelungen. 351

Auch im Steuerstrafverfahren gilt das **Legalitätsprinzip** des § 152 Abs. 2 (s.o. Rdn. 52), jedoch enthält § 398 AO über die anwendbaren §§ 153 ff. hinaus zusätzliche Einstellungsmöglichkeiten aus Opportunitätsgründen. Das steuerrechtliche Bußgeldverfahren wird hingegen ausschließlich vom Opportunitätsprinzip bestimmt (§ 47 Abs. 1 OWiG). Wird dem Beschuldigten oder seinem Vertreter die Einleitung eines Straf- oder Bußgeldverfahrens wegen einer Steuerhinterziehung i.S.d. § 370 AO bekannt gemacht, ist ab diesem Zeitpunkt die Möglichkeit zur strafbefreienden Selbstanzeige ausgeschlossen, § 371 Abs. 2 Nr. 1b AO (vgl. zu den Anforderungen an eine derartige Selbstanzeige BGHSt 55, 180). 352

Anstelle der StA – und von dieser völlig unabhängig – werden im reinen Steuerstrafverfahren die Finanzbehörden als **Ermittlungsbehörden** tätig (Finanzamt, Hauptzollamt, Bundesamt für Finanzen, vgl. § 386 Abs. 1 Satz 2, Abs. 2 AO). Gleichwohl verbleibt der StA die Möglichkeit, das Ermittlungsverfahren an sich zu ziehen. Die Finanzbehörden haben spiegelbildlich das Recht, das Verfahren bereits in diesem frühen Stadium an die StA abzugeben. Auch im Fall einer Verfahrensübernahme durch die StA, verbleiben den Steuer- und Zollfahndungsbeamten gem. § 404 AO die Rechte aus § 161 Abs. 1 Satz 2, § 152 GVG. 353

Die **Erhebung der öffentlichen Klage** erfolgt entweder, indem die Finanzbehörde den Erlass eines Strafbefehls (vgl. § 407) hinsichtlich einer Steuerstraftat beantragt oder – für den Fall, dass ihr die Strafsache nicht zur Behandlung im Strafbefehlsverfahren geeignet erscheint – indem die StA nach Weiterleitung der Akten anklagt, § 400 AO. Beraumt das Gericht Hauptverhandlung an (§ 408 Abs. 3 Satz 2) oder legt der Beschuldigte Einspruch gegen den Strafbefehl ein, wird die StA ebenfalls zuständig (§ 406 AO). Ihr eigentliches Anklagemonopol lebt in diesem Fall wieder auf. 354

Die Finanzbehörde ist in allen Verfahrensabschnitten Beteiligte am Verfahren (vgl. § 395, 402, 403, 407 AO). Die **Zuständigkeit** der Strafgerichte bestimmt sich im Grundsatz **nach den allgemeinen Vorschriften**. Die ermittlungsrichterliche Zuständigkeit liegt bei demjenigen AG, das auch bei sonstigen Delikten mit den 355 erforderlichen richterlichen Entscheidungen und Untersuchungshandlungen betraut wäre. Nach Erhebung der öffentlichen Klage ist örtlich das AG zuständig, in dessen Bezirk das LG seinen Sitz hat (§ 391 Abs. 1 AO). Im Fall einer amtsgerichtlichen erstinstanzlichen Zuständigkeit erfolgt mit Anklageerhebung eine **Konzentration** nach § 391 Abs. 4 AO auch für mitangeklagte sonstige Straftaten. Bei landgerichtlicher Zuständigkeit ist die besondere Zuständigkeit der Wirtschaftsstrafkammer zu beachten, § 74c Abs. 1 Nr. 3 GVG.

356 § 393 AO dient der Absicherung des *nemo-tenetur*-Grundsatzes im Steuerstrafverfahren. § 393 Abs. 1 Satz 2 AO erklärt als Ausnahmeregelung zur grundsätzlich fortbestehenden Mitwirkungspflicht im Besteuerungsverfahren Zwangsmittel gegen den Steuerpflichtigen (nach § 328 AO) dann für unzulässig, wenn der Steuerpflichtige ansonsten dazu gezwungen wäre, sich selbst einer Steuerstraftat oder -ordnungswidrigkeit zu belasten (Beweiserhebungsverbot). Ausnahmslos unzulässig sind solche Zwangsmittel nach § 393 Abs. 1 Satz 3 AO ab Einleitung des Steuerstrafverfahrens. § 393 Abs. 1 Satz 4 AO enthält hinsichtlich der aus § 393 Abs. 1 AO resultierenden Schutzpositionen eine Belehrungsvorschrift, bei deren Verletzung die Rspr. inzwischen grundsätzlich ein Beweisverwertungsverbot annimmt (BGH NJW 2005, 2723; hierzu und zu den Einschränkungen *Klein*, AO, § 93 Rn. 41). Darüber hinaus unterwirft § 393 Abs. 2 Satz 1 AO diejenigen Tatsachen einem Beweisverwertungsverbot für Nicht-Steuerstraftaten, die der Steuerpflichtige vor Einleitung des Strafverfahrens oder vor Kenntnis von der Einleitung in Erfüllung steuerrechtlicher Pflichten offenbart hat (zur Verfassungswidrigkeit der Einschränkung des § 393 Abs. 2 Satz 2 AO vgl. LG Göttingen wistra 2008, 231 – durch BVerfG wistra 2010, 341 wurde die Verfassungsbeschwerde als unzulässig verworfen).

357 **L. Bisherige und aktuelle Reformen.** Im Jahr **2017** nahm der Gesetzgeber im Strafprozessrecht viele Änderungen vor. Vorrangig war er bemüht, im **Gesetz zur effektiveren und praxistauglicheren Ausgestaltung des Strafverfahrens** (BGBl. I 2017, S. 3202) unter Beibehaltung der insgesamt bewährten Strukturen einzelne Details des Strafverfahrens neu zu regeln (dazu *Basar* StraFo 2016, 226; *Caspari* DRiZ 2014, 82; *von Galen* ZRP 2016, 42, *Kudlich* JR 2016, 514; *Niedernhuber* JA 2018, 169; *Nobis* StV 2015, 56; *Schünemann* StraFo 2016, 45; *ders.* FS Rogall, S. 691). So wurde z.B. eine Erscheinungspflicht von Zeugen bei der Polizei (§ 163 Abs. 3 n.F.; s. dazu und zu den neuen Abs. 4 bis 7 § 163 Rdn. 65 ff.), eine (bei bestimmten Strafverfahren) audiovisuelle Dokumentation der Beschuldigtenvernehmung im Ermittlungsverfahren (§ 136 Abs. 4, s. dazu § 136 Rdn. 141; vert. *Wollschläger* FS Schlothauer, S. 517), das Recht einer Eröffnungserklärung des Verteidigers in umfangreichen erstinstanzlichen Verfahren vor dem Land- oder Oberlandesgericht (§ 243 Abs. 5 Sätze 3, 4; hierzu *Schneider* FS Rogall, S. 667; *Börner* StV 2016, 681 und oben Rdn. 176) sowie die Online-Durchsuchung (§ 100b; dadurch wurde die bisherige Systematik der §§ 100a ff. verändert, vert. dazu *Bantlin* JuS 2019, 669; *Großmann* JA 2019, 241; *Soiné* NStZ 2018, 497) eingeführt. Durch dasselbe Gesetz wurde auch § 81a Abs. 2 um einen Satz 2 erweitert, der für bestimmte Fallgruppen der Straßenverkehrsdelikte bei einer Blutprobenentnahme den Verzicht auf eine richterliche Anordnung vorsieht (dazu *Kudlich* JA 2018, 392 und unter § 81a Rdn. 19).

Ferner gab eine ganze Reihe paralleler Reformgesetze so z.B. das **Zweite Gesetz zur Stärkung der Verfahrensrechte von Beschuldigten im Strafverfahren und zur Änderung des Schöffenrechts** (BGBl. I 2017, S. 3295), das u.a. vorschreibt, dem Beschuldigten, der vor seiner Vernehmung die Hinzuziehung eines Verteidigers wünscht, die Kontaktaufnahme mit einem Verteidiger durch allgemeine Informationen zu erleichtern und ihn auf bestehende anwaltliche Notdienste hinzuweisen (§ 136 Abs. 1 Sätze 3, 4 n.F.).

Dem **Gesetz über die Erweiterung der Medienöffentlichkeit** ging es u.a. um die Möglichkeit der Übertragung von Hauptverhandlungen per Ton in einen Nebenraum und für die Zulassung von Filmaufnahmen und Übertragungen der Urteilsverkündung vor den obersten Gerichten sowie bei Verfahren von herausragender zeitgeschichtlicher Bedeutung der Aufnahme der Hauptverhandlung für wissenschaftliche oder historische Zwecke (s. § 169 GVG n.F.; 17a Abs. 3 BVerfGG; dazu *Feldmann* GA 2017, 20; *Norouzi* StV 2016, 590, *Valerius* FS Wolf, S. 477).

Im Jahr 2017 trat auch das **Gesetz zur Einführung der elektronischen Akte in der Justiz und zur weiteren Förderung des elektronischen Rechtsverkehrs** vom 05.07.2017 (BGBl. I 2017, S. 2208; dazu Vor §§ 32 ff. Rdn. 2) in Kraft, durch das u.a. die §§ 32 ff. neu eingefügt und einige Änderungen in der StPO (v.a. eigenes Akteneinsichtsrecht des unverteidigten Beschuldigten in § 147 Abs. 4 n.F.) vorgenommen wurden.

Das **Gesetz zur Reform der strafrechtlichen Vermögensabschöpfung** (VermAbschRÄndG) vom 13.04.2017 (BGBl. I 2017, S. 872 – Geltung ab 01.07.2017; zur Reform s. u.a. *Peters/Bröckers* Vermögensabschöpfung im Strafverfahren [2019]; *Ullenboom* Praxisleitfaden Vermögensabschöpfung [2019]; *Mück/Köllner* NZI 2017, 593; *Trüg* NJW 2017, 1913) hat ein ganz neues System der Gewinnabschöpfung im Strafverfahren eingeführt. In strafprozessualer Hinsicht sind vor allem die die materiellen Normen der §§ 73 ff. StGB flankierenden §§ 111b, 111e, 421 ff., 459g ff. von Bedeutung (zur Einführung: *Korte* wistra 2018, 1).

Nach den umfangreichen Reformen der StPO im Jahr 2017 hat der Gesetzgeber sich in den Folgejahren eher auf punktuelle Änderungen beschränkt: 358

Die Anwesenheit der Verfahrensbeteiligten in der Revisionshauptverhandlung hat das **Gesetz zur Stärkung des Rechts des Angeklagten auf Anwesenheit in der Verhandlung** vom 17.12.2018 (BGBl. I 2571) grundlegend neu gestaltet, um die EU Richtlinie 2016/343 vom 09.03.2016 in nationales Recht umzusetzen (§ 350; krit. hierzu *Hoven* NJW Editorial 3/2019, S. 3).

Das **Gesetz zur Umsetzung des Gesetzes zur Einführung des Rechts auf Eheschließung für Personen gleichen Geschlechts** (BGBl. I 2018, S. 2639) brachte im Bereich des Strafprozessrechts eine Änderung beim Zeugnisverweigerungsrecht der Angehörigen des Beschuldigten in § 52 StPO mit sich, indem in dessen Abs. 1 Nr. 1 die Wörter »oder die Person, mit der der Beschuldigte ein Versprechen eingegangen ist, eine Lebenspartnerschaft zu begründen« gestrichen worden sind. Hintergrund dessen ist, dass Lebenspartnerschaftsverlöbnisse kraft Gesetzes zum 01.10.2017 enden und nicht etwa in Eheverlöbnisse umgewandelt werden, sodass ein entsprechendes Zeugnisverweigerungsrecht nunmehr ins Leere laufen würde und darum zu beseitigen war.

Das **Gesetz zur Umsetzung der Richtlinie EU 2016/680 im Strafverfahren sowie zur Anpassung datenschutzrechtlicher Bestimmungen an die Verordnung EU 2016/679 vom 20.11.2019** betraf vor allem – aber bei Weitem nicht nur – die §§ 477 ff. (dazu *Singelnstein* NStZ 2020, 639). Aus der neueren Gesetzgebung ist vor allem das **Gesetz zur Neuregelung des Rechts der notwendigen Verteidigung** vom 12.12.2019 (BGBl. I 2019, S. 2128) bedeutsam. Ferner ist auf das **Gesetz zur Durchführung der Verordnung (EU) 2117/1939 des Rates vom 12.10.2017 zur Durchführung einer verstärkten Zusammenarbeit zur Errichtung der Europäischen Staatsanwaltschaft und zur Änderung weiterer Vorschriften** vom 10.07.2020 (BGBl. I 2020, S. 1648) zu verweisen. Ab dem 01.062021 hat die EuStA (European Public Prosecutor's Office – EPPO) eigene Ermittlungen aufgenommen. Durch das verstärkte Ausgreifen der europäischen Politik auf strafverfahrensrechtliche Fragestellungen und die entsprechend erhöhte Frequenz an Europäischen Richtlinien, die der Umsetzung in nationales Recht bedürfen, zeichnet sich insgesamt eine Tendenz zur Europäisierung des deutschen Strafprozessrechts ab. 359

Am 01.07.2021 ist ein **Gesetz zur Fortentwicklung des Strafverfahrensrechts und zur Änderung weiterer Vorschriften** vom 25.06.2021 in Kraft getreten (BGBl. I 2021, S. 2099, dazu *Möhrenschläger* wistra 2021, 337; KripoZ-Newsletter Oktober 2020). Es regelt u.a. einen verstärkten Zugriff auf elektronische Daten im Wege der Beschlagnahme (§ 95a), Auskunftsverlangen betr. sog. retrograden Postdaten gegenüber Postdienstleistern (§ 99 Abs. 2), Erweiterung der Möglichkeit der TKÜ bei bandenmäßiger Steuerhinterziehung (§ 100 Abs. 2), Belehrung des verhafteten Beschuldigten (§ 114b), Automatische Kennzeichenerfassung zu Fahndungszwecken (§ 163g), Schutz von Zeugen (§§ 68, 200 und 222), Beschuldigtenbelehrung vor jeder neuen Vernehmung (§§ 136, 163a) und Verletztenbegriff (§ 373b). 360

Mit Gesetz vom 21.12.2021 (BGBl. I 2021, S. 5252) hat der Gesetzgeber die Möglichkeiten zur **Wiederaufnahme eines Strafverfahrens zuungunsten des Verurteilten** erweitert. Die Wiederaufnahme ist nun im Fall eines freigesprochenen Angeklagten wegen Mordes, Völkermordes, Verbrechen gegen die Menschlichkeit oder Kriegsverbrechen gegen eine Person möglich (§ 362 Nr. 5). Diese Regelung ist verfassungsrechtlich sehr problematisch (statt aller: *Arnemann* NJW Spezial 2021, 440; *Aust* ZRP 2020, 251; *Bung* HRRS 2022, 109; *Letzgus* NStZ 2020, 717; *Frister/Müller* ZRP 2019, 101; *Singelstein* NJW 2022, 1058).

Diesen partiellen Neuerungen ohne Gesamtkonzept sollen weitere Reformen folgen. Nach wie vor besteht vor allem im Ermittlungsverfahren ein erheblicher Nachholbedarf an Rechtsstaatlichkeit (vert. *Schlothauer* StV 2016, 607; s.a. *Beulke* StV 2010, 442; *Roxin/Schünemann* § 69; *Weigend* in: Jahn/Radtke, 5. Karlsruher Strafrechtsdialog, S. 23).

Intensiv wird im Schrifttum über eine bessere **Dokumentation der Hauptverhandlung** diskutiert. So findet sich z.B. der Vorschlag, eine Tonaufzeichnung der Hauptverhandlung vorzunehmen (*Mosbacher* StV 2018, 103) oder aber zumindest ein Wortprotokoll einzuführen (*Schmitt* NStZ 2019, 1). Das BMJV hat Anfang 2020 eine Expertinnen- und Expertengruppe zur Dokumentation der strafrechtlichen Hauptverhandlung eingesetzt. Am 01.07.2021 ist der Abschlussbericht dieser Kommission veröffentlicht worden. Die zentralen Ergebnisse sind, dass die technische Dokumentation der Hauptverhandlung die Chance bietet, die Grundlage für die Nachvollziehbarkeit der Hauptverhandlung und für die richterliche Überzeugungsbildung zu verbessern. Sie trägt dazu bei, kognitiv bedingte Fehler zu vermeiden und dient dabei der Wahrheitsfindung. Die Risiken bzgl. der Persönlichkeitsrechte der Verfahrensbeteiligten können hinreichende Beachtung finden. Auch die Auswirkungen auf das Revisionsrecht sind zu bewältigen, sodass die Aufgabenverteilung zwischen Tat- und Revisionsrecht im Grundsatz erhalten bleibt (Bericht abrufbar bei der Homepage des BMJV; s. dazu *Bernzen* Editorial StV 10/2021; *Lindemann* in: Barton, Strafverteidigung 2020, S. 89, 99 ff.). Diskutiert wird ferner über eine Reform des beschleunigten Verfahrens; dazu hat das Land Nordrhein-Westfalen einen Gesetzesvorschlag im Bundestag eingebracht (BR-Drs. 241/19 v. 17.05.2019, abrufbar unter https://www.

bundesrat.de/SharedDocs/drucksachen/2019/0201-0300/241-19.pdf?__blob=publicationFile&v=1, Abrufdatum: 08.02.2022).
Geplant war in der Legislaturperiode 2018–2021 auch ein **Verbandssanktionengesetz.** Dieses Gesetz zur Stärkung der Integrität in der Wirtschaft, das am 04.11.2020 in den Bundestag eingebracht wurde und auch erhebliche Eingriffe in den Bereich des Strafprozesses vorsah (BT-Drs. 19/23586 dazu statt aller: *Achenbach* ZIS 2020, 1; *Beukelmann* NJW Spezial 2020, 312; *Dorneck* wistra 2022, 1241; *Heussler/Hoven/Kubiciel/Weigend* NZWiSt 2018, 1; *Kölbel* NZWiSt 2018, 407; *Rostalski* NJW2020, 2087; *Rotsch/Mutschler/Grobe* CCZ 2020, 169), ist jedoch der Diskontinuität zum Opfer gefallen.
Weitere Beiträge zur aktuellen Reformdiskussion: *Beulke* Einleitungsreferat auf dem 43. Strafverteidigertag Regensburg 2019; *Claus* NStZ 2020, 57; *Duttge/Klaffus* FS Eisenberg II (2019), S. 393; *Wohlers* FS Eisenberg II (2019), S. 593; *Puschke* FS Eisenberg II (2019), S. 695; s. ferner die Beiträge von *Becker, Dörrbecker, Frey-Simon, Ignor, Jahn/Zink, Kaul, Köhler, Korte, Kunze, Radtke* und *Sabel* in FS Graf-Schlicker, S. 429 ff.

Strafprozessordnung (StPO)

Vom 01.02.1877 (RGBl., S. 253), in der Fassung der Bekanntmachung vom 07.04.1987 (BGBl. I, S. 1074, 1319), zuletzt geändert durch das Gesetzes Gesetz zum Ausbau des elektronischen Rechtsverkehrs mit den Gerichten und zur Änderung weiterer Vorschriften vom 05.10.2021 (BGBl. I, S. 4607).

Erstes Buch. Allgemeine Vorschriften

Erster Abschnitt. Sachliche Zuständigkeit der Gerichte

§ 1 Anwendbarkeit des Gerichtsverfassungsgesetzes

Die sachliche Zuständigkeit der Gerichte wird durch das Gesetz über die Gerichtsverfassung bestimmt.

S.a. RiStBV Nr. 113

Übersicht

1 **A. Allgemeines.** Die **Garantie des gesetzlichen Richters** (Art. 101 Abs. 1 Satz 2 GG, § 16 Satz 2 GVG) soll sowohl vermeiden, dass durch die auf den Einzelfall bezogene Auswahl der zur Entscheidung berufenen Richter das Ergebnis der Entscheidung tatsächlich beeinflusst wird, als auch die Glaubwürdigkeit der Justiz schützen und so die reale Urteilsakzeptanz fördern (s. *Sowada* Der gesetzliche Richter im Strafverfahren, 2002, S. 131 f. sowie *Börner*, Legitimation durch Strafverfahren, S. 159 ff.). Diese Zwecke erfordern einen Bestand von Rechtssätzen, die für jeden Streitfall den Richter bezeichnen, der für die Entscheidung zuständig ist (BVerfG NJW 1997, 1497, 1498; KMR/*v. Heintschel-Heinegg* § 1 Rn. 7 ff.).

2 Bezogen auf vermeidbare Manipulations*möglichkeiten* (vgl. *Börner* ZStW 122 [2010], 157, 158 ff.) ist streitig, in welchem Umfang Gericht und StA die Befugnis haben (dürfen), im konkreten Einzelfall zwischen unterschiedlichen Zuständigkeiten auszuwählen. Diese **bewegliche Zuständigkeit** (krit. *Achenbach* FS Wassermann, S. 849 ff.; *W. Arnold* ZIS 2008, 92 ff.; *Bockelmann* NJW 1958, 889 ff.; *Herzog* StV 1993, 609 ff.; KMR/*v. Heintschel-Heinegg* § 1 Rn. 65; *Oehler* ZStW 64, 1952, 292 ff.; *Rotsch* ZIS 2006, 17 ff.; *Sowada* a.a.O., S. 466 ff. [585 ff., 647 f., 731 ff.]) ist problematisch bei der sachlichen (s. Rdn. 10) und örtlichen Zuständigkeit (s. § 7 Rdn. 5), i.R.d. Auswahlentscheidung bei Zurückverweisungen (§§ 210 Abs. 3 Satz 1 Hs. 2, 354 Abs. 2) sowie bei Verfahrensverbindungen und -trennungen (§§ 2, 4). In einer Änderung des Geschäftsverteilungsplanes zwecks Entlastung kann eine unstatthafte Einzelzuweisung liegen (BGH StV 2016, 626 ff.; s. aber BGH NStZ 2015, 749 ff.). Ein Sonderproblem bilden die rechtlichen und faktischen Hürden der Vorlage an den Großen Senat für Strafsachen sowie an die vereinigten Großen Senate gem. § 132 GVG einschließlich der nur begrenzt stattfindenden verfassungsgerichtlichen Überprüfung (krit. *Rönnau* StraFo 2014 ff. u. *Fischer* StraFo 2014, 309 ff.).

3 Die **sachliche Zuständigkeit** ist die Verteilung der Strafsachen nach Art und Schwere auf die erstinstanzlich unterschiedlich besetzten Gerichte verschiedener Ordnung (KK-StPO/*Scheuten* § 1 Rn. 5; Meyer-Goßner/*Schmitt* Vor § 1 Rn. 2), einschließlich der Zuordnung zu Spruchkörpern mit unterschiedlicher Strafgewalt innerhalb eines Gerichts (BGHSt 26, 191, 197; BGHSt 18, 79, 83; s. Rdn. 8 f.). Die **örtliche Zuständigkeit**

(Gerichtsstand, s. §§ 7 ff.) ist die Auswahl unter mehreren sachlich zuständigen Gerichten nach örtlichen Gesichtspunkten (*Beulke/Swoboda* StPR Rn. 72).

4 Die (weit verstandene) **funktionelle Zuständigkeit** umfasst alle weiteren Regeln zur Individualisierung des gesetzlichen Richters: u.a. die Auswahl zwischen allg. und speziellen Strafkammern (a.A. Meyer-Goßner/*Schmitt* Vor § 1 Rn. 4, 8 [besondere Zuständigkeit]; s. Rdn. 30 ff., § 6a) sowie die Unterscheidung zwischen Jugend- und Erwachsenengerichten (s. Rdn. 33 ff.), die geschäftsplanmäßige Verteilung innerhalb des Gerichts (KK-StPO/*Scheuten* § 1 Rn. 4; a.A. Meyer-Goßner/*Schmitt* Vor § 1 Rn. 7 f.) sowie kammerinterne Besetzungsregelungen (§ 21g GVG; s.a. Rdn. 41 f.) und die Aufgaben des Vorsitzenden im Kollegialgericht (Meyer-Goßner/*Schmitt* Vor § 1 Rn. 8); ferner die Zuständigkeit der Rechtsmittelgerichte (BGHSt 19, 177, 179) und der Strafvollstreckungskammern gem. §§ 78a, 78b GVG (vgl. dort). Trotz unterschiedlicher Ansichten dazu, ob die funktionelle Zuständigkeit alle Regelungen jenseits der sachlichen und örtlichen Zuständigkeit umfasst (krit. Meyer-Goßner/*Schmitt* Vor § 1 Rn. 8), kommt es im Ergebnis nur auf die Erkenntnis an, dass unterscheidbare Fallgruppen existieren, die jeweils eigenen Regeln folgen können.

5 Die **StA** ist gem. §§ 141, 142 Abs. 1 GVG zu errichten. Deren Zuständigkeit bestimmt sich gem. § 143 GVG nach derjenigen des Gerichts, für das sie bestellt ist, jedoch ergänzt um die Notzuständigkeit aus § 143 Abs. 1 S. 2 GVG. Ein **Kompetenzkonflikt** (s. Rdn. 14 ff.) wird weithin durch §§ 145 Abs. 1, 146, 147 GVG verhindert (vgl. dort sowie KK-StPO/*Scheuten* § 2 Rn. 8). Bei einem Zuständigkeitsstreit zwischen StAen verschiedener Länder entscheidet gem. § 143 Abs. 3 GVG der GBA (anders § 13 Rdn. 3). Der GBA übt das Amt der StA gem. § 142 Abs. 1 Nr. 1 GVG bei dem *BGH* aus und nach Maßgabe von § 142a GVG in erster Instanz vor dem *OLG* (KMR/*v. Heintschel-Heinegg* § 1 Rn. 61; s.a. Rdn. 11 ff., § 2 Rdn. 5). Zuständigkeitskonzentrationen ermöglicht § 143 Abs. 4 u. 5 GVG (dazu § 143 GVG Rdn. 8 ff.).

6 **B. Die Sachliche Zuständigkeit.** Gerichte unterschiedlicher sachlicher Zuständigkeit, die gem. § 1 grds. vom GVG bestimmt werden, stehen in der StPO zueinander in einem Rangverhältnis als Gerichte »niedrigerer« und »höherer« Ordnung (KK-StPO/*Scheuten* § 1 Rn. 6).

7 **I. AG.** Nach § 24 Abs. 1 GVG ist für Strafsachen grds. das AG zuständig, sofern nicht Ausnahmen nach § 24 Abs. 1 Nr. 1 bis Nr. 3 GVG greifen (dazu § 24 GVG Rdn. 3 ff.). Ergänzend zu § 24 Abs. 1 Nr. 2 GVG wird in § 24 Abs. 2 GVG die Rechtsfolgenkompetenz auf vier Jahre Freiheitsstrafe begrenzt und eine Entscheidung über § 63 StGB sowie die Sicherungsverwahrung ausgeschlossen (s. aber zum JGG Rdn. 36). Das AG ist Schifffahrtsgericht der Binnenschifffahrt, wobei die konkrete Zuordnung gem. § 4 BinSchGerG nach Landesrecht erfolgt.

8 Der **Strafrichter** entscheidet gem. § 25 GVG nur bei **Vergehen** (§ 12 StGB), wenn diese im Wege der Privatklage verfolgt werden oder wenn eine höhere Strafe als Freiheitsstrafe von zwei Jahren nicht zu erwarten ist, es gilt § 6 (o. Rdn. 3). Eine entsprechende Beschränkung der Rechtsfolgenkompetenz besteht nicht, daher kann auch der Strafrichter auf Freiheitsstrafe bis zu vier Jahren erkennen (BGHSt 42, 205, 213; BayObLG NStZ 1985, 470 m. abl. Anm. *Achenbach*) und eine Verweisung an das Schöffengericht scheidet aus (BGH StraFo 2004, 103; Meyer-Goßner/*Schmitt* § 25 GVG Rn. 4), solange kein Verbrechen vorliegt.

9 Wenn nicht der Strafrichter entscheidet, ist das **Schöffengericht** zuständig (§ 28 GVG). Es ist gem. § 29 Abs. 1 Satz 1 GVG mit einem Berufsrichter (zum Proberichter § 29 Abs. 1 Satz 2 GVG) und zwei Schöffen besetzt. Auf die Möglichkeit des **erweiterten Schöffengerichts** (Rdn. 28) ist bei der Prüfung von § 24 Abs. 1 Nr. 3 Var. 2 GVG Rücksicht zu nehmen (Meyer-Goßner/*Schmitt* § 24 GVG Rn. 7).

10 **II. LG.** Das LG entscheidet in erster Instanz über Verbrechen und Vergehen, wenn eine der Ausnahmen des § 24 Abs. 1 GVG vorliegt und nicht das OLG zuständig ist (Rdn. 11 ff.). Die Zuständigkeitsmerkmale sind in unterschiedlichem Grade bestimmt. Neben der klaren Nr. 1 stehen die Sanktionsprognose der Nr. 2 und die unbestimmten Rechtsbegriffe der Nr. 3 (s. Rdn. 7). Insb. Letztere sind als sog. **bewegliche Zuständigkeit** wegen Art. 101 Abs. 1 Satz 2 GG, § 16 Satz 2 GVG problematisch (s. Rdn. 2). Die Statthaftigkeit ergebe sich hier daraus, dass die Wertung auf Tatbestandsebene erfolge und die StA im zweiten Schritt gebunden sei, der Adressat der Anklage also nicht in ihrem Ermessen stehe, auch unterliege diese Entscheidung im Zwischenverfahren richterlicher Kontrolle (vgl. BVerfG NJW 1967, 2151; NJW 1959, 871, 872 m. abl. Anm. *Eb. Schmidt* JZ 1959, 535; KK-StPO/*Scheuten* § 1 Rn. 9; krit. *Grünwald* JuS 1968, 452 ff.). Beide Argumente sind formeller Art, denn Wertungsebene und richterliche Kontrolle allein ändern wenig daran, dass erst transparente Prüfungsmaßstäbe den Rechtsbegriff ausfüllen und die notwendige Bestimmtheit des gesetzlichen Richters herstellen. Zumindest sind in der Anklage jene Umstände konkret anzugeben, welche eine bewegliche Zuständigkeit auslösen sollen, soweit diese nicht offenkundig sind (BVerfG NJW 1959, 871, 872; BGHR § 24 GVG Bedeutung 3; Meyer-Goßner/*Schmitt* § 24 GVG Rn. 5; RiStBV Nr. 113 Abs. 2 Satz 1).

III. OLG. Die Zuständigkeit des OLG in erster Instanz steht in enger Beziehung zu Art. 96 Abs. 5 GG. Das OLG übt die Gerichtsbarkeit des Bundes in Organleihe aus, soweit der GBA das Amt der StA bei dem OLG versieht, §§ 120 Abs. 6, 142a GVG. Eine erstinstanzliche Zuständigkeit des BGH besteht nicht. Als Schifffahrtsobergericht findet gem. §§ 4, 11 BinSchGerG die Berufung vor dem OLG als Tatgericht statt, die Revision ist gem. § 10 BinSchGerG ausgeschlossen. 11

Zwei Fallgruppen sind zu unterscheiden. **§ 120 Abs. 1 GVG** enthält Katalogtaten, die ausschließlich dem OLG zugeordnet sind. Wenn der GBA die Sache gem. § 142a Abs. 2 und 3 an die Landesstaatsanwaltschaft abgibt, ändert das an der Zuständigkeit des OLG nichts (Meyer-Goßner/*Schmitt* § 120 GVG Rn. 9). 12

Für Katalogtaten des **§ 120 Abs. 2 GVG** hängt die Zuständigkeit des OLG wesentlich davon ab, dass erstens der GBA die Verfolgung wegen der besonderen Bedeutung des Falles (s.a. Rdn. 10) übernimmt und dass zweitens bei Eröffnung des Hauptverfahrens eine solche besondere Bedeutung tatsächlich (noch) vorliegt, § 120 Abs. 2 Satz 2 GVG. Gibt der GBA in diesen Fällen die Sache an die Landesstaatsanwaltschaft ab, ist zu unterscheiden. Bis zur Eröffnung entfällt damit ein Zuständigkeitsmerkmal aus § 120 Abs. 2 GVG, doch danach gilt die *perpetuatio fori*, vorausgesetzt die Eröffnungsentscheidung ist fehlerfrei von der besonderen Bedeutung ausgegangen (BGHSt 46, 238, 246 ff.; krit. *Welp* NStZ 2002, 1, 4; s.a. § 6 Rdn. 2 sowie im Einzelnen bei § 120 GVG). 13

C. Sonderfragen. I. Der Zuständigkeitsstreit (Kompetenzkonflikt). Ein positiver Kompetenzkonflikt liegt vor, wenn sich mehrere Gerichte für zuständig halten, ein negativer, wenn sich alle in Betracht kommenden Gerichte als unzuständig ansehen (KK-StPO/*Scheuten* § 1 Rn. 23). Die Lösung hängt von der Art der betroffenen Zuständigkeit und dem Verfahrensstadium ab (s.a. Rdn. 32, 38 f. u. §§ 14, 19). Besondere Schwierigkeiten bereiten Jurisdiktionskonflikte in der Europäischen Union (im Einzelnen *Eisele* ZStW 125 [2013], 1 ff.). 14

1. Bei sachlicher Zuständigkeit. Die sachliche Zuständigkeit ist gem. § 6 in jeder Lage des Verfahrens von Amts wegen zu prüfen (s. dort). Die Eröffnungszuständigkeit liegt gem. § 199 Abs. 1 bei dem (sachlich und örtlich) zuständigen Gericht. Ein negativer sachlicher Kompetenzkonflikt kann grds. nicht eintreten. Hält ein Gericht, bei dem die Anklage eingereicht ist, die Zuständigkeit eines Gerichts niedrigerer Ordnung in seinem Bezirk für begründet, so eröffnet es gem. § 209 Abs. 1 bindend vor diesem. Im umgekehrten Fall ist gem. § 209 Abs. 2 bei dem Gericht höherer Ordnung (nur) vorzulegen, wobei dieses wiederum nach § 209 Abs. 1 verfahren kann (s. § 209 Rdn. 1). Zwischen Eröffnung und Beginn der Hauptverhandlung kann gem. § 225a dem Gericht höherer Ordnung mit dem Gesuch um Übernahme vorgelegt und nach Beginn der Hauptverhandlung mit § 270 sogar bindend vor diesem eröffnet werden. Das Gericht höherer Ordnung hat aber gem. § 269 in beiden Fällen selbst zu verhandeln (doch s. § 6 Rdn. 4). Nur wenn sich in besonders gelagerten Fällen kein anderer Ausweg bietet (s. dazu OLG Frankfurt NStZ 2009, 315 f.), sind §§ 14, 19 entsprechend anzuwenden (BGHSt 18, 381, 384; KK-StPO/*Scheuten* § 1 Rn. 26; LR/*Erb* Vor § 1 Rn. 14), etwa bei Streit über die Unwirksamkeit einer Verweisung wegen objektiver Willkür (BGHSt 45, 26, 28 ff.; OLG Köln NStZ-RR 2011, 288). 15

Bei **mehrfacher Rechtshängigkeit** entsteht mit der chronologisch ersten Eröffnung des Hauptverfahrens für weitere Verfahren, welche dieselbe prozessuale Tat (§ 264) betreffen, das Verfahrenshindernis anderweitiger Rechtshängigkeit (Prioritätsprinzip). Aber im Einzelfall kann die Sperrwirkung beseitigt werden (s. § 12 Rdn. 2 ff.). 16

2. Bei örtlicher Zuständigkeit. Fehlt ein Gerichtsstand, erklärt sich das Gericht im Zwischenverfahren durch Beschluss für unzuständig (s. aber § 16 Rdn. 2), wogegen die einfache Beschwerde statthaft ist (HansOLG, Beschl. v. 22.04.2015 – 1 Ws 47/15, juris; LR/*Erb* § 16 Rn. 16; Meyer-Goßner/*Schmitt* § 16 Rn. 8). Nach Eröffnung ist gem. § 206a durch Beschluss (gem. § 206a Abs. 2 sofortige Beschwerde möglich) und in der Hauptverhandlung gem. § 260 Abs. 3 durch Urteil einzustellen (OLG Düsseldorf NZV 1991, 244; KK-StPO/*Scheuten* § 16 Rn. 6), solange § 16 gewahrt worden ist. Zwangsmaßnahmen örtlich unzuständiger Gerichte sind – vorbehaltlich § 21 – aufzuheben (zum Haftbefehl AG Tiergarten StV 2016, 815). Da eine (bindende) Verweisung grds. nicht möglich ist, kann auch jedes andere Gericht auf diese Weise verfahren und so den **negativen Kompetenzkonflikt** herbeiführen. Ist eines der Gerichte örtlich zuständig, greifen §§ 19, 14. Fehlt ein Gerichtsstand, bestimmt diesen gem. § 13a der BGH (vgl. dort). Auf Ebene des Ermittlungsrichters erlaubt der negative Kompetenzkonflikt wegen der Befassung eines Gerichts nicht mehr zur Anordnung wegen Gefahr im Verzug (bspw. § 81a Abs. 2), es greift insofern grds. ein Beweisverwertungsverbot, soweit der Kompetenzkonflikt notorisch ist, also ein »Fehler im System« vorliegt (OLG Oldenburg NStZ 2016, 747 ff. m. instruktiver Anm. *Ventzke*). 17

46 **D. Revision.** Die sachliche Zuständigkeit ist eine gem. § 6 von Amts wegen zu beachtende Verfahrensvoraussetzung und nicht von der Verfahrensrüge abhängig (s. aber § 6 Rdn. 4 ff.). Für andere Zuständigkeitsverletzungen ist die Verfahrensrüge zu erheben und gem. § 344 Abs. 2 Satz 2 auszuführen (s. § 7 Rdn. 12 u. § 338 Nr. 1 und 4). Dabei sind von den Anforderungen der Verfahrensrüge diejenigen der vorgeschalteten Rügeobliegenheiten aus §§ 6a, 16, 222b zu unterscheiden (s. dort), wozu ebenfalls gem. § 344 Abs. 2 Satz 2 vorzutragen ist.

47 Mit einer **Verfassungsbeschwerde** sind die Zwischenentscheidungen des Gerichts über die Zuständigkeit, welche durch §§ 201 Abs. 2 Satz 2, 210 Abs. 1 der Beschwerde entzogenen sind, grds. nicht angreifbar. Erst gegen die das Verfahren abschließende Entscheidung des Revisionsgerichts ist die Verfassungsbeschwerde statthaft (BVerfG Beschl. v. 05.03.1999 – 2 BvQ 5/98, juris), wobei § 356a zu beachten ist (vgl. dort).

§ 2 Verbindung und Trennung von Strafsachen

(1) [1]Zusammenhängende Strafsachen, die einzeln zur Zuständigkeit von Gerichten verschiedener Ordnung gehören würden, können verbunden bei dem Gericht anhängig gemacht werden, dem die höhere Zuständigkeit beiwohnt. [2]Zusammenhängende Strafsachen, von denen einzelne zur Zuständigkeit besonderer Strafkammern nach § 74 Abs. 2 sowie den §§ 74a und 74c des Gerichtsverfassungsgesetzes gehören würden, können verbunden bei der Strafkammer anhängig gemacht werden, der nach § 74e des Gerichtsverfassungsgesetzes der Vorrang zukommt.

(2) Aus Gründen der Zweckmäßigkeit kann durch Beschluß dieses Gerichts die Trennung der verbundenen Strafsachen angeordnet werden.

S.a. RiStBV Nr. 114

Übersicht

1 **A. Grundlagen.** Objekt der Verbindung können nur prozessuale Taten sein (s. § 264 Rdn. 1 ff.). Mehrere materielle Taten innerhalb einer prozessualen Tat sind ohnehin gemeinsam zu verhandeln und in einer Trennung läge eine unstatthafte Doppelverfolgung, die zu Problemen führt (s. § 1 Rdn. 16, 18 u. § 12). Die Verbindung nach § 2 führt ebenso wie bei § 4 zu einer Verfahrensverschmelzung (s. § 4 Rdn. 1). Eine Verbindung ist geboten, wenn sie sachdienlich ist (Graf/*Larcher* § 2 Rn. 1), wofür insb. verfahrensökonomische Gesichtspunkte sprechen (BGH BeckRS 2020, 20803 Rn. 7). Ordnungswidrigkeiten können gem. §§ 42, 64 OWiG hinzu verbunden werden, wobei im Einzelnen Besonderheiten gelten.

2 Voraussetzung der Verbindung ist der in § 3 geregelte Zusammenhang der Strafsachen, worauf gem. RiStBV Nr. 17 schon bei den Ermittlungen zu achten ist; zu sog. Sammelverfahren RiStBV Nr. 25 ff. Auf Ebene der sachlichen Zuständigkeit bestimmt § 2, dass die Sachen verbunden bei dem Gericht höherer Zuständigkeit anhängig gemacht werden können, was Ausdruck der Verfahrensverschmelzung ist (Rdn. 1), vgl. auch RiStBV Nr. 114.

3 Die Konstellationen der Verfahrensverbindung sind bei § 2 Abs. 1 weniger komplex als bei § 4 (s. § 4 Rdn. 5 ff.). Einerseits ist die StA für alle Gerichtsstände ihres Landgerichtsbezirks zuständig (s. § 1 Rdn. 5). Andererseits ist aufgrund der Einheitlichkeit der Anklage die gerichtliche Geschäftsverteilung eindeutig; jedoch ist problematisch, ob die StA befugt sein darf, gezielt durch Ausgestaltung und Zeitpunkt der Anklage auf die geschäftsordnungsgemäße Bestimmung des Spruchkörpers Einfluss zu nehmen (s. § 1 Rdn. 2).

4 Bei mangelnder Zuständigkeit des (avisierten) Anklageadressaten trägt die StA ggf. für eine entsprechende Überleitung des Verfahrens Sorge (s. § 1 Rdn. 5) und führt etwaig notwendige Gerichtsentscheidungen herbei (s. § 7 Rdn. 7). Auch kann die StA eine bereits anderweitig erhobene Anklage bis zur Eröffnungsentscheidung zwecks Verbindung zurücknehmen (§ 156).

5 Die **Verfolgungszuständigkeit des GBA** für Delikte jenseits des Staatsschutzes erstreckt sich nur auf solche Straftaten, die zu derselben Tat im verfahrensrechtlichen Sinne (§ 264) gehören. Ein Zusammenhang minderen Grades – etwa allein der persönliche Zusammenhang nach § 3 – genügt nicht, da die verfassungsrechtlich verankerte Kompetenzverteilung zwischen Bundes- und Landesjustiz betroffen ist (vgl. BGH NStZ 2007, 117, 118; s.a. § 1 Rdn. 11 ff. u. bei § 142a GVG).

B. Die Verfahrensverbindung gem. Abs. 1. I. Voraussetzungen. Die §§ 2, 4 unterscheiden danach, ob die Verbindung im Ermittlungsverfahren oder erst nach Eröffnung des Hauptverfahrens stattfindet, was gem. § 156 die **Rechtshängigkeit** begründet. Fraglich ist die gerichtliche Verfahrensverbindung zwischen An- und Rechtshängigkeit, also im Zwischenverfahren (s. § 4 Rdn. 6 f.). Problematisch ist die Verbindung auch bei verschiedenen Rechtszügen (s. § 4 Rdn. 11 f.) sowie bei späterer Anklage einer weiteren Sache (s. § 4 Rdn. 8 ff.). 6

Materiell muss es sich gem. § 3 um zusammenhängende Strafsachen handeln. Fehlt es daran, eröffnet § 237 zwar die Option einer gemeinsamen Verhandlung, doch muss dazu die Zuständigkeit des Gerichts für jede der Sachen bestehen und ganz verzichtbar ist ein Zusammenhang auch für § 237 nicht (vgl. dort) 7

Die Verbindung gem. § 2 ist bei dem Gericht höherer und erst recht bei Gerichten gleicher Ordnung möglich. Die »höhere Zuständigkeit« liegt bei dem Gericht höherer Ordnung (§ 1 Rdn. 6 ff.). Das gilt gem. § 2 Satz 2 auch für das in § 74e festgelegte Rangverhältnis der dort genannten Spezialkammern (dazu § 1 Rdn. 30); für die dort nicht genannten **Jugendgerichte** gelten besondere Regeln (s. § 1 Rdn. 38 ff.). 8

II. Entscheidung. Auf eine Entscheidung für oder gegen die Verbindung hat der Beschuldigte grds. keinen Anspruch, jedoch ist die Betroffenheit seiner Verfahrensrechte jeweils zu berücksichtigen (s.a. Rdn. 12, 16). Dabei kann sich in besonders gelagerten Einzelfällen die Gestaltungsoption der StA auf nur eine einzige statthafte Entscheidung verengen. Vorläufiger gerichtlicher Rechtsschutz ist aber allenfalls gegen gerichtliche Entscheidungen nach §§ 2 Abs. 2, 4 zu erlangen (s. Rdn. 19 ff.). 9

Der Zweck einer Verfahrensverbindung besteht v.a. darin, eine möglichst breite und umfassende Grundlage für die Beurteilung von Taten und Tätern zu schaffen, um die Bearbeitung der Verfahren zu erleichtern und sachgemäß zu erledigen (BGHSt 18, 130 ff.; BGH NJW 1990, 2760) sowie widersprüchliche Entscheidungen unter Beachtung der Aufklärungspflicht zu vermeiden. Auch die Beurteilung von § 63 StGB kann eine Verbindung erfordern (BGH, BeckRS 2016, 16334). Deshalb gilt grds. das Prinzip der gemeinsamen und gleichzeitigen Aburteilung aller derselben Tat Angeklagten (KG StraFo 2009, 514) und Gleiches gilt für den persönlichen Zusammenhang (OLG Koblenz NStZ-RR 2011, 209 f.; OLG Stuttgart NStZ 1995, 248). Enger aber § 103 Abs. 1 JGG (s. § 1 Rdn. 40). 10

Andererseits können einer Verbindung **überwiegende Nachteile** entgegenstehen. Aus Zeugen werden Mitangeklagte, mit einem vollständigen Schweigerecht und ohne die Pflicht zur Wahrheit (KK-StPO/*Scheuten* § 2 Rdn. 2); doch eine vorübergehende Trennung soll möglich sein (vgl. hierzu § 4 Rdn. 23). Auch kann die Verbindung neben einer Rechtszugverkürzung zu Großverfahren führen und damit Fragen des Beschleunigungsgebots (vgl. BVerfG StV 2002, 578, 580; KK-StPO/*Scheuten* § 2 Rdn. 2, 7; *Meyer-Goßner* NStZ 2004, 353, 358 f.) sowie der Zumutbarkeit aufwerfen (BVerfG StV 2002, 578, 581). Es widerspricht regelmäßig dem Gebot der Beschleunigung, eine bereits erhobene Anklage wieder zurückzunehmen, um ein weiteres Verfahren hinzu zu verbinden und erneut Anklage zu erheben; jedenfalls dann, wenn es im weiteren Verfahren um Taten geht, an welchen den bisherigen Angeschuldigten keine Beteiligung vorgeworfen werden soll, vielmehr können neue Erkenntnisse (bspw. Bandenstruktur) in das laufende Verfahren eingeführt werden (OLG Nürnberg StraFo 2016, 248 f.) 11

Gem. RiStBV Nr. 114 Satz 2 kann von § 2 Abs. 1 abgesehen werden, wenn dadurch die Aufklärung der anderen Tat erheblich verzögert würde und wenn **gewichtige Interessen** der Allgemeinheit oder des Beschuldigten entgegenstehen. Für den Beschuldigten ist dabei die drohende Entziehung des gewählten Verteidigers durch entstehende Mehrfachverteidigung (vgl. BVerfG StV 2002, 578, 580; LR/*Erb* § 2 Rn. 12; *Meyer-Goßner* NStZ 2004, 353, 358 f.) ebenso zu bedenken wie die Kostenfolge für Mitverurteilte aus § 466 Satz 1 (BVerfG StV 2002, 578, 581). 12

III. Die Verbindung als solche. Strafsachen werden verbunden anhängig gemacht, indem sie in der erhobenen Anklage zusammengefasst werden (s. aber Rdn. 3 a.E.). Daraus folgt, dass zusammenhängende Strafsachen auch schon vorher im Ermittlungsverfahren durch formlose Verfügung in die Sachakten verbunden werden können (KK-StPO/*Scheuten* § 2 Rn. 8). In gleicher Weise kann auch die Trennung erfolgen, doch entfallen damit grds. die Wirkungen der Verbindung, etwa der Gerichtsstand aus § 13 Abs. 1 (OLG Celle StV 1999, 243; s. Rdn. 17). 13

C. Verfahrenstrennung. § 2 Abs. 2 ändert die Entscheidung der StA nach Abs. 1. Im Unterschied zu der von § 203 abhängigen gerichtlichen Kompetenz zur Verfahrensverbindung (s. § 4 Rdn. 6 f.) kann gem. § 2 Abs. 2 eine Trennung auch zwischen Anklageerhebung und Rechtshängigkeit durch Gerichtsbeschluss erfolgen (s. Rdn. 18, 21); wogegen nach Eröffnung ausschließlich § 4 Abs. 1 Alt. 2 greift (LR/*Erb* § 2 Rn. 20; a.A. KK-StPO/*Scheuten* § 2 Rn. 14). Vor der Trennung ist der Betroffene gem. § 33 Abs. 2 zu hören (BGH NStZ 1982, 188; KK-StPO/*Scheuten* § 2 Rn. 15). Eine vorübergehende Trennung ist bei § 2 Abs. 2 nicht möglich (*Rotsch/Sahan* JA 2005, 801, 804; s. aber § 4 Rdn. 23). 14

15 Grds. besteht kein **Anspruch** des Beschuldigten auf Verfahrenstrennung (BGHSt 18, 238 ff.; OLG Stuttgart NJW 1960, 2353; KK-StPO/*Scheuten* § 2 Rn. 15), der Entscheidungsspielraum kann jedoch **auf Null reduziert** sein (s.a. Rdn. 9 ff.). I.R.d. wichtigen Gründe zur Aufrechterhaltung der Untersuchungshaft nach § 121 kann das sog. **Beschleunigungsgebot** dann eine zwingende Ausnahme vom Prinzip der gemeinsamen und gleichzeitigen Aburteilung aller derselben Tat Angeklagten bedingen, wenn in Bezug auf einen Mitangeklagten Terminskollisionen, Erkrankung des Verteidigers oder die Verfügbarkeit eines beauftragten psychiatrischen Sachverständigen einer zeitnahen Hauptverhandlung entgegenstehen und die Untersuchungshaft bereits erhebliche Zeit angedauert hat (KG StraFo 2009, 514).

16 Eine Trennung kann die Aufklärungspflicht aus § 244 Abs. 2 verletzen (BGH StraFo 2010, 339 f.), etwa bei einem geständigen Mitangeklagten und dem für den Fall der Trennung drohenden § 55 (zu § 103 JGG vgl. KG NStZ 2006, 521, 522 m. abl. Anm. *Eisenberg*). Die formellen Anforderungen der Trennung entsprechen denen bei § 4 (s. § 4 Rdn. 17, 21).

17 Die Trennung nach § 2 Abs. 2 hebt ebenso wie § 4 Abs. 1 Alt. 2 die Sachverbindung wieder auf, doch mit unterschiedlichen Folgen. Ist bei § 4 Abs. 1 wegen § 269 eine Verweisung zum Gericht niedrigerer Ordnung ausgeschlossen (s. § 4 Rdn. 24), greift bei § 2 Abs. 2 der § 209 Abs. 1 (KMR/*v. Heintschel-Heinegg* § 2 Rn. 19). Auch der Gerichtsstand bestimmt sich (wieder) einzeln nur nach den Verhältnissen der jeweiligen Verfahren selbst; so ist der Wohnsitz eines gem. § 2 Abs. 2 abgetrennten Angeschuldigten für das verbleibende Verfahren ohne Bedeutung (s.a. § 13 Rdn. 1).

18 Fraglich mag sein, ob eine Trennung nach § 2 Abs. 2 auch unabhängig von einer Eröffnungsentscheidung zu einem früheren Zeitpunkt des Zwischenverfahrens erfolgen kann, wofür der Wortlaut spricht (s.a. Rdn. 21). Ebenso ist das abtrennende Gericht nicht schon deshalb dazu verpflichtet das Hauptverfahren bei einem anderen Gericht zu eröffnen, weil es diese Entscheidung rechtlich treffen *kann* (a.A. OLG Düsseldorf NStZ 1991, 145, 146). Eine solche Pflicht hat in § 2 Abs. 2 keine Grundlage und gegen sie kann zudem die Notwendigkeit weiterer Ermittlungen nach § 202 sprechen, die es zunächst zu beurteilen und zu veranlassen gilt (vgl. OLG Celle Beschl. v. 15.05.2013 – 1 Ws 158/13).

19 **D. Rechtsmittel.** Gegen Entscheidungen der StA nach § 2 Abs. 1 hat der Beschuldigte nur die Dienstaufsichtsbeschwerde gem. §§ 146, 147 GVG, wobei auch die Rücknahme (§ 156) zwecks Trennung begehrt werden kann (KK-StPO/*Scheuten* § 2 Rn. 12).

20 Für gerichtliche Entscheidungen sind die Revision (s. § 4 Rdn. 28 ff.) und die Beschwerde (s. § 4 Rdn. 25 ff.) zu unterscheiden. Die Beschwerde eröffnet eine vollständige Nachprüfung (BGH NStZ-RR 2013, 352; OLG Düsseldorf NStZ 1991, 145, 146; s.a. § 4 Rdn. 27). Wird **vor Eröffnung** gem. § 2 Abs. 2 abgetrennt, greift § 305 Satz 1 noch nicht (KG Beschl. v. 10.11.2014 – 4 Ws 113/14 – 141 AR 563/14, juris; OLG Düsseldorf NStZ 1991, 145, 146; KK-StPO/*Zabeck* § 305 Rn. 2), weshalb die Beschwerde uneingeschränkt eröffnet ist (AnwK-StPO/*Rotsch* § 4 Rn. 8), also nicht nur für den abgetrennten, sondern auch für den verbleibenden Angeschuldigten, und ferner für den Antragsteller im Fall der Ablehnung einer beantragten Trennung (a.A. Meyer-Goßner/*Schmitt* § 2 Rn. 13).

21 Gegen eine Trennung im **Zuge der (Teil-) Eröffnung** gem. § 209 Abs. 1 (Rdn. 12) soll nur die StA die sofortige Beschwerde gem. § 210 Abs. 2 haben (KG NStZ 2006, 521; KK-StPO/*Scheuten* § 2 Rn. 13). Nach zutr. a.A. ist eine darin liegende Trennung eigenständig mit der einfachen Beschwerde angreifbar (OLG Celle wistra 2013, 405 f.; OLG Köln NStZ-RR 2000, 313 f.; LR/*Erb* § 2 Rn. 27). Dabei gelten zur Sperrwirkung aus § 305 S. 1 grds. die gleichen Regeln wie bei § 4 (s. § 4 Rdn. 26), soweit das Gericht das Verfahren des Beschwerdeführers vor sich selbst eröffnet hat. Wenn hingegen das Hauptverfahren mit der Trennung vor einem anderen Gericht eröffnet wird, handelt es sich nicht um eine Entscheidung des erkennenden Gerichts i.S.d. § 305 S. 1 (a.A. KK-StPO/*Zabeck* § 305 Rn. 2) und die Beschwerde ist uneingeschränkt statthaft (s. Rdn. 20).

§ 3 Begriff des Zusammenhanges

Ein Zusammenhang ist vorhanden, wenn eine Person mehrerer Straftaten beschuldigt wird oder wenn bei einer Tat mehrere Personen als Täter, Teilnehmer oder der Datenhehlerei, Begünstigung, Strafvereitelung oder Hehlerei beschuldigt werden.

S.a. RiStBV Nr. 17, 114

1 Den Begriff des Zusammenhangs regelt § 3 einheitlich für §§ 2, 4, 13, also für alle Varianten der Verfahrensverschmelzung. Die Objekte des Zusammenhangs sind **prozessuale Taten** (§ 2 Rdn. 1). Der Zusammenhang

kann ein persönlicher, ein sachlicher oder ein aus beidem kombinierter sein. Die Beurteilung von § 3 erfolgt in der Revision aus der *ex-ante* Perspektive der Verbindungsentscheidung (s. § 4 Rdn. 32).

2 Ein **persönlicher (subjektiver) Zusammenhang** liegt vor, wenn einem Beschuldigten mehrere Straftaten im prozessualen Sinn vorgeworfen werden (BGH NStZ 2021, 433; SK-StPO/*Weßlau/Weißer* § 3 Rn. 2). Objektive Verfahren wie das Sicherungsverfahren (§§ 413 ff.) können untereinander sowie zu regulären Strafverfahren in persönlichem Zusammenhang stehen, solange es sich um verschiedene prozessuale Taten handelt (KK-StPO/*Scheuten* § 4 Rn. 4).

3 Ein **sachlicher (objektiver) Zusammenhang** liegt vor, wenn mehrere Personen mitgewirkt haben. Die Begriffe von Täterschaft, Teilnahme sowie der Anschlussdelikte sind zwar grds. dem StGB entnommen, gehen aber wegen des Bezuges zur prozessualen Tat darüber hinaus. So genügt für eine **Teilnahme** i.S.d. § 3 jede in dieselbe Richtung zielende Mitwirkung an einem einheitlichen geschichtlichen Vorgang (BGH NStZ 2009, 221; BGH NJW 2003, 446, 452; BGH NJW 1988, 150; BGH BeckRS 2019, 40578 für Btm; auch *Kleinknecht* MDR 1958, 357 f.; a.A. KMR/*v. Heintschel-Heinegg* § 3 Rn. 4; *Rotsch/Sahan* ZIS 2007, 142 ff.). Fraglich ist, ob auch die **Geldwäsche** (§ 261 StGB) von der Hehlerei bzw. der Teilnahme i.S.d. § 3 umfasst ist; dafür spricht die an den Verbindungszwecken (s. § 2 Rdn. 9 ff.) ausgerichtete Eigenständigkeit der Begriffe des § 3.

4 Ein **kombinierter Zusammenhang** ist gegeben, wenn *sachlich* mehrere an einer Tat beteiligt sind und *persönlich* einer von ihnen Beschuldigter einer weiteren Tat ist (KK/*Scheuten* § 3 Rn. 5). Zwar ist auch in diesem Fall § 3 anwendbar, jedoch sind bei mehrgliedrigen kombinierten Zusammenhängen die möglichen Nachteile einer Verbindung (s. § 2 Rdn. 11) besonders zu berücksichtigen und es ist mit zunehmendem Verfahrensumfang eine Erhöhung der Begründungsanforderungen zu verlangen.

§ 4 Verbindung und Trennung rechtshängiger Strafsachen

(1) Eine Verbindung zusammenhängender oder eine Trennung verbundener Strafsachen kann auch nach Eröffnung des Hauptverfahrens auf Antrag der Staatsanwaltschaft oder des Angeklagten oder von Amts wegen durch gerichtlichen Beschluß angeordnet werden.

(2) [1]Zuständig für den Beschluß ist das Gericht höherer Ordnung, wenn die übrigen Gerichte zu seinem Bezirk gehören. [2]Fehlt ein solches Gericht, so entscheidet das gemeinschaftliche obere Gericht.

Übersicht

1 **A. Verbindung.** Ergänzend zu § 2 regelt § 4 die **Verfahrensverschmelzung** durch ein Gericht nach Rechtshängigkeit. Die Verbindung zur gemeinsamen Verhandlung und Entscheidung ist streng von einer Verbindung nach § 237 zu unterscheiden, die lediglich zu prozesstechnischen Erleichterungen und nicht zu einer Verschmelzung der Verfahren führt (BGHSt 36, 348, 349; *Meyer-Goßner* NStZ 2004, 353, 354 f.). Für **Jugendsachen** gelten Sonderregeln (s. Rdn. 4 u. § 1 Rdn. 40). Der Spezialitätsgrundsatz nach § 83h IRG soll für die Verbindung nicht zu prüfen sein (OLG Hamm Beschl. v. 25.01.2018 – 4 [s] Sbd I – 1/18, juris).

2 **I. Zuständigkeiten.** Diese Verbindung setzt örtliche Zuständigkeit des verbindenden Gerichts für beide Strafverfahren voraus. Mangelt es dem Gericht höherer Ordnung daran, entscheidet gem. § 4 Abs. 2 Satz 2 das gemeinschaftliche obere Gericht. Die Zusammenfassung der örtlichen Zuständigkeit bei gleichrangigen Gerichten regelt § 13 Abs. 2 (BGHSt 37, 15, 16; s. Rdn. 20).

3 Im Fall des § 4 Abs. 2 Satz 1 ist die Verbindung ein **autoritärer Akt** des höheren Gerichts. Folglich ist die große Strafkammer befugt, ein bei einem AG seines Bezirks rechtshängiges Verfahren durch Verbindungsbeschluss an sich zu ziehen (s. BGH NStZ-RR 2010, 243); str. ist, ob dies auch ggü. dem Berufungsgericht möglich ist (s. Rdn. 11, 14 f.).

4 Derselbe Spruchkörper kann über den Wortlaut des § 4 hinaus erst recht die bei ihm selbst rechtshängigen Verfahren durch Beschluss unter Bezeichnung des führenden Verfahrens verschmelzen (LR/*Erb* § 4 Rn. 4; *Meyer-Goßner* NStZ 2004, 353, 355). Handelt es sich um verschiedene gleichrangige Spruchkörper des-

selben Gerichts, geschieht die Verbindung durch eine **einverständliche Abgabe** und Übernahme des Verfahrens (BGHSt 36, 348, 350), der § 4 Abs. 2 gilt nicht (BGH NJW 1995, 1688 f.; KK-StPO/*Scheuten* § 4 Rn. 7; *Meyer-Goßner* NStZ 2004, 353, 355 f.). Doch streitig ist, ob **bei gescheiterter Einigung** – bei jeweils an sich fehlerfreier Ermessensausübung – die Verbindung entweder unterbleibt (zutr. AG Fulda, Beschl. v. 11.01.2019 – E32a 2019, juris; LR/*Erb* § 4 Rn. 7), ob entspr. § 21e Abs. 1 Satz 1 GVG das Präsidium entscheidet (*Meyer-Goßner* NStZ 2004, 353, 356; s.a. § 1 Rdn. 20) oder aber analog § 4 Abs. 2 Satz 2 eine Entscheidung des gemeinsamen oberen Gerichts einzuholen ist (dahin gehend *Sowada* Der gesetzliche Richter im Strafverfahren, 2002, S. 717). Die besonderen Strafkammern und Jugendgerichte stehen gem. § 209a ausdrücklich auch für § 4 Abs. 2 den Gerichten höherer Ordnung gleich (KK-StPO/*Scheuten* § 4 Rn. 7); doch bei Weigerung der Spezialkammer bleibt es bei der Trennung, ohne dass das Präsidium zur abweichenden Entscheidung befugt wäre (a.A. *Meyer-Goßner* NStZ 2004, 353, 356), da es sich nicht um eine Frage der Geschäftsverteilung handelt (s.a. § 1 Rdn. 20).

5 **II. Verfahrensstadien.** Die Verbindung zweier Strafsachen gem. § 4 ist auch zulässig, wenn sie sich nicht im gleichen Prozessstadium befinden, wobei nach der genauen Konstellation zu unterscheiden ist.

6 **1. An- und Rechtshängigkeit.** In Bezug auf Anklageerhebung und Eröffnungsentscheidung treten bei zwei betroffenen Sachen **vier Konstellationen** auf. Sind beide Sachen bereits eröffnet (Var. 1), so greift § 4 in seinem Kernbereich. Ist nur das zum Zwecke der Verbindung abgegebene Verfahren noch nicht eröffnet worden (Var. 2), kann gem. § 4 Abs. 1 verbunden werden, wenn (str.) die bis dahin noch dispositionsbefugte StA dies beantragt oder zugestimmt hat (BGH NJW 1990, 2760; BGH bei *Becker* NStZ-RR 2002, 65; OLG Hamm Beschl. v. 23.01.2014 2[s] Sbd I – 1/14, juris; LR/*Erb* § 4 Rn. 3; Radtke/Hohmann/*Ullenbruch* § 4 Rn. 9; auf Zustimmung verzichtend Meyer-Goßner/*Schmitt* § 4 Rn. 4; s.a. Rdn. 19), dabei führe ein Fehler aber nicht zur Unwirksamkeit der Verbindung (BGH bei *Becker* NStZ-RR 2002, 65; zw., s. Rdn. 28). In dem Verbindungsbeschluss liegt zugleich die Eröffnungsentscheidung hinsichtlich der hinzu verbundenen Sache, da sich der bereits vorhandene förmliche Eröffnungsbeschluss aufgrund der Verfahrensverschmelzung auch auf die weitere Tat erstreckt (anders wohl BGH NStZ-RR 1997, 380 f.). § 203 verlangt, dass nur solche prozessualen Taten in das Hauptverfahren gelangen, für die ein hinreichender Tatverdacht besteht. Diese gesetzliche Grundentscheidung darf durch § 4 nicht unterlaufen werden. Daher hat das Gericht bei seiner Verbindungsentscheidung auch die Voraussetzungen des § 203 StPO zu prüfen, was dem Schutz des Angeschuldigten ebenso dient wie der Prozessökonomie (s. ferner Rdn. 19). Eine weitere Sache, die isoliert betrachtet vor das AG gehören würde, kann zwecks Verbindung mit einer bei der Strafkammer erstinstanzlich rechtshängigen Sache direkt zum LG angeklagt werden (KK-StPO/*Scheuten* § 4 Rn. 1; LR/*Erb* § 4 Rn. 3). Der vorherigen separaten Eröffnung durch das höhere Gericht steht dann § 209 Abs. 1 StPO entgegen und § 203 kann nur im Rahmen der Verbindungsentscheidung geprüft werden.

7 In der dritten Variante ist keines der beiden anhängigen Verfahren bereits eröffnet worden. In diesem Fall greift weder § 2 noch § 4; eine Analogie zu § 4 Abs. 1 scheidet mangels planwidriger Lücke aus (a.A. *Rotsch/Sahan* JA 2005, 801, 806). Es ist also vor dem Verbindungsbeschluss zumindest das (potenziell) führende Verfahren zu eröffnen und bei Hinzuverbindung für das weitere Verfahren sachlich § 203 StPO zu prüfen (s. Rdn. 6). In der vierten Variante ist zwar das weitere Verfahren, nicht aber das als führend zu bestimmende Verfahren eröffnet worden. Auch hier scheidet für das Gericht höherer Ordnung bis zur Eröffnung eine Verbindung gem. § 4 Abs. 1 aus (BGH NStZ-RR 2005, 77; Meyer-Goßner/*Schmitt* § 4 Rn. 4); Gleiches gilt für gleichrangige oder identische Spruchkörper (s. Rdn. 4) hinsichtlich des führenden Verfahrens. Die gerichtliche Kompetenz zur Verfahrensverschmelzung steht damit insgesamt unter dem **Vorbehalt der Feststellung des hinreichenden Tatverdachts.**

8 **2. Begonnene Hauptverhandlung.** Die Verbindung kann vor Aburteilung in jeder Lage des Verfahrens nach pflichtgemäßem gerichtlichen Ermessen erfolgen. Eine laufende Hauptverhandlung hindert die Verbindung zwar grds. nicht (BGH NJW 2000, 1274, 1276; BGH BeckRS 2020, 37180), davon zu unterscheiden ist aber die Wahrung des Verfahrensrechts in der laufenden Hauptverhandlung, wofür es auf die Art des Zusammenhanges nach § 3 ankommt.

9 Bei **persönlichem Zusammenhang** gelten die Regeln der Nachtragsanklage, was die (ausdrückliche) Zustimmung des Angeklagten erfordert (vgl. BGH NStZ-RR 1999, 303; *Gubitz/Bock* StraFo 2007, 225 ff.; Meyer-Goßner/*Schmitt* § 4 Rn. 9). Wird eine Verbindung trotz fehlender Voraussetzungen des § 266 vorgenommen, hat der Tatrichter mit der Hauptverhandlung neu zu beginnen (BGHSt 53, 108, 110 ff.; BGH StraFo 2010, 337; SK-StPO/*Weßlau/Weißer* § 4 Rn. 1; s.a. Rdn. 34).

10 Bei **sachlichem Zusammenhang** ist für den hinzu kommenden Mitangeklagten besonders auf die Rechte auf Anwesenheit und Verfahrensteilhabe sowie auf § 261 zu achten, weshalb bei der Urteilsfindung gegen

ihn kein Verfahrensstoff aus der noch ohne seine Mitwirkung durchgeführten Hauptverhandlung verwertet werden darf (BGH NJW 2000, 1274, 1276; s.a. Rdn. 34 sowie andererseits zur Umgehung von § 231c unten Rdn. 23).

3. Verbindung im Rechtsmittelverfahren. Ein **Berufungsverfahren** soll mit einem bei demselben LG rechtshängigen erstinstanzlichen Verfahren analog § 4 Abs. 1 verbunden werden können, weshalb dann aufgrund der Verfahrensverschmelzung insgesamt erstinstanzlich zu verhandeln ist (BGH NStZ 1998, 628; BGHSt 38, 300, 301; St 36, 348 ff.; s. aber Rdn. 14 f.; a.A. LR/*Erb* § 4 Rn. 19 ff.; Meyer-Goßner/*Schmitt* § 4 Rn. 8d; *ders.* NStZ 2004, 353, 357 f.; MüKo-StPO/*Ellbogen* § 4 Rn. 6; Radtke/Hohmann/*Ullenbruch* § 4 Rn. 12; SK-StPO/*Weßlau/Weißer* § 4 Rn. 7; auch *Sowada* Der gesetzliche Richter im Strafverfahren, 2002, S. 717 ff.; s.a. Rdn. 3). Ist zudem die örtliche Zuständigkeit betroffen, würde konsequent § 4 Abs. 2 Satz 2 greifen (s. Rdn. 20). Die instanzübergreifende Verbindung setzt voraus, dass die zum *LG* angeklagte Sache für sich genommen dessen Zuständigkeit begründet, denn § 4 gibt einem Gericht nicht die Befugnis, in seinem Gerichtsbezirk anhängige Verfahren beliebig an sich zu ziehen, sondern gestattet dem höheren Gericht nur, zu einem bei ihm bereits rechtshängigen Verfahren weitere Verfahren hinzuzuverbinden (BGHSt 38, 172, 174 f.; BGHSt 37, 15, 18 ff. sowie BGH NStZ 1998, 628, 629). Ebenso ist eine Anklage direkt zum *LG* zum Zwecke der Verbindung mit einem Berufungsverfahren unstatthaft, wenn für diese weitere Sache eine erstinstanzliche Zuständigkeit des *LG* nicht gegeben ist (BGHSt 38, 172, 174 f., s. aber Rdn. 13 für den Weg über § 328 Abs. 2). 11

Durch die Verschmelzung wird eine **Berufungsrücknahme** ausgeschlossen (BGHSt 38, 300, 301; BGHSt 34, 204, 207 f.), woran eine spätere Trennung ebenso wenig etwas ändert (BGHSt 38, 300, 301) wie an der Revisionszuständigkeit des *BGH*. Das Verbot der *reformatio in peius* aus § 331 Abs. 1 ggü. dem amtsgerichtlichen Urteil ist aber zu beachten (BGH NStZ 1998, 628; BGHSt 38, 300, 301 f.). Nur bei **§ 237** folgen beide Verfahren weiter ihren eigenen Gesetzen (BGHSt 26, 271, 274 f.; KK-StPO/*Gmel* § 237 Rn. 9), jedoch ist diese Art der Verbindung aufgrund unterschiedlicher Spruchkörper weithin ausgeschlossen (a.A. BGHSt 26, 271, 274 f.; offen BGH 38, 376, 379) und kommt nur für die gem. § 33b Abs. 1 JGG vor der großen Jugendkammer zu verhandelnden Berufungsverfahren zu Urteilen des Jugend*schöffen*gerichts (s. § 1 Rdn. 33) in Betracht (KK-StPO/*Gmel* § 237 Rn. 2 u. 9; Meyer-Goßner/*Schmitt* § 237 Rn. 3 u. 4 a.E.). 12

Nicht möglich ist die Verbindung eines in erster Instanz bei dem *AG* rechtshängigen Verfahrens mit einer Berufungssache (BGH NStZ 1990, 548; OLG Karlsruhe NJW 1954, 1698; LR/*Erb* § 4 Rn. 16), jedoch **zwei Berufungsverfahren** am selben *LG k*önnen verbunden werden (vgl. im Einzelnen LR/*Erb* § 4 Rn. 11 ff.; *Meyer-Goßner* NStZ 2004, 353, 356 f.; tendenziell BGHSt 25, 51, 53 f.; krit. HK-StPO/*Zöller* § 4 Rn. 8; and. BGHSt 19, 177 ff.; s. Rdn. 4). Daran ist auch zu denken, wenn die Verbindung zur erstinstanzlichen Verhandlung vor dem *LG* ausscheidet (s. Rdn. 11 a.E.) und deshalb zur Ermöglichung der Verbindung zunächst ein amtsgerichtliches Urteil ergehen muss, gegen das die Berufung zu erwarten steht (dazu BGHSt 37, 15, 18). Ein darauf gestütztes Abwarten in der ersten Berufungssache zur späteren Verbindung beider Berufungssachen kann sinnvoll sein, wenn eine wahldeutige Verurteilung in Betracht kommt (BGHSt 38, 172, 174) und Gleiches nicht über § 265 zu erreichen sein sollte (vgl. *Rieß* NStZ 1992, 548, 550; s.a. § 12 Rdn. 2 ff.). Ferner kann die Verbindung der Berufungssachen über § 328 Abs. 2 den Weg zur erstinstanzlichen Verhandlung vor der großen Strafkammer eröffnen (s. § 1 Rdn. 22 sowie zur Durchbrechung der Teilrechtskraft § 6 Rdn. 3 ff.). Andererseits wird wegen drohender Verfahrensverzögerung ein Zuwarten in der Erledigung des ersten Berufungsverfahrens regelmäßig problematisch sein. Bei verschiedener **örtlicher Zuständigkeit** für die Berufungssachen soll eine Verbindung ausgeschlossen sein (LR/*Erb* § 4 Rn. 15; s.a. § 13 Rdn. 3). Die horizontale Teilrechtskraft ist insoweit kein Hindernis (s. aber Rdn. 14 f.). Ist aber in einem der Verfahren ein Berufungsurteil ergangen, scheidet die Verbindung aus, es sei denn, die Sache ist zwischenzeitlich zur erneuten Verhandlung zurückverwiesen worden. 13

4. Verbindung nach (Teil-) Rechtskraft. Ist ein mit der Berufung angefochtenes Urteil in horizontale **Teilrechtskraft** erwachsen, soll diese Sache nicht zur insgesamt erstinstanzlichen Verhandlung vor dem LG verbunden werden können (BGHSt 38, 300, 301; BGHSt 37, 15, 17; St 36, 348, 350 f.; BGH NStZ-RR 1997, 171 s. aber § 12 Rdn. 3), was unzutreffend ist (s. Rdn. 15). Der Verbindung zweier Berufungsverfahren steht die horizontale Teilrechtskraft indessen auch nach diesem Standpunkt nicht entgegen (s. Rdn. 13 a.E.). 14

Dass die Verbindung einer erstinstanzlichen Sache der großen Strafkammer mit einer vom *BGH* zur Verhandlung und Entscheidung über den Strafausspruch zurückverwiesenen Sache möglich ist (vgl. KK-StPO/*Scheuten* § 4 Rn. 2 a.E.), passt zu dieser angenommenen Sperrwirkung schlecht. Wenn es dort der Verbindung nicht im Wege steht, dass wegen einer der Taten nur noch über die Strafzumessung verhandelt werden darf, so kann nichts anderes gelten, wenn eine Berufungsbeschränkung zur horizontalen Teilrechtskraft der hinzuzuverbindenden Sache geführt hat. In beiden Fällen steht die große Strafkammer in der Hauptverhandlung vor 15 demselben sachlichen Problem, das es technisch durchaus in derselben Weise zu lösen vermag. Der tatsächliche Grund der Differenzierung mag deshalb möglicherweise eher darin liegen, dass der Berufungsrechtszug aus Sicht der Verfechter der Sperrwirkung nicht dieselbe Qualität der Sachverhaltsaufklärung verbürgt, wie es von der großen Strafkammer zu erwarten ist. Dieses Argument erscheint aber jedenfalls dann nicht tragfähig, wenn – wie hier – für die einzelnen Verfahren die sachliche Zuständigkeit gewahrt worden ist (zum anderen Fall s. § 6 Rdn. 3).

16 **III. Die Entscheidung.** Die Gründe für und gegen eine Verbindung entsprechen § 2 (vgl. § 2 Rdn. 9 ff.). Dabei hat das Gericht die im Rechtsstaatsprinzip angelegten gegenläufigen Interessen zu einem tragfähigen Ausgleich zu bringen (BVerfG StV 2002, 578, 580; LR/*Erb* § 4 Rn. 24). Ein **Anspruch auf Verbindung** mehrerer Verfahren soll nicht bestehen (RGSt 54, 107; KK-StPO/*Scheuten* § 2 Rn. 2). Das Antragsrecht wäre aber überflüssig, wenn kein Anspruch auf ermessensfehlerfreie Bescheidung bestünde. Wo dieser Anspruch existiert, kann in besonderen Fällen der **Entscheidungsspielraum auf Null reduziert** sein (s. § 2 Rdn. 15). So mag es liegen, wenn es sich um zwei Sachen eines Angeklagten handelt und nach Terminsstand des Gerichts nur die Verbindung zum zeitnahen Abschluss führt, wobei ggf. auch die zumeist eher langwierige nachträgliche Bildung einer Gesamtstrafe zu berücksichtigen ist.

17 Die Verfahrensverschmelzung ist ein rechtsgestaltender Akt. Insofern sind zwei Gesamtstrafen in einem Urteil unzulässig (OLG Hamm Beschl. v. 16.01.2014 – 1 RVs 94/13, juris). Nötig ist ein **förmlicher Beschluss**, der das führende Verfahren bezeichnet. Eine stillschweigende Verbindung oder Trennung ist nicht möglich (LR/*Erb* § 4 Rn. 32). Es ist gem. **§ 33** rechtliches Gehör zu gewähren (KK-StPO/*Scheuten* § 4 Rn. 8; LR/*Erb* § 4 Rn. 24). Eine Begründung ist grds. gem. **§ 34** geboten, der über die eröffnete Beschwerde hinaus (s. Rdn. 25 f.) auch für die nur mittelbar mit der Revision anfechtbaren Entscheidungen gilt (Meyer-Goßner/*Schmitt* § 34 Rn. 2; KK-StPO/*Maul* § 34 Rn. 2). Für eine (mittelbar anfechtbare) Ermessensentscheidung ist eine Begründung jedenfalls dann geboten, wenn Sachgründe des Beschwerdeführers gegen die Entscheidung sprechen, da anderenfalls die Grenzen richterlichen Ermessens nicht überprüft werden können (vgl. BVerfG StV 2002, 578, 580 f.; LR/*Erb* § 4 Rn. 26). Das Fehlen der Begründung kann auf eine Verkennung der Maßstäbe des fairen Verfahrens hindeuten (BVerfG StV 2002, 578, 580 f.). Die Begründung der prozessualen Zweckmäßigkeit liegt daher nicht grds. bereits in der anordnenden Beschlussformel selbst (SK-StPO/*Weßlau/Weißer* § 4 Rn. 12; a.A. Meyer-Goßner/*Schmitt* § 4 Rn. 15; offen BGH NStZ 2000, 211).

18 **IV. Die Verbindung gem. Abs. 2 Satz 2.** In Fällen des Abs. 2 Satz 2 entscheidet das gemeinsame obere Gericht. Damit ist das in der Gerichtshierarchie höhere Gericht gemeint (KMR/*v. Heintschell-Heinegg* § 4 Rn. 12). Zwischen mehreren Amtsgerichten ist das LG und zwischen mehreren Landgerichten das OLG das gemeinsame obere Gericht (MüKo-StPO/*Ellbogen* § 4 Rn. 16; KMR/*v. Heintschell-Heinegg* § 4 Rn. 12). Sind unter verschiedenen Oberlandesgerichten einem von diesen bestimmte Arten von Entscheidungen bezirksübergreifend zugewiesen, dann ist dieses *OLG* insoweit das gemeinschaftliche obere Gericht für die streitenden Gerichte der betreffenden Bezirke. Der angerufene *BGH* gibt in diesem Fall die Entscheidung an das zuständige *OLG* ab (BGH NStZ-RR 1997, 187 f.).

19 Der *BGH* kann die Verbindung mehrerer Verfahren auch dann vornehmen, wenn nur in Ansehung eines dieser Verfahren seine Zuständigkeit nach § 4 Abs. 2 Satz 2 begründet ist, da es auch in Ansehung anderweitiger Verbindungen jedenfalls bzgl. dieses Verfahrens einer Entscheidung nach § 4 Abs. 2 S. 2 bedarf (BGH StraFo 2015, 144 f.; BGH NStZ-RR 2014, 112; BGH NStZ 2001, 656 [LS]). Ist das zum Zwecke der Verbindung abgegebene Verfahren noch nicht eröffnet worden, soll dennoch nach § 4 Abs. 2 Satz 2 verbunden werden können, wenn die bis dahin noch dispositionsbefugte StA dies beantragt oder zugestimmt hat (BGH NJW 1990, 2760; s.a. Rdn. 6). Doch das ist problematisch, weil die Verbindungsentscheidung hier zugleich die Eröffnung des weiteren Verfahrens bewirkt (s. Rdn. 6 f.), jedoch ohne dass dem *BGH*, der nicht Tatgericht ist, eine aus § 209 herleitbare Befugnis zur Entscheidung über den hinreichenden Tatverdacht zustünde. Zudem geht der für § 203 notwendige Prüfungsaufwand erheblich über das hinaus, was zur Entscheidung der Zuständigkeitsfrage notwendig ist. Daher erscheint es vorzugswürdig, die **vorherige Eröffnung aller Sachen** als Voraussetzung der Anrufung des gemeinschaftlichen oberen Gerichts anzusehen, wodurch es der Zustimmung der StA nicht mehr bedürfte.

20 Betrifft ein Verbindungsbeschluss die **sachliche und örtliche Zuständigkeit**, erfolgt die Verbindung nicht gem. § 13 Abs. 2 Satz 1 durch Vereinbarung der beteiligten Gerichte, sondern bedarf nach § 4 Abs. 2 Satz 2 (sogleich) der Entscheidung des gemeinschaftlichen oberen Gerichts (BGH StV 2019, 221; BGH StraFo 2015, 144 f.; BGH wistra 2013, 321 f.; BGH NStZ-RR 2006, 85 f. [LS]; BGH NStZ 2000, 435, 436; BGH NStZ-RR 1997, 170), was auch im Verhältnis zwischen dem Strafrichter und dem Schöffengericht verschiedener Gerichte der Fall ist (OLG Hamm Beschl. v. 25.02.2014 – 2 RVs 6/14, juris; OLG Oldenburg NStZ-RR 2011, 376 f.; s.a. § 1 Rdn. 3, 8 f.). Auch auf übereinstimmende Anträge kommt es anders

als bei § 13 Abs. 2 Satz 2 für § 4 Abs. 2 Satz 2 nicht an. Wird dennoch nach § 13 Abs. 2 verfahren, ist die Verbindung **unwirksam** (BGH NStZ 2015, 655; BGH NStZ-RR 2013, 378; BGH NStZ 2000, 435, 436; OLG Oldenburg StraFo 2011, 392; s. aber Rdn. 31). Allerdings soll eine wirksame Verbindung nachholbar sein, soweit die verbundenen Komplexe nicht eingestellt worden und somit vollständig Gegenstand des Urteils sind (BGH wistra 2013, 321 f.; BGH NStZ-RR 1997, 170; MüKo-StPO/*Ellbogen* § 4 Rn. 17). Um Verstöße gegen § 4 Abs. 2 nicht weitgehend sanktionslos zu lassen und dessen Anwendungsbereich damit unangemessen einzuschränken, muss das Revisionsverfahren bei dem für § 4 Abs. 2 S. 2 zuständigen Gericht anhängig sein und durch diese Verfahrensweise unter Ausschluss jeglicher Beschwer für den Angeklagten endgültig erledigt werden (BGH NStZ-RR 2019, 23 f.).

B. Verfahrenstrennung. Das Gericht ist gem. § 4 Abs. 1 ergänzend zu § 2 Abs. 2 auch nach Rechtshängigkeit befugt (vgl. § 2 Rdn. 14), ein einheitliches Verfahren nach Personen oder prozessualen Taten aufzuspalten; das Verfahren über die Einziehung kann gem. § 422 abgetrennt werden (s. dort). Die Gründe für und gegen eine Verfahrenstrennung entsprechen denen von § 2 Abs. 2, wobei in besonders gelagerten Einzelfällen das Ermessen auf Null reduziert sein kann (s. Rdn. 16 u. § 2 Rdn. 15). Die Trennung erfolgt durch förmlichen Beschluss und ist ein verfahrensgestaltender Akt, wobei §§ 33, 34 zu beachten sind (s. Rdn. 17). **Zuständig** für die Trennung ist auch im Fall der vorherigen Verbindung nach § 4 Abs. 2 Satz 2 das mit der Sache befasste Gericht. Da die Trennung an der hergestellten gerichtlichen Zuständigkeit nichts mehr ändert (s. auch Rdn. 24), besteht kein Anlass, das übergeordnete Gericht mit der Frage zu befassen (LR/*Erb* § 4 Rn. 43; Radtke/Hohmann/*Ullenbruch* § 4 Rn. 15; a.A. KK-StPO/*Scheuten* § 4 Rn. 10; KMR/*v. Heintschel-Heinegg* § 4 Rn. 12; Meyer-Goßner/*Schmitt* § 4 Rn. 15; s. Rdn. 24). Bei (noch) nicht bindender Abgabe gem. §§ 209 Abs. 2, 225a, hat das um Übernahme angegangene Gericht keine Trennungsbefugnis, da die Sache bis zur wirksamen Übernahme bei dem um diese ersuchenden Gericht rechtshängig bleibt (OLG Stuttgart NStZ 1995, 248, 249). 21

Verhandlung und Entscheidung über die **Trennung in der Hauptverhandlung** verlangen die Beachtung der Anwesenheitserfordernisse, etwa des Verteidigers des Betroffenen (BGH StraFo 2010, 339 f.). An dem Verfahrensverstoß gem. § 338 Nr. 5 ändert sich nichts dadurch, dass die Trennung auch außerhalb der Hauptverhandlung möglich gewesen wäre (BGH StraFo 2010, 339 f.). Jedoch muss dazu gem. § 344 Abs. 2 S. 2 exakt vorgetragen werden (BGH NStZ-RR 2013, 352 ff.). 22

Problematisch ist eine **vorübergehende Verfahrenstrennung** während der Hauptverhandlung gegen mehrere Angeklagte. Nach h.M. soll die bis dahin anerkannte Option zur vorübergehenden Trennung durch die Einfügung des § 231c unberührt geblieben sein, solange eine getrennte Verhandlung im Interesse einer zügigen Förderung des Verfahrens angezeigt sei und nicht der Umgehung des Antragserfordernisses aus § 231c diene (BGHSt 32, 270, 272 ff.; diff. LR/*Becker* § 231c Rn. 3; krit. *Schlothauer* FS L. Koch, S. 241, 250 ff.). Diese Abtrennung sei in der Regel unzulässig, wenn die ohne den Angeklagten fortgesetzte Verhandlung einer Tat gilt, auf die sich auch der gegen ihn erhobene Anklagevorwurf sachlich bezieht, weil darin eine Umgehung der §§ 230, 338 Nr. 5 liege (BGHSt 32, 270, 273; KK-StPO/*Scheuten* § 2 Rn. 16). Stehe hingegen für das Revisionsgericht zweifelsfrei fest, dass die in dem abgetrennten Verfahren durchgeführte Verhandlung das Verteidigungsinteresse des abgetrennten Angeklagten nicht berühre, liege kein Verstoß gegen § 338 Nr. 5 vor (BGHSt 32, 270, 273 f.). In Zweifelsfällen dürfe auf dienstliche Äußerungen zurückgegriffen werden, soweit diese – ohne inhaltliche Rekonstruktion der Verhandlung im Einzelnen – zur Klärung des Verhandlungsgegenstandes den äußeren Ablauf der Hauptverhandlung wiedergäben (BGHSt 32, 270, 273 f.). Je nach inhaltlichem Geschehen sei es möglich, dass der Verstoß gegen § 338 Nr. 5 nur den Strafausspruch betreffe (BGHSt 32, 270, 274 f.). Doch diese Relativierungen des schädlichen sachlichen Bezuges zwischen den Anklagegegenständen sowie die erheblichen Unschärfen der angewendeten Kriterien sprechen gegen die Statthaftigkeit einer vorübergehenden Trennung und lassen diese per se als Umgehung von § 231c erscheinen. Hinzu kommt, dass der Angeklagte bei § 231c StPO gerade nicht gegen seinen Willen der Verhandlung fern bleibt. 23

Die **Folgen der Trennung** unterscheiden sich von denjenigen des § 2 Abs. 2 (s. § 2 Rdn. 17). Eine Zuständigkeit, die durch die gerichtliche Verbindung zusammenhängender Sachen geschaffen worden ist, bleibt auch dann bestehen, wenn der Grund der Verbindung nach Eröffnung des Hauptverfahrens wegfällt (BGH NStZ 2004, 100), das gilt wegen § 269 für das Gericht höherer Ordnung (BGHSt 47, 116, 117 ff.; a.A. SK-StPO/*Weßlau/Weißer* § 4 Rn. 10) und ebenso für Gerichte gleicher Ordnung und deren Spruchkörper (LR/*Erb* § 4 Rn. 35; a.A. wohl KK-StPO/*Scheuten* § 4 Rn. 12). Auch der Gerichtsstand des Zusammenhangs bleibt bestehen (BGH NStZ 2004, 100; BGH NJW 1988, 150). 24

C. Rechtsmittel. I. Beschwerde. Gegen den Beschluss ist gem. § 304 Abs. 1 die Beschwerde statthaft, soweit nicht insb. § 305 Satz 1 entgegensteht. Für Entscheidungen, die koinzident mit der Eröffnung oder später erfolgen, kommt es insoweit auf die Art der Entscheidung und die Stellung des Beschwerdeführers 25 an. **Verbindungen** sollen gar nicht mit der Beschwerde angreifbar sein (KG NStZ-RR 2013, 218; LG Arnsberg Beschl. v. 28.07.2014 – 6 Qs 63/14, juris; Meyer-Goßner/*Schmitt* § 305 Rn. 4; LR/*Erb* § 4 Rn. 44), obwohl damit typischerweise Verzögerungen eintreten können und mit diesem Argument § 305 Satz 1 ebenso gelockert sein müsste wie im Fall der Trennung (s. Rdn. 26; vgl. zudem *Rosenmeier* Die Verbindung von Strafsachen im Erwachsenenstrafrecht, 1973, S. 91 f.).

26 Grds. soll (allenfalls) der von der **Trennung** betroffene Angeklagte ein Beschwerderecht haben, da bei bloßer Verzögerung des abgetrennten Verfahrens § 305 Satz 1 nicht greift (KK-StPO/*Scheuten* § 2 Rn. 15 sowie OLG Celle Beschl. v. 15.05.2013 – 1 Ws 158/13), was aber bei Ablehnung einer beantragten Trennung nicht gelte (KK-StPO/*Scheuten* § 2 Rn. 15), ebenso für die StA (BGH NStZ-RR 2013, 352 ff.; OLG Düsseldorf NStZ-RR 1996, 142; OLG Frankfurt StV 1983, 92 f). Für den Einziehungsbeteiligten ist bei § 422 die Beschwerde statthaft (OLG Bamberg Beschl. v. 01.10.2018 – 1 Ws 479/18, juris). Wirke die Abtrennung eines anderen ggü. dem verbleibenden Angeklagten nicht verfahrenshemmend, greife für diesen § 305 Satz 1 und es fehle eine Beschwer, außer bei Willkür oder Verfolgung verfahrensfremder Ziele seitens des Gerichts (OLG Brandenburg Beschl. v. 02.07.2008 – 1 Ws 107/08 [Rn. 15], juris; OLG Braunschweig Beschl. v. 20.04.2016 – 1 Ws 94/16, juris). Anders liegt es bei Entscheidungen vor der Eröffnung des Hauptverfahrens (s. § 2 Rdn. 20 f.).

27 Bei zulässiger Beschwerde prüft das Beschwerdegericht den Beschluss in vollem Umfang und trifft eine eigene Ermessensentscheidung (BGH NStZ-RR 2013, 352 ff.; OLG Düsseldorf NStZ-RR 1996, 142; OLG Düsseldorf NStZ 1991, 145, 146; OLG Frankfurt StV 1991, 504; Meyer-Goßner/*Schmitt* § 2 Rn. 13; a.A. KG NStZ-RR 2013, 218). Damit hat die Beschwerde ggü. der Revision eine ungleich größere Prüfungstiefe (s. Rdn. 33).

28 **II. Revision. 1. Unwirksame Entscheidungen.** Die Revision hängt wesentlich von der Art des Fehlers ab. In Zuständigkeitsfragen bedingen die (objektive) Willkür (BGHSt 38, 376, 380; auch § 1 Rdn. 15) und folgende Fehler die **Unwirksamkeit** der Entscheidung: Verbindung ohne gesetzliche Grundlage (Rdn. 6 f.); Anwendung von § 13 Abs. 2 statt § 4 Abs. 2 Satz 2 (s. Rdn. 20); Entscheidung des unzuständigen höheren Gerichts nach § 4 Abs. 2 Satz 1 anstelle von § 4 Abs. 2 Satz 2; Entscheidung gem. § 13 Abs. 2 Satz 1 oder Satz 2 ohne den erforderlichen Antrag (vgl. entspr. BGHSt 36, 313, 314).

29 Damit bleiben die betroffenen Verfahren im *status quo ante* und die Revision stützt sich auf die Unzuständigkeit des Tatgerichts. Hat ein nicht zuständiger Spruchkörper geurteilt, kommt es für die formellen und materiellen Anforderungen der Revision auf den jeweiligen Zuständigkeitsfehler an (vgl. §§ 6, 6a, 16). Ist der Spruchkörper identisch, ist eine unterschiedliche Besetzung mit Berufsrichtern oder Schöffen grds. nach Maßgabe der §§ 222b, 338 Nr. 1, 344 Abs. 2 Satz 2 zu rügen. Ist auch die Besetzung identisch oder der Beschwerdeführer von der unwirksamen Entscheidung nicht betroffen, bleibt die Zuständigkeit gewahrt (s. aber Rdn. 34).

30 Bei unwirksamer Verbindung mit Sachen anderer Gerichte, bleibt ein hinzu verbundenes Verfahren bei dem ursprünglichen Gericht rechtshängig. Dorthin verweist das Revisionsgericht unter Urteilsaufhebung gem. § 355 (BGH NStZ-RR 2006, 85 f. [LS]; BGH NStZ 2000, 435, 436; BGH NStZ 1996, 47; s.a. § 1 Rdn. 23). Ist ein Berufungsverfahren mit einem erstinstanzlichen Verfahren des LG entweder unwirksam nach § 4 oder nur gem. § 237 verbunden worden, spricht der BGH gem. § 348 Abs. 1 seine Unzuständigkeit aus (BGHSt 37, 15, 21; s.a. § 1 Rn. 23).

31 Einer **Heilung** durch das Revisionsgericht mittels nachträglicher Verbindung gem. § 4 können die mangelnde Zuständigkeit nach § 4 Abs. 1 sowie eine unterbliebene erstinstanzliche Verhandlung vor dem LG entgegenstehen. Andererseits soll die Entscheidung nach § 4 Abs. 2 Satz 2 vom Revisionsgericht unter engen Voraussetzungen nachgeholt werden können, wenn es Spruchkörper des gemeinschaftlichen oberen Gerichts ist (s. Rdn. 20).

32 **2. Fehlerhaftigkeit der (wirksamen) Entscheidung.** Das Fehlen der materiellen und formellen Voraussetzungen einer Verbindung ist rügefähig. Dabei kommt es für die Überprüfung des § 3 auf die tatsächlichen Annahmen an, die den Anschuldigungen bei Erhebung der Anklage und bei Eröffnung des Hauptverfahrens zu Grunde lagen, und nicht auf die Feststellungen, die als Ergebnis des durchgeführten Hauptverfahrens getroffen worden sind; maßgeblicher Zeitpunkt ist damit grds. die Eröffnung des Hauptverfahrens (BGH NJW 2003, 446, 452). **Formelle Fehler** sind grds. beachtlich, können aber bereits zur Unwirksamkeit führen (s. Rdn. 28).

33 Die Ermessensausübung kann mit der Revision nur bei **Ermessensmissbrauchs** angegriffen werden (BGH bei *Becker* NStZ-RR 2002, 65; BGHSt 18, 238, 239; LR/*Erb* § 2 Rn. 28) – soweit nicht bereits (objektive) Willkür vorliegt (s. Rdn. 28). Insoweit kommt etwa in Betracht: bezweckte Umgehung des Grundsatzes, dass ein Angeklagter nicht als Zeuge über seine eigene Straftat gehört werden darf (KK-StPO/*Scheuten* § 2

Rn. 16); Entziehung des Verteidigers der Wahl wegen der mit einer Verbindung geschaffenen Mehrfachverteidigung. Auch eine Ermessensreduzierung auf Null ist zu berücksichtigen (vgl. Rdn. 16, 21 § 2 Rdn. 9, 15). Jedoch soll auf den Kenntnisstand des Tatgerichts abzustellen sein, wozu überdies gem. § 344 Abs. 2 S. 2 vorzutragen sei (BGH NStZ-RR 2013, 352 ff.; zw.).

3. Anknüpfende Verfahrensfehler. Im Zuge einer Verbindung oder Trennung kommen mehrere eigenständige Verfahrensfehler in Betracht, u.a. Abwesenheit eines Beteiligten, die fehlende Zustimmung zur Nachtragsanklage, die Inbegriffsrüge und die Aufklärungsrüge (s. jeweils Rdn. 8 ff., 23). 34

4. Beruhen. Sind in Bezug auf den Beschwerdeführer Zuständigkeit und Besetzung betroffen, handelt es sich unabhängig von der Wirksamkeit der Verbindung oder Trennung im Grunde um eine Entziehung des gesetzlichen Richters, auf welcher das Urteil stets beruht. I.Ü. kann das Urteil auf einer fehlerhaften Verfahrenstrennung etwa beruhen, wenn die Kammer den Angaben eines früheren Mitangeklagten wegen seiner formellen Stellung als Zeuge einen höheren Beweiswert beigemessen hat (vgl. BGH NStZ 2000, 211; s. aber sachlich gegen unterschiedlichen Beweiswert BGHSt 18, 238, 239 f.; LR/*Erb* § 2 Rn. 13). Das Beruhen auf anknüpfenden Verfahrensfehlern (Rdn. 34) beurteilt sich jeweils nach den für diese geltenden Regeln. 35

§ 5 Maßgebendes Verfahren

Für die Dauer der Verbindung ist der Straffall, der zur Zuständigkeit des Gerichts höherer Ordnung gehört, für das Verfahren maßgebend.

Die nach §§ 2, 4 bewirkte Verfahrensverschmelzung (s. § 4 Rdn. 1) hebt die Selbstständigkeit des hinzu verbundenen Verfahrens in prozessualer Hinsicht auf; bei gleicher sachlicher Zuständigkeit gilt § 5 für das im Verbindungsbeschluss zu bezeichnende führende Verfahren. I.Ü. sind die Regelungen maßgeblich, die für die zur Zuständigkeit des höheren Gerichts gehörende Strafsache gelten (BGH BeckRS 2021, 541 Rn. 25). Die Rücknahme von Einspruch (LR/*Erb* § 5 Rn. 4; auch § 12 Rdn. 3) oder Berufung wird unmöglich (s. § 4 Rdn. 12) und das Rechtsmittel bemisst sich nach dem erkennenden Gericht. Andererseits gelten prozessuale Besonderheiten des einzelnen Straffalles nun übergreifend, so der Ausschluss eines Richters (BGHSt 14, 219, 222 f.) oder § 52 (Meyer-Goßner/*Schmitt* § 5 Rn. 1 i.V.m. § 52 Rn. 11). 1

Bei Trennung lebt die Selbstständigkeit wieder auf, doch bleibt die durch Verbindung geschaffene Zuständigkeit erhalten, soweit das Gericht nicht nach § 2 Abs. 2 entschieden hat (s. § 4 Rdn. 24) oder § 103 Abs. 3 JGG gilt (s.a. § 1 Rdn. 40). Das Revisionsgericht kann bei Erledigung des das führende Verfahren betreffenden Teils gem. § 354 Abs. 3 i.Ü. an ein Gericht niederer Ordnung zurückverweisen (LR/*Erb* § 5 Rn. 6). 2

§ 6 Prüfung der sachlichen Zuständigkeit

Das Gericht hat seine sachliche Zuständigkeit in jeder Lage des Verfahrens von Amts wegen zu prüfen.

Übersicht

A. Tatgerichte. Die sachliche Zuständigkeit ist Verfahrensvoraussetzung und deshalb vom Tatgericht gem. § 6 von Amts wegen zu berücksichtigen (s. § 1 Rdn. 6 ff.); im Revisionsverfahren, wenn die Revision zulässig erhoben worden ist (KG BeckRS 2020, 33610 Rn. 4), ganz gleich mit welcher Rüge. Bei Unzuständigkeit greifen grds. **Verweisungsregeln** (s. § 1 Rdn. 15). Im Verhältnis von Jugend- und Erwachsenengerichten (s. § 1 Rdn. 33 ff.) gilt für das Tatgericht § 6 (BGHSt 30, 260; BGH NJW 2002, 2483), wie sich schon aus §§ 225a Abs. 1 Satz 1 Hs. 2 i.V.m. Abs. 4, 270 Abs. 1 Satz 1 Hs. 2 i.V.m. Satz 2 ergibt (s. aber Rdn. 6 u. § 6a Rdn. 2). Anderes gilt für die Jugend*schutz*kammer (s. § 1 Rdn. 34, § 6a Rdn. 2). 1

Zu beachten ist **§ 269** als Spezialnorm, weshalb die fehlerhafte Annahme eines Gerichtes höherer Ordnung, es sei anstelle des tatsächlich zuständigen Gerichts niederer Ordnung zur Entscheidung berufen, den Angeklagten grds. nicht benachteiligt und regelmäßig nicht zur Urteilsaufhebung führt (BGHSt 43, 53, 55). Es bestehen jedoch Ausnahmen. § 269 gilt nur im Hauptverfahren, denn im **Zwischenverfahren** sieht § 209 Abs. 1 die Eröffnung vor dem Gericht niederer Ordnung zwingend vor. Ebenso tritt § 269 i.R.d. Abgrenzung zwischen **Landes- und Bundesjustiz** zurück (BGHSt 46, 238, 245; dazu *Welp* NStZ 2002, 1 ff.; s.a. Rdn. 4 u. § 1 Rdn. 11 ff.). Anerkannt ist zudem eine Ausnahme für den Fall objektiver **Willkür**, worauf das Urteil aufgehoben und das Verfahren gem. §§ 355, 328 Abs. 2 an das zuständige Gericht niedrigerer Ordnung verwiesen wird (BGH NStZ-RR 2016, 220/221; BGHSt 47, 16, 18; BGHSt 42, 205, 210 f.; BGHSt 40, 2

120, 122 ff.; OLG Hamm NStZ-RR 1996, 308; OLG Köln StV 1996, 298); str. ist die Notwendigkeit einer Verfahrensrüge (s. Rdn. 4 f.).

3 **B. Rechtsmittelgerichte.** Für die Rechtsmittelgerichte ist zu unterscheiden. Sind diese für den Angriff gegen die betreffende Entscheidung des Gerichts sachlich unzuständig (s.a. § 16 Rdn. 1), gilt insofern § 6 und es wird verwiesen (s. § 1 Rdn. 23). Fehlte der Vorinstanz die sachliche Zuständigkeit, wird das Urteil gem. §§ 328 Abs. 2, 355 aufgehoben und die Sache verwiesen (s. § 1 Rdn. 22 f.). Mangelnde sachliche Zuständigkeit soll als Verfahrensvoraussetzung die mit Berufungsbeschränkung eingetretene Teilrechtskraft des amtsgerichtlichen Urteils bei Verweisung nach § 328 Abs. 2 durchbrechen (BGH NStZ-RR 2010, 284, 285 f.; BGH NJW 1995, 2500, 2501; KK-StPO/*Paul* § 328 Rn. 14; diff. Meyer-Goßner/*Schmitt* § 328 Rn. 5a; s.a. § 12 Rdn. 3), doch gilt jedenfalls das Verbot der *reformatio in peius* (BGH NStZ-RR 2010, 284, 285 f.; krit. *Meyer-Goßner* FS Volk, S. 455 ff.). Eine vertikale Teilrechtskraft wirkt fort (KK-StPO/*Paul* § 328 Rn. 14; zur Verbindung s. § 4 Rdn. 14 f.).

4 Umstritten ist die Notwendigkeit einer Verfahrensrüge, der es nach zutr. Ansicht in keinem der Fälle des § 6 bedarf. Für § 269 ist bzgl. objektiver **Willkür** (s. Rdn. 2) in der Rspr. des *BGH* ungeklärt, ob ein solcher Verstoß als Verfahrenshindernis von Amts wegen (BGHSt 40, 120, 123; BGHSt 38, 172, 176; OLG Hamm NStZ-RR 1996, 308 f.; *Bernsmann* JZ 1998, 629 ff.; tendenziell KK-StPO/*Scheuten* § 6 Rn. 7; offen BGH NStZ-RR 2016, 220/221) oder nur auf die Verfahrensrüge hin zu beachten ist (BGHSt 43, 53, 56 ff.; *Engelhardt* JZ 1995, 262 f.; LR/*Erb* § 6 Rn. 17; *H. Wolff* JR 2006, 232, 236); was durch den *Großen Senat* hätte geklärt werden müssen (*Renzikowski* JR 1999, 166, 169). Doch wenn § 269 bei Willkür gerade nicht gilt, kann es nur bei § 6 und der Prüfung von Amts wegen bleiben (BGHSt 40, 120, 123 f.; *Helm* JA 2006, 389, 394; KMR/*v. Heintschel-Heinegg* § 6 Rn. 20; s.a. Rdn. 5 a.E.). Die Abgrenzung zwischen **Bundes- und Landesjustiz** (s. Rn. 2) soll schon aus verfassungsrechtlichen Gründen nicht mit der Verfahrensrüge in die Disposition des Angeklagten gestellt sein (BGHSt 46, 238, 245; KMR/*v. Heintschel-Heinegg* § 6 Rn. 28). Problematisch ist, auf welcher Tatsachengrundlage die Prüfung des Revisionsgerichts erfolgt, wobei der *BGH* auf die »objektive Rechtslage« abstellt (BGH NStZ-RR 2012, 76 f.; krit. *Sturm/Lickleder* ZIS 2012, 591 ff.).

5 Ferner ist problematisch, ob das Revisionsgericht nur auf die Verfahrensrüge prüft, ob das Berufungsgericht **§ 328 Abs. 2** verletzt hat. Nach einer Ansicht handle es sich insoweit nicht um die Prüfung einer Prozessvoraussetzung, sondern es gehe um § 328 Abs. 2, dessen Verletzung wie bei jeder anderen Verfahrensnorm auch nur auf dem Weg der Verfahrensrüge überprüft werden könne, ohne dass es auf § 6 ankomme (BGHSt 42, 205, 211 f.). Dies gelte jedenfalls für die Unterscheidung zwischen Strafrichter und Schöffengericht, womit über die vom *AG* und dem Berufungsgericht verkannte erstinstanzliche Zuständigkeit eines *LG* aber nichts gesagt sei (BGH NStZ 2000, 387, 388; diff. auch *Hegmann* NStZ 2000, 574, 577; KMR/*v. Heintschel-Heinegg* § 6 Rn. 22). § 328 Abs. 2 jedoch weist lediglich den Weg zur Behebung des Prozesshindernisses. Wird dieser Weg nicht beschritten, bleibt es bei § 6 und die Verfahrensrüge kann nicht verlangt werden. Das Berufungsgericht prüft die amtsgerichtliche Zuständigkeit von Amts wegen und Gleiches ist vom Revisionsgericht zu erwarten (OLG Köln NStZ-RR 1996, 178 f.; Meyer-Goßner/*Schmitt* § 269 Rn. 8 a.E.; zur verkannten Zuständigkeit des *LG* s. OLG Brandenburg NStZ 2001, 611 m. zust. Anm. *Meyer-Goßner*). Wer für die Verfahrensrüge eintritt, wird dies bei § 6 in Bezug auf § 328 Abs. 2 und § 269 (s. Rdn. 4) nur einheitlich und unter grundlegender Relativierung der sachlichen Zuständigkeit als Prozessvoraussetzung und deren Berücksichtigung von Amts wegen tun können (vgl. *Gollwitzer* JR 1997, 432 ff.; *Sowada* JR 1995, 257 ff.), und gerade das fällt schwer (*Meyer-Goßner* NStZ 2003, 169 f.; a.A. *Volk* Prozeßvoraussetzungen im Strafrecht, 1978, S. 57 ff.).

6 Im Verhältnis von **Jugend- und Erwachsenengerichten** gleicher Ordnung gilt § 6 zwar für den Tatrichter (s. Rdn. 1), in der Revision soll aber die Verfahrensrüge notwendig sein (BGHSt 30, 260; BGHSt 18, 79, 81 ff.; KK-StPO/*Scheuten* § 1 Rn. 31; KMR/*v. Heintschel-Heinegg* § 6 Rn. 30; LR/*Erb* Vor § 1 Rn. 5; SK-StPO/*Weßlau/Weißer* § 6 Rn. 2), was abzulehnen ist (BayObLG NJW 1955, 959; OLG Hamm NJW 1958, 1704; OLG Oldenburg NJW 1957, 1329; *Hanack* JZ 1971, 89, 90). Jedenfalls besteht im Umkehrschluss aus § 6a keine Rügepräklusion (BGHSt 30, 260; BGH NJW 2002, 2483; s.a. § 6a Rn. 2). Ferner genügt für die materielle Frage der Anwendbarkeit von Jugendstrafrecht die Sachrüge (BGH NStZ-RR 1996, 250) und es kommt bei Gerichten verschiedener Ordnung (vgl. § 1 Rdn. 38 f. i.V.m. Rdn. 15) vorrangig auf die Problematik einer Rüge bzgl. §§ 269, 328 Abs. 2 an (s. Rdn. 4 f.).

§ 6a Zuständigkeit besonderer Strafkammern

[1]Die Zuständigkeit besonderer Strafkammern nach den Vorschriften des Gerichtsverfassungsgesetzes (§ 74 Abs. 2, §§ 74a, 74c des Gerichtsverfassungsgesetzes) prüft das Gericht bis zur Eröffnung des Hauptverfahrens von Amts wegen. [2]Danach darf es seine Unzuständigkeit nur auf Einwand des Angeklagten beachten.

[3]Der Angeklagte kann den Einwand nur bis zum Beginn seiner Vernehmung zur Sache in der Hauptverhandlung geltend machen.

Die Norm regelt die **funktionelle Zuständigkeit** besonderer Strafkammern untereinander sowie ggü. der allgemeinen Strafkammer (s. § 1 Rdn. 30 ff.) und ist dazu nach dem Vorbild des § 16 ausgestaltet. Wird der Einwand nicht rechtzeitig erhoben, soll die mit der Sache befasste Strafkammer von Rechts wegen funktionell zuständig werden und die Zuständigkeit der anderen Strafkammer ab diesem Zeitpunkt ausgeschlossen sein (BGH NStZ 2009, 404, 405; KK-StPO/*Scheuten* § 6a Rn. 3). Eine Verweisung nach § 270 Abs. 1 Satz 2 ist dann nicht mehr statthaft. 1

Die Zuständigkeit der **Jugendgerichte** ist nicht erfasst und gem. § 6 zu prüfen (s. § 6 Rdn. 1, 6). Das gilt auch, wenn es um den Vorrang der Jugendkammer (§ 33 Abs. 2 JGG) ggü. den Strafkammern des § 6a geht (s.a. § 1 Rdn. 39). Gegen eine (partielle) Anwendung des § 6a spricht, dass die Jugendkammer gem. §§ 209a Nr. 2a), 225a Abs. 1 Satz 1 Hs. 2, 270 Abs. 1 Satz 1 Hs. 2 ggü. den Strafkammern des § 6a grds. als Gericht höherer Ordnung gilt. Damit liegen die Regelungen der Jugendgerichtsbarkeit oberhalb der Ebene des § 6a. Aus § 103 Abs. 2 Satz 3 JGG folgt, dass § 6a nur insofern greift (LR/*Erb* § 6a Rn. 2) und im Umkehrschluss in allen übrigen Fällen nicht. Für die Jugend*schutz*kammer gelten §§ 225a Abs. 1 Satz 1 Hs. 2, 270 Satz 1 Hs. 2 nicht. 2

Soweit sich das Gericht als unzuständig erachtet, hat es nach §§ 209a Nr. 1, 225a Abs. 4, 270 Abs. 1 Satz 2 zu verfahren (vgl. § 1 Rdn. 15, 32); andererseits kann es durch Anwendung von §§ 154, 154a auf die Fragen des § 6a Einfluss nehmen (vgl. KK-StPO/*Scheuten* § 6a Rn. 10; LR/*Erb* § 6a Rn. 20). Nach Eröffnung des Hauptverfahrens erfolgt diese Prüfung nicht mehr von Amts wegen, sondern nur, wenn der Angeklagte rechtzeitig den **Einwand der Unzuständigkeit** geltend macht. Der Einwand ist keiner bestimmten Form unterworfen und bedarf an sich keiner Begründung, sollte jedoch grds. eine nicht ohnehin offenkundige Zielrichtung grob verdeutlichen, um dem Gericht bei seiner umfassenden Prüfung die besondere Berücksichtigung dieses Punktes zu erleichtern. 3

Berechtigt zum Einwand sind nur **der Angeklagte** sowie andere Betroffene, nicht jedoch die StA (KK-StPO/*Scheuten* § 6a Rn. 13 a.E.) und der Privat- oder Nebenkläger. Der Einwand ist gem. § 6a Satz 3 **bis zum Beginn der Vernehmung** zu erheben (s. § 16 Rdn. 1), wobei es für den Zeitpunkt nach dem klaren Wortlaut des § 6a Satz 3 nur auf den jeweiligen Angeklagten selbst ankommt (and. § 222b Abs. 1 Satz 1). Daher ist es für die Hinderung der Präklusion unschädlich, wenn sich dieser einem entsprechenden vorherigen Einwand eines anderen Angeklagten bei Gelegenheit von § 33 nicht angeschlossen hat, solange er bis zum Beginn seiner eigenen Vernehmung zur Sache den Einwand erhebt (a.A. LR/*Erb* § 6a Rn. 15; Meyer-Goßner/*Schmitt* § 6a Rn. 8). Es soll auf den erstmaligen Beginn einer Hauptverhandlung ankommen (Meyer-Goßner/*Schmitt* § 6a Rn. 10; doch diff. zu §§ 16, 270 LG Würzburg Beschl. v. 07.05.1979 – 6 KLs 119 Js 18270/78, juris). Bei Verhandlung in Abwesenheit, kommt es auf das Ereignis an, welches dem Beginn der Vernehmung zur Sache entspricht (KK-StPO/*Scheuten* § 6a Rn. 6). Das ist im Sicherungsverfahren für § 415 Abs. 1 die Verlesung gem. § 415 Abs. 4 (KK-StPO/*Scheuten* § 6a Rn. 6) und für § 231a Abs. 1 (Satz 2) die Verlesung der Äußerung des Angeklagten zur Anklage (LR/*Erb* § 6a Rn. 16) sowie für § 232 Abs. 1, 3 die Verlesung der richterlichen Vernehmung. Eine Wiedereinsetzung gem. §§ 235, 232 stellt die Befugnis zum Einwand wieder her (LR/*Erb* § 6a Rn. 14). 4

Ein **vor der Hauptverhandlung** erhobener Einwand soll in dieser rechtzeitig zu wiederholen sein (KK-StPO/*Scheuten* § 6a Rn. 12, 13), auch wenn der Einwand noch nicht beschieden worden ist (LR/*Erb* § 6a Rn. 13; a.A. Meyer-Goßner/*Schmitt*, § 6a Rn. 6). Treten erst nach dem in § 6a Satz 3 genannten Zeitpunkt Umstände hervor oder ein, welche der von § 6a Satz 1 umfassten Zuständigkeit der mit der Sache befassten Kammer entgegenstehen, soll das an dem Rügeverlust aus § 6a Satz 3 nichts ändern (BGH NStZ 2009, 404, 405; BGHSt 30, 187 f. m. zust. Anm. *Schlüchter* JR 1982, 511 ff.; s.a. § 16). Eine andere Frage ist die **Wiedereinsetzung**, doch soll es sich bei § 6a Satz 3 um eine dem § 44 entzogene Ausschlussfrist handeln (KK-StPO/*Scheuten* § 6a Rn. 8; LR/*Erb* § 6a Rn. 14; Meyer-Goßner/*Schmitt* Vor § 42 Rn. 6). Ferner soll § 6a analog gelten, wenn es gem. § 74c Abs. 1 Satz 1 a.E. GVG erstmals in der **Berufungsinstanz** um das Vorliegen einer Sache der (kleinen) Wirtschaftsstrafkammer geht, wobei für den Angeklagten der Vernehmungsbeginn nach § 324 Abs. 2 relevant, jedoch für das Gericht der genaue Prüfungszeitraum umstritten ist (vgl. KMR/*v. Heintschel-Heinegg* § 6a Rn. 6; LR/*Erb* § 6a Rn. 21 ff.; SK-StPO/*Weßlau*/*Weißer* § 6a Rn. 3). 5

Gegen einen den Einwand ablehnenden Beschluss ist für den Beschuldigten die Beschwerde wegen §§ 201 Abs. 2 Satz 1, 210 Abs. 1, 225a Abs. 3 Satz 2, Abs. 4 Satz 2 Hs. 2, 270 Abs. 2 Hs. 1, 305 Satz 1 praktisch ausgeschlossen (KK-StPO/*Scheuten* § 6a Rn. 12; LR/*Erb* § 6a Rn. 25). Die Revision hängt gem. § 6a Satz 2 nur von dem Einwand und nicht davon ab, ob und wie darüber entschieden worden ist. Doch § 344 Abs. 2 Satz 2 umfasst die Rechtzeitigkeit des Einwandes (BGH GA 1980, 255; KK-StPO/*Scheuten* § 6a Rn. 13; 6

LR/*Erb* § 6a Rn. 26) und soll auch die Mitteilung der Entscheidung des Gerichts erfordern (s. § 7 Rn. 12). § 6a Satz 3 wird eine Dispositionsbefugnis entnommen, die es der StA verwehren soll, den vom Angeklagten gem. § 6a Satz 3 rechtzeitig gerügten Fehler nun statt seiner in der Revision geltend zu machen (LR/*Erb* § 6a Rn. 28; Meyer-Goßner/*Schmitt* § 6a Rn. 16; a.A. KK-StPO/*Scheuten* § 6a Rn. 13).

7 Inhaltlich liegt ein in der Revision beachtlicher Rechtsfehler nach §§ 338 Nr. 4, 6a StPO, § 74a Abs. 1 Nr. 4 GVG nicht nur dann vor, wenn das Tatgericht seine Zuständigkeit auf der Grundlage objektiv willkürlicher Überlegungen angenommen hat, sondern das Revisionsgericht überprüft die Zuständigkeit in vollem Umfang (BGHSt 57, 3/8 ff.; a.A. Radtke/Hohmann/*Rappert* § 74a GVG Rn. 6). Dabei bleibt die Revisionsrüge nach § 338 Nr. 4 dem Angeklagten auch dann uneingeschränkt erhalten, wenn dem Urteil eine Verständigung (§ 257c) vorausgegangen ist (BGHSt 57, 3, 4 ff.; doch – nicht tragend – anders BGH Beschl. v. 17.09.2008 – 5 StR 404/08).

8 Wenn es nicht um den Vorrang der Spezialkammer gegenüber der allgemeinen Kammer geht, sondern um das Verhältnis gleichartiger Spezialkammern des § 6a, ist fraglich, ob ebenfalls § 6a oder aber eher § 222b i.V.m. § 338 Nr. 1 gilt. Die Unterschiede liegen in einem strengeren Zeitpunkt, einer strengeren Form sowie einem grds. auf (objektive) Willkür begrenzten Prüfungsmaßstab des Revisionsgerichts bei §§ 222b, 338 Nr. 1. Soweit es indes nicht um die Auslegung, sondern um die Wirksamkeit des Geschäftsverteilungsplans geht, findet auch bei § 338 Nr. 1 eine vollständige Prüfung statt, weshalb schon ein Dokumentationsmangel bzgl. der Gründe des Präsidiums zur Aufhebung führen kann (BGH StV 2015, 339 ff. m.Anm. *Börner*). Vorzugswürdig erscheint die Anwendung von §§ 6a, 338 Nr. 4, da § 6a und § 222b verschiedene Rügekonstellationen erfassen, der Wortlaut des § 6a die Zuständigkeit des ganzen Spruchkörpers besser erfasst als § 222b und zudem als sachnähere Norm erscheint. Ein Dokumentationsmangel wäre auf dieser Ebene erst recht relevant.

Zweiter Abschnitt. Gerichtsstand

§ 7 Gerichtsstand des Tatortes

(1) Der Gerichtsstand ist bei dem Gericht begründet, in dessen Bezirk die Straftat begangen ist.

(2) [1]Wird die Straftat durch den Inhalt einer im Geltungsbereich dieses Bundesgesetzes erschienenen Druckschrift verwirklicht, so ist als das nach Absatz 1 zuständige Gericht nur das Gericht anzusehen, in dessen Bezirk die Druckschrift erschienen ist. [2]Jedoch ist in den Fällen der Beleidigung, sofern die Verfolgung im Wege der Privatklage stattfindet, auch das Gericht, in dessen Bezirk die Druckschrift verbreitet worden ist, zuständig, wenn in diesem Bezirk die beleidigte Person ihren Wohnsitz oder gewöhnlichen Aufenthalt hat.

S.a. RiStBV Nr. 2, 250

Übersicht

1 **A. Allgemeines. I. Der Gerichtsstand.** Der Gerichtsstand ist die örtliche Zuständigkeit des Gerichtes erster Instanz (s. § 1 Rdn. 3) und soll eine nach Maßgabe von § 16 befristete Verfahrensvoraussetzung darstellen (KK-StPO/*Scheuten* § 7 Rn. 1). Die drei Hauptgerichtsstände der StPO sind der **Tatort** (§ 7 Abs. 1), der **Wohnort** (§ 8) und der **Ergreifungsort** (§ 9), die variiert (vgl. §§ 7 Abs. 2, 8 Abs. 2, 10, 10a, 11) und ergänzt werden (s. § 11a sowie Rdn. 2 f.). Die StA hat grds. ein Wahlrecht (Rdn. 5) und §§ 12 ff. regeln Problemfälle.

2 **Subsidiäre Gerichtsstände** greifen, wenn der Hauptgerichtsstand nicht zum Zuge kommt, so bspw. §§ 8 Abs. 2, 11 für § 8 Abs. 1 und §§ 10, 10a für § 7 Abs. 1. Umgekehrt haben **spezielle Gerichtsstände** Vorrang vor Hauptgerichtsständen, insb. der Pressegerichtsstand in § 7 Abs. 2 ggü. § 7 Abs. 1 (s. Rdn. 9 f.). Andererseits bestehen vielfältige **zusätzliche Gerichtsstände**, die neben die Hauptgerichtsstände treten, insb. §§ 42 Abs. 1 Nr. 1 bis 3, 108 JGG für Jugendliche und Heranwachsende (dazu BGH NStZ 2008, 695), §§ 388 Abs. 1, 441 Abs. 1 Satz 2, 444 Abs. 3 Satz 2. Auch in diesen Fällen sollten Verfahren gegen mehrere Beschuldigte nicht ohne triftigen Grund getrennt behandelt werden (zu § 42 JGG OLG Hamm Beschl. v. 24.03.2015 – 2 Ws 34/15; *Lange* NStZ 1995, 110 ff.; s. § 2 Rdn. 10).

Die **Zuständigkeitskonzentration** überträgt einem Gericht auch für weitere Bezirke die Verhandlung bestimmter Sachen. Das erfolgt entweder durch Bundesgesetz, etwa § 74a Abs. 1 Hs. 1, 120 Abs. 1 GVG, § 391 Abs. 1 Satz 1 AO, § 13 Abs. 1 Satz 1 WiStG, oder durch Ermächtigung der Länder, vgl. §§ 58, 74c Abs. 3 u. 4, 74d, 157 Abs. 2 GVG, § 33 Abs. 3 JGG; vgl. auch das Binnenschifffahrtsverfahrensgesetz. 3

Das örtlich zuständige Gericht darf Teile und auch die gesamte **Hauptverhandlung** außerhalb seines Bezirks durchführen, wobei es im Ermessen des Gerichts steht, ob es von dieser Möglichkeit Gebrauch macht (BGHSt 22, 250, 253 ff.). Das Ermessen erfordert fehlerfreie Ausübung, insb. einen Ausgleich der Zwecke der gesetzlichen Gerichtsstände mit den für die Änderung des Verhandlungsortes sprechenden Gründen. Anlass zur Verlegung können etwa sein die Reiseunfähigkeit von Verfahrensbeteiligten, Sicherheitserwägungen (§ 15 Rdn. 3 f.) sowie die Herstellung von erträglichen Verhandlungsbedingungen in Großverfahren. 4

II. Bewegliche Zuständigkeiten. 1. Wahlrecht der StA. Soweit mehrere Gerichtsstände begründet sind, hat die StA ein Wahlrecht. Dazu steht das verfassungsrechtliche Gebot zur Bestimmtheit des gesetzlichen Richters zwar im Spannungsverhältnis (krit. OLG Hamm NStZ-RR 1999, 16; *Heghmanns* StV 2000, 277 ff.; SK-StPO/*Weßlau/Weißer* Vor § 7 Rn. 9; *Strate* FS Widmaier, S. 567 ff.; doch anders LR/*Erb* Vor § 7 Rn. 19 ff. m.w.N.; s.a. § 1 Rdn. 2), ein Rangverhältnis der Gerichtsstände (SK-StPO/*Weßlau/Weißer* Vor § 7 Rn. 9) hat sich bislang aber nicht durchgesetzt (s. nur OLG Frankfurt NZWiSt 2014, 109 ff.; OLG Brandenburg NJW-Spezial 2013, 57 f.; ThürOLG Beschl. v. 29.01.2009 – 1 Ws 30/09). Das Auswahlwahlermessen der StA soll – mit Ausnahme (objektiver) Willkür (vgl. bspw. AG Eilenburg – Beschl. v. 07.10.2020 – 9 Cs 633 Js 19700/20 jug, juris) – nicht nachprüfbar und damit nicht angreifbar sein (BGH NStZ 2008, 695; OLG Hamm Beschl. v. 24.03.2015 – 2 Ws 34/15 und OLG Frankfurt NZWiSt 2014, 109 ff. m. abl. Anm. *Trüg* gegen a.A. LG Hanau ZWH 2014, 206 ff. m. diff. Anm. *Kudlich*). Auch eine Verpflichtung, ihre Auswahlentscheidung (in der Anklageschrift) zu begründen, soll nicht bestehen (ThürOLG Beschl. v. 29.01.2009 – 1 Ws 30/09), was mit Blick auf die Schädlichkeit von Willkür und die dahin gehende Indizwirkung der Begründungslosigkeit problematisch ist. Besondere Begründungsanforderungen bestehen für Abweichungen von § 11a (s. § 11a Rdn. 5). Beruht die Auswahl auf unsachlichen, sich von gesetzlichen Maßstäben völlig entfernenden Maßstäben, hat sich das Gericht für unzuständig zu erklären (vgl. OLG Hamm NStZ-RR 1999, 16 f.; LG Flensburg SchlHA 2003, 148; s. dazu § 1 Rdn. 17), andernfalls greift die Revision (s. Rdn. 12). Eine nur abstrakte Möglichkeit des Missbrauchs soll nicht genügen (BGH NStZ 1990, 138), was bei prinzipieller Vermeidbarkeit dieser Manipulationsmöglichkeiten mit den strengen verfassungsrechtlichen Anforderungen schwerlich vereinbar sein dürfte (dazu *Börner* ZStW 122, 2010, 157, 158 ff.). Andererseits soll auch die StA eine vom *LG* gem. § 209 Abs. 1 getroffene Auswahl des *AG* nur bei Willkür gem. § 210 Abs. 2 angreifen können (OLG Hamburg wistra 2003, 38 f.), vorausgesetzt § 209 Abs. 1 steht nicht unter der Bedingung einer vorherigen Entscheidung der StA über den auszuwählenden Gerichtsstand (dafür KMR/*v. Heintschel-Heinegg* § 2 Rn. 19; *Mutzbauer* NStZ 1995, 213). 5

Hat ein Bundesland eine Schwerpunkt-StA für Wirtschaftsstrafsachen gebildet, soll es außer im Fall der Willkür nicht gegen Art. 101 Abs. 1 Satz 2 GG verstoßen, wenn diese StA unter mehreren Gerichtsständen denjenigen ihres Sitzes auswählt (BVerfG Beschl. v. 02.07.1992 – 2 BvR 1197/91, juris). 6

2. Gerichtsbeschlüsse zur örtlichen Zuständigkeit. Gerichtsbeschlüsse können konstituierenden oder konkretisierenden Einfluss auf den Gerichtsstand haben. Ein **konstituierender Beschluss** führt einen Gerichtsstand herbei, der von §§ 7 ff. grds. nicht abstrakt vorherbestimmt ist. Fehlt es an einem Gerichtsstand oder ist dieser nicht ermittelt, so legt gem. § 13a der *BGH* das zuständige Gericht fest. Ist zwar ein Gerichtsstand gegeben, stehen der dortigen Verhandlung aber zwingende Hindernisse entgegen, so überträgt gem. § 15 das zunächst obere Gericht die Sache dem gleichstehenden Gericht eines anderen Bezirks. § 13 Abs. 2 ermöglicht eine örtlich übergreifende Verfahrensverbindung. Ein **konkretisierender Beschluss** benennt einen Gerichtsstand, der nach §§ 7 ff. bereits gegeben ist. Bei mehreren Gerichtsständen kann das gemeinschaftliche obere Gericht nach Rechtshängigkeit die Sache gem. § 12 Abs. 2 an einen der anderen Gerichtsstände übertragen. Im Zuständigkeitsstreit nach §§ 14, 19 stellt der Beschluss einen bereits bestehenden Gerichtsstand fest. 7

B. Tatort gem. § 7 Abs. 1. Die Bestimmung des Tatortes erfolgt durch das sachliche Recht (OLG München BeckRS 2020, 45355 Rn. 9). Eine Tat ist gem. **§ 9 Abs. 1 StGB** an jedem Ort begangen, an dem der Täter gehandelt hat oder im Fall des Unterlassens hätte handeln müssen oder an dem der zum Tatbestand gehörende Erfolg eingetreten ist oder nach der Vorstellung des Täters eintreten sollte (vgl. SSW-StGB/*Satzger* § 9 Rn. 1 ff.). Die Teilnahme ist gem. **§ 9 Abs. 2 Satz 1 StGB** sowohl an dem Ort begangen, an dem die Tat begangen ist, als auch an jedem Ort, an dem der Teilnehmer gehandelt hat oder im Fall des Unterlassens hätte handeln müssen oder an dem nach seiner Vorstellung die Tat begangen werden sollte (vgl. SSW-StGB/ 8

Satzger § 9 Rn. 11 ff.). Voraussetzung ist stets ein Tatort im Geltungsbereich der StPO (KK-StPO/*Scheuten* § 7 Rn. 1; s. aber §§ 8, 10 ff.).

9 **C. Druckschriften gem. § 7 Abs. 2.** Sinn der Norm ist es, den sich aus § 7 Abs. 1 ergebenden »fliegenden Gerichtsstand der Presse«, der an jedem Verbreitungsort (vgl. BGHSt 43, 122, 123) gegeben wäre, durch den Erscheinungsort zu vereinheitlichen (BGHSt 43, 122, 123). Es bleibt aber ausdrücklich bei § 7 Abs. 1, wenn der Erscheinungsort nicht im Geltungsbereich der StPO liegt. Zum Erscheinungsort ist streitig, ob es der Ort ist, an dem die Druckschrift mit dem Willen des Verfügungsberechtigten die Stätte der Herstellung zum Zwecke der Verbreitung verlässt (RGSt 64, 292 f.; SK-StPO/*Weßlau/Weißer* § 7 Rn. 9), oder aber der Ort der Entscheidung über die Herausgabe des Druckwerks (KK-StPO/*Scheuten* § 7 Rn. 6; LR/*Erb* § 7 Rn. 21; Meyer-Goßner/*Schmitt* § 7 Rn. 9; MüKo-StPO/*Ellbogen* § 7 Rn. 13).

10 Voraussetzung ist ein Presseinhaltsdelikt, also eine Gedankenäußerung strafrechtsrelevanten Inhalts (vgl. KK-StPO/*Scheuten* § 7 Rn. 7). Genügen sollen auch Video- und Tonaufzeichnungen sowie Bilder und Musikaufzeichnungen, ungeachtet, ob diese mit Text versehen sind (HK-StPO/*Zöller* § 7 Rn. 14; LR/*Erb* § 7 Rn. 11; diff. Meyer-Goßner/*Schmitt* § 7 Rn. 8; krit. AnwK-StPO/*Rotsch* § 7 Rn. 10). Nötig ist ferner eine Anfertigung im Wege eines zur Massenherstellung geeigneten Verfahrens und die Bestimmung zur Verbreitung an einen größeren, im Einzelnen nicht überschaubaren Personenkreis (LR/*Erb* § 7 Rn. 11). Eine analoge Anwendung des § 7 Abs. 2 auf **Ton- und Fernsehfunkanstalten** nach Maßgabe des »Ausstrahlungsortes« (dafür LG Arnsberg NJW 1964, 1972; LG Landshut NStZ-RR 1999, 367 f.; AG Würzburg NStZ 1990, 199 f.; AnwK-StPO/*Rotsch* § 7 Rn. 11; *Dose* NJW 1971, 2212 f.; KK-StPO/*Scheuten* § 7 Rn. 8; LR/*Erb* § 7 Rn. 12 ff.; Meyer-Goßner/*Schmitt* § 7 Rn. 7; MüKo-StPO/*Ellbogen* § 7 Rn. 15) ist im Hinblick auf eine Planwidrigkeit der Regelungslücke, eine hinreichende Vergleichbarkeit sowie die Unbestimmtheit des Ausstrahlungsortes zwar problematisch (vgl. *Dorberitz* NJW 1971, 1209 f.; HK-StPO/*Zöller* § 7 Rn. 15; SK-StPO/*Weßlau Weißer* § 7 Rn. 8). Jedoch dient § 7 Abs. 2 mit seiner Beschränkung der Wahlmöglichkeiten der Anklagebehörde dem Zweck des Art. 101 Abs. 2 GG (AnwK-StPO/*Rotsch* § 7 Rn. 11), weshalb eine Analogie statthaft erscheint.

11 Lässt sich der Erscheinungsort nicht feststellen, insb. wegen eines fehlenden oder falschen Impressums, soll § 7 Abs. 1 gelten (BGHSt 43, 122, 123 ff.; KK-StPO/*Scheuten* § 7 Rn. 4). Dagegen spricht die Systematik, denn § 7 Abs. 2 Satz 1 sperrt nach seinem klaren Wortlaut den § 7 Abs. 1 schon dann, wenn ein Erscheinungsort existiert, und soweit dieser lediglich nicht ermittelt ist, greift § 13a 2. Alt. Andererseits ist gem. § 7 Abs. 2 Satz 2 im Fall der auf Beleidigung gestützten **Privatklage** auch der Verbreitungsort Gerichtsstand, wenn dort der Verletzte seinen Wohn- oder gewöhnlichen Aufenthaltsort hat. Insoweit tritt § 7 Abs. 2 Satz 1 bei Übernahme durch die StA zurück (BGHSt 11, 56).

12 **D. Revision.** Die Revision kann mit Rücksicht auf § 16 und im Unterschied zu § 6 nur mit einer entsprechenden Verfahrensrüge verfolgt werden (BGHSt 40, 120, 124). Der § 344 Abs. 2 Satz 2 soll sich für § 16 (s. § 16 Rdn. 1) auf die Mitteilung der Gerichtsentscheidung (OLG Köln StV 2004, 314) und auf die örtliche Unzuständigkeit als solche (BGH NJW 1993, 2819, 2820) erstrecken, was ausführliche Schilderungen der Umstände erfordert, die für die Zuständigkeitsbestimmung im Zeitpunkt des Eröffnungsbeschlusses maßgeblich waren und über die Mitteilung der Anklage weit hinaus gehen kann (BGH NStZ 2013, 300, 301). Erforderlich ist insb. die Berücksichtigung anderweitiger Gründe für den gerügten Gerichtsstand, bspw. § 13 (vgl. BGH NStZ 1993, 499; OLG Köln StV 2004, 314). Kann eine abgetrennte Strafsache gem. § 13 Abs. 1 die Zuständigkeit begründet haben, so soll die Rüge nur dann zulässig erhoben sein, wenn die Abtrennung und die zuständigkeitsrelevanten Umstände der abgetrennten Strafsache mitgeteilt werden (BGH NJW 1993, 2819 f.). Die Rechtsmittelgerichte verweisen die Sache gem. §§ 328 Abs. 2, 355 an das örtlich zuständige Gericht. Eine Verfassungsbeschwerde ist nur gegen die Entscheidung des Revisionsgerichts zulässig (BVerfG Beschl. v. 05.03.1999 – 2 BvQ 5/98, juris), wobei § 356a zu berücksichtigen ist.

§ 8 Gerichtsstand des Wohnsitzes oder Aufenthaltsortes

(1) Der Gerichtsstand ist auch bei dem Gericht begründet, in dessen Bezirk der Angeschuldigte zur Zeit der Erhebung der Klage seinen Wohnsitz hat.

(2) Hat der Angeschuldigte keinen Wohnsitz im Geltungsbereich dieses Bundesgesetzes, so wird der Gerichtsstand auch durch den gewöhnlichen Aufenthaltsort und, wenn ein solcher nicht bekannt ist, durch den letzten Wohnsitz bestimmt.

1 Der Wohnsitz richtet sich nach §§ 7 bis 9, 11 BGB und kann gem. § 7 Abs. 2 gleichzeitig an mehreren Orten bestehen und damit einen mehrfachen Gerichtsstand i.S.d. § 8 Abs. 1 begründen (Meyer-Goßner/*Schmitt* § 8

Rn. 1), doch relevant ist nur der territoriale Geltungsbereich der StPO (s. § 10 Rdn. 1 u. § 11 Rdn. 1). Der Betreffende muss den rechtsgeschäftlichen Willen haben, nicht nur vorübergehend zu bleiben und den Ort zum Mittelpunkt oder Schwerpunkt seines Lebens zu machen. Es kommt ausdrücklich nur auf den Wohnsitz zur Zeit der Klageerhebung sowie ggf. auf den diesem Zeitpunkt entsprechenden Moment in anderen Verfahrensarten an (LR/*Erb* § 8 Rn. 8); insb. ein späterer Wohnsitzwechsel ist unbeachtlich (vgl. nur BGHR StPO, § 15 Verhinderung 1; KK-StPO/*Scheuten* Vor §§ 7 bis 21 Rn. 3; anders § 42 Abs. 3 JGG, dazu BGH NStZ-RR 2015, 353 f.), auch wenn dieser noch vor der Eröffnung des Hauptverfahrens liegt (Meyer-Goßner/*Schmitt* § 8 Rn. 2). Bei Unzuständigkeit erfolgt keine Verweisung (s. § 1 Rdn. 17). Unter zuständigen Gerichten ist die Übertragung (§ 12 Abs. 2) oder Abgabe (§ 42 Abs. 3 JGG) möglich.

Subsidiär (s. § 7 Rdn. 2) greift der *gewöhnliche* Aufenthaltsort. Das ist der Ort, an dem sich jemand freiwillig – wenn auch notgedrungen (LR/*Erb* § 8 Rn. 4) – ständig oder für längere Zeit, wenn auch nicht ununterbrochen, aufhält, ohne dort einen Wohnsitz zu begründen (KK-StPO/*Scheuten* § 8 Rn. 2). Die nicht zwangsweise Dauer muss bei Urlaub, Besuch, Kur oder Behandlung einen gewissen Zeitraum überschreiten (KK-StPO/*Scheuten* § 8 Rn. 2; LR/*Erb* § 8 Rn. 4). Zwangsweise Unterbringungen begründen keinen gewöhnlichen Aufenthalt (Meyer-Goßner/*Schmitt*, § 8 Rn. 3; AG Kassel Beschl. v. 27.04.2020 – 230 Ls – 1624 Js 34999/19, juris). Der Augenblick der Klageerhebung ist entscheidend. Ein mehrfacher gewöhnlicher Aufenthalt ist begrifflich ausgeschlossen (HK-StPO/*Zöller* § 8 Rn. 3; Meyer-Goßner/*Schmitt* § 8 Rn. 3; a.A. AnwK-StPO/*Rotsch* § 8 Rn. 5). Ersatzweise gilt der letzte Wohnsitz. Ist auch dieser nicht vorhanden oder schwer bestimmbar, greift § 13a (vgl. auch BGH NStZ-RR 2009, 84). 2

§ 9 Gerichtsstand des Ergreifungsortes

Der Gerichtsstand ist auch bei dem Gericht begründet, in dessen Bezirk der Beschuldigte ergriffen worden ist.

Teils wird für das »Ergreifen« restriktiv eine gerechtfertigte Festnahme gem. § 127 verlangt, die zum Erlass eines Haftbefehls führt, sofern nicht bereits ein Haftbefehl vorliegt (MüKo-StPO/*Ellbogen* § 9 Rn. 3; krit. auch Meyer-Goßner/*Schmitt* § 9 Rn. 2). Eine Selbstgestellung genügt (OLG Stuttgart NStZ-RR 2016, 84). Überwiegend soll es indes genügen, dass der Betroffene wegen des Verdachts einer strafbaren Handlung kontrolliert und umgehend gegen ihn als Beschuldigter ein Ermittlungsverfahren eingeleitet wird, denn der Haftbefehl hänge über den Wortsinn des Ergreifens hinaus von weiteren Voraussetzungen ab. § 9 bezwecke eine praktikable örtliche Bestimmung, und dafür genüge es, dass das Verfahren in dem Bezirk bleibe, in dem es eingeleitet worden sei (BGHSt 44, 347, 348; KK-StPO/*Scheuten* § 9 Rn. 2). Fraglich ist auch, ob die bloße Feststellung des Beschuldigten aufgrund Ausschreibung zur Aufenthaltsermittlung und anschließender Vernehmung zur Sache ohne jedes weitere zwangsweise Festhalten genügt (abl. AG Krehl Beschl. v. 01.07.2008 – 2 Cs 4 Js 2360/07, juris). Die Invollzugsetzung eines bis dato als Überhaft notierten weiteren Haftbefehls aufgrund Aufhebung des bislang vollzogenen Haftbefehls begründet keinen weiteren Ergreifungsort, wenn der behördliche Gewahrsam ununterbrochen fortdauert (OLG Karlsruhe NZWiSt 2019, 240). 1

Die Ergreifung begründet die Zuständigkeit des Gerichtes auch hinsichtlich anderer bis dahin begangener Straftaten (BGH NStZ-RR 2007, 114; BGH bei *Dall* MDR 1954, 336; OLG Stuttgart NStZ-RR 2016, 84; KK-StPO/*Scheuten* § 9 Rn. 1; Meyer-Goßner/*Schmitt* § 9 Rn. 4; a.A. LR/*Erb* § 9 Rn. 11; SK-StPO/*Weßlau/Weißer* § 9 Rn. 3). Eine einschränkende Auslegung, wonach der Gerichtsstand des Ergreifungsortes nur so lange bestehen bleibe, bis das Strafverfahren, in dem der Angeschuldigte ergriffen worden ist, durch rechtskräftige Entscheidung abgeschlossen ist, sei abzulehnen, weil es der Angeschuldigte dann selbst in der Hand hätte, jederzeit durch Rücknahme eines von ihm eingelegten Rechtsmittels das Entfallen des zuvor in zulässiger Weise seitens der StA gewählten Gerichtsstands herbeizuführen (OLG Hamm Beschl. v. 01.09.2016 – 1 Ws 371/16 – juris; and. – nicht tragend – OLG Stuttgart NStZ-RR 2016, 84/85). Immerhin für Taten, die **nach dem Ergreifen** begangen wurden, greift § 9 nicht mehr, jedoch kommt § 13 in Betracht, soweit die Zuständigkeit des Ergreifungsorts noch nicht erledigt ist (OLG Stuttgart NStZ-RR 2016, 84). Wird der Beschuldigte aufgrund eines Haftbefehls ausgeliefert, so ist Ergreifungsort der Grenzübergang (BGH NStZ-RR 2007, 114). 2

§ 10 Gerichtsstand bei Auslandstaten auf Schiffen oder in Luftfahrzeugen

(1) Ist die Straftat auf einem Schiff, das berechtigt ist, die Bundesflagge zu führen, außerhalb des Geltungsbereichs dieses Gesetzes begangen, so ist das Gericht zuständig, in dessen Bezirk der Heimathafen oder der Hafen im Geltungsbereich dieses Gesetzes liegt, den das Schiff nach der Tat zuerst erreicht.

(2) Absatz 1 gilt entsprechend für Luftfahrzeuge, die berechtigt sind, das Staatszugehörigkeitszeichen der Bundesrepublik Deutschland zu führen.

1 Für ein zur Seefahrt bestimmtes Schiff folgt das Recht zur Führung der Bundesflagge aus §§ 1, 3, 8 FlaggRG und aus der Anordnung des Bundespräsidenten über die Dienstflagge der Seestreitkräfte der Bundeswehr v. 25.05.1956 (BGBl. I 447 = III 1130–5) für ein zu den Seestreitkräften der Bundeswehr gehörendes Schiff (BGHSt 53, 265, 266). Mit dem Flaggengrundsatz übt der Flaggenstaat die Hoheits- und Strafgewalt über das zur Führung seiner Flagge berechtigte Schiff aus (BGHSt 53, 265, 266). Dabei entspricht der von § 10 gemeinte Geltungsbereich der StPO einem **territorialen Hoheitsbereich**. Dieser umfasst an Land das Gebiet innerhalb der Bundesgrenzen, an der deutschen Küste die Eigengewässer und das Küstenmeer sowie allgemein den über den vorgenannten Bereichen liegenden Luftraum. Jenseits dieser Gebiete beginnt der von § 10 erfasste Bereich und innerhalb derselben ist § 10 unanwendbar (BGHSt 53, 265, 266).

2 Der Heimathafen und der zuerst im territorialen Geltungsbereich der StPO erreichte Hafen stehen wahlweise nebeneinander. Die Bestimmung des Heimathafens richtet sich nach den jeweiligen spezialgesetzlichen Normen, die jedoch für die **Luftfahrzeuge** des § 10 Abs. 2 fehlen. Hier soll es auf den Ort ankommen, wo diese zum Zweck ihres Betriebes dauernd stationiert sind (Meyer-Goßner/*Schmitt* § 10 Rn. 8). Wenn ein solcher Ort fehlt, kommt es nur auf die Landung im territorialen Hoheitsbereich an (Meyer-Goßner/*Schmitt* § 10 Rn. 9), und fehlt auch diese, greift § 13a. Bei Notlandung oder Stranden sowie Anlegen oder Ankern ohne Bezug zu einem Hafen gilt § 10 erst dann, wenn danach ein »Hafen« tatsächlich erreicht worden ist.

§ 10a Gerichtsstand bei Auslandstaten im Bereich des Meeres

Ist für eine Straftat, die außerhalb des Geltungsbereichs dieses Gesetzes im Bereich des Meeres begangen wird, ein Gerichtsstand nicht begründet, so ist Hamburg Gerichtsstand; zuständiges Amtsgericht ist das Amtsgericht Hamburg.

1 Der subsidiäre Gerichtsstand (s. § 7 Rdn. 2) Hamburgs greift, soweit die Geltung des materiellen Strafrechts über die territoriale Geltung der StPO sowie die Ergänzung durch § 10 (s. § 10 Rdn. 1) hinausgeht. Es genügt jede Tat, auf die das deutsche Strafrecht gem. §§ 3 ff. StGB Anwendung findet. Der Bereich des Meeres umfasst die hohe See und fremde Küstengewässer einschließlich des Meeresgrundes sowie des Luftraumes über dem Meer (Meyer-Goßner/*Schmitt* § 10a Rn. 2; LR/*Erb* § 10a Rn. 2). § 10a Hs. 2 benennt konkret eines der Amtsgerichte Hamburgs.

§ 11 Gerichtsstand bei Auslandstaten exterritorialer Deutscher und deutscher Beamter

(1) [1]Deutsche, die das Recht der Exterritorialität genießen, sowie die im Ausland angestellten Beamten des Bundes oder eines deutschen Landes behalten hinsichtlich des Gerichtsstandes den Wohnsitz, den sie im Inland hatten. [2]Wenn sie einen solchen Wohnsitz nicht hatten, so gilt der Sitz der Bundesregierung als ihr Wohnsitz.

(2) Auf Wahlkonsuln sind diese Vorschriften nicht anzuwenden.

1 Da § 8 nur für das Inland gelten kann (s. § 8 Rdn. 1), ist ein Wohn- oder Aufenthaltsort im Ausland per se ohne Bedeutung und § 11 Abs. 1 Satz 1 wiederholt insoweit § 8 Abs. 2 Alt. 2. Doch gab es im Inland nie einen Wohnsitz, würde für § 8 nur § 13a Alt. 1 greifen, während § 11 Abs. 1 Satz 2 den Sitz der Bundesregierung als Gerichtsstand festlegt. Für Wahlkonsuln als Ehrenbeamte (gem. BBG) bleibt es bei §§ 8, 13a soweit deutsches Strafrecht wegen zumeist anderer Nationalität überhaupt anwendbar ist (vgl. § 7 StGB). Die Exterritorialität bestimmt sich nach völkerrechtlichen Normen (HdbStrR/*Zöller*, Bd. 7, § 15 Rn. 54), die im jeweiligen Staat regelmäßig in der Art umgesetzt worden sind, wie es für die Bundesrepublik mit Art. 25 GG i.V.m. §§ 18 ff. GVG der Fall ist (vgl. im Einzelnen § 18 GVG Rn. 9).

§ 11a Gerichtsstand bei Auslandstaten von Soldaten in besonderer Auslandsverwendung

Wird eine Straftat außerhalb des Geltungsbereiches dieses Gesetzes von Soldatinnen oder Soldaten der Bundeswehr in besonderer Auslandsverwendung (§ 62 Absatz 1 des Soldatengesetzes) begangen, so ist der Gerichtsstand bei dem für die Stadt Kempten zuständigen Gericht begründet.

1 Der mit Wirkung zum 01.04.2013 für besondere Auslandsverwendungen in der Bundeswehr eingeführte Gerichtsstand (BGBl. I 2013, S. 89 f.) stößt auf erhebliche Kritik (insb. SK-StPO/*Weßlau*/*Weißer* § 11a Rn. 2 f. u. 9 ff.; diff. *Ladiges* NZWehrR 2013, 66 ff.). Ziel war es, zur Gewährleistung einer **effektiven, zügigen Strafverfolgung** unübersichtlichen Zuständigkeitsverteilungen zu begegnen und Fachkompetenzen zu

bündeln (BT-Drs. 17/9694, S. 6 f.; *Zimmermann* NJW 2013, 905, 906 f.). Jedoch bestehen mit Blick auf die *nicht* ausgeübte Kompetenz des Bundes zur Statuierung von Wehrstrafgerichten i.S.v. Art. 96 Abs. 2 GG einerseits und dem stattdessen vollzogenen Eingriff in die Justizhoheit der Länder andererseits verfassungsrechtliche Friktionen, denen mit der Ausgestaltung als *ein* Gerichtsstand begegnet werden sollte (vgl. nur SK-StPO/*Weßlau/Weißer* § 11a Rn. 9 ff.; a.A. *Zimmermann* NJW 2013, 905, 906 f.). Doch die erreichte Zuständigkeitskonzentration ist **nicht verfassungskonform** (s. Rdn. 5). Zudem vermag § 11a die eigentlichen Probleme von Ermittlungen in Verfahren dieser Art nicht zu lösen (s. SK-StPO/*Weßlau/Weißer* § 11a Rn. 12; verteidigend *Zimmermann* NJW 2013, 905, 907 f.; zum ganzen *Hannich/Rautenberg* ZRP 2010, 140 ff.; *Stam* ZIS 2010, 628 ff.).

Soldat ist gem. § 1 Satz 1 SoldatenG, wer aufgrund der Wehrpflicht oder freiwilliger Verpflichtung in einem 2 Wehrdienstverhältnis steht. Zivile Angehörige der Bundeswehr sind daher nicht erfasst (SK-StPO/*Weßlau/Weißer* § 11a Rn. 5). Auf das Alter des Soldaten kommt es nicht an, doch bleiben bei **Heranwachsenden** §§ 108 Abs. 1, 42 JGG unberührt (BT-Drs. 17/9694, S. 7; KMR/*Fischer* § 11a Rn. 3; SK-StPO/*Weßlau/Weißer* § 11a Rn. 5 sowie unten Rdn. 5).

Besondere Auslandsverwendungen i.S.v. § 62 SoldatenG sind Verwendungen, die aufgrund eines Überein- 3 kommens, eines Vertrages oder einer Vereinbarung mit einer über- oder zwischenstaatlichen Einrichtung oder mit einem auswärtigen Staat auf Beschluss der Bundesregierung im Ausland oder außerhalb des deutschen Hoheitsgebietes auf Schiffen oder in Luftfahrzeugen stattfinden. Soweit indessen ein **bewaffneter Konflikt** gegeben ist und es sich um Straftaten nach dem VStGB oder nach extensiv gehandhabter Auslegung um eine des StGB handelt (s. GBA NStZ 2010, 581 ff.), greift gem. § 142a GVG i.V.m. § 120 Abs. 1 Nr. 8 GVG die Zuständigkeit des GBA. Damit geht § 11a gerade für die problematischsten Fälle hinsichtlich der erstrebten einheitlichen Ermittlungsbehörde ins Leere (zum Ganzen SK-StPO/*Weßlau/Weißer* § 11a Rn. 8). Ferner erfasst der an § 62 SoldatenG gebundene § 11a weder Verwendungen in Eigenverantwortung der Bundeswehr, wie Einsätze zur Evakuierung aus Krisenregionen, noch Kampfeinsätze auf Grundlage des Verteidigungsauftrages des GG oder im Bündnisfall (SK-StPO/*Weßlau/Weißer* § 11a Rn. 6; *Zimmermann* NJW 2013, 905, 907). Auch Ausbildungsaufenthalte sind irrelevant (SK-StPO/*Weßlau/Weißer* § 11a Rn. 6), wobei an die Sanktionierung unstatthafter Ausbildungsmethoden zu denken ist.

Das deutsche Strafrecht gilt gem. § 1a Abs. 2 WStG unabhängig vom Recht des Tatorts auch für Taten, die 4 ein Soldat während eines dienstlichen Aufenthalts im Ausland begeht. Daraus folgt einerseits, dass auch § 11a das Verhalten während des gesamten Aufenthalts umfasst und nicht allein die dortige Dienstausübung als solche (s. SK-StPO/*Weßlau/Weißer* § 11a Rn. 7). Andererseits gilt § 11a nicht allein deshalb, weil eine Straftat *gegen* einen Soldaten im Raum steht (KMR/*Fischer* § 11a Rn. 2; SK-StPO/*Weßlau/Weißer* § 11a Rn. 5).

§ 11a bezieht sich auf das *AG* bzw. *LG* sowie die StA Kempten und bei entsprechender erstinstanzlicher 5 Zuständigkeit auf das *OLG* München (BT-Drs. 17/9694, S. 7). Die Norm statuiert nach der Gesetzessystematik keinen ausschließlichen, sondern gem. § 12 Abs. 1 i.V.m. dem **Wahlrecht** der StA lediglich einen weiteren Gerichtsstand (BT-Drs. 17/9694, S. 7; KMR/*Fischer* § 11a Rn. 1; SK-StPO/*Weßlau/Weißer* § 11a Rn. 4). Doch läuft das grds. freie Wahlrecht der StA (s. § 7 Rdn. 5) hier praktisch gegen Null. Der Zweck des § 11a tritt nebst der Bestimmtheit des gesetzlichen Richters aus Art. 101 Abs. 1 S. 2 GG in Konkurrenz mit der verfassungsrechtlichen Bindung des Bundesgesetzgebers (s. Rdn. 1). Der Schutz des Bestimmtheitsgebots verlangt jeder von § 11a abweichenden Auswahlentscheidung sachliche Gründe ab, welche den Normzweck des § 11a überwinden und die zum Ausschluss von (objektiver) Willkür aktenkundig zu machen sowie später in einer Anklage konkret zu benennen wären. Dieser Begründungslast wird eine StA aber – mit Ausnahme der Sonderkonstellation bei Heranwachsenden (s. Rdn. 2) – kaum jemals genügen können. In Kempten können sich die bezweckten Fähigkeiten zur effektiven und sachgerechten Handhabung derartiger Verfahren nur durch die konsequente dortige Bearbeitung der betreffenden Verfahren herausbilden. Daher sind andernorts bestehende Fachkompetenzen gemessen am Normzweck irrelevant. Sobald indes die normgemäß erstrebte überragende Fachkompetenz in der bisherigen bayerischen Schwerpunktstaatsanwaltschaft Kempten (dazu *Zimmermann* NJW 2013, 905, 906 f.) etabliert worden ist, hat erst recht die dortige Bearbeitung nach dem Normzweck den Vorrang. Jede andere Auswahl als § 11a verletzt daher grundsätzlich den Willen des Gesetzgebers und indiziert angesichts des Normzwecks sachfremde Erwägungen der abweichenden Behörde. Gemessen an dem **Einwand (objektiver) Willkür** ist daher ein Wahlrecht der Staatsanwaltschaft im Bereich des § 11a faktisch nicht existent. Daraus folgt zwar eine an sich begrüßenswerte größere Bestimmtheit des gesetzlichen Richters, in welcher aber zugleich die Verletzung der Justizhoheit der Länder unter Umgehung des Art. 96 Abs. 2 GG liegt. § 11a ist daher **verfassungswidrig** und eine Klärung durch das *BVerfG* geboten.

§ 12 Zusammentreffen mehrerer Gerichtsstände

(1) Unter mehreren nach den Vorschriften der §§ 7 bis 11a und 13a zuständigen Gerichten gebührt dem der Vorzug, das die Untersuchung zuerst eröffnet hat.

(2) Jedoch kann die Untersuchung und Entscheidung einem anderen der zuständigen Gerichte durch das gemeinschaftliche obere Gericht übertragen werden.

1 **A. Das Verfahrenshindernis.** § 12 Abs. 1 wiederholt den allgemeinen Verfahrensgrundsatzes, dass die anderweitige Rechtshängigkeit als Verfahrenshindernis zur Verfahrenseinstellung zwingt. Deshalb kommt es auf die Wortlautgrenzen von § 12 Abs. 1 nicht an, etwa wenn nur die sachliche Zuständigkeit betroffen ist (BGH NJW 1995, 2500; BGHSt 36, 175, 181; s. aber Rdn. 2 ff.) oder sich der Gerichtsstand aus einer anderen Norm als den §§ 7 bis 11 ergibt, vgl. nur § 13a (s.a. § 7 Rdn. 1). Praktisch relevant ist v.a., ob und wann zwei Verfahren **unterschiedliche Teile derselben Tat (§ 264)** betreffen (vgl. nur BGH NStZ-RR 2000, 332 f.; BGH NJW 1995, 2500 f.), wobei im Zuständigkeitsstreit §§ 14, 19 greifen (s. § 1 Rdn. 14 ff.). In Verfahrensarten ohne förmlichen Eröffnungsbeschluss richtet sich die Rechtshängigkeit nach den jeweiligen dortigen Besonderheiten (s.a. Rdn. 5). Hat das unzuständige Gericht unter Nichtbeachtung der anderweitigen Rechtshängigkeit rechtskräftig entschieden, soll das eigentlich vorrangige Verfahren einzustellen sein (BGHSt 38, 37, 42 f.; KMR/*Fischer* § 12 Rn. 5; LR/*Erb* § 12 Rn. 14), soweit nicht schwerwiegende und offensichtliche Mängel die Unwirksamkeit bedingen (BGHSt 38, 37, 43).

2 Gehindert ist aber nicht das Bestreben nach **Beseitigung des Hindernisses**. Ist die sachliche Zuständigkeit betroffen, kann über §§ 225a, 270 das höherrangige Gericht mit der Sache befasst werden, welches dann im Wege des § 265 die angeklagte Tat ausschöpft und das unmittelbar bei ihm anhängig gemachte Verfahren einstellt. Die Rspr. indes sieht eine **Verfahrensverbindung sui generis** vor, wodurch der von der StPO »an sich vorgegebene, aber umständliche Weg« über §§ 225a, 270, vermieden werde (BGHSt 36, 175, 182). Könne das später befasste Gericht die prozessuale Tat wegen seiner höheren sachlichen Zuständigkeit umfassender und nach allen rechtlichen Gesichtspunkten erschöpfend behandeln und aburteilen, solle es verpflichtet sein, das vor dem an sich zuerst befassten Gericht niederer Ordnung schwebende Verfahren einseitig an sich zu ziehen und die Tat einheitlich und umfassend nach allen rechtlichen Gesichtspunkten abzuurteilen (BGH NJW 1995, 2500; BGHSt 36, 175, 182). Hierzu ergehe ein förmlicher Verbindungsbeschluss als verfahrensgestaltender Akt eigener Art (BGHSt 36, 175, 186, 188; a.A. BayObLG NStZ 1989, 241; SK-StPO/*Weßlau/Weißer* § 12 Rn. 5; dazu Rdn. 4), und zwar – wenn das Problem bekannt ist – spätestens gleichzeitig mit dem weiteren Eröffnungsbeschluss (BGHSt 36, 175, 182 f.). Hierdurch werde das Verfahren bei dem Gericht niederer Ordnung beendet, ohne dass es zusätzlich eines Einstellungsbeschlusses bedürfe; die Rücknahme des Einspruchs gegen einen Strafbefehl gehe daher nach Verbindung durch das *LG* prozessual ins Leere (BGHSt 36, 175, 187 ff., 191).

3 Habe das höhere Gericht das zuerst eröffnete Verfahren nicht an sich gezogen, führe die Revision gegen dessen Urteil dann nicht zur Verfahrenseinstellung durch das Revisionsgericht, sondern zur Urteilsaufhebung und Zurückverweisung, wenn das höhere Gericht noch in der Lage sei, das Verfahrenshindernis durch die Verfahrensverbindung *sui generis* zu beseitigen (BGH NJW 1995, 2500 f.). Das gelte auch dann, wenn sich das zuerst eröffnete Verfahren im Berufungsrechtszug befindet, wobei eine zwischenzeitlich eingetretene horizontale **Teilrechtskraft** mit dem Argument sachlicher Unzuständigkeit durchbrochen werden könne (BGH NJW 1995, 2500, 2501; s.a. § 6 Rdn. 1), was bei einem auf die Rechtsfolge beschränkten Einspruch entsprechend gelte (BayObLG NStZ 1989, 241; a.A. *Kammerer* MDR 1990, 785, 786; KMR/*Fischer* § 12 Rn. 5; s. aber Rdn. 4).

4 Dieser Gesetzesfortbildung mangelt es an der notwendigen Lücke, da die zur Korrektur der sachlichen Unzuständigkeit vorgesehenen Verweisungsnormen eine ausreichende und abschließende Lösung enthalten (i. Erg. KMR/*Fischer* § 12 Rn. 5; s. Rdn. 2; krit. auch KK-StPO/*Scheuten* § 12 Rn. 6; Meyer-Goßner/*Schmitt* § 12 Rn. 2 u. 4). Ebenfalls verstößt es gegen § 12 Abs. 1, wenn das höhere Gericht kurzerhand eröffnet und das niedere Gericht einstellt (and. aber BayObLG NStZ 1989, 241; LR/*Erb* § 12 Rn. 20; *Kammerer* MDR 1990, 785, 786; KK-StPO/*Scheuten* § 12 Rn. 6; SK-StPO/*Weßlau/Weißer* § 12 Rn. 5; ähnl. Meyer-Goßner/*Schmitt* § 12 Rn. 2 u. 4). Davon abgesehen hat die Verbindungslösung Grenzen. Vorausgesetzt wird zunächst, dass das Gericht niederer Ordnung sich im Bezirk des höherrangigen Gerichts befindet (BGH NJW 1995, 2500 f.; BGHSt 36, 175, 181). Im Verhältnis zwischen speziellen und allgemeinen Spruchkörpern eines Gerichts spricht die lediglich funktionell verschiedene Zuständigkeit gegen eine Anwendung der Ver-

bindungslösung und für eine Verweisung nach § 225a Abs. 1 Satz 2 (s. Rdn. 2). Ist die erste Sache bereits rechtskräftig abgeschlossen, bleibt es nach beiden Lösungen bei dem Verfahrenshindernis (vgl. nur BGH NJW 1995, 2500, 2501), wenn der Strafklageverbrauch nicht selbst durch eine Relativierung der Reichweite der prozessualen Taten eingeschränkt wird.

B. Die Übertragung gem. § 12 Abs. 2. Die mit der Beschwerde unanfechtbare Entscheidung (KK-StPO/ 5 *Scheuten* § 12 Rn. 13) des gemeinschaftlichen oberen Gerichts hängt davon ab, dass eines der zuständigen Gerichte das Hauptverfahren bereits eröffnet hat (BGHSt 16, 391, 392). Das gilt ebenso für § 42 Abs. 3 JGG (OLG Hamm NStZ-RR 2013, 357). Im Strafbefehlsverfahren ist die Übertragung eines Verfahrens gem. § 12 Abs. 2 auf ein anderes Gericht erst zulässig, wenn die auf den rechtzeitigen Einspruch anberaumte Hauptverhandlung begonnen hat, denn bis dahin kann die StA gem. § 411 Abs. 3 Satz 1 und 2 die Klage ohne Zustimmung des Angeklagten zurücknehmen und eine neue Auswahlentscheidung treffen (BGH StraFo 2011, 218; BGH NStZ 2004, 449; BGHSt 26, 374 f.), das gilt ebenso für § 42 Abs. 3 JGG (BGH StraFo 2011, 218; BGHSt 13, 186, 389) und das Bußgeldverfahren (BGH NStZ 2003, 558). § 12 Abs. 2 gilt aber nicht mehr, sobald ein erstinstanzliches Urteil ergangen ist (BGH NStZ-RR 2018, 218 f.; *Hanack* JZ 1971, 89, 90; KK-StPO/*Scheuten* § 12 Rn. 9), egal ob im Rechtsmittel verhandelt wird oder zurückverwiesen worden ist (KMR/*Fischer* § 12 Rn. 12); möglich soll aber § 237 bleiben (*Hanack* JZ 1971, 89, 90). Im beschleunigten Verfahren ist § 12 Abs. 2 wegen Zweckwidrigkeit unzulässig, ebenso bei § 76 JGG (BGHSt 12, 180, 181 ff.; HK-StPO/*Zöller* § 12 Rn. 12; KK-StPO/*Scheuten* § 12 Rn. 11).

Das Verfahren kann nur einem Gericht übertragen werden, das bei Eröffnung des Hauptverfahrens zuständig 6 gewesen wäre (BGHSt 16, 391, 392). Die Untersuchung und Entscheidung kann nicht einem Gericht übertragen werden, dessen Zuständigkeit bei Eröffnung des Hauptverfahrens aufgrund Sachzusammenhangs nach § 13 Abs. 1 hätte begründet werden können, wenn dieser Sachzusammenhang nicht mehr besteht (BGHSt 16, 391, 392). § 12 Abs. 2 gilt entsprechend für den Fall, dass sich nach Zuständigkeitsbestimmung gem. § 13a ein Gerichtsstand nach §§ 7 bis 10 herausstellt (BGHSt 10, 255, 258 f.). Eine mehrfache Übertragung ist einschließlich der Rückübertragung an das zuerst befasste Gericht möglich (KK-StPO/*Scheuten* § 12 Rn. 10; Meyer-Goßner/*Schmitt* § 12 Rn. 8).

Die Übertragung bedarf mit Blick auf die eingetretene *perpetuatio fori* **triftiger Gründe** (*Joecks* § 12 7 StPO Rn. 5; KK-StPO/*Scheuten* § 12 Rn. 10), insb. *erheblicher* Zweckmäßigkeitsgründe (OLG Hamm Beschl. v. 19.03.2009 – 3 [s] Sbd I – 3/09, juris). Die Entscheidungskriterien der StA sind grds. zu berücksichtigen; doch im Unterschied zu § 42 Abs. 3 Satz 1 JGG ist keine Eingrenzung der Gründe vorgesehen. Es ist unzweckmäßig, einem Angeklagten die Anreise zu ersparen, wenn dadurch schwerer wiegende Belastungen für Mitangeklagte (BGH wistra 1998, 307), andere Verfahrensbeteiligte oder Zeugen entstehen. Bei gesundheitlichen Beeinträchtigungen der Reisefähigkeit kommt es auf deren Maß an (BGH wistra 1998, 307). Dabei bedarf die Annahme einer Beeinträchtigung der Durchführung der Hauptverhandlung durch Belastungen der Reise konkreter Anhaltspunkte, wobei auch die Art der Terminierung zu berücksichtigen ist (BGH wistra 1998, 307). Bei Reiseunfähigkeit ist eine Verhandlung außerhalb des Bezirks in Betracht zu ziehen (s. § 7 Rdn. 4), wozu bei Zuständigkeit eines anderen Gerichts weniger Anlass bestehen wird als im Fall des § 15 (s. § 15 Rdn. 3). Bei Übertragung eines umfangreichen Verfahrens ist zu berücksichtigen, dass die erforderliche Einarbeitungszeit des Gerichts zu einer Verlängerung des Verfahrens beitragen kann (BGH wistra 1998, 307); doch kommt es darauf nicht an, wenn der alleinige Angeklagte die Übertragung begehrt, da der sog. Beschleunigungsgrundsatz in erster Linie ihn selbst schützt.

§ 13 Gerichtsstand bei zusammenhängenden Strafsachen

(1) Für zusammenhängende Strafsachen, die einzeln nach den Vorschriften der §§ 7 bis 11 zur Zuständigkeit verschiedener Gerichte gehören würden, ist ein Gerichtsstand bei jedem Gericht begründet, das für eine der Strafsachen zuständig ist.

(2) [1]Sind mehrere zusammenhängende Strafsachen bei verschiedenen Gerichten anhängig gemacht worden, so können sie sämtlich oder zum Teil durch eine den Anträgen der Staatsanwaltschaft entsprechende Vereinbarung dieser Gerichte bei einem unter ihnen verbunden werden. [2]Kommt eine solche Vereinbarung dieser Gerichte nicht zustande, so entscheidet, wenn die Staatsanwaltschaft oder ein Angeschuldigter hierauf anträgt, das gemeinschaftliche obere Gericht darüber, ob und bei welchem Gericht die Verbindung einzutreten hat.

(3) In gleicher Weise kann die Verbindung wieder aufgehoben werden.

1 **A. Der Gerichtsstand des Zusammenhangs.** Der Gerichtsstand des § 13 Abs. 1 ist gesetzlich begründet und den anderen Gerichtsständen grds. gleich geordnet, aber im Ergebnis von einer Verfahrensverbindung abhängig und ohne eine solche sinnlos (unzutr. OLG Koblenz NStZ-RR 2011, 209 f.). § 13 Abs. 1 setzt voraus, dass für jede der Sachen bereits ein inländischer Gerichtsstand besteht (BGH NJW 1992, 1635). Die auf § 13 Abs. 1 beruhende Zuständigkeit bleibt erhalten (s. aber § 13 Abs. 3), wenn der Grund der Verbindung nach Eröffnung des Hauptverfahrens wegfällt (BGH NStZ 2004, 100), doch im Zwischenverfahren gilt die *perpetuatio fori* nicht (OLG Zweibrücken NJW 1979, 827; *Hanack* JZ 1971, 89, 91; a.A. OLG München NJW 1969, 148 ff.). Wird ein Verfahren rechtskräftig beendet, bevor das auf § 13 gestützte Verfahren eröffnet ist, entfällt die örtliche Zuständigkeit aus § 13 Abs. 1 (wohl BGH NStZ 1988, 371, 372). Ebenso kann nach § 12 Abs. 2 eine Übertragung nur dann unter Bezug auf § 13 erfolgen, wenn der Zusammenhang tatsächlich noch vorhanden ist (s. § 12 Rdn. 6).

2 In der Revision kommt es für den Zusammenhang i.S.d. § 3 auf die tatsächlichen Annahmen an, die den Beschuldigungen bei Erhebung der Anklage und bei Eröffnung des Hauptverfahrens zugrunde lagen, und nicht auf die Feststellungen, die als Ergebnis des durchgeführten Hauptverfahrens getroffen worden sind (BGH NJW 1993, 2819, 2820).

3 **B. Die Verbindung gem. § 13 Abs. 2.** Die gem. § 13 Abs. 2 Satz 1 statthafte Vereinbarung der örtlich zuständigen Gerichte gleicher Ordnung setzt zwingend voraus, dass ihr **übereinstimmende Anträge** der StA zugrunde liegen, denn die Wahl des Gerichtsstandes ist Sache der StA (BGHSt 21, 247, 248 f.; BGHSt 9, 222, 223). Es genügt die ausdrückliche Zustimmung zu der Verbindung (BGH Beschl. v. 15.05.2002 – 2 ARs 127/02, juris; BayObLG NJW 1957, 1329); eine Entscheidung des GBA gem. § 143 Abs. 3 GVG scheidet wegen Vorrangs von § 13 Abs. 2 Satz 1 aus (vgl. auch KMR/*Fischer* § 13 Rn. 8; a.A. *Kern* JZ 1956, 723, 724 f.). Die **Vereinbarung** der Gerichte besteht in einem förmlichen Abgabebeschluss und einem darauf folgenden förmlichen Übernahmebeschluss (BGH Beschl. v. 15.05.2002 – 2 ARs 127/02; BayObLG NJW 1960, 2015). Möglich soll die Verbindung aber **nur bis zum Erlass des Urteils erster Instanz** sein, da anderenfalls in die Zuständigkeit des Rechtsmittelgerichts eingegriffen werde (BGHSt 25, 51, 53 f.; BGHSt 19, 177 ff.; OLG Düsseldorf MDR 1985, 1048; offen BayObLG NJW 1960, 2015; s. aber § 4 Rdn. 11 ff.), woran die Zurückverweisung nach § 354 Abs. 2 nichts ändere (Meyer-Goßner/*Schmitt* § 13 Rn. 5a). Doch das scheint nicht zwingend, da eine Verbindung *vor* dem ersten Urteil die Zuständigkeit des Rechtsmittelgerichts ebenso beeinflussen kann (s.a. LR/*Erb* § 13 Rn. 13 sowie § 4 Rn. 11 ff.). Betrifft die Verbindung neben der örtlichen auch die **sachliche Zuständigkeit**, greift ausschließlich § 4 Abs. 2, wenn nicht die Gerichte alle zum Bezirk des ranghöheren Gerichts gehören (BGH NStZ-RR 2021, 251 m.w.N.; s. a. § 4 Rdn. 20). Bei Jugend- und Erwachsengerichten gleicher Ordnung soll aber § 13 Abs. 2 Satz 1 über § 103 Abs. 1 entsprechend gelten und § 4 Abs. 2 ausscheiden (BayObLG NJW 1960, 2015; BayObLG NJW 1957, 1329).

4 Voraussetzung der Entscheidung des gemeinschaftlichen oberen Gerichts nach § 13 Abs. 2 Satz 2 ist ebenfalls, dass die beteiligten StAen zuvor übereinstimmende Anträge auf eine auf Verfahrensverbindung abzielende Vereinbarung der beteiligten Gerichte gestellt haben oder dieser zustimmen. Fehlt es daran, ist dem gemeinschaftlichen oberen Gericht eine Entscheidung nach § 13 Abs. 2 Satz 2 verwehrt (BGH NStZ-RR 2010, 51; BGH NStZ-RR 2005, 77; BGH NStZ 2004, 688; BGH NStZ-RR 2003, 173; BGHSt 21, 247, 248 f.; a.A. BGHSt 9, 222, 223 f. m. abl. Anm. *Kern* JZ 1956, 723 ff.); doch bemerkenswert ist, dass ein entsprechendes Erfordernis in § 4 nicht besteht (vgl. BGHSt 9, 222, 224), der Vorrang hat, wenn neben der örtlichen auch die sachliche Zuständigkeit betroffen ist (s. Rdn. 3). Antragsberechtigt gem. § 13 Abs. 2 Satz 2 ist aber ausdrücklich auch der Angeschuldigte, sodass es in diesem Fall auf die StA nicht ankommt. Von den beteiligten Gerichten kann – im Unterschied zu § 4 Abs. 2 – das gemeinschaftliche obere Gericht nicht angerufen werden (BGH NStZ-RR 2003, 173).

5 **C. Rechtsmittel.** Kann eine abgetrennte Strafsache den Gerichtsstand aus § 13 Abs. 1 begründet haben, sollen die Abtrennung und die zuständigkeitsrelevanten Umstände dieser Sache gem. § 344 Abs. 2 Satz 2 mitzuteilen sein (BGH NJW 1993, 2819; s.a. § 7 Rdn. 12). Wird eine der formellen Voraussetzungen von § 13 Abs. 2 Satz 1 oder 2 nicht eingehalten, ist die **Verbindung unwirksam** (vgl. BGHSt 36, 313, 314 [Antrag]; BayObLG NJW 1960, 2015 [Übernahmebeschluss]; s.a. § 4 Rdn. 28 ff.), jedoch steht die Rüge örtlicher Unzuständigkeit unter dem Vorbehalt von § 16. Mit der Beschwerde ist die Entscheidung des gemeinschaftlichen oberen Gerichts nicht anfechtbar (KK-StPO/*Scheuten* § 13 Rn. 8), anders aber der für Abs. 2 Satz 1 notwendige abgebende und übernehmende Beschluss des jeweiligen Gerichts (OLG Nürnberg MDR 1965,

678), wobei das erkennende Gericht ausgeschlossen sein soll (Meyer-Goßner/*Schmitt* § 13 Rn. 8; diff. LR/*Erb* § 13 Rn. 21).

§ 13a Zuständigkeitsbestimmung durch den Bundesgerichtshof

Fehlt es im Geltungsbereich dieses Bundesgesetzes an einem zuständigen Gericht oder ist dieses nicht ermittelt, so bestimmt der Bundesgerichtshof das zuständige Gericht.

Wenn deutsches Strafrecht anwendbar ist, aber kein gesetzlicher Gerichtsstand begründet ist, schafft der BGH einen solchen gem. § 13a 1. Alt. durch Beschluss (vgl. etwa BGH NStZ-RR 2020, 320; NStZ-RR 2014, 278 f.; BGH NStZ-RR 2013, 253). Dessen Anwendbarkeit ist aber erst dann eröffnet, wenn die Anwendung der §§ 7–11a, 13 oder sonstiger gesetzlicher Bestimmungen über die örtliche Zuständigkeit unter keinem Gesichtspunkt zur Begründung eines Gerichtsstands führt und auch nicht anhand teleologischer Erwägungen durch die erweiterte Auslegung einer gesetzlichen Bestimmung begründet werden kann (BGH NStZ-RR 2018, 218 f.). § 13a 2. Alt. steht in besonderem Maße in einem Spannungsverhältnis zur abstrakten Bestimmung des gesetzlichen Richters (s. § 1 Rdn. 1), denn grds. ist die Entscheidung des *BGH* nicht davon abhängig, ob ein Gerichtsstand tatsächlich ermittelt werden kann, sondern maßgeblich ist vielmehr, dass ein solcher (noch) nicht ermittelt worden ist (BGHSt 10, 255, 257 f.). Wortlaut und *ratio* der Norm gehen erkennbar dahin, die Entscheidung und Durchführung auch solcher Strafverfahren zu sichern, in denen ein nach den §§ 7 bis 10 begründeter Gerichtsstand nicht ohne nähere Erhebungen feststellbar ist (BGHSt 53, 265, 266; BGHSt 10, 255, 257 f.). Dazu muss in einem möglichst frühen Abschnitt des Verfahrens ein zuständiges Gericht und mit diesem zugleich die zuständige Strafverfolgungsbehörde (s. § 1 Rdn. 5) bestimmt und verpflichtet werden, die notwendigen Erhebungen in der erforderlichen Weise zu betreiben (BGHSt 10, 255, 257 f.). Parallel statuiert nun § 143 Abs. 1 S. 2 GVG eine Zuständigkeit der zuerst mit der Sache befassten StA. Doch mit Blick auf Art. 101 Abs. 1 Satz 2 ist ein **ernsthaftes Bemühen um Gerichtsstandsermittlung** (HK-StPO/*Zöller* § 13a Rn. 2; auch KMR/*Fischer* § 13a Rn. 5) und dessen Darlegung als Zulässigkeitsvoraussetzung zu verlangen, um §§ 7 ff. nicht schon im Ausgangspunkt auszuhöhlen, was ebenso für § 143 Abs. 1 S. 2 GVG gilt (vgl. zum Verhältnis der Normen zueinander BGH NStZ-RR 2020, 320). 1

Gelingt es später, einen gesetzlich bestimmten Gerichtsstand zu ermitteln, so wird dadurch der nach § 13a bestimmte Gerichtsstand nicht hinfällig, vielmehr ist mit § 13a ein weiterer Gerichtsstand begründet worden, der selbstständig neben die gesetzlich vorgesehenen Gerichtsstände tritt (BGHSt 10, 255, 257 f. sowie § 12 n.F.). Doch kann die Strafsache in entsprechender Anwendung des § 12 Abs. 2 von einem nach § 13a bestimmten Gericht auf ein anderes örtlich zuständiges Gericht übertragen werden (BGHSt 10, 255, 258 f.). 2

Formell ist ein Antrag nicht vorgesehen, doch wird der *BGH* selten aus eigener Initiative durch Begründung örtlicher Zuständigkeit das Legalitätsprinzip für eine StA konkretisieren. Der Kreis auftretender Antragsteller ist weit, es wurden Ersuchen entgegengenommen von der Bundesanwaltschaft (BGHSt 10, 255 f.), von einer ihre Unzuständigkeit geltend machenden StA sowie von einem Beschuldigten (BGHSt 10, 255, 256). Materiell stellt der *BGH* eine Beurteilung der Zweckmäßigkeit an, wobei den gesetzlichen Gerichtsständen eine Leitbildfunktion zukommt. 3

Der *BGH* nimmt hinsichtlich der betreffenden Tat keine sachliche Prüfung vor (BGHSt 18, 19 ff.; *Hanack* JZ 1971, 89, 91), doch mag die Entscheidung mangels Rechtsschutzbedürfnis bei einer offenkundig sinnlosen Gerichtsstandsbestimmung abgelehnt werden (KK-StPO/*Scheuten* § 13a Rn. 5; LR/*Erb* § 13a Rn. 6; restriktiv *Jescheck* JZ 1963, 564 f.). Erforderlich für eine Entscheidung nach § 13a ist eine durch Sachverhaltsmerkmale wie Ort, Zeit und Art der Ausführung sowie durch Bezeichnung eines bestimmten Täters konkretisierte und individualisierte Tat im prozessualen Sinne als Bezugsgegenstand des Verfahrens (BGH BeckRS 2020, 10797 Rn. 3). Der Beschluss ist weder anfechtbar (s. § 304 Abs. 4 Satz 1) noch einer Änderung durch den *BGH* selbst zugänglich (BGH NStZ-RR 2003, 268). Indessen erscheint zwecks Sicherung rechtlichen Gehörs eine Gesamtanalogie zu §§ 33a, 311a, 356a geboten, soweit nicht § 33a StPO im Einzelfall den § 33 Abs. 4 aushöhlt. 4

Das Todesermittlungsverfahren gem. § 159 ist ein Beweissicherungs- und Vorprüfungsverfahren, das nicht an den Verdacht einer Straftat knüpft und somit kein Ermittlungsverfahren i.S.v. § 160 (s. § 159 Rdn. 1), daher scheidet § 13a aus (BGH NStZ-RR 2018, 185 f.). Mangels eines (ermittelten) Gerichts ist gem. § 143 Abs. 1 Satz 2 GVG stets die erstbefasste StA örtlich zuständig und wendet sich für gerichtliche Untersuchungshandlungen gem. § 162 Abs. 1 Satz 1 an das Amtsgericht ihres Sitzes (BGH NStZ-RR 2018, 185 f.). 5

§ 14 Zuständigkeitsbestimmung durch das gemeinschaftliche obere Gericht

Besteht zwischen mehreren Gerichten Streit über die Zuständigkeit, so bestimmt das gemeinschaftliche obere Gericht das Gericht, das sich der Untersuchung und Entscheidung zu unterziehen hat.

1 Die Norm löst – ergänzt durch § 19 – den örtlichen Zuständigkeitsstreit (s. § 1 Rdn. 17 ff.) durch Entscheidung des gemeinschaftlichen oberen Gerichts, was nur mit einem § 121 Abs. 2 GVG entsprechenden förmlichen Vorlagebeschluss begehrt werden kann, wenn der Spruchkörper nicht nach dem GVG nur aus einem Richter besteht (OLG Düsseldorf NStZ 2000, 609; LR/*Erb* § 14 Rn. 7; a.A. LG Zweibrücken NStZ-RR 2005, 153 f.). Die Anrufung kann auch durch einen Rechtspfleger erfolgen, etwa bei Zuständigkeitsstreit im Kostenfestsetzungsverfahren (OLG Brandenburg NStZ-RR 2010, 263 f.; Meyer-Goßner/*Schmitt* § 14 Rn. 3; a.A. BGH Beschl. v. 27.11.2018 – 2 ARs 314/18, juris). Das nach einer landesrechtlichen Zuständigkeitskonzentration für Rechtsmittel zuständige Gericht ist gemeinschaftliches oberes Gericht im Sinne des § 14 (BGH StraFo 2013, 375).

2 Die Bestimmung eines Gerichtsstandes unterbleibt, wenn sich die Zuständigkeit eines bisher am Zuständigkeitsstreit nicht beteiligten Gerichtes ergibt (BGH NStZ-RR 2002, 26; NStZ-RR 2000, 83; NStZ-RR 1996, 56; BGHSt 26, 162, 164) bzw. keines der bislang beteiligten Gerichte zuständig ist (BGH BeckRS 2020, 7737 Rn. 6; NStZ 2012, 405; NStZ 2001, 110; NStZ 1997, 225 f.). Auch wenn es nur um die Auswahlentscheidung der StA geht, greift § 14 grds. nicht, sondern es ist über § 12 Abs. 2 nach einer Lösung zu suchen (vgl. BGH NStZ 2008, 695). Über die örtliche Zuständigkeit erster Instanz hinaus gilt § 14 auch bei Streit um die Rückübernahme einer gem. § 58 Abs. 3 JGG übertragenen Sache (BGH NStZ 1987, 87) sowie im Strafvollstreckungsverfahren (s. nur BGH NStZ-RR 2022, 159 f.; NStZ-RR 2015, 58 f.; BGH NStZ-RR 2013, 389 f.; BGH NJW 1976, 249; BGHSt 26, 162 ff.; BayObLG NJW 1955, 601; OLG Düsseldorf NStZ 2000, 609; OLG Frankfurt NStZ-RR 1996, 155; ThürOLG Beschl. v. 06.10.2009 – 1 AR [S] 65/09, juris), solange es sich um richterliche Tätigkeit und nicht um Aufgaben der Justizverwaltung handle (BGH StraFo 2014, 523). Dementsprechend gilt § 14 bspw. nicht für Streitigkeiten über die Zuständigkeit für die Einleitung der Vollstreckung einer Jugendstrafe (BGH NStZ-RR 2020, 290; BGH BeckRS 2021, 596 Rn. 9).

3 Die §§ 14, 19 greifen analog in allen Fällen, in denen anderenfalls Verfahrensstillstand eintreten würde, weil sich das (sachlich oder funktionell) zuständige Gericht nicht auf andere Weise bestimmen lässt (BGHSt 39, 162, 163; BGHSt 31, 183, 184; BGH BeckRS 2020, 46584 Rn. 10; für Schifffahrtssachen s. OLG Hamm BeckRS 2020, 9149; s. a. § 1 Rdn. 14 ff.). Dazu kann es u.a. kommen bei Streit über die Wirksamkeit einer Verweisung (vgl. nur BGHSt 36, 313, 314; OLG Hamm BeckRS 2020, 26371 Rn. 9; OLG Stuttgart NStZ 1995, 248 f.; s.a. § 1 Rdn. 15) oder einer Verfahrensverbindung (s. § 4 Rdn. 28); auch bei der Abgrenzung zwischen Berufungs- und Beschwerdekammer in Haftsachen (OLG Frankfurt NStZ-RR 1996, 302), bei Haftbefehlen im gemeinsamen Bereitschaftsdienst mehrerer Amtsgerichte (LG Arnsberg StraFo 2015, 66 f.) oder bzgl. des Kostenfestsetzungsverfahrens nach Zurückweisung an ein Gericht niederer Ordnung gem. § 354 Abs. 3 (KG NStZ-RR 2014, 160). Vorrang hat aber eine Analogie zu spezielleren Normen des Kompetenzstreits, vgl. die sog. Kompetenz-Kompetenz besonderer Kammern und der Jugendgerichte (s. § 1 Rdn. 32, 38 f.) sowie § 348 (s. § 1 Rdn. 23). Kein Fall der analogen Anwendung der §§ 14, 19 ist die Zuständigkeitsstreitigkeit zwischen allg. Strafkammer und Wirtschaftsstrafkammer; Kompetenzstreitigkeiten innerhalb der landgerichtlichen Zuständigkeit sind entsprechend den Regeln, die für das Verfahren im ersten Rechtszug gelten, zu lösen (KK-StPO/*Zabeck*, § 309 Rn. 1; a.A. OLG München JR 1980, 77). Über § 46 OWiG gilt § 14 auch dort (LG Arnsberg wistra 2009, 368).

§ 15 Gerichtsstand kraft Übertragung bei Hinderung des zuständigen Gerichts

Ist das an sich zuständige Gericht in einem einzelnen Falle an der Ausübung des Richteramtes rechtlich oder tatsächlich verhindert oder ist von der Verhandlung vor diesem Gericht eine Gefährdung der öffentlichen Sicherheit zu besorgen, so hat das zunächst obere Gericht die Untersuchung und Entscheidung dem gleichstehenden Gericht eines anderen Bezirks zu übertragen.

1 Die Norm verhindert einen Verfahrensstillstand, indem das zunächst obere Gericht die Sache bei Vorliegen der Voraussetzungen zwingend einem Gericht überträgt, das seinem Bezirk angehört. Soll ein *LG* außerhalb des Bezirks des übergeordneten *OLG* gewählt werden, so muss das Gericht entscheiden, das sowohl dem verhinderten wie auch dem zu beauftragenden Gericht übergeordnet ist, mithin der *BGH* (BGH NStZ 2007, 475). § 15 gilt in allen Instanzen (*Hanack* JZ 1971, 89, 91; KK-StPO/*Scheuten* § 15 Rn. 1). Die Prüfung erfolgt von Amts wegen und daher auch auf Anregung eines am Verfahren nicht beteiligten Dritten (BGHSt 47, 275, 276). Mit der Entscheidung wird das beauftragte Gericht örtlich zuständig, und bleibt dies auch bei Wegfall des Hindernisses (Meyer-Goßner/*Schmitt* § 15 Rn. 7). Die Entscheidung ist nicht mit der Beschwerde

anfechtbar (OLG Celle NJW 1957, 73; KK-StPO/*Scheuten* § 15 Rn. 7), doch soll die Übertragung in der gleichen Form wieder zurückgenommen werden können (Meyer-Goßner/*Schmitt* § 15 Rn. 7).

Durch die Übertragung an ein nach §§ 7 ff. eigentlich nicht zuständiges Gericht berührt die Entscheidung 2 nach § 15 das mit Verfassungsrang ausgestattete Prinzip des gesetzlichen Richters und ist restriktiv auszulegen (BGH, Beschl. v. 09.12.2021 – 2 Ars 234/21, juris; BGHSt 47, 275, 276). Die **rechtliche Verhinderung** liegt nur vor, wenn so viele Richter – einschließlich ihrer Vertreter – ausgeschlossen (§ 22) oder abgelehnt (§ 24) und die Ablehnungen für begründet erklärt worden sind (§ 28 Abs. 1), dass das Gericht nicht mehr ordnungsgemäß besetzt (§ 27 Abs. 4) werden kann. Also ist zunächst das **Ablehnungsverfahren** durchzuführen und allein die unabhängig davon bestehende Gefahr, dass das gesamte Gericht voreingenommen ist, genügt nicht (BGH wistra 2009, 446; BGH NStZ 2007, 475). Bei erfolgter Zurückverweisung gem. § 354 Abs. 2 soll das Fehlen einer Auffangstrafkammer kein rechtliches oder tatsächliches Hindernis darstellen, solange die Bildung einer weiteren **Auffangstrafkammer** möglich sei, was durch Änderung des Geschäftsverteilungsplanes geschehen könne (BGH bei *Pfeiffer* NStZ 1985, 204; OLG München MDR 1977, 1037 f.; OLG Rostock NStZ-RR 2010, 243 f.; s.a. § 1 Rdn. 20 sowie *Benz* MDR 1976, 805 ff.; a.A. KMR/*Fischer* § 15 Rn. 4), und entspr. für § 210 Abs. 3 gelte (OLG Oldenburg NJW 1985, 2658), doch jedenfalls einige Detailfragen aufwirft (*P. Müller* MDR 1978, 337; *Rieß* JR 1978, 302 ff.). Weil aber hiermit ein Gericht seine Geschäftsverteilung gezielt für ein konkretes Verfahren ordnen würde, erscheint der Weg über § 15 mit der ihm eigenen, größeren Anonymität mit Blick auf die Vermeidung des bloßen Verdachts von Manipulationen bei Zuordnung des gesetzlichen Richters vorzugswürdig.

Die **tatsächliche Verhinderung** greift nicht zwingend bei Reiseunfähigkeit. § 15 ist nicht schon deshalb 3 gegeben, weil ein an multipler Sklerose leidender, schwerbehinderter Angeklagter laut Gutachten des Gerichtsarztes nur für den Gerichtsbezirk als verhandlungsfähig anzusehen ist, in welchem er (nunmehr) seinen Wohnsitz hat, da das zuständige Gericht nicht gehindert ist, die **Hauptverhandlung außerhalb seines Bezirks** durchzuführen, was in seinem tatrichterlichen Ermessen steht (BGHR StPO, § 15 Verhinderung 1; s.a. § 7 Rdn. 4). Erst wenn das Gericht ausdrücklich und ohne Ermessensfehler von einer Verhandlung außerhalb des eigenen Bezirks absieht, ist § 15 eröffnet (BGH Beschl. v. 19.07.2006 – 2 ARs 286/06, juris; BGHSt 22, 250).

Wegen Art. 101 Abs. 1 Satz 2 GG genügt für § 15 2. Alt. nur eine solche **Gefahr für die öffentliche Sicherheit**, die aufgrund ihres Grades und des Ausmaßes der drohenden Schäden eine Situation begründet, die dem Fall der Verhinderung des zuständigen Gerichts vergleichbar ist und eine nachteilige Rückwirkung auf die Unbefangenheit der zur Urteilsfindung berufenen Personen ausüben kann (BGHSt 47, 275, 276). Dabei reicht es nicht aus, dass die Gefährdung mit der Durchführung des Verfahrens in irgendeiner Weise in Zusammenhang steht, sondern es muss die Gefahr ihren Ursprung gerade in der Durchführung vor dem an sich zuständigen Gericht haben. Problematisch ist deshalb die Gefahr eines terroristischen Anschlags, die in ihrem Grad und ihrem Ausmaß nicht davon abhängt, ob die Verhandlung vor diesem oder jenem Gericht durchgeführt wird (BGHSt 47, 275, 277). Es wäre nicht richtig, einen Personenkreis zu schützen, um einen anderen zu gefährden. Bei terroristischen Gefahren ist die Verhandlung erforderlichenfalls in ein besonders gesichertes Areal oder Gebäude zu verlegen, was auch Orte außerhalb des Gerichtsbezirks einschließt; es liefe §§ 15, 7 ff. zuwider, Verfahren mit gesteigertem Sicherheitsrisiko an solche Gerichte zu verwiesen, denen bereits besonders gesicherte Einrichtungen zur Verfügung stehen (BGHSt 47, 275, 278; LR/*Erb* § 15 Rn. 9 Fn. 20). 4

§ 16 Prüfung der örtlichen Zuständigkeit; Einwand der Unzuständigkeit

(1) [1]Das Gericht prüft seine örtliche Zuständigkeit bis zur Eröffnung des Hauptverfahrens von Amts wegen. [2]Danach darf es seine Unzuständigkeit nur auf Einwand des Angeklagten aussprechen. [3]Der Angeklagte kann den Einwand nur bis zum Beginn seiner Vernehmung zur Sache in der Hauptverhandlung geltend machen.

(2) [1]Ist Anklage von der Europäischen Staatsanwaltschaft erhoben worden, so prüft das Gericht auf Einwand des Angeklagten auch, ob die Europäische Staatsanwaltschaft gemäß Artikel 36 Absatz 3 der Verordnung (EU) 1939/2017 des Rates vom 12. Oktober 2017 zur Durchführung einer Verstärkten Zusammenarbeit zur Errichtung der Europäischen Staatsanwaltschaft (EUStA) (ABl. L 283 vom 31.10.2017, S. 1) befugt ist, vor einem Gericht im Geltungsbereich dieses Gesetzes Anklage zu erheben. [2]Absatz 1 Satz 3 gilt entsprechend.

Nach Eröffnung des Hauptverfahrens ist das Gericht auch im Fall des § 210 Abs. 3 auf entspr. Einwand zur 1 Prüfung seiner örtlichen Zuständigkeit befugt und verpflichtet (BGHSt 26, 191, 192 f.; BGH NJW 1988, 150). Der Einwand bedarf keiner Begründung (OLG Köln StV 2004, 314), doch kann der Angeklagte diesen gem. § 16 Satz 3 nur bis zum Beginn seiner Vernehmung zur Sache in der erstmaligen Hauptverhandlung geltend machen, also gem. § 243 Abs. 5 Satz 1 u. 2 spätestens im Anschluss an die Erklärung zu seiner Aussagebereitschaft (BGH NStZ 1984, 129; s. § 6a Rdn. 4). Das gelte auch dann, wenn die relevanten Umstände noch nicht bekannt gewesen sind oder erst später eintreten (BGHSt 30, 187 f.; s. § 6a Rdn. 4 ff.). Andererseits ist es unschädlich, wenn sich der Angeklagte der vorherigen Rüge eines anderen Angeklagten nicht bei Gelegenheit des dazu gem. § 33 Abs. 1 StPO gewährten Gehörs angeschlossen hat (str., vgl. § 6a Rdn. 4). Im (seltenen) Fall eines örtlich unzuständigen Berufungs- oder Revisionsgerichts gilt § 16 weder direkt noch entsprechend (HK-StPO/*Zöller* § 16 Rn. 5; LR/*Erb* § 16 Rn. 20; a.A. Meyer-Goßner/*Schmitt* § 16 Rn. 6). Die aus § 462a Abs. 1 S. 1 folgende örtliche Zuständigkeit der Strafvollstreckungskammer ist zwingend und nicht den Einschränkungen des § 16 unterworfen (OLG Bamberg OLGSt StPO § 462a Nr. 25).

2 Bei Unzuständigkeit ist eine Verweisung aufgrund des Wahlrechts der StA nicht statthaft und unwirksam (BGH NStZ-RR 2918, 218; s. auch § 1 Rdn. 17 ff.), doch soll eine Heilung durch Zustimmung der StA und entsprechenden Eröffnungsbeschluss möglich sein (OLG Braunschweig GA 1962, 284; OLG Karlsruhe GA 1977, 58; KMR/*Fischer* § 16 Rn. 11; LR/*Erb* § 16 Rn. 10). Gegen die Ablehnung der örtlichen Zuständigkeit durch Beschluss ist die Beschwerde statthaft (Meyer-Goßner/*Schmitt* § 16 Rn. 8). Wird die ablehnende Entscheidung rechtskräftig, so entfaltet sie eine Sperrwirkung für die Zukunft in dem Sinne, dass wegen dieser Tat (§ 264) jedenfalls vor diesem Gericht keine Anklage mehr erhoben werden kann (BGH NStZ 1988, 371; BGHSt 18, 1, 5). Hält sich das Gericht hingegen für zuständig, ist dies nur mit der Revision unter Erhebung einer entsprechend ausgeführten Verfahrensrüge angreifbar, an deren Vollständigkeit hohe Anforderungen gestellt werden (s. § 7 Rdn. 12).

3 Problematisch ist, was der Prüfung der örtlichen Zuständigkeit zugrunde zu legen ist. Indem die Prüfung von Amts wegen nur bis zur Eröffnung des Zwischenverfahrens stattfinden kann, solle das Tatgericht insofern allein die Behauptungen der Anklage zugrunde legen, ohne vollständig den hinreichenden Tatverdacht zu prüfen, sondern lediglich tatsächliche Zweifel im Kontext der Verfahrensvoraussetzung (bspw. Sitz einer Gesellschaft) ausräumen (HansOLG Beschl. v. 22.04.2015 – 1 Ws 47/15, juris). Konsequent wäre dann auch das Revisionsgericht auf diesen Maßstab beschränkt.

4 Abs. 2 ist zum 17.07.2020 mit dem Gesetz zur Durchführung der Verordnung (EU) 1939/2017 des Rates vom 12.10.2017 zur Durchführung einer Verstärkten Zusammenarbeit zur Errichtung der Europäischen Staatsanwaltschaft und zur Änderung weiterer Vorschriften (BGBl. I 2020, S. 1648) eingefügt worden. Entscheidet sich die EuStA für eine Anklage in Deutschland, hat das Gericht, zu dem die Anklage erhoben wird, nach Maßgabe des Abs. 1 zunächst seine örtliche Zuständigkeit zu prüfen (BT-Drs. 19/17963, S. 62). Die EuStA hat hinsichtlich des örtlich zuständigen Gerichts innerhalb Deutschlands keine Wahlfreiheit. Es gelten die allgemeinen Regelungen, vgl. Art. 36 Abs. 5 EUStA-VO.

5 Erhebt der Angeklagte den Einwand nach Abs. 1 Satz 2, umfasst die Prüfung des Gerichts neben der örtlichen Zuständigkeit des Gerichts auch die Frage nach der Anklageberechtigung der EuStA in Deutschland. Die Rüge betrifft allein die Frage der **örtlichen** Zuständigkeit der EuStA (Graf/*Bachler* § 16 Rn. 4), nicht auch die nach deren sachlicher Zuständigkeit; insofern gelten die allg. Grundsätze. Maßstab der Prüfung nach Rüge ist Art. 36 Abs. 3 EUStA-VO; die Möglichkeit der Anklageerhebung in einem anderen Mitgliedstaat ist zu berücksichtigen; Art. 26 Abs. 4 EUStA-VO bestimmt die maßgeblichen Kriterien (BT-Drs. 19/17963, S. 62). Abs. 2 Satz 2 stellt klar, dass die Rügepräklusion des Abs. 1 Satz 3 auch insoweit gilt. Der Einwand kann auch schon im Eröffnungsverfahren und somit vor der Entscheidung über die Eröffnung erhoben werden (BT-Drs. 19/17963, S. 63), ist dann aber rechtzeitig zu wiederholen (s. § 6a Rdn. 5). In Fällen, in denen mehrere Angeklagte am Verfahren beteiligt, ist nach zutr. Auffassung jeder Angeklagte berechtigt, den Einwand bis zum Beginn seiner eigenen Vernehmung zu erheben, auch wenn der andere bereits nach § 33 gehört wurde (str., s. § 6a Rdn. 4). Nach Art. 42 Abs. 2 lit. a EUStA-VO entscheidet der **EuGH**, wenn die Frage der Rechtmäßigkeit der Anklageentscheidung der Europäischen Staatsanwaltschaft bezweifelt wird (Graf/*Bachler* § 16 Rn. 6). Hierfür hat das Gericht das Verfahren auszusetzen und gem. Art. 267 AEUV die Frage zur Vorabentscheidung vorzulegen (Meyer-Goßner/*Schmitt* § 16 Rn. 7).

§§ 17, 18
(weggefallen)

§ 19 Zuständigkeitsbestimmung bei Zuständigkeitsstreit

Haben mehrere Gerichte, von denen eines das zuständige ist, durch Entscheidungen, die nicht mehr anfechtbar sind, ihre Unzuständigkeit ausgesprochen, so bezeichnet das gemeinschaftliche obere Gericht das zuständige Gericht.

Die Norm ergänzt § 14 (s. dort) für den besonderen Fall eines negativen örtlichen Zuständigkeitsstreits (s. dazu § 1 Rdn. 14, 17), in dem die beteiligten Gerichte bereits durch rechtskräftige Entscheidung ihre örtliche Zuständigkeit abgelehnt haben (s. § 16 Rdn. 2), denn § 14 betrifft nur die Bestimmung eines (noch) zuständigen Gerichts. Die unanfechtbare Entscheidung des gemeinschaftlichen oberen Gerichts ergeht nach Anhörung der Beteiligten durch Beschluss (Meyer-Goßner/*Schmitt* § 19 Rn. 4). 1

§ 19 wird mit § 14 in Gesamtanalogie nur zur Anwendung gebracht, wenn ein Kompetenzkonflikt nicht auf andere Weise – insb. durch eine sog. Kompetenz-Kompetenz (s. § 1 Rdn. 32, 38 ff.) – gelöst werden kann (s. § 14 Rdn. 3). 2

§ 20 Untersuchungshandlungen eines unzuständigen Gerichts

Die einzelnen Untersuchungshandlungen eines unzuständigen Gerichts sind nicht schon dieser Unzuständigkeit wegen ungültig.

Die Norm bezieht sich nur auf einzelne Untersuchungshandlungen und ist damit in erster Linie für richterliche Anordnungen im Ermittlungsverfahren (s. dazu § 162) sowie für Beweiserhebungen nach §§ 223, 225 oder § 415 Abs. 2 von Bedeutung. § 20 gilt zwar über den systematischen Standort hinaus nicht für eine sachliche Unzuständigkeit (OLG Köln StV 2004, 417, 418; SK-StPO/*Weßlau/Weißer* § 20 Rn. 1), soll aber entsprechend für die funktionelle Zuständigkeit (KK-StPO/*Scheuten* § 20 Rn. 1; auch § 22d GVG) sowie insb. für Strafvollstreckungs- und Strafvollzugssachen (BGHSt 27, 329, 331) herangezogen werden. 1

Seine Grenze hat auch § 20 bei schweren offensichtlichen Mängeln, die ausnahmsweise zur Nichtigkeit führen (vgl. BGHSt 29, 351, 353; BGH NStZ 1984, 279; SK-StPO/*Weßlau/Weißer* § 20 Rn. 1). 2

§ 21 Befugnisse bei Gefahr im Verzug

Ein unzuständiges Gericht hat sich den innerhalb seines Bezirks vorzunehmenden Untersuchungshandlungen zu unterziehen, bei denen Gefahr im Verzug ist.

§ 21 betrifft nur die örtliche Zuständigkeit und enthält eine Notkompetenz bei Gefahr im Verzug. Eine solche liegt vor, wenn die bei einer Vornahme der Untersuchungshandlung durch das eigentlich zuständige Gericht eintretende zeitliche Verzögerung deren Erfolg gefährdete (Graf/*Bachler* § 21 Rn. 2). Dabei sind die verfassungsrechtlichen Anforderungen an die Eilkompetenz der StA und der repressiv handelnden Polizeibehörden in zweifacher Hinsicht relevant. Erstens kann auch auf § 21 nicht zurückgegriffen werden, ohne dass es in aktenkundig zu machender Weise unternommen worden ist, eine Entscheidung des zuständigen Gerichts herbeizuführen. Zweitens steht die Eilkompetenz von StA und Polizei unter dem weiteren Vorbehalt, dass auch über § 21 eine rechtzeitige gerichtliche Entscheidung nicht zu erlangen gewesen ist. 1

Dritter Abschnitt. Ausschließung und Ablehnung der Gerichtspersonen

§ 22 Ausschließung von der Ausübung des Richteramtes kraft Gesetzes

Ein Richter ist von der Ausübung des Richteramtes kraft Gesetzes ausgeschlossen,

1. **wenn er selbst durch die Straftat verletzt ist;**
2. **wenn er Ehegatte, Lebenspartner, Vormund oder Betreuer des Beschuldigten oder des Verletzten ist oder gewesen ist;**
3. **wenn er mit dem Beschuldigten oder mit dem Verletzten in gerader Linie verwandt oder verschwägert, in der Seitenlinie bis zum dritten Grad verwandt oder bis zum zweiten Grad verschwägert ist oder war;**
4. **wenn er in der Sache als Beamter der Staatsanwaltschaft, als Polizeibeamter, als Anwalt des Verletzten oder als Verteidiger tätig gewesen ist;**
5. **wenn er in der Sache als Zeuge oder Sachverständiger vernommen ist.**

Übersicht

1 **A. Grundsätzliches und Regelungszweck.** Die §§ 22 ff. tragen dem Grundsatz auf ein faires Verfahren (LR/*Siolek* Vor § 22 Rn. 1) sowie der Garantie des in **Art. 101 Abs. 1 Satz 2 GG** verankerten Rechts auf einen **gesetzlichen Richter** (BVerfGE 21, 139, 145 ff.; BVerfGE 30, 149, 153; Radtke/Hohmann/*Alexander* § 22 Rn. 1) Rechnung. Dabei sind in § 22 die Gründe geregelt, bei denen der Richter von vornherein dem Verdacht unterliegt, sich der Sache nicht mit der gebotenen Distanz unvoreingenommen widmen zu können (BVerfGE 46, 34, 37; KK-StPO/*Scheuten* § 22 Rn. 1; LR/*Siolek* Vor § 22 Rn. 1; Meyer-Goßner/*Schmitt* Vor § 22 Rn. 1). Die Bedeutung der Vorschrift wird besonders daran deutlich, dass die Mitwirkung eines Richters trotz Vorliegens eines der in den §§ 22 f. genannten Ausschlussgründe einen absoluten Revisionsgrund i.S.v. § 338 Nr. 2 bildet (vgl. hierzu Rdn. 21).

2 Da die in §§ 22 f. (sowie in § 148a Abs. 2 Satz 1) abschließend aufgeführten Ausschlussgründe (BVerfGE 46, 34, 38; OLG Stuttgart StV 1985, 492, 493) typische Konstellationen darstellen, die den Richter in einen Interessenkonflikt bringen (ähnlich etwa auch § 20 VwVfG), kommt es hier zum Ausschluss **kraft Gesetzes**, um jeden Anschein der Parteilichkeit zu vermeiden. Ob der Betroffene sich selbst für befangen hält, ist unerheblich (RGSt 33, 309, 310; BGHSt 14, 219, 223; KMR/*Bockemühl* § 22 Rn. 1; MüKo-StPO/*Conen/Tsambikakis* § 22 Rn. 2). Allgemein gilt, dass die Ausschlussgründe eng auszulegen sind (BGHSt 44, 4, 7; BeckOK-StPO/*Cirener* § 22 Rn. 2; Meyer-Goßner/*Schmitt* § 22 Rn. 3; Radtke/Hohmann/*Alexander* § 22 Rn. 4). Liegt keiner der gesetzlichen Ausschlussgründe vor, kann nur der Ausschluss wegen **Besorgnis der Befangenheit** nach § 24 beantragt werden, der erst durch einen gerichtlichen Beschluss bewirkt wird (vgl. § 24 Rdn. 1).

3 Die Ausschließung gilt für **sämtliche richterliche Handlungen** und damit auch **in allen Verfahrensstadien.** Hiervon wird auch bei Gefahr im Verzug keine Ausnahme gemacht. Außerdem gilt der Ausschluss nicht nur bis zum Ende der Hauptverhandlung, sondern auch für Nachtragsentscheidungen wie z.B. für solche nach § 458 (OLG Hamm MDR 1957, 760), § 460 (OLG Düsseldorf StV 1983, 361) und nach §§ 462 f. (OLG Koblenz GA 1978, 156, 157). Auch durch den **Ermittlungsrichter** vorgenommene Handlungen werden erfasst, sodass z.B. ein Haftbefehl, der von einem ausgeschlossenen Richter erlassen wurde, fehlerhaft ist (was freilich nicht zur Unwirksamkeit, sondern nur dazu führt, dass der Haftbefehl aufzuheben und von einem nicht ausgeschlossenen Richter neu zu erlassen ist, vgl. LR/*Siolek* § 22 Rn. 55 sowie für andere Beschlüsse dort Rn. 56).

4 Die §§ 22 ff. gelten für »Gerichtspersonen«. Hiermit sind **Richter** und richterliche Mitglieder (vgl. § 27 Abs. 2) gemeint. Unter Richtern versteht man alle Richter i.S.d. Richtergesetzes und zwar unabhängig davon, ob diese auf Probe (§§ 12 Abs. 1, 19a Abs. 3 DRiG), auf Dauer, ordentliche oder außerordentliche Richter (z.B. **Rechtsreferendare** nach § 10 Satz 1 GVG unter Aufsicht des zuständigen Richters oder Hochschullehrer nach § 7 DRiG, vgl. KK-StPO/*Scheuten* § 22 Rn. 2) oder Richter kraft Auftrags sind (§ 14 DRiG). Maßgeblich ist, dass sie in Ausübung ihres Richteramtes handeln. Nach § 31 werden **Schöffen**, **Urkundsbeamte** der Geschäftsstelle und andere als **Protokollführer** zugelassene Personen den Richtern gleichgestellt, sodass auch auf diese die Ablehnungsregeln Anwendung finden.

5 **Nicht** anwendbar sind die §§ 22 ff. hingegen auf **Staatsanwälte** (BVerfGE 25, 336, 345; BGH NJW 1980, 845; 1984, 1907, 1908 m.Anm. *Gössel* NStZ 1984, 420 ff.). Nach ganz herrschender Meinung scheidet grds. auch eine analoge Anwendung aus, weil hier allein eine organisationsinterne Frage der StA betroffen ist und etwa mit Blick auf § 31 auch keine planwidrige Regelungslücke anzunehmen sein dürfte. Auch die §§ 141 bis 151 GVG enthalten keine Regelungen zur Ablehnung eines Staatsanwalts. Zumindest in die Nähe einer Analogie gerät jedoch BGH StV 2019, 308, wo gerügt wurde, dass der Schlussvortrag (und darin dann auch die Beweiswürdigung) allein durch einen Staatsanwalt erfolgt ist, der vorher in der Verhandlung als Zeuge vernommen worden ist; insoweit soll ein relativer Revisionsgrund vorliegen (insg. krit. *Stuckenberg* JR 2019, 160 ff., der dann allerdings bei Anwendung von § 22 Nr. 5 analog auch als Konsequenz auf eine analoge Anwendung von § 338 Nr. 3 hinweist); vgl. auch ähnlich BGH NStZ 2018, 482. Auch i.Ü. können Prozessbeteiligte und das Gericht zwar auf eine Auswechslung hinwirken, aber es besteht für das Gericht keine Befugnis zur Auswechslung (BGH NJW 1980, 845; mit einem Bsp. für einen Antrag auf Ablösung KMR/

Bockemühl Vor § 22 Rn. 6). Allerdings besteht die Verpflichtung des Vorgesetzten des Beamten der StA, diesen von Amts wegen oder auf Antrag (nach § 145 GVG) zu ersetzen, wenn ein Grund vorliegt, der bei einem Richter zum Ausschluss geführt hätte (MAH/*Krause* Teil B § 7 Rn. 99; MüKo-StPO/*Conen/Tsambikakis* § 22 Rn. 6). Für die Beurteilung der Befangenheit gelten grds. die Maßstäbe, die auch beim Richter gelten (*Pawlik* NStZ 1995, 309, 311). Wird der Staatsanwalt nicht ersetzt, ist die Hauptverhandlung fortzusetzen, wobei die Mitwirkung des Staatsanwalts in der **Revision** gerügt werden kann und ggf. zu einem Verfahrensverstoß nach § 337 (dagegen nicht nach § 338 Nr. 5, vgl. Meyer-Goßner/*Schmitt* Vor 22 Rn. 6 f.) führt (so auch Radtke/Hohmann/*Alexander* § 22 Rn. 11, der regelmäßig ein Beruhen annimmt). Der einzige Weg, auf die Ausschließung eines befangenen Staatsanwalts während des Verfahrens hinzuwirken, ist damit die **Dienstaufsichtsbeschwerde** (*Hilgendorf* StV 1996, 50, 52 f.; MAH/*Krause* Teil B § 7 Rn. 99).

6 **B. Bedeutung des Ausschlusses.** Liegt ein Fall des § 22 vor, erfolgt der **Ausschluss kraft Gesetzes**. Es bedarf also weder eines Antrags, noch ist erheblich, ob der Richter von dem Ausschlussgrund weiß oder sich selbst auch für befangen hält. Jeder Prozessbeteiligte kann formlos (und ohne Glaubhaftmachung) auf das Vorliegen eines Ausschlussgrundes hinweisen. Der Richter wird dann durch den nach dem Geschäftsverteilungsplan vorgesehenen Vertreter ersetzt. Liegt der seltene Fall vor, dass **Zweifel** über den Ausschlussgrund bestehen, muss der Richter die Entscheidung des Gerichts nach **§ 30** herbeiführen (LR/*Siolek* § 22 Rn. 53).

7 Entsteht der Ausschlussgrund **während der Hauptverhandlung**, muss diese wiederholt werden, weil andernfalls ein Verstoß gegen § 226 vorliegen würde. Die Verhandlung kann nur dann mit einem Ergänzungsrichter weitergeführt werden, wenn dieser von Anfang an zugezogen war. Das wird regelmäßig nicht der Fall sein, wenn der Ausschlussgrund **von Anfang** an besteht, aber erst im Lauf der Hauptverhandlung entdeckt wird. Da auch der von Anfang an zugezogene Ergänzungsrichter bis zu seinem Eintritt von Beratungen und Abstimmungen ausgeschlossen ist, sind alle bis dahin ergangenen Beschlüsse zwar wirksam, aber fehlerhaft und mit der Revision angreifbar. Um dieses Risiko zu verhindern, müssten alle Beschlüsse aufgehoben und erneut mit dem Ergänzungsrichter gefällt werden (LR/*Siolek* § 22 Rn. 60). Entsteht der Ausschlussgrund nach Verkündung des Urteils, aber vor Fertigstellung der schriftlichen Urteilsgründe, ist der Richter von der Unterzeichnung der Urteilsgründe ausgeschlossen und es muss ein Verhinderungsvermerk angebracht werden (BGH StraFo 2021, 152; hierzu auch BeckOK-StPO/*Cirener* § 22 Rn. 5.1).

8 **C. Die Ausschlussgründe im Einzelnen. I. Verletzter einer Straftat (Nr. 1).** Der Richter ist dann Verletzter i.S.v. Nr. 1, wenn er durch die abzuurteilende Tat **unmittelbar** in seinen Rechten betroffen ist (BGH NStZ 2009, 343; KK-StPO/*Scheuten* § 22 Rn. 3, 4; KMR/*Bockemühl* § 22 Rn. 3; Meyer-Goßner/*Schmitt* § 22 Rn. 6). Darauf, ob sich der Tatverdacht bestätigt, kommt es nicht an. Eine nur mittelbare Betroffenheit, wie etwa die Mitgliedschaft in der durch die Straftat geschädigten Partei, reicht nicht aus (BGH NStZ 2006, 646 f. [»Parteispendenaffäre«]; BGHSt 51, 100, 110 f. [»schwarze Kassen«]; **a.A.** MüKo-StPO/*Conen/Tsambikakis* § 22 Rn. 10). Mit der Straftat ist die **prozessuale Tat** nach §§ 155, 264 gemeint, die den Gegenstand des jeweiligen Verfahrens bildet (SK-StPO/*Weßlau/Deiters* § 22 Rn. 2), sodass Straftaten während des Verfahrens nicht zum Ausschluss kraft Gesetzes führen. Hier kann ein Ausschluss nur über die §§ 24, 30 herbeigeführt werden. Werden mehrere prozessuale Taten in einem Verfahren miteinander verbunden, erstreckt sich der Ausschlussgrund auf das gesamte Verfahren und nicht nur auf die Taten, durch die der Richter unmittelbar betroffen ist (BGHSt 14, 219, 222; SK-StPO/*Weßlau/Deiters* § 22 Rn. 2).

9 Der **Verletztenbegriff** bestimmt sich wie im Strafantragsrecht (vgl. hierzu § 77 StGB Rn. 9 ff.). Insb. bei **Vermögensdelikten** ist der Richter nur dann Verletzter, wenn er einen Vermögensnachteil erlitten hat und nicht etwa schon dann, wenn er der durch den Betrug Getäuschte ist (Meyer-Goßner/*Schmitt* § 22 Rn. 7; vgl. auch MüKo-StPO/*Conen/Tsambikakis* § 22 Rn. 11, die darauf abstellen wollen, ob der Richter als Verletzter im Adhäsionsverfahren legitimiert wäre). Bei einem unüberschaubar großen Kreis von Verletzten, zu dem alle Richter gehören, ist entscheidend, ob der betroffene Richter aus dem Kreis der Allgemeinheit in einer Weise hervortritt, die es nicht mehr rechtfertigt, ihn als Glied der homogenen Verletztenmasse zu begreifen (vgl. *Volkmer* NStZ 2009, 371, 372). Liegt eine **Kollektivbeleidigung** gegen alle Richter vor, ist nur derjenige nach § 22 Nr. 1 ausgeschlossen, gegen den die Beleidigung unmittelbar gerichtet wurde, weil ansonsten ein Stillstand der Rechtspflege zu befürchten wäre (RGSt 25, 179; KG, JR 1978, 422, 423; SK-StPO/*Weßlau/Deiters* § 22 Rn. 4). Auch bei Straftaten gegen **juristische Personen** ist grds. nur diese selbst Verletzte, nicht aber z.B. der anteilshaltende Richter (RGSt 69, 127, 128; BGHSt 1, 298 ff. [zur GmbH]; RGSt 37, 414, 415; 69, 127, 128 [jeweils zur KG auf Aktien]); anders hingegen, wenn der Richter Gesellschafter einer Personengesellschaft ist (RGSt 46, 77 ff. [zur GbR]; AnwK-StPO/*Werner* § 22 Rn. 5; LR/*Siolek* § 22 Rn. 17).

StV 2005, 77 f.). Die **Dolmetschertätigkeit** eines Richters führt nicht zum Ausschluss (AnwK-StPO/*Werner* § 22 Rn. 10; SK-StPO/*Weßlau/Deiters* § 22 Rn. 22). Als **Sachverständiger** wurde der Richter vernommen, wenn er im Auftrag eines Strafverfolgungsorgans schriftlich oder mündlich zur Sache ein Gutachten erstattet hat (SK-StPO/*Weßlau/Deiters* § 22 Rn. 22).

21 **D. Revision.** Zur Wiederholung der Hauptverhandlung bei Erkennen des Ausschlussgrundes und zum Neuerlass bereits ergangener Beschlüsse vgl. Rdn. 7. Wirkt der kraft Gesetzes ausgeschlossene Richter mit, liegt der absolute Revisionsgrund des § 338 Nr. 2 vor, ohne dass es eines Ablehnungsantrags bedarf (KK-StPO/*Scheuten* § 22 Rn. 24). Der Richter ist im Revisionsbegründungsschriftsatz allerdings namentlich aufzuführen (BGH NJW 1962, 500; KK-StPO/*Scheuten* § 22 Rn. 24). Schließt das Gericht hingegen den Richter ohne Ausschlussgrund aus, kann der Revisionsgrund der unrichtigen Besetzung nach § 338 Nr. 1 dann greifen, wenn dies rechtzeitig gerügt wurde und die falsche Besetzung auf Willkür beruht (BVerfG NJW 1992, 2075 f.).

§ 23 Ausschließung eines Richters wegen Mitwirkung an der angefochtenen Entscheidung

(1) Ein Richter, der bei einer durch ein Rechtsmittel angefochtenen Entscheidung mitgewirkt hat, ist von der Mitwirkung bei der Entscheidung in einem höheren Rechtszug kraft Gesetzes ausgeschlossen.

(2) [1]Ein Richter, der bei einer durch einen Antrag auf Wiederaufnahme des Verfahrens angefochtenen Entscheidung mitgewirkt hat, ist von der Mitwirkung bei Entscheidungen im Wiederaufnahmeverfahren kraft Gesetzes ausgeschlossen. [2]Ist die angefochtene Entscheidung in einem höheren Rechtszug ergangen, so ist auch der Richter ausgeschlossen, der an der ihr zugrunde liegenden Entscheidung in einem unteren Rechtszug mitgewirkt hat. [3]Die Sätze 1 und 2 gelten entsprechend für die Mitwirkung bei Entscheidungen zur Vorbereitung eines Wiederaufnahmeverfahrens.

Übersicht

1 **A. Grundsätzliches und Regelungszweck.** Während die Fälle der nichtrichterlichen Vorbefassung von § 22 (vgl. Rdn. 13 ff.) und ggf. § 24 (vgl. Rdn. 10 ff.) erfasst werden, gilt die **richterliche Vorbefassung** grds. als unproblematisch und führt regelmäßig nicht zu einem Ausschluss (BGHSt 9, 233 f.; Radtke/Hohmann/*Alexander* § 23 Rn. 2). Dies zeigt schon § 203, der die Vorbefassung des späteren Tatgerichts bei der Entscheidung über die Eröffnung des Hauptverfahrens vorsieht (vgl. auch MüKo-StPO/*Conen/Tsambikakis* § 23 Rn. 3).

2 § 23 ist damit als **Ausnahmeregelung** für solche Fälle zu verstehen, bei denen eine richterliche Vorbefassung zum Ausschluss kraft Gesetzes führt, und muss eng ausgelegt werden (BVerfGE 30, 149, 155; BGHSt 9, 233, 234; OLG Bremen NStZ 1990, 96, 97; KK-StPO/*Scheuten* § 23 Rn. 1). Der Katalog der Ausschlussgründe wegen Vorbefassung in § 23 ist abschließend (BVerfGK 9, 282). Ob trotz fehlenden Ausschusses nach § 23 u.U. eine Ablehnung nach § 24 (vgl. § 24 Rdn. 10) in Betracht kommt, ist daher umstritten (bejahend LR/*Siolek* § 23 Rn. 3; MüKo-StPO/*Conen/Tsambikakis* § 23 Rn. 5; SK-StPO/*Weßlau/Deiters* § 23 Rn. 3; verneinend wohl BGHSt 21, 142, 145; 24, 336, 337; BGH NStZ 1983, 135, 136; NStZ-RR 1997, 175 f.; Meyer-Goßner/*Schmitt* § 24 Rn. 12 ff.), muss aber jedenfalls möglich sein, wenn es um konkrete Äußerungen bzw. Verhaltensweisen i.R.d. Vorbefassung geht (vgl. § 24 Rdn. 11).

3 **B. Die Ausschlussgründe im Einzelnen. I. Mitwirkung des Rechtsmittelrichters an Vorentscheidung, Abs. 1.** Nach Abs. 1 ist der Richter von der Mitwirkung bei der Entscheidung eines höheren Rechtszugs ausgeschlossen, der bei der durch das Rechtsmittel angefochtenen Entscheidung mitgewirkt hat. Unter **Rechtsmitteln** i.d.S. sind allein die Beschwerde (§ 304), die Berufung (§ 312) und die Revision (§§ 333, 335) zu verstehen (KMR/*Bockemühl* § 23 Rn. 4; Meyer-Goßner/*Schmitt* § 23 Rn. 5; SK-StPO/*Weßlau/Deiters* § 23 Rn. 6). Ausgeschlossen ist auch der Richter, der in der ersten Instanz mitgewirkt hat und dann »in **dritter Instanz**« nach eingelegter Berufung in der Revision oder über eine weitere Beschwerde nach § 310 wieder mitentscheiden soll (OLG Schleswig SchlHA 1958, 318; SK-StPO/*Weßlau/Deiters* § 23 Rn. 8); anderes gilt, wenn der Revisionsrichter nach Aufhebung und erneuter Revisionseinlegung ein zweites Mal über die Revision mitentscheidet (BGH, Beschl. v. 22.04.2005 – 2 StR 46/05; LR/*Siolek* § 23 Rn. 10; Radtke/Hohmann/*Alexander* § 23 Rn. 4). **Keine Rechtsmittel** i.S.d. Vorschrift sind etwa der Einspruch gegen einen Strafbefehl (§ 410), der Antrag auf Wiedereinsetzung in den vorigen Stand (§ 44), die Anträge auf Haftprüfung (§ 117)

oder besondere Haftprüfung vor dem OLG (§§ 121, 122) und der Antrag auf Wiederaufnahme des Verfahrens (§ 366; hier gilt Abs. 2, vgl. Rdn. 6).

Eine **Entscheidung** ist jede mit einem Rechtsmittel anfechtbare Willensäußerung des Gerichts, sodass nicht nur Urteile, sondern auch Beschlüsse erfasst werden (BeckOK-StPO/*Cirener* § 23 Rn. 5; SK-StPO/*Weßlau/Deiters* § 23 Rn. 5). **Keine Mitwirkung** liegt hingegen vor, wenn der Richter lediglich an der Hauptverhandlung teilgenommen hat, ohne entsprechende Entscheidungen mit zu fällen, wie z.B. der nicht eingesetzte Ergänzungsrichter (§ 192 Abs. 2 GVG, nach BVerfGE 30, 149, 156 f.; nach RGSt 62, 299, 302 selbst dann, wenn dieser unzulässiger Weise an der Beratung teilgenommen hat), oder er die Entscheidung nur z.B. durch Vernehmung, Beweiserhebungen oder Anordnung einer Beweisaufnahme vorbereitet hat. Das Gleiche gilt für eine Vorbefassung als Ermittlungsrichter und den Erlass des Eröffnungsbeschlusses, wenn der Richter vor der Entscheidung im Hauptverfahren ausgeschieden ist. Hat ein Richter im Berufungsverfahren über ein Ablehnungsgesuch entschieden (vgl. § 27 Abs. 1), ist er im Revisionsverfahren nur dann gem. § 23 Abs. 1 ausgeschlossen, wenn seine Entscheidung Gegenstand des Rügevorbringens im Revisionsverfahren ist (OLG Zweibrücken, Beschl. v. 09.04.2019 – 1 OLG 2 Ss 56/18). Ein bloßer Sachzusammenhang (etwa aufgrund von Opfer- oder Täteridentität) zum früheren Verfahren führt zu keinem Ausschluss (OLG Düsseldorf NJW 1982, 2832; AnwK-StPO/*Werner* § 23 Rn. 2; Meyer-Goßner/*Schmitt* § 23 Rn. 2). Zum Ausschluss kommt es auch dann nicht, wenn der Richter eines Ehrengerichts nach der BRAO bereits im Strafverfahren in derselben Sache mitgewirkt hat (BGHSt 15, 372, 373; BGH NStZ-RR 2004, 18). 4

Der Ausschluss nach Abs. 1 gilt für die **Mitwirkung im höheren Rechtszug**, also für Fälle, in denen der Richter, der mit der Sache befasst war, an ein höheres Gericht berufen wurde. Kehrt im **umgekehrten Fall** der Rechtsmittelrichter in die Tatsacheninstanz zurück und hätte er hier erneut zu entscheiden, ist § 23 nach ganz herrschender Meinung **nicht** einschlägig (BGH NStZ-RR 2009, 353; LR/*Siolek* § 23 Rn. 12; Meyer-Goßner/*Schmitt* § 23 Rn. 3). Auch eine Ablehnung nach § 24 dürfte jedenfalls nicht in Betracht kommen, wenn der Rechtsmittelrichter etwa in der Revision nur das vorherige Urteil überprüft hat und dieses etwa allein wegen Verfahrensmängeln aufgehoben wurde. Auch bei der Zurückverweisung nach **§ 354 Abs. 2** kommt es nach ganz herrschender Meinung nicht zu einem Ausschluss nach § 23 und wohl auch nicht nach § 24, wenn ein bereits vorher beteiligter Richter an der neuen Entscheidung mitwirken soll (BVerfG DRiZ 1968, 141; BGHSt 20, 252 f.; 21, 142 ff.; StV 2016, 633 m.Anm. *Wollschläger*; KMR/*Bockemühl* § 23 Rn. 2 f.; **a.A.** *Hannover* StV 1985, 493 ff.; vgl. § 354 Rdn. 57 f.). 5

II. Mitwirkung des Wiederaufnahmerichters an Ausgangsentscheidung, Abs. 2. Nach **Abs. 2 Satz 1** ist derjenige Richter von der Entscheidung über die Wiederaufnahme eines Verfahrens ausgeschlossen, der selbst an der mit der Wiederaufnahme angefochtenen Entscheidung mitgewirkt hat. Wegen § 140a GVG betrifft auch diese Vorschrift v.a. Fälle, in denen der an der angefochtenen Entscheidung mitwirkende Richter inzwischen das Gericht gewechselt hat (vgl. auch MüKo-StPO/*Conen/Tsambikakis* § 23 Rn. 10). Der Begriff der Mitwirkung ist hierbei grds. wie in Abs. 1 zu verstehen (vgl. Rdn. 4). Beim **Revisionsrichter** kommt es zu einem Ausschluss, wenn dieser an der Verwerfung durch Urteil (BVerfGE 30, 165, 168) oder durch Beschluss nach § 349 Abs. 2 (BVerfGE 63, 77, 80; AnwK-StPO/*Werner* § 23 Rn. 5) beteiligt war. Wenn gegen eine verwerfende Revision ein erfolgreicher Wiederaufnahmeantrag gestellt wurde und nach erneuter Hauptverhandlung wiederum Revision eingelegt wird, ist ein Revisionsrichter, der schon an der ersten Revisionsentscheidung beteiligt war, durch Abs. 2 Satz 1 nicht gehindert, erneut über die Revision zu entscheiden (zutr. BGH NStZ-RR 2009, 85; Meyer-Goßner/*Schmitt* § 23 Rn. 7); etwas anderes ließe sich nur dann begründen, wenn man die (zweite) Revision sachwidrig als Teil des Wiederaufnahmeverfahrens ansehen würde (so *Sieg* NJW 1984, 1519). 6

Nach **Abs. 2 Satz 2** kommt es auch zu einem Ausschluss, wenn eine Entscheidung in einem höheren Rechtszug (Berufung oder Revision) mit der Wiederaufnahme angefochten wird und der Richter, der an der Entscheidung des unteren Rechtszugs beteiligt war, bei der Wiederaufnahmeentscheidung mitwirkt (MüKo-StPO/*Conen/Tsambikakis* § 23 Rn. 10). **Nicht** ausgeschlossen sind die Richter der Berufungsinstanz, wenn eine Revisionsentscheidung mit der Wiederaufnahme angefochten wird, die nur über einen Teil des Urteils entschieden hat und wenn der rechtskräftig gewordene Teil auch nicht mit der Wiederaufnahme angegriffen wird (LR/*Siolek* § 23 Rn. 23; vgl. auch BeckOK-StPO/*Cirener* § 23 Rn. 8.1). 7

Die **Reichweite** des Mitwirkungsverbots ergibt sich aus **Abs. 2 Satz 3**. Danach betrifft der Ausschluss nicht nur die Wiederaufnahmeentscheidung als solche, sondern auch die Mitwirkung an vorbereitenden Handlungen für die Wiederaufnahmeentscheidung, wie die Entscheidungen über die Zulässigkeit nach § 367 (OLG Saarbrücken NJW 1966, 167) oder über die Begründetheit (§ 370) des Antrags, über den Vollstreckungsaufschub nach § 360 Abs. 2 oder über die Verteidigerbestellung nach § 364b sowie im Beschwerdeverfahren nach § 372 (OLG Bremen NJW 1966, 168; KMR/*Bockemühl* § 23 Rn. 12). Außerdem ist eine Wiederaufnahme auch 8 gegen sog. urteilsgleiche Entscheidungen, also den Strafbefehl nach § 373a und Bußgeldentscheidungen nach § 85 OWiG möglich, sodass die Ausschlussgründe auch hier zu beachten sind (KK-StPO/*Pfeiffer* [5. Auflage] § 23 Rn. 4). Wie bei Abs. 1 sind diejenigen Richter **nicht** ausgeschlossen, die nur als nicht eingesetzte Ergänzungsrichter beteiligt waren, die den Eröffnungsbeschluss erlassen haben, die am durch das Revisionsgericht aufgehobenen Urteil mitgewirkt haben, oder die nach den §§ 369, 370 beteiligt waren.

9 **C. Revision.** Die Mitwirkung eines ausgeschlossenen Richters ist ein absoluter Revisionsgrund nach **§ 338 Nr. 2**, sodass es keines Ablehnungsantrags in der Hauptverhandlung bedarf. Vgl. hierzu § 22 Rdn. 21.

§ 24 Ablehnung eines Richters; Besorgnis der Befangenheit

(1) Ein Richter kann sowohl in den Fällen, in denen er von der Ausübung des Richteramtes kraft Gesetzes ausgeschlossen ist, als auch wegen Besorgnis der Befangenheit abgelehnt werden.

(2) Wegen Besorgnis der Befangenheit findet die Ablehnung statt, wenn ein Grund vorliegt, der geeignet ist, Mißtrauen gegen die Unparteilichkeit eines Richters zu rechtfertigen.

(3) [1]Das Ablehnungsrecht steht der Staatsanwaltschaft, dem Privatkläger und dem Beschuldigten zu. [2]Den zur Ablehnung Berechtigten sind auf Verlangen die zur Mitwirkung bei der Entscheidung berufenen Gerichtspersonen namhaft zu machen.

Übersicht

1 **A. Grundsätzliches und Regelungsgehalt.** Neben dem Ausschluss des Richters kraft Gesetzes nach den §§ 22, 23 kann dieser auch wegen der **Besorgnis der Befangenheit** abgelehnt werden (wobei die Ablehnung nur die zukünftige Mitwirkung des Richters, nicht diejenige an bereits abgeschlossenen Verfahren betreffen kann, BGH NStZ 2021, 115). Revisionsrechtlich wird § 24 durch § 338 Nr. 3 abgesichert (vgl. § 338 Rdn. 28 ff.). § 24 dient dem zentralen rechtsstaatlichen Postulat auf einen **unparteilichen und unvoreingenommenen gesetzlichen Richter**. Das Recht auf Ablehnung wegen Befangenheit stellt ein prozessuales Grundrecht dar (BGH NStZ 2006, 584; *Lamprecht* NJW 1993, 2222; vertiefend und rechtsgebietsvergleichend auch *Ignor* ZIS 2012, 228). Wegen **Besorgnis der Befangenheit** kann der Richter dann nach § 24 Abs. 2 abgelehnt werden, wenn ein Grund vorliegt, der geeignet ist, Misstrauen gegen die Unparteilichkeit eines Richters zu rechtfertigen (vgl. näher Rdn. 6); solche Gründe müssen jedoch mit einem Antrag vorgebracht werden und können nicht »aufs Geratewohl« anhand eines Katalogs von der Verteidigung abgefragt werden (BGH StV 2020, 811). Es können nur einzelne Richter, nicht aber ein ganzes Kollegialgericht, abgelehnt werden (BGH NStZ 2007, 475; KK-StPO/*Scheuten* § 24 Rn. 23; MAH/*Krause* Teil B § 7 Rn. 78). Ein Ablehnungsgesuch stellt – regelmäßig – keine Strafvereitelungshandlung dar, wenn es in prozessual zulässiger Weise gestellt wird, auch wenn es bei umfangreichen Strafverfahren im Erfolgsfalle dazu führen kann, dass eine Vielzahl von Hauptverhandlungstagen in geänderter Gerichtsbesetzung wiederholt werden müssen und dadurch eine beträchtliche, u.U. mehrmonatige Verfahrensverzögerung eintritt (vgl. LG Nürnberg-Fürth StV 2010, 136).

2 Daneben nennt § 24 Abs. 1 ausdrücklich auch die Möglichkeit einen (an sich nicht erforderlichen, vgl. § 22 Rdn. 2) Ablehnungsantrag wegen eines **gesetzlichen Ausschlussgrundes** zu stellen, wenn das Gericht den Ausschlussgrund von Amts wegen nicht entdeckt hat. Allerdings trägt der Ablehnende in diesem Fall die Last der Glaubhaftmachung nach § 26 Abs. 2 (LR/*Siolek* § 24 Rn. 2; MüKo-StPO/*Conen/Tsambikakis* § 24 Rn. 14; mit Bsp. eines Ablehnungsantrags KMR/*Bockemühl* § 24 Rn. 2; vgl. zu den Anforderungen § 26 Rdn. 5 f.). Dem kann der Ablehnende durch eine Anregung an das Gericht entgehen, den Ausschluss von Amts wegen zu prüfen (AnwK-StPO/*Werner* § 24 Rn. 19; SK-StPO/*Weßlau/Deiters* § 24 Rn. 2).

B. Grundzüge des Ablehnungsverfahrens. Ablehnungsberechtigt sind nach § 24 Abs. 3 Satz 1 die StA, der Privatkläger und der Beschuldigte. Auf eine **Beschwer** des Ablehnenden kommt es nicht an, sodass auch die StA zugunsten des Angeklagten ablehnen kann (LR/*Siolek* § 24 Rn. 63). Darüber hinaus steht das Ablehnungsrecht auch dem Nebenkläger nach § 397, dem Einziehungsbeteiligten und Nebenbetroffenen nach den §§ 424, 438, dem gesetzlichen Vertreter und Erziehungsberechtigten nach § 67 Abs. 1 JGG (Meyer-Goßner/*Schmitt* § 24 Rn. 20) sowie den Antragstellern im Klageerzwingungsverfahren nach § 172 Abs. 2 (OLG Hamm NJW 1976, 1701 f.; OLG Karlsruhe NJW 1973, 1658; OLG Koblenz NStZ 1983, 470; OLG Saarbrücken NJW 1975, 399) und im Adhäsionsverfahren nach den §§ 403 ff. (BVerfG NJW 2007, 1670 ff.; *Köckerbauer* NStZ 1994, 305, 307; **a.A.** LR/*Siolek* § 24 Rn. 64) zu. Ausnahmsweise können auch **Dritte** antragsberechtigt sein, wenn sie durch Ermittlungsmaßnahmen, die nicht gegen sie gerichtet sind, von schwerwiegenden Grundrechtseingriffen betroffen sind, wie z.B. bei der Durchsuchung nach § 103, der Wohnraumüberwachung nach § 100c Abs. 2 Satz 2 oder der TKÜ nach § 100a Abs. 3, 2. Alt. (BGH NStZ 2006, 584 f.; BeckOK-StPO/*Cirener* § 24 Rn. 33). **Kein** eigenes Ablehnungsrecht steht Zeugen und Sachverständigen zu (KMR/*Bockemühl* § 24 Rn. 31; MüKo-StPO/*Conen/Tsambikakis* § 24 Rn. 8). Auch der Verteidiger ist nicht antragsberechtigt, sondern kann allein für und im Namen seines Mandanten ablehnen, was allerdings auch ohne ausdrückliche Klarstellung grds. anzunehmen ist (OLG Hamm NJW 1951, 731; LR/*Siolek* § 24 Rn. 62), selbst wenn sich der Antrag auf Vorgänge stützt, die das Verhältnis zwischen Verteidiger und Richter betreffen (*Rabe* NJW 1976, 172, 173; Meyer-Goßner/*Schmitt* § 24 Rn. 20; MüKo-StPO/*Conen/Tsambikakis* § 24 Rn. 9). Dennoch sollte der Verteidiger den Antrag ausdrücklich im Namen des Angeklagten stellen (so MAH/*Krause* Teil B § 7 Rn. 77). 3

Um das Ablehnungsrecht ausüben zu können, sind den Ablehnungsberechtigten auf Verlangen die zur Mitwirkung an der Entscheidung (oder anderen richterlichen Handlungen, vgl. OLG Koblenz NStZ 1983, 470; KK-StPO/*Scheuten* § 24 Rn. 26) berufenen **Gerichtspersonen** (auch solche nach § 31) **namhaft** zu machen, § 24 Abs. 3 Satz 2. Die Pflicht zur Namhaftmachung trifft den Vorsitzenden, der dem Antragsberechtigten eine **angemessene Frist** zur Überprüfung der Befangenheit und Antragsstellung einräumen muss (BVerfG BeckRS 2015, 42016 Rn. 6; BVerfG NJW 1991, 2758; BayObLG MDR, NStZ 1990, 200, 201), und ist eine Ausprägung des Anspruchs auf rechtliches Gehör (weshalb bei einer Verletzung der Pflicht eine Verfassungsbeschwerde regelmäßig auch eine vorherige Anhörungsrüge voraussetzt, vgl. BVerfG, Beschl. v. 22.10.2015 –2 BvR 2396/14). Bis dahin ist keine Entscheidung in der Sache zu treffen (BVerfG NJW 1991, 2758; Meyer-Goßner/*Schmitt* § 24 Rn. 21). Für Strafsachen vor dem LG und OLG im ersten Rechtszug ergibt sich eine Mitteilungspflicht nach § 222a, während ansonsten keine Mitteilungspflicht von Amts wegen besteht. Die **verweigerte Namhaftmachung** kann mit der Beschwerde nach § 304 angegriffen werden (KMR/*Bockemühl* § 24 Rn. 35). Ein revisibler **Verstoß** gegen die Pflicht zur Namhaftmachung liegt nur dann vor, wenn dies in der Hauptverhandlung gerügt wurde (RGSt 29, 62; *Dahs* Rn. 460; KK-StPO/*Scheuten* § 24 Rn. 27; MüKo-StPO/*Conen/Tsambikakis* § 24 Rn. 12). Das Urteil wird regelmäßig auf dem Verstoß **beruhen**, weil nicht auszuschließen ist, dass der Ablehnungsantrag zu einem Ausschluss geführt hätte und das Urteil mit einer anderen Gerichtsperson anders ausgefallen wäre (RGSt 66, 10; KK-StPO/*Scheuten* § 24 Rn. 27); **anderes** dürfte gelten, wenn die Gründe des Antrags angegeben werden (was in der Revisionsbegründung nicht erforderlich ist) und sich herausstellt, dass die Ablehnung erfolglos geblieben wäre (KK-StPO/*Scheuten* § 24 Rn. 27). Kommt der Vorsitzende der Namhaftmachung **verspätet** nach und wird auch dem Antrag auf Aussetzung/Unterbrechung nicht stattgegeben, begründet dies nur dann die Revision, wenn der Ablehnungsberechtigte vor dem letzten Wort des Angeklagten (§ 25 Abs. 2 Satz 2) keinen entsprechenden Antrag mehr stellen konnte (BayObLG NStZ 1990, 200, 201). Die Namhaftmachung gilt **nicht** bzgl. der Vertreter der StA. Diese können nur beim Leiter der StA erfragt werden (LR/*Siolek* § 24 Rn. 67). 4

Das Ablehnungsgesuch ist **bei dem Gericht anzubringen**, dem der Richter angehört, der abgelehnt wird (vgl. näher § 26 Rdn. 2), wodurch freilich auch bei einem Anbringen des Gesuchs vor Verhandlungsbeginn nicht die Pflicht zum Erscheinen entfällt (OLG Karlsruhe ZfSch 2020, 46). Den **Zeitpunkt** der Antragsstellung regelt **§ 25**. Die Ablehnung kann nach § 25 Abs. 1 in der Hauptverhandlung bis zum Beginn der Vernehmung des ersten Angeklagten über seine persönlichen Verhältnisse und in der Berufung oder Revision bis zum Vortrag des Berichterstatters vorgenommen werden. Eine **spätere Ablehnung** ist nach § 25 Abs. 2 nur noch zulässig, wenn die Gründe für die Ablehnung erst später eingetreten oder bekannt geworden sind und die Ablehnung dann unverzüglich geltend gemacht wird. Der späteste denkbare Zeitpunkt des Ablehnungsgesuchs liegt unmittelbar vor dem letzten Wort des Angeklagten (vgl. § 25 Abs. 2 Satz 2). Nach **§ 26 Abs. 3** muss sich der betroffene Richter dienstlich zum Ablehnungsgrund äußern (vgl. näher § 26 Rdn. 8). Ist die Ablehnung nicht nach **§ 26a** offensichtlich unzulässig (vgl. zum Verfahren näher § 26a Rdn. 7), entscheidet das Gericht nach **§ 27** ohne Mitwirkung des betroffenen Richters über den Antrag. Die Entscheidung ergeht ohne mündliche Verhandlung oder förmliche Beweisaufnahme (BGH NStZ 2007, 51; Meyer-Goßner/*Schmitt* 5

§ 27 Rn. 9) durch unanfechtbaren Beschluss nach § 28 außerhalb der Hauptverhandlung nach Anhörung der Verfahrensbeteiligten gem. § 33 Abs. 2 und 3. Die **Mitteilung** des Beschlusses an den abgelehnten Richter und die anderen Verfahrensbeteiligten erfolgt schriftlich durch formlose Mitteilung (§ 28 Abs. 2 Satz 2) oder durch förmliche Zustellung (§ 28 Abs. 2 Satz 1). Der Beschluss kann aber auch im nächsten Fortsetzungstermin der unterbrochenen Hauptverhandlung nach § 35 Abs. 1 verkündet werden (BGHSt 15, 384 ff.; AnwK-StPO/*Werner* § 27 Rn. 7). Die Verkündung eines ablehnenden Beschlusses kann auch durch den abgelehnten Richter selbst erfolgen, der in diesem Fall wieder am Verfahren mitwirkt (BGHSt 15, 384; 21, 334, 338); sie stellt für sich gesehen keinen Wiedereintritt in die Hauptverhandlung i.S.d. § 258 StPO dar (solange der Beschluss über die bloße Zurückweisung hinaus keinen Bezug zur Sachentscheidung aufweist), sodass auch das letzte Wort nicht erneut erteilt werden muss (BGH wistra 2022, 209 m.Anm. *Kudlich* JA 2022, 515). Wird dem Antrag **stattgegeben**, steht der abgelehnte Richter mit Rechtskraft des Beschlusses einem nach § 338 Nr. 3 ausgeschlossenen Richter gleich und muss sich unabhängig von der Dringlichkeit jeder Tätigkeit im Verfahren entziehen (OLG Koblenz NStZ 1983, 471; KK-StPO/*Scheuten* § 27 Rn. 16). Der stattgebende Beschluss entfaltet aber keine Wirkung für richterliche Handlungen vor Erlass des Beschlusses (OLG Koblenz NStZ 1983, 471; OLG Hamm MDR 1964, 344 [Pflicht an einer beantragten nachträglichen Protokollierung mitzuwirken]).

6 **C. Befangenheit. I. Grundsätzliches.** Nach **§ 24 Abs. 2** besteht die Besorgnis der Befangenheit, wenn ein Grund vorliegt, der geeignet ist, **Misstrauen gegen die Unparteilichkeit** eines Richters zu rechtfertigen. Gemeint ist also eine **innere Haltung des Richters**, die besorgen lässt, dass die erforderliche Neutralität, innere Distanz und Unparteilichkeit ggü. den Verfahrensbeteiligten negativ beeinflusst werden könnte (BVerfGE 21, 139, 146; BGHSt 45, 342, 353; HK-StPO/*Temming* § 24 Rn. 5; KMR/*Bockemühl* § 24 Rn. 5). Ob diese innere Haltung auch tatsächlich vorliegt, ist nicht entscheidend, sondern es kommt allein darauf an, ob das Verhalten des Richters bei verständiger Würdigung bei jedem Dritten den **Verdacht** einer solch »befangenen« inneren Haltung aufkommen lässt (BVerfGE 20, 9, 14 m.Anm. *Sarstedt* JZ 1966, 312 ff.; BGHSt 24, 336, 338; BGH StV 1988, 417; OLG Hamm NJW 1967, 1577; *Krekeler* NJW 1981, 1633, 1634). Ob sich der Richter selbst für befangen hält, ist nicht maßgeblich (BVerfGE 32, 288, 290; BGHSt 2, 4, 11; Meyer-Goßner/*Schmitt* § 24 Rn. 6), allerdings ist objektiv eine entsprechende Besorgnis zu bejahen, wenn eine Schöffin dem Angeklagten gegenüber bekundet, nach ihrer eigenen Einschätzung nicht unbefangen über ihn urteilen zu können (BGH StV 2020, 815; ähnlich auch LG-Nürnberg-Fürth wistra 2020, 528). Bei echten **Zweifeln** über die Befangenheit ist **zugunsten des Antragstellers** zu entscheiden und von der Befangenheit des Richters auszugehen, sofern auch tatsächliche Anhaltspunkte hierfür vorliegen (BayObLZ 1974, 131, 137; KK-StPO/*Scheuten* § 24 Rn. 4; KMR/*Bockemühl* § 24 Rn. 6).

7 Da der **Maßstab** ein **vernünftiger Dritter in der Situation des Ablehnenden** ist (BVerfGE 32, 288, 290; BGHSt 1, 34, 39; 24, 336, 338; BGH StV 1988, 417; OLG Celle StV 2015, 210; OLG Koblenz StV 1986, 7; OLG Köln StV 1988, 287, 288; LG Kiel StraFo 2005, 417; Meyer-Goßner/*Schmitt* § 24 Rn. 8), kommt es nicht auf den subjektiven Eindruck des konkret betroffenen Beteiligten und seine möglicherweise falsche Vorstellung vom Sachverhalt an (BGH MDR 1955, 270). Maßgeblich ist, ob ein geistig gesunder, sich bei voller Vernunft befindlicher Dritter [der »ideale Prozessbeteiligte«] bei der ihm zuzumutenden Prüfung der Sachlage (BGH NJW 1968, 2297, 2298; OLG Köln NStZ 1992, 142; Meyer-Goßner/*Schmitt* § 24 Rn. 8) zu dem Ergebnis kommen muss, dass der Verdacht der Befangenheit gegeben ist, etwa weil die Prozessführung »rechtsfehlerhaft, unangemessen oder sonst unsachlich ist« (BVerwG DÖV 2010, 619 [zum Disziplinarrecht]).

8 **Nicht** ausreichend ist es, wenn der Angeklagte den Grund für die Befangenheit allein **aus seinem eigenen Verhalten** ableitet, weil er etwa gegen den Richter Strafanzeige erstattet (BVerfG NJW 1996, 2022; BGH wistra 2009, 446; NJW 1962, 748, 749) oder Dienstaufsichtsbeschwerde eingereicht hat (BGH NJW 1952, 1425; *Michel* MDR 1993, 1146, 1147). Selbst Beleidigungen des Angeklagten oder generell provozierendes Verhalten ggü. dem Richter führen grds. nicht zu dessen Befangenheit (BGH NStZ-RR 2009, 207; *Rabe* NJW 1976, 172, 173; vgl. auch *Bock* StraFo 2017, 141 für Straftaten gegenüber dem Richter im Laufe des Verfahrens), wobei sich hier freilich aus der Reaktion des Richters im Einzelfall anderes ergeben kann (KMR/*Bockemühl* § 24 Rn. 11 f.; BGH NStZ 1992, 290 f. m. abl. Anm. *Krehl* NStZ 1992, 598 f.; **noch enger** wohl Meyer-Goßner/*Schmitt* § 24 Rn. 7). Denn es soll nicht in das Belieben des Angeklagten gestellt werden, sich jederzeit des Richters entledigen zu können (KK-StPO/*Scheuten* § 24 Rn. 6; KMR/*Bockemühl* § 24 Rn. 11; MüKo-StPO/*Conen/Tsambikakis* § 24 Rn. 24). Insgesamt ist bei der Wahrnehmung des Rechts auf Richterablehnung darauf zu achten, den Eindruck der **rechtsmissbräuchlichen Stellung** von Ablehnungsanträgen zu vermeiden (BGH NJW 2006, 708, 709 [Verwirken des Antragsrechts durch rechtsmissbräuchliches Verhalten]; vgl. auch BGH wistra 2004, 351 ff.).

II. Typische Fallgruppen und Kasuistik. 1. Persönliche Verhältnisse des Richters. Grds. sind die persönlichen Verhältnisse des Richters **nicht** geeignet, die Besorgnis der Befangenheit zu begründen, es sei denn, es besteht zwischen ihnen und der Strafsache ein besonderer Zusammenhang (so Meyer-Goßner/*Schmitt* § 24 Rn. 9). **Sozialübliche Näheverhältnisse** zwischen Richter und Angeklagtem begründen daher **nicht die Sorge der Befangenheit**; erst recht gilt dies für das Verhältnis eines Richters zum Hauptbelastungszeugen (BGH NStZ-RR 2010, 114 [Richterkollege als Zeuge; anders bei Kollegen im selben Spruchkörper]), zum Staatsanwalt (zur **Ehe zwischen Richter und Staatsanwalt** vgl. AG Kehl, NStZ-RR 2014, 224 [die Befangenheit bejahend]; OLG Karlsruhe, Beschl. v. 21.06.2016 – 2 Ws, AG Potsdam, Beschl. v. 14.07.2009 – 84 Ds 481 Js 51074/07, LG Freiburg, Beschl. v. 22.01.2021 – 17/19 6 Ns 270 Js 36278/18 jug und AG Kehl, Beschl. v. 16.12.2020 – 5 OWi 505 Js 15819/20 [eine Befangenheit verneinend bzw. zumindest nicht grundsätzlich bejahend], sowie zum Problemkreis krit. *Ellbogen/Schneider* JR 2012, 188) oder zu einem Finanzamtsvorsteher, jedenfalls wenn gem. § 386 Abs. 4 AO die Staatsanwaltschaft die ermittelnde Behörde war und die Steuerfahnder im Auftrag der Staatsanwaltschaft handelten (AG Magdeburg, Beschl. v. 11.07.2012 – 61 AR 21/12, 61 AR – 21/12). Dies muss erst recht gelten, wenn die Tochter eines Revisionsrichters nur in der Vorinstanz Sitzungsvertreterin der Staatsanwaltschaft war (BGH StRR 2012, 22); dagegen nimmt OLG Jena (OLGST StPO § 30 Nr. 1) – sehr pauschal – die Besorgnis der Befangenheit bei zwei verheirateten Richtern im selben Spruchkörper an, und nach LG München I (StV 2016, 273) ist eine Selbstablehnung begründet, wenn der Ehemann der erkennenden Richterin Betreuer des Beschuldigten ist. Allein auf die Zugehörigkeit eines Richters zu einer bestimmten Religion, Partei oder Gewerkschaft (BVerfGE 2, 295, 297; 11, 1, 3; OLG Koblenz NJW 1969, 1177; *Günther* NJW 1986, 281, 284), auf eine bestimmte Weltanschauung, auf das Geschlecht, auf die ethnische Herkunft oder auf den Familienstand kann der Verdacht der Befangenheit regelmäßig nicht gestützt werden (BGH MDR 1957, 16; 1992, 934; SK-StPO/*Weßlau/Deiters* § 24 Rn. 44), nach LG München II (StV 2012, 461) auch nicht auf die Zugehörigkeit eines Schöffens zum gleichen Großunternehmen (anders aber nach LG Kiel 18.06.2021 – 3 Qs 14/21, wenn die Ehefrau des Richters in dem Unternehmen des Beschuldigten in gehobener Position tätig ist); ebenso wenig auf die (passive) Mitgliedschaft einer Schöffin in einem Verein gegen sexuelle Gewalt, in einem Verfahren wegen des Vorwurfs des sexuellen Missbrauchs (OLG Celle StV 2015, 210 ff. mit abl. Anm. *Barton*). **Anderes** gilt, wenn ein ausländischer Angeklagter einen Richter ablehnt und der Verdacht dezidierter Ausländerfeindlichkeit des Richters besteht (OLG Karlsruhe NJW 1995, 2503 f.; AG Köln StV 2007, 127, 128). Ergeben sich aus den persönlichen Verhältnissen oder aus sonstigen Gründen **persönliche Beziehungen zu dem Angeklagten**, kann dies die Besorgnis der Befangenheit rechtfertigen (AnwK-StPO/*Werner* § 24 Rn. 5). Daher ist wohl bei einer engen Freundschaft (LG Bonn NJW 1966, 160; anders aber AG Torgau, Beschl. v. 24.02.2020 – 2 Ds 950 Js 41188/19), der Mitgliedschaft in derselben studentischen Korporation (*Teplitzky* JuS 1969, 318, 320), der Nachbarschaft, einem Kollegenverhältnis oder auch einer Feindschaft (LR/*Siolek* § 24 Rn. 33) zwischen Richter und Angeklagtem regelmäßig von einer Befangenheit auszugehen (AnwK-StPO/*Werner* § 24 Rn. 5). Im Einzelfall gilt das auch bei persönlichen Beziehungen zu anderen Verfahrensbeteiligten (insb. – aber nicht nur – zum Opfer), so nach AG Meiningen (Beschl. v. 20.05.2021 – OWi 161 Js 14163/20, hier i.V.m. § 46 Abs. 1 OWiG für das Ordnungswidrigkeitenverfahren) in einem Fall, in dem der Betroffene vom Sohn des Richters **verteidigt** wird und der Richter dies nach § 30 anzeigt, sowie nach BGH NStZ 2021, 176 (in Anlehnung an die zivilrechtliche Rspr. zur Ehe zwischen Richter und Parteivertreter), wenn eine Revisionsrichterin mit dem Vertreter des Nebenklägers im Adhäsionsverfahren verheiratet ist; zur Ehe zwischen Richterin und Verteidiger auch LG Nürnberg-Fürth, Beschl. v. 04.05.2020 – 11 Ns 951 Js 162580/19 (keine automatische Besorgnis der Befangenheit, aber bei Verfahrensverstößen zugunsten des Ehemanns). Der Umstand, dass einem Richter (vermeintlich) vom Präsidium nahegelegt worden ist, bestimmte grundsätzliche Verfahrensvorstellungen (hier: zu Fehlern in der Geschäftsverteilung) zu überdenken, begründet als solches keine Besorgnis, der Richter würde die konkreten Verfahren, in denen er nach dieser Geschäftsverteilung tätig wird, in einer befangenen Weise führen (BGH StV 2012, 449). Wohl kann aber eine Besorgnis der Befangenheit bei an sich zur Entscheidung in einem gegen andere Mitglieder eines Kollegialgerichts gerichteten Befangenheitsverfahren berufenen Richtern bestehen, wenn sie selbst in einem laufenden Parallelverfahren mit den gleichen Argumenten abgelehnt werden (BGH, Beschl. v. 24.04.2012 – 2 StR 622/11). Zuletzt kann sich eine besondere Verbindung auch aus **beruflichen Gründen** ergeben, so wenn eine Schöffin in einem Steuerstrafverfahren bei dem Finanzamt arbeitet, in welchem das Besteuerungsverfahren durchgeführt wird (vgl. zu einem solchen Fall LG Berlin, Beschl. v. 29.12.2020 – 536 KLs 2/20 sowie dazu *Wegner* PStR 2021, 074) oder wenn ein Richter in einer früheren Tätigkeit intensiv mit der Beobachtung der Angeklagten befasst war (LG Bremen StraFo 2021, 197: ehemalige Tätigkeit für den Verfassungsschutz). 9

10 2. **Vorbefassung des Richters.** Wie die §§ 22, 23 und § 148a deutlich machen, kann die Vorbefassung eines Richters einerseits zum Ausschluss desselben führen (vgl. § 22 Rdn. 13 ff. und § 23 Rdn. 3 ff.), während andererseits sogar gesetzlich geregelte **Fälle** existieren, **in denen die Vorbefassung des Richters ausdrücklich vorgesehen** ist, wie etwa der Erlass des Eröffnungsbeschlusses nach § 203 (BVerfGE 30, 149, 157; BGHSt 21, 334, 341). Grds. gilt daher, dass die **§§ 22, 23 und 148a** die Fälle des Ausschlusses wegen Vorbefassung **abschließend** aufzählen und eine darüber hinausgehende Ablehnung nach § 24 nicht möglich ist. Das gilt für die Vorbefassung im selben Strafverfahren (vgl. etwa BGH NStZ 2016, 357, und erst recht auch in einem anderen Verfahren wegen der gleichen Tat gegen einen anderen Angeklagten, vgl. BGH StV 2012, 39 und StraFo 2016, 289) ebenso wie in einem anderen Verfahren mit einer Beteiligung des gleichen Opfers, Angeklagten oder Mittäters (vgl. BGH StV 1987, 1 m.Anm. *Boor*; NStZ-RR 2001, 129 f.; **a.A.** *Herzog* StV 1999, 455, 456; *Stange/Rilinger* StV 2005, 579, 581) oder in einem Verfahren, in dem die Richter die (vermeintliche) Falschaussage des späteren Angeklagten in einer anderen Sache entgegengenommen haben (vgl. BGHR StPO § 22 Nr. 5 Ausschluss 1, wo aber auch betont wird, dass eine abweichende Selbsteinschätzung der Richter nach § 30 hier denkbar wäre), aber auch in einem Zivilverfahren, in dem die Vorgänge des jetzigen Verfahrens eine Rolle spielten (BGHSt 21, 334, 341; OLG Düsseldorf NJW 1982, 2832). Etwas anderes soll nach LG München I (StV 2015, 761) aber gelten, wenn das Strafverfahren gegen den jetzigen Angeklagten von dem Ausgangsverfahren abgetrennt worden war. Hat der nunmehr im Ausgangsverfahren erkennende Richter bereits im abgetrennten Verfahren an dem zwischenzeitlich wegen desselben Sachverhalts ergangenen Urteils mitgewirkt, in dem eine Mittäterschaft des jetzigen Angeklagten angenommen wurde, ist die Befangenheit des Richters im aktuellen Ausgangsverfahren zu bejahen. Dagegen fehlt es an einer Befangenheit für den Revisionsrichter, der nach Aufhebung des Revisionsurteils durch das BVerfG und Zurückverweisung an das Revisionsgericht erneut zu entscheiden hat (BGH wistra 2007, 426). Auch die Mitwirkung bei Vorentscheidungen führt nicht zur Befangenheit des Richters (vgl. BGHSt 21, 334, 341; BGH NStZ 1983, 135, 136; NStZ-RR 1997, 175). Wird das Ablehnungsgesuch auf die bloße Vorbefassung gestützt, kann die Begründung sogar nach **§ 26a Abs. 1 Nr. 2** behandelt werden (vgl. § 26a Rdn. 4). Die Äußerung von Rechtsansichten bei Zwischenentscheidungen im Verfahren führt selbst dann nicht zum Verdacht der Befangenheit des Richters, wenn hierbei seine Überzeugung von der Schuld des Angeklagten zum Ausdruck gekommen ist (BGH GA 1962, 282 f.; Radtke/Hohmann/*Alexander* § 24 Rn. 16; **a.A.** *Meyer-Mews* StraFo 2000, 369, 374). Sogar wenn der Richter i.R.d. Vorbefassung **gegen Verfahrensgrundsätze verstoßen** hat (BGH NStZ-RR 2009, 85 f.; NStZ 1994, 447; StV 1998, 414; OLG Koblenz NStZ 1983, 470 f. [fehlende Namhaftmachung des Richters]; OLG Jena NJW 2006, 3794 ff. [verspätete Prüfung nach § 67e]) oder einer **irrigen Rechtsansicht** unterlag (was für Zwischenentscheidungen in Vorwegnahme des Rechtsmittelzuges zu überprüfen i.Ü. auch nicht die Aufgabe des Befangenheitsrechts ist, zutr. OLG Köln, Beschl. v. 08.04.2013 – III-2 Ws 204/13, 2 Ws 204/13), rechtfertigt dies nicht die Besorgnis der Befangenheit, solange die Entscheidung nicht völlig abwegig erscheint (BGH StV 2015, 5; BGH NJW 1984, 1907, 1909; BGH StV 2020, 827 [Ls.] = NStZ 2021, 178; BGH NStZ 2021, 116); restriktiver *Duttge* NStZ 2003, 375 ff.) oder der Angeklagte schlüssig vorträgt, der Richter habe **willkürlich falsch** entschieden (BGH StV 2015, 5; BayObLG wistra 2002, 196, 197; AG Dresden StRR 2016, Nr. 12, 2 [willkürliche Verkürzung der richterlich bestimmten Erklärungsfrist im Zwischenverfahren]; Brüssow/Gatzweiler/Krekeler/Mehle/*Gatzweiler/Mehle* § 9 Rn. 104; KMR/*Bockemühl* § 24 Rn. 27 f.; KK-StPO/*Scheuten* § 24 Rn. 8 f. m.w.N.). Nach AG Offenbach (Beschl. v. 17.03.2020 – 250 Ds 1300 Js 85929/19) rechtfertigt allein schon der Umstand, dass die Eröffnung und Terminierung des Hauptverfahrens erfolgte, bevor der Angeklagte Gelegenheit zur (abschließenden) Stellungnahme hatte, Misstrauen in die Unparteilichkeit des Gerichts.

11 Die Ablehnung ist hingegen **möglich**, wenn zu der Vorbefassung des Richters **Umstände hinzutreten**, die die Besorgnis der Befangenheit hervorrufen (BGH StV 2015, 1; BGH StV 2015, 5; BGH wistra 2005, 466, 467 f.). So kann bereits das Verhalten des Richters **in dem früheren Verfahren** die Befangenheit begründen, wenn z.B. ein Zeuge als unglaubwürdig bezeichnet wurde und nunmehr wegen Falschaussage angeklagt ist (OLG Celle NJW 1990, 1308 f.; AG Bochum StRR 2009, 345; *Michel* MDR 1993, 1146, 1147) oder auch wenn ein früherer Mitangeklagter als glaubwürdig und der jetzige Angeklagte als unglaubwürdig eingestuft wurde (LG Bremen StV 1990, 203); das Gleiche gilt bei unnötigen und sachlich unbegründeten Werturteilen über den jetzigen Angeklagten in einem früheren Verfahren (BGH StraFo 2016, 289; StV 2019, 152; OLG Oldenburg StraFo 2021, 21). Die Anordnung einer Schweigeminute für einen Verstorbenen, dessen Tod der Verfahrensgegenstand ist, rechtfertigt dagegen keine Besorgnis der Befangenheit (nochmals OLG Oldenburg StraFo 2021, 21). Bei Zwischenentscheidungen **im anhängigen Verfahren** wurde die Befangenheit des Richters etwa in Fällen bejaht, in denen die Bestellung des Pflichtverteidigers ohne wichtigen Grund widerrufen wurde (BGH NJW 1990, 1373 f.), auf den Verteidigerwunsch des Angeklagten keinerlei Rücksicht genommen wurde (BayObLG StV 1988, 97, 98), die Akteneinsicht grundlos verweigert wurde (LG Köln

StV 1987, 381, 382), eine Kenntnisnahme der Beiakten verweigert wurde (LG Hanau NStZ 2004, 398), Antrag auf Terminsverlegung grundlos ablehnt (OLG Naumburg StraFo 2005, 24, 25) oder eine Haftsache grundlos nicht terminiert wurde (OLG Karlsruhe StV 2005, 539 ff.).

Erschöpft sich die Vorbefassung in einer bloß vorherigen Auseinandersetzung mit bestimmten Rechtsfragen, wird hierin keine Befangenheit zu sehen sein (SK-StPO/*Weßlau/Deiters* § 24 Rn. 45). Äußerungen in **wissenschaftlichen Publikationen** können (nur) in den seltenen Fällen zur Befangenheit führen (BVerfG NJW 1996, 3333 f.; LG Frankfurt StV 2021, 559), in denen die Äußerung tatsächlich naheliegende Anhaltspunkte für eine Voreingenommenheit des Richters bildet und es nicht allein um abstrakte Rechtsansichten geht (vgl. auch MüKo-StPO/*Conen/Tsambikakis* § 24 Rn. 31); allein die Tatsache, dass ein Richter am Gesetzgebungsverfahren oder einer Kommentierung eines Gesetzes mitgewirkt hat, reicht aber nicht aus (BVerfGE 1, 66, 67). 12

3. Äußerungen und sonstiges prozessuales Verhalten des Richters. a) Grundsätzliches. Das Verhalten des Richters sowie seine Äußerungen können die Besorgnis der Befangenheit begründen, wenn vor oder während der Hauptverhandlung der Verdacht entsteht, dass dieser nicht unvoreingenommen ist. **Maßstab** ist auch hier die Sicht eines besonnenen Dritten in der Lage des Angeklagten im konkreten Einzelfall (vgl. Rdn. 7). Ein Grund, von der Befangenheit des Richters auszugehen, kann insb. vorliegen, wenn zu befürchten ist, er sei bereits endgültig von der Schuld des Angeklagten überzeugt (BGHSt 48, 4, 8 m.Anm. *Duttge* NStZ 2003, 375 ff.; BGH NStZ 1999, 629 f.; StraFo 2001, 384; Meyer-Goßner/*Schmitt* § 24 Rn. 15). Dagegen führen **Verfahrensverstöße** grds. nicht zur Befangenheit, solange dem Richter nicht **Willkür** vorgeworfen werden kann (vgl. o. Rdn. 10; BGH NStZ 2010, 342; BGH NStZ 2007, 281, 282 [vorzeitiger Abbruch einer Zeugenvernehmung wegen der bevorstehenden Schließung des Dienstgebäudes]) oder die Verhandlungsführung unangemessen und unsachlich ist (Meyer-Goßner/*Schmitt* § 24 Rn. 17; nach OLG Köln NStZ-RR 2011, 315 sinngemäß anwendbar bei der Ablehnung von Sachverständigen, wobei ein solcher Verstoß bei Beanstandungen hinsichtlich der Art und Weise der Informationsgewinnung nicht ohne Weiteres anzunehmen ist). Beim Vorwurf willkürlicher Entscheidungen muss diese im Ablehnungsantrag schlüssig dargelegt werden (OLG Düsseldorf NStZ-RR 1997, 175 f.; AnwK-StPO/*Werner* § 24 Rn. 21). 13

Hinsichtlich der **Äußerungen** des Richters (unter denen nicht nur diejenigen gegenüber dem Angeklagten, sondern auch gegenüber dem Verteidiger von Bedeutung sein können, vgl. auch unten Rdn. 23 sowie Radtke/Hohmann/*Alexander* § 24 Rn. 24) ist einerseits zu beachten, dass auch dieser in seiner sozialen Interaktion einen eigenen Stil pflegen kann und sich die Besorgnis der Befangenheit etwa nicht allein auf ein eher »ruppiges« Wesen des Richters stützen kann. Andererseits ist der Richter zur Objektivität verpflichtet, wodurch er gehalten ist, sich ggü. dem Angeklagten **angemessen (sachlich) zu verhalten**. Das gilt gerade auch im Hinblick auf den Gegenstand der Anklage, weshalb »flapsige Bemerkungen« in einem Verfahren, in dem eine lebenslange Freiheitsstrafe im Raum steht, einen Ablehnungsgrund nach § 24 begründen können (BGH NStZ 2006, 49 m.Anm. *Kudlich* JA 2006, 411 f.). 14

Aufgrund der **dienstlichen Äußerung** des betroffenen Richters nach **§ 26 Abs. 3** ist u.U. eine **andere Deutung seines Verhaltens**, das zur Sorge der Befangenheit führte, möglich, weil der dienstlichen Erklärung ansonsten keine eigenständige Bedeutung zukommen würde (vgl. § 26 Rdn. 8; Radtke/Hohmann/*Alexander* § 26 Rn. 9; krit. MüKo-StPO/*Conen/Tsambikakis* § 24 Rn. 38). Allerdings ist sorgfältig zu prüfen, ob die Erklärung tatsächlich geeignet ist, den Eindruck der Befangenheit vollständig aufzuheben oder ob es sich nur um nachgeschobene Erklärungen handelt, die den Eindruck der Befangenheit relativieren sollen. 15

b) Einzelfälle. aa) Bejaht wurde die Besorgnis der Befangenheit aufgrund von **Äußerungen** des Richters in folgenden Fällen: bei unsachlichen **Kommentaren des Richters** wie z.B. der Bezeichnung des Angeklagten als »Typ des Gewohnheitsverbrechers« (BGH JR 1961, 388 m.Anm. *Eb. Schmidt*) oder der Einlassung des Angeklagten als »Quatsch« schon vor deren Beendigung durch den Schöffen (BGH StV 2019, 154); bei der öffentlichen Erklärung des Richters, er werde wissen, wie »derart unsaubere Geschäfte« zu bestrafen seien (RGSt 61, 67, 69); bei der Äußerung ggü. dem Verteidiger, die Einlassung des Angeklagten sei »schwachsinnig« und dieser solle sich bei abweichendem Gutachten warm anziehen (LG Mainz StV 2004, 531); bei dem Hinweis in der Terminsladung in einer Bußgeldsache mit Personenschaden, dass es nicht der Verdienst des Betroffenen sei, dass er sich nicht vor dem Schöffengericht wegen fahrlässiger Tötung zu verantworten habe und daher unverständlich sei, warum er gegen den Bußgeldbescheid Einspruch eingelegt habe (AG Berlin-Tiergarten StV 1993, 516, 517); bei der Aussage des Richters bei einer früheren Haftbeschwerde, der Verteidiger solle sich nichts vormachen, die Angeklagten »gehören dahin, wo sie sind, und zwar ganz lange und ganz tief. Solche Leute haben in Freiheit nichts zu suchen« (BGH StV 2015, 1); bei der Äußerung während der Terminabstimmung für die Haftprüfung, der Haftbefehl werde ohnehin vollzogen (AG Ingolstadt StV 2020, 404 [Ls.] = Beschl. v. 10.02.2020 – 1 Gs 2523/19). Ferner bei der **objektiv unwahren Behauptung**, eine Terminierung der Berufungshauptverhandlung sei vor November nicht möglich 16

Alexander § 24 Rn. 36 geschlossen und im Wortlaut) dargestellt werden (BGH StV 2010, 225; StV 2009, 393 f.; StV 1996, 2; OLG Düsseldorf, Beschl. v. 30.06.2015 – III-3 Rvs 18/15; Meyer-Goßner/*Schmitt* § 338 Rn. 29 sowie hier § 338 Rdn. 35 m.w.N.). Wird in einem das Ablehnungsgesuch ablehnenden Beschluss auf vorherige Korrespondenz (etwa E-Mails) Bezug genommen, muss die Begründung auch deren Inhalt so wiedergeben (oder die Dokumente als Anlage enthalten), dass das Revisionsgericht sich hiervon ein umfassendes Bild machen kann (BGH, Beschl. v. 1 StR 120/20). Richtet sich die Revision gegen eine zu Unrecht als verspätet nach **§ 26a Abs. 1 Nr. 1** verworfene Ablehnung, ist zudem der Verfahrensablauf insoweit darzustellen, als es für die Beurteilung der Rechtzeitigkeit notwendig ist (BGH MDR 1977, 109); Vergleichbares gilt für Befangenheitsanträge wegen der Ablehnung von verspätet vorgebrachten Beweisanträgen (BGH StV 2012, 587).

28 Ein **widersprüchliches Verhalten** und damit ein Verstoß gegen das allgemeine Missbrauchsverbot soll nach Ansicht des BGH (StV 2009, 169) bei einer Befangenheitsrüge vorliegen, wenn es in der Hauptverhandlung nach Stellung des Befangenheitsantrags zu einer verfahrensbeendenden Absprache gekommen ist, in deren Rahmen der Angeklagte ein Geständnis abgelegt hat. Soweit der BGH hier unterstellt, dass der Angeklagte im Zeitpunkt des Geständnisses keine Sorge der Befangenheit gehabt haben kann, weil es sonst nicht zu dem Geständnis gekommen wäre, wird damit außer Acht gelassen, dass aus Sicht des Angeklagten die Sorge der Befangenheit auch gerade Motiv für die verfahrensbeendende Absprache sein kann, um eine möglichst milde Strafe zu erhalten (so auch *Beulke/Witzigmann* StV 2009, 394, 397). Diese Linie des BGH könnte dazu führen, dass Urteile, die aufgrund einer verfahrensbeendenden Absprache zustande kommen, zukünftig nur noch eingeschränkt revisibel sind (vgl. hierzu auch *Beulke/Witzigmann* StV 2009, 394, 397), was der gesetzgeberischen Konzeption gerade widerspricht (so auch BeckOK-StPO/*Cirener* § 24 Rn. 38.1).

29 Die Mitwirkung eines **Staatsanwalts**, bei dem Gründe vorliegen, die dessen Ersetzung notwendig gemacht hätten, führen nicht zu einem absoluten Revisionsgrund, können aber einen relativen Revisionsgrund nach § 337 darstellen (Meyer-Goßner/*Schmitt* Vor § 22 Rn. 7; zur Ablehnung eines Revisionsgrundes nach § 338 Nr. 5 BGH, NJW 1980, 845 f.), sofern nicht auszuschließen ist, dass das Urteil – etwa durch Beeinflussung des Gerichts – auf dessen Mitwirkung beruht (AnwK-StPO/*Werner* § 24 Rn. 18). Hat der betroffene Staatsanwalt selbst in dem Verfahren als Zeuge ausgesagt, muss nach § 344 Abs. 2 Satz 2 aus der Revisionsbegründung hervorgehen, ob der Staatsanwalt auch seine eigene Zeugenaussage im Plädoyer gewürdigt hat (BGH NStZ 2007, 419, 420).

30 Das grundrechtsgleiche Recht aus Art. 101 Abs. 1 Satz 2 GG durch Mitwirkung eines abgelehnten Richters an der Verurteilung ist nur dann verletzt, wenn ein Fall von offensichtlicher und fehlerhafter Anwendung der §§ 24 ff. vorliegt (BVerfG VersR 2010, 2036).

§ 25 Ablehnungszeitpunkt

(1) [1]Die Ablehnung eines erkennenden Richters wegen Besorgnis der Befangenheit ist bis zum Beginn der Vernehmung des ersten Angeklagten über seine persönlichen Verhältnisse, in der Hauptverhandlung über die Berufung oder die Revision bis zum Beginn des Vortrags des Berichterstatters, zulässig. [2]Ist die Besetzung des Gerichts nach § 222a Absatz 1 Satz 2 schon vor Beginn der Hauptverhandlung mitgeteilt worden, so muss das Ablehnungsgesuch unverzüglich angebracht werden. [3]Alle Ablehnungsgründe sind gleichzeitig vorzubringen.

(2) [1]Im Übrigen darf ein Richter nur abgelehnt werden, wenn

1. die Umstände, auf welche die Ablehnung gestützt wird, erst später eingetreten oder dem zur Ablehnung Berechtigten erst später bekanntgeworden sind und

2. die Ablehnung unverzüglich geltend gemacht wird.

[2]Nach dem letzten Wort des Angeklagten ist die Ablehnung nicht mehr zulässig.

Übersicht

A. Grundsätzliches und Regelungszweck. Anders als für die Fälle der §§ 22, 23 und 30 beinhaltet § 25 für den Ausschluss wegen Besorgnis der Befangenheit nach § 24 eine **Präklusionsregelung** in der Hauptverhandlung. **Außerhalb der Hauptverhandlung** unterliegt das Ablehnungsrecht keinen zeitlichen Grenzen (KK-StPO/*Scheuten* § 25 Rn. 2; KMR/*Bockemühl* § 25 Rn. 1 und 12), allerdings erlischt es auch in Beschlussverfahren, wenn die Entscheidung ergangen ist (Meyer-Goßner/*Schmitt* § 25 Rn. 11); etwas anderes kann ausnahmsweise gelten, wenn die Ablehnung u.a. damit begründet wird, derselbe Spruchkörper in gleicher Besetzung bleibe künftig für etwaige weitere Entscheidungen (z.B. nach § 126 Abs. 2 Satz 2) zuständig, vgl. OLG Rostock OLGSt StPO § 25 Nr. 2. **In der Hauptverhandlung** führt die zeitliche Begrenzung der Möglichkeit einer Befangenheitsablehnung gerade bei mehreren Angeklagten zu einer erheblichen Konzentration und Beschleunigung des Verfahrens, indem eine einheitliche Entscheidung aller bekannten Ablehnungsgründe vorgenommen werden kann (LR/*Siolek* § 25 Rn. 3). Somit wird der Gefahr vorgebeugt, dass Prozessbeteiligte trotz der Kenntnis von den Umständen, die die Sorge der Befangenheit begründen, den Prozess in Verschleppungsabsicht – etwa bis zur Erledigung eines ersten Ablehnungsgesuchs – längere Zeit ohne Formulierung eines Ablehnungsantrags verfolgen (vgl. BT-Drs. IV/178, S. 34; ähnlich KK-StPO/*Scheuten* § 25 Rn. 1). Folge einer verspäteten Ablehnung ist die Verwerfung des Antrags als unzulässig nach § 26a Abs. 1 Nr. 1. 1

Für die Frage der Präklusion ist entscheidend, ob die Gründe, die die Besorgnis der Befangenheit begründen, vor oder nach dem **in § 25 Abs. 1 genannten Zeitpunkt** bekannt geworden sind. 2

B. Die maßgeblichen Zeitpunkte im Einzelnen. I. Regelmäßiger Präklusionszeitpunkt bei bekannten Gründen (§ 25 Abs. 1 Satz 1). Im **erstinstanzlichen Verfahren** liegt der späteste Zeitpunkt zur Geltendmachung des Ablehnungsrechts nach § 25 Abs. 1 Satz 1 unmittelbar vor Beginn der Vernehmung des ersten Angeklagten über seine persönlichen Verhältnisse nach § 243 Abs. 2 Satz 2. Wird das Ablehnungsgesuch nicht bis zu diesem Zeitpunkt gestellt, tritt Präklusion ein. Ob das selbst dann gilt, wenn der Ablehnungsberechtigte nicht anwesend ist, ist fraglich (dafür Meyer-Goßner/*Schmitt* § 25 Rn. 2; *Meyer-Goßner* NJW 1987, 1161, 1168 f.; *Rieß/Hilger* NStZ 1987, 145, 148; zweifelnd BGH NStZ-RR 2013, 314). Dagegen muss der Ablehnungsantrag nicht schon früher gestellt werden, nur weil der Grund für die Besorgnis schon länger bekannt war (BVerfGE 2, 295, 296 f.; BGHSt 4, 264, 270; LR/*Siolek* § 25 Rn. 2; MüKo-StPO/*Conen/Tsambikakis* § 25 Rn. 6). 3

Im sog. **Abwesenheitsverfahren** nach den §§ 232, 233 und auch im **Sicherungsverfahren** ohne Anwesenheit des Beschuldigten nach § 415 ist die Ablehnung bis zur Verlesung der richterlichen Vernehmung des Angeklagten über seine persönlichen Verhältnisse möglich (AnwK-StPO/*Werner* § 25 Rn. 3; LR/*Siolek* § 25 Rn. 19 f.; MüKo-StPO/*Conen/Tsambikakis* § 25 Rn. 10). Liegt kein richterliches Vernehmungsprotokoll vor, ist der Antrag vor Verlesung des Anklagesatzes zu stellen (LR/*Siolek* § 25 Rn. 19; SK-StPO/*Deiters* § 25 Rn. 10). 4

Wird nach **Aussetzung** oder **Zurückverweisung** nach §§ 328 Abs. 2, 354 Abs. 2, 355 neu verhandelt, besteht auch hier wieder die Möglichkeit der Ablehnung bis zur Vernehmung des ersten Angeklagten, selbst wenn dies in der ersten Verhandlung trotz Kenntnis vom Ablehnungsgrund nicht geschehen ist (BGHSt 23, 277, 278; OLG Brandenburg StV 1997, 455, 456; HK-StPO/*Temming* § 25 Rn. 13; SK-StPO/*Deiters* § 25 Rn. 12). Umgekehrt muss eine bereits erfolgte Ablehnung wiederholt werden, um eine Präklusion zu verhindern (BGH NStZ 2006, 234; **a.A.** MüKo-StPO/*Conen/Tsambikakis* § 25 Rn. 12). Werden nach Vernehmung des ersten Angeklagten mehrere Verfahren miteinander verbunden, richtet sich der Ablehnungszeitpunkt für den neu hinzugekommenen Angeklagten oder auch Nebenkläger nach der Vernehmung des ersten Angeklagten seit Verbindung (AnwK-StPO/*Werner* § 25 Rn. 4; KMR/*Bockemühl* § 25 Rn. 4), weil sonst das prozessuale Grundrecht auf Ablehnung vollständig verloren gehen würde. 5

In den **Rechtsmittelinstanzen** (Berufung und Revision) tritt Präklusion ein, wenn der Antrag nicht bis zum Beginn des Vortrags des Berichterstatters nach den §§ 324 Abs. 1, 351 Abs. 1 gestellt wurde (AnwK-StPO/*Werner* § 25 Rn. 6; KK-StPO/*Scheuten* § 25 Rn. 4; Meyer-Goßner/*Schmitt* § 25 Rn. 3). 6

II. Präklusion bei Mitteilung nach § 222a Abs. 1 Satz 2 (§ 25 Abs. 2 Satz 1). Wird die Besetzung des Gerichts nach § 222a Abs. 1 Satz 2 vor Beginn der Hauptverhandlung durch Zustellung bekannt gemacht, so ist seit Inkrafttreten des Gesetzes zur Modernisierung des Strafrechts am 13.12.2019 (BGBl. I 2019, S. 2121, sowie dazu im Überblick *Schork* NJW 2020, 1) ein Ablehnungsgesuch (mit einer zu diesem Zeitpunkt bereits absehbaren Begründung) unverzüglich anzubringen. Der Gesetzgeber möchte hierdurch unnötige Verfahrensverzögerungen vermeiden, die drohen, wenn schon nach der Besetzungsmitteilung absehbare Befangenheitsgesuche bis zum Beginn der Hauptverhandlung aufgespart werden (BT-Drs. 19/14747, S. 22). Von den typischen Ablehnungsgründen (vgl. § 24 Rdn. 9 ff.) kommen hier naturgemäß nur die persönlichen Beziehungen des Richters sowie ggf. spezifische Fälle der Vorbefassung in Betracht, die für die Verfahrensbeteiligten auch 7 schon vor der Hauptverhandlung regelmäßig erkennbar sind und Gegenstand der nach Besetzungsmitteilung häufig verbundenen Prüfung der vorschriftsmäßigen Besetzung auffallen werden (aber natürlich nicht notwendig müssen – insb. darf Kenntnis von der Besetzung nicht automatisch mit Kenntnis des Ablehnungsgrundes gleichgesetzt werden, vgl. auch MüKo-StPO/*Conen/Tsambikakis* § 25 Rn. 13a). Mit der Anbringung der Befangenheitsanträge ist typischerweise im Zusammenhang mit der Wochenfrist – bei späterem Entstehen oder Bekanntwerden der Gründe auch noch später, aber jedenfalls vor der Hauptverhandlung – zu rechnen, wodurch die Hauptverhandlung von solchen aufgesparten Ablehnungsgründen freigehalten wird (vgl. BeckOK-StPO/*Cirener*, § 25 Rn. 5; zur Frist zur Einholung von Erkundigungen nach Mitteilung der Besetzung in Anlehnung an § 222b Abs. 1 Satz 1 Meyer-Goßner/*Schmitt* § 25 Rn. 4c). Zur Kritik an dieser Erschwerung des Ablehnungsrechts zur Bekämpfung von befürchteten – wenngleich auch empirisch nicht belegten – Verfahrensverzögerungen vgl. MüKo-StPO/*Conen/Tsambikakis* § 25 Rn. 13.

8 **III. Präklusion bei späterer Kenntniserlangung (§ 25 Abs. 2 Satz 1).** Wird der Ablehnungsgrund erst nach dem in § 25 Abs. 1 Satz 1 genannten Zeitpunkt bekannt oder entsteht er erst später, hat die Ablehnung nach § 25 Abs. 2 Nr. 1, Nr. 2 unverzüglich ab **Kenntniserlangung** oder **Entstehung** zu erfolgen. Maßgeblich ist hierbei die Kenntniserlangung **durch den Ablehnungsberechtigten** (BGH NStZ 2010, 401; HK-StPO/*Temming* § 25 Rn. 12); beim Nebenkläger ist die Kenntniserlangung des bevollmächtigten Vertreters entscheidend (BGHSt 37, 264, 265; KK-StPO/*Scheuten* § 25 Rn. 7; KMR/*Bockemühl* § 25 Rn. 8). Allgemein wird eine etwaige schuldhaft verspätete Kenntnisnahme durch den Vertreter dem Berechtigten nicht zugerechnet (BGH NStZ 2010, 401 [für den Angeklagten]; LR/*Siolek* § 25 Rn. 22; anders jedoch beim Nebenkläger, vgl. BGHSt 37, 264, 265). Für die Ablehnung des Sachverständigen findet das Unverzüglichkeitsgebot keine Anwendung (BGH StV 2019, 156; OLG Bamberg, Beschl. v. 18.10.2018 – 2 Ss OWi 1419/18), da § 74 Abs. 1 Satz 1 lediglich hinsichtlich der Gründe, nicht aber wegen der für das Verfahren maßgeblichen Vorschriften auf die Ablehnung eines Richters verweist und sich aus § 83 Abs. 2 ausdrücklich die Möglichkeit der erfolgreichen Ablehnung eines Sachverständigen noch nach Erstattung von dessen Gutachten ergibt.

9 **Unverzüglich** bedeutet, dass die Ablehnungsgründe so bald wie möglich ohne zeitliche Verzögerung geltend gemacht werden müssen, sofern die Verzögerung nicht durch die Sachlage begründet ist (BGHSt 21, 334, 339; NStZ 1982, 291, 292; BayObLG NJW 1992, 2242). Allerdings schließt dieser strenge Maßstab nicht aus, dass dem Ablehnungsberechtigten eine gewisse Bedenkfrist (etwa zusammen mit dem Verteidiger) und eine Frist zur Abfassung des Antrags einzuräumen sind (BGH StV 2021, 285; BGH StV 2016, 271; BGH NStZ 1992, 290 m. krit. Anm. *Krehl* NStZ 1992, 598 f.; StV 1984, 318; SK-StPO/*Deiters* § 25 Rn. 22), d.h. die Ablehnung muss nicht »sofort«, aber eben »ohne schuldhaftes Verzögern« erfolgen (BGH StV 2008, 562). Dies gilt auch dann, wenn der die Besorgnis begründende Umstand erst während des Abschlussplädoyers des Verteidigers und damit kurz vor dem Zeitpunkt, ab dem nach § 25 Abs. 2 Satz 2 eine Ablehnung überhaupt nicht mehr möglich ist, eintritt (vgl. BayObLG, Beschl. v. 09.04.2020 – 205 StRR 1779/19: plötzliches Auflachen während eines Plädoyers). War der Ablehnungsgrund dem Verteidiger schon vorher bekannt, verkürzt sich die Frist, wobei auf die Umstände des Einzelfalls abzustellen ist. Tritt der Ablehnungsgrund **während einer Beweiserhebung** auf, reicht es aus, wenn der Antrag bis zu deren Ende nach § 257 Abs. 2 gestellt wird. Denn der Antragsberechtigte soll durch Zuwarten überprüfen können, ob sich der Eindruck der Befangenheit im Laufe der Hauptverhandlung verfestigt (OLG München NJW 2007, 449, 451). Während bei einer nur kurzen Unterbrechung die Fortsetzung der Hauptverhandlung abgewartet werden kann (BGH NStZ 1992, 290, 291; StV 1981, 163), ist bei längeren Unterbrechungen der Ablehnungsantrag unverzüglich noch während der Unterbrechung zu Protokoll der Geschäftsstelle zu stellen (BGHSt 21, 334, 344; StV 1982, 339, 340; StV 2008, 562; vgl. MüKo-StPO/*Conen/Tsambikakis* § 25 Rn. 20 unter Hinweis auf die besonders strengen Maßstäbe für die Staatsanwaltschaft), wobei allerdings keine Bearbeitung am Wochenende verlangt werden kann (OLG Düsseldorf NJW 1992, 2243 Ls.).

10 Nicht nur der Ablehnungsantrag, sondern auch die Glaubhaftmachung des Ablehnungsgrundes muss nach § 26 Abs. 2 unverzüglich erfolgen. Dabei sind nicht nur der Zeitpunkt des Entstehens und die Kenntniserlangung hiervon anzugeben, sondern ebenso die Gründe für eine möglicherweise verzögerte Antragsstellung. Die Gelegenheit zur Stellung des Antrags muss dem Ablehnungsberechtigten hingegen nicht unverzüglich, aber noch am selben Hauptverhandlungstag gegeben werden (*Drees* NStZ 2005, 184, 186; Meyer-Goßner/*Schmitt* § 25 Rn. 9; so wohl auch *Senge* NStZ 2002, 225, 232). Der unverzüglichen Glaubhaftmachung bedarf es nicht, wenn sich die zugrunde liegenden Tatsachen aus den Akten ergeben (BGH StV 2015, 9; BGH NStZ 2007, 161).

11 ***IV. Konzentrationsgebot* (§ 25 Abs. 1 Satz 3).** Für Fälle des Abs. 1 Sätze 1 und 2 sind nach Abs. 1 Satz 3 alle Ablehnungsgründe gleichzeitig vorzutragen. Dieses **Konzentrationsgebot** ist insb. dann von Bedeutung, wenn bereits vor dem letztmöglichen Antragszeitpunkt nach Abs. 1 das Ablehnungsgesuch geltend gemacht

wird. Alle hier nicht angebrachten, aber bereits bekannten Ablehnungsgründe sind dann verwirkt und können allenfalls noch zur Unterstützung eines späteren Ablehnungsantrags vorgebracht werden (BGHSt 21, 85, 88; KMR/*Bockemühl* § 25 Rn. 7; LR/*Siolek* § 25 Rn. 30; Radtke/Hohmann/*Alexander* § 25 Rn. 5). Werden weitere Gründe erst nach Stellung des ersten Ablehnungsantrags bekannt, greift hinsichtlich neu erkannter Gründe die Präklusionsregelung des Abs. 2.

Aufgrund des Unverzüglichkeitserfordernisses gelten für Abs. 2 faktisch ähnliche Anforderungen, wie für Abs. 1, denn regelmäßig wird der Ablehnungsberechtigte auch hier gehalten sein, alle ihm bekannten Gründe gleichzeitig vorzubringen, um die Anforderungen an die Unverzüglichkeit einzuhalten. 12

V. Absoluter Erlöschenszeitpunkt nach § 25 Abs. 2 Satz 2. Als absolute und **äußerste zeitliche Grenze** für das Stellen des Antrags legt Abs. 2 Satz 2 für alle Instanzen das **letzte Wort** des Angeklagten nach den §§ 258 Abs. 2, 326 Satz 2, 351 Abs. 2 Satz 2 fest (HK-StPO/*Temming* § 25 Rn. 16; MüKo-StPO/*Conen/Tsambikakis* § 25 Rn. 22). Da die Vorschrift als verfassungsrechtlich unbedenklich gilt (BVerfG NJW 1988, 477), muss der Antragberechtigte notfalls eine Unterbrechung der Hauptverhandlung beantragen, um seinen Antrag rechtzeitig stellen zu können (BVerfG NStZ-RR 2006, 379, 380; vgl. auch BayObLG, Beschl. v. 09.04.2020 – 205 StRR 1779/19). Die Präklusionswirkung entfällt allerdings mit Wiedereintritt in die Beweisaufnahme nach Erteilung des letzten Wortes (BGH NStZ 2006, 644, 645; Meyer-Goßner/*Schmitt* § 25 Rn. 10). Entscheidet das Revisionsgericht durch Beschluss nach § 349 Abs. 2, kann die Ablehnung nur bis zur Entscheidung vorgebracht werden (BGH NStZ 2008, 55; NStZ 2007, 416 f.). 13

Auch wenn eine Entscheidung ohne mündliche Verhandlung ergeht, gilt § 25 Abs. 2 uneingeschränkt (zumindest analog), weil durch das Anhörungsrügegesetz (v. 09.12.2004, BGBl. I 2004, S. 3220) keine abweichende Regelung getroffen wurde (vgl. OLG Nürnberg NJW 2007, 1013 f.; **a.A.** noch OLG Saarbrücken NJW 1975, 399 f.; offengelassen bei BGH NStZ-RR 2005, 173 f.), sodass ein Ablehnungsgesuch nur so lange statthaft vorgebracht werden kann, bis die Entscheidung ergangen ist (BGH NStZ-RR 2012, 314; StRR 2012, 191; BGH, Beschl. v. 23.01.2019 – 1 StR 666/17; BVerfG, NStZ 2007, 709; OLG Hamm BeckRS 2015, 03364 Rn. 12; OLG Hamm, Beschl. v. 09.04.2019 – 4 Ws 10/19; OLG Nürnberg, Beschl. v. 07.11.2019 – Ws 771/19). Kommt es auf eine Gehörsrüge nach § 33a hin allerdings zu einem Nachverfahren, so können für die in dieser Konstellation neu zu treffende Sachentscheidung die zur Mitwirkung berufenen Richter wegen Besorgnis der Befangenheit abgelehnt werden (OLG Celle, Beschl. v. 13.01.2015 – 2 Ws 174/14; OLG Stuttgart, Beschl. v. 28.02.2019 – 4 Ws 42/19). 14

C. Revision. Da die Präklusion unabhängig davon eintritt, ob der Ablehnungsantrag begründet gewesen wäre, wird bei einer verspäteten Ablehnung eine Revision niemals auf eine Verwerfung – gleich, ob die Ablehnung in der Sache begründet war – gestützt werden können. War der Antragsteller präkludiert, kann das Revisionsgericht i.R.d. § 338 Nr. 3 auch dann auf § 26a Abs. 1 Nr. 1 abstellen, wenn das Tatgericht den Befangenheitsantrag aus einem anderen Grund nach § 26a verworfen hatte, weil der Angeklagte in einem solchen Fall nie seinem gesetzlichen Richter entzogen wurde (vgl. BGH StV 2008, 562, 563, sowie generell zur Problematik § 26a Rdn. 10). Der Revisionsvortrag muss die Tatsachen mitteilen, die für eine Prüfung der rechtzeitigen Rüge i.S. des § 25 Abs. 1 Satz 1 erforderlich sind; anderenfalls ist die Verfahrensrüge schon aus diesem Grunde unzulässig (BGH NStZ 2016, 627). 15

§ 26 Ablehnungsverfahren

(1) [1]Das Ablehnungsgesuch ist bei dem Gericht, dem der Richter angehört, anzubringen; es kann vor der Geschäftsstelle zu Protokoll erklärt werden. [2]Das Gericht kann dem Antragsteller aufgeben, ein in der Hauptverhandlung angebrachtes Ablehnungsgesuch innerhalb einer angemessenen Frist schriftlich zu begründen.

(2) [1]Der Ablehnungsgrund und in den Fällen des § 25 Absatz 1 Satz 2 und Absatz 2 die Voraussetzungen des rechtzeitigen Vorbringens sind glaubhaft zu machen. [2]Der Eid ist als Mittel der Glaubhaftmachung ausgeschlossen. [3]Zur Glaubhaftmachung kann auf das Zeugnis des abgelehnten Richters Bezug genommen werden.

(3) Der abgelehnte Richter hat sich über den Ablehnungsgrund dienstlich zu äußern.

Übersicht

1 **A. Grundsätzliches und Regelungszweck.** § 26 regelt wichtige Teile des formalen Ablaufs des Ablehnungsverfahrens. Während Abs. 1 Adressat und Form des Ablehnungsgesuchs festlegt, sind in Abs. 2 die Anforderungen an den Inhalt und die Glaubhaftmachung geregelt und in Abs. 3 wird das Erfordernis einer dienstlichen Äußerung des abgelehnten Richters statuiert (vgl. dazu auch § 24 Rdn. 5). Bereits aus der Zuständigkeitsregelung für die Entscheidung über das Ablehnungsgesuch wird deutlich, dass dieses **nicht Teil der Hauptverhandlung** ist und daher hier etwa auch nicht die Grundsätze der Öffentlichkeit (BGH NStZ [Pf] 1982, 188; HK-StPO/*Temming* § 26 Rn. 1; MüKo-StPO/*Conen/Tsambikakis* § 26 Rn. 2) oder der Anwesenheit des Angeklagten gelten (BGH NStZ 1996, 398, 399; LR/*Siolek* § 26 Rn. 2).

2 **B. Adressat und Form (§ 26 Abs. 1).** Nach Abs. 1 ist das Ablehnungsgesuch bei dem Gericht anzubringen, dem der Richter angehört. Gemeint ist hiermit (insb. auch, wenn der betroffene Richter mehreren Spruchkörpern angehört, vgl. dazu KMR/*Bockemühl* § 26 Rn. 1; LR/*Siolek* § 26 Rn. 4) der im Verfahren konkret zuständige **Spruchkörper** (RGSt 19, 332, 336; Meyer-Goßner/*Schmitt* § 26 Rn. 1). Beim Amtsrichter als Strafrichter ist das Gesuch bei ihm selbst anzubringen, beim **ersuchten Richter** nach herrschender Meinung ebenfalls bei diesem selbst (und nicht beim ersuchenden Gericht), was aufgrund der Fristenregelung des § 25 auch nur sinnvoll erscheint (vgl. auch LR/*Siolek* § 26 Rn. 5). Nämliches gilt für Ablehnungsgesuche gegen Richter von auswärtigen Strafkammern oder -senaten nach §§ 78, 116 Abs. 2 GVG (vgl. Meyer-Goßner/*Schmitt* § 26 Rn. 1; MüKo-StPO/*Conen/Tsambikakis* § 26 Rn. 5).

3 Für die **Form** des Ablehnungsgesuchs gibt es keine zwingende Regelung: **In der Hauptverhandlung** kann das Gesuch schriftlich oder mündlich gestellt werden; **außerhalb** der Hauptverhandlung schriftlich oder zu Protokoll der Geschäftsstelle (vgl. auch BGH StV 2005, 531 f.; OLG Hamm 28.09.2021 – II-4 Ws 156 – 158/21; HK-StPO/*Temming* § 26 Rn. 5). Während die alte Fassung des § 26 Abs. 1 Satz 2 die Möglichkeit der Anordnung der schriftlichen Antragsstellung nach § 257a ausdrücklich ausgeschlossen hatte, ist diese nunmehr in der Fassung durch das Gesetz zur effektiveren und praxistauglicheren Ausgestaltung des Strafverfahrens (BGBl. I 2017, S. 3202) entsprechend dem Vorschlag der vom Bundesjustizminister eingesetzten Expertenkommission zur effektiveren und praxistauglicheren Ausgestaltung des allgemeinen Strafverfahrens und des jugendgerichtlichen Verfahrens (vollständiger Bericht abrufbar unter https://www.bmjv.de/SharedDocs/Downloads/DE/PDF/Abschlussbericht_Reform_StPO_Kommission.pdf?__blob=publicationFile&v=2; hierzu und speziell zu diesem Vorschlag vgl. *Kudlich* JR 2016, 514, 521) aufgenommen worden. Zwar war die schriftliche Antragsstellung auch schon vorher üblich und auch zu empfehlen (so zur alten Rechtslage schon *Dahs* Rn. 205; LR/*Siolek* § 26 Rn. 7), um einerseits Fehler zu vermeiden und andererseits, weil kein Anspruch auf eine Protokollierung nach § 273 besteht (RGSt 32, 239, 241; AnwK-StPO/*Werner* § 26 Rn. 9; MüKo-StPO/*Conen/Tsambikakis* § 26 Rn. 7); allerdings führt die Möglichkeit, dies auf jeden Fall einfordern zu können (was nach dem Gesetzgeber jedoch nur in Ausnahmefällen erfolgen soll, vgl. BR-Drs. 796/16, S. 15), für die Verteidigung zu einer gewissen Erschwerung und – nebenbei – zwangsläufig auch dazu, dass die Unverzüglichkeit der Ablehnung in gewisser Weise eingeschränkt wird. Wird auf die Aufforderung hin ein schriftlicher Antrag gestellt, so ist für die Entscheidung darüber § 29 Abs. 3 zu beachten (vgl. § 29 Rdn. 9); wird der Aufforderung dagegen nicht innerhalb einer gesetzten Frist nachgekommen, so erfolgt die Verwerfung als unzulässig nach dem insoweit entsprechend erweiterten § 26a Abs. 1 Nr. 2 (vgl. § 26a Rdn. 2 f.). Für die rechtzeitige Stellung des Ablehnungsgesuchs trägt stets der Ablehnungsberechtigte die Gefahr, sodass er dafür Sorge zu tragen hat, dass sein Gesuch dem Gericht pünktlich vorliegt, wenn er es zu Protokoll der Geschäftsstelle gibt (LR/*Siolek* § 26 Rn. 8).

4 **C. Inhaltliche Anforderungen, insb. § 26 Abs. 2. I. Benennung von Richter und Ablehnungsgrund.** Im Ablehnungsgesuch sind der **abgelehnte Richter** (grds. durch Namhaftmachung, sonst in anderer Weise vgl. BVerfGE 2, 295, 297; SK-StPO/*Deiters* § 26 Rn. 5) eindeutig auszuweisen und der **Ablehnungsgrund** zu benennen, weil Anträge ohne Begründung nach § 26a Abs. 1 Nr. 2 als unzulässig zu verwerfen sind (vgl. hierzu § 26a Rdn. 3 ff.). Daher ist auch das Nachschieben von Gründen (nicht aber eine »Verbesserung« oder Ergänzung der Begründung) unzulässig (KMR/*Bockemühl* § 26 Rn. 4; LR/*Siolek* § 26 Rn. 9). Die bloße Behauptung des Ablehnungsgrundes nach den §§ 22 bis 24 (BGH MDR 1970, 899; KK-StPO/*Scheuten* § 26 Rn. 3) oder eine Bezugnahme auf die Akten reichen nicht aus (BayObLG JZ 1952, 753); vielmehr muss die Begründung alle Tatsachen enthalten, auf die die Ablehnung gestützt wird (LR/*Siolek* § 26 Rn. 11). In Fällen nach § 25 Abs. 1 Satz 2 und Abs. 2 sind die Tatsachen anzugeben, aus denen sich die Rechtzeitigkeit ergibt

(vgl. § 25 Rdn. 9; Brüssow/Gatzweiler/Krekeler/Mehle/*Gatzweiler/Mehle* § 9 Rn. 90; Meyer-Goßner/*Schmitt* § 26 Rn. 4). Eine völlig ungeeignete Begründung steht der fehlenden gleich und führt zur Unzulässigkeit des Ablehnungsgesuchs (vgl. § 26a Rdn. 4). Etwaige vorliegende, aber nicht geltend gemachte Ablehnungsgründe darf das Gericht nicht von Amts wegen berücksichtigen (*Peters* JR 1972, 119, 121; KMR/*Bockemühl* § 26 Rn. 6; MüKo-StPO/*Conen/Tsambikakis* § 26 Rn. 11).

II. Glaubhaftmachung: Bedeutung und Anforderungen (§ 26 Abs. 2 Satz 1). Nach § 26 Abs. 2 sind der Grund des Ablehnungsgesuchs sowie in Fällen des § 25 Abs. 2 die Verzögerungsgründe glaubhaft zu machen. Dies erfordert den Beweis der behaupteten Tatsachen in einem Umfang, der das Gericht in die Lage versetzt, ohne eine den Fortgang der Verhandlung verzögernde Beweiserhebung über das Ablehnungsgesuch zu entscheiden (HK-StPO/*Temming* § 26 Rn. 9 f.; KK-StPO/*Scheuten* § 26 Rn. 4). Das Gericht muss weder eigene Anstrengungen (z.B. Zeugenvernehmungen) für die Glaubhaftmachung unternehmen (BVerfG, Nichtannahmebeschl. v. 08.10.2003 – 2 BvR 360/03; OLG Düsseldorf NJW 1985, 2207 [zu § 45 Abs. 2]) noch auf eine weitere Glaubhaftmachung hinwirken (BGHSt 21, 334, 347 f.; MüKo-StPO/*Conen/Tsambikakis* § 26 Rn. 13). Ist dem Gericht der Grund bereits bekannt (BayObLG StV 1995, 7), ergibt sich dieser aus den Akten (BGH StV 2015, 9) oder ist die Rechtzeitigkeit in Fällen des § 25 Abs. 2 offensichtlich (BGH MDR 1965, 1004), ist eine Glaubhaftmachung nicht erforderlich (LR/*Siolek* § 26 Rn. 19; Meyer-Goßner/*Schmitt* § 26 Rn. 6). Das Gericht muss nicht von den behaupteten Tatsachen überzeugt sein, sondern diese für **wahrscheinlich** halten (BGHSt 21, 334, 350; Meyer-Goßner/*Schmitt* § 26 Rn. 7). Zweifel an der Richtigkeit der behaupteten Tatsachen wirken immer zulasten des Antragstellers (*kein* in dubio pro reo! Vgl. BGHSt 21, 334, 352; KK-StPO/*Scheuten* § 26 Rn. 4). 5

III. Glaubhaftmachung: Mittel (§ 26 Abs. 2 Satz 2, 3). Neben Urkunden und ärztlichen Zeugnissen, sind insb. **anwaltliche Versicherungen** (OLG Köln NJW 1964, 1038, 1039 [zu § 45 Abs. 2]) und **eidesstattliche Versicherungen von Zeugen** (auch in fremder Sprache, vgl. OLG Bamberg NStZ 1989, 335 f.) typische Mittel der Glaubhaftmachung. Fehlt die anwaltliche Versicherung der Wahrnehmung des Verteidigers, ist dies aufgrund dessen Wahrheitspflicht unschädlich (BGH NStZ 2007, 161, 162; BayObLG StV 1995, 7; MüKo-StPO/*Conen/Tsambikakis* § 26 Rn. 16; SK-StPO/*Deiters* § 26 Rn. 13). Auch wenn Zeugen nach Abs. 2 Satz 2 nicht vereidigt werden dürfen, können sie die Richtigkeit ihrer Erklärung eidesstattlich versichern. Grds. können nur schriftliche Erklärungen zur Glaubhaftmachung benutzt werden, sodass die bloße Benennung eines Zeugen nicht ausreicht, es sei denn, dieser weigert sich, eine schriftliche Erklärung abzugeben oder eine solche kann nicht schnell genug beigebracht werden (BGHSt 21, 334, 347; OLG Düsseldorf NJW 1985, 2207 [zu § 45 Abs. 2]; LR/*Siolek* § 26 Rn. 21). Dann ist allerdings glaubhaft zu machen, warum eine schriftliche Erklärung nicht möglich ist (BGH MDR 1978, 111; Beispiele bei KMR/*Bockemühl* § 26 Rn. 8). 6

Mit dem **Zeugnis des abgelehnten Richters** nach Abs. 2 Satz 3 ist nur die dienstliche Erklärung i.S.v. Abs. 3 gemeint, nicht etwa eine weitere Aussage (LR/*Siolek* § 26 Rn. 23). Will sich der Antragsteller auf die Erklärung des Richters berufen, muss er dies – insb. als Verteidiger – ausdrücklich erklären (OLG Frankfurt NJW 1977, 767 f. [zu § 44 Abs. 2 ZPO]; Meyer-Goßner/*Schmitt* § 26 Rn. 12; **a.A.** OLG Celle NdsRpfl 1982, 100). 7

D. Dienstliche Äußerung des abgelehnten Richters (§ 26 Abs. 3). Nach Abs. 3 hat der abgelehnte Richter eine dienstliche Äußerung über den Ablehnungsgrund abzugeben. Da diese für die Beurteilung der Befangenheitsfrage von Bedeutung ist, ist sie **unverzichtbar**, solange das Ablehnungsgesuch nicht ohne Sachprüfung nach § 26a zu verwerfen ist (BVerfGE 11, 1, 3; BGH NJW 2005, 3434, 3436). Die **Nichtabgabe** der dienstlichen Äußerung oder ihre objektive Unrichtigkeit können ein erneutes Ablehnungsgesuch rechtfertigen (OLG Frankfurt MDR 1978, 409; MAH/*Krause* Teil B § 7 Rn. 79). Da die Erklärung auch vom Rechtsmittelgericht herangezogen wird, muss sie schriftlich ggü. dem zuständigen Spruchkörper erfolgen und darf nicht etwa nur in das Sitzungsprotokoll diktiert werden (BayObLG StV 1982, 460; MüKo-StPO/*Conen/Tsambikakis* § 26 Rn. 17). Um den Grundsatz des rechtlichen Gehörs zu wahren, muss die dienstliche Äußerung allen Prozessbeteiligten mitgeteilt werden und es muss ihnen nach § 33 Abs. 2 und 3 Gelegenheit zur Stellungnahme gegeben werden (BVerfGE 24, 56, 62; BGHSt 21, 85, 87; 23, 200, 203; StV 1982, 457). 8

Inhaltlich muss der abgelehnte Richter zu den vorgebrachten Tatsachen Stellung nehmen und kann die Sorge der Befangenheit ggf. ausräumen, wenn er z.B. sein Verhalten klarstellt oder sich entschuldigt (BGH NStZ 2006, 49; NStZ 2012, 168; krit. MüKo-StPO/*Conen/Tsambikakis* § 24 Rn. 38). Die bloße Erklärung des Richters, er fühle sich nicht befangen, ist nicht ausreichend und muss wie eine Weigerung zur Abgabe der Erklärung behandelt werden (vgl. AnwK-StPO/*Werner* § 26 Rn. 7; LR/*Siolek* § 26 Rn. 26 m.w.N.). In einem Verfahren wegen Rechtsbeugung kann von einem abgelehnten Richter keine Erklärung verlangt werden, ob er »mit der beschuldigten Richterin befreundet oder bekannt ist oder mit ihr bereits in einem Spruchkörper zusammengearbeitet [hat]« (OLG Koblenz, Beschl. v. 12.05.2015 – 2 Ws 289/14). 9

10 E. **Revision.** Wird über das Ablehnungsgesuch entschieden, ohne die dienstliche Äußerung des abgelehnten Richters zuvor mitgeteilt zu haben, kann dies als Verletzung des rechtlichen Gehörs die Revision begründen (OLG Hamm StV 1996, 11, 12; MüKO-StPO/*Conen*/*Tsambikakis* § 26 Rn. 23; SK-StPO/*Deiters* § 26 Rn. 17), stellt aber keinen absoluten Revisionsgrund dar. Das Urteil beruht dann nicht auf dem Verstoß, wenn der Antragsteller nach Kenntnisnahme noch Gelegenheit hatte, seinen Ablehnungsantrag unverzüglich nach § 25 Abs. 2 Nr. 2 zu wiederholen (BGHSt 21, 85, 87; AnwK-StPO/*Werner* § 26 Rn. 8; KMR/*Bockemühl* § 26 Rn. 11). Zu den Anforderungen an das zulässige Revisionsvorbringen, vgl. § 24 Rdn. 27.

§ 26a Verwerfung eines unzulässigen Ablehnungsantrags

(1) Das Gericht verwirft die Ablehnung eines Richters als unzulässig, wenn

1. die Ablehnung verspätet ist,

2. ein Grund zur Ablehnung oder ein Mittel zur Glaubhaftmachung nicht oder nicht innerhalb der nach § 26 Absatz 1 Satz 2 bestimmten Frist angegeben wird oder

3. durch die Ablehnung offensichtlich das Verfahren nur verschleppt oder verfahrensfremde Zwecke verfolgt werden sollen.

(2) [1]Das Gericht entscheidet über die Verwerfung nach Absatz 1, ohne daß der abgelehnte Richter ausscheidet. [2]Im Falle des Absatzes 1 Nr. 3 bedarf es eines einstimmigen Beschlusses und der Angabe der Umstände, welche den Verwerfungsgrund ergeben. [3]Wird ein beauftragter oder ein ersuchter Richter, ein Richter im vorbereitenden Verfahren oder ein Strafrichter abgelehnt, so entscheidet er selbst darüber, ob die Ablehnung als unzulässig zu verwerfen ist.

Übersicht

1 A. **Grundsätzliches und Regelungszweck.** § 26a statuiert ein ggü. dem Regelfall des § 27 **vereinfachtes Verfahren zur Verwerfung** eines Ablehnungsantrags **als unzulässig** (LR/*Siolek* § 26a Rn. 1; SK-StPO/*Deiters* § 26a Rn. 1; eingehend *Schlei*, Die Verwerfung eines Ablehnungsgesuchs als unzulässig, 2016). Die Entscheidung erfolgt ohne Sachprüfung und unter Mitwirkung des abgelehnten Richters (ohne dienstliche Erklärung nach § 26 Abs. 3), sodass § 26a für Fälle der einfachen Formalentscheidungen eingreifen soll (vgl. BT-Drs. IV/178, S. 35; BGH StV 2018, 475; NStZ-RR 2008, 246, 247) und der Verfahrensbeschleunigung dient (MüKo-StPO/*Conen*/*Tsambikakis* § 26a Rn. 3). Aufgrund der Mitwirkung des abgelehnten Richters ist § 26a eng auszulegen, weil jede fehlerhafte Anwendung des vereinfachten Verfahrens die Sache zugleich dem gesetzlichen Richter entzieht (**Art. 101 Abs. 1 Satz 2 GG**), indem der abgelehnte Richter zum »Richter in eigener Sache wird« (BGH, StV 2015, 6; BGH NStZ-RR 2008, 246, 247; AnwK-StPO/*Werner* § 26a Rn. 1). Dennoch ist eine entsprechende Anwendung der Vorschrift nicht *a priori* ausgeschlossen, etwa wenn der abgelehnte Richter noch nicht oder nicht mehr mit der Sache befasst ist oder wenn ein Gericht als Ganzes abgelehnt wird (BGHSt 23, 200, 202; HK-StPO/*Temming* § 26a Rn. 2; KK-StPO/*Scheuten* § 26a Rn. 2; Meyer-Goßner/*Schmitt* § 26a Rn. 1). Ob ein Ablehnungsgesuch nach Abs. 1 als unzulässig zu verwerfen ist, steht nicht im Ermessen des Gerichts, sodass es sich beim Vorliegen der Voraussetzungen um eine zwingende Regelung handelt. Bestehen hingegen Zweifel am Vorliegen der Voraussetzungen, muss nach § 27 entschieden werden (BVerfG NVwZ 2005, 1304, 1308; BGHSt 50, 216, 220). Es kann immer nur das ganze Ablehnungsgesuch als unzulässig verworfen werden; eine Verwerfung einzelner von mehreren Ablehnungsgründen ist unzulässig (BGHSt 37, 99, 105 f.; KK-StPO/*Scheuten* § 26a Rn. 1).

2 B. **Die Verwerfungsgründe im Einzelnen. I. Verspätung (§ 26a Abs. 1 Nr. 1).** Nach Abs. 1 Nr. 1 werden solche Ablehnungsanträge als unzulässig verworfen, die nach § 25 verspätet sind (während Verspätungen gegenüber einer nach § 26 Abs. 1 Satz 2 gesetzten Frist nach Nr. 2 zu behandeln sind). Vgl. zur Präklusion und Konzentrationsmaxime § 25 Rdn. 8 ff. Mittelbar werden als verspätet auch solche Ablehnungsgesuche verworfen, die zunächst in falscher Form oder beim falschen Gericht angebracht wurden (vgl. § 26 Rdn. 2 f.). Besondere Bedeutung kommt Abs. 1 Nr. 1 zu, wenn in Fällen des § 25 Abs. 2 die Rechtzeitigkeit nicht nach § 26 Abs. 2 Satz 1 glaubhaft gemacht wurde. Hier wird das Gericht regelmäßig unterstellen, dass der Ablehnungsgrund schon zum Zeitpunkt des § 25 Abs. 1 bekannt war, muss dies aber in der Begründung

auch darlegen (BGH MDR 1965, 1004; Meyer-Goßner/*Schmitt* § 26a Rn. 3). Auch bei wiederholt gestellten Ablehnungsgesuchen liegen oft die Voraussetzungen des § 25 nicht vor (KMR/*Bockemühl* § 26a Rn. 5; Radtke/Hohmann/*Alexander* § 26a Rn. 3 m.w.N.; **a.A.** BGH, Beschl. v. 25.06.2020 – 4 StR 654/19 und OLG Hamm NJW 1966, 2073, 2074, die § 26a Abs. 1 Nr. 2 anwenden). Anderes gilt, wenn in dem neuen Antrag ein neuer Ablehnungsgrund oder neue Mittel zur Glaubhaftmachung beigebracht werden (RGSt 24, 12, 14; AnwK-StPO/*Werner* § 26a Rn. 3; KK-StPO/*Scheuten* § 26a Rn. 2). Wird ein Ablehnungsgesuch gegen Revisionsrichter verspätet vorgebracht, ändert sich an der Unzulässigkeit auch dann nichts, wenn die Ablehnung mit einem Antrag nach § 356a StPO verbunden wird, denn dieser bezweckt nicht, ein unzulässiges Ablehnungsgesuch durch die unzutreffende Behauptung einer Verletzung des Art. 103 Abs. 1 GG wirksam werden zu lassen, vgl. BGH, Beschl. v. 09.05.2018 – 4 StR 579/17.

II. Fehlende Begründung (§ 26a Abs. 1 Nr. 2). Fehlt es vollständig an einer **Begründung** des Ablehnungsantrags oder der **Glaubhaftmachung** der behaupteten Tatsachen oder aber wird die Begründung erst nach Ablauf einer gem. § 26 Abs. 1 Satz 2 gesetzten Frist geliefert (vgl. § 26 Rdn. 3), ist das Gesuch nach Abs. 1 Nr. 2 als unzulässig zu verwerfen (OLG München NJW 1976, 436 [keine Nachfristsetzung bei Ankündigung der Begründung]; MüKo-StPO/*Conen/Tsambikakis* § 26a Rn. 9). Die fehlende Glaubhaftmachung betrifft nicht allein die Tatsachen des Ablehnungsgrundes, sondern in Fällen des § 25 Abs. 2 nach § 26 Abs. 2 Satz 1 auch die Tatsachen, auf denen die Verzögerung beruht (vgl. § 26 Rdn. 5). **Kein** Fall des Abs. 1 Nr. 2 liegt hingegen vor, wenn die Tatsachen bereits gerichtsbekannt bzw. die Gründe für die späte Antragsstellung offensichtlich sind (KMR/*Bockemühl* § 26a Rn. 9 sowie auch bereits § 26 Rdn. 5). 3

Darüber hinaus erfasst Abs. 1 Nr. 2 auch Fälle, in denen die **Ungeeignetheit** der Begründung oder der Glaubhaftmachung so evident ist, dass sie dem Fehlen der Begründung/Glaubhaftmachung gleichsteht (BVerfG NJW 1995, 2912, 2913 f.; BGH NStZ 2014, 725; BGH NStZ 2008, 46, 47; NStZ 2004, 630, 631), wie z.B. beim bloßen Hinweis auf die Vorbefassung des abgelehnten Richters als solche (vgl. § 24 Rdn. 10; BGH NJW 2006, 2864, 2866; BGHR StPO § 26a Unzulässigkeit 20 [umso mehr, wenn die Vorbefassung als Revisionsrichter zu einem Erfolg des Beschwerdeführers geführt hat]; BGH NStZ-RR 2012, 350 [auch dann, wenn in pauschaler Form vorgeworfen wird, bei der Erstbehandlung habe das Gericht gegen das Gebot der Wahrheitsfindung verstoßen]; BGH StraFo 2018, 429; *Rabe* NStZ 1996, 369), wenn das Gesuch nur eine reine Schmähung ohne sachlichen Anknüpfungspunkt enthält (BGH NStZ 1997, 331 [bei *Kusch*]), bei pauschalem Hinweis auf eine bestimmte Konfession (BGH NStZ-RR 2002, 65, 66 [bei *Becker*]), wenn ein nicht näher bezeichnetes Verwandtschaftsverhältnis behauptet wird (BGH MDR [D] 1970, 899), beim pauschalen Hinweis auf die Tätigkeit des abgelehnten Richters in seiner Eigenschaft als Mitglied des Präsidiums des Bundesgerichtshofes (BGH NStZ-RR 2013, 153), bei dem Vorbringen, ein Beisitzer des Tatgerichts habe auf Anträge und Schreiben des Angeklagten nicht geantwortet (BGH NStZ-RR 2015, 283), oder bei der Rüge, der Vorsitzende habe keine Unterbrechung für die Vorbereitung von Stellungnahmen vorgenommen, um die kein Verfahrensbeteiligter gebeten hat (BGH NStZ-RR 2009, 207). Hinsichtlich der völligen Unbegründetheit ist allerdings Vorsicht geboten, um eine Begründetheitsprüfung im Gewande einer Zulässigkeitsprüfung zu vermeiden (so BGH NStZ 2008, 46, 47; vgl. auch MüKo-StPO/*Conen/Tsambikakis* § 26a Rn. 12). 4

Hingegen ist nach § 27 zu entscheiden, wenn i.R.d. Vorbefassung des Richters ein konkretes Verhalten gerügt wird (vgl. BGHSt 50, 216 m.Anm. *Kudlich* JA 2006, 253; Meyer-Goßner/*Schmitt* § 26a Rn. 4a). Ebenso wenig kommt eine Verwerfung nach § 26a in Betracht, wenn nur ein Fall der sog. **offensichtlichen Unbegründetheit** gegeben ist, dessen Feststellung zumindest noch eine gewisse Sachprüfung erfordert (BVerfG StV 2005, 478, 481; BGH NStZ 2014, 725; BGH NStZ 2008, 46, 47; OLG Koblenz StV 2019, 172; *Gaede* HRRS 2005, 319, 322 f.; *Meyer-Goßner* NStZ 2006, 53; KMR/*Bockemühl* § 26a Rn. 8). Auch schwer nachvollziehbare oder unvollständige Begründungen führen nicht zur Anwendung von § 26a (SK-StPO/*Deiters* § 26a Rn. 5). 5

III. Verschleppung und Verfahrensfremde Zwecke (§ 26a Abs. 1 Nr. 3). Die Verwerfung nach Abs. 1 Nr. 3 erlaubt das vereinfachte Verfahren in Fällen des Missbrauchs des Ablehnungsrechts (*Kröpil* AnwBl. 1997, 575). Gemeint sind Fälle, in denen der Antragsteller andere Ziele verfolgt, als den abgelehnten Richter vom Verfahren auszuschließen (*Günther* NJW 1986, 281, 286). Die **Verschleppungsabsicht** ist damit Unterfall der verfahrensfremden Zwecke (so auch LR/*Siolek* § 26a Rn. 28). Diese liegt vor, wenn der Antragsteller eine Vielzahl von Ablehnungsgesuchen (sowie ggf. weitere Anträge, vgl. BGH NStZ 2005, 579 f.) stellt, deren Erfolglosigkeit er kennt oder auf jeden Fall kennen muss (BGH NStZ 2004, 630, 631; vgl. allgemein zur Verschleppungsabsicht aber auch § 244 Rdn. 132 ff.). Neben der (für sich genommen nicht ausreichenden, vgl. KK-StPO/*Scheuten* § 26a Rn. 10) Anzahl der Gesuche kommt es also entscheidend darauf an, dass sich aus den Anträgen selbst das subjektive Element der Verschleppungsabsicht ablesen lässt. **Sonstige ver-** 6

fahrensfremde Zwecke liegen etwa vor, wenn der Antragsteller das Gesuch lediglich zu Demonstrationszwecken stellt (KG GA 1974, 220, 221; OLG Koblenz MDR 1977, 425), den Richter verunglimpfen will (BGH NStZ 1997, 331; KG JR 1966, 229, 230; Hans. OLG Bremen NStZ-RR 2012, 285; Brandenburg, Beschl. v. 25.11.2019 – OLG 1 Ws 176/19) oder seine Zwecke sonst der Zielsetzung eines Strafverfahrens zuwider laufen (KMR/*Bockemühl* § 26a Rn. 13; MüKo-StPO/*Conen/Tsambikakis* § 26a Rn. 18). »Ersichtlich querulatorische Befangenheitsanträge ohne sachlichen Kern« dürften daher auch bereits unter die sonstigen Verfahrenszwecke fallen und können daher nicht »nur analog« § 26a Abs. 1 Nr. 3 zurückgewiesen werden (worauf OLG Hamm, Beschl. v. 09.07.2021 – 7 U 14/21 abstellt).

7 **C. Verfahren bei der Verwerfung als unzulässig (§ 26a Abs. 2).** Nach Abs. 2 Satz 1 erfolgt die Verwerfung als unzulässig ohne Ausscheiden des abgelehnten Richters. **In der Hauptverhandlung** (d.h. auch, wenn diese zuvor zur Beratung des Ablehnungsgesuchs unterbrochen wurde, der Beschluss selbst aber nach Wiedereintritt in die Hauptverhandlung verkündet wird, vgl. OLG München NJW 2007, 449, 450 f.) entscheidet das Gericht (mit Schöffen) in voller Besetzung, und die Beteiligten müssen nach § 33 Abs. 1 gehört werden (HK-StPO/*Temming* § 26a Rn. 15 f.; KK-StPO/*Scheuten* § 26a Rn. 13). **Außerhalb der Hauptverhandlung** ergeht die Entscheidung in der Beschlussbesetzung nach § 76 Abs. 1 GVG, wobei sich die StA nach § 33 Abs. 2 erklären muss und die anderen Beteiligten nach § 33 Abs. 3 zu hören sind (AnwK-StPO/*Werner* § 26a Rn. 5; SK-StPO/*Deiters* § 26a Rn. 25). Unabhängig davon ob der Beschluss in oder außerhalb der Hauptverhandlung ergeht, entscheidet nach **Abs. 2 Satz 3** der ersuchte Richter, Ermittlungsrichter, Richter im Vorbereitungsverfahren, Straf- oder Jugendrichter selbst über die Verwerfung nach § 26a (KK-StPO/*Scheuten* § 26a Rn. 12; MüKo-StPO/*Conen/Tsambikakis* § 26a Rn. 25). Die damit stets verbundene Mitentscheidung des abgelehnten Richters über den Verdacht seiner eigenen Befangenheit wirkt insoweit maßstabsbildend, als nur solche Fälle unter § 26a Abs. 1 (insb. in der stark ausfüllungsbedürftigen Nr. 3, vgl. Rdn. 6) gefasst werden dürfen, in denen der Richter nicht (vertieft) sein eigenes Verhalten beurteilen muss (exemplarisch BGH NStZ 2008, 523, 524, BGH StV 2015, 9). Lehnt der abgelehnte Richter ein zulässiges Befangenheitsgesuch willkürlich als unzulässig ab, stellt das eine Versagung des rechtlichen Gehörs (und zwar des Gehörs durch den für die Entscheidung über das Gesuch zuständigen Richters) dar (OLG Naumburg, Beschl. v. 06.09.2012 – 2 Ss [Bz] 91/12).

8 Die Entscheidung nach § 26a ergeht nach § 28 als Beschluss und erfordert eine Stimmenmehrheit i.S.v. § 196 GVG, in Fällen des **Abs. 1 Nr. 3** nach Abs. 2 Satz 2 **Einstimmigkeit**. Nach §§ 28 Abs. 2, 34 muss der verwerfende Beschluss begründet werden, wobei der Verwerfungsgrund angegeben werden muss und die Verwerfung so ausführlich zu begründen ist, dass dem Beschwerdegericht eine sachliche Überprüfung möglich ist. In Fällen des Abs. 1 Nr. 3 ordnet Abs. 2 Satz 2 das Begründungserfordernis ausdrücklich an, was nichts daran ändert, dass dieses nach den §§ 28 Abs. 2, 34 für alle Verwerfungsgründe gilt (LR/*Siolek* § 26a Rn. 45). In Fällen der Verschleppungsabsicht gelten die gleichen strengen Anforderungen wie bei der entsprechenden Ablehnung von Beweisanträgen aus diesem Grund (vgl. § 244 Rdn. 238 ff.). Hier muss die Begründung zeigen, warum das Gesuch nicht gestellt wurde, um das Ausscheiden des abgelehnten Richters zu bewirken, sondern um die Verzögerung der Hauptverhandlung zu erreichen (LR/*Siolek* § 26a Rn. 44; MüKo-StPO/*Conen/Tsambikakis* § 26a Rn. 27), wobei der Richter auch sein eigenes Verhalten während der Verhandlung in die Begründung mit einbeziehen darf ohne dadurch zum Richter in eigener Sache zu werden (BGH NStZ 2008, 473). Der Beschluss wird nach § 35 durch Verkündung (in der Hauptverhandlung) oder Zustellung (außerhalb der Hauptverhandlung) bekannt gegeben (KMR/*Bockemühl* § 26a Rn. 16; LR/*Siolek* § 26a Rn. 48). Eine Kostentscheidung ergeht nicht (Meyer-Goßner/*Schmitt* § 26a Rn. 10). Die Anfechtung richtet sich nach § 28 (vgl. dort Rdn. 3).

9 **D. Revision.** Bei **Verwerfung wegen Verspätung** nach § 26a Abs. 1 Nr. 1 muss in der Revisionsbegründung insb. der Verfahrensverlauf so vollständig dargelegt werden, dass sich hieraus die fristgerechte, also unverzügliche, Antragsstellung ergibt (BGH MDR 1977, 109; KMR/*Bockemühl* § 26a Rn. 7 und 17; MüKo-StPO/*Conen/Tsambikakis* § 26a Rn. 32). **Innerhalb des § 26a** darf das Revisionsgericht den **Verwerfungsgrund austauschen** (BVerfG NStZ-RR 2006, 379, 380; BGH NStZ 2006, 644, 645).

10 Wurde **§ 26a zu Unrecht angewendet**, war hierin nach früherer Rspr. nicht automatisch ein absoluter Revisionsgrund nach § 338 Nr. 3 zu sehen, sondern das Revisionsgericht hatte nach Beschwerdegrundsätzen zu prüfen, ob das Ablehnungsgesuch auch der Sache nach begründet ist (BGHSt 18, 200, 203; 23, 265, 266 f.; BGH NStZ 2005, 218, 219; einschr. bereits NJW 2005, 3434, 3435; *Gaede* HRRS 2005, 319, 320). Nach neuerer Rspr. ist **§ 338 Nr. 3** wegen einer Verletzung von Art. 101 Abs. 1 Satz 2 GG dann (aber auch nur dann, vgl. statt vieler nur BGH NStZ-RR 2009, 142; NStZ-RR 2019, 120, 121 f.) **zu bejahen**, wenn die Mitwirkung des ausgeschlossenen Richters auf einer **willkürlichen Rechtsanwendung** beruht (BVerfG StraFo 2005, 109; BGH NStZ-RR 2009, 142; BGHSt 50, 216, 218 m.Anm. *Kudlich* JA 2006, 253 f.; OLG Köln

NStZ-RR 2008, 115, 116; AnwK-StPO/*Werner* § 26a Rn. 6; MAH/*Krause* Teil B § 7 Rn. 85; wohl noch weiter OLG Schleswig StV 2008, 290; für das Beschwerdeverfahren nach § 120 Abs. 1 S. 2 StVollzG auch OLG Saarbrücken, Beschl. v. 18.03.2019 – Vollz [Ws] 20/18). Willkürlich ist die Anwendung des § 26a dann, wenn die Voraussetzungen offenkundig nicht vorliegen (vgl. BGHSt 50, 216, 219; BGH NStZ 2009, 223, 224; NStZ-RR 2009, 142 [Möglichkeit einer inhaltlichen Prüfung durch das Revisionsgericht, wenn das Tatgericht aufgrund einer nicht willkürlichen Auslegung den Antrag lediglich aus formalen Gründen abgelehnt hat, ohne ihn inhaltlich zu prüfen]; BGH NStZ 2006, 51, 53). Angesichts der Tatsache, dass zumindest in Fällen eines unbegründeten Ablehnungsgesuchs denknotwendig ausgeschlossen ist, dass das Urteil auf dem Rechtsfehler beruht und dies in anderen Fällen oft dazu führt, dass § 338 nicht angewendet wird (vgl. § 338 Rdn. 32; BGH NStZ 2006, 713, 714), erscheint diese Änderung der Rspr. zweifelhaft (vgl. *Kudlich* FS Fezer, S. 435, 451 f., sowie *ders.* StV 2011, 212, 213 f. und JA 2006, 253, 254). Jedenfalls dann, wenn das Revisionsgericht nur einen Grund innerhalb des § 26a »austauscht«, ist dies auch i.R.d. § 338 Nr. 3 zu berücksichtigen, weil der Angeklagte in einem solchen Fall nie seinem gesetzlichen Richter entzogen wurde (vgl. BGH StV 2008, 562, 563; Radtke/Hohmann/*Alexander* § 26a Rn. 13, sowie § 25 Rn. 14); es kann also etwa bei einem präkludierten Ablehnungsantrag auch dann auf § 26a Abs. 1 Nr. 1 abstellen, wenn das Tatgericht den Befangenheitsantrag aus einem anderen Grund nach § 26a verworfen hatte.

Der absolute Revisionsgrund entfällt nicht dadurch, dass der Angeklagte in einem nachfolgenden Ablehnungsgesuch wegen Beanstandung der Verfahrensweise nach § 26a Abs. 1 Nr. 3 auch nochmals an das gleiche prozessuale Geschehen, das mit dem vorgenannten Antrag beanstandet worden war, angeknüpft hat und hierüber in zutreffender Besetzung nach § 27 entschieden worden ist. Dies stellt keine vom Gericht selbst initiierte Heilung im Wege der Ersetzung des fehlerhaften Beschlusses nach § 26a durch eine Beschlussfassung nach § 27 dar (BGH StV 2015, 8). 11

§ 27 Entscheidung über einen zulässigen Ablehnungsantrag

(1) Wird die Ablehnung nicht als unzulässig verworfen, so entscheidet über das Ablehnungsgesuch das Gericht, dem der Abgelehnte angehört, ohne dessen Mitwirkung.

(2) Wird ein richterliches Mitglied der erkennenden Strafkammer abgelehnt, so entscheidet die Strafkammer in der für Entscheidungen außerhalb der Hauptverhandlung vorgeschriebenen Besetzung.

(3) [1]Wird ein Richter beim Amtsgericht abgelehnt, so entscheidet ein anderer Richter dieses Gerichts. [2]Einer Entscheidung bedarf es nicht, wenn der Abgelehnte das Ablehnungsgesuch für begründet hält.

(4) Wird das zur Entscheidung berufene Gericht durch Ausscheiden des abgelehnten Mitglieds beschlußunfähig, so entscheidet das zunächst obere Gericht.

Übersicht

A. Grundsätzliches und Regelungszweck. § 27 bestimmt das **Regelverfahren zur Entscheidung über ein Ablehnungsgesuch** und beruht auf dem Grundsatz, dass **niemand Richter in eigener Sache** sein sollte (BGH NJW 1984, 1907, 1909; HK-StPO/*Temming* § 27 Rn. 1). Außerhalb der Fälle des § 26a erfolgt die Entscheidung daher grundsätzlich ohne den abgelehnten Richter, wobei § 27 Detailregelungen für die verschiedenen Spruchkörper und denkbaren Fallkonstellationen enthält; das gilt selbst dann, wenn die Anwendbarkeit des § 26a nur übersehen wurde (BGH NStZ 2020, 620). Zum Ablauf des Ablehnungsverfahrens vgl. auch § 24 Rdn. 3 ff. 1

B. Besetzung bei der Entscheidung über das Ablehnungsgesuch (§ 27 Abs. 1 bis 3). I. Keine Mitwirkung des Abgelehnten. Wird die Ablehnung nicht als unzulässig verworfen (§ 26a), entscheidet über das Ablehnungsgesuch das Gericht, dem der Abgelehnte angehört, **ohne** dessen Mitwirkung. Dies gilt für den Vorsitzenden auch dann, wenn der Ablehnungsantrag gegen diesen wegen einer bestimmten Äußerung als unbegründet zurückgewiesen und aus dieser Entscheidung nunmehr die Besorgnis der Befangenheit der beisitzenden Richter abgeleitet wird. Grund hierfür ist, dass in der zweiten Befangenheitsentscheidung wiederum der Vorsitzende, die Bewertung seiner eigenen Äußerung vornehmen müsste, die Anlass für die erste Ablehnung war (vgl. BGH StV 2012, 450). Für all diese Fälle ist festzuhalten, dass die Entscheidung wegen des Mitwirkungsverbots für den abgelehnten Richter niemals in der Hauptverhandlung ergehen kann, sodass 2 diese, wenngleich nicht sofort (vgl. § 29 Abs. 2 Satz 1), unterbrochen werden muss (BGHSt 15, 384, 385 f.; RGSt 13, 302, 304; MüKo-StPO/*Conen/Tsambikakis* § 27 Rn. 5), vgl. § 24 Rdn. 5.

3 **II. Besetzung des Gerichts.** Mit dem Gericht nach **Abs. 1** ist der Spruchkörper gemeint, der in der betroffenen Sache zu entscheiden hat (BGHSt 44, 26, 28; KK-StPO/*Scheuten* § 27 Rn. 2). Abs. 1 ist allerdings nicht so zu verstehen, dass der Spruchkörper einfach mit einem Richter weniger entscheidet, sondern die Entscheidung ergeht in der Beschlussbesetzung mit dem geschäftsordnungsmäßigen Ersatzrichter (d.h. am **OLG** nach § 122 Abs. 2 GVG mit drei Richtern [incl. Vorsitzendem], am **BGH** nach § 139 Abs. 1 GVG mit fünf Richtern [incl. Vorsitzendem]). Bei Ablehnung eines Ermittlungsrichters des OLG oder BGH nach § 139 Abs. 1 GVG ergeht die Entscheidung nicht etwa durch einen Senat, sondern durch einen anderen Ermittlungsrichter desselben Gerichts (BGH MDR [S] 1986, 179; LR/*Siolek* § 27 Rn. 12; MüKo-StPO/*Conen/Tsambikakis* § 27 Rn. 14).

4 Wird ein **richterliches Mitglied einer Strafkammer** abgelehnt, ergeht auch hier die Entscheidung in der Beschlussbesetzung nach § 76 Satz 2 GVG und damit ohne Schöffen (BeckOK-StPO/*Cirener* § 27 Rn. 3; HK-StPO/*Temming* § 27 Rn. 3; Meyer-Goßner/*Schmitt* § 27 Rn. 3). Ein abgelehnter Berufsrichter muss dann durch einen anderen Richter der betroffenen Kammer ersetzt werden, wobei u.U. auch die Hinzuziehung eines Richters einer anderen Kammer möglich ist, wenn alle Ersatzmitglieder der Kammer verhindert sind (BGH NJW 1959, 1141). Werden mehrere oder sogar alle Richter einer Kammer **gleichzeitig und aus demselben Grund** abgelehnt oder stehen die Gründe jedenfalls in Zusammenhang, werden die Gesuche nicht nacheinander entschieden, sondern es muss ein einheitlicher Beschluss ergehen (BGHSt 44, 26, 27 m. Anm. *Zieschang* StV 1999, 467 ff.; LG Münster NStZ 1984, 472 m.Anm. *Frohne*; *Voormann* NStZ 1985, 444, 445). Gehen die Ablehnungsgesuche nacheinander ein oder beruhen sie auf verschiedenen Gründen, ist in der Reihenfolge der Gesuche nacheinander zu entscheiden (BGH NStZ 1996, 144 f.; Meyer-Goßner/*Schmitt* § 27 Rn. 4; MüKo-StPO/*Conen/Tsambikakis* § 27 Rn. 25). Wird mit dem Ablehnungsgesuch geltend gemacht, eine vorherige Entscheidung über die Ablehnung eines anderen Richters sei fehlerhaft gewesen, kann dieser andere Richter grds. nicht sachlich über dieses spätere Gesuch entscheiden (weil er dann mittelbar zu seiner eigenen Befangenheit Stellung nehmen müsste, vgl. Rdn. 2 sowie BGH NJW 2006, 854; NStZ 1984, 419, 420; zw. NStZ 1994, 447 f.; StV 2012, 450; vgl. auch BVerfG NJW 1995, 2914; Meyer-Goßner/*Schmitt* § 27 Rn. 4).

5 Nach **Abs. 3** entscheidet bei einem Ablehnungsgesuch **gegen einen Amtsrichter** immer ein anderer Richter des AG (bei einstelligen AGen der nach § 22b Abs. 1 GVG bestellte Vertreter) unabhängig davon, ob es sich um einen Vorsitzenden eines Schöffengerichts, einen Strafrichter oder einen Ermittlungsrichter handelt (LR/*Siolek* § 27 Rn. 16). Entbehrlich ist eine Entscheidung nach Abs. 3 Satz 2 allein dann, wenn der abgelehnte Richter das Ablehnungsgesuch für zulässig und begründet hält (KMR/*Bockemühl* § 27 Rn. 8; SK-StPO/*Deiters* § 27 Rn. 7). Bei der Ablehnung eines ersuchten Richters entscheidet ein anderer Richter des ersuchten (nicht des ersuchenden!) Gerichts (LR/*Siolek* § 27 Rn. 17; MüKo-StPO/*Conen/Tsambikakis* § 27 Rn. 17; vgl. auch § 26 Rdn. 2).

6 **C. Beschlussunfähigkeit (§ 27 Abs. 4).** Wird das Gericht durch Ausscheiden des abgelehnten Richters für das Ablehnungsverfahren beschlussunfähig, erfolgt die Entscheidung nach Abs. 4 durch das **nächst obere Gericht**, d.h. beim AG das LG, beim LG das OLG und beim OLG der BGH. Beschlussunfähigkeit tritt allerdings erst dann ein, wenn es sich nicht nur um eine vorübergehende Beschlussunfähigkeit handelt, sondern wenn die Beschlussfähigkeit nicht (unter Einhaltung des Verfahrens nach §§ 70, 117 GVG) durch das Präsidium bzw. den Präsidenten (nach §§ 21e Abs. 1 Satz 1; 21i Abs. 2 Satz 1 GVG) hergestellt werden kann (OLG Stuttgart MDR 1974, 1034, 1035; OLG Zweibrücken NJW 1968, 1439; KMR/*Bockemühl* § 27 Rn. 9), insb. wenn kein Vertreter mehr vorhanden ist oder bestellt werden kann (Meyer-Goßner/*Schmitt* § 27 Rn. 8). Eine Kammer, bei der der Vorsitzende und alle anderen Mitglieder ausscheiden, wird in Ausnahme zu § 21f Abs. 2 GVG beschlussunfähig, wenn keine Ersetzung durch Mitglieder einer anderen Kammer möglich ist (BGH NJW 1959, 1141; LR/*Siolek* § 27 Rn. 19). Eine Einbeziehung des nächst oberen Gerichts ist allerdings erst möglich, wenn die Beschlussunfähigkeit tatsächlich vollständig in der korrekten Reihenfolge im Ablehnungsverfahren festgestellt worden ist. Hierfür muss stufenweise beschlossen werden, wobei erst die Annahme der Zulässigkeit des Ablehnungsgesuchs zum Ausscheiden der abgelehnten Richter führt. Dabei kann nur innerhalb eines Quorums in gleicher Weise betroffener Richter eine einheitliche Entscheidung über die Zulässigkeit der Ablehnung geboten sein, weshalb regelmäßig nicht durch einen Beschluss ausnahmslos vorweggenommen werden kann, dass die Ablehnung sämtlicher Richter eines Gerichts zulässig ist (vgl. BGH StraFo 2017, 17).

7 Werden alle Richter eines Spruchkörpers aus **unterschiedlichen Gründen** abgelehnt, ist bislang noch nicht höchstrichterlich entschieden, ob die Entscheidungen des oberen Gerichts (vgl. Rdn. 6) bis zur Wieder-

herstellung der Beschlussfähigkeit des unteren Gerichts (AnwK-StPO/*Werner* § 27 Rn. 6; SK-StPO/*Deiters* § 27 Rn. 11) wie auch sonst in der Reihenfolge der eingegangenen Anträge nach den Vertretungsregeln im Geschäftsverteilungsplan erfolgen müssen (so OLG Frankfurt NStZ 1981, 233, 234; Radtke/Hohmann/*Alexander* § 27 Rn. 13; KMR/*Bockemühl* § 27 Rn. 11; Meyer-Goßner/*Schmitt* § 27 Rn. 8), oder ob nach sachlichen Gründen vorzugehen ist, indem etwa die einfachsten Fälle bzw. die offensichtlich unbegründeten Gesuche zuerst entschieden werden (so OLG Zweibrücken NJW 1968, 1439 f.). Während der zuletzt genannte Ansatz auf den ersten Blick (trotz des Erfordernisses, den »einfachsten Fall« erst einmal ausfindig machen zu müssen) das prozessökonomischere Verfahren zu sein scheint, ist der herrschenden Meinung zuzugeben, dass die Gefahr willkürlicher oder manipulierbarer Verfahrensweisen ausgeschlossen wird (KK-StPO/*Pfeiffer* [5. Auflage] § 27 Rn. 6; LR/*Siolek* § 27 Rn. 36; MüKo-StPO/*Conen/Tsambikakis* § 27 Rn. 26).

D. Revision. Wirkt ein Richter weiter an dem Verfahren mit, obwohl dem Ablehnungsgesuch stattgegeben 8
wurde, liegt stets der absolute Revisionsgrund des § 338 Nr. 3 vor.

§ 28 Rechtsmittel

(1) Der Beschluß, durch den die Ablehnung für begründet erklärt wird, ist nicht anfechtbar.

(2) [1]Gegen den Beschluß, durch den die Ablehnung als unzulässig verworfen oder als unbegründet zurückgewiesen wird, ist sofortige Beschwerde zulässig. [2]Betrifft die Entscheidung einen erkennenden Richter, so kann sie nur zusammen mit dem Urteil angefochten werden.

Übersicht

A. Grundsätzliches und Regelungszweck. § 28 regelt die Anfechtbarkeit der Entscheidung über das 1
Ablehnungsgesuch, gleichviel ob nach § 26a (Abs. 2 Satz 1) oder nach § 27. Grds. gilt, dass **allein nicht stattgebende Beschlüsse** durch die Beschwerde anfechtbar sind (Abs. 2), während stattgebende Entscheidungen nicht angefochten werden können (Abs. 1) und auch nicht widerrufen werden dürfen (KK-StPO/*Scheuten* § 28 Rn. 1; MüKo-StPO/*Conen/Tsambikakis* § 28 Rn. 2). Abs. 2 Satz 2 findet über § 120 Abs. 2 Satz 2 StVollzG auch im Verfahren nach §§ 109 ff. StVollzG Anwendung (vgl. auch OLG Koblenz, Beschl. v. 20.10.2015 – 2 Ws 592/15), nach OLG Rostock ZOV 2016, 99 über § 15 StrRehaG auch im strafrechtlichen Rehabilitierungsverfahren.

B. Die Anfechtungsmöglichkeiten im Einzelnen. I. Stattgebende Beschlüsse (Abs. 1). Wird dem 2
Ablehnungsantrag entsprochen, kann der Beschluss nach Abs. 1 nicht angefochten werden, selbst wenn er sachlich unrichtig ist und damit ein anderer Richter anstelle des abgelehnten an dem Verfahren mitwirkt. Wegen der Garantie des gesetzlichen Richters ist allerdings (wie etwa auch bei § 269, vgl. dort Rdn. 3) dann anders zu entscheiden, wenn dem Ablehnungsgesuch nicht nur rechtsirrig, sondern **willkürlich** stattgegeben wird (SK-StPO/*Deiters* § 28 Rn. 1; MüKo-StPO/*Conen/Tsambikakis* § 28 Rn. 2). Hier ist hinsichtlich des neu eingetretenen Richters die Besetzungsrüge möglich (KK-StPO/*Scheuten* § 28 Rn. 1).

II. Ablehnende Beschlüsse (Abs. 2). Wird dem Ablehnungsgesuch hingegen nicht stattgegeben, besteht 3
grds. die Anfechtungsmöglichkeit durch Beschwerde, unabhängig davon, ob der Antrag als unzulässig verworfen oder als unbegründet zurückgewiesen wurde.

1. Sofortige Beschwerde als Rechtsmittel. Sofortige Beschwerde (d.h. Wochenfrist ab Bekanntgabe, §§ 311 4
Abs. 1 und 2; 35) ist nach Abs. 2 Satz 1 gegen einen ablehnenden Beschluss zulässig, wenn der abgelehnte Richter **kein erkennender Richter** (zum Begriff s.u. Rdn. 7 f.) ist. **Beschwerdeberechtigt** ist allein der **Ablehnende, nicht auch** der **Richter**, der sich selbst für befangen hält (AnwK-StPO/*Werner* § 28 Rn. 3; KK-StPO/*Scheuten* § 28 Rn. 3). Unzulässig ist die sofortige Beschwerde in Fällen des § 304 Abs. 4, d.h. bei einem Beschluss des BGH oder eines OLG (BGHSt 27, 96, 97; Radtke/Hohmann/*Alexander* § 28 Rn. 3; LR/*Siolek* § 28 Rn. 4; SK-StPO/*Deiters* § 28 Rn. 2; **a.A.** *Schmidt-Leichner* NJW 1977, 1804).

Der Beschluss wird **umfassend durch das Beschwerdegericht** geprüft (BGH NStZ-RR 2006, 1, 5 [bei 5
Becker]). Eine Sachprüfung findet selbst dann statt, wenn das Ablehnungsgesuch irrig als unzulässig verworfen wurde (BGHSt 18, 200, 203; 23, 265, 267; SK-StPO/*Deiters* § 28 Rn. 6). Das Beschwerdegericht kann die Sache **zurückverweisen**, wenn noch notwendige Feststellungen fehlen, um den Antrag beurteilen zu können

(KG NStZ 1991, 401; LR/*Siolek* § 28 Rn. 8), kann diese aber auch selbst nachholen (KK-StPO/*Scheuten* § 28 Rn. 4; Meyer-Goßner/*Schmitt* § 28 Rn. 4). Nach § 336 Satz 2 ist die Revision gegen die Entscheidung des Beschwerdegerichts nicht möglich (LR/*Siolek* § 28 Rn. 10; differenzierend Meyer-Goßner/*Schmitt* § 28 Rn. 4 und MüKo-StPO/*Conen/Tsambikakis* § 28 Rn. 10), und auch eine auf § 338 Nr. 3 gestützte Rüge ist ausgeschlossen (OLG Koblenz, Beschl. v. 08.06.2018 – 1 OWi 6SsBs 11/18). Der Revisionsgrund des § 338 Nr. 2 bleibt hiervon unberührt.

6 **2. Anfechtung mit der Entscheidung bei Ablehnung eines erkennenden Richters.** Wurde ein **erkennender Richter** abgelehnt, ist die nicht stattgebende Entscheidung nach Abs. 2 Satz 2 nur (aber immerhin, daher vorher keine Rechtswegerschöpfung nach § 90 Abs. 2 Satz 1 BVerfGG, vgl. BVerfG, Beschl. v. 18.02.2019 – 2 BvR 229/19) zusammen mit dem Urteil anfechtbar. Dies dient der **Prozessökonomie**, weil das Verfahren vor dem erkennenden Gericht nicht durch das Beschwerdeverfahren verzögert werden soll (HK-StPO/*Temming* § 28 Rn. 8; SK-StPO/*Deiters* § 28 Rn. 8).

7 **a) Erkennende Richter** sind diejenigen, die auch zur **Mitwirkung in der Hauptverhandlung berufen** sind (OLG Karlsruhe NJW 1975, 458, 459; *Meyer-Mews* StraFo 2008, 182; *Sieg* StV 1990, 283); zur entsprechenden Anwendung auf Entscheidungen der Strafvollstreckungskammer OLG Braunschweig NStZ-RR 2013, 191; KG StRR 2018, Nr. 8, 4; OLG München, Beschl. v. 21.09.2020 – 1 Ws 685/20. Hierzu zählen auch die vorgesehenen Ergänzungsrichter und -schöffen (§ 192 Abs. 2 und 3 GVG) des betroffenen Spruchkörpers sowie der nach § 27 mitwirkende Richter (KG StraFo 2018, 430; KG, Beschl. v. 21.03.2013 – 2 Ws 121/13, 2 Ws 121/13 – 141 AR 122/13; krit. *Meyer-Mews* StraFo 2008, 182, 183 f.). Maßgeblicher **Zeitpunkt** ist grds. der Erlass des Eröffnungsbeschlusses und damit die **Rechtshängigkeit** (BGH NJW 1952, 234; OLG Hamm NStZ-RR 2002, 238, 239; Meyer-Goßner/*Schmitt* § 28 Rn. 6). Wird über das Ablehnungsgesuch nach Rechtshängigkeit entschieden, liegt auch dann ein Fall von Abs. 2 Satz 2 vor, wenn das Ablehnungsgesuch noch vor Rechtshängigkeit gestellt wurde (OLG Düsseldorf NStZ 2003, 448; OLG Köln NJW 1993, 608; OLG Karlsruhe NJW 1975, 458, 459). Im **Berufungs- und Revisionsverfahren** entsteht die Eigenschaft des erkennenden Richters nach herrschender Meinung mit Vorlage der Akten nach den §§ 321, 347 Abs. 2 (OLG Karlsruhe NStZ-RR 1998, 144; KG StraFo 2018, 430; KK-StPO/*Scheuten* § 28 Rn. 7; Meyer-Goßner/*Schmitt* § 28 Rn. 6; OLG Düsseldorf NStZ-RR 2013, 215 [selbst wenn noch kein Termin zur Berufungshauptverhandlung bestimmt ist]; **a.A.** OLG Bremen NStZ 1991, 95, 96), im Fall der **Zurückverweisung** nach den §§ 328 Abs. 2, 354 Abs. 2 und 3, 355 mit dem Eingang der Akten (Meyer-Goßner/*Schmitt* § 28 Rn. 6; AnwK-StPO/*Werner* § 28 Rn. 5) und im **Strafbefehlsverfahren** nach §§ 407 ff. mit dem Erlass des Strafbefehls oder der Anberaumung der Hauptverhandlung (LG Zweibrücken, NStZ 2006, 120). Im **beschleunigten Verfahren** nach den §§ 417 ff. ist die Terminanberaumung oder die Anordnung der sofortigen Hauptverhandlung der maßgebliche Zeitpunkt (OLG Hamburg NJW 1964, 2123, 2124; KK-StPO/*Scheuten* § 28 Rn. 7). Ob die Mitglieder der **Strafvollstreckungskammern** in Vollzugs- und Vollstreckungsverfahren erkennende Richter i.S.v. § 28 Abs. 2 Satz 2 sind oder ob Abs. 2 Satz 1 anzuwenden ist, ist umstritten (für Ersteres: OLG Brandenburg NStZ 2005, 296; OLG Celle StraFo 1998, 428; Meyer-Goßner/*Schmitt* § 28 Rn. 6a; **a.A.** zum Strafvollstreckungsverfahren OLG Hamburg StraFo 2008, 520 f.; OLG Hamm StraFo 2008, 344 f.; OLG Saarbrücken NStZ-RR 2007, 222; KG NStZ 1983, 44). In entsprechender Anwendung von § 28 Abs. 2 Satz 2 soll nach OLG Jena, Beschl. v. 29.07.2020 – 1 Ws 236/20 die Zurückweisung eines Ablehnungsgesuchs gegen die zur Mitwirkung an der anstehenden **Entscheidung nach § 67c Abs. 1 StGB** berufenen Mitglieder der großen Strafvollstreckungskammer nicht gesondert, sondern nur zusammen mit der Sachentscheidung gem. §§ 67c Abs. 1, 66 StGB angefochten werden können.

8 Die Eigenschaft, erkennender Richter zu sein, **endet** mit dem Fällen des Urteils (OLG München MDR 1982, 773; LG Düsseldorf StV 1991, 410, 411; OLG Koblenz, Beschl. v. 08.06.2018 – 1 OWi 6 SsVs 11/18; MüKo-StPO/*Conen/Tsambikakis* § 28 Rn. 22) selbst dann, wenn noch über einen Wiedereinsetzungsantrag zu entscheiden ist (OLG Stuttgart StV 2019, 174 = NStZ 2019, 303; Meyer-Goßner/*Schmitt* § 28 Rn. 6; **a.A.** OLG Düsseldorf NStZ-RR 2007, 148 f.; OLG Hamm NStZ-RR 2005, 267, 268); nach OLG Hamm NStZ 2021, 122 soll aber der **Berufungsrichter** auch bei Verwerfung der Berufung des ausgebliebenen Angeklagten erkennender Richter bleiben, bis die Frist für das Gesuch auf Wiedereinsetzung in den vorigen Stand abgelaufen bzw. bis das Wiedereinsetzungsgesuch rechtskräftig zurückgewiesen worden ist. Der Richter, der nach § 27 zu entscheiden hat, ist nur so lange erkennender Richter, bis er über das Gesuch entschieden hat; anschließend ist nur eine Anfechtung nach § 28 Abs. 2 Satz 1 möglich (BGH NStZ 2007, 719; OLG Hamburg NStZ 1999, 50 f.). Eine analoge Anwendung des § 28 Abs. 2 Satz 2 im Wiederaufnahmeverfahren ist ausgeschlossen, weshalb hier die gesonderte Anfechtung nach § 28 Abs. 2 Satz 1 erforderlich ist (OLG Frankfurt NStZ-RR 2008, 378 f.; OLG Hamm, NStZ-RR 2014, 215).

b) Nach herrschender Meinung erfolgt die Anfechtung nicht durch, sondern zusammen mit dem Rechtsmittel, sodass die Anfechtung ihrer Natur nach eine Beschwerde bleibt, wobei sich aber **Form und Frist** (§§ 317, 341) nach dem jeweiligen Rechtsmittel richten (bloße Änderung des Rechtszugs, vgl. Meyer-Goßner/*Schmitt* § 28 Rn. 8; vgl. auch BGH StraFo 2011, 312). Der **Anfechtungswille** muss also deutlich hervortreten (BayObLG NJW 1957, 599), was zwar für die Berufung (s.u. Rdn. 11), aber weniger für die Revision von Bedeutung ist, weil diese Voraussetzung schon aufgrund der Anforderungen des § 344 Abs. 2 Satz 2 ohnehin gewährleistet ist (zu den Anforderungen vgl. § 24 Rdn. 27). 9

Da es sich auch bei der Anfechtung nach Abs. 2 Satz 2 noch um eine Beschwerde handelt, gilt für Entscheidungen der OLGs auch hier **§ 304 Abs. 4** (SK-StPO/*Deiters* § 28 Rn. 11), und zwar sowohl bei erstinstanzlicher Zuständigkeit des OLG als auch für Entscheidungen des OLG nach § 27 Abs. 4 (vgl. § 27 Rdn. 6). In diesem Fall kann also auch eine Revision nicht darauf gestützt werden, dass das Ablehnungsgesuch zu Unrecht verworfen wurde (BVerfGE 45, 363, 375; BGHSt 27, 96, 97; BGH NStZ 2007, 417). Offen ist allerdings, ob eine Nachprüfung wegen der Verletzung von Art. 101 Abs. 1 Satz 2 GG begehrt werden kann, wenn die Zurückweisung des Ablehnungsgesuchs auf Willkür beruht (BGHSt 27, 96, 99; BGH NStZ 2007, 417; NJW 1977, 1829, 1830). 10

c) Wird die Beschwerde mit der **Berufung** eingelegt, ist abweichend von § 317 ausnahmsweise eine Berufungsbegründung erforderlich, um den Anfechtungswillen deutlich zu machen (KMR/*Bockemühl* § 28 Rn. 11; MüKo-StPO/*Conen/Tsambikakis* § 28 Rn. 27). Geht man dem Wortlaut des § 328 Abs. 2 seit dem StVÄG von 1987 (BGBl. I, S. 475; BT-Drs. 10/1313, S. 31) entsprechend freilich davon aus, dass das Berufungsgericht die Sache in jedem Fall selbst entscheiden muss und nicht zurückverweisen darf (HK-GS-StPO/*Bosbach* § 28 StPO Rn. 6; LR/*Siolek* § 28 Rn. 39; Meyer-Goßner/*Schmitt* § 28 Rn. 9; KK-StPO/*Scheuten* § 28 Rn. 9; **a.A.** LG Köln MDR 1992, 892, 893; AnwK-StPO/*Werner* § 28 Rn. 7), macht die Beschwerde i.R.d. Berufung rechtlich ohnehin keinen wirklichen Sinn, kann aber ggf. »psychologische Wirkung« zeitigen, um das Berufungsgericht davon zu überzeugen, dass das AG insgesamt nicht korrekt gehandelt hat (so ähnlich HK-StPO/*Lemke* [4. Auflage] § 28 Rn. 14). 11

Erfolgt die Beschwerde mit der **Revision**, gelten hinsichtlich der Form- und Fristanforderungen die §§ 341 ff. Die Anfechtung wird wie eine Verfahrensrüge behandelt (mit Geltung von § 344 Abs. 2 Satz 2, vgl. BGHSt 21, 333, 340; 23, 265, 266; AnwK-StPO/*Werner* § 28 Rn. 8; LR/*Siolek* § 28 Rn. 36). Eine inhaltliche Prüfung findet unter Beschwerdegesichtspunkten auch nur bei zulässiger Revisionseinlegung statt. Daher muss der Ablehnungsantrag, der ablehnende oder verwerfende Beschluss sowie die dienstliche Stellungnahme nach § 26 Abs. 3 wörtlich oder dem Wortlaut nach wiedergegeben werden (vgl. § 24 Rdn. 27). In Fällen des § 26a Abs. 1 Nr. 1 ist der vollständige Verfahrensablauf zur Prüfung der Rechtzeitigkeit des Vorbringens unverzichtbar (vgl. § 26a Rdn. 9). Das Nachschieben von Gründen oder Beweismitteln zur Glaubhaftmachung ist unzulässig, weil ansonsten § 25 unterlaufen werden würde (BGHSt 21, 85, 88; LR/*Siolek* § 28 Rn. 35; MüKo-StPO/*Conen/Tsambikakis* § 28 Rn. 31). Fehlt es dem Gericht an einer ausreichenden Beurteilungsgrundlage, besteht die Möglichkeit der Zurückverweisung (BGHSt 23, 265, 267). 12

§ 29 Vornahme unaufschiebbarer Amtshandlungen

(1) Ein abgelehnter Richter hat vor Erledigung des Ablehnungsgesuchs nur solche Handlungen vorzunehmen, die keinen Aufschub gestatten.

(2) [1]Die Durchführung der Hauptverhandlung gestattet keinen Aufschub; sie findet bis zur Entscheidung über das Ablehnungsgesuch unter Mitwirkung des abgelehnten Richters statt. [2]Entscheidungen, die auch außerhalb der Hauptverhandlung ergehen können, dürfen nur dann unter Mitwirkung des abgelehnten Richters getroffen werden, wenn sie keinen Aufschub gestatten.

(3) [1]Über die Ablehnung ist spätestens vor Ablauf von zwei Wochen und stets vor Urteilsverkündung zu entscheiden. [2]Die zweiwöchige Frist für die Entscheidung über die Ablehnung beginnt

1. **mit dem Tag, an dem das Ablehnungsgesuch angebracht wird, wenn ein Richter vor oder während der Hauptverhandlung abgelehnt wird,**
2. **mit dem Tag des Eingangs der schriftlichen Begründung, wenn das Gericht dem Antragsteller gemäß § 26 Absatz 1 Satz 2 aufgegeben hat, das Ablehnungsgesuch innerhalb der vom Gericht bestimmten Frist schriftlich zu begründen.**

[3]Findet der übernächste Verhandlungstag erst nach Ablauf von zwei Wochen statt, so kann über die Ablehnung spätestens bis zu dessen Beginn entschieden werden.

(4) [1]Wird die Ablehnung für begründet erklärt und muss die Hauptverhandlung nicht deshalb ausgesetzt werden, so ist ihr nach der Anbringung des Ablehnungsgesuchs liegender Teil zu wiederholen. [2]Dies gilt

nicht für solche Teile der Hauptverhandlung, deren Wiederholung nicht oder nur mit unzumutbarem Aufwand möglich ist.

Übersicht

1 **A. Grundsätzliches und Regelungszweck.** § 29 dient dem Ausgleich der **Interessen des Ablehnenden,** möglichst keine richterlichen Handlungen durch einen ausgeschlossenen oder befangenen Richter erdulden zu müssen, und dem **Interesse an einer effektiven Strafrechtspflege** dahin gehend, dass nicht schon durch die Antragsstellung und somit bereits vor der Entscheidung über den Ausschluss die Möglichkeit, eilige und u.U. nicht nachholbare Handlungen vorzunehmen, unmöglich gemacht wird (ähnlich LR/*Siolek* § 29 Rn. 1; AnwK-StPO/*Werner* § 29 Rn. 1). Die Neugestaltung der Vorschrift (vgl. Rdn. 3) hat diese Abwägung deutlich in Richtung hin zur Effektivität verschoben.

2 Da der abgelehnte Richter zwar grds. (vorläufig) **amtsunfähig** ist (HK-GS-StPO/*Bosbach* § 29 Rn. 1; LR/*Siolek* § 29 Rn. 2; **a.A.** OLG München NStZ 1993, 354, 355 mit Hinweis auf § 26a; KMR/*Bockemühl* § 29 Rn. 1), wird dem Interesse an einer funktionsfähigen Strafrechtspflege dadurch Rechnung getragen, dass der Richter trotz Ablehnung i.R. der von § 29 aufgestellten zeitlichen Grenzen wenigstens **unaufschiebbare Handlungen vornehmen** und die Hauptverhandlung zur Vermeidung von Unterbrechung oder Aussetzung weiterführen darf. Ist die Ablehnung erfolgreich, müssen die Handlungen allerdings – freilich nach der geltenden Gesetzesfassung nur noch eingeschränkt – nach Erledigung des Gesuchs nachgeholt werden (vgl. u. Rdn. 5). Das Ablehnungsgesuch ist dann **erledigt**, wenn Rechtskraft der Entscheidung (durch stattgebenden Beschluss [§ 28 Abs. 1], durch Ablauf der Beschwerdefrist bei ablehnenden Beschlüssen [§ 28 Abs. 2 Satz 1, vgl. OLG Stuttgart MDR 1994, 499; LR/*Siolek* § 29 Rn. 10; KK-StPO/*Scheuten* § 29 Rn. 4; **a.A.** KG JR 1968, 28, 29] oder beim erkennenden Gericht durch die Entscheidung nach § 27 [§ 28 Abs. 2 Satz 2: nur noch Anfechtung zusammen mit Rechtsmittel gegen das Urteil]) hierüber eintritt (KK-StPO/*Scheuten* § 29 Rn. 4; KMR/*Bockemühl* § 29 Rn. 4; LR/*Siolek* § 29 Rn. 10; MüKo-StPO/*Conen/Tsambikakis* § 29 Rn. 3).

3 Die Vorschrift hat in den Jahren 2017 und 2019 deutliche Veränderungen erfahren: Während nach früherer Rechtslage eine gewisse Unsicherheit bestand, welche Maßstäbe in Fällen von Ablehnungsgesuchen **unmittelbar vor Beginn der Hauptverhandlung** zu gelten hatten, war mit dem **Gesetz zur effektiveren und praxistauglicheren Ausgestaltung des Strafverfahrens** (BGBl. I 2017, S. 3202) entsprechend dem Vorschlag der vom Bundesjustizminister eingesetzten Expertenkommission zur effektiveren und praxistauglicheren Ausgestaltung des allgemeinen Strafverfahrens und des jugendgerichtlichen Verfahrens (vollständiger Bericht abrufbar unter https://www.bmjv.de/SharedDocs/Downloads/DE/PDF/Abschlussbericht_Reform_StPO_Kommission.pdf?__blob=publicationFile&v=2, Abrufdatum: 10.02.2022; hierzu und speziell zu diesem Vorschlag vgl. *Kudlich* JR 2016, 514, 521 f.) nach einem neuen Abs. 1 Satz 2 a.F. insoweit eine inhaltlich zwischen Abs. 1 Satz 1 a.F. und Abs. 2 a.F. stehende Sonderregelung geschaffen worden (vgl. zu Historie und weiteren Reformüberlegungen auch *Wehowsky* NStZ 2019, 59, 60 f.), die freilich mittlerweile durch das Gesetz zur Modernisierung des Strafrechts (BGBl. I 2019, S. 2121, sowie dazu im Überblick *Schork* NJW 2020, 1) schon wieder überholt ist. Dieses hat die Möglichkeiten des Weiterverhandelns **in der Hauptverhandlung,** aber auch die Nutzung von Ergebnissen einer solchermaßen »einstweilen fortgeführten« Hauptverhandlung insgesamt deutlich erweitert hat. Vgl. hierzu – teils krit. – *Kudlich/Nicolai* JA 2020, 881, 884 f.

4 **B. Unaufschiebbare Handlungen (Abs. 1). Unaufschiebbar** sind Handlungen, die wegen ihrer Dringlichkeit nicht anstehen können, bis ein Ersatzrichter eintritt (BGHSt 48, 264, 265; BGH NStZ 2002, 429, 430; MüKo-StPO/*Conen/Tsambikakis* § 29 Rn. 4). Ob die Handlung tatsächlich unaufschiebbar ist, liegt im Ermessen des Gerichts, sodass diesbezüglich nur eine eingeschränkte revisionsrechtliche Kontrolle auf Vertretbarkeit und Ermessensfehlerhaftigkeit möglich ist (BGH NStZ 2002, 429, 430; LR/*Siolek* § 29 Rn. 11; vgl. u. Rdn. 14). Neben der seit 2019 in Abs. 2 Satz 1 **pauschal als unaufschiebbar eingeordneten Durchführung der Hauptverhandlung** wurden als unaufschiebbar etwa betrachtet die Beweissicherung, falls die Beweise andernfalls verloren gehen würden (z.B. todkranker Zeuge; AnwK-StPO/*Werner* § 29 Rn. 2; LR/*Siolek* § 29 Rn. 12), das Bestimmen eines Fortsetzungstermins und die Veranlassung der Ladungen hierzu (Meyer-Goßner/*Schmitt* § 29 Rn. 6 – möglicherweise auch von Abs. 2 Satz 1 umfasst), die Anberaumung eines Termins, um die Verjährung zu unterbrechen, das Festsetzen von Ordnungsmitteln nach § 178 Abs. 1

GVG (OLG Hamburg GA 70, 1927, 54) oder auch Haftentscheidungen bei Gefahr im Verzug (Meyer-Goßner/*Schmitt* § 29 Rn. 6) bzw. die Haftvorführung bei Ablehnung nach Inhaftierung wegen der engen zeitlichen Vorgaben des § 115 (LG Ingolstadt, Beschl. v. 19.03.2020 – 2 Qs 24/20; weitere Bsp. bei KMR/*Bockemühl* § 29 Rn. 5). Auch der Beginn der Hauptverhandlung durch Aufruf der Sache und Feststellung der Anwesenheit der Beteiligten wurde von der Rspr. als unaufschiebbare Handlung beurteilt, wenn der Ablehnungsantrag unmittelbar vorher gestellt wird und nur so eine Aussetzung verhindert werden kann (BGHSt 48, 264, 265 f.), dürfte aber nunmehr ebenfalls Teil der »Durchführung« der Hauptverhandlung i.S. des Abs. 2 Satz 1 sein. **Aufschiebbare** Handlungen sind im Vergleich dazu etwa regelmäßig die Vernehmung von erreichbaren Zeugen (BGH NStZ 2002, 429, 430 – nach Abs. 2 Satz 1 nunmehr aber wohl nur noch außerhalb der Hauptverhandlung), die Entscheidung über eine Wiedereinsetzung in den vorherigen Stand (OLG Rostock, Beschl. v. 25.09.2018 – 20 Ws 180/18) oder z.B. die Entscheidung über die Eröffnung des Hauptverfahrens (BGHSt 4, 208, 209; Meyer-Goßner/*Schmitt* § 29 Rn. 15), welche gerade kein Teil ihrer Durchführung i.S. des Abs. 2 Satz 1 ist (vgl. auch unten Rdn. 7), bzw. über die Verwerfung einer Revision nach § 346 Abs. 1 (Meyer-Goßner/*Schmitt* § 29 Rn. 14; SK-StPO/*Deiters* § 29 Rn. 8).

Die **unaufschiebbare Handlung** bleibt grds. (zur Sonderregelung für die Hauptverhandlung vgl. unten 5
Rdn. 6 ff.) selbst dann **wirksam**, wenn sich im Nachhinein herausstellt, dass das Ablehnungsgesuch begründet ist (KK-StPO/*Scheuten* § 29 Rn. 5; MüKo-StPO/*Conen/Tsambikakis* § 29 Rn. 21). Unwirksam ist die Handlung allerdings, wenn ein **gesetzlicher Ausschlussgrund** nach den §§ 22, 23 vorliegt, weil ein ausgeschlossener Richter auch keine unaufschiebbaren Handlungen vornehmen darf (LR/*Siolek* § 29 Rn. 7; Meyer-Goßner/*Schmitt* § 29 Rn. 16; einschr. BGHSt 29, 351, 355). War die Handlung tatsächlich **aufschiebbar**, führt das zwar zur Fehlerhaftigkeit, aber nicht notwendiger Weise zur Unwirksamkeit der Handlung (BGHSt 48, 264, 267), solange eben keine Unvertretbarkeit oder ein Ermessensfehler vorliegt (vgl. o. Rdn. 4). Ist das Ablehnungsgesuch erfolglos, tritt Heilung ein (OLG Hamm NStZ 1999, 530 [LS]; OLG München NStZ 1993, 354, 355). Ist die Handlung unwirksam, muss das Gericht anordnen, diese zu **wiederholen**, damit Heilung eintritt (LR/*Siolek* § 29 Rn. 19). Auch eine wirksame Handlung kann wiederholt werden, wenn Zweifel hinsichtlich der Unaufschiebbarkeit vorliegen, die nicht erst durch das Rechtsmittelgericht behoben werden sollen (LR/*Siolek* § 29 Rn. 4). Offensichtliche Unaufschiebbarkeit muss der Richter in einem Aktenvermerk darlegen (BeckOK-StPO/*Cirener* § 29 Rn. 5; HK-StPO/*Temming* § 29 Rn. 7; LR/*Siolek* § 29 Rn. 13).

C. Sonderregelungen für die Hauptverhandlung. I. Grundsatz der Unaufschiebbarkeit der Hauptver- 6
handlung (Abs. 2). Nach Abs. 2 Satz 1 »ist« die Durchführung der Hauptverhandlung unaufschiebbar. Damit wird in diesem Verfahrensabschnitt der Grundsatz der »Wartepflicht« nach Abs. 1 aufgehoben und durch eine »Fristenlösung« ersetzt, wonach die Mitwirkung des abgelehnten Richters in der Hauptverhandlung innerhalb der Fristen des Abs. 3 (dazu unten Rdn. 9) erst einmal unbeschränkt möglich ist (wenngleich auch nicht ausgeschlossen ist, dass das Gericht auf die Fortführung der Verhandlung bis zur Entscheidung über das Gesuch verzichtet). Dadurch wird das Interesse an der beschleunigten Durchführung der Hauptverhandlung stärker als bislang gewichtet (BT-Drs. 19/14747, S. 23). Ob dies angesichts der Bedeutung des unbefangenen Richters einerseits und der oft doch in einem überschaubaren Zeitraum möglichen Entscheidung über das Ablehnungsgesuch zu begrüßen ist (so BeckOK-StPO/*Cirener* § 29 Rn. 7), mag man bezweifeln. Die Entscheidung des Vorsitzenden, nach dem Ablehnungsgesuch weiter zu verhandeln (aber auch diejenige, zu unterbrechen und nicht weiter zu verhandeln) ist nach § 238 Abs. 2 überprüfbar.

Die **»Durchführung« der Hauptverhandlung** setzt nicht notwendig voraus, dass diese schon begonnen hat, 7
sodass Abs. 2 Satz 1 auch gilt, wenn das Befangenheitsgesuch vor der Hauptverhandlung angebracht wird. Die Durchführung der Hauptverhandlung umfasst damit also auch deren Beginn (wohl aber nicht die Entscheidung über ihre Durchführung, denn diese fällt noch im Zwischenverfahren).

Für **Entscheidungen, die** (zwar während des Hauptverfahrens zu treffen sind, aber) **auch außerhalb der** 8
Hauptverhandlung getroffen werden können, gilt Abs. 2 Satz 2: Diese dürfen nur unter Mitwirkung des abgelehnten Richters getroffen werden, wenn sie keinen Aufschub gestatten, d.h. die Fiktion des Abs. 2 Satz 1 ist nicht einschlägig, sondern es ist – wie auch schon nach alter Rechtslage – eine materielle Unaufschiebbarkeit erforderlich, sodass die Kriterien des Abs. 1 Anwendung finden. Bei der Ablehnung von Schöffen können Entscheidungen außerhalb der Hauptverhandlung freilich problemlos getroffen werden, da diese hier ohnehin nicht mitwirken (vgl. BeckOK-StPO/*Cirener* § 29 Rn. 14.1).

II. Fristen für die Entscheidung (Abs. 3). § 29 Abs. 3 Satz 1 ordnet an, dass über Ablehnungsanträge im 9
Hauptverfahren – dass es um solche geht (davon gehen etwa auch MüKo-StPO/*Conen/Tsambikakis* Rn. 8 aus), ergibt sich aus der Bezugnahme auf »Urteile«, aber auch aus einem Blick auf die Vorläuferregel des § 29 a.F. – spätestens vor Ablauf von **zwei Wochen** und stets vor Urteilsverkündung (und nunmehr – stimmiger zu § 25 Abs. 2 Satz 2 – nicht mehr vor den Schlussvorträgen) entschieden werden muss. Diese Frist-

enbindung ist auch im Zusammenhang damit zu sehen, dass in der Hauptverhandlung abweichend von den allgemeinen Grundsätzen eben keine Wartepflicht besteht. Grds. soll eine Entscheidung möglichst zeitnah erfolgen (»spätestens«), und insb. in Fällen des § 26a soll nicht »zugewartet« oder die Frist ausgeschöpft werden, wenn eine vorherige Entscheidung möglich ist (BeckOK-StPO-*Cirener* § 29 Rn. 9.1; Meyer-Goßner/*Schmitt* § 29 Rn. 19). Findet der **übernächste Verhandlungstag** nicht binnen dieser Zwei-Wochenfrist statt, ist nach § 29 Abs. 3 Satz 3 auch eine Entscheidung bis zu dessen Beginn möglich.

10 **Fristbeginn** ist bei einem Ablehnungsgesuch **vor oder während der Hauptverhandlung** nach § 29 Abs. 3 Satz 2 Nr. 1 der Tag, an dem das Gesuch angebracht wird. Hat das Gericht dem Antragsteller nach § 26 Abs. 1 Satz 2 aufgegeben, das Gesuch **schriftlich zu begründen**, beginnt die Frist nach Nr. 2 am Tag des Eingangs der schriftlichen Begründung. Die Berechnung der (Zwei-) Wochenfrist erfolgt nach § 43.

11 **III. Eingeschränktes Nachholgebot (Abs. 4).** Ist das **Ablehnungsgesuch** erfolglos, wird die Hauptverhandlung ohne weitere Folgen fortgesetzt. Wird es dagegen **für begründet** erklärt, ist die Hauptverhandlung regelmäßig auszusetzen und **neu zu verhandeln**. Denn § 226 steht dem Eintritt eines Vertreters in eine laufende Hauptverhandlung entgegen (KMR/*Bockemühls* § 29 Rn. 18; LR/*Siolek* § 29 Rn. 34; MüKo-StGB/*Conen/Tsambikakis* § 29 Rn. 14). Muss dagegen – im Fall des § 192 GVG – keine Aussetzung erfolgen, ist nach § 29 Abs. 4 Satz 1 der nach der Anbringung des Gesuchs liegende Teil der Hauptverhandlung nachzuholen. Die nach bisherigem Recht hinzutretende Einschränkung, dass nur Handlung nachzuholen sind, die tatsächlich aufschiebbar waren (so KK-StPO/*Scheuten* § 29 Rn. 12; LR/*Siolek* § 29 Rn. 35; *Rieß* NJW 1978, 2265, 2268), wird im Ausgangspunkt zwar weiter Geltung beanspruchen, da eine Übernahme der Fiktion des § 29 Abs. 2 Satz 1 sonst dazu führen würde, dass Teile der Hauptverhandlung nie nachzuholen wären, was der Konzeption des Abs. 4 widerspricht. Eine unmittelbare Verwertung der während dieser Zeit erhobenen Beweise würde also ausscheiden, allerdings darf darüber Beweis erhoben werden, welche Angaben von Zeugen oder auch dem Angeklagten während dieser Zeit gemacht wurden (AnwK-StPO/*Werner* § 29 Rn. 4; HK-StPO/*Temming* § 29 Rn. 13).

12 Dieses grundsätzliche »Nachholgebot« hat aber durch die Neufassung 2019 eine erhebliche Einschränkung erfahren, da es für die Hauptverhandlung nicht gilt, sowie ihre »**Wiederholung nicht oder nur mit unzumutbarem Aufwand möglich ist**«, § 29 Abs. 4 Satz 2. Entscheidende Stellschraube für die Zukunft wird hier sein, wie eng die »Unzumutbarkeit« ausgelegt werden wird. Die Gesetzesbegründung nennt hier etwa die Vernehmung eines todkranken oder i.S. des § 251 Abs. 2 Nr. 2 weit entfernt wohnenden Zeugen (BT-Drs. 19/14747, S. 25). Schon Letzteres erweckt **gewisse Zweifel**, werden dadurch doch durch die Hinnahme der »Weiterverwertung« der unter Mitwirkung des befangenen Richters gewonnenen Erkenntnisse zugunsten der Verfahrensökonomie die Beeinträchtigung des Ablehnenden (und damit meist des Angeklagten) auf bedenkliche Weise vertieft, und es erscheint zweifelhaft, ob damit tatsächlich – wie vom Gesetzgeber behauptet (nochmals BT-Drs. 19/14747, S. 25) – gegenüber der bisherigen Rechtslage keine nennenswerten Änderungen erfolgt sind. Gerade am Beispiel des § 251 Abs. 2 Nr. 2 bestehen (etwa unter dem Gesichtspunkt der besonderen Stellung persönlicher Wahrnehmung des Richters über den reinen Sprechakt der Zeugenaussage hinaus) erhebliche Bedenken, wenn in Einzelfällen eine Zugfahrt von Kiel nach München weniger zumutbar sein könnte als die Verwertung von Verfahrenshandlungen eines Richters, dem das Gericht die Besorgnis der Befangenheit attestiert hat (vgl. bereits *Kudlich/Nicolai* JA 2020, 881 [885]). Hier gilt i.R. der Ermessensentscheidung, dass je wichtiger ein Beweismittel und je größer sein Aufklärungswert sein dürfte, desto weniger kommt es in Betracht, einen unzumutbaren Aufwand anzunehmen (so Meyer-Goßner/*Schmitt* § 29 Rn. 31).

13 **D. Revision. Uneingeschränkt revisibel** sind jede Überschreitung der zeitlichen Obergrenzen des Abs. 2 Satz 1 Hs. 2 (BGH NStZ 1996, 398) und die fehlende Nachholung der Hauptverhandlung nach Abs. 4 Satz 1, soweit diese erforderlich ist und sofern ein Verstoß gegen § 261 vorliegt, weil das Urteil eben auch auf Ergebnisse aus diesem Teil der Hauptverhandlung gestützt wird (AnwK-StPO/*Werner* § 29 Rn. 5; MüKo-StPO/*Conen/Tsambikakis* § 29 Rn. 24). Für die Anordnung der Fortführung der Hauptverhandlung nach dem Anbringen des Ablehnungsgesuchs gilt § 238 Abs. 2 (vgl. o. Rdn. 6), sodass die Entscheidung in der Hauptverhandlung beanstandet worden sein muss, weil ansonsten für die Revision eine Präklusion eintritt; freilich wird selbst bei einer entsprechenden Rüge ein Ermessensfehler insoweit selten nachweisbar sein.

14 Nur **eingeschränkt revisibel** ist eine fehlerhafte Auslegung des Begriffs der Unaufschiebbarkeit nach § 29 i.V.m. § 337, weil für diese Entscheidung ein gerichtlicher Beurteilungsspielraum existiert (vgl. BGH NStZ 2002, 429, 430; sowie o. Rdn. 4; SK-StPO/*Deiters* § 29 Rn. 18).

15 **Nicht revisibel** ist grds. die bloß formale Verletzung der Wartepflicht des Abs. 1. Wird also später festgestellt, dass keine Befangenheit vorliegt, kann jedenfalls die Verletzung des Abs. 1 nicht ohne Weiteres dazu führen, dass das Urteil auf diesem Verstoß beruht (BGHSt 48, 264, 266; Radtke/Hohmann/*Alexander* § 29 Rn. 12, 6; **a.A.** OLG Düsseldorf StV 1994, 528 sowie anders auch KG StraFo 2013, 203 bei aufschiebbaren

Prozesshandlungen in Fällen, in denen bewusst keine Entscheidung über das Ablehnungsgesuch herbeigeführt worden ist, da hierdurch gegen Art. 101 Abs. 1 S. 2 GG verstoßen wird; vgl. auch OLG Rostock, Beschl. v. 25.09.2018 – 20 Ws 180/18). Erst recht nicht revisibel ist der Verstoß gegen Abs. 1, wenn das Ablehnungsgesuch noch in der Hauptverhandlung zurückgenommen wird (OLG Koblenz VRS 65, 441, 442; LR/*Siolek* § 29 Rn. 41; MüKo-StPO/*Conen/Tsambikakis* § 29 Rn. 22).

Wirkt ein kraft Gesetzes (§§ 22, 23) ausgeschlossener Richter mit, liegt der absolute Revisionsgrund des § 338 Nr. 2 vor, ohne dass es überhaupt eines Ablehnungsantrags bedarf; der ausgeschlossene Richter ist aber in der Revisionsbegründung namentlich zu benennen (vgl. § 22 Rdn. 21). 16

§ 30 Ablehnung eines Richters bei Selbstanzeige und von Amts wegen

Das für die Erledigung eines Ablehnungsgesuchs zuständige Gericht hat auch dann zu entscheiden, wenn ein solches Gesuch nicht angebracht ist, ein Richter aber von einem Verhältnis Anzeige macht, das seine Ablehnung rechtfertigen könnte, oder wenn aus anderer Veranlassung Zweifel darüber entstehen, ob ein Richter kraft Gesetzes ausgeschlossen ist.

Übersicht

A. Grundsätzliches und Regelungszweck. Auch **ohne Stellung eines Ablehnungsgesuchs** können Zweifel über Ausschlussgründe nach den §§ 22, 23 vorliegen oder Befangenheitsgründe nach § 24 bestehen. In diesen Fällen muss der betroffene Richter (auch der Ergänzungsrichter, der noch nicht an der Entscheidung mitwirkt, dem Verfahren aber nach § 192 Abs. 2 bzw. Abs. 3 GVG von Anfang an beiwohnt, vgl. KK-StPO/*Scheuten* § 30 Rn. 2; LR/*Siolek* § 30 Rn. 11; SK-StPO/*Deiters* § 30 Rn. 4) selbst nach § 30 eine Mitteilung machen, die zur Prüfung seiner zukünftigen Mitwirkung am Verfahren führt. Ein Selbstablehnungsrecht des Richters i.e.S. wird dadurch nicht begründet. Auch Richter, die nicht betroffen sind, aber Zweifel haben, müssen auf solche hinweisen (Meyer-Goßner/*Schmitt* § 30 Rn. 3; MüKo-StPO/*Conen/Tsambikakis* § 30 Rn. 3). § 30 gilt nicht nur für (Berufs-) Richter, sondern nach § 31 auch für Schöffen und Urkundsbeamte. Die **Erstattung der Selbstanzeige** ist eine **Dienstpflicht** des Richters, der er nach pflichtgemäßem Ermessen nachzukommen hat (OLG Neustadt NJW 1963, 2087, 2088; Meyer-Goßner/*Schmitt* § 30 Rn. 2) und die in Art. 6 EMRK und Art. 101 Abs. 1 Satz 2 GG wurzelt (so HK-StPO/*Temming* § 30 Rn. 1; LR/*Siolek* § 30 Rn. 2). 1

Das Verfahren nach § 30 kommt **nicht** zur Anwendung, wenn das Bestehen eines **Ausschlussgrundes** nach den §§ 22, 23 (anders beim bloßen Vorliegen eines Ablehnungsgrundes) **zweifelsfrei** feststeht (zum Verfahren dann unten Rdn. 4). Der Beschluss über das Vorliegen eines gesetzlichen Ausschlussgrundes hat dann nur deklaratorische Bedeutung (MüKo-StPO/*Conen/Tsambikakis* § 30 Rn. 6; SK-StPO/*Deiters* § 30 Rn. 8). 2

Bis zur gerichtlichen Entscheidung (§ 27) über die Ablehnung hat der Richter **keine Handlungen** vorzunehmen (BGHSt 25, 122, 125; 31, 3, 5 [zu vorbereitenden Handlungen]; SK-StPO/*Deiters* § 30 Rn. 9), es sei denn diese sind unaufschiebbar (BGHSt 31, 3, 6). Dennoch vorgenommene Handlungen sind **unwirksam** (BGHSt 31, 3, 5). Die entsprechende **Geltung des § 29 Abs. 1** erscheint sachgerecht (BGHSt 25, 122, 125; 31, 5 f.). Nicht anwendbar ist hingegen § 29 Abs. 2, weil bei einer Selbstanzeige keine Gefahr der missbräuchlichen Verfahrensverzögerung besteht und somit keine dem Sinn und Zweck des § 29 Abs. 2 entsprechende Situation vorliegt (vgl. § 29 Rdn. 6 ff.). Die Hauptverhandlung ist nach ihrem Beginn daher bei einer Selbstablehnung nicht fortzuführen, sondern immer zu unterbrechen. 3

B. Die Selbstablehnung. I. Ablehnungsgründe. Innerhalb der Ablehnungsgründe ist zwischen **gesetzlichen Ausschlussgründen** nach den §§ 22, 23 und den **Befangenheitsgründen** nach § 24 zu differenzieren. § 30 ist auf Fälle der Befangenheit nach § 24 wie auch auf Fälle der gesetzlichen Ausschlussgründe der §§ 22, 23 anwendbar, die nicht zweifelsfrei vorliegen. Steht ein **gesetzlicher Ausschlussgrund sicher** fest, bedarf es keiner gerichtlichen Entscheidung hierüber (BGHSt 25, 122, 125; KMR/*Bockemühl* § 30 Rn. 5; Meyer-Goßner/*Schmitt* § 30 Rn. 3; SK-StPO/*Deiters* § 30 Rn. 8), vielmehr reicht der schlichte Hinweis eines Verfahrensbeteiligten bzw. des betroffenen Richters aus, um eine Ersetzung nach dem Geschäftsverteilungsplan vorzunehmen (vgl. auch § 22 Rdn. 6); diese rechtliche Verhinderung sollte durch den Präsidenten des betroffenen Gerichts oder den Aufsichtsführenden Richter dokumentiert werden (vgl. Meyer-Goßner/*Schmitt* § 21e GVG Rn. 8). I.Ü. ist die Selbstanzeige eines Richters begründet, wenn ein Grund nach § 24 Abs. 2 vorliegt, der geeignet ist, Misstrauen gegen seine Unparteilichkeit zu rechtfertigen, wobei es auf die 4

Sicht eines verständigen und vernünftigen Verfahrensbeteiligten ankommt (und weder darauf, ob der Richter sich selbst für unbefangen hält, noch darauf, ob er für etwaige Zweifel an seiner Unbefangenheit Verständnis aufbringt). Dabei können dienstliche Beziehungen zu einem Verfahrensbeteiligten eine Besorgnis der Befangenheit allenfalls dann begründen, wenn sie besonders eng sind oder sich zu einem engen persönlichen Verhältnis entwickelt haben (BGH NStZ-RR 2013, 86; vgl. hierzu § 24 Rdn. 9 sowie AG Meiningen, Beschl. v. 20.05.2021 – OWi 161 Js 14163/20, in einem Fall, in dem der Betroffene vom Sohn des Richters verteidigt wird); ferner im Einzelfall bei einem tätlichen Angriff des Angeklagten auf den Richter, vgl. AG Magdeburg, Beschl. v. 30.11.2017 – 61 AR 22/17.

5 **II. Verfahren bei Selbstanzeige.** Der betroffene Richter kann die Selbstanzeige grds. **in jedem Verfahrensstadium** anbringen und ist hierbei insb. nicht an die Fristen des § 25 gebunden, wobei die Anzeige aber auch nicht unnötig verzögert werden darf (HK-StPO/*Temming* § 30 Rn. 4; HK-GS-StPO/*Bosbach* § 30 Rn. 1), sondern erfolgen sollte, sobald dem Richter Umstände bekannt sind, welche die Sorge der Befangenheit begründen könnten. Auch wenn der Richter sich selbst nicht befangen fühlt, entbindet ihn das nicht von seiner Dienstpflicht, sobald **objektive Anhaltspunkte** für einen Ausschluss vorliegen (HK-StPO/*Temming* § 30 Rn. 2; LR/*Siolek* § 30 Rn. 3; Meyer-Goßner/*Schmitt* § 30 Rn. 2).

6 Über die Selbstanzeige hat das auch nach **§ 27 zuständige Gericht** zu entscheiden, bei einer zur Beschlussunfähigkeit führenden Vielzahl von Selbstanzeigen das nach § 27 Abs. 4 nächst obere Gericht (OLG Frankfurt NStZ 1981, 233, 234; OLG Zweibrücken, NJW 1968, 1439; vgl. § 27 Rdn. 6). In der Selbstanzeige hat der Richter unabhängig von der Offensichtlichkeit der die Ablehnung begründenden Umstände alle Tatsachen mitzuteilen, die zu seinem Ausschluss führen könnten und auch mögliche Zweifel über das Vorliegen eines Ausschlussgrundes zu nennen (KK-StPO/*Scheuten* § 30 Rn. 2). Bei der Anzeige durch einen anderen Richter (vgl. oben Rdn. 1) hat das Gericht so zu entscheiden, als wäre ein Ablehnungsgesuch gestellt worden (HK-GS-StPO/*Bosbach* § 30 StPO Rn. 2).

7 Die Anzeige ist den Verfahrensbeteiligten **mitzuteilen**, und diese sind nach § 33 **anzuhören** (BVerfGE 89, 28, 31; HK-StPO/*Temming* § 30 Rn. 7; LR/*Siolek* § 30 Rn. 5; KMR/*Bockemühl* § 30 Rn. 6). Die Entscheidung ergeht durch **Beschluss**. Aus diesem muss hervorgehen, ob der sich ablehnende Richter auch der gesetzliche Richter ist (BGHSt 25, 122, 125; vgl. o. Rdn. 4).

8 **III. Rechtsmittel.** Beschließt das Gericht, dass **kein Ausschlussgrund** gegeben ist, hat der Richter keine Anfechtungsmöglichkeit (Meyer-Goßner/*Schmitt* § 30 Rn. 8 m.w.N.; MüKo-StPO/*Conen/Tsambikakis* § 30 Rn. 7; **a.A.** *Teplitzky* JuS 1969, 318, 325). Das gilt auch für die übrigen Verfahrensbeteiligten, die aber ein eigenes Ablehnungsgesuch anbringen können (BGHSt 3, 68, 69; LR/*Siolek* § 30 Rn. 19). Gegen die nicht stattgebende Entscheidung besteht dann wiederum die Anfechtungsmöglichkeit nach § 28 Abs. 2 (vgl. § 28 Rdn. 3). Im Fall des **Ausschlusses** aufgrund der Selbstanzeige scheidet eine Beschwerde entsprechend § 28 Abs. 1 aus (KK-StPO/*Scheuten* § 30 Rn. 6).

9 **C. Revision.** Die Revision kann nach ganz herrschender Meinung **nicht** darauf gestützt werden, dass der Richter eine Selbstanzeige nach § 30 unterlassen hat (BGH GA 1962, 338; KK-StPO/*Scheuten* § 30 Rn. 7; krit. SK-StPO/*Deiters* § 30 Rn. 13; offengelassen bei OLG Neustadt NJW 1963, 2087, 2088; bejahend wegen einer Verletzung des fairen Verfahrens MüKo-StPO/*Conen/Tsambikakis* § 30 Rn. 9). Lag tatsächlich ein Ausschlussgrund (§§ 22, 23) vor, kann dessen **Nichtbeachtung** als absoluter Revisionsgrund nach § 338 Nr. 2 mit der Revision auch dann angegriffen werden, wenn das Gericht hierüber i.R.d. Beschlusses nach § 30 abl. entschieden hat (KK-StPO/*Scheuten* § 30 Rn. 7; Meyer-Goßner/*Schmitt* § 30 Rn. 9). Bei Ersetzung des Richters noch vor der Entscheidung über § 30 liegt ein Revisionsgrund nach § 338 Nr. 1 vor (BGHSt 25, 122, 125; SK-StPO/*Deiters* § 30 Rn. 15).

10 Die Entscheidung über das Selbstablehnungsgesuch ist als solches vom Revisionsgericht grds. nicht überprüfbar (BGHSt 3, 68, 69; 25, 122, 125 m.Anm. *Arzt* JR 1974, 75). Nur in Fällen von Willkür (dazu BGH StV 2019, 222 in Fällen einer Berufung auf völlig unvertretbare Gründe) kann die Revision ausnahmsweise auf eine Verletzung von Art. 101 Satz 2 GG oder bei fehlender Anhörung auf die Verletzung rechtlichen Gehörs gestützt werden (BGHSt 27, 96, 99). Wird von einem anderen Verfahrensbeteiligten nach Bekanntgabe des Beschlusses ein eigenes Ablehnungsgesuch gestellt, ist u.U. bei einer ablehnenden Entscheidung hierüber der Weg zur Revision eröffnet.

§ 31 Schöffen, Urkundsbeamte

(1) Die Vorschriften dieses Abschnitts gelten für Schöffen sowie für Urkundsbeamte der Geschäftsstelle und andere als Protokollführer zugezogene Personen entsprechend.

(2) [1]**Die Entscheidung trifft der Vorsitzende.** [2]**Bei der großen Strafkammer und beim Schwurgericht entscheiden die richterlichen Mitglieder.** [3]**Ist der Protokollführer einem Richter beigegeben, so entscheidet dieser über die Ablehnung oder Ausschließung.**

A. Grundsätzliches und Regelungszweck. § 31 stellt Schöffen und Urkundsbeamte im Hinblick auf Ausschluss- und Ablehnungsgründe den Richtern gleich, wobei hier allerdings z.T. eigene Verfahrensregelungen gelten (vgl. u. Rdn. 8 f.). Für Schöffen ist das mit Blick auf die grundsätzliche Gleichberechtigung mit den Berufsrichtern gem. §§ 30 Abs. 1, 77 Abs. 1 GVG nur konsequent (vgl. LR/*Siolek* § 31 Rn. 1; SK-StPO/*Deiters* § 31 Rn. 1), für Protokollführer ist die Gleichbehandlung wegen der überragenden Bedeutung des **Hauptverhandlungsprotokolls** (§ 274) angezeigt (LR/*Siolek* § 31 Rn. 4; MüKo-StPO/*Conen/Tsambikakis* § 31 Rn. 6), die ihre Unparteilichkeit unverzichtbar macht (SK-StPO/*Deiters* § 31 Rn. 7). Die Gleichstellung mit Berufsrichtern führt nach herrschender Meinung dazu, dass auch die **Maßstäbe** zur Beurteilung von Ausschluss- und Ablehnungsgründen grds. gleich bestimmt werden sollen (HK-StPO/*Temming* § 31 Rn. 3; Meyer-Goßner/*Schmitt* § 31 Rn. 2, vgl. auch Rdn. 3). 1

B. Entsprechende Anwendung auf Schöffen und Urkundsbeamte. I. Anzuwendende Vorschriften. Die entsprechende Geltung betrifft die »**Vorschriften dieses Abschnitts**«, d.h. grds. alle Regelungen und insb. auch die **§§ 22 bis 24**; daneben aber auch die speziellen Ausschlussgründe der **Amtsunfähigkeit nach den §§ 31 Satz 2, 32, 77 GVG**, wobei str. ist, ob diese den gesetzlichen Ausschlussgründen nach den §§ 22, 23 gleichstehen (LR/*Siolek* § 31 Rn. 3; Meyer-Goßner/*Schmitt* § 31 Rn. 1) oder sogar vorgehen (*Bohnert*, Beschränkungen, S. 95). **Keine Anwendung** findet hingegen **§ 27**, der teilweise durch **§ 31 Abs. 2** ersetzt wird und auch nicht auf Schöffen und Urkundsbeamte zugeschnitten ist (keine Mitwirkung der Schöffen außerhalb der Hauptverhandlung, keine Vornahme unaufschiebbarer Handlungen, vgl. LR/*Siolek* § 31 Rn. 2 und 6). Daher ist auch § 29 Abs. 1 nicht anwendbar (KMR/*Bockemühl* § 31 Rn. 2; **a.A.** hinsichtl. Schöffen MüKo-StPO/*Conen/Tsambikakis* § 31 Rn. 7). 2

II. Anwendung bei Schöffen. Für Schöffen gelten die gleichen **Ausschlussgründe** nach §§ 22, 23 wie für Berufsrichter (KMR/*Bockemühl* § 31 Rn. 3; *Laubenthal/Baier* JR 1998, 299; MüKo-StPO/*Conen/Tsambikakis* § 31 Rn. 1). Auch für die **Befangenheitsgründe** nach § 24 gelten keine Besonderheiten (BGHSt 21, 85, 86), sodass auch hier die grundsätzliche **Vermutung der Unvoreingenommenheit** besteht (vgl. BGHSt 22, 289, 295; KK-StPO/*Scheuten* § 31 Rn. 2, daher auch keine »Durchleuchtung« des Privatlebens der Schöffen wie im angloamerikanischen Strafprozess) und die persönlichen Verhältnisse des Schöffen allein grds. keine Befangenheit begründen (vgl. § 24 Rdn. 9; BGHSt 43, 16, 19 m.Anm. *Laubenthal/Baier* JR 1998, 299 ff. [Mitgliedschaft in der durch die Tat geschädigten Genossenschaftsbank]; LG Bielefeld NJW 2007, 3014 [Kopftuch einer Schöffin] m. zust. Anm. *Bader* NJW 2007, 2964 ff.; **a.A.** LG Dortmund NJW 2007, 3013, 3014). 3

Bejaht wurde die Befangenheit eines Schöffen etwa, weil er Angestellter der durch die zu verhandelnde Tat geschädigten Behörde ist (BGH MDR [D] 1954, 151), weil er permanent einschläft und körperlich erschöpft ist (LG Bremen StV 2002, 357), weil er Kleidung trägt, die eindeutig auf eine rechtsextreme Gesinnung schließen lässt (LG Berlin StV 2002, 132) bzw. entsprechende öffentliche Äußerungen tätigt (LG Bremen StV 1993, 69), weil er in der Verhandlungspause Kontakt zu einem noch nicht vollständig vernommenen Zeugen aufnimmt, um Erkenntnisse zum Anklagevorwurf zu erhalten (AG Bremen StV 1993, 181), weil er unsachliche Bemerkungen in der Hauptverhandlung macht (BGH NStZ 1991, 144), weil er als Mitarbeiter des geschädigten FA in einem Verfahren wegen Steuerhinterziehung mit Aufgaben befasst ist, wie sie im Fall des Angeklagten eine Rolle spielen (AG Bremen StV 2009, 181 f.), weil sich aus im Internet zugänglichen Leserbriefen an eine Tageszeitung Zweifel an der Unvoreingenommenheit gegenüber anderen Nationalitäten oder Religionen ergeben können (selbst wenn diese Veröffentlichungen schon sechs Jahre zurückliegen, vgl. LG Berlin StV 2017, 666) oder weil die Schöffin in ihrem Beruf als Psychologin den Bruder des Tatopfers behandelt und mit der Mutter des Tatopfers in Kontakt gestanden und ihr aus Anlass der verfahrensgegenständlichen Tat kondoliert hat (LG Augsburg StV 2012, 461). Auch ein Schöffe, der als Inkassounternehmer einem Schuldner, der anwaltlich von dem Verteidiger des Angeklagten vertreten wurde, offen mit Selbstjustiz gedroht hat, um eine Forderung einzutreiben und den Verteidiger als »Spannmann« bezeichnet hat, kann befangen sein (BGH StraFo 2010, 291 m.Anm. *Gatzweiler/Gercke*); Gleiches gilt für einen Schöffen, 4 der vor Beginn des Verhandlungstages Schokoladennikoläuse auf den üblicherweise von den Staatsanwälten benutzten Sitzungstisch legt, vgl. LG Koblenz NJW 2013, 801. Die Befangenheit ist hingegen zu **verneinen**, wenn der Schöffe eine Meinungsäußerung zum Verfahren abgibt, ohne damit endgültig Stellung zu nehmen (BGHSt 21, 85, 86), wenn er mit anderen Schöffen verwandt ist (BGH [D] MDR 1974, 547), wenn er dem gleichen Großunternehmen angehört wie der Angeklagte (LG München II StV 2012, 461; anders aber, wenn auch Mitarbeiter des Unternehmens als Zeugen aussagen und nicht ausgeschlossen werden kann, dass der Schöffe den Aussagen dieser Zeugen nicht unvoreingenommen gegenüber steht), wenn der Schöffe zuvor die Presseberichterstattung zum Verfahren verfolgt hat (BGHSt 22, 289, 294 f.; krit. AnwK-StPO/*Werner* § 31 Rn. 4; zw.) oder wenn eine Schöffin in einem Prozess wegen des Vorwurfs von sexuellem Missbrauch von Kindern gegen einen männlichen Angeklagten (aktives) Mitglied in einem Verein ist, der auf Grundlage eines feministisch-parteilichen Konzepts arbeitet (OLG Celle, NStZ-RR 2014, 346). Genauso wenig wie beim Berufsrichter vermögen beim Schöffen Spannungen mit dem Verteidiger die Sorge der Befangenheit zu begründen (BGH MDR [D] 1975, 23; vgl. auch § 24 Rdn. 23), solange keine Zweifel an seiner grds. rechtstreuen Gesinnung bestehen.

5 Die bloße **Kenntnisnahme** des Schöffen **von Akten** (etwa **Anklageschrift**, soweit sie über den Anklagesatz hinausgeht; zum nur versehentlichen Mitlesen über den Anklagesatz hinaus BGH NStZ [Pf/M] 1984, 14, 15; KMR/*Bockemühl* § 31 Rn. 7; **a.A.** [für Befangenheit] AG Dortmund StV 1994, 422; zur Akteneinsicht Meyer-Goßner/*Schmitt* § 30 GVG Rn. 2 m.w.N.; *Nowak* JR 2006, 459, 462; *Volk* FS Dünnebier, S. 373, 382 f.; *Rennig*, Die Entscheidungsfindung durch Schöffen und Berufsrichter in rechtlicher und psychologischer Sicht, 1993, S. 586) soll nach heute wohl herrschender Meinung als solche keine Besorgnis der Befangenheit begründen, solange im Einzelfall keine besonderen Umstände hinzutreten. Das ist nur konsequent, wenn die Rspr. auch die Aushändigung von Beweismitteln, wie z.B. TÜ-Protokolle, für zulässig hält, soweit dies zum besseren Verständnis der Beweisaufnahme angezeigt ist (BGHSt 43, 36, 39 ff. m.Anm. *Kaholnigg* NStZ 1997, 507 f. und *Lunnebach* StV 1997, 452 ff.; 43, 360, 364; KK-StPO/*Scheuten* § 31 Rn. 7 m.w.N. zum Streitstand), und trotz der Bedenken, juristische Laien könnten weniger leicht zwischen den unterschiedlichen Erkenntnisquellen differenzieren als Berufsrichter (AnwK-StPO/*Werner* § 31 Rn. 4; HK-GS-StPO/*Bosbach* § 31 StPO Rn. 2), mit Blick auf die Gleichstellung von Schöffen und Berufsrichtern in der Hauptverhandlung letztlich auch überzeugend.

6 **III. Anwendung bei Urkundsbeamten.** Für Urkundsbeamte gilt **§ 22** genauso wie für Schöffen und Berufsrichter, **nicht aber § 23**, denn der Urkundsbeamte darf in allen Verfahrensstadien tätig werden, weil er auf die Entscheidung selbst ohnehin keinen Einfluss hat (KK-StPO/*Scheuten* § 31 Rn. 8; LR/*Siolek* § 31 Rn. 7; SK-StPO/*Deiters* § 31 Rn. 9). Auch für die **Befangenheit** nach § 24 gelten dieselben Grundsätze, wie bei den Berufsrichtern. Insgesamt dürfte die Ablehnung wegen Befangenheit bei Urkundsbeamten in der Praxis eher die Ausnahme sein (vgl. AnwK-StPO/*Werner* § 31 Rn. 5; HK-GS-StPO/*Bosbach* § 31 Rn. 3; MüKo-StPO/*Conen/Tsambikakis* § 31 Rn. 6).

7 Ob die Hauptverhandlung wiederholt werden muss, wenn der Urkundsbeamte in der Hauptverhandlung wegen der Sorge der Befangenheit aus dem Verfahren ausscheidet, ist str. (bejahend AnwK-StPO/*Werner* § 31 Rn. 5; KK-StPO/*Scheuten* § 31 Rn. 8; **a.A.** HK-StPO/*Temming* § 31 Rn. 5; Meyer-Goßner/*Schmitt* § 31 Rn. 3 mit Hinweis auf die Austauschbarkeit). Bei **selbstständigen Handlungen** von Urkundsbeamten, wie der Entgegennahme von Rechtsmitteleinlegungen, sind die §§ 22 ff. **nicht** anwendbar. Allerdings ist eine Tätigkeit unter entsprechender Anwendung des § 20 VwVfG unzulässig (HK-StPO/*Temming* § 31 Rn. 6; Meyer-Goßner/*Schmitt* § 31 Rn. 4).

8 **C. Verfahren.** Die Entscheidung über die Ablehnung treffen der Amtsrichter als **Strafrichter** oder der beauftragte Richter selbst, beim Schöffengericht und der kleinen Strafkammer der **Vorsitzende**, bei der großen Strafkammer die **(berufs-)richterlichen Mitglieder**. Strafsenate des BGH oder eines OLG entscheiden in der vollen Besetzung von fünf Richtern (Meyer-Goßner/*Schmitt* § 31 Rn. 5; **a.A.** SK-StPO/*Deiters* § 31 Rn. 12). **§ 26a** ist anwendbar (KK-StPO/*Scheuten* § 31 Rn. 9; SK-StPO/*Deiters* § 31 Rn. 11; MüKo-StPO/*Conen/Tsambikakis* § 31 Rn. 7). Scheidet ein Schöffe aus, tritt an seine Stelle ein Hilfsschöffe, wobei während der Hauptverhandlung eine Aussetzung nur dadurch verhindert werden kann, dass von Anfang an ein **Ergänzungsschöffe** hinzugezogen wird (LR/*Siolek* § 31 Rn. 16).

9 Die Entscheidung über die Ablehnung von Schöffen kann nach **§ 28** angefochten werden. Im Fall des **Urkundsbeamten in der Hauptverhandlung** soll nach wohl herrschender Meinung § 28 Abs. 2 nicht anwendbar sein (vgl. LG Stuttgart NJW 1964, 677; HK-GS-StPO/*Bosbach* § 31 StPO Rn. 6; KK-StPO/*Scheuten* § 31 Rn. 10; **a.A.** Meyer-Goßner/*Schmitt* § 31 Rn. 6); nicht direkt, weil kein erkennender Richter vorliegt, nicht entsprechend, weil das Urteil auf dem gerügten Mangel ohnehin nicht beruhen würde.

D. Revision. Im Hinblick auf die Revision gilt für Schöffen dasselbe, wie für Berufsrichter. Auf der Mitwirkung eines befangenen Urkundsbeamten wird das Urteil nicht beruhen (KMR/*Bockemühl* § 31 Rn. 12; Meyer-Goßner/*Schmitt* § 31 Rn. 7; MüKo-StPO/*Conen/Tsambikakis* § 31 Rn. 8; krit. *Bohnert*, Beschränkungen, S. 96). Allerdings fehlt dann dem Protokoll die Beweiskraft nach § 274 und es darf auch nicht nach den §§ 251, 254 verlesen werden (LR/*Siolek* § 31 Rn. 17; SK-StPO/*Deiters* § 31 Rn. 15), sodass mittelbar eine Revision mangels entgegenstehender Beweiskraft für das Nichtvorliegen des gerügten Verfahrensverstoßes auch dadurch begünstigt werden kann (RGSt 68, 272, 273; KK-StPO/*Scheuten* § 31 Rn. 11). 10

Vierter Abschnitt. Aktenführung und Kommunikation im Verfahren

Vorbemerkung vor §§ 32 ff.

Nach dem Einzug der elektronischen Datenverarbeitung wird seit Jahren zunehmend und in vielen Branchen längst ausschließlich mit elektronischen Ablagesystemen gearbeitet. Elektronische Kommunikationsmittel werden genutzt, Dokumente elektronisch erstellt, übermittelt und gespeichert. Den Vorteilen der schnellen und kostengünstigen – letztlich einer zeitgemäßen – elektronischen Datenverarbeitung konnte sich auch die (Straf-) Justiz nicht länger verschließen. Die Überlegenheit der elektronischen Kommunikation und Aktenführung für die Verwaltung und insb. die Justiz im Gegensatz zur herkömmlichen Verfahrensweise zeigt sich insb. in Form von Beschleunigungseffekten. Eine E-Mail ist binnen Sekunden beim Empfänger, ein Dokumentenabruf auf einer Online-Plattform hat keine Postlaufzeit von ein bis drei Tagen. Die bislang in der Regel nur ein einziges Mal vorliegende Papierakte wird mühsam mit dem Aktenwagen von einer zuständigen Stelle zur nächsten transportiert. Die elektronische Akte hingegen ist kontinuierlich verfügbar, kann von mehreren Personen gleichzeitig und örtlich unabhängig bearbeitet werden und bietet die Möglichkeiten der gezielten Suche und der strukturierten Auswertung. Ein Strafverfahren kann künftig auch dann weiterbearbeitet werden, wenn ein oder mehrere Verteidiger Akteneinsicht beantragen. Zieht man zudem in Betracht, was eine Postzustellungsurkunde kostet und wie viele der »gelben Briefe« allein für einen einzigen Sitzungstag am Amtsgericht versandt werden, wird das Einsparpotenzial deutlich. Gleiches gilt für den Aktentransfer zwischen den Behörden, der derzeit je nach Landesjustizverwaltung und Gerichtsbezirk entweder noch durch Justizbedienstete – in der Regel wiederum Justizwachtmeister – oder aber durch externe Dienstleister vorgenommen wird. Dem stehen freilich die Kosten für die Einrichtung des elektronischen Systems, seiner Schnittstellen, die Wartung und Pflege gegenüber; auch ist jedenfalls der elektronische Rechtsverkehr nur für die professionellen Beteiligten verbindlich, während die Teilnahme für die Bürgerinnen und Bürger nicht verpflichtend ist. 1

In einigen Verfahrensordnungen bestand bereits seit Längerem die Möglichkeit der elektronischen Aktenführung (eingeführt durch das **Gesetz über die Verwendung elektronischer Kommunikationsformen in der Justiz** – JKomG – vom 22.03.2005, BGBl. I, S. 837, 2022; ergänzt durch das **Gesetz zur Förderung des elektronischen Rechtsverkehrs mit den Gerichten** vom 10.10.2013, BGBl. I, S. 3786; dazu die Vorauflage § 41a Rn. 1 ff.), ohne dass sie sich in der Praxis – von Ausnahmen wie etwa dem Handelsregister oder dem Mahnverfahren abgesehen – umfassend durchgesetzt hätte. Die Bedenken bezogen sich vor allem auf den Schutz persönlicher Daten und die Sicherheit der Systeme sowie der Datenübermittlung, die mit der Umstellung der Papierakte auf die elektronische Akte und der Bereitstellung elektronischer Kommunikationsmöglichkeiten innerhalb der Justiz und nach außen aufgrund der Sensibilität der Inhalte besondere Herausforderungen mit sich bringen. Teilweise hatte – und hat – die Justiz auch mit den Befindlichkeiten ihrer Bediensteten zu kämpfen (vgl. *Gundlach* DRiZ 2015, 96 ff.; *Müller* DRiZ 2014, 290 f.). Der Gesetzentwurf zur Einführung der elektronischen Akte in Strafsachen und zur weiteren Förderung des elektronischen Rechtsverkehrs (BT-Drs. 18/9416), aus dem im Laufe des parlamentarischen Verfahrens unter Ausdehnung der Regelungen auf alle Verfahrensordnungen das **Gesetz zur Einführung der elektronischen Akte in der Justiz und zur weiteren Förderung des elektronischen Rechtsverkehrs** vom 05.07.2017 (BGBl I, S. 2208; dazu die Beschlussempfehlung des Ausschusses für Recht und Verbraucherschutz in BT-Drs. 18/12203) geworden ist, stellte sodann die Weichen für die verbindliche flächendeckende Einführung der elektronischen Akte nach einer optionalen Übergangsphase bis zum 01.01.2026 (zum Ganzen *Gerson* StraFo 2017, 402 ff.; *Kassebohm* StraFo 2017, 393 ff.; *Knierim* FS Schlothauer, S. 225 ff.). 2

Für das Strafverfahren ist die Umstellung auf die elektronische Datenverarbeitung und -übermittlung in einem **neuen vierten Abschnitt** unter der Überschrift »Aktenführung und Kommunikation im Verfahren« (krit. hierzu *Pollähne*, in: Gercke/Julius/Temming/Zöller HK-StPO Vor § 32 Rn. 1) geregelt. Die **§§ 32 bis 32f** haben Geltung für das gesamte Strafverfahren von der Ermittlung bis zur Vollstreckung (BT-Drs. 18/9416, 3

S. 42). Dabei regeln § 32 die Umstellung auf die elektronische Aktenführung, die §§ 32a und 32d den elektronischen Rechtsverkehr, die §§ 32b, 32c und 32e die Modalitäten der Medienumwandlung, -übermittlung und -zustellung und § 32f die Akteneinsicht über ein elektronisches Akteneinsichtsportal. Gem. §§ 110c Satz 1 OWiG, § 120 Abs. 1 Satz 2 StVollzG gelten die Regelungen auch in Bußgeldverfahren und in gerichtlichen Verfahren nach dem Strafvollzugsgesetz. Ergänzt wurden Vorschriften zum Datenschutz in einem neuen vierten Abschnitt des achten Buchs der Strafprozessordnung (§§ 496 bis 499); außerdem wurde das Verfahren für Zustellungen (§§ 41, 41a), das Akteneinsichtsrecht (§ 147) und die Behandlung elektronischer Dokumente bei der Beweisaufnahme (§§ 244 Abs. 5, 249 Abs. 1, 256 sowie § 325 Abs. 1) angepasst. Die gesamte Strafprozessordnung wurde mit Blick auf eine medienneutrale sprachliche Fassung überarbeitet. Geändert und angepasst wurden i.Ü. auch die Vorschriften zur Aufbewahrung im Justizaktenaufbewahrungsgesetz (zuvor: Schriftgutaufbewahrungsgesetz).

4 Das Gesetz sieht in komplexer Weise unterschiedliche Zeitpunkte für das Inkrafttreten der – zum Teil später noch im Text zu ändernden – Regelungen vor. Im Bereich des Strafverfahrensrechts traten bzw. treten in Kraft:

– die **optionale elektronische Aktenführung** durch Verordnung (§ 32) am **01.01.2018** und alle damit zusammenhängenden, im Folgenden nicht gesondert genannten Änderungen in der StPO (vgl. Art. 33 Abs. 1, BGBl. I 2017, S. 2228);
– die von den Strafverfolgungsbehörden und Gerichten zu schaffende **Möglichkeit, Dokumente elektronisch einzureichen** (§ 32a), am **01.01.2018** (Art. 33 Abs. 1, BGBl. I 2017, S. 2228); hiervon abweichend ist in § 15 des Einführungsgesetzes zur Strafprozessordnung (EGStPO) für Bund und Länder eine Öffnungsklausel vorgesehen, die es ermöglicht, die Einreichung elektronischer Dokumente durch Rechtsverordnung auf den **01.01.2019** oder den **01.01.2020** zu verschieben (Art. 3, der wiederum gem. Art. 33 Abs. 2 Nr. 2 am Tag nach der Verkündung in Kraft tritt, BGBl. I 2017, S. 2214 und 2228);
– die **Pflicht für Verteidiger und Rechtsanwälte, Dokumente elektronisch** bei den Strafverfolgungsbehörden und Gerichten **einzureichen** (§ 32d), am **01.01.2022** (Art. 33 Abs. 4 Nr. 1, BGBl. I 2017, S. 2229);
– der **Wegfall der Verordnungsermächtigung** in § 32 Abs. 1 S. 2 und 3 in der am **01.01.2018** in Kraft getretenen Fassung, die durch eine Verordnungsermächtigung zur Weiterführung von Papierakten neben der elektronischen Akte ersetzt wird (Art. 2 Nr. 1 lit. b, BGBl. I 2017, S. 2214) am **01.07.2025** (Art. 33 Abs. 5 Nr. 1, BGBl. I 2017, S. 2229);
– die **verbindliche elektronische Aktenführung** (§ 32 und § 32b in der Fassung des Artikels 2 Nr. 1 lit. a und Nr. 2, BGBl. I 2017, S. 2214) am **01.01.2026** (Art. 33 Abs. 6 Nr. 1, BGBl. I 2017, S. 2229).

5 Von den zahlreichen **Verordnungsermächtigungen**, die in den §§ 32 ff. StPO enthalten sind, haben die jeweils ermächtigten Rechtssetzungsorgane beim Bund und teilweise auch in den Ländern inzwischen ebenfalls Gebrauch gemacht. Vom Bund erlassen und für Bund und Länder sind in Kraft getreten:

– die Strafakteneinsichtsverordnung (StrafAktEinV, BGBl. I 2020, S. 242);
– die Dokumentenerstellungs- und -übermittlungsverordnung (DokErstÜbV, BGBl. I 2020, S. 244);
– die Strafaktenübermittlungsverordnung (StrafAktÜbV, BGBl. I 2020, S. 799);

Nur mit Wirkung für den Bund sind in Kraft getreten:

– die Bundesstrafaktenführungsverordnung (BStrafAktFV, BGBl. I 2019, S. 2140);
– die Bundes-E-Strafakten-Einführungsverordnung (BEStrafAktEV, BGBl. I 2020, S. 2355).

Vergleichbare Aktenführungs- und Pilotierungsverordnungen sind – soweit ersichtlich – bislang in sechs Ländern erlassen worden:

– Verordnung des Justizministeriums zur elektronischen Aktenführung bei den Gerichten und Staatsanwaltschaften in Baden-Württemberg vom 29.03.2016 (eAktVO, GBl. 2021, S. 387);
– Verordnung zur elektronischen Aktenführung bei den Gerichten und Staatsanwaltschaften im Land Berlin vom 04.05.2021 (eAktV Justiz, GVBl. 2021, S. 487);
– Verordnung zur elektronischen Aktenführung bei den Gerichten und den Staatsanwaltschaften im Land Bremen vom 08.05.2019 (eAktV, Brem. GBl. 2019, S. 248);
– Verordnung über die technischen und organisatorischen Rahmenbedingungen für die elektronische Aktenführung im Strafverfahren im Land Nordrhein-Westfalen vom 19.08.2020 (eAktVO Straf, GV NRW 2020, S. 757) sowie die Verordnung über den Zeitpunkt der Einführung der elektronischen Aktenführung im Land Nordrhein-Westfalen vom 19.01.2021 (eAktEVO StrafOWi, GV NRW 2021, S. 105);
– Landesverordnung über die elektronische Aktenführung in der Justiz in Schleswig-Holstein vom 11.03.2019 (ElektAktFVO SH, GVoBl. 2019, 61);
– Thüringer Verordnung zur elektronischen Aktenführung bei den Gerichten und Staatsanwaltschaften vom 17.02.2020 (ThürEAktVOJ, GVBl. 2020, S. 62).

Tatsächlich pilotiert wird die E-Akte in Strafsachen derzeit für ausgewählte Delikte in Nordrhein-Westfahlen bei den Staatsanwaltschaften Aachen, Essen und Wuppertal, den Amtsgerichten Eschweiler, Essen, Gelsenkirchen und Wuppertal und dem Landgericht Wuppertal. In Baden-Württemberg soll mit der Pilotierung Anfang 2022 begonnen werden.

Bei der Vorbereitung der Pilotierung haben sich einige Regelungen des **vierten Abschnitts** und auch weiterer Vorschriften in der StPO bereits als überarbeitungsbedürftig erwiesen. Das am 01.07.2021 in Kraft getretene **Gesetz zur Fortentwicklung der Strafprozessordnung und zur Änderung weiterer Vorschriften** vom 25.06.2021 (BGBl. I, S. 2099) enthält (u.a.) die folgenden Anpassungen: 6

- § 32b StPO: Absenken der Signaturerfordernisse bei gerichtlichen und strafverfolgungsbehördlichen Dokumenten;
- § 32e StPO: Absenken der Signaturerfordernisse bei der Übertragung von Papierdokumenten;
- § 32e StPO: Verlängerung der zulässigen Höchstaufbewahrungsdauer eingescannter Papierdokumente;
- § 32f StPO: Akteneinsicht auch durch Übermittlung auf einem sicheren Übermittlungsweg;
- § 145a StPO: Nachweis der Verteidigervollmacht auch durch Übermittlung einer elektronischen Kopie der Vollmacht;
- § 168a StPO: Verzicht auf Unterschriftserfordernisse bei polizeilichen und staatsanwaltlichen Vernehmungsprotokollen;
- § 271 StPO: Möglichkeit, das Datum der Fertigstellung des Hauptverhandlungsprotokolls zur Vermeidung von Signaturproblemen auch außerhalb des Protokolls aktenkundig zu machen

Mit dem **Gesetz zum Ausbau des elektronischen Rechtsverkehrs mit den Gerichten und zur Änderung weiterer Vorschriften** vom 05.10.2021 (BGBl. I, S. 4607) wurde mit Wirkung zum 01.01.2022 die Möglichkeit geschaffen, sichere Übermittlungswege auch für Bürgerinnen und Bürger, Verbände, Gewerkschaften, Unternehmen und sonstige Organisationen einzurichten. Ferner sind die in diesem Gesetz enthaltenen Änderungen im Zustellungsrecht aufgrund der Verweisung in § 37 Abs. 1 von nicht unerheblicher Bedeutung für den Ablauf des Strafverfahrens.

§ 32 Elektronische Aktenführung; Verordnungsermächtigungen

(1) Die Akten können elektronisch geführt werden. Die Bundesregierung und die Landesregierungen bestimmen jeweils für ihren Bereich durch Rechtsverordnung den Zeitpunkt, von dem an die Akten elektronisch geführt werden. Sie können die Einführung der elektronischen Aktenführung dabei auf einzelne Gerichte oder Strafverfolgungsbehörden oder auf allgemein bestimmte Verfahren beschränken und bestimmen, dass Akten, die in Papierform angelegt wurden, auch nach Einführung der elektronischen Aktenführung in Papierform weitergeführt werden; wird von der Beschränkungsmöglichkeit Gebrauch gemacht, kann in der Rechtsverordnung bestimmt werden, dass durch Verwaltungsvorschrift, die öffentlich bekanntzumachen ist, geregelt wird, in welchen Verfahren die Akten elektronisch zu führen sind. Die Ermächtigung kann durch Rechtsverordnung auf die zuständigen Bundes- oder Landesministerien übertragen werden.

(2) Die Bundesregierung und die Landesregierungen bestimmen jeweils für ihren Bereich durch Rechtsverordnung die für die elektronische Aktenführung geltenden organisatorischen und dem Stand der Technik entsprechenden technischen Rahmenbedingungen einschließlich der einzuhaltenden Anforderungen des Datenschutzes, der Datensicherheit und der Barrierefreiheit. Sie können die Ermächtigung durch Rechtsverordnung auf die zuständigen Bundes- oder Landesministerien übertragen.

(3) Die Bundesregierung bestimmt durch Rechtsverordnung mit Zustimmung des Bundesrates die für die Übermittlung elektronischer Akten zwischen Strafverfolgungsbehörden und Gerichten geltenden Standards. Sie kann die Ermächtigung durch Rechtsverordnung ohne Zustimmung des Bundesrates auf die zuständigen Bundesministerien übertragen.

Übersicht

A. Grundsätzliches und Regelungszweck. Die Vorschrift schafft nach der Gesetzesbegründung die »Rechtsgrundlage« für die Einführung der elektronischen Akte in Strafsachen (BT-Drs. 18/9416, S. 42). Für die Führung der Akten in Papierform bedurfte es einer gesonderten Rechtsgrundlage noch nicht. Das Vorliegen einer »Rechtsgrundlage« zum Zweck der Rechtfertigung eines Eingriffs in Rechte (welcher Eingriff in wessen Rechte liegt bei einer elektronischen Aktenführung im Vergleich zur Papieraktenführung vor?) ist tatsächlich auch fraglich. Die Akten werden anhand der sich aus dem Inhalt des jeweiligen Verfahrens und den gesetzlichen Voraussetzungen der jeweiligen Verfahrensordnungen jeweils ergebenden Bedürfnissen und nach den Grundsätzen der **Aktenklarheit, Aktenwahrheit und Aktenvollständigkeit** geführt; die Einzelheiten 1 ergeben sich u.a. aus den Aktenordnungen des Bundes und der Länder (vgl. etwa Aktenordnung [AktO] mit ergänzenden Bestimmungen des Landes Berlin, zuletzt geändert durch Allgemeine Verfügung vom 09.11.2018 [ABl. Nr. 74, S. 6375]). An diesen Grundsätzen der Aktenführung – etwa der Vergabe eines Aktenzeichens – ändert die elektronische Aktenführung nichts, allein die Form wird modernisiert. Insofern handelt es sich bei der so bezeichneten »Rechtsgrundlage« lediglich um eine Organisations- bzw. Ordnungsvorschrift, derer es für die Einführung einer elektronischen Aktenführung nicht zwingend bedurft hätte. Ordnungsvorschriften sind in diesem Zusammenhang zwar sinnvoll, wenn nicht jedes Gericht auf eigene Faust entscheiden können soll, wann und in welcher Form es seine Akten elektronisch führt. Es hätte jedoch für die Länder, die nach dem Grundgesetz für die Durchführung der Strafrechtspflege zuständig sind, insoweit hinreichende Regelungsmöglichkeiten – auch niedrigschwelligere als die eines formellen Gesetzes – gegeben. Wenn diese Ordnungsvorschriften dennoch in die Strafprozessordnung Eingang gefunden haben, so wird man dies zumindest auch als politisches Signal werten können, den Ländern bei ihren Modernisierungsbemühungen etwas auf die Sprünge zu helfen.

2 Fraglich ist, ob aus dem Vorhandensein der Ordnungsvorschrift folgt, dass das Führen elektronischer Akten generell unzulässig ist, wenn die Bundes- oder die jeweilige Landesregierung noch keine Rechtsverordnung erlassen hat, in dem der Zeitpunkt für den Beginn der elektronischen Aktenführung für den jeweiligen Bereich ausdrücklich festgelegt ist. Das OLG Koblenz etwa hält die digitale Aktenführung der Zentralen Bußgeldstelle des Polizeipräsidiums Rheinpfalz für rechtswidrig, solange die Landesregierung in Rheinland-Pfalz noch keine Rechtsverordnung nach § 110a Abs. 1 Satz 2 OWiG – der § 32 Abs. 1 Satz 2 entspricht – erlassen hat (OLG Koblenz, OLG Koblenz, B. v. 17.07.2018 – 1 OWi 6 SsBs 19/18). Der Gesetzestext lässt sich in der Tat nur dahin gehend auslegen: Zwar bestimmen § 32 Abs. 1 Satz 1 und § 110a Abs. 1 Satz 1 OWiG, dass die Akten elektronisch geführt werden können, im Folgesatz 2 werden allerdings die Bundesregierung und die Landesregierungen ermächtigt, per Rechtsverordnung den Zeitpunkt zu bestimmen, von dem an die Akten elektronisch geführt werden. Fehlt es daher an diesen Verordnungen über den »Start«-Zeitpunkt, so fehlt es daher an einer vom Gesetz als notwendig vorgeschrieben Voraussetzung für die elektronische Aktenführung. Damit hat der Gesetzgeber die Rechtslage unbeabsichtigt komplizierter gemacht als nötig. Gäbe es die von ihm erlassenen Vorschriften nicht, wäre die elektronische Aktenführung bei der Zentralen Bußgeldstelle möglich gewesen – nun sind die zur Erleichterung der digitalen Arbeitsweise eingeführten Vorschriften der Grund, dass sie nicht mehr rechtens ist. Konsequenzen auf die Wirksamkeit des Bußgeldbescheides soll die »rechtswidrige« elektronische Aktenführung nicht haben (OLG Koblenz, a.a.O., Rn. 8), jedenfalls dann nicht, wenn mit der Erstellung des Bußgeldbescheides in die Papierform übergegangen wurde. Das ist konsequent, wenn man in einem Verstoß gegen bloße Ordnungsvorschriften noch keinen Verfahrensfehler im engeren Sinne erblickt. Die Form der Aktenführung innerhalb der Behörde vor dem Übergang zu außenwirksamen Maßnahmen hat für den Betroffenen keine nachteiligen Auswirkungen; sie ist rechtlich neutral. Auch die Aktenversendungspauschale in Höhe von 12,00 € für den Papierausdruck darf folglich erhoben werden (a.A. AG Pirmasens, B. v. 13.04.2017 – 1 OWi 424/16; AG Landstuhl, B. v. 14.01.2020 – 2 OWi 189/19; AG Trier, B. v. 02.02.2020 – 35a OWi 1/20; AG Idar-Oberstein, B. v. 15.05.2020 – 5 OWi 73/20; AG Bühl, B. v. 31.07.2020 – 1 OWi 41/20), denn wenn der in Papierform übermittelte Bußgeldbescheid Grundlage einer bußgeldrechtlichen Ahndung sein kann, so muss dies auch für einen Kostenbescheid gelten, der Grundlage für die Anforderung der Aktenversendungspauschale ist (so auch AG Rottweil, B. v. 27.08.2020 – 5 OWi 259/20; AG Worms, B. v. 13.11.2020 – 6 OWi 832/20). Anderes gilt nur, wenn die elektronisch geführte Akte auch elektronisch übermittelt wird, dann fällt gem. § 107 Abs. 5 Satz 2 OWiG die Pauschale nicht an.

3 § 32 regelt den Grundsatz der elektronischen Aktenführung, nicht aber die technischen und organisatorischen Details. Diese bleiben ergänzenden Ausführungsvorschriften vorbehalten, für die in Abs. 1 bis 3 entsprechende Verordnungsermächtigungen geschaffen wurden (BT-Drs. 18/9416, S. 2). Die Antwort auf die Frage, was die »elektronische Akte« eigentlich ist, blieb die Gesetzesbegründung ebenfalls nicht schuldig: Sie sei nicht mehr *»physisches Objekt, das heißt im Wesentlichen miteinander verbundenes Papier, sondern ein definiertes System elektronisch gespeicherter Daten«* (BT-Drs. 18/9416, S. 42; zum Inhalt und Umfang der Akte in der analogen und digitalen Welt vgl. *Growe/Gutfleisch* NStZ 2020, 633 ff.).

4 **B. Zeitliche Geltung.** § 32 Abs. 1 sieht in seiner derzeitigen Fassung (Zeitpunkt des Inkrafttretens: 18.01.2017, vgl. Art. 33 Abs. 1, BGBl. I 2017, S. 2228) die **elektronische Aktenführung** lediglich als **Option** neben der Papieraktenführung vor. Bund und Länder können durch Rechtsverordnung den genauen Zeitpunkt bestimmen, ab dem die elektronische Aktenführung – ganz oder teilweise – eingeführt wird. Ab dem 01.01.2026 soll die elektronische Aktenführung demgegenüber verbindlich sein. § 32 Abs. 1 Satz 1 wird dann nicht mehr lauten, dass die Akten elektronisch geführt werden *können*, sondern dass sie elektronisch zu führen *sind* (vgl. § 32 Abs. 1 Satz 1 i.d.F. des Art. 2 Nr. 1 lit. a, BGBl. I 2017, S. 2214; zum

Inkrafttreten am 01.01.2026 s. Art. 33 Abs. 6 Nr. 1, BGBl. I 2017, S. 2229). Die in § 32 Abs. 1 Satz 2 und 3 vorgesehene Möglichkeit, per Rechtsverordnung den Zeitpunkt der Einführung der elektronischen Akte festzulegen, entfällt bereits zum 01.07.2025 (Art. 33 Abs. 5 Nr. 1, BGBl. I 2017, S. 2229); sie wird durch eine Verordnungsermächtigung zur Weiterführung von Papierakten neben der elektronischen Akte ersetzt (Art. 2 Nr. 1 lit. b, BGBl. I 2017, S. 2214).

C. Die Verordnungsermächtigungen im Einzelnen. § 32 enthält **drei Verordnungsermächtigungen.** In den von Bund und Ländern bzw. nur vom Bund zu erlassenden Rechtsverordnungen sollen der Zeitpunkt der Einführung sowie die organisatorischen und technischen Einzelheiten der elektronischen Aktenführung und -übermittlung geregelt werden. 5

Gegenstand der in **§ 32 Abs. 1 Satz 2 und 3** geregelten Verordnungsermächtigung ist unter Geltung **der optionalen elektronischen Aktenführung** in erster Linie der **Zeitpunkt**, von dem an die Akten elektronisch geführt werden. Bund und Länder können in diesen **Pilotierungsverordnungen** einzelne Gerichte oder einzelne Strafverfolgungsbehörden zunächst mit **Pilotprojekten** betrauen oder bestimmen, dass die Akte nur für einzelne Verfahrensarten elektronisch geführt wird. Der Begriff der einzelnen Verfahrensarten erfasst dabei alle nach abstrakt-generellen Kriterien bestimmbaren Verfahren und nicht lediglich die in der Strafprozessordnung ausdrücklich als solche bezeichneten »besonderen Verfahrensarten« (vgl. BT-Drs. 18/9416, S. 43). Die Vorschrift gestattet es hingegen nicht, innerhalb eines Verfahrens eine nur teilweise (»hybride«) Aktenführung einzurichten, wie es bei dem Patentamt, dem Patentgericht und dem Bundespatentgericht derzeit noch möglich ist (vgl. BT-Drs. 18/9416, S. 42). Wenn von der Beschränkungsmöglichkeit Gebrauch gemacht wird, sollen die einzelnen Verfahren in flexiblerer Weise als durch Rechtsverordnung auch durch eine öffentlich bekannt zu machende Verwaltungsvorschrift bestimmt werden können (BT-Drs. 18/12203, S. 72). Wird die Akte elektronisch geführt, handelt es sich bei ihr um die maßgebliche Akte, auch wenn die Papierakte daneben fortgeführt wird. Damit unterscheidet sich die elektronische Akte von der – etwa in Wirtschaftsstrafsachen – teilweise geführten »elektronischen Zweitakte«, bei der es sich lediglich um eine Kopie der Papierakte handelt (HK-StPO/*Pollähne* § 32 Rn. 2). Eine Parallelität von Papier- und elektronischer Akte in Form zweier »führender« Akten soll es nicht geben. Bund und Länder können außerdem bestimmen, dass eine ursprünglich als Papierakte angelegte Akte auch ausschließlich als Papierakte weitergeführt und nicht in die elektronische Form umgewandelt wird. Die Vorschrift gilt damit uneingeschränkt nur für künftig anzulegende Akten. § 32 Abs. 1 Satz 4 ermöglicht eine **Subdelegation** auf das zuständige Ministerium. Die Verordnungsermächtigung gilt von ihrem Inkrafttreten am 01.01.2018 an bis zum 30.06.2025. Ab dem 01.07.2025 werden § 32 Abs. 1 Satz 2 und 3 dann durch einen Satz ersetzt, der lautet: »*Die Bundesregierung und die Landesregierungen können jeweils für ihren Bereich durch Rechtsverordnung bestimmen, dass Akten, die in Papierform angelegt wurden, in Papierform weitergeführt werden.*« (Art. 2 Nr. 1 lit. b und Art. 33 Abs. 5 Nr. 1, BGBl. I 2017, S. 2214 und 2229). 6

Die **Pilotierungsverordnung** auf der Grundlage des § 32 Abs. 1 Satz 2 und 3 für den **Geschäftsbereich des Bundes** ist am 14.11.2020 in Kraft getreten (sog. **Bundes-E-Strafakten-Einführungsverordnung**, BGBl. I 2020, S. 2355). Sie sieht vor, dass die Strafakten ab dem 14.11.2020 elektronisch geführt werden können und i.Ü. die Präsidentin des Bundesgerichtshofs, der Generalbundesanwalt beim Bundesgerichtshof und die jeweilige Leiterin oder der jeweilige Leiter derjenigen Finanzbehörden des Bundes, die Ermittlungsverfahren führen, jeweils für ihren Bereich durch Verwaltungsanordnung die Verfahren bestimmen, in denen die Akten elektronisch geführt werden. Der Beginn des Pilotbetriebs beim Bundesgerichtshof und dem Generalbundesanwalt ist für das Jahr 2024 geplant. Soweit ersichtlich wurden in **sechs Ländern** bereits **Pilotierungsverordnungen** erlassen [vgl. Verordnung des Justizministeriums zur elektronischen Aktenführung bei den Gerichten und Staatsanwaltschaften in Baden-Württemberg vom 29.03.2016 (eAktVO, GBl. 2021, S. 387); Verordnung zur elektronischen Aktenführung bei den Gerichten und Staatsanwaltschaften im Land Berlin vom 04.05.2021 (eAktV Justiz, GVBl. 2021, S. 487); Verordnung zur elektronischen Aktenführung bei den Gerichten und den Staatsanwaltschaften im Land Bremen vom 08.05.2019 (eAktV, Brem. GBl. 2019, S. 248); Verordnung über den Zeitpunkt der Einführung der elektronischen Aktenführung im Land Nordrhein-Westfalen vom 19.01.2021 (eAktEVO StrafOWi, GV NRW 2021, S. 105); Landesverordnung über die elektronische Aktenführung in der Justiz in Schleswig-Holstein vom 11.03.2019 (ElektAktFVO SH, GVoBl. 2019, 61); Thüringer Verordnung zur elektronischen Aktenführung bei den Gerichten und Staatsanwaltschaften vom 17.02.2020 (ThürEAktVOJ, GVBl. 2020, S. 62); Stand: 01.09.2021]. **Tatsächlich pilotiert** wird die E-Akte in Strafsachen ab Januar 2021 für ausgewählte Delikte in **Nordrhein-Westfahlen** bei den Staatsanwaltschaften Aachen, Essen und Wuppertal, den Amtsgerichten Eschweiler, Essen, Gelsenkirchen und Wuppertal und dem Landgericht Wuppertal. 7

8 In den Strafaktenführungsverordnungen des Bundes und der Länder, also den Rechtsverordnungen gem. **§ 32 Abs. 2 Satz 1**, sollen die für die elektronische Aktenführung geltenden technischen und organisatorischen Rahmenbedingungen näher bestimmt werden. Die **Bundesstrafaktenführungsverordnung** (BStrafAktFV, BGBl. I 2019, S. 2140) ist am 13.12.2019 in Kraft getreten und gilt nur für den Generalbundesanwalt und den Bundesgerichtshof, nicht für die Gerichte und Staatsanwaltschaften der Länder. Jene sollen eigene Verordnungen für ihren Bereich erlassen, was teilweise auch schon erfolgt ist (vgl. die in Rdn. 7 genannten Verordnungen der Länder Berlin, Bremen, Schleswig-Holstein und Thüringen sowie für Nordrhein-Westfahlen die gesonderte Verordnung über die technischen und organisatorischen Rahmenbedingungen für die elektronische Aktenführung im Strafverfahren im Land Nordrhein-Westfalen vom 19.08.2020 (eAktVO Straf, GV NRW 2020, S. 757). Die Aktenführungsverordnungen gelten auch nicht für die Ermittlungspersonen der Staatsanwaltschaften, weil die Polizei nicht (justiz-) aktenführende Stellen im Sinne der §§ 32 ff. sind. Die Strafprozessordnung trennt zwischen elektronischen Akten und elektronischen Dokumenten. Nur Staatsanwaltschaften und Gerichte führen elektronische Strafakten. Polizei und Steuer- sowie Zollfahndung können ihre Systeme nach den für die polizeiliche Vorgangsbearbeitung geltenden Regeln einrichten. Sie müssen aber ihre Ermittlungsvorgänge an Staatsanwaltschaften und Gerichte als elektronische Dokumente mit näher definierten Begleitdateien übermitteln, um die medienbruchfreie Übernahme in die Aktensysteme zu ermöglichen. Diese Formanforderungen sind Gegenstand der Dokumentenerstellungs- und -übermittlungsverordnung. (vgl. dazu § 32b Rdn. 11). Keine Anwendung findet die Bundesstrafaktenführungsverordnung ferner auf das Bußgeldverfahren und den Strafvollzug; insoweit wurden auf der Grundlage des § 110a Abs. 2 Satz 1 OWiG und § 110a Abs. 2 Satz 1 StVollzG teilweise bereits eigene Verordnungen erlassen.

9 In der Bundesstrafaktenführungsverordnung werden Inhalt und Format der elektronischen Akte festgelegt und insb. der Inhalt des sogenannten **Repräsentats** bestimmt, das die »Sichtakte« bzw. Aktenkopie darstellt, die für nicht-aktenführende Stellen und für die Akteneinsicht maßgeblich ist. Näher geregelt werden Bearbeitungen der elektronischen Akte in § 3, die zu gewährleistende Barrierefreiheit in § 4 und Ersatzmaßnahmen bei technischen Störungen in § 5. Von der gem. § 32 Abs. 2 Satz 2 möglichen **Subdelegation** auf das zuständige Bundes- bzw. Landesministerium wurde für den Bund kein Gebrauch gemacht.

10 Hauptproblem der Übertragung der Ausgestaltungsbefugnis für die elektronische Aktenführung ist bei der Aufgabenverteilung auf den Bund und insgesamt 16 Bundesländer die **Vereinbarkeit der jeweiligen Ablagesysteme** für den Fall des **Aktentransfers**. Eine Papierakte ist bislang allenfalls unterschiedlich gebunden oder ihre Inhalte sind unterschiedlich sortiert; eine Weiterbearbeitung ist der empfangenden Stelle bei Übermittlung damit in der Regel ohne Weiteres möglich. Damit diese Möglichkeit der Aktenübermittlung von einem Bundesland in ein anderes – etwa aufgrund von Zuständigkeitswechseln – oder vom Land zum Bund – bei Einlegung von Revisionen oder sonstigen Rechtsmitteln – erhalten bleibt, sind entsprechende bundeseinheitliche Standards vonnöten. **§ 32 Abs. 3** erlaubt der Bundesregierung, solche Standards für die Übermittlung durch Rechtsverordnung mit Zustimmung des Bundesrates einheitlich festzulegen. Abs. 3 enthält daher im Interesse der Schaffung von **Kompatibilität** eine – vom Umfang her nicht ganz unwesentliche – Ausnahme von der grundsätzlich den Ländern zugewiesenen Ausgestaltungskompetenz in technischer und organisatorischer Hinsicht.

11 Die am 21.04.2020 in Kraft getretene **Strafaktenübermittlungsverordnung** (BGBl. I, S. 799) regelt insoweit, dass elektronische Akten zwischen aktenführenden Stellen grundsätzlich über den OSCI-Protokollstandard (also mittels des elektronischen Gerichts- und Verwaltungspostfachs – EGVP) elektronisch übermittelt werden sollen. Dies gilt auch für den Fall, dass die empfangende Stelle die Akten noch in Papierform führt. Für Konstellationen des Medienbruchs in der Übergangsphase gilt allgemein, dass die empfangende aktenführende Stelle die Akte ausdrucken muss, wenn sie noch Papierakten führt. Dies ist möglich, weil EGVP-Postfächer seit dem 01.01.2018 für alle Gerichte und Staatsanwaltschaften eingerichtet sind. In § 3 der Strafaktenübermittlungsverordnung wird bestimmt, wann und wie die Aktenführungs- oder Bearbeitungsbefugnis übergehen soll. In den Ländern (bzw. mehreren Ländern im Verbund) werden derzeit die drei E-Akten-Systeme e^2A, eaS und eIP für Strafsachen entwickelt. Diese unterstützen den Standard XJustiz, welcher die Anforderungen an die xml-Begleitdatei festlegt, die mit der Akte übermittelt wird. Die Übertragung dieser Metadaten ist erforderlich, um eine Einspeisung in das auf Empfängerseite vorhandene Aktenführungssystem zu ermöglichen, anderenfalls jedes ankommende Dokument oder jede Dokumentensammlung geöffnet und händisch zugeordnet werden müsste. Die Begleitdateien übernehmen daher die Funktion einer »elektronischen Geschäftsstelle«. Mindestanforderungen für den strukturierten Datensatz sind in § 2 Abs. 2 der Strafaktenübermittlungsverordnung enthalten; Einzelheiten und insb. Neuerungen sollen etwa in Form von Versionsbezeichnungen per Bekanntmachung näher bestimmt werden (§ 6 der Verordnung, die dazugehörige Bekanntmachung vom 17.09.2020 ist im Bundesanzeiger und unter www.justiz.de veröffentlicht). Geklärt wird derzeit in einem gemeinsamen Projekt der Justiz und der Polizei, mit welchen Begleitdateien

die Polizei künftig Ermittlungsvorgänge elektronisch führen soll, damit sie von der Justiz weiterverarbeitet werden können, und wie sie umgekehrt mit übermittelten Justizakten umgehen kann, die ihr etwa im Fall von Nachermittlungen o.ä. in Form des Repräsentats, also der Sichtakte, zugehen. Auch für die Verordnungsermächtigung gem. Abs. 3 gibt es eine Subdelegationsbefugnis auf die zuständigen Bundesministerien (Satz 2), von der indes kein Gebrauch gemacht wurde.

§ 32a Elektronischer Rechtsverkehr mit Strafverfolgungsbehörden und Gerichten; Verordnungsermächtigungen

(1) Elektronische Dokumente können bei Strafverfolgungsbehörden und Gerichten nach Maßgabe der folgenden Absätze eingereicht werden.

(2) [1]Das elektronische Dokument muss für die Bearbeitung durch die Strafverfolgungsbehörde oder das Gericht geeignet sein. [2]Die Bundesregierung bestimmt durch Rechtsverordnung mit Zustimmung des Bundesrates technische Rahmenbedingungen für die Übermittlung und die Eignung zur Bearbeitung durch die Strafverfolgungsbehörde oder das Gericht.

(3) Ein Dokument, das schriftlich abzufassen, zu unterschreiben oder zu unterzeichnen ist, muss als elektronisches Dokument mit einer qualifizierten elektronischen Signatur der verantwortenden Person versehen sein oder von der verantwortenden Person signiert und auf einem sicheren Übermittlungsweg eingereicht werden.

(4) [1]Sichere Übermittlungswege sind

1. der Postfach- und Versanddienst eines De-Mail-Kontos, wenn der Absender bei Versand der Nachricht sicher im Sinne des § 4 Absatz 1 Satz 2 des De-Mail-Gesetzes angemeldet ist und er sich die sichere Anmeldung gemäß § 5 Absatz 5 des De-Mail-Gesetzes bestätigen lässt,

2. der Übermittlungsweg zwischen dem besonderen elektronischen Anwaltspostfach nach § 31a der Bundesrechtsanwaltsordnung oder einem entsprechenden, auf gesetzlicher Grundlage errichteten elektronischen Postfach und der elektronischen Poststelle der Behörde oder des Gerichts,

3. der Übermittlungsweg zwischen einem nach Durchführung eines Identifizierungsverfahrens eingerichteten Postfach einer Behörde oder einer juristischen Person des öffentlichen Rechts und der elektronischen Poststelle der Behörde oder des Gerichts,

4. der Übermittlungsweg zwischen einem nach Durchführung eines Identifizierungsverfahrens eingerichteten elektronischen Postfach einer natürlichen oder juristischen Person oder einer sonstigen Vereinigung und der elektronischen Poststelle der Behörde oder des Gerichts,

5. der Übermittlungsweg zwischen einem nach Durchführung eines Identifizierungsverfahrens genutzten Postfach- und Versanddienst eines Nutzerkontos im Sinne des § 2 Absatz 5 des Onlinezugangsgesetzes und der elektronischen Poststelle der Behörde oder des Gerichts,

6. sonstige bundeseinheitliche Übermittlungswege, die durch Rechtsverordnung der Bundesregierung mit Zustimmung des Bundesrates festgelegt werden, bei denen die Authentizität und Integrität der Daten sowie die Barrierefreiheit gewährleistet sind.

[2]Das Nähere zu den Übermittlungswegen gemäß Satz 1 Nummer 3 bis 5 regelt die Rechtsverordnung nach Absatz 2 Satz 2.

(5) [1]Ein elektronisches Dokument ist eingegangen, sobald es auf der für den Empfang bestimmten Einrichtung der Behörde oder des Gerichts gespeichert ist. [2]Dem Absender ist eine automatisierte Bestätigung über den Zeitpunkt des Eingangs zu erteilen.

(6) [1]Ist ein elektronisches Dokument für die Bearbeitung durch die Behörde oder das Gericht nicht geeignet, ist dies dem Absender unter Hinweis auf die Unwirksamkeit des Eingangs unverzüglich mitzuteilen. [2]Das elektronische Dokument gilt als zum Zeitpunkt seiner früheren Einreichung eingegangen, sofern der Absender es unverzüglich in einer für die Behörde oder für das Gericht zur Bearbeitung geeigneten Form nachreicht und glaubhaft macht, dass es mit dem zuerst eingereichten Dokument inhaltlich übereinstimmt.

Übersicht

1 **A. Grundsätzliches.** § 32a regelt grundlegend einen Teilbereich des **elektronischen Rechtsverkehrs**, nämlich **die** bei Gerichten und Staatsanwaltschaften **eingehende Kommunikation** durch die Möglichkeit der Einreichung elektronischer Dokumente durch die Verfahrensbeteiligten. Vom Anwendungsbereich nicht

umfasst sind die justizinterne Kommunikation (vgl. dazu § 32b Abs. 3, dort Rdn. 8) und die ausgehende Kommunikation, die über den Verweis in § 37 Abs. 1 auf die Zivilprozessordnung bereits eine Regelung erfahren hat (vgl. § 37 Rdn. 1). Die Vorschrift des § 32a ist im Zuge der Schaffung des vierten Abschnitts durch das **Gesetz zur Einführung der elektronischen Akte in der Justiz und zur weiteren Förderung des elektronischen Rechtsverkehrs** vom 05.07.2017 (BGBl. I, S. 2208; dazu Vor § 32 Rdn. 2) in das Gesetz aufgenommen worden und hat ab dem 01.01.2020 den vormaligen § 41a abgelöst. Die Norm entspricht in Aufbau und Inhalt der entsprechenden Regelung in § 130a ZPO und gilt aufgrund des Verweises in § 110c Satz 1 auch im Ordnungswidrigkeitenrecht. Eine korrespondierende Pflicht der professionellen Verfahrensbeteiligten zur elektronischen Übermittlung sieht § 32d vor (zum Inkrafttreten am 01.01.2022 s. Vor § 32 Rdn. 4 dritter Spiegelstrich). Mit dem **Gesetz zum Ausbau des elektronischen Rechtsverkehrs mit den Gerichten und zur Änderung weiterer Vorschriften** vom 05.10.2021 (BGBl. I, S. 4607 vgl. dazu die BT-Drs. 19/28399 – Regierungsentwurf; 19/30937 – Beschlussempfehlung des Ausschuss für Recht und Verbraucherschutz; 19/31119 – Bericht des Ausschuss für Recht und Verbraucherschutz) wurden mit Wirkung zum 01.01.2022 weitere Möglichkeiten für Bürgerinnen und Bürger, Verbände, Gewerkschaften, Unternehmen und sonstige Organisationen geschaffen, mit den Gerichten und Strafverfolgungsbehörden elektronisch zu kommunizieren, also Dokumente auf elektronischem Wege einzureichen und von den Gerichten und Strafverfolgungsbehörden auch adressiert zu werden.

2 Die **Vorgängervorschrift des § 41a** wurde mit Wirkung zum 01.04.2005 durch Art. 6 Nr. 3 des **Justizkommunikationsgesetzes (JKomG)** vom 22.03.2005 (BGBl. I, S. 837) eingeführt. Ausgangspunkt der Neuregelung war unter dem Stichwort »E-Mail statt Aktenbock« die Initiative »BundOnline 2005« der Bundesregierung. Die schon in einigen Verfahrensordnungen bestehenden Möglichkeiten elektronischer Kommunikation wurden durch das JKomG auf andere Verfahrensarten erweitert. Entscheidende **Voraussetzung** für die Möglichkeit, elektronische Dokumente rechtswirksam bei Gericht oder der Staatsanwaltschaft einzureichen, war, dass dies durch **Rechtsverordnung** nach § 41a Abs. 2 **gestattet** wurde. Zur früheren Rechtslage hatten der Bund und eine ganze Reihe von Ländern für viele Staatsanwaltschaften und Gerichte von der Verordnungsermächtigung Gebrauch gemacht. § 41a war aufgrund der »Opt-Out«-Regelung in § 15 EGStPO in einigen Ländern noch bis zum 31.12.2019 anwendbar (vgl. Vor § 32 ff. Rdn. 4). Vor dem jeweiligen Stichtag über den sicheren Übermittlungsweg gem. § 32a eingereichte Dokumente galten daher als nicht wirksam eingegangen; es konnte jedoch Wiedereinsetzung in den vorigen Stand beantragt werden (OLG Zweibrücken NStZ-RR 2019, 228 f.; B. v. 07.05.2020 – 1 OWi 2 SsBs 68/20; B. v. 11.03.2019 – 1 Ws 314/18 Vollz; OLG Koblenz, B. v. 22.08.2019 – 2 OLG 4 Ss 104/19).

3 Die von der Justiz **ausgehende Kommunikation** an die Verfahrensbeteiligten wurde bereits in den Gesetzen zur **Reform des Verfahrens bei Zustellungen** im gerichtlichen Verfahren (ZustRG) vom 25.06.2001 (BGBl. I, S. 1206) und im Gesetz zur **Förderung des elektronischen Rechtsverkehrs** vom 10.10.2013 (BGBl. I, S. 3786; vgl. hierzu BT-Drs. 17/12634 und BR-Drs. 818/12 sowie die Beschlussempfehlung BT-Drs. 17/13948; Zusammenfassung bei *Bacher* MDR 2014, 998 ff.) näher geregelt. Zum Zwecke der bundesweiten Vereinheitlichung wurden zahlreiche Änderungen in der Zivilprozessordnung vorgenommen, die über die entsprechenden Verweisungsnormen (im Strafprozessrecht: § 37 Abs. 1; vgl. BT-Drs. 15/4067, S. 26 und dort Rn. 1) auch in den übrigen Verfahrensordnungen Anwendung finden. Das kürzlich in Kraft getretene **Gesetz zum Ausbau des elektronischen Rechtsverkehrs mit den Gerichten und zur Änderung weiterer Vorschriften** (Rdn. 1) enthält weitere maßgebliche Änderungen im Zustellungsrecht. So wird der Zustellung von Schriftstücken in den §§ 174 ff. n.F. die Zustellung elektronischer Dokumente in § 173 ZPO n.F. nunmehr vorangestellt (vgl. dazu § 37 Rdn. 10 ff.). Eine dem § 32d entsprechende – am 01.01.2022 in Kraft tretende – Pflicht zur Einreichung elektronischer Dokumente für Rechtsanwälte ist in § 130d ZPO vorgesehen (vgl. Art. 26 des Gesetzes zur Förderung des elektronischen Rechtsverkehrs, BGBl. I 2021, S. 3798; näher *Bacher* MDR 2014, 998 [1000 f.]).

4 **B. Anwendungsbereich.** Nach § 32a Abs. 1 können **elektronische Dokumente** bei Strafverfolgungsbehörden und Gerichten **eingereicht** werden. Unter dem **Begriff »elektronisches Dokument«** ist dabei jegliche Form von elektronischer Information (z.B. Text-, Tabellen-, Bilddatei) zu verstehen, die ein Schriftstück beziehungsweise eine körperliche Urkunde ersetzen soll und grundsätzlich zur Wiedergabe in verkörperter Form (z.B. durch Ausdruck) geeignet ist (zum Ganzen *Weiß* wistra 2018, 245 ff.). Nicht als elektronische Dokumente im Sinne der Vorschrift gelten reine Audio- und Videodateien sowie sonstige Informationen, die nicht zur Wiedergabe in verkörperter Form geeignet sind. Ihre Übermittlung soll aber wie bisher – etwa als Anlage zu elektronisch eingereichten Dokumenten – ebenfalls über die vom Gericht vorgehaltenen Kommunikationswege beziehungsweise auf einem Datenträger möglich sein (vgl. BT-Drs. 18/9416, S. 45).

Das elektronische Dokument muss nach § 32a Abs. 2 Satz 1 für die Bearbeitung durch die Behörde oder das Gericht **geeignet** sein. Was als geeignet anzusehen ist, soll nach Satz 2 durch eine **Rechtsverordnung** der Bundesregierung mit **Zustimmung des Bundesrates** bestimmt werden. Durch Die Verordnungsermächtigung wurde mit dem **Gesetz zum Ausbau des elektronischen Rechtsverkehrs mit den Gerichten und zur Änderung weiterer Vorschriften** (Rdn. 1) umformuliert, um Rechtssicherheit über die Anforderungen an elektronische Dokumente zu schaffen. Nach der bisherigen Formulierung war umstritten, ob bereits ein formaler Verstoß gegen die Vorgaben der **Elektronischer-Rechtsverkehr-Verordnung (ERVV)**, die § 32a Abs. 2 Satz 2 näher ausgestaltet, zur Unwirksamkeit des Eingangs eines elektronischen Dokuments führt. Mit der sprachlichen Neufassung soll nunmehr klargestellt sein, dass es nicht auf den Verstoß als solchen, sondern allein auf die Eignung zur Bearbeitung durch das Gericht oder die Strafverfolgungsbehörde ankommt. Formunwirksamkeit tritt folglich nur dann ein, wenn ein Verstoß dazu führt, dass das Dokument nicht lesbar oder nicht bearbeitbar ist (so auch die Vorauflage, § 32a Rdn. 5). Diese Differenzierung ergab sich für das Strafverfahren allerdings auch schon aus der ERVV selbst, die im 5. Kapitel eigene Bestimmungen für das Strafverfahren enthält. Geeignet sind nach § 2 Abs. 1 ERVV grundsätzlich die Formate PDF und – für Bilddateien, falls erforderlich – TIFF (vgl. *Bacher*, MDR 2019, 1, 2 ff.); abschließend ist diese Aufzählung für das Strafverfahren indes nicht (§ 15 Abs. 1 Satz 2 ERVV). Fehler innerhalb des nach § 2 Abs. 3 ERVV beizufügenden Datensatzes (XML-Datei) sind für den Eingang eines elektronischen Dokuments bei Gericht ohne Belang, die interne Zuordnung elektronisch zugegangener Schriftstücke fällt in die Sphäre des Gerichts (OLG Zweibrücken, B. v. 07.12.2020, 1 OWi 2 Ss Bs 165/20; a.A. KG B. v. 13.03.2020 – 3 Ws [B] 50/20 zu § 74 Abs. 2 OWiG). Die Strafverfolgungsbehörden und Gerichte müssen gleichwohl nicht jedes Dateiformat akzeptieren; das Risiko der Eignung zur Bearbeitung trägt der Einreichende. Eine Heilung des Formverstoßes ist möglich, vgl. Abs. 6 (unten Rdn. 19). Ebenfalls nicht für eine Bearbeitung geeignet sollen Dokumente sein, die eine Schadsoftware enthalten (BT-Drs. 18/9416, S. 45). Zu der Frage, wie sich – insb. für Dokumente, mit deren Einreichung eine **Frist gewahrt** werden soll – eine **fehlende Eignung** für die Bearbeitung **auswirkt**, etwa wenn der Absender die Infizierung mit der Schadsoftware gar nicht bemerkt hat, vgl. § 32a Abs. 6 (hierzu ebenfalls Rdn. 19). 5

C. Formgebundene Dokumente. Die Einreichung elektronischer Dokumente, für die bestimmte **Formerfordernisse** gelten, regelt **§ 32a Abs. 3**. Das Gesetz unterscheidet hier zwischen dem **schriftlichen Abfassen, dem Unterschreiben und dem Unterzeichnen** (*Graf* in KK/StPO § 32a Rn. 11). Zu den Dokumenten, für die das Schriftformerfordernis gilt, gehören etwa – sofern nicht zu Protokoll der Geschäftsstelle erklärt wird – die Rechtsmittel der Berufung, Revision oder Beschwerde (vgl. § 306 Abs. 1, § 314 Abs. 1, § 341 Abs. 1), Strafanträge bei den absoluten Antragsdelikten (§ 158 Abs. 2), die Anschlusserklärung des Nebenklägers (§ 396 Abs. 1), der Einspruch bei dem Strafbefehl (§ 410 Abs. 1 S. 1) oder der Wiederaufnahmeantrag (§ 366 Abs. 2). Es handelt sich also um Dokumente, die regelmäßig für den Gang des Verfahrens von besonderer Bedeutung sind und bei denen deshalb Authentizität und Integrität in besonders zuverlässiger Weise gewährleistet werden müssen. § 32a Abs. 3 findet immer schon dann Anwendung, wenn das Gesetz ausdrücklich bestimmt, dass eine bestimmte Erklärung schriftlich abzufassen ist. Unerheblich ist in diesem Fall dagegen, ob es zusätzlich einer handschriftlichen Unterzeichnung bedarf oder nicht (zu der bei elektronischer Übermittlung aufgehobenen Unterscheidung s. BT-Drs. 18/9416, S. 46). Keine Anwendung findet § 32a auf die Vorlage einer vom Mandanten dem Verteidiger per E-Mail als Bilddatei oder PDF übermittelten Vollmacht, von der der Verteidiger in der Verhandlung einen Ausdruck vorlegt (OLG Karlsruhe NStZ-RR 2021, 184 f.; vgl. zuvor OLG Karlsruhe NStZ-RR 2021, 56; zum Ganzen *Spitzer*, NStZ 2021, 327, 330 f.). Es handelt sich hierbei schon nicht um ein elektronisch eingereichtes Dokument, der Verteidiger ist auch nicht verpflichtet, die Vollmacht elektronisch einzureichen (vgl. aber § 32d); im Verhältnis des Verteidigers zum Mandanten gilt § 32a nicht. **Nicht formgebundene Dokumente** können ohne weitere Voraussetzungen nach den Absätzen 1 und 2 elektronisch eingereicht werden, sofern sie für die Bearbeitung geeignet sind. Voraussetzung insofern ist jedoch, dass entsprechende Übermittlungswege für die Entgegennahme verfahrensbezogener elektronischer Dokumente generell und ausdrücklich eröffnet sind, vgl. § 15 Abs. 2 ERVV. Die Übersendung einer einfachen **E-Mail** genügt daher nicht. (vgl. AG Baden-Baden, B. v. 24.08.2020 – 14 OWi 308 Js 3503/20). Soweit Teile der Rspr. für ein per **E-Mail** übermitteltes Dokument eine **Heilung des Formmangels** annehmen, wenn das Dokument ausgedruckt und zur Akte genommen wird (OLG Zweibrücken, B. v. 07.05.2020 – 1 OWi 2 SsBs 68/20; OLG Thüringen, B. v. 10.11.2017, 1 OLG 145 SsBs 49/16; LG Wiesbaden, B. v. 22.01.2019, 6 Qs 8/19; so zuvor der BGH in Zivilsachen zur Frage der Berufungseinlegung nach ZPO, B. v. 15.07.2008, X ZB 8/08; B. v. 04.12.2008, IX ZB 41/07 und B. v. 04.02.2020, X ZB 11/18), konterkariert diese »**ERV-light-Rechtsprechung**« die Regelung des § 32a und ist abzulehnen (so auch OLG Düsseldorf NJW 2020, 1452, 1453). Abgehen davon ist diese Heilung für den Einsender auch 6 alles andere als sicher, weil es letztlich vom Zufall abhängt, ob und wann ein elektronisches Dokument bei Gericht ausgedruckt wird. Mit der zunehmenden Umstellung auf die elektronische Aktenführung wird die Bereitschaft, Papierausdrucke zu fertigen, ohnehin schwinden, sodass für diese Rspr. in absehbarer Zeit kein Anwendungsbereich mehr verbleiben dürfte.

7 Eine **Ausnahme** von den Voraussetzungen des § 32a Abs. 3 ist zudem bei der Verwendung von – mittels Rechtsverordnung nach **§ 32c Satz 4** zugelassenen – Formularen gegeben, wenn in der Rechtsverordnung für das jeweilige Formular ausdrücklich bestimmt ist, dass der Identitätsnachweis auch durch Nutzung des elektronischen Identitätsnachweises nach § 18 des Personalausweisgesetzes oder § 78 Abs. 5 des Aufenthaltsgesetzes erfolgen kann (vgl. § 32c Rdn. 2).

8 Für die Einreichung schriftformbedürftiger Dokumente sind in Abs. 3 **zwei Möglichkeiten** vorgesehen. Das jeweilige Dokument, für welches das Schriftformerfordernis gilt, muss bei elektronischer Einreichung künftig entweder **mit einer qualifizierten elektronischen Signatur** der verantwortenden Person versehen sein (1. Alternative) **oder** von der verantwortenden Person einfach **signiert** und **auf einem sicheren Übermittlungsweg** eingereicht werden (2. Alternative).

9 Die Beifügung einer **qualifizierten elektronischen Signatur** war auch bisher schon in **§ 41a Abs. 1 a.F.** als Mittel zur Gewährleistung der Authentizität und Integrität eines elektronischen Dokuments anerkannt. Das Signaturgesetz und die Signaturverordnung wurden mit dem Inkrafttreten des Gesetzes zur Durchführung der Verordnung (EU) Nr. 910/2014 des Europäischen Parlaments und des Rates vom 23.07.2014 über elektronische Identifizierung und Vertrauensdienste für elektronische Transaktionen im Binnenmarkt und zur Aufhebung der Richtlinie 1999/93/EG (eIDAS-Durchführungsgesetz) am 29.07.2017 (BGBl. I, S. 2745) aufgehoben. Die **eIDAS-Verordnung** (Amtsblatt der Europäischen Union vom 28.08.2014, L 257/73) enthält verbindliche europaweit geltende Regelungen in den Bereichen »Elektronische Identifizierung« und »Elektronische Vertrauensdienste«. Mit der Verordnung wurden einheitliche Rahmenbedingungen für die grenzüberschreitende Nutzung elektronischer Identifizierungsmittel und Vertrauensdienste geschaffen. Begriffsbestimmungen enthält Art. 3 eIDAS-Verordnung; zur qualifizierten elektronischen Signatur siehe etwa Nr. 12. Es handelt sich dabei um eine fortgeschrittene elektronische Signatur, die von einer qualifizierten elektronischen Signaturerstellungseinheit erstellt wurde und auf einem qualifizierten Zertifikat für elektronische Signaturen beruht. Nach Art. 25 Abs. 2 eIDAS-Verordnung hat die qualifizierte elektronische Signatur die gleiche Rechtswirkung wie eine handschriftliche Unterschrift. Neben den qualifizierten elektronischen Signaturen gibt es die (fortgeschrittenen bzw. qualifizierten) **elektronischen Siegel**, die eine eindeutige Zuordnung zum Siegelersteller gewährleisten. Damit soll insb. juristischen Personen die sichere elektronische Authentifizierung ermöglicht werden, wobei die Zeichnung eines befugten Vertreters der juristischen Person mit einer qualifizierten elektronischen Signatur weiterhin genügt. Die eIDAS-Verordnung definiert in Art. 8 verschiedene Sicherheitsniveaus (»niedrig«, »substanziell« und »hoch«), die sich nach dem Maß an Vertrauen in die beanspruchte oder behauptete Identität einer Person richten. Die Kommunikation mit der Justiz setzt regelmäßig ein hohes Sicherheitsniveau voraus, dem die qualifizierten Signaturen bzw. Siegel nach der eIDAS-Verordnung jedoch Rechnung tragen. Anders als für § 41a Abs. 1 a.F. ist nach § 32a Abs. 3 Alt. 1 das Anbringen einer gemeinsamen qualifizierten elektronischen Signatur für mehrere elektronische Dokumente (**Containersignatur**) nicht zulässig (vgl. § 4 Abs. 2 ERVV; BGH NStZ-RR 2020, 24 f.).

10 Die als Alternative zur elektronischen Signatur genannten **sicheren Übermittlungswege** sind in **Abs. 4** im Einzelnen aufgelistet. Während die qualifizierte elektronische Signatur sich unmittelbar auf das mit ihr versehene Dokument bezieht, ist bei der Verwendung eines zugelassenen Übermittlungsweges die Übermittlung bereits durch dessen besondere Eigenschaften als gleichwertig anzusehen. Es bedarf daher keiner qualifizierten Signatur mehr, sodass eine **einfache Signatur**, etwa in Form des **maschinengeschriebenen Namens** oder einer **eingescannten Unterschrift** des Urhebers eines Schriftstücks, genügt (OLG Thüringen NJ 2020, 512, 513; LG Bochum, B. v. 18.09.2020 – II-10 Qs 6/20, insoweit in NStZ-RR 2020, 352 nicht abgedruckt, jew. m.w.N.). Soweit daher ein Protokoll oder eine sonstige technische Bestätigung über die Übermittlung erstellt wird, ist dieses bei Nutzung eines zugelassenen Übermittlungsweges mit dem übermittelten Dokument zur Akte zu nehmen, da nur so die Erfüllung der Vorgaben des Abs. 3 überprüfbar ist (BT-Drs. 18/9416, S. 46).

11 Der Versand eines Dokumentes über ein **De-Mail-Konto** ist in **Nr. 1** genannt. Damit sollten die Möglichkeiten der elektronischen Kommunikation für Privatpersonen erheblich erleichtert werden. § 41a sah die Kommunikation über ein De-Mail-Konto ohne elektronische Signatur noch nicht vor (vgl. die 3. Auflage, dort Rn. 18). Die Voraussetzungen für das Betreiben eines De-Mail-Dienstes sind im **De-Mail-Gesetz** vom 18.04.2011 (BGBl. I, S. 666) im Einzelnen festgelegt. Nach § 1 Abs. 1 De-Mail-Gesetz sollen De-Mail-Dienste einen sicheren, vertraulichen und nachweisbaren Geschäftsverkehr für jedermann im Internet sicherstellen. Für den Betrieb eines De-Mail-Dienstes ist eine **Akkreditierung** nach §§ 17 bis 19 De-Mail-Gesetz beim Bundesamt für Sicherheit in der Informationstechnik notwendig. Im Unterschied zur Ein-

richtung eines gewöhnlichen E-Mail-Kontos bei einem Service Provider, das auch unter einem Alias-Namen betrieben werden kann, muss die Identität des Nutzers bei Eröffnung eines De-Mail-Kontos nach § 3 Abs. 2 De-Mail-Gesetz anhand amtlicher Dokumente zuverlässig festgestellt werden. Eine sichere Übermittlung liegt nur vor, wenn der Absender bei Versand der Nachricht sicher im Sinne des § 4 Abs. 1 Satz 2 De-Mail-Gesetz angemeldet ist und er sich die sichere Anmeldung gem. § 5 Abs. 5 De-Mail-Gesetz bestätigen lässt (OLG Düsseldorf NJW 2020, 1452, 1453). Die **praktische Bedeutung** der elektronischen Kommunikation über De-Mail-Konten ist **verschwindend gering**. Nachdem für den Zugang des Bürgers nunmehr das besondere elektronische Bürger- und Organisationenpostfach (eBO) sowie die Möglichkeit der Kommunikation mittels der Nutzerkonten von Verwaltungsportalen eingeführt wurde (dazu Rdn. 14), dürfte die De-Mail auch künftig ein Schattendasein fristen.

Der in **Nr. 2** genannte Übermittlungsweg über das **besondere elektronische Anwaltspostfach (beA)** und das **Elektronische Gerichts- und Verwaltungspostfach (EGVP)** wird bereits seit Jahren genutzt und war auch nach § 41a als Übermittlungsweg anerkannt, soweit dies in den Rechtsverordnungen nach § 41a Abs. 2 ausdrücklich geregelt war (s.o., Rdn. 2). Die Authentizität der Teilnehmer ist hinreichend sichergestellt, wenn das elektronische Dokument von einem besonderen elektronischen Anwaltspostfach (»beA«) an die an das EGVP angeschlossene elektronische Poststelle des Gerichts übermittelt wird. Die Bereitstellung des besonderen elektronischen Anwaltspostfachs liegt nach § 31a Abs. 1 BRAO im Verantwortungsbereich der Bundesrechtsanwaltskammer. Die erforderliche Authentifizierung wird dadurch gewährleistet, dass die Postfachadresse und die Zugangsberechtigung von der Rechtsanwaltskammer erst nach Überprüfung der Zulassung vergeben werden. Am 01.01.2018 begann die sog. »passive Nutzungspflicht«, nach der der Inhaber des besonderen elektronischen Anwaltspostfachs verpflichtet ist, die für dessen Nutzung erforderlichen technischen Einrichtungen vorzuhalten sowie Zustellungen und den Zugang von Mitteilungen über das besondere elektronische Anwaltspostfach zur Kenntnis zu nehmen (§ 31a Abs. 6 BRAO n.F.). Informationen zur Einrichtung des besonderen elektronischen Anwaltspostfachs sind auf der Webseite der Bundesrechtsanwaltskammer (www.bea.brak.de) abrufbar. Der Übermittlungsweg gem. Nr. 2 kann darüber hinaus auch von anderen Personen genutzt werden, wenn für sie ein entsprechender, auf gesetzlicher Grundlage errichteter Verzeichnisdienst besteht. 12

In **Nr. 3** ist als weiterer Übermittlungsweg die Kommunikation über ein dem **besonderen elektronischen Anwaltspostfach vergleichbares sicheres Postfach für Behörden und juristische Personen des öffentlichen Rechts** vorgesehen, das nach Durchführung eines Identifizierungsverfahrens eingerichtet werden kann und nach Freischaltung den Nachweis der Identität der jeweiligen Behörde oder öffentlichen Institution erbringt Behörden sowie Körperschaften und Anstalten des öffentlichen Rechts sind seit dem 01.01.2018 verpflichtet, ein besonderes elektronisches Behördenpostfach als sicheren Übermittlungsweg für die Zustellung elektronischer Dokumente zu unterhalten. Die technischen Einzelheiten zum **besonderen elektronischen Behördenpostfach (beBPo)** sind in den §§ 6–9 der ERVV geregelt. Die Ausgestaltung orientiert sich an dem Verzeichnisdienst des besonderen elektronischen Anwaltspostfachs mit dem Unterschied, dass die Identität der Behörden oder juristischen Personen des öffentlichen Rechts von bestimmten, von den obersten Behörden des Bundes oder den Landesregierungen für ihren Bereich benannten öffentlich-rechtlichen Stellen geprüft und in einem sicheren elektronischen Verzeichnis bestätigt wird. 13

Mit dem **Gesetz zum Ausbau des elektronischen Rechtsverkehrs mit den Gerichten und zur Änderung weiterer Vorschriften** (vgl. Rdn. 1) wurden in den **Nrn. 4 und 5** weitere sichere Übermittlungswege für Bürgerinnen, Bürger, Organisationen, Verbände und Unternehmen sowie andere Verfahrensbeteiligte wie beispielsweise Gerichtsvollzieherinnen und Gerichtsvollzieher, Sachverständige, Dolmetscherinnen und Dolmetscher, Betreuerinnen und Betreuer eingerichtet. Diese können entweder nach Durchführung eines Identifizierungsverfahrens innerhalb der bestehenden EGVP-Infrastruktur **ein besonderes elektronisches Bürger- und Organisationenpostfach (eBO)** errichten (**Nr. 4**). Postfachinhaberinnen und Postfachinhaber können dabei natürliche oder juristische Personen oder sonstige Vereinigungen sein, etwa auch rechtsfähige und nichtrechtsfähige Vereinigungen, soweit sie prozessfähig sind (BT-Drs. 19/28399, S. 33). Weiterhin sind auch die **Nutzerkonten**, die nach dem **Onlinezugangsgesetz (OZG)** innerhalb eines Portalverbunds eingerichtet werden können, unter bestimmten Voraussetzungen als sichere Übermittlungswege zugelassen (**Nr. 5**). Die Einzelheiten sind im **4. Kapitel der ERVV** geregelt. Die Freischaltung des eBO wurde ähnlich wie beim beBPo auf eine von einem Land oder mehreren Ländern gemeinsam zu bestimmende öffentlich-rechtliche Stelle übertragen (§ 11 Abs. 1 ERVV). Für die Identifizierung gibt es mehrere Möglichkeiten (§ 11 Abs. 2 ERVV), zusätzlich muss sich der Postfachinhaber des eBO bei jeder Übermittlung eines elektronischen Dokuments authentisieren (§ 11 Abs. 3 ERVV). OZG-Nutzerkonten sind nur dann als sichere Übermittlungswege zugelassen, wenn sie auf dem OSCI-Protokollstandard beruhen (§ 13 Abs. 1 Nr. 1 ERVV). 14

15 **Nr. 6** schließlich enthält einen **Auffangtatbestand**, der es ermöglicht, auch andere Kommunikationswege durch Rechtsverordnung zuzulassen, wenn die Authentizität, Datensicherheit und Barrierefreiheit gewährleistet ist. § 32a ist daher grundsätzlich **technikoffen** ausgestaltet.

16 Die in Abs. 4 genannten sicheren Übermittlungswege betreffen ausschließlich die Einhaltung der prozessualen Formerfordernisse, nicht aber die Gewährleistung einer **vertraulichen Kommunikation**, die grundsätzlich nach anderen Vorschriften verpflichtend vorgeschrieben sein kann. Die Prüfung insoweit obliegt dem Absender (BT-Drs. 18/9416, S. 45).

17 **D. Eingang des elektronischen Dokuments und Eignungsmängel.** **§ 32a Abs. 5** bestimmt als den **Zeitpunkt des Eingangs** eines elektronischen Dokuments den Moment, in dem das Dokument auf der für den Empfang bestimmten Einrichtung der Behörde oder des Gerichts gespeichert ist, nicht dagegen auf die Kenntnisnahme oder andere Zeitpunkte. Damit dieser Zeitpunkt und auch die Einhaltung der Formerfordernisse des Abs. 3 nachträglich überprüft werden können, sind solche Dokumente, Protokolle oder technische Bestätigungen, aus denen sich der Übertragungszeitpunkt und der Übermittlungsweg ergibt, zur Akte zu nehmen. Zusätzlich ist dem Absender nach Satz 2 eine **automatisierte Bestätigung** über den Zeitpunkt des Eingangs zu erteilen.

18 Eine von den Regeln zur Wiedereinsetzung in den vorigen Stand gem. §§ 44 ff. zugunsten der Teilnehmer des elektronischen Rechtsverkehrs abweichende Regelung zur Behandlung von Mängeln bei der Übermittlung von elektronischen Dokumenten trifft **§ 32a Abs. 6.** Die fehlende Eignung eines Dokuments zur Bearbeitung durch die Behörde ist dem Absender unter Hinweis auf die Unwirksamkeit des Eingangs nach **Satz 1** unverzüglich mitzuteilen. Der Zusatz, dass auch auf »die geltenden technischen Rahmenbedingungen« hinzuweisen ist, wurde mit dem **Gesetz zum Ausbau des elektronischen Rechtsverkehrs mit den Gerichten und zur Änderung weiterer Vorschriften** (Rdn. 1) gestrichen. Diese Streichung sollte ebenfalls der Klarstellung dienen, dass ein Dokument nicht allein aus formalen Gründen zurückgewiesen werden darf, sondern dass es auf die konkrete Eignung zur Bearbeitung ankommt (vgl. BT-Drs. 19/28399, S. 34 und oben Rdn. 5). Diese Bedeutung wird man dem bloßen Hinweis auf die technischen Rahmenbedingungen zwar nicht beimessen können, allerdings ist die Streichung auch unschädlich, weil auch zuvor der Hinweis auf die geltenden technischen Rahmenbedingungen lediglich abstrakt erteilt werden konnte, ohne dass der konkrete Mangel des eingereichten Dokuments bezeichnet werden musste. Auch jetzt bleibt es den Gerichten und Strafverfolgungsbehörden unbenommen, auf die geltenden technischen Rahmenbedingungen und ggf. sogar auf den konkreten Mangel des eingereichten Dokuments hinzuweisen.

19 Nach **Abs. 6 Satz 2** gilt eine einzuhaltende Frist als gewahrt, wenn der Absender nach Erhalt der Mitteilung unverzüglich ein technisch einwandfreies Dokument einreicht und glaubhaft macht, dass das Originaldokument und das in geeigneter Form nachgereichte Dokument inhaltlich übereinstimmen. Obwohl die Gesetzesbegründung hier vor allem Formatfehler im Blick hatte (vgl. BT-Drs. 18/9416, S. 47 f.), wird die Regelung auch für solche Dokumente Anwendung finden müssen, die mit einer Schadsoftware versehen und deshalb ungeeignet sind. Auf das im Rahmen der §§ 44 ff. beachtliche Verschulden des Absenders kommt es aufgrund der Spezialregelung in diesem Zusammenhang folglich nicht an. Hier kommt das Gesetz den Beteiligten für Eignungsmängel der Dokumente, die in ihrer Sphäre verortet sind, recht weit entgegen. Umgekehrt soll nach der Gesetzesbegründung bei einem Defekt, der in der Sphäre der Justiz liegt und die elektronische Kommunikation unmöglich macht, die zur Faxübermittlung ergangene Rspr. herangezogen werden, die bei einer auf einer technischen Störung aufseiten der Justiz beruhenden Fristversäumnis einen Wiedereinsetzungsgrund nach §§ 44 ff. gewährt. Nachdem insoweit jedoch auch von Amts wegen Wiedereinsetzung in den vorigen Stand gewährt werden muss und ein etwaiges Verschulden des Verteidigers die Formatierung betreffend dem Beschuldigten im Strafverfahren ohnehin nicht zugerechnet würde, dürfte der Unterschied letztlich marginal sein. In der Konstellation, in der der Inhalt eines Dokuments nachträglich einwandfrei feststellbar ist, soll eine durch einen Defekt aufseiten der Justiz zurückzuführende Unlesbarkeit ohnehin nicht schaden (vgl. BT-Drs. 18/9416, S. 48). I.Ü. soll § 32d Satz 3 und 4 jedenfalls bei technischen Störungen ergänzend Anwendung finden (BT-Drs. 18/9416, S. 51).

§ 32b Erstellung und Übermittlung strafverfolgungsbehördlicher und gerichtlicher elektronischer Dokumente; Verordnungsermächtigung

(1) [1]Wird ein strafverfolgungsbehördliches oder gerichtliches Dokument als elektronisches Dokument erstellt, müssen ihm alle verantwortenden Personen ihre Namen hinzufügen. [2]Ein Dokument, das zu unterschreiben oder zu unterzeichnen ist, muss darüber hinaus mit einer qualifizierten elektronischen Signatur aller verantwortenden Personen versehen sein.

(2) Ein elektronisches Dokument ist zu den Akten gebracht, sobald es von einer verantwortenden Person oder auf deren Veranlassung in der elektronischen Akte gespeichert ist.
(3) [1]Werden die Akten elektronisch geführt, sollen Strafverfolgungsbehörden und Gerichte einander Dokumente als elektronisches Dokument übermitteln. [2]Die Anklageschrift, der Antrag auf Erlass eines Strafbefehls außerhalb einer Hauptverhandlung, die Berufung und ihre Begründung, die Revision, ihre Begründung und die Gegenerklärung sowie als elektronisches Dokument erstellte gerichtliche Entscheidungen sind als elektronisches Dokument zu übermitteln. [3]Ist dies aus technischen Gründen vorübergehend nicht möglich, ist die Übermittlung in Papierform zulässig; auf Anforderung ist ein elektronisches Dokument nachzureichen.
(4) [1]Abschriften und beglaubigte Abschriften können in Papierform oder als elektronisches Dokument erteilt werden. [2]Elektronische beglaubigte Abschriften müssen mit einer qualifizierten elektronischen Signatur der beglaubigenden Person versehen sein. [3]Wird eine beglaubigte Abschrift in Papierform durch Übertragung eines elektronischen Dokuments erstellt, das mit einer qualifizierten elektronischen Signatur versehen ist oder auf einem sicheren Übermittlungsweg eingereicht wurde, muss der Beglaubigungsvermerk das Ergebnis der Prüfung der Authentizität und Integrität des elektronischen Dokuments enthalten.
(5) [1]Die Bundesregierung bestimmt durch Rechtsverordnung mit Zustimmung des Bundesrates die für die Erstellung elektronischer Dokumente und deren Übermittlung zwischen Strafverfolgungsbehörden und Gerichten geltenden Standards. [2]Sie kann die Ermächtigung durch Rechtsverordnung ohne Zustimmung des Bundesrates auf die zuständigen Bundesministerien übertragen.

Übersicht

A. Grundsätzliches und Anwendungsbereich. Die Vorschrift des § 32b regelt – wie in der Überschrift des Paragrafen bestimmt – **die Erstellung und Übermittlung elektronischer Dokumente**, die von den **Strafverfolgungsbehörden und Gerichten** erstellt werden. Dabei betrifft die **Übermittlung** hier nur die **justizinterne Kommunikation** zwischen den einzelnen Strafverfolgungsbehörden und Gerichten. Die Einreichung elektronischer Dokumente ist in § 32a geregelt, für die ausgehende Kommunikation gilt der Verweis in § 37 Abs. 1 i.V.m. den entsprechenden Zustellungsvorschriften der Zivilprozessordnung (vgl. dazu § 37 Rdn. 9 ff.). § 32b ist am 01.01.2018 in Kraft getreten (Art. 33 Abs. 1, BGBl. I 2017, S. 2228), wird jedoch mit Blick auf die später nicht mehr nur optionale elektronische Aktenführung zum 01.01.2016 nochmals im Text geändert, sodass § 32b Abs. 3 Satz 1 dann lauten wird: »*Strafverfolgungsbehörden und Gerichte sollen einander Dokumente als elektronisches Dokument übermitteln.*« (Art. 2 Nr. 2, BGBl. I 2017, S. 2214; Art. 33 Abs. 6 Nr. 1, BGBl. I 2017, S. 2229). Eine gesetzliche Pflicht für Strafverfolgungsbehörden und Gerichte, Dokumente ausschließlich elektronisch zu erstellen, begründet § 32b außerhalb der in § 32b Abs. 3 Satz 2 genannten Dokumente – in beiden Fassungen – nicht (BT-Drs. 18/9416, S. 48). Die nach § 32b Abs. 5 Satz 1 erlassene und am 06.03.2020 in Kraft getreten **Dokumentenerstellungs- und -übermittlungsverordnung**, (BGBl. I 2020, S. 244) verpflichtet die Ermittlungsbehörden jedoch, Ermittlungsvorgänge in einer maschinell weiterverarbeitbaren Form elektronisch zu übermitteln, wenn die empfangende Stelle die Akten bereits elektronisch führt (dazu Rdn. 10 f.). Zuletzt geändert wurde § 32b Abs. 1 Satz 2 durch das **Gesetz zur Fortentwicklung der Strafprozessordnung und zur Änderung weiterer Vorschriften** (BGBl. I 2021, S. 2099), mit dem u.a. das Signaturerfordernis für »schriftlich abzufassende« Dokumente abgeschafft wurde (dazu Rdn. 3). 1

B. Erstellung elektronischer Dokumente. **§ 32b Abs. 1** legt die Anforderungen an die **Authentizität** und **Integrität** der von den Strafverfolgungsbehörden und Gerichten elektronisch erstellten Dokumente fest. Das elektronische Dokument muss daher wie auch sein bisheriges körperliches Pendant seine Urheber ausweisen, also die Namen aller verantwortenden Personen enthalten. Insoweit enthält **Satz 1** im Grunde eine Selbstverständlichkeit. Für nicht formgebundene Dokumente oder solche, die lediglich »schriftlich abzufassen« sind (dazu sogleich Rdn. 3) reicht eine einfache elektronische Signatur grundsätzlich aus. Eine solche einfache Signatur liegt vor, wenn ein elektronisches Dokument mit dem maschinengeschriebenen Namen oder einer eingescannten Unterschrift der verantwortenden Person versehen ist (OLG Thüringen NJ 2020, 512, 513; LG Bochum, B. v. 18.09.2020 – II-10 Qs 6/20, jew. m.w.N.). Als verantwortende Personen gelten nur diejenigen Personen, die für den Inhalt des Dokuments verantwortlich sind, nicht etwa Schreibkräfte (BT-Drs. 18/9416, S. 48). Die zusätzliche Nennung der Dienstbezeichnung oder der Dienststelle schreibt 2 das Gesetz nicht vor, sie wird aber häufig zweckmäßig, wenn nicht sogar in diversen Dienstvorschriften verpflichtend vorgeschrieben sein.

3 Für alle Dokumente, die – entweder aufgrund einer ausdrücklichen gesetzlichen Regelung oder aber aufgrund von der Rspr. entwickelten Formerfordernissen – **zu unterschreiben oder zu unterzeichnen** sind, gilt **§ 32b Abs. 1 S. 2.** Mit dem **Gesetz zur Fortentwicklung der Strafprozessordnung und zur Änderung weiterer Vorschriften** wurden die **»schriftlich abzufassenden«** Schriftstücke aus der Aufzählung des § 32b Abs. 1 Satz 2 gestrichen. Dies ist konsequent, denn auch bisher war es für die Schriftlichkeit im strafprozessualen Sinne ausreichend, dass aus einem Schriftstück der Inhalt der Erklärung und die Person, von der sie ausgeht, hinreichend zuverlässig entnommen werden können. Eine eigenhändige Unterschrift wird nach ständiger Rspr. für Prozesshandlungen nicht verlangt, § 126 BGB findet keine Anwendung (vgl. BT-Drs. 19/27654, S. 55, unter Verweis auf BGHSt 2, 77, 78; 12, 317; 30, 182, 183). Aus diesem Grund stellte sich das gesetzliche Signaturerfordernis für »schriftlich abzufassende« Dokumente im Vergleich zur analogen Welt als überhöhte Anforderung dar. Dieser bedarf es umso weniger, als in elektronischen Systemen ein viel höherer Grad an Nachvollziehbarkeit der Integrität und Authentizität gewährleistet ist als in der Papierwelt. Weil mit dem vorgenannten Gesetz gleichzeitig auch Unterschriftserfordernisse bei den polizeilichen und staatsanwaltlichen Vernehmungsprotokollen abgeschafft wurden (vgl. §§ 168 ff. n.F., dazu BT-Drs. 19/27654, S. 91 ff.), sind nunmehr insgesamt erheblich weniger Dokumente qualifiziert elektronisch zu signieren als zuvor. Ausdrücklich geregelte **Unterschriftserfordernisse** bestehen bei Gericht lediglich für **Urteile** und **gerichtliche Protokolle.** Für gerichtliche oder staatsanwaltliche Beschlüsse gibt es keine vergleichbaren Regelungen. Auch **Anklagen** müssen nicht unterschrieben werden, zumindest ist die Unterschrift dann keine Wirksamkeitsvoraussetzung, wenn feststeht, dass die Anklage mit Wissen und Willen des zuständigen Staatsanwalts dem Gericht vorgelegt worden ist (vgl. BGH, B. v. 05.12.2017 – 4 StR 323/17, NStZ 2018, 538; RGSt 37, 407, 408; LR/*Stuckenberg*, 27. Aufl., § 200 Rn. 78 und 96; KK/*Schneider* § 200 Rn. 38; MüKo-StPO/*Wenske* § 200 Rn. 124; Meyer-Goßner/*Schmitt* § 200 Rn. 27).

4 Soweit Dokumente nach § 32b Abs. 1 Satz 2 zu unterschreiben oder zu unterzeichnen sind, müssen sie mit **einer qualifizierten elektronischen Signatur** aller verantwortenden Personen nach der Verordnung (EU) Nr. 910/2014 des Europäischen Parlaments und des Rates vom 23.07.2014 über elektronische Identifizierung und Vertrauensdienste für elektronische Transaktionen im Binnenmarkt und zur Aufhebung der Richtlinie 1999/93/EG (**eIDAS-Verordnung**; Amtsblatt der Europäischen Union vom 28.08.2014, dazu § 32a Rdn. 9) versehen werden. Das einfache Unterschreiben und anschließende Übermitteln auf einem »sicheren Übermittlungsweg«, wie für die Einreichung elektronischer Dokumente in § 32a Abs. 3 vorgesehen, genügt für die zu unterschreibenden oder zu unterzeichnenden elektronischen Dokumente der Gerichte und Strafverfolgungsbehörden demnach nicht. § 32b Abs. 1 Satz 2 begrenzt daher den Anwendungsbereich des § 32a Abs. 3 Nr. 3, nach dem auch Behörden oder juristische Personen des öffentlichen Rechts über ein dem besonderen elektronischen Anwaltspostfach vergleichbares besonderes elektronisches Behördenpostfach mit den Gerichten kommunizieren dürfen, auf Behörden und juristische Personen, die nicht Strafverfolgungsbehörden sind. Fraglich ist, wie weit der Begriff der »Strafverfolgungsbehörde« in diesem Zusammenhang reicht. Dieser dürfte sich aufgrund des generellen Anwendungsbereichs der §§ 32 bis 32f für das Strafverfahren jedenfalls an diejenigen Behörden als Adressaten richten, die auf der Grundlage der Strafprozessordnung tätig werden und ihren Formerfordernissen unterliegen. Erfasst sind damit die Staatsanwaltschaft, aber auch die Polizeibehörden, soweit sie im Rahmen der Strafverfolgung und nicht im Bereich der Gefahrenabwehr tätig werden, die Straf- und Bußgeldstellen der Finanzämter und die mit der Strafverfolgung betrauten Einheiten des Zolls.

5 Die **qualifizierte elektronische Signatur** nach Art. 25 ff. der eIDAS-Verordnung ist an eine **natürliche Person** und nicht an eine Behörde oder ein bestimmtes Gericht gebunden. Jede Person, die im Rahmen ihrer justiziellen Tätigkeit Dokumente unterschreibt oder unterzeichnet, für die eine Unterschrift oder Unterzeichnung vorgeschrieben ist, wird daher in Zukunft Signaturschlüsselinhaber einer qualifizierten elektronischen Signatur sein müssen, die ihn sicher identifiziert und auch nachträgliche Veränderungen an dem signierten elektronischen Dokument sichtbar macht. Die Signatur muss durch alle verantwortenden Personen eigenhändig zugefügt werden. Wird die verantwortende Person vertreten, so wird – entsprechend der bisherigen Verfahrensweise bei einem Papierdokument – die Vertretung durch einen entsprechenden Vermerk offengelegt und nicht die Signatur der vertretenden Person, sondern die Signatur des Vertreters zugefügt. Dies gilt freilich nur, soweit eine Vertretung generell zulässig ist, für die Unterzeichnung von Strafurteilen etwa gem. § 275 Abs. 2 Satz 2.

6 Fraglich ist, was gilt, wenn eine **qualifizierte elektronische Signatur** versehentlich **fehlt, fehlerhaft ist** oder **nicht von demjenigen eigenhändig zugefügt wurde, der den Inhalt des elektronischen Dokuments zu verantworten** hat. Der Gesetzgeber hat hierzu bewusst keine Regelung getroffen und auf die bisher für Papier-

dokumente geltenden Rechtsfolgen verwiesen (BT-Drs. 18/9416, S. 49). Fehlt eine elektronische Signatur unter einem Urteil, so kann der Mangel nach Ablauf der Urteilsabsetzungsfrist grundsätzlich nicht geheilt werden (Meyer-Goßner/*Schmitt* § 275 Rn. 6 m.w.N. zur Rspr.). Eine »fehlerhafte« Signatur ist bei technischen Problemen oder aber durch die Zufügung der Signatur einer falschen Person denkbar. Während die »falsche Unterschrift« ebenfalls nach Ablauf der Urteilsabsetzungsfrist nicht geheilt werden kann, soll bei technischen Problemen § 275 Abs. 1 Satz 4 heranzuziehen sein, nach dem die Frist überschritten werden darf, wenn und solange das Gericht durch einen im Einzelfall nicht vorhersehbaren Umstand an ihrer Einhaltung gehindert worden ist (BT-Drs. 18/9416, S. 49). Dies setzt allerdings voraus, dass die technische Störung und die infolgedessen fehlerhafte Signatur vor Ablauf der Absetzungsfrist erkannt werden. Wird eine elektronische Signatur nicht von demjenigen eigenhändig zugefügt, der tatsächlich Signaturschlüsselinhaber ist, kommt dies einer Unterschrift mit einem fremden Namen für eine andere Person gleich. Dies ist nach den Grundsätzen der §§ 267 ff. StGB zu beurteilen.

C. Zeitpunkt des »Zu-den-Akten-Bringens«. Abs. 2 regelt den Zeitpunkt, zu dem ein elektronisches Dokument **»zu den Akten«** gebracht ist. Diesem Zeitpunkt kommt in erster Linie nur für Urteile aufgrund der Urteilsabsetzungsfristen gem. § 275 Abs. 1 Satz 2 eine erhebliche Bedeutung zu. Der Vorgang des Zu-den-Akten-Bringens wird als der Zeitpunkt der Speicherung in der elektronischen Akte beschrieben, womit hier allerdings nicht jeder Speichervorgang auf einem elektronischen System oder im Zwischenspeicher gemeint ist, sondern das **bewusste und gewollte Einfügen** des Dokuments **an dem** im jeweiligen elektronischen **System dafür vorgesehenen Speicherort** (BT-Drs. 18/9416, S. 49). Ergänzend ist etwa in § 3 Abs. 1 BStrafAktFV vorgesehen, dass elektronische Dokumente sowie sonstige Dateien und Informationen als zur Akte genommen gelten, wenn sie bewusst und dauerhaft in der elektronischen Akte gespeichert worden sind. Nur der Speichervorgang ist künftig für die Einhaltung der Absetzungsfrist noch von Bedeutung. Die Urteilsabsetzungsfrist ist folglich nicht mehr gewahrt, wenn ein Urteil in Papierform auf der Geschäftsstelle eingeht und einen entsprechenden Stempel erhält. Sollte das Urteil noch in Papierform abgefasst sein, ist es gem. § 32e in die elektronische Form zu übertragen und rechtzeitig zu speichern. Die verantwortende Person muss die Speicherung nicht selbst vornehmen; es genügt insoweit, dass sie diese veranlasst. 7

D. Übermittlung elektronischer Dokumente. Abs. 3 bestimmt näher, **wann** Dokumente **von den Strafverfolgungsbehörden und Gerichten verpflichtend elektronisch zu übermitteln** sind und wann dies lediglich überwiegend der Fall sein soll. Generell sollen bis zur verbindlichen Einführung der elektronischen Akte am 01.01.2026 Dokumente nur dann elektronisch übermittelt werden, wenn auch die Akte bereits elektronisch geführt wird. Auch danach verbleibt es – mit Ausnahme der in Satz 2 genannten Dokumente – bei einer Soll-Bestimmung, um den Situationen Rechnung zu tragen, in denen ein Bedürfnis besteht, Dokumente in Papierform weiterzuleiten. Dies kann etwa bei Eilbedürftigkeit der Fall sein, wenn die erforderlichen technischen Geräte zur elektronischen Abfassung nicht vorhanden sind (vgl. BT-Drs. 18/9416, S. 49). Damit ist jedoch auch klargestellt, dass die **elektronische Übermittlung** im Interesse einer schnellen und reibungslosen Kommunikation **künftig den Regelfall** bilden soll. Um diejenigen Gerichte und Staatsanwaltschaften zu entlasten, die die Akten bereits elektronisch führen, sieht die **Dokumentenerstellungs- und -übermittlungsverordnung** (Rdn. 1) ergänzend vor, dass diese Staatsanwaltschaften und Gerichte auch dann Dokumente elektronisch übermitteln dürfen, wenn die empfangende Stelle die Akten noch in Papierform führt. Die Regelung entspricht der Regelung in der Strafaktenübermittlungsverordnung (vgl. § 32 Rdn. 11) und gilt für die Polizeibehörden als Ermittlungsorgane ausdrücklich nicht (Rdn. 10). Die Anklageschrift, der Antrag auf Erlass eines Strafbefehls außerhalb einer Hauptverhandlung, die Berufung und ihre Begründung, die Revision, ihre Begründung und die Gegenerklärung sowie als elektronisches Dokument erstellte gerichtliche Entscheidungen sind nach **Satz 2 zwingend** als elektronisches Dokument zu übermitteln, wenn die Akten elektronisch geführt werden. Hiervon kann nur abgesehen und das Dokument in Papierform übermittelt werden, wenn eine vorübergehende technische Störung die elektronische Übermittlung unmöglich macht; dann ist das elektronische Dokument auf Anforderung nachzureichen. 8

E. Einfache und beglaubigte Abschriften. Einfache Abschriften und beglaubigte Abschriften können nach **Abs. 4** sowohl als **Ausdruck** als auch als **elektronisches Dokument** erteilt werden. Bei der Übertragung eines elektronischen Dokuments in die Papierform durch Ausdrucken ist das Ergebnis der Überprüfung der Übereinstimmung auf dem Ausdruck zu vermerken (Beglaubigungsvermerk). Beim Erstellen einer elektronischen Abschrift soll die Authentizität durch eine qualifizierte elektronische Signatur gewährleistet werden. Die bisher für Anklageschriften in § 114d Abs. 2 Satz 2 und für Urteile in § 275 Abs. 4 vorgesehenen »Ausfertigungen«, die unter dem Regime der Papierakte die »amtliche Abschrift« der bei den Akten verbleibenden Urschriften darstellen, sollen in Ermangelung eines Bedarfs bei Führung elektronischer Akten künftig weg- 9 fallen. Soweit ein Bedarf an einer »amtlichen Abschrift« zum Zwecke der Beweisführung im Rechtsverkehr bestehen sollte, soll eine beglaubigte Abschrift genügen (BT-Drs. 18/9416, S. 50).

10 F. **Verordnungsermächtigung.** Die **Verordnungsermächtigung in § 32b Abs. 5** entspricht weitgehend der Regelung in § 32 Abs. 3. Während sich § 32 Abs. 3 auf die Übermittlung der elektronischen Akte als Ganzes bezieht, werden in der Verordnung nach § 32b Abs. 5 die technischen Standards zur Erstellung und Übermittlung der einzelnen Dokumente festgelegt. Justizakten werden grundsätzlich nur von Staatsanwaltschaften und Gerichten geführt, nicht von den Ermittlungspersonen der Staatsanwaltschaft. Es bedarf daher grundlegender Standards, in welcher Form etwa Ermittlungsvorgänge der Polizei an die Staatsanwaltschaften und Gerichte übersandt werden müssen, um dort elektronisch weiterverarbeitet werden zu können (vgl. § 32 Rdn. 8). Diese Standards sind in der **Dokumentenerstellungs- und -übermittlungsverordnung** (Rdn. 1) näher geregelt.

11 Die **Dokumentenerstellungs- und -übermittlungsverordnung** gilt für alle Gerichte und Strafverfolgungsbehörden, insb. also auch für die Polizei; für Bußgeldbehörden und für Verfahren nach dem Strafvollzugsgesetz gilt sie gem. §§ 110c Satz 1 OWiG, 120 Abs. 1 Satz 2 StVollzG entsprechend. Für die Erstellung elektronischer Dokumente ist als Standard das Dateiformat PDF/A festgelegt. Soweit eingescannt wird, soll die Technische Richtlinie 03138 »Ersetzendes Scannen« des Bundesamtes für Sicherheit in der Informationstechnik (TR RESISCAN) befolgt werden. Für die Übergangsphase bis zur verbindlichen Einführung der elektronischen Aktenführung gilt grundsätzlich, dass alle Behörden einander Dokumente elektronisch über das EGVP und den Protokollstandard OSCI übermitteln sollen, wenn die empfangende Stelle die Akten elektronisch führt. Insoweit wurde die gesetzliche Regelung in § 32b Abs. 3 Satz 1 aufgegriffen. Führt die empfangende Stelle noch Papierakten, so sollen entsprechend der Regelung in der Aktenübermittlungsverordnung jedenfalls Staatsanwaltschaften und Gerichte die Dokumente elektronisch übermitteln dürfen; d.h. die empfangende aktenführende Stelle muss ausdrucken. Die Polizei bzw. die sonstigen Ermittlungspersonen sollen den noch in Papierform aktenführenden Stellen weiterhin Papierakten übermitteln. § 4 der Dokumentenerstellungs- und -übermittlungsverordnung enthält eine eigene Regelung für Ermittlungsvorgänge als Sonderfall einer Dokumentensammlung der Polizei, die insb. auf § 32e – der ausdrücklich nur die Übertragung von Dokumenten zu Aktenführungszwecken regelt und damit die Ermittlungsvorgänge der Polizei nicht umfasst – verweist und die dortigen Bestimmungen in Bezug nimmt. § 4 Abs. 4 enthält die ausdrückliche Vorgabe, dass mit dem Ermittlungsvorgang ein strukturierter maschinenlesbarer Datensatz im Dateiformat XML übermittelt werden soll, der auch Informationen zur Gliederung und Sortierung der mit dem Vorgang übermittelten Dokumente enthält. Diese Metadaten sind die Voraussetzung dafür, dass die empfangende Stelle den bei ihr elektronisch anlandenden Ermittlungsvorgang maschinell weiterverarbeiten kann. In dem von Bund und Ländern gemeinsam aufgesetzten Gemeinschaftsprogramm Digitaler Austausch zwischen Polizei und Justiz werden derzeit die Anforderungen ermittelt und entwickelt, die sowohl die Systeme der Justiz als auch der Polizei erfüllen müssen, damit über diese Schnittstelle elektronisch kommuniziert werden kann. Die Verordnung ist am 20.03.2020 in Kraft treten; von der Subdelegationsmöglichkeit auf einzelne Bundesministerien in Satz 2 wurde kein Gebrauch gemacht.

§ 32c Elektronische Formulare; Verordnungsermächtigung

[1]Die Bundesregierung kann durch Rechtsverordnung mit Zustimmung des Bundesrates elektronische Formulare einführen. [2]Die Rechtsverordnung kann bestimmen, dass die in den Formularen enthaltenen Angaben ganz oder teilweise in strukturierter maschinenlesbarer Form zu übermitteln sind. [3]Die Formulare sind auf einer in der Rechtsverordnung zu bestimmenden Kommunikationsplattform im Internet zur Nutzung bereitzustellen. [4]Die Rechtsverordnung kann bestimmen, dass eine Identifikation des Formularverwenders abweichend von § 32a Absatz 3 durch Nutzung des elektronischen Identitätsnachweises nach § 18 des Personalausweisgesetzes, § 12 des eID-Karte-Gesetzes oder § 78 Absatz 5 des Aufenthaltsgesetzes erfolgen kann. [5]Die Bundesregierung kann die Ermächtigung durch Rechtsverordnung ohne Zustimmung des Bundesrates auf die zuständigen Bundesministerien übertragen.

Übersicht

1 A. **Grundsätzliches und Anwendungsbereich.** § 32c enthält – im Interesse einer **Vereinfachung und Standardisierung behördlicher und gerichtlicher Verfahrensabläufe** – eine Verordnungsermächtigung zur **Einführung elektronischer Formulare** (zu den Zwecken von Formularzwängen *Korves* MDR 2019, 396,

401 ff.). Vergleichbare Formulare finden sich im Zivilprozessrecht bereits für das elektronische Mahnverfahren, wobei hier allerdings die elektronischen Vordrucke den vorher schon verwendeten Papiervordrucken aufgrund der Verordnung von Vordrucken für das Mahnverfahren bei Gerichten, die das Verfahren maschinell bearbeiten, entsprechen (vom 06.06.1978, BGBl. I, S. 705, zuletzt geändert durch das Gesetz zur Reform des Zivilprozesses vom 27.07.2001, BGBl. I, S. 1887, sowie Neufassung der Vordrucke in der Fassung vom 01.06.2010; veröffentlicht im Bundesanzeiger Nr. 129 und in der Beilage Nr. 129a zum Bundesanzeiger vom 27.08.2010). Im Strafverfahren gibt es bislang – soweit ersichtlich – keine bundeseinheitlichen Papiervordrucke, die in die elektronische Form überführt werden könnten. § 32c schafft insoweit die Möglichkeit für eine Einführung solcher Vordrucke etwa für **Strafanzeigen und Strafanträge, Anträge auf Zeugenentschädigung** oder für den **Einspruch gegen einen Strafbefehl** (BT-Drs. 18/9416, S. 50). Nach dem Willen des Gesetzgebers soll dadurch eine IT-gestützte Vorgangsbearbeitung bei den Behörden und Gerichten erleichtert und eine Übertragung von der Papierform in die elektronische Form vermieden werden (BT-Drs. 18/9416, S. 50). Insoweit sind die Vorteile sicher treffend umschrieben. Aufgrund der einfacheren Möglichkeit, Anträge formularmäßig zu Hause am PC zu fertigen und elektronisch zu übermitteln, dürfte sich allerdings bei solchen Anträgen, die nicht an eine bestimmte Beteiligtenstellung im Prozess gebunden sind (z.B. für Strafanzeigen), auch das Fallaufkommen deutlich erhöhen. § 32c ist am 01.01.2018 in Kraft getreten (vgl. Art. 33 Abs. 1, BGBl. I 2017, S. 2228).

B. Einzelne Verordnungsinhalte. Die Verordnung kann nach **Satz 2** bestimmen, dass die in den Formularen enthaltenen Angaben ganz oder teilweise in **strukturierter maschinenlesbarer Form** zu übermitteln sind. Die Formulare sollen – für jedermann kostenlos (BT-Drs. 18/9416, S. 50) – auf einer **Kommunikationsplattform im Internet** zur Nutzung bereitgestellt werden (**Satz 3**). Auch eine Ausnahme vom sonst nach § 32a Abs. 3 erforderlichen Identifizierungsverfahren mittels einer qualifizierten elektronischen Signatur oder einem sicheren Übertragungsweg kann die Verordnung vorsehen (**Satz 4**). In diesem Fall würde der Nachweis der Identität über den elektronischen Identitätsnachweis nach § 18 des Personalausweisgesetzes, § 12 des eID-Karte-Gesetzes oder § 78 Abs. 5 des Aufenthaltsgesetzes erfolgen. Eine Subdelegationsmöglichkeit auf die zuständigen Bundesministerien ist in Satz 6 vorgesehen. 2

§ 32d Pflicht zur elektronischen Übermittlung

[1]Verteidiger und Rechtsanwälte sollen den Strafverfolgungsbehörden und Gerichten Schriftsätze und deren Anlagen sowie schriftlich einzureichende Anträge und Erklärungen als elektronisches Dokument übermitteln. [2]Die Berufung und ihre Begründung, die Revision, ihre Begründung und die Gegenerklärung sowie die Privatklage und die Anschlusserklärung bei der Nebenklage müssen sie als elektronisches Dokument übermitteln. [3]Ist dies aus technischen Gründen vorübergehend nicht möglich, ist die Übermittlung in Papierform zulässig. [4]Die vorübergehende Unmöglichkeit ist bei der Ersatzeinreichung oder unverzüglich danach glaubhaft zu machen; auf Anforderung ist ein elektronisches Dokument nachzureichen.

A. Grundsätzliches und Anwendungsbereich. Während die in § 32a geregelte Möglichkeit zur Einreichung elektronischer Dokumente bei Gerichten und Staatsanwaltschaften die Justizseite verpflichtet, die notwendigen technischen Vorkehrungen für den elektronischen Rechtsverkehr zu treffen, enthält § 32d eine **korrespondierende Pflicht für Verteidiger und Rechtsanwälte**, bestimmte Anträge und Erklärungen an die Strafverfolgungsbehörden und Gerichte als elektronisches Dokument zu übermitteln. § 32d betrifft damit die **ausgehende Kommunikation** von Verteidigern und Rechtsanwälten, wohingegen die eingehende Kommunikation über das besondere elektronische Anwaltspostfach in § 31a BRAO geregelt ist (vgl. dazu § 32a Rdn. 12). Die Nutzungspflicht betrifft nur die **professionellen Verfahrensbeteiligten**, nicht aber den Beschuldigten selbst oder den nicht vertretenen Nebenkläger oder Zeugen. § 32d tritt am **01.01.2022** in Kraft (Art. 33 Abs. 4 Nr. 1, BGBl. I 2017, S. 2229). Dieses Datum gilt i.Ü. auch für alle anderen Verfahrensordnungen. Bis zum 31.12.2021 können Dokumente von den professionellen Verfahrensbeteiligten folglich generell noch in der herkömmlichen Papierform übermittelt werden. 1

B. Einzelfragen. Vom Aufbau her mit der Übermittlung von Dokumenten im Rahmen der justizinternen Kommunikation gem. § 32b Abs. 3 vergleichbar werden in **§ 32d Satz 2** diejenigen Dokumente, die **zwingend elektronisch übermittelt** werden müssen, abschließend aufgezählt. Dies betrifft Schriftsätze über die **Rechtsmittel der Berufung und Revision** – hierbei sowohl deren Einlegung als auch deren Begründung –, 2 ferner die **Gegenerklärung** zur Stellungnahme des Generalbundesanwalts bzw. der Generalstaatsanwaltschaft sowie die **Privatklage** und die **Anschlusserklärung bei der Nebenklage**. Bei den genannten Anträgen und Erklärungen ist aufgrund der im Gesetz vorgesehenen Fristen in der Regel ausgeschlossen, dass sie in einer Eilsituation abgegeben werden müssen, in der das für die Erstellung und Übermittlung elektronischer Dokumente erforderliche technische Equipment nicht bereitsteht. § 32d erfasst von vorneherein nur schriftlich eingereichte Verfahrenserklärungen, sodass die Möglichkeit der Erklärung zu Protokoll der Geschäftsstelle – sofern sie für die jeweilige Handlung gesetzlich vorgesehen ist – unberührt bleibt (BT-Drs. 18/9416, S. 51).

3 Für **Anträge und Erklärungen in einem Verhandlungs- oder Haftprüfungstermin** gilt § 32d Satz 2 nicht. Solche Verfahrenshandlungen gehören zu den Anträgen und Erklärungen, die nach **Satz 1** elektronisch übermittelt werden sollen. Mit der **Soll-Vorschrift** ist zwar grundsätzlich auch eine Pflicht zur elektronischen Kommunikation verbunden. Von dieser Pflicht kann jedoch in Ausnahmefällen – insb. eben in eilbedürftigen Situationen – abgesehen werden. Dies gilt für solche Verfahrenshandlungen in der Hauptverhandlung und im Haftprüfungstermin, die weiterhin durch handschriftliche Erklärung möglich bleiben sollen, etwa Einlassungen zur Sache, Anträge zur Verfahrensführung oder auch Beschwerden. Das Gericht hat entsprechende Erklärungen sodann in die elektronische Form umzuwandeln (BT-Drs. 18/9416, S. 51).

4 Soweit nach § 32d die Einreichung eines Schriftsatzes in elektronischer Form verpflichtend vorgeschrieben ist, genügt die Einreichung in der herkömmlichen Papierform nicht mehr den **vorgeschriebenen Form- und sonstigen Wirksamkeitserfordernissen**, insb. wird durch die Papierform in diesen Fällen eine **Frist nicht mehr gewahrt**. Die Konsequenzen der Nichteinhaltung der elektronischen Form richten sich grundsätzlich nach den Regelungen über die **Wiedereinsetzung in den vorigen Stand** gem. §§ 44 ff. (vgl. BT-Drs. 18/9416, S. 51). Für **vorübergehende technische Störungen** ist allerdings in § 32d Satz 3 und 4 eine **Spezialregelung** vorgesehen. Liegt eine vorübergehende technische Störung vor, kann auf die herkömmlichen Einreichungsformen wie Telefax oder Postübermittlung ausgewichen werden. Dabei spielt es keine Rolle, ob die technische Störung in der Sphäre des Gerichts oder der Sphäre des Einreichenden liegt (BT-Drs. 18/9416, S. 51). Gleichwohl hat der Einreichende grundsätzlich die notwendigen technischen Einrichtungen für eine ordnungsgemäße Einreichung der elektronischen Dokumente vorzuhalten und bei technischen Ausfällen unverzüglich Abhilfe zu schaffen. Daher ist die vorübergehende technische Unmöglichkeit nach Satz 4 bei der Ersatzeinreichung oder – falls diese so knapp vor Fristablauf erfolgt, dass dies nicht mehr möglich ist – unverzüglich danach glaubhaft zu machen. Unverzüglich heißt hier wie auch sonst im Recht, angelehnt an § 121 BGB, »ohne schuldhaftes Zögern«. Für die Glaubhaftmachung gelten die auch im Rahmen der Wiedereinsetzung geltenden Grundsätze. Auf Anforderung ist ein entsprechendes elektronisches Dokument nachzureichen.

5 Soweit in den Richtlinien für das Strafverfahren und das Bußgeldverfahren (RiStBV) oder in sonstigen allgemeinen Verwaltungsvorschriften für den behördlichen Bereich über § 32d Satz 1 und 2 hinausgehende Formerfordernisse begründet werden, zeitigt deren Verletzung jedenfalls keine Auswirkungen auf die Wirksamkeit einer Erklärung (BT-Drs. 18/9416, S. 51).

§ 32e Übertragung von Dokumenten zu Aktenführungszwecken

(1) [1]Dokumente, die nicht der Form entsprechen, in der die Akte geführt wird (Ausgangsdokumente), sind in die entsprechende Form zu übertragen. [2]Ausgangsdokumente, die als Beweismittel sichergestellt sind, können in die entsprechende Form übertragen werden.

(2) Bei der Übertragung ist nach dem Stand der Technik sicherzustellen, dass das übertragene Dokument mit dem Ausgangsdokument bildlich und inhaltlich übereinstimmt.

(3) [1]Bei der Übertragung eines nicht elektronischen Ausgangsdokuments in ein elektronisches Dokument ist dieses mit einem Übertragungsnachweis zu versehen, der das bei der Übertragung angewandte Verfahren und die bildliche und inhaltliche Übereinstimmung dokumentiert. [2]Wird ein von den verantwortenden Personen handschriftlich unterzeichnetes staatsanwaltliches oder gerichtliches Schriftstück übertragen, so ist der Übertragungsnachweis vom Urkundsbeamten der Staatsanwaltschaft oder des Gerichts mit einer qualifizierten elektronischen Signatur zu versehen. [3]Bei der Übertragung eines mit einer qualifizierten elektronischen Signatur versehenen oder auf einem sicheren Übermittlungsweg eingereichten elektronischen Ausgangsdokuments ist in den Akten zu vermerken, welches Ergebnis die Prüfung der Authentizität und Integrität des Ausgangsdokuments erbracht hat.

(4) [1]Ausgangsdokumente, die nicht als Beweismittel sichergestellt sind, müssen während des laufenden Verfahrens im Anschluss an die Übertragung mindestens sechs Monate lang gespeichert oder aufbewahrt werden. [2]Ist das Verfahren abgeschlossen oder ist die Verjährung eingetreten, dürfen Ausgangsdokumente, die nicht als Beweismittel sichergestellt sind, längstens bis zum Ablauf des zweiten auf den Abschluss des Verfahrens folgenden Kalenderjahres gespeichert oder aufbewahrt werden.

(5) [1]**Ausgangsdokumente, die nicht als Beweismittel sichergestellt sind, können unter denselben Voraussetzungen wie sichergestellte Beweisstücke besichtigt werden.** [2]**Zur Besichtigung ist berechtigt, wer befugt ist, die Akten einzusehen.**

Übersicht

A. Grundsätzliches und Anwendungsbereich. § 32e StPO bestimmt die **Anforderungen an den Formwechsel von Dokumenten**, die nicht oder noch nicht in elektronischer Form vorliegen. Dies hat vor allem für den Übergangszeitraum des Wechsels der Papier- auf die elektronische Akte Bedeutung. Aber auch nach dem Inkrafttreten aller verpflichtenden Regelungen werden Anträge oder Erklärungen in Papierform abgegeben werden dürfen (vgl. § 32d Rdn. 3, und unten Rdn. 2). Auch das, was im Verfahren als Beweismittel dient, muss keineswegs immer auch in elektronischer Form vorliegen, wenngleich dem Gesetzgeber darin beizupflichten ist, dass sich die Bedeutung des Mediums »Papier« zunehmend verringern wird. § 32e Abs. 1 Satz 1 statuiert daher eine Übertragungspflicht für Dokumente, die nicht der Form entsprechen, die in der Akte geführt wird. Das Gesetz definiert diese als »**Ausgangsdokumente**« und verzichtet daher auf die Verwendung früherer Begriffe wie »Urschrift« und »Original« (dazu BT-Drs. 18/9416, S. 52). Mit der Pflicht zur Umwandlung in § 32e Abs. 1 wird nochmals klargestellt, dass eine sog. **»hybride« Aktenführung**, also ein Nebeneinander von Papier- und elektronischer Akte, nach dem Gesetz **nicht zulässig** ist. Mit der Überschrift »Übertragung von Dokumenten zu Aktenführungszwecken« wird nahegelegt, dass die Regelung unmittelbar nur für solche Stellen gilt, die (Justiz-) Akten führen. Für die nicht Akten führenden Polizeibehörden als Ermittlungsorgane der Staatsanwaltschaft ordnet § 4 Abs. 2 und 3 der **Dokumentenerstellungs- und -übermittlungsverordnung** (DokErstÜbV) die entsprechende Anwendung des § 32e für Ausgangsdokumente in Ermittlungsvorgängen an. § 32e ist am 01.01.2018 in Kraft getreten und wurde zuletzt durch das **Gesetz zur Fortentwicklung der Strafprozessordnung und zur Änderung weiterer Vorschriften** (BGBl. I 2021, S. 2099) in Abs. 3 Satz 2 und Abs. 4 geändert. 1

B. Umwandlungspflicht und Umwandlungsmöglichkeit für Beweismittel. § 32e Abs. 1 unterscheidet zwischen solchen Dokumenten, die als Beweismittel in Betracht kommen, und den **sonstigen Dokumenten**. Nur für Letztere gilt die Umwandlungspflicht, **Beweismittel-Dokumente »können«** nach **Satz 2** lediglich in die elektronische Form übertragen werden. Die **sonstigen »Ausgangsdokumente«**, die nicht Beweismittel sind, sind **zwingend** in die elektronische Form zu übertragen. 2

Das Gesetz hat konkret **drei Umwandlungsfälle** im Blick. Den Hauptanwendungsfall bildet sicher die **Übertragung von der Papierform in die elektronische Form**. Die Einreichung von Papierdokumenten ist nach der gesetzlichen Regelung auch künftig zulässig. Vor allem dem nicht verteidigten Beschuldigten und den nicht anwaltlich vertretenen sonstigen Verfahrensbeteiligten wie etwa einem Nebenkläger oder einem Zeugen muss es möglich sein, in jeder Form mit dem Gericht zu kommunizieren. Aber auch den professionellen Verfahrensbeteiligten steht in eilbedürftigen Situationen der herkömmliche Kommunikationsweg noch zur Verfügung (vgl. dazu § 32d Rdn. 3). Zweitens kann es sich bei den Ausgangsdokumenten auch um solche elektronischen Dokumente handeln, die **nicht** dem **vorgeschriebenen Format** entsprechen (BT-Drs. 18/9416, S. 51 f.). Diese Fälle werden vermutlich nicht häufig auftreten, nachdem das Gesetz an anderer Stelle jedenfalls die professionellen Verfahrensbeteiligten verpflichtet, Dokumente im »richtigen« Format einzureichen (vgl. § 32a Abs. 2, dort Rdn. 5). Schließlich ist es im Übergangszeitraum bis zum 01.01.2026 auch denkbar, dass zulässigerweise ein **elektronisches Dokument** eingereicht wird, obwohl die Akte noch nicht elektronisch geführt wird; dann ist das elektronische Dokument **in die Papierform** zu übertragen. 3

Ausgangsdokumente, die im Sinne des Satzes 2 als **Beweismittel** in Betracht kommen, werden in erster Linie solche sein, die beim Beschuldigten oder bei Dritten sichergestellt werden. Hier bleibt es der **Entscheidung des Staatsanwalts oder Richters** überlassen, ob und in welchem Umfang die Beweismittel (auch) in elektronischer Form zur Verfügung stehen sollen. Bei der Aufbewahrung und für die Akteneinsicht gelten für Beweismittel grundsätzlich eigene Regeln. Es werden getrennt von der Akte Beweismittelordner angelegt, die im Rahmen der Akteneinsicht regelmäßig nicht an die Verteidiger übersandt werden, sondern nur bei der Strafverfolgungsbehörde bzw. bei Gericht eingesehen werden können (vgl. auch § 147 Abs. 4 a.F.). In größeren Umfangverfahren etwa im Wirtschaftsstrafrecht, in denen es weniger auf die äußere Form, sondern mehr auf die Inhalte der Papierdokumente ankommt, ist es aber sinnvoll, auch einen elektronischen Beweis- 4 mittelordner anzulegen. Auf diese Weise können etwa die bei elektronischer Form zu Verfügung stehenden Suchfunktionen genutzt werden. Der **Umfang der Übertragung** soll nach dem Willen des Gesetzgebers in diesen Fällen der Entscheidung des Gerichts bzw. der Staatsanwaltschaft überlassen bleiben. Möglich ist daher sowohl eine komplette Übertragung aller Beweismittel in die elektronische Form, als auch nur derjenigen Beweismittel, die in der Anklage aufgeführt sind (BT-Drs. 18/9416, S. 53). Für Papierdokumente, in denen gerade die Art der schriftlichen Ausführungen (etwa handschriftliche Zusätze, Unterschriften) usw. beweiserheblich ist, empfiehlt sich eine Umwandlung in die elektronische Form in der Regel nicht, weil dann ohnehin das Ausgangsdokument selbst Gegenstand der Beweiswürdigung sein wird. Im Einzelfall kann die Abgrenzung zwischen dem Beweiswert aufgrund des Inhalts und dem Beweiswert aufgrund der äußeren Form schwierig sein.

5 Auch die **Abgrenzung** zwischen einem **Beweismittel-Dokument** im Sinne des Satzes 2 und einem **sonstigen Dokument** im Sinne des Satzes 1 kann im Einzelfall Probleme aufwerfen und im Rahmen der späteren Prozessführung nicht unerhebliche Konsequenzen haben. Sonstige Dokumente dürfen im Anschluss an die Übertragung gem. § 32e Abs. 4 Satz 2 nach Ablauf von sechs Monaten (für die Polizei: nach Ablauf von sechs Monaten nach Übermittlung des Ermittlungsvorgangs an die Staatsanwaltschaft, vgl. § 4 Abs. 3 Satz 1 DokErstÜbV) vernichtet werden. Wird ein Beweismittel-Dokument fälschlich als sonstiges Dokument klassifiziert und nach sechs Monaten vernichtet, kann es passieren, dass in der Hauptverhandlung die bildliche und inhaltliche Übereinstimmung nicht mehr überprüft werden kann. Bei der Einordnung der Dokumente ist daher große Sorgfalt an den Tag zu legen, auch kann die Aufbewahrungsfrist für umgewandelte Dokumente grundsätzlich mehr als sechs Monate betragen. Es bietet sich an, nicht zu vernichten, solange die Voraussetzungen des § 32e Abs. 4 Satz 2 (maximale Aufbewahrung bis zum Ende des zweiten Kalenderjahres nach Abschluss des Verfahrens oder Eintritt der Verjährung, dazu auch Rdn. 12) eingehalten werden. Sind die Ausgangsdokumente im Überprüfungszeitpunkt dennoch vernichtet und bestehen hinsichtlich der Richtigkeit der Übertragung Zweifel, kommt dies dem Angeklagten zugute (vgl. BT-Drs. 18/946, S. 53).

6 **C. Anforderungen an Umwandlung.** § 32e Abs. 2 enthält die **technischen und organisatorischen Anforderungen** an die Umwandlung. Danach ist bei der Übertragung von Ausgangsdokumenten nach dem **Stand der Technik** sicherzustellen, dass das übertragene Dokument mit dem Ausgangsdokument **bildlich** und **inhaltlich** übereinstimmt. Die bildliche Übereinstimmung bezieht sich auch auf eine eventuelle Mehrfarbigkeit, der durch farbiges Scannen und die damit verbundenen erhöhten Speicherkapazitäten Rechnung getragen werden muss. Der »Stand der Technik« ist ein ausfüllungsbedürftiger Rechtsbegriff und unterliegt stetigen Anpassungen. Das Gesetz enthält daher nur allgemein die Vorgabe, dass sich die Umwandlung an die dynamische Entwicklung anpassen muss. § 2 Abs. 3 DokErstÜbV enthält insoweit die Konkretisierung, dass der Stand der Technik im Sinne von § 32e Abs. 2 der Strafprozessordnung insb. dann gewahrt ist, wenn den Anforderungen der Technischen Richtlinie 03138 Ersetzendes Scannen (RESISCAN) des Bundesamtes für Sicherheit in der Informationstechnik (BSI) in der jeweils gültigen Fassung genügt wird. Eingescannte Leerseiten müssen nicht gespeichert werden.

7 Grundsätzlich kommt dem nach Abs. 2 bildlich und inhaltlich korrekt übertragenen Dokument derselbe **Beweiswert** zu wie dem Ausgangsdokument. Der Aufklärungsgrundsatz gem. § 244 Abs. 2 und der Grundsatz der freien richterlichen Beweiswürdigung gem. § 261 gebieten eine spätere richterliche Überprüfung der bildlichen und inhaltlichen Übereinstimmung nur, wenn Anlass für Zweifel an der Richtigkeit der Übertragung besteht. Bestehen keine Anhaltspunkte, sieht § 244 Abs. 5 Sätze 1 und 2 einen besonderen Ablehnungsgrund für Beweisanträge auf Verlesung bzw. Inaugenscheinnahme von Ausgangsdokumenten vor.

8 **D. Dokumentation.** Für alle drei der oben genannten Umwandlungsfälle (vgl. Rdn. 3) enthält § 32e Abs. 3 die Anforderungen an die Dokumentation der Umwandlung. Bei der Übertragung von Papierdokumenten in die elektronische Form ist nach Satz 1 ein **Übertragungsnachweis** zu erstellen, der das bei der Übertragung angewandte Verfahren und die bildliche und inhaltliche Übereinstimmung dokumentiert. Die Bezeichnung des Verfahrens sollte so präzise wie möglich erfolgen, weil der Übertragungsnachweis für die Entscheidung über eine Beiziehung des Ausgangsdokuments bedeutsam werden kann.

9 Wenn es sich bei dem Ausgangsdokument um ein von der oder den verantwortenden Personen **handschriftlich unterzeichnetes staatsanwaltliches** oder **gerichtliches Schriftstück** handelt, ist der Übertragungsnachweis nach Satz 2 zudem mit einer **qualifizierten elektronischen Signatur** des Urkundsbeamten der Staatsanwaltschaft oder des Gerichts zu versehen. Erfasst sind hiermit vor allem Anklagen, Urteile und Beschlüsse, die auch nach Einführung der elektronischen Aktenführung weiterhin in Papierform erstellt werden können. Die *qualifizierte elektronische* Signatur des Urkundsbeamten soll hier der besonderen Bedeutung unterzeichneter staatsanwaltlicher oder gerichtlicher Dokumente Rechnung tragen. Die übrigen Verfahrensordnungen enthalten insoweit vergleichbare Anforderungen (vgl. 298a Abs. 2 Satz 4 ZPO, § 46e Abs. 2 Satz 4 ArbGG, § 65b

Abs. 6 Satz 4 SGG, § 55b Abs. 6 Satz 4 VwGO und § 52b Abs. 6 Satz 4 FGO). Der Übertragungsnachweis macht eine gesonderte Beglaubigung durch den Urkundsbeamten der Geschäftsstelle entbehrlich (vgl. BT-Drs. 18/12203, S. 73). Die Vorschrift erfasst **sämtliche Dokumente**, die **handschriftlich unterzeichnet sind**, und nicht nur solche, für die es ein rechtlich zwingendes Unterschriftserfordernis gibt. Es soll nicht der Urkundsbeamtin oder dem Urkundsbeamten der Geschäftsstelle überlassen werden, die im Einzelfall nicht leicht zu beantwortende Frage zu entscheiden, ob ein unterschiebenes Dokument einer Unterschrift bedurfte oder nicht. Vielmehr muss diese Entscheidung bereits bei der Abfassung des Dokuments durch die verantwortenden Personen geprüft und entschieden werden. Handschriftlich unterschrieben werden sollten danach idealerweise nur unterschriftsbedürftige Schriftstücke (BT-Drs. 19/27654, S. 57). Mit der Begrenzung der von den verantwortenden Personen handschriftlich unterzeichneten strafverfolgungsbehördlichen Schriftstücke auf Anklagen, Urteile und Beschlüsse, die der Gesetzgeber ganz offensichtlich bei der Schaffung dieser Regelung im Blick hatte und die nunmehr nochmals durch das **Gesetz zur Fortentwicklung der Strafprozessordnung und zur Änderung weiterer Vorschriften** (Rdn. 1) klargestellt wurde, ist auch festgestellt, dass die Regelung nicht für die Übertragung von Dokumenten durch die Polizeibehörden als Ermittlungsorgane der Staatsanwaltschaft gilt. Polizeibehörden erstellen selbst keine Anklagen, Beschlüsse und Urteile und nehmen daher auch keine Übertragung dieser Schriftstücke »zu Aktenführungszwecken« vor. Davon abgesehen verfügen Polizeibehörden auch nicht über Urkundsbeamten der Geschäftsstelle. Soweit Behörden außerhalb der Justiz betroffen sind, für die § 32e gilt und die ebenfalls nicht über eine Urkundsbeamtin oder einen Urkundsbeamten der Geschäftsstelle verfügen (etwa sogenannte »kleine« Staatsanwaltschaften bei der Ermittlung von Straftaten gem. § 386 Abs. 2 AO und § 14a SchwarzArbG), muss die qualifizierte elektronische Signatur durch die Personen angebracht werden, denen dort die Wahrnehmung der Aufgaben der Urkundsbeamtin oder des Urkundsbeamten der Geschäftsstelle übertragen ist (vgl. BT-Drs. 19/27654, S. 57). Gewöhnliche in einem Ermittlungsvorgang eventuell anfallende handschriftlich signierte Schriftstücke können i.Ü. von der Polizei gem. § 4 Abs. 3 Satz 1 DokErstÜbV i.V.m. § 32 Abs. 1 Satz 1 mit dem »einfachem« Übertragungsnachweis nach Abs. 3 Satz 1 eingescannt werden.

Abs. 3 **Satz 3** enthält die Anforderungen an die Dokumentation der Umwandlung elektronisch eingereichter 10
Dokumente in die Papierform (durch Ausdrucken) und der Umwandlung in eine andere elektronische Form (durch Formatieren). In diesen Fällen soll durch einen **Übertragungsvermerk** in den Akten vermerkt werden, welches Ergebnis die **Prüfung der Authentizität und Integrität des Ausgangsdokuments** erbracht hat. Anders als bei der Umwandlung von der Papier- in die elektronische Form können die Anforderungen an die Schriftform – also etwa das Vorhandensein einer qualifizierten elektronischen Signatur oder die Übermittlung auf einem sicheren Übertragungsweg – bei dieser Richtung der Übertragung dem ausgedruckten bzw. formatierten Dokument selbst nicht unmittelbar entnommen werden. Es ist also zu prüfen, ob das elektronische Ausgangsdokument während des Übermittlungsvorgangs verändert wurde (Integrität) und wer Aussteller bzw. Signierender ist (Authentizität). Ist keine qualifizierte elektronische Signatur vorhanden, ist dies zu vermerken. Die Übertragungsvermerke bedürfen keiner Unterschrift, Unterzeichnung oder Signatur und können grundsätzlich **automatisiert erstellt** werden. Dies schließt eine Erstellung durch den Urkundsbeamten jedoch nicht aus (vgl. BT-Drs. 18/9416, S. 54).

Die in den Übertragungsnachweisen und -vermerken nach Abs. 3 enthaltenen und ausdrücklich als notwendig 11
bezeichneten Informationen nehmen am **erweiterten Urkundenbeweis** gem. § 256 Nr. 6 teil (Meyer-Goßner/Schmitt/*Köhler* § 32e Rn. 3). Sollten die Nachweise und Vermerke weitere Informationen enthalten – wie etwa den Zeitpunkt der Umwandlung – kann darüber nicht gem. § 256 Nr. 6 Beweis erbracht werden.

E. Aufbewahrungsfristen. In § 32e Abs. 4 wird die **Mindest- und Höchstaufbewahrungsdauer** für die **Aus-** 12
gangsdokumente nach der Übertragung festgelegt. Hier sucht das Gesetz den Konflikt zu lösen, einerseits aus Kosten- und Kapazitätsgründen möglichst nicht zwei parallele Akten – die elektronische und die Papierakte – für lange Zeit aufbewahren zu müssen, andererseits aber die Möglichkeit zu erhalten, Übertragungsfehler überprüfen und korrigieren zu können. Die **Mindestaufbewahrungsdauer** beträgt nach Satz 1 **sechs Monate**; die Höchstaufbewahrungsdauer nach Satz 2 n.F. längstens bis zum **Ende des zweiten Kalenderjahres nach Abschluss des Verfahrens oder dem Eintritt der Verjährung**. Für die Polizei als Ermittlungsbehörden ist in § 4 Abs. 3 Satz 1 DokErstÜbV-E abweichend hiervon eine Mindestaufbewahrungsdauer von sechs Monaten ab Übermittlung des Ermittlungsvorgangs an die Staatsanwaltschaft vorgesehen, für die Höchstaufbewahrungsdauer gilt § 32e Abs. 4 Satz 2 entsprechend. Abgesehen von der **Verjährung** knüpft das Gesetz die Aufbewahrungsdauer an den Zeitpunkt des **Abschlusses des Verfahrens**. Dieses endet im Strafverfahren regelmäßig mit einem rechtskräftigen Urteil oder Strafbefehl; die Möglichkeit der Wiederaufnahme und anschließende Vollstreckungsmaßnahmen bleiben hierbei außer Betracht. Soweit in einem Vollstreckungs-

verfahren Dokumente zu übertragen sind, ist auf den Zeitpunkt des Abschlusses der Strafvollstreckung abzustellen (BT-Drs. 18/9416, S. 55).

13 Das Gesetz gibt somit einen Rahmen vor, der durch Regelungen in den Ländern – etwa in den Aktenordnungen – konkretisiert werden kann. Es können dabei je nach Art des Verfahrens auch unterschiedliche Aufbewahrungsfristen vorgesehen und etwa Kapitaldelikte anders behandelt werden als geringfügige Vergehen (BT-Drs. 18/1694, S. 55). Vorgaben hinsichtlich der Art der Speicherung oder Aufbewahrung macht Abs. 4 nicht, auf die Ausgangsdokumente muss im Bedarfsfall jedoch zurückgegriffen werden können, wenn dies erforderlich sein sollte.

14 **Abs. 4 gilt nicht** für Dokumente, die als **Beweismittel** in Betracht kommen; diese sind getrennt von der Akte in ihrer Originalform aufzubewahren. Die Entscheidung darüber, ob es sich bei einem Dokument um ein Beweismittel- oder ein sonstiges Dokument handelt, trifft grundsätzlich die innerhalb der Strafverfolgungsbehörde oder dem Gericht für das Verfahren jeweils zuständige Person (zur Bedeutung der Abgrenzung s. Rdn. 5). Die Dokumente sind dieser Person nach der Übertragung des Ausgangsdokuments jeweils zur Entscheidung vorzulegen. Im Rahmen der jeweiligen Anwendung für die elektronische Akte sind hierfür jeweils Möglichkeiten für eine entsprechende Einordnung vorzusehen.

15 **F. Besichtigungsrecht.** In § 32e Abs. 5 ist ein besonderes **Besichtigungsrecht** für die in eine andere Form **übertragenen Ausgangsdokumente** vorgesehen. Entsprechend der drei Umwandlungsfälle sind hier sowohl Besichtigungen der Papierdokumente als auch der elektronischen Dokumente bei Umwandlung in die Papierform – oder andere elektronische Form – erfasst. Das Gesetz verweist hier auf das Akteneinsichtsrecht für amtlich verwahrte Beweisstücke gem. § 147 Abs. 1, 2. Hs. Der Kreis der Besichtigungsberechtigten entspricht nach Satz 2 dem Kreis der Akteneinsichtsberechtigten.

§ 32f Form der Gewährung von Akteneinsicht; Verordnungsermächtigung

(1) [1]Einsicht in elektronische Akten wird durch Bereitstellen des Inhalts der Akte zum Abruf oder durch Übermittlung des Inhalts der Akte auf einem sicheren Übermittlungsweg gewährt. [2]Auf besonderen Antrag wird Akteneinsicht durch Einsichtnahme in die elektronischen Akten in Diensträumen gewährt. [3]Ein Aktenausdruck oder ein Datenträger mit dem Inhalt der elektronischen Akten wird auf besonders zu begründenden Antrag nur übermittelt, wenn der Antragsteller hieran ein berechtigtes Interesse hat. [4]Stehen der Akteneinsicht in der nach Satz 1 vorgesehenen Form wichtige Gründe entgegen, kann die Akteneinsicht in der nach den Sätzen 2 und 3 vorgesehenen Form auch ohne Antrag gewährt werden.

(2) [1]Einsicht in Akten, die in Papierform vorliegen, wird durch Einsichtnahme in die Akten in Diensträumen gewährt. [2]Die Akteneinsicht kann, soweit nicht wichtige Gründe entgegenstehen, auch durch Bereitstellen des Inhalts der Akten zum Abruf, durch Übermittlung des Inhalts der Akte auf einem sicheren Übermittlungsweg oder durch Bereitstellen einer Aktenkopie zur Mitnahme gewährt werden. [3]Auf besonderen Antrag werden einem Verteidiger oder Rechtsanwalt, soweit nicht wichtige Gründe entgegenstehen, die Akten zur Einsichtnahme in seine Geschäftsräume oder in seine Wohnung mitgegeben.

(3) Entscheidungen über die Form der Gewährung von Akteneinsicht nach den Absätzen 1 und 2 sind nicht anfechtbar.

(4) [1]Durch technische und organisatorische Maßnahmen ist zu gewährleisten, dass Dritte im Rahmen der Akteneinsicht keine Kenntnis vom Akteninhalt nehmen können. [2]Der Name der Person, der Akteneinsicht gewährt wird, soll durch technische Maßnahmen in abgerufenen Akten und auf übermittelten elektronischen Dokumenten nach dem Stand der Technik dauerhaft erkennbar gemacht werden.

(5) [1]Personen, denen Akteneinsicht gewährt wird, dürfen Akten, Dokumente, Ausdrucke oder Abschriften, die ihnen nach Absatz 1 oder 2 überlassen worden sind, weder ganz noch teilweise öffentlich verbreiten oder sie Dritten zu verfahrensfremden Zwecken übermitteln oder zugänglich machen. [2]Nach Absatz 1 oder 2 erlangte personenbezogene Daten dürfen sie nur zu dem Zweck verwenden, für den die Akteneinsicht gewährt wurde. [3]Für andere Zwecke dürfen sie diese Daten nur verwenden, wenn dafür Auskunft oder Akteneinsicht gewährt werden dürfte. [4]Personen, denen Akteneinsicht gewährt wird, sind auf die Zweckbindung hinzuweisen.

(6) [1]Die Bundesregierung bestimmt durch Rechtsverordnung mit Zustimmung des Bundesrates die für die Einsicht in elektronische Akten geltenden Standards. [2]Sie kann die Ermächtigung durch Rechtsverordnung ohne Zustimmung des Bundesrates auf die zuständigen Bundesministerien übertragen.

1 **A. Grundsätzliches und Anwendungsbereich.** § 32f regelt die **Form der Akteneinsicht** unter dem Regime der elektronischen Akte und für die Übergangszeit, also das »wie« der Akteneinsicht (zum Inkrafttreten am 01.01.2018 vgl. Vor §§ 32 Rdn. 4). Für die Entscheidung darüber, »ob« jemandem Einsicht in die Akten zu gewähren ist, enthält die Vorschrift keine Vorgaben. § 32f setzt vielmehr voraus, dass eine positive Entscheidung über das Recht, die Akte einzusehen, bereits vorliegt. Eine solche Entscheidung kann etwa getroffen werden gem. § 147 Abs. 1–6 für den **Verteidiger des Beschuldigten** und gem. § 147 Abs. 4 für den **Beschuldigten** selbst. Der **Privatkläger** kann nach § 385 Abs. 3 nur durch einen Anwalt Einsicht nehmen, ebenso der **Nebenkläger** und der **Verletzte** nach § 406e sowie der **Einziehungsbeteiligte** oder **die bußgeldbeteiligte juristische Person oder Personenvereinigung** nach § 428 Abs. 1 Satz 2, § 444 Abs. 2 Satz 2. **Gerichte, Staatsanwaltschaften** und **andere Justizbehörden** erhalten gem. § 474 Abs. 1 Akteneinsicht, wenn dies für Zwecke der Rechtspflege erforderlich ist, **Privatpersonen** und **sonstige Stellen** gem. § 475 Abs. 1 – über einen Rechtsanwalt – nur dann, wenn ein berechtigtes Interesse dargelegt wird und die schutzwürdigen Interessen etwaiger Betroffener nicht überwiegen. Im **Bußgeldverfahren** gilt § 49 OWiG und für im **Straf- oder Maßregelvollzug** befindliche Personen § 120 Abs. 1 Satz 2 StVollzG i.V.m. § 147. Die nach § 32f Abs. 6 Satz 1 StPO erlassene und am 06.03.2020 in Kraft getretene Rechtsverordnung über die Standards für die Einsicht in elektronische Akten (**Strafakteneinsichtsverordnung** – StrafAktEinV, BGBl. I 2020, S. 242), die für das Bußgeldverfahren und gerichtliche Verfahren nach dem Strafvollzugsgesetz entsprechend gilt, enthält weitere Einzelheiten. Zuletzt geändert wurde § 32f Abs. 1 Sätze 1 und 2 StPO durch das **Gesetz zur Fortentwicklung der Strafprozessordnung und zur Änderung weiterer Vorschriften** (BGBl. I 2021, S. 2099). Seither ist auch die Übermittlung der Akte auf einem sicheren Übermittlungsweg zum Zwecke der Akteneinsicht gestattet (vgl. Rdn. 3).

2 **B. Einsicht in die elektronische Akte.** § 32f Abs. 1 Satz 1 bestimmt die **beiden Regelformen** der zu gewährenden Akteneinsicht bei elektronischer Aktenführung, die über die **Bereitstellung der Akte zum Abruf** oder durch **Übermittlung des Inhalts der Akte auf einem sicheren Übermittlungsweg** auf dem Akteneinsichtsportal erfolgen soll. Für die **erste Variante** der Bereitstellung der Akte zum Abruf bedarf es einer besonders gesicherten Verbindung im öffentlichen Telekommunikationsnetz und entsprechender technischer Kapazitäten aufseiten des Antragstellers. Die Bereitstellung zum Abruf erfolgt für alle Akteneinsichtsberechtigten unter der Internetadresse https://www.akteneinsichtsportal.de; Bund und Länder haben insoweit ein **gemeinsames Akteneinsichtsportal** errichtet. § 2 Abs. 1 der StrafAktEinV bestimmt ergänzend, dass der Inhalt der Akte in Form des sogenannten Repräsentats, also der Sichtakte im PDF-Format bereitzustellen ist (§ 32 Rdn. 9). Das Repräsentat muss von jedem elektronischen Aktenführungssystem jederzeit auf Knopfdruck erstellt werden können. Die Bereitstellung der Akte bzw. des Repräsentats erfolgt für 30 Tage; auf die Bereitstellung muss der Einsichtsberechtigte hingewiesen werden (§ 2 Abs. 2 StrafAktEinV).

3 In der **zweiten Variante**, die erst durch das **Gesetz zur Fortentwicklung der Strafprozessordnung und zur Änderung weiterer Vorschriften** (Rdn. 1) Eingang in das Gesetz gefunden hat, ist nunmehr gleichrangig neben die Bereitstellung des Inhalts der Akten zum Abruf über ein Akteneinsichtsportal die Möglichkeit der Übermittlung des Inhalts der Akten auf einem sicheren Übermittlungsweg getreten. Die sicheren Übermittlungswege sind in § 32a Abs. 4 StPO abschließend aufgezählt (vgl. hierzu § 32a Rdn. 10 ff.). Die Einsicht in den Inhalt der elektronischen Akte erfolgt durch Übermittlung des Repräsentats; Voraussetzung ist, dass die Person, der Akteneinsicht gewährt werden soll, über einen entsprechenden Zugang verfügt (§ 3 Satz 1 StrafAktEinV). Die Auswahl, in welcher der beiden in Satz 1 genannten gleichberechtigten Varianten Akteneinsicht zu gewähren ist, trifft die Einsicht gewährende Behörde oder das Gericht nach pflichtgemäßem Ermessen; dabei wird im Einzelfall vor allem die Datenmenge von Bedeutung sein (vgl. BT-Drs. 19/27654, S. 58). Besondere Relevanz entfaltet die zweite Variante vor allem für die Bußgeldbehörden, weil diese anders als die Gerichte und Staatsanwaltschaften regelmäßig nicht an das Akteneinsichtsportal angebunden sind.

4 Inhaltlich hat die Akte jedenfalls den **Aktenstand** zum **Zeitpunkt der Bewilligung** der Akteneinsicht aufzuweisen. Die Person, der Akteneinsicht gewährt wird, ist auf das Datum des Stands der elektronischen Akte hinzuweisen (§ 2 Abs. 2 Satz 2, § 3 Satz 3 StrafAktEinV). Soweit danach noch Aktenbestandteile hinzukommen, können diese ebenfalls bereitgestellt oder sicher übermittelt werden. Dies wird sich im Regelfall anbieten, einen Anspruch auf Akteneinsicht »in Echtzeit« gewährt § 32f jedoch nicht. Der eigentliche »Abruf« der Akte erfolgt ebenso wie die Übermittlung auf einem sicheren Übermittlungsweg entsprechend der Vorgaben in Art. 7 der Richtlinie 2012/13/EU über das Recht auf Belehrung und Unterrichtung in Strafver-

fahren – ebenso wie bisher die Akteneinsicht in Papierform – **unentgeltlich**. Für die Frage, ob Akteneinsicht gewährt wurde, kommt es allerdings nicht darauf an, ob die Akte auch heruntergeladen oder auch tatsächlich eingesehen wurde, sondern nur darauf, ob sie zum Abruf bereitgestellt oder übermittelt wurde.

5 Die Akteneinsicht wird in der Regel durch das Bereitstellen zum Abruf oder durch Übermittlung des Inhalts der Akte auf einem sicheren Übermittlungsweg gewährt, es sei denn, der Antrag bezieht sich ausdrücklich auf eine **andere Form der Akteneinsicht**. Insoweit regelt **Satz 2**, dass auf **besonderen Antrag** die Akteneinsicht auch durch **Einsichtnahme** in die elektronische Akte **in Diensträumen** gewährt werden kann. Konkret kann die Einsichtnahme »vor Ort« als Äquivalent zur Einsichtnahme in die Papierakte über ein besonderes Einsichtsterminal erfolgen, mit dem die elektronische Akte dem Antragsteller in geeigneter Weise so wahrnehmbar gemacht wird, wie sie auch für die Strafverfolgungsbehörden und Gerichte wahrnehmbar ist. Dies kann sowohl eine bildliche Wiedergabe als auch eine Tonwiedergabe umfassen. § 4 StrafAktEinV bestimmt ergänzend, dass bei der Einsichtnahme in die elektronische Akte in Diensträumen sicherzustellen ist, dass der Akteninhalt nicht von unbefugten Personen wahrgenommen und nicht verändert werden kann. Die Bezeichnung »Diensträume« meint hier nicht das jeweilige Amtszimmer der zuständigen Person(en), sondern allgemein die Räumlichkeiten, die vorübergehend oder dauernd dem öffentlichen Dienst zur Ausübung dienstlicher Tätigkeiten dienen und über die ein Träger öffentlicher Gewalt das Hausrecht ausübt (BT-Drs. 18/9416, S. 56 f.).

6 Nochmals höhere Voraussetzungen sind nach Abs. 1 **Satz 3** an die **ausnahmsweise Übermittlung** eines **Aktenausdrucks** oder eines **Datenträgers** mit dem Inhalt der elektronischen Akte geknüpft. Diese können nur auf **besonders zu begründenden Antrag** bei berechtigtem Interesse verlangt werden. Dabei ist ein berechtigtes Interesse nicht bereits dann anzunehmen, wenn der Antragsteller das Lesen von Papierakten dem Lesen elektronischer Akten am Bildschirm vorzieht, wohl aber, wenn er nicht über die technischen Möglichkeiten verfügt, die Akte abzurufen und ihm das Aufsuchen der Diensträume zum Lesen der Akte »vor Ort« objektiv unzumutbar ist (BT-Drs. 18/9416, S. 57). Die Gewährung der Akteneinsicht durch Ausdruck, die durch das Ausdrucken des Repräsentats zu erfolgen hat, und die Anforderungen an die Übermittlung der Akte auf einem Datenträger sind in §§ 5 und 6 StrafAktEinV näher geregelt. Die Daten auf dem physischen Datenträger sind nach dem Stand der Technik zu verschlüsseln, das Passwort ist dem Akteneinsichtsberechtigten mit gesonderter Post zu übermitteln.

7 Nach Abs. 1 **Satz 4** kann beim **Vorliegen wichtiger Gründe** auch **von Amts wegen** Einsicht in elektronische Akten in den Diensträumen gewährt oder ein Ausdruck oder Datenträger übermittelt werden. Wichtige Gründe können technische Gründe sein, aber auch solche, die bereits bislang nach § 147 Abs. 4 a.F. der Mitgabe der Akten an den Verteidiger entgegenstehen, wie Verschlusssachen oder besonders schutzbedürftige Akteninhalte (vgl. BT-Drs. 18/12203, S. 73). Fraglich ist, ob auch ein geringes Fallaufkommen eine Behörde im Einzelfall berechtigt, von der Möglichkeit der Bereitstellung der Akten auf Abruf über ein Akteneinsichtsportal abzusehen und stattdessen Ausdrucke oder Datenträger an die Akteneinsichtsberechtigten zu übermitteln. Eine Rolle spielt diese Konstellation vor allem im Bußgeldverfahren, für das die für das Strafverfahren normierten Grundsätze gem. § 110c Satz 1 OWiG im Ordnungswidrigkeitenverfahren entsprechende Anwendung finden. Das Feld der Bußgeldbehörden ist äußerst heterogen, zumal fast jede Behörde in bestimmten – möglicherweise praktisch wenig relevanten – Bereichen auch als Bußgeldbehörde tätig ist. Ein Anschluss sämtlicher Bußgeldbehörden an das gemeinsame Akteneinsichtsportal ist kurzfristig nicht zu verwirklichen, die Errichtung eigener Portale für jede Bußgeldbehörde ebenfalls nicht. Ist die Bußgeldbehörde zusätzlich nicht in der Lage, die Akte auf einem sicheren Übermittlungsweg zu übermitteln, wäre diese Konstellation wohl unter den Wortlaut des § 32f Abs. 1 Satz 4 StPO subsumierbar, der grundsätzlichen gesetzlichen Intention einer einfachen elektronischen Zugänglichkeit der Akte entspräche eine solche Auslegung jedoch nicht.

8 **C. Einsicht in Papierakten.** Soweit noch **Papierakten** geführt werden, sollen nach Abs. 2 die bisherigen Grundsätze für die Akteneinsicht fortgelten (vgl. dazu MüKo-StPO/*Thomas/Kämpfer* § 147 Rn. 33 ff.). Das bedeutet, dass die Form der Akteneinsicht insgesamt grundsätzlich im **Ermessen der aktenführenden Stelle** steht (BT-Drs. 18/12203, S. 73 f., zu der zunächst vorgesehenen Regelung, nach der das Bereitstellen zum Abruf auch bei der Papierakte den Regelfall bilden sollte, vgl. BT-Drs. 18/9416, S. 57). Die Einsicht erfolgt bislang in der Regel in die **Originalakte**. In eine **Aktenkopie** wird Einsicht nur gewährt, wenn der Akteneinsichtsberechtigte damit einverstanden ist. Das Einverständnis ist jedoch in der Regel anzunehmen, wenn sonst – wie etwa bei einer Vielzahl von Akteneinsichtsberechtigten – die Einsicht nicht oder nicht zeitnah erfolgen kann (vgl. auch OLG Zweibrücken, B. v. 10.07.2020 – 1 OWi 2 SsBs 51/20). Die **Mitnahme der Akte** durch die Verteidigung und die **Übersendung** in die Geschäftsräume bzw. die Wohnung – auf die allerdings kein Anspruch besteht (offengelassen in BVerfG, NJW 2012, 141 [142] Rn. 30 ff. m.w.N. zur Rspr)

bildeten in der Praxis bislang den Regelfall. § 147 Abs. 4 Satz 1 a.F. hat insoweit normiert, dass die Akten mit Ausnahme der Beweisstücke zur Einsichtnahme in die Geschäftsräume des Verteidigers oder in seine Wohnung auf Antrag mitgegeben werden sollen, soweit nicht wichtige Gründe entgegenstehen. Diese Regelung wird in § 32f Abs. 2 nunmehr nachgezeichnet, allerdings mit anderen Schwerpunkten.

Auch wenn die Formulierung im Gesetzestext eine gewisse Reihenfolge und Priorisierung enthält, sollen nach dem Willen des Gesetzgebers die **bisherigen Möglichkeiten der Akteneinsicht grundsätzlich erhalten bleiben** (BT-Drs. 18/12203, S. 73 f.). Der nunmehr in Satz 1 verankerte **Regelfall**, dass **Akteneinsicht in den Diensträumen** gewährt wird, war bislang nicht ausdrücklich geregelt. I.Ü. ist zu bedenken, dass § 32f Abs. 2 nunmehr auch für die Neuregelung des § 147 Abs. 4 gilt, nach der anders als bisher auch der nicht verteidigte Beschuldigte das Recht haben soll, die Akte umfassend einzusehen. Dieser Regelfall der Einsichtnahme »vor Ort« wird in § 32f Abs. 2 allgemein vorangestellt, während die übrigen in den **Sätzen 2 und** 3 genannten Möglichkeiten der Akteneinsicht in die Papierakte **nur dann** erfolgen sollen, wenn **wichtige Gründe nicht entgegenstehen.** 9

Für die Frage, wann **»wichtige Gründe«** vorliegen, kann grundsätzlich auf die bisherige Rspr. zur Auslegung dieses Begriffs im Rahmen des § 147 Abs. 4 Satz 1 a.F. zurückgegriffen werden (vgl. dazu in Meyer-Goßner/Schmitt/*Köhler* § 32f Rn. 11; MüKo-StPO/*Thomas/Kämpfer* § 147 Rn. 35 m.w.N.). Die Gründe müssen das Interesse des Beschuldigten und der Verteidigung an einer effektiven Akteneinsicht regelmäßig überwiegen. Bloße Verfahrensverzögerungen sind in der Regel kein wichtiger Grund, zumal den Verzögerungen durch die Anfertigung von Aktenkopien begegnet werden kann (zur elektronischen Übermittlung einer eingescannten Akte vgl. OLG Zweibrücken, B. v. 10.07.2020 – 1 OWi 2 SsBs 51/20). Dasselbe gilt für das Fehlen einer schriftlichen Vollmacht (BVerfG NJW 2012, 141 [142]; BVerfG B. v. 14.09.2011 – 2 BvR 449/11] Rn. 27 ff. – Verstoß gegen das Willkürverbot), einen großen Aktenumfang oder Gründe des Datenschutzes. Von einem ordnungsgemäßen Umgang des Verteidigers unter Wahrung der Vertraulichkeit und Integrität der Akten ist auszugehen. Ein wichtiger Grund kann hingegen darin liegen, dass Akten als Verschlusssache gekennzeichnet sind (str. Meyer-Goßner/Schmitt/*Köhler* § 32f Rn. 11 m.w.N. zur Gegenmeinung) oder dass die Gefahr der Einsichtnahme oder Beeinträchtigung durch Dritte besteht (a.A. MüKo-StPO/*Thomas/Kämpfer*, a.a.O.). In § 147 Abs. 4 Satz 2 wird zusätzlich zu der Möglichkeit der Mitgabe einer Aktenkopie auch die Bereitstellung des Inhalts der Papierakte zum Abruf vorgesehen. Dies setzt voraus, dass die Papierakte zunächst nach § 32e in die elektronische Form umgewandelt wird. 10

Nur auf **»besonderen« Antrag** soll nach **Satz 3** auch die Möglichkeit der Mitgabe der Originalakte in die Geschäftsräume und die Wohnung der Verteidigung – der bisherige Regelfall in der Praxis – bestehen. Dies entspricht zwar grundsätzlich der Regelung in § 147 Abs. 4 Satz 1 a.F., allerdings kam das Wort »besonders« vor dem Antrag dort nicht vor. Umgekehrt sind in § 32f Abs. 2 Satz 3 die »Beweisstücke« nicht als Ausnahme genannt. Bei systematischer Betrachtung des § 32f dürfte das Wort »besonders« auf die Reihenfolge in Abs. 1 Bezug nehmen. Dort ist der Regelfall der Akteneinsicht »auf Antrag« und abweichende Möglichkeiten sind auf »besonderen« Antrag vorzunehmen. Der »besondere« Antrag wiederum ist nicht besonders zu begründen, wie sich im Umkehrschluss aus § 32f Abs. 1 Satz 3 ergibt, in dem ein »besonders zu begründender« Antrag ausdrücklich vorgesehen ist. Eine Begründung kann sich im Einzelfall allerdings anbieten. Ein »besonderer« Antrag ist folglich ein Antrag, in dem die Form der Akteneinsicht näher bezeichnet ist. Obwohl nicht ausdrücklich geregelt, besteht auch die Möglichkeit der – dann allerdings kostenpflichtigen – Übersendung in die Geschäftsräume und die Wohnung der Verteidigung fort (BT-Drs. 18/9416, S. 57). Entsprechende »besondere« Anträge könnten somit lauten: »*In der Strafsache gegen XY beantrage ich, mir die Akten zur Einsichtnahme in meine Geschäftsräume/meine Wohnung mitzugeben/zu übersenden*« oder »*In der Strafsache gegen XY beantrage ich Akteneinsicht gemäß § 32f Abs. 2 Satz 3 StPO durch Mitgabe/Übersendung der Akten in meine Geschäftsräume/Wohnung.*« Wird hingegen nur »Akteneinsicht« beantragt, dürfte dieser Antrag – ohne weitere Umstände wie etwa eine weite Entfernung des Verteidigers zum Ort der Strafverfolgungsbehörde oder dem Gericht – als »einfacher« Antrag auszulegen sein, dem gem. § 32f Abs. 2 Satz 1 durch Einsichtnahme in den Diensträumen nach § 32f Abs. 2 Satz 1 Rechnung zu tragen ist. Im Zweifel sollte der Antrag nachträglich – auch mündlich gegenüber der Geschäftsstelle, die einen entsprechenden Vermerk fertigt – konkretisiert werden. 11

Die Nennung der Ausnahme für die »Beweisstücke« ist nach dem Willen des Gesetzgebers entbehrlich, weil Beweisstücke grundsätzlich nur besichtigt werden dürfen. Soweit sich Beweisstücke in amtlicher Verwahrung befinden, dürften sie daher bereits aus diesem Grunde weder an die Verteidigung, noch an den Beschuldigten mitübersandt werden. Soweit sie sich in Papierform bei den Akten befinden, sollen – als solche kenntlich zu machende – Kopien zu fertigen sein (BT-Drs. 18/9416, S. 57). Wie in § 32e bestimmt, unterscheidet das Gesetz in Dokumente, die als Beweismittel sichergestellt wurden (»Beweismittel-Dokumente«) und sons- 12 tige Dokumente (s.o., § 32e Rdn. 4). An dem Grundsatz, dass Beweismittel nur vor Ort besichtigt werden dürfen, ändert die Neuregelung daher ebenfalls nichts.

13 **D. Verfahren.** Die Ablehnung der konkret beantragten Akteneinsichtsmöglichkeit erfordert einen **Bescheid.** Ist in dem Ersuchen ein berechtigtes oder ein rechtliches Interesse an der Akteneinsicht dargelegt, so muss dieser Bescheid eine **kurze Begründung** enthalten und nach Nr. 188 Abs. 1 Satz 1 RiStBV erkennen lassen, dass dieses Interesse gegen entgegenstehende Interessen abgewogen worden ist. Eine Begründung des Bescheides kann unterbleiben, soweit hierdurch der Untersuchungszweck gefährdet werden könnte (Nr. 188 Abs. 1 Satz 2 RiStBV).

14 **Entscheidungen** über das »wie« der Akteneinsicht nach den Absätzen 1 und 2 sind nach § 32f Abs. 3 **nicht anfechtbar**, da kein Anspruch auf eine bestimmte Form der Akteneinsicht besteht, solange die jeweils gewährte Form das Recht auf eine effektive Verteidigung nicht beschneidet. Dies gilt sowohl für die Verteidigung als auch für die Staatsanwaltschaft und galt zuvor auch schon gem. § 147 Abs. 4 Satz 2 StPO a.F. (OLG Hamburg, wistra 2018, 229 f.; OLG Saarbrücken, StraFo 2019, 63, 64 ff., OLG Koblenz, B. v. 30.03.2021 – 5 Ws 16/21; jew. m.w.N.; KK/*Graf* § 32f Rn. 16; krit. HK-StPO/*Pollähne* § 32f Rn. 6). Anfechtbar ist die Entscheidung hingegen für solche Daten, die noch der Durchsicht gem. § 110 Abs. 1 bedürfen. Zu Beweisstücken werden diese Daten erst, wenn eine Beschlagnahmeanordnung ergangen ist, erst dann entsteht auch das Besichtigungsrecht der Verteidigung (OLG Koblenz, B. v. 30.03.2021 – 5 Ws 16/21; OLG Thüringen NJW 2001, 1290 ff.).

15 **E. Datenschutz.** Mit der elektronischen Aktenführung wird nicht nur die Kommunikation zwischen den Verfahrensbeteiligten schneller und effektiver, auch die Möglichkeiten der **Vervielfältigung, Veröffentlichung und Verbreitung von Akteninhalten** werden einfacher. § 32f enthält in den Absätzen 4 und 5 daher Vorgaben, die einen **Missbrauch verhindern** und den **Datenschutz** gewährleisten sollen. In Abs. 6 ist eine Verordnungsermächtigung für eine Verordnung enthalten, mit der die Bundesregierung nicht nur ermächtigt wird, die Standards zum Aktenabruf und der Einsichtnahme zu definieren, sondern auch die Anforderungen an die Datensicherheit näher auszugestalten. § 7 StrafAktEinV enthält insoweit besondere Vorgaben für die Belehrung des Akteneinsichtsberechtigten, nach denen auf die Zweckbindung der Akteneinsicht und der Herausgabe der personenbezogenen Daten, die Strafbewehrung einer Offenbarung oder Veröffentlichung gem. § 353d StGB und die Löschungspflicht nach Zweckerreichung bzw. -wegfall hinzuweisen ist.

16 Nach Abs. 4 Satz 1 ist zudem durch **technische und organisatorische Maßnahmen** zu gewährleisten, dass Dritte im Rahmen der Akteneinsicht keine Kenntnis vom Akteninhalt nehmen können. Adressat dieser Verpflichtung ist nicht nur der Einsicht-Gewährende, sondern auch der Einsicht-Nehmende. Der **Name derjenigen Person**, der Akteneinsicht gewährt wird, soll in den abgerufenen Akten oder auf den übermittelten elektronischen Dokumenten nach dem Stand der Technik **dauerhaft erkennbar** gemacht werden (nach dem aktuellen Stand der Technik etwa über ein **Wasserzeichen**). Eine entsprechende Bestimmung trifft § 2 Abs. 1 Satz 2 StrafAktEinV für das Repräsentat, das Grundlage der Akteneinsicht ist. Vorbild für diese Regelung war die das bei der due-diligence-Prüfung in Unternehmen bereits bewährte Verfahren bei der Einsicht in vertrauliche Unternehmensunterlagen. Damit soll eine Hemmschwelle aufgebaut werden, die Akten unberechtigt weiterzugeben oder zu veröffentlichen (BT-Drs. 18/9416, S. 58). Die Pflicht zur Anbringung von Wasserzeichen dürfte sich nach dem Wortlaut des Absatzes 4 Satz 2 (»in abgerufenen Akten und auf übermittelten elektronischen Dokumenten«) nur auf solche Varianten der Akteneinsicht beziehen, bei der tatsächlich elektronische Dokumente übermittelt werden, d.h. beim Abruf nach Bereitstellung über ein Webportal (§ 2 StrafAktEinV), bei der Übermittlung auf einem sicheren Übermittlungsweg (§ 3 StrafAktEinV) und bei der Übermittlung auf einem physischen Datenträger (§ 6 StrafAktEinV), nicht hingegen bei der Einsichtnahme in den Diensträumen (§ 4 StrafAktEinV) und beim Aktenausdruck (§ 5 StrafAktEinV).

17 **Abs. 5** komplettiert den Schutz, indem eine **Zweckbindung** für die Weitergabe von Akten, Dokumenten, Ausdrucken oder Abschriften festgelegt wird, in die Einsicht nach den Absätzen 1 und 2 gewährt wurde. Diese dürfen weder ganz noch teilweise öffentlich verbreitet oder Dritten zu verfahrensfremden Zwecken übermittelt oder zugänglich gemacht werden. Verfahrenszwecke sind nur solche des konkreten Strafverfahrens. Der Verteidiger darf daher etwa seinem Mandanten oder einem Sachverständigen die Akte zugänglich machen, sich aber nicht an Journalisten oder sonstige Dritte weitergeben. Auch personenbezogene Daten dürfen nur zu dem Zweck verwendet werden, für den die Akteneinsicht gewährt wurde. Für andere Zwecke dürfen sie diese Daten nur verwendet werden, wenn dafür Auskunft oder Akteneinsicht gewährt werden dürfte. Auf die Zweckbindung ist **jeder Akteneinsicht-Nehmende** nach Abs. 5 Satz 4 gesondert **hinzuweisen**; vgl. insoweit die Belehrung gem. § 7 StrafAktEinV (Rdn. 15).

18 Zu den in der **Rechtsverordnung** nach Abs. 6 näher zu konkretisierenden Anforderungen an die **Datensicherheit** gehört etwa die Gewährleistung der Integrität der Daten, also der Schutz vor nachträglicher Ver-

änderung durch den Einsicht-Nehmenden, der durch eine geeignete Konfiguration der Hard- oder Software oder durch Wiedergabe einer Kopie sichergestellt werden muss. Dies gilt hauptsächlich in den Fällen, in denen der Einsicht-Nehmende die Akte »vor Ort« in den Diensträumen über entsprechende Geräte einsieht. Insoweit regelt § 4 StrafAktEinV, dass bei der Einsichtnahme in die elektronische Akte in Diensträumen sicherzustellen ist, dass der Akteninhalt nicht verändert werden können soll, was maschinell von den verwendeten E-Akten-Systemen etwa durch einen »Lesemodus« gewährleistet wird.

Abschnitt 4a. Gerichtliche Entscheidungen

§ 33 Gewährung rechtlichen Gehörs vor einer Entscheidung

(1) Eine Entscheidung des Gerichts, die im Laufe einer Hauptverhandlung ergeht, wird nach Anhörung der Beteiligten erlassen.

(2) Eine Entscheidung des Gerichts, die außerhalb einer Hauptverhandlung ergeht, wird nach schriftlicher oder mündlicher Erklärung der Staatsanwaltschaft erlassen.

(3) Bei einer in Absatz 2 bezeichneten Entscheidung ist ein anderer Beteiligter zu hören, bevor zu seinem Nachteil Tatsachen oder Beweisergebnisse, zu denen er noch nicht gehört worden ist, verwertet werden.

(4) [1]Bei Anordnung von Untersuchungshaft, der Beschlagnahme oder anderer Maßnahmen ist Absatz 3 nicht anzuwenden, wenn die vorherige Anhörung den Zweck der Anordnung gefährden würde. [2]Vorschriften, welche die Anhörung der Beteiligten besonders regeln, werden durch Absatz 3 nicht berührt.

Übersicht

1 **A. Grundsätzliches.** Die Vorschrift **konkretisiert** den grundlegenden **Anspruch** der Verfahrensbeteiligten **auf rechtliches Gehör**, wie ihn das BVerfG in zahlreichen Entscheidungen seit BVerfGE 1, 429 herausgearbeitet hat (vgl. BT-Drs. III/2037, S. 18). Sie geht über den verfassungsrechtlichen Anspruch auf rechtliches Gehör (Art 103 Abs. 1 GG: »Vor Gericht hat jedermann Anspruch auf rechtliches Gehör«) hinaus, weil sie auch Verfahrensbeteiligte begünstigt, die sich nicht auf das Justizgrundrecht des Art. 103 Abs. 1 GG berufen können (wie etwa die Staatsanwaltschaft). Besondere Ausformungen des Anspruchs auf rechtliches Gehör finden sich in den Vorschriften über Rechtsmittel (vgl. § 308 Abs. 1 Satz 1 und § 311a Abs. 1 für die Beschwerde, § 320 Abs. 1 Satz 1 für die Berufung und § 347 Abs. 1 Satz 1 für die Revision) und im Strafbefehlsverfahren (§ 407 Abs. 3) sowie in einer Vielzahl weiterer Einzelvorschriften der StPO (vgl. LR/*Graalmann-Scheerer* § 33 Rn. 39). Gegenüber den spezielleren Vorschriften in der StPO und anderen Gesetzen (etwa § 407 Abs. 1 AO für die am Steuerstrafverfahren beteiligte Finanzbehörde) gilt die allgemeine Regelung in § 33 ergänzend. Auch für die Auslegung der spezielleren (und häufig älteren) Vorschriften ist auf § 33 zurückzugreifen, weil die Norm die aktuellen allgemeinen Vorstellungen des Gesetzgebers über die Gewährung rechtlichen Gehörs enthält.

2 **Rechtliches Gehör** in diesem Sinne bedeutet, dass den Verfahrensbeteiligten der Sachverhalt, wie er dem Gericht zur Beurteilung vorliegt und soweit er nicht bereits bekannt ist, sowie das Thema der anstehenden Entscheidung richtig und vollständig mitgeteilt werden und dass ausreichend Gelegenheit gegeben wird, sich hierzu vor Erlass der Entscheidung zu äußern (BGH NJW 1989, 2403 [2407]). Hingegen ist das Gericht regelmäßig weder nach § 33, Art. 103 Abs. 1 GG noch unter dem Gesichtspunkt des fair trial gehalten, die Verfahrensbeteiligten, insb. den Angeklagten bzw. dessen Verteidiger, auf die seiner Entscheidung zugrunde liegenden rechtlichen Erwägungen vorher hinzuweisen, wenn die rechtliche Beurteilung im Rahmen dessen liegt, was nach Rspr. und Lehre voraussehbar ist und was ein vernünftiger Angeklagter auf der Grundlage des ihm bereits bekannten oder bekanntgemachten Sachverhalts noch erwarten kann (BGH NJW 1989, 2403 [2407], vgl. auch BGHSt 22, 336 [339 f.]). Das Gericht ist insb. nicht verpflichtet, einen rechtskundig vertretenen Angeklagten über seine rechtliche Einschätzung einer bestimmten, dem Angeklagten bekannten prozessualen Situation und die rechtlichen Folgen einer anstehenden gerichtlichen Entscheidung aufzuklären oder gar hierüber in einen rechtlichen Dialog mit dem Angeklagten einzutreten (BGH NJW 1989, 2403 [2407]). Eine Hinweispflicht besteht lediglich in den Ausnahmefällen, dass das Gericht von einer feststehenden höchstrichterlichen Rspr. oder einer selbst früher geäußerten Rechtsauffassung abweichen will.

Auch wenn demnach kein Rechtsanspruch auf einen rechtlichen Dialog besteht (Meyer-Goßner/*Schmitt* § 33 Rn. 1), ist es doch in aller Regel sinnvoll und im Sinne fairer Verhandlungsführung geboten, einen solchen Dialog mit allen Verfahrensbeteiligten zu führen, zumal eine solche **offene Verhandlungsweise** oftmals zu einer Verkürzung des Verfahrens führen kann (vgl. auch BVerfG NJW 2013, 1058 ff. Rn. 106: »Eine offene, kommunikative Verhandlungsführung kann der Verfahrensförderung dienlich sein und ist daher heute selbstverständliche Anforderung an eine sachgerechte Prozessleitung.«).

3 **B. Regelungszweck/Anwendungsbereich.** Anzuhören sind die Verfahrensbeteiligten, bevor Entscheidungen des Gerichts erlassen werden. Entscheidungen der Staatsanwaltschaft oder anderer Behörden wie etwa der Finanzbehörden, die in Steuerstrafverfahren teilweise die Stellung der Staatsanwaltschaft einnehmen, zählen hierzu nicht; § 33 ist insoweit auch nicht analog anwendbar. **Entscheidungen** sind jedenfalls alle Urteile oder Beschlüsse des Gerichts, die unmittelbar (jedenfalls auch) andere Verfahrensbeteiligte betreffen. Rein gerichtsinterne Entscheidungen ohne unmittelbare Außenwirkung wie etwa die Geschäftsverteilung innerhalb einer Kammer sind davon nicht erfasst, auch wenn sie in Beschlussform ergehen (vgl. § 21g GVG). Welche anderen Entscheidungen hierunter fallen, ist im Einzelnen umstritten (vgl. umfassend LR/*Graalmann-Scheerer* § 33 Rn. 4 ff. m.w.N.). Nach Sinn und Zweck der Norm kommt es darauf an, ob die Entscheidung in die sachlich-rechtliche oder verfahrensrechtliche Rechtsstellung eines Verfahrensbeteiligten eingreift (vgl. Meyer-Goßner/*Schmitt* § 33 Rn. 2) oder die Rechtslage sonst unmittelbar mit Außenwirkung ändert (wie etwa bei einem Freispruch oder der Einstellung des Verfahrens).

4 Bei **prozessleitenden Verfügungen** und Entscheidungen, die lediglich den Gang des Verfahrens regeln, ist nach herkömmlicher Auffassung keine Anhörung erforderlich, weil sie keine Eingriffe in Rechte oder Rechtsstellungen bewirken oder sonst die Rechtslage unmittelbar ändern, sondern dieses nur vorbereiten (vgl. LR/*Graalmann-Scheerer* § 33 Rn. 7 m.w.N.; Meyer-Goßner/*Schmitt* § 33 Rn. 2; KMR/*Ziegler* § 33 Rn. 2; a.A. noch die Vorauflage KMR/*Paulus* § 33 Rn. 2). Als besonderes Problem hat sich hierbei die **Terminierung**, insb. in Großverfahren, erwiesen. Die Anhörung der Verteidiger und der übrigen Verfahrensbeteiligten vor der Terminierung ist sinnvoll und verhindert spätere Verlegungsanträge, denen nachzugehen sich bei nachvollziehbarem Begehren selten vermeiden lassen wird (vgl. BGH NStZ-RR 2010, 312; LR/*Lüderssen/Jahn* § 137 Rn. 27a). Rechtlich verpflichtet ist der Vorsitzende hierzu vor seiner Terminierung (§ 213) gerade bei einer Vielzahl von Verfahrensbeteiligten allerdings nicht unbedingt (vgl. OLG Frankfurt/Main NStZ-RR 1997, 272; vgl. auch KG StV 2009, 577 m. abl. Anm. *Schlothauer*). Zumeist wird sich anbieten, schon mit der Anklagezustellung die für den Fall der Eröffnung ins Auge gefassten späteren Termine vorab mitzuteilen, damit die Verfahrensbeteiligten Gelegenheit haben, sich hierauf einzurichten und Einwände frühzeitig vorzubringen.

5 Anzuhören sind die Beteiligten **vor Erlass** der Entscheidung. Erlassen sind Entscheidungen in der Hauptverhandlung, wenn sie verkündet werden (vgl. § 35 Abs. 1 Satz 1 und § 268 Abs. 2 Satz 1); dies gilt unabhängig davon, ob der Betroffene (wie etwa ein unentschuldigt nicht erschienener Angeklagter oder Zeuge) dabei anwesend ist oder nicht (vgl. LR/*Graalmann-Scheerer* § 33 Rn. 10). Schriftliche Entscheidungen außerhalb der Hauptverhandlung sind nicht schon erlassen, sobald sie nach vollständiger Abfassung zur Kenntnis für Personen außerhalb des Gerichts bestimmt werden (so noch RGSt 56, 358 [360]), sondern in der Regel erst, wenn sie von der Geschäftsstelle an eine Behörde oder Person außerhalb des Gerichts hinausgegeben worden sind und eine Abänderung damit tatsächlich unmöglich ist (BGH NStZ 2011, 713; NStZ 2012, 710 f.; noch offengelassen von BGH NStZ 1994, 96 f.; im Einzelnen umstritten, vgl. nur Meyer-Goßner/*Schmitt* Vor § 33 Rn. 5 ff.; LR/*Graalmann-Scheerer* § 33 Rn. 9 ff., je m.w.N.). Anders verhält es sich bei Beschlüssen, die nach rechtzeitiger Einlegung eines Rechtsmittels unmittelbar die Rechtskraft einer Entscheidung herbeiführen (insb. Entscheidungen nach § 349 Abs. 2). Diese sind bereits dann erlassen, wenn sie mit den Unterschriften der Richter versehen in den Geschäftsgang gegeben werden (BGH NStZ 1994, 96 f.; 2011, 713; 2012, 710 f.).

6 **Beteiligte** sind alle Verfahrensbeteiligte wie der Beschuldigte, sein Verteidiger, die Staatsanwaltschaft, der Nebenkläger oder sein Vertreter, der Verfalls- und Einziehungsbeteiligte, der Erziehungsberechtigte bzw. gesetzliche Vertreter im Jugendverfahren, die Finanzbehörde in Steuerstrafverfahren, aber auch jeder andere, der von einer gerichtlichen Entscheidung sonst in seinen Rechten unmittelbar betroffen ist (vgl. BGHSt 19, 7 [15]) wie etwa der Zeuge bei der Verhängung von Zwangsmaßnahmen oder der Zuschauer bei der Verhängung von Ordnungsmitteln (vgl. LR/*Graalmann-Scheerer* § 33 Rn. 18).

7 **C. Anhörung in und außerhalb der Hauptverhandlung.** Die Anhörung bei **Entscheidungen in der Hauptverhandlung** erfolgt, indem den Anwesenden vor Erlass der Entscheidung Gelegenheit zur mündlichen Stellungnahme eingeräumt wird. Ein Anspruch auf schriftliche Stellungnahme besteht nicht. Ohnehin bestimmt das Gericht die Form der Anhörung nach seinem Ermessen (vgl. BGH NStZ 1993, 500). Für eine sachgemäße Äußerung muss den Beteiligten bewusst sein, dass das Gericht eine bestimmte Entscheidung

treffen will. Ergeht die Entscheidung auf einen Antrag eines der Verfahrensbeteiligten hin, wird den übrigen Verfahrensbeteiligten Gelegenheit zur Stellungnahme zu diesem Antrag gegeben. Will das Gericht von Amts wegen tätig werden, hat es den Verfahrensbeteiligten kurz mitzuteilen, dass es beabsichtigt, über eine bestimmte Frage zu entscheiden (vgl. Meyer-Goßner/*Schmitt* § 33 Rn. 5). Wie es zu entscheiden beabsichtigt, muss das Gericht nicht offenlegen, sofern klar ist, worüber entschieden wird (siehe auch oben Rdn. 2).

Dem rechtlichen Gehör ist Genüge getan, wenn die Beteiligten erkennbar **Gelegenheit** erhalten haben, sich 8
zu äußern (RGSt 47, 342 [343]); sie brauchen in der Regel nicht ausdrücklich zur Äußerung aufgefordert zu werden (BGHSt 17, 337 [340]; BGH NStZ 1993, 500). Der Grundsatz des rechtlichen Gehörs beherrscht die ganze Hauptverhandlung, ihm kann in vielfältiger Weise Rechnung getragen werden. Die Anhörung vor einer im Laufe der Hauptverhandlung ergehenden Entscheidung über das weitere Verfahren stellt deshalb grundsätzlich auch **keine protokollpflichtige** wesentliche **Förmlichkeit** im Sinne der §§ 273, 274 dar (BGH NStZ 1993, 500 m.w.N.; a.A. KMR/*Ziegler* § 33 Rn. 27; SK/*Weßlau/Weißer* § 33 Rn. 11; Meyer-Goßner/*Schmitt* § 33 Rn. 8). Offengelassen hat der BGH, ob einem nicht durch einen Rechtsanwalt verteidigten Angeklagten vor einer gerichtlichen Entscheidung ausdrücklich Gelegenheit zur Stellungnahme zu geben und ob eine derartige Aufforderung eine protokollierungspflichtige wesentliche Förmlichkeit im Sinne des § 273 Abs. 1 ist (BGH NStZ 1993, 500); diese Frage dürfte eher zu verneinen sein. Wer in der Hauptverhandlung aus Gründen, die er zu vertreten hat, nicht anwesend ist, obwohl er hierzu Gelegenheit hatte, muss nicht etwa noch außerhalb der Hauptverhandlung zusätzlich angehört werden, bevor eine ihm nachteilige Entscheidung in der Hauptverhandlung ergeht (vgl. SK/*Weßlau/Weißer* § 33 Rn. 25 f.), denn durch seine Abwesenheit hat er konkludent darauf verzichtet. Rechtliches Gehör meint nur, dass effektive Gelegenheit zur Beteiligung gegeben werden muss, nicht mehr. Entsprechendes wie für Entscheidungen in der Hauptverhandlung gilt für Entscheidungen aufgrund sonstiger mündlicher Verhandlung (etwa in Fällen von §§ 118a, 124 Abs. 2 Satz 3, 138d; vgl. LR/*Graalmann-Scheerer* § 33 Rn. 32) und für Entscheidungen, die wie etwa der Bewährungswiderruf bei Weisungsverstoß (§ 453 Abs. 1 Satz 3) oder die Bewährungsaussetzung (vgl. § 454 Abs. 1 Satz 3), nach mündlicher Anhörung ergehen.

Bei **Entscheidungen außerhalb der Hauptverhandlung** unterscheidet § 33 Abs. 2 und Abs. 3 zwischen 9
der Anhörung der Staatsanwaltschaft und der Anhörung anderer Beteiligter. Die **Staatsanwaltschaft** ist als Garantin eines rechtsförmigen Verfahrens (Nr. 127 Abs. 1 Nr. 1 RiStBV) immer zu hören, andere Beteiligte nur, wenn Entscheidungen zu ihren Lasten ergehen und dabei ihnen noch nicht bekannte Tatsachen verwertet werden. Die Staatsanwaltschaft kann sich mündlich (insb. in eiligen Fällen telefonisch) oder schriftlich äußern; die mündliche Äußerung hat der Richter in einem Aktenvermerk zu dokumentieren. Äußert sich die Staatsanwaltschaft nicht, obwohl sie hierzu Gelegenheit hatte, ist § 33 Abs. 2 Genüge getan. Wegen der allgemeinen Regelung in § 33 eigentlich überflüssige besondere Vorschriften über das Gehör der Staatsanwaltschaft bei Nachtragsentscheidungen (etwa über die Strafaussetzung, die Strafvollstreckung oder die nachträgliche Gesamtstrafenbildung) enthalten § 453 Abs. 1 Satz 2, § 454 Abs. 1 Satz 2, § 462 Abs. 2 Satz 1 (hierzu zuletzt OLG Düsseldorf NStZ-RR 2015, 20 f.; OLG Frankfurt/Main NStZ-RR 2012, 323) und § 463 Abs. 5 (hierzu insgesamt näher LR/*Graalmann-Scheerer* § 33 Rn. 30).

Andere Beteiligte sind bei Entscheidungen außerhalb der Hauptverhandlung nicht in jedem Fall anzuhören 10
sofern dies nicht durch andere Vorschriften, die nach § 33 Abs. 4 Satz 2 unberührt bleiben, besonders vorgesehen ist. Sie werden nur angehört, wenn die Entscheidung zu ihrem Nachteil ergehen soll und bei der Entscheidung ihnen bislang unbekannte **Tatsachen oder Beweisergebnisse** verwertet werden. **Tatsachen** sind alle Geschehnisse, auch prozessualer Art, die dem Beweis zugänglich sind, wozu auch innere Tatsachen gehören; **Beweisergebnisse** sind die Resultate der im Laufe des Verfahrens erfolgten Beweiserhebungen (Zeugenaussagen, Sachverständigengutachten etc.). Das Gegenstück hierzu sind bloße Rechtsauffassungen (OLG Düsseldorf VRS 82, 189) und reine Werturteile, sofern sie nicht – wie häufig – einen Tatsachenkern enthalten (vgl. LR/*Graalmann-Scheerer* § 33 Rn. 34). Nach der Rspr. des Bundesverfassungsgerichts sollen über den Wortlaut der Bestimmungen im engeren Sinne hinaus nicht nur Tatsachen und Beweisergebnisse erfasst sein, sondern »jeder Aspekt« des rechtlichen Gehörs (BVerfGE 42, 243, 250; BVerfG, Beschl. v. 18.09.2018 – 2 BvR 745/18, NJW 2019, 41 [42]; Beschl. v. 19.01.2006 – 2 BvR 1075/05, NJW 2006, 1048; BVerfG, Beschl. v. 15.07.2016 – 2 BvR 857/14). Insb. in Haftfällen soll eine gerichtliche Entscheidung nur auf Tatsachen und Beweismittel gestützt werden dürfen, die dem Beschuldigten durch Akteneinsicht der Verteidigung bekannt sind (BVerfG NJW 2019, 41 [42] m. w. N.). Der zugrunde liegende Fall betraf die Übermittlung von Stellungnahmen der Generalstaatsanwaltschaft, die dem Betroffenen vor der Entscheidung nicht zur Kenntnis übermittelt wurden. Zu berücksichtigen seien von den deutschen Strafgerichten in diesem Zusammenhang Art. 5 Abs. 4, 6 Abs. 1 EMRK und die Leitlinien, die der Europäische Gerichtshof für Menschenrechte in der Sache Stollenwerk entwickelt habe (EGMR, Urt. v. 07.09.2017 – 8844/12 – »Stollenwerk v. Germany«). Der EGMR fordere, dass ein Verfahrensbeteiligter über die Stellungnahmen eines anderen Verfahrensbe-

teiligten informiert werde und die realistische Möglichkeit bestehe, dazu ebenfalls Stellung zu nehmen; es sei nicht Sache des erkennenden Gerichts, den Inhalt der jeweiligen Stellungnahme zu bewerten und die Frage, ob eine Stellungnahme der Gegenseite zur Kenntnis zu übersenden sei, von dieser Bewertung abhängig zu machen. Zu dieser Auffassung gelangt man indes auch mit der gebotenen weiten Auslegung des Begriffs der Tatsache, weil es sich bei den Stellungnahmen der Verfahrensbeteiligten um prozessuale Tatsachen handeln dürfte. § 33 bleibt somit hinter dem prozessualen Grundrecht des Art. 103 Abs. 1 GG nicht zurück (so auch Meyer-Goßner/*Schmitt* § 33 Rn. 1).Ebenfalls aus dem Wortlaut des § 33 ergibt sich, insofern auch im Einklang mit der Rspr. des Bundesverfassungsgerichts, dass die Anhörungspflicht ferner nur die Tatsachen oder Beweisergebnisse betrifft, die sich auch im Ergebnis für den Beteiligten nachteilig auswirken, also die Entscheidung tragen (vgl. BVerfG a.a.O.; Meyer-Goßner/*Schmitt* § 33 Rn. 13 m.w.N.). Zu bloßen Förmlichkeiten, die Voraussetzung der gerichtlichen Entscheidung sind (etwa unbegründete Nichtabhilfeentscheidung im Rahmen des Beschwerdeverfahrens nach § 306 Abs. 2), muss nicht angehört werden. Hat bereits die Staatsanwaltschaft (oder die Kriminalpolizei) die Beteiligten angehört, sind die damit vorgetragenen Tatsachen oder Beweisergebnisse den Beteiligten nicht mehr unbekannt und weiteres rechtliches Gehör nicht mehr notwendig, sofern Gelegenheit zur Stellungnahme bestand (vgl. LR/*Graalmann-Scheerer* § 33 Rn. 33).

11 Sofern der Angeklagte verteidigt ist, **genügt** zu seiner Anhörung die **Anhörung des Verteidigers** (vgl. LR/*Graalmann-Scheerer* § 33 Rn. 20 m.w.N.), allerdings darf nicht umgekehrt bei dem verteidigten Beschuldigten nur dieser und nicht sein Verteidiger gehört werden (vgl. BGHSt 25, 252). Sind mehrere Verteidiger für den Beschuldigten tätig, reicht zur Wahrung des rechtlichen Gehörs des Beschuldigten die Anhörung von einem von ihnen aus. So müssen etwa die dienstlichen Erklärungen wegen Befangenheit abgelehnter Richter (§ 26 Abs. 3) nur einem von mehreren Verteidigern mit der Gelegenheit zur Stellungnahme zugeleitet werden, um das rechtliche Gehör des Angeklagten zu wahren. Ist ein Verfahrensbeteiligter aus Gründen, die er zu vertreten hat, nicht erreichbar, ist der Anspruch auf rechtliches Gehör verwirkt. Um rechtliches Gehör gewährt zu bekommen, muss der Beteiligte wenigstens die Mindestvoraussetzung hierfür schaffen, nämlich als Ansprechpartner für das Gericht erreichbar sein. Die Gewährung rechtlichen Gehörs außerhalb der Hauptverhandlung erfolgt beim verteidigten Beschuldigten in aller Regel dadurch, dass dem Verteidiger **Akteneinsicht** gewährt wird (vgl. BVerfG NStZ 2007, 274; NStZ-RR 2008, 16 [17]); dies gilt entsprechend für sonstige anwaltlich vertretene Verfahrensbeteiligte. Sofern nicht ein Fall des § 33 Abs. 4 Satz 1 bzw. § 147 Abs. 2 Satz 1 vorliegt, muss die Akteneinsicht alle für die Entscheidung erheblichen Aktenbestandteile betreffen. Jedenfalls im Beschwerdeverfahren kann eine Entscheidung nur auf solche Informationen gestützt werden, die auch der Verteidiger kennen kann (vgl. BVerfGK 10, 7 [9]; 7, 205 [211]; 3, 197 [204]; BVerfG NStZ-RR 2013, 379; 2008, 16; LG Berlin StV 2010, 352; hierzu umfassend auch *Börner* NStZ 2007, 682 und NStZ 2010, 417).

12 **D. Absehen von Anhörung.** In **Ausnahmefällen** ist eine Gewährung rechtlichen Gehörs vor der gerichtlichen Entscheidung nicht möglich, weil dadurch der Zweck der Maßnahme vereitelt würde. Bestimmte prozessuale Zwangsmaßnahmen sollen die Beteiligten gerade überraschen, um etwa das Beiseiteschaffen von Beweismitteln oder die Flucht des Beschuldigten zu verhindern. Für derartige Fälle sieht § 33 Abs. 4 eine eng begrenzte Ausnahme vom Grundsatz des vorherigen rechtlichen Gehörs vor. Eine **Gefährdung des Anordnungszwecks** bei vorheriger Anhörung liegt grundsätzlich bei allen heimlichen und überraschenden strafprozessualen Ermittlungsmaßnahmen (also etwa §§ 99, 100a ff., 110a ff., 131 ff.) und bei überraschenden Zwangsmaßnahmen (insb. §§ 102 ff., 112 ff.) vor. Die Bestellung eines Zustellungsbevollmächtigten gem. § 132 stellt keine solche überraschende Zwangsmaßnahme dar (AG Kehl NStZ-RR 2016, 17 f.); die Bestellung wird bei einem Verstoß gegen die Gewährung des vorherigen rechtlichen Gehörs jedoch nicht unwirksam, sondern kann im nachträglichen Überprüfungsverfahren geheilt werden (LG Offenburg, B. v. 13.07.2016 – 3 Qs 116/15, juris; a.A. AG Kehl NStZ-RR 2016, 17 f.). Die Beschlagnahme von E-Mails auf dem Server eines Providers soll den Betroffenen überraschen, dennoch handelt es sich nicht um eine heimliche Ermittlungsmaßnahme, sodass deren Anordnung den davon Betroffenen und den Verfahrensbeteiligten wie bei einer Durchsuchung zeitgleich mit der Vollstreckung bekannt zu machen ist (BGH NJW 2010, 1297 [1298]; NStZ 2015, 704 [705]; s. auch § 36 Rdn. 1). Die Vorschrift des § 33 Abs. 4 gilt entsprechend, wenn die vorherige Anhörung Leib und Leben anderer gefährden könnte oder aus tatsächlichen Gründen unmöglich ist (Meyer-Goßner/*Schmitt* § 33 Rn. 17). Vor Verhängung eines Ordnungsmittels kann von der Gewährung rechtlichen Gehörs abgesehen werden, wenn der Ungebührwille außer Frage steht und mit weiteren Ausfällen des Betroffenen zu rechnen ist (OLG Brandenburg wistra 2014, 79 [80]; OLG Rostock, Beschl. v. 16.10.2018 – 20 Ws 174/18; OLG Hamburg, Beschl. v. 07.02.2018 – 2 Ws 22/18; OLG Celle, Beschl. v. 17.01.2012 – 1 Ws 504/11).

13 Rechtliches Gehör ist in allen diesen Fällen **nachträglich** zu ermöglichen. Ist die gerichtliche Entscheidung – wie in aller Regel – anfechtbar, wird rechtliches Gehör im **Beschwerdeverfahren** gewährt (BVerfGK 10, 7 [9];

7, 205 [211]; 3, 197 [204]; BVerfG NStZ-RR 2013, 379; 2008, 16; Meyer-Goßner/*Schmitt* § 33 Rn. 18). In aller Regel wird der anordnende Richter im Rahmen der Abhilfeprüfung (§ 306 Abs. 2) schon das rechtliche Gehör gewähren müssen (vgl. LR/*Graalmann-Scheerer* § 33 Rn. 44), anderenfalls das Beschwerdegericht dies nachzuholen hat. Eine dem Betroffenen nachteilige Gerichtsentscheidung kann jedenfalls in der Beschwerdeinstanz nur auf der Grundlage solcher Tatsachen und Beweismittel getroffen werden, über die er zuvor sachgemäß unterrichtet wurde und zu denen er sich äußern konnte; hiermit kann die Notwendigkeit einhergehen, ihm oder seinem Verteidiger **Akteneinsicht** zu gewähren, anderenfalls allein wegen Verweigerung von Akteneinsicht der Beschwerde Erfolg beschieden sein kann (vgl. LG Berlin StV 2010, 352 m.w.N.; *Mosbacher* JuS 2010, 689 [693 f.]; *Börner* NStZ 2010, 417). Gegebenenfalls ist mit der Beschwerdeentscheidung zuzuwarten, bis Akteneinsicht gewährt werden kann (BVerfG NStZ-RR 2013, 379 [380]; 2008, 16 [17]). Ist die gerichtliche Entscheidung nicht anfechtbar, ist das rechtliche Gehör im Verfahren nach § 33a zu gewähren (OLG Frankfurt NStZ-RR 2002, 306); über diese Möglichkeit ist der Betroffene ausdrücklich zu belehren (vgl. LR/*Graalmann-Scheerer* § 33 Rn. 43). Rührt sich der belehrte oder verteidigte Betroffene nicht, muss die Anhörung nicht von Amts wegen durchgeführt werden (vgl. Meyer-Goßner/*Schmitt* § 33 Rn. 18).

E. Revision. Die Verletzung des Anspruchs auf rechtliches Gehör kann zwar **grundsätzlich** als **Verfahrensverstoß** die Revision begründen (vgl. LR/*Graalmann-Scheerer* § 33 Rn. 25; RGSt 69, 401 [404]). Voraussetzung ist allerdings, dass das Urteil darauf auch im Sinne von § 337 Abs. 1 »beruht«. Dies wird sich regelmäßig ausschließen lassen, wenn die Entscheidung des Gerichts Recht und Gesetz entspricht und der Revident nicht vortragen kann, weshalb seine rechtlich gebotene Anhörung zu einer anderen, ihm günstigeren Entscheidung hätte führen müssen (vgl. RGSt 69, 401 [404]; KK/*Maul* § 33 Rn. 16; vgl. auch SK/*Weßlau/Weißer* § 33 Rn. 29; a.A. KMR/*Ziegler* § 33 Rn. 27: Das Beruhen könne sich regelmäßig nicht ausschließen lassen). Wer seine Anhörung selbst vereitelt oder die Möglichkeit hierzu versäumt, kann einen Verstoß gegen § 33 jedenfalls nicht mehr geltend machen (vgl. SK/*Weßlau/Weißer* § 33 Rn. 29 m.w.N.). 14

Umstritten ist, ob den vom **Gehörsverstoß in der Hauptverhandlung** Betroffenen eine Art **Obliegenheit** trifft, das Unterlassen seiner Anhörung sogleich zu beanstanden. Dies wird mit dem Argument bejaht, anderenfalls müsse angenommen werden, dass er die Entscheidung stillschweigend gebilligt habe und seine Anhörung deshalb zu keinem anderen Ergebnis geführt hätte, sodass die Entscheidung nicht auf dem Gehörsverstoß »beruhe« (vgl. Meyer-Goßner/*Schmitt* § 33 Rn. 19; ähnl. LR/*Graalmann-Scheerer* § 33 Rn. 25; *Pfeiffer* § 33 Rn. 4; differenzierend KK/*Maul* § 33 Rn. 16; abl. HK/*Gercke* § 33 Rn. 18; SK/*Weßlau/Weißer* § 33 Rn. 29; AnwK/*Rotsch* § 33 Rn. 24; KMR/*Ziegler* § 33 Rn. 27). Diese Auffassung hat für sich, dass sie den Vorstellungen des historischen Gesetzgebers entspricht. Dieser war der Auffassung, einer allgemeinen Präklusionsvorschrift bedürfe es aufgrund der Gesetzesfassung des § 337 (früher § 376) nicht. In den Materialien heißt es hierzu (*Hahn* Bd. I S. 252): »Das Gesetz braucht vermöge der von ihm in § 376 aufgestellten Regel nicht besonders vorzuschreiben, dass der Beschwerdeführer die Revision nicht auf die Beschränkung einer prozessualen Befugnis gründen könne, wenn er durch sein eigenes Verhalten zu erkennen gegeben hat, dass er die Beschränkung für eine nachteilige nicht erachte«. Auf ein derartiges Verhalten des Beschwerdeführers wurde insb. geschlossen, wenn er von der ihm bekannten Möglichkeit der Anrufung des Gerichts keinen Gebrauch gemacht hatte (hierzu näher *Mosbacher* NStZ 2011, 606 [607] m.w.N.). Heute wird die Frage der Präklusion durch Nichtintervention überwiegend krit. gesehen (vgl. jeweils zu § 238 Abs. 2: *Widmaier* NStZ 2011, 305; *Gaede* wistra 2010, 210; *Lindemann* StV 2010, 379; SK/*Frister* § 238 Rn. 47 ff.; a.A. *Mosbacher* NStZ 2011, 606 ff. m.w.N., KK/*Schneider* § 238 Rn. 33). 15

Der BGH hat eine Verletzung von § 33 in Fällen des Unterlassens der Übermittlung dienstlicher Erklärungen im Rahmen des Ablehnungsverfahrens mit der Begründung verneint, der Revident sei deshalb nicht beschwert, weil er sein Ablehnungsgesuch nach Kenntnis des Beschlusses habe erneuern können (BGH StV 1982, 457; BGHSt 21, 85 [87]). Der entscheidende Gesichtspunkt dürfte demnach sein, dass in der Hauptverhandlung jeder Beteiligte seinen Anspruch auf rechtliches Gehör unschwer sofort geltend machen kann, indem er – wenn er übergangen wurde – sich nach der Entscheidung zu Wort meldet und seine Argumente im Rahmen einer Gegenvorstellung, im Rahmen einer Beanstandung nach § 238 Abs. 2 oder im Rahmen des Erklärungsrechts nach § 257 bzw. des Plädoyers oder des letzten Worts nach § 258 vorträgt. Dem Rechtsgedanken des § 33a folgend ist das Gericht in einem solchen Fall verpflichtet, unter Berücksichtigung der erhobenen Einwände umgehend erneut zu entscheiden und damit den Gehörsverstoß zu beseitigen. Bleibt das Gericht auch nach Gegenvorstellung untätig oder unterbindet es den Versuch, sich rechtliches Gehör zu verschaffen, ist ein grundsätzlich revisibler Gehörsverstoß gegeben. Wer hingegen als Rechtskundiger nach einer Entscheidung, zu der zuvor nicht gehört wurde, auch nachträglich schweigt, lässt den (konkludenten) Schluss zu, dass er keine Einwände gegen die Entscheidung vorzubringen hat. Da dem Betroffenen mit den oben genannten Maßnahmen **unmittelbare Möglichkeiten** zur Verfügung stehen, **sich Gehör zu verschaffen**, hat 16 er kein berechtigtes Interesse, diesen Fehler erst mit der Revision zu rügen (vgl. *Mosbacher* NStZ 2011, 606 [607]). Dies gilt jedenfalls für den Rechtskundigen, also den verteidigten Angeklagten, den Staatsanwalt oder sonstige am Verfahren beteiligte Juristen. Sind die Beteiligten in der Hauptverhandlung anwesend, ist eine Verletzung des rechtlichen Gehörs deshalb kaum vorstellbar, weil sich die Beteiligten zu den Vorgängen in der Hauptverhandlung, die nach dem Leitbild des Gesetzes eine normative Einheit bildet, stets umfassend äußern können (vgl. BGH, Beschl. v. 25.09.2012 – 1 StR 534/11; BGH v. 17.02.2010 – 1 StR 95/09; BT-Drs. 15/3706 S. 17).

§ 33a Wiedereinsetzung in den vorigen Stand bei Nichtgewährung rechtlichen Gehörs

[1]Hat das Gericht in einem Beschluss den Anspruch eines Beteiligten auf rechtliches Gehör in entscheidungserheblicher Weise verletzt und steht ihm gegen den Beschluss keine Beschwerde oder ein anderer Rechtsbehelf zu, versetzt es, sofern der Beteiligte dadurch noch beschwert ist, von Amts wegen oder auf Antrag das Verfahren durch Beschluss in die Lage zurück, die vor dem Erlass der Entscheidung bestand. [2]§ 47 gilt entsprechend.

1 **A. Grundsätzliches.** Die Vorschrift ermöglicht die Beseitigung von Verstößen gegen das in Art. 103 Abs. 1 GG garantierte Recht auf rechtliches Gehör und dient deshalb auch der Entlastung des BVerfG und der Landesverfassungsgerichte von auf Art. 103 Abs. 1 GG gestützten Verfassungsbeschwerden (vgl. Meyer-Goßner/*Schmitt* § 33a Rn. 1). Ihre heutige Fassung hat die Norm durch das Anhörungsrügengesetz (vom 09.12.2004, BGBl. I, S. 3220) erhalten, das der Umsetzung einer Entscheidung des Plenums des BVerfG (BVerfGE 107, 395) diente. Nach dieser Entscheidung erfordert der Justizgewährungsanspruch eine **Überprüfungsmöglichkeit** von **Gehörsverstößen** in der jeweiligen Gerichtsbarkeit, weshalb bei jeder Fachgerichtsbarkeit entsprechende Rechtsbehelfe einzurichten sind (krit. und umfassend zu den verschiedenen Formen der Anhörungsrüge: *Eschelbach/Geipel/Weiler* StV 2010, 325 ff.; zum Verhältnis der Anhörungsrüge zur Verfassungsbeschwerde und den prozessualen Problemen hierbei eingehend Rensen/Brink/*Buermeyer* Linien der Rechtsprechung des BVerfG, S. 35, 41 ff.).

2 **B. Regelungszweck/Anwendungsbereich.** Sinn und Zweck der Norm ist, Verstöße gegen den **Grundsatz des rechtlichen Gehörs** (Art. 103 Abs. 1 GG) zu beseitigen. Dieser Zweck bestimmt auch den Anwendungsbereich, der sich an den verfassungsrechtlichen Vorgaben des Art. 103 Abs. 1 GG in ihrer Ausformung durch die Rspr. des BVerfG zu orientieren hat. Die Vorschrift gilt subsidiär. Die Anhörungsrüge greift als subsidiärer Rechtsbehelf nur ein, wenn die betreffende Entscheidung nicht durch andere Rechtsmittel oder Rechtsbehelfe überprüft werden kann, denn durch eine solche Überprüfung wird der Gehörsverstoß regelmäßig geheilt. Zu diesen Rechtsbehelfen zählen auch Anträge nach §§ 44, 45, § 319 Abs. 2, § 346 Abs. 2 (KK/*Maul* § 33a Rn. 6). Vorrangig sind zudem speziellere Anhörungsrügen wie § 311a für die Beschwerde und § 356a für die Revision (vgl. Meyer-Goßner/*Schmitt* § 33a Rn. 1), auch für damit einhergehende Entscheidungen wie etwa Entscheidungen über Befangenheitsgesuche. Für die Anhörungsrügen im Rechtsbeschwerdeverfahren nach dem Strafvollzugsgesetz soll ebenfalls § 356a und nicht § 33a gelten, weil die Rechtsbeschwerde der Revision nachgebildet ist (KG, NStZ-RR 2015, 392; OLG Frankfurt NStZ-RR 2009, 30).

3 Der Anwendungsbereich der Anhörungsrüge ist nach dem Wortlaut auf **unanfechtbare Beschlüsse** beschränkt. Nach dem Sinn und Zweck der Vorschrift und wegen der systematischen Nähe zu § 33 sind hierunter aber auch alle sonstigen endgültigen Entscheidungen (Verfügungen, Anordnungen) des Gerichts mit Außenwirkung zu verstehen, der Begriff ist also wie derjenige der »Entscheidung« in § 33 auszulegen (LR/*Graalmann-Scheerer* § 33a Rn. 6; SK/*Weßlau/Weißer* § 33a Rn. 5; vgl. § 33 Rdn. 3 f.). Erfasst von der förmlichen Anhörungsrüge nach § 33a werden nur die außerhalb der Hauptverhandlung ergangenen Beschlüsse (vgl. Meyer-Goßner/*Schmitt* § 33a Rn. 3; a.A. wohl LR/*Graalmann-Scheerer* § 33a Rn. 15). Wird in der Hauptverhandlung durch eine Entscheidung des Gerichts (oder des Vorsitzenden) das rechtliche Gehör verletzt, kann (und muss) der anwesende Betroffene zur Wahrung seines Rechts unmittelbar Gegenvorstellung erheben oder nach § 238 Abs. 2 das Gericht anrufen, um seinen Argumenten sogleich Gehör zu verschaffen (vgl. § 33 Rdn. 15). Auf Urteile ist § 33a nicht anwendbar (BGH NStZ 1992, 27; KK/*Maul* § 33a Rn. 2 m.w.N.; vgl. auch SK/*Weßlau/Weißer* § 33a Rn. 10); die Spezialvorschrift des § 356a erfasst hingegen auch Urteile, weil Hauptverhandlungen vor dem Revisionsgericht auch ohne den Angeklagten und seinen Verteidiger statt-

finden können (vgl. BGH, Beschl. v. 17.02.2010 – 1 StR 95/09; BT-Drs. 15/3706, S. 17; krit. zur bisherigen Praxis BGH NJW 2014, 3527).

Unanfechtbar sind Beschlüsse, wenn sie aufgrund Gesetzes nicht mit einem Rechtsbehelf oder einem Rechtsmittel angefochten werden können und auch nicht sonst im Rahmen eines Rechtsmittelverfahrens einer gerichtlichen Überprüfung unterfallen. Wer es versäumt, den zulässigen Rechtsbehelf oder das zulässige Rechtsmittel zu ergreifen, oder diese zurücknimmt, kann die Anhörungsrüge nicht erheben (vgl. Meyer-Goßner/*Schmitt* § 33a Rn. 4 m.w.N.). Kann ein Beschluss nur zusammen mit dem Urteil angefochten werden wie etwa ein Beschluss, durch den ein Befangenheitsgesuch gegen einen erkennenden Richter zurückgewiesen wird (§ 28 Abs. 2 Satz 2), ist der Beschluss grundsätzlich anfechtbar und unterfällt schon deshalb nicht § 33a (a.A. Meyer-Goßner/*Schmitt* § 33a Rn. 4; KMR/*Ziegler* § 33a Rn. 9). Entsprechend anzuwenden ist § 33a bei anfechtbaren Beschlüssen, die den Widerruf der Strafaussetzung bei unbekanntem Aufenthalt betreffen. Unterbleibt vor Anordnung des Widerrufs einer Strafaussetzung zur Bewährung die Anhörung des Verurteilten, weil dessen Aufenthalt nicht zu ermitteln ist, und wird der Widerrufsbeschluss wirksam öffentlich zugestellt, so ist entsprechend § 33a dem Verurteilten nachträglich die Anhörung durch das Gericht zu eröffnen, das den Widerruf beschlossen hat (BGHSt 26, 127; OLG Karlsruhe NStZ-RR 2003, 190). 4

Fraglich ist, ob auch alle **Entscheidungen der erkennenden Gerichte**, die der Urteilsfällung vorausgehen und die nach § 305 S. 1 der Beschwerde ausdrücklich entzogen sind, von § 33a erfasst werden (so die h.M., vgl. nur Meyer-Goßner/*Schmitt* § 33a Rn. 4; LR/*Graalmann-Scheerer* § 33a Rn. 15 m.w.N.; KK/*Maul* § 33a Rn. 2; KMR/*Ziegler* § 33a Rn. 9). Dies ist nicht der Fall: Wenn dem Beteiligten gegen die abschließende Entscheidung des Gerichts das Rechtsmittel der Revision zusteht, kann er mit der Verfahrensrüge auch die für das Urteil relevanten Gerichtsentscheidungen im Sinne von § 305 S. 1 zur Überprüfung des Revisionsgerichts stellen und im Rahmen dieses Rechtsmittelverfahrens seinen Einwendungen Gehör verschaffen. Es verhält sich mit derartigen Entscheidungen wie mit § 28 Abs. 2 Satz 2: Die Entscheidungen sind grundsätzlich anfechtbar, aber nur zusammen mit dem Urteil, sofern die dadurch verursachte Beschwer fortwirkt, also das Urteil darauf »beruht«. Entscheidungen der erkennenden Gerichte sollen nach § 305 S. 1 zur Verhinderung von Verfahrensverzögerungen nicht gleichzeitig mit der Beschwerde und auf das Rechtsmittel gegen das Urteil hin überprüft werden können (LR/*Matt* § 305 Rn. 2). Demgemäß gilt der Ausschluss der Beschwerde nach § 305 Satz 1 nur, wenn das Urteil anfechtbar ist und die Entscheidung im inneren Zusammenhang mit dem Urteil steht, sodass sie bei der Urteilsfällung erneuter Überprüfung durch das erkennende Gericht unterliegt (vgl. Meyer-Goßner/*Schmitt* § 305 Rn. 1). Ist das Urteil anfechtbar und die Verfahrensweise des Gerichts im Rahmen einer Verfahrensrüge überprüfbar, liegt ein Verstoß gegen Art. 103 Abs. 1 GG fern. Unter »anderer Rechtsbehelf« im Sinne von § 33a Satz 1 ist deshalb auch die Revision mit der Verfahrensrüge (§ 344 Abs. 2 Satz 1) zu verstehen. § 33a findet keine Anwendung, wenn Rechtsschutzmöglichkeiten eine Überprüfung der unter Gehörsverstoß ergangenen Gerichtsentscheidung ermöglichen. Es gibt nach Art. 103 Abs. 1 GG keinen Anspruch auf eine möglichst sachnahe Heilung des Gehörsverstoßes in der jeweiligen Instanz während des laufenden Verfahrens (a.A. wohl KMR/*Ziegler* § 33a Rn. 9; LR/*Graalmann-Scheerer* § 33a Rn. 15). Beim **Eröffnungsbeschluss** ist zu beachten, dass er grundsätzlich unanfechtbar ist (§ 310 Abs. 1, dann greift § 33a, vgl. KG StraFo 2007, 241; KK/*Maul* § 33a Rn. 6, je m.w.N.), aber in Ausnahmefällen (wie Entscheidungen nach § 211) bei einem behaupteten Verstoß gegen Art. 103 Abs. 3 GG doch mit der Beschwerde angefochten werden kann (vgl. BVerfG StV 2005, 196); dann ist der Gehörsverstoß im Beschwerdeverfahren, nicht nach § 33a zu heilen (unklar deshalb LG Kassel StV 2005, 198). 5

C. Einzelfragen. **Anfechtungsberechtigt** sind nach dem Sinn und Zweck der Norm alle Verfahrensbeteiligten, die einen Verstoß gegen Art. 103 Abs. 1 GG rügen können. Hierzu zählen nur die Träger dieses prozessualen Grundrechts. Die Staatsanwaltschaft kann demnach keine Anhörungsrüge erheben, weil sie nicht am Schutz des Art. 103 Abs. 1 GG teilhat (vgl. Meyer-Goßner/*Schmitt* § 33a Rn. 3 m.w.N.). 6

Die Anhörungsrüge kommt nur in Betracht, wenn das rechtliche Gehör in **entscheidungserheblicher Weise** verletzt wurde. Dies ist nicht nur der Fall, wenn der Beteiligte nicht zu Tatsachen oder Beweisergebnissen (vgl. § 33 Rdn. 9) gehört wurde, die sich bei der Entscheidungsfindung ausgewirkt haben, sondern § 33a greift in jedem Fall der Verletzung von Art. 103 Abs. 1 GG ein (vgl. BVerfG NStZ 2003, 606; LR/*Graalmann-Scheerer* § 33a Rn. 9). Hätte der Betroffene auch im Fall seiner Anhörung nichts anderes vorgetragen oder vortragen können, als er tatsächlich getan hat, oder ist sonst ausgeschlossen, dass das Gericht bei ordnungsgemäßer Anhörung anders entschieden hätte, liegt keine entscheidungserhebliche Verletzung des Anspruchs auf rechtliches Gehör vor (vgl. BT-Drs. 15/3706, S. 15; Meyer-Goßner/*Schmitt* § 33a Rn. 3; LR/*Graalmann-Scheerer* § 33a Rn. 11). 7

Die **Beschwer** des von der gerichtlichen Entscheidung Betroffenen muss noch **fortdauern**. Dies ist der Fall, 8
wenn der durch die gerichtliche Entscheidung bewirkte Eingriff in die Rechtsposition des Betroffenen noch

gegenwärtig ist (vgl. LR/*Graalmann-Scheerer* § 33a Rn. 16 f.). Die Beschwer muss durch die Entscheidung selbst, nicht lediglich durch ihre Begründung bestehen (vgl. Meyer-Goßner/*Schmitt* § 33a Rn. 6). Ist die Beschwer entfallen, weil etwa ein Haftbefehl aufgehoben, die Reststrafe vollständig vollstreckt oder die Auslieferung vollzogen wurde, liegt prozessuale Überholung vor (OLG Bamberg NStZ-RR 2014, 347). In derartigen Fällen ist ein berechtigtes Interesse an nachträglicher Feststellung der Rechtswidrigkeit der gerichtlichen Entscheidung anzuerkennen, wenn es sich um tiefgreifende Grundrechtseingriffe handelt, bei denen zuvor nicht ordnungsgemäß angehört wurde (häufig sind dies Fälle des § 33 Abs. 4, vgl. § 33 Rdn. 11); gerade dabei handelt es sich indes häufig um mit Beschwerde entsprechend § 98 Abs. 2 Satz 2 anfechtbare Entscheidungen, bei denen der Gehörsmangel nachträglich im Beschwerdeverfahren geheilt wird (vgl. § 33 Rdn. 12; LR/*Graalmann-Scheerer* § 33a Rn. 18). Im Fall der Aufhebung bzw. Außervollzugsetzung eines Haftbefehls wird dem Rehabilitationsinteresse des Betroffenen regelmäßig durch den Fortgang des Strafverfahrens, in dem auch über die Entschädigung für zu Unrecht erlittene Untersuchungshaft entschieden wird, Rechnung getragen (OLG Bamberg NStZ-RR 2014, 347).

9 Das Gericht entscheidet auf **Antrag**, der an keine Form oder Frist gebunden ist (vgl. Meyer-Goßner/*Schmitt* § 33a Rn. 7), oder von Amts wegen. Eine Entscheidung von Amts wegen ist jederzeit zulässig, wenn nachträglich eine Gehörsverletzung erkannt wird. An den Antrag sind keine besonderen Anforderungen zu stellen, Begründungserfordernisse bestehen nicht. Eine Gehörsverletzung sollte danach aber zumindest als möglich erscheinen (LR/*Graalmann-Scheerer* § 33a Rn. 19). Ist keine Gehörsverletzung vorgetragen und auch sonst nicht ersichtlich, wird der Antrag als unbegründet zurückgewiesen (a.A. LR/*Graalmann-Scheerer* § 33a Rn. 19: Verwerfung als unzulässig). Ebenfalls als unbegründet zurückzuweisen sind – als solche bezeichnete – Anträge auf Nachholung des rechtlichen Gehörs, wenn der Antragsteller rügt, seine sachlichen Argumente seien nicht hinreichend berücksichtigt worden. Die Anhörungsrüge dient nicht dazu, das Gericht unabhängig vom Vorliegen eines Gehörsverstoßes zur Überprüfung einer dem Rechtsbehelfsführer ungünstigen Rechtsauffassung zu veranlassen (vgl. BVerfGK 20, 300, 303 f.; BVerfG, Beschl. v. 19.06.2019 – 2 BvR 2492/18). Auch wenn mit derartigen Eingaben im Ergebnis geltend gemacht wird, dass die Entscheidung in der Sache unzutreffend sei, scheidet eine Umdeutung der Anhörungsrüge in den weniger rechtsschutzintensiven formlosen Rechtsbehelf der Gegenvorstellung aus (so aber OLG Hamm, Beschl. v. 15.01.2015 – 3 Ws 4/15; OLG Saarbrücken, Beschl. v. 22.04.2015 – 1 Ws 13/15; a.A. wohl OLG Koblenz NStR-RR 2015, 122). Wird ohne rechtfertigenden Grund ein Antrag nach § 33a erst nach Jahren gestellt, ist der Anspruch auf Nachholung rechtlichen Gehörs verwirkt und der Antrag als unzulässig zurückzuweisen (vgl. OLG Köln, Beschl. v. 14.01.2013 – 2 Ws 308/11: Verwirkung nach 1 $^{1}/_{2}$ Jahren; vgl. auch OLG Koblenz wistra 1987, 357; LR/*Graalmann-Scheerer* § 33a Rn. 20).

10 Liegt ein entscheidungserheblicher fortwirkender Gehörsverstoß vor, wird das rechtliche Gehör dadurch gewährt, dass das Verfahren durch **Beschluss** in die Lage **zurückversetzt** wird, die vor der beanstandeten Entscheidung bestand. Vor dieser Entscheidung sind nach § 33 Abs. 2 und 3 die übrigen Verfahrensbeteiligten zu hören. Nach Zurückversetzung des Verfahrens wird der Betroffene erneut angehört und anschließend unter Berücksichtigung seines Vortrags durch Beschluss entschieden, ob die frühere Entscheidung abgeändert werden muss oder ob es trotz des neuen Vorbringens dabeibleiben kann. Es gilt das Verbot der reformatio in peius (vgl. Meyer-Goßner/*Schmitt* § 33a Rn. 9 m.w.N.). Hat sich der Antragsteller bei einem von Amts wegen eingeleiteten Verfahren auch nachträglich nicht geäußert, wird das Nachholungsverfahren formlos abgeschlossen; soweit ein Antrag vorliegt, ist er durch Beschluss zu bescheiden (KK/*Maul* § 33a Rn. 10). Wird die Anhörungsrüge zurückgewiesen, weil die gerügte Verletzung des Art. 103 Abs. 1 GG nicht vorliegt, ist ein mit der Anhörungsrüge verbundenes Ablehnungsgesuch wegen Besorgnis der Befangenheit verspätet und gem. § 26a Abs. 1 Nr. 1 unzulässig, weil der Antrag auf Nachholung des rechtlichen Gehörs nicht dazu dient, einem unzulässigen Ablehnungsgesuch durch die unzutreffende Behauptung eines Gehörsverstoßes Geltung zu verschaffen (OLG Hamm, Beschl. v. 09.04.2019 – 4 Ws 10/19; Beschl. v. 15.01.2015 – 3 Ws 4/15 unter Verweis auf BGH, Beschl. v. 24.04.2014 – 4 StR 479/13). Auch können weitere Befangenheitsgründe nicht mit der Anhörungsrüge nachgeschoben werden (Anwaltsgerichtshof Hamm, Beschl. v. 01.09.2017 – 2 AGH 15/16). Für Beschlüsse nach § 33a ist eine **Kostengrundentscheidung** geboten, damit eine Kostenfestsetzung erfolgen kann (vgl. Meyer-Goßner/*Schmitt* § 33a Rn. 7). Die Entscheidung, durch die ein Antrag auf Nachholung des rechtlichen Gehörs nach § 33a in vollem Umfang verworfen oder zurückgewiesen wird, löst im Strafverfahren den Gebührentatbestand Nr. 3920 KV-GKG und damit eine Gebühr in Höhe von 60 Euro aus. Mit dieser Gebührenregelung hat der Gesetzgeber zu erkennen gegeben, dass er das Verfahren über eine Gehörsrüge als selbstständiges Verfahren ansieht, das zu einer abschließenden Entscheidung im Sinne des § 464 Abs. 1 führt (OLG Köln NStZ 2006, 181 f.). Dies gilt indes nicht für Verfahren, in denen Kosten generell nicht erhoben werden, wie etwa im Strafrechtlichen Rehabilitierungsverfahren (zum Verstoß gegen das Willkürverbot im Fall der Kostenerhebung BVerfG, B. v. 02.05.2016 – 2 BvR 1267/15, juris).

Gem. § 33a Satz 2 gilt § 47 entsprechend. Demnach wird durch einen Antrag nach § 33a die **Vollstreckung** einer gerichtlichen Entscheidung nicht gehemmt, das Gericht kann jedoch einen Aufschub der Vollstreckung anordnen. Dies kommt etwa bei dem unanfechtbaren Gesamtstrafenbeschluss eines Strafsenats (vgl. Meyer-Goßner/*Schmitt* § 462 Rn. 5 m.w.N.) in Betracht. Auch § 47 Abs. 3 ist im Verfahren nach § 33a zu beachten: Wird durch die Zurückversetzung des Verfahrens in den Stand vor der Entscheidung in die Rechtskraft einer gerichtlichen Entscheidung eingegriffen, treten die zu diesem Zeitpunkt bestehenden belastenden Anordnungen wie etwa ein Haft- oder Unterbringungsbefehl, die vorläufige Entziehung der Fahrerlaubnis und vorläufige Sicherungsmaßnahmen wieder in Kraft (vgl. hierzu näher Meyer-Goßner/*Schmitt* § 47 Rn. 3). 11

Ob gegen die Entscheidung des Gerichts die **Beschwerde zulässig** ist, ist im Einzelnen **umstritten** (vgl. zuletzt OLG Bremen, NStZ-RR 2019, 314 f.; OLG Frankfurt a.M. NStZ-RR 2012, 315; OLG Celle NJW 2012, 2899, je m.w.N.). Insoweit dürfte Folgendes gelten: Eine Entscheidung, durch die ein Antrag nach § 33a als unbegründet abgelehnt wird, weil keine Verletzung rechtlichen Gehörs festgestellt wird, ist grundsätzlich nicht anfechtbar (vgl. OLG Hamburg, B. v. 26.06.2017 – 1 Ws 60/17, juris; OLG Frankfurt a.M. NStZ-RR 2012, 315; OLG Celle NJW 2012, 2899; OLG Nürnberg StRR 2013, 2; OLG Hamm NJW 1977, 61; a.A. KG NStZ-RR 2016, 52). Dies gilt selbst dann, wenn vorgetragen wird, die Entscheidung nach § 33a sei nicht ausreichend begründet oder die vom Beschuldigten nachträglich vorgebrachten Umstände seien in ihr nicht ausreichend »verarbeitet« worden (OLG Frankfurt a.M. NStZ-RR 2003, 79; a.A. VerfG Brandenburg NStZ-RR 2000, 172; KG, B. v. 07.09.2016 – 5 Ws 75/16, juris). Die Beschwerde ist auch ausgeschlossen, wenn das Gericht nach § 33a das Verfahren in die Lage vor Beschlussfassung zurückversetzt, aber dann im Ergebnis nach erfolgter Nachholung des rechtlichen Gehörs wie zuvor entscheidet. Alles andere liefe auf eine weitere inhaltliche Nachprüfung der eigentlich unanfechtbaren Sachentscheidung und damit im Ergebnis auf die Zulassung einer nach dem Gesetz gerade nicht eröffneten weiteren Beschwerde hinaus (OLG Frankfurt a.M. NStZ-RR 2012, 315; 2005, 238). Wenn das Gericht im Nachverfahren nach § 33a hingegen keine Sachentscheidung trifft, sondern den Antrag als unzulässig zurückweist, soll nach verbreiteter Auffassung die Beschwerde zulässig sein (OLG Celle NJW 2012, 2899; KG NStZ-RR 2016, 52; StraFo 2007, 241; SK/*Weßlau/Weißer* § 33a Rn. 31). Dagegen spricht indes die besondere Eigenart des Nachverfahrens, dass lediglich eine Remonstration bei Gehörsverstößen zum Zweck der unmittelbaren Abhilfe ermöglicht (zutreffend OLG Frankfurt a.M. NStZ-RR 2012, 315; offengelassen OLG Hamm, Beschl. V. 17.10.2013 – 1 Ws 469/13). Die **Beschwerde** ist demnach gegen Entscheidungen nach § 33a **grundsätzlich nicht statthaft** (OLG Bremen, NStZ-RR 2019, 314 f.; OLG Frankfurt a.M. NStZ-RR 2012, 315). Mit der Beschwerde kann auch nicht etwa gerügt werden, dass in dem Verfahren nach § 33a wiederum der Anspruch auf rechtliches Gehör verletzt wurde (VerfGH Leipzig, B. v. 29.10.2015 – Vf. 17-IV-15, juris; OLG Frankfurt a.M. NStZ-RR 2012, 315; a.A. noch OLG Frankfurt a.M. NStZ-RR 2005, 238; vgl. auch SK/*Weßlau/Weißer* § 33a Rn. 32: erneut Nachverfahren gem. § 33a). Unzulässig ist insb. auch die inhaltsgleiche Wiederholung eines Antrags nach § 33a nach dessen Ablehnung, denn für die erneute Bescheidung fehlt dem Antragsteller das Rechtsschutzbedürfnis (OLG Nürnberg StRR 2013, 2). Formlose Rechtsbehelfe wie etwa die Gegenvorstellung sind gegen einen die Anhörungsrüge zurückweisenden Beschluss grundsätzlich ebenfalls nicht statthaft (BGH NStZ-RR 2015, 315). Die Beschwerde gegen die nach § 33a ergangene Entscheidung ist nur dann ausnahmsweise statthaft, wenn das Gericht seine ursprüngliche Entscheidung aufhebt und nun gegenteilig entscheidet (vgl. Meyer-Goßner/*Schmitt* § 33a Rn. 10; SK/*Weßlau/Weißer* § 33a Rn. 32 m.w.N.; a.A. KG NStZ-RR 2016, 52; OLG Düsseldorf NStZ 1992, 453 m. abl. Anm. *Wendisch* JR 1993, 126). Dies sollte jedenfalls dann gelten, wenn gegen diese Entscheidung überhaupt die Beschwerde statthaft ist (vgl. LG Aurich, Beschl. v. 03.01.2013 – 12 Qs 175/12). Denn ansonsten würde einem womöglich durch die Ursprungsentscheidung nicht beschwerten und deshalb damals nicht anfechtungsberechtigten Betroffenen oder auch der Staatsanwaltschaft eine Rechtsschutzmöglichkeit ohne sachlichen Grund versagt. Zulässig ist die Beschwerde in derartigen Fällen insb. auch, wenn sie sich nicht gegen die Sachentscheidung richtet, sondern gerügt wird, das Gericht habe seine Entscheidung geändert, ohne dass die Voraussetzungen des § 33a vorgelegen hätten (vgl. SK/*Weßlau/Weißer* § 33a Rn. 32 m.w.N.). Denn die übrigen Beteiligten sollen grundsätzlich auf die Unanfechtbarkeit der Entscheidungen vertrauen dürfen, in die nur im Fall eines wirklichen Gehörsverstoßes eingegriffen werden darf. 12

§ 34 Begründung anfechtbarer und ablehnender Entscheidungen

Die durch ein Rechtsmittel anfechtbaren Entscheidungen sowie die, durch welche ein Antrag abgelehnt wird, sind mit Gründen zu versehen.

1 **A. Grundsätzliches.** Der Begründungszwang soll zum einen dem Rechtsmittelgericht die Prüfung ermöglichen, ob die Entscheidung auf zutreffenden rechtlichen und tatsächlichen Erwägungen beruht, und zum anderen den abgewiesenen Antragsteller über die Gründe informieren, weshalb sein Begehren keinen Erfolg hat (**Kontroll- und Informationsfunktion**, vgl. auch LR/*Graalmann-Scheerer* § 34 Rn. 1). Der Anfechtungsberechtigte soll damit in die Lage versetzt werden, eine sachgemäße Entscheidung über die Einlegung eines Rechtsmittels zu treffen (LG Heilbronn StraFo 2012, 208). An dem Zweck, Fremdkontrolle zu ermöglichen und den Antragsteller zu informieren, hat sich die Begründung auch inhaltlich auszurichten. Die Begründung ist mithin kein Selbstzweck und dient nicht der Selbstvergewisserung; dies stellt lediglich einen Nebeneffekt des Begründungszwangs dar. Würde es dem Gesetzgeber auch um Selbstkontrolle durch Begründungszwang gehen (so wohl SK/*Weßlau/Weißer* § 34 Rn. 1; vgl. auch LR/*Graalmann-Scheerer* § 34 Rn. 1), wäre die gesetzliche Beschränkung auf anfechtbare und ablehnende Entscheidungen verfehlt.

2 Vielfach wird problematisiert, ob die gesetzliche Beschränkung auf anfechtbare oder ablehnende Entscheidungen unter der Geltung von Art. 103 Abs. 1 GG noch tragfähig und mit höherrangigem Recht vereinbar ist (vgl. SK/*Weßlau/Weißer* § 34 Rn. 2). Insoweit dürfte Folgendes gelten: Für **letztinstanzliche** gerichtliche **Entscheidungen**, die mit ordentlichen Rechtsmitteln nicht mehr anfechtbar sind, gibt es grundsätzlich von Verfassungs wegen keine Begründungspflicht (BVerfG NJW 2001, 1854; NStZ-RR 2007, 381; BGH, Beschl. v. 10.01.2013 – 1 StR 297/12, je m.w.N.). Die Gerichte sind nicht verpflichtet, sich in den Entscheidungsgründen mit jedem Vorbringen zu befassen (vgl. BVerfG NJW 1995, 2912; BGH, Beschl. v. 10.01.2013 – 1 StR 297/12). Grundsätzlich ist davon auszugehen, dass ein Gericht das von ihm entgegengenommene Vorbringen der Beteiligten auch zur Kenntnis genommen und in Erwägung gezogen hat (vgl. BVerfGE 96, 205, 216 f.; BVerfG NStZ-RR 2007, 381; StraFo 2007, 370).

3 Gerade im **Revisionsverfahren** sind zudem dessen Besonderheiten zu beachten. § 349 Abs. 2 sieht nicht vor, dass ein die Revision verwerfender einstimmiger Beschluss begründet wird. Deshalb kann aus dem Fehlen einer Begründung nicht auf einen Verstoß gegen den Grundsatz der Gewährung rechtlichen Gehörs geschlossen werden. Bei diesem Verfahrensgang ergeben sich die für die Zurückweisung des Rechtsmittels maßgeblichen Gründe vielmehr aus den Entscheidungsgründen des angefochtenen Urteils und dem Inhalt der Antragsschrift des Generalbundesanwalts (BGH wistra 2009, 483). Das Schweigen des Revisionsgerichts auf Rechtsausführungen in der Gegenerklärung des Verteidigers offenbart nach der Sachlogik des revisionsrechtlichen Beschlussverfahrens nicht, dass das neue Vorbringen nicht zur Kenntnis genommen wurde, sondern vielmehr, dass der Vortrag ungeeignet gewesen ist, die vom Generalbundesanwalt begründete Erfolglosigkeit der erhobenen Revisionsrügen zu entkräften (BGH NStZ-RR 2009, 252). Eine weitere Begründungspflicht besteht nicht (vgl. BVerfG NStZ-RR 2007, 381; NJW 2006, 136; StraFo 2007, 370; BGH NJW 2014, 2808).

4 **B. Anwendungsbereich/Begründungspflicht.** Anwendbar ist die Norm unmittelbar auf **gerichtliche Entscheidungen**, entsprechend aber auch auf abschließende Sachentscheidungen der **Staatsanwaltschaft** (vgl. KK/*Maul* § 34 Rn. 2). Keiner Begründungspflicht unterliegen prozessleitende Verfügungen, die lediglich den Gang des Verfahrens bestimmen, wie etwa die Terminierung für die Hauptverhandlung (vgl. aber zur Ablehnung eines Antrags auf Terminverlegung LG Würzburg, ZfSch 2017, 352), die Setzung einer Frist für eine Stellungnahme, die Ladung eines Zeugen oder die Unterbrechung einer Hauptverhandlung (vgl. LR/*Graalmann-Scheerer* § 34 Rn. 6). Die Verhängung von Ordnungsmitteln in der Hauptverhandlung ist keine lediglich den Gang des Verfahrens bestimmende Maßnahme und bedarf daher der Begründung (OLG Hamburg StraFo 2020, 113). Spezielle Begründungsanforderungen wie etwa die ausführlichen Regelungen in § 267 für die Begründung von Urteilen gehen § 34 vor (vgl. zum Vorrang des § 114 bei Haftbefehlen KG, B. v. 17.08.2016 – [2] 121 HEs 14/16 [16 – 17/16], juris; und des § 115 StVollzG OLG Celle NStZ 2011, 710).

5 In der **ersten Alternative** betrifft die Begründungspflicht alle durch ein Rechtsmittel **anfechtbaren** Entscheidungen. Rechtsmittel sind nach §§ 296 ff. die Beschwerde, die Berufung und die Revision. Während über die Statthaftigkeit von Berufung und Revision in aller Regel kein Zweifel besteht, ist dies bei der Beschwerde

nicht immer ganz einfach zu entscheiden. Weitgehende Einschränkungen der Rechtsmittelbefugnis enthält etwa § 305. Da der Ausschluss der Beschwerde nach § 305 nur für Entscheidungen gilt, die in innerem Zusammenhang mit dem Urteil stehen, ausschließlich seiner Vorbereitung dienen, bei der Urteilsfällung der nochmaligen Überprüfung durch das Gericht unterliegen und keine weiteren Verfahrenswirkungen äußern (Meyer-Goßner/*Schmitt* § 305 Rn. 1 m.w.N.), ist in derartigen Fällen keine Begründung erforderlich, soweit nicht – wie häufig – ein Fall der zweiten Alternative vorliegt (unklar LR/*Graalmann-Scheerer* § 34 Rn. 3).

In der **zweiten Alternative** setzt die Bescheidungspflicht einen **Antrag** voraus (vgl. zum Folgenden *Mosbacher* 6 NStZ-Sonderheft Miebach, 2009, 20, 21 ff.). Dies ist das ausdrücklich geäußerte, bedingte oder unbedingte Begehren eines Verfahrensbeteiligten, das Gericht möge in bestimmter Hinsicht tätig werden. Von Anträgen zu unterscheiden sind bloße Anregungen. Wer ausdrücklich einen Antrag stellt, verlangt eine Befassung des Gerichts mit seinem Anliegen und eine »Antwort«. Er will, dass seinem Begehren nachgegangen wird, oder möchte die Gründe dafür erfahren, warum dies nicht der Fall ist. Wer dagegen nur ein bestimmtes Verhalten »anregt«, möchte zwar auch, dass dem nachgegangen wird, verzichtet aber auf eine förmliche Bescheidung, wenn der Anregung nicht gefolgt wird. Anregungen müssen also nicht ausdrücklich beschieden werden. Gleichwohl sollte der Vorsitzende im Rahmen offener Verhandlungsleitung die Gründe benennen, weshalb das Gericht einer Anregung nicht folgt.

Kein bescheidungspflichtiger **Antrag** liegt vor, wenn ein Prozessbeteiligter sich gegen den Antrag eines anderen 7 Prozessbeteiligten ausspricht. Denn ein solcher **Widerspruch** ist nicht selbst ein Antrag im eigentlichen Sinne des Verfahrensrechts (BGHSt 15, 253 m.w.N.). Geht das Gericht etwa einem Beweisantrag nach, obwohl ein anderer Verfahrensbeteiligter sich gegen die Beweiserhebung ausgesprochen hat, muss diese Entscheidung nicht begründet werden. Anders kann es liegen, wenn das Gericht dem Antrag eines Prozessbeteiligten nachgeht und damit in Rechtspositionen eines anderen Verfahrensbeteiligten gegen dessen näher begründeten Widerspruch eingreift (vgl. auch LR/*Graalmann-Scheerer* § 34 Rn. 9 m.w.N.). Eine **Gegenvorstellung** gegen eine bestimmte Entscheidung des Gerichts ist kein Antrag, der förmlich beschieden werden müsste. Lehnt das Gericht etwa einen Beweisantrag mit begründetem Beschluss nach § 244 Abs. 6 ab und legt der Verteidiger anschließend dar, weshalb er diesen Beschluss für falsch hält, muss hierüber nicht erneut, schon gar nicht in der Form des § 244 Abs. 6 entschieden werden; denn der Antrag ist schon beschieden worden und es gibt keinen Anspruch auf wiederholte Bescheidung. Eine Ausnahme besteht nur dann, wenn bei der ersten Bescheidung der Anspruch auf rechtliches Gehör verletzt wurde. Dann gebietet § 33a die erneute Befassung und begründete Bescheidung unter Nachholung rechtlichen Gehörs. Kein bescheidungspflichtiger Antrag liegt auch vor, wenn ein Antrag lediglich angekündigt wird.

Ob sich die Begründungspflicht auf sämtliche Anträge von Verfahrensbeteiligten erstreckt, die in oder außer- 8 halb der Hauptverhandlung gestellt werden, ist nicht unzweifelhaft. Denn § 34 bezieht sich in seiner zweiten Alternative nur auf Entscheidungen, die einen Antrag voraussetzen, also nicht auf Entscheidungen, die **von Amts wegen** zu treffen sind (BGHSt 16, 253). Richtigerweise gebieten schon die Grundsätze des fairen Verfahrens und des rechtlichen Gehörs, dass Anträge beschieden werden. Wer sich ausdrücklich mit einem Begehren an das Gericht wendet, kann zu Recht eine »Antwort« verlangen. Kein Verfahrensbeteiligter darf darüber im Unklaren gelassen werden, ob und weshalb das Gericht einem bestimmten Begehren nicht nachkommt. Dies gilt unabhängig davon, ob das Gericht von Amts wegen oder nur auf Antrag tätig wird (ähnlich LR/Graalmann-Scheerer § 34 Rn. 8 m.w.N.). Beschlüsse der Strafvollstreckungskammer im einstweiligen Rechtsschutzverfahren sind folglich gem. § 120 Abs. 1 Satz 2 StVollzG i.V.m. § 34 Alt. 2 zu begründen, wenn durch sie ein Antrag abgelehnt wird (BVerfG, B. v. 21.12.2016 – 2 BvR 2530/16, juris, Rn. 16).

C. Einzelfragen: Begründungsinhalt. Wird ein Antrag begründungspflichtig abgelehnt, stellt sich die Frage, 9 wie diese Begründung auszusehen hat. **Inhaltlich** muss die Begründung die wesentlichen rechtlichen und tatsächlichen Erwägungen erkennen lassen, auf denen die Entscheidung beruht (vgl. Meyer-Goßner/*Schmitt* § 34 Rn. 4). Indes sind die Gerichte nicht verpflichtet, sich mit jedem Vorbringen in den Entscheidungsgründen ausdrücklich zu befassen (BVerfGE 47, 182 [187]; BVerfG NJW 1995, 2912). Die bloße Wiedergabe des Gesetzestextes genügt nur ausnahmsweise in einfach gelagerten eindeutigen und klaren Fällen, ansonsten regelmäßig nicht (KK/*Maul* § 34 Rn. 4; SK/*Weßlau/Weißer* § 34 Rn. 9). Ergibt sich aus der ablehnenden Entscheidung die Begründung von selbst, wie dies bei Ermessensentscheidungen (unten Rdn. 13) der Fall sein kann, ist keine weitere Begründung erforderlich (vgl. RGSt 57, 44 [45]). Eine **Bezugnahme** auf die Gründe früherer in dem Verfahren ergangenen Entscheidungen ist möglich und kann zur Vermeidung von Wiederholungen sinnvoll sein (vgl. auch BGH StraFo 2004, 134). Liegt im Ergebnis eine bloße Wiederholung eines früheren Antrags vor, genügt regelmäßig eine Bezugnahme auf eine frühere Entscheidung (BGH StraFo 2004, 134).

10 Im **Beschwerdeverfahren** kann eine **Bezugnahme** auf die »zutreffenden Gründe der angefochtenen Entscheidung, die durch das Beschwerdevorbringen nicht widerlegt werden« ausreichen, wenn sich das Rechtsmittelgericht alle Erwägungen der angegriffenen Entscheidung zu eigen macht und die Beschwerdebegründung überhaupt keine oder keine neuen Aspekte vorbringt; dies gilt indes nur, wenn die Ausgangsentscheidung hinreichend begründet wurde. Aus der Bezugnahme des Rechtsmittelgerichts auf die Gründe der angegriffenen Entscheidung zu schließen, es habe sich selbst keine eigenen Gedanken gemacht oder keine eigene Abwägung vorgenommen (in diese Richtung wohl manche Kammerentscheidungen des BVerfG, vgl. etwa BVerfG, Beschl. v. 16.02.2006 – 2 BvR 561/03), erscheint nicht gerechtfertigt. Ein solcher Schluss wäre ähnlich unzulässig wie der von erfolglosen Revisionsführern häufig gezogene Schluss, bei Verwerfung der Revision nach § 349 Abs. 2 habe sich das Revisionsgericht überhaupt keine eigenen Gedanken gemacht. Tatsächlich ist in einem derartigen Fall davon auszugehen, dass sich der BGH die Gründe der Antragsschrift des Generalbundesanwalts zu Eigen gemacht hat (st. Rspr., vgl. nur BGH wistra 2009, 483). Daraus erschließt sich, dass die Inkorporation fremder Begründungen vom Gesetz ganz selbstverständlich vorausgesetzt wird und schon daher nicht per se rechtsfehlerhaft sein kann. Deshalb kann auch unterhalb der Ebene des Revisionsgerichts in einer gerichtlichen Entscheidung auf Gründe Bezug genommen werden, die von der Staatsanwaltschaft oder einem anderen Verfahrensbeteiligten vorgetragen werden (zweifelnd LR/*Graalmann-Scheerer* § 34 Rn. 10 m.w.N.), wenn jeweils deutlich wird, dass das Gericht diese Gründe selbst geprüft hat und sich anschließend zu eigen macht. Insoweit ist grundsätzlich davon auszugehen, dass ein Gericht das von ihm entgegengenommene Vorbringen der Beteiligten auch zur Kenntnis genommen und in Erwägung gezogen hat (vgl. BVerfGE 96, 205, 216 f.; BVerfG NStZ-RR 2007, 381).

11 Die Verwendung von **Formularen** ist bei häufig wiederkehrenden Anwendungsfällen nicht nur zulässig, sondern für die Arbeit von Gerichten und Staatsanwaltschaften auch von großer praktischer Bedeutung (zum Ganzen *Korves* MDR 2019, 396, 401 ff.). Gegen die Verwendung von Formularen ist generell nichts einzuwenden (BGHSt 42, 103, 105; BVerfG NJW 1982, 29; a.A. SK/*Weßlau/Weißer* § 34 Rn. 11; *Weßlau* StV 1996, 579 f.). Entscheidend ist, wie sie gestaltet sind und wie sie verwendet werden. Bei schwerwiegenden Grundrechtseingriffen wie heimlichen strafprozessualen Ermittlungsmaßnahmen oder Zwangsmaßnahmen muss deutlich werden, dass ein richterlicher Abwägungsprozess, eine Einzelfallprüfung auf der Grundlage sämtlicher für den Eingriff relevanter Erkenntnisse stattgefunden hat (BGHSt 42, 103, 105 f.). Ein hinreichend ausdifferenziertes Formular stellt im besten Fall alle abstrakten gesetzlichen Anforderungen so detailliert zusammen, dass der Verwender damit das gesetzliche Prüfungsschema abarbeiten und den konkreten Lebenssachverhalt unter sämtliche normativen Vorgaben subsumieren kann; für konkrete Ermessens- oder Verhältnismäßigkeitserwägungen muss daneben ausreichend Raum sein. Die Verwendung solcher Formulare kann die Qualität richterlicher Arbeit durchaus auch erhöhen, wenn damit fehlerhafter oder vorschneller Rechtsanwendung vorgebeugt wird.

12 I.Ü. richtet sich die **Begründungtiefe** nach den Umständen des Einzelfalls, wobei etwa die Wichtigkeit der Entscheidung, das Vorbringen des Antragstellers und die prozessuale Situation eine Rolle spielen. Besonders begründungsintensiv sind schwerwiegende Grundrechtseingriffe (SK/*Weßlau/Weißer* § 34 Rn. 11). Entscheidend ist, dass der Antragsteller und das Rechtsmittelgericht durch die Begründung in die Lage versetzt werden, die Entscheidung auf ihre Richtigkeit hin zu überprüfen; zudem muss der Antragsteller bei Entscheidungen in der Hauptverhandlung sein weiteres Prozessverhalten an der Begründung ausrichten können (vgl. BGHSt 1, 29, 32; LR/*Graalmann-Scheerer* § 34 Rn. 10).

13 Bei **prozessualen Ermessensentscheidungen** ist die Begründungspflicht eingeschränkt. Hierbei genügt, dass das Ermessen als rechtliche Grundlage der Entscheidung erkennbar wird. Wie der BGH bereits im ersten Band der amtlichen Sammlung (BGHSt 1, 175, 177) zutreffend ausgeführt hat, liegt es in der Natur einer Ermessensentscheidung, dass sie weitgehend auf Gründen der Zweckmäßigkeit und Angemessenheit beruht und dabei auch Beurteilungsmaßstäben Raum gibt, die einen nicht näher überprüfbaren Wertungsakt enthalten (vgl. hierzu näher auch *Mosbacher* FS Seebode S. 227, 239 ff.). Aus diesen im Begriff des Ermessens liegenden Gründen hat die Rspr. bisher angenommen, dass Ermessensentscheidungen des Gerichts keiner weiteren Begründung bedürfen, als dass aus ihnen ersichtlich ist, welchen Fall, für den das Gesetz eine auf das richterliche Ermessen gegründete Entscheidung zulässt, das Gericht für gegeben erachtet hat, und dass das Ermessen auch die Grundlage der Entscheidung ist (BGHSt 1, 175, 177; RGSt 57, 44 f.; 77, 332). Wird etwa ohne nähere Ausführungen Widerspruch gegen die Anordnung des Selbstleseverfahrens erhoben (§ 249 Abs. 2 Satz 2), reicht zur Begründung des bestätigenden Gerichtsbeschlusses, dass das Gericht die Durchführung des Selbstleseverfahrens für rechtlich zulässig und zweckdienlich hält. Auf näher begründeten Antrag hin sollten aber auch Ermessensentscheidungen so weit begründet werden, dass ihre Überprüfung auf Rechtsfehler hin möglich ist. Aus der Begründung muss dann hervorgehen, dass die rechtlichen Voraussetzungen für die Ermessensausübung vorliegen, dass sich das Gericht seines Ermessens bewusst ist und aus

welchen tragenden Gründen es sein Ermessen in bestimmter Art und Weise ausgeübt hat. Bei **materiellen Ermessensentscheidungen** besteht hingegen eine Begründungspflicht. Die bei nachträglicher Gesamtstrafenbildung häufig zur Begründung allein vorgebrachte Wendung, die festgesetzte Gesamtstrafe sei »tat- und schuldangemessen«, genügt dem in keiner Weise, weil damit nicht erkennbar wird, dass der Richter eine eigene Strafzumessung unter Berücksichtigung aller relevanten Umstände vorgenommen hat (vgl. LG Zweibrücken VRS 120, 316; KG, Beschl. v. 31.02.2002 – 5 Ws 757/01; OLG Düsseldorf StV 1986, 376). Die Ablehnung von Anträgen auf Terminverlegung muss zumindest erkennen lassen, dass das Gericht das ihm zustehende Ermessen ausgeübt hat (LG Würzburg ZfSch 2017, 352).

D. Revision/Beschwerde. Enthält ein **Urteil** keine Gründe, liegt der absolute Revisionsgrund des § 338 Nr. 7 vor. Sind **Beschlüsse** des erkennenden Gerichts entgegen § 34 nicht oder unzulänglich begründet, ist zu unterscheiden: Grundsätzlich liegt bei Begründungsmängeln ein revisibler Verfahrensverstoß vor. Dies gilt aber nicht, wenn der Beschwerdeführer über die Gründe der Entscheidung nicht hat im Zweifel sein können (LR/*Graalmann-Scheerer* § 34 Rn. 15 m.w.N.); in solchen Fällen »beruht« das Urteil nicht auf dem Verfahrensfehler (vgl. SK/*Weßlau/Weißer* § 34 Rn. 17). Der Inhalt eines Beschlusses braucht sich zudem nicht notwendig allein aus seinem Wortlaut ergeben. Zur Ermittlung dessen, was das Gericht mit dem Beschluss ausdrücken wollte, ist vielmehr auch der Zusammenhang der Entscheidung zu berücksichtigen (BGHSt 1, 29). 14

Fehlt einem anfechtbaren Beschluss die Begründung, wird die **Beschwerde** schon deshalb zumeist Erfolg haben, weil das Fehlen einer Begründung regelmäßig einen Aufhebungsgrund darstellt (BGH NStZ 2003, 273, 274). Im Einzelnen umstritten ist, ob das Beschwerdegericht bei mangelhafter oder gar fehlender Begründung in der Sache selbst entscheiden oder den angegriffenen Beschluss aufheben und die Sache an das Ausgangsgericht zu erneuter Entscheidung zurückverweisen soll. Nach § 309 Abs. 2 hat das Beschwerdegericht grundsätzlich eine eigene Sachentscheidung zu treffen, wenn die Beschwerde für begründet erachtet wird. Eine Aufhebung und Zurückverweisung der Sache zu erneuter Entscheidung wie in § 354 Abs. 2 sieht das Gesetz hingegen nicht vor (vgl. Meyer-Goßner/*Schmitt* § 309 Rn. 9 m.w.N.). Dies gilt grundsätzlich auch, wenn die Beschwerde deshalb begründet ist, weil die angegriffene Entscheidung nicht oder nur unzulänglich begründet wurde (KG StV 1986, 142; KG Beschl. v. 31.01.2002 – 5 Ws 575/01). Das Argument der Gegenauffassung, hierdurch ginge dem Beschwerdeführer eine Instanz verloren (OLG Karlsruhe NStZ-RR 2011, 325, 326; OLG Düsseldorf StV 1986, 376), ist mit § 309 Abs. 2 nicht vereinbar, denn dies ist gerade die zwingende Folge der gesetzlichen Regelung (vgl. Meyer-Goßner/*Schmitt* § 309 Rn. 9). 15

§ 34a Eintritt der Rechtskraft bei Verwerfung eines Rechtsmittels durch Beschluss

Führt nach rechtzeitiger Einlegung eines Rechtsmittels ein Beschluss unmittelbar die Rechtskraft der angefochtenen Entscheidung herbei, so gilt die Rechtskraft als mit Ablauf des Tages der Beschlussfassung eingetreten.

Übersicht

A. Grundsätzliches. Die **Vorschrift** ist **notwendig**, weil über den Zeitpunkt des Eintritts der Rechtskraft keinerlei Zweifel bestehen darf, bei Beschlüssen, die die Rechtskraft einer Entscheidung herbeiführen, aber mehrere Zeitpunkte hierfür in Betracht kommen. Der Eintritt der Rechtskraft ist etwa für die Fragen der Strafzeitberechnung (hierzu näher *Pohlmann* Rechtspfleger 1979, 129), des Beginns der Bewährungszeit oder Führungsaufsicht, der Entziehung der Fahrerlaubnis oder des Berufsverbots entscheidend (näher Meyer-Goßner/*Schmitt* § 34a Rn. 1). Da umstritten ist, wann ein Beschluss erlassen ist (mit Absetzung, Unterschrift, Absendung oder Zustellung, vgl. § 33 Rdn. 5), hat der Gesetzgeber durch Einfügung von § 34a im Jahr 1979 aus Gründen der Rechtssicherheit den Rechtskrafteintritt auf den Ablauf des Tages der Beschlussfassung fingiert, ohne den dogmatischen Streit entscheiden zu wollen (vgl. BT-Drs. VIII/976, S. 35). 1

B. Regelungszweck/Anwendungsbereich. In den **Anwendungsbereich** der Norm fallen alle Konstellationen, in denen ein Rechtsmittel gegen eine der Rechtskraft fähige abschließende Entscheidung rechtzeitig eingelegt wurde und anschließend ein Beschluss die Rechtskraft der angefochtenen Entscheidung herbeiführt. In der Hauptsache sind dies einstimmige Beschlüsse des Revisionsgerichts nach § 349 Abs. 2, durch die eine Revision gegen Urteile als offensichtlich unbegründet verworfen wird. Aber auch alle Beschlüsse, die aus anderen Gründen als der Verfristung die Unzulässigkeit eines eingelegten Rechtsmittels endgültig feststellen, fallen unter § 34a. Hinzu kommen Sonderfälle: Bei der Annahmeberufung tritt die formelle Rechtskraft des 2 angefochtenen Urteils durch den Beschluss ein, der die Berufung nach § 313 Abs. 2 Satz 2 als unzulässig verwirft (vgl. LR/*Kühne* Einl. K Rn. 70). Infrage kommen aber auch Beschlüsse des Beschwerdegerichts bei angefochtenen Gesamtstrafenbeschlüssen nach § 460 (vgl. Meyer-Goßner/*Schmitt* § 460 Rn. 25). Im Bußgeldverfahren gilt § 34a für Beschlüsse des Rechtsbeschwerdegerichts nach § 72 OWiG (vgl. KK/*Maul* § 34a Rn. 4). Beschlüsse, die in einer Hauptverhandlung verkündet werden, fallen nicht unter § 34a (Meyer-Goßner/*Schmitt* § 34a Rn. 4), weil solche Beschlüsse nie unmittelbar die Rechtskraft einer angefochtenen Entscheidung herbeiführen, sondern bei Unzulässigkeit eines Rechtsmittels nach mündlicher Verhandlung die Verwerfung durch Urteil geschieht (vgl. nur Meyer-Goßner/*Schmitt* § 411 Rn. 12).

3 Das Rechtsmittel muss **rechtzeitig** eingelegt worden sein, sonst tritt die Rechtskraft der angefochtenen Entscheidung mit Ablauf der Rechtsmittelfrist ein, auch wenn erst später darüber entschieden wird (vgl. KK/*Maul* § 34a Rn. 5; LR/*Kühne* Einl. K Rn. 70). Deshalb erfasst § 34a nur rechtzeitige Rechtsmittel. Ansonsten hemmen auch unzulässige fristgemäße Rechtsmittel die Rechtskraft der angefochtenen Entscheidung (Umkehrschluss aus § 343 Abs. 1), bis die Unzulässigkeit rechtskräftig festgestellt worden ist, etwa durch entsprechenden Beschluss des Revisionsgerichts nach § 349 Abs. 1 (vgl. SK/*Weßlau/Weißer* § 34a Rn. 3).

4 Der Beschluss muss die Rechtskraft **unmittelbar**, also ohne weitere Anfechtungsmöglichkeit, herbeiführen. Zur Rechtskraft führt etwa beim rechtzeitigen, aber sonst unzulässigen Einspruch gegen den Strafbefehl der Beschluss des Amtsgerichts, durch den der Einspruch nach § 411 Abs. 1 S. 1 Hs. 1 Alt. 2 als unzulässig verworfen wird. Weil dieser Beschluss aber nach § 411 Abs. 1 Satz 1 Hs. 2 wiederum mit der sofortigen Beschwerde anfechtbar ist, tritt die Rechtskraft des Strafbefehls nicht unmittelbar mit dieser Beschlussfassung, sondern erst nach Ablauf der Frist für die sofortige Beschwerde ein, sodass kein Fall des § 34a vorliegt. Erst für eine Entscheidung des Beschwerdegerichts nach § 411 Abs. 1 würde § 34a eingreifen. Ebenfalls nicht unter § 34a fällt deshalb die Verwerfung der Revision durch das Tatgericht bei fristgemäßer, aber aus anderen Gründen unzulässiger Revision nach § 346 Abs. 1, da diese Entscheidung wiederum binnen Wochenfrist nach § 346 Abs. 2 angefochten werden kann (vgl. auch Meyer-Goßner/*Schmitt* § 34a Rn. 5).

5 **C. Eintritt der Rechtskraft.** Die Rechtskraft tritt mit Ablauf des Tages der Beschlussfassung ein, also Punkt Mitternacht. Der **Tag der Beschlussfassung** ist der Tag, an dem die beteiligten Richter den Beschluss abschließend beraten und den Tenor beschlossen haben (a.A. wohl Meyer-Goßner/*Schmitt* § 34a Rn. 7; KK/*Maul* § 34a Rn. 7; LR/*Graalmann-Scheerer* § 34a Rn. 10). Dieser Tag wird zumeist vom Vorsitzenden vermerkt und als Datum des Beschlusses in aller Regel im Beschluss selbst angegeben. Deshalb ist grundsätzlich auf das im Beschluss selbst angegebene Datum abzustellen (vgl. Meyer-Goßner/*Schmitt* § 34a Rn. 7; KK/*Maul* § 34a Rn. 8; LR/*Graalmann-Scheerer* § 34a Rn. 10; OLG Frankfurt a.M. NJW 1965, 1724, 1725). Allerdings kann ein solches Datum fehlen oder offensichtlich falsch sein. Dann ist durch dienstliche Erklärung des Vorsitzenden, die dieser in einem Vermerk festzuhalten hat, der Tag der Beschlussfassung festzustellen und der Beschluss entsprechend um das Datum zu ergänzen. Auf die Frage, wann der Beschluss schriftlich abgesetzt oder mit vollständigen Gründen versehen wird, kommt es für die Frage, wann der Beschluss gefasst worden ist, grundsätzlich nicht an (vgl. LR/*Graalmann-Scheerer* § 34a Rn. 10). Ebenso unerheblich hierfür ist, wann ein Beschluss »erlassen« worden ist (Meyer-Goßner/*Schmitt* § 34a Rn. 7). Beschlüsse nach § 349 Abs. 2 sind erlassen, wenn sie mit den Unterschriften der Richter versehen in den Geschäftsgang gegeben werden (BGH NStZ 1994, 96; 2011, 713; 2012, 710). Gleiches gilt für Beschlüsse, die wie kombinierte Entscheidungen nach § 349 Abs. 2 und 4 nur teilweise die Rechtskraft herbeiführen (BGH NStZ 2011, 713; 2012, 710). Der BGH geht davon aus, dass Beschlüsse des Revisionsgerichts nach § 349 Abs. 2 (auch in Kombination mit § 349 Abs. 4) so lange abänderbar sind, bis sie mit den Unterschriften der Richter versehen in den Geschäftsgang gegeben, also »erlassen« worden sind (vgl. BGH NStZ 2012, 710 f.; 1994, 96 f.). Für den Tenor des Beschlusses dürfte dies hingegen nicht gelten, da nach § 34a jederzeit Klarheit über den Umfang des Eintritts der Rechtskraft herrschen muss. Wird in einer Beschlussberatung des BGH die Verwerfung der Revision nach § 349 Abs. 2 beschlossen, trägt dieser Beschluss das Datum der Beratung, führt die Rechtskraft des angegriffenen Urteils mit dem Beginn des Folgetages herbei und kann deshalb im Tenor auch dann nicht mehr abgeändert werden, wenn sich später neue Erkenntnisse einstellen. Denn der Eintritt der Rechtskraft muss nach § 34a jederzeit eindeutig und klar bestimmt werden können und darf nicht von späteren Zufälligkeiten abhängen. Für die Fristberechnung gilt § 43 Abs. 1, nicht aber der nur für prozessuale Erklärungen einschlägige § 43 Abs. 2 (vgl. Meyer-Goßner/*Schmitt* § 34a Rn. 7).

6 Auch sonst kann sich aus einem **Vermerk** der Tag der abschließenden Beratung und Beschlussfassung eindeutig ergeben, etwa wenn in dem Vermerk über die Anhörung einer großen Strafvollstreckungskammer steht, dass die Kammer am Ende der Anhörung die Fortdauer der Unterbringung in einem psychiatrischen Krankenhaus beschlossen hat, oder der Vorsitzende eines Revisionssenats den Tag der Beratung über eine Revision nach § 349 Abs. 2 und das beschlossene Ergebnis schriftlich festhält. Dieser Tag muss mit dem

im Beschluss angegebenen Datum übereinstimmen. Der Tag der Beschlussfassung muss auch deshalb mit dem Tag der abschließenden Beratung und Entscheidung zusammenfallen, weil die Frage, welcher Richter an der Beschlussfassung beteiligt ist, jederzeit sicher festgestellt werden können muss. Wird der Beschluss im Umlaufwege gefasst, hat er das Datum der letzten notwendigen Unterschrift zu tragen, denn erst dann ist die Entscheidung getroffen (vgl. KK/*Maul* § 34a Rn. 7); bis dahin handelt es sich um einen noch nicht durch alle Richter bestätigten bloßen Beschlussentwurf (vgl. BGH NStZ 2012, 225 f.).

Voraussetzung der Anwendung von § 34a ist, dass der **Beschluss wirksam** erlassen worden ist. Ergeht ein Beschluss in einer hierfür gesetzlich nicht vorgesehenen Besetzung (etwa durch nur zwei Richter statt drei), ist der Beschluss wegen der Schwere des Fehlers nicht wirksam zustande gekommen (vgl. BGH NStZ 2012, 225 f.; BGHSt 50, 267, 268 f.; OLG Hamburg StraFo 2012, 60, 62). Ein Beschluss ist nicht notwendig durch alle mitwirkenden Richter zu unterzeichnen, doch muss erkennbar sein, dass die Entscheidung in der gesetzlich vorgeschriebenen Besetzung getroffen worden ist (OLG Hamburg StraFo 2012, 60, 62; BGH NStZ 2012, 225 f.; NStZ-RR 1997, 205). Trägt ein Beschluss einer Großen Strafkammer etwa nur die Unterschriften des Vorsitzenden und eines weiteren Richters und lässt sich nicht mehr feststellen, ob ein weiterer Richter an der Beschlussfassung beteiligt war, ist nicht von einer wirksamen Beschlussfassung auszugehen (OLG Hamburg StraFo 2012, 60, 62; BGH NStZ 2012, 225 f.). 7

§ 35 Bekanntmachung

(1) [1]Entscheidungen, die in Anwesenheit der davon betroffenen Person ergehen, werden ihr durch Verkündung bekannt gemacht. [2]Auf Verlangen ist ihr eine Abschrift zu erteilen.

(2) [1]Andere Entscheidungen werden durch Zustellung bekanntgemacht. [2]Wird durch die Bekanntmachung der Entscheidung keine Frist in Lauf gesetzt, so genügt die formlose Mitteilung.

(3) Dem nicht auf freiem Fuß Befindlichen ist das zugestellte Schriftstück auf Verlangen vorzulesen.

Übersicht

A. Regelungszweck/Anwendungsbereich. Wer von einer gerichtlichen Entscheidung betroffen ist, muss über sie **informiert** werden. Ansonsten könnte er weder etwaigen Verhaltensanforderungen nachkommen noch wirksam überlegen, ob er gegen die Entscheidung (wenn möglich) mit rechtlichen Mitteln vorgehen will (vgl. auch KK/*Maul* § 35 Rn. 1). Deshalb ist – auch zur Sicherung des Anspruchs auf rechtliches Gehör – eine Regelung notwendig, die bestimmt, wie gerichtliche Entscheidungen den davon Betroffenen bekannt gemacht werden. 1

Die Norm gilt nur für **gerichtliche** Entscheidungen, nicht solche der Staatsanwaltschaft (KK/*Maul* § 35 Rn. 2). Für die Staatsanwaltschaft enthält die RiStBV teils abweichende Regelungen über die Bekanntgabe (vgl. etwa Nr. 91 und Nr. 105 Abs. 5 RiStBV). Sondervorschriften wie etwa § 114a, § 201 Abs. 1, § 316 Abs. 2 oder § 343 Abs. 2 ergänzen § 35 und gehen als speziellere Normen teilweise vor (vgl. LR/*Graalmann-Scheerer* § 35 Rn. 5, auch zu § 54 Abs. 2 und § 67 Abs. 2 JGG). Der Begriff der **Entscheidung** umfasst alle im Strafverfahren vorkommenden nicht nur internen richterlichen Anordnungen einschließlich der lediglich prozessleitenden Verfügungen (vgl. RGSt 1, 345, 346 unter Hinweis auf die Gesetzesmaterialien), Entscheidungen in der Hauptverhandlung über die Behandlung von Anträgen und den Fortgang des Verfahrens sowie alle förmlichen Entscheidungen (Beschlüsse, Urteile; vgl. LR/*Graalmann-Scheerer* § 35 Rn. 3). Über § 120 Abs. 1 Satz 2, § 138 Abs. 3 StVollzG gilt § 35 im Maßregel- und Strafvollzugsverfahren entsprechend (BayObLG B. v. 13.01.2021 – 204 StObWs 547/20). Keine Entscheidung ist die bloße Anhörung zu einer beabsichtigten Entscheidung wie etwa eine geplante Pflichtverteidigerbestellung; insoweit gilt § 35 Abs. 2 auch dann nicht, wenn eine Frist zur Äußerung gesetzt wurde (a.A. LG Berlin StV 2021, 313; LG Bochum StV 2012, 526). Wird hingegen ein Pflichtverteidiger bestellt, ist diese Entscheidung dem nicht anwesenden Beschuldigten dann förmlich zuzustellen, wenn durch die Bestellung die dreiwöchige Frist zur Auswechselung des Pflichtverteidigers gem. § 143a Abs. 2 Satz 1 Nr. 1 in Gang gesetzt werden soll. (OLG Koblenz StraFo 2021, 157) 2

Die Mitteilungspflicht gilt nur gegenüber dem durch die Entscheidung Betroffenen. **Betroffen** ist jeder, dessen Verfahrensposition, Rechte oder Pflichten durch die Entscheidung (nicht ihre Begründung) unmittelbar berührt sind. Die Staatsanwaltschaft ist als Garantin der Rechtsförmigkeit des Verfahrens von jeder gerichtlichen Entscheidung mit Außenwirkung betroffen und daher stets zu informieren (KMR/*Ziegler* § 35 Rn. 3), es sei denn, sie verzichtet (ausdrücklich oder konkludent) auf eine entsprechende Information. Ein konkludenter Verzicht kann bei häufigen, aber nicht allzu wichtigen prozessleitenden Entscheidungen etwa 3 anzunehmen sein, wenn dies jahrelang unbeanstandeter Übung zwischen Gericht und Staatsanwaltschaft entspricht. Im Privatklageverfahren ist die Staatsanwaltschaft zur Mitwirkung nicht verpflichtet und nur dann zu informieren, wenn sie die Verfolgung gem. § 377 Abs. 2 Satz 1 übernommen hat (Meyer-Goßner/*Schmitt* § 377 Rn. 1).

4 Zu weit geht die Auffassung, dass grundsätzlich jeder Verfahrensbeteiligte von jeder Entscheidung betroffen ist (in diese Richtung LR/*Graalmann-Scheerer* § 35 Rn. 4). Wendet sich etwa ein Drittbeteiligter gegen einen Arrest, der ohne Auswirkung auf andere ausschließlich sein Vermögen betrifft, muss weder die Ausgangsentscheidung noch eine in der Sache ergangene Beschwerdeentscheidung dem Beschuldigten mitgeteilt werden. Entscheidungen über Ordnungsmittel gegen die das Zeugnis zu Unrecht verweigernden Zeugen sind nur insoweit für den Angeklagten relevant, als sie deren mögliche Kostentragungspflicht und damit das Kosteninteresse des Angeklagten betreffen. Ist hingegen der **Rechtskreis** des Beschuldigten von der Entscheidung nicht berührt, ist er grundsätzlich von ihr auch nicht betroffen. Von einem Beschluss, der eine Ablehnung für unbegründet erklärt, ist demnach nur derjenige mitteilungspflichtig betroffen, der das Ablehnungsgesuch angebracht hat (vgl. LR/*Graalmann-Scheerer* § 35 Rn. 4). Deshalb ist der Begriff des Betroffenen enger als derjenige des Prozessbeteiligten (vgl. auch KG GA 59, 476).

5 **B. Einzelfragen.** Die **Bekanntmachung durch Verkündung** erfolgt nach § 35 Abs. 1 Satz 1 in allen Fällen, in denen die Entscheidung in Anwesenheit des Betroffenen ergeht. Dies ist nicht nur im Rahmen der Hauptverhandlung, sondern auch bei allen anderen aufgrund mündlicher Verhandlung (etwa nach mündlicher Haftprüfung, bei Zeugenvernehmung oder Augenschein durch den ersuchten Richter, vgl. KK/*Maul* § 35 Rn. 4) ergehenden Entscheidungen der Fall. Die Verkündung erfolgt dadurch, dass der Vorsitzende (oder ausnahmsweise ein von ihm beauftragter Richter, vgl. LR/*Graalmann-Scheerer* § 35 Rn. 7) den wesentlichen Inhalt der Entscheidung mündlich mitteilt. Besondere Vorschriften über die Verkündung von Urteilen enthält § 268. Nach § 268 Abs. 2 wird das Urteil durch Verlesung der Urteilsformel und Eröffnung der Urteilsgründe verkündet, wobei die Eröffnung der Urteilsgründe durch Verlesung oder durch mündliche Mitteilung ihres wesentlichen Inhalts geschieht; die Verlesung der Urteilsformel hat in jedem Fall der Mitteilung der Urteilsgründe voranzugehen. Beschlüsse, die in der auf dem Grundsatz der Mündlichkeit beruhenden Hauptverhandlung erlassen werden, brauchen nicht durch Verlesung verkündet zu werden. Die mündliche Mitteilung ihres wesentlichen Inhalts genügt (RGSt 44, 53, 54). Die mündliche Verkündung gegenüber einem der deutschen Sprache nicht mächtigen Angeklagten ist erst dann abgeschlossen, wenn diese ihn vermittelt durch einen Dolmetscher erreicht hat (BGH NStZ-RR 1996, 337). Das Einverständnis mit einer bestimmten Entscheidung ersetzt die Notwendigkeit der Bekanntgabe nicht (vgl. OLG Schleswig StV 2011, 351).

6 Die Verkündung einer Entscheidung ist als wesentliche Förmlichkeit im **Protokoll** der Hauptverhandlung anzugeben und kann nur durch dieses bewiesen werden (LR/*Graalmann-Scheerer* § 35 Rn. 8). Fehlt es bei in der Hauptverhandlung ergangenen Beschlüssen an ihrer Verkündung, kann dies durch Zustellung der Entscheidung geheilt werden; bei Urteilen ist der Mangel nicht heilbar (LR/*Graalmann-Scheerer* § 35 Rn. 8).

7 Auf Verlangen ist den von der Entscheidung Betroffenen nach Abs. 1 Satz 2 eine **Abschrift der Entscheidung** zu erteilen. In komplexeren Verfahren erscheint es ohnehin sinnvoll, dass das Gericht von sich aus Kopien seiner Entscheidungen den Verfahrensbeteiligten unmittelbar zur Verfügung stellt, damit diese ihr Prozessverhalten danach einrichten können. Verlangt werden kann nur eine Abschrift der Entscheidung, nicht mehrere; zur Frage der Notwendigkeit einer Übersetzung der Entscheidung ist bei sprachunkundigen Beschuldigten oder Verurteilten die ab 06.07.2013 geltende Neuregelung in § 187 GVG zu beachten (vgl. Gesetz zur Stärkung der Verfahrensrechte von Beschuldigten im Strafverfahren vom 02.07.2013, BGBl. I, 1938). Gründe überragenden Geheimnisschutzes können eine Einschränkung des Anspruchs auf Überreichung von Abschriften rechtfertigen (hierzu näher LR/*Graalmann-Scheerer* § 35 Rn. 11; Meyer-Goßner/*Schmitt* § 35 Rn. 8). Begründet werden muss das Verlangen nach einer Abschrift nicht, sinnvoll muss es ebenfalls nicht sein (vgl. LR/*Graalmann-Scheerer* § 35 Rn. 9; einschränkend Meyer-Goßner/*Schmitt* § 35 Rn. 7 unter Hinweis auf KG JR 1960, 352).

8 Die Abschrift ist dem Betroffenen **so schnell wie möglich** zu erteilen. Der Betroffene hat indes keinen Anspruch darauf, dass eine mündliche Verhandlung unterbrochen wird, damit eine Abschrift der Entscheidung hergestellt und ihm überreicht wird (RGSt 44, 53, 54). Die Hauptverhandlung wird vom Grundsatz der Mündlichkeit beherrscht. Den von einer mündlich verkündeten Entscheidung Betroffenen wird zugetraut, dass sie den Inhalt der verkündeten Entscheidung verstehen und ihr Verhalten danach ausrichten. Das Gesetz gibt den Prozessbeteiligten nicht die Befugnis, Unterbrechungen der Hauptverhandlung dadurch herbeizuführen, dass sie durch Anträge den Erlass von Beschlüssen erwirken und dann durch Verlangen von Abschriften dazu nötigen, die Beschlüsse sofort niederzuschreiben und die Anfertigung von Abschriften zu erzwingen (RGSt 44, 53, 54).

Probleme stellen sich bei länger andauernder Hauptverhandlung, weil das Protokoll, das die Entscheidung nebst Begründung enthalten muss (vgl. § 273 Abs. 1), erst nach deren Abschluss fertig gestellt wird und nur diese Fertigstellung die besondere Beweiskraft des § 274 auslöst (vgl. hierzu auch *Mosbacher* NStZ-Sonderheft Miebach, 2009, 20, 22). Einen **Anspruch auf Abschriften aus dem Protokoll vor dessen Fertigstellung** haben die Verfahrensbeteiligten grundsätzlich nicht; der Inhalt des Protokolls steht vor dessen Fertigstellung nicht fest. Daraus ist zu folgern, dass eine Abschrift grundsätzlich erst nach Fertigstellung des Protokolls verlangt werden kann, sofern die Entscheidung in der Hauptverhandlung verkündet wurde (vgl. RGSt 44, 53, 54; Meyer-Goßner/*Schmitt* § 35 Rn. 6; a.A. etwa LR/*Graalmann-Scheerer* § 35 Rn. 12 m.w.N.). Haben die Betroffenen ein besonderes Interesse an einer früheren Erteilung einer (vorläufigen) Abschrift der ablehnenden Entscheidung, etwa weil es für ihr weiteres prozessuales Verhalten auf die Kenntnis des Wortlauts der Entscheidung ankommt oder diese besonders lang ausfällt, ist ihnen bei mehrtägigen Hauptverhandlungen in der Regel nach Ende des einzelnen Hauptverhandlungstages eine Abschrift zu erteilen (vgl. BGH NStZ 2008, 110; Meyer-Goßner/*Schmitt* § 35 Rn. 6; KK/*Maul* § 35 Rn. 9). Dies gilt für die meisten Beschlüsse, durch die Beweisanträge mit etwas ausführlicherer Begründung zurückgewiesen werden (vgl. Meyer-Goßner/*Schmitt* § 35 Rn. 6). Es empfiehlt sich daher, alle bedeutsameren Beschlüsse ohne Verzögerung abzusetzen und dem Protokoll als Anlage beizufügen (LR/*Graalmann-Scheerer* § 35 Rn. 12; KK/*Maul* § 35 Rn. 9). 9

Alle anderen gerichtlichen Entscheidungen werden nach Abs. 2 Satz 1 durch **Zustellung** bekannt gemacht, sofern kein Fall des Abs. 2 Satz 2 vorliegt. Zustellung ist eine vom Gesetz besonders hervorgehobene Form der Mitteilung einer Entscheidung, durch die dem Betroffenen nachweislich Gelegenheit zur Kenntnisnahme eines Schriftstücks verschafft wird (vgl. LR/*Graalmann-Scheerer* § 35 Rn. 18). Wie die Zustellung angeordnet und bewirkt wird, ist im Einzelnen in §§ 36 ff. geregelt; die § 32a–32d gelten nur für die bei der Justiz eingehende sowie die justizinterne Kommunikation (vgl. § 32a Rdn. 1, § 32b Rdn. 1). Sofern durch die Bekanntmachung der Entscheidung keine Frist in Lauf gesetzt wird, genügt nach Abs. 2 Satz 2 die formlose Mitteilung der Entscheidung. Zuzustellen sind demnach alle Beschlüsse, die mit der sofortigen Beschwerde anfechtbar sind, sowie die in Abwesenheit des Betroffenen ergangenen Urteile (vgl. § 232 Abs. 4, § 329 Abs. 1, § 401 Abs. 1 und 2, § 412 Satz 1). Ob zuzustellen ist oder nicht, entscheidet sich bei jedem Betroffenen anders. Nicht zuzustellen sind Entscheidungen an solche Betroffene, die eine an sich anfechtbare Entscheidung ausnahmsweise – etwa mangels Beschwer – nicht anfechten können (wie etwa ein Freispruchsurteil an den Angeklagten oder der Straferlass an einen hierdurch Begünstigten; vgl. auch SSW-StGB/*Claus* § 56g Rn. 13). 10

Auch wenn es rechtlich nicht zwingend ist, kann die Zustellung anstelle der formlosen Mitteilung sinnvoll sein. Dies wird stets der Fall sein, wenn der **Nachweis des Erhalts eines Schriftstücks** von besonderer Bedeutung ist, etwa weil bei Nichtbefolgung richterlicher Anordnungen negative Rechtsfolgen drohen. Die Zeugenladung ist insb. bei möglicherweise unzuverlässigen oder unwilligen Zeugen zuzustellen, um eine sichere Grundlage für etwaige Ordnungsmittel nach § 70 zu haben. Die ordnungsgemäße Ladung von Zeugen kann aber nicht nur durch eine Zustellungsurkunde, sondern bei einfachen Schreiben auch durch einen Abvermerk der Geschäftsstelle festgestellt werden (a.A. wohl LR/*Graalmann-Scheerer* § 35 Rn. 18). Die Besetzungsmitteilung nach § 222a Abs. 1 ist zum Nachweis ihres Zugangs am besten durch Fax zu übersenden. Einer förmlichen Zustellung bedarf es hingegen nicht, weil durch die Besetzungsmitteilung als solche keine Frist in Lauf gesetzt wird, sondern lediglich bei kürzerem Zeitraum Unterbrechung der Hauptverhandlung beantragt werden kann (§ 222a Abs. 2; a.A. wohl LR/*Graalmann-Scheerer* § 35 Rn. 18; Meyer-Goßner/*Schmitt* § 35 Rn. 10). Knüpfen an die Rechtskraft eines Urteils besondere sanktionsbewehrte Pflichten an (vgl. § 44, § 145a, 145c StGB), kann es zum Nachweis der Kenntnis vom Zeitpunkt der Rechtskraft sinnvoll sein, die Entscheidung, durch die Rechtskraft herbeigeführt wurde (etwa einen Beschluss nach § 349 Abs. 2), ausnahmsweise zuzustellen (vgl. LR/*Graalmann-Scheerer* § 35 Rn. 21). 11

Die **formlose Mitteilung** einer Entscheidung geschieht dadurch, dass eine Ausfertigung oder Abschrift der Entscheidung dem Betroffenen durch einfachen Brief zugeschickt wird. Eine formlose Mitteilung ist auch zulässig, wenn gegen die Entscheidung die fristgebundene (vgl. § 93 Abs. 1 BVerfGG) Verfassungsbeschwerde möglich ist, denn unter Fristen im Sinne von Abs. 2 Satz 2 sind nur strafprozessuale Fristen zu verstehen (BVerfG NJW 2016, 3230); Gleiches gilt für die Individualbeschwerde nach § 35 Abs. 1 EMRK (vgl. LR/*Graalmann-Scheerer* § 35 Rn. 22). Ist wahrscheinlich mit einer Verfassungsbeschwerde zu rechnen, kann im Einzelfall die förmliche Zustellung einer ansonsten unanfechtbaren Entscheidung (etwa eines Beschlusses des Revisionsgerichts nach § 349 Abs. 2) sinnvoll erscheinen. Geht es bei Entscheidungen, deren Bekanntmachung keine Frist in Lauf setzt, lediglich darum, den Zugang sicher nachzuweisen, ist bei Rechtsanwälten regelmäßig anstelle einer förmlichen Zustellung die Übersendung per Fax ausreichend. 12

Nach Abs. 3 sind Schriftstücke **auf Verlangen vorzulesen**, wenn sie einem Betroffenen zugestellt werden, der sich nicht auf freiem Fuß befindet. Hierzu zählt jeder, dem die Freiheit auf Anordnung eines Richters 13 oder einer Behörde entzogen und der dadurch in der Wahl seines Aufenthalts beschränkt ist (vgl. Meyer-Goßner/*Schmitt* § 35 Rn. 13). Die Zustellung des Schriftstücks und seine Verlesung sind voneinander zu trennen. Zunächst ist das Schriftstück dem Betroffenen zuzustellen, also zur Kenntnisnahme zu übergeben. Anschließend kann der Inhaftierte die Verlesung des »zugestellten« Schriftstücks verlangen (vgl. RGSt 1, 345, 347). Erfolgt die Verlesung nicht, bleibt hiervon die Wirksamkeit der Zustellung hiervon unberührt; allenfalls kommt Wiedereinsetzung nach § 44 in Betracht (BGH NStZ-RR 2019, 24, 25 m.w.N.). Die Vorlesung ist nach dem Wortlaut nur erforderlich, wenn es sich um eine förmliche Zustellung handelt. Eine Ausdehnung der Lesepflicht auf formlose Mitteilungen ist nicht veranlasst (a.A. LR/*Graalmann-Scheerer* § 35 Rn. 26). Ob die Vorschrift heute insgesamt noch zeitgemäß ist, erscheint angesichts verbreiteter Alphabetisierung zweifelhaft; in der Praxis wird auf das Vorlesen fast stets verzichtet. Schon aus Gründen der Fürsorge sollten Entscheidungen denjenigen Inhaftierten vorgelesen werden, die Analphabeten sind oder an einer Lese- bzw. Sehschwäche leiden.

§ 35a Rechtsmittelbelehrung

[1]Bei der Bekanntmachung einer Entscheidung, die durch ein befristetes Rechtsmittel angefochten werden kann, ist der Betroffene über die Möglichkeiten der Anfechtung und die dafür vorgeschriebenen Fristen und Formen zu belehren. [2]Bei der Bekanntmachung eines Urteils ist der Angeklagte auch über die Rechtsfolgen des § 40 Absatz 3 und des § 350 Absatz 2 sowie, wenn gegen das Urteil die Berufung zulässig ist, über die Rechtsfolgen der §§ 329 und 330 zu belehren. [3]Ist einem Urteil eine Verständigung (§ 257c) vorausgegangen, ist der Betroffene auch darüber zu belehren, dass er in jedem Fall frei in seiner Entscheidung ist, ein Rechtsmittel einzulegen.

Übersicht

1 **A. Regelungszweck/Anwendungsbereich.** Die **Rechtsmittelbelehrung dient dazu**, den Rechtsmittelberechtigten über seine Rechtsmittelbefugnis so aufzuklären, dass er von ihr effektiv Gebrauch machen kann. Im Rahmen der gesetzlichen Regelung der Verständigung wurde in Anknüpfung an eine Entscheidung des Großen Senats für Strafsachen (BGHSt 50, 40, 61) mit Satz 3 das Erfordernis einer sog. »qualifizierten Belehrung« nach Verständigung normiert.

2 In **sachlicher Hinsicht** betrifft die Belehrungspflicht alle Entscheidungen, die durch ein befristetes Rechtsmittel angefochten werden können. Befristete Rechtsmittel sind die Berufung, die Revision und die sofortige Beschwerde. Ob eine gerichtliche Entscheidung mit einem derartigen befristeten Rechtsmittel angefochten werden kann, ergibt sich aus der Kommentierung zu den entsprechenden Normen. Bei Strafbefehlen ist über die Einspruchsfrist zu belehren (§ 409 Abs. 1 Satz 1 Nr. 7); da der Einspruch lediglich ein Rechtsbehelf und kein Rechtsmittel ist, bedarf es insoweit gesonderter gesetzlicher Regelung. Auf die Belehrungspflicht aus § 35a wird verwiesen in § 44 Satz 2, 319 Abs. 2 Satz 3, § 346 Abs. 2 Satz 3, § 80 Abs. 3 Satz 5 OWiG, § 87k Abs. 2 Satz 5 IRG und § 52 Abs. 4 Satz 2 RVG. Ergänzende Ausführungen zur Belehrungspflicht aus § 35a finden sich in Nr. 142 RiStBV. Teils sieht das Gesetz auch bei anderen gerichtlichen Entscheidungen besondere Belehrungspflichten über statthafte Rechtsbehelfe (vgl. bei Haft § 115 Abs. 4) oder Wiedereinsetzungsmöglichkeiten (vgl. § 235 Satz 2, § 329 Abs. 7 Satz 2, § 412 Satz 1) vor. Bei unanfechtbaren Entscheidungen ist demnach keine Rechtsmittelbelehrung veranlasst. Gleiches gilt, wenn die Entscheidung – wie etwa ein Freispruch ohne Nebenklägerbeteiligung – nur von der Staatsanwaltschaft angefochten werden kann (vgl. KK/*Maul* § 35a Rn. 3). Denn diese ist nie über ihre Rechtsmittelbefugnis zu belehren. Aus dem Wortlaut und der Systematik des Gesetzes, ergibt sich im Umkehrschluss, dass eine Belehrung nach § 35a nicht erfolgen muss, wenn eine Maßnahme nicht mit einem befristeten Rechtsmittel angefochten werden kann und auch sonst keine gesonderten Belehrungspflichten normiert wurden. Eine analoge Anwendung des § 35a Abs. 1 Satz 1 mit der Konsequenz, dass bei Bestellung eines Pflichtverteidigers auf die Möglichkeit der Auswechslung des Verteidigers binnen drei Wochen hinzuweisen wäre (so OLG Koblenz StraFo 2021, 157, 158), ist daher abzulehnen.

3 In **persönlicher Hinsicht** betrifft die Belehrungspflicht alle Anfechtungsberechtigten mit Ausnahme der staatlichen Verfolgungsbehörden (Staatsanwaltschaft, Bußgeld- und Strafsachenstelle des Finanzamts), weil diese – unabhängig von der tatsächlichen personellen Ausstattung – normativ gesehen als insoweit rechtskundig gelten (vgl. OLG Naumburg NStZ 2007, 603). Gegenüber der Bußgeldbehörde soll nach Auffassung des BayObLG hingegen eine Rechtsmittelbelehrung erfolgen müssen (vgl. NJW 1967, 123; zustimmend etwa LR/*Graalmann-Scheerer* § 35a Rn. 8; SK/*Weßlau*/*Weißer* § 35a Rn. 6). Dies überzeugt nicht, weil hier

das Gleiche wie bei der Staatsanwaltschaft gelten muss: Dem verfolgenden Staat, der dem Betroffenen im Bußgeldverfahren in Form der Bußgeldbehörde entgegentritt, ist normativ zuzutrauen und deshalb auch zuzumuten, dass er selbst über die Möglichkeiten des Rechtsschutzes weiß. Rechtsunkenntnis kann deshalb weder der Strafverfolger noch die sanktionierende Bußgeldbehörde für sich in Anspruch nehmen. Zu belehren ist auch der gesetzliche Vertreter, dem ein eigenes Recht auf Rechtsmitteleinlegung zusteht (vgl. § 298); ist er bei der Urteilsverkündung trotz ordnungsgemäßer Benachrichtigung abwesend, muss er aber nicht etwa gesondert belehrt werden (BGHSt 18, 21). Ob auch ein Rechtsanwalt (Verteidiger) belehrt werden muss, erscheint zweifelhaft. Zwar steht ihm eine eigene Rechtsmittelbefugnis zu (vgl. § 297), er gilt aber durch die Zulassung zur Anwaltschaft normativ gesehen in gleichem Maße wie Staatsanwaltschaft und Gericht als rechtskundig. Gegenüber solchermaßen Rechtskundigen ist eine Belehrungspflicht fehl am Platz, wird doch der Verteidiger auch sonst nicht über prozessuale Rechte und Pflichten wie etwa das Beanstandungsrecht nach § 238 Abs. 2 oder die Widerspruchsnotwendigkeit bei bestimmten Beweisverwertungsverboten belehrt (a.A. OLG Hamm, Beschl. v. 07.02.2013 – 1 Ws 30/13 unter – aufgrund anderer gesetzlicher Grundlagen im anwaltsgerichtlichen Verfahren missverständlichem – Hinweis auf OLG Rostock MDR 2008, 356).

B. Einzelfragen. Der **Inhalt der Belehrung** ist von ihrem Zweck abzuleiten. Der Rechtsmittelberechtigte ist eindeutig, vollständig und klar darüber zu belehren, wie er von dem ihm zustehenden befristeten Rechtsmittel wirksam Gebrauch machen kann. Dazu gehört die Belehrung über die Frist (hierbei auch, dass es auf den Eingang bei Gericht ankommt), die Form (schriftlich oder zu Protokoll der Geschäftsstelle, in deutscher Sprache) und den Adressaten (insb. bei Inhaftierten auch über die Möglichkeit der für sie geltenden besonderen Zuständigkeit gem. § 299; vgl. näher Meyer-Goßner/*Schmitt* § 35a Rn. 10 ff. m.w.N.). 4

Bei Entscheidungen, die mit dem Rechtsmittel der **sofortigen Beschwerde** anfechtbar sind, kann die **Rechtsmittelbelehrung** demnach wie folgt lauten: »Gegen diesen Beschluss ist die sofortige Beschwerde zulässig, die innerhalb einer Woche seit dem Tage der Zustellung dieser Entscheidung schriftlich oder zu Protokoll der Geschäftsstelle bei dem beschließenden Gericht eingelegt werden kann. Eine schriftliche Beschwerde muss innerhalb der genannten Frist in deutscher Sprache bei Gericht eingegangen sein. Der nicht auf freiem Fuß Befindliche kann die Beschwerde auch zu Protokoll der Geschäftsstelle des Amtsgerichts erklären, in dessen Bezirk die Anstalt liegt, in der er auf behördliche Anordnung verwahrt wird. In diesem Fall wird die Frist gewahrt, wenn das Protokoll innerhalb derselben aufgenommen wird.« 5

Bei Urteilen, die mit dem Rechtsmittel der **Revision** anfechtbar sind, kann die **Rechtsmittelbelehrung** demnach wie folgt lauten: »Gegen dieses Urteil ist das Rechtsmittel der Revision statthaft. Diese muss innerhalb einer Woche, gerechnet ab heute, schriftlich oder zu Protokoll der Geschäftsstelle bei dem erkennenden Gericht in deutscher Sprache eingelegt werden kann. Entscheidend für die Fristwahrung ist bei schriftlicher Erklärung deren Eingang bei Gericht. Wird Revision eingelegt, muss sie auch begründet werden, und zwar regelmäßig binnen einen Monats nach Zustellung des Urteils. Die Begründung muss entweder durch einen Rechtsanwalt oder zu Protokoll der Geschäftsstelle geschehen. Wer sich nicht auf freiem Fuß befindet, kann die Revision auch zu Protokoll der Geschäftsstelle des Amtsgerichts erklären, in dessen Bezirk die Anstalt liegt, in der er auf behördliche Anordnung verwahrt wird. In diesem Fall wird die Frist gewahrt, wenn das Protokoll innerhalb derselben aufgenommen wird. Gegen die Kostenentscheidung ist die Kostenbeschwerde ebenfalls binnen einer Woche zulässig. Für Form und Frist gilt das Gleiche wie bei der Revisionseinlegung.« Nach Satz 2 ist der Angeklagte ferner darüber zu belehren, dass die öffentliche Zustellung im Verfahren über eine vom Angeklagten eingelegte Revision bereits dann zulässig ist, wenn eine Zustellung nicht unter einer Anschrift möglich ist, unter der letztmals zugestellt wurde oder die der Angeklagte zuletzt angegeben hat (§ 40 Abs. 3) sowie darüber, dass im Fall seines Nichterscheinens gem. § 350 Abs. 2 Satz 2 in der Revisionshauptverhandlung in seiner Abwesenheit verhandelt werden kann; sofern kein Fall der notwendigen Verteidigung vorliegt, auch in Abwesenheit seines Verteidigers. 6

Bei Urteilen, die mit dem **Rechtsmittel der Berufung** anfechtbar sind, ist der Rechtsmittelberechtigte über Form und Frist der Berufungseinlegung und die Rechtsfolgen des § 40 Abs. 3 wie bei der Revisionseinlegung, nach Satz 2 a.E. zusätzlich über die Rechtsfolgen der §§ 329, 330 zu belehren, d.h. dass bei unentschuldigtem Ausbleiben des Angeklagten und des Verteidigers in der Berufungsverhandlung eine Berufung des Angeklagten ohne Verhandlung zur Sache verworfen wird (§ 329 Abs. 1) und im Fall der Anwesenheit des Verteidigers und im Fall ungenügender Entschuldigung bei Berufungen der Staatsanwaltschaft auch ohne ihn verhandelt werden kann (§ 329 Abs. 2). Ferner ist der Angeklagte darüber zu belehren, dass die Berufung auch dann verworfen wird, wenn seine Anwesenheit in der Hauptverhandlung trotz der Vertretung durch einen Verteidiger erforderlich ist und er trotz Ladung und Anordnung des persönlichen Erscheinens ohne genügende Entschuldigung nicht erscheint (§ 329 Abs. 4). Bei Berufungen der Staatsanwaltschaft kann seine Vorführung oder Verhaftung angeordnet werden, wenn die Hauptverhandlung nicht ohne ihn abgeschlossen 7 werden kann und dies zur Durchführung der Hauptverhandlung geboten ist (§ 329 Abs. 3). § 330 verweist für Berufungen des gesetzlichen Vertreters auf die Verwerfung in § 329 Abs. 1 Satz 1, wenn dieser nicht erscheint, allerdings nur, wenn auch der Angeklagte oder sein Verteidiger nicht erschienen sind; ist nur der Angeklagte nicht erschienen, gelten § 329 Abs. 2 und 3 entsprechend. Auch hierüber ist der Angeklagte zu belehren. Im Fall der Annahmeberufung (§ 313) ist über die entsprechenden Einschränkungen ebenfalls zu belehren; darin liegt zugleich die Gewährung rechtlichen Gehörs im Verfahren über die Verwerfung als unzulässig gem. § 313 Abs. 2 (OLG Karlsruhe, Beschl. v. 26.10.2017 – 2 Ws 308/17). Steht dem Rechtsmittelberechtigten neben der Berufung auch die Revision zu (§ 335 Abs. 1), ist er über beide Rechtsmittelmöglichkeiten hinreichend zu belehren (vgl. LG München I NJW 1956, 1368).

8 Eine **qualifizierte Rechtsmittelbelehrung**, die gem. Satz 3 nach einer Verständigung erforderlich ist, weist den Rechtsmittelberechtigten eindeutig und unmissverständlich darauf hin, dass er von dem ihm zustehenden Rechtsmittel völlig unabhängig davon Gebrauch machen kann, dass es zuvor zu einer Verständigung gekommen ist. Sie kann etwa wie folgt lauten: »Ganz unabhängig davon, dass es im vorliegenden Verfahren zu einer Verständigung gekommen ist, und unabhängig von Empfehlungen der übrigen Verfahrensbeteiligten, sind Sie in Ihrer Entscheidung, ob Sie Rechtsmittel einlegen wollen, völlig frei« (vgl. BGH NStZ 2007, 419). Nicht belehrt werden muss nach einer Verständigung darüber, dass in diesen Fällen gem. § 302 Abs. 1 Satz 2 ein Rechtsmittelverzicht ausgeschlossen ist (vgl. BGH NStZ-RR 2010, 244 f.). Eine qualifizierte Rechtsmittelbelehrung ist in entsprechender Anwendung von § 35a Satz 3 nach jeder Verständigung zu erteilen, nicht nur nach der formgerechten Verständigung gem. § 257c (a.A. Meyer-Goßner/*Schmitt* § 35a Rn. 17). Denn gerade bei einer außerhalb des gesetzlichen Rahmens erfolgenden Verständigung (die unzulässig ist, vgl. BVerfG NJW 2013, 1058) ist der Angeklagte besonders schutzbedürftig; es gelten insoweit sinngemäß weiter die Grundsätze der Entscheidung des Großen Senats für Strafsachen (BGHSt 50, 40, 61) zur Notwendigkeit einer sog. »qualifizierten Belehrung«.

9 Bei **Urteilen** ist der Angeklagte zunächst **mündlich** über die ihm zustehenden Rechtsmittel zu belehren. Nach Nr. 142 Abs. 1 Satz 2 RiStBV wird dem Angeklagten dabei ein **Merkblatt** ausgehändigt, auf das wegen der Einzelheiten verwiesen werden kann. Notwendig ist dies indes nur bei dem anwaltlich nicht vertretenen Angeklagten. Aus der richterlichen Fürsorgepflicht folgt, dass ein nicht anwaltlich vertretener, rechtsunkundiger Angeklagter ergänzend durch Aushändigung eines Merkblatts zu belehren ist, wenn es sich um eine schwierige Belehrung handelt (vgl. BVerfG NJW 1996, 1811; OLG Köln v. 06.12.2010 – 2 Ws 790/10). Eine generelle Pflicht zur Aushändigung eines Merkblatts gibt es hingegen nicht (BVerfG NStZ-RR 2007, 416). Auch wenn nur mündlich über die Revisionsmöglichkeit belehrt wird, entspricht dies den Anforderungen des Strafverfahrensrechts. § 35a schreibt für Rechtsmittelbelehrungen keine bestimmte Form vor. Die Belehrung über das Rechtsmittel der Revision ist auch nicht derart schwierig, dass eine zusätzliche schriftliche Belehrung stets zwingend erforderlich wäre. Auch die alleinige mündliche Belehrung verdeutlicht dem Angeklagten hinreichend, das ihm für die Einlegung der Revision nur eine Woche ab der in seiner Anwesenheit erfolgten Urteilsverkündung zur Verfügung steht (BVerfG NStZ-RR 2007, 416). Gleiches gilt für die Berufung (OLG Brandenburg v. 05.11.2012 – 1 Ws 194/12; a.A. OLG Köln, Beschl. v. 06.12.2010 – 2 Ws 790/10), allerdings kann die Belehrung über die Rechtsfolgen der §§ 329, 330 bei mit der Berufung anfechtbaren Urteilen aufgrund der Vielzahl der gesetzlich vorgesehenen Konstellationen mittlerweile durchaus als schwierig angesehen werden. Soweit daher Anhaltspunkte dafür in der Person des Angeklagten vorhanden sind, gebietet es die Fürsorgepflicht, zusätzlich zur mündlichen Belehrung ein Merkblatt auszuhändigen (BVerfG NStZ-RR 2007, 416). Vereitelt der Angeklagte selbst die Erteilung der Rechtsmittelbelehrung, indem er nach Verkündung des Urteils eigenmächtig den Sitzungssaal verlässt, ist das Gericht unter dem Gesichtspunkt der Fürsorge nicht verpflichtet, die Rechtsmittelbelehrung schriftlich nachzuholen (OLG Bamberg NStZ-RR 2014, 376 f.). Wird entgegen Nr. 142 Abs. 1 Satz 2 RiStBV kein Merkblatt ausgehändigt, begründet dies regelmäßig nicht die Wiedereinsetzung in eine versäumte Rechtsmittelfrist nach § 44, insb. dann nicht, wenn der Angeklagte über entsprechende Erfahrung mit Strafverfahren verfügt (OLG Brandenburg, Beschl. v. 05.11.2012 – 1 Ws 194/12; vgl. aber auch OLG Köln, Beschl. v. 06.12.2010 – 2 Ws 790/10).

10 Ist der Angeklagte bei der **Verkündung** des Urteils **abwesend**, so ist er über die Einlegung des zulässigen Rechtsmittels schriftlich zu belehren, sofern er nicht durch einen mit einer schriftlichen Vollmacht versehenen Verteidiger vertreten war. In diesem Fall genügt es, wenn dem zuzustellenden Urteil ein Merkblatt beigefügt und dies in der Zustellungsurkunde vermerkt wird (Nr. 142 Abs. 3 Satz 1 RiStBV). Die Belehrung über Rechtsmittel gegen schriftlich ergangene Beschlüsse erfolgt in der Regel am Ende des Beschlusses und wird durch eine zumeist fett gedruckte Überschrift »Rechtsmittelbelehrung« grafisch hervorgehoben, damit der Rechtsmittelberechtigte den Inhalt der Belehrung eindeutig zur Kenntnis nehmen kann.

Ist der Betroffene der **deutschen Sprache nicht mächtig**, wird die Belehrung über Rechtsmittel gegen die in seiner Anwesenheit ergangene Entscheidung durch den anwesenden Dolmetscher übersetzt. Ein genereller Anspruch auf eine schriftliche Belehrung über die Rechtsmittelbefugnis besteht auch nach der durch das Gesetz zur Stärkung der Verfahrensrechte von Beschuldigten im Strafverfahren (v. 02.07.2013, BGBl. I, S. 1938; hierzu BT-Drs. 17/12578) zum 06.07.2013 in Kraft getretenen Neufassung des § 187 Abs. 2 GVG nicht. Gem. § 187 Abs. 2 S. 4 und 5 GVG kann an die Stelle einer schriftlichen Übersetzung grundsätzlich auch eine mündliche Übersetzung treten, wenn hierdurch die strafprozessualen Rechte des Betroffenen gewahrt werden. Dies ist insb. anzunehmen, wenn dieser einen Verteidiger hat. Anders liegt es, wenn die Belehrung zugleich dazu dienen soll, das rechtliche Gehör zu gewähren, wie etwa bei der Belehrung über den Einspruch gegen den Strafbefehl. Die Belehrung über den Einspruch gehört gem. § 409 Abs. 1 Nr. 7 zum notwendigen Inhalt des Strafbefehls, der gem. § 187 Abs. 2 Satz 1 GVG zur Ausübung der strafprozessualen Rechte eines der deutschen Sprache nicht mächtigen Beschuldigten regelmäßig zu übersetzen ist (LG Stuttgart NStZ-RR 2014, 216; Meyer-Goßner/*Schmitt* § 35a Rn. 9 m.w.N.). Dasselbe gilt für die Belehrung über die Revision gegen ein in Abwesenheit des Angeklagten gem. § 329 Abs. 1 Satz 1 ergangenes Berufungsurteil (OLG München StV 2014, 532, 533 f.; vgl. auch § 37 Abs. 3). Wird einem sprachunkundigen ausländischen Angeklagten ein Strafbefehl oder ein in seiner Abwesenheit ergangenes Urteil in deutscher Sprache ohne eine ihm verständliche Belehrung über den Rechtsbehelf bzw. das Rechtsmittel zugestellt, so ist die Zustellung unwirksam und setzt den Lauf der Rechtsmittelfrist nicht in Gang (BT-Drs. 17/12578, S. 15; OLG München StV 2014, 532, 533 f.; LG Stuttgart NStZ-RR 2014, 216). Soweit Schriftstücke und Entscheidungen nach § 187 GVG nicht zwingend der Übersetzung bedürfen (so etwa für Entscheidungen im Vollstreckungsverfahren OLG Köln NStZ 2014, 229, 230; OLG Bamberg, Beschl. v. 06.06.2013 – 1 Ws 311/13; LG Frankfurt, Beschl. v. 05.11.2014 – 5/08 Qs 19/14) und der Betroffene insoweit eine Rechtsmittelfrist aufgrund mangelnder Sprachkenntnisse versäumt, kann die Fristsäumnis zwar nicht als verschuldet i.S.d. § 44 angesehen werden. Kann der ausländische Angeklagte den Inhalt des Schriftstücks aber zumindest – was regelmäßig der Fall sein wird – so weit erfassen, dass es sich um ein amtliches Schriftstück handeln könnte, das eine ihn belastende Verfügung enthält, so können im Rahmen seiner Sorgfaltspflicht zumutbare Anstrengungen verlangt werden, sich innerhalb angemessener Frist Gewissheit über den Inhalt des Schriftstücks zu verschaffen (BVerfG NStZ 1991, 446; KG, Beschl. v. 15.02.2013 – 4 Ws 25/13). 11

Der Inhalt der Rechtsmittelbelehrung wird nicht zu **Protokoll** genommen, sondern nach § 273 Abs. 1 nur die Tatsache, dass eine Rechtsmittelbelehrung erfolgt ist (BGH NStZ-RR 2009, 282). Das Protokoll lautet dann etwa: »Rechtsmittelbelehrung, auch bezüglich der Kostenentscheidung, ist erfolgt.« Nach einer Verständigung sollte in das Protokoll aufgenommen werden: »Rechtsmittelbelehrung, auch in qualifizierter Form und auch hinsichtlich der Kostenentscheidung, ist erfolgt.« Der Protokollvermerk über die erteilte Rechtsmittelbelehrung beweist nicht nur die Belehrung als solche, sondern auch deren Richtigkeit und Vollständigkeit (OLG Hamm, B. v. 25.10.2016 – III-3 RVs 72/16, juris, Rn. 12; KG VRS 102, 198; OLG Köln, Beschl. v. 06.12.2010 – 2 Ws 790/10; a.A. für die Rechtsfolgen gem. § 35a Satz 2 OLG Düsseldorf, B. v. 22.06.2020 – III-2 Ws 125/20 mit Verweis auf OLG Hamm NStZ 2014, 421, 422). Im Protokoll muss auch nicht festgehalten werden, dass die Rechtsmittelbelehrung dem Angeklagten übersetzt wurde (BGH NStZ-RR 2009, 282). 12

Ist die Rechtsmittelbelehrung nicht erfolgt, ist sie in einem wesentlichen Punkt unvollständig oder hat sie einen unzutreffenden Inhalt, läuft die Rechtsmittelfrist gleichwohl (vgl. BGH NStZ 1984, 329). Allerdings ist in diesem Fall auf Antrag **Wiedereinsetzung** in die versäumte Rechtsmittelfrist zu gewähren, weil die Versäumung der Rechtsmittelfrist gem. § 44 Satz 2 als unverschuldet anzusehen ist (vgl. Meyer-Goßner/*Schmitt* § 35a Rn. 13 ff. m.w.N.). Dies gilt grundsätzlich auch dann, wenn der Betroffene anwaltlich vertreten ist (BVerfG, Beschl. vom 02.03.2014 – 2 BvR 53/13), nicht aber, wenn ein ursächlicher Zusammenhang zwischen Belehrungsmangel und Fristversäumnis ausgeschlossen ist (OLG Hamm, B. v. 27.08.2015 – III-1 Ws 312/15 – Rn. 7; OLG Bamberg NStZ-RR 2014, 376 f.). Enthält die Rechtsmittelbelehrung bei Ausländern nicht den Hinweis darauf, dass ein Rechtsmittel **in deutscher Sprache** (§ 184 GVG) eingelegt werden muss, ist die Rechtsmittelbelehrung unvollständig. Dieser Fall steht der unterbliebenen Belehrung gleich oder hindert zumindest ein Verschulden an der Fristversäumung (OLG Düsseldorf MDR 1982, 866) und führt zur Wiedereinsetzung, sofern auf diesem Belehrungsmangel die Fristversäumnis beruht (BGH NStZ 2001, 45). Weil § 44 Satz 2 lediglich auf § 35a Satz 1 und 2 verweist, wird die qualifizierte Belehrung nach einer Verständigung nicht vom Vermutungstatbestand des § 44 Satz 2 erfasst, sodass das Unterlassen einer qualifizierten Belehrung nicht automatisch die Wiedereinsetzung begründet (vgl. BGH NStZ-RR 2010, 244 f.). Auf die Rechtsmittelbelehrung kann grundsätzlich auch **verzichtet** werden (vgl. BGH NStZ 1984, 329), allerdings – wie sich aus deren Sinn und Zweck ergibt – nicht auf die (qualifizierte) Rechtsmittelbelehrung nach einer Verständigung (vgl. BGHSt 51, 275; Meyer-Goßner/*Schmitt* § 35a Rn. 18). Verzichtet der ver- 13 teidigte Angeklagte zulässigerweise auf die Rechtsmittelbelehrung und erhält er eine solche deswegen nicht, ist seine Unkenntnis über die Möglichkeit der Anfechtung und die dafür vorgeschriebenen Fristen und Formen nicht schon deswegen unverschuldet i.S.d. § 44 Satz 2 (OLG Hamm, Beschl. v. 08.05.2018 – III-4 Ws 75/18; a.A. OLG Naumburg, Beschl. v. 23.09.2013 – 2 Ss 132/13).

Abschnitt 4b. Verfahren bei Zustellungen

§ 36 Zustellung und Vollstreckung

(1) [1]Die Zustellung von Entscheidungen ordnet der Vorsitzende an. [2]Die Geschäftsstelle sorgt dafür, daß die Zustellung bewirkt wird.

(2) [1]Entscheidungen, die der Vollstreckung bedürfen, sind der Staatsanwaltschaft zu übergeben, die das Erforderliche veranlaßt. [2]Dies gilt nicht für Entscheidungen, welche die Ordnung in den Sitzungen betreffen.

1 **A. Grundsätzliches.** Die Vorschrift regelt das Verfahren bei förmlichen Zustellungen und vollstreckbaren Entscheidungen. Unter **Zustellung** versteht das Gesetz nach der **Legaldefinition** in § 166 Abs. 1 ZPO die Bekanntgabe eines Schriftstücks an eine Person in bestimmter Form. Während nach früherer Auffassung die Beurkundung des Zustellungsvorgangs Wirksamkeitsvoraussetzung für eine Zustellung war, reicht nach der Änderung der Zustellungsvorschriften nunmehr die Möglichkeit des Nachweises aus (LR/*Graalmann-Scheerer* § 36 Rn. 4). Die Verantwortung bei gerichtlichen Zustellungen wird zwischen Vorsitzendem (Anordnung) und Geschäftsstelle (Ausführung) aufgeteilt (Abs. 1). Die Regelung in Abs. 2 stellt klar, dass die Staatsanwaltschaft grundsätzlich die Vollstreckungsbehörde im Strafverfahren ist; damit obliegen ihr auch die entsprechenden Zustellungen. Zustellung und Vollstreckung müssen bei überraschenden Zwangsmaßnahmen in einer Hand sein, damit die Vollstreckung nicht durch eine vorherige Bekanntgabe der Entscheidung gefährdet wird (Meyer-Goßner/*Schmitt* § 36 Rn. 10). Nach der ursprünglichen Gesetzesfassung bewirkte die Staatsanwaltschaft alle Zustellungen (vgl. LR/*Graalmann-Scheerer* § 36 Rn. 1 f.; zur Historie umfassend auch AG Kehl, Beschl. v. 27.07.2017 – 2 Cs 206 Js 21301/16). Aus § 36 Abs. 2 folgt auch, dass die Staatsanwaltschaft im anhängigen Verfahren Subjekt, nicht Objekt der Vollstreckung ist, weshalb etwa Aufzeichnungen des Sitzungsstaatsanwalts nicht durch das Gericht beschlagnahmt werden dürfen (OLG Schleswig StraFo 2013, 205).

2 **B. Anwendungsbereich.** Erfasst werden von der Regelung in § 36 Abs. 1 alle **Entscheidungen** des Gerichts, die nach § 35 Abs. 2 Satz 1 der Zustellung bedürfen, weil sie nicht gem. § 35 Abs. 1 durch Verkündung bekannt gemacht wurden und weil ihre formlose Mitteilung nach § 35 Abs. 2 Satz 2 nicht genügt (vgl. LR/*Graalmann-Scheerer* § 36 Rn. 3). Hierunter sind zumindest sämtliche Schriftstücke zu verstehen, die einen Ausspruch enthalten, der die Rechtsstellung eines Beteiligten unmittelbar berührt (etwa Abwesenheitsurteile) und durch ein befristetes Rechtsmittel angefochten werden kann. Nach teilweise vertretener Auffassung sollen bloß prozessleitende Verfügungen von der Vorschrift nicht erfasst werden (vgl. LG Saarbrücken StV 2011, 90). Das überzeugt nicht. Der Begriff der Entscheidung ist in § 36 wie in § 35 Abs. 1 weit auszulegen (unter Einschluss aller prozessleitenden Verfügungen, vgl. § 35 Rdn. 2), weil beide Vorschriften systematisch aufeinander aufbauen (vgl. auch LR/*Graalmann-Scheerer* § 36 Rn. 3, 6), indem § 36 lediglich die Form der Zustellung regelt, deren Notwendigkeit § 35 bestimmt (vgl. zur Anwendung von § 36 Abs. 1 auf die öffentliche Zustellung von Ladungen etwa KG StraFo 2009, 240).

3 **C. Zustellung durch das Gericht.** Die **Anordnungskompetenz** bei Zustellungen nach § 36 Abs. 1 obliegt dem Vorsitzenden desjenigen Gerichts, dessen Entscheidung zugestellt werden soll. Daraus folgt, dass der Vorsitzende genau bestimmen muss, wem das Schriftstück zugestellt werden muss (vgl. OLG Hamm NStZ 1982, 479); die Entscheidung über den Zustellungsempfänger darf nicht an den Urkundsbeamten der Geschäftsstelle delegiert werden. Eine allgemeine richterliche Anordnung an die Geschäftsstelle, bestimmte Entscheidungen stets zuzustellen, genügt nicht; erforderlich ist eine Entscheidung in jedem Einzelfall (vgl. LG Zweibrücken NStZ-RR 2013, 49). Eine Zustellung ist unwirksam, wenn sie nicht auf einer wirksamen Zustellungs-

anordnung des Vorsitzenden beruht (vgl. BGH NStZ 2011, 591; OLG Hamm, Beschl. v. 16.02.2015 – 1 Ws 677/14). So liegt der Fall etwa, wenn die Geschäftsstelle das ohne Gründe in das Hauptverhandlungsprotokoll aufgenommene Urteil ohne Anordnung des Richters bekannt gibt (OLG Bamberg, Beschl. v. 02.05.2018 – 3 Ss OWi 490/18 und v. 23.10.2017 – 3 Ss OWi 896/17). Die Anordnung, ein Urteil »an Verteidiger« zuzustellen, ist jedenfalls dann unklar, wenn es mehrere Verteidiger gibt und die Geschäftsstelle die Zustellungsanordnung dahin gehend verstehen kann, es solle nur an einen Verteidiger zugestellt werden; dies begründet den Anschein, der Zustellungsempfänger sei nicht durch den Vorsitzenden bestimmt, sondern durch die Geschäftsstelle. Eine entsprechende Zustellung ist dann unwirksam (BGH NStZ 2011, 591) und wird auch nicht etwa durch den tatsächlichen Zugang beim Empfänger geheilt (OLG Celle NStZ-RR 2011, 45; LG Zweibrücken NStZ-RR 2013, 49). Es besteht **keine Ersatzkompetenz der Staatsanwaltschaft**, wenn der Vorsitzende eine Zustellungsanordnung versäumt, denn derartiges ist nach der eindeutigen Regelung in § 36 Abs. 1 und 2 gesetzlich nicht vorgesehen (OLG Düsseldorf NStZ 1988, 150; LR/*Graalmann-Scheerer* § 36 Rn. 10; a.A. Meyer-Goßner/*Schmitt* § 36 Rn. 2 m.w.N.).

Von der Wirksamkeit der Zustellung ist auszugehen, wenn trotz einer **allgemein gehaltenen Zustellungsanordnung** kein Zweifel über den Zustellungsempfänger besteht, etwa weil es nur einen Verteidiger gibt (vgl. BGH NStZ 2011, 591; OLG Celle Nds. Rpfl. 1984, 173 f.). Demgemäß kann auch eine Anordnung, das Urteil sei »nach Unterzeichnung aller beteiligten Richter wie üblich« zuzustellen, wirksam sein (vgl. BGH NStZ 1983, 325). Gleiches gilt für die Anordnung, einen Strafbefehl an alle in einem Vordruck Genannten zuzustellen, selbst wenn einer der dort Genannten gar nicht existiert (vgl. VerfG Brandenburg v. 30.09.2010 – 41/10). Unterzeichnet der Vorsitzende den etwa in der Berliner Justiz gebräuchlichen und auf Revisionseinlegungs- oder -begründungsschriftsätzen angebrachten Stempelaufdruck: »1. Revision/Revisionsbegründung rechtzeitig. 2. Frau/Herrn U.d.G. zur Zustellung«, handelt es sich kaum um eine wirksame Zustellungsanordnung für ein mit der Revision angegriffenes Urteil (s.a. OLG Hamburg StV 2020, 849, 851 für den nicht einmal unterschriebenen Stempelaufdruck). Zum einen ist der Zustellungsadressat nicht ausdrücklich genannt, zum zweiten ist auch nicht klar, dass sich die Zustellungsanordnung auf ein (ggfs. zu diesem Zeitpunkt noch gar nicht fertiggestelltes) Urteil bezieht. Näher liegt, dass die Zustellungsanordnung den Schriftsatz selbst meint, denn die Zustellung der Revisionsbegründungsschrift an den Gegner des Beschwerdeführers sieht § 347 Abs. 1 Satz 2 ausdrücklich vor; diese Vorschrift gilt auch, wenn in der Revisionseinlegung – wie häufig – bereits der Revisionsantrag nebst der allgemeinen Sachrüge enthalten ist (vgl. Meyer-Goßner/*Schmitt* § 347 Rn. 1). Zwar ist insoweit eine Zustellungsanordnung überhaupt entbehrlich (es handelt sich nicht um eine »Entscheidung« gem. §§ 35, 36), aber in der Praxis gleichwohl weithin üblich (Meyer-Goßner/*Schmitt* § 347 Rn. 1). 4

Nach der **Aufgabenverteilung** zwischen dem Vorsitzendem und der Geschäftsstelle bestimmt der Vorsitzende das »Ob« der Zustellung, während die Geschäftsstelle für deren Ausführung sorgt. Ob der Vorsitzende neben dem Zustellungsempfänger auch die genaue Art und Weise der Zustellung anordnen muss, ist umstritten (vgl. LR/*Graalmann-Scheerer* § 36 Rn. 7 m.w.N.). Richtiger Weise reicht für eine ordnungsgemäße Zustellungsanordnung die Bezeichnung des Zustellungsempfängers, während die Art und Weise der Zustellung dem Urkundsbeamten der Geschäftsstelle überlassen werden kann (vgl. BayObLG NStZ-RR 1999, 243; OLG Düsseldorf NStZ-RR 2000, 286; Meyer-Goßner/*Schmitt* § 36 Rn. 5; SK/*Weßlau/Singelnstein* § 36 Rn. 5; a.A. OLG Düsseldorf NStZ-RR 1997, 332; wohl auch LR/*Graalmann-Scheerer* § 36 Rn. 7); es steht dem Vorsitzenden aber frei, auch insoweit bindende Anordnungen zu treffen (vgl. KG, Beschl. v. 09.05.2003 – 5 Ws 256/03 Vollz). Die **Zustellungsanordnung** kann **schriftlich oder mündlich** getroffen werden, im letzteren Fall ist ein schriftlicher Vermerk aktenkundig zu machen (vgl. BGH, B. v. 06.03.2014 – 4 StR 553/13; LR/*Graalmann-Scheerer* § 36 Rn. 7). Entscheidend ist der Zeitpunkt der Anordnung, nicht der Zeitpunkt der Aufnahme des Vermerks, denn die Zustellung muss lediglich auf einer hinreichenden Anordnung beruhen, während deren rechtzeitige Dokumentation nach dem Gesetz und auch unter anderen Gesichtspunkten keine Wirksamkeitsvoraussetzung ist (a.A. BGH, B. v. 06.03.2014 – 4 StR 553/13; OLG Zweibrücken MDR 1986, 1047, und dem folgend LR/*Graalmann-Scheerer* § 36 Rn. 7, wonach der Vermerk im Zeitpunkt der Zustellung aktenkundig sein muss; ebenso LG Zweibrücken NStZ-RR 2013, 49). Anstelle des Vorsitzenden kann auch ein von ihm im Einzelfall beauftragter Beisitzer die Zustellungsanordnung treffen (vgl. OLG Düsseldorf NStZ 1982, 257; Meyer-Goßner/*Schmitt* § 36 Rn. 7). Die **Ausführung** der **Zustellungsanordnung** obliegt in eigener Verantwortung dem jeweiligen Urkundsbeamten der Geschäftsstelle (vgl. § 153 GVG). 5

D. Zustellung durch die Staatsanwaltschaft. Die **Zustellungskompetenz** der Staatsanwaltschaft bezieht sich nach § 36 Abs. 2 auf alle gerichtlichen Entscheidungen, die der Vollstreckung bedürfen; Entscheidungen der Staatsanwaltschaft stellt diese selbstverständlich selbst zu (Meyer-Goßner/*Schmitt* § 36 Rn. 11). Die 6

Zustellungszuständigkeit der Staatsanwaltschaft stellt nach der neuen gesetzlichen Konzeption die Ausnahme, die Zuständigkeit des Vorsitzenden die Regel dar. Der Begriff der »Vollstreckung« ist deshalb nach Sinn und Zweck des Gesetzes auf solche gerichtlichen Entscheidungen zu beschränken, deren Umsetzung bei vorheriger Zustellung durch das Gericht gefährdet wäre, wie dies typischer Weise etwa bei Haft- und Unterbringungsbefehlen, Durchsuchungsbeschlüssen, Beschlagnahmeanordnungen oder anderen heimlichen oder überraschenden strafprozessualen Zwangsmaßnahmen der Fall ist; nur in solchen Fällen muss sichergestellt werden, dass Zustellung und Vollstreckung in einer Hand liegen (OLG Oldenburg NStZ-RR 2009, 219; Meyer-Goßner/*Schmitt* § 36 Rn. 10; vgl. auch OLG Düsseldorf NStZ 1988, 150).

7 Bei den **von § 36 Abs. 2 Satz 1 erfassten Entscheidungen** (vgl. im Einzelnen LR/*Graalmann-Scheerer* § 40 Rn. 21, SK/*Weßlau/Singelnstein* § 36 Rn. 9) handelt es sich etwa um Haftbefehle (§§ 112 ff., § 230 Abs. 2, § 236, § 329 Abs. 4, § 453c), Unterbringungsbefehle (§ 126a), Durchsuchungsbeschlüsse (§§ 105 Abs. 1, 102 bis 104; vgl. dazu BGH, Beschl. v. 28.06.2017 – 1 BGs 148/17, dazu umfassend *Wiepjes* StV 2019, 286 [287]); Ordnungsmittelbeschlüsse (§ 51 Abs. 1 Satz 2, 3, § 70 Abs. 1 Satz 2, § 77 Abs. 1 Satz 2), Widerrufsbeschlüsse nach § 116 Abs. 4, Arrestbeschlüsse (vgl. hierzu LG Hannover NdsRpfl 2001, 465). Nicht darunter fallen nach § 36 Abs. 2 Satz 2 diejenigen Entscheidungen, welche die Ordnung in den Sitzungen betreffen (vgl. §§ 177 ff. GVG). Die Vollstreckung derartiger Entscheidungen hat der Vorsitzende nach § 179 GVG unmittelbar zu veranlassen, wobei die gerichtliche Vollstreckung nach § 31 Abs. 3 RPflG grundsätzlich dem Rechtspfleger übertragen ist. I.Ü. sind die von § 36 Abs. 2 Satz 1 erfassten Entscheidungen gem. § 31 RpflG in der Regel vom Rechtspfleger der Staatsanwaltschaft zu veranlassen (vgl. OLG Celle NStZ-RR 2016, 294 für Ordnungsgelder gegen Schöffen).

8 **Nicht erfasst** werden **von § 36 Abs. 2 Satz 1** alle anderen Entscheidungen des Gerichts (vgl. im Einzelnen LR/*Graalmann-Scheerer* § 36 Rn. 22), auch wenn zur Durchsetzung der Entscheidung über die Zustellung hinaus ein besonderer Akt der Umsetzung (Vollstreckung) notwendig ist (Meyer-Goßner/*Schmitt* § 36 Rn. 10 m.w.N. auch zur Gegenauffassung). Hierunter zählen etwa die nachträgliche Strafaussetzung zur Bewährung (OLG Oldenburg NStZ-RR 2009, 219), der Widerruf einer Bewährungsentscheidung (OLG Düsseldorf NStZ 1988, 150; a.A. OLG Celle v. 03.01.1992 – 1 Ws 365/91) und die Aufhebung eines Haft- und Unterbringungsbefehls bzw. seine Aussetzung (Meyer-Goßner/*Schmitt* § 36 Rn. 12). Ob auch die Anordnung einer Beobachtung in einem öffentlichen psychiatrischen Krankenhaus nach § 81 Abs. 1 von § 36 Abs. 2 Satz 1 erfasst wird, ist schon deshalb zweifelhaft, weil gegen den Beschluss nach § 81 Abs. 4 die sofortige Beschwerde mit der Folge aufschiebender Wirkung statthaft ist, weshalb es der Zustellung und Vollstreckung in einer Hand nicht bedarf; die Zustellungsanordnung eines solchen Beschlusses nebst entsprechender Rechtsmittelbelehrung hat der Vorsitzende zu treffen (LR/*Graalmann-Scheerer* § 36 Rn. 22 m.w.N auch für die Gegenauffassung).

9 **E. Mängel der Zustellungsanordnung.** Eine **Zustellung** ist **unwirksam**, wenn sie nicht auf einer wirksamen Zustellungsanordnung des Vorsitzenden (oder der Staatsanwaltschaft in Fällen des Abs. 2) beruht (vgl. BGH NStZ 2011, 591; a.A. OLG Hamm NStZ 1982, 479). Mindestvoraussetzung einer wirksamen Zustellungsanordnung ist, dass überhaupt ein Zustellungswille hinsichtlich einer eindeutig zu identifizierenden Entscheidung aus der Anordnung ersichtlich wird und der Adressat der Zustellung konkret angegeben ist oder trotz einer allgemein gehaltenen Zustellungsanordnung kein Zweifel über den Zustellungsempfänger besteht (vgl. BGH NStZ 2011, 591). Eine Zustellung ohne eine diesen Mindestanforderungen genügende Grundlage entfaltet keine Rechtswirkung. Eine Zustellung entbehrt auch der Grundlage, wenn der Zustellungsempfänger nicht mit demjenigen identisch ist, an den nach richterlicher Anordnung zugestellt werden sollte. Verfügt die Geschäftsstelle etwa eigenmächtig entgegen der Anordnung des Vorsitzenden die Zustellung anstatt an den Angeklagten an seinen Verteidiger oder umgekehrt, ist die Zustellung unwirksam (OLG Naumburg, Beschl. v. 23.09.2013 – 2 Ss 132/13; Meyer-Goßner/*Schmitt* § 36 Rn. 8 m.w.N.). Liegt keine wirksame Zustellungsanordnung vor, kann dieser Mangel auch nicht durch den tatsächlichen Zugang des Schriftstücks nach § 37 Abs. 1 i.V. mit § 189 ZPO geheilt werden, denn die Heilung von Zustellungsmängeln setzt voraus, dass überhaupt eine Zustellung beabsichtigt war (OLG Celle NStZ-RR 2011, 45; LG Zweibrücken NStZ-RR 2013, 49).

10 **Unbeachtlich** sind indes andere Mängel, die der Zustellungsanordnung nicht den Charakter als Grundlage der Zustellung nehmen und die Wirksamkeit der Zustellungsanordnung als solche nicht infrage stellen. Wählt etwa die Geschäftsstelle anstelle der vom Vorsitzenden ausdrücklich verfügten Zustellungsart eine andere, gleichermaßen mögliche, beruht der Zustellungsakt auf wirksamer Grundlage, weshalb auch die Zustellung selbst wirksam ist (a.A. OLG Oldenburg StraFo 2016, 507 [508] für den Fall des Fehlens einer Übersetzung; BayObLG NStZ-RR 1999, 243; Meyer-Goßner/*Schmitt* § 36 Rn. 8).

§ 37 Zustellungsverfahren

(1) Für das Verfahren bei Zustellungen gelten die Vorschriften der Zivilprozeßordnung entsprechend.

(2) Wird die für einen Beteiligten bestimmte Zustellung an mehrere Empfangsberechtigte bewirkt, so richtet sich die Berechnung einer Frist nach der zuletzt bewirkten Zustellung.

(3) [1]Ist einem Prozessbeteiligten gemäß § 187 Absatz 1 und 2 des Gerichtsverfassungsgesetzes eine Übersetzung des Urteils zur Verfügung zu stellen, so ist das Urteil zusammen mit der Übersetzung zuzustellen. [2]Die Zustellung an die übrigen Prozessbeteiligten erfolgt in diesen Fällen gleichzeitig mit der Zustellung nach Satz 1.

Übersicht

A. Grundsätzliches. Die Vorschrift **verweist** seit jeher für das Verfahren bei Zustellungen auf die **Vorschriften der Zivilprozessordnung.** Damit ist schon ein Hauptproblem des strafprozessualen Zustellungsrechts benannt. Denn die durch das Zustellungsreformgesetz (v. 25.06.2001, BGBl. 2001, 1206) wesentlich veränderten Zustellungsvorschriften der ZPO (§§ 166 ff. ZPO) passen angesichts der verschiedenartigen Struktur des Zivil- und Strafprozesses nicht immer zu den Anforderungen im Strafverfahren (vgl. zu Verteidigungsansätzen in Zusammenhang mit der Zustellung *Kotz* StRR 2013, 4 ff. und 44 ff.). Voraussetzung für die entsprechende Anwendung der Zustellungsvorschriften nach §§ 166 ff. ZPO ist deshalb, dass sich diese für die Anwendung im Strafverfahren eignen (Meyer-Goßner/*Schmitt* § 37 Rn. 5). Zuletzt geändert wurden die Zustellungsvorschriften der ZPO mit Wirkung zum 01.012022 mit dem **Gesetz zum Ausbau des elektronischen Rechtsverkehrs mit den Gerichten und zur Änderung weiterer Vorschriften** vom 05.10.2021 (BGBl. I, S. 4607, vgl. dazu die BT-Drs. 19/28399 – Regierungsentwurf; 19/30937 – Beschlussempfehlung des Ausschusses für Recht und Verbraucherschutz; 19/31119 – Bericht des Ausschusses für Recht und Verbraucherschutz). Im Interesse der angestrebten Digitalisierung wurde u.a. die elektronische Zustellung in § 173 ZPO der Zustellung von Schriftstücken in §§ 174–176 ZPO vorangestellt. 1

Anwendbar sind von den Zustellungsvorschriften §§ 166, 168, 169, 173, 174, 175 (vgl. LG Rostock StraFo 2015, 63, 64; LR/*Graalmann-Scheerer* § 37 Rn. 45 ff., a.A. wohl Meyer-Goßner/*Schmitt* § 37 Rn. 5), 176, 177, 178, 181, 182, 183, 189, 194 ZPO, teilweise bei der öffentlichen Zustellung betreffend Beteiligte, die für den Angeklagten Sicherheit geleistet haben, und Privat- und Nebenkläger die §§ 185–188 ZPO, sowie die §§ 192–194 ergänzend bei unmittelbarer Ladung von Zeugen und Sachverständige nach § 38; **nicht anwendbar** sind §§ 167, 170, 171 (jedoch besteht die Möglichkeit, einen Zustellungsbevollmächtigten zu bestellen, der dann selbst Zustellungsadressat wird, vgl. LR/*Graalmann-Scheerer* § 37 Rn. 5 ff., 15; unklar deshalb OLG Köln NStZ-RR 2005, 379, wonach § 171 ZPO auch im Strafverfahren Anwendung finden soll), 172, 184, 191, 192, 195 (vgl. Meyer-Goßner/*Schmitt* § 37 Rn. 5; LR/*Graalmann-Scheerer* § 37 Rn. 12 ff.). Ebenfalls unanwendbar sind die Zustellungsvorschriften in den §§ 1067 ff. ZPO über die Zustellung nach der VO (EG) Nr. 1393/2007, denn diese betreffen nur die Zustellung gerichtlicher und außergerichtlicher Schriftstücke in Zivil- und Handelssachen in den Mitgliedstaaten. 2

Zustellung ist nach der Legaldefinition in § 166 Abs. 1 ZPO die Bekanntgabe eines Schriftstücks in der von §§ 166 ff. ZPO vorgeschriebenen Form (vgl. hierzu und zum Folgenden Thomas/Putzo/*Hüßtege* Vor § 166 ZPO Rn. 2 ff.); entgegen dem früheren Rechtszustand ist die Beurkundung damit nicht mehr konstitutiver Bestandteil der Zustellung und deshalb auch nicht mehr Wirksamkeitsvoraussetzung, sondern dient nur noch dem Nachweis (vgl. LR/*Graalmann-Scheerer* § 37 Rn. 1). Grundform der Zustellung ist die Zustellung von Amts wegen (§ 166 Abs. 2 ZPO), die ZPO kennt daneben noch die Parteizustellung (§§ 191 ff. ZPO). **Zustellungsadressat** ist diejenige Person, an die zugestellt werden soll (vgl. § 182 Abs. 2 Nr. 1 ZPO), **Zustellungsempfänger** derjenige, dem das Schriftstück tatsächlich übergeben wurde (vgl. § 182 Abs. 2 Nr. 2 ZPO), **Zustellungsveranlasser** derjenige, der die Zustellung angeordnet hat (vgl. auch § 193 Abs. 1 Satz 1 ZPO), **Zusteller** schließlich derjenige, der die Zustellung ausführt (vgl. § 182 Abs. 2 Nr. 8 ZPO). Die **Zustellungsurkunde** begründet als öffentliche Urkunde vollen Beweis für die darin bezeugten Tatsachen (§ 182 Abs. 1 Satz 2 i.V. mit § 418 Abs. 1 ZPO). 3

4 **B. Zustellungsgegenstand und Zustellungsadressat.** Zugestellt wird regelmäßig eine **Abschrift** oder **Ausfertigung** der Urschrift. Eine Ausfertigung ist eine amtliche Abschrift, die im Rechtsverkehr die Urschrift ersetzt (Thomas/Putzo/*Hüßtege* § 169 ZPO Rn. 8), eine Abschrift regelmäßig eine Kopie der Urschrift. Nachdem der Rechtsverkehr überwiegend auf die elektronische Kommunikation umgestellt werden soll, sollen die früheren »Ausfertigungen« insgesamt durch beglaubigte Abschriften ersetzt werden (vgl. Gesetz zur Einführung der elektronischen Akte in der Justiz und zur weiteren Förderung des elektronischen Rechtsverkehrs vom 05.07.2017, BGBl. I, S. 2208; dazu BT-Drs. 18/9416, S. 50 und oben § 32b Rdn. 9 sowie für die Änderungen in der Zivilprozessordnung BT-Drs. 18/12203, S. 77 ff.). **§ 169 Abs. 4** sieht bereits jetzt vor, dass ein Schriftstück auch in beglaubigter elektronischer Abschrift zugestellt werden kann. Die Beglaubigung erfolgt über das Versehen des Schriftstücks mit einer qualifizierten elektronischen Signatur des Urkundsbeamten der Geschäftsstelle. Seit dem 01.01.2018 sind zudem bestimmte Übermittlungsarten und Dokumente den elektronisch mit einer qualifizierten Signatur beglaubigten Dokumenten gleichgestellt. Ein Dokument kann nach **§ 169 Abs. 5** daher auch ohne die Beglaubigung des Urkundsbeamten elektronisch übermittelt werden, wenn es mit der qualifizierten elektronischen Signatur der verantwortenden Person(en) versehen ist (Nr. 1; hierbei handelt es sich um die eigentliche elektronische »Urschrift«), auf einem sicheren Übermittlungsweg eingereicht wurde und mit einem Authentizitäts- und Integritätsnachweis versehen ist (Nr. 2, zu den Anforderungen an diesen Nachweis vgl. BT-Drs. 18/12203, S. 79), oder nach Maßgabe des § 298a ZPO – im Strafverfahren nach § 32b – errichtet wurde und mit einem entsprechenden Übertragungsnachweis versehen ist (Nr. 3).

5 Unabhängig von der Form der Aktenführung reicht i.Ü., sofern das Gesetz keine besonderen Vorgaben macht, für eine wirksame Zustellung die Übersendung einer einfachen Abschrift, denn diese ermöglicht die Kenntnisnahme der Urschrift in gleicher Weise wie bei einer Ausfertigung oder beglaubigten Abschrift (vgl. LR/*Graalmann-Scheerer* § 37 Rn. 3; a.A. OLG Braunschweig NStZ-RR 2015, 157, 158 – nur für den Empfängerkreis des § 174 Abs. 2 ZPO; Meyer-Goßner/*Schmitt* § 37 Rn. 1). Während früher §§ 170, 210 ZPO aF ausdrücklich die Beglaubigung zu übergebender Abschriften gesetzlich vorsahen, ist dies nach den neuen Zustellungsvorschriften nicht mehr der Fall. Nach § 169 Abs. 2 Satz 1 ZPO wird zwar die Beglaubigung der zuzustellenden Schriftstücke von der Geschäftsstelle vorgenommen, also weiterhin eine Beglaubigungsbefugnis gesetzlich normiert. Daraus kann aber nicht geschlossen werden, dass jedes zuzustellende Schriftstück zu beglaubigen wäre, vielmehr kann die Zustellung auch durch Übergabe einer einfachen Abschrift erfolgen (vgl. LR/*Graalmann-Scheerer* § 37 Rn. 3 m.w.N.). Die Gültigkeit einer Zustellung wird nicht dadurch beeinträchtigt, dass anstelle einer Ausfertigung eine (elektronische) beglaubigte Abschrift zugestellt wird (vgl. RGSt 9, 172 f.) oder umgekehrt anstelle einer beglaubigten Abschrift eine Ausfertigung oder gar die Urschrift (vgl. RGZ 4, 426; 15, 411; 69, 117).

6 Der **Zustellungsadressat** kann (entgegen dem insoweit unanwendbaren § 170 ZPO) auch ein **Minderjähriger** oder ein unter **Betreuung** stehender Beschuldigter sein, Geschäftsfähigkeit wird für die Wirksamkeit einer Zustellung nicht vorausgesetzt (vgl. OLG Hamm, Beschl. vom 11.06.2013 – 5 RVs 32/13; OLG Brandenburg NStZ-RR 2009, 219; KG StV 2003, 343; OLG Düsseldorf MDR 1993, 70). Deshalb ist – unbeschadet von Sonderregeln – auch nicht an den gesetzlichen Vertreter oder den gerichtlich bestimmten Betreuer, sondern an den Vertretenen bzw. Betreuten selbst zuzustellen (vgl. OLG Düsseldorf NStZ 1996, 52; OLG Brandenburg NStZ-RR 2009, 219). Hat der Betreute einen Verteidiger, muss sich sein nach § 298 Abs. 1 selbst rechtsmittelbefugter Betreuer die an den Verteidiger erfolgte Zustellung zurechnen lassen (KG v. 15.06.2011 – 2 Ws 204/11). Nach allgemeiner Ansicht ist Voraussetzung der Wirksamkeit der Zustellung, dass der Zustellungsadressat **verhandlungsfähig** ist (vgl. LG Nürnberg-Fürth StV 2021, 24, 26; OLG Hamm, Beschl. vom 11.06.2013 – 5 RVs 32/13; LG Zweibrücken VRS 121, 42; OLG Brandenburg NStZ-RR 2009, 219; KG StV 2003, 343; OLG Düsseldorf MDR 1993, 70). So soll eine Zustellung unwirksam sein, wenn der Betroffene wegen hirnorganischer Wesensänderung, Schwerhörigkeit und Sehstörungen nicht in der Lage ist, sich um seine Angelegenheiten adäquat zu kümmern (LG Zweibrücken VRS 121, 42).

7 Zu beachten ist, dass **hohe Anforderungen** an die Annahme von **Verhandlungsunfähigkeit** bei Zustellungen zu stellen sind: Verhandlungsfähigkeit im strafprozessualen Sinne bedeutet, dass der Betroffene in der Lage sein muss, seine Interessen in und außerhalb der Verhandlung vernünftig wahrzunehmen, die Verteidigung in verständiger und verständlicher Weise zu führen sowie Prozesserklärungen abzugeben und entgegenzunehmen. Dies bedeutet aber nicht, dass der Beschuldigte auch tatsächlich fähig sein muss, die ihm gesetzlich eingeräumten Verfahrensrechte in jeder Hinsicht selbstständig und ohne fremden Beistand wahrzunehmen. Auch bei solchen Beschuldigten, deren geistige, psychische oder körperliche Fähigkeit zur Wahrnehmung der Verteidigungsrechte eingeschränkt ist, muss die Schuld- und Straffrage in einem rechtsstaatlichen Strafverfahren geklärt und entschieden werden können. Danach liegt Verhandlungsunfähigkeit bei solchen Einschränkungen der geistigen, psychischen oder körperlichen Fähigkeiten nicht vor, wenn die Auswirkungen

dieser Einschränkungen auf die tatsächliche Wahrnehmung der Verfahrensrechte durch verfahrensrechtliche Hilfen für den Beschuldigten hinreichend ausgeglichen werden können. Die Grenze zur Verhandlungsunfähigkeit ist erst dann überschritten, wenn dem Beschuldigten auch bei Inanspruchnahme solcher verfahrensrechtlicher Hilfen eine selbstverantwortliche Entscheidung über grundlegende Fragen seiner Verteidigung und eine sachgerechte Wahrnehmung der von ihm persönlich auszuübenden Verfahrensrechte nicht mehr möglich ist (OLG Düsseldorf NJW 1998, 395 [396]; BVerfG NStZ 1995, 390 [391]).

An die Verhandlungsfähigkeit sind in den verschiedenen Verfahrensabschnitten zudem unterschiedliche Anforderungen zu stellen, weil auch die Anforderungen an die Fähigkeit zu einer sachgerechten Interessenwahrnehmung je nach Verfahrenslage unterschiedlich sind (vgl. BGH NStZ 1995, 394; BVerfG NStZ 1995, 390 [391]). Kann sich ein Betroffener der **Hilfe eines Betreuers** bedienen, können seine Defizite betreffend die Verhandlungsfähigkeit ähnlich ausgeglichen werden wie durch den Beistand eines Rechtsanwalts (zweifelhaft deshalb LG Zweibrücken VRS 121, 42). Reicht die Hilfe durch einen Betreuer oder sonstige anwesende Familienangehörige nicht, ist dem Betroffenen zur Kompensation seiner Defizite ein Verteidiger an die Seite zu geben (§ 140 Abs. 2); anschließend kann zugestellt werden. 8

C. Einzelne Formen der unmittelbaren Zustellung. Das Gesetz enthält **verschiedene Formen** der **unmittelbaren Zustellung** und der Ersatzzustellung. Eine Ersatzzustellung kommt nur dann in Betracht, wenn eine Form der unmittelbaren Zustellung fehlgeschlagen oder sonst nicht möglich ist. Die Grundformen der unmittelbaren Zustellung enthalten die §§ 173 ff. ZPO. Zu unterscheiden ist dabei die **Zustellung von elektronischen Dokumenten** (§ 173 ZPO) und die **Zustellung von Schriftstücken** (§§ 174 ff.). Die Zustellung von Schriftstücken kann durch Aushändigung an der Amtsstelle (§ 174 ZPO), gegen Empfangsbekenntnis (§ 175 ZPO), durch Einschreiben mit Rückschein oder durch Zustellungsauftrag (§ 176 ZPO) erfolgen. Eine Sonderform der Zustellung ist die öffentliche Zustellung; insoweit geht § 40 den §§ 185 ff. ZPO vor (vgl. Meyer-Goßner/*Schmitt* § 37 Rn. 5). 9

Die durch das **Gesetz zum Ausbau des elektronischen Rechtsverkehrs mit den Gerichten und zur Änderung weiterer Vorschriften** (Rdn. 1) symbolisch als »erste« geregelte und damit idealerweise vorrangige Form der unmittelbaren Zustellung ist die **Zustellung elektronischer Dokumente** über einen sicheren Übermittlungsweg nach § 37 Abs. 1 i.V.m. **§ 173 ZPO**. Zuvor war die Übermittlung elektronischer Dokumente in § 174 Abs. 3 und 4 ZPO geregelt, der bereits mit dem **Gesetz zur Förderung des elektronischen Rechtsverkehrs** vom 10.10.2013 – mit Wirkung zum 01.01.2018 – eingeführt wurde (BGBl. I, S. 3786; vgl. hierzu BT-Drs. 17/12634 und BR-Drs. 818/12 sowie die Beschlussempfehlung BT-Drs. 17/13948, dazu oben § 32a Rdn. 3). Die Neuregelung greift die bisherige Regelung auf, strukturiert diese neu und klärt zudem einige Streitfragen. Elektronische Dokumente können nach § 173 Abs. 1 ZPO wie bisher nur auf einem **sicheren Übermittlungsweg** elektronisch zugestellt werden. Die sicheren Übermittlungswege sind in § 130a ZPO (der § 32a entspricht, vgl. § 32a Rdn. 10 ff.) abschließend aufgezählt und ermöglichen nunmehr auch die Einrichtung von Postfächern für nicht-professionelle Verfahrensbeteiligte, wie Bürger, Organisationen und Verbände (sog. eBO) sowie die Nutzung von Servicekonten von Verwaltungsportalen (vgl. § 32a Rdn. 14). Von dem sicheren Übermittlungsweg ist zwingend Gebrauch zu machen, andere elektronische Kommunikationswege wie z.B. eine einfache E-Mail scheiden aus. Andererseits sind elektronische Dokumente nicht zwingend elektronisch zu übermitteln, sie können auch ausgedruckt und nach §§ 175, 176 ZPO zugestellt werden (BT-Drs. 19/28399, S. 34 f.). Dies kommt vor allem – wie im Strafverfahren ohne Beteiligung eines Rechtsbeistandes häufig – dann in Betracht, wenn der Empfänger noch nicht an einen sicheren Übermittlungsweg angeschlossen ist. 10

Die **professionellen Verfahrensbeteiligten** sind indes seit dem 01.01.2018 verpflichtet, elektronische Zustellungen über ein besonderes elektronisches Postfach (beA, beN, beBPO) zu ermöglichen (vgl. § 174 Abs. 3 Satz 4 a.F. und oben § 32a Rdn. 12). Die Aufzählung der professionellen Beteiligten ist nunmehr in § 173 Abs. 2 Nr. 1 und 2 ZPO enthalten und beschränkt sich – wie zuvor – auf Rechtsanwälte, Notare, Gerichtsvollzieher sowie Behörden, Körperschaften oder Anstalten des öffentlichen Rechts. Steuerberater und sonstige in professioneller Eigenschaft am Prozess beteiligte Personen, Vereinigungen und Organisationen, bei denen von einer erhöhten Zuverlässigkeit ausgegangen werden kann, »sollen« vorerst nur einen sicheren Übermittlungsweg für die elektronische Zustellung eröffnen. Erst ab dem 01.01.2023 gilt die passive Nutzungspflicht für Steuerberater mit der beabsichtigten Einführung des besonderen elektronischen Steuerberaterpostfachs. Für die sonstigen in professioneller Eigenschaft am Prozess beteiligten Personen, Vereinigungen und Organisationen, bei denen von einer erhöhten Zuverlässigkeit ausgegangen werden kann (Beispiele s. BT-Drs. 19/28399, S. 35), gilt die passive Nutzungspflicht ab dem 01.01.2024 (zur Herabstufung auf die »Soll-Regelung« anstelle der passiven Nutzungspflicht für diese Gruppen s. BT-Drs. 19/30937, S. 7 und BT-Drs. 19/31119, S. 3). Die Zustellung des elektronischen Dokuments soll bei den professionellen 11

Verfahrensbeteiligten gem. § 173 Abs. 3 nach wie vor durch ein **elektronisches Empfangsbekenntnis** nachgewiesen werden. Für dessen Übermittlung ist der vom Gericht mit der Zustellung zur Verfügung gestellte strukturierte Datensatz zu verwenden oder, wenn das Gericht diesen Datensatz nicht zur Verfügung stellt, ein elektronisches Dokument (ebenso zuvor § 174 Abs. 4 ZPO a.F.). Das Absenden setzt einen Willensakt voraus, der in der Regel durch einfaches Anklicken im Rahmen der zur Verfügung stehenden Software erfolgen soll (BT-Drs. 17/13948, S. 34). Aus der Praxis wird berichtet, dass einzelne Strafverfolgungsbehörden und Gerichte bei elektronischer Zustellung neben dem strukturierten elektronischen Datensatz, der als Empfangsbekenntnis elektronisch zurückgesandt werden soll, zusätzlich die herkömmlichen Vordrucke im PDF-Format mitübersenden. In diesen Fällen besteht die Gefahr, dass bei etwaiger Rückübermittlung beider Empfangsbekenntnisse unterschiedliche Fristen in Gang gesetzt werden. Auch wenn die Ursache der Verwirrung bei der Strafverfolgungsbehörde bzw. dem Gericht liegt, wird es sich für die von dieser Praxis betroffenen Verfahrensbeteiligten empfehlen, entsprechend der Gesetzeslage ausschließlich den elektronischen Datensatz zu übermitteln und dies der Geschäftsstelle ergänzend formlos mitzuteilen. Für das elektronische Empfangsbekenntnis, das bei Nutzung des vom Gericht übermittelten Datensatzes formularmäßig und durch bloßes »Anklicken« (BT-Drs. 17/13948, S. 34) des Zustellungsadressaten zu übermitteln ist, gilt das für Empfangsbekenntnisse in Papierform gem. § 175 Abs. 3 Satz 1 existierende Unterschriftserfordernis nicht. Dasselbe gilt für Empfangsbekenntnisse, die als elektronische Dokumente auf einem sicheren Übermittlungsweg übermittelt werden. Der Nachweis der Authentizität wird in beiden Fällen durch die Übermittlung über den sicheren Übermittlungsweg erbracht.

12 In der bisherigen Strafrechtspraxis waren Fälle nicht ganz selten, in denen etwa bei der Zustellung von Urteilen (mit der Folge des Beginns der bis vor Kurzem noch nicht verlängerbaren Revisionsbegründungsfrist nach § 345 Abs. 1 Satz 1) die Daten zurückgesandter Empfangsbekenntnisse offensichtlich nicht mit den tatsächlichen Zugangs- und Kenntnisdaten übereinstimmten. Der Regierungsentwurf der Bundesregierung zu dem **Gesetz zur Förderung des elektronischen Rechtsverkehrs** vom 10.10.2013 (BGBl. I, S. 3786) sah daher eine **Fiktion** vor, nach der jedenfalls bei der **Zustellung elektronischer Dokumente** die Zustellung durch eine automatisierte Eingangsbestätigung nachgewiesen werden und das Dokument am dritten Werktag nach dem auf der Eingangsbestätigung ausgewiesenen Tag als zugestellt gelten sollte, soweit nicht eine frühere Zustellung durch Empfangsbekenntnis nachgewiesen wird (vgl. BT-Drs. 17/12634, S. 10, 29 – »Drei-Tage-Regel«). Damit sollten im Zuge der zunehmenden elektronischen Übermittlung von Urteilen und sonstigen Schriftstücken, die Fristen in Gang setzen, die Missbrauchsmöglichkeiten eingedämmt und die Zustellung nicht mehr vom Handeln des Zustellungsadressaten abhängig gemacht werden. Der Vorschlag konnte sich indes nicht durchsetzen. Im weiteren Verlauf des parlamentarischen Verfahrens wurde die automatisierte Eingangsbestätigung durch das elektronische Empfangsbekenntnis ersetzt, das einen Willensakt des Zustellungsempfängers voraussetzt (BT-Drs. 17/13948, S. 7 u. 34). Möglichkeiten der Strafjustiz, einem etwaigen **Missbrauch** zu begegnen, bestanden kaum. Ob die früher verbreitete Gepflogenheit, Empfangsbekenntnisse deutlich später zurückzusenden, bei digitaler Übermittlung von Dokumenten fortgesetzt wird, bleibt abzuwarten. Generell dürften sich die Möglichkeiten, Dokumente nicht oder erst später zur Kenntnis zu nehmen, angesichts des personalisierten besonderen persönlichen Anwaltspostfachs in Grenzen halten. Dies gilt zumal mit § 345 Abs. 1 Satz 2 die Revisionsbegründungsfrist bei länger dauernden Urteilsabsetzungen – die in der Regel länger andauernde Strafverfahren betreffen – flexibler geregelt wurde. Gab es bei der Zustellung nach § 175 ZPO früher Anlass zu der Vermutung, dass der Verteidiger durch Einsetzen eines unrichtigen Datums im Empfangsbekenntnis die Rechtsmittelbegründungsfrist willkürlich verlängert hat, so war ein solches Verhalten zwar standeswidrig; als Zeitpunkt der Zustellung galt aber auch dann grundsätzlich die vorgenommene Datierung, weil es für den Zeitpunkt der Zustellung ausschließlich darauf ankam, wann der Rechtsanwalt tatsächlich von dem Schriftstück mit dem Willen Kenntnis genommen hat, das Schriftstück als zugestellt anzusehen und entgegenzunehmen (vgl. OLG Düsseldorf StV 1990, 345; OLG Dresden, Urt. v. 09.02.2012 – 8 U 1128/11). Diese Rspr. ist im Zweifel auf die elektronische Übermittlung eines elektronischen Empfangsbekenntnisses zu übertragen, zumal der Gesetzgeber es in der Hand gehabt hätte, eine andere Regelung zu treffen, die nicht vom Willen des Zustellungsadressaten abhängt.

13 An **nicht-professionelle Verfahrensbeteiligte** wird im Strafverfahren auch künftig wohl nur selten **elektronisch zugestellt** werden können. Für sie bestimmt **§ 173 Abs. 5 ZPO**, dass ein elektronisches Dokument elektronisch nur zugestellt werden kann, wenn sie der Zustellung elektronischer Dokumente **für das jeweilige Verfahren zugestimmt** haben. Zur Vorgängerregelung des § 174 Abs. 3 Satz 2 ZPO war noch fraglich, ob es für die ausdrückliche Zustimmung zur elektronischen Zustellung genügt, wenn der Beteiligte einmal einen Zugang *eröffnet* hat oder ob seine Zustimmung für jedes einzelne Verfahren oder sogar jedes einzelne elektronische Dokument, das zugestellt werden soll, erforderlich ist (vgl. die Voraufl. Rn. 13). § 173 Abs. 5 ZPO enthält nun konkretere Vorgaben für das Vorliegen der Zustimmung, etwa gilt nach Satz 2 die Zustimmung

mit der Einreichung eines elektronischen Dokuments im jeweiligen Verfahren auf einem sicheren Übermittlungsweg als erteilt. Nach Satz 3 können andere als natürliche Personen die Zustimmung auch allgemein erteilen. Für das Strafverfahren sind diese Konstellationen wenig relevant: Anders als ein Zivil-, Verwaltungs- oder Steuerverfahren wird das Strafverfahren regelmäßig gegen natürliche Personen geführt. Zudem beginnt es in aller Regel nicht damit, dass von außen eine Klage oder ein Antrag eingereicht wird; sondern vielmehr sind es die Strafverfolgungsbehörden, die an die Betroffenen herantreten. Dass ein Beschuldigter einen sicheren Übermittlungsweg einrichtet und sodann der elektronischen Zustellung für ihn in der Regel nachteiliger Maßnahmen im Verfahren zustimmt, dürfte eher die Ausnahme bilden. Für den **Zeitpunkt der Zustellung** bei **nicht-professionellen Verfahrensbeteiligten** bestimmt § 173 Abs. 5 Satz 4 und 5 ZPO, dass ein elektronisches Dokument am dritten Tag nach dem auf der automatisierten Eingangsbestätigung ausgewiesenen Tag des Eingangs in dem vom Empfänger eröffneten elektronischen Postfach als zugestellt gilt, wenn nicht der Empfänger nachweist, dass das Dokument nicht oder zu einem späteren Zeitpunkt zugegangen ist. Es handelt sich hierbei um eine (widerlegbare) **Zugangsfiktion**, die mit der großzügigen Frist von drei Tagen einen Anreiz schaffen soll, die elektronische Übermittlung zu wählen, weil anders als die Postzustellung, bei der regelmäßig die (Ersatz-) Zustellung bereits mit Einwurf in den Briefkasten als bewirkt gilt, bei der elektronischen Zustellung drei Tage mehr Zeit bleibt, um vom Inhalt des Dokuments Kenntnis zu erlangen (vgl. BT-Drs. 19/28399, S. 37).

Die bisher in § 173 ZPO geregelte Zustellung durch **Aushändigung an der Amtsstelle** ist nunmehr unverändert in **§ 174 ZPO** geregelt. Danach kann ein **Schriftstück** dem Adressaten (oder seinem Zustellungsbevollmächtigten) durch Aushändigung an der Amtsstelle zugestellt werden. Unter Amtsstelle ist jeder Dienstraum des Gerichts oder der Staatsanwaltschaft zu verstehen, es reicht auch der Gerichtsflur (vgl. LR/*Graalmann-Scheerer* § 37 Rn. 32). Die Aushändigung kann durch die Geschäftsstelle oder den Richter selbst geschehen; über die Aushändigung ist auf dem Schriftstück und in den Akten ein Vermerk anzubringen, wobei die Aufnahme in ein gerichtliches Protokoll (etwa bei der Zustellung in der Hauptverhandlung) als höherwertige Form der Beurkundung den Zustellungsvermerk ersetzt (LR/*Graalmann-Scheerer* § 37 Rn. 33). Eine Zustellung an Vertreter nach § 170 ZPO, Bevollmächtigte nach § 171 ZPO oder Prozessbevollmächtigte nach § 172 ZPO ist im Strafverfahren – unbeschadet der Möglichkeit der Bestellung eines Zustellungsbevollmächtigten (unten Rdn. 42) – ausgeschlossen (vgl. ausführlich LR/*Graalmann-Scheerer* § 37 Rn. 13 ff. m.w.N.). 14

Gegen **Empfangsbekenntnis** kann die **Zustellung** nach § 37 Abs. 1 i.V.m. **§ 175 ZPO** bewirkt werden. Die Vorschrift greift die ehemalige, mit der zunehmenden Digitalisierung an Bedeutung verlierende Regelung in § 174 ZPO a.F. auf und ermöglicht die Zustellung von Schriftstücken an als besonders zuverlässig geltende Verfahrensbeteiligte, insb. **Rechtsanwälte**. Aufgrund der passiven Nutzungspflicht des elektronischen Postfachs wird diese Zustellungsvariante künftig wohl lediglich in Ausnahmefällen relevant werden, etwa wenn technische Probleme bestehen, eine Zustellung aber dennoch schnell bewirkt werden soll. Die Gerichte und Strafverfolgungsbehörden sind zur elektronischen Zustellung nicht verpflichtet. Weil die Zustellungsform des § 175 ZPO indes auf die Mitwirkung des Zustellungsempfängers angewiesen ist, eröffnet sie Möglichkeiten des Missbrauchs, der im Strafverfahren leider bislang in praktisch relevantem Umfang zu beobachten war (vgl. Rdn. 12). Mögliche Zustellungsadressaten einer vereinfachten Zustellung gegen Empfangsbekenntnis sind die in § 173 Abs. 2 genannten Anwälte, Notare, Gerichtsvollzieher, Steuerberater oder sonstige Personen, bei denen aufgrund ihres Berufs von einer erhöhten Zuverlässigkeit ausgegangen werden kann (etwa Wirtschaftsprüfer oder Hochschullehrer, vgl. Meyer-Goßner/*Schmitt* § 37 Rn. 19). Erfasst sind zudem Behörden, Körperschaften und Anstalten des öffentlichen Rechts. Auswärtigen Staatsanwaltschaften kann demnach – etwa in eiligen Fällen bei Bewährungsentscheidungen auswärtiger Strafvollstreckungskammern – ebenfalls gegen Empfangsbekenntnis (per Fax) zugestellt werden (vgl. § 40 Rdn. 1). Die Zustellung gegen Empfangsbekenntnis geschieht durch postalische **Übersendung** des Schriftstücks, durch die Einlegung in ein Anwaltsfach oder die Überbringung per Boten oder durch die Versendung per Fax (Telekopie, 175 Abs. 2 ZPO). Bei der Übersendung per Fax ist darauf zu achten, dass der nach § 175 Abs. 2 Satz 2 ZPO notwendige Zusatz »Zustellung gegen Empfangsbekenntnis« verwendet wird und nicht etwa der Hinweis »vorab per Fax«, denn sonst lässt sich ein Zustellungswille nicht hinreichend feststellen (vgl. Thüringer OVG, B. v. 28.02.2012 – 4 EO 1317/05). Das Empfangsbekenntnis ist außerdem beizufügen und darf nicht fehlen (OLG Braunschweig, NStZ-RR 2015, 157, 158 m.w.N.). Auch bei Übergabe eines Schriftstücks etwa auf der Geschäftsstelle kann gegen Empfangsbekenntnis zugestellt werden, wenn die Zustellung nicht nach § 174 ZPO beurkundet wird. Die Gewährung von Akteneinsicht kann nicht als Übergabe eines zuzustellenden Schriftstücks an den Adressaten gewertet werden (BGH NStZ-RR 2005, 77 m.w.N.). 15

Die **Zustellung** gegen Empfangsbekenntnis in Papierform ist unabhängig von seiner Form erst als **bewirkt** 16
anzusehen, wenn der Zustellungsadressat das ihm zugestellte Schriftstück mit dem Willen entgegengenommen

hat, es als zugestellt gegen sich gelten zu lassen, und dies auch durch Unterzeichnung des Empfangsbekenntnisses beurkundet (BGH NJW 2012, 2117). **Zustellungsdatum** ist demnach nicht etwa der Tag, an dem ein Schriftstück bei dem Empfänger eingeht, sondern das Datum der Annahme des Schriftstücks durch den Empfänger mit dem Willen, es als zugestellt anzusehen (vgl. BVerfG NJW 2001, 1563; BGH NJW 1991, 709; NJW 1979, 2566). Verweigert der Zustellungsempfänger die Unterzeichnung des Empfangsbekenntnisses und reicht er die ihm übersandten Dokumente an das Gericht zurück, ist die Zustellung nach § 175 Abs. 1 ZPO unwirksam (BGH NJW 2011, 3581 [BGH 14.09.2011 – XII ZR 168/09).

17 Nach der Rspr. erbringt das in Papierform übermittelte **Empfangsbekenntnis** als **Privaturkunde** nach § 416 ZPO grundsätzlich nicht nur für die Entgegennahme des darin bezeichneten Schriftstücks als zugestellt **Beweis**, sondern auch für den Zeitpunkt der Entgegennahme durch den Unterzeichner und damit der Zustellung (BGH NJW 2012, 2117). Zwar ist der Gegenbeweis der Unrichtigkeit der im Empfangsbekenntnis enthaltenen Angaben zulässig, er setzt aber voraus, dass die Beweiswirkung des § 175 ZPO vollständig entkräftet und jede Möglichkeit ausgeschlossen ist, dass die Angaben des Empfangsbekenntnisses richtig sein können; hingegen ist dieser Gegenbeweis nicht schon dann geführt, wenn lediglich die Möglichkeit der Unrichtigkeit besteht, die Richtigkeit der Angaben also nur erschüttert ist (BGH NJW 2012, 2117 m.w.N.). In derartigen Fällen ist gegenüber unzuverlässigen oder unwilligen Verfahrensbeteiligten, die die Zuverlässigkeitsvermutung des § 173 Abs. 2 ZPO durch ihr Verhalten in der Vergangenheit bereits widerlegt haben, von der Möglichkeit einer Zustellung gegen Zustellungsurkunde Gebrauch zu machen. Ist nach dem Zeitablauf praktisch ausgeschlossen, dass ein Zustellungsempfänger von einem ihm nachweislich übersandten Schriftstück (erst) an dem im Empfangsbekenntnis angegebenen Zeitpunkt Kenntnis erlangt hat, ist das Datum der Zustellung im Freibeweis zu klären (vgl. BGH NJW 2002, 252; OLG Bremen MDR 2011, 187; LAG Nürnberg, B. v. 26.06.2007 – 2 Sa 163/07; LAG Köln, B. v. 15.12.2010 – 7 Ta 411/09).

18 Das schriftliche **Empfangsbekenntnis** muss der **Form** des **§ 175 Abs. 4 ZPO** entsprechen. Danach genügt zum Nachweis der Zustellung das mit Datum und Unterschrift versehene Empfangsbekenntnis, das an das Gericht zurückzusenden ist, wobei die Rücksendung auch als Telekopie (Fax) oder als elektronisches Dokument geschehen kann. Erfolgt die Rücksendung als elektronisches Dokument, ist eine Unterschrift dann nicht erforderlich, wenn es auf einem sicheren Übermittlungsweg eingereicht wird (vgl. dazu Rdn. 11). Die Verwendung des Formulars ist für ein wirksames Empfangsbekenntnis i.Ü. nicht notwendig, sondern es reicht aus, dass der Zustellungsempfänger seinen Annahmewillen schriftlich zum Ausdruck bringt (auch im Rahmen eines Schriftsatzes). Dies kann auch im Nachhinein geschehen (vgl. LR/*Graalmann-Scheerer* § 37 Rn. 42). Die Empfangsbereitschaft kann etwa auch dadurch konkludent erklärt und dokumentiert werden, dass der Empfänger sich auf den Inhalt des übersandten Schriftstücks einlässt, indem etwa in der Revisionsbegründung auf das übersandte Urteil Bezug genommen wird (BGH NStZ-RR 2005, 77). **Fehlt das Datum** auf dem Empfangsbekenntnis, hat dies nicht die Unwirksamkeit der Zustellung zur Folge, sondern das Datum kann dann auf andere Weise festgestellt werden (BGH NJW 2005, 3216; OLG München NStZ-RR 2010, 15); ein unrichtiges Datum kann vom Empfänger berichtigt werden und ist dann für den Fristbeginn maßgebend, wenn seine Richtigkeit feststeht (vgl. LR/*Graalmann-Scheerer* § 37 Rn. 42).

19 **Unterzeichnet** werden muss das – nicht elektronisch übermittelte (dazu Rdn. 11) – Empfangsbekenntnis grundsätzlich vom Zustellungsadressaten **persönlich**, denn die Zustellung durch Empfangsbekenntnis setzt die persönliche Beteiligung des Adressaten voraus. Ohne wirksame Unterschrift des Zustellungsadressaten ist die Zustellung unwirksam (OLG Stuttgart NJW 2010, 2532; BSG NJW 2010, 317; zweifelnd BGH NJW 2005, 3216). Bei einem Rechtsanwalt ist auch eine Unterzeichnung durch den Zustellungsbevollmächtigten nach § 30 BRAO, den allgemein bestellten Vertreter nach § 53 BRAO und den Abwickler nach § 55 BRAO möglich, nicht aber eine Unterzeichnung durch einen hierzu bevollmächtigten Assessor (OLG Stuttgart NJW 2010, 2532) oder einen Büroangestellten (vgl. BSG NJW 2010, 317). Bei der Zustellung an einen Pflichtverteidiger muss dieser persönlich das Empfangsbekenntnis unterzeichnen, die Unterzeichnung durch einen Sozius ist unwirksam (BGH NStZ-RR 2014, 149 [LS]; wistra 1988, 236 m.w.N.), bei der Zustellung an einen Wahlverteidiger ist die Unterzeichnung durch einen Sozius hingegen möglich (vgl. Meyer-Goßner/*Schmitt* § 37 Rn. 19 m.w.N.). Wird an eine Behörde zugestellt, ist die Unterzeichnung des Empfangsbekenntnisses durch den Behördenleiter oder eine ihn vertretende Person notwendig (OLG Frankfurt/Main NStZ-RR 1996, 234); dies kann auch der nach der Aufgabenverteilung für die Entgegennahme von Zustellungen zuständige Bedienstete sein (VGH München, B. v. 16.03.2012 – 3 ZB 10.1158).

20 An die **Unterschrift** werden keine besonderen Anforderungen gestellt; auch ein unleserlicher Schriftzug auf einem Empfangsbekenntnis kann eine rechtswirksame Unterschrift nach § 175 Abs. 4 ZPO sein (vgl. LSG Rheinland-Pfalz NZS 2011, 159). Als Unterschrift genügt ein Schriftzug, der individuellen Charakter aufweist und einem Dritten, der den Namen kennt, ermöglicht, diesen Namen noch aus dem Schriftbild herauszulesen, der Unterzeichnende also noch erkennbar bleibt. Danach muss die Unterschrift zwar nicht

unbedingt lesbar, mindestens einzelnen Buchstaben müssen aber – wenn auch nur andeutungsweise – zu erkennen sein, weil es sonst am Merkmal einer Schrift fehlt (vgl. BGH NJW-RR 1992, 1150 m.w.N.: verneint etwa bei bloßer »Wellenlinie«).

Eine **Heilung von Zustellungsmängeln** kommt im Rahmen der Zustellung nach § 175 ZPO nur in Betracht, 21 wenn der Empfänger annahmebereit ist, also bei ihm die Bereitschaft zum Empfang und zur Entgegennahme des Schriftstücks besteht (vgl. BGH NStZ-RR 2005, 77; NJW 1989, 1154). Wird bei der Zustellung durch Empfangsbekenntnis die Annahme verweigert, gilt die Zustellungsfiktion nach § 179 Satz 3 ZPO nicht, denn auf Zustellungen nach § 175 ZPO ist § 179 ZPO nicht anwendbar (vgl. BVerwG ZOV 2011, 138).

Die Zustellung kann auch nach § 37 Abs. 1 i.V.m. **§ 176 ZPO Abs. 1** durch **Einschreiben mit Rückschein** 22 vorgenommen werden (LG Rostock StraFo 2015, 63, 64; LR/*Graalmann-Scheerer* § 37 Rn. 45 ff.; a.A. wohl Meyer-Goßner/*Schmitt* § 37 Rn. 5). Zum Nachweis der Zustellung genügt dann der Rückschein (§ 176 Abs. 1 Satz 2 ZPO). Die Zustellung ist grundsätzlich mit der Übergabe an den Adressaten ausgeführt, also dann, wenn das Schriftstück so in den Bereich des Empfängers gelangt ist, dass dieser unter normalen Verhältnissen die Möglichkeit hatte, vom Inhalt Kenntnis zu nehmen (vgl. Bayerisches LSG, B. v. 06.04.2009 – L 2 B 513/08 U m.w.N.). Diese Form der Zustellung kann auch durch Einlage der Sendung in ein Postfach bewirkt werden, denn die Regelungen für die Möglichkeit der Ersatzzustellung nach §§ 178–181 ZPO gelten nach § 176 Abs. ZPO nur für die Zustellungen, die auf einem formellen Zustellungsauftrag des Gerichts mit Zustellungsurkunde beruhen, nicht aber für Zustellungen durch Einschreiben mit Rückschein (vgl. LSG Baden-Württemberg, Urt. v. 04.08.2010 – L 2 SO 18/10 m.w.N.). Diese Zustellungsart ist nur bei erwartungsgemäß unproblematischen Zustellungsadressaten zu wählen, denn die Verweigerung der Entgegennahme (auch durch Nichtabholung der Sendung innerhalb von sieben Werktagen) führt zur Rücksendung als unzustellbar; § 179 ZPO gilt hingegen nicht (vgl. LG Rostock StraFo 2015, 63, 64; *Heß* NJW 2002, 2417, 2419). Dem Rückschein kommt als Privaturkunde zudem nicht die öffentliche Beweiskraft der Postzustellungsurkunde nach § 182 Abs. 1 Satz 2 ZPO i.V.m. § 418 ZPO zu.

Direkte Zustellung im Rahmen eines **Zustellungsauftrags**: Voraussetzung der Zustellung nach § 37 Abs. 1 23 i.V.m. den §§ 177–181 ff. ZPO ist, dass nach § 37 Abs. 1 i.V.m. § 176 Abs. 2 ZPO ein Zustellungsauftrag erteilt wird. Der **Zustellungsauftrag** kann nach § 176 Abs. 2 der Post, einem Justizbediensteten (häufig »besonderer Wachtmeister«) oder einem Gerichtsvollzieher erteilt werden; möglich ist nach § 176 Abs. 1 ZPO auch ein **Zustellungsersuchen**, wobei eine andere Behörde um die Ausführung der Zustellung ersucht wird. Unter **Post** versteht das Gesetz nach der Legaldefinition in § 168 Abs. 1 Satz 2 ZPO einen nach § 33 Abs. 1 PostG beliehenen Unternehmer. Gem. § 33 Abs. 1 Satz 1 PostG sind die nach § 5 Abs. 1 PostG lizensierten Unternehmer, die Briefzustelldienstleistungen erbringen, verpflichtet, Schriftstücke nach den Vorschriften der Prozessordnungen förmlich zuzustellen. Im Umfang dieser Verpflichtung werden diese privaten Unternehmer nach § 33 Abs. 1 Satz 2 PostG mit Hoheitsbefugnissen als beliehene Unternehmer ausgestattet. Von der Verpflichtung kann nach § 33 Abs. 2 PostG auch befreit werden. Die in der Praxis häufige Zustellung an Strafgefangene »per Gefangenen-ZU« erfolgt durch Erteilung eines Zustellungsauftrags durch die Geschäftsstelle an einen Bediensteten der Justizvollzugsanstalt als Justizbediensteten im Sinne des § 168 Abs. 1 Satz 2 ZPO. Dem Auftrag ist das zuzustellende Schriftstück sowie ein vorbereiteter Vordruck der Zustellungsurkunde beigefügt, in die der Tag der Zustellung und etwa die Tatsache, ob das Schriftstück gem. § 35 Abs. 3 verlesen oder die Annahme verweigert wurde, zu vermerken ist; die Einzelheiten regeln entsprechende Verwaltungsvorschriften der Länder (vgl. etwa AV des MJ v. 28.05.1993 – 3716 [V]-404.1 – Zustellungen an Gefangene in den Justizvollzugsanstalten, MBl. LSA. 1993, 1675; AV d. MJ vom 18.10.2011 – 3716 – 204.9 – Zustellung durch Justizbedienstete, Nds. Rpfl. 2011 S. 371).

Die **Geschäftsstelle**, die den Zustellungsauftrag erteilt, **übergibt** dafür das zuzustellende Schriftstück in 24 einem verschlossenen Umschlag und zusätzlich den vorbereiteten Vordruck einer Zustellungsurkunde, die der Zusteller wahrheitsgemäß auszufüllen hat (ansonsten droht Strafbarkeit nach § 348 StGB). Über ihr Tun hat die Geschäftsstelle einen Vermerk aufzunehmen (auch in der Form, dass die entsprechende Zustellungsverfügung des Richters abgehakt und dies mit Datum und Unterschrift versehen wird), wodurch die Einlage des bezeichneten Schriftstücks in den übergebenen Briefumschlag mit Beweiskraft für und gegen jedermann öffentlich beurkundet wird (vgl. OLG Jena NJOZ 2006, 844; offengelassen von OLG Hamm, B. v. 28.09.2010 – 3 Ws 419 – 421/10).

Die Ausführung eines Zustellungsauftrags oder eines Zustellungsersuchens erfolgt nach § 37 Abs. 1 i.V.m 25 §§ 177–181 ZPO (vgl. § 176 Abs. 2 Satz 2 ZPO). Nach § 37 Abs. 1 i.V.m. **§ 177 ZPO** kann das Schriftstück dem Zustellungsadressaten **an jedem Ort**, an dem er angetroffen wird, direkt **übergeben** werden. Angetroffen wird der Zustellungsadressat, wenn ihm der Zusteller persönlich begegnet. Wird außerhalb der Wohnung oder des Geschäftsraums auf diese Weise zugestellt, hat sich der Zusteller über die Person des Zustellungsadressaten zu versichern (Thomas/Putzo/*Hüßtege* § 177 ZPO Rn. 3). An unpassendem Ort (Intensivstation, Kirche) oder zur unpassenden Zeit (nachts) soll nicht zugestellt werden (näher LR/*Graalmann-Scheerer* § 37 Rn. 52).

26 Verweigert der Zustellungsadressat unberechtigt die Annahme des zuzustellenden Schriftstücks, gilt das Schriftstück mit der **Annahmeverweigerung** als zugestellt (§ 37 Abs. 1 i.V.m. § 179 Satz 3 ZPO). Das Schriftstück ist in einem solchen Fall in der Wohnung oder dem Geschäftsraum zurückzulassen; gibt es weder Wohnung noch Geschäftsraum, ist es zurückzusenden (§ 179 Sätze 1 u. 2 ZPO). Täuscht der Zustellungsadressat den Zusteller darüber, dass er am Zustellort keine Wohnung hat, und schickt der Zusteller daraufhin die Sendung nach § 179 Satz 2 ZPO zurück, kann sich der Zustellungsadressat nicht darauf berufen, er habe doch dort gewohnt und die Zustellung sei nach § 179 Satz 1 ZPO unwirksam (VGH München NJW 2012, 950).

27 **D. Einzelne Formen der Ersatzzustellung.** Die **Ersatzzustellung in der Wohnung, in Geschäftsräumen und Gemeinschaftseinrichtungen** nach § 37 Abs. 1 i.V.m. § 178 Abs. 1 ZPO setzt zunächst voraus, dass eine nach § 176 Abs. 2 ZPO angeordnete Zustellung nicht in der Form des § 177 ZPO möglich ist, weil der Zustellungsadressat nicht in seiner Wohnung, seinem Geschäftsraum oder einer von ihm bewohnten Gemeinschaftseinrichtung (etwa Altenheim, Kaserne, Krankenhaus, Studentenwohnheim, Obdachlosenheim) angetroffen wird. In diesem Fall kann das Schriftstück solchen Personen zugestellt werden, bei denen der Gesetzgeber von einer zuverlässigen Weiterleitung ausgeht und deshalb bereits mit der Zustellung an den »Ersatz«-Empfänger die Zustellung als bewirkt ansieht. **Nicht angetroffen** ist der Zustellungsadressat, wenn er persönlich nicht vorgefunden wird, die Begegnung trotz Anwesenheit ablehnt, er an der Entgegennahme des Schriftstücks durch Krankheit oder andere zwingende Gründe gehindert ist (Thomas/Putzo/*Hüßtege* § 178 ZPO Rn. 5) oder der Zusteller zum Zustellungsadressaten nicht vorgelassen wird (vgl. LG Magdeburg StV 2008, 626).

28 **Voraussetzung** der **Ersatzzustellung** nach § 37 Abs. 1 i.V.m. §§ 178–181 ZPO ist, dass eine **Wohnung** (oder ein Geschäftsraum) an dem Ort, an dem zugestellt werden soll, tatsächlich von dem Adressaten genutzt wird (vgl. BGH NJW 2011, 2440; OLG Dresden NStZ 2005, 398 m.w.N.). Für die Wohnungseigenschaft kommt es nicht auf die Meldeverhältnisse oder den Wohnsitz, sondern auf das tatsächliche Wohnen an, also darauf, ob der Zustellungsempfänger hauptsächlich in den Räumen lebt und insb., ob er dort schläft (OLG Dresden NStZ 2005, 398; BGH NJW 1978, 1858; Übernachten ist aber auch nicht zwingend, vgl. OLG Köln StraFo 2019, 21; NJW-RR 1989, 223; auch regelmäßiges Abholen der Post genügt nicht, vgl. LG Berlin ZAP EN-Nr 211/2017). Ein wesentliches Indiz für das tatsächliche Vorliegen einer Wohnung kann sein, dass sich der Zustellungsadressat dort an-, aber nicht abgemeldet hat (vgl. BGH NJW 1992, 1239). Eine Wohnung kann auch auf einem Schiff oder in einer Truppenunterkunft begründet werden. Studenten wohnen regelmäßig zumindest während des Semesters am Studienort (vgl. LR/*Graalmann-Scheerer* § 37 Rn. 66), in den Semesterferien häufig an anderem Ort wie etwa bei den Eltern (OLG Karlsruhe NStZ-RR 1996, 245). Ist der Zustellungsempfänger längere Zeit abwesend, verliert seine Wohnung nur dann diese Eigenschaft, wenn sich während seiner Abwesenheit der räumliche Mittelpunkt seines Lebens an den neuen Aufenthaltsort verlagert (OLG Dresden NStZ 2005, 398). Eine bloß urlaubsbedingte oder zeitlich begrenzte (auch längere) Abwesenheit genügt hingegen nicht, um Räumen die Eigenschaft, zustellungsfähige Wohnung zu sein, zu nehmen (KG, B. v. 09.11.2010 – 2 Ws 428/10: 1 Monat).

29 **Anhaltspunkte** für eine **Fortdauer** der **Wohnungseigenschaft** sind etwa Fortzahlung der Miete, Vorhandensein von Klingelschild und Briefkasten, Möblierung, keine Erteilung eines Nachsendeauftrags etc. (vgl. LR/*Graalmann-Scheerer* § 37 Rn. 58 m.w.N.). Die Wohnungseigenschaft im Sinne der Zustellungsvorschriften besteht regelmäßig **nicht mehr** bei mehrmonatigem Aufenthalt in einer stationären Therapieeinrichtung oder in einem Frauenhaus (OLG Stuttgart NStZ-RR 2015, 144, 145), bei mehrmonatigen Auslandsreisen bzw. beruflichen Auslandsaufhalten, bei voraussichtlich längerer Inhaftierung, bei Aufgabe der Wohnung wegen längerer Flucht vor der Strafverfolgung oder bei Wehrdienst mit Kasernierung (vgl. Meyer-Goßner/*Schmitt* § 37 Rn. 9 m.w.N.). Als **Faustregel** kann insoweit gelten, dass ab einer voraussichtlichen **Abwesenheitsdauer** von **mehr als drei Monaten** von einer Aufgabe der Wohnung ausgegangen werden kann (vgl. LR-*Graalmann-Scheerer* § 37 Rn. 58); insoweit bieten die regelmäßigen Fristen für die ordentliche Kündigung von Wohnraum eine gewisse Orientierung (§ 573c Abs. 1 Satz 1 BGB; vgl. aber auch BGH NJW 1978, 1858: Orientierung eher an dem durchschnittlichen Jahresurlaub eines Arbeitnehmers).

30 Bei **vorübergehender Inhaftierung** kommt es darauf an, ob die bisherige Wohnung schon aufgegeben wurde oder mit jederzeitiger Rückkehr in die Wohnung zu rechnen ist, etwa weil nicht berechenbar ist, wie lange die Haft dauert. Nach 17 Tagen Untersuchungshaft ist demnach noch nicht vom Verlust der Wohnungseigenschaft auszugehen (OLG Hamm NStZ-RR 2003, 189), ebenso wenig bei Verbüßung von Ersatzfreiheitsstrafe und anschließender Untersuchungshaft kurz nach Haftbeginn, weil die Ersatzfreiheitsstrafe jederzeit durch Zahlung abgewendet werden kann (vgl. OLG Dresden NStZ 2005, 398). Demgegenüber kann nach

zwei Monaten Strafhaft der Verlust der Wohnungseigenschaft angenommen werden, wenn der Inhaftierte keine fortdauernde persönliche Beziehung zu seiner Wohnung, etwa durch dort wohnende Angehörige, aufrechterhalten hat (BGH NJW 1978, 1858); andererseits kann auch nach knapp drei Monaten Inhaftierung bei Fortdauer der Wohnverhältnisse von Frau und Kind des Adressaten die Wohnungseigenschaft erhalten bleiben (OVG Nordrhein-Westfalen NJW 2011, 2683).

Die **tatsächliche Nutzung** einer Wohnung ist dann **keine Voraussetzung** für die Wirksamkeit einer Ersatz- 31
zustellung, wenn sich der Betroffene als **dort wohnend geriert**, seinen Schriftwechsel unter dieser Anschrift führt und seine Post dort abholt, um auf diese Weise seine tatsächliche Wohnanschrift zu verschleiern und Zustellungen dorthin zu verhindern (vgl. KG, B. v. 09.11.2010 – 2 Ws 428/10; OLG Jena NStZ-RR 2006, 238; vgl. zur »Scheinwohnung« auch LR/*Graalmann-Scheerer* § 37 Rn. 63). Wird gegenüber Gericht und Staatsanwaltschaft stets eine einzige Wohnanschrift angegeben, unter der den Betroffenen auch regelmäßig gerichtliche Post erreicht, kann dort eine Ersatzzustellung wirksam vorgenommen werden (OLG Köln StraFo 2019, 21 f.; KG, B. v. 05.08.2010 – 2 Ws 428/10; Meyer-Goßner/*Schmitt* § 37 Rn. 8). Der durch den Adressaten zurechenbar gesetzte bloße Rechtsschein, er unterhalte an dem Zustellungsort eine Wohnung oder einen Geschäftsraum, ermöglicht unter dieser Adresse zwar keine Ersatzzustellung; allerdings stellt es eine unzulässige Rechtsausübung dar, wenn der Zustellungsadressat eine fehlerhafte Ersatzzustellung geltend macht, obwohl er einen Irrtum über seinen tatsächlichen Lebensmittelpunkt bewusst und zielgerichtet herbeigeführt hat (vgl. BGH NStZ-RR 2021, 111 f. für eine c/o-Anschrift; BGH NJW 2011, 2440; BVerfG NJW-RR 2010, 421; vgl. zur Täuschung des Zustellers auch VGH München NJW 2012, 950).

Die unmittelbare **Ersatzzustellung** in der **Wohnung** an eine **Empfangsperson** kann nach § 178 Abs. 1 Nr. 1 32
ZPO nur an einen erwachsenen Familienangehörigen, eine in der Familie beschäftigte Person oder einen erwachsenen ständigen Mitbewohner bewirkt werden. Erwachsen bedeutet nicht volljährig, sondern ist ab 14 Jahren anzunehmen (Meyer-Goßner/*Schmitt* § 37 Rn. 10 m.w.N.; LG Köln NStZ-RR 1999, 368). Unter **Familienangehörigen** sind alle zur Familie gehörenden Personen incl. Pflegekinder und in die Wohnung aufgenommene nahe Verwandte zu verstehen (Thomas/Putzo/*Hüßtege* § 178 ZPO Rn. 11). Dass diese Personen auch in der Wohnung wohnen, wird von § 178 Abs. 1 Nr. 1 Var. 1 ZPO nicht vorausgesetzt, wie der Vergleich zu § 178 Abs. 1 Nr. 1 Var. 3 ZPO zeigt (ansonsten wäre Variante 3 überflüssig). Allein die Tatsache, dass sich die empfangsbereite Person in der Wohnung des Zustellungsadressaten aufhält und mit diesem verwandt ist, rechtfertigt den Schluss, dass zwischen beiden ein Vertrauensverhältnis besteht, das die Weitergabe der zuzustellenden Sendung an den Adressaten erwarten lässt (BSG WuM 2010, 709). In einer Familie **beschäftigte Personen** sind insb. Hausangestellte wie Reinigungskräfte, Gärtner, Köche, Butler, Chauffeure, Sekretäre, Au-Pair-Mädchen, Pflegekräfte, Krankenschwestern, Privatlehrer etc. (vgl. LR/*Graalmann-Scheerer* § 37 Rn. 68). Entgeltlichkeit wird nicht vorausgesetzt, weshalb auch unentgeltlich beschäftigte Verwandte, die nicht unter Variante 1 fallen, erfasst werden (Meyer-Goßner/*Schmitt* § 37 Rn. 11). **Ständige Mitbewohner** sind etwa die Mitglieder einer Wohngemeinschaft oder Kommune, einer nichtehelichen Lebensgemeinschaft oder einer sonstigen häuslichen Gemeinschaft. Auch insoweit genügt für das »Erwachsensein« regelmäßig ein Alter ab 14 Jahre (vgl. LR/*Graalmann-Scheerer* § 37 Rn. 70 m.w.N.).

Die **Ersatzzustellung in Geschäftsräumen** nach § 178 Abs. 1 Nr. 2 ZPO kommt dann in Betracht, wenn der 33
Zustellungsadressat als Geschäftsmann (etwa als Unternehmer, Handwerker, Kaufmann, Notar, Anwalt oder anderer Freiberufler) Geschäftsräume unterhält (etwa Büro, Kanzlei, Lager, Laden, Empfangsraum, Werkstätte, Warte- oder Sprechzimmer, auch Teile einer Wohnung), in denen regelmäßig Geschäfte (jeder Art) ausgeübt werden (vgl. Thomas/Putzo/*Hüßtege* § 178 ZPO Rn. 15 f.). Ein Geschäftsraum ist vorhanden, wenn ein dafür bestimmter Raum – und sei er auch nur zeitweilig besetzt – geschäftlicher Tätigkeit dient und der Empfänger dort erreichbar ist (BGH NJW 2011, 2440). Als Geschäftsraum ist dabei bei größeren Firmen nicht ein Bürogebäude mit allen Geschäftsräumen zu verstehen, sondern regelmäßig der Raum, in dem sich der Publikumsverkehr abspielt und zu dem der Zusteller Zutritt hat, wenn er das Schriftstück abgibt (vgl. BT-Drs. 14/4554, S. 20). Der Zustellungsadressat muss den Geschäftsraum für seine Berufs- oder Gewerbeausübung unterhalten und dieser muss als Geschäftsraum auch von Unbeteiligten objektiv erkennbar sein (vgl. BVerwG NVwZ 2005, 1331; OVG Berlin-Brandenburg NJW 2012, 951). Hat der Adressat die Nutzung der Räume aufgegeben, ist eine Zustellung an ihn dort nicht mehr möglich; insoweit gilt nichts anderes als bei Wohnräumen (BGH NJW 2011, 2440). Ist die Zulassung eines Rechtsanwalts bestandskräftig widerrufen oder die sofortige Vollziehung der Widerrufsverfügung angeordnet, kann eine Ersatzzustellung nach §§ 178, 180 ZPO in den bisherigen Kanzleiräumen grundsätzlich nicht mehr wirksam erfolgen, auch wenn der Rechtsanwalt diese Anschrift weiterhin nutzt (BGH NJW-RR 2011, 601). Die Ersatzzustellung kann an jede im Geschäftsraum beschäftigte Person vorgenommen werden, worunter (unabhängig vom Alter) alle Arbeitnehmer, Auszubildenden und Mitarbeiter ohne Arbeitnehmereigenschaft wie etwa die mitbeschäftigte Ehefrau des Zustellungsadressaten zu verstehen sind (vgl. Thomas/Putzo/*Hüßtege* § 178 ZPO Rn. 17). Die

Zustellung knüpft an die Vertrauensposition des in einem der Öffentlichkeit zugänglichen Geschäftsraum eingesetzten Beschäftigten an, und nicht etwa daran, dass ein gesetzlicher Vertreter vor Ort ist (OVG Berlin-Brandenburg NJW 2012, 951).

34 Die **Ersatzzustellung in Gemeinschaftseinrichtungen** wird nach § 178 Abs. 1 Nr. 3 ZPO dadurch bewirkt, dass das Schriftstück dem Leiter der Einrichtung oder einem dazu ermächtigten Vertreter übergeben wird. Voraussetzung hierfür ist, dass der Zustellungsadressat in der Gemeinschaftseinrichtung nicht angetroffen wird. Da das Zutrittsrecht des Zustellers durch den Zweck seiner Tätigkeit begrenzt wird, ist eine derartige Ersatzzustellung in der Regel schon dann wirksam, wenn der Zusteller den Adressaten in den allgemein zugänglichen Teilen der Gemeinschaftseinrichtung nicht antreffen konnte; ein erfolgloses persönliches Aufsuchen im Zimmer ist nicht notwendig (OLG Nürnberg NStZ-RR 2010, 286). Mit der Übergabe an den Leiter der Einrichtung oder einen hierzu ermächtigten Vertreter, etwa an einen zum Empfang berechtigten Mitarbeiter einer Justizvollzugsanstalt, ist die Zustellung bewirkt, unabhängig davon, wann der Zustellungsadressat davon Kenntnis bekommt; verzögerte Weiterleitung kann aber die Wiedereinsetzung begründen (vgl. KG, B. v. 29.10.2013 – 2 Ws 481/13; OLG Stuttgart, B. v. 17.04.2012 – 13 U 47/12). An einen Mitbewohner kann in einer Gemeinschaftseinrichtung nicht zugestellt werden (OLG Bremen StV 2005, 541). Zu den Gemeinschaftseinrichtungen zählen etwa Altenheime, Kasernen, Krankenhäuser, Studentenwohnheime, Obdachlosenheime (OLG Hamm, B. v. 13.04.2021 – III-5 Ws 102/21 und 103/21), Drogenberatungsstellen (OLG Oldenburg NdsRpfl 2021, 151 f.), aber auch Justiz- oder Maßregelvollzugsanstalten (vgl. Meyer-Goßner/*Schmitt* § 37 Rn. 24, OLG Zweibrücken, B. v. 01.08.2019 – 1 Ws 209/19.Vollz; OLG Stuttgart, B. v. 17.04.2012 – 13 U 47/12). Bei Strafgefangenen im geschlossenen Vollzug dürfte eine Ersatzzustellung nach § 178 Abs. 1 Nr. 3 ZPO regelmäßig ausgeschlossen sein, weil sie jederzeit in der Gemeinschaftseinrichtung angetroffen werden können (LG Saarbrücken StV 2004, 362). Dies gilt hingegen nicht, wenn sie den Kontakt zum Zusteller ausdrücklich verweigern und deshalb nicht angetroffen werden können. Nach § 178 Abs. 2 ZPO sind Zustellungen an den Leiter einer Gemeinschaftseinrichtung ferner dann unwirksam, wenn diese an dem Rechtsstreit als Gegner der Person, der zugestellt werden soll, beteiligt sind. So liegt der Fall etwa bei Anträgen gem. § 109, § 138 Abs. 3 StVollzG (OLG Zweibrücken, B. v. 01.08.2019 – 1 Ws 209/19.Vollz).

35 Die **Ersatzzustellung durch Einlegung in den Briefkasten** ist nach § 180 ZPO möglich, wenn eine Zustellung weder nach § 177 ZPO noch nach § 178 Abs. 1 Nr. 1 oder 2 ZPO ausführbar ist. In diesem Fall kann das Schriftstück in einen zu der Wohnung oder dem Geschäftsraum gehörenden Briefkasten oder in eine ähnliche Vorrichtung eingelegt werden, die der Adressat für den Postempfang eingerichtet hat und die in der allgemein üblichen Art für eine sichere Aufbewahrung geeignet ist. Mit der Einlegung gilt das Schriftstück als zugestellt (§ 180 Satz 2 ZPO). Nach § 180 Satz 3 ZPO vermerkt der Zusteller auf dem Umschlag des zuzustellenden Schriftstücks das Datum der Zustellung. Erfolgt die Ersatzzustellung durch Einlegung des Schriftstücks in den Briefkasten eines Geschäftsraums, ist sie auch dann am Tag des Einwurfs bewirkt, wenn der Einwurf in den Briefkasten außerhalb der üblichen Geschäftszeiten dieses Geschäftsraums stattfindet (vgl. BGH NStZ-RR 2020, 257; VGH München, B. v. 28.11.2011 – 11 Cs 11.2413; BFH/NV 2011, 810; BGH, B. v. 24.04.2007 – AnwZ [B] 93/06). Auch ein **Gemeinschaftsbriefkasten** für mehrere Mietparteien erfüllt die Voraussetzungen des **§ 180 Satz 1 ZPO**, wenn er durch entsprechende Beschriftung eine eindeutige Zuordnung zum Adressaten ermöglicht, dieser typischer Weise seine Post so erhält und der Kreis der Mitbenutzer noch überschaubar ist (vgl. OLG Stuttgart, StraFo 2017, 152, 153; OLG Frankfurt/Main NStZ-RR 2010, 349; a.A. wohl Meyer-Goßner/*Schmitt* § 37 Rn. 13b). Dies gilt auch dann, wenn die Sendungen nach Einwurf in den Briefschlitz nicht in ein geschlossenes Behältnis, sondern auf den Boden des Hausflurs fallen, sofern der Zustellungsadressat auf diese Art typischer Weise seine Post erhält und eine eindeutige Zuordnung des Briefschlitzes zum Empfänger möglich ist (BGH NJW 2011, 2440). Ein **Postfach** soll jedenfalls dann eine **ähnliche Vorrichtung** nach § 180 Satz 1 ZPO sein, wenn eine Wohnanschrift desjenigen, dem zugestellt werden soll, unbekannt oder nicht vorhanden ist (BGH NJW-RR 2012, 1012). Allerdings schließen die AGB etwa der Deutschen Post AG zur Nutzung von Postfächern ein Einlegen von Zustellungsaufträgen im Postfach aus; soweit ersichtlich ist bislang keine Anpassung der AGB erfolgt. Dies entspricht der früheren Rechtslage vor Inkrafttreten des Zustellungsreformgesetzes im Jahr 2001 (vgl. BGH NJW-RR 2012, 1012). Keine ordnungsgemäße Ersatzzustellung nach § 180 Satz 1 ZPO liegt vor, wenn das Schriftstück lediglich am Zaun des Grundstücks befestigt wird (vgl. OLG Brandenburg, B. v. 28.01.2008 – 1 Ss 96/07). Die Ersatzzustellung nach § 180 ZPO kommt nach der Systematik der §§ 178, 179, 180 ZPO nicht in Betracht, wenn der Zustellungsadressat im Fall des § 177 ZPO oder der Zustellungsempfänger im Fall des § 178 ZPO die Annahme des zuzustellenden Schriftstücks unberechtigt verweigert; dann gilt die Zustellung gem. § 179 ZPO als bewirkt. Durch bloßes Zurücklassen des zuzustellenden Schriftstücks in einem Haftraum wird keine wirksame Ersatzzustellung nach § 180 Satz 1 ZPO bewirkt (OLG Hamm,

B. v. 11.04.2013 – 1 Vollz [Ws] 106/13), es sei denn, die zuzustellenden Schriftstücke werden aufgrund der Verweigerung der Annahme in Anwesenheit des Untergebrachten im Haftraum abgelegt (OLG Hamm, B. v. 14.05.2013 – 1 Vollz [Ws] 94/13).

Eine **Ersatzzustellung durch Niederlegung** kommt nach § 37 Abs. 1 i.V.m. § 181 ZPO dann in Betracht, wenn eine Ersatzzustellung nach §§ 178 Abs. 1 Nr. 3 ZPO oder § 180 ZPO nicht möglich ist. Die Unmöglichkeit kann darauf beruhen, dass der Adressat überhaupt keinen Briefkasten hat, das zuzustellende Schriftstück für eine Einlegung in den Briefkasten zu groß ist (vgl. OLG Stuttgart NJW 2006, 1887) oder der Adressat oder seine Empfangspersonen nicht mitwirken (vgl. Thomas/Putzo/*Hüßtege* § 181 ZPO Rn. 3). In diesem Fall kann das zuzustellende Schriftstück auf der Geschäftsstelle des Amtsgerichts, in dessen Bezirk der Ort der Zustellung liegt, oder, wenn die Post mit der Ausführung der Zustellung beauftragt ist, am Ort der Zustellung oder am Ort des Amtsgerichts bei einer von der Post dafür bestimmten Stelle niedergelegt werden (§ 181 Abs. 1 Satz 1 ZPO). Über die Niederlegung ist nach § 181 Abs. 1 Satz 2 ZPO eine schriftliche Mitteilung auf dem vorgesehenen Vordruck unter der Anschrift der Person, der zugestellt werden soll, in der bei gewöhnlichen Briefen üblichen Weise abzugeben (Einwurf in Briefschlitz, Durchschieben unter der Tür, Ablegen vor der Tür etc., nicht aber Einwurf in ein Postfach, vgl. Meyer-Goßner/*Schmitt* § 37 Rn. 14 f. m.w.N.; vgl. zum Postfach nunmehr aber auch BGH NJW-RR 2012, 1012) oder, wenn das nicht möglich ist, an der Tür der Wohnung, des Geschäftsraums oder der Gemeinschaftseinrichtung anzuheften. In diesem Fall gilt das Schriftstück mit der Abgabe der schriftlichen Mitteilung als zugestellt (§ 181 Abs. 1 Satz 3 ZPO). Auf dem Umschlag des zuzustellenden Schriftstücks vermerkt der Zusteller das Datum der Zustellung (§ 181 Abs. 1 Satz 4 ZPO). Um dem Adressaten die Kenntnisnahme vom Inhalt des Schriftstücks zu ermöglichen, ist das niedergelegte Schriftstück drei Monate lang zu Abholung bereitzuhalten und, wenn es in dieser Zeit nicht abgeholt wurde, an den Absender zurückzusenden (§ 181 Abs. 2 ZPO). Zur Niederlegung sind alle Postunternehmen im Sinne der Legaldefinition nach § 168 Abs. 1 Satz 2 ZPO in den von ihnen betriebenen Agenturen berechtigt (vgl. OLG Rostock NStZ-RR 2002, 373). Bei Abwesenheitsurteilen ist eine Ersatzzustellung durch Niederlegung nach § 181 Abs. 1 ZPO unzulässig (vgl. § 232 Abs. 4; BGHSt 11, 152). 36

E. Zustellung im Ausland. Eine **Zustellung im Ausland** erfolgt nach § 37 Abs. 1 i.V.m. § 183 ZPO, der ein klares **Rangverhältnis** der zu prüfenden Zustellungswege im Ausland vorgibt. Es gilt zunächst **der Vorrang des EU-Rechts** (Abs. 1), sodann der Vorrang des völkerrechtlichen Vertrages (Abs. 2) und schließlich der vertraglose Rechtshilfeverkehr (Abs. 3). Nach § 183 Abs. 1 ist zunächst zu prüfen, ob für die Zustellung unmittelbar anwendbare Regelungen der Europäischen Union einschlägig sind. Das Gesetz nennt hier in § 183 Abs. 1 in nicht abschließender Weise (»insbesondere«) die EU-Zustellungsverordnung sowie das Parallelabkommen zwischen der Europäischen Gemeinschaft und dem Königreich Dänemark. Diese sind aufgrund der Beschränkung auf Zivil- und Handelssachen im Strafverfahren nicht einschlägig. Insoweit kommen indes das EU-Rechtshilfeübereinkommen (EU-RHÜ) und das Schengener Durchführungsübereinkommen (SDÜ) als vorrangiges EU-Recht in Betracht, die jedoch nicht unmittelbar anwendbar sind und daher über § 183 Abs. 2 Satz 1 ZPO zu den völkerrechtlichen Vereinbarungen zählen. 37

§ 183 Abs. 2 ZPO gilt für Länder, mit denen **völkerrechtliche Vereinbarungen** bestehen und sieht über die in den bestehenden Vereinbarungen festgelegten Regeln in Satz 2 besondere Zustellungsmöglichkeiten vor. Auf **vereinfachte Art durch Einschreiben mit Rückschein** (internationaler Rückschein) oder **mittels eines gleichwertigen Nachweises** kann nach § 183 Abs. 2 Satz 2 ZPO die Zustellung erfolgen, soweit aufgrund völkerrechtlicher Vereinbarung Schriftstücke unmittelbar durch die Post übersandt werden dürfen. Eine derartige Vereinbarung gibt es insb. nicht mit der Türkei (vgl. Bayerisches LSG, Urt. v. 22.07.2009 – L 19 R 467/08). Für Zustellungen an die Vertragsparteien des Schengener Durchführungsübereinkommens, das in den meisten EU-Mitgliedstaaten durch die Ratifizierung des EU-Rechtshilfeübereinkommens abgelöst wurde (näher *Roth*, NStZ 2014, 551, 553 f.); ermöglichen Art. 52 Abs. 1 SDÜ und Art. 5 Abs. 1 EU-RHÜ die Übersendung gerichtlicher Urkunden unmittelbar per Post (zur Liste der insoweit zustellbaren Urkunden und zu weiteren Einschränkungen vgl. LR/*Graalmann-Scheerer* § 37 Rn. 88; *Heß* NJW 2001, 15 und 2002, 2417; *Jastrow* NJW 2002, 3382; *Roth* NStZ 2014, 551, 554 ff.; jeweils m.w.N.). Vollanwenderstaaten des Schengener Übereinkommens bzw. des EU-Rechtshilfeübereinkommens sind Belgien, Frankreich, Griechenland, Italien, Luxemburg, Niederlande, Portugal, Spanien, Österreich, Dänemark, Finnland, Island, Norwegen, Schweden, Estland, Lettland, Litauen, Malta, Polen, Slowakei, Slowenien, Tschechien, Ungarn, Schweiz und Liechtenstein; teilweise wird das Schengener Übereinkommen von Irland, dem Vereinigten Königreich, Bulgarien, Rumänien und Zypern angewandt. Nicht in allen Mitgliedsstaaten ist die Zustellung durch Einschreiben mit Rückschein stets möglich (Besonderheiten gelten etwa für Dänemark, Vereinigtes Königsreich, Irland und Griechenland, vgl. LR/*Graalmann-Scheerer* § 37 Rn. 88 Fn. 180 m.w.N.). Sofern bei Zustellungen nach Art. 52 Abs. 1 SDÜ, Art. 5 Abs. 1 EU-RHÜ Anhaltspunkte dafür vorliegen, dass der Zustellungsempfänger 38 der deutschen Sprache nicht mächtig ist, ist tunlichst eine Übersetzung beizufügen (vgl. Art. 52 Abs. 2 SDÜ; Art. 5 Abs. 3 EU-RHÜ; § 187 GVG). Unbeschadet der Möglichkeit der vereinfachten Zustellung kann auch im Geltungsbereich des SDÜ/EU-RHÜ die Zustellung durch Übermittlung der Justizbehörde der ersuchten Vertragspartei vorgenommen werden, wenn die Anschrift des Empfängers unbekannt ist oder die ersuchende Partei eine förmliche Zustellung fordert (Art. 52 Abs. 5 SDÜ, Art. 5 Abs. 2 lit. b EU-RHÜ).

39 Bei einer derartigen Auslandszustellung kommt eine **Zustellung** durch **Niederlegung nicht** in Betracht, da in § 183 ZPO nicht auf die Vorschriften über die Ersatzzustellung durch Niederlegung verwiesen wird (LG Nürnberg-Fürth StraFo 2009, 381; OLG Oldenburg StV 2005, 432). Aufgrund der systematischen Stellung von § 183 ZPO hinter den Vorschriften über die Ersatzzustellung und wegen fehlender Bezugnahme in den §§ 178 ff. ZPO auf eine Auslandszustellung nach § 183 ZPO dürften bei vereinfachten Auslandszustellungen auch andere Formen der Ersatzzustellung unzulässig sein (LR/*Graalmann-Scheerer* § 37 Rn. 89: »prozessual problematisch«). Zum Nachweis der vereinfachten Zustellung gem. § 183 Abs. 2 Satz 2 ZPO genügt nach § 183 Abs. 5 Satz 1 ZPO der Rückschein bzw. der gleichwertige Nachweis. Der internationale **Rückschein** muss **vom Empfänger unterschrieben** worden und zu den Gerichtsakten gelangt sein, nur dann liegt eine wirksame Zustellung im Ausland vor (LG Nürnberg-Fürth StraFo 2009, 381; OLG Brandenburg StV 2003, 324; OLG Oldenburg StV 2005, 432); schon dies schließt Formen der Ersatzzustellung an andere Zustellungsempfänger aus. Wird an einen dienstleistenden europäischen Rechtsanwalt aufgrund rechtsgeschäftlich erteilter Zustellungsvollmacht zugestellt, steht der Mangel einer Zustellungsbevollmächtigung gem. § 31 EuRAG der Wirksamkeit der Zustellung nicht entgegen (BayObLG NStZ-RR 2020, 259, 260).

40 Scheitert in den Fällen des § 183 Abs. 2 Satz 2 ZPO die vereinfachte Zustellung durch Einschreiben mit Rückschein oder einen gleichwertigen Nachweis oder ist sie aufgrund konkreter Erkenntnisse von Anfang an nicht erfolgversprechend, kommt nach § 183 Abs. 2 Satz 2 ZPO a.E. die direkte Zustellung auf Ersuchen des Vorsitzenden des Prozessgerichts unmittelbar durch die Behörden des fremden Staates in Betracht. Dieser unmittelbare Verkehr zwischen den Behörden der Vertragsstaaten ohne Einschaltung der Auslandsvertretungen bzw. Außenministerien ist in den meisten völkerrechtlichen Vereinbarungen regelmäßig als Alternative zur postalischen Zustellung vorgesehen (Thomas/Putzo/*Hüßtege* § 183 ZPO Rn. 10). I.Ü. gelten ohnehin die in den völkerrechtlichen Verträgen enthaltenen Regelungen. Soweit Rechtshilfeübereinkommen bestehen, kommt auch ein Rechtshilfeersuchen an den fremden Staat in Betracht (Meyer-Goßner/*Schmitt* § 37 Rn. 25a). Für die Heilung etwaiger Zustellungsmängel finden die Grundsätze des § 189 ZPO Anwendung Werden bei einer Auslandszustellung nach dem Haager Zustellungsübereinkommen (etwa in der Türkei) die Anforderungen dieses Abkommens gewahrt und bei der Zustellung nur Formvorschriften des Verfahrensrechts des Zustellungsstaates verletzt, wird der Zustellungsmangel nach § 189 ZPO durch den tatsächlichen Zugang des Schriftstücks geheilt (BGH NJW 2011, 3581).

41 Zustellungen im vertraglosen Rechtshilfeverkehr, also in Länder, mit denen völkerrechtliche Vereinbarungen nicht bestehen, die zuständigen Stellen zur Rechtshilfe nicht bereit sind oder besondere Gründe vorliegen, werden nach § 183 Abs. 3 ZPO bewirkt. In diesen Fällen ist durch die zuständige diplomatische oder konsularische Vertretung des Bundes oder die sonstige zuständige Behörde zuzustellen. Ist Zustellungsadressat ein deutscher Staatsangehöriger, können die deutschen Auslandsvertretungen nach § 16 KonsG die Zustellung bewirken (Meyer-Goßner/*Schmitt* § 37 Rn. 25a). § 183 Abs. 4 enthält eine Sonderregelung für entsandte Beschäftigte einer deutschen Auslandsvertretung und die in ihrer Privatwohnung lebenden Personen, denen auf Ersuchen des Vorsitzenden des Prozessgerichts durch die zuständige Auslandsvertretung zugestellt werden darf. In allen Fällen außerhalb der vereinfachten Zustellung des § 183 Abs. 2 Satz 2 ZPO wird der Nachweis der Zustellung durch das Zeugnis der ersuchten Behörde erbracht (§ 183 Abs. 5 Satz 2 ZPO). Der nach Verfahrensbeginn weitere Auslandszustellungen im Zivilverfahren vereinfachende § 184 ZPO gilt im Strafverfahren nicht (vgl. LR/*Graalmann-Scheerer* § 37 Rn. 18).

42 F. **Zustellungsbevollmächtigte.** In der Praxis des Strafverfahrens spielt die Zustellung an Zustellungsbevollmächtigte eine wichtige Rolle. Zustellungsbevollmächtigt sind nach **§ 145a Abs. 1** der gewählte Verteidiger, dessen Vollmacht sich bei den Akten befindet, sowie der bestellte Verteidiger. Die Vorschrift begründet zur Sicherstellung einer ordnungsgemäßen Zustellung von Entscheidungen und sonstigen Schriftstücken eine vom Willen des Beschuldigten unabhängige **gesetzliche Zustellungsvollmacht** (BGH StraFo 2010, 339; KG StraFo 2019, 110). Diese gesetzliche Zustellungsvollmacht kann nicht dadurch unterlaufen werden, dass der gewählte Verteidiger in der von ihm zu den Gerichtsakten gereichten Vollmachtsurkunde darauf hinweist, für die Zustellung bestimmter Entscheidungen nicht bevollmächtigt zu sein; erforderlich ist nur, dass ein Verteidigungsverhältnis vorliegt (vgl. KG, B. v. 17.10.2011 – 2 Ss 68/11). Die Ladung des Beschuldigten darf nach § 145a Abs. 2 an den Verteidiger nur zugestellt werden, wenn er in einer bei den Akten befindlichen Vollmacht hierzu ausdrücklich ermächtigt worden ist (vgl. auch OLG Naumburg, Beschl

v. 06.11.2013 – 1 Ws 666/13). Eine Zustellung ist auch wirksam, wenn entgegen § 145a Abs. 3 der Verteidiger nicht von der Zustellung unterrichtet und ihm auch keine Abschrift des Schriftstücks übersandt wurde; regelmäßig begründet dieses Versäumnis aber die Wiedereinsetzung in den vorigen Stand, wenn nicht besondere Umstände vorliegen (KG StV 2003, 343 m.w.N.).

Auch unabhängig hiervon kann sich jeder Beschuldigte oder sonstige Verfahrensbeteiligte eines Zustellungs- 43 bevollmächtigten im Strafverfahren bedienen, der dann Zustellungsadressat wird (**rechtsgeschäftliche Zustellungsvollmacht**, vgl. Meyer-Goßner/*Schmitt* § 145a Rn. 2a; BGH NStZ 1997, 293; OLG Köln NStZ-RR 2005, 379; LR/*Graalmann-Scheerer* § 37 Rn. 5); Ausnahmen gelten insoweit für bestimmte Konstellationen, in denen die höchstpersönliche Kenntnisnahme sichergestellt werden soll, wie etwa für die Zustellung von Abwesenheitsurteilen (vgl. RGSt 19, 390; im Einzelnen LR/*Graalmann-Scheerer* § 37 Rn. 5 ff. m.w.N.). Eine Zustellungsbevollmächtigung zur Sicherung des ordnungsgemäßen Ablaufs des Strafverfahrens nach § 132 Abs. 1 gilt hingegen für alle Zustellungen (vgl. OLG München MDR 1995, 405; BayObLG NStZ 1995, 561 m.w.N.). Die Wirksamkeit einer Zustellungsvollmacht erfordert die Benennung eines bestimmten oder zumindest bestimmbaren Zustellungsempfängers (vgl. LG Baden-Baden NStZ-RR 2000, 372). Die Zustellungsvollmacht bleibt gegenüber dem Gericht so lange wirksam, bis diesem gegenüber durch den Bevollmächtigenden die Rücknahme bzw. Niederlegung erklärt wird (LR/*Graalmann-Scheerer* § 37 Rn. 6, 10). Eine (zur Sicherung des Verfahrens erteilte) Zustellungs- und Empfangsvollmacht kann nicht durch einseitige Verzichtserklärung des Bevollmächtigten vor Abschluss des Verfahrens zum Erlöschen gebracht werden (vgl. KG NJW 2012, 245; OLG Koblenz NStZ-RR 2004, 373, 375). Die Vollmacht bleibt vielmehr im Interesse der Rechtssicherheit so lange in Kraft, bis der Vollmachtgeber das Erlöschen angezeigt hat (KG NJW 2012, 245). Für eine wirksame Zustellung an den Zustellungsbevollmächtigten reicht aus, dass die Vollmacht wirksam erteilt ist, bei den Gerichtsakten muss sie sich (noch) nicht befinden (BayObLG JR 1990, 36; BGH StraFo 2010, 339). Die Zustellung an einen Wahlverteidiger ist deshalb als Zustellung an einen Zustellungsbevollmächtigten unabhängig davon wirksam, ob nach § 145a Abs. 1 dessen Vollmacht zu den Akten gelangt ist, sofern er nur zu diesem Zeitpunkt tatsächlich zustellungsbevollmächtigt war (BGH StraFo 2010, 339).

Besonders praxisrelevant ist bei grenznahen Straftaten ausländischer Beschuldigter der **Zustellungsbevoll-** 44 **mächtigte nach § 132 Abs. 1 Nr. 2**, wonach zur Sicherstellung des Strafverfahrens die Bevollmächtigung einer im Bezirk des zuständigen Gerichts wohnhaften Person zum Empfang von Zustellungen angeordnet werden kann (vgl. auch § 116a Abs. 3, § 127a Abs. 2 sowie § 123 AO). Soll der Beschuldigte nach § 132 Abs. 1 Nr. 2 einen Zustellungsbevollmächtigten benennen und kann er dazu keine im Bereich des zuständigen Gerichts wohnende Person seiner Wahl angeben, ist er nach Nr. 60 Satz 2 RiStBV darauf hinzuweisen, dass er einen Rechtsanwalt oder einen hierzu bereiten Beamten der Geschäftsstelle des zuständigen Amtsgerichts bevollmächtigen kann. Als Zustellungsbevollmächtigten kann der Beschuldigte aber darüber hinaus alle geeigneten natürlichen Personen benennen, auch Mitarbeiter der Strafverfolgungsbehörden (inkl. des Hauptzollamts und der Polizei) oder des Gerichts (vgl. LR/*Hilger* § 132 Rn. 7 m. Fn. 16). Benennt der Beschuldigte keinen Zustellungsbevollmächtigten, wird ihm keiner vom Gericht oder der dies sonst nach § 132 Abs. 2 anordnenden Stelle ersatzweise gestellt, sondern die Rechtsfolgen einer Weigerung bestimmt abschließend § 132 Abs. 3, wonach Beförderungsmittel und andere vom Beschuldigten mitgeführte Sachen beschlagnahmt werden können (vgl. Meyer-Goßner/*Schmitt* § 132 Rn. 14).

Dass der **Zustellungsbevollmächtigte** i.S. von § 132 Abs. 1 Nr. 2 nur eine solche Person sein darf, die **nicht** 45 aus dem **Lager** bzw. der Sphäre **der Ermittlungsbehörden** stammt (so neuerdings LG Berlin NStZ 2012, 334 m.Anm. *Weiß* NStZ 2012, 305 und *Schelling* PStR 2012, 59; a.A. LG Landshut, B. v. 20.08.2013 – 6 Qs 86/13), ergibt sich weder aus dem Gesetz noch aus sonstigen Rechtsgrundsätzen. Bei der Benennung von Mitarbeitern von öffentlichen Behörden oder Gerichten ist vielmehr davon auszugehen, dass diese den ihnen im Zusammenhang mit der Zustellungsvollmacht obliegenden Pflichten (Übermittlung der zugestellten Schriftstücke an den Beschuldigten, vgl. OLG München MDR 1995, 405) besonders sorgfältig und gewissenhaft nachkommen, was bei der Benennung von Privatpersonen nicht gleichermaßen gesichert erscheint (LG Landshut, B. v. 20.08.2013 – 6 Qs 86/13). Ob der Beschuldigte derartige Personen oder lieber einen von ihm zu bezahlenden Rechtsanwalt bevollmächtigt oder überhaupt niemanden benennt, bleibt ihm überlassen. Gegen die Bevollmächtigung eines Mitarbeiters des Hauptzollamtes (beim Vorwurf eines Steuervergehens an der Grenze) oder der Ermittlungsbehörden kann auch nicht eingewandt werden, dies lasse besorgen, dass der Bevollmächtigte nicht in gehörigem Ausmaß die Interessen des Beschuldigten gegenüber den Strafverfolgungsbehörden verfolge (so aber LG Berlin NStZ 2012, 334; a.A. LG Landshut, B. v. 20.08.2013 – 6 Qs 86/13). Denn der Zustellungsbevollmächtigte ist nur dazu bestellt, Zustellungen für den Beschuldigten entgegenzunehmen und an ihn weiterzuleiten (vgl. OLG München MDR 1995, 405), nicht aber auch dazu, die Interessen des Beschuldigten im Ermittlungs- oder Strafverfahren (etwa durch Einlegung von Rechtsmitteln oder Rechtsbehelfen) wahrzunehmen. Bei einem unverschuldeten Fristversäumnis, das auf einer durch den Zustellungsbevollmächtigten verzögerten Übermittlung des Schriftstücks ins Ausland beruht, steht dem Beschuldigten die Wiedereinsetzung in den vorigen Stand zu (OLG München MDR 1995, 405).

46 **Europäische dienstleistende Rechtsanwälte** im Sinne des § 1 EuRAG, die nur vorübergehend in Deutschland tätig sein dürfen, haben nach **§ 31 Abs. 1 EuRAG** einen **Zustellungsbevollmächtigten**, der im Inland wohnt oder dort einen Geschäftsraum hat, zu benennen, sobald sie in Verfahren vor Gerichten oder Behörden tätig werden. Die Benennung soll gegenüber der Behörde oder dem Gericht erfolgen. Zustellungen, die für den dienstleistenden europäischen Rechtsanwalt bestimmt sind, sind an den Zustellungsbevollmächtigten zu bewirken. Wurde indes kein Zustellungsbevollmächtigter im Inland bestellt, ist eine Zustellung gem. § 183 Abs. 2 Satz 2 ZPO gleichwohl wirksam (BayObLG NStZ-RR 2020, 259, 260).

47 **G. Zustellungsurkunde: Inhalt, Mängel, Beweiskraft.** Gem. § 182 Abs. 1 Satz 1 ZPO i.V.m. § 37 Abs. 1 ist zum Nachweis von Zustellungen nach §§ 177–181 ZPO eine **Zustellungsurkunde** auf dem hierfür vorgesehenen Vordruck anzufertigen. Die Zustellungsurkunde muss nach § 182 Abs. 2 ZPO in den hier relevanten Fällen folgende **Angaben** enthalten: Den Zustellungsadressaten, den Zustellungsempfänger, im Fall der Ersatzzustellung nach §§ 178, 180 ZPO die Angabe des Grundes hierfür und bei der Zustellung durch Niederlegung nach § 181 ZPO die Bemerkung, wie die schriftliche Mitteilung abgegeben wurde, die Bemerkung, dass der Tag der Zustellung auf dem Umschlag, der das zuzustellende Schriftstück enthält, vermerkt ist, den Ort, das Datum und auf Anordnung der Geschäftsstelle auch die Uhrzeit der Zustellung, Name, Vorname und Unterschrift des Zustellers sowie die Angabe des beauftragten Unternehmens oder der ersuchten Behörde.

48 Nach § 182 Abs. 3 ZPO ist die Zustellungsurkunde **der Geschäftsstelle**, die den Zustellungsauftrag erteilt hat, **unverzüglich** (also ohne schuldhaftes Zögern) in Urschrift oder als elektronisches Dokument **zurückzuleiten**. Der Zustellungsveranlasser ist auf einen schnellen Rücklauf der Zustellungsurkunden angewiesen, um das weitere Verfahren entsprechend einrichten zu können, um also etwa, wenn Zustellungen nicht gelingen, nach weiteren Anschriften zu forschen. Der Betrieb, der die Zustellungen vornimmt, muss sich organisatorisch so einrichten, dass ein unmittelbarer Rücklauf der Zustellungsurkunden an den Zustellungsveranlasser gewährleistet ist, um dem Gesetzeszweck gerecht zu werden. Regelmäßige Rücklaufzeiten von mehr als einer Woche sind demnach gesetzeswidrig.

49 **Fehlen** auf der Zustellungsurkunde die nach § 182 Abs. 2 ZPO zwingend anzubringenden **Angaben**, ist die Frage, welche **Auswirkungen** dies auf die **Wirksamkeit** der Zustellung hat. Vor dem Zustellungsreformgesetz 2001 war die Zustellungsurkunde notwendiger und konstitutiver Bestandteil der Zustellung (vgl. § 190 ZPO aF), sodass sämtliche wesentlichen Mängel der Urkunde die Unwirksamkeit der Zustellung zur Folge hatten. Nunmehr dient die Zustellungsurkunde nur noch dem Nachweis der Zustellung, weshalb die früher zu diesem Problem ergangene Rspr. nicht mehr auf die heutige Rechtslage übertragen werden kann (vgl. ausführlich OLG Köln NStZ 2005, 583; BGH NJW 2005, 3216). Nach neuem Recht ist die Zustellungsurkunde für die Zustellung nicht mehr konstitutiv (vgl. BT-Drs. 14/4554, S. 15; OLG Stuttgart NJW 2006, 1887). Fehlt die Urkunde oder ist sie fehlerhaft, bleibt die **Wirksamkeit** der Zustellung deshalb hiervon grundsätzlich **unberührt** (vgl. VG München, Urt. v. 30.11.2009 – M 8 K 09.131; OLG Stuttgart NJW 2006, 1887; OVG Berlin NVwZ-RR 2004, 724); es wird allein die Beweiskraft der Urkunde gemindert oder beseitigt (OVG Berlin NVwZ-RR 2004, 724). Den Nachweis der Zustellung und ihres Zeitpunkts kann der Zustellende daher durch die Zustellungsurkunde, aber auch auf andere Weise führen (OLG Stuttgart NJW 2006, 1887). Nicht zur Unwirksamkeit der Zustellung führt deshalb etwa eine teilweise falsche Geschäftsnummer auf dem Umschlag (vgl. auch OLG Hamm NStZ-RR 2002, 340; OLG Hamm, B. v. 28.09.2010 – 3 Ws 419 – 421/10).

50 Der **Zustellungsurkunde** kommt nach § 37 Abs. 1 i.V.m. § 182 Abs. 1 Satz 2 und § 418 ZPO **öffentliche Beweiskraft** zu. An die Beweiskraft dieser öffentlichen Urkunde sind die Strafgerichte grundsätzlich gebunden (BVerfG NJW-RR 2002, 1008). Die Beweiskraft der ordnungsgemäß ausgefüllten und vom Zusteller unterschriebenen Zustellungsurkunde erstreckt sich auf die in der Urkunden enthaltenen Angaben, also etwa darauf, dass die Postsendung dem Adressaten übergeben wurde (OLG Frankfurt/Main NStZ-RR 2011, 147), bei der Ersatzzustellung auf die Tatsache der Niederlegung sowie ihren Zeitpunkt (BVerfG NJW-RR 2002, 1008), darauf, dass die Sendung bei der Ersatzzustellung nach § 180 ZPO in einen zur Wohnung des Zustellungsadressaten gehörenden Briefkasten eingeworfen wurde, dass also der Zustellungsadressat auch dort wohnt (vgl. OLG Frankfurt/Main NStZ-RR 2010, 349; OLG Rostock, B. v. 04.05.2011 – I Ws 101/11; OLG Hamm, B. v. 06.10.2009 – 3 Ss 425/09), sowie darauf, dass der Zustellbeamte bei der Ersatzzustellung unter der ihm angegebenen Anschrift weder den Adressaten persönlich noch eine zur Entgegennahme einer (vorrangigen) Ersatzzustellung in Betracht kommende Person angetroffen und das Schriftstück in einen zur

Wohnung (oder dem Geschäftsraum) gehörenden Briefkasten (oder eine ähnliche Vorrichtung) eingelegt hat (OLG Bamberg, B. v. 22.02.2012 – 3 Ss OWi 100/12).

Die **Übereinstimmung** zwischen der Angabe des zuzustellenden **Schriftstücks** auf der Postzustellungsurkunde mit dem **Inhalt** des übergebenen **Briefumschlags** kann der Postzusteller nicht bekunden, weil ihm der Inhalt nicht bekannt ist (vgl. OLG Hamm, B. v. 28.09.2010 – 3 Ws 419 – 421/10; OLG Jena NJOZ 2006, 844). Allerdings wird die Einlage des bezeichneten Schriftstücks in den übergebenen Briefumschlag durch den entsprechenden Aktenvermerk über die Ausführung der gerichtlichen Zustellungsverfügung durch den Urkundsbeamten der Geschäftsstelle mit Beweiskraft für und gegen jedermann öffentlich beurkundet (vgl. OLG Jena NJOZ 2006, 844; vgl. auch OLG Düsseldorf, Urt. v. 29.02.2000 – 4 U 62/99; offengelassen von OLG Hamm v. 28.09.2010 – 3 Ws 419 – 421/10). 51

Die Beweiskraft wird nicht dadurch beeinträchtigt, dass der Zusteller auf der Urkunde im unmittelbaren zeitlichen Zusammenhang mit der Zustellung eine von ihm unterzeichnete **Berichtigung** anbringt (vgl. OLG Frankfurt/Main NStZ-RR 2011, 147 m.w.N.). Die Beweiskraft nach § 418 Abs. 1 ZPO betrifft nur die in der Urkunde bezeugten Tatsachen, nicht aber die aufgrund der Tatsachen vom Postzusteller vorgenommene rechtliche Einordnung des Zustellungsvorgangs (vgl. OLG Köln NStZ-RR 2008, 379). 52

Nach § 37 Abs. 1 i.V.m. § 418 Abs. 2 ZPO ist der **Gegenbeweis** zulässig. Um die Beweiskraft der Zustellungsurkunde nach § 418 Abs. 1 ZPO zu erschüttern, ist allerdings der volle Beweis des Gegenteils erforderlich; dies erfordert den vollen Beweis eines anderen als des beurkundeten Geschehens, wobei die Beweiswirkung der Zustellungsurkunde vollständig entkräftet werden und jede Möglichkeit der Richtigkeit der beurkundeten Tatsache ausgeschlossen sein muss (vgl. BVerfG NJW-RR 2002, 1008; BGH NJW 2006, 150; OLG Hamburg StV 2019, 826; OLG Köln NStZ 2012, 284; OLG Frankfurt/Main NStZ-RR 2011, 147; NStZ-RR 2010, 349). 53

Häufig wird die Rspr. mit dem Problem beschäftigt, dass die Wirksamkeit von Ladungen mit der Behauptung angegriffen wird, der Angeklagte wohne an der Anschrift, unter der ihm ein Schriftstück zugestellt wurde, überhaupt nicht mehr. Insoweit gilt Folgendes: Grundsätzlich belegt die ordnungsgemäß erstellte Postzustellungsurkunde die Korrektheit der Ladung. Denn die **Beweiskraft** der öffentlichen Urkunde erstreckt sich auch darauf, dass die Sendung bei der Ersatzzustellung durch Einlegen in den Briefkasten nach § 180 ZPO in einen zur **Wohnung** des Angeklagten gehörenden Briefkasten eingeworfen wurde (vgl. OLG Frankfurt/Main NStZ-RR 2010, 349; OLG Rostock, B. v. 04.05.2011 – I Ws 101/11; OLG Hamm, B. v. 06.10.2009 – 3 Ss 425/09). In einem derartigen Fall hat der Angeklagte zum Nachweis der Unrichtigkeit dieser Beurkundung, etwa im Verfahren über eine Wiedereinsetzung, einen Sachverhalt vorzutragen und glaubhaft zu machen, der zur Überzeugung des Gerichts jede Möglichkeit der Richtigkeit der behaupteten Tatsache ausschließt (vgl. BVerfG NJW 1993, 254, 255; KG, B. v. 25.05.2000 – 2 Ss 47/00). Wer etwa ein Schriftstück nicht erhalten haben will, muss in aller Regel Einzelheiten vortragen und glaubhaft machen, aus denen sich ergeben kann, dass aufgrund der konkreten Umstände ein Abhandenkommen der Sendung möglich erscheint (vgl. OLG Hamm, B. v. 06.10.2009 – 3 Ss 425/09 m.w.N.). Dass der Zustellungsadressat lediglich unter einer anderen Anschrift gemeldet ist oder sich von der Zustellungsanschrift abgemeldet hat, widerlegt die öffentliche Beweiskraft der Zustellungsurkunde hinsichtlich der Feststellung der Wohnungseigenschaft noch nicht, denn die Meldeverhältnisse sind für die Wohnungseigenschaft grundsätzlich unerheblich (vgl. auch OLG Dresden NStZ 2005, 398; BGH NJW 1978, 1858); auch bei abweichenden Meldeverhältnissen ist die Möglichkeit nicht ausgeschlossen, dass der Adressat unter der (mit öffentlicher Beweiskraft als Wohnung festgestellten) Zustellungsanschrift wohnt. 54

H. Zustellungsmängel und Heilung. **Wesentliche Mängel** der Zustellung (nicht der Zustellungsurkunde) machen die Zustellung **unwirksam**. Wie sich aus § 189 ZPO ergibt, führt die Verletzung zwingender Zustellungsvorschriften regelmäßig dazu, dass eine rechtswirksame Zustellung nicht vorliegt, dieser Mangel aber nach § 189 ZPO durch den tatsächlichen Zugang des Schriftstücks geheilt werden kann. **Entspricht** das zugestellte **Schriftstück** (Abschrift, Ausfertigung) versehentlich **nicht** dem maßgeblichen **Original**, liegt ein Fehler vor, denn die Abschrift oder Ausfertigung muss die Urschrift wortgetreu und vollständig wiedergeben (vgl. BGH NJW 1978, 60). Für die Wirksamkeit der Zustellung kommt es dann darauf an, ob von dem Mangel ein wesentlicher Teil betroffen ist. Kleine Fehler schaden zudem nicht, wenn der Zustellungsempfänger aus der Abschrift oder Ausfertigung den Inhalt der Urschrift genügend entnehmen kann (BGH NStZ-RR 2005, 261; OLG Celle, B. v. 30.09.2015 – 2 Ss 161/15). Ein Urteil ist demnach auch dann wirksam zugestellt, wenn versehentlich eine Seite fehlt, die nur einen nebensächlichen Teil der Beweiswürdigung bezüglich des Mitangeklagten betrifft (vgl. BGH NStZ 2007, 53), wenn nur ein kurzer Textteil vergessen wurde, der dem Sinngehalt nach bereits im Rest des Textes zu finden ist (BGH NStZ-RR 2005, 261), oder wenn das Rubrum unvollständig ist (BGH NStZ 1989, 584). Fehlt der zugestellten Urteilsausfertigung 55 indes ein beträchtlicher Teil der Urteilsformel, ist die Zustellung unwirksam (BGH NJW 1978, 60). Ist hingegen bereits die Urschrift unvollständig und die zugestellte Abschrift eine getreue Wiedergabe davon, ist die Zustellung wirksam und löst die Revisionsbegründungsfrist nach § 345 Abs. 1 aus, es liegt dann aber ein Mangel des Urteils vor (vgl. BGHSt 44, 251; 46, 204).

56 **Fehlt** es überhaupt an einer **Zustellungsanordnung** des Vorsitzenden (§ 36 Abs. 1 Satz 1), wird dieser Mangel nicht nach § 37 Abs. 1 i.V.m. § 189 ZPO durch den tatsächlichen Zugang des Schriftstücks geheilt, denn diese Heilung setzt voraus, dass überhaupt eine Zustellung beabsichtigt war (OLG Celle NStZ-RR 2011, 45). Aus diesem Grund kommt auch eine Heilung durch die Gewährung von Akteneinsicht nicht Betracht, wenn bereits keine Zustellung erfolgt ist (OLG Zweibrücken ZfSch 2020, 51 f.; LG Nürnberg-Fürth, B. v. 24.08.2021 – 12 Qs 58/21 m.w.N.). **Ansonsten** können **Mängel** der Zustellung oder des Zustellungsnachweises gem. **§ 189 ZPO geheilt** werden: Lässt sich die formgerechte Zustellung eines Schriftstücks nicht nachweisen oder ist das Schriftstück unter Verletzung zwingender Zustellungsvorschriften zugegangen, so gilt es nach § 189 ZPO in dem Zeitpunkt als zugestellt, in dem das Schriftstück der Person tatsächlich zugegangen ist, an die die Zustellung dem Gesetz gem. gerichtet war oder gerichtet werden konnte (BGH, B. v. 04.06.2014 – 4 StR 104/14). Bei der Zustellung durch Empfangsbekenntnis ist regelmäßig eine Heilung nach § 189 ZPO ausgeschlossen, weil dort auch die Bereitschaft zur Entgegennahme erforderlich ist (vgl. BGH NStZ-RR 2005, 77, NJW 1989, 1154; BVerwG ZOV 2011, 138). Für die Heilung reicht der tatsächliche Zugang, eine Kenntnisnahme ist nicht erforderlich (Thomas/Putzo/*Hüßtege* § 189 ZPO Rn. 8). Nach der Gesetzesbegründung liegt ein tatsächlicher Zugang des zuzustellenden Schriftstücks vor, wenn der Adressat das Schriftstück tatsächlich erhalten hat (vgl. BR-Drs. 492/00, S. 55), was in der Rspr. dahin gehend auslegt wird, der Adressat müsse das Schriftstück »in die Hand bekommen haben« (vgl. BFHE 244, 536, 546 ff., in der sich der Große Senat des BFH der abweichenden Auffassung des 8. Senats des BFH – Zugang mit Gelangen in den Machtbereich des Empfängers, vgl. Vorlagebeschluss vom 07.02.2013 – VIII R 2/09 – nicht angeschlossen hat; BGH MDR 2001, 889; BGHSt 51, 257, 261). Über den Zeitpunkt des Zugangs entscheidet das Gericht nach allgemeinen Beweisgrundsätzen (vgl. *Heß* NJW 2002, 2417, 2421).

57 **I. Zustellung an mehrere Empfangsberechtigte, § 37 Abs. 2.** Probleme der **Fristberechnung** können auftreten, wenn an mehrere Empfangsberechtigte zu unterschiedlichen Zeiten zugestellt wird. Hierfür stellt § 37 Abs. 2 klar, dass die Frist ab der zuletzt bewirkten Zustellung gerechnet wird. Die Regelung greift nur, wenn die **Frist**, um die es geht, im Zeitpunkt der späteren Zustellung überhaupt **noch läuft**, denn eine einmal abgelaufene Frist wird durch die spätere Zustellung nicht wieder eröffnet (vgl. BGHSt 34, 271; OLG Koblenz, B. v. 19.05.2017 – 2 Ws 175/17; ausführlich hierzu auch OLG Hamm, B. v. 10.05.2016 – III-4 Ws 114/16 und v. 07.02.2013 – 1 Ws 30/13, 1 Ws 49/13; jew. m.w.N.). Entscheidend für die Frage des Fristablaufs ist insoweit allein der Zeitpunkt der späteren Zustellung, unabhängig davon, wann die spätere Zustellung angeordnet wurde (BGHSt 22, 221). Keine Zustellung an mehrere Empfangsberechtigte im Sinne des § 37 Abs. 2 liegt vor, wenn an den Angeklagten zugestellt wird und der Verteidiger lediglich eine formlose Mitteilung erhält (BGH NStZ-RR 2019, 24, 25 m.w.N.) oder mangels bei den Akten befindlicher Vollmacht nicht im Sinne des § 145a Abs. 1 empfangsberechtigt ist (KG StraFo 2019, 110 m.w.N.).

58 In der Praxis wird nicht selten versucht, über § 37 Abs. 2 gesetzliche Fristen zu verlängern; dies betraf vor der Einführung des § 345 Abs. 1 Satz 2 vor allen Dingen die von vielen Verteidigern gerade bei längeren Strafverfahren (zu Recht) als sehr knapp empfundene und nicht verlängerbare Monatsfrist zur Revisionsbegründung. Meldet sich etwa während des Laufs der Revisionsbegründungfrist ein neuer Verteidiger, **bittet** dieser häufig darum, ihm das Urteil **erneut zuzustellen**, wohl wissend um die durch § 37 Abs. 2 bewirkte Verlängerung der eigentlich nicht verlängerbaren Monatsfrist des § 345 Abs. 1. Solchen Bitten wohlwollend zu entsprechen, obwohl bereits eine wirksame, die Frist des § 345 Abs. 1 auslösende Urteilszustellung stattgefunden hat, verbietet sich in der Regel. Die unnötige doppelte Zustellung nach bereits erfolgter wirksamer Zustellung wird von der Rspr. zutreffend als rechtsfehlerhaft (vgl. etwa BayObLG NJW 1967, 2124 [2126]) oder »überflüssig« (vgl. BGHSt 22, 221 [222]) bezeichnet. Gründe der Gleichbehandlung sprechen regelmäßig dafür, keine rechtsgrundlose Fristverlängerung durch eine weitere Zustellung zu bewirken.

59 Wird **an denselben Zustellungsempfänger mehrfach** zugestellt, ist für die Fristberechnung die erste Zustellung entscheidend (BGH NJW 1978, 60; OLG Hamburg NJW 1965, 1614). Dies gilt auch wenn mit der späteren Zustellung erneut Rechtsmittelbelehrungen erteilt werden; diese schaffen keinen Vertrauenstatbestand dahin gehend, dass erst an diesem Tag wirksam zugestellt worden ist (OLG Bamberg NStZ-RR 2019, 93, 94 m.w.N.). Anders verhält es sich nur, wenn die erste Zustellung an einem durchgreifenden Mangel leidet und deshalb unwirksam ist (BGH NJW 1978, 60; MDR 1967, 834).

J. Zustellung bei Übersetzung des Urteils, § 37 Abs. 3. Durch Art. 2 Nr. 1 des Gesetzes zur Stärkung der Verfahrensrechte von Beschuldigten im Strafverfahren (v. 02.07.2013, BGBl. 1938; hierzu BT-Drs. 17/12578) wurde mit Wirkung zum 06.07.2013 Abs. 3 angefügt. Diese Änderung dient der Umsetzung des Art. 3 der Richtlinie 2010/64/EU (hierzu näher *Kotz* StRR 2012, 124 ff.; StV 2012, 626) und soll die in § 187 Abs. 1 und 2 GVG geschaffene Neuregelung zur Urteilsübersetzung in die bestehende Systematik von Urteilszustellung und Rechtsmittellauf einpassen (vgl. BT-Drs. 17/12578, S. 15). Die neue Zustellungsvorschrift bezieht sich nur auf Fälle, in denen eine Urteilsübersetzung nach der Neuregelung in § 187 Abs. 1 und 2 GVG zur Wahrung der Verteidigungsrechte unerlässlich ist, und soll nicht Konstellationen erfassen, in denen nach den Grundsätzen der bisherigen Praxis – insb. aufgrund der Mitwirkung eines Verteidigers – dem Recht auf ein faires Verfahren bereits durch Simultanübersetzung der mündlichen Eröffnung der Urteilsgründe und die Zustellung des schriftlichen Urteils an den Verteidiger Genüge getan werden kann (vgl. BGHSt 64, 283 ff.; OLG Hamm StRR 2016, Nr 2, 2; NStZ-RR 2014, 217 unter Verweis auf BT-Drs. 17/12578, S. 15). 60

Erforderlich zur Wahrung der strafprozessualen Rechte ist eine Übersetzung des Urteils jedoch regelmäßig, wenn mit Zustellung der Entscheidung dem Angeklagten zugleich auch rechtliches Gehör gewährt wird, so etwa bei **Abwesenheitsurteilen.** Eine **Zustellung** der Entscheidung ohne Übersetzung ist hier **unwirksam** (BT-Drs. 17/12578, S. 15) und setzt den Lauf der Rechtsmittelfrist nicht in Gang (OLG München StV 2014, 532, 533 f.). 61

Ob § 37 Abs. 3 – mit der Folge der Unwirksamkeit der Zustellung bei fehlender Übersetzung – im **Strafbefehlsverfahren** entsprechend Anwendung findet (so die ganz h.M., vgl. LG Heilbronn StraFo 2021, 122, 123; LG Stade StV 2021, 29; LG Nürnberg-Fürth StV 2021, 24, 27; LG Berlin StV 2020, 579, 580; LG Aachen StV 2018, 403; LG Gießen StraFo 2015, 243 und noch LG Stuttgart NStZ-RR 2014, 216; offengelassen BVerfG InfAuslR 2017, 172, 173; nunmehr auch Meyer-Goßner/*Schmitt* § 37 Rn. 31) oder nur die Regeln über die Wiedereinsetzung in den vorigen Stand anzuwenden sind (LG Stuttgart NJW-Spezial 2016, 730; LG Ravensburg NStZ-RR 2015, 219, 220) ist derzeit noch nicht restlos geklärt (vgl. auch LR/*Graalmann-Scheerer* § 37 Rn. 111). Weil ein Strafbefehl, gegen den rechtzeitig Einspruch erhoben worden ist, gem. § 410 Abs. 3 einem rechtskräftigen Urteil gleichsteht, wirken die Hinweise auf den »eindeutigen« Wortlaut des § 37 Abs. 3 (»Urteile«) und das Herausarbeiten der Unterschiede zwischen dem rechtskräftigen Strafbefehl und dem rechtskräftigen Urteil etwas bemüht. Problematisch sind vielmehr die praktischen Folgen, weil sich die Einspruchsfrist bei nicht wirksamer Zustellung auf unabsehbare Zeit verlängert. Dies dürfte indes hinzunehmen sein und dem Willen des Gesetzgebers entsprechen. Für diese Auffassung kann ergänzend die Entscheidung des Europäischen Gerichtshofs vom 12.10.2017 in der Rechtssache C-278/16 herangezogen werden (NJW 2018, 142 ff.; *Sandherr* NZV 2017, 531; *Brodowski/Jahn* StV 2018, 72 ff.). Allerdings hat der EuGH hier lediglich konstatiert, dass nach dem Unionsrecht ein Strafbefehl in die Sprache zu übersetzen ist, die der Beschuldigte versteht, und sich zur Frage der Wirksamkeit der Zustellung nicht ausdrücklich verhalten. 62

Ein Anspruch auf Übersetzung rechtskräftiger Urteile in der Revisionsinstanz besteht nicht, selbst wenn das Verfahren in Abwesenheit des Angeklagten geführt wurde (vgl. BGHSt 63, 192, 195 ff.). Bereits der Wortlaut des § 187 Abs. 2 Satz 1 GVG bezieht sich nur auf »nicht rechtskräftige« Urteile. Im Fall der Rechtskraft ist die Urteilsübersetzung zur Wahrung der Verteidigungsrechte auch nicht mehr »unerlässlich«, weil die strafprozessualen Möglichkeiten mit der Revision im Wesentlichen erschöpft sind. Selbst wenn die Übersetzung nach den Maßgaben des Unionsrechts noch andere Zwecke verfolgen sollte, wie etwa, den Angeklagten über den ihm vorgeworfenen Sachverhalt zu informieren, so ist jedenfalls in der Revisionsinstanz, in der ausschließlich Rechtsfragen geprüft werden, keine Ergänzung der vom Tatgericht getroffenen Feststellungen zu erwarten (BGH a.a.O.). 63

Im Fall der Unerlässlichkeit einer Urteilsübersetzung soll die Zustellung an alle Verfahrensbeteiligten erst dann gleichzeitig angeordnet werden, wenn die Übersetzung vorliegt, um einen zeitgleichen Beginn der Begründungsfrist für alle Beteiligten sicherzustellen (§ 37 Abs. 3 Satz 2, BT-Drs. 17/12578, S. 16). Da eine Urteilsübersetzung erst dann infrage kommt, wenn das Urteil vollständig abgefasst und in der Frist des § 275 zu den Akten gebracht worden ist, die Übersetzung aber sicher eine geraume Zeit in Anspruch nehmen wird, könnte die vom Gesetzgeber gewollte faktische Gleichbehandlung hinsichtlich der Rechtsmittelbegründungsfrist durch den Antrag auf Akteneinsicht leicht unterlaufen werden. Vor Anordnung der Zustellung des übersetzten Urteils darf das Gericht daher entsprechende Anträge auf Akteneinsicht hinsichtlich des abgesetzten Urteils mit dem Verweis auf die vom Gesetzgeber gewollte Regelung, die in § 37 Abs. 3 ihren gesetzlichen Niederschlag gefunden hat, ablehnen. Die Neuregelung erfasst auch vor ihrem Inkrafttreten am 06.07.2013 begonnene Strafverfahren, die noch nicht rechtskräftig abgeschlossen sind, entfaltet aber keine rückwirkende Kraft (OLG Stuttgart, B. v. 22.07.2013 – 5 Ws 49/13). Vor dem Inkrafttreten von § 187 GVG n.F. war die Übermittlung einer Übersetzung des Urteils an den verteidigten sprachunkundigen Angeklagten nicht geboten (OLG Stuttgart a.a.O.; BVerfG B. v. 03.06.2005 – 2 BvR 760/05). 64

§ 38 Unmittelbare Ladung

Die bei dem Strafverfahren beteiligten Personen, denen die Befugnis beigelegt ist, Zeugen und Sachverständige unmittelbar zu laden, haben mit der Zustellung der Ladung den Gerichtsvollzieher zu beauftragen.

Übersicht

1 **A. Regelungszweck/Anwendungsbereich.** Die Vorschrift ist **notwendig**, weil nicht nur das Gericht befugt ist, Zeugen und Sachverständige zur Hauptverhandlung zu laden, sondern auch anderen Verfahrensbeteiligten dieses Recht zukommt. Gem. § 220 Abs. 1 Satz 1 StPO kann der Angeklagte eine Person unmittelbar zur Hauptverhandlung laden, wenn der Vorsitzende den Antrag auf Ladung dieser Person abgelehnt hat. Hierzu ist der Angeklagte nach § 220 Abs. 2 Satz 2 auch ohne den vorgängigen Antrag befugt (vgl. auch § 323 Abs. 1 S. 1). Nach § 214 Abs. 3 steht der Staatsanwaltschaft das Recht der unmittelbaren Ladung weiterer Personen zu. Auch andere Verfahrensbeteiligte haben im Rahmen ihrer Beteiligungsbefugnisse das Recht der unmittelbaren Ladung, etwa der Nebenkläger, der Privatkläger, der Einziehungsbeteiligte, der Verfahrensbeteiligte oder die juristische Person oder Personenvereinigung bei Bußgeldbeteiligungen im Fall des § 444 (vgl. Meyer-Goßner/*Schmitt* § 38 Rn. 1).

2 Die **Selbstladung** kommt insb. dann in Betracht, wenn bei **Sachverständigen** Differenzen zu dem gerichtlich bestellten Sachverständigen auftreten (zum Ganzen *Fromm* DAR 2019, 110 ff; *ders.* SVR 2011, 132 ff.; zur Rechtsstellung des von der Verteidigung geladenen Sachverständigen auch *Widmaier* StV 1985, 526) oder das Gericht nicht bereit ist, Zeugen der Verteidigung anzuhören bzw. entsprechenden Beweisanträgen nachzugehen. Besonderheiten gelten für die Ladung von Auslandszeugen (hierzu näher *Rose* wistra 1998, 11 ff.).

3 Neben der Ladung nach § 38 können Verfahrensbeteiligte auch Zeugen und Sachverständige unmittelbar zum Erscheinen vor Gericht veranlassen und zur Hauptverhandlung »stellen«. Nur die förmliche Ladung gem. § 38 führt indes dazu, dass es sich bei den geladenen Personen um **präsente Beweismittel** nach § 245 Abs. 2 Satz 1 handelt (BGH NStZ 2012, 346 m.w.N.). Zum Revisionsvortrag eines Verstoßes gegen § 245 Abs. 2 gehört deshalb nach § 344 Abs. 2 Satz 2, dass die Ladung der Auskunftsperson durch einen Gerichtsvollzieher nach § 38 bewirkt wurde (BGH NStZ 2012, 346). Die Staatsanwaltschaft kann formlos, auch mündlich und telefonisch laden, andere Beteiligte müssen grundsätzlich die Form des § 38 wahren (vgl. Meyer-Goßner/*Schmitt* § 245 Rn. 16). Die Vernehmung eines ohne Vorladung nach § 38 vom Angeklagten »gestellten« Sachverständigen oder Zeugen richtet sich nicht nach § 245 Abs. 2, sondern nach § 244 Abs. 2–4 (vgl. BGH NStZ 1981, 401). Sofern nicht die Aufklärungspflicht die Vernehmung des »gestellten« Sachverständigen oder Zeugen gebietet, wird er nur auf entsprechenden Beweisantrag gehört, der nach § 244 Abs. 3, 4 zu bescheiden ist.

4 **B. Einzelfragen.** Die zur unmittelbaren Ladung berechtigten Verfahrensbeteiligten können die Vornahme einer formellen Ladung **nur über den Gerichtsvollzieher** vornehmen (BGH NStZ 2012, 346). Der Auftrag muss unmittelbar an den Gerichtsvollzieher erfolgen, eine Vermittlung über die Geschäftsstelle des Gerichts ist nicht vorgesehen (Umkehrschluss aus § 161 GVG, vgl. auch LR/*Graalmann-Scheerer* § 38 Rn. 2). Der Gerichtsvollzieher kann seinerseits mit der Zustellung die Deutsche Post AG beauftragen (§§ 193 ff. ZPO), nicht aber der Ladungsberechtigte selbst (vgl. Meyer-Goßner/*Schmitt* § 38 Rn. 2 m.w.N.). Soll die Zustellung durch die Post erfolgen, kann hiermit jeder in der Bundesrepublik angestellte Gerichtsvollzieher beauftragt werden (vgl. § 160; LR/*Graalmann-Scheerer* § 38 Rn. 2); nur wenn der Gerichtsvollzieher direkt zustellen soll, ist derjenige zu beauftragen, zu dessen Amtsbezirk der Zustellungsort gehört (LR/*Graalmann-Scheerer* § 38 Rn. 2).

5 **Zum Erscheinen verpflichtet** ist die unmittelbar geladene Person nach § 220 Abs. 2 nur dann, wenn ihr bei der Ladung die gesetzliche **Entschädigung** für Reisekosten und Versäumnis bar dargeboten oder deren Hinterlegung bei der Geschäftsstelle nachgewiesen wird. Da der Gerichtsvollzieher die Ladung durchführt, hat er dem Geladenen den Betrag in bar auszuzahlen, den Betrag mittels Postanweisung zur Verfügung zu stellen oder die Hinterlegungsbescheinigung zuzustellen (LR/*Graalmann-Scheerer* § 38 Rn. 3). Der Gerichtsvollzieher hat die Ladung auch dann auszuführen, wenn ihm weder Bargeld angeboten noch die Hinterlegung nachgewiesen wird. Der Geladene ist in diesem Fall jedoch nicht zum Erscheinen verpflichtet, was in der Zustellungsurkunde ersichtlich zu machen ist, da die Ladung dann keinen Hinweis auf die gesetzlichen Folgen des Ausbleibens enthalten darf (LR/*Graalmann-Scheerer* § 38 Rn. 4). Lehnt der Geladene die Annahme der Entschädigung ab, gibt der Gerichtsvollzieher die Entschädigung mit der Zustellungsurkunde an den Auftraggeber zurück (LR/*Graalmann-Scheerer* § 38 Rn. 5).

§ 39
(weggefallen)

§ 40 Öffentliche Zustellung

(1) [1]Kann eine Zustellung an einen Beschuldigten, dem eine Ladung zur Hauptverhandlung noch nicht zugestellt war, nicht in der vorgeschriebenen Weise im Inland bewirkt werden und erscheint die Befolgung der für Zustellungen im Ausland bestehenden Vorschriften unausführbar oder voraussichtlich erfolglos, so ist die öffentliche Zustellung zulässig. [2]Die Zustellung gilt als erfolgt, wenn seit dem Aushang der Benachrichtigung zwei Wochen vergangen sind.

(2) War die Ladung zur Hauptverhandlung dem Angeklagten schon vorher zugestellt, dann ist die öffentliche Zustellung an ihn zulässig, wenn sie nicht in der vorgeschriebenen Weise im Inland bewirkt werden kann.

(3) Die öffentliche Zustellung ist im Verfahren über eine vom Angeklagten eingelegte Berufung oder Revision bereits zulässig, wenn eine Zustellung nicht unter einer Anschrift möglich ist, unter der letztmals zugestellt wurde oder die der Angeklagte zuletzt angegeben hat.

A. Regelungszweck. Die Norm ist **notwendig**, um den Gang des Strafverfahrens unabhängig davon sicherzustellen, ob sich der Beschuldigte dem Verfahren stellt. Ansonsten hätte es der Beschuldigte unschwer in der Hand, den Vollzug ihn belastender Entscheidungen zu hindern (vgl. SK/*Weßlau/Singelnstein* § 40 Rn. 1; LR/*Graalmann-Scheerer* § 40 Rn. 1). Die öffentliche Zustellung erreicht den Beschuldigten in aller Regel nicht. In der Praxis sind Fälle höchst selten, in denen ein Beschuldigter auf öffentlich zugestellte Ladungen oder belastende Entscheidungen reagiert. Die Vorschrift des § 40 fingiert den Erfolg der Zustellung (»gilt die Zustellung als erfolgt«), ohne dass es auf eine tatsächliche Bekanntgabe ankäme (vgl. auch LR/*Graalmann-Scheerer* § 40 Rn. 1). 1

Die Vorschrift ist **verfassungsgemäß** (vgl. BVerfGE 77, 285; BVerfG NJW 1988, 2361). Eine Nachholung rechtlichen Gehörs wird durch Vorschriften wie § 33a, § 311 Abs. 3 und § 311a garantiert; allerdings ist Art. 103 Abs. 1 GG verletzt, wenn eine öffentliche Zustellung erfolgt, ohne dass ihre Voraussetzungen gegeben waren und obwohl eine andere Form der Zustellung ohne Weiteres möglich gewesen wäre (vgl. BVerfG NStZ-RR 2005, 206). 2

Im Vergleich zur »normalen« Zustellung ist die öffentliche Zustellung die Ausnahme. Nach dem Grundsatz »singularia non sunt extendenda« (vgl. hierzu auch LR/*Mosbacher* § 254 Rn. 1) und im Hinblick auf Art. 19 Abs. 4 GG ist die Norm als **Ausnahmevorschrift eng auszulegen** (vgl. BVerfG NStZ-RR 2005, 206; KG NStZ-RR 2006, 208; SK/*Weßlau/Singelnstein* § 40 Rn. 1; HK/*Gercke* § 40 Rn. 2). 3

Die Norm gliedert die Voraussetzungen für die öffentliche Zustellung in **drei Stufen**. Die höchsten Voraussetzungen an die öffentliche Zustellung bestehen, wenn an den Beschuldigten noch keine Ladung zur Hauptverhandlung zugestellt worden ist (betrifft Inlands- und Auslandszustellung, § 40 Abs. 1). War dies hingegen der Fall, ist nur noch die Ausführbarkeit einer Inlandszustellung zu prüfen, Auslandszustellungen bleiben hingegen außer Betracht (§ 40 Abs. 2). Die geringsten Anforderungen bestehen bei Berufungen und Revisionen des Angeklagten. Hier ist eine öffentliche Zustellung schon möglich, wenn unter der zuletzt bekannt gewordenen Anschrift des Angeklagten nicht zugestellt werden konnte (§ 40 Abs. 3). 4

B. Anwendungsbereich. Der Normtext macht keine Einschränkungen bezüglich des Anwendungsbereichs der öffentlichen Zustellung. Grundsätzlich können daher **alle zustellungsbedürftigen Schriftstücke** öffentlich zugestellt werden, also sämtliche gerichtlichen Entscheidungen wie Urteile oder Beschlüsse sowie Ladungen, Anordnungen, Anhörungen oder Verfügungen. Nicht anwendbar ist § 40 auf Entscheidungen der Staatsanwaltschaft (Meyer-Goßner/*Schmitt* § 40 Rn. 1). Ob eine Anklageschrift im Zwischenverfahren öffentlich zugestellt werden kann, ist umstritten (dafür mit gewissen Einschränkungen *Mosenheuer* wistra 2002, 409, 413; OLG Karlsruhe NJW 1974, 712; Meyer-Goßner/*Schmitt* § 40 Rn. 1; a.A. *Schmid* MDR 1978, 96, 97; KK/*Maul* § 40 Rn. 3). Dafür dürfte sprechen, dass es sich bei der Zustellung der Anklageschrift nebst Fristsetzung nach § 201 um eine vom Gericht zu bewirkende Zustellung an den Angeschuldigten handelt (vgl. 5

Meyer-Goßner/*Schmitt* § 201 Rn. 3) und § 40 insoweit keine Einschränkungen enthält. Öffentlich zugestellt werden können auch Beschlüsse, die den **Widerruf** einer **Bewährung** aussprechen (BGHSt 25, 127; BGH v. 19.05.1989 – StB 11/89; OLG Düsseldorf JR 1989, 166; KK/*Appl* § 453c Rn. 5; LR/*Graalmann-Scheerer* § 40 Rn. 3 f.; Meyer-Goßner/*Schmitt* § 453c Rn. 11 m.w.N.). Die Gegenauffassung, die von einem Vorrang des Sicherungshaftbefehls nach § 453c ausgeht (vgl. die Nachweise bei Meyer-Goßner/*Schmitt* § 453c Rn. 11 und LR/*Graalmann-Scheerer* § 40 Rn. 3), findet im Gesetz keine Stütze und ist angesichts der Möglichkeit rechtlichen Gehörs nach § 33a auch nicht etwa durch den Grundsatz der Verhältnismäßigkeit geboten (so aber SK/*Weßlau/Singelnstein* § 40 Rn. 5, zutreffend dagegen LR/*Graalmann-Scheerer* § 40 Rn. 4).

6 Ob auch **Strafbefehle** öffentlich zugestellt werden können, ist ebenfalls umstritten (dafür etwa LG Heidelberg, Beschl. V. 20.02.2002 – 2 Qs 71/01; LG München MDR 1981, 71; *Schmid* MDR 1978, 96, 98; dagegen etwa OLG Düsseldorf NJW 1997, 2965; LG Kiel SchlHA 1982, 76; LG Köln MDR 1982, 601; LR/*Graalmann-Scheerer* § 40 Rn. 2; Meyer-Goßner/*Schmitt* § 409 Rn. 21; KK/*Maul* § 40 Rn. 3; *Blankenheim* MDR 1992, 926, 927). Nachdem frühere Gesetzesentwürfe, die eine Unzulässigkeit der öffentlichen Zustellung von Strafbefehlen ausdrücklich vorsahen (vgl. LR/*Graalmann-Scheerer* § 40 Rn. 2 m.w.N.), nicht Gesetz geworden sind, gilt eigentlich ohne Einschränkung § 40, jedenfalls dann, wenn dem Beschuldigten bereits rechtliches Gehör zum Tatvorwurf eingeräumt worden ist. In der Praxis dürfte sich das Problem aber regelmäßig nicht stellen, denn nach Nr. 175 Abs. 2 S. 1 RiStBV soll der Erlass eines Strafbefehls nur dann beantragt werden, wenn der Aufenthalt des Beschuldigten bekannt ist, sodass in der regelmäßigen Form zugestellt werden kann (vgl. LR/*Graalmann-Scheerer* § 40 Rn. 2). Ansonsten ist nach Nr. 175 Abs. 2 S. 2 RiStBV das Verfahren vorläufig einzustellen oder, wenn sich die Abwesenheit des Beschuldigten erst nach dem Antrag auf Erlass des Strafbefehls herausgestellt hat, die vorläufige Einstellung des Verfahrens nach § 205 zu beantragen.

7 **Adressat** der **öffentlichen Zustellung** ist nach dem Gesetzeswortlaut der Beschuldigte oder Angeklagte. Unter dem Beschuldigten ist auch der schon rechtskräftig Verurteilte zu verstehen, etwa bei der Zustellung von Bewährungsentscheidungen (Meyer-Goßner/*Schmitt* § 40 Rn. 2). Dem Beschuldigten gleich stehen Einziehungsbeteiligte, wie sich aus den §§ 427 bis 432 ergibt.

8 Keine Anwendung soll § 40 im **Jugendstrafverfahren** finden, weil der öffentliche Aushang von Informationen dem Grundsatz der Nichtöffentlichkeit widerspreche (vgl. OLG Stuttgart MDR 1987, 340; LR/*Graalmann-Scheerer* § 40 Rn. 6; SK/*Weßlau/Singelnstein* § 40 Rn. 4; Meyer-Goßner/*Schmitt* § 40 Rn. 2 und § 329 Rn. 9; a.A. KG NStZ-RR 2006, 120 m. abl. Anm. *Eisenberg/Haeseler* JR 2006, 303 und *Reitmeier* NJ 2006, 183; LG Zweibrücken MDR 1991, 985; *Nowak* JR 2008, 234). Dies überzeugt nicht. Wie schon die differenzierten Regelungen in § 48 Abs. 2 und 3 JGG zeigen, gibt es keinen uneingeschränkten Grundsatz, dass jede Information aus einem Jugendstrafverfahren nicht für die Öffentlichkeit bestimmt wäre. Gerade bei Ladungen ist nicht ersichtlich, welche über die stets öffentlichen Terminaushänge hinausgehenden schutzwürdigen Informationen dort vor der Öffentlichkeit ausgebreitet würden (vgl. KG NStZ-RR 2006, 120, 122), zumal derartige Aushänge bei öffentlichen Zustellungen ohnehin kaum wahrgenommen werden und ihnen schon von daher kaum ein Jugendliche beeinträchtigender Öffentlichkeitswert zukommt. Hinzu kommt, dass der Inhalt gerichtlicher Entscheidungen ohnehin nicht mehr ausgehängt, sondern Einsichtnahme für ausschließlich den Berechtigten auf der Geschäftsstelle angeboten wird, um zu vermeiden, dass Außenstehende mehr als unumgänglich über die Zustellung erfahren (vgl. Meyer-Goßner/*Schmitt* § 40 Rn. 7).

9 **C. Voraussetzungen der öffentlichen »Zustellung«.** **Voraussetzung** für die öffentliche Zustellung nach § 40 Abs. 1 ist, dass keine ordnungsgemäße Inlandszustellung bewirkt werden kann und eine Auslandszustellung unausführbar oder voraussichtlich erfolglos erscheint (vgl. zu den leicht abweichenden Anforderungen im Zivilprozessrecht § 185 ZPO). Schon unter diesem Gesichtspunkt scheidet eine öffentliche Zustellung aus, wenn ein **anderer Zustellungsempfänger** bereitsteht wie etwa nach § 145a Abs. 1 ein Pflichtverteidiger, ein insoweit bevollmächtigter Wahlverteidiger (vgl. KG NStZ-RR 2011, 86) oder sonst ein Zustellungsbevollmächtigter (vgl. auch RGSt 66, 76, 79). Hierbei sind Besonderheiten beim Fortwirken der Pflichtverteidigerstellung zu beachten, die leicht übersehen werden können. Im Verfahren über eine nachträgliche Gesamtstrafenbildung nach § 460 gilt etwa eine im Erkenntnisverfahren angeordnete Pflichtverteidigerbestellung fort, weil in die Rechtskraft der ursprünglichen Entscheidung eingegriffen und eine erneute Strafzumessung ausgeübt wird; eine öffentliche Zustellung des Gesamtstrafenbeschlusses ist dann nicht möglich, wenn nicht zuvor der Verteidiger ausdrücklich entpflichtet worden war (KG NStZ-RR 2011, 86). Ansonsten endet die Rechtswirkung der Verteidigerbestellung grundsätzlich mit der Rechtskraft des Urteils (Meyer-Goßner/*Schmitt* § 140 Rn. 33 m.w.N.). Außer in Fällen des § 460 gilt die Pflichtverteidigerbestellung nur für Nachtragsentscheidungen wie etwa nach § 57 JGG und das Wiederaufnahmeverfahren fort (Meyer-Goßner/*Schmitt* § 140 Rn. 33 m.w.N.). Bei Ladungen ist zu prüfen, ob der Wahlverteidiger etwa mit besonderer Ladungsvollmacht nach § 145a Abs. 2 S. 1 versehen und deshalb Zustellungsempfänger ist (vgl. KG StraFo 2009,

240; StV 2009, 14). Ist der Wahlverteidiger der Zustellungsbevollmächtigte, legt er durch einen Antrag auf Bestellung zum Pflichtverteidiger zwar sein Wahlmandat nieder, die Zustellungsbevollmächtigung bleibt aber bis zu ihrem Widerruf durch den Vollmachtgeber in Kraft (vgl. KG StV 2013, 9 [LS]). Ist zwar der Aufenthalt des Zustellungsadressaten unbekannt, verfügt dieser aber über ein **Postfach**, soll eine öffentliche Zustellung regelmäßig ausscheiden, denn in derartigen Fällen sei die Ersatzzustellung nach § 180 S. 1 ZPO möglich (BGH NJW-RR 2012, 1012). Ein Postfach ist nach Auffassung des BGH jedenfalls dann eine ähnliche Vorrichtung nach § 180 S. 1 ZPO, wenn eine Wohnanschrift desjenigen, dem zugestellt werden soll, unbekannt oder nicht vorhanden ist (BGH NJW-RR 2012, 1012).

Für die Anordnung der öffentlichen Zustellung nach § 40 Abs. 1 genügt es, dass die Annahme begründet 10
erscheint, das zuzustellende Schriftstück werde nicht in die Hände des Adressaten gelangen (BayObLGSt 2000, 138; KK/*Maul* § 40 Rn. 4). Dies ist insb. der Fall, wenn der **Aufenthaltsort** des Zustellungsempfängers **unbekannt** ist, etwa weil eine Zustellung unter der zuletzt bekannten Anschrift fehlgeschlagen ist. In derartigen Fällen setzt die öffentliche Zustellung als ultima ratio voraus, dass das Gericht zunächst alle **zumutbaren Nachforschungen** angestellt hat, um eine zustellungsfähige Anschrift zu ermitteln, wobei ein strenger Maßstab anzulegen ist (vgl. BVerfG NStZ-RR 2005, 206 f.; KG NStZ-RR 2006, 208; KG, Beschl. v. 13.11.2008 – 2 Ws 564/08). Unterlässt das Gericht solche Nachforschungen, ist die öffentliche Zustellung unwirksam (BVerfG NStZ-RR 2005, 206; Meyer-Goßner/*Schmitt* § 40 Rn. 4). Unterlassene Nachforschungen führen nur dann nicht zur Unwirksamkeit der öffentlichen Zustellung, wenn fest steht, dass sie erfolglos geblieben wären (KG, Beschl. v. 24.06.2011 – 2 Ws 215–216/11). Ob der Betreffende seine Unerreichbarkeit – wie häufig – verschuldet hat (etwa entgegen einer Bewährungsauflage seinen Wohnungswechsel nicht angegeben hat), spielt für die Notwendigkeit von Nachforschungen keine Rolle (vgl. KG NStZ-RR 2006, 208). Nicht begnügen kann sich ein Gericht deshalb mit der Mitteilung des Postzustellers, der Adressat sei unter der angegebenen Anschrift nicht zu ermitteln bzw. unbekannt verzogen (KG, Beschl. v. 13.11.2008 – 2 Ws 564/08).

Das **gerichtliche Vorgehen** bei notwendigen **Nachforschungen** ist regelmäßig Folgendes: Zunächst sind – 11
ausgehend vom zuletzt bekannten Aufenthaltsort – Anfragen an die Landeseinwohner- bzw. Meldeämter zu richten, zudem ein Bundeszentralregisterauszug einzuholen, aus dem bisweilen neuere Anschriften oder neuere Verurteilungen unter neuem Aufenthaltsort, zudem etwaige aktuelle Haftaufenthalte ersichtlich sind (vgl. auch LR/*Graalmann-Scheerer* § 40 Rn. 8). Interne Verfahrensregister des Gerichts sind ebenfalls zu nutzen, ggfs. bei anderen Abteilungen oder Kammern, die etwa die Bewährungsaufsicht ausüben, Anfragen zu stellen (vgl. KG v. 24.06.2011 – 2 Ws 215–216/11). Bringt dies nichts, ist die Staatsanwaltschaft (und ggfs. die Amtsanwaltschaft) zu befragen, ob sie aus den ihr zugänglichen staatsanwaltschaftlichen Verfahrensregistern neuere Erkenntnisse über den Aufenthaltsort des Zustellungsempfängers hat (ausführlich hierzu LR/*Graalmann-Scheerer* § 40 Rn. 8); Gleiches gilt – zumindest in Großstädten – für andere ortsansässige Strafgerichte und die Kriminalpolizei (vgl. KG, Beschl. v. 13.11.2008 – 2 Ws 564/08; NStZ-RR 2006, 208 ff.). Unterliegt der Betreffende einer Bewährungs- oder Führungsaufsicht, sind Nachfragen an die entsprechenden Stellen zu richten und regelmäßig die entsprechenden Bewährungshefte anzufordern und auszuwerten. Bei Ausländern kann die öffentliche Zustellung erst nach erfolgloser Anfrage beim Ausländerzentralregister erfolgen (vgl. OLG Düsseldorf NStZ 1999, 476; OLG Köln StV 1990, 345). Bei häufigen Haftaufenthalten wird sich eine Nachfrage bei den ortsnahen Justizvollzugsanstalten anbieten. Teilweise können Eigenrecherchen im Internet überraschende Erfolge bringen. Auch alle sonstigen erfolgversprechenden Nachforschungen, die sich aus den **besonderen Umständen des Einzelfalls** ergeben, sind vorzunehmen; bei Hinweisen – etwa aus Berichten einer Justizvollzugsanstalt – auf regelmäßige Verbindungen des Zustellungsempfängers mit Dritten sind diese über den Aufenthaltsort zu befragen (vgl. BVerfG NStZ-RR 2005, 206 f.). Nachfragen zum Wohnort des Beschuldigten bzw. Verurteilten können auch an den (früheren) Verteidiger gerichtet werden (vgl. LG Stuttgart, Beschl. v. 17.05.2013 – 6 Qs 3/13), der allerdings nicht zur Auskunft hierüber verpflichtet ist.

Kommt eine Zustellung im Inland nicht in Betracht, ist bei **§ 40 Abs. 1** die Möglichkeit einer Auslands- 12
zustellung zu prüfen. Soweit die **Zustellung im Ausland** zu bewirken wäre, weil ein hinreichender Inlandsaufenthalt auszuschließen ist, sind die Voraussetzungen für eine öffentliche Zustellung weniger streng. Die Auslandszustellung muss unausführbar oder voraussichtlich erfolglos erscheinen. Unausführbar erscheinen Zustellungen im Ausland, wenn es an einer zustellungsfähigen Anschrift dort fehlt. Anhaltspunkten für erfolgversprechende Nachforschungen ist nachzugehen, wobei ggfs. Einschränkungen im Rechtsverkehr mit dem Ausland zu beachten sind. Voraussichtlich erfolglos erscheinen Auslandszustellungen schon dann, wenn nach vernünftiger Prüfung nicht zu erwarten ist, dass die Zustellung im Ausland unter den besonderen rechtlichen Bedingungen, die hierfür im Einzelfall gelten, erfolgreich sein wird. Setzt die Rechtswirksamkeit einer Auslandszustellung etwa die Entgegennahme des Schriftstücks durch den Zustellungsempfängers voraus (vgl. Meyer-Goßner/*Schmitt* § 37 Rn. 25) und ist diese nach den Umständen des Einzelfalls auszuschließen oder fernliegend, kann öffentlich zugestellt werden.

13 Die Möglichkeit von **Auslandszustellungen** muss nach **§ 40 Abs. 2 nicht** mehr **geprüft** werden, wenn dem Angeklagten zuvor bereits eine Ladung zur Hauptverhandlung zugestellt werden konnte. In diesem Fall wird vom Angeklagten verlangt, dass er sich dem weiteren Verfahren im Inland stellt und für das Gericht im Inland erreichbar ist (vgl. KG NStZ 2015, 526, 527; OLG Frankfurt/Main NStZ-RR 2004, 48). Konnte die Ladung des zu dieser Zeit inhaftierten Angeklagten zur Hauptverhandlung wirksam in der inländischen Haftanstalt erfolgen und begibt sich der Angeklagte nach Haftentlassung wieder ins Ausland, wo er auch seinen ordentlichen Wohnsitz hat, kann an ihn nach § 40 Abs. 2 ohne Weiteres öffentlich zugestellt werden (KG NStZ 2009, 111). Dies gilt auch, wenn der Angeklagte aus der Justizvollzugsanstalt in sein Heimatland abgeschoben wurde (KG, Beschl. v. 05.04.2013 – 4 Ss 71/13). In derartigen Fällen steht es dem Angeklagten frei, seinen Verteidiger nach § 145a Abs. 2 S. 1 zu bevollmächtigen oder auf andere Weise Zustellungen im Inland zu ermöglichen (KG NStZ 2009, 111; OLG Frankfurt/Main NStZ-RR 2004, 48, 49). Wird mit der Revision in derartigen Fällen gerügt, die Voraussetzungen für eine öffentliche Zustellung hätten nicht vorgelegen, muss der Beschwerdeführer mitteilen, wo der Angeklagte im Inland hätte geladen werden können und auf welche Weise das Gericht diesen Umstand hätte erkennen oder ermitteln können (vgl. KG, Beschl. v. 05.04.2013 – 4 Ss 71/13). Das Gericht ist im Fall der öffentlichen Zustellung nicht verpflichtet, den Angeklagten an seinem bekannten ausländischen Wohnort von einer ergangenen öffentlichen Zustellung zu benachrichtigen (OLG Frankfurt NStZ-RR 2004, 48; KG, Beschl. v. 13.03.2015 – 3 Ws [B] 121/15 – 162 Ss 27/15).

14 Unter den **erleichterten Voraussetzungen** des **§ 40 Abs. 3** kann zugestellt werden, wenn es um das Verfahren über eine vom Angeklagten eingelegte **Berufung** oder **Revision** geht. Die ursprünglich nur für die Berufung geltende Vorschrift wurde aufgrund der gesetzlichen Klarstellung des – im pflichtgemäßen Ermessen des Revisionsgerichts liegenden – Anwesenheitsrechts des Angeklagten in der Revisionshauptverhandlung in § 350 Abs. 2 auf die Revision erstreckt. Die Wahrung des Anwesenheitsrechts setzt eine wirksame Ladung im Sinne des § 350 Abs. 1 Satz 1 voraus. In derartigen Fällen ist es Obliegenheit des Angeklagten, Veränderungen seiner Wohnsituation dem Gericht mitzuteilen. Über die Möglichkeit, ansonsten die öffentliche Zustellung anzuordnen, ist der Angeklagte nach § 35a Satz 2 ausdrücklich zu belehren. Umstritten ist, welche Folgen das **Fehlen** dieser **Belehrung** nach sich zieht. Nach teilweise vertretener Ansicht soll eine nach § 40 Abs. 3 bewirkte öffentliche Zustellung unwirksam sein, wenn der Angeklagte nicht zuvor über diese Möglichkeit belehrt wurde (OLG Brandenburg NStZ 2018, 117, 118, Beschl. v. 08.09.2009 – 1 Ss 53/09 m.w.N.; LR/*Graalmann-Scheerer* § 35a Rn. 25; SK/*Weßlau/Singelnstein* § 40 Rn. 16; *Wendisch* NStZ 1988, 376, 377; a.A. OLG Frankfurt a.M. NStE Nr. 2 zu § 40; differenzierend OLG Hamburg NStZ-RR 2000, 238). Richtiger Weise wird man hier differenzieren müssen: Bei der Zustellung von Urteilen und anderen mit befristeten Rechtsmitteln angreifbaren Entscheidungen ergibt sich aus § 44 Satz 2, dass der Gesetzgeber die Versäumung der Rechtsmittelfrist in allen Fällen unterbliebener Belehrung entgegen § 35a Sätze 1 und 2 als unverschuldet ansieht, weshalb dann regelmäßig Wiedereinsetzung in die versäumte Frist zu gewähren ist. Daraus folgt, dass der Gesetzgeber von der Wirksamkeit derartiger Zustellungen ausgeht, die Rechtsmittelfristen in Gang setzen, gerade auch wenn eine entsprechende Belehrung nach § 35a Satz 2 unterblieben ist (vgl. auch OLG Hamm NStZ-RR 2014, 421, 422 f.; B. v. 24.05.2018 – III-5 RVs 69/18). Ansonsten ginge die Bezugnahme auf § 35a Satz 2 in § 44 Satz 2 vollständig ins Leere. Damit ist jedoch nicht entschieden, ob in anderen Fällen wie insb. bei Ladungen die Zustellung auch dann wirksam sein soll, wenn die entsprechende Belehrung unterblieben ist. Dafür spräche zwar der Gleichklang mit der Zustellung von rechtsmittelfähigen Entscheidungen; zudem liegt es auf der Hand, dass sich derjenige, der ein Rechtsmittel eingelegt hat, auch darum kümmern muss, für das Gericht erreichbar zu sein, anderenfalls sein widersprüchliches Verhalten keinen Rechtsschutz verdient. Andererseits ist hier zu beachten, dass der Gesetzgeber eher von einer Verknüpfung zwischen Belehrung und Zulässigkeit einer Maßnahme nach § 40 Abs. 3 ausging (BT-Drs. 10/1313, S. 18) und § 44 S. 2 nach seinem Wortlaut und der Systematik das Gegenteil nur für Rechtsmittelfristen in Gang setzende Zustellungen vorsieht (vgl. auch OLG Hamburg NStZ-RR 2000, 238). Bei Ladungen ist deshalb Wirksamkeitsvoraussetzung der öffentlichen Zustellung nach § 40 Abs. 3 die vorherige Belehrung nach § 35a Satz 2 (OLG Brandenburg, Beschl. v. 08.09.2009 – 1 Ss 53/09; a.A. OLG Hamm NStZ-RR 2014, 421, 422).

15 Die Erleichterungen nach § 40 Abs. 3 finden **auch nach Verkündung des Berufungs-** oder **Revisionsurteils** jedenfalls dann Anwendung, wenn – wie etwa bei einem Verwerfungsurteil nach § 329 Abs. 1 oder in den Fällen des § 350 Abs. 2 Satz 2 – die Verkündung in Abwesenheit des Angeklagten stattgefunden hat (OLG Hamburg NStZ-RR 2000, 238). Ein Revisionsurteil braucht zwar aufgrund der Rechtskraft grundsätzlich nicht förmlich zugestellt werden. Eine Zustellung kann sich jedoch empfehlen, wenn der Zugang des Urteils nachgewiesen werden muss, etwa weil an die Rechtskraft sanktionsbewehrte Pflichten anknüpfen (vgl. Meyer-Goßner/*Schmitt* § 356 Rn. 2). Auch bei in Anwesenheit verkündeten Berufungs- oder Revisionsurteilen, die lediglich auf Berufung oder Revision des Angeklagten hin ergangen sind, ist eine öffentliche Zustellung des Urteils nach § 40 Abs. 3 möglich, denn auch diese Zustellung erfolgt »im Verfahren über eine

vom Angeklagten eingelegte Berufung oder Revision« (a.A. BayObLG NStZ 1991, 598 für die Berufung). Darüber hinaus hindert auch eine parallel eingelegte Berufung oder Revision der Staatsanwaltschaft das Rechtsmittelgericht nicht, § 40 Abs. 3 im Verfahren über die Berufung oder Revision des Angeklagten anzuwenden (OLG Hamburg, Beschl. v. 22.03.2019 – 2 Rev 1/19 für die Berufung). Bevor unter den erleichterten Bedingungen des § 40 Abs. 3 öffentlich zugestellt wird, sollte regelmäßig ein Zustellversuch über die letztbekannte Anschrift erfolgen (OLG Hamm NStZ-RR 2006, 309); zwingend ist dies aber dann nicht, wenn dem Gericht schon zuverlässig bekannt ist, dass der Angeklagte dort nicht mehr erreichbar ist (BayObLGSt 2000, 138).

Wird **nach** der **Anordnung** der öffentlichen Zustellung zuverlässig eine **neue Anschrift des Angeklagten bekannt**, ist eine öffentliche Zustellung (etwa Ladung zur Berufungshauptverhandlung nach § 40 Abs. 3) nicht weiter ausführbar, sondern es muss nunmehr unter der neuen Anschrift zugestellt werden; dies gilt indes nur, wenn die Zweiwochenfrist des § 40 Abs. 1 Satz 2 noch nicht abgelaufen ist und unter der neuen Anschrift auch tatsächlich zugestellt werden kann (vgl. OLG Hamm NStZ-RR 2005, 114). Nicht gefolgt werden kann der Auffassung, wonach bei Bekanntwerden einer neuen Anschrift im Fall der öffentlichen Zustellung einer Ladung vor Beginn der Berufungshauptverhandlung stets erneut nach § 37 förmlich geladen werden müsste (vgl. OLG Oldenburg StraFo 2004, 274; OLG Stuttgart Die Justiz 2001, 227). Gilt die Zustellung gem. § 40 Abs. 1 Satz 2 als erfolgt, wird diese Rechtswirkung nicht durch irgendwelche schwer nachvollziehbaren Kenntnisse von mehr oder weniger zuverlässigen neuen Anschriften des Beschuldigten infrage gestellt. Ob eine Zustellung wirksam erfolgt ist oder nicht, muss vielmehr aus Gründen der Rechtssicherheit stets möglichst zuverlässig feststehen. Das Gesetz hat hierfür mit dem Ablauf der Zweiwochenfrist einen klaren und eindeutigen Zeitpunkt vorgesehen. Die Kenntnis von einer neuen Anschrift fordert aus Gründen der Gewährung möglichst umfassenden rechtlichen Gehörs aber, alle Anstrengungen zu unternehmen, um dem Beschuldigten etwa bei der Ladung zur Berufungshauptverhandlung zuverlässig Kenntnis von diesem Termin (und der Tatsache bereits erfolgter Ladung durch öffentliche Zustellung) zu verschaffen (vgl. auch OLG Stuttgart Die Justiz 2001, 227). Dies muss nicht in der Form des § 37 geschehen, denn eine wirksame formgerechte Zustellung liegt bereits vor, sondern kann auch telefonisch, per E-Mail, Fax oder durch einfaches Schreiben (möglichst mit Zugangsnachweis) erledigt werden. Ist eine Anschrift im Ausland dem Gericht bekannt und kann unter dieser auch wirksam zugestellt werden, verletzt eine dennoch vorgenommene öffentliche Zustellung einer Ladung ohne jedwede sonstige Mitteilung des Termins die Rechte des Beschuldigten aus Art. 6 Abs. 1 und 3 lit. c der EMRK (EGMR, U. v. 26.07.2018 – 35778/11, EuGRZ 2018, 625 ff.). 16

D. Anordnung und Ausführung der öffentlichen Zustellung. Die öffentliche Zustellung richtet sich gem. § 37 Abs. 1 nach § 186 ZPO. Über die **Anordnung** der öffentlichen Zustellung entscheidet nach § 186 Abs. 1 ZPO das Prozessgericht, wobei ohne mündliche Verhandlung entschieden werden kann. Erforderlich ist demnach ein **Gerichtsbeschluss**, nicht nur eine Verfügung des Vorsitzenden (OLG Düsseldorf StRR 2021, Nr 4, 3); zuständig ist als »Prozessgericht« das Gericht, bei dem die Sache anhängig ist, in Revisionsverfahren das Instanzgericht bis zur Abgabe der Akten an das Revisionsgericht (vgl. LR/*Graalmann-Scheerer* § 40 Rn. 17). Ist der Rechtspfleger als »das Gericht« zuständig wie etwa bei der Kostenfestsetzung, ordnet er die öffentliche Zustellung (etwa eines Kostenfestsetzungsbeschlusses) an. 17

Die **Ausführung** der öffentlichen Zustellung richtet sich nach § 186 Abs. 2 S. 1 ZPO und wird durch den Urkundsbeamten der Geschäftsstelle (§ 153 GVG) bewirkt. Die öffentliche Zustellung erfolgt durch Aushang einer Benachrichtigung an der Gerichtstafel oder durch Veröffentlichung der Benachrichtigung in einem elektronischen Informations- und Kommunikationssystem, das im Gericht öffentlich zugänglich ist. Zusätzlich (nicht anstelle des Vorgehens nach § 186 Abs. 2 Satz 1 ZPO, missverständlich deshalb Meyer-Goßner/*Schmitt* § 40 Rn. 7) kann das Prozessgericht nach § 187 ZPO anordnen, dass die Benachrichtigung einmal oder mehrfach im – nunmehr durchgehend elektronisch herausgegebenen – Bundesanzeiger oder in anderen Blättern (gemeint sind insb. Zeitungen) zu veröffentlichen ist. Die Entscheidung, ob zusätzliche Veröffentlichungen vorzunehmen sind, steht im pflichtgemäßen Ermessen des Gerichts. Nur dann, wenn – was bei Beschuldigten in Strafverfahren äußerst selten der Fall sein dürfte – die andere Form der Veröffentlichung eine Kenntnisnahme naheliegender erscheinen lässt, sollte sie gewählt werden. Es ist aber auch darauf zu achten, eine mögliche Prangerwirkung, etwa durch Veröffentlichung öffentlicher Ladungen zu Strafverfahren in weitverbreiteten Zeitungen, zu vermeiden. 18

Immer noch üblich ist in der Praxis nach wie vor der Aushang der Benachrichtigung an der Gerichtstafel. Gemeint ist die **Gerichtstafel** desjenigen **Gerichts**, das die öffentliche Zustellung angeordnet hat (ausführlich KG StraFo 2009, 240; Meyer-Goßner/*Schmitt* § 40 Rn. 7, je m.w.N.; unklar LR/*Graalmann-Scheerer* § 40 Rn. 18 f.). Bis zur Änderung der Zustellungsvorschriften im Jahr 2004 war der Aushang hingegen stets an der Gerichtstafel des erstinstanzlich zuständigen Gerichts vorzunehmen (vgl. § 40 Abs. 1 Satz 1 a.F.). Wird 19 der Aushang an der Gerichtstafel eines falschen Gerichts angeordnet, soll die öffentliche Zustellung auch dann unwirksam sein, wenn die Benachrichtigung an der Gerichtstafel des richtigen Gerichts zum Aushang kam (vgl. KG StraFo 2009, 240, zweifelhaft).

20 Den **Inhalt der Benachrichtigung** bestimmt § 186 Abs. 2 Sätze 2–4 ZPO. Die Benachrichtigung muss danach erkennen lassen: die Person, für die zugestellt wird, den Namen und die letzte bekannte Anschrift des Zustellungsadressaten, das Datum und Aktenzeichen des Schriftstücks und die Bezeichnung des Prozessgegenstandes sowie die Stelle, an der das Schriftstück eingesehen werden kann (sinnvollerweise die Geschäftsstelle des anordnenden Gerichts). Die Benachrichtigung muss zudem den Hinweis enthalten, dass ein Schriftstück öffentlich zugestellt wird und Fristen in Gang gesetzt werden können, nach deren Ablauf Rechtsverluste drohen können (§ 186 Abs. 2 Satz 3 ZPO). Bei der Zustellung einer Ladung muss die Benachrichtigung den Hinweis enthalten, dass das Schriftstück eine Ladung zu einem Termin enthält, dessen Versäumung Rechtsnachteile zur Folge haben kann (§ 186 Abs. 2 Satz 4 ZPO). Eine fehlende Übersetzung der Benachrichtigung über die Ladung in eine dem Angeklagten verständliche Sprache berührt die Wirksamkeit der Zustellung nicht; § 187 Abs. 2 GVG findet auf Ladungen keine Anwendung (OLG Köln, Beschl. v. 09.12.2014 – 1 RVs 167/14; a.A. OLG Nürnberg, B. v. 09.08.2021 – Ws 684/21). Ein Einsichtsrecht in das Schriftstück hat nur der Berechtigte selbst während der üblichen Geschäftszeiten oder ein ausdrücklich hierzu Bevollmächtigter, dies dient insb. der Vereinfachung und dem Persönlichkeitsschutz (vgl. LR/*Graalmann-Scheerer* § 40 Rn. 18).

21 Nach § 188 Satz 1 ZPO gilt ein Schriftstück als öffentlich zugestellt, wenn seit dem Aushang der Benachrichtigung ein Monat vergangen ist. Im Gegensatz hierzu gilt nach § 40 Abs. 1 Satz 2 für das Strafverfahren die Zustellung bereits als erfolgt, wenn seit dem Aushang der Benachrichtigung **zwei Wochen vergangen** sind. Für die Fristberechnung gilt § 43. Folgendes **Beispiel** soll dies illustrieren: Wird etwa an einem Mittwoch (01.04.) um 10 Uhr ausgehängt, sind am übernächsten Mittwoch (15.04.) um 10 Uhr zwei Wochen vergangen, die Zustellung gilt nach Abs. 1 Satz 2 i.V.m. § 43 Abs. 1 aber erst als mit Ablauf des Mittwochs (15.04., 24.00 Uhr) erfolgt. Abzuhängen ist das Schriftstück von der Gerichtstafel also frühestens am Donnerstag (16.04.) früh, denn erst mit Ablauf des Mittwochs sind zwei Wochen seit dem Aushang der Benachrichtigung vergangen. An die Zustellung anknüpfende Fristen wie etwa die Frist für die Revisionseinlegung bei Zustellung eines in Abwesenheit ergangenen Berufungsurteils (§ 341 Abs. 2) beginnen am nächsten Tag, also am Donnerstag (16.04.). Die Frist des § 341 Abs. 1 liefe mit Ablauf des folgenden Donnerstages (23.04., 24.00 Uhr) ab. Würde keine Revision eingelegt, träte Rechtskraft in dem Beispiel am folgenden Freitag (24.04., 00.01 Uhr) ein (vgl. zur Berechnung dieser Fristen auch OLG Bremen StraFo 2014, 294). Mit Ablauf der Zweiwochenfrist gilt die Zustellung als erfolgt, unabhängig von etwaigen späteren Ereignissen und unabhängig von den tatsächlichen Möglichkeiten der Kenntnisnahme durch den Beschuldigten. Eine Möglichkeit, diese Zweiwochenfrist wie bei § 188 Satz 2 ZPO durch Gerichtsbeschluss zu verlängern, sieht die StPO nicht vor. Der Urkundsbeamte der Geschäftsstelle vermerkt gem. § 186 Abs. 3 ZPO in den Akten (regelmäßig auf dem Aushang), wann die Benachrichtigung ausgehängt und wann sie abgenommen wurde.

22 **Mängel** bei diesem Verfahren machen die öffentliche Zustellung unwirksam. Dies gilt etwa, wenn anstelle des Gerichts nur der Vorsitzende entschieden hat, die Benachrichtigung gar nicht oder an der falschen Gerichtstafel ausgehängt wurde, die Pflichtangaben nach § 186 Abs. 2 Sätze 2–4 ZPO darauf fehlen (nicht aber wenn entgegen § 186 Abs. 2 ZPO das zuzustellende Schriftstück selbst ausgehängt wird, vgl. OLG Karlsruhe NStZ-RR 2007, 205) oder die Zweiwochenfrist nicht eingehalten wurde (OLG Bremen StraFo 2014, 294; näher LR/*Graalmann-Scheerer* § 40 Rn. 22). Enthält die ausgehängte Ausfertigung der Benachrichtigung einen Druckfehler, ist dies regelmäßig unbeachtlich, zumal wenn nicht eine nach § 186 Abs. 2 Sätze 2–4 ZPO vorgeschriebene Pflichtangabe betroffen ist (vgl. KG StraFo 2009, 240).

23 **Anfechtbar** ist die Anordnung der öffentlichen Zustellung mit der einfachen Beschwerde; die Beschwerde ist jedoch nur bis zur Durchführung der öffentlichen Zustellung zulässig, weil hierdurch deren Anordnung prozessual überholt ist (OLG Düsseldorf VRS 90, 183). Nach Vollzug der öffentlichen Zustellung ist die Aufhebung des Beschlusses über ihre Anordnung nicht mehr zulässig (LG Aachen NStZ 1992, 143 m.Anm. *Wendisch*). Gegen die Anordnung der öffentlichen Ladung des Angeklagten durch das erkennende Gericht ist die Beschwerde nach § 305 nicht statthaft (KG JR 1995, 38; vgl. auch LR/*Graalmann-Scheerer* § 40 Rn. 23).

§ 41 Zustellungen an die Staatsanwaltschaft

[1]Zustellungen an die Staatsanwaltschaft erfolgen durch elektronische Übermittlung (§ 32b Absatz 3) oder Vorlegung der Urschrift des zuzustellenden Schriftstücks. [2]Wenn mit der Zustellung der Lauf einer Frist beginnt und die Zustellung durch Vorlegung der Urschrift erfolgt, so ist der Tag der Vorlegung von der Staatsanwaltschaft auf der Urschrift zu vermerken. [3]Bei elektronischer Übermittlung muss der Zeitpunkt des Eingangs (§ 32a Absatz 5 Satz 1) aktenkundig sein.

A. Regelungszweck/Anwendungsbereich. Für die herkömmliche Papieraktenführung sah § 41 bislang im Regelfall eine **erleichterte Form** der Zustellung bei Zustellungen an die Staatsanwaltschaft vor. Das Gericht war jedoch nicht gehindert, nach § 37 an die Staatsanwaltschaft zuzustellen (vgl. BGH NStZ 2017, 171, 172; U. v. 08.02.2018 – 3 StR 274/17; KG NStE Nr. 3 zu § 41; OLG Stuttgart, Beschl. v. 06.03.2018 – 6 Ws 29/17), was sich etwa bei auswärtigen Staatsanwaltschaften anbieten kann (insb. bei schnell umzusetzenden Bewährungsentscheidungen). Anders als im Referentenentwurf des BMJV zur Einführung der elektronischen Akte in Strafsachen (Stand 08.10.2014, abrufbar unter www.bmjv.de) noch vorgesehen, wurde § 41 nicht vollständig gestrichen und auch für die Zustellung an die Staatsanwaltschaft nur noch auf § 37 Abs. 1 in Verbindung mit § 174 ZPO abgestellt (vgl. RefE S. 55). Vielmehr sind nun die herkömmliche und die elektronische Zustellung im Gesetz ausdrücklich erwähnt. Von welcher Form der Zustellung das Gericht Gebrauch macht, entscheidet es – jedenfalls bis zum verbindlichen Inkrafttreten der elektronischen Aktenführung am 01.01.2026 (vgl. dazu Vor §§ 32 ff. Rdn. 4) – nach den Umständen des Einzelfalls nach seinem pflichtgemäßen Ermessen. Dennoch soll nach dem insb. auch in § 32b zum Ausdruck kommenden Grundgedanken des **Gesetzes zur Einführung der elektronischen Akte in der Justiz und zur weiteren Förderung des elektronischen Rechtsverkehrs** vom 05.07.2017 (BGBl. I, S. 2208) die elektronische Übermittlung zukünftig den Regelfall bilden, weil das zuzustellende Dokument samt elektronischer Akte viel einfacher und schneller übermittelt werden kann, als es bei Papierakten der Fall ist (vgl. § 32b Rdn. 8). Die Zustellung nach § 41 durch Vorlegung der Urschrift wird daher im Laufe der Zeit überholt sein. 1

B. Einzelfragen. Die Zustellung erfolgt nach Satz 1 durch **elektronische Übermittlung** (Alternative 1; zu den Anwendungsfällen vgl. § 32b Rdn. 8) oder die **Vorlage der Urschrift** des zuzustellenden Schriftstücks (Alternative 2). Unter **Urschrift** ist das vom Verfasser handschriftlich unterzeichnete Schriftstück selbst zu verstehen, weshalb die Vorlage einer Abschrift oder Ausfertigung nicht ausreicht (RGSt 61, 351, 352). Voraussetzung für die Wirksamkeit der Zustellung nach § 41 ist – in beiden Alternativen – zudem, dass der **Zustellungswille** des Gerichts erkennbar wird, hierfür genügt die formlose Übersendung oder einfache elektronische Übermittlung nicht (vgl. KG, Beschl. v. 10.08.1999 – 4 Ws 9/99; OLG Düsseldorf Rechtspfleger 1983, 325). Es genügt bei herkömmlicher Aktenführung aber die bloße Vorlage der Akten mit der darin befindlichen Urschrift der Entscheidung an die Staatsanwaltschaft, sofern nur aus der Übersendungsverfügung in Verbindung mit der aus den Akten ersichtlichen Verfahrenslage für die empfangende Staatsanwaltschaft erkennbar ist, dass die Übersendung die Zustellung an sie bezweckt ist (BGH NJW 2013, 2837 ff.; BayObLG wistra 1996, 38; vgl. auch OLG Oldenburg NStZ 2013, 112). Ist der Zustellungswille des Gerichts erkennbar, kommt es nicht darauf an, ob der Zustellungsempfänger das Schriftstück als Zustellung entgegennehmen will (RGSt 57, 55) oder den Zustellungswillen des Gerichts überhaupt erkannt hat (vgl. OLG Hamm JMBl. NW 1982, 21). Besondere Anforderungen werden an die Erkennbarkeit des Zustellungswillens nicht gestellt. Auf einen Zustellungswillen des Gerichts kann bereits bei der Übermittlung von Entscheidungen »zur gefälligen Kenntnisnahme« oder »zur weiteren Veranlassung« geschlossen werden (vgl. LR/*Graalmann-Scheerer* § 41 Rn. 1 m.w.N.). Eine Verfügung der Geschäftsstellenbeamtin zur Rücksendung der Akten an die Staatsanwaltschaft genügt jedoch nicht (vgl. OLG Hamm JMBl. NW 1977, 257). Für die Frage, ob eine Zustellung gewollt ist, ist die Erklärung unter Berücksichtigung aller Umstände des Einzelfalls auszulegen. Demnach kann auch die Formulierung »unter Hinweis auf das Urteil [...] als Zustellung gemäß § 41 StPO versandt« bei der Übermittlung der Akten mit einer Bußgeldentscheidung unter Umständen dann nicht als Zustellungsanordnung verstanden werden, wenn gleichzeitig die Staatsanwaltschaft um Mitteilung gebeten wird, ob auf Rechtsmittel und Urteilsbegründung verzichtet wird (unten Rdn. 4; KG NStZ-RR 2018, 292; OLG Hamm, Beschl. v. 10.01.2013 – 5 RBs 181/12; vgl. auch BGH NJW 2013, 2837 ff.). 2

Beginnt mit der Zustellung eine **Frist**, ist bei Vorlegung der Urschrift der Tag der Vorlegung des Schriftstücks nach **Satz 2** auf der Urschrift zu vermerken. Bei elektronischer Übermittlung muss nach **Satz 3** grundsätzlich der Zeitpunkt des Eingangs aktenkundig sein. Fehlt ein entsprechender Vermerk, beginnt die Frist gleichwohl zu laufen, denn der Erfolg der Zustellung hängt nach § 41 Satz 1 nur vom Eingang des Schriftstücks ab, nicht von der Anfertigung eines Vermerks nach § 41 Satz 2 (BGH NStZ 2017, 171, 172; RGSt 57, 55, 56) oder der Aktenkundigmachung nach § 41 Satz 3. Daraus folgt zudem, dass sich der Fristbeginn bei herkömmlicher Übermittlung nach dem Tag der Vorlegung, nicht nach dem Tag der Anfertigung des Vermerks richtet (vgl. LR/*Graalmann-Scheerer* § 41 Rn. 3). Die Frist beginnt, sobald die Akten mit der Urschrift bei dem Beamten der Geschäftsstelle der Staatsanwaltschaft (Eingangsstempel, vgl. OLG Braunschweig NStZ 1988, 514) oder der gemeinsamen Posteinlaufstelle der Justizbehörden (OLG Brandenburg NStZ 2014, 360) eingehen, nicht erforderlich ist die Kenntnisnahme durch einen Staatsanwalt (BGH NStZ 2017, 171, 172; 3

RGSt 71, 317, 319; a.A. offenbar LG Marburg NStZ-RR 2014, 112 f.) oder der Eingang bei der zuständigen Geschäftsstelle des Dezernats (OLG Braunschweig NStE Nr. 1 zu § 41). Die Zustellung gem. § 41 verliert ihre Wirksamkeit auch nicht dadurch, dass sich der sachbearbeitende Staatsanwalt nicht in der Lage sieht, die (ohne unüberwindbare Hindernisse lesbare) Urschrift zu entziffern (OLG Saarbrücken NStE Nr. 2 zu § 41).

4 Besondere Relevanz hat ein Vorgehen nach § 41 in Zusammenhang mit der **Übersendung von Bußgeldurteilen** der Amtsgerichte bekommen. Wird ein nicht mit Gründen versehenes Urteil (insb. das Hauptverhandlungsprotokoll mit der Urteilsformel) in einer Bußgeldsache der Staatsanwaltschaft gem. § 41 zugestellt, obwohl die Voraussetzungen des § 77b Abs. 1 OWiG nicht vorgelegen haben, ist eine nachträgliche Ergänzung des Urteils auf die Rechtsbeschwerde des Betroffenen hin nicht mehr möglich, sodass das Urteil regelmäßig schon deshalb der Aufhebung unterliegt (vgl. BGH NJW 2013, 2837 ff.; KG NStZ-RR 2018, 292; OLG Bamberg StraFo 2016, 385, 386; OLG Brandenburg VRS 122, 151; OLG Oldenburg DAR 2012, 345; OLG Celle StraFo 2011, 502; OLG Oldenburg NStZ 2013, 112; vgl. zur Problematik auch OLG Düsseldorf, B. v. 25.02.2021 – 2 RBs 3/21; OLG Saarbrücken, Beschl. v. 06.09.2016 – Ss Bs 53/2016 – 24/16 OWi; OLG Hamm, Beschl. v. 04.12.2012 – 3 RBs 222/12 und Beschl. v. 10.01.2013 – 5 RBs 181/12). Mit der Zustellungsanordnung nach § 41 ist jedenfalls der Wille des Gerichts verbunden, die Entscheidung aus seinem Dienstbereich herauszugeben. Andererseits ist nicht mit jeder Übersendung einer Bußgeldakte mit dem Hauptverhandlungsprotokoll an die Staatsanwaltschaft eine Zustellung nach § 41 beabsichtigt, denn die Übersendung dient häufig gerade dazu, die Staatsanwaltschaft um Prüfung zu bitten, ob Rechtsmittel eingelegt werden und deshalb eine Langfassung des Urteils abzufassen ist. Hat der Tatrichter lediglich die formlose Übersendung der Akten und des Hauptverhandlungsprotokolls an die Staatsanwaltschaft verfügt, um diese über den Ausgang des Verfahrens zu informieren und die Frage des Rechtsmittelverzichts möglichst frühzeitig zu klären, so behält er sich ersichtlich die Entscheidung vor, gegebenenfalls innerhalb der Frist des § 275 Abs. 1 Satz 2 ein mit Gründen versehenes Urteil als besondere Niederschrift zu den Akten zu bringen. Für die Annahme einer Zustellung im Sinne von § 41 durch Vorlegung der Urschrift des Urteils ist dann kein Raum, weil aufseiten des Tatrichters ein entsprechender Zustellungswille fehlt und dies in der Zuleitungsverfügung auch deutlich zum Ausdruck kommt (BGHSt 58, 243, 252). Verfügt das Gericht hingegen eindeutig die Zustellung gem. § 41 StPO an die Staatsanwaltschaft und geht eine Rechtsbeschwerde ein, bevor die Geschäftsstelle die Verfügung ausgeführt und die Akte an die Staatsanwaltschaft übermittelt hat, so ist die Anordnung der Zustellung noch widerrufbar, weil die Akten noch nicht den inneren Dienstbereich des Gerichts verlassen haben (vgl. OLG Düsseldorf, B. v. 25.02.2021 – 2 RBs 3/21).

§ 41a
(weggefallen)

Fünfter Abschnitt. Fristen und Wiedereinsetzung in den vorigen Stand

Vorbemerkung vor §§ 42 ff.

1 Eine Frist ist ein bestimmbarer Zeitraum, in dem eine Prozesshandlung durch einen Prozessbeteiligten vorgenommen werden muss. Die §§ 42 ff. gelten allein für strafprozessuale Fristen, nicht aber für materiellrechtliche Fristen (wie z.B. §§ 77b, 78 StGB; speziell zur Berechnung der Bewährungszeit: KG StraFo 2016, 83). Erfasst sind sowohl gesetzliche als auch richterlich festgesetzte Fristen (vgl. im Einzelnen AnwK-StPO/*Rotsch* §§ 42–43 Rn. 2; MüKo-StPO/*Valerius* § 42 Rn. 5 f.). Nicht erfasst sind bestimmbare Zeiträume, in denen Strafverfolgungsbehörden eine Prozesshandlung vornehmen müssen (sog. Zwischenfristen), wie z.B. §§ 98 Abs. 3, 111j Abs. 2 Satz 1, 115 Abs. 2, 115a Abs. 2 Satz 1, 118 Abs. 5, 118a Abs. 4 Satz 2, 121 Abs. 1, 122 Abs. 4 Satz 2, 128 Abs. 1 Satz 1, 129, 229, 275 Abs. 1 Satz 2 (AnwK-StPO/*Rotsch* §§ 42–43 Rn. 2; Meyer-Goßner/*Schmitt* Vor § 42 Rn. 2; MüKo-StPO/*Valerius* § 42 Rn. 4; in Bezug auf § 229: BGH NStZ 2014, 469; NStZ 2017, 424; a.A. LR/*Graalmann-Scheerer* Vor § 42 Rn. 2; OLG Stuttgart Justiz 2015, 39 zu § 121 Abs. 1).

§ 42 Berechnung von Tagesfristen

Bei der Berechnung einer Frist, die nach Tagen bestimmt ist, wird der Tag nicht mitgerechnet, auf den der Zeitpunkt oder das Ereignis fällt, nach dem der Anfang der Frist sich richten soll.

Bei der Berechnung von Tagesfristen wird für den **Fristbeginn** der Tag nicht mitgezählt, in den das maßgebende Ereignis fällt. Eine Tagesfrist beginnt daher am Folgetag um 0.00 Uhr und **endet** um 24.00 Uhr des letzten Tages der Frist (BVerfGE 41, 323). **Beispiel**: Fällt das fristauslösende Ereignis einer 3-Tages-Frist auf den 17.02., so beginnt die Frist am 18.02. um 0.00 Uhr und endet am 20.02. um 24.00 Uhr. 1

Auf **Stundenfristen** wird § 42 nicht angewendet, sodass bei der Berechnung der 24-Stunden-Frist des § 418 Abs. 2 Satz 3 der Zustellungstag mitzählt (Meyer-Goßner/*Schmitt* § 42 Rn. 2). 2

Die **gesetzliche Fristverlängerung des § 43 Abs. 2** bei Ablauf an Wochenend- und Feiertagen gilt auch für Tagesfristen (RGSt 62, 140, 141). 3

§ 43 Berechnung von Wochen- und Monatsfristen

(1) Eine Frist, die nach Wochen oder Monaten bestimmt ist, endet mit Ablauf des Tages der letzten Woche oder des letzten Monats, der durch seine Benennung oder Zahl dem Tag entspricht, an dem die Frist begonnen hat; fehlt dieser Tag in dem letzten Monat, so endet die Frist mit dem Ablauf des letzten Tages dieses Monats.

(2) Fällt das Ende einer Frist auf einen Sonntag, einen allgemeinen Feiertag oder einen Sonnabend, so endet die Frist mit Ablauf des nächsten Werktages.

Wie bei den Tagesfristen nach § 42 zählt für den **Fristbeginn** bei den Wochen- und Monatsfristen der Tag nicht mit, auf den das maßgebende Ereignis fällt (vgl. § 42 Rdn. 1; LR/*Graalmann-Scheerer* § 43 Rn. 2). Das **Fristende** bestimmt sich nach § 43 Abs. 1 bei Wochenfristen nach dem Tages**namen** und bei Monatsfristen nach der Tages**zahl**. **Beispiel**: Fällt das eine Wochenfrist auslösende Ereignis auf einen Mittwoch, so beginnt die Frist für die Berechnung am Donnerstag um 0.00 Uhr und endet am darauffolgenden Mittwoch um 24.00 Uhr. Fällt das eine Monatsfrist auslösende Ereignis auf den 15.07., so beginnt die Frist am 16.07. um 0.00 Uhr und endet am 15.08. um 24.00 Uhr. 1

Wenn das Fristende auf den **letzten Tag eines Monats** fällt, wird die Frist bei Fehlen des entsprechenden Tages gem. § 43 Abs. 1 2. Hs. auf den letzten Tag des Monats verkürzt. **Beispiel**: Fällt das maßgebliche Ereignis auf den 31.03., so beginnt die Frist am 01.04. um 0.00 Uhr und endet bereits am 30.04. um 24.00 Uhr. Würde das Fristende (rein rechnerisch) auf den 30.02. oder 31.02. fallen, so endete die Frist bereits am 28.02. bzw. in Schaltjahren am 29.02. 2

Schließen zwei Fristen derart **aneinander an**, dass dazwischen kein weiteres Ereignis liegt, so wird der Anfangstag bei der Fristberechnung ebenfalls nicht mitgezählt; so etwa im Fall der Revisionsbegründungsfrist (§ 345 Abs. 1 Satz 1), die sich grundsätzlich an die Einlegungsfrist anschließt (BGHSt 36, 241; a.A. BayObLG NJW 1968, 904 f. für die Frist zur Rechtsbeschwerdebegründung). In dem vom BGH entschiedenen Fall erfolgte die Zustellung des Urteils am Montag, dem 30.01. (Berechnungsbeginn: 31.01.), sodass die Revisionseinlegungsfrist am darauffolgenden Montag, dem 06.02., endete. Die Revisionsbegründungsfrist begann am 07.02. (Berechnungsbeginn: 08.02.) und endete mit Ablauf des 07.03. 3

Die **gesetzliche Fristverlängerung des § 43 Abs. 2** gilt auch für richterliche Fristen, selbst wenn diese nach dem Datum bestimmt sind (BayObLGSt 1971, 54, 55; AnwK-StPO/*Rotsch* §§ 42–43 Rn. 18; Graf/*Cirener* § 43 Rn. 3; KK-StPO/*Maul* § 43 Rn. 22; Meyer-Goßner/*Schmitt* § 43 Rn. 2; MüKo-StPO/*Valerius* § 43 Rn. 12; a.A. LR/*Graalmann-Scheerer* § 42 Rn. 4; SK-StPO/*Deiters* §§ 42, 43 Rn. 26). Das gilt jedoch nicht, wenn der Richter das Fristende eindeutig auf einen Sonnabend oder Feiertag gelegt hat (»bis Sonntag, den …«) (AnwK-StPO/*Rotsch* § 43 Rn. 18; Graf/*Cirener* § 43 Rn. 3; HK-StPO/*Brauer* § 43 Rn. 30; Meyer-Goßner/*Schmitt* § 43 Rn. 2; MüKo-StPO/*Valerius* § 43 Rn. 12). 4

Allgemeine Feiertage sind nur die gesetzlichen, staatlich anerkannten, nicht die nur kirchlichen Feiertage (BGH NStZ 2008, 55; BayObLGSt 1957, 131, 132). Sie sind bundes- und landesrechtlich abschließend geregelt. Sonstige dienstfreie Tage stehen den Feiertagen nicht gleich (BayObLG NStZ-RR 1999, 363). Die Fristverlängerung tritt aber nur ein, wenn der Tag am **Ort des Gerichts**, bei dem die Frist gewahrt werden muss, ein solcher Feiertag ist (AnwK-StPO/*Rotsch* §§ 42–43 Rn. 19; Graf/*Cirener* § 43 Rn. 2; Meyer-Goßner/*Schmitt* § 43 Rn. 3). In der Rechtsmittelbelehrung muss nicht darauf hingewiesen werden, dass sich die Rechtsmittelfrist verlängert, wenn das Fristende auf ein Wochenende oder einen Feiertag fällt (BVerfG NJW 1971, 2217). 5

§ 44 Wiedereinsetzung in den vorigen Stand bei Fristversäumung

[1]War jemand ohne Verschulden verhindert, eine Frist einzuhalten, so ist ihm auf Antrag Wiedereinsetzung in den vorigen Stand zu gewähren. [2]Die Versäumung einer Rechtsmittelfrist ist als unverschuldet anzusehen, wenn die Belehrung nach den § 35a Satz 1 und 2, § 319 Abs. 2 Satz 3 oder nach § 346 Abs. 2 Satz 3 unterblieben ist.

Übersicht

1 **A. Allgemeines.** Der Antrag auf Wiedereinsetzung ist kein Rechtsmittel, sondern ein **außerordentlicher Rechtsbehelf** (BGHSt 25, 89, 91). Mit ihm wird weder die Nachprüfung einer Entscheidung erstrebt, noch kommt ihm ein Suspensiv- oder Devolutiveffekt zu (RGSt 22, 31, 32). Durch die erfolgreiche Wiedereinsetzung wird das Verfahren **in die Lage versetzt**, die bestanden hätte, wenn die Prozesshandlung **fristgerecht** vorgenommen worden wäre (OLG Köln NJW 1987, 80). Dabei wird allein die Säumnis geheilt; dem Säumigen sollen keine sonstigen Vorteile verschafft werden (BGH NStZ [Pf/M] 1988, 17; OLG Hamm NJW 1972, 2097).

2 Die **Rechtskraft einer Entscheidung** steht der Wiedereinsetzung nicht entgegen; sie wird ggf. durchbrochen (RGSt 53, 287, 288). Ergangene Entscheidungen fallen ohne Weiteres weg – es bedarf keiner förmlichen Aufhebung (HK-StPO/*Brauer* § 44 Rn. 3; KK-StPO/*Maul* § 44 Rn. 1; Meyer-Goßner/*Schmitt* § 44 Rn. 25). Die Wiedereinsetzung ist in der Regel ausgeschlossen, wenn das Revisionsgericht eine das Verfahren rechtskräftig abschließende Sachentscheidung getroffen hat (BGH NJW 1962, 818, 819; NStZ 1999, 40, 41; vgl. aber BGH NStZ 2008, 705 f.). Dann greift das Institut der Wiederaufnahme nach §§ 359 ff. (HK-StPO/*Brauer* § 44 Rn. 3; Meyer-Goßner/*Schmitt* § 44 Rn. 1). Dagegen soll für Entscheidungen nach § 349 Abs. 1 die Wiedereinsetzung zulässig bleiben (Graf/*Cirener* § 44 Rn. 2; Meyer-Goßner/*Schmitt* § 44 Rn. 1). Eine Wiedereinsetzung ist auch dann zu gewähren, wenn die Verwerfung einer Revision durch den EGMR als unzulässig beanstandet wurde (BGH NStZ-RR 2017, 148).

3 **B. Fristversäumnis. I. Fristen.** Wiedereinsetzung setzt voraus, dass eine Frist versäumt wurde.

4 **Fristen** i.S.d. § 44 sind dabei nur prozessuale, bei Gericht wahrzunehmende Fristen (s. § 46 Abs. 1). Es sind sowohl gesetzliche als auch richterliche Fristen erfasst (Graf/*Cirener* § 44 Rn. 5; LR/*Graalmann-Scherer* § 44 Rn. 7; Meyer-Goßner/*Schmitt* § 44 Rn. 3; SK-StPO/*Deiters* § 44 Rn. 8).

5 § 44 gilt **nicht** für Ausschlussfristen (AnwK-StPO/*Rotsch* § 44 Rn. 2; Meyer-Goßner/*Schmitt* § 44 Rn. 3), für Erklärungsfristen im Ermittlungsverfahren (Graf/*Cirener* § 44 Rn. 5; Meyer-Goßner/*Schmitt* § 44 Rn. 3), für die Fristen der §§ 6a Satz 3, 16 Abs. 1 Satz 3, 222a, 222b und 317 (Meyer-Goßner/*Schmitt* § 44 Rn. 3), für die vom Gericht gesetzte Beschwerdebegründungsfrist (OLG Karlsruhe MDR 1983, 250 f.), für Fristen des materiellen Rechts wie die Strafantragsfrist des § 77b Abs. 1 Satz 1 StGB (BGH NJW 1994, 1165, 1166), für die vereinbarte Frist zum Widerruf eines Privatklagevergleichs (LG Würzburg NJW 1954, 768, 769), für den Anschluss als Nebenkläger (BGH NStZ-RR 1997, 136) und für die Versäumung der Bezeichnung des unbenannt eingelegten Rechtsmittels (OLG Hamm NStZ 1991, 601).

6 Bei **Versäumung eines Termins** sehen die §§ 235, 329 Abs. 7, 391 Abs. 4, 401 Abs. 3 Satz 2, 412 Satz 1 i.V.m. 329 Abs. 7 Wiedereinsetzung vor (zur gerichtlichen Zuständigkeit bei Wiedereinsetzungen nach § 329 Abs. 7 siehe OLG Düsseldorf BeckRS 2018, 5593). I.Ü. sind Termine keine Fristen i.S.d. § 44 (AnwK-StPO/*Rotsch* § 44 Rn. 2; Graf/*Cirener* § 44 Rn. 6).

7 § 44 gilt auch für die **Klageerzwingungsfrist** des § 172 Abs. 1 (BVerfG NJW 1993, 720; HK-StPO/*Brauer* § 44 Rn. 12; KK-StPO/*Maul* § 44 Rn. 11; *Graf/Cirener* § 44 Rn. 5 [analog]; a.A. OLG Celle NJW 1954, 974 f.; LR/*Graalmann-Scherer* § 44 Rn. 11).

8 **II. Fristwahrung. Mündliche Erklärungen** wahren die Frist dann, wenn sie zu Protokoll niedergeschrieben werden. Ob **telefonische Erklärungen** fristwahrend sein können, ist umstritten (verneinend: BGH NJW 1981, 1627 für die Berufungseinlegung; Graf/*Cirener* § 42 Rn. 7; bejahend: BGH NJW 1980, 1290, 1291 für den Einspruch gegen einen Bußgeldbescheid; LG Münster NJW 2005, 166 f. für die telefonische Erklärung

zu Protokoll; LR/*Graalmann-Scheerer* Vor § 42 Rn. 8; MüKo-StPO/*Valerius* § 44 Rn. 13; wohl auch HK-StPO/*Brauer* § 43 Rn. 13 und SK-StPO/*Deiters* § 43 Rn. 13).

Ein **Telefax** wahrt die Frist uneingeschränkt (BVerfG NJW 1996, 2857), wenn die Daten noch vor Ablauf der Frist vom Empfangsgerät vollständig gespeichert werden (BGH NJW 2006, 2263, 2265 f.; Graf/*Cirener* § 42 Rn. 15; LR/*Graalmann-Scheerer* Vor § 42 Rn. 31; MüKo-StPO/*Valerius* § 44 Rn. 26; a.A. AnwK-StPO/*Rotsch* §§ 42–43 Rn. 12; KK-StPO/*Maul* §§ 42, 43 Rn. 19 und Meyer-Goßner/*Schmitt* Vor § 42 Rn. 18 für den rechtzeitigen Ausdruck am Empfangsgerät). 9

Da die Frist nur durch Eingang beim **zuständigen Gericht** gewahrt werden kann (OLG Düsseldorf NStZ-RR 2002, 216 f.), ist ein versehentlich angegangenes unzuständiges Gericht verpflichtet, ggf. außerordentliche Maßnahmen zu ergreifen, etwa die Übermittlung per Telefax, um den rechtzeitigen Eingang einer Rechtsmittelschrift bei dem zuständigen Gericht zu gewährleisten (OLG Zweibrücken NJW 1982, 1008; KK-StPO/*Maul* § 44 Rn. 26; a.A. OLG Naumburg NStZ-RR 2001, 272, 273). Das gilt erst recht, wenn der drohende Fristablauf ohne Weiteres zu erkennen ist (a.A. OLG Hamm NStZ-RR 2009, 347). 10

Eingang eines Schriftstücks ist gegeben, wenn es in die Verfügungsgewalt des Gerichts gelangt (BVerfG NJW 1980, 580; anders noch BayObLGSt 1968, 103, 104: wenn das Schriftstück an einen zur Entgegennahme zuständigen Beamten gelangt). Ob es tatsächlich in Empfang genommen wird (BVerfG NJW 1980, 580) oder außerhalb der Dienstzeit eingeht (OLG Frankfurt NStZ-RR 2007, 206), ist unerheblich. 11

Der Einwurf in einen **Hausbriefkasten** wahrt die Frist auch dann, wenn er dort am letzten Tag der Frist nach Dienstschluss erfolgt (BVerfG NJW 1976, 1255; OLG Hamm NJW 1976, 762; anders noch BayObLGSt 1968, 103, 104 ff.). Die Gerichte sind gehalten, **Nachtbriefkästen** vorzuhalten, bei denen durch eine technische Einrichtung kontrolliert wird, ob das Schreiben vor 24.00 Uhr eingegangen ist (BVerfG NJW 1976, 1255). Versagt der Mechanismus, so ist von einem rechtzeitigen Eingang auszugehen (BayObLGSt 1968, 103, 106). 12

Auch der Eingang bei einer gemeinsamen **Postannahmestelle** mehrerer Gerichte oder Justizbehörden wahrt die Frist, sofern sie auch von dem zuständigen Gericht betrieben wird. Dies gilt auch dann, wenn das Schriftstück aufgrund falscher Adressierung das zuständige Gericht erst verspätet erreicht (OLG Düsseldorf StV 1991, 248; OLG Bremen NJW 1950, 395; Graf/*Cirener* § 42 Rn. 11; HK-StPO/*Brauer* § 43 Rn. 24; KK-StPO/*Maul* §§ 42, 43 Rn. 16; LR/*Graalmann-Scheerer* Vor § 42 Rn. 23; Meyer-Goßner/*Schmitt* Vor § 42 Rn. 17; SK-StPO/*Deiters* § 44 Rn. 21; a.A. BGH NJW 1983, 123 f.; OLG Frankfurt NStZ-RR 2000, 212; OLG Stuttgart NStZ 1987, 185; MüKo-StPO/*Valerius* § 44 Rn. 21). 13

Das Bereitlegen zur Abholung in einem **Postschließfach** des Gerichts am letzten Tag der Frist genügt unabhängig davon, wann es abgeholt wird oder ob noch mit einer Abholung vor Fristende zu rechnen ist (OLG Frankfurt NStZ-RR 2007, 206; Graf/*Cirener* § 42 Rn. 12; HK-StPO/*Brauer* § 43 Rn. 24; KK-StPO/*Maul* §§ 42, 43 Rn. 17; Meyer-Goßner/*Schmitt* Vor § 42 Rn. 13; SK-StPO/*Deiters* §§ 42, 43 Rn. 18). Die mit Blick auf die Rspr. des Reichsgerichts (RGZ 114, 289, 292; 142, 408) und die ältere Rspr. des BGH (DB 1955, 214) vertretene a.A. (LR/*Graalmann-Scheerer* Vor § 42 Rn. 25) ist angesichts BGHR, ZPO, § 577 II Postfach 1 überholt. 14

III. Versäumnis. Säumig ist, wer an der Einhaltung einer Frist verhindert war. Wird von einem Rechtsmittel **bewusst kein Gebrauch** gemacht, so fehlt es an der Verhinderung nach Satz 1 (BGH NStZ 2001, 160; BGH NStZ-RR 2012, 285; OLG Celle BeckRS 2016, 15155; zu alternativen Verteidigungsoptionen vgl. *Sommer* StRR 2008, 168, 170 ff.). Hierfür muss der Betroffene sich allerdings überhaupt mit dieser Frage beschäftigt haben; geht der Betroffene jedoch irrtümlich davon aus, er erleide durch die anzugreifende Entscheidung keinen rechtlichen Nachteil, war er i.S.d. § 44 Satz 1 an der Einlegung des Rechtsbehelfs gehindert (OLG Zweibrücken BeckRS 2018, 19264). Eine Wiedereinsetzung kommt dagegen nicht in Betracht, wenn die Frist wegen negativer Einschätzung der Erfolgsaussichten des Rechtsmittels versäumt wird, selbst wenn diese auf einer unrichtigen, aber nicht bewusst wahrheitswidrigen Beratung durch einen RA beruht (OLG Düsseldorf NJW 1982, 60, 61). Daher ist auch keine Wiedereinsetzung zu gewähren, wenn der Antragsteller zunächst von der Einlegung der Revision abgesehen hat und den durchgreifenden Revisionsgrund des § 338 Nr. 7 erst nach Ablauf der Revisionsfrist erkennt und geltend macht (Meyer-Goßner/*Schmitt* § 44 Rn. 5; a.A. HK-StPO/*Brauer* § 44 Rn. 4; SK-StPO/*Deiters* § 44 Rn. 10). Ferner schließen ein wirksamer **Rechtsmittelverzicht** (BGH, 11.05.2006 – 1 StR 175/06), der auch konkludent erfolgen kann (OLG Düsseldorf NJW 1982, 60, 61), sowie die **Rücknahme** eines Rechtsmittels (BGH NStZ 1995, 356) die Wiedereinsetzung aus. 15

Ist **keine Frist versäumt** worden, ist eine Wiedereinsetzung nicht möglich (BGH, 01.04.2008 – 4 StR 475/07: Wiedereinsetzungsantrag ist gegenstandslos; BGH NJW 1962, 818, 819; KG BeckRS 2015, 19930). Wurde der Antragsteller dagegen (zu Unrecht) so behandelt, als hätte er die Frist versäumt, und hatte er keine Möglichkeit, seine Rechte auf andere Weise wahrzunehmen, so ist ihm analog § 44 Satz 1 Wiedereinsetzung 16 zu gewähren (BGH *bei Miebach* NStZ 1988, 209, 210; OLG Hamm BeckRS 2016, 6092; BeckRS 2017, 141864; OLG Köln NStZ-RR 2002, 142; OLG Frankfurt NStZ 1986, 279, 280; BayObLGSt 1970, 73, 74 f.; Graf/*Cirener* § 44 Rn. 11; KK-StPO/*Maul* § 44 Rn. 6; Meyer-Goßner/*Schmitt* § 44 Rn. 2; SK-StPO/*Deiters* § 44 Rn. 6; a.A. KG NStZ-RR 2006, 120, 121).

17 Eine **Fristversäumnis** ist gegeben, wenn die **vorgeschriebene Form** zur Fristwahrung **missachtet** wurde (BGH NJW 1976, 1414, 1415), z.B. die Revisionsbegründungsschrift nicht vom Verteidiger (BGH NStZ 1983, 132) oder unzulässigerweise vom Sozius des Pflichtverteidigers unterschrieben wurde (BGH NStZ 2003, 615) oder nicht den Anforderungen des § 344 entspricht (OLG Zweibrücken StV 1991, 550). Gleiches gilt, wenn ein Telefax nur teilweise innerhalb der Frist eingeht (BGH, 25.01.2002 – 2 StR 511/01).

18 Wiedereinsetzung ist zu gewähren, wenn der Verteidiger gegen ein Verwerfungsurteil mit einem unzulässigen Wiedereinsetzungsantrag anstatt mit dem zulässigen Rechtsmittel vorgeht (KG NStZ 1994, 603, 604; a.A. OLG Düsseldorf VRS 82, 460, 461).

19 **C. Verhinderung ohne Verschulden. I. Gesetzliche Vermutung des Satz 2.** Die Säumnis einer **Rechtsmittelfrist** ist als unverschuldet anzusehen, wenn eine der in § 44 Satz 2 genannten Belehrungen unterblieben ist. Dabei steht der unterlassenen Belehrung eine **unvollständige oder unrichtige** Belehrung gleich (BGH NStZ 1981, 487; BayObLGSt 1994, 197, 198, OLG Hamm, 05.02.2013 – III–1 RVs 85/12), wenn hiervon ein wesentlicher Punkt betroffen ist (BayObLGSt 1994, 197, 198) – andernfalls kommt nur Wiedereinsetzung nach Satz 1 in Betracht (Meyer-Goßner/*Schmitt* § 44 Rn. 23). § 35a Satz 3 ist von den Belehrungsvorschriften ausdrücklich ausgenommen, sodass § 44 Satz 2 bei unterbliebener **qualifizierter Belehrung** nicht greift (BGH NStZ-RR 2010, 244).

20 Bei **Verzicht** des Verteidigers auf die Belehrung gilt Satz 2 jedenfalls dann nicht, wenn der Verteidiger ausdrücklich ermächtigt war, Rechtsmittel zurückzunehmen oder auf sie zu verzichten (OLG Zweibrücken MDR 1978, 861). Satz 2 soll zudem dann nicht gelten, wenn eine erforderliche Rechtsmittelbelehrung unterbleibt, weil sich der Angeklagte vor Beendigung der Hauptverhandlung eigenmächtig entfernt hat (OLG Köln NStZ 2009, 655; a.A. Meyer-Goßner/*Schmitt* § 44 Rn. 22).

21 Durch Satz 2 wird das Nicht-Verschulden unwiderleglich vermutet (AnwK-StPO/*Rotsch* § 44 Rn. 9; LR/*Graalmann-Scheerer* § 44 Rn. 64; SK-StPO/*Deiters* § 44 Rn. 39; a.A. Meyer-Goßner/*Schmitt* § 44 Rn. 22: Verschuldenserfordernis wird aufgehoben). Erforderlich ist weiterhin ein **ursächlicher Zusammenhang** zwischen Belehrungsmangel und Fristversäumnis (BGH NStZ 2001, 45; LG Oldenburg BeckRS 2017, 110036), wobei die Anforderungen jedoch nicht überspannt werden dürfen (BVerfG NJW 1991, 2277). Im Antrag ist darzulegen, dass die Frist infolge des Fehlens der Belehrung versäumt worden ist (OLG Düsseldorf NStZ 1989, 242; OLG Karlsruhe NStZ-RR 1997, 157).

22 **II. Eigenes Verschulden.** Maßgeblich für die Beurteilung des Verschuldens ist die dem Antragsteller **mögliche und zumutbare Sorgfalt** (vgl. OLG Frankfurt NStZ-RR 2003, 204 f.; Graf/*Cirener* § 44 Rn. 14; HK-StPO/*Brauer* § 44 Rn. 15; Meyer-Goßner/*Schmitt* § 44 Rn. 11). Im Interesse materieller Gerechtigkeit und zur Gewährleistung effektiven Rechtsschutzes ist eine großzügige Anwendung des § 44 geboten (BVerfG NStZ-RR 1996, 138; Graf/*Cirener* § 44 Rn. 14; HK-StPO/*Lemke* § 44 Rn. 16; Meyer-Goßner/*Schmitt* § 44 Rn. 11; MüKo-StPO/*Valerius* § 44 Rn. 40) – v.a. beim sog. »ersten Zugang« zum Gericht (BVerfG NJW 1991, 351; BbgVerfG NStZ-RR 2002, 239, 240). Die diesbezüglich erforderliche Einzelfallabwägung hat dabei nicht nach dem Maßstab von Vorsatz oder Fahrlässigkeit, sondern vielmehr nach betroffenen Verantwortungsbereichen zu erfolgen (HK-StPO/*Brauer* § 44 Rn. 17; MüKo-StPO/*Valerius* § 44 Rn. 41; SK-StPO/*Deiters* § 44 Rn. 16; a.A. KK-StPO/*Maul* § 44 Rn. 16). Ausreichend für die Begründung eines eigenen Verschuldens des Antragstellers ist auch dessen **Mitverschulden** in Bezug auf Verfehlungen Dritter.

23 Die umfangreiche Kasuistik kann einen groben Anhaltspunkt für die Beurteilung des Verschuldens bieten. Die Bemühungen von Rspr. und Literatur, das Phänomen dogmatisch zu erfassen, halten sich allerdings in Grenzen. Überzeugend erscheint insoweit allein der Ansatz von *Rotsch*, in einem »Zweier-Schritt« zunächst zu untersuchen, ob die Fristversäumnis dem Betroffenen **objektiv zurechenbar** ist, um dann ggf. das **subjektive Verschulden** nach dem materiellen Verschuldensbegriff (wenigstens sorgfaltswidrig) zu prüfen (vgl. AnwK-StPO/*Rotsch* § 44 Rn. 6).

24 In der Praxis ist anhand des Einzelfalls eine Abwägung dahin gehend vorzunehmen, ob die Einhaltung der Frist von dem Antragsteller hätte erwartet werden können – wobei die Gerichte Wiedereinsetzung regelmäßig gewähren, wenn ein amtliches Fehlverhalten zu Grunde liegt (näher Rdn. 38).

▶ **Beispiele:**
Verschulden ist regelmäßig gegeben, wenn eine Frist vergessen wird (Graf/*Cirener* § 44 Rn. 18; Meyer-Goßner/*Schmitt* § 44 Rn. 12c), der Verteidiger zu spät oder nicht eindeutig mit der Rechtsmitteleinlegung beauftragt wurde (BGH, 26.04.2006 – 1 StR 154/06) oder der Mandant für Rücksprachen mit dem Verteidiger nicht erreichbar ist (BGH NStZ 1997, 95; NStZ-RR 2010, 116). Wer die Rechtsmitteleinlegung durch einen Dritten erledigen lässt, muss sich jedenfalls durch Nachfrage vom rechtzeitigen Eingang überzeugen (BGH NStZ 1996, 50; OLG Hamm NStZ-RR 2009, 242). Kein (eigenes) Verschulden liegt dagegen vor, wenn das Gericht versehentlich die Revisionsbegründungsfrist verlängert, obwohl diese Möglichkeit nach § 345 Abs. 1 gar nicht besteht (BGH NStZ-RR 2017, 148). 25

Wer die **Frist** bis zu ihrer Grenze **ausnutzt**, handelt nicht schuldhaft (BVerfG NJW 1980, 580; NJW 1986, 244). Das gilt auch, wenn das Rechtsmittel erst kurz vor Fristende eingelegt werden soll (OLG Rostock NStZ 1994, 200). Gegen Fristende sind jedoch höhere Sorgfaltsanforderungen an den Antragsteller zu stellen. So wird Verschulden angenommen, wenn ein Telefax erst wenige Minuten vor Fristablauf abgeschickt wird und der Eingang wegen Belegung des Empfangsgeräts verspätet ist (BVerfG NJW 2000, 574; NJW 2006, 1505). Gleiches gilt, wenn die Rechtsmittelschrift durch den Gefangenen erst am letzten Tag der Frist in der JVA zur Post gegeben wird (BGH NStZ 2006, 54). Verschulden liegt auch vor, wenn der Betreffende die Rechtsmittelschrift aus Unachtsamkeit erst am vorletzten Tag der Frist bei dem **unzuständigen Gericht** einreicht, sodass sie bei ordnungsgemäßem Geschäftsgang nicht mehr rechtzeitig an das zuständige Gericht weitergeleitet werden kann (OLG Naumburg NStZ-RR 2001, 272, 273; vgl. für Übersendungspflichten des unzuständigen Gerichts auch Rdn. 10). Verschulden ist auch gegeben bei zu später Kenntnisnahme des Angeklagten oder seines Verteidigers von einer gesetzlichen Bestimmung sowie bei Unkenntnis höchstrichterlicher Rspr. (BGH NStZ-RR 2010, 244). Auf eine etablierte gerichtliche Praxis darf sich der Verteidiger jedoch verlassen; ein Verschulden trifft ihn deshalb nur dann, wenn das Gericht durch einen entsprechenden Hinweis zu erkennen gegeben hat, nicht mehr an dieser Praxis festhalten zu wollen (OLG Zweibrücken BeckRS 2016, 15833). **Unzureichende Sprachkenntnisse** eines Ausländers schließen das Verschulden grds. nicht aus; die Anforderungen dürfen diesbezüglich jedoch nicht überspannt werden (BVerfG NJW 1991, 2208 f.). 26

Kein eigenes Verschulden des Antragstellers liegt vor, wenn die Prozesshandlung des Verteidigers wegen Zurückweisung nach § 146a unwirksam ist (BGH NJW 1976, 1414, 1415). Ebenso wenig, wenn der Angeklagte auf einen – auch unberechtigten – Rat oder **Hinweis des Verteidigers** vertraut, sofern sich ihm nach der konkreten Sachlage keine Zweifel aufdrängen müssen, ob der Hinweis seines Verteidigers zutreffend ist (OLG Hamm NStZ-RR 2010, 245 f. bzgl. des Hinweises, dass eine Pflicht des Angeklagten zum Erscheinen vor Gericht nicht bestehe). Der inhaftierte Angeklagte darf grds. auch darauf vertrauen, dass sein Verteidiger, der rechtzeitig Revision für seinen Mandanten eingelegt hat, diese auch fristgerecht begründen wird (BGH vom 28.01.2015 – 1 StR 591/14). Zudem fehlt ein Verschulden, wenn der Betroffene durch **Naturereignisse** (AnwK-StPO/*Rotsch* § 44 Rn. 12; KK-StPO/*Maul* § 44 Rn. 19; LR/*Graalmann-Scheerer* § 44 Rn. 20) oder etwa wegen einer infolge eines Generalstreiks verschlossenen Tür des Gerichtsgebäudes (RGSt 53, 300 ff.) an der Einhaltung der Frist gehindert ist. Bei **plötzlicher Erkrankung** ist Wiedereinsetzung zudem in der Regel (AnwK-StPO/*Rotsch* § 44 Rn. 12; KK-StPO/*Maul* § 44 Rn. 20; LR/*Graalmann-Scheerer* § 44 Rn. 24), stets jedoch bei krankhafter Störung der Geistestätigkeit, sofern sie mit Verhandlungsunfähigkeit einhergeht (BGH, 10.01.2017 – 1 StR 533/16; BayObLG NStZ 1989, 131), zu gewähren. Ebenso fehlt ein Verschulden im Fall der Niederkunft der Ehefrau (OLG Celle MDR 1966, 949 f.). **Persönliche Umstände** können die Wiedereinsetzung nur in besonderen Ausnahmefällen begründen; etwa bei einem unverteidigten Jugendlichen, der die Hauptschule nach der siebten Klasse ohne Abschluss verlassen musste, in erheblichem Umfang Drogen konsumierte und bei dessen Hauptverhandlung auch kein Elternteil als gesetzlicher Vertreter zugegen war (OLG Schleswig StV 2010, 62). 27

1. Unkenntnis vom Fristbeginn. Wird die mündliche Rechtsmittelbelehrung **missverstanden**, so ist die Frist grds. schuldhaft versäumt (OLG Jena NJW 2003, 3071; Meyer-Goßner/*Schmitt* § 44 Rn. 13). Anders kann dies bei einem unverteidigten Ausländer sein, dem nur mündlich eine komplizierte Rechtsmittelbelehrung erteilt wird (KG, NZV 1992, 123, 124). Die Nichtaushändigung eines Merkblattes entgegen Nr. 142 RiStBV wird regelmäßig als Entschuldigung anzusehen sein (BVerfG NJW 1996, 1811 f.; OLG Köln NStZ 1997, 404; Meyer-Goßner/*Schmitt* § 44 Rn. 13; vgl. auch OLG Saarbrücken NJW 2003, 2182, 2183; einschränkend OLG Hamm NJW 2001, 3279). 28

Verschulden ist ferner gegeben, wenn sich der Betreffende nicht nach dem Fristbeginn erkundigt hat, obwohl er die Belehrung **überhaupt nicht verstanden** hat (BGH NStZ-RR [B] 2007, 1, 3). Ein Ausländer muss sich i.R.d. Zumutbaren bemühen, den Inhalt einer ihm nicht verständlichen Rechtsmittelbelehrung zu erfahren 29

(BVerfG NStZ 1991, 446). Kein Verschulden ist dagegen gegeben, wenn ein **schwerhöriger Angeklagter** lediglich mündlich belehrt wurde (OLG Saarbrücken NJW 2003, 2182, 2183).

30 Ist die Aushändigung einer schriftlichen Belehrung vom Gesetz gefordert und erhält der Angeklagte zudem eine **widersprechende unrichtige mündliche Belehrung**, so soll – wenig überzeugend – dieser nicht einfach von der mündlichen Belehrung ausgehen dürfen (OLG Dresden NStZ-RR 2002, 171; OLG Jena NJW 2003, 3071; Meyer-Goßner/*Schmitt* § 44 Rn. 13; a.A. SK-StPO/*Deiters* § 44 Rn. 41; wohl auch OLG Saarbrücken NJW 1965, 1031). In dem umgekehrten Fall korrekt erteilter mündlicher Belehrung bei gleichzeitiger Aushändigung eines dieser **widersprechenden, inhaltlich falschen Merkblattes** ist aber bisher unbestritten von einer insgesamt falschen, der Nichterteilung gleichstehenden Belehrung auszugehen (OLG Dresden NStZ-RR 2002, 171).

31 Schuldhaft handelt auch, wer trotz bestehender **Zweifel** an der Wirksamkeit seines Rechtsmittelverzichts nicht unverzüglich den Rechtsrat eines Rechtskundigen einholt (OLG Jena NJW 2003, 3071 f.). Dagegen versäumt die Frist schuldlos, wer, obwohl er die Belehrung richtig verstanden hat, auf Anraten seines Verteidigers auf die Urteilszustellung wartet (OLG Frankfurt NJW 1983, 895).

32 2. **Unkenntnis von der Zustellung.** Wer von seiner **Wohnung vorübergehend abwesend** ist, muss nicht allein deshalb besondere Vorkehrungen für die rechtzeitige Kenntnisnahme von Zustellungen treffen, weil gegen ihn Ermittlungen geführt werden (BVerfG NJW 1993, 847; BGH NStZ-RR 2013, 254; LG Zweibrücken NStZ 1998, 267 f.). Dies ist jedoch anders, wenn bereits ein Strafverfahren anhängig und daher mit Zustellungen zu rechnen ist (OLG Hamm NJW 1970, 1429; NJW 1974, 1477; einschränkend und auf die Dauer der Abwesenheit abstellend: BVerfG NJW 2013, 592, 593) oder dem Betroffenen ein anderes Verschulden, etwa die Vernachlässigung der Abholung, anzulasten ist (OLG Dresden NStZ 2005, 398 f.; OLG Hamm BeckRS 2016, 9439 m. Bespr. *Kudlich* JA 2016, 793 zur Notwendigkeit der Beschaffung eines Briefkastenschlüssels). Keine Wiedereinsetzung kann beanspruchen, wer sich **in der Bewährungszeit verborgen** hält, insb. entgegen einer richterlich erteilten Weisung seinen Aufenthaltsort nicht angibt (OLG Hamm NStZ-RR 2004, 46, 47; OLG Brandenburg, 05.11.2012 – 1 Ws 194/12). Bei der Zustellung von **Strafbefehlen** an Beschuldigte, die über keinen festen Wohnsitz verfügen, verlangt Art. 6 der EU-Richtlinie 2012/13 allerdings, dass diese über die volle Einspruchsfrist verfügen – gegebenenfalls durch Wiedereinsetzung in den vorigen Stand (EuGH JR 2017, 488 m.Anm. *Zündorf*; ferner s. *Brodowski* StV 2018, 69; *Seifert* StV 2018, 123).

33 Ohne besondere Anhaltspunkte muss nicht damit gerechnet werden, dass **Familienangehörige** Zustellungen vorenthalten (OLG Düsseldorf NStZ 1992, 99).

34 Die **Notwendigkeit einer öffentlichen Zustellung** schließt die Wiedereinsetzung nicht allgemein aus (OLG Frankfurt NStZ-RR 2004, 210).

35 **III. Verzögerungen durch Dritte. 1. Post.** Grds. können dem Betroffenen Verzögerungen durch die Post nicht als Verschulden angerechnet werden, da der Bürger darauf vertrauen darf, dass die nach ihren organisatorischen und betrieblichen Vorkehrungen für den Normalfall festgelegten Postlaufzeiten auch eingehalten werden (BVerfG NJW 1992, 1952; NJW 1994, 1856, 1857). Es muss jedoch die **gewöhnliche Postlaufzeit** zwischen Aufgabe- und Zustellungsort in Rechnung gestellt werden (BGH NStZ [Pf/M] 1984, 209; OLG Hamburg NJW 1974, 68; LG Zweibrücken VRS 123, 175 ff.), wobei übliche **Verlängerungen an Sonn- und Feiertagen** berücksichtigt werden müssen (OLG Düsseldorf VRS 67, 38; OLG Hamm VRR 2010, 283). Eine Differenzierung danach, ob die Post zur relevanten Zeit gerade besonders beansprucht war, ist nicht zulässig (BVerfG NJW 1992, 1952).

36 Eine Laufzeit von mehr als **zwei Tagen** für einen in der Wochenmitte aufgegebenen Brief entspricht auch bei größerer Entfernung nicht der Regel (BVerfG NJW 1975, 1405; NJW 1994, 1856, 1857; NStZ-RR 2005, 176; OLG Stuttgart NStZ-RR 2010, 15, 16). Für den Ortsverkehr wird dagegen von einer regelmäßigen Postlaufzeit von nur **einem Tag** ausgegangen (OLG Stuttgart NStZ-RR 2010, 15, 16; anders aber KG NStZ-RR 2006, 142; OLG Hamburg NJW 1974, 68 und OLG Hamm NJW 2009, 2230, 2231, die insofern nicht differenzieren). Ob eine Postlaufzeit von einem Tag auch für **Einschreiben** angenommen werden kann, ist umstritten (bejahend: OLG Hamm NJW 2009, 2230, 2231; Meyer-Goßner/*Schmitt* § 44 Rn. 16; verneinend: KG NStZ-RR 2006, 142; LR/*Graalmann-Scheerer* § 44 Rn. 36; nach Ortsverkehr und inländischem Verkehr differenzierend: OLG Stuttgart NStZ-RR 2010, 15).

37 Eine über die zu erwartenden Postlaufzeiten hinausgehende Verzögerung muss jedoch dann in Rechnung gestellt werden, wenn den Betroffenen ein **Mitverschulden** trifft, etwa regelmäßig bei Fehlen der Postleitzahl (OLG Stuttgart NStZ-RR 2010, 148; OLG Düsseldorf NJW 1994, 2841; OLG Frankfurt NStZ-RR 1997, 137 f.; LR/*Graalmann-Scheerer* § 44 Rn. 36; Meyer-Goßner/*Schmitt* § 44 Rn. 16). Das überzeugt

jedenfalls dann nicht, wenn der Empfangsort zweifelsfrei und eindeutig erkennbar ist (OLG Stuttgart NJW 1982, 2832 f.; SK-StPO/*Deiters* § 44 Rn. 29).

2. Justizbehörden. Grds. ist ein amtliches Verschulden dem Betroffenen **nicht zuzurechnen** (RGSt 70, 186, 188). Das gilt etwa für die Unzulässigkeit einer Rechtsbeschwerde wegen Protokollaufnahme durch einen unzuständigen Beamten (BVerfG NStZ-RR 2005, 238, 239) oder wegen Fehlern der aufnehmenden Justizbediensteten (BVerfG NJW 2005, 3629), der Rechtsmittelentgegennahme durch einen Beamten des unzuständigen Gerichts am letzten Tag der Frist ohne Hinweis auf die Unzuständigkeit und des Ablaufs der Frist (OLG Stuttgart LSK 2019, 2011), die unzutreffende Auskunft durch Justizvollzugsbeamte (BGH NStZ [K] 1993, 27), die Vereitelung des fristgemäßen Eingangs des Schriftstücks (BVerfG NJW 1983, 560), die Störung des Telefaxgeräts des Gerichts (BGH StraFo 2005, 27; OLG Brandenburg NStZ 2005, 711), ggf. auch der nicht feststellbare Eingang des Telefaxes bei Gericht (KG NStZ-RR 2007, 24; OLG Karlsruhe NStZ 1994, 200, 201), das Unterlassen der Weitergabe von einer unzuständigen Stelle an die erkennbar zuständige (OLG Düsseldorf NStZ-RR 1999, 147; s.a. Rdn. 10) oder das Unterlassen der Mitteilung an den Verteidiger nach § 145a Abs. 3 Satz 2 (OLG München NJW 2008, 3797, 3798; OLG Köln 10.06.2011 – III-2 Ws 308/11; LG Aurich, 04.07.2011 – 12 Qs 49/11; a.A. LG Dresden, 08.04.2010 – 5 Qs 44/10) bzw. nach § 145a Abs. 3 Satz 1 an den Beschuldigten (BGH NStZ-RR 2006, 211, 212; vgl. aber BGH NStZ 2010, 584, 585). 38

Ist der Wiedereinsetzungsgrund in einem dem Gericht zuzurechnenden Fehler begründet, fordert der Grundsatz fairer Verhandlungsführung zudem eine Belehrung des Betroffenen über die Möglichkeit der Wiedereinsetzung (BVerfG NStZ-RR 2005, 238, 239). Von besonderer Schutzbedürftigkeit des Betroffenen ist insb. dann auszugehen, wenn dieser an verminderter Intelligenz leidet und in einem psychiatrischen Krankenhaus untergebracht ist, weshalb eine Rechtsbehelfsbelehrung, die nicht besonders darauf hinweist, dass die nach § 145a Abs. 3 Satz 1 allein an den Verteidiger erfolgte Zustellung für den Lauf der Rechtsmittelfrist maßgeblich ist, irreführend sein kann (BGH NStZ-RR 2017, 381). 39

3. Verteidiger. Ein Verschulden des Verteidigers ist dem Antragsteller **nicht zuzurechnen** (BVerfG NJW 1994, 1856; BGH NJW 1960, 1774, 1775; NJW 1994, 3112; einschränkend: OLG Köln StraFo 2012, 224). Der Angeklagte ist zur Überwachung des Verteidigers grds. nicht verpflichtet (BGH NStZ [M] 1990, 25). Der allgemeine Verfahrensgrundsatz des **§ 85 Abs. 2 ZPO** findet im Strafprozess hinsichtlich des Verteidigers des Beschuldigten **keine Anwendung**. Ob auf dessen Grundlage aber eine Verschuldenszurechnung im Hinblick auf den Vertreter von Verfahrensbeteiligten erfolgt, die sich nicht gegen einen Schuldvorwurf verteidigen (etwa Privatkläger, Nebenkläger oder Antragsteller im Klageerzwingungsverfahren nach § 172 Abs. 2; für weitere Anwendungsfälle s. Meyer-Goßner/*Schmitt* § 44 Rn. 19), ist umstritten (bejahend insb. die Rspr.: BGH NJW 1982, 1544 f.; NStZ-RR 2003, 80; BayObLGSt 1970, 9, 12 ff.; HK-StPO/*Brauer* § 44 Rn. 31; KK-StPO/*Maul* § 44 Rn. 34; Meyer-Goßner/*Schmitt* § 44 Rn. 19; verneinend: LR/*Graalmann-Scheerer* § 44 Rn. 61 f.; MüKo-StPO/*Valerius* § 44 Rn. 60; SK-StPO/*Deiters* § 44 Rn. 37). 40

Jedoch kann anknüpfend an das Verteidigerhandeln ggf. ein **eigenes Verschulden** des Antragstellers gegeben sein (BGH NJW 1960, 1774, 1775). So liegt ein Verschulden des Angeklagten vor, wenn er untätig bleibt, obwohl er die Unzuverlässigkeit des Verteidigers kennt (BGH NJW 1973, 521; NJW 1973, 1138) oder die Fristversäumung durch den Verteidiger voraussehen konnte (BGH NJW 1973, 1138; vgl. auch NStZ 1995, 352). Letzteres gilt insb., wenn der Angeklagte wusste oder damit rechnen musste, dass der Verteidiger nicht tätig werden würde (BGH NStZ 2004, 166; NStZ-RR 2009, 375, 376; LG Oldenburg BeckRS 2017, 110036). Beruht die Fristversäumnis jedoch auf einer »offenkundig mangelhaften« Verteidigung, so ist dies dem Beschuldigten nicht anzulasten; vielmehr ist zur Wahrung der Beschuldigtenrechte (Art. 6 Abs. 3 lit. c EMRK) von Amts wegen Wiedereinsetzung in den vorigen Stand zu gewähren (BGH StV 2016, 770). 41

Besteht in der Rechtsanwaltskanzlei die klare Anweisung, dass dem Anwalt Fristsachen einschließlich der Briefumschläge vorzulegen sind, und wird dem Anwalt ein Urteil mit einem Eingangsstempel ohne den Briefumschlag vorgelegt, vermag der Umstand, dass der Eingangsstempel unrichtig war, ein fehlendes Verschulden des Anwalts an der Fristversäumung nicht zu begründen, wenn weder vorgetragen noch sonst ersichtlich ist, weshalb der Anwalt sich nicht nach dem Briefumschlag erkundigt hat (BGH, 17.03.2010 – 2 StR 27/10). 42

D. Nachholen von Verfahrensrügen. Ob dem Angeklagten Wiedereinsetzung zur Nachholung von Verfahrensrügen der bereits formgerecht begründeten Revision bewilligt werden kann, ist umstritten (verneinend: BGHSt 1, 44, 46 jedenfalls für die Fälle, in denen der Angeklagte und sein Verteidiger in der Hauptverhandlung der ersten Instanz anwesend waren; NJW 1960, 1775; NStZ-RR 2008, 18; NStZ-RR 2008, 247, 248; NStZ-RR 2010, 210; NStZ-RR 2022, 51; jetzt nur noch in Ausnahmefällen bejahend: BGH NStZ-RR 2012, 316 f.; wistra 2013, 34; OLG Nürnberg NJW 2007, 937; BayObLGSt 1984, 6; Meyer-Goßner/ 43

Schmitt § 44 Rn. 7a; bejahend: LR/*Graalmann-Scheerer* § 44 Rn. 15; MüKo-StPO/*Valerius* § 44 Rn. 36; SK-StPO/*Deiters* § 44 Rn. 12 f.).

44 Wiedereinsetzung wurde jedoch dann **gewährt**, wenn der Beschwerdeführer unverschuldet durch äußere Umstände oder durch Maßnahmen des Gerichts an der rechtzeitigen Revisionsbegründung gehindert worden ist (BGH NStZ 1997, 46; NStZ 2008, 705, 706; NStZ-RR 2008, 247, 248; NJW 2010, 1685) – so etwa bei Verzögerung der Postbeförderung (BGH NJW 1960, 1775; BayObLG NJW 1981, 1055), Ausfall des Faxgeräts des Gerichts (BGH NStZ 2008, 705, 706), Nichtgewährung von Akteneinsicht während der Revisionsbegründungsfrist trotz Bemühens des Verteidigers (BGH NStZ-RR 2008, 282, 283; NStZ 2009, 173, 174; NStZ-RR 2010, 210), Unmöglichkeit, an die eigenen Akten zu gelangen (BGH NStZ 2008, 525), Erkrankung des Verteidigers (BGH NStZ [Pf/M] 1985, 204; NStZ 2008, 525), Fehlen der Unterschrift des Verteidigers (BGH NStZ 1983, 132, 133), bei einem Versehen des Verteidigerbüros (BGH NStZ-RR [B] 2005, 257), bei verspäteter Beiordnung des Verteidigers (BGH StV 1983, 225), Weigerung des Pflichtverteidigers, eine weitere Revisionsbegründung als die Rüge der »Verletzung formellen und sachlichen Rechts« abzugeben (BayObLG MDR 1974, 247 f.), Weigerung des Rechtspflegers, notwendiges Vorbringen aufzunehmen (BGH wistra 1992, 148) oder wenn die sonst zur Zulässigkeit des Rechtsmittels führenden fristgerechten Rügen völlig ins Leere gehen würden (BayObLGSt 1978, 11, 13). War der Angeklagte in der Hauptverhandlung **ohne Verteidiger**, so kann ihm u.U. Wiedereinsetzung zur Nachholung von Verfahrensrügen zu gewähren sein (BayObLGSt 1984, 6 f.). Umstritten ist die Möglichkeit der Wiedereinsetzung bei Änderung der bisherigen ständigen Rspr. (verneinend: BGH wistra 1993, 347; bejahend: OLG Celle NZV 1993, 42, 43).

45 Dagegen wurde Wiedereinsetzung **nicht gewährt**: Bei Nichtmitgabe der Akten ins Büro (BGH NStZ [Pf/M] 1985, 13), bei Unterlassen des Verteidigers, an die Erledigung seines Akteneinsichtsgesuchs zu erinnern (BGH NStZ 2000, 326) oder sich um Akteneinsicht zu bemühen (BGH NStZ-RR 2006, 1, 2), bei Nichteinsehen der Akten bei Gericht (BayObLG NStZ-RR 2004, 82), bei Unterlassen, die Besetzung der Kammer in Erfahrung zu bringen (BGH NStZ-RR 2008, 33, 35), bei Weigerung des Rechtspflegers, sich Sätze ins Protokoll diktieren zu lassen (BGH NStZ 2006, 585), bei Versäumung der Revisionsbegründungsfrist durch einen zusätzlichen, zweiten RA, wenn Verfahrensrügen bereits durch den anderen RA erhoben wurden (BGH StraFo 2005, 25).

46 Ausgeschlossen sein soll Wiedereinsetzung zur **Ergänzung** einer bereits erhobenen Verfahrensrüge (BGH NStZ 1985, 181; NJW 2010, 1979, 1986; OLG Köln NStZ-RR 1996, 212) sowie bei einer nicht formgerecht erhobenen Sachrüge (OLG Hamm NZV 2001, 490).

47 Die nachgeschobene Rüge muss innerhalb der **Frist** des § 45 erfolgen (BGH NStZ-RR 2008, 282, 283; NStZ 2009, 173, 174) sowie der **Form** der §§ 344 Abs. 2 Satz 2, 345 Abs. 2 entsprechen (BGH NStZ-RR 1996, 140; s. aber BGH NJW 1997, 1516). Wird geltend gemacht, dass fehlende Akteneinsicht die ordnungsgemäße Erhebung der Rüge verhindert habe, muss die Rüge so genau mitgeteilt werden, wie dies ohne Akteneinsicht möglich ist (BGH NStZ-RR 1996, 140). Zudem muss ausreichend dargelegt werden, dass das Hindernis für eine ordnungsgemäße Begründung gerade auf der fehlenden Akteneinsicht beruht (BGH NStZ-RR [B] 2004, 225, 226; NStZ-RR 2010, 210).

§ 45 Anforderungen an einen Wiedereinsetzungsantrag

(1) [1]Der Antrag auf Wiedereinsetzung in den vorigen Stand ist binnen einer Woche nach Wegfall des Hindernisses bei dem Gericht zu stellen, bei dem die Frist wahrzunehmen gewesen wäre. [2]Zur Wahrung der Frist genügt es, wenn der Antrag rechtzeitig bei dem Gericht gestellt wird, das über den Antrag entscheidet.
(2) [1]Die Tatsachen zur Begründung des Antrags sind bei der Antragstellung oder im Verfahren über den Antrag glaubhaft zu machen. [2]Innerhalb der Antragsfrist ist die versäumte Handlung nachzuholen. [3]Ist dies geschehen, so kann Wiedereinsetzung auch ohne Antrag gewährt werden.

S.a. RiStBV Nr. 155

Übersicht

A. Antragstellung (Abs. 1). Der Antrag auf Wiedereinsetzung in den vorigen Stand kann **formfrei** gestellt werden (AnwK-StPO/*Rotsch* § 45 Rn. 2; LR/*Graalmann-Scheerer* § 45 Rn. 5); insb. muss der Antrag nicht schriftlich oder zu Protokoll der Geschäftsstelle gestellt werden (a.A. Graf/*Cirener* § 45 Rn. 1; MüKo-StPO/*Valerius* § 45 Rn. 2; SK-StPO/*Deiters* § 45 Rn. 1; Meyer-Goßner/*Schmitt* § 45 Rn. 2; KK-StPO/*Maul* § 44 Rn. 2). Nur hinsichtlich der nachzuholenden versäumten Prozesshandlung sind ggf. besondere Formerfordernisse zu beachten. Eine **fehlerhafte Bezeichnung** des Antrags schadet entsprechend § 300 nicht; es genügt vielmehr, wenn das Begehren sicher erkennbar ist. 1

Antragsberechtigt ist jeder Verfahrensbeteiligte, der eine Frist versäumt hat; auch Dritte wie Zeugen (AnwK-StPO/*Rotsch* § 44 Rn. 7; HK-StPO/*Brauer* § 44 Rn. 14; KK-StPO/*Maul* § 44 Rn. 3; LR/*Graalmann-Scheerer* § 44 Rn. 17), ebenso etwa die StA (LR/*Graalmann-Scheerer* § 44 Rn. 17 ohne Differenzierung; HK-StPO/*Brauer* § 44 Rn. 14: wenn die Wahrung des fremden Rechts zumindest auch im öffentlichen Interesse liegt; KK-StPO/*Maul* § 44 Rn. 3: nur für die Versäumung eigener Fristen), der Verteidiger in eigener Sache (HK-StPO/*Brauer* § 44 Rn. 14; LR/*Graalmann-Scheerer* § 44 Rn. 17) bzw. für den Angeklagten (KK-StPO/*Maul* § 44 Rn. 3) sowie der gesetzliche Vertreter i.S.v. § 298 Abs. 1 (HK-StPO/*Lemke* § 44 Rn. 14; KK-StPO/*Maul* § 44 Rn. 3; LR/*Graalmann-Scheerer* § 44 Rn. 17). 2

Die **Wochenfrist** (Abs. 1 Satz 1) bemisst sich nach § 43. **Maßgebliches Ereignis** für den Fristbeginn ist die Beseitigung des Hindernisses, auf dem die Fristversäumung beruht (OLG Karlsruhe MDR 1993, 564; LG Köln MDR 1997, 283). Dies ist z.B. der Zeitpunkt, in dem der Betroffene tatsächlich von dem Inhalt des ihm durch Niederlegung zugestellten Strafbefehls und damit von der Fristversäumnis (LG Köln MDR 1997, 283), von der sein Rechtsmittel verwerfenden Entscheidung (BGH NStZ [M] 1988, 209, 210) oder von der Unwirksamkeit des Rechtsmittelverzichts (BGH NStZ 2000, 96, 98) Kenntnis erlangt. Die Wahrnehmung eines Ereignisses kann nicht durch die Einschaltung eines neuen Verteidigers prolongiert werden (BGH NStZ 2006, 54, 55). Verfahrensbeteiligte, die sich nicht gegen einen Schuldvorwurf verteidigen, wie z.B. der Antragsteller in einem Klageerzwingungsverfahren, müssen sich nach dem allgemeinen Verfahrensgrundsatz des § 85 Abs. 2 ZPO das Verschulden seines Vertreters zurechnen lassen (OLG Frankfurt NStZ-RR 2003, 369; vgl. auch § 44 Rdn. 40 ff.). 3

Wird die **Frist versäumt**, so kann in diese wiederum Wiedereinsetzung gewährt werden (OLG Düsseldorf NJW 1982, 60, 61). Bei **Zweifeln an der Fristeinhaltung** ist zugunsten des Antragstellers zu entscheiden (OLG Hamburg NJW 1974, 68; HK-StPO/*Brauer* § 45 Rn. 6; KK-StPO/*Maul* § 45 Rn. 3; LR/*Graalmann-Scheerer* § 45 Rn. 5; vgl. BGH NJW 1960, 2202, 2203 bzgl. rechtzeitiger Rechtsmitteleinlegung; a.A. OLG Celle MDR 1982, 774 f.; Graf/*Cirener* § 45 Rn. 4; Meyer-Goßner/*Schmitt* § 45 Rn. 3; MüKo-StPO/*Valerius* § 45 Rn. 10; SK-StPO/*Deiters* § 45 Rn. 5). Jedenfalls ist zu seinen Gunsten zu entscheiden, wenn behördliches Verschulden gegeben ist (OLG Hamm NStZ 1999, 97; Meyer-Goßner/*Schmitt* § 45 Rn. 3). 4

Zuständig ist einerseits das Gericht, bei dem die Frist wahrzunehmen gewesen wäre (Abs. 1 Satz 1), andererseits nach Abs. 1 Satz 2 das Gericht, welches nach § 46 Abs. 1 über den Antrag entscheidet (s. § 46 Rdn. 1 f.). Dort kann auch die versäumte Handlung nachgeholt werden (OLG Hamburg JR 1978, 430, 431). Für **inhaftierte Beschuldigte** gilt § 299 entsprechend (KK-StPO/*Maul* § 45 Rn. 5; Meyer-Goßner/*Schmitt* § 45 Rn. 4; SK-StPO/*Deiters* § 45 Rn. 6). 5

B. Antragsbegründung (Abs. 2 Satz 1). Der Antrag muss Angaben über die versäumte Frist, den Hinderungsgrund und über den **Zeitpunkt des Wegfalls** des Hindernisses enthalten (BGH NStZ 2006, 54, 55; NStZ 2013, 474; NStZ-RR 2017, 381, 382; OLG Köln NStZ-RR 2002, 142 f.; OLG Hamm, 04.01.2012 – III-3 RVs 1/12). Dargelegt werden muss, wie und durch wessen Verschulden es zur Versäumung der Frist gekommen ist (BGH NJW 1959, 1779, 1780). Die Erläuterungen müssen das Gericht in die Lage versetzen, die Frage des Verschuldens oder Mitverschuldens hinreichend zuverlässig zu beurteilen (BGH NStZ [K] 1993, 27; OLG Frankfurt NStZ-RR 2002, 12). Es ist ein schlüssiger Sachverhalt zu präsentieren, der ein der Wiedereinsetzung entgegenstehendes Verschulden ausschließt (KG NZV 2002, 47, 48; KG vom 10.11.2014 – 4 Ws 114/14 – 141 AR 572/14). 6

Tatsachen, die **akten- oder gerichtskundig** sind, brauchen nicht vorgebracht werden (BVerfG NJW 1995, 2544; OLG Köln NStZ-RR 2002, 142, 143). Weder dargelegt noch glaubhaft gemacht werden muss etwa der Wiedereinsetzungsgrund der unterbliebenen Rechtsmittelbelehrung nach § 35a (HK-StPO/*Brauer* § 45 Rn. 11; SK-StPO/*Deiters* § 45 Rn. 10). Hat bereits eine entsprechende Tatsachenwürdigung durch das Gericht stattgefunden, kann der Wiedereinsetzungsantrag grundsätzlich nur auf neue, dem Gericht bislang noch nicht bekannte Tatsachen gestützt werden (LG Berlin VRS 134, 14). 7

Als Zulässigkeitsvoraussetzung des Antrags müssen die erforderlichen Angaben **innerhalb der Wochenfrist** vorgetragen werden (BGH NStZ 1996, 149; OLG Düsseldorf NJW 1984, 2901); sie können nicht nachgeholt werden (BGH NStZ 1996, 149). Z.T. wird aber eine nachträgliche Ergänzung oder Verdeutlichung 8 zugelassen (KG JR 1975, 380, 381; zu Recht einschränkend OLG Braunschweig NJW 1967, 1432: nur für den Fall, dass der Betroffene den wahren Sachverhalt selbst erst nach Fristablauf während der Beschwerdeinstanz erfahren hat).

9 **C. Glaubhaftmachung (Abs. 2 Satz 1).** Die Glaubhaftmachung bezieht sich in der Regel auf alle Tatsachen, die für die Entscheidung über den Wiedereinsetzungsantrag von Bedeutung sind. Fehlt sie, so ist der Antrag unzulässig (BGH NStZ 1991, 295; Graf/*Cirener* § 45 Rn. 8; KK-StPO/*Maul* § 45 Rn. 10; Meyer-Goßner/*Schmitt* § 45 Rn. 6; LR/*Graalmann-Scheerer* § 45 Rn. 25; SK-StPO/*Deiters* § 45 Rn. 11). Die Mittel der Glaubhaftmachung beschränken sich nicht auf die Beweismittel des Strengbeweises; vielmehr kommt alles in Betracht, was geeignet ist, die Wahrscheinlichkeit des vorgetragenen Sachverhalts zu unterstützen (*Sommer* StRR 2008, 168, 169).

10 Eine Tatsache ist **glaubhaft gemacht**, wenn das Gericht deren Richtigkeit in einem nach Lage der Sache zur Entscheidung hinreichenden Maß für wahrscheinlich hält (BVerfG NJW 1969, 1531, 1532; OLG Düsseldorf NJW 1985, 2207; vgl. auch BGH NJW 1968, 710, 711 f.; OLG Köln, 24.10.2011 – 2 Ws 659/11). Eine volle Überzeugung des Gerichts ist nicht erforderlich. Dabei hängen die insoweit zu stellenden Anforderungen auch vom Maß der Plausibilität ab, welche das Vorbringen aufweist (OLG Jena NStZ-RR 2006, 345). Die Anforderungen dürfen nicht überspannt werden (BVerfG NJW 1975, 1355 f.).

11 Eine Glaubhaftmachung ist **entbehrlich**, wenn die Begründungstatsachen gerichtsbekannt oder aktenkundig sind (s. Rdn. 7). Auch die Rechtsunkenntnis der Angeklagten bedarf in der Regel keiner Glaubhaftmachung (Graf/*Cirener* § 45 Rn. 9; Meyer-Goßner/*Schmitt* § 45 Rn. 6). Auf die Glaubhaftmachung kann ferner dann verzichtet werden, wenn sie dem Antragsteller **unmöglich** ist (BVerfG NJW 1995, 2545, 2546; OLG Düsseldorf NStZ 1990, 149, 150) und die Unmöglichkeit nicht auf einem verschuldeten Beweisverlust beruht (OLG Düsseldorf NStZ 1990, 149, 150; OLG München NStZ 1988, 377, 378). In diesem Fall soll ausnahmsweise die bloße Erklärung des Antragstellers ausreichen.

12 **I. Frist.** Die Glaubhaftmachung muss bei der Antragstellung oder im Verfahren über den Antrag erfolgen (Abs. 2 Satz 1). Ist sie angekündigt oder nach der Sachlage zu erwarten, ist die Entscheidung durch das Gericht für eine angemessene Zeit zurückzustellen (Graf/*Cirener* § 45 Rn. 8; Meyer-Goßner/*Schmitt* § 45 Rn. 7; SK-StPO/*Deiters* § 45 Rn. 12).

13 Die Glaubhaftmachung kann bis zur Entscheidung im Beschwerderechtszug noch **nachgeholt** werden (BVerfG NJW 1976, 1537, 1538; OLG Bamberg NStZ 1989, 335, 336; HK-StPO/*Brauer* § 45 Rn. 18; KK-StPO/*Maul* § 45 Rn. 15; Meyer-Goßner/*Schmitt* § 45 Rn. 7; SK-StPO/*Deiters* § 45 Rn. 12; a.A. noch OLG Stuttgart NJW 1976, 1278, 1279 und OLG Hamm MDR 1976, 509, die eine Nachholung nur bis zum Erlass der erstinstanzlichen Entscheidung zulassen wollten). Ist der Antrag zunächst mangels Glaubhaftmachung als unzulässig verworfen worden, so lebt die Zulässigkeit bei Nachholung wieder auf (LR/*Graalmann-Scheerer* § 45 Rn. 25; SK-StPO/*Deiters* § 45 Rn. 12).

14 **II. Mittel der Glaubhaftmachung.** Zur Glaubhaftmachung kommen alle Mittel in Betracht, die generell geeignet sind, in einem ausreichenden Maß die Wahrscheinlichkeit des Vorbringens des Antragstellers darzutun (BVerfG NJW 1974, 1902, 1903).

15 Die **»anwaltliche Versicherung«** kann sich nur auf eigene Wahrnehmungen beziehen und greift daher v.a. dann ein, wenn Wiedereinsetzungsgründe in Betracht kommen, die auf Handlungen, Unterlassungen oder Beobachtungen des Verteidigers bei seiner Berufsausübung als RA beruhen (SK-StPO/*Deiters* § 45 Rn. 13). Bei mehreren in einer Kanzlei verbundenen Rechtsanwälten ist die Glaubhaftmachung folglich nur dann wirksam, wenn sie durch den Anwalt erfolgt, der den Wiedereinsetzungsgrund aus eigener Anschauung kennt (OLG Koblenz NJW-RR 2016, 1526). In diesen Fällen genügt in der Regel die einfache schriftliche oder mündliche Erklärung des Verteidigers (OLG Schleswig MDR 1972, 165; strenger LG Heilbronn BeckRS 2017, 104056: eigenhändige Unterschrift erforderlich). Für Angaben von Kanzleiangestellten bedarf es dagegen einer eidesstattlichen Versicherung (vgl. BGH NStZ 1983, 34).

16 Die bloße **Benennung von Zeugen** genügt dann, wenn vorgebracht wird, dass sie eine schriftliche Bestätigung verweigert haben (BayObLGSt 1955, 210 f.; OLG Bremen JZ 1977, 442, 443; OLG Düsseldorf StV 1987, 428; KK-StPO/*Maul* § 45 Rn. 11 m.w.Bsp.; LR/*Graalmann-Scheerer* § 45 Rn. 20).

17 Nicht zugelassen sind jedoch **eidesstattliche Versicherungen des Beschuldigten**, denen lediglich der Wert einer bloßen Erklärung zukommt (RGSt 57, 53, 54; BGH NStZ 2006, 54, 55; BayObLG NStZ 1990, 340).

18 **Eigene Erklärungen** des Antragstellers stellen in der Regel kein Mittel der Glaubhaftmachung dar (BGH NStZ-RR 2010, 378, 379; NStZ 2006, 54, 55). Anderes gilt jedoch z.B., wenn der behauptete Wiedereinsetzungsgrund besonders nahe liegt oder der Lebenserfahrung entspricht (BVerfG NJW 1969, 1531, 1532; KG NJW 1974, 657, 658; a.A. SK-StPO/*Deiters* § 45 Rn. 15; Meyer-Goßner/*Schmitt* § 45 Rn. 9). Nicht

ausreichen soll es dagegen, wenn der ausländische Angeklagte lediglich behauptet, er habe die Rechtsmittelbelehrung nicht verstanden (OLG Oldenburg NStZ-RR 2008, 150). V.a. bei **Unmöglichkeit** der Glaubhaftmachung wird die eigene Erklärung als ausreichend erachtet (BVerfG NJW 1995, 2545, 2546; BVerfG StV 1993, 451; OLG Düsseldorf NStZ 1990, 149, 150).

Zur Glaubhaftmachung einer **technischen Störung des Faxgeräts** des Empfängers reicht es nicht aus, nur das Sendeprotokoll mit OK-Vermerk vorzulegen (OLG Karlsruhe NStZ 1994, 200, 201). Erforderlich ist vielmehr eine eidesstattliche Versicherung des Verteidigers oder seines Personals darüber, wann welches konkret bezeichnete Dokument mit welchem Inhalt vorschriftsmäßig übermittelt worden ist (LR/*Graalmann-Scheerer* § 45 Rn. 22; Meyer-Goßner/*Schmitt* § 45 Rn. 9a). Zudem kann der Angeklagte einen Einzelverbindungsnachweis seiner Telefonrechnung vorlegen, aus dem die Faxverbindung zwischen den betreffenden Faxgeräten zu dem infrage stehenden Zeitpunkt hervorgeht (LR/*Graalmann-Scheerer* § 45 Rn. 22; Meyer-Goßner/*Schmitt* § 45 Rn. 9a). 19

Fehlt auf einer Zustellungsurkunde entgegen Nr. 142 Abs. 3 Satz 1 RiStBV der Vermerk, dass eine Rechtsmittelbelehrung beigefügt war, beweist dies nicht das **Fehlen der Belehrung**; vielmehr muss unter Würdigung auch des Erledigungsvermerks der Geschäftsstelle beurteilt werden, ob eine fehlende Belehrung nach den §§ 44 Satz 2, 45 Abs. 2 Satz 1 glaubhaft gemacht ist (OLG Stuttgart, 10.08.2010 – 2 Ws 107/10). 20

D. Nachholung der versäumten Handlung (Abs. 2 Satz 2). Die Handlung muss, wenn sie entweder bisher gar nicht oder nicht formgerecht vorgenommen wurde, innerhalb der Wochenfrist des Abs. 1 Satz 1 und in der jeweils erforderlichen Form nachgeholt werden (BGH NStZ 1989, 13, 15 f.; OLG Düsseldorf NJW 1998, 919). Andernfalls ist bereits der Wiedereinsetzungsantrag unzulässig (Graf/*Cirener* § 45 Rn. 13; Meyer-Goßner/*Schmitt* § 45 Rn. 11). 21

Eine **nachgeholte Revisionsbegründung** muss im Wiedereinsetzungsverfahren nur den Formerfordernissen der §§ 344 Abs. 1, Abs. 2 Satz 1, 345 Abs. 2 entsprechen; ob sie auch § 344 Abs. 2 Satz 2 genügt, ist im Revisionsverfahren zu prüfen (BGH NJW 1997, 1516). 22

Ist der Verteidiger nach § 146a zurückgewiesen worden und wird aus diesem Grund Wiedereinsetzung gewährt, so wird zudem die Wochenfrist des § 45 Abs. 2 durch die **Monatsfrist des § 345 Abs. 1 Satz 1** ersetzt (BGHSt 26, 335 = NJW 1976, 1414, 1415; näher zur Problematik: *Sobota/Loose* NStZ 2018, 72). Dasselbe gilt für den Fall, dass der Angeklagte keine Rechtsmittelbelehrung (OLG Koblenz NStZ 1991, 42, 43) oder erst verspätet Kenntnis von dem schriftlichen Urteil erhalten hat (BGH StV 2006, 283). Zudem soll dem Angeklagten jedenfalls dann, wenn der Hinderungsgrund allein vom Gericht zu vertreten ist, kein Schuldvorwurf gemacht werden können, wenn sein Verteidiger, ggf. rechtsirrig, die volle Frist des § 345 Abs. 1 für sich in Anspruch nimmt (BGH NStZ 1997, 45, 46). Ist die Einlegung der Revision versäumt worden, so beginnt die Frist zur Begründung des Rechtsmittels erst mit der Zustellung des Wiedereinsetzungsbeschlusses (BGH NJW 1982, 1110). 23

E. Wiedereinsetzung ohne Antrag (Abs. 2 Satz 3). Wiedereinsetzung kann auch ohne Antrag von Amts wegen gewährt werden. Dies setzt voraus, dass alle sonstigen **Voraussetzungen des § 45** vorliegen, insb. die **versäumte Handlung** frist- und formgerecht **nachgeholt** wird (BGH MDR [H] 1988, 456) oder diese, wenn auch verspätet, bereits vorgenommen worden ist (Meyer-Goßner/*Schmitt* § 45 Rn. 12). Aus dem Inhalt oder Zusammenhang muss auf den Willen des Betroffenen geschlossen werden können, Wiedereinsetzung zu begehren (LR/*Graalmann-Scheerer* § 45 Rn. 30; SK-StPO/*Deiters* § 45 Rn. 19). Die Handlung braucht dazu nicht zwingend im Bewusstsein der Fristversäumung nachgeholt werden (BayObLGSt 1987, 102, 103). 24

Der ursächliche Zusammenhang zwischen Versäumungsgrund und Säumnis (OLG Düsseldorf StraFo 2000, 412, 413; OLG Saarbrücken NStZ 1986, 470, 472; OLG Zweibrücken VRS 88, 356, 357) muss wie das fehlende Verschulden des Betroffenen (OLG Frankfurt VRS 59, 429, 430; vgl. OLG Hamburg NStZ 1985, 568; Meyer-Goßner/*Schmitt* § 45 Rn. 12; SK-StPO/*Deiters* § 45 Rn. 19) offensichtlich oder den Akten zu entnehmen sein. Wiedereinsetzung ist zu gewähren, wenn der Wiedereinsetzungsgrund auf amtliches Verschulden zurückzuführen ist (OLG Köln NZV 2006, 47; OLG Koblenz bei *Matzke* NStZ 2001, 414 f.; OLG Oldenburg NStZ 2012, 51) oder bspw. nicht aufgeklärt werden kann, ob die Fristversäumnis auf einer überlangen Postlaufzeit beruht (OLG Brandenburg NZV 2006, 316; OLG Hamm NStZ-RR 2009, 112). 25

Ist Wiedereinsetzung beantragt worden, aber der **Antrag verspätet** (OLG Bremen StV 1991, 505) oder die **Antragsbegründung mangelhaft**, so kommt ebenfalls eine Wiedereinsetzung von Amts wegen in Betracht, wenn das Gericht wegen allgemein- oder aktenkundiger Tatsachen innerhalb der Antragsfrist ohne Weiteres in der Lage gewesen wäre, das Vorliegen eines Wiedereinsetzungsgrundes zu erkennen (OLG Köln NStZ-RR 2002, 142, 143). 26

27 Wiedereinsetzung von Amts wegen kommt nicht nur bei Fristversäumung, sondern auch bei **Versäumung der Hauptverhandlung** in den Fällen der §§ 235, 329, 412 infrage (OLG Düsseldorf NJW 1980, 1704, 1705; LG Siegen NJW 1976, 2359; vgl. auch OLG Köln NStZ-RR 2002, 142, 143).

§ 46 Zuständigkeit; Rechtsmittel

(1) Über den Antrag entscheidet das Gericht, das bei rechtzeitiger Handlung zur Entscheidung in der Sache selbst berufen gewesen wäre.
(2) Die dem Antrag stattgebende Entscheidung unterliegt keiner Anfechtung.
(3) Gegen die den Antrag verwerfende Entscheidung ist sofortige Beschwerde zulässig.

1 **Zuständig** für die Entscheidung über den Wiedereinsetzungsantrag ist das Gericht, welches nach rechtzeitiger Handlung zur Entscheidung in der Sache berufen wäre: Das AG ist zuständig bei Versäumung der Einspruchsfrist gegen den Strafbefehl (BGH NJW 1968, 557, 558), das Rechtsmittelgericht bei Versäumung der Rechtsmittelfrist (RGSt 40, 271, 272). Hat der Angeklagte das Rechtsmittel zunächst nicht bezeichnet, so ist das Berufungsgericht zuständig, wenn wegen der Versäumung der Rechtsmittelfrist Wiedereinsetzung beantragt wird (BayObLG NJW 1962, 1927, 1928). Umstritten ist, ob das Berufungsgericht für die Entscheidung über den Wiedereinsetzungsantrag in die Revisionsbegründungsfrist auch dann zuständig ist, wenn die Wiedereinsetzung nur zwecks Übergangs von der Revision zur Berufung begehrt wird (bejahend: OLG München NStZ-RR 2010, 245; dagegen für das Revisionsgericht: OLG Schleswig MDR 1981, 251; AnwK-StPO/*Rotsch* § 46 Rn. 2; HK-StPO/*Brauer* § 46 Rn. 1; KK-StPO/*Maul* § 46 Rn. 1; LR/*Graalmann-Scheerer* § 46 Rn. 4; Meyer-Goßner/*Schmitt* § 46 Rn. 1; MüKo-StPO/*Valerius* § 46 Rn. 2). Denn bei Versäumung der Revisionsbegründungsfrist kann Wiedereinsetzung in den vorigen Stand auch (nur) zu dem Zweck gewährt werden, von der Revision zur Berufung überzugehen (OLG München NStZ-RR 2010, 245).

2 Über einen **durch das AG übergangenen Wiedereinsetzungsantrag** gegen die Versäumung der Einspruchsfrist im Strafbefehlsverfahren darf das Rechtsmittelgericht nicht selbst entscheiden (BGHSt 22, 52, 58; OLG Frankfurt NStZ-RR 2006, 215), und zwar auch dann nicht, wenn der Wiedereinsetzungsantrag erst im Revisionsverfahren gestellt wird (AnwK-StPO/*Rotsch* § 46 Rn. 3; KK-StPO/*Maul* § 46 Rn. 2; LR/*Graalmann-Scheerer* § 46 Rn. 8; Meyer-Goßner/*Schmitt* § 46 Rn. 2; MüKo-StPO/*Valerius* § 46 Rn. 3; SK-StPO/*Deiters* § 46 Rn. 3; vgl. BGH NJW 1968, 557, 558; a.A. BayObLGSt 1963, 54, 56). Hat das Berufungsgericht über eine verspätet eingelegte Berufung zu Unrecht sachlich entschieden, so hat das Revisionsgericht auch in diesem Fall regelmäßig die ergangenen Entscheidungen aufzuheben und zurückzuverweisen (OLG Frankfurt StV 2017, 658; BayObLGSt 1987, 102, 106; BayObLG NStZ-RR 1996, 74; AnwK-StPO/*Rotsch* § 46 Rn. 3; HK-StPO/*Brauer* § 46 Rn. 2; SK-StPO/*Deiters* § 46 Rn. 3; a.A. OLG Hamburg NStZ 1985, 568).

3 Die Entscheidung ergeht durch **Beschluss**. Gem. § 33 Abs. 2, 3 sind die StA und andere betroffene Prozessbeteiligte zu hören. Fehlt ein Formerfordernis, so wird der Antrag als unzulässig verworfen; liegen die Voraussetzungen des § 44 nicht vor, so wird er als unbegründet verworfen; andernfalls wird Wiedereinsetzung gewährt (HK-StPO/*Brauer* § 46 Rn. 7; Meyer-Goßner/*Schmitt* § 46 Rn. 5). Die Kostenentscheidung richtet sich nach § 473 Abs. 7.

4 Wiedereinsetzung kann auch **stillschweigend** gewährt werden, etwa durch Anberaumen der Hauptverhandlung (OLG Stuttgart NJW 1976, 1905; BayObLGSt 1987, 102, 103 f.) oder durch sonstige Fortsetzung des Verfahrens (OLG Oldenburg VRS 68, 282: hier durch die kommissionarische Vernehmung des Betroffenen). Voraussetzung ist jedoch, dass das Gericht sich der Fristversäumung und der sich hieraus ergebenden Notwendigkeit einer Gewährung von Wiedereinsetzung bewusst ist (BayObLGSt 1987, 102, 103 f.; OLG Düsseldorf JR 1986, 121 f.; OLG Hamm MDR 1994, 715).

5 Eine **stattgebende Entscheidung** ist, auch für die folgenden Instanzen, bindend (BVerfG NJW 1962, 580). Sie ist gem. § 46 Abs. 2 unanfechtbar. Dies gilt auch dann, wenn anstelle des Rechtsmittelgerichts der Tatrichter die Wiedereinsetzung bewilligt hat (RGSt 40, 271, 272; BayObLGSt 1980, 36, 37; OLG Düsseldorf NStZ 1988, 238; OLG Köln LSK 2019, 7498) oder der Beschluss auf rechtsfehlerhaften Erwägungen beruht (OLG Braunschweig NJW 1973, 2119). Wenn er jedoch unter Verletzung des rechtlichen Gehörs ergangen ist, kann dieser direkt mit der Verfassungsbeschwerde angegangen werden (BVerfG NJW 1962, 580).

6 **Verwerfungsentscheidungen** können, wenn § 304 Abs. 4 nicht eingreift (BGH NJW 1976, 525), mit der **sofortigen Beschwerde** angegriffen werden (§ 46 Abs. 3). Die sofortige Beschwerde steht nach § 296 ebenso der StA zu, die von dieser auch zugunsten des Angeklagten Gebrauch machen kann (AnwK-StPO/*Rotsch* § 46 Rn. 6; Graf/*Cirener* § 46 Rn. 6; Meyer-Goßner/*Schmitt* § 46 Rn. 8; SK-StPO/*Deiters* § 46 Rn. 11). Hat das unzuständige AG statt des OLG den Verwerfungsbeschluss gefasst, so entscheidet über die sofortige Beschwerde gem. § 121 Abs. 1 Nr. 2 GVG das OLG, nicht das LG (KG JR 1983, 214; BayObLG NJW

1961, 1982 f.; HK-StPO/*Brauer* § 46 Rn. 11; Meyer-Goßner/*Schmitt* § 46 Rn. 8; MüKo-StPO/*Valerius* § 46 Rn. 12; a.A. LR/*Graalmann-Scheerer* § 46 Rn. 4; SK-StPO/*Deiters* § 46 Rn. 2).

Eine Verwerfungsentscheidung kann zurückgenommen werden, wenn sich ihre tatsächliche Grundlage als falsch herausstellt (BayObLGSt 1952, 61). 7

§ 47 Keine Vollstreckungshemmung

(1) Durch den Antrag auf Wiedereinsetzung in den vorigen Stand wird die Vollstreckung einer gerichtlichen Entscheidung nicht gehemmt.

(2) Das Gericht kann jedoch einen Aufschub der Vollstreckung anordnen.

(3) [1]Durchbricht die Wiedereinsetzung die Rechtskraft einer gerichtlichen Entscheidung, werden Haft- und Unterbringungsbefehle sowie sonstige Anordnungen, die zum Zeitpunkt des Eintritts der Rechtskraft bestanden haben, wieder wirksam. [2]Bei einem Haft- oder Unterbringungsbefehl ordnet das die Wiedereinsetzung gewährende Gericht dessen Aufhebung an, wenn sich ohne weiteres ergibt, dass dessen Voraussetzungen nicht mehr vorliegen. [3]Andernfalls hat das nach § 126 Abs. 2 zuständige Gericht unverzüglich eine Haftprüfung durchzuführen.

Der Antrag nach §§ 44, 45 bewirkt gem. § 47 Abs. 1 **keine Vollstreckungshemmung**; sie tritt erst mit Bewilligung der Wiedereinsetzung ein (OLG Köln NJW 1987, 80). Aus § 47 Abs. 1 folgt auch, dass vor dem Widerruf einer Strafaussetzung zur Bewährung nicht abgewartet werden muss, bis rechtskräftig über den Antrag auf Wiedereinsetzung entschieden wurde, sofern dieser nicht mit einem Antrag auf Vollstreckungsaufschub verbunden war (OLG Celle BeckRS 2017, 115818) 1

Nach § 47 Abs. 2 kann das Gericht auf Antrag oder von Amts wegen (LR/*Graalmann-Scheerer* § 47 Rn. 5; MüKo-StPO/*Valerius* § 47 Rn. 4; SK-StPO/*Deiters* § 47 Rn. 2) einen **Vollstreckungsaufschub** anordnen. **Aufschub** ist sowohl die Aussetzung als auch die Unterbrechung einer bereits eingeleiteten Vollstreckung (KK-StPO/*Maul* § 47 Rn. 2; LR/*Graalmann-Scheerer* § 47 Rn. 2; Meyer-Goßner/*Schmitt* § 47 Rn. 2; SK-StPO/*Deiters* § 47 Rn. 2). Ein Aufschub eines rechtskräftig verhängten **Fahrverbots** nach § 44 StGB soll nicht möglich sein. § 47 Abs. 2 gestattet dem Gericht nur, die Vollstreckung aufzuschieben. Im Gegensatz zu den meisten Strafarten, bei denen es besonderer Vollstreckungsmaßnahmen bedarf, treten bei der Nebenstrafe des Fahrverbots die mit der Strafe verbundenen Nachteile unmittelbar mit Rechtskraft des Urteils ein, ohne dass besondere Vollstreckungshandlungen notwendig wären (OLG Köln NJW 1987, 80 f.). 2

Der Aufschub setzt voraus, dass der Wiedereinsetzungsantrag form- und fristgerecht gestellt sowie erfolgversprechend ist (HK-StPO/*Lemke* § 47 Rn. 3; KK-StPO/*Maul* § 47 Rn. 2; LR/*Graalmann-Scheerer* § 47 Rn. 1; Meyer-Goßner/*Schmitt* § 47 Rn. 2; SK-StPO/*Deiters* § 47 Rn. 4). 3

Der Vollstreckungsaufschub kann von dem in § 45 Abs. 1 Satz 1 oder dem in § 46 Abs. 1 genannten **Gericht** bewilligt werden (AnwK-StPO/*Rotsch* § 47 Rn. 2; Graf/*Cirener* § 47 Rn. 2; KK-StPO/*Maul* § 47 Rn. 1; Meyer-Goßner/*Schmitt* § 47 Rn. 2; MüKo-StPO/*Valerius* § 47 Rn. 5; SK-StPO/*Deiters* § 47 Rn. 3; a.A. HK-StPO/*Brauer* § 47 Rn. 2). Das Gericht nach § 45 Abs. 1 Satz 1 ist jedoch gehalten, die Sache dem nach § 46 Abs. 1 zuständigen Gericht vorzulegen, das die Entscheidung abändern kann (AnwK-StPO/*Rotsch* § 47 Rn. 2; Graf/*Cirener* § 47 Rn. 2; KK-StPO/*Maul* § 47 Rn. 1; Meyer-Goßner/*Schmitt* § 47 Rn. 2; MüKo-StPO/*Valerius* § 47 Rn. 5). Der Vollstreckungsaufschub kann nur bei Gefahr im Verzug durch den Vorsitzenden eines Kollegialgerichts allein bewilligt werden; ansonsten ist immer das Kollegialgericht zuständig (a.A. AnwK-StPO/*Rotsch* § 47 Rn. 2; Graf/*Cirener* § 47 Rn. 2; HK-StPO/*Brauer* § 47 Rn. 4; LR/*Graalmann-Scheerer* § 47 Rn. 3; Meyer-Goßner/*Schmitt* § 47 Rn. 2). 4

Nach § 304 Abs. 1 ist die Entscheidung mit der **Beschwerde** anfechtbar (AnwK-StPO/*Rotsch* § 47 Rn. 2; Graf/*Cirener* § 47 Rn. 2.1; HK-StPO/*Brauer* § 47 Rn. 4; LR/*Graalmann-Scheerer* § 47 Rn. 5; Meyer-Goßner/*Schmitt* § 47 Rn. 2; MüKo-StPO/*Valerius* § 47 Rn. 10; SK-StPO/*Deiters* § 47 Rn. 5). 5

Haft- und Unterbringungsbefehle sowie sonstige Anordnungen **leben** nach § 47 Abs. 3 **wieder auf**; sonstige praktisch relevante wieder auflebende **Anordnungen** sind: Beschlagnahmen zu Beweiszwecken (§ 94), eine vorläufige Entziehung der Fahrerlaubnis (§ 111a), vorläufige Sicherstellungsmaßnahmen (§§ 111b ff.), ein vorläufiges Berufsverbot (§ 132a) oder die Bestellung eines Pflichtverteidigers (§ 142). Nach § 116 ausgesetzte Haftbefehle werden in gleicher Weise wieder wirksam; Sicherheitsleistungen nach § 123 müssen erneut erbracht werden (HK-StPO/*Brauer* § 47 Rn. 5; KK/*Maul* § 47 Rn. 3; Meyer-Goßner/*Schmitt* § 47 Rn. 3). 6

Die Aufhebung des Haft- bzw. Unterbringungsbefehls durch das die Wiedereinsetzung gewährende Gericht (§ 126 Abs. 3) regelt Abs. 3 Satz 2. Die Anordnungsvoraussetzungen sind insb. dann nicht mehr gegeben, wenn bereits ein bestehender Strafrest zur Bewährung ausgesetzt worden oder die Strafe voll verbüßt ist (Meyer-Goßner/*Schmitt* § 47 Rn. 4). Andernfalls regelt Abs. 3 Satz 3, dass unverzüglich eine Haftprüfung 7 durchzuführen ist. Bei sonstigen Anordnungen ist es Sache des Betroffenen, einen entsprechenden Antrag zu stellen (HK-StPO/*Brauer* § 47 Rn. 7; KK-StPO/*Maul* § 47 Rn. 3; Meyer-Goßner/*Schmitt* § 47 Rn. 4).

Sechster Abschnitt. Zeugen

§ 48 Zeugenpflichten; Ladung

(1) [1]Zeugen sind verpflichtet, zu dem zu ihrer Vernehmung bestimmten Termin vor dem Richter zu erscheinen. [2]Sie haben die Pflicht auszusagen, wenn keine im Gesetz zugelassene Ausnahme vorliegt.
(2) Die Ladung der Zeugen geschieht unter Hinweis auf verfahrensrechtliche Bestimmungen, die dem Interesse des Zeugen dienen, auf vorhandene Möglichkeiten der Zeugenbetreuung und auf die gesetzlichen Folgen des Ausbleibens.
(3) (weggefallen)

S.a. RiStBV Nr. 64–66

Übersicht

1 **A. Grundsätzliches.** Die Vorschrift hat ihre letzte Änderung durch Gesetz v. 16.06.2021 (BGBl. I, S. 1810) erfahren. Die Regelung über den schutzbedürftigen, weil durch die Straftat verletzten, Zeugen in Abs. 3 wurde aus dem Tatbestand herausgelöst und – leicht modifiziert – als eigenständige Vorschrift, § 48a, in das Gesetz aufgenommen.

2 **B. Tatbestand.** Gem. Abs. 1 muss der Zeuge zur Vernehmung **erscheinen** und **aussagen.** Gesetzliche Ausnahmen von der Aussagepflicht statuieren die §§ 52–55.

3 **Ladung** i.S.d. Vorschrift ist die verbindliche Aufforderung an eine Auskunftsperson, zur Ablegung des Zeugnisses, d.h. zum Zweck einer Vernehmung, zu einer bestimmten Zeit an einem bestimmten Ort zu erscheinen (*Pfeiffer* § 48 Rn. 1). Gericht und StA müssen bei der Ladung bestimmte Förmlichkeiten grds. nicht beachten (vgl. LR/*Ignor/Bertheau* § 48 Rn. 3). Die Verfahrensordnung enthält insoweit keine bindenden Vorgaben. Allein den Richtlinien für das Straf- und das Bußgeldverfahren ist in Nr. 64 Abs. 3 Satz 1 ein Hinweis auf die möglichst einzuhaltende Form zu entnehmen. Danach sollen Zeugen durch einfachen Brief, nicht aber durch Postkarte geladen werden. Nur bei Vorliegen »besonderer Umstände« sei die Ladung zuzustellen, Nr. 64 Abs. 3 Satz 2 RiStBV. Wie sich aus Nr. 117 Abs. 1 Satz 2 RiStBV ergibt, liegen solche »besonderen Umstände« nicht bereits dann vor, wenn der Zeuge zu einer Hauptverhandlung geladen wird. Es liegt mithin im richterlichen oder staatsanwaltschaftlichen Ermessen, den Zeugen mittels Telefax, mündlich oder telefonisch zu laden (vgl. LR/*Ignor/Bertheau* § 48 Rn. 4). Die Einschaltung von »Erklärungsboten« ist möglich. Die Ladung kann durch Polizei oder Gerichtswachtmeister übermittelt werden (vgl. Meyer-Goßner/*Schmitt* § 48 Rn. 1). Bei Unterbrechung oder Aussetzung einer Hauptverhandlung wird sie für die neuerliche oder fortzusetzende Vernehmung im Regelfall vom Vorsitzenden selbst vorgenommen (vgl. bereits RGSt 35, 232, 233). Konkrete Fristen sind bei der Zeugenladung nicht zu beachten (vgl. KK-StPO/*Bader* § 48 Rn. 5). Die Auskunftsperson kann zum sofortigen Erscheinen aufgefordert werden. Eine »ordnungsgemäße Ladung« i.S.d. § 51, deren Missachtung Ordnungsmittel und Vorführung nach sich ziehen können soll, wird im Regelfall jedoch eine angemessene Ladungsfrist voraussetzen (vgl. LR/*Ignor/Bertheau* § 48 Rn. 11).

4 Für andere Verfahrensbeteiligte als Gericht und StA, denen das Recht zur Zeugenladung zusteht – also für den Angeklagten (§§ 220 Abs. 1, 323 Abs. 1 Satz 1, 386 Abs. 2), den Privatkläger (§ 386 Abs. 2), den Nebenkläger, den Beschuldigten im Sicherungsverfahren (§ 414 Abs. 1), den Verfalls- und Einziehungsbeteiligten (§§ 433 Abs. 1, 440 Abs. 3, 442 Abs. 1) sowie juristische Personen, gegen die im Strafverfahren über die Festsetzung einer Geldbuße zu entscheiden ist (§ 44 Abs. 2 Satz 2, Abs. 3 Satz 1) – besteht ein Formzwang bei der Ausübung dieses Rechts. Sie haben sich gem. § 38 des Gerichtsvollzieher zu bedienen, der seinerseits das Recht hat, über §§ 191, 194 ZPO ein Postunternehmen mit der Zustellung zu beauftragen (vgl. hierzu näher § 38 Rdn. 4).

5 Als **notwendigen Inhalt** der Zeugenladung nennt § 48 den Hinweis auf verfahrensrechtliche Bestimmungen, die dem Interesse des Zeugen dienen, auf vorhandene Möglichkeiten der Zeugenbetreuung und auf die gesetzlichen Folgen des Ausbleibens. Daneben – vom Gesetz zwar nicht ausdrücklich genannt, aber vorausgesetzt – gehört zum notwendigen Inhalt der Ladung, dass die Auskunftsperson aus ihr erkennen kann, dass

sie als Zeuge vernommen werden soll (vgl. SK-StPO/*Rogall* § 48 Rn. 24). Dies bringt Nr. 64 Abs. 1 Satz 1 RiStBV zum Ausdruck. Grds. soll in der Ladung auch der Name des Beschuldigten angegeben werden, es sei denn, ermittlungstaktische Gründe sprechen dagegen. Demgegenüber soll – um einer Vorbeeinflussung des Zeugen entgegenzuwirken – der Gegenstand der Beschuldigung im Regelfall nicht mitgeteilt werden. Etwas anderes gilt dann, wenn die Bezeichnung der Tat der Vorbereitung der Aussage dienlich ist, Nr. 64 Abs. 1 Satz 2 RiStBV. Wird vermutet, dass der Zeuge im Besitz weiterer, dem Untersuchungszweck dienlicher Beweismittel ist, ist er aufzufordern, diese zur Vernehmung mitzubringen, Nr. 64 Abs. 2 RiStBV.

Der **Hinweis auf die gesetzlichen Folgen des Ausbleibens** (§ 51) ist selbst bei wiederholter Ladung und bei mündlicher Ladung in einem Gerichtstermin im Hinblick auf einen weiteren oder neuen Verhandlungstag obligatorisch (vgl. OLG Hamm NJW 1957, 1330). Grds. ist der Zeuge über sämtliche Konsequenzen seines Fernbleibens gem. der Vorschrift des § 51 (vgl. dort Rdn. 7 ff.) zu belehren. Für schuldunfähige Zeugen gilt eine Ausnahme. Gegen sie dürfen Ordnungsmittel nicht festgesetzt werden (vgl. § 51 Rdn. 10). Daher sind sie allein über die Möglichkeit der Vorführung nach § 51 Abs. 1 Satz 3 zu belehren (vgl. SK-StPO/*Rogall* § 48 Rn. 23). Eine Belehrung über etwaige Ordnungsmittel entfällt auch ggü. dem nicht in Freiheit befindlichen Zeugen. Dieser muss auch nicht auf die Möglichkeit eine Vorführung hingewiesen werden, da er sich aufgrund seiner Situation dem staatlichen Zugriff nicht entziehen kann. Insoweit wird die an ihn gerichtete Aufforderung, sich einer Vernehmungssituation zu stellen, von vornherein um einen richterlichen Vorführungsbefehl oder die Vorführungsanordnung der StA ergänzt (vgl. OLG Koblenz NStZ 1989, 93; KK-StPO/*Bader* § 48 Rn. 6). 6

Der **Hinweis auf die Zeugenrechte** bezieht sich zum einen auf Möglichkeiten der Zeugenbetreuung, also die Möglichkeiten einer organisatorischen Erleichterung der Vernehmungssituation etwa durch Kinderbetreuung oder Einrichtung von Zeugenzimmern (vgl. Meyer-Goßner/*Schmitt* § 48 Rn. 3a). Der Hinweis unterbleibt, wenn entsprechende Betreuungsangebote bei der Justizbehörde nicht vorhanden sind (vgl. LR/*Ignor/Bertheau* § 48 Rn. 9). Daneben ist der Zeuge aber auch über Verfahrensvorschriften zu informieren, deren Wahrung in seinem Interesse liegt. Hierher gehören Vorschriften wie §§ 58a, 247 Satz 2 und § 172 GVG. Der Gesetzgeber fordert eine auf den Einzelfall zugeschnittene Belehrung (vgl. BT-Drs. 15/1976, S. 10). Daher ist es nicht angängig, sämtliche dem Schutz oder den Interessen von Zeugen dienende Vorschriften in die Ladung mit aufzunehmen. Wegen der bei Befolgung dieser Vorgabe »unangemessenen Arbeitsbelastung« der Justiz bei Erstellung der Ladung deshalb krit. zu diesem Erfordernis *Wenske* DRiZ 2005, 293, 294. Erfolgt eine Belehrung über die dem Persönlichkeitsschutz des Zeugen dienenden Vorschriften, kann dies eine Befangenheit des Gerichts nicht begründen (KK-StPO/*Bader* § 48 Rn. 7). 7

Die **Anordnung der Ladung** trifft der Richter, der die Vernehmung durchführen will (der Vorsitzende in der Hauptverhandlung, der ersuchte bzw. beauftragte Richter, der Ermittlungsrichter; vgl. SK-StPO/*Rogall* § 48 Rn. 11). Im Vorverfahren liegt die Befugnis auch beim Staatsanwalt (§ 161a Abs. 1; vgl. KK-StPO/*Bader* Rn. 3). Dieser (§§ 214 Abs. 3, 323 Abs. 1), der Angeklagte (§§ 220 Abs. 1, 323 Abs. 1, 386 Abs. 2), der Nebenkläger (§§ 397 Abs. 1, 386 Abs. 2) und der Privatkläger (§ 386 Abs. 2) haben zudem die Möglichkeit, Auskunftspersonen zur Hauptverhandlung zu laden (vgl. KK-StPO/*Bader* § 48 Rn. 3; a.A. für den Nebenkläger LR/*Ignor/Bertheau* § 48 Rn. 2). Ladungen der StA und des Gerichts werden in der Regel durch die Geschäftsstellen der Justizbehörden bewirkt. Zwingend vorgeschrieben ist dies nicht (vgl. SK-StPO/*Rogall* § 48 Rn. 12). Eine ausdrückliche Regelung für die Ladung zur Hauptverhandlung – Ausführung durch die Geschäftsstelle – enthält § 214 Abs. 1 Satz 2. Die übrigen Prozessbeteiligten haben sich für die Ladung des Gerichtsvollziehers zu bedienen (§§ 38, 220). 8

Wird die vorgesehene **Form der Ladung** nicht eingehalten, berührt das deren Wirksamkeit nicht (vgl. Meyer-Goßner/*Schmitt* § 48 Rn. 4). Entsprechendes gilt für einen **inhaltlichen Mangel** (vgl. *Neuhaus* StV 2004, 620, 621). Eine Beschwerde ist nicht möglich. Ladungen von Gerichten und StA entfalten in jedem Bundesland ihre Wirkung, § 160 GVG. 9

Kinder werden zu Händen ihrer gesetzlichen Vertreter geladen. Diese haben auf die Einhaltung der Zeugenpflichten hinzuwirken (OLG Hamm NJW 1965, 1613). Hat der »kindliche« Zeuge allerdings das 14. Lebensjahr vollendet, kann er bereits persönlich geladen werden (OLG Frankfurt NStZ-RR 2005, 268). Sollte der kindliche Zeuge aufgrund seiner Entwicklung nicht in der Lage sein, den Inhalt der Ladung zu verstehen, so ist sein gesetzlicher Vertreter zu laden. An diesen ergeht zugleich die Aufforderung, den kindlichen Zeugen der Vernehmung zuzuführen (vgl. LR/*Ignor/Bertheau* § 48 Rn. 13). 10

Seeleute und Binnenschiffer können über die Wasserschutzpolizei geladen werden (vgl. Schifffahrtsobergericht Hamm NJW 1965, 1613). Dies erfolgt in der Weise, sich bei der nächsten Liegezeit auf der Geschäftsstelle des örtlich zuständigen AG zu melden (vgl. KMR/*Neubeck* § 48 Rn. 9). 11

Hinsichtlich **deutscher Soldaten** gelten keine Besonderheiten. Sie werden wie Zivilpersonen geladen (Nr. 17 ff. des Erlasses des Bundesministeriums der Verteidigung v. 16.03.1982). Zur Ladung in der BRD 12 stationierter ausländischer Streitkräfte vgl. Art. 37a ZusAbk zum NATO-Truppenstatut. Angehörige ausländischer Streitkräfte werden nach deutschem Recht geladen, wenn das Militär ihr Erscheinen nicht sicherstellen kann (vgl. *Marenbach* NJW 1974, 1070).

13 **Deutsche und ausländische Zeugen**, die sich im Ausland befinden, werden über die ausländischen Behörden geladen (Nr. 115, 116 RiVASt). Daneben besteht die Möglichkeit der Ladung über die deutsche Auslandsvertretung, Nr. 128 ff. RiVASt.

14 Ladungen an **Exterritoriale**, also Personen, die nach den §§ 18–20 GVG oder anderen Rechtsvorschriften von der deutschen Gerichtsbarkeit befreit sind, erfolgen stets über Vermittlung des Auswärtigen Amts, Nr. 196 RiStBV. Zu beachten ist die Formvorschrift der Nr. 197 RiStBV.

15 **C. Revision.** Bei § 48 handelt es sich um eine reine Ordnungsvorschrift. Ihre Verletzung begründet daher nicht die Revision (vgl. KK-StPO/*Bader* § 48 Rn. 9; *Wenske* DRiZ 2005, 293, 296).

§ 48a Besonders schutzbedürftige Zeugen; Beschleunigungsgebot

(1) [1]Ist der Zeuge zugleich der Verletzte, so sind die ihn betreffenden Verhandlungen, Vernehmungen und sonstigen Untersuchungshandlungen stets unter Berücksichtigung seiner besonderen Schutzbedürftigkeit durchzuführen. [2]Insbesondere ist zu prüfen,

1. ob die dringende Gefahr eines schwerwiegenden Nachteils für das Wohl des Zeugen Maßnahmen nach den §§ 168e oder 247a erfordert,

2. ob überwiegende schutzwürdige Interessen des Zeugen den Ausschluss der Öffentlichkeit nach § 171b Absatz 1 des Gerichtsverfassungsgesetzes erfordern und

3. inwieweit auf nicht unerlässliche Fragen zum persönlichen Lebensbereich des Zeugen nach § 68a Absatz 1 verzichtet werden kann.

[3]Dabei sind die persönlichen Verhältnisse des Zeugen sowie Art und Umstände der Straftat zu berücksichtigen.

(2) Bei Taten zum Nachteil eines minderjährigen Verletzten müssen die ihn betreffenden Verhandlungen, Vernehmungen und sonstigen Untersuchungshandlungen besonders beschleunigt durchgeführt werden, soweit dies unter Berücksichtigung der persönlichen Verhältnisse des Zeugen sowie der Art und Umstände der Straftat zu seinem Schutz oder zur Vermeidung von Beweisverlusten geboten ist.

Übersicht

1 **A. Grundsätzliches.** Ist der Zeuge zugleich der Verletzte der Straftat, sind die ihn betreffenden Untersuchungshandlungen unter Berücksichtigung dieses verfahrensrechtlichen Status durchzuführen. Die Regelung, die früher als Abs. 3 dem § 48 angefügt war, dient der Umsetzung von Art. 18 und 21 der EU-Opferschutzrichtlinie (Meyer-Goßner/*Schmitt* § 48 Rn. 11). Zu diesem Zweck verweist sie in ihrem Satz 2 auf spezifische, im Prozessrecht verankerte Schutzbestimmungen, wie etwa den Ausschluss der Öffentlichkeit oder die Möglichkeit der audio-visuellen Vernehmung. Zu Recht wird sie als lediglich symbolische Regelung angesehen (vgl. Meyer-Goßner/*Schmitt* § 48 Rn. 12). Aspekte des erforderlichen Zeugenschutzes waren seit jeher zwingend zu berücksichtigen.

2 **B. Tatbestand.** Abs. 1 des § 48a zwingt die Ermittlungsbehörden die Schutzbedürftigkeit des Verletzten einer Straftat einzuschätzen und ggf. die im Gesetz aufgeführten Maßnahmen zu ergreifen. Diese Maßnahmen zielen darauf ab, Mehrfachvernehmungen und ein direktes Aufeinandertreffen des Verletzten mit dem Beschuldigten zu vermeiden und Befragungen zum Privatleben des Zeugen möglichst auszuschließen (BeckOK StPO/*Huber* Rn. 1).

3 In seinem Abs. 2 enthält § 48a die Aufforderung, minderjährige, durch die Straftat verletzte Zeugen beschleunigt zu vernehmen oder zu untersuchen, wenn dies zum Schutz des Zeugen oder zur Vermeidung eines Beweisverlusts notwendig ist. Auch für die den Minderjährigen betreffenden Verhandlungen gilt das Beschleunigungsgebot. Ob die Schutzbedürftigkeit des Zeugen eine Beschleunigung gebietet oder die Gefahr eines Beweisverlustes besteht, bemisst die Strafverfolgungsbehörde anhand der persönlichen Verhältnisse des Zeugen und der Art und der Umstände der zugrunde liegenden Straftat.

§ 49 Vernehmung des Bundespräsidenten

[1]Der Bundespräsident ist in seiner Wohnung zu vernehmen. [2]Zur Hauptverhandlung wird er nicht geladen. [3]Das Protokoll über seine gerichtliche Vernehmung ist in der Hauptverhandlung zu verlesen.

A. Grundsätzliches. Die Vorschrift regelt die Vernehmung des Staatsoberhaupts. Sie betrifft nur den Amtsinhaber, nicht aber dessen Vertreter gem. Art. 57 GG (vgl. KK-StPO/*Bader* § 49 Rn. 1). 1

B. Tatbestand. Der Bundespräsident ist in seiner **Wohnung** zu vernehmen, es sei denn, dass er hierauf verzichtet (vgl. Meyer-Goßner/*Schmitt* § 49 Rn. 1; *Pfeiffer* Rn. 1; a.A. SK-StPO/*Rogall* § 49 Rn. 5: Verzicht nicht möglich; LR/*Ignor/Bertheau* § 49 Rn. 2: Erscheinen des Bundespräsidenten vor Gericht mit der Würde des Amtes nicht zu vereinbaren). Wohnung ist nicht gleichzusetzen mit Wohnsitz i.S.d. § 7 BGB. Die Wohnung des Bundespräsidenten ist jegliche Räumlichkeit, in der er sich – wenn auch nur vorübergehend – aufhält (vgl. LR/*Ignor/Bertheau* § 49 Rn. 2). Insoweit zählen auch der Dienstsitz, der Urlaubsort und zur Verfügung gestellte Räumlichkeiten anlässlich eines Staatsbesuchs dazu. 2

Bei der Vernehmung kann sich der Bundespräsident auf das besondere Aussageverweigerungsrecht aus § 54 Abs. 3 berufen. Die **Vernehmung** ist, wie sich aus Satz 3 der Vorschrift ergibt, grds. eine richterliche. Neben dem Ermittlungsrichter, dem beauftragten oder ersuchten Richter kommt auch eine Vernehmung durch das gesamte Gericht in Betracht (vgl. KK-StPO/*Bader* § 49 Rn. 3; a.A. SK-StPO/*Rogall* § 49 Rn. 8). Ob eine Vernehmung durch die StA zulässig ist, ist str. (bejahend u.a. LR/*Ignor/Bertheau* § 49 Rn. 3; verneinend Meyer-Goßner/*Schmitt* § 49 Rn. 1). 3

Außerhalb des Gerichts haben Prozessbeteiligte (vgl. etwa § 168c Abs. 2) kein **Anwesenheitsrecht** (vgl. KK-StPO/*Bader* § 49 Rn. 4). Sie müssen deshalb gem. § 168c Abs. 5 über den Vernehmungstermin nicht benachrichtigt werden (vgl. SK-StPO/*Rogall* § 49 Rn. 9). Bei einer Vernehmung im Gericht gelten die allgemeinen Regelungen über die Anwesenheit (vgl. KK-StPO/*Bader* § 49 Rn. 4). 4

Der Bundespräsident nimmt an der gerichtlichen Hauptverhandlung nicht teil, Satz 2. Insoweit wird er auch nicht geladen. Etwas anderes gilt, wenn er zum Zeitpunkt der Hauptverhandlung nicht mehr im Amt ist (vgl. LR/*Ignor/Bertheau* § 49 Rn. 7). 5

Satz 3 enthält eine **Ausnahme vom Unmittelbarkeitsgrundsatz.** Die Niederschrift über die Vernehmung des Bundespräsidenten wird verlesen. Eines besonderen Beschlusses des Gerichts bedarf es hierfür nicht (vgl. SK-StPO/*Rogall* § 49 Rn. 10). § 251 Abs. 4 Satz 3 und 4 gelten entsprechend (vgl. Meyer-Goßner/*Schmitt* § 49 Rn. 2). 6

§ 50 Vernehmung von Abgeordneten und Mitgliedern einer Regierung

(1) Die Mitglieder des Bundestages, des Bundesrates, eines Landtages oder einer zweiten Kammer sind während ihres Aufenthaltes am Sitz der Versammlung dort zu vernehmen.

(2) Die Mitglieder der Bundesregierung oder einer Landesregierung sind an ihrem Amtssitz oder, wenn sie sich außerhalb ihres Amtssitzes aufhalten, an ihrem Aufenthaltsort zu vernehmen.

(3) Zu einer Abweichung von den vorstehenden Vorschriften bedarf es für die Mitglieder eines in Absatz 1 genannten Organs der Genehmigung dieses Organs, für die Mitglieder der Bundesregierung der Genehmigung der Bundesregierung, für die Mitglieder einer Landesregierung der Genehmigung der Landesregierung.

(4) [1]Die Mitglieder der in Absatz 1 genannten Organe der Gesetzgebung und die Mitglieder der Bundesregierung oder einer Landesregierung werden, wenn sie außerhalb der Hauptverhandlung vernommen worden sind, zu dieser nicht geladen. [2]Das Protokoll über ihre richterliche Vernehmung ist in der Hauptverhandlung zu verlesen.

A. Grundsätzliches. Die Vorschrift schützt die Funktionstüchtigkeit von Regierung und Parlament. Die genannten Personen haben ihrer Auskunftspflicht im gesamten (vgl. RGSt 26, 253, 255) Strafverfahren lediglich an Orten zu genügen, die einen störungsfreien Betrieb der obersten Staatsorgane gewährleisten. Diese 1

Regelung ist ein Sonderrecht der Institution und kein persönliches Privileg des betroffenen Zeugen, weshalb es auch nicht verzichtbar ist (vgl. SK-StPO/*Rogall* § 50 Rn. 2).

2 Mitglieder eines Landtages i.S.d. § 50 sind auch die Angehörigen des Berliner Abgeordnetenhauses und der hamburgischen und bremischen Bürgerschaft (vgl. KK-StPO/*Bader* § 50 Rn. 2).

3 **B. Tatbestand. Parlamentarier** (Abs. 1) sind am Sitz des Parlaments zu vernehmen, wenn sie sich dort aufhalten. Außerhalb der Sitzungswoche (a.A. KMR/*Neubeck* § 50 Rn. 3: Außerhalb der Sitzungsperiode, zu der auch die der Parlamentsferien zählen) kann der Zeuge auch an seinem Aufenthaltsort vernommen werden (vgl. LR/*Ignor/Bertheau* § 50 Rn. 3). Die Wahl des Vernehmungsortes liegt dann im Ermessen des Gerichts, das hierbei die Arbeitsbelastung des Zeugen zu berücksichtigen hat (vgl. BGH NStZ 1982, 158, 159; a.A. LR/*Ignor/Bertheau* § 50 Rn. 3: Die Befragung hat an dem sich aus den allgemeinen Vorschriften ergebenden Vernehmungsort zu erfolgen). Dass die Vernehmung am Sitz der Versammlung stattfindet, bedeutet allerdings keine Vernehmung in Räumlichkeiten des Parlaments. Die Befragung findet vielmehr in dem am Parlamentssitz gelegenen Gerichtsgebäude statt (vgl. SK-StPO/*Rogall* § 50 Rn. 5). Abs. 4 Satz 2 legt eine Vernehmung allein durch den Richter (ggf. das gesamte Kollegialgericht) nahe. Wie bei § 49 (vgl. dort Rdn. 3) ist str., ob auch die StA vernehmen darf (bejahend u.a. KK-StPO/*Bader* § 50 Rn. 4; verneinend etwa Meyer-Goßner/*Schmitt* § 50 Rn. 4). Die Anwesenheitsrechte der Prozessbeteiligten werden von § 50 nicht berührt (vgl. SK-StPO/*Rogall* § 50 Rn. 5).

4 Abs. 2 regelt die Vernehmung von **Regierungsmitgliedern**. Gem. Art. 62 GG sind das im Bund Bundeskanzler und Bundesminister. Staatssekretäre gehören nicht zur Regierung. Dies gilt auch für parlamentarische Staatssekretäre (vgl. KK-StPO/*Bader* § 50 Rn. 5). Da Letztere aber den Abgeordnetenstatus innehaben, gilt für sie die Regelung in Abs. 1 (vgl. Meyer-Goßner/*Schmitt* § 50 Rn. 5). Wer Mitglied einer Landesregierung ist, ergibt sich aus den jeweiligen Landesverfassungen (vgl. SK-StPO/*Rogall* § 50 Rn. 7). In den Stadtstaaten sind Mitglieder der Regierung die Bürgermeister – in Berlin der Regierende Bürgermeister – und die Senatoren (vgl. Meyer-Goßner/*Schmitt* § 50 Rn. 5). Aufgrund Art. 43 Abs. 2 BayVerf gehören in Bayern auch die Staatssekretäre zu Regierung (vgl. KK-StPO/*Bader* § 50 Rn. 5).

5 Die Vernehmung eines Regierungsmitglieds findet an dessen Amtssitz oder jeweiligen Aufenthaltsort statt. Vernehmungsort sind im Regelfalle weder das Regierungsgebäude noch die dem Aufenthalt des Zeugen dienenden Räumlichkeiten, sondern vielmehr das am Regierungssitz oder dem Aufenthaltsort gelegene Gericht (vgl. LR/*Ignor/Bertheau* § 50 Rn. 5). Etwas anderes gilt dann, wenn der Regierungssitz oder der Aufenthaltsort kein Gericht beherbergen. Dann haben sich die Vernehmungspersonen an den aktuellen Aufenthaltsort des Zeugen zu begeben und die Vernehmung dort durchzuführen (vgl. SK-StPO/*Rogall* § 50 Rn. 6; a.A. LR/*Ignor/Bertheau* § 50 Rn. 5: Vernehmungsort ist nicht das am Regierungssitz oder Aufenthaltsort gelegene, sondern das für diese Örtlichkeiten zuständige Gericht, weshalb es nie zu einer Vernehmung in Amts- oder Privaträumen des Zeugen kommen kann). Leistet der Zeuge einer – unzulässigen – Ladung an einen Gerichtsort folge, wird dieser nicht zu einem Aufenthaltsort i.S.d. Gesetzes. Die Durchführung einer Vernehmung hat deshalb zu unterbleiben (vgl. Meyer-Goßner/*Schmitt* § 50 Rn. 7). Die Vernehmung in der Hauptverhandlung ist möglich, wenn diese in einem Gericht am Amtssitz oder Aufenthaltsort stattfindet (vgl. KK-StPO/*Bader* § 50 Rn. 8). Anwesenheitsrechte der Prozessbeteiligten werden dann nicht beschnitten. Wird die Hauptverhandlung außerhalb des Amtssitzes oder des Ortes des Aufenthalts durchgeführt, muss die Vernehmung durch den beauftragten oder ersuchten Richter erfolgen (vgl. Meyer-Goßner/*Schmitt* § 50 Rn. 7).

6 Eine **Abweichung von den in Abs. 1 und 2 getroffenen Regelungen** ist möglich, wenn die Genehmigungen der Institutionen vorliegen, denen der Zeuge angehört. Die Genehmigung kann von Amts wegen, aber auch auf Antrag eines Prozessbeteiligten oder des Zeugen erteilt werden (vgl. KK-StPO/*Bader* § 50 Rn. 7). Adressat eines solchen Antrags ist die Regierung oder der Parlamentspräsident (vgl. SK-StPO/*Rogall* § 50 Rn. 8). Bestimmte Formvorgaben für Erteilung und Nachweis der Genehmigung enthält das Gesetz nicht. So ist ausreichend die eidliche Versicherung des Zeugen, ihm sei eine Ausnahmegenehmigung erteilt worden (vgl. Meyer-Goßner/*Schmitt* § 50 Rn. 8). Ohne Sondergenehmigung ist eine Vernehmung unter Verstoß gegen die in Abs. 1 und 2 aufgeführten Grundsätze unzulässig. Dies gilt auch dann, wenn sich der Zeuge in Absprache mit der Vernehmungsperson zu einem Aufenthalt an einem Gerichtsort bereiterklärt hat, der nicht zugleich sein Amtssitz ist und den er ansonsten nicht aufgesucht hätte. Das Genehmigungserfordernis aus Abs. 3 darf nicht umgangen werden (vgl. KK-StPO/*Bader* § 50 Rn. 7).

7 Eine **Ladung von Parlamentariern und Regierungsmitgliedern** zu einer Hauptverhandlung kann nur dann erfolgen kann, wenn diese am Amtssitz oder Aufenthaltsort des Zeugen abgehalten wird oder eine Sondergenehmigung nach Abs. 3 vorliegt und der Zeuge nicht bereits außerhalb der Hauptverhandlung vernommen wurde (Abs. 4 Satz 1). Erhält der Zeuge trotzdem eine Ladung, entfaltet diese keine Wirkung. Die Ungehorsamsfolgen des § 51 treten nicht ein (vgl. LR/*Ignor/Bertheau* § 50 Rn. 11). Etwas anderes gilt, wenn die

Ladung zulässig ist. Bei Abgeordneten sind Ordnungshaft und Vollstreckung eines Vorführungsbefehls jedoch genehmigungsbedürftig; vgl. u.a. Art. 46 Abs. 3 GG (vgl. KK-StPO/*Bader* § 50 Rn. 8).

Abs. 4 Satz 2 enthält eine gesetzliche Ausnahme vom Unmittelbarkeitsgrundsatz. Die **Verlesung** ist zulässig, wenn eine Ladung des Zeugen nicht möglich ist und eine Sondergenehmigung nach Abs. 3 nicht vorliegt (vgl. Meyer-Goßner/*Schmitt* § 50 Rn. 10). Den erfolglosen Versuch, eine solche Genehmigung zu erhalten, setzt sie aber nicht voraus (vgl. RGSt 26, 253, 155; LR/*Ignor/Bertheau* § 50 Rn. 13). 8

C. Revision. Auf die Unzulässigkeit einer Vernehmung unter Verstoß gegen Abs. 1–3 kann die Revision nicht gestützt werden. § 50 entfaltet keine Schutzwirkung zugunsten des Angeklagten, sondern dient allein Interessen von Parlament oder Regierung (vgl. LR/*Ignor/Bertheau* § 50 Rn. 14). Revisibel ist hingegen eine Verletzung von Abs. 4 Satz 2, da hier mit dem Unmittelbarkeitsgrundsatz gegen eine dem Revidenten dienende Prozessmaxime verstoßen wurde (vgl. KK-StPO/*Bader* § 50 Rn. 8). 9

§ 51 Folgen des Ausbleibens eines Zeugen

(1) [1]Einem ordnungsgemäß geladenen Zeugen, der nicht erscheint, werden die durch das Ausbleiben verursachten Kosten auferlegt. [2]Zugleich wird gegen ihn ein Ordnungsgeld und für den Fall, daß dieses nicht beigetrieben werden kann, Ordnungshaft festgesetzt. [3]Auch ist die zwangsweise Vorführung des Zeugen zulässig; § 135 gilt entsprechend. [4]Im Falle wiederholten Ausbleibens kann das Ordnungsmittel noch einmal festgesetzt werden.

(2) [1]Die Auferlegung der Kosten und die Festsetzung eines Ordnungsmittels unterbleiben, wenn das Ausbleiben des Zeugen rechtzeitig genügend entschuldigt wird. [2]Erfolgt die Entschuldigung nach Satz 1 nicht rechtzeitig, so unterbleibt die Auferlegung der Kosten und die Festsetzung eines Ordnungsmittels nur dann, wenn glaubhaft gemacht wird, daß den Zeugen an der Verspätung der Entschuldigung kein Verschulden trifft. [3]Wird der Zeuge nachträglich genügend entschuldigt, so werden die getroffenen Anordnungen unter den Voraussetzungen des Satzes 2 aufgehoben.

(3) Die Befugnis zu diesen Maßregeln steht auch dem Richter im Vorverfahren sowie dem beauftragten und ersuchten Richter zu.

S.a. RiStBV Nr. 64 Abs. 3, 117 Abs. 1

Übersicht

A. Grundsätzliches. Die Vorschrift umschreibt die Ungehorsamsfolgen, die einem Zeugen auferlegt werden können, der trotz ordnungsgemäßer Ladung zur Vernehmung nicht erscheint. Ungehorsam kann sich nur der Zeuge verhalten, für den eine Pflicht besteht, einer an ihn gerichteten Ladung Folge zu leisten (vgl. Meyer-Goßner/*Schmitt* § 51 Rn. 1). Eine Pflicht zum Folgeleisten besteht etwa nicht in den Fällen der §§ 49, 50, 220 Abs. 2. Demgegenüber nimmt die Existenz eines Zeugnisverweigerungsrechts auf die Pflicht, einer Ladung nachzukommen, keinen Einfluss. Auch der zur Auskunftsverweigerung berechtigte Zeuge verhält sich ungehorsam, es sei denn, sein Fernbleiben ist i.S.v. Abs. 2 entschuldigt (vgl. SK-StPO/*Rogall* § 51 Rn. 1; zur Erscheinenspflicht des zur Auskunftsverweigerung berechtigten Zeugen s.a. OLG Rostock StraFo 2015, 15 m.Anm. *Wollschläger*). Ihre Ergänzung findet die Vorschrift in § 70, der die Anwendung von Zwangsmitteln ggü. erschienenen Zeugen zur Erzwingung der Aussage bzw. der Eidesleistung vorsieht (vgl. LR/*Ignor/Bertheau* § 51 Rn. 1). Mit Ausnahme der Ordnungshaft kann im Ermittlungsverfahren auch die StA die Zwangsmaßnahmen nach § 51 anordnen, wenn sie den Zeugen nach § 161a Abs. 2 geladen hat (vgl. SK-StPO/*Rogall* § 51 Rn. 2). Zwangsmaßnahmen verbieten sich gegen gesetzliche Vertreter und Erziehungsberechtigte, die das Nichterscheinen einer ihrer Betreuung unterworfenen Auskunftspersonen zu verschulden haben, denn sie sind nicht selbst Zeuge (vgl. OLG Hamm NJW 1965, 1613; LR/*Ignor/Bertheau* § 51 Rn. 3). 1

B. Tatbestand. Voraussetzung der Anordnung von Ungehorsamsfolgen ist eine **ordnungsgemäße Ladung** des Zeugen (vgl. SK-StPO/*Rogall* § 51 Rn. 3). Die Ordnungsgemäßheit der Ladung setzt voraus, dass aus ihr Ort und Zeit der Vernehmung deutlich werden (vgl. Meyer-Goßner/*Schmitt* § 51 Rn. 2). Zum weiteren Inhalt der Ladung und zu ihrer Ausführung vgl. die Kommentierung zu § 48. Hinsichtlich der Ladung auf Grundlage des § 220 ist § 38 zu beachten. Zur Ladung zur Hauptverhandlung s. § 214 und § 48 Rdn. 2. 2

»Nicht erschienen« ist der auf freiem Fuße befindlicher Zeuge, der zu der Vernehmung ausbleibt. Ein nicht auf freiem Fuß befindlicher Zeuge wird stets vorgeführt; str. (vgl. KK-StPO/*Bader* § 51 Rn. 2; a.A. Meyer- 3

Goßner/*Schmitt* § 51 Rn. 3: Der Untersuchungsgefangene, der sich weigert, sich zum Ort der Vernehmung transportieren zu lassen, erscheint nicht). Als nicht erschienen gilt auch der Zeuge, der zwar zum Vernehmungsort kommt, sich aber in einem von ihm zu verantwortenden Zustand (Alkohol- oder Betäubungsmittelrausch) befindet, der seiner Vernehmung entgegensteht (vgl. BGHSt 23, 331, 334; *Kaiser* NJW 1968, 185, 188). Die Verhinderung seines Beistands entbindet den Zeugen nicht von seiner Pflicht zum Erscheinen (BGH NStZ 1989, 484 f. m.Anm. *Krehl* NStZ 1990, 192 f.).

4 Str. ist, ob Ungehorsamsfolgen auch gegen den (erheblich) zu spät erschienenen Zeugen verhängt werden dürfen. Hierfür wird ins Feld geführt, dass der Zeuge seiner Pflicht, sich zu einer bestimmten Zeit zur Vernehmung bereitzuhalten, nicht nachgekommen ist (vgl. KK-StPO/*Bader* § 51 Rn. 3; a.A. Meyer-Goßner/*Schmitt* Rn. 3).

5 Entfernt sich der Zeuge, bevor er gem. § 248 entlassen wurde, soll dies einem Nichterscheinen gleichgestellt sein (vgl. LR/*Ignor/Bertheau* § 51 Rn. 6; *Pfeiffer* § 51 Rn. 1; a.A. *Lampe* MDR 1974, 535, 540; SK-StPO/*Rogall* § 51 Rn. 8). Gegen ihn können Ungehorsamsfolgen festgesetzt werden. Nach herrschender Meinung soll einem Vorsitzenden zudem das Recht zustehen, den Zeugen wie einen Angeklagten nach § 231 Abs. 1 Satz 2 festzuhalten (vgl. KMR/*Neubeck* § 51 Rn. 6).

6 Ein Zeuge, der bereits vor dem Vernehmungstermin erklärt, zu diesem nicht zu erscheinen, kann nicht auf Grundlage des § 51 vorgeführt werden. Die Vorschrift lässt vorbeugende Zwangsmaßnahmen nicht zu (vgl. OLG Stuttgart NJW 1956, 840). Das Gericht kann aber in Ansehung der Erklärung des Zeugen den bestehenden Termin absetzen, neuen Termin bestimmen, Ordnungsmittel festsetzen und die Vorführung zum neuen Termin anordnen (vgl. KK-StPO/*Bader* § 51 Rn. 5).

7 Folge des (unerlaubten) Nichterscheinens ist für den Zeugen zunächst die **Auferlegung der durch das Ausbleiben entstandenen Kosten**. Auf diese Kostenfolge hat der Angeklagte einen Rechtsanspruch (vgl. Meyer-Goßner/*Schmitt* § 51 Rn. 14). Die Auferlegung der Kosten darf nicht deshalb unterbleiben, weil der Zeuge sein Fernbleiben möglicherweise nachträglich entschuldigen kann (BGHSt 10, 126 f.). Die zu tragenden Kosten umfassen die Verfahrenskosten und die notwendigen Auslagen des Angeklagten (vgl. *Pfeiffer* § 51 Rn. 2). Die Kosten werden im Kostenausspruch nicht im Einzelnen beziffert, sondern erst im Verfahren nach § 464b festgesetzt (vgl. SK-StPO/*Rogall* § 51 Rn. 13). Bei wiederholtem Ausbleiben entsteht die Kostenpflicht von neuem (vgl. KK-StPO/*Bader* § 51 Rn. 6). Fehlen mehrere Zeugen gleichzeitig unentschuldigt, haften sie als Gesamtschuldner für die Kosten in voller Höhe (vgl. LG Berlin NStZ-RR 2005, 288; Meyer-Goßner/*Schmitt* § 51 Rn. 14).

8 Als Ordnungsmittel sieht das Gesetz die Festsetzung eines **Ordnungsgeldes** bei erstmaligem Ausbleiben des Zeugen zwingend vor. Bei nochmaligem Nichterscheinen steht eine neuerliche Festsetzung des Ordnungsmittels dann stets im Ermessen des Gerichts, Abs. 1 Satz 4. Bleibt der Zeuge darüber hinaus ein weiteres Mal fern, liegt also der zweite Wiederholungsfall vor, kommt eine Festsetzung nicht mehr in Betracht (vgl. LR/*Ignor/Bertheau* § 51 Rn. 20: »Auch wenn sich dies aus dem Wortlaut der Vorschrift nicht eindeutig ergibt«). Dies gilt allerdings nur, wenn sich das Ausbleiben auf denselben Vernehmungsfall bezieht (vgl. SK-StPO/*Rogall* § 51 Rn. 23). Die Verhängung des Ordnungsgeldes im Vorverfahren oder in einer später ausgesetzten Hauptverhandlung hindert daher eine wiederholte Festsetzung in einer neuen Hauptverhandlung nicht (vgl. KK-StPO/*Bader* § 51 Rn. 6; KMR/*Neubeck* § 51 Rn. 19). Die Höhe des Ordnungsgeldes bewegt sich zwischen 5,00 und 1.000,00 €, § 6 EGStGB. Zu Zahlungserleichterungen s. § 7 EGStGB. Es besteht die Möglichkeit, bei geringem Verschulden in Anwendung des Rechtsgedankens von § 153 und § 47 OWiG von der Festsetzung des Ordnungsgeldes abzusehen (vgl. LG Berlin NStZ 1995, 508, 509 m.Anm. *Sander*; KK-StPO/*Bader* § 51 Rn. 7). Die Entscheidung ist von einer Zustimmung der StA (vgl. OLG Düsseldorf MDR 1990, 173, 174) und des Zeugen (vgl. OLG Düsseldorf wistra 1994, 77 f.) nicht abhängig, erfasst aber nicht dessen Kostentragungspflicht (vgl. SK-StPO/*Rogall* § 51 Rn. 17; a.A. OLG Düsseldorf NJW 1993, 546). Von der Verhängung eines Ordnungsgeldes wird insb. dann abzusehen sein, wenn das Ausbleiben des Zeugen nur zu einer geringfügigen Verfahrensverzögerung geführt hat, oder die Verfahrensbeteiligten auf die Ablegung des Zeugnisses verzichtet haben (vgl. LR/*Ignor/Bertheau* § 51 Rn. 22).

9 Weiteres Ordnungsmittel ist die **Ordnungshaft**, die von einem Tag bis zu sechs Wochen dauern kann, Art. 6 Abs. 2 EGStGB. Sie kommt nur dann in Betracht, wenn das Ordnungsgeld nicht beigetrieben werden kann. Ordnungshaft kann über § 8 EGStGB auch nachträglich angeordnet werden, wenn dies im Zusammenhang mit der Anordnung des Ordnungsgeldes unterblieben ist. Ordnungshaft ist durch den Richter anzuordnen. Dies gilt auch dann, wenn das Ordnungsgeld durch den Staatsanwalt verhängt wurde, § 161a Abs. 2 Satz 2.

10 Nur gegen schuldfähige Zeugen dürfen die Ordnungsmittel des § 51 festgesetzt werden (vgl. OLG Hamm MDR 1980, 322), da Ordnungsgeld und Ordnungshaft das Nichtbefolgen der gesetzlichen Pflicht des Zeugen, zur Vernehmung zu erscheinen, sanktionieren (vgl. LR/*Ignor/Bertheau* § 51 Rn. 16). Eine Festsetzung ggü. Kindern oder sonstigen schuldunfähigen Personen hat daher zu unterbleiben (vgl. LG Bremen NJW

1970, 1429, 1430; Meyer-Goßner/*Schmitt* § 51 Rn. 15). Bei entsprechendem Reifegrad ist die Festsetzung von Ordnungsmitteln ggü. Jugendlichen möglich (vgl. LR/*Ignor/Bertheau* § 51 Rn. 16).

Der nicht erschienene Zeuge kann auch vorgeführt werden. Die **Vorführung** steht im Ermessen des Gerichts (vgl. Meyer-Goßner/*Schmitt* § 51 Rn. 20). Sie kann neben die Festsetzung von Ordnungsmitteln treten, ist aber auch ggü. schuldunfähigen Zeugen möglich (vgl. KK-StPO/*Bader* § 51 Rn. 9; LR/*Ignor/Bertheau* § 51 Rn. 24; a.A. *Skupin* MDR 1965, 865). Sie kommt namentlich dann in Betracht, wenn nach Abs. 1 Satz 4 eine erneute Festsetzung nicht mehr in Betracht kommt (vgl. SK-StPO/*Rogall* § 51 Rn. 21). Die Vorführung von Kindern dürfte im Regelfall unverhältnismäßig sein (vgl. *Vierhaus* NStZ 1994, 271 f.). Eine Vorführung kommt nur in Betracht, wenn die begründete Befürchtung besteht, der Zeuge werde zum nächsten Termin erneut nicht erscheinen (vgl. Meyer-Goßner/*Schmitt* § 51 Rn. 20). Die Voraussetzungen des § 135 sind zu beachten (vgl. SK-StPO/*Rogall* § 51 Rn. 22). 11

Nach Abs. 2 Satz 1 der Vorschrift kommt es nicht zu einer Kostentragungspflicht des Zeugen und auch zu keiner Festsetzung eines Ordnungsmittels, wenn das Ausbleiben des Zeugen rechtzeitig genügend entschuldigt wird. Dabei ist eine eigene **Entschuldigung** des Zeugen nicht Voraussetzung. Es reicht aus, dass ein anderer die Entschuldigung vorbringt (vgl. SK-StPO/*Rogall* § 51 Rn. 25). Nach herrschender Meinung ist allerdings Voraussetzung, dass die Entschuldigung bei der ladenden Stelle angebracht wird. Es soll nicht ausreichen, dass sich für diese die Entschuldigung aus den Akten oder aus anderen Umständen ergibt (vgl. KK-StPO/*Bader* § 51 Rn. 15; a.A. LR/*Ignor/Bertheau* § 51 Rn. 7; Meyer-Goßner/*Schmitt* § 51 Rn. 7). 12

Die Entschuldigung ist nur dann rechtzeitig, wenn sie dem Gericht noch eine Reaktion hinsichtlich seiner Terminierung erlaubt. Sie muss also so früh eingehen, dass eine Verlegung des Termins und ggf. eine Abladung weiterer Beteiligter im normalen Geschäftsbetrieb möglich sind (vgl. KK-StPO/*Bader* § 51 Rn. 10; Meyer-Goßner/*Schmitt* § 51 Rn. 8). In dieser Möglichkeit offenbart sich die gesetzliche Intention der Regelung des Abs. 2. Unnötige Kosten (für den Angeklagten oder die Staatskasse) und unnötiger Arbeitsaufwand sollen vermieden werden (vgl. BT-Drs. 8/976, S. 22, 36). 13

Wie sich aus Satz 2 des Abs. 2 ergibt, löst die **verspätete Entschuldigung** die Ungehorsamsfolgen des Abs. 1 grds. nur dann nicht aus, wenn der Zeuge vor deren Anordnung glaubhaft macht, dass ihn an der Verspätung seiner Entschuldigung kein Verschulden trifft. Im Umkehrschluss müssen Ungehorsamsfolgen angeordnet werden, wenn es entweder an einem unverschuldeten Verspäten oder gar dem Vorbringen eines Entschuldigungsgrundes fehlt. Davon will Meyer-Goßner/*Schmitt* § 51 Rn. 9 (ihm grundsätzlich folgend SK-StPO/*Rogall* § 51 Rn. 33) eine Ausnahme machen. Danach soll es nur zu einem kurzen Aufschub der Entscheidung über die Ungehorsamsfolgen kommen, wenn der Zeuge vor deren Anordnung sein mangelndes Verschulden an der Verspätung glaubhaft gemacht und gleichzeitig angekündigt hat, seine Entschuldigungsgründe, für die er noch Beweise beschaffen müsse, alsbald vorzubringen werde (a.A. KK-StPO/*Bader* § 51 Rn. 18). 14

Eine **genügende Entschuldigung** liegt nach herrschender Meinung vor, wenn das Gericht an ihrem Vorliegen keine Zweifel hegt (vgl. BGHR StPO, § 51 Entschuldigung 1; LR/*Ignor/Bertheau* § 51 Rn. 7). Demgegenüber will eine a.A. von einer Entschuldigung nur dann ausgehen, wenn diese erwiesen ist (vgl. KK-StPO/*Bader* § 51 Rn. 16). Die herrschende Meinung führt für ihre Auffassung ins Feld (vgl. LR/*Ignor/Bertheau* § 51 Rn. 7), dass der Zeuge hinsichtlich in seinem persönlichen Bereich liegender Gründe eine Entschuldigung häufig gar nicht beweisen könne. Letztlich liegen beide Auffassungen inhaltlich aber nicht weit auseinander. Denn was zum Nachweis der Entschuldigung erforderlich sein soll, bestimmt sich nach der nicht vorherrschenden Ansicht im Einzelfall nach pflichtmäßigem richterlichem Ermessen (vgl. KK-StPO/*Bader* § 51 Rn. 16). Es kann somit die eigene eidesstattliche Versicherung durchaus zum Beweis der Entschuldigung ausreichen. 15

Ein **Entschuldigungsgrund** liegt vor, wenn dem Zeugen bei Würdigung und Berücksichtigung sämtlicher Umstände das Erscheinen nicht zugemutet werden kann (vgl. KK-StPO/*Bader* § 51 Rn. 11), wobei Berücksichtigung finden muss, dass die staatsbürgerliche Pflicht, das Zeugnis abzulegen, privaten als auch beruflichen Pflichten grds. vorgeht (vgl. OLG Hamm MDR 1974, 330 L). Eine Entschuldigung wird deshalb im Regelfall bei für den Zeugen unvorhersehbaren Verhinderungen in Betracht kommen. Hierunter fallen Krankheiten, Verkehrsunfälle oder nicht einzukalkulierende Verspätungen oder Ausfälle öffentlicher Verkehrsmittel (dabei kann es allerdings mit Blick auf »sozial übliche«, zu erwartende geringfügige Verspätungen geboten sein, einen früheren Abfahrtstermin zu wählen). Berufliche Gründe können im Einzelfall zur Entschuldigung führen. Sie müssen allerdings dringender Natur sein (vgl. BVerfG NJW 2002, 955). 16

Ausreichend entschuldigt ist der Zeuge, der aus Gründen, die nicht in seiner Person liegen, keine **Kenntnis von der Ladung** erhalten hat, denn es ist nicht Aufgabe des Zeugen, deren Erhalt sicherzustellen (vgl. Meyer-Goßner/*Schmitt* § 51 Rn. 11). Etwas anderes gilt, wenn der Zeuge mit einer Ladung rechnen musste. Der Umstand, dass sich der Zeuge nur unregelmäßig an seinem Wohnsitz aufhält, verhindert dessen Exkulpation demgegenüber nicht (a.A. OLG Düsseldorf NJW 1980, 2721; Meyer-Goßner/*Schmitt* § 51 Rn. 11). Ob die 17

Unkenntnis des Zeugen von der Ladung, wenn sie auf dem Verschulden Dritter beruht, den Zeugen entlastet, ist eine Frage des Einzelfalls. Handelt es sich bei dem Dritten um eine Hilfsperson des Zeugen, die dieser zu überwachen hat, liegt bei einem Überwachungsverschulden der Auskunftsperson kein Entschuldigungsgrund i.S.d. § 51 vor (Büropersonal; vgl. OLG Hamm NJW 1956, 1935; SK-StPO/*Rogall* § 51 Rn. 27). Für das Verschulden von Dritten, die seiner Kontrolle und Weisungsbefugnis nicht unterworfen sind, hat der Zeuge demgegenüber nicht einzustehen. Dies gilt jedenfalls dann, wenn der Zeuge auf die Zuverlässigkeit des Dritten vertrauen durfte (vgl. OLG Düsseldorf NJW 1995, 472: »Zuverlässige« Ehefrau hatte den Vernehmungstermin falsch notiert).

18 Die Behandlung von **Urlaubsreisen** des Zeugen ist umstritten. Der vorherrschenden Ansicht, dass Urlaub notfalls verlegt (vgl. OLG Jena NStZ-RR 1997, 333; OLG Dresden NStZ-RR 2015, 191), unterbrochen oder vorzeitig abgebrochen werden muss (vgl. Meyer-Goßner/*Schmitt* § 51 Rn. 12), kann in dieser Allgemeinheit nicht zugestimmt werden. Hier sind Grundsätze der Verhältnismäßigkeit zu beachten. Handelt es sich bei der Urlaubsreise des Zeugen um einen seit Monaten geplanten Auslandsaufenthalt (ggf. in Übersee) wird man von einer genügenden Entschuldigung grds. ausgehen dürfen (vgl. in diesem Zusammenhang auch OLG Düsseldorf VRS 99, 441, 444). Dies gilt allerdings nur unter dem Vorbehalt, dass der Zeuge ggü. der vernehmenden Stelle die Reise angezeigt und diese eine Verlegung des Vernehmungstermins abgelehnt hatte.

19 **Nachteile**, die für den Zeugen aus der Erstattung seiner Aussage erwachsen können, sind von diesen hinzunehmen und stellen keinen Entschuldigungsgrund dar. Die Zeugnispflicht soll dabei nicht nur bestehen, wenn der Zeuge Angst vor dem Angeklagten hat (vgl. OLG Hamm MDR 1974, 330; *Molketin* DRiZ 1981, 385). Auch die Furcht vor der eigenen Verhaftung soll den Zeugen nicht entschuldigen (vgl. OLG Jena NStZ 2004, 280; Meyer-Goßner/*Schmitt* § 51 Rn. 12); zw. (vgl. insoweit KK-StPO/*Bader* § 51 Rn. 11). Ein Zeugnisverweigerungsrecht entschuldigt das Fernbleiben von der Vernehmung grds. nicht (vgl. oben Rdn. 1). Erklärt der Zeuge im Vorfeld jedoch, von seinem Weigerungsrechtgebrauch zu machen, steht es im Ermessen des Gerichts, auf ein Erscheinen zu verzichten (vgl. BGHSt 21, 12, 13).

20 Irrt sich der Zeuge über seine Pflicht zum Erscheinen, ist dies im Regelfall unbeachtlich. Insb. der **Irrtum**, wegen eines Zeugnisverweigerungsrechts der Vernehmung fernbleiben zu dürfen, entlastet den Zeugen nicht. Etwas anderes gilt, wenn das Verhalten des Zeugen auf der unrichtigen Auskunft eines RA beruht (vgl. OLG Oldenburg MDR 1976, 336). In einem entschuldigenden Irrtum soll sich auch der Zeuge befinden, der vor dem Termin einen Entschuldigungsgrund angebracht hat, vom Gericht aber nicht unterrichtet wurde, dass dieser ein Fernbleiben nicht rechtfertigt (vgl. Meyer-Goßner/*Schmitt* § 51 Rn. 12; zw.).

21 Das **Verfahren** über die Festsetzung der Ordnungsmittel ist gesetzlich nicht geregelt. Wie sich aus Abs. 3 ergibt, ist im Vorverfahren der Ermittlungsrichter (§§ 162, 169) oder der beauftragte oder ersuchte Richter (§ 223) zuständig. Lädt die StA zur Vernehmung, obliegt ihr auch die Anordnung der Ungehorsamsfolgen mit Ausnahme der Ordnungshaft, § 161a Abs. 2 Satz 1 und 2. Ansonsten entscheidet das Gericht. Eine Anordnungsbefugnis des Vorsitzenden besteht nicht (vgl. KG NStZ-RR 2000, 145). In der Hauptverhandlung wirken die Schöffen mit, §§ 30 Abs. 1, 77 Abs. 1 GVG. Das Gericht entscheidet von Amts wegen durch Beschluss (vgl. KG NStZ-RR 2006, 288; Meyer-Goßner/*Schmitt* § 51 Rn. 23). Dadurch wird ein Antragsrecht der Verfahrensbeteiligten nicht ausgeschlossen. Auch nach rechtskräftigem Abschluss des Verfahrens kann der Beschluss noch ergehen (a.A. SK-StPO/*Rogall* § 51 Rn. 37).

22 Ein Erfordernis, den Zeugen vor Festsetzung der Ordnungsmittel zu hören, besteht nicht (vgl. Meyer-Goßner/*Schmitt* § 51 Rn. 24). Die StA wird angehört, wenn sie an der Vernehmung teilnimmt (vgl. SK-StPO/*Rogall* § 51 Rn. 37). Da der Beschluss angefochten werden kann (vgl. Rdn. 23), ist er zu begründen, § 34.

23 Die **Anfechtung** des Beschlusses erfolgt mangels abweichender gesetzlicher Regelung mit der (einfachen) Beschwerde. § 305 Satz 1 steht wegen Satz 2 dieser Vorschrift nicht entgegen, auch wenn das entscheidende Gericht das erkennende Gericht ist. Beschwerdeberechtigt ist neben dem betroffenen Zeugen die StA. Der Beschuldigte ist dann beschwert, wenn der Beschluss zur Folge hat, dass der Zeuge die durch sein Ausbleiben verursachten Kosten nicht zu tragen hat (vgl. OLG Schleswig SchlHA 1988, 108 f.). Auch wenn Ordnungshaft festgesetzt wird, ist eine weitere Beschwerde nach § 310 nicht möglich (vgl. OLG Frankfurt NStZ-RR 2000, 382, 383; a.A. LR/*Ignor/Bertheau* § 51 Rn. 30). Die Beschwerde kann auch nach Vollstreckung des Ordnungsmittels (vgl. KG NStZ-RR 2000, 145) und sogar auch nach Rechtskraft des Urteils eingelegt werden. Bei Ordnungshaft und Ordnungsgeld ist die Beschränkung des Rechtsbehelfs auf deren Höhe zulässig (Meyer-Goßner/*Schmitt* § 51 Rn. 28). Das in §§ 331, 358 Abs. 2 verankerte Verschlechterungsverbot gilt entsprechend (vgl. OLG Hamm MDR 1960, 946; LR/*Ignor/Bertheau* Rn. 31). Mit der Begründung, die Ladung des Zeugen sei nicht erforderlich gewesen, kann die Beschwerde nicht geführt werden. Reicht der Zeuge mit der Beschwerde Entschuldigungsvorbringen nach, ist der Rechtsbehelf in einen Antrag nach Abs. 2 Satz 3 umzudeuten (vgl. OLG Koblenz VRS 67, 252 f.; a.A. LG Itzehoe SchlHA 1988, 36). Wird der Antrag zurückgewiesen, ist gegen diese Entscheidung die Beschwerde eröffnet (vgl. Meyer-Goßner/*Schmitt*

§ 51 Rn. 28). Gegen Entscheidungen der StA nach § 51 kann auf gerichtliche Entscheidung nach § 161a Abs. 3 angetragen werden.

Trotz **Immunität** können gegen Abgeordnete Ungehorsamsfolgen angeordnet werden. Die Vollstreckung von Ordnungshaft und die zwangsweise Vorführung bedürfen aber gem. Anl 6 Abschn A Nr. 14 lit. c BT-GeschO der Genehmigung des Parlaments. **Exterritoriale** unterliegen nicht den Maßnahmen nach § 51. Gleiches gilt für andere im Inland lebende Ausländer, die sich z.Zt. der Vernehmung im Ausland aufhalten (vgl. OLG Düsseldorf NJW 1999, 1647, 1648), sofern nicht der Aufenthalt der Umgehung der Zeugenpflicht dient (vgl. KK-StPO/*Bader* § 51 Rn. 24; a.A. SK-StPO/*Rogall* § 51 Rn. 11). 24

Die **Vollstreckung** eines Beschlusses, durch den Ordnungsmittel festgesetzt werden, obliegt gem. § 36 Abs. 2 Satz 1 der StA in Person des Rechtspflegers, § 31 Abs. 2 und 4 RpflG. Für Ordnungsgeld vgl. § 1 Abs. 1 Nr. 3 JBeitrG. Zur Vollstreckungsverjährung s. Art. 9 Abs. 2 EGStGB. Vollstreckungskosten hat der Zeuge zu tragen (vgl. LR/*Ignor/Bertheau* § 51 Rn. 29; Meyer-Goßner/*Schmitt* § 51 Rn. 27). 25

C. Revision. Eine Verletzung des § 51 durch ein fehlerhaftes Anordnungsverfahren kann mit der Revision nicht gerügt werden. Wird gegen den Zeugen ein Ordnungsmittel nicht festgesetzt und unterbleibt eine Vorführung, ist der Angeklagte nicht beschwert. Das Gericht kann aber seine Aufklärungspflicht aus § 244 Abs. 2 dadurch verletzen, dass es einen ausgebliebenen Zeugen nicht zum Erscheinen zwingt (vgl. KK-StPO/*Bader* § 51 Rn. 25; Meyer-Goßner/*Schmitt* § 51 Rn. 30). 26

§ 52 Zeugnisverweigerungsrecht der Angehörigen des Beschuldigten

(1) Zur Verweigerung des Zeugnisses sind berechtigt

1. der Verlobte des Beschuldigten;

2. der Ehegatte des Beschuldigten, auch wenn die Ehe nicht mehr besteht;

2a. der Lebenspartner des Beschuldigten, auch wenn die Lebenspartnerschaft nicht mehr besteht;

3. wer mit dem Beschuldigten in gerader Linie verwandt oder verschwägert, in der Seitenlinie bis zum dritten Grad verwandt oder bis zum zweiten Grad verschwägert ist oder war.

(2) [1]Haben Minderjährige wegen mangelnder Verstandesreife oder haben Minderjährige oder Betreute wegen einer psychischen Krankheit oder einer geistigen oder seelischen Behinderung von der Bedeutung des Zeugnisverweigerungsrechts keine genügende Vorstellung, so dürfen sie nur vernommen werden, wenn sie zur Aussage bereit sind und auch ihr gesetzlicher Vertreter der Vernehmung zustimmt. [2]Ist der gesetzliche Vertreter selbst Beschuldigter, so kann er über die Ausübung des Zeugnisverweigerungsrechts nicht entscheiden; das gleiche gilt für den nicht beschuldigten Elternteil, wenn die gesetzliche Vertretung beiden Eltern zusteht.

(3) [1]Die zur Verweigerung des Zeugnisses berechtigten Personen, in den Fällen des Absatzes 2 auch deren zur Entscheidung über die Ausübung des Zeugnisverweigerungsrechts befugte Vertreter, sind vor jeder Vernehmung über ihr Recht zu belehren. [2]Sie können den Verzicht auf dieses Recht auch während der Vernehmung widerrufen.

Übersicht

1 **A. Allgemeines. I. Schutzzweck.** Die Vorschrift ist, wie es die Alternativen des subsidiär zu beachtenden § 55 Abs. 1 andeuten, eine Verwandte des nemo-tenetur-Grundsatzes (*Degener* StV 2006, 509 [511]) und schützt das allgemeine **Persönlichkeitsrecht des Zeugen**, der mit dem Beschuldigten verlobt, verheiratet, verpartnert oder verwandt ist (BVerfG NStZ-RR 2004, 18 [19]; *Neumann* Zeugnisverweigerungsrechte und strafprozessuale Ermittlungsmaßnahmen, 2005, S. 62 ff.). Dieser Zeuge soll nicht gezwungen sein, gegen seinen Willen zum Nachteil seines Angehörigen auszusagen; er darf daher die Aussage ganz oder teilweise verweigern, wobei es auf die Gründe für die Verweigerung ggf. nicht ankommt; der Zeuge braucht sie auch nicht zu benennen. Die Bestimmung über das mit langer Historie bestehende Zeugnisverweigerungsrecht, das von §§ 61, 81c Abs. 3, 95 Abs. 2 Satz 2, 97 Abs. 1 Nr. 1, 98a, 98b, 100c Abs. 3 Satz 3, 252 flankiert wird und im Bußgeldverfahren gem. § 46 Abs. 1 OWiG entsprechend gilt, dient nach der Vorstellung des Gesetzgebers (LR/*Ignor/Bertheau* § 52 Rn. 1) dem **Schutz des Familienfriedens** (BGHSt 38, 96 [99]) und dem **Schutz des Zeugen vor einem Interessenkonflikt** (BVerfG NStZ-RR 2004, 18 [19]; BGHSt 11, 213 [216]; 17, 324 [327]; 20, 384 [385]; 38, 96 [99]; 40, 211 [214]; 54, 1 [6]; modifizierend BGHSt 61, 221 [239 f.] = NJW 2017, 94 [99] m.Anm. *Brand* = JR 2017, 373 [378] m.Anm. *Schumann* JR 2017, 381 [383]; MüKo-StPO/*Percic* § 52 Rn. 1; *Ranft* StV 2000, 520; krit. SK-StPO/*Rogall* § 52 Rn. 9 ff.). Der Interessenkonflikt entsteht besonders, wenn der Zeuge befürchten muss, einem Angehörigen durch seine Zeugenaussage im Strafverfahren Nachteile zu bereiten, wenn er wahrheitsgemäße Angaben macht (BGHSt 12, 235 [239]; *Bertheau* StV 2010, 611 [612]; *Degener* StV 2006, 509 [512]). Er soll nicht zwischen der Belastung des Angehörigen und einer Falschaussage zu dessen Gunsten wählen müssen (BGHSt 9, 37 [39]; 21, 303 [305]; 38, 96 [99]). Ob er sich tatsächlich in einer solchen **Zwangslage** befindet, wird nicht hinterfragt (*Eisenberg* Beweisrecht der StPO, Rn. 1212). Das Zeugnisverweigerungsrecht besteht dagegen **nicht** im Hinblick auf eine **potenzielle Unzuverlässigkeit der Zeugenaussage** im Interesse der Wahrheitserforschung (BGHSt 11, 213 [215]; KK-StPO/*Bader* § 52 Rn. 1; MüKo-StPO/*Percic* § 52 Rn. 2; SK-StPO/*Rogall* § 52 Rn. 12; *Tsambikakis* Strafprozessuale Zeugnisverweigerungsrechte aus beruflichen Gründen – Studien zu § 53a StPO, 2011, S. 41 f.). Eine abstrakt-generelle Aussage über die Unzuverlässigkeit bestimmter Zeugengruppen lässt sich empirisch auch nicht machen.

2 **II. Rechtsfolgen.** Das Zeugnisverweigerungsrecht enthält als höchstpersönliches Recht (BGHSt 21, 303 [305]; KK-StPO/*Bader* § 52 Rn. 2) die **Befugnis** des Zeugen, **insgesamt zur Sache keine Angaben zu machen**, und zwar etwa auch dann, wenn der angehörige Beschuldigte dessen Vernehmung beantragt. Der zur Aussageverweigerung berechtigte Zeuge kann sich andererseits auf eine **Auskunftsverweigerung** bezüglich einzelner Themen konkreter Fragen beschränken; das entspricht dem Auskunftsverweigerungsrecht nach § 55 Abs. 1. Das Aussageverweigerungsrecht wird durch die Unverwertbarkeit früherer Angaben in den Fällen des § 252 geschützt (BGH StraFo 2021, 30 f.). Eine Aussageverweigerung des Zeugen **darf** zur Verhinderung einer Aushöhlung des Zeugnisverweigerungsrechts auch **nicht bei der Würdigung aller Beweise** zum Nachteil des Beschuldigten **berücksichtigt werden** (BGHSt 32, 140 [141 f.]; BGH StV 1991, 450 [451]; *Eisenberg* Beweisrecht der StPO, Rn. 1228; LR/*Ignor/Bertheau* § 52 Rn. 40; SK-StPO/*Rogall* § 52 Rn. 59). Gerade im Hinblick auf die verschiedenen denkbaren Motive des Zeugen für die Aussageverweigerung, die im konkreten Fall unbekannt bleiben, ist es dem Gericht untersagt, aus der Zeugnisverweigerung Schlüsse zum Nachteil des Angeklagten zu ziehen (BGH StV 2014, 722 f.). Das gilt aber nach der Rspr. – ähnlich wie bei der Aussageverweigerung des Beschuldigten – nicht für ein **Teilschweigen** (BGH StV 1987, 281 f.; a.A. *Eisenberg*

Beweisrecht der StPO, Rn. 1229; LR/*Ignor/Bertheau* § 52 Rn. 42), das jedenfalls für sich genommen auch kaum Aussagekraft besitzt. Das auf dem Persönlichkeitsrecht des Zeugen beruhende Zeugnisverweigerungsrecht wird nach der Rspr. mit dem **Tod des Zeugen** gegenstandslos, wonach die Verwertung früherer Aussagen mangels fortbestehender Konfliktlage des Zeugen möglich wird (BGHSt 22, 35 [37]; a.A. noch OLG Celle NJW 1968, 415).

III. Anwendungsbereich. 1. Zeugnisverweigerung bei Vernehmungen. Nach der vorliegenden Vorschrift sind nur Zeugen, aber nicht Mitbeschuldigte (KK-StPO/*Bader* § 52 Rn. 3), zur Verweigerung der Aussage im Verfahren gegen einen Angehörigen i.S.d. Katalogs der Berechtigten befugt. Das Zeugnisverweigerungsrecht betrifft nach überkommener Rspr. zunächst auch nur Angaben eines Zeugen zur Sache im Rahmen einer **förmlichen Vernehmung** (BGHSt 40, 211 [213]), gegebenenfalls auch solche in einem **Gerichtsverfahren außerhalb des Strafverfahrens** (*Ranft* StV 2000, 520 [521 ff.]), es gilt aber nicht bei **Spontanäußerungen** aus freien Stücken (BGH NJW 1956, 1886; StV 1981, 62; LG Stuttgart Die Justiz 2015, 65 f.; einschr. OLG Frankfurt StV 1994, 117 [118 f.]; *Ranft* StV 2000, 520 [522 f.]) und auch nicht **bei informellen Befragungen** im Rahmen heimlicher Ermittlungen. Die Aushöhlung des Zeugnisverweigerungsrechts durch informelle Ausforschung ist aber problematisch. 3

2. Umgehung des Zeugnisverweigerungsrechts bei informellen Befragungen. Eine rechtlich relevante und zum Beweisverwertungsverbot führende Umgehung des Zeugnisverweigerungsrechts wird von der Rspr. bisher nur angenommen, wenn **ein bereits ausgeübtes Aussageverweigerungsrecht** von den Ermittlungsbehörde **umgangen** wird, indem sie durch informelle Maßnahmen, wie einen V-Mann-Einsatz, den zur Zeugnisverweigerung berechtigten Zeugen ausforschen (BGHSt 40, 211 [214]; weitergehend BVerfG StV 2000, 233 [234]; 2000, 466 f. m.Anm. *Weßlau* StV 2000, 466 f.). Gegen die informelle **Fremdbelastungsprovokation im Angehörigenverhältnis** bestehen jedoch im Ansatz dieselben Bedenken wie gegen die Selbstbelastungsprovokation des Beschuldigten durch Vortäuschung einer privaten Gesprächssituation durch Verdeckte Ermittler oder im behördlichen Auftrag handelnde V-Leute oder Informanten (§ 136 Rdn. 23 ff., § 136a Rdn. 9, 42; s.a. LR/*Ignor/Bertheau* § 52 Rn. 39). Weil darin sogar eine Verletzung des absolut geschützten Kernbereichs der Persönlichkeitsentfaltung (zum höchstpersönlichen Gespräch des Beschuldigten mit Angehörigen BVerfGE 109, 279 [317]) i.S. einer von heimlichen Ermittlungen durch Täuschung überwundenen Selbstbestimmung über die Angehörigenbelastung gesehen werden kann (*Eschelbach* GA 2015, 545 [555]), ist dieser Verfahrensfehler nach der hier vertretenen Ansicht entsprechend §§ 69 Abs. 3, 136a Abs. 3 auch vom Beschuldigten geltend zu machen, ohne dass er davon nach Art der Rechtskreistheorie ausgeschlossen wäre. Eine genauere Prüfung der verfassungsrechtlichen Bedeutung der Beziehung zwischen dem Zeugen und dem beschuldigten Angehörigen in Rspr. und Literatur steht aber noch aus. 4

3. Anwendung bei Befragungen durch Gerichtsgehilfen. Das Zeugnisverweigerungsrecht berechtigt den Zeugen auch zur Verweigerung von Angaben bei einer **Exploration durch einen Sachverständigen.** Darüber ist der Zeuge vom Gericht zu belehren (BGHSt 11, 97 [100]; 36, 217 [220]; 40, 336 [337]; BGH StV 1989, 375 [376]). Der Sachverständige darf den verweigerungswilligen Zeugen nicht zur Aussage drängen (OLG Rostock NZFam 2015, 214 [215 f.] m.Anm. *Aymans*). Das Zeugnisverweigerungsrecht ist ferner bei **Befragungen durch die Jugendgerichtshilfe** zu beachten (BGH StV 2005, 63 f.). 5

4. Zwang zum Erscheinen. Das Zeugnisverweigerungsrecht gestattet es dem Zeugen nicht ohne Weiteres, nach einer Ladung zur Vernehmung bei Gericht oder Staatsanwaltschaft nicht zu erscheinen (Meyer-Goßner/*Schmitt* § 52 Rn. 2). Solange er jedenfalls nicht schriftlich von seinem Zeugnisverweigerungsrecht Gebrauch macht, hat er zu erscheinen (LR/*Ignor/Bertheau* § 52 Rn. 2). **Erklärt der Zeuge** dagegen ausdrücklich, **dass er die Aussage verweigern werde**, handelt es sich bei ihm um ein **ungeeignetes Beweismittel**, das nicht nur ein Absehen von der Zeugenladung, sondern auch die Ablehnung eines Beweisantrags eines Verfahrensbeteiligten auf Vernehmung des Zeugen rechtfertigt (BGHSt 21, 12 [13]). Es wäre **unangemessen**, einen Zeugen, der nicht aussagewillig ist und nicht aussagen muss, mit **Zwangsmaßnahmen** zum Erscheinen zu bewegen. Das Gericht kann aber den Beweisantrag eines Verfahrensbeteiligten auf Vernehmung des Angehörigen als Zeuge, der noch nicht die Aussageverweigerung angekündigt hat, jedenfalls nicht ohne Ladungsversuch abzulehnen. Das gilt selbst dann, wenn der Zeuge einem Dritten gegenüber geäußert hat, dass er nicht aussagen werde, oder wenn er bereits bei einer früheren Vernehmung das Zeugnis verweigert hatte. Von einer bestehenden Absicht zur Aussageverweigerung ist vor der erneuten Erklärung der Aussageverweigerung nur dann mit der Folge auszugehen, dass das Gericht die Unerreichbarkeit des Zeugen annehmen kann, wenn der Zeuge schon einmal bei einer Vernehmung durch einen Richter von seinem Zeugnisverweigerungsrecht Gebrauch gemacht hatte und keine Anhaltspunkte vorliegen, dass er sich seither anders entschieden hat. 6

7 **B. Die zur Zeugnisverweigerung Berechtigten (Abs. 1).** § 52 Abs. 1 enthält einen **abschließenden Katalog** der zur Zeugnisverweigerung aus persönlichen Gründen Berechtigten (SK-StPO/*Rogall* § 52 Rn. 20). Eine analoge Anwendung auf gesetzlich nicht vorgesehene Fälle (vgl. *Jansen* Das Zeugnisverweigerungsrecht aus § 52 StPO für besondere Nähe- und Vertrauensverhältnisse, 2004) scheidet wegen des Ausnahmecharakters der Norm, die an bestimmte Kriterien anknüpft (BVerfGE 109, 279 [322]), im Interesse an Rechtsklarheit aus (LR/*Ignor/Bertheau* § 52 Rn. 16). Auch eine noch so enge Freundschaft genügt nicht zur Begründung eines Aussageverweigerungsrechts entsprechend § 52 (BVerfG NStZ 1999, 255 m.Anm. *Wollweber* NStZ 1999, 628). Das Aussageverweigerungsrecht gem. § 52 Abs. 1 steht **nur Zeugen**, **nicht** verlobten, verheirateten oder verwandten **Mitbeschuldigten** zu (BGHSt 3, 149 [151 ff.]; 45, 342 [350]), die ohnehin aufgrund ihrer Selbstbelastungsfreiheit keiner Aussagepflicht unterliegen. Das Zeugnisverweigerungsrecht kann insoweit nur bei Verfahrensabtrennung oder Teilerledigung relevant werden, durch die der Mitbeschuldigte zum Zeugen in anderer Sache wird. Im Fall der Manipulation, etwa durch Flucht, kann dies im Einzelfall anders zu bewerten sein (BGHSt 27, 139 [141]).

8 **I. Verlobte (Abs. 1 Nr. 1).** Nach § 52 Abs. 1 Nr. 1 ist der **Verlobte des Beschuldigten** oder die Person, mit welcher der Beschuldigte ein **Versprechen** ausgetauscht hat, **eine Lebenspartnerschaft zu begründen** (§ 1 Abs. 3 Satz 2 LPartG), zur Aussageverweigerung berechtigt (zur Umwandlung der Lebenspartnerschaften in eine Ehe nach § 20a des Gesetzes zur Einführung des Rechts auf Eheschließung für Personen gleichen Geschlechts; BRat in BT-Drs. 18/6665; RAussch BT-Drs. 18/12989). Auf ein Verlöbnis mit einem Verwandten des Beschuldigten kommt es nicht an (BGH StV 2001, 105). Eine bloße Liebesbeziehung oder Wohngemeinschaft genügt nicht (LR/*Ignor/Bertheau* § 52 Rn. 4).

9 Bei dem Verlöbnis handelt es sich um ein unbedingtes, **gegenseitiges**, von beiden Seiten **ernst gemeintes Eheversprechen** (§ 1297 Abs. 2 BGB; BGHSt 3, 215 [216]; OLG Frankfurt NStZ-RR 2007, 241; SK-StPO/*Rogall* § 52 Rn. 23). Auf die zivilrechtliche Wirksamkeit kommt es nicht unbedingt an. Es gilt ein strafprozessualer Verlöbnisbegriff (MüKo-StPO/*Percic* § 52 Rn. 5). Allerdings sind gesetz- oder sittenwidrige Verlöbnisse (§§ 134, 138 BGB) regelmäßig auch im Strafverfahren unbeachtlich, so das Eheversprechen eines Verheirateten. Einseitig nicht ernst gemeinte Versprechen durch Heiratsschwindler sind kein tragfähiger Grund für eine Aussageverweigerung. Unterschiede zwischen dem strafprozessualen und dem zivilrechtlichen Verlöbnisbegriff wirken sich vor allem bei Eheversprechen durch Minderjährige ohne Zustimmung des gesetzlichen Vertreters aus (MüKo-StPO/*Percic* § 52 Rn. 6). Bezugspunkt des Eheversprechens kann eine Ehe nach deutschem Recht oder eine anerkennungsfähige ausländische Ehe oder Lebenspartnerschaft sein, aber keine solche nach bloßen Sippengebräuchen oder religiösen Vorstellungen. Das Eheversprechen kann **ausdrücklich oder konkludent** erklärt werden, ist also **formfrei** möglich und muss nicht bekannt gemacht worden sein (LR/*Ignor/Bertheau* § 52 Rn. 4). Daraus folgen Feststellungsprobleme im Prozess weil Manipulationsmöglichkeiten gegeben sind. Fehlt bei einem der Partner der ernsthafte Wille zur Eheschließung oder zur Eingehung einer Lebenspartnerschaft, liegt kein Verlöbnis (mehr) vor, auch wenn der Mangel der Ernstlichkeit dem anderen Partner nicht bekannt ist (BGHSt 3, 215 [216]; 48, 294 [300 f.]). Das Verlöbnis kann jederzeit begründet und aufgelöst werden; ein Zeugnisverweigerungsrecht folgt nur aus einem **zum Vernehmungszeitpunkt bestehenden Verlöbnis** (*Eisenberg* Beweisrecht der StPO, Rn. 1213; LR/*Ignor/Bertheau* § 52 Rn. 6). Das Recht zur Aussageverweigerung **entfällt** mit Auflösung des Verlöbnisses (BGHSt 23, 16 [17]), die schon anzunehmen ist, wenn auch nur einer der Verlobten den Heiratswillen aufgibt, mag auch der andere davon nichts wissen (LR/*Ignor/Bertheau* § 52 Rn. 6). Wegen fehlender Ernstlichkeit ist das Eheversprechen des Heiratsschwindlers unerheblich (BGHSt 3, 215 [216]). In verfassungsrechtlich nicht zu beanstandender Weise (BVerfG Beschl. v. 21.07.1987 – 2 BvR 744/87) unbeachtlich ist das Eheversprechen bei anderweitig bestehender Ehe oder bei einem anderweitigen Verlöbnis (einschr. *Füllkrug* StV 1986, 37 [38]; SK-StPO/*Rogall* § 52 Rn. 26). Ob bei Vorliegen besonderer Umstände, etwa wenn ernsthaft die Ehescheidung betrieben wird oder ein Scheidungsurteil ergangen, aber nicht rechtskräftig ist, Ausnahmen gelten, ist nicht geklärt (MüKo-StPO/*Percic* § 52 Rn. 7; offengelassen BGHR StPO § 52 Abs. 1 Nr. 1 Verlobte 1; für eine Anknüpfung an die Rechtskraft der Scheidung BayObLG JR 1984, 125 m.Anm. *Strätz*).

10 Das Strafgericht hat autonom festzustellen, ob ein Verlöbnis als Grund für ein Zeugnisverweigerungsrecht besteht (*Eisenberg* Beweisrecht der StPO, Rn. 1215). Zweifelt es am Bestehen eines Verlöbnisses, so muss es die **Glaubhaftmachung** der Behauptung gem. § 56 verlangen (BGHSt 55, 65 [68 f.]; BGH StV 1984, 450; *Eisenberg* Beweisrecht der StPO, Rn. 1215; *Füllkrug* StV 1986, 37 [38]; LR/*Ignor/Bertheau* § 52 Rn. 7; MüKo-StPO/*Percic* § 52 Rn. 9; SK-StPO/*Rogall* § 52 Rn. 27), wozu nach § 56 Satz 2 in der Regel ausreichend ist, eine **eidliche Versicherung** abzugeben (BGH NJW 1972, 1334; SK-StPO/*Rogall* § 52 Rn. 18). Erfolgt eine solche Glaubhaftmachung, genügt dies dem Tatgericht prinzipiell, um von einem Aussageverweigerungsrecht auszugehen, sofern keine konkreten Anhaltspunkte für Unwirksamkeit oder Nichtbestehen des Verlöbnisses

vorliegen. I.Ü. haben der Vorsitzende oder das nach § 238 Abs. 2 angerufene Gericht einen Beurteilungsspielraum (BGH Beschl. v. 11.02.2014 – 4 StR 437/13).

II. Ehegatten (Abs. 1 Nr. 2). Zur Zeugnisverweigerung berechtigt ist ein Ehegatte des Beschuldigten, auch wenn die Ehe nicht mehr besteht. Vorausgesetzt wird eine Ehe, die entweder **wirksam** im Inland nach der hier gem. Art. 13 Abs. 4 Satz 1 EGBGB allein geltenden standesamtlichen Eheschließungsform **abgeschlossen** wurde oder eine Auslandsehe, die im Inland **anerkannt** wird (*Eisenberg* Beweisrecht der StPO, Rn. 1216). Eine »hinkende Ehe«, die nur nach ausländischem Recht, aber nicht in einer im Inland anerkennungsfähigen Weise abgeschlossen wurde, genügt nicht (BGH Beschl. v. 10.10.2017 – 5 StR 379/17). Für eine abweichende Auslegung des § 52 ist mangels Anerkennungsfähigkeit kein Raum (krit. *Ebner/Müller* NStZ 2010, 657 [658 ff.]). Für das Bestehen des Zeugnisverweigerungsrechts als Ehegatte ist es dagegen nicht von Bedeutung, ob **Aufhebungsgründe** gegenüber der Ehe bestehen (*Eisenberg* Beweisrecht der StPO, Rn. 1216; LR/*Ignor/Bertheau* § 52 Rn. 8). Die bloße Möglichkeit einer **Scheinehe** steht einer Zeugnisverweigerung nicht entgegen, solange die Unwirksamkeit nicht feststeht (BayObLG StV 1989, 535 [536]; SK-StPO/*Rogall* § 52 Rn. 29). Liegt aber evident eine Nichtehe vor, etwa wenn die Eheschließung ohne Mitwirkung eines Standesbeamten erfolgt ist (BVerfG NStZ 1993, 349), so besteht kein Aussageverweigerungsrecht. Wurde andererseits eine Ehe wirksam geschlossen, so gilt das Zeugnisverweigerungsrecht auch für einen **geschiedenen Ehegatten.** Es endet erst, wenn das Verfahren gegen den anderen Ehegatten, etwa durch dessen Tod, endgültig beendet ist und nur noch gegen andere Beschuldigte fortgeführt wird, mit denen kein Verhältnis des Zeugen besteht, das ein Aussageverweigerungsrecht ergeben könnte. Das Zusammenleben in einer **eheähnlichen Gemeinschaft** begründet ohne Verletzung von Art. 3 Abs. 1, 6 Abs. 1 GG (BVerfGE 105, 313 [342 ff.]) kein Zeugnisverweigerungsrecht. 11

III. Lebenspartner (Abs. 1 Nr. 2a). Ein Zeugnisverweigerungsrecht billigte § 52 Abs. 1 Nr. 2a auch Lebenspartnern zu und zwar auch dann, wenn die Lebenspartnerschaft zur Zeit der Vernehmung nicht mehr bestand. Bei den Lebenspartnern handelt es sich um **gleichgeschlechtliche Partner**, die nach § 1 Abs. 1 LPartG eine **Lebenspartnerschaft begründet** hatten, welche zunächst rechtlich der Ehe gleichgestellt wurde und nach § 20a des Gesetzes zur **Umwandlung** der Lebenspartnerschaften **in eine Ehe** (BRat BT-Drs. 18/6665; RAussch BT-Drs. 18/12989) in eine gleichgeschlechtliche Ehe umgewandelt werden kann. Bis zum 21.12.2018 war das Versprechen, mit einer gleichgeschlechtlichen Person eine Lebenspartnerschaft begründen zu wollen, wie ein Verlöbnis zu behandeln. Seit dem 22.12.2018 ist diese Gleichstellung aufgehoben. § 52 regelt aber für das Strafverfahren nicht, wie es zu beurteilen sein soll, wenn ein Versprechen auf Begründung einer Lebenspartnerschaft zwar abgegeben, eine Lebenspartnerschaft aber bis zum 21.12.2018 nicht begründet und danach eine Ehe nicht geschlossen wurde. Das Versprechen ist dann gegenstandslos geworden. 12

IV. Verwandte und Verschwägerte (Abs. 1 Nr. 3). Wer mit dem Beschuldigten in gerader Linie verwandt oder verschwägert, in der Seitenlinie bis zum dritten Grad verwandt oder bis zum zweiten Grad verschwägert ist oder war, hat ein Zeugnisverweigerungsrecht. Verwandtschaft oder Schwägerschaft in diesem Sinne werden nach §§ 1589, 1590 BGB beurteilt. 13

In gerader Linie verwandt (§ 1589 Abs. 1 Satz 1 BGB) sind Personen, die voneinander abstammen. Das Zeugnisverweigerungsrecht steht den Eltern, Kindern, Großeltern, Enkeln, Urgroßeltern und Urenkeln des Beschuldigten zu. In der **Seitenlinie** (§ 1589 Abs. 1 Satz 2 BGB) besteht es nur für Geschwister sowie Kinder der Geschwister (Nichten, Neffen) und Geschwister der Eltern (Onkel, Tanten). Die nach § 52 relevante Verwandtschaft **endet im dritten Grad**, für dessen Bestimmung § 1589 Abs. 1 Satz 3 BGB gilt. Kein Zeugnisverweigerungsrecht haben demnach die erst im vierten Grad verwandten Cousinen und Cousins (BGH StV 1996, 129) sowie Geschwisterkinder (Basen, Vettern) untereinander (Meyer-Goßner/*Schmitt* § 52 Rn. 6). Nichteheliche Kinder (LR/*Ignor/Bertheau* § 52 Rn. 10) und Halbgeschwister werden mit den ehelichen Geschwistern gleichbehandelt. 14

Eine **Schwägerschaft** besteht zwischen **Verwandten eines Ehegatten** mit dem anderen Ehegatten (LR/*Ignor/Bertheau* § 52 Rn. 11), die aber nur **bis zum zweiten Grade** ein Zeugnisverweigerungsrecht begründet. Erforderlich ist eine zunächst wirksame Eheschließung oder Lebenspartnerschaft, die im Zeitpunkt der Vernehmung nicht mehr bestehen muss und selbst bei nachträglicher Nichtigerklärung nicht ihre strafprozessuale Wirkung verliert (BGHSt 9, 37 [38 f.]). Das Aussageverweigerungsrecht des Ehegatten oder Lebenspartners des Beschuldigten besteht nur gegen dessen Eltern, Großeltern und Urgroßeltern, nicht aber auch gegenüber von diesen abstammenden Kindern, Enkeln und Urenkeln. Im Verfahren gegen Geschwister des Ehegatten (Schwager, Schwägerin) besteht es nicht gegenüber deren Kindern. 15

Eine **Adoption** begründet auch im Strafprozess die rechtliche Stellung wie diejenige eines leiblichen Kindes des Annehmenden (Meyer-Goßner/*Schmitt* § 52 Rn. 8). Sie hebt das Zeugnisverweigerungsrecht zugunsten 16 der bisherigen Verwandten (nur) eines minderjährigen Angenommenen nicht auf, obwohl gem. § 1755 Abs. 1 Satz 1 BGB das Verwandtschaftsverhältnis zivilrechtlich entfällt (*Eisenberg* Beweisrecht der StPO, Rn. 1219; LR/*Ignor/Bertheau* § 52 Rn. 14). Dies gilt nicht im Fall der Erwachsenenadoption. Gegenüber den Annehmenden und deren Verwandten besteht das Zeugnisverweigerungsrecht im Fall der Kindesadoption so, als wäre das adoptierte Kind ehelich geboren; im Fall der Erwachsenenadoption besteht aber gegenüber den Verwandten des Annehmenden kein das Zeugnisverweigerungsrecht begründendes Verhältnis. Eine durch Adoption begründete Aussageverweigerung bleibt auch dann bestehen, wenn das Adoptionsverhältnis wieder aufgelöst wird (LR/*Ignor/Bertheau* § 52 Rn. 13), anders ist es aber nach Irrtumsanfechtung mit Wirkung ex tunc (BGHSt 23, 16 [17]).

17 Für **Pflegeeltern und Pflegekinder** gibt es nach dem Wortlaut des Gesetzes kein Zeugnisverweigerungsrecht (LR/*Ignor/Bertheau* § 52 Rn. 15; SK-StPO/*Rogall* § 52 Rn. 38); eine entsprechende Anwendung von § 52 Abs. 1 Nr. 3 kommt nicht in Betracht (MüKo-StPO/*Percic* § 52 Rn. 16).

18 **C. Beziehung des Zeugen zu einem Beschuldigten in einem konkreten Strafverfahren. I. Angehörigenverhältnis zu Beschuldigten.** Das Zeugnisverweigerungsrecht steht **nur den Angehörigen des Beschuldigten** in der Zeugenrolle zu (*Eisenberg* Beweisrecht der StPO, Rn. 1220; MüKo-StPO/*Percic* § 52 Rn. 17), nicht einem Mitbeschuldigten, der mit einem anderen Beschuldigten verwandt oder verschwägert ist. Der Mitbeschuldigte ist als solcher zur Aussageverweigerung berechtigt und er kann dieses Recht auch zum Schutz des Angehörigen ausüben (MüKo-StPO/*Percic* § 52 Rn. 4). Verlöbnis, Ehe oder Verwandtschaft des Zeugen **zu einem verdächtigen Zeugen** i.S.v. § 55 spielen keine Rolle. Im Ergebnis gilt dasselbe auch für entsprechende Beziehungen zu einem **Privatkläger**, aber nicht, wenn der Privatkläger durch Widerklage zugleich Angeklagter wird (LR/*Ignor/Bertheau* § 52 Rn. 17; SK-StPO/*Rogall* § 52 Rn. 44). Der Prozess über Privatklage und Widerklage ist danach als einheitliches Verfahren zu behandeln, sodass sich das Zeugnisverweigerungsrecht zugunsten des Widerbeklagten auch auf den Gegenstand seiner Privatklage erstreckt (LR/*Ignor/Bertheau* § 52 Rn. 20).

19 **II. Angehörigenverhältnis zu Mitbeschuldigten. 1. Prozessualer Zusammenhang.** Wird ein Ermittlungsverfahren gegen **mehrere Beschuldigte** geführt, kann der Angehörige eines der Beschuldigten in vollem Umfang von seinem Zeugnisverweigerungsrecht Gebrauch machen, sofern seine Aussage zumindest unter anderem auch seinen Angehörigen betrifft (BGHSt 34, 215 [216]; 54, 1 [4]; *Eisenberg* Beweisrecht der StPO, Rn. 1221; krit. *Otto* NStZ 1991, 220 ff.); denn ein Zeuge kann **nur einheitlich aussagen** (BGHSt 38, 96 [98]), sodass von dieser Aussage alle Beschuldigten einschließlich des Verlobten, Ehegatten oder Angehörigen des Zeugen betroffen werden. Das Zeugnisverweigerungsrecht ist insoweit unteilbar (LR/*Ignor/Bertheau* § 52 Rn. 19; MüKo-StPO/*Percic* § 52 Rn. 19). Anders liegt es bei getrennten Verfahren ohne prozessuale Gemeinsamkeit (BGH StV 1982, 557). Dann kann und muss der Zeuge in einem Verfahren, das sich nicht gegen einen Angehörigen richtet, aussagen und er wird dort auch nicht über sein Aussageverweigerungsrecht an anderer Stelle belehrt, während er in dem weiteren Verfahren, welches seinen Angehörigen betrifft, nach § 52 Abs. 3 belehrt werden muss und von seinem Zeugnisverweigerungsrecht Gebrauch machen kann. Ein Beweistransfer von dem fremden Verfahren in dasjenige, in dem das Aussageverweigerungsrecht wirkt, scheidet nach § 252 grundsätzlich aus, sofern der Zeuge hier von seiner Befugnis zur Zeugnisverweigerung Gebrauch macht. Ob ein **einheitliches Verfahren** vorliegt, richtet sich zunächst nach der Verfahrensführung durch die Staatsanwaltschaft (BGHSt 34, 215 [217 f.]; MüKo-StPO/*Percic* § 52 Rn. 19; krit. *Prittwitz* NStZ 1986, 64 ff.), später nach den Regeln über die Verbindung getrennter Verfahren. Von einer prozessualen Gemeinsamkeit ist auszugehen, wenn in irgendeinem Stadium ein einheitliches Verfahren gegen mehrere Beschuldigte vorgelegen hat (BGH NJW 1974, 758; MüKo-StPO/*Percic* § 52 Rn. 19), es muss nicht notwendigerweise z.Zt. der Vernehmung des angehörigen Zeugen vorliegen (BGHSt 34, 215 [216]). Ausreichend ist, dass das Verfahren zeitweise zugleich auch gegen den angehörigen Beschuldigten und gegen den späteren Zeugen als damaligen Mitbeschuldigten geführt wurde (BGH StV 2012, 193 [194]).

20 **2. Aufhebung des prozessualen Zusammenhangs.** Scheidet der Angehörige des Zeugen durch **Einstellung** des Verfahrens (BGH StV 1998, 245) oder **Abtrennung** aus dem Strafverfahren aus, bleibt das Zeugnisverweigerungsrecht erhalten (MüKo-StPO/*Percic* § 52 Rn. 20), soweit nicht auch die Möglichkeit einer Wiederaufnahme des Verfahrens und der nachteiligen Verwendung der Zeugenaussage gegen den Angehörigen ausgeschlossen ist (BGHSt 54, 1 [4]; für eine »streng akzessorische« Anknüpfung an den aktuellen Verfahrensstand SK-StPO/*Rogall* § 52 Rn. 52). Grundsätzlich führt nach der Rspr. bereits die **rechtskräftige Erledigung** des Verfahrens gegen den Angehörigen des Zeugen zum Erlöschen des Zeugnisverweigerungsrechtes (BGHSt 38, 96 [101]; BGH StV 1992, 1; 1992, 51 ff.; 1992, 145; 1998, 245; 2012, 193 [194]; 2012, 194; MüKo-StPO/*Percic* § 52 Rn. 20; a.A. *Dahs/Langkeit* StV 1992, 492 ff.; LR/*Ignor/Bertheau* § 52

Rn. 19; anders auch noch BGH StV 1991, 145). Das gilt bei rechtskräftiger **Verurteilung** (BGHSt 38, 96 [97 ff.]) oder rechtskräftigem **Freispruch** (BGH StV 1993, 339), erst recht bei **Tod** des im Angehörigenverhältnis mit dem Zeugen stehenden Beschuldigten. Gleiches gilt bei einer **Einstellung** des Verfahrens gegen den Angehörigen **nach § 154**, die nur eingeschränkte Wiederaufnahmemöglichkeiten eröffnet (BGHSt 54, 1 [5 ff.] m. abl. Anm. *Bertheau* StV 2010, 611 ff.), wogegen ausreichender Schutz durch § 55 Abs. 1 bestehen soll. Ob im Fall der Einstellung unter Auflagen **nach § 153a** die Auflagenerfüllung und das Nichtvorhandensein von Gründen für eine Wiederaufnahme des Verfahrens (§ 153a Abs. 3 S. 5) zur Beendigung des Zeugnisverweigerungsrechts im Verfahren gegen andere Beschuldigte führt, ist nicht abschließend entschieden (offengelassen BGHSt 54, 1 [4]).

Bei einer **Verfahrensabtrennung** kann das Zeugnisverweigerungsrecht nach der Rspr. nicht mehr eingreifen, wenn der Zeuge nur noch in einem getrennten Verfahren aussagen soll, in dem sein Angehöriger nicht mehr zu den Beschuldigten zählt (BGHSt 38, 96 [100]). Zur Vermeidung eines Rechtsmissbrauchs sollte eine Verfahrensabtrennung nicht allein deswegen erfolgen, um ein störendes Zeugnisverweigerungsrecht auszuschalten (*Rengier* StV 1988, 465 [467]). 21

3. Mehrzahl prozessualer Taten innerhalb eines Verfahrens. Ein Zeugnisverweigerungsrecht wird auch innerhalb eines (abtrennbaren, aber noch nicht abgetrennten) einheitlichen Verfahrens nicht anerkannt, wenn ein Verfahren mehrere rechtlich selbstständige Straftaten betrifft, und der Zeuge nur zu einer Tat vernommen werden soll, an der sein Angehöriger nicht beteiligt war (*Eisenberg* Beweisrecht der StPO, Rn. 1222; LR/*Ignor/Bertheau* § 52 Rn. 20; a.A. SK-StPO/*Rogall* § 52 Rn. 53). Voraussetzung dafür ist aber, dass jeder Zusammenhang zwischen den verschiedenen Straftaten ausgeschlossen ist (MüKo-StPO/*Percic* § 52 Rn. 22). Ein materiell-rechtlicher Zusammenhang kann bei Hehlerei (BGH NStZ 1983, 564), Begünstigung, Strafvereitlung und Teilnahme an der Haupttat des anderen oder bei Geldwäsche infrage kommen, ein prozessualer Zusammenhang bei einer Indizbedeutung der anderen Tat für den Vorwurf gegen den Angehörigen des Zeugen. 22

D. Ausübung des Aussageverweigerungsrechts und deren Beweisverbotsfolge. I. Prozesshandlung. Das Zeugnisverweigerungsrecht ist ein **höchstpersönliches Recht** (BGHSt 21, 303 [305]; 45, 203 [207]; LR/*Ignor/Bertheau* § 52 Rn. 22; MüKo-StPO/*Percic* § 52 Rn. 23; SK-StPO/*Rogall* § 52 Rn. 14), das nur der Berechtigte selbst geltend machen und auf dessen Ausübung auch nur er verzichten kann. Der Beschuldigte hat keine Entscheidungsmöglichkeit, da ihm nicht die Dispositionsmacht über das Recht des Zeugen zur Aussageverweigerung zusteht. Die Abgabe einer Erklärung durch einen Dritten, etwa einen als Zeugenbeistand eingeschalteten Rechtsanwalt, reicht auch nicht aus (BGH StV 2008, 57 [58]; MüKo-StPO/*Percic* § 52 Rn. 23). Zudem ist kein Verfahrensbeteiligter dazu berechtigt, auf die Entscheidung des Zeugen Einfluss zu nehmen. Die Entschließungsfreiheit gilt **auch für Minderjährige** ohne Mitwirkung gesetzlicher Vertreter (BGHSt 14, 21 [24]). Fehlt ihnen aber die nötige Verstandesreife, so muss ein Ergänzungspfleger bestellt werden (zum Bestellungsverfahren BVerfG FamRZ 2020, 1000 ff.; BGH FamRZ 2020, 1197 ff.). 23

Will ein Zeuge als Angehöriger des Beschuldigten i.S.v. § 52 Abs. 1 von seinem Zeugnisverweigerungsrecht Gebrauch machen, so muss er dies **ausdrücklich** selbst erklären (*Eisenberg* Beweisrecht der StPO, Rn. 1223; MüKo-StPO/*Percic* § 52 Rn. 24; SK-StPO/*Rogall* § 52 Rn. 55). Dies kann auch unabhängig von der Belehrung des Richters nach § 52 Abs. 3 erfolgen (BGH StV 2008, 57). Es genügt nicht, wenn der Zeuge ohne Abgabe einer solchen Erklärung der (teilweisen) Aussageverweigerung bestimmte Tatsachen verschweigt. Dem Zeugen steht es jedoch frei, von einem erklärten Recht zur Zeugnisverweigerung **nur für einzelne Teile seiner Aussage** Gebrauch zu machen (LR/*Ignor/Bertheau* § 52 Rn. 22; SK-StPO/*Rogall* § 52 Rn. 56). Außerdem kann der Zeuge in der Hauptverhandlung die Aussage verweigern, zugleich aber der Verwertung seiner Angaben im Vorverfahren zustimmen. Die Verwertbarkeit setzt dann eine richterliche Belehrung über diese Folge der Zustimmung voraus (BGH NStZ 2020, 432 f. m.Anm. *Ventzke*). Der Zeuge kann i.Ü. auch den Zeitpunkt der Zeugnisverweigerung frei wählen (BGH StV 1987, 188) und sich erst im Lauf der Vernehmung auf sein Verweigerungsrecht berufen mit der Folge, dass die Vernehmung abzubrechen ist. Die bisherige Teilaussage bleibt dann aber verwertbar. 24

Der Zeuge **muss nicht begründen**, warum er von seinem Zeugnisverweigerungsrecht Gebrauch macht (BGH StV 2016, 419; LR/*Ignor/Bertheau* § 52 Rn. 23; MüKo-StPO/*Percic* § 52 Rn. 25). Das Gericht darf den Zeugen auch nicht nach seinen Beweggründen für die Aussageverweigerung fragen. Das Schweigen des Zeugen darf nicht zum Nachteil des Angeklagten bewertet werden (BGH StV 2016, 419); es besitzt auch keine aussagepsychologisch relevante Aussagekraft. Fragen von Verfahrensbeteiligten nach Weigerungsgründen des Zeugen sind als ungeeignet zurückzuweisen (§ 241 Abs. 2). Antworten auf gleichwohl gestellte Fragen nach dem Motiv der Aussageverweigerung sind im Urteil nicht verwertbar (BGHSt 6, 279 [280]), damit der Zeuge nicht mittelbar in Erklärungszwang versetzt und sein Zeugnisverweigerungsrecht dadurch ausgehöhlt wird. 25

Wenn und soweit der Zeuge aber aussagt, unterliegt er der **Pflicht, die Wahrheit zu sagen** (MüKo-StPO/*Percic* § 52 Rn. 3). Verfahrensfehler bei der Vernehmung, die zu einer strafbaren Falschaussage führen, haben für den angeklagten Angehörigen des Zeugen allenfalls Strafzumessungsrelevanz (vgl. BGH StV 2004, 482), beseitigen aber nicht den Tatbestand einer falschen Zeugenaussage vor Gericht.

26 **II. Rechtsfolge der Unverwertbarkeit aktueller und früherer Aussagen.** Macht der Zeuge von seinem Aussageverweigerungsrecht Gebrauch, gilt nach § 252 ein **selbstständiges Beweiserhebungs- und -verwertungsverbot** für frühere Angaben desselben Zeugen im Rahmen einer Zeugenvernehmung (BGH StraFo 2021, 30 f.; SK-StPO/*Rogall* § 52 Rn. 15), auch bei audiovisueller Vernehmung (BGHSt 49, 72 [75 ff.] m.Anm. *Degener* StV 2006, 509 ff.); ferner gilt das Verwertungsverbot für Aussagen im Rahmen einer früheren Beschuldigtenvernehmung des späteren Zeugen (BGH StV 2005, 536) oder für Aussagen im Rahmen seiner Exploration durch einen Sachverständigen (BGH StV 2007, 68) und für Angaben im Rahmen einer informatorischen Befragung durch Polizeibeamte (BGH StV 1981, 62 [63]; 1983, 452). Das Verwertungsverbot besteht im Interesse des Zeugen, nicht des Beschuldigten, sodass dieser nicht mit Erfolg verlangen kann, die nicht zu seinem Nachteil verwertbare Zeugenaussage solle zu seinen Gunsten verwendet werden (BVerfG NStZ-RR 2004, 18 [19]).

27 Nach der Rspr. gilt das Verwertungsverbot gem. § 252 nicht, wenn die **frühere Aussage des Zeugen vor einem Richter**, der ihn über das Aussageverweigerungsrecht belehrt hatte, durch Vernehmung des Richters als Zeuge in die Hauptverhandlung eingeführt werden kann (BGHSt 61, 221 [229 ff.] mit Anm. *Beining* ZJS 2017, 258 ff.; *Brand* NJW 2017, 100 f.; *Fahl/Rückert* HRRS 2017, 123 ff.; *Moldenhauer/Wenske* JA 2017, 860 ff.; *Schumann* JR 2017, 381 ff.; a.A. *Eschelbach* FS v. Heintschel-Heinegg, 2015, S. 147 ff.). Dann soll exklusiv der Richter als Zeuge vom Hörensagen zugelassen sein, wenn er den Primärzeugen über sein Zeugnisverweigerungsrecht belehrt hatte. Auch **§ 252** soll dem nicht entgegenstehen. Die richterrechtlich angeordnete Möglichkeit der Vernehmung des Vernehmungsrichters als Zeuge über die Aussage des zeugnisverweigerungsberechtigten Zeugen bleibt nach der Entscheidung des Großen Senats des BGH für Strafsachen erhalten (BGHSt 61, 221 [229]) und setzt auch keine qualifizierte Belehrung des Zeugen durch den Erstrichter über die künftige Verwertbarkeit der Aussage voraus (BGHSt 61, 221 [241 ff.]). Dem Richterzeugen kann nach der Rspr. sein Vernehmungsprotokoll vorgehalten werden, sodass der Sache nach doch dessen Text entgegen § 252 in der Hauptverhandlung einfließt. Für den zugleich in der Kasuistik vorgesehenen Ausschluss der Vernehmung anderer Zeugen vom Hörensagen, die auf Wahrnehmungs- oder Dokumentationsfehler hinweisen oder Ergänzungen anbringen könnten, besteht dogmatisch kein Grund. Die Behauptung, die richterrechtliche Konstruktion diene der Wahrheitserforschung, wird dadurch noch fragwürdiger. Eine Rüge des unfair trial wegen Nichtzulassung anderer Beweismittel außer dem Vernehmungsrichter wurde bisher nicht erhoben.

28 **E. Zustimmung des gesetzlichen Vertreters (Abs. 2). I. Zustimmungserfordernis bei Fehlen der erforderlichen Verstandesreife.** Vernommen wird nur ein Zeuge, der **aussagetüchtig** ist (BGHSt 21, 303 [304]). Zur **eigenverantwortlichen Ausübung des Zeugnisverweigerungsrechts** muss der Zeuge in der Lage sein zu erkennen, dass der Beschuldigte Unrecht begangen hat und ihm dafür eine Strafe oder Maßregel droht. Weiter muss der Zeuge erkennen können, dass seine Aussage zu einem Strafurteil gegen seinen Angehörigen beitragen kann, und er deshalb nicht aussagen muss. Den Interessenkonflikt muss der Zeuge also verstandesmäßig erfassen (BGHSt 23, 221 [222]; *Eisenberg* StV 1995, 625 [626]; LR/*Ignor/Bertheau* § 52 Rn. 26; SK-StPO/*Rogall* § 52 Rn. 75).

29 Ob die hierfür erforderliche Verstandesreife vorliegt, hat das Tatgericht eigenverantwortlich zu prüfen (BGHSt 14, 159 [160]). Es kann sich bei Bedarf der Hilfe eines Sachverständigen bedienen. Beim gesunden **Volljährigen** ist ausreichende Verstandesreife anzunehmen, sofern keine konkreten Anhaltspunkte für einen **psychischen oder physischen Defekt** vorliegen, der die Einsichtsfähigkeit aufheben könnte. Auch bei **Jugendlichen** kann im Allgemeinen auch vom Vorhandensein der nötigen Verstandesreife ausgegangen werden; bei **Kindern** ist von Fall zu Fall zu unterscheiden. Bei fehlender Verstandesreife des Zeugen ist ein Ergänzungspfleger zu bestellen, damit dieser über die Ausübung des Aussageverweigerungsrechts entscheidet.

30 Auf das Alter des Zeugen oder das Bestehen einer Betreuung kommt es für sich genommen nicht an. Es gibt **keine feste Altersgrenze** (*Eisenberg* Beweisrecht der StPO, Rn. 1224; MüKo-StPO/*Percic* § 52 Rn. 27), wenngleich bei einem Siebenjährigen die erforderliche Verstandesreife tendenziell fehlen dürfte, während sie bei einem 14-Jährigen eher zu bejahen ist (LR/*Ignor/Bertheau* § 52 Rn. 27; SK-StPO/*Rogall* § 52 Rn. 76). Auch **minderbegabte oder psychisch kranke Zeugen** können im Einzelfall die notwendige Fähigkeit zur eigenverantwortlichen Entscheidung über die Aussage oder eine Zeugnisverweigerung haben.

31 Kann das Gericht im Grenzfall **Zweifel** nicht überwinden, muss es von fehlender Verstandesreife ausgehen (BGHSt 19, 85 [86]). Unzulässig ist es wegen der Beschleunigungsmaxime im Allgemeinen, das Verfahren auszusetzen, um abzuwarten, bis der Zeuge die Verstandesreife erlangt (LR/*Ignor/Bertheau* § 52 Rn. 27).

II. Kompetenz zur Zustimmungserklärung. Wenn der minderjährige Zeuge von der Bedeutung seines Aussageverweigerungsrechts keine genügende Vorstellung hat, ist nicht anstelle der Entscheidung des Zeugen, sondern **zusätzlich** (BGHSt 49, 72 [75 f.]) eine **Entscheidung des gesetzlichen Vertreters** erforderlich, der indes bei der Zeugenvernehmung, anders als bei der Untersuchung nach § 81c (*Eisenberg* StV 1995, 625 ff.), nicht in vollem Umfang an die Stelle des Zeugen tritt (BGHSt 21, 303 [305]; 40, 336 [338]). Sind **mehrere Vertreter** vorhanden, müssen alle einwilligen (LR/*Ignor/Bertheau* § 52 Rn. 31); willigt einer von diesen nicht ein, muss die Vernehmung unterbleiben. Wer gesetzlicher Vertreter ist, bestimmt sich nach dem Zivilrecht (SK-StPO/*Rogall* § 52 Rn. 80). Ist eine Vertretung erforderlich, ein gesetzlicher Vertreter aber nicht vorhanden, so muss ein Verfahrenspfleger bestellt werden. 32

Minderjährige werden, soweit gesetzliche Vertretung erforderlich ist, durch die Eltern oder zumindest durch einen zur Ausübung der Personensorge berechtigten Elternteil (§§ 1626 Abs. 1, 1626a, 1671 Abs. 1 BGB), bei Elternlosigkeit durch einen bestellten Vormund (§ 1789 BGB) vertreten. 33

Bei volljährigen Zeugen kommt die Einschaltung eines Vertreters nur infrage, wenn wegen einer psychischen Erkrankung oder einer geistigen oder seelischen Behinderung eine Betreuung des Zeugen angeordnet ist (§ 1896 BGB). 34

Der gesetzliche Vertreter oder Betreuer ist, neben dem Zeugen selbst, gem. § 52 Abs. 3 Satz 1 von der Verhörperson über die Bedeutung des Zeugnisverweigerungsrechts und seiner stellvertretenden Zustimmungserklärung **zu belehren** (BGHSt 14, 159 [160]; 40, 336 [338]). Ein Belehrungsdefizit führt regelmäßig zu einem **Beweisverwertungsverbot** (BGH StV 1981, 4), es kann aber geheilt werden. Ein solches Verwertungsbot ist aber von vornherein nicht gegeben, wenn anzunehmen ist, dass der gesetzliche Vertreter seine Befugnisse auch ohne Belehrung kennt und davon keinen Gebrauch machen will (BGH StV 1995, 171 m. Anm. *Eisenberg* StV 1995, 625 [627]). 35

III. Nachholung oder Widerruf der Zustimmung des gesetzlichen Vertreters und abschließende Entscheidung des Zeugen. Das Zustimmungserfordernis bezüglich des gesetzlichen Vertreters soll den verstandesunreifen Zeugen davor schützen, dass er aus Unverständnis keine dem Angehörigen nachteilige Aussage mit überdauernden Folgen macht (BGHSt 14, 159 [160]; 19, 85 [86]; 23, 221 [222]; 49, 72 [76]). 36

Der gesetzliche Vertreter kann lediglich die Aussage oder deren Verwertbarkeit verhindern, indem er der Aussage nicht zustimmt; dann darf der verstandesunreife Zeuge nicht vernommen werden. Der gesetzliche Vertreter kann aber nicht durch seine Zustimmung zur Aussage den verstandesunreifen Zeugen einem Aussagezwang unterwerfen. Die **abschließende Entscheidung im Fall der Zustimmung** des gesetzlichen Vertreters liegt **bei dem Zeugen** (BGHSt 21, 303 [305 f.]; 23, 221 [222]; 49, 72 [76]; *Eisenberg* Beweisrecht der StPO, Rn. 1225; SK-StPO/*Rogall* § 52 Rn. 78). Darüber ist der Zeuge nach Erteilung der Zustimmung des gesetzlichen Vertreters **zu belehren** (BGH StV 1991, 401; LR/*Ignor/Bertheau* § 52 Rn. 48). 37

Die Genehmigung des gesetzlichen Vertreters kann zur **Heilung eines anfänglichen Fehlers** im weiteren Verfahren auch noch nachgeholt werden, wenn der Zeuge bereits ohne Genehmigung Angaben gemacht hat (BGHSt 40, 336 [339]). Die Zustimmung ist nur dann nicht mehr nachholbar, wenn der Zeuge nach anfänglichen Angaben zur Sache das Zeugnis verweigert (BGH NJW 1970, 766). Verweigert dagegen der zunächst nicht eingeschaltete gesetzliche Vertreter eine nachträgliche Genehmigung, dann ist die Aussage des verstandesunreifen Zeugen unverwertbar. 38

Eine zunächst erteilte **Zustimmung** kann auch während der Vernehmung **widerrufen** werden mit der Folge, dass die Vernehmung abgebrochen werden muss und weitere Aussagen nicht eingeholt werden können. Bisherige Angaben des Zeugen bleiben verwertbar (dafür LR/*Ignor/Bartheau* § 25 Rn. 36). 39

IV. Ausschluss des gesetzlichen Vertreters. Der gesetzliche Vertreter kann über die Ausübung des Zeugnisverweigerungsrechtes nicht entscheiden, wenn er **selbst Beschuldigter** in dem Verfahren ist, in dem der verstandesunreife Angehörige als Zeuge aussagen soll (§ 52 Abs. 2 Satz 2 Hs. 1; *Schwenckendiek* NStZ 2008, 537 [538]). Auch die Eigenschaft eines allein zur Ausübung der Personensorge berechtigten Elternteils als Geschädigter steht der Zustimmungskompetenz nicht entgegen, sodass es insoweit nicht der **Bestellung eines Ergänzungspflegers** bedarf (OLG Karlsruhe NJW-RR 2012, 839; MüKo-StPO/*Percic* § 52 Rn. 33). Bei gemeinschaftlicher elterlicher Sorge durch ein Elternpaar ist **auch der nicht beschuldigte Elternteil** von der gesetzlichen Vertretung des Kindes bei der Entscheidung über die Ausübung des Zeugnisverweigerungsrechts ausgeschlossen (§ 52 Abs. 2 Satz 2 Hs. 2). 40

Anders liegt es nach dem Gesetzeswortlaut, wenn **nur ein Elternteil gesetzlicher Vertreter** ist (OLG Nürnberg NJW 2010, 3041 [3042]; a.A. *Eisenberg* Beweisrecht der StPO, Rn. 1225; offengelassen von BGH NJW 1996, 206), obwohl dann ein Interessenkonflikt auch im Hinblick auf den mit beschuldigten Elternteil ohne eigenes Personensorgerecht bestehen kann, der im Ergebnis nur so zu lösen ist, dass Staatsanwaltschaft oder Gericht sich im Fall der die Vernehmung des aussagebereiten Zeugen hindernden Zustimmungsver- 41 weigerung um eine Entziehung der Personensorge bei dem nicht selbst beschuldigten Elternteil bemühen (*Schwenckendiek* NStZ 2008, 537 [538 ff.]). Nicht im Gesetz geregelt ist auch der Fall, dass der gesetzliche Vertreter des Zeugen zugleich gesetzlicher Vertreter des Beschuldigten ist. Dann liegt ein Ausschluss nahe (LR/*Ignor/Bertheau* § 52 Rn. 32).

42 Ist der gesetzliche Vertreter von der Zustimmung nach § 52 Abs. 3 ausgeschlossen, muss ein **Ergänzungspfleger** bestellt werden (§ 1909 Abs. 1 Satz 1 BGB; OLG Koblenz Beschl. v. 22.04.2014 – 13 WF 293/14; SK-StPO/*Rogall* § 52 Rn. 84; zum Beschwerderecht der Staatsanwaltschaft *Müther* FamRZ 2015, 43 f.). Zuständig für den **Antrag** ist das Gericht oder die Staatsanwaltschaft, die den Zeugen vernehmen will (LR/*Ignor/Bertheau* § 52 Rn. 32). Auch wenn eine polizeiliche Vernehmung durchgeführt werden soll, muss die Staatsanwaltschaft den Antrag auf Einrichtung der Ergänzungspflegschaft stellen, weil die Ermittlungspersonen der Polizei nicht antragsberechtigt sind und im Vorverfahren allein die Staatsanwaltschaft das Verfahren leitet. Für die **Anordnung** der Ergänzungspflegschaft ist das Familiengericht zuständig (OLG Zweibrücken NJW-RR 2000, 1679). Das Familiengericht ist an die Rechtsansicht des antragstellenden Gerichts oder der Staatsanwaltschaft zum Vorliegen eines Falles nach § 52 Abs. 3 gebunden. Andererseits ist die Pflegschaftsanordnung des Familiengerichts bindend. Sie wird regelmäßig nur ergehen, wenn der Zeuge seine Aussagebereitschaft erklärt (OLG Bremen NJW-RR 2011, 154; OLG Saarbrücken NJW 2011, 2306 [2307]; LR/*Ignor/Bertheau* § 52 Rn. 32). Vor der Anordnung muss auch dem betroffenen Sorgerechtsinhaber rechtliches Gehör gewährt werden.

43 **F. Verzicht oder Teilverzicht auf das Zeugnisverweigerungsrecht. I. Verzichtbarkeit des Aussageverweigerungsrechts.** Der Zeuge kann nach ausdrücklicher Belehrung über die Folgen des Verzichts (BGH StraFo 2021, 30) auf sein Zeugnisverweigerungsrecht **in widerruflicher Weise** (BGH NJW 1988, 716; BGHR StPO § 52 Abs. 3 Satz 2 Widerruf 2) **verzichten** (BGH NJW 1961, 1484 [1485]; *Eisenberg* Beweisrecht der StPO, Rn. 1226; MüKo-StPO/*Percic* § 52 Rn. 35; SK-StPO/*Rogall* § 52 Rn. 63). Dies kann auch **konkludent** geschehen (Meyer-Goßner/*Schmitt* § 52 Rn. 21; a.A. LR/*Ignor/Bertheau* § 52 Rn. 33; SK-StPO/*Rogall* § 52 Rn. 60), etwa indem der Zeuge nach der Belehrung in Kenntnis seines Rechts Angaben zur Sache macht. Die Abgabe der Verzichtserklärung ist aber nicht der Hauptverhandlung vorbehalten; sie kann auch außerhalb derselben erfolgen. Möglich ist auch eine Zeugnisverweigerung erst im Rahmen der Befragung des Zeugen (BGH StV 2003, 604); erfolgt dies in der Hauptverhandlung, können die zunächst freiwillig gemachten Aussagen verwertet werden (BGH NJW 2004, 1466 [1467]).

44 Auch wenn der Verzicht konkludent erklärt werden kann, muss jedenfalls **Klarheit** über die Ausübung oder Nichtausübung des Zeugnisverweigerungsrechts herrschen (LR/*Ignor/Bertheau* § 52 Rn. 33). Erklärt der Zeuge lediglich, er wolle sich nicht selbst belasten, liegt hierin noch kein Verzicht auf das Zeugnisverweigerungsrecht (Meyer-Goßner/*Schmitt* § 52 Rn. 21).

45 In ähnlicher Weise wie beim Verzicht des Zeugen auf sein Aussageverweigerungsrecht ist von der **konkludenten Genehmigung** der Aussage des verstandesunreifen Zeugen durch den gesetzlichen Vertreter auszugehen, wenn dieser die Vernehmung widerspruchslos hinnimmt. Das macht aber die anschließende Entscheidung des Zeugen nicht entbehrlich.

46 **II. Beschränkbarkeit der Aussageverweigerung.** Der Zeuge kann nach h.M. seinen Verzicht auf das Zeugnisverweigerungsrecht auf einzelne Fragen oder Themenkomplexe beschränken und i.Ü. auszusagen (*Eisenberg* Beweisrecht der StPO, Rn. 1226; LR/*Ignor/Bertheau* § 52 Rn. 33; krit. *Vogel* StV 2003, 598 [599 ff.]). Das Gericht ist aber nicht wegen seiner Aufklärungspflicht gehalten, den Zeugen zu befragen, ob er nur teilweise von seinem an sich umfassenden Aussageverweigerungsrecht Gebrauch machen und frühere Angaben freigeben wollen (BGH StV 2003, 603 ff.).

47 **G. Folgen der Ausübung des Zeugnisverweigerungsrechts. I. Beweiserhebungs- und Verwertungsverbot.** Macht der Zeuge in der Hauptverhandlung oder durch eindeutige Erklärung außerhalb der Hauptverhandlung von seinem Verweigerungsrecht Gebrauch, so ist seine **aktuelle Vernehmung zur Sache unzulässig** und daher abzubrechen (*Eisenberg* Beweisrecht der StPO, Rn. 1228). Ein Beweisantrag auf Vernehmung des Zeugen kann nach berechtigter Ausübung des Zeugnisverweigerungsrechts gem. § 244 Abs. 3 S. 2 zurückgewiesen werden (Rdn. 52), solange jedenfalls nicht vom Antragsteller schlüssig dargetan wird, dass der Zeuge seine Aussageverweigerung aufgeben will. Die Frage, ob der Zeuge von seinem Zeugnisverweigerungsrecht Gebrauch machen würde, ist gegebenenfalls **im Freibeweisverfahren zu klären** (BGH StV 1996, 194).

48 Im Fall der Aussageverweigerung des Zeugen entsteht grundsätzlich ein **Beweiserhebungs- und -verwertungsverbot für frühere Aussagen gem. § 252** (BGH NStZ 2020, 741; 2021, 58).Dies gilt nach der Rspr. mit Ausnahme früherer Aussagen im Rahmen einer damals richterlichen Vernehmung nach dortiger Belehrung gem.

§ 52 Abs. 3 (Rdn. 27). Das Beweisverwertungsverbot hat keine Fernwirkung (BGH Beschl. v. 27.04.2016 – 4 StR 52/16). Die allein durch **Befragung des Vernehmungsrichters als Zeuge** in die Hauptverhandlung eingeführte frühere Aussage des zeugnisverweigerungsberechtigten Zeugen in einer richterlichen Vernehmung ist aber im Fall ihrer Verwertung **bei der Beweiswürdigung sorgfältig zu überprüfen**, besonders in Fällen, in denen Aussage gegen Aussage steht (OLG Brandenburg Beschl. v. 02.09.2020 – [1] 53 Ss 83/20 [54/20]), zumal **andere Beweismittel zur Rekonstruktion des Inhalts der früheren Aussage**, die eventuelle Wahrnehmungs-, Erinnerungs- oder Äußerungsfehler des Vernehmungsrichters als Zeuge vom Hörensagen **nicht zugelassen** werden. Die Spaltung der Verwertbarkeit von Aussagen führt auch zur Unmöglichkeit einer Konstanzanalyse, weshalb der Verwertung einzelner Aussagen oder sogar nur von Aussageteilen besonders krit. zu begegnen ist. Das Fehlen der Zustimmung des gesetzlichen Vertreters bei der Aussage eines verstandesunreifen Zeugen begründet ebenfalls ein Beweisverwertungsverbot (BGHSt 14, 159 [160]). Unverwertbar sind ferner Angaben eines aussageverweigerungsberechtigten Zeugen im Rahmen seiner Exploration durch einen Sachverständigen (BGH StV 1996, 522 [523]; 2007, 68 [69]), sofern der Zeuge deren Verwertung nicht gesondert gestattet (BGH StV 2003, 604).

Das aus dem Unmittelbarkeitsgrundsatz folgende Verwertungsverbot für Sekundärbeweismittel darf nicht dadurch umgangen werden, dass der zur Zeugnisverweigerung berechtigte Zeuge weder geladen noch zur Ausübung seines Zeugnisverweigerungsrechts befragt, sondern sogleich auf seine früheren Angaben zurückgegriffen wird (*Wohlers* StV 1996, 192 [194]). 49

II. **Unzulässigkeit der Aussageerzwingung bei Zulässigkeit der Erhebung von Sachbeweisen.** Der Zeuge, der mit Recht nach § 52 Abs. 1 das Zeugnis verweigert, darf **nicht durch Zwangsmittel** nach § 70 **zur Aussage bewegt** werden (LR/*Ignor/Bertheau* § 52 Rn. 38); andernfalls greift § 136a Abs. 1 Satz 2 ein. Ist der Zeuge prinzipiell aussagebereit, aber nur wegen der Vernehmungssituation gehemmt, kann das Tatgericht durch Ausschluss der Öffentlichkeit, Ausschließung des Angeklagten (BGH StV 1995, 509 Ls.) oder audiovisuelle Vernehmung für Abhilfe sorgen. Darin liegt keine Verletzung des Zeugnisverweigerungsrechts. 50

Eine **Augenscheineinnahme** des Zeugen ist nach der Rspr. auch dann nicht ausgeschlossen, wenn er die Aussage verweigert (BGH bei Becker NStZ-RR 2004, 257; abl. LR/*Ignor/Bertheau* § 52 Rn. 24; SK-StPO/*Rogall* § 52 Rn. 58). Der Zeuge muss sich danach für eine Gegenüberstellung zur Verfügung stellen (Meyer-Goßner/*Schmitt* § 52 Rn. 23). **Unzulässig** ist es allerdings, seine **Aussageverweigerung** (BGH StV 2016, 418 f.; 2016, 419) oder sein **äußeres Verhalten bei der Beweiswürdigung** im Urteil **zu bewerten**, weil dadurch das Zeugnisverweigerungsrecht ausgehöhlt würde. Nach dem Normzweck soll der Zeuge auch von einer schweigenden Mitwirkung an der Beweisaufnahme befreit sein, etwa wenn seine Anwesenheit nur dazu herbeigeführt wird, um festzustellen, ob eine andere Auskunftsperson in seiner Gegenwart Angaben macht (BGH NJW 1960, 2156). 51

Ein **Beweisantrag** kann nach § 244 Abs. 3 Satz 1 abgelehnt werden, wenn der als Beweismittel benannte Zeuge zu Recht das Zeugnis verweigert oder davon auszugehen ist, dass eine bereits erklärte Aussageverweigerung weiter Bestand hat (Meyer-Goßner/*Schmitt* § 52 Rn. 24; SK-StPO/*Rogall* § 52 Rn. 57). Kann der Antragsteller substanziiert geltend machen, dass der Zeuge, der früher die Aussage verweigert hatte, nunmehr – insb. in einer neuen Tatsacheninstanz im Hinblick auf das bisherige Prozessergebnis – aussagebereit ist, darf der Beweisantrag nicht allein wegen des Bestehens eines Zeugnisverweigerungsrechts abgelehnt werden. 52

III. **Verzichtbarkeit des Beweisverwertungsverbots für den Zeugen.** Der Zeuge kann die erklärte **Zeugnisverweigerung widerrufen** (BGHSt 45, 203 [206]). Auch der Verzicht auf das Zeugnisverweigerungsrecht ist widerruflich (LR/*Ignor/Bertheau* § 52 Rn. 34). Der Zeuge kann sich nach der Rspr. zu §§ 52, 252 (Rdn. 27) ferner nach Belehrung gem. § 52 Abs. 3 und **qualifizierter Belehrung** über die Möglichkeit der Gestattung einer Verwertung früherer Angaben (BGHSt 57, 254 [257]) **mit der Verwertung einer früheren Aussage einverstanden erklären**, auch einer solchen, die in einer Vernehmung vor Entstehung des Zeugnisverweigerungsrechts oder ohne Belehrung über das Zeugnisverweigerungsrecht gemacht wurde. Die frühere Aussage ist nach der Rspr. aufgrund eines Verzichts des Zeugen auf das **Verwertungsverbot** mithilfe von Sekundärbeweismitteln in die Hauptverhandlung einzuführen und im Urteil zu verwerten, wenn der Zeuge eine erneute Aussage verweigert (BGHSt 45, 203 [206]; 48, 294 [297]; 57, 254 [256]; BGH NStZ 2007, 352 [353]; 2015, 232; a.A. LR/*Ignor/Bertheau* § 52 Rn. 39; SK-StPO/*Rogall* § 52 Rn. 93; *Vogel* StV 2003, 598 ff.). Hat der sich wirksam auf sein Zeugnisverweigerungsrecht berufende Zeuge die Verwertung nur einer richterlichen, nicht einer polizeilichen Vernehmung gestattet, ist jedenfalls die Vernehmung des Polizeibeamten zur Aussage vor der Hauptverhandlung unzulässig (BGH StV 2022, 46 [47]). Ob der **Teilverzicht** i.Ü. wirksam ist, wurde noch nicht entschieden. 53

Die Verzichtserklärung des Zeugen ist in diesem Fall eine **wesentliche Förmlichkeit der Hauptverhandlung**, die an der **Beweiskraft des Protokolls** nach § 274 teilnimmt (BGHSt 57, 254 [257]). 54

55 Ob nach dem Verzicht des Zeugen auf das Verwertungsverbot gem. § 252 zu der dann möglichen Einführung der früheren Aussage in die Hauptverhandlung die Vernehmung einer Verhörperson als Zeuge erforderlich oder die Urkundenverlesung des Vernehmungsprotokolls ausreichend ist, richtet sich nach §§ 244 Abs. 2, 251 (BGHSt 57, 254 [257]).

56 Der Verzicht auf das Zeugnisverweigerungsrecht ist widerruflich, solange die Vernehmung nicht beendet ist. Die Vernehmung ist **nach einer zwischenzeitlichen Erklärung der Aussageverweigerung** abzubrechen. Hat der Zeuge bis dahin Angaben gemacht, bleiben diese verwertbar. Auf den Umfang der Verwertung hat der Zeuge danach keinen Einfluss mehr (BGHSt 48, 294 [298]).

57 **H. Belehrung des Zeugen über sein Zeugnisverweigerungsrecht (Abs. 3). I. Art und Weise der Belehrung.** Der Zeuge ist **vor jeder Vernehmung** zur Sache über sein Zeugnisverweigerungsrecht zu belehren. Das gilt für polizeiliche, staatsanwaltschaftliche und gerichtliche Vernehmungen. Eine »**qualifizierte Belehrung**« über die künftigen Verwertungsmöglichkeiten des Vernehmungsergebnisses in der Hauptverhandlung wird **nicht gefordert** (BGHSt 61, 221 [241 ff.]). Mit welchen Worten die Belehrung über das Zeugnisverweigerungsrecht durchgeführt wird, ist unerheblich, solange dieses Recht **verständlich** vermittelt wird (*Eisenberg* Beweisrecht der StPO, Rn. 1230; LR/*Ignor/Bertheau* § 52 Rn. 48). Der Vorsitzende hat nach der Rspr. ein Ermessen, wie die Belehrung vorzunehmen ist (BGHSt 9, 195 [197]; BGH StV 1984, 405 f. m.Anm. *K. Peters*; BGH StV 2006, 507). Dem Zeugen muss eine genügende Vorstellung von der Bedeutung des Zeugnisverweigerungsrechts vermittelt werden (SK-StPO/*Rogall* § 52 Rn. 66). Nicht zulässig ist es, bei der Belehrung auf den Entschluss des Zeugen Einfluss zu nehmen (BGHSt 1, 34 [37]; 9, 195 [197]; 45, 203 [209]; BGH StV 1988, 509). Daraus kann sich andernfalls ein Grund zur Richterablehnung ergeben (LR/*Ignor/Bertheau* § 52 Rn. 63). Möglich ist aber eine **gleichzeitige Belehrung nach § 55 Abs. 2** im Hinblick auf eine denkbare Selbstbelastung des Zeugen durch seine Aussage (BGH StV 1988, 509; LR/*Ignor/Bertheau* § 52 Rn. 44). Zusätzlich zur Belehrung über das Zeugnisverweigerungsrecht bei einer Aussage im Rahmen der Vernehmung durch das Gericht ist gem. § 61 auch eine Belehrung über das flankierende **Eidesverweigerungsrecht** anzubringen (BGH StV 2008, 563). Eine richterliche Belehrung über das Aussageverweigerungsrecht ist ferner **vor einer Exploration** des Zeugen durch einen Sachverständigen erforderlich (BGHSt 11, 97 [100]; 14, 21 [24]; BGH StV 1988, 419; 1995, 564).

58 Hat das Gericht Zweifel am Bestehen eines Verhältnisses des Zeugen zum Beschuldigten i.S.v. § 52 Abs. 1, kann es ihn **vorsorglich** darüber **belehren**, dass er ein Zeugnisverweigerungsrecht hat, »falls« ein solches Verhältnis besteht. Dies ist aber **nur wirkungsvoll, wenn ein derartiges Verhältnis besteht und der Zeuge dies weiß** (BGH StV 2006, 507; MüKo-StPO/*Percic* § 52 Rn. 44). Geht der Zeuge irrtümlich davon aus, dass kein derartiges Verhältnis bestehe, so geht die vorsorglich erteilte Belehrung gegenüber dem anschließend aussagenden Zeugen ins Leere. Sagt der Zeuge in der irrtümlichen Annahme aus, dass er zur Zeugnisverweigerung berechtigt sei, obwohl dies nicht der Fall ist, kann eine Verletzung der Aufklärungspflicht nach § 244 Abs. 2 des Gerichts vorliegen; denn es hat letztlich selbst die Frage zu klären, ob ein Fall des § 52 Abs. 1 vorliegt oder nicht.

59 Die Belehrung hat **vor jeder Vernehmung** zur Sache zu erfolgen (BGHSt 9, 195 [196]; BGH StV 1984, 318 [319]), auch wenn der Zeuge bereits bei einer vorhergehenden Vernehmung belehrt worden ist (LR/*Ignor/Bertheau* § 52 Rn. 50) oder er bereits zuvor auf sein Weigerungsrecht verzichtet hatte. Wird ein Zeuge an einem Verhandlungstag mehrfach vernommen oder ergänzend befragt, ist eine wiederholende Belehrung nicht erforderlich. Die **Bezugnahme** auf die bereits erteilte Belehrung reicht aus. Gleiches gilt, wenn der Zeuge an einem weiteren Verhandlungstag ergänzend befragt wird. Der Zeuge kann aber auch auf eine Belehrung über das Zeugnisverweigerungsrecht verzichten, wenn er sein Recht kennt.

60 Wurde ein Zeuge vernommen, bevor er das Zeugnisverweigerungsrecht erlangt hat, muss er nochmals nach Belehrung vernommen werden, weil anderenfalls seine frühere Aussage auch nicht durch Vernehmung der Verhörperson in die Hauptverhandlung eingeführt werden kann, soweit jedenfalls keine Verfahrensmanipulation vorliegt (BGHSt 45, 342 [347]).

61 **II. Belehrungszuständigkeit und Adressat.** Die Belehrung erfolgt **durch den Vorsitzenden** (BGHSt 9, 195 [196 f.]) und zwar vor der Vernehmung zur Sache. Dieser darf sie weder ganz noch teilweise auf einen Beisitzer oder auf einen Sachverständigen (BGH StV 1991, 289 [290]; MüKo-StPO/*Percic* § 52 Rn. 38) übertragen (LR/*Ignor/Bertheau* § 52 Rn. 46). Die Belehrung hat sich **an den Zeugen** zu richten, auch wenn er minderjährig ist (LR/*Ignor/Bertheau* § 52 Rn. 45; SK-StPO/*Rogall* § 52 Rn. 68), nicht an einen Dritten mit der Maßgabe, die Belehrung weiterzugeben (BGHSt 9, 195 [197]). Im Fall einer Untersuchung des Zeugen durch einen Sachverständigen ist der Zeuge vom Gericht auf sein Recht hinzuweisen, nicht an der Exploration mitzuwirken (BGHSt 14, 21 [24]; 36, 217 [220]). Besteht eine gesetzliche Vertretung des Zeugen, ist der

Zeuge auch darauf hinzuweisen, dass er selbst bei Zustimmung seines gesetzlichen Vertreters nicht zur Aussage verpflichtet ist (BGH NJW 1991, 2432).

III. Protokollierung. Die Belehrung und die dazu abgegebene Erklärung des Zeugen sind, soweit sie in der Hauptverhandlung erfolgen, dort als **wesentliche Förmlichkeiten** in das **Protokoll** aufzunehmen (*Eisenberg* Beweisrecht der StPO, Rn. 1232; LR/*Ignor/Bertheau* § 52 Rn. 51; MüKo-StPO/*Percic* § 52 Rn. 47; SK-StPO/*Rogall* § 52 Rn. 73) und nehmen an dessen Beweiskraft nach § 274 teil (BGH StV 2004, 297). 62

I. Folgen eines Unterlassens der Belehrung. I. Möglichkeit der Fehlerheilung. Wird die **Belehrung** des Zeugen über sein Zeugnisverweigerungsrecht **bewusst unterlassen** und sagt dieser in Unkenntnis seiner Befugnis aus, keine Angaben zur Sache machen zu müssen, so greift das **Täuschungsverbot** nach § 136a Abs. 1, § 69 Abs. 3 ein. Dessen Folge ist ein absolutes Beweiserhebungs- und Beweisverwertungsverbot (§ 136a Abs. 3, § 69 Abs. 3). Ein Verfahrensfehler durch lediglich **versehentliche Versäumung der Belehrung** ist nach der Rspr. keine Täuschung und kann **geheilt** werden (BGH NStZ-RR 2021, 142 [143]). Der Zeuge muss dazu, gegebenenfalls **nach qualifizierter Belehrung** (SK-StPO/*Rogall* § 52 Rn. 71), erklären oder in sonstiger Weise klar erkennen lassen, dass er auch nach der nachgeholten Belehrung über sein Zeugnisverweigerungsrecht von diesem bei der bereits durchgeführten Vernehmung keinen Gebrauch gemacht hätte (BGHSt 20, 234; 40, 336 [339]). Eine Wiederholung der Zeugenvernehmung zur Sache ist nicht unbedingt erforderlich (MüKo-StPO/*Percic* § 52 Rn. 46). Wird sie durchgeführt, heilt dies den anfänglichen Verfahrensmangel erst recht. Auch eine Heilung des Belehrungsmangels durch Zustimmung des Zeugen zur Verwertung der bereits erfolgten Aussage des Zeugen ist möglich (BGHSt 45, 203 [208]). Ist eine Heilung wegen Todes oder Unerreichbarkeit des aussageverweigerungsberechtigten Zeugen ausgeschlossen, bleibt die Aussage unverwertbar. Das schriftliche Urteil muss im Verurteilungsfall darauf nicht eingehen. Ein freisprechendes Urteil soll erkennen lassen, dass und warum die Zeugenaussage des Angehörigen des Angeklagten nicht verwertet wurde, wenn dies eine Ursache oder Mitursache für den Freispruch ist und dieser darauf beruhen kann. 63

II. Beweisverwertungsverbot. Fehlt die Belehrung des Zeugen über sein Aussageverweigerungsrecht oder des gesetzlichen Vertreters eines verstandesunreifen Zeugen über das Zustimmungserfordernis, dann kann daraus mangels Heilung des Fehlers ein Beweisverwertungsverbot für die Aussage im Rahmen der verfahrensfehlerhaft durchgeführten Zeugenvernehmung folgen (BGHSt 17, 324 [328]; BGH NStZ-RR 2021, 142 [143]; LR/*Ignor/Bertheau* § 52 Rn. 53; SK-StPO/*Rogall* § 52 Rn. 85), wenn der Fehler nicht geheilt wurde und das Belehrungsdefizit für die Zeugenaussage kausal geworden ist. Entsprechendes gilt für Angaben des Zeugen im Rahmen einer Exploration durch einen Sachverständigen (BGHSt 36, 217 [220]). 64

Das Verwertungsverbot wegen Verletzung der Belehrungspflicht gilt auch, wenn der Zeuge statt nach § 52 Abs. 3 über sein Aussageverweigerungsrecht **nur** über ein Auskunftsverweigerungsrecht **nach § 55 Abs. 2 belehrt** wurde. Auch eine **unvollständige Belehrung i.S.d. § 52 Abs. 3** führt zu einem Beweisverwertungsverbot, wenn der Zeuge deshalb die Aussage nicht verweigert (BGH StV 2006, 507). 65

Steht aber fest, dass der Zeuge sein **Zeugnisverweigerungsrecht auch ohne Belehrung gekannt** und er in Kenntnis dieses Rechts ausgesagt hat oder auch ohne solche Kenntnis **in jedem Fall ausgesagt** hätte, führt der Belehrungsmangel nicht dazu, dass daraus ein Beweisverwertungsverbot entsteht (BGHSt 40, 336 [339]; BGH StV 2002, 3; LR/*Ignor/Bertheau* § 52 Rn. 53; SK-StPO/*Rogall* § 52 Rn. 85; krit. *Eisenberg* StV 1995, 625). Ein Rückschluss auf generelle Aussagebereitschaft ist jedoch nicht bereits aus der Tatsache möglich, dass der Zeuge bei einer früheren Vernehmung ausgesagt hatte. Eine fehlende Zustimmung des gesetzlichen Vertreters kann nicht nachgeholt werden, wenn der verstandesunreife Zeuge die Aussage verweigert (BGHSt 23, 221 [223]). 66

Ist der aussageverweigerungsberechtigte **Zeuge verstorben**, so kann seine Aussage nach der Rspr. verlesen werden, auch wenn er bei der früheren Vernehmung nicht nach § 52 Abs. 3 belehrt worden war (BGHSt 22, 35 [37]; SK-StPO/*Rogall* § 52 Rn. 87; krit. LR/*Ignor/Bertheau* § 52 Rn. 56). 67

Das Beweisverwertungsverbot wegen mittelbarer Verletzung des Zeugnisverweigerungsrechts durch Belehrungsmängel wirkt auch **zugunsten eines Mitangeklagten** (BGHSt 7, 194 [196]). Es hat nach der Rspr. aber **keine Fernwirkung** auf andere Beweismittel, die erst aufgrund der verfahrensfehlerhaft herbeigeführten Zeugenaussage erlangt wurden (BGH Beschl. v. 27.04.2016 – 4 StR 5/16; OLG Köln NZV 2001, 137; a.A. SK-StPO/*Rogall* § 52 Rn. 88). Jedoch sind **schriftliche Unterlagen**, die bei der verfahrensfehlerhaft durchgeführten Vernehmung von dem Zeugen **zur Aussageergänzung** überreicht wurden, **unverwertbar** (BGHSt 22, 219 [220 f.]; BGH StV 1996, 196 [197]; 2005, 536). 68

J. Rechtsbehelfe. I. Revision. Mit der Revision kann durch den in den Zweck des Schutzes der Familienbande einbezogenen Angeklagten ebenso wie durch einen über den Fairnessgrundsatz mittelbar betroffenen Mitangeklagten ein Rechtsfehler bei der Zeugenvernehmung gerügt werden, durch den das **Zeugnisver-** 69

weigerungsrecht verletzt wurde. Der Rechtsfehler kann vor allem im Unterlassen der Belehrung nach § 52 Abs. 3 oder in der rechtsfehlerhaften Bejahung oder Verneinung eines Zeugnisverweigerungsrechts für den vernommenen Zeugen oder in entsprechenden Rechtsfehlern bezüglich der Zustimmung des gesetzlichen Vertreters für den verstandesunreifen Zeugen bestehen.

70 Zur revisionsrechtlichen Beanstandung erforderlich ist eine **Verfahrensrüge**, die den Anforderungen nach §§ 344 Abs. 2 Satz 2, 345 genügt (vgl. BGH NJW 1998, 2229 f.; OLG Frankfurt NStZ-RR 2007, 241); das gilt auch bei der Rüge der Verletzung von § 252, bei der auch die Belehrung des Zeugen und dessen Reaktion hierauf im Einzelnen mitzuteilen sind (OLG Hamburg NStZ 2021, 190). Die Substanziierungspflicht für den Revisionsführer nach § 344 Abs. 2 Satz 2 erfasst nach der Rspr. auch Negativtatsachen, die dem Rügeerfolg entgegenstehen können, also Tatsachen, aus denen sich eine Heilung des Verfahrensfehlers ergeben kann. Zur Beanstandung der Bewertung des Prozessverhaltens des Zeugen bei der Beweiswürdigung (Rdn. 2) genügt von Fall zu Fall die **Sachbeschwerde**, wenn schon die Gründe des schriftlichen Urteils einen Rechtsfehler erkennen lassen (BGHR StPO § 52 Abs. 1 Nr. 2 Verweigerung 2; im Erg. anders BGHR StPO § 52 Abs. 1 Verweigerung 4; zur »Verfahrensrüge in der Sachrüge« *Mosbacher* StraFo 2021, 312 [314 ff.]). Ratsam erscheint es für Verteidiger aber, auch in solchen Konstellationen eine den prozessualen Sachverhalt mit einer Verfahrensrüge umfassend darzustellen (SK-StPO/*Rogall* § 52 Rn. 102).

71 Die Feststellung der Tatsachen i.S.d. § 52 Abs. 1, die nach § 56 zunächst auch nur der Glaubhaftmachung unterliegen, gilt als nicht revisibel; andererseits hat das Revisionsgericht aufgrund einer zulässig erhobenen Verfahrensrüge diejenigen Prozesstatsachen, aus denen sich ein Rechtsfehler des Tatgerichts ergeben würde, im **Freibeweisverfahren** zu klären, soweit nicht der Maßstab des § 56 entgegensteht. Eine **Bindung an Urteilsfeststellungen** der Tatsacheninstanz, die sich dazu nicht abschließend äußern müssen, besteht nicht (offengelassen BGHSt 48, 294 [300]). Mit der Verfahrensrüge kann jedenfalls eine Überschreitung des Beurteilungsspielraums bei der Feststellung der Voraussetzungen des § 52 Abs. 1 geltend gemacht werden, sofern zuvor gegen die Verfügung des Vorsitzenden als Zwischenrechtsbehelf (abl. *Lindemann* StV 2010, 379 ff.) **gem. § 238 Abs. 2 das Gericht angerufen** wurde (BGHSt 55, 65 [67 ff.]). Auf den Zwischenrechtsbehelf kommt es bei Verletzungen des Beweisverwertungsverbots aus § 252 nicht an (BGH StV 2007, 68). Die **Widerspruchslösung** für unselbstständige Beweisverwertungsverbote (§ 136 Rdn. 100 ff.) **gilt** in den Fällen einer Verletzung von §§ 52, 252 **nicht** (BGHSt 45, 203 [205]).

72 Das **Unterlassen der Belehrung** des Zeugen über sein Zeugnisverweigerungsrecht gem. § 52 Abs. 3 oder eine essenzielle Unrichtigkeit der Belehrung, beim verstandesunreifen Zeugen erst recht im Fall der Zustimmung des gesetzlichen Vertreters zur Aussage (BGHSt 21, 303 [306]), kann die Revision begründen (LR/*Ignor/Bertheau* § 52 Rn. 58; SK-StPO/*Rogall* § 52 Rn. 98), wenn der Zeuge deshalb aus Unkenntnis von seinem Zeugnisverweigerungsrecht ausgesagt hat, der Fehler nicht nachträglich geheilt wurde und das Urteil auf der Aussage beruht. Ein Rechtsfehler liegt insoweit auch vor, wenn das Gericht im Vernehmungszeitpunkt wegen der fehlerhaften Mitteilung des Zeugen, er sei mit dem Angeklagten »nicht verwandt oder verschwägert«, nicht wusste, dass der Zeuge ein Aussageverweigerungsrecht besitzt (BGH StV 2002, 3). Im Fall der Verwertung früherer Angaben aus einer Sachverständigenexploration muss der Revisionsführer nach § 344 Abs. 2 Satz 2, der nach der Rspr. umfassenden Tatsachenvortrag zu allen potenziell entscheidungserheblichen Umständen einschließlich der »Negativtatsachen« voraussetzt, auch dazu vortragen, ob der explorierte Zeuge zuvor von einem Richter über sein Zeugnisverweigerungsrecht belehrt worden war (BGH StV 1995, 564 [565]; *Wohlers* StV 1996, 192 [193]).

73 Den Rechtsfehler i.S.v. § 52 Abs. 3 können der mit dem Zeugen verlobte, verheiratete oder verwandte Angeklagte selbst (SK-StPO/*Rogall* § 52 Rn. 96), aber auch ein **Mitangeklagter** rügen, zu dessen Ungunsten die Zeugenaussage verwertet wurde (BGHSt 7, 194 [196 f.]; 27, 139 [141]; BGH StV 2012, 194; SK-StPO/*Rogall* § 52 Rn. 97). Die **Staatsanwaltschaft** kann ein Beweisverwertungsverbot mit einer Revision zugunsten des Angeklagten geltend machen, nach § 339 aber nicht zu seinen Ungunsten. Dem **Nebenkläger** steht im Ergebnis auch keine Rügebefugnis zu.

74 Wird einem Zeuge zu Unrecht ein Zeugnisverweigerungsrecht zugebilligt und damit eine **Aussageverweigerung oder Nichtvernehmung ohne rechtlichen Grund** verursacht, so wird dadurch die **Aufklärungspflicht** gem. § 244 Abs. 2 verletzt, bei einem geladenen Zeugen nach einem Beweisantrag auch § 245 Abs. 1 (BGH StV 1996, 129; LR/*Ignor/Bertheau* § 52 Rn. 58; SK-StPO/*Rogall* § 52 Rn. 100).

75 **II. Wiederaufnahme.** Hatte im Erstverfahren ein Zeuge die Aussage verweigert, so ist er dann, wenn er nach Rechtskraft der Verurteilung zur Aussage bereit ist, ein neues Beweismittel i.S.d. § 359 Nr. 5 (*Neumann* System der strafprozessualen Wiederaufnahme, 1932, S. 44). Nach verbreiteter Praxis muss der Antragsteller aber die Gründe für eine Änderung des Entschlusses des Zeugen zur Aussage substanziiert darlegen. Anders als in Fällen des Geständniswiderrufs kennt der Antragsteller allerdings bisweilen nicht das Motiv des

Zeugen für die anfängliche Aussageverweigerung und er kann daher nur anhand von äußeren Umständen zur Änderung des Entschlusses des Zeugen i.S. einer nunmehr bestehenden Aussagebereitschaft vortragen (OLG Jena StraFo 2010, 205). Deshalb sind keine jedenfalls übertriebenen Anforderungen an die Sachdarstellung im Wiederaufnahmeantrag zu stellen. Andererseits soll es nicht in der Hand eines wankelmütigen Zeugen liegen, durch anfängliches Schweigen und spätere Willensänderung zum Aufrollen eines rechtskräftig erledigten Verfahrens beizutragen.

§ 53 Zeugnisverweigerungsrecht der Berufsgeheimnisträger

(1) [1]Zur Verweigerung des Zeugnisses sind ferner berechtigt

1. Geistliche über das, was ihnen in ihrer Eigenschaft als Seelsorger anvertraut worden oder bekanntgeworden ist;

2. Verteidiger des Beschuldigten über das, was ihnen in dieser Eigenschaft anvertraut worden oder bekanntgeworden ist;

3. Rechtsanwälte und Kammerbeistände, Patentanwälte, Notare, Wirtschaftsprüfer, vereidigte Buchprüfer, Steuerberater und Steuerbevollmächtigte, Ärzte, Zahnärzte, Psychotherapeuten, Kinder- und Jugendlichenpsychotherapeuten, Apotheker und Hebammen über das, was ihnen in dieser Eigenschaft anvertraut worden oder bekanntgeworden ist; für Syndikusanwälte (§ 46 Absatz 2 der Bundesrechtsanwaltsordnung) und Syndikuspatentanwälte (§ 41a Absatz 2 der Patentanwaltsordnung) gilt dies vorbehaltlich des § 53a nicht hinsichtlich dessen, was ihnen in dieser Eigenschaft anvertraut oder bekanntgeworden ist;

3a. Mitglieder oder Beauftragte einer anerkannten Beratungsstelle nach den §§ 3 und 8 des Schwangerschaftskonfliktgesetzes über das, was ihnen in dieser Eigenschaft anvertraut worden oder bekanntgeworden ist;

3b. Berater für Fragen der Betäubungsmittelabhängigkeit in einer Beratungsstelle, die eine Behörde oder eine Körperschaft, Anstalt oder Stiftung des öffentlichen Rechts anerkannt oder bei sich eingerichtet hat, über das, was ihnen in dieser Eigenschaft anvertraut worden oder bekanntgeworden ist;

4. Mitglieder des Deutschen Bundestages, der Bundesversammlung, des Europäischen Parlaments aus der Bundesrepublik Deutschland oder eines Landtages über Personen, die ihnen in ihrer Eigenschaft als Mitglieder dieser Organe oder denen sie in dieser Eigenschaft Tatsachen anvertraut haben sowie über diese Tatsachen selbst;

5. Personen, die bei der Vorbereitung, Herstellung oder Verbreitung von Druckwerken, Rundfunksendungen, Filmberichten oder der Unterrichtung oder Meinungsbildung dienenden Informations- und Kommunikationsdiensten berufsmäßig mitwirken oder mitgewirkt haben.

[2]Die in Satz 1 Nr. 5 genannten Personen dürfen das Zeugnis verweigern über die Person des Verfassers oder Einsenders von Beiträgen und Unterlagen oder des sonstigen Informanten sowie über die ihnen im Hinblick auf ihre Tätigkeit gemachten Mitteilungen, über deren Inhalt sowie über den Inhalt selbst erarbeiteter Materialien und den Gegenstand berufsbezogener Wahrnehmungen. [3]Dies gilt nur, soweit es sich um Beiträge, Unterlagen, Mitteilungen und Materialien für den redaktionellen Teil oder redaktionell aufbereitete Informations- und Kommunikationsdienste handelt.

(2) [1]Die in Absatz 1 Satz 1 Nr. 2 bis 3b Genannten dürfen das Zeugnis nicht verweigern, wenn sie von der Verpflichtung zur Verschwiegenheit entbunden sind. [2]Die Berechtigung zur Zeugnisverweigerung der in Absatz 1 Satz 1 Nr. 5 Genannten über den Inhalt selbst erarbeiteter Materialien und den Gegenstand entsprechender Wahrnehmungen entfällt, wenn die Aussage zur Aufklärung eines Verbrechens beitragen soll oder wenn Gegenstand der Untersuchung

1. eine Straftat des Friedensverrats und der Gefährdung des demokratischen Rechtsstaats oder des Landesverrats und der Gefährdung der äußeren Sicherheit (§§ 80a, 85, 87, 88, 95, auch in Verbindung mit § 97b, §§ 97a, 98 bis 100a des Strafgesetzbuches),

2. eine Straftat gegen die sexuelle Selbstbestimmung nach den §§ 174 bis 174c, 176a, 176b, 177 Absatz 2 Nummer 1 des Strafgesetzbuches oder

3. eine Geldwäsche, nach § 261 des Strafgesetzbuches, deren Vortat mit einer im Mindestmaß erhöhten Freiheitsstrafe bedroht ist,

ist und die Erforschung des Sachverhalts oder die Ermittlung des Aufenthaltsortes des Beschuldigten auf andere Weise aussichtslos oder wesentlich erschwert wäre. [3]Der Zeuge kann jedoch auch in diesen Fällen die Aussage verweigern, soweit sie zur Offenbarung der Person des Verfassers oder Einsenders von Beiträgen und Unterlagen oder des sonstigen Informanten oder der ihm im Hinblick auf seine Tätigkeit nach Absatz 1 Satz 1 Nr. 5 gemachten Mitteilungen oder deren Inhalts führen würde.

Übersicht

1 **A. Allgemeines. I. Schutzzweck.** Die Vorschrift ist aufgrund zahlreicher Änderungen nachkonstitutionelles Recht (BVerfGE 33, 367 [374]). Sie dient nach herrschender Ansicht in den meisten Fällen mittelbar dem – auf die Perspektive des Berufsgeheimnisträgers fokussierten (*Groß* StV 1996, 559 [560]) – **Schutz des Vertrauensverhältnisses** zwischen bestimmten Berufsgeheimnisträgern und den Personen, die ihre Hilfe in Anspruch nehmen (*Eisenberg* Beweisrecht der StPO, Rn. 1234; *von Harenne* Das Zeugnisverweigerungsrecht der Berufshelfer nach § 53a StPO, 2002, S. 8 f., 13 f.; LR/*Ignor/Bertheau* § 53 Rn. 1; *Zöller* ZJS 2012, 558 [562]; a.A. SK-StPO/*Rogall* § 53 Rn. 6). Sie ist aber auch **Ausfluss des allgemeinen Persönlichkeitsrechts** des Beschuldigten (BVerfGE 33, 367 [376 f.]), der sich der Berufsgeheimnisträger bei der Religionsausübung oder Gewissensbetätigung, bei der Inanspruchnahme von Verteidigung, Rechts- oder Wirtschaftsberatung oder bei der Gesundheitsfürsorge bedient (*Neumann* Zeugnisverweigerungsrechte und strafprozessuale Ermittlungsmaßnahmen, S. 128). Im Fall einer **Kommunikation des Beschuldigten mit einem Beichtvater** (§ 53 Abs. 1 Satz 1 Nr. 1), **Strafverteidiger** (Abs. 1 Satz 1 Nr. 2) oder **Arzt** (Abs. 1 Satz 1 Nr. 3), wird sogar dessen **Kernbereich** berührt (*Doll* Strafprozessuale Konturierung, S. 127 f.). I.Ü. dient das Zeugnisverweigerungsrecht z.T. dem **Schutz der Funktionstüchtigkeit** von im Interesse der Allgemeinheit agierenden Institutionen, nämlich den **Parlamenten** in Bund, Ländern und Europäischer Union (Abs. 1 Satz 1 Nr. 4) sowie der freien **Presse** (Abs. 1 Satz 1 Nr. 5). Schließlich soll dem Berufsgeheimnisträger, ähnlich wie dem Angehörigen des Beschuldigten in den Fällen des § 52 Abs. 1, in einem **Interessenkonflikt** zwischen der Wahrheitspflicht und der Verpflichtung zum Geheimnisschutz geholfen werden (BGHSt 9, 59 [61]). Daraus resultiert eine Doppelstruktur des Normzwecks zwischen dem Schutz des Vertrauensverhältnisses und einer Konfliktlagenbewältigung. In diesen Schutz werden die Mandanten, Klienten, Patienten oder Informanten der Berufsgeheimnisträger einbezogen, sodass sie in der Rolle als Beschuldigte im Strafverfahren daraus z.T. subjektive Rechte herleiten können. **Flankierend** wirken **§§ 53a, 95 Abs. 2 Satz 2, 97, 98a Abs. 5, 100c Abs. 6.** Dagegen **relativiert § 160a Abs.** 2 den Schutz durch Zulassung einer Verhältnismäßigkeitsprüfung bezüglich der Verwertung von Sekundärbeweismitteln (BVerfG StV 2012, 257 [263]; *Bertheau* StV 2012, 303 ff.; krit. *Gercke* StV 2012, 266 [268 f.]; *Kretschmer* HRRS 2010, 551 [554]). Mit § 53 ist § 160a zumindest nicht bruchlos abgestimmt.

2 **II. Praktische Bedeutung für den Zeugen und die Verfahrensbeteiligten.** Auch bei Bestehen des Zeugnisverweigerungsrechts ist der Zeuge zunächst **zum Erscheinen vor Gericht verpflichtet** (LR/*Ignor/Bertheau* § 53 Rn. 2), weil die Frage der Zeugnisverweigerung mitsamt der möglichen Entpflichtung durch den Beschuldigten nach § 53 Abs. 2 Satz 1 oft erst in der Hauptverhandlung zu klären ist. Der **Beweisantrag** eines Verfahrensbeteiligten auf Vernehmung eines zur Zeugnisverweigerung berechtigten Zeugen kann deshalb nicht von vornherein wegen der Rechtstatsache, dass ein Zeugnisverweigerungsrecht besteht, abgelehnt werden, sondern erst dann, wenn die Ausübung des Zeugnisverweigerungsrechts gesichert ist.

III. Abgrenzung zum strafrechtlichen Geheimnisschutz. Das Zeugnisverweigerungsrecht steht im Zusammenhang mit dem strafrechtlichen Geheimnisschutz (LR/*Ignor/Bertheau* § 53 Rn. 8) und stellt in gewisser Weise dessen Kehrseite dar (*Widmaier* FS Dahs, 2005, S. 543 [547], Es geht aber **inhaltlich weiter als die Schweigepflicht** nach § 203 StGB (SK-StPO/*Rogall* § 53 Rn. 14); denn es bezieht sich auch auf Tatsachen, die keine Geheimnisse i.S.d. Strafnorm sind. Allerdings ist der betroffene **Personenkreis** nach der vorliegenden Vorschrift **enger** als derjenige des § 203 StGB umschrieben. Aus der strafrechtlichen **Schweigepflicht** folgt daher nicht automatisch ein **Recht zur Zeugnisverweigerung** (BGHSt 9, 59 [60 f.]; LR/*Ignor/Bertheau* § 53 Rn. 8; SK-StPO/*Rogall* § 53 Rn. 16). Umgekehrt handelt der nicht zur Aussageverweigerung berechtigte Zeuge, der im Strafverfahren wegen seines Zeugniszwangs aussagt, nicht unbefugt i.S.d. § 203 StGB, auch wenn er ein an sich geschütztes Geheimnis preisgibt (*Eisenberg* Beweisrecht der StPO, Rn. 1235; LR/*Ignor/Bertheau* § 53 Rn. 10; SK-StPO/*Rogall* § 53 Rn. 16; *Schwaben* Die personelle Reichweite von Beweisverwertungsverboten, 2005, S. 109). Nur der zugleich zur Zeugnisverweigerung prozessual berechtigte Zeuge, der zur Wahrung eines Berufsgeheimnisses nach § 203 StGB unter Strafandrohung verpflichtet ist, macht sich strafbar, wenn er das Geheimnis preisgibt, ohne von der geschützten Person von der Schweigepflicht entbunden zu sein (LR/*Ignor/Bertheau* § 53 Rn. 11), er unterliegt gleichwohl nach der Rspr. **keiner Zeugnisverweigerungspflicht.** Die Tatsache der Aussage in einem staatlichen Strafverfahren allein lässt aber den Tatbestand des § 203 StGB noch nicht entfallen. 3

§ 53 enthält auch **keinen Rechtfertigungsgrund** für einen Bruch der Schweigepflicht (BGHSt 9, 59 [61 f.]). Ein Zeuge kann sich nur im Einzelfall auf einen **rechtfertigenden Notstand** berufen, wenn er eigene Interessen schützen muss oder das Interesse an der Geheimhaltung geringer erscheint als das Interesse der Allgemeinheit an der Offenbarung. Der Zeuge kann die Aussage andererseits auch verweigern, wenn die Voraussetzungen eines rechtfertigenden Notstands für eine Verletzung der Schweigepflicht gegeben wären. Ist der Zeuge trotz Geheimnisschutzes zur Aussage bereit, kann und muss das Gericht ihn nach herrschender Meinung vernehmen und seine Aussage verwerten. Das materielle Strafrecht begründet nämlich kein Beweisverwertungsverbot (LR/*Ignor/Bertheau* § 53 Rn. 12; SK-StPO/*Rogall* § 53 Rn. 25; a.A. *von Harenne* Das Zeugnisverweigerungsrecht der Berufshelfer nach § 53a StPO, 2002, S. 163 ff.); ein solches folgt erst aus einer zusätzlichen Verletzung prozessualer Regeln (*Schwaben* Die personelle Reichweite von Beweisverwertungsverboten, 2005, S. 111). 4

Ein absolutes Beweisverwertungsverbot kann, soweit die §§ 53, 252 nicht eingreifen, nur von Verfassungs wegen bestehen und dies ist insb. dann anzunehmen, wenn es um Kommunikation aus dem absolut geschützten **Kernbereich privater Lebensgestaltung** geht (Rdn. 16). Dazu kann, wie § 160a Abs. 1 erkennen lässt, die Kommunikation mit Geistlichen im Rahmen des Beichtgeheimnisses und mit Strafverteidigern im Rahmen der Verteidigungskonzeption zählen, zumindest von Fall zu Fall auch das Beratungsgespräch mit einem Arzt (BVerfGE 109, 279 [322 f.]; BVerfG StV 2012, 257 [265]; *Doll* Strafprozessuale Konturierung, S. 127 f.), aber nicht die berufsbezogene Kommunikation innerhalb der anderen Berufsgruppen. Soweit im Einzelfall der absolut geschützte Kernbereich privater Lebensgestaltung betroffen ist, kann auch eine Schweigepflichtentbindung nach § 53 Abs. 2 Satz 1 nicht zur Verwertbarkeit von Aussagen führen. Insoweit gelten dem § 136a Abs. 3 entsprechende Rechtsfolgen der Kernbereichsverletzung. 5

IV. Entscheidung des Zeugen über die Durchführung oder Verweigerung einer Aussage. Steht dem Zeugen ein Aussageverweigerungsrecht zu, so kann er nach eigenem Entschluss davon Gebrauch machen oder aussagen. Nicht das Gericht, sondern der Zeuge hat die erforderliche Abwägung vorzunehmen (BGHSt 42, 73 [76]). Das Gericht darf auf dessen Entschluss nicht Einfluss nehmen (BGHSt 42, 73 [76]; LR/*Ignor/Bertheau* § 53 Rn. 7). Dies gilt auch dann, wenn durch eine Aussage des Zeugen ein anderweitiger Schaden abgewendet werden soll. Nur der Zeuge hat auch darüber zu entscheiden, ob er sich der Gefahr einer Strafverfolgung aussetzen will, wenn er trotz strafbewehrter Schweigepflicht aussagt. 6

V. Tatsächlicher Bezugspunkt und Umfang des Zeugnisverweigerungsrechts. Der Zeuge ist nur zur Verweigerung von Angaben berechtigt, die sich auf **Tatsachen** beziehen, welche ihm bei **seiner Berufsausübung anvertraut oder bekannt geworden** sind. Zu den berufsbezogenen Tatsachen zählen auch das Ob und Wie des Kontaktes mit dem Klienten, Patienten, Mandanten oder Informanten (Meyer-Goßner/*Schmitt* § 53 Rn. 7). Die Beurteilung des Bestehens oder Nichtbestehens eines Zeugnisverweigerungsrechts hat für denselben Vernehmungsgegenstand einheitlich zu erfolgen. Das Zeugnisverweigerungsrecht ist nicht personell teilbar, es gilt also nicht nur im Verhältnis zu einem beschuldigten Mandanten; Patienten; Klienten oder Informanten, sondern **auch im Verhältnis zu Mitbeschuldigten** (LR/*Ignor/Bertheau* § 53 Rn. 14). Es kann nur inhaltlich beschränkt auf einzelne Themen ausgeübt oder nicht ausgeübt werden. Es besteht auch nur, soweit das Wissen des Zeugen wenigstens in einem **Zusammenhang mit seiner Berufsausübung** steht (*Eisenberg* Beweisrecht der StPO, Rn. 1237; LR/*Ignor/Bertheau* § 53 Rn. 14; SK-StPO/*Rogall* § 53 Rn. 60), 7 nicht bei rein privater Kenntniserlangung (zu restriktiv OLG Bamberg StV 1984, 499). Vom Zeugnisverweigerungsrecht werden auch sonst Erkenntnisse, die der Berufsträger außerhalb seiner geschützten Tätigkeit, etwa in seiner Eigenschaft als Mitglied eines Aufsichtsrats einer juristischen Person, erlangt hat, nicht umfasst (OLG Celle NJW 1983, 1573 Ls.). Schon die Frage, ob ein beruflicher Auftrag erteilt wurde, ist Gegenstand des Zeugnisverweigerungsrechts. Zur Herstellung eines beruflichen Bezuges genügt es auch, wenn der Zeuge im Rahmen seiner Berufsausübung nicht nur bei deren Gelegenheit, von den **Tatsachen aus Akten, Behandlungsunterlagen oder Patientenkarteien** (zum Beschlagnahmeverbot BVerfGE 32, 373 [379 ff.]) eines anderen Berufsgeheimnisträgers oder Praxisvorgängers Kenntnis erlangt (LR/*Ignor*/*Bertheau* § 53 Rn. 14). Durch das Zeugnisverweigerungsrecht wird besonders der **Inhalt von beruflichen Gesprächen** geschützt. Dazu zählen auch die eigenen Äußerungen des aussageverweigerungsberechtigten Zeugen gegenüber dem Mandanten, Klienten, Patienten oder Informanten.

8 **Anvertraute Tatsachen** sind solche Informationen, die dem Berufsgeheimnisträger unter der ausdrücklichen oder stillschweigenden Erwartung der Geheimhaltung im Mandats-, Klienten- oder Patientenverhältnis mitgeteilt worden sind (BGH StV 2014, 388 [389 f.]; LR/*Ignor*/*Bertheau* § 53 Rn. 16; SK-StPO/*Rogall* § 53 Rn. 62; *Tsambikakis* Strafprozessuale Zeugnisverweigerungsrecht aus beruflichen Gründen – Studien zu § 53a StPO, 2011, S. 132 f.) oder sich aufgrund beruflich bedingter Untersuchungen ergeben haben. Unerheblich ist, ob ihm die Information schriftlich oder mündlich erteilt wurde oder in sonstiger Weise aus der sinnlichen Wahrnehmung bei einer Untersuchung herrührt. Auch die Herkunft vom Beschuldigten oder einem Dritten, etwa bei Durchführung einer Fremdanamnese durch den behandelnden Arzt, spielt keine Rolle (LR/*Ignor*/*Bertheau* § 53 Rn. 15), wenn diese Wahrnehmung aufgrund der beruflichen Tätigkeit im Verhältnis zum Beschuldigten gemacht wird.

9 Neben anvertrauten Tatsachen werden auch die im Rahmen des Mandats-, Patienten- oder Klientenverhältnisses des Berufsgeheimnisträgers zum Beschuldigten sonst **bekannt gewordenen Tatsachen** vom Zeugnisverweigerungsrecht erfasst. Hierbei handelt es sich i.S. eines Auffangtatbestands (SK-StPO/*Rogall* § 53 Rn. 63) um Tatsachen, die der Berufsgeheimnisträger entweder vom Beschuldigten selbst oder im Rahmen seines Auftrags oder Mandats von einem Dritten erfahren hat, ohne dass sie ihm unter der ausdrücklichen oder stillschweigenden Erwartung der Geheimhaltung besonders anvertraut wurden (LR/*Ignor*/*Bertheau* § 53 Rn. 17). Unerheblich ist, warum und von wem der Berufsgeheimnisträger diese Kenntnis erlangt hat; es genügt zufällig in einem berufsbedingten Zusammenhang mit dem Vertrauensverhältnis erlangtes Wissen.

10 **VI. Beginn und Ende des Zeugnisverweigerungsrechts.** Das Zeugnisverweigerungsrecht **beginnt** spätestens mit der Begründung des Vertrauensverhältnisses, auch schon im Anbahnungsverhältnis, und gilt **über den Abschluss** des Auftrags oder Mandats-, Patienten- oder Klientenverhältnisses **hinaus** (LR/*Ignor*/*Bertheau* § 53 Rn. 18). Aussageverweigerungsmöglichkeiten können also nach Ende des Mandats bestehen, dann aber nicht mehr entstehen (*Bosbach* NStZ 2009, 177 [179 ff.]). Das Aussageverweigerungsrecht gilt nach überkommener Rspr. auch noch **nach dem Tod** desjenigen, dessen Vertrauen geschützt werden sollte (*Eisenberg* Beweisrecht der StPO, Rn. 1238; SK-StPO/*Rogall* § 53 Rn. 64). Es endet zudem nicht dadurch, dass der Berufsgeheimnisträger seinen **Beruf aufgibt** (LR/*Ignor*/*Bertheau* § 53 Rn. 18).

11 **B. Die zur Zeugnisverweigerung Berechtigten (Abs. 1).** Zur Zeugnisverweigerung sind nur die in § 53 Abs. 1 **abschließend** (MüKo-StPO/*Percic* § 53 Rn. 3; *Rogall* FS Eisenberg, 2009, S. 584 [590 f.]) aufgezählten Berufsgruppen mit z.T. unterschiedlicher Reichweite (*Groß* StV 1996, 559 [560]) berechtigt, anderen Berufsgruppen wird ein berufsbedingtes Zeugnisverweigerungsrecht abgesprochen (BVerfGE 33, 367 [374]; 38, 312 [319]). Die Differenzierung beruht auf einer abstrakt-generellen Vorausbewertung durch den Gesetzgeber und prinzipiell auf sachgemäßen Erwägungen, sodass Art. 3 Abs. 1 GG nicht verletzt ist (BVerfGE 33, 367 [382]; s.a. BVerfG StV 2012, 257 [264 f.] zu § 160a). Das gilt auch deshalb, weil sich für die genannten Berufsgruppen Maßstäbe dafür entwickelt haben, worauf sich die berufsbedingte Verschwiegenheitspflicht jeweils bezieht, während dies für andere Berufsgruppen nicht in gleicher Weise festgestellt werden kann (BVerfGE 33, 367 [385]). Eine **analoge Anwendung** der Regelung über das Zeugnisverweigerungsrecht ist nach dem Prinzip vom Vorrang des Gesetzes sowie aus Gründen der Rechtssicherheit und Rechtklarheit **nicht zulässig** (LR/*Ignor*/*Bertheau* § 53 Rn. 3 f.; *Rogall* FS Eisenberg, 2009, S. 584 [591]). Auch private Geheimhaltungsinteressen begründen ein Zeugnisverweigerungsrecht nur, wenn das Gesetz diese anerkennt. Allenfalls in Ausnahmefällen kommt nach der Rspr. des BVerfG, anfangs auch vor dem Hintergrund von Unklarheiten über die Gesetzgebungskompetenz des Bundes für § 53 Abs. 1 Nr. 5 oder der Länder für das Presserecht (BVerfGE 36, 193 [207 ff.]), im Einzelfall ein Absehen vom Aussagezwang (*Rogall* FS Eisenberg, *2009, S. 584 [591]*) für einen Angehörigen einer anderen Berufsgruppe **von Verfassungs wegen** in Betracht (BVerfGE 25, 296 [305]; 33, 367 [374 ff.]; abl. BGHSt 28, 240 [254]; OLG Koblenz NStZ-RR 2008, 283 f.), was aber auch kaum praktikabel ist. Jedenfalls folgt auch aus Art. 5 Abs. 1 Satz 2 GG kein generel-

les, sondern nur ein im Rahmen der Abwägung zu jener Verfassungsnorm in Betracht zu ziehendes Zeugnisverweigerungsrecht (BVerfGE 107, 299 [334]). Wegen der Beschränkung des Katalogs der Berechtigten in § 53 Abs. 1 Satz 1 steht ein Zeugnisverweigerungsrecht **nicht** den **Bankangestellten** (*Eisenberg* Beweisrecht der StPO, Rn. 1234; *Neumann* Zeugnisverweigerungsrechte und strafprozessuale Ermittlungsmaßnahmen, 2005, S. 250 ff.), nicht den **Bewährungshelfern** und Gerichtshelfern, nicht den **Psychologen** (BGH NStZ 2006, 509) oder Mitarbeitern der psychologischen Beratungsstellen, nicht den **Personal- und Betriebsräten** (BVerfG NJW 1979, 1286), nicht den Rechtsbeiständen und **Schiedsmännern**, nicht den **Sozialarbeitern** (BVerfGE 33, 367 [376 ff.]) und **Sozialpädagogen**, nicht den **Tierärzten** (BVerfGE 38, 312 [318 ff.]) und nicht den Mitarbeitern der **Haftpflichtversicherungen** zu (OLG Celle NJW 1985, 640 f.; LR/*Ignor/Bertheau* § 53 Rn. 4; MüKo-StPO/*Percic* § 53 Rn. 5). Inwieweit **ausländischen Beratern oder Behandlern** des Beschuldigten ein Zeugnisverweigerungsrecht zusteht, kann nicht generell gesagt werden. Prinzipiell sind vor deutschen Behörden und Gerichten die Maßstäbe des deutschen Strafprozessrechts bestimmend, sodass § 53 nur anwendbar ist, soweit die ausländischen Berater auch die Voraussetzungen nach Abs. 1 erfüllen (LR/*Ignor/Bertheau* § 53 Rn. 5).

I. Geistliche (Abs. 1 Satz 1 Nr. 1). Zu den Geistlichen i.S.d. Regelung über Zeugnisverweigerungsrechte zählen nicht nur Geistliche der christlichen Kirchen und der anderen öffentlich-rechtlichen Religionsgemeinschaften, sondern auch Geistliche sonstiger **Religionsgemeinschaften**, wobei es nach der jüngeren Rspr. nicht auf die Anerkennung dieser Religionsgemeinschaft ankommt (BGH NStZ 2010, 646; a.A. *Haas* NJW 1990, 3253 f.). Erforderlich ist nur die **Übertragung eines seelsorgerischen Amtes** in hervorgehobener Stellung. Der Geistliche muss auch einer ihm von der Religionsgemeinschaft auferlegten Verschwiegenheitspflicht unterliegen. Zu den Geistlichen gehören auch hauptamtlich tätige **Laientheologen** (BVerfG NJW 2007, 1866 ff.; BGHSt 51, 140 [142] m.Anm. *Bussenius/Dahs* NStZ 2007, 277 f.; MüKo-StPO/*Percic* § 53 Rn. 14; *de Wall* NJW 2007, 1856 f.), womit aber der Begriff des Geistlichen weit ausgedehnt wird (*Rogall* FS Eisenberg, 2009, S. 583 [585 ff.]). Seelsorgehelfer sind allenfalls Berufshelfer i.S.d. § 53a. 12

Vom Zeugnisverweigerungsrecht des Geistlichen werden alle Tatsachen umfasst, die diesem **in seiner Eigenschaft als Seelsorger anvertraut oder bekannt geworden** sind (BGHSt 37, 138 [139]; 51, 140 [143]; LR/*Ignor/Bertheau* § 53 Rn. 23; *Rogall* FS Eisenberg, 2009, S. 584 [603]), insb. durch Gespräche mit Beichtcharakter, die sogar zum absolut geschützten Kernbereich der Persönlichkeitsentfaltung gehören (BVerfGE 109, 279 [322]; *Doll* Strafprozessuale Konturierung des Kernbereichs privater Lebensgestaltung, S. 127), was auch § 160a Abs. 1 zum Ausdruck bringt (BVerfG StV 2012, 257 [264]). Nicht unter das Zeugnisverweigerungsrecht fällt nach verfassungsrechtlich nicht beanstandeter (BVerfG NJW 2007, 1866 [1867 f.]) Meinung solches Wissen, das der Geistliche in ausschließlich karitativer, fürsorgerischer, erzieherischer oder verwaltender Tätigkeit erlangt hat (BGHSt 37, 138 [140]; 51, 140 [141]; MüKo-StPO/*Percic* § 53 Rn. 15). Vernehmungsgegenstände können sogar in geschützte und ungeschützten Teile zerlegt werden (BGHSt 51, 140 [142 f.]; a.A. *de Wall* NJW 2007, 1856 [1857 f.]). Besonders relevant ist dies für die Tätigkeit als Vermittler zwischen Staat oder Opfern und Entführern oder Erpressern, die im Fall des Geistlichen nicht dem Geheimnisschutz unterliegt (LR/*Ignor/Bertheau* § 53 Rn. 24). 13

Für das Bestehen eines zur Zeugnisverweigerung berechtigten Verhältnisses entscheidend ist die **objektive Sach- und Rechtslage**, nicht wie der Zeuge und die Verfahrensbeteiligten die Situation beurteilen, wobei aber in Grenzfällen auch die Einschätzung des Geistlichen als Indiz von Bedeutung sein kann (BGHSt 37, 138 [140 f.]; 51, 140 [141]; SK-StPO/*Rogall* § 53 Rn. 72). Eine Entbindung von der Schweigepflicht ist in § 53 Abs. 2 Satz 1 in Bezug auf die Geheimnisse der Geistlichen nicht vorgesehen (LR/*Ignor/Bertheau* § 53 Rn. 20). 14

II. Verteidiger (Abs. 1 Satz 1 Nr. 2). Wirksame Verteidigung durch einen eigenverantwortlich handelnden Strafverteidiger und das Verhältnis des Beschuldigten zum Verteidiger sind in Strafverfahren oder strafrechtsähnlichen (Bußgeld- oder Disziplinar-) Verfahren von essenzieller Bedeutung. Dies **berührt sogar**, wie es wiederum auch § 160a Abs. 1 verdeutlicht, der indes diesen besonderen Unterschied zu sonstiger anwaltlicher Tätigkeit nivelliert, **den absolut geschützten Kernbereich der Persönlichkeitsentfaltung** des Beschuldigten (BVerfGE 109, 279 [322]; s.a. BVerfG StV 2012, 257 [264]; *Doll* Strafprozessuale Konturierung des Kernbereichs privater Lebensgestaltung, S. 127) und die Verteidigerkommunikation im Innenverhältnis genießt in Verfassung, Konvention und Strafprozessrecht umfassenden Schutz. Die Möglichkeit, eine **wirksame Verteidigung** zu erlangen, ist **Bestandteil des Rechts auf ein faires Verfahren**. Der Mandant soll die Möglichkeit haben, sich dem Verteidiger frei und ungezwungen anzuvertrauen (BGH JR 2019, 205 [206] m.Anm. *Bünnigmann*); deshalb soll der Verteidiger über alles, was ihm vom Mandanten anvertraut oder sonst im Mandat bekannt wird, schweigen dürfen (BGHSt 38, 7 [10]). Unter die deshalb zur Zeugnisverweigerung berechtigten Verteidiger nach § 53 Abs. 1 Satz 1 Nr. 2 fallen alle gewählten oder bestellten Verteidiger, auch wenn sie keine Rechtsanwälte (Abs. 1 Satz 1 Nr. 3) sind; anwaltliche Verteidiger werden 15 nach § 53 Abs. 1 Satz 1 Nr. 2 und 3 geschützt, was § 160a Abs. 1 nivelliert. Es ist nicht erforderlich, dass der Zeuge die Verteidigung tatsächlich durchgeführt hat (*Eisenberg* Beweisrecht der StPO, Rn. 1240), da das Recht zur Zeugnisverweigerung **bereits im Anbahnungsverhältnis** beginnt. Ob die Beschuldigteneigenschaft aus der Behördenperspektive dann bereits begründet war oder erst später durch Willensakt des Strafverfolgungsorgans herbeigeführt, kann nach dieser Regelungskonzeption auch nicht ausschlaggebend sein (LG Lübeck StV 1993, 516; *Groß* StV 1996, 559 [561]).

16 Eine **Verwirkung** des Zeugnisverweigerungsrechts kommt mangels positivrechtlicher Regelung grundsätzlich nicht in Betracht (*Neumann* Zeugnisverweigerungsrechte und strafprozessuale Ermittlungsmaßnahmen, 2005, S. 148; SK-StPO/*Rogall* § 53 Rn. 78), ist aber auch nicht erforderlich (LR/*Ignor*/*Bertheau* § 53 Rn. 28), da verteidigungsfremdes Verhalten (vgl. BGHSt 46, 36 [45 f.]) nicht unter den Schutzbereich des Zeugnisverweigerungsrechts fällt (BGHSt 53, 257 [263] m.Anm. *Norouzi* StV 2010, 670 ff.; MüKo-StPO/*Percic* § 53 Rn. 17). Das gilt namentlich für »kriminelle Betätigung« des Verteidigers. Der Beschuldigte kann aber nach überkommener Ansicht auf den Schutz durch das Zeugnisverweigerungsrecht des Verteidigers **verzichten**, indem er den Verteidiger von seiner Schweigepflicht entbindet (§ 53 Abs. 2 Satz 1). Ob das auch dann noch gilt, wenn die Verteidigerkommunikation zum absolut geschützten **Kernbereich der Persönlichkeitsentfaltung** gerechnet wird, erscheint zumindest zweifelhaft (BGH StV 2008, 284 m.Anm. *Beulke*/*Ruhmannseder*). Andererseits ist kaum einzusehen, dass es dem Beschuldigten auch nicht für Zwecke seiner **Entlastung** von einem strafrechtlichen Vorwurf verwehrt sein soll, den Kommunikationsinhalt preiszugeben und durch das Zeugnis seines Verteidigers unter Beweis zu stellen. Das gilt besonders im Bereich der Überprüfung einer Verteidigererklärung als Einlassungssurrogat nach deren Widerruf. Wenn die Rspr. einerseits die Verteidigererklärung als quasi-Beweismittel akzeptiert, ist die Überprüfung ihres Zustandekommens durch Zeugenvernehmung des betreffenden Verteidigers ebenfalls eine zulässige Form der Strafverteidigung, sobald der Verteidiger von seiner Schweigepflicht entbunden wird. Dieser steht sodann als Zeuge zur Verfügung (BGH StV 2010, 287 f.; *Beulke*/*Ruhmannseder* StV 2008, 285 [286]), kann aber nach seiner Zeugenvernehmung die **Rolle als Verteidiger** in der Hauptverhandlung **nicht mehr effektiv** wahrnehmen, weil er andernfalls seine eigene Zeugenaussage neutrale bewerten müsste, was verfahrenspsychologisch unmöglich erscheint. Der als Zeuge vernommene Verteidiger muss daher in Fällen notwendiger Verteidigung während und nach seiner Zeugenvernehmung durch einen anderen Verteidiger ersetzt werden. Die Löschung vom dokumentierten Aussageinhalten nach § 160a Abs. 1 Satz 3 und Satz 5 (BGH StV 2014, 388 [390 f.] m.Anm. *Roggan* NJW 2014, 1316) führt faktisch zu deren Unverwertbarkeit.

17 Das Zeugnisverweigerungsrecht umfasst **alle Informationen**, die der Verteidiger **im Rahmen des Mandats**, gegebenenfalls auch aufgrund eigener Ermittlungen (*Wehnert* StraFo 2012, 253), erlangt hat (BGH StV 2014, 388 [389 f.]). Es umfasst auch Erkenntnisse, die der Verteidiger in einem anderen Verfahren oder von einem anderen Beschuldigten gewonnen hat. Es gilt nur nicht für Tatsachen, die der Verteidiger im Zusammenhang mit einer eigenen strafbaren Handlung erfahren hat, die ohne anerkennenswertes Verteidigungsziel begangen wurde (LR/*Ignor*/*Bertheau* § 53 Rn. 27). Insoweit steht dem Verteidiger nur das Auskunftsverweigerungsrecht nach § 55 Abs. 1 zu.

18 **III. Rechtlich, wirtschaftlich und medizinisch beratende Berufe (Abs. 1 Satz 1 Nr. 3). 1. Rechtsanwälte, Notare und steuerlich sowie wirtschaftliche beratende Berufe.** § 53 Abs. 1 Satz 1 Nr. 3 berücksichtigt die Inanspruchnahme besonderen Vertrauens im Verhältnis des Berufsgeheimnisträgers zum Mandanten, Patienten oder Klienten im Hinblick auf die besondere Sachkunde des Berufstätigen (BVerfGE 33, 367 [382]) und die herausragende Rolle seiner Aufgabe für die Lebensführung im Bereich rechtlicher, wirtschaftlicher und heilfürsorglicher Angelegenheiten.

19 **Rechtsanwälte** sind Organe der Rechtspflege (BVerfGE 113, 29 [49]), aber bezüglich mandatsbezogener Tatsachen (KG StV 1991, 507) gem. § 43a BRAO zum Schutz des Vertrauensverhältnisses zum Mandanten und seines Persönlichkeitsrechts zur Verschwiegenheit verpflichtet (BVerfGE 108, 150 [159]); sie haben deshalb im Strafverfahren ein Zeugnisverweigerungsrecht. Zu den Rechtsanwälten i.S.v. § 53 Abs. 1 Satz 1 Nr. 3 zählen alle nach § 12 BRAO zugelassenen Rechtsanwälte, deren amtlich bestellte Vertreter (§ 53 BRAO), Abwickler (§ 55 BRAO) und die Kammerbeistände (LR/*Ignor*/*Bertheau* § 53 Rn. 29 ff.). Nehmen Syndikusanwälte (§ 46 BRAO) auch anwaltliche Aufgaben war, so wurden sie bis zum Inkrafttreten des Gesetzes zur Neuregelung des Rechts der Syndikusanwälte am 01.01.2016 ebenfalls von § 53 Abs. 1 Satz 1 Nr. 3 erfasst (*Roxin* NJW 1992, 1129 ff.). Seit Inkrafttreten jenes Gesetzes zählen **Syndikusanwälte und Syndikuspatentanwälte** hinsichtlich der Informationen, die ihnen in dieser Eigenschaft bekannt geworden sind, nicht mehr zu den aussageverweigerungsberechtigten Zeugen (*Siegmund* MDR 2016, 374 ff.). Anders liegt es nur noch in Fällen, in denen Syndikusanwälte und Syndikuspatentanwälte zugleich als Gehilfen für Strafverteidiger i.S.v. § 53a tätig werden. Soweit Syndikusanwälte und Syndikuspatentanwälte kein Zeugnisverweigerungsrecht

haben, erstrecken sich die Vorschriften, die an das Zeugnisverweigerungsrecht des Berufsgeheimnisträgers anknüpfen, nämlich § 97 Abs. 1 bis 3, § 100c Abs. 6, § 160a, auch nicht auf diese. Das wirkt sich vor allem nach unternehmensinternen Ermittlungen aus (zur früheren Rechtslage LG Hamburg StV 2011, 148 [150 f.] m.Anm. *Jahn/Kirsch* und *Bauer* StV 2012, 277 ff.; krit. *Hamm* NJW 2010, 1332 [1335]; allgemein zu internen Ermittlungen *Knierim* StV 2009, 324 ff.; *Wehnert* StraFo 2012, 253 ff.). Der Gesetzgeber betont, dass das Gebot effektiven Strafverfolgung insoweit weitere Informationsmöglichkeiten der Ermittlungsbehörden erforderlich mache (BT-Drs. 18/5201 Satz 40). Die Unternehmenspraxis wird sich insoweit umstellen. **Ausländische Rechtsanwälte** können sich zumindest dann auf ein Zeugnisverweigerungsrecht berufen, wenn sie in einem EU-Mitgliedsstaat zugelassen sind (§§ 206, 207 BRAO).

Unter § 53 Abs. 1 Satz 1 Nr. 3 fallen ferner **Notare** (§ 18 BNotO), Notarassessoren (§ 7 BNotO), **Patentanwälte** (§ 19 PatAO; *Neumann* Zeugnisverweigerungsrechte und strafprozessuale Ermittlungsmaßnahmen, 2005, S. 157 f.) und, was sich nicht von selbst versteht (BVerfGE 33, 367 [384]), auch **Wirtschaftsprüfer** (§§ 1 Abs. 1 Satz 1, 15 WiPrO; zu deren Verschwiegenheitspflicht und der Entbindung davon BGH NJW 2021, 1022 [1023]; zur Beschlagnahmefreiheit von Unterlagen LG Bonn StV 2002, 68 f. m.Anm. *Wehnert*; s.a. *Dierlamm* StV 2011, 144 f.), **vereidigte Buchprüfer** (§ 128 Abs. 1 WiPrO), **Steuerberater und Steuerbevollmächtigte** (§§ 40, 42 StBerG). Diese Berufsgruppen werden, anders als Verteidiger und Rechtsanwälte, in § 160a nicht geschützt, was auch ihr Zeugnisverweigerungsrecht nach der vorliegenden Vorschrift relativiert (krit. *Emde* DStR 2009, 2556 [2558 f.]; *Kretschmer* HRRS 2010, 551 [554]; *Rüping* DStR 2007, 1182 ff.). 20

Das Zeugnisverweigerungsrecht der Rechtsanwälte, Notare, Steuerberater und Wirtschaftsprüfer usw. ist **durch** die Anzeigepflicht nach **§ 43; § 2 Abs. 1 Nr. 10–12 GwG n.F. beschränkt**, wenn der Berater erfährt, dass er vom Mandanten oder Klienten für Geldwäsche in Anspruch genommen wird (BGHSt 50, 64 [76]; LR/*Ignor/Bertheau* § 53 Rn. 34; krit. *Widmaier* FS Dahs, 2005, S. 543 [548 ff.]). 21

2. Heilberufe. Das Arzt-Patienten-Verhältnis ist besonders geschützt. Die Informationen des Patienten, die dem Arzt in diesem Verhältnis anvertraut werden, gehören zum absolut geschützten **Kernbereich** der Persönlichkeitsentfaltung (BVerfGE 109, 279 [322]; *Doll* Strafprozessuale Konturierung, S. 127 f.; offengelassen von BGH NJW 2018, 1986 [1987] m.Anm. *Jahn*). Dies kollidiert allerdings im Einzelfall mit dem ebenso wichtigen Recht des Beschuldigten auf Verteidigung (*Brockhaus* medstra 2019, 80 ff.), sodass die Freigabe der Zeugenaussage des Arztes durch den beschuldigten Patienten möglich ist. Zu den **Ärzten** i.S.v. § 53 Abs. 1 Satz 1 Nr. 3, die auch wegen ihrer Sachkenntnis um Gesundheitsbelange, medizinische Befunde und intime Personaldaten des Beschuldigten geschützt werden (*Neumann* Zeugnisverweigerungsrechte und strafprozessuale Ermittlungsmaßnahmen, 2005, S. 158 ff.), zählen alle im Inland approbierten Ärzte und Personen, die zur vorübergehenden Ausübung des Arztberufs berechtigt sind (§ 2 BÄO) sowie ausländische Ärzte, die EU-Staatsangehörige sind. Abs. 1 Satz 1 Nr. 3 gilt weiter für **Zahnärzte** (§ 1 ZahnHkG), **Psychotherapeuten** i.S.v. § 1 PsychThG (SK-StPO/*Rogall* § 53 Rn. 118 ff.; zum relativen Schutz nach § 160a BGH StV 2017, 1 f. mit Anm. *Gercke*) und **Apotheker**, die approbiert sind oder den Beruf vorübergehend ausüben dürfen sowie **Hebammen** oder deren männliches Gegenstück (*Rogall* FS Eisenberg, 2009, S. 584 [592]). Das Zeugnisverweigerungsrecht umfasst alle Erkenntnisse, die der heilberuflich Tätige bei der **Anbahnung des Patientenverhältnisses** (BGHSt 45, 362 [366]) sowie bei der Untersuchung oder Heilbehandlung in einem funktionalen Zusammenhang mit der medizinischen Tätigkeit erlangt hat (OLG Hamm RDG 2009, 266; LR/*Ignor/Bertheau* § 53 Rn. 37). Hierzu zählen auch schon im vertraglichen Anbahnungsverhältnis (SK-StPO/*Rogall* § 53 Rn. 109) die **Identität des Patienten** und die **Tatsache der Behandlung** (BGHSt 33, 148 [152]; 45, 362 [366]) sowie auch durch Beobachtungen erlangtes Wissen, etwa bei der Untersuchung des bewusstlosen Patienten. Sogar die Beobachtung einer Straftat des Patienten in der stationären Behandlung wird nach der Konzeption der vorliegenden Vorschrift, anders als nach § 160a Abs. 2, vom Zeugnisverweigerungsrecht umfasst (LG Karlsruhe StV 1983, 144 m.Anm. *Kreuzer*). 22

Dem Berufsgeheimnisträger steht das Zeugnisverweigerungsrecht auch zu, wenn er sein Wissen aufgrund einer gesetzlichen Duldungspflicht zwangsweise erlangt hat (BGH StV 2002, 633 m.Anm. *Bosch*). Unter § 53 Abs. 1 Satz 1 Nr. 3 fallen daher auch die Untersuchungs- und Behandlungsverhältnisse der **Truppenärzte** (BDH NJW 1963, 409 f.), der **Amtsärzte** und der **Ärzte im Strafvollzug** (LR/*Ignor/Bertheau* § 53 Rn. 37). 23

Kein Zeugnisverweigerungsrecht haben Ärzte, soweit sie als **Sachverständige** bestellt sind (MüKo-StPO/*Percic* § 53 Rn. 25), weil sich die Sachverständigentätigkeit, die – von Anamnese und Exploration abgesehen – nicht unbedingt eine freiwillige Mitwirkung des Probanden voraussetzt, von der medizinischen Tätigkeit bei der Untersuchung und Behandlung von Patienten rechtlich unterscheidet (LR/*Ignor/Bertheau* § 53 Rn. 38 f.). Sie können **Befundtatsachen** in der Prozessrolle als Sachverständige mitteilen; dazu müssen sie nicht gesondert auch als Zeugen befragt werden und dafür gilt i.Ü. kein Zeugnisverweigerungsrecht. Ob dasselbe für **Zusatztatsachen** gilt, deren Wahrnehmung keiner besonderen Sachkunde bedarf, ist umstritten. Die 24 herrschende Meinung verneint insoweit ein Zeugnisverweigerungsrecht (BGH StV 2002, 633 m. abl. Anm. *Bosch*; SK-StPO/*Rogall* § 53 Rn. 116; a.A. *Eisenberg* Beweisrecht der StPO, Rn. 1243). Das trifft aber nur zu, soweit der Arzt sein Wissen über Zusatztatsachen außerhalb eines Arzt-Patientenverhältnisses erlangt hat. Die Beschränkung des Zeugnisverweigerungsrechtes des zum Sachverständigen bestellten Arztes gilt sonst nur im Rahmen des jeweiligen Gutachtenauftrags. Dieser braucht also Erkenntnisse aus einer früheren Untersuchung des Probanden nicht zu offenbaren. Das soll sogar für eine frühere Untersuchung im Rahmen damaliger Sachverständigentätigkeit gelten (BGHSt 38, 369 [370]), womit aber die Unterschiede zwischen Behandlungs- und Sachverständigentätigkeit wieder eingeebnet werden. Vor allem stünde dadurch die Frage der Verwertbarkeit von medizinischen Gutachten aus anderen Strafverfahren infrage (*Cramer* NStZ 1996, 209 [211 ff.]); diese Frage nach der Verwertbarkeit ist im Interesse an möglichst genauer Wahrheitserforschung zu bejahen.

25 **IV. Mitarbeiter der Schwangerschaftsberatungsstellen (Abs. 1 Satz 1 Nr. 3a).** Das Zeugnisverweigerungsrecht zugunsten der Mitarbeiter einer anerkannten Schwangerschaftsberatungsstelle schützt nicht nur ein bestimmtes personenbezogenes Vertrauensverhältnis und damit das Persönlichkeitsrecht der Schwangeren (*Neumann* Zeugnisverweigerungsrechte und strafprozessuale Ermittlungsmaßnahmen, 2005, S. 175), sondern auch die Funktionstüchtigkeit der Einrichtung (LR/*Ignor*/*Bertheau* § 53 Rn. 40). Zu den Zeugnisverweigerungsberechtigten gehören insoweit alle Mitarbeiter der anerkannten Schwangerschaftsberatungsstellen, die mit der Beratung der Schwangeren befasst sind, also der Leiter der Beratungsstelle, Ärzte, Psychologen, Sozialarbeiter und alle Beauftragte, die dazu bestellt sind, im Auftrag einer Beratungsstelle deren Aufgaben wahrzunehmen. Vom Zeugnisverweigerungsrecht werden neben der Schwangerschaft als solche auch alle für die Beratung bedeutsamen Lebensumstände der Schwangeren umfasst (LR/*Ignor*/*Bertheau* § 53 Rn. 41; SK-StPO/*Rogall* § 53 Rn. 129). Nicht unter § 53 Abs. 1 Satz 1 Nr. 3a fallen Betreuer einer »Babyklappe« (LG Köln NJW 2002, 909 [910]).

26 **V. Drogenberater der Suchtberatungsstellen (Abs. 1 Satz 1 Nr. 3b).** Das nachträglich eingeführte Zeugnisverweigerungsrecht für Mitarbeiter von Suchtberatungsstellen (*Neumann* Zeugnisverweigerungsrechte und strafprozessuale Ermittlungsmaßnahmen, 2005, S. 165 ff.) gilt ausschließlich bei einer Beratung über die im Betäubungsmittelgesetz erfassten Suchtformen und für die bei der Beratung oder Behandlung erlangten Informationen (LG Kiel StV 2010, 127; LR/*Ignor*/*Bertheau* § 53 Rn. 43). Es wurde vom Gesetzgeber nicht bei sonstiger Suchtberatung vorgesehen. Es gilt nur für Mitarbeiter von Beratungsstellen, die von einer Behörde oder Körperschaft, Anstalt oder Stiftung des öffentlichen Rechts eingerichtet oder anerkannt worden sind. Ehrenamtliche Berater in Selbsthilfegruppen fallen nicht hierunter (BVerfG StV 1998, 355 m.Anm. *Kühne*; MüKo-StPO/*Percic* § 53 Rn. 27). Auch Gespräche des Drogenberaters mit Familienangehörigen und Freunden eines Drogensüchtigen werden aber von Abs. 1 Satz 1 Nr. 3b umfasst. Ausgenommen sind Gerichts- und Bewährungshelfer, Strafvollzugsbedienstete und Sozialarbeiter, auch wenn sie Probanden in Betäubungsmittelfragen beraten.

27 **VI. Abgeordnete (Abs. 1 Satz 1 Nr. 4).** Das Zeugnisverweigerungsrecht der Abgeordneten (*Neumann* Zeugnisverweigerungsrechte und strafprozessuale Ermittlungsmaßnahmen, 2005, S. 178 ff.) besteht vor allem zum **Schutz der Funktionstüchtigkeit der Parlamente** (BVerfGE 109, 279 [323]; BVerfG StV 2012, 257 [265]) und deshalb auch des freien Mandats der Abgeordneten (BVerfGE 108, 251 [269]; LR/*Ignor*/*Bertheau* § 53 Rn. 44), aber jedenfalls nicht vorrangig zum Schutz der handelnden Personen, auch wenn sie das Zeugnisverweigerungsrecht als subjektive Rechtsposition in Anspruch nehmen können (BVerfGE 108, 251 [266 f.]). Insoweit hat das Zeugnisverweigerungsrecht angeblich besondere Bedeutung, wie § 160a Abs. 1 erkennen lässt (BVerfG StV 2012, 257 [265]), obwohl dies mit dem sonst in § 160a Abs. 1 berücksichtigten Kernbereichsschutz nichts zu tun hat (*Doll* Strafprozessuale Konturierung, S. 128). Zu den Zeugnisverweigerungsberechtigten zählen Abgeordnete **des Deutschen Bundestages** (Art. 47 Satz 1 GG) und **der Länderparlamente** sowie die deutschen Mitglieder **des Europäischen Parlaments** (§ 6 EUAbgG), ferner die Mitglieder **der Bundesversammlung**, die den Bundespräsidenten wählt (§ 7 BPräsWahlG). Sie können über Tatsachen, die sie im funktionalen Zusammenhang mit der Abgeordnetentätigkeit (SK-StPO/*Rogall* § 53 Rn. 141) von einem anderen Abgeordneten, Regierungsvertretern oder auch von einer Privatperson anvertraut bekommen oder anderen anvertraut haben, das Zeugnis verweigern, nach dem Wortlaut der Norm aber nicht über Tatsachen, die ihnen in sonstiger Weise bekannt geworden sind. Die Erstreckung auf jeden Informationsaustausch ohne das Kriterium des »Anvertrauens« wäre hier zu weitgehend (LR/*Ignor*/*Bertheau* § 53 Rn. 46). Die Abgeordneten müssen, soweit ihr Zeugnisverweigerungsrecht reicht, aber bereits keine Angaben zur Person ihres Gewährsmanns machen.

Die Abgeordneten entscheiden über die Anwendung des Zeugnisverweigerungsrechts **nach eigenem Ermessen**; Weisungen sind unzulässig (*Eisenberg* Beweisrecht der StPO, Rn. 1245; LR/*Ignor/Bertheau* § 53 Rn. 45). Auch ist eine Befreiung von der Schweigepflicht nicht vorgesehen. Das Zeugnisverweigerungsrecht steht dem Abgeordneten auch nach Beendigung des Mandats zu (SK-StPO/*Rogall* § 53 Rn. 141). 28

VII. Presse- und Rundfunkangehörige (Abs. 1 Satz 1 Nr. 5, Satz 2, Abs. 2 Satz 2 und Satz 3). 1. Schutzzweck. § 53 Abs. 1 Satz 1 Nr. 5 wurde im Jahr 2002 novelliert (*Kunert* NStZ 2002, 169 ff.; *Neumann* Zeugnisverweigerungsrechte und strafprozessuale Ermittlungsmaßnahmen, 2005, S. 229 ff.). Die **Pressefreiheit** (Art. 5 Abs. 1 Satz 2 GG), die eine wichtige Kontrollfunktion ausübt, erfordert einen wirksamen, wenngleich nicht absoluten (BVerfG StV 2012, 257 [265]; *Doll* Strafprozessuale Konturierung des Kernbereichs privater Lebensgestaltung, S. 128) Schutz des Vertrauensverhältnisses zwischen Presseangehörigen und privaten Informanten, der vor allem durch das Zeugnisverweigerungsrecht der Presseangehörigen und das Beschlagnahmeverbot nach § 97 Abs. 5 sowie das Überwachungsverbot nach § 100c Abs. 6 Satz 1 gewährleistet werden soll. Die Gesetzgebungskompetenz liegt dabei nicht bei den für das Presserecht zuständigen Ländern, sondern beim Bund, der das gerichtliche Verfahren in Strafsachen gem. Art. 74 Nr. 1 GG zu regeln hat (BVerfGE 36, 193 [202 ff.]; 36, 314 [319 f.]) und hier abschließend von seiner konkurrierenden Gesetzgebungszuständigkeit Gebrauch gemacht hat. § 53 Abs. 1 Satz 1 Nr. 5 ist prinzipiell mit dem Grundrecht der Pressefreiheit vereinbar (BVerfGE 36, 193 [210 ff.] für die a.F.). Dabei dient das Zeugnisverweigerungsrecht, das der Bundesgesetzgeber im Rahmen seiner Gestaltungsbefugnis zugunsten der Pressemitarbeiter geschaffen hat (BVerfGE 107, 299 [333 f.]), in erster Linie dem öffentlichen **Interesse an einer funktionsfähigen Presse** als Instrument der öffentlichen Meinungsbildung (BVerfGE 36, 193 [204]; 36, 314 [320]; 64, 108 [118]; 95, 220 [238]; 109, 279 [323]). Nur i.S. eines Reflexes wird dagegen von Fall zu Fall ein Schutz des Informanten bewirkt. Daher ist eine Entbindung der Presseangehörigen von der Schweigepflicht nicht möglich (LR/*Ignor/Bertheau* § 53 Rn. 48), weil der Beschuldigte und der Informant insoweit **keine Dispositionsmacht** haben. Dies bedeutet andererseits auch, dass der Informant keinen Anspruch hat, dass ein Journalist von seinem Zeugnisverweigerungsrecht Gebrauch macht oder darauf verzichtet. 29

Über den Wortlaut des § 53 Abs. 1 Satz 1 Nr. 5 hinaus kann sich ein Zeugnisverweigerungsrecht nach der nicht unumstrittenen Rspr. des Bundesverfassungsgerichts, in der die Pressefreiheit eine besonders hervorgehobene Stellung besitzt, **auch unmittelbar aus Art. 5 Abs. 1 Satz 2 GG** ergeben (offengelassen von BVerfGE 25, 296 [305]). 30

2. Zeugnisverweigerungsberechtigte Personen. Das Zeugnisverweigerungsrecht steht **allen Personen** zu, **die bei der Vorbereitung, Herstellung oder Verbreitung von Druckwerken, Rundfunksendungen und Filmberichten**, einschließlich des wissenschaftlichen Publikationswesens sowie allen der Unterrichtung oder der Meinungsbildung dienenden Informations- und Kommunikationsdiensten **beruflich mitwirken**. Es sind alle **Druckwerke** umfasst, auch wenn sie nicht periodisch erscheinen (LR/*Ignor/Bertheau* § 53 Rn. 50). Erfasst werden ferner **Rundfunksendungen**; darunter fallen alle Sendungen des Hör- und Bildfunks, aber auch **Fernsehsendungen** und die Filmberichterstattung (LR/*Ignor/Bertheau* § 53 Rn. 51). Der Unterrichtung oder Meinungsbildung dienende **Informations- und Kommunikationsdienste** sind elektronisch übertragene Ton- und Bildmitteilungen oder Texte in Abrufdiensten im Fernsehen (Teletext, Videotext u.a.) oder im Internet (online-Dienste), soweit sie nicht nur Unterhaltung, Möglichkeiten zur Geschäftsabwicklung (z.B. online-banking) oder zur Individualkommunikation darbieten, sondern gem. § 53 Abs. 1 Satz 3 nach redaktioneller Aufbereitung (also nicht auf privaten Homepages) den Benutzer informieren (LR/*Ignor/Bertheau* § 53 Rn. 52). 31

Ein Zeugnisverweigerungsrecht besteht nur, wenn der Zeuge **berufsmäßig** an der Herstellung oder Verbreitung des Druckwerks oder der Sendung mitwirkt (*Eisenberg* Beweisrecht der StPO, Rn. 1249; SK-StPO/*Rogall* § 53 Rn. 151 ff.). Zu diesem Personenkreis gehören **unabhängig vom Grad der Verantwortlichkeit für das Presseerzeugnis** die Journalisten, Intendanten, Sendeleiter, Archivare, ferner redaktionelles, kaufmännisches und technisches Personal eines Presseorgans, außerdem aber **auch Hilfspersonen und Praktikanten**, wie Sekretärinnen, Setzergehilfen, Volontäre, Justiziare und sonstige Personen, die aufgrund ihrer beruflichen Stellung, für die auch freiberufliche Tätigkeit ausreichen kann, von der Person eines Informanten oder dem Inhalt einer Mitteilung Kenntnis erlangen können (LR/*Ignor/Bertheau* § 53 Rn. 54; SK-StPO/*Rogall* § 53 Rn. 153). Auf Hilfspersonen und Praktikanten muss sich daher auch die Regelung des § 53a nicht strecken, die aus diesem Grund nicht auf § 53 Abs. 1 Satz 1 Nr. 5 verweist. Für die Ausübung des Zeugnisverweigerungsrechts ist es unerheblich, ob die Kenntnis vor oder nach einer Presseveröffentlichung erlangt worden ist. Das Verweigerungsrecht wirkt, wie der Normtext zeigt (»oder mitgewirkt haben«), auch hier **über das Ende der beruflichen Tätigkeit hinaus** fort (LR/*Ignor/Bertheau* § 53 Rn. 53). 32

Auf eine Gewinnerzielungsabsicht kommt es für die Einordnung als berufliche Tätigkeit des Geheimnisträgers nicht an. Nebenberuflich Mitwirkende sind allerdings nur dann berufsmäßig tätig, wenn sie in der 33

Absicht handeln, ihre Tätigkeit durch nicht nur einmalige Ausübung zu einer dauernden oder zumindest wiederkehrenden Beschäftigung zu machen (LR/*Ignor/Bertheau* § 53 Rn. 55). Ausreichend ist dann auch die Mitwirkung in einem Einzelfall. Kein Zeugnisverweigerungsrecht haben Personen, die nur gelegentlich Beiträge einsenden oder ohne berufsmäßige Einbindung in den Medienbereich einmalig in irgendeiner Weise dort tätig geworden sind.

34 Die Person muss bei der Vorbereitung, Herstellung oder Verbreitung des Druckwerks oder der Sendung tätig geworden sein. Unter die **Vorbereitung** fällt die Informationsbeschaffung (SK-StPO/*Rogall* § 53 Rn. 155). Die inhaltliche, sprachliche oder technische Gestaltung ist die **Herstellung** des Presseerzeugnisses oder der Rundfunk- oder Fernsehsendung. Jede Maßnahme, durch die das Druckwerk oder die Sendung dem Publikum zugänglich gemacht wird, fällt unter die **Verbreitung** (*Eisenberg* Beweisrecht der StPO, Rn. 1250; LR/*Ignor/Bertheau* § 53 Rn. 58); eine »öffentliche« Verbreitung ist nicht erforderlich (SK-StPO/*Rogall* § 53 Rn. 157).

35 **3. Gegenstand des Zeugnisverweigerungsrechts (Abs. 1 Satz 2).** Das Zeugnisverweigerungsrecht umfasst zunächst im Rahmen des verfassungsrechtlich verankerten Quellenschutzes (BGHSt 36, 298 [300 f.]) die Person des Informanten, auch wenn dieser selbst bei dem Presseorgan tätig ist (LR/*Ignor/Bertheau* § 53 Rn. 61; SK-StPO/*Rogall* § 53 Rn. 169). Gemeint ist die **Identität des Verfassers oder Einsenders** von Beiträgen und Unterlagen oder des **sonstigen Informanten.** Damit sind der geistige Urheber von Mitteilungen, der Übermittler oder eine Person gemeint, die einen Pressebeitrag in sonstiger Weise anregt oder durch mündliche oder schriftliche Informationen, Hinweise oder sonstiges Rohmaterial ermöglicht oder erleichtert (LR/*Ignor/Bertheau* § 53 Rn. 65). Der Informant hat keinen Anspruch darauf, dass der Presseangehörige schweigt (*Eisenberg* Beweisrecht der StPO, Rn. 1251); dieser hat nur ein Recht zur Zeugnisverweigerung. Bezweckt der Informant, etwa durch einen anonymen Bekennerbrief, nur durch eine Presseveröffentlichung auf sich selbst aufmerksam zu machen, dann kann auch das Zeugnisverweigerungsrecht der Pressemitarbeiter entfallen (Meyer-Goßner/*Schmitt* § 53 Rn. 33).

36 **Unzulässig** sind im Strafverfahren **Fragen an den zeugnisverweigerungsberechtigten Zeugen** nach dem Namen oder sonstigen Tatsachen, die mittelbar ein Aufdecken der Identität des Informanten ermöglichen (LR/*Ignor/Bertheau* § 53 Rn. 61). Wenn das Presseorgan die Identität des Informanten jedoch selbst aufgedeckt hat, ist das Zeugnisverweigerungsrecht insoweit nach Ansicht der Rspr. vor der Gesetzesnovellierung der vorliegenden Vorschrift – ungeachtet der Möglichkeit einer thematischen Beschränkung – gegenstandslos und es besteht auch nicht mehr hinsichtlich der weiteren Einzelheiten des Informantenkontakts (BGHSt 28, 240 [242 ff.]; BGH StV 1999, 183 [184 f.]; *Eisenberg* Beweisrecht der StPO, Rn. 1251; a.A. LR/*Ignor/Bertheau* § 53 Rn. 61; SK-StPO/*Rogall* § 53 Rn. 171). An den Informanten geleistete Zahlungen oder sonstige Umstände der Veröffentlichung dürfen dann nicht mehr verschwiegen werden (BGHSt 28, 240 [255]). Dieser Standpunkt kann aber durch die Gesetzesnovellierung im Jahr 2002 überholt sein.

37 Das Zeugnisverweigerungsrecht umfasst alle Mitteilung, die der Pressemitarbeiter in seiner beruflichen Funktion erhält, mitsamt ihrem Inhalt, zusätzlich aber auch schon die Tatsache, dass eine solche Mitteilung eingegangen ist (LR/*Ignor/Bertheau* § 53 Rn. 66). Unerheblich ist, ob die Mitteilung tatsächlich im Rahmen eines Pressebeitrags veröffentlicht wird oder eine Veröffentlichung beabsichtigt ist. Geschützt wird damit auch **Hintergrund- und Archivmaterial** (BGHSt 28, 240 [251]; *Eisenberg* Beweisrecht der StPO, Rn. 1252). Auch von einem Presseangehörigen **selbst recherchiertes Material** wird nach § 53 Abs. 1 Satz 2 von dessen Zeugnisverweigerungsrecht erfasst (LR/*Ignor/Bertheau* § 53 Rn. 67; MüKo-StPO/*Percic* § 53 Rn. 47; krit. *Kunert* NStZ 2002, 169 [171 f.]), ebenso dessen berufsbezogene Wahrnehmungen. Die Beiträge, Unterlagen, Materialien oder Mitteilungen müssen nach § 53 Abs. 1 Satz 3 aber stets **für den redaktionellen Teil** des Presseorgans bestimmt sein, wozu auch Leserbriefe gehören. Handelt es sich dagegen um Materialien für den **Anzeigenteil oder Werbepublikationen**, dann greift das Zeugnisverweigerungsrecht eher nicht ein (LR/*Ignor/Bertheau* § 53 Rn. 70), sofern dem Anzeigen- oder Werbeteil jedenfalls nicht eine ähnliche Funktion wie dem redaktionellen Teil zukommt (vgl. BVerfGE 64, 108 [114 ff.]).

38 **4. Einschränkung des Zeugnisverweigerungsrechts bei selbst recherchiertem Material.** Im staatlichen Strafverfolgungsinteresse gilt das Zeugnisverweigerungsrecht der Pressemitarbeiter allerdings im Hinblick auf selbst recherchiertes Material nur **eingeschränkt bei der Aufklärung von Straftaten mit besonderem Gewicht (Abs. 2 Satz 2)**, alle Verbrechen und bestimmte Katalogvergehen aus dem Bereich der Staatsschutzdelikte, Sexualstraftaten und der Geldwäsche. Der inhomogene Straftatenkatalog ist abschließend; die missglückte (MüKo-StPO/*Percic* § 53 Rn. 49) Subsidiaritätsklausel für Fälle, in denen eine andere Sachaufklärung oder Aufenthaltsermittlung des Beschuldigten aussichtslos oder wesentlich erschwert wäre, gilt *nach vorherrschender* Ansicht nur für die im Katalog aufgeführten Vergehen, nicht für Verbrechen (Meyer-Goßner/*Schmitt* § 53 Rn. 39a).

Das Zeugnisverweigerungsrecht besteht nach der Gegenausnahme des § 53 Abs. 2 Satz 3 auch in Fällen der Einschränkung nach § 53 Abs. 2 Satz 2 zur Lösung der Gemengelage zwischen Fremdinformationen und selbst recherchiertem Material weiter, wenn die Angaben des Zeugen zur Aufdeckung der **Person des Informanten** oder der dem Zeugen im Hinblick auf seine Tätigkeit gemachten **Mitteilungen** oder deren Inhalt führen würde (LR/*Ignor/Bertheau* § 53 Rn. 69). Damit wird der Ausnahmetatbestand auf selbst recherchiertes Material beschränkt und in der Praxis meist wieder annähernd gegenstandslos, weil der Presseangehörige stets bereits mit Hinweis auf das Eingreifen der Gegenausnahme zum Quellenschutz die Aussage verweigern kann. 39

C. Die Ausübung des Zeugnisverweigerungsrechts und ihre Folgen. Für die Ausübung des Zeugnisverweigerungsrechts gelten im Kern dieselben Grundsätze wie bei der Ausübung des Zeugnisverweigerungsrechts nach § 52 (LR/*Ignor/Bertheau* § 53 Rn. 71). Der Zeuge muss sich also zur **Geltendmachung des Aussageverweigerungsrechts ausdrücklich** gegenüber der Verhörperson darauf berufen. Er kann die Ausübung des Zeugnisverweigerungsrechts aber auch auf Teilbereiche des Beweisthemas oder Einzelfragen **beschränken.** Er muss die Nutzung des Rechts **nicht begründen** (SK-StPO/*Rogall* § 53 Rn. 186), darf dabei grundsätzlich nicht vom Gericht oder den Verfahrensbeteiligten beeinflusst werden (BGHSt 42, 73 [76]) und er darf im Fall der berechtigten Aussageverweigerung nicht mit den Mitteln des § 70 zur Aussage gezwungen werden (LR/*Ignor/Bertheau* § 53 Rn. 2). Macht er nicht von dem Zeugnisverweigerungsrecht Gebrauch, dann bleibt er jedoch zur wahrheitsgemäßen Aussage verpflichtet. Der Angeklagte hat auch keinen Anspruch darauf, dass der Zeuge von seinem Aussageverweigerungsrecht Gebrauch macht (BGHSt 9, 59 [61]). Bei Zweifeln am Bestehen eines das Zeugnisverweigerungsrecht begründenden Verhältnisses kann das Gericht die **Glaubhaftmachung**, insb. durch eidliche Versicherung, nach § 56 verlangen. Die Tatsache der **Zeugnisverweigerung** darf **bei der Beweiswürdigung nicht**, zumindest nicht zum Nachteil des Beschuldigten, **verwertet** werden (LR/*Ignor/Bertheau* § 53 Rn. 75; SK-StPO/*Rogall* § 53 Rn. 216). Die Vernehmung des Zeugen, der in berechtigter Weise die Aussage verweigert, ist abzubrechen. Ein Beweisantrag auf Vernehmung des Zeugen, der von dem Aussageverweigerungsrecht Gebrauch macht, kann nach § 244 Abs. 3 Satz 1 abgelehnt werden. Die Zeugnisverweigerung führt zu einem **Beweisverwertungsverbot** i.S.d. § 252 (BGHSt 38, 7 [9]; SK-StPO/*Rogall* § 53 Rn. 207 ff.). Inwieweit sich die derzeitige Prüfung des Richterrechts zur ausnahmsweisen Zulässigkeit der Verwertung einer früheren richterlichen Vernehmung durch Zeugenvernehmung des Erstrichters im Verfahren gem. § 132 GVG (§ 52 Rdn. 27) auf die Fälle des § 53 auswirkt, ist ungeklärt. 40

Der Zeugnisverweigerungsberechtigte kann – unbeschadet materiell-rechtlicher Verschwiegenheitspflichten – ausdrücklich oder konkludent **auf sein Aussageverweigerungsrecht** ganz oder teilweise **verzichten** (LR/*Ignor/Bertheau* § 53 Rn. 72). Bis zum Schluss der Vernehmung kann der Zeuge, ebenso wie in den Fällen des § 52 Abs. 3 Satz 2, seinen Verzicht auf sein Zeugnisverweigerungsrecht aber auch **widerrufen.** Angaben, die er bis zu diesem Zeitpunkt gemacht hat, bleiben aber verwertbar (SK-StPO/*Rogall* § 53 Rn. 190; a.A. LR/*Ignor/Bertheau* § 53 Rn. 73). Der Patient oder Mandant hat keinen Anspruch auf Zeugnisverweigerung durch den Berufsgeheimnisträger; dessen Aussage bleibt auch bei einem Verstoß gegen § 203 Abs. 1 StGB im Verfahren verwertbar (BGH StV 2018, 476 8477 f.] mit Anm. *Ruppert* MedR 2018, 969 f.). 41

Der Zeuge ist über sein Zeugnisverweigerungsrecht nach der vorliegenden Vorschrift, anders als im Fall des § 52 Abs. 3, **nicht** zwingend **zu belehren** (BGHSt 18, 146 [150]; 42, 73 [76]; MüKo-StPO/*Percic* § 53 Rn. 52), weil das Gesetz davon ausgeht, dass er seine beruflich bedingten Rechte und -pflichten kennt (LR/*Ignor/Bertheau* § 53 Rn. 76). Die **Fürsorgepflicht** des Gerichts gebietet es jedoch, einen Zeugen darauf hinzuweisen, wenn erkennbar wird, dass er die Rechte und Pflichten verkennt (BGHSt 42, 73 [76]; SK-StPO/*Rogall* § 53 Rn. 31). Vor allem darf das Gericht keinen Irrtum bei dem Zeugen über das Bestehen oder Nichtbestehen eines Zeugnisverweigerungsrechts hervorrufen oder einen erkennbar bestehenden Irrtum ausnutzen (§ 136a Rn. 32); dann ist rasch der Anwendungsbereich der §§ 69 Abs. 3, 136a Abs. 1 Satz 1 eröffnet (LR/*Ignor/Bertheau* § 53 Rn. 13). Der fehlerhafte Hinweis auf eine fortbestehende Entbindung von der Verschwiegenheitspflicht führt unabhängig davon zu einem Beweisverwertungsverbot (BGHSt 46, 73 [78]; SK-StPO/*Rogall* § 53 Rn. 212). 42

Wird der Zeuge in der Hauptverhandlung danach gefragt, ob er von seinem Zeugnisverweigerungsrecht Gebrauch machen oder darauf verzichten will, so sind Frage und Antwort als wesentliche Förmlichkeiten zu protokollieren (LR/*Ignor/Bertheau* § 53 Rn. 74; SK-StPO/*Rogall* § 53 Rn. 191). 43

D. Entbindung des Zeugen von der Schweigepflicht (Abs. 2 Satz 1). In den Fällen von § 53 Abs. 1 Nr. 2–3b kann der aussageverweigerungsberechtigte Zeuge von der Pflicht zur Verschwiegenheit entbunden werden. Eine allgemeine Regelung darüber, wer den Berufsgeheimnisträger von der Pflicht zur Verschwiegenheit entbinden kann, ist im Gesetz nicht enthalten. Zur Entbindung **berechtigt ist** nach der neueren Rspr., von Doppelmandanten abgesehen, im Allgemeinen nur **der Auftraggeber**, demgegenüber die Verschwiegenheit zu wahren ist (BGH NJW 2021, 1022 [1023]). Wird ein zeugnisverweigerungsberechtigter Zeuge von 44 dem Mandanten, Patienten oder Klienten in den Fällen, in denen nach dem Gesetz insoweit eine Dispositionsbefugnis besteht, von seiner Verschwiegenheitspflicht entbunden, ist er zur (wahrheitsgemäßen) Aussage verpflichtet (BGHSt 18, 146 [147]; *Eisenberg* Beweisrecht der StPO, Rn. 1256; SK-StPO/*Rogall* § 53 Rn. 193; *Wohlers* JR 2021, 245). Alle anderen Berufsgeheimnisträger haben eine Entpflichtung bei ihrer autonomen Entscheidung über die Ausübung oder Nichtausübung des Zeugnisverweigerungsrechts zu berücksichtigen (LR/*Ignor/Bertheau* § 53 Rn. 77). Inwieweit der in bestimmten Konstellationen (Priester, Strafverteidiger, behandelnder Arzt) erforderliche Kernbereichsschutz die Beweisverwertungsmöglichkeit weiter einengt, ist im Einzelnen ungeklärt (vgl. *Bertheau* StV 2012, 303 f.). Bei der Entpflichtung handelt es sich um eine **Prozesserklärung**, die nur eine Prozesshandlungsfähigkeit voraussetzt (*Eisenberg* Beweisrecht der StPO, Rn. 1256; SK-StPO/*Rogall* § 53 Rn. 195). Fehlt diese, so hat der gesetzliche Vertreter zu entscheiden.

45 Eine Verpflichtung des Gerichts, **den Angeklagten** zu **befragen**, ob er den zeugnisverweigerungsberechtigten Zeugen entpflichtet, besteht nicht, auch nicht aufgrund von § 244 Abs. 2 oder aufgrund einer Fürsorgepflicht für den Angeklagten (Meyer-Goßner/*Schmitt* § 53 Rn. 45). **Weigert sich der Angeklagte**, einen Zeugen von der Schweigepflicht zu entbinden, so hindert dies den Zeugen andererseits nicht an einer Aussage, die für das Gericht verwertbar bleibt, selbst wenn die Aussage gegen § 203 StGB verstößt. Die Verweigerung der Entpflichtung des Zeugen durch den Angeklagten darf im Hinblick auf die Selbstbelastungsfreiheit nicht bei der Beweiswürdigung zu dessen Nachteil bewertet werden (BGHSt 45, 362 [364]). Das Gericht hat **den i.S.v. § 245 geladenen Zeugen**, der vom Angeklagten nicht von der Verschwiegenheitspflicht entbunden wird, nach der Rspr. zu **fragen**, ob er von seinem Zeugnisverweigerungsrecht Gebrauch macht oder nicht (BGHSt 15, 200 [202]).

46 Einen Zeugen von der Schweigepflicht entbinden kann in den Fällen, in denen das Gesetz dies vorsieht (Abs. 1 Nr. 2 bis Abs. 1 Nr. 3b), nur **diejenige Person, zu deren Gunsten die Schweigepflicht besteht.** Erstreckt sich die Verschwiegenheitspflicht auf mehrere **natürliche Personen**, müssen alle die Erklärung abgeben, damit die Entpflichtung wirksam wird. **Bei einer juristischen Person oder Personengesellschaft** ist diese zur Entpflichtung berechtigt; für sie handelt **deren Vertretungsorgan**. Auf faktische Geschäftsführer kommt es nicht an (*Wohlers* JR 2021, 245 [250]). Nach der Rspr. ist auch die Erklärung eines sonstigen Geheimnisbetroffenen nicht erforderlich (BGHSt 65, 278 [280 ff.] m.Anm. *Kirsch/Wick* wistra 2021, 203 ff.; *Trüg* NJW 2021, 1024 f.; *Wessing* StV 2021, 392 ff.; *Wohlers* JR 2021, 245 ff.). Das stellt allerdings die Funktionstüchtigkeit des Mandats des Berufsgeheimnisträgers infrage und ist mit der Regelung des § 203 StGB nicht ohne Weiteres vereinbar (*Wohlers* JR 2021, 245 [248 f.]). Im Fall einer in Insolvenz geratenen juristischen Person ist eine Schweigepflichtentbindung durch den **Insolvenzverwalter** erforderlich. Ob dann zusätzlich diejenige der bisherigen Organe des Unternehmens notwendig sein soll, hat der BGH offengelassen (BGHSt 65, 278 [285]; nur für die Entpflichtung durch den Insolvenzverwalter OLG Köln StV 2016, 8 ff. m.Anm. *Gatzweiler/Wölky* StV 2016, 10 ff., *Kirsch/Wick* NZWiSt 2016, 287, *Kretschmer* ZWH 2016, 215 ff.; OLG Nürnberg StV 2011, 142 ff.; *Wohlers* JR 2021, 245 [252]; a.A. OLG Düsseldorf StV 1993, 346; OLG Hamm NStZ 2018, 421 ff. m.Anm. *Bittmann*; OLG Zweibrücken NJW 2017, 902 m.Anm. *Pauka* NZI 2017, 176). Ähnlich wie im Insolvenzfall liegen die Interessen **bei einem Wechsel der Organvertreter**; auch dann wird herkömmlich eine doppelte Entpflichtung gefordert (OLG Hamm NZI 2018, 499 ff. m.Anm. *Pauka* = ZInsO 2018, 1152 ff. m.Anm. *Weyand* ZInsO 2018, 1889 ff.), während die neuere Rechtsprechungslinie, von **Sonderkonstellationen bei Doppelmandaten** abgesehen (*Wohlers* JR 2021, 245 [253]), nur auf die Erklärung des aktuellen Vertretungsorgans abzielt (BGH NJW 2021, 1022 [1023]). Nach der **Vollbeendigung der juristischen Person oder Gesellschaft** besteht kein schutzwürdiges Geheimhaltungsinteresse mehr, das dieser Fall nicht mit dem Fall des Todes einer natürlichen Person vergleichbar ist, der zum Fortbestehen eines Aussageverweigerungsrechts führt (*Mosiek* NStZ 2018, 505 ff.). Dort geht es um ein postmortales Persönlichkeitsrecht, das keine Entsprechung bei der juristischen Person oder Gesellschaft hat.

47 Die Entpflichtungserklärung kann **ausdrücklich oder konkludent** von der durch das Zeugnisverweigerungsrecht geschützten Person abgegeben werden (MüKo-StPO/*Percic* § 53 Rn. 60; SK-StPO/*Rogall* § 53 Rn. 202). Eine mutmaßliche Einwilligung genügt nicht. Die Entpflichtungserklärung wirkt für das gesamte Verfahren, für das sie abgegeben worden ist, in allen Stadien, nicht aber für andere Verfahren. Die Beurteilung der Wirksamkeit der Erklärung obliegt dem Gericht. Bei Versterben des Geheimgeschützten kann eine zu Lebzeiten abgegebene Erklärung genügen (LR/*Ignor/Bertheau* § 53 Rn. 80).

48 Die Schweigepflichtentbindung betrifft ein **höchstpersönliches Recht**, bei dem eine Stellvertretung nicht möglich ist (LR/*Ignor/Bertheau* § 53 Rn. 81); eine Sonderregelung trifft nur § 18 Abs. 2 BNotO bei Notaren. Das sonst zu beachtende Vertretungsverbot gilt auch, wenn der Geheimgeschützte geschäfts- oder prozessunfähig ist; zur Entpflichtung des Berufsgeheimnisträgers erforderlich ist nur die Fähigkeit des Mandanten, Klienten, Patienten oder Informanten zur natürlichen Willensbildung. Ist dieser verstorben, können die Erben nicht an seiner Stelle eine Entpflichtungserklärung abgeben (MüKo-StPO/*Percic* § 53 Rn. 58), sofern

der Verstorbene nicht zu Lebzeiten durch eine hinterlassene schriftliche Erklärung darüber disponiert hatte (BGH NJW 1960, 1416 Ls.).

Wird der Zeuge in einem Fall nach § 53 Abs. 1 Satz 1 Nr. 2 bis Abs. 1 Nr. 3b von der Verpflichtung zur Verschwiegenheit entbunden, besteht für ihn eine **Aussagepflicht** und zwar auch hinsichtlich des von ihm selbst ermittelten Materials (LR/*Ignor*/*Bertheau* § 53 Rn. 82). Auch die **Ausnahme von der Editionspflicht** nach § 95 Abs. 2 Satz 2 und das **Beschlagnahmeverbot** gem. § 97 Abs. 1 **entfallen** mit Wegfall des hierdurch flankierten Zeugnisverweigerungsrechts. Dass die geschützte Person davon unter Umständen keine Kenntnis hat, ist nach dem Gesetzeswortlaut hinzunehmen. Eine Ausnahme vom Grundsatz der Verwertbarkeit der Zeugenaussage im Fall der Entbindung von der Verschwiegenheitspflicht kann nur **bei einem Eingriff in den absolut geschützten Kernbereich der Persönlichkeitsentfaltung** anzunehmen sein (vgl. Rdn. 16). Zudem liegt es nahe anzunehmen, dass das flankierende Beschlagnahmeverbot für Verteidigungsunterlagen nicht aufgrund der Schweigepflichtentbindung entfallen darf, weil andernfalls wirksame Verteidigung nicht mehr möglich wäre, was konstruktiv nur durch Zuordnung zum Unverfügbaren, Einordnung unter ein Sonderreglement nach § 148 (auch i.V.m. Art. 12 Abs. 1 GG) oder teleologische Reduktion des § 53 Abs. 2 Satz 1 möglich ist (*Beulke* ZIS 2011, 324 ff.). 49

Die Entpflichtung kann **auf einzelne Tatsachenkomplexe beschränkt** werden (*Eisenberg* Beweisrecht der StPO, Rn. 1257; LR/*Ignor*/*Bertheau* § 53 Rn. 82; SK-StPO/*Rogall* § 53 Rn. 203). Sie **kann widerrufen werden**, wobei ein Widerruf ausdrücklich erklärt werden muss (*Zöller* ZJS 2012, 558 [559 f.]). Angaben, die ein Zeuge vor dem Widerruf gemacht hat, bleiben danach verwertbar (*Bertheau* StV 2012, 303 [304]; LR/*Ignor*/*Bertheau* § 53 Rn. 83). 50

E. Revision. Mit der Revision kann nicht gerügt werden, dass sich ein Zeuge **zu Unrecht für die Zeugnisverweigerung oder den Verzicht darauf entschieden** hat. Gleiches gilt für eine unterlassene Belehrung. Erteilt das Gericht jedoch – bewusst oder unbewusst – **unrichtige Hinweise**, durch die der Zeuge objektiv in seiner Entscheidung über die Zeugnisverweigerung oder eine Aussage beeinflusst wird (vgl. BGHSt 42, 73 [76 f.]; *Eisenberg* Beweisrecht der StPO, Rn. 1238; SK-StPO/*Rogall* § 53 Rn. 220), oder weist es zu Unrecht auf eine tatsächlich nicht oder nicht wirksam erfolgte Entbindung von der Verschwiegenheitspflicht hin, so kann dies die Revision begründen, sofern der Zeuge deshalb ausgesagt oder das Zeugnis verweigert hat und das Urteil darauf beruht (LR/*Ignor*/*Bertheau* § 53 Rn. 84). Auf die Anrufung des Gerichts nach § 238 Abs. 2 als Zwischenrechtsbehelf kommt es nicht an (BGHSt 46, 73 [77 f.]). Die Widerspruchslösung für unselbstständige Beweisverwertungsverbote (§ 136 Rdn. 99 ff.) gilt hier nicht (*Schwaben* Die personelle Reichweite von Beweisverwertungsverboten, 2005, S. 195 f.). 51

Eine **Verletzung von §§ 244 Abs. 2, 245** ist gegeben, wenn ein Zeuge aufgrund einer unrichtigen Belehrung die Aussage verweigert. Auch die Beendigung der Vernehmung allein aufgrund der evident unhaltbaren Behauptung eines Zeugen, zur Zeugnisverweigerung berechtigt zu sein, ist ein revisibler Rechtsfehler (BGH StV 1994, 57). Wirkt der Richter auf den Zeugen dahin ein, dass er sich für oder gegen eine Zeugnisverweigerung entscheidet, kann dies die Besorgnis der Befangenheit rechtfertigen und nach erfolglosem Richterablehnungsverfahren vor dem Tatgericht in der Revisionsinstanz nach §§ 28 Abs. 2 Satz 2, 338 Nr. 3 gerügt werden (LR/*Ignor*/*Bertheau* § 53 Rn. 83). 52

Rügeberechtigt ist **jeder Angeklagte oder Mitangeklagte**, zu dessen Nachteil die Aussage verwertet worden ist, und zwar unabhängig davon, ob er selbst durch das Zeugnisverweigerungsrecht unmittelbar geschützt ist (LR/*Ignor*/*Bertheau* § 53 Rn. 84; *Schwaben* Die personelle Reichweite von Beweisverwertungsverboten, 2005, S. 112 ff., 177 ff.); die »Rechtskreistheorie« spielt hier keine Rolle (BGHSt 42, 73 [77]). **Staatsanwaltschaft und Nebenkläger** können nach dem Maßstab des § 339 eine Verletzung von § 53 nicht zum Nachteil des Angeklagten geltend machen. 53

§ 53a Zeugnisverweigerungsrecht der mitwirkenden Personen

(1) [1]Den Berufsgeheimnisträgern nach § 53 Absatz 1 Satz 1 Nummer 1 bis 4 stehen die Personen gleich, die im Rahmen

1. eines Vertragsverhältnisses,
2. einer berufsvorbereitenden Tätigkeit oder
3. einer sonstigen Hilfstätigkeit

an deren beruflicher Tätigkeit mitwirken. [2]Über die Ausübung des Rechts dieser Personen, das Zeugnis zu verweigern, entscheiden die Berufsgeheimnisträger, es sei denn, dass diese Entscheidungen absehbare Zeit nicht herbeigeführt werden kann.

(2) Die Entbindung von der Verpflichtung zur Verschwiegenheit (§ 53 Absatz 2 Satz 1) gilt auch für die nach Abs. 1 mitwirkenden Personen.

Übersicht

1 **A. Allgemeines.** Mit der Erstreckung des Zeugnisverweigerungsrechts der Berufsgeheimnisträger im Sinne von § 53 Abs. 1 Satz 1 Nr. 1 bis 4 auf deren Gehilfen und Auszubildende als Personen, die »mitwirkend« nach § 53a i.d.F. des Gesetzes zur Neuregelung des Schutzes von Geheimnissen bei der Mitwirkung Dritter in der Berufsausübung schweigepflichtiger Personen (BT-Drs. 18/12940 S. 10) soll verhindert werden, dass das **Zeugnisverweigerungsrecht** der Berufsgeheimnisträger durch Vernehmung der Gehilfen oder Auszubildenden **umgangen** (*von Harenne* Das Zeugnisverweigerungsrecht der Berufshelfer nach § 53a StPO, S. 5 ff., 24 ff.; *Neumann* Zeugnisverweigerungsrechte und strafprozessuale Ermittlungsmaßnahmen, 2005, S. 265 f.; MüKo-StPO/*Percic* § 53a Rn. 1; *Tsambikakis* Strafprozessuale Zeugnisverweigerungsrechte aus beruflichen Gründen, S. 120 f.) und dadurch das Vertrauensverhältnis der Berufsgeheimnisträger zu den Mandanten, Klienten, Patienten oder Presseinformanten beeinträchtigt wird (LR/*Ignor/Bartheau* § 53a Rn. 1). Daher erhalten die Gehilfen und Auszubildenden selbst ein abgeleitetes Zeugnisverweigerungsrecht, das vom Beschlagnahmeverbot nach **§ 97 Abs. 4** flankiert wird (*Tsambikakis* a.a.O., S. 153). Auch die Editionspflicht nach **§ 95 Abs. 2 Satz 2** und die Möglichkeit der Rasterfahndung (§ 98a Abs. 5 i.V.m. § 95 Abs. 2 Satz 2) werden durch das sekundäre Zeugnisverweigerungsrecht aufgehoben. Bei Überwachungsmaßnahmen nach §§ 100a-100c gilt für die Gehilfen und Auszubildenden des Zeugnisverweigerungsberechtigten das Verwertungsverbot nach **§ 100d Abs. 5 Satz 2.** Bezüglich sonstiger Ermittlungsmaßnahmen relativiert **§ 160a Abs. 3** i.V.m. § 53a Abs. 2 (*Tsambikakis* a.a.O., S. 157 ff.) den Schutz durch Verhältnismäßigkeitserwägungen im Sinne der Abwägungsdoktrin, während nur im Kernbereich der Persönlichkeitsentfaltung ein absolutes Beweisverbot besteht (*Doll* Strafprozessuale Konturierung des Kernbereichs privater Lebensgestaltung, S. 127 f.), was § 160 Abs. 3 i.V.m. § 53a Abs. 1 klarstellt. Dem abgeleiteten Zeugnisverweigerungsrecht korrespondiert im materiellen Strafrecht die Erstreckung der – nicht ganz kongruenten – Geheimhaltungspflicht (§ 53 Rdn. 3 ff.) auf Hilfspersonen gem. **§ 203 Abs. 3 Satz 2 StGB** (LR/*Ignor/Bartheau* § 53a Rn. 1).

2 § 53a gilt nicht für Personen, die unmittelbar ein Zeugnisverweigerungsrecht nach § 53 Abs. 1 haben, das Vorrang genießt (*von Harenne* a.a.O., S. 143 ff.; LR/*Ignor/Bartheau* § 53a Rn. 1). Insb. Hilfspersonen der Presseorgane und Journalisten fallen unter § 53 Abs. 1 Satz 1 Nr. 5, sodass § 53a nicht gesondert angewendet werden muss (*Tsambikakis* Strafprozessuale Zeugnisverweigerungsrechte aus beruflichen Gründen, S. 44 f.).

3 Zu den Hilfspersonen gehören nicht nur **berufsmäßig tätige Hilfskräfte**, sondern auch ständig oder gelegentlich **Mithelfende**, wie Familienangehörige (BGHSt 50, 64 [78]). Ein berufliches, rechtliches oder wirtschaftliches Abhängigkeitsverhältnis ist nicht erforderlich. Es muss jedoch ein **inhaltlicher Zusammenhang** der Hilfstätigkeit **mit der Haupttätigkeit** des Berufsgeheimnisträgers bestehen. Hieran fehlt es regelmäßig bei Hauspersonal und Reinigungskräften oder technischem Personal, wie Hausmeistern, Fahrern oder Boten, soweit diese nicht auch bei der inhaltlichen Büroarbeit mithelfen (krit. LR/*Ignor/Bartheau* § 53a Rn. 2). Ein nur mittelbarer Zusammenhang der Unterstützungstätigkeit für die Berufsausübung des Berufsgeheimnisträgers genügt, wenn der Gehilfe oder Auszubildende **funktional und zweckbezogen** (*Münchhalffen* FS Richter II, 2006, S. 407 [408]; *Tsambikakis* a.a.O., S. 112) mit mandats- oder auftragsbezogenen Informationen **inhaltlich oder gegenständlich** in Kontakt kommt (OLG Hamm NStZ 2010, 164 f.; *von Harenne* a.a.O., S. 73 ff.) und deshalb in den informationellen Schutzbereich einzubeziehen ist (LR/*Ignor/Bartheau* § 53a Rn. 2 f.; *Tsambikakis* a.a.O., S. 82 f.).

4 Selbstständige Berufstätige oder Gewerbetreibende, die vom Berufsträger zur Erledigung bestimmter **Aufträge im unmittelbaren Zusammenhang mit dem Hauptmandat** hinzugezogen werden, sind zur Zeugnisverweigerung berechtigt (*Eisenberg* Beweisrecht der StPO, Rn. 1258; *von Harenne* a.a.O., S. 56 ff.; SK-StPO/*Rogall* § 53a Rn. 10; *Tsambikakis* a.a.O., S. 116 ff.), so etwa der von einem Verteidiger oder Rechtsanwalt beauftragte Detektiv (Rdn. 7), der privat beauftragte Sachverständige (Rdn. 7) oder der von einem Arzt

hinzugezogene Konsiliararzt, soweit dieser nicht ohnehin unmittelbar nach § 53 Abs. 1 zur Zeugnisverweigerung berechtigt ist.

B. Gehilfen und Auszubildende der einzelnen zur Zeugnisverweigerung Berechtigten. Die funktions-, tätigkeits- oder personenbezogene Eigenschaft als Gehilfe (*Tsambikakis* Strafprozessuale Zeugnisverweigerungsrecht aus beruflichen Gründen, S. 57 ff.) oder Auszubildender im Sinne des § 53a ist **unabhängig von der Rechtsbeziehung** zwischen dieser Person und dem Berufsgeheimnisträger oder einem sozialen Abhängigkeitsverhältnis (BGHSt 50, 64 [78]) zu bestimmen. Auf die Existenz eines zivilrechtlich wirksamen Arbeitsverhältnisses (*von Harenne* Das Zeugnisverweigerungsrecht der Berufshelfer nach § 53a StPO, S. 38 ff., 61 ff.; LR/*Ignor/Bartheau* § 53a Rn. 2), Dienst- oder Werkvertrags kam es zunächst nicht an (SK-StPO/*Rogall* § 53a Rn. 8), wonach das Gesetz zur Neuregelung des Schutzes von Geheimnissen bei der Mitwirkung Dritter an der Berufsausübung schweigepflichtiger Personen dies geändert hat. Dadurch wird ausdrücklich auch ein Vertragsverhältnis (im Rahmen eines Dienst-, Werkvertrags- oder Geschäftsbesorgungsvertrages) zum Anknüpfungspunkt für die Eigenschaft als »mitwirkende Person« gemacht (BT-Drs. 18/12940 S. 11). Der Kreis der zur Zeugnisverweigerung berechtigten Hilfspersonen ist vielmehr bei Berücksichtigung des Normzwecks **in funktionaler Betrachtung** zu ermitteln, jedenfalls nicht allein nach Überlegungen zur »Effektivität der Strafrechtspflege« (Graf/*Huber* BeckOK-StPO § 53a Rn. 7). Ein »Verbot erweiternder Auslegung« (Meyer-Goßner/*Schmitt* § 53a Rn. 2) greift nicht ein (SK-StPO/*Rogall* § 53a Rn. 15), weil Wortlaut und Normzweck der gesetzlichen Bestimmung die Zuweisung eines abgeleiteten Zeugnisverweigerungsrechts gestatten und gebieten. Nur eine analoge Anwendung wäre ausgeschlossen (§ 53 Rdn. 11), um die es hier nicht geht. Der Schutzzweck der Norm fordert – innerhalb des vom Wortlaut gesetzten Rahmens – eine weite Auslegung (*Tsambikakis* a.a.O., S. 83 ff.). 5

I. Gehilfen und Auszubildende der Geistlichen. Bei Geistlichen im Sinne von § 53 Abs. 1 Satz 1 Nr. 1 sind nur **bei der Seelsorge substanziell mitwirkende Personen** als Gehilfen (*Rogall* FS Eisenberg, 2009, S. 584 [599 ff.]) oder Auszubildende zur Zeugnisverweigerung berechtigt, nicht diejenigen, die nur formale Aufgaben erfüllen, wie Messdiener oder Pfarrgemeinderäte (SK-StPO/*Rogall* § 53a Rn. 14). 6

II. Gehilfen und Auszubildende der Verteidiger und Rechtsanwälte, Notare, Steuerberater und Wirtschaftsprüfer. Hilfspersonen von Strafverteidigern (*Krause* StraFo 1998, 1 f.) oder Rechtsanwälten (§ 53 Abs. 1 Satz 1 Nr. 2 und 3), auch im Fall einer Sozietät (*Thielen* StraFo 2000, 121 ff.), sind alle juristischen Mitarbeiter, insb. **Rechtsreferendare und Jurastudenten im Praktikum** (BT-Drs. 18/12940 S. 12), ferner **Büropersonal** (LG Dresden NJW 2007, 2789 [2790]), **Geschäftsführer** einer Anwaltsgesellschaft (BT-Drs. 18/12940 S. 11), **Sachverständige** (*Oster* StraFo 1996, 92 f.; MüKo-StPO/*Percic* § 53a Rn. 4; *Schäfer* FS Hanack, 1999, S. 77 [92]), **Detektive** (*Eisenberg* Beweisrecht der StPO, Rn. 1258; *Münchhalffen* FS Richter II, 2006, S. 407 [408]; MüKo-StPO/*Percic* § 53a Rn. 4; *Schäfer* FS Hanack, 1999, S. 77 [90 ff.]) oder **technische Spezialkräfte**, wie Fachpersonal für EDV, **Unternehmensberater** (offengelassen OLG Köln StV 1991, 506 m.Anm. *Münchhalffen*) oder **Umweltberater** (LG Hannover StraFo 2001, 167 [168]) und **Dolmetscher** (LG Verden StV 1996, 371 Ls.), wenn diese Personen für die Beratung, für Rechtsdienstleistungen oder für Ermittlungstätigkeiten des Strafverteidigers (*Münchhalffen* FS Richter II, 2006, S. 407) oder Rechtsanwalts hinzugezogen worden sind. Entsprechendes gilt für **Gehilfen oder Auszubildende der Notare** (BGHSt 50, 64 [78]), **Steuerberater und Wirtschaftsprüfer.** Soweit es um die Führung von Anderkonten geht, können auch **Bankangestellte** als Berufshelfer der Rechtsanwälte oder Notare gelten (*von Harenne* Das Zeugnisverweigerungsrecht der Berufshelfer nach § 53a StPO, S. 61 ff.; *Tsambikakis* Strafprozessuale Zeugnisverweigerungsrecht aus beruflichen Gründen, S. 103 ff.). § 53a bezieht auch **Berufshelfer ausländischer Rechtsanwälte** ein (BT-Drs. 18/12940 S. 10). 7

III. Gehilfen und Auszubildende der Ärzte. Beim Arzt (§ 53 Abs. 1 Satz 1 Nr. 3) gehören zu den Gehilfen die zur Behandlung hinzugezogenen **Krankenpfleger, Krankenschwestern** (einschränkend OLG Hamm NStZ 2010, 164 m.Anm. *Roßbruch* PflR 2010, 27 f.), **Rettungssanitäter, Masseure, Bademeister, Psychologen** (SK-StPO/*Rogall* § 53a Rn. 20), **Operationsassistenten**, die mit dem Patienten befassten **technischen Dienste** und die **Sekretärin** (LR/*Ignor/Bartheau* § 53a Rn. 6; SK-StPO/*Rogall* § 53a Rn. 19), im Krankenhausbetrieb auch der **Verwaltungsdirektor** (OLG Oldenburg NStZ 1983, 39 f. m.Anm. *Pelchen*; MüKo-StPO/*Percic* § 53a Rn. 6; SK-StPO/*Rogall* § 53a Rn. 21). Keine Hilfspersonen sind sonstige Personen aus der Verwaltung des Krankenhauses, aus dem Abrechnungswesen, soweit sie nicht in einen konkreten medizinischen Vorgang einbezogen sind, oder Einsatzkräfte eines Rettungsdienstes, soweit sie nicht als Gehilfen des Notarztes zu gelten haben. Für die Berufshelfer der Apotheker, psychologischen Psychotherapeuten und Hebammen gelten entsprechende Grundsätze, 8

9 **IV. Gehilfen und Auszubildende der Schwangerschafts- oder Drogenberatungsstellen.** Gehilfen oder Auszubildende der Schwangerschafts- oder Drogenberatungsstellen nach § 53 Abs. 1 Satz 1 Nr. 3a und 3b sind **meist unmittelbar** nach jener Vorschrift zur Zeugnisverweigerung berechtigt, soweit sie inhaltlich und funktional mit Informationen über Person und Lebensverhältnisse der Schwangeren oder Drogenabhängigen in Kontakt kommen; auf die vorliegende Vorschrift kommt es dann nicht an. Diese ist **bei untergeordneten Tätigkeiten** oder Sekundäraufgaben, die aber **inhaltlich und funktional mit der Beratertätigkeit zusammenhängen** müssen, von Bedeutung.

10 **V. Gehilfen und Auszubildende der Abgeordneten.** Zu den Hilfspersonen bei Abgeordneten im Sinne von § 53 Abs. 1 Satz 1 Nr. 4 gehören **Assistenten, Referenten** und **Sekretärinnen** (SK-StPO/*Rogall* § 53a Rn. 25) sowie **Auszubildende**, im Allgemeinen aber **nicht Wahlhelfer** (*Eisenberg* Beweisrecht der StPO, Rn. 1258) oder **Fahrer**.

11 **C. Das Zeugnisverweigerungsrecht.** Den Gehilfen und Auszubildenden steht kein eigenes, sondern nur ein vom Berufsgeheimnisträger i.S.d. § 53 Abs. 1 Satz 1 Nr. 1 bis 4 **abgeleitetes Zeugnisverweigerungsrecht** zu (BGHSt 9, 59 [61]; SK-StPO/*Rogall* § 53a Rn. 5; *Tsambikakis* Strafprozessuale Zeugnisverweigerungsrechte aus beruflichen Gründen, S. 45, 68 ff.), das nach Gegenstand, Art, Inhalt und Dauer dem Zeugnisverweigerungsrecht des Hauptberufsgeheimnisträgers gleicht. Der (Haupt-) **Berufgeheimnisträger**, der allein die Bedeutung der Aussage zu beurteilen hat, **entscheidet** für den Helfer **bindend** über dessen Aussagepflicht (BGHSt 9, 59 [60 f.]; 50, 64 [78]; *von Harenne* Das Zeugnisverweigerungsrecht der Berufshelfer nach § 53a StPO, S. 120 ff.; MüKo-StPO/*Percic* § 53a Rn. 8; SK-StPO/*Rogall* § 53a Rn. 31 f.) und zwar auch dann, wenn eine Information nur der Hilfsperson zugeflossen ist (LR/*Ignor/Bartheau* § 53a Rn. 8).

Eine Pflicht des Gerichts zur **Belehrung des Zeugen**, der als Gehilfe oder Auszubildender des Berufsgeheimnisträgers zur Zeugnisverweigerung berechtigt ist, besteht nach dem Wortlaut des Gesetzes nicht. Die beim Hauptrecht nach § 53 zugrunde liegende Überlegung, dass der Berufsgeheimnisträger selbst ausreichend über seine Rechte und Pflichten informiert sei, kann hier aber nicht ebenso überzeugen. Zumindest die **Fürsorgepflicht** des Gerichts, das über die Ladung und Vernehmung des Berufsgeheimnisträgers und dessen Aussagepflicht oder Zeugnisverweigerungsberechtigung zu befinden hat, ist deshalb dahin zu definieren, dass in der Regel eine Belehrung geboten ist (*von Harenne* a.a.O., S. 135 ff.; *Tsambikakis* a.a.O., S. 151 f.).

12 Nur wenn eine **Entscheidung des Berufsgeheimnisträgers nicht in absehbarer Zeit** herbeigeführt werden kann, weil er verstorben, schwer erkrankt oder sonst auf lange Zeit unerreichbar ist (MüKo-StPO/*Percic* § 53a Rn. 8; SK-StPO/*Rogall* § 53a Rn. 35), entscheidet der Gehilfe oder Auszubildende selbst (Abs. 1 Satz 2). Weigert sich die Hilfsperson trotz einer Entscheidung des Berufsgeheimnisträgers für eine Aussage, so unterliegt sie der **Aussagepflicht**, die nach § 70 **erzwingbar** ist.

13 Das Zeugnisverweigerungsrecht des Gehilfen oder Auszubildenden ist zeitlich und inhaltlich akzessorisch zu demjenigen des Berufsgeheimnisträgers (LR/*Ignor/Bartheau* § 53a Rn. 10); dessen Entscheidung ist **beschränkbar und teilbar**(*von Harenne* a.a.O., S. 131 ff.). Der Berufsgeheimnisträger kann selbst aussagen und gleichwohl dem Gehilfen oder Auszubildenden die Aussage untersagen oder umgekehrt selbst das Zeugnis verweigern und dem Gehilfen oder Auszubildenden die Aussage gestatten (*Eisenberg* Beweisrecht der StPO, Rn. 1258; SK-StPO/*Rogall* § 53a Rn. 33). Er kann auch dem einen Gehilfen oder Auszubildenden die Aussage gestatten und einem anderen nicht (LR/*Ignor/Bartheau* § 53a Rn. 10). Der Berufsgeheimnistärger kann **nicht wirksam eine Anweisung** an seinen Gehilfen oder Auszubildenden dahin erteilen, dass dieser strafbaren **Geheimnisverrat** nach § 203 StGB begehen soll.

14 Der Berufsgeheimnisträger kann seine eigene Entscheidung **widerrufen**, sodass das sekundäre Zeugnisverweigerungsrecht des Gehilfen oder Auszubildenden wieder auflebt.

15 Die **Pflicht des Gehilfen oder Auszubildenden** zur Befolgung der Entscheidung des Berufsgeheimnisträgers beurteilt sich **nach dem Innenverhältnis** und nach § 203 StGB. Sagt der Gehilfe oder Auszubildende entgegen der Entscheidung des Berufsträgers aus, so ist diese Aussage **verwertbar** (BGHSt 50, 64 [79]; LR/*Ignor/Bartheau* § 53a Rn. 8; MüKo-StPO/*Percic* § 53a Rn. 8; a.A. *von Harenne* Das Zeugnisverweigerungsrecht der Berufshelfer nach § 53a StPO, S. 176 ff.; *Tsambikakis* Strafprozessuale Zeugnisverweigerungsrecht aus beruflichen Gründen, *S.* 147 ff.), selbst wenn sich der Helfer nach § 203 StGB **strafbar** gemacht haben sollte. Das trifft aber nicht zu, weil die Aussage des Berufshelfers dann nicht nur strafrechtswidrig, sondern zugleich prozessrechtswidrig erfolgt (SK-StPO/*Rogall* § 53a Rn. 43). Der Verstoß gegen die Weisung betrifft i.Ü. das Innenverhältnis, aus dem sich **berufs- und haftungsrechtliche Konsequenzen** ergeben können.

16 Das Zeugnisverweigerungsrecht des Gehilfen oder Auszubildenden ist auch **in einem Strafverfahren gegen den Berufsgeheimnisträger** vom Schutzzweck der Norm zugunsten des Mandanten, Klienten oder Patienten umfasst (LG Hamburg StV 1989, 385 [386]; *von Harenne* Das Zeugnisverweigerungsrecht der Berufshelfer

nach § 53a StPO, S. 96 ff., 129 f.; LR/*Ignor*/*Bartheau* § 53a Rn. 11; MüKo-StPO/*Percic* § 53a Rn. 11; SK-StPO/*Rogall* § 53a Rn. 36; *Schliwienski* NJW 1988, 1507 f.).

D. Schweigepflichtentbindung gegenüber dem Berufsgeheimnisträger (Abs. 2). Wird **der Berufsgeheimnisträger** durch den Geheimnisgeschützten nach § 53 Abs. 2 Satz 1 von der Verschwiegenheitspflicht **entbunden**, so **wirkt sich** dies gem. § 53a Abs. 2 **auch auf den Gehilfen oder Auszubildenden aus** (*von Harenne* Das Zeugnisverweigerungsrecht der Berufshelfer nach § 53a StPO, S. 100 ff.; *Tsambikakis* Strafprozessuale Zeugnisverweigerungsrecht aus beruflichen Gründen, S. 146), sofern der Berufsgeheimnisträger dann einem Aussagezwang unterliegt. Die Entbindung zwingt den Gehilfen oder Auszubildenden in diesem Fall zur Aussage, wenn auch der Berufsgeheimnisträger aussagt. Die Schweigepflichtentbindung wirkt sich gegenüber beiden gleichermaßen aus (MüKo-StPO/*Percic* § 53a Rn. 12). 17

Der Geheimnisgeschützte kann seine Entbindungserklärung insoweit **nicht** dahin **teilen**, dass sie für den Hauptberufsgeheimnisträger gelten soll, aber nicht für den Gehilfen, weil die Wirkung der Entpflichtung des Berufsgeheimnisträgers **kraft Gesetzes** auf den Gehilfen oder Auszubildenden erstreckt wird (*Eisenberg* Beweisrecht der StPO, Rn. 1258; SK-StPO/*Rogall* § 53a Rn. 37). Im Hinblick auf ihren Umfang kann die Entbindung aber dahin begrenzt werden, dass der Zeuge nur ermächtigt wird, über bestimmte Tatsachenkomplexe auszusagen. 18

E. Rechtsmittel. Verweigert der Gehilfe oder Auszubildende des Berufsgeheimnisträgers die Aussage und wird er deshalb Zwangsmaßnahmen nach § 70 unterworfen, hat nicht nur er selbst, sondern auch der Berufsgeheimnisträger die Möglichkeit der **Beschwerde** (OLG Köln StV 1991, 506 m.Anm. *Münchhalffen*; MüKo-StPO/*Percic* § 53a Rn. 13; SK-StPO/*Rogall* § 53a Rn. 44). 19

Rechtsfehler bei der Verneinung eines Zeugnisverweigerungsrechts, etwa durch unzutreffende Hinweise oder Belehrungen (BGHSt 50, 64 [79]; *von Harenne* Das Zeugnisverweigerungsrecht der Berufshelfer nach § 53a StPO, S. 181 ff.), oder sonstige Beweisverbote wegen Verletzung einer bindenden Weisung oder nach Widerruf der Entbindung des Hauptberufsgeheimnisträgers von der Verschwiegenheitspflicht, können vom Angeklagten als Geheimnisgeber oder auch von einem Mitangeklagten als Verstoß gegen die vorliegende Vorschrift mit einer **Verfahrensrüge** gegen das tatrichterliche Urteil **im Revisionsrechtszug** gerügt werden. Dies gilt in gleicher Weise wie bei § 53. Eine zu Unrecht angenommene Berechtigung zur Aussageverweigerung des Berufshelfers kann ein Rechtsfehler i.S.d. § 244 Abs. 2 oder beim präsenten Zeugen nach § 245 sein. 20

§ 54 Aussagegenehmigung für Angehörige des öffentlichen Dienstes

(1) Für die Vernehmung von Richtern, Beamten und anderen Personen des öffentlichen Dienstes als Zeugen über Umstände, auf die sich ihre Pflicht zur Amtsverschwiegenheit bezieht, und für die Genehmigung zur Aussage gelten die besonderen beamtenrechtlichen Vorschriften.

(2) Für die Mitglieder des Bundestages, eines Landtages, der Bundes- oder einer Landesregierung sowie für die Angestellten einer Fraktion des Bundestages und eines Landtages gelten die für sie maßgebenden besonderen Vorschriften.

(3) Der Bundespräsident kann das Zeugnis verweigern, wenn die Ablegung des Zeugnisses dem Wohl des Bundes oder eines deutschen Landes Nachteile bereiten würde.

(4) Diese Vorschriften gelten auch, wenn die vorgenannten Personen nicht mehr im öffentlichen Dienst oder Angestellte einer Fraktion sind oder ihre Mandate beendet sind, soweit es sich um Tatsachen handelt, die sich während ihrer Dienst-, Beschäftigungs- oder Mandatszeit ereignet haben oder ihnen während ihrer Dienst-, Beschäftigungs- oder Mandatszeit zur Kenntnis gelangt sind.

Übersicht

1 **A. Allgemeines.** § 54 regelt ein Beweiserhebungsverbot in der Form des Vernehmungsverbots (MüKo-StPO/*Percic* § 54 Rn. 1). Er gilt für alle Zeugenvernehmungen von Richtern oder Beamten, seien dies polizeiliche, staatsanwaltschaftliche oder richterliche Vernehmungen im Strafverfahren. Die Blankettnorm, die auf beamten- und dienstrechtliche Sondernormen verweist, schützt **exekutive Geheimhaltungsinteressen** an amtlichen Informationen einerseits (BGHSt 50, 318 [326 f.]; *Eisenberg* Beweisrecht der StPO, Rn. 1259; MüKo-StPO/*Percic* § 54 Rn. 1) und die **Vertraulichkeit** der Gerichte und Behörden andererseits (SK-StPO/*Rogall* § 54 Rn. 3) durch Statuierung einer **Zeugnisverweigerungspflicht** mit Genehmigungsvorbehalt für Richter, Beamte und andere Personen des öffentlichen Dienstes, soweit es um Amtsgeheimnisse geht. Eine **Differenzierung zwischen Amts- und Privatgeheimnissen** im Informationsbestand der Behörden und Gerichte (*Eisenberg* Beweisrecht der StPO, Rn. 1259; einschränkend SK-StPO/*Rogall* § 54 Rn. 4) erscheint aber partiell unangebracht (LR/*Ignor/Bartheau* § 54 Rn. 1), weil der dienstliche Umgang mit dienstlich bekannt gewordenen Privatgeheimnissen wiederum der Pflicht zur Amtsverschwiegenheit unterliegt.

2 § 54 betrifft nur die **Vernehmung** von Richtern, Beamten und anderen Personen des öffentlichen Dienstes **als Zeugen**, nicht als Beschuldigte (LR/*Ignor/Bartheau* § 54 Rn. 3; SK-StPO/*Rogall* § 54 Rn. 6). Die Verschwiegenheitspflicht gilt **auch nach dem Ausscheiden** des Zeugen aus dem öffentlichen Dienst (*Eisenberg* Beweisrecht der StPO, Rn. 1259; LR/*Ignor/Bartheau* § 54 Rn. 4). Für **Auskunftsersuchen** (BGHSt 30, 34 [35 f.]) oder **Herausgabeverlangen** gilt nach herrschender Auffassung **§ 96** (*Ellbogen* Die verdeckte Ermittlungstätigkeit der Strafverfolgungsbehörden durch die Zusammenarbeit mit V-Personen und Informanten, 2004, S. 141).

3 Richter, Beamte und andere Angehörige des öffentlichen Dienstes unterliegen im öffentlichen Recht durch Gesetz oder Vertrag einer **Pflicht zur Amtsverschwiegenheit**, die nach **Abs. 1** im Strafverfahren dadurch geschützt wird, dass dort bei Vernehmungen die dienstrechtlichen Bestimmungen über Verschwiegenheitspflichten und Genehmigungsmöglichkeiten zu beachten sind. Entsprechendes gilt nach **Abs. 2** für Abgeordnete und Fraktionsangestellte der Parlamente. Für den Bundespräsidenten enthält **Abs. 3** eine Sonderbestimmung. Die Vorschrift begründet für die Strafverfolgungsorgane ein relatives Verbot der Beweiserhebung durch Zeugenvernehmung ohne Beachtung der dienstrechtlichen Bestimmungen (*Eisenberg* Beweisrecht der StPO, Rn. 1259; SK-StPO/*Rogall* § 54 Rn. 2). Soweit die Pflicht zur Verschwiegenheit reicht, entfallen umgekehrt auch die Aussagebefugnis und die Aussagepflicht des Zeugen.

4 Der Zeuge muss über seine Verschwiegenheitspflicht **nicht durch das Gericht belehrt** werden, weil das Gesetz davon ausgeht, dass er sie aufgrund seiner dienstlichen Tätigkeit kennt (*Eisenberg* Beweisrecht der StPO, Rn. 1259; LR/*Ignor/Bartheau* § 54 Rn. 14; SK-StPO/*Rogall* § 54 Rn. 9). Ebenso wie in den Fällen der §§ 53, 53a wird aber unter besonderen Umständen eine Belehrungspflicht aus dem Gebot der **Fürsorge** des Gerichts für den Zeugen herzuleiten sein, wenn dieser sich erkennbar in einem Irrtum befindet. **Der Zeuge hat** grundsätzlich auf eine Ladung zur Vernehmung vor der Staatsanwaltschaft oder dem Gericht **zu erscheinen**, auch wenn er ein Zeugnisverweigerungsrecht hat (LR/*Ignor/Bartheau* § 54 Rn. 2).

5 Wird dem Zeugen vom Dienstherrn eine **Aussagegenehmigung** erteilt, so ist er wie jeder andere Zeuge uneingeschränkt **zur Aussage verpflichtet**. Sagt er aus, obwohl eine **Genehmigung** des Dienstherrn **fehlt**, bleiben seine **Angaben** nach herrschender Ansicht **verwertbar** (Rdn. 23). Ob das aber auch noch gilt, wenn der Zeuge trotz ausdrücklicher **Verweigerung** einer Aussagegenehmigung durch den Dienstherrn Angaben macht, erscheint zweifelhaft. Ist dem Vernehmenden die Versagung der Aussagegenehmigung bekannt, so darf er den Zeugen nicht befragen. Tut es dies dennoch, besteht auch aufgrund des dann bewusst begangenen Gesetzesverstoßes ein Anlass zur Annahme eines Beweisverwertungsverbots.

6 **B. Betroffene Personen. I. Richter.** Für **Berufsrichter** gelten nach §§ 46, 71 Abs. 1 DRiG die beamtenrechtlichen Vorschriften. Von der Genehmigungspflicht werden nicht nur gerichtsverwaltungsmäßig erfasste Daten und Interna, sondern auch Aussagen über Informationen aus Verfahren umfasst, in denen der Richter als solcher, in der Praxis oft als Ermittlungsrichter, tätig geworden war (*Eisenberg* Beweisrecht der StPO,

Rn. 1261; SK-StPO/*Rogall* § 54 Rn. 14). Insb. haben Richter das **Beratungsgeheimnis** zu wahren (einschränkend OLG Naumburg NJW 2008, 3585 [3585]; krit. *Mandla* ZIS 2009, 143 ff.), was aber unabhängig von § 54 und ohne Rücksicht auf die Haltung des Dienstvorgesetzten zu geschehen hat (SK-StPO/*Rogall* § 54 Rn. 17). **Ehrenamtliche Richter** haben das Beratungsgeheimnis zu beachten; eine weitergehende Verschwiegenheitspflicht wird meist ohne nähere Begründung verneint (LR/*Ignor/Bartheau* § 54 Rn. 5; MüKo-StPO/*Percic* § 54 Rn. 3), weil die Laienrichter kein Mehr an Informationen aus dem gerichtlichen Informationsbestand erhalten und nur an der Verhandlung teilnehmen (*Ellbogen* DRiZ 2010, 136 ff.; *Nowak* JR 2006, 459 ff.). Das ist aber nicht mehr ausreichend, sobald Laienrichtern auch Akteninhalte zur Kenntnis genommen haben (*Lilie-Hutz* Akteneinsichtsrecht für Schöffen, 2017, S. 99 ff.); dann erstreckt sich ihre Verschwiegenheitspflicht darauf.

II. Beamte. Die **Verschwiegenheitspflicht** (§ 67 Abs. 1 Satz 1 BBG, § 37 Abs. 1 Satz 1 BeamtStG und entsprechende Regeln der Beamtengesetze der Länder) **hinsichtlich aller geheimhaltungsbedürftigen und nicht offenkundigen Tatsachen** (§ 37 Abs. 2 Satz 1 Nr. 2 BeamtStG) mit der Folge der Zeugnisverweigerungspflicht (§ 67 Abs. 3 Satz 1 BBG; § 37 Abs. 3 Satz 1 BeamtStG) bezieht sich auf **Statusbeamte** (KK/*Senge* § 54 Rn. 6). Damit sind alle unmittelbaren und mittelbaren Bundes- und Landesbeamten sowie Ehrenbeamte gemeint (LR/*Ignor/Bartheau* § 54 Rn. 6). Sie müssen unter Berufung in das Beamtenverhältnis in einem öffentlichen Dienst- und Treueverhältnis zum Bund, zu einem Bundesland, einer Gemeinde, einer Körperschaft, Anstalt oder Stiftung des öffentlichen Rechts stehen (§ 4 BBG; § 3 Abs. 1 BeamtStG). Die Verschwiegenheitspflicht gehört zu den hergebrachten Grundsätzen des Berufsbeamtentums auch i.S.v. § 33 Abs. 5 GG (BVerwG NJW 1983, 638; *Eisenberg* Beweisrecht der StPO, Rn. 1260). Sie besteht nach Ende des Beamtenverhältnisses weiter (§ 67 Abs. 1 Satz 2 BBG; § 37 Abs. 1 Satz 2 BeamtStG). 7

III. Andere Personen im öffentlichen Dienst. Die Verschwiegenheitspflicht der **Angestellten im öffentlichen Dienst** folgt aus § 3 TVöD und § 9 BAT (LR/*Ignor/Bartheau* § 54 Rn. 8). § 68 Abs. 1 BBG und § 37 Abs. 4 BeamtStG oder die entsprechenden Bestimmungen der Landesbeamtengesetze sind auf die Frage der Erteilung einer Aussagegenehmigung anzuwenden. 8

Eine Verschwiegenheitspflicht für andere Personen des öffentlichen Dienstes besteht i.Ü., wenn ihre Tätigkeit **funktional mit der Aufgabe einer Behörde** im weitesten Sinne **zusammenhängt**, sofern sie nicht nur völlig untergeordneter Art ist (LR/*Ignor/Bartheau* § 54 Rn. 9; Meyer-Goßner/*Schmitt* § 54 Rn. 10). So unterliegen Gemeinderatsmitglieder, Schiedsmänner, Geistliche außerhalb des Anwendungsbereichs von § 53 Abs. 1 Nr. 1, Mitarbeiter kirchlicher Beratungsstellen, Mitarbeiter öffentlich-rechtlicher Kreditinstitute (einschränkend BVerwG NVwZ 2012, 112 f.) oder Geschäftsführer einer Kreishandwerkerschaft der Schweigepflicht (LR/*Ignor/Bartheau* § 54 Rn. 9). Ebenfalls zur Verschwiegenheit verpflichtet sind die **V-Leute** der Polizei, wenn sie mit den Ermittlungsbehörden länger zusammenarbeiten und für ihre Dienste entlohnt werden (BGHSt 50, 318 [328]) oder wenn sie nach dem Verpflichtungsgesetz v. 02.03.1974 (BGBl. 1974 I, 469, 547) besonders zur Verschwiegenheit verpflichtet worden sind (OLG Hamburg NStZ 1994, 98; *Ellbogen* Die verdeckte Ermittlungstätigkeit der Strafverfolgungsbehörden durch die Zusammenarbeit mit V-Personen und Informanten, 2004, S. 177 f.; SK-StPO/*Rogall* § 54 Rn. 27). Keine Personen des öffentlichen Dienstes sind sonstige **Zeugen, die in ein Zeugenschutzprogramm aufgenommen werden,** auch wenn sie insoweit zur Verschwiegenheit verpflichtet werden (BGHSt 50, 318 [326 f.] m.Anm. *Eisenberg/Reuther* JR 2006, 346 ff.; MüKo-StPO/*Percic* § 54 Rn. 6). 9

Auf **Soldaten** ist § 54 entsprechend anzuwenden; denn diese sind nach § 14 SG, der im Wesentlichen den beamtenrechtlichen Normen entspricht, zur Verschwiegenheit verpflichtet (SK-StPO/*Rogall* § 54 Rn. 29). 10

Hinsichtlich der **Datenschutzbeauftragten** gelten in den Ländern z.T. Sonderbestimmungen, z.T. die beamtenrechtlichen Vorschriften entsprechend (LR/*Ignor/Bartheau* § 54 Rn. 10). Jedenfalls zählen sie zu den Personen im öffentlichen Dienst (vgl. § 22 Abs. 4 Satz 1 BDSG). 11

Auch für **EU-Bedienstete** besteht eine Verschwiegenheitspflicht. Sie dürfen über Tatsachen, die ihnen anlässlich ihrer amtlichen Tätigkeit bekannt geworden sind, nur mit Zustimmung ihrer Anstellungsbehörde im Strafverfahren aussagen (*Eisenberg* Beweisrecht der StPO, Rn. 1264). Die Zustimmung darf nur versagt werden, wenn die Interessen der Gemeinschaft es erfordern, es sei denn, den Beamten würden durch die Versagung strafrechtliche Folgen treffen. 12

C. Verhalten der Betroffenen. Der Zeuge entscheidet nach herrschender Ansicht **selbst über das Bestehen,** insb. nach den Kriterien aus § 37 Abs. 2 Satz 1 Nr. 2 BeamtStG oder § 14 Abs. 1 Satz 2 SG, **und** den **Umfang seiner Verschwiegenheitspflicht** (*Eisenberg* Beweisrecht der StPO, Rn. 1266; SK-StPO/*Rogall* § 54 Rn. 44). Er muss demnach beurteilen, ob eine Tatsache bereits offenkundig geworden oder mangels Bedeutsamkeit nicht geheimhaltungsbedürftig ist. Im Zweifel muss er die Aussage verweigern (LR/*Ignor/Bartheau* § 54 Rn. 14). 13

Ist er zur Aussage bereit, so darf ihn das Gericht dennoch nicht zu erkennbar geheimhaltungsbedürftigen Tatsachen vernehmen. Geschieht dies doch, so entsteht nach herrschender Ansicht **kein Beweisverwertungsverbot**, was aber zweifelhaft ist (Rdn. 5).

14 Ermittlungspersonen und **Beamte der Staatsanwaltschaft** können im Strafverfahren, an dem sie als Sachbearbeiter der Ermittlungsbehörde beteiligt sind, grundsätzlich als Zeugen vernommen werden, sofern nicht allgemein oder für bestimmte Einzelfälle eine Genehmigungspflicht angeordnet wurde (*Eisenberg* Beweisrecht der StPO, Rn. 1266; LR/*Ignor/Bartheau* § 54 Rn. 14). Gleiches gilt für Vertreter der Gerichtshilfe oder der **Jugendgerichtshilfe.**

15 **D. Maßnahmen von Gericht, Verfahrensbeteiligten und Dienstherrn der Zeugen. I. Einholung der Aussagegenehmigung.** Die Aussagegenehmigung ist **von Amts wegen** einzuholen (BGH NStZ 2001, 656). Auch Nr. 66 Abs. 1 Satz 1 RiStBV sieht vor, dass die Stelle, die den Zeugen über Umstände vernehmen will, die der Pflicht zur Amtsverschwiegenheit unterliegen, die Aussagegenehmigung einholt. Dem Zeugen ist nicht aufzuerlegen, sich selbst um die Erteilung der Aussagegenehmigung zu kümmern (MüKo-StPO/*Percic* § 54 Rn. 17). Von der in der Sache gem. § 244 Abs. 2 gebotenen Vernehmung eines Zeugen, der einer Pflicht zur Wahrung der Amtsverschwiegenheit unterliegt, darf insb. das Gericht im Rahmen seiner Aufklärungspflicht nur absehen, wenn es zunächst versucht hat, die Erteilung einer Aussagegenehmigung herbeizuführen (*Eisenberg* Beweisrecht der StPO, Rn. 1267). **Zuständig** für die Einholung der Genehmigung ist **das Gericht, die Staatsanwaltschaft oder Polizeibehörde**, die den Zeugen vernehmen will. Der Zeuge ist nicht darauf zu verweisen, selbst eine Aussagegenehmigung einzuholen. Bestehen seitens des zuständigen Richters oder Staatsanwalts Zweifel am tatsächlichen Vorliegen einer gegebenenfalls mündlich erteilten Aussagegenehmigung, so ist beim Dienstvorgesetzten nachzufragen. Beantragen andere **Prozessbeteiligte**, insb. Verteidiger oder Nebenkläger, aber auch der Angeklagte, die Vernehmung eines Zeugen, der einer Verschwiegenheitspflicht unterliegt, oder machen sie von ihrem Selbstladungsrecht Gebrauch (LR/*Ignor/Bartheau* § 54 Rn. 15), können auch sie eine Aussagegenehmigung fordern (MüKo-StPO/*Percic* § 54 Rn. 18; SK-StPO/*Rogall* § 54 Rn. 46). Mit dem Antrag müssen der zuständigen Stelle die Vorgänge, über die der Zeuge vernommen werden soll, mitgeteilt werden. Dazu genügt meist die **Angabe des Beweisthemas** (LR/*Ignor/Bartheau* § 54 Rn. 16).

16 **II. Erteilung und Widerruf oder Versagung der Aussagegenehmigung. 1. Zuständigkeit.** Die Aussagegenehmigung erteilt **der Dienstvorgesetzte** des Zeugen (*Ellbogen* Die verdeckte Ermittlungstätigkeit der Strafverfolgungsbehörden durch die Zusammenarbeit mit V-Personen und Informanten, 2004, S. 178 ff.; SK-StPO/*Rogall* § 54 Rn. 49), nach Beendigung der Tätigkeit **der letzte Dienstvorgesetzte** (vgl. § 67 Abs. 3 Satz 2 BBG; § 37 Abs. 3 Satz 2 BeamtStG). Bei einem Wechsel des Dienstherrn gelten § 37 Abs. 3 Satz 3 BeamtStG, § 67 Abs. 3 Satz 3 BBG oder funktional entsprechende Vorschriften. Untersteht ein Zeuge mehreren Behörden, so ist **der Disziplinarvorgesetzte** zuständig (*Eisenberg* Beweisrecht der StPO, Rn. 1268).

17 Für Ermittlungspersonen der Staatsanwaltschaft erteilt nach herrschender Meinung der polizeiliche Dienstvorgesetzte, nicht der Leiter der verfahrensführenden Staatsanwaltschaft die Aussagegenehmigung (LR/*Ignor/Bartheau* § 54 Rn. 17; MüKo-StPO/*Percic* § 54 Rn. 20). Für V-Leute soll auch beim repressiv-polizeilichen Einsatz das **Innenressort** zuständig sein (BGHSt 32, 115 [123 f.]; 41, 36 [38 ff.]), was eigentlich dem Prinzip der Verfahrensherrschaft der zum **Justizressort** gehörenden Staatsanwaltschaft widerspricht (*Ellbogen* Die verdeckte Ermittlungstätigkeit der Strafverfolgungsbehörden durch die Zusammenarbeit mit V-Personen und Informanten, 2004, S. 143 ff., 180 f.) und letztlich auf einer dem Strafprozessrechtssystem abträglichen Verpolizeilichung des Strafverfahrens beruht (zum Vorrang des Strafverfahrensrechts vor dem Polizeirecht beim V-Mann-Einsatz BGHSt 45, 321 [337]; zur Gleichrangigkeit von Polizeirecht und Strafprozessrecht aber BGHSt 62, 123 [133 ff.]).

18 **2. Form.** Die Genehmigung kann im Eilfall **mündlich** erteilt werden, sie wird vor allem zur Dokumentation aber sonst regelmäßig **schriftlich** erklärt (*Ellbogen* Die verdeckte Ermittlungstätigkeit der Strafverfolgungsbehörden durch die Zusammenarbeit mit V-Personen und Informanten, 2004, S. 183; LR/*Ignor/Bartheau* § 54 Rn. 18).

19 **3. Maßstab.** Die Genehmigung »**darf nur**« versagt werden, wenn die Aussage dem **Wohl des Bundes oder eines** deutschen **Landes Nachteile** bereiten (SK-StPO/*Rogall* § 54 Rn. 59 f.) oder die **Erfüllung öffentlicher Aufgaben**, insb. hinsichtlich der Funktionstüchtigkeit der Exekutive bei der Gewährung von Vertraulichkeitszusagen (SK-StPO/*Rogall* § 54 Rn. 61), ernstlich gefährden oder erheblich erschweren würde (§ 68 Abs. 1 BBG, § 37 Abs. 4 Satz 1 BeamtStG). Die Behörde hat nach dem Wortlaut der Norm keinen Ermessensspielraum (krit. LR/*Ignor/Bartheau* § 54 Rn. 21; a.A. *Eisenberg* Beweisrecht der StPO, Rn. 1269). Gleichwohl sollen das Geheimhaltungsinteresse der Behörde gegen das Sachaufklärungs- und Verteidigungsinteresse im Strafverfahren abgewogen werden (SK-StPO/*Rogall* § 54 Rn. 63). Dieser Widerspruch wird relativiert, wenn

der Mischtatbestand dahin interpretiert wird, dass dem Dienstvorgesetzten oder der obersten Dienstbehörde zwar auf der Tatbestandsseite **kein Beurteilungsspielraum**, bei der Rechtsfolgenbeurteilung **aber Ermessen** eingeräumt wird (MüKo-StPO/*Percic* § 54 Rn. 22; SK-StPO/*Rogall* § 54 Rn. 43).

Wird ein Ermittlungsbeamter oder polizeilicher V-Mann im Fall der Zeugenaussage im Strafprozess gegen eine Zielperson oder das Mitglied einer von ihm ausgeforschten kriminellen Szene einer **Lebens- oder Leibesgefahr** ausgesetzt, so kann darin nach der herrschenden Ansicht ein Nachteil für das Wohl des Landes liegen, der die Versagung der Aussagegenehmigung rechtfertigt (BVerfGE 57, 250 [285]; BGHSt 36, 159 [164]; MüKo-StPO/*Percic* § 54 Rn. 24). Für Abwägungen bleibt dann wenig Raum (*Ellbogen* Die verdeckte Ermittlungstätigkeit der Strafverfolgungsbehörden durch die Zusammenarbeit mit V-Personen und Informanten, 2004, S. 147). Nach langem Zeitablauf bedarf die Annahme einer weiter bestehenden Geheimhaltungsbedürftigkeit aber zumindest näherer Begründung (OVG Berlin StV 1984, 279 [280]). Die **Gefahr der Enttarnung** von Mittelsmännern ist ein weiterer Grund für die Versagung der Aussagegenehmigung. Stets ist zu prüfen, ob andere Maßnahmen als die Versagung der Aussagegenehmigung, etwa nach §§ 68 Abs. 3, 223 Abs. 1, 247, 247a StV, § 169 GVG, das Geheimhaltungsinteresse in ausreichender Weise wahren können, ohne ebenso tief in die Kompetenz des Strafgerichts zur Sachverhaltsaufklärung einzugreifen (OVG Berlin StV 1984, 280 [281]). Schließlich kann nach den Gepflogenheiten der Praxis das Interesse der Polizei daran, sich an die einem Gewährsmann gemachte Vertraulichkeitszusage zu halten, vorrangig vor der Erteilung einer Aussagegenehmigung sein (MüKo-StPO/Percic § 54 Rn. 24). Allerdings bleibt dabei unbeachtet, dass eine gesetzliche Grundlage für Vertraulichkeitszusagen in der StPO fehlt. 20

4. Begründung. Bei der Versagung einer Aussagegenehmigung muss die Behörde die Gründe dafür so weit mitteilen, dass das **Gericht in die Lage versetzt** wird, **auf die Beseitigung etwaiger Hindernisse hinzuwirken** und auf die Bereitstellung des bestmöglichen Beweises drängen zu können (BVerfGE 57, 250 [288]; BGHSt 36, 44 [49]). Meist beschränken sich die Behörden auf formelhafte Mitteilungen, um nicht mittelbar das zu wahrende Dienstgeheimnis preiszugeben. Der Ausweg, das Geheimnis in einem **»in camera-Verfahren«** (vgl. für den Verwaltungsprozess BVerfGE 101, 106 [128 ff.]) lediglich dem Strafgericht zu offenbaren, bietet sich im Strafverfahren nicht, weil dies einen inakzeptablen Verstoß gegen den Anspruch auf rechtliches Gehör der Beteiligten begründen würde (BVerfGE 57, 250 [288]). 21

5. Beschränkung. Die Versagung der Aussagegenehmigung kann unter Erteilung der Genehmigung i.Ü. **auf** einzelne **Tatkomplexe** des Verfahrens **oder bestimmte Fragen** beschränkt werden (*Ellbogen* Die verdeckte Ermittlungstätigkeit der Strafverfolgungsbehörden durch die Zusammenarbeit mit V-Personen und Informanten, 2004, S. 184; MüKo-StPO/*Percic* § 54 Rn. 34; SK-StPO/*Rogall* § 54 Rn. 54). So kann – insb. nach einer Vertraulichkeitszusage – die **Identität** eines Anzeigeerstatters oder eines V-Manns geheim gehalten werden (SK-StPO/*Rogall* § 54 Rn. 55). 22

6. Widerruf. Eine Aussagegenehmigung kann **jederzeit** widerrufen werden (MüKo-StPO/*Percic* § 54 Rn. 35; SK-StPO/*Rogall* § 54 Rn. 56). Vor dem Widerruf **gemachte Aussagen** des Zeugen bleiben **verwertbar** (LR/*Ignor/Bartheau* § 54 Rn. 20). Wird die Aussagegenehmigung aber erst nach Abschluss der Aussage widerrufen, bleibt der Widerruf wirkungslos. 23

III. Folgen von Erteilung und Widerruf oder Versagung der Aussagegenehmigung. 1. Bindung der Strafjustizorgane an die Behördenentscheidung. Die Behördenentscheidung bindet – im Gegensatz zu einer behördlichen erteilten Vertraulichkeitszusage (BGH StV 2012, 5) – nach herrschender Meinung die Strafjustizorgane (BGHSt 33, 178 [179 f.]; BGH NStZ 1994, 98 [99]; SK-StPO/*Rogall* § 54 Rn. 65), sodass diese eine **Zeugenaussage nicht erzwingen** können (*Ellbogen* NStZ 2007, 310 f.). Nach Erteilung der Aussagegenehmigung muss der Zeuge im Rahmen der **Aufklärungspflicht** vom Gericht vernommen werden, auch wenn es selbst Bedenken gegen die Offenbarung des Wissens hätte (LR/*Ignor/Bartheau* § 54 Rn. 19). Soweit die Genehmigung versagt wird, darf der Zeuge vom Gericht nicht vernommen werden (BGH StV 2003, 316), auch wenn das Gericht die Versagungsgründe nicht für zutreffend hält; Fragen an den Zeugen durch Prozessbeteiligte sind dann ebenfalls nicht zulässig. 24

Dies gilt auch, wenn das Gericht die Versagungsgründe als rechtswidrig ansieht. Es muss gegebenenfalls **Gegenvorstellungen** erheben und die **Entscheidung der obersten Dienstbehörde** (BGH StV 1987, 284; 1989, 377) herbeiführen (BGHSt 33, 178 [180]; 36, 159 [161]; 42, 175 [178]; SK-StPO/*Rogall* § 54 Rn. 67), es sei denn die Entscheidung der Behörde erscheine sachgerecht; dann ist sie vom Gericht hinzunehmen (OLG Hamm NJW 1970, 821). **Sagt der Zeuge aus**, obwohl keine Aussagegenehmigung vorliegt oder diese angelehnt wurde, so bleibt seine Aussage nach herrschender Meinung für das Strafgericht **verwertbar** (*Eisenberg* Beweisrecht der StPO, Rn. 1266), was aber problematisch erscheint (Rdn. 5). 25

26 **2. Beweisrechtliche Folgen.** Mit Versagung der Aussagegenehmigung oder mit dem Wirksamwerden eines Widerrufs wird der Zeuge ein **unzulässiges Beweismittel** (LR/*Ignor/Bartheau* § 54 Rn. 26; SK-StPO/*Rogall* § 54 Rn. 68). Eine staatsanwaltschaftliche oder gerichtliche Vernehmung scheidet aus. Fragen der Prozessbeteiligten an den Zeugen sind nach § 241 Abs. 2 zurückzuweisen (*Eisenberg* Beweisrecht der StPO, Rn. 1271). **Beweisanträge** sind gem. §§ 244 Abs. 3 Satz 1, 245 Abs. 2 Satz 2 **abzulehnen** (BGHSt 30, 34 [37]). Damit wird allerdings das Recht auf wirksame Verteidigung beschränkt (BGHSt 36, 44 [48]; BGH StV 2007, 505 [506]), was eine Kompensation erforderlich macht, die nach der Rspr. in ausreichendem Maß dadurch bewirkt wird, dass die verbleibenden Belastungsbeweise besonders vorsichtig und zurückhaltend gewürdigt werden (Rdn. 29). Bei der Beweiswürdigung kann auch die Versagung der Genehmigung, gegebenenfalls mit der Folge der Unmöglichkeit einer Ausübung des Konfrontationsrechts aus Art. 6 Abs. 3 lit. d) EMRK (BVerfG StV 2010, 337 [338]), zwar von Rechts wegen berücksichtigt werden, sie besitzt aber für sich genommen regelmäßig kaum Aussagekraft.

27 **3. Kompensation des behördlich verursachten Beweisdefizits.** Die behördliche Verursachung eines Beweisdefizits durch eine für die Strafjustizorgane bindende und die Verfahrensbeteiligten beeinträchtigende Verwaltungsentscheidung bedarf der **Kompensation, weil die Exekutive in die gerichtliche Sachverhaltsaufklärung eingreift** und zugleich verfassungs- und konventionsrechtlich verankerte **subjektive Rechte des Angeklagten beschränkt**. In Betracht zu ziehen sind theoretisch Verfahrenshindernis-, Beweisverbots-, Beweiswürdigungs- und Strafzumessungslösungen (vgl. § 136 Rdn. 83), von denen aber tendenziell zunächst die Verfahrenshindernislösung als zu weitgehend und die Strafzumessungslösung (BGH StV 1989, 237) als unpassend auszuscheiden sind, sodass nur Beweiswürdigungs- und Beweisverbotslösungen im Mittelpunkt der Diskussion bleiben (SK-StPO/*Rogall* § 54 Rn. 79).

28 **a) Beweiswürdigungslösung.** Bei Unerreichbarkeit gesperrter V-Leute als Zeugen in der Hauptverhandlung kann nach herrschender Ansicht ein **Zeuge vom Hörensagen** (*Ellbogen* Die verdeckte Ermittlungstätigkeit der Strafverfolgungsbehörden durch die Zusammenarbeit mit V-Personen und Informanten, 2004, S. 258 ff.), namentlich **der Führungsbeamte**, über die außergerichtlichen Angaben des V-Manns vernommen werden (BVerfG StV 2010, 337 [338 ff.] m.Anm. *Safferling*; BGHSt 36, 159 [162 ff.]; 49, 112 [119]). Das Zeugnis vom Hörensagen ist als solches nicht unverwertbar (BGHSt 33, 178 [181]; *Ellbogen* NStZ 2007, 310 [311]). Es besitzt aber einen reduzierten Beweiswert und kann nach der Rspr. ohne Zusatzindizien zur Absicherung des Beweisbildes eine Verurteilung für sich genommen noch nicht tragen (BVerfGE 57, 250 [292 f.]; BVerfG StV 2010, 337 [338]; BGHSt 33, 178 [181]; 49, 112 [120]). Die Glaubwürdigkeit des geheim gehaltenen Augenzeugen und die Glaubhaftigkeit seiner Angaben sind ohne dessen unmittelbare Vernehmung allein anhand der Mitteilungen des Zeugen vom Hörensagen nicht zuverlässig zu überprüfen.

29 Die Kompensation des durch Versagung der Aussagegenehmigung behördlich verursachten Beweisdefizits im Rahmen der von der Rspr. für erforderlich und ausreichend gehaltenen **besonders vorsichtigen Beweiswürdigung** (BVerfG StV 2010, 337 [338 ff.]; BGHSt 49, 112 [120 ff.]; MüKo-StPO/*Percic* § 54 Rn. 32; krit. *Ellbogen* Die verdeckte Ermittlungstätigkeit der Strafverfolgungsbehörden durch die Zusammenarbeit mit V-Personen und Informanten, 2004, S. 249 ff., 261) hat durch Neubewertung der übrigen Indizien und Berücksichtigung der Tatsache des Beweisdefizits zu erfolgen. Dessen Beweisgewicht ist unkalkulierbar, sodass auch »große Sorgfalt« bei der Würdigung des restlichen Beweisbildes in der schriftlichen Urteilsbegründung eine Fehlbewertung nicht zuverlässig verhindern kann. **Empirische Belege** oder Versuche einer Validierung und Reliabilitätskontrolle der intuitiven Annahme der Rspr., die Tatgerichte seien dennoch in der Lage die Beweislücke ohne erhebliche Einbußen an Richtigkeitsgewähr für Verurteilungen zu bewältigen, sodass ein Beweisverwertungsverbot für Sekundärbeweismittel nicht geboten sei (BVerfG StV 2010, 337 [338]), **fehlen** bisher.

30 **b) Zurückweisung einer Beweisverbotslösung durch die bisherige Rspr..** Die Rechtsbehauptung, es gebe »keinen Verfassungsrechtssatz« (BVerfG StV 2010, 337 [338]), der ein Beweisverwertungsverbot für Sekundärbeweismittel **bei behördlicher Sperrung des Primärbeweises** im verpolizeilichten Strafverfahren gebiete, ist eine **Ergebnisbehauptung ohne dogmatische Begründung.** Tatsächlich ist die Verschiebung der Gewichte dahin, dass die Polizei im Bereich der Strafverfolgung in einer für die an sich mit Leitungsmacht im Vorverfahren ausgestatteten Staatsanwaltschaften und später für die erkennenden Gerichte unüberprüfbaren Weise V-Leute einsetzen (Anl. D zu den RiStBV; *Ellbogen* Die verdeckte Ermittlungstätigkeit der Strafverfolgungsbehörden durch die Zusammenarbeit mit V-Personen und Informanten, 2004, S. 45 ff., 133 f.; für Verfassungswidrigkeit *Gercke* StV 2017, 615 ff.), deren angebliche Erkenntnisse in den Prozess einbringen und das Primärbeweismittel bis zur Unerreichbarkeit und Verhinderung einer unmittelbaren sowie konfrontativen

Zeugenvernehmung sperren können, mit den gesetzlichen Strukturen des deutschen Strafverfahrensrechts derart unvereinbar, dass nur das Gegenteil der Rechtsbehauptung dogmatisch überzeugen kann.

Der bisher zu Unrecht **ohne spezialgesetzliche Grundlage** (*Soiné* ZRP 2021, 47 ff.) durchgeführte Einsatz von besonders für den öffentlichen Dienst verpflichteten, im Grenzbereich zu § 136a Abs. 1 Satz 3 heimlich für ihre Tätigkeit und ihre Aussagen im Vorverfahren bezahlten (*Eschelbach* StV 2000, 390 [367]), durch paralegale Vertraulichkeitszusagen geschützten, aber als Zeugen für die gerichtliche Untersuchung gesperrten V-Leuten, deren Verpflichtung, Einsatzauftrag und Einsatzmeldungen auch in den Akten des Strafverfahrens nicht dokumentiert werden, ist eine **Umgehung der zentralen Grundsätze der Strafprozessordnung**, darunter den Grundsätzen der Aktenwahrheit und Aktenvollständigkeit (LG Berlin StV 1986, 96). Diese Grundsätze sind teilweise in Vergessenheit geraten, die Ausnahmeregeln werden heute als Prämisse dahin bewertet, es gebe keinen abweichenden Rechtssatz, und auf dieser Grundlage wird ohne empirische und dogmatische Belege die Nichtberechtigung eines Beweisverwertungsverbots behauptet. Das geschieht ohne Rücksicht auf rechtsstaatliche Defizite aus Gründen der Praktikabilität der polizeilichen Ermittlungstätigkeit. Dagegen müssen weiterhin Bedenken angemeldet werden. Ziff. I.3.2. Anlage D zu den RiStBV, macht die Absicht der Gesetzesumgehung deutlich, indem dort bestimmt wird: »Informanten dürfen nur in Anspruch genommen, V-Personen nur eingesetzt werden, wenn die Aufklärung sonst aussichtslos oder wesentlich erschwert wäre. Werden sie in Anspruch genommen bzw. eingesetzt, so ist Ziel der weiteren Ermittlungen das Beschaffen von Beweismitteln, die den strafprozessualen Erfordernissen der Unmittelbarkeit der Beweisaufnahme entsprechen und einen Rückgriff auf diese Personen erübrigen.« 31

Auf dieser Grundlage werden heute V-Personen eingesetzt, deren Einsatz und Honorierung in den Strafakten, die – mit dem nichtssagenden Vermerk beginnen: »dienstlich wurde bekannt …« (*Ellbogen* Die verdeckte Ermittlungstätigkeit der Strafverfolgungsbehörden durch die Zusammenarbeit mit V-Personen und Informanten, 2004, S. 134) – nach § 199 dem Gericht vorgelegt werden, meist nicht einmal klar erkennbar ist. Der rechtsstaatlich bedenkliche **Befund** eines großen Bereichs unbekannter, anonymer und gezielt ohne gesetzliche Grundlage **geheimgehaltener Ermittlungstätigkeiten** (zu legendierten Kontrollen § 136 Rdn. 30, 36) mithilfe staatlich entlohnter Personen von meist zweifelhaftem Ruf (*Eschelbach* StV 2000, 390 [396 f.]), wird im Gesamtergebnis kaschiert. Es fehlt eine rechtsstaatliche Legitimation dafür. Das Prinzip vom Vorrang und vom Vorbehalt des Gesetzes (*Ellbogen* Die verdeckte Ermittlungstätigkeit der Strafverfolgungsbehörden durch die Zusammenarbeit mit V-Personen und Informanten, 2004, S. 58 ff., 102 ff.) ist jedenfalls nicht durchgehend gewahrt (*Eschelbach* StV 2000, 390 [391 f.]). Das Verbot der Begehung einsatzbedingter Straftaten (BGH NStZ-RR 2021, 175 [176]) wirkt ungenügend. 32

c) **Zurückweisung einer Wahrunterstellung und einer Verfahrenshindernislösung.** Ob eine behauptete Beweistatsache als wahr unterstellt werden muss, deren Klärung durch Verweigerung der Aussagegenehmigung unmöglich geworden ist, bleibt streitbar, auch wenn die heute herrschende Meinung dies ablehnt (BGHSt 49, 112 [122]; MüKo-StPO/*Percic* § 54 Rn. 32; SK-StPO/*Rogall* § 54 Rn. 69; a.A. *H.E. Müller* Behördliche Geheimhaltung und Entlastungsvorbringen des Angeklagten, 1992, S. 67 ff.; s.a. BGH NStZ 1981, 70). Kann der Mangel der Beweisgrundlagen nicht kompensiert werden, kommt im Extremfall nach erfolgloser Ausschöpfung aller minderen Kompensationsmöglichkeiten sogar ein Verfahrenshindernis von Verfassungs wegen infrage (BGH StV 2007, 505 [506]), auch wenn die Mehrheitsmeinung das bisher dementiert. 33

d) **Anfechtung der Behördenentscheidung.** Aus der Aufklärungspflicht (LR/*Ignor*/*Bartheau* § 54 Rn. 22) folgt eine **Verpflichtung des Gerichts zur** Erhebung einer **Gegenvorstellung** gegen eine Versagung der Genehmigung, wenn der Zeuge in der Sache ein entscheidungserhebliches Beweismittel sein könnte und die behördliche Versagungsentscheidung fehlerhaft erscheint oder nicht substanziiert begründet wurde (BVerfGE 57, 250 [288]; BGHSt 32, 115 [126]; 36, 44 [49]; 42, 175 [176 f.]; *Eisenberg* Beweisrecht der StPO, Rn. 1271; *Ellbogen* Die verdeckte Ermittlungstätigkeit der Strafverfolgungsbehörden durch die Zusammenarbeit mit V-Personen und Informanten, 2004, S. 185). Anders soll es zu bewerten sein, wenn die Verweigerung der Aussagegenehmigung berechtigt erscheint (Meyer-Goßner/*Schmitt* § 54 Rn. 27). 34

Verfahrensbeteiligte, die ein rechtliches Interesse an der Aussage besitzen, können die Entscheidung der Behörde anfechten. Klagebefugt sind auch Neben- und Privatkläger, nicht aber das Gericht oder die Staatsanwaltschaft (für Letztere a.A. *Ellbogen* NStZ 2007, 310 [311 f.]). Für die Klage ist – nach dem einmal beschrittenen Weg zur Einordnung der Zuständigkeit unter das Innenressort zu Unrecht (*Ellbogen* Die verdeckte Ermittlungstätigkeit der Strafverfolgungsbehörden durch die Zusammenarbeit mit V-Personen und Informanten, 2004, S. 163 ff.), aber folgerichtig – der **Verwaltungsrechtsweg** eröffnet (BGHSt 44, 107 [111 ff.]; BGH StV 2007, 505 [507]; KG StV 1996, 531; OVG Berlin StV 1984, 280; zur Aussagegenehmigung für einen Staatsanwalt VG Düsseldorf StV 2015, 685; *Eisenberg* Beweisrecht der StPO, Rn. 1272; LR/*Ignor*/*Bartheau* § 54 Rn. 24; MüKo-StPO/*Percic* § 54 Rn. 30; SK-StPO/*Rogall* § 54 Rn. 70), 35 nicht der Weg nach § 23 EGGVG (a.A. *Ellbogen* Die verdeckte Ermittlungstätigkeit der Strafverfolgungsbehörden durch die Zusammenarbeit mit V-Personen und Informanten, 2004, S. 186). Dies gilt auch, wenn eine versagte Genehmigung für einen Richter oder Justizbeamten angefochten werden soll (LR/*Ignor/Bartheau* § 54 Rn. 24). Wird die Aussagegenehmigung erteilt, so kann der Beamte selbst dies nach herrschender Ansicht nicht mit Widerspruch oder Anfechtungsklage beanstanden, auch wenn er sich gefährdet fühlt.

36 Die Prozessbeteiligten haben nach herrschender Meinung keinen Anspruch auf **Aussetzung des Strafverfahrens** bis zur Entscheidung über die Gegenvorstellung oder Klage (*Ellbogen* Die verdeckte Ermittlungstätigkeit der Strafverfolgungsbehörden durch die Zusammenarbeit mit V-Personen und Informanten, 2004, S. 246 ff.; LR/*Ignor/Bartheau* § 54 Rn. 25; MüKo-StPO/*Percic* § 54 Rn. 33; SK-StPO/*Rogall* § 54 Rn. 73). Jedoch kann die **Aufklärungspflicht** des Gerichts ausnahmsweise im Einzelfall eine Aussetzung gebieten (*Eisenberg* Beweisrecht der StPO, Rn. 1272). Dass über die Voraussetzungen der Einführung eines Beweismittels in den Strafprozess vor einem Gericht eines anderen Gerichtszweigs prozessiert werden muss, weckt aber generell Bedenken (*Gusy* StV 2001, 271 [272]) und deutet erneut eine Fehlentwicklung an.

37 **E. Sonderregeln für Abgeordnete, Regierungsmitglieder und den Bundespräsidenten.** Für Angehörige der Parlamente besteht ebenfalls eine Verschwiegenheitspflicht. Für Bundestagsmitglieder ergibt sich dies aus § 44d AbgG, für Fraktionsangestellte aus § 49 AbgG, für Mitglieder der Bundesregierung aus §§ 6 ff. BMinG. In den Bundesländern gelten ähnliche Vorschriften. Insoweit ist eine Übertragung auf das Strafverfahren nach der vorliegenden Vorschrift erfolgt.

38 Der Bundespräsident hat selbst darüber zu entscheiden, ob er aussagt oder nicht (*Eisenberg* Beweisrecht der StPO, Rn. 1265; LR/*Ignor/Bartheau* § 54 Rn. 33). Das Gericht muss seine Entscheidung akzeptieren; es kann vom Bundespräsidenten auch keine Begründung verlangen.

39 **F. Revision.** Ein Verstoß gegen die vorliegende Vorschrift kann eine Revision nach überkommener Rspr. meist nicht begründen, weil nach dogmatisch überholt wirkender Annahme von einem Rechtsfehler der **Rechtskreis des Angeklagten nicht betroffen** sein soll (BGH NJW 1952, 151; SK-StPO/*Rogall* § 54 Rn. 80; krit. LR/*Ignor/Bartheau* § 54 Rn. 34). Infrage kommt aber jedenfalls eine **Aufklärungsrüge**, wenn das Gericht sich nicht genügend darum bemüht hat, die Genehmigung für eine Aussage des Zeugen zu erhalten (LR/*Ignor/Bartheau* § 54 Rn. 34; MüKo-StPO/*Percic* § 54 Rn. 36; SK-StPO/*Rogall* § 54 Rn. 80) oder wenn es die ablehnende Entscheidung einer unzuständigen Behörde hinnimmt (BGH StV 2001, 549 [550]).

§ 55 Auskunftsverweigerungsrecht

(1) Jeder Zeuge kann die Auskunft auf solche Fragen verweigern, deren Beantwortung ihm selbst oder einem der in § 52 Abs. 1 bezeichneten Angehörigen die Gefahr zuziehen würde, wegen einer Straftat oder einer Ordnungswidrigkeit verfolgt zu werden.

(2) Der Zeuge ist über sein Recht zur Verweigerung der Auskunft zu belehren.

Übersicht

1 **A. Allgemeines. I. Zweck.** Die Vorschrift dient nachrangig gegenüber § 136 Abs. 1 Satz 2, aber mit ähnlicher Zielrichtung, unter anderem dem Schutz der **Selbstbelastungsfreiheit** des Zeugen (BGHSt 17, 245 [246]; 38, 302 [305 f.]; 47, 220 [223]; *Eisenberg* Beweisrecht der StPO, Rn. 1113; SK-StPO/*Rogall* § 55 Rn. 1), ferner mit derselben Zielrichtung, aber in anderem Umfang, wie § 52 dem **Schutz des Familienfriedens.** Sie bezweckt den Schutz des Zeugen vor ungewollter Selbstbelastung oder Angehörigenbelastung,

nach herrschender Meinung – i.S. einer petitio principii – nicht zugleich dem Schutz des Beschuldigten in dem Verfahren, in dem die Aussage des Zeugen erfolgen soll (BGHSt 1, 39 f.; 11, 213 [214 ff.]). Sie soll dem Zeugen eine **Zwangslage ersparen**, wenn er in einen Konflikt zwischen der Möglichkeit einer Selbst- oder Angehörigenbelastung einerseits und der Pflicht zur wahrheitsgemäßen Zeugenaussage andererseits geraten kann. Insoweit gebietet es die Achtung der Persönlichkeit, dem Zeugen ein Auskunftsverweigerungsrecht zuzubilligen (BVerfGE 38, 105 [113]). Das Gesetz will durch Zubilligung eines Auskunftsverweigerungsrechts diesen Konflikt auflösen, aber nach der Mehrheitsmeinung in Rspr. und Literatur nicht die Wahrheit der Zeugenaussage garantieren (krit. LR/*Ignor/Bartheau* § 55 Rn. 1, 37 f.); der Schutz der Wahrheitserforschung sei nur ein Reflex (*Eisenberg* Beweisrecht der StPO, Rn. 1113; SK-StPO/*Rogall* § 55 Rn. 5). Kein Auskunftsverweigerungsrecht nach § 55 haben per se **V-Leute** der Polizei oder Zeugen im **Zeugenschutzprogramm**, wenn sie nicht Verdächtige oder Angehörige des Beschuldigten sind.

II. Regelungszusammenhang. Das Gesetz **ergänzt** mit § 55 die Regeln über die **Selbstbelastungsfreiheit** 2
des Beschuldigten (§§ 136 Abs. 1 Satz 2, 136a) und das **Zeugnisverweigerungsrecht** der Angehörigen des Beschuldigten (§ 52 Abs. 1). Der Unterschied zwischen der vorliegenden Vorschrift und den §§ 136 Abs. 1 Satz 2, 52 besteht darin, dass hier die Belastung einer Person droht, die weder selbst Beschuldigter ist noch zwingend in einem Angehörigenverhältnis zu einer im Vernehmungszeitpunkt bereits beschuldigten Person steht (SK-StPO/*Rogall* § 55 Rn. 14), sondern den Zeugen oder einen Angehörigen als (noch) nicht in der Beschuldigtenrolle am Prozess beteiligte Person betrifft. Aus der Sicht des Zeugen und des Beschuldigten ist die Zuweisung seiner Prozessrolle bei Existenz möglicher Verdachtsgründe jedoch vom Zufall abhängig. Daher ist nicht von einem anderen Schutzzweck der Norm, sondern nur von einem minderen Schutzumfang wegen andersgearteter und von Fall zu Fall ferner liegender Gefahrenquellen auszugehen.

§ 55 greift nicht ein, wenn es sich bei einem von der Aussage potenziell betroffenen Angehörigen des Zeugen 3
um den Beschuldigten handelt. Dann gilt § 52 (Meyer-Goßner/*Schmitt* § 54 Rn. 1; a.A. *Eisenberg* Beweisrecht der StPO, Rn. 1114; SK-StPO/*Rogall* § 55 Rn. 18), der dem Zeugen das Wahlrecht zwischen einer vollständigen Aussageverweigerung und einer begrenzten Auskunftsverweigerung als Minus gegenüber der Aussageverweigerung unter Beschränkung der Rechtsausübung nach § 52 Abs. 1 einräumt (§ 52 Rdn. 2), ohne dass es auf § 55 ankommt. Ist die Auskunftsperson selbst (Mit-) Beschuldigter, gilt ausschließlich **§ 136 Abs. 1 Satz 2**. Nur wenn verschiedene zu schützende Personen in Betracht kommen, ein angehöriger Beschuldigter und ein angehöriger Dritter oder eine Verfolgungsgefahr zugleich bei dem Zeugen und einem Angehörigen, ist eine Kombination der Regeln nach §§ 52, 55 erforderlich (vgl. LR/*Ignor/Bartheau* § 55 Rn. 3; s.a. SK-StPO/*Rogall* § 55 Rn. 16).

B. Voraussetzungen und Wirkungen des Auskunftsverweigerungsrechts (Abs. 1). I. Zeugenvernehmung. 4
Das Auskunftsverweigerungsrecht **gilt für alle Vernehmungen** eines Zeugen **bei der Polizei, beim Staatsanwalt, beim** Ermittlungsrichter, beauftragten oder ersuchten **Richter oder** bei dem erkennenden **Gericht** (SK-StPO/*Rogall* § 55 Rn. 9). Es ist unerheblich, ob der Zeuge bereits zuvor in einer früheren Vernehmung belastende Angaben gemacht hatte (LR/*Ignor/Bartheau* § 55 Rn. 5). Keine Rolle spielt die Bewertung, ob die verlangte Auskunft den Beschuldigten oder Angehörigen des Zeugen **be- oder entlasten** würde, denn das Auskunftsverweigerungsrecht richtet sich unter anderem nach der **Frage**, aber mitsamt allen **Antwortmöglichkeiten**, nicht nach einer zu erwartenden oder angedeuteten Antwort des Zeugen hierauf (*König* FS Richter II, 2006, S. 307 [308]; *Lohberger* FS E. Müller, 2008, S. 411 [414 f.]; *Richter II* StV 1996, 457 [461]; a.A. SK-StPO/*Rogall* § 55 Rn. 34) und auch nach dem Risiko, **im Rahmen des freien Berichts** als Zeuge ihn selbst oder einen Angehörigen belastende (wahre) Angaben zu machen (SK-StPO/*Rogall* § 55 Rn. 32 ff.).

II. Verfolgungsgefahr. 1. Verdacht einer Straftat oder Ordnungswidrigkeit. § 55 kommt nur zur 5
Anwendung, wenn **nach den vom Zeugen mitgeteilten Tatsachen** allein oder in Verbindung mit bereits bekannten, insb. **aktenkundigen Tatsachen** dem Zeugen die Verfolgung wegen einer Straftat oder einer Ordnungswidrigkeit droht. Diese Gefahr ist aber nur in Bezug auf eine **Straftat oder Ordnungswidrigkeit** relevant, die der Zeuge **vor der Vernehmung** begangen hatte, nicht eine solche, die er durch die Aussage selbst, insb. in Form eines Aussagedelikts oder des Versuchs der Strafvereitelung, begehen könnte (OLG Düsseldorf StV 1982, 344 m.Anm. *Prittwitz*; *Eisenberg* Beweisrecht der StPO, Rn. 1117; MüKo-StPO/*Maier* § 55 Rn. 22; abl. SK-StPO/*Rogall* § 55 Rn. 28 f.; krit. LR/*Ignor/Bartheau* § 55 Rn. 12 f.). Ob im Einzelfall der auf konkrete Umstände gestützte Verdacht einer früher durch Falschaussage in einer polizeilichen Vernehmung begangenen falschen Verdächtigung als Anknüpfungspunkt für ein Auskunftsverweigerungsrecht infrage kommt (OLG Koblenz StV 1996, 474 [475] m.Anm. *Gatzweiler*; LG Berlin StV 1991, 297; SK-StPO/

Rogall § 55 Rn. 30) erscheint fraglich, weil damit nur allzu rasch ein umfassendes Auskunftsverweigerungsrecht konstruiert werden könnte.

6 Erforderlich ist es andererseits nicht, dass dem Zeugen oder seinem Angehörigen eine bestimmte Strafe oder Geldbuße droht; auf die denkbaren Rechtsfolgen einer zu offenbarenden Straftat kommt es nicht an (LR/*Ignor/Bartheau* § 55 Rn. 8), sondern auf den Tatbestand und dessen **Verfolgung**. Eine mögliche Strafverfolgung **im Ausland** genügt zur Begründung des Zeugnisverweigerungsrechts (SK-StPO/*Rogall* § 55 Rn. 39). Das gilt auch dann, wenn nur nach ausländischem Strafrecht eine Strafbarkeit infrage kommt; denn der Konflikt, in dem sich der Zeuge dann befindet, ist insoweit nicht wesentlich geringer als bei drohender Verfolgung wegen einer nach deutschem Recht strafbaren Handlung (LR/*Ignor/Bartheau* § 55 Rn. 13).

7 Droht (im Inland) ausschließlich eine **disziplinarrechtliche oder ehrengerichtliche Verfolgung**, so ist die vorliegende Vorschrift nicht anwendbar (LR/*Ignor/Bartheau* § 55 Rn. 9; SK-StPO/*Rogall* § 55 Rn. 48 ff.; für analoge Anwendung OLG Köln StV 1987, 537 [538]; *Eisenberg* Beweisrecht der StPO, Rn. 1116). Ebenso ist das Auskunftsverweigerungsrecht – anders als das fragenbezogene Zeugnisverweigerungsrecht nach § 384 ZPO – unanwendbar, wenn die Aussage dem Zeugen oder seinem Angehörigen lediglich zur **Unehre** oder zu einem **Vermögensnachteil** oder zur **Offenbarung eines Berufs- oder Gewerbegeheimnisses** führen würde, ohne dass dies mit einer strafrechtlichen oder bußgeldrechtlichen Verfolgung verbunden wäre. Insoweit kann der Zeuge durch Ausschluss der Öffentlichkeit nach § 162 Nr. 2 GVG geschützt werden (LR/*Ignor/Bartheau* § 55 Rn. 9).

8 **2. Potenzieller Beitrag der Fragenbeantwortung zur Verfolgung.** Es ist erforderlich und ausreichend, dass dem Zeugen durch seine Angaben **unmittelbar oder mittelbar** (LG Baden-Baden StV 2005, 78; LR/*Ignor/Bartheau* § 55 Rn. 11) die Einleitung eines Ermittlungs- oder Bußgeldverfahrens wegen einer früher begangenen Straftat oder Ordnungswidrigkeit droht, also dass seine Angaben durch Offenbarung der Tat oder Ordnungswidrigkeit selbst oder von konkreten **Indizien**, die im **Mosaik** einer Summe von Beweisanzeichen ein verdächtiges Beweisbild ergeben könnte (BGH StV 1987, 328 [329]; OLG Celle StV 1988, 99; OLG Zweibrücken StV 2000, 606; *Lohberger* FS E. Müller, 2008, S. 411 [415 ff.]; SK-StPO/*Rogall* § 55 Rn. 27), einen **Anfangsverdacht** für strafbares Verhalten des Zeugen begründen können (BVerfG StV 2002, 177; *König* FS Richter II, 2006, S. 307 [310]; SK-StPO/*Rogall* § 55 Rn. 37).

9 Eine sichere Erwartung der Strafverfolgung ist weder feststellbar, noch wird sie hier vorausgesetzt. Andererseits ist eine **nur theoretische Möglichkeit** einer Strafverfolgung ohne konkrete Anhaltspunkte für einen Verdachtsgrund i.S.v. § 152 Abs. 2 alleine im Hinblick auf pure Vermutungen irrelevant (BGH StV 1994, 524 [525]; 2019, 312 [313]; SK-StPO/*Rogall* § 55 Rn. 26). Der Unterschied zwischen Vermutung und Verdacht ist aber gering und die Grenze von der rein spekulativen Vermutung zum konkreten Verdacht wird schon dann überschritten, wenn irgendwelche konkrete tatsächliche Anhaltspunkte vorliegen, die auf eine Straftat oder Ordnungswidrigkeit hindeuten können (BVerfG StV 1999, 71).

10 **3. Ausschluss einer Verfolgungsgefahr.** Bereits die Möglichkeit der Einleitung oder Intensivierung einer Strafverfolgung reicht zur Begründung des Auskunftsverweigerungsrechts aus (BGH StV 1986, 282). Ist die Gefahr einer strafrechtlichen **Verfolgung aus Rechtsgründen sicher ausgeschlossen** (BGHSt 9, 34 [35]; BGH StV 2019, 312 [314]; *König* FS Richter II, 2006, S. 307 [310]), weil offensichtlich ein **Straftatbestand nicht erfüllt** ist, **Rechtfertigungs- oder Entschuldigungsgründe eingreifen**, der Zeuge noch strafunmündig ist, der Angehörige verstorben oder endgültig verhandlungsunfähig geworden ist oder ein sonstiges **Verfahrenshindernis** die Verfolgung endgültig verhindert, so greift das Auskunftsverweigerungsrecht nicht ein (LR/*Ignor/Bartheau* § 55 Rn. 14). Die Rechtskraft einer Verurteilung steht dem Auskunftsverweigerungsrecht nicht entgegen, wenn die Gefahr der Verfolgung wegen einer anderen Tat in engem Zusammenhang mit der bereits rechtskräftig abgeurteilten Tat besteht, sodass die Beantwortung von Fragen zur abgeurteilten Tat auch die Verfolgung wegen der weiteren Tat ermöglichen könnte (BGH StV 2019, 312 ff. m.Anm. *Ventzke* NStZ 2017, 548 f.).

11 Das Verfahrenshindernis kann etwa auf der im Einzelfall sicher feststehenden und nicht nur möglichen Strafverfolgungsverjährung (BGH StV 1991, 145 m.Anm. *Wächtler*) beruhen oder auf dem Fristablauf bei reinen Antragsdelikten oder auf einem – ohne Wiedereinsetzungsmöglichkeit im Rechtsmittelverfahren – sicher vorliegenden (BGH StV 1999, 351 [352]) und vollständigen (BGH StV 2006, 283; 2006, 508) Strafklageverbrauch (BGH StV 1999, 352). Teilrechtskraft genügt aber nicht (LR/*Ignor/Bartheau* § 55 Rn. 17; differenzierend LG Darmstadt StV 1988, 101). Der Anwendungsbereich der Norm ist nach der herrschenden Ansicht auch dann nicht mehr eröffnet, wenn der von der Aussage potenziell Belastete bereits wegen der möglicherweise zu offenbarenden Tat rechtskräftig verurteilt ist (BVerfG NStZ 1985, 277; OLG Hamm NStZ-RR 2015, 49 f.; SK-StPO/*Rogall* § 55 Rn. 40), nicht aber bezüglich anderer Taten. Auf eine Vereitelung von Wiederaufnahmemöglichkeiten nach § 359 Nr. 5 wird dabei keine besondere Rücksicht genommen;

nur die Gefahr einer Wiederaufnahme des Verfahrens zuungunsten des Beschuldigten nach §§ 211, 362 soll das Auskunftsverweigerungsrecht erhalten (*Eisenberg* Beweisrecht der StPO, Rn. 1118; LR/*Ignor/Bartheau* § 55 Rn. 15).

Bei nur **vorläufiger Einstellung des Verfahrens** ist zu berücksichtigen, dass ein Wiederaufgreifen des Verfahrens möglich wäre, sodass insoweit weiterhin eine Verfolgungsgefahr für den Zeugen oder einen Angehörigen bestehen kann (*Eisenberg* Beweisrecht der StPO, Rn. 1118), weil kein Strafklageverbrauch eintritt (BGHSt 10, 104 [105 f.]). Auf eine **Zusage der Staatsanwaltschaft**, das Verfahren nicht wieder aufzugreifen, kommt es nicht an (LR/*Ignor/Bartheau* § 55 Rn. 15), weil aus dem Bruch einer Zusage kein Verfahrenshindernis folgt (BGHSt 37, 10 [11 f.]). 12

4. Beurteilung der Lage. Die prognostische Einschätzung einer Selbst- oder Angehörigengefährdung durch drohende Strafverfolgung liegt – zunächst – **bei dem Zeugen** (KG StV 2015, 480 f.; SK-StPO/*Rogall* § 55 Rn. 21 f.), sodann beim Vernehmenden. Nur dem Zeugen vorbehalten ist die Abwägung, ob er von einem Auskunftsverweigerungsrecht Gebrauch machen will oder nicht. 13

Das Gericht hat zur Frage der Selbst- oder Angehörigengefährdung die verbindliche Entscheidungskompetenz. Es kann insoweit bei Tatsachenzweifeln am Bestehen des Auskunftsverweigerungsrechts nach § 56 verfahren (BGHSt 51, 325 [330]; *Eisenberg* Beweisrecht der StPO, Rn. 1125). Die abschließende Beurteilung der Verfolgungsgefahr obliegt nicht dem Zeugen oder dem Beschuldigten, sondern im Vorverfahren der Staatsanwaltschaft oder bei dortigen richterlichen Vernehmungen dem Ermittlungsrichter, danach dem erkennenden Gericht im **Freibeweisverfahren** (KG StV 2015, 480 f. m.Anm. *Ransiek*; LR/*Ignor/Bartheau* § 55 Rn. 20). Das Tatgericht hat die Lage nach seinem Ermessen zu beurteilen; im Revisionsrechtszug wird seine Entscheidung nur auf Ermessensfehler überprüft. 14

In der Hauptverhandlung eines Kollegialgerichts entscheidet insoweit zunächst **der Vorsitzende** im Rahmen seiner Sachleitungskompetenz gem. § 238 Abs. 1 (BGHSt 51, 144 [146]), nach Anrufung gem. § 238 Abs. 2 **das Gericht** (BGHSt 51, 144 [147]). 15

Das Gericht kann die **Glaubhaftmachung** der Umstände, aus denen sich die Verfolgungsgefahr erheben soll, gem. § 56 StPO verlangen. Soweit aber der Inhalt der Glaubhaftmachung eine Verfolgungsgefahr begründen würde, kann diese nach dem Zweck der Regelung nicht verlangt werden (§ 56 Rdn. 7; LR/*Ignor/Bartheau* § 55 Rn. 20). Das Verfahren nach § 56 hat sich dann formal auf die eidliche Versicherung der Tatsachenbehauptung zu der Annahme, dass ein Auskunftsverweigerungsrecht vorliege, zu beschränken. 16

III. Auskunftsverweigerungsrecht. 1. Bedeutung. § 55 Abs. 1 begründet zunächst **kein umfassendes Zeugnisverweigerungsrecht**, sondern nur ein Auskunftsverweigerungsrecht in Bezug auf verfängliche Fragen oder zu einzelnen Themen (BGHSt 10, 104 [105]; 38, 302 [303 f.]; 51, 325 [330]; BGH StV 2005, 649 f.). Es kann aber praktisch wie ein Aussageverweigerungsrecht wirken, wenn **nach dem konkreten Beweisthema der gesamte Inhalt der Zeugenaussage** eine Gefahr der Selbstbelastung des Zeugen oder der Belastung eines seiner Angehörigen begründet (BGHSt 10, 104 [105]; 47, 220 [223]; *Eisenberg* Beweisrecht der StPO, Rn. 1115; LR/*Ignor/Bartheau* § 55 Rn. 6; *Lohberger* FS E. Müller, 2008, S. 411 [417 ff.]; SK-StPO/*Rogall* § 55 Rn. 51). Im Zweifel ist nach dem Schutzzweck der Norm und aufgrund der Wertungen aus § 56 eine Auskunftsverweigerung berechtigt (a.A. LR/*Ignor/Bartheau* § 55 Rn. 6). Der Zeuge darf nicht in die Situation gebracht werden, dass bereits die Inanspruchnahme des Auskunftsverweigerungsrechts einen Verdachtsgrund gegen ihn oder einen Angehörigen begründen würde. Andererseits steht es nicht im freien Belieben des Zeugen, belastungsferne Sachverhalte mit Themen, die ihn zur Auskunftsverweigerung berechtigen, zu einer Gesamtheit zusammenzufassen, um so das Auskunftsverweigerungsrecht zu einem Aussageverweigerungsrecht auszuweiten (OLG Hamburg Beschl. v. 10.02.2015 – 2 Ws 27/15). 17

2. Geltendmachung. Der Zeuge hat zunächst zur Vernehmung zu erscheinen (OLG Rostock StraFo 2015, 15). Um von seinem Auskunftsverweigerungsrecht wirksam Gebrauch zu machen, muss der Zeuge dort seine Verweigerung **ausdrücklich** erklären (BVerfGE 38, 105 [113]; *Eisenberg* Beweisrecht der StPO, Rn. 1123; SK-StPO/*Rogall* § 55 Rn. 52). Er darf nicht lediglich die belastende Tatsache verschweigen. Für **Fälle fehlender Verstandesreife** ist auf § 52 Abs. 2 analog zurückzugreifen (SK-StPO/*Rogall* § 55 Rn. 53). Der Zeuge kann eine Erklärung der Auskunftsverweigerung **bis zum Schluss der Vernehmung** abgeben (LR/*Ignor/Bartheau* § 55 Rn. 19) und dadurch weitere Fragen verhindern. Hat sich der Zeuge zur Auskunftsverweigerung entschieden, so kann er seinen Entschluss, wie auch einen Verzicht auf das Auskunftsverweigerungsrecht, jederzeit **widerrufen** (SK-StPO/*Rogall* § 55 Rn. 55). Ob er vom Auskunftsverweigerungsrecht Gebrauch machen will, liegt bei dem Zeugen, auch wenn er verstandsunreif ist. Sind dagegen Angehörige gefährdet, so gilt § 52 Abs. 2 entsprechend. Der Zeuge **kann sich** bei seiner Entscheidung **des Beistands eines Rechtsanwalts bedienen** (BVerfGE 38, 105 [113 ff.]; *Eisenberg* Beweisrecht der StPO, Rn. 1124). Dies ist nicht nur wegen 18 der Schwierigkeit der Beurteilung der prozessualen Rechtslage, sondern auch wegen der weitreichenden Risiken der Rechtsausübung über die Selbst- oder Angehörigenbelastung hinaus zulässig. Eine vorsätzlich unberechtigte Verweigerung des Zeugnisses könnte zu einer Strafbarkeit des Zeugen wegen Strafvereitelung durch Unterlassen führen. Für die Beiordnung eines Rechtsbeistands gilt § 68b.

19 **3. Folgen im Verfahren.** Hat ein Zeuge von seinem Auskunftsverweigerungsrecht wirksam Gebrauch gemacht, so sind Fragen des Gerichts, deren Beantwortung ihn selbst oder einen seiner Angehörigen belasten können, unzulässig (*Eisenberg* Beweisrecht der StPO, Rn. 1126; SK-StPO/*Rogall* § 55 Rn. 56). Fragen der Verfahrensbeteiligten sind nach § 241 Abs. 2, Beweisanträge gem. §§ 244 Abs. 3 S. 1, 245 Abs. 2 Satz 2 abzulehnen (*Eisenberg* Beweisrecht der StPO, Rn. 1126; LR/*Ignor/Bartheau* § 55 Rn. 21).

20 **Angaben**, die der Zeuge **vor der Erklärung der Auskunftsverweigerung** gemacht hat, bleiben nach herrschender Meinung **verwertbar** (BGHSt 38, 302 [304]; BGH StV 1997, 512 [513]; LR/*Ignor/Bartheau* § 55 Rn. 23; SK-StPO/*Rogall* § 55 Rn. 59). **§ 252 gilt** nach dieser Ansicht **nicht** (BGHSt 17, 245 [246]; 38, 302 [304]; BGH StV 2002, 120 f.; a.A. *Eisenberg* Beweisrecht der StPO, Rn. 1129; LR/*Ignor/Bartheau* § 55 Rn. 24 f.; wieder a.A. SK-StPO/*Rogall* § 55 Rn. 63). Jedoch bewirkt wechselndes Aussage- und Prozessverhalten eine Erschwerung der Beweiswürdigung, die zu besonderer Zurückhaltung bei der Verwertung belastender Angaben zwingt, erst recht, wenn der auskunftsverweigerungsberechtigte Zeuge der zentrale oder gar einzige Belastungsbeweis ist (BGH NStZ-RR 2020, 286 [287]).

21 Auf **Aussagen** des auskunftsverweigerungsberechtigten Zeugen **vor der Hauptverhandlung** kann mithilfe von Sekundärbeweismitteln, die dem Unmittelbarkeitsgrundsatz Rechnung zu tragen haben, zurückgegriffen werden. Trotz Auskunftsverweigerung können deshalb **Verhörpersonen** über eine frühere Aussage **vernommen** werden (BGHSt 17, 245 [247]); insoweit ist aber gegebenenfalls zu beachten, dass das Konfrontationsrecht des Angeklagten aus Art. 6 Abs. 3 lit. d EMRK nicht realisiert werden kann (BGH StV 2009, 346 [347]; Urt. v. 13.01.2022 – 3 StR 341/21), wenn er bei der früheren Vernehmung nicht anwesend oder durch einen Verteidiger vertreten wurde (LR/*Ignor/Bartheau* § 55 Rn. 25). Auch ist die Mittelbarkeit der Beweisführung bei der Beweiswürdigung besonders zu berücksichtigen (BGH StV 1999, 7 [8]; OLG Koblenz StV 2007, 519 [520]). Eine **Protokollverlesung** nach § 251 Abs. 1 Nr. 1 oder Nr. 2 StPO ist im Hinblick auf den Unmittelbarkeitsgrundsatz nach der Rspr. nicht zulässig (BGHSt 51, 325 [328 ff.] m.Anm. *Murmann* StV 2008, 339 ff.; BGH StV 1996, 191; *Langkeit/Cramer* StV 1996, 230 ff.), wohl aber mit Einverständnis aller Prozessbeteiligten nach § 251 Abs. 1 Nr. 4 und Abs. 2 Satz 1 (BGH StV 2002, 120 [121]; SK-StPO/*Rogall* § 55 Rn. 65 f.).

22 Soweit das Auskunftsverweigerungsrecht nicht besteht, kann der Zeuge **mit Beugemitteln** nach § 70 zur Aussage gezwungen werden (LR/*Ignor/Bartheau* § 55 Rn. 30); soweit es besteht, ist ein Aussagezwang unzulässig (BVerfG StV 1999, 71). Der Zeuge bleibt ferner selbst nach der Auskunftsverweigerung zu einzelnen Fragen zur **Eidesleistung** in Bezug auf die übrige Aussage verpflichtet, sofern das Gericht ihn vereidigen will (SK-StPO/*Rogall* § 55 Rn. 57).

23 Die **Tatsache der Auskunftsverweigerung** des Zeugen darf nach der Rspr. im Rahmen der freien **Beweiswürdigung** zum Nachteil des Angeklagten bewertet werden (BGHSt 2, 351 [353]; 38, 302 [304]); sie besitzt aber kaum Aussagekraft, weil das Motiv im Dunkeln bleibt (*Richter II* StV 1996, 457 [461]; SK-StPO/*Rogall* § 55 Rn. 69). Macht der Zeuge von einem umfassenden Auskunftsverweigerungsrecht Gebrauch, muss das Gericht nicht aufgrund seiner Aufklärungspflicht bestimmte Bedingungen des Zeugen für eine Aussage hinterfragen (BGH StV 2021, 811 [813] m.Anm. *Eisenberg*). Andererseits würde das Auskunftsverweigerungsrecht ausgehöhlt, wenn aus seiner Geltendmachung Schlüsse gezogen werden dürften (BGHSt 22, 113 [114]). Deshalb nimmt eine im Vordringen befindliche Meinung an, dass die Aussage- oder Auskunftsverweigerung als solche **nicht zum Nachteil des Angeklagten bewertet** werden darf (*Eisenberg* Beweisrecht der StPO, Rn. 1130). Wohl aber soll ein teilweises Schweigen bezüglich bestimmter Fragen verwertbar sein. Richtet sich das Strafverfahren nach der Zeugenaussage nachträglich **gegen einen Angehörigen** des Zeugen, so darf dessen Auskunftsverweigerung ebenfalls grundsätzlich nicht gegen den nunmehr angeklagten Angehörigen verwertet werden (SK-StPO/*Rogall* § 55 Rn. 71).

24 Hatte ein Angeklagter früher als Zeuge von seinem Auskunftsverweigerungsrecht Gebrauch gemacht, so dürfen hieraus **nach prozessualem Rollentausch** keine Schlüsse zu seinem Nachteil gezogen werden (BGHSt 38, 302 [303 ff.]); Gleiches gilt in einem späteren Verfahren gegen den Angehörigen des Zeugen, der z.Zt. der Zeugenvernehmung noch nicht Beschuldigter war (LR/*Ignor/Bartheau* § 55 Rn. 29). Ist die Person zuerst als verdächtiger Zeuge vernommen, später zum Beschuldigten erklärt worden, so ist die frühere Belehrung nach Abs. 2 kein ausreichender Ersatz für die fehlende Beschuldigtenbelehrung gem. § 136 Abs. 1 Satz 2 (BGH NJW 2019, 2627 [2634]).

C. Belehrung (Abs. 2). I. Belehrungspflicht. Nach § 55 Abs. 2 ist eine Belehrung des Zeugen durch die Verhörperson der Polizei (§ 163a Abs. 5), der Staatsanwaltschaft (§ 161a Abs. 1 Satz 2) oder des Gerichts über sein Auskunftsverweigerungsrecht zwingend vorgeschrieben (LR/*Ignor/Bartheau* § 55 Rn. 32; SK-StPO/*Rogall* § 55 Rn. 72). Dies gilt auch, wenn der Zeuge bereits nach § 52 Abs. 3 Satz 1 belehrt worden ist. Eine Belehrungspflicht besteht aber erst, wenn für die Verhörperson aufgrund konkreter Tatsachen (OLG Frankfurt NJW 1951, 614) Verdachtsgründe erkennbar werden, die ein Auskunftsverweigerungsrecht in Betracht kommen lassen (SK-StPO/*Rogall* § 55 Rn. 74). 25

II. Zuständigkeit, Form und Inhalt. Die Belehrung obliegt im Vorverfahren dem Vernehmungsbeamten, in der Hauptverhandlung dem **Vorsitzenden**. Sie hat Fürsorgecharakter (*König* FS Richter II, 2006, S. 307 [309]). Die Sach- und Rechtslage i.S.v. Abs. 1 ist dem Zeugen im Einzelfall aber nicht leicht zu erklären; oft wirken Belehrungen fehlerhaft oder irreführend (LR/*Ignor/Bartheau* § 55 Rn. 34). Die **Mitteilung des Gesetzestextes** reicht meist nicht aus, um dem Zeugen die Lage verständlich zu machen (BVerfGE 38, 105 [113]; *König* FS Richter II, 2006, S. 307 ff.; *Richter II* StV 1996, 457 [461]). Insb. erscheint es angezeigt, dem Zeugen auch Tatsachenhinweise zu geben (BGH StV 1988, 509), insb. darauf, welche Fragen oder Beweisthemen in einer Verdachtszone liegen könnten (*König* FS Richter II, 2006, S. 307 [313 ff.]; SK-StPO/*Rogall* § 55 Rn. 75). Der Zeuge hat auch vor diesem Hintergrund das Recht, sich eines **anwaltlichen Rechtsbeistands** zu bedienen (BVerfGE 38, 105 [114]). 26

Der Zeuge ist unter Hinweis auf das Auskunftsverweigerungsrecht oder in der Weise, dass er bestimmte Fragen nicht beantworten muss, zu belehren. Kommt nach dem gesamten Beweisthema bei jeder Frage eine Verfolgungsgefahr in Betracht, dann besteht praktisch ein **umfassendes Verweigerungsrecht**; darauf ist der Zeuge gegebenenfalls auch hinzuweisen. 27

Die Belehrung ist als wesentliche Förmlichkeit der Hauptverhandlung in das **Protokoll** aufzunehmen (LR/*Ignor/Bartheau* § 55 Rn. 34; SK-StPO/*Rogall* § 55 Rn. 76). 28

III. Frage des Beweisverwertungsverbots als Rechtsfolge der Versäumung einer Belehrung nach Abs. 2. 1. Rechtskreistheorie. Die Versäumung oder Fehlerhaftigkeit der Belehrung des Zeugen nach § 55 Abs. 2 begründet nach überkommener Rspr., die der »Rechtskreistheorie« folgt und diese von einer revisionsrechtlichen Überlegung zu einem beweisrechtlichen Satz fortentwickelt hat, im Verfahren gegen eine andere Person in der Beschuldigtenrolle **kein Beweisverwertungsverbot** (BGHSt 11, 213 [214 ff.]; 38, 302 [304]; BayObLGSt 1966, 166 [167 f.]). Ein allgemeines Recht der Verfahrensbeteiligten, jedes prozessordnungswidrige Verhalten mit der Revision zu rügen, könne nicht anerkannt werden. Gegen die unbeschränkte Anfechtbarkeit spreche die natürliche Stufung der Verfahrensvorschriften. Neben übergeordneten Normen, welche die rechtsstaatlichen Grundlagen des Verfahrens gewährleisten, enthalte das Strafverfahrensrecht auch Vorschriften, die nach ihrer Bedeutung für die Rechte der Verfahrensbeteiligten verschieden zu bewerten seien, und auch solche, deren Anwendung von dem nicht nachprüfbaren Ermessen des Tatrichters abhänge. Da sich ein **Ausschluss des Rügerechts** nicht unmittelbar aus dem Gesetz ergebe, müsse bei jeder Vorschrift geprüft werden, ob ihre Verletzung den Rechtskreis des Angeklagten wesentlich berühre oder ob sie für ihn nur von untergeordneter oder von keiner Bedeutung ist. Bei dieser Untersuchung sei vor allem der **Zweck der Bestimmung** zu berücksichtigen. Zum Schutz der Wahrheitsfindung seien weder das Auskunftsverweigerungsrecht nach der vorliegenden Vorschrift noch das Zeugnisverweigerungsrecht der Angehörigen des Angeklagten bestimmt; dazu diene im Prozess der Eid. Die Wahrheitsermittlung geschehe im Wege der freien Beweiswürdigung. Dem Misstrauen des Gesetzgebers gegen die Zeugen verdankten die verschiedenen Aussageverweigerungsrechte nicht ihre Entstehung. Die Rechtskreise, zu deren Schutz sie dienen sollen, berührten sich nicht. So entspringe das Zeugnisverweigerungsrecht des verwandten Zeugen (§ 52 Abs. 1) der schonenden Rücksicht auf die Familienbande, die den Angeklagten mit dem Zeugen verknüpfen. Der Rechtskreis des Angeklagten werde davon unmittelbar berührt. Dagegen **beruhe das Auskunftsverweigerungsrecht** nach der vorliegenden Vorschrift **ausschließlich auf der Achtung vor der Persönlichkeit des Zeugen**. Der Angeklagte habe kein schutzwürdiges Interesse daran, dass die Entschlussfreiheit des Zeugen gewahrt bleibe, auch wenn dieser etwa durch eine wahrheitsgemäße Bekundung offenbaren müsste, dass er oder ein naher Angehöriger an der Tat beteiligt war. Durch den Konflikt des Zeugen werde sein Rechtskreis nicht so berührt, dass ihm wegen unterbliebener Belehrung des Zeugen ein Revisionsrügerecht zugestanden werden könne. Auch auf dem Boden der Schutzzwecklehre gelangt man mit diesem Argument eher zur Verneinung eines Beweisverwertungsverbots wegen Verletzung von § 55 Abs. 2. 29

Seit der Entscheidung des Großen Senats des Bundesgerichtshofs für Strafsachen hat sich die Prozesslandschaft verändert und die Gründe des Beschlusses, die seit jeher der Kritik der Literatur ausgesetzt sind (*Dencker* StV 1995, 232 ff.), wirken **überholt** (*Jahn* Gutachten C zum 67. DJT 2008, C 41) sowie durch nachfolgende Rspr. weitgehend aufgegeben. Zunächst ist der **Regeleid** als Mittel der Herbeiführung wahrheitsgemäßer Zeugen- 30 aussagen, der durch Vorankündigung des Nacheides bereits eine gewisse Disziplinierungswirkung entfaltet hatte, **abgeschafft** worden (LR/*Ignor/Bartheau* § 55 Rn. 38). Sodann ist die **Bedeutung des** verfassungsrechtlichen **Anspruchs des Angeklagten auf ein faires Verfahren** erst nach der Entscheidung des Großen Senats für Strafsachen zur Rechtskreistheorie genauer herausgearbeitet worden. Aus dieser Perspektive und erst recht nach den Maßstäben der Beweisbefugnislehre (§ 136 Rdn. 94 ff.) liegt ein Beweisverwertungsverbot als prozessuale Rechtsfolge einer Verletzung der vorliegenden Vorschrift näher als es die Argumentationslinie des Großen Senats für Strafsachen angedeutet hatte. Schließlich erscheint es zweifelhaft, ob die Entschärfung der Konfliktlage des Zeugen durch ein Zeugnisverweigerungsrecht oder deren Verfehlung durch Versäumung einer Belehrung nach Abs. 2 u.a. tatsächlich keinen rechtlich relevanten **Bezug zur Frage der Wahrheit der Zeugenaussage** hat. Der Angeklagte soll aber durch die strikte Einhaltung der Förmlichkeiten des Strafverfahrens mitsamt § 55 Abs. 2 auch vor der Gefahr einer fehlerhaften Zeugenaussage geschützt werden. Daher hat er **Anspruch auf Einhaltung zwingender Verfahrensvorschriften** auch dann, wenn diese nicht primär zu seinem Schutz konzipiert wurden (*Eisenberg* Beweisrecht der StPO, Rn. 365). Empirische Erkenntnisse aus den Bereichen der Kriminologie und Aussagepsychologie aus jüngerer Zeit ergeben einen anderen Befund als er der Rspr. zur Rechtskreistheorie zugrunde liegt. Vor diesem Hintergrund lässt sich die These von der natürlichen Stufung der Verfahrensvorschriften kaum aufrechterhalten (*Dallmeyer* Beweisführung im Strengbeweisverfahren, 2002, S. 199). Erst recht muss die Versäumung einer Belehrung über die Selbstbelastungsfreiheit in einem späteren Verfahren gegen die Auskunftsperson selbst zu einem Verwertungsverbot führen (zum Rollentausch § 136 Rdn. 17).

31 **2. Abwägungslehre.** Heute ist die Frage, ob und inwieweit ein Verfahrensfehler den Rechtskreis des Angeklagten berührt, nach der vorherrschenden Abwägungsdoktrin (§ 136 Rdn. 86 ff.) nur ein Faktor unter vielen, die Gegenstand der Gesamtabwägung sind (*Jahn* Gutachten C zum 67. DJT 2008, C 40). Mit der Abwägungslösung gelangt man meist, wenngleich nicht zwingend in jedem Fall, zur Ablehnung eines Beweisverwertungsverbots. Nur ausnahmsweise ist danach von einem Verwertungsverbot auszugehen, wenn die Verhörperson bewusst gegen Abs. 2 verstoßen hat, um eine Zeugenaussage zu erlangen (SK-StPO/*Rogall* § 55 Rn. 79). Zur Verletzung von § 136 Abs. 1 Satz 2 s.a. BGH NJW 2019, 2627 [2634].

32 **3. Beweisbefugnislehre.** Ein anderes Resultat erreicht vor allem die Beweisbefugnislehre (§ 136 Rdn. 94 ff.), die aus dem prozessordnungswidrigen Verfahren bei der Informationsgewinnung prinzipiell ein Verwertungsverbot als angemessene Maßnahme zur prozessualen Folgenbeseitigung herleitet und daher auch hier die für sich genommen wichtige Bedeutung des Auskunftsverweigerungsrechts und der hierauf gerichteten Belehrung für ein faires Verfahren zur Geltung kommen lässt. Die vorliegende Vorschrift ist erst danach mehr als eine »bloße Ordnungsvorschrift«. Nachdem § 243 Abs. 5 (BGHSt 25, 325 [329 ff.]) und § 136 Abs. 1 Satz 2 (BGHSt 38, 214 [219 ff.]) jeweils Jahrzehnte gebraucht haben, um der Einordnung als »bloße Ordnungsvorschriften« ohne revisionsrechtlichen Gehalt zu entrinnen und zur Geltung zu gelangen, steht noch die Erweckung des § 55 Abs. 2 zum Leben aus, zumal es sich bei der Auskunftsverweigerung nach § 55 Abs. 1 um die »Urform der Selbstbelastungsfreiheit« handelt (SK-StPO/*Rogall* § 55 Rn. 4).

33 **D. Revision.** Auf eine berechtigte Auskunftsverweigerung kann eine Revision nach der bisherigen Rspr. nicht mit Erfolg gestützt werden (LR/*Ignor/Bartheau* § 55 Rn. 40). Auch die **tatsächliche Beurteilung der Verfolgungsgefahr** durch das Tatgericht, das sich mit einer überwiegenden Wahrscheinlichkeit aufgrund einer Glaubhaftmachung nach § 56 begnügen kann, kann nicht durch das Revisionsgericht korrigiert werden (BGHSt 10, 104 [105]; BGH StV 1986, 515 Ls.; SK-StPO/*Rogall* § 55 Rn. 80). Hat das Gericht eine **Auskunftsverweigerung rechtlich unzutreffend hingenommen**, obwohl etwa ein Verfolgungshindernis zugunsten des Zeugen bestanden hatten, so kann darin ein Verstoß gegen die Aufklärungspflicht liegen, der mit einer entsprechenden **Verfahrensrüge** geltend gemacht werden kann, welche indes den strengen Anforderungen nach § 344 Abs. 2 Satz 2 genügen muss.

34 Wird der Zeuge **nicht nach § 55 Abs. 2 belehrt**, so kann dies nach der überkommenen Rspr. eine Revision des Angeklagten, soweit er jedenfalls nicht nach prozessualem Rollentausch mit dem Zeugen identisch ist, nicht begründen (BGHSt 1, 39 f.; 11, 213 [214 ff.]; BGH NJW 1951, 368; BayObLGSt 1966, 166 [167 f.]; differenzierend *Eisenberg* Beweisrecht der StPO, Rn. 1131 f.). Auch die Staatsanwaltschaft kann diesen Fehler aus demselben Grund nicht mit Erfolg zu seinen Gunsten geltend machen, zu seinen Ungunsten nicht, weil hierdurch die Sachaufklärung nicht beeinträchtigt wurde. Wurde der Angeklagte früher als Zeuge vernommen und gar nicht oder in fehlerhafter Weise oder nur über ein beschränktes Auskunftsverweigerungsrecht, nicht über ein im konkreten Fall umfassendes Recht zu schweigen (§ 136 Abs. 1 Satz 2), belehrt, kann unter denselben Voraussetzungen, unter denen ein Beweisverwertungsverbot wegen Verletzung von § 136

Abs. 1 Satz 2 geltend gemacht werden kann, auch hier eine Revisionsrüge Erfolg haben. Dabei ist auch die Widerspruchslösung der Rspr. (§ 136 Rdn. 100 ff.) zu beachten (BayObLG StV 2002, 179 [180]).

Hat der Zeuge nach einer zu Unrecht erfolgten Belehrung i.S.v. § 55 Abs. 2 **von einem vermeintlichen Auskunftsverweigerungsrecht Gebrauch gemacht**, so ist bei präsenten Zeugen § 245 (OLG Celle NJW 1962, 2315) oder bei nicht präsenten Zeugen § 244 Abs. 2 verletzt (OLG Oldenburg NJW 1961, 1225; SK-StPO/*Rogall* § 55 Rn. 80). Mit der Revision kann dies nach der Rspr. nur erfolgreich geltend gemacht werden, wenn in der Tatsacheninstanz der Vorschaltrechtsbehelf nach § 238 Abs. 2 erhoben worden war (BGHSt 51, 144 [147 ff.]). 35

Rechtsfehler bei der **Beweiswürdigung** (§ 261), etwa dadurch, dass eine frühere Auskunftsverweigerung des späteren Angeklagten als damaliger Zeuge i.S.d. vorliegenden Vorschrift zu Unrecht gegen diesen verwertet wurde, können im Rahmen der Sachrüge nachgeprüft werden, soweit sie sich bereits aus den Urteilsgründen ergeben. Im Fall wechselnden Aussageverhaltens, insb. in Fällen, in denen »Aussage gegen Aussage« steht, sind Darstellungs- und Erörterungsmängel möglich, die mit der Sachrüge aufgegriffen werden können (BGH NStZ-RR 2020, 286 [287]; StV 2021, 452 f.). 36

§ 56 Glaubhaftmachung des Verweigerungsgrundes

[1]Die Tatsache, auf die der Zeuge die Verweigerung des Zeugnisses in den Fällen der §§ 52, 53 und 55 stützt, ist auf Verlangen glaubhaft zu machen. [2]Es genügt die eidliche Versicherung des Zeugen.

Übersicht

A. Zweck und Bedeutung der Regelung. Ein Zeuge, dem nach §§ 52, 53, 53a, 55 ein Zeugnis- oder Auskunftsverweigerungsrecht zusteht, soll zur **Missbrauchsverhinderung** (SK-StPO/*Rogall* § 56 Rn. 1) in Zweifelsfällen nicht schon aufgrund seiner bloßen Behauptung des Bestehens eines solchen Rechts vom Aussagezwang befreit werden. Daher wird bei fragwürdigen Situationen einerseits ein Mehr als die bloße Behauptung, im Interesse der Verfahrensbeschleunigung und Prozessökonomie aber weniger als der Vollbeweis verlangt, sondern nur die Annahme der überwiegenden Wahrscheinlichkeit der Richtigkeit der Tatsachenbehauptung (SK-StPO/*Rogall* § 56 Rn. 5), notfalls aufgrund einer von der Staatsanwaltschaft oder vom Gericht gegenüber dem Zeugen eingeforderten Glaubhaftmachung. Glaubhaftmachen bedeutet dabei, einen **Wahrscheinlichkeitsbeweis** zu erbringen (BGHSt 21, 334 [350]). Die Glaubhaftmachung ist im Beweisgrad eine gegenüber dem Vollbeweis reduzierte Form des Nachweises einer Tatsache, wofür auf eine erschöpfende und förmliche Beweisaufnahme hierzu verzichtet wird, während andererseits eine gegenüber dem Freibeweis qualifizierte Beweisart vorliegt. Der mindere Beweisgrad wird **im Interesse an der Beschleunigung** und Vereinfachung des Verfahrens hier bei staatsanwaltschaftlichen oder gerichtlichen Zeugenvernehmungen hingenommen, soweit es um **Prozesstatsachen** zu den Zeugnis- und Auskunftsverweigerungsrechten geht, die nicht ebenso strenge Beweisanforderungen stellen wie **Sachverhaltstatsachen.** Ist die Tatsache in der Hauptverhandlung für prozessuale Aspekte und die Sachentscheidung selbst **doppelrelevant**, muss sie im Strengbeweisverfahren geklärt werden. Auf rechtliche Aspekte des Zeugnis- oder Auskunftsverweigerungsrechts bezieht sich die Glaubhaftmachung nicht (OLG Bamberg StV 1984, 499 [500]). Sie lässt i.Ü. die **Freiheit der Beweiswürdigung** des Gerichts unberührt (SK-StPO/*Rogall* § 56 Rn. 5, 17), sodass das Gericht der Glaubhaftmachung bei Vorliegen von Gegengründen nicht zwingend folgen muss. 1

Der Gesetzgeber hat sich bei den Zeugnis- und Auskunftsverweigerungsrechten nach **§§ 52, 53, 55** dafür entschieden, dass die Akzeptierung der behaupteten Prozesstatsache mangels Zweifeln der Verhörperson oder die bloße Glaubhaftmachung im Zweifelsfall ausreiche, weil die zugrunde liegenden Prozesstatsachen im Allgemeinen der Staatsanwaltschaft und dem Gericht aufgrund der situativen Zusammenhänge mit dem Tatvorwurf und den diesbezüglichen Umfeldermittlungen ohnehin i.S. freibeweislicher Prüfung anhand des Aktenmaterials bekannt sind. **§ 53a** ist nachträglich ins Gesetz aufgenommen, nicht ausdrücklich in der vorliegenden Vorschrift in Bezug genommen worden, aber nach deren Zweck davon ebenfalls erfasst (LR/*Ignor/Bartheau* § 56 Rn. 2; SK-StPO/*Rogall* § 56 Rn. 10). In den Fällen des **§ 54** spielt die Glaubhaftmachung keine Rolle, weil das Gericht selbst auf freibeweislicher Grundlage beurteilen kann, ob eine Aussageverweigerung gerechtfertigt ist oder nicht. Praktisch ergeben sich Bedenken meist aus Verlöbnisbehauptungen (§ 52 Abs. 1 Satz 1 Nr. 1; BGHSt 55, 65 [68 ff.]; BGH NJW 1972, 1334; NStZ 1986, 84; OLG Köln StraFo 2002, 131 f.) oder aus der Auskunftsverweigerung von Zeugen wegen deren Annahme, sie könnten 2 sich selbst belasten (§ 55). Die Gefahr der Simulation (vgl. BGHSt 45, 342 [349]) oder Fehleinschätzung durch Zeugen ist in allen anderen Fällen erfahrungsgemäß eher gering, wenngleich auch Personenstandsfälschungen u.a. im sonstigen Anwendungsbereich des § 52 Abs. 1 möglich sind, fehlerhafte Behauptungen von Mandatsanbahnungen im Regelungsbereich des § 53 Abs. 1 vorkommen und anderes mehr. Die abstrakt-generelle Vorwertung des Gesetzgebers, dass die verbleibenden Zweifelsfälle für prozessuale Zwecke allein mit der minderen Beweisform der Glaubhaftmachung sachgerecht gelöst werden, erscheint aufs Ganze gesehen akzeptabel. Praxisprobleme fallen hiernach jedenfalls nicht in großer Zahl an.

3 **B. Anwendungsbereich.** Die vorliegende Regelung gilt **für alle richterlichen Zeugenvernehmungen**, außerdem – mit Ausnahme der Regelung über die eidliche Versicherung – auch für **staatsanwaltschaftliche** und für **polizeiliche Vernehmungen**, wenn diesen ein Auftrag der Staatsanwaltschaft zu Grunde liegt. Dabei wird regelmäßig im Anschluss an die Identifizierung des Zeugen nach dem Bestehen eines Verhältnisses i.S.v. § 52 Abs. 1 gefragt, über dessen rechtliche Relevanz der Zeuge alsdann zu belehren wäre, bei konkreten Anhaltspunkten für eine berufliche Verknüpfung i.S.v. § 53 Abs. 1 auch danach. Zeugen können sich dann dazu äußern. Eine **vom Zeugen behauptete Tatsache**, aus der ein Zeugnisverweigerungsrecht nach §§ 52 Abs. 1, 53 Abs. 1, 53a oder ein Auskunftsverweigerungsrecht nach § 55 Abs. 1 hergeleitet wird, ist glaubhaft zu machen, wenn sie dem Gericht nicht ohnehin bekannt ist, was sich bei einer Verfolgungsgefahr i.S.v. § 55 Abs. 1 meist bereits **aus dem** vorliegenden **Aktenmaterial** ergibt (*Richter II* StV 1996, 457 [460]; s.a. LG Hamburg NStZ 2008, 588) oder allein aufgrund der Behauptung unzweifelhaft erscheint, insb. wenn ihr niemand widerspricht (SK-StPO/*Rogall* § 56 Rn. 6) oder sonst keine Gegengründe konkret ersichtlich sind. Glaubhaftmachung liegt vor, wenn die Tatsache immerhin so weit nachgewiesen ist, dass das Gericht sie für in ausreichendem Maße wahrscheinlich hält (BGHSt 21, 334 [350]; LR/*Ignor/Bartheau* § 56 Rn. 6). Dem Gericht muss es möglich sein, allein aufgrund der behaupteten Tatsache und der präsenten Mittel der Glaubhaftmachung **ohne weitere Ermittlungen entscheiden** zu können (vgl. BGHSt 21, 334 [347]). **Zweifel** an der Richtigkeit der behaupteten Tatsache wirken im Ergebnis zum Nachteil des Zeugen (SK-StPO/*Rogall* § 56 Rn. 5). Die Entscheidungsregel »in dubio pro reo« spielt hier keine Rolle (BGHSt 21, 334 [352]; SK-StPO/*Rogall* § 56 Rn. 5). Auch eine eidliche Versicherung des Zeugen hindert das Gericht bei Vorliegen von Gegenindizien wegen der Freiheit der Beweiswürdigung nicht daran, die Tatsachenbehauptung nicht zu glauben (LR/*Ignor/Bartheau* § 56 Rn. 6).

4 **C. Gegenstand der Glaubhaftmachung. Von dem Zeugen**, der sich auf ein Zeugnis- oder Auskunftsverweigerungsrecht beruft, sind die Tatsachen, auf die er seine Verweigerung stützt, auf Verlangen **glaubhaft zu machen**. Dies sind die Umstände, die ein **Angehörigenverhältnis** nach § 52 Abs. 1 oder einen im i.S.v. § 53 Abs. 1 **berufsbedingter Grund** der Tatsachenwahrnehmung (SK-StPO/*Rogall* § 56 Rn. 9) von Sachverhaltstatsachen ergeben. Beruft sich der Zeuge auf ein Auskunftsverweigerungsrecht wegen einer behaupteten **Gefahr der Selbst- oder Angehörigenbelastung**, bezieht sich die Notwendigkeit der Glaubhaftmachung mangels Evidenz nach Aktenlage gegebenenfalls auf die für eine Verfolgungsgefahr sprechenden Umstände, soweit nicht schon dadurch eine Verfolgungsgefahr begründet würde (Rdn. 7).

5 **D. Verlangen der Glaubhaftmachung.** Bei dem Verlangen nach Glaubhaftmachung handelt es sich um eine **Entscheidung aufgrund eines Ermessensspielraums** der Verhörperson (BGHSt 55, 65 [68]; SK-StPO/*Rogall* § 56 Rn. 6). Nur wenn sie die Angaben des Zeugen zu den vorgebrachten Verweigerungsgründen anzweifelt, hat sie eine Glaubhaftmachung zu verlangen. Glaubhaftmachung ist entbehrlich, wenn diese mindere Form der Beweiserhebung wegen **Offenkundigkeit** der erforderlichen Tatsachen überflüssig ist (SK-StPO/*Rogall* § 56 Rn. 6).

6 Über das Erfordernis der Glaubhaftmachung entscheidet bei der Hauptverhandlung vor einem Kollegialgericht **der Vorsitzende** im Rahmen seiner Sachleitung bei der Vernehmung (§ 238 Abs. 1), gegen dessen Entscheidung das Gericht angerufen werden kann (§ 238 Abs. 2). Die Prozessbeteiligten können eine Glaubhaftmachung nicht selbst verlangen (SK-StPO/*Rogall* § 56 Rn. 6).

7 Auch das Gericht darf nicht die Glaubhaftmachung von Tatsachen fordern, die gerade Gegenstand des Zeugnisverweigerungsrechts sind, also insb., wenn das Angehörigen- oder Mandatsverhältnis i.S.d. §§ 52, 53, 53a auch für die Sachentscheidung erheblich ist, oder wenn der Zeuge **im Fall des § 55 Abs. 1** durch die Glaubhaftmachung sich oder einen Angehörigen i.S.d. § 55 Abs. 1 der **Gefahr der Strafverfolgung** aussetzen müsste (BGH StV 1986, 282; 1987, 328 [329]; LG Traunstein StV 1989, 474; *Mayer* StV 1989, 376). In diesen Fällen genügt die Glaubhaftmachung der Tatsache, dass der Zeuge nach bestem Wissen und Gewissen annimmt, dass ihm ein Weigerungsrecht zustehe (LG Hamburg VRS 74 [1988], 442; *Eisenberg* Beweisrecht der StPO, Rn. 1125; *Gatzweiler* StV 1996, 476), durch das Mittel der eidlichen Versicherung (SK-StPO/*Rogall* § 56 Rn. 11).

E. Mittel der Glaubhaftmachung. Zur Glaubhaftmachung ist mangels gesetzlicher Beschränkung der Möglichkeiten **jedes** präsente **Beweismittel** zulässig (vgl. § 294 Abs. 1 ZPO), das im Freibeweisverfahren genutzt werden kann (MüKo-StPO/*Maier* § 56 Rn. 12). Prozessual **genügendes Mittel der Glaubhaftmachung** der das Verweigerungsrecht begründenden Tatsache ist bei der gerichtlichen Zeugenvernehmung die in jeder Lage des Verfahrens mögliche eidliche Versicherung (§ 56 Satz 2), die aber zu unterbleiben hat, wenn die Behauptung bereits durch andere Umstände widerlegt ist. 8

Für die **eidliche Versicherung** durch förmlichen Eid oder eidesgleiche Bekräftigung gelten die §§ 64, 65, 67 (LR/*Ignor/Bartheau* § 56 Rn. 8). Das Eidesverbot des § 60 Nr. 1 ist gegebenenfalls zu beachten (Meyer-Goßner/*Schmitt* § 56 Rn. 3); § 60 Nr. 2 ist dagegen nicht anzuwenden, weil sonst im Fall des § 55 eine Glaubhaftmachung ausgeschlossen wäre (*Eisenberg* Beweisrecht der StPO, Rn. 1125). 9

Das Gericht kann sich auch **mit minderen Nachweisformen** begnügen (SK-StPO/*Rogall* § 56 Rn. 12), etwa der Versicherung an Eidesstatt (vgl. BGHSt 5, 69 [71]; OLG Köln StraFo 2002, 131 f.; SK-StPO/*Rogall* § 56 Rn. 13), der Vorlage eidesstattlicher Erklärungen Dritter, der Vorlage einer behördlichen Urkunde oder schriftlicher Auskünfte von Zeugen oder Sachverständigen. 10

Glaubhaftmachen setzt die **Beibringung von Beweismitteln** voraus, die dann vor Gericht **präsent** sein und nicht erst von diesem auf ein Beweisangebot des Zeugen beschafft werden müssen (vgl. BGHSt 21, 334 [347]). 11

F. Rechtsmittel. Eine Anfechtung des staatsanwaltschaftlichen oder gerichtlichen Verlangens nach Glaubhaftmachung mit der **Beschwerde** ist für die Verfahrensbeteiligten mangels Beschwer nicht zulässig. 12

Hat das Gericht ein Verweigerungsrecht ohne Glaubhaftmachung anerkannt, so kann dies, nach Beanstandung durch den **Zwischenrechtsbehelf** gem. § 238 Abs. 2 mit der **Revision** gerügt werden, wenn die Entscheidung auf einem Rechtsfehler beruht, nicht aber auf einer Fehlbeurteilung der Glaubhaftmachung (LR/*Ignor/Bartheau* § 56 Rn. 10). §§ 244 Abs. 2, 245 können im Einzelfall verletzt sein, wenn das Gericht dem Zeugen ohne einen angesichts von Gegenindizien ausreichenden Grund ein Zeugnis- oder Auskunftsverweigerungsrecht zubilligt und einem **rechtliche Grenzen überschreitenden Ermessensfehlgebrauch** (vgl. § 114 Satz 1 VwGO) bei der Entscheidung über das Glaubhaftmachungsverlangen unterliegt (BGH NJW 1972, 1334; LR/*Ignor/Bartheau* § 56 Rn. 10; enger OGHBrZ NJW 1950, 271). Eine Möglichkeit zur Nachreichung neuer Mittel der Glaubhaftmachung besteht im Revisionsrechtszug hingegen nicht (vgl. in anderem Zusammenhang BGHSt 21, 85 [88]). 13

§ 57 Belehrung

[1]Vor der Vernehmung werden die Zeugen zur Wahrheit ermahnt und über die strafrechtlichen Folgen einer unrichtigen oder unvollständigen Aussage belehrt. [2]Auf die Möglichkeit der Vereidigung werden sie hingewiesen. [3]Im Fall der Vereidigung sind sie über die Bedeutung des Eides und darüber zu belehren, dass der Eid mit oder ohne religiöse Beteuerung geleistet werden kann.

S.a. RiStBV Nr. 130

A. Grundsätzliches. Die Vorschrift ist auf die richterliche Vernehmung zugeschnitten. Über § 161a Abs. 1 Satz 2 und 3 hat sie – wenn auch in modifizierter Form – aber auch Geltung für die StA. Die Bezugnahme auf die Möglichkeit einer Vereidigung entfällt dabei allerdings. Ebenso unterbleibt bei einer staatsanwaltschaftlichen Vernehmung der Hinweis auf die Strafbarkeit wegen falscher uneidlicher Aussage. An die Stelle dieses Hinweises tritt im Regelfall aber das Aufzeigen strafrechtlicher Folgen nach §§ 145d, 164, 257 und 258 StGB (vgl. KK-StPO/*Bader* § 57 Rn. 2). Für die polizeiliche Vernehmung gilt § 57 Satz 1 über § 163 Abs. 3 Satz 1. 1

B. Tatbestand. Die **Belehrung** hat mündlich und vor der Vernehmung zu erfolgen. Dies gilt auch dann, wenn die Auskunftspersonen mit der Ladung bereits schriftlich belehrt wurden (vgl. Meyer-Goßner/*Schmitt* § 57 Rn. 1). Die gemeinsame Belehrung sämtlicher erschienener Zeugen ist zulässig. Vor der Belehrung dürfen die Zeugen auch nicht »informatorisch« zum Beweisthema befragt werden (vgl. RGSt 67, 287, 288). 2

Der Zeuge ist darauf hinzuweisen, dass seine Wahrheitspflicht und seine Pflicht, die von ihm getätigten Angaben ggf. zu beeiden, sich auch auf Angaben zur Person beziehen (vgl. KK-StPO/*Bader* § 57 Rn. 4). Wird auf die Vorschriften über den Eid hingewiesen, muss auch auf die Vorschrift des § 161 StGB Bezug 3 genommen werden. Einer Belehrung über den Eid und die strafrechtlichen Konsequenzen des Meineides bedarf es nicht, wenn hinsichtlich der Person des Zeugen feststeht, dass eine Vereidigung nicht erfolgen darf (§ 60). Ein Hinweis des Gerichts auf Strafvorschriften, die in keinem Zusammenhang mit den Regelungen über die Falschaussage stehen (§§ 145d StGB etc.), kann geboten sein (vgl. SK-StPO/*Rogall* § 57 Rn. 5).

4 Die **Form der Belehrung** steht im Ermessen des Gerichts. Gem. Nr. 130 RiStBV soll sie in angemessener und wirkungsvoller Weise erfolgen. Dabei ist auf die Verständnismöglichkeiten des Zeugen Rücksicht zu nehmen. So kann bei Juristen im Zeugenstand ein kurzer Hinweis auf die Pflichten des § 57 genügen. Gänzlich verzichtet sollte aber auch bei ihnen auf die Belehrung nicht (vgl. LR/*Ignor/Bertheau* § 57 Rn. 5; a.A. KK-StPO/*Bader* § 57 Rn. 5). Eine Wiederholung der Belehrung während der Vernehmung ist möglich und tunlich, wenn sich im Laufe der Vernehmung Zweifel an der Richtigkeit des Inhalts der Aussage einstellen (vgl. BGHSt 3, 199, 200).

5 In das **Protokoll** wird die Belehrung zwar regelmäßig aufgenommen, (vgl. RiStBV Nr. 130, S. 2). Die Belehrung zählt nach herrschender Meinung jedoch nicht zu den wesentlichen Förmlichkeiten des Verfahrens, weshalb die Verhandlungsniederschrift diesbezüglich keine absolute Beweiskraft gem. §§ 273, 274 besitzt (a.A. LR/*Ignor/Bertheau* § 57 Rn. 8, die deshalb auch folgerichtig bei einer Verletzung des § 57 einen revisiblen Verstoß annehmen; § 57 Rn. 9).

6 **C. Revision.** Nach vorherrschender Ansicht ist bei einem Verstoß gegen § 57 die Revision nicht eröffnet. Die Regelung sei eine reine Ordnungsvorschrift, die allein dem Schutz des Zeugen, nicht aber den Interessen des Angeklagten diene (vgl. BGH VRS 36, 23 f.; Meyer-Goßner/*Schmitt* § 57 Rn. 7). Die Gegenansicht (u.a. LR/*Ignor/Bertheau* § 57 Rn. 9) sieht in ihr demgegenüber eine der Erforschung der Wahrheit dienende Regelung, die rechtliche Interessen des Angeklagten wahre, indem sie dem Zeugen die Bedeutung seiner Aussage und die Konsequenzen eines Verstoßes gegen seine Pflichten nachdrücklich vor Augen führe. Werde sie missachtet oder verletzt, könne der Angeklagte daher die Aufklärungsrüge erheben (vgl. SK-StPO/*Rogall* § 57 Rn. 14).

§ 58 Vernehmung; Gegenüberstellung

(1) Die Zeugen sind einzeln und in Abwesenheit der später zu hörenden Zeugen zu vernehmen.

(2) Eine Gegenüberstellung mit anderen Zeugen oder mit dem Beschuldigten im Vorverfahren ist zulässig, wenn es für das weitere Verfahren geboten erscheint. Bei einer Gegenüberstellung mit dem Beschuldigten ist dem Verteidiger die Anwesenheit gestattet. Von dem Termin ist der Verteidiger vorher zu benachrichtigen. Auf die Verlegung eines Termins wegen Verhinderung hat er keinen Anspruch. Hat der Beschuldigte keinen Verteidiger, so ist er darauf hinzuweisen, dass er in den Fällen des § 140 die Bestellung eines Pflichtverteidigers beantragen kann.

S.a. RiStBV Nr. 18

1 **A. Grundsätzliches.** Die Vorschrift enthält eine allgemeine gesetzliche Regelung über die Durchführung der Vernehmung (Abs. 1) und eine Sonderregelung über die Gegenüberstellung von Zeugen im Vorverfahren. Abs. 1 dient dazu, die Unvoreingenommenheit und Unbefangenheit des Zeugen und die Selbstständigkeit seiner Darstellung zu bewahren (vgl. BGHSt 3, 386, 388). Er gilt in allen Verfahrensabschnitten und ist auf Vernehmungen durch die StA (§ 161a Abs. 1 Satz 2) und die Polizei (§ 163 Abs. 3 Satz 1) anzuwenden.

2 **B. Tatbestand.** § 58 Abs. 1 gebietet die sog. **Einzelvernehmung** in Abwesenheit der später anzuhörenden Zeugen. Gesprächskontakte der Auskunftsperson mit bereits vernommenen Zeugen in der Verhandlungspause sind damit nicht verboten (vgl. BGH NJW 1962, 260, 261).

3 Die Vorschrift gilt für **sämtliche Zeugen**, auch für den sachverständigen Zeugen und den Beistand nach § 149, wenn dieser gleichzeitig Zeuge ist (vgl. BGHSt 4, 205, 206). Sie ist auch auf den Staatsanwalt, sofern dieser als Zeuge vernommen wird (vgl. BGH NJW 1987, 3088, 3090; a.A. *Häger* GS Meyer, S. 171, 182) und den Wahlverteidiger (vgl. RGSt 55, 219) anzuwenden. Keine Anwendung findet Abs. 1 auf den Nebenkläger (§ 397 Abs. 1 Satz 1; vgl. BGH VRS 48, 18, 19), den Antragsteller im Adhäsionsverfahren sowie den Erziehungsberechtigten und den gesetzlichen Vertreter von Jugendlichen i.S.d. § 67 JGG (vgl. KK-StPO/*Bader* § 58 Rn. 2). Diese Personen haben in der Verhandlung ein Recht auf Anwesenheit. Bezüglich der Erziehungsberechtigten und gesetzlichen Vertreter sind aber die Ausschlussmöglichkeiten in § 51 JGG zu

beachten. Ein Anwesenheitsrecht während der gesamten Verhandlung genießen auch der Einziehungs- und Verfallsbeteiligte (vgl. SK-StPO/*Rogall* § 58 Rn. 10). § 406g Abs. 1 Satz 2 gestattet auch dem zur Nebenklage lediglich berechtigten Zeugen die dauernde Anwesenheit im Termin. Umstritten ist, ob der Zeugenbeistand nach § 68b trotz seiner möglichen Zeugenstellung auch über die Vernehmung seines Mandanten hinaus ein Anwesenheitsrecht genießt. Teilweise wird dies mit Hinweis auf die prozessuale Verpflichtung des Beistands bejaht. Dieser habe seinem Mandanten effektiv zur Seite zu stehen, was Kenntnis vom gesamten Verfahren voraussetze (vgl. LG Heilbronn NStZ 2004, 100, 101 m. abl. Anm. *Wagner*; LR/*Ignor*/*Bertheau* § 58 Rn. 3; a.A. KK-StPO/*Bader* § 58 Rn. 2; s.a. BGH NStZ-RR 2010, 246, 247: Die Rechte des Zeugenbeistands leiteten sich aus den Rechten des Zeugen her. Daher habe der Beistand keine weitergehenden Befugnisse als der Zeuge).

In welcher **Reihenfolge** das Gericht die Zeugen vernimmt, steht in seinem Ermessen (vgl. BGHSt 2, 110, 111; 4
Meyer-Goßner/*Schmitt* § 58 Rn. 4). Das Ermessen wird durch die gerichtliche Fürsorge- und Aufklärungspflicht im Einzelfall eingeschränkt. So sollten Kinder und Jugendliche möglichst vorrangig vernommen werden, um sie frühzeitig entlassen und damit den Belastungen des Verfahrens entziehen zu können (vgl. Meyer-Goßner/*Schmitt* § 58 Rn. 4 und RiStBV Nr. 135 Abs. 3). Auch sollten die Zeugen, die in Ausnahme der Regelung des § 58 Abs. 1 ein Anwesenheitsrecht genießen (vgl. oben Rdn. 3), so bald wie möglich vernommen werden. Dies versetzt sie in den Stand, ihre prozessualen Rechte wahrzunehmen (vgl. KK-StPO/*Bader* § 58 Rn. 3). Verhörspersonen, die im Verfahren einen zur Aussageverweigerung berechtigten Zeugen vernommen haben, dürfen ihrerseits erst vernommen werden, wenn feststeht, dass der weigerungsberechtigte Zeuge auf das ihm zustehende Weigerungsrecht nunmehr verzichtet hat (vgl. BGHSt 2, 110, 111; nach LR/*Ignor*/*Bertheau* § 58 Rn. 8 soll nichts anderes gelten, wenn dem unmittelbaren Zeugen ein Auskunftsverweigerungsrecht nach § 55 zusteht).

§ 58 Abs. 1 steht einer Vernehmung von Zeugen, die der bisherigen Verhandlung als Zuhörer gefolgt sind, 5
nicht entgegen. Ein auf Vernehmung gerichteter Beweisantrag darf mit Blick auf die Regelung nicht zurückgewiesen werden (vgl. bereits RGSt 1, 366, 367; KK-StPO/*Bader* § 58 Rn. 4). Bei seiner Aussagebewertung muss das Gericht allerdings den Umstand einer Kenntnis des Zeugen vom Verfahrensgang berücksichtigen. Stellt sich heraus, dass ein Zuhörer als Zeuge in Betracht kommt, ist er umgehend zum Verlassen des Sitzungssaals aufzufordern (vgl. BGH NJW 2001, 2732). Die Zuständigkeit hierfür liegt beim Vorsitzenden, gegen dessen Entscheidung das Gericht angerufen werden kann, § 238 Abs. 2 (vgl. BGH NJW 2001, 2732). Die Aufforderung muss auch dann ergehen, wenn nicht sicher ist, ob der Zeuge tatsächlich gehört werden wird.

Bereits **vernommene Zeugen** können ebenfalls des Saales verwiesen werden, wenn sie noch nicht entlassen 6
sind. Von § 58 Abs. 1 ist dies gefordert, wenn der vernommene Zeuge ein weiteres Mal vernommen werden soll und damit »späterer Zeuge« i.S.d. Vorschrift ist. Ansonsten liegt es im Ermessen des Gerichts, der bereits vernommenen Auskunftsperson die Anwesenheit bei weiteren Zeugenvernehmungen zu gestatten (vgl. BGH NJW 1962, 260, 261).

§ 58 Abs. 2 statuiert für den Zeugen die Pflicht, sich anderen Zeugen oder dem Beschuldigten im Vorver- 7
fahren gegenüberstellen zu lassen. Neben dem Gericht besitzt über § 161a Abs. 1 Satz 2 auch die StA das Recht, **Gegenüberstellungen** vorzunehmen (zur Befugnis der Polizei vgl. §§ 163 Abs. 3 Satz 1). Durch richterliche Anordnung kann ein Zeuge verpflichtet werden, sich zur Gegenüberstellung in Räumlichkeiten der Polizei einzufinden (vgl. LG Hamburg MDR 1985, 72). Die Gegenüberstellung im Vorverfahren ist nur möglich, wenn sie für das »weitere Verfahren geboten erscheint«, d.h. sie muss der Sachaufklärung dienen (vgl. KK-StPO/*Bader* § 58 Rn. 6). Der Beschuldigte hat auf die Anordnung einer Gegenüberstellung ebenso wenig einen Anspruch wie auf eine bestimmte Art und Weise ihrer Durchführung (vgl. RGSt 48, 201, 202). Für das Hauptverfahren bedarf es keiner besonderen Regelung. Hier sind Gegenüberstellungen auf Anordnung des Gerichts möglich, weil es aus § 244 Abs. 2 zur Erforschung des Sachverhalts verpflichtet ist. Allerdings ist der Antrag auf Durchführung einer Gegenüberstellung kein Beweisantrag i.S.d. § 244 Abs. 3 (vgl. Meyer-Goßner/*Schmitt* § 58 Rn. 8).

Die Gegenüberstellung erfolgt entweder zu Identifizierungszwecken oder sie soll – als Vernehmungsgegenüber- 8
stellung – Widersprüche zwischen der Aussage des Zeugen und der Einlassung des Beschuldigten oder anderen Zeugenaussagen beseitigen (vgl. KG NJW 1979, 1668, 1669). Bei der **Identifizierungsgegenüberstellung** wird eine Person dem Zeugen zum Zwecke der Wiedererkennung präsentiert. Der Zeuge wird anschließend zu seiner Augenscheineinnahme befragt. Die Gegenüberstellung stellt sich insoweit als Teil der zeugenschaftlichen Vernehmung dar (vgl. Meyer-Goßner/*Schmitt* § 58 Rn. 9). Daraus folgt, dass der Zeuge zur Teilnahme an der Gegenüberstellung grds. verpflichtet ist, es sei denn, ihm steht ein Aussageverweigerungsrecht zu (vgl. KK-StPO/*Bader* § 58 Rn. 8). Die zu identifizierende Person soll, wenn sie Beschuldigte des Verfahrens ist, trotz der Möglichkeit, die Einlassung zu verweigern, kein Recht haben, die Teilnahme an der Gegenüberstellung zu verweigern (vgl. BGHSt 34, 39, 49; SK-StPO/*Rogall* § 58 Rn. 35). Streitig ist, ob ein Zeuge, der

das Recht zur Aussageverweigerung hat, sich gegenüberstellen lassen muss. Soweit dies verneint wird (vgl. KK-StPO/*Bader* § 58 Rn. 8 unter Bezugnahme auf BGH NJW 1960, 2156; befürwortend demgegenüber u.a. Meyer-Goßner/*Schmitt* § 58 Rn. 9), trägt dies zwar dem verständlichen Wunsch des Zeugen Rechnung, an der Aufklärung einer Straftat nicht teilnehmen zu wollen, die einer ihm durch ein besonderes Näheverhältnis verbundenen Person angelastet wird, wirft aber zugleich die Frage der Privilegierung ggü. dem Beschuldigten auf. Die herrschende Meinung löst das Problem über die Rechtsnatur des Aktes der Gegenüberstellung. Sie folgert die notwendige Teilnahme des Beschuldigten an der Gegenüberstellung nicht unmittelbar aus § 58 Abs. 2 (a.A. KG JR 1979, 347, 348; Meyer-Goßner/*Schmitt* § 58 Rn. 9), sondern aus dessen Pflicht, körperliche Untersuchungen nach § 81a (so u.a. LR/*Ignor/Bertheau* § 58 Rn. 12; *Odenthal* NStZ 1985, 433, 434; *dies.*, Die Gegenüberstellung im Strafverfahren, 3. Aufl. 1999, S. 57 ff.) oder erkennungsdienstliche Behandlungen nach § 81b (so u.a. SK-StPO/*Rogall* § 58 Rn. 35) zu dulden.

9 Die **Vernehmungsgegenüberstellung** ist demgegenüber eine besondere Art der Vernehmung der beiden gegenübergestellten Personen. Die Widersprüche der Aussageinhalte bzw. Angaben erfolgt durch Rede und Gegenrede, Fragen und Vorbehalte. Sofern das Gericht es für erforderlich hält, können die gegenübergestellten Personen sich auch gegenseitig befragen (vgl. Meyer-Goßner/*Schmitt* § 58 Rn. 10). Da die Vernehmungsgegenüberstellung eine Vernehmung ist, kann ein zur Aussageverweigerung berechtigter Zeuge unter Berufung auf sein Verweigerungsrecht die Teilnahme an ihr ablehnen (vgl. LR/*Ignor/Bertheau* § 58 Rn. 10). Nicht als Vernehmungsgegenüberstellung soll die stumme Anwesenheit eines Zeugen bei der Vernehmung eines anderen Zeugen gelten, mit der erforscht werden soll, ob der Vernommene seine bisherigen Angaben aufrechterhält (vgl. BGH NJW 1960, 2156). Allerdings soll ein zur Aussageverweigerung berechtigter Zeuge auch an einer solchen Form der Konfrontation nicht teilnehmen müssen, worüber er auch zu belehren sei (vgl. KK-StPO/*Bader* § 58 Rn. 7).

10 Die **Art und Weise einer Identifizierungsgegenüberstellung** wird durch das Gericht bestimmt. Dieses kann Anordnungen zu der zu tragenden Kleidung aber auch zu einer Veränderung der Haar- und Barttracht treffen (vgl. Meyer-Goßner/*Schmitt* § 58 Rn. 11). Der Beschuldigte hat den gerichtlichen Anordnungen Folge zu leisten. Ihm ist es darüber hinaus untersagt, Handlungen vorzunehmen, die den Vorgang der Identifizierung erschweren (Grimassen, Schließen der Augen etc.). Nach herrschender Meinung ist die Anwendung unmittelbaren Zwangs möglich, um solche Handlungen zu unterbinden, wozu die Vorschrift des § 58 Abs. 2 die Rechtsgrundlage bilden soll (vgl. KG JR 1979, 347, 348; Meyer-Goßner/*Schmitt* § 58 Rn. 11; a.A. *Grünwald* JZ 1981, 423, 424 f.; *Odenthal* NStZ 1985, 433, 435). Eine Identifizierungsgegenüberstellung muss nicht im selben Raum stattfinden. Die Betrachtung der zu identifizierenden Personen durch einen venezianischen Spiegel ist zulässig (vgl. *Geppert* Jura 1989, 274, 277; SK-StPO/*Rogall* § 58 Rn. 41). Soll eine Person als Beschuldigter identifiziert werden, findet im Regelfall eine sog. **Wahlgegenüberstellung** statt, bei der dem Betrachter mehrere Personen gleichen Geschlechts, ähnlichen Alters und ähnlicher Erscheinung präsentiert werden. Hierbei darf für den Identifizierenden nicht erkennbar sein, bei welcher Person es sich um den Beschuldigten handelt, Nr. 18 Satz 1 RiStBV. Der Gang der Gegenüberstellung sollte protokolliert werden (vgl. SK-StPO/*Rogall* § 58 Rn. 41). Empfehlenswert ist die bildliche Dokumentation auch mittels Videoaufnahme (vgl. zur Zulässigkeit BVerfG NStZ 1983, 84). Eine Einzelgegenüberstellung zur Identifizierung in Abweichung von Nr. 18 Satz 1 RiStBV ist durchaus möglich, sie besitzt aber einen geringeren Beweiswert (vgl. OLG Schleswig SchlHA 1971, 216). Den höchsten Beweiswert misst die Rspr. inzwischen der sequenziellen oder sukzessiven Wahlgegenüberstellung bei (vgl. BGH StV 2000, 603). Bei dieser Art der Gegenüberstellung werden dem Identifizierenden mehrere Personen nacheinander vorgeführt. Der **Verteidiger** hat bei der Gegenüberstellung **ein Anwesenheitsrecht**, Abs. 2 Satz 2–5. Von dem Termin ist er zu benachrichtigen, hat aber bei Verhinderung keinen Anspruch auf Verlegung. Der Beschuldigte ist auf die Möglichkeit, die Beiordnung eines Verteidigers in den Fällen des § 140 zu beantragen, hinzuweisen.

11 **Unzulänglichkeiten bei der Gegenüberstellung** führen nicht zum Ausschluss des Beweismittels, mindern aber dessen Beweiswert. Dessen muss sich das Gericht bei seiner Würdigung bewusst sein (vgl. BGHSt 16, 204, 206; KK-StPO/*Bader* § 58 Rn. 9).

12 Besonders krit. muss auch die **Wiedererkennung des Angeklagten in der Hauptverhandlung** durch einen Zeugen hinterfragt werden. Hier besteht die Gefahr, dass der Angeklagte nicht mit dem Täter, sondern der anlässlich einer Gegenüberstellung gem. § 58 Abs. 2 wiedererkannten Person verglichen wird (vgl. BGHSt 16, 204, 206; OLG Koblenz StV 2007, 348, 349; Meyer-Goßner/*Schmitt* § 58 Rn. 13 m.w.N.). Dessen ungeachtet kommt auch dem (wiederholten) Wiedererkennen in der Hauptverhandlung ein – wenn auch eingeschränkter – Beweiswert zu (BGH NStZ 2011, 648, 650). Liegt zwischen der Tat und einem Wiedererkennen des Angeklagten in der Hauptverhandlung ein erheblicher Zeitraum – etwa zwei Jahre –, muss das Tatgericht diesen Aspekt im Urteil krit. würdigen (OLG Düsseldorf DAR 2016, 215).

Die durch Nr. 18 Satz 1 RiStBV aufgestellten Regelungen besitzen auch für eine **Identifizierung mittels Stimmenvergleich** Gültigkeit. Es ist also insb. darauf zu achten, dass dem Identifizierenden mehrere Stimmen vorgespielt werden, die zudem eine gewisse Ähnlichkeit besitzen (vgl. BGHSt 40, 66, 69). Eine Identifizierung über die Stimme dürfte aber im Regelfall als alleinige Grundlage für eine Verurteilung nicht ausreichen (vgl. Meyer-Goßner/*Schmitt* § 58 Rn. 14). 13

C. Revision. § 58 Abs. 1 ist eine bloße Ordnungsvorschrift, deren Verletzung die Revision grds. nicht begründen kann (vgl. BGH NJW 1962, 260, 261). Allerdings ist nicht ausgeschlossen, dass das Gericht durch eine fehlerhafte Handhabung der Regelung zugleich gegen seine Pflicht aus § 244 Abs. 2 verstößt, was zur Zulässigkeit der Aufklärungsrüge führt (vgl. OLG Nürnberg, Beschl. v. 14.04.2009 – 2 St OLG Ss 33/09, juris; KK-StPO/*Bader* § 58 Rn. 11). So kann gerügt werden, dass der Zeuge in Abwesenheit der weiteren Zeugen anders ausgesagt hätte (vgl. BGH MDR [D] 1974, 274). Auch das Unterbleiben einer Gegenüberstellung nach § 58 Abs. 2 kann eine Verletzung der Aufklärungspflicht darstellen (vgl. KK-StPO/*Bader* § 58 Rn. 12). Die Sachrüge hat Erfolg, wenn die Urteilsgründe nicht erkennen lassen, dass sich das Gericht des eingeschränkten Beweiswerts einer Einzelgegenüberstellung, eines wiederholten Wiedererkennens in der Hauptverhandlung oder eines unzureichenden Stimmenvergleichs bewusst gewesen ist (vgl. Meyer-Goßner/*Schmitt* § 58 Rn. 15 m.w.N.). Eine unzulässige Beschränkung der Öffentlichkeit kann vorliegen, wenn ein Zuhörer des Saales verwiesen wird, obwohl keine hinreichenden Anhaltspunkte dafür vorliegen, dass er als Zeuge zur Sachverhaltsaufklärung hätte beitragen können (vgl. BGH NStZ 2004, 453 f.; KK-StPO/*Bader* § 58 Rn. 13). 14

§ 58a Aufzeichnung der Vernehmung in Bild und Ton

(1) [1]Die Vernehmung eines Zeugen kann in Bild und Ton aufgezeichnet werden. [2]Sie soll nach Würdigung der dafür jeweils maßgeblichen Umstände aufgezeichnet werden und als richterliche Vernehmung erfolgen, wenn

1. damit die schutzwürdigen Interessen von Personen unter 18 Jahren sowie von Personen, die als Kinder oder Jugendliche durch eine der in § 255a Absatz 2 genannten Straftaten verletzt worden sind, besser gewahrt werden können oder

2. zu besorgen ist, dass der Zeuge in der Hauptverhandlung nicht vernommen werden kann und die Aufzeichnung zur Erforschung der Wahrheit erforderlich ist.

[3]Die Vernehmung muss nach Würdigung der dafür jeweils maßgeblichen Umstände aufgezeichnet werden und als richterliche Vernehmung erfolgen, wenn damit die schutzwürdigen Interessen von Personen, die durch Straftaten gegen die sexuelle Selbstbestimmung (§§ 174 bis 184j des Strafgesetzbuches) verletzt worden sind, besser gewahrt werden können und der Zeuge der Bild-Ton-Aufzeichnung vor der Vernehmung zugestimmt hat.

(2) [1]Die Verwendung der Bild-Ton-Aufzeichnung ist nur für Zwecke der Strafverfolgung und nur insoweit zulässig, als dies zur Erforschung der Wahrheit erforderlich ist. [2] § 101 Abs. 8 gilt entsprechend. [3]Die §§ 147, 406e sind entsprechend anzuwenden, mit der Maßgabe, dass den zur Akteneinsicht Berechtigten Kopien der Aufzeichnung überlassen werden können. [4]Die Kopien dürfen weder vervielfältigt noch weitergegeben werden. [5]Sie sind an die Staatsanwaltschaft herauszugeben, sobald kein berechtigtes Interesse an der weiteren Verwendung besteht. [6]Die Überlassung der Aufzeichnung oder die Herausgabe von Kopien an andere als die vorbezeichneten Stellen bedarf der Einwilligung des Zeugen.

(3) [1]Widerspricht der Zeuge der Überlassung einer Kopie der Aufzeichnung seiner Vernehmung nach Absatz 2 Satz 3, so tritt an deren Stelle die Überlassung des Protokolls an die zur Akteneinsicht Berechtigten nach Maßgabe der §§ 147, 406e. [2]Das Recht zur Besichtigung der Aufzeichnung nach Maßgabe der §§ 147, 406e bleibt unberührt. [3]Der Zeuge ist auf sein Widerspruchsrecht nach Satz 1 hinzuweisen.

S.a. RiStBV Nr. 19, 19a, 19b

Übersicht

1 **A. Allgemeines. I. Regelungszweck.** Die Vorschrift regelt die Bild- und Tonaufzeichnung einer Zeugenvernehmung, wobei auch rein digitale Speicherungen unabhängig von einem mobilen Informationsträger genügen (BT-Drs. 18/9416, S. 59). Da diese regelmäßig das Recht des Zeugen am eigenen Bild und am gesprochenen Wort verletzt und damit in sein allgemeines Persönlichkeitsrecht eingreift, bedarf es für diesen Grundrechtseingriff einer gesetzlichen **Ermächtigungsgrundlage.** § 58a Abs. 1 ist fakultativ ausgestaltet, hingegen ist Satz 2 eine Soll-Vorschrift; die Vernehmung von Opfern von Sexualdelikten ist nach Satz 3 unter gewissen Umständen zwingend aufzuzeichnen. § 58a Abs. 1 begründet eine Duldungspflicht des Zeugen; eine Ausnahme stellt Satz 3 dar, der die Zustimmung des Zeugen verlangt. Verweigert sich der Zeuge einer Aufzeichnung nach Satz 1 oder Satz 2, darf **Zwang** (§ 70) angewendet werden (SK-StPO/*Rogall* § 58a Rn. 10; MüKo-StPO/*Maier* § 58a Rn. 31; AnwK-StPO/*v. Schlieffen* § 58a Rn. 1; HK-StPO/*Gercke* Rn. 5; Meyer-Goßner/*Schmitt* § 58a Rn. 7a: zurückhaltende Anwendung; zweifelnd *Rieß* StraFo 1999, 1, 2 Fn. 34). Um ein optimales Ergebnis zu erzielen, sollte sich der Vernehmende dennoch stets um die Zustimmung des Zeugen bemühen und seine Kooperationsbereitschaft wecken (BT-Drs. 13/7165, S. 6; SK-StPO/*Rogall* § 58a Rn. 10; AnwK-StPO/*v. Schlieffen* § 58a Rn. 1; Meyer-Goßner/*Schmitt* § 58a Rn. 7a).

2 Abs. 2 und 3 enthalten Vorschriften über die weitere Verwendung der angefertigten Aufzeichnungen und die Akteneinsicht.

3 Ein wesentlicher Zweck des § 58a wird in dem **Schutz** des Zeugen gesehen. Denn durch die Aufzeichnung einer frühen Aussage könne ihm eine Beeinträchtigung durch eine wiederholte Vernehmung erspart werden (BGH NStZ-RR 2004, 336; HK-StPO/*Gercke* § 58a Rn. 4; SK-StPO/*Rogall* § 58a Rn. 2; MüKo-StPO/*Maier* § 58a Rn. 4). Sie erleichtert darüber hinaus durch die exakte **Dokumentation** der Zeugenaussage die Wahrheitsfindung (SK-StPO/*Rogall* § 58a Rn. 2; MüKo-StPO/*Maier* § 58a Rn. 7 f.; wegen der Erleichterung bei der Protokollerstellung sogar für eine vollständige audiovisuelle Dokumentation der Hauptverhandlung: *Rottländer* NStZ 2014, 138 und *Bockemühl* FS v. Heintschel-Heinegg, S. 51 ff.) und kann helfen, die bedeutsame *Erstaussage* von Zeugen zu fixieren (vgl. zu kindlichen Zeugen: BGH NStZ-RR 1998, 16; StV 1997, 513; NJW 1996, 206; NStZ 1995, 558; Meyer-Goßner/*Schmitt* § 58a Rn. 1a; MüKo-StPO/*Maier* § 58a Rn. 5; *Deckers* NJW 1996, 3105, 3108). Darüber hinaus bietet die Vorschrift einen zuverlässigen Schutz vor **Beweisverlusten**, wenn der Zeuge im weiteren Verfahren möglicherweise nicht mehr zur Verfügung stehen wird (LR/*Ignor/Bertheau* Rn. 1; SK-StPO/*Rogall* Rn. 2; Meyer-Goßner/*Schmitt* § 58a Rn. 1a f.; AnwK-StPO/*v. Schlieffen* § 58a Rn. 2; MüKo-StPO/*Maier* § 58a Rn. 46 ff.; KK-StPO/*Bader* § 58a Rn. 5, 7).

4 Dem steht die Durchbrechung des Unmittelbarkeitsgrundsatzes gegenüber bzw. entgegen (ausführlich: *Wehowsky* StV 2018, 685). Bisher fehlen wissenschaftliche Überprüfungen einer etwaigen verzerrenden Wirkung der Videoaufnahme und ihrer Umstände auf die Aussage oder etwaiger Suggestiveffekten auf die zu vernehmende Person. Diese Form der Beweisaufnahme kreiert Beweissurrogate für die Hauptverhandlung und präjudiziert Letztere (*Eisenberg* Rn. 1311).

5 **II. Entstehungsgeschichte.** Eingeführt wurde die Vorschrift durch das **Zeugenschutzgesetz** (ZSchG) v. 30.04.1998 (Gesetz zum Schutz von Zeugen bei Vernehmungen im Strafverfahren und zur Verbesserung des Opferschutzes, BGBl. I, S. 820; ausführlich *Caesar* NJW 1998, 2313; LR/*Ignor/Bertheau* § 58a Rn. 2 f. m.w.N.). Das ZSchG hat die StPO um einige kleine Buchstaben bereichert. Neben § 58a wurden eingeführt: §§ 68b, 168e, 247a, 255a, 397a Abs. 1. Mit dem **Opferrechtsreformgesetz** v. 24.06.2004 wurde Abs. 2 um die Sätze 3 bis 6 erweitert und Abs. 3 neu in die Vorschrift eingefügt (BGBl. I, S. 1354; hierzu und zum Folgenden ausführlich SK-StPO/*Rogall* § 58a Rn. 6 ff. m.w.N.; Abs. 3 wurde durch BGBl. I, S. 2099 mit Geltung ab dem 01.07.2021 geringfügig modifiziert) und mit dem **2. Opferrechtsreformgesetz** v. 29.07.2009 u.a. die Schutzaltersgrenze in Abs. 1 Nr. 1 auf 18 Jahre angehoben (BGBl. I, S. 2280). Der terminologische Wandel vom *Zeugenschutz* zum *Opferrecht* spiegelt die rechtspolitischen und gesellschaftlichen Strömungen der letzten Dekade wieder. Später wurde Abs. 1 Satz 2 (hier insb. die Nr. 1) durch das Gesetz zur Stärkung der Rechte von Opfern sexuellen Missbrauchs (StORMG) vom 26.06.2013 (Inkrafttreten am 01.09.2013) in dreierlei Hinsicht (vgl. unten Rdn. 9 ff.) ergänzt. Zudem wurde § 58a Abs. 1 Satz 1 durch das Gesetz zur Einführung der elektronischen Akte in der Justiz und zur weiteren Förderung des elektronischen Rechtsverkehrs vom 05.07.2017 mit Wirkung vom 01.01.2018 (BGBl. I, 2208) leicht modifiziert. Mit dem Gesetz zur Modernisierung des Strafverfahrens vom 10.12.2019 (BGBl. I, S. 2121) wurde mit Wirkung zum 13.12.2019 eine Muss-Regelung in § 58a Abs. 1 Satz 3 eingeführt, die auch erwachsene Zeugen erfasst.

Durch das am 24.08.2017 in Kraft getretene Gesetz zur effektiveren und praxistauglicheren Ausgestaltung des Strafverfahrens (BGBl. I, S. 3202) hat § 136 am 01.01.2020 einen Abs. 4 erhalten, nach dem eine Aufzeichnung der Beschuldigtenvernehmung u.a. auch zwingend ist, wenn dieser ein vorsätzlich begangenes Tötungsdelikt zugrunde liegt (*Singelnstein/Derin* NJW 2017, 2646; *Tormöhlen* AO-StB 2018, 348, 350; *Hofmann/Granzow* jurisPTR-ITR 4/2018). Für diese gilt § 58a Abs. 2 entsprechend (§ 136 Abs. 4 Satz 2 n.F.) (Für eine Geltung des Zwangs bei Zugrundeliegen eines entsprechenden Delikts auch für die Zeugenvernehmung: *Caspari* DRiZ 2015, 386 f.).

B. Regelungsgehalt. § 58a gilt für alle (richterlichen, staatsanwaltlichen und polizeilichen) Zeugenvernehmungen im Ermittlungsverfahren (Graf/*Huber* Rn. 4; AnwK-StPO/*v. Schlieffen* Rn. 4–6; Radtke/Hohmann/*Otte* § 58a Rn. 2; *Altenhain* ZIS 2015, 269). 6

I. Fakultative Aufzeichnung. Nach Abs. 1 Satz 1 **kann** grds. **jede** Zeugenvernehmung aufgezeichnet werden. 7
Alle Verfahrensvorgänge sind zu erfassen, die mit der Vernehmung im Zusammenhang stehen oder sich aus dieser ergeben (Meyer-Goßner/*Schmitt* § 58a Rn. 4; KMR/*Neubeck* § 58a Rn. 4). Hierzu gehören auch Vorgespräche (KK-StPO/*Bader*, § 58a Rn. 4) und informelle Zwischengespräche (*Schlothauer* StV 1999, 47, 48) oder eigenständige Vorgänge, wie die Augenscheinnahme oder die Verhandlung über die Vereidigung und diese selbst (KMR/*Neubeck* § 58a Rn. 4; Graf/*Huber* § 58a Rn. 5; vgl. zu alldem auch Rdn. 33). Zwar sind Teilaufnahmen nicht grds. unzulässig (a.A. *Leitner* StraFo 1999, 45, 47), aber unzweckmäßig (*Rieß* StraFo 1999, 1, 3) und dadurch im Beweiswert gemindert. Wegen des erheblichen Eingriffs in das Persönlichkeitsrecht des Zeugen und der Durchbrechung des Unmittelbarkeitsgrundsatzes soll nach weit verbreiteter Ansicht von der Möglichkeit der Aufzeichnung jedoch nur sparsam Gebrauch gemacht werden (Meyer-Goßner/*Schmitt* § 58a Rn. 4; KMR/*Neubeck* § 58a Rn. 5; LR/*Ignor/Bertheau* § 58a Rn. 13; Graf/*Huber* § 58a Rn. 6; *Eisenberg* Rn. 1311; MüKo-StPO/*Maier* § 58a Rn. 22 ff. mit differenzierenden Beispielen). Für einen zurückhaltenden Einsatz soll auch der hohe technische Aufwand streiten (Radtke/Hohmann/*Otte* § 58a Rn. 3). All dies überzeugt nicht: Soweit die Kamera den Vernehmenden, den Zeugen und etwa anwesende Sachverständige erfasst (was stets der Fall sein sollte, vgl. KK-StPO/*Bader* § 58a Rn. 4) und die Verteidigungsrechte des Beschuldigten gewahrt sind (vgl. insb. Art. 6 Abs. 3 lit. d) EMRK), ist eine Aufzeichnung und die damit einhergehende Dokumentation der Zeugenaussage den üblichen »Protokollen« in ihrem Beweiswert überlegen. Sie bietet nicht nur den Vorteil einer exakten Dokumentation und weiterer optischer und akustischer Eindrücke (HK-GS/*Trüg* § 58b Rn. 2: »plastischer«) – sondern erfasst auch die Fragestellung. Die Warnung aus der Feder eines Staatsanwalts (Radtke/Hohmann/*Otte* § 58a Rn. 8) ist ein beredtes Zeichen: »Bei der Durchführung der Vernehmung ist auf eine gute, vollständige und nichtsuggestive Befragung zu achten, da sich Fehler in diesem Verfahrensstadium im weiteren Verlauf nicht mehr ausgleichen lassen« (vgl. auch Graf/*Huber* § 58a Rn. 16 und *Schöch* FS für Meyer-Goßner, S. 365, 371; zum Ganzen: *Altenhain* ZIS 2015, 269, 273 ff.).

Der Erkenntniszuwachs, der sich durch eine exakte Dokumentation der Zeugenaussage gewinnen lässt, wiegt schwerer als die Beeinträchtigungen des Unmittelbarkeitsprinzips in der Hauptverhandlung. Ohnehin spricht vieles dafür, dass Richter ihre Fähigkeiten überschätzen, nonverbale (vermeintliche) Beweisanzeichen fundiert zu deuten (vgl. *Sporer/Köhnken* Nonverbale Indikatoren von Täuschung, in: *Volbert/Steller* Handbuch der Rechtspsychologie, 2008, S. 353 ff. m.w.N.). Überdies erscheint der technische Aufwand im heutigen *digitalen Zeitalter*, in dem mit jedem Mobilfunktelefon eine Bild- und Tonaufnahme hergestellt werden kann, überschaubar. 8

II. Gebotene Aufzeichnung. Abs. 1 Satz 2 wurde zuletzt durch das StORMG geändert (s. Rdn. 5). Für Nr. 1 und Nr. 2 wurden eine »Würdigung der dafür jeweils maßgeblichen Umstände« und das Gebot einer »richterlichen Vernehmung« eingefügt. Der nunmehr erweiterte Personenkreis gilt hingegen nur für Nr. 1 (s.u. Rdn. 10). 9

Die »Würdigung der dafür jeweils maßgeblichen Umstände« ist eine kodifizierte Verhältnismäßigkeitsprüfung. Nach dem Willen des Gesetzgebers sind Mehrfachvernehmungen zu vermeiden und eine mögliche erhöhte Geständnisbereitschaft und die Beweissicherung zu berücksichtigen (BT-Drs. 17/6261, S. 10). Das Gebot der Aufzeichnung als richterliche Vernehmung gilt nicht uneingeschränkt. So sind Ausnahmen zum Beispiel dann denkbar, wenn die Aufzeichnung einer polizeilichen Vernehmung den Vorteil hat, dass sie unmittelbar im Anschluss an eine Anzeigenerstattung vor Ort erfolgen kann. Allerdings hat sich der Gesetzgeber dennoch für ein grundsätzliches Gebot entschieden (krit. *Bittmann* ZRP 2011, 72, 73).

Nach Abs. 1 Satz 2 Nr. 1 **soll** die Zeugenvernehmung aufgezeichnet werden, wenn damit die schutzwürdigen Interessen von Personen **unter 18 Jahren** sowie von Personen, die als Kinder oder Jugendliche durch einer der in § 255a Abs. 2 genannten **Straftaten verletzt** worden sind, besser gewahrt werden können. Mit dieser Ergänzung soll den Belangen von Personen Rechnung getragen werden, die als Minderjährige durch eine dieser Straftaten verletzt worden sind, zum Zeitpunkt ihrer Vernehmung aber bereits das Erwachsenen- 10 alter erreicht haben (BT-Drs. 17/6261, S. 10). Was Personen unter 18 Jahren betrifft, ist eine Anwendung der Vorschrift auf Fälle reiner Alltagskriminalität nicht mehr ohne Weiteres ausgeschlossen, weil die Aufzeichnung zur Wahrung schutzwürdiger Interessen nicht mehr »geboten sein muss«, sondern nach dem aktuellen Gesetzestext lediglich die schutzwürdigen Interessen »besser gewahrt werden« können, sodass eine Einzelfallabwägung geboten ist (MüKo-StPO/*Maier* § 58a Rn. 38 f.). Wenig befriedigend bleibt trotz aller gesetzlicher Bemühungen, Opfer von Straftaten besser zu schützen, die Formulierung »die durch die Straftat verletzt worden sind«; sie widerspricht der Unschuldsvermutung und greift einem möglichen Ergebnis des Ermittlungsverfahrens vor.

11 Bild und Ton einer Zeugenaussage sollen nach Abs. 1 Satz 2 Nr. 2 ferner immer dann aufgezeichnet werden, wenn zu besorgen ist, der Zeuge könne in der **Hauptverhandlung nicht vernommen** werden. Zu denken ist an gebrechliche oder lebensgefährlich erkrankte, im Ausland wohnende Zeugen oder Kinder, zu deren Wohl die Erziehungsberechtigen die Teilnahme an der Hauptverhandlung verwehren (KK-StPO/*Bader* § 58a Rn. 7; Meyer-Goßner/*Schmitt* § 58a Rn. 7; mit ausführlichen Beispielen: MüKo-StPO/*Maier* § 58a Rn. 46 ff.). Wird vermutet, der Zeuge werde in der Hauptverhandlung von einem etwaigen Zeugnis- oder **Auskunftsverweigerungsrecht** Gebrauch machen, ist dies allein kein zwingender Grund die Zeugenaussage aufzuzeichnen (MüKo-StPO/*Maier* § 58a Rn. 57; SK-StPO/*Rogall* § 58a Rn. 20; LR/*Ignor/Bertheau* § 58a Rn. 20; HK-GS/*Trüg* § 58a Rn. 6; a.A. Meyer-Goßner/*Schmitt* § 58a Rn. 7), denn der Zeuge kann vernommen werden und verweigert ggf. aus **Rechtsgründen** seine Aussage. Die Vorschrift soll **tatsächliche Hindernisse** beseitigen helfen, die der Wahrheitsfindung im Weg stehen können – nicht rechtliche.

12 Zur **Erforschung der Wahrheit erforderlich** ist eine Aussage, wenn sie voraussichtlich zur Wahrung der gerichtlichen Aufklärungspflicht gebraucht wird (HK-StPO/*Gercke* § 58a Rn. 13). Nach anderer Definition ist die Aufzeichnung zur Erforschung der Wahrheit erforderlich, wenn die Verwendung der Aufzeichnung ergiebiger ist als die Vernehmung des Zeugen oder die Verlesung des Protokolls der Vernehmung (MüKo-StPO/*Maier* § 58a Rn. 60; Graf/*Huber* § 58a Rn. 10). Das dürfte freilich aufgrund der überlegenen Dokumentation (vgl. Rdn. 7 f.) regelmäßig der Fall sein.

13 Wird ein *Video* aufgezeichnet, kommt ihr ein höherer Beweiswert zu als einem herkömmlichen Vernehmungsprotokoll (vgl. Rdn. 7). In der Hauptverhandlung ist die Vorführung der Aufnahme nach § 255a Abs. 1 der Protokollverlesung nach § 251 Abs. 1 zwingend vorzuziehen (*Leitner* StraFo 1999, 45, 48; *Weider/Staechelin* StV 1999, 51, 53; HK-GS/*Trüg* § 58a Rn. 7; a.A. BGH StV 1999, 580; KK-StPO/*Bader* § 58a Rn. 6).

14 **III. Vorgeschriebene Aufzeichnung.** Die Zeugenvernehmung **muss** gem. § 58a Abs. 1 Satz 3 als richterliche Vernehmung erfolgen und in Bild und Ton aufgezeichnet werden, wenn der Zeuge Opfer einer Sexualstraftat nach den §§ 174–184j StGB geworden ist. Eine Aufzeichnung kommt bei Kindern und Jugendlichen, die Opfer einer solchen Straftat wurden, schon nach der Soll-Vorschrift des § 58a Abs. 1 Satz 2 Nr. 1 in Betracht. Die Soll-Vorschrift kommt bei minderjährigen Opfern von Sexualstraftaten durch die Änderung nicht mehr zur Anwendung, da die Aufzeichnung in diesen Fällen nun nach § 58a Abs. 1 Satz 3 erfolgen muss. Von praktischer Bedeutung ist zudem die Ausweitung des Anwendungsbereichs auf Zeugen aller Altersgruppen, also nun auch auf **erwachsene Tatopfer.** Die Bild-Ton-Aufzeichnung nach Satz 3 ist nur mit **Zustimmung des Zeugen** zulässig, die sich nicht auf die Verwertbarkeit der Vernehmung insgesamt, sondern nur auf die Vorführung in der Hauptverhandlung gem. § 255a bezieht (Graf/*Huber* § 58a Rn. 12). Gem. § 255a Abs. 2 Satz 1 a.E. kann der Zeuge unmittelbar nach der richterlichen Vernehmung der vernehmungsersetzenden Vorführung der Aufzeichnung in der späteren Hauptverhandlung widersprechen (s. dazu § 255a Rdn. 13). Die Vorschrift soll den Zeugen zwar vor einer belastenden Mehrfachaussage schützen, das Interesse am Schutz des Zeugen kann jedoch nicht absolut gelten, sondern ist in ein Verhältnis mit dem Gebot der rechtsstaatlichen Wahrheitsfindung zu bringen (vgl. BT-Drs. 13/4983, 8), sodass eine **ergänzende Vernehmung** gem. § 255a Abs. 2 Satz 4 möglich bleibt.

15 **VI. Zuständigkeit.** Die Aufzeichnung wird durch den Vernehmenden angeordnet (Meyer-Goßner/*Schmitt* § 58a Rn. 9; HK-StPO/*Gercke* § 58a Rn. 14). Für eine ermittlungsrichterliche Vernehmung bleibt das AG zuständig, in dessen Bezirk der Wohnort oder der Ort des gewöhnlichen Aufenthalts der zu vernehmenden Person liegt, wenn deren Aussage auf Video aufgezeichnet werden soll, dies aber nur in einem anderen Gerichtsbezirk durchgeführt werden kann (OLG München NStZ 2004, 642; MüKo-StPO/*Maier* § 58a Rn. 63; a.A. LG München NStZ-RR 2005, 317).

16 **V. Verwendung und Vernichtung. 1. Verwendung.** Die Aufzeichnung darf nur für die **Strafverfolgung** genutzt werden. Das schließt eine Verwendung im Bußgeldverfahren aus (KK-StPO/*Bader* § 58a Rn. 10). Die Beschränkung auf die »Erforschung der Wahrheit« betont lediglich das (selbstverständliche) Erfordernis einer Beweisrelevanz der Aussage.

Die Verwertung beschränkt sich jedoch nicht auf das Verfahren, in dem die Aufzeichnung angefertigt worden ist. Sie kann in einem späteren Verfahren – auch gegen den Zeugen selbst – verwendet werden. Dieses andere Strafverfahren braucht zwar im Zeitpunkt der Aufzeichnung noch nicht anhängig zu sein (LR/*Ignor/Bertheau* § 58a Rn. 31), **unstatthaft** ist nach Abs. 2 aber eine »**Vorratsdatenspeicherung**«, um die Aufzeichnung für die Zwecke etwaiger späterer Strafverfolgung langfristig zur jederzeitigen Verfügung zu halten (BT-Drs. 13/7165, S. 7; KK-StPO/*Bader* § 58a Rn. 10; SK-StPO/*Rogall* § 58a Rn. 25). Das ergibt sich bereits aus der Löschungsverpflichtung nach Abs. 2 Satz 2 i.V.m. § 101 Abs. 8. 17

Die Einzelheiten zur **Vorführung** der Aufzeichnung in der **Hauptverhandlung** regelt **§ 255a.** 18

Der Zeuge kann nicht über die weitere Verwendung der Aufnahme disponieren und insb. nicht in die Nutzung der Bild- und Tonaufzeichnung außerhalb eines Strafverfahrens einwilligen, z.B. zur Geltendmachung von Schadensersatzansprüchen oder bei familienrechtlichen Streitigkeiten (a.A. KK-StPO/*Bader* Rn. 11; Meyer-Goßner/*Schmitt* § 58a Rn. 10; HK-StPO/*Gercke* § 58a Rn. 15). Eine solche Auslegung überschreitet die Wortlautgrenze des Abs. 1 Satz 1 (auch wenn es der historische Gesetzgeber wohl anders intendiert hat: BT-Drs. 13/7165, S. 7). 19

2. Vernichtung. Nach Abs. 2 Satz 2 i.V.m. § 101 Abs. 8 ist die **Aufzeichnung** unverzüglich zu **löschen,** sobald sie zur Strafverfolgung nicht länger benötigt wird. 20

Eine **Herausgabepflicht** von **Kopien**, die an andere (Verfahrens-) Beteiligte überlassen wurden, statuiert Abs. 2 Satz 5, sobald kein berechtigtes Interesse an einer weiteren Verwertung besteht. 21

VI. Akteneinsicht. Berechtigt Akteneinsicht zu nehmen sind nach Abs. 2 i.V.m. §§ 147, 406e der **Verteidiger** des Beschuldigten und der **Verletztenbeistand**. Nach § 397 Abs. 1 Satz 2, § 385 Abs. 3 i.V.m. § 147 steht dem anwaltlichen Vertreter der **Nebenklage** ein Akteneinsichtsrecht zu; und auch dem **unverteidigten Beschuldigten** kann nach § 147 Abs. 7 Einsicht in die Akten gewährt werden. 22

Es wird vertreten, dass die Originalaufzeichnung als Beweisstück i.S.d. § 147 Abs. 1 anzusehen ist (SK-StPO/*Rogall* § 58a Rn. 36; LR/*Ignor/Bertheau* § 58a Rn. 35), mit der Konsequenz, dass der zur Akteneinsicht Berechtigte nur bei Gericht die Aufzeichnungen einsehen kann. Im Ergebnis führt das zu einer unzumutbaren Einschränkung der Verteidigung (AnwK-StPO/*v. Schlieffen* § 58a Rn. 17). Es erscheint daher richtig, das Original der Aufzeichnung als Bestandteil der **Sachakten** anzusehen (OLG Stuttgart NJW 2003, 767; *Neuhaus* StV 2004, 620, 623; *Schlothauer* StV 1999, 47; Meyer-Goßner/*Schmitt* § 58a Rn. 13; KK-StPO/*Bader* § 58a Rn. 9; Radtke/Hohmann/*Otte* § 58a Rn. 11; HK-StPO/*Gercke* Rn. 17; *Pfeiffer* § 58a Rn. 3; *Altenhain* ZIS 2015, 269, 282). Das Akteneinsichtsrecht wird nach Abs. 2 Satz 3 verwirklicht, indem in der Regel Kopien der Aufzeichnung zur Verfügung gestellt werden. Dabei eröffnet die Formulierung »können« der StA keinen Ermessensspielraum; vielmehr besteht ein Anspruch auf Überlassung wenigstens der Kopie der Videoaufnahme (Meyer-Goßner/*Schmitt* § 58a Rn. 13; KK-StPO/*Bader* § 58a Rn. 9). Stattdessen kann auch das Original überlassen werden (a.A. MüKo-StPO/*Maier* § 58a Rn. 77). 23

Allein der Zeuge kann der Überlassung von **Kopien** nach Abs. 2 Satz 3 widersprechen, worüber er nach Abs. 3 Satz 3 zu belehren ist. Der Widerspruch hat zur Folge, dass sich die Akteneinsicht auf die Besichtigung der Aufzeichnung bei der StA oder auf die Überlassung einer Niederschrift der Vernehmung an den Berechtigten beschränkt. Der Anspruch des Verteidigers auf eine Aufzeichnungskopie wandelt sich dann in einen Anspruch auf ein schriftliches Protokoll der Aussage nach Abs. 3 Satz 1 (KK-StPO/*Bader* § 58a Rn. 9). Ob diese durch das 1. Opferrechtsreformgesetz 2004 (BGBl. I, S. 1354) in Kraft getretene Erstreckung des Widerspruchsrechts nicht die Möglichkeiten einer effektiven Verteidigung bedenklich begrenzt und der Akzeptanz von Videovernehmungen eher schadet, ist frühzeitig diskutiert worden (vgl. *Hilger* GA 2004, 478, 485). 24

Soweit Einsichtsgesuche nach den §§ 474 ff. in Rede stehen, bedarf die Überlassung der Aufzeichnung der Einwilligung des Zeugen (Meyer-Goßner/*Schmitt* § 58a Rn. 14; KMR/*Neubeck* § 58a Rn. 14). 25

Kopien, die i.R.d. Akteneinsicht nach Abs. 2 Satz 3 dem Berechtigten überlassen wurden, dürfen nach Abs. 2 Satz 4 weder vervielfältigt noch weitergegeben werden und sind nach Abs. 2 Satz 5 wieder an die StA herauszugeben (vgl. Rdn. 17). Abs. 2 Satz 4 verbietet die Weitergabe von Kopien an Dritte, nicht jedoch an den beschuldigten Mandanten (a.A. SK-StPO/*Rogall* § 58a Rn. 41). Der Beschuldigte hat im Grundsatz ein eigenes Akteneinsichtsrecht nach § 147 Abs. 7 Satz 1, wenn er nicht verteidigt ist; auch hierauf verweist Abs. 2 Satz 4. Es gibt keinen sachlichen Grund, weshalb der verteidigte Beschuldigte insoweit schlechter gestellt sein sollte. Keinesfalls verwehrt ist es dem Verteidiger, die Aufzeichnung dem Mandanten vorzuführen (SK-StPO/*Rogall* § 58a Rn. 41; HK-StPO/*Gercke* § 58a Rn. 18), was allerdings gerade bei inhaftierten Mandanten erhebliche logistische Probleme mit sich bringen kann. 26

27 **VII. Rechtsbehelfe.** Gegen **die richterliche Anordnung** einer Bild- und Tonaufzeichnung kann der vernommene Zeuge nach den allgemeinen Regeln **Beschwerde** einlegen (§ 304 Abs. 2). Sieht der Richter hingegen von einer Aufzeichnung ab, ist die Beschwerde des Zeugen mangels Beschwer unzulässig, da er durch die Nichtaufzeichnung nicht in seinen Rechten verletzt wird (SK-StPO/*Rogall* § 58a Rn. 48; Meyer-Goßner/*Schmitt* § 58a Rn. 15; a.A. HK-GS/*Trüg* § 58a Rn. 11; wohl auch LR/*Ignor/Bertheau* § 58a Rn. 44).

28 Gegen die Anordnung einer **staatsanwaltlichen Vernehmung** hat der Zeuge ein Beschwerderecht analog § 98 Abs. 2 Satz 2 (SK-StPO/*Rogall* § 58a Rn. 49; MüKo-StPO/*Maier* § 58a Rn. 83; a.A. LR/*Ignor/Bertheau* § 58a Rn. 45: Antrag auf gerichtliche Entscheidung nach § 161a Abs. 3).

29 Keine Relevanz hat die Frage der Anfechtbarkeit bei einer **polizeilichen Vernehmung**, da der Zeuge dort ohnehin nicht zur Aussage verpflichtet werden kann (vgl. § 163a, § 133 Rdn. 1; s.a. HK-StPO/*Zöller* § 163a Rn. 21 f.; LR/*Erb* § 163a Rn. 81 f.).

30 **C. Revision.** Ein Unterlassen einer Bild- und Tonaufzeichnung kann in der Revision mit der **Aufklärungsrüge** ebenso beanstandet werden, wie die zu Unrecht unterlassene Verwertung einer bereits vorhandenen Aufzeichnung (*Schlothauer* StV 1999, 47, 50; *Weider/Staechelin* StV 1999, 51, 53 f.; Meyer-Goßner/*Schmitt* § 58a Rn. 15; SK-StPO/*Rogall* § 58a Rn. 52; KMR/*Neubeck* § 58a Rn. 18; LR/*Ignor/Bertheau* § 58a Rn. 46; MüKo-StPO/*Maier* § 58a Rn. 90; HK-GS/*Trüg* § 58a Rn. 11; *Pfeiffer* § 58a Rn. 6; Graf/*Huber* § 58a Rn. 25).

31 Hatte die Verteidigung keine ausreichende Gelegenheit, die Aufzeichnungen auszuwerten, da ihr durch den Widerspruch des Zeugen keine Kopie überlassen wurde, kommt eine Rüge nach **§ 338 Nr. 8** in Betracht. Dies gilt v.a., wenn ohne den Widerspruch des Zeugen keine Kopien ausgegeben wurden (*Neuhaus* StV 2004, 620, 624; LR/*Ignor/Bertheau* § 58a Rn. 47; AnwK-StPO/*v. Schlieffen* § 58a Rn. 19; vgl. auch OLG Koblenz StV 2003, 608). Gleiches gilt, wenn der Verteidigung eine Kopie des schriftlichen Transkriptes der Aufzeichnung oder die Besichtigung verwehrt wurde (AnwK-StPO/*v. Schlieffen* § 58a Rn. 19; LR/*Ignor/Bertheau* § 58a Rn. 47; MüKo-StPO/*Maier* § 58a Rn. 95).

32 I.Ü. soll eine Verletzung des § 58a nicht wirksam mit der Revision angegriffen werden können, weil die Norm nicht dem **Schutz des Angeklagten** diene (Radtke/Hohmann/*Otte* § 58a Rn. 13). Dies ist sicher für die Verwendungsbeschränkung des Abs. 2 Satz 1 nicht richtig (vgl. SK-StPO/*Rogall* § 58a Rn. 54), aber auch sonst zu überdenken, wenn man richtigerweise der Vorschrift einen zusätzlichen Dokumentationszweck zubilligt (vgl. Rn. 3).

33 **D. Praktische Hinweise. I. Umfang der Aufzeichnung.** Die Aufzeichnung umfasst regelmäßig die gesamte Vernehmung des Zeugen einschließlich aller ihm gestellter Fragen, Vorhalte und sonstiger damit in Verbindung stehender Reaktionen (Meyer-Goßner/*Schmitt* § 58a Rn. 4). Eine Teilaufzeichnung ist nicht unzulässig (a.A. *Leitner* StraFo 1999, 45, 47; SK-StPO/*Rogall* § 58a Rn. 11; AnwK-StPO/*v. Schlieffen* § 58a Rn. 20), aber unzweckmäßig und von fragwürdigem Beweiswert.

34 Ob informatorische Vorgespräche aufzunehmen sind, ist umstritten. Gegen eine Aufzeichnung spricht, dass es sich hier nicht um eine Vernehmung i.e.S. handelt, sodass sie nicht zum Gegenstand der Aufzeichnung werden muss (LR/*Ignor/Bertheau* § 58a Rn. 24; SK-StPO/*Rogall* § 58a Rn. 11). Um jedoch der Gefahr einer unlauteren Einwirkung auf den Zeugen vorzubeugen, ist es richtig, auch die informatorischen Vor- und Zwischengespräche zu dokumentieren (*Leitner* StraFo 1999, 45, 47; LR/*Ignor/Bertheau* § 58a Rn. 24; AnwK-StPO/*v. Schlieffen* § 58a Rn. 20). Die Videoaufzeichnung sollte im Interesse aller Verfahrensbeteiligter möglichst umfassend sein (vgl. auch Rdn. 7). Die vollständige Aufzeichnung muss immer auch die Zeugenbelehrung und die Bekanntgabe des gesamten Untersuchungsgegenstandes umfassen (SK-StPO/*Rogall* § 58a Rn. 11 m.w.N.; LR/*Ignor/Bertheau* § 58a Rn. 25; a.A. KK-StPO/*Bader* § 58a Rn. 8; *Altenhain* ZIS 269, 276; *Eisenberg* Rn. 1328h).

35 **II. Durchführung.** Die Vorschrift des § 58a enthält weder eine Regelung zur technischen Durchführung der Aufzeichnung noch Vorgaben zum »Setting« (SK-StPO/*Rogall* § 58a Rn. 12 m.w.N.). In der RiStBV unter Nr. 19 Abs. 2 Satz 2 finden sich einige Hinweise. Wesentlich erscheint – neben der Vollständigkeit der Aufnahmen –, dass auch der Vernehmende zu erkennen ist. Datum und Uhrzeit der Aufnahme sollten eingeblendet sein (HK-GS/*Trüg* § 58a Rn. 4). Die Aufzeichnung einer Zeugenaussage in Bild und Ton macht ein Vernehmungsprotokoll nicht entbehrlich (SK-StPO/*Rogall* § 58a Rn. 22; Meyer-Goßner/*Schmitt* § 58a Rn. 9).

36 **III. Widerspruch des Zeugen.** Widerspricht der Zeuge der Anfertigung einer Kopie, sollte die Verteidigung dennoch darauf drängen, die Originalaufzeichnung im Zuge der Akteneinsicht in die Kanzleiräume zu erhalten, um eine optimale Auswertung in der gewohnten Arbeitsatmosphäre mit den nötigen technischen Hilfsmitteln zu erlangen. Begründet werden kann der Antrag mit dem Hinweis auf die Vorbereitung der Verteidigung im Allgemeinen und mit Blick auf die Notwendigkeit einer Vorbereitung bei einer möglichen

Anwendung des § 255a im Besonderen. Sollte dieser Antrag abgelehnt werden, ist eine Rüge nach § 338 Nr. 8 zumindest denkbar (AnwK-StPO/*v. Schlieffen* § 58a Rn. 22).

§ 58b Vernehmung im Wege der Bild- und Tonübertragung

Die Vernehmung eines Zeugen außerhalb der Hauptverhandlung kann in einer Weise erfolgen, dass dieser sich an einem anderen Ort als die vernehmende Person aufhält und die Vernehmung zeitgleich in Bild und Ton an den Ort, an dem sich der Zeuge aufhält, und in das Vernehmungszimmer übertragen wird.

Übersicht

A. Allgemeines. I. Regelungszweck. Der neue, am 01.11.2013 in Kraft getretene (vgl. aber auch Rdn. 4) § 58b StPO dient einem vereinfachten Einsatz von Videokonferenztechnik bei einer Zeugenvernehmung. Damit ist eine Vernehmung nunmehr auch dann möglich, wenn sich Vernehmender und Vernommener nicht in einem Raum aufhalten. 1

§ 58b entstammt einem Gesetzesentwurf des Bundesrates zur Intensivierung des Einsatzes von Videokonferenztechnik in gerichtlichen und staatsanwaltlichen Verfahren. Dieser verfolgte zum einen die Absicht, die Verfahrensordnungen auf die technischen Möglichkeiten der Gegenwart von Bild- und Tonübertragungen auszurichten, um Zeitaufwand und Kosten aller Verfahrensbeteiligten einzusparen, aber auch dem Beschleunigungsgrundsatz zu dienen. Zum anderen soll die Anwendung dem Opferschutzgedanken und der Beweissicherung Rechnung tragen (BT-Drs. 17/12418, S. 1; BT-Drs. 17/1224, S. 13). 2

Der Einsatz von Videokonferenztechniken hat sich in der gerichtlichen Praxis bislang (noch) nicht durchgesetzt. Dies liegt zum einen an der unzureichenden Ausstattung der Justiz, zum anderen an der Struktur der Verfahrensordnungen (Mündlichkeitsprinzip, Unmittelbarkeitsgrundsatz). Das Gesetz soll einer Lösung beider Probleme dienen, wobei dem zweiten hauptsächlich mit dem weitgehenden Verzicht auf das Erfordernis des Einverständnisses aller Verfahrensbeteiligten zum Einsatz der betreffenden Technik begegnet werden soll (BT-Drs. 17/12418, S. 1). So ist bei der Zeugenvernehmung nun eine Videokonferenz nach § 58b nach Ermessen des Vernehmenden möglich. 3

II. Entstehungsgeschichte. § 58b wurde mit dem Gesetzesentwurf des Bundesrates zur Intensivierung des Einsatzes von Videokonferenztechnik in gerichtlichen und staatsanwaltlichen Verfahren eingebracht. Über seine Einführung bestand während des Gesetzgebungsverfahrens bis auf kleine sprachliche Präzisierungen weitgehend Einigkeit. Besonderen Wert wurde dabei darauf gelegt, dass die bereits bestehenden Vernehmungsmöglichkeiten für die Staatsanwaltschaft und Polizei nicht eingeschränkt werden (BT-Drs. 17/1224, S. 17). § 58b trat zum 01.11.2013 in Kraft, wobei die Landesregierungen durch Rechtsverordnung für ihr Bundesland bestimmen konnten, dass die Norm bis zum 31.07.2017 nicht angewendet wurde, vgl. Art. 9 des Gesetzes vom 25.04.2013 (BGBl. I, S. 935; zu Kritik an diesem und Entstehung dieses Artikels vgl. BT-Drs. 17/12418, S. 17). Von dieser Möglichkeit hatten Mecklenburg-Vorpommern durch Verordnung vom 09.11.2013 mit Geltung bis zum 31.12.2017 sowie das Saarland durch Verordnung vom 19.09.2013, die jedoch schon am 11.12.2014 wieder außer Kraft trat, Gebrauch gemacht. 4

B. Regelungsgehalt. § 58b gilt für alle (richterlichen, staatsanwaltlichen und polizeilichen) Zeugenvernehmungen im Ermittlungs- und Zwischenverfahren (SK-StPO/*Rogall* § 58b Rn. 3; MüKo-StPO/*Maier* § 58b Rn. 10 f.). Die Einbeziehung der richterlichen Vernehmung ist nicht unbedenklich, berücksichtigt man, dass die Verlesung der richterlichen Vernehmung aus dem Ermittlungsverfahren in der Hauptverhandlung als Durchbrechung des Unmittelbarkeitsgrundsatzes die Ausnahme darstellen soll. Wird nun die Zeugenvernehmung in der Hauptverhandlung durch eine Videoaufzeichnung im Ermittlungsverfahren ersetzt, so führt dies zu einer weiteren Einschränkung des Unmittelbarkeitsgrundsatzes. Denn eine Vernehmung per Bild-Ton-Übertragung steht selbst bei ausgezeichneter technischer Qualität der persönlichen Vernehmung nach wohl überwiegender Meinung der Justizpraktiker im Erkenntniswert nach (LR/*Becker* § 247a Rn. 2; MüKo-StPO/*Maier* § 58b Rn. 18). Ob sich hierdurch, wie von der BRAK befürchtet, eine Umkehrung des Regel-Ausnahme-Verhältnisses etabliert (BRAK-Stellungnahme-Nr. 30/2010, S. 4) oder ob seitens der Gerichte, wie vom Gesetzesentwurf vorgesehen, von dieser Regelung mit Bedacht Gebrauch gemacht wird, 5 bleibt abzuwarten. Schließlich richtet sich gem. § 72 auch die Vernehmung von Sachverständigen nach § 58b. Für die Vernehmung in der Hauptverhandlung gilt weiterhin § 247a.

6 **I. Durchführung der Vernehmung.** Details über die Art und Weise der Durchführung der Vernehmung werden durch die neue Vorschrift nicht geregelt. Der Einsatz von Internettechnik dürfte jedoch aufgrund der nicht gleichbleibenden Übertragungsqualität, obwohl kostengünstiger, nicht in Betracht kommen (BT-Drs. 17/1224, S. 11; zu der Anwendung von Skype bei Zeugenvernehmung vgl. *Gerst* StraFo 2013, 103 ff.). I.Ü. lassen sich praktikable Ansätze aus § 247a herleiten (vgl. im Einzelnen § 247a Rdn. 21). Dabei ist im Unterschied zu § 58a darauf zu achten, dass es bei § 58b nicht um die Aufzeichnung, sondern lediglich die zeitgleiche Übertragung geht (SK-StPO/*Rogall* § 58b Rn. 1).

7 **II. Anwendungsfälle.** Aufgrund der zeitlichen und wirtschaftlichen Vorteile einer Videokonferenzschaltung dürfte sich diese Methode auf Dauer durchsetzen. In diesem Sinne stellt die Verstärkung des Einsatzes der Technik »ein Serviceangebot einer kundenorientierten Justiz dar« (BT-Drs. 17/1224, S. 12). Vor allem dann, wenn aufwendige Reisen oder lange Aktenwege zwischen Verfahrensbeteiligten vermieden werden können und damit eine Verfahrensverkürzung erreicht werden kann (BT-Drs. 17/1224, S. 13), liegt eine Übertragung nicht fern. Ferner könnten Aspekte des Zeugenschutzes oder sonst drohende Beweismittelverluste Videokonferenzen befördern. So kommt der Einsatz von Bild- und Tonübertragungen zum Beispiel in Betracht, wenn dem Zeugen die Anreise aufgrund der weiten räumlichen Entfernung – was nicht stets einen Auslandsaufenthalt beinhalten muss – nicht zugemutet werden kann oder der Zeuge bei einer polizeilichen Vernehmung möglicherweise nur aussagen möchte, wenn er nicht anreisen muss (so SK-StPO/*Rogall* § 58b Rn. 7). Ein Anspruch des Zeugen auf Einsatz der Videokonferenztechnik besteht freilich nicht.

8 **III. Zuständigkeit.** Die Entscheidung über die Bild- und Tonübertragung trifft die vernehmende Person, also der Richter, Staatsanwalt oder Polizeibeamte. Dabei wird dem Vernehmenden ein Ermessen eingeräumt, das Wahrheitsfindung und Zweckrichtung der Vorschrift berücksichtigen muss. Entscheidend ist, dass die vernehmende Person das Einverständnis der Verfahrensbeteiligten nicht abwarten muss, was unter dem Aspekt der Beschleunigung des Verfahrens begrüßenswert ist. Allerdings dürfen die Prinzipien der Mündlichkeit, Öffentlichkeit, Unmittelbarkeit und des rechtlichen Gehörs einem Effizienzstreben nicht zum Opfer fallen. Die Anwesenheitspflicht hat sich nur in räumlicher Hinsicht verändert, ansonsten richtet sie sich nach den allgemeinen Vorschriften (§ 48 Abs. 1 und § 161a Abs. 1 Satz 1).

9 **C. Rechtsbehelfe; Revision.** Entscheidungen über die Bild- und Tonübertragung sind nicht anfechtbar (BT-Drs. 17/1224, S. 11). Eine hierauf gestützte Revision kann nicht begründet sein, da keine absoluten Revisionsgründe einschlägig sind und das Urteil auf der Entscheidung zur Übertragung nicht beruhen kann.

10 **D. Praktische Hinweise.** Da es sich auch bei der Zeugenvernehmung durch Bild- und Tonübertragung um eine (einfache) Zeugenvernehmung handelt, hielt es der Gesetzgeber richtigerweise nicht für notwendig hinsichtlich der Anwesenheitsrechte, Benachrichtigungspflichten und der Protokollierung etwas zu regeln. Es bleibt bei den hierfür geltenden Vorschriften einer Zeugenvernehmung außerhalb der Hauptverhandlung, vgl. § 168c für die Anwesenheitsrechte, §§ 168, 168a und 168b für die Protokollierung und § 224 für die Benachrichtigungspflichten. Zum Schutz der (Opfer-) Zeugen ist auch eine Verfremdung seiner Stimme bzw. seines Erscheinungsbildes denkbar (SK-StPO/*Rogall* § 58b Rn. 10).

§ 59 Vereidigung

(1) [1]Zeugen werden nur vereidigt, wenn es das Gericht wegen der ausschlaggebenden Bedeutung der Aussage oder zur Herbeiführung einer wahren Aussage nach seinem Ermessen für notwendig hält. [2]Der Grund dafür, dass der Zeuge vereidigt wird, braucht im Protokoll nicht angegeben zu werden, es sei denn, der Zeuge wird außerhalb der Hauptverhandlung vernommen.

(2) [1]Die Vereidigung der Zeugen erfolgt einzeln und nach ihrer Vernehmung. [2]Soweit nichts anderes bestimmt ist, findet sie in der Hauptverhandlung statt.

Übersicht

A. Grundsätzliches. Die aktuelle Fassung der Vorschrift geht auf das 1. Justizmodernisierungsgesetz v. 24.08.2004 zurück und ist am 01.09.2004 in Kraft getreten. Geändert mit der Neufassung wurde die Pflicht des Gerichts zur Vereidigung von Zeugen. Während das alte Recht die Vereidigung als Regel vorsah, von der nur bei Vorliegen eines Verbots oder Ausnahmegrundes abgesehen werden durfte, ist dieses Regel-Ausnahme-Verhältnis durch die Gesetzesänderung umgekehrt worden. Nunmehr ist die Beeidigung der Aussage die Ausnahme und die uneidliche Aussage die Regel. Mit der Änderung der Vorschrift hat der Gesetzgeber das geschriebene Recht der Rechtswirklichkeit angepasst (vgl. BT-Drs. 15/1508, S. 23; SK-StPO/*Rogall* § 59 Rn. 1). Auch vor Neufassung des § 59 war in der Praxis das Absehen von der Vereidigung – insb. über § 61 Nr. 5 a.F. – die übliche Vorgehensweise. Darüber hinaus ist § 59 durch die Neufassung den Regelungen über die Vereidigung in den anderen Verfahrensordnungen angeglichen worden (vgl. z.B. § 391 ZPO, § 173 VwGO). 1

B. Tatbestand. Die **Vereidigung** des Zeugen steht im Ermessen des Gerichts. Sie ist aber nur zulässig wegen der ausschlaggebenden Bedeutung der Aussage oder zur Herbeiführung eines wahren Zeugnisses. Von **ausschlaggebender Bedeutung** ist eine Aussage wenn sie für eine Tatsache, die für die Entscheidung erheblich ist, das alleinige Beweismittel darstellt (vgl. Meyer-Goßner/*Schmitt* § 59 Rn. 3), sie sozusagen das »Zünglein an der Waage« ist (vgl. BGHSt 16, 99, 103; KK-StPO/*Slawik* § 59 Rn. 1b). Daraus folgt, dass eine Aussage dann nicht von ausschlaggebender Bedeutung sein kann, wenn der Richter ihr keinen Glauben schenkt und auch bei Beeidigung nicht schenken würde. Fraglich ist, ob zwei einander widersprechende Aussagen gleichzeitig von ausschlaggebender Bedeutung sein können. Krit. zu Recht LR/*Ignor/Bertheau* § 59 Rn. 7 und Meyer-Goßner/*Schmitt* § 59 Rn. 3: Ausschlaggebend kann nur eine Aussage sein. Hier kommt das Beeiden nur zur Herbeiführung einer wahren Aussage in Betracht (a.A. KK-StPO/*Slawik* § 59 Rn. 1b). 2

Zur **Herbeiführung einer wahren Aussage** kommt die Vereidigung in Betracht, wenn der Richter vom Vorliegen eines falschen Zeugnisses überzeugt ist, jedoch glaubt, der Zeuge werde sich im Hinblick auf die Eidesleistung korrigieren (vgl. OLG Hamm NJW 1973, 1939, 1940; AG Rudolstadt StV 2016, 575 f.; KK-StPO/*Slawik* § 59 Rn. 1b). Dabei muss die Überzeugung des Richters auf konkreten Tatsachen beruhen. »Berufliche Erfahrung«, Ahnungen und Intuitionen können deshalb eine Vereidigung des Zeugen nicht rechtfertigen (vgl. LR/*Ignor/Bertheau* § 59 Rn. 8). Von ausschlaggebender Bedeutung muss die Aussage nicht sein. Jedoch wird der Versuch, durch den Eid eine wahre Aussage zu erzwingen, nicht in Betracht kommen, wenn der Aussageinhalt unwesentlich ist (vgl. KK-StPO/*Slawik* § 59 Rn. 1b). 3

In die **Ermessensentscheidung über die Vereidigung** werden in der Person des Zeugen liegende Besonderheiten mit einzufließen haben. So ist für die Frage der Vereidigung von Bedeutung, ob der Zeuge jugendlich, Verletzter der Straftat oder Angehöriger des Verletzten oder des Beschuldigten ist oder ob eine Verurteilung wegen Meineides in der Vergangenheit vorliegt (vgl. Meyer-Goßner/*Schmitt* § 59 Rn. 2). 4

Die Vereidigung erfolgt für jeden Zeugen einzeln und nach der Vernehmung, wenn diese in der Hauptverhandlung stattgefunden hat, Abs. 2 Satz 1. Die **Einzelvereidigung** dient dem Zweck, die Ordnungsmäßigkeit der Eidesleistung zuverlässig festzustellen (vgl. KK-StPO/*Slawik* § 59 Rn. 2). Dabei stellt es keinen Verstoß gegen das gesetzliche Gebot dar, wenn der Richter die Eidesnorm sämtlichen Zeugen gemeinsam vorspricht und die Zeugen anschließend einzeln die Eidesformel sprechen lässt (vgl. LR/*Ignor/Bertheau* § 59 Rn. 17). Der gesetzlich vorgesehene Nacheid setzt eine abgeschlossene Vernehmung voraus (vgl. BGHSt 8, 302, 310). Beendet ist eine Vernehmung, wenn »das Bekunden des Zeugen und die Fragen von Gericht und Prozessbeteiligten endgültig aufgehört haben« (vgl. BGHSt 8, 302, 310; KK-StPO/*Slawik* § 59 Rn. 3). 5

Die Vereidigung kann sich auch auf einzelne **Teile einer Aussage** beziehen. Voraussetzung hierfür ist aber, dass es sich um selbstständige Taten i.S.d. § 264 handelt. Tatmehrheit i.S.v. § 53 StGB reicht demgegenüber nicht aus (vgl. BGHSt 48, 221, 232). Auch bei prozessual selbstständigen Taten kommt aber eine Teilvereidigung nicht in Betracht, wenn die Taten in einem inneren Zusammenhang miteinander stehen, insb. ein nicht oder nur schwer trennbares Gesamtgeschehen bilden (vgl. BGHR StPO § 60 Nr. 2 Teilvereidigung 6). 6

Sämtliche Angaben des Zeugen, nicht nur die zur Sache, werden vom Eid umfasst. Dem Eid unterliegen daher auch die Angaben zur Person und zu den Generalfragen nach § 68 (vgl. Meyer-Goßner/*Schmitt* § 59 Rn. 6). Streitig ist, ob Angaben zu Fragen, die dem Freibeweis angehören, der Eidesleistung unterfallen (so Meyer-Goßner/*Schmitt* § 59 Rn. 6; a.A. LR/*Ignor/Bertheau* § 59 Rn. 13: Die Voraussetzungen des § 59 liegen nicht vor). Keine Vernehmung i.S.d. § 59 stellt die **Anhörung** dar, ob Angaben zur Sache gemacht werden können oder ob die Voraussetzungen eines Zeugnisverweigerungsrechts vorliegen (vgl. KK-StPO/*Slawik* § 59 Rn. 7). Auch Antworten auf Fragen nach dem Aufenthalt anderer Zeugen sind nicht Gegenstand einer Vernehmung (vgl. LR/*Ignor/Bertheau* § 59 Rn. 12). 7

Ob eine **Entscheidung über die Vereidigung** des Zeugen stets getroffen werden muss, ist streitig. Teilweise wird vertreten, dies sei nicht der Fall, wenn nach der Regel erfahren werde, der Zeuge also unvereidigt bleibe. 8

Es bedürfe keiner förmlichen und zu protokollierenden Entscheidung, wenn das Gericht vom regelmäßigen Verfahrensgang nicht abweiche (vgl. BGHSt 50, 282, 283; KK-StPO/*Slawik* § 59 Rn. 10; a.A. Meyer-Goßner/*Schmitt* § 59 Rn. 8 m.w.N.: Notwendige Entscheidung). Wird eine Entscheidung getroffen – etwa weil sie beantragt wurde (in diesem Fall ist stets eine Entscheidung vonnöten; vgl. KK-StPO/*Slawik* § 59 Rn. 11) – und soll der Zeuge vereidigt werden, kann dies unmittelbar nach Beendigung der Vernehmung geschehen. Möglich ist die Vereidigung aber auch erst am Schluss der Beweisaufnahme (vgl. BGHSt 1, 346, 348). Zur Entscheidung berufen ist zunächst der Vorsitzende im Rahmen seiner Sachleitungsbefugnis, § 238 Abs. 1. Eine Entscheidung des Gerichts anstelle des Vorsitzenden wird dadurch aber nicht unzulässig (vgl. Meyer-Goßner/*Schmitt* § 59 Rn. 9). Gegen die Entscheidung des Vorsitzenden ist die Anrufung des Gerichts nach § 238 Abs. 2 möglich (vgl. BGH NStZ-RR 2005, 208; KK-StPO/*Slawik* § 59 Rn. 11; a.A. Meyer-Goßner/*Schmitt* § 59 Rn. 10 und LR/*Ignor/Bertheau* § 59 Rn. 23: Der Rechtsbehelf sei nicht eröffnet, da die Entscheidung über die Vereidigung keine Vorabentscheidung des Vorsitzenden sei. Dieser handele i.R.d. § 59 vielmehr als Stellvertreter des Gerichts). Wird der Zeuge in der Hauptverhandlung ein weiteres Mal vernommen, muss erneut über seine Vereidigung befunden werden. Die Entscheidung umfasst dann die gesamte bisherige Aussage (vgl. BGHSt 48, 221, 232).

9 Wird der Zeuge vereidigt, muss eine Begründung hierfür nicht in das **Protokoll** aufgenommen werden, es sei denn, die Vernehmung findet außerhalb der Hauptverhandlung statt, Abs. 1 Satz 2. Hierin liegt eine Befreiung vom Begründungszwang. Ein Begründungsverbot enthält die Vorschrift aber nicht (vgl. SK-StPO/*Rogall* § 59 Rn. 25). Es kann vielmehr durchaus geboten sein, die gerichtliche Entscheidung mit Gründen zu versehen, da sich hieraus für die Verfahrensbeteiligten Rückschlüsse auf die Bewertung der Beweisaufnahme durch das Gericht ergeben können (Vereidigung zur Erzielung einer wahren Aussage). Außerhalb der Hauptverhandlung besteht eine Begründungspflicht, weil die Gründe, die den vernehmenden Richter zu seiner Entscheidung bewogen haben, bei der Würdigung der Aussage durch den erkennenden Richter Bedeutung erlangen können (vgl. BT-Drs. 15/1508, S. 23). Die Begründungsfreiheit nach Abs. 1 Satz 2 soll nach vorherrschender Ansicht auch für einen auf Grundlage von § 238 Abs. 2 ergangenen Beschluss sowie dann gelten, wenn ein Antrag auf Vereidigung oder auf Absehen von der Vereidigung des Zeugen abgelehnt wurde (vgl. Meyer-Goßner/*Schmitt* § 59 Rn. 11 und KK-StPO/*Slawik* § 59 Rn. 12 jeweils m.w.N.). Die Gegenansicht reklamiert für sich die Regelung in § 34, wonach Entscheidungen, durch welche ein Antrag abgelehnt wird, mit Gründen zu versehen sind (hiergegen KK-StPO/*Slawik* § 59 Rn. 12: § 34 besitzt nur Geltung für solche Entscheidungen, zu deren Ergehen ein Antrag unablässige Voraussetzung sei).

10 Umstritten ist, ob die Tatsache der Vereidigung oder Nichtvereidigung protokollierungsbedürftig ist. Teilweise wird dies uneingeschränkt bejaht (vgl. Meyer-Goßner/*Schmitt* § 59 Rn. 12; *Peglau/Wilke* NStZ 2005, 186, 187). Richtigerweise dürfte zu differenzieren sein. Die Vereidigung eines Zeugen ist eine wesentliche Förmlichkeit gem. §§ 168a Abs. 1, 273 Abs. 1 und daher zu beurkunden. Die Nichtvereidigung ist demgegenüber nur dann zu protokollieren, wenn ihr ein erfolgloser Antrag vorangegangen ist. Ansonsten besteht für eine Protokollierung kein Anlass, da es nicht erforderlich ist, den gesetzlichen Regelfall der Nichtvereidigung zu dokumentieren (vgl. BGHSt 50, 282, 283; BGH NStZ 2006, 114). Über das Hauptverhandlungsprotokoll nimmt die dort vermerkte Vereidigung an dessen absoluter Beweiskraft teil. Für die Vereidigung, die in eine Vernehmungsniederschrift nach §§ 168, 168a aufgenommen wurde, gilt dies nicht (vgl. BGHSt 26, 281, 284; KK-StPO/*Slawik* § 59 Rn. 13).

11 **C. Revision.** Erfolgt die Vereidigung des Zeugen unter Verstoß gegen § 60, ist die Revision eröffnet. Revisibel ist auch der Fall, dass die Vereidigung in irrtümlicher Annahme eines Vereidigungsverbots unterbleibt (vgl. KK-StPO/*Slawik* § 59 Rn. 14). Gleiches gilt, wenn ein bereits vereidigter Zeuge ein weiteres Mal vernommen wurde, ohne sich auf seinen früheren Eid zu berufen (§ 67) oder die Nichtvereidigung angeordnet worden war (vgl. BGHSt 1, 346, 348; Meyer-Goßner/*Schmitt* § 59 Rn. 13). Darüber hinaus kann die Vereidigung des Zeugen bzw. das Unterbleiben der Vereidigung mit der Revision im Regelfall nicht gerügt werden (krit. LR/*Ignor/Bertheau* § 59 Rn. 31 ff.). Dies liegt daran, dass die Entscheidung über die Vereidigung in das Ermessen des Gerichts gestellt ist. Insoweit bleibt der Einwand erfolglos, die Voraussetzungen für eine Vereidigung nach Abs. 1 Satz 1 hätten nicht vorgelegen. Entsprechendes gilt für die Rüge, der Zeuge hätte, um zur Wahrheit angehalten zu werden bzw. weil seiner Aussage ausschlaggebende Bedeutung zukomme, vereidigt werden müssen (a.A. allerdings BGH NStZ 2009, 343: Revision möglich bei Überschreitung des Beurteilungsspielraums oder rechtsfehlerhafter Ermessensausübung). Demgegenüber ist die Revision begründet, wenn der Vorsitzende unter Verletzung der entgegenstehenden gesetzlichen Regelung dem Zeugen statt des Nacheides den Voreid abnimmt (vgl. KK-StPO/*Slawik* § 59 Rn. 14).

§ 60 Vereidigungsverbote

Von der Vereidigung ist abzusehen

1. **bei Personen, die zur Zeit der Vernehmung das 18. Lebensjahr noch nicht vollendet haben oder die wegen mangelnder Verstandesreife oder wegen einer psychischen Krankheit oder einer geistigen oder seelischen Behinderung vom Wesen und der Bedeutung des Eides keine genügende Vorstellung haben;**
2. **bei Personen, die der Tat, welche den Gegenstand der Untersuchung bildet, oder der Beteiligung an ihr oder der Datenhehlerei, Begünstigung, Strafvereitelung oder Hehlerei verdächtig oder deswegen bereits verurteilt sind.**

Übersicht

A. Grundsätzliches. Die Vorschrift dient dem Schutz des Zeugen ebenso wie der Wahrheitserforschung durch das Gericht. Die normierten Verbote sollen den Zeugen vor der Leistung eines Meineids bewahren. Andererseits soll der Richter zu besonders sorgfältiger Prüfung der Aussagen von Zeugen angehalten werden, an deren Verständnis vom Eid (und vom Verfahren) begründete Zweifel bestehen, oder die zu der Tat, über die sie Auskunft geben sollen, in einer strafrechtlich relevanten Beziehung stehen (vgl. BGHSt 17, 128, 134). Der Grundsatz der freien tatrichterlichen Beweiswürdigung aus § 261 wird durch § 60 nicht eingeschränkt. Auch wenn eine Vereidigung des Zeugen aufgrund gesetzlichen Verbots nicht in Betracht kommt, ist das Gericht nicht gehindert, der Aussage – möglicherweise sogar in Abgrenzung zu beeideten Angaben anderer Zeugen – zu glauben (vgl. BGHSt 10, 65, 70). Von der Vereidigung ist nur abzusehen, wenn die Voraussetzungen eines Verbots feststehen. Bloße Zweifel an der Fähigkeit zur Ablegung des Eides oder an der Eidesmündigkeit reichen hierfür nicht aus (vgl. Meyer-Goßner/*Schmitt* § 60 Rn. 1). 1

B. Tatbestand. Gem. § 60 Nr. 1 besteht ein Vereidigungsverbot zunächst dann, wenn der Zeuge das achtzehnte Lebensjahr noch nicht vollendet hat. Mit dem achtzehnten Geburtstag tritt die sog. **Eidesmündigkeit** ein. Daraus folgt, dass eine Aussage auch nachträglich noch beeidet werden kann, wenn der Zeuge vor Schluss der Beweisaufnahme diesen Geburtstag feiert (vgl. KK-StPO/*Slawik* § 60 Rn. 4). 2

Zu unterbleiben hat die Vereidigung auch dann, wenn dem Zeugen die **Fähigkeit zur Ableistung des Eides** fehlt. Das Gesetz nennt als Gründe hierfür mangelnde Verstandesreife, psychische Krankheit oder geistige oder seelische Behinderung. Voraussetzung ist aber, dass diese Zustände sich dergestalt auf den Zeugen auswirken, dass dieser sich keine genügende Vorstellung von der Bedeutung des Schwures machen kann. Insoweit führt allein der Umstand, dass der Zeuge in einem gegen ihn geführten Strafverfahren auf Grundlage der Voraussetzungen des § 20 StGB freigesprochen wurde, noch nicht zu einer Befreiung von der Eidespflicht. Erst recht nicht führt der kurzzeitige Verlust der Eidesfähigkeit infolge Alkohol- oder Betäubungsmittelkonsums zu einer Anwendung des Verbotstatbestandes des § 60 Nr. 1 (vgl. LR/*Ignor/Bertheau* § 60 Rn. 5). In diesem Fall ist der Zeitpunkt der Vereidigung zu verschieben. Es obliegt dem Tatrichter, die Fähigkeit des Zeugen, sich eine hinreichende Vorstellung von der Bedeutung des Eides zu machen, nach pflichtgemäßem Ermessen zu prüfen (vgl. BGHSt 22, 266, 267). 3

Die **Entscheidung über die Vereidigung** trifft außerhalb der Hauptverhandlung der vernehmende Richter. In der Hauptverhandlung ist zunächst der Vorsitzende, bei Beanstandungen nach § 238 Abs. 2 das Gericht zuständig (vgl. KK-StPO/*Slawik* § 60 Rn. 6). Unterlässt der Richter die Prüfung, obwohl sich eine solche wegen Besonderheiten in der Person des Zeugen aufgedrängte – eingerichtete Betreuung – stellt dies einen Rechtsfehler dar (vgl. Meyer-Goßner/*Schmitt* § 60 Rn. 5). Die Entscheidung über die Nichtvereidigung ist zu begründen. Ausreichend hierfür ist im Fall der Eidesunmündigkeit die Angabe der Gesetzesstelle. Ansonsten ist darzulegen, welche der anderen in § 60 Nr. 1 genannten Gründe zum Absehen von der Vereidigung geführt haben (vgl. LR/*Ignor/Bertheau* § 60 Rn. 34). 4

§ 60 Nr. 2 spricht ein Vereidigungsverbot für den Zeugen bei **Tat- oder Teilnahmeverdacht** aus. Das Gesetz geht davon aus, dass der Zeuge, der in die Tat involviert sein könnte, zu der er Auskunft geben soll, nicht unbefangen ist (vgl. BGHSt 10, 65, 67; 17, 128, 134) und die Leistung des Eides den Beweiswert seiner Aussage im Regelfall nicht erhöht (vgl. BGHSt 4, 255, 257). Insoweit müssen sich die Gerichte bei ihrer Würdigung der Aussage eines teilnahmeverdächtigen Zeugen den Aspekt einer möglicherweise geringeren Beweisbedeutung auch stets bewusst sein (vgl. BGHSt 17, 128, 134). Andererseits besteht für das Gericht auch kein Verbot, einem unter dem Verdacht der Täterschaft oder sonstigen Tatbeteiligung stehenden Zeugen zu glauben (vgl. Meyer-Goßner/*Schmitt* § 60 Rn. 8). 5

6 Die den **Gegenstand der Untersuchung bildende Tat** ist die Tat im prozessualen Sinne, § 264. Es ist also der raumzeitlich zusammenhängende Sachverhalt, in dessen Kontext das Strafgesetz verwirklicht wurde (vgl. BGHSt 23, 141, 145). Zur Tat gem. § 60 Nr. 2 gehört, wenn dem Angeklagten eine Beihilfehandlung vorgeworfen wird, auch die Haupttat, zu der geholfen wurde (vgl. BGH StV 1993, 57, 58; KK-StPO/*Slawik* § 60 Rn. 10). Auch Vortaten können den Gegenstand der Untersuchung bilden. So besteht ein Vereidigungsverbot für den Zeugen, der als Täter eines Diebstahls von dem Angeklagten begünstigt wurde (vgl. BGHSt 4, 368, 371). Gegen den Zeugen besteht Tatverdacht, wenn nach dem bisherigen Ergebnis der Hauptverhandlung er und nicht der Angeklagte als Täter anzusehen ist.

7 Wer **Tatbeteiligter** i.S.d. Vorschrift ist, ist streitig. Während eine Auffassung Tatbeteiligung mit Teilnahme i.S.d. §§ 25 ff. StGB gleichsetzt (vgl. *Rotsch/Sahan* ZIS 2007, 142, 148), ist für die herrschende Meinung Tatbeteiligter jeder, der bei der verfahrensgegenständlichen Tat in strafbarer Weise und in derselben Richtung wie der Beschuldigte mitgewirkt hat (vgl. BGH NStZ 1983, 516; Meyer-Goßner/*Schmitt* § 60 Rn. 12). Beteiligt ist also u.a. der Käufer von Betäubungsmitteln im Verfahren gegen den Dealer (vgl. OLG Düsseldorf StraFo 2001, 413), der Dieb im Verfahren gegen den Hehler (vgl. BGHSt 6, 382, 383), der nach § 13 StGB deliktisch Verantwortliche (vgl. BGH StV 1982, 342) und sogar derjenige, der es mit Blick auf die angeklagte Tat unterlassen hat, Hilfe zu leisten (vgl. BGH StV 1992, 547).

Die Involvierung des Zeugen in die Tat muss eine strafbare gewesen sein. Es reicht also nicht aus, ohne den erforderlichen Vorsatz nach § 27 StGB eine fremde Tat gefördert zu haben. Ebenso wenig ausreichend ist die Tätigkeit als Lockspitzel (vgl. BGH NStZ 1982, 197). Für den sog. »notwendigen« Teilnehmer gilt das Vereidigungsverbot mangels strafbaren Verhaltens des »Teilnehmers« ebenfalls nicht (vgl. KK-StPO/*Slawik* § 60 Rn. 15). Etwas anderes gilt erst dann, wenn die Handlung über das vom Tatbestand vorausgesetzten »Notwendige« hinausgeht, mithin eine dem Bereich des § 26 StGB oder § 27 StGB zuzurechnende Tätigkeit vorliegt (vgl. BGHSt 19, 107, 108).

Liegen Rechtfertigungs- oder Schuldausschließungsgründe vor, fehlt es an einem strafbaren Verhalten des Zeugen, weshalb für ihn die Pflicht zur Ablegung des Eides besteht. Etwas anderes gilt bei Vorliegen von Strafverfolgungshindernissen (vgl. BGHSt 4, 130, 131). Verfolgungsverjährung (vgl. BGH NJW 1952, 1146; KK-StPO/*Slawik* § 60 Rn. 19), das Fehlen des erforderlichen Strafantrags (vgl. BGH MDR [D] 1968, 895 f.) oder das Eingreifen eines Straffreiheitsgesetzes lassen das Vereidigungsverbot unberührt, da sie die Strafbarkeit nicht grds. beseitigen. Insoweit führen auch persönliche Strafaufhebungs- und Ausschließungsgründe nicht zum Wegfall des Vereidigungsverbots (so der Rücktritt vom Versuch gem. § 24 StGB oder § 31 BtMG; vgl. im Einzelnen die Zusammenstellung bei LR/*Ignor/Bertheau* § 60 Rn. 14).

Der Zeuge muss, um in den Anwendungsbereich des § 60 Nr. 2 zu gelangen, nach seiner Vorstellung in derselben Richtung wie der Beschuldigte oder Angeklagte an der Tat mitgewirkt haben. Daher liegt keine Partizipation vor, wenn der Zeuge eine eigenständige Tat anlässlich der den Gegenstand der Untersuchung bildenden Tat begangen hat (so bereits RGSt 17, 116, 120; SK-StPO/*Rogall* § 60 Rn. 32). Erst recht fehlt es an einer Mitwirkung, wenn noch nicht einmal deliktischer Zusammenhang besteht und der Zeuge unabhängig vom Beschuldigten eine Tat an demselben Verletzten verübt hat (vgl. LR/*Ignor/Bertheau* § 60 Rn. 19). An einer Tat mit Wirkung in dieselbe Richtung fehlt es auch, wenn die Tat des Beschuldigten gegen den Zeugen gerichtet war und von diesem ebenfalls mit der Begehung einer Straftat – wechselseitige Beleidigungen oder Körperverletzungen – beantwortet wurde (vgl. KK-StPO/*Slawik* § 60 Rn. 22 m.w.N.).

Demgegenüber schließt der Umstand, dass die verfahrensgegenständliche Tat ein Fahrlässigkeitsdelikt ist, die Existenz eines Vereidigungsverbots auf Grundlage von § 60 Nr. 2 nicht aus. Hat der Zeuge ebenso wie der Beschuldigte durch eigene Fahrlässigkeit an der Verursachung des tatbestandlichen Erfolges mitgewirkt, darf er nicht vereidigt werden (vgl. BGHSt 10, 65, 68; BGH VRS 14, 58, 60).

8 Das Vereidigungsverbot des § 60 Nr. 2 besteht auch dann, wenn der Zeuge der **Begünstigung**, der **Strafvereitelung** oder **Hehlerei** verdächtig ist. Versuchte Strafvereitelung ist ausreichend (vgl. BGH NJW 1992, 1054, 1055). Dem Vereidigungsverbot des § 60 Nr. 2 steht nicht entgegen, dass der Vereitelungserfolg des § 258 StGB nicht dem Beschuldigten oder Angeklagten zugutekommen soll. Von Vereidigung muss auch abgesehen werden, wenn die Vereitelungshandlung zugunsten eines anderen Verfahrensbeteiligten – etwa des Nebenklägers – vorgenommen wird (vgl. OLG Hamm MDR 1982, 690).

Strafvereitelung und Begünstigung müssen vor der Hauptverhandlung begangen worden sein. Der Verdacht, der Zeuge könne sich bei seiner aktuellen Vernehmung strafbar machen, steht seiner Vereidigung nicht entgegen (st. Rspr. seit BGHSt 1, 360, 363). Von Vereidigung muss allerdings abgesehen werden, wenn der Zeuge seine Aussage bereits in einem anderen Verfahrensstadium – vor der Polizei oder StA im Ermittlungsverfahren, im ersten Rechtszug oder in einer ausgesetzten Hauptverhandlung – getätigt hat (vgl. BGH NStZ 2004, 97). Die Zusage des Zeugen an den Angeklagten, in der anstehenden Hauptverhandlung zu dessen Gunsten falsch auszusagen, ist lediglich straflose Vorbereitungshandlung zu einer Strafvereitelung (vgl. BGHSt 31, 10, 12;

Meyer-Goßner/*Schmitt* § 60 Rn. 21 m.w.N.) und hindert deshalb die Vereidigung nicht. Entsprechendes gilt für die Absprache und die Aufforderung zu einer falschen Aussage (vgl. KK-StPO/*Slawik* § 60 Rn. 25). Ist mit dem Versprechen aber zugleich eine sachliche Begünstigung nach § 257 StGB verbunden, greift das Verbot nach § 60 Nr. 2 (vgl. BGHSt 27, 74 f.; a.A. *Lenckner* NStZ 1982, 401, 403 f.). Gleiches gilt, wenn der Zeuge, der sich straflos selbst begünstigen will (§§ 257 Abs. 1, 258 Abs. 5 StGB) zugleich beabsichtigt, den Beschuldigten der Strafverfolgung zu entziehen (vgl. BGHSt 9, 71, 73; KK-StPO/*Slawik* § 60 Rn. 28). Auch für den Hehler besteht ein Vereidigungsverbot. Entsprechendes gilt für eine Person, die der Anstiftung oder Teilnahme an einer Hehlerei verdächtig ist (vgl. BGH StV 1990, 484). Hehlerei i.S.d. Gesetzes liegt nicht nur dann vor, wenn der Zeuge im Verdacht steht, eine Sache von einem angeklagten Vortäter, also etwa dem Dieb, erworben zu haben. Der Erwerb von einem Zwischenhehler reicht aus (vgl. LR/*Ignor/Bertheau* § 60 Rn. 26). Ebenfalls nach § 60 Nr. 2 bleibt unvereidigt, wer Zeuge in einem Verfahren gegen einen Angeklagten ist, an den er als Zwischenhehler die Sache abgesetzt hat (vgl. RGSt 42, 248). Zu unterbleiben hat die Vereidigung des der Hehlerei verdächtigen Zeugen auch in einem Verfahren, das die Begünstigung des Vortäters durch den Beschuldigten zum Inhalt hat (vgl. RGSt 58, 373, 374).

Die strafrechtliche Verwicklung des Zeugen muss nicht feststehen. Ein **Verdacht** genügt, der weder hinreichend noch dringend sein muss (st. Rspr. seit BGHSt 4, 255, 256). Nicht ausreichend ist aber, dass das Gericht das Vorliegen der Voraussetzungen des § 60 Nr. 2 lediglich für theoretisch möglich hält (vgl. BGH NJW 1985, 638; Meyer-Goßner/*Schmitt* § 60 Rn. 23). Dadurch, dass der Angeklagte freigesprochen wird oder ein gegen ihn (vgl. BGH NStZ 2000, 45 f.) oder den Zeugen (vgl. LR/*Ignor/Bertheau* § 60 Rn. 28) geführtes Ermittlungsverfahren eingestellt oder der Zeuge vom Verdacht der Beteiligung an der Tat freigesprochen wurde (vgl. KK-StPO/*Slawik* § 60 Rn. 31), wird der Verdacht nicht beseitigt. Andererseits zwingt die Existenz eines Ermittlungsverfahrens gegen den Zeugen nicht automatisch zur Verdachtsannahme. Ausschlaggebend ist allein die Verdachteinschätzung durch das Gericht (vgl. BGHR StPO § 60 Nr. 2 Tatbeteiligung 7). Insoweit kann es auch unerheblich sein, dass sich der Zeuge der Beteiligung an der Tat selbst bezichtigt (vgl. Meyer-Goßner/*Schmitt* § 60 Rn. 24). 9

Dem Zeugen ist es verwehrt, den gegen ihn bestehenden Verdacht durch die beeidete Erklärung, unschuldig zu sein, auszuräumen (vgl. BGH VRS 14, 58, 60).

Ist der Zeuge aber wegen einer Beteiligung an der den Gegenstand der Untersuchung bildenden Tat verurteilt worden, wofür auch ein Strafbefehl ausreicht (vgl. KK-StPO/*Slawik* § 60 Rn. 32), liegt eine unwiderlegliche Verdachtsvermutung vor (KMR/*Neubeck* § 60 Rn. 28). Dies gilt auch dann, wenn das Erkenntnis noch nicht rechtskräftig ist (a.A. *Lenckner* FS Peters, S. 333, 342 Fn. 37). Die Verdachtsvermutung entfällt erst wieder, wenn das Urteil auf ein Rechtsmittel oder einen Wiederaufnahmeantrag hin beseitigt wird. Eine Gnadenentscheidung lässt ebenso wie der Erlass der Strafe aufgrund eines Straffreiheitsgesetzes die durch das Urteil herbeigeführte Verdachtsvermutung unberührt (vgl. LR/*Ignor/Bertheau* § 60 Rn. 29).

Eine **Teilvereidigung** ist geboten, wenn mehrere rechtlich selbstständige Taten den Gegenstand des Verfahrens bilden, ein Teilnahmeverdacht gegen den Zeugen aber nicht hinsichtlich sämtlicher Lebenssachverhalte besteht (vgl. BGH NStZ 1987, 516 m.Anm. *Dahs*). Allerdings soll eine Teilvereidigung dann nicht vorgenommen werden dürfen, wenn die Taten ein schwer zu trennendes Gesamtgeschehen bilden (vgl. LR/*Ignor/Bertheau* § 60 Rn. 30). 10

Die **Entscheidung über das Absehen von der Vereidigung** trifft grds. der Vorsitzende. Eine Entscheidung des Gerichts ist erst dann veranlasst, wenn ein Mitglied des Gerichts auf sie drängt oder ein Verfahrensbeteiligter einen entsprechenden Antrag stellt. Die endgültige Entscheidung erfolgt allerdings erst bei Urteilsberatung (vgl. BGH StV 1982, 251, 252). So muss etwa die Vereidigung nachgeholt werden, wenn der Tat- oder Teilnahmeverdacht gegen den Zeugen bei der Beratung des Urteils entfällt (vgl. BGHSt 8, 155, 157) und ein anderer Grund für eine Nichtvereidigung nicht vorliegt (vgl. KK-StPO/*Slawik* § 60 Rn. 33). Ergibt sich bei der Urteilsberatung, dass gegen den Zeugen, der seine Aussage beeidet hat, nunmehr der Verdacht besteht, er sei an der den Gegenstand der Untersuchung bildenden Tat in relevanter Weise beteiligt gewesen, dürfen dessen Angaben nur als uneidliche gewertet werden (vgl. BGHSt 4, 130, 131 f.). Die Wertung muss den Verfahrensbeteiligten mitgeteilt werden, damit es ihnen möglich ist, ggf. Beweisanträge zu stellen (vgl. BGH NStZ 1986, 230, 231). 11

Auch wenn sich aus § 59 Abs. 1 Satz 2 herleiten lässt, dass **Gründe** für das Unterbleiben einer Vereidigung nicht mehr angegeben werden müssen, gilt etwas anderes, wenn die Nichtvereidigung des Zeugen auf § 60 gestützt wird und das Gericht den Zeugen ansonsten vereidigt hätte. In diesem Fall muss die Entscheidung erkennen lassen, inwieweit der Zeuge in die verfahrensgegenständliche Tat involviert ist (vgl. BGH NJW 1952, 273; nach BGH NJW 1953, 231, 232 sind solche Angaben entbehrlich, wenn die Beziehung des Zeugen zur Tat – etwa im Fall seiner Verurteilung – offensichtlich ist). 12

13 **C. Revision.** Die Rspr. lässt die Revision gegen eine rechtsfehlerhafte Nichtvereidigung des Zeugen nur gegen eine Entscheidung des Gerichts zu (vgl. BGHR StPO § 60 Nr. 2 Tatbeteiligung 2; BGH NJW 1996, 2242, 2243; a.A. *Widmaier* NStZ 1992, 519, 522). Es obliegt daher dem Revisionsführer, sofern der Spruchkörper nicht eigenständig den Weg der gerichtlichen Entscheidung gewählt hat, eine solche gem. § 238 Abs. 2 gegen die Vorabentscheidung des Vorsitzenden herbeizuführen (vgl. KK-StPO/*Slawik* § 60 Rn. 37 m.w.N.). Eines Gerichtsentscheids bedarf es nicht, wenn der Vorsitzende unter Verstoß gegen § 60 zu Unrecht vereidigt hat. Die abweichende Behandlung rechtfertigt sich daraus, dass bei dieser Sachlage auch das Gericht – nämlich durch die Würdigung der Zeugenaussage als beeidete – gegen das Gesetz verstoßen hat (vgl. BGHSt 20, 98, 99; BGH GA 1969, 348).

Die Revision bei § 60 Nr. 1 ist begründet, wenn die Vereidigung eines Zeugen in Unkenntnis seines tatsächlichen Alters erfolgt (vgl. Meyer-Goßner/*Schmitt* § 60 Rn. 32). Das Rechtsmittel greift darüber hinaus durch, wenn das Gericht ein Absehen von der Vereidigung nicht geprüft hat, obwohl Anhaltspunkte für eine mangelnde Eidesfähigkeit vorlagen (vgl. BGHSt 22, 266, 267).

Bei § 60 Nr. 2 ist revisibel, dass das Gericht eine Nichtvereidigung des Zeugen nicht geprüft hat, obwohl sich aus seinem Urteil Anhaltspunkte für den Verdacht einer Involvierung des Zeugen in die verfahrensgegenständlichen Tat ergeben (vgl. BGHSt 21, 147, 148; OLG Köln StV 2004, 308). Ist das Gericht demgegenüber in eine solche Prüfung eingetreten, kann deren unrichtiges Ergebnis nicht gerügt werden. Angriffsziel der Revision kann allein die Verkennung von Rechtsbegriffen sein (vgl. BGHSt 4, 255 f.).

Das Beruhen des Urteils auf einer Verletzung des § 60 ist im Regelfall nicht zw. Es wird selten auszuschließen sein, dass einer beeideten Aussage mehr Glauben als einer unbeeideten geschenkt wurde (vgl. BGH StV 1994, 225 f.). Ebenso wird kaum von der Hand zu weisen sein, dass ein unvereidigt gebliebener Zeuge unter Eid möglicherweise anders ausgesagt hätten (vgl. BGH VRS 14, 58, 60). Auch der fehlende Hinweis des Gerichts, dass es eine beschworene Aussage lediglich als unbeeidete Aussage werten werde, verhilft der Revision üblicherweise zum Erfolg. Es ist nicht auszuschließen, dass der unterbliebene Hinweis die Verteidigung von Anträgen abgehalten hat, durch die auf die Entscheidung des Gerichts noch hätte Einfluss genommen werden können (vgl. OLG Frankfurt NStZ-RR 2003, 141; KK-StPO/*Slawik* § 60 Rn. 42). Etwas anderes gilt, wenn die Umbewertung der Aussage durch das Gericht für die Verfahrensbeteiligten aus dem weiteren Verlauf der Verhandlung offenbar wurde (vgl. BGHR StPO § 60 Nr. 2 Vereidigung 4; Meyer-Goßner/*Schmitt* § 60 Rn. 34). Ansonsten kann es an einem Beruhen fehlen, wenn die unter Verstoß gegen § 60 beeidete Aussage durch andere Beweismittel bestätigt wurde. In diesem Fall fußt das Urteil nicht auf dem erhöhten Beweiswert der durch Eid bestätigten Zeugenangaben (vgl. BGHR StPO § 60 Nr. 2 Vereidigung 7).

§ 61 Recht zur Eidesverweigerung

Die in § 52 Abs. 1 bezeichneten Angehörigen des Beschuldigten haben das Recht, die Beeidigung des Zeugnisses zu verweigern; darüber sind sie zu belehren.

Übersicht

1 **A. Grundsätzliches und Tatbestand.** Die Vorschrift gibt den im § 52 Abs. 1 genannten Angehörigen des Beschuldigten das Recht, die Eidesleistung zu verweigern. Erklärt der Zeuge seine Weigerung, ist eine Beschlussfassung hierüber nicht vonnöten. Mit der Erklärung tritt das Verbot der Vereidigung ein. Auf das Recht zur **Eidesverweigerung** kann der Zeuge verzichten. Verzicht und Verweigerung sind protokollierungsbedürftig (vgl. Meyer-Goßner/*Schmitt* § 61 Rn. 1). Der Zeuge kann seinen Verzicht widerrufen (vgl. RGSt 62, 142, 144) und seine Weigerung, den Eid zu leisten, zurücknehmen (LR/*Ignor*/*Bertheau* § 61 Rn. 4). Nimmt der Zeuge sein Recht zur Eidesverweigerung wahr, dürfen für den Angeklagten hieraus keine nachteiligen Schlüsse gezogen werden (vgl. KMR/*Neubeck* § 61 Rn. 1; SK-StPO/*Rogall* § 61 Rn. 4; a.A. BGHR StPO § 63 Verletzung 2; KK-StPO/*Slawik* § 61 Rn. 4).

2 Über das Eidesverweigerungsrecht sind die Zeugen zu belehren. Die **Belehrung** über das Zeugnisverweigerungsrecht nach § 52 ist nicht ausreichend (vgl. SK-StPO/*Rogall* § 61 Rn. 5). Die Belehrung hat auch dann zu erfolgen, wenn der Zeuge sich dazu bereit bereiterklärt hat, den Eid zu leisten (vgl. Meyer-Goßner/*Schmitt* § 61 Rn. 2). Ihrer bedarf es aber nur, wenn der Richter den Zeugen auch vereidigen will (vgl. BGH MDR [D] 1969, 194; SK-StPO/*Rogall* § 61 Rn. 5). Unterbleibt die Belehrung, kann dieser Mangel dadurch geheilt werden, dass der Zeuge erklärt, er hätte den Eid auch nach Belehrung geleistet. Möglich ist zudem, dass das Gericht die beeidete Aussage als uneidliche wertet und dies den Verfahrensbeteiligten mitgeteilt (vgl.

Meyer-Goßner/*Schmitt* § 61 Rn. 2). Die Belehrung ist als wesentliche Förmlichkeit des Verfahrens gem. §§ 273 Abs. 1, 168a Abs. 1 zu protokollieren.

B. Revision. Unterbleibt die vorgeschriebene Belehrung, kann dies mit der Revision gerügt werden, wenn nicht auszuschließen ist, dass das Gericht die Glaubwürdigkeit des Zeugen anders beurteilt hätte, wenn er nach Belehrung von seinem Eidesverweigerungsrecht Gebrauch gemacht hätte (vgl. BGH NStZ 2008, 171, 172; 2001, 604). Fehlt es an einer Verwertung der Aussage im Urteil (vgl. Meyer-Goßner/*Schmitt* § 61 Rn. 3) oder wertet das Gericht diese lediglich als uneidlich (vgl. OLG Düsseldorf NStZ 1984, 182 m.Anm. *Krekeler*), fehlt es an einem Beruhen. Streitig ist, ob es an einem Beruhen auch dann fehlt, wenn mit Sicherheit davon auszugehen ist, dass der nicht belehrte Zeuge auch nach Belehrung geschworen hätte (abl. LR/*Ignor/Bertheau* § 61 Rn. 10). Der befürwortenden Ansicht (u.a. Meyer-Goßner/*Schmitt* § 61 Rn. 3) ist zuzugeben, dass es dann an der Ursächlichkeit des Verstoßes für das Urteil fehlt. Nur wird man – sieht man von einer entsprechenden ausdrücklichen Erklärung des Zeugen ab – aus früheren Belehrungen oder dem Prozessverhalten des Zeugen kaum auf die Unerheblichkeit des Unterbleibens der Belehrung schließen können. 3

§ 62 Vereidigung im vorbereitenden Verfahren

Im vorbereitenden Verfahren ist die Vereidigung zulässig, wenn
1. **Gefahr im Verzug ist oder**
2. **der Zeuge voraussichtlich am Erscheinen in der Hauptverhandlung verhindert sein wird**

und die Voraussetzungen des § 59 Abs. 1 vorliegen.

Übersicht	Rdn.		Rdn.
A. Grundsätzliches und Tatbestand	1	B. Revision	2

A. Grundsätzliches und Tatbestand. Die Vorschrift bringt den Willen des Gesetzgebers zum Ausdruck, die Vereidigung im Ermittlungsverfahren – auch im Fall richterlicher Vernehmungen nach §§ 173 Abs. 3, 202 Satz 1 – nur ausnahmsweise zuzulassen. Sie ist nur zulässig, wenn die Voraussetzungen des § 59 Abs. 1 (vgl. § 59 Rdn. 2 f.) vorliegen, die Aussage des Zeugen also von ausschlaggebender Bedeutung ist oder die Vereidigung erforderlich wird, um wahrheitsgemäße Angaben zu erhalten. Darüber hinaus ist sie an das Vorliegen von Gefahr im Verzug (Nr. 1) oder den Umstand gebunden, dass der Zeuge voraussichtlich am Erscheinen in der Hauptverhandlung verhindert sein wird (Nr. 2). **Gefahr im Verzug** ist gegeben, wenn ohne Vereidigung der Verlust des Beweismittels oder das Scheitern weiterer Sachaufklärung droht, etwa durch Tod des Zeugen (vgl. Meyer-Goßner/*Schmitt* § 62 Rn. 4). Die **Verhinderung des Zeugen** zum Erscheinen in der Hauptverhandlung kann auf unterschiedlichen Gründen beruhen. Im Betracht kommen Krankheit, Gebrechlichkeit und längerer Auslandsaufenthalt. Generell ist aber eine große Entfernung des Wohnorts zum Verhandlungsort kein Grund für eine Vernehmung unter Eid außerhalb der Hauptverhandlung (vgl. SK-StPO/*Rogall* § 62 Rn. 5). Die Vernehmungsniederschrift kann in der Hauptverhandlung nach § 251 Abs. 2 Nr. 1 (im Fall der Nr. 1) und nach § 251 Abs. 2 Nr. 2 (im Fall der Nr. 2) als eidliche verlesen werden. Der Umstand der Vereidigung ist im Protokoll nach § 168a Abs. 1 zu vermerken. Auch der Grund der Vereidigung ist zu protokollieren, wobei der Hinweis auf die gesetzliche Vorschrift genügt (vgl. Meyer-Goßner/*Schmitt* § 62 Rn. 6). 1

B. Revision. Stellt sich heraus, dass die Voraussetzungen für eine Vereidigung nach § 62 nicht vorgelegen haben, kann hierauf die Revision nicht gestützt werden (vgl. KK-StPO/*Slawik* § 62 Rn. 5 m.w.N.). Dagegen ist mit der Revision angreifbar, dass die §§ 59, 60 und 61 einer Eidesleistung des Zeugen entgegenstanden (vgl. KMR/*Neubeck* § 62 Rn. 7; LR/*Ignor/Bertheau* § 62 Rn. 8). 2

§ 63 Vereidigung bei Vernehmung durch den beauftragten oder ersuchten Richter

Wird ein Zeuge durch einen beauftragten oder ersuchten Richter vernommen, muss die Vereidigung, soweit sie zulässig ist, erfolgen, wenn es in dem Auftrag oder in dem Ersuchen des Gerichts verlangt wird.

Übersicht	Rdn.		Rdn.
A. Tatbestand	1	B. Revision	2

A. Tatbestand. Die Vorschrift gilt für alle **kommissarischen Vernehmungen** in jedem Verfahrensstadium, also nicht nur im Vorverfahren (vgl. KK-StPO/*Slawik* § 63 Rn. 1; LR/*Ignor/Bertheau* § 63 Rn. 1), wobei der Hauptanwendungsfall der Regelung bei der Vernehmung nach § 223 liegt. **Beauftragter Richter** ist das mit 1 der Vernehmung beauftragte Mitglied des erkennenden Gerichts, **ersuchter Richter** der im Wege der Rechtshilfe gem. § 157 GVG um Vernehmung gebetene Richter (vgl. Meyer-Goßner/*Schmitt* § 63 Rn. 1). Trifft das Vernehmungsersuchen keine Aussage über die Frage der Vereidigung, entscheidet hierüber der vernehmende Richter nach Maßgabe des § 59 Abs. 1 (vgl. *Knauer/Wolf* NJW 2004, 2932, 2933; SK-StPO/*Rogall* § 63 Rn. 5). Das erkennende Gericht ist an diese Entscheidung allerdings nicht gebunden, sondern kann auch noch nachträglich eine unterbliebene Vereidigung herbeiführen lassen. Auch an eine Vereidigung durch den vernehmenden Richter ist das erkennende Gericht nicht gebunden. Hält es die Vereidigung für unzulässig, kann es die eidliche Aussage als uneidliche werten (vgl. Meyer-Goßner/*Schmitt* § 63 Rn. 2). Einem Ersuchen um Vereidigung hat der beauftragte oder ersuchte Richter zu entsprechen, es sei denn, eine Vereidigung ist nach §§ 60, 61 ausgeschlossen (vgl. LR/*Ignor/Bertheau* § 63 Rn. 2). Demgegenüber bindet ein Ersuchen um uneidliche Vernehmung den vernehmenden Richter nicht (vgl. Meyer-Goßner/*Schmitt* § 63 Rn. 4).

2 **B. Revision.** Der Verstoß gegen § 63 begründet die Revision nicht. Gerügt werden kann aber ein Verstoß gegen §§ 59, 60.

§ 64 Eidesformel

(1) Der Eid mit religiöser Beteuerung wird in der Weise geleistet, dass der Richter an den Zeugen die Worte richtet:
»Sie schwören bei Gott dem Allmächtigen und Allwissenden, dass Sie nach bestem Wissen die reine Wahrheit gesagt und nichts verschwiegen haben«
und der Zeuge hierauf die Worte spricht:
»Ich schwöre es, so wahr mir Gott helfe«.
(2) Der Eid ohne religiöse Beteuerung wird in der Weise geleistet, dass der Richter an den Zeugen die Worte richtet:
»Sie schwören, dass Sie nach bestem Wissen die reine Wahrheit gesagt und nichts verschwiegen haben«
und der Zeuge hierauf die Worte spricht:
»Ich schwöre es«.
(3) Gibt ein Zeuge an, dass er als Mitglied einer Religions- oder Bekenntnisgemeinschaft eine Beteuerungsformel dieser Gemeinschaft verwenden wolle, so kann er diese dem Eid anfügen.
(4) Der Schwörende soll bei der Eidesleistung die rechte Hand erheben.

Übersicht

1 **A. Grundsätzliches und Tatbestand.** Die Vorschrift ermöglicht dem Zeugen die **Wahl** zwischen einem Eid mit oder ohne religiöse Beteuerung. Über die Wahlmöglichkeit ist der Zeuge zu belehren, § 57 Satz 2 (vgl. dort § 57 Rdn. 2 ff.). Die Eidesleistung wird im Protokoll vermerkt (vgl. BGH NStZ 1999, 396, 399). Der Akt des Schwures zerfällt in die **Kundgabe der Eidesnorm** durch das Gericht und das **Sprechen der Eidesformel** durch den Zeugen. Ein dem islamischen Glauben anhängender Zeuge kann statt auf Gott auf Allah schwören (vgl. *Jünemann* MDR 1970, 725, 727; LR/*Ignor/Bertheau* § 64 Rn. 3). Die Eidesnorm kann an sämtliche Zeugen gerichtet werden. Die Eidesformel muss von jedem Zeugen aber einzeln gesprochen werden (vgl. OLG Frankfurt NJW 1962, 1834). Gem. § 188 GVG leisten Personen, die der deutschen Sprache nicht mächtig sind, den Eid in der ihnen geläufigen Sprache. Die vom Zeugen gesprochene Eidesformel wird durch einen Dolmetscher übersetzt (vgl. SK-StPO/*Rogall* § 64 Rn. 10).

Abs. 3 erlaubt es, dass ein Zeuge, der Mitglied einer Religions- oder Bekenntnisgemeinschaft ist, dem Eid eine **Beteuerungsformel** dieser Gemeinschaft angefügt. Die Anfügung darf den Bedeutungsgehalt des Eides nicht schmälern oder sogar aufheben (vgl. RGSt 10, 181, 182).

Das Erheben der Schwurhand ist kein wesentlicher Bestandteil der Eidesleistung. Es kann unterbleiben und auch nicht erzwungen werden (vgl. KK-StPO/*Slawik* § 64 Rn. 5). Die Regelung in Abs. 4 schließt andere symbolische Handlungen zur Bekräftigung des Schwures nicht aus (vgl. RGSt 57, 342, 343: Handschlag beim Mennoniteneid).

Die Form der Vereidigung ist, anders als der Umstand der Eidesleistung, im **Protokoll** nicht zu vermerken (vgl. BGH NStZ 1999, 396, 399).

2 **B. Revision.** Wird bei der Vereidigung von den Formulierungen des § 64 hinsichtlich der Eidesnorm und der Eidesformel abgewichen, kann dies zwar grds. die Revision begründen. Im Regelfall wird das Urteil auf diesem Verstoß jedoch nicht beruhen (vgl. KK-StPO/*Slawik* § 64 Rn. 6; a.A. SK-StPO/*Rogall* Rn. 14).

§ 65 Eidesgleiche Bekräftigung der Wahrheit von Aussagen

(1) [1]Gibt ein Zeuge an, dass er aus Glaubens- oder Gewissensgründen keinen Eid leisten wolle, so hat er die Wahrheit der Aussage zu bekräftigen. [2]Die Bekräftigung steht dem Eid gleich; hierauf ist der Zeuge hinzuweisen.

(2) Die Wahrheit der Aussage wird in der Weise bekräftigt, dass der Richter an den Zeugen die Worte richtet:

»Sie bekräftigen im Bewusstsein Ihrer Verantwortung vor Gericht, dass Sie nach bestem Wissen die reine Wahrheit gesagt und nichts verschwiegen haben«

und der Zeuge hierauf spricht:

»Ja«.

(3) § 64 Abs. 3 gilt entsprechend.

1 **A. Grundsätzliches und Tatbestand.** Die Vorschrift trägt Art. 4 Abs. 1 GG Rechnung. Dieses Grundrecht schützt auch die Ablehnung der Eidesleistung aus religiösen Gründen (vgl. BVerfGE 33, 23 ff.). Über die Möglichkeit der **Aussagebekräftigung** nach § 65 ist der Zeuge nur zu belehren, wenn er die Eidesleistung in jeder Form abgelehnt hat. Die Vorschrift ist aber andererseits bereits auf die Erklärung des Zeugen hin, seinem Eid stünden Glaubens- oder Gewissensgründe entgegen, anzuwenden. Ob tatsächlich Gründe zur Verweigerung der Eidesleistung vorliegen, prüft das Gericht nicht nach (vgl. KK-StPO/*Slawik* § 65 Rn. 2). Die Bekräftigung der Aussage steht dem Eid gleich. Dies gilt nicht nur für den Zeugen, sondern auch für das Verfahren. Anwendbar sind damit insb. die §§ 67, 70. Im materiellen Strafrecht hat die Gleichstellung von Aussage und Bekräftigung ihren Niederschlag in § 155 Nr. 1 StGB gefunden.

Wie beim Schwur können auch der Bekräftigung bestimmte Beteuerungsformeln angeschlossen werden, Abs. 3.

2 **B. Revision.** Die Revision kann darauf gestützt werden, dass der seine Aussage bekräftigende Zeuge Gründe gem. Abs. 1 Satz 1 nicht geltend gemacht hat. Sofern solche Gründe aber tatsächlich vorgelegen haben und das Gericht von ihrem Vorliegen auch ausging, fehlt es an einem Beruhen des Urteils auf dem Verstoß (vgl. KK-StPO/*Slawik* § 65 Rn. 5).

§ 66 Eidesleistung bei Hör- oder Sprachbehinderung

(1) [1]Eine hör- oder sprachbehinderte Person leistet den Eid nach ihrer Wahl mittels Nachsprechens der Eidesformel, mittels Abschreibens und Unterschreibens der Eidesformel oder mit Hilfe einer die Verständigung ermöglichenden Person, die vom Gericht hinzuzuziehen ist. [2]Das Gericht hat die geeigneten technischen Hilfsmittel bereitzustellen. [3]Die hör- oder sprachbehinderte Person ist auf ihr Wahlrecht hinzuweisen.

(2) Das Gericht kann eine schriftliche Eidesleistung verlangen oder die Hinzuziehung einer die Verständigung ermöglichenden Person anordnen, wenn die hör- oder sprachbehinderte Person von ihrem Wahlrecht nach Absatz 1 kein Gebrauch gemacht hat oder eine Eidesleistung in der nach Absatz 1 gewählten Form nicht oder nur mit unverhältnismäßigen Aufwand möglich ist.

(3) Die §§ 64 und 65 gelten entsprechend.

1 **A. Grundsätzliches und Tatbestand.** Die Vorschrift regelt die Eidesleistung durch eine hör- oder sprachbehinderte Person. Der Begriff der **Behinderung** drückt aus, dass bei dem Zeugen eine vollständige Aufhebung seiner Fähigkeit, zu hören oder zu sprechen (Taubheit und Stummheit) nicht vorliegen muss. § 66 dient der Integration von Menschen mit Behinderungen, denen vor Gericht die gleichberechtigte Teilhabe ermöglicht werden soll (vgl. BT-Drs. 14/9266, S. 35). Über ihren Wortlaut hinaus gilt die Vorschrift selbstverständlich nicht nur für Zeugen, die entweder sprach- oder hörbehindert sind. Auch Personen, bei denen beide Formen der Behinderung vorliegen, unterfallen der Regelung. Zur Verständigung allgemein im Verfahren mit hör- und sprachbehinderten Personen vgl. § 186 GVG. Das Vorliegen der Behinderung hat das Gericht bei Zweifeln im Freibeweisverfahren zu klären.

2 Der behinderte Zeuge hat ein **Wahlrecht**, wie er den Eid leisten will. Er kann die Eidesformel (§§ 64 und 65) entweder nachsprechen, sie abschreiben und mit seiner Unterschrift versehen oder den Eid mithilfe einer die Verständigung ermöglichenden Person leisten. Der Zeuge ist auf sein Wahlrecht hinzuweisen. Die notwendigen (technischen) Mittel zur Eidesleistung – als solche sind u.a. Höranlagen anzusehen (vgl. KK-StPO/*Slawik* § 66 Rn. 4) – hat das Gericht bereitzustellen, § 66 Abs. 1. Diese Pflicht findet ihre Grenzen in einem unverhältnismäßigen Aufwand der gewünschten Form der Eidesleistung. Dann kann das Gericht – wie auch in dem Fall, dass der Zeuge sein Wahlrecht nicht ausübt – die schriftliche Eidesleistung verlangen oder die Hinzuziehung einer die Verständigung ermöglichenden Person anordnen. Allerdings wird der mit der Hinzuziehung von Sprachmittlern oder technischen Hilfsmitteln verbundene Aufwand nur ausnahmsweise als unverhältnismäßig bewertet werden können (vgl. BT-Drs. 14/9266, S. 41).

3 Aus § 66 Abs. 3 ergibt sich, dass auch der sprach- oder hörbehinderte Zeuge den Eid mit oder ohne religiöse Beteuerung leisten kann, die Befugnis hat, eine Beteuerungsformel nach § 64 Abs. 3 anzuschließen und statt eines Eides aus Glaubens- oder Gewissensgründen die Möglichkeit besitzt, seine Aussage zu bekräftigen.

4 **B. Revision.** Unterlässt es das Gericht, den Zeugen auf sein Wahlrecht nach Abs. 1 hinzuweisen, begründet dies die Revision nicht (vgl. LR/*Ignor/Bertheau* § 66 Rn. 7).

§ 67 Berufung auf einen früheren Eid

Wird der Zeuge, nachdem er eidlich vernommen worden ist, in demselben Vorverfahren oder in demselben Hauptverfahren nochmals vernommen, so kann der Richter statt der nochmaligen Vereidigung den Zeugen die Richtigkeit seiner Aussage unter Berufung auf den früher geleisteten Eid versichern lassen.

Übersicht

1 **A. Grundsätzliches und Tatbestand.** § 67 ermöglicht den Verzicht auf die Eidesleistung eines Zeugen, der im selben Vor- oder Hauptverfahren schon einmal unter Eid ausgesagt hat. Die neuerliche Eidesleistung kann durch die Berufung des Zeugen auf seinen früher geleisteten Eid ersetzt werden. Die Vorschrift dient dem Zweck, den Wert und die Bedeutung des Eides durch häufige Wiederholung nicht zu schmälern (vgl. LR/*Ignor/Bertheau* § 67 Rn. 1).

2 § 67 setzt eine **nochmalige Vernehmung** des Zeugen voraus. Es muss daher bereits eine mit Eidesleistung oder Bekräftigung nach § 65 abgeschlossene Zeugenaussage vorliegen. Diese kann durchaus vom selben Tag wie die weitere Vernehmung stammen (vgl. BGHSt 4, 140, 142). Auf den Inhalt der zweiten Aussage kommt es für den Begriff der nochmaligen Vernehmung nicht an. Auch die Wiederholung der ersten Aussage ist eine nochmalige Vernehmung (vgl. LR/*Ignor/Bertheau* § 67 Rn. 2). Eine nochmalige Vernehmung liegt allerdings nicht vor, wenn die vorangegangene Vernehmung keine Zeugen-, sondern eine Sachverständigenvernehmung war (vgl. OLG Köln MDR 1955, 183 f.; Meyer-Goßner/*Schmitt* § 67 Rn. 1).

3 Die Berufung auf den früheren Eid ist nur im selben Verfahren möglich. Dies setzt zunächst Personenidentität des Beschuldigten voraus. Geht es in der weiteren Vernehmung nunmehr um neu hinzugetretene Beschuldigte, ist § 67 nicht anwendbar (vgl. RGSt 44, 352). **Dasselbe Vorverfahren** liegt vor, wenn die weitere Vernehmung des Zeugen vor Anklageerhebung oder Beantragung des Strafbefehls stattfindet. Erfolgt die weitere Vernehmung also erst im Zwischenverfahren oder gar erst im Hauptverfahren, ist dem Zeugen die Bezugnahme auf seinen früher geleisteten Eid nicht möglich (vgl. Meyer-Goßner/*Schmitt* § 67 Rn. 4). **Das Hauptverfahren** i.S.d. Vorschrift umfasst den Zeitraum vom Erlass des Eröffnungsbeschlusses hin bis zur Rechtskraft des Urteils (vgl. BGHSt 23, 283, 285). Auch die erneute Hauptverhandlung nach Durchlaufen der Rechtsmittelinstanz zählt dazu (vgl. KK-StPO/*Slawik* § 67 Rn. 5). Das Berufungsverfahren ist ebenfalls noch dasselbe Hauptverfahren (vgl. RG GA 1906, 77, 78); schließlich auch die Hauptverhandlung nach Verweisung auf Grundlage des § 270. Dieselbe Hauptverhandlung liegt auch bei Verhandlungsneubeginn nach Aussetzung sowie hinsichtlich einer kommissarischen Vernehmung unter Eid vor (vgl. LR/*Ignor/Bertheau* § 67 Rn. 5). Obwohl die StPO das Hauptverfahren grds. erst mit dem Eröffnungsbeschluss beginnen lässt, soll als Hauptverfahren gem. § 67 auch das Zwischenverfahren gelten (vgl. u.a. Meyer-Goßner/*Schmitt* § 67 Rn. 5). Auf seinen früheren Eid kann sich der Zeuge nicht berufen, wenn er nach Wiederaufnahme des Verfahrens erneut aussagen soll (vgl. KK-StPO/*Slawik* § 67 Rn. 6).

4 Die Frage, ob der Zeuge bei wiederholter Aussage neu vereidigt oder die Berufung auf seinen früher geleisteten Eid ausreichen soll, **entscheidet der Richter nach seinem pflichtgemäßen Ermessen**, wobei zunächst dem Vorsitzenden die Vorabentscheidung obliegt (vgl. Meyer-Goßner/*Schmitt* § 67 Rn. 6). Ein Vorgehen nach § 67

wird sich dann nicht anbieten, wenn sich dem Zeugen die Bedeutung eines Berufens auf den zuvor geleisteten Eid nicht erschließt (vgl. LR/*Ignor/Bertheau* § 67 Rn. 10). Kann der Zeuge demgegenüber den Sinngehalt einer solchen Erklärung, über den er i.Ü. entsprechend § 57 Satz 2 belehrt werden muss, erfassen, ist es als solches unschädlich, wenn er sich nicht an die Eidesleistung erinnert (vgl. Meyer-Goßner/*Schmitt* § 67 Rn. 6).

5 Die Versicherung unter Berufung auf den früheren Eid erfolgt – wie die Eidesleistung nach § 59 Abs. 2 Satz 1 – erst **nach Beendigung der Vernehmung** (vgl. BGH MDR [D] 1972, 198 f.). Sie muss durch den Zeugen selbst erfolgen. Der Hinweis des Richters auf den früher geleisteten Eid genügt nicht (vgl. KK-StPO/*Slawik* § 67 Rn. 8). Nicht erforderlich ist das Sprechen einer am Gesetzeswortlaut orientierten »Berufungsformel« (»versichere ich die Richtigkeit meiner Aussage unter Berufung auf den früher geleisteten Eid«). Irgendeine Form von Bezugnahme auf den früheren Eid reicht aus (vgl. BGH MDR [D] 1972, 198 f.; LR/*Ignor/Bertheau* § 67 Rn. 11). Beruft sich der Zeuge auf einen Eid, der gar nicht geleistet wurde, liegt eine wirksame Bekräftigung der Aussage i.S.d. § 67 nicht vor (vgl. Meyer-Goßner/*Schmitt* § 67 Rn. 7).

6 Die Berufung auf den früheren Eid ist eine **zu protokollierende Förmlichkeit des Verfahrens** (§§ 168a Abs. 1, 273 Abs. 1). Sie sollte wie folgt lauten: »Der Zeuge versicherte die Richtigkeit seiner Aussage unter Berufung auf den früher geleisteten Eid« (vgl. Meyer-Goßner/*Schmitt* § 67 Rn. 8). Nicht protokollierungsbedürftig ist der Umstand, wann und wo der Zeuge den früheren Eid geleistet bzw. die frühere Bekräftigung abgegeben hat (vgl. KMR/*Neubeck* § 67 Rn. 8; LR/*Ignor/Bertheau* § 67 Rn. 14).

7 **B. Revision.** Mit der Revision kann nicht gerügt werden, dass eine erneute Vereidigung des Zeugen im Verfahren der Wahrheitsfindung dienlicher gewesen wäre als das Vorgehen nach § 67 (vgl. LR/*Ignor/Bertheau* § 67 Rn. 15). Demgegenüber liegt ein revisibler Verstoß vor, wenn der Eid, auf den sich der Zeuge berufen hat, gar nicht oder nicht im selben Verfahren geleistet worden war. Nur wird das Urteil auf diesem Verstoß nicht beruhen, wenn Zeuge und Gericht von einem wirksamen Berufen ausgegangen sind (vgl. BGH MDR [D] 1953, 722 f.; NStZ 1984, 328). Ob dies der Fall ist, hat das Revisionsgericht im Wege des Freibeweises zu ermitteln (vgl. LR/*Ignor/Bertheau* § 67 Rn. 16). Die Revision ist auch möglich, wenn gegen die Vorabentscheidung des Vorsitzenden nicht das Gericht angerufen wurde (vgl. BGH MDR [D] 1972, 198 f.; Meyer-Goßner/*Schmitt* § 67 Rn. 9).

§ 68 Vernehmung zur Person; Beschränkung von Angaben, Zeugenschutz

(1) [1]Die Vernehmung beginnt damit, dass der Zeuge über Vornamen und Nachnamen, Geburtsnamen, Alter, Beruf und vollständige Anschrift befragt wird. [2]In richterlichen Vernehmungen in Anwesenheit des Beschuldigten und in der Hauptverhandlung wird außer bei Zweifeln über die Identität des Zeugen nicht die vollständige Anschrift, sondern nur dessen Wohn- oder Aufenthaltsort abgefragt. [3]Ein Zeuge, der Wahrnehmungen in amtlicher Eigenschaft gemacht hat, kann statt des Wohnortes den Dienstort angeben.

(2) [1]Einem Zeugen soll zudem gestattet werden, statt der vollständigen Anschrift seinen Geschäfts- oder Dienstort oder eine andere ladungsfähige Anschrift anzugeben, wenn ein begründeter Anlass zu der Besorgnis besteht, dass durch die Angabe der vollständigen Anschrift Rechtsgüter des Zeugen oder einer anderen Person gefährdet werden oder dass auf Zeugen oder eine andere Person in unlauterer Weise eingewirkt werden wird. [2]In richterlichen Vernehmungen in Anwesenheit des Beschuldigten und in der Hauptverhandlung soll dem Zeugen gestattet werden, seinen Wohn- oder Aufenthaltsort nicht anzugeben, wenn die Voraussetzungen des Satzes 1 bei dessen Angabe vorliegen.

(3) [1]Besteht ein begründeter Anlass zu der Besorgnis, dass durch die Offenbarung der Identität oder des Wohn- oder Aufenthaltsortes des Zeugen Leben, Leib oder Freiheit des Zeugen oder einer anderen Person gefährdet wird, so kann ihm gestattet werden, Angaben zur Person nicht oder nur über eine frühere Identität zu machen. [2]Er hat jedoch in der Hauptverhandlung auf Befragen anzugeben, in welcher Eigenschaft ihm die Tatsachen, die er bekundet, bekannt geworden sind. [3]Ist dem Zeugen unter der Voraussetzung des Satzes 1 gestattet worden, Angaben zur Person nicht oder nur über eine frühere Identität zu machen, darf er sein Gesicht entgegen § 176 Absatz 2 Satz 1 des Gerichtsverfassungsgesetzes ganz oder teilweise zu verhüllen.

(4) [1]Liegen Anhaltspunkte dafür vor, dass die Voraussetzungen der Absätze 2 oder 3 vorliegen, ist der Zeuge auf die dort vorgesehenen Befugnisse hinzuweisen. [2]Im Fall des Absatzes 2 soll der Zeuge bei der Benennung einer ladungsfähigen Anschrift unterstützt werden. [3]Die Unterlagen, die die Feststellung des Wohn- oder Aufenthaltsortes, der vollständigen Anschrift oder der Identität des Zeugen gewährleisten, werden bei der Staatsanwaltschaft verwahrt. [4]Zu den Akten sind sie erst zu nehmen, wenn die Besorgnis der Gefährdung entfällt. [5]Wurde dem Zeugen eine Beschränkung seiner Angaben nach Absatz 2 Satz 1

gestattet, veranlasst die Staatsanwaltschaft von Amts wegen bei der Meldebehörde eine Auskunftssperre nach § 51 Abs. 1 des Bundesmeldegesetzes, wenn der Zeuge zustimmt.
(5) [1]**Die Absätze 2 bis 4 gelten auch nach Abschluss der Zeugenvernehmung.** [2]**Soweit dem Zeugen gestattet wurde, Daten nicht anzugeben, ist bei Auskünften aus und Einsichtnahmen in Akten sicherzustellen, dass diese Daten anderen Personen nicht bekannt werden, es sei denn, dass eine Gefährdung im Sinne der Absätze 2 und 3 ausgeschlossen erscheint.**

Übersicht

1 **A. Grundsätzliches und Regelungsgehalt.** Die Vorschrift bestimmt, welche Angaben zur Person Zeugen bei ihrer Vernehmung machen müssen und regelt zugleich, unter welchen Voraussetzungen von einzelnen Angaben abgesehen werden kann. Sie dient damit einerseits der **Vermeidung von Personenverwechslungen** und trägt dem Interesse des Angeklagten und seines Verteidigers Rechnung, auch über die Person des Zeugen Einzelheiten zu erfahren, um ggf. dessen **Glaubwürdigkeit** nach Einholung entsprechender Erkundigungen **besser beurteilen zu können** (BGHSt [GS] 32, 118 [128]; 33, 83 [87]; Meyer-Goßner/*Schmitt* § 68 Rn. 1). Andererseits steht sie, insb. nach den gesetzgeberischen Änderungen der letzten Jahre (Rdn. 2), **im Dienste des Zeugen- und Opferschutzes** (MüKo-StPO/*Maier* § 68 Rn. 2).

2 Die Regelung wurde v.a. durch Art. 3 des **OrgKG** im Jahr 1992 zugunsten des Zeugenschutzes tief greifend umgestaltet (BT-Drs. 12/989, S. 35 ff.). Die Änderung durch das **2. Opferrechtsreformgesetz** v. 29.07.2009 (BGBl. I, S. 2280) hat neben sprachlichen Anpassungen eine Ausdehnung des Anwendungsbereichs des Abs. 2 gebracht (BT-Drs. 16/12098, S. 12 f.); die Verfahrensregelungen wurden in den komplett neu gefassten Abs. 4 überführt und erweitert, dessen früherer Regelungsgegenstand nunmehr in § 68a Abs. 2 angesiedelt ist (BT-Drs. 16/12098, S. 13). Im Verhältnis zu den Vorschriften des ZSHG ist § 68 lex specialis (§ 10 Abs. 3 ZSHG; vgl. BGHSt 50, 318 [324 f.]; *Roggan* GA 2012, 434). Für Verdeckte Ermittler ist die gesonderte Regelung in § 110b Abs. 3 Satz 3 nicht abschließend; Maßnahmen nach § 68 und nach dem ZSHG bleiben auch in solchen Fällen möglich (MüKo-StPO/*Maier* § 68 Rn. 13; KK-StPO/*Bruns* § 110b Rn. 18). Die mit dem Gesetz zur Fortentwicklung der StPO vom 25.06.2021 eingeführten (weiteren) Änderungen, die eine (auch sprachliche) Komplexität erreicht haben, die die Anwendung im Einzelfall nicht immer erleichtern dürften, sind m.W.z. zum 01.07.2021 hinzugekommen. Den Zeugen trifft nunmehr nur noch eine abgestufte Pflicht zur Angabe von vollständiger Anschrift bzw. Wohnort je nach Vernehmungsanlass (Abs. 1 n.F. mit Folgeänderungen in Abs. 2 n.F.), die Möglichkeit einer Gesichtsverhüllung in Gefährdungsfällen (Abs. 3 n.F.) sowie die Möglichkeit, eine melderechtliche Auskunftssperre zu verhängen (Abs. 4 n.F.). Ihr Anwendungsbereich erstreckt sich in dem erwähnten abgestuften Umfang auch auf kommissarische Vernehmungen und solche durch die StA. Spätestens durch die jetzt geltende Fassung gibt das Gesetz der Erforschung der materiellen Wahrheit durch einen unbelastet aussagenden Zeugen den Vorrang vor dem Interesse an der Kenntnis seiner persönlichen Daten (so explizit BT-Drs. 16/12098, S. 13).

3 **B. Befragung zur Person (Abs. 1 Satz 1). I. Allgemeines.** Zusammen mit §§ 68a und 69 regelt die Vorschrift den **Beginn der Zeugenvernehmung**, also der Befragung, in der der Vernehmende dem Zeugen in amtlicher Funktion ggü. tritt (vgl. dazu BGHSt 40, 208 [213]). Das Zeugnisverweigerungsrecht gilt für die Angaben zur Person nicht (KK-StPO/*Bader* § 52 Rn. 2). Bei einer Weigerung des Zeugen ist § 70 nicht anwendbar; jedoch erfüllt die Nichtbeantwortung den Tatbestand einer Ordnungswidrigkeit gem. § 111 OWiG (Meyer-Goßner/*Schmitt* § 68 Rn. 3).

II. Fragen. 1. Nach dem Namen. Anzugeben sind **Vor- und Familienname** sowie der **Geburtsname** (vgl. auch § 1355 Abs. 4 Satz 1 BGB), es sei denn, diese sind dem erkennenden Gericht und den übrigen Verfahrensbeteiligten bekannt (RGSt 40, 157). Ggf. sind auch frühere (Familien-)namen anzugeben, ebenso ein **Künstlername** (Meyer-Goßner/*Schmitt* § 68 Rn. 5; zur Frage nach einem **Decknamen** BGH NStZ 1981, 72). 4

2. Nach dem Alter. Für gewöhnlich erfolgt die **Altersangabe in Jahren**; der Zeuge kann jedoch auch sein **Geburtsdatum angeben.** Die Altersangabe kann für die Frage der Vereidigung bedeutsam sein (RGSt 40, 157 [158], aber auch für die Einschätzung von Urteilsfähigkeit und Lebenserfahrung des Zeugen im Zusammenhang mit dessen Angaben zur Sache (LR/*Ignor/Bertheau* § 68 Rn. 4). 5

3. Nach dem Beruf. Berufsbezeichnung und berufliche Tätigkeit können auseinanderfallen. Zulässig ist die Frage nach beidem (Meyer-Goßner/*Schmitt* § 68 Rn. 7). Die Frage betrifft die berufliche Tätigkeit oder Stellung des Zeugen **im Zeitpunkt der Vernehmung.** Fragen nach früher ausgeübten Berufen gehören zur Vernehmung zur Sache (BGH bei *Dallinger* MDR 1966, 383). 6

4. Nach dem Wohnort. Die Neufassung des letzten Jahres (Rdn. 2) klärt die Streitfrage, ob unter der Angabe des Wohnortes die **bloße Ortsangabe oder die Mitteilung der vollständigen postalischen Anschrift** zu verstehen ist (Nachweise zum Meinungsstand bei LR/*Ignor/Bertheau* § 68 Rn. 6; vgl. auch BGH NJW 1990, 1125). Der Begriff der »ladungsfähigen Anschrift« in Abs. 2 Satz 1 dürfte den Willen des Gesetzgebers zwar hinlänglich zum Ausdruck bringen. Die Praxis verfährt jedoch bislang überwiegend anders und lässt die Angabe des Ortes genügen, was angesichts des Akteneinsichtsrechts bzw. der Aktenkenntnis der Verfahrensbeteiligten auch im Hinblick auf den Schutz der berechtigten Belange des Zeugen ausreichen dürfte (LR/*Ignor/Betheau* a.a.O.). Derjenige, der keinen Wohnort hat, muss seinen gewöhnlichen Aufenthaltsort nennen (Meyer-Goßner/*Schmitt* § 68 Rn. 8). 7

5. Nach dem Dienstort. Statt des Wohnortes kann derjenige Zeuge, der seine **Wahrnehmungen in amtlicher Eigenschaft** gemacht hat, nach Abs. 1 Satz 3 seinen Dienstort angeben. Voraussetzung für die Anwendung dieser dem Schutz des betreffenden Zeugen dienenden Vorschrift ist, dass die Wahrnehmungen während oder im Zusammenhang mit der dienstlichen Tätigkeit gemacht wurden (vgl. *Hilger* NStZ 1992, 458). Dienstort ist der (Haupt-)sitz der Behörde, der der jeweilige Zeuge angehört (KK-StPO/*Slawik* § 68 Rn. 6). 8

6. Nach der Religionszugehörigkeit. Fragen nach der Religionszugehörigkeit sind im Hinblick auf den Gewährleistungsgehalt von Art. 140 GG i.V.m. Art. 136 Abs. 3 Satz 1 WRV **nicht zulässig** (MüKo-StPO/*Maier* § 68 Rn. 33; *Radtke/Hohmann/Otte* § 68 Rn. 7). Eine **Ausnahme** wird dann gemacht werden müssen, wenn die Religionszugehörigkeit für die Wahrnehmung eines prozessualen Rechts von Bedeutung ist (Beispiel: BGH NStZ-RR 2010, 178). Wenn es der Sachaufklärung dient, muss der Zeuge auch in seiner Vernehmung zur Sache über seine Religionszugehörigkeit Angaben machen (LR/*Ignor/Bertheau* § 68 Rn. 8). 9

C. Ausnahmen nach Abs. 2. I. Gefährdung. Die Vorschrift schützt neben dem Zeugen selbst jede andere Person, die durch Bekanntwerden der vollständigen Anschrift des Zeugen gefährdet werden könnte, geht also über den Kreis von Angehörigen des Zeugen hinaus (allg. M.; vgl. nur KK-StPO/*Slawik* § 68 Rn. 7). Als **Schutzgüter** kommen insb. Leib, Leben, Freiheit, Eigentum, Besitz und Hausfrieden (Stalking) in Betracht, sofern es sich nicht um bloße Belästigungen handelt (Meyer-Goßner/*Schmitt* § 68 Rn. 12; KK-StPO/*Slawik* § 68 Rn. 7). 10

II. Einwirkung. Soweit es um die Gefahr der (unlauteren) Einwirkung auf Zeugen oder andere Personen geht, handelt es sich um einen speziellen Schutz vor Beeinträchtigungen der **Willensentschließungsfreiheit** (KK-StPO/*Slawik* § 68 Rn. 7a). Insoweit knüpft der Gesetzgeber an die Formulierung in **§ 112 Abs. 2 Nr. 3b** an (BT-Drs. 16/12098, S. 13; vgl. dazu die Erl. zu § 112; ausf. LR/*Hilger* § 112 Rn. 48). 11

III. Begründeter Anlass zur Besorgnis. Ob ein begründeter Anlass zur Besorgnis einer Gefährdung der genannten Rechtsgüter anzunehmen ist, entscheidet der Vorsitzende oder das Strafverfolgungsorgan nach pflichtgemäßem Ermessen (SK-StPO/*Rogall* § 68 Rn. 40). Er kann insb. zu bejahen sein, wenn schon früher ein Anschlag auf den Zeugen oder eine dritte Person stattgefunden hat oder angedroht wurde und wenn dies im Zusammenhang mit dem jeweiligen Verfahren steht (Meyer-Goßner/*Schmitt* § 68 Rn. 12). Der begründete Anlass kann auch **auf der Grundlage kriminalistischer Erfahrung** angenommen werden (KK-StPO/*Slawik* § 68 Rn. 7; vgl. *Leineweber* Kriminalistik 1979, 39 f.). Eine unmittelbar bevorstehende Verletzung von Rechtsgütern ist nicht erforderlich (OLG Koblenz 1992, 95 m.Anm. *Hund*). 12

13 **IV. Nichtangabe des Wohnortes (Abs. 2 Satz 2).** Diese als Sollvorschrift ausgestaltete Bestimmung enthält eine **weitere Einschränkung des Fragerechts** bei richterlichen Vernehmungen in Anwesenheit des Beschuldigten und in der Hauptverhandlung (Meyer-Goßner/*Schmitt* § 68 Rn. 13). Ist dem Zeugen die Nichtangabe des Wohnortes gestattet, darf er dessen Angabe während der gesamten Hauptverhandlung verweigern (Meyer-Goßner/*Schmitt* § 68 Rn. 13). Dies gilt auch dann, wenn die Hauptverhandlung nicht öffentlich (§ 172 Nr. 1a GVG) stattfindet (LR/*Ignor*/*Bertheau* § 68 Rn. 12 m.w.N.; arg. e §§ 222 Abs. 1 Satz 3, 200 Abs. 1 Satz 2, 4, 5).

14 **D. Geheimhaltung nach Abs. 3. I. Gefährdete Rechtsgüter.** Unter den engeren Voraussetzungen der Gefährdung der in Abs. 3 Satz 1 **abschließend** aufgezählten Rechtsgüter kann die Preisgabe der Identität des Zeugen in der Hauptverhandlung gänzlich verweigert werden. Die nach Satz 2 vorgesehene Befragung lässt erkennen, dass Abs. 2 insb. den Schutz von Informanten, der Polizei, V-Leuten und Verdeckten Ermittlern als besonders gefährdeter Personenkreis im Auge hat (KK-StPO/*Slawik* § 68 Rn. 8; vgl. auch § 110b Abs. 3). Zur Einschätzung der Gefährdung gelten die unter Rdn. 12 dargelegten Grundsätze.

15 **II. Identität.** Der Begriff der Identität umfasst alle nach § 68 Abs. 1 zu erfragenden Angaben (LR/*Ignor*/*Bertheau* § 68 Rn. 15), aber auch eine frühere Identität (Meyer-Goßner/*Schmitt* § 68 Rn. 15).

16 **III. Befragung nach Abs. 3 Satz 2 und 3.** Das Recht zur Verheimlichung der Identität gilt bei Beamten des Polizeidienstes und besonders verpflichteten Personen nicht für Zufallsbeobachtungen, sondern nur auf einsatzbezogene Feststellungen (*Hilger* NStZ 1992, 459). Es besteht (nur) während der Hauptverhandlung. Ob die Offenbarung nach Satz 2 durch eine Sperrerklärung verhindert werden kann, ist umstritten (LR/*Ignor*/*Bertheau* § 68 Rn. 16 m.w.N.). Die in Abs. 3 Satz 3 vorgesehene Möglichkeit der kompletten oder nur teilweisen Gesichtsverhüllung bietet zahlreiche Anhaltspunkte für Konflikte zwischen den Verfahrensbeteiligten.

17 **E. Verfahren in den Fällen der Abs. 2 und 3 (Abs. 4).** Der Zeuge muss möglichst früh auf die Möglichkeiten der Abs. 2 und 3 hingewiesen werden; das ergibt sich schon aus § 168 Abs. 3. Die vorgeschriebene Unterstützung bei der Suche nach einer geeigneten ladungsfähigen Anschrift versteht der Gesetzgeber als konkrete **Handlungsanleitung für die Polizeibehörden** (Meyer-Goßner/*Schmitt* § 68 Rn. 18). Die in Satz 3 und 4 genannten Unterlagen werden während der Dauer der Gefährdung von **der Akteneinsicht ausgenommen**.

18 **F. Geltungsbereich und Schutz bei Akteneinsicht (Abs. 5).** Der Schutz des Zeugen erstreckt sich **über dessen Vernehmung hinaus**, weil auch die Gefährdung weiter andauern kann (OK-StPO/*Monka* § 68 Rn. 7). Die Regelungen der Abs. 2 bis 4 gelten daher weiter; bei erst nachträglich erkannter Gefährdung dürfen die Strafverfolgungsbehörden nicht untätig bleiben (BR-Drucks. 178/09, S. 21). Sensibel im Hinblick auf eine mögliche spätere Gefährdung sind insb. die Fälle der Akteneinsicht (§§ 147, 474 ff.).

19 **G. Hauptverhandlungsprotokoll.** Die Vernehmung eines Zeugen zur Person i.S.d. Abs. 1 Satz 1 ist eine **wesentliche Förmlichkeit** gem. §§ 168a Abs. 2, 273 Abs. 1 und muss daher in das Hauptverhandlungsprotokoll aufgenommen werden (RGSt 1, 299 [300]; KK-StPO/*Slawik* Rn. 12). Kommt es im Rahmen dieser Vernehmung zu Beanstandungen und Entscheidungen nach § 238 Abs. 2, besteht ebenfalls eine Protokollierungspflicht unter Einschluss der jeweiligen Begründung (vgl. LR/*Ignor*/*Bertheau* § 68 Rn. 24).

20 **H. Revision.** Nach überwiegender Ansicht soll die Revision auf einen Verstoß gegen § 68 regelmäßig nicht gestützt werden können, weil es sich um eine Ordnungsvorschrift handele (Meyer-Goßner/*Schmitt* § 68 Rn. 23; KK-StPO/*Slawik* § 68 Rn. 13; MüKo-StPO/*Maier* § 68 Rn. 84). Diese Ansicht wird inzwischen auch von der Rspr. vertreten (BGH NStZ 2012, 168; noch offengelassen in BGHSt 23, 244 [245]). Dies führt indes ebenso wie eine Anwendung der Grundsätze der Rechtskreistheorie an dieser Stelle nicht weiter (vgl. HK-StPO/*Gercke* § 68 Rn. 27). Nach richtiger Auffassung ist die Einordnung der Norm als bloße Ordnungsvorschrift, wie bei einer Reihe anderer Normen auch, für die Revisibilität ohne Bedeutung (LR/*Ignor*/*Bertheau* § 68 Rn. 24). Dass ein Urteil auf der Verletzung des § 68 beruht, wird jedoch praktisch selten der Fall sein (LR/*Ignor*/*Bertheau* § 68 Rn. 24). Es ist jedoch nicht gänzlich ausgeschlossen, dass die Handhabung der Vorschrift eine Verletzung der Aufklärungspflicht (§ 244 Abs. 2) zur Folge hat oder die Verteidigung des Angeklagten in einem wesentlichen Punkt (§ 338 Nr. 8) beschränkt (BGHSt 23, 244; LR/*Ignor*/*Bertheau* § 68 Rn. 24; Meyer-Goßner/*Schmitt* § 263 Rn. 23; *Rebmann*/*Schnarr* NJW 1989, 1191; vgl. auch BGH NJW 1989, 1231).

§ 68a Beschränkung des Fragerechts aus Gründen des Persönlichkeitsschutzes

(1) Fragen nach Tatsachen, die dem Zeugen oder einer Person, die im Sinne des § 52 Abs. 1 sein Angehöriger ist, zur Unehre gereichen können oder deren persönlichen Lebensbereich betreffen, sollen nur gestellt werden, wenn es unerlässlich ist.

(2) [1]Fragen nach Umständen, die die Glaubwürdigkeit des Zeugen in der vorliegenden Sache betreffen, insbesondere nach seinen Beziehungen zu dem Beschuldigten oder der verletzten Person, sind zu stellen, soweit dies erforderlich ist. [2]Der Zeuge soll nach Vorstrafen nur gefragt werden, wenn ihre Feststellung notwendig ist, um über das Vorliegen der Voraussetzungen des § 60 Nr. 2 zu entscheiden oder um seine Glaubwürdigkeit zu beurteilen.

Übersicht

A. Grundsätzliches und Regelungsgehalt. Die Vorschrift ist eine Ausprägung des Gebotes der Achtung der Menschenwürde des Zeugen, insb. des Tatopfers, und gleichzeitig Ausprägung des Rechtsstaatsprinzips (BVerfGE 38, 105 ff.; NJW 1975, 103 [104]; BGHSt 48, 372; BGH NJW 2005, 1519; SK-StPO/*Rogall* § 68a Rn. 1 m.w.N.). Sie gilt für alle richterlichen und staatsanwaltschaftlichen Vernehmungen (§ 161a Abs. 1 Satz 2) und hat nach zutreffender Ansicht vornehmlich appellativen Charakter (MüKo-StPO/*Maier* § 68a Rn. 4; *Rieß*/*Hilger* NStZ 1987, 150), was auch in der Rspr. zum Ausdruck kommt. Einen durchgreifenden Revisionsgrund stellt die Verletzung der Vorschrift nur in Ausnahmefällen dar (vgl. BGHSt 13, 252 [254 f.]; BGH NStZ 2001, 435). Ob sie als bloße Ordnungsvorschrift anzusehen ist (so Meyer-Goßner/*Schmitt* § 68a Rn. 9), kann daher letztlich auch hier dahinstehen (s.u. Rdn. 9). Sie wird von § 171b GVG flankiert, wonach die Öffentlichkeit auch zum Schutz der Privatsphäre von Zeugen ausgeschlossen werden kann (s.u. Rdn. 3; vgl. auch MüKo-StPO/*Maier* § 68a Rn. 5). 1

B. Fragen nach entehrenden Tatsachen (Abs. 1). 1 Entehrende Tatsachen. Die Befugnis des Vorsitzenden zur Leitung der Verhandlung (§ 238 Abs. 1) umfasst auch die Befugnis, die **sachgerechte Vernehmung von Zeugen und Sachverständigen zu gewährleisten.** Dies beinhaltet insb. die Abwehr von Angriffen, die mit dem Anspruch des Zeugen auf angemessene Behandlung und Ehrenschutz unvereinbar sind, und die Zurückweisung von nicht erforderlichen Fragen (BGHSt 48, 372). Ungeachtet der Unsicherheiten im Einzelfall und der Unschärfe des Begriffs der (Un-) Ehre (vgl. dazu LR/*Ignor*/*Bertheau* § 68a Rn. 4 m.w.N.) wird man mit der Rspr. solche Tatsachen für ehrenrührig halten können, die, wenn sie vorlägen, den sozialen Geltungsanspruch des Betroffenen oder eines seiner Angehörigen i.S.d. § 52 Abs. 1 (dazu Meyer-Goßner/*Schmitt* § 68a Rn. 3 f.) mindern würden (BGHSt 13, 252 [254]; 36, 145 [148]). Ob diese Voraussetzung erfüllt ist, wird nach objektiven Maßstäben ohne Rücksicht auf spezielle Empfindlichkeiten des Zeugen beurteilt (allg. M.; KK-StPO/*Slawik* § 68a Rn. 1). 2

II. Persönlicher Lebensbereich. Diese Erweiterung ist durch das OpferschutzG im Jahr 1986 eingefügt worden und hat die Formulierung in § 171b Abs. 1 GVG zum Vorbild. Sie zielt v.a. auf den **Schutz von Opferzeugen** in Verfahren wegen Straftaten gegen die sexuelle Selbstbestimmung ab und soll verhindern, dass solche Zeugen Fragen zu ihrem Privat- und v.a. zum Intimleben oder dem von Familienangehörigen (vgl. BGHSt 30, 212 [214], die zu dem Verfahrensgegenstand in keinem unmittelbaren Zusammenhang stehen, nur nach sorgfältiger Prüfung ihrer Unerlässlichkeit beantworten müssen (BGH NJW 2005, 1519; KK-StPO/*Slawik* § 68a Rn. 1a). Zum privaten Lebensbereich gehören neben seiner Intimsphäre insb. private Neigungen und Eigenschaften des Zeugen, seine Gesundheit, seine religiöse und politische Einstellung (Meyer-Goßner/*Schmitt* § 68a Rn. 4; weitergehend wohl SK-StPO/*Rogall* § 68a Rn. 29 unter Hinweis auf § 46 Nr. 14 BDSG sowie Art. 9 DSGVO). 3

III. Unerlässlich. Unerlässlichkeit der Befragung liegt dann vor, wenn die **Wahrheit anderenfalls nicht aufgeklärt** werden könnte (BGHSt 13, 252 [254]; 21, 334 [360]; allg.M.). Auf die Bedeutung der Strafsache kommt es dabei nicht an (Meyer-Goßner/*Schmitt* § 68a Rn. 5; LR/*Ignor*/*Bertheau* § 68a Rn. 6). Ebenso ist es unerheblich, ob die Frage eine Haupt- oder Hilfstatsache betrifft (BGH NStZ 1982, 170). 4

5 **C. Generalfragen (Abs. 2 Satz 1). I. Glaubwürdigkeit des Zeugen.** Die sog. Generalfragen dienen zum einen der Beurteilung der **Glaubwürdigkeit eines Zeugen.** Sie werden indes nach Sinn und Zweck der Vorschrift nur gestellt, wenn die Aussage des Zeugen dazu Anlass gibt (KK-StPO/*Slawik* § 68a Rn. 3). Darüber zu entscheiden liegt zunächst im pflichtgemäßen Ermessen des Vorsitzenden, der dabei auch zu berücksichtigen hat, dass entsprechende Fragen Schutzmaßnahmen i.S.d. § 68 nicht unterlaufen dürfen (Meyer-Goßner/*Schmitt* § 68a Rn. 6a; *Hilger* NStZ 1992, 459). Fragen nach der Glaubwürdigkeit können sich auf die allgemeine oder die spezielle Glaubwürdigkeit des Zeugen beziehen.

6 **II. Beziehungen zum Beschuldigten und Verletzten.** Die Klärung möglicher Beziehungen des Zeugen zum Beschuldigten und zum Verletzten dient nicht nur der Vorbereitung von Entscheidungen zur Vereidigung (§ 61) und der Klärung von Weigerungsrechten (§§ 52, 55), sondern soll den Verfahrensbeteiligten auch die Beurteilung der Interessenlage des Zeugen ermöglichen (vgl. Meyer-Goßner/*Schmitt* § 68a Rn. 6c; LR/*Ignor/Bertheau* § 68 Rn. 9; einschränkend KK-StPO/*Slawik* § 68a Rn. 3).

7 **D. Fragen nach Vorstrafen.** Vorstrafen i.S.d. Vorschrift sind auch noch nicht rechtskräftige Verurteilungen (all.M.; vgl. nur KK-StPO/*Slawik* § 68a Rn. 4), nicht aber im Bundeszentralregister getilgte oder tilgungsreife Vorstrafen (Meyer-Goßner/*Schmitt* § 68a Rn. 7). Im letzteren Fall darf sich ein Zeuge als unbestraft bezeichnen. Voraussetzung für die Zulässigkeit einer Frage nach Vorstrafen eines Zeugen ist jedoch, dass diese zur Klärung der Voraussetzungen des § 60 Nr. 2 oder zur Beurteilung der Glaubwürdigkeit des Zeugen notwendig ist (*Radtke/Hohmann/Otte* § 68a Rn. 8). In Fällen der Klärung von Glaubwürdigkeitsfragen steht die Frage nach Verurteilungen wegen eines Aussagedeliktes im Vordergrund. Der Kreis der zulässigen Fragen ist jedoch nicht abschließend bestimmt und richtet sich nach den Umständen des Einzelfalles (ausf. LR/*Ignor/Bertheau* § 68a Rn. 8 m.w.N.).

8 **E. Entscheidung.** Der Vorsitzende entscheidet nach pflichtgemäßem Ermessen darüber, ob die Voraussetzungen für die jeweilige Frage gegeben sind, insb. über deren Unerlässlichkeit, Erforderlichkeit bzw. Notwendigkeit. Wird dessen Entscheidung beanstandet, entscheidet gem. § 238 Abs. 2 das Gericht. In entsprechender Anwendung der zu §§ 241 Abs. 2, 242 geltenden Grundsätze ist der Gerichtsbeschluss zu begründen (BGH NStZ-RR 2001, 138). Das Beanstandungsrecht hat nach zutreffender allgemeiner Ansicht auch der Zeuge, das im Fall der Verletzteneigenschaft gem. § 406f Abs. 2 von seinem Beistand wahrgenommen werden kann (KK-StPO/*Slawik* § 68a Rn. 5).

9 **F. Revision.** Die unberechtigte Zurückweisung einer Frage kann unter dem Gesichtspunkt der Behinderung der Verteidigung in einem wesentlichen Punkt (§ 338 Nr. 8) – nach Herbeiführung eines Gerichtsbeschlusses nach § 238 Abs. 2 – oder der Verletzung der Aufklärungspflicht (§ 244 Abs. 2) die Revision begründen (vgl. BGH NStZ 2001, 435; Meyer-Goßner/*Schmitt* § 68a Rn. 9). Wegen der hohen Anforderungen an die Darlegung (§ 344 Abs. 2 Satz 2) einer Verletzung der Aufklärungspflicht dürften derartige Rügen nur in Ausnahmefällen Erfolg haben, zumal die Beanstandung, ein Beweismittel sei (wegen einer unterbliebenen Frage) nicht ausgeschöpft worden, im Revisionsverfahren unzulässig ist (vgl. KK-StPO/*Slawik* § 68a Rn. 7 m.w.N.).

§ 68b Beiordnung eines Zeugenbeistands

(1) [1]Zeugen können sich eines anwaltlichen Beistandes bedienen. [2]Einem zur Vernehmung des Zeugen erschienenen Beistand ist die Anwesenheit gestattet. [3]Er kann von der Vernehmung ausgeschlossen werden, wenn bestimmte Tatsachen die Annahme rechtfertigen, dass seine Anwesenheit die geordnete Beweiserhebung nicht nur unwesentlich beeinträchtigen würde. [4]Dies wird in der Regel anzunehmen sein, wenn aufgrund bestimmter Tatsachen anzunehmen ist, dass

1. **der Beistand an der zu untersuchenden Tat oder an einer mit ihr im Zusammenhang stehenden Begünstigung, Strafvereitelung oder Hehlerei beteiligt ist,**
2. **das Aussageverhalten des Zeugen dadurch beeinflusst wird, dass der Beistand nicht nur den Interessen des Zeugen verpflichtet erscheint, oder**
3. **der Beistand die bei der Vernehmung erlangten Erkenntnisse für Verdunkelungshandlungen im Sinne des § 112 Absatz 2 Nummer 3 nutzt oder in einer den Untersuchungszweck gefährdenden Weise weitergibt.**

(2) [1]Einem Zeugen, der bei seiner Vernehmung keinen anwaltlichen Beistand hat und dessen schutzwürdigen Interessen nicht auf andere Weise Rechnung getragen werden kann, ist für deren Dauer ein solcher beizuordnen, wenn besondere Umstände vorliegen, aus denen sich ergibt, dass der Zeuge seine Befugnisse bei seiner Vernehmung nicht selbst wahrnehmen kann. [2] § 142 Absatz 5 Satz 1 und 3 gilt entsprechend.

(3) [1]Entscheidungen nach Absatz 1 Satz 3 und Absatz 2 Satz 1 sind unanfechtbar. [2]Ihre Gründe sind aktenkundig zu machen, soweit es den Untersuchungszweck nicht gefährdet.

Übersicht

A. Grundsätzliches und Regelungsgehalt. I. Allgemeines. Mit der durch das Zeugenschutzgesetz (ZSchG) v. 30.04.1998 (BGBl. I, S. 820) in die StPO eingeführten Vorschrift in ihrer ursprünglichen Fassung – **nunmehr in Abs. 2 geregelt** – wurden lediglich die Voraussetzungen für die gerichtliche Beiordnung eines Zeugenbeistandes geregelt (ausf. zu dessen Befugnissen *Gercke* in Gerst, Zeugen in der Hauptverhandlung, 2016, Rn. 498 ff.; zum Zeugenbeistand im Kartellordnungswidrigkeitenverfahren *Brune/Vollmer* wistra 2019, 175). Die Erweiterung auf den vom Zeugen hinzugezogenen Beistand – **nunmehr Abs. 1** – durch das 2. Opferrechtsreformgesetz v. 01.10.2009 (BGBl. I, S. 2280) nimmt die auf das Rechtsstaatsgebot sowie auf Art. 2 Abs. 1 i.V.m. Art. 1 Abs. 1 GG gestützte Rspr. des BVerfG auf (vgl. BVerfGE 38, 105; BVerfG NStZ 2000, 434), wonach sich ein Zeuge in jeder Lage des Verfahrens eines anwaltlichen Beistandes bedienen darf. Zugleich strebte der Gesetzgeber eine Harmonisierung mit den Vorschriften über die Rechtsstellung des Verletztenbeistandes (nunmehr § 406f) an (vgl. BR-Drucks. 178/09 S. 22; zur Entstehungsgeschichte SK-StPO/*Rogall* § 68b Rn. 5; *Seitz* JR 1998, 310). Durch das **3. Opferrechtsreformgesetz** vom 21.12.2015 (BGBl I S. 2525) ist nunmehr mit Wirkung vom 01.01.2017 in § 406g der sog. **psychosoziale Prozessbegleiter** für Opferzeugen eingeführt worden, der stark belasteten Verletzten durch Informationsvermittlung, qualifizierte Betreuung und Unterstützung **im nichtrechtlichen Bereich** helfen, die individuelle Belastung der betreffenden Person reduzieren und ihre Aussagebereitschaft fördern soll (krit. *Neuhaus* StV 2017, 55 [insb. 61 f.]). Schwierigkeiten bei der Abgrenzung der Tätigkeit eines derartigen Begleiters von der des Zeugenbeistands sind absehbar, zumal ein Zeugnisverweigerungsrecht nicht vorgesehen ist. Die insgesamt krit. zu bewertende, immer weiter vorangetriebene Ausdehnung der Verletztenrechte (dazu schon früher krit. *Caesar* NJW 1998, 2317; *Fischer* JZ 1998, 816; *Rieß* StraFo 1999, 9; *Schünemann* StV 1998, 391) unterliegt zunehmend dem Missverständnis, der Strafprozess sei ein Ort der Psychotherapie; er ist aber von Verfassungs wegen ein Ort der Urteilsfindung durch Ermittlung der materiellen Wahrheit (so zutr. *Neuhaus* StV 2017, 55 [63]). 1

II. Geltungsbereich. Die Befugnis des Zeugen nach **Abs. 1** ist nicht auf Vernehmungen beschränkt, sondern erstreckt sich auf alle weiteren Ermittlungshandlungen. Durch die Bezugnahme auf die Vorschrift in § 161a Abs. 1 Satz 2 und in § 163 Abs. 3 Satz 1 i.d.F. des 2. Opferrechtsreformgesetzes ist die frühere Streitfrage, ob von **Abs. 2**, der sich nur auf Vernehmungen bezieht, neben richterlichen und staatsanwaltschaftlichen auch polizeiliche Vernehmungen erfasst werden, i.S.d. Befürworter einer weiten Auslegung entschieden (vgl. dazu LR/*Ignor/Bertheau* § 68b Rn. 4 m.w.N.). 2

B. Zeugenbeistand nach Abs. 1 Satz 1. I. Rechte des Beistandes. 1. Anwesenheitsrecht. Während Abs. 1 Satz 1 allgemein davon spricht, der Zeuge dürfe sich eines Beistandes bedienen, wird diese Befugnis durch Satz 2 zu einem **Anwesenheitsrecht bei Vernehmungen** konkretisiert. Die Verantwortung dafür, dass der Beistand bei der Vernehmung tatsächlich anwesend ist, liegt beim jeweiligen Zeugen (vgl. BT-Drs. 16/12098 S. 15; Meyer-Goßner/*Schmitt* § 68b Rn. 3). Der Gesetzgeber sieht die Strafverfolgungsbehörden jedoch im Hinblick auf den Grundsatz des fairen Verfahrens in der Pflicht, bei der Terminierung von Vernehmungen dem Wunsch des Zeugen nach Anwesenheit eines Beistandes Rechnung zu tragen (BT-Drs. 16/12098 S. 15). Ein Recht des Zeugen, der terminierten Vernehmung fernzubleiben, weil der Beistand verhindert ist, ist 3 jedenfalls dann nicht anzuerkennen, wenn der Zeuge die Möglichkeit hatte, rechtzeitig einen anderen Beistand einzuschalten (vgl. BGH NStZ 1989, 484 m. abl. Anm. *Krehl* NStZ 1990, 192; krit. auch LR/*Ignor/Bertheau* Vor § 48 Rn. 21).

4 **2. Weitere Rechte.** Ob und welche **weiteren Befugnisse** der Zeugenbeistand **nach Satz 2** hat, ergibt sich unmittelbar aus dem Gesetz nicht (SK-StPO/*Rogall* § 68b Rn. 9). Den Materialien ist indes mittelbar zu entnehmen, dass der Beistand den Zeugen während der Vernehmung beraten kann, etwa im Hinblick auf die Wahrnehmung von Auskunfts- und Zeugnisverweigerungsrechten (BT-Drs. 16/12098 S. 16). Das versteht sich jedoch von selbst, da das Anwesenheitsrecht anderenfalls weitgehend leerlaufen würde. Er hat auch die Befugnis zur Beanstandung unzulässiger Fragen und zur Anbringung von Erklärungen und Anträgen **für den Zeugen**, jedoch kein selbstständiges Antragsrecht (BGH NStZ-RR 2010, 246; Meyer-Goßner/*Schmitt* § 68b Rn. 4). Im Hinblick auf den Inhalt der Besprechungen mit seinem anwaltlichen Beistand hat der Zeuge seinerseits ein Recht zur **Auskunftsverweigerung** (OLG Düsseldorf NStZ 1991, 504; LR/*Ignor/Bertheau* Vor § 48 Rn. 21). Der Beistand ist nicht Verfahrensbeteiligter und hat auch kein über § 475 hinausgehendes Akteneinsichtsrecht (str.; wie hier BGH NStZ-RR 2010, 246; Meyer-Goßner/*Schmitt* § 68b Rn. 5 m.w.N.; a.A. LR/*Ignor/Bertheau* Vor § 48 Rn. 22; MüKo-StPO/*Maier* § 68b Rn. 33).

5 **II. Ausschluss von der Vernehmung.** Abs. 1 Satz 3 und 4 stellen nach dem Willen des Gesetzgebers die vom BVerfG geforderte (BVerfGE 38, 105 ff.) **gesetzliche Grundlage für den Ausschluss des anwaltlichen Zeugenbeistandes** von der Vernehmung dar (BT-Drs. 16/12098 S. 15 f.). Die Entscheidung ist nach pflichtgemäßem Ermessen unter Berücksichtigung des Grades der Gefahren für eine geordnete Beweiserhebung, das Strafverfolgungsinteresse, die Bedeutung der anwaltlichen Beratung im konkreten Fall sowie das Interesse des Rechtsanwalts auf ungestörte Berufsausübung (vgl. dazu BVerfG NJW 2000, 2660) zu treffen (BVerfG StraFo 2010, 243; OK-StPO/*Monka* § 68b Rn. 3). Der Ausschluss kann sich nur auf die jeweilige Vernehmung beziehen, nicht auf die Tätigkeit des Anwalts für den Zeugen insgesamt (OK-StPO/*Monka* § 68b Rn. 3).

6 **1. Ausschluss nach Abs. 1 Satz 3.** Den Ausschluss können nur bestimmte Tatsachen begründen, die die Annahme rechtfertigen, dass die Anwesenheit des Beistandes die geordnete Beweiserhebung nicht nur unwesentlich beeinträchtigen würde. **Vage Verdachtsmomente** reichen danach nicht aus, ein **Verdachtsgrad i.S.d. dringenden Tatverdachts** ist indes nicht erforderlich (vgl. BVerfGE 100, 313 [395]; 109, 279 [350 f.]; AG Berlin-Tiergarten wistra 2011, 155; Meyer-Goßner/*Schmitt* § 68b Rn. 7). Dass die Beratungstätigkeit des Beistandes während der Vernehmung des Zeugen dazu führen kann, dass dieser etwa von einem bestehenden Auskunftsverweigerungsrecht nach § 55 Gebrauch machen wird, kann als Rechtfertigung für einen Ausschluss unter keinen Umständen herangezogen werden (BVerfG StraFo 2010, 243; vgl. auch BT-Drs. 16/12098 S. 16).

7 **2. Ausschluss nach Abs. 1 Satz 4.** Die notwendigerweise sehr allgemeine Formulierung (krit. *Matt/Dierlamm/Schmidt* StV 2009, 715 [716]) der generellen Voraussetzungen für den Ausschluss des Zeugenbeistandes von der Vernehmung in Satz 3 wird durch die den Regelbeispielen ähnliche Aufzählung von Voraussetzungen, unter denen der Ausschluss typischerweise gerechtfertigt sein kann, in Satz 4 konkretisiert. Sämtliche Ausschlussgründe beziehen sich auf die Gewährleistung der Funktionstüchtigkeit der Strafrechtspflege, die nach der Rspr. des BVerfG allein einen Ausschluss des Beistandes rechtfertigen kann (BVerfG 38, 105). Den gegen die »Regelbeispielsmethode« erhobenen verfassungsrechtlichen Bedenken (*Matt/Dierlamm/Schmidt* StV 2009, 715 [716]; *Gercke* in Gerst, Zeugen in der Hauptverhandlung, 2016, Rn. 533 ff.) kann – mit Ausnahme von Satz 4 Nr. 2 – durch eine restriktive Auslegung im Einzelfall begegnet werden.

8 **a) Tatbeteiligung des Beistandes (Nr. 1).** Die in Nr. 1 aufgezählten Fallgestaltungen orientieren sich an den Gründen, die gem. § 138a Abs. 1 Nr. 1 und 3 einen Verteidigerausschluss rechtfertigen. Ist der Beistand in der tatbestandlich umschriebenen Weise verstrickt, besteht die Gefahr fehlender Objektivität (BT-Drs. 16/12098 S. 16). Hinsichtlich des Verdachtsgrades bleibt die Vorschrift jedoch hinter § 138a zurück (Meyer-Goßner/*Schmitt* § 68b Rn. 7; krit. *Matt/Dierlamm/Schmidt* StV 2009, 715 [717]).

9 **b) Interessenkollision des Beistandes (Nr. 2).** Dass der Zeuge – nicht nur zur Sicherstellung einer effektiven Wahrheitsermittlung (so aber BT-Drs. 16/12098 S. 16) – frei entscheiden können soll, ob er etwa ein Auskunftsverweigerungsrecht wahrnimmt, ist eine Selbstverständlichkeit, ebenso, dass ein anwaltlicher Beistand, der dem zum Schaden des Zeugen entgegenwirkt, bei einer Vernehmung fehl am Platze ist. Aber abgesehen davon, dass ein RA im Einzelfall rechtlich geschützte Interessen Dritter im Einklang mit seiner Funktion als Zeugenbeistand auszuüben imstande ist (daher wohl zu weitgehend AG Rudolstadt StraFo 2012, 181 m. abl. Anm. *Fromm*), erweist sich schon der Begriff »Interesse« in diesem Zusammenhang als zu weit

gefasst, um das Vorliegen eines Ausschlussgrundes beurteilen zu können, zumal Mandatsinterna regelmäßig nicht in Erfahrung gebracht werden können (*Matt/Dierlamm/Schmidt* StV 2009, 715 [717]).

c) **Verdunkelung durch den Beistand (Nr. 3).** Nr. 3 erfasst Fälle der **Verdunkelungsgefahr durch den Zeugenbeistand.** Bei der vom BVerfG geforderten restriktiven Auslegung dürften die im Schrifttum befürchteten Missbräuche (dazu *Matt/Dierlamm/Schmidt* StV 2009, 715 [717]; zur früheren Rechtslage schon *Tondorf* StV 1996, 511 [512]; *Wagner* DRiZ 1983, 21 [23]) ausgeschlossen werden können. Abs. 1 Satz 3 und 4 ist im Verhältnis zu § 164 und § 177 GVG die speziellere Regelung (Meyer-Goßner/*Schmitt* § 68b Rn. 7). 10

C. Beiordnung nach Abs. 2. I. Voraussetzungen der Beiordnung. 1. Schutzwürdige Interessen. Die Möglichkeit der Beiordnung ist nicht nur auf die Fälle kindlicher oder jugendlicher Zeugen beschränkt, sondern besteht bei jedem Zeugen, der in seiner Aussagefähigkeit oder Aussagebereitschaft aus persönlichen Gründen (körperliche oder geistige Beeinträchtigungen) oder wegen der Umstände des Falles (gefährdeter oder bedrohter Zeuge) beeinträchtigt ist (BT-Drs. 16/12098 S. 17; Meyer-Goßner/*Schmitt* § 68b Rn. 10; SK-StPO/*Rogall* § 68b Rn. 28 f.). Die nach altem Recht gem. § 68b Satz 1 und 2 bestehenden Antrags- und Zustimmungserfordernisse sind durch das 2. Opferrechtsreformgesetz weggefallen. Eine Beiordnung ist ausgeschlossen, wenn der Zeuge selbst einen RA als Beistand hinzugezogen hat oder wenn seinen schutzwürdigen Interessen auf andere Weise Rechnung getragen werden kann, etwa durch Hinweise seitens des Gerichts oder Anwendung gesetzlich geregelter Zeugenschutzvorschriften wie §§ 247, 247a oder §§ 171b ff. GVG. Diese Subsidiarität hat ihre Rechtfertigung in dem Umstand, dass die Kosten für den beigeordneten Zeugenbeistand letztlich von der Allgemeinheit getragen werden. Die Beiordnung gilt regelmäßig für die gesamte Dauer der Vernehmung des Zeugen bis zu dessen Entlassung im Sinne von § 248 (OLG Düsseldorf RVGreport 2012, 454 [455]). 11

2. Besondere Umstände. Mit der Bezugnahme auf besondere Umstände als Rechtfertigung für eine Beiordnung wollte der Gesetzgeber den Ausnahmecharakter der Beiordnung von Amts wegen betonen (BT-Drs. 16/12098 S. 17). Ein solcher Ausnahmefall wird regelmäßig bei der Vernehmung besonders unreifer oder psychisch stark beeinträchtigter Personen anzunehmen sein oder dann, wenn sich der Zeuge im Hinblick auf die Wahrnehmung seiner Rechte einer besonders schwierigen tatsächlichen oder rechtlichen Situation gegenübersieht (OK-StPO/*Monka* § 68b Rn. 5). 12

II. § 142 Abs. 1. Das 2. Opferrechtsreformgesetz hat die Verweisung auf § 142 Abs. 1 beibehalten, diejenige auf § 141 Abs. 4, der die Zuständigkeit für die Pflichtverteidigerbestellung regelt, jedoch entfallen lassen. Ausschlaggebend dafür waren praktische Erwägungen; die in § 141 Abs. 4 Hs. 1 angeordnete Zuständigkeit des Vorsitzenden des Gerichts der Hauptsache würde etwa bei der Vernehmung eines Zeugen durch den Ermittlungsrichter zu Zeitverzögerungen und erheblichem Mehraufwand führen (BT-Drs. 16/12098, S. 18). 13

D. Verfahren (Abs. 3). I. Ausschluss der Anfechtbarkeit. Abs. 3 Satz 1 entzieht den Ausschluss eines Beistandes nach Abs. 3 Satz 1 sowie dessen Beiordnung gem. Abs. 2 Satz 1 der Anfechtbarkeit, was nach dem Willen des Gesetzgebers v.a. im Ermittlungsverfahren Zeitverzögerungen entgegenwirken soll (BT-Drs. 16/12098, S. 18). Soweit entsprechende Entscheidungen durch den Staatsanwalt getroffen werden (§ 161a Abs. 1 Satz 2), kann der Zeuge dagegen gerichtliche Entscheidung nach § 161a Abs. 3 beantragen; Entsprechendes gilt gem. § 163 Abs. 3 Satz 3 i.V.m. § 161a Abs. 3 Satz 2 bis 4 auch für den ermittelnden Polizeibeamten. Die Entscheidung des Gerichts ist sodann nicht mehr anfechtbar (Meyer-Goßner/*Schmitt* § 68b Rn. 15). Soweit die Beiordnung von der Anfechtbarkeit ausgenommen ist, entspricht dies § 68b Satz 4 a.F. 14

II. Abs. 3 Satz 2. Entscheidungen nach Abs. 1 Satz 3 und Abs. 2 Satz 1 sind wegen ihrer Bedeutung, etwa für die Würdigung der Zeugenaussage oder im Fall einer erneuten Vernehmung desselben Zeugen unter Nennung der Gründe aktenkundig zu machen, es sei denn, der Untersuchungszweck würde dadurch gefährdet. Der Gesetzgeber hat hier insb. die Fälle des Abs. 1 Satz 4 Nr. 1 und 3 im Auge (BT-Drs. 16/12098, S. 18). 15

E. Kosten und Gebühren. I. Beistand nach Abs. 1. Der Zeuge, der einen Rechtsanwalt als Beistand zuzieht, hat regelmäßig keinen Erstattungsanspruch hinsichtlich der angefallenen Gebühren ggü. der Staatskasse. Auch dem Beistand steht kein eigener Gebührenanspruch gegen die Staatskasse zu (str., vgl. Meyer-Goßner/*Schmitt* § 68b Rn. 6 m.w.N.). Der Gebührenanspruch des Beistandes gegen den Zeugen bleibt davon unberührt (vgl. OLG Köln StraFo 2008, 350; OLG Schleswig NStZ 2007, 126). 16

II. Beigeordneter Beistand (Abs. 2). Dem beigeordneten RA steht ein Gebührenanspruch gegen die Staatskasse nach dem RVG zu (näher OLG Düsseldorf RVGreport 2012, 454 [455]; OLG Bamberg DAR 2008, 493 [494] m. eingehenden N.; MüKo-StPO/*Maier* § 68b Rn. 77 f.). Nach Anlage 1 zu § 2 Abs. 2 RVG, 17

Teil 4: Strafsachen, Vorbem. 4 sind die Vorschriften über die dem Verteidiger zustehenden Gebühren entsprechend anwendbar (LR/*Ignor/Bertheau* § 68b Rn. 29).

§ 69 Vernehmung zur Sache

(1) [1]Der Zeuge ist zu veranlassen, das, was ihm von dem Gegenstand seiner Vernehmung bekannt ist, im Zusammenhang anzugeben. [2]Vor seiner Vernehmung ist dem Zeugen der Gegenstand der Untersuchung und die Person des Beschuldigten, sofern ein solcher vorhanden ist, zu bezeichnen.

(2) Zur Aufklärung und zur Vervollständigung der Aussage sowie zur Erforschung des Grundes, auf dem das Wissen des Zeugen beruht, sind nötigenfalls weitere Fragen zu stellen. Zeugen, die durch die Straftat verletzt sind, ist insbesondere Gelegenheit zu geben, sich zu den Auswirkungen, die die Tat auf sie hatte, zu äußern.

(3) Die Vorschrift des § 136a gilt für die Vernehmung des Zeugen entsprechend.

Übersicht

1 **A. Grundsätzliches und Regelungsgehalt.** Die **Zweiteilung der Zeugenvernehmung** zur Sache (Bericht und Verhör) basiert auf aussagepsychologischen Erkenntnissen (LR/*Ignor/Bertheau* § 69 Rn. 1 m.w.N.). § 69 findet bei allen Zeugenvernehmungen in der Hauptverhandlung, bei richterlichen Vernehmungen außerhalb der Hauptverhandlung sowie bei kommissarischen Vernehmungen (im Inland; vgl. BGH GA 1982, 40) Anwendung. Für Vernehmungen durch die StA gilt § 69 entsprechend (§ 161a Abs. 1 Satz 2). Für polizeiliche Vernehmungen gilt sie gem. § 163 Abs. 3 entsprechend.

2 **B. Zeugenbericht (Abs. 1). I. Bericht (Abs. 1 Satz 1).** Der Bericht des Zeugen als unbeeinflusste Schilderung seiner Wahrnehmungen zum Untersuchungsgegenstand ist das »Kernstück« (KK-StPO/*Slawik* § 69 Rn. 4) der Vernehmung zur Sache. Dem Gericht und den anderen Verfahrensbeteiligten soll so ein authentischer Eindruck vom Geschehen, soweit es der Wahrnehmung des jeweiligen Zeugen unterlag, aber auch von der Person und der Glaubwürdigkeit des Zeugen vermittelt werden. Ist der Zeuge, aus welchen Gründen auch immer, zu einem solchen zusammenhängenden Bericht nicht in der Lage, muss das Gericht zur Befragung übergehen (KK-StPO/*Slawik* § 69 Rn. 4). Vorhalte, Fragen, unterbrechende Bemerkungen u.Ä. im Rahmen des Berichts des Zeugen widersprechen dem Wesen eines Berichts, wie ihn der Gesetzgeber durch die Regelung des Abs. 1 Satz 1 abverlangt (str.; wie hier LR/*Ignor/Bertheau* § 69 Rn. 7; weniger streng HK-StPO/*Gercke* § 69 Rn. 5; BGH MDR [D] 1966, 25; KK-StPO/*Slawik* § 69 Rn. 4; Meyer-Goßner/*Schmitt* § 69 Rn. 5). Es handelt sich indes weitgehend um ein Scheinproblem: Nach der zwingenden Fassung des Gesetzes dürfen die Grenzen zwischen Bericht und Verhör nicht verwischt werden (*Rostek* StraFo 2011, 386 [387]). Dem Vorsitzenden kann es aber nicht verwehrt sein, einen abschweifenden oder gar unsachlichen Zeugen zum Untersuchungsgegenstand zurückzuführen (i. E. ebenso *Gerst* in Gerst, Zeugen in der Hauptverhandlung, 2016, § 69 Rn. 15); letztlich kann er sich dabei auch auf Abs. 1 Satz 2 stützen. Ebenso ist es zulässig und evtl. sogar geboten, die Zeugenvernehmung bei komplexen Sachverhalten zu strukturieren und bei mehreren Taten im prozessualen oder materiell-rechtlichen Sinne den Verfahrensstoff aufzugliedern, sodass der Zeuge sein Wissen jeweils für ein einzelnes Beweisthema im Zusammenhang vortragen kann (BGH NStZ 2011, 422 [423]).

3 **II. Untersuchungsgegenstand (Abs. 1 Satz 2).** Der Zeuge kann nur dann einen **sinnvollen Bericht** geben, wenn ihm neben der Identität des Beschuldigten bekannt ist, wozu er vernommen werden soll. Daher kann auf seine Unterrichtung auch nur in Ausnahmefällen verzichtet werden. Dass eine solche Ausnahme immer dann anzunehmen sein soll, wenn dem Zeugen der Beschuldigte und der Untersuchungsgegenstand bekannt sind (so Meyer-Goßner/*Schmitt* § 69 Rn. 2; LR/*Ignor/Bertheau* § 69 Rn. 3), erscheint zweifelhaft: Nicht selten führt dies beim Zeugen zu **Fehlvorstellungen** darüber, zu welchen Punkten er gehört werden soll (vgl. *Rostek* StraFo 2011, 386 [387]).

4 **C. Verhör (Abs. 2).** Das sog. **Verhör** dient der Vervollständigung und Vertiefung des Berichts sowie der Bereinigung von Widersprüchen und Unklarheiten (Meyer-Goßner/*Schmitt* § 69 Rn. 6; KK-StPO/*Slawik* § 69 Rn. 5). Der Zeuge wird dazu regelmäßig nicht nur ergänzende Fragen beantworten, sondern **auch zu**

Vorhalten Stellung nehmen müssen. Dabei ist zu beachten, dass solche Vorhalte erst dann zulässig sind, wenn der Zeuge seine Erinnerung aus eigener Kraft – also ohne Nachhilfe – »ausgeschöpft« hat (BGHSt 3, 281 [284]). Das ist nicht nur für die Würdigung des Aussageinhalts von Bedeutung, sondern dient auch dazu, die Grenze zwischen dem Bericht i.S.d. Abs. 1 und dem Verhör nicht zu verwischen (ähnl. KK-StPO/*Slawik* § 69 Rn. 6). Der Zeuge ist berechtigt und teilweise verpflichtet, sich auf seine Vernehmung vorzubereiten. Zur Auffrischung des Gedächtnisses kann er auf schriftliche Unterlagen zurückgreifen (Meyer-Goßner/*Schmitt* § 69 Rn. 8). Hat er seine Wahrnehmungen in amtlicher Eigenschaft gemacht, etwa als Angehöriger der Polizei oder der Justiz, trifft ihn eine Pflicht zur Vorbereitung (für die im Ermittlungsverfahren hinzugezogene sachverständige Hilfsperson offengelassen in BGH, Beschl. v. 20.01.2016 – 4 StR 376/15; Einzelheiten bei LR/*Ignor/Bertheau* § 69 Rn. 9). Diese kann auch in der Einsichtnahme in amtlich verwahrte Aufzeichnungen und Akten bestehen (so schon BGHSt 1, 4 [8]; Meyer-Goßner/*Schmitt* § 69 Rn. 8). Gem. Abs. 2 Satz 2 in der ab dem 01.09.2013 geltenden Fassung (eingeführt durch das Gesetz zur Stärkung der Rechte von Opfern sexuellen Missbrauchs [StORMG] vom 26.06.2013 [BGBl I, S. 1805]) soll der Zeuge auch Gelegenheit bekommen, sich zu den Auswirkungen der Tat auf ihn zu äußern. Damit hat der Gesetzgeber (schon wegen § 46 StGB) Selbstverständliches geregelt.

D. § 136a (Abs. 3). Auf die Einhaltung dieser Vorschrift, die auch im Ermittlungsverfahren gilt, kann nicht verzichtet werden (vgl. auch die Erl. zu § 136a). 5

E. Protokoll. In der **Hauptverhandlung** gilt § 273 Abs. 2 und 3, für **richterliche Vernehmungen im Ermittlungsverfahren** §§ 168, 168a, für staatsanwaltschaftliche Vernehmungen die Sollvorschrift des § 168b Abs. 2. Es entspricht der Praxis, dass über alle Vernehmungen im Vorverfahren unter Einschluss derjenigen durch Beamte des Polizeidienstes Protokolle gefertigt werden (LR/*Ignor/Bertheau* § 69 Rn. 15; SK-StPO/*Rogall* § 69 Rn. 10). 6

F. Revision. **Abs. 1 Satz 1** ist zwingendes Recht; ein Verstoß gegen diese Vorschrift begründet daher die Revision (BGH StV 1981, 269; allg.M.). Die Rüge kann nur erhoben werden, wenn in der Hauptverhandlung ein Gerichtsbeschluss nach § 238 Abs. 2 herbeigeführt wurde (BGH NStZ 1997, 198; NStZ 2000, 549; Beschl. v. 20.01.2016 – 4 StR 376/15; LR/*Ignor/Bertheau* § 69 Rn. 17). Ob es sich bei **Abs. 1 Satz 2** nur um eine Ordnungsvorschrift handelt (so Meyer-Goßner/*Schmitt* § 69 Rn. 14; KK-StPO/*Slawik* § 69 Rn. 9), ein revisibler Verfahrensverstoß also nur bei gleichzeitiger Verletzung von § 244 Abs. 2 in Betracht kommt, kann letztlich offenbleiben. Schwer einzusehen ist dies allemal, da die Bezeichnung von Tatvorwurf und Täter die logische Voraussetzung für den Sachbericht des Zeugen bildet, der vom Gesetz seinerseits zwingend vorgesehen ist (LR/*Ignor/Bertheau* § 69 Rn. 19). Entscheidend ist, dass das Urteil auf einem entsprechenden Verfahrensverstoß regelmäßig nicht beruhen wird (SK-StPO/*Rogall* § 69 Rn. 43). Bei einem Verstoß gegen **Abs. 2** kommt zwar grds. ebenfalls ein Verstoß gegen die Aufklärungspflicht (§ 244 Abs. 2) in Betracht. Wegen des **Verbotes der Rekonstruktion der tatrichterlichen Beweisaufnahme** wird die Rüge jedoch lediglich in den seltenen Fällen Erfolg haben können, in denen sich der Verfahrensmangel aus dem schriftlichen Urteil ergibt (BGHSt 17, 351 [352]; KK-StPO/*Slawik* § 69 Rn. 10). Dies gilt erst recht für die Rüge der mangelnden Ausschöpfung eines Beweismittels durch Unterlassen einzelner Fragen (BGH a.a.O.). 7

§ 70 Folgen unberechtigter Zeugnis- oder Eidesverweigerung

(1) [1]Wird das Zeugnis oder die Eidesleistung ohne gesetzlichen Grund verweigert, so werden dem Zeugen die durch die Weigerung verursachten Kosten auferlegt. [2]Zugleich wird gegen ihn ein Ordnungsgeld und für den Fall, daß dieses nicht beigetrieben werden kann, Ordnungshaft festgesetzt.

(2) Auch kann zur Erzwingung des Zeugnisses die Haft angeordnet werden, jedoch nicht über die Zeit der Beendigung des Verfahrens in dem Rechtszug, auch nicht über die Zeit von sechs Monaten hinaus.

(3) Die Befugnis zu diesen Maßregeln steht auch dem Richter im Vorverfahren sowie dem beauftragten und ersuchten Richter zu.

(4) Sind die Maßregeln erschöpft, so können sie in demselben oder in einem anderen Verfahren, das dieselbe Tat zum Gegenstand hat, nicht wiederholt werden.

Übersicht

1 **A. Grundsätzliches.** Die Regelung ergänzt § 51, setzt aber nicht voraus, dass vor ihrer Anwendung Maßnahmen nach dieser Vorschrift ergriffen wurden (vgl. Meyer-Goßner/*Schmitt* § 70 Rn. 1). Sie gilt für richterliche Vernehmungen in allen Verfahrensstadien. Über § 161a Abs. 2 gewinnt sie eingeschränkte Bedeutung auch für Vernehmungen der StA. Ob die Folgen nach § 70 den Zeugen auch dann treffen können, wenn sich dessen Weigerung auf Angaben zur Person nach § 68 Abs. 1 Satz 1 beziehen, ist streitig (verneinend u.a. OLG Hamburg NStZ 2002, 386 f.; Meyer-Goßner/*Schmitt* § 70 Rn. 1; befürwortend u.a. LG Stuttgart Justiz 1989, 203).

Sinn der Vorschrift ist es, die Erfüllung der Zeugnis- und Eidespflicht sicherzustellen. Ihre Aufgabe besteht nicht in der Erzwingung wahrheitsgemäßer Aussagen (vgl. Meyer-Goßner/*Schmitt* § 70 Rn. 5). Sie findet insoweit bereits Anwendung, wenn der Zeuge einzelne Fragen nicht beantwortet oder vorgibt, sich nicht erinnern zu können und damit – wenn auch nur partiell – willentlich Angaben unterlässt (vgl. BGHSt 9, 362, 364). Demgegenüber dürfen Maßnahmen nach § 70 nicht ergriffen werden, wenn die Aussage des Zeugen erkennbar lückenhaft ist. In diesem Fall liegt keine Aussageverweigerung, sondern allein eine unwahre Aussage vor (vgl. OLG Koblenz VRS 49, 188, 189; *Krehl* NStZ 1991, 416, 417).

2 **B. Tatbestand.** Die Verhängung der Maßnahmen nach § 70 setzt die **Schuldfähigkeit des Zeugen** voraus. Deshalb dürfen gegen Kinder, die ohnehin nicht vereidigt werden dürfen (§ 60 Nr. 1) weder Ordnungsmittel noch Beugehaft angeordnet werden. Es ist auch nicht angängig, diese gegen die Eltern oder gesetzlichen Vertreter eines grundlos die Aussage verweigernden Kindes zu verhängen (vgl. Meyer-Goßner/*Schmitt* § 70 Rn. 3). Ein Irrtum des Zeugen über das Bestehen eines Weigerungsrechts lässt das Verschulden nur dann entfallen, wenn er unvermeidbar (i.S.d. § 17 StGB) war, woran es fehlt, wenn das Gericht auf die Unzulässigkeit der Weigerung hingewiesen hatte (vgl. LR/*Ignor/Bertheau* § 70 Rn. 8).

3 § 70 greift, wenn der Zeuge **ohne gesetzlichen Grund** die Aussage oder die Eidesleistung, was auch die Bekräftigung nach § 65 unter Berufung auf den früher geleisteten Eid nach § 67 umfasst (vgl. LR/*Ignor/Bertheau* § 70 Rn. 6), verweigert. Zur Weigerung vgl. oben Rdn. 1. Sie erfolgt ohne gesetzlichen Grund, wenn dem Zeugen kein Weigerungsrecht nach §§ 52 ff. oder nach § 60 f. zusteht (vgl. Meyer-Goßner/*Schmitt* § 70 Rn. 6). Das Berufen auf ein Auskunftsverweigerungsrecht versagt, wenn für das Gericht keinerlei Anhaltspunkte für ein strafbares Verhalten des Zeugen ersichtlich sind (vgl. OLG Celle NStZ-RR 2011, 377). Anerkannt ist ein Weigerungsrecht des Zeugen aufgrund Notstandes (§ 34 StGB), etwa wenn der Zeuge sich oder ihm nahe stehende Personen ernst zu nehmenden Morddrohungen ausgesetzt sieht (vgl. BGH NStZ 1984, 31 f.; *Klein* StV 2006, 338, 340). Der Zeuge kann die Aussage auch dann verweigern, wenn diese unter Verstoß gegen § 168a Abs. 2 Satz 1 oder § 169 Satz 2 GVG dokumentiert werden soll (vgl. LR/*Ignor/Bertheau* § 70 Rn. 7). Nach BVerfGE 64, 108 ff. soll ein Aussageverweigerungsrecht im Einzelfall auch unmittelbar Art. 5 Abs. 1 GG entspringen können, selbst wenn ein Weigerungsrecht nach § 53 Abs. 1 Nr. 5 nicht vorliegt. Zur Aussageverweigerung zum Schutz der freien Entfaltung der Persönlichkeit – Art. 2 Abs. 1 GG – vgl. BayObLG NJW 1979, 2624, 2625 f.

4 Zwingende Folge einer unzulässigen Verweigerung ist zunächst die Pflicht des Zeugen, die durch seine Weigerung entstandenen Kosten zu tragen. Hinsichtlich der **Auferlegung der Kosten** steht dem Gericht kein Anordnungsermessen zu. Ist sie versehentlich unterblieben, werden die Kosten auch vom Angeklagten nicht erhoben, § 21 GKG (vgl. Meyer-Goßner/*Schmitt* § 70 Rn. 8).

Daneben ist gegen den Zeugen ein **Ordnungsgeld** festzusetzen, das sich zwischen 5,00 und 1.000,00 € bewegen kann, Art. 6 Abs. 1 EGStGB. Maßgeblich für die konkrete Festsetzung sind neben der Bedeutung der Straftat, auf die sich die Aussage des Zeugen bezieht, auch der Grund des Ungehorsams und die wirtschaftlichen Verhältnisse der Auskunftsperson (vgl. LG Hamburg NStZ 2008, 588, 589). Zahlungserleichterungen sind möglich, Art. 7 EGStGB Auch die Festsetzung des Ordnungsgeldes ist obligatorisch (vgl. LG Mainz NJW 1988, 1744, 1745). Kommt der Zeuge seiner Aussagepflicht bzw. seiner Pflicht zur Ableistung des Eides nach Verhängung des Ordnungsgeldes nach, wird dieses nicht aufgehoben (vgl. Meyer-Goßner/*Schmitt* § 70 Rn. 10).

Kann das Ordnungsgeld nicht beigetrieben werden, wird **Ordnungshaft** festgesetzt, deren Dauer sich gem. Art. 6 Abs. 2 Satz 1 EGStGB von einem Tag bis 42 Tagen bemisst. Ordnungshaft ist auch dann festzusetzen, wenn zugleich Beugehaft nach Abs. 2 angeordnet wird (vgl. LR/*Ignor/Bertheau* § 70 Rn. 13). Unterbleibt die Festsetzung der ersatzweisen Ordnungshaft zusammen mit der Festsetzung des Ordnungsgeldes, besteht die Möglichkeit der Nachholung, Art. 8 EGStGB.

5 Gem. Abs. 2 kann gegen den sich weigernden Zeugen auch **Beugehaft** angeordnet werden. Dies gilt – über den Wortlaut hinaus – nicht nur, wenn das Zeugnis erzwungen werden soll. Auch bei der Verweigerung des Eides ist Beugehaft zulässig. Bereits mit der Festsetzung des Ordnungsgeldes kann, wie sich der Gesetzesfassung entnehmen lässt, die Beugehaft angeordnet werden (vgl. BVerfG NJW 1988, 897, 900). Vor der Fest-

setzung des Ordnungsgeldes ist dies nicht möglich (vgl. Meyer-Goßner/*Schmitt* § 70 Rn. 12; a.A. AG Bonn JR 1994, 171, 172 m.Anm. *Derksen*). Ob Beugehaft angeordnet wird, steht im Ermessen des Gerichts (vgl. BGH NJW 1966, 211). Bei seiner Entscheidung hat das Gericht das Aufklärungsinteresse einerseits und den Grundsatz der Verhältnismäßigkeit andererseits gegeneinander abzuwägen (vgl. BGHSt 51, 140, 143). Als Eingriff in das Freiheitsgrundrecht aus Art. 2 Abs. 2 Satz 2 GG kann Beugehaft mithin nur dann in Betracht kommen, wenn sie unerlässlich zur Aufklärung einer nicht unbedeutenden Straftat ist. Seine Erwägungen hat der Richter vor dem Hintergrund des Grundrechtseingriffs dezidiert zu begründen (vgl. BVerfG NJW 2007, 1865, 1868). Steht zur Überzeugung des Gerichts fest, dass der Zeuge durch die Haft nicht gebeugt werden wird, kommt ihre Anordnung nicht in Betracht. Bloße Zweifel an dem Erfolg der Maßnahme zwingen demgegenüber aber nicht dazu, von ihrer Anordnung Abstand zu nehmen (vgl. *Nehm* FS Odersky, S. 433, 446 ff.). Zur Bedeutung der Pressefreiheit vgl. BVerfGE 15, 223, 225. Die Höchstdauer für Beugehaft liegt bei sechs Monaten. Ihre konkrete Höhe steht – wie ihre Anordnung – im Ermessen des Richters, der sich bei seiner Entscheidung vorrangig von der Bedeutung der Aussage für das Verfahren leiten lassen wird (vgl. BVerfG NJW 2006, 40, 41). Insoweit abzulehnen ist die Auffassung, empfehlenswert sei stets die Anordnung der Höchstdauer (vgl. KK-StPO/*Slawik* § 70 Rn. 7; *Meyer-Goßner* § 70 Rn. 14 und LR/*Ignor/Bertheau* § 70 Rn. 16: Nur so könne der Zeuge vor einem Irrtum über die mögliche Dauer der Maßnahme bewahrt werden). Entsteht nachträglich ein Grund für den Zeugen, Aussage oder Eid zu verweigern, ist die Haft sofort zu beenden. Gleiches gilt, soweit der Zeuge seinen Zeugenpflichten nachkommt oder die Höchstdauer der Haft erreicht ist. Der Verhältnismäßigkeitsgrundsatz erzwingt eine Aufhebung der Haft, wenn die Aussage des Zeugen für das Verfahren nicht mehr von Bedeutung ist (vgl. Meyer-Goßner/*Schmitt* § 70 Rn. 15). Entsprechend darf bei Bedeutungslosigkeit der Aussage Beugehaft schon nicht angeordnet werden (vgl. BGHR StPO § 70 Erzwingungshaft 7).

Das **Wiederholungsverbot für Maßregeln** gilt nicht für die Beugehaft. Diese darf mehrmals angeordnet 6 werden, wobei die Freiheitsentziehung in der Addition aber sechs Monate nicht überschreiten darf (vgl. OLG Köln NStZ-RR 2007, 242; OLG Nürnberg NStZ 2013, 614 f.). Dieselbe Tat i.S.d. Regelung ist die prozessuale Tat nach § 264 (vgl. LR/*Ignor/Bertheau* § 70 Rn. 22). Ordnungsgeld darf nur einmal festgesetzt werden (vgl. BVerfG ZD 2017, 183 f.; Meyer-Goßner/*Schmitt* § 70 Rn. 16).

Die **Entscheidung über die Anordnung** der von § 70 vorgesehenen Maßnahmen trifft das Gericht durch 7 Beschluss (vgl. Meyer-Goßner/*Schmitt* § 70 Rn. 17), nachdem es den Zeugen auf das Fehlen eines Weigerungsgrundes und die Folgen seines Verhaltens hingewiesen hat (vgl. BGHSt 28, 240, 259). Erfolgt die Anordnung in der Hauptverhandlung, sind die Verfahrensbeteiligten zu hören, § 33 Abs. 1. Die Anhörung der StA unterbleibt im Fall des Abs. 3. Dem nach § 162 auf Antrag tätig werdenden Ermittlungsrichter stehen zwar sämtliche Möglichkeiten eines Vorgehens nach § 70 zu. Beugehaft wird er im Regelfall aber nur im Einvernehmen mit der StA anordnen, da diese ihren Antrag auf Durchführung der richterlichen Untersuchungshandlung jederzeit zurücknehmen kann (vgl. KK-StPO/*Slawik* § 70 Rn. 10). Eine Entscheidung des ersuchten Richters über Maßnahmen ist lediglich vorläufig. Eine endgültige Entscheidung ergeht erst durch das von ihm zu benachrichtigende ersuchende Gericht (OLG Karlsruhe Justiz 1979, 68). Das Gericht ändert seine Entscheidung über die Anordnung von Maßnahmen nicht ab, wenn der Zeuge seinen Pflichten nachträglich nachkommt (vgl. Meyer-Goßner/*Schmitt* § 70 Rn. 18). Eine Aufhebung des Anordnungsbeschlusses ist allerdings dann geboten, wenn sich nachträglich herausstellt, dass der Zeuge zur Weigerung befugt war (vgl. LR/*Ignor/Bertheau* § 70 Rn. 27).

Gem. § 36 Abs. 2 Satz 1 obliegt die **Vollstreckung der Ordnungsmittel** der StA. Dabei liegt die konkrete 8 Zuständigkeit beim Rechtspfleger, § 31 Abs. 3 RpflG. Die Vollstreckung der Beugehaft liegt in Händen des Gerichts, es sei denn, sie erfolgte im Hinblick auf eine Vernehmung durch die StA. In diesem Fall ist ebenfalls die Strafverfolgungsbehörde für die Vollstreckung zuständig (vgl. BGHSt 36, 155, 157). Ordnungshaft ist vor Beugehaft zu vollstrecken (vgl. Meyer-Goßner/*Schmitt* § 70 Rn. 19). Der Zeuge hat die Kosten der Vollstreckung zu tragen (vgl. LR/*Ignor/Bertheau* § 70 Rn. 28).

Den anordnenden Beschluss können mit der **Beschwerde** nach § 304 Abs. 1 und 2 die StA und der betroffene 9 Zeuge angreifen. Für den Angeklagten besteht eine Beschwerdemöglichkeit, wenn dem Zeugen nicht die durch seine Weigerung entstandenen Kosten auferlegt wurden (vgl. Meyer-Goßner/*Schmitt* § 70 Rn. 20). Wird der Beschluss eines ersuchten Richters angegriffen, ist für die Beschwerdeentscheidung das ersuchende Gericht zuständig (vgl. OLG Karlsruhe Justiz 1979, 68). Die Beschwerdebeschränkungen des § 304 Abs. 4 Satz 2 und Abs. 5 sind zu beachten. So sind Beschwerden gegen vom Ermittlungsrichter des BGH verhängte Ordnungsgelder nicht statthaft (BGH StraFo 2017, 17 f.). Nach im Vordringen befindlicher Ansicht ist die weitere Beschwerde bei Anordnung von Beugehaft statthaft (vgl. KG StraFo 2008, 199; Meyer-Goßner/*Schmitt* § 70 Rn. 20).

10 Gegen **Abgeordnete** dürfen Ordnungs- und Beugehaft zwar ohne Weiteres festgesetzt, ohne Genehmigung des Parlaments aber nicht vollstreckt werden. Nur insoweit reicht der Schutz von Art. 46 Abs. 2 und 3 GG. Gegen Zeugen, die der deutschen Gerichtsbarkeit nicht unterliegen, können Maßnahmen nach § 70 nicht ergriffen werden (vgl. OLG Stuttgart StraFo 2012, 12; Meyer-Goßner/*Schmitt* § 70 Rn. 22).

11 **C. Revision.** Der Angeklagte kann mangels Beschwer die Anordnung oder Nichtanordnung von Ordnungsmitteln und Beugehaft nicht rügen (vgl. BGH NJW 1966, 211 unter Hinweis auf RGSt 57, 29 ff.). Im Fall der Nichtanordnung kann u.U. allerdings eine Verletzung der Aufklärungspflicht vorliegen (vgl. BGH NStZ 1999, 46, 47). Eine Verletzung von §§ 69 Abs. 3, 136a kann geltend gemacht werden, wenn gegen einen weigerungsberechtigten Zeugen Maßnahmen nach § 70 ergriffen wurden, die zur Ablegung des Zeugnisses geführt haben. Das Rügerecht besitzt auch die StA im Fall einer für den Angeklagten günstigen Aussage (vgl. Meyer-Goßner/*Schmitt* § 70 Rn. 21).

§ 71 Zeugenentschädigung

Der Zeuge wird nach dem Justizvergütungs- und -entschädigungsgesetz entschädigt.

1 Die Vorschrift enthält einen Hinweis auf das JVEG i.d.F. des Art. 2 des KostRMoG v. 05.05.2004 (BGBl. I, S. 718, 776), das das ZSEG abgelöst hat. Es gilt für Zeugen, die vom Gericht und der StA geladen wurden. Findet die Vernehmung vor der Polizei statt, gelten landesrechtliche Vorschriften. Für Vernehmungen der Finanzbehörden findet § 405 AO Anwendung. Kein Zeuge i.S. der Vorschrift ist der als gesetzlicher Vertreter des Angeklagten geladene Berufsbetreuer, auch wenn er im Termin Angaben zum Betreuten macht (AG Köln v. 11.09.2013 – 707 Ds 16/13).

2 Nach dem JVEG können Fahrtkostenersatz (§ 5), Tage- und Übernachtungsgeld (§ 6), sonstige Aufwendungen (§ 7), Zeitversäumnis (§ 20) Nachteile bei der Haushaltsführung (§ 21) und Verdienstausfall (§ 22) entschädigt werden. Die Gewährung eines Vorschusses ist möglich (§ 2 Abs. 1 Satz 1).
Eine Entschädigung für unrechtmäßig erlittene Erzwingungshaft nach StrEG findet nicht statt (vgl. KK-StPO/*Slawik* § 71 Rn. 2).

Siebenter Abschnitt. Sachverständige und Augenschein

§ 72 Anwendung der Vorschriften über Zeugen auf Sachverständige

Auf Sachverständige ist der sechste Abschnitt über Zeugen entsprechend anzuwenden, soweit nicht in den nachfolgenden Paragraphen abweichende Vorschriften getroffen sind.

Übersicht

1 **A. Grundsätzliches und Regelungsgehalt.** Sachverständigen- und Zeugenbeweis sind wesensverschieden (vgl. § 85 Rdn. 2 f.). § 72 ordnet deshalb eine entsprechende Anwendung der Zeugenvorschriften nur für den Fall einer fehlenden Regelung in den §§ 72 ff. an (zur insoweit systematisch verfehlten Positionierung der Vorschrift, die ein Regel-Ausnahmeverhältnis impliziert, SK-StPO/*Rogall* § 72 Rn. 1). Es ist für jede Norm des sechsten Abschnitts (§§ 48 ff.) einzeln zu ermitteln, ob sie Anwendung finden kann. Nicht einbezogen sind die an anderer Stelle geregelten Zeugenvorschriften (z.B. §§ 243 Abs. 2 Satz 1, 247 [§ 247 Abs. 1 Satz 3 ist hingegen zum Schutz des Angeklagten unmittelbar anwendbar; a.A. LR/*Krause* § 72 Rn. 2], 252. Zur Vernehmung eines Sachverständigen an einem anderen Ort und Übertragung in das Sitzungszimmer vgl. § 247a Abs. 2).

2 **B. Reichweite der Verweisung. Auf Sachverständige** sind **anzuwenden**: §§ 48–50, § 51 Abs. 2 und 3, §§ 52–53a, § 55 und § 56 (vgl. auch § 76 Abs. 1). Auch die Belehrung nach § 57 (zur Anwendbarkeit BGH VRS 22, 147; NStZ 1998, 159) sollte selbst bei erfahrenen Sachverständigen regelmäßig erfolgen (zutr. SK-StPO/*Rogall* § 72 Rn. 10; HK-StPO/*Brauer* § 72 Rn. 2; abw. RGSt 56, 66: »inhaltslose Formalität«; KMR/*Neubeck* § 72 Rn. 2; Meyer-Goßner/*Schmitt* § 72 Rn. 1), selbst wenn ein Verstoß hiergegen mangels Beruhen nicht revisibel sein wird (nach BGH NStZ 1998, 159; MüKo-StPO/*Trück* § 72 Rn. 25 hingegen bloße »Ordnungsvorschrift«). Ebenso anwendbar sind §§ 58 Abs. 2, 59 (Einzelvereidigung, Nacheid; vgl. aber ansonsten § 79), §§ 60–65, 67 und 68 (LR/*Krause* § 72 Rn. 18 ff.), §§ 68a, 69 und § 70 Abs. 3 und Abs. 4.

Aufgrund speziellerer Regeln für den Sachverständigen finden weder § 54 (vgl. stattdessen für Angehörige des öffentlichen Dienstes § 76 Abs. 2 i.V.m. § 67 BBG oder § 37 Abs. 3 BeamtStG) noch § 58 Abs. 1 Anwendung, da die Gutachtenerstattung in Anwesenheit anderer Sachverständiger zweckmäßig sein kann (vgl. RGSt 52, 161; erg. § 80; anders, wenn er neben der Gutachtenerstattung auch als Zeuge zu vernehmen ist, vgl. auch RGSt 22, 434). Die Anwendung von §§ 51 Abs. 1, 70 Abs. 1, 2 wird durch § 77 und die von § 71 durch den gleichlautenden § 84 ausgeschlossen. 3

§ 73 Auswahl des Sachverständigen

(1) [1]Die Auswahl der zuzuziehenden Sachverständigen und die Bestimmung ihrer Anzahl erfolgt durch den Richter. [2]Er soll mit diesen eine Absprache treffen, innerhalb welcher Frist die Gutachten erstattet werden können.

(2) Sind für gewisse Arten von Gutachten Sachverständige öffentlich bestellt, so sollen andere Personen nur dann gewählt werden, wenn besondere Umstände es erfordern.

S.a. RiStBV Nr. 70

Übersicht

A. Grundsätzliches und Regelungsgehalt. Die Vorschrift enthält keine Vorgaben dafür, wann es erforderlich ist, einen oder mehrere Sachverständige hinzuzuziehen, sondern regelt Zuständigkeit, Auswahl und Verfahrensablauf, wenn die Notwendigkeit einer Beauftragung zur Aufklärung des Sachverhalts bereits feststeht. § 73 Abs. 1 Satz 1 zeigt, dass die **Auswahl** des hinzuzuziehenden Sachverständigen allein **Sache des Gerichts** ist. Das Gericht wird zwar die Verfahrensbeteiligten vor der Bestellung regelmäßig anhören und insb. der Verteidigung rechtliches Gehör gewähren (entgegen der gesetzlichen Konzeption sollte dies zwingend sein, vgl. auch BGH NStZ 2003, 100 [bei Einholung eines weiteren Gutachtens]; BGHSt 44, 31), ein Verstoß hiergegen bleibt aber regelmäßig ohne Sanktion. Deshalb wird teilweise ein gesetzlich verankertes Beteiligungsrecht (so *Detter* NStZ 1998, 58) oder zumindest bei fehlender Anhörung ein Beweisverwertungsverbot gefordert (so *Dierlamm* FS Müller, S. 117). Die gegenwärtige Rechtssituation ist jedenfalls unbefriedigend, da angesichts der besonderen Bedeutung von Gutachten für den Ausgang des Verfahrens eine Einflussnahmemöglichkeit auf die Auswahl des Sachverständigen zumindest durch vorhergehende Anhörung selbstverständlich sein sollte. Bspw. kann bei Bestellung eines Sachverständigen aus dem Bereich der Psychologie oder Psychiatrie die Wahl der zugehörigen »Schule« verfahrensentscheidende Bedeutung besitzen. Hinzu kommt, dass eine Einflussnahme im Wege des Selbstladeverfahrens u.a. durch § 244 Abs. 4 Satz 2 Hs. 2 stark eingeschränkt und eine nachträgliche Korrektur im Wege der Aufklärungsrüge kaum möglich ist. Nr. 70 Abs. 1 RiStBV sieht zumindest für die Bestellung durch den StA vor, dass dem Verteidiger Gelegenheit zur Stellungnahme zu geben ist, es sei denn es handelt sich um Routinegutachten (z.B. Blutalkoholgutachten) oder es ist eine Verfahrensverzögerung oder eine Gefährdung des Untersuchungszwecks zu besorgen. 1

B. Zuständigkeit für die Auswahl. Zuständig für die Bestellung von Sachverständigen ist im **Ermittlungsverfahren** primär die StA (vgl. § 161a Abs. 1 Satz 2), aber auch ihre Ermittlungspersonen (§ 152 GVG), die ihre Wahl mit der StA absprechen sollten (LR/*Krause* § 73 Rn. 2). Der Ermittlungsrichter darf den Sachverständigen nur auswählen, wenn die StA ihn darum ersucht, ansonsten hat er den Sachverständigen zu hören, dessen Vernehmung die StA beantragt hat (Meyer-Goßner/*Schmitt* § 73 Rn. 1a). Diese Rollenverteilung wird nicht zu Unrecht kritisiert, da das Gericht des Hauptverfahrens häufig den bereits benannten Sachverständigen übernehmen wird und so mangels Partizipation des Beschuldigten sehr frühzeitig endgültige Weichen gestellt werden (krit. etwa *Dippel* FS Müller, S. 133; *Duttge* NStZ 2003, 374; *Krekeler* AnwBl. 1986, 62; nach herrschender Meinung bezieht sich Abs. 1 Satz 1 aber nur auf das gerichtliche Verfahren, vgl. Meyer-Goßner/*Schmitt* § 73 Rn. 1a; *Jessnitzer/Ulrich* § 73 Rn. 108 f.; *Karpinski* NJW 1968, 1173). Im **Zwischenverfahren** ist das Gericht zuständig, bei dem die Anklage erhoben wurde, nach Eröffnung das erkennende Gericht. 2

Das Gericht des Hauptverfahrens ist auch dann, wenn die StA bereits einen Sachverständigen hinzugezogen hatte, frei, diesen oder einen anderen Sachverständigen für das **Hauptverfahren** zu bestellen (BGHSt 44, 31 m.Anm. *Zieschang* StV 1999, 463; *Dippel* Die Stellung des Sachverständigen, S. 82 ff.; *Leineweber* MDR 1980, 9; a.A. *Lürken* NJW 1968, 1161). Schließlich obliegt die Auswahl auch im Fall des § 223 dem beauftragenden Richter und er darf diese nicht dem Richter überlassen, der die kommissarische Vernehmung durchführt (zutr. SK-StPO/*Rogall* § 73 Rn. 10; a.A. KK-StPO/*Hadamitzky* § 73 Rn. 1; Meyer-Goßner/*Schmitt* § 73 Rn. 1a; KMR/*Neubeck* § 73 Rn. 2). Das beauftragende Gericht muss selbst entscheiden, welche Sachkunde ihm zu vermitteln ist.

3 **C. Hinzuziehung Dritter zur Gutachtenerstellung.** Benötigt der Sachverständige **Hilfskräfte** (z.B. medizinisches Personal, Techniker) für sein Gutachten, darf er sie selbst heranziehen (Meyer-Goßner/*Schmitt* § 73 Rn. 2; *Hanack* NJW 1961, 2044). Dies gilt auch für die **Hinzuziehung** eines anderen **Sachverständigen**, sofern dieser lediglich eine Hilfsfunktion wahrnimmt und der bestellte Sachverständige seine Befunde nach eigener Prüfung in sein Gutachten übernimmt (BGHSt 22, 274 m.Anm. *Peters* JR 1969, 426). Die Hinzuziehung Dritter ist damit stets unzulässig, wenn ihre Tätigkeit so im Vordergrund steht, dass der wesentliche Teil des Gutachtens von ihnen stammt (OLG Frankfurt MDR 1983, 849; OLG Schleswig SchlHA 1974, 181) und damit die eigene Beurteilung und Verantwortung für den Gesamtinhalt des Gutachtens infrage gestellt wird (*Bleutge* NJW 1985, 1185, *Eisenberg* StV 2011, 11; zu vergleichbaren Anforderungen an eine Sachverständigengruppe MüKo-StPO/*Trück* § 73 Rn. 13). Es besteht daher ein Delegationsverbot, soweit durch Heranziehung anderer Personen die Verantwortung des Sachverständigen für das Gutachten infrage gestellt wird (so zu Recht BGH NStZ 2012, 103, zu einer Exploration des Angeklagten durch Dritte; LG Nürnberg-Fürth BeckRS 2021, 15604: Verbot Exploration des Angeklagten bei Beurteilung der Schuldfähigkeit und Gefährlichkeit einer Hilfsperson zu überlassen). Der hinzugezogene Sachverständige wird nicht zum »Hilfssachverständigen« (so aber BGHSt 22, 272; dagegen LR/*Krause* § 73 Rn. 7), denn der vom Gericht bestellte Sachverständige kann keine weiteren Sachverständigen bestellen (BVerwG NJW 1984, 2645; *Friderichs* NJW 1973, 2259; insoweit problematisch OLG Hamm NJW 1973, 1427, da hier betont wird, der Leiter einer »Sachverständigengruppe« müsse nur die Verantwortung für die durch den Dritten erhobenen Befundtatsachen übernehmen, im konkreten Fall die Untersuchung der Kindesmutter und ihres Kindes für ein erbbiologisches Gutachten). Die persönliche Verantwortung für das Gutachten muss in jedem Fall uneingeschränkt gewahrt bleiben (so BVerwG a.a.O. zur bloßen Abzeichnung eines durch einen Dritten erstellten Gutachtens durch den Klinikdirektor mit »Einverstanden«; ebenso OLG Nürnberg StraFo 2007, 328: »inhaltlich einverstanden«), sodass der Sachverständige bei Einschaltung Dritter auch die Prüfung der von diesen erhobenen Befundtatsachen und Einzelergebnisse übernehmen muss; vgl. erg. LG Duisburg JR 2009, 343 m. zu Recht abl. Anm. *Eisenberg* zur Hinzuziehung eines Angestellten zur Durchführung psychologischer Tests, die Grundlage und Vorbereitung einer Exploration werden sollen. Fehlen ihm die erforderlichen Fachkenntnisse auf einem Teilgebiet, so muss er die erforderliche Bestellung von »Untersachverständigen« bei Gericht anregen, kann sie aber nicht selbst beauftragen (Meyer-Goßner/*Schmitt* § 73 Rn. 3).

4 **D. Auswahl des Sachverständigen.** Die **Auswahl** des Sachverständigen hat sich an dem anzuwendenden **Fachgebiet** des Sachverständigen sowie seiner **persönlichen Eignung** (vgl. dazu Rdn. 5 ff.), d.h. seiner Zuverlässigkeit und hinreichenden Sachkunde, zu orientieren (zu den Gründen der Auswahl vgl. auch *Detter* NStZ 1998, 59; zur Auswahl in Wirtschaftsstrafverfahren *Krekeler* wistra 1989, 52 f.).

5 **I. Wahl des Fachgebietes.** Die **Wahl** des **einschlägigen Fachgebietes** obliegt dem Richter (vgl. etwa zur Wahl eines Psychiaters oder Psychologen BGHSt 34, 357), der sein pflichtgemäßes Ermessen (vgl. dazu auch OLG Koblenz NStZ-RR 2017, 95) angesichts der zunehmenden Spezialisierung und Herausbildung neuer Fachgebiete ohne ein Mindestmaß an eigener Sachkunde kaum ausüben kann (vgl. auch *Rudolphi* Justiz 1969, 27). Dennoch darf das Gericht Zweifel nicht durch Bestellung eines »Auswahlsachverständigen« überwinden, sondern muss den am besten geeigneten wählen und ggf. später, nicht notwendig zeitgleich, einen weiteren Vertreter der anderen Fachrichtung hinzuziehen (OLG Koblenz VRS 36, 18; LR/*Krause* § 73 Rn. 9; *Rasch* NStZ 1992, 264). Auch unabhängig von der festzulegenden Fachrichtung hat der Richter den Sachverständigen selbst zu bestimmen und kann dies nicht Privatpersonen überlassen. Abgesehen von Fällen des § 83 Abs. 3 darf im Beweisbeschluss damit nicht etwa die Einholung eines Gutachtens einer Universitätsklinik (und nicht einer konkreten Person) angeordnet werden (OLG München NJW 1968, 202; *Franzki* DRiZ 1976, 100; *Laufs* NJW 1976, 1124). Entgegen einer häufig zu beobachtenden Praxis darf es damit auch nicht dem Klinik- oder Institutsleiter überlassen bleiben, ob er das Gutachten selbst erstattet oder einen Mitarbeiter damit betraut (KK-StPO/*Hadamitzky* § 73 Rn. 6; LR/*Krause* § 73 Rn. 25; a.A. aber BGH bei *Kusch* NStZ 1993, 31). Dies soll auch nicht dadurch geschehen, dass der Klinik- oder Institutsleiter lediglich ein Gut-

achten seiner Mitarbeiter »verantwortlich« unterzeichnet. Ist dem Richter kein geeigneter Sachverständiger bekannt, kann er Berufsorganisationen oder Behörden der vermuteten Fachrichtung um Vorschläge ersuchen (vgl. Nr. 70 Abs. 2 RiStBV), in das Verzeichnis bewährter Sachverständiger Einsicht nehmen (Nr. 70 Abs. 3 RiStBV) oder die Hinweise über die Zuziehung geeigneter Sachverständiger nach der RiStBV konsultieren.

II. Die Person des Sachverständigen. Bei der **Person des Sachverständigen**, die auch durch den Richter zu bestimmen ist, muss auf die fachliche und persönliche Eignung geachtet werden. Liegt keine öffentliche Bestellung vor (vgl. § 73 Abs. 2), wird sich der Richter an allgemein anerkannten Qualifikationsmerkmalen (z.B. Facharzt etc.) orientieren. Im Rahmen der Vollstreckung von Maßregeln sind für die erforderliche Begutachtung auch die Anforderungen des § 463 Abs. 4 an die Person des Sachverständigen zu beachten (vgl. hierzu OLG Rostock NStZ-RR 2017, 95 f.). Fehlt wie bei der Schriftbegutachtung eine allgemein anerkannte Untersuchungsmethode, muss die Auswahl mit besonders hoher Sorgfalt erfolgen (LR/*Krause* § 73 Rn. 23). Dem Richter ist es zwar nicht grds. untersagt, Gutachten einzuholen, die auf noch nicht allgemein anerkannten Methoden beruhen, er muss dann aber besondere Sorgfalt bei der Beweiswürdigung an den Tag legen (vgl. auch BGHSt 41, 212 ff.; BGH StV 1998, 472). Für Beschuldigte, die Ausländer sind, muss kein Sachverständiger gewählt werden, der dem Kulturkreis des Beschuldigten entstammt und dessen Sprache beherrscht (BGH b. *Dallinger* MDR 1973, 16; zu Verständigungsproblemen aber auch *Schmidt* StV 2006, 51 f.). Die Tätigkeit als Wirtschaftsreferent bei der Kriminalpolizei soll mit den Aufgaben eines Sachverständigen vereinbar sein, wenn ihm persönlich und losgelöst von der eigentlichen Ermittlungstätigkeit der Auftrag erteilt wird, eigenverantwortlich und frei von jeder Beeinflussung ein Gutachten zu einem bestimmten Beweisthema zu erstatten (BGHSt 28, 384; BGH, NStZ 1984, 216; StV 1986, 465; SK-StPO/*Rogall* § 73 Rn. 34; *Lemme* wistra 2002, 286). Vergleichbares soll für die Bestellung von Mitarbeitern der BaFin etwa für marktanalytische Gutachten gelten (so BGH BeckRS 2016, 09679 unter Berufung auf § 40a Abs. 1 S. 2 WpHG a.F.; zust. *Dinges* EWiR 2017, 74), obwohl die BaFin auch ermittelnd tätig wird und eine ermittelnde Vorbefassung einer Bestellung an sich entgegensteht. Verweigert ein zu begutachtender Zeuge die Begutachtung durch einen bestimmten Sachverständigen (etwa aufgrund des Geschlechts oder der Herkunft des Sachverständigen), dann kann trotz des Auswahlrechts des Richters aufgrund seiner Aufklärungspflicht die Beauftragung eines anderen Sachverständigen geboten sein (vgl. BGH NStZ-RR 2011, 100; KG NJW 1997, 69 m.Anm. *Dürig/Eisenberg* StV 1997, 456; KG BeckRS 2015, 15489). In der Rspr. wird dessen ungeachtet betont, dass der Beschuldigte durch Verweigerung einer Exploration nicht die Auswahl eines bestimmten Sachverständigen erzwingen kann (vgl. nur BGH NJW 1998, 2460; OLG Hamm BeckRS 2016, 13265). 6

III. Die Anzahl der Sachverständigen. Die **Anzahl** der hinzuzuziehenden **Sachverständigen** steht im Ermessen des Gerichts (OLG Düsseldorf wistra 1994, 78; Meyer-Goßner/*Schmitt* § 73 Rn. 11). Auch wenn das Erstgutachten einwandfrei erscheint, kann unabhängig von § 83 ein weiterer Sachverständiger beauftragt werden (BayObLG NJW 1956, 1016; KMR/*Neubeck* § 73 Rn. 1). Es kann von vornherein etwa bei einem »Schulenstreit« mehrere Sachverständige auch unterschiedlicher Fachrichtungen bestellen (vgl. LR/*Krause* § 73 Rn. 28). Führt dies zu zwei widersprechenden Gutachten, ist es letztlich eine Frage der Aufklärungspflicht, ob deshalb ein dritter Sachverständiger bestellt werden muss oder sich das Gericht für die für den Angeklagten günstigere Meinung entscheiden wird (vgl. auch BGH NStZ 1990, 244 f.; 1991, 448; NStZ-RR 1997, 42 f.). Auch wenn sich das Gericht im Regelfall mit einem Sachverständigen begnügen wird, besteht die Pflicht, einen nach §§ 214 Abs. 3, 220 geladenen Sachverständigen in den Grenzen des § 245 Abs. 2 zu hören (vgl. i.Ü. § 83 Rdn. 2 f.). 7

IV. Einzelne Fallgruppen. Zur **Blutalkoholbestimmung** kann, sofern keine besonderen Umstände die Hinzuziehung eines erfahrenen medizinischen Sachverständigen erfordern (etwa bei Nachtrunk oder zusätzlicher Medikamenteneinnahme, vgl. BGH VRS 34, 211; OLG Frankfurt NJW 1961, 283, oder wenn der Blutalkoholgehalt allein aufgrund der Trinkmengenangabe zu berechnen ist, weil keine Blutprobe entnommen wurde, BGH DAR 1971, 116), jeder Sachverständige herangezogen werden, der auf diesem Gebiet über ausreichende Erfahrung verfügt (OLG Hamm VRS 36, 291; 434; KK-StPO/*Hadamitzky* § 73 Rn. 5). Es muss sich dabei – anders als hinsichtlich der Entnahme (vgl. § 81a Rdn. 25) – um keinen Arzt handeln (a.A. *Martin* Blutalkohol 1970, S. 95). Die Rückrechnung des Blutalkoholgehalts kann der Richter im Regelfall selbst vornehmen (BGH VRS 21, 55). 8

Die **Glaubwürdigkeit** von Zeugen wird im Regelfall von einem Psychologen beurteilt (BGHSt 7, 85 [zur Ungeeignetheit eines Pädagogen bereits BGHSt 2, 166]; 23, 24; BGH NStZ 1982, 42), sofern dieser über spezielles Wissen der Aussagepsychologie verfügt und »normalpsychologische« Wahrnehmungs-, Gedächtnis- und Denkprozesse zu beurteilen sind (BGH NStZ 2002, 490; speziell zu Kindern vgl. Nr. 19 Abs. 5, 222 Abs. 1 Satz 2 RiStBV; BGHSt 14, 23; NStZ 1982, 42). Die Rspr. geht allerdings davon aus, dass zur 9

Beurteilung der Glaubwürdigkeit von Zeugenaussagen auch von Kindern in der Regel kein Sachverständiger benötigt wird (vgl. BGH NStZ 2001, 105; NStZ-RR 2006, 241; vgl. auch *Trück* NStZ 2007, 380). Kann die Glaubwürdigkeit des Zeugen hingegen durch psychische Erkrankungen beeinflusst sein, wird ein Psychiater gehört (BGHSt 23, 12; BGH DAR 1980, 209). Der beauftragte Sachverständige kann zugleich Therapeut des zu Begutachtenden sein (BGH StV 1996, 130). Bei der Beurteilung der Verantwortlichkeit von Jugendlichen und der Entwicklungsreife nach § 105 JGG ist § 43 Abs. 2 Satz 2 JGG zu beachten (HK-StPO/*Brauer* Rn. 9).

10 Bei der Beurteilung der **Schuldfähigkeit** ist zu beachten, dass es sich bei dieser um eine juristische Konstruktion handelt, die weder im verhaltenswissenschaftlichen System existiert (vgl. auch LR/*Krause* § 73 Rn. 12) noch in ihrer normativen Deutung dem Sachverständigen überlassen werden darf. Die biologischen Merkmale der Schuldfähigkeitsbeurteilung auch bei Krankheitszuständen sind ausschließlich durch Psychiater oder Neurologen zu begutachten (OLG Karlsruhe Justiz 1974, 94; OLG Koblenz VRS 49, 433; KK-StPO/*Hadamitzky* § 73 Rn. 5; LR/*Krause* § 73 Rn. 12; Meyer-Goßner/*Schmitt* § 73 Rn. 8; *Rauch* NStZ 1984, 497; abw. BGHSt 34, 355 m.Anm. *Meyer* NStZ 1988, 85). Nach Auffassung des BGH muss der Sachverständige kein Facharzt für Psychiatrie oder Neurologie sein (vgl. auch BGHSt 23, 311). Sofern hingegen etwa Neurosen, Triebstörungen oder Affekthandlungen zu beurteilen sind, kann neben einem Psychiater auch ein Psychologe gehört werden (nach BGH StV 1984, 495; NStZ 1988, 85 im pflichtgemäßen Ermessen des Gerichts, vgl. auch BGH NStZ 1997, 619; 1998, 366: Ablehnung zulässig mit Hinweis auf ausreichende Sachkenntnis des Psychiaters). Soll der Entwicklungsstand und die strafrechtliche Verantwortlichkeit Jugendlicher (§ 3 JGG) oder Heranwachsender (§ 105 JGG) begutachtet werden, wird dies im Regelfall auch einem Psychiater oder einem zu kriminalbiologischen Untersuchungen befähigten Psychologen zu übertragen sein (KMR/*Neubeck* § 73 Rn. 7a; *Blau* ZStW 78, 179). Zum Prognosegutachten im Rahmen von § 67d StGB, bei dem Wünsche des Untergebrachten im Hinblick auf die Person des Sachverständigen nicht zu berücksichtigen sind vgl. OLG Hamm III-3 Ws 511/17; ebenso OLG Hamm 3 Ws 312/18; OLG Karlsruhe 2 Ws 333/17 zu § 463 Abs. 3 S. 4. Zu Recht fordert aber das BVerfG bei langjähriger Unterbringung von Zeit zu Zeit die Hinzuziehung anstaltsfremder Sachverständiger, um der Gefahr repetitiver Routinebeurteilungen vorzubeugen (vgl. BVerfG NStZ-RR 2021, 261). Weigert sich der Untergebrachte wegen des ausgewählten Sachverständigen, an der erforderlichen Exploration mitzuwirken, soll eine Entscheidung nach Aktenlage erfolgen.

11 **E. Fristabsprache.** Der Richter oder StA (§ 161a Abs. 1 Satz 2) soll nach **Abs. 1** Satz 2 mit dem Sachverständigen eine **Fristabsprache** treffen. Da es sich um eine Sollvorschrift handelt, zieht ihre Nichtbeachtung keine zwingenden Rechtsfolgen nach sich. Abgesehen von Ausnahmefällen (bspw. der Sachverständige ist für seine zügige Arbeitsweise bekannt, so Meyer-Goßner/*Schmitt* § 73 Rn. 12) wird aber eine Absprache regelmäßig erfolgen. Eine Fristabsprache muss erfolgen, wenn dies aufgrund des Beschleunigungsgebots vor allem bei Vollzug von Untersuchungshaft erforderlich ist (vgl. BVerfG NStZ-RR 2021, 50). Die Absprache wird meist mündlich bzw. telefonisch erfolgen und ist dann aktenkundig zu machen. Eine mündliche Absprache bietet sich schon deshalb an, weil so geklärt werden kann, welche Frist angesichts der sonstigen Arbeitsbelastung des Sachverständigen im Interesse der Prozessbeschleunigung vereinbart werden kann. Zudem kann aber auch die Themenstellung des Gutachtens besser konkretisiert und begrenzt werden und der Sachverständige hat die Möglichkeit, auf noch benötigte Anknüpfungstatsachen hinzuweisen.

12 Der Richter berücksichtigt bei der Berechnung einer **angemessenen Frist** die Arbeitsbelastung des Sachverständigen, die erforderlichen Vorbereitungen, aber v.a. auch das Interesse an einer beschleunigten Durchführung von Strafverfahren. Im Regelfall sind drei Monate jedenfalls ausreichend, gerade bei staatsanwaltschaftlicher Anordnung wird angesichts des betroffenen Verfahrensstadiums und Gutachtenzwecks häufig auch eine deutlich kürzere Frist ausreichen. Wenn der Sachverständige nur zur Gutachtenerstellung in einer unangemessenen Frist bereit ist, werden entweder Maßnahmen nach § 77 Abs. 2 angeordnet (vgl. dort) oder es wird, sofern auf ihn verzichtet werden kann, ein anderer Sachverständiger bestellt. Eine nachträgliche Änderung der bereits laufenden Frist kann entsprechend § 224 Abs. 2 ZPO erfolgen, sofern erhebliche Gründe hierfür vorliegen und der Sachverständige diese glaubhaft machen kann.

13 **F. Vorrang öffentlich bestellter Sachverständiger. Öffentlich bestellt** sind **Sachverständige**, die aufgrund öffentlich-rechtlicher Vorschriften des Bundes- (z.B. § 36 Abs. 1 Satz 1 GewO; § 91 Abs. 1 Nr. 8 HandwO) oder Landesrechts für bestimmte Sachgebiete auf bestimmte Zeit berufen sind. Die öffentliche Bestellung ist nicht identisch mit der Frage der allgemeinen Vereidigung i.S.v. § 79 Abs. 3. Öffentlich bestellt können Einzelpersonen wie auch Behörden sein, insb. gehören dazu die Gerichtsärzte einschließlich der bayerischen Landgerichtsärzte, die Ärzte staatlicher Untersuchungsämter und die Leiter der rechtsmedizinischen Universitätsinstitute (*Jessnitzer/Ullrich* § 73 Rn. 42 ff.; Meyer-Goßner/*Schmitt* § 73 Rn. 16; LR/*Krause* § 73 Rn. 35).

Da die öffentliche Bestellung persönliche und fachliche Eignung indiziert (ohne aber den Richter aus seiner Verantwortung hierfür zu entlassen, vgl. LR/*Krause* § 73 Rn. 35), sollen **andere Personen** nur bei besonderen Umständen herangezogen werden. Besondere Umstände liegen etwa bei Verhinderung des öffentlich bestellten Sachverständigen vor oder wenn es einer ganz besonderen Spezialisierung für den Gutachtenauftrag bedarf. Natürlich ist bei Beauftragung Privater der Prüfung der Unparteilichkeit besonderes Augenmerk zu schenken (vgl. LG Kiel JR 2007, 81 m.Anm. *Wehnert*). 14

G. Rechtsbehelfe. I. Beschwerde. Nach der gesetzlichen Konzeption ist gegen die Auswahl des Sachverständigen durch die StA (OLG Schleswig StV 2000, 542 m.Anm. *Wagner*) oder das Gericht keine Beschwerde zulässig (OLG Celle NJW 1966, 1881; OLG Hamburg MDR 1994, 83; LG Hamburg BeckRS 2019, 23499; LR/*Krause* § 73 Rn. 36; zum Ausschluss nach § 305 Satz 1 OLG Düsseldorf MDR 1986, 256). Zu behaupten, dass die Belange des Beschuldigten durch das Ablehnungsrecht des § 74 gewahrt sind (so etwa Meyer-Goßner/*Schmitt* § 73 Rn. 18), erscheint angesichts der begrenzten Einflussnahmemöglichkeiten auf die Auswahl des Sachverständigen und die Hinzuziehung weiterer Sachverständiger sowie deren Überprüfung i.R.d. Revision nicht unproblematisch. 15

II. Revision. Auf Verstöße gegen Abs. 1 Satz 2 und Abs. 2 kann die Revision regelmäßig nicht gestützt werden (RGSt 5, 85). Wählt das Gericht hingegen einen ungeeigneten Sachverständigen oder begnügt es sich mit unzureichender Sachkunde bzw. einer oberflächlichen Begutachtung, dann kann die Aufklärungsrüge (§ 244 Abs. 2) erhoben werden. Da wegen der Auswahlzuständigkeit des Richters (Abs. 1) ein Beweisantrag auf Hinzuziehung eines Sachverständigen nicht deshalb unzulässig ist, weil weder ein bestimmter Sachverständiger noch das für die Beweisfrage erforderliche Fachgebiet angeführt ist (vgl. OLG Celle MDR 1969, 950; KK/*Hadamitzky* § 73 Rn. 3; enger aber KG BeckRS 2015, 15489, das bei Zweifeln die Angabe des erforderlichen Fachwissens fordert), setzt die Erhebung der Aufklärungsrüge keine entsprechenden Ausführungen voraus. Bei einer entsprechenden Darstellung im Urteil, warum das Gericht die Ausführungen des Sachverständigen für hinreichend und überzeugend erachtete, dürfte der Verteidigung die Darlegung von Aufklärungsmängeln allerdings sehr schwer fallen. Die Sachrüge kann begründet sein, wenn die fehlende Sachkunde des Sachverständigen entgegen § 261 zu Urteilsfeststellungen geführt hat, die gegen Denk- oder Erfahrungssätze verstoßen (BGH NStZ 1994, 228; Meyer-Goßner/*Schmitt* § 73 Rn. 19). Hat das Gericht einen Sachverständigen beauftragt, will es dann aber von seiner Beurteilung abweichen, muss das Gericht auch sein insoweit überlegenes Fachwissen im Urteil begründen (vgl. BGH 3 StR 302/08; 2 StR 323/16; NStZ 2013, 55) und dabei insb. die Stellungnahmen des Sachverständigen zu den Gesichtspunkten wiedergeben, auf die es seine abweichende Gegenansicht stützt (vgl. BGH 2 StR 323/16). De facto führt dies allerdings zu einer nicht unproblematischen Bindung an das Gutachten. 16

§ 74 Ablehnung des Sachverständigen

(1) [1]Ein Sachverständiger kann aus denselben Gründen, die zur Ablehnung eines Richters berechtigen, abgelehnt werden. [2]Ein Ablehnungsgrund kann jedoch nicht daraus entnommen werden, daß der Sachverständige als Zeuge vernommen worden ist.

(2) [1]Das Ablehnungsrecht steht der Staatsanwaltschaft, dem Privatkläger und dem Beschuldigten zu. [2]Die ernannten Sachverständigen sind den zur Ablehnung Berechtigten namhaft zu machen, wenn nicht besondere Umstände entgegenstehen.

(3) Der Ablehnungsgrund ist glaubhaft zu machen; der Eid ist als Mittel der Glaubhaftmachung ausgeschlossen.

Übersicht

1 **A. Grundsätzliches und Regelungsgehalt.** Die Ablehnung eines Sachverständigen wird nicht etwa wegen dessen faktisch nicht zu leugnendem Einfluss auf das Urteil (»Richtergehilfe«), sondern deshalb zugelassen, weil er anders als ein Zeuge austauschbar sein soll (LR/*Krause* § 74 Rn. 1; Meyer-Goßner/*Schmitt* § 74 Rn. 1; krit. zur Inkonsequenz dieses Ausgangspunktes *Erb* ZStW 121, 2009, 886 f.). Ob der Sachverständige hingegen tatsächlich ersetzbar ist, spielt keine Rolle, zumal er dies hinsichtlich der Feststellung von Befundtatsachen (z.B. bei der Untersuchung einer Leiche oder bei sechswöchiger Beobachtung des Beschuldigten) oder einer speziellen Sachkunde (dazu *Hanack* JR 1966, 427) häufig auch gar nicht sein wird. Angesichts der ansonsten überbetonten Kompetenz des Richters, i.R.d. Beweiswürdigung den Beweiswert von Gutachten einschätzen zu können, kann die gesetzliche Konzeption nicht völlig überzeugen. Eine Anzeige des Sachverständigen entsprechend § 30 ist zwar gesetzlich nicht vorgesehen, eine begründete Selbstablehnung wird aber regelmäßig ein Gutachtenverweigerungsrecht und die Möglichkeit der Entbindung nach § 76 Abs. 1 Satz 2 zur Folge haben (KK-StPO/*Hadamitzky* § 74 Rn. 1; KMR/*Neubeck* § 74 Rn. 2). Auch der nach §§ 214 Abs. 3, 220 Abs. 1 geladene Sachverständige kann abgelehnt werden (OLG Hamm VRS 26, 365). Ist Gutachter eine Behörde, so kann diese nicht in ihrer Gesamtheit, sondern nur der Behördenvertreter abgelehnt werden, der gem. § 256 Abs. 2 das Behördengutachten in der Hauptverhandlung vertritt (OLG Hamm GA 1927, 116; *Jessnitzer/Ulrich* § 74 Rn. 151; KK-StPO/*Hadamitzky* § 74 Rn. 1; a.A. *Ahlf* MDR 1978, 983; *Leineweber* MDR 1980, 9; *Gollwitzer* FS Weißauer, S. 34). Entsprechend § 26a Abs. 1 Nr. 3 sind Ablehnungsanträge zu verwerfen, wenn sie verfahrensfremden Zwecken oder der Prozessverschleppung dienen.

2 **B. Ablehnungsgründe. I. Zwingende Ablehnungsgründe.** Die Gründe, die in den Fällen von **§ 22 Nr. 1–4** zum Ausschluss eines Richters kraft Gesetz führen, sind beim Sachverständigen nur Ablehnungsgründe, d.h. ohne ausdrückliche Ablehnung darf der Sachverständige dennoch mitwirken. Einen gesetzlichen Ausschlussgrund normiert für Sachverständige lediglich § 87 Abs. 2 Satz 3. Erfolgt aber ein Antrag, dann ist in den Fällen von § 22 Nr. 1–4 der Sachverständige ohne weitere Prüfung **zwingend auszuschließen** (BGHSt 18, 214; Meyer-Goßner/*Schmitt* § 74 Rn. 3; *Gössel* DRiZ 1980, 370; a.A. *Krause* FS Maurach, S. 549). So kann der Sachverständige abgelehnt werden, wenn er der Verletzte ist (§ 22 Nr. 1) oder wenn er in einem Eheverhältnis (§ 22 Nr. 2) oder einem in Nr. 3 genannten Verwandtschaftsverhältnis zu dem Beschuldigten oder Verletzten steht. Ebenso kann ohne nähere Begründung abgelehnt werden, wer als Staatsanwalt, Verteidiger oder Polizeibeamter in derselben Sache in einer Stellung tätig war, die der Strafverfolgung oder Verteidigung des Beschuldigten diente (zur funktionalen Beschränkung *Eisenberg* BR, Rn. 1550). Diese Einschränkung gilt auch bei Polizeibeamten (BGHSt 18, 214), die damit nicht bereits abgelehnt werden können, weil sie mit der Sache irgendwie befasst waren, sondern erst dann, wenn sie an den Ermittlungen teilgenommen haben (vgl. BGH MDR 1958, 785; *Foth/Kracher* NStZ 1989, 168; einzelne Ermittlungshandlungen bei *Wiegemann* StV 1996, 571 ff.). So besteht bspw. gegen Wirtschaftsreferenten der StA keine Besorgnis der Befangenheit, wenn sie selbstständig und losgelöst von der eigentlichen Ermittlungstätigkeit allein gutachterlich tätig werden (LR/*Krause* § 74 Rn. 7, 8, 14; Meyer-Goßner/*Schmitt* § 74 Rn. 5; SK-StPO/*Rogall* § 74 Rn. 24; *Bittmann* wistra 2011, 51; *Kohlhaas* NJW 1962, 1331; *Lemme* wistra 2002, 281; *Schäfer* FS Dünnebier, S. 557; vgl. auch OLG Zweibrücken NJW 1979, 1995; BGH NStZ 1983, 208). Gleiches gilt für Beamte der kriminalwissenschaftlichen, technischen und chemischen Untersuchungsämter der Polizei (BGHSt 18, 216; BGH, MDR 1958, 785; KG, VRS 25, 274; Meyer-Goßner/*Schmitt* § 74 Rn. 3; LR/*Krause* § 74 Rn. 8; anders bei aktiver Ermittlungstätigkeit ohne Gutachterauftrag, vgl. LG Köln StraFo 2014, 19; MüKo-StPO/*Trück* § 73 Rn. 9; zu Mitarbeitern der BaFin vgl. auch BGH BeckRS 2016, 09679). Auch Angehörige des Verfassungsschutzes, die nur gesammelte Erkenntnisse ohne Bindung an § 163 weitergeben und nicht Ermittlungspersonen der StA sind, können nicht nach § 22 Nr. 4 abgelehnt werden (BGHSt 18, 218; BGH NJW 1964, 1681 [nur § 24 Abs. 2, wenn Tätigkeit faktisch Strafverfolgung ist]; a.A. *Nix* Kriminalistik 1994, 85). Hingegen kann ein Beamter der Steuerfahndung abgelehnt werden, wenn er in einem nichtsteuerlichen Ermittlungsverfahren hinzugezogen wird, er zuvor aber bereits wegen Steuerhinterziehung ermittelt hatte (vgl. FG Köln 13 K 66/13). Umstr. ist, ob trotz der Regelung des Abs. 1 Satz 2 eine sinngemäße Anwendung von § 22 Nr. 5 in Betracht kommt, wenn der Sachverständige schon früher (etwa in erster Instanz oder bei Mitwirkung an einer durch Antrag auf Wiederaufnahme angefochtenen Entscheidung) mitgewirkt hat (aus gesetzessystematischen Erwägungen wohl zu Recht abl. KMR/*Neubeck* § 74 Rn. 2; Meyer-Goßner/*Schmitt* § 74 Rn. 3; a.A. LR/*Krause* § 74 Rn. 10).

3 **II. Besorgnis der Befangenheit.** Neben den zwingenden Ablehnungsgründen besteht **Besorgnis der Befangenheit** nach **§§ 74 Abs. 1 Satz 1, 24 Abs. 2**, wenn nach den angeführten Gründen, die in ihrer Gesamtheit zu würdigen sind (BGHSt 8, 235), vom Standpunkt des Ablehnenden aus (nicht von dem des Gerichts, BGHSt 8, 233; BGH DAR 1980, 206) verständigerweise Misstrauen gegen die Unparteilichkeit des Sachverständigen gerechtfertigt erscheint (BGHSt 8, 145; BGH StV 1981, 55; 1990, 389). Mehrere

für sich selbst nicht hinreichende Gründe können bei Gesamtwürdigung Befangenheit begründen (BGHSt 8, 233), allein die Anzahl mehrerer selbst nicht hinreichender Gründe führt noch nicht zur Befangenheit (LG Duisburg JR 2009, 343). Ob der Sachverständige tatsächlich befangen ist oder sich befangen fühlt, ist gleichgültig (BGH MDR 1952, 409). Nach der Rspr. soll allerdings eine Entschuldigung oder Klarstellung geeignet sein, eine zuvor gegebene Besorgnis der Befangenheit auszuräumen (vgl. BGH NStZ 2008, 230; MDR 2017, 170).

Im Einzelnen (*Eisenberg* NStZ 2006, 372, unterscheidet Fehler im Vorgehen, Kompetenzüberschreitungen und das Vorhandensein von Eigenbelangen) kann eine Befangenheit infrage kommen, wenn der Sachverständige für den Verletzten (BGHSt 20, 245) bzw. Nebenkläger (OLG Hamm VRS 26, 265; a.A. *Brammsen* ZStW 119, 2005, 93) oder eine am Verfahrensausgang interessierte Versicherungsgesellschaft (vgl. BGH NStZ 2002, 215) ein Privatgutachten erstattet hat oder das Tatopfer ärztlich oder therapeutisch betreut hat (BGH MDR 1972, 295; StV 1996, 160). Umgekehrt lässt sich aber nicht pauschal eine Befangenheit in den Fällen ablehnen, in denen der Sachverständige für den Beschuldigten ein Privatgutachten erstattet hat (vgl. aber *Jessnitzer/Ulrich* § 74 Rn. 169; OLG Frankfurt VRS 51, 212; OLG Koblenz VRS 71, 200; zu Recht krit. aber *Brammsen* ZStW 119, 95 ff.) oder er sich zuvor wissenschaftlich über den Gutachteninhalt geäußert hat (BGHSt 41, 211; OLG Düsseldorf wistra 1994, 78), auch wenn nicht jede Form des Eigeninteresses eines Sachverständigen Befangenheit begründen kann (vgl. *Eisenberg* JR 2009, 345). Hier hängt es sehr von den Umständen im Einzelfall ab, ob Befangenheit – hier etwa aus Sicht der StA – vorliegt, bspw. wenn die wissenschaftliche Äußerung in engem unmittelbarem Verfahrenszusammenhang erfolgte und dennoch den Eindruck allgemein-wissenschaftlicher Verbindlichkeit erwecken soll. Gerade bei noch wissenschaftlich ungesicherten Sachfragen kann sich hier ein noch nicht hinreichend untersuchter Spielraum für Prozesstaktik bieten. Sein Verhalten ggü. dem Beschuldigten kann etwa im Fall eines unberechtigten körperlichen Eingriffs (BGHSt 8, 144; BGH StV 1990, 389), einer ohne Einwilligung vorgenommenen Exploration vor Studenten (BGH MDR 1980, 456) oder des Verschweigens der Tätigkeit für die Justizbehörden (BGH NStZ 1997, 349), nicht aber bei bloßer Teilnahme an Vernehmungen und einer Befragung des Beschuldigten nach § 80 Abs. 2 (KK-StPO/*Hadamitzky* Rn. 5) Befangenheit begründen. Auch eine durch eine einseitige Belastungsperspektive geprägte Vorgehensweise (vgl. BGHSt 41, 211; BGH NJW 1991, 2357; StV 1981, 55; zu Fangfragen an einen Entlastungszeugen vgl. OLG Hamburg StV 1987, 142) kann die Ablehnung rechtfertigen. Aus diesem Grund wird auch bei grober Missachtung von Rechten der Verfahrensbeteiligten, etwa wenn der Sachverständige Zeugen zu einer Glaubwürdigkeitsbegutachtung drängt (vgl. OLG Rostock NStZ 2015, 359), eine Befangenheit infrage kommen (vgl. OLG Köln NStZ-RR 2011, 315). Gleiches gilt, wenn der Sachverständige in der Hauptverhandlung nicht seinem Gutachterauftrag nachgeht, sondern Büroarbeiten verrichtet (LG Stuttgart StraFo 2014, 69). Ein Grund der Befangenheit kann auch bei privaten Äußerungen einer Sachverständigen gegeben sein, etwa wenn diese in einem Facebookpost ausführt, sie werde G-20 Demonstranten in die »nächstgelegene Sicherungsverwahrung begutachten« (vgl. LG Leipzig StV 2018, 277). Eine ungefragte rechtliche Beratung darüber, dass ein bestimmtes Verteidigungsvorbringen vor Gericht keinen Erfolg haben wird, kann ebenso Befangenheit begründen (and. wohl BGH NStZ 2008, 229). 4

Ein **Ablehnungsgrund besteht nicht** allein deshalb, weil der Sachverständige Polizeibeamter (RGSt 17, 425) ist, selbst wenn er bereits in einem früheren Strafverfahren gegen den Beschuldigten tätig war (BGHSt 18, 217). Ebenso wenig besteht eine Befangenheit allein wegen der Stellung als Mitarbeiter bzw. Beamter des durch die Tat geschädigten Staates (RG JW 1930, 2790). Auch eine Tätigkeit des Sachverständigen im Auftrag der StA oder Polizei im Vorverfahren soll selbst dann kein Ablehnungsgrund sein, wenn erst durch das Gutachten die Ermittlungen veranlasst wurden (vgl. BGHSt 18, 217; BGH NStZ 2008, 50). Zweifelhaft erscheint dies zumindest dann, wenn der Sachverständige selbst die Strafanzeige gegen den Beschuldigten erstattet hat (dennoch Befangenheit abl. KG LRE 1, 120; 4, 313; Meyer-Goßner/*Schmitt* § 74 Rn. 5). Grenzfälle liegen ebenso vor, wenn der Sachverständige im Gutachten von Opfer und Tat spricht oder auf andere Weise in seinem Gutachten die Beweisaufnahme zum Nachteil des Beschuldigten würdigt (vgl. BGH MDR 1974, 367). Auf **mangelnde Sachkunde** kann ein Befangenheitsantrag nicht gestützt werden (BGH NStZ-RR 2009, 3), vielmehr hat der Richter dann die Hinzuziehung eines weiteren Sachverständigen zu erwägen. Deshalb kann auch eine fehlerhafte Auswahl der Untersuchungsmethode bei Erstattung eines psychiatrischen Gutachtens keine Befangenheit (vgl. BGH StV 2017, 144), sondern lediglich eine Aufklärungsrüge begründen. Hat der Beschuldigte durch **eigenes Verhalten** den Ablehnungsgrund zurechenbar verursacht, wird meist eine Befangenheit ausscheiden, zumal der Beschuldigte sonst die Möglichkeit hätte, den Sachverständigen gezielt aus dem Verfahren zu verdrängen (Meyer-Goßner/*Schmitt* § 74 Rn. 8), etwa durch Provokation des Sachverständigen durch ein unsachliches Ablehnungsgesuch (vgl. OLG Düsseldorf BB 1975, 627) oder durch dessen Beleidigung, selbst wenn der Sachverständige deshalb Strafantrag stellt (OLG München NJW 1971, 384). 5

6 **C. Ablehnungsberechtigte.** Die Beschränkung des **Ablehnungsrechts** auf StA, Privatkläger und den Beschuldigten (so der Wortlaut von § 74 Abs. 2 Satz 1) ist willkürlich, sodass es auch dem Nebenkläger (§ 397 Abs. 1 Satz 3), dem Einziehungsbeteiligten (vgl. § 433) und dem gesetzlichen Vertreter bzw. dem nebenbetroffenen Unternehmen (§ 30 OWiG, § 444) eingeräumt wird (BGHSt 28, 272; OLG Düsseldorf StV 1996, 277), nicht hingegen dem Verletzten, der nach § 172 Abs. 2 eine gerichtliche Entscheidung beantragt (vgl. RGSt 52, 291) oder im Adhäsionsverfahren (§§ 403 ff.) Antragsteller ist. Der Verteidiger kann einen Sachverständigen nur im Namen des Beschuldigten ablehnen (so zur Ablehnung eines Richters OLG Hamm NJW 1951, 731).

7 **D. Form und Begründung des Antrags. I. Namhaftmachung.** Das Gericht (nicht die Polizei und StA s. Rdn. 12 f.) hat den Sachverständigen den antragsberechtigten Prozessbeteiligten unaufgefordert (and. § 24 Abs. 3 Satz 2) **namhaft** zu **machen (Abs. 2 Satz 2)**, sofern dem keine besonderen Umstände entgegenstehen. Besondere Umstände können sich aus dem Beschleunigungsgebot und der Gefahr eines drohenden Beweismittelverlusts ergeben (LR/*Krause* § 74 Rn. 18). Bei Bestellung einer Behörde kann ggf. zunächst nur diese genannt werden.

8 **II. Form und Zeitpunkt.** Der **Ablehnungsantrag** ist **formlos** möglich, sofern der Ablehnungswille des Antragstellers deutlich wird. Bspw. kann es genügen, wenn Bedenken gegen die Ladung des Sachverständigen erhoben werden (OLG Schleswig SchlHA 1949, 87). Das Ablehnungsgesuch soll erst dann statthaft sein, wenn der Sachverständige ernannt wurde und die Sache bei Gericht anhängig ist (BGH VRS 29, 26). Im Ermittlungsverfahren von Polizei und StA hinzugezogene Sachverständige können damit erst dann abgelehnt werden, wenn sich das Gericht ihrer bedienen will (OLG Düsseldorf MDR 1984, 71; BGH NJW 2019, 1391 zu einem im Ermittlungsverfahren von der Polizei beauftragten Übersetzers; KK-StPO/*Hadamitzky* § 74 Rn. 7; KMR/*Neubeck* § 74 Rn. 18; a.A. *Eisenberg* NStZ 2006, 373; *Duttge* NStZ 2003, 376; *Tondorf* StV 2004, 279). Unabhängig davon, dass dies angesichts des Schutzzwecks von § 74 wenig konsequent erscheint, verbietet es sich schon aus Beschleunigungsgesichtspunkten »sehenden Auges« einen befangenen Sachverständigen zu bestellen (zutr. LR/*Krause* § 74 Rn. 21). Der Ablehnungsantrag muss als Antrag zur Beweisaufnahme in der Hauptverhandlung gestellt bzw. dort wiederholt werden, falls er vor der Hauptverhandlung gestellt, aber nicht beschieden oder zurückgewiesen wurde (RGSt 58, 301; 68, 328; OLG Hamm VRS 39, 217). Spätester Zeitpunkt hierfür ist der Schluss der Beweisaufnahme (Meyer-Goßner/*Schmitt* § 74 Rn. 12). Der Antragsteller muss das Ablehnungsgesuch abweichend von § 25 Abs. 2 nicht unverzüglich nach Kenntnis des Ablehnungsgrundes, sondern kann es – wie § 83 Abs. 2 verdeutlicht – noch nach Erstattung des Gutachtens anbringen (SK-StPO/*Rogall* § 74 Rn. 55; einschr. OLG Stuttgart NJW 1957, 1646).

9 Ein vor der Hauptverhandlung gestellter Antrag kann – selbst wenn darüber schon entschieden wurde – ggf. mit derselben Begründung in der Hauptverhandlung **wiederholt** werden (RGSt 47, 239; LR/*Krause* § 74 Rn. 27). Auch eine Verwerfung des ursprünglichen Gesuchs im Rahmen einer Beschwerde hindert den Tatrichter nicht an einer erneuten Prüfung (OLG Oldenburg JZ 1960, 291 m.Anm. *Peters*). Die Wiederholung eines in der Hauptverhandlung bereits gestellten Antrags ist hingegen rechtsmissbräuchlich und der Antrag ebenso wie bei Prozessverschleppung (vgl. zu einer im Ermittlungsverfahren tätigen Dolmetscherin, die erst nach sieben Monaten abgelehnt wurde, BGH NStZ 2008, 50) als unzulässig zu verwerfen. Wird hingegen ein vor der Hauptverhandlung gestellter und nicht beschiedener Antrag nicht wiederholt, kann darin ein Verzicht auf Ablehnung liegen (RGSt 58, 301), sofern der Vorsitzende nicht eine Verbescheidung in der Hauptverhandlung zugesichert hatte (Meyer-Goßner/*Schmitt* § 74 Rn. 14).

10 **III. Inhalt und Glaubhaftmachung.** Nach **Abs. 3** sind in dem Ablehnungsgesuch die **Tatsachen**, die den Ablehnungsgrund stützen, anzugeben und **glaubhaft zu machen** (vgl. § 26 Rdn. 5 ff.). Der Antragsteller trägt die Beweislast (vgl. BGHSt 21, 352), sodass die Glaubhaftmachung den Richter ohne weitere Ermittlungen in den Stand versetzen muss, über den Antrag zu entscheiden. Entsprechend § 26 Abs. 3 Satz 3 kann sich der Ablehnende zur Glaubhaftmachung allerdings auf das uneidliche Zeugnis des Sachverständigen berufen (BGH StraFo 2016, 337; LR/*Krause* § 74 Rn. 25; KK-StPO/*Hadamitzky* § 74 Rn. 8). Die Glaubhaftmachung muss nicht zur sicheren Überzeugung des Gerichts von der Richtigkeit der Ablehnungsgründe aufgrund der vorgebrachten Tatsachen führen (BGHSt 21, 350; BayObLGSt 1955, 224).

11 **IV. Rücknahme.** Eine **Zurücknahme** des Ablehnungsgesuchs ist jederzeit möglich, auch wenn das Gericht es bereits für begründet erachtet. Der Sachverständige kann dann selbst bei zwingenden Ablehnungsgründen vernommen werden (KK-StPO/*Hadamitzky* § 74 Rn. 9; Meyer-Goßner/*Schmitt* § 74 Rn. 15). Es wird sich dann jedoch ggf. eine Ablösung von Amts wegen anbieten (§ 76 Abs. 1 Satz 2).

E. Zuständigkeit des Gerichts und Beschluss. Über den Ablehnungsantrag entscheidet das **Gericht**, vor dem der Sachverständige tätig geworden ist oder werden soll durch **Beschluss** (HK-StPO/*Brauer* § 74 Rn. 18). In der Hauptverhandlung geschieht dies unter Mitwirkung der Schöffen, außerhalb ohne deren Beteiligung (BGH wistra 1997, 147; RGSt 47, 239). Der ersuchte oder beauftragte Richter entscheidet nicht selbst, sondern führt eine Entscheidung des zuständigen Gerichts herbei (KK-StPO/*Hadamitzky* § 74 Rn. 12). Der Beschluss muss ausdrücklich ergehen und kann nicht stillschweigend durch Vernehmung eines neuen oder des abgelehnten Sachverständigen erfolgen (OLG Hamm NJW 1966, 1880 f. auch zur Frage des Beruhens i.S.v. § 337). Der Beschluss erwächst nicht in Rechtskraft, sodass das Gericht ihn von Amts wegen jederzeit ändern kann. 12

Vor der Entscheidung hat das Gericht die Prozessbeteiligten anzuhören, eine **Anhörung** des Sachverständigen entsprechend § 26 Abs. 3 ist hingegen gesetzlich nicht vorgesehen (RGSt 25, 362; OLG Frankfurt NJW 1965, 315), kann aber zur Klärung der Befangenheit angebracht sein (BGH NStZ 2008, 50). Äußert sich der Sachverständige, ist dies dem Antragsteller vor der Entscheidung mitzuteilen (KK-StPO/*Hadamitzky* § 74 Rn. 13). Sowohl der ablehnende als auch der stattgebende Beschluss müssen nach § 34 **mit Gründen versehen** werden. Diese müssen so ausführlich gehalten sein, dass die Prozessbeteiligten ihr weiteres Verhalten daran orientieren können und dem Revisionsgericht eine Überprüfung der angewendeten Rechtsbegriffe möglich ist (BGH MDR 1978, 459; LR/*Krause* § 74 Rn. 32; Meyer-Goßner/*Schmitt* § 74 Rn. 17). Da das Revisionsgericht an die vom Tatgericht festgestellten Tatsachen gebunden ist, hat das Tatgericht diese in seinem Beschluss darzulegen (BGH NStZ 2014, 663). 13

F. Folge eines begründeten Ablehnungsantrags. Bei begründeter Ablehnung wird der Sachverständige zum ungeeigneten Beweismittel (§ 245 Abs. 2; vgl. BGH StV 1999, 576) und darf nicht weiter vernommen werden. Ein bereits erstattetes Gutachten wird unverwertbar (BGH NJW 2005, 447; *Eisenberg* BR, Rn. 1560; KMR/*Neubeck* § 74 Rn. 23; *Jessnitzer/Ulrich* § 74 Rn. 183 f.) und es kann dem Gericht damit auch nicht mehr die erforderliche Sachkunde vermitteln. Ebenso wenig darf § 74 dadurch umgangen werden, dass der Sachverständige als sachverständiger Zeuge vernommen (BGHSt 20, 224) oder sein Gutachten von einem anderen Sachverständigen vertreten wird (OLG Celle NJW 1964, 462). Soweit der Sachverständige Tatsachen wahrgenommen hat, darf er hingegen nach allg. Ansicht über diese als Zeuge gehört werden. Sofern es sich um verwertbare Zufallstatsachen und Zufallsbeobachtungen handelt, wird dem allgemein zugestimmt, umstr. ist hingegen, ob eine Vernehmung als sachverständiger Zeuge (§ 85) auch über die Wahrnehmung der zur Vorbereitung seines Gutachtens ermittelten Befundtatsachen möglich ist (so BGH NStZ 2002, 44; 215; *Fezer* JR 1990, 397; Meyer-Goßner/*Schmitt* § 74 Rn. 19; zu Recht a.A., da dies kaum von der Gutachtenerstattung zu trennen ist, LR/*Krause* § 74 Rn. 36; *Eisenberg* BR, Rn. 1561; *Geppert* DAR 1980, 321; *ders.* FG v. Lübtow, S. 790; *Hanack* JR 1966, 425). 14

G. Rechtsmittel. I. Beschwerde. Mit der einfachen Beschwerde (§ 304 Abs. 1) können alle auf den Antrag ergehenden richterlichen Entscheidungen angefochten werden, auch der Beschluss, der die Ablehnung für begründet erachtet (OLG Celle NJW 1966, 415; OLG Frankfurt VRS 51, 212). § 28 Abs. 1 schließt die Beschwerde nicht aus, da sich die Verweisung in Abs. 1 Satz 1 nur auf die Ablehnungsgründe, nicht aber das Ablehnungsgesuch bezieht (RGSt 47, 240; OLG Koblenz VRS 71, 200). Wird eine Entscheidung unterlassen, kann dies auch mittels der Beschwerde gerügt werden. Die weitere Beschwerde ist nach § 310 Abs. 2 ausgeschlossen. Statthaft ist die Beschwerde nur bis zur Eröffnung der Hauptverhandlung, Entscheidungen des erkennenden Gerichts sind nach § 305 Satz 1 unanfechtbar (KG JR 1959, 350; OLG Celle NJW 1966, 615; NdsRpfl 2016, 163; OLG Düsseldorf NJW 1967, 692; OLG Hamburg NJW 1967, 2274; KK-StPO/*Hadamitzky* § 74 Rn. 16). Das Beschwerdegericht überprüft nicht nur die rechtliche, sondern auch die tatsächliche Grundlage der angefochtenen Entscheidung und kann das Ermessen des ersten Richters ersetzen (Meyer-Goßner/*Schmitt* § 74 Rn. 20). Beschwerdeberechtigt sind alle Antragsberechtigten, d.h. nicht der Sachverständige (vgl. Rdn. 1; OLG Frankfurt NJW 1965, 314). 15

II. Revision. Auf einer unterlassenen Namhaftmachung (Abs. 2 Satz 2) wird das Urteil regelmäßig nicht beruhen, da die Prozessbeteiligten bei Ladung den Namen ohnehin erfahren (OLG Köln JMBl., NRW 1962, 202; LR/*Krause* § 74 Rn. 41). Auf eine Verletzung des § 74 Abs. 1 kann die Revision nur gestützt werden, wenn der Sachverständige in der Hauptverhandlung, in der das Urteil erfolgte, abgelehnt wurde, nicht aber daraus abgeleitet werden, dass ein in der Hauptverhandlung nicht wiederholter Antrag nicht verbeschieden wurde (BGH NStZ-RR 2002, 110; erg. Rdn. 8 f.). Gerügt werden kann, dass über ein Ablehnungsgesuch gar nicht oder nur stillschweigend entschieden (OLG Hamm NJW 1966, 1880), der Antrag zu Unrecht zurückgewiesen oder der ablehnende Beschluss unzureichend begründet wurde, insb. die Ablehnungstatsachen nicht ausreichend würdigt, sofern diese nicht offensichtlich sind (BGH MDR 1978, 459; RGSt 47, 16

241; OLG Hamburg VRS 56, 457; bei einem bloß wiederholenden Antrag kann auf die Gründe des ersten Beschlusses Bezug genommen werden, BGH NStZ-RR 2004, 119). Wird dem Gesuch zu Unrecht stattgegeben, dann wird das Urteil darauf nicht beruhen, wenn stattdessen ein anderer Sachverständiger prozessordnungsgemäß gehört wurde.

17 Beim Sachverständigen ist die Rüge, da es sich nicht wie beim Richter (vgl. § 338 Nr. 3) um einen absoluten Revisionsgrund handelt, nach allgemeinem Revisionsrecht zu beurteilen (BGHSt 8, 232; 49, 381; BGH StV 1981, 55; 1990, 389; 1999, 576; LR/*Krause* § 74 Rn. 44). Da das Revisionsgericht ohne Möglichkeit eigener Ermittlungen an die Tatsachenfeststellung des Tatrichters gebunden ist (BGH NStZ 1994, 388; 1999, 632; 2008, 50; NStZ-RR 2002, 66; BGH BeckRS 2017, 102001) und nur darüber entscheidet, ob dieser die Rechtsbegriffe richtig angewendet und das Ablehnungsgesuch verfahrensfehlerfrei mit ausreichender Begründung abgelehnt hat (BGHSt 8, 233; BGH NStZ 2008, 229), können keine neuen Tatsachen oder Beweismittel in der Revision nachgeschoben werden. Die Frage, ob Umstände die Besorgnis der Befangenheit begründen, wird durch die Revisionsgerichte zu Recht als Rechtsfrage angesehen (vgl. nur BGHSt 8, 233; 41, 212, BGH 3 StR 142/15). Aus den aufgezeigten Grundsätzen ergibt sich, dass die erhobene Rüge formell die Mitteilung des Ablehnungsantrags als auch des Gerichtsbeschlusses voraussetzt, durch den der Antrag abgelehnt wurde (BGH DAR 1979, 191; VRS 35, 428; BGH 4 StR 242/15; 4 StR 531/16; OLG Koblenz GA 1975, 28; OLG Düsseldorf JMBl., NRW 1987, 102). Werden lediglich einzelne Passagen aus dem Gutachten zitiert, geht der BGH davon aus, dass dies nicht ausreicht, wenn sie – wie im Regelfall – nur aus dem Zusammenhang heraus beurteilt werden können (BGH NStZ 1988, 210). Es empfiehlt sich deshalb eine möglichst weitgehende Darstellung unter Hervorhebung der relevanten Passagen (so auch *Miebach* NStZ 1988, 210).

§ 75 Pflicht des Sachverständigen zur Erstattung des Gutachtens

(1) Der zum Sachverständigen Ernannte hat der Ernennung Folge zu leisten, wenn er zur Erstattung von Gutachten der erforderten Art öffentlich bestellt ist oder wenn er die Wissenschaft, die Kunst oder das Gewerbe, deren Kenntnis Voraussetzung der Begutachtung ist, öffentlich zum Erwerb ausübt oder wenn er zu ihrer Ausübung öffentlich bestellt oder ermächtigt ist.

(2) Zur Erstattung des Gutachtens ist auch der verpflichtet, welcher sich hierzu vor Gericht bereit erklärt hat.

Übersicht

1 **A. Grundsätzliches und Regelungsgehalt.** § 75 legt die Voraussetzungen einer öffentlich-rechtlichen Pflicht zur Tätigkeit als Sachverständiger fest. Sie besteht auch im Vorverfahren ggü. der StA, nicht aber ggü. der Polizei (KK-StPO/*Hadamitzky* § 75 Rn. 1). Gegenüber der Polizei kann sich eine entsprechende Verpflichtung allerdings aus Amtshilfegrundsätzen (Art. 35 GG) ergeben. Die Gutachterpflicht bleibt auf die vier im Gesetz genannten Fälle beschränkt, da sie dem Einzelnen mehr als i.R.d. allgemeinen Zeugenpflicht zumutet und Sachverständige, anders als Zeugen, häufig ersetzbar sind (vgl. SK-StPO/*Rogall* § 75 Rn. 1). Sie gilt nicht nur bei Ernennung, sondern auch in den Fällen der Erscheinungspflicht nach § 220 Abs. 2 bei unmittelbarer Ladung durch einen Prozessbeteiligten (§§ 214 Abs. 3, 220 Abs. 1; a.A. MüKo-StPO/*Trück* § 75 Rn. 2).

2 **B. Entstehungsgründe der Gutachterpflicht.** Die Voraussetzungen einer Gutachterpflicht kraft öffentlicher Bestellung etwa als Gerichtsarzt oder Wirtschaftsprüfer sind außerhalb der StPO geregelt (vgl. § 73 Rdn. 13 f.). Die Bestellung muss Gutachten der vorliegenden Art umfassen. Zur Gutachtenerstattung ist ebenso verpflichtet, wer die Wissenschaft, die Kunst oder das Gewerbe öffentlich zum Erwerb ausübt. Gewerbsmäßigkeit i.d.S. liegt vor, wenn die Erwerbstätigkeit ggü. einem zahlenmäßig unbestimmten Personenkreis in der Absicht erfolgt, laufende Einnahmen zu erzielen (KMR/*Neubeck* § 75 Rn. 1; HK-StPO/*Brauer* § 75 Rn. 3 nennt Ärzte, Apotheker, Schriftsteller, Künstler oder Handwerker). Schließlich trifft die Pflicht auch Personen, die zur Ausübung der Wissenschaft, der Kunst oder des Gewerbes öffentlich bestellt (z.B. Universitätsprofessoren) oder ermächtigt (z.B. Lehrbeauftragung oder ärztliche Approbation LR/*Krause* § 75 Rn. 5) sind und zwar unabhängig davon, ob die betreffende Tätigkeit (noch) tatsächlich ausgeübt wird (Meyer-Goßner/*Schmitt* § 75 Rn. 1; KK-StPO/*Hadamitzky* § 75 Rn. 4). Für Dolmetscher gilt die Vorschrift nicht (vgl. § 191 Satz 1 GVG).

Abs. 2 legt fest, dass auch derjenige zur Erstattung eines Gutachtens verpflichtet ist, der sich in einer konkreten Strafsache hierzu ggü. dem Gericht (oder ggü. der StA, vgl. § 161a Abs. 1 Satz 2) **bereit erklärt** hat. Durch diese Regelung soll eine Verschleppung des Verfahrens verhindert werden, die eintreten könnte, wenn sich der Gutachter trotz Bereiterklärung nach eigenem Belieben von der übernommenen Pflicht lösen könnte (SK-StPO/*Rogall* § 75 Rn. 23). Die Bindung setzt deshalb keine bestimmte Form der Erklärung voraus, d.h. sie kann auch mündlich oder konkludent durch Beginn der Gutachtertätigkeit oder Erscheinen vor Gericht erfolgen. Unwiderruflich wird die Erklärung allerdings erst dann, wenn das Gericht oder ein Prozessbeteiligter den Sachverständigen auch tatsächlich nach §§ 214 Abs. 3, 220 Abs. 1 geladen hat (Meyer-Goßner/*Schmitt* § 75 Rn. 2). 3

C. Inhalt der Begutachtungspflicht. Besteht eine Begutachtungspflicht, dann erstreckt sich diese auf alle Pflichten, die einem Sachverständigen obliegen. Der Verpflichtete muss das Gutachten erstatten und die dafür erforderlichen vorbereitenden Tätigkeiten ausführen (z.B. die Vornahme von Untersuchungen, aber etwa auch auf Verlangen des Gerichts das Gutachten schriftlich erstellen). Des Weiteren muss er vor Gericht erscheinen und das Gutachten persönlich erstatten (zur Unzulässigkeit der Vertretung vgl. OLG Köln VRS 58, 73). Begrenzt wird die Sachverständigenpflicht in Entstehung und Umfang durch das regulative Prinzip der Zumutbarkeit. So kann etwa eine starke berufliche Belastung (*Bleutge* DRiZ 1977, 172), Notwendigkeit eines Erholungsurlaubes (Meyer-Goßner/*Schmitt* § 75 Rn. 1) oder Krankheit einer Inanspruchnahme entgegenstehen. Tritt die Unzumutbarkeit erst nach Hinzuziehung des Sachverständigen auf, gilt § 76 Abs. 1 Satz 2 (KMR/*Neubeck* § 75 Rn. 3). 4

§ 76 Gutachtenverweigerungsrecht des Sachverständigen

(1) [1]**Dieselben Gründe, die einen Zeugen berechtigen, das Zeugnis zu verweigern, berechtigen einen Sachverständigen zur Verweigerung des Gutachtens.** [2]**Auch aus anderen Gründen kann ein Sachverständiger von der Verpflichtung zur Erstattung des Gutachtens entbunden werden.**

(2) [1]**Für die Vernehmung von Richtern, Beamten und anderen Personen des öffentlichen Dienstes als Sachverständige gelten die besonderen beamtenrechtlichen Vorschriften.** [2]**Für die Mitglieder der Bundes- oder einer Landesregierung gelten die für sie maßgebenden besonderen Vorschriften.**

Übersicht

A. Grundsätzliches. Eine **Verweigerung des Gutachtens** aus den in §§ 52, 53 und 53a genannten Gründen kommt für einen Sachverständigen in Betracht, wenn er an sich nach § 75 zur Gutachtenerstattung verpflichtet ist. Aus der Einbeziehung von § 52 wird geschlossen, dass auch ein Angehöriger Sachverständiger sein kann (vgl. KMR/*Neubeck* § 76 Rn. 1). Ohne eine entsprechende Pflichtenstellung kann er das Gutachten ohnehin begründungslos ablehnen. Hinsichtlich der Amtsverschwiegenheitspflichten wird § 54 durch § 76 Abs. 2 verdrängt (vgl. Rdn. 4). Ob § 55 über § 76 oder über § 72 (so die h.M. vgl. LR/*Krause* § 76 Rn. 1; Meyer-Goßner/*Schmitt* § 76 Rn. 1) anwendbar ist, hängt davon ab, ob der Begriff der Zeugnisverweigerung untechnisch auch auf ein Auskunftsverweigerungsrecht erstreckt wird (so SK-StPO/*Rogall* § 76 Rn. 7). Der Streit hierüber ist bedeutungslos, zumal eine Verweisung wegen des verfassungsrechtlich unabdingbaren Regelungsgehalts des § 55, anders als bei §§ 52 ff., ohnehin nur deklaratorischen Charakter hat. Die Belehrungspflichten (§§ 52 Abs. 3 Satz 1, 55 Abs. 2) und die Pflicht zur Glaubhaftmachung (§ 56) gelten entsprechend. 1

Ärztlichen Sachverständigen steht selbstverständlich kein Schweigerecht nach § 53 Abs. 1 Nr. 3 zu, da der Arzt Mitteilungen des Beschuldigten oder Zeugen in der erkennbaren Absicht der Verwertung vor Gericht entgegennimmt und deshalb kein Vertrauensverhältnis besteht (vgl. KK-StPO/*Hadamitzky* § 76 Rn. 3; *Krauß* ZStW 97, 110). Der Sachverständige darf daher die Wiedergabe von Befundtatsachen nicht verweigern, auch wenn der Angeklagte oder Zeuge die Untersuchung nicht freiwillig geschehen lässt (BGHZ 40, 294; RGSt 61, 384; OLG Hamm NJW 1968, 1202; einschr. *Kühne* JZ 1981, 652; zu Zusatztatsachen vgl. § 53 Abs. 1 Nr. 3; für Zusatztatsachen, die vom Beschuldigten in »vernehmungsähnlicher Situation« erlangt wurden, kann allerdings unabhängig von einem Zeugnisverweigerungsrecht des Arztes ein selbstständiges Beweisverwertungsverbot bestehen). 2

3 **B. Entbindung von der Gutachterpflicht.** Der Auftraggeber kann nach **Abs. 1 Satz 2** den Sachverständigen bei Unzumutbarkeit oder besonderer Härte von Amts wegen oder auf Antrag nach freiem Ermessen von seiner Gutachterpflicht entbinden. Infrage kommt eine Entbindung trotz Nichtvorliegen der Verweigerungsgründe des Satzes 1 bei hohem Alter des Sachverständigen, beruflicher Belastung, bei nunmehr festgestellter Ungeeignetheit (vgl. LG Augsburg StV 2014, 131) bzw. möglicher Heranziehung eines geeigneteren Sachverständigen, nicht geltend gemachter Befangenheit oder bei Unmöglichkeit, das Gutachten rechtzeitig zu erstatten, nicht aber, weil der Sachverständige die zutreffende Vergütung für zu gering erachtet (Meyer-Goßner/*Schmitt* § 76 Rn. 3). Auch bei unmittelbarer Ladung des Sachverständigen durch einen Prozessbeteiligten (§§ 214 Abs. 3, 220 Abs. 1) kann der Sachverständige entbunden werden: Damit dem Prozessbeteiligten aber nicht das Recht auf unmittelbare Ladung genommen wird, darf die Entbindung nur auf Antrag des Prozessbeteiligten oder des Sachverständigen selbst erfolgen.

4 **C. Angehörige des öffentlichen Dienstes (Abs. 2).** Abs. 2 verweist für die Vernehmung von Personen des öffentlichen Dienstes auf »besondere beamtenrechtliche Vorschriften«, die in der Regel ein **Genehmigungserfordernis** für die sachverständige Tätigkeit vorsehen und eine Versagung der Genehmigung bei Beeinträchtigung dienstlicher Interessen zulassen (vgl. nur § 69 BBG, § 37 Abs. 4 Satz 3 BeamtStG; § 14 Abs. 2 Satz 3 SoldG; vgl. i.Ü. § 54 Rdn. 15 ff.). Kann die Erstattung des Gutachtens die Pflicht zur Amtsverschwiegenheit verletzen, sind die Grundsätze zu § 54 anwendbar und der Sachverständige bedarf der Aussagegenehmigung (LR/*Krause* § 76 Rn. 7; SK-StPO/*Rogall* § 76 Rn. 23). Bei Beamten kann das Auftreten als Sachverständiger als Nebentätigkeit genehmigungsbedürftig sein (vgl. § 99 BBG), da seine Arbeitskraft erhalten bleiben soll. Ist der Sachverständige in der Hauptverhandlung bereits erschienen, so wird Abs. 1 Satz 2 durch die speziellere Regelung von § 245 Abs. 1 verdrängt (Meyer-Goßner/*Schmitt* § 76 Rn. 3; LR/*Krause* § 76 Rn. 6; wohl auch BGH StraFo 2003, 198: Entscheidung nach § 76 Abs. 1 Satz 2 »steht § 245 entgegen«; a.A. *Jessnitzer/Frieling* § 76 Rn. 148; KK-StPO/*Hadamitzky* § 76 Rn. 4). Nach Erstattung des Gutachtens kann keine Entbindung mehr erfolgen, erweist sich der Sachverständige erst in diesem Zeitpunkt als ungeeignet, wird nach § 83 Abs. 1 verfahren (BGH StraFo 2003, 199).

5 **D. Rechtsbehelfe. I. Beschwerde.** Im Vorverfahren können die Prozessbeteiligten die Entbindung (Abs. 1 Satz 2) mit der Beschwerde anfechten. Entscheidungen des erkennenden Gerichts sind i.R.d. § 305 Satz 1 von der Beschwerde ausgenommen. Der Sachverständige kann nach § 304 Abs. 2 Beschwerde nur gegen die Ablehnung seines Antrags auf Entbindung einlegen (KK-StPO/*Hadamitzky* § 76 Rn. 5), allerdings für diesen Fall auch gegen Entscheidungen des erkennenden Gerichts (§ 305 Satz 2). Die weitere Beschwerde ist durch § 310 ausgeschlossen. Die Ermessensentscheidung unterliegt in vollem Umfang der Kontrolle des Beschwerdegerichts (Meyer-Goßner/*Schmitt* § 76 Rn. 6; LR/*Krause* § 76 Rn. 8; SK-StPO/*Rogall* § 76 Rn. 28; a.A. *Schwung* ZStW 1982, 147).

6 **II. Revision.** Wird dem Sachverständigen rechtsfehlerhaft ein Verweigerungsrecht zuerkannt (vgl. RG JW 1928, 414; LR/*Krause* § 76 Rn. 9) oder trotz Vorliegens der Voraussetzung des Abs. 1 Satz 1 nicht gewährt, so kann dies im Wege der Aufklärungsrüge (§ 244 Abs. 2) geltend gemacht werden. Zweifelhaft erscheint allerdings, ob das Urteil auf einem unberechtigten Ausscheiden des Sachverständigen beruhen kann, wenn das Gericht einen gleichermaßen sachkundigen Sachverständigen als Ersatz vernommen hat (zutr. KK-StPO/*Hadamitzky* § 76 Rn. 6; and. LR/*Krause* § 76 Rn. 9). Wird § 55 in § 76 einbezogen (vgl. Rdn. 1), dann kann durch die fehlerhafte Nichtberücksichtigung einer Berufung des Sachverständigen auf § 55 die Revision nicht begründet sein, da § 55 nicht dem Schutz des Angeklagten dient. Ebenso wenig kann die Revision darauf gestützt werden, dass die in Abs. 2 angesprochenen Voraussetzungen für eine Vernehmung des genannten Personenkreises nicht vorlagen, denn diese berühren nicht den Rechtskreis des Angeklagten (KMR/*Neubeck* § 76 Rn. 6; LR/*Krause* § 76 Rn. 9; MüKo-StPO/Trück § 77 Rn. 12).

§ 77 Ausbleiben oder unberechtigte Gutachtenverweigerung des Sachverständigen

(1) [1]Im Falle des Nichterscheinens oder der Weigerung eines zur Erstattung des Gutachtens verpflichteten Sachverständigen wird diesem auferlegt, die dadurch verursachten Kosten zu ersetzen. [2]Zugleich wird gegen ihn ein Ordnungsgeld festgesetzt. [3]Im Falle wiederholten Ungehorsams kann neben der Auferlegung der Kosten das Ordnungsgeld noch einmal festgesetzt werden.

(2) [1]Weigert sich ein zur Erstattung des Gutachtens verpflichteter Sachverständiger, nach § 73 Abs. 1 Satz 2 eine angemessene Frist abzusprechen, oder versäumt er die abgesprochene Frist, so kann gegen ihn ein Ordnungsgeld festgesetzt werden. [2]Der Festsetzung des Ordnungsgeldes muß eine Androhung unter

Setzung einer Nachfrist vorausgehen. [3]Im Falle wiederholter Fristversäumnis kann das Ordnungsgeld noch einmal festgesetzt werden.

Übersicht

A. Grundsätzliches und Regelungsgehalt. Die Norm regelt Art und Anlass der Festsetzung von **Ungehorsamsfolgen** bei Verstößen gegen die Pflicht zur Erstattung eines Gutachtens. Sie ersetzt die für den Zeugen geltenden Bestimmungen der §§ 51 Abs. 1, 70 Abs. 1, 2 durch mildere Folgen des Ungehorsams (weder Ordnungs- oder Beugehaft noch zwangsweise Vorführung; vgl. LR/*Krause* § 77 Rn. 1). Ein Ungehorsamsfall liegt nur vor, wenn der Sachverständige zur Erstattung des Gutachtens verpflichtet ist, d.h. bestellt oder unmittelbar geladen wurde (§§ 214 Abs. 3, 220 Abs. 1), der Ernennung nach § 75 folgen muss und ihm kein Gutachtenverweigerungsrecht (§ 76) zusteht. Die Zwangsbefugnisse stehen sowohl dem Gericht als auch der StA (§ 161a Abs. 2), nicht aber der Polizei zu. Zur fehlenden Anwendung auf Dolmetscher hinsichtlich des Ordnungsgeldes vgl. § 185 GVG; LG Hamburg StV 1985, 500; LG Nürnberg-Fürth NJW 1978, 119; LG Cottbus 24 jug Qs 40/08. 1

B. Ungehorsamsfälle. I. Nichterscheinen (Abs. 1 Satz 1, 1. Alt.). Bei **Nichterscheinen** setzt die Ungehorsamsfolge wie beim Zeugen eine ordnungsgemäße Ladung mit Hinweis auf die Folgen des Ungehorsams voraus (vgl. § 51 Rdn. 2). Steht dem Sachverständigen ein Gutachtenverweigerungsrecht nach § 76 Abs. 1 Satz 1 zu, ist dieser aber anders als ein Zeuge von der Pflicht zu Erscheinen befreit (Meyer-Goßner/*Schmitt* § 77 Rn. 3; KK-StPO/*Hadamitzky* § 77 Rn. 2). Die Folgen des § 77 treten nicht ein, wenn das Ausbleiben des Sachverständigen genügend entschuldigt ist (entsprechend § 51 Abs. 2 Satz 1, 2). Erscheint der Sachverständige aufgrund eines vermeidbaren Irrtums über ein Recht zur Gutachtenverweigerung nicht, so liegt ein schuldhafter Verstoß vor (KMR/*Neubeck* § 77 Rn. 2). Die Erscheinenspflicht umfasst auch die Pflicht, bis zur endgültigen Entlassung durch das Gericht (§ 248) anwesend zu bleiben (HK-StPO/*Brauer* Rn. 2). 2

II. Gutachtenverweigerung (Abs. 1 Satz 1, 2. Alt.). Der Sachverständige verweigert das Gutachten nicht nur dann, wenn er den Auftrag nicht oder bei fehlender Fristabrede trotz Mahnung nicht in angemessener Frist erfüllt, sondern auch dann, wenn er sich weigert, die erforderlichen Vorarbeiten durchzuführen, einzelne Fragen zu beantworten, den Eid nach § 79 zu leisten oder sich der Leitung durch den Auftraggeber (§ 78) zu unterwerfen (Meyer-Goßner/*Schmitt* § 77 Rn. 4). Die Anwendung von § 77 kommt nur bei schuldhafter Weigerung in Betracht. Da über die Öffentlichkeit der Verhandlung das Gericht zu entscheiden hat, darf der Sachverständige nicht deshalb das Gutachten verweigern, weil seinem Antrag auf Ausschluss der Öffentlichkeit nicht stattgegeben wird (LR/*Krause* § 77 Rn. 7; a.A. *Herbst* NJW 1969, 548). Die Festsetzung von Ordnungsgeld kommt erst nach Androhung unter Setzung einer Nachfrist in Betracht, die so bemessen sein muss, dass sie zur Erstellung des Gutachtens ausreicht (etwas unklar LR/*Krause* § 77 Rn. 10: »in Verbindung mit der ersten, versäumten Frist ausreicht«). Wird diese Frist ebenso versäumt, wird es sich empfehlen, den Sachverständigen nach § 76 Abs. 1 Satz 2 zu entbinden (SK-StPO/*Rogall* § 77 Rn. 26). Ansonsten kann mit der Festsetzung des Ordnungsgeldes zugleich eine zweite Nachfrist gesetzt und erneut Ordnungsgeld angedroht werden (Meyer-Goßner/*Schmitt* § 77 Rn. 10). 3

III. Weigerung der Fristabsprache (Abs. 2 Satz 1, 1. Alt.). Nach § 73 Abs. 1 Satz 2 soll der Richter mit dem Sachverständigen eine **Absprache treffen**, innerhalb welcher **Frist** die Gutachten erstattet werden können. Verweigert der Sachverständige die Fristabsprache oder ist er nur bereit, eine unangemessene Frist abzusprechen, kann gegen ihn ein Ordnungsgeld festgesetzt werden. Es bedarf in diesem Fall keiner Nachfristsetzung (KK-StPO/*Hadamitzky* § 77 Rn. 4). Die Festsetzung setzt voraus, dass dem Sachverständigen eine **angemessene Frist** vorgeschlagen wurde, bei deren Berechnung die Arbeitsbelastung des Sachverständigen, die erforderlichen Vorbereitungen, aber auch das Interesse an einer beschleunigten Durchführung von Strafverfahren zu berücksichtigen sind (vgl. auch § 73 Rdn. 12). Da auch hier die Vorwerfbarkeit des Verstoßes vorausgesetzt wird, orientiert sich die Unangemessenheit an einer Frist, deren Einhaltung unter den konkreten Umständen ohne Weiteres möglich ist (wohl etwas restriktiver *Rieß* NJW 1975, 85; AnwK-StPO/*Krekeler*/*Werner* § 77 Rn. 6; Meyer-Goßner/*Schmitt* § 77 Rn. 5, die auf die Evidenz des Verstoßes abstellen). In Haftsachen ist das 4

Gericht aufgrund des Beschleunigungsgebots gehalten, die Dauer der Gutachtenerstellung streng zu überwachen und die Einhaltung entsprechend bemessener Fristen auch mit den Mitteln des § 77 zu erzwingen (vgl. BVerfG NStZ-RR 2021, 52).

5 **IV. Versäumung der abgesprochenen Frist (Abs. 2 Satz 1, 2. Alt.).** Wurde nach § 73 Abs. 1 Satz 2 eine Frist zur Gutachtenerstellung vereinbart, muss der Sachverständige sie einhalten. Bei schuldhafter Versäumung der Frist, entscheidet das Gericht nach seinem Ermessen, ob es ein Ordnungsgeld festsetzt oder den Sachverständigen nach § 76 Abs. 1 Satz 2 unter Wegfall des Gebührenanspruchs abberuft und einen anderen ernennt. Keine schuldhafte Fristversäumung liegt bei Krankheit, unvorhersehbarer Arbeitsüberlastung oder beruflicher Abordnung vor. Zur Vermeidung der Ungehorsamsfolgen muss er in den genannten Fällen aber dem Gericht seine Verhinderung, insb. in Fällen der Arbeitsüberlastung, unverzüglich mitteilen (OLG Celle NJW 1972, 1524; LR/*Krause* § 77 Rn. 9).

6 **C. Ungehorsamsfolgen.** Die **Auferlegung der Kosten** (i.S.v. § 464a Abs. 1 Satz 1) ist in Fällen des § 77 Abs. 1 für jeden Fall des Ungehorsams ohne Rücksicht auf deren Anzahl zwingend vorgeschrieben (LR/*Krause* § 77 Rn. 12; Meyer-Goßner/*Schmitt* § 77 Rn. 8). Die Kosten werden dem Sachverständigen durch Gerichtsbeschluss auferlegt. Darauf hat der Angeklagte wegen der Minderung seiner Pflicht, die Verfahrenskosten zu tragen (vgl. § 465), einen Anspruch (LR/*Krause* § 77 Rn. 12; zu Art und Höhe der Kosten vgl. die Ausführungen zu § 51).

7 **Ordnungsgeld** wird i.R.d. § 77 **Abs. 1** nur beim ersten Ungehorsamsfall zwingend festgesetzt, im zweiten Fall steht die Festsetzung im Ermessen des Gerichts. In weiteren Fällen ist ein Ordnungsgeld unzulässig (Abs. 1 Satz 3). Ungehorsamsfolgen wegen Verweigerung des Gutachtens dürfen nach dem entsprechend anwendbaren § 70 Abs. 4 hinsichtlich derselben Tat (§ 264) nicht in einem anderen Verfahren wiederholt werden (Meyer-Goßner/*Schmitt* § 77 Rn. 9; KK-StPO/*Hadamitzky* § 77 Rn. 7). In den Fällen des § 77 Abs. 2 muss das Ordnungsgeld nicht zwingend festgesetzt werden, die Anordnung steht vielmehr im Ermessen des Gerichts. Auch hier darf die Festsetzung nur einmal wiederholt werden (Abs. 2 Satz 3).

8 Die **Höhe des Ordnungsgeldes** richtet sich nach Art. 6 EGStGB (5,00 – 1.000,00 €), wobei maßgebend die Schwere der Pflichtverletzung, die Bedeutung des Gutachtens für die Sachentscheidung und die wirtschaftlichen Verhältnisse des Sachverständigen sind (vgl. erg. § 51 Rdn. 8). Die Festsetzung von Ordnungshaft ist auch dann unzulässig, wenn das Ordnungsgeld nicht beigetrieben werden kann.

9 **D. Verfahren.** Zuständig sind das mit der Sache befasste Gericht oder die StA. Das Gericht fasst den zu begründenden Beschluss in der Hauptverhandlung unter Mitwirkung der Schöffen (§§ 30 Abs. 1, 77 Abs. 1 GVG; KMR/*Neubeck* § 77 Rn. 11). Der Sachverständige muss nur in den Fällen des Abs. 2 vor der Beschlussfassung angehört werden, im Fall des Nichterscheinens (Abs. 1) hat er die Möglichkeit der nachträglichen Entschuldigung (vgl. auch § 51 Abs. 2 Satz 2, 3). Der Beschluss kann von Amts wegen nachträglich abgeändert oder aufgehoben werden, wenn die Voraussetzungen des § 77 nicht vorlagen. Vgl. i.Ü. zum Verfahren § 51 Rdn. 21 ff.; zur entsprechenden Anwendbarkeit von § 153 vgl. OLG Koblenz NStZ 1988, 192.

§ 78 Richterliche Leitung der Tätigkeit des Sachverständigen

Der Richter hat, soweit ihm dies erforderlich erscheint, die Tätigkeit der Sachverständigen zu leiten.

1 **A. Grundsätzliches und Regelungsgehalt.** Die Vorschrift regelt das **Verhältnis zwischen Richter und Sachverständigen** bei der Vorbereitung des Gutachtens (LR/*Krause* § 78 Rn. 2; KK-StPO/*Hadamitzky* § 78 Rn. 2). In der Hauptverhandlung obliegt die Vernehmung des Sachverständigen als Teil der Beweisaufnahme bereits nach § 238 Abs. 1 der Sachleitungsbefugnis des Gerichts. Die in der gerichtlichen Praxis häufig verkannte und in ihrer Bedeutung unterschätzte Vorschrift (vgl. *Dippel* S. 106, 107; *Krauß* ZStW 85, 1973, 325; *Sarstedt* NJW 1968, 180; die Bedeutung betonend aber etwa BGHSt 45, 168; BGH StV 1986, 138; NStZ 1995, 230) stellt klar, dass der Richter – im Vorverfahren auch die StA und Polizei – als Auftraggeber die Tätigkeit des Sachverständigen zu leiten und zu überwachen und auf die Einhaltung der rechtlichen Grenzen seiner Tätigkeit zu achten hat (vgl. etwa zur Auswertung von Verkehrsüberwachungsdaten OLG Rostock NJ 2016, 166).

B. Umfang der Leitung. I. Auftragsbeschreibung. Fundament der Leitungspflicht ist ein klarer und eindeutig bestimmter **Auftrag an den Sachverständigen** (*Krauß* ZStW 85, 1973, 322; vgl. auch BGH NJW 2005, 1519). Dieser muss zunächst die durch den Sachverständigen zu beantwortenden Beweisfragen eindeutig benennen, um einer Überschreitung des Gutachtenauftrags entgegenzuwirken (Meyer-Goßner/*Schmitt* § 78 Rn. 3; *Tröndle* JZ 1969, 376). Des Weiteren sind insb. die **Anknüpfungstatsachen** anzuführen, die dem Gutachten zugrunde zu legen sind, sofern sie nicht als Befundtatsachen zu ermitteln sind (BGHSt 18, 107, 108; BGH StV 1995, 113; *Jessnitzer/Ullrich* 221; zur Frage, ob ein Sachverständiger bei zu wenig Anknüpfungstatsachen ein ungeeignetes Beweismittel i.S.v. § 245 Abs. 2 sein kann, vgl. BGH StV 2007, 513). Inwieweit dem Sachverständigen zur hinreichenden Instruktion Aktenmaterial zugänglich gemacht werden muss (vgl. § 80 Abs. 2) oder zur Begutachtung bereits ein Sachbericht ausreicht, muss im Einzelfall durch Abwägung ermittelt werden (vgl. auch § 93 Rdn. 2; zur mündlichen Bekanntgabe der Anknüpfungstatsachen außerhalb der Hauptverhandlung, wenn der Sachverständige erst während oder nach der Beweisaufnahme beauftragt wurde, BGHSt 2, 25, 29; BGH NStZ 1995, 201; 282; 1985, 421 m.Anm. *Deckers* StV 1986, 138). Abgesehen von den in den §§ 87 bis 90 genannten Fällen steht es im pflichtgemäß auszuübenden Ermessen des zur Leitung Verpflichteten, ob er seine Anwesenheit bei der Untersuchungshandlung des Sachverständigen für erforderlich erachtet (KK-StPO/*Hadamitzky* § 78 Rn. 4). 2

II. Belehrungen. Können Verfahrensvorschriften oder die Rechte von Verfahrensbeteiligten bzw. Zeugen durch die Begutachtung verletzt werden, dann ist der Sachverständige über ihren Inhalt und die rechtlichen Grenzen seiner Tätigkeit zu **belehren**. So ist er etwa darüber zu belehren, dass es bei körperlichen Eingriffen (§ 81a) einer besonderen Anordnung bedarf, er nicht zur »Vernehmung« von Auskunftspersonen berechtigt ist (vgl. auch § 80 Rdn. 2) und die Ermittlung von Zusatztatsachen nicht zu seinen Aufgaben gehört, diese vielmehr beim Beschuldigten im Fall der Aussageverweigerung sogar unverwertbar sind (vgl. *Bosch* Aspekte des nemo tenetur-Prinzips, 1998, S. 315 ff.; and. die h.M.). Sollte trotz Aussageverweigerung des Beschuldigten eine Begutachtung infrage kommen (vgl. auch § 81 Rdn. 9), ist der Sachverständige auch darüber zu belehren, dass er zulässiges Verteidigungsverhalten nicht zu dessen Lasten verwerten darf (vgl. BGH 1 StR 512/02 v. 16.01.2003). Nicht nur im letztgenannten Fall wird häufig auch auf die rechtlichen Voraussetzungen und Folgen einer Anwendung der §§ 20, 21 StGB hinzuweisen sein. Gerade bei der Belehrung über die für das Gutachten relevanten Strafvorschriften und ihre Auslegung (so etwa KMR/*Neubeck* § 78 Rn. 2) ist aber besondere Vorsicht zu wahren, da die Gefahr besteht, dass der Richter dadurch rechtliche Wertungen vorgibt und dem Sachverständigen zu Unrecht richterliche Aufgaben, die Subsumtion unter Rechtsbegriffe, »delegiert«. 3

III. Fachliche Durchführung. Die **fachliche Durchführung** der Untersuchung und die Wahl der dabei anzuwendenden Methode bleibt grds. dem Sachverständigen überlassen. Dies schließt sowohl fachliche Weisungen hinsichtlich der Art der Durchführung des Gutachtens (BGH DAR 1978, 155; sehr weitgehend auch BGH NJW 1970, 1242) als auch der Anwendung einer bestimmten Untersuchungsmethode (vgl. BGH NStZ 1992, 27; 1997, 610) aus. Dennoch ist mit der Wahl eines Sachverständigen einer bestimmten Fachrichtung und Disziplin natürlich auch eine gewisse Vorentscheidung hinsichtlich der betreffenden Untersuchungsmethode gegeben. Zudem muss der Leitende auch die Einhaltung wissenschaftlicher Mindeststandards des jeweiligen Fachgebiets bei der Begutachtung beurteilen (vgl. auch KK-StPO/*Hadamitzky* § 78 Rn. 1; *Boetticher* u.a. NStZ 2006, 537). Die Anwesenheit eines Verteidigers soll der Beschuldigte trotz der hohen Selbstbelastungsgefahr bei Exploration durch den Sachverständigen nicht verlangen können (BGH StV 2003, 537 m. zu Recht krit. Anm. *Barton*; BGH NStZ 2008, 229; SK-StPO/*Rogall* § 78 Rn. 5). Gerechtfertigt wird dies damit, dass die fachliche Durchführung allein Sache des Sachverständigen sei und dieser beurteilen müsse, ob die Anwesenheit des Verteidigers dem Zweck der Untersuchung entgegenstehe. Dann müsste der Beschuldigte aber auch ausdrücklich darüber belehrt werden, dass er eine Exploration (nicht eine bloße Untersuchung nach § 81a) ohne Verteidiger verweigern kann, ohne dass dies bei der Beweiswürdigung zu seinen Lasten verwertet wird. Zudem darf die Verweigerung der Exploration nicht durch eine ohnehin fragwürdige Vernehmung des Beschuldigten in Anwesenheit des Sachverständigen (vgl. § 80) umgangen werden. 4

C. Revision. Die Revision lässt sich zwar nicht unmittelbar auf eine Verletzung des § 78 stützen, führt die fehlende Leitung des Sachverständigen aber etwa zu einer Verletzung des nemo tenetur-Grundsatzes (u.a. §§ 136, 136a), von Zeugnisverweigerungsrechten, der Aufklärungspflicht (vgl. OLG Zweibrücken NStZ-RR 2000, 47) oder von Grundsätzen der Beweiswürdigung (vgl. zu §§ 20, 21 StGB auch BGH NStZ-RR 2000, 361), kann dies selbstverständlich die Revision begründen (vgl. KK-StPO/*Hadamitzky* § 78 Rn. 5; LR/*Krause* § 78 Rn. 11). 5

§ 79 Vereidigung des Sachverständigen

(1) Der Sachverständige kann nach dem Ermessen des Gerichts vereidigt werden.

(2) Der Eid ist nach Erstattung des Gutachtens zu leisten; er geht dahin, daß der Sachverständige das Gutachten unparteiisch und nach bestem Wissen und Gewissen erstattet habe.

(3) Ist der Sachverständige für die Erstattung von Gutachten der betreffenden Art im Allgemeinen vereidigt, so genügt die Berufung auf den geleisteten Eid.

1 **A. Grundsätzliches.** Die Vereidigung steht allein im **Ermessen des Gerichts**, d.h. die StA, der Angeklagte oder sein Verteidiger können, anders als nach alter Rechtslage (§ 79 Abs. 1 Satz 2 a.F.), eine Vereidigung nicht mehr durch Antrag erzwingen. Die Nichtvereidigung ist der Regelfall, eine Vereidigung kommt nur in Ausnahmefällen in Betracht (vgl. auch BGHSt 21, 227; auch nicht stets bei ausschlaggebender Bedeutung des Gutachtens, vgl. LR/*Krause* § 79 Rn. 2 und bereits BGH MDR [H] 1955, 651), etwa wenn Sachkunde und Gewissenhaftigkeit im Einzelfall zweifelhaft erscheinen oder der Sachverständige zugleich als Zeuge infrage kommt und deshalb nicht unbefangen sein könnte (KMR/*Neubeck* § 79 Rn. 1). Eine Vereidigung wird zudem für erforderlich erachtet, wenn dem Gutachten blindlings gefolgt werden muss, weil die Gutachtengrundlagen dem Laien nicht zugänglich sind bzw. der Sachverständige die von ihm verwendete Methode nicht offenbart (*Eisenberg* BR, Rn. 1595; Meyer-Goßner/*Schmitt* § 79 Rn. 1). Dies erscheint zweifelhaft, da dieser Fall nicht selten eintreten dürfte und der Richter an sich im Urteil begründen muss, warum er das Gutachten für überzeugend erachtet. Ein Eid wird die erforderliche Überzeugung aber nur selten vermitteln können. Wird der Sachverständige zu verfahrensrechtlichen Fragen (z.B. Verhandlungsunfähigkeit des Angeklagten) im Wege des Freibeweises gehört, ist die Vorschrift nicht anwendbar (BGH DAR 1977, 172; 1979, 186).

2 **B. Entscheidung über die Vereidigung.** Da die Vereidigung gesetzlich als Ausnahmefall vorgesehen ist, soll **keine ausdrückliche Entscheidung** über die Nichtvereidigung erforderlich sein (BGHSt 21, 227, 228; Meyer-Goßner/*Schmitt* § 79 Rn. 2). Dies ist zumindest nach Abschaffung des Antragsrechts der Prozessbeteiligten (vgl. hierzu *Neuhaus* StV 2005, 49) nicht unproblematisch, zumal die Vorschrift zumindest eine Ausübung des Ermessens verlangt (vgl. auch LR/*Krause* § 79 Rn. 3). In Zweifelsfällen kann es sich für die Verfahrensbeteiligten empfehlen, einen Antrag auf Vereidigung zu stellen (LR/*Krause* § 79 Rn. 5), zumal es sich in der Praxis eingebürgert hat, am Ende der Sachverständigenvernehmung zu fragen, ob Anträge zur Vereidigung gestellt werden. Auch wenn der Antrag nicht mehr zwingend zur Vereidigung führt, kann dadurch zumindest eine nachprüfbare Ermessensausübung des Gerichts ermöglicht werden. Über die Nichtvereidigung muss nicht durch Gerichtsbeschluss entschieden werden, im Regelfall wird dies vielmehr durch Vorabentscheidung des Vorsitzenden geschehen. Das Gericht entscheidet wie bei § 59 Abs. 1 nach pflichtgemäßem Ermessen, hat dabei aber die Regelungen der § 60 und § 61 zu beachten.

3 **C. Form und Umfang des Sachverständigeneides. I. Form.** Der Eid wird als **Nacheid (Abs. 2 Satz 1)** mit der sich aus § 79 Abs. 2 i.V.m. § 64 Abs. 1 ergebenden Eidesformel geleistet. Bei Verweigerung des Eides aus Glaubens- oder Gewissensgründen genügt die dem Eid gleichstehende Bekräftigung nach § 65. Mehrere Sachverständige werden einzeln vereidigt (§ 59 Abs. 2 Satz 1; vgl. aber zur fehlenden Revisibilität RGSt 2, 158). Bei wiederholter Vernehmung in demselben Verfahren gilt § 67. Leistet der Sachverständige den Sachverständigeneid, muss dies entsprechend als wesentliche Förmlichkeit in der Sitzungsniederschrift beurkundet werden (§ 273 Abs. 1).

4 **II. Umfang. 1. Angaben zur Person.** Der Eid betrifft nur die Angaben des Gutachters, die er als Sachverständiger gemacht hat. Auch die Eidesformel nach § 79 Abs. 2 verdeutlicht, dass sich der Sachverständigeneid deshalb nicht auf die **Angaben zur Person** (§ 68) erstreckt (vgl. OLG Schleswig SchlHA 1986, 103; Meyer-Goßner/*Schmitt* § 79 Rn. 9). Sollte dennoch, bspw. wegen einer möglichen persönlichen Beziehung des Sachverständigen zum Angeklagten, eine Beeidigung der Personalangaben erforderlich sein, wird dem Sachverständigen ggf. unter Verbindung der Eidesformeln auch der Zeugeneid abgenommen (LR/*Krause* § 79 Rn. 16).

2. Befund- und Zusatztatsachen. Der Sachverständige wird Tatsachen, die er seinem Gutachten zugrunde legt (**Anknüpfungstatsachen**), häufig selbst ermitteln. Kann er Tatsachen nur kraft besonderer Sachkunde feststellen (**Befundtatsachen**; vgl. BGHSt 9, 292; 13, 1; 20, 164; BGH NStZ 1988, 20; BGH NStZ-RR 2020, 29), dann sind sie Teil des Gutachtens (BGH, NStZ 2002, 44) und damit vom Sachverständigeneid umfasst. Zu den Befundtatsachen gehören bspw. die Wahrnehmungen bei der Leichenöffnung (BGH VRS 32, 434), am lebenden Körper (BGHSt 18, 108) und über das (Aussage-) Verhalten einer Person bei einer Untersuchung (BGHSt 13, 2; SK-StPO/*Rogall* § 85 Rn. 27). Wahrnehmungen am Tatort (RG HRR 1932, 213) oder an der Unfallstelle (BGH VRS 10, 187), bei der Auswertung von Gutachten und der Krankengeschichte (BGHSt 9, 292), bei der Untersuchung von Lebensmitteln (LR/*Krause* § 79 Rn. 20) oder der Überprüfung von Handelsbüchern (BGH NJW 1951, 771) können ebenso Befundtatsachen betreffen, nicht aber Schriftproben (KG StV 1993, 628). 5

Über **Zusatztatsachen** berichtet der Sachverständige hingegen als Zeuge, sodass er, wenn er nicht ohnehin unvereidigt bleiben kann, hierüber den Zeugeneid zu leisten hat (BGHSt 13, 250, 251; 22, 271; BGH NStZ 1985, 182). Zusatztatsachen sind Tatsachen, die der Sachverständige bei der Ausführung seines Auftrages festgestellt hat, ohne dass es hierzu seiner besonderen Sachkunde bedurfte, und die daher auch durch das Gericht oder die Ermittlungsbehörden festgestellt hätten werden können (BGHSt 9, 293; 18, 107; 20, 166; vgl. etwa zur Mitteilung und Verwertung von Zeugenangaben im Gutachten, die der Sachverständige durch Anwesenheit bei der Vernehmung der Zeugen erlangt hat, BGH NStZ-RR 2020, 29). Angesprochen sind v.a. das Tatgeschehen betreffende Tatsachen, die der Sachverständige bei Begutachtung von den zu begutachtenden Personen unaufgefordert mitgeteilt bekommen oder gezielt erhoben hat (vgl. zum Angeklagten etwa BGH NJW 1988, 1224; zur Unverwertbarkeit von Zusatztatsachen, die vom Beschuldigten »unaufgefordert« bei der Exploration mitgeteilt wurden, aber *Bosch* Aspekte des nemo-tenetur-Prinzips, 1998, S. 315 ff.; zu einem Fall der Verwertbarkeit von Zusatztatsachen, die durch Augenschein [Beobachtung des Angeklagten bei Gewalttätigkeiten während einer Unterbringung] erlangt wurden, vgl. BGH NStZ 1993, 245). Gleiches gilt für sog. **Zufallsbeobachtungen**, d.h. Beobachtungen, die der Sachverständige unabhängig von seiner Bestellung zum Sachverständigen gemacht hat (vgl. Meyer-Goßner/*Schmitt* § 79 Rn. 12; LR/*Krause* § 79 Rn. 17). Soweit dieser Begriff zufällige Wahrnehmungen kennzeichnet, die der Sachverständige bereits vor Beauftragung gemacht hat, versteht sich eine Qualifizierung als Zeugenbeweis von selbst, darüber hinausgehend kann aber im Einzelfall zweifelhaft sein, wann Beobachtungen nach Bestellung in keinem »unmittelbaren Zusammenhang« mit dem Gutachtenauftrag stehen. 6

III. Berufung auf die allgemeine Vereidigung. Abs. 3 sieht vor, dass die **Berufung auf** die **allgemeine Vereidigung** den Eid ersetzt und der Sachverständige ihn daher verweigern kann (KMR/*Neubeck* § 79 Rn. 8; LR/*Krause* § 79 Rn. 15; SK-StPO/*Rogall* § 79 Rn. 17; abw. KK-StPO/*Hadamitzky* § 79 Rn. 5: trotz allgemeiner Vereidigung im Einzelfall Vereidigung möglich). Voraussetzungen und Umfang der allgemeinen Vereidigung werden durch Bundes- oder Landesrecht geregelt (vgl. LR/*Krause* § 79 Rn. 10). Neben der Beschränkung auf Gutachten auf einem bestimmten Fachgebiet (oder wissenschaftlich damit zusammenhängende Fragen, vgl. KMR/*Neubeck* § 79 Rn. 8), kann sie bei örtlicher Eingrenzung auf die Abgabe von Gutachten vor dem Gericht des betreffenden Bezirks beschränkt sein (Meyer-Goßner/*Schmitt* § 79 Rn. 8; vgl. RGSt 43, 158; 45, 373). Beamte können sich auf den Diensteid berufen, wenn zu ihren Dienstpflichten die Erstattung von Gutachten der verfahrensgegenständlichen Art gehört (RGSt 42, 369; 43, 158; 45, 375). Die Berufung auf die allgemeine Vereidigung als Dolmetscher reicht hingegen nicht aus (BGH NJW 1965, 643). Der Sachverständige muss sich auf die allgemeine Vereidigung berufen (vgl. auch § 67) und dies ist als wesentliche Förmlichkeit nach § 273 im Protokoll zu beurkunden. Sofern die Tatsache der allgemeinen Vereidigung nicht ohnehin gerichtskundig ist, wird sie im Freibeweisverfahren festgestellt. Bleiben Zweifel hinsichtlich Umfang oder Bestehen einer allgemeinen Vereidigung, so ist zu vereidigen (*Jessnitzer/Ullrich* § 79 Rn. 412; KK-StPO/*Hadamitzky* § 79 Rn. 5). 7

D. Revision. Mit der Revision können Fehler bei der Ermessensausübung nach Abs. 1 nicht gerügt werden (BGHSt 21, 227). Wurde der Sachverständige zugleich als Zeuge vernommen und vereidigt, dann erstreckt sich der Zeugeneid auch auf die Erstattung des Gutachtens (BGH GA 76, 78; OLG Hamm NJW 1969, 567). Unterblieb hingegen die Vernehmung als Zeuge, obwohl der Sachverständige über Zusatztatsachen berichtete, wird darauf das Urteil beruhen, sofern nicht ausgeschlossen werden kann, dass der Sachverständige sein Aussageverhalten als Zeuge geändert hätte (BGH NStZ 1985, 135; 1986, 323; 1993, 246; 1 StR 434/06). Wurde von der Vereidigung abgesehen, weil sich der Sachverständige zu Unrecht auf die allgemeine Vereidigung berufen hat (Abs. 3), kann darauf die Revision gestützt werden, allerdings soll trotz fehlender allgemeiner Vereidigung das Urteil auf diesem Fehler im Regelfall nicht beruhen, wenn Gericht 8 und Sachverständiger die Berufung auf den allgemeinen Eid für zulässig erachtet hatten (RG JW 1929, 1047; LR/*Krause* § 79 Rn. 24; KK-StPO/*Hadamitzky* § 79 Rn. 7).

§ 80 Vorbereitung des Gutachtens durch weitere Aufklärung

(1) Dem Sachverständigen kann auf sein Verlangen zur Vorbereitung des Gutachtens durch Vernehmung von Zeugen oder des Beschuldigten weitere Aufklärung verschafft werden.

(2) Zu demselben Zweck kann ihm gestattet werden, die Akten einzusehen, der Vernehmung von Zeugen oder des Beschuldigten beizuwohnen und an sie unmittelbar Fragen zu stellen.

Übersicht

1 **A. Grundsätzliches.** Soweit dies dem Auftraggeber möglich ist, müssen dem Sachverständigen die zur Erstellung des Gutachtens erforderlichen **Anknüpfungstatsachen** zur Verfügung gestellt werden. Davon kann lediglich abgesehen werden, wenn die Ermittlung der Anknüpfungstatsachen nur dem Sachverständigen kraft besonderer Sachkunde möglich ist (AnwK-StPO/*Krekeler/Werner* § 80 Rn. 1). § 80 konkretisiert insoweit das **Verhältnis** zwischen der **Aufklärungspflicht** (§ 244 Abs. 2) des Auftraggebers (vgl. BGH JR 1962, 111) **und** der **Vorbereitungspflicht** des Sachverständigen in Fällen, in denen der Sachverständige weitere Anknüpfungstatsachen benötigt. Häufig wird nur der Sachverständige beurteilen können, ob er über eine ausreichende Tatsachenbasis verfügt. Ihn trifft deshalb auch die Pflicht, auf eine aus seiner Sicht mögliche Aufklärung hinzuwirken, wenn dies für eine sichere Beurteilungsgrundlage erforderlich ist (Meyer-Goßner/*Schmitt* § 80 Rn. 1; bei Selbstladung trifft ihn diese Pflicht erst nach dem Beschluss gem. § 245 Abs. 2, vgl. BGH StV 1999, 464 m.Anm. *Grabow* StV 1999, 465 ff.). Soweit die Aufklärungspflicht nicht entgegensteht, kann das Gericht dem Sachverständigen auch aufgeben, seiner Gutachtenerstattung bestimmte Tatsachen zu unterstellen (v.a. wenn das Gericht ohne Sachkunde die erforderlichen Anknüpfungstatsachen nicht benennen kann, vgl. LR/*Krause* § 80 Rn. 3) oder alternative Geschehen zu beurteilen (KK-StPO/*Hadamitzky* § 80 Rn. 1).

2 **B. Mittel der Aufklärung.** Zur Verschaffung weiterer Aufklärung kann der Sachverständige die **Vernehmung von Beschuldigten** und **Zeugen** verlangen (BGHSt 45, 174). Durchgeführt wird die Vernehmung von der StA bzw. der Polizei oder dem Gericht. Der Sachverständige ist hingegen zu einer Vernehmung nicht befugt (BGH NJW 1951, 771; 1968, 2297; JR 1962, 111; KG NStZ-RR 2016, 174; *Eisenberg* BR, Rn. 1589; SK-StPO/*Rogall* § 80 Rn. 12 ff.; *Weigend* JZ 1990, 49; a.A. *Cabanis* NJW 1978, 2331; *Fincke* ZStW 86, 669; zur Erstellung von Aussageanalysen auch *Schoreit* StV 2004, 287; zur Nichtberücksichtigung von Erkenntnissen einer »Vernehmung« und zu einem entsprechenden Verlesungsverbot BGHSt 13, 1). Diese Grundsätze sind auch bei psychiatrischen und psychologischen Explorationen zu beachten (LR/*Krause* § 80 Rn. 8; SK-StPO/*Rogall* § 80 Rn. 16 ff.). Bei diesen ist insb. bei Beschuldigten die Gefahr einer Verletzung der Aussagefreiheit besonders hoch, den Sachverständigen trifft aber weder eine Belehrungspflicht noch kann er sie überhaupt effektiv durchführen (vgl. dazu und zur möglichen Konsequenz einer Unverwertbarkeit von Zusatztatsachen ausführlich *Bosch* Aspekte des nemo-tenetur-Prinzips, 1998, S. 315 ff.; teilw. a.A. BGH JR 1969, 231; NStZ 1996, 146; zum fehlenden Anwesenheitsrecht des Verteidigers BGH NStZ 2008, 229). Soweit es hingegen die überwiegende Auffassung dem Sachverständigen gestattet, sog. informatorische Befragungen bei Angehörigen und Zeugen durchzuführen, um die Beweiserheblichkeit des Wissens der Auskunftspersonen festzustellen und dann eine förmliche Vernehmung beantragen zu können (so BGHSt 9, 926; *Heinitz* FS Engisch, S. 699), erscheint dies wegen der unklaren Abgrenzung zur Vernehmung problematisch (zutr. *Eisenberg* BR, Rn. 1589; krit. auch BGHSt 45, 174; LG Essen StraFo 2006, 521; vgl. erg. *Nagler* StV 2006, 521). Unstr. darf der Sachverständige lediglich Vernehmungen beiwohnen und an Zeugen oder Beschuldigte ergänzende Fragen stellen (§ 80 Abs. 2). Eine Vorführung des Beschuldigten vor den Sachverständigen zur ambulanten Begutachtung ist hingegen unzulässig (KG NStZ-RR 2016, 174) und wird regelmäßig auch nicht auf § 81a gestützt werden können, da bei Aussageverweigerung eine psychologische Begutachtung gegen den nemo tenetur-Grundsatz verstößt. Ob ihm das Fragerecht vor dem Angeklagten bzw. seinem Verteidiger überlassen wird, soll im Ermessen des Gerichts stehen (BGH NJW 1969, 438), keinesfalls darf ihm aber die gesamte Vernehmung oder auch nur ein Teil von dieser überlassen werden (LR/*Krause* § 80 Rn. 5). Wird eine Anordnung des Vorsitzenden bzgl. der Anwesenheit oder des Fragerechts beanstandet, gilt § 238 Abs. 2 (KK-StPO/*Hadamitzky* § 80 Rn. 4). Legt der Sachverständige seinem Gutachten im Weg des § 80

Abs. 1 gewonnene Zusatztatsachen zugrunde, ist er nach der Rspr. zumindest verpflichtet, diese in seinem Gutachten zu benennen (vgl. zu Auskünften des Verteidigers BGH 2 StR 73–11). I.Ü. spricht sowohl die Ausgestaltung des Sachverständigenbeweises als unabhängiges Beweismittel als auch die Beschränkung seiner Rolle auf eine unterstützende Tätigkeit dafür, dass er kein eigenes Ermittlungsrecht besitzt (vgl. auch *Momsen/Rackow/Schwarze* NStZ 2018, 625, 627).

Akteneinsicht wird dem Sachverständigen bereits bei der Auftragserteilung gewährt, soweit die Gutachtenerstellung Aktenkenntnis voraussetzt (vgl. § 78 Rdn. 2). Über das Verlangen des Sachverständigen nach Akteneinsicht entscheidet der Auftraggeber im Rahmen seiner Aufklärungs- und Leitungspflicht nach pflichtgemäßem Ermessen (§§ 160 Abs. 1, 244 Abs. 2, 78). Da eine Akteneinsicht die Unvoreingenommenheit des Sachverständigen beeinträchtigen kann und die Gefahr besteht, dass dieser sein Gutachten an unverwertbare Aktenbestandteile anknüpft, sind diese Nachteile mit einem entsprechenden Informationserfordernis sorgfältig abzuwägen. Dem entspricht es nicht, wenn dem Sachverständigen unreflektiert und routinemäßig die Akte vollständig überlassen wird (SK-StPO/*Rogall* § 80 Rn. 10; *Dippel* Die Stellung des Sachverständigen, 1986, S. 121; *ders.* FS Müller, S. 138; *Groß/Fünfsinn* NStZ 1992, 110). 3

Das Gericht kann über § 80 Abs. 2 hinausreichend dem Sachverständigen auch **Urkunden** und Akten zugänglich machen sowie durch Vorlage von **Augenscheinsobjekten** (vgl. OLG Karlsruhe Justiz 1963, 36) Aufklärung verschaffen. Der Sachverständige kann des Weiteren ohne die Mitwirkung von Prozessbeteiligten, insb. ohne Benachrichtigung des Beschuldigten oder seines Verteidigers, **Örtlichkeiten** besichtigen (BGH MDR 1966, 17). 4

C. Teilnahme an der Hauptverhandlung. Da §§ 58 Abs. 1, 243 Abs. 2 Satz 1 einer **Anwesenheit in der Hauptverhandlung** nicht entgegenstehen, darf der Sachverständige der Hauptverhandlung beiwohnen, soweit er dies zur Erstellung des Gutachtens für erforderlich erachtet. Zu einer ständigen Anwesenheit ist er nicht verpflichtet (BGH DAR 1983, 205; NStZ [Pf] 1981, 297), abgesehen von ausdrücklichen Weisungen des Gerichts entscheidet er eigenverantwortlich über die Dauer seiner Teilnahme (BGH NStZ [Pf] 1981, 297; DAR 1985, 195). Ob dem Sachverständigen die Anwesenheit und Ausübung des Fragerechts gestattet wird, bestimmt das Gericht unter Beachtung des Aufklärungsgrundsatzes (vgl. BGHSt 19, 367, 368 zur Gestattung der Anwesenheit bei der Vernehmung eines Zeugen) nach pflichtgemäßem Ermessen (BGHSt 2, 25). Hat ein Zeuge die Bereitschaft zur Mitwirkung an einer Exploration verweigert, erscheint es allerdings zweifelhaft, ob diese Verweigerung durch Gutachtenerstattung mittels Teilnahme an einer richterlichen Vernehmung des Zeugen umgangen werden darf (zutr. *Eisenberg* NStZ 2016, 14; a.A. *Hilgert* NJW 2016, 985; vgl. zum Verhältnis einer Befragung nach § 80 Abs. 2 und einer Glaubwürdigkeitsuntersuchung kindlicher Zeugen nach § 81c auch OLG Hamm BeckRS 2019, 9227: § 81c schließt Vorgehen nach § 80 nicht aus). Bei der Gestattung der Anwesenheit des Sachverständigen sollte das Gericht trotz Nichtanwendbarkeit des § 58 Abs. 1 darauf achten, ob eine Vernehmung des Sachverständigen auch als Zeuge erforderlich ist (vgl. aber RGSt 22, 434). Es hat ebenso darüber zu befinden, ob der Sachverständige zur Vorbereitung seines Gutachtens über das Ergebnis einer Beweisaufnahme zu unterrichten ist, die in seiner Abwesenheit stattgefunden hat (BGHSt 2, 25, 27 f.; BGH DAR 1985, 195). Die Unterrichtung des Sachverständigen über das Ergebnis der bisherigen Beweisaufnahme soll in Abwesenheit des Angeklagten und seines Verteidigers erfolgen können (so BGHSt 2, 28). Problematisch ist dies, weil zwar nicht Vorgänge außerhalb der Hauptverhandlung unmittelbar Gegenstand der Beweiswürdigung werden, ggf. aber eine Vorabwürdigung des Beweisergebnisses durch das Gericht einen unklaren Einfluss auf das Ergebnis der Hauptverhandlung gewinnt. 5

D. Revision. Wird dem Sachverständigen unter Verletzung des § 80 Abs. 1 keine weitere Sachaufklärung verschafft, dann kann dies die Revision begründen, wenn die Aufklärungspflicht (§ 244 Abs. 2) verletzt ist oder der Sachverständige deswegen sein Gutachten auf fehlerhafter Grundlage erstellt hat (KMR/*Neubeck* § 80 Rn. 7; Meyer-Goßner/*Schmitt* § 80 Rn. 6). Gleiches gilt für die Missachtung der Anforderung von Abs. 2, sofern dadurch ein Aufklärungsmangel verursacht worden ist (zutr. SK-StPO/*Rogall* § 80 Rn. 22; *Eisenberg* BR, Rn. 1593; a.A. KK-StPO/*Hadamitzky* § 80 Rn. 6; Meyer-Goßner/*Schmitt* § 80 Rn. 6; LR/*Krause* § 80 Rn. 13: bloße »Ordnungsvorschrift« MüKo-StPO/*Trück* § 80 Rn. 16). Unverwertbar sind schließlich die Erkenntnisse unzulässiger »Vernehmungen« des Sachverständigen. 6

§ 80a Vorbereitung des Gutachtens im Vorverfahren

Ist damit zu rechnen, daß die Unterbringung des Beschuldigten in einem psychiatrischen Krankenhaus, einer Entziehungsanstalt oder in der Sicherungsverwahrung angeordnet werden wird, so soll schon im Vorverfahren einem Sachverständigen Gelegenheit zur Vorbereitung des in der Hauptverhandlung zu erstattenden Gutachtens gegeben werden.

1 **A. Grundsätzliches.** Um eine medizinisch und pädagogisch angemessene Behandlung schuld- oder verhandlungsunfähiger Beschuldigter zu gewährleisten und diese geeigneten Anstalten zuführen zu können (vgl. LR/*Krause* § 80a Rn. 1), soll einem Sachverständigen bereits im Ermittlungsverfahren Gelegenheit zur Vorbereitung des später zu erstattenden Gutachtens gegeben werden. Da sich in Anbetracht des Regelungszwecks der Norm das Gutachten neben dem psychischen und körperlichen Zustand des Beschuldigten auch auf die Behandlungsaussichten erstrecken soll (so u.a. LR/*Krause* § 80a Rn. 3; Meyer-Goßner/*Schmitt* § 80a Rn. 2), wird von der Hinzuziehung eines Sachverständigen nicht abgesehen werden können (so auch MüKo-StPO/*Trück* § 80a Rn. 4; anders aber OLG Düsseldorf BeckRS 2016, 18956, wenn der psychische Zustand offensichtlich ist; vgl. aber zur fehlenden Pflicht des Gerichts, stets die Vorlage eines vorbereitenden Gutachtens zu verlangen, BGH NJW 2010, 544). Eine parallele Vorschrift für das Sicherungsverfahren (§§ 413 ff.) enthält § 414 Abs. 3. In der Hauptverhandlung gilt § 246a.

2 **B. Auswahl des Sachverständigen und Verfahren.** Die Auswahl des Sachverständigen, der in der Regel ein Psychiater sein wird (KK-StPO/*Hadamitzky* § 80a Rn. 2; *Müller-Dietz* NStZ 1983, 204; vgl. auch BGH MDR 1976, 17), erfolgt durch die StA als Herrin des Ermittlungsverfahrens (§§ 73, 161a). Das erkennende Gericht ist aber nach Anklageerhebung nicht an die Wahl der StA gebunden, sondern kann einen anderen Sachverständigen wählen. Bei **Weigerung des Beschuldigten**, sich zur Vorbereitung des Gutachtens untersuchen zu lassen, soll eine zwangsweise Vorführung (§ 133 Abs. 2) und Vernehmung unter Beteiligung eines Sachverständigen (vgl. § 80) zulässig sein (LR/*Krause* § 80a Rn. 3; Meyer-Goßner/*Schmitt* § 80a Rn. 3). Abgesehen davon, dass diese Vorgehensweise bereits methodisch zweifelhaft ist, darf sie jedenfalls nicht zu einer Umgehung der Aussagefreiheit führen. Damit wird bei körperlichen Mängeln zwar eine Untersuchung nach § 81a infrage kommen, eine Unterbringung nach § 81 aber im Regelfall ausscheiden (vgl. erg. § 81 Rdn. 9; aber auch BGH NJW 1972, 348).

3 **C. Anfechtung und Revision.** Der Beschluss, einen Sachverständigen hinzuzuziehen, ist nicht selbstständig anfechtbar (KMR/*Neubeck* § 80a Rn. 3), sondern erst die Anordnung der körperlichen Untersuchung (§ 81a) des Beschuldigten oder seiner Unterbringung zur Beobachtung (§ 81). Ebenso wenig kann eine Revision auf die Verletzung von § 80a gestützt werden, revisibel ist nur der Verstoß gegen § 246a (BGH NStZ 1984, 134; SK-StPO/*Rogall* § 80a Rn. 10).

§ 81 Unterbringung des Beschuldigten zur Vorbereitung eines Gutachtens

(1) Zur Vorbereitung eines Gutachtens über den psychischen Zustand des Beschuldigten kann das Gericht nach Anhörung eines Sachverständigen und des Verteidigers anordnen, daß der Beschuldigte in ein öffentliches psychiatrisches Krankenhaus gebracht und dort beobachtet wird.

(2) [1]Das Gericht trifft die Anordnung nach Absatz 1 nur, wenn der Beschuldigte der Tat dringend verdächtig ist. [2]Das Gericht darf diese Anordnung nicht treffen, wenn sie zu der Bedeutung der Sache und der zu erwartenden Strafe oder Maßregel der Besserung und Sicherung außer Verhältnis steht.

(3) Im vorbereitenden Verfahren entscheidet das Gericht, das für die Eröffnung des Hauptverfahrens zuständig wäre.

(4) [1]Gegen den Beschluß ist sofortige Beschwerde zulässig. [2]Sie hat aufschiebende Wirkung.

(5) Die Unterbringung in einem psychiatrischen Krankenhaus nach Absatz 1 darf die Dauer von insgesamt sechs Wochen nicht überschreiten.

S.a. RiStBV Nr. 61, 62

A. Grundsätzliches und Regelungsgehalt. I. Anwendungsbereich. Die Unterbringung zur Beobachtung dient der Vorbereitung eines Gutachtens über den psychischen Zustand des Beschuldigten. § 81 gestattet einen auf höchstens 6 Wochen beschränkten Eingriff in das Grundrecht auf persönliche Freiheit (zum Eingriff in Art. 2 Abs. 1, 1 Abs. 1 GG vgl. erg. BVerfG StV 2001, 657; *Schumacher/Arndt* StV 2003, 96). Der **Anwendungsbereich** der Anstaltsbeobachtung erstreckt sich vom Vorverfahren bis zum Abschluss des Verfahrens durch rechtskräftiges Urteil. Sie kann auch im Sicherungsverfahren (§§ 413 ff.), nicht jedoch im Bußgeld- (§ 46 Abs. 3 Satz 1 OWiG) oder Privatklageverfahren (OLG Hamburg JR 1955, 394), angeordnet werden (zur Unverhältnismäßigkeit auch Rdn. 11). Sie darf weder für Zwecke der Strafvollstreckung noch zur Vorbereitung von Entscheidungen nach §§ 57, 57a, 67d Abs. 2, 3, 67g StGB (OLG Hamm NJW 1974, 914; OLG Düsseldorf StV 1985, 377) erfolgen. Teilrechtskraft und Vollzug einer Freiheitsstrafe schließen eine Unterbringungsanordnung jedoch nicht aus, wenn der Beschuldigte zugleich zu einer Maßregel (§ 63 StGB) verurteilt wurde, eine Anordnung gem. § 67 Abs. 2 StGB erfolgte und der Beschuldigte das Urteil nur wegen der Maßregel angefochten hat (OLG Celle NJW 1961, 981; zur Anrechnung auf die Strafzeit vgl. KMR/*Bosch* § 81 Rn. 2). Zulässig ist die Anordnung ebenso bei der Beweisaufnahme im Wiederaufnahmeverfahren nach § 369 (BayObLGSt 24, 60; SK-StPO/*Rogall* § 81 Rn. 3; *Eisenberg* BR Rn. 1694; a.A. OLG Düsseldorf 1913, 154). Bei Abgeordneten kann die Unterbringung nur mit Genehmigung des Parlaments erfolgen (RiStBV Nr. 191 bis 192a). 1

Eine **Unterbringungsanordnung** nach § 81 **soll** dann **nicht erforderlich sein**, wenn gegen den Beschuldigten ein Unterbringungsbefehl nach § 126a vollzogen wird (BGH StV 2002, 633; KK-StPO/*Hadamitzky* § 81 Rn. 2; LR/*Krause* § 81 Rn. 5; a.A. OLG Hamburg MDR 1972, 1048; *Eisenberg* BR, Rn. 1694a; LR/*Hilger* § 126a Rn. 16; *Bosch* StV 2002, 634), er aufgrund eines landesrechtlichen Unterbringungsgesetzes untergebracht ist oder wenn er sich bereits in einer JVA in Straf- oder U-Haft befindet und er in deren psychiatrische Abteilung (BGH NStZ [K] 1995, 219) oder ein anderes Vollzugskrankenhaus zur Beobachtung verlegt werden soll (OLG Karlsruhe Justiz 1972, 18; OLG Celle NStZ 1991, 598; offengelassen vom BVerfG StV 2001, 658; EuGRZ 2001, 413 f.; krit. *Pollähne* RuP 2002, 235 in Fn. 38; a.A. *Eisenberg* BR, Rn. 1694a; *Wohlers* NStZ 1992, 348 f.; ebenso nunmehr *Duttge* NStZ 2003, 377 f.; einschränkend auch OLG Düsseldorf StV 1998, 639: »keine geringeren Anforderungen an die Unterbringung bei U-Haft«); die Anordnung trifft bei U-Haft der nach § 126 zuständige Haftrichter, bei Strafhaft der JVA-Vorstand (vgl. Meyer-Goßner/*Schmitt* § 81 Rn. 2). Ebenso entfällt nach herrschender Meinung die Frist des § 81 Abs. 5, wenn die Unterbringung nicht auf § 81 gestützt wird (RGSt 34, 306; OLG Stuttgart NJW 1961, 2077), und es genügt ein Untersuchungsauftrag nach § 73 (OLG Stuttgart NJW 1973, 1426). Ein Beschluss soll wegen des anders gearteten Freiheitsentzuges (vgl. *Schlüchter* Rn. 281) hingegen notwendig sein, wenn die Beobachtung in einem psychiatrischen Krankenhaus außerhalb einer Vollzugsanstalt durchgeführt wird (LR/*Krause* § 81 Rn. 4 f.; HK-StPO/*Brauer* § 81 Rn. 3; OLG Stuttgart NJW 1973, 1426). 2

Entgegen der herrschenden Meinung muss auch bei einem bereits untergebrachten oder in Haft befindlichen Beschuldigten eine Anordnung nach § 81 unter Beachtung der dafür vorgesehenen Anforderungen erfolgen. Nur eine Anordnung nach § 81 kann dem Beschuldigten die strafprozessualen Konsequenzen einer Mitwirkung verdeutlichen. Zudem kann v.a. die Nichtanwendbarkeit der Frist des § 81 Abs. 5 einen unzulässigen Beobachtungsdruck zur Folge haben (Rdn. 9; zu weiteren Argumenten KMR/*Bosch* § 81 Rn. 5). 3

II. Beweisanregung und Aufklärungspflicht. Angeordnet wird die Untersuchung **von Amts wegen**, häufig auf Anregung eines bereits mit der Untersuchung des Beschuldigten beauftragten Sachverständigen. Der Antrag auf Unterbringung zur Beobachtung durch einen Prozessbeteiligten ist kein Beweisantrag i.S.v. § 244 Abs. 3, 4 (a.A. RGSt 27, 349; BGH JR 1955, 472; HK-StPO/*Brauer* § 81 Rn. 5; KK-StPO/*Hadamitzky* § 81 Rn. 3), da er sich nur auf die Art und Weise der Untersuchung und nicht auf eine bestimmte Beweiserhebung bezieht (*Eisenberg* BR, Rn. 1695; Meyer-Goßner/*Schmitt* § 81 Rn. 3; LR/*Krause* § 81 Rn. 6; SK-StPO/*Rogall* § 81 Rn. 61). Er ist deshalb lediglich als **Beweisanregung** zu behandeln, über die das Gericht im Rahmen seiner Sachaufklärungspflicht (§ 244 Abs. 2) nach pflichtgemäßem Ermessen entscheidet. Das Gericht könnte damit eine Anordnung auch dann treffen, wenn der anzuhörende Sachverständige diese nicht für erforderlich erachtet, tatsächlich dürfte dem Gericht hierzu aber regelmäßig die erforderliche eigene Sachkunde fehlen (SK-StPO/*Rogall* § 81 Rn. 9). Eine Beweisanregung kann durch den Verteidiger auch gegen 4 den Willen des Beschuldigten erfolgen (*Eisenberg* BR, Rn. 1695; LR/*Krause* § 81 Rn. 6). Die Anstaltsunterbringung ist nicht ohne Weiteres ein überlegenes Beweismittel i.S.v. § 244 Abs. 4 Satz 2 (BGHSt 8, 76 f.; 23, 312; BGH StraFo 2006, 114, 116; Meyer-Goßner/*Schmitt* § 244 Rn. 76).

5 **B. Voraussetzungen der Anstaltsunterbringung. I. Materielle Voraussetzungen.** Die Anstaltsunterbringung darf zur Vorbereitung eines Gutachtens über den psychischen Zustand des Beschuldigten angeordnet werden, sofern dringender Tatverdacht besteht und die Maßnahme den Verhältnismäßigkeitsgrundsatz beachtet (Rdn. 8 ff.).

6 **1. Zweck der Unterbringung.** Abs. 1 beschränkt den Zweck der Unterbringung auf die Feststellung des psychischen Zustandes des Beschuldigten. Die Unterbringung erfolgt damit vorrangig zur Klärung der **Schuldfähigkeit** nach §§ 20, 21 StGB, nicht jedoch zur Prüfung der Glaubwürdigkeit (BGH JR 1955, 472; OLG Celle StV 1987, 518; vgl. auch SK-StPO/*Rogall* § 81 Rn. 2). Auch ein zum Zeitpunkt der Unterbringung geistig Gesunder darf nach § 81 beobachtet werden, sofern es methodisch überhaupt möglich ist, dadurch Rückschlüsse auf seinen psychischen Zustand zur Tatzeit zu ziehen (RGSt 20, 378; 27, 348; *Eisenberg* BR, Rn. 1696; LR/*Krause* § 81 Rn. 8). § 81 gestattet ebenso die Unterbringung, wenn festgestellt werden soll, ob der Beschuldigte aufgrund seines psychischen Zustandes **verhandlungsunfähig** ist bzw. früher war (BVerfG StV 1995, 618; *Eisenberg* BR, Rn. 1696, allerdings auch krit. hinsichtlich der zeitlichen Begrenzung NStZ 2015, 435, da die Verhandlungsfähigkeit stärker variiert als ein verfahrensübergreifender psychischer Befund des Beschuldigten; LR/*Krause* § 81 Rn. 10; Meyer-Goßner/*Schmitt* § 81 Rn. 5; SK-StPO/*Rogall* § 81 Rn. 14; a.A. *Schroeder* JZ 1985, 1030, sofern die Verhandlungsfähigkeit des Beschuldigten bei einem früheren Geständnis überprüft werden soll).

7 Des Weiteren kann trotz feststehender Schuldunfähigkeit eine Unterbringung zur Prüfung der Gemeingefährlichkeit (**§§ 63, 66 StGB**) erfolgen (LR/*Krause* § 81 Rn. 9; SK-StPO/*Rogall* § 81 Rn. 15; *Arzt* JZ 1969, 439; krit. hinsichtlich § 66 StGB *Eisenberg* BR, Rn. 1696); nicht aber zur Vorbereitung eines Gutachtens über die Aussichten einer Behandlung in einer Entziehungsanstalt (§ 64) (für eine Erweiterung de lege ferenda *Querengässer/Ross/Bulla/Hoffmann* NStZ 2016, 508). Die Anordnung ist schließlich zulässig, wenn im Jugendgerichtsverfahren oder im Verfahren gegen Jugendliche und Heranwachsende vor den allgemeinen Strafgerichten ein Gutachten zur Feststellung des Entwicklungsstandes eines Jugendlichen erforderlich wird (vgl. § 73, **104 Abs. 1 Nr. 12 JGG**). Eine Unterbringung scheidet hingegen aus, wenn lediglich eine vorübergehende Bewusstseinsstörung (etwa infolge des Einflusses von Alkohol, Rauschgift oder Medikamenten) durch Trinkversuche rekonstruiert werden soll (BGH MDR [D] 1966, 383; KK-StPO/*Hadamitzky* § 81 Rn. 1; a.A. *Eb. Schmidt* II 7; *Löffler* NJW 1951, 821).

8 **2. Verhältnismäßigkeit der Unterbringung.** Die Unterbringung darf nach der überflüssigen, weil selbstverständlichen Regelung des **Abs. 2 Satz 2**, nur unter strikter Beachtung des **Verhältnismäßigkeitsprinzips** angeordnet werden (BVerfG StV 1995, 618; vgl. zur Frage der »Unerläßlichkeit« etwa LG Hof 4 Qs 172/14 v. 24.06.2015).

9 Sofern von Anfang an erkennbar wird, dass der zulässige Beobachtungszeitraum von 6 Wochen nicht ausreicht (Abs. 5), ist die Unterbringung zur Zweckerreichung **ungeeignet** und damit unzulässig. Gleiches muss gelten, wenn der Unterzubringende sich weigert, an einer Exploration mitzuwirken und die schlichte Beobachtung – wie im Regelfall – allein keine Erfolgsaussichten bietet (OLG Celle StV 1985, 224; 1991, 248; OLG Schleswig SchlHA 2001, 134; BVerfG StV 2001, 657; BGH NStZ 2003, 100 f.; OLG Düsseldorf StV 2005, 490; OLG Oldenburg StV 2008, 128; OLG Rostock StV 2015, 619, KG NStZ-RR 2013, 182; 2016, 174, LG Regensburg BeckRS 2020, 35360). Eine Beobachtung ist in diesen Fällen ungeeignet, da sie unter Umgehung der Aussagefreiheit des Beschuldigten den Zweck verfolgt, den durch die Unterbringung erzeugten Druck zur Interaktion mit Dritten auszunutzen (BVerfG StV 2001, 658). Ohne Exploration des Beschuldigten kann regelmäßig kein psychopathologisches Gutachten erstattet werden, sodass bei Anordnung trotz Untersuchungsverweigerung ausführlich begründet werden müsste, aufgrund welchen Untersuchungskonzepts unter Beachtung der Aussagefreiheit des Beschuldigten Erkenntnisse über eine Persönlichkeitsstörung gewonnen werden können (vgl. auch *Eisenberg* NStZ 2015, 437; *Strate* StV 2015, 661 m. z.T. allerdings unberechtigter Kritik an der Begutachtung im Fall *Mollath*; zur Ungeeignetheit der Unterbringung mangels geeigneter Untersuchungsmethode LG Flensburg BeckRS 2020, 25131). Problematisch deshalb der Hinweis des OLG Oldenburg NStZ-RR 2006, 111, eine Unterbringung könne zulässig sein, wenn Anhaltspunkte dafür bestehen, dass der Beschuldigte während der Unterbringung seine Einstellung ändere und sich kooperativ zeige. Eine Unterbringung darf schon wegen der damit verbundenen Missbrauchsgefahr nicht dem Zweck dienen, eine Einstellungsänderung des Beschuldigten abzuwarten.

Die Unterbringung muss **unerlässlich** sein, d.h. ihr Zweck, den psychischen Zustand des Beschuldigten zu beurteilen, darf nicht auf weniger einschneidende Weise erreichbar sein (BVerfG StV 1995, 618; OLG Hamm StV 2001, 156; KK-StPO/*Hadamitzky* § 81 Rn. 5). Deshalb scheidet eine Unterbringung aus, wenn (1) ambulante Untersuchungen genügen (OLG Frankfurt NJW 1967, 690; StV 1986, 51; LG Zweibrücken StV 1997, 347; StraFo 2003, 89; *Eb. Schmidt* II 5), (2) Befunde einer früheren Untersuchung zur Beurteilung des Anordnungszwecks ausreichen (LG Berlin NJW 1960, 2256) oder (3) der Beschuldigte sich freiwillig in eine Privatklinik begibt und das Gericht den dort untersuchenden Arzt für geeignet erachtet, die Rolle des Sachverständigen zu übernehmen. Wurde bereits eine Exploration durchgeführt, dann sind die Anforderungen an die Darlegungen zur Unerlässlichkeit in der Beschlussbegründung höher, vgl. BGHSt 48, 4, 11; OLG Düsseldorf StV 2005, 491. Hinsichtlich des geringeren Eingriffs einer ambulanten Untersuchung muss beachtet werden, dass bei Mitwirkungsverweigerung des Beschuldigten seine zwangsweise Vorführung nicht nur mangels Rechtsgrundlage (vgl. dazu SK-StPO/*Rogall* § 81 Rn. 19) unzulässig ist (vgl. auch Rdn. 19). **10**

Die Unterbringung darf schließlich dann nicht erfolgen, wenn sie zur Bedeutung der Sache und der zu erwartenden Strafe oder Maßregel **außer Verhältnis** steht (OLG Bamberg MDR 1984, 602; OLG Düsseldorf StV 1993, 571; LG Zweibrücken StV 1997, 347; ergänzend Rdn. 1), insb., wenn die Unterbringung schwerer als die Rechtsfolge wiegt, die der Beschuldigte für die Begehung der Tat zu erwarten hat (Meyer-Goßner/*Schmitt* § 81 Rn. 7; LR/*Krause* § 81 Rn. 14). Auch Maßnahmen zur Vorbereitung der Entscheidung nach § 81 sind dann unzulässig (etwa eine Anordnung der Vernehmung nach § 80, vgl. OLG Karlsruhe Justiz 1997, 141). Ob eine Bagatellstrafsache vorliegt, hängt von der Dauer und Häufigkeit der strafrechtlich relevanten Verhaltensweise und der Schwere der dadurch verursachten Beeinträchtigungen ab (vgl. etwa zu § 185, § 240 StGB BVerfG 15.03.1995 – 2 BvR 563/95). Bspw. verstößt die Unterbringung des Beschuldigten regelmäßig gegen den Verhältnismäßigkeitsgrundsatz, sofern lediglich eine Geldstrafe zu erwarten ist (vgl. LG Zweibrücken VRS 104, 363). In diesem Fall bleibt eine Anordnung auch dann unzulässig, wenn infolge einer Mitwirkungsverweigerung eine Untersuchung des Beschuldigten auf seine Schuldunfähigkeit nach §§ 81, 81a nicht möglich ist (vgl. LG Zweibrücken VRS 104, 363). **11**

3. Dringender Tatverdacht. Nach **Abs. 2 Satz 1** erfordert die Anordnung **dringenden Tatverdacht** i.S.d. §§ 112 Abs. 1 Satz 1, Abs. 2, 112a Abs. 1. Ob ein entsprechend hoher Grad an Wahrscheinlichkeit besteht, dass der Beschuldigte Täter (oder Teilnehmer an) einer zumindest rechtswidrigen Tat ist, wird grds. nach Aktenlage entschieden. **12**

Das Gericht kann Beweise zur Klärung des Tatverdachts erheben. Dazu mag es in Einzelfällen geboten sein, zunächst eine Hauptverhandlung durchzuführen, um diese ggf. zum Zwecke der Anstaltsunterbringung auszusetzen (OLG Düsseldorf JMBl. NRW 1958, 213; LR/*Krause* § 81 Rn. 13; a.A. Meyer-Goßner/*Schmitt* Rn. 6; SK-StPO/*Rogall* § 81 Rn. 11: »experimentelle Hauptverhandlung« gesetzeswidrig). Eine Vernehmung des Beschuldigten zur inneren Tatseite soll vor der Anordnung hingegen nicht erforderlich sein, da gerade bei Zweifeln an der Zurechnungsfähigkeit die subjektive Tatseite erst nach der Anstaltsbeobachtung beurteilt werden könne (*Löffler* NJW 1951, 821; KK-StPO/*Hadamitzky* § 81 Rn. 5; Meyer-Goßner/*Schmitt* § 81 Rn. 6; SK-StPO/*Rogall* § 81 Rn. 11; krit. *Eisenberg* BR, Rn. 1693). Diese Auffassung erscheint dann problematisch, wenn die innere Tatseite aus Gründen ausgeschlossen ist, die nicht mit den Anordnungsgründen im Zusammenhang stehen. **13**

4. Zulässige Maßnahmen. Körperliche Untersuchungen bedürfen wegen des mit ihnen verbundenen Eingriffs in die körperliche Unversehrtheit (Art. 2 Abs. 2 Satz 1 GG) der rechtswirksamen Einwilligung des Beschuldigten oder einer besonderen Anordnung nach § 81a, die ggf. mit der Anordnung nach § 81 verbunden werden kann (BGHSt 8, 144, 147; BGH JZ 1969, 437). Dies gilt auch für ungefährliche Untersuchungen (a.A. OLG Schleswig NStZ 1982, 81 für Blutdruckmessung und EKG ohne körperliche Belastung) sowie für Heilmaßnahmen (*Arzt* JZ 1969, 439 f.). **14**

Der Sachverständige hat zwar das Recht, den Beschuldigten über seinen Zustand zu befragen (BGH NJW 1968, 2297), die Verwertung von Angaben im Gutachten setzt jedoch voraus, dass diese unzweifelhaft freiwillig erfolgt sind, d.h. der Untergebrachte muss regelmäßig von den Strafverfolgungsbehörden auf die Dokumentation zu Beweiszwecken hingewiesen worden sein (vgl. BVerfG StV 2001, 658). Zur Überwachung des Schriftverkehrs ist nicht der Anstaltsarzt, sondern nur der Richter befugt (BGH NJW 1961, 2069; a.A. *Koch* NJW 1969, 177). Auch eine richterliche Überwachung kommt aber nur dann infrage, wenn sie etwa auf § 119 Abs. 3, 4 gestützt werden kann, weil sich der Beschuldigte bereits vor der Unterbringung in Haft befunden hat (vgl. LR/*Krause* § 81 Rn. 32). **15**

16 **II. Formelle Voraussetzungen. 1. Zuständigkeit für den Erlass.** Für den Erlass des Unterbringungsbeschlusses ist im Vorverfahren das Gericht anordnungsbefugt, das für die Eröffnung des Hauptverfahrens zuständig wäre (**Abs. 3**); bei Zuständigkeitswahl der StA zwischen mehreren örtlich zuständigen Gerichten (§ 24 Abs. 1 Nr. 2 und 3 GVG) das Gericht, bei dem die Anklage erhoben werden soll, es sei denn, dieses überträgt entsprechend § 209 die Entscheidung dem AG (*Meyer-Goßner* NStZ 1981, 174). Nach Anklageerhebung entscheidet das erkennende Gericht (§§ 25, 76 Abs. 2 GVG).

17 **2. Anhörungspflichten. a) Sachverständiger.** Vor der Entscheidung ist ein Psychiater oder Neurologe (OLG Frankfurt NJW 1967, 690; vgl. auch Nr. 63 Abs. 1 RiStBV) als **Sachverständiger** (Abs. 1) zur Geeignetheit (Rdn. 9), Notwendigkeit (Rdn. 10) und voraussichtlichen Dauer der Anstaltsbeobachtung (OLG Karlsruhe NJW 1973, 573; OLG Frankfurt StV 1986, 51; OLG Hamm StV 2001, 156; OLG Stuttgart StV 2004, 583; OLG Rostock StV 2015, 619; SK-StPO/*Rogall* § 81 Rn. 24 ff.) anzuhören. In der Praxis wird dies regelmäßig der Arzt sein, der die Beobachtung durchführen soll (OLG Düsseldorf StV 1998, 639; Meyer-Goßner/*Schmitt* § 81 Rn. 10; LR/*Krause* § 81 Rn. 16). In Einzelfällen kann allerdings bei Anhörung des behandelnden Krankenhausarztes dessen Unbefangenheit nicht gewährleistet sein (*Eisenberg* BR, Rn. 1699; LR/*Krause* § 81 Rn. 16). Eine Anhörung ist auch dann erforderlich, wenn sich der Betroffene in Untersuchungshaft befindet (OLG Düsseldorf StV 1998, 638).

18 Die Anhörung des Sachverständigen setzt voraus, dass sich dieser einen **persönlichen Eindruck** von dem Unterzubringenden verschafft hat (OLG Hamm JMBl. NW 1952, 195; KG JR 1965, 69; NStZ-RR 2013, 182; OLG Karlsruhe StV 1984, 369; LG Zweibrücken VRS 106, 385; *Eisenberg* BR, Rn. 1699; LR/*Krause* § 81 Rn. 17). Sie kann deshalb nicht dadurch entbehrlich werden, dass der Betroffene der Einladung zur Untersuchung nicht nachgekommen ist (OLG Stuttgart StV 2004, 582). Eine zu anderen Zwecken erfolgte, vorangegangene Untersuchung mag bei engem zeitlichen und inhaltlichen Zusammenhang in Ausnahmefällen genügen (KG JR 1964, 231; einschränkend OLG Karlsruhe NJW 1973, 573). Das Aktenstudium kann den persönlichen Eindruck jedoch grds. nicht ersetzen (KG JR 1965, 69; OLG Celle NStZ 1991, 599; LG Zweibrücken NJW 1997, 70; wohl auch OLG Köln RuP 1999, 38; OLG Düsseldorf StV 1998, 639; OLG Jena RuP 2008, 58; Meyer-Goßner/*Schmitt* § 81 Rn. 11; a.A. KK-StPO/*Hadamitzky* § 81 Rn. 7), selbst wenn es durch ein Telefongespräch mit dem Beschuldigten ergänzt wird (OLG Düsseldorf StV 1993, 571; OLG Köln NStZ-RR 2011, 18). Vereinzelt wird eine Anhörung bei evidenter Unterbringungsnotwendigkeit, die in der Stellungnahme begründet werden muss, für entbehrlich erachtet (OLG Hamburg JR 1964, 191; OLG Karlsruhe NJW 1973, 573; StV 1984, 369).

19 Da § 81 keine gesetzliche Grundlage für eine ambulante Beobachtung des Beschuldigten bietet (KG NStZ-RR 2016, 174 [in der Beschlussbegründung]; LR/*Krause* § 81 Rn. 3; SK-StPO/*Rogall* § 81 Rn. 19), ist der Beschuldigte zur Ermöglichung der Anhörung ggf. vorzuladen und unter Beteiligung des Sachverständigen (§§ 80, 80a) zu vernehmen (OLG Oldenburg NJW 1961, 982; OLG Celle NStZ 1989, 243; LG Gera StV 1995, 631 f.; LG Aschaffenburg StV 2004, 583; OLG Jena RuP 2008, 58; OLG Köln NStZ-RR 2011, 18; zu methodischen Schwächen dieses Verfahrens *Eisenberg* BR, Rn. 1699, 1797). Die **Vorführung** des kooperationsunwilligen Beschuldigten wird nur in Ausnahmefällen zu verwertbaren Erkenntnissen führen, da sie nicht den Zweck haben darf, dessen Aussagefreiheit zu umgehen (Rdn. 14). Damit wird die Vorführung regelmäßig unverhältnismäßig und damit rechtswidrig sein, wenn ein Angeklagter sich weigert, sich im Rahmen eines Explorationsgesprächs zu äußern (zutr. LG Hagen StraFo 2008, 157; OLG Rostock StV 2015, 619: Vorführung zumindest entbehrlich). Eine Verweigerung der Mitwirkung kann – etwa wenn die Verhandlungsfähigkeit begutachtet werden soll – durchaus auch nachteilige Folgen für den Beschuldigten haben, denn das Gericht ist nicht gehalten, in dubio pro reo eine Verhandlungsunfähigkeit zu unterstellen (vgl. aber auch *Eisenberg* NStZ 2015, 413 ff.).

20 Die Äußerung des Sachverständigen muss schriftlich oder mündlich in Anwesenheit aller Verfahrensbeteiligten erfolgen, um diesen eine substanziierte Stellungnahme zu ermöglichen; die telefonische Mitteilung des Untersuchungsergebnisses ggü. dem Gericht genügt deshalb nicht (KG JR 1964, 231; OLG Karlsruhe MDR 1984, 72; OLG Stuttgart StV 2004, 582). Im Regelfall muss eine schriftliche Stellungnahme zur Unerlässlichkeit und Dauer der Einweisung, zum Untersuchungskonzept sowie dessen Geeignetheit zur Feststellung des Untersuchungszwecks erfolgen (vgl. KG NStZ-RR 2013, 182).

21 Will das Gericht aufgrund des ihm eingeräumten Ermessens der gutachterlichen Stellungnahme nicht folgen, wird in der Regel die Anhörung eines weiteren Sachverständigen erforderlich (BGHSt 8, 117; OLG Hamm NJW 1957, 1291). Dies ist auch dann geboten, wenn der erste Sachverständige die Stellungnahme eines Sachverständigen mit Spezialkenntnissen für erforderlich erachtet (OLG Hamm StV 2001, 156).

b) **Beschuldigter, Verteidiger und StA.** Der Anspruch auf rechtliches Gehör (Art. 103 Abs. 1 GG, § 33 Abs. 3) gebietet es, dem **Beschuldigten** nach Bekanntgabe des Gutachtens Gelegenheit zur Stellungnahme zu geben (HK-StPO/*Brauer* § 81 Rn. 17; LR/*Krause* § 81 Rn. 23; Meyer-Goßner/*Schmitt* § 81 Rn. 14; SK-StPO/*Rogall* § 81 Rn. 30; offengelassen vom OLG Karlsruhe NJW 1972, 1584; a.A. KK-StPO/*Hadamitzky* § 81 Rn. 7). Erforderlich ist dies auch deshalb, weil der Unterzubringende das Recht hat, die Mitwirkung zu verweigern und die Unterbringung dann unzulässig sein kann (Rdn. 14). Die Anhörung dient i.d.S. ebenso der Verdeutlichung des Beweiszwecks der Unterbringung, denn der Sachverständige ist selbst nicht zur Belehrung verpflichtet (vgl. auch BGH JZ 1969, 437). Kann dem Beschuldigten aufgrund seiner psychischen Verfassung kein rechtliches Gehör gewährt werden, so bedarf es keiner Anhörung des gesetzlichen Vertreters analog §§ 52 Abs. 2, 81c Abs. 3 Satz 2 (a.A. LR/*Krause* § 81 Rn. 23; HK-StPO/*Brauer* § 81 Rn. 17). 22

Der **Wahl**- oder ein nach § 140 Abs. 1 Nr. 6 zu bestellender **Pflichtverteidiger** muss angehört werden (**Abs. 1**). Zuvor müssen ihm die gutachterliche Stellungnahme des Sachverständigen und alle für die Entscheidung nach § 81 bedeutsamen Ermittlungsergebnisse mitgeteilt werden (KG JR 1964, 231; OLG Karlsruhe NJW 1972, 1584; MDR 1984, 72; LG Zweibrücken VRS 106, 385; BGH NStZ 2003, 100; zutr. auch LG Aschaffenburg StV 2004, 583). Die Anhörung des Wahlverteidigers wird nicht dadurch entbehrlich, dass zuvor ein Pflichtverteidiger ordnungsgemäß angehört wurde (OLG München StV 2008, 127). Auch bei Ablehnung eines begründeten Antrages des Beschuldigten auf Unterbringung nach § 81 wird die Mitwirkung des Verteidigers notwendig (BGH NJW 1952, 797; SK-StPO/*Rogall* § 81 Rn. 21). Der Verteidiger muss Gelegenheit gehabt haben, seine Stellungnahme vorzubereiten und mit dem Beschuldigten in Verbindung zu treten (OLG Frankfurt NJW 1967, 689; OLG Köln NStZ-RR 2011, 18; LR/*Krause* § 81 Rn. 22). Die **StA** ist nach § 33 Abs. 2 zu hören (*Eb. Schmidt* II 13). 23

3. **Notwendiger Inhalt der Entscheidung und Bekanntgabe des Beschlusses.** Im Anordnungsbeschluss muss die **Dauer der Unterbringung** bestimmt werden (OLG Stuttgart NJW 1961, 2077), wobei sich im Anschluss an den Wortlaut des Abs. 5 die Tenorierung »bis zu 6 Wochen« empfiehlt. Die Dauer von 6 Wochen darf weder mit Einverständnis des Beschuldigten (Meyer-Goßner/*Schmitt* § 81 Rn. 17; KK-StPO/*Hadamitzky* § 81 Rn. 6) noch bei gleichzeitiger Anordnung nach § 73 JGG (vgl. Brunner/*Dölling* § 73 JGG Rn. 4) überschritten werden. Steht fest, dass eine kürzere Dauer ausreicht, so muss die Unterbringung im Beschluss auf diesen Zeitraum beschränkt werden (OLG Oldenburg NJW 1961, 981). Auch ohne ausdrückliche Festsetzung muss der Sachverständige den Beschuldigten natürlich sofort entlassen, wenn der Beobachtungszweck erreicht ist (vgl. RiStBV Nr. 62 Abs. 1; Meyer-Goßner/*Schmitt* § 81 Rn. 17). 24

Wird in demselben Verfahren bspw. aus Gründen inhaltlicher Ergänzungsbedürftigkeit der Erstbegutachtung eine **wiederholte Unterbringung** erforderlich (vgl. OLG Hamm NJW 1953, 1237), so bedarf es einer erneuten richterlichen Anordnung. Insgesamt darf aber die Höchstdauer des § 81 Abs. 5 nicht überschritten werden (RGSt 23, 209; BGH JZ 1969, 438). Entgegen der allgemein vertretenen Auffassung (vgl. nur KK-StPO/*Hadamitzky* § 81 Rn. 6; LR/*Krause* § 81 Rn. 28; zw. *Eisenberg* BR, Rn. 1701) muss die Grenze des Abs. 5 auch dann beachtet werden, wenn der Beschuldigte sich bereits in Haft befindet und eine Beobachtung in einer psychiatrischen Abteilung der JVA erfolgen soll. 25

Durch das Gericht muss ein **psychiatrisches Krankenhaus** zur Unterbringung **bestimmt** werden, dessen Träger nur der Staat, die Gemeinde oder ein anderer Hoheitsträger sein kann (BayObLGSt 21, 198; OLG Frankfurt NJW 1967, 689; LR/*Krause* § 81 Rn. 29). Von einer namentlichen Bezeichnung des beobachtenden Arztes (OLG Nürnberg OLGSt § 81, 10) und einer Regelung der Art der Unterbringung (OLG Hamm NJW 1953, 1273) kann hingegen abgesehen werden. 26

Die nach § 34 erforderlichen Gründe des Gerichtsbeschlusses müssen sich auf die sachlichen Unterbringungsvoraussetzungen erstrecken (Rdn. 6 ff.), die Geeignetheit des Untersuchungskonzeptes darlegen (BVerfG StV 2001, 658) und v.a. dazu Stellung nehmen, warum eine Unterbringung zur Klärung des psychischen Zustandes unerlässlich ist (OLG Frankfurt StV 1986, 51; LG Zweibrücken NJW 1997, 70; BVerfG StV 1995, 618; StV 2001, 658). 27

Das Gericht darf einen rechtskräftigen Beschluss **nicht abändern**, sondern muss bei veränderter Sach- oder Rechtslage ggf. einen neuen Beschluss erlassen, der selbstständig anfechtbar ist (OLG Düsseldorf JMBl. NRW 1961, 45; OLG Hamm JMBl. NRW 1976, 21; LR/*Krause* § 81 Rn. 37). **Bekanntgegeben** wird der Beschluss in der Hauptverhandlung durch Verkündung (§ 35 Abs. 1), ansonsten durch Zustellung nach §§ 35 Abs. 2, 3 sowie § 145a. 28

C. Vollstreckung. I. Vollstreckung. Die **Vollstreckung** durch die StA (§ 36 Abs. 2 Satz 1) muss den Verhältnismäßigkeitsgrundsatz beachten. Zur Vorbereitung und Durchführung der Vollstreckung im Einzelnen vgl. **RiStBV 61 Abs. 2, 62, 63.** Der ggf. erforderliche Vorführungsbefehl kann nach § 23 EGGVG angefochten werden (OLG Koblenz JVBl. 1961, 237; Meyer-Goßner/*Schmitt* § 81 Rn. 27; a.M. OLG Hamm 29

NJW 1966, 685). Die Kosten der Unterbringung sind als Auslagen (Nr. 9011 KostV GKG) Kosten des Verfahrens (§ 464a Abs. 1 Satz 1; SK-StPO/*Rogall* § 81 Rn. 50).

30 **II. Anrechnung auf Strafe.** Gem. § 51 Abs. 1 Satz 1 StGB ist die Dauer der Unterbringung im Urteil auf die verhängte Freiheits- oder Geldstrafe **anzurechnen** (BGHSt 4, 325; zur entsprechenden Anwendung von § 51 Abs. 1 Satz 1 StGB bei fehlender Verfahrensidentität, wenn das vorangegangene Verfahren im Hinblick auf das folgende Verfahren nach § 154 Abs. 2 eingestellt wurde, OLG Karlsruhe MDR 1994, 1032; zur Aufnahme ins Urteil vgl. BGHSt 24, 29; BGH NJW 1973, 1420). Die Dauer der Unterbringung muss ebenso bei der Fristberechnung nach § 121 berücksichtigt werden, selbst wenn der Vollzug der U-Haft für den Zeitraum der Beobachtung ausdrücklich unterbrochen worden ist (KG NStZ 1997, 148; OLG Dresden StV 2002, 149; a.A. Meyer-Goßner/*Schmitt* § 121 Rn. 5; *Starke* StV 1988, 225). Von einer Einbeziehung kann lediglich dann abgesehen werden, wenn unabhängig von der Fortdauer der Unterbringung nach § 81 der Vollzug der U-Haft zunächst außer Vollzug gesetzt wurde (offengelassen von OLG Dresden StV 2002, 150).

31 **D. Rechtsbehelfe. I. Beschwerde.** Die sofortige Beschwerde ist **statthaft** gegen die **Unterbringungsanordnung (Abs. 4 Satz 1)**, abweichend von § 305 auch gegen eine Anordnung des erkennenden Gerichts (KG JR 1965, 69; OLG Karlsruhe Justiz 1997, 141; OLG Düsseldorf StV 2005, 490; Meyer-Goßner/*Schmitt* § 81 Rn. 28), und zwar selbst dann, wenn der Beschluss vom OLG im ersten Rechtszug erlassen wurde (§ 304 Abs. 4 Satz 2 Nr. 1). Die Beschwerde kann auf die Auswahl des Sachverständigen oder der Anstalt beschränkt werden (LR/*Krause* § 81 Rn. 40; Meyer-Goßner/*Schmitt* § 81 Rn. 28; *Eisenberg* NStZ 2015, 437; a.A. OLG Stuttgart NJW 1961, 2077; OLG Celle NJW 1966, 1881; OLG Hamburg NJW 1972, 1048), die isolierte Anfechtung wird jedoch meist erfolglos bleiben, da das Beschwerdegericht bei Ermessen des anordnenden Gerichts keine abweichende Entscheidung treffen darf (vgl. Rdn. 33). Wenn mit der Anordnung der psychiatrischen Untersuchung weder eine Freiheitsentziehung noch ein Eingriff in die körperliche Unversehrtheit verbunden ist, etwa weil der Beschuldigte sich bereits in Untersuchungshaft befindet, unterliegt sie nicht der Beschwerde (OLG Düsseldorf StV 2001, 157; HK-StPO/*Brauer* § 81 Rn. 25; vgl. aber Rdn. 2 f.). **Aktivlegitimiert** sind StA, Beschuldigter und Verteidiger. Da die Verhandlungsfähigkeit des Beschuldigten zweifelhaft ist, kann der Verteidiger abweichend von § 297 Beschwerde auch gegen den Willen des Beschuldigten erheben (LR/*Krause* § 81 Rn. 40), wobei die Rechtsmittelfrist für ihn erst mit Zustellung des Beschlusses beginnt (Meyer-Goßner/*Schmitt* § 81 Rn. 28). Ein Rechtsmittelverzicht des Beschuldigten ohne Mitwirkung seines Verteidigers ist in der Regel unwirksam (OLG Frankfurt NJW 1967, 960). Im Fall eines Vollstreckungsverzichts soll die Beschwer entfallen (vgl. dazu und zu den Folgen BGH BeckRS 2018, 37619).

32 Entgegen der Regelung des § 307 Abs. 1 hat die Beschwerde aufschiebende Wirkung (**Abs. 4 Satz 2**). Auch wenn keine Beschwerde erhoben wird, setzt die Vollstreckung der Unterbringungsanordnung die Rechtskraft des Beschlusses voraus (vgl. auch Nr. 62 Abs. 4 RiStBV).

33 Die **Überprüfung** des **Beschwerdegerichts** erstreckt sich nicht nur auf die Zulässigkeit, sondern ebenso auf die Zweckmäßigkeit der Anordnung (OLG Hamm MDR 1950, 373; OLG Köln MDR 1951, 173; OLG Schleswig MDR 1959, 415; OLG Hamburg MDR 1972, 1048; a.A. OLG Hamm NJW 1953, 1237). Das Beschwerdegericht darf damit zwar auch über die Erforderlichkeit der Unterbringung befinden, seine Prüfungsbefugnis wird jedoch durch die Reichweite des tatrichterlichen Ermessens beschränkt (Meyer-Goßner/*Schmitt* § 81 Rn. 29). Überprüft werden kann auch die Frage einer Besorgnis der Befangenheit des Sachverständigen (OLG Celle Nds. Rpfl. 1956, 80). Bei substanziellen Verfahrensfehlern entscheidet das Beschwerdegericht nicht selbst, sondern verweist die Sache an den anordnenden Richter zurück (OLG Hamm JMBl. NRW 1952, 195; OLG Karlsruhe NJW 1972, 1584; LG Zweibrücken NJW 1997, 70). Dies wird zwar nicht stets der Fall sein, wenn die nach § 34 erforderliche Begründung fehlt (OLG Schleswig MDR 1959, 415; OLG Oldenburg NJW 1961, 98; a.A. SK-StPO/*Rogall* § 81 Rn. 55), eine Zurückverweisung wegen Begründungsmängeln dürfte aber zumindest dann geboten sein, wenn ansonsten das tatrichterliche Ermessen durch das Ermessen des Beschwerdegerichts ersetzt werden müsste.

34 Teilweise wird davon ausgegangen, dass der die Unterbringung ablehnende Beschluss unanfechtbar ist. Abs. 4 nehme auf Abs. 1 und 2 Bezug und eröffne damit die sofortige Beschwerde nur gegen die Anordnung der Unterbringung (BayObLGSt 2, 194; 13, 497; OLG Karlsruhe Justiz 1972, 18; *Eb. Schmidt* II 19; KK-StPO/*Hadamitzky* § 81 Rn. 12). Nach wohl überwiegend vertretener Auffassung (OLG Braunschweig NJW 1955, 1492; OLG Nürnberg MDR 1966, 347; OLG Stuttgart Justiz 1972, 321; LG Köln NStZ-RR 1996, 267; Meyer-Goßner/*Schmitt* § 81 Rn. 31; LR/*Krause* § 81 Rn. 44; SK-StPO/*Rogall* § 81 Rn. 58) schließt Abs. 4 die einfache Beschwerde nicht aus. Da durch § 305 Abs. 1 die Anfechtung einer ablehnenden Entscheidung nach Eröffnung der Hauptverhandlung ausgeschlossen wird, kommt auch dann eine Anfechtung nur in den seltenen Fällen infrage, in denen ein Antrag der Prozessbeteiligten im Vorverfahren ablehnend beschieden

wird (vgl. LR/*Krause* § 81 Rn. 44). Die **weitere Beschwerde** ist nach § 310 Abs. 2 unzulässig (OLG Bremen NJW 1949, 74; OLG Hamburg JR 1956, 192; OLG Hamm MDR 1984, 602 f.; *Engländer* Jura 2010, 418; a.A. HK-StPO/*Brauer* § 81 Rn. 25; KK-StPO/*Zabeck* § 310 Rn. 11; krit. auch *Eisenberg* BR, Rn. 1705).

II. Revision. Die Rüge der *Rechtswidrigkeit* der Unterbringung wird durch § 336 Satz 2 ausgeschlossen, 35
da Abs. 4 Satz 1 die sofortige Beschwerde gegen die Unterbringungsanordnung eröffnet. Die *Unterlassung* der Unterbringung nach § 81 kann hingegen die Aufklärungsrüge (§ 244 Abs. 2), ggf. auch eine auf § 246a gestützte Rüge begründen. Das Revisionsgericht überprüft den ablehnenden Gerichtsbeschluss nur auf Rechtsfehler, nicht jedoch auf eine sachgerechte Ermessensausübung durch das Tatgericht (BGHSt 8, 76 f.). Eine Aufklärungsrüge kommt in Betracht, wenn ein Sachverständiger die Unterbringung wegen unsicherer Beweisgrundlage selbst angeregt hatte (RG JW 1937, 3101; OGH 1, 193), sie ist aber nicht bereits deshalb erfolgreich, weil der Sachverständige die ihm eingeräumten Befugnisse i.R.d. Unterbringung nicht voll ausgeschöpft hat (BGH MDR [D] 1974, 725; LR/*Krause* § 81 Rn. 47). Erweckt die Anordnung und Durchführung der Unterbringung den Anschein der Willkür, weil sie scheinbar nur den Zweck verfolgt, ein für den Angeklagten günstiges Ergebnis des Erstgutachtens zu widerlegen und weil sie auf unzulässige Begutachtungsmethoden erstreckt wird, dann kann dies einen Befangenheitsantrag rechtfertigen und bei dessen Ablehnung die Revision begründen, vgl. BGHSt 48, 4, 11 ff.; vgl. dazu auch *Duttge* NStZ 2003, 375 f.

§ 81a Körperliche Untersuchung; Blutprobe

(1) [1]Eine körperliche Untersuchung des Beschuldigten darf zur Feststellung von Tatsachen angeordnet werden, die für das Verfahren von Bedeutung sind. [2]Zu diesem Zweck sind Entnahmen von Blutproben und andere körperliche Eingriffe, die von einem Arzt nach den Regeln der ärztlichen Kunst zu Untersuchungszwecken vorgenommen werden, ohne Einwilligung des Beschuldigten zulässig, wenn kein Nachteil für seine Gesundheit zu befürchten ist.
(2) Die Anordnung steht dem Richter, bei Gefährdung des Untersuchungserfolges durch Verzögerung auch der Staatsanwaltschaft und ihren Ermittlungspersonen (§ 152 des Gerichtsverfassungsgesetzes) zu. Die Entnahme einer Blutprobe bedarf abweichend von Satz 1 keiner richterlichen Anordnung, wenn bestimmte Tatsachen den Verdacht begründen, dass eine Straftat nach § 315a Absatz 1 Nummer 1, Absatz 2 und 3, § 315c Absatz 1 Nummer 1 Buchstabe a, Absatz 2 und 3 oder § 316 des Strafgesetzbuchs begangen worden ist.
(3) Dem Beschuldigten entnommene Blutproben oder sonstige Körperzellen dürfen nur für Zwecke des der Entnahme zugrundeliegenden oder eines anderen anhängigen Strafverfahrens verwendet werden; sie sind unverzüglich zu vernichten, sobald sie hierfür nicht mehr erforderlich sind.

Übersicht Rdn.

1 **A. Gegenstand der Norm.** Die Norm regelt die **zwangsweise körperliche Untersuchung des Beschuldigten.** Zu diesem Zweck darf der Körper des Beschuldigten auch gegen seinen Willen in Augenschein genommen werden. Den gegen die Vorschrift auch im Hinblick auf das Bestimmtheitsgebot und die Unschuldsvermutung (Art. 6 Abs. 2 EMRK) erhobenen Bedenken (vgl. *Sautter* AcP 161, 215, 247 ff.; *Eb. Schmidt* Nachtr. II 3; aufgegriffen von *Naucke* FS Hamm, S. 497) hat sich das BVerfG zu Recht nicht angeschlossen (BVerfGE 16, 194, 202; 17, 108, 117; BVerfG NJW 1996, 3071, 3072; zum Bestimmtheitsgebot BVerfGE 47, 239, 248 ff.; zur Vereinbarkeit von Eingriffen mit Art. 3, 6, 8 EMRK vgl. EGMR NJW 2006, 3117, 3120 ff.; offengelassen im Hinblick auf die erforderliche Freiheitsentziehung von BVerfG NJW 2004, 3697, 3698; und unten Rdn. 24 ff.); vielmehr eine besondere Beachtung des Verhältnismäßigkeitsgrundsatzes für eine verfassungsorientierte Auslegung des § 81a eingefordert (vgl. zur Liquorentnahme nur BVerfGE 16, 194, 201 f.; erg. Rdn. 24 ff.). Im **Bußgeldverfahren** findet § 81a Abs. 1 Satz 2 mit der Einschränkung Anwendung, dass nur die Entnahme von Blutproben und andere geringfügige Eingriffe zulässig sind (§ 46 Abs. 4 OWiG). Die Durchführung molekulargenetischer Untersuchungen wird durch § 46 Abs. 4 Satz 4 OWiG ausgeschlossen.

2 **B. Anwendungsbereich der Norm. I. Einfache körperliche Untersuchungen (Abs. 1 Satz 1). 1. Begriff und Umfang zulässiger Untersuchungen.** Nach herrschender Meinung liegt eine nicht notwendig von einem Arzt vorzunehmende **körperliche Untersuchung** vor, wenn ohne körperlichen Eingriff die Beschaffenheit (etwa den Beschuldigten zeichnende Tatspuren) oder Funktionsfähigkeit des Körpers bzw. einzelner Körperteile, das Vorhandensein von Fremdkörpern in den natürlichen Körperöffnungen oder der psychische Zustand des Beschuldigten mittels sinnlicher Wahrnehmung festgestellt werden soll (BGHSt 5, 332, 336; *Eisenberg* BR, Rn. 1629; Meyer-Goßner/*Schmitt* § 81a Rn. 9; LR/*Krause* § 81a Rn. 19). Auch die Überprüfung der Arbeitsweise des Gehirns sowie körperlich bedingter psychologischer Reaktionen ist demnach umfasst (zur Wahrnehmungsfähigkeit nach Alkoholgenuss vgl. BGHSt 5, 332, 336), soweit nicht der Geisteszustand des Beschuldigten i.S.v. § 81 durch Beobachtung festgestellt werden soll (OLG Bamberg MDR 1984, 602; OLG Nürnberg NStZ-RR 1998, 242, 242 f.; LG Hagen StraFo 2008, 157; erg. § 81 Rdn. 6 f.). Die Benutzung ärztlicher Instrumente ist kein Spezifikum des körperlichen Eingriffs, auch wenn die Notwendigkeit der Hinzuziehung eines Arztes die Grenzen zulässiger Untersuchungshandlungen mitbestimmt. Bspw. ist auch die Hirnstromuntersuchung (Elektroenzephalografie [EEG], vgl. BVerfG NJW 1963, 2368, 2369) den einfachen Untersuchungshandlungen zuzurechnen.

3 Die **Veränderung der Haar- und Barttracht** dient meist nicht den Feststellungszwecken des § 81a Abs. 1, kann sich aber als erforderlich erweisen, um eine Untersuchungsmaßnahme vorzubereiten (z.B. die Begutachtung der Kopfhaut). Sie kann auf § 81a gestützt werden, wenn sie eine Untersuchung nach § 81a Abs. 1 Satz 1 ermöglichen soll (zutr. zur Rechtsgrundlage *Dzendzalowski* Die körperliche Untersuchung, 1971, S. 37 f. mit Fn. 146; SK-StPO/*Rogall* § 81a Rn. 30, 36; *Odenthal* Die Gegenüberstellung im Strafverfahren, 1999, S. 95 f.; abw. BGH 09.03.1977 – 1 BJs 128/76 – StB 56/77; HK-StPO/*Brauer* § 81a Rn. 14; LR/*Krause* § 81a Rn. 47 f.; KK-StPO/*Hadamitzky* § 81a Rn. 6; Meyer-Goßner/*Schmitt* § 81a Rn. 23, die einen körperlichen Eingriff verneinen). Das BVerfG bejaht zu Recht einen, wenn auch seiner Ansicht nach, »relativ geringfügigen« Eingriff (vgl. BVerfGE 47, 239, 246, 248 ff.; vgl. aber KMR/*Bosch* § 81a Rn. 3). Von der Qualifizierung als Eingriff muss die Folgefrage getrennt werden, ob der strikte Arztvorbehalt des Abs. 1 Satz 2 auch Beachtung beansprucht, wenn weder Regeln der ärztlichen Kunst zu beachten sind noch die Maßnahme Gesundheitsgefahren für den Betroffenen mit sich bringt. So dürfte es dem Zweck des Arztvorbehaltes (vgl. Rdn. 26) entsprechen, die Entfernung von Haarwurzeln zur Durchführung einer DNA-Analyse der Aufsicht eines Arztes zu unterstellen (vgl. SK-StPO/*Rogall* § 81a Rn. 54). In anderen Fällen einer Veränderung der Haar- und Barttracht erscheint dies aber nicht geboten und es sollte deshalb eine teleologische Reduktion des Arztvorbehalts erwogen werden. Jedenfalls muss § 81a aufgrund seiner Beschränkung auf Eingriffe zu Untersuchungszwecken als Eingriffsgrundlage ausscheiden, wenn der Eingriff lediglich erkennungsdienstlichen Zwecken dient oder eine Gegenüberstellung ermöglichen soll (vgl. SK-StPO/*Rogall* § 81a Rn. 30; KK-StPO/*Hadamitzky* § 81a Rn. 6; *Ranft* Rn. 730; *Schlüchter* Strafverfahrensrecht, Rn. 186; abw. BVerfGE 47, 239 ff.; zur Rechtfertigung nach § 81b vgl. dort Rdn. 7 f.).

4 **2. Abgrenzung zur körperlichen Durchsuchung.** Die **Abgrenzung** von körperlichen Untersuchungen i.S.v. § 81a und **körperlichen Durchsuchungen** nach **§§ 102, 103** erfolgt nach überwiegender Auffassung anhand des jeweils verfolgten Zwecks (HK-StPO/*Brauer* § 81a Rn. 6; Meyer-Goßner/*Schmitt* § 81a Rn. 9; LR/*Krause* § 81a Rn. 19; auf die Verletzungsgefahren abstellend hingegen LG Trier NJW 1987, 722, zur Sicher-

stellung von rektal geschmuggelten Drogen; AK/*Wassermann* § 81a Rn. 2: Abgrenzung anhand des Mittels der Durchsuchung; beide Ansätze verbindend *Eisenberg* BR, Rn. 1630). Beweisthema der §§ 102, 103 sei nicht die Beschaffenheit des Körpers, sondern die Existenz von Gegenständen am oder im Körper oder in der getragenen Kleidung. Der Anwendungsbereich des § 102 erstreckt sich nach dieser Auffassung nicht nur auf Beweismittel oder Einziehungsgegenstände, die in oder unter der Kleidung sowie auf der Körperoberfläche aufgefunden werden können (etwa fremdes Blut oder Hautfetzen unter den Fingernägeln; abw. LR/*Krause* § 81a Rn. 19), sondern auch auf Gegenstände, die in den natürlichen Körperöffnungen (Mund, Scheide, After) versteckt sind (KK-StPO/*Bruns* § 102 Rn. 10; zu Recht a.A. SK-StPO/*Rogall* § 81a Rn. 25; zur Durchsuchung des Mundraumes vgl. OLG Celle NStZ 1998, 87, 87 f.). Eine Abgrenzung nach dem Zweck der Untersuchung scheidet allerdings nach allg. Auffassung bei Gegenständen aus, die verschluckt worden sind (etwa sog. bodypacks zum Drogentransport; vgl. KK-StPO/*Hadamitzky* § 81a Rn. 6; erg. auch *Rogall* NStZ 1998, 66 f. m.w.N.). Da § 81a eine abschließende Regelung körperlicher Eingriffe beinhaltet, kann die Suche im Körperinneren (z.B. mittels Röntgenaufnahmen) nur auf § 81a gestützt werden. Gleiches muss aber auch für Eingriffe in das Körperinnere über die natürlichen Körperöffnungen gelten (vgl. Rdn. 6).

3. Die Mitwirkungsfreiheit des Beschuldigten als Grenze körperlicher Untersuchungen. Nach herkömmlichem Begriffsverständnis muss der Beschuldigte körperliche **Untersuchungen** lediglich **passiv dulden**, zu einer aktiven Beteiligung an diesen kann er jedoch aufgrund seiner verfassungsrechtlich abgesicherten **Mitwirkungsfreiheit** nicht gezwungen werden (BGHSt 34, 39, 46; 40, 66, 71 f.; KK-StPO/*Hadamitzky* § 81a Rn. 4; Meyer-Goßner/*Schmitt* § 81a Rn. 10 f.; *Beulke*/Swoboda Strafprozessrecht Rn. 241; *Eser* Beiheft zur ZStW 86, 1974, 146). So müsse er insb. keine Fragen des Untersuchenden beantworten (OLG Hamm NJW 1974, 713) und sich keiner Prüfung unterziehen. Bspw. könne er nicht dazu verpflichtet werden, an einem Atemalkoholtest durch Blasen in ein Alkoholteströhrchen (BGH VRS 39, 184, 185; BayObLGSt 63, 15, 16; KG NZV 2015, 204 [aber inkonsequent keine Belehrungspflicht über Freiwilligkeit; ebenso OLG Brandenburg VRS 124, 340]; OLG Schleswig VRS 30, 344, 345 f.; *Geppert* FS Spendel, S. 659), an einem Hirnleistungstest (OLG Hamm NJW 1967, 1524; MDR 1974, 508, 509) oder an einem Belastungs-EKG mitzuwirken (OLG Schleswig NStZ 1982, 81), zwecks Röntgenuntersuchung Kontrastmittel einzunehmen (*Eisenberg* BR, Rn. 1627), zum Zwecke eines Trinkversuchs Alkohol zu trinken (BGH VRS 29, 203, 203 f.; OLG Hamm VRS 34, 287, 289; vgl. erg. zur mangelnden Beweiseignung zur Feststellung einer Alkoholverträglichkeit BGHSt 10, 265, 267; BGH VRS 28, 190; zur Feststellung eines pathologischen Rauschzustandes vgl. aber BGH NStZ [Pf] 1982, 189; OLG Hamm VRS 34, 287, 289; *Eisenberg* BR, Rn. 1752), die Knie zu beugen, die Arme auszustrecken, Finger- oder Gehproben vorzunehmen (OLG Hamm NJW 1968, 1203; *Dahs*/*Wimmer* NJW 1960, 2200) oder sich zwecks Feststellung des Drehnachnystagmus herumzudrehen (*Klinkhammer*/*Stürmann* DAR 1968, 44). Mit dem Begriffspaar Aktivität/Passivität nur schwer vereinbar soll der Beschuldigte andererseits verpflichtet sein, sich für die Untersuchung zu entkleiden (LG Düsseldorf NJW 1973, 1931) und die erforderliche Körperhaltung einzunehmen (*Eisenberg* BR, Rn. 1627; Meyer-Goßner/*Schmitt* § 81a Rn. 10; LR/*Krause* § 81a Rn. 22). Jedenfalls entfällt nach h.A. die Pflicht zur **Belehrung** über die Freiwilligkeit der Mitwirkung bei Handlungen, die ein Arzt üblicherweise von seinen Patienten verlangen könne, wozu erstaunlicherweise auch die Tests bei Blutprobenentnahme gerechnet werden (vgl. auch *Siebler* Polizei 2009, 236; erg. Rdn. 11). Die angedeuteten Abgrenzungsschwierigkeiten beruhen letztlich auf einer fehlerhaften Parallelisierung der Mitwirkungsfreiheit des Beschuldigten und seiner Aussagefreiheit. Die Mitwirkungsfreiheit des Beschuldigten basiert aber lediglich auf Verhältnismäßigkeitserwägungen (umfassend hierzu *Bosch* Aspekte des nemo-tenetur-Prinzips, 1998, S. 277 ff.; 283 ff., 284; KMR *ders.* § 81a Rn. 5 f.; vgl. mit anderer Umschreibung auch *Neumann* FS Wolff, S. 389, und *Verrel* Die Selbstbelastungsfreiheit im Strafverfahren, 2001, S. 235 ff., 253 ff.). Damit ist nicht entscheidend, ob sich das Verhalten des Beschuldigten als Aktivität oder Passivität darstellt, sondern es darf nur dann nicht »erzwungen« werden, wenn es einen eigenständigen Beweiswert mit Aussagequalität besitzt. 5

II. Körperliche Eingriffe. 1. Begriff. Hinsichtlich der ausschließlich einem Arzt vorbehaltenen körperlichen Eingriffe unterscheidet das Gesetz zwischen der Blutprobenentnahme (Rdn. 7) und sonstigen Eingriffen (Rdn. 8 f.). Der Begriff des **körperlichen Eingriffs** erschließt sich in Abgrenzung zur körperlichen Untersuchung. Er umfasst sowohl die künstliche Entnahme natürlicher Körperbestandteile wie Blut, Liquor, Urin oder Speichel (zu molekulargenetischen Untersuchungen vgl. nur LG Offenburg StV 2003, 153, 154 f.) als auch die Zuführung von Stoffen sowie alle sonstigen Eingriffe, bei denen in das haut- und muskelumschlossene Innere des Körpers eingegriffen wird, wobei die Verursachung von Schmerzen kein eingriffskonstituierendes Kriterium ist (*Dzendzalowski* S. 15; Meyer-Goßner/*Schmitt* § 81a Rn. 15). Abgesehen von einer meist unproblematisch möglichen, visuellen Wahrnehmung der Mundhöhle muss regelmäßig auch das Eindringen in das Körperinnere über die natürlichen Körperöffnungen (After, Scheide), insb. wenn es unter 6

Verwendung technischer Hilfsmittel geschieht, nicht nur wegen der damit verbundenen Verletzungsgefahren als ein körperlicher Eingriff angesehen werden, der ausschließlich durch einen Arzt vorgenommen werden darf (vgl. auch SK-StPO/*Rogall* § 81a Rn. 25; differenzierend *Eisenberg* BR, Rn. 1632; a.A. LR/*Krause* § 81a Rn. 28; KK-StPO/*Hadamitzky* § 81a Rn. 6; Meyer-Goßner/*Schmitt* § 81a Rn. 15). Zumindest der Arztvorbehalt des Abs. 1 Satz 2 müsste auf eine Untersuchung der natürlichen Körperöffnungen erstreckt werden, da diese üblicherweise von einem Arzt vorgenommen wird (vgl. auch *Eisenberg* BR, Rn. 1633; erg. SK-StPO/*Rogall* § 81a Rn. 54). Maßnahmen, die darauf abzielen, die seelisch-psychische Verfassung des Beschuldigten zu verändern, sind selbst dann nicht gestattet, wenn dies nur vorübergehend zu Untersuchungszwecken erfolgen soll (LR/*Krause* § 81a Rn. 29; *Eb. Schmidt* Nachtr. I 7). Soweit der Eingriff – wie Hypnose, Elektroschock oder Narkoanalyse – der Herbeiführung einer Aussage dienen soll, ergibt sich seine Unzulässigkeit selbst bei Einwilligung des Beschuldigten bereits aus § 136a Abs. 3 Satz 1. Die genannten Maßnahmen dürfen aber unabhängig von der Frage ihrer Zumutbarkeit auch nicht zu rein diagnostischen Zwecken angewendet werden (*Eisenberg* BR, Rn. 1634; Meyer-Goßner/*Schmitt* § 81a Rn. 16).

7 **2. Die Entnahme von Blutproben. Blutprobenentnahmen** stellen den Hauptanwendungsfall des Abs. 1 Satz 2 dar (zur Eingriffsqualität BVerfG NJW 1956, 986; BGHSt 24, 125, 129 ff.) und dienen bspw. der Feststellung des Blutalkoholgehaltes bei Trunkenheitsdelikten im Straßenverkehr (§§ 315a, 315c, 316 StGB, § 24a StVG), dem Vaterschaftsausschluss (vgl. § 170 StGB; erg. zum AuslG LG Verde NStZ-RR 2006, 246, 247), der Feststellung der Schuldfähigkeit (§§ 20, 21 StGB), der Feststellung von Krankheiten (vgl. zu Aids-Erkrankungen *Mayer* JR 1990, 358 ff.) oder der Durchführung molekulargenetischer Untersuchungen (vgl. die Erläuterungen zu §§ 81e, 81 f.). Die Entnahme einer Blutprobe wird allgemein als ein geringfügiger und ungefährlicher Eingriff in die körperliche Unversehrtheit angesehen, sodass deren Anordnung im Lichte des Verhältnismäßigkeitsgrundsatzes keine besonderen Schwierigkeiten aufwirft (vgl. OLG Köln NStZ 1986, 234, 235; KK-StPO/*Hadamitzky* § 81a Rn. 5a; Meyer-Goßner/*Schmitt* § 81a Rn. 13; LR/*Krause* § 81a Rn. 40; vgl. aber auch *Rittner* BA 1981, 161, 168, zu Verletzungsgefahren bei Beschuldigten, die Widerstand leisten). **Atemalkoholtestgeräte** gelten zwar als weniger zuverlässig (vgl. aber OLG Nürnberg DAR 2010, 218; *Jänker* DAR 2009, 1), dennoch ist es unzutreffend, wenn überwiegend davon ausgegangen wird, dass die auch in den bundeseinheitlichen Richtlinien über die Feststellung von Alkohol-, Medikamenten- und Drogeneinfluss bei Straftaten und Ordnungswidrigkeiten (VwV Blutalkohol v. 01.06.2014) vorgesehene Durchführung eines Atemalkoholtests bei verfügbaren Testgeräten unter dem Aspekt des Notwendigkeitsgebots keine Zulässigkeitsvoraussetzung der Blutentnahme sein soll (so OLG Köln NStZ 1986, 234, 235; *Eisenberg* BR, Rn. 1637; Meyer-Goßner/*Schmitt* § 81a Rn. 13; zutr. hingegen SK-StPO/*Rogall* § 81a Rn. 41; abw. auch *Arbah-Zadeh* NJW 1984, 2615 ff.; vgl. erg. zur Rechtmäßigkeit einer dennoch erfolgten Vollstreckung der Blutentnahme MüKo/*Bosch* § 113 Rn. 46; zur Frage, ob eine Belehrung über die nach h.M. nur freiwillig zulässige Untersuchung erfolgen muss, LG Freiburg NZV 2009, 614; AG Frankfurt NZV 2010, 266; KG NZV 2015, 204; *Brock/Herb* StraFo 2009, 47; *Geppert* NStZ 2014, 481; *Mosbacher* NStZ 2015, 42 und eingehend *Cierniak/Herb* NZV 2012, 410 ff.). Da abgesehen von Zweifelsfällen ein negatives Testergebnis durchaus geeignet sein kann, etwa einen aufgrund von Fahrfehlern bedingten Verdacht der relativen Fahruntüchtigkeit zu entkräften, kann die Vornahme eines Atemalkoholtests ein Gebot der Verhältnismäßigkeit sein. Dies umso mehr, wenn berücksichtigt wird, dass die Rspr. bei entsprechender Eichung und Wartung des verwendeten Atemalkoholmessgeräts eine Verwertung des Messwertes ohne Sicherheitsabschlag für zulässig erachtet (vgl. BGH NJW 2001, 1952, 1953 ff.; erg. zu den Anforderungen an die Urteilsfeststellung BayObLG NJW 2001, 3138). Bei positivem Testergebnis des Atemalkoholtests wird die Anordnung einer Blutprobe allerdings im Regelfall erforderlich sein (vgl. auch SK-StPO/*Rogall* § 81a Rn. 41).

8 **3. Andere körperliche Eingriffe (Abs. 1 Satz 2).** Neben den im Gesetz besonders erwähnten Blutproben können auch **»andere körperliche Eingriffe«** Gegenstand einer Anordnung nach § 81a sein, sofern sie von einem Arzt nach den Regeln der ärztlichen Kunst durchgeführt werden, kein Nachteil für die Gesundheit zu befürchten ist und das Verhältnismäßigkeitsprinzip beachtet wird. Eine gegen den Willen des Beschuldigten mittels eines Katheters entnommene **Urinprobe** kann im Einzelfall erforderlich sein, um die Einnahme bestimmter, im Blut nicht oder nur unzuverlässig nachweisbarer Medikamente oder Drogen festzustellen (*Benfer* Rechtseingriffe Rn. 956). Die Urinabnahme mittels eines Katheters wird allerdings z.T. wegen der damit verbundenen Infektionsgefahr bzw. der durch sie verursachten Schmerzen generell für unzulässig erachtet (so *Eisenberg* BR, Rn. 1640; Meyer-Goßner/*Schmitt* § 81a Rn. 21; *Kohlhaas* NJW 1968, 2277; *Adams/Gerhardt* NStZ 1981, 244; vgl. aber auch BVerfG NStZ 1993, 482; SK-StPO/*Rogall* § 81a Rn. 44) oder zumindest nur bei Verdacht besonders schwerer Straftaten für statthaft gehalten (*Benfer* Rechtseingriffe Rn. 956; *Kuhlmann* Kriminalistik 1980, 374). Bei Beachtung des Verhältnismäßigkeitsgrundsatzes wird die Harnentnahme für zulässig erachtet werden müssen, sofern der Beschuldigte zuvor auf die Möglichkeit ihrer

Abwendung durch freiwillige Harnabgabe hingewiesen wurde. Für zulässig erachtet wird auch die **Bronchoskopie** zur Feststellung der Verhandlungsfähigkeit des Angeklagten (vgl. OLG Hamburg StV 2016, 419). Eine durch Zwang bewirkte **Entnahme von Samen** wird hingegen im Regelfall weder erforderlich sein noch in einer Form durchgeführt werden können, die den Anforderungen von Art. 1 Abs. 1, 2 Abs. 1 GG sowie dem Verhältnismäßigkeitsgebot Rechnung trägt (vgl. SK-StPO/*Rogall* § 81a Rn. 45). Die **Entnahme von Liquor** (Gehirn- und Rückenmarkflüssigkeit) durch Lumbal- oder Subokzipitalpunktion zur Feststellung von Erkrankungen des zentralen Nervensystems ist lediglich bei dringendem Tatverdacht zur Aufklärung schwerer Straftaten zulässig (BVerfGE 16, 194, 198 ff., 201; 17, 108, 115 ff.; OLG Hamm NJW 1971, 1904; *Eisenberg* BR, Rn. 1640; Meyer-Goßner/*Schmitt* § 81a Rn. 22; *Bresser* NJW 1961, 253; a.A. *Schlüchter* Strafverfahrensrecht Rn. 174; *Malek/Wohlers* Zwangsmaßnahmen Rn. 270: Eingriff unzulässig; die Eingriffsqualität sehr verharmlosend BayObLGSt 1951, 472, 473). Der Eingriff führt infolge Liquorunterdrucks häufig zu Übelkeit, Kopfschmerzen und einer Störung des Allgemeinbefindens (LR/*Krause* § 81a Rn. 49; SK-StPO/*Rogall* § 81a Rn. 46). Vergleichbare Beeinträchtigungen des körperlichen Wohlbefindens sind mit einer **Pneumoenzephalografie** (Hirnkammerluftfüllung) verbunden (vgl. dazu *Dzendzalowski* Die körperliche Untersuchung, S. 70 f.; *Bresser* NJW 1961, 250). Ihre Anordnung wird wohl selbst in Ausnahmefällen nicht verantwortet werden können (so aber BVerfGE 17, 108, 115; BGHSt 23, 176, 186 f.; OLG Celle MDR 1956, 695; OLG Hamm NJW 1960, 1400, 1401 f.; NJW 1975, 2256; Meyer-Goßner/*Schmitt* § 81a Rn. 22; LR/*Krause* § 81a Rn. 57; *Kuhlmann* NJW 1976, 350; *Ostertag/Sternsdorf* NJW 1977, 1485: generell unzulässig), zumal sie wohl durch die Computer-Tomografie ersetzt werden kann (HK-StPO/*Brauer* § 81a Rn. 17; SK-StPO/*Rogall* § 81a Rn. 50). Ebenso unzulässig ist die **Ballondilatation** (medizinischer Eingriff im Herzbereich), die als schwerer Eingriff mit Art. 2 Abs. 2 Satz 1 GG unvereinbar ist (BVerfGE 89, 119, 130 f.).

Röntgendiagnostische Verfahren einschließlich der Kernspin- und Computertomografie sind zwar lege artis 9
durchgeführt zulässige körperliche Eingriffe (*Eisenberg* BR, Rn. 1639; HK-StPO/*Brauer* § 81a Rn. 16; Meyer-Goßner/*Schmitt* § 81a Rn. 20; SK-StPO/*Rogall* § 81a Rn. 49; *Ostertag/Sternsdorf* NJW 1977, 1482; *Stöppler/Vogelsang* NJW 1978, 577 f.), die allerdings wegen der mit ihnen verbundenen Strahlenexposition voraussetzen, dass insb. unter Berücksichtigung der bisherigen Strahlenbelastung des Beschuldigten ein Gesundheitsnachteil für diesen ausgeschlossen werden kann (OLG Karlsruhe StV 2005, 376; OLG Schleswig NStZ 1982, 81; zu Altersuntersuchungen eingehend *Jung* StV 2013, 51). Ebenso statthaft ist die Anordnung einer **Szintigrafie** (LR/*Krause* § 81a Rn. 61; SK-StPO/*Rogall* § 81a Rn. 51; *Kuhlmann* NJW 1976, 351), mittels derer durch Injektion von Kontrastmitteln in die Ellenbeugenvene Organe bildhaft dargestellt werden können. Für unzulässig erachtet wird hingegen die **Angiografie** (Arteriografie), bei der zur röntgenologischen Darstellung von Blutgefäßen des Gehirns ein Kontrastmittel in die Halsschlagader injiziert wird (Meyer-Goßner/*Schmitt* § 81a Rn. 21; LR/*Krause* § 81a Rn. 38; *Kuhlmann* NJW 1976, 351). Da bei diesem Eingriff ernsthafte gesundheitliche Folgen nicht ausgeschlossen werden können (vgl. OLG Hamm VersR 1992, 833), darf er trotz seines diagnostischen Wertes nicht gegen den Willen des Beschuldigten vorgenommen werden (LR/*Krause* § 81a Rn. 38; SK-StPO/*Rogall* § 81a Rn. 47). Die **Magenausheberung** (Magenauspumpen) wird zwar als statthaft angesehen (*Eisenberg* BR, Rn. 1639; LR/*Krause* § 81a Rn. 42; Meyer-Goßner/*Schmitt* § 81a Rn. 20; a.A. *Renzikowski* FS Amelung, S. 685), dürfte aber im Regelfall weder erforderlich noch aus Gründen der Beweisführung geboten sein. Sofern eine natürliche Ausscheidung von verschluckten Beweis- bzw. Verfalls- oder Einziehungsgegenständen wegen einer damit einhergehenden Freiheitsentziehung nicht abgewartet werden kann, darf der Ausscheidevorgang durch Vergabe von Abführmitteln beschleunigt werden. Nach Auffassung des EGMR StV 2006, 617, 619 ff. verstößt die zwangsweise Verabreichung von **Vomitivmitteln** (= Brechmittel, z.B. Ipecacuanha-Sirup über Nasen-Magensonde) zur Exkorporation von Beweis-, Verfalls- und Einziehungsgegenständen oder -substanzen sowohl gegen das Verbot unmenschlicher und erniedrigender Behandlung (Art. 3 EMRK) als auch im konkreten Fall gegen Art. 6 EMRK. Dem kann angesichts der konkreten Umstände (Fixierung durch vier Polizeibeamte, Kleindealer etc.) und nicht gesicherter Folgerisiken zugestimmt werden. In der Entscheidung wird angedeutet, dass bei repressiver Zwecksetzung wohl immer von Unverhältnismäßigkeit auszugehen ist (abw. aber methodisch unklar Meyer-Goßner/*Schmitt* § 81a Rn. 22: »strenge Beachtung des Verhältnismäßigkeitsgebots«; vgl. auch *Schumann* StV 2006, 661, 663 ff.; erg. *Gaede* HRRS 2006, 241; *Schuhr* NJW 2006, 3538). Vor der Entscheidung des EGMR wurde die Maßnahme überwiegend für zulässig erachtet (etwa zum Nachweis eines intrakorporalen Drogenschmuggels, vgl. *Körner* StV 1988, 448 ff.; *Solbach* MedR 1987, 80 ff.), sofern eine Gesundheitsgefährdung ausgeschlossen werden konnte (KG JR 2001, 162 m. abl. Anm. *Hackethal*; KG JR 2002, 122 m. abl. Anm. *Zaczyk*; OLG Bremen NStZ-RR 2000, 270; *Benfer* JR 1998, 53; *Grüner* JuS 1999, 122; *Rogall* NStZ 1998, 68; *Schäfer* NJW 1997, 2438; *Weßlau* StV 1997, 341; vgl. auch den Nichtannahmebeschluss des BVerfG NStZ 2000, 96 m. abl. Anm. *Rixen* NStZ 2000, 381; *Naucke* StV 2000, 1; zur verfassungsrechtlichen Unbedenklichkeit *Amelung/Wirth* StV 2002, 167; abwegig insoweit EGMR StV 2006, 617, 622 f., da der EGMR einen Verstoß gegen die

Selbstbelastungsfreiheit [Art. 6 Abs. 1 EMRK] feststellt; ähnlich OLG Frankfurt StV 1997, 651; *Malek/Wohlers* Zwangsmaßnahmen Rn. 271; *Mushoff* KritV 2005, 83; *Dallmeyer* StV 1997, 606, 609 f.: Verstoß gegen § 136a; krit. aus medizinischer Sicht *Dettmeyer* MedR 2000, 316 ff.; *Bachmann/Püschel/Sonnen* Kriminalistik 2004, 678; vgl. erg. *Vetter* Problemschwerpunkte des § 81a StPO, 2000, S. 15 ff.; *Hackethal* Der Einsatz von Vomitivmitteln zur Beweissicherung im Strafverfahren, 2004). Selbstverständlich darf eine Exkorporation keinesfalls durchgeführt werden, wenn ex ante erkennbar ist, dass gesundheitliche Nachteile für den Beschuldigten zu erwarten sind (vgl. BGH NJW 2012, 2453). Eine Beschränkung auf die Aufklärung schwerer Straftaten dürfte zwar geboten (abw. SK-StPO/*Rogall* § 81a Rn. 48), aber nicht praktikabel sein, da etwa im Bereich der Betäubungsmitteldelikte die hierfür erforderliche Beurteilung der Schwere der Tat häufig nur ex post möglich ist (zur Unzulässigkeit bei Kleindealern aber *Binder/Seelmann* NStZ 2002, 234). Eine durch Zwang bewirkte, operative Entfernung sog. bubbles ist unzulässig, wenn sie allein aus Gründen der Beweissicherung erfolgt (vgl. auch BVerfG NJW 2002, 2859 f.).

10 **III. Einwilligung des Beschuldigten. 1. Zulässigkeit der Einwilligung.** Einer Anordnung nach § 81a bedarf es nicht, wenn der Beschuldigte rechtswirksam in die angestrebte Maßnahme einwilligt (BVerfGE 27, 211, 219; OLG Celle StV 2009, 518; OLG Dresden StV 2009, 571; OLG Hamburg NJW 2008, 2599). Davon ausgenommen sind schwerwiegende Eingriffe, die trotz Einwilligung der richterlichen Anordnung bedürfen (BVerfGE 27, 211, 219; Meyer-Goßner/*Schmitt* § 81a Rn. 3). Bei wirksamer Einwilligung dürfen Maßnahmen durchgeführt werden, die nach § 81a unzulässig, aber zur Wahrheitserforschung geeignet sind. Eine Einwilligung kann bspw. von der Beachtung des Arztvorbehaltes entbinden, etwa die Entnahme einer Blutprobe durch einen Nichtarzt (BayObLGSt 1964, 156, 158; *Eb. Schmidt* MDR 1970, 465) oder eine Krankenschwester (vgl. OLG Bremen VRS 36, 180, 182; OLG Oldenburg NJW 1955, 683) gestatten. Wegen ihrer besonderen Gefährlichkeit sittenwidrige (vgl. § 228 StGB; dazu *Löffler* NJW 1951, 822; *Ostertag/Sterndorf* NJW 1977, 1482; erg. BVerfGE 27, 211, 219) oder wegen der gesundheitlichen Folgen unverhältnismäßige Maßnahmen (vgl. Rdn. 16 f.; *Amelung* StV 1985, 259) können auch durch Einwilligung nicht legitimiert werden. Ebenso wenig können nach herrschender Meinung **phallometrische Untersuchungen** (Aufzeichnung der Penisreaktion auf sexuelle Reize, etwa bei Sexualstraftätern) auf eine Einwilligung des Beschuldigten gestützt werden (OLG Düsseldorf NJW 1973, 2255, 2256; *Eisenberg* BR, Rn. 1640; Meyer-Goßner/*Schmitt* § 81a Rn. 21; *Peters* ZStW 88, 1976, 1027, 1029; a.A. LG Hannover NJW 1977, 1110, 1111; *Binder* NJW 1972, 322; *Jessnitzer* NJW 1977, 2128). Diese sind unter Berücksichtigung ihres ohnehin zweifelhaften diagnostischen Wertes (vgl. OLG Düsseldorf NJW 1973, 2255, 2256) aufgrund der Unzumutbarkeit der Begleitumstände generell unzulässig. Ob sog. Nachtschlafuntersuchungen zur Feststellung der Erektionsfähigkeit zwangsweise durchgesetzt werden könnten (offengelassen von BVerfG NJW 2004, 3697, 3698), dürfte zweifelhaft sein (vgl. KMR/*Bosch* § 81a Rn. 14).

11 **2. Voraussetzungen der Einwilligung.** Eine rechtswirksame Einwilligungserklärung setzt voraus, dass sie **freiwillig**, d.h. in Kenntnis der Sachlage (*Kohlhaas* DAR 1956, 203; *ders.* DAR 1973, 13) und des Weigerungsrechts (BGH NJW 1964, 1177, 1178; *Peters* JR 1969, 233), nicht notwendiger Weise schriftlich (vgl. KG NStZ-RR 2015, 25) abgegeben und nicht durch Zwang oder Täuschung erwirkt wurde (BGH VRS 29, 203, 204; OLG Bremen VRS 36, 180, 182; *Kohlhaas* DAR 1973, 10). Geschäftsfähigkeit wird hierfür nicht vorausgesetzt, die erforderliche **Einsichts- und Urteilsfähigkeit** dürfte vielmehr entsprechend den zu § 228 StGB entwickelten Grundsätzen festzustellen sein (vgl. auch *Burhoff* StRR 2009, 204). Ggf. muss eine hinreichende Urteilsfähigkeit bei erheblicher Alkoholisierung verneint werden (vgl. *Dahs/Wimmer* NJW 1960, 2220; LR/*Krause* Rn. 14; *Eisenberg* BR, Rn. 1628; OLG Hamm NStZ-RR 2011, 186; sie soll aber selbst bei BAK-Werten über zwei Promille vorliegen können, vgl. auch KG NStZ-RR 2015, 25; Meyer-Goßner/*Schmitt* § 81a Rn. 14). Von einem freiwilligen Verzicht auf ein bestehendes Weigerungsrecht kann nur gesprochen werden, wenn der Beschuldigte vor dem Eingriff durch das Gericht bzw. die Strafverfolgungsbehörde über die Bedeutung seiner Erklärung und die Folgen und Risiken des Eingriffs **belehrt** und ihm ggf. eine Überlegungsfrist eingeräumt worden ist (BGH VRS 29, 203; vgl. aber auch LG Saarbrücken NStZ-RR 2009, 55). Der durchführende Arzt kann die erforderliche Belehrung nicht vornehmen (vgl. OLG Hamm BA 1980, 171), vielmehr hat dieser die Untersuchung abzubrechen, wenn er erkennt, dass der Beschuldigte unzureichend über seine Mitwirkungsfreiheit belehrt worden ist. Eine Belehrung soll allerdings dann nicht erforderlich sein, wenn lediglich einfachere Mitwirkungshandlungen (etwa Tests bei der Blutprobenentnahme wie Fingerprobe, Sichdrehen, Rombergtest, vgl. auch Rdn. 5 f.) des Beschuldigten erforderlich sind, »die der Arzt üblicherweise bei der Untersuchung von seinen Patienten (…) zu fordern berechtigt ist« (so KK-StPO/*Senge* § 81a Rn. 5a; Meyer-Goßner/*Schmitt* § 81a Rn. 12; LR/*Krause* § 81a Rn. 13, 26; i.E. ebenso OLG Hamm NJW 1968, 1202, 1203; OLG Hamm BA 1980, 171; OLG Köln NJW 1962, 692, 693; zu Recht krit. *Cierniak/Herb* NZV 2012, 411 ff.). Diese Einschränkung ist ein weiteres Indiz für die Inkonsequenz der allgemeinen

Unterscheidung von Aktivität und Passivität (vgl. Rdn. 5). Jedenfalls muss die Einwilligung **ausdrücklich** im Hinblick auf den konkreten Eingriff erklärt werden und kann nicht aus der schlichten Hinnahme einer Untersuchung abgeleitet werden (OLG Bamberg NJW 2009, 2146; Meyer-Goßner/*Schmitt* § 81a Rn. 4; LR/*Krause* § 81a Rn. 13), sodass nicht zuletzt aus Beweiserwägungen regelmäßig belehrt werden muss. Eine erteilte Einwilligung kann jederzeit **widerrufen** werden; das bis zum Zeitpunkt des Widerrufs Ermittelte bleibt jedoch verwertbar (KK-StPO/*Senge* § 81a Rn. 3; Meyer-Goßner/*Schmitt* § 81a Rn. 5). Von einer Verwertbarkeit der bisher erlangten Ergebnisse darf jedoch nur dann ausgegangen werden, wenn der Beschuldigte vor der Untersuchung sowohl über die rechtlichen Konsequenzen des Widerrufs der Einwilligung belehrt als auch über die mögliche Beweisrelevanz der Untersuchung aufgeklärt worden ist (i.E. wohl vergleichbar *Eisenberg* BR, Rn. 1626).

C. Materielle und formelle Voraussetzungen der Anordnung von Zwangseingriffen. I. Sachliche Voraussetzungen. 1. Beschuldigter. Maßnahmen nach § 81a können nur gegen den Beschuldigten ergehen. Der Begriff des Beschuldigten umfasst auch den Angeschuldigten und den Angeklagten (§ 157), nicht hingegen den rechtskräftig Verurteilten. § 81a ist deshalb nach Urteilsrechtskraft – z.B. zur Vorbereitung von Prognoseentscheidungen nach §§ 57 Abs. 1, 67d Abs. 2 Satz 1 StGB – grds. unanwendbar (OLG Hamm NJW 1974, 914, 915; *Eisenberg* BR, Rn. 1624; SK-StPO/*Rogall* § 81a Rn. 9; *Geerds* Jura 1988, 2; a.A. KK-StPO/*Hadamitzky* § 81a Rn. 2; Meyer-Goßner/*Schmitt* § 81a Rn. 2; LR/*Krause* § 81a Rn. 6). Es muss nicht bereits ein Ermittlungsverfahren gegen den Betroffenen anhängig sein. Vielmehr genügt es, wenn er durch die Anordnung nach § 81a in den Beschuldigtenstatus versetzt wird, sofern aufgrund zureichender tatsächlicher Anhaltspunkte ein einfacher Tat- oder Teilnahmeverdacht i.S.v. § 152 Abs. 2 besteht (vgl. BVerfG NJW 1996, 3071, 3072 f. m.Anm. *Benfer* NStZ 1997, 397; *Gusy* JZ 1996, 1175). So wird etwa bei Verkehrsunfällen ein Ermittlungsverfahren häufig mit einer Anordnung der Blutprobenentnahme eingeleitet, da zunächst jeder Unfallbeteiligte (auch der Beifahrer, sofern eine Fahrzeugführerschaft nicht sicher ausgeschlossen werden kann) als tatverdächtig gilt (vgl. OLG Hamm DAR 1962, 131; *Eisenberg* BR, Rn. 1624). Um eine rechtsmissbräuchliche Inkulpation Tatunbeteiligter zu verhindern, darf die Anordnung allerdings nicht ergehen, wenn entsprechende Verdachtsmomente erst aufgespürt werden sollen (HK-StPO/*Brauer* § 81a Rn. 2; *Krause/Nehring* Strafverfahrensrecht Rn. 2; Meyer-Goßner/*Schmitt* § 81a Rn. 2; *Geerds* GA 1965, 321, 327; KMR/*Bosch* § 81a Rn. 18). Unzulässig sind die in der Praxis leider zu beobachtenden, verdachtsunabhängigen Anordnungen der Blutprobenentnahme, wenn die polizeiliche Aufforderung zur Mitwirkung an einem Atemalkoholtest berechtigt verweigert wurde. 12

2. Abgeordnete, NATO-Streitkräfte, Exterritoriale und Konsularbeamte. Auch gegen **Abgeordnete** des Deutschen Bundestages, der Landtage und des Europäischen Parlaments können Maßnahmen nach § 81a angeordnet werden. Sie können bspw. in den Grenzen des Art. 46 Abs. 2 Hs. 2 GG (oder der Verfassungen der Länder) ohne Verletzung ihrer Immunität auch ohne Parlamentsgenehmigung zur Durchführung einer Blutprobenentnahme festgenommen werden (OLG Bremen NJW 1966, 743, 744; OLG Oldenburg NJW 1966, 1764, 1765 f.; KK-StPO/*Senge* § 81a Rn. 11; Meyer-Goßner/*Schmitt* § 81a Rn. 35; LR/*Krause* § 81a Rn. 103; vgl. erg. Nr. 191 Abs. 3 lit. h i.V.m. Abs. 3 lit. a RiStBV). Die Verbringung zum Arzt ist keine Freiheitsentziehung i.S.v. Nr. 192 Abs. 1, 192a Abs. 2 lit. c RiStBV. Zulässig sind Maßnahmen nach § 81a ebenso gegen Beschuldigte, die dem **NATO-Truppenstatut** und der deutschen Gerichtsbarkeit unterfallen, und zwar schon vor Verzichtsrücknahme (Art. 19 Abs. 3 des Zus. Abk. z. NTS v. 03.08.1959, BGBl. II 1961, S. 1183, 1218; vgl. Meyer-Goßner/*Schmitt* § 81a Rn. 35a; LR/*Krause* § 81a Rn. 104; SK-StPO/*Rogall* § 81a Rn. 114). Unstatthaft sind Anordnungen gem. § 81a gegen **Exterritoriale**, die nach §§ 18 bis 20 GVG von der deutschen Gerichtsbarkeit befreit sind (vgl. auch Nr. 193 Abs. 1 RiStBV; SK-StPO/*Rogall* § 81a Rn. 114). Gegen **Konsularbeamte** (vgl. § 19 GVG) dürfen sie unter Berücksichtigung von Art. 41 Abs. 1 WÜK nur unter den Voraussetzungen des Rundschreibens des Auswärtigen Amtes v. 19.09.2008, GMBl. 1154 unter VIII B. 13

3. Untersuchungszweck (Abs. 1 Satz 1). Abs. 1 Satz 1 beschränkt den **Zweck der Untersuchung** auf die **Feststellung verfahrenserheblicher Tatsachen** und bringt dadurch zum Ausdruck, dass körperliche Untersuchungen (und Eingriffe nach Abs. 1 Satz 2) kein Feld beliebigen Nachforschens sind. Sie müssen vielmehr im Lichte des verfolgten Verfahrensziels legitimiert sein (vgl. auch SK-StPO/*Rogall* § 81a Rn. 11) und setzen voraus, dass für die festzustellende Tatsache bereits gewisse Anhaltspunkte vorhanden sind (Meyer-Goßner/*Schmitt* § 81a Rn. 6; *Ebert* ZIS 2010, 250 f.). Feststellungsfähig sind zum einen alle Umstände, die für die **Tat- und Schuldfrage** oder die **Rechtsfolgenentscheidung** (z.B. die Gemeingefährlichkeit nach §§ 63, 66 StGB oder die körperliche oder geistige Eignung i.S.v. § 69 StGB) erheblich sein können. Zum anderen kann der Eingriff der Feststellung von **prozessual bedeutsamen Tatsachen** dienen, bspw. der Klärung der Reisefähigkeit (LG Zweibrücken VRS 99, 54, 55; Meyer-Goßner/*Schmitt* § 81a Rn. 7; LR/*Krause* § 81a Rn. 17) 14 oder der Verhandlungsfähigkeit (BVerfGE 27, 211, 219; BayObLG NJW 1957, 272 m.Anm. *Eb. Schmidt* JR 1957, 110; OLG Celle NJW 1971, 256, 257; OLG Schleswig NStZ 1982, 81; OLG Düsseldorf StV 1989, 193; OLG Hamburg StV 2016, 419). Außerhalb des Anwendungsbereichs der Durchsuchung (vgl. Rdn. 4) darf ebenso das Vorhandensein von Fremdkörpern geklärt werden, sofern die betreffenden Gegenstände als Beweismittel dienen können oder der Einziehung bzw. dem Verfall unterliegen (BGHSt 5, 332, 336; *Eisenberg* BR, Rn. 1625; SK-StPO/*Rogall* § 81a Rn. 11). Unzulässig sind hingegen körperliche Untersuchungen zur Beurteilung der Glaubwürdigkeit des Beschuldigten sowie die Beobachtung des Geisteszustandes des Beschuldigten (vgl. *Eisenberg* BR, Rn. 1625; LR/*Krause* § 81a Rn. 16). Natürlich kann eine körperliche Untersuchung des Beschuldigten mittelbar der Beurteilung seiner Glaubwürdigkeit dienen, etwa wenn Behauptungen des Beschuldigten über körperliche Mängel durch seine körperliche Untersuchung überprüft werden (BGHSt 5, 332, 336; OLG Bamberg MDR 1984, 602; OLG Celle NStZ 1989, 242, 243).

15 4. **Verhältnismäßigkeitsgrundsatz.** Anordnungen auf der Grundlage des § 81a dürfen insb. bei Eingriffen in die körperliche Unversehrtheit (Art. 2 Abs. 2 Satz 1 GG) nur unter besonders sorgfältiger Prüfung der Einhaltung des **Verhältnismäßigkeitsgrundsatzes** im konkreten Einzelfall ergehen (BVerfGE 16, 194, 202; 17, 108, 117 f.; 27, 211, 219). In Anwendung des allgemeinen **Verhältnismäßigkeitsgrundsatzes** muss die angeordnete Maßnahme zur Erreichung des mit ihr verfolgten Untersuchungszwecks **geeignet** und **erforderlich** sein. Vor der Anordnung körperlicher Eingriffe ist deshalb stets zu prüfen, ob nicht eine einfache Untersuchung genügt (OLG Hamm NJW 1960, 1400, 1402; NJW 1971, 1903, 1904). Des Weiteren setzt die Anordnung voraus, dass die Schwere des Eingriffs **nicht außer Verhältnis (Übermaßverbot)** zur Bedeutung der Sache und des bestehenden Aufklärungsinteresses steht (BVerfGE 16, 194, 202; 17, 108, 116; erg. BVerfGE 27, 211, 221; BVerfG NJW 1996, 771, 773; NJW 2004, 3697, 3698; zur Blutentnahme im Rahmen einer Reihenuntersuchung BVerfG NJW 1996, 3071, 3072 f.). Wesentliche Abwägungsparameter sind einerseits die Intensität der angeordneten Maßnahme sowie die mit ihr verbundenen Nachteile für den Beschuldigten und andererseits der Grad des Tatverdachts (vgl. auch BVerfGE 16, 194, 200; 17, 108, 117) sowie die Bedeutung der Sache unter Berücksichtigung der für sie zu erwartenden Strafe oder Maßregel und des Beitrags der Zwangsmaßnahme nach § 81a zu ihrer Aufklärung. Blutprobenentnahmen oder vergleichbar leichte Eingriffe können regelmäßig bereits dann angeordnet werden, wenn ein Anfangsverdacht i.S.v. § 152 besteht. Sofern auf Grundlage des § 81a die Anordnung einer Freiheitsentziehung für möglich erachtet wird (vgl. aber Rdn. 23 f.), muss deren Dauer dem Grundsatz der Verhältnismäßigkeit genügen. Gerade die Unbestimmtheit der erforderlichen Abwägung (vgl. nur LR/*Krause* § 81a Rn. 34: Dauer »Frage des Einzelfalls«) spricht gegen eine inzident durch den Gesetzgeber gewährte Befugnis.

16 5. **Keine Gesundheitsnachteile.** Als spezielle gesetzliche Ausprägung des Verhältnismäßigkeitsgebots ordnet **Abs. 1 Satz 2** an, dass durch den körperlichen Eingriff kein **Gesundheitsnachteil** für den Beschuldigten zu befürchten sein darf. Der Begriff des Gesundheitsnachteils kann nicht jede, mit körperlichen Eingriffen zwangsläufig verbundene Beeinträchtigung der Körperintegrität erfassen, sondern setzt eine mehr als nur unerhebliche, über den Eingriff hinausreichende und auf eine gewisse Dauer angelegte nachteilige Veränderung des körperlichen oder seelischen Wohlbefindens voraus (vgl. *Eisenberg* BR, Rn. 1635; LR/*Krause* § 81a Rn. 31; SK-StPO/*Rogall* § 81a Rn. 57). Dies kann auch bei seelischen Beeinträchtigungen mit Krankheitswert der Fall sein (HK-StPO/*Brauer* § 81a Rn. 16; *Malek/Wohlers* Zwangsmaßnahmen, Rn. 244; enger *Eisenberg* BR, Rn. 1635; LR/*Krause* § 81a Rn. 31; Meyer-Goßner/*Schmitt* § 81a Rn. 17), nicht aber schon bei Schmerzen oder vorübergehenden Unannehmlichkeiten (zur Frage von Gesundheitsnachteilen bei Zwangsblutentnahmen *Rittner* BA 1981, 161 ff.; *Kleiber/Püschel* BA 1987, 100 ff.). Dies schließt natürlich nicht aus, dass auch Eingriffe unterhalb dieser Schwelle unverhältnismäßig sein können (SK-StPO/*Rogall* § 81a Rn. 57). **Zu befürchten** sind Nachteile für die Gesundheit des Beschuldigten, wenn sie angesichts seiner konkret festzustellenden körperlichen und geistigen Konstitution nicht mit an Sicherheit grenzender Wahrscheinlichkeit ausgeschlossen werden können (zur Maßgeblichkeit des aktuellen Gesundheitszustands etwa bei Brechmitteleinsatz BGH NJW 2012, 2453 f.). Kann dies nur durch ärztliches Fachpersonal beurteilt werden, muss der Anordnende diese Frage vorab mit dem durchführenden Arzt, ggf. im Wege der Begutachtung durch einen Sachverständigen, klären (zur Erforderlichkeit eines Vorgutachtens vgl. BGHSt 8, 144, 148; KK-StPO/*Hadamitzky* § 81a Rn. 6; Meyer-Goßner/*Schmitt* § 81a Rn. 17; *Bresser* NJW 1961, 251). An das Ergebnis der Begutachtung ist der Anordnende zwar nicht rechtlich (Meyer-Goßner/*Schmitt* § 81a Rn. 17), aber zumindest dann faktisch gebunden, wenn kein abweichendes, eindeutig das Erstgutachten widerlegendes Zweitgutachten vorliegt (vgl. *Eisenberg* BR, Rn. 1635; LR/*Krause* § 81a Rn. 31; SK-StPO/*Rogall* § 81a Rn. 58; *Kohlhaas* NJW 1968, 2278).

II. Anordnung der Untersuchung. 1. Zuständigkeit. a) Richtervorbehalt. Anordnungen nach § 81a sind mit Ausnahme der Entnahme einer Blutprobe bei Verdacht bestimmter Delikte grds. dem **Richter** vorbehalten (**Abs. 2 Satz 1 Hs. 1**). Im Vorverfahren entscheidet der Ermittlungsrichter (§§ 162 Abs. 1, 169 Abs. 1; vgl. BGHSt 8, 144, 146; BGH NStZ 2000, 212; LG Zweibrücken StV 1997, 347), nach Anklageerhebung das für die Hauptverhandlung zuständige Gericht (§ 30 Abs. 2 GVG). Wurde die Hauptverhandlung eröffnet, ist die Zuständigkeit des erkennenden Gerichts begründet (vgl. §§ 25, 30 Abs. 1, 76 Abs. 1 GVG), das in der Hauptverhandlung, ggf. unter Mitwirkung der Schöffen, zu entscheiden hat (§§ 30 Abs. 1, 77 Abs. 1 GVG; vgl. *Eisenberg* BR, Rn. 1641; Meyer-Goßner/*Schmitt* § 81a Rn. 25b). Wird zugleich die Anstaltsunterbringung nach § 81 angeordnet, entscheidet das nach § 81 Abs. 3 zuständige Gericht (vgl. dort Rdn. 16) auch über Maßnahmen nach § 81a (OLG Karlsruhe Die Justiz 1972, 18; LR/*Krause* § 81a Rn. 65). 17

b) Staatsanwaltschaftliche Eilkompetenz. Sieht man vom Spezialfall der Blutprobenentnahme ab sind die **StA** (§ 142 GVG) und subsidiär (vgl. OLG Jena DAR 2009, 283; OLG Köln NStZ 2009, 406; OLG Schleswig StV 2010, 13; *Rabe v. Kühlwein* NStZ 2010, 168; *Ebert* ZIS 2010, 255) ihre **Ermittlungspersonen** (§ 152 GVG) nur bei Gefährdung des Untersuchungserfolges (**Gefahr im Verzug**) anordnungsbefugt (**§ 81a Abs. 2 Satz 1 Hs. 2**). Vor der Annahme von Gefahr im Verzug müssen die Strafverfolgungsbehörden regelmäßig versuchen, eine – zumindest mündliche (OLG Bamberg NJW 2009, 2147; OLG Hamm NJW 2009, 242; a.A. LG Hamburg NZV 2008, 213 m.Anm. *Laschewski*; LG Limburg NStZ-RR 2009, 384; *Wiesneth* DRiZ 2010, 51) – Anordnung des zuständigen Richters zu erlangen, bevor sie selbst eine Anordnung treffen (BVerfG StV 2007, 282, 283; OLG Stuttgart NStZ 2008, 238; LG Itzehoe NJW 2008, 2601 allerdings jeweils zum Spezialfall der Blutprobenentnahme). Nach Auffassung der Rspr. muss zur Nachtzeit hierfür – anders als für Wohnungsdurchsuchungen – kein richterlicher Bereitschaftsdienst eingerichtet sein (vgl. OLG Nürnberg NStZ-RR 2017, 286). Versucht der Beschuldigte zu flüchten, ist ebenso von Gefahr im Verzug auszugehen, jedoch nur, wenn konkrete Anhaltspunkte für eine Flucht bestehen (a.A. *Götz* NStZ 2008, 239). Die Eilzuständigkeit kann zudem nur auf die Gefahr des Beweismittelverlustes, nicht aber bspw. auf die mit dem Verschlucken von sog. bodypacks verbundenen Gesundheitsgefahren gestützt werden (OLG Karlsruhe StV 2005, 376, 377, *Dallmeyer* StV 2005, 378). Sofern ein Polizeibeamter nicht Ermittlungsperson der StA ist, darf er ohne Beauftragung durch ein zuständiges Organ auch keine Zwangsmaßnahmen vollziehen, die eine Anordnung nach Abs. 1 durch einen dazu Befugten erst ermöglichen sollen (vgl. Rdn. 34). Er darf deshalb – sofern die Voraussetzungen des § 127 nicht gegeben sind – zu diesem Zweck den Beschuldigten weder festhalten noch gegen seinen Willen auf eine Polizeiwache verbringen (vgl. Rdn. 32 ff.). Schwerwiegende Eingriffe können ausschließlich durch den Richter angeordnet werden (BVerfGE 16, 194, 201; *Genzel* NJW 1969, 1562). Führt die Anordnung zu einem Freiheitsentzug, muss die Strafverfolgungsbehörde wegen Art. 104 Abs. 1, 2 GG unverzüglich eine richterliche Anordnung erwirken (vgl. auch BayObLG NJW 1957, 272, 273). 18

Für die **Entnahmen von Blutproben** bei Verdacht eines enumerativ in **Abs. 2 Satz 2** genannten Delikts (§ 315a Abs. 1 Nr. 1, Abs. 2, 3, § 315c Abs. 1 Nr. 1 lit. a, Abs. 2, 3, § 316) hat der Gesetzgeber nunmehr auf eine richterliche Anordnung verzichtet und eine grundsätzlich gleichrangige Anordnungskompetenz von Staatsanwaltschaft und Polizei vorgesehen. Für Blutprobenentnahmen bei Nichtverkehrsdelikten, etwa zum Nachweis der Schuldfähigkeit, verbleibt es beim Richtervorbehalt und damit den Anforderungen an die Inanspruchnahme der Eilkompetenz. Da die in Abs. 2 Satz 1 Hs. 2 vorausgesetzte Gefährdungslage besteht, wenn das Abwarten einer richterlichen Anordnung den Beweiswert verschlechtert, wurde die Inanspruchnahme der »Ausnahmekompetenz« bei Trunkenheitsdelikten aufgrund der sich rasch verändernden Blutalkoholkonzentration in der Praxis als Regelfall behandelt (vgl. auch *Kreuz* KriPoZ 2017, 185), bis das BVerfG in einem wenig überzeugenden Vergleich mit Fällen der Wohnungsdurchsuchung (vgl. BVerfGE 103, 142, 155 f.) deren Anforderungen an die Annahme und Begründung von Gefahr im Verzug und ihre Dokumentation auch auf die Blutprobenentnahme übertrug (vgl. BVerfG NJW 2007, 1345), obwohl es sich dabei vorrangig auf eine Verletzung der Rechtsschutzgarantie (Art. 19 Abs. 4) berief. Tatsächlich war das Postulat eines Richtervorbehalts für Blutentnahmen gänzlich sinnlos, da sich die h.A. darauf geeinigt hatte, dass eine rechtsstaatlich verzichtbare telefonische Anordnung aufgrund polizeilicher Schilderung durch den Richter ausreicht (vgl. auch BR-Drucks. 792/16, S. 1) und ein Verstoß in aller Regel kein Verwertungsverbot zur Folge hat (vgl. etwa zur Beschränkung auf Fälle einer willkürlichen oder zielgerichteten Umgehung des Richtervorbehalts OLG Nürnberg NStZ-RR 2017, 286; zur Verwertbarkeit und fehlenden Rückwirkung in Altfällen nach Inkrafttreten der Neuregelung vgl. OLG Rostock NStZ-RR 2018, 114, wobei es auch unter dem Blickwinkel des Gesetzesvorbehalt keine Rolle spielt, ob der Gesetzgeber durch die Neuregelung eine Heilung beabsichtigt; so aber *Kudlich* JA 2018, 392; zutr. hingegen *Ernst* DAR 2018, 391; *Putzke*/*Putzke* ZJS 2017, 647 f.). Zudem hatte das BVerfG im Widerspruch zu den selbst aufgestellten Anforderungen betont, dass ein Richtervorbehalt nicht durch Grundgesetz bzw. Rechtsstaatsprinzip gefordert werde (vgl. nur 19

BVerfG NJW 2015, 1006, allerdings mit erheblichen Bedenken gegen eine Gerichtspraxis, die flächendeckend durch Verneinung eines Beweisverwertungsverbots den Richtervorbehalt aushebelt). Zur Beschleunigung der Beweissicherung im Straf- und Bußgeldverfahren und damit zur Verbesserung des Schutzes der Sicherheit des öffentlichen Straßenverkehrs hat der Gesetzgeber den Richtervorbehalt für bestimmte vorsätzlich oder fahrlässig begangene Straßenverkehrsdelikte gestrichen (vgl. BT-Drs. 18/11272). Auch wenn dies aufgrund des Regel-Ausnahmeverhältnisses von Abs. 2 Satz 1 und 2 nur unzureichend zum Ausdruck gebracht wird, soll die **Polizei** nicht nur in Ausnahmefällen, sondern aufgrund ihrer generellen Eingriffsbefugnis (§ 163 Abs. 1) **gleichrangig** mit der Staatsanwaltschaft anordnungsbefugt sein (BT-Drs. 18/11272, S. 44; BR-Drucks. 792/16, S. 23; dafür bereits zuvor MüKo-StPO/*Trück* § 81a Rn. 30), wobei es der Staatsanwaltschaft aufgrund ihrer Leitungsbefugnis natürlich unbenommen sei, generalisierende Vorgaben etc. zu machen. Ansonsten soll mit der Streichung des Richtervorbehalts keine Rechtsschutzlosstellung verbunden sein, da dem Beschuldigten eine Überprüfung der Rechtmäßigkeit im Hauptverfahren sowie nach Durchführung des Eingriffs entsprechend § 98 Abs. 2 Satz 2 verbleibe (vgl. BT-Drs. 18/11272). Da keine Gefahr im Verzug mehr erforderlich ist, kann dem nur zugestimmt werden, wenn der anordnende Polizeibeamte zumindest die **verdachtsbegründenden Umstände** für das Trunkenheitsdelikt **dokumentieren** muss, denn nur dann lässt sich u.a. überprüfen, ob der Verdacht auf bestimmte Tatsachen gestützt wurde.

20 **2. Vorherige Anhörung.** Vor der Anordnung ist eine Anhörung des Beschuldigten geboten, sofern durch sie der Zweck der Anordnung nicht gefährdet wird (vgl. *Eisenberg* BR, Rn. 1642; SK-StPO/*Rogall* § 81a Rn. 105; a.A. die h.M.: nur wenn die Voraussetzungen des § 33 Abs. 3 vorliegen, vgl. BGH VRS 29, 203; Meyer-Goßner/*Schmitt* § 81a Rn. 25e; LR/*Krause* § 81a Rn. 67; KK-StPO/*Hadamitzky* § 81a Rn. 8). Von der Gewährung rechtlichen Gehörs kann nur in den Fällen der Gefahr im Verzug (§ 33 Abs. 4 Satz 1) abgesehen werden. Für eine Anordnung, die unter dem Vorbehalt der Einwilligung des Beschuldigten getroffen wird, besteht damit kein praktisches Bedürfnis (vgl. *Eisenberg* BR, Rn. 1642; a.A. BGH VRS 29, 203; LR/*Krause* § 81a Rn. 69; Meyer-Goßner/*Schmitt* § 81a Rn. 25d; zu den rechtlichen Konsequenzen OLG Hamm NJW 1974, 713; zur Unzulässigkeit sog. Vorabbeschlüsse BGH NStZ 2000, 212). Unterbleibt die Anhörung, so gilt § 33a in den Fällen unstatthafter Beschwerde.

21 **3. Form und Inhalt der Anordnung. Richterliche Anordnungen** ergehen in **Beschlussform** und sind, sofern sie angefochten werden können, nach § 34 zu begründen. Anordnungen der **StA** und ihrer **Ermittlungspersonen** können auch mündlich erfolgen, müssen jedoch stets ausdrücklich getroffen werden. Nach der überholten Rspr. zur Blutprobenentnahme sollte es allerdings genügen, wenn der Beschuldigte aufgefordert wird, dem Polizeibeamten zur Polizeidienststelle zu folgen, sofern für ihn klar erkennbar sei, dass dort eine Blutprobe entnommen wird (OLG Neustadt DAR 1962, 243; zust. LR/*Krause* § 81a Rn. 68; Meyer-Goßner/*Schmitt* § 81a Rn. 26; vgl. auch OLG Koblenz DAR 1973, 219; offengelassen in BGH VRS 39, 184, 185; abl. *Eisenberg* BR, Rn. 1643). Da diese Einschränkung abgesehen von Blutproben ohnehin keine Bedeutung haben kann, dürfte sie mit Neufassung des Abs. 2 überholt sein. Jedenfalls müssten für eine effektive nachträgliche gerichtliche Kontrolle auch bei mündlicher Anordnung die Tatsachen, die im Einzelfall eine Gefährdung des Untersuchungszwecks begründet haben, nachträglich in den Ermittlungsakten dokumentiert werden, sofern die Dringlichkeit nicht evident ist (OLG Karlsruhe StV 2005, 376; BVerfG StV 2007, 282, 283). **Inhaltlich** müssen durch die Anordnung die konkret vorzunehmende Maßnahme und die mit ihrer Hilfe festzustellenden Tatsachen bezeichnet werden (OLG Hamm JMBl. NRW 1953, 117). Bei schwereren Eingriffen ist auch deren Unerlässlichkeit zu begründen (LR/*Krause* § 81a Rn. 69; Meyer-Goßner/*Schmitt* § 81a Rn. 25d; SK-StPO/*Rogall* § 81a Rn. 104). Die Auswahl des erforderlichen Eingriffs darf nicht dem Arzt überlassen bleiben, weil der Anordnende selbst die gebotene Verhältnismäßigkeitsabwägung vorzunehmen hat (vgl. BayObLGSt 1956, 180, 186 m.Anm. *Eb. Schmidt* JR 1957, 112; OLG Celle MDR 1956, 695; OLG Hamm NJW 1974, 713, 714; StrAFo 2004, 92 m.Anm. *Münchhalffen*; OLG Düsseldorf StV 2005, 490; OLG Jena StV 2007, 24). Lediglich die Art und Weise der fachlichen Durchführung bleibt bei Fehlen entgegenstehender Weisungen dem Arzt vorbehalten (LR/*Krause* § 81a Rn. 69). Ist eine Wiederholung des Eingriffs erforderlich, bedarf es hierfür einer erneuten Anordnung. Die Entnahme einer zweiten Blutprobe durch den Arzt dürfte aber auch ohne diese zulässig sein (Meyer-Goßner/*Schmitt* § 81a Rn. 25d; *Eisenberg* BR, Rn. 1643; a.A. SK-StPO/*Rogall* § 81a Rn. 104; wohl auch LG Berlin NZV 2009, 203).

22 **III. Vollstreckung und Durchführung der Maßnahme. 1. Vollstreckung.** Anordnungen des Richters werden nach § 36 Abs. 2 Satz 1 der StA zur Vollstreckung übergeben (BayVerfGH NJW 1969, 229; OLG Hamm NJW 1974, 713; Meyer-Goßner/*Schmitt* § 81a Rn. 28; *Wendisch* JR 1978, 447). Diese kann sich hierzu ihrer Ermittlungspersonen oder anderer Polizeibeamter bedienen (§ 161 Abs. 1; vgl. KK-StPO/*Hadamitzky* § 81a Rn. 9; LR/*Krause* § 81a Rn. 70; SK-StPO/*Rogall* § 81a Rn. 108), wobei die Anwendung von unmittelbarem

Zwang abweichend von § 81c auch ohne besondere Anordnung durch den Richter statthaft ist (OLG Hamm NJW 1974, 713; a.A. *Naucke* SchlHA 1963, 186). Die Anwendung unmittelbaren Zwangs kann unmittelbar auf § 81a gestützt werden; die polizeigesetzlichen Regelungen der Länder sind nicht entsprechend anwendbar (OLG Dresden NJW 2001, 3643, 3643 f.; a.A. *Beufer* NJW 2002, 2688). Anordnungen der StA und ihrer Hilfsbeamten werden von der Polizei vollstreckt (SK-StPO/*Rogall* § 81a Rn. 108).

2. Zulässige Zwangsmaßnahmen zum Vollzug der Anordnung. Sofern **keine Gefahr im Verzug** vorliegt 23
und eine sofortige Vollstreckung der Maßnahme nicht geboten ist, wird der Beschuldigte zur Untersuchung geladen (*Kleinknecht* NJW 1964, 2183). Erscheint der Beschuldigte auf Ladung nicht freiwillig vor dem Arzt oder dem untersuchenden Beamten, so ordnet die StA (die von der Polizei zu vollstreckende) **Vorführung des Beschuldigten** an. Es bedarf weder eines richterlichen Vorführungsbefehls (so aber LG Berlin MDR 1958, 861; *Eisenberg* BR, Rn. 1645; *Geerds* GA 1965, 321, 331; *Genzel* NJW 1969, 1564) noch ist ein förmlicher Vorführungsbefehl der StA erforderlich (OLG Hamm NJW 1974, 713; KG StraFo 2016, 245; LR/*Krause* § 81a Rn. 73 f.; Meyer-Goßner/*Schmitt* § 81a Rn. 28; a.A. BayVerfGH NJW 1969, 229; AG München MDR 1971, 596). Gem. **§ 51 Abs. 1 StGB** ist jede mit einer Maßnahme nach § 81a verbundene **Freiheitsentziehung** auf eine zeitige Freiheits- oder Geldstrafe **anzurechnen** (vgl. aber auch unten Rdn. 25). Auch die lediglich mit einer Zwangsvorführung des Beschuldigten verbundene Freiheitsbeschränkung ist anrechnungsfähig (LG Osnabrück NJW 1973, 2256, 2257; *Fischer* § 51 StGB Rn. 3; a.A. LG Oldenburg Rpfleger 1970 m. abl. Anm. *Pohlmann*; KK-StPO/*Hadamitzky* Rn. 9; Meyer-Goßner/*Schmitt* Rn. 28). **Durchsuchungen** des Körpers (LG Berlin NJW 1971, 620, 621) und der Wohnung des Beschuldigten oder eines Dritten zum Zwecke der Ergreifung des Beschuldigten sind hingegen nur gestattet, wenn auch die weiteren Voraussetzungen der §§ 103, 102, 105 gegeben sind (OLG Düsseldorf VRS 41, 429, 430; LG Hamburg NStZ-RR 2004, 213; KK-StPO/*Hadamitzky* § 81a Rn. 10; Meyer-Goßner/*Schmitt* § 81a Rn. 29; zum richterlichen Durchsuchungsbefehl OLG Stuttgart Justiz 1971, 29; OLG Düsseldorf VRS 41, 429, 430; LR/*Krause* § 81a Rn. 75; vgl. erg. BayObLG NVZ 2003, 148).

§ 81a erlaubt eine **vorübergehende Festnahme** des Beschuldigten zur Durchführung des Eingriffs (Bay- 24
ObLG NJW 1963, 772; 1964, 459, 460 m.Anm. *Dünnebier* JR 1964, 149; OLG Köln NStZ 1986, 234, 236; OLG Schleswig NJW 1964, 2215, 2217; *Kleinknecht* NJW 1964, 2183; *Waldschmidt* NJW 1979, 1920; a.A. *Benfer* NJW 1980, 1161; *Geerds* GA 1965, 321, 332). Der Richtervorbehalt des Art. 104 Abs. 2 GG wird dadurch nicht verletzt, da § 81a als förmliches Gesetz i.S.v. Art. 104 Abs. 1 Satz 1 GG (vgl. LG Hannover StV 1989, 198; *Eisenberg* BR, Rn. 1646) zumindest die für eine Durchführung des ärztlichen Eingriffs erforderliche, vorübergehende Freiheitsbeschränkung gestattet. Eine Festnahme könnte in der Regel nicht auf § 127 Abs. 2 oder § 112 Abs. 1, Abs. 2 Nr. 3a gestützt werden, da etwa die Weigerung eine Blutprobe entnehmen zu lassen weder Flucht- noch Verdunkelungsgefahr begründet (vgl. OLG Stuttgart Justiz 1971, 29; *Kaiser* NJW 1964, 581; a.A. OLG Saarbrücken NJW 1959, 1190, 1191; LR/*Krause* § 81a Rn. 74). Diese könnte lediglich bei konkreten Anhaltspunkten dafür angenommen werden, dass der Beschuldigte durch aktives Tun (z.B. Nachtrunk) seinen physischen oder psychischen Zustand die Wahrheitsfindung erschwerend verändert. Zum Zwecke des Vollzugs der angeordneten Maßnahme darf der Beschuldigte bis zum Eintreffen eines für den Transport zu einem Arzt oder Krankenhaus bestellten Dienstfahrzeugs der Polizei **festgehalten** (OLG Koblenz DAR 1973, 219) und zur Vornahme des Eingriffs (z.B. Blutentnahme) zwangsweise verbracht werden (BayObLG NJW 1964, 459, 460; VRS 66, 275; KG NJW 1979, 1669; OLG Dresden NJW 2001, 3643, 3643 f. m. krit. Anm. *Benfer* NJW 2002, 2688; OLG Düsseldorf VRS 41, 429; OLG Schleswig NJW 1964, 2215, 2216 f.; a.A. *Geerds* Jura 1988, 11). Ebenso zulässig ist es, den Beschuldigten zu einem Polizeirevier zu verbringen, um ihn dort (zu einem Fall der Freiheitsberaubung hingegen OLG Hamburg VRS 38, 440, 441 f.) bis zum Erscheinen eines Arztes festzuhalten (OLG Neustadt MDR 1962, 593, 594; OLG Hamburg MDR 1965, 152, 153; OLG Köln NJW 1966, 416, 417; VRS 48, 24, 25; VRS 71, 183, 184 f.; LG Berlin NZV 2009, 204). Ein Polizeibeamter, der nicht Hilfsbeamter der StA ist, darf jedoch abgesehen von den Fällen des § 127 Abs. 2 einen Tatverdächtigen weder festhalten noch auf eine Polizeidienststelle verbringen (OLG Schleswig NJW 1964, 2215, 2216 f.), um dort eine Anordnung nach Abs. 1 durch einen dazu Befugten erst zu ermöglichen. Unter Beachtung des Verhältnismäßigkeitsgrundsatzes darf der Widerstand des Beschuldigten gegen die Vollziehung der Maßnahme durch Anwendung **unmittelbaren Zwangs** gebrochen werden. Er darf etwa auf einen Stuhl oder eine Trage geschnallt und von einem Polizeibeamten festgehalten werden (OLG Koblenz VRS 54, 357; LR/*Krause* § 81a Rn. 77; zweifelhaft aber OLG Dresden NJW 2001, 3643 f.). Eine Beruhigungsinjektion ist jedenfalls nur mit Einwilligung des Beschuldigten gestattet (*Kohlhaas* DAR 1973, 12; *Geppert* DAR 1980, 318; Meyer-Goßner/*Schmitt* § 81a Rn. 29).

Da § 81a auch schwerwiegendere Eingriffe gestattet, die einen **stationären Aufenthalt** des Beschuldigten im 25
Krankenhaus erfordern können, stellt sich das Problem, ob auf der Grundlage des § 81a auch die vorüber-

gehende Unterbringung richterlich angeordnet werden kann. Die herrschende Meinung geht davon aus, dass § 81a auch die zur fachgerechten Vorbereitung und Durchführung der Maßnahme sowie zu einer evtl. erforderlichen Nachbehandlung benötigte Freiheitsentziehung legitimiert (vgl. BayVerfGH NJW 1982, 1583, 1584; OLG Frankfurt MDR 1979, 694; OLG Schleswig NStZ 1982, 81; *Genzel* NJW 1969, 1563; *Seetzen* DRiZ 1974, 260), sofern diese einen Zeitraum von 4 – 5 Tagen nicht überschreitet (so zur Klärung der Verhandlungsfähigkeit OLG Celle NJW 1971, 256, 257; LR/*Krause* § 81a Rn. 34; Meyer-Goßner/*Schmitt* § 81a Rn. 24; nach BayObLG NJW 1957, 273 sogar 14 Tage; abl. hierzu *Eb. Schmidt* JR 1957, 110). Ohne Verletzung des Vorbehalts des Gesetzes (vgl. auch Art. 104 GG) kann aber § 81a nur eine Ermächtigung zu freiheitsbeschränkenden, nicht hingegen zu freiheitsentziehenden Maßnahmen entnommen werden (SK-StPO/*Rogall* § 81a Rn. 112; *Eisenberg* BR, Rn. 1623; *Krey* ZStW 101, 858; wohl auch HK-StPO/*Brauer* § 81a Rn. 26; offengelassen von BVerfG NJW 2004, 3697). Maßnahmen nach § 81a, die ohne Freiheitsentzug lege artis nicht durchgeführt werden können, müssen deshalb unterbleiben, sofern nicht zugleich die Voraussetzungen für die Anordnung von Untersuchungshaft vorliegen (SK-StPO/*Rogall* § 81a Rn. 112).

26 **3. Durchführung.** Die Durchführung der nach § 81a Abs. 1 angeordneten Maßnahmen obliegt einem gem. § 73 auszuwählenden Sachverständigen und muss den Regeln der ärztlichen Kunst entsprechen (BGHSt 8, 144, 148; BayObLG NJW 1957, 272, 274; OLG Celle MDR 1956, 695). Sind solche Regeln, wie bei neuartigen Untersuchungsmethoden, (noch) nicht vorhanden, dann besteht auch keine Pflicht des Beschuldigten, den Eingriff zu dulden (BGHSt 8, 144, 148; KK-StPO/*Hadamitzky* § 81a Rn. 6; Meyer-Goßner/*Schmitt* § 81a Rn. 16). **Abs. 1 Satz 2** sieht für die Entnahme von Blutproben und die Vornahme anderer körperlicher Eingriffe einen **strikten Arztvorbehalt** vor. Dieser dient zwar vorrangig dem Schutz der Gesundheit des Beschuldigten, stellt aber zugleich eine den Regeln der ärztlichen Kunst entsprechende Beweiserhebung und damit einen gewissen Qualitätsstandard der Informationserhebung sicher (vgl. SK-StPO/*Rogall* § 81a Rn. 52). Überwiegend wird allerdings ein doppelter Schutzzweck des Arztvorbehalts in Abrede gestellt (vgl. nur BGHSt 24, 125, 130; LR/*Krause* § 81a Rn. 96; zutr. hingegen *Eb. Schmidt* MDR 1970, 464 f.). Arzt i.d.S. ist eine Person, die als Arzt approbiert (vgl. §§ 2 Abs. 1, 2a, 3 BÄO) oder zur vorübergehenden Ausübung des ärztlichen Berufs berechtigt ist (vgl. §§ 2 Abs. 2 bis 4, 2a, 10, 10a, b BÄO; vgl. BGHSt 24, 125, 127 f.; BayObLG NJW 1965, 1088; NJW 1966, 415, 416; OLG Hamm NJW 1965, 1089; 2019; abw. *Otto* GA 1970, 293). Ggf. bedarf es bei schwierigen oder gefährlichen Eingriffen einer besonderen Qualifikation des Arztes (z.B. Facharzt, vgl. KK-StPO/*Hadamitzky* § 81a Rn. 7; Meyer-Goßner/*Schmitt* § 81a Rn. 19; SK-StPO/*Rogall* § 81a Rn. 53). Deshalb kann bei Eingriffen im Bereich der Mundhöhle oder des Kiefers nach den Regeln der ärztlichen Kunst die Durchführung durch einen Zahnarzt erforderlich sein (zutr. SK-StPO/*Rogall* § 81a Rn. 53; HK-StPO/*Brauer* § 81a Rn. 9; a.A. AK-StPO/*Wassermann* § 81a Rn. 3; Meyer-Goßner/*Schmitt* § 81a Rn. 19). Andere Personen, die nicht dem Arztbegriff unterfallen (z.B. medizinisch-technische Assistenten, Medizinstudenten im Praktikum, Krankenschwestern, Sanitäter), dürfen Eingriffe (z.B. Blutprobenentnahmen) nur mit Einwilligung des Beschuldigten (vgl. Rdn. 10 f.) oder unter ärztlicher Leitung und Verantwortung vornehmen (BGHSt 24, 125, 127 f.; BayObLG NJW 1965, 1088; JR 1966, 186).

27 **D. Verwendungs- und Vernichtungsregelung (Abs. 3).** Die **Verwendungsregelung** des **§ 81a Abs. 3 Hs. 1** sieht vor, dass dem Beschuldigten entnommene Blutproben oder sonstige Körperzellen (z.B. Liquor, Samen oder Harn) nur für Zwecke eines anhängigen Strafverfahrens – auch gegen Unbekannt (vgl. KK-StPO/*Hadamitzky* § 81a Rn. 9a) – verwendet werden dürfen. Unerheblich ist, ob es sich um das der Entnahme zugrunde liegende (Anlass-Strafverfahren, vgl. SK-StPO/*Rogall* § 81a Rn. 81) oder ein anderes anhängiges Verfahren handelt, sofern das Verfahren im Zeitpunkt der Anordnung nach § 81a bereits anhängig war (LR/*Krause* § 81a Rn. 80). Die Verwendung des Materials ist in allen Verfahrensabschnitten und hinsichtlich aller Tatbeteiligten des anhängigen Verfahrens möglich (SK-StPO/*Rogall* § 81a Rn. 81). Bei Übergang des Strafverfahrens in ein Bußgeldverfahren kann das nach § 81a entnommene Material nach Maßgabe des § 46 Abs. 4 Satz 1, 2 OWiG verwendet werden, nicht jedoch zur Durchführung molekulargenetischer Untersuchungen i.S.v. § 81e (§ 46 Abs. 4 Satz 4 OWiG; LG Osnabrück StraFo 2007, 382). Die Verwendung in künftigen Strafverfahren ohne entsprechende Belehrung bzw. richterliche Anordnung ist nicht durch die Verwendungsregel gedeckt (vgl. BGH NStZ 2016, 111).

28 Nach der **Vernichtungsregelung** des § 81a Abs. 3 Hs. 2 muss das gesamte – auch das nicht untersuchte – Material unverzüglich vernichtet werden, wenn es nicht mehr für den in Hs. 1 genannten Verwendungszweck benötigt wird. Erfasst wird nicht nur das ursprünglich entnommene, sondern auch das aufbereitete Material sowie entstandene Zwischenprodukte. Nicht zu Untersuchungszwecken entnommenes oder aufbereitetes, sondern sichergestelltes, aufgefundenes oder beschlagnahmtes Spurenmaterial wird von dem Vernichtungsgebot hingegen nicht erfasst (*Rath/Brinkmann* NJW 1999, 2699; LR/*Krause* § 81a Rn. 81; zur teleologischen Reduktion bzgl. aufgefundenem Spurenmaterial vgl. *Rath/Brinkmann* NJW 1999, 2699; LR/*Krause* § 81a

Rn. 81). Der Vernichtungspflicht unterfällt lediglich das zu Untersuchungszwecken entnommene Material, nicht hingegen die mit seiner Hilfe gewonnenen Untersuchungsergebnisse. Sie werden Bestandteil der Akten (Meyer-Goßner/*Schmitt* § 81a Rn. 38; *Hilger* NStZ 1997, 372). Die Vernichtung des Materials erfolgt auf Anordnung der StA. Anders als in § 101 Abs. 8 hat der Gesetzgeber in § 81a Abs. 3 weder eine Aufsichtspflicht der StA über den Vernichtungsvorgang noch eine Pflicht zur Fertigung einer Niederschrift über diesen statuiert. Gleichwohl wird eine entsprechende Dokumentation und Aufsicht empfohlen (Meyer-Goßner/*Schmitt* § 81a Rn. 37; *Senge* NJW 1997, 2410; krit. SK-StPO/*Rogall* § 81a Rn. 101).

Die zulässige **Dauer der Aufbewahrung** hängt von deren Erforderlichkeit für den in Hs. 1 genannten Verwendungszweck ab. In der Regel ist das Material mit dem rechtskräftigen Abschluss des Verfahrens oder dessen Einstellung zu vernichten, ggf. kann aber auch noch eine längere Aufbewahrung erforderlich sein, etwa wenn die Wiederaufnahme des Verfahrens oder die Wiedereinsetzung in den vorigen Stand nach Versäumung einer Frist beantragt bzw. nach dem bisherigen Verfahrensgang nicht mit überwiegender Wahrscheinlichkeit ausgeschlossen werden kann (BT-Drs. 13/667, S. 6; Meyer-Goßner/*Schmitt* § 81a Rn. 39; LR/*Krause* § 81a Rn. 82; *Laschewski* NZV 2009, 4) oder das Material noch für ein anderes Verfahren benötigt wird, das bei Vornahme der Untersuchungshandlung bereits anhängig war (vgl. LG Berlin NJW 2006, 2713, 2714). 29

E. Rechtsbehelfe. I. Anordnungen der StA und ihrer Hilfsbeamten. Anordnungen der StA und ihrer Hilfsbeamten setzen Gefahr im Verzug voraus (Abs. 2) und werden daher sofort vollzogen. Da die Rechtsweggarantie des Art. 19 Abs. 4 GG auch Ermittlungshandlungen der Strafverfolgungsbehörden erfasst (vgl. auch BVerfG NJW 2002, 815), entspricht es der herrschenden Meinung, dass trotz Vollzug der Maßnahme der mit Untersuchungen und Eingriffen nach § 81a verbundene Grundrechtseingriff der gerichtlichen Kontrolle zugänglich sein muss (insb. auch die Annahme von Gefahr im Verzug), sofern aufgrund der erheblichen Folgen des Eingriffs oder wegen Wiederholungsgefahr ein Bedürfnis für eine richterliche Überprüfung geltend gemacht werden kann (vgl. nur BVerfG StV 2007, 282; BGHSt 28, 206, 208 ff. m.w.N.; Meyer-Goßner/*Schmitt* § 81a Rn. 31; LR/*Krause* § 81a Rn. 89; *Wohlers* GA 1992, 227 ff.). Aus Gründen der größeren Sachnähe des Ermittlungsrichters und zur Vermeidung einer sachwidrigen Spaltung des Rechtsweges ist auch gegen die Art und Weise des Vollzugs § 98 Abs. 2 Satz 2 einschlägig (zur Durchsuchung BGHSt 44, 265, 267 ff.; vgl. erg. *Fezer* NStZ 1999, 152; *Eisele* StV 1999, 298; *Schroth* StV 1999, 118). In Fällen der Überprüfung der Annahme von Gefahr im Verzug darf der präventive Richtervorbehalt nicht dadurch entwertet werden, dass eine fehlende Dokumentation durch eine nachträgliche Stellungnahme im Rechtsbehelfsverfahren ersetzt wird (BVerfG NJW 2008, 3054; *Brocke/Herb* StraFo 2009, 52). 30

II. Richterliche Anordnungen. Gegen **richterliche Anordnungen** kann, sofern sie nicht im Eröffnungsverfahren ergehen (§ 202 Satz 2) oder vom OLG erlassen werden (§ 304 Abs. 4 Satz 2 Hs. 1), die **einfache Beschwerde** erhoben werden (**§ 304 Abs. 1**). Gegen Anordnungen des **erkennenden Gerichts** ist die Beschwerde weder stets (so aber BayObLG NJW 1957, 272, 273 f.; OLG Nürnberg BayJMBl. 1960, 36; LG Bremen NJW 1968, 208) noch niemals (a.A. unter Berufung auf § 305 Satz 1 OLG Braunschweig GA 1965, 345; OLG Frankfurt NJW 1957, 839; OLG Hamm NJW 1959, 447) zulässig; vielmehr hängt die Zulässigkeit davon ab, ob die Eingriffsqualität der angeordneten Maßnahme den in § 305 Satz 2 genannten Zwangsmaßnahmen entspricht (so i.E. auch OLG Jena StV 2007, 24 [für Röntgenuntersuchungen]; OLG Koblenz NStZ 1994, 355; OLG Celle NStZ-RR 2012, 253; *Eisenberg* BR, Rn. 1648; KK-StPO/*Senge* § 81a Rn. 13; Meyer-Goßner/*Schmitt* § 81a Rn. 30; LR/*Krause* § 81a Rn. 87). Dies ist jedenfalls dann der Fall, wenn sie mit einer Freiheitsentziehung (BGH StV 1995, 628; OLG Celle NJW 1971, 256, 257; OLG Koblenz NStZ 1994, 356; OLG Schleswig NStZ 1982, 81) oder einem Eingriff in die körperliche Unversehrtheit verbunden ist, wobei angesichts des hohen Rangs des betroffenen Grundrechts (Art. 2 Abs. 2 GG) nicht zwischen »unbedeutenden« und schwereren körperlichen Eingriffen differenziert werden darf (KK-StPO/*Hadamitzky* § 81a Rn. 13; so aber zu Blutprobenentnahmen OLG Hamm MDR 1975, 1040, 1040 f.; SK-StPO/*Rogall* § 81a Rn. 115; abw. BGH b. *Schmidt* NStZ 1996, 484; *Eisenberg* BR, Rn. 1648; erg. OLG Bremen StV 2010, 122; OLG Hamburg NStZ-RR 1998, 337, 337 f.; abl. hinsichtlich gerichtlicher Zwischenentscheidungen BayVerfGH NJW 1991, 2953, 2953 f.; verneinend hinsichtlich psychiatrischer Untersuchungen OLG Nürnberg NStZ-RR 1998, 242; OLG Zweibrücken MDR 1990, 75). Die Beschwerde hat keine aufschiebende Wirkung (§ 307 Abs. 1), die Vollziehung kann aber ausgesetzt werden (§ 307 Abs. 2). Auch nach Erledigung der richterlichen Anordnung bleibt die Beschwerde zulässig, wenn der Eingriff mit einer erheblichen Grundrechtsbeeinträchtigung verbunden war oder der Beschwerdeführer sonst aus Gründen der Rehabilitation oder der Wiederholungsgefahr ein berechtigtes Interesse darlegen kann, die Rechtswidrigkeit der Maßnahme feststellen zu lassen (vgl. LG Frankenthal NStZ-RR 1998, 146; Meyer-Goßner/*Schmitt* vor § 296 Rn. 18a; SK-StPO/*Rogall* § 81a Rn. 116). Die **Prüfungsbefugnis** des Beschwerdegerichts erstreckt sich sowohl auf die Frage der Rechtmäßigkeit als auch der Zweckmäßigkeit 31 der Anordnung (vgl. LG Göttingen MDR 1952, 629, 630; OLG Hamm StraFo 2004, 93). Eine **weitere Beschwerde** ist ausgeschlossen (§ 310).

32 **III. Revision.** Verwertungsverbote, die auf eine Verletzung des § 81a gestützt werden, werden von der Rspr. nur in eng begrenztem Rahmen anerkannt, da diese im Wege einer schutzzweckorientierten Abwägung regelmäßig den bestehenden Aufklärungsinteressen den Vorrang einräumt (vgl. nur BGHSt 24, 125, 128, 131; KG NStZ-RR 2015, 25; OLG Stuttgart NStZ 2008, 238; KK-StPO/*Hadamitzky* § 81a Rn. 13; Meyer-Goßner/*Schmitt* § 81a Rn. 32; zum notwendigen Rügevorbringen OLG Celle NJW 2008, 3079; OLG Dresden StV 2009, 571; OLG Karlsruhe StV 2009, 516; OLG Oldenburg StV 2010, 14; zur Annahme eines Beweisverwertungsverbots OLG Hamm StV 2009, 460; *Graalmann-Scheerer* FS Rieß, S. 161). Maßgeblich bestimmt wird diese Abwägung durch die Annahme, dass § 81a, soweit er dem Schutz der körperlichen Unversehrtheit dient, vorwiegend außerprozessuale Interessen des Beschuldigten schützt. Ergänzend wird i.R.d. Abwägung auf die Konstruktion des hypothetischen Ersatzeingriffs verwiesen, die einem Verwertungsverbot entgegenstehe, wenn das Beweismittel auch auf gesetzmäßige Weise hätte erlangt werden können (vgl. BGHSt 24, 128; KG NJW 2009, 3527; OLG Bamberg NJW 2009, 2148; OLG Dresden BA 2009, 213; OLG Frankfurt DAR 2010, 146; OLG Hamburg NJW 2008, 2599; OLG Karlsruhe StV 2009, 517; OLG Köln NStZ 2009, 408). Zudem soll die Möglichkeit der **Rügeverkümmerung** gegeben sein, sofern bei einem Verstoß gegen Abs. 2 nicht rechtzeitig (§ 257) Widerspruch erhoben wurde (vgl. OLG Celle StV 2009, 518; OLG Hamburg NJW 2008, 2597; OLG Hamm StV 2009, 462; NStZ-RR 2010, 148; NJW 2011, 469 auch zur Frage der Darlegungslast bei fehlender Dokumentation; OLG Frankfurt NStZ-RR 2011, 46; OLG Thüringen VRS 121, 42; selbst bei Freispruch in erster Instanz vgl. OLG Koblenz NStZ-RR 2011, 148; vgl. erg. *Burhoff* StRR 2009, 209; *Kudlich* HRRS 2011, 1144; *Zopfs* NJW 2009, 242; a.A. *Prittwitz* StV 2008, 492).

33 Grds. irrevisibel sind Fehler, die ausschließlich die **Zuständigkeit** des Anordnenden betreffen; etwa die Unzuständigkeit des Richters bei richterlichen Anordnungen (Meyer-Goßner/*Schmitt* § 81a Rn. 32; KK-StPO/*Senge* § 81a Rn. 14); die Anordnung durch einen Polizeibeamten, der nicht Ermittlungsperson der StA (§ 152 GVG) ist (BayObLG NJW 1966, 416). Ebenso soll unbeachtlich sein, dass zu Unrecht **Gefahr im Verzug** angenommen wurde, wobei sich die betreffenden Entscheidungen vorrangig allerdings auf den zwischenzeitlich abweichend geregelten Fall der Anordnung einer Blutprobe bei Trunkenheitsfahrten bezogen (BVerfG NJW 2008, 3053 m.Anm. *Laschewski* NZV 2008, 637; KG NStZ-RR 2015, 25; NStZ-RR 2009, 243; OLG Hamm NStZ-RR 2009, 185; OLG Hamburg NJW 2008, 2597; OLG Karlsruhe NStZ 2005, 399; OLG Stuttgart NStZ 2008, 238; OLG Karlsruhe Justiz 2004, 493, 494; Meyer-Goßner/*Schmitt* § 81a Rn. 32a m.w.N.; *Janker*/*Knape* Polizei 2008, 283; krit. *Eisenberg* BR, Rn. 1656; LR/*Krause* § 81a Rn. 94; a.A. AK-StPO/*Wassermann* § 81a Rn. 14, *Prittwitz* StV 2008, 492; zur Berücksichtigung im Fahrerlaubnisentziehungsverfahren OVG Rheinland-Pfalz BAK 47, 2010, 264). Wegen der damit einhergehenden Verkürzung des Anspruchs auf rechtliches Gehör (Begründungspflicht bei richterlichen Anordnungen etc.) kann dem nicht zugestimmt werden. Die herrschende Meinung geht hingegen nur bei **bewusster Umgehung des Richtervorbehalts** oder willkürlicher Annahme von Gefahr im Verzug von einem Verwertungsverbot aus (vgl. nur OLG Celle NJW 2009, 3591; StV 2009, 518; 2010, 14; OLG Dresden NJW 2009, 2149 m.Anm. *Pohlmann*/*Primaczenko* JR 2010, 88; OLG Düsseldorf NStZ-RR 2011, 186; OLG Karlsruhe StV 2009, 516). Habe beispielsweise ein Polizeibeamter versucht eine richterliche Anordnung zu erhalten, weigern sich aber die angerufenen Richter, sich mit der Sache zu befassen, ende seine Eilkompetenz und er umgehe bei später erfolgter Berufung auf Gefahr im Verzug den Richtervorbehalt (vgl. OLG Oldenburg NStZ 2016, 747; zutr. krit. zur Annahme, hier liege Willkür vor, *Ventzke* NStZ 2016, 750). Eine Umgehung soll – gänzlich unsystematisch – auch bei genereller Nichtbeachtung des Richtervorbehalts der Fall sein. (vgl. nur OLG Hamm StV 2009, 459; OLG Nürnberg DAR 2010, 217; OLG Schleswig StV 2010, 13; *Dencker* DAR 2009, 260; krit. *Brocke*/*Herb* NStZ 2009, 676; Überblick bei *Burhoff* StRR 2009, 204). Entgegen der herrschenden Meinung kann i.R.d. erforderlichen Abwägung auch die fehlende **Dokumentation** der Gefährdung des Untersuchungserfolges zur Unverwertbarkeit führen (insoweit zutr. OLG Naumburg StraFo 2016, 22, das bei fehlender Dokumentation des Versuchs, eine richterliche Anordnung zu erhalten, von Willkür ausgeht; a.A. OLG Bamberg DAR 2010, 97; OLG Dresden BA 2009, 213; OLG Hamm StV 2009, 462; Meyer/Goßner/*Schmitt* § 81a Rn. 32a m.w.N.; anders wohl noch BVerfG NJW 2008, 3054; zum mündlich erlassenen Beschluss *Brocke*/*Herb* StraFo 2009, 51; zur Blutentnahme nach alter Rechtslage ansonsten BVerfG NStZ 2011, 289; die Konsequenzen aber abl. und deshalb im Ergebnis für Bedeutungslosigkeit des Richtervorbehalts BVerfG 14.02.2011 – 2 BvR 1596/10 und 24.02.2011 – 2 BvR 2346/10 jeweils Nichtannahmebeschluss auch im Hinblick auf eine fehlende Dokumentation; zur Dokumentationspflicht erg. *Rabe v. Kühlwein* NZV 2007, 581; BVerfG NJW 2008, 3053; OLG Karlsruhe StV 2009, 516; LG Flensburg StV 2008, 459 f.). Die Vornahme des nach § 81a angeordneten Eingriffs durch einen **Nichtarzt** (vgl. Rdn. 26)

vermag insb. bei leichteren Eingriffen, wie der Entnahme einer Blutprobe, die Revision nicht zu begründen (vgl. BGHSt 24, 125, 128 ff.; BayObLGSt 1965, 128, 129; *Beulke* ZStW 103, 1991, 672; Meyer-Goßner/*Schmitt* § 81a Rn. 33; SK-StPO/*Rogall* § 81a Rn. 89). Rechtfertigen lässt sich dies allerdings nicht mit dem Hinweis auf den hier nicht beeinträchtigten Beweiswert der Blutprobe, da die Zuverlässigkeit der Wahrheitsfindung nicht Rechtsgrund von Beweisverboten, sondern lediglich i.R.d. freien Beweiswürdigung zu berücksichtigen ist. Eine Verletzung des **Verhältnismäßigkeitsgrundsatzes** kann nach herrschender Meinung (vgl. LR/*Krause* § 81a Rn. 94; KK-StPO/*Hadamitzky* § 81a Rn. 13; Meyer-Goßner/*Schmitt* § 81a Rn. 32b; *Kleinknecht* NJW 1964, 2186; a.A. *Eisenberg* BR, Rn. 1656) die Revision ebenso wenig begründen wie der Umstand, dass gesundheitliche Nachteile für den Beschuldigten zu besorgen waren oder eingetreten sind (LR/*Krause* § 81a Rn. 94; krit. *Eisenberg* BR, Rn. 1656). So soll es etwa unerheblich sein, dass ein Hilfsbeamter der StA eine Blutprobe entnehmen lässt, ohne zuvor – dem Gebot der Verhältnismäßigkeit entsprechend – einen Alkoholtest angeboten zu haben (OLG Köln NStZ 1986, 234, 235). Wegen des hohen Rangs des Rechts auf körperliche Unversehrtheit kann dem nicht zugestimmt werden, zumal eine Berufung auf das Argument des hypothetischen Ersatzeingriffs hier fragwürdig erscheint.

Eine **Unverwertbarkeit** wird nach herrschender Meinung angenommen, wenn ein körperlicher Eingriff 34
gänzlich ohne Anordnung und auch ohne Einwilligung des Betroffenen vorgenommen wurde (BayObLG b. *Rüth* DAR 1966, 261; Meyer-Goßner/*Schmitt* § 81a Rn. 33). Hingegen soll es möglich sein, eine zu anderen Zwecken entnommene Blutprobe (etwa zu Behandlungszwecken) auch ohne Entbindung der Ärzte von der Schweigepflicht durch den Beschuldigten sicherzustellen und zu benutzen, wenn sie aufgrund einer Anordnung nach § 81a hätte entnommen werden dürfen (OLG Celle NStZ 1989, 385, 386 m. abl. Anm. *Mayer* JZ 1989, 908; OLG Frankfurt NStZ-RR 1999, 246; OLG Zweibrücken NJW 1994, 810 m. abl. Anm. *Weiler* NStZ 1995, 98; SK-StPO/*Rogall* § 81a Rn. 95; a.A. *Hauf* NStZ 1993, 64; *Wohlers* NStZ 1990, 245; diff. *Beulke* ZStW 103, 1991, 675 ff.). Die **unterlassene Belehrung** des Beschuldigten über sein Recht, die Mitwirkung zu verweigern, führt zur Unverwertbarkeit des in der Folge erlangten Untersuchungsergebnisses, sofern es nicht auch ohne seine Einwilligung hätte erlangt werden können (AK-StPO/*Wassermann* § 81a Rn. 14; *Eisenberg* BR, Rn. 1656; *Rogall* Der Beschuldigte, S. 229; a.A. BayObLG b. *Rüth* DAR 1966, 262; OLG Hamm NJW 1967, 1524, 1524 f.; Meyer-Goßner/*Schmitt* § 81a Rn. 32b). Die Gegenauffassung bejaht unter Berufung auf den Rechtsgedanken des § 136a ein Verwertungsverbot lediglich dann, wenn der Beschuldigte über sein Recht zur Verweigerung der Mitwirkung getäuscht wurde (LR/*Krause* § 81a Rn. 95; KK-StPO/*Hadamitzky* § 81a Rn. 13). Eine Anwendbarkeit von § 136a wird von der herrschenden Meinung bei körperlichen Untersuchungen aufgrund eines formellen Verständnisses des in § 136a verwendeten Vernehmungsbegriffs verneint (BGHSt 24, 129 ff.; OLG Hamm NJW 1970, 528, 529; *Eisenberg* BR, Rn. 1655; KK-StPO/*Hadamitzky* § 81a Rn. 13; a.A. BayObLG BA 1971, 67; OLG Celle NJW 1969, 567, 568; NJW 1965, 2019; OLG Hamm VRS 38, 127). Dennoch wird ein Beweisverwertungsverbot in den Fällen des bewussten **Missbrauchs staatlicher Zwangsbefugnisse** angenommen (BGHSt 24, 131; vgl. auch OLG Karlsruhe NStZ 2005, 399), bspw. wenn ein Polizeibeamter dem Beschuldigten vorspiegelt, ein die Blutprobe entnehmender Nichtarzt sei Arzt (OLG Hamm NJW 1965, 1090; NJW 1970, 528) oder er Zwang androht oder anwendet, um die Blutentnahme auch bei einem Nichtarzt durchzusetzen (BGHSt 24, 131; BayObLG BA 1971, 67, 68; OLG Hamm NJW 1970, 528), nicht aber bereits dann, wenn der Beamte die Aufklärung hierüber lediglich unterlassen hat (OLG Bremen VRS 36, 182; OLG Celle NJW 1969, 568; OLG Hamm NJW 1970, 528). Ebenso soll es die Verwertbarkeit nicht beeinflussen, wenn der Beamte die fehlende Arzteigenschaft irrtümlich nicht erkannte (BGHSt 24, 131; BayObLG NJW 1965, 1088; OLG Hamm NJW 1965, 1090; OLG Düsseldorf VRS 39, 211), selbst wenn sich der Beschuldigte der Zwangsanwendung widersetzte, weil er an der Arzteigenschaft des Durchführenden zweifelte (LR/*Krause* § 81a Rn. 98; abw. OLG Hamm NJW 1970, 1986).

§ 81b Erkennungsdienstliche Maßnahmen bei dem Beschuldigten

Soweit es für die Zwecke der Durchführung des Strafverfahrens oder für die Zwecke des Erkennungsdienstes notwendig ist, dürfen Lichtbilder und Fingerabdrücke des Beschuldigten auch gegen seinen Willen aufgenommen und Messungen und ähnliche Maßnahmen an ihm vorgenommen werden.

Übersicht

1 **A. Grundsätzliches und Regelungsgehalt.** Die mit dem Grundgesetz vereinbare Vorschrift des § 81b (BVerfGE 47, 239, 252; BVerfG NStZ 1983, 84; BGHSt 34, 39, 44; vgl. aber *Frister* FS Amelung, S. 612) dient sowohl **repressiven Zwecken** der Strafverfolgung (**Alt. 1**) als auch **präventiven Zwecken** des Erkennungsdienstes (**Alt. 2**). Ergänzt wird § 81b durch § 163b, der in Abs. 1 Maßnahmen zur Identitätsfeststellung gegen Tatverdächtige und ihre erkennungsdienstliche Erfassung gestattet sowie in Abs. 2 die Möglichkeit entsprechender Maßnahmen gegen Nichtverdächtige eröffnet, nicht jedoch ihre erkennungsdienstliche Behandlung gegen ihren Willen. War der Betroffene bereits vor Anordnung der Identitätsfeststellung Beschuldigter, richtet sich ihre Zulässigkeit allein nach § 81b (vgl. SK-StPO/*Rogall* § 81b Rn. 13). Erkennungsdienstliche Maßnahmen sind schließlich nach Bundesrecht aufgrund von § 86 StVollzG zur Sicherung des Strafvollzugs, § 15 Abs. 2 Nr. 7, 16 AsylVfG, § 20e BKAG, §§ 49, 89 AufenthG und § 6 Abs. 3 Satz 1 PassG zulässig.

2 **I. Strafprozessrecht.** Die **Alt. 1** der Vorschrift gestattet erkennungsdienstliche Maßnahmen in einem bereits eingeleiteten Straf- oder Bußgeldverfahren zum Beweis der Schuld oder Unschuld des Beschuldigten (**Tatnachweis**) oder zur Feststellung seiner Identität (**Identifizierung**). In Betracht kommt bspw. die Anfertigung von Lichtbildern vom Beschuldigten, die Zeugen zur Identifizierung vorgelegt werden sollen, oder die Abnahme von Fingerabdrücken, um diese mit Tatortspuren zu vergleichen (Meyer-Goßner/*Schmitt* § 81b Rn. 2).

3 **II. Materielles Polizeirecht.** Andererseits dürfen nach der **Alt. 2** erkennungsdienstliche Maßnahmen zur erleichterten Identifizierung und Ermittlung unbekannter Straftäter in anderen Verfahren durchgeführt werden. Der Polizei wird dadurch ein originäres Recht zu Maßnahmen eröffnet, die der **vorsorglichen Bereitstellung** von sächlichen Hilfsmitteln für die Erforschung und Aufklärung von Straftaten dienen (BVerwGE 66, 192, 196; 66, 202, 204; OVG Nordrhein-Westfalen NJW 1972, 2147). Sie sollen ein **Wiedererkennen in künftigen Fällen** durch Registrierung unveränderlicher körperlicher Merkmale des Beschuldigten ermöglichen (zum Begriff der erkennungsdienstlichen Maßnahme *Kramer* JR 1994, 224 ff. Erfasst sind aber ebenso Konstellationen, in denen die erkennungsdienstliche Behandlung auf den Verdacht gestützt wird, der Betroffene komme wegen bereits begangener, aber noch unaufgeklärter Delikte als Täter in Betracht (vgl. nur BVerwG NJW 1983, 772 f.).

4 Die **Alt. 2** des § 81b enthält **materielles Polizeirecht** (BVerwGE 11, 181, 183; 26, 169 f.; BVerwG NJW 2018, 3194 f.; zweifelnd BVerwG NVwZ-RR 2011, 710; OVG Nordrhein-Westfalen NJW 1972, 2147 f.; VG Freiburg NJW 1980, 901; VGH Baden-Württemberg NJW 1973, 1664; 1987, 2762; OLG Naumburg NStZ-RR 2006, 179; OVG Rheinland-Pfalz NVwZ-RR 2001, 238; VGH Hessen NVwZ-RR 1994, 653; OVG Schleswig-Holstein NVwZ-RR 2007, 817; Meyer-Goßner/*Schmitt* § 81b Rn. 3; LR/*Krause* § 81b Rn. 3; *Beulke/Swoboda* Strafprozessrecht, Rn. 243; a.M. SK-StPO/*Rogall* § 81b Rn. 10; *Baumanns* Polizei 2008, 82; *Eisenberg/Singelnstein* GA 2006, 170; *Fuss* FS Wacke, S. 317 f.; *Schweckendieck* ZRP 1989, 125, 127; *Kramer* JR 1994, 228 ff.; *Siebrecht* JZ 1996, 713; vgl. auch *Dreier* JZ 1987, 1015 f.), wobei diese Charakterisierung weniger auf den empirisch zweifelhaften Effekt einer Verhinderung künftiger Straftaten durch das höhere Entdeckungsrisiko des registrierten Täters gestützt (so VGH Bayern NJW 1984, 2235; *Sternberg-Lieben* NJW 1987, 1246; abl. OVG Schleswig-Holstein NJW 1999, 1418), sondern negativ daraus abgeleitet wird, dass Maßnahmen nach § 81b Alt. 2 nicht der Aufklärung bereits begangener Straftaten dienen (*Dreier* JZ 1987, 1012). Die Unterscheidung ist vorrangig für die Statthaftigkeit möglicher Rechtsbehelfe von Bedeutung (vgl. Rdn. 16 f.). Die präventiv-polizeiliche Natur von § 81b Alt. 2 lässt sich nicht mit der Einordnung molekulargenetischer Untersuchungen (§ 81g) als »genuines Strafprozessrecht« (BVerfG StV 2001, 146; vgl. § 81g Rdn. 1) vereinbaren, da deren Erfassung in einer zentralen Verbunddatei zu erkennungsdienstlichen Zwecken gleichermaßen der »Vorsorge für die künftige Strafverfolgung« dient. Daraus kann ebenso wenig die Konsequenz gezogen werden, künftig alle Maßnahmen der »antizipierten Strafverfolgung« (vgl. *Gusy* VerwArch 84, 1993, 449 ff.) nunmehr allein deshalb als reines Strafverfahrensrecht zu qualifizieren, weil sie der Beweisbeschaffung in künftigen Strafverfahren dienen (so aber BVerwG NJW 2006, 1225 m.Anm. *Eisenberg/Puschke* JZ 2006, 727; *Bock* ZIS 2007, 130; SK-StPO/*Rogall* § 81b

Rn. 10; *Schenke* JZ 2006, 708; *Siebrecht* JZ 1996, 713 f.; a.M. *Gusy* StV 1993, 372 m.w.N.; vgl. KMR/*Bosch* § 81b Rn. 3). Unabhängig von kompetenzrechtlichen Erwägungen ermöglicht allein der Zweck der »Strafverfolgungsvorsorge« keine Abgrenzung von Polizei- und Strafverfahrensrecht, denn dann müssten Parallelvorschriften zu § 81b in den Polizeigesetzen der Länder ebenso als genuines Strafprozessrecht qualifiziert werden, sofern von diesen Personen betroffen sind, die nicht oder nicht mehr Beschuldigte in einem Strafverfahren sein können (vgl. dazu nur OVG Nordrhein-Westfalen DÖV 1999, 522 f.; OVG Schleswig-Holstein NJW 1999, 1418 f.; VGH Baden-Württemberg NVwZ-RR 2004, 572; OVG Nds. NVwZ 2010, 69; zum Maßregelvollzugsgesetz Niedersachsen LG Itzehoe NStZ-RR 2008, 260). Auch bei diesen bildet das Anlassverfahren die Quelle für Informationen, die bei dem Betroffenen die Gefahr einer künftigen Straftatbegehung prognostizieren lassen, sodass weder der Zweck noch der Anlass der Maßnahme alleine entscheidend sein können (abweichend SK-StPO/*Rogall* § 81b Rn. 24). Eine eindeutige Zuordnung doppelfunktionaler Maßnahmen muss scheitern, weil im Zeitpunkt der Aufbewahrungsanordnung noch unklar ist, ob die Unterlagen zu Zwecken der Gefahrenabwehr oder Strafverfolgung genutzt werden (vgl. *Dreier* JZ 1987, 1016; *Schoreit* NJW 1985, 171). Trotz des präventivpolizeilichen Charakters erkennungsdienstlicher Maßnahmen wird fast einhellig eine **Gesetzgebungskompetenz** des Bundes nach Art. 74 Abs. 1 Nr. 1 GG kraft Sachzusammenhangs angenommen (vgl. BVerwGE 26, 169, 170; 66, 197; BVerwG NJW 2006, 1226; VGH Baden-Württemberg NJW 1973, 1663; LR/*Krause* § 81b Rn. 3 m.w.N.; *Siebrecht* JZ 1996, 714; krit. *Dreier* JZ 1987, 1013 f.; *Paeffgen* JZ 1991, 443). Aufgrund des dualistisch ausgestalteten Gesetzgebungssystems des Grundgesetzes (vgl. Art. 72 Abs. 1 GG) muss es dann verwundern, wenn Vorschriften der landesrechtlichen Polizeigesetze, die entsprechend § 81b Alt. 2 die Befugnis zu erkennungsdienstlichen Maßnahmen regeln (vgl. u.a. § 10 Abs. 1 Nr. 2 MEPolG und die Nachw. oben), ebenso für zulässig erachtet werden (vgl. *Dreier* JZ 1987, 1014). § 81b Alt. 2 soll keine abschließende Regelung erkennungsdienstlicher Maßnahmen zu präventiven Zwecken beinhalten, sofern die landesrechtlichen Regelungen lediglich nicht unter § 81b fallende Personen (Nicht-Beschuldigte) erfassen (OVG Rheinland-Pfalz NVwZ-RR 2001, 238; OVG Nordrhein-Westfalen DÖV 1983, 604; NJW 1999, 2689; Meyer-Goßner/*Schmitt* § 81b Rn. 4). Tatsächlich lässt sich der Bereich der »Datenvorsorge« nicht mit der »methodischen Brechstange« (*Paeffgen* JZ 1991, 443) einer Annexkompetenz dem Begriff der Strafverfolgung zuordnen, da sich dessen strafprozessualer Charakter erst mit der Datenverwendung in einem konkreten Verfahren aktualisiert.

B. Beschuldigtenstellung. Die Anordnung erkennungsdienstlicher Maßnahmen nach **§ 81b Alt. 1** setzt voraus, dass der Betroffene eine **Beschuldigtenstellung** innehat (vgl. BVerwGE 2, 202; *Fuss* FS Wacke, S. 306 ff.). 5
Fehlt es daran, kommen lediglich §§ 163b, c als Eingriffsgrundlage in Betracht. Der Anwendungsbereich der ersten Alternative wird dadurch auf den Zeitraum von der Einleitung bis zum endgültigen Abschluss des Verfahrens durch Urteil oder Verfahrenseinstellung (§§ 170 Abs. 2, 153 ff., 206a, 260 Abs. 3) begrenzt. Erkennungsdienstliche Maßnahmen im Vollstreckungsverfahren (§§ 449 ff.) können nicht auf § 81b gestützt werden, zumal der Gesetzgeber mit § 86 StVollzG eine Sonderregelung für die Dauer der Strafvollstreckung geschaffen hat (SK-StPO/*Rogall* § 81b Rn. 27; a.A. KK-StPO/*Hadamitzky* § 81b Rn. 2, aber auch Rn. 4; Meyer-Goßner/*Schmitt* § 81b Rn. 6; LR/*Krause* § 81b Rn. 6). Ebenso unanwendbar ist § 81b Alt. 1, wenn der Betroffene infolge Schuldunfähigkeit nicht Beschuldigter sein kann, etwa weil er strafunmündig ist (§ 19 StGB, dann nur § 163b Abs. 2; vgl. LR/*Krause* § 81b Rn. 8; a.M. KK-StPO/*Hadamitzky* § 81b Rn. 2). Werden schon am Tatort Lichtbilder zu Identifizierungszwecken angefertigt, dann muss der Betroffene den Beschuldigtenstatus bereits erlangt haben (OLG Köln MDR 1976, 67 f.). Deshalb kann das Fotografieren der Teilnehmer einer Demonstration zur Entdeckung eines bisher unbekannten Täters früherer Straftaten nicht auf § 81b Alt. 1 (BGH NJW 1975, 2075; JZ 1978, 762; *Paeffgen* JZ 1978, 741; *Wälter/Stienkemeier* Kriminalistik 1994, 93, 95; a.M. *Krüger* Die Polizei 1993, 33), sondern allenfalls auf § 100h Abs. 1 Satz 1 Nr. 1 gestützt werden (Meyer-Goßner/*Schmitt* § 81b Rn. 9). Ebenso wenig kann die Videoüberwachung im Straßenverkehr auf § 81b gestützt werden (OLG Düsseldorf NJW 2010, 1217; OLG Stuttgart NJW 2010, 1220; *Arzt/Eier* NZV 2010, 117; *Harnisch/Pohlmann* NZV 2010, 382; *Roggan* NJW 2010, 1043; abw. *Niehaus* DAR 2009, 636; vgl. erg. jurisPR extra 2010, 88 ff. zu OLG Oldenburg 27.11.2009 – SS Bs 186/09). Auch eine zur Durchführung erkennungsdienstlicher Maßnahmen erforderliche Freiheitsbeschränkung setzt eine Beschuldigtenstellung des Eingriffsadressaten zum Zeitpunkt der Festnahme voraus (LG Amberg StV 1990, 541). Die Polizei wird allerdings Maßnahmen nach § 81b häufig ergreifen, um einen (vagen) Verdacht so zu erhärten, dass gegen den Betroffenen als Beschuldigten vorgegangen werden kann. Deshalb wird sich gerade in Zweifelsfällen, in denen die Anordnung als Inkulpationsakt selbst konstitutive Bedeutung für den Beschuldigtenstatus besitzt, mithilfe einer formell-materiellrechtlichen Bestimmung des Beschuldigtenbegriffs keine eindeutige Aussage treffen lassen, ob bereits der Anwendungsbereich von § 81b eröffnet ist (vgl. KMR/*Bosch* § 81b Rn. 8).

6 Die **Alt.** 2 erfasst Konstellationen, in denen sich nur anlässlich und aufgrund der gewonnenen Erkenntnisse eines Strafverfahrens – nicht jedoch zur Wahrheitsfindung im konkreten Strafverfahren – die Notwendigkeit zur erkennungsdienstlichen Behandlung des Beschuldigten ergibt (BVerwGE 66, 192, 196; 66, 204). Aufgrund dieser Zielrichtung wird der Alt. 2 überwiegend ein von der Alt. 1 abweichender Beschuldigtenbegriff zugrunde gelegt und lediglich vorausgesetzt, dass die Anordnung nicht an beliebige Tatsachen anknüpfen oder zu einem beliebigen Zeitpunkt ergehen darf (Meyer-Goßner/*Schmitt* § 81b Rn. 7). Die Anordnung von Maßnahmen nach § 81b Alt. 2 soll deshalb auch dann zulässig sein, wenn das Ermittlungsverfahren nach §§ 153 ff. bzw. § 170 Abs. 2 eingestellt (VGH Baden-Württemberg NJW 1987, 2766 f.; OVG Greifswald BeckRS 2017, 145680; OVG Sachsen NVwZ-RR 2001, 239; VG Minden NJW-Spezial 2008, 569), das Ermittlungsverfahren rechtskräftig abgeschlossen wurde und die Beschuldigteneigenschaft weggefallen ist (BVerwG NJW 2018, 3194 ff.; vgl. auch *Harnischl Urbanek* DÖV 2018, 231 ff.) oder der Beschuldigte rechtskräftig verurteilt oder freigesprochen wurde (KK/*Hadamitzky* § 81b Rn. 2; *Pfeiffer* § 81b Rn. 1; *Fugmann* NJW 1981, 2228; a.M. BVerwGE 66, 192, 196; Meyer-Goßner/*Schmitt* § 81b Rn. 7; HK-StPO/*Brauer* § 81b Rn. 7; LR/*Krause* § 81b Rn. 9; *Fuß* FS Wacke, S. 307; *Kramer* JR 1994, 227). Ebenso einbezogen werden wegen der Möglichkeit eines Sicherungsverfahrens (§§ 413 ff.) meist Schuldunfähige (KK-StPO/*Hadamitzky* § 81b Rn. 2; Meyer-Goßner/*Schmitt* § 81b Rn. 7), nicht hingegen Kinder (*Bottke* FS Geerds, S. 279; *Eisenberg* StV 1989, 556; *Frehsee* ZStW 100, 1988, 303; *Streng* FS Gössel, S. 505; a.M. VG Freiburg NJW 1980, 901; KK-StPO/*Hadamitzky* § 81b Rn. 2). Aus gesetzessystematischen Erwägungen vermag die unterschiedliche Auslegung des innerhalb einer Vorschrift einheitlich verwendeten Beschuldigtenbegriffs nicht zu überzeugen. V.a. die Rechtfertigung erkennungsdienstlicher Maßnahmen durch die Polizei trotz Einstellung des Verfahrens nach § 170 Abs. 2 mittels eines diffusen »Restverdachts« (vgl. nur VGH Baden-Württemberg NJW 1987, 2764; zu Recht krit. hingegen OVG Greifswald BeckRS 2017, 145680) führt zu einer nicht gerechtfertigten Beschränkung des Rechtsschutzes. Der Vollzug von erkennungsdienstlichen Maßnahmen kann nur dann Personen betreffen, die keine Beschuldigtenstellung i.S.d. Alt. 1 innehaben, wenn sie ihre Beschuldigteneigenschaft nach Erlass der rechtmäßigen Anordnung und noch vor deren Vollzug verloren haben, weil dies die Rechtmäßigkeit der Anordnung nicht unmittelbar berührt (so BVerwGE 66, 196 f.; NJW 2006, 1226; VGH Baden-Württemberg NJW 2008, 3082; zum Wegfall der Anordnungsvoraussetzungen vor Erlass eines Widerspruchsbescheids vgl. BVerwG NJW 2018, 3194; OVG Sachsen NVwZ-RR 2001, 239; VG Neustadt BeckRS 2019, 12338). Werden Daten aus repressiven Zwecken erhoben, können diese nur unter Einhaltung der Voraussetzungen der Alt. 2 durch eine eigenständige Anordnung umgewidmet werden. Das Verwaltungsgericht überprüft in diesem Fall im Rahmen eines Antrags auf Löschung der Daten inzident auch die Rechtmäßigkeit der ursprünglichen Datenerhebung (vgl. VG Lüneburg BeckRS 2016, 111389).

7 **C. Art und Umfang zulässiger Maßnahmen. I. Zulässige Maßnahmen. 1. Begriffsmerkmale. Zulässig** sind neben den in § 81b genannten Maßnahmen nur diejenigen Identifizierungsmöglichkeiten, die – ohne dass es einer Untersuchung i.S.d. § 81a Abs. 1 bedarf – der Feststellung **dauerhafter körperlicher Beschaffenheitsmerkmale** dienen (BGHSt 34, 39, 44 f.; *Vahle* Kriminalistik 1992, 158; *Kramer* JR 1994, 225). So können etwa Abdrücke und Aufnahmen von den Händen (vgl. § 24 Abs. 3 Nr. 1 BPolG, § 86 Abs. 1 StVollzG), von den Fingern, von den Füßen oder Teilen davon angefertigt und äußerliche Körpermerkmale (z.B. Tätowierungen) durch Fotografie oder Beschreibung festgehalten werden (Meyer-Goßner/*Schmitt* § 81b Rn. 8); allgemein zu zulässigen Maßnahmen bei Verdacht auf Besitz kinderpornografischer Dateien OVG Magdeburg NJW 2019, 1827). Bei Sexualdelikten werden unter Beachtung des Verhältnismäßigkeitsgrundsatzes auch Abbildungen des Geschlechtsteils des Beschuldigten für zulässig erachtet (VG Cottbus DÖV 2018, 377 mit BeckRS 2018, 1457). Zweifelhaft erscheint, ob § 81b trotz des offengehaltenen Wortlauts auch eine Befugnis zur Ermittlung biometrischer Daten, beispielsweise zur Entsperrung eines Smartphones, sein kann (dafür *Bäumerich* NJW 2017, 2721; *Rottmeierl Eckel* NStZ 2020, 193 ff.; abl. *Momsen* DRiZ 2018, 141; *Nadebornl Irscheid* StraFo 2019, 275). Da hier die Feststellung der Körperbeschaffenheit lediglich dazu dient, den Zugang zu beschlagnahmten Daten zu eröffnen und selbst keine Beweisbedeutung besitzt, erscheint die Einordnung in § 81b zweckwidrig und der Gesetzgeber sollte diese vorbereitende Maßnahme besser im Kontext der §§ 94 ff. regeln.

Der Gesetzgeber wollte der Entwicklung der Kriminaltechnik nicht vorgreifen und hat deshalb den Anwendungsbereich von § 81b durch die Verwendung des Begriffs der **ähnlichen Maßnahme** für künftige Entwicklungen bewusst offen gehalten. Um zu verhindern, dass § 81b als Generalklausel für nicht ausdrücklich geregelte Zwangs- und Ermittlungsmaßnahmen missbraucht wird, muss der Begriff der »ähnlichen Maßnahme« in Relation zu den gesetzlich genannten »Regelbeispielen« ausgelegt werden (BVerfGE 47, 252; *Kramer* JR 1994, 224). Da erkennungsdienstliche Maßnahmen ausschließlich der Feststellung dauerhafter, äußerer Merkmale des Beschuldigten dienen dürfen, fällt die Registrierung des jeweiligen Ausdrucks des

Beschuldigten, z.B. Messungen der Atem- und Pulsbewegungen, um die innere Erregung der Aussageperson zu ermitteln, nicht unter § 81b (BGHSt 34, 45). Ebenso wenig kann die Aufbewahrung personenbezogener Hinweise über frühere Verhaltensweisen des Betroffenen (»bewaffnet«, »gewalttätig«, »geisteskrank«) auf § 81b gestützt werden (BVerwG JZ 1991, 471, 473; VGH Hessen NVwZ-RR 1994, 653; Meyer-Goßner/*Schmitt* § 81b Rn. 8). Umfasst ist hingegen der Geruchsspurenvergleich, bei dem mithilfe von Diensthunden olfaktorische Spuren zum Zwecke der Identifizierung des Spurenlegers beschafft und ausgewertet werden (HK-StPO/*Brauer* § 81b Rn. 10; *Maciejewski* NStZ 1995, 482). Ein Sonagramm, das der **Stimmenidentifizierung** dient und bei dem es auf den Inhalt des gesprochenen Wortes nicht ankommt, darf auch gegen den Willen des Beschuldigten mithilfe eines auf Tonband aufgezeichneten Gesprächs erstellt werden, wenn der Beschuldigte der Aufzeichnung zugestimmt hat (BGH StV 1985, 397; Meyer-Goßner/*Schmitt* § 81b Rn. 8; *Schneider* GA 1997, 382 ff.). Heimliche Bild- und Tonaufnahmen und deren Verwertung sind hingegen nur unter den Voraussetzungen der §§ 100f, 100h Abs. 1 Satz Nr. 1 zulässig (vgl. BGHSt 34, 39, 44 ff.; *Achenbach/Perschke* StV 1994, 578 ff.; *Beulke* StV 1990, 183; *Bottke* Jura 1987, 360 f.; *Küpper* JZ 1990, 421). Da außerhalb spezialgesetzlicher Regelungen entsprechende Informationen nur offen erhoben werden können, ist für die Verwertung einer heimlich aufgezeichneten Sprechprobe entscheidend, ob diese staatlich veranlasst worden ist (vgl. *Bosch* Aspekte des nemo-tenetur-Prinzips, 1998, S. 298 ff.). So kann auch die Identifizierung des Beschuldigten durch einen Ohrenzeugen nicht verwertet werden, wenn der erforderliche Stimmenvergleich dadurch ermöglicht wurde, dass der Zeuge heimlich ein zu Zwecken der Identifizierung arrangiertes Gespräch zwischen Kriminalbeamten und dem Beschuldigten belauscht hat (vgl. BGH NJW 1994, 1807, 1809; zum Beweiswert des Stimmenvergleichs OLG Köln NStZ 1996, 509; OLG Stuttgart Justiz 1997, 378; BGHSt 40, 66). Ebenso darf ein nach § 168a Abs. 2 Satz 1 erstelltes Tonbandprotokoll nur zur Stimmenidentifizierung verwendet werden, wenn dieser Beweiszweck vor der Vernehmung offengelegt wurde (*Schneider* GA 1997, 380) und die Anfertigung von **Schriftproben** kann nicht als ähnliche Maßnahme i.S.d. § 81b angesehen werden (so aber LR/*Krause* § 81b Rn. 15; HK-StPO/*Brauer* § 81b Rn. 9), da sie nur nach Belehrung über ihre verfahrensgegenständliche Bedeutung im Einvernehmen mit dem Beschuldigten erfolgen darf (SK-StPO/*Rogall* § 81b Rn. 52).

2. Grundsatz der Passivität. Nach herrschender Meinung ist der Beschuldigte lediglich zu einer passiven 8
Duldung der erkennungsdienstlichen Behandlung verpflichtet, er kann jedoch als Ausfluss der **Mitwirkungsfreiheit** nicht zu einer aktiven Mitwirkung an ihrer Durchführung gezwungen werden (SK-StPO/*Rogall* § 81b Rn. 38; *Kramer* JR 1994, 225; vgl. § 81a Rdn. 5). So dürfen etwa vom Beschuldigten **Videoaufnahmen** angefertigt werden, die neben ihm auch andere Personen zeigen, um diese Zeugen zur Identifizierung des Beschuldigten vorzuführen (Meyer-Goßner/*Schmitt* § 81b Rn. 8; *Görling* Kriminalistik 1985, 58; *Schmidt* Kriminalistik 1985, 240; vgl. auch § 24 Abs. 3 Nr. 2 BPolG; zu Videoaufnahmen einer Gegenüberstellung BVerfG NStZ 1983, 84; LG Berlin NStZ 1989, 488; *Odenthal* NStZ 1985, 434; zum sequenziellen Verfahren *ders.* NStZ 2001, 580; erg. BGH NStZ-RR 2001, 133). Hingegen soll es unzulässig sein, den sich heftig wehrenden Beschuldigten bei einer Gegenüberstellung durch Anziehen von Knebelketten dazu zu zwingen, eine einwandfreie Betrachtung durch den Zeugen zu ermöglichen (vgl. *Kühne* Rn. 479; SK-StPO/*Rogall* Vor § 133 Rn. 73; *Grünwald* JZ 1981, 428; *Wolfslast* NStZ 1987, 103; a.A. KG NJW 1979, 1669; JR 1979, 347 ff.). Dennoch wird es für zulässig erachtet, dem Beschuldigten eine ganz bestimmte Körper- und Kopfhaltung aufzunötigen (*Grünwald* JZ 1981, 428; a.M. *Welp* JR 1994, 39); bspw. dem Beschuldigten für Vergleichsaufnahmen eine Strumpfmaske aufzuziehen und ihn am Tatort zu zwingen, eine Körperhaltung einzunehmen, die der Täter am Tatort eingenommen hatte (BGH NStZ 1993, 47). Im Ergebnis berühren alle genannten Maßnahmen den nemo-tenetur-Grundsatz nicht und können, da sie lediglich der Registrierung körperlicher Merkmale dienen und keinen eigenständigen, tatrelevanten Erklärungswert beinhalten (zu diesem Kriterium *Bosch* Aspekte des nemo-tenetur-Prinzips, S. 277 ff., 303; erg. KMR/*Bosch* § 81b Rn. 12), unter Beachtung des Verhältnismäßigkeitsgrundsatzes auf § 81b gestützt werden.

3. Vorbereitende Maßnahmen. Ist zur Durchführung der erkennungsdienstlichen Behandlung eine Ver- 9
änderung des äußeren Erscheinungsbildes des Beschuldigten erforderlich, können diese **vorbereitenden Maßnahmen** auf § 81b gestützt werden (*Geerds* Jura 1986, 9). Bspw. kann dem Beschuldigten eine Perücke oder eine Brille abgenommen bzw. aufgesetzt, eine Strumpfmaske übergezogen (vgl. BGH NStZ 1993, 47), verschmutzte Finger gereinigt oder Schminke entfernt werden. Die Haar- und Barttracht des Beschuldigten kann hingegen als Eingriff in die körperliche Integrität des Beschuldigten an sich nur aufgrund einer Anordnung nach § 81a Abs. 1, 2 verändert werden (SK-StPO/*Rogall* § 81b Rn. 33; vgl. auch BVerfGE 47, 239). Eine Rechtfertigung durch § 81a dürfte jedoch kaum infrage kommen (so aber BVerfGE 47, 239 ff.; *Odenthal* NStZ 1985, 434), denn körperliche Untersuchungen i.S.v. § 81a dienen der Feststellung verfahrenserheblicher Tatsachen und unterliegen einem strikten Arztvorbehalt. Eine Legitimation des vergleichsweise geringfügigen

Eingriffs in die Körpersubstanz unmittelbar durch § 81b (so LG Gera StraFo 1997, 113; LR/*Krause* § 81b Rn. 21; SK-StPO/*Rogall* § 81b Rn. 34) ist zweifelhaft, weil dadurch zugleich in erheblichem Maße in das allgemeine Persönlichkeitsrecht des Betroffenen eingegriffen wird und deshalb eine hinreichend bestimmte Eingriffsnorm erforderlich ist. Kaum verständlich ist zudem, warum zwar eine Veränderung der Haar- und Barttracht des Beschuldigten für zulässig erachtet wird, nicht hingegen die Aufnahme von Lichtbildern einer unverschleierten Frau muslimischen Glaubens, selbst wenn diese bisher nicht in der Öffentlichkeit in unverschleiertem Zustand aufgefallen ist (so aber VG Würzburg BeckRS 2018, 36986 allerdings auch zur fehlenden Notwendigkeit).

10 **II. Verhältnismäßigkeitsgebot.** Die Maßnahme der erkennungsdienstlichen Behandlung muss im Hinblick auf die Sachaufklärungspflicht (§ 244 Abs. 2) zur Zweckerreichung **notwendig** und **geeignet** sein. Hinsichtlich der **Alt. 1** entfällt die Notwendigkeit, wenn das eingeleitete Strafverfahren gegen den Beschuldigten nicht weiterbetrieben werden darf, sondern einzustellen ist.

Schwierigkeiten bereitet die **Alt. 2** des § 81b, sofern sich die erkennungsdienstlichen Maßnahmen nicht gegen gewerbs- oder gewohnheitsmäßig Handelnde und sonstige Rückfalltäter richten. Hier setzt eine Eignung der Maßnahme zunächst voraus, dass sie zur Aufklärung solcher Straftaten **geeignet** ist, für die eine Wiederholungsgefahr prognostiziert wird (VGH Baden-Württemberg NVwZ-RR 2004, 572; zur Prognose *Petersen-Thröl/Ornatowski* SächsVBl. 2008, 30 ff., 33; zu Recht bejaht VGH Baden-Württemberg NJW 2008, 3082 in Fällen des § 184b StGB bei pädophiler Neigung des Beschuldigten eine Eignung auch im Hinblick auf die Gefahr der Begehung von §§ 176, 176a StGB). **Notwendig** sind erkennungsdienstliche Maßnahmen für Zwecke des Erkennungsdienstes (**Alt. 2**), wenn nach kriminalistischer Erfahrung unter Berücksichtigung des Zeitablaufs sowie aller Umstände des Einzelfalls – insb. Art, Schwere und Begehungsweise der dem Beschuldigten zur Last gelegten Tat, seiner Persönlichkeit sowie möglicher Vortaten des Beschuldigten – Anhaltspunkte dafür bestehen, dass der Beschuldigte erneut straffällig werden könnte und die erkennungsdienstlichen Unterlagen zur Förderung der dann zu führenden Ermittlungen geeignet erscheinen (BVerwGE 66, 192, 199; 66, 202, 205; BVerwG NJW 2006, 1226; NJW 2018, 3196; VGH Baden-Württemberg NJW 2008, 3082; OVG Hamburg MDR 1977, 80 f.; VGH München BeckRS 2017, 111553; OVG Nds. NdsVBl. 2007, 43 [zur Rückfallgefahr bei Verstößen gegen § 95 Abs. 1 Nr. 1 AufenthG]; *Riegel* DÖV 1978, 18; Meyer-Goßner/*Schmitt* § 81b Rn. 12; für eine Beschränkung auf vergleichbare Straftaten wegen der Verweisung auf die Polizeigesetze VG Braunschweig NVwZ-RR 2008, 31; StV 2008, 632). Eine Einstellung nach § 170 Abs. 2 (OVG Schleswig-Holstein NJW 1999, 1418; erg. BVerfG NJW 2002, 3231) oder § 153a Abs. 2 (VGH Baden-Württemberg NVwZ-RR 2000, 287 f.; VG Düsseldorf BeckRS 2018, 26293) soll deshalb einer Anordnung ebenso wenig entgegenstehen wie eine Strafaussetzung zur Bewährung (BVerwGE 66, 192; VGH München BeckRS 2017, 111553; OVG Bautzen BeckRS 2017, 142014; vgl. aber auch Rdn. 6) oder ein bisher strafloser Lebenswandel des Beschuldigten (*Baumanns* Polizei 2008, 85; *Riegel* DÖV 1978, 19; Meyer-Goßner/*Schmitt* § 81b Rn. 12; krit. bei bloßen Ermittlungen wegen einer Sexualstraftat OVG Nordrhein-Westfalen StraFo 2008, 503). Vorausgesetzt wird insoweit lediglich ein sog. »Restverdacht« aus dem Anlassstrafverfahren, d.h. diese muss aus der Anlasstat selbst abgeleitet werden können (so OVG Magdeburg BeckRS 2020, 8014). Gerade im Fall einer mehrfachen Einstellung gegen jeweils denselben Beschuldigten nach § 170 Abs. 2 mangels hinreichenden Tatverdachts drängt sich eine erkennungsdienstliche Behandlung scheinbar auf (vgl. nur VG Cottbus BeckRS 2017, 107155; OVG Bautzen BeckRS 2017, 116497). Sieht man von den Fällen einer Einstellung trotz erwiesener Schuld ab (zu dieser Einschränkung *Geerds* Jura 1986, 18), kann dies dennoch nicht überzeugen, da mangels hinreichend konkretisierter Tatsachengrundlage nicht ersichtlich wird, wie die Beurteilung durch die Polizeibehörden trotz Einstellung einer ernsthaften nachträglichen Kontrolle zugeführt werden soll. Nicht von ungefähr erschöpfen sich entsprechende Beschlüsse der Obergerichte in abstrakten Feststellungen zur Zulässigkeit bei »hinreichenden Verdachtsmomenten«, ohne sich aber jemals die Mühe zu machen, aufzuzeigen, woraus sich diese im konkreten Fall ergeben sollen (beispielhaft für diese inhaltsleeren Phrasen etwa zur Bedeutung der Unschuldsvermutung BVerwG 2019, 8543). Dies lässt sich auch keinesfalls durch einen nur eingeschränkten Prüfungsmaßstab bei polizeilicher Prognose und Wahrscheinlichkeitsurteil über das künftige Legalverhalten rechtfertigen (so aber etwa OVG Magdeburg NJW 2019, 1829). Eine Anordnung ist jedenfalls dann nicht notwendig, wenn, wie bei der Verletzung von Unterhaltspflichten (OVG Sachsen NVwZ-RR 2001, 240), die Identität des Täters feststeht. Liegt erneut eine Beschuldigtenstellung vor (vgl. Rdn. 5 f.), dann kann wegen Zeitablaufs ungeeignet gewordenes Material ersetzt werden (zu neuen Fingerabdrücken nach 5 Jahren OVG Nordrhein-Westfalen NdsVBl. 2008, 174; zu Lichtbildern OVG Nds. NdsVBl. 2007, 42). Aus der Praxis wird berichtet, dass die Feststellung einer Wiederholungsgefahr vielfach als zu aufwendig erachtet und deshalb rechtswidrig während eines laufenden Strafverfahrens trotz fehlendem Identifizierungsbedürfnis zunächst eine erkennungsdienstliche Behandlung nach der Alt. 1 und anschließend eine Umwidmung für Zwecke der Alt. 2 erfolgt (*Klein/Gammon* Kriminalistik 2019, 169).

Schließlich darf die Maßnahme im Einzelfall **nicht außer Verhältnis zu den** mit ihr **verfolgten Zwecken** ste- 11
hen (vgl. VGH Bad.-Württ. NVwZ-RR 2004, 572). Sie scheidet deshalb aus, wenn lediglich die Verfolgung von Bagatellkriminalität in Rede steht (AG Kiel StraFo 2006, 70; Meyer-Goßner/*Schmitt* § 81b Rn. 12; zu Beleidigungsdelikten vgl. VGH Bayern NVwZ-RR 1998, 496 f.) und kommt bei Bußgeldverfahren wegen Ordnungswidrigkeiten nur in Ausnahmefällen in Betracht (*Göhler* § 46 OWiG Rn. 32; LR/*Krause* § 81b Rn. 8). Bestehen weniger belastende Möglichkeiten einer Identitätsfeststellung, so haben diese Vorrang vor einer erkennungsdienstlichen Behandlung (vgl. etwa AG Hamburg StV 1985, 364; zur Anforderung eines Lichtbildes bei Personalausweis- oder Passbehörden LG Rostock StV 2008, 629).

D. Durchführung erkennungsdienstlicher Maßnahmen. I. Zuständigkeit. Zuständig für die **Anordnung** 12
sind im Ermittlungsverfahren die StA und die Polizeibeamten des Polizeidienstes (Meyer-Goßner/*Schmitt* § 81b Rn. 13), nach Anklageerhebung das mit der Sache befasste Gericht (LR/*Krause* § 81b Rn. 22). Für Maßnahmen nach § 81b Alt. 2 ist ausschließlich die insoweit von Weisungen der StA freie Kriminalpolizei zuständig, deren Angehörige nicht als Ermittlungspersonen der StA tätig werden (OLG Düsseldorf NJW 1959, 1790; OVG Nordrhein-Westfalen NJW 1972, 2147; *Schenke* JZ 2006, 709; a.M. SK-StPO/*Rogall* § 81b Rn. 65: Anordnungskompetenz in § 81b einheitlich zu bestimmen; *Eisenberg/Puschke* JZ 2006, 731). Die **Durchführung** der Maßnahmen obliegt in beiden Alternativen der Polizei (*Geerds* Jura 1986, 9). Richterliche Anordnungen werden nach § 36 Abs. 2 durchgesetzt (vgl. LG Hamburg MDR 1985, 72). Vor Anordnung nach § 81b Alt. 2 ist der Betroffene anzuhören (§ 28 VwVfG; dazu VG Düsseldorf StraFo 2009, 146).

II. Unmittelbarer Zwang. § 81b beinhaltet auch die Rechtsgrundlage für die Anwendung unmittelbaren 13
Zwangs (BGHSt 34, 45; *Fezer* 6, Rn. 27; *Meyer-Goßner* § 81b Rn. 15). § 81b enthält keine näheren Aussagen über das dabei einzuhaltende Verfahren sowie die Mittel der Zwangsausübung; das Verhältnismäßigkeitsgebot ist aber zu beachten. Die allgemeinen Regeln des Bundes und der Länder zur Anwendung unmittelbaren Zwangs werden aber entsprechend herangezogen (vgl. auch SK-StPO/*Rogall* § 81b Rn. 35). Hinsichtlich der Alt. 2 folgt dies bereits aus der Qualifizierung der Anordnung als Verwaltungsakt (vgl. *Vahle* Kriminalistik 1992, 231). Eine vorherige Androhung ist deswegen nicht entbehrlich (HK-StPO/*Brauer* § 81b Rn. 16; a.M. OLG Naumburg NStZ-RR 2006, 180; LG Zweibrücken DAR 1999, 567; Meyer-Goßner/*Schmitt* § 81b Rn. 15; KK-StPO/*Hadamitzky* § 81b Rn. 6; LR/*Krause* § 81b Rn. 24), vielmehr dürfte sie, sofern dies im konkreten Fall möglich ist, geboten sein, um dem Beschuldigten die Möglichkeit zu eröffnen, den unmittelbaren Zwang durch freiwillige Befolgung der Anordnung abzuwenden. Unproblematisch durch § 81b gestattet ist die zur Durchsetzung der erkennungsdienstlichen Maßnahmen unabdingbare Gewalt, etwa das Festhalten des Beschuldigten, um Lichtbildaufnahmen zu ermöglichen oder das gewaltsame Strecken von Armen und Fingern, um Abdrücke von diesen vorzunehmen (BGHSt 34, 45). § 81b umfasst ebenso die zur Durchführung der Maßnahme erforderliche Freiheitsbeschränkung (OLG Stuttgart StV 1988, 424; LG Kiel StV 2006, 125; OLG Hamm NStZ-RR 2012, 254; OLG Hamm BeckRS 2018, 34518) vgl. zur Verhältnismäßigkeit aber auch BVerfG 1 BvR 47/05; zu § 163b BVerfG StV 1992, 210); der Beschuldigte darf deshalb ohne richterliche Anordnung zwangsweise zur Polizeibehörde gebracht und dort bis zur Erledigung der Maßnahme festgehalten werden (Meyer-Goßner/*Schmitt* § 81b Rn. 15; LR/*Krause* § 81b Rn. 25). Darin liegt keine Freiheitsentziehung i.S.v. Art. 104 Abs. 2 Satz 1 GG (BayObLG DÖV 1984, 515; a.M. *Oehm* MDR 1986, 99) noch eine vorläufige Festnahme nach § 127 Abs. 2 (KG GA 1979, 225). Die Durchsuchung von Räumen zur Ergreifung des Beschuldigten ist nach § 102 hingegen nur zulässig zu Zwecken des anhängigen Strafverfahrens, nicht hingegen zur »Datenvorsorge«, da dann aufgrund des präventivpolizeilichen Charakters der Alt. 2 ein amtsgerichtlicher Durchsuchungsbefehl erforderlich ist (Meyer-Goßner/*Schmitt* § 81b Rn. 15; a.A. SK-StPO/*Rogall* § 81b Rn. 36).

E. Aufbewahrung erkennungsdienstlicher Unterlagen. I. Erkennungsdienstliche Unterlagen zu repres- 14
siven Zwecken. Die zur **Durchführung eines Strafverfahrens** angefertigten Unterlagen (**Alt. 1**) werden Bestandteil der Strafakten (OVG Hamburg MDR 1977, 80; *Dreier* JZ 1987, 1010), können aber aufgrund eigenständiger Anordnung in die erkennungsdienstlichen Unterlagensammlungen der Polizei übernommen werden (vgl. § 481). Aufgrund des Zweckbindungsgebots (vgl. zu § 81b etwa VGH München BeckRS 2020, 2713) kann es nicht überzeugen, wenn die Kommentarliteratur auf dem Standpunkt steht, hinsichtlich der nach § 81b Alt. 1 gewonnenen Unterlagen habe der Beschuldigte unabhängig vom Ausgang des Verfahrens keinen Anspruch auf Vernichtung (*Meyer-Goßner* § 81b Rn. 17; LR/*Krause* § 81b Rn. 26; a.M. SK-StPO/*Wolter* § 163c Rn. 32; erg. *Gusy* VerwArch 84, 1993, 447). Liegen die Voraussetzungen von § 81b Alt. 2

vor, können die nach § 81b Alt. 1 erlangten Unterlagen durch eine eigenständige Anordnung umgewidmet werden (vgl. OVG Koblenz BeckRS 2018, 20898). Entfällt hingegen durch Beendigung des Verfahrens der Zweck für eine weitere Aufbewahrung (vgl. § 483), ohne dass die Voraussetzungen nach § 81b Alt. 2 vorliegen, kann der Betroffene die Vernichtung der Unterlagen verlangen.

15 **II. Erkennungsdienstliche Unterlagen zu präventiven Zwecken.** Die **Aufbewahrung erkennungsdienstlicher Unterlagen** richtet sich nach § 481 (vgl. VGH Hessen NJW 2005, 2727; Meyer-Goßner/*Schmitt* § 81b Rn. 18; zur alten Rechtslage noch BVerwGE 11, 181, 183; 26, 170 ff.; 66, 202, 205; OVG Rheinland-Pfalz NVwZ-RR 2001, 238; OVG Sachsen NVwZ-RR 2001, 239 f.; *Gusy* VerwArch 84, 1993, 466; erg. VG Gießen Kriminalistik 2002, 428; KMR/*Bosch* § 81b Rn. 22). Die Aufbewahrung ist unzulässig, wenn schon die Anordnung der Maßnahme unzulässig war. Ansonsten richten sich Dauer der Aufbewahrung, Berichtigung, Löschung etc. aufgrund des Verweises von § 481 Abs. 1 nach den Polizeigesetzen der Länder (vgl. auch LR/*Krause* § 81b Rn. 27). Die teilweise noch vertretene Auffassung, es sei ausschließlich auf § 81b Alt. 2 abzustellen, lässt offen, wann ein Anspruch auf Vernichtung besteht, weil der Tatverdacht gegen den Beschuldigten »völlig ausgeräumt« (vgl. etwa KK-StPO/*Hadamitzky* § 81b Rn. 7), d.h. der Zweck der Anordnung entfallen ist. So wurde früher zu Unrecht vertreten, auch ein freisprechendes Urteil stünde der Aufbewahrung nicht entgegen, wenn schwerwiegende Belastungstatsachen nicht berücksichtigt wurden (VG Berlin NJW 1955, 965) bzw. ein Freispruch (VGH Baden-Württemberg NJW 1973, 1163 f.; vgl. auch BVerfG NJW 2002, 3231 f.) oder eine Einstellung nach § 170 Abs. 2 (BVerwGE 26, 169, 172; VGH Baden-Württemberg NJW 1987, 2762; a.A. zu § 153 a.F. VG Neustadt NJW 1965, 1934) lediglich mangels ausreichendem Tatverdacht erfolgte (vgl. auch § 484 Abs. 1, Abs. 2 Satz 2). Entgegen dieser Auffassung darf der Zweck des Vernichtungsgebots nicht durch einen unbestimmten Restverdacht entwertet werden (so aber etwa VGH München BeckRS 2017, 100320). Für die Speicherung von Daten gelten die §§ 483 ff., insb. § 489 hinsichtlich der Löschung (vgl. zu Art. 8 EMRK EGMR EuGRZ 2009, 308, 311).

16 **F. Rechtsbehelfe.** Bei Identifizierungsmaßnahmen für Zwecke der Strafverfolgung im anhängigen Verfahren (**Alt. 1**) hängt die Zulässigkeit des Rechtsbehelfs davon ab, welches Organ die Anordnung getroffen hat: **Anordnungen des Gerichts** können nach § 304 Abs. 1 in den Grenzen von §§ 304 Abs. 4, 305 Satz 1 mit der Beschwerde angefochten werden. Eine weitere Beschwerde ist ausgeschlossen (§ 310 Abs. 2). Wurde die angefochtene Anordnung nach Einlegung des zulässigen Rechtsbehelfs vollzogen, wird sie ohne Kostenentscheidung für erledigt erklärt (OLG Bremen MDR 1963, 335; OLG Frankfurt NJW 1957, 839; KK-StPO/*Hadamitzky* § 81b Rn. 8), es sei denn der Beschuldigte hat ein berechtigtes Interesse an der Feststellung der Rechtswidrigkeit der Maßnahme (vgl. BVerfGE 96, 27 ff., 40). Gegen **Maßnahmen der StA und der Polizei** kann in entsprechender Anwendung von § 98 Abs. 2 Satz 2 das AG angerufen werden (BGH NJW 1998, 3654; OLG Stuttgart MDR 1986, 689; OLG Oldenburg NStZ 1990, 504; OLG Braunschweig NStZ 1991, 551; OLG Koblenz StV 2002, 127; Meyer-Goßner/*Schmitt* § 81b Rn. 21; krit. *Amelung* FG BGH, 924 f.). Ausnahmsweise kann bei »tiefgreifenden« Grundrechtsbeeinträchtigungen (vgl. BVerfGE 96, 27 ff., 40) auch nach Vollzug der Maßnahme § 98 Abs. 2 Satz 2 analog herangezogen werden (LG Zweibrücken DAR 1999, 567; AG München NStZ 1999, 529; zur Feststellung, inwieweit die Art und Weise der Durchführung einer erledigten Maßnahme rechtswidrig war, vgl. auch BGHSt 44, 265; 45, 183; *Amelung* FG BGH, 927 f.). Kein Fall der Erledigung liegt vor, wenn die zum Zweck der Identitätsfeststellung erhobenen Informationen nach erkennungsdienstlicher Behandlung weiter aufbewahrt bzw. gespeichert werden, denn dann ist von einer fortbestehenden Grundrechtsbeeinträchtigung auszugehen.

17 Die **Anfechtung von erkennungsdienstlichen Maßnahmen i.S.d. Alt. 2** erfolgt nach überwiegender Auffassung im Verwaltungsrechtsweg, da sie nicht als Justizverwaltungsakte, sondern als polizeiliche Verwaltungsakte der Anfechtung im Rahmen von § 42 Abs. 1 VwGO unterliegen (BGHSt 28, 206, 209; BVerwG NVwZ-RR 2011, 710; OLG Celle NStZ-RR 2012, 254; AG München NStZ 1999, 529; a.M. *Kramer* JR 1994, 225; SK-StPO/*Rogall* § 81b Rn. 69; *Bock* ZIS 2007, 132; *Merten*/*Merten* ZRP 1991, 213, 220: §§ 23 ff. EGGVG; *Eisenberg*/*Puschke* JZ 2006, 732; *Krach* Jura 2001, 741: analoge Anwendung von § 98 Abs. 2 Satz 2; vgl. auch *Baumanns* Polizei 2008, 86; *Frister* FS Amelung, S. 615). Ob die Frage der Eignung und Notwendigkeit tatsächlich nur auf Vertretbarkeit überprüft werden kann, erscheint angesichts der verfassungsgerichtlichen Anforderungen an die Überprüfung von Prognosen zweifelhaft (so aber VGH Baden-Württemberg NJW 2008, 3082; Meyer-Goßner/*Schmitt* § 81b Rn. 22). Ein Widerspruch hat aufschiebende Wirkung, soweit nicht die sofortige Vollziehbarkeit des Verwaltungsaktes angeordnet worden ist (§ 80 Abs. 2 Nr. 4 VwGO; zur Nichtanwendbarkeit von § 80 Abs. 2 Nr. 2 VwGO vgl. VG Gera Az. 1 E 1862/01 GE). Eine anhand des konkreten Einzelfalls zu begründende Vollziehungsanordnung kommt bspw. infrage, wenn aufgrund der Lebensweise und der Art der dem Beschuldigten zur Last gelegten Straftaten die Befürchtung besteht, dass dieser noch vor Bestandskraft der behördlichen Entscheidung erneut strafrechtlich in Erscheinung treten

könnte (OVG Rheinland-Pfalz NVwZ-RR 2001, 238; zur besonderen Eilbedürftigkeit bei Fluchtgefahr vgl. VG Gera Az. 1 E 1862/01 GE). Die Anfechtungsklage (§ 42 Abs. 1 VwGO) kann sich bereits gegen die Aufforderung richten, sich zwecks erkennungsdienstlicher Behandlung bei der Polizei einzufinden (BVerwGE 66, 192; OVG Hamburg MDR 1977, 80). Begehrt der Kläger die Vernichtung erstellter Unterlagen, hat er dies im Wege der Verpflichtungsklage geltend zu machen (VGH Hessen NJW 2005, 2727; LR/*Krause* § 81b Rn. 35; Meyer-Goßner/*Schmitt* § 81b Rn. 23). Ein Anspruch auf Herausgabe der erkennungsdienstlichen Unterlagen besteht nicht (VG Neustadt NJW 1965, 1934; KK-StPO/*Senge* § 81b Rn. 10; LR/*Krause* § 81b Rn. 29). Auch die Ablehnung eines Antrages auf Vernichtung ist ein Verwaltungsakt, der nicht in dem Verfahren nach § 23 EGGVG, sondern nur vor den VG angefochten werden kann (BVerfGE 16, 89, 94; BGH NJW 1975, 2076). Anders ist dies lediglich zu beurteilen, wenn sich die Unterlagen nicht mehr bei der Polizei, sondern in Ermittlungsakten der StA befinden (dann §§ 23 ff. EGGVG; SK-StPO/*Rogall* § 81b Rn. 70). Für die Rechtmäßigkeit der Aufbewahrung ist die Rechtslage im Zeitpunkt der verwaltungsgerichtlichen Entscheidung maßgebend (OVG Nordrhein-Westfalen NJW 1972, 2147 f.; VGH Baden-Württemberg NJW 1973, 1664).

§ 81c Untersuchung anderer Personen

(1) Andere Personen als Beschuldigte dürfen, wenn sie als Zeugen in Betracht kommen, ohne ihre Einwilligung nur untersucht werden, soweit zur Erforschung der Wahrheit festgestellt werden muß, ob sich an ihrem Körper eine bestimmte Spur oder Folge einer Straftat befindet.

(2) [1]Bei anderen Personen als Beschuldigten sind Untersuchungen zur Feststellung der Abstammung und die Entnahme von Blutproben ohne Einwilligung des zu Untersuchenden zulässig, wenn kein Nachteil für seine Gesundheit zu befürchten und die Maßnahme zur Erforschung der Wahrheit unerläßlich ist. [2]Die Untersuchungen und die Entnahme von Blutproben dürfen stets nur von einem Arzt vorgenommen werden.

(3) [1]Untersuchungen oder Entnahmen von Blutproben können aus den gleichen Gründen wie das Zeugnis verweigert werden. [2]Haben Minderjährige wegen mangelnder Verstandesreife oder haben Minderjährige oder Betreute wegen einer psychischen Krankheit oder einer geistigen oder seelischen Behinderung von der Bedeutung ihres Weigerungsrechts keine genügende Vorstellung, so entscheidet der gesetzliche Vertreter; § 52 Abs. 2 Satz 2 und Abs. 3 gilt entsprechend. [3]Ist der gesetzliche Vertreter von der Entscheidung ausgeschlossen (§ 52 Abs. 2 Satz 2) oder aus sonstigen Gründen an einer rechtzeitigen Entscheidung gehindert und erscheint die sofortige Untersuchung oder Entnahme von Blutproben zur Beweissicherung erforderlich, so sind diese Maßnahmen nur auf besondere Anordnung des Gerichts und, wenn dieses nicht rechtzeitig erreichbar ist, der Staatsanwaltschaft zulässig. [4]Der die Maßnahmen anordnende Beschluß ist unanfechtbar. [5]Die nach Satz 3 erhobenen Beweise dürfen im weiteren Verfahren nur mit Einwilligung des hierzu befugten gesetzlichen Vertreters verwertet werden.

(4) Maßnahmen nach den Absätzen 1 und 2 sind unzulässig, wenn sie dem Betroffenen bei Würdigung aller Umstände nicht zugemutet werden können.

(5) [1]Die Anordnung steht dem Gericht, bei Gefährdung des Untersuchungserfolges durch Verzögerung auch der Staatsanwaltschaft und ihren Ermittlungspersonen (§ 152 des Gerichtsverfassungsgesetzes) zu; Absatz 3 Satz 3 bleibt unberührt. [2] § 81a Abs. 3 gilt entsprechend.

(6) [1]Bei Weigerung des Betroffenen gilt die Vorschrift des § 70 entsprechend. [2]Unmittelbarer Zwang darf nur auf besondere Anordnung des Richters angewandt werden. [3]Die Anordnung setzt voraus, daß der Betroffene trotz Festsetzung eines Ordnungsgeldes bei der Weigerung beharrt oder daß Gefahr im Verzuge ist.

Übersicht

1 **A. Grundsätzliches und Regelungsgehalt. I. Allgemeiner Geltungsbereich.** Die Vorschrift regelt für »andere Personen« als Beschuldigte (für jene gilt § 81a) die Pflicht zur Duldung von Untersuchungen und körperlichen Eingriffen. Der Begriff der **Untersuchung** deckt sich mit dem Begriff der »körperlichen Untersuchung« in § 81a und bezieht sich lediglich auf Untersuchungen am Körper selbst. Die **Duldungspflichten** des § 81c unterscheiden sich von der Zeugnispflicht dadurch, dass dem Betroffenen keine Pflicht zur aktiven Mitwirkung auferlegt wird (SK-StPO/*Rogall* § 81c Rn. 2; vgl. auch *Bockelmann* GA 1955, 332; *Eb. Schmidt* NJW 1962, 665; z.B. keine Ausführung von Tests, Beantwortung von Fragen). Deshalb überzeugt es nicht, wenn überwiegend davon ausgegangen wird, die Duldungspflicht umfasse auch die Pflicht, sich zu der Untersuchung einzufinden, sich zu entkleiden und die jeweils erforderliche Körperhaltung einzunehmen (*Eisenberg* BR, Rn. 1658; KK-StPO/*Hadamitzky* § 81c Rn. 6; Meyer-Goßner/*Schmitt* § 81c Rn. 16; a.A. zu Recht SK-StPO/*Rogall* Rn. 21). § 81c genügt dem Gesetzesvorbehalt des Art. 2 Abs. 2 Satz 3 GG (zur zivilprozessualen Regelung des § 372a ZPO vgl. BVerfGE 5, 13, 15).

2 **II. Weitergehende Untersuchungsmaßnahmen bei Einwilligung. 1. Umfang der rechtfertigenden Wirkung.** Maßnahmen nach Abs. 1 und 2 sind ohne **Einwilligung** des Betroffenen zulässig, eine Einwilligung kann aber, sofern sie nicht sittenwidrig ist, von den Beschränkungen des § 81c teilweise entbinden. Auch bei wirksamer Einwilligung bedarf es einer Anordnung der nach Abs. 5 zuständigen Personen, da diese selbst bei »harmlosen Eingriffen« (a.M. LR/*Krause* § 81c Rn. 4; Meyer-Goßner/*Schmitt* § 81c Rn. 2: nur bei »schwereren Eingriffen«) die Zulässigkeitsvoraussetzungen und -grenzen der Maßnahme zu prüfen haben (*Eisenberg* BR, Rn. 1658). Selbst bei Einwilligung des Betroffenen dürfen – mit Ausnahme einer Blutprobenentnahme – körperliche Eingriffe stets nur von einem Arzt vorgenommen werden (*Eisenberg* BR, Rn. 1658; Meyer-Goßner/*Schmitt* § 81c Rn. 2).

3 **2. Voraussetzungen wirksamer Einwilligung.** Eine eingriffslegitimierende Wirkung kann die Einwilligung nur dann entfalten, wenn sie von dem einwilligungsfähigen Betroffenen in Kenntnis der Sachlage und des Weigerungsrechtes ausdrücklich und freiwillig erklärt wurde und frei von Willensmängeln ist (Meyer-Goßner/*Schmitt* § 81c Rn. 3; allgemein zur Einwilligung BGH NJW 1964, 1177 f.; *Amelung* StV 1985, 257). Fehlt dem Betroffenen die Fähigkeit, Bedeutung und Tragweite der Maßnahme abzuschätzen, so entscheidet der gesetzliche Vertreter (RGSt 64, 160; erg. Rdn. 26). Eine Einwilligung darf nicht schon deshalb angenommen werden, weil der Betroffene sich zur Untersuchung eingefunden und diese ohne Widerspruch hingenommen hat (*Janetzke* NJW 1958, 534, 535), denn in diesen Fällen bleibt offen, ob er die Notwendigkeit einer Einwilligung erkannt hatte (*Eisenberg* BR, Rn. 1659; *Peters* JR 1969, 233). Ebenso wenig lässt sich aus der Aussagebereitschaft einer zeugnisverweigerungsberechtigten Person zugleich auf eine Einwilligung in eine körperliche Untersuchung schließen (*Eisenberg* BR, Rn. 1659). Bis zum Abschluss der Untersuchung kann die Einwilligung widerrufen werden (zu den Rechtsfolgen Rdn. 30). Das Gericht kann von Amts wegen zur Aufklärung verpflichtet sein, ob der Betroffene die Einwilligung in eine Untersuchung erteilt, die das Gericht zur Sachaufklärung für erforderlich erachtet, zu deren Duldung er aber nicht gezwungen werden kann (BGHSt 14, 14; *Eisenberg* BR, Rn. 1660; LR/*Krause* § 81c Rn. 7). Soll mit der Revision allerdings eine Verletzung der Aufklärungspflicht gerügt werden, weil eine durch Einwilligung mögliche Untersuchung unterlassen wurde, muss die Revision auch das Vorliegen einer Einwilligung darlegen (vgl. BGH NStZ-RR 2013, 218).

4 Aus den angeführten Gründen muss der Betroffene darüber **belehrt** werden, welche Maßnahme vorgenommen werden soll und dass sie ohne seine Einwilligung nicht zulässig ist (Meyer-Goßner/*Schmitt* § 81c Rn. 4, 7; LR/*Krause* § 81c Rn. 5; *Hanack* JZ 1971, 128; *Heinitz* FS Engisch, S. 700; *Kett-Straub* ZStW 117, 367; a.A. BGHSt 13, 394, 398; BGHSt 36, 220; 40, 337: Pflicht zur Belehrung nur, wenn dem Betroffenen ein Untersuchungsverweigerungsrecht zusteht; KK-StPO/*Hadamitzky* § 81c Rn. 11). Zwar besteht bei einer lediglich auf freiwilliger Basis möglichen Untersuchung (etwa Glaubwürdigkeitsuntersuchungen) des nicht zur Zeugnisverweigerung Berechtigten keine dem § 81c Abs. 2 vergleichbare Konfliktlage (so KK-StPO/*Hadamitzky* § 81c Rn. 11), da der Gesetzgeber aber dem Zeugen insoweit keine Duldungspflicht auferlegen wollte (vgl. auch Rdn. 12 f.), muss der Zeuge aus Gründen prozessualer Fairness über sein Weigerungsrecht

belehrt werden. Eine Belehrung ist auch dann erforderlich, wenn der Betroffene bereits über ein Zeugnisverweigerungsrecht nach § 52 Abs. 3 Satz 1 belehrt wurde (BGHSt 13, 394, 399; 20, 234; 36, 217, 219; BGH StV 1996, 195). Die Belehrung kann nicht durch den Sachverständigen, sondern nur durch das Gericht oder Strafverfolgungsorgan erteilt werden, das die Untersuchung veranlasst hat (*Hanack* JZ 1971, 128; *Eisenberg* BR, Rn. 1659; erg. Rdn. 25).

B. Materielle Voraussetzungen. I. Duldungspflichtige Personen. § 81c beschränkt die Pflicht zur Duldung von körperlichen Untersuchungen auf Personen, die »als Zeugen in Betracht kommen« (**Zeugengrundsatz**). Überwiegend wird nicht an die verfahrensrechtliche Stellung eines Zeugen angeknüpft, da dies Untersuchungen an nicht zur Aussage fähigen Personen ausschließen würde (vgl. SK-StPO/*Rogall* § 81c Rn. 11 ff.), vielmehr soll i.E. jede tatunverdächtige Person eine Duldungspflicht treffen, bei der Spuren oder Tatfolgen zu vermuten sind (*Dünnebier* GA 1953, 65, 67 f.; Meyer-Goßner/*Schmitt* § 81c Rn. 10; LR/*Krause* § 81c Rn. 12). Damit können nicht nur schlafende und bewusstlose Tatopfer (vgl. HK-StPO/*Brauer* § 81c Rn. 6; KK-StPO/*Senge* § 81c Rn. 1), sondern auch Säuglinge, Kleinkinder und schwer Geistesgestörte untersucht werden (*Eisenberg* BR, Rn. 1662; *Kleinknecht* Kriminalistik 1967, 462; *Kohlhaas* JR 1974, 90; *Krause* JZ 1976, 124 f.; *Meier* JZ 1991, 642; abl. *Seidel* Kriminalistik 1967, 303). Der Gesetzgeber soll durch die Aufnahme des Zeugengrundsatzes lediglich beabsichtigt haben, Reihenuntersuchungen nach Spurenträgern auszuschließen (*Dünnebier* GA 1953, 68; *Krause* JZ 1976, 125). Tatsächlich werden aus Verhältnismäßigkeitserwägungen aber nur die Personen als Zeuge i.S.v. § 81c infrage kommen, bei denen konkrete, individualbezogene Anhaltspunkte dafür bestehen, dass ihre Untersuchung einen Beweiserfolg herbeiführen kann (zutr. SK-StPO/*Rogall* § 81c Rn. 13; vgl. erg. Rdn. 8 und KMR/*Bosch* § 81c Rn. 6; zur DNA-Analyse, § 81e Rdn. 8). 5

II. Untersuchungszweck. Der Zweck der Untersuchung von tatunverdächtigen Personen ist auf die Feststellung von Spuren oder Tatfolgen am Körper beschränkt (**Spurengrundsatz**). Zu den Spuren werden unmittelbar durch die Tat verursachte Veränderungen am Körper gerechnet, die Rückschlüsse auf den Täter oder die Tatausführung ermöglichen (z.B. Blutspuren, Blut- und Hautreste unter den Fingernägeln, Spermienreste, Stichwunden). Der Begriff der **Tatfolgen** umfasst hingegen die unmittelbar oder mittelbar durch die Tat eingetretenen Veränderungen am Körper des Opfers, die keine Spurenhinweise zulassen (z.B. Hautabschürfungen, Hämatome, Krankheitszustand, Zahnlücken). Die Zulässigkeit der Untersuchung hängt weder von der Dauerhaftigkeit der Spuren und Tatfolgen ab noch müssen diese unmittelbar für den Nachweis des gesetzlichen Tatbestandes von Bedeutung sein (Meyer-Goßner/*Schmitt* § 81c Rn. 13; LR/*Krause* § 81c Rn. 15). Es genügt, wenn sie Relevanz für die Strafzumessung besitzen können (KG, 29.09.1998 – 3 AR 66/97 – 4 Ws 202/98). 6

Vorausgesetzt wird allerdings, dass ein **konkreter Anlass** zur Untersuchung besteht, d.h. es müssen schon vorher bestimmte Anhaltspunkte über die Spuren und Tatfolgen vorhanden sein, die durch die Untersuchung gefunden werden sollen. Da eine nicht personenbezogene Vermutung, durch die Untersuchung könnten überhaupt irgendwelche Spuren oder Tatfolgen gefunden werden, die Untersuchung nicht rechtfertigen kann, sind auch unter diesem Gesichtspunkt Reihenuntersuchungen ausgeschlossen (*Dünnebier* GA 1953, 68). 7

III. Art und Umfang möglicher Untersuchungshandlungen nach Abs. 1. 1. Körperliche Untersuchung auf Spuren und Tatfolgen. § 81c Abs. 1 gestattet nur die Suche nach Spuren und Tatfolgen »am« Körper des Betroffenen. Ohne Einwilligung unzulässig sind damit jedenfalls Untersuchungen, die mit körperlichen Eingriffen verbunden sind, wie z.B. Magenauspumpen, Untersuchungen unter Narkose (nach BGH NJW 1970, 1242, lediglich Frage der Zumutbarkeit; dagegen aber BGH MDR [H] 1991, 297) oder Röntgenuntersuchungen. Unter Außerachtlassung des Wortlautes und der Systematik von § 81c soll nach herrschender Meinung auch eine Untersuchung der natürlichen Körperöffnungen, deren Inneres ohne ärztliche Eingriffe sichtbar gemacht werden kann, zulässig sein. Damit könnten auch vaginale (zum Scheidenabstrich Meyer-Goßner/*Schmitt* § 81c Rn. 16) und rektale Inspektionen zwangsweise durchgesetzt werden (*Eisenberg* BR, Rn. 1664; KK-StPO/*Hadamitzky* § 81c Rn. 4). Zur Vermeidung von Gesundheitsgefahren muss aber entgegen der allg. Auffassung insb. bei Verwendung technischer Hilfsmittel ein körperlicher Eingriff angenommen werden, der dem Betroffenen nicht durch Zwang abverlangt werden kann (vgl. HK-StPO/*Brauer* § 81c Rn. 13; SK-StPO/*Rogall* § 81a Rn. 19). 8

2. Psychologische Untersuchungen. Untersuchungen zur Feststellung der Beeinträchtigung des **psychischen Zustandes** des Betroffenen durch die Tat, zur Überprüfung von dessen Zeugentüchtigkeit (z.B. Merkfähigkeit, zur Sehtüchtigkeit vgl. OLG Hamm VRS 21, 62), zur Vernehmungsfähigkeit (vgl. LG Frankfurt StraFo 2009, 18) und insb. von dessen **Glaubwürdigkeit** sind vom Wortlaut des § 81c nicht umfasst und daher ohne **Einwilligung** des Betroffenen oder seines gesetzlichen Vertreters unzulässig (BGHSt 13, 394, 398; 14, 9

21, 23; 36, 217, 219; BGH MDR [H] 1979, 988; NStZ 1982, 432; NStZ-RR 2013, 218; Meyer-Goßner/*Schmitt* § 81c Rn. 7; vgl. erg. Rdn. 3 f.).

10 **Verweigert** der Zeuge die Einwilligung, so soll die Glaubwürdigkeit des Zeugen dadurch festgestellt werden können, dass ein Sachverständiger zur gerichtlichen Vernehmung des Zeugen hinzugezogen, ihm nach § 80 Abs. 2 die Möglichkeit zur eigenen Befragung eröffnet wird und er sich – ggf. unter Berücksichtigung sonstiger niedergelegter Angaben des Zeugen (BGH NStZ 1982, 432) – im Anschluss an die Vernehmung gutachterlich äußert (BGHSt 23, 1, 2; BGH NStZ 1982, 432; StV 1990, 246; 1991, 405; 1995, 622; KK-StPO/*Hadamitzky* § 81c Rn. 9; Meyer-Goßner/*Schmitt* § 81c Rn. 8; LR/*Krause* § 81c Rn. 9 f.; SK-StPO/*Rogall* § 81c Rn. 20; *Meier* JZ 1991, 643; *Hilgert* NJW 2016, 986; a.A. OLG Hamm JZ 1957, 186; *Peters* JR 1970, 70; *Eisenberg* NStZ 2016, 14 f.; *Eisenberg* BR, Rn. 1868; krit. *Blau* StV 1991, 407). Obwohl der Zeuge zur Duldung der Überprüfung seiner Glaubwürdigkeit durch den Richter verpflichtet ist (vgl. § 68a Abs. 2) und es dem Richter nicht verboten sein kann, sich dabei der Hilfe eines Sachverständigen zu bedienen (BGHSt 23, 2), darf das aufgezeigte Verfahren dennoch nicht dazu führen, dass die Weigerung des Zeugen, sich für eine Exploration durch den Sachverständigen zur Verfügung zu stellen, umgangen wird (vgl. *Blau* StV 1991, 407 f.). Zudem kann der Sachverständige in der Hauptverhandlung allenfalls eine Hilfsfunktion wahrnehmen (and. BGH StV 1991, 405; OLG Köln 2 Ws 669/11, *Hilgert* NJW 2016, 986, zumindest Unverwertbarkeit, wenn Vernehmung vollständig Sachverständigen überlassen wird), sodass durch die aufgezeigte Vorgehensweise in Zweifelsfällen, in denen die Hinzuziehung eines Sachverständigen geboten erscheint, keine ausreichende Datenbasis für eine Begutachtung geschaffen werden kann (zweifelnd auch LR/*Krause* § 81c Rn. 10; *Peters* JR 1970, 70). Es dürfte vielmehr die Gefahr begründet werden, dass der Stellungnahme des Sachverständigen ein schwer überprüfbarer und tatsächlich nicht vorhandener Erkenntniswert zugebilligt wird. Zumindest darf nach Ansicht der Rspr. ein Sachverständiger den Zeugen nicht zur Aussage drängen, um eine aussagepsychologische Begutachtung zu ermöglichen (vgl. OLG Rostock NStZ 2015, 359).

11 **3. Abstammungsuntersuchungen und Blutprobenentnahmen (Abs. 2).** Nach § 81c Abs. 2 Satz 1 sind **Untersuchungen zur Abstammungsfeststellung** und die **Entnahme von Blutproben** gestattet. Die herkömmlichen Methoden der Abstammungsfeststellung (anthropologisch-erbbiologische und serostatische Gutachten; zunehmend durch molekulargenetische Untersuchungen verdrängt) setzen neben der Anfertigung von Lichtbildaufnahmen, Messungen und der Abnahme von Fingerabdrücken (LR/*Krause* § 81c Rn. 23) regelmäßig die Entnahme einer Blutprobe voraus. Deshalb soll die Anordnung einer Abstammungsuntersuchung auch zur Duldung einer Blutprobenentnahme verpflichten (*Eisenberg* BR, Rn. 1666; Meyer-Goßner/*Schmitt* § 81c Rn. 18; LR/*Krause* § 81c Rn. 23; a.M. SK-StPO/*Rogall* § 81c Rn. 32). Für die in Abs. 2 genannten Maßnahmen gilt nicht der Zeugen- und Spurengrundsatz, sondern der **Aufklärungsgrundsatz**. Eine Duldungspflicht besteht damit auch dann, wenn der Betroffene nicht als Zeuge in Betracht kommt, etwa für den Säugling im Prozess gegen seine wegen Falschaussage im früheren Unterhaltsrechtsstreit angeklagte Mutter. Eine Blutprobenentnahme wird bspw. angeordnet, um die Infizierung des Tatopfers mit einer Krankheit festzustellen (*Eisenberg* BR, Rn. 1666; KK-StPO/*Hadamitzky* § 81c Rn. 5).

12 Die in Abs. 2 genannten Maßnahmen setzen voraus, dass kein körperlicher oder psychischer Gesundheitsnachteil für den Betroffenen zu befürchten ist. Diese Einschränkung besitzt angesichts der Natur der gestatteten Eingriffe und dem in Abs. 2 Satz 2 geregelten Arztvorbehalt kaum eine Bedeutung (*Meyer-Goßner* § 81c Rn. 19; zur Möglichkeit eines psychischen Schadens bei Blutprobenentnahmen infolge einer »Spritzenphobie« vgl. OLG Koblenz NJW 1976, 379; abl. *Händel* BA 1976, 389). Sowohl für Blutprobenentnahmen als auch für Abstammungsuntersuchungen ist in **Abs. 2 Satz 2** ein **uneingeschränkter Arztvorbehalt** angeordnet.

13 **4. Verhältnismäßigkeitsgrundsatz.** Die nach Abs. 1 und 2 zulässigen Maßnahmen (Rdn. 8 bis 11) müssen verhältnismäßig sein.

14 a) **Erforderlichkeit.** Die Untersuchung auf Spuren oder Tatfolgen bei Tatunverdächtigen darf nur erfolgen, wenn sie zur Wahrheitserforschung **notwendig** ist. Sie kommt aber nicht nur als letztes Mittel in Betracht, wenn nach Auswertung der übrigen Beweismittel noch Zweifel an der Tat bestehen. Es genügt vielmehr, dass die bisher bekannten Beweismittel die Aufklärung des Sachverhaltes nicht mit hinreichender Sicherheit ermöglichen (LR/*Krause* § 81c Rn. 17; Meyer-Goßner/*Schmitt* § 81c Rn. 15), etwa weil die Gefahr eines Geständniswiderrufs besteht (*Fezer* JuS 1978, 765 in Fn. 1). Zudem muss bedacht werden, dass Spuren und Tatfolgen häufig flüchtig sind und ihr Beweiswert meist von einer frühzeitigen Feststellung abhängen wird (LR/*Krause* § 81c Rn. 17).

15 Bei Abstammungsuntersuchungen oder Blutprobenentnahmen wird durch Abs. 2 ein vergleichsweise strengerer Maßstab eingeführt, da die Maßnahmen zur Erforschung der Wahrheit **unerlässlich** sein müssen (vgl. AK-StPO/*Wassermann* § 81c Rn. 11; *Benfer* Rechtseingriffe, Rn. 1012: »verschärfte Form des Verhältnis-

mäßigkeitsgrundsatzes«; HK-StPO/*Brauer* § 81c Rn. 18; krit. zur Abweichung von § 372a ZPO LR/*Krause* § 81c Rn. 26). In wortgetreuer Auslegung wird deshalb gefordert, dass ohne die Durchführung der Maßnahme eine Erforschung der Wahrheit ausgeschlossen erscheint (SK-StPO/*Rogall* § 81c Rn. 38). Dies soll allerdings bereits dann der Fall sein, wenn die erhobenen Beweise bei vernünftiger Beurteilung noch Zweifel lassen (vgl. OLG Saarbrücken FamRZ 1959, 35; LR/*Krause* § 81c Rn. 26; SK-StPO/*Rogall* § 81c Rn. 38; krit. hierzu KMR/*Bosch* § 81c Rn. 18) oder eine an sich hinreichende Beweisgrundlage mit Unsicherheiten belastet ist (z.B. die Möglichkeit des Widerrufs einer Zeugenaussage). Abs. 2 wird sich damit vorrangig ein Gebot entnehmen lassen, bei der Anordnung Zurückhaltung auszuüben und etwa erbbiologische bzw. molekulargenetische Untersuchungen erst dann anzuordnen, wenn eine zuvor erfolgte Blutgruppenbestimmung kein eindeutiges Ergebnis erbracht hat (vgl. HK-StPO/*Brauer* § 81c Rn. 18; Meyer-Goßner/*Schmitt* § 81c Rn. 20; LR/*Krause* § 81c Rn. 26; SK-StPO/*Rogall* § 81c Rn. 38).

b) **Zumutbarkeit.** Eine notwendige Maßnahme kann gleichwohl unzulässig sein, wenn sie dem Betroffenen 16
»bei Würdigung aller Umstände« **nicht zugemutet** werden kann (**Abs. 4**). Das Zumutbarkeitsprinzip, eine besondere Ausprägung des Verhältnismäßigkeitsgrundsatzes, verlangt eine Abwägung zwischen dem Aufklärungsinteresse hinsichtlich der konkret begangenen Straftat und den Persönlichkeitsinteressen des Betroffenen (vgl. BGH MDR [D] 1956, 527; Meyer-Goßner/*Schmitt* § 81c Rn. 16, 21; SK-StPO/*Rogall* § 81c Rn. 72). Dabei sind die Art der Untersuchung, ihre Folgen, persönliche Umstände der Betroffenen und die Schwere des begangenen Deliktes wichtige Parameter der Abwägung, sodass etwa im Privatklageverfahren eine Abstammungsuntersuchung regelmäßig ausgeschlossen sein wird (*Eisenberg* BR, Rn. 1669; LR/*Krause* § 81c Rn. 28; SK-StPO/*Rogall* § 81c Rn. 73).

Eine Unzumutbarkeit wegen der **Art und Weise einer Untersuchung** kann sich etwa daraus ergeben, dass 17
eine Untersuchungsmethode nicht den anerkannten Regeln der Wissenschaft entspricht (OLG Celle NJW 1954, 1331 zu § 372a ZPO; *Eisenberg* BR, Rn. 1669) oder den Kernbereich des Persönlichkeitsrechts berührt (etwa die Feststellung der Zeugungsfähigkeit durch Gewinnung von Ejakulat, vgl. LR/*Krause* § 81c Rn. 28). Ebenso kann eine Verweigerung aus religiöser Überzeugung in Ausnahmefällen von der Religionsausübungsfreiheit (Art. 4 Abs. 2 GG) umfasst sein (and. OLG Düsseldorf FamRZ 1976, 51). Ebenso wenig überzeugt es, eine Unzumutbarkeit wegen den **Folgen des Beweisergebnisses** bei drohenden wirtschaftlichen Nachteilen generell auszuschließen (so aber *Eisenberg* BR, Rn. 1669; LR/*Krause* § 81c Rn. 29; a.A. SK-StPO/*Rogall* § 81c Rn. 76), auch wenn dem Betroffenen die Gefahr, als Unterhaltsschuldner in Anspruch genommen zu werden, regelmäßig zugemutet werden kann (vgl. OLG Nürnberg FamRZ 1970, 597, 598; LR/*Krause* § 81c Rn. 29). Ob eine Blutentnahme zur Feststellung einer Aids-Infizierung zumutbar ist, wird sich nur im Einzelfall beantworten lassen (a.M. Meyer-Goßner/*Schmitt* § 81c Rn. 17: »i.d.R. zumutbar«; *Mayer* JR 1990, 363: »generell unzulässig«).

C. Untersuchungsverweigerungsrecht (Abs. 3). I. Grundlage des Weigerungsrechts. Nach **Abs. 3 Satz 1** 18
kann die Untersuchung aus »den gleichen Gründen wie das Zeugnis« verweigert werden. Das **Untersuchungsverweigerungsrecht** des § 81c Abs. 3 Satz 1 und das Zeugnisverweigerungsrecht nach § 52 werden auf die einheitliche **Ratio** zurückgeführt, dass es der freiwilligen Entscheidung des Angehörigen überlassen bleiben soll, ob er sich in einem Strafverfahren gegen einen Angehörigen als Beweismittel zur Verfügung stellen will (vgl. BGHSt 13, 399; 32, 143). Ein der Zeugnispflicht vergleichbarer Gewissenskonflikt liegt bei zwangsweise vollziehbaren Untersuchungen allerdings nicht vor (vgl. *Weigend* DJT 62, 1998, C 117). Nach fast einhelliger Auffassung besteht kein Weigerungsrecht nach §§ 53, 53a, 54 (*Eisenberg* BR, Rn. 1670; KK-StPO/*Hadamitzky* § 81c Rn. 10; Meyer-Goßner/*Schmitt* § 81c Rn. 23; *Kohlhaas* JR 1974, 91; LR/*Krause* § 81c Rn. 37), da eine Untersuchung von Berufsgeheimnisträgern nicht das Vertrauensverhältnis zu den von ihnen betreuten Personen beeinträchtigt (SK-StPO/*Rogall* § 81c Rn. 42). Der Betroffene hat die Wahl, ob er das Zeugnis (§ 52 Abs. 1), die Untersuchung (Abs. 3 Satz 1) oder beides verweigert (LR/*Krause* § 81c Rn. 30). Die Einnahme des richterlichen **Augenscheins** (§ 86) an der Person des Zeugnisverweigerungsberechtigten ist keine Untersuchung und damit auch gegen seinen Willen zulässig (OLG Hamm MDR 1974, 1036; *Eisenberg* BR, Rn. 1670a). Ob allerdings die dabei gewonnenen Erkenntnisse ohne eine zuvor erteilte Belehrung verwertbar sind (so *Eisenberg* BR, Rn. 1670a; *Meyer-Goßner* § 81c Rn. 23 f.), erscheint zumindest dann zweifelhaft, wenn sich das Gericht bei der Einnahme des Augenscheins der Hilfe eines Sachverständigen bedient (vgl. aber BGH StV 1995, 622). Abs. 3 Satz 1 gewährt nur ein Untersuchungsverweigerungsrecht, erstreckt sich aber selbstverständlich nicht auf Durchsuchungen. Es hat deshalb etwa kein Beschlagnahmeverbot von DNA-fähigem Material des Beschuldigten in der Wohnung des Zeugen zum Gegenstand (vgl. BGH NStZ-RR 2018, 319).

Das Untersuchungsverweigerungsrecht besteht entsprechen zu § 52 auch dann, wenn sich das Verfahren 19
gegen **mehrere Beschuldigte** richtet und nur zu einem von ihnen ein Angehörigenverhältnis besteht, selbst

wenn das Verfahren gegen den Angehörigen abgetrennt wurde (BGH b. *Dallinger*, MDR 1973, 902). Ob der Angehörige eines Beschuldigten, der zugleich Mitbeschuldigter ist und damit eine körperliche Untersuchung nach § 81a dulden muss, der Verwertung eines Befundes gegen den Mitbeschuldigten widersprechen kann (so Meyer-Goßner/*Schmitt* § 81c Rn. 23; *Mitsch* FS Lenckner, S. 735), ist in den Fällen zweifelhaft, in denen die Untersuchung auch zur Feststellung verfahrenserheblicher Tatsachen hinsichtlich des Untersuchten erfolgt (vgl. KMR/*Bosch* § 81c Rn. 22).

20 Die herrschende Meinung lehnt wegen des Wortlautes von Abs. 3 Satz 1 ebenso eine Einbeziehung des **Auskunftsverweigerungsrechts** nach § 55 in den Kreis möglicher Untersuchungsverweigerungsrechte ab (AK-StPO/*Wassermann* § 81c Rn. 15; KK-StPO/*Hadamitzky* § 81c Rn. 10; Meyer-Goßner/*Schmitt* § 81c Rn. 23; *Beulke*/*Swoboda* Strafprozessrecht Rn. 244; a.A. OLG Braunschweig NJW 1954, 1053; OLG Saarbrücken FamRZ 1959, 36; *Eisenberg* BR, Rn. 1670; SK-StPO/*Rogall* § 81c Rn. 43 ff.; *Krause* JZ 1976, 125; LR/*Krause* § 81c Rn. 38 f.: nur bei Unzumutbarkeit). Hinsichtlich der von § 55 Abs. 1 2. Alt erfassten Gefahr einer Belastung von Angehörigen kann dies kaum überzeugen, da die von § 81c Abs. 3 Satz 1 erfasste Konfliktlage nicht minder ausgeprägt ist, wenn ein Beweisakt des Betroffenen den Angehörigen erstmals mit einer Straftat in Verbindung bringt (SK-StPO/*Rogall* § 81c Rn. 44). Aber auch bei möglicher Selbstbelastung des Zeugen (§ 55 Abs. 1, 1. Alt) besteht die Gefahr, dass der Zeuge durch seine Weigerung einen Anfangsverdacht begründet, der es gestattet, ihn in den Beschuldigtenstatus zu versetzen und nach § 81a zu untersuchen (so inkonsequent LR/*Krause* § 81c Rn. 39; Meyer-Goßner/*Schmitt* § 81c Rn. 21). Da Selbstbelastung und Angehörigenbelastung aber nicht strukturell verwandt sind (so aber OLG Braunschweig NJW 1954, 1052 f.; SK-StPO/*Rogall* § 81c Rn. 45) und § 81a nach Versetzung in den Beschuldigtenstatus weitreichendere Eingriffe als § 81c gestattet, kann eine Untersuchungsverweigerung nicht auf die Unzumutbarkeit einer möglichen Eigenbelastung gestützt werden (vgl. KMR/*Bosch* § 81c Rn. 24; a.M. *Krause* JZ 1976, 126).

21 **II. Ausübung des Untersuchungsverweigerungsrechts und Belehrungspflicht. 1. Belehrungspflicht.** Der Betroffene ist nach Abs. 3 Satz 2 Hs. 2 i.V.m. § 52 Abs. 3 Satz 1 über ein Untersuchungsverweigerungsrecht zu belehren und zwar auch dann, wenn der Betroffene bereits über ein Zeugnisverweigerungsrecht (§ 52 Abs. 3 Satz 1) belehrt wurde und seine Aussagebereitschaft erklärt hatte (BGHSt 13, 399; BGH StV 1988, 419; 1993, 563; 1996, 196; *Dölling*, NStZ 1997, 78). Ebenso wenig lässt die nach Hinweis (vgl. Rdn. 4) erklärte Bereitschaft, sich freiwillig untersuchen zu lassen, die Belehrungspflicht entfallen (*Fezer*, JuS 1978, 766 Fn. 16). Die Pflicht zur Belehrung **obliegt** der **anordnenden Amtsperson** (BGHSt 36, 220; BGH NStZ [K] 1994, 23), hat ein Richter die Maßnahme angeordnet, kann er die StA bei Übergabe der Anordnung nach § 36 Abs. 2 Satz 1 ersuchen, die Belehrung vorzunehmen (Meyer-Goßner/*Schmitt* § 81c Rn. 24). Der Sachverständige ist weder zur Belehrung befugt (BGH StV 1993, 563; NStZ 1997, 350) noch erscheint dies geboten (a.A. *Eisenberg* BR, Rn. 1672; BGH StV 1988, 419), da nach zutreffender Ansicht ohnehin vor jeder eigenständigen Untersuchung eine Belehrung durch eine Amtsperson erforderlich ist. Stellt der Sachverständige fest, dass die Belehrung unterblieben ist, so muss er ihre Nachholung durch die zuständige Stelle veranlassen (vgl. BGH NStZ 1997, 350, auch zur Frage einer möglichen Befangenheit des Sachverständigen, wenn dieser seine Tätigkeit für die Justizbehörden bewusst verschweigt; KK-StPO/*Hadamitzky* § 81c Rn. 12; LR/*Krause* § 81c Rn. 35).

22 **2. Personen mit mangelnder Verstandesreife. Fehlt** einem Minderjährigen wegen mangelnder Verstandesreife **die Fähigkeit, die Bedeutung des Verweigerungsrechts zu erkennen**, oder ist diese bei anderen Personen aufgrund einer psychischen Krankheit oder geistigen Behinderung ausgeschlossen, so ist nach § 81c Abs. 3 Satz 2 Hs. 2 i.V.m. § 52 Abs. 3 Satz 1 ausschließlich der gesetzliche Vertreter zur Entscheidung über das Untersuchungsverweigerungsrecht berufen (vgl. Rdn. 27). Für den Fall, dass der gesetzliche Vertreter zugleich Beschuldigter ist, wird eine Ergänzungspflegschaft eingerichtet (vgl. § 81c Abs. 3 Satz 3 i.V.m. § 52 Abs. 2 und hierzu OLG Hamburg NJW 2020, 627). Sind mehrere gesetzliche Vertreter vorhanden, so müssen alle in die Untersuchung einwilligen (BGH MDR [D] 1972, 923; *Eisenberg* BR, Rn. 1675; LR/*Krause* § 81c Rn. 45). Eine »genügende Vorstellung« von der Bedeutung des Weigerungsrechts ist anzunehmen, wenn der Betroffene die Gefahr einer Strafverfolgung für den Angehörigen und die Folgen einer fehlenden Verweigerung für dessen mögliche Bestrafung zu erkennen vermag (vgl. BGHSt 14, 161 f.). Geht es um die Frage ausreichender **Verstandesreife**, wird eine Orientierung an festen Altersgrenzen (insb. §§ 19 StGB, 1 JGG; vgl. BGHSt 20, 235) dem Schutzzweck von § 81c Abs. 3 nicht gerecht (*Eisenberg* BR, Rn. 1671). Verstandesreife kann bereits bei 4 – 5 Jahren angenommen werden (vgl. auch BGH NStZ 1997, 350) und wird zumindest ab 10 Jahren regelmäßig nicht mehr auszuschließen sein (*Eisenberg* BR, Rn. 1671; erg. BGH *NStZ [K] 1994, 23*). Bei Zweifeln verdient im Konfliktfall die Entscheidung des Minderjährigen Vorrang (a.A. BGHSt 19, 86; 22, 224).

Verstandesunreife haben kein (Mit-) Entscheidungsrecht; es entscheidet ausschließlich der gesetzliche Vertreter (BGHSt 40, 337; krit. *Peters* JR 1970, 69). Kann dem Betroffenen offensichtlich keine genügende Vorstellung von der Bedeutung des Weigerungsrechtes vermittelt werden, soll lediglich eine Pflicht zur Belehrung des gesetzlichen Vertreters, nicht jedoch des Betroffenen bestehen (BGHSt 40, 336, 338; KK-StPO/*Hadamitzky* § 81c Rn. 11; Meyer-Goßner/*Schmitt* § 81c Rn. 26; a.M. LR/*Krause* § 81c Rn. 33; *Eisenberg* StV 1995, 626; BGH NStZ 2016, 12; *Welp* JR 1996, 77 f.; vgl. aber auch *Eisenberg* BR, Rn. 1671; a.M. SK-StPO/*Rogall* § 81c Rn. 59). Eine eigenständige Belehrung des Verstandesunreifen nach dem Belehrungsmodell des § 52 Abs. 3 ist hingegen in den Fällen der Glaubwürdigkeitsuntersuchung geboten, da diese Form der »Untersuchung« einer Aussagesituation vergleichbar ist (*Weigend* JZ 1990, 49; *Welp* JR 1996, 78; krit. auch *Dölling*, NStZ 1997, 78; a.M. BGHSt 40, 336, 338; vgl. aber auch OLG Rostock NStZ 2015, 360) und ggü. dieser lediglich eine Hilfsfunktion hat. 23

3. **Folgen unterlassener Belehrung.** Eine ohne die erforderliche Belehrung vorgenommene Untersuchung ist **nicht verwertbar** (BGHSt 12, 235, 243; 13, 399; BGH NStZ [K] 1994, 23; zur Verlesung des ärztlichen Untersuchungsberichts vgl. BGH StV 1992, 308). Entsprechendes gilt für die unterlassene Belehrung des gesetzlichen Vertreters (BGHSt 14, 159 f.). **Belehrungsmängel** können dadurch **geheilt** werden, dass das Untersuchungsergebnis nicht berücksichtigt wird (BGHSt 13, 399; BGH StV 1996, 195) oder dass der Betroffene (bzw. sein gesetzlicher Vertreter, vgl. Rdn. 27) nach (qualifizierter) Belehrung der Verwertung zustimmt (BGHSt 12, 242; *Kohlhaas* JR 1974, 91). Dies bedarf in der Regel einer ausdrücklichen Erklärung, in Ausnahmefällen auch konkludent durch Aussage des Zeugen zur Sache in einer nachfolgenden Hauptverhandlung nach Belehrung über ein Zeugnisverweigerungsrecht (vgl. BGHSt 20, 234; a.M. SK-StPO/*Rogall* § 81c Rn. 66; *Hanack* JZ 1971, 126 f.). Ebenso mag in seltenen Fällen ein Beruhen ausgeschlossen werden können, wenn die ohne Belehrung erfolgte Untersuchung »auf Betreiben« des juristisch geschulten gesetzlichen Vertreters erfolgte (vgl. BGHSt 40, 340). Ansonsten bedarf es regelmäßig einer qualifizierten Belehrung des Betroffenen, d.h. dieser muss nach Hinweis auf die fehlende Verwertbarkeit einer Verwertung zustimmen. Ist der Betroffene erst nach der Untersuchung Angehöriger des Beschuldigten geworden, scheidet eine entsprechende Anwendung von § 252 aus (Meyer-Goßner/*Schmitt* § 252 Rn. 6; LR/*Krause* § 81c Rn. 34; a.M. *Eisenberg* BR, Rn. 1673; *Geppert*, Jura 1988, 365). 24

Widerrufen werden kann der Verzicht auf das Untersuchungsverweigerungsrecht bis zum Abschluss der Untersuchung (Abs. 3 Satz 2 Hs. 2, § 52 Abs. 3 Satz 2), mit der Folge, dass deren Fortsetzung unzulässig wird. Über das Widerrufsrecht muss der Betroffene belehrt werden (RGSt 62, 144 f.; SK-StPO/*Rogall* § 81c Rn. 62; a.M. LR/*Krause* § 81c Rn. 36). Das bis zum Widerruf erlangte Untersuchungsergebnis soll allerdings uneingeschränkt verwertbar sein (nicht jedoch ohne Zustimmung die Mitteilung), wenn der Betroffene im Laufe des Verfahrens von einem Richter belehrt wurde. Eine Verwertung soll nicht voraussetzen, dass die Belehrung anlässlich der konkreten Untersuchung erfolgte (BGHSt 12, 235, 242; BGH NStZ 1997, 296 f.; KK-StPO/*Hadamitzky* § 81c Rn. 14; Meyer-Goßner/*Schmitt* § 81c Rn. 25; für eine entsprechende Anwendung von § 252 hingegen *Eisenberg*/*Kopatsch*, NStZ 1997, 299; *Eb. Schmidt* JR 1959, 369, 373; *Rengier*, Jura 1981, 304; and. KMR/*Bosch* § 81c Rn. 30). Eine einmalige Belehrung durch den Richter irgendwann im Laufe des Verfahrens kann jedenfalls nicht genügen (*Eisenberg*/*Kopatsch*, NStZ 1997, 299; vgl. auch BGH NStZ 1994, 23), vielmehr muss der Angehörige entsprechend § 52 Abs. 3 vor jeder Untersuchung belehrt werden. 25

Macht ein Angehöriger von seinem Untersuchungsverweigerungsrecht Gebrauch, so dürfen aus der Weigerung grds. **keine Schlüsse zum Nachteil des Angeklagten** gezogen werden (BGHSt 32, 141 f.; zur Zeugnisverweigerung nach § 52 vgl. BGHSt 22, 113; BGH MDR 1981, 157). Anderes soll hingegen gelten, wenn ein Zeuge unter Verzicht auf sein Zeugnisverweigerungsrecht zur Sache aussagt, aber die Überprüfung der Richtigkeit seiner Angaben verhindert, indem er die ihm mögliche und zumutbare Mitwirkung an einer Untersuchung verweigert, die zur Überprüfung seiner Aussage erforderlich ist (BGHSt 32, 142 f.; *Pelchen* JR 1985, 73; *Kühl*, JuS 1986, 122; vgl. aber KMR/*Bosch* § 81c Rn. 31). 26

D. Beweissicherungsverfahren. Sofern der gesetzliche Vertreter von der Entscheidung ausgeschlossen (§ 52 Abs. Satz 2) oder aus sonstigen Gründen an einer rechtzeitigen Entscheidung gehindert ist, kann nach **Abs. 3 Satz 3,** 4 zum Zwecke der **Beweissicherung** die sofortige Untersuchung angeordnet werden. Die Anordnung steht grundsätzlich dem Richter zu, in Ausnahmefällen auch der Staatsanwaltschaft, wenn diese zuvor vergeblich versucht hat, eine richterliche Anordnung zu erwirken und weiteres Zuwarten wegen der Gefahr des Beweismittelverlustes nicht möglich ist. Im Beschluss sind die Gründe für ein Vorgehen nach Abs. 3 Satz 3 darzulegen. Der Beschluss ersetzt zwar die Zustimmung des gesetzlichen Vertreters (vgl. auch LG Verden NStZ-RR 2006, 246), die Untersuchungsergebnisse dürfen aber nur mit Einwilligung eines dazu bestellten Ergänzungspflegers oder aufgrund eines Einverständnisses des zwischenzeitlich erreichbaren gesetzlichen Vertreters verwertet werden (**Abs. 3 Satz** 5; vgl. *Eisenberg* BR, Rn. 1677; LR/*Krause* § 81c Rn. 48). Über 27 den für die Bestellung eines Ergänzungspflegers erforderlichen Antrag entscheidet das FamG. Dieses ist bei seiner Entscheidung an die Annahme der Voraussetzungen des Abs. 3 Satz 3 gebunden (LG Memmingen MDR 1982, 145; SK-StPO/*Rogall* § 81c Rn. 58). Die Einwilligung muss im Vorverfahren nicht durch den Richter oder die Staatsanwaltschaft selbst, sondern kann auch durch die Polizei eingeholt werden (*Eisenberg* BR, Rn. 1677). Wird die Verwertung des nach Abs. 3 Satz 2 rechtmäßig erlangten Untersuchungsergebnisses verweigert, begründet Abs. 3 Satz 5 ein selbstständiges Verwertungsverbot (LR/*Krause* § 81c Rn. 48).

28 **E. Verwendungsbeschränkungen und Vernichtungsgebot.** Nach **Abs. 5 Satz 2** findet die Regelung des § 81a Abs. 3 Satz 1 Hs. 1 über die **Verwendung von Beweisergebnissen** sowie die Bestimmung über die **Vernichtung von Körpermaterial** (§ 81a Abs. 3 Satz 1 Hs. 2) entsprechende Anwendung (zum Zweckbindungsgebot vgl. die Ausführungen zu § 81a Abs. 3).

29 **F. Vollstreckung und Durchführung der Anordnung.** Die Zuständigkeitsregelung des Abs. 5 entspricht der Regelung des § 81a Abs. 2 (vgl. die Erläuterungen zu § 81a Abs. 2). Die Zuständigkeit für die **Vollstreckung** von Anordnungen nach Abs. 5 liegt bei richterlichen Anordnungen in den Händen der StA (§ 36 Abs. 2 Satz 1). Sie vollstreckt, ebenso wie die Polizei, ihre eigenen Anordnungen selbst (Meyer-Goßner/*Schmitt* § 81c Rn. 29), die StA kann diese Aufgabe aber nach § 161 Abs. 1, 2 übertragen (SK-StPO/*Rogall* § 81c Rn. 93). Vor der Vollstreckung muss sichergestellt sein, dass die erforderlichen Belehrungen (vgl. Abs. 3) erteilt sind und eine Untersuchung unterbleibt, sofern sie vom Betroffenen berechtigt verweigert wird oder der gesetzliche Vertreter widerspricht (KK-StPO/*Hadamitzky* § 81c Rn. 20). Der Betroffene (oder sein gesetzlicher Vertreter) muss in entsprechender Anwendung von § 33 Abs. 3 vor der Anordnung angehört werden (*Eisenberg* BR, Rn. 1678; a.A. KK-StPO/*Hadamitzky* § 81c Rn. 19; Meyer-Goßner/*Schmitt* § 81c Rn. 28; LR/*Krause* § 81c Rn. 52). Von einer vorherigen Anhörung kann lediglich dann abgesehen werden, wenn der Zweck der Untersuchung durch diese gefährdet werden könnte.

30 Mit Ausnahme der Fälle von Gefahr im Verzug wird der Betroffene zur Untersuchung **vorgeladen**. Bei **unberechtigter Weigerung** des Betroffenen gilt hinsichtlich der zwangsweisen Durchsetzung der Maßnahme § 70 entsprechend (**Abs. 6 Satz 1**). Die Weigerung muss zwar nicht ausdrücklich ausgesprochen werden, inwieweit aber das bloße Nichterscheinen zur Untersuchung als Weigerung aufgefasst werden kann, hängt von den konkreten Umständen des Einzelfalles ab (zu § 372a ZPO vgl. OLG Karlsruhe, FamRZ 1962, 395; wohl a.M. Meyer-Goßner/*Schmitt* § 81c Rn. 30; LR/*Krause* § 81c Rn. 54: in der Regel als Weigerung anzusehen).

31 Vorgesehen sind als Sanktionsmittel Kostenersatz, Ordnungsgeld und Ersatzordnungshaft, nicht hingegen die Anordnung von Beugehaft (§ 70 Abs. 2), weil im Gegensatz zum Zeugnis die Untersuchung und die Blutprobenentnahme durch unmittelbaren Zwang herbeigeführt werden kann (vgl. Abs. 6 Satz 2). Die Festsetzung von Ordnungsgeld und -haft ist ausschließlich dem Richter vorbehalten, da § 161a Abs. 2 nur die Verweigerung des Zeugnisses, nicht jedoch der Untersuchung betrifft (*Achenbach* NJW 1977, 1271; Meyer-Goßner/*Schmitt* § 81c Rn. 30; *Wendisch* JR 1978, 447). Der Richter ist nicht an eine Untersuchungsanordnung durch die StA und ihre Hilfsbeamten gebunden, sondern kann diese umfassend auch auf ihre Zweckmäßigkeit überprüfen (LR/*Krause* § 81c Rn. 55). Gegen den gesetzlichen Vertreter dürfen die Ordnungsmittel des § 70 Abs. 1 Satz 2 nicht festgesetzt werden (OLG Hamm NJW 1965, 1613).

32 **G. Rechtsbehelfe. I. Beschwerde. Richterliche Anordnungen** (Abs. 5, 1. Alt) können durch den Betroffenen in den Grenzen des § 304 Abs. 4 mit der einfachen Beschwerde (§ 304 Abs. 2) angefochten werden, wobei diese keine aufschiebende Wirkung hat (§ 307 Abs. 1). Der Gerichtsbeschluss nach Abs. 3 Satz 3 ist unanfechtbar (Abs. 3 Satz 4), wird hingegen die Beweissicherung abgelehnt, steht der StA gegen den Beschluss die Möglichkeit der einfachen Beschwerde offen. Bei einer nach Abschluss der Untersuchung eingelegten Beschwerde muss der Beschwerdeführer ein berechtigtes Interesse an der Feststellung ihrer Rechtswidrigkeit haben. **Anordnungen der StA** und der Polizei können nach überwiegender Auffassung nicht nach § 23 EGGVG angefochten werden. Da sie nur bei Gefahr im Verzug zulässig sind, werden sie sofort vollzogen und eine Anfechtung ist wegen Erledigung der Maßnahme ausgeschlossen. Der Betroffene kann aber entsprechend § 98 Abs. 2 einen Antrag auf gerichtliche Entscheidung stellen (vgl. HK-StPO/*Brauer* § 81c Rn. 18; KMR/*Bosch* § 81c Rn. 38; LR/*Krause* § 81c Rn. 63).

33 **II. Revision.** Haben die Voraussetzungen des Abs. 1 und 2 nicht vorgelegen, so kann dies nach herrschender Meinung die Revision nicht begründen, da diese allein dem Schutz des Betroffenen dienen (BGH MDR [D] 1953, 148; *Eisenberg* BR, Rn. 1683; KK-StPO/*Hadamitzky* § 81c Rn. 24; Meyer-Goßner/*Schmitt* § 81c Rn. 32; a.M. *Eb. Schmidt*, MDR 1970). Damit sind v.a. Fälle angesprochen, in denen Untersuchungen oder Blutproben entgegen Abs. 2 Satz 2 durch einen Nichtarzt vorgenommen und im Urteil verwertet wurden oder in denen über Abs. 1 und 2 hinausgehende Untersuchungen oder Eingriffe ohne Einwilligung des Betroffenen erfolgten, sofern dieser nicht zugleich Angehöriger des Beschuldigten ist (*Rogall* JZ 1996, 953). Ebenso wenig

kann der Angeklagte die Revision darauf stützen, dass der Betroffene sich freiwillig einer Untersuchung oder einem Eingriff unterzogen hat, ohne über die fehlende Pflicht hierzu belehrt worden zu sein (LR/*Krause* § 81c Rn. 65; vgl. erg. Rdn. 4). Verweigert der Untersuchungspflichtige aufgrund einer irreführenden Belehrung über ein tatsächlich nicht bestehendes Untersuchungsverweigerungsrecht die Untersuchung und scheidet dadurch als Beweismittel aus, so kann dies mit der Aufklärungsrüge (§ 244 Abs. 2) gerügt werden (*Eisenberg* BR, Rn. 1684; KK-StPO/*Hadamitzky* § 81c Rn. 25). Verneint der Richter umgekehrt irrtümlich ein Verweigerungsrecht, so kann dies ebenso wie das Unterlassen der erforderlichen Belehrung die Revision begründen (KK-StPO/*Hadamitzky* § 81c Rn. 25). Aufgrund fehlenden Beruhens soll allerdings die Missachtung des Belehrungserfordernisses unbeachtlich sein, wenn sicher auszuschließen ist, dass der Zeuge bei formell ordnungsgemäßer Belehrung von seinem Verweigerungsrecht Gebrauch gemacht hätte (vgl. BGH NStZ-RR 2016, 377). Soll mit der Revision eine Verletzung der Aufklärungspflicht gerügt werden, weil eine durch Einwilligung mögliche Untersuchung unterlassen wurde, muss die Revision auch das Vorliegen der Einwilligung darlegen (vgl. BGH NStZ-RR 2013, 218; abw. BGH NStZ-RR 2014, 17). Auch die Nichtberücksichtigung des Richtervorbehalts nach Abs. 5 soll die Revision begründen können (LG Dresden 14 KLs 204 Js 41068/08). Die Revision kann schließlich darauf gestützt werden, dass eine Belehrung des Betroffenen bzw. seines gesetzlichen Vertreters unterlassen wurde (vgl. im Einzelnen Rdn. 22 ff.).

§ 81d Durchführung körperlicher Untersuchungen durch Personen gleichen Geschlechts

(1) [1]**Kann die körperliche Untersuchung das Schamgefühl verletzen, so wird sie von einer Person gleichen Geschlechts oder von einer Ärztin oder einem Arzt vorgenommen.** [2]**Bei berechtigtem Interesse soll dem Wunsch, die Untersuchung einer Person oder einem Arzt bestimmten Geschlechts zu übertragen, entsprochen werden.** [3]**Auf Verlangen der betroffenen Person soll eine Person des Vertrauens zugelassen werden.** [4]**Die betroffene Person ist auf die Regelungen der Sätze 2 und 3 hinzuweisen.**

(2) **Diese Vorschrift gilt auch dann, wenn die betroffene Person in die Untersuchung einwilligt.**

S.a. RiStBV Nr. 220 Abs. 1

Übersicht

A. Grundsätzliches und Regelungsgehalt. Das Gebot des **Abs. 1 Satz 1**, die körperliche Untersuchung Personen gleichen Geschlechts oder einem Arzt zu übertragen, dient dem verfassungsrechtlichen Gebot zur Achtung der Privat- und Intimsphäre von Beschuldigten und Zeugen bei körperlichen Untersuchungen und ist sowohl bei gegen den Willen als auch bei freiwillig vorgenommenen Untersuchungen (vgl. Abs. 2) zu beachten. Abs. 1 Satz 2 eröffnet insoweit dem zu Untersuchenden lediglich ein Wahlrecht hinsichtlich des Geschlechts der Untersuchenden, um bei berechtigtem Interesse individuellen Befindlichkeiten Rechnung tragen zu können (z.B. bei Missbrauch durch eine Person gleichen Geschlechts, vgl. SK-StPO/*Rogall* § 81d Rn. 9). Eine entsprechende Verpflichtung für Durchsuchungen nach §§ 102, 103 kann wegen des eindeutigen Wortlauts nicht auf § 81d gestützt, sondern lediglich unmittelbar aus Art. 1 Abs. 1, 2 Abs. 1 GG abgeleitet werden (HK-StPO/*Lemke* § 81d Rn. 2; a.A. *Eisenberg* BR, Rn. 1685; KK-StPO/*Hadamitzky* § 81d Rn. 1; Meyer-Goßner/*Schmitt* § 81d Rn. 1). Hinsichtlich von Lichtbildern des zumindest teilweise unbekleideten Verletzten, die in die Akten aufgenommen werden, und zur Akteneinsicht in diese vgl. Nr. 220 Abs. 2 RiStBV und KMR/*Bosch* § 81d Rn. 1). Das Schamgefühl ist jedenfalls bei vollständigem Entkleiden vor einer anderen Person oder bei Untersuchung der Genitalien oder des Gesäßes generell verletzt, es soll darüber hinaus aber auch einem kulturell bedingten strengeren Maßstab Rechnung getragen werden (HK-StPO/*Brauer*, § 81d Rn. 39). 1

Die Einwilligungsschranke des **Abs. 2** verdeutlicht, dass § 81d zugleich staatlichen Interessen dient (*Amelung*, StV 1985, 260) und den Schutz des Untersuchenden gegen Verdächtigung bezweckt. Aufgrund des doppelten Schutzzwecks von § 81d setzt dessen Anwendung nicht das Erreichen einer bestimmten **Altersgrenze** voraus (i.E. ebenso *Eb. Schmidt* II 2; a.A. LR/*Krause* § 81d Rn. 3; Meyer-Goßner/*Schmitt* § 81d Rn. 2: 6 Jahre; SK-StPO/*Rogall* § 81d Rn. 7: nach den Umständen des Einzelfalls auch unter 6 Jahren; ähnlich HK-StPO/*Brauer* § 81d Rn. 2). 2

Zweck (Schutz des Kernbereichs des allgemeinen Persönlichkeitsrechts) und Wortlaut der Vorschrift verbieten selbst bei erheblichen Straftaten Ausnahmen von der Pflicht zur Übertragung der Untersuchung bei Gefahr des Beweismittelverlustes (Meyer-Goßner/*Schmitt* § 81d Rn. 4; SK-StPO/*Rogall* § 81d Rn. 8; a.A. KK-StPO/*Hadamitzky* § 81d Rn. 2; MK-StPO/*Trück* § 81d Rn. 6 bei schweren Straftaten und flüchtigen Beweisspuren). 3

4 **B. Beweisart.** Der Arzt oder die hinzugezogene Frau wird auch in den Fällen der Augenscheinseinnahme durch das Gericht als Augenscheinsgehilfe tätig und berichtet als Zeuge über die gemachten Wahrnehmungen (*Eisenberg* BR, Rn. 1679c). Erfordert die Untersuchung ärztliche Sachkunde, so ist sie einem Arzt zu übertragen, der dann als Sachverständiger tätig wird.

5 **C. Zulassung von Dritten.** Dem Verlangen des zu Untersuchenden, eine andere Person oder einen Angehörigen zur Durchführung der Ermittlungshandlung zuzulassen, soll nach **Abs. 1 Satz 2** regelmäßig entsprochen werden. Die verlangte Zulassung kann abgelehnt werden, sofern eine untragbare Verzögerung oder eine erhebliche Störung der Untersuchungshandlung zu besorgen ist (LR/*Krause* § 81d Rn. 7; *Neuhaus* StV 2004, 621). Auf das Recht auf Hinzuziehung einer Vertrauensperson und das Wahlrecht nach Abs. 1 Satz 2 muss nach **Abs. 1 Satz 4** aus Gründen der Verfahrensfairness hingewiesen werden (so bereits vor dem OpferRRG KMR/*Bosch* § 81d Rn. 5). Die Belehrungspflicht trifft die Strafverfolgungsbehörden und kann nicht durch die Untersuchungsperson sachgerecht erfüllt werden. Für den Verurteilten wird ein Anspruch auf Zulassung einer Vertrauensperson abgelehnt (vgl. OLG Hamm BeckRS 2017, 149918).

6 **D. Revision.** Mit der **Revision** kann eine Verletzung des § 81d nicht gerügt werden. Sofern der Verstoß einen Zeugen betrifft, sind Interessen des Angeklagten nicht berührt (*Gössel* GA 1991, 486; Meyer-Goßner/*Schmitt* § 81d Rn. 7); bei dessen eigener Untersuchung scheidet ein Verwertungsverbot aus, weil § 81d nicht die Zuverlässigkeit des Untersuchungsergebnisses gewährleisten soll (*Rudolphi* MDR 1970, 97). Da Verwertungsverbote nicht die Aufgabe haben, zu einer Disziplinierung der Strafverfolgungsbehörden beizutragen, begründet selbst die bewusste Missachtung der Regelung des § 81d nicht die Revision (a.A. SK-StPO/*Rogall* § 81d Rn. 11; *Hofmann* JuS 1992, 590, die aufgrund des gesteigerten Handlungsunrechts ein Beweisverwertungsverbot auf den Grundsatz des fairen Verfahrens stützen, damit aber de facto den Disziplinierungsgedanken aufgreifen).

§ 81e Molekulargenetische Untersuchung

(1) [1]An dem durch Maßnahmen nach § 81a Absatz 1 oder § 81c erlangten Material dürfen mittels molekulargenetischer Untersuchungen das DNA-Identifizierungsmuster, die Abstammung und das Geschlecht der Person festgestellt und diese Feststellungen mit Vergleichsmaterial abgeglichen werden, soweit dies zur Erforschung des Sachverhalts erforderlich ist. [2]Andere Feststellungen dürfen nicht erfolgen; hierauf gerichtete Untersuchungen sind unzulässig.

(2) [1]Nach Absatz 1 zulässige Untersuchungen dürfen auch an aufgefundenem, sichergestelltem oder beschlagnahmtem Material durchgeführt werden. [2]Ist unbekannt, von welcher Person das Spurenmaterial stammt, dürfen zusätzliche Feststellungen über die Augen-, Haar- und Hautfarbe sowie das Alter der Person getroffen werden. [3]Absatz 1 Satz 2 und § 81a Abs. 3 erster Halbsatz gelten entsprechend. [4]Ist bekannt, von welcher Person das Material stammt, gilt § 81f Absatz 1 entsprechend.

Übersicht

1 **A. Grundsätzliches und Regelungsgehalt. I. Regelungsgehalt.** § 81e regelt die **Voraussetzungen** für die **Auswertung** von **Vergleichs- (Abs. 1)** und erlangtem **Material (Abs. 2)** durch DNA-Analyse (molekulargenetische Untersuchung der Desoxyribonukleinsäure aus kernhaltigen Körperzellen). Die Befugnis zur Gewinnung des erforderlichen Vergleichsmaterials ergibt sich aus §§ 81a, 81c. Zweck der DNA-Analyse ist es, aufgefundenes Spurenmaterial (z.B. Blut, Haar, Speichel) gentechnisch zu untersuchen und mit Körpermaterial des Beschuldigten oder sonstigen Spurenlegern zu vergleichen, um es so einer bestimmten Person zuordnen zu können (»genetischer Fingerabdruck« [nunmehr in Abs. 1 Satz 1 durch Einfügung des Begriffe »DNA-Identifizierungsmuster« [ohne Bedürfnis hierzu] klargestellt, vgl. BT-Drs. 18/11277, S. 22]; eingehend zur Durchführung der DNA-Analyse Heghmanns/Scheffler/*Murmann* IV Rn. 367; SK-StPO/*Rogall* § 81a Rn. 63 ff.; *Kimmich/Spyra/Steinke* NStZ 1990, 318; *Rath/Brinkmann* NJW 1999, 2697; *Schneider/Fimmers/Schneider/Brinkmann* NStZ 2007, 447; *Wiegand/Kleiber/Brinkmann*, Kriminalistik 1996, 720). Mithilfe des heute weithin üblichen PCR(= Polymerase Chain Reaction)-Verfahrens kann durch Vermehrung des auf-

gefundenen Spurenmaterials auch bei geringsten Mengen (z.B. Hautabrieb) ein »genetischer Fingerabdruck« erstellt werden (vgl. zu den Methoden *Eisenberg* BR, Rn. 1904 ff.; LR/*Krause* § 81e Rn. 9 ff.; *Neuhaus* StraFo 2005, 148; *ders.* GS Schlüchter, S. 539).

Die molekulargenetische Untersuchung des nicht-codierenden Bereichs des DNA-Moleküls sowie die Verwertung der dadurch gewonnenen Ergebnisse zu Beweiszwecken wurde von der Rspr. bereits vor Einfügung von § 81e für zulässig erachtet, da den vorwiegend persönlichkeitsneutralen Bereichen keine genetische Informationsfunktion beigemessen wurde (BVerfG NStZ 1996, 45; BGHSt 37, 157). Der Gesetzgeber hat auf die Unterscheidung zwischen **codierenden** (ca. 5 % der DNA-Struktur) und **nicht-codierenden Merkmalen** verzichtet, um die wissenschaftliche Entwicklung der Untersuchungsmethoden nicht unnötig einzuengen; zumal auch die nicht-codierenden Merkmale Rückschlüsse auf Persönlichkeitsmerkmale erlauben und bereits die derzeitigen Spurengutachten Informationen über codierende und nicht-codierende Anteile enthielten (BT-Drs. 13/667, S. 6; vgl. auch *Vath* Der genetische Fingerabdruck zur Identitätsfeststellung in künftigen Strafverfahren, 2003, S. 33). 2

Das **Bedürfnis für** eine eigenständige **Rechtsgrundlage** zur Auswertung des nach §§ 81a, c gewonnenen Vergleichsmaterials wird z.T. bestritten, da eine Befugnis zur Materialgewinnung, ohne dass dieses zugleich ausgewertet werden dürfe, sinnlos sei (SK-StPO/*Rogall* § 81a Rn. 75 ff.; LG Berlin NJW 1989, 787; BGHSt 37, 157; BVerfG NStZ 1996, 46). Der Streit, ob es angesichts der besonderen Gefährdungslage bei DNA-Analysen (so etwa *Benfer* StV 1999, 402) und der »in weiten Teilen der Bevölkerung anzutreffenden Ängste(n) und Befürchtungen (…) vor übermäßigen, den Kern der Persönlichkeit berührenden Eingriffen« sowie im Hinblick auf die Anforderungen des Volkszählungsurteils (BVerfGE 65, 1) einer besonderen Eingriffsrechtfertigung für ihre Durchführung bedurfte, hat keine praktischen Konsequenzen. Die Zulässigkeit eines Eingriffs in das durch molekulargenetische Untersuchungen tangierte Recht auf informationelle Selbstbestimmung kann nur unter Berücksichtigung des Verwendungszwecks und der Durchführung des Eingriffs beurteilt werden. § 81e enthält i.d.S. zumindest einen durch den Gesetzgeber festgelegten Maßstab, anhand dessen die rechtliche Zulässigkeit des Eingriffs beurteilt werden muss (vgl. aber auch *Benfer*/*Bialon*, Rechtseingriffe, Rn. 963). Im Bereich der Ordnungswidrigkeiten ist eine molekulargenetische Untersuchung i.S.d. § 81e generell unzulässig (vgl. § 46 Abs. 4 S. 4 OWiG; LG Osnabrück NZV 2007, 536). 3

II. Beweiswert. Die DNA-Analyse besitzt eine überragende **Indizwirkung**, auch wenn es im Einzelfall missverständlich sein kann, ihr einen »absolut sicheren Beweiswert« zuzusprechen. Angesichts eines im Millionenbereich liegenden Seltenheitswertes (Zuordnungswahrscheinlichkeit einer Spur nach allg. Auffassung bis zu eins zu 100 Milliarden, vgl. Heghmanns/Scheffler/*Murmann* IV Rn. 367; LR/*Krause* § 81e Rn. 13) und der inzwischen erreichten Standardisierung der Untersuchung wird die ursprünglich durch den BGH vertretene Ansicht, der Tatrichter müsse den **Beweiswert** der DNA-Analyse stets krit. würdigen und berücksichtigen, dass sie lediglich eine statistische Aussage erlaubt, die eine Würdigung aller Beweismittel nicht überflüssig macht (BGHSt 37, 159; 38, 320 m.Anm. *von Hippel*, JZ 1993, 102 und *Keller* StV 1992, 455; BGH NStZ 1994, 554), zu Recht relativiert (vgl. BGH NStZ 2009, 285; NStZ 2013, 420; zust. *Baur*/*Fimmers*/*Schneider* StV 2010, 175). Sofern Beweisgegenstand allein die Frage ist, ob die am Tatort gefundene Spur vom Angeklagten herrührt, kann das Ergebnis der Untersuchung dem Richter selbstverständlich die erforderliche Überzeugung von der Herkunft der DNA-Spur vermitteln. Der Tatrichter hat insoweit allerdings zu überprüfen, ob die Berechnungsgrundlage den von der Rspr. des BGH aufgestellten Anforderungen entspricht (vgl. zu diesen BGHSt 38, 322 ff.; BGH NStZ 2016, 113; NStZ-RR 2016, 118; erg. zum Beweiswert einer mitochondrialen DNA-Untersuchung bei fehlender Kern-DNA BGH NJW 2009, 2835; zur biostatischen Berechnung *Ulbrich* u.a. NStZ 2017, 135 ff.; zu möglichen Fehlerquellen von DNA-Analysen vgl. *Neuhaus* StraFo 2006, 393; zusammenfassend auch KK-StPO/*Hadamitzky* § 81e Rn. 1). In jedem Fall sind deshalb im Urteil die verwendete Berechnungsgrundlage und die Wahrscheinlichkeit anzugeben, mit der der Angeklagte als Spurenleger in Betracht kommt (BGH NStZ 2012, 403; 2013, 420 und sehr streng etwa BGH 4 StR 397/15), nicht hingegen – wegen ihrer Standardisierung – die verwendete Untersuchungsmethode (BGH NStZ 2013, 179). Unzureichend ist jedenfalls die bloße Mitteilung des Ergebnisses der Übereinstimmung im Urteil (*Eisenberg* BR Rn. 1919). Der Tatrichter muss zumindest die Anzahl der untersuchten Systeme und bei Übereinstimmung mitteilen, mit welcher Wahrscheinlichkeit die Merkmalskombination zu erwarten ist. Bei Zugehörigkeit des Angeklagten zu einer fremden Ethnie ist anzugeben, inwieweit dies bei der Auswahl der Vergleichspopulation von Bedeutung war (so BGH NStZ-RR 2016, 118). Ob die DNA-Spur aber durch den Angeklagten am Tatort verursacht wurde, wird sich häufig nur aufgrund weiterer Indizien beurteilen lassen (vgl. auch *Krehl*/*Kolz* StV 2004, 450; zu streng dennoch BGHSt 38, 320, da hier feststand, dass der Angeklagte zur Tatzeit am Tatort war und er trotz Spermaspuren mit nachgewiesener Merkmalsübereinstimmung sexuelle Kontakte bestritt). Die Diskussion um den Beweiswert der DNA-Analyse gewinnt 4 damit v.a. an Bedeutung, wenn keine Beweismittel vorhanden sind, die unabhängig vom Analyseergebnis die Täterschaft des Beschuldigten belegen. Dies kann etwa der Fall sein, wenn ein Verteidigungsvorbringen des Beschuldigten, er kenne das Tatopfer nicht und sei nie am Tatort gewesen, allein durch aufgefundene Spuren an der Tatwaffe widerlegt werden könnte. Ob in diesen Fällen eine Verurteilung erfolgen darf, erscheint zweifelhaft. Dem entspricht es wohl, wenn der BGH feststellt das Tatgericht müsse unabhängig vom Ergebnis der DNA-Analyse die Frage beurteilen, ob zwischen DNA-Spur und der Tat ein Zusammenhang besteht (so BGH NStZ 2009, 286). Besondere Bedeutung gewinnt diese Feststellung etwa bei der Anwesenheit mehrere Personen am Auffindungsort, einer falschen Spur (vgl. zu Spermaspuren BGH BeckRS 2016, 16083), Formen der Sekundärübertragung (BGH NStZ-RR 2013, 20), Entstehen der Spur bei der Produktion (z.B. Verunreinigung von Wattestäbchen) oder Versand bzw. Verwendung von Ermittlungsgegenständen (vgl. instruktiv *Eisenberg* BR Rn. 1911a).

5 Einem **Beweisantrag** auf Durchführung der Genomanalyse muss stattgegeben werden, sofern diese geeignet ist, das bisherige Beweisergebnis zu widerlegen und die Unschuld des Beschuldigten zu beweisen (BGH NJW 1990, 2328). Bei Vorhandensein von Spurenmaterial gebietet die Aufklärungspflicht (§ 244 Abs. 2) in der Regel die DNA-Analyse (BGH NStZ 1991, 399).

6 **III. Untersuchungszweck.** Der **Untersuchungszweck** von molekulargenetischen Untersuchungen wird durch Abs. 1 Satz 1 auf die Erstellung des DNA-Identifizierungsmusters, die Feststellung der Abstammung und des Geschlechts sowie den Abgleich dieser Feststellung mit Vergleichsmaterial beschränkt, um etwa die Frage zu klären, ob aufgefundenes Spurenmaterial vom Beschuldigten oder vom Verletzten stammt. Die Beschränkung des Analyseziels auf Abstammungs-, Geschlechts- und Täterermittlung wird vielfach als unbefriedigend empfunden und eine Erweiterung des Untersuchungszwecks auf äußere Körpermerkmale (z.B. Größe, Haar- und Augenfarbe), Alter und Rasse gefordert (vgl. BR-Drucks. 117/17; 117/1/17; SK-StPO/*Rogall* § 81e Rn. 9; *Rath* GSZ 2018, 68 ff.; *Schneider* NStZ 2018, 693 f.; *Schreiber* ZRP 2019, 105 ff.; abl. wegen fehlender kriminalpolitischer Zweckmäßigkeit *Graalmann-Scheerer*, ZRP 2002, 74; dagegen zutr. *Rackow*, ZRP 2002, 236, der selbst den Eingriff in das Recht auf informationelle Selbstbestimmung begrenzen will und zutr. *Rath* GSZ 2018 zum Fall eines Mordes im Jahr 2016 in Freiburg, der aufzeigt, aufgrund welcher Wahrscheinlichkeitsaussagen etwa über die Hautfarbe eine zielgerichtetere Ermittlung möglich gewesen wäre. Auch hier trägt die Diskussion um eine Erweiterung des Untersuchungszwecks teils absurde Züge, etwa wenn eine Diskriminierung von Minderheiten befürchtet wird [vgl. die N. bei *Rath* GSZ 2018, 69], was dann streng genommen ein Verbot von Ermittlungen nach Tatverdächtigen dunkler Hautfarbe zur Folge haben müsste; vgl. dazu und im Folgenden *Bosch* Jura 2021, 43 f.). Gerade die Frage, ob die Spur von einem Europäer, Asiaten oder Afrikaner herrührt hat zumindest Einfluss auf die statistische Aussagekraft des Vergleichs und würde auch den Kreis möglicher Tatverdächtiger leicht begrenzen. (krit. zur Erweiterung der Merkmale bei DNA-Analyse, da diese nicht hinreichend verdachtsbegründend sein sollen, *Gronke/Gronke* NStZ 2021, 145). Diese Merkmale betreffen allerdings den codierenden Teil der DNA, hinsichtlich dessen das Bundesverfassungsgericht aufgrund der bestehenden Missbrauchsgefahren bei Ermittlung betreffender Merkmale einen Eingriff in den Kernbereich der Persönlichkeit gemutmaßt hat. Das klingt zwar verwunderlich, da die Feststellung von äußerlich erkennbaren Merkmalen wie etwa Haarfarbe und Hautfarbe ohne Weiteres mit dem Bericht eines Zeugen über das Erscheinungsbild des Täters oder einer Videoaufzeichnung vergleichbar sind, ohne dass diese dadurch dem unantastbaren Persönlichkeitsbereich zugeordnet würde, dennoch wird die sehr begrenzte Zulassung der DNA-Analyse vor dem Hintergrund der Persönlichkeitsrechte der Betroffenen zumindest verständlich. aufgrund der – wenn auch unbegründete – gesetzlich vermuteten Angst vor einer unbegrenzten Kenntnisnahme, Speicherung, Verwendung und Weitergabe personenbezogener Daten hat die gesetzliche Beschränkung auf die in Satz 1 genannten Persönlichkeitsmerkmale zumindest den Vorteil, dass sie eine abstrakt kaum mögliche Abwägung vermeidet, durch welche Feststellungen das Persönlichkeitsrecht des Betroffenen unangemessen beeinträchtigt wird (vgl. auch BVerfG StV 1995, 620).

7 **B. Zulässigkeitsvoraussetzungen. I. Beim Beschuldigten, Verletzten oder Dritten.** Das erforderliche Vergleichsmaterial wird beim **Beschuldigten** durch **Eingriff nach § 81a Abs. 1** und bei **Zeugen** nach **§ 81c** erlangt. Ob auch durch heimliche Ermittlungsmaßnahmen gewonnenes Material untersucht werden darf (z.B. durch eine Ermittlungsmaßnahme nach § 163f erlangte Zigarettenreste; vgl. hierzu zutr. Meyer-Goßner/*Schmitt* § 81e Rn. 5 zu BGH [ER] 1 BGs 96/2007 v. 21.03.2007), erscheint angesichts des Verweises auf § 81a hinsichtlich des Materials, das vom Beschuldigten stammt, im Hinblick auf den sich aus dem Recht auf informationelle Selbstbestimmung ergebenden Gesetzesvorbehalt zweifelhaft. Die aus dem Wortlaut abzuleitende Eingriffsgrenze wurde auch keineswegs durch die Neufassung des Abs. 2 obsolet, da das dort genannte Material gerade nicht durch heimliche Ermittlungsmaßnahmen gewonnen wurde. Der Gesetzgeber hätte ohne Weiteres eine erweiternde Klarstellung vorsehen können, hat aber wohl, wie auch der unzutreffende

Verweis auf BeckOK/*Meyer* § 81e Rn. 1 f. zeigt (vgl. BT-Drs. 18/11277, S. 22), die zugrunde liegende Problematik nicht verstanden. Ebenso wird man es für unzulässig erachten müssen, auf die in Biobanken mit Zustimmung des Betroffenen gesammelten Körperflüssigkeiten oder Gewebeproben zuzugreifen, auch wenn diese Beschränkung wenig sinnvoll erscheint, da ein bereits ausgewertetes DNA-Identifizierungsmuster beschlagnahmt werden könnte und ein Zugriff, etwa bei Flucht des Beschuldigten, durchaus zweckmäßig sein kann (zutr. KK-StPO/*Hadamitzky* § 81e Rn. 8). Nach **Abs. 1 Satz 1** sind unter Beachtung des in Satz 1 geregelten Zweckbindungsgrundsatzes ebenso Untersuchungen an Vergleichsmaterial zulässig, das durch Eingriff nach § 81c vom **Verletzten** oder von **Dritten** erlangt wurde (vgl. beispielhaft LG Frankenthal NStZ-RR 2000, 146; zu einem DNA-Massentest vor Schaffung von § 81h vgl. in der Begründung unzutr. LG Mannheim NStZ-RR 2004, 301). Die Untersuchung kommt infrage, wenn die Person, die nicht Beschuldigter ist, als Spurenverursacher ausgeschlossen werden soll (vgl. zur verfassungsrechtlichen Eingriffsrechtfertigung BerlVerfGH NJW 2006, 1416). Aus dem uneingeschränkten Verweis auf § 81c ergibt sich, dass die in § 81c Abs. 3, 4 und 6 geregelten Schutzvorschriften, insb. Zeugnis- und Untersuchungsverweigerungsrechte, zu beachten sind. Diese hindern allerdings nicht die Beschlagnahme DNA-fähigem Materials beim Zeugnisverweigerungsberechtigten (zutr. BGH NStZ-RR 2018, 319).

Sog. **Reihenuntersuchungen** (»Massenscreenings«) sind hingegen nach der verfehlten gesetzlichen Konzeption nur auf freiwilliger Basis zulässig (vgl. § 81h), da für die erforderliche Erhebung des Körpermaterials von einem unbestimmten Kreis von Tatverdächtigen keine Rechtsgrundlage vorhanden ist (*Benfer* StV 1999, 404; *Satzger*, JZ 2001, 643). § 81a scheidet als Rechtsgrundlage aus, da die Beschuldigteneigenschaft der Betroffenen erst nach Durchführung des Massentests feststeht (i.E. offengelassen in BVerfG NStZ 1996, 606). § 81c Abs. 2 scheint zwar dem Wortlaut nach anwendbar, § 81e Abs. 1 beschränkt den Zweck der DNA-Analyse aber auf die Feststellung, ob Material vom Beschuldigten oder dem Verletzten stammt und § 81c erlaubt Entnahmen nur, wenn die Betroffenen als Zeugen in Betracht kommen. 8

Abs. 1 Satz 2 stellt klar, dass **andere** als die angeführten **Tatsachen** (z.B. ethnische Zuordnung bzw. die biogeografischen Herkunft oder das biologische Alter) auch mit Einwilligung des Beschuldigten (zutr. LR/*Krause* § 81e Rn. 24; vgl. auch *Pommer*, JA 2007, 624; a.A. *Hilger* NStZ 1997, 371, Fn. 30; Meyer-Goßner/*Schmitt* § 81e Rn. 4) nicht untersucht werden dürfen (zur Widersprüchlichkeit dieser Regelung KMR/*Bosch* § 81e Rn. 8). Sollten zufällig oder unvermeidbar Informationen über geschützte Tatsachen anfallen, so dürfen keine Feststellungen hinsichtlich dieser erfolgen. Auch eine Weitergabe der »Überschussinformationen« an Dritte, insb. deren Verwertung im Strafverfahren, ist unzulässig (BT-Drs. 13/667, S. 7; *Volk* NStZ 2002, 564). 9

Dem Regelungszusammenhang der §§ 81e Abs. 1, 81a Abs. 3, 81c Abs. 5 Satz 2 lässt sich schließlich entnehmen, dass das entnommene Körpermaterial nur in einem **anhängigen Strafverfahren** zu den in Abs. 1 genannten Zwecken verwendet werden darf und für dieses Beweisrelevanz besitzen muss (KK-StPO/*Hadamitzky* § 81e Rn. 5; zum Erfordernis eines konkret anhängigen Ermittlungsverfahrens und einem entsprechenden Anfangsverdacht LG Mainz NStZ 2001, 499 f.). Dessen ungeachtet setzt aber eine Entnahme der Körperzellen beim Beschuldigten nicht voraus, dass aufgefundenes Spurenmaterial bereits auf seine Geeignetheit für eine DNA-Analyse untersucht worden ist (LG Mainz StV 2001, 266; LG Ravensburg NStZ-RR 2010, 18; enger LG Offenburg StV 2003, 153, das sich aber auch auf den zu Recht weggefallenen Richtervorbehalt bei der Untersuchung von Spurenmaterial stützte). Anders kann dies aus Gründen der Verhältnismäßigkeit zu beurteilen sein, wenn das Spurenmaterial unproblematisch vorher untersucht werden kann. Um einer unzulässigen Vorratshaltung der DNA-Untersuchungsanordnung vorzubeugen, darf diese jedenfalls nicht erfolgen, wenn noch kein Spurenmaterial vorhanden ist (LG Ravensburg NStZ-RR 2010, 18). Die Verwertung eines für strafverfahrensrelevante Zwecke erstellten Gutachtens im Zivilverfahren soll dadurch allerdings nicht ausgeschlossen sein (BT-Drs. 13/667, S. 7). Wird das entnommene Material im anhängigen Verfahren nicht mehr benötigt, muss es vernichtet werden. Ebenso dürfen die Voraussetzungen des § 81g nicht dadurch umgangen werden, dass beim Beschuldigten entnommene Körperzellen noch aufbewahrt werden, obwohl kein verwertbares Spurenmaterial auf Spurenträgern des Verletzten aufgefunden werden kann (vgl. LG Mainz StV 2001, 266). 10

II. Sichergestelltes oder beschlagnahmtes Material. Um den molekulargenetischen Abgleich mit dem nach §§ 81a, 81c gewonnenen Körpermaterial zu ermöglichen, erlaubt **Abs. 2** die DNA-Analyse an aufgefundenem, sichergestelltem oder beschlagnahmtem **Material**. Das Merkmal des »Auffindens« hat keine eigenständige Bedeutung, da entgegen des missverständlichen Wortlautes auch »aufgefundenes« Spurenmaterial sichergestellt werden muss (*Benfer* StV 1999, 404; SK-StPO/*Rogall* § 81e Rn. 13). Die Untersuchung des Spurenmaterials kann bereits dann erfolgen, wenn noch kein Beschuldigter vorhanden ist, aber die Durchführung der erst zu einem späteren Zeitpunkt möglichen DNA-Analyse des Vergleichsmaterials vorbereitet werden soll (etwa weil das Material »zu verderben droht« und deshalb eine frühzeitige Untersuchung zur Sicherung 11 strafverfahrensrechtlicher Zwecke geboten ist; BT-Drs. 13/667, S. 7; *Rogall* FS Schroeder, S. 701). Steht die Zuordnung des aufgefundenen Spurenmaterials zu einer Person bereits ohne Spurenabgleich fest, so darf dieses lediglich unter den einengenden Voraussetzungen des Abs. 1 untersucht werden, da ansonsten die zwingende Vernichtungsregelung des Abs. 1 i.V.m. § 81a Abs. 3 Hs. 2 umgangen werden könnte (*Eisenberg* BR, Rn. 1687 f.). Aus vergleichbaren Erwägungen hat der Gesetzgeber nun in **Abs. 2 Satz 3** eine entsprechende Anwendung der Regeln zu Anordnung und Einwilligung nach § 81f Abs. 1 vorgesehen, wenn das Material nach Satz 1 einer identifizierten Person zugeordnet werden kann. Durch diese Regelung soll ein Einklang mit der Regelung in § 81e Abs. 1 für die Fälle hergestellt werden, in denen unklar ist, ob am Tatort sichergestelltes Material vom Täter oder Opfer stammt oder überhaupt nicht mit der Tat in Verbindung steht. Der Gesetzgeber hat die Anforderungen parallelisiert, da in der Praxis häufig Unsicherheiten bestanden haben sollen, ob in den angeführten Zweifelsfällen (z.B. eine am Tatort aufgefundene Zigarettenkippe) nach § 81e Abs. 1 oder nach Abs. 2 zu verfahren ist (vgl. BT-Drs. 18/11277, S. 22), wobei nach alter Rechtslage ein eingeschränkter Richtervorbehalt nur für Material vom Beschuldigten vorgesehen war.

12 Bei der Untersuchung sind nach **Abs. 2 Satz 3** die **Feststellungs**- und **Untersuchungsverbote** des Abs. 1 Satz 2 sowie die **Verwendungsbeschränkungen** des § 81a Abs. 3 Hs. 1 zu beachten. Bei unbekanntem Spurenverursacher dürfen zusätzlich die Augen-, Haar-, und Hautfarbe sowie das Alter festgestellt werden (**Abs. 2 Satz 2**). Auf die Vernichtungsklausel des § 81a Abs. 3 Hs. 2 wurde hingegen nicht verwiesen, da das aufgefundene Spurenmaterial mit der Vernichtung unwiederbringlich verloren wäre, während die erforderlichen Vergleichssubstanzen erneut gewonnen werden können (*Eisenberg* BR, Rn. 1686; HK-StPO/*Brauer* § 81e Rn. 13).

13 **III. Eingriffsschwelle.** Von einer **besonderen Eingriffsschwelle** für die Zulässigkeit einer molekulargenetischen Untersuchung wurde zunächst bewusst abgesehen (vgl. BT-Drs. 13/667, S. 6 f.); eine Anordnung stand allerdings selbstredend unter dem Vorbehalt, dass die Untersuchung unter Berücksichtigung der Schwere des aufzuklärenden Deliktes verhältnismäßig sein muss (BVerfG StV 1995, 620; *Eisenberg* BR, Rn. 1682). Sie setzt deshalb **keinen** bestimmten **Verdachtsgrad** voraus und kann auch vor Ausschöpfung sonstiger Erkenntnismöglichkeiten angeordnet werden. Begründet wird der Verzicht auf eine **Subsidiaritätsklausel** (vgl. z.B. §§ 98a Abs. 1 Satz 2, 100c Abs. 1 Nr. 4) mit dem hohen Beweiswert der DNA-Analyse, die es gestattet, eine Täterschaft des Beschuldigten bereits frühzeitig auszuschließen, um damit auf eingriffsintensivere Maßnahmen verzichten zu können (HK-StPO/*Brauer* § 81e Rn. 9; Meyer-Goßner/*Schmitt* § 81e Rn. 7; *Senge* NJW 1997, 2411). Zudem wäre es gesetzessystematisch verfehlt, für die Auswertung rechtmäßig erlangten Körpermaterials eine höhere Eingriffsschwelle anzusetzen als dies die §§ 81a, c für körperliche Eingriffe vorsehen, die der Gewinnung der zu untersuchenden Körpersubstanzen dienen (SK-StPO/*Rogall* § 81e Rn. 6). Der Gesetzgeber hat sich nun bemüßigt gesehen, die Frage der Erforderlichkeit als Teil der ohnehin praktizierten Verhältnismäßigkeitsprüfung in Gesetzesform zu gießen (vgl. BT-Drs. 18/11277, S. 22). Nach **Abs. 1 Satz 1 Hs. 2** darf die Untersuchung nur erfolgen, soweit dies zur Erforschung des Sachverhalts erforderlich ist. Welchen Zweck diese inhaltsleere Subsidiaritätsklausel haben soll, erschließt sich nicht, da sie auf eine Abstufung etwa nach der Erschwernis der Ermittlungen verzichtet und lediglich auf eine nicht näher spezifizierte Erforderlichkeit abstellt. Wurde aber Spurenmaterial sichergestellt oder beschlagnahmt, ist selbst bei weitgehend bewiesenem Sachverhalt kaum ein Fall denkbar, in dem eine vergleichende Untersuchung nicht erforderlich sein soll. Verwendet der Gesetzgeber ansonsten eine entsprechende Klausel (wie etwa in § 100i Abs. 1) wird damit im Kern nur eine grundsätzliche Eignung zur Sachverhaltsaufklärung verlangt.

14 **C. Revision.** Wurde bei der Beweiserhebung das Untersuchungsverbot des Abs. 1 Satz 2 Hs. 2 nicht beachtet, führt dies zu einem Beweisverwertungsverbot (Meyer-Goßner/*Schmitt* § 81e Rn. 4; *Graalmann-Scheerer* FS Rieß, S. 163; a.A. KK-StPO/*Hadamitzky* § 81e Rn. 7: Einzelfallabwägung). Auch durch unzulässige heimliche Ermittlungsmaßnahmen gewonnene Substanzen sind unverwertbar (vgl. Rdn. 7).

§ 81f Verfahren bei der molekulargenetischen Untersuchung

(1) [1]Untersuchungen nach § 81e Abs. 1 dürfen ohne schriftliche Einwilligung der betroffenen Person nur durch das Gericht, bei Gefahr im Verzug auch durch die Staatsanwaltschaft und ihre Ermittlungspersonen (§ 152 des Gerichtsverfassungsgesetzes) angeordnet werden. [2]Die einwilligende Person ist darüber zu belehren, für welchen Zweck die zu erhebenden Daten verwendet werden.

(2) [1]Mit der Untersuchung nach § 81e sind in der schriftlichen Anordnung Sachverständige zu beauftragen, die öffentlich bestellt oder nach dem Verpflichtungsgesetz verpflichtet oder Amtsträger sind, die der ermittlungsführenden Behörde nicht angehören oder einer Organisationseinheit dieser Behörde angehören, die von der ermittlungsführenden Dienststelle organisatorisch und sachlich getrennt ist. [2]Diese haben

durch technische und organisatorische Maßnahmen zu gewährleisten, daß unzulässige molekulargenetische Untersuchungen und unbefugte Kenntnisnahme Dritter ausgeschlossen sind. [3]Dem Sachverständigen ist das Untersuchungsmaterial ohne Mitteilung des Namens, der Anschrift und des Geburtstages und -monats des Betroffenen zu übergeben. [4]Ist der Sachverständige eine nichtöffentliche Stelle, finden die Vorschriften der Verordnung (EU) 679/2016 des Europäischen Parlaments und des Rates vom 27. April 2016 zum Schutz natürlicher Personen bei der Verarbeitung personenbezogener Daten, zum freien Datenverkehr und zur Aufhebung der Richtlinie 95/46/EG (Datenschutz-Grundverordnung) (ABl. L 119 vom 4.5.2016, S. 1; L 314 vom 22.11.2016, S. 72; L 127 vom 23.5.2018, S. 2) und des Bundesdatenschutzgesetzes auch dann Anwendung, wenn die personenbezogenen Daten nicht automatisiert verarbeitet und die Daten nicht in einem Dateisystem gespeichert sind oder gespeichert werden sollen.

Übersicht

A. Anordnungsvoraussetzungen und -inhalt. I. Anordnungskompetenz. Die **Anordnung** einer molekulargenetischen Untersuchung unterstand zunächst wegen des mit ihr verbundenen Eingriffs in das Recht auf informationelle Selbstbestimmung (vgl. BVerfG NStZ 2001, 329; StV 2001, 380; BerlVerfGH NJW 2006, 1417) einem ausschließlichen **Richtervorbehalt**. Seit der Neuregelung durch das Gesetz zur Novellierung der forensischen DNA-Analyse entfällt der Richtervorbehalt, wenn der Beschuldigte nach Belehrung schriftlich in die Untersuchung einwilligt. Während zunächst ein richterlicher Beschluss auch bei der Untersuchung von aufgefundenem **Material (§ 81e Abs. 2)** erforderlich war, das noch keiner bestimmten Person zugeordnet werden kann (vgl. hierzu Abs. 1 Satz 2 a.F.; zur Rechtslage vor Regelung des Richtervorbehalts erg. LG Hamburg StV 2000, 659; BT-Drs. 13/667, S. 7), wurde dieser Vorbehalt in der Neufassung gestrichen. Der Gesetzgeber ließ sich dabei von der Vorstellung leiten, dass mit dem Erfordernis kein messbarer Gewinn an Rechtssicherheit verbunden sei, weil für die vergleichende Untersuchung ohnehin Material des Spurenverursachers benötigt werde, das nur aufgrund einer Anordnung nach Abs. 1 Satz 1 untersucht werden dürfe. Es genügt deshalb für die molekulargenetische Untersuchung eine Anordnung der StA oder Polizei, die aber auch den in Abs. 2 Satz 1 genannten Anforderungen (vgl. Rdn. 3) entsprechen muss (LG Potsdam NJW 2006, 1224). 1

Von der in **Abs. 1 Satz 1** geregelten **Eilzuständigkeit** der StA oder ihrer Ermittlungspersonen wurde in der alten Fassung des § 81f abgesehen, da entnommenes oder aufgefundenes Material bei sachgemäßer Lagerung bis zu 2 Jahre gentechnisch untersucht werden kann (BT-Drs. 13/3116, S. 8). Es besteht damit nur in seltenen Fällen ein praktisches Bedürfnis für eine Notkompetenz, da bereits unter den Voraussetzungen der §§ 81a Abs. 2 und 81c Abs. 5 Satz 1 die Entnahme des Materials durch die StA bzw. ihre Ermittlungspersonen angeordnet werden kann. Der Gesetzgeber verweist insoweit auf die Sicherung dringender Ermittlungsmaßnahmen, deren Erfolg durch den Zeitverlust bei Einschaltung eines Richters vereitelt werden könnte (BT-Drs. 15/5674, S. 8). Da aber bspw. die durch den Gesetzgeber genannte Untersuchungshaft dringenden Tatverdacht verlangt und nur bei Fluchtgefahr gefährdet sein wird, dürfte die Eilzuständigkeit in diesen Fällen ungeeignet sein. Entweder liegt schon ein entsprechender Tatverdacht vor oder die Sicherung der Untersuchungshaft scheitert an den materiellen Hürden der Art. 104 Abs. 3 Satz 1 GG, § 127 Abs. 2 StPO (zutr. *Senge* NJW 2005, 3030). **Keiner Anordnung** nach Abs. 1 bedarf es, wenn der Beschuldigte nach Belehrung über den Zweck der Datenverwendung (Abs. 1 Satz 2) schriftlich seine Einwilligung in die Untersuchung erteilt. Der Wortlaut des Belehrungserfordernisses scheint lediglich eine Belehrung über den Zweck der Untersuchung nach § 81e zu erfordern, nicht hingegen über die Möglichkeit einer darüber hinausreichenden Speicherung und Verwendung der Daten nach § 81g Abs. 5 S. 2 Nr. 1 (so Meyer-Goßner/*Schmitt* § 81f Rn. 2; SK-StPO/*Rogall* § 81f Rn. 15; für eine qualifizierte Belehrung *Senge*, NJW 2005, 3029; *Eisenberg*, BR, Rn. 1687; Heghmanns/Scheffler/*Murmann* IV, Rn. 376; vgl. erg. *Bergemann/Hornung* StV 2007, 167; zur alten Rechtslage auch LG Düsseldorf NJW 2003, 1884). Wird die Belehrung hingegen als Ausdruck der Verfahrensfairness betrachtet, kann trotz der Möglichkeit, die Daten auch ohne Einwilligung zu erheben, an sich kein Zweifel bestehen, dass eine entsprechende Belehrung zur Wahrung vorhandener Rechtsschutzmöglichkeiten erfolgen muss. Der BGH hat deshalb zu Recht festgestellt, dass eine freiwillig abgegebene Speichelprobe, der eine Einwilligungserklärung des Angeklagten im Hinblick auf ein anhängiges Verfahren voraus- 2 ging, nicht zur Identitätsfeststellung in künftigen Verfahren (§ 81g) verwendet werden darf (vgl. BGH NStZ 2016, 111). Er hat daraus allerdings kein Verwertungsverbot abgeleitet (zust. *Magnus* NJW 2015, 2597).

3 **II. Form und Inhalt der Anordnung. 1. Auswahl des Sachverständigen. Form und Inhalt** der Untersuchungsanordnung werden durch **Abs. 2 Satz 1** geregelt. Die Anordnung muss schriftlich erfolgen und den Tatvorwurf, die Gründe für einen Anfangsverdacht, den Zweck der DNA-Untersuchung (LG Ravensburg NStZ-RR 2010, 18) und den durchführenden Sachverständigen benennen. In Abkehr von der ansonsten gegebenen Leitungsbefugnis der StA im Ermittlungsverfahren (vgl. § 161a Abs. 1 Satz 2) muss bei fehlender Gefahr im Verzug auch die Bezeichnung des Sachverständigen durch den Richter erfolgen (and. KK-StPO/*Hadamitzky* § 81f Rn. 6: Richterliche Bestellung des Sachverständigen, der von der StA benannt wurde). Die Pflicht zur Beauftragung eines namentlich bezeichneten Sachverständigen (*Graalmann-Scheerer* ZRP 2002, 74) dürfte ggü. der bloßen Benennung einer bestimmten Einrichtung, die den Anforderungen des Abs. 2 genügt, keine zusätzliche Verfahrenssicherung bewirken (so aber BT-Drs. 13/667, S. 7), da der anordnende Richter regelmäßig auf die Mitteilung geeigneter Gutachter durch die Institute angewiesen sein wird. Örtlich zuständig für die richterliche Anordnung ist der Richter desjenigen AG, in dessen Bezirk die StA ihren Sitz hat (§ 162 Abs. 1 Satz 1; Meyer-Goßner/*Schmitt* § 81f Rn. 3).

4 Abs. 2 Satz 1 beschränkt den **Kreis der** infrage kommenden **Gutachter** auf (1) öffentlich bestellte Sachverständige, etwa Gerichtsärzte und Leiter der rechtsmedizinischen Universitätsinstitute, (2) nach dem Verpflichtungsgesetz Verpflichtete oder (3) sachverständige Amtsträger, die der ermittlungsführenden Behörde nicht angehören bzw. zumindest in einer organisatorisch und sachlich von der ermittlungsführenden Organisationseinheit getrennten Dienststelle tätig sind (z.B. organisatorisch selbstständige Forschungsabteilungen des BKA oder eines LKA). Die Begrenzung des Personenkreises soll Gefahren des Datenmissbrauchs begrenzen und sicherstellen, dass nur zuverlässige Einrichtungen mit den »notwendigen apparativen und personellen Standards« beauftragt werden (BT-Drs. 13/667, S. 8). Da ein Sachverständiger schon dann mit Erfolg nach § 74 abgelehnt werden kann, wenn er einer »sicherheitspolizeilichen« Organisationseinheit angehört (BGHSt 18, 217), dürfte das unter (3) angesprochene Trennungsgebot bei der Beauftragung von Amtsträgern lediglich klarstellende Bedeutung besitzen (SK-StPO/*Rogall* § 81f Rn. 21).

5 **2. Wahl der Untersuchungsmethode.** Die **Auswahl** der anzuwendenden **Untersuchungsmethode** bleibt als naturwissenschaftliche Fragestellung dem Sachverständigen überlassen, da sich das erkennende Gericht ohnehin in jedem Einzelfall bei der Urteilsfindung davon zu überzeugen hat, dass die angewandte Methode den nach dem Stand der Wissenschaft anerkannten Sicherheitsanforderungen entspricht (BGHSt 37, 159; BGH NStZ-RR 2002, 145). Zudem wird der Sachverständige oftmals kein standardisiertes Analyseverfahren verwenden können, sodass eine Vorauswahl durch den Richter nicht sinnvoll ist (*Eisenberg* BR, Rn. 1687). Die Analyse durch den Sachverständigen muss sich jedoch auf den Zweck des Spurenabgleichs beschränken. Zur Vermeidung persönlichkeitsrelevanter »Überschussinformationen« (vgl. BT-Drs. 13/667, S. 7 f.) sollte deshalb in der Anordnung der Untersuchungszweck (Abstammungsfeststellung, Tätererkennung) mitgeteilt werden (SK-StPO/*Rogall* § 81f Rn. 7).

6 **III. Datenschutzrechtliche Vorkehrungen. 1. Organisatorische Anforderungen.** In **Abs. 2 Satz 2, 3** werden für die Durchführung der DNA-Analyse **datenschutzrechtliche Vorkehrungen** getroffen. Der Sachverständige muss besondere technische und organisatorische Maßnahmen ergreifen, die geeignet sind, unzulässige molekulargenetische Untersuchungen auszuschließen (**Missbrauchsschutz**). Welche Maßnahmen zu treffen sind, wurde im Gesetz aufgrund der ständig fortschreitenden Entwicklung möglicher Qualitätsstandards und der Vielzahl denkbarer Organisationsmodelle bewusst offengelassen, empfohlen wurde lediglich die (bisher nicht erfolgte) Aufnahme eines ständig zu aktualisierenden Verzeichnisses anerkannter Methoden molekulargenetischer Untersuchungen in Nr. 70 Abs. 3 RiStBV (BT-Drs. 13/667, S. 8). Die Untersuchungsbefunde müssen zudem vor einer unbefugten Kenntnisnahme durch Dritte geschützt sein. Es muss deshalb sichergestellt werden, dass nur Personen, die an der Untersuchung planmäßig mitwirken, von den gewonnenen Informationen Kenntnis erlangen können.

7 **2. Anonymisierungsgebot.** Das **Anonymisierungsgebot** des Abs. 2 Satz 3 schreibt vor, dass dem Sachverständigen das Untersuchungsmaterial ohne Mitteilung des Namens, der Anschrift und der Geburtsdaten zu übermitteln ist. Diese Regelung ist nicht nur aufgrund möglicher Fehlerquellen bei der Anonymisierung durch Codierung und Decodierung der Daten problematisch (vgl. *Brinkmann*, Kriminalistik 1996, 598), vielmehr dürfte sich der mit ihr intendierte Zweck schon deshalb kaum erreichen lassen, weil im Hinblick auf die populationsstatistische Auswertung der Probe deren Deanonymisierung – etwa durch Bekanntgabe der Verwandtschaftsverhältnisse – unvermeidbar sein dürfte (vgl. *Huber*, Kriminalistik 1997, 736; *Rath/Brinkmann*, NJW 1999, 2700; SK-StPO/*Rogall* § 81f Rn. 24). Ist dem Sachverständigen die Identität des

Betroffenen bereits aus vorangegangenen Untersuchungen bekannt (in der rechtsmedizinischen Praxis soll dies häufig der Fall sein, vgl. *Rath/Brinkmann*, NJW 1999, 2700), so schließt dies weder seine Bestellung als Gutachter aus (SK-StPO/*Rogall* § 81f Rn. 25) noch kann allein auf die Kenntnis der Identität ein Ablehnungsrecht (§ 74) gestützt werden.

Sollte die Anonymisierung der Daten dazu führen, dass ein Sachverständiger erst nach Erstellung des Gutachtens ein Gutachtenverweigerungsrecht (§ 76) ausübt, so kann aufgrund der Standardisierung und Revalidierbarkeit der DNA-Analyse das Gutachten von einem anderen Sachverständigen vertreten werden (*Cramer* NStZ 1998, 499; Meyer-Goßner/*Schmitt* § 81f Rn. 6; MüKo-StPO/*Trück* § 81f Rn. 18). Der letztgenannte Gesichtspunkt steht auch der Empfehlung entgegen, dem Beschuldigten aufgrund der richterlichen Anordnung der DNA-Analyse einen Pflichtverteidiger zu bestellen, um etwaigen (Analyse-Fehlern) frühzeitig entgegenzuwirken (zu Recht abl. SK-StPO/*Rogall* § 81f Rn. 5). Anders als etwa in den von § 140 nicht ausdrücklich erfassten Fällen der Gegenüberstellung besteht bei molekulargenetischen Untersuchungen nicht die Gefahr, dass der Beweiswert der DNA-Analyse im Fall ihrer Wiederholung verfälscht werden könnte. 8

3. **Überwachung.** Zur **Überwachung** der datenschutzrechtlichen Anforderungen bei Sachverständigen einer nichtöffentlichen Stelle werden die Vorschriften der Verordnung (EU) 2016/679 des Europäischen Parlaments und des Rates vom 27.04.2016 zum Schutz natürlicher Personen bei der Verarbeitung personenbezogener Daten, zum freien Datenverkehr und zur Aufhebung der Richtlinie 95/46/EG (Datenschutz-Grundverordnung) (ABl. L 119 vom 04.05.2016, S. 1; L 314 vom 22.11.2016, S. 72; L 127 vom 23.05.2018, S. 2) und des Bundesdatenschutzgesetzes auch dann für anwendbar erklärt, wenn die personenbezogenen Daten nicht automatisiert verarbeitet und die Daten nicht in einem Dateisystem gespeichert sind oder gespeichert werden sollen (**Abs. 2 Satz 4**). Die Aufsichtsbehörde kann damit als »institutionalisierte Datenschutzkontrolle« (so SK-StPO/*Rogall* § 81f Rn. 16) selbst dann tätig werden, wenn die Daten in Akten verarbeitet worden sind. Zudem hat sie auch dann anlassunabhängige Kontrollen vorzunehmen, wenn keine hinreichenden Anhaltspunkte für eine Verletzung von Schutzvorkehrungen oder für einen Datenmissbrauch vorliegen. 9

B. Rechtsbehelfe. I. Beschwerde. Die Anordnung der molekulargenetischen Untersuchungen unterliegt nach § 304 Abs. 1 und 2 der **Beschwerde**. Sie kann auch von der StA erhoben werden, sofern ihr Antrag auf Durchführung der Analyse abgelehnt worden ist. § 305 Satz 2 findet entsprechende Anwendung, wenn die Anordnung durch das erkennende Gericht erfolgte (vgl. OLG Bremen StV 2010, 122; KK-StPO/*Hadamitzky* § 81f Rn. 11). Eine isolierte Anfechtung der Bestimmung des Sachverständigen ist nicht statthaft (HK-StPO/*Brauer* § 81f Rn. 8; LR/*Krause* § 81f Rn. 35; Meyer-Goßner/*Schmitt* § 81f Rn. 8; SK-StPO/*Rogall* § 81f Rn. 27; a.A. KK-StPO/*Hadamitzky* § 81f Rn. 11). Die weitere Beschwerde wird durch § 310 ausgeschlossen, sie kann aber bei schwerwiegenden Mängeln der Beschwerdeentscheidung in eine Gegenvorstellung umgedeutet werden (OLG Karlsruhe StV 2002, 59 zu §§ 81g, 2 Abs. 1 DNA-IFG a.F.). Ebenso wenig liegt ein Ausnahmefall nach § 304 Abs. 5 vor, der eine Beschwerde gegen eine Anordnung des Ermittlungsrichters des BGH eröffnen würde (vgl. BGH BeckRS 2020, 14004). 10

II. Revision. Fehlt eine richterliche Anordnung für die Untersuchung von Spurenmaterial des Beschuldigten, so kann dies, anders als der schlichte Verstoß gegen das Schriftformerfordernis, die Revision begründen (MüKo-StPO/*Trück* § 81f Rn. 21). Eine durch den Beschuldigten nach Belehrung freiwillig abgegebene Speichelprobe kann nur dann verwertet werden, wenn der Beschuldigte seine Einwilligung schriftlich erteilt hat (Abs. 1 Satz 1). Eine Ausnahme hiervon erscheint geboten, wenn die Speichelprobe zum betreffenden Zeitpunkt auch ohne Einwilligung erzwungen werden hätte können. Nach dem BGH hängt das Verwertungsverbot zudem von einem Verwertungswiderspruch des Betroffenen ab (BGH NStZ 2010, 157 zum Fall einer in einem anderen Verfahren freiwillig abgegebenen Speichelprobe). Die Ergebnisse der Untersuchung von Körperzellen des Verletzten oder eines Dritten unterliegen im Regelfall bei Anordnungsfehlern durch StA oder Polizei ohnehin keinem Verwertungsverbot, da die ggf. entsprechend anzuwendenden Vorschriften nur den Schutz außerprozessualer Rechte bezwecken (SK-StPO/*Rogall* § 81f Rn. 28). Aus vergleichbaren Erwägungen kann der Beschuldigte ebenso wenig eine Verletzung der in Abs. 2 verankerten datenschutzrechtlichen Regelungen erfolgreich rügen (etwa das Gebot der Teilanonymisierung in § 81f Abs. 2 Satz 3, vgl. BGH NStZ 1999, 209; *Graalmann-Scheerer* FS Rieß, S. 164). Beanstandet der Beschuldigte mit der Aufklärungsrüge die Nichtvornahme der DNA-Analyse, so trifft ihn die Darlegungspflicht, dass das dafür erforderliche Zellmaterial zur Verfügung stand (BGHR, § 344 Abs. 2 Satz 2 Aufklärungsrüge 5; Meyer-Goßner/*Schmitt* § 81f Rn. 9). Die ordnungsgemäße Erhebung der Aufklärungsrüge setzt hingegen nicht die Bezeichnung des anzuwendenden Untersuchungsverfahrens voraus (BGH NStZ-RR 2002, 145; erg. Rdn. 5; grds. zur Revision *Graalmann-Scheerer* FS Rieß, S. 153 ff.). 11

§ 81g DNA-Identitätsfeststellung

(1) Ist der Beschuldigte einer Straftat von erheblicher Bedeutung oder einer Straftat gegen die sexuelle Selbstbestimmung verdächtig, dürfen ihm zur Identitätsfeststellung in künftigen Strafverfahren Körperzellen entnommen und zur Feststellung des DNA-Identifizierungsmusters sowie des Geschlechts molekulargenetisch untersucht werden, wenn wegen der Art oder Ausführung der Tat, der Persönlichkeit des Beschuldigten oder sonstiger Erkenntnisse Grund zu der Annahme besteht, dass gegen ihn künftig Strafverfahren wegen einer Straftat von erheblicher Bedeutung zu führen sind. Die wiederholte Begehung sonstiger Straftaten kann im Unrechtsgehalt einer Straftat von erheblicher Bedeutung gleichstehen.

(2) Die entnommenen Körperzellen dürfen nur für die in Absatz 1 genannte molekulargenetische Untersuchung verwendet werden; sie sind unverzüglich zu vernichten, sobald sie hierfür nicht mehr erforderlich sind. Bei der Untersuchung dürfen andere Feststellungen als diejenigen, die zur Ermittlung des DNA-Identifizierungsmusters sowie des Geschlechts erforderlich sind, nicht getroffen werden; hierauf gerichtete Untersuchungen sind unzulässig.

(3) Die Entnahme der Körperzellen darf ohne schriftliche Einwilligung des Beschuldigten nur durch das Gericht, bei Gefahr im Verzug auch durch die Staatsanwaltschaft und ihre Ermittlungspersonen (§ 152 des Gerichtsverfassungsgesetzes) angeordnet werden. Die molekulargenetische Untersuchung der Körperzellen darf ohne schriftliche Einwilligung des Beschuldigten nur durch das Gericht angeordnet werden. Die einwilligende Person ist darüber zu belehren, für welchen Zweck die zu erhebenden Daten verwendet werden. § 81f Abs. 2 gilt entsprechend. In der schriftlichen Begründung des Gerichts sind einzelfallbezogen darzulegen

1. die für die Beurteilung der Erheblichkeit der Straftat bestimmenden Tatsachen,

2. die Erkenntnisse, auf Grund derer Grund zu der Annahme besteht, dass gegen den Beschuldigten künftig Strafverfahren zu führen sein werden, sowie

3. die Abwägung der jeweils maßgeblichen Umstände.

(4) Die Absätze 1 bis 3 gelten entsprechend, wenn die betroffene Person wegen der Tat rechtskräftig verurteilt oder nur wegen

1. erwiesener oder nicht auszuschließender Schuldunfähigkeit,

2. auf Geisteskrankheit beruhender Verhandlungsunfähigkeit oder

3. fehlender oder nicht auszuschließender fehlender Verantwortlichkeit (§ 3 des Jugendgerichtsgesetzes)

nicht verurteilt worden ist und die entsprechende Eintragung im Bundeszentralregister oder Erziehungsregister noch nicht getilgt ist.

(5) Die erhobenen Daten dürfen beim Bundeskriminalamt gespeichert und nach Maßgabe des Bundeskriminalamtgesetzes verwendet werden. Das Gleiche gilt

1. unter den in Absatz 1 genannten Voraussetzungen für die nach § 81e Abs. 1 erhobenen Daten eines Beschuldigten sowie

2. für die nach § 81e Abs. 2 Satz 1 erhobenen Daten.

Die Daten dürfen nur für Zwecke eines Strafverfahrens, der Gefahrenabwehr und der internationalen Rechtshilfe hierfür übermittelt werden. Im Fall des Satzes 2 Nr. 1 ist der Beschuldigte unverzüglich von der Speicherung zu benachrichtigen und darauf hinzuweisen, dass er die gerichtliche Entscheidung beantragen kann.

Übersicht

A. Grundsätzliches und Regelungsgehalt. Der Gesetzgeber verfolgte mit § 81g und den zwischenzeitlich aufgehobenen, teilweise in Abs. 4 und 5 aufgenommenen Regelungen des DNA-Identitätsfeststellungsgesetzes v. 07.09.1998 (DNA-IFG aufgehoben durch Gesetz v. 12.09.2005, BGBl. I 2360), das Ziel, eine **gesetzliche Grundlage** für die beim BKA als zentrale Verbunddatei eingerichtete **DNA-Identifizierungsdatei** (vgl. § 8 Abs. 6 BKAG a.F., nunmehr etwa § 24 BKAG) zu schaffen (grundlegend hierzu *Rackow* Das DNA-IFG und seine Probleme, 2001). § 81g eröffnet in Erweiterung der §§ 81a Abs. 1, 81e und 81f (Gewinnung von Körpermaterial für Zwecke eines bereits anhängigen Strafverfahrens) die Möglichkeit, allein zum Zwecke der Identitätsfeststellung **in künftigen Strafverfahren** Körperzellen zu entnehmen und molekulargenetisch zu untersuchen. Durch einen Vergleich von vorgelegten mit gespeicherten DNA-Mustern wird ggf. eine schnellere Identifizierung bereits auffällig gewordener Beschuldigter ermöglicht. Da diese Maßnahmen erkennungsdienstlichen Zwecken dienen (»Vorsorge für die künftige Strafverfolgung«), wird die konkurrierende Zuständigkeit des Bundesgesetzgebers z.T. infrage gestellt (Meyer-Goßner/*Schmitt* § 81g Rn. 2; *Schewe* JR 2006, 187; krit. auch *Bosch* StV 2008, 574; a.A. BVerfGE 103, 21 [30]; NStZ 2008, 226; BGH StV 1999, 303: »Strafverfolgungsmaßnahmen im weiteren Sinne«; *Senge* NStZ 2001, 331; SK-StPO/*Rogall* § 81g Rn. 1 f.; *Wollweber* NJW 2001, 2304; Zusammenfassung bei *Bock* ZIS 2007, 129). Ihre strafverfahrensrechtliche Einordnung wird überwiegend damit begründet, dass sie der Beweiserleichterung in künftigen Strafverfahren dienen und damit »genuines Strafprozessrecht« beinhalten (BVerfGE 103, 21 [30]; vgl. auch *Eisenberg/Singelstein* GA 2006, 169). Diese ausschließlich folgenorientierte Begründung erlaubt weitreichende Regelungen zur Datenvorsorge im Strafverfahrensrecht, sofern der Gesetzgeber nur deutlich macht, dass er die Datensammlung lediglich zu Strafverfolgungszwecken gestattet. Sie bleibt auch deshalb fragwürdig, weil ein Verstoß gegen die Unschuldsvermutung mit der gegenläufigen Begründung abgelehnt wird, die Maßnahme diene nicht der Durchführung und Sicherung eines bereits konkretisierten Verfahrens (*Wollweber* NJW 2001, 2305 m.w.N.). Rechtfertigen lässt sich die strafprozessrechtliche Verankerung lediglich aus Rechtsschutzerwägungen, da sie der Tendenz entgegenwirkt, Maßnahmen der Verdachtsgewinnung in den präventivpolizeilichen Bereich zu verlagern und sie dadurch einer effektiven gerichtlichen Kontrolle zu entziehen. Die Einordnung der Vorschrift hat allerdings keinen Einfluss darauf, dass sie grundsätzlich menschenrechtskonform ausgestaltet ist (vgl. EGMR EuGRZ 2014, 285). 1

Formal betrachtet betreffen Abs. 1 bis 3 den Eingriff im laufenden Strafverfahren, während Abs. 4 und 5 eine Eingriffsbefugnis nach rechtskräftiger Verurteilung sowie dieser gleichgestellte Fälle der Schuld- oder Verhandlungsunfähigkeit oder fehlender Verantwortlichkeit (§ 3 JGG) vorsehen. Auch wenn sich für den Regelfall trotz fehlender Flucht- oder Vereitelungsgefahr kein Anwendungsvorrang des Abs. 4 Satz 1 und damit eine Pflicht zum Abwarten der rechtskräftigen Entscheidung begründen lässt (so undifferenziert LG Hamburg StV 2008, 571), kann dennoch eine Anordnung vor Rechtskraft des Urteils im Einzelfall unverhältnismäßig sein (vgl. *Bosch* StV 2008, 575; vgl. auch *Eisenberg* BR Rn. 1689 mit Fn. 112). 2

B. Materielle Anordnungsvoraussetzungen. I. Beschuldigter. Die Anordnung darf nur gegen **Beschuldigte** erfolgen, die einer in § 81g Abs. 1 genannten Straftat verdächtig sind. § 81g knüpft an den Verdacht der Anlasstat an und lässt insoweit einen Anfangsverdacht (§ 152 Abs. 2) genügen (LG Hamburg StV 2008, 571; a.A. *Eisenberg* BR Rn. 1689: »gesteigerter Verdachtsgrad«). Eine Anordnung scheidet damit ggü. Kindern und bei rechtskräftigem Freispruch (OLG Oldenburg NStZ 2008, 711; AG Tiergarten StV 2008, 349) aus (vgl. aber auch den erweiterten Personenkreis in Abs. 4, dazu Rdn. 15). 3

II. Verdacht der Begehung einer Straftat. Der Beschuldigte muss verdächtig sein, entweder eine **Straftat von erheblicher Bedeutung** oder eine Straftat **gegen die sexuelle Selbstbestimmung** oder eine **sonstige Straftat wiederholt** begangen zu haben. Ein bestimmter Verdachtsgrad wird nicht verlangt; es genügt ein einfacher Tatverdacht zum Zeitpunkt der Anordnung (KK-StPO/*Hadamitzky* Rn. 4a; unklar *Benfer/Bialon* Rechtseingriffe Rn. 977: Überzeugung von der Täterschaft). Während in der ursprünglichen Fassung die Straftat zumindest im Bereich der mittleren Kriminalität angesiedelt sein musste (vgl. BT-Drs. 13/10791, S. 5), wurden die Eingriffsvoraussetzungen durch die Einbeziehung der wiederholten Begehung von »sonstigen Straftaten« in Richtung der Abnahme von Fingerabdrücken (§ 81b) verschoben (für eine Gleichstellung de lege ferenda *König* Kriminalistik 2004, 262; dagegen *Pfeiffer/Höynck/Görgen* ZRP 2005, 113; vgl. erg. *Rogall* FS Schroeder, S. 706). 4

1. Straftat von erheblicher Bedeutung. Die Verwendung des »recht unbestimmten« Merkmals der Straftat von erheblicher Bedeutung (vgl. auch §§ 98a Abs. 1, 110a Abs. 1) verdeutlicht das Erfordernis einer einzelfallbezogenen Verhältnismäßigkeitsabwägung. Unter Zugrundelegung des konkreten Tatunrechts müssen Straftaten vorliegen, »die den Rechtsfrieden empfindlich stören oder geeignet sind, das Gefühl der Rechtssicherheit der Bevölkerung erheblich zu beeinträchtigen« (BT-Drs. 13/10791, S. 5; *Senge* NJW 1999, 254; 5

BVerfGE 103, 34; BGHSt 42, 157; OLG Karlsruhe StV 2002, 61; LG Duisburg StraFo 1999, 203; *Krause* FS Rieß, S. 271; krit. *Fluck* NJW 2001, 2293), wobei unklar bleibt, wie diese beiden Alternativen sinnvoll unterschieden werden sollen. Bei Verbrechen soll stets eine Straftat von erheblicher Bedeutung anzunehmen sein (*Senge* NJW 1999, 254), bei Vergehen nur dann, wenn diese zumindest im Bereich der mittleren Kriminalität angesiedelt sind. Genannt werden hierfür etwa §§ 224, 243, 253 StGB (vgl. KG BeckRS 2019, 421505; BeckRS 2019, 22097), gewerbsmäßige Hehlerei (OLG Celle NStZ-RR 2010, 150), gewerbsmäßige Steuerhehlerei und Steuerhinterziehung (LG Bielefeld PStR 2010, 234), Subventionsbetrug in Fällen der Erschleichung von Leistungen zur Linderung der Notlage von Unternehmen in der Coronakrise (LG Saarbrücken wistra 2021, 411 mit abl. Anm. *Bosch*) schwerwiegende Straftat nach dem BtMG (OLG Hamburg StV 2008, 571; OLG Köln StV 2006, 517; OLG Hamm BeckRS 2021, 8089; a.A. LG Frankenthal NStZ-RR 2001, 19; *Endriss/Kinzig* NStZ 2001, 300; *Kauffmann/Ureta* StV 2000, 105, dem WaffG (BVerfG 2 BvR 2391/07 v. 16.01.2008); im Regelfall aber nicht Straftaten im Zusammenhang mit dem Straßenverkehr, vgl. *Lengler* SVR 2008, 249 zu §§ 142, 315c StGB etc.; vgl. erg. Meyer-Goßner/*Schmitt* § 81g Rn. 7a; zur Ausdehnung auf § 263 StGB LG Freiburg NJW 2001, 3720 (vgl. erg. u. Rdn. 8).

6 **2. Straftat gegen die sexuelle Selbstbestimmung (2. Alt.).** Der Auffangtatbestand (so zutr. SK-StPO/*Rogall* § 81g Rn. 25) der 2. Alt. umfasst Straftaten nach **§§ 174 bis 184g StGB** (nicht aber §§ 184i und § 184k, die noch unter der Erheblichkeitsschwelle des § 184h angesiedelt sind) und damit im Bereich der §§ 183 ff. StGB auch Straftaten, die mangels Erheblichkeit nicht bereits der 1. Alt. unterfallen (LR/*Krause* § 81g Rn. 23; krit. zu dieser Ausweitung *Duttge/Hörnle/Renzikowski* NJW 2004, 1071; abl. *Schewe* JR 2006, 186 f.). Die Ausweitung des Kreises der Anlasstaten beruht auf der Erwägung, dass es etwa bei wegen exhibitionistischer Handlungen verurteilten Straftätern in ein bis 2 % der Fälle zu Folgeverurteilungen wegen schwerer sexueller oder anderer Gewaltdelikte gekommen ist. Ob diese empirische Erkenntnis generell eine Ausweitung auf alle Sexualstraftaten im unteren Kriminalitätsbereich rechtfertigen kann, erscheint nicht zuletzt unter dem Gesichtspunkt der Geeignetheit zweifelhaft, da zu anderen Delikten keine vergleichbaren empirischen Erkenntnisse vorliegen. Diese Zweifel werden nicht dadurch beseitigt, dass auch bei leichten Sexualstraftaten eine belastbare Negativprognose der künftigen Begehung von Straftaten erheblicher Bedeutung erforderlich ist (vgl. Meyer-Goßner/*Schmitt* § 81g Rn. 7b; LG Bremen StraFo 2007, 58; krit. auch LK/*Krause* § 81g Rn. 23; *Murmann*, in: Handbuch zum Strafverfahren Rn. 394), denn für eine entsprechende Prognose fehlt regelmäßig die erforderliche Tatsachenbasis. Soll die 2. Alt. damit nicht als Regelvermutung gehandhabt werden, wird der Auffangtatbestand nicht selten leerlaufen müssen. So wurde in der Rspr. etwa bei einer Verurteilung wegen Besitzes kinderpornografischer Schriften eine Anordnung nach § 81g abgelehnt, wenn weitere Anhaltspunkte für eine Fortschreibung der Anlasstat nicht ersichtlich sind und damit neben der abstrakt erhöhten Wahrscheinlichkeit bei entsprechenden sexuellen Neigungen keine weiteren konkreten Anhaltspunkte für eine künftige Straftatbegehung ersichtlich sind (vgl. LG Darmstadt v. 28.03.2011 – 3 Qs 151/11; LG Braunschweig BeckRS 2018, 10263; zur Zulässigkeit einer Anordnung bei § 184b Abs. 4 Satz 2 StGB a.F. großzügiger AG Bremen NStZ-RR 2008, 346; zum weniger strengen Maßstab des § 81b VG Braunschweig NVwZ-RR 2008, 32; abw. LG Traunstein StV 2007, 521, das aber verkennt, dass es für eine mögliche Spurenverursachung auf die zu prognostizierende Tat ankommt).

7 **3. Wiederholte Begehung sonstiger Straftaten (Abs. 1 Satz 2).** Liegt weder eine Straftat von erheblicher Bedeutung noch eine Straftat gegen die sexuelle Selbstbestimmung vor, kann bei **sonstigen** nicht notwendigerweise gleichartigen **Straftaten** eine **wiederholte Begehung** Anlass für eine Anordnung nach § 81g bieten. In einer einzelfallbezogenen Gesamtwürdigung der begangenen Straftaten ist zu ermitteln, ob diese ein vergleichbares Maß an Unrecht wie bei einer Straftat von erheblicher Bedeutung erlangen und damit den Rechtsfrieden in einem Maße stören, das geeignet ist, das Gefühl der Rechtssicherheit der Bevölkerung erheblich zu beeinträchtigen (BVerfG NStZ-RR 2007, 378; StV 2009, 1; StraFo 2009, 276; einst. A. v. 19.02.2009 – 2 BvR 287/09; v. 10.03.2009 – 2 BvR 400/09; LG Würzburg StraFo 2010, 22; LG Bremen StV 2011, 404; vgl. auch *Pommer* JA 2007, 625). Auch hier soll keine rechtskräftige Verurteilung wegen der Anlassstraftaten erforderlich sein, vielmehr soll ein kaum verifizierbarer Verdacht der wiederholten Straftatbegehung genügen (vgl. BT-Drs. 15/5674, S. 11; zu Recht krit. Meyer-Goßner/*Schmitt* § 81g Rn. 7c). Der Gesetzgeber hat – wie nicht anders zu erwarten – auf das angesichts der bestehenden Eskalationsgefahr noch vergleichsweise einleuchtende Beispiel des wiederholten Hausfriedensbruchs in den Fällen des Stalkings verwiesen (vgl. BT-Drs. 15/5674, S. 11). Offen bleibt aber etwa wie sich der zeitliche Abstand zwischen den einzelnen Taten (wenig überzeugend zu 13 Jahre zurückliegenden, leichteren Straftaten KG BeckRS 2019, 22097) und auch die Verschiedenheit von Rechtsgutverletzungen auf das geforderte Maß an Unrecht auswirken (zutr. *Murmann*, in: Handbuch zum Strafverfahren Rn. 391). Sind aufgrund einer Kleptomanie auch in Zukunft

Bagatelldiebstähle ohne Steigerung der Handlungsgefährlichkeit zu erwarten, liegen die Anordnungsvoraussetzungen im Regelfall jedenfalls nicht vor (LG Bremen StV 2011, 403).

III. Erforderlichkeit der Maßnahme. **Unzulässig** sind unter dem Gesichtspunkt der Geeignetheit Maßnahmen nach § 81g, wenn im konkreten Einzelfall ein **Aufklärungserfolg** mithilfe der DNA-Analyse **nicht erwartet** werden kann, weil – wie etwa bei § 154 StGB oder bei Vergehen nach §§ 263, 266, 266a StGB (vgl. LG Aachen StraFo 2009, 18 f.; LG Leipzig StraFo 2007, 464; a.A. LG Freiburg NJW 2001, 3720; fernliegend zu § 264 StGB LG Saarbrücken wistra 2012, 411 und abl. hierzu *Bosch* wistra 2021, 414) – nach allgemeiner Erfahrung eine Absonderung von geeigneten Körperzellen ausscheidet (BVerfG StV 2001, 147). Diese Einschränkung hat sich am Begehungscharakter der zu prognostizierenden Tat und nicht an der Anlasstat zu orientieren. Deshalb kann auch bei Teilnahme (zur Anstiftung LG Berlin NJW 2000, 752) und versuchter Tat ein Anordnungsgrund bestehen (SK-StPO/*Rogall* § 81g Rn. 19; *Eisenberg* FS Meyer-Goßner, S. 295), sofern bei künftigen Taten eine Spurenverursachung möglich erscheint. Angesichts zunehmend verbesserter Analysemethoden dürfte diese Einschränkung allerdings kaum Bedeutung besitzen (LG Bautzen NJW 2000, 1207 f.; selbst bei Umsatzsteuerhinterziehung wegen DNA-Spuren an Rechnungen bejaht von LG Saarbrücken NStZ 2011, 424; vgl. des Weiteren *Markwardt/Brodersen* NJW 2000, 695; SK-StPO/*Rogall* Rn. 46; a.A. hinsichtlich des Handeltreibens mit Betäubungsmitteln LG Koblenz StV 1999, 141; LG Frankenthal StV 2000, 609; AG Kaiserslautern StV 2000, 72; ebenso für Hehlerei LG Freiburg NStZ 2000, 165; generell zu §§ 257 bis 266b StGB OLG Celle NStZ-RR 2010, 149). Da § 81g **keine Subsidiaritätsklausel** kennt, steht es der Anordnung nicht entgegen, dass eine Tataufklärung in künftigen Strafverfahren auch mit anderen Maßnahmen in Betracht kommen könnte (vgl. LG Saarbrücken NStZ 2011, 424), zumal dies gerade bei der hier systemfremden Aufnahme einer an sich präventiv ausgerichteten Befugnis ohnehin kaum justiziabel wäre. Auch eine Beziehungstat kann die erforderliche Eignung besitzen (OLG Karlsruhe StV 2002, 61), eine Anordnung scheidet aber aus, wenn sich der Täter zur Tatzeit in einer nicht wiederholbaren psychischen Ausnahmesituation befunden hat (VerfG des Landes Brandenburg StV 2002, 58; OLG Oldenburg NStZ-RR 2009, 19). 8

Von einem Eingriff muss hingegen unter dem Gesichtspunkt der Erforderlichkeit abgesehen werden, wenn die Strafverfolgungsbehörden bereits über ein geeignetes DNA-Identifizierungsmuster verfügen (BT-Drs. 13/11116, S. 7; AG Hamburg, StV 2013, 148; SK-StPO/*Rogall* § 81g Rn. 46; HK/*Brauer* Rn. 19). Ein im anhängigen Strafverfahren nach § 81e gewonnenes DNA-Muster kann unter den engeren Voraussetzungen des § 81g auch für Zwecke der Identifizierung in einem künftigen Strafverfahren verwendet werden (KK-StPO/*Hadamitzky* § 81g Rn. 11). Ebenso ist eine erneute Anordnung zur Entnahme und Untersuchung ausgeschlossen, wenn bereits ein nach § 81g gewonnenes Identifizierungsmuster vorliegt (OLG Bremen NStZ 2006, 653; LR/*Krause*, § 81g Rn. 38). In diesem Fall kommt lediglich eine erneute Anordnung zur Speicherung des Identifizierungsmusters in der DNA-Analysedatei in Betracht. 9

IV. Negativprognose. Ferner muss die Gefahr bestehen, dass gegen den Beschuldigten künftig erneut wegen Straftaten ermittelt wird, die den in § 81g Abs. 1 genannten Taten entsprechen **(Wiederholungsgefahr)**. Die erforderliche »Negativprognose« (BT-Drs. 13/10791, S. 5) setzt eine prognostische Beurteilung voraus, die auf zutreffend ermittelten, in sich schlüssigen und verwertbaren Tatsachen beruhen muss (zur korrespondierenden Begründungspflicht Rdn. 22). Der Anordnende besitzt einen gewissen Beurteilungsspielraum (SK-StPO/*Rogall* § 81g Rn. 15), die Maßnahme darf aber nur auf Umstände gestützt werden, denen Aussagekraft für die Wahrscheinlichkeit einer künftigen Tatbegehung zukommt (BVerfGE 103, 21; LG Nürnberg-Fürth StV 2000, 71 f.). 10

Eine erhöhte **Wahrscheinlichkeit für den Rückfall** wird nicht verlangt (BVerfG StV 2009, 2; LG Hannover NStZ 2000, 221; OLG Celle NStZ 2006, 717 f.; LG Saarbrücken NStZ 2011, 424), der Entscheidungsträger muss lediglich »Grund« zu der Annahme von Wiederholungsgefahr haben (LG Waldshut-Tiengen StV 1999, 366). Eine Orientierung am strengeren Maßstab der §§ 63, 64 und 66 StGB (so LG Zweibrücken StV 1999, 303; LG Gera StV 1999, 589; *Senge* NJW 1999, 255) scheidet deshalb nach dem Gesetzeswortlaut ebenso aus (vgl. auch *Endriss/Kinzig* NStZ 2001, 301) wie die Übernahme des Maßstabs von § 112a (so *Schneider* StV 2001, 6). Die Gefährlichkeitsprognose des § 63 StGB bzw. die Feststellung einer Hangtäterschaft hätte allerdings zumindest den Vorteil, eine justiziable Schranke für die Anordnung nach § 81g aufzustellen. Sollte sich die immer noch zu beobachtende Praxis einer mangelhaft substanziierten Feststellung der erforderlichen Prognose fortsetzen (zu Recht krit. *Eisenberg* FS Lenckner, S. 296 ff.), könnte es durchaus geboten sein, im Wege der verfassungskonformen Auslegung den Maßstab des § 81g an die §§ 63, 64, 66 StGB anzulehnen. Erforderlich ist jedenfalls eine positive Feststellung der Wiederholungsgefahr (SK-StPO/*Rogall* § 81g Rn. 38), die dafür erforderlichen Erkenntnisse können im Freibeweisverfahren gewonnen werden. 11

Zudem muss darauf hingewiesen werden, dass eine Einwilligung die erforderliche Prognose nicht ersetzen kann (zutr. *Eisenberg* BR Rn. 1690).

12 Nach der gesetzlichen Regelung hat sich die Prognose zunächst an der **Art oder Ausführung der Anlasstat** zu orientieren, etwa an der aufgewendeten kriminellen Energie oder dem Deliktstypus, sofern dieser wie bei schweren Sexualstraftaten oder gewerbs- bzw. bandenmäßiger Begehung nach kriminalistischer Erfahrung eine Wiederholungsgefahr begründet (vgl. auch OLG Köln NStZ-RR 2002, 306). Einzubeziehen ist des Weiteren die **Persönlichkeit** des Beschuldigten. Die dafür maßgebende innere Bereitschaft, erneut Straftaten zu begehen, wird anhand der Vortaten des Beschuldigten, der Rückfallgeschwindigkeit, bestehender psychischer Erkrankungen sowie seiner persönlichen Lebensumstände (LG Berlin StV 2000, 303; LG Hannover StV 2000, 302) ermittelt. Ergänzend sind schließlich **sonstige Erkenntnisse** heranzuziehen, die mit kriminalistisch und kriminologisch anerkannten Erfahrungsgrundsätzen in Verbindung gebracht werden können. Bei einer einmaligen Beziehungstat kann eine Wiederholungsgefahr zu verneinen sein (OLG Oldenburg StV 2009, 8 zum Verdacht der sexuellen Nötigung einer früheren Lebensgefährtin des Angeklagten).

13 Die »Negativprognose« des § 81g soll anderen Grundsätzen folgen als die **»positive Sozialprognose«** des § 56 StGB (OLG Celle NJW 2006, 3155), sodass eine Strafaussetzung einer Anordnung nach § 81g nicht entgegensteht (BVerfGE 103, 21; BVerfG StV 2009, 1; NJW 2016, 2799; OLG Jena StV 2001, 5; LG Göttingen NJW 2000, 751; AG Wendel ZJJ 2010, 432; Meyer-Goßner/*Schmitt* Rn. 8; SK-StPO/*Rogall* Rn. 45; *Krause* FS Rieß, S. 278; *Markwardt/Brodersen* NJW 2000, 693 f.; krit. *Bosch* StV 2008, 574; *Neubacher/Walther* StV 2001, 587; a.A. LG Freiburg StV 2001, 8; LG Frankenthal NStZ-RR 2001, 19; *Kauffmann/Ureta* StV 2000, 104). Wenn beide Prognosen zeitnah erfolgen und nicht auf abweichende, zwischenzeitlich gewonnene Erkenntnisse gestützt werden, lässt sich der differierende Maßstab nur durch eine großzügige Bewährungspraxis erklären, die ohne Rücksicht auf das Kriterium der Legalbewährung ausschließlich nach Straftaxen erfolgt. Methodisch erfolgt die Prognose nach den gleichen Grundsätzen, da eine durch Tatsachen begründete Wahrscheinlichkeit straffreier Führung (so der Maßstab des § 56 StGB) der Annahme entgegensteht, gegen den Beschuldigten würden künftig erneut Strafverfahren wegen einer der in § 81g genannten Straftaten geführt (nach h.M. erzeugt die Aussetzung hingegen lediglich einen erhöhten Begründungsaufwand, vgl. BVerfGE 103, 21; BVerfG StraFo 2009, 276; BVerfG NStZ-RR 2021, 253; NJW 2016, 2799; LG Berlin StraFo 2009, 203). Zudem spricht der gerade bei Negativprognosen zu vermutende Effekt einer selbstbestätigenden Wirkung der Einschätzung künftiger Entwicklungen gegen eine abweichende Beurteilung. Rechtfertigen lässt sich die unterschiedliche Behandlung allenfalls durch die (systemfremde) Erwägung, bei der Bewährung könne die Straffreiheit auch durch Weisungen nach § 56c StGB spezialpräventiv beeinflusst werden. Das erhöhte Entdeckungsrisiko durch Speicherung des DNA-Identifizierungsmusters würde dann vergleichbar den in § 56c StGB genannten Überwachungsmaßnahmen dazu dienen, die erforderliche günstige Sozialprognose abzusichern.

14 Ungeklärt ist des Weiteren, ob – wie der Wortlaut dies nahelegt – das Erfordernis **künftiger Strafverfahren** auch die Fälle umfasst, in denen die Straftaten zwar schon begangen, aber noch nicht aufgeklärt sind, sodass zwar keine neuen Straftaten, aber zumindest künftige Verfahren wegen alter Taten zu erwarten sind (etwa bei RAF-Tätern, bei denen keine neuen Taten prognostiziert werden können, deren Beteiligung an Altfällen jedoch offen ist; vgl. Ermittlungsrichter des BGH, Beschl. v. 23.07.2001 – 1 BGs 129/2001, 1 StE 4/85, S. 4 f.). Eine Einbeziehung dieser Fälle muss trotz des offenen Wortlautes von § 81g abgelehnt werden (a.A. Ermittlungsrichter des BGH a.a.O.; Meyer-Goßner/*Schmitt* Rn. 8; *Fluck* NJW 2001, 2293). Der mit der Genomanalyse verbundene Grundrechtseingriff kann nur durch einen in diesen Fällen nicht vorhandenen Anfangsverdacht oder eine festgestellte Negativprognose gerechtfertigt werden. Wird hingegen die beschriebene Praxis auch auf andere ungeklärte Altfälle ausgedehnt, so tritt eine vergleichbare Problematik wie bei Reihenuntersuchungen auf. Soll es etwa für die Erfassung eines zwischenzeitlich sozial angepassten Täters eines Wohnungseinbruchsdiebstahls genügen, dass noch weitere unaufgeklärte Diebstahlsdelikte im näheren Umkreis des Aufenthaltsortes des Täters begangen wurden? Letztlich würde bei extensiver Wortlautinterpretation eine unbegrenzte Erfassung von Alttätern ohne Rücksicht auf die kumulativ erforderliche Negativprognose ermöglicht (dagegen ausführlich SK-StPO/*Rogall* § 81g Rn. 32 f.).

15 **V. Rechtskräftig Verurteilte (Abs. 4). Abs.** 4 erweitert den Anwendungsbereich des § 81g auf **rechtskräftig** wegen einer in § 81g Abs. 1 genannten Anlasstat **Verurteilte**, setzt aber voraus, dass die entsprechende Eintragung im Bundeszentralregister oder im Erziehungsregister noch nicht getilgt ist. Den Verurteilten **gleichgestellt** sind Personen, die nur wegen erwiesener oder nicht ausschließbarer Schuldunfähigkeit (nicht bei Freispruch aus Mangel an Beweisen trotz »fortbestehendem Tatverdacht«, vgl. AG Tiergarten StV 2008, 349; OLG Oldenburg NStZ 2008, 711), auf Geisteskrankheit beruhender Verhandlungsunfähigkeit oder fehlender oder nicht ausschließbar fehlender Verantwortlichkeit (§ 3 JGG) nicht verurteilt worden sind. Urteile aus

anderen EU-Staaten oder eine nach § 54 BZRG eingetragene ausländische Verurteilung soll hierfür genügen (Meyer-Goßner/*Schmitt* § 81g Rn. 10; a.A. AG Aachen StraFo 2008, 239, allerdings auch gestützt auf die fehlende Eintragung nach § 54 BZRG; zur EU vgl. aber Art. 3 Rahmenbeschluss 2008/675/JI v. 24.07.2008, Abl EU L 220, S. 32; OVG Hamburg NJW 2009, 1367). Infolge des uneingeschränkten Verweises auf die z.T. erheblichen Tilgungsfristen des BZRG (vgl. §§ 46, 63 BZRG: § 46 Abs. 1 Nr. 3 BZRG: 20 Jahre) können auch sehr lange zurückliegende Straftaten, sofern die Eintragung nicht tilgungsreif ist (vgl. LG Aachen StV 2004, 9; HK-GS/*Neuhaus* § 81g Rn. 3), Maßnahmen nach § 81g auslösen. Den dagegen geäußerten Bedenken (krit. HK/*Brauer* § 81g Rn. 32; *Ohler* StV 2000, 326) kann nur durch eine äußerst sorgfältige Prüfung der Wiederholungsgefahr Rechnung getragen werden (Meyer-Goßner/*Schmitt* Rn. 10; SK-StPO/*Rogall* Rn. 70). Die erhebliche Weite der Regelung bleibt dennoch problematisch und lässt sich jedenfalls nicht allein mit der Entlastung von Nichttätern rechtfertigen (so SK-StPO/*Rogall* Rn. 70 zur Einbeziehung von Schuld- und Verhandlungsunfähigen), denn dieses Ziel legitimiert unter normativen Gesichtspunkten (Unschuldsvermutung) nicht die Auswahl des genannten Personenkreises.

Die auch bei rechtskräftiger Verurteilung erforderliche **Negativprognose** folgt den oben dargestellten Grund- 16
sätzen (Rdn. 10 ff.), bereitet in der Praxis jedoch angesichts der unbestimmten Abgrenzung des betroffenen Personenkreises Schwierigkeiten. Eine Wiederholungsgefahr wurde etwa verneint bei einer mehr als acht, zehn oder sogar 21 Jahre zurückliegenden Verurteilung bei anschließend weitgehend straffreier Führung (BVerfG NJW 2001, 2320; LG Aurich StV 2000, 609; AG Stade StV 2000, 304; LG Freiburg StraFo 2001, 324, LG Karlsruhe StV 2003, 609; LG Hamburg StraFo 2006, 376; LG Nürnberg-Fürth StraFo 2009, 509), beim Handeln in einer zwischenzeitlich nicht mehr bestehenden finanziellen Notsituation (LG Traunstein StV 2001, 391), bei lediglich geringfügigen Straftaten, auch wenn der Verurteilte bewährungsbrüchig geworden ist (LG Mannheim StV 2001, 266), bei schwerwiegender einmaliger Entgleisung aufgrund eines »Impulsdurchbruchs« (LG Oldenburg StV 2001, 8), bei nicht vorbestraften Erstverbüßern, die in hinlänglich geordneten Verhältnissen gelebt haben und sich im Vollzug beanstandungsfrei führen (LG Tübingen StV 2000, 114), bei Drogenstraftätern, wenn diese erfolgreich eine Drogentherapie durchgeführt haben (LG Bremen StV 2000, 303; LG Bückeburg StV 2001, 9) oder bei Sexualdelikten, sofern diese Ausfluss einer entwicklungsbedingten Krise waren (LG Freiburg NStZ-RR 2001, 336). Eine Anordnung ist auch bei Vollstreckung eines längeren Straf- oder Maßregelvollzugs zulässig, da erhebliche Straftaten auch bei einer noch nicht vorhersehbaren Vollzugsunterbrechung begangen werden können (Meyer-Goßner/*Schmitt* § 81g Rn. 10a). Bei Jugendlichen wird mit unklarer Abgrenzung zur Feststellung der Prognosetatsachen eine besonders sorgfältige Abwägung der für die Negativprognose erheblichen Umstände gefordert, da bei der erforderlichen Verhältnismäßigkeitsprüfung auch die Auswirkungen einer Erfassung und Speicherung von Genmerkmalen auf die weitere Entwicklung des Jugendlichen zu berücksichtigen sein sollen (vgl. BVerfG NJW 2008, 281; BVerfG 2 BvR 2392/12; Meyer-Goßner/*Schmitt* § 81g Rn. 10a). Ergibt sich aber bereits unabhängig von einer Erfassung die erforderliche Negativprognose, ist es äußerst fernliegend, auf eine Erfassung mit Rücksichtnahme auf den Selbstfindungsprozess des Jugendlichen zu verzichten (so aber BVerfG NJW 2008, 282).

C. Formelle Anordnungsvoraussetzungen. Anordnungskompetenz und einzuhaltendes **Verfahren** werden 17
in **Abs. 3** geregelt. Sachlich muss zwischen der Anordnung der Entnahme von Körperzellen (Abs. 3 Satz 1) und der Anordnung der molekulargenetischen Untersuchung (Abs. 3 Satz 2) unterschieden werden.

I. Anordnungskompetenz. Für die **Entnahme von Körperzellen** ist grds. ein Richtervorbehalt vor- 18
gesehen. Bei Gefährdung des Untersuchungserfolgs kann die Entnahme durch die StA oder nachrangig ihre Ermittlungspersonen angeordnet werden (vgl. dazu auch *Ohler* StV 2000, 327). Wegen der verfassungsrechtlich gebotenen, engen Auslegung von »Gefahr im Verzug« (vgl. BVerfG NJW 2001, 1222 f.) dürfte die Ausnahmekompetenz kaum praktische Bedeutung besitzen (vgl. auch AG Bremen NStZ-RR 1999, 180; meist wird auf die Fälle der Flucht vor Entnahme verwiesen, vgl. *Murmann*, in: Handbuch zum Strafverfahren Rn. 397). **Sachlich zuständig** ist auch in Altfällen (Abs. 4) im Vorverfahren der örtlich zuständige Ermittlungsrichter (§ 162 Abs. 1 Satz 1), bei Jugendlichen hingegen der Jugendrichter (*Eisenberg* NStZ 2003, 131; *ders.* FS Meyer-Goßner, S. 302). Da Entnahme und anschließende Untersuchung trotz unterschiedlicher Eingriffsvoraussetzungen eine »einheitliche Untersuchungshandlung im Rechtssinne bilden«, ist dasjenige AG **örtlich zuständig**, in dessen Bezirk die Untersuchungshandlung beginnen soll (BGHR § 81g Zuständigkeit 1; BGHSt 45, 378; LR/*Krause* § 81g Rn. 50; SK-StPO/*Rogall* § 81g Rn. 48; a.A. noch OLG Köln NJW 1999, 1878).

Nach Erhebung der Anklage bis zum rechtskräftigen Abschluss des Verfahrens geht die Zuständigkeit auf 19
das erkennende Gericht über (OLG Celle NStZ-RR 2000, 374; OLG Hamm StV 2000, 606; OLG Bremen NStZ 2006, 716; Meyer-Goßner/*Schmitt* § 81g Rn. 15; a.A. *Senge* NJW 1999, 255). Obwohl Maßnahmen nach § 81g nicht der Beweisführung im anhängigen Strafverfahren dienen und die Prognoseentscheidung nach § 81g Befangenheitsanträge provozieren mag (vgl. KG NStZ-RR 2004, 83; NStZ-RR 1999, 146;

LG Karlsruhe NJW 1999, 301; OLG Zweibrücken NStZ-RR 1999, 146; KK-StPO/*Hadamitzky* § 81g Rn. 18), dürfte eine Zuständigkeit des erkennenden Gerichts v.a. wegen dessen größerer Sachnähe geboten sein (SK-StPO/*Rogall* § 81g Rn. 48). Sie trägt den Anforderungen an die Begründung der Negativprognose (vgl. BVerfG StV 2001, 378) am besten Rechnung. Nach Eintritt der Rechtskraft bzw. wenn ein verurteilter Jugendlicher zwischenzeitlich erwachsen ist (vgl. LG Essen StV 2000, 365) geht die Zuständigkeit wieder auf den Ermittlungsrichter über (OLG Oldenburg v. 16.07.2008 – 1 Ws 390/08; OLG Brandenburg v. 04.01.2008 – 1 Ws 320/07; vgl. auch BGH NStZ-RR 2007, 179; noch zu § 2 DNA-IFG OLG Saarbrücken NStZ-RR 2004, 112; OLG Düsseldorf NStZ 2004, 349). Eine zu diesem Zeitpunkt nicht erledigte Beschwerde ist in einen Antrag nach Abs. 4 umzudeuten.

20 Für die Anordnung der **molekulargenetischen Untersuchung** des entnommenen Körpermaterials besteht nach **Abs. 3 Satz 2** ein ausschließlicher Richtervorbehalt, zumal hier Eilentscheidungen noch weniger als bei der Entnahme vorstellbar sind. Sie kann nur auf Antrag der StA und nicht der Polizei erfolgen (Meyer-Goßner/*Schmitt* § 81g Rn. 15; *Graalmann-Scheerer* Kriminalistik 2000, 331).

21 **II. Einwilligung des Beschuldigten.** Die **schriftliche Einwilligung** des Betroffenen in die Entnahme der Köperzellen (Abs. 3 Satz 1) bzw. deren Untersuchung (Abs. 3 Satz 2) macht die richterliche Anordnung entbehrlich, sofern der Beschuldigte über den Zweck und das Ziel der Maßnahme, der Aufnahme der Daten in die DNA-Analyse-Datei sowie Umfang, Tragweite und Grenzen seines Weigerungsrechts belehrt wurde und sowohl Belehrung als auch Einverständnis in den Akten dokumentiert sind (vgl. aber zur alten Rechtslage auch AG Hamburg StV 2001, 13; LG Hannover NStZ-RR 2001, 20; *Volk* NStZ 1999, 169; *Graalmann-Scheerer* JR 1999, 455; *Golembiewski* NJW 2001, 1037; *Sprenger/Fischer* NJW 1999, 1833; abw. LG Hamburg StV 2000, 661; krit. zu den Folgen einer Einwilligung *Hinrichs* KJ 2006, 68). Da sich der Gesetzgeber bewusst im überindividuellen Interesse einer möglichst unabhängigen Kontrolle gentechnischer Untersuchungen für den Richtervorbehalt entschieden hat (vgl. zur alten Rechtslage noch BT-Drs. 13/10791, S. 5) und der Beschuldigte die Bedeutung der nach Abs. 1 erforderlichen Negativprognose ohnehin kaum erfassen kann, sind an das Vorliegen einer Einwilligung sehr strenge Maßstäbe anzulegen. Eine erteilte Einwilligung kann jederzeit widerrufen werden, der Widerruf hindert jedoch nicht die Untersuchung und Verwertung des durch Einwilligung erlangten Materials (*Finger* Kriminalistik 2006, 698). Die Probe bleibt verwertbar, da sie rechtmäßig erlangt wurde (LG Saarbrücken StV 2001, 266; vgl. aber auch *Bergmann/Hornung* StV 2007, 167). Verweigert der Beschuldigte die Entnahme der Körperzellen, kann sie mittels Anwendung von Zwang durchgesetzt werden.

22 **III. Form und Inhalt der Entscheidung. Form und Inhalt** der Entscheidung richten sich nach § 81g Abs. 3 Satz 4, 5, wobei die gesetzliche Regelung lediglich die zuvor durch das BVerfG aufgestellten Grundsätze wiedergibt (vgl. BVerfGE 103, 35; BVerfG StV 2001, 380 f.). Das Gericht entscheidet stets, d.h. auch in der Hauptverhandlung, durch Beschluss (BGH NStZ-RR 2002, 67). Die **Entscheidungsgründe** haben die für die Erheblichkeit nach Abs. 1 maßgebenden Tatsachen zu benennen. Ebenso müssen die für die erforderliche Negativprognose maßgeblichen Umstände mitgeteilt und abgewogen werden; eine bloße Wiedergabe des Gesetzeswortlauts oder die Aufzählung der Eintragungen des Bundeszentralregisters genügt nicht (BVerfGE 103, 35; BVerfG StV 2001, 380 f.; OLG Hamm StraFo 2009, 509; OLG Karlsruhe StV 2002, 60; OLG Celle NStZ-RR 2010, 150; KG StV 2011, 402). Die Begründung der Prognose muss durch positive Tatsachen belegt sein und kann sich nicht in unverbindlichen Wendungen erschöpfen (*Eisenberg* FS Lenckner, S. 297). Hierzu sind regelmäßig die verfügbaren Straf- und Vollstreckungsakten, das Bewährungsheft und ein zeitnah zur Entscheidung erstellter Auszug aus dem Bundeszentralregister hinzuzuziehen (BVerfG NStZ-RR 2007, 378; VerfG des Landes Brandenburg StV 2002, 58; KG StV 2011, 403; LG Würzburg StV 2000, 12).

23 Diese Grundsätze sind auch bei nachträglicher Anordnung zu beachten (Abs. 4). Wurde durch ein anderes Gericht etwa im Rahmen einer Strafaussetzung zur Bewährung eine abweichende Prognose erstellt, unterliegt die nachfolgende Anordnung nach § 81g einem erhöhten Begründungsbedarf (LG Oldenburg StV 2001, 8; *Graalmann-Scheerer* Kriminalistik 2000, 334). Da die gebotene Begründung dem Eingriff in das Recht auf informationelle Selbstbestimmung unter Berücksichtigung aller Einzelumstände Rechnung tragen muss, kommt eine Anordnung nicht in Betracht, wenn völlig ungewiss ist, ob der Verurteilte jemals für die Untersuchung zur Verfügung stehen wird (BGH StV 2000, 114: unzulässige »Vorratshaltung« richterlicher Beschlüsse; BGH wistra 2002, 475). Hinsichtlich der Benennung und Auswahl des **Sachverständigen**, der die Untersuchung vornimmt, sowie der flankierenden Schutzmaßnahmen verweist Abs. 3 Satz 4 auf § 81f Abs. 2 (vgl. dort Rdn. 3 ff.). Ist eine gerichtliche Anordnung aufgrund einer Einwilligung des Beschuldigten *entbehrlich*, so erfolgt die Beauftragung des die Entnahme der Körperzellen durchführenden Sachverständigen im Regelfall durch die StA. Der Beschluss ergeht ohne Kosten und Auslagenentscheidung (LG Essen StV 2000, 365).

D. Durchführung und Vollzug der Maßnahme. I. Durchführung der Entnahme. § 81g trifft anders als §§ 81a, c keine näheren Aussagen über die **Art und Weise** der Durchführung des körperlichen Eingriffs. Die bestehende Lücke ist durch entsprechende Anwendung von § 81a Abs. 1 Satz 2 zu schließen (SK-StPO/*Rogall* § 81g Rn. 13). § 81a Abs. 1 Satz 2 beinhaltet eine dem Verhältnismäßigkeitsgrundsatz entsprechende Abwägung für körperliche Eingriffe beim Beschuldigten. Der Eingriff hat deshalb durch einen Arzt nach den Regeln der ärztlichen Kunst zu erfolgen. Aus dem Verhältnismäßigkeitsgrundsatz kann des Weiteren die Pflicht abgeleitet werden, bei der Art des Eingriffs eine **Stufenfolge** zu wahren. Bei gleicher Eignung zur DNA-Identitätsfeststellung gebührt der Speichelprobe bei freiwilliger Mitwirkung des Beschuldigten als weniger einschneidende Maßnahme ggü. der zwangsweisen Blutentnahme der Vorrang (*Volk* NStZ 1999, 169). Der Beschuldigte muss deshalb über die Möglichkeit belehrt werden, die intensivere Eingriffsform durch freiwillige Mitwirkung abzuwenden (*Graalmann-Scheerer* JR 1999, 454). 24

II. Vollzug der Maßnahme durch Zwang. Widersetzt sich der Beschuldigte der Entnahme von Körperzellen, kann diese auf der Grundlage des anordnenden Beschlusses mit unmittelbarem Zwang durchgesetzt werden (OLG Jena NStZ 1999, 635; zum Strafvollzug vgl. § 94 Abs. 1 StVollzG und hierzu *Radtke/Britz* ZfStrVO 2001, 134). § 2 Abs. 3 DNA-IFG verwies auf §§ 131a, c und ermöglichte damit die **Aufenthaltsermittlung** durch **Ausschreibung** bei Verurteilten, wenn dies bei Personen unbekannten Aufenthalts zur Anfertigung einer DNA-Analyse erforderlich war (§ 131a Abs. 2). Infolge der Gleichstellung durch Abs. 4 ist klargestellt, dass diese Befugnisse auch weiterhin ggü. rechtskräftig Verurteilten und gleichgestellten Personen bestehen (vgl. aber auch SK-StPO/*Rogall* § 81g Rn. 76). Soweit eine Aufenthaltsermittlung auf andere Weise erheblich weniger Erfolg verspricht oder wesentlich erschwert ist, kann eine **Öffentlichkeitsfahndung** angeordnet werden (§ 131a Abs. 3). Die Anordnungskompetenz richtet sich nach § 131c Abs. 1 Satz 2. Steht der Aufenthalt des Betroffenen fest, so soll, wenn der Betroffene einer Vorladung zur Entnahme der Körperzellen nicht nachkommt, als weitere Fahndungsmaßnahme zu seiner Auffindung die **Durchsuchung der Wohnung** (§§ 102, 103) auf richterliche Anordnung möglich sein (*Graalmann-Scheerer* ZRP 2002, 75; a.A. zur alten Rechtslage noch *Fluck* NJW 2001, 2295). Strafprozessual lässt sich dies trotz der Gleichstellung von Verurteilten und Beschuldigten kaum auf §§ 102, 105 stützen, denn der mit einer strafprozessualen Durchsuchung verbundene Grundrechtseingriff (Art. 13 GG) kann nur im Rahmen eines Ermittlungsverfahrens zur Ergreifung eines Tatverdächtigen, nicht aber aus lediglich präventiven Gründen gerechtfertigt werden. Die **Kosten** der Körperzellenentnahme und ihrer Untersuchung sind keine Verfahrenskosten und deshalb vom Staat zu tragen (Meyer-Goßner/*Schmitt* § 81g Rn. 20). 25

III. Bestellung eines Verteidigers. Bei Anordnungen molekulargenetischer Untersuchung nach § 81g wird in Abhängigkeit von der maßgebenden Anlasstat häufig ein Fall der **notwendigen Verteidigung** nach § 140 Abs. 1 Nr. 2, 5 gegeben sein. Je nach den Umständen des Einzelfalls kann dies auch aus rechtsstaatlichen Erwägungen darüber hinausreichend geboten sein (vgl. BVerfGE 103, 21; BVerfG NStZ 2008, 226; LG Karlsruhe StV 2001, 390). Die Bestellung eines Verteidigers ist jedenfalls dann zwingend erforderlich, wenn die Sozialprognose nach § 56 StGB und die nach Abs. 1 erforderliche Negativprognose divergieren können, da der Beschuldigte die jeweilige prognostische Wertung und ihre Unterscheidung kaum nachvollziehen kann (vgl. auch Rdn. 13). Ebenso ist dies geboten, wenn zur Klärung der Prognoseentscheidung die Bestellung eines (psychiatrischen) Sachverständigen erforderlich wird (vgl. auch LR/*Krause* § 81g Rn. 57). Davon abgesehen ist nach herrschender Meinung auch der unverteidigte Beschuldigte vor der Anordnung anzuhören (so *Murmann*, in: Handbuch zum Strafverfahren Rn. 399; SK-StPO/*Rogall* § 81g Rn. 57; LR/*Krause* Rn. 52; a.A. Meyer-Goßner/*Schmitt* § 81g Rn. 15). 26

E. Datenschutzrechtliche Regelungen. I. Zweckbindung. Abs. 2 Satz 1 Hs. 1, Satz 2 entsprechen sachlich den in §§ 81a Abs. 3, 81e Abs. 1 Satz 3 getroffenen Regelungen (vgl. § 81e Rdn. 6, 9) und gestatten molekulargenetische **Untersuchungen** des nach § 81g gewonnenen Materials nur insoweit, als sie dem **Zweck** der Feststellung des DNA-Identifizierungsmusters und der Vorsorge für die künftige Strafverfolgung dienen. Eine weitergehende Erforschung des »Persönlichkeitsprofils« darf nicht erfolgen (BT-Drs. 13/10791, S. 5). 27

II. Speicherung. Abs. 5 Satz 1 legt fest, dass die erhobenen Daten beim BKA in einer gemeinsam mit den Landeskriminalämtern geführten Verbunddatei (vgl. § 2 Abs. 3, 29 BKAG) gespeichert und nach Maßgabe des BKAG verwendet werden dürfen. Sofern § 81g keine abweichende Regelung beinhaltet, ist damit hinsichtlich Datenschutzkontrolle, Verarbeitung und Nutzung, Schadensersatz, Berichtigung und Löschung sowie der Verantwortung für den Datenbestand etc. das BKAG maßgebend (LR/*Krause* § 81g Rn. 66; Meyer-Goßner/*Schmitt* § 81g Rn. 12; eingehend *Eisenberg/Singelstein* GA 2006, 173). So sind für die Verarbeitung etwa §§ 12 ff. BKAG, für die Übermittlung §§ 25 ff BKAG und für die Berichtigung und Löschung §§ 77 ff. BKAG maßgebend. Regelungen zu Datenschutz und Datensicherheit, der Verantwortlichkeit hier- 28 für sowie den Rechten der Betroffenen finden sich in §§ 69 ff. BKAG. (vgl. auch Meyer-Goßner/*Schmitt* § 81g Rn. 12 ff.).

29 **III. Vernichtung des Materials und Löschung. Abs. 2 Satz 1 Hs. 2** enthält eine **Vernichtungsregelung**, die dem Vernichtungsgebot des § 81a Abs. 3 Hs. 2 entspricht (vgl. § 81a Rdn. 27). Das gesamte, dem Beschuldigten entnommene Körpermaterial ist unverzüglich zu vernichten, wenn es nicht mehr für molekulargenetische Untersuchungen benötigt wird. Das Vernichtungsgebot umfasst auch Zwischenprodukte und aufbereitetes Material (SK-StPO/*Rogall* § 81g Rn. 61); die erstellten DNA-Identifizierungsmuster dürfen hingegen beim Bundeskriminalamt **gespeichert, verarbeitet** und **genutzt** werden. Nach § 18 Abs. 5 BKAG ist eine Speicherung, Veränderung oder Nutzung der Daten unzulässig, wenn sich aus den Gründen der dort genannten, verfahrensbeendigenden Entscheidungen ergibt, dass der Betroffene die Tat nicht oder nicht rechtswidrig begangen hat (*Meyer-Goßner* § 81g Rn. 12, 13; ausführlich *Eisenberg* BR Rn. 1691; SK-StPO/*Rogall* Rn. 87 ff.; vgl. erg. AG Tiergarten StV 2008, 349). Da Löschungsfristen nicht vorgesehen sind (vgl. aber die abgestuften Fristen nach § 18 Abs. 3, 4 BKAG), können die gewonnenen DNA-Identitätsmuster beliebig lange aufbewahrt werden (*Meyer-Goßner* § 81g Rn. 12, 13; abl. *Bergmann/Hornung* StV 2007, 168; zu einem Anspruch auf Löschung VG Köln v. 12.07.2007 – 20 K 5777/05; vgl. auch OLG Bremen NStZ 2006, 653). Dies lässt sich bei rechtskräftig festgestellter Tatverantwortung des Beschuldigten rechtfertigen, um etwa auch nach dessen Tod Unschuldige entlasten zu können, ist darüber hinausreichend aber verfassungsrechtlich nicht zu legitimieren (zu Art. 8 EMRK vgl. aber EGMR EuGRZ 2009, 299, 311). Das BKA prüft nach §§ 77 BKAG i.V.m. § 75 BDSG lediglich innerhalb der dort vorgesehenen Fristen in Abhängigkeit vom Alter des Betroffenen sowie unter Berücksichtigung des Zwecks der Speicherung, sowie Art und Schwere des Sachverhalts (vgl. § 77 Abs. 1 Satz 2), ob gespeicherte personenbezogene Daten zu berichtigen oder zu löschen sind (Aussonderungsprüffristen).

30 **IV. Verwendungsbeschränkung und Umwidmung.** Für die **gespeicherten Daten** sieht **Abs. 5 Satz 3** eine **Verwendungsbeschränkung** vor, die auch in den Fällen der Umwidmung (vgl. Rdn. 31) zu beachten ist. Obwohl die Reglung die nach Satz 1 anwendbaren §§ 25 ff. BKAG (zur Datenübermittlung) einschränkt und deshalb zunächst auch nach dem BKAG zulässig sein muss (vgl. BT-Drs. 15/5674, S. 13), ist die Regelung der Zweckbindung für die Erteilung von Auskünften aus der DNA-Analyse-Datei angesichts ihrer unbestimmten Weite nicht unbedenklich. Die Auskunftserteilung für Zwecke eines Strafverfahrens umfasst auch den Bereich des Strafvollzugs, der Strafvollstreckung und des Gnadenverfahrens (vgl. bereits BT-Drs. 13/11116, S. 8; vgl. nunmehr auch § 25 Abs. 2 Nr. 2 BKAG). Der Begriff der Gefahrenabwehr wird ebenso in weitem Sinne verstanden und nicht auf die Abwehr konkreter Gefahren beschränkt (krit. *Paeffgen* StV 1999, 626).

31 **Abs. 5 Satz 2** und **Satz 4** dehnen die Regelung auf die Verarbeitung von Identifizierungsmustern von Beschuldigten aus einem **laufenden Strafverfahren** aus, sodass auch die nach § 81e Abs. 1 erhobenen Daten unter den Voraussetzungen von § 81g Abs. 1 in der DNA-Analyse-Datei verarbeitet werden dürfen. Gleiches gilt nach **Abs. 5 Satz 2 Nr. 2** für das nach § 81e Abs. 2 untersuchte **Spurenmaterial**. Problematisch ist eine **Umwidmung** dann, wenn der Richter zwar die Voraussetzungen der §§ 81e und f im laufenden Strafverfahren überprüft hat, die dadurch gewonnenen Identifizierungsmuster aber ohne weitere richterliche Überprüfung des abweichenden Maßstabs von § 81g zum Zwecke der Datenvorsorge für künftige Strafverfahren verarbeitet werden (vgl. auch *Graalmann-Scheerer* ZRP 2002, 74; zu Recht krit. zum Zeitpunkt der möglichen Umwidmung KK-StPO/*Hadamitzky* Rn. 25, da diese trotz nur vorläufiger Tatsachengrundlage bereits vor Erlass des erstinstanzlichen Urteils erfolgen darf). Ermöglicht wird diese Vorgehensweise durch eine Rechtspraxis, nach der eine erneute richterliche Anordnung dann entbehrlich ist, wenn der Beschuldigte in die Umwidmung einwilligt. Bei Umwidmung der Daten eines laufenden Strafverfahrens ist der Beschuldigte nach Abs. 5 Satz 4 durch die tätig gewordene Polizeibehörde (nicht zwingen das BKA, vgl. LR/*Krause* § 81g Rn. 70; Meyer-Goßner/*Schmitt* § 81g Rn. 12b; *Störzer* Kriminalistik 2006, 184) über die Speicherung zu informieren und auf die Möglichkeit des Antrags auf gerichtliche Entscheidung (entsprechend § 98 Abs. 2 Satz 2) hinzuweisen.

32 **F. Rechtsbehelfe. I. Beschwerde.** Die Anfechtung der Anordnung einer Entnahme von Körperzellen folgt den zu § 81a dargestellten Grundsätzen (§ 81a Rdn. 29 f.). Richtet sich die Beschwerde gegen die richterliche Anordnung der molekulargenetischen Untersuchung, so gelten die Erläuterungen zu § 81f entsprechend (§ 81f Rdn. 10; vgl. OLG Köln NStZ-RR 2002, 306). Eine Beschwerde gegen den stattgebenden Beschluss des Ermittlungsrichters des BGH, beim Beschuldigten Körperzellen zu entnehmen, ist ausgeschlossen, da die Entnahme von Körperzellen und deren molekulargenetische Untersuchungen nicht den in § 304 Abs. 5 genannten Maßnahmen gleichgestellt werden kann (BGH StV 2002, 59). Gegen die Art und Weise des Voll-

zugs kann nach § 98 Abs. 2 analog auch nach Vollzug der Anordnung vorgegangen werden (OLG Karlsruhe NJW 2002, 3117; LR/*Krause* § 81g Rn. 76).

II. **Revision.** Im **anhängigen Strafverfahren** können Fehler bei der Anordnung nach § 81g nicht gerügt werden. Das Urteil kann nicht auf dem Verfahrensfehler beruhen, weil das erlangte DNA-Identifizierungsmuster in diesem nicht verwertet wird (KK-StPO/*Hadamitzky* § 81g Rn. 22; SK-StPO/*Rogall* § 81g Rn. 93). Wird hingegen das DNA-Identifizierungsmuster in **künftigen Strafverfahren** wegen erneut begangener Straftaten verwendet, so ist zwischen Fehlern bei der Anordnung der Entnahme sowie deren Durchführung und den ergänzenden Normvoraussetzungen des § 81g zu differenzieren. 33

Die Überprüfung der von § 81g vorausgesetzten **Verdachtslage** (Rdn. 4 ff.) durch das Revisionsgericht wird sich entsprechend der zur Telefonüberwachung entwickelten Grundsätze (BGHSt 41, 34) auf eine objektivierte Willkürkontrolle zu beschränken haben (LR/*Krause* § 81g Rn. 84; *Graalmann-Scheerer* FS Rieß, S. 167). Stellt sich allerdings nachträglich heraus, dass keine Straftat von erheblicher Bedeutung oder gleichgestellte Straftaten vorgelegen haben, so darf das ursprünglich rechtmäßig erlangte Beweisergebnis nicht mehr verwertet werden (etwa auch bei rechtskräftigem Freispruch im Anlassstrafverfahren (vgl. auch LG Oldenburg, StV 2013, 145). Eine Verwertung ist darüber hinausreichend aber auch dann ausgeschlossen, wenn der Beschuldigte nur wegen einer nicht erheblichen Straftat verurteilt wurde und keine wiederholte Tatbegehung vorliegt (SK-StPO/*Rogall* § 81g Rn. 95, allerdings begrenzt auf »Unvertretbarkeit«; a.A. KK-StPO/*Hadamitzky* § 81g Rn. 22: »Willkür«). Dies auch deshalb, weil das Ermittlungsverfahren verglichen mit der verfahrensbeendenden Entscheidung häufig auf eine straftatbestandliche Höherstufung des mutmaßlichen Geschehensablaufes ausgerichtet ist (*Eisenberg* FS Lenckner, S. 305). 34

Schließlich muss ein unmittelbar auf den Grundsatz des fairen Verfahrens gestütztes Verwertungsverbot angenommen werden, wenn die neben der Verdachtslage vorausgesetzte **Wiederholungsgefahr** im Anordnungsbeschluss nicht nachvollziehbar begründet worden ist. Zwar besitzt der anordnende Richter einen Beurteilungsspielraum, der nur eingeschränkt durch das Revisionsgericht überprüft werden kann, fehlen aber die erforderlichen Angaben zur Begründung der Negativprognose, so kann der Richtervorbehalt nicht gewährleisten, dass der Grundrechtseingriff mess- und kontrollierbar bleibt. Zur Verwertbarkeit einer ohne schriftliches Einverständnis, aber nach Belehrung entnommenen Speichelprobe bei fehlendem Widerspruch des Beschuldigten vgl. BGH NStZ 2010, 157. 35

§ 81h DNA-Reihenuntersuchung

(1) Begründen bestimmte Tatsachen den Verdacht, dass ein Verbrechen gegen das Leben, die körperliche Unversehrtheit, die persönliche Freiheit oder die sexuelle Selbstbestimmung begangen worden ist, dürfen Personen, die bestimmte, auf den Täter vermutlich zutreffende Prüfungsmerkmale erfüllen, mit ihrer schriftlichen Einwilligung

1. **Körperzellen entnommen,**
2. **diese zur Feststellung des DNA-Identifizierungsmusters und des Geschlechts molekulargenetisch untersucht und**
3. **die festgestellten DNA-Identifizierungsmuster mit den DNA-Identifizierungsmustern von Spurenmaterial automatisiert abgeglichen werden,**

soweit dies zur Feststellung erforderlich ist, ob das Spurenmaterial von diesen Personen oder von ihren Verwandten in gerader Linie oder in der Seitenlinie bis zum dritten Grad stammt, und die Maßnahme insbesondere im Hinblick auf die Anzahl der von ihr betroffenen Personen nicht außer Verhältnis zur Schwere der Tat steht.

(2) [1]Eine Maßnahme nach Absatz 1 bedarf der gerichtlichen Anordnung. [2]Diese ergeht schriftlich. [3]Sie muss die betroffenen Personen anhand bestimmter Prüfungsmerkmale bezeichnen und ist zu begründen. [4]Einer vorherigen Anhörung der betroffenen Personen bedarf es nicht. [5]Die Entscheidung, mit der die Maßnahme angeordnet wird, ist nicht anfechtbar.

(3) [1]Für die Durchführung der Maßnahme gilt § 81f Absatz 2 entsprechend. [2]Die entnommenen Körperzellen sind unverzüglich zu vernichten, sobald sie für die Untersuchung nach Absatz 1 nicht mehr benötigt werden. [3]Soweit die Aufzeichnungen über die durch die Maßnahme festgestellten DNA-Identifizierungsmuster zur Erforschung des Sachverhalts nicht mehr erforderlich sind, sind sie unverzüglich zu löschen. [4]Die Vernichtung und die Löschung sind zu dokumentieren.

(4) [1]Die betroffenen Personen sind schriftlich darüber zu belehren, dass die Maßnahme nur mit ihrer Einwilligung durchgeführt werden darf. [2]Vor Erteilung der Einwilligung sind sie schriftlich auch darauf hinzuweisen, dass

1. **die entnommenen Körperzellen ausschließlich zur Feststellung des DNA-Identifizierungsmusters, der Abstammung oder des Geschlechts untersucht werden und dass sie unverzüglich vernichtet werden, sobald sie hierfür nicht mehr erforderlich sind,**
2. **das Untersuchungsergebnis mit den DNA-Identifizierungsmustern von Spurenmaterial automatisiert daraufhin abgeglichen wird, ob das Spurenmaterial von ihnen oder ihren Verwandten in gerader Linie oder in der Seitenlinie bis zum dritten Grad stammt,**
3. **das Ergebnis des Abgleichs zu Lasten der betroffenen Person oder mit ihr in gerader Linie oder in der Seitenlinie bis zum dritten Grad verwandter Personen verwertet werden darf und**
4. **die festgestellten DNA-Identifizierungsmuster nicht zur Identitätsfeststellung in künftigen Strafverfahren beim Bundeskriminalamt gespeichert werden.**

Übersicht

1 **A. Grundsätzliches und Regelungsgehalt.** § 81h bietet die gesetzliche Grundlage für sog. **Reihengentests** bzw. **Massenscreenings.** Bei diesen werden einer Vielzahl von Personen mit bestimmten gruppenspezifischen Merkmalen Körperzellen entnommen (in der Regel durch Speichelproben, aber auch durch Entnahme von Blutproben), um sie nach ihrer molekulargenetischen Untersuchung mit den Identifizierungsmustern von aufgefundenem Spurenmaterial (z.B. Haar, Blut, Speichel, Sperma) abzugleichen (vgl. nur *Sauter*, DNA Massentests im Strafverfahren, 2003, S. 27 ff.).

2 Reihengentests wurden bereits vor Einführung der Norm durchgeführt (abl. hierzu u.a. *Satzger*, JZ 2001, 639; zu Fällen vor Einführung des § 81h vgl. *Kerner/Trüg* FS Weber, S. 458 f.), problematisch war aber, auf welche Rechtsgrundlage diese gestützt werden können. Gegen den Willen der Betroffenen konnte die Maßnahme jedenfalls nicht nach **§ 81e Abs. 1 Satz 1, 2 i.V.m. § 81a** durchgeführt werden, da eine Inkulpation der Betroffenen einen personenbezogenen Anfangsverdacht voraussetzt (vgl. dazu *Kerner/Trüg* FS Weber, S. 462 ff.; *Kretschmer* HRRS 2012, 183 ff.). Eine flächendeckende Inkulpation wird aber der eingriffslimitierenden Bedeutung der Versetzung in den **Beschuldigtenstatus** nicht gerecht (äußerst fernliegend deshalb die Erwägungen des BVerfG NStZ 1996, 606 zum Anfangsverdacht bei ca. 750 Porsche-Haltern; zu Recht abl. u.a. *Fahl* Rechtsmißbrauch im Strafprozeß, 2003, S. 206 f.; *Geppert* FS Schroeder, S. 683 f.).

3 Eine an sich naheliegende Berufung auf die für andere Personen als den Beschuldigten einschlägige Eingriffsbefugnis nach **§ 81e Abs. 1 i.V.m. § 81c Abs. 2** scheitert nicht nur aus Wortlauterwägungen, sondern v.a. daran, dass für die **Qualifizierung als Zeuge** ein gewisser Beweisbezug vorhanden sein muss. Dieser ist gerade dann nicht gegeben, wenn eine Untersuchung allein der Klärung dient, ob der Betroffene Beschuldigter ist oder als Beweisperson ausgeschieden werden kann (abw. LG Mannheim NStZ-RR 2004, 302 f.; unklar LG Frankenthal NStZ-RR 2000, 146). Entgegen dem Gesetzeswortlaut kann zwar durchaus vertreten werden, dass das Gesetz in § 81c Abs. 2 Satz 1 StPO nicht nur Blut-, sondern auch Speichelproben gestattet und diese auch zur Klärung der Frage, ob jemand als Beschuldigter in Betracht kommt (so mit unklarer Formulierung BerlVerfGH NJW 2006, 1416). Fragwürdig bleibt die wortlautüberschreitende Auslegung aber deshalb, weil bei einem Eingriff in das Recht auf informationelle Selbstbestimmung die eingriffslegitimierende Norm den Zweck der Datenerhebung klar bestimmen muss. Zudem bestimmt die herrschende Meinung den Kreis zulässiger Untersuchungshandlungen bei einem lediglich nach allgemeinen Merkmalen bestimmten Personenkreis anhand einer **Zumutbarkeitsprüfung** nach **§ 81c Abs. 4** (so u.a. *Busch* NJW 2001, 1336 f.; *Pommer* JA 2007, 627; dagegen KMR/*Bosch* § 81h Rn. 4). Diese individualbezogene Betrachtung ist für Masseneingriffe ungeeignet.

4 Da Zwangstests einer Rechtsgrundlage entbehren, behalf sich die Praxis mit dem Gesetz gewordenen **Freiwilligkeitsmodell.** In dessen Rahmen wird zunächst der Kreis der Probanden durch Aufforderung zur frei-

willigen Teilnahme reduziert und dann der verbleibende Kreis auf Grundlage der §§ 81a bzw. 81c zwangsweise untersucht (hiergegen m. teils abwegiger Begr. *Bommer* ZStW 118 [2000], 154 ff.; *Wüsteney* Rechtliche Zulässigkeit sog. DNA-Massentests zur Ermittlung des Täters einer Straftat, 2003, S. 197 ff.; *Graalmann-Scheerer* NStZ 2004, 298; verfassungsrechtliche Zulässigkeit offengelassen von BVerfG NStZ 1996, 1587 f.). Trotz des Grundrechtsverzichts (vgl. zur Zulässigkeit *Krehl/Kolz* StV 2004, 453; *Pommer* JA 2007, 623) muss jedenfalls auch bei freiwillig durchgeführter Untersuchung ein zumindest faktischer Grundrechtseingriff bejaht werden (vgl. erg. auch *Bergemann/Hornung* StV 2007, 166; *Gusy* JZ 1996, 1177). Damit bestand für freiwillige Massengentests keine gesetzliche Grundlage. Der Gesetzgeber hat sich dafür entschieden, Reihengentests nur auf freiwilliger Basis, d.h. mit Einwilligung der zuvor über das Freiwilligkeitserfordernis belehrten Person zuzulassen (so bereits der Vorschlag von *Volk*, NStZ 2002, 563; *Graalmann-Scherer* ZRP 2002, 76; zu Recht abl., wenn auch mit unzutr. Ansatz SK-StPO/*Rogall* § 81h Rn. 3: »verheerende« »paternalistische Disziplinierungsnorm«; unklar Krekeler/Löffelmann/*Walther* § 81h Rn. 2). Nicht beantwortet hat der Gesetzgeber die Frage, ob freiwillige Massengentest überhaupt zur Zielerreichung **geeignet** sind oder ob nicht verfassungsrechtlich die Normierung eines Zwangsmodells vorgegeben ist. Tatsächlich ist die Norm wegen fehlender Geeignetheit verfassungsrechtlich äußerst bedenklich (vgl. näher Rdn. 16), da der Gesetzgeber v.a. die Voraussetzungen regeln muss, unter denen ein Reihengentest auch auf unfreiwilliger Basis durchgeführt werden kann. Er darf nicht offenlassen, welche Folgen an eine Verweigerung des Tests geknüpft werden dürfen (näher KMR/*Bosch* § 81h Rn. 5 ff.). Wegen des Ziels des Reihengentests, eine Konkretisierung des Tatverdachts zu erreichen, kann nur eine gesetzliche Zulassung der Maßnahme auch gegen den Willen der Betroffenen bereits bei Anordnung des Reihengentests die Widersprüche der gesetzlichen Regelung vermeiden (näher auch u. Rdn. 16; hierfür nun auch MüKo-StPO/*Trück* § 81h Rn. 20). Der Gesetzgeber hat sich leider in Verkennung des Eingriffscharakters von Reihenuntersuchungen zur Auswahl von Personen, die dann zwangsweise untersucht werden können, jüngst mit der Ausweitung der Belehrungspflichten in Abs. 4 für eine Pervertierung des ohnehin ungeeigneten Freiwilligkeitsmodells entschieden (vgl. hierzu BT-Drs. 18/11277, S. 21).

B. Anordnungsvoraussetzungen. I. Anfangsverdacht einer Katalogtat. Die Anordnung ist nur bei Verdacht eines **Verbrechens gegen das Leben** (§§ 211 bis 222 StGB), gegen die **körperliche Unversehrtheit** (§§ 225 Abs. 3, 226, 227 StGB), die **persönliche Freiheit** (§§ 234a, 235 Abs. 4, 5; 239a, 239b StGB) oder die **sexuelle Selbstbestimmung** (z.B. §§ 176a, 176b, 177 Abs. 5, 178) zulässig. Der Kreis möglicher Straftaten umfasst nach dem Willen des Gesetzgebers auch den **Versuch** der genannten Verbrechen (BT-Drs. 15/5674, S. 13; *Senge*, NJW 2005, 2032). 5

Für die Anordnung reicht **einfacher Tatverdacht** aus (vgl. zur Auffindung eines Säuglings, der wohl nach der Geburt von der Kindsmutter getötet wurde, LG Dortmund NStZ 2008, 175). **Zweck** der Maßnahme darf lediglich die Prüfung sein, ob das aufgefundene Spurenmaterial von einem der Probanden (Merkmalsträger vgl. Rdn. 7; vgl. auch SK-StPO/*Rogall* § 81h Rn. 18) oder einem seiner Verwandten stammt. Der Kreis von **Verwandten**, zu deren Lasten Treffer verwertet werden dürfen, wird begrenzt auf **Verwandte gerader Linie** (nach § 1589 Satz 1 BGB Eltern, Kindern Großeltern, Enkel, Urgroßeltern und Urenkel) oder **Verwandte in der Seitenlinie** bis zum dritten Grad (nach § 1589 Satz 2 BGB voll- und halbbürtige Geschwister sowie Geschwisterkinder (Nichten, Neffen). Die Ausweitung auf nahe Verwandtschaft erfolgte, um auch bei nur teilweiser Übereinstimmung des Abgleichs zwischen Teilnehmer und Spur (sog. »Beinahetreffer«) das Ergebnis zulasten des Verwandten verwerten zu können. 6

II. Bestimmte Prüfungsmerkmale des betroffenen Personenkreises. Der (zulässiger Weise) betroffene Personenkreis wird durch das Gesetz lediglich dadurch eingegrenzt, dass die Probanden bestimmte, nach dem bisherigen Ermittlungsergebnis auf den Täter zutreffende **Prüfungsmerkmale** aufweisen müssen. Der Personenkreis muss demnach durch bestimmte Eigenschaften, Verhältnisse oder Umstände (z.B. Geschlecht, Alter, Wohnort, Halter eines bestimmten Fahrzeugtyps, Zugehörigkeit zu einer bestimmten Berufsgruppe) eingegrenzt sein (zu den Möglichkeiten und Fehlern einer Eingrenzung vgl. *Gronke/Gronke* NStZ 2021, 146). Unklar ist v.a., welchen Inhalt das Erfordernis einer »hinreichenden Begrenzung« des Personenkreises (so BT-Drs. 15/5674, S. 13) hat. Selbstverständlich kann der Kreis der heranzuziehenden Personen nur dann hinreichend eingegrenzt werden, wenn eine ausreichende Anzahl möglichst spezieller Merkmale benannt wird (vgl. SK-StPO/*Rogall* § 81h Rn. 12). Ebenso selbstverständlich dürfen auch über den Kreis der benannten Merkmale hinausreichende Umstände Berücksichtigung finden, wenn diese – wie etwa ein nachgewiesenes Alibi (vgl. BT-Drs. 15/5674, S. 13) – geeignet sind, die Streubreite der Maßnahme möglichst gering zu halten. Nicht vorausgesetzt wird darüber hinausgehend allerdings, dass die Merkmale eine bestimmte Qualität aufweisen bzw. in ihrer Verbindung den Personenkreis auf eine bestimmte Anzahl betroffener Personen einengen. Entscheidend kann insoweit nur sein, ob die Streubreite der Maßnahme in einer noch verhältnismäßigen Rela- 7 tion zu den mit der Durchführung verbundenen Kosten steht (vgl. auch Rdn. 7). Selbstverständlich verlangt eine Anordnung keine Gewissheit, dass sich der mutmaßliche Täter bzw. einer seiner Verwandten unter den von der Maßnahme betroffenen Personen befindet, sondern es reicht insoweit eine begründete Vermutung aus (»vermutlich zutreffend«; LG Dortmund NStZ 2008, 175 lässt eine aufgrund einer Isotopenanalyse begründet Wahrscheinlichkeit von 30 % ausreichen). Der sich aus Abs. 1 ergebende Zweckbindungsgrundsatz und das ursprünglich in Abs. 3 Satz 1 i.V.m. § 81g Abs. 2 Satz 2 vorgesehene Verbot überschießender Feststellungen führten dazu, dass die zufällige Feststellung der Verwandtschaft zwischen DNA-Geber und dem Verursacher der Tatort-DNA (sog. »Beinahetreffer«) nicht als Verdachtsmoment verwertet werden durfte (vgl. auch unten Rdn. 18; Meyer-Goßner/*Schmitt* § 81h Rn. 7a). Mit der Revision konnte ein Verstoß gegen den Zweckbindungsgrundsatz bei sog. »Beinahetreffern« gerügt werden, weil bei der bisher gesetzlich nicht gestatteten Feststellung eines Verwandtschaftsverhältnisses entsprechend der Rspr. zu §§ 52, 81c StPO auch der Rechtskreis des Angeklagten berührt sein soll (vgl. BGH NStZ 2013, 242 und eingehend hierzu *Busch* NJW 2013, 1771 ff.; and. *Brocke* StraFo 2011, 299; SK-StPO/*Rogall* § 81h Rn. 7, die eine Verwertung für zulässig erachteten, da sie als Nebenprodukt von der gesetzlich vorgegebenen Zwecksetzung umfasst sei; vgl. auch *Magnus* ZStW 2014, 701 ff.). Bei fehlender Einwilligung durch die Verwandten nach ordnungsgemäßer Belehrung war damit bei Beinahetreffern keine Verwertung zulässig, denn die durch den BGH praktizierte Ablehnung eines Verwertungsverbots im Rahmen einer Abwägung (kein bewusster Verstoß der Strafverfolgungsbehörden, da Problem zuvor nicht bekannt) war nur so lange zulässig, solange die Rechtslage nicht als geklärt angesehen werden musste (vgl. BVerfG ZD 2015. 426). Der Gesetzgeber hat nunmehr in Abs. 1 klargestellt, dass auch die gezielte Suche nach einem Verwandtschaftsverhältnis Zweck der Reihenuntersuchung sein kann und im Hinblick auf die vermeintlich erforderliche Freiwilligkeit der Mitwirkung eine entsprechende Belehrungspflicht vorgesehen (unverständliche Kritik hieran bei *Mansdörfer* GSZ 2018, 49, der darin einen unzumutbaren Zwang für Familienmitglieder, die Gefahr einer unangemessenen Ausweitung der Anordnung und einen »Fall der Sippenhaftung im Ermittlungsverfahren« sieht.

8 **III. Verhältnismäßigkeit der Anordnung.** Gemeinhin wird gefordert, dass die Maßnahme im Hinblick auf die Schwere der Tat und die Anzahl der betroffenen Personen **verhältnismäßig** sein muss (Meyer-Goßner/*Schmitt* § 81h Rn. 5; zur Untersuchung von 284 Frauen im Fall der Tötung eines Neugeborenen vgl. LG Dortmund NStZ 2008, 175). Da die Schwere der Tat bereits bei der Auswahl der Katalogverbrechen berücksichtig ist, werden v.a. die von der Teilnehmerzahl abhängigen **Kosten** der Untersuchung und der Umstand einbezogen werden müssen, dass die Maßnahme in polizeirechtlicher Terminologie v.a. **Nichtstörer** betrifft. Auch hier verbiete sich aber jede pauschale Grenzziehung, da bspw. auch eine Untersuchung von 100.000 Männern zur Aufklärung von zwei Fällen der Vergewaltigung und des sexuellen Kindesmissbrauchs verhältnismäßig sein kann (so beim bisher größten Massengentest in Dresden, der im Juni 2008 bereits nach der Untersuchung von ca. 14.000 Speichelproben zum Erfolg führte; abw. Meyer-Goßner/*Schmitt* § 81h Rn. 5: Test bei mehr als 10.000 Personen in der Regel unzulässig). Zudem muss beachtet werden, dass der Verhältnismäßigkeitsgrundsatz nur bei Grundrechtseingriffen limitierend wirkt, Reihengentests aber eine freiwillige Mitwirkung voraussetzen. Seine Anwendung kann zwar über die Lehre vom sog. faktischen Grundrechtseingriff gefordert werden (eingehend hierzu KMR/*Bosch* § 81h Rn. 11), seine limitierende Funktion bei sog. Masseneingriffen bleibt aber problematisch.

9 Abgesehen von Kostenerwägungen, die rein tatsächlich dazu zwingen, zunächst konventionelle Ermittlungsmaßnahmen auszuschöpfen, lässt sich damit auf grundrechtliche Erwägungen auch **keine** eng gefasste **Subsidiaritätsklausel** stützen. Die weit verbreitete Behauptung, der Reihengentest sei eine »außergewöhnliche Maßnahme«, die nur dann in Betracht komme, wenn »fast alle anderen Ermittlungsmaßnahmen erfolglos geblieben sind«, bleibt abgesehen von Kostenerwägungen unbegründet (so Meyer/Goßner/*Schmitt* § 81h Rn. 5; KK-StPO/*Hadamitzky* § 81h Rn. 4; *Kuhne*, Polizei 2011, 21; noch enger Schulz/Händel/*Soiné* § 81h Rn. 9; eine Subsidiaritätsklausel forderte vor Einführung des § 81h etwa *Graalmann-Scheerer* NStZ 2004, 300; zutr. hingegen Heghmanns/Scheffler/*Murmann* Hdb. Strafverfahren, Rn. 381). Sie wäre auch kaum sachlich zu rechtfertigen, da ein Reihengentest häufig in einem frühen Stadium der Ermittlungen eingesetzt und insoweit die gerade etwa bei Sexualdelikten hohe Wiederholungsgefahr in die Abwägung mit einbezogen werden muss.

10 **IV. Schriftliche Einwilligung.** Die Durchführung der molekulargenetischen Untersuchung setzt eine **schriftliche Einwilligung** der betroffenen Person voraus. Diese Einwilligung ist neben den allgemeinen Voraussetzungen nur dann wirksam erteilt, wenn ihr eine qualifizierte, schriftlich erteilte **Belehrung** über das Einwilligungserfordernis vorausgegangen ist (**§ 81h Abs. 4 Satz 1**). Belehrt werden muss nicht nur darüber, dass die Maßnahme ohne Einwilligung nicht durchgeführt werden darf, sondern es muss auch auf den Verwendungszweck (Abs. 4 Nr. 1), das Gebot der unverzüglichen Vernichtung (Abs. 4 Nr. 1), den

Abgleich auf ein Verwandtschaftsverhältnis (Abs. 4 Nr. 2), die Verwendung des Ergebnisses zulasten der jeweils betroffenen Person (Abs. 4 Nr. 3) und die fehlende Speicherung für künftige Strafverfahren (Abs. 4 Nr. 4) hingewiesen werden. Das Schriftformerfordernis für Belehrung und Hinweispflichten soll sicherstellen, dass die Mitwirkung am Reihengentest auf einer freien Entscheidung der betroffenen Person beruht (vgl. BT-Drs. 15/5674, S. 14). Tatsächlich kann die gesetzlich vorgesehene Belehrung den ihr zugedachten Zweck nicht erfüllen, da sie konsequent auch auf die Möglichkeit der Zwangsanordnung nach Reduktion des Personenkreises hinweisen müsste – eine offensichtlich widersprüchliche Belehrungsformel (insofern irreführend und fernliegend die Forderung von LR/*Krause* Rn. 14, 34; *Saliger/Ademi* JuS 2008, 197, es müsse auf die Verdachtsneutralität einer Weigerung hingewiesen werden; insoweit konsequent MüKo-StPO/*Trück* Rn. 12). Anstatt dies zu berücksichtigen hat der Gesetzgeber die Belehrungspflichten systemwidrig ausgeweitet, da nun u.a. ein gesetzlich weder beim Beschuldigten noch ansonsten beim verwandten Zeugen erforderlicher Hinweis auf die belastende Verwendung des Untersuchungsergebnisses erfolgen muss. Davon abgesehen, dass der aufgezeigte Umfang der Belehrung bei bloßen Mitwirkungspflichten ohne Aussagequalität gerade nicht erforderlich ist (vgl. aber die abwegigen Ausführungen zur Eingriffsqualität und Freiwilligkeit der Einwilligung BT-Drs. 18/11277, S. 21), muss zudem angesichts des Umfangs und der unnötigen Belehrung über banale Selbstverständlichkeiten bezweifelt werden, dass die Belehrung für juristische Laien verständlich ist. Zudem wird der Betroffene bei einem Verwandtschaftsverhältnis zum Täter vielleicht eine freiwillige Mitwirkung nach Belehrung verweigern, die damit verbundene faktische Reduktion des Tatverdächtigenkreises kann er aber kaum verhindern, sodass er auch kaum in der Lage sein dürfte, die Folgen seiner Mitwirkung abzuschätzen (so aber BT-Drs. 18/11277, S. 23; vgl. auch die vermeintlich folgerichtige, aber nicht einzulösende Forderung von *Singelstein/Derin* NJW 2017, 2648, es müsse dem zu Untersuchenden ein Erlaubnisvorbehalt gewährt, d.h. er müsse über die Möglichkeit belehrt werden, die Untersuchung auf den Ausschluss der eigenen Beteiligung zu beschränken).

V. Richterliche Anordnung (Abs. 2). 1. Richtervorbehalt. Die **Anordnung** der Maßnahme ist ausschließ- 11
lich dem **Richter vorbehalten**. Da eine Durchführung nur mit Einwilligung der Betroffenen zulässig ist, kann die gesetzliche Verankerung eines absoluten Richtervorbehalts nicht mit Erwägungen individueller Rechtsbetroffenheit oder der Eingriffsintensität bzw. Grundrechtsrelevanz der Maßnahme begründet werden (deshalb abl. *Rogall* FS Schröder, S. 711). Der Richter hat v.a. die zur Rechtfertigung erforderliche Gesamtabwägung (vgl. Rdn. 7 f.) vorzunehmen; für eine Streichung des Richtervorbehalts allerdings BT-Drs. 99/05, S. 1 ff. Maßgebend für den absoluten Richtervorbehalt ist vielmehr die »Streubreite« der Maßnahme (so BT-Drs. 15/5674, S. 9). Der Richter fungiert damit zugleich als Garant des – wenn auch zu Unrecht angenommenen – »Ausnahmecharakters« der Maßnahme (so *Saliger/Ademi* JuS 2008, 197). Er soll sicherstellen, dass ein Reihengentest auf Fälle fehlender anderer Aufklärungsmöglichkeiten beschränkt bleibt (vgl. aber Rdn. 8). Folgerichtig besteht auch keine Eilzuständigkeit der StA und ihrer Ermittlungspersonen.

2. Zuständigkeit und formelle Voraussetzungen der Anordnung. Sachlich zuständig für die Anordnung ist 12
der **Ermittlungsrichter**, der auf Antrag der StA tätig wird (§§ 162 Abs. 1, 169 Abs. 1). **Örtlich zuständig** ist der Ermittlungsrichter am Sitz der StA (§ 162 Abs. 1 Satz 1; vgl. BGHSt 45, 376 ff.). Die Anordnung ergeht **schriftlich (Abs. 2 Satz 2)** in Form eines Beschlusses, der zu begründen ist (Abs. 2 Satz 2). Der Beschluss muss die Prüfmerkmale anführen (Abs. 2 Satz 2), um einerseits die Begrenzung des betroffenen Personenkreises zu verdeutlichen und andererseits die Grundlage für die erforderliche Begründung der Anordnungsvoraussetzungen nach Abs. 1 offenzulegen (insb. die Verhältnismäßigkeit der Maßnahme). Die gerichtliche Anordnung wird der StA übergeben (§ 36 Abs. 2 Satz 1), die wiederum die Polizei mit dem Vollzug beauftragt (vgl. SK-StPO/*Rogall* § 81h Rn. 24).

Eine **vorherige Anhörung** der zu untersuchenden Personen ist nicht erforderlich (**Abs. 2 Satz 4**). Der Gesetz- 13
geber hat auf sie zu Recht verzichtet, denn der Betroffene kann den belastenden Eingriff schlicht durch Verweigerung der erforderlichen Einwilligung abwenden. Dem Freiwilligkeitserfordernis wird dadurch Rechnung getragen, dass vor Erklärung der Einwilligung und Durchführung der Maßnahme eine schriftliche Belehrung zu erteilen ist (vgl. Rdn. 10).

C. Durchführung. I. Schutzvorkehrungen (Abs. 3 Satz 1). Für die **Durchführung** der Maßnahme 14
bestimmt **Abs. 3 Satz 1**, dass § 81f Abs. 2 entsprechend gilt. Das anordnende Gericht hat einen Sachverständigen zu bestimmen, der mit der Untersuchung der durch den Reihengentest gewonnen Körperzellen zu beauftragen ist. Dieser hat durch molekulargenetische Untersuchungen das DNA-Identifizierungsmuster des Betroffenen und sein Geschlecht zu ermitteln (Abs. 1 Nr. 2). Die festgestellten DNA-Identifizierungsmuster werden anschließend automatisiert mit den DNA-Identifizierungsmustern des Spurenmaterials abgeglichen (Abs. 1 Nr. 3). I.R.d. Durchführung sind die Schutzvorkehrungen des § 81f Abs. 2 zu beachten, d.h. es ist

sicherzustellen, dass unzulässige Untersuchungen und eine Kenntnisnahme Dritter ausgeschlossen sind und datenschutzrechtlichen Belangen der DSGVO Rechnung getragen wird (BT-Drs. 15/5674, S. 14).

15 Nach **Abs. 3 Satz 2** sind die entnommenen Körperzellen unverzüglich zu vernichten, sobald sie für die Untersuchung nach Abs. 1 nicht mehr benötigt werden. Dies wird mit Speicherung des DNA-Identifizierungsmusters regelmäßig der Fall sein. Aufzeichnungen über die festgestellten **DNA-Identifizierungsmuster** sind unverzüglich zu **löschen**, wenn sie zur Erforschung des Sachverhalts nicht mehr erforderlich sind. Dies ist unbestritten der Fall, wenn der Spurenverursacher ermittelt werden konnte und infolgedessen die DNA-Identifizierungsmuster der übrigen Probanden für die Aufklärung des Verbrechens nicht mehr erforderlich sind (BT-Drs. 15/5674, S. 14; SK-StPO/*Rogall* § 81h Rn. 30). Bleibt die Maßnahme hingegen erfolglos, dann wird im Einklang mit der Gesetzesbegründung eine Speicherung bis zum Eintritt der Verjährung des betreffenden Deliktes für zulässig erachtet (vgl. BT-Drs. 15/5674, S. 14). Uneinigkeit besteht hingegen darüber, ob eine Löschung zu diesem späten Zeitpunkt auf absolute Ausnahmefälle beschränkt bleiben sollte (so SK-StPO/*Rogall* § 81h Rn. 30; *Saliger/Ademi*, JuS 2008, 198) oder eher der Regelfall ist (so tendenziell Meyer-Goßner/*Schmitt* § 81h Rn. 13; Krekeler/Löffelmann/*Walther*, § 81h Rn. 17). Der Gesetzgeber hat bei der Neufassung von Abs. 3 diese Frage nicht geklärt. Geht man davon aus, dass mit Zweckerreichung auch die Legitimation für eine Speicherung entfällt, dann muss bei sicherem Ausschluss des Probanden als Täter auch die Löschung der Daten erfolgen. Ausnahmen sind etwa denkbar, wenn Zweifel an der Auswertung bestehen (SK-StPO/*Rogall* § 81h Rn. 30). Nach **Satz 4** muss die **Vernichtung** der Körperzellen und die **Löschung** der Muster schriftlich oder elektronisch **dokumentiert** werden.

16 **II. Folgen verweigerter Einwilligung.** Wird die Einwilligung nicht erteilt, dann soll nach der gesetzlichen Konzeption jede Form des Zwangs ausgeschlossen und der Vollzug der Maßnahme bei dem konkret Betroffenen nicht möglich sein. In diesem Fall stellt sich die Frage, ob von dem Verweigernden eine Speichelprobe nach §§ 81e f. i.V.m. § 81a erzwungen werden kann. Zum Zeitpunkt der Anordnung der Reihenuntersuchung wird ein größerer Personenkreis lediglich durch allgemeine Prüfmerkmale (vgl. Rdn. 7) umgrenzt, sodass eine Anordnung nach § 81a an der fehlenden Beschuldigtenstellung der Betroffenen scheitert. Verbleibt aber nach ihrer Durchführung nur ein kleiner Kreis von Personen, die an der Untersuchung nicht teilgenommen haben, könnte gegen diese nunmehr ein ausreichender Verdacht bestehen (zutreffend gegen einen Erwerb der Beschuldigtenstellung durch Reduktion des Kreises der Merkmalsträger hingegen *Beulke/Swoboda*, Strafprozessrecht, Rn. 242c m.w.N.) oder – wenn die Zahl der Verweigernden zu groß ist – zumindest mit herkömmlichen Ermittlungsmethoden versucht werden, einen Anfangsverdacht zu erlangen. Da die prozessual zulässige Verweigerung einer freiwilligen Mitwirkungshandlung nicht als belastendes Indiz für eine Täterschaft des Verweigernden herangezogen werden kann (allg. BVerfG NJW 1996, 1588; erg. speziell zur Verweigerung der Speichelprobe LG Regensburg StraFo 2003, 131 m.Anm. *Lammer*), betont die herrschende Meinung, zwangsweise dürfe eine DNA-Analyse erst angewendet werden, wenn weitere verdachtsbegründende Umstände angeführt werden könnten und sich der Kreis der Verdächtigen durch die Abgabe einer hinreichenden Anzahl freiwilliger Speichelproben verdichtet habe (BGHSt 49, 56, 60: »andere« verdachtsbegründende Kriterien; Meyer-Goßner/*Schmitt* § 81h Rn. 19; *Volk*, NStZ 2002, 63; abw. SK-StPO/*Rogall* § 81h Rn. 7, der die Maßnahme selbst in dem diskutierten Kirmes-Mord-Fall mit 595 Probanden [vgl. dazu auch *Sauter*, DNA-Massentests, S. 36] auf § 81c Abs. 2 Satz 1 stützen will; *ders.* FS Schroeder, S. 709; zust. *Beulke*, Strafprozessrecht, Rn. 242c m.w.N.). Diese Argumentation ist widersprüchlich, weil zugleich behauptet wird, die Maßnahme müsse ultima ratio sein, d.h. es dürften gerade keine weiteren Ermittlungsmöglichkeiten bestehen. Damit kann eben doch nur ausschließlich an die Verweigerung als verdachtsbegründender Umstand angeknüpft werden (etwa wenn in einem Sprachspiel angeführt wird, nicht die Tatsache der Mitwirkungsverweigerung, sondern der Umstand, dass kein anderer als möglicher Täter infrage komme, sei für eine Inkulpation ausschlaggebend, so SK-StPO/*Rogall* § 81h Rn. 6; widersprüchlich ebenso Krekeler/Löffelmann/*Walther* § 81h Rn. 24; i.E. wohl ebenso LR/*Krause* § 81a Rn. 9, der das »Aussageverhalten« als Indiz heranziehen will; i.E. auch BGH, NStZ 2004, 392; *Volk/Engländer* Grundkurs StPO, Rn. 30).

17 **D. Rechtsbehelfe. I. Beschwerde.** Eine **Anfechtung** der gerichtlichen Anordnung des Reihengentests durch den Betroffenen ist nach **Abs. 2 Satz 5 ausgeschlossen.** Ebenso wie hinsichtlich der konkret erfolgten Durchführung der Maßnahme fehlt insoweit die individuelle Beschwer (vgl. Rdn. 13). Wird der Antrag der StA auf Anordnung der Reihenuntersuchung abgelehnt, dann steht dieser gegen die Entscheidung das Recht der **Beschwerde (§ 304)** zu. Die weitere Beschwerde wird durch § 310 Abs. 1, 2 ausgeschlossen.

II. Revision. I.S.d. verfehlten gesetzlichen Konzeption wird vertreten, dass Einwilligungsmängel, etwa die Erteilung der Einwilligung aufgrund einer unzureichenden Belehrung, die Revision begründen, wenn das so erlangte Untersuchungsergebnis im Urteil verwertet wird (vgl. Meyer-Goßner/*Schmitt* § 81h Rn. 17; LR/*Krause* § 81h Rn. 37; SK-StPO/*Rogall* § 81h Rn. 35; ebenso Krekeler/Löffelmann/*Werner* § 81h Rn. 22). Tatsächlich könnte in diesem Fall nach Eingrenzung des Probandenkreises das Untersuchungsergebnis mangels Fernwirkung des Verfahrensverstoßes ohne Weiteres auf legalem Weg erlangt werden, sodass ein Verwertungsverbot offensichtlich sinnlos ist. Ebenso sinnlos wäre es aber, wenn i.S.d. h.M. bei noch nicht hinreichender Eingrenzung des Personenkreises dann zunächst die Reihenuntersuchung vollständig durchzuführen wäre, um anschließend nach § 81e i.V.m. § 81a vorgehen zu können. Hier zeigt sich einmal mehr, wie unsinnig das gesetzlich vorgegebene Freiwilligkeitskonzept ist. 18

§ 82 Form der Erstattung eines Gutachtens im Vorverfahren

Im Vorverfahren hängt es von der Anordnung des Richters ab, ob die Sachverständigen ihr Gutachten schriftlich oder mündlich zu erstatten haben.

Übersicht

A. Grundsätzliches und Regelungsgehalt. § 82 stellt klar, dass die Entscheidung, ob das Gutachten durch den Sachverständigen schriftlich oder mündlich zu erstatten ist, im (pflichtgemäß auszuübenden) **Ermessen** des anordnenden Strafverfolgungsorgans liegt. Trotz des scheinbar abweichenden Wortlauts wird im Regelfall im Ermittlungsverfahren die StA den Sachverständigen auswählen, anweisen und leiten, sodass sie auch über die in § 82 vorgesehene **Art der Gutachtenerstattung** entscheidet (§§ 161a Abs. 1 Satz 2, 82; vgl. auch *Gössel* DRiZ 1980, 368; *Zwiehoff* Das Recht auf den Sachverständigen, 2000, S. 51 ff. und zur Anordnung LG Dresden BeckRS 2019, 54223). Eine Anordnung nach § 82 durch den Ermittlungsrichter wird etwa erfolgen, wenn dieser auf Antrag der StA (vgl. § 162) den Sachverständigenbeweis erhebt. 1

Im Regelfall wird das Gutachten **schriftlich** erstattet, da im Ermittlungsverfahren Beweisergebnisse zu den Akten zu bringen sind (vgl. § 168b Abs. 1; KMR/*Neubeck* § 82 Rn. 1; Meyer-Goßner/*Schmitt* § 82 Rn. 1; SK-StPO/*Rogall* § 82 Rn. 4). Lediglich in einfachen Fällen kommt auch eine **mündliche Gutachtenerstattung** ggü. dem Richter oder der StA in Betracht. Dazu wird der Sachverständige entweder vernommen (vgl. § 161a) oder er übergibt sein Gutachten dem anordnenden Strafverfolgungsorgan zur Verlesung. Über die Beweiserhebung ist in jedem Fall ein Protokoll (§§ 168, 168a, 168b) unter Wahrung von Anwesenheitsrechten (§ 168c) anzufertigen, das aber auf das beigefügte Gutachten Bezug nehmen kann (Meyer-Goßner/*Schmitt* § 82 Rn. 2), wenn das Gutachten zumindest verlesen wurde. 2

B. Gutachtenerstattung nach Anklageerhebung. Im **Zwischenverfahren** kann das Gericht zur Vorbereitung der Hauptverhandlung (vgl. auch § 202) oder zur Entscheidung über ihre Eröffnung die schriftliche Gutachtenerstattung anordnen (BGH GA 1963, 18, 19; vgl. auch BGH JR 1962, 111 f.). In der **Hauptverhandlung** sind Gutachten zur Schuld- oder Rechtsfolgenfrage grds. ohne Bezugnahme auf ein schriftliches Gutachten mündlich zu erstatten und eine Verlesung kommt nur in den gesetzlich vorgesehenen Ausnahmefällen in Betracht (vgl. §§ 256, 251 Abs. 1, 2; anders hinsichtlich der dem Freibeweis zugänglichen Prozessvoraussetzungen, vgl. KK-StPO/*Hadamitzky* § 82 Rn. 3). Die Prozessbeteiligten sollen darüber hinaus auch keinen Rechtsanspruch darauf haben, dass ein lediglich mündlich in der Hauptverhandlung erstattetes und nicht zu den Akten gebrachtes Gutachten (vgl. auch BGH GA 1963, 18) schriftlich abgefasst und ihnen zugänglich gemacht wird (so BGHSt 54, 177; KK-StPO/*Hadamitzky* § 82 Rn. 3; Meyer-Goßner/*Schmitt* § 82 Rn. 2; *Peglau* JR 2010, 303; a.M. LR/*Krause* § 82 Rn. 5; *Deckers*/*Heusel* StV 2009, 7; *Geipel* StraFo 2010, 273; *Ziegert* StV 2011, 199; vgl. zur Anordnung einer Sicherungsverwahrung auch *Deckers* NStZ 2011, 69; offengelassen von BGH NStZ 2008, 418). Dies auch deshalb, weil aufgrund der Grundsätze der Mündlichkeit und Unmittelbarkeit sowie der Pflicht, neu gewonnene Erkenntnisse der Hauptverhandlung in das Gutachten einzubeziehen, nur das mündlich erstatte Gutachten maßgebend sein könne (vgl. BGH – 4 StR 173/11). Tatsächlich dürfte sich ein entsprechender Anspruch nur im Einzelfall bei umfangreichen oder komplizierten Gutachten aus dem Recht auf effektive Verteidigung und der Aufklärungspflicht des Gerichts ableiten lassen, wenn ansonsten für die Beteiligten nur eine eingeschränkte Überprüfung des Gutachtens und seiner wissenschaftlichen Grundlage möglich ist (vgl. aber BGH – 1 StR 407/07, Rn. 5; 1 StR 649/07, Rn. 10). Ein Verstoß hiergegen kann ggf. nicht nur als Verletzung des Rechts auf effektive Verteidigung, sondern auch 3 im Wege einer Aufklärungsrüge die Revision begründen. Der BGH hat hingegen nur in Ausnahmefällen zumindest einen Zugang der Verfahrensbeteiligten zu den Arbeitsunterlagen des Sachverständigen eröffnet, wenn ansonsten eine kritische Überprüfung des Gutachtens nicht möglich ist (vgl. BGH StV 1995, 565). Keine Anwendung findet § 82 im Vollstreckungsverfahren, in dem die schriftliche Gutachtenerstattung vielmehr zwingend sein dürfte (vgl. MüKo-StPO/*Trück* § 82 Rn. 3).

§ 83 Anordnung einer neuen Begutachtung

(1) Der Richter kann eine neue Begutachtung durch dieselben oder durch andere Sachverständige anordnen, wenn er das Gutachten für ungenügend erachtet.

(2) Der Richter kann die Begutachtung durch einen anderen Sachverständigen anordnen, wenn ein Sachverständiger nach Erstattung des Gutachtens mit Erfolg abgelehnt ist.

(3) In wichtigeren Fällen kann das Gutachten einer Fachbehörde eingeholt werden.

Übersicht

1 **A. Grundsätzliches.** Die **Befugnis** zur Hinzuziehung **weiterer Sachverständiger** ergibt sich bereits aus § 73 Abs. 1, während sich die **Pflicht** zu einer entsprechenden Anordnung nach §§ 160, 244 Abs. 2 und 4 richtet (vgl. BGH StraFo 2003, 198). In seiner restriktiven Formulierung stellt § 83 damit eine eher irreführende, zumindest aber überflüssige Konkretisierung der gerichtlichen Aufklärungspflicht dar. Die Rspr. betont deshalb zu Recht, dass der Richter auch dann, wenn die Voraussetzungen des § 83 Abs. 1 nicht vorliegen, in jedem Verfahrensabschnitt befugt und ggf. auch verpflichtet ist, ein neues Gutachten einzuholen (BayObLG NJW 1956, 1001). Im Vorverfahren steht die pflichtgemäß auszuübende Befugnis der Polizei und StA zu. Das erneute Gutachten kann zwar auch durch denselben Sachverständigen erfolgen, der Regelfall wird aber die Beauftragung eines anderen Sachverständigen sein. Eine ergänzende Begutachtung durch denselben Sachverständigen wird dann in Betracht kommen, wenn das erstatte Gutachten lediglich bestimmte Anknüpfungstatsachen nicht oder zu Unrecht berücksichtigt hatte (vgl. BeckOK-StPO/*Conrad/Graf* § 83 Rn. 2).

2 **B. Umfang der Aufklärungspflicht.** Wenn ein Gutachten **ungenügend** ist (Abs. 1), wird die richterliche Aufklärungspflicht regelmäßig eine erneute Begutachtung gebieten (vgl. § 244 Abs. 2 Satz 2, Abs. 4 Satz 2 Hs. 2). Ungenügend ist das Gutachten, wenn es dem Richter nicht die erforderliche Sachkunde vermitteln kann. Überzeugt sein Ergebnis den Richter hingegen nicht, so hängt die Pflicht zur erneuten Begutachtung davon ab, ob es dem Richter dennoch die entscheidungsnotwendige Sachkunde vermittelt hat (BGH, NStZ 1984, 467; KK-StPO/*Hadamitzky* § 83 Rn. 2; KMR/*Neubeck* § 83 Rn. 2; Meyer-Goßner/*Schmitt* § 83 Rn. 2). Ansonsten würde eine ungewollte Bindung an das Gutachten verursacht, da der Richter nur nach Anhörung eines weiteren Sachverständigen von diesem abweichen dürfte. Natürlich besteht ebenso wenig eine Pflicht zur wiederholten Begutachtung, wenn der Anordnende nunmehr erkennt, dass die Hinzuziehung eines Sachverständigen bereits von Anfang an nicht geboten war (BGH NStZ 2010, 405; BayObLG, NJW 1956, 1001; LR/*Krause* § 83 Rn. 5). Eine Pflicht zur Einholung wird demnach v.a. bestehen, wenn das Gutachten unklar oder widersprüchlich ist, die erforderliche Tatsachenfeststellung lückenhaft ist oder nicht behebbare Zweifel an der Eignung des Sachverständigen vorliegen (LR/*Krause* § 83 Rn. 3; *Duttge* NStZ 2003, 376). Bei **widersprechenden Gutachten** wird hingegen – aus prozessökonomischen Erwägungen verständlich – betont, dass eine neue Begutachtung nur angezeigt ist, wenn die Gutachten trotz gleichem Sachverhalt und übereinstimmender wissenschaftlicher Auffassung zu divergierenden Ergebnissen gelangen (so KK-StPO/*Hadamitzky* § 83 Rn. 2; KMR/*Neubeck* § 83 Rn. 2; LR/*Krause* § 83 Rn. 4). Zur Wahrung von Interessen der Verteidigung wird dann aber zumindest der Richter im Urteil ausführlich darzulegen haben, warum und in welchem Umfang er die jeweiligen Gutachten zugrunde gelegt hat.

3 Auch **Abs. 2** verdeutlicht, dass § 83 keine erweiterte Aufklärungspflicht des Gerichts verankert. Bei **Ablehnung eines Sachverständigen** ist sein Gutachten zwar nicht verwertbar (vgl. § 74 Rdn. 14), dennoch kann ein erneutes Gutachten entbehrlich sein, wenn das Gericht nunmehr davon ausgeht, selbst die erforderliche Sachkunde zu besitzen, die Beweisfrage für nicht mehr erheblich erachtet oder sie jetzt als Rechtsfrage einstuft, die durch das Gericht selbst zu beantworten ist (BayObLG, NJW 1956, 1001; LR/*Krause* § 83 Rn. 8).

C. Gutachten von Fachbehörden. Unabhängig von den in Abs. 1 und 2 genannten Voraussetzungen kann in wichtigeren Fällen das **Gutachten einer Fachbehörde** eingeholt werden (**Abs. 3**). Fachbehörden sind etwa das BKA, das deutsche Patentamt (§ 29 PatG), die Industrie- und Handelskammern oder die Handwerkskammern (vgl. KK-StPO/*Hadamitzky* § 83 Rn. 5), nicht aber etwa technische Überwachungsvereine (vgl. HK-StPO/*Brauer* § 83 Rn. 6). Ob ein »wichtigerer Fall« vorliegt (zu diesem Merkmal *Seyler*, GA 1989, 549, entscheidet das Gericht (KK-StPO/*Hadamitzky* § 83 Rn. 4), das aber nicht gehindert ist, eine behördliche Stellungnahme auch unterhalb der genannten Schwelle einzuholen (Meyer-Goßner/*Schmitt* § 83 Rn. 6). Die Bedeutung der Vorschrift wird aufgrund dessen vor allem darin gesehen, dass bei Bestellung einer Fachbehörde die Person des Sachverständigen nicht namentlich benannt werden muss (vgl. MüKo-StPO/*Trück* § 83 Rn. 8). Abs. 3 begründet keine Pflicht zur Gutachtenerstattung, diese ergibt sich vielmehr unmittelbar aus den betreffenden Vorschriften über die Rechtsstellung und Organisation der Fachbehörde (z.B. aus § 2 Abs. 7 BKAG für erkennungsdienstliche und kriminaltechnische Gutachten; Beispiele bei LR/*Krause*, Rn. 10) sowie bei Fehlen einer ausdrücklichen Zuweisung aus der allgemeinen Pflicht zur gegenseitigen Amtshilfe (Art. 35 GG). In Betracht kommen insoweit Behörden, die in ihrer Funktion zumindest auch zur Mitwirkung im gerichtlichen Verfahren berufen sind (Meyer-Goßner/*Schmitt* § 83 Rn. 4; zu den infrage kommenden Behörden vgl. *Jessnitzer/Ulrich* Rn. 71 ff.). Eine Pflicht der Behördenangehörigen kann sich auch aus § 75 ergeben. 4

Behördengutachten können nach § 256 Abs. 1 Nr. 1a verlesen werden. Dessen ungeachtet beinhaltet die Pflicht zur Erstellung der Gutachten auch die Pflicht, diese ggf. durch einen Bediensteten der Behörde in der Hauptverhandlung verlesen zu lassen (*Kube/Leinweber* S. 80 ff.). Die Rechtsstellung des entsandten Behördenvertreters entspricht dann der eines Sachverständigen, d.h. er kann auch nach § 74 abgelehnt und nach § 79 vereidigt werden (Meyer-Goßner/*Schmitt* § 83 Rn. 5; a.M. *Jessnitzer/Ulrich* Rn. 88; *Rogall* FS Gössel, S. 524). 5

§ 84 Sachverständigenvergütung

Der Sachverständige erhält eine Vergütung nach dem Justizvergütungs- und -entschädigungsgesetz.

Eine Sachverständigenvergütung nach dem JVEG erhält, wer als Sachverständiger tätig geworden ist, d.h. ein Gutachten vorbereitet oder erstellt hat bzw. als Sachverständiger vernommen wurde (vgl. auch OLG Jena BeckRS 2009, 11633). Wird eine Vernehmung sowohl als Sachverständiger als auch als Zeuge erforderlich, ist nur die höhere Entschädigung als Sachverständiger maßgebend. Die Bezeichnung in der Ladung ist insoweit nicht maßgebend (Meyer-Goßner/*Schmitt* § 84 Rn. 1; LR/*Krause* § 84 Rn. 2), entscheidend ist nur, ob der Geladene tatsächlich **als Sachverständiger vernommen** wurde. Der sachverständige Zeuge wird hingegen als Zeuge entschädigt (SK-StPO/*Rogall* § 84 Rn. 2). 1

Die **Höhe der Entschädigung** bestimmt sich nach dem **Justizvergütungs- und entschädigungsgesetz** (vgl. §§ 8 ff. JVEG; zu Einzelheiten *Hartmann* Kostengesetz, Teil V). Die Entschädigung kann bei schuldhaft herbeigeführter (teilweiser) Unverwertbarkeit des Gutachtens, etwa bei einem groben Verstoß gegen die Pflicht zur Unparteilichkeit (vgl. MüKo-StPO/*Trück* § 84 Rn. 2), versagt werden (AnwK-StPO/*Krekeler/Werner* § 84 Rn. 4). Die berechtigte Gutachtenverweigerung lässt den Anspruch hingegen unberührt (*Eisenberg* Beweisrecht, Rn. 1594; SK-StPO/*Rogall* § 84 Rn. 3). Nach § 1 Abs. 3 Satz 1 JVEG gilt das JVEG auch für die auf Anordnung der StA von der Polizei beauftragten Sachverständigen. Werden Behördenvertreter in Erfüllung ihrer Dienstpflichten als Sachverständige tätig, besteht keine Entschädigungspflicht. 2

§ 85 Sachverständige Zeugen

Soweit zum Beweis vergangener Tatsachen oder Zustände, zu deren Wahrnehmung eine besondere Sachkunde erforderlich war, sachkundige Personen zu vernehmen sind, gelten die Vorschriften über den Zeugenbeweis.

Übersicht

A. Grundsätzliches und Regelungsgehalt. Auch wenn ein Zeuge seine Wahrnehmungen nur aufgrund besonderer Sachkunde machen konnte (**sachverständiger Zeuge**), gelten für ihn nach § 85 ausschließlich die Regeln des Zeugenbeweises (§§ 48 bis 71). Die Nichtanwendbarkeit der Normen über den Sachverständigen ist sachgerecht, da entsprechende Wahrnehmungen häufig nicht wiederholt werden können (z.B. die Wahrnehmung besonderer Misshandlungsfolgen durch einen Arzt; vgl. auch BGH MDR 1974, 382), selbst wenn 1 eine vergleichbare Beweissituation auch bei Sachverständigen vorliegen kann (insoweit zutr. LR/*Krause* § 85 Rn. 6, 9). Im Gegensatz zum Sachverständigen (vgl. § 74) kann ein sachverständiger Zeuge deshalb nicht wegen Besorgnis der Befangenheit abgelehnt werden. Zudem trifft ihn keine Vorbereitungspflicht (vgl. § 75). Wird ein Antrag auf seine Vernehmung gestellt, so kann dieser nicht bereits wegen eigener Sachkunde des Gerichts (§ 244 Abs. 4 Satz 1), sondern nur aus den in § 244 Abs. 3 genannten Gründen abgelehnt werden. Auch die Entschädigung (vgl. § 1 Abs. 1 Nr. 3, 19 ff. JVEG) und Vereidigung richtet sich nach den für Zeugen geltenden Regeln, selbst wenn der Zeuge Berufssachverständiger ist (vgl. BeckOK-StPO/*Goers* § 85 Rn. 2).

2 **B. Abgrenzung zum Sachverständigen.** Für die **Unterscheidung** zwischen sachkundigem **Zeugen und Sachverständigem** bietet das Gesetz nur wenig Hinweise, da zwar die Vermittlung von Sachkunde ausschließlich Aufgabe des Sachverständigen ist, die Aussage über Wahrnehmungen aber sowohl Aufgabe des Zeugen als auch eines Sachverständigen sein kann. Auch die nach dem Wortlaut naheliegende Feststellung, ein sachverständiger Zeuge sage im Gegensatz zum Sachverständigen nicht über die Wahrnehmung gegenwärtiger Tatsachen oder Zustände aus, führt nicht weiter, da auch ein Zeuge bspw. über seinen gegenwärtigen Gesundheitszustand Auskunft geben kann (zutr. Meyer-Goßner/*Schmitt* § 85 Rn. 2; SK-StPO/*Rogall* § 85 Rn. 5). Überwiegend wird deshalb neben der erforderlichen Sachkunde formal nach dem Anlass der Wahrnehmung abgegrenzt (beide Kriterien zu Recht verbindend LR/*Krause* § 85 Rn. 11). Der sachverständige Zeuge sagt zwar ebenso wie der Sachverständige über Wahrnehmungen aus, die er mit oder aufgrund seiner besonderen Sachkunde gemacht hat, sie sind aber nicht im Auftrag des Gerichts, der StA oder Polizei, sondern ohne behördlichen Auftrag erfolgt (so OLG Düsseldorf NStZ-RR 2014, 114; Meyer-Goßner/*Schmitt* § 85 Rn. 3; KMR/*Neubeck* § 85 Rn. 2; dagegen *Fothl Karcher* NStZ 1989, 169; *Gundelach* HRRS 2017, 41 ff., vor allem, weil die Unterscheidung dann im Belieben des Gerichts stünde und damit Verteidigungsrechte etwa im Hinblick auf die Ablehnungsmöglichkeiten bei Sachverständigen beschnitten würden). Ebenso ist Zeuge, wer Auskunft über Wahrnehmungen gibt, die er als Augenscheinsgehilfe zwar im Auftrag einer Behörde, aber ohne eigene Sachkunde gemacht hat (LR/*Krause* § 85 Rn. 11). Erfolgen die Wahrnehmungen einer sachkundigen Auskunftsperson im Hinblick auf ein laufendes oder künftiges Strafverfahren im Auftrag eines anderen Prozessbeteiligten (etwa die Gegenprobe nach § 43 LFGB), dann wird diese zwar zunächst nicht als Sachverständiger tätig, ist aber über die Wahrnehmungen als Sachverständiger zu vernehmen (Meyer-Goßner/*Schmitt* § 85 Rn. 3; LR/*Krause* § 85 Rn. 11; a.A. BGH MDR 1974, 382; *Toepel*, Grundstrukturen des Sachverständigenbeweises, S. 271).

3 Vergleichbar der zusätzlichen Vernehmung eines Sachverständigen als Zeuge (vgl. § 79 Rdn. 6) kann sich bei der Vernehmung von Zeugen die Frage stellen, ob dieser auch als Sachverständiger zu bestellen und vernehmen ist. Von Bedeutung ist dies für die Frage der Ablehnung (§ 74) und Entschädigung sowie mittelbar für die Beweiswürdigung. Die Abgrenzung erfolgt nach dem Schwergewicht der Vernehmung. Liegt dieser auf der sachverständigen Beurteilung, muss eine Vernehmung als Sachverständiger erfolgen, während dies trotz gutachterlicher Äußerung bei im Vordergrund stehenden Tatsachenbekundungen nicht erforderlich ist (vgl. BGH NJW 2003, 151; OLG Düsseldorf NStZ-RR 2014, 114; BayObLGSt 1951, 305; KK-StPO/*Hadamitzky* § 85 Rn. 3; a.A. SK-StPO/*Rogall* § 85 Rn. 19 ff.). Wird ein sachverständiger Zeuge zugleich als Sachverständiger vernommen, ohne dass er entsprechend belehrt worden oder eine Entscheidung nach § 79 ergangen ist, wird dies nach Abschaffung des Eides als Regelfall die **Revision** meist nicht begründen können (BGH DAR 1997, 181; Meyer-Goßner/*Schmitt* § 85 Rn. 4; LR/*Krause* § 85 Rn. 13; insoweit überholt SK-StPO/*Rogall* § 85 Rn. 39).

4 **C. Einzelfälle.** Haben Ärzte im konkreten Verfahren aufgrund eines behördlichen Auftrags Umstände wahrgenommen, sind sie als Sachverständige zu vernehmen, etwa wenn sie eine Blutprobe entnommen (§ 81a Abs. 1 Satz 2) und dabei aufgrund besonderer Sachkunde Wahrnehmungen über den gesundheitlichen Zustand des Beschuldigten gemacht haben (Meyer-Goßner/*Schmitt* § 85 Rn. 5; LR/*Krause* § 85 Rn. 14; *Geppert* DAR 1980, 329; a.A. BVerwG BeckRS 2016, 50332 Rn. 6, 16; KG VRS 31, 273; OLG Hamburg NJW 1963, 408; OLG Köln BA 1966, 609). Erstellt der Arzt hingegen ohne behördlichen Auftrag eine Diagnose, soll er unabhängig von einer ansonsten erforderlichen Hinzuziehung eines Sachverständigen lediglich als Zeuge zu vernehmen sein (OLG Köln OLGSt § 261, 96, 98; LR/*Krause* § 85 Rn. 14). Dies wird jedoch für die Fälle einzuschränken sein und damit eine Vernehmung auch als Sachverständiger erforderlich machen, in denen die Wahrnehmungen ggü. den aus ihnen gezogenen Schlussfolgerungen zurücktreten, etwa wenn sich ein Obduzent über die Todesursache äußert (KK-StPO/*Hadamitzky* § 85 Rn. 4). Auch bei technischen Sachverständigen gelten unabhängig von dem Umstand, ob sie als Berufssachverständige tätig sind (bspw. ein KfZ-Sachverständiger, der ein Unfallfahrzeug im Auftrag einer Haftpflichtversicherung begutachtet, vgl. HK-StPO/*Brauer* § 85 Rn. 7), die gleichen Abgrenzungskriterien (LR/*Krause* § 85 Rn. 15; KK-StPO/*Hadamitzky* § 85 Rn. 4). Deshalb können etwa auch Dolmetscher, die im Ermittlungsverfahren bei der Über-

tragung aufgezeichneter Telefongespräche in die deutsche Sprache als Sachverständige tätig waren, dennoch in der Hauptverhandlung als Zeugen zum Gegenstand ihrer sinnlichen Wahrnehmung zu vernehmen sein (vgl. BGH StV 2016, 771 [nur Leitsatz]). Gerichtshelfer (§ 160 Abs. 3 Satz 2) sind als Zeugen zu vernehmen (BGH StraFo 2007, 510; LR/*Krause* § 85 Rn. 16; a.A. *Sonntag* NJW 1976, 1436). Zur Stellung des Wirtschaftsreferenten bei der Staatsanwaltschaft vgl. *Bittmann* wistra 2011, 49.

§ 86 Richterlicher Augenschein

Findet die Einnahme eines richterlichen Augenscheins statt, so ist im Protokoll der vorgefundene Sachbestand festzustellen und darüber Auskunft zu geben, welche Spuren oder Merkmale, deren Vorhandensein nach der besonderen Beschaffenheit des Falles vermutet werden konnte, gefehlt haben.

Übersicht

1 **A. Grundsätzliches und Regelungsgehalt. I. Begriff des Augenscheins.** Der **Begriff des Augenscheins** kennzeichnet als Oberbegriff jede Form der Beweiserhebung durch sinnliche Wahrnehmung, d.h. durch Hören, Sehen, Riechen, Fühlen oder Schmecken (BGHSt 18, 51, 53). Da eine so allgemein gehaltene Definition keine Abgrenzung zum Zeugen-, Urkunden- und Sachverständigenbeweis, aber auch zur Vernehmung des Beschuldigten erlaubt, setzt eine Augenscheinseinnahme **negativ** voraus, dass eine Beweisaufnahme vorliegt, die nicht den genannten spezialgesetzlich geregelten Kategorien zugeordnet werden kann (LR/*Krause* § 86 Rn. 1; gegen eine Negativdefinition *Wenskat* Der richterliche Augenschein im deutschen Strafprozess, 1988, S. 41, 43; vergleichbar auf die Methode der Erkenntnisfindung abstellend *Rogall* ZStW 105, 1993, 591 ff.). Besonders geregelt ist die Augenscheinseinnahme für die Besichtigung des Körpers lebender Menschen (§§ 81a, c) und des Leichnams (§ 87 Abs. 1).

2 Beim **richterlichen Augenschein** verschafft sich der Richter mittels unmittelbarer sinnlicher Wahrnehmung der Existenz oder Beschaffenheit von Körpern oder Sachen, des Zustands oder der Lage von Örtlichkeiten oder der Beobachtung von Verhaltensweisen bzw. wiederholbaren Vorgängen (vgl. RGSt 47, 100, 106; OLG Hamm VRS 34, 61; OLG Koblenz VRS 45, 50; Meyer-Goßner/*Schmitt* § 86 Rn. 2) einen Eindruck von beweiserheblichen Tatsachen oder Beweisanzeichen (vgl. RGSt 47, 235, 237; 65, 304, 307; BayObLG JR 1966, 389).

3 **II. Abgrenzung zur informatorischen Besichtigung.** Abgegrenzt wird die richterliche Augenscheinseinnahme von der **informatorischen Besichtigung** einer Sache oder Örtlichkeit. Abgesehen davon, dass die Aktenkenntnis des Richters strukturell eine Schwäche des deutschen Strafprozesses ist, spricht jedenfalls nichts dagegen, dass sich der Richter anhand der in den Akten befindlichen Lichtbilder, Skizzen und Zeichnungen oder etwa durch die Besichtigung beschlagnahmter Tatwerkzeuge auf die Hauptverhandlung vorbereitet (BGH MDR [D] 1966, 383). Die dabei gewonnenen Erkenntnisse kann er auch, soweit sie nicht aus anderen Erwägungen unverwertbar sind, zum Vorhalt bei Vernehmungen nutzen (Meyer-Goßner/*Schmitt* § 86 Rn. 6). Im Urteil verwertet werden darf aber natürlich nur die auf den Vorhalt getätigte Aussage des Zeugen oder Angeklagten. Auch sonst dürfen die bei informatorischer Besichtigung gewonnenen Erkenntnisse nicht selbst Urteilsgrundlage sein (BGHSt 2, 3; BGH MDR [D] 1966, 382; OLG Bamberg StV 2015, 760; OLG Frankfurt StV 1983, 192; KG VRS 17, 287; OLG Köln VRS 44, 211).

4 **III. Unmittelbarkeit der Beweisaufnahme.** Sofern die Aufklärungspflicht (§ 244 Abs. 2) dem nicht entgegensteht, kann der Richter die Augenscheinseinnahme durch andere Beweismittel ersetzen. Es existiert insoweit **keine** dem Zeugenbeweis vergleichbare Vorschrift (§ 250), die eine **Unmittelbarkeit der Beweisaufnahme** gebietet. So kann insb. der gerichtliche Augenschein durch eine Vernehmung von Zeugen über ihre Wahrnehmungen ersetzt werden (RGSt 47, 106), es können Lichtbilder oder Skizzen des Tatorts statt seiner unmittelbaren Besichtigung in Augenschein genommen werden und es können Niederschriften von Tonbandaufnahmen verlesen werden, statt diese unmittelbar abzuspielen (BGHSt 27, 153 m.Anm. *Gollwitzer* JR 1978, 117). Damit kann das Gericht eine Augenscheinseinnahme außerhalb des Gerichtssaals auch durch einen beauftragten oder ersuchten Richter vornehmen lassen (RGSt 47, 104).

5 **IV. Der Augenscheinsgehilfe.** Die Augenscheinseinnahme kann nichtrichterlichen Personen als sog. Augenscheinsgehilfen übertragen werden (BGHSt 27, 136; RGSt 46, 106; *Rogall*, in: GS für Meyer, S. 391), ggf. wird der Richter dazu sogar verpflichtet sein (z.B. in den Fällen des § 81d). Welcher Beweismittelkategorie der Augenscheinsgehilfe zugeordnet werden muss, ist umstr. Nach zutreffender Ansicht sind jedenfalls bei Heranziehung des Augenscheinsgehilfen die Vorschriften über den Sachverständigen hinsichtlich Auswahl (§ 73 Abs. 1), Befangenheit (§ 74) und Pflicht zum Tätigwerden (§ 75) entsprechend heranzuziehen (Meyer-Goßner/*Schmitt* § 86 Rn. 4; LR/*Krause* § 86 Rn. 7; a.A. *Eisenberg* Beweisrecht Rn. 2273 ff.; KMR/*Neubeck*, vor § 72 Rn. 14 f.: immer Zeuge; and. auch *Rogall* GS Meyer, S. 401 ff.: mittelbarer Augenscheinsgehilfe), während er in seiner Funktion als Beweismittel über Wahrnehmungen Auskunft gibt und damit als Zeuge zu vernehmen ist (RGSt 46, 106; OLG Frankfurt VRS 58, 368; *Jessnitzer* StV 1982, 177). Ein Sachverständigenbeweis wird hingegen erhoben, wenn ein Sachverständiger nach §§ 81a, c mit einer Inaugenscheinsnahme des Beschuldigten oder Dritter beauftragt wird.

6 **B. Ort und Verfahrensstandort des Augenscheins.** Findet der richterliche **Augenschein außerhalb der Hauptverhandlung** statt, sind der Richter und der Protokollführer gemeinsam für das Protokoll verantwortlich (vgl. §§ 168, 168a) und haben bei seiner Entstehung zusammenzuwirken (OLG Celle GA 1954, 316), sofern der Richter nicht von der Hinzuziehung eines Protokollführers abgesehen hat (SK-StPO/*Rogall* § 86 Rn. 6; zu möglichen Anwesenheitsrechten vgl. §§ 168d, 224). § 86 enthält nähere Bestimmungen zum verlesbaren (vgl. § 249 Abs. 1 Satz 1) Inhalt des **Protokolls** § 168a Abs. 1 zum erforderlichen formellen Protokollinhalt. Im Protokoll ist der vorgefundene Sachbestand möglichst umfassend und anschaulich darzustellen, da die Verlesung des Protokolls den Augenschein des erkennenden Gerichts ersetzt (LR/*Krause* § 86 Rn. 44). Deshalb ist auch zu erwähnen, welche Spuren und Merkmale nicht vorgefunden wurden, die nach den Umständen des Falles am Ort des Augenscheins vermutet werden konnten. Skizzen, Zeichnungen, Pläne und Lichtbilder können zum Protokoll hinzugenommen und dann in der Hauptverhandlung in Augenschein genommen werden (vgl. RGSt 36, 55; Meyer-Goßner/*Schmitt* § 86 Rn. 16). Mängel des Protokolls können wegen fehlendem Beruhen die Revision nicht begründen (KK-StPO/*Hadamitzky* § 86 Rn. 12). Leidet jedoch der Augenschein etwa wegen Verletzung von Beteiligungsrechten (vgl. § 168d) an einem wesentlichen Verfahrensmangel, darf das Protokoll nicht verlesen werden.

7 Der **in der Hauptverhandlung** durchgeführte Augenschein ist Teil des Beweisaufnahmeverfahrens der Hauptverhandlung (BGHSt 3, 188; RGSt 66, 29). Deshalb müssen das ganze Gericht und alle Prozessbeteiligten, deren Anwesenheit das Gesetz vorschreibt (zu § 247 Satz 2 vgl. BGH JR 1989, 255; zum unzulässigen Ausschluss des Angeklagten bei Sperrerklärung der Behörde hinsichtlich einer Videovorführung OLG Karlsruhe NStZ-RR 2008, 315), am Augenschein teilnehmen (BGH StV 1989, 187). Führen Richter während einer laufenden Hauptverhandlung einen »privaten Augenschein« durch, um bestimmte Tatsachen später als gerichtsbekannt im Urteil zu verwerten, führt dies zu einem Verstoß gegen § 261 (vgl. BGH NStZ 2013, 357). Der Augenschein findet im Gerichtssaal oder an dem Ort statt, an dem sich der zu besichtigende Augenscheinsgegenstand befindet. Im Anschluss an den Augenschein wird dessen Gegenstand mit den Verfahrensbeteiligten erörtert (LR/*Krause* § 86 Rn. 46; *Rogall* ZStW 105, 1993, 59 f.). Dies ist entgegen der Rspr. (vgl. BGH NJW 2010, 1010; OLG Zweibrücken VRS 83, 349; a.A. *Schlothauer*, StV 2009, 229) wegen den Besonderheiten der Beweiserhebungssituation und zur Gewährleistung des Erklärungsrechts des Angeklagten bzw. seines Anspruchs auf rechtliches Gehör nach § 257 geboten. In der Sitzungsniederschrift wird nur die Tatsache der Augenscheinseinnahme, nicht aber ihr Ergebnis vermerkt (vgl. OLG Bremen NJW 1981, 2827; OLG Köln VRS 24, 62). § 86 findet insoweit keine Anwendung. Werden Augenscheinsgegenstände als Vernehmungshilfe benutzt, soll dies nicht protokollierungspflichtig sein (BGH NStZ-RR 2005, 66).

8 **Nichtrichterliche Besichtigungen** durch StA und Polizei sind keine Augenscheinseinnahme i.S.d. § 86 (*Dähn*, JZ 1978, 640). Wurde bei der Besichtigung ein Vermerk erstellt, kann er nicht nach § 249 verlesen werden, vielmehr müssen die Durchführenden als Zeugen vernommen werden.

9 **C. Gegenstände des Augenscheins.** Gegenstand des Augenscheins kann alles sein, was der Richter zur Bildung seiner Überzeugung für geeignet erachtet (BGH NJW 1960, 2156; LR/*Krause* § 86 Rn. 9), d.h. Personen, Körper unabhängig von ihrem Aggregatzustand, Örtlichkeiten und auch bestimmte Vorgänge, die der sinnlichen Wahrnehmung zugänglich sind. Werden bestimmte Gegenstände wie etwa Tatortskizzen nur als **Hilfsmittel zur Befragung** von Zeugen und Sachverständigen und zur Veranschaulichung ihrer Aussagen verwendet, so sind sie nicht Gegenstand des Augenscheinsbeweises. Da Beweismittel nur das ist, was zum Inhalt der Bekundung des Zeugen wird, muss die Verwendung sog. **Vernehmungshilfen** nicht als wesentliche *Förmlichkeit (§ 273) ins* Protokoll aufgenommen werden (OLG Hamm VRS 28, 380; 44, 117).

10 **Abbildungen, Lichtbilder, Filme** und (sonstige) digitale Daten (vgl. hierzu MüKo-StPO/*Trück* § 86 Rn. 17) können zum Beweis eines strafbaren Inhalts (z.B. nach §§ 86, 86a, 90 ff., 186 StGB) in Augenschein

genommen werden (zur Verwertbarkeit tätereigener Tatvideos *Metz* NStZ 2020, 9). Sie können ebenso unmittelbaren Beweis über aufgezeichnete Vorgänge, insb. die Begehung der Straftat, erbringen (zur Aufzeichnung der Überwachungskamera einer Bank OLG Celle NJW 1965, 1677, 1679; zur Verkehrsüberwachung OLG Hamm VRS 44, 117; OLG Stuttgart VRS 59, 360, 363; zu heimlich hergestellten Filmaufnahmen einer Straftat OLG Schleswig NJW 1980, 352; zweifelhaft allerdings die Feststellung des BayObLG NStZ-RR 1999, 91 statt des in der Hauptverhandlung abgespielten Videofilms könne sich das Gericht auf nicht in Augenschein genommene, aber in den Akten befindliche Abzüge des Films stützen). Natürlich sind die gespeicherten Daten regelmäßig nicht unmittelbar Gegenstand des Augenscheins, sondern werden etwa wie bei Videodateien durch Abspielen zugänglich gemacht (vgl. auch Meyer-Goßner/*Schmitt* § 86 Rn. 15). Die Beweisführung kann auch mittelbar erfolgen, etwa durch Aufnahmen von einer Gegenüberstellung (vgl. BVerfG NStZ 1983, 84), einem Geständnis des Angeklagten (BGH MDR 1976, 634) oder durch Aufnahmen des Tatorts (Meyer-Goßner/*Schmitt* § 86 Rn. 10). Soweit möglich wird wegen der hohen Manipulationsgefahr der genannten Augenscheinsobjekte meist ihr Hersteller über Aufnahmezeit, Ort usw. als Zeuge vernommen werden müssen (vgl. aber auch RGSt 36, 55, 57; BayObLG JR 1966, 389; OLG Frankfurt VRS 64, 287; OLG Stuttgart DAR 1977, 328; zum Beweiswert digitaler Fotos *Knopp*, ZRP 2008, 158). Bei der Vorführung von Bild- und Tonaufzeichnungen in der Hauptverhandlung ist § 255a zu beachten.

Urkunden müssen in der Regel, soweit dies zulässig ist (§§ 250 ff.), verlesen werden (vgl. § 249; LR/*Krause* § 86 Rn. 32). In Augenschein genommen werden sie nur, wenn sie nicht verlesbar sind und es auf ihre Beschaffenheit ankommt oder ihr gedanklicher Inhalt mittels sachverständiger Hilfe ermittelt werden muss (wie etwa bei technischen Aufzeichnungen, die durch Fahrtenschreiber [OLG Hamm VRS 51, 45, 47; hierfür bedarf der erfahrene Verkehrsrichter keines Sachverständigen, vgl. OLG Jena DAR 2005, 44] oder Registrierkassen [RGSt 55, 107] erstellt wurden). 11

Tonaufzeichnungen in analoger oder digitaler Form können sowohl zum Beweis ihrer äußeren Beschaffenheit als auch des aufgezeichneten Inhalts dienen (BGHSt 14, 339, 441; 27, 135, 136; OLG Celle NJW 1965, 1677; KG NJW 1980, 592). Durch Inaugenscheinnahme kann etwa der strafbare Inhalt oder die Straftatbegehung durch Tonaufzeichnung (etwa bei § 201 StGB) bewiesen werden. Aber auch sonstige Umstände sind dem Augenschein zugänglich, etwa bei Gesprächsaufzeichnung die Teilnehmer eines Gesprächs (sofern deren Identität durch andere Beweismittel bestätigt werden kann, vgl. BGHSt 14, 339, 341), Aussprache und Sprachstil der Teilnehmer, die Umstände der Äußerung und die Freiwilligkeit der Gesprächsteilnahme (vgl. BGHSt 14, 339; Meyer-Goßner/*Schmitt* § 86 Rn. 11). Wurde ein Sachverständiger wegen Befangenheit abgelehnt, soll dennoch die erfolgte Aufzeichnung einer Exploration in Augenschein genommen werden dürfen (vgl. BGH NStZ-RR 2010, 210). 12

Skizzen und Zeichnungen können nur hinsichtlich ihrer Existenz, nicht aber im Hinblick auf ihren gedanklichen Inhalt im Wege des Augenscheins eingeführt werden. Kommt es wie etwa bei Tatortskizzen auf ihren Inhalt an, muss nach § 250 ihr Hersteller als Zeuge über diesen vernommen werden (BGH DAR 1969, 152; VRS 36, 189; BayObLG JR 1966, 389; KK-StPO/*Hadamitzky* § 86 Rn. 6; KMR/*Neubeck* § 86 Rn. 10; a.M. BGH DAR 1977, 176; VRS 27, 119), wobei diesem aber die Skizze vorgehalten werden kann. Ohne Weiteres können aber Land- und Straßenkarten sowie amtliche Lagepläne in Augenschein genommen werden (Meyer-Goßner/*Schmitt* § 86 Rn. 12; zur Rechtsqualität eines Beschilderungsplans vgl. OLG Hamm BeckRS 2018, 41379). 13

Personen werden bei Beweiserheblichkeit zwar regelmäßig i.R.d. §§ 81a, c von Sachverständigen in Augenschein genommen, aber auch das Gericht kann unter Beachtung des § 81d bestimmte Merkmale oder Auffälligkeiten überprüfen (OLG Hamm MDR 1974, 1036). Den äußeren Eindruck von Zeugen und Angeklagtem, den der Richter aufgrund des Mienenspiels und bestimmter Körperreaktionen (z.B. Erröten, Erbleichen) im Rahmen von Vernehmungen in der Hauptverhandlung gewinnt, darf er als »nicht aufgesuchte« Wahrnehmungen ohne Weiteres dem Urteil zugrunde legen (BGHSt 5, 536; BGH MDR 1974, 368; OLG Jena VRS 114, 447; KMR/*Neubeck* § 86 Rn. 11). Davon ausgenommen sind allerdings Fälle, in denen die Aussageperson kraft prozessualen Rechts die Aussage oder Einlassung verweigert, da dann die Rechtsausübung nicht auf die Würdigung von Aussagesurrogaten erstreckt werden darf (vgl. auch Meyer-Goßner/*Schmitt* § 86 Rn. 14; *Haas* GA 1997, 368). 14

Experimente und **nachgestellte Geschehensabläufe** können einerseits Bestandteil von Sachverständigengutachten oder Zeugenaussagen, andererseits aber auch Gegenstand des Augescheinsbeweises sein. Eine Augenscheinseinnahme wurde bspw. angenommen bei Fahrversuchen (BGH VRS 16, 273; 35, 266; OLG Koblenz MDR 1971, 507), Trinkversuchen (BGH NStZ [Pf] 1982, 189), Schießversuchen (RG, GA 59 [1912], 133), Wiedererkennungsversuchen (RGSt 60, 179), Versuchen zur Überprüfung der Glaubwürdigkeit von Zeugenaussagen etwa im Hinblick auf die Merkfähigkeit oder die Fähigkeit zur Sinneswahrnehmung (vgl. RGSt 40, 48, 50 und die Beispiele bei LR/*Krause* § 86 Rn. 39) oder bei der Rekonstruktion des Tatverlaufs 15

(BGH NJW 1961, 1486; OLG Köln NJW 1955, 843). Gegenüberstellungen zur Wiedererkennung des Angeklagten durch Zeugen sind hingegen Teil der Zeugenaussage.

§ 87 Leichenschau, Leichenöffnung, Ausgrabung der Leiche

(1) [1]Die Leichenschau wird von der Staatsanwaltschaft, auf Antrag der Staatsanwaltschaft auch vom Richter, unter Zuziehung eines Arztes vorgenommen. [2]Ein Arzt wird nicht zugezogen, wenn dies zur Aufklärung des Sachverhalts offensichtlich entbehrlich ist.

(2) [1]Die Leichenöffnung wird von zwei Ärzten vorgenommen. [2]Einer der Ärzte muss Gerichtsarzt oder Leiter eines öffentlichen gerichtsmedizinischen oder pathologischen Instituts oder ein von diesem beauftragter Arzt des Instituts mit gerichtsmedizinischen Fachkenntnissen sein. [3]Dem Arzt, welcher den Verstorbenen in der dem Tod unmittelbar vorausgegangenen Krankheit behandelt hat, ist die Leichenöffnung nicht zu übertragen. [4]Er kann jedoch aufgefordert werden, der Leichenöffnung beizuwohnen, um aus der Krankheitsgeschichte Aufschlüsse zu geben. [5]Die Staatsanwaltschaft kann an der Leichenöffnung teilnehmen. [6]Auf ihren Antrag findet die Leichenöffnung im Beisein des Richters statt.

(3) Zur Besichtigung oder Öffnung einer schon beerdigten Leiche ist ihre Ausgrabung statthaft.

(4) [1]Die Leichenöffnung und die Ausgrabung einer beerdigten Leiche werden vom Richter angeordnet; die Staatsanwaltschaft ist zu der Anordnung befugt, wenn der Untersuchungserfolg durch Verzögerung gefährdet würde. [2]Wird die Ausgrabung angeordnet, so ist zugleich die Benachrichtigung eines Angehörigen des Toten anzuordnen, wenn der Angehörige ohne besondere Schwierigkeiten ermittelt werden kann und der Untersuchungszweck durch die Benachrichtigung nicht gefährdet wird.

S.a. RiStBV Nr. 33 bis 38

1 **A. Grundsätzliches und Regelungsgehalt.** Die Norm regelt die Voraussetzungen von **Leichenschau (Abs. 1)** und **Leichenöffnung (Abs. 2)** sowie der dazu ggf. erforderlichen **Exhumierung (Abs. 3, 4)**. Leichenschau und Leichenöffnung sind mit größter Beschleunigung durchzuführen (Nr. 36 Abs. 1 RiStBV), um eine möglichst hohe Zuverlässigkeit der ärztlichen Feststellungen zur Todesursache zu gewährleisten (*Maiwald* NJW 1978, 565). Bei der Leichenschau wird im Gegensatz zur Leichenöffnung lediglich die äußere Beschaffenheit einer Leiche besichtigt.

2 **B. Leichenschau.** Kann eine Straftat als Todesursache nicht von vornherein ausgeschlossen werden, ist möglichst am Tat- oder Fundort der Leiche eine Leichenschau durchzuführen (RiStBV Nr. 33 Abs. 1 Satz 2). Eine etwa bei Verdacht der fahrlässigen Tötung im Straßenverkehr erforderliche Leichenblutentnahme zur Feststellung der Alkoholtoxikation (z.B. bei möglichem Mitverschulden) ist nicht Bestandteil der Leichenschau und kann deshalb nur im Wege der Sicherstellung erfolgen (vgl. auch *Ebner* SVR 2010, 251).

3 **I. Zuständigkeit. Zuständig** für die Leichenschau ist primär die StA (RiStBV Nr. 33 Abs. 3 Satz 1), die hierfür, anders als bei der Leichenöffnung (Abs. 4 Satz 1), keiner richterlichen Anordnung bedarf. Die im Regelfall vorausgehende Besichtigung der Leiche durch die Polizei ist keine Leichenschau i.S.v. § 87. In Ausnahmefällen wird die StA bei dem nach § 162 Abs. 1 Satz 3 zuständigen Richter beantragen, dass dieser die Leichenschau vornimmt, etwa wenn eine nach § 249 Abs. 1 Satz 1 verlesbare Niederschrift gewonnen werden soll (Nr. 33 Abs. 3 Satz 2 RiStBV; Meyer-Goßner/*Schmitt* § 87 Rn. 4). Bei Antrag der StA hat der Richter nur die rechtliche Zulässigkeit der Maßnahme, nicht aber deren Zweckmäßigkeit zu prüfen (LG Waldshut NJW 1972, 1148; KK-StPO/*Hadamitzky* § 87 Rn. 3; LR/*Krause* § 87 Rn. 10). Ohne einen Antrag kann der Richter die Leichenschau nur vornehmen, wenn ihm nach § 159 Abs. 1 ein ungeklärter Todesfall gemeldet wird und die Voraussetzungen von § 165 vorliegen (Meyer-Goßner/*Schmitt* § 87 Rn. 5; *Maiwald* NJW 1978, 561). Wird die Leichenschau unter Beteiligung eines Richters durchgeführt, liegt ein richterlicher Augenschein unter Hinzuziehung eines Sachverständigen vor, sodass § 168d anzuwenden ist.

II. Durchführung durch einen Arzt. Der nach **Abs. 1 Satz 1** im Regelfall **hinzuzuziehende Arzt** muss weder Gerichts- noch Amtsarzt sein (krit. *Geerds* ArchKrim 199 [1997], 50). Er unterstützt und ergänzt als Sachverständiger die Tätigkeit von StA und Gericht. Vollständig überlassen werden darf ihm die Leichenschau nach dem klaren Gesetzeswortlaut jedoch nicht (LR/*Krause* § 87 Rn. 11), auch wenn dem Staatsanwalt die erforderliche Sachkunde bei Ermittlung der Befundtatsachen meist fehlen wird. Von der Hinzuziehung eines Arztes kann abgesehen werden, wenn diese bei pflichtgemäßer Ermessensausübung offensichtlich entbehrlich erscheint, bspw. weil die Todesursache und die an der Leiche vorhandenen Verletzungen auch ohne sachverständige Begutachtung feststehen (Meyer-Goßner/*Schmitt* § 87 Rn. 6; den durch fehlende medizinische Sachkunde der Strafverfolgungsbehörden ausgelösten Bedenken von *Geerds* ArchKrim 199, [1997], 50 ist durch eine restriktive Handhabung der Ausnahmeregelung Rechnung zu tragen). 4

III. Protokollierung. Für die Leichenschau durch den Richter besteht eine **Protokollierungspflicht** nach §§ 168, 168a, hinsichtlich des Inhalts ist § 86 zu beachten. Nach § 168a Abs. 3 muss das Protokoll auch von dem hinzugezogenen Arzt unterschrieben werden. Auch wenn die Unterschrift unterbleibt, kann das Protokoll in der Hauptverhandlung nach § 249 Abs. 1 Satz 1 verlesen werden (KK-StPO/*Senge* § 87 Rn. 3). Wird die Leichenschau durch den StA durchgeführt, reicht ein Aktenvermerk aus (§ 168b). 5

C. Leichenöffnung. I. Zuständigkeit und Anordnungsvoraussetzungen. Die **Leichenöffnung** wird grds. auf Antrag der StA (Ausnahme: § 165) durch den **Richter angeordnet (Abs. 4 Satz 1)**. Zuständig für die Anordnung ist der Ermittlungsrichter, in dessen Bezirk sich die Leiche befindet (Meyer-Goßner/*Schmitt* § 87 Rn. 10; SK-StPO/*Rogall* § 87 Rn. 40; a.A. KMR/*Neubeck* § 87 Rn. 9: Richter des Sektionsortes). Eine **Eilzuständigkeit** der StA, nicht aber ihrer Ermittlungspersonen, besteht bei Gefährdung des Untersuchungserfolges (§ 87 Abs. 4 Satz 1 Hs. 2), bspw. wenn der Zustand der Leiche dies erfordert oder die Todesursache sofort aufgeklärt werden muss (Meyer-Goßner/*Schmitt* § 87 Rn. 10). 6

Angeordnet wird die Leichenöffnung, wenn Anhaltspunkte für einen nicht natürlichen Tod (§ 159) oder für Fremdverschulden (§ 160) bestehen, eine Straftat nicht schon von vornherein ausgeschlossen werden kann (Nr. 33 Abs. 1 Satz 2 RiStBV; vgl. auch *Koch* NJW 1965, 528) und eine Leichenschau nicht ausreicht, eine Straftat als Todesursache auszuschließen (vgl. BVerfG NJW 1994, 783; NZS 2007, 83; LG Mainz NStZ-RR 2002, 43; *Kuhlmann* Kriminalistik 1973, 443; *Maiwald* NJW 1978, 561). Mit der Leichenöffnung kann sowohl festgestellt werden, ob eine Straftat vorliegt, als auch die konkrete Todesursache und Todeszeit geklärt werden (Meyer-Goßner/*Schmitt* § 87 Rn. 9; KMR/*Neubeck* § 87 Rn. 2). Die Angehörigen sind nach Möglichkeit vor der Leichenöffnung zu hören. Verweigern die Angehörigen die Herausgabe der Leiche, muss sie nach Anhörung des Totensorgeberechtigten ggf. beschlagnahmt werden (Meyer-Goßner/*Schmitt* § 87 Rn. 9). Der Fall, dass eine Leichenöffnung zu unterbleiben hat, weil sie außer Verhältnis zur Einschränkung des Rechts auf Totenfürsorge und des Pietätsgefühls der Hinterbliebenen stünde, dürfte kaum eintreten (KK-StPO/*Hadamitzky* § 87 Rn. 2; vgl. aber BVerfG NJW 1994, 783), da sie dann meist bereits nicht erforderlich ist. 7

Die StA hat nach pflichtgemäßem Ermessen zu beurteilen, ob sie selbst teilnimmt und dann die Leichenöffnung eigenverantwortlich leitet (§ 161a Abs. 1 Satz 2 i.V.m. § 86), einen Richter hinzuzieht oder die Leichenöffnung den zwei Ärzten überlässt (LR/*Krause* § 87 Rn. 19). Nach Nr. 33 Abs. 4 Satz 1 RiStBV kommt eine Teilnahme der StA in Betracht, wenn es sich um Kapitalsachen bzw. die Rekonstruktion eines Unfallgeschehens bei tödlichen Unfällen, um Todesfälle durch Schusswaffengebrauch im Dienst oder im Vollzug freiheitsentziehender Maßnahmen handelt oder wenn ärztliche Behandlungsfehler Verfahrensgegenstand sind. Nimmt ein Staatsanwalt teil, hat er ggf. beweissichernde Maßnahmen zu veranlassen (z.B. die Beschlagnahme von Leichenteilen sowie die Entnahme von Gewebeproben oder von Körperflüssigkeiten, wenn deren besondere Untersuchung geboten ist, vgl. Nr. 35 Abs. 1 Satz 1 RiStBV; zur Hinzuziehung eines Toxikologen oder Chemikers bei Verdacht der Vergiftung vgl. § 91; zur Tötung durch Stromschlag erg. Nr. 26 Abs. 2 Satz 2 RiStBV). Er hat auch die zur Anordnung einer Bestattungsgenehmigung erforderlichen Maßnahmen zu vollziehen (§ 159 Abs. 2). 8

Stellt die StA einen Antrag auf **Mitwirkung eines Richters (Abs. 2 Satz 6)**, prüft der Richter lediglich dessen Zulässigkeit, nicht aber die Erforderlichkeit und Zweckmäßigkeit der Anwesenheit. Wenn der Antrag zulässig ist, muss er diesem stattgeben. Die StA entscheidet über die Hinzuziehung nach pflichtgemäßem Ermessen, wird sie aber nur in voraussehbar problematischen Fällen oder bei besonderer Problematik des vermuteten Sachverhalts (etwa politischer Mord, *Meyer-Goßner* § 87 Rn. 14) in Betracht ziehen. Allein die Notwendigkeit, ein nach § 249 Abs. 1 Satz 1 verlesbares Protokoll zu gewinnen, wird nicht ausreichen (zutr. Meyer-Goßner/*Schmitt* § 87 Rn. 14; a.A. LR/*Krause* § 87 Rn. 19). Nimmt ein Richter teil, so leitet er die Untersuchung und erteilt die erforderlichen Weisungen. 9

10 **II. Durchführung durch zwei Ärzte. Abs. 2 Satz 1** verlangt, dass die Leichenöffnung von **zwei Ärzten** vorgenommen wird, die zudem von ihrem Beginn bis zu ihrer Beendigung ununterbrochen anwesend sind. Satz 2 sieht vor, dass einer der Obduzenten ein Gerichtsarzt, d.h. zur Wahrnehmung der in gerichtlichen Angelegenheiten vorkommenden ärztlichen Geschäfte bestellt ist (LR/*Krause* § 87 Rn. 24 m.w.N. zum Landesrecht), oder ein Leiter eines öffentlichen gerichtsmedizinischen oder pathologischen Instituts oder ein von diesem beauftragter Arzt sein muss. Zu den genannten Instituten gehören insb. Universitätsinstitute, nicht aber die Abteilungen für Pathologie der öffentlichen Krankenhäuser. Ist einer der in Satz 2 genannten Ärzte nicht rechtzeitig erreichbar, kann in dringlichen Fällen ein anderer in seiner Vertretung mitwirken (*Eisenberg* BR, Rn. 1953; KMR/*Neubeck* § 87 Rn. 12). Der **behandelnde Arzt** ist von der Mitwirkung **ausgeschlossen**, da das Gesetz davon ausgeht, der Arzt könnte deshalb befangen sein, weil er den Verstorbenen wegen einer dem Tod unmittelbar vorausgehenden Krankheit behandelt hat. Die Ursächlichkeit der Krankheit für den Tod muss nicht feststehen, da für die Befangenheit lediglich die Möglichkeit eines Ursachenzusammenhangs zwischen Behandlung und Todeseintritt ausschlaggebend ist. Sofern es etwa zur Untersuchung hilfreich ist, Details aus der Krankengeschichte des Verstorbenen zu wissen, kann der behandelnde Arzt allerdings durch StA oder Richter aufgefordert werden, an der Leichenöffnung teilzunehmen (**Abs. 2 Satz 4**). Er ist dann sachverständiger Zeuge, kann aber nicht als Sachverständiger in der Hauptverhandlung vernommen werden (zutr. SK-StPO/*Rogall* § 87 Rn. 24; a.A. Meyer-Goßner/*Schmitt* § 87 Rn. 12).

11 **III. Protokollierung.** Erfolgt die Leichenöffnung im Beisein des Richters muss nach § 168 Satz 1 ein **Protokoll** angefertigt werden, dessen Inhalt sich aus §§ 168a, 86 ergibt. Das Protokoll wird von dem Richter (§ 168 Satz 3) und von den Ärzten (§ 87 Abs. 2 Satz 1) unterschrieben. Soweit in dem Protokoll die sachverständigen Bekundungen der Ärzte über Befundtatsachen und ihre Schlussfolgerungen beurkundet werden, handelt es sich um ein Vernehmungsprotokoll, das nur unter den Voraussetzungen der §§ 251, 253, 256 verlesen werden kann (BGH NStZ-RR 2001, 262; BGH, 21.09.2000 – 1 StR 634/99). Sind diese nicht erfüllt, müssen die teilnehmenden Ärzte als Sachverständige vernommen werden, wobei bei einstimmigem Ergebnis die Vernehmung eines Arztes genügt (BGH, 02.04.2008 – 2 StR 621/07). Soweit das Protokoll hingegen den richterlichen Augenschein beurkundet, darf es nach § 249 Abs. 1 Satz 1 verlesen werden. Findet die Leichenöffnung nur im Beisein der StA statt, dann ist lediglich das Ergebnis der Untersuchung (vgl. § 168b Abs. 1) aktenkundig zu machen. Selbstverständlich erfolgt dabei die Niederschrift der von den Sachverständigen festgestellten Befunde.

12 **IV. Anwesenheit weiterer Personen.** Für den Beschuldigten oder seinen Verteidiger besteht kein Anwesenheitsrecht bei der Leichenöffnung. § 168d ist insoweit auch bei Mitwirkung eines Richters nicht anwendbar, da im Kern keine Augenscheinseinnahme vorliegt (LR/*Krause* § 87 Rn. 28; krit. LR/*Erb* § 168d Rn. 4). Wegen der besonderen Bedeutung der Beweissituation sollte aber nach Möglichkeit einem von der Verteidigung benannten Sachverständigen die Anwesenheit gestattet werden (enger Meyer-Goßner/*Schmitt* § 87 Rn. 15). Die Anwesenheit der in der Sache ermittelnden Kriminalbeamten wird meist zweckmäßig, ggf. sogar notwendig sein (LR/*Krause* § 87 Rn. 28; *Falter* Kriminalistik 1964, 87).

13 **D. Ausgrabung der Leiche. I. Zuständigkeit.** Wenn Leichenschau und Obduktion die **Ausgrabung einer Leiche (Abs. 3, 4)** erfordern, erfolgt ihre Anordnung auf Antrag der StA (Ausnahme: § 165) durch den nach § 162 zuständigen Ermittlungsrichter bzw. nach Anklageerhebung durch das mit der Sache befasste Gericht. Die StA darf sie nur bei wohl kaum jemals eintretender Gefährdung des Untersuchungserfolges anordnen (§ 87 Abs. 4 Satz 1). Zur Ausgrabung sollte einer der Obduzenten, bei Verdacht der Vergiftung auch ein chemischer Sachverständiger hinzugezogen werden (vgl. Nr. 34 RiStBV).

14 **II. Benachrichtigungspflichten.** Eine auch formlos mögliche **Benachrichtigung der Angehörigen** erfolgt, wenn sie bekannt oder leicht zu ermitteln sind (**Abs. 4 Satz 2**). Eine Benachrichtigung unterbleibt bei Gefährdung des Untersuchungszwecks, bspw. wenn der Angehörige selbst tatverdächtigt ist oder die Gefahr besteht, dass er andere Tatverdächtige benachrichtigt (KMR/*Neubeck* § 87 Rn. 16). Ohne entsprechenden Antrag der StA wird dem Richter die Beurteilung einer Gefährdung des Untersuchungszwecks nicht leichtfallen, sodass er die Benachrichtigung von Angehörigen mit der StA abstimmen wird (vgl. Meyer-Goßner/*Schmitt* § 87 Rn. 18).

15 **E. Revision.** Ein Verstoß gegen § 87 wird in aller Regel die Revision nicht begründen. Auch ein Verstoß gegen Abs. 2, d.h. die Durchführung nur durch einen Arzt oder die Mitwirkung eines nach Satz 3 ausgeschlossenen Arztes führt grds. nicht zur Unverwertbarkeit der gewonnenen Ergebnisse (KK-StPO/*Senge* § 87 Rn. 9; KMR/*Neubeck* § 87 Rn. 19; LR/*Krause* § 87 Rn. 34; a.A. *Eisenberg* BR, Rn. 1962; HK-StPO/*Brauer* § 87 Rn. 18: Satz 3 beinhaltet eine »unwiderlegliche Befangenheitsvermutung«; Meyer-Goßner/*Schmitt*

§ 87 Rn. 19), sofern der Richter bei der Beweiswürdigung zu erkennen gibt, dass er diese Umstände berücksichtigt hat. Der Verstoß gegen die Benachrichtigungsvorschrift des Abs. 4 Satz 2 ist ebenso nicht revisibel, da mit dieser lediglich Angehörigeninteressen Rechnung getragen werden soll.

§ 88 Identifizierung des Verstorbenen vor Leichenöffnung

(1) [1]Vor der Leichenöffnung soll die Identität des Verstorbenen festgestellt werden. [2]Zu diesem Zweck können insbesondere Personen, die den Verstorbenen gekannt haben, befragt und Maßnahmen erkennungsdienstlicher Art durchgeführt werden. [3]Zur Feststellung der Identität und des Geschlechts sind die Entnahme von Körperzellen und deren molekulargenetische Untersuchung zulässig; für die molekulargenetische Untersuchung gilt § 81f Abs. 2 entsprechend.

(2) Ist ein Beschuldigter vorhanden, so soll ihm die Leiche zur Anerkennung vorgezeigt werden.

Übersicht

A. Grundsätzliches und Regelungsgehalt. Die **Feststellung der Identität** des Verstorbenen ist auch unabhängig von einer Leichenöffnung erforderlich, so wie umgekehrt insb. bei einer möglichen Verschlechterung der Beweissituation (vgl. § 89) eine Leichenöffnung auch vor Identifizierung geboten sein kann. Neben der ausdrücklich angeführten Befragung von Zeugen sind erkennungsdienstliche Maßnahmen (vgl. § 81b) zulässig. Infrage kommen etwa radiologische Untersuchungen oder ein Vergleich des Zahnschemas. **Abs. 1 Satz 3** stellt zudem klar, dass auch molekulargenetische Untersuchungen nach Maßgabe des § 81f Abs. 2 durchgeführt werden können (vgl. dazu *Rogall*, FS Schroeder, S. 697). 1

B. Anerkennung durch den Beschuldigten. Aufgrund der sprachlich missglückten, rechtlich fragwürdigen und tatsächlich weitgehend entbehrlichen Anordnung des **Abs. 2**, soll dem Beschuldigten die Leiche zur Anerkennung vorgezeigt werden. Auch wenn die Regelung lediglich als »Sollvorschrift« neugestaltet wurde (so zur a.F. bereits LR/*Krause* § 88 Rn. 2; *Bohnert* NStZ 1982, 5), bleibt ihre Bedeutung im Dunkeln, da der Beschuldigte zu keiner Erklärung verpflichtet ist und ihm dies auch vor der »Anerkennung« verdeutlicht werden muss. Da es den Strafverfolgungsbehörden auch außerhalb des Anwendungsbereichs des § 136a untersagt bleiben muss, die Vorführung der Leiche zur Aussageerlangung auszunutzen (auch die »Anerkennung« der Leiche ist unabhängig von der Schuld des Beschuldigten eine Aussage; vgl. zutr. KMR/*Neubeck* § 88 Rn. 2: »Teil der Vernehmung«), kann die Leiche nur bei einem ohnehin aussagebereiten Beschuldigten, der sich der Bedeutung der Beweissituation bewusst ist, vorgezeigt werden. Da bei feststehender Identität des Verstorbenen eine »Anerkennung« überflüssig ist (vgl. BGH NStZ [Pf] 1981, 94; Meyer-Goßner/*Schmitt* § 88 Rn. 2), hätte es für die wenigen verbleibenden Fälle der irreführenden Regelung des Abs. 2 nicht bedurft. 2

C. Revision. Nach allgemeiner Auffassung kann ein Verstoß insb. gegen Abs. 2 nur ganz ausnahmsweise die Revision begründen, wenn ansonsten die Identität des Opfers nicht zweifelsfrei festgestellt werden kann und dies (wie wohl im Regelfall) für die Feststellung der Täterschaft und Schuld des Beschuldigten von Bedeutung ist (vgl. *Eisenberg* BR Rn. 1961; LR/*Krause* § 88 Rn. 3; KMR/*Neubeck* § 88 Rn. 3 zu BGH, 10.09.1953 – 3 StR 336/53). Ein Verstoß gegen § 136a scheide hingegen aus, da sonst die Regelung des § 88 Abs. 2 bedeutungslos wäre. Wenn dann noch betont wird, ein Verstoß gegen § 136a sei allerdings gegeben, wenn der Beschuldigte über das »bloße Ansehen« der Leiche hinaus durch Vorzeigen zur Schilderung des Tatgeschehens veranlasst werden und seine Sühnebereitschaft geweckt werden soll (so LR/*Krause* § 88 Rn. 3; vgl. bereits BGHSt 15, 187, 189), dann zeigt sich der logische Widerspruch in aller Deutlichkeit. Da dem Beschuldigten die Leiche zur Anerkennung und damit zu einer Aussage vorgezeigt wird (verharmlosend KK-StPO/*Hadamitzky* § 88 Rn. 2, es werde dem Beschuldigten »nur Gelegenheit zur Äußerung« gegeben), muss er über die Bedeutung der Beweissituation belehrt worden sein, ansonsten ist jede Form der Anerkennung aber auch jede darüber hinausgehende Erklärung aufgrund eines Verstoßes gegen den *nemo-tenetur*-Grundsatz unverwertbar. Umgekehrt kann ein Verstoß gegen die gerichtliche Aufklärungspflicht wegen unterlassener Identifizierung nach Abs. 2 nur darauf gestützt werden, dass es unterlassen wurde, dem Beschuldigten nach ordnungsgemäßer Belehrung die Möglichkeit zur Anerkennung der ansonsten nicht festzustellenden Identität des Tatopfers zu geben. 3

§ 89 Umfang der Leichenöffnung

Die Leichenöffnung muss sich, soweit der Zustand der Leiche dies gestattet, stets auf die Öffnung der Kopf-, Brust- und Bauchhöhle erstrecken.

1 **A. Grundsätzliches und Regelungsgehalt.** Die Vorschrift legt den Umfang der Leichenöffnung (§ 87 Abs. 2) fest. Sie hat sich, sofern der Zustand der Leiche dies noch zulässt, stets auf die genannten drei Körperhöhlen zu erstrecken, selbst wenn die Todesursache bereits nach Öffnung einer Körperhöhle festzustehen scheint (LR/*Krause* § 89 Rn. 1; Meyer-Goßner/*Schmitt* § 89 Rn. 1; SK-StPO/*Rogall* § 89 Rn. 1: »obligatorisches Mindestprogramm«). Im Regelfall können nur auf diesem Wege andere Todesursachen ausgeschlossen werden. Bei Verdacht auf Vergiftung ist § 91 zu beachten. Zur Vorgehensweise, wenn die Aufklärungspflicht die Entnahme von Leichenteilen zur weiteren Untersuchung gebietet, vgl. Nr. 35 RiStBV (dazu *Haehling von Lanzenauer*, Kriminalistik 1993, 379). Für die Durchführung der Leichenöffnung sind vereinzelt landesrechtliche Regelungen vorhanden (z.B. Hamburg, Berlin), einheitliche Sektionsgesetze fehlen bislang (zur Entschädigung des Sachverständigen vgl. Nrn. 102 bis 104 Anlage 2 JVEG und OLG Düsseldorf BeckRS 2021, 11752. Richter (vgl. § 78) und Staatsanwalt (vgl. § 161a Abs. 1 Satz 2) treffen ggf. Pflichten zur Instruktion des Sachverständigen über den nach § 89 gebotenen Umfang der Leichenöffnung (KK-StPO/*Hadamitzky* § 89 Rn. 1; SK-StPO/*Rogall* § 89 Rn. 3).

2 **B. Revision.** Auf einen Verstoß gegen § 89 kann die Revision nicht gestützt werden (KMR/*Neubeck* § 89 Rn. 2; LK/*Krause* § 89 Rn. 3). Entscheidend ist insoweit allein, ob die gerichtliche Aufklärungspflicht verletzt worden ist (HK-StPO/*Brauer* § 89 Rn. 2).

§ 90 Öffnung der Leiche eines Neugeborenen

Bei Öffnung der Leiche eines neugeborenen Kindes ist die Untersuchung insbesondere auch darauf zu richten, ob es nach oder während der Geburt gelebt hat und ob es reif oder wenigstens fähig gewesen ist, das Leben außerhalb des Mutterleibes fortzusetzen.

1 **A. Grundsätzliches und Regelungsgehalt.** § 90 ordnet an, dass sich bei der Leichenöffnung Neugeborener die Untersuchung v.a. darauf zu erstrecken hat, ob das Kind lebend geboren wurde und lebensfähig war (zur insoweit missverständlichen Gesetzesfassung LR/*Krause* § 90 Rn. 1 [nicht »auch«). Diese Feststellungen sind erforderlich, um anhand der Rechtsgutqualität im Zeitpunkt des Einwirkens der Tathandlung (vgl. § 8 StGB) die Tötungs- und Körperverletzungsdelikte (§§ 211 ff., 223 StGB) vom Abbruch einer Schwangerschaft (§§ 218 ff. StGB) abgrenzen und entsprechende Indizien feststellen zu können (SK-StPO/*Rogall* § 90 Rn. 2). Auch zur Aufklärung von Kunstfehlern bei der geburtshelferlichen Tätigkeit bedarf es einer entsprechenden Untersuchung (Meyer-Goßner/*Schmitt* § 90 Rn. 1). Hier kann in besonderen Fällen die ergänzende Hinzuziehung eines Pädiaters oder Gynäkologen sinnvoll sein (LR/*Krause* § 90 Rn. 1). Gericht und StA weisen den Sachverständigen in der Auftragsbeschreibung auf den geforderten Umfang der Obduktion hin (§ 78).

2 **B. Revision.** Ein Verstoß gegen § 90 ist ebenso wenig revisibel wie die Missachtung von § 89.

§ 91 Untersuchung der Leiche bei Verdacht einer Vergiftung

(1) Liegt der Verdacht einer Vergiftung vor, so ist die Untersuchung der in der Leiche oder sonst gefundenen verdächtigen Stoffe durch einen Chemiker oder durch eine für solche Untersuchungen bestehende Fachbehörde vorzunehmen.

(2) Es kann angeordnet werden, dass diese Untersuchung unter Mitwirkung oder Leitung eines Arztes stattzufinden hat.

S.a. RiStBV Nr. 34, 35

A. Grundsätzliches und Regelungsgehalt. Die Vorschrift konkretisiert die bei Leichenöffnungen (§ 87 Abs. 2) bestehende **Aufklärungspflicht** und das bei Beauftragung eines Sachverständigen bestehende **Auswahl- und Leitungsermessen** (§§ 73, 78; vgl. SK-StPO/*Rogall* § 91 Rn. 1). Bei Verdacht einer Vergiftung hat zur sachgerechten Aufklärung der Zusammensetzung und Wirkung verdächtiger Stoffe die Beauftragung eines Chemikers oder die Begutachtung durch eine Fachbehörde (§ 83 Abs. 3) zu erfolgen (vgl. auch BGH NJW 2014, 1667). 1

Der ohnehin unscharfe **Begriff der Vergiftung** beschränkt den Anwendungsbereich nicht auf Fälle der Tötung (§§ 211 ff., 222 StGB; vgl. auch Nr. 35 Abs. 1 Satz 1 RiStBV) oder Körperverletzung (insb. § 224 Abs. 1 Nr. 1 StGB), sondern umfasst alle Delikte, bei denen die Untersuchung nach § 91 Aufschluss über Art und Mittel der Tatbegehung geben kann (z.B. §§ 229, 314, 324, 326, 330a oder auch Tatbestände des Nebenstrafrechts, bei denen gesundheitsschädliche Stoffe als Tatmittel eingesetzt werden, vgl. SK-StPO/*Rogall* § 91 Rn. 2). 2

B. Auswahl des Sachverständigen und Hinzuziehung eines Arztes. Angeordnet wird die Hinzuziehung eines auf dem Gebiet der Toxikologie ausgewiesenen Chemikers bzw. die Übergabe der zu untersuchenden Stoffe an eine Fachbehörde durch den die Leichenöffnung leitenden Richter oder StA. Die Auswahl des geeigneten Sachverständigen erfolgt durch den Anordnenden (vgl. § 73). **Abs. 2** sieht die Anordnung der **Mitwirkung eines Arztes** bei der Untersuchung der in der Leiche oder sonst aufgefundenen Stoffe oder sogar die Leitung der Untersuchung durch den Arzt vor. Die Anordnung erfolgt ebenso durch den Richter oder StA, der die Leichenöffnung leitet (KMR/*Neubeck* § 91 Rn. 2), wobei der hinzugezogene Arzt nicht der Obduzent oder ein Gerichtsarzt sein muss (Meyer-Goßner/*Schmitt* § 91 Rn. 3). Der Arzt kann sachverständiger Zeuge oder Sachverständiger sein, je nachdem, ob er nur über Wahrnehmung berichtet oder sich gutachterlich äußern soll (*Eisenberg*, BR, Rn. 1964). Die Leichenöffnung und die anschließende Untersuchung kann als hoheitliche Tätigkeit Amtshaftungsansprüche auslösen (BGH NJW 2014, 1666). 3

§ 92 Gutachten bei Verdacht einer Geld- oder Wertzeichenfälschung

(1) [1]Liegt der Verdacht einer Geld- oder Wertzeichenfälschung vor, so sind das Geld oder die Wertzeichen erforderlichenfalls der Behörde vorzulegen, von der echtes Geld oder echte Wertzeichen dieser Art in Umlauf gesetzt werden. [2]Das Gutachten dieser Behörde ist über die Unechtheit oder Verfälschung sowie darüber einzuholen, in welcher Art die Fälschung mutmaßlich begangen worden ist.
(2) Handelt es sich um Geld oder Wertzeichen eines fremden Währungsgebietes, so kann an Stelle des Gutachtens der Behörde des fremden Währungsgebietes das einer deutschen erfordert werden.

S.a. RiStBV Nr. 215 bis 219

Übersicht

A. Grundsätzliches und Regelungsgehalt. Liegt ein Verdacht einer **Geld- oder Wertzeichenfälschung** (§§ 146 ff. StGB; and. SK-StPO/*Rogall* § 92 Rn. 5, der die Wertpapierfälschung gem. § 151 StGB ausnimmt) vor, so sind die Tatprodukte »erforderlichenfalls« der Behörde vorzulegen, die echtes Geld oder echte Wertzeichen dieser Art in Umlauf setzt (zur zuständigen Behörde vgl. Nr. 216 RiStBV; erg. zur Verfolgung sog. Münzstraftaten Nr. 215 bis 219 RiStBV). Die Begutachtung der Art der Fälschung dient dabei zumindest auch präventiven Zwecken. Da die **Vorlagepflicht** nur i.R.d. gerichtlichen Aufklärungspflicht besteht, muss kein Behördengutachten eingeholt werden, wenn die Unechtheit und Art der Fälschung auch durch Augenschein festgestellt werden können (KMR/*Neubeck* § 92 Rn. 1; KK-StPO/*Hadamitzky* § 92 Rn. 1; Meyer-Goßner/*Schmitt* § 92 Rn. 2). 1

B. Verfahren und Revision. Die eingeholten Behördengutachten können ggf. nach § 256 verlesen werden (vgl. auch RGSt 63, 122). Werden Wertpapiere (§ 151 StGB) von Privaten, etwa Gesellschaften, ausgegeben, können auch deren Mitarbeiter zur Begutachtung herangezogen werden. In diesem Fall handelt es sich jedoch nicht um ein Behördengutachten i.S.v. § 92, sodass das Gutachten mündlich zu erstatten ist. **Abs. 2** sieht vor, dass in den Fällen des § 152 StGB zur Verfahrensvereinfachung auch eine deutsche Behörde (vgl. § 216 Abs. 1 RiStBV) mit dem Gutachten betraut werden kann (vgl. zur Einbeziehung der Deutschen Bundesbank auch § 216 Abs. 1b RiStBV und BGH wistra 1996, 343). 2

Da § 92 lediglich die gerichtliche Aufklärungspflicht (§ 244 Abs. 2) konkretisiert, kann ein Verstoß unter entsprechenden Voraussetzungen die **Revision** begründen (SK-StPO/*Rogall* § 92 Rn. 13). 3

§ 93 Schriftgutachten

Zur Ermittlung der Echtheit oder Unechtheit eines Schriftstücks sowie zur Ermittlung seines Urhebers kann eine Schriftvergleichung unter Zuziehung von Sachverständigen vorgenommen werden.

1 **A. Grundsätzliches und Regelungsgehalt.** Die Ermittlung der Echtheit oder Unechtheit eines Schriftstücks, dessen Urheber nicht der Beschuldigte sein muss, kann mittels eines Schrift-Sachverständigen erfolgen (Form des Sachverständigenbeweises; zur Maschinenschrift als Gegenstand der Schriftvergleichung *Eisenberg* BR, Rn. 1978 ff.). Daneben muss der Richter zwar das Schriftstück und die hierfür erforderlichen Schriftproben auch selbst in Augenschein nehmen (KG StV 1993, 628; a.A. LR/*Krause* § 93 Rn. 3), die nach § 93 zu prüfende Beweisfrage wird er aber kraft eigener Sachkunde in den seltensten Fällen selbst beantworten können (KG StraFo 2009, 154 auch zur Pflicht, diese eigene Sachkunde im Urteil zu begründen). Keine Schriftvergleichung i.S.v. § 93 liegt vor, wenn mittels eines grafologischen Gutachtens Charaktereigenschaften des Schreibers ermittelt werden sollen (KMR/*Neubeck* § 93 Rn. 1; *Eisenberg* BR, Rn. 1966 erachtet Erkenntnisse der Grafologie für nicht gerichtsverwertbar; sehr krit. zu forensisch-linguistischen Textvergleichen, die sich am textlichen Schreibstil orientieren [kein Fall des § 93!] auch *ders.* NStZ 2010, 680).

2 **B. Durchführung des Schriftvergleichs.** Da gesicherte und überprüfbare Standards der Schriftvergleichung wohl nicht in vergleichbarem Umfang wie auf anderen Fachgebieten bestehen (vgl. LR/*Krause* § 93 Rn. 8; zu den Grundkomponenten, etwa Merkmale der Schriftführung, Strichbeschaffenheit, Schreibtiefe, Schriftgeschwindigkeit, Bewegungsrichtung, Formgebung, vertikale und horizontale Ausdehnung, vertikale und horizontale Flächengliederung [Ober- und Unterrand, Zeilenabstand, Seitenränder, Wortabstände] etc. *Michel* Kriminalistik 1992, 478; zur Darstellung im Urteil vgl. u.a. KG BeckRS 2009, 07629), ist bei der Auswahl und Leitung des Sachverständigen besondere Sorgfalt zu wahren. In der Urteilsbegründung ist insoweit darzulegen, mit welcher Methode und unter Berücksichtigung welcher Kennzeichen eine Übereinstimmung ermittelt wurde. Selbstverständlich sind auch die jeweiligen Materialvoraussetzungen mitzuteilen. Kommt dem Gutachten maßgebliche Bedeutung zu, kann die Bestellung mehrerer Sachverständiger erforderlich sein, die ihr Gutachten unabhängig voneinander erstellen sollen (BGHSt 10, 119; OLG Celle NJW 1974, 616; OLG Düsseldorf, StV 1986, 375; 1991, 456; KG StraFo 2009, 154). Auch die Hinzuziehung eines Experten des BKA kommt dann in Betracht. Zur Schriftvergleichung sollten möglichst Originalurkunden und keine Kopien genutzt werden (OLG Braunschweig NJW 1953, 1035; LG Berlin MDR 1964, 694). Auf Ablichtungen sollte sich das Gutachten nur stützen, wenn keine Originale zur Verfügung stehen, wobei dies im Urteil zu begründen ist (OLG Celle StV 1981, 608; OLG Düsseldorf StV 1986, 376; OLG Köln StV 1981, 530; SK-StPO/*Rogall* § 93 Rn. 11; *Philipp* Kriminalistik 1973, 25; a.M. *Hecker* Kriminalistik 1972, 24). Teilweise wird es für erforderlich erachtet, dem Sachverständigen Akteneinsicht zu gewähren, damit dieser die Rahmenbedingungen der Schreibleistung und die Entstehungsgeschichte des Schreibens ergründen kann (vgl. *Händel* Kriminalistik 1976, 495; *Pfanne* NJW 1974, 1439; KK-StPO/*Hadamitzky* § 93 Rn. 4: nur im Einzelfall). Zur Wahrung der Unbefangenheit des Sachverständigen ist dies jedoch abzulehnen (vgl. OLG Celle NJW 1974, 616; LR/*Krause* § 93 Rn. 9; *Schlothauer*, StV 1981, 582; HK-StPO/*Brauer* § 93 Rn. 5: zumindest keine umfassende Akteneinsicht).

3 Nach fast einhellig vertretener Auffassung sind weder der Zeuge noch der Beschuldigte verpflichtet, **Vergleichsschriften** anzufertigen (Meyer-Goßner/*Schmitt* § 93 Rn. 2), sodass etwa durch Täuschung erlangte Schriftproben unverwertbar sind (vgl. BGHSt 34, 39, 46). Auch soll es unzulässig sein, aus der Verweigerung der Mitwirkung an einem Schriftenvergleich Schlüsse zulasten des Angeklagten zu ziehen. Die erforderlichen Vergleichsstücke sind deshalb bspw. durch Beschlagnahme (§ 94) zu erlangen. Tatsächlich würde mittelbarer Zwang zur Mitwirkung insoweit jedenfalls nicht gegen den nemo-tenetur-Grundsatz, sondern allenfalls gegen das Verhältnismäßigkeitsprinzip verstoßen, da bei einer Schriftprobe kein Zugriff auf Tatwissen des Beschuldigten erfolgt (vgl. § 81a Rdn. 5). Bei der Beschaffung der Schriftproben sind die Richtlinien des BKA (abgedruckt bei LR/*Krause* § 93 Rn. 13; *Michel* Gerichtliche Schriftvergleichung, 1982, S. 226) zu beachten.

4 **C. Beweiswürdigung und Revision.** Mittels der **Revision** kann eine Verletzung des § 261 gerügt werden, wenn die zu vergleichenden Schriftproben nicht in der Hauptverhandlung in Augenschein genommen worden sind (§ 86), sondern lediglich Gegenstand des erstatteten Schriftgutachtens waren (vgl. OLG Hamm StV 1984, 457). Die Urteilsfeststellungen beruhen dann bei Verwertung des Gutachtens auf einem Vorgang, der

nicht zum Inbegriff der Hauptverhandlung gehörte. Die auf § 261 gestützte Revision kann auch begründet sein, wenn das Gericht den **Beweiswert** des Schriftgutachtens verkannt hat. Dessen Ermittlung und die korrespondierende Pflicht zur Begründung der Urteilsfeststellungen hängen ab von der Qualität des zu begutachtenden Schriftstücks und des Vergleichsmaterials, der angewendeten Vergleichsmethode (OLG Celle StV 1981, 608 m.Anm. *Barton*) und der Anzahl persönlichkeitsspezifischer Handschriftenmerkmale (BGH NJW 1982, 2882). Ob allein durch einen Schriftvergleich der volle Beweis für die Urheberschaft des Angeklagten erbracht werden kann, ist umstr., wird sich aber bei entsprechender Erfahrung der Sachverständigen nicht in Abrede stellen lassen (BGH NJW 1982, 2882; MüKo-StPO/*Trück* § 93 Rn. 5; SK-StPO/*Rogall* § 93 Rn. 22; Textvergleichen von Bekennerschreiben wird zu Recht ein äußerst geringer Beweiswert zugebilligt, vgl. BGH NStZ 2010, 712). Zweifel können insoweit bestehen, wenn nur geringe Vergleichsmöglichkeiten vorhanden sind, z.B. nur ein kurzer Namenszug zur Verfügung steht (OLG Celle StV 1981, 608; OLG Köln StV 1981, 539; KMR/*Neubeck* § 93 Rn. 3), der aber nach überwiegend vertretener Ansicht für ein Gutachten ausreichen kann (OLG Düsseldorf NStZ 1990, 506; Meyer-Goßner/*Schmitt* § 93 Rn. 3).

Achter Abschnitt. Ermittlungsmaßnahmen

§ 94 Sicherstellung und Beschlagnahme von Gegenständen zu Beweiszwecken

(1) Gegenstände, die als Beweismittel für die Untersuchung von Bedeutung sein können, sind in Verwahrung zu nehmen oder in anderer Weise sicherzustellen.

(2) Befinden sich die Gegenstände in dem Gewahrsam einer Person und werden sie nicht freiwillig herausgegeben, so bedarf es der Beschlagnahme.

(3) Die Absätze 1 und 2 gelten auch für Führerscheine, die der Einziehung unterliegen.

(4) Die Herausgabe beweglicher Sachen richtet sich nach den §§ 111n und 111o.

Übersicht

A. Allgemeines. I. Ermächtigung zu Grundrechtseingriffen. Sicherstellung (§ 94 Abs. 1), **Beschlagnahme** (§ 94 Abs. 2) und – als *lex generalis* (*Baumann* Die Systematik der Regelungen über die beweissichernde Sicherstellung, S. 29 ff.) – das **Herausgabeverlangen** (§ 95) sind prinzipiell **offen durchzuführende Eingriffsmaßnahmen** (BGH StV 2016, 132). § 95a gestaltet die **Beschlagnahme bei einem Unverdächtigen** allerdings in eine für den Beschuldigten **partiell heimliche Maßnahme** um, indem danach eine Benachrichtigung des Beschuldigten unter bestimmten Umständen zurückgestellt werden kann, solange der Ermittlungserfolg dadurch gefährdet erscheint.Die Sicherstellung und die Beschlagnahme sowie das Herausgabeverlangen dienen dazu, **Sachbeweise** für das Strafverfahren zu **sichern**. Der dahinterstehende **Anspruch** der staatlichen Strafverfolgungsorgane **auf Inbesitznahme von Beweisgegenständen** oder deren »Beweisbefugnis« (§ 136 Rdn. 94) beruht im Grundsatz auf der Aufklärungspflicht i.S.d. §§ 160 Abs. 1 und 2, 202, 244 Abs. 2 (*Baumann* a.a.O., S. 45 ff.). Eine spezielle Eingriffsermächtigung ist hier jedoch erforderlich, weil die Beschlagnahme der »Gegenstände«, die als »Beweismittel« in Betracht kommen, dem Betroffenen einen länger andauernden Nachteil zufügt. Sie schränkt die Sachnutzung des Eigentümers (§ 903 BGB) oder sonstigen Berechtigten ein (BVerfGE 18, 399 [404]) und trifft auch den Gewahrsamsinhaber. § 94 ist die **Ermächtigungsgrundlage** für diesen Eingriff in Grundrechte (*Hoffmann*/*Knierim* NStZ 2000, 461) aus **Art. 14 Abs. 1** (*Baumann* 1 a.a.O., S. 20 f.; LR/*Menges* § 94 Rn. 1), hilfsweise aus **Art. 2 Abs. 1 GG** (BVerfGE 113, 29 [45]), zur Sicherung der Durchführung eines Strafverfahrens (BGHSt 9, 351 [355]). Dabei gilt die Eingriffsnorm als hinreichend bestimmt (BVerfGE 113, 29 [50 ff.]; 115, 166 [191]; 124, 43 [60 ff.]), was aber mit Blick auf das Fehlen eines speziellen, durch § 160a nur partiell ersetzten Kernbereichsschutzes für eine Datenbeschlagnahme (BVerfGE 113, 29 [45]; 124, 43 [58]) infrage gestellt wird, inzwischen auch durch die Umgestaltung zu einer nach § 95a bisweilen nachträglich verheimlichten Maßnahme (*Hiéramente* jurisPR-StrafR 3/2021 Anm. 1). In den Schutzbereich des **Art. 12 Abs. 1 GG** wird mangels berufsregelnder Tendenz im Allgemeinen nicht eingegriffen, jedoch ist die Freiheit der Berufsausübung im Fall einer Beschlagnahme von geschäftlichen Unterlagen u.a. bei der Verhältnismäßigkeitsprüfung zu berücksichtigen (BVerfGE 113, 29 [48]). Der Schutzbereich des **Art. 10 Abs. 1 GG** ist auch bei einem Zugriff auf gespeicherte Verbindungsdaten einer beendeten Telekommunikation nicht direkt berührt, aber der Bedeutungsgehalt des Spezialgrundrechts bleibt bei der Verhältnismäßigkeitsprüfung zu beachten (BVerfGE 115, 166 [183 f.]; 124, 43 [54]). Beim Zugriff auf E-Mails während laufender Telekommunikation oder nach einer Zwischenspeicherung auf dem Server eines Providers vor dem Abruf durch den Empfänger wird sogar direkt in den Schutzbereich des Art. 10 Abs. 1 GG eingegriffen (Rdn. 11 f.). Ob § 94 dafür eine ausreichende Ermächtigung darstellt, bleibt auch nach Bejahung dieser Frage durch das BVerfG (BVerfGE 124, 43 [58 ff.]) dogmatisch streitbar (Rdn. 8 ff.). I.Ü. bildet die allgemeine Handlungsfreiheit aus **Art. 2 Abs. 1 GG** als Auffanggrundrecht einen Maßstab der verfassungsrechtlichen Bewertung der Beschlagnahme von Beweisgegenständen mit personenbezogenen Informationen. Insoweit ist auch das Recht auf informationelle Selbstbestimmung aus **Art. 2 Abs. 1 i.V.m. Art. 1 Abs. 1 GG** zu beachten (BVerfGE 113, 29 [45 f.]; 115, 166 [187 ff.]), das bei Eingreifen von Spezialgrundrechten zurücktritt (BVerfGE 100, 313 [358]; 124, 43 [56 f.]; 125, 260 [309]), aber beim Zugriff auf die EDV in der Erscheinungsform des »Grundrechts auf Gewährleistung der Vertraulichkeit und Integrität informationstechnischer Systeme« (BVerfGE 120, 274 [303 ff.]) von Bedeutung bleibt.

2 Neben seiner Eigenschaft als Eingriffsermächtigung regelt § 94 – auch soweit die Maßnahme mangels Gewahrsams einer Person keinen Eingriffscharakter besitzt – die Begründung des staatlichen Gewahrsams an einem Gegenstand im Kontext mit einem konkreten Strafverfahren. Die Sicherstellung dient hier der **Beweissicherung**, während die §§ 111b ff. die Vollstreckungssicherung bezwecken. Die Beweisbeschaffung durch Sicherstellung oder Beschlagnahme von Sachbeweisen wirkt wegen der Ambivalenz der Beweisziele (§ 160 Abs. 1 und 2) **für und gegen den Beschuldigten** (AK-StPO/*Amelung* § 94 Rn. 2). Daher erscheint die Annahme verkürzt, dass sich die Beweisbefugnis der staatlichen Strafverfolgungsorgane bei der Sicherung von Beweisgegenständen als Ausübung staatlicher Strafgewalt begründen lasse (*Baumann* Die Systematik der Regelungen über die beweissichernde Sicherstellung, S. 14 f.).

3 **II. Regelungszusammenhang.** § 94 gilt im Strafverfahren und gem. § 46 OWiG im Bußgeldverfahren entsprechend (LR/*Menges* § 94 Rn. 3), sowie nach den Verfahrensordnungen der Ehrengerichte und Berufsgerichte auch in strafprozessähnlichen Verfahren. **Abs. 1** regelt die **Sicherstellung** von Gegenständen mit potenzieller Beweisbedeutung im Strafverfahren, **Abs. 2** deren **Beschlagnahme**, wenn ein Gewahrsamsinhaber existiert, der sie nicht freiwillig zur Verfügung stellt (BGHSt 38, 237 [240]). Daraus folgt im Umkehrschluss (*Baumann* Die Systematik der Regelungen über die beweissichernde Sicherstellung, S. 107), dass Abs. 1 nur Gegenstände betrifft, an denen z.Zt. des hoheitlichen Zugriffs auf die Sache kein Gewahrsam besteht oder die vom Gewahrsamsinhaber freiwillig preisgegeben werden. Die Regelungen der Abs. 1 und 2 gelten gem. **Abs. 3** auch für die Sicherstellung oder **Beschlagnahme von Führerscheinen** zur Sicherung der Einziehung oder als Präventivmaßnahme (vgl. § 111a Abs. 3).

4 Von der Beschlagnahme ist die Durchsicht von schriftlichen Unterlagen oder Daten zu unterscheiden (BVerfGE 124, 43 [75]), die nur eine vorläufige Sicherstellung im Rahmen der Durchsuchung darstellt und den Regelungen des **§ 110** unterliegt. Für die Kommunikation zwischen Beschuldigtem und Verteidiger gilt ein besonderer Schutz, früher nach dem Regelungsgedanken des **§ 148** (*Beulke/Ruhmannseder* StV 2011, 180 [183]; *Norouzi* StV 2010, 670 f.), inzwischen auch nach **§ 160a**. Die Sicherstellung von Einziehungsgegenständen ist in den **§§ 111b ff.** geregelt (LR/*Menges* § 94 Rn. 7). Sie kann kumulativ mit der Beweismittelbeschlagnahme erfolgen, wenn die jeweiligen Voraussetzungen vorliegen. § 94 Abs. 3 weicht von der sonstigen Systematik ab und sieht eine Führerscheinbeschlagnahme zu Einziehungszwecken vor. Für die Sicherstellung von Gegenständen im Rahmen sitzungspolizeilicher Maßnahmen gilt § 94 nicht (BGH NStZ 1998, 364), dafür sind die §§ 176, 181 GVG maßgeblich.

5 Nach überkommener Ansicht kann eine Beschlagnahme von Beweismitteln nach § 94 kann nicht zugleich eine **Sicherstellung von Gegenständen nach Polizeirecht** sein. Für den Rechtscharakter der Maßnahme sollte insoweit auch die sich aus den Umständen ergebende Zielsetzung des handelnden Polizeibeamten maßgeblich sein (MüKo-StPO/*Hauschild* § 94 Rn. 8). Dem hat der BGH für Fälle der »legendierten Kontrollen« wider-

sprochen und die Möglichkeit polizeirechtlicher Standardmaßnahmen mit minderen Eingriffsvoraussetzungen innerhalb eines laufenden Ermittlungsverfahrens mit dem Ziel der Drogenbeschlagnahme zur Verkehrssicherung vor Gefahren behauptet (BGHSt 62, 123 [130 ff.]). Die Idee der Doppelspurigkeit von Eingriffsrecht bleibt aber problematisch, weil sie die schützenden Formen des Strafverfahrensrechts weiter aufweicht.

B. Beweismittel als Gegenstand von Sicherstellung oder Beschlagnahme. I. Körperliche Beweisgegenstände. Nach § 94 können Gegenstände sichergestellt werden, die als Beweismittel beschlagnahmefähig sind. Beweismittel sind alle Sachen, die unmittelbar oder mittelbar für die Tat, die Umstände ihrer Begehung oder für rechtsfolgenrelevante Tatsachen einen Beweis erbringen (LR/*Menges* § 94 Rn. 12). Neben denjenigen Beweismitteln, die als **Augenscheinobjekte** Auskunft über die Tat geben, wie Gegenstände aus der Tatbeute oder Tatwerkzeuge, fallen auch Spurenträger, von denen die Spuren selbst nicht oder nur unter Schwierigkeiten getrennt werden können, um für einen **Sachverständigenbeweis** zur Verfügung zu stehen, unter die beschlagnahmefähigen Beweisgegenstände. 6

Gegenstände im Sinne des Beschlagnahmerechts sind zunächst bewegliche und unbewegliche **körperliche Gegenstände aller Art** (MüKo-StPO/*Hauschild* § 94 Rn. 12). Auf die zivilrechtliche Einordnung als Sachen im Sinne von § 90 BGB kommt es hier nicht an (*Baumann* Die Systematik der Regelungen über die beweissichernde Sicherstellung, S. 50; *Tschacksch* Die strafprozessuale Editionspflicht, 1988, S. 9). In Betracht kommen neben Einzelgegenständen aller Art auch **Leichen** oder endgültig abgetrennte **Körperteile** (LR/*Menges* § 94 Rn. 15), **Tiere**, **Sachgesamtheiten**, wie Buchhaltungsunterlagen oder Akten, aber auch **Behördenakten** (BGHSt 38, 237 [239 ff.]; LG Bremen NJW 1955, 1850 f.; LG Hannover NJW 1959, 351 [352]; *Amelung* NStZ 1993, 48 ff.; *Baumann* a.a.O., S. 136 ff.; *Kramer* NJW 1984, 1502 [1503]; *Taschke* Die behördliche Zurückhaltung von Beweismitteln im Strafprozess, 1989, S. 273 ff.; SK-StPO/*Wohlers/Greco* § 94 Rn. 23) oder **Schriften**, einschließlich derjenigen, die an einen Beschuldigten gerichtet sind oder von ihm stammen, ferner **Bild- und Tonträger** oder **Datenträger** (LG Konstanz MMR 2007, 193 m.Anm. *Störing*; MüKo-StPO/*Hauschild* § 94 Rn. 12; SK-StPO/*Wohlers/Greco* § 94 Rn. 24) und anderes mehr. Die Beschlagnahme von Datenträgern soll sodann auch die Gestattung des Auslesens als typische Begleitmaßnahme umfassen (Meyer-Goßner/Schmitt/*Köhler* § 94 Rn. 16a; *Rottmeier/Eckel* NStZ 2020, 193 [196]). 7

II. E-Mails und andere Daten. 1. Auslegung der Eingriffsnorm. Der Datenzugriff gewinnt zunehmend Bedeutung. Nach der mit geringer Expertise bei der Auslegung der einfachrechtlichen Norm ausgestatteten Rspr. des BVerfG sind auch **unkörperliche »Gegenstände«**, insb. Computerdateien, bereits für sich genommen tauglicher Gegenstand der Beschlagnahme (BVerfGE 124, 43 [60 ff.]; s.a. BeckOK IT-Recht/*Brodowski* StPO § 94 Rn. 5; a.A. *Kleszczewski* ZStW 123 [2011], 723 [747];). Das gilt im Prinzip selbst beim Zugriff auf **Informationen aus einer Datenwolke** (LG Koblenz StraFo 2022, 149 ff. m.Anm. *Nadeborn*; *Braun* AnwZert ITR 19/2020 Anm. 2; Meyer-Goßner/Schmitt/*Köhler* § 94 Rn. 16b; *Obenhaus* NJW 2010, 651 ff.; SK-StPO/*Wohlers/Greco* § 94 Rn. 26; *Wenzl* NStZ 2021, 395 [398] zum Einfrierenlassen der Cloud und einer Datenlieferungsvereinbarung). Bei der Behauptung der Beschlagnahmefähigkeit von Daten wurde der Unterschied zu sächlichen Beweismitteln übergangen, der unter anderem in der **besonderen Sensibilität von Computerdaten** besteht (*Warken* Klassifizierung elektronischer Beweismittel, S. 105). An die Art und Weise der **Verwendung im Strengbeweisverfahren der Hauptverhandlung** (*Savic* Die digitale Dimension des Strafprozessrechts, S. 97 ff.) wurde auch nicht gedacht. Dass § 94 eine Gleichbehandlung von körperlichen und nichtkörperlichen Beweisgegenständen immanent sei (BT-Drs. 19/27654, S. 63), ist eine petitio principii ohne historische, systematische und sonstige dogmatische Grundlage. Die Norm erscheint als Eingriffsermächtigung für den Zugriff auf unkörperliche Gegenstände ungeeignet, weil damit herkömmlich nicht die bloße Information, sondern das als Urkunde oder Augenscheinobjekt in der Hauptverhandlung verwendbare Beweismittel durch Herstellung behördlichen Gewahrsams gesichert werden soll (*Baumann* Die Systematik der Regelungen über die beweissichernde Sicherstellung, S. 50). Zudem fehlt hier ein **Kernbereichsschutzkonzept**, wie es für eingriffsintensive Informationsbeschaffungsmaßnahmen in § 100d vorsehen ist (zum Problem der Miterfassung kernbereichsrelevanter Daten MüKo-StPO/*Hauschild* § 94 Rn. 40). Dies ist erforderlich, weil bei Zugriff auf Computerdaten **große Datenmengen** (»big data«) erfasst werden und insb. beim Zugriff auf E-Mails beim Provider die **Grenze zwischen offenen und heimlichen Ermittlungsmaßnahmen verschwimmt.** Das wiederum wird durch die neue Regelung des § 95a forciert, der durch nachträgliche Zurückstellung der Benachrichtigung des Beschuldigten von einer Beschlagnahme bei einem Dritten dieser Eingriffsmaßnahme ein den heimlichen Ermittlungsmethoden gleichschweres Eingriffsgewicht verleiht (*Hiéramente* jurisPR-StrafR 3/2021 Anm. 1). Deshalb musste der BGH zunächst daran erinnern, dass es sich bei der Beschlagnahme um eine prinzipiell offene Ermittlungsmethode handelt (BGH StV 2016, 132), was durch § 95a nun aber durchkreuzt wird. Bei einer Lagerung von Daten auf Servern im Ausland wird zudem mit einer Datenbeschlagnahme das **Territorialitätsprinzip** infrage gestellt. Das BVerfG (a.a.O) hat nach allem 8 bei seiner These der Zulässigkeit einer Beschlagnahmefähigkeit von Daten nicht das Gesetz an der Verfassung gemessen, sondern seine Vorstellung von einem verfassungskonformen Gesetz in die Auslegung hineininterpoliert (*Bode* Verdeckte strafprozessuale Ermittlungsmaßnahmen, S. 438). Auch wenn dieses Ergebnis akzeptiert wird, besteht zumindest erheblicher Reformbedarf (BeckOK-IT-Recht/*Brodowski* § 94 StPO Rn. 3; zu einer Neukonzeptionierung der StPO *Warken* Klassifizierung elektronischer Beweismittel, S. 178 ff.). § 94 ist unzureichend, zumal der Datenzugriff nicht einzelne »Gegenstände« i.S.d. Beschlagnahmerechts betrifft, sondern eine große Menge an Informationen. Die technische Entwicklung hat das Eingriffsrecht hier überholt (*Spatscheck* FS Hamm, 2008, S. 733 [749]). Mit der Neufassung von § 110 Abs. 3 (»Durchsicht von elektronischen Speichermedien«) hat der Gesetzgeber den auf die Beschlagnahme von bestimmten körperlichen Gegenständen zugeschnittenen Eingriffstatbestand nicht verändert. Durch die Ausdehnung der Beschlagnahme auf Daten werden aber die Eingriffsmöglichkeiten des Staates so ausgedehnt, dass selbst die Grenze zur **Erfassung eines vollständigen Persönlichkeitsprofils** erreicht wird (zum Verhältnis von Rundumüberwachung zum Kernbereichsschutz *Doll* Strafprozessuale Konturierung des Kernbereichs privater Lebensgestaltung, S. 264 f.). Mit der Menschenwürde ist es unvereinbar, wenn staatliche Überwachungsmaßnahmen derart umfassend sind, dass praktisch alle Bewegungen und Lebensäußerungen des Betroffenen registriert werden und zur Grundlage für ein Persönlichkeitsprofil werden können (BVerfGE 109, 279 [323]; 112, 304 [319]; 141, 220 [280]). Der Beschlagnahmezugriff auf einen vollständigen Informationsbestand kann ein ebenso gewichtiges Resultat bewirken. Deshalb ist bei der Datenbeschlagnahme jedenfalls eine genaue Prüfung der Verhältnismäßigkeit erforderlich (LG Görlitz Beschl. v. 18.06.2020 – 3 Qs 67/20).

9 Mit dem noch möglichen Wortsinn des § 94 als äußerster Auslegungsgrenze ist eine Anwendung des § 94 auf Computerdateien immerhin insoweit vereinbar, als **Gegenstände** nicht notwendigerweise »körperliche Gegenstände« (s. § 90 BGB) sein müssen (BVerfGE 124, 43 [60 f.]; a.A. *Kemper* NStZ 2005, 538 [541]). Schwieriger erscheint bei der Wortlautauslegung die Einordnung unkörperlicher Gegenstände als **Beweismittel** im Strafprozess, denn darunter wurden herkömmlich nur solche Gegenstände verstanden, die für sich genommen als Beweismittel einer der üblichen Kategorien (Zeugen, Sachverständige, Urkunden oder Augenscheinobjekte) zuzuordnen sind; das sind aber bisher nur körperliche Gegenstände (AK-StPO/*Amelung* § 94 Rn. 4). Zumindest im Sinne des Strengbeweisverfahrens handelt es sich bei den Computerdateien nicht um Beweismittel, sondern um Informationen, prozessual gesehen um **Beweisthemen**. § 94 knüpft allerdings nicht zwingend nur an die Beweismittelkategorien des Strengbeweisverfahrens an, weil er auch für die strafprozessuale Untersuchung außerhalb der Hauptverhandlung relevant ist, wo **Freibeweis** herrscht (*Tschacksch* Die strafprozessuale Editionspflicht, 1988, S. 18). Das bessert den eingriffsrechtlichen Befund jedoch nur wenig, weshalb § 94 beim Datenzugriff nicht einschlägig sein dürfte (*Gaede* StV 2009, 96 [99]). Dies wird dadurch unterstrichen, dass es bei der Beschlagnahme um einen Eingriff in einen **Gewahrsam** einer Person geht (§§ 94 Abs. 2, 95 Abs. 1, 97 Abs. 2 S. 1), welcher an Daten für sich genommen nicht besteht. Dementsprechend wirkt es bereits unklar, in wessen Rechtsposition eine Datenbeschlagnahme eingreift. Die Entnahme von Dateien aus einem Datenspeicher und den zur Nutzung verwendeten Programmen löst zudem eine Beweiseinheit in einer weitergehenden Weise auf, als es bei der Lösung einer Spur vom Spurenträger geschieht. Die Fachgerichte hatten dadurch, dass sie nach bisherigem Recht nicht die §§ 100a ff., sondern §§ 94, 98 auf den »ruhenden E-Mailverkehr« anwenden wollten, zum Mittel der **Analogie** gegriffen (LG Ravensburg MMR 2003, 679 [680] m.Anm. *Bär*; AG Reutlingen StV 2012, 462 m.Anm. *Meinicke*). Eine Analogie ist im Eingriffsrecht aber wegen des **Prinzips vom Vorrang und vom Vorbehalt des Gesetzes** (*Dallmeyer* Beweisführung im Strengbeweisverfahren, S. 44 ff.) durchgreifenden Bedenken ausgesetzt (*Gaede* StV 2009, 96 [99]; *Klesczewski* ZStW 123 [2011], 723 [751]; *Meinicke* StV 2012, 463). Sie führt zu einer Änderung der Regelungsstruktur (*Baumann*, Die Systematik der Regelungen über die beweissichernde Sicherstellung im Strafverfahren [§§ 94 bis 98 StPO], 2010, S. 3). Die Beschlagnahme von Daten kann danach allenfalls als Minus gegenüber der Beschlagnahme des Datenträgers legitimiert werden (SK-StPO/*Wohlers*/*Greco* § 94 Rn. 26).

10 **Historisch** gesehen ist der Begriff des Gegenstands im Sinne des § 94 auf körperliche Gegenstände beschränkt (*Korge* Die Beschlagnahme elektronisch gespeicherter Daten, S. 46 f.). Ob das BVerfG an dieser Stelle zum **Umbau des einfachrechtlichen Eingriffsrechts** in der Weise befugt war, dass es das klassische Eingriffsmittel der Beschlagnahme auch auf eine »Beschlagnahme« von Dateien anwenden will (BVerfGE 124, 43 [60 ff.]; abl. *Krüger* MMR 2009, 673 [682]), bleibt fragwürdig. Die wesentliche Umgestaltung der Eingriffsmaßnahme durch § 95a (*Hiéramente* jurisPR-StrafR 3/2021 Anm. 1) unterstreicht dies. Die Einordnung von Dateien ohne den Datenträger als Beweisgegenstände, deren Beschlagnahme aufgrund einer Eingriffsermächtigung ohne spezifische Tatbestandsvoraussetzungen gestattet werden kann, entspricht nicht der **Systematik** eines Eingriffsrechts, das in den §§ 100a ff. für **heimliche Ermittlungsmaßnahmen** weitere Konkretisierungen und **engere Voraussetzungen** enthalten (zum verfassungsrechtlichen Erfordernis BVerfGE 141, 220 [269]),

während das Gesetz für den zunächst offenen Zugriff auf einen Gewahrsam an körperlichen Gegenständen nach § 94 geringere Eingriffsvoraussetzungen genügen lässt (*Brüning* ZIS 2006, 237 [241 f.]; *Gaede* StV 2009, 96 [99]; *Krüger* MMR 2009, 673 [682 f.]). § 95a zerstört dieses Regelungsgefügt in noch weiterem Maß (*Hiéramente* jurisPR-StrafR 3/2021 Anm. 1).

2. **Verfassungsrechtliche Bedeutung des Eingriffs in die Fernkommunikation durch Datenzugriff.** So unklar wie der einschlägige Eingriffstatbestand des einfachen Rechts war in Fällen der E-Mail-»Beschlagnahme« auch die Abgrenzung der **Schutzbereiche** derjenigen Grundrechte, in die bei der strafprozessualen Sicherung von Daten eingegriffen wird (*Hirsch* NJOZ 2008, 1907 [1912 f.]). Das Problem wird dadurch relativiert, dass das Schutzniveau des Spezialgrundrechts aus Art. 10 Abs. 1 GG und der Ausprägungen des Persönlichkeitsrechts in der verfassungsgerichtlichen Rspr. angeglichen wurden (Maunz/Dürig/*Durner* GG Art. 10 Rn. 58). Der Schutzbereich des Grundrechts aus **Art. 10 Abs. 1 GG** ist berührt, wenn auf E-Mails im Rahmen einer noch nicht beendeten Telekommunikation, also auch bei Zwischenlagerung von Mitteilungen in einem zugangsgeschützten elektronischen Postfach, einer »**Mailbox**«, zugegriffen wird (BVerfGE 120, 274 [340]; 124, 43 [54 f.]; *Korge* Die Beschlagnahme elektronisch gespeicherter Daten, S. 74 f.; *Spatscheck* FS Hamm, 2008, S. 733 [745]). Dafür gilt nun aber auch § 100a Abs. 1 und 3. Außerhalb des Schutzbereichs von Art. 10 Abs. 1 GG greift »insbesondere«, aber nicht nur beim heimlichen Zugriff auf ganze EDV-Systeme oder große Datenbestände (Spindler/Schuster/*Fink* Recht der elektronischen Medien, C. Rn. 32), namentlich auf vollständige **Festplatteninhalte** (Kilian/Heusen/*Polenz* Computerrecht, Verfassungsrechtliche Grundlagen des Datenschutzes, Rn. 35; s.a. LG Nürnberg-Fürth ZD 2018, 317 ff.; *Basar/Hiéramente* NStZ 2018, 681 ff.) oder auf **Smartphones** (*Bäumerich* NJW 2017, 2718 [2719]), das aus **Art. 2 Abs. 1 i.V.m. Art. 1 Abs. 1 GG** abgeleitete **»Grundrecht auf Gewährleistung der Vertraulichkeit und Integrität informationstechnischer Systeme«** (BVerfGE 120, 274 [313 ff.]; Spindler/Schuster/*Fink* Recht der elektronischen Medien, C Rn. 63 ff.). Dieses innovativ gefundene (krit. Maunz/Dürig/*Durner* GG Art. 10 Rn. 59) und bisher kaum konkretisierte Grundrecht soll die Bürger vor einer **Erfassung eines vollständigen Persönlichkeitsbildes** durch gleichzeitigen Zugriff auf eine Vielzahl von personenbezogenen Daten schützen. Hilfsweise gilt beim eher punktuellen Zugriff auf Daten das allgemeine **Recht auf informationelle Selbstbestimmung** (BVerfGE 120, 274 [308]). Nur am Rande spielt auch **Art. 13 Abs. 1 GG** eine Rolle (BVerfGE 120, 274 [310 ff.]; *Kudlich* GA 2011, 193 [196]). Das alles macht den verfassungsrechtlichen Befund unübersichtlich. 11

Gegenstand des Schutzes durch Art. 10 Abs. 1 GG sind Kommunikationsvorgänge durch **unkörperliche Übermittlung von Informationen** (BVerfGE 115, 166 [182]; 120, 274 [306 f.]; 124, 43 [54]; 125, 260 [309]; *Korge* Die Beschlagnahme elektronisch gespeicherter Daten, S. 74 ff.) über größere Distanzen, die typischerweise auf die Einschaltung eines Übermittlungsvorgangs angewiesen sind (BVerfGE 85, 386 [396]; 106, 28 [36]; 115, 166 [182]). Von Art. 10 Abs. 1 GG geschützt werden soll die **Vertraulichkeit der privaten Fernkommunikation** mittels einer dafür vorgesehenen Anlage (BVerfGE 106, 28 [37]; 120, 274 [340]), auch im Rahmen neuer Übertragungstechniken (BVerfGE 115, 166 [182]), gegenüber einer staatlichen Überwachung (BVerfGE 85, 386 [396]; 106, 28 [36 f.]). Deshalb ist jede Kenntnisnahme, Aufzeichnung und Verwertung von kommunikationsbezogenen Daten durch staatliche Stellen ein Grundrechtseingriff (BVerfGE 85, 386 [398]; 124, 43 [58]; 125, 260 [310]). Auf die Art der Kommunikation mittels Bild, Ton oder Signalen kommt es dafür nicht an (BVerfGE 106, 28 [36]; 115, 166 [182 f.]; 120, 274 [307]). Ein Grundrechtseingriff ist in diesem Bereich aber ausgeschlossen, soweit ein Kommunikationsteilnehmer den Inhalt der Mitteilungen freiwillig offenbart (BVerfGE 85, 386 [398]; 120, 274 [341, 344]). In den Schutzbereich des Art. 10 Abs. 1 GG nicht einbezogen ist der eigenverantwortliche Umgang der Telekommunikationspartner mit den Informationen (BVerfGE 106, 28 [37]; 120, 274 [340 f.]). Schutzgegenstand des Grundrechts vor ungewollten staatlichen Eingriffen in die Telekommunikation mit einer Datenerfassung ist zunächst der **Inhalt der Mitteilungen** (BVerfGE 100, 313 [358]; 124, 43 [54]). Geschützt werden aber auch die **Umstände des Telekommunikationsverhältnisses** (BVerfGE 85, 386 [396]; 100, 313 [358]; 113, 348 [364]; 124, 43 [54]; 125, 260 [309]; BVerfG StV 2012, 257). Der Grundrechtsschutz endet zudem nicht in jedem Fall bei dem Eingang von Informationen am Endgerät der Telekommunikationsanlage (BVerfGE 106, 28 [37 f.]; 115, 166 [187]; 120, 274 [308]). Die Nutzung des Kommunikationsmediums soll in allem vertraulich sein (BVerfGE 100, 313 [358]; BVerfG StV 2012, 257), damit die Bedingungen der freien Telekommunikation erhalten bleiben. Deshalb erstreckt sich der Schutzbereich des Grundrechts auch auf den **Informations- und Datenverarbeitungsprozess**, der sich an die Kenntnisnahme von geschützten Kommunikationsvorgängen anschließt, sowie auf den **Gebrauch**, der danach von den erlangten Erkenntnissen gemacht wird (BVerfGE 100, 313 [359]; 113, 348 [365]; 125, 260 [309, 313]). Damit ist das **Ruhen von E-Mails beim Provider** keine Unterbrechung der Telekommunikation, sondern deren Bestandteil. Andererseits endet der Schutzbereich des Art. 10 Abs. 1 GG mit Beendigung des Telekommunikationsvorgangs, also vor der Phase 4 des E-Mail- 12 verkehrs (Rdn. 8) und damit eigentlich auch der Anwendungsbereich des § 100a (*Spatscheck* FS Hamm, 2008, S. 733 [749]). Soweit das BVerfG insoweit § 94 als einschlägige und ausreichende Ermächtigungsgrundlage angesehen hat, erscheint das höchst zweifelhaft (SK-StPO/*Wohlers/Greco* § 94 Rn. 27). Immerhin ist die nachträgliche Erlangung der Kenntnis davon, ob, wann, wie oft und zwischen welchen Personen eine Telekommunikation stattgefunden hat oder zumindest versucht wurde, noch vom Schutzbereich des Art. 10 Abs. 1 GG umfasst (BVerfGE 113, 348 [365]; 115, 166 [183]; 120, 274 [307]; 125, 260 [309]). Nach Abschluss der Telekommunikation beim Empfänger gespeicherte Verbindungsdaten unterliegen dem Schutzbereich des Rechts auf informationelle Selbstbestimmung (BVerfGE 115, 166 [184 f.]), beim Zugriff auf ein EDV-System oder einen kompletten Datenbestand auch in dessen Ausprägung als »Grundrecht auf Gewährleistung der Vertraulichkeit und Integrität informationstechnischer Anlagen« (BVerfGE 120, 274 [308]). Die einschlägige Eingriffsermächtigung zur **Beschlagnahme von Datenträgern** kann im Allgemeinen in den §§ 94 ff. gefunden werden. Eingriffsorientierte Gesichtspunkte haben bei der verfassungsrechtlichen Schutzbereichsbestimmung außer Betracht zu bleiben (BVerfGE 85, 386 [397]). Was danach von dem Eingriffsreglement der §§ 94, 95, 99 oder von § 100a erfasst wird, ist nicht leicht zu sagen; die Neuregelung der Quellen-Telekommunikationsüberwachung und der Online-Durchsuchung hat diese rechtliche Abgrenzung tendenziell in Richtung der §§ 100a ff. gewendet, aber nicht wesentlich erleichtert.

13 Für **Schranken** hinsichtlich der genannten Grundrechte bestehen ein **Gesetzesvorbehalt** und zusätzlich die Bindung an den Grundsatz der **Verhältnismäßigkeit** (BVerfGE 124, 43 [61, 66]). Daraus ergeben sich besondere Anforderungen an den Gesetzgeber bei der Regelung von Grundrechtsbeschränkungen hinsichtlich der Erfassung solcher Daten, die im Rahmen einer geschützten Telekommunikation anfallen, empfangen und verarbeitet werden (BVerfGE 100, 313 [359]). Auch die speziellen und allgemeinen Persönlichkeitsrechte setzen Eingriffsermächtigungen voraus, die dem Gebot der Normenklarheit und **Bestimmtheit** entsprechen müssen (BVerfGE 120, 274 [315 f.]; 124, 43 [60]). In Fällen, in denen ein **Eingriff in den absolut geschützten Kernbereich der Persönlichkeitsentfaltung** in Betracht kommt, ist nach Möglichkeit schon vom Gesetzgeber, jedenfalls aber vom Rechtsanwender darauf Bedacht zu nehmen, dass ein solcher Eingriff von vornherein unterbleibt oder zumindest so rasch wie möglich beseitigt wird (BVerfGE 120, 274 [336 ff.]; krit. zur Realisierbarkeit Kilian/Heusen/*Polenz* Computerrecht, Verfassungsrechtliche Grundlagen des Datenschutzes, Rn. 38 f.). Inwieweit das beim Zugriff auf Daten eine Rolle spielt, ist nicht in allen Einzelheiten geklärt. Voraussetzungen und Umfang der Grundrechtsbeschränkungen im verfügbaren Bereich müssen sich aber aus der gesetzlichen Eingriffsermächtigung klar und für den Einzelnen erkennbar ergeben, was im Beschlagnahmerecht beim Datenzugriff bisher nicht angenommen werden kann. Der Zweck der Eingriffsmaßnahmen muss bereichsspezifisch und genau bestimmt werden (BVerfGE 124, 43 [61]). Das erhobene Datenmaterial muss zur Zweckerreichung bestimmt und geeignet sein. Eine Sammlung von Daten auf Vorrat durch staatliche Strafverfolgungsorgane zu unbestimmten oder nicht bestimmbaren Zwecken wäre damit nicht vereinbar (BVerfGE 100, 313 [360]). Auch die Speicherung und Verwendung oder Weitergabe der Daten muss an den Zweck gebunden bleiben, den die Eingriffsermächtigung verfolgt (BVerfGE 100, 313 [360]). **Zweckänderungen** bedürfen ihrerseits einer gesetzlichen Grundlage. Die Zweckbindung lässt sich nur gewährleisten, wenn auch nach der Datenerfassung erkennbar bleibt, dass es sich um Daten handelt, die aus einem Eingriff in den Schutzbereich des Fernmeldegeheimnisses stammen. Insoweit ist bei einem großflächigen Datenzugriff eine Kennzeichnung erforderlich (BVerfGE 100, 313 [360]), nicht aber beim Beschlagnahmezugriff auf einzelne E-Mails (BVerfGE 124, 43 [74]). Außerdem ist wegen der möglichen **Unbemerkbarkeit des Eingriffs** für Absender und Empfänger (vgl. zur Datenkopie beim Provider *Kudlich* GA 2011, 193 [203]) die gesetzliche Regelung einer Verpflichtung der handelnden staatlichen Stelle zur nachträglichen **Mitteilung** des Eingriffs an die Betroffenen erforderlich, damit diese davon Kenntnis erlangen und Rechtsschutz in Anspruch nehmen können (BVerfGE 100, 313 [361]; 124, 43 [71]). Das sollte an sich auch für die Beschlagnahme von E-Mails oder sonstigen Dateien beim Provider gelten, den der Absender oder Adressat nicht selbst miterlebt. Ferner ist von Verfassungs wegen eine **Kontrolle** aller Schritte des Eingriffsprozesses durch ein unabhängiges Kontrollorgan erforderlich (BVerfGE 100, 313 [361 f.]; 120, 274 [331 ff.]). Schließlich ist sicherzustellen, dass die **Daten vernichtet** werden, **sobald sie** für die festgelegten Zwecke oder den Rechtsschutz gegen die Eingriffsmaßnahmen **nicht mehr benötigt werden** (BVerfGE 100, 313 [362]). Dies alles leisten die §§ 94, 98 beim Zugriff auf Daten streng genommen nicht in ausreichendem Maße.

14 **3. Abstufungen des Eingriffsrechts und des Eingriffsakts.** **Das spezielle Eingriffsrecht** mit seinem höheren Schutzniveau (§§ 100a ff.) darf jedenfalls bei intensiven Eingriffen in das Telekommunikationsgeheimnis, die auch bei der Erfassung von E-Mails in einer Mailbox beim Provider (Phase 2, Rdn. 8) vorliegen, **nicht** durch Anwendung der allgemeinen Eingriffsnorm über die Beschlagnahme mit ihrem – auch unter Berücksichtigung von § 160a – niedrigeren Schutzniveau **umgangen werden**. Insoweit bedarf der Zugriff

auf E-Mail-Dateien – entgegen der Rspr. (BVerfGE 124, 43 [60 ff.]; LG Mannheim StV 2011, 352 m.Anm. *Kelnhofer/Nadeborn*; s.a. AG Reutlingen StV 2012, 462 m.Anm. *Meinicke*; dem BVerfG zustimmend *Klein* NJW 2009, 2996 [2998]; abl. *Brunst* CR 2009, 591 ff.) – einer speziellen Eingriffsgestattung im Sinne der §§ 100a ff. (BGH StV 1997, 398 ff.; LG Hamburg MMR 2008, 186 [187] m.Anm. *Störing*; LG Hanau StV 2000, 354 m.Anm. *Dübbers*; LG Mannheim StV 2002, 242 f. m.Anm. *Jäger*; *Gercke* StV 2006, 453 [455]; *Lührs* wistra 1995, 19 f.; *Korge* Die Beschlagnahme elektronisch gespeicherter Daten, S. 83; *Spatscheck* FS Hamm, 2008, S. 733 [748]; a.A. *Klesczewski* ZStW 123 [2011], 723 [750 ff.]; *Meinicke* StV 2012, 463 f.). **§ 110 Abs. 3** hat das Problem entschärft, aber im Kern nichts daran geändert (*Basar/Hiéramente* jurisPR-StrafR 10/2017 Anm. 1; SK-StPO/*Wolters* § 94 Rn. 27); ebenso die Neuregelung der Quellen-Telekommunikationsüberwachung und der Online-Durchsuchung in §§ 100a, 100b n.F. Die Entscheidung des BVerfG, dass § 94 auch bei einem Eingriff in den Schutzbereich des Art. 10 Abs. 1 GG durch »Beschlagnahme« von E-Mails einschlägig und ausreichend bestimmt sei, wirkt »überraschend« (*Gercke* StV 2009, 624 [625]; *Krüger* MMR 2009, 673) und kann nicht überzeugen (*Klesczewski* ZStW 123 [2011], 723 [747 ff.]; Roxin/*Schünemann* Strafverfahrensrecht, § 36 Rn. 6). Außerdem ist der **Vollzug** der Beschlagnahme durch Herstellung eines behördlichen Gewahrsams unter Eingriff in den bisherigen Gewahrsam einer Privatperson bei unkörperlichen Gegenständen nicht im Sinne der überkommenen Kategorien möglich (*Korge* a.a.O., S. 56 ff.; *Matzky* Zugriff auf EDV im Strafprozess, 1999, S. 59 ff.; *Schlegel* HRRS 2007, 44 [49 ff.]). Praktisch erfolgt die **Schaffung einer neuen Sache in Form der Datenkopie auf einem anderen Datenträger.** Das ist gegenüber der herkömmlichen Beschlagnahme von körperlichen Gegenständen auch insoweit ein *aliud.* Bei Daten ist schließlich die Inhaberschaft anders zu bewerten als der Gewahrsam, der Besitz und das Eigentum an Sachen, die vom herkömmlichen Beschlagnahmerecht betroffen werden. Problematisch bleibt in der Praxis die Trennung von verfahrensrechtlich bedeutsamen und irrelevanten Daten beim Zugriff auf große Datenmengen (*Basar/Hiéramente* jurisPR-StrafR 10/2017 Anm. 1).

Allerdings liegt in der Datenkopie ein **Minus zur** Sicherstellung oder **Beschlagnahme von Datenträgern** 15 (*Korge* a.a.O., S. 61 ff.; SK-StPO/*Wolters* § 94 Rn. 26). Letztere sollte nur das äußerste Mittel darstellen (*Kemper* NStZ 2005, 538 [540 f.]). Diese Verhältnismäßigkeitserwägung vermag aber dann, wenn es an einer gesetzlichen Ermächtigung zu solchen Eingriffsmaßnahmen fehlt, die Gesetzesnorm nicht zu ersetzen (BGHSt 51, 211 [215 ff.] zur »online-Durchsuchung« vor der Neuregelung in § 100b n.F.).

C. Beweisbedeutung für die strafrechtliche Untersuchung als Zweck der Maßnahme. I. Beweisrelevanz 16 **des Gegenstands.** Dem Beweismittel, das beschlagnahmt werden soll, muss für die behördliche oder gerichtliche Untersuchung im Strafverfahren **potenzielle Beweisbedeutung** zukommen (Meyer-Goßner/Schmitt/*Köhler* § 94 Rn. 6), weil die Sicherstellung oder Beschlagnahme fremder Sachen durch den Staat nach § 94 ausschließlich der Sicherung des Strafverfahrens dient. Potenzielle Beweisrelevanz ist die konkrete **Möglichkeit, dass der Gegenstand für Beweiszwecke** im Strafverfahren **verwendet werden kann** (BVerfGE 113, 29 [51]; *Baumann* Die Systematik der Regelungen über die beweissichernde Sicherstellung, S. 51 f.; *Matzky* Zugriff auf EDV im Strafprozess, 1999, S. 52; LR/*Menges* § 94 Rn. 30). Sie ist zur Herstellung staatlichen Gewahrsams für Zwecke der Sachverhaltsaufklärung erforderlich und ausreichend (BGHSt 43, 363 [364]). Dazu können auch bei Bargeld die Eigenschaft eines Gegenstands als Spurenträger (BGH Beschl. v. 23.06.2020 – StB 17/20) oder die Beschaffenheit und Auffindesituation (LG Hamburg Beschl. v. 23.04.2020 – 620 Qs 1/20) genügen. Einer überwiegenden oder sogar hohen Wahrscheinlichkeit der tatsächlichen Beweisführung damit im Gerichtsverfahren bedarf es nicht (*Tschacksch* Die strafprozessuale Editionspflicht, 1988, S. 19 ff.). Vielmehr genügt die nachvollziehbare Erwartung, dass der Gegenstand oder dessen Untersuchung **Schlüsse auf entscheidungserhebliche Tatsachen** zulässt. Die Beweismittelbeschlagnahme ist andererseits (nur) zum Zweck der Vorbereitung einer Sachentscheidung über den strafrechtlichen Vorwurf zulässig (BVerfGE 113, 29 [53]). Für welches genaue Beweisziel der Gegenstand innerhalb dieses Rahmens in Betracht kommt, also zum Nachweis welcher Tatbestandsvoraussetzungen einer Strafnorm oder strafrechtlichen Rechtsfolgenbestimmung oder zur Entlastung des Beschuldigten, braucht z.Zt. der Sicherstellung oder Beschlagnahme noch nicht genau konkretisiert zu werden. Erst recht kommt es nicht darauf an, ob der Gegenstand bei der strafgerichtlichen Untersuchung des Falles später tatsächlich als Beweismittel verwendet wird. Die Beschlagnahme wird nicht nachträglich dadurch unzulässig, dass der beschlagnahmte Beweisgegenstand nicht vom Gericht genutzt wird (BGH JZ 1962, 609; OLG Düsseldorf StV 1983, 407). Das darf zur Zeit des Eingriffsakts nur nicht von vornherein ausgeschlossen erscheinen, weil sonst die Beschlagnahme des Gegenstands als Beweismittel nicht erforderlich und daher unverhältnismäßig wäre.

Beweisbedeutung für das Strafverfahren haben nicht nur Gegenstände, die für die **Tat- und Schuldfrage** 17 von Relevanz sind, sondern auch Gegenstände, die den **Rechtsfolgenausspruch** im Hinblick auf **Strafen, Maßregeln** und sonstige Maßnahmen beeinflussen können. Gegenstände, die für **prozessuale Maßnahmen,** nach einer sehr weit gehenden Rspr. sogar zum Einbau einer »Wanze« (AG Kaufbeuren StV 1994, 534 m. Anm. *Steinhögl*), Relevanz haben können, kommt ebenfalls Beweisbedeutung im Sinne der Eingriffsnorm zu. Bei Vorliegen der potenziellen Beweisbedeutung gebietet theoretisch das **Legalitätsprinzip** auch die Sicherstellung (*Baumann* Die Systematik der Regelungen über die beweissichernde Sicherstellung, S. 155; SK-StPO/*Wohlers/Greco* § 94 Rn. 12). Gleichwohl ist die Sicherstellung oder Beschlagnahme nicht zwingend vorgeschrieben, sondern in das **Ermessen** des Richters gestellt (BVerfGE 20, 162 [186]; 27, 104 [110]), weil die Beweisbedeutung und der Beweisführungsbedarf mit dem sächlichen Beweismittel von Fall zu Fall variiert. Zudem ist der Grundsatz der **Verhältnismäßigkeit** zu beachten (BVerfGE 44, 353 [373]; 113, 29 [54]; BGHSt 43, 300 [303]).

18 An der Beweisbedeutung der Sache und damit an der Zulässigkeit der Beschlagnahme fehlt es, wenn eine **hinreichend sichere Annahme** dafür getroffen werden kann, **dass es zu keinem Gerichtsverfahren kommen wird** (BGHSt 9, 351 [355 f.]; LR/*Menges* § 94 Rn. 31), insb. wenn ein endgültiges Verfahrenshindernis besteht. Solange ein Verfahrenshindernis behebbar ist, indem etwa ein Strafantrag noch gestellt werden kann, gebietet das Legalitätsprinzip weitere Ermittlungen und in diesem Rahmen fakultativ auch die Beweismittelsicherstellung oder -beschlagnahme.

19 **II. Die beweistechnisch zu fördernde Untersuchung. 1. Der Verdacht als Eingriffsanlass.** Mit der Untersuchung im Sinne von § 94 Abs. 1 ist das **Strafverfahren von seiner Einleitung** zumindest **bis zu seinem rechtskräftigen Abschluss** gemeint (LR/*Menges* § 94 Rn. 19), bei absehbarer Möglichkeit eines Wiederaufnahmeverfahrens auch darüber hinaus. Die strafprozessuale Untersuchung kann auch mit der Sicherstellung eines Beweisgegenstands beginnen, namentlich bei Entdeckung eines Tatorts mit Spuren. Eine Sicherstellung in einem **Vorermittlungsverfahren**, also vor Beginn eines Ermittlungsverfahrens, ist nicht zulässig (BeckOK-IT-Recht/*Brodowski* § 94 StPO Rn. 4; MüKo-StPO/*Hauschild* § 94 Rn. 17; LR/*Menges* § 94 Rn. 20), weil das Prinzip vom Vorbehalt des Gesetzes dies nicht zulässt. Vorermittlungsverfahren sind in Strafsachen nicht gesetzlich vorgesehen, sodass behördliche Maßnahmen vor dem Strafverfahren allenfalls insoweit zulässig sein können, als sie keinen Eingriffscharakter haben. Gerichtliche Zuständigkeiten (Art. 101 Abs. 1 Satz 2 GG, § 98 StPO) bestehen dort auch nicht. Eine vorbeugende Beschlagnahme von Gegenständen zur Ausforschung »ins Blaue hinein« ist unzulässig (*Eisenberg* Beweisrecht der StPO, Rn. 2324). Eine Gefahr der übermäßigen Ausforschung entsteht zudem möglicherweise bei der Überprüfung großer Akten- oder Datenbestände. Das gilt jedenfalls dann, wenn aus den Aktenmengen und Datenbeständen ein umfassendes **Persönlichkeitsprofil** des Betroffenen erstellt werden kann (Rdn. 11).

20 Das **Vorliegen eines** konkreten **Anfangsverdachts** (LG Berlin StV 2002, 67 [68]; *Eisenberg* Beweisrecht der StPO, Rn. 2324; *Tschacksch* Die strafprozessuale Editionspflicht, 1988, S. 10) genügt als Eingriffsanlass zur Sicherstellung oder Beschlagnahme von Gegenständen mit potenzieller Beweisrelevanz. Dagegen reicht eine **bloße Vermutung**, etwa dass die Klienten einer Suchtberatungsstelle sich des unerlaubten Erwerbs und Besitzes von Betäubungsmitteln schuldig gemacht haben dürften, für einen Grundrechtseingriff durch Beschlagnahme ihrer Klientenakten bei der Suchtberatungsstelle, denen auch nur geringe Beweisbedeutung für die Aufklärung eines Handeltreibens mit Betäubungsmitteln zukommt, aus Gründen der Verhältnismäßigkeit nicht aus (BVerfGE 44, 353 [380 f.]). Ähnliches gilt für den »**Betriebsverdacht**«, in einem Krankenhaus werde mit Betäubungsmitteln Handel getrieben (LG München I StV 1996, 141 [142 f.]). Erforderlich ist als Eingriffsvoraussetzung für die Beweismittelbeschlagnahme vielmehr ein **konkret zu umschreibender Tatvorwurf** (vgl. BVerfGE 124, 43 [66 f.]), der sich auf konkrete Tatsachenhinweise stützen kann. Ein höherer Verdachtsgrad als der Anfangsverdacht wird andererseits nicht vorausgesetzt (a.A. OLG Jena wistra 2001, 73 m.Anm. *Hohmann*). Ob das bei einer Beschlagnahme großer Datenbestände, die im Belastungsgewicht an weitreichende Ausforschungsmaßnahmen bei heimlichen Ermittlungen heranreicht, noch angemessen ist, erscheint prinzipiell fragwürdig.

21 Die Beweisbedeutung des Beschlagnahmegegenstands bemisst sich nach den Umständen des Einzelfalls; sie muss nicht groß sein, darf aber auch nicht nur theoretisch möglich erscheinen. Auch kann das Ermittlungsverfahren **aufgrund eines Verdachts »in rem«** noch gegen Unbekannt geführt sein und dennoch bereits einen Eingriff in Grundrechte aus Art. 14 Abs. 1, 2 Abs. 1 GG gestatten. Eine Unterscheidung zwischen dem Eingriff in die Grundrechte eines bestimmten Beschuldigten oder einer nicht beschuldigten Person, wird im Beschlagnahmerecht, anders als bei der Durchsuchung gem. § 102 einerseits und § 103 andererseits, innerhalb des Eingriffstatbestands nicht gemacht. Die Frage, ob in Rechtspositionen Unverdächtiger eingegriffen werden darf, ist allerdings bei der Verhältnismäßigkeitsprüfung besonders zu beachten (BVerfGE 113, 29 [54]). Ein konkreter **Verdacht »in personam«** ist für eine Beweismittelbeschlagnahme **nicht** zwingend **erforderlich.** Es müssen aber konkrete Tatsachen für die Annahme vorliegen, es sei eine verfolgbare Straftat begangen worden.

2. Stadien der Untersuchung. Zur Untersuchung gehört das laufende Verfahren bis zum Verfahrensabschluss, sodass die Sicherstellung oder Beschlagnahme von Beweisgegenständen **im Vor- oder Zwischenverfahren** zulässig ist, im Prinzip aber auch **während der Hauptverhandlung** einer Tatsacheninstanz, wobei nur Kompetenzänderungen zu berücksichtigen sind (*Lindemann* Ermittlungsrechte und -pflichten der Staatsanwaltschaft nach Beginn der Hauptverhandlung, 2003, S. 47 ff.). 22

Unter Verhältnismäßigkeitsgesichtspunkten fragwürdig ist es aber, wenn im Erkenntnisverfahren bis **vor Ende einer langen Hauptverhandlung** keine Beweiserhebungen zu den persönlichen und wirtschaftlichen Verhältnissen gemacht werden und der Angeklagte hierzu keine Angaben macht, worauf das Tatgericht zur Durchsuchung mit dem Ziel der Beschlagnahme eines geschriebenen Lebenslaufs, von Kontounterlagen u.a. schreitet, um auch für Zwecke der Urteilsabfassung Feststellungen zu den persönlichen und wirtschaftlichen Verhältnissen treffen zu können. In einem solchen **Fall eines informellen Schuldinterlokuts** wird faktisch ein Erklärungsdruck auf den Angeklagten ausgeübt, für den eine prozessuale Rechtfertigung fehlt. Außerdem setzen sich die erkennenden Richter, die an einer solchen Beschlagnahme mitwirken, dem Risiko einer Besorgnis der Befangenheit aus, weil sie der Eingriffsmaßnahme vor Urteilsreife der Sache einen fortbestehenden Verdacht zu Grunde legen. 23

Die Untersuchung, für die eine Beweismittelbeschlagnahme möglich ist, **endet** allerdings erst **mit Rechtskraft** eines Sachurteils, eines endgültigen Einstellungsurteils gem. **§ 260 Abs. 3** wegen eines unbehebbaren Verfahrenshindernisses oder eines Strafbefehls, ferner eines Einstellungsbeschlusses nach **§ 206a** oder **§ 206b**. Beendet ist die Untersuchung prinzipiell auch mit einer Einstellung nach **§ 170 Abs. 2** oder **§ 153**. 24

Bei vorläufiger Einstellung des Verfahrens bleibt die Sicherstellung oder Beschlagnahme von Beweismitteln zulässig bis zur endgültigen Einstellung des Verfahrens. Bei einer Einstellung nach **§ 153a** dauert die Untersuchung bis zur fristgemäßen vollständigen Erfüllung von Weisungen und Auflagen, durch die erst ein Verfahrenshindernis entsteht, fort. Wenn die Strafverfolgung nach **§ 154a** auf bestimmte Teile einer Tat oder bestimmte Gesetzesverletzungen beschränkt wird, tritt mit Rechtskraft der die Tat i.Ü. betreffenden Entscheidung ein Strafklageverbrauch ein, der zur Unzulässigkeit von Eingriffsmaßnahmen führt. Stellt die Staatsanwaltschaft das Verfahren nach **§ 154 Abs. 1** ein, kann sie das Verfahren jederzeit bis zum Eintritt der Strafverfolgungsverjährung wieder aufnehmen; insoweit ist die Untersuchung nicht abgeschlossen und eine Sicherstellung oder Beschlagnahme von Beweismitteln zur Beweissicherung bleibt prinzipiell zulässig, sie bedarf dann allerdings der genauen Verhältnismäßigkeitsprüfung. Bei einer Einstellung des Verfahrens durch das Gericht nach **§ 154 Abs. 2** ist eine Sicherstellung oder Beschlagnahme ab Wegfall des Einstellungsgrundes wieder zulässig. Stellt sich nachträglich heraus, dass das eingestellte Verfahren wegen eines Vergehensvorwurfs tatsächlich ein Verbrechen zum Gegenstand hatte, so ist das Aufgreifen des Verfahrens bis zum Eintritt der Strafverfolgungsverjährung möglich. Insgesamt ist eine Sicherstellung oder Beschlagnahme von Beweismitteln zulässig, solange ein Aufgreifen des Verfahrens konkret möglich bleibt oder tatsächlich erfolgt. 25

Auch während der **Revisionsinstanz** ist eine Sicherstellung oder Beschlagnahme aufgrund nachträglicher Hinweise auf die Existenz eines weiteren Beweisgegenstands theoretisch unter Beachtung des Grundsatzes der Verhältnismäßigkeit noch möglich (OLG Hamm JMBl. 1976, 118; Meyer-Goßner/Schmitt/*Köhler* § 94 Rn. Rn. 9), jedoch fehlt dem Revisionsgericht die Kompetenz zu einer solchen Entscheidung und das Tatgericht ist aktuell nicht mit der Sache befasst. Das Revisionsgericht kann die Aufklärungspflicht, die der Beweisbefugnis der staatlichen Strafverfolgungsbehörden bei der Sicherung von Beweisgegenständen zugrunde liegt (Rdn. 1) nicht seinerseits bewerten. 26

Zulässig ist die Sicherstellung oder Beschlagnahme zur **Vorbereitung eines Wiederaufnahmeverfahrens** (MüKo-StPO/*Hauschild* § 94 Rn. 20; LR/*Menges* § 94 Rn. 22), nach dem Grundsatz der Verhältnismäßigkeit nicht, wenn für eine Wiederaufnahmemöglichkeit keine konkreten Anhaltspunkte bestehen. 27

Die Beschlagnahmevorschriften gelten **auch im Sicherungs-** und **im selbstständigen Einziehungsverfahren**, ferner **im Privatklageverfahren**, dort aber erst nach vorschriftsmäßiger Erhebung der Privatklage. 28

Im **Vollstreckungsverfahren** kommt eine Sicherstellung nicht nach der vorliegenden Vorschrift, sondern nur zu anderen Zwecken, nämlich zur Fahndung nach dem flüchtigen Verurteilten, nach § 457 Abs. 2 in Betracht (LR/*Menges* § 94 Rn. 22). Zuständig ist dann das Gericht des ersten Rechtszugs (§ 457 Abs. 3 Satz 3). Für eine Entscheidung über die Änderung von Bewährungsauflagen darf keine Beschlagnahme durchgeführt werden (KG StV 2000, 10 [11]). 29

D. Sicherstellung (Abs. 1). Die formlose Sicherstellung des Beweisgegenstands nach § 94 Abs. 1 ist möglich, wenn der Gegenstand **gewahrsamslos** ist oder vom **Gewahrsamsinhaber freiwillig** dem behördlichen Zugriff **preisgegeben** wird (*Baumann* Die Systematik der Regelungen über die beweissichernde Sicherstellung, S. 106 ff.); andernfalls bedarf es der Beschlagnahme (§ 94 Abs. 2). Bei E-Mail-Postfächern, cloud-Speichern oder social-media-Profilen gilt neben dem Provider auch der **Benutzer** als Gewahrsamsinhaber, der eine 30

Datenherausgabe zwecks Sicherstellung von Daten freiwillig gestatten kann (BeckOK-IT-Recht/*Brodowski* § 94 StPO Rn. 8). Zur Sicherstellung körperlicher Gegenstände ist das Beweisobjekt primär in »Verwahrung« zu nehmen oder in sonstiger Weise sicherzustellen. Die Sicherstellung ist eine faktische **Herstellung des staatlichen Gewahrsams** bei den Strafverfolgungsorganen (*Hoffmann/Knierim* NStZ 2000, 461; LR/*Menges* § 94 Rn. 44, 46), nicht bei anderen Behörden (BGHSt 38, 237 [243]), mit der Folge der **Begründung eines öffentlich-rechtlichen Verwahrungsverhältnisses** (BGH NJW 2019, 2618; SK-StPO/*Wohlers/Greco* § 94 Rn. 47) oder sonstigen hoheitlichen Herrschaftsverhältnisses (*Baumann* a.a.O., S. 7; LR/*Menges* § 94 Rn. 49). Die Inbesitznahme beruht auch bei der formlosen Sicherstellung auf einem gegenüber dem herausgabebereiten Gewahrsamsinhaber oder bei gewahrsamslosen Gegenständen gegen Jedermann gerichteten (*Baumann* a.a.O., S. 47) **Anspruch des Staates auf Inbesitznahme** für Zwecke der Sachaufklärung im Strafverfahren. Sie erfolgt dadurch, dass der Gegenstand formfrei – also ohne die Kompetenzbeschränkungen und Formerfordernisse nach § 98 – von einem zur Strafverfolgung berufenen Organ in den Gewahrsam der Behörde oder einer von ihr beauftragten Person übernommen wird. Beschlagnahmeverbote spielen bei der formlosen Sicherstellung keine Rolle, soweit jedenfalls nicht der absolut geschützte **Kernbereich der Persönlichkeitsentfaltung** betroffen ist (BeckOK-IT-Recht/*Brodowski* § 94 StPO Rn. 7). Das Verwahrungsverhältnis wird durch § 133 StGB geschützt.

31 Die Sicherstellung kommt auch **in anderer Weise** mit der Folge eines Schutzes nach § 136 StGB für beschlagnahmte Gegenstände infrage. Zur Herstellung dieser hoheitlichen Beziehung zur Sache durch Herstellung eines mittelbaren Besitzes und zum Ausschluss einer Beweisquellentrübung muss eine Sicherstellungsmaßnahme geeignet sein (*Baumann* Die Systematik der Regelungen über die beweissichernde Sicherstellung, S. 117 ff.) und die Maßnahme muss die Beziehung der Strafverfolgungsbehörde zu dem Gegenstand **erkennbar** machen, etwa **durch Siegelung.** Die Sicherstellung in sonstiger Weise bei Gegenständen, die nicht behördlich verwahrt werden können, ist nur in Form einer Beschlagnahme möglich (LR/*Menges* § 94 Rn. 49). Die Sicherstellung in sonstiger Weise außer durch behördliche Verwahrung ist angezeigt, wenn Beweisgegenstände aufgrund ihrer Beschaffenheit nicht in behördliche Obhut genommen werden können, wie Immobilien oder in Verarbeitung befindliche Sachen, etwa eine beim Hersteller im Ausbau befindliche Charge Wein, oder Sachen, bei denen der Beschlagnahmezweck auch ohne behördliche Verwahrung erreicht werden kann. So können Grundstücke oder Räume **abgesperrt**, Fahrzeuge, Maschinen u.a. **versiegelt** (*Baumann* a.a.O.,S. 119) und **Ge- und Verbote** an den Gewahrsamsinhaber **ausgesprochen** werden (LR/*Menges* § 94 Rn. 49; SK-StPO/*Wolters* § 94 Rn. 10), wie ein Benutzungs- oder Betretensverbot, aber auch ein Verfügungsverbot. Gespeicherte **Daten** können nach der im Vordringen befindlichen Ansicht durch **Übermittlung** von dem Datenträger des Betroffenen in den Computer der Staatsanwaltschaft oder durch Datenkopie (*Matzky* Zugriff auf EDV im Strafprozess, 1999, S. 135; Meyer-Goßner/*Schmitt* § 94 Rn. 16a) ohne Beschlagnahme eines Datenträgers in sonstiger Weise gesichert werden. Nach überkommenen Maßstäben ist die Anfertigung einer (Urkunden- oder Daten-) **Kopie** (u.a.) allerdings keine Sicherstellung oder Beschlagnahme (AK-StPO/*Amelung* § 94 Rn. 23), sondern ein Ersatz dafür (LR/*Menges* § 94 Rn. 28).

32 Die Sicherstellung erfolgt durch den **Realakt** der Gewahrsamsbegründung eines Strafverfolgungsorgans, sofern kein Gewahrsam einer anderen Person besteht oder der bisherige Gewahrsamsinhaber die Sache dem behördlichen Zugriff freiwillig preisgibt (*Baumann* Die Systematik der Regelungen über die beweissichernde Sicherstellung, S. 108 f.; *Eisenberg* Beweisrecht der StPO, Rn. 2330). Der Annahme der **Freiwilligkeit** (LR/*Menges* § 94 Rn. 36), die nur einen Verzicht auf die Beschlagnahmeform, nicht auf das materielle Recht an der Sache darstellt, steht es nicht entgegen, wenn der Gewahrsamsinhaber zur Abwendung der andernfalls erfolgenden förmlichen Beschlagnahme oder in Befolgung der Herausgabepflicht nach § 95 Abs. 1 handelt (*Baumann* a.a.O., S. 107; SK-StPO/*Wohlers/Greco* § 94 Rn. 7). Darin liegt im Einzelfall **kein Grundrechtsverzicht**, weil die Herausgabe »nolens, volens« erfolgt, sodass auch die »freiwillige« Herausgabe auf Verlangen immer noch ein Eingriff in materielle Grundrechte sein kann (*Dibbert* Ermittlungen in Großunternehmen, 1999, S. 134), allerdings nach der Konzeption von § 94 und § 95 kein solcher, der eine förmliche Beschlagnahme erfordert, welche auch eine präventive Rechtsschutzfunktion erfüllen soll. Unfreiwillig ist die Herausgabe zumindest auch im Sinne der vorliegenden Vorschrift, wenn sie nach § 95 Abs. 2 Satz 1 erzwungen wird (*Baumann* a.a.O., S. 108). Der **Widerruf der Einwilligung** in die Gewahrsamsübertragung bei der freiwilligen Herausgabe ist jederzeit möglich und stellt praktisch zugleich einen Antrag auf gerichtliche Entscheidung nach § 98 Abs. 2 Satz 2 dar. Steht eine Sache im **Gewahrsam mehrerer Mitgewahrsamsinhaber**, müssen alle mit der Herausgabe der Sache an die Ermittlungsbehörde einverstanden sein, damit diese durch bloßen Realakt sichergestellt werden kann (AK-StPO/*Amelung* § 94 Rn. 18; LR/*Menges* § 94 Rn. 40). Ist allerdings einer der Mitgewahrsamsinhaber allein oder vorrangig verfügungsberechtigt, genügt dessen Einwilligung. **Bei Minderjährigen** ist die **Einwilligung des gesetzlichen Vertreters** erforderlich und ausreichend, wenn nicht der Minderjährige selbst ausnahmsweise verfügungsbefugt ist (*Eisenberg* Beweisrecht der StPO, Rn. 2330).

Trotz Vorliegens eines Beschlagnahmeverbots nach § 97 Abs. 1 kann der Gewahrsamsinhaber den Gegenstand, soweit er über eine Dispositionsbefugnis verfügt (*Baumann* a.a.O., S. 61 f.), freiwillig herausgeben, sodass dieser formlos **sichergestellt** werden kann. § 97 Abs. 1 verbietet im Wesentlichen nur die Beschlagnahme, nach richtiger Ansicht aber auch den Herausgabeanspruch der Strafverfolgungsorgane (*Jahn* FS C. Roxin II, Bd. 2, 2011, S. 1357 [1360 ff.]), nicht jedoch die Sicherstellung. Es gibt ein Beschlagnahmeverbot, aber kein Sicherstellungsverbot. Eine Ausnahme von Letzterem kommt nur infrage, wenn die Sicherstellung eines Gegenstands nach freiwilliger Herausgabe in den absolut geschützten Kernbereich der Persönlichkeitsentfaltung eingreifen würde, also etwa bei der Sicherstellung eines Tagebuchs eines Dritten mit inhaltlich ausschließlich dem **Kernbereichsschutz** unterfallenden Aufzeichnungen. Ein praktischer Anwendungsfall dieser Regel ist bisher in der Rspr. noch nicht hervorgetreten. Die **Annahme einer freiwilligen Herausgabe** setzt bei Vorliegen eines Beschlagnahmeverbots, etwa beim Beweismittelgewahrsam eines Angehörigen des Beschuldigten nach §§ 52 Abs. 1, 97 Abs. 1 Nr. 1, regelmäßig die **Belehrung des Gewahrsamsinhabers** voraus, dass der Gegenstand einem behördlichen Zugriff ohne oder gegen seinen Willen entzogen ist. In der Herausgabe des Gegenstands liegt dann zugleich ein Verzicht auf ein Beweisverwertungsverbot, soweit dieses der Disposition des bisherigen Gewahrsamsinhabers unterliegt (BGHSt 18, 227 [230]). 33

E. Beschlagnahme (Abs. 2). Ein Gegenstand, der sich **im Gewahrsam einer Person** befindet und **nicht freiwillig herausgegeben** wird, was auch der Fall ist, wenn die Herausgabe nach § 95 Abs. 2 Satz 1 erzwungen wird (Meyer-Goßner/Schmitt/*Köhler* § 94 Rn. 13), kann aufgrund einer ausdrücklichen Anordnung nach § 98 durch einen Richter oder bei Gefahr im Verzug durch die Staatsanwaltschaft oder ihre Ermittlungspersonen nur **förmlich beschlagnahmt** werden. Die Beschlagnahme ist eine gegenüber dem Betroffenen **offene Ermittlungsmaßnahme**, die ihm folglich zeitnah bekanntzumachen ist (BGH StV 2016, 132), wenn er sie nicht ohnehin unmittelbar erlebt. Erforderlich ist nach der Anordnung der Beschlagnahme die zwangsweise Aufhebung des Gewahrsams der Person, in Fällen der Verwahrung regelmäßig unter Begründung neuen Gewahrsams bei der Behörde, oder in Fällen der Sicherstellung »in anderer Weise« im Sinne von § 94 Abs. 1 durch Begründung mittelbaren Besitzes. Zur Beschlagnahme bedarf es also der **Anordnung** sowie der **Vollziehung** der Maßnahme, wobei für die in der Strafprozessordnung nicht positivrechtlich geregelte (*Baumann* Die Systematik der Regelungen über die beweissichernde Sicherstellung, S. 113) Art und Weise der **Vollziehung durch unmittelbaren Zwang** prinzipiell die Staatsanwaltschaft mit ihren polizeilichen Ermittlungspersonen zuständig ist. Anordnung und Vollziehung können zusammenfallen. Nur die förmliche Beschlagnahme bewirkt eine **Verstrickung** des Gegenstands auch im Sinne von § 136 Abs. 1 StGB (BGHSt 15, 149 [150]; *Baumann* a.a.O., S. 109 f.). Form, Inhalt, Bekanntgabe und Durchführung der Beschlagnahmeanordnung richten sich nach § 98. Die förmliche Beschlagnahme ist nicht erforderlich, wenn der Gewahrsamsinhaber zur freiwilligen Herausgabe bereit ist. Gleichwohl ist auch dann eine Beschlagnahme nach der Rspr. zulässig (BGH StV 1992, 308; a.A. AK-StPO/*Amelung* § 94 Rn. 24; *Baumann* a.a.O., S. 128 ff.), die aber – mangels Erforderlichkeit – unverhältnismäßig wirkt. Auch **Behördenakten** können beschlagnahmt werden (Rdn. 7). Ein **Gewahrsamstransfer** wird bei Behördenakten nicht schon dadurch obsolet, dass ohnehin irgendein behördlicher Gewahrsam besteht. Es geht bei der Beschlagnahme vielmehr um den Transfer aus dem Gewahrsam einer Fachbehörde in den spezifischen Gewahrsam einer Strafverfolgungsbehörde oder des Strafgerichts (*Kramer* NJW 1984, 1502 [1503]). 34

Eine Beschlagnahme ist unzulässig, wenn ein **Beschlagnahmeverbot** eingreift. Beschlagnahmeverbote können sich aus **§ 96** im Fall der Sperrerklärung (*Baumann* a.a.O., S. 65 ff.), aus **§ 97** im Fall des Bestehens einer besonders geschützten Vertrauensbeziehung oder einer besonders geschützten institutionellen Gewahrsamsposition (BGHSt 38, 144 [146 ff.]; 43, 300 [304 f.]; 53, 257 [262]; einschränkend bei Mitgewahrsam des Beschuldigten neben einem Angehörigen BGHSt 19, 374 [375 f.]) oder aus **§ 148** im Fall der Einbeziehung des Beweisgegenstands in die Kommunikation des Beschuldigten mit seinem Verteidiger (einschränkend BGHSt 53, 257 [261 f.]) ergeben. Ferner können Beschlagnahmeverbote unmittelbar **von Verfassungs wegen** bestehen (Art. 47 Satz 2, 14 Abs. 1, 2 Abs. 1, 1 Abs. 1 GG; vgl. für Unterlagen der Abgeordneten BVerfGE 108, 251 [269]; für ein ärztliches Krankenblatt BVerfGE 32, 373 [383]; für Klientenakten der Suchtberatungsstelle BVerfGE 44, 353 [372 f.]; für Verteidigungsunterlagen des Beschuldigten BGHSt 44, 46 [47 ff.]; OLG München StV 2005, 118 [119 f.]) sowie aus groben Fehlern im Durchsuchungs- und Beschlagnahmeverfahren resultieren (Rdn. 48 f.). Ein Beweisverbot besteht andererseits meist per se nicht an solchen Beweisgegenständen, die auch Tatmittel oder Tatobjekt waren (LG Frankfurt NJW 1959, 543). 35

§ 160a spielt bei der Beschlagnahme meist keine Rolle, weil die §§ 94, 97 speziellere Regeln darstellen (*Bartheau* StV 2012, 303 [306]). Ob das auch im Bereich der Datenbeschlagnahme nach den Maßstäben der Rspr. des BVerfG gelten kann, bleibt unklar. Zu beachten ist jedenfalls über das geschriebene Strafprozessrecht hinaus (*Doll* Strafprozessuale Konturierung des Kernbereichs privater Lebensgestaltung, S. 198 f.: Es besteht 36

Regelungsbedarf), dass bei Eingriffen in den absolut geschützten **Kernbereich der Persönlichkeitsentfaltung** unmittelbar aus Art. 1 Abs. 1 GG ein kategorisches Beweiserhebungs- und Beweisverwertungsverbot resultiert (BVerfGE 80, 367 [374 f.]; LG Aschaffenburg StV 1989, 244 f.; LG Saarbrücken StV 1988, 480 [481]). Wann dieser Kernbereich berührt wird, erscheint unbestimmt, weil auch die Grundrechtsposition aus Art. 1 Abs. 1 GG herkömmlich stets nur negativ abgegrenzt wird und höchst ungenau definiert erscheint. Eine Kernbereichsverletzung liegt auch bei der Beschlagnahme von Tagebuchaufzeichnungen nach vorherrschender Meinung dann nicht vor, wenn diese Aufzeichnungen einen inhaltlichen Sozialbezug, der sie vom innersten Kern der Persönlichkeitsentfaltung abrückt, dadurch aufweisen, dass sie Hinweise auf begangene Straftaten enthalten (offengelassen von BGH StV 1994, 281). In diesem Fall ist nach der Rspr. nur, aber immerhin auf der zweiten Stufe der **Dreisphärentheorie** (Maunz/Dürig/*Di Fabio* GG Art. 2 Rn. 157 ff.) ein Beweisverwertungsverbot **nach den Maßstäben der Abwägungsdoktrin** (§ 136 Rdn. 86 ff.) zu prüfen (BGHSt 34, 397 [401]; BGH NStZ 2000, 393 m.Anm. *Jahn*; OLG Schleswig StV 2000, 11).

37 **F. Verhältnismäßigkeit.** Die Sicherstellung gewahrsamsloser Gegenstände hat keinen **Eingriffscharakter** und unterliegt daher geringeren Voraussetzungen als ein Grundrechtseingriff durch Beschlagnahme eines Gegenstands ohne oder gegen den Willen einer Privatperson als Eigentümer oder Verfügungsberechtigter. Auch bei freiwilliger Herausgabe liegt jedenfalls dann, wenn sie nicht (erst) aufgrund eines Herausgabeverlangens erfolgt, im Sinne eines Grundrechtsverzichts kein Eingriff vor, wohl aber, wenn nur aufgrund der dahinterstehenden Androhung staatlichen Zwangs keine einen Grundrechtsverzicht begründende Freiwilligkeit im Sinne der Verfassung steht (*Dibbert* Ermittlungen in Großunternehmen, 1999, S. 134). Insoweit gilt der Grundsatz der Verhältnismäßigkeit auch in Fällen der Sicherstellung ohne förmliche Beschlagnahme. Anordnung, Vollziehung und Aufrechterhaltung der Beschlagnahme unterliegen jedenfalls als fortdauernder und durchaus auch schwerwiegender (LG Bad Kreuznach StV 1993, 629 [632]; 1994, 177) **Grundrechtseingriff bei der Anordnung, Vollziehung und Aufrechterhaltung** (LG Aachen StV 2000, 548) jeweils dem Vorbehalt der Verhältnismäßigkeit.

38 Eine Beschlagnahme muss, auch wenn § 94 das nicht erwähnt (*Wasmuth* NJW 1989, 2297 [2298 ff.]), unmittelbar von Verfassungs wegen dem Grundsatz der Verhältnismäßigkeit genügen (BVerfGE 44, 353 [373]; LR/*Menges* § 94 Rn. 51 ff.), also zur Erreichung des Beweissicherungszwecke geeignet und erforderlich sein, sowie in angemessenem Verhältnis zur Schwere der Tat und zur Stärke des Tatverdachts stehen (LG Berlin StV 2002, 67 [68]; MüKo-StPO/*Hauschild* § 94 Rn. 23). Es ist dabei vor allem zu erwägen, ob **mildere Maßnahmen** ausreichen (BVerfGE 113, 29 [53]; MüKo-StPO/*Hauschild* § 94 Rn. 26), etwa ein **Herausgabeverlangen nach § 95** (LG Frankfurt/Oder NotBZ 2020, 276 [277] m.Anm. *Wehrstedt*). Die Beschlagnahme als Beweismittel muss für die Ermittlungen notwendig sein, was nicht der Fall ist, wenn **andere Beweismittel** den Beweiszweck zuverlässig erfüllen (AK-StPO/*Amelung* § 94 Rn. 26), insb. bei Vorliegen eines glaubhaften Geständnisses des Beschuldigten, das bereits durch andere Umstände abgesichert ist und genügend Aussagekraft für die Einzelheiten der notwendigen Feststellungen besitzt. Auch wenn eine **Auskunft** einer vertrauenswürdigen Institution (LR/*Menges* § 94 Rn. 67; SK-StPO/*Wohlers/Greco* § 94 Rn. 36) oder eine Datenübermittlung (LG Köln Beschl. v. 14.01.2014 – 111 Qs 255/13) ausreicht und erteilt wird, ist die Beschlagnahme im Einzelfall nicht erforderlich (MüKo-StPO/*Hauschild* § 94 Rn. 26). Die Prüfung der Angemessenheit einer Beschlagnahme stellt bei **Sachen aus dem Gewahrsam von Berufsgeheimnisträgern** besonderen Anforderungen (*Spatscheck* FS Hamm, 2008, S. 733 [740 f.]. Auch ist eine Beschlagnahme nach unangemessen langer Dauer der vorläufigen Sicherstellung zur Durchsicht nach § 110 im Einzelfall unverhältnismäßig (LG Köln StV 2002, 413). Ferner ist bei der Art und Weise der Beweismittelbeschaffung für Zwecke des Strafverfahrens das Verhältnismäßigkeitsprinzip insoweit zu wahren, als der Betroffene in Fällen, in denen dies den Zweck der Maßnahme nicht gefährdet, zuerst zu fragen ist, ob er den Gegenstand freiwillig herausgibt, sodass es der Beschlagnahme nicht bedarf.

39 Bei **Urkunden oder Datenträgern** ist zu prüfen, ob die Anfertigung von **Kopien** genügt, sodass die Beschlagnahme des Originals oder des gesamten Datenträgers nicht erforderlich ist (*Eisenberg*, Beweisrecht der StPO, Rn. 2327; LR/*Menges* § 94 Rn. 63; SK-StPO/*Wohlers/Greco* § 94 Rn. 39). Wenn nicht im Einzelfall Verdachtsmomente auf verborgene oder verschlüsselte Dateien bestehen, die eine Sicherstellung der gesamten Computeranlage oder des Originaldatenträgers erfordert (BVerfGE 113, 29 [56 f.]), soll jedenfalls die Rückgabe von Kopien der Dateien oder von lesbaren Ausdrucken erfolgen, damit der von der Beschlagnahme betroffene Gewahrsamsinhaber mit den Urkunden oder Daten weiterarbeiten kann. Bei redaktionellen Schriftstücken ist insoweit zu berücksichtigen, dass nicht nur die Beschlagnahme der Originalunterlagen, sondern auch die Anfertigung von Ablichtungen geschützte Belange im Sinne von Art. 5 Abs. 1 Satz 2 GG berühren (BVerfGE 117, 244 [258 ff.]); wenn die Schwere der vorgeworfenen Tat nicht ohne Weiteres zur Rechtfertigung des Eingriffs in die Pressefreiheit geeignet erscheint, sind deshalb auch bei der Anordnung

der Beschlagnahme von Ablichtungen ergänzende Überlegungen zur Verhältnismäßigkeit erforderlich (zur Beschlagnahme eines Bekennerschreibens an die Presse BGHSt 43, 363 [366 f.]). Wenn ein Heraussuchen relevanter Informationen bei der Beschlagnahme großer Datenmengen nicht möglich ist, muss schon bei der Durchsicht der Daten (§ 110), die mit einer vorläufigen Sicherstellung vor der Beschlagnahme verbunden ist, berücksichtigt werden, dass die Gewinnung überschießender und vertraulicher, für das Verfahren bedeutungsloser Informationen möglichst zu vermeiden ist. Bei der Beschlagnahme von Schriftstücken als Augenscheinobjekten genügen regelmäßig **einzelne Exemplare**. Ein Betroffener ist nicht verpflichtet, auf seine Kosten **Ausdrucke umfangreichen Datenmaterials** zu fertigen, um eine Beschlagnahme zu vermeiden (SK-StPO/*Wohlers/Greco* § 94 Rn. 41). Die Beschlagnahme des gesamten auf dem Mailserver des Providers gespeicherten E-Mail-Bestandes ist erst recht oft unverhältnismäßig (BGH StV 2011, 73 [74]). Insoweit kommt eine **Eingrenzung des beschlagnahmten Datenbestands** anhand bestimmter Merkmale oder Suchbegriffe in Betracht (BVerfGE 113, 29 [55]; BGH StV 2011, 73 [74]; *Kutzner* NJW 2005, 2652 [2653]; Meyer-Goßner/Schmitt/*Köhler* § 94 Rn. 18a; *Spatscheck* FS Hamm, 2008, S. 733 [741]), notfalls mit Sachverständigenhilfe. Der im Gesetz insoweit auch nicht ausdrücklich geregelte **Kernbereichsschutz** bleibt zu beachten (SK-StPO/*Wohlers/Greco* § 94 Rn. 46). Die geringe Praktikabilität selektiven Vorgehens steht auf einem anderen Blatt.

Bei der im Rahmen der **Angemessenheitsprüfung** erforderlichen **Abwägung** des öffentlichen Interesses an der Sicherstellung des Beweismittels, das sich namentlich aus der **Schwere des Tatvorwurfs**, der Beweisbedeutung des Gegenstandes, dem **Grad des Tatverdachts** und der Schwere des Eingriffs ergibt (BVerfGE 124, 43 [66]; LR/*Menges* § 94 Rn. 52 ff.), mit den einer Beschlagnahme entgegen stehenden Interessen, insb. den **Grundrechten** mit ihrer Ausstrahlungswirkung (BVerfGE 27, 104 [110]; 115, 166 [192, 198]; BVerfGE 124, 43 [63 ff.]), sind nicht nur die eigenen **Interessen des Berufsgeheimnisträgers** (§ 160a), sondern auch die Interessen von unbeteiligten **Mandanten** eines Beratungsverhältnisses (BVerfGE 113, 29 [49]), **Klienten** einer anerkannten Betreuungsstelle (BVerfGE 44, 353 [373]) oder **Patienten** eines Arztes oder sonst heilberuflich Tätigen (BVerfGE 32, 373 [379 ff.]; BGHSt 38, 144 [146 ff.]; 43, 300 [304]; LG Hamburg StV 1989, 243 [244]) nach Art. 1 Abs. 1, 2 Abs. 1 GG an einer Wahrung ihrer Privatsphäre zu berücksichtigen. 40

Wenn sich der **Tatverdacht gegen Unbekannt** richtet, ist die Beschlagnahme von Klientenakten einer Suchtberatungsstelle unzulässig. Wenn andere Beweismittel vorhanden sind, ist die Beschlagnahme einer ärztlichen Patientenkartei (*Wasmuth* NJW 1989, 2297 ff.) oder bei nicht schwerwiegendem Tatvorwurf die Beschlagnahme von Mandantenakten bei einem Rechtsanwalt unverhältnismäßig. Die Beschlagnahme des gesamten Akten- oder Datenbestands einer Praxis oder Kanzlei ist meist unverhältnismäßig, sofern jedenfalls eine Trennung der auf erste Sicht relevanten Akten oder Dateien von unerheblichem Material möglich ist und den drittbelastenden Zugriff auf unerhebliche Informationen vermeiden kann. 41

G. Beendigung der amtlichen Verwahrung. Ist das zugrunde liegende **Strafverfahren rechtskräftig abgeschlossen** oder der amtliche Gewahrsam aus anderen Gründen wegen Zweckerreichung oder endgültiger Zweckverfehlung nicht mehr erforderlich oder etwa wegen überlangen Zeitablaufs unverhältnismäßig (restriktiv bzgl. Datenauswertungen LG Ravensburg NStZ-RR 2014, 348), dann ist der Gewahrsam der Strafverfolgungsorgane zu beenden und der Sicherstellungs- oder **Beschlagnahmegegenstand zurückzugeben** (*Hoffmann/Knierim* NStZ 2000, 461 [462]), es sei denn, er wird als Einziehungs- oder Verfallsobjekt benötigt; dazu ist er dann gesondert nach § 111e zu beschlagnahmen. 42

Gesetzlich geregelt ist in § 111k nur die Rückgabe eines durch die Straftat **dem Verletzten** entzogenen, für das Strafverfahren nicht mehr benötigten Beweisgegenstandes. Dieser ist an den Verletzten herauszugeben. Ist ein Gegenstand aufgrund freiwilliger Herausgabe sichergestellt worden, so ist er an die Person herauszugeben, die ihn zur Verfügung gestellt hatte. Wurde der Gegenstand dagegen beschlagnahmt, so wird er prinzipiell **an den letzten Inhaber** zurückgegeben (OLG Düsseldorf NJW 1990, 723 [724]; LG Berlin StV 1994, 179; MüKo-StPO/*Hauschild* § 94 Rn. 51; *Hoffmann/Knierim* NStZ 2000, 461 [463]). Gegenstände, die **der Beschuldigte** aus einer Straftat erlangt hat, werden aber im Verurteilungsfall nicht an diesen herausgegeben. 43

Streitig ist, ob es sich bei der Rückabwicklung der Sicherstellung oder Beschlagnahme um eine Holschuld oder Bringschuld handelt. Wird die Eigenschaft der Beschlagnahmevollziehung als Verwahrung betont, liegt eine Holschuld vor (BGH NJW 2019, 2618 [2619]), würde die Rückgabe als Akt der Folgenbeseitigung gedacht, hätte eher der Staat die Rückgabe dadurch zu bewirken, dass er die weggenommene Sache zurückbringt (*Hoffmann/Knierim* NStZ 2000, 461 [463]). Insoweit kann nach der Rückgabe an Beschuldigte oder Nichtbeschuldigte differenziert werden (*Kemper* NJW 2005, 3679 ff.). Wenn das Bemühen der verwahrenden Behörde um Rückgabe erfolglos geblieben ist, kann der Beweisgegenstand **vernichtet** werden. Werden die Gegenstände an einen Nichtberechtigten herausgegeben, ist der **Eigentümer** nach § 2 Abs. 2 Nr. 4 StrEG **zu entschädigen**. Werden **Gegenstände aufgrund einer schuldhaften Verletzung von Sorgfaltspflichten** bei der 44

Aufbewahrung **beschädigt oder zerstört**, dann hat der Betroffene Schadensersatzansprüche aus dem öffentlich-rechtlichen Verwahrungsverhältnis (MüKo-StPO/*Hauschild* § 94 Rn. 56; Meyer-Goßner/Schmitt/*Köhler* § 94 Rn. 23). Bei einer schuldhaften Beschädigung des Gegenstands durch Dritte kann dagegen vom Staat keine Entschädigung verlangt werden (BGH StV 1988, 326 m.Anm. *Amelung*).

45 Eine **Beschlagnahme** ist im laufenden Verfahren **aufzuheben**, wenn der Grund dafür entfallen ist oder die weitere behördliche Verwahrung unverhältnismäßig wäre, weil durch Zeitablauf die Vorenthaltung der Sache, etwa einer Computeranlage, nicht mehr angemessen erscheint (MüKo-StPO/*Hauschild* § 94 Rn. 33). Über die Freigabe entscheidet im Ermittlungsverfahren **die Staatsanwaltschaft**, nach Anklageerhebung und vor Rechtskraft **das Gericht**. Mit **Rechtskraft** der Sache endet die Beschlagnahme ohne Weiteres (AK-StPO/*Amelung* § 94 Rn. 32).

46 **H. Führerscheinbeschlagnahme (Abs. 3).** Ein Führerschein wird regelmäßig mangels Aussagekraft nicht als Beweismittel benötigt; ist dies ausnahmsweise doch der Fall, können die Abs. 1 und 2 darauf angewendet werden, ohne dass es auf die Sonderregelung in Abs. 3 ankommt (Roxin/*Schünemann* Strafverfahrensrecht § 34 Rn. 28). Der – wegen des Zugriffs auf die Urkunde (BT-Drs. 7/550 S. 290) systemwidrig (*Baumann* Die Systematik der Regelungen über die beweissichernde Sicherstellung, S. 2) – angefügte Abs. 3 betrifft die Beschlagnahme eines Führerscheins, **wenn dieser der Einziehung unterliegt** (BGHSt 22, 385 [388]; *Trupp* NZV 2004, 389 [390]). Die Führerscheinbeschlagnahme bewirkt für sich genommen keine Fahrerlaubnisentziehung (LG Braunschweig NJW 1953, 1238), sondern erfasst nur das Dokument als Beweismittel oder Einziehungsgegenstand. Freilich resultiert aus der Wegnahme des Führerscheins im Ergebnis ein Verbot des Führens von Kfz nach **§ 21 Abs. 2 Satz 2 StVG.** Sie ist auch nicht zur Vollziehung eines Fahrverbots zulässig. Nach herrschender Meinung können die Staatsanwaltschaft und Polizeibeamte jedoch bei **Gefahr im Verzug** den Führerschein auch beschlagnahmen, um Gefahren für Teilnehmer am öffentlichen Straßenverkehr zu verhindern und damit einer Gefahr vorzubeugen (BGHSt 22, 385 [393]; OLG Stuttgart NJW 1969, 760 [761]; krit. *Luther* NJ 1992, 164 f.). Insoweit kommt der vorliegenden Vorschrift bei Vorliegen eines Strafverfahrens, in dem auch eine vorläufige (§ 111a) oder endgültige Maßregel (§§ 69, 69a StGB) mit der Folge der Führerscheineinziehung wahrscheinlich ist, Vorrang vor präventivpolizeilichen Maßnahmen gleicher Art zu (*Trupp* NZV 2004, 389 [391]).

47 **I. Konkurrenz der Beweismittelbeschlagnahme mit den Sonderregeln der Beschlagnahme von Verfalls- oder Einziehungsgegenständen.** Wenn ein **Beweisgegenstand zugleich als Einziehungsgegenstand** in Betracht kommt, genügt nach verbreiteter Ansicht die Beschlagnahme nach § 94 (Meyer-Goßner/Schmitt/*Köhler* § 94 Rn. 2; einschränkend BGHSt 21, 323 [324]), die jedoch nicht das nur nach § 111c Abs. 5 eintretende Veräußerungsverbot auslösen kann (LG Lübeck StV 2004, 123). Nach § 94 als Beweismittel beschlagnahmte Gegenstände stehen danach auch für die Sicherung der Einziehung zur Verfügung. Jeder nach § 111b beschlagnahmte Gegenstand kann von diesem Standpunkt aus umgekehrt auch als Beweismittel verwertet werden, jedoch ist zumindest wegen des nur auf Beweisgegenstände erstreckten Akteneinsichtsrechts des Verteidigers nach § 147 zusätzlich die Beschlagnahme nach § 94 anzuordnen, damit nicht diese prozessuale Rechtsposition umgangen wird. Die genannten Maßnahmen kollidieren i.Ü. wenigstens partiell mit dem Gesetzesvorbehalt auch für **Zweckänderungen** (Rdn. 13) der staatlichen Nutzung personenbezogener Daten (BVerfGE 100, 313 [360]). Daher muss im Fall der Verfolgung mehrerer Zwecke oder im Fall der Zweckänderung die jeweilige Eingriffsermächtigungsnorm für den maßgeblichen Eingriffsakt angewendet werden.

48 **J. Beweisverwertungsverbote.** Ein **Beschlagnahmeverbot** hat meist (vgl. BVerfGE 44, 353 [383] für Klientenakten der Drogenberatungsstelle; BGHSt 44, 46 [51] für Verteidigungsunterlagen des Beschuldigten, dazu *Schmidt* StV 1989, 421), aber nicht immer und nicht ohne Weiteres zur Folge, dass ein gleichwohl beschlagnahmter Gegenstand in einem Strafverfahren unverwertbar wird. Das könnte etwa für verschiedene Strafverfahren unterschiedlich zu bewerten sein, wenn der Beweisgegenstand dort jeweils verwendbar ist (BGHSt 18, 227 [228 f.]). Der nachträgliche **Wegfall eines Beschlagnahmeverbots**, etwa bei einer Prozesserklärung nach § 53 Abs. 2 Satz 1, lässt die Verwertbarkeit wieder aufleben. Andererseits folgt aus der Feststellung, dass eine Beschlagnahmeanordnung verfassungswidrig ist, nach überkommener Wertung, die im Ergebnis der Beweisbefugnislehre entspricht (§ 136 Rdn. 96), grundsätzlich ein mit Folge- und Fernwirkungen ausgestattetes Verwertungsverbot (BVerfGE 44, 353 [383 f.]). Unzulässiger Zwang zur Herausgabe des Beweisgegenstands als Mittel zur Herbeiführung der Beschlagnahme wirkt sich im Ergebnis ebenso aus, wie es § 136a Abs. 3 es beim Aussagezwang beschreibt. In der Rspr. wird das alles nicht mehr ausreichend beachtet, sondern nach den Maßstäben der Dreisphärentheorie und in diesem Rahmen vorzugsweise auf der Grundlage der **Abwägungsdoktrin** (§ 136 Rdn. 86 ff.) zur zweite Stufe der Sphärentheorie vorgegangen. Auch neue Probleme, wie die fehlende Bekanntmachung der E-Mail-Beschlagnahme beim Provider, werden

von der Rspr. nach der Abwägungsdoktrin gelöst, wonach im Allgemeinen nur ein bewusster Gesetzesverstoß oder eine Umgehung wichtiger Schutzbestimmungen, die Annahme eines Beweisverwertungsverbots hinsichtlich des Beschlagnahmegegenstands zur Folge haben (BGH StV 2016, 132). Immerhin hat die Praxis aber zu berücksichtigen, dass sich nicht nur aus § 97, sondern auch unmittelbar aus der Verfassung nach den Maßstäben der nach absolut geschütztem Kernbereich der Persönlichkeitsentfaltung, allgemeiner Persönlichkeitssphäre und Sphäre sozialer Kommunikation unterscheidenden Sphären-Theorie Beweisverwertungsverbote ergeben können (MüKo-StPO/*Hauschild* § 94 Rn. 59; LR/*Menges* § 94 Rn. 73 ff.; für Steuerdaten *Lucke* HRRS 2011, 527 ff.; abl. VerfGH RLP NJW 2014, 1434 ff. m.Anm. *Wicklein* StV 2014, 469 ff.).

Ist ein Gegenstand **aufgrund einer rechtsfehlerhaften Durchsuchung erlangt** worden, so ist seine Beweisverwertung nach herrschender Meinung auf dem Boden der Abwägungsdoktrin jedenfalls dann unzulässig, wenn es sich um einen **besonders schwerwiegenden Verstoß** handelt oder der Verstoß, insb. gegen den Richtervorbehalt, bewusst oder willkürlich begangen wurde (BVerfGE 113, 29 [61]; KG StV 1985, 404 [405]; LG Dresden StV 2012, 13 [14]; LG Saarbrücken StV 2003, 434 [435 f.]; Meyer-Goßner/Schmitt/*Köhler* § 94 Rn. 21). Wenn eine im Einzelfall erforderliche richterliche Durchsuchungsgestattung fehlt, soll es nach dem **Maßstab des hypothetischen Ersatzeingriffs** (*Wecker* Beweisverwertungsverbote als Folge rechtswidriger Hausdurchsuchungen, 2001, S. 173 ff.) im Rahmen der Gesamtbeurteilung nach der Abwägungsdoktrin auch darauf ankommen, ob ein Durchsuchungsbeschluss erlassen worden wäre, wenn er zuvor beantragt worden wäre (BVerfG StV 2002, 113 f.). Gegen solche Aushöhlungen der schützenden Formen des Strafprozessrechts durch Verlaufshypothesen (vgl. § 136 Rdn. 99) müssen dogmatische Bedenken angemeldet werden (*Jäger* StV 2002, 243 [245]). 49

§ 95 Herausgabepflicht

(1) Wer einen Gegenstand der vorbezeichneten Art in seinem Gewahrsam hat, ist verpflichtet, ihn auf Erfordern vorzulegen und auszuliefern.

(2) [1]Im Falle der Weigerung können gegen ihn die in § 70 bestimmten Ordnungs- und Zwangsmittel festgesetzt werden. [2]Das gilt nicht bei Personen, die zur Verweigerung des Zeugnisses berechtigt sind.

Übersicht

A. Zweck und Anwendungsbereich. Das Herausgabeverlangen ist neben Sicherstellung und Beschlagnahme ein weiteres Mittel zur Erlangung von Sachbeweisen in Form von beweglichen Sachen. Während Sicherstellung und Beschlagnahme im Allgemeinen voraussetzen, dass der Belegenheitsort eines Beweisgegenstands bekannt ist oder jedenfalls im Wege der Durchsuchung festgestellt werden kann, ist **insb. bei unbekanntem Lageort** ein Herausgabeverlangen das hilfreiche Mittel zur Erlangung des behördlichen Gewahrsams an dem Beweisgegenstand. Das Herausgabeverlangen wird meist vor einem **Zwangsmitteleinsatz** das weniger eingriffsintensive Mittel sein als die in der Praxis oft zugleich mit der Durchsuchungsanordnung vorab angeordnete Beschlagnahme. Es wird praktisch nur angewendet, wenn eine Sicherstellung oder Beschlagnahme ausgeschlossen sind, namentlich weil die Sache nicht freiwillig herausgegeben wird und bei einer Durchsuchung nicht gefunden wurde (LG Halle NStZ 2001, 276 [277]; *Reichling* JR 2011, 12 [15]). 1

§ 95 Abs. 1 ordnet an, dass der **Gewahrsamsinhaber** eines Beweisgegenstandes, der **nicht zur Zeugnisverweigerung berechtigt** ist, diesen Gegenstand auf Verlangen (»Erfordern«) der Strafverfolgungsbehörde herausgeben muss. Die Herausgabe kann auch gem. § 95 Abs. 2 Satz 1 i.V.m. § 70 erzwungen werden. Die Herausgabepflicht trifft im Gegensatz zur Pflicht der passiven Duldung einer Beschlagnahme nur Zeugen, **nicht Beschuldigte** (LR/*Menges* § 95 Rn. 14), weil diese nicht zur aktiven Mitwirkung an der eigenen Überführung verpflichtet sind (LG Hanau StraFo 2016, 508; *Eisenberg* Beweisrecht der StPO, Rn. 2326; *Tschacksch* Die strafprozessuale Editionspflicht, 1988, S. 85 ff.; zum Grundsatz »*nemo tenetur se ipsum accusare vel prodere*« § 136 Rdn. 45) und deshalb auch nicht dazu gezwungen werden dürfen. Zumindest von Zwangsmaßnahmen nach § 95 Abs. 2 Satz 1 befreit sind ferner die gem. §§ 52 ff. **zur Zeugnisverweigerung berechtigten Personen** (§ 95 Abs. 2 Satz 2). Die Streitfrage, ob dann auch schon die Herausgabepflicht entfällt oder diese nur nicht erzwingbar ist (für Ersteres *Jahn* FS Roxin II, 2011, S. 1357 [1362 f.]; *Tschacksch* a.a.O., S. 79 ff.), 2 bleibt weitgehend ohne praktische Bedeutung. Ein Herausgabeverlangen gegenüber einem zur Zeugnisverweigerung Berechtigten sollte aber mit der Belehrung darüber verbunden werden, dass Zwangsmittel gegen ihn nicht angewendet werden können (*Eisenberg* Beweisrecht der StPO, Rn. 2326a). Der gleichrangige oder übergeordnete Gewahrsam zeugnisverweigerungsberechtigter Personen ist wie deren Alleingewahrsam zu behandeln, soweit es um das Herausgabeverweigerungsrecht geht. Bei nur untergeordnetem Mitgewahrsam einer zeugnisverweigerungsberechtigten Person gegenüber einem Herausgabepflichtigen, geht die Editionspflicht des übergeordneten Gewahrsamsinhabers aber vor (LR/*Menges* § 95 Rn. 11; *Tschacksch* a.a.O., S. 98 ff.). Dieser hat nämlich im Fall des behördlichen Herausgabeverlangens seinerseits den untergeordneten Gewahrsamsinhaber zur Herausgabe aufzufordern. Ist der untergeordnete, aber unmittelbare Gewahrsamsinhaber selbst Beschuldigter, gilt das nicht, weil sonst der *nemo-tenetur*-Grundsatz umgangen werden würde.

3 Ein Herausgabeverlangen ist **in allen Verfahrensabschnitten** zulässig, in denen auch die Beschlagnahme des Beweisgegenstands angeordnet werden könnte (Meyer-Goßner/Schmitt/*Köhler* § 95 Rn. 1). Es ist nicht erforderlich, dass vor dem Herausgabeverlangen zuerst eine Beschlagnahme des Beweisgegenstandes versucht worden ist (*Eisenberg* Beweisrecht der StPO, Rn. 2325a). Das Herausgabeverlangen kann als **der weniger eingriffsintensive Zugriff auf Beweisgegenstände** einer Beschlagnahmeanordnung vorangehen (LG Braunschweig StV 2017, 371; LG Saarbrücken NStZ 2010, 534 [535]). Andererseits ist selbst dann, wenn eine Durchsuchung mit dem Ziel der Beweismittelbeschlagnahme erfolglos durchgeführt wurde, aber aufgrund konkreter Anhaltspunkte davon ausgegangen werden kann, dass ein bestimmtes Beweismittel sich weiterhin im Gewahrsam des Betroffenen befindet, gegen diesen auch noch danach ein Herausgabeverlangen möglich (LG Bonn NStZ 1983, 327).

4 Wird der Gegenstand aufgrund des ermittlungsbehördlichen oder strafgerichtlichen Verlangens freiwillig herausgegeben, kann er formlos **sichergestellt** werden (§ 94 Rdn. 32), auch wenn eine Editionspflicht nicht besteht; Freiwilligkeit setzt dann aber die Kenntnis des Fehlens der Herausgabeverpflichtung voraus (*Eisenberg* Beweisrecht der StPO, Rn. 2330). Wird er erst nach einem Einsatz von Zwangsmitteln herausgegeben, so ist zusätzlich die förmliche **Beschlagnahme** als Legitimation der Gewahrsamsentziehung erforderlich (§ 94 Rdn. 34).

5 **B. Gegenstand der vorbezeichneten Art.** Die Herausgabe- und Vorlegungspflicht nach § 95 bzgl. der »Gegenstände der vorbezeichneten Art«, die in § 94 genannt sind, bezieht sich nur auf **bewegliche Gegenstände** als Beweismittel (§ 94 Abs. 1 und 2) sowie auf **Führerscheine** i.S.v. § 94 Abs. 3, nicht auf Gegenstände von Einziehung oder Verfall (§§ 111b ff.) ohne Beweismittelfunktion. Die Beweisgegenstände müssen z.Zt. des Herausgabeverlangens nach der Rspr. aber nicht existieren, sondern das Verlangen kann sich darauf richten, eine Verkörperung herzustellen und den Gegenstand dann herauszugeben. Das soll noch nicht die Wortlautgrenze der Normauslegung überschreiten (BVerfG NStZ-RR 2003, 176 [177]), entspricht aber nicht der ursprünglichen Konzeption des Gesetzes, das auf z.Zt. der Beschlagnahme oder des Herausgabeverlangens **existierende** Gegenstände bezogen sein sollte (*Tschacksch* Die strafprozessuale Editionspflicht, 1988, S. 9, 47 f.). Freilich ist die Herausgabe einer Reproduktion ein Minus gegenüber der Herausgabe des gesamten Datenbestands auf dessen Datenträgern. Insoweit erscheint die Erstreckung der Editionspflicht auf erst zu erstellende Objekte zur Vermeidung weitergehender Grundrechtseingriffe (LR/*Menges* § 95 Rn. 5) noch akzeptabel. Der Gegenstand muss eine zumindest **potenzielle Beweisbedeutung** für das konkrete Verfahren besitzen (§ 94 Rdn. 16 ff.). Die Beweisbedeutung muss dabei nicht groß, sie darf aber auch nicht nur ganz unerheblich sein. Es müssen neben einem Anfangsverdacht als Verfahrensanlass auch der Verdacht des Gewahrsams des Adressaten des Erforderns an einem Beweisgegenstand und zugleich der Verdacht einer nicht ganz unerheblichen Beweisbedeutung dieses Gegenstands vorliegen.

6 Da nach der Rspr. auch **Daten** als möglicher Beschlagnahmegegenstand gelten (§ 94 Rdn. 8 ff.), muss sich das Herausgabeverlangen auch darauf beziehen können; das soll auch für die Preisgabe von Zugangscodes durch nicht beschuldigte Inhaber gelten (Meyer-Goßner/Schmitt/*Köhler* § 95 Rn. 3a). Das entspricht allerdings – noch deutlicher als bei § 94 – weder dem Wortlaut des Gesetzes noch seiner überkommenen Bedeutung. Mit dem Verlangen der Herausgabe von Computerdateien (und Zugangscodes) wird nicht die Herausgabe einer Sache, sondern die Preisgabe einer Information gefordert, die für Herausgabezwecke erst zu verkörpern ist. Das ist **kein Minus, sondern ein Aliud** gegenüber der Beweismittelherausgabe (§ 94 Rdn. 8 ff.). Allerdings hat der undogmatisch und kasuistisch operierende Gesetzgeber mit § 95a inzwischen auch an die Deutung der §§ 94, 95 als Mittel zur Erlangung von Daten angeknüpft (BT-Drs. 19/27654, S. 61).

7 **C. Gewahrsamsinhaber als Adressat des Herausgabeverlangens.** Der (nicht beschuldigte) **Gewahrsamsinhaber** eines Beweisgegenstands (LR/*Menges* § 95 Rn. 7 ff.; Meyer-Goßner/Schmitt/*Köhler* § 95 Rn. 4; SK-StPO/*Wohlers*/*Greco* § 95 Rn. 7) ist rechtlich zur Herausgabe verpflichtet, soweit kein Beschlagnahmeverbot nach § 97 besteht. Bei **Mitgewahrsam** ist jeder Gewahrsamsinhaber zur Herausgabe verpflichtet, es sei denn,

die Herausgabe ist nur gemeinsam möglich (MüKo-StPO/*Hauschild* § 95 Rn. 11; SK-StPO/*Wohlers/Greco* § 95 Rn. 11). Im Fall eines gestuften Gewahrsamsverhältnisses hat der Inhaber des übergeordneten Gewahrsams den Inhaber des untergeordneten Gewahrsams zur Herausgabe aufzufordern. Für die Verpflichtung des Gewahrsamsinhabers zur Herausgabe ist es ohne Bedeutung, ob er den Gegenstand rechtmäßig oder unrechtmäßig in seinem Gewahrsam hat, ferner ob er der Eigentümer der Sache ist oder nicht und schließlich, ob der Eigentümer oder sonst zur Nutzung Berechtigte der Herausgabe zustimmt (*Eisenberg* Beweisrecht der StPO, Rn. 2325). Auch bei **Gewahrsam einer juristischen Person** ist die vorliegende Vorschrift anwendbar (*Tschacksch* Die strafprozessuale Editionspflicht, 1988, S. 306 ff.), wobei sich das Herausgabeverlangen und die Zwangsmittelandrohung und -anordnung aber praktisch an die Organvertreter richten muss (LR/*Menges* § 95 Rn. 13).

Für **die bei einer anderen Behörde** als einer Ermittlungsbehörde **verwahrten Gegenstände** gilt die Editionspflicht nach herrschender Ansicht ebenfalls (BGH JZ 1993, 365 ff.; relativierend LR/*Menges* § 95 Rn. 17), zumal auch eine **Beschlagnahme von Behördenakten** als zulässig angesehen wird. § 96 Satz 1 gestattet schließlich nach seinem Wortlaut auch den Umkehrschluss, dass die Herausgabe von Behördenakten oder anderen im Behördengewahrsam befindlichen Schriftstücken gefordert werden darf, sofern keine Sperrerklärung der obersten Dienstbehörde vorliegt. Die Justizverwaltung ist zur Übermittlung einer Betreuungsakte an die Staatsanwaltschaft im Rahmen der Amtshilfe befugt (BayObLG Beschl. v. 02.06.2022 – 102 VA 7/22). 8

D. Erfordern. Das Herausgabeverlangen zielt auf einen Eingriff in Grundrechtspositionen (Art. 14 Abs. 1, 2 Abs. 1 GG). Der gesetzliche legitimierte Eingriff unterliegt der Schranken-Schranke aus dem Verhältnismäßigkeitsgrundsatz (*Eisenberg* Beweisrecht der StPO, Rn. 2327; SK-StPO/*Wohlers* § 95 Rn. 8). Das Herausgabeverlangen kann nicht nur **vom Gericht**, sondern auch **von der Staatsanwaltschaft** erklärt werden (LG Bonn BKR 2003, 914 [915]; LG Lübeck NJW 2000, 3148 [3149]; *Lampe* jurisPR-StrafR 22/2014 Anm. 1; *Bittmann* wistra 1990, 325 ff.). Die Staatsanwaltschaft muss also für das Verlangen keinen Gerichtsbeschluss herbeiführen und zwar auch dann nicht, wenn keine Gefahr im Verzug vorliegt (LG Gera NStZ 2001, 276 und LG Halle NStZ 2001, 276 f. jew. m.Anm. *Bittmann*; LG Koblenz wistra 2002, 359 f.; MüKo-StPO/*Hauschild* § 95 Rn. 7; SK-StPO/*Wohlers/Greco* § 95 Rn. 25; a.A. LG Düsseldorf wistra 1993, 199 f.; LG Frankfurt WM 2000, 1543; *Reichling* JR 2011, 12 [14]). Eine Kompetenz für das Herausgabeverlangen haben auch **die polizeilichen Ermittlungspersonen** (SK-StPO/*Wohlers* § 95 Rn. 25), weil das Verlangen auf die freiwillige Herausgabe zielt und daher vor einer Zwangsmittelandrohung und -anwendung für sich genommen noch keinen Eingriffscharakter besitzt, der eine Entscheidung der verfahrensleitenden Behörde voraussetzt. Außerdem sind die Ermittlungspersonen der Polizei für die Prognose der Beweisbedeutung des erstrebten Gegenstands zuständig (*Tschacksch* Die strafprozessuale Editionspflicht, 1988, S. 26 f.); dann besteht wenig Grund zu der Annahme, dass sie nicht auch eine **Herausgabeaufforderung** aussprechen dürfen. Für die Anordnung von **Zwangsmaßnahmen** nach § 70 StPO ist ausschließlich der Richter zuständig (LG Bonn BKR 2003, 914 [915]; *Klinger* wistra 1991, 17 ff.), was bzgl. der Beugehaft auch auf Art. 104 Abs. 2 Satz 1 GG beruht. **Adressat** der Herausgabeaufforderung ist der **Gewahrsamsinhaber**; das kann auch eine Behörde sein (OLG Karlsruhe NJW 1986, 145 f.). 9

Staatsanwaltschaft und Gericht können das Herausgabeverlangen i.S.v. Abs. 1 **mündlich** erklären. Ein **schriftliches Herausgabeverlangen** ist nicht erforderlich, aber ein wenigstens nachträglich anzubringender Aktenvermerk angezeigt. Bei einem Kollegialgericht genügt die mündliche Aufforderung zur Beweismittelherausgabe durch den Vorsitzenden, ohne dass ein **Gerichtsbeschluss** erforderlich ist (KG NStE Nr. 3 zu § 70 StPO). Das Verlangen, das die Herausgabepflicht begründet, muss auch nicht notwendigerweise mit Hinweisen auf die Editionspflicht und deren Erzwingbarkeit verbunden werden (*Tschacksch* Die strafprozessuale Editionspflicht, 1988, S. 118). Es ist nur eine Frage der Rechtmäßigkeit der Zwangsmittelanwendung, ob deren Anordnung zunächst angedroht werden muss. Erst die Zwangsmittelanordnung nach § 95 Abs. 2 Satz 1 setzt einen Gerichtsbeschluss voraus. Polizei und Staatsanwaltschaft können auf die Möglichkeit der Anwendung der **Zwangsmittel** für den Fall einer Herausgabeverweigerung **hinweisen**, wobei zumindest im Fall der Ermittlungsbeamten der Polizei ein ergänzender Hinweis auf die Notwendigkeit einer richterlichen Anordnung als Voraussetzung für den Zwangsmitteleinsatz angezeigt erscheint. Andernfalls wäre die Freiwilligkeit der Herausgabe als Kriterium der fehlenden Kompetenzbegrenzung der Polizei (Rdn. 9) im Hinblick auf den ausgeübten Druck bei der Zwangsmittelandrohung bereits zu verneinen. Erfordern der Herausgabe, Androhung von Zwangsmitteln und Anwendung von Zwangsmitteln sind jeweils als Grundrechtseingriffe am **Grundsatz der Verhältnismäßigkeit** als Schranken-Schranke zu messen. Eine Bitte um **Auskunft** ist im Einzelfall **das mildere Mittel** (*Eisenberg* Beweisrecht der StPO, Rn. 2327). 10

11 **E. Erzwingbare Editionspflicht. I. Die Editionspflicht und ihre Grenzen.** Der Gewahrsamsinhaber eines Beweisgegenstands, also der **Inhaber der tatsächlichen Sachherrschaft**, ist im Strafverfahren nach § 95 Abs. 1 **zur Herausgabe verpflichtet**. Dafür ist es ohne Bedeutung, ob er den Gegenstand rechtmäßig oder unrechtmäßig in seinem Gewahrsam hat, ferner ob er der Eigentümer der Sache ist oder nicht und schließlich, ob der Eigentümer oder sonst zur Nutzung Berechtigte der Herausgabe zustimmt (Rdn. 7). Eine Grenze für die Editionspflicht folgt aus § 96 und auch aus dem **Beschlagnahmeverbot** nach § 97, das zugleich eine erzwingbare Herausgabepflicht, die mit der Beschlagnahme prinzipiell gleichwertig ist und denselben Zweck erfüllen soll, verhindert (*Tschacksch* Die strafprozessuale Editionspflicht, 1988, S. 163 f.). Für Beschlagnahmeverbote, die unmittelbar von Verfassungs wegen bestehen, kann nichts anderes gelten. Soweit ein Beschlagnahmeverbot eingreift, entfällt auch schon die Befugnis der Strafverfolgungsorgane, den Gewahrsamsinhaber zur freiwilligen Herausgabe des Beweisgegenstands aufzufordern (*Eisenberg* Beweisrecht der StPO, Rn. 2326b).

12 **Der Beschuldigte** ist gegebenenfalls zur passiven Duldung einer Beschlagnahme, aber nicht zur aktiven Herausgabe von Beweisgegenständen verpflichtet (LR/*Menges* § 95 Rn. 14; Meyer-Goßner/Schmitt/*Köhler* § 95 Rn. 5; SK-StPO/*Wohlers/Greco* § 95 Rn. 18), denn er ist generell nicht gehalten, an der eigenen Überführung durch aktive Handlungen mitzuwirken (*nemo tenetur se ipsum accusare vel prodere*). Insoweit bedarf § 95 einer verfassungs- und konventionskonformen Auslegung. Auch **Mitbeschuldigte** unterliegen keiner Editionspflicht (*Eisenberg* Beweisrecht der StPO, Rn. 2328). Ob ein unzulässiger Herausgabezwang wegen Verletzung des *nemo-tenetur*-Grundsatzes zu einem **Beweisverwertungsverbot** führt, ist nicht entschieden, aber wegen der Bedeutung des verletzten Rechts anzunehmen (LR/*Menges* § 95 Rn. 34; SK-StPO/*Wohlers/Greco* § 95 Rn. 37). Eine Ausnahme davon kann nach der **Theorie von der alternativ rechtmäßigen Beweiserlangung** infrage kommen, wenn sicher anzunehmen ist, dass die Strafverfolgungsorgane den Beweisgegenstand auch ohne den unzulässigen Zwang erlangt hätten (MüKo-StPO/*Hauschild* § 95 Rn. 22); das ist aber umstritten (SK-StPO/*Wohlers/Greco* § 95 Rn. 38). Gegen eine solche Form der Fehlerfolgenbeseitigung kann der Regelungsgedanke des § 136a Abs. 3 sprechen, der bei unzulässigem Aussagezwang ein kategorisches Beweisverbot vorsieht. Nach **§ 95 Abs. 2 Satz 2** gilt die Erzwingbarkeit der Editionspflicht nicht gegenüber **zeugnisverweigerungsberechtigten Personen** (Meyer-Goßner/Schmitt/*Köhler* § 95 Rn. 10). Darüber ist der zeugnisverweigerungsberechtigte Gewahrsamsinhaber bei einem Herausgabeverlangen zu belehren (SK-StPO/*Wohlers/Greco* § 95 Rn. 24). Ungeklärt ist die Frage nach der Bedeutung eines Sinneswandels eines solchen Zeugen, der nach freiwilliger Herausgabe des Beweisgegenstands später auf sein Weigerungsrecht verweist; dann kommt eine Anwendung des Rechtsgedankens aus § 252 infrage (*Böse* GA 2014, 266 f.). Das Zeugnisverweigerungsrecht und damit auch ein Herausgabeverweigerungsrecht sowie die Freiheit von der Anwendung von Zwangsmitteln entfallen bei **Gewahrsam eines Berufsgeheimnisträges** i.S.v. § 53, wenn dieser von der Person, welcher der Geheimnisschutz zukommen soll, **von der Pflicht zur Verschwiegenheit entbunden** wird (LG Bonn NStZ 2012, 712 f.; *Tschacksch* Die strafprozessuale Editionspflicht, 1988, S. 212 ff.). Nicht ausdrücklich im Gesetz geregelt ist, ob dasselbe auch für die nur zur **Verweigerung der Auskunft** auf bestimmte Fragen **berechtigten Personen** (§ 55 Abs. 1) gilt (dafür *Eisenberg* Beweisrecht der StPO, Rn. 2326a; *Tschacksch* a.a.O., S. 205 ff.). Diese können zwar gem. § 95 Abs. 1 zur Herausgabe aufgefordert werden, unterliegen aber nicht dem Zwang nach § 95 Abs. 2 Satz 2 i.V.m. § 70 (SK-StPO/*Wohlers/Greco* § 95 Rn. 20).

13 **Banken** sind verpflichtet einem Herausgabeverlangen nach Bankunterlagen nachzukommen (KG NStE Nr. 3 zu § 70 StPO; LG Hamburg NJW 1978, 958 f.; LG Lübeck NJW 2000, 3148 [3149]). Ein »Bankgeheimnis« steht nicht entgegen (MüKo-StPO/*Hauschild* § 95 Rn. 15; *Tschacksch* Die strafprozessuale Editionspflicht, 1988, S. 279 ff.). Haben die Banken ihre Papierunterlagen durch Mikrofiches ersetzt, so haben sie – wie auch sonst jeder Kaufmann nach § 261 HGB – die Informationen in schriftliche Unterlagen umzuwandeln; für die Kostenfrage gilt § 23 JVEG. Die Ermittlungsbehörde kann grundsätzlich die Form der Erfüllung eines Auskunftsverlangens bestimmen (LG Limburg NZWiSt 2019, 158 ff.).

14 Der **Insolvenzverwalter** ist zur Herausgabe der Geschäftsbücher verpflichtet, wenn diese als Beweismittel im Strafverfahren behördlich oder gerichtlich angefordert werden (LG Stuttgart Die Justiz 1984, 62). Das Herausgabeverlangen ist das mildere Mittel im Vergleich mit einer Durchsuchung (LG Bielefeld ZInsO 2009, 2105 [2106]) und der Beschlagnahme von Unterlagen (LG Saarbrücken NStZ 2010, 534 f.). Der Insolvenzverwalter kann einen Berufsgeheimnisträger von der Pflicht zur Verschwiegenheit entbinden und damit die Möglichkeit des erzwingbaren Herausgabeverlangens eröffnen (LG Bonn DStR 2013, 63 [64] m.Anm. *Wacker*).

15 Ein Herausgabeverlangen ist auch gegen einen nicht tatverdächtigen **Abgeordneten** zulässig. Die Vollstreckung von Ordnungs- und Beugehaft gegen einen Abgeordneten setzt aber die Genehmigung des Parlaments voraus.

II. Zwang zur Durchsetzung des Herausgabeverlangens. § 95 Abs. 2 Satz 1 gestattet die Anwendung der **Zwangsmittel nach § 70 StPO**, also Ordnungsgeld (Art. 6 ff. EGStGB), ersatzweise Ordnungshaft, und Beugehaft (*Tschacksch* Die strafprozessuale Editionspflicht, 1988, S. 165 ff.), wenn eine Herausgabepflicht besteht, der Gewahrsam des Betroffenen an der Sache feststeht, diesem kein Zeugnis- oder Auskunftsverweigerungsrecht zukommt und die Anordnung eines Zwangsmittels nicht gegen den Grundsatz der Verhältnismäßigkeit verstößt. Die Zwangsmittel dürfen **nur vom Gericht**, nicht von Beamten der Polizei oder Staatsanwaltschaft (LG Bonn BKR 2003, 914 f.; LG Köln WM 2003, 1766) angeordnet werden. Nach überwiegender Ansicht ist ein vorheriges Herausgabeverlangen des Gerichts nicht unbedingt erforderlich; ein Verlangen der Staatsanwaltschaft reicht aus (Rdn. 9; a.A. LG Stuttgart NJW 1992, 2646 f.). Die Staatsanwaltschaft hat gegebenenfalls bei Gericht einen Ordnungsgeld- oder Ordnungshaftantrag zu stellen. Bei § 95 Abs. 2 Satz 1 handelt sich um eine **Ermessensvorschrift**. Die Zwangsmittelanwendung ist also fakultativ, wobei das Ermessen über das Ob der Zwangsmaßnahme von der **Beweisbedeutung** der konkreten Gegenstände und der sonstigen **Beweislage** abhängt, das Wie auch von der Art und Weise der Herausgabeverweigerung (KG NStE Nr. 3 zu § 70 StPO). 16

Gegen Beschuldigte und gegen die zur Zeugnisverweigerung berechtigten Personen darf **kein Zwang** angewendet werden, weil die Editionspflicht ebenso wie eine Zeugnispflicht durch das Recht zu schweigen und dementsprechend auch i.Ü. nicht aktiv an der Strafverfolgung mitwirken zu müssen, aufgehoben wird. Mit der Entbindung des zur Zeugnisverweigerung berechtigten Gewahrsamsinhabers von der Verschwiegenheitspflicht entfällt aber auch sein Herausgabeverweigerungsrecht und der Zeuge unterliegt den Maßnahmen zur Erzwingung der Herausgabe nach § 95 Abs. 2 Satz 1 (*Wacker* DStR 2013, 63 [64]). Der Einsatz von Zwangsmitteln gegen Behörden oder deren Angehörige, soweit sie in amtlicher Eigenschaft die Herausgabe eines Beweisgegenstands aus dem Behördengewahrsam verweigern, ist mit Blick auf das Gewaltenteilungsprinzip problematisch (*Tschacksch* Die strafprozessuale Editionspflicht, 1988, S. 194), wird aber letztlich aus Gründen der Praktikabilität befürwortet, soweit kein Fall des § 96 vorliegt. 17

Ein Zwangsgeld wird nicht dadurch hinfällig, dass der Gewahrsamsinhaber den Beweisgegenstand nach der Anordnung herausgibt. Beugehaft ist aber in diesem Fall sofort zu beenden (Meyer-Goßner/Schmitt/*Köhler* § 95 Rn. 9), weil die Freiheitsentziehung dann zur Erreichung des angestrebten Zwecks nicht mehr erforderlich ist. 18

F. Rechtsmittel. I. Beschwerde. Gegen richterliche Herausgabeverlangen oder Zwangsmittelanordnungen ist die **Beschwerde** nach § 304 gegeben (LR/*Menges* § 95 Rn. 32; *Tschacksch* Die strafprozessuale Editionspflicht, 1988, S. 376 f., 380), staatsanwaltschaftliche Herausgabeverlangen können nach herrschender Ansicht **entsprechend §§ 98 Abs. 2 Satz 2, 161a Abs. 3** gerichtlich überprüft werden (LG Gera NStZ 2002, 276; *Tschacksch* a.a.O., S. 391 ff.). Die entsprechende Anwendung von Rechtsbehelfsnormen kollidiert tendenziell mit dem Gebot der Rechtsmittelklarheit, ferner mit dem Gesetzlichkeitsprinzip aus Art. 101 Abs. 1 Satz 2 GG für die Richterzuständigkeit im Vorverfahren, die hier nicht durch das Gesetz, sondern durch dessen analoge Anwendung begründet werden soll. Genau genommen liegt eine Regelungslücke im System der Kontrolle vor, die wegen des Gesetzlichkeitsprinzips aus Art. 101 Abs. 1 Satz 2 GG nur der Gesetzgeber zu schließen hat, nicht der Rechtsanwender durch Analogiebildung. 19

II. Revision. Die **Revision** kann darauf gestützt werden, dass Beweisgegenstände trotz Bestehens eines Beschlagnahmeverbots mittels Androhung oder Anwendung von Zwangsmitteln herausverlangt und danach verwertet wurden. Ein **Beweisverwertungsverbot** besteht jedenfalls dann, wenn Gegenstände erlangt wurden, indem trotz berechtigter Herausgabeverweigerung des Beschuldigten oder einer zur Zeugnisverweigerung berechtigten Person Zwang angewendet wurde (LR/*Menges* § 95 Rn. 37; Meyer-Goßner/Schmitt/*Köhler* § 95 Rn. 11) oder wenn die Belehrung des zur Zeugnisverweigerung Berechtigten darüber, dass er nicht zur Herausgabe gezwungen werden darf, versäumt wurde und dieser aus Rechtsunkenntnis dem Herausgabeverlangen gefolgt ist. 20

Hat das Tatgericht ein mögliches **Herausgabeverlangen versäumt** und deshalb einen potenziell beweisrelevanten Gegenstand nicht beschafft und verwertet, so kann dies eine **Aufklärungsrüge** begründen (§ 244 Abs. 2, § 337). Nach der Rspr. setzt dies gem. § 344 Abs. 2 Satz 2 voraus, dass der Beschwerdeführer die bestehende Aufklärungsmöglichkeit, die Umstände, aus denen sich das Gedrängtsein des Tatgerichts zur Beweiserhebung ergibt, und den zu erwartenden Beweisertrag im Einzelnen darlegt. 21

§ 95a Zurückstellung der Benachrichtigung des Beschuldigten; Offenbarungsverbot

(1) Bei der gerichtlichen Anordnung oder Bestätigung der Beschlagnahme eines Gegenstandes, den eine nicht beschuldigte Person im Gewahrsam hat, kann die Benachrichtigung des von der Beschlagnahme betroffenen Beschuldigten zurückgestellt werden, solange sie den Untersuchungszweck gefährden würde, wenn

1. bestimmte Tatsachen den Verdacht begründen, dass der Beschuldigte als Täter oder Teilnehmer eine Straftat von auch im Einzelfall erheblicher Bedeutung, insbesondere eine in § 100a Absatz 2 bezeichnete Straftat, begangen, in Fällen, in denen der Versuch strafbar ist, zu begehen versucht, oder durch eine Straftat vorbereitet hat und

2. die Erforschung des Sachverhalts oder die Ermittlung des Aufenthaltsortes des Beschuldigten auf andere Weise wesentlich erschwert oder aussichtslos wäre.

(2) [1]Die Zurückstellung der Benachrichtigung des Beschuldigten nach Absatz 1 darf nur durch das Gericht angeordnet werden. [2]Die Zurückstellung ist auf höchstens sechs Monate zu befristen. [3]Eine Verlängerung der Anordnung durch das Gericht um jeweils nicht mehr als drei Monate ist zulässig, wenn die Voraussetzungen der Anordnung fortbestehen.

(3) [1]Wird binnen drei Tagen nach der nichtgerichtlichen Beschlagnahme eines Gegenstandes, den eine unverdächtige Person im Gewahrsam hat, die gerichtliche Bestätigung der Beschlagnahme sowie die Zurückstellung der Benachrichtigung des Beschuldigten nach Absatz 1 beantragt, kann von einer Belehrung des von der Beschlagnahme betroffenen Beschuldigten nach § 98 Absatz 2 Satz 5 abgesehen werden. [2]Im Verfahren nach § 98 Absatz 2 bedarf es der vorherigen Anhörung des Beschuldigten durch das Gericht (§ 33 Absatz 3) nicht.

(4) [1]Die nach Absatz 1 zurückgestellte Benachrichtigung des Beschuldigten erfolgt, sobald dies ohne Gefährdung des Untersuchungszweckes möglich ist. [2]Bei der Benachrichtigung ist der Beschuldigte auf die Möglichkeit des nachträglichen Rechtsschutzes nach Absatz 5 und die dafür vorgesehene Frist hinzuweisen.

(5) [1]Der Beschuldigte kann bei dem für die Anordnung der Maßnahme zuständigen Gericht auch nach Beendigung der Zurückstellung nach Absatz 1 bis zu zwei Wochen nach seiner Benachrichtigung nach Absatz 4 die Überprüfung der Rechtmäßigkeit der Beschlagnahme, der Art und Weise ihres Vollzugs und der Zurückstellung der Benachrichtigung beantragen. [2]Gegen die gerichtliche Entscheidung ist die sofortige Beschwerde statthaft. [3]Ist die öffentliche Klage erhoben und der Angeklagte benachrichtigt worden, entscheidet über den Antrag das mit der Sache befasste Gericht in der das Verfahren abschließenden Entscheidung.

(6) [1]Wird die Zurückstellung der Benachrichtigung des Beschuldigten nach Absatz 1 angeordnet, kann unter Würdigung aller Umstände und nach Abwägung der Interessen der Beteiligten im Einzelfall zugleich angeordnet werden, dass der Betroffene für die Dauer der Zurückstellung gegenüber dem Beschuldigten und Dritten die Beschlagnahme sowie eine ihr vorausgehende Durchsuchung nach den §§ 103 und 110 oder Herausgabeanordnung nach § 95 nicht offenbaren darf. [2]Absatz 2 gilt mit der Maßgabe entsprechend, dass bei Gefahr im Verzug auch die Staatsanwaltschaft und ihre Ermittlungspersonen (§ 152 des Gerichtsverfassungsgesetzes) die Anordnung nach Satz 1 treffen können, wenn nach Absatz 3 von der Belehrung abgesehen und die gerichtliche Bestätigung der Beschlagnahme und die Zurückstellung der Benachrichtigung des Beschuldigten beantragt wird. [3]Treffen die Staatsanwaltschaft oder ihre Ermittlungspersonen eine solche Anordnung, ist die gerichtliche Bestätigung binnen drei Tagen zu beantragen.

(7) Im Falle des Verstoßes gegen das Offenbarungsverbot des Absatzes 6 gilt § 95 Absatz 2 entsprechend.

Übersicht

A. Zweck und Anwendungsbereich. Die gerichtliche **Anordnung oder Bestätigung einer Beschlagnahme** ist im Gegensatz zu den heimlichen Ermittlungsmethoden nach §§ 100a ff. eine prinzipiell **offene Maßnahme** (BT-Drs. 19/27654, S. 61; BGH NStZ 2015, 704 [705]) und dem anwesenden Betroffenen bekanntzumachen (§ 35 Abs. 1 Satz 1). Wird ein Gegenstand bei einem Dritten beschlagnahmt, muss dies dem Beschuldigten bekanntgemacht werden (§ 35 Abs. 2) und zwar unverzüglich. Davon macht die vorliegende Vorschrift in besonderen Fällen eine Ausnahme, um eine **Gefährdung des Ermittlungserfolgs** durch eine frühzeitige Offenlegung der Beweissicherung gegenüber dem Beschuldigten zu verhindern. Sie gestattet unter bestimmten Umständen eine **Zurückstellung der Benachrichtigung des Beschuldigten** und bei Bedarf auch den **Ausspruch eines Offenlegungsverbots** gegenüber dem Dritten (krit. *Vassilaki* MMR 2022, 103 ff.). Zuständig ist der Richter, der bei einer gerichtlichen Anordnung oder Bestätigung der Beschlagnahme, bei einer nichtrichterlichen Beschlagnahme auf Antrag der Ermittlungsbehörde, entscheidet. Durch die Zurückstellung der Benachrichtigung des bei der Beschlagnahme abwesenden Beschuldigten gleicht die Beschaffung von Sachbeweisen einer heimlichen Ermittlungsmaßnahme und sich insb. beim Zugriff auf umfangreiche Computerdateien, E-Mails, Chats in sozialen Netzwerken oder Daten in Clouds (BT-Drs. 19/27654, S. 61, 63) als **sehr eingriffsintensiv** erweist. Die Annahme, dass es um einen punktuellen Zugriff (BeckOK IT-Recht/*Brodowski* StPO § 95a Rn. 2) und eine weniger eingriffsintensive Maßnahme als bei den verdeckten Ermittlungen nach §§ 100a ff. gehe (BT-Drs. 19/27654, S. 62), ist verfehlt, da der Hauptanwendungsfall der **Zugriff auf digital gespeicherte Informationen** ist (BeckOK-StPO/*Gerhold* § 95a Rn. 2), die regelmäßig beträchtlichen Umfang haben. Die **Benachrichtigung** des Beschuldigten ist nach Wegfall der Geheimhaltungsvoraussetzungen unverzüglich **nachzuholen**. Danach steht diesem der **Rechtsschutz** durch Anrufung des Gerichts und anschließende sofortige Beschwerde zu. 1

Die Vorschrift wurde durch das Gesetz zur Fortentwicklung der Strafprozessordnung und zur Änderung weiterer Vorschriften vom 25.06.2021 (BGBl. I, S. 2099) **mit Wirkung vom 01.07.2021 eingeführt**. Im Regierungsentwurf von Oktober 2020 war sie noch nicht vorhanden, weshalb das **Anhörungsverfahren verkürzt** wurde (BRAK Stellungnahme Nr. 21 Februar 2021 S. 4 f.). Ermittler haben den Entwurf begrüßt, Strafverteidiger haben ihn abgelehnt, Dogmatiker wurden nicht befragt. Die **unsystematische Kombination einer offenen Ermittlungsmaßnahme mit einer Geheimhaltungsvorschrift**, wie sie sonst nur zu heimlichen Ermittlungsmethoden passt (s. § 101), ist aus ermittlungspraktischen Gründen ohne Rücksicht auf dogmatische und systematische Stimmigkeit umgesetzt worden. Übergangen wurde dabei, dass bereits die Anwendung von § 94 auf den Datenzugriff an sich dem Strafprozessrechtssystem widerspricht. Das hat das BVerfG zwar ignoriert, jedoch wird seine grenzwertige Gesetzesauslegung durch die nunmehr erfolgte Kombination des an sich offenen Beschlagnahmerechts mit einer Geheimhaltungsregelung auf eine neue Probe gestellt, der sie eigentlich nicht standhalten kann (BeckOK IT-Recht/*Brodowski* StPO § 95a Rn. 3; *Hiéramente* jurisPR-StrafR 3/2021 Anm. 1). Für eine »heimliche Beschlagnahme« sind die Anordnungsvoraussetzungen unzureichend. 2

B. Inhaltliche Zurückstellungsvoraussetzungen (Abs. 1). Bei der Anordnung oder Bestätigung der Beschlagnahme eines Gegenstandes, den eine nicht beschuldigte Person im Gewahrsam hat, durch den Richter kann die Benachrichtigung des von der Beschlagnahme betroffenen Beschuldigten zurückgestellt werden, solange sie den Untersuchungszweck gefährden würde. Eine solche Gefährdung des Untersuchungszwecks ist anzunehmen, wenn bestimmte Tatsachen den Verdacht begründen, dass der Beschuldigte als Täter oder Teilnehmer eine Straftat von auch im Einzelfall erheblicher Bedeutung begangen, in strafbarer Weise versucht, oder durch eine Straftat vorbereitet hat und die Erforschung des Sachverhalts oder die Ermittlung des Aufenthaltsortes des Beschuldigten auf andere Weise wesentlich erschwert oder aussichtslos wäre. 3

I. Beschlagnahme bei Nichtverdächtigen. Erfolgt die Beschlagnahme bei einem Beschuldigten oder Mitbeschuldigten, so erübrigt sich eine Geheimhaltung. Die vorliegende Vorschrift knüpft allein an die **Beschlagnahme bei einer nicht beschuldigten Person** an, die **Gewahrsamsinhaber** des Beschlagnahmegegenstands ist (BT-Drs. 19/27654, S. 63; BeckOK-IT-Recht/*Brodowski* § 95a StPO Rn. 5). Dieser gegenüber erfolgt der Zugriff offen (BeckOK-StPO/*Gerhold* § 95a Rn. 4). Von der vollziehenden Ermittlungsbehörde verheimlicht wird er danach durch **Zurückstellung der Benachrichtigung gegenüber dem Beschuldigten**, sofern die Benachrichtigung zu einer Gefährdung des Untersuchungszwecks führen würde. Das ist vornehmlich dann der Fall, wenn **zugleich verdeckte Ermittlungen** gegen den Beschuldigten geführt werden, der auch davor gewarnt würde, wenn ihm die Beweismittelbeschlagnahme bekannt gegeben würde. 4

II. Konkreter Verdacht einer Straftat von erheblicher Bedeutung (Abs. 1 Nr. 1). Vorausgesetzt wird der **Verdacht** einer Straftat von erheblicher Bedeutung. Der Verdacht muss auf **konkrete Tatsachen** gestützt sein. Eine bloße **Vermutung** ist kein Verdacht und **genügt** hier **nicht**, vielmehr müssen Indiztatsachen vorhanden und von solcher Aussagekraft sein, dass sich daraus auch die im Einzelfall bestehende Erheblichkeit 5 der Straftat ergibt. Die Anlasstat muss sodann allgemein und auch im konkreten Einzelfall von erheblicher Bedeutung sein (BT-Drs. 19/27654 S. 64).

6 Der Begriff der **Straftat von erheblicher Bedeutung** wird auch in anderen strafverfahrensrechtlichen Regelungen verwendet (§ 81g Abs. 1 Satz 1, § 98a Abs. 1 Satz 1, § 100h Abs. 1 Satz 2, § 100i Abs. 1, § 131 Abs. 3, § 131a Abs. 3, § 131b Abs. 1, § 163e Abs. 1 Satz 1, § 163f Abs. 1 Satz 1) und ist zudem im Polizeirecht der Länder anzutreffen. Angesichts seiner laufenden Anwendung in der Rspr. gilt er im Allgemeinen als hinreichend konturiert (vgl. BVerfGE 103, 21 [33]; 107, 299 [322]; 109, 279 [344]). Er hat aber **je nach Regelungszusammenhang mit unterschiedlich intensiven Eingriffsakten verschiedenes Gewicht** und ist in manchem Kontext doch zu unbestimmt (vgl. BVerfGE 110, 33 [65]; 113, 348 [387]). Das kann auch hier gelten (vgl. BeckOK IT-Recht/*Brodowski* StPO § 95a Rn. 7), weil die Beschlagnahme als an sich offene Eingriffsmaßnahme im Vergleich mit den §§ 100a ff. nur relativ allgemein gehaltene Tatbestandsvoraussetzungen aufweist, beim Zugriff auf körperliche Gegenstände einerseits oder große Datenbestände andererseits eine erhebliche Bandbreite an Eingriffsintensitäten aufweist und die nach § 95a nun zusätzlich bewirkte Heimlichkeit einen schwer wiegenden Zusatz erfährt.

7 Die gebräuchliche Formel, dass eine Straftat von erheblicher Bedeutung **mindestens dem Bereich der mittleren Kriminalität** zuzurechnen sein, **den Rechtsfrieden empfindlich stören** und dazu geeignet sein muss, das **Gefühl der Rechtssicherheit der Bevölkerung erheblich** zu **beeinträchtigen** (BT-Drs. 19/27654 S. 63 f.; BVerfGE 103, 21 [34]; 107, 299 [322]; 124, 43 [64]), wirkt wenig erhellend. Die Bezugnahme auf den weit ausgedehnten Katalog von Anknüpfungstaten nach § 100a, der hier nur als Beispiel dient, konturiert den Begriff vordergründig, die Erstreckung auf strafbare Begehungsversuche oder Vorbereitungshandlungen relativiert das aber erheblich. Dadurch, dass die Katalogtaten nur als Beispiele genannt werden, verliert der Katalog der Anknüpfungstaten hier auch an normkonkretisierender Bedeutung. Das gilt auch deshalb, weil der Katalog nicht ausschließlich anhand eines vom Gesetzgeber verglichenen Gewichts der Straftaten, sondern auch mit Blick auf die Bedeutung für die Ermittlungsmaßnahme der TKÜ zusammengestellt ist. Abgemildert wird die Problematik mangelnder Bestimmtheit des Kriterium des Straftat von erheblicher Bedeutung in der Praxis voraussichtlich ein wenig dadurch, dass die Geheimhaltung der Beschlagnahme vorzugsweise zur Flankierung von verdeckten Ermittlungen eingesetzt werden dürfte, die ihrerseits bei Straftaten von erheblicher Bedeutung zum Einsatz kommen.

8 Soweit das BVerfG im Rahmen der Verhältnismäßigkeitsprüfung von Einzelmaßnahmen, die auf Erlangung der bei einem Provider gespeicherten Verbindungsdaten gerichtet waren, eine **Beschränkung auf Ermittlungen betreffend Straftaten von erheblicher Bedeutung** für notwendig gehalten hatte, war dies nach einer Entscheidung **nicht auf die Beschlagnahme der beim Provider gespeicherten E-Mails zu übertragen**, wenn diese **nicht heimlich**, sondern offen vollzogen wird, die Daten **punktuell** und auf den Ermittlungszweck begrenzt außerhalb eines laufenden Kommunikationsvorgangs erhoben werden und der Betroffene **Einwirkungsmöglichkeiten** auf den gespeicherten E-Mail-Bestand hat (BVerfGE 124, 43 [65]). Darauf beschränkt sich die vorliegende Vorschrift aber nicht, weil sie gerade die Verheimlichung des Zugriffs zum Gegenstand hat und E-Mails in der Praxis nicht lediglich selektiv beschlagnahmt werden. Dadurch können, gleichsam als Beifang, auch leichtere Straftaten erfasst werden. Insgesamt werden die Bedenken gegen die Bestimmtheit des Begriffs der Straftaten von besonderer Bedeutung im vorliegenden Kontext nicht ausgeräumt.

9 **III. Subsidiarität (Abs. 1 Nr. 2).** Weitere Voraussetzung der Geheimhaltung ist, dass die **Erforschung des Sachverhalts oder die Ermittlung des Aufenthaltsortes des Beschuldigten** ohne dies **wesentlich erschwert oder aussichtslos** wäre. Das dürfte regelhaft bejaht werden, wenn die Geheimhaltung der Beschlagnahme verdeckte Ermittlungen flankieren sollen, die bei offenem Beschlagnahmezugriff ihre Tarnung verlieren. Solange zu erwarten ist, dass die verdeckten Ermittlungen weitere Erkenntnisse hervorbringen, ist nach der Logik des Gesetzes auch die Zurückstellung der Benachrichtigung des Beschuldigten über die Beschlagnahme gerechtfertigt (BT-Drs. 19/27654, S. 63), es sei denn die Zurückstellung der Beschlagnahme kommt ihrerseits als milderes Mittel gegenüber einer sofortigen heimlichen Beschlagnahme infrage (BeckOK-StPO/*Gerhold* § 95a Rn. 13). Die Subsidiaritätsklausel ist ohne nennenswerte Steuerungskraft. Es wirkt auch paradox, wenn verdeckte Ermittlungen an sich gegenüber offenen Eingriffsmaßnahmen mit per se geringerer Eingriffsintensität subsidiär sein sollen, was allerdings unpraktikabel erscheint, während die an sich offene Beweismittelbeschlagnahme nach Umwandlung in eine heimliche Beschlagnahme gegenüber verdeckten Ermittlungen nach Abs. 1 Nr. 2 subsidiär wird.

10 **C. Zurückstellungsverfahren (Abs. 2). I. Zuständigkeit bei richterlicher Beschlagnahmeanordnung.** Die Zurückstellung der Benachrichtigung darf **nur der Richter** anordnen (Abs. 2 Satz 1; BT-Drs. 19/27654 S. 65)). Seine Entscheidung ergeht durch **Beschluss**, der gem. § 34 einer **Begründung** bedarf, in der das Vorliegen der einzelnen Voraussetzungen der Maßnahme zu erläutern ist. Die Staatsanwaltschaft kann zur

vorgreiflichen richterlichen Beschlagnahmeanordnung den Antrag auf Erlass eines Beschlagnahmebeschlusses mit dem Antrag auf Anordnung der Zurückstellung der Benachrichtigung des Beschuldigten kombinieren (BT-Drs. 19/27654 S. 65). Auch eine Verbindung dieser beiden Maßnahmen mit einem Antrag auf Erlass eines Durchsuchungsbeschlusses ist möglich.

II. Beantragung nach nichtrichterlicher Beschlagnahme (Abs. 3). Erfolgt die **Beschlagnahme** zunächst **ohne richterliche Anordnung**, so ist die richterliche Zurückstellung der Benachrichtigung – in der Regel zusammen mit dem Antrag auf Beschlagnahmebestätigung – **binnen drei Tagen zu beantragen** (Abs. 3 Satz 1). Dann ist auch die **Pflicht zur Belehrung des Beschuldigten** über seine Rechtsmittelmöglichkeiten gegenstandslos (BT-Drs. 19/27654, S. 65; BeckOK-StPO/*Gerhold* § 95a Rn. 19). Diese Belehrung wird bei der Nachholung der Benachrichtigung nach Ablauf der Frist oder Wegfall der Zurückstellungsgründe erteilt. Eine vorherige Anhörung des Beschuldigten wäre zweckwidrig und hat zu unterbleiben. 11

III. Dauer (Abs. 2 Sätze 2 und 3). Die Zurückstellung der Benachrichtigung ist zunächst auf höchstens sechs Monate zu befristen. Die Frist kann um bis zu drei Monate verlängert werden, was angesichts der Eigenschaft der Geheimhaltung als typische Flankierung verdeckter Ermittlungen bei Straftaten von erheblicher Bedeutung meist ausgeschöpft werden dürfte. Auch eine wiederholte Verlängerung ist möglich. Reihenanordnungen sollen aber nicht zulässig sein (BT-Drs. 19/27654, S. 64; BeckOK-StPO/*Gerhold* § 95a Rn. 15). 12

D. Offenbarungsverbot an den Gewahrsamsinhaber (Abs. 6 und 7). Damit der Beschuldigte nicht durch den von der Beschlagnahme zuerst betroffenen Gewahrsams informiert wird, gestattet Abs. 6 Satz 1 dem **Gericht**, Abs. 6 Satz 2 **im Eilfall** auch der **Staatsanwaltschaft oder deren Ermittlungspersonen**, dem Gewahrsamsinhaber eine **Offenlegung** der Beschlagnahme und der in diesem Zusammenhang erfolgten weiteren Maßnahmen, wie einer Herausgabeforderung nach § 95 oder einer Durchsuchung nach § 103, für die Dauer der Zurückstellung zu **verbieten.** Daraus folgt »keine Pflicht zur Lüge, sondern nur die Pflicht zum Schweigen« (BeckOK-IT-Recht/*Brodowski* § 95a StPO Rn. 17). Zweckmäßigerweise ist diese Anordnung zusammen mit der Zurückstellung der behördlichen Benachrichtigung des Beschuldigten zu beschließen. Die Entscheidung über das Offenbarungsverbot soll gesondert begründet werden (BT-Drs. 19/27654, S. 66; BeckOK-IT-Recht/*Brodowski* § 95a StPO Rn. 19), sie beruht aber in der Praxis annähernd auf denselben Gründen wie die Zurückstellung der Benachrichtigung. 13

Dem Gewahrsamsinhaber ist die **Nichtoffenbarung im Allgemeinen möglich und zumutbar**; ausnahmsweise **entfällt** die Zumutbarkeit, **wenn der Beschuldigte** von ihm die **Herausgabe verlangt.** Auch eine Weitergabe von Informationen an einen Rechtsanwalt, um eigenen Rechtsschutz zu erlangen, ist dem Gewahrsamsinhaber gestattet (BT-Drs. 19/27654, S. 66; BeckOK-StPO/*Gerhold* § 95a Rn. 27). Sonst hat der Gewahrsamsinhaber zu schweigen. Zur Sicherung des Offenbarungsverbots sieht Abs. 7 vor, dass § 95 Abs. 2 entsprechend angewendet werden kann, der Ordnungs- und Zwangsmittel gem. § 70 regelt. Bei dem Offenbarungsverbot geht es aber um die **Erzwingung eines Unterlassens**, sodass **Beugehaft nicht** infrage kommt (BeckOK-StPO/*Gerhold* § 95a Rn. 33). Es kann nur »strafähnlich« ein **Ordnungsgeld**, nur bei fehlender Beitreibbarkeit **Ordnungshaft** (BeckOK-IT-Recht/*Brodowski* § 95a StPO Rn. 22), verhängt werden (BT-Drs. 19/27654 S. 66), das nur durch Androhung eine präventive Wirkung entfalten kann. Auf zeugnisverweigerungsberechtigte Gewahrsamsinhaber, bei denen regelmäßig auch ein Beschlagnahmeverbot nach § 97 besteht, sind die Zwangsmittel ohnehin nicht anwendbar (§ 95 Abs. 2 Satz 2; BeckOK-StPO/*Gerhold* § 95a Rn. 34). 14

E. Spätere Benachrichtigung des Beschuldigten (Abs. 4). Bei Wegfall der Voraussetzungen für die Zurückstellung der Benachrichtigung des Beschuldigten ist diese unverzüglich nachzuholen. Die Ermittlungsbehörden dürfen dann nicht erst den Ablauf der vom Richter bestimmten Frist abwarten (BT-Drs. 19/27654, S. 65). Die Nachholung der Benachrichtigung ist andererseits auch spätestens mit Fristablauf geboten, wenn der Richter die Frist dann nicht nochmals verlängert. 15

F. Nachträgliche Rechtsschutzgewährung (Abs. 5). Gem. Abs. 5 ist dem Beschuldigten nachträglich Rechtsschutz zu gewähren. Dieser kann bei dem für die Anordnung der Maßnahme zuständigen Gericht **binnen zwei Wochen** nach seiner nachträglichen Benachrichtigung die Überprüfung der **Rechtmäßigkeit der Beschlagnahme**, der **Art und Weise ihres Vollzugs** und der **Zurückstellung der Benachrichtigung** beantragen (BT-Drs. 19/27654, S. 65). Die **Befristung** engt den Rechtsschutz aber, soweit es um die Anfechtung der Beschlagnahme geht, gegenüber § 98 Abs. 2 Satz 2 **gleichheitswidrig** ein (BeckOK IT-Recht/*Brodowski* § 95a StPO Rn. 15). 16

Zuständig ist im Vorverfahren der **iudex a quo**, nach Anklageerhebung **das erkennende Gericht**. Gegen die gerichtliche Entscheidung ist die **sofortige Beschwerde** statthaft. 17

18 **G. Folgen von Verfahrensfehlern.** Das Gesetz sieht keine Rechtsfolgen im Fall der Verletzung der vorliegenden Vorschrift vor. Die Rspr. wird der **Abwägungsdoktrin** folgen und allein aus einer zu Unrecht unterbliebenen Benachrichtigung im Allgemeinen kein Beweisverwertungsverbot herleiten wollen (vgl. für die frühere Gesetzeslage BGH NStZ 2015, 704 [705]). Im Fall einer weitreichenden Datenbeschlagnahme ist aber zu bedenken, dass die **Eingriffsvoraussetzungen für eine »heimliche Beschlagnahme«** im Bereich der Beschlagnahmeanordnung selbst **gem. § 94** per se **unzureichend** sind, weil sie mit dem Anforderungsniveau einer heimlichen Ermittlungsmethode gem. §§ 100a ff. nicht vergleichbar sind, obwohl die Eingriffsintensität nicht dahinter zurückbleibt. Auch muss bei einer im Einzelfall weitreichenden **Erfassung großer Datenbestände**, deren EDV-gestützte Auswertung ohne Weiteres mitgestattet sein soll, beachtet werden, dass dies der **Erstellung einer Persönlichkeitsprofils** gleichkommen kann, was bei einer Rundumüberwachung als unzulässig gilt (BVerfGE 109, 279 [323]; 112, 304 [319]; 130, 1 [24]; 141, 220 [317 f.]). Hinzu kommt das kumulative Eingriffsgewicht einer Mehrzahl von Eingriffsmaßnahmen, wenn die Verheimlichung der Beschlagnahme verdeckte Ermittlungen anderer Art flankiert. All dies kann Anlass sein, über ein Beweisverwertungsverbot nachzudenken.

§ 96 Amtlich verwahrte Schriftstücke

[1]Die Vorlegung oder Auslieferung von Akten oder anderen in amtlicher Verwahrung befindlichen Schriftstücken durch Behörden und öffentliche Beamte darf nicht gefordert werden, wenn deren oberste Dienstbehörde erklärt, daß das Bekanntwerden des Inhalts dieser Akten oder Schriftstücke dem Wohl des Bundes oder eines deutschen Landes Nachteile bereiten würde. [2]Satz 1 gilt entsprechend für Akten und sonstige Schriftstücke, die sich im Gewahrsam eines Mitglieds des Bundestages oder eines Landtages beziehungsweise eines Angestellten einer Fraktion des Bundestages oder eines Landtages befinden, wenn die für die Erteilung einer Aussagegenehmigung zuständige Stelle eine solche Erklärung abgegeben hat.

Übersicht

1 **A. Zweck und Bedeutung der Regelung.** Allgemeine Regeln über die Amtshilfe unter Behörden liefern keine eingriffsrechtlich relevante Ermächtigung für eine durchsetzbare Herausgabeforderung (BayObLG FamRZ 2020, 1942). Das Verwaltungsverfahrensrecht ist im Bereich der Strafverfolgung jedenfalls unanwendbar, soweit es um das Verhältnis der Strafverfolgungsorgane zueinander geht (BGHSt 30, 34 [35]), insoweit gelten Sonderregeln in §§ 161, 163 Abs. 2, 199 Abs. 2 (BGHSt 38, 237 [241]). § 96 ist auch keine Eingriffsermächtigung, sondern er **begrenzt** die Berechtigung der Strafverfolgungsorgane zu einem **Herausgabeverlangen gem.** § 95 (KK-StPO/*Greven* § 96 Rn. 1) in Bezug auf Akten oder andere Schriftstücke **gegenüber Behörden, öffentlichen Beamten und gesetzgebenden Körperschaften**, wenn die **oberste Dienstbehörde** erklärt, dass das Bekanntwerden des Inhalts Nachteile für das Wohl des Bundes oder eines Landes bereiten würde. Das ist eine Sperrerklärung. Aus einer wirksamen Sperrung folgt sodann ein Inbesitznahmeverbot für die Strafjustizorgane (*K. Baumann* Die Systematik der Regelungen über die beweissichernde Sicherstellung im Strafverfahren [§§ 94–98 StPO], 2010, S. 66). Dabei handelt es sich um eine eng auszulegende **Ausnahme von der** aus § 95 allgemein resultierenden **Editionspflicht** (BGHSt 38, 237 [242]). Die Rspr. in Strafsachen obliegt den Gerichten und ein Eingriff der Exekutive in die gerichtliche Sachaufklärung durch Vorenthalten von Informationen beschränkt deren Unabhängigkeit (BGHSt 39, 141 [144]), was im Rechtsstaat nur ausnahmsweise hinnehmbar ist. Auch eine staatliche Behörde unterliegt deshalb mangels wirksamer Sperrerklärung der Editionspflicht aus § 95 (BGHSt 38, 237 [245]). Diese entfällt nach einer wirksamen Sperrerklärung der obersten Dienstbehörde, die zugleich die Möglichkeit der Strafjustiz zur Beschlagnahme von

Unterlagen fremder Behörden entfallen lässt (BGHSt 38, 237 [247] m.Anm. *Amelung* NStZ 1993, 48 ff.; *Arloth* NStZ 1993, 467 ff.; *Hilgendorf* JZ 1993, 368 ff.; *Taschke* NStZ 1993, 94; zum früheren Streitstand *Reiß* StV 1988, 31 ff.). Ohne wirksame Sperrerklärung können Behördenunterlagen **herausverlangt** und gegebenenfalls nach **Durchsicht** gem. § 110 (OLG Jena StV 2002, 63 [64] m.Anm. *Hohmann* wistra 2001, 196 ff.) **beschlagnahmt** werden (KK-StPO/*Greven* § 96 Rn. 1; Meyer-Goßner/Schmitt/*Köhler* § 96 Rn. 2; *Paulus* Überprüfung der V-Mann-Sperrung durch einen neutralen Strafrichter? 1988 S. 87 f.; *Taschke* Die behördliche Zurückhaltung von Beweismitteln, S. 273 ff.). Es gibt kein generelles Beschlagnahmeverbot für Behördenunterlagen (BGHSt 38, 237 [241]; LG Osnabrück NJW 2022, 882 [883] m.Anm. *Moldenhauer/Momsen*; a.A. LR/*Menges* § 96 Rn. 22 ff.; zur Beschlagnahme bei der Staatsanwaltschaft OLG Schleswig StV 2014, 325 [326] m.Anm. *Park*). Das allgemeine **Datenschutzrecht spielt daneben** im spezielleren Strafverfahrensrecht **keine Rolle**, weil der gesamte Strafprozess auf die Sammlung personenbezogener Informationen gerichtet ist, die im Aufklärungsinteresse des Staates durch das strafprozessuale Eingriffsrecht legitimiert wird (zu weit gehend BayObLG FamRZ 2020, 1942 [1945 f.]).

B. Gegenstand des Herausgabeverlangens. I. Schriftstücke u.a. im Gewahrsam verfahrensexterner 2
Behörden. Gegenstand der Regelung sind Akten oder andere in amtlicher Verwahrung befindliche Schriftstücke. Der Begriff der »**Schriftstücke**« schließt Akten als Urkundensammlungen ein und bildet den Oberbegriff. Er ist weit auszulegen. Darunter fallen alle möglichen schriftlichen Dokumente, andere Strafverfahren betreffende Ermittlungsakten oder präventivpolizeiliche Vorgänge, aber auch **Ton- und Bildträger, Datenspeicher, Abbildungen und andere Darstellungen** (vgl. § 11 Abs. 3 StGB), behördliche wie private Unterlagen im Behördengewahrsam (SK-StPO/*Wohlers/Greco* § 96 Rn. 15). Die Erstreckung auch auf (Computer-)»**Daten**« (KK-StPO/*Greven* § 96 Rn. 6) oder andere unkörperliche Informationen (§ 94 Rdn. 8 ff.) entspricht zwar nicht dem eigentlichen Wortlaut des § 96 und der ursprünglichen Gesetzessystematik, wird aber heute mehrheitlich angenommen. Auch auf andere körperliche Beweisgegenstände als Schriftstücke kann die Vorschrift entsprechend angewendet werden (*K. Baumann* Die Systematik der Regelungen über die beweissichernde Sicherstellung im Strafverfahren [§§ 94–98 StPO], 2010, S. 67). Für Aktenteile, die im Rahmen desselben Strafverfahrens angefallen sind, gelten dagegen die §§ 163 Abs. 2, 199 Abs. 2, wonach auch ein **Grundsatz der Aktenwahrheit und Aktenvollständigkeit** (*Taschke* Die behördliche Zurückhaltung von Beweismitteln, S. 213 ff.) zu beachten ist.

II. Schriftstücke u.a. im Gewahrsam von Strafverfolgungsbehörden. Akten über andere Strafverfahren 3
unterliegen auch dem Reglement der §§ 95, 96 (*Taschke* Die behördliche Zurückhaltung von Beweismitteln, S. 169 f.). Nur **Aktenteile** oder sonstige Schriftstücke, **die im gleichen Strafverfahren angefallen sind**, werden nicht davon erfasst (BGHSt 18, 369 [370]; LR/*Menges* § 96 Rn. 8), sondern nur von §§ 163 Abs. 2, 199 Abs. 2. Nach dem innerprozessualen Reglement müssen die Polizeibehörden, wenn ihre Beamten als Ermittlungspersonen tätig werden, ihre »Verhandlungen« der Staatsanwaltschaft offenlegen, ohne dass eine Barriere zum Geheimnisschutz zwischen diesen Behörden besteht (*Taschke* a.a.O., S. 99 ff.). Die Staatsanwaltschaft wiederum muss mit Anklageerhebung das gesamte Aktenmaterial vollständig dem Gericht übergeben, ohne dass eine dem § 96 entsprechende Barriere zwischen ihr und dem Gericht existiert (*Taschke* a.a.O., S. 142 ff.). Das sollte auch für Unterlagen über einen strafprozessualen Einsatz von V-Leuten und die Mitteilungen durch Informanten gelten (*Keller* StV 1984, 525 f.; *Lüderssen* FS Klug 1983, S. 527 [531]; *Taschke* a.a.O., S. 236 ff.), die jedoch von der Rspr. polizeirechtlich eingeordnet und dem Innenressort zugewiesen werden. Damit wird – ohne gesetzliche Grundlage (Anl. D. zu den RiStBV; abl. *Gercke* StV 2017, 615 [621 ff.]) – eine **Fremdsteuerung des Strafverfahrens durch die Exekutive** außerhalb des Einflussbereichs der an sich verfahrensleitenden Organe (Staatsanwaltschaft und erkennendes Gericht) institutionalisiert, die ganze Rechtsbereiche, namentlich das Betäubungsmittelverfahren, strukturell beeinflusst (*H.E. Müller* Behördliche Geheimhaltung und Entlastungsvorbringen des Angeklagten, 1992, S. 20; zu legendierten Kontrollen nun von der Schwerpunkttheorie abweichend BGHSt 62, 123 [130 ff.]; dazu § 136 Rn. 30, 36). Nach der **Beweiswürdigungslösung** der Rspr. (Rdn. 27) soll einer vorsichtigen Prüfung gesondert zu beachten sein, dass es die Exekutive ist, die ein Beweishindernis für die lückenlose Sachaufklärung im Strafprozess aufstellt. Wie dies bei der Gewichtung von Indizien zu handhaben sein soll, erschließt sich allerdings nicht. Ursachen für Wissenslücken haben keine Aussagekraft für die Qualität des verbleibenden Informationsbestands und die Bedeutung der unbekannten Quellen. Auch wird bei dem beweistechnischen Kompensationsversuch der rechtliche Zusammenhang nicht ausreichend beachtet; denn es geht bei gesperrten V-Leuten oder Informanten nicht um irgendwelche Zeugen, sondern um solche, die sich von ihrer Aufklärungsarbeit eigene Vorteile versprechen; nicht selten handelt es sich auch um solche Personen, die selbst in das aufzuklärende Tatgeschehen verstrickt waren. Das macht ihre Aussagen an sich unverwertbar, zumindest hinsichtlich des Aussagemotivs unglaubhaft (*Soiné* NStZ 2013, 83 [84]). Diese Tatsachen bleiben jedoch im Strafverfahren

verborgen, wenn schon die Verbindung der gesperrten Zeugen zu den Polizeibehörden Gegenstand der Vertraulichkeitszusage ist (Ziff. I.5.5 Anl. D zu den RiStBV). Der Systembruch wirkt sich gravierender aus, als es die Rspr. mit ihrer formelhaft postulierten Beweiswürdigungslösung als Notbehelf zu erkennen gibt (LR/*Menges* § 96 Rn. 49).

4 Sämtliche zu den Akten des Strafverfahrens gelangte Schriftstücke sind nach der Struktur des gesetzlichen Strafverfahrensrechts von den Ermittlungspersonen der Polizeibehörden an die Staatsanwaltschaft zu übergeben (§ 163 Abs. 2 Satz 1). Eine Separierung von »**Spurenakten**« (bedenklich BGHSt 30, 131 [138 ff.] m.Anm. *Dünnebier* StV 1981, 504 ff. und dazu BVerfGE 63, 45 [59 ff.] m.Anm. *Amelung* StV 1983, 181 ff. und *K. Peters* NStZ 1983, 275 f.; großzügiger BGH StV 1983, 186; zum fehlerhaften richterlichen Umgang mit Spurenakten BGH StV 2003, 369 f.), **Unterlagen über einen V-Mann-Einsatz** oder »Verhandlungen« (§ 163 Abs. 2 Satz 1) mit Zeugen, denen **Vertraulichkeit** zugesagt wurde, entspricht nicht dem Gesetz. Eine abweichende Praxis, die von der Rspr. hingenommen wurde und bei §§ 110a ff. durch die Hintertür wieder in die Gesetzgebung hineingewirkt hat, kollidiert mit dem **Grundsatz der Aktenwahrheit und Aktenvollständigkeit** (LG Berlin StV 1986, 96 f.), der nun auch bei legendierten Kontrollen (§ 136 Rn. 30, 36) phasenweise umgangen wird. Dies ist nach dem Prinzip vom Vorrang und vom Vorbehalt des Gesetzes mangels gesetzlicher Regelung rechtswidrig (*Gössel* NStZ 1996, 287 [288]; *Lenk* StV 2017, 692 [699]), was jedoch bisher nicht ernsthaft beanstandet zu werden pflegt. Die Leitungsmacht der Staatsanwaltschaft im Vorverfahren (relativierend BGHSt 42, 36 [40]; BGH StV 2017, 642 ff.) und die Verfahrensherrschaft des Gerichts im Zwischen- und Hauptverfahren werden dadurch unterwandert. Auch die Staatsanwaltschaft hat bei der Anklageerhebung dem Gericht die vollständigen Akten und alle zugehörigen Vorgänge vorzulegen (§ 199 Abs. 2 Satz 2). Von einer besonderen Zusammenstellung der Akten unter Aussonderung sowie Zurückhaltung von der Polizei für unerheblich gehaltener Teile ist dort nicht die Rede. Das muss auch wegen des Vorrangs von Bundesrecht vor dem Landesrecht selbst in einer **Gemengelage** aus strafprozessualem und präventiv-polizeilichem Handeln (BGHSt 42, 36 [38]) gelten. Dagegen hat sich im Bereich um die vorliegende Vorschrift faktisch sogar eine »**Prädominanz der Prävention**« durchgesetzt, die erheblichen Einfluss auf das Strafverfahren nimmt. Gegenstimmen, wonach der V-Mann-Einsatz bei einer Lockspitzeltätigkeit trotz »Gemengelage« ausschließlich an der StPO zu messen sei (BGHSt 45, 321 [337]), bleiben in anderen Konstellationen unbeachtet, nun besonders bei den legendierten Kontrollen (BGHSt 62, 123 [131 ff.]).

5 Erkenntnisse, die von der Polizeibehörde **ausschließlich in Erfüllung polizeirechtlicher Aufgaben der Gefahrenabwehr** erlangt wurden, können allerdings nach § 96 für das Strafverfahren gesperrt werden. Dabei handelt es sich um Aspekte, die dem Innenressort und damit Behörden, die außerhalb der Strafjustizorgane stehen, zuzuordnen sind.

6 Die Rspr. hat sich im Lauf der Zeit aber daran gewöhnt, dass die Polizeibehörden beim **Einsatz von V-Leuten** auch ihre diesbezüglichen »Verhandlungen« (§ 163 Abs. 2) **entsprechend § 96** vor dem Zugriff der Staatsanwaltschaft und des Strafgerichts sperren (*Lorenz* StraFo 2016, 316 ff.; *M. Mayer* Kriminalistik 2016, 228 ff.) und die **Identität** der V-Leute bei justiziellen Auskunftsersuchen typischerweise **geheimhalten**, sowie nicht einmal den Einsatz als solchen in den Strafakten erkennbar werden lassen (Ziff. I.5.6 Anl. D zu den RiStBV). Das bleibt angreifbar. Eine Reform wäre überfällig, wird aber vom Gesetzgeber gescheut, nachdem die Justiz- und Innenminister sich auf untergesetzliche Regeln in Anlage D zu den RiStBV geeinigt haben (*Lorenz* StraFo 2016, 316 ff.).

7 **C. Adressat des Herausgabeverlangens.** § 96 betrifft **in amtlicher Verwahrung** befindliche Schriftstücke. Gemeint ist der Behördengewahrsam, also die **tatsächliche Sachherrschaft**, die von **der Behörde** durch ihre Beamten, Angestellten oder besonders für ihre Zwecke beauftragte Personen ausgeübt wird. Eine **vorübergehende Herausgabe** der Schriftstücke hebt den Gewahrsam der Behörde nicht notwendigerweise auf. Sind ihr aber die Akten oder sonstigen Schriftstücke durch Gewahrsamsbruch entzogen worden, ist § 96 nicht mehr einschlägig. Die weggenommenen Schriftstücke können auch als Beweismittel in dem den Gewahrsamsbruch betreffenden Strafverfahren beschlagnahmt werden.

8 »**Behörde**« i.S.d. § 96 ist jede Stelle, die Verwaltungstätigkeit ausübt (§ 1 Abs. 4 VwVfG), aber auch ein Gericht oder ein beliehenes Unternehmen. Eine kirchliche Einrichtung ist dagegen keine Behörde in diesem Sinn. Wegen der strafprozessualen Sonderregelungen ausgenommen sind an sich alle Strafverfolgungsbehörden (Rdn. 3). »**Öffentliche Beamte**« sind solche, die für sich allein eine Behörde darstellen. Satz 2 erstreckt die Ausnahmebestimmung auch auf **den Deutschen Bundestag und die Landtage**, die nach dem Normzweck entsprechenden Schutz wie Behörden genießen müssen (so schon vor der Einfügung von § 96 Satz 2 BGHSt 20, 189 [190]). Danach gilt die Regelung jedoch im Umkehrschluss **nicht** für Organe der **Kommunalverwaltung** (SK-StPO/*Wohlers*/*Greco* § 96 Rn. 13).

Für das **Verhältnis der Polizeibehörden zu den Strafjustizorganen innerhalb des Strafverfahrens** gilt § 96 nicht, weil die repressiv-polizeiliche Tätigkeit unter der Leitung der Staatsanwaltschaft steht (SK-StPO/*Wohlers/Greco* § 96 Rn. 9). Die Staatsanwaltschaft hat ihrerseits bei Beginn des gerichtlichen Verfahrens die Akten vollständig dem Gericht vorzulegen (§ 199 Abs. 2 Satz 2); § 96 spielt insoweit eigentlich keine Rolle. 9

Polizeibehörden können aber auch während eines Strafverfahrens – über unselbstständige Begleitmaßnahmen zu Ermittlungseingriffen hinaus – **präventiv-polizeiliche Maßnahmen** treffen, die nicht von vornherein den Voraussetzungen des Strafprozessrechts unterliegen. Die Verwendung der dadurch erlangten Informationen im Strafverfahren hängt dann davon ab, ob ein hypothetischer Ersatzangriff auch nach Strafprozessrecht zulässig gewesen wäre (§ 161 Abs. 2). 10

In Gemengelagen wird herkömmlich nach dem **Schwerpunkt** des Vorgehens entschieden, was vielfach zu einer strafprozessualen Qualifikation des Gesamtkomplexes führt. Insoweit ist eine Sperrung von Akten oder sonstigen Informationen durch § 96 nicht vorgesehen. Der **Vorrang des Strafprozessrechts vor dem Polizeirecht** gilt etwa im Bereich der staatlichen Tatprovokation durch Lockspitzel (BGHSt 45, 321 [337]). Für die Fälle von legendierten Kontrollen hat der BGH anders entschieden (BGHSt 62, 123 [131 ff.]) und eine **gleichrangige Konkurrenz von Polizeirecht und Strafprozessrecht** angenommen (§ 136 Rdn. 30). Danach handeln die Polizeibehörden, wenn sie mit einer Standardmaßnahme zur Gefahrenabwehr einschreiten, zunächst polizeirechtlich und unterstehen insoweit dem Innenressort. Das würde bedeuten, dass polizeiliche Akten und andere Informationen nur nach Maßgabe von § 96 gem. § 95 an die Strafverfolgungsorgane herauszugeben wären. Durch diese Einordnung eines singulären Vorgangs der Beschlagnahme gefährlicher Gegenstände als polizeirechtliche Maßnahme im Rahmen einer sonst repressiv-polizeilichen Ermittlung wird die Leitungsmacht der Staatsanwaltschaft unterwandert. Nebenbei wird die auch der Gefahrenabwehr dienende Regelung aus § 111b StPO i.V.m. § 33 BtMG, § 74b StGB umgangen. Die Wiederherstellung der staatsanwaltschaftlichen Leitungsmacht wurde in der Leitentscheidung zu den legendierten Kontrollen nur dahin angedacht, dass die Polizei, wenn sie innerhalb eines Ermittlungsverfahrens präventiv-polizeilich handelt, zur **Vermeidung einer Verletzung des Fairnessgrundsatzes** im Strafverfahren gehalten ist, sämtliche Informationen für das Strafverfahren freizugeben, sobald keine Gefährdung des Untersuchungszwecks mehr damit verbunden ist (BGHSt 62, 123 [142 f.]). Die Konstruktion steht aber insgesamt auf einem schwachen Fundament und relativiert das für staatliches Handeln geltende Täuschungsverbot zu weit gehend (s.a. § 136a Rdn. 34, 37, 68). 11

D. Entsprechende Anwendung der Vorschrift auf Auskunftsersuchen. § 96 ist, soweit nicht § 110b Abs. 3 als *lex specialis* eingreift, der eine Musterfunktion erfüllt (*Lesch* StV 1995, 542 [546 f.]), nach herrschender Ansicht entsprechend anwendbar, wenn das Strafgericht eine **Auskunft über Namen und Anschriften polizeilich geheim gehaltener Zeugen** verlangt (BGHSt 30, 34 [36]; BGHR StPO § 96 Informant 2; OLG Hamm NStZ 1990, 44 ff. mit Anm. *G. Schäfer*; Meyer-Goßner/Schmitt/*Köhler* § 96 Rn. 12; LR/*Menges* § 96 Rn. 43 f.; *Taschke* Die behördliche Zurückhaltung von Beweismitteln, S. 71 ff.; SK-StPO/*Wohlers/Greco* § 96 Rn. 5; krit. *Reiß* StV 1988, 31 [35 f.]). Dabei ist eine analoge Anwendung rechtsbeschränkender Vorschriften problematisch, was aber durch die lange Gewöhnung an eine dogmatisch verfehlte Rechtsanwendung mit Hinweis auf Praktikabilität hingenommen wird. 12

E. Sperrung der Akten oder Informationen. Eine Sperrerklärung der Exekutive gegenüber dem anfragenden Gericht darf nur bei einer **Gefahr von Nachteilen für das Wohl des Bundes oder eines Bundeslandes** erfolgen (LR/*Menges* § 96 Rn. 55). **Individualinteressen** allein **genügen** danach **nicht** zur Beweismittelsperrung. § 96 bleibt damit hinter dem Umfang der Sperrungsgründe nach § 54 zurück (*H.E. Müller* Behördliche Geheimhaltung und Entlastungsvorbringen des Angeklagten, 1992, S. 25; *Paulus* Überprüfung der V-Mann-Sperrung durch einen neutralen Strafrichter? 1988 S. 13 f.), was die Rspr. durch Anpassungsbemühungen übergeht, die allerdings dem unterschiedlichen Wortlaut der Normen widersprechen. Durch die vorliegende Vorschrift werden **Staatsgeheimnisse** geschützt, aber bei erweiternder Auslegung auch **Beeinträchtigungen staatlicher Aufgabenwahrnehmung** verhindert. Zu den spezialgesetzlich, zusätzlich zur vorliegenden Vorschrift geschützten Belangen gehören etwa das **Steuergeheimnis** (§ 30 AO), das **Sozialgeheimnis** (§ 35 SGB I i.V.m. §§ 67 ff. SBG X) oder das **Beratungsgeheimnis** der Gerichte (§ 43 DRiG; LG Potsdam wistra 2007, 193 ff.), soweit es zum Beispiel in Handakten eingeflossen ist. Aber auch die **Verhinderung von Straftaten** oder die **Abwehr von Gefahren für Leib oder Leben** von Personen liegen im Interesse der Allgemeinheit und können eine Sperrerklärung rechtfertigen. 13

I. Sperrungsgrund. Die **Identität von V-Leuten** wird von der Exekutive – tendenziell zu weit gehend – »grundsätzlich geheim gehalten« (Ziff. I.2.2 Anl. D zu den RiStBV). Die verfassungsrechtlich zumindest erforderliche **Abwägung** des Sperrungsinteresses gegen das Interesse an der Freigabe des unmittelbaren Zeu- 14 gen für Zwecke der Wahrheitserforschung im Strafverfahren wird von der nachträglichen Entscheidung über die Sperrerklärung auf die anfängliche Entscheidung über die »Inanspruchnahme« und den »Einsatz« der Informanten oder V-Leute verlagert (Ziff. I.3.1 Anl. D zu den RiStBV). Die Rspr. sieht eine Sperrung der Unterlagen und personenbezogenen Informationen über V-Leute als zulässig an, wenn eine aufgrund bestimmter Anhaltspunkte anzunehmende **konkrete Gefahr für Leib, Leben und Freiheit** dieser Person besteht (BVerfGE 57, 250 [284 f.]; BGHSt 29, 109 [113]; 36, 159 [164]; BVerwGE 75, 1 [10]; SK-StPO/*Wohlers/Greco* § 96 Rn. 26 f.; krit. *Taschke* Die behördliche Zurückhaltung von Beweismitteln, S. 181 ff.) und die Gefahrenlage **dem Angeklagten zuzurechnen** ist. Ob dasselbe auch gelten soll, wenn ihre »Enttarnung« die **Funktionstüchtigkeit der Strafrechtspflege** beeinträchtigen würde, weil der V-Mann dann **für weitere Zwecke »verbrannt«** wird, ist umstritten (dafür LR/*Menges* § 96 Rn. 64; a.A. *H.E. Müller* Behördliche Geheimhaltung und Entlastungsvorbringen des Angeklagten, 1992, S. 31 f.; *Taschke* a.a.O., S. 191 ff.; SK-StPO/*Wohlers/Greco* § 96 Rn. 25). Dieser generelle Zweck entspricht nicht der gegenüber § 54 engeren Fassung der Sperrungsgründe in der vorliegenden Vorschrift und dem verfassungsrechtlichen Gebot der auf den Einzelfall bezogenen Abwägung mit einem – in Ziff. I.2.2 und I.3.1.a der Anl. D zu den RiStBV auf den Kopf gestellten – **Regel- und Ausnahme-Verhältnis** zugunsten der Freigabe des Zeugen (vgl. BVerwGE 75, 1 [12]; BGHR StPO § 96 Sperrerklärung 1). Der Hinweis auf das Interesse an der Verhinderung eines »Verbrennens« des V-Manns führt zu formelhaften Sperrerklärungen anstelle von Einzelfallentscheidungen (*H.E. Müller* a.a.O., S. 27). Ähnliches gilt, wenn die Behörde einem Informanten eine Vertraulichkeitszusage erteilt hatte, die nicht gebrochen werden soll, weil andernfalls bei vielen Informanten die Bereitschaft zur Zusammenarbeit mit der Polizei entfiele (vgl. BGHSt 33, 83 [91]; einschr. LR/*Menges* § 96 Rn. 65; abl. *Eisenberg* a.a.O. Rn. 1037; *Taschke* a.a.O., S. 193 ff.). Auch das ist kein besonderer Umstand des Einzelfalls. Soweit § 99 Abs. 1 VwGO insoweit einen Geheimnisschutz vorsieht (BVerwGE 137, 318 [322]), enthält er einen weiteren Maßstab für das Verwaltungsprozessrecht. Die Möglichkeit einer weit gehenden Sperrung von »Quellen« ist aber nach Ansicht der Rspr. geboten, um Wertungswidersprüche zu der gesetzlichen Regelung der Zulässigkeit der Verwendung einer »Legende« durch einen Verdeckten Ermittler zu vermeiden (BGHSt 42, 36 [39]). Der Unterschied besteht jedoch darin, dass Letztere von einem parlamentarisch erlassenen Gesetz gestattet wird (§ 110a Abs. 2), erstere dagegen eigentlich überhaupt nicht. Die Praxis dürfte sich nach dem **Prinzip vom Vorrang und vom Vorbehalt des Gesetzes** darüber nicht hinwegsetzen, was aber aus Praktikabilitätsgründen geschieht. Die Sperrung muss jedenfalls auch vom Standpunkt der Rspr. aus am **Grundsatz der Verhältnismäßigkeit** gemessen werden, der hier in der Rechtsanwendung der Strafjustiz mangels gesetzlicher Regelung von Sperrungsmöglichkeiten i.S.v. Anl. D zu den RiStBV von einer Schranken-Schranke zur Eingriffsermächtigung mutiert.

15 Ist der Inhalt der geheim gehaltenen Schriftstücke bereits anderweitig bekannt geworden, so ist die Verweigerung der Herausgabe nicht mehr erforderlich, also unverhältnismäßig. Wenn eine **weniger rechtsbeschränkende Maßnahme** als die vollständige Verweigerung der Herausgabe von Schriftstücken oder der Bekanntgabe der Identität einer V-Person in Betracht kommt, so ist diese bei der Sperrungsentscheidung zu berücksichtigen (BVerwGE 75, 1 [10]). Zum Beispiel kann durch Beschränkung der Sperrerklärung die V-Person immerhin für eine **audiovisuelle Vernehmung** (§§ 58a, 247a, 255a; BVerfG NStZ 2007, 534) **mit optischer und akustischer Abschirmung** (BGHSt 51, 232 [235] mit Anm. *Güntge* JR 2007, 429 ff.; BGH StV 2004, 241 f. mit Anm. *Wattenberg*; BGH StV 2004, 577 f.; LR/*Menges* § 96 Rn. 71; krit. *T. Walter* StraFo 2004, 224 ff.; *Weider* StV 2000, 48 ff.; *Weider/Staechlin* StV 1999, 51 ff.) und unter Geheimhaltung der Personalien (§ 68 Abs. 2 und 3), für eine **kommissarische Vernehmung** (BGHSt 32, 115 [122 ff.]), für eine Vernehmung unter **Ausschluss des Angeklagten** (BGHSt 32, 32 [36]; 42, 175 [176]; a.A. *Eisenberg* Beweisrecht der StPO, Rn. 1040; *Taschke* a.a.O., S. 309) oder für eine Vernehmung unter **Ausschluss der Öffentlichkeit** (§ 172 GVG) zur Verfügung gestellt werden (BVerfGE 57, 250 [286]). Erst wenn diese Möglichkeiten nicht ausreichen oder nicht möglich sind, ist der Rückgriff auf Sekundärbeweismittel anstelle der sachnäheren Auskunftsperson gerechtfertigt.

16 **Im Strafverfahren** ist ein **»in-camera«-Verfahren**, wie es § 99 Abs. 2 VwGO für den Verwaltungsprozess vorsieht, **nicht zulässig** (BVerfGE 57, 250 [288]; BGH StV 2000, 649 [651]). Die Verfahrensgrundsätze des Strafprozesses dürfen nicht durch gerichtliche Verwendung der gesperrten Unterlagen unter Ausschluss der Verfahrensbeteiligten aufgehoben werden. Tatsächlich ist jedoch die Sperrung von Beweismitteln auch für das Gericht, das nicht einmal »in camera« Einblick nehmen darf, eher ein Hindernis für die Herstellung von Fairness des Verfahrens als eine Schonung derselben. Die Rspr., die der Verwertung mittelbar erlangten Wissens gesperrter Auskunftspersonen zustimmt, beruht auf einer Überbetonung des an die einzelnen Richter, nicht an das Gericht im Ganzen gerichteten **Zweifelssatzes**, der in der Prozesspraxis der Strafgerichte auch längst keine seiner normativ-rechtsstaatlichen Bedeutung entsprechende praktische Wirkung mehr entfaltet. Ferner ist die **freie richterliche Beweiswürdigung** nur nach einer Fiktion ein taugliches Korrektiv,

denn eine noch so sorgfältige Würdigung der bekannten Umstände kompensiert nicht die Wissenslücke hinsichtlich der sperrungsbedingt unbekannt gebliebenen Umstände, die ein anderes Gesamtbild der Beweislage ergeben könnten. Schließlich wird auch die Freiheit der Beweiswürdigung (§ 261) durch eine **richterrechtliche Beweisregel**, dass ein Zeugnis vom Hörensagen allein ohne Zusatzindizien eine Verurteilung »regelmäßig« nicht tragen könne, durchbrochen. Zulässig ist das »in-camera«-Verfahren dagegen **nach § 99 Abs. 2 VwGO** im Fall einer Anfechtung der Sperrerklärung **im Verwaltungsprozess**. Damit wird aber nur die Umgehung des Strafverfahrensrechts und der Zuständigkeit der Strafgerichtsbarkeit durch Zuweisung der Sperrung originär strafprozessualer Beweise zum Innenressort mit der Folge der Rechtswegverweisung zu den Verwaltungsgerichten deutlich.

II. Zuständigkeit für die behördliche Sperrerklärung. Das Tatgericht, das sich um die Herausgabe von Behördenakten, sonstigen Schriftstücken oder Informationen über die Identität eines behördlich nicht bekannt gemachten Zeugen bemüht, hat eine Entscheidung in Form der Freigabe oder Abgabe einer Sperrerklärung zu beantragen (BGHSt 29, 109 [113]; 36, 159 [161]). Die **Entscheidung der obersten Dienstbehörde** wird gegebenenfalls von der aktenführenden Stelle angefordert. Zuständig ist für eine Sperrerklärung ausschließlich die oberste Dienstbehörde. Das ist der **Fachminister** des der aktenführenden Stelle entsprechenden Ressorts. Bei der Frage der Auskunft über Namen und Anschrift polizeilich geheim gehaltener V-Personen ist dies nach herrschender Meinung der **Innenminister** sein (BGHSt 42, 36 [38]; LR/*Menges* § 96 Rn. 76; a.A. *Eisenberg* Beweisrecht der StPO, Rn. 1035a), obwohl der repressiv-polizeiliche Einsatz dieser »Amtsträger« (§ 11 Abs. 1 Nr. 2 lit. c und Nr. 4 StGB) dem Strafverfahren und den Strafverfolgungsorganen zuzurechnen ist (*Soiné* NStZ 2013, 83 [86]), für das die §§ 163 Abs. 2, 199 Abs. 2 gelten. Richtiger wäre die Annahme, dass § 96 wegen des innerprozessualen Zusammenhangs nicht anwendbar ist und deshalb eine Sperrerklärung – des an sich zuständigen Justizministers (*Gössel* NStZ 1996, 287 [288]) – nach dem Grundsatz der Aktenwahrheit und Aktenvollständigkeit mangels abweichender gesetzlicher Regelung ausscheiden müsste. Der von der Rspr. für zuständig erklärte Innenminister muss die Sperrerklärung nicht persönlich abgeben, sondern er kann diese Aufgabe an einen Beamten **delegieren**, der dazu berechtigt ist, den Minister nach außen zu vertreten (BGHSt 42, 175 [177]; SK-StPO/*Wohlers/Greco* § 96 Rn. 19). Allerdings muss eine generelle Delegation an die nachgeordnete Behörde, welche die gesetzliche Zuständigkeitsregelung konterkarieren würde, ausscheiden. Gerade weil die Zuständigkeit nach herrschender Auffassung nicht beim Justizressort liegt, kann die Sperrerklärung mitsamt ihrer Begründung entgegen der Ansicht der Rspr., die zum Ausgleich für den exekutivischen Eingriff in das Strafverfahren besondere Anforderungen an die Entscheidung der obersten Dienstbehörde über die Beweismittelsperrung aufstellt (BVerfGE 57, 250 [282 ff.]), keine ausreichende Legitimation für das Beweisdefizit im Strafverfahren ergeben. Das Innenressort hat nach der Struktur des Strafverfahrens weder Beweise für das Strafverfahren zu beschaffen, noch bestimmte Beweismittel gegenüber einer Verwendung im Strafprozess durch das dort zuständige Gericht zu sperren. 17

Werden Schriftstücke von einer justizexternen Behörde mit der Bitte um vertrauliche Behandlung herausgegeben, so ist diese bloße **Vertraulichkeitsbitte** unbeachtlich (BGHSt 42, 71 [72]), solange keine Sperrerklärung der obersten Dienstbehörde vorliegt (RGSt 72, 268 [276]). Eine Vertraulichkeitszusage der Unterbehörde gegenüber einem Informanten, die in der StPO nicht vorgesehen ist, bindet nach Ziff. I.I.4 Satz 1 Anl. D zu den RiStBV die Staatsanwaltschaft und die Polizei, das Gericht aber nicht (BGHSt 39, 141 [144]; BGH StV 2001, 214; 2012, 5). Auch diese Dissonanz beruht auf der Missachtung des Prinzips vom Vorrang und vom Vorbehalt des Gesetzes, das hier wiederum durch Richtlinien ersetzt werden soll. Erforderlich wäre eine spezialgesetzliche Regelung, die auch einen vorbeugenden Schutz des Kernbereichs der Persönlichkeitsentfaltung einschließen, die Einsatzvoraussetzungen ebenso wie im nachrichtendienstlichen Bereich mit besonderen Einschränkungen versehen (*Soiné* NStZ 2013, 83 [84]) und der Polizei sowie ihren »freien Mitarbeitern« die Grenzen der Handlungsbefugnis genau verdeutlichen müsste; ferner müssten strafgerichtliche Kontrollmöglichkeiten vom Gesetzgeber selbst geregelt werden. Es fehlt derzeit aber an allem. Eine Sperrerklärung liegt jedenfalls nach § 96, soweit er für anwendbar gehalten wird, allein in der Zuständigkeit der obersten Dienstbehörde. Die untergeordnete Behörde kann keine Sperrung endgültig bewirken oder Vertraulichkeit garantieren. 18

III. Rechtmäßigkeitskontrolle. Die Sperrerklärung bedarf zur Ermöglichung einer Kontrolle einer Begründung, die den Sperrungsgrund erklärt, soweit dies die geschützten Geheimhaltungsinteressen zulassen (SK-StPO/*Wohlers/Greco* § 96 Rn. 31). Das Tatgericht hat das Recht und die Pflicht dazu, die Rechtmäßigkeit der Sperrerklärung auf das **Vorliegen einer ausreichenden Begründung** zu überprüfen (BGHSt 32, 115 [126]; BGHR StPO § 96 Sperrerklärung 1; KK-StPO/*Greven* § 96 Rn. 17; Meyer-Goßner/Schmitt/*Köhler* § 96 Rn. 9; *Taschke* Die behördliche Zurückhaltung von Beweismitteln, S. 266 ff.), was angesichts der Geheimhaltung auch von Details der Sperrungsgründe rasch an Grenzen stößt (*H.E. Müller* Behördliche Geheim- 19 haltung und Entlastungsvorbringen des Angeklagten, 1992, S. 43 ff.) und eine Abfolge von gerichtlicher Gegenvorstellung und ministerieller Reaktion erforderlich macht, um wenigstens daraus Schlüsse ziehen zu können. Gefordert wird aber die Darlegung von Gründen für die Herausgabeverweigerung, die zumindest so einleuchtend sind, dass das Gericht die Wertung unter Berücksichtigung rechtsstaatlicher Belange als triftig anerkennen kann (BVerwGE 75, 1 [9]). Fehlt es daran, muss das Gericht remonstrieren (BGHSt 32, 115 [126]). Tatsächlich findet meist nur eine grobe Plausibilitätskontrolle statt, weil auch die Sperrungsgründe nur insoweit anzugeben sind, als dies die Interessen des Bundes oder eines Landes nicht gefährdet (BVerwGE 75, 1 [11]), weshalb abstrakte Formeln verwendet werden. Vor der Verfassung haben **behördliche Eingriffe** in die strafgerichtliche Wahrheitserforschung nach der Rspr. nur Bestand, wenn die Einwirkungsmöglichkeiten **in einer nach rechtsstaatlichen Grundsätzen ausgerichteten Weise gehandhabt** werden und der Beweisstoff sowie die Aufklärungsmöglichkeiten nicht weiter eingeschränkt werden, als es unbedingt erforderlich erscheint. Hält sich die Behörde »im rechtsstaatlichen Rahmen«, soll die Wirkung ihrer Entschließung die Rechtsstaatlichkeit des Strafverfahrens nicht verletzen (BVerfGE 57, 250 [283]). Das erscheint aber in den Fällen der Informanten- oder V-Mann-Sperrung nach repressiv-polizeilichem Einsatz angreifbar, weil der Staat zwar im Vorverfahren zur Geheimhaltung in der Lage sein muss, aber spätestens nach dessen Abschluss die Karten auf den Tisch zu legen hat (§§ 163 Abs. 2, 199 Abs. 2 Satz 1; *Taschke* a.a.O., S. 242 ff.). Die **Verletzung des Grundsatzes der Aktenwahrheit und Aktenvollständigkeit** durch Aussonderung von Informationen über den V-Mann-Einsatz im Vorverfahren verdirbt das Gesamtbild der Beweislage mehr es als die punktuellen Korrekturüberlegungen erahnen lassen. Das BVerfG (BVerfGE 63, 45 [59 ff.]) hat den Grundsatz der Aktenwahrheit und Aktenvollständigkeit nahezu begründungsfrei im Hinblick auf das Gesamtsystem (zur Frage der polizeilichen Befugnis der Aktenseparierung *Taschke* a.a.O., S. 238) und ohne Gespür für die Bedeutung von Alternativhypothesen zur Verdachtsannahme hinsichtlich polizeilich ausgesonderter »Spurenakten« mit einem verfehlten Hinweis auf die **Rolle des Staatsanwalts** (BVerfGE 63, 45 [63 ff.]) aufgegeben, der die polizeilich ausgesonderten Aktenteile selbst nicht kennt. Das wirkt fatal. Ein Beweisgebäude ist schließlich nur nach einer **Gesamtwürdigung** aller erfassbaren Umstände aussagekräftig und es liefert nur dann eine im Rechtsstaat hinreichende **Richtigkeitsgewähr** für ein Strafurteil. Die Beschwichtigungsversuche, wonach kein generelles Misstrauen gegen »Polizeiprotokolle« angezeigt sei (BVerfGE 57, 250 [281]), passen nicht zum rechtstatsächlichen Befund (§ 136 Rdn. 6), und zu den Regelungsüberlegungen des historischen Gesetzgebers der Strafprozessordnung, wonach die originäre Beweiserhebung des Strafgerichts im Strengbeweisverfahren eine Gegenkorrektur gegen strukturelle Defizite der Verteidigungsmöglichkeiten im Vorverfahren darstellen soll, ferner nicht zum Umfang der Geheimhaltung, der auch das für die Beweiswürdigung wichtige Aussagemotiv (*Soiné* NStZ 2013, 83 [84]) und die Art der Verbindung des gesperrten Zeugen mit der Polizei verheimlicht. Die Beweismittelersetzung durch Einführung selektiv vermittelten Behördenwissens mit Sekundärbeweisen in die Hauptverhandlung ist deshalb ungenügend und kann nicht durch Methoden der Beweiswürdigung kompensiert werden, weil danach ein zentrales Element der Würdigung hinsichtlich des Aussagemotivs fehlt. Darüber geht die Rspr. hinweg.

20 Als beanstandungswürdig gelten Sperrerklärungen, die **willkürlich**, **offensichtlich rechtsfehlerhaft oder ohne Begründung** abgegeben werden (BVerfGE 57, 250 [290]; BVerfG Beschl. v. 29.03.2007 – 2 BvR 197/07; KK-StPO/*Greven* § 96 Rn. 26 ff.; SK-StPO/*Wohlers/Greco* § 96 Rn. 38). Auch eine nur formelhafte Begründung reicht daher nicht aus (BGHR StPO § 96 Sperrerklärung 1), weil sie nicht einmal eine Kontrolle nach diesem eingeschränkten Prüfungsmaßstab ermöglicht. Unwirksame Sperrerklärungen führen dazu, dass Zwangsmittel aus §§ 94, 95 Abs. 2 zulässig bleiben. Die oberste Dienstbehörde darf nicht schon die von der Unterbehörde wahrzunehmende Aufgabe als hinreichende Legitimation für die Sperrung von Informationen ansehen (BVerfGE 57, 250 [284]; BGHSt 32, 115 [124]; BVerwGE 75, 1 [10]; BVerwG Buchholz 310 § 99 VwGO Nr. 54), denn sie greift als Exekutive in den Gang des Strafverfahrens ein, das nach Art. 92 GG der Rspr. vorbehalten bleiben soll (BGHSt 38, 237 [246]). Ob diese Missachtung des Gewaltenteilungsprinzips zulässig sein kann, wäre weiter diskussionswürdig, nachdem die Grundsatzdiskussion bisher rudimentär geführt wurde. Die Exekutive hat aber auch vom Standpunkt der Rspr. aus jedenfalls die durch eine Sperrung **zu schützenden Interessen** der Allgemeinheit oder einer gesperrten Auskunftsperson gegen das Interesse an der möglichst vollständigen Wahrheitserforschung im Hinblick auf die Schwere des Tatvorwurfs und die drohenden Nachteile für die Verteidigung **abzuwägen** (BVerwG Buchholz 310 § 99 VwGO Nr. 54) und ihre Entscheidung nachprüfbar zu begründen (BGHSt 32, 32 [36]). Dabei sind die Beweisbedeutung der gesperrten Informationen, das Gewicht des Tatvorwurfs, die Auswirkungen der behördlichen Verweigerung der Beweismittelfreigabe auf die Verteidigung sowie Art und Umfang der durch die Freigabe drohenden Nachteile zu berücksichtigen (BVerfGE 57, 250 [285]). Die Begründung der Entscheidung der obersten Dienstbehörde muss die Prüfung erkennen lassen, warum weniger in Verteidigungsrechte eingreifende Maßnahmen, wie etwa eine audiovisuelle Vernehmung unter Verfremdung des Erscheinungsbildes oder der Stimme der

gesperrten Person, nicht in Betracht kommen (BGH StV 2004, 577 f.). Stehen die durch die vorliegende Vorschrift geschützten Geheimhaltungsinteressen einer substanziierten Begründung entgegen, so sind jedenfalls die Gründe hierfür zu benennen. Die Begründung soll es dem Strafgericht danach immer noch ermöglichen, die Sperrerklärung auf ihre Rechtmäßigkeit zu überprüfen; eine Zweckmäßigkeitskontrolle findet dagegen nicht statt und die sachliche Richtigkeit der Ermessensausübung wird nicht nachgeprüft.

IV. **Rechtsfolgen.** Die StPO regelt nicht die Rechtsfolgen der behördlichen Sperrung von Beweisen nach §§ 54, 96. Daher sind diese Rechtsfolgen aus allgemeinen Grundsätzen abzuleiten. 21

1. **Der sachnächste Beweis.** Eine **rechtsfehlerfreie Sperrerklärung** ist für das Gericht hinsichtlich der Inanspruchnahme der Adressatbehörde des Herausgabe- oder Auskunftsersuchens **bindend** (BGHSt 33, 178 [179 f.]; 38, 237 [245]; Meyer-Goßner/Schmitt/*Köhler* § 96 Rn. 10; LR/*Menges* § 96 Rn. 82), wodurch nicht nur die Verfahrensbeteiligten in ihrem Anspruch auf rechtliches Gehör und Fairness des Gesamtverfahrens betroffen sind, sondern auch die Unabhängigkeit der Richter bei der Wahrheitsfindung ohne besondere Legitimation eine Einbuße erleidet (*H.E. Müller* Behördliche Geheimhaltung und Entlastungsvorbringen des Angeklagten, 1992, S. 15). Bindungswirkung gilt auch für eine **Begrenzung der Freigabe** von Informationen oder schutzbedürftigen Zeugen (BGHSt 32, 115 [126]), etwa nur für eine **anonymisierte audiovisuelle Vernehmung** (KK-StPO/*Greven* § 96 Rn. 12). Die Herausgabepflicht in Bezug auf Schriftstücke im Behördengewahrsam, die als Beweismittel infrage kommen, entfällt nach § 96 Satz 1. Zwangsmaßnahmen gem. § 95 Abs. 2 Satz 1 oder eine Aktenbeschlagnahme werden durch die bindende Sperrerklärung unzulässig. Eine Auskunftspflicht entfällt. Der gesuchte Beweisgegenstand wird für das Gericht meist praktisch unerreichbar (BVerfGE 57, 250 [282]). Jedoch bleibt das Gericht trotz bindender Sperrerklärung verpflichtet, weiterhin mögliche Beweiserhebungen durchzuführen. 22

Das Gericht wird allerdings nicht von seiner **Aufklärungspflicht** für die Beweise dispensiert, die das Gericht unabhängig von der Sperrerklärung seitens des Behörde erreichen kann (KK-StPO/*Greven* § 96 Rn. 11). Es hat alle ohne die Mitwirkung der Behörde verfügbaren Maßnahmen zu ergreifen, um die dort gesperrten Informationen zu erlangen und behördlicherseits nicht preisgegebene Zeugen als sachnächste personale Beweismittel zu erreichen (BVerfGE 57, 250 [285 ff.]; BGHSt 17, 382 [384]; 29, 109 [112]; 36, 159 [161]; BGHR StPO § 96 Informant 5; KK-StPO/*Greven* § 96 Rn. 22). Erfährt das Gericht **aus anderen Quellen** von der Identität eines gesperrten Tatzeugen, so ist dessen Vernehmung nach den Maßstäben der Aufklärungspflicht geboten und der Zeuge auch nicht unerreichbar i.S.v. § 244 Abs. 3 Satz 3 Nr. 5, § 251 (BGHR StPO § 96 Informant 5). Eine rechtsfehlerfreie Sperrerklärung begründet jenseits eines Beschlagnahmeverbots und eines Verbots für die Anwendung von Zwangsmitteln nach §§ 95 Abs. 2 Satz 1, 70 **kein Beweisverwertungsverbot** (BVerfGE 57, 250 [277]; BGHSt 17, 382 [383]; 29, 109 [111 f.]; 32, 115 [122]; 33, 83 [88 f.]; 36, 159 [163]). Ein Beweisantrag der Verteidigung oder eines Nebenklägers ist auch nicht schon deshalb unzulässig i.S.v. § 244 Abs. 3 Satz 2, wenn die Vernehmung einer Person beantragt wird, die mit dem gesperrten Zeugen identisch sein mag. Jedoch hat das Strafgericht autonom zu prüfen, ob von der Vernehmung des Zeugen aus anderen Gründen abzusehen ist oder **aufgrund einer staatlichen Schutzpflicht** (BVerfGE 57, 250 [284 f.]) innerprozessuale Maßnahmen zum Schutz vor Identifizierung durch Dritte und Gefahren für Leib und Leben zu treffen sind. 23

Rechtliche *terra incognita* liefert die in Literatur und Rspr. kaum beachtete Ziff. I.3.2 in Anl. D zu den RiStBV: »Informanten dürfen nur in Anspruch genommen, V-Personen nur eingesetzt werden, wenn die Aufklärung sonst aussichtslos oder wesentlich erschwert wäre. Werden sie in Anspruch genommen bzw. eingesetzt, so ist Ziel der weiteren Ermittlungen das Beschaffen von Beweismitteln, die den strafprozessualen Erfordernissen der Unmittelbarkeit der Beweisaufnahme entsprechen und einen Rückgriff auf diese Personen erübrigen.« Damit wird die **tatnächste Person** durch systematische Suche nach Sekundärbeweisen **gezielt als Beweismittel aus dem Verfahren eliminiert.** »Die Zusage der Vertraulichkeit/Geheimhaltung umfasst neben den Personalien auch die Verbindung zu den Strafverfolgungsbehörden sowie alle Umstände, aus denen Rückschlüsse auf die Eigenschaft als Informant/V-Person gezogen werden könnten« (Ziff. I.5.5 Anl. D zu den RiStBV). Dadurch entfällt für die Verteidigung und das Strafgericht meist die Möglichkeit zum Nachweis, dass gegebenenfalls eine dem Staat zurechnende Tatprovokation oder »Selbstbelastungsprovokation« (*Wolter* ZIS 2012, 238 ff.) vorgelegen hat. Der heimliche Eingriff in die Privatsphäre durch informelle Ausforschung einer Zielperson unter V-Mann-Einsatz bei faktischem Ausschluss des Rechtswegs führt dazu, dass über das Recht des Einzelnen kurzerhand von Obrigkeits wegen verfügt und der Betroffene zum bloßen Objekt staatlicher Gewalt gemacht wird (*Geller/von Schlabrendorff/Rupp* in BVerfGE 30, 33 [42]). Diese Verletzung von Art. 1 Abs. 1 und Art. 20 Abs. 3 GG darf eigentlich nicht folgenlos bleiben, da auch die Staatsraison kein vorrangiger Wert ist, der die Kernbereichsverletzung i.S. einer Grundrechtskollision aufwiegen könnte. 24

25 **2. Sachfernere Beweismittel.** Die Aufklärungspflicht gebietet i.Ü. bei Unerreichbarkeit der unmittelbaren Auskunftsperson die **Vernehmung von Führungsbeamten** der gesperrten V-Leute (BGHSt 33, 178 [181]; 36, 159 [160 f.]; *Paulus* Überprüfung der V-Mann-Sperrung durch einen neutralen Strafrichter? 1988, S. 24 ff.). Das Gericht muss beim Rückgriff auf Zeugen vom Hörensagen wegen der Sperrung des primären Beweismittels die Beschränkung der Verteidigungsmöglichkeiten des Angeklagten durch die Exekutive und den **reduzierten Beweiswert** der mittelbaren Beweisführung bei der Beweiswürdigung berücksichtigen (BGHSt 33, 178 [181]; *Joachim* StV 1992, 245). Das heißt aber nicht, dass eine entlastende Beweisbehauptung der Verteidigung prinzipiell als wahr zu unterstellen wäre, sofern dafür jedenfalls sonst keine konkreten Anhaltspunkte bestehen (BGHSt 49, 112 [122 f.]; LR/*Menges* § 96 Rn. 97; SK-StPO/*Wohlers/Greco* § 96 Rn. 52). Allerdings sind die belastenden mittelbaren Beweise nach der Rspr. besonders **vorsichtig zu würdigen** (BVerfG StV 2010, 337 [338]; BGHSt 36, 159 [166]; 46, 93 [104 ff.]; KK-StPO/*Greven* § 96 Rn. 14; abl. SK-StPO/*Wohlers/Greco* § 96 Rn. 45). Was diese Floskel praktisch bewirkt, ist jedoch nicht verifizierbar. Es bleibt eine aus der Rspr. zur Fairness des Verfahrens entwickelte **Beweisregel** zu beachten, dass Schuldfeststellungen auf Erkenntnisse, die durch **Zeugnis vom Hörensagen** erlangt wurden, nur dann in tragfähiger Weise gestützt werden können, wenn sie **durch andere gewichtige Indizien bestätigt** werden (BVerfGE 57, 250 [292]; BVerfG NJW 2001, 2245 [2246]; 2010, 925 [926]; BGHSt 17, 382 [386]; 33, 83 [88]; 46, 93 [106]; BGH NJW 2000, 1661; *Safferling* StV 2010, 339 [341]).

26 Kann das Gericht unbeschadet der Sperrerklärung aufgrund behördenexterner Hilfsmittel auf das sachnächste Beweismittel zugreifen, so gebietet die Aufklärungspflicht, dass dieser Beweis beschafft und genutzt wird (BGHSt 39, 141 [144 f.]). Selbst eine rechtmäßige behördliche Sperrung führt nicht zu einem Beweisverwertungsverbot (BGHSt 39, 141 [144]; BGH StV 2003, 316; KK-StPO/*Greven* § 96 Rn. 11), sondern meist allenfalls zur faktischen Unerreichbarkeit des Beweismittels. Erst wenn die Herbeischaffung des sachnächsten Beweises nicht gelingt, ist auf Sekundärbeweismittel zurückzugreifen (BGHSt 32, 115 [123]; 49, 112 [119]). Dabei gilt der Vorrang des Personalbeweises vor dem Urkundenbeweis aus § 250. Wird das Wissen einer gesperrten V-Person oder eines Informanten deshalb durch **Zeugnis vom Hörensagen** in die Hauptverhandlung eingeführt, hat das Gericht der Verteidigung zu ermöglichen, **schriftlich formulierte Fragen** an den unmittelbaren Zeugen weiterzuleiten (BGH StV 1993, 171 f.; KK-StPO/*Greven* § 96 Rn. 12). Problematisch bleibt, ob das Tatgericht im Fall der behördlichen Sperrung eines V-Manns oder Informanten potenziell entlastende Umstände, welche der Angeklagte als Auskunftsperson substanziiert behauptet, als **wahr unterstellen** kann oder muss, wenn der Gegenbeweis wegen der Sperrung des Zeugen nicht geführt werden kann. Das wird von der Rspr. prinzipiell verneint (BGHSt 49, 112 [122]; LR/*Menges* § 96 Rn. 97). Es ist aber jedenfalls dann erwägenswert, wenn das Verteidigungsvorbringen als eigenes Tatsachenwissen des Angeklagten dargestellt wird, dieses Vorbringen inhaltlich plausibel erscheint und durch das sonstige Beweisbild nicht direkt widerlegt wird (LG Berlin StV 1986, 96 f.; *H.E. Müller* Behördliche Geheimhaltung und Entlastungsvorbringen, 1992, S. 67 ff.). Schließlich ist das Aussagemotiv des gesperrten Belastungszeugen zumindest ebenso dubios (*Soiné* NStZ 2013, 83 [84]), wie das Motiv des Beschuldigten sich zu entlasten.

27 **3. Beweiswürdigungslösung zur Kompensation von Defiziten.** Die von der Rspr. als Kompensationsmittel für das Beweisdefizit geforderte **besonders vorsichtige Beweiswürdigung** der Sekundärbeweise (BGHSt 49, 112 [119] mit Anm. *Gaede* StraFo 2004, 195 ff.; *Mosbacher* JR 2004, 523 ff.) unter **Beachtung des Zweifelssatzes** bei einem »in aller Schärfe gehandhabtem« Grundsatz der freien Beweiswürdigung (BVerfGE 57, 250 [293]) genügt angeblich den verfassungsrechtlichen Anforderungen an die **Fairness des Verfahrens** (BVerfGE 57, 250 [292 f.]; BGHSt 49, 112 [121]). Zu berücksichtigen sei zum einen, dass der Sekundärbeweis nur mindere Qualität besitzt, zum anderen, dass es die Exekutive ist, die einen Zugriff auf das sachnähere Beweismittel hindert (Rdn. 3). Bei dem Postulat der besonders sorgfältigen Beweiswürdigung handelt es sich aber um eine »Beschwichtigungsformel« (*Fezer* JZ 1985, 496 [497]; SK-StPO/*Wohlers/Greco* § 96 Rn. 45), weil sich hinter der Zeugensperrung eine Wissenslücke zum (Falsch-) Aussagemotiv von V-Leuten (*Eschelbach* StV 2000, 390 [391]; *Weider* StV 2000, 48) verbirgt, die von Fall zu Fall auch unter besonderer Vorsicht bei der Betrachtung ihrer Ränder kaum zu schließen ist. Eine besonders vorsichtige Beweiswürdigung ist schließlich aufgrund der tatrichterlichen Verantwortung für ein richtiges Urteil in allen Fällen und bei jeder Beweislage zu postulieren. Den Grundsatz der Freiheit der Beweiswürdigung »in aller Schärfe« zu handhaben ist ein Widerspruch in sich. Der Zweifelssatz richtet sich schließlich an den einzelnen Richter, nicht an den Spruchkörper. Niemand kann dem individuellen Richter vorschreiben, wann er zu zweifeln hat. Alle Richter haben unterschiedliche Maßstäbe dafür, wann sie ein Beweisbild für hinreichend wahrscheinlich halten, um subjektive Zweifel zu überwinden (*H.E. Müller* Behördliche Geheimhaltung und Entlastungsvorbringen des Angeklagten, 1992, S. 19). Daher ist auch ein an das Gericht im Ganzen adressiertes Gebot strikter Beachtung des Zweifels-Grundsatzes eine Fehlkonstruktion (LR/*Menges* § 96 Rn. 71a). Die generalisierende Annahme,

dass die Umsetzung von Geheimhaltungsinteressen der Exekutive im Strafverfahren in dubio pro reo »wirken« (BVerfGE 101, 106 [130]), wäre falsch. Sie können dies im Einzelfall tun, wenn zumindest eine Sperrminorität der Richter des zuständigen Quorums tatsächlich subjektiv zweifelt; rechtlich dazu verpflichtet sind die Richter aber nicht. Ob, wann und warum sie es tun, bleibt im Dunkel des Beratungsgeheimnisses verborgen. Sachgerechter wäre es vor diesem Hintergrund, zur Beweiswürdigungskompensation des Defizits, wenn man eine solche Lösung überhaupt bevorzugt, nach schweizerischem Modell in den Angaben des anonymen Zeugen ein Ergänzungsindiz zu sehen, das allenfalls zur **Abrundung eines mit anderen Beweisen geschaffenen Beweisbildes** dient, sonst aber eine Verurteilung nicht zu tragen vermag, wenn es allein oder jedenfalls im Zentrum des Beweisbildes steht.

Ein Beweisverwertungsverbot in Bezug auf die Zeugen vom Hörensagen oder anderen Sekundärbeweise soll »in der Regel« nicht bestehen, weil zwar die Zeugen vom Hörensagen strukturell ein schlechterer Beweis sind als die primären Auskunftspersonen, wohl aber doch ein auch nach den §§ 250, 251 zulässiger Beweis. Bei dieser Betrachtung wird darüber hinweggegangen, dass die Sperrung von Beweismitteln durch die Ermittlungsbehörden selbst aufgrund einer Analogie zu der vorliegenden Vorschrift mit dem im Eingriffsrecht strikt zu beachtenden **Prinzip vom Vorrang und vom Vorbehalt** des Gesetzes unvereinbar ist. Die Rspr. der Strafgerichte bewegt sich mit ihren Detailforderungen immerhin annähernd auf einer Ebene mit der kasuistischen Rspr. des EGMR zu den gesamteuropäischen Mindestanforderungen aus Art. 6 Abs. 3 lit. d EMRK (vgl. EGMR StV 1997, 617 [619] mit Anm. *Wattenberg/Violet*; JR 2006, 289 [292] mit Anm. *Gaede*; EGMR StraFo 2007, 107; *Gaede* StV 2006, 599 ff.). Hat der Angeklagte nicht zumindest einmal im Laufe des Verfahrens die Möglichkeit, den »gesperrten« Zeugen selbst oder durch seinen Verteidiger unmittelbar zu befragen, so ist dies auch nach der am **Konfrontationsrecht** ausgerichteten Rspr. (*Gaede* Fairness als Teilhabe, 2007, S. 278 ff.) nicht durch ein Verwertungsverbot für den Sekundärbeweis, sondern durch vorsichtige Beweiswürdigung zu kompensieren. 28

Ein **Verfahrenshindernis** entsteht **im Fall der behördlichen Beweismittelsperrung** nach der Rspr. im Allgemeinen nicht, solange das Postulat der besonders vorsichtigen Beweiswürdigung und der Absicherung notorisch unzuverlässiger Sekundärbeweise durch Zusatzindizien zur Sicherung der Fairness des Verfahrens im Ganzen ausreicht (BGHSt 49, 112 [127]). 29

4. **Beweisverwertungsverbot für Sekundärbeweismittel bei unwirksamer Sperrung des sachnäheren Beweismittels.** **Willkürliche** Sperrerklärungen gelten als unbeachtlich (BGHSt 36, 159 [163]). Eine **offensichtlich rechtsfehlerhafte Sperrerklärung** ist **nichtig** (§ 44 VwVfG), weshalb der Beweisgegenstand ohne Rücksicht auf diese Erklärung herauszugeben ist (BGHSt 38, 237 [245]) oder beschlagnahmt werden kann. Wird eine Beweismittelsperrung willkürlich oder missbräuchlich vorgenommen, greift ein Beweisverwertungsverbot für Sekundärbeweismittel ein (BGHSt 29, 109 [112]; *Eisenberg* Beweisrecht der StPO, Rn. 1046). Ein zur Unwirksamkeit führender Mangel wird angenommen, wenn die Begründung fehlt oder sich in formelhaften Wendungen erschöpft, die Begründung auf einer offensichtlich unrichtigen Tatsachengrundlage oder einer evident falschen Rechtsauffassung beruht oder die Begründung nicht vertretbar ist. Liegt ein solcher Mangel vor, ist das Strafgericht, das den fehlerhaft gesperrten Beweis immer nicht kennt, aufgrund seiner Aufklärungspflicht zumindest zur **Erhebung einer Gegenvorstellung** verpflichtet (BGHSt 33, 178 [180]; 36, 159 [161]; BGH StV 1989, 284 f.; Meyer-Goßner/Schmitt/*Köhler* § 96 Rn. 9; LR/*Menges* § 96 Rn. 79), sofern diese nicht von vornherein als aussichtslos gelten muss (BGHSt 36, 159 [162]; 41, 36 [41]). 30

Eine erst **nach Herausgabe der Schriftstücke** abgegebene Sperrerklärung geht ins Leere (*Taschke* Die behördliche Zurückhaltung von Beweismitteln, S. 251 ff.), soweit nicht die Strafverfolgungsorgane der obersten Dienstbehörde die Gelegenheit zur Entscheidung durch vorschnelles Ergreifen von Zwangsmaßnahmen abgeschnitten haben. Dann kann die vorliegende Vorschrift eine »Vorwirkung« entfalten, die auf ein vorläufiges Auswertungsverbot bis zur Entscheidung der obersten Dienstbehörde hinausläuft (*K. Baumann* Die Systematik der Regelungen über die beweissichernde Sicherstellung im Strafverfahren [§§ 94–98 StPO], 2010, S. 72 f.). Die Unbeachtlichkeit einer verspäteten Sperrerklärung ergibt sich sonst aus dem Wortlaut der Norm, wonach bei vorheriger Äußerung einer Sperrerklärung eine »Vorlegung oder Auslieferung« von Akten oder sonstigen Schriftstücken nicht mehr gefordert werden kann. Die bereits erfolgte Vorlegung oder Auslieferung bleibt von der nachträglichen Sperrerklärung unberührt. Nach Eingang der Schriftstücke bei dem Strafgericht erstreckt sich dessen Aufklärungspflicht für das Strengbeweisverfahren der Hauptverhandlung auch auf deren Inhalt. Ergeben sich aus den Schriftstücken **Anhaltspunkte für ergänzende Beweiserhebungen**, so sind diese durchzuführen. Eine nach Anl. D zu den RiStBV den Polizeibehörden empfohlene Nutzung der Informationen durch V-Leute oder Informanten, denen **Vertraulichkeit zugesagt** wurde (zur richterrechtlichen Annahme der Zulässigkeit BGHSt 33, 83 [91]), mit dem Ziel andere Beweismittel zu finden, die eine Vernehmung der V-Leute oder Informanten als Zeugen entbehrlich machen (Ziff. I.3.2 Satz 2 Anl. D zu den 31

RiStBV; Rn. 20), ist jedenfalls für das Gericht unzulässig. Die einmal aufgedeckten »Quellen« dürfen nicht mehr nachträglich verborgen oder getrübt werden.

32 **V. Rechtsschutzmittel für Verfahrensbeteiligte während des laufenden Strafverfahrens.** Die Sperrerklärung der obersten Dienstbehörde unterliegt unbeschadet des Gewaltenteilungsprinzips prinzipiell einer gerichtlichen Nachprüfung (BGHSt 38, 237 [244]). Nur **der Angeklagte** (*Paulus* Überprüfung der V-Mann-Sperrung durch einen neutralen Strafrichter? 1988, S. 30 ff.; *Taschke* Die behördliche Zurückhaltung von Beweismitteln, S. 293 ff.) **oder ein Nebenkläger**, nicht aber die Staatsanwaltschaft in einem »in-sich-Prozess« (*Taschke* a.a.O., S. 290 f.; a.A. *Ellbogen* NStZ 2007, 310 [312 f.]) oder das mit der Sache befasste Strafgericht (BGHSt 32, 115 [126]; *Taschke* a.a.O., S. 270 ff.), **kann die Sperrerklärung förmlich anfechten** (KK-StPO/*Greven* § 96 Rn. 32 ff.; Meyer-Goßner/Schmitt/*Köhler* § 96 Rn. 14); ein (Straf-) Gericht kann nicht bei einem anderem Gericht um Rechtsschutz nachsuchen. Auch die einseitige Möglichkeit nur der Verfahrensbeteiligten, verwaltungsgerichtliche Kontrolle zu erlangen, deutet auf eine rechtliche Fehlkonstruktion hin, weil dem Strafgericht partiell die Verfahrensherrschaft über behördlich gesperrte Beweise entzogen wird. Für das gegen die Sperrerklärung gerichtete Rechtsschutzbegehren des Angeklagten ist nach der – hinsichtlich der Ressortzuständigkeit des Innenministers auf eine falsche Bahn geratenen, dort aber folgerichtig weiterdenkenden – Rspr. der **Verwaltungsrechtsweg** eröffnet (BGHSt 44, 107 [117]; BVerwG DVBl. 2006, 851 ff.; KK-StPO/*Greven* § 96 Rn. 34; LR/*Menges* § 96 Rn. 107). Diesen muss der Angeklagte i.Ü. zur Rechtswegerschöpfung i.S.v. § 90 Abs. 2 Satz 1 BVerfGG beschreiten, wenn er die Sperrerklärung mit der Verfassungsbeschwerde angreifen will (BVerfG Beschl. v. 29.03.2007 – 2 BvR 197/07). Das Strafgericht kann die Hauptverhandlung aussetzen, wenn der Angeklagte die Sperrerklärung im Verwaltungsprozess angreift (*Paulus* a.a.O., S. 48 ff.; *Taschke* a.a.O., S. 301 ff.). Dies ist aber dann nicht angezeigt, wenn das Strafgericht der Klage keine ernsthaften Erfolgsaussichten beimisst (BGH StraFo 2007, 25 f.). Auch wenn es nicht um die Totalsperrung eines wesentlichen Beweismittels geht, bedarf es nicht der Aussetzung (BGHR StPO § 96 Sperrerklärung 6).

33 Sperrerklärungen **gelten nicht als Justizverwaltungsakte** i.S.d. §§ 23 ff. EGGVG (BGHSt 45, 321 [113 ff.]; SK-StPO/*Wohlers/Greco* § 96 Rn. 56). Ob im Fall einer Anfechtung der Sperrerklärung, gegebenenfalls unter Vorschaltung eines verwaltungsgerichtlichen Eilverfahrens, ein Anspruch auf **Aussetzung des Strafverfahrens** besteht, wird nach den Maßstäben der Aufklärungspflicht und des Beschleunigungsgrundsatzes beurteilt (KK-StPO/*Greven* § 96 Rn. 36). Bei einer aussichtslos erscheinenden Klage ist keine Aussetzung geboten. Insoweit wird das Strafgericht gezwungen, auch die Erfolgsaussichten des verwaltungsgerichtlichen Rechtsbehelfs zu prüfen.

34 Im Rahmen der verwaltungsgerichtlichen Klage gegen eine Sperrerklärung unterliegt die Auslegung und Anwendung der Vorschrift, insb. hinsichtlich der unbestimmten Rechtsbegriffe und der zugrunde gelegten Tatsachen, der gerichtlichen Nachprüfung. Soweit in Bezug auf die Abwägung der betroffenen Interessen ein **Ermessen der Behörde** besteht, das nicht gerade im Einzelfall auf Null reduziert ist, kann die Entscheidung der obersten Dienstbehörde vom Verwaltungsgericht nur i.S.v. § 114 VwGO überprüft werden (VG Berlin Urt. v. 30.01.2014 – 33 K 394/13).

35 Im verwaltungsgerichtlichen Verfahren ist auf Antrag eines Beteiligten ein »**in camera-Verfahren**« nach § 99 Abs 2 VwGO vorgesehen (BVerfGE 101, 106 [127 ff.]; BVerwG DVBl. 2006, 851 [852 f.]; OVG Lüneburg NJW 2012, 2372 [2374 f.]; a.A. SK-StPO/*Wohlers/Greco* § 96 Rn. 57). Im Strafprozess aber mit Hinweis auf den Zweifelssatz nicht zugelassen (BVerfGE 57, 250 [288]), obwohl damit dem Angeklagten des Strafverfahrens, der wegen Entmündigung der Staatsanwaltschaft und des Strafgerichts durch das Innenressort auf den Nebenkriegsschauplatz verwiesen wird, das rechtliche Gehör verwehrt wird. Dies damit zu legitimieren, dass es um Informationen geht, die zugleich auch dem Strafgericht vorenthalten werden, überzeugt nicht (SK-StPO/*Wohlers/Greco* § 96 Rn. 33). Insgesamt liegt ein Mangelfolgeschaden der im Ansatz fehlerhaften Konstruktion vor.

36 **F. Revision.** Kommt das Gericht seiner Aufklärungspflicht nicht nach, weil es das sachnähere Beweismittel trotz Erreichbarkeit nicht nutzt, so kann dadurch § 244 Abs. 2 verletzt sein (BGHSt 32, 115 [123]; BGHR StPO § 96 Informant 2). Hat das Gericht es versäumt, auf die Vorlage von Beweisurkunden aus dem Gewahrsam der Behörde hinzuwirken oder die Identität eines ohne Sperrerklärung der obersten Dienstbehörde geheim gehaltenen Zeugen in Erfahrung zu bringen (BGHR StPO § 244 Abs. 2 Informant 1), so begründet dies folglich im Einzelfall eine **Aufklärungsrüge**. Ihr steht meist die Rspr. entgegen, nach welcher der Beschwerdeführer gem. § 344 Abs. 2 Satz 2 auch Angaben zum Aussagegehalt des gesperrten Beweismittels machen muss, die er aber aus Unkenntnis nicht machen kann. Dieses weitere Paradoxon schützt flankierend das Tabu. Effektiver gerichtlicher Rechtsschutz gegen eventuelle Falschbelastungen findet dann im Ergebnis nicht statt. Die verfassungsgerichtliche Rspr. hat sich darum bisher mit der angreifbaren These, es gebe keinen Anspruch auf »Rechtsschutz gegen den Richter« aus Art. 19 Abs. 4 GG herumgewunden.

Wird **trotz bindender Sperrerklärung** unter Verletzung von Beschlagnahmeverboten ein **Beweismittel beschafft** und verwendet, so kann dies die Revision nicht begründen, weil das Strafgericht nur die Sphäre der betroffenen Behörde beeinträchtigt hat, aber seiner **Aufklärungspflicht gefolgt** ist (BGHSt 39, 141 [144]). Je nach Beweislage gebietet es die Aufklärungspflicht, Verhörpersonen über die Angaben des gesperrten Zeugen zu vernehmen; nur im Ausnahmefall kann darauf verzichtet werden, wenn daraus kein hinreichender Erkenntnisgewinn zu erwarten ist (BGHSt 36, 159 [165]). 37

Nur die wirksame Sperrerklärung macht das Beweismittel in der Regel unerreichbar i.S.v. § 244 Abs. 3 Satz 2 (BGHSt 32, 115 [126]) und § 251 Abs. 2 (BGHSt 33, 70 [75]; a.A. *Taschke* Die behördliche Zurückhaltung von Beweismitteln, S. 307 ff.). Wird ein Beweisantrag aber wegen **Unerreichbarkeit des Beweismittels** abgelehnt, obwohl die Sperrerklärung offensichtlich fehlerhaft war, so kann im Einzelfall eine Verletzung des Beweisantragsrechts gerügt werden. Auch wenn andere Möglichkeiten zur Ermittlung eines gesperrten Zeugen bestehen, ist dieser nicht unerreichbar (BGHR StPO § 96 Informant 5). Eine Vertraulichkeitszusage der Behörde ohne Sperrerklärung der obersten Dienstbehörde bindet ohnehin nur die Behörde, hindert aber die gerichtliche Sachaufklärung nicht (BGH StV 2001, 214; 2012, 5). 38

Ist das Tatgericht den besonderen **Anforderungen an die Beweiswürdigung** bei Verwendung von Sekundärbeweisen (BGHSt 17, 382 [385 f.]; 36, 159 [166]; 49, 112 [119 ff.]) nicht nachgekommen, so kann dies im Prinzip mit der Sachrüge geltend gemacht werden (LR/*Menges* § 96 Rn. 117). Diese dringt aber praktisch meist nur dann durch, wenn ausschließlich ein Zeugnis vom Hörensagen zur Verurteilungsgrundlage gemacht wurde, ohne dass Zusatzindizien vorliegen, die das Beweisdefizit kompensieren. 39

§ 97 Beschlagnahmeverbot

(1) Der Beschlagnahme unterliegen nicht

1. schriftliche Mitteilungen zwischen dem Beschuldigten und den Personen, die nach § 52 oder § 53 Abs. 1 Satz 1 Nr. 1 bis 3b das Zeugnis verweigern dürfen;

2. Aufzeichnungen, welche die in § 53 Abs. 1 Satz 1 Nr. 1 bis 3b Genannten über die ihnen vom Beschuldigten anvertrauten Mitteilungen oder über andere Umstände gemacht haben, auf die sich das Zeugnisverweigerungsrecht erstreckt;

3. andere Gegenstände einschließlich der ärztlichen Untersuchungsbefunde, auf die sich das Zeugnisverweigerungsrecht der in § 53 Abs. 1 Satz 1 Nr. 1 bis 3b Genannten erstreckt.

(2) [1]Diese Beschränkungen gelten nur, wenn die Gegenstände im Gewahrsam der zur Verweigerung des Zeugnisses Berechtigten sind, es sei denn, es handelt sich um eine elektronische Gesundheitskarte im Sinne des § 291a des Fünften Buches Sozialgesetzbuch. [2]Die Beschränkungen der Beschlagnahme gelten nicht, wenn bestimmte Tatsachen den Verdacht begründen, dass die zeugnisverweigerungsberechtigte Person an der Tat oder an einer Begünstigung, Strafvereitelung oder Hehlerei beteiligt ist, oder wenn es sich um Gegenstände handelt, die durch eine Straftat hervorgebracht oder zur Begehung einer Straftat gebraucht oder bestimmt sind oder die aus einer Straftat herrühren.

(3) Die Absätze 1 und 2 sind entsprechend anzuwenden, soweit die Personen, die nach § 53a Absatz 1 Satz 1 an der beruflichen Tätigkeit der in § 53 Absatz 1 Satz 1 Nummer 1 bis 3b genannten Personen mitwirken, das Zeugnis verweigern dürfen.

(4) [1]Soweit das Zeugnisverweigerungsrecht der in § 53 Abs. 1 Satz 1 Nr. 4 genannten Personen reicht, ist die Beschlagnahme von Gegenständen unzulässig. [2]Dieser Beschlagnahmeschutz erstreckt sich auch auf Gegenstände, die von den in § 53 Abs. 1 Satz 1 Nr. 4 genannten Personen den an ihrer Berufstätigkeit nach § 53a Absatz 1 Satz 1 mitwirkenden Personen anvertraut sind. [3]Satz 1 gilt entsprechend, soweit die Personen, die nach § 53a Absatz 1 Satz 1 an der beruflichen Tätigkeit der in § 53 Absatz 1 Satz 1 Nummer 4 genannten Personen mitwirken, das Zeugnis verweigern dürften.

(5) [1]Soweit das Zeugnisverweigerungsrecht der in § 53 Abs. 1 Satz 1 Nr. 5 genannten Personen reicht, ist die Beschlagnahme von Verkörperungen eines Inhalts (§ 11 Absatz 3 des Strafgesetzbuches), die sich im Gewahrsam dieser Personen oder der Redaktion, des Verlages, der Druckerei oder der Rundfunkanstalt befinden, unzulässig. [2]Absatz 2 Satz 2 und § 160a Abs. 4 Satz 2 gelten entsprechend, die Beteiligungsregelung in Absatz 2 Satz 2 jedoch nur dann, wenn die bestimmten Tatsachen einen dringenden Verdacht der Beteiligung begründen; die Beschlagnahme ist jedoch auch in diesen Fällen nur zulässig, wenn sie unter Berücksichtigung der Grundrechte aus Artikel 5 Abs. 1 Satz 2 des Grundgesetzes nicht außer Verhältnis zur Bedeutung der Sache steht und die Erforschung des Sachverhaltes oder die Ermittlung des Aufenthaltsortes des Täters auf andere Weise aussichtslos oder wesentlich erschwert wäre.

Übersicht

1 **A. Beweiserhebungsverbote nach Verfassungsrecht und einfachem Recht.** Die Vorschrift setzt der Beschlagnahme von Beweisgegenständen und Verkörperungen von Dateninhalten (Abs. 5 Satz 1) bestimmte Grenzen, wenn sie in eine besonders geschützte Vertrauensbeziehung eingreift. Die formlose **Sicherstellung** gewahrsamsloser Gegenstände oder solcher Sachbeweise, die vom Gewahrsamsinhaber freiwillig herausgegeben werden, greift dagegen nicht in Grundrechte ein, sodass ihr **regelmäßig kein Verbot** entgegensteht. Eine Ausnahme hiervon kann nur eingreifen, wenn der Gegenstand, wie bei intimen **Tagebuchaufzeichnungen** eines Ehegatten des Beschuldigten (LG Saarbrücken StV 1988, 480 [481]) oder **Verteidigerkorrespondenz** (zur Bedeutung der Verteidigerkommunikation BVerfGE 129, 208 [263]), den absolut geschützten **Kernbereich der Persönlichkeitsentfaltung** betrifft. Dann ist er absolut unverwertbar, was gegebenenfalls die Vorwirkung entfaltet, dass auch die staatliche Gewahrsamsverschaffung nicht erforderlich und deshalb unverhältnismäßig ist (einschränkend SK-StPO/*Wohlers/Greco* § 97 Rn. 50).

2 Die förmliche Beschlagnahme von Sachen als staatlicher Eingriff in fremden Gewahrsam ohne das Einverständnis des Betroffenen oder gegen dessen Willen ist durch Grundrechtsschranken erlaubt, wenn eine hinreichend bestimmte gesetzliche Eingriffsgestattung vorliegt, die in den §§ 94, 95 zu finden ist, sofern deren Voraussetzungen im Einzelfall erfüllt sind und der Eingriff auch verhältnismäßig ist. Auch hier können sich aufgrund der **Vorwirkungen selbstständiger Beweisverwertungsverbote** von Verfassungs wegen rechtliche Hindernisse ergeben (BVerfGE 38, 103 [105]; BVerfG NStZ-RR 2004, 83; *Eisenberg* Beweisrecht der StPO, Rn. 2371), etwa wenn in unverhältnismäßiger Weise in die Rechtspositionen Dritter eingegriffen wird (BGHSt 43, 300 [303]), z.B. bei der Beschlagnahme von Krankenunterlagen eines Tatopfers (LG Fulda NJW 1990, 2946 [2947]; LG Hamburg StV 1989, 243 f.; zur elektronischen Patientenakte *Solscheid* MedR 2021, 795 ff.). Das ist einmal, ebenso wie bei der Sicherstellung, im Fall einer Antastung des absolut geschützten Kernbereichs der Persönlichkeitsentfaltung anzunehmen. Weiterhin kommt es aber auch bei solchen selbstständigen Beweisverwertungsverboten infrage, die sich im Rahmen der Drei-Sphären-Theorie auf der zweiten Stufe als Resultat einer Abwägung der geschützten Grundrechtsposition gegen das staatliche Interesse an der Beweismittelbeschaffung für Strafverfolgungszwecke ergeben. Ist danach das Beweismittel im Prozess nicht verwertbar, dann ist die Beschlagnahme nicht erforderlich und deshalb unverhältnismäßig.

3 Die vorliegende Vorschrift stellt zusätzlich zu § 96 auf der Ebene des einfachen Bundesrechts, das aber mit einem verfassungsrechtlichen Hintergrund versehen ist, Regeln über Beschlagnahmeverbote auf, die dem flankierenden **Schutz der Zeugnisverweigerungsrechte** nach §§ 52 bis 53a vor Umgehung dienen (*Eisenberg* Beweisrecht der StPO, Rn. 2342; SK-StPO/*Wohlers/Greco* § 97 Rn. 1). Geht es bei der Beweisbeschaffung um Informationen, die der betroffene Zeuge aufgrund seines Aussageverweigerungsrechts bei einer Vernehmung nicht preisgeben muss, sind auch schriftliche Aufzeichnungen hierüber nicht beschlagnahmefähig, weil sonst das Aussageverweigerungsrecht ausgehöhlt würde. § 97 bezweckt auch einen Schutz vor Umgehung der Zeugnisverweigerungsrechte durch Zugriff auf Sachbeweise mit einem Inhalt, der sonst Gegenstand einer Zeugenaussage des Betroffenen wäre.

Eine **Gegenausnahme** vom Beschlagnahmeverbot greift **bei Teilnahmeverdacht** oder dem Verdacht der Begehung eines Anschlussdelikts durch den Zeugen ein, ferner **in Bezug auf Tatmittel oder Tatprodukte** (§ 97 Abs. 2 Satz 3). Insoweit entfällt das Beschlagnahmeverbot; die Beschlagnahme ist also unter Beachtung der Eingriffsvoraussetzungen der §§ 94, 98 und des Verhältnismäßigkeitsgrundsatzes rechtmäßig. 4

§ 160a ist gegenüber § 97 **subsidiär** (§ 160a Abs. 5; *Jahn* ZIS 2012, 453 [459 f.]). Er kann aber mit seinem Wertungsgehalt auch dessen Auslegung beeinflussen (LG Mannheim NStZ 2012, 713 [717]; *Thum* HRRS 2012, 535 [536]; restriktiv BVerfG StV 2018, 547 ff.). 5

Eine **analoge Anwendung** der gesetzlich vorgesehenen Beschlagnahmeverbote auf Fälle des Gewahrsams an Beweismitteln bei anderen Vertrauenspersonen des Beschuldigten als den Aussageverweigerungsberechtigten i.S.d. §§ 52, 53, 53a scheidet aus (Meyer-Goßner/Schmitt/*Köhler* § 97 Rn. 2; zur früheren Rechtslage bei Suchtberatungsstellen LG Freiburg NStZ-RR 1999, 366). 6

B. Allgemeine Voraussetzungen des Beschlagnahmeverbots. Das Beschlagnahmeverbot knüpft an die **Zeugnisverweigerungsrechte** und an die diesbezügliche prozessuale **Rollenverteilung** an. Danach ist im Grundsatz davon auszugehen, dass der Angehörige (§ 52), der Berufsgeheimnisträger (§ 53) oder dessen Hilfsperson (§ 53a) die Prozessrolle eines Zeugen innehat, während der Mandant, Klient oder Patient in dem konkreten Verfahren ein **Beschuldigter** ist. Grundsätzlich muss sich der Beweisgegenstand im **Gewahrsam des zur Zeugnisverweigerung berechtigten Zeugen** befinden. Abweichungen von diesen Grundvoraussetzungen des Beschlagnahmeverbots sind z.T. in § 97 besonders vorgesehen; weitere können sich unmittelbar aus dem Verfassungsrecht ergeben. Die **nachträgliche Entstehung der geschützten Beziehung** lässt ein Verbot der Aufrechterhaltung der bereits vollzogenen Beschlagnahme entstehen, hindert aber meist nicht an der Verwertung der bisher aus dem Beweisgegenstand gezogenen Erkenntnisse, während der nachträgliche Wegfall eines Verdachts gegen den Angehörigen oder Berufsgeheimnisträger tendenziell eher zur Unverwertbarkeit führt. **Der nachträgliche Wegfall** der Vertrauensbeziehung lässt prinzipiell die Beschlagnahmefähigkeit aufleben, die bisher suspendiert war. 7

I. Verfahren gegen Beschuldigte, Verdächtige oder »gegen Unbekannt«. Die Beweismittelbeschlagnahme nach §§ 94, 98 kommt grundsätzlich nur im Rahmen eines bereits betriebenen Strafverfahrens in Betracht. Sie kann als strafprozessuale Eingriffsmaßnahme **nicht** unabhängig davon, etwa **im Rahmen von »Vorermittlungen«**, angewendet werden. Auf Beschlagnahmeverbote nach der vorliegenden Vorschrift kommt es daher im Vorfeld eines Ermittlungsverfahrens nicht an, weil schon eine **Befugnis** des Staates zur repressiven Beschlagnahme von Beweisgegenständen fehlt, soweit diese außerhalb eines Strafverfahrens erfolgen soll. Das Beschlagnahmeverbot nach der vorliegenden Vorschrift spielt nur innerhalb eines Strafverfahrens eine Rolle, nicht weil ein Vorgriff innerhalb einer Vertrauensbeziehung auf ein künftiges Ermittlungsverfahren logisch unmöglich wäre (*Mehle/Mehle* NJW 2011, 1639 ff.; a.A. *Thum* HRRS 2012, 535 [537]). Ebenso wie Beweisvorratsbeschaffungen für künftige Strafverfahren bisweilen im Gesetz vorkommen (§ 81g) oder die Praxis zu »Vorermittlungsverfahren« neigt, kann etwa auch eine Verteidigungskonzeption schon vor Beginn eines Ermittlungsverfahrens erstellt werden und sie ist – dann erst recht – gegenüber einer Beweismittelbeschlagnahme geschützt (LG Mannheim wistra 2021, 161 ff. m.Anm. *Nolte/Oesterle*), und zwar erst recht vor Verfahrensbeginn. 8

Möglich ist allerdings, dass eine Beschlagnahme die **erste Prozesshandlung innerhalb eines neuen Ermittlungsverfahrens** darstellt und dieses damit eingeleitet wird. Dann ist auch die vorliegende Vorschrift relevant. 9

Wird das **Verfahren** noch nicht gegen einen bestimmten Beschuldigten, sondern **»gegen Unbekannt«** geführt, ist die Vorschrift mit ihren Beschlagnahmeverboten nach § 97 Abs. 1 Nr. 1 und Nr. 2 sowie Abs. 3 prinzipiell nicht einschlägig, weil es an einer Beschuldigtenposition fehlt, an die ein Zeugnisverweigerungsrecht und ein Beschlagnahmeverbot anknüpfen könnte. Die Frage, ob § 97 Abs. 1 Nr. 3 über seinen Wortlaut hinaus voraussetzt, dass das flankierend zu sichernde Zeugnisverweigerungsrecht zwischen einem Beschuldigten desselben Verfahrens und einem Berufsgeheimnisträger besteht, ist zu verneinen (*Jahn* ZIS 2012, 453 [454 ff.]). 10

Der Schutz der Vertrauensbeziehungen durch § 97 darf nicht dadurch umgangen werden, dass einer Zielperson gerade deshalb die Beschuldigtenrolle bewusst nicht durch behördlichen Zuschreibungsakt (§ 136 Rdn. 13 f.) zugewiesen wird. Die **Gesetzesumgehung** hebt ihre Rechtsfolgen auf (»fraus omnia corrumpit«). Ist ein **Verdacht gegen eine bestimmte Person** vorhanden, dann ist zu deren Schutz, soweit besondere Vertrauensbeziehungen i.S.d. §§ 52, 53, 53a bestehen, vorsorglich auch § 97 Abs. 1 bis 3 zu beachten. Das gilt also auch, wenn das Verfahren von der Ermittlungsbehörde noch nicht förmlich gegen diese verdächtige Person betrieben wird. 11

Richtet sich ein Strafverfahren ausschließlich gegen Personen, zu denen keine besondere Vertrauensbeziehung mit einem Berufsgeheimnisträger i.S.d. §§ 52, 53, 53a besteht, dann spielt das Beschlagnahmeverbot nach 12

§ 97 Abs. 1 Nr. 1 und 2, Abs. 3 keine Rolle. Dort sind gegebenenfalls nur die unmittelbar von Verfassungs wegen geltenden Beschlagnahmeverbote von Belang. Indes darf die Rollenverteilung nicht mit diesem Ziel durch **Verfahrensabtrennung** zum Nachteil eines Mitbeschuldigten verändert werden; die prozessuale Gemeinsamkeit, die einmal bestanden hatte, wirkt zur Vermeidung von Gesetzesumgehungen fort (BGHSt 43, 300 [305]).

13 Bei einem Mandat eines Berufsgeheimnisträgers zu einer **juristischen Person** werden deren **Organe nicht** ohne Weiteres in den **Schutzbereich** des Vertrauensverhältnisses **einbezogen** (BVerfG StV 2018, 547 ff. m.Anm. *Kempf/Corsten* StV 2019, 59 ff.; *Knauer* NStZ 2019, 164 ff.; *Momsen* NJW 2018, 2362 ff.; *Winkler* StraFo 2018, 464 ff.).

14 In den Fällen des Gewahrsams von Presseangehörigen oder Abgeordneten (§ 97 Abs. 4 und 5) geht es um einen **Institutionenschutz**, der unabhängig von einer besonderen personalen Beziehung des Beschuldigten zum Inhaber von sächlichen Beweismitteln besteht. Dieser Schutz ist auch im Verfahren »gegen Unbekannt« oder gegen einen Dritten, der nicht in Kontakt zu dem Inhaber des Beweismittelgewahrsams steht, zu beachten.

15 Soweit eine Beweismittelbeschlagnahme zur **Vorbereitung eines Wiederaufnahmeverfahrens** nach rechtskräftigem Abschluss des bisherigen Verfahrens möglich wäre, ist die vorliegende Regelung von Beschlagnahmeverboten zu beachten. Das Beschlagnahmeverbot aus § 97 Abs. 1 Nr. 1 gilt auch, soweit der Verteidiger bei der Vorbereitung des Wiederaufnahmeantrags für den Verurteilten tätig ist (BGH StV 2001, 604 [605]).

16 **II. Keine Beschuldigtenrolle des Geheimnisinhabers.** Das Beschlagnahmeverbot gilt regelmäßig nicht, wenn die zur Zeugnisverweigerung berechtigte Person ihrerseits Beschuldigter ist (BVerfG NJW 2018, 3571 [3573]; *Görtz-Leible* Die Beschlagnahmeverbote des § 97 Abs. 1 StPO im Lichte der Zeugnisverweigerungsrechte, 2000, S. 298 ff.; *Schmidt* Die Ausnahme vom Beschlagnahmeverbot gem. § 97 Abs. 2 Satz 2 Hs. 1 StPO, 1989, S. 73 ff.). Das folgt aus § 97 Abs. 2 Satz 3 wonach ein konkreter (Anfangs-) **Verdacht** der Tatbeteiligung oder der Begehung einer Begünstigung, Strafvereitelung, Hehlerei oder einer Straftat, aus welcher der Gegenstand herrührt, das Beschlagnahmeverbot aufhebt. Der Tat- oder Beteiligungsverdacht oder der Verdacht der Begehung einer Nachtat im genannten Sinne gestattet also schon auf der Ebene des einfachen Rechts auch die Beweismittelbeschlagnahme bei Strafverteidigern, Rechtsanwälten, Steuerberatern, Abgeordneten oder Mitarbeitern von Rundfunk und Presse sowie Ärzten. Eine andere Frage ist dann aber, ob unmittelbar von Verfassungs wegen ein Hindernis für den behördlichen Zugriff auf Sachbeweise in deren Gewahrsam statthaft ist. Das ist **bei Unverfügbarem** zu verneinen; insb. können **Verteidigungsunterlagen** auch dann nicht beschlagnahmt werden (LG Braunschweig StV 2016, 352 f.; LG Hamburg StraFo 2016, 463 ff.; LG München I NStZ 2001, 612; SK-StPO/*Wohlers/Greco* § 97 Rn. 87 ff.). Die Beschlagnahme von Verteidigungsunterlagen mit der Folge der Offenlegung der Verteidigungsstrategie hat nämlich nahezu die Verteidigungsunfähigkeit des Beschuldigten zur Folge. Auf die Ermöglichung einer effektiven Verteidigung aber hat der Beschuldigte einen verfassungsrechtlichen Anspruch.

17 Die Verwertbarkeit der beschlagnahmten Beweismittel ist in den Fällen des § 97 Abs. 2 Satz 3 auf **das Verfahren gegen den** seinerseits verdächtigen **Zeugnisverweigerungsberechtigten** beschränkt. Wird gegen den Mandanten, Klienten oder Patienten des Berufsgeheimnisträgers gesondert ermittelt, dann bleibt die Verwertung dieser Sachbeweise in jenem Verfahren ausgeschlossen, weil dort die von dem Beschlagnahmeverbot vorausgesetzte Rollenverteilung erhalten bleibt. Im Verhältnis des Beschuldigten zu seinem Strafverteidiger muss zudem bis zum Ausschluss des Verteidigers gem. §§ 138a ff. vom Fortbestehen der Verteidigerrolle ausgegangen werden.

18 Eine Sonderregelung gilt für Zufallsfunde bei einem Arzt, die nicht in einem Strafverfahren nach § 218 StGB gegen eine Patientin verwertet werden dürfen (§ 108 Abs. 2 StPO). I.Ü. sind Zufallsfunde, die einen anderen als den Berufsgeheimnisträger betreffen, nur in einem Verfahren gegen den Arzt selbst, nicht im Verfahren gegen den Patienten verwertbar.

19 **III. Gewahrsam des Geheimnisträgers an dem Beschlagnahmegegenstand.** Prinzipiell muss sich der Gegenstand, auf den sich das Beschlagnahmeverbot beziehen soll, im **Alleingewahrsam** oder **Mitgewahrsam** (*Görtz-Leible* Die Beschlagnahmeverbote des § 97 Abs. 1 StPO im Lichte der Zeugnisverweigerungsrechte, 2000, S. 256; SK-StPO/*Wohlers/Greco* § 97 Rn. 17) des Zeugnisverweigerungsberechtigten befinden (§ 97 Abs. 2 Satz 1). Der Mitgewahrsam des Beschuldigten oder eines i.S.v. § 97 Abs. 2 Satz 1 Verdächtigen schließt das Beschlagnahmeverbot aber nach bisher h.A. generell aus (BGHSt 19, 374; *Eisenberg* Beweisrecht der StPO, Rn. 2344; *Görtz-Leible* a.a.O., S. 257 ff.; *Schmidt* Die Ausnahme vom Beschlagnahmeverbot gem. § 97 Abs. 2 Satz 2 Hs. 1 StPO, 1989, S. 41 ff.), erst recht der Alleingewahrsam des Beschuldigten (BGHSt 38, 144 [146]; krit. zum Regelungskonzept *Kapp/Roth* ZRP 2003, 404 ff.), schließlich ebenso der nicht den Strafverfolgungsorganen zuzurechnende unfreiwillige Gewahrsamsverlust des Zeugnisverweigerungsberechtigten, bisweilen

aber auch die freiwillige Gewahrsamsaufgabe. Die Schutzwürdigkeit entfällt nämlich, wenn das Beweismittel **aus der Geheimsphäre des Berufsgeheimnisträgers entlassen** ist und Dritte, die als Zeugen darüber berichten können, ohne zur Zeugnisverweigerung berechtigt zu sein, dadurch die Möglichkeit der Kenntnisnahme vom Inhalt des Beweismittels erlangen können. Gewahrsam ist das von einem entsprechenden Willen getragene tatsächliche Herrschaftsverhältnis, die Verfügungsmacht. Den Berufsgeheimnisträgern (§ 53) stehen deren Gehilfen (§ 53a) gleich, sodass das Beschlagnahmeverbot auch gilt, wenn ein Gehilfe den Gewahrsam hat.

Eine Ausnahme vom Prinzip der Geltung des Beschlagnahmeverbots nur im Fall des Beweismittelgewahrsams bei dem individuellen Zeugnisverweigerungsberechtigten gelten für Beweismittel im Gewahrsam einer Krankenanstalt oder eines Dienstleisters, der für den zur Zeugnisverweigerung Berechtigten Daten erhebt, verarbeitet oder nutzt, insb. etwa die **elektronische Gesundheitskarte** (§ 97 Abs. 2 Satz 1). Wegen eines Institutionenschutzes generell beschlagnahmefrei sind auch Beweisgegenstände **in den Räumen einer Redaktion, eines Verlags, einer Druckerei oder einer Rundfunkanstalt** (§ 97 Abs. 5). 20

Der Gewahrsam am Beweisgegenstand als Voraussetzung für das Beschlagnahmeverbot spielt aus verfassungsrechtlichen Gründen keine Rolle bei **Verteidigungsunterlagen**, die der Beschuldigte auch selbst für seine eigene Verteidigung in einer rechtlich schutzwürdigen Weise besitzen darf (BGHSt 44, 46 [47 ff.]; BGHR StPO § 97 Verteidigungsunterlagen 1 m.Anm. *Schmidt* StV 1989, 421 f.; LG Braunschweig StV 2016, 352 f.; LG Hamburg StraFo 2016, 463 ff.; LG München I NStZ 2001, 612; SK-StPO/*Wohlers/Greco* § 97 Rn. 87 ff.) oder die er mit einem Verteidiger erstellen und austauschen kann. Schon nach dem Maßstab aus § 148, erst recht **von Verfassungs wegen**, werden schriftliche Mitteilungen des Beschuldigten an den Verteidiger, die erkennbar Verteidigungszwecken dienen (OLG München StV 2005, 118 [119]), bereits dann von der Beschlagnahme ausgeschlossen, wenn sie sich noch im Gewahrsam des Beschuldigten oder auf dem Postweg befinden. Dasselbe gilt umgekehrt für Mitteilungen des Verteidigers an den Beschuldigten in Form von »Verteidigerpost«. Die **Kommunikation des Beschuldigten mit dem Verteidiger** gehört wegen der besonderen Bedeutung der Verteidigung, die dem *nemo-tenetur*-Grundsatz gleich steht (§ 136 Rdn. 54), **zum absolut geschützten Kernbereich der Persönlichkeitsentfaltung.** In einem Verfahren gegen den Verteidiger selbst werden Beweismittel, die im Verfahren gegen den Mandanten nicht beschlagnahmt und verwertet werden dürften, nach der Rspr. allerdings nicht geschützt. Hier stehen die §§ 97 Abs. 1, 148 StPO und Grundrechte der Beschlagnahme und Verwertung nicht generell entgegen (BGHSt 53, 257 [260]; *Ruhmannseder* NJW 2009, 2647 ff.). Die daraus zu gewinnenden Informationen gelten aber im Verfahren gegen den Mandanten als unverwertbar (BGHSt 53, 257 [262]). Dieses Verwertungsverbot ist aber noch kein vollkommener Schutz gegen die Offenlegung der Verteidigungsstrategie. 21

Schließlich darf sich der Beschuldigte ohne Beistand eines Strafverteidigers selbst verteidigen und auch dazu Unterlagen besitzen, die geschützt sind, wenn es sich erkennbar um Material handelt, das für Verteidigungszwecke beschafft wurde. Das gilt aber nicht für Tatmittel oder Tatgegenstände, die nicht dadurch in eine zugriffsfreie Lage versetzt werden können, dass der Beschuldigte sie als »Verteidigungsunterlagen« bezeichnet. 22

Gewahrsam ist die **tatsächliche Sachherrschaft** (*Görtz-Leible* Die Beschlagnahmeverbote des § 97 Abs. 1 StPO im Lichte der Zeugnisverweigerungsrechte, 2000, S. 253 ff.). Zum Eingreifen des Beschlagnahmeverbots genügt der **Mitgewahrsam des Zeugnisverweigerungsberechtigten.** Eine Ausnahme davon gilt – mit der Gegenausnahme des besonderen Schutzes von Verteidigungsunterlagen – in dem Fall, dass auch **der Beschuldigte** ein **Mitgewahrsamsinhaber** ist (LR/*Menges* § 97 Rn. 30). Mitgewahrsam des Beschuldigten wird allerdings nicht schon dadurch begründet, dass er den Gegenstand, den er dem Zeugnisverweigerungsberechtigten übergeben hatte, von diesem als mittelbarem Besitzer wieder herausverlangen könnte. **Unterlagen über Anwalts- und Notar-Anderkonten** (LG Aachen NJW 1999, 2381 [2382]; LG Darmstadt DNotZ 1991, 560 [561] m.Anm. *Knoche*) können zwar nicht beim Rechtsanwalt oder Notar, wohl aber **bei der** kontoführenden **Bank beschlagnahmt** werden (LG Köln wistra 2021, 37 f.). 23

Beim Tod des zur **Zeugnisverweigerung berechtigten Angehörigen** i.S.v. § 52 endet das Beschlagnahmeverbot, das sich auf dieses Vertrauensverhältnis bezieht. Stirbt ein Berufsgeheimnisträger i.S.v. § 53, so bleibt das Beschlagnahmeverbot aufgrund seiner Geheimsphäre bestehen, sofern der Gewahrsamsnachfolger zur Zeugnisverweigerung berechtigt ist. 24

Bei **Gewahrsamsverlust** des Zeugnisverweigerungsberechtigten endet das Beschlagnahmeverbot (*Eisenberg* Beweisrecht der StPO, Rn. 2344a; LR/*Menges* § 97 Rn. 33 ff.; SK-StPO/*Wohlers/Greco* § 97 Rn. 22). Das gilt auch bei Beschlagnahme des Gegenstands in anderer Sache oder bei Besitzentziehung durch eine Privatperson (LR/*Menges* § 97 Rn. 35), es sei denn, es handelt sich um generell geschützte Verteidigungsunterlagen. 25

IV. Ausnahmetatbestände. Für den **Beschlagnahmeschutz der elektronischen Gesundheitskarte** genügt nach § 97 Abs. 2 Satz 1 der Gewahrsam der Krankenanstalt oder des Dienstleisters, der den Datentransfer bewirkt. Der Begriff der Krankenanstalt ist weit auszulegen und umfasst neben Krankenhäusern und pri- 26 vaten Kliniken auch Pflegeanstalten unter ärztlicher Leitung, Genesungsheime, Krankenabteilungen einer Justizvollzugsanstalt oder der Bundeswehr. Entsprechendes gilt gem. § 97 Abs. 2 Satz 2 für Beratungsstellen nach § 219 StGB, soweit deren Hilfspersonen das Zeugnis verweigern dürfen.

27 Bei **Presse- und Rundfunkmitarbeitern** genügt der Gewahrsam der Redaktion des Presseorgans (§ 97 Abs. 5 Satz 1), jedoch muss der Beweisgegenstand auf Veranlassung des zur Zeugnisverweigerung berechtigten Mitarbeiters dorthin gelangt sein. Dann ist die Beschlagnahme nicht mehr möglich. Auch das Einverständnis des Beschuldigten führt nicht zur Aufhebung des Beschlagnahmeverbots, weil ihm nicht die alleinige Dispositionsmacht zusteht.

28 Bei **Abgeordneten** (§ 97 Abs. 4) setzt die Beschlagnahmefreiheit nicht notwendigerweise deren Gewahrsam an dem sächlichen Beweismittel voraus. Vielmehr besteht ein Beschlagnahmeverbot für sämtliche Gegenstände, die in den Schutzbereich des Zeugnisverweigerungsrechts fallen, welches die Funktionstüchtigkeit der Institution des Parlaments schützt und damit über den Rechtskreis des Abgeordneten hinausreicht. Deshalb genügt es zur Begründung des Beschlagnahmeverbots, wenn der Abgeordnete in seiner Eigenschaft als Parlamentarier den Gegenstand einem Dritten anvertraut hat. Auf einen bloßen Verdacht der Tatbeteiligung des Abgeordneten im weiteren Sinne kommt es hier auch nicht an. Erst mit Einleitung eines Ermittlungsverfahrens gegen den Abgeordneten nach Aufhebung seiner Immunität (vgl. BVerfGE 104, 310 [326 ff.]) beendet den Beschlagnahmeschutz.

29 **C. Betroffene Beschlagnahmegegenstände.** Das Beschlagnahmeverbot bezieht sich nur auf Beweisgegenstände, nicht auf Einziehungsgegenstände. Diese können aber auch beschlagnahmt werden, wenn ihnen zugleich Beweisbedeutung zukommt.

30 **Schriftliche Mitteilungen** (Abs. 1 Nr. 1) sind alle **Gedankenäußerungen**, die auf Schriftstücken, Bild-, Tonträgern oder sonstigen Datenträgern (§ 11 Abs. 3 StGB), fixiert sind und einem Adressaten zur Kenntnisnahme übermittelt werden sollen (*Beulke/Ruhmannseder* StV 2011, 180 [182]; *Görtz-Leible* Die Beschlagnahmeverbote des § 97 Abs. 1 StPO im Lichte der Zeugnisverweigerungsrechte, 2000, S. 227; LR/*Menges* § 97 Rn. 66). »**Aufzeichnungen**« (Abs. 1 Nr. 2) sind schriftlich fixierte Angaben der zur Zeugnisverweigerung berechtigten Person über eigene Wahrnehmungen, die nicht notwendigerweise unmittelbar zur Kenntnisnahme durch Dritte bestimmt sind. Dies betrifft auch Karteien, Krankenblätter (BGHSt 43, 300 [304]), Fachkorrespondenz, Handakten und anderes mehr. »**Andere Gegenstände**« (Abs. 1 Nr. 3) sind als Auffangbegriff gegenüber den schriftlichen Mitteilungen oder Aufzeichnungen alle sonstigen Gegenstände mit einem Informationsgehalt, die **in einem Zusammenhang mit dem Vertrauensverhältnis zwischen dem Beschuldigten und dem Zeugnisverweigerungsberechtigten** stehen (BVerfG StV 2018, 547 ff. m.Anm. *Kempf/Corsten* StV 2019, 59 ff.; *Knauer* NStZ 2019, 164 ff.; *Momsen* NJW 2018, 2362 ff.; *Winkler* StraFo 2018, 464 ff.). Da die Beschlagnahme nicht auf »körperliche Gegenstände« beschränkt sein, sondern auch **Daten** erfassen soll (§ 94 Rn. 8 ff.), beziehen sich die Beschlagnahmeverbote ebenfalls auf diese »Gegenstände«. **Originäre Beweismittel**, wie Geschäftsunterlagen als Beweisurkunden, dürfen dem staatlichen Zugriff nicht gezielt dadurch entzogen werden, dass ihnen der Berufsgeheimnisträger »Asyl gewährt« (BGHSt 63, 174 [179 f.] m.Anm. *Beulke* StV 2019, 205 ff.; *Bockemühl* NStZ 2019, 102 f.; *Jäger* JA 2019, 154 ff.; *Mitsch* NJW 2018, 3263 f.).

31 **D. Betroffene Zeugnisverweigerungsberechtigte. I. Angehörige.** Bei Angehörigen (§ 97 Abs. 1 Nr. 1 i.V.m. § 52 Abs. 1) sind nur **schriftliche Mitteilungen** einem Beschlagnahmeverbot unterworfen, diese aber ausnahmslos, einschließlich elektronischer Informationen. Auch die Beschlagnahme von Vergleichsmaterial für ein Schriftgutachten ist bei diesen Personen unzulässig. Wenn durch die Beendigung des Angehörigenverhältnisses das Zeugnisverweigerungsrecht entfällt, endet das Beschlagnahmeverbot. Sonstige Aufzeichnungen, die keine Mitteilungen i.S.v. Abs. 1 Nr. 1 enthalten, können auch bei den nach § 52 Abs. 1 zur Zeugnisverweigerung Berechtigten beschlagnahmt werden. Der Beschlagnahmeschutz erfordert den Gewahrsam des Zeugen; Mitgewahrsam des Beschuldigten hebt ihn auf.

32 **II. Berufsgeheimnisträger.** Aus § 94 und dem Schutz bestimmter Berufsgeheimnisträger i.S.v. § 53 durch § 97 Abs. 1 folgt kein Zusammenhang der grundsätzlichen Ermächtigung der Ermittlungsorgane zur Beschlagnahme mit berufsregelnder Tendenz. Daher liegt bei der Beschlagnahme von Gegenständen aus dem Gewahrsam der Berufsgeheimnisträger für sich genommen kein Eingriff in die Berufsausübungsfreiheit gem. Art. 12 Abs. 1 GG (BVerfGE 113, 29 [48]), sondern nur in die Rechtsposition aus Art. 2 Abs. 1 GG. Jedoch ist der Bedeutungsgehalt der Berufsausübungsfreiheit der vom Beschlagnahmezugriff betroffenen Berufsgeheimnisträger im Rahmen der Verhältnismäßigkeitsprüfung zu berücksichtigen (BVerfGE 113, 29 [48 ff.]). Der Beschlagnahmeschutz nach § 97 geht darüber hinaus.

1. Geistliche. Zu dem geschützten Personenkreis zählen zunächst **Geistliche** (§ 53 Rdn. 12), bei denen schriftliche Mitteilungen und Aufzeichnungen sowie andere Gegenstände beschlagnahmefrei sind, wenn sie ihnen in ihrer Eigenschaft als Seelsorger anvertraut wurden. 33

2. Strafverteidiger. Geschützt werden Strafverteidiger, nicht um ihrer selbst willen, sondern wegen der besonderen Bedeutung des Verteidigermandats für die Ausübung des zum **Kernbereich der Persönlichkeitsentfaltung** gehörenden Rechts jedes Beschuldigten darauf, dass er sich selbst oder durch einen Strafverteidiger gegen einen strafrechtlichen Vorwurf effektiv, insb. ungestört, verteidigen darf (*Doll* Strafprozessuale Konturierung des Kernbereichs privater Lebensgestaltung, 2021, S. 127). Dazu ist ein **Vertrauensverhältnis zwischen Verteidiger und Mandant** erforderlich, das prinzipiell nur dann ungestört ist, wenn die originär mandatsbezogenen Informationen und Unterlagen geheim bleiben und nicht den staatlichen Strafverfolgungsorganen bekannt werden. Eine Verteidigungsstrategie kann nur effektiv umgesetzt werden, wenn sie den Strafverfolgern nicht bekannt ist. Über eine mögliche Offenlegung im Rahmen eines kooperativen Vorgehens müssen der Mandant und der Verteidiger frei entscheiden. In anderen Konstellationen ist eine wirkungsvolle Verteidigung nach **Beschlagnahme spezifischer Verteidigungsunterlagen**, sobald diese in nennenswertem Umfang angefallen sind, kaum noch durchführbar. 34

Der Beschlagnahmeschutz nach § 97 Abs. 1 besteht für **Verteidigungsunterlagen aller Art** und reicht von der **Anbahnung des Mandatsverhältnisses** (LG München NStZ 2019, 172 [174] m.Anm. *Dominiok*; *Beulke/Ruhmannseder* StV 2011, 180 [182]; *Schmidt* Die Ausnahme vom Beschlagnahmeverbot gem. § 97 Abs. 2 Satz 2 Hs. 1 StPO, 1989, S. 131 ff.) bis über dessen Beendigung hinaus. Dies gilt ohne Rücksicht darauf, ob die Verteidigungsunterlagen sich im **Gewahrsam des Beschuldigten oder des Verteidigers** oder – auch nach dem Rechtsgedanken des § 148 – **auf dem Postweg** zwischen beiden befinden (*Beulke/Ruhmannseder* StV 2011, 180 [183]). Verteidigung kann schon beginnen, bevor ein Ermittlungsverfahren förmlich eingeleitet ist (LG München I NStZ 2019, 172 ff. m.Anm. *Dominik*; LG Mannheim NZWiSt 2021, 161 [163] m.Anm. *Oesterle/Tute*). 35

Der Beschlagnahmeschutz von Verteidigungsunterlagen entfällt nicht dadurch, dass der Verteidiger ungewollt den Gewahrsam verliert (LG Frankfurt Beschl. v. 09.11.2017 – 5/12 KLs 14/17). I.Ü. wird **der Beschuldigte**, der **sich selbst verteidigen** kann und darf, auch hinsichtlich seiner eigenen Verteidigungsunterlagen oder der Verteidigungsunterlagen in seinem Besitz geschützt (LG Hamburg StraFo 2016, 463 ff.; LR/*Menges* § 97 Rn. 85, 105). Beschlagnahmefreie Verteidigungsunterlagen kann auch der Beschuldigte **schon vor Beginn des Ermittlungsverfahrens** zusammentragen und beschlagnahmefrei besitzen (LG Braunschweig StV 2016, 352 f. m.Anm. *Ballo* wistra 2016, 42 ff.; *Diederichsen* ZWH 2016, 104 ff.; *Jahn/Kirsch* NZWiSt 2016, 39 f.; *Klengel/Buchert* NStZ 2016, 383 ff.; *Lis* StV 2016, 353 ff.; *Schneider* NStZ 2016, 309 ff.; s.a. *Kempf/Corsten* StV 2019, 59 [62 f.]). Zum Beispiel können Verteidigungsunterlagen auch schon im Zusammenhang mit einem vorgreiflich zum gleichen Sachverhalt geführten **Zivilprozess** entstehen (LG Mannheim NZWiSt 2021, 161 [163]). **Nach rechtskräftiger Erledigung des Strafverfahrens** ist mit Blick auf ein mögliches Wiederaufnahmeverfahren weiter vom Beschlagnahmeschutz der Verteidigungsunterlagen auszugehen. 36

Im Verteidigermandat sind **Aufzeichnungen** über Mitteilungen des Beschuldigten an den Verteidiger (LG Würzburg Beschl. v. 19.01.2018 – 5 Qs 9/18) und **andere Gegenstände**, die der Beschuldigte oder ein Dritter (OLG Frankfurt StV 1982, 64 [65]; OLG Koblenz StV 1995, 570) dem Verteidiger oder dem Mandanten zu Verteidigungszwecken übergeben hat, beschlagnahmefrei (LR/*Menges* § 97 Rn. 91). Ein das Beschlagnahmeverbot ergänzendes Verwertungsverbot gilt im Verfahren gegen Dritte, soweit eine »prozessuale Gemeinsamkeit« festzustellen ist (OLG München StV 2005, 118 [120]). 37

Ausgenommen vom Beschlagnahme- und Verwertungsverbot sind nach Ansicht der Rspr. und eines Teils der Literatur Beweisgegenstände, die als »**Überführungsstücke**« unabhängig vom Mandat entstanden sind (BGHSt 63, 174 [179]; LG Mainz NStZ 1986, 473 [474]; a.A. LG Fulda StV 2000, 549 [550]). Das gilt namentlich für Tatmittel (LG Frankfurt NJW 1959, 543), Beutestücke (§ 97 Abs. 2 Satz 3 Hs. 2) oder Geschäftsunterlagen mit Beweisbedeutung für ein Vermögens- oder Steuerdelikt. Das Verteidigermandat kann nicht dazu dienen, solchen Beweisstücken »Asyl« zu gewähren (BGHSt 63, 174 [180]; LR/*Menges* § 97 Rn. 93). Der Verteidiger hat solche Beweisgegenstände auf Verlangen herauszugeben (§ 95). Unaufgefordert muss er das andererseits nicht tun. Er darf aber die Beweisgegenstände nicht aktiv dem staatlichen Zugriff entziehen (BGHSt 63, 174 [180] m Anm. *Beulke* StV 2019, 205 ff.; *Mitsch* NJW 2018, 3263 f.). Auch eine Trübung der Beweisquelle durch Veränderung eines Beweisgegenstands ist ihm nicht erlaubt. 38

3. Rechtsanwälte außerhalb eines aktuellen Verteidigermandats. Schriftliche Mitteilungen, Aufzeichnungen und sonstige Gegenstände, die im Mandat vom Beschuldigten an seinen Rechtsanwalt übermittelt oder von diesem angefertigt wurden, unterliegen einem Beschlagnahmeverbot. Rechtsanwälte sind als Organe der Rechtspflege unabhängige Berater und Beistand des Mandanten in Rechtsangelegenheiten. Es gilt eine freie 39

Advokatur, für deren wirksame Tätigkeit ein ungestörtes Vertrauensverhältnis erforderlich ist (BVerfGE 113, 29 [49]). Es kann nur bestehen, wenn prinzipiell alle Informationen, die im Mandat ausgetauscht werden, geheim bleiben. Daher muss ein Beschlagnahmeschutz für mandatsbezogene Unterlagen gelten. Werden Mandatsunterlagen den staatlichen Stellen bekannt, droht die Gefahr der Zerstörung des Vertrauensverhältnisses und der Mandatskündigung. Dies ist beim Beschlagnahmezugriff insb. auch dann zu berücksichtigen, wenn in **Mandatsunterlagen unbeteiligter Personen** Einblick genommen wird, wenn es etwa zur flächendeckenden Beschlagnahme von Computerdateien in einer Sozietät kommt, weil nicht schon anhand der Datenstruktur (BVerfGE 113, 29 [55]), ähnlich wie an einer **Beschriftung von Akten** in Papierform, eine Abgrenzung der allein den Beschuldigten betreffenden Daten zuverlässig möglich ist.

40 Der Beschlagnahmeschutz nach § 97 Abs. 1 betrifft zunächst alle Unterlagen, auch die in elektronischer Form gespeicherten Mandantenakten, vor allem diejenigen Unbeteiligter. Wenn ausnahmsweise unter den Voraussetzungen des § 97 Abs. 2 Satz 3 eine Beschlagnahme erfolgt, so muss diese grundsätzlich auf diejenigen Unterlagen beschränkt bleiben, die das Mandat des Beschuldigten zum Rechtsanwalt betreffen. Davon wiederum kann eine Ausnahme nur insoweit gemacht werden, als es zunächst im Einzelfall nicht möglich ist, solche Informationen von den mandatsbezogenen Unterlagen anderer Personen zu unterscheiden. Insoweit ist eine **vorläufige Sicherstellung** zur **Sichtung nach § 110** als Vorstufe zu einer Beschlagnahme verfahrensrelevanten oder zur Rückgabe des überschießenden Materials möglich (BVerfGE 113, 29 [57 f.]), aber keine Beschlagnahme nach § 94, soweit das Beschlagnahmeverbot gem. § 97 Abs. 1 reicht.

41 Umstritten ist die Anwendbarkeit des § 97 auf **unternehmensinterne Ermittlungen** mitsamt den zugrunde gelegten »Interviews« von Mitarbeitern nach Vertraulichkeitszusage an diese. Die Rspr. geht davon aus, dass mangels eines vergleichbaren Vertrauensverhältnisses zwischen Auftraggeber und Syndikus das Beschlagnahmeverbot des § 97 Abs. 1 Nr. 3 nicht gelte. Es schützt danach auch **Compliance-Ombudsleute** nicht mit ihren Informationen anonymer Hinweisgeber, da zwischen ihnen kein schutzwürdiges mandatsähnliches Vertrauensverhältnis bestehe (LG Bochum StV 2017, 171 ff.; zust. *Queling/Bayer* NZWiSt 2016, 417 ff.; abl. *Buchert/Buchert* StV 2017, 204 ff.; *Frank/Vogel* NStZ 2017, 313 ff.; *Schmid/Wengenroth* NZWiSt 2016, 404 ff.; *Szeny* CCZ 2017, 25 ff.). Nur soweit diese Personen selbst Beschuldigte sind, muss ihnen der Schutz zukommen, was zu einem weiteren Spannungsverhältnis in Unternehmen führt (SK-StPO/*Wohlers/Greco* § 97 Rn. 84a). Für **Syndikusanwälte** hat das seit dem 01.01.2016 geltende Gesetz zur Neuordnung des Rechts der Syndikusanwälte eine Einschränkung des Zeugnisverweigerungsrechts in § 53 Abs. 1 Nr. 3 (krit. *Siegmund* MDR 2016, 374 ff.) und damit eine Beschränkung der Beschlagnahmung Freiheit von Unterlagen erbracht.

42 Das BVerfG hat die bisherige Auslegung der Rspr. in einer atypischen Fallkonstellation verfassungsrechtlich nicht beanstandet (BVerfG StV 2018, 547 [549 ff.], Jonas Day I). § 160a sei nicht anwendbar und § 97 Abs. 1 Nr. 3 betreffe nach einer willkürfreien Auslegung durch die Fachgerichte nur das Verhältnis zwischen Beschuldigten und Rechtsanwälten. Das kann weder verfassungs- noch einfachrechtlich überzeugen. Jedoch ist mit dieser bloßen Nichtannahme von Verfassungsbeschwerden zur Entscheidung wegen deren Unzulässigkeit keine endgültige Aussage verbunden (*Gercke* GA 2019, 122 [136]; *Kempf/Corsten* StV 2019, 59 ff.; *Wimmer* StV 2019, 704). Da der Schutz des § 97 Abs. 1 Nr. 3 schon vor der unabsehbaren Einleitung eines förmlichen Ermittlungsverfahrens eingreifen kann und das bereits vorher begründbare Vertrauensverhältnis zwischen Auftraggeber und Rechtsanwalt kein Nullum ist, wie es § 160a belegt (*Kempf/Corsten* StV 2019, 59 [61]; *Wimmer* StV 2019, 704 [705]), da ferner § 97 Abs. 1 Nr. 3, anders als Abs. 1 Nr. 1 und 2, den »Beschuldigten« nicht erwähnt und die einschränkende Auslegung des § 97 Abs. 1 Nr. 3 zu einem Zurückbleiben hinter dem Zeugnisverweigerungsrecht gem. § 53 führt, liegt die Anwendung des das Zeugnisverweigerungsrecht flankierenden Beschlagnahmeverbots auf das Beratungsverhältnis zwischen einem als Nebenbeteiligtem am Strafverfahren oder von einer Verbandsgeldbuße bedrohtem Unternehmen und seinem Rechtsanwalt nahe (*Gercke* GA 2019, 122 [137 f.]; *Kempf/Corsten* StV 2019, 59 [62 f.]). Interne Ermittlungen in Unternehmen müssten andernfalls immer entweder unterlassen oder mit der Erwartung geführt werden, dass die Ermittlungsbehörden deren Ergebnisse aufgrund ihrer Aufklärungspflicht (§ 160 Abs. 1 und 2) herausverlangen (§ 95) und beschlagnahmen (§ 94), sobald ein Ermittlungsverfahren in Gang kommt. Das ist kaum zumutbar und dem steht die Effektivität der Strafrechtspflege nicht durchgreifend entgegen, da bestimmte Ermittlungsmaßnahmen nicht um jeden Preis zu ermöglichen sind.

43 **4. Notare, Steuerberater und Wirtschaftsprüfer.** Für **Notare** (LG Gera NotBZ 2003, 433; LG Köln NJW 1981, 1746 [1747]; *Reiß* MittBayNot 1994, 518 ff.), **Steuerberater** (LG Koblenz StV 1985, 8 [9]) und **Wirtschaftsprüfer** (*Kämpfer/Schwertfeger* WPg 2019, 236 ff.) gelten die Überlegungen zur Beschlagnahme beim Rechtsanwalt in ähnlicher Weise. Insb. gehören zu den Mitteilungen, Aufzeichnungen und anderen Gegenständen bei Steuerberatern und Wirtschaftsprüfern neben dem Schriftverkehr mit dem Mandanten (LG Bonn StV 2002, 68 f. m.Anm. *Wehnert*) die **Geschäftsunterlagen und Buchungsbelege**, die ihnen zur

Erstellung des Jahresabschlusses und der Vorbereitung der Steuererklärungen aufgrund des besonderen Vertrauensverhältnisses übergeben wurden, nicht unbedingt aber Unterlagen und Belege, die sie zur Erledigung nur der **Buchhaltung** bekommen haben, weil diese nicht zum Berufsbild von Steuerberatern und Wirtschaftsprüfern gehört. **Buchhaltungsunterlagen nur zur Erstellung einer Steuererklärung** sind beim Steuerberater nach einer nur z.T. vertretenen Auffassung nicht zu beschlagnahmen (LG Koblenz StV 1985, 8 [9]; LG München NJW 1984, 1191 [1192]), nach der Mehrheitsmeinung aber beschlagnahmefähig (LG Aachen NJW 1985, 338; LG Darmstadt NStZ 1988, 286 f.; LG Essen NStZ-RR 2010, 150 [151]; LG Frankfurt DStRE 2003, 1191 m.Anm. *Späth* DStR 2004, 2980 ff.; LG Halle DStR 2018, 215 m.Anm. *Gerhold* = ZInsO 2017, 2178 ff. m. Aufs. *Weyand* ZInsO 2018, 681 ff.; LG München I NJW 1989, 536 [537]; LG Stade NStZ 1987, 38 [39 f.] m.Anm. *Birmanns*; LR/*Menges* § 97 Rn. 116; SK-StPO/*Wohlers/Greco* § 97 Rn. 82; näher *Görtz-Leible* Die Beschlagnahmeverbote des § 97 Abs. 1 StPO im Lichte der Zeugnisverweigerungsrechte, 2000, S. 270 ff.). Nach wiederum verbreiteter Ansicht genügt es, wenn dem Steuerberater eine Kopie belassen bleibt, während die Ermittlungsbehörden das Original beschlagnahmen können oder – je nach Beweisbedeutung der Originalurkunde – umgekehrt. Beschlagnahmefrei ist der **Prüfbericht eines Wirtschaftsprüfers** (OLG Nürnberg StV 2011, 142 [143]) nebst der von ihm erstellten **Bilanz**, und zwar auch dann, wenn der Wirtschaftsprüfer den Bericht nebst Bilanz im Auftrag einer juristischen Person erstellt hat (OLG Köln StV 1991, 507 f.). Ausgenommen sind nur Prüfberichte, die der Mandant seinerseits an anderer Stelle vorzulegen hat. Auch die Bewertung von Immobilienvermögen durch den Wirtschaftsprüfer unterliegt unabhängig von der Einordnung als Tätigkeit nach § 2 Abs. 1 oder § 2 Abs. 2 und 3 WPO dem Beschlagnahmeschutz (LG Bonn StV 2002, 68 f. m.Anm. *Wehnert*). Der Beschlagnahmeschutz entfällt, sobald der Berufsgeheimnisträger nicht mehr den Gewahrsam der Unterlagen hat.

5. Ärzte und anderes Personal der Heilberatungsberufe. Geschützt werden **Angehörige der Heilberufe** – 44
Ärzte, Zahnärzte, Psychotherapeuten, Kinder- und Jugendlichenpsychotherapeuten, Apotheker und Hebammen (§ 53 Abs. 1 Satz 1 Nr. 3), vor allem aber Ärzte aller Fachrichtungen – dadurch, dass **schriftliche oder elektronisch gespeicherte Mitteilungen, Aufzeichnungen**, namentlich in einer Krankenakte (BVerfGE 32, 373, 380]; BGHSt 43, 300 [304 f.]), und **andere Gegenstände**, wie Untersuchungsbefunde oder aus dem Körper entfernte Fremdkörper, soweit es nicht Tatmittel (z.B. Geschosse) sind, aus ihrem Gewahrsam oder demjenigen einer Krankenanstalt oder eines für den Arzt oder die Krankenanstalt tätigen Dienstleisters nicht beschlagnahmt werden dürfen, wenn der Beschuldigte sich bei diesem Arzt in ärztlicher Behandlung befunden hat und die Mitteilungen, Aufzeichnungen oder Gegenstände aus diesem Arzt-Patienten-Verhältnis herrühren. Begibt sich der Patient in ärztliche Behandlung, muss er darauf vertrauen können, dass alles, was der Arzt im Rahmen seiner Berufsausübung über seine gesundheitliche Verfassung und die Gründe dafür im Rahmen der Anamnese erfährt, geheim bleibt (zum Patientengeheimnis *Brockhaus* medstras 2019, 80 ff.). Andernfalls kann kein Vertrauensverhältnis entstehen, das zu den Grundvoraussetzungen des ärztlichen Handelns erforderlich ist. Aufs Ganze gesehen liegt die Geheimhaltung hier im Interesse an der Aufrechterhaltung einer leistungsfähigen Gesundheitsfürsorge (BVerfGE 32, 373, 380]). Sie erstreckt sich im Fall der Praxisnachfolge auch auf den Arzt, der die **Krankenakte** übernimmt (BVerfGE 32, 373, 381]). Der Beschlagnahmeschutz entfällt nicht dadurch, dass der behandelnde Arzt einen anderen Arzt hinzuzieht oder Patientenunterlagen zeitweise einem Fachmann überlässt, so etwa einem Labor oder einer Abrechnungsstelle. **Krankenunterlagen eines Nichtbeschuldigten**, etwa eines Tatopfers, werden zwar nicht von § 97 erfasst (OLG Celle NJW 1965, 362 [363]; LG Bielefeld StV 2000, 12 f.; LG Hildesheim NStZ 1982, 394 [395]; LR/*Menges* § 97 Rn. 22); sie sind aber durch ein nach den Maßstäben der Abwägungslehre (BGHSt 38, 144 [148]) von Fall zu Fall zu prüfendes Beschlagnahmeverbot von Verfassungs wegen geschützt (OLG Celle NJW 1963, 406 [407 f.]; LG Hamburg StV 1989, 243 f.; SK-StPO/*Wohlers/Greco* § 97 Rn. 59). Im Strafverfahren wegen Abrechnungsbetrugs (einschränkend *Wasmuth* NJW 1989, 2297 ff.) oder Steuerhinterziehung sind Patientenkarteien im Allgemeinen beschlagnahmefähig (LG Koblenz NJW 1983, 2100); Ausnahmen sind nach den Maßstäben der Abwägungslehre aufgrund von Verfassungsrecht möglich.

Die nach § 53 Abs. 1 Nr. 3a zur Aussageverweigerung berechtigten **Berater in anerkannten Schwangerschaftsberatungsstellen** genießen denselben Schutz wie Ärzte. Das Beschlagnahmeverbot greift auch dann ein, wenn sich der gesuchte Gegenstand im Gewahrsam der Schwangerschaftsberatungsstelle befindet. 45

6. Drogenberater. Die Vertrauensbeziehung zwischen einem Beschuldigten, der drogenabhängig oder zumindest Drogenkonsument ist, und dem **Berater einer anerkannten Drogenberatungsstelle** wird durch das Beschlagnahmeverbot geschützt. Schriftliche Mitteilungen, Aufzeichnungen und andere Gegenstände in dessen Gewahrsam sind beschlagnahmefrei, wenn sie vom Beschuldigten im Rahmen der Beratung übermittelt oder übergeben wurden. 46

47 7. **Abgeordnete.** Deutsche **Mitglieder des Bundestages, der Bundesversammlung, eines Landtags oder des Europaparlaments** haben ein Zeugnisverweigerungsrecht, soweit es um Informationen geht, die ihnen in dieser Eigenschaft anvertraut wurden. Soweit ihnen Gegenstände anvertraut wurden, besteht grundsätzlich ein Beschlagnahmeverbot nach § 97 Abs. 4. Das Beschlagnahmeverbot erstreckt sich auch auf ihre Hilfspersonen (§ 53a Rdn. 10). Auf den Gewahrsam im engeren Sinne des § 97 Abs. 2 Satz 1 kommt es nicht an (LR/*Menges* § 97 Rn. 127). Es genügt, dass sich der Gegenstand im funktionellen Herrschaftsbereich des Abgeordneten oder einer Hilfsperson befindet oder auf dem Postweg dorthin. Ein Tatbeteiligungsverdacht i.S.d. § 97 Abs. 2 Satz 3 hebt das Beschlagnahmeverbot für sich genommen nicht auf; erforderlich ist dafür die Einleitung eines Ermittlungsverfahrens nach **Aufhebung der Immunität**.

48 8. **Medien- und Pressemitarbeiter.** Schriftstücke, Ton-, Bild- und Datenträger, Abbildungen und andere Darstellungen, die vom Beschuldigten einem **Pressemitarbeiter** überlassen wurden, sind im Interesse des Schutzes der **Pressefreiheit** beschlagnahmefrei, soweit sie Aufschluss über Verfasser, Absender oder sonstige Informanten, mitgeteilte Informationen geben oder selbst recherchiertes Material darstellen. Es genügt, wenn sich der Beweisgegenstand entweder im **Gewahrsam eines Pressemitarbeiters oder der Redaktion** (BVerfG NJW 2011, 1863 [1864]), des Verlags, der Druckerei oder Rundfunkanstalt befindet. Das Beschlagnahmeverbot entfällt bei freiwilliger Herausgabe oder Gewahrsamsverlust durch das Presseorgan (LR/*Menges* § 97 Rn. 136). Problematisch ist der Umgang mit anonymen **Bekennerschreiben** (BVerfG NJW 2001, 507 f.), die tunlichst den Strafverfolgungsorganen im Original zur Verfügung zu stellen sind, damit gefährliche Taten aufgeklärt oder ihre weitere Begehung verhindert werden kann. Insoweit wird das Beschlagnahmeverbot restriktiv gehandhabt, was rechtlich im Ansatz dadurch möglich wird, dass ein bestimmter Beschuldigter noch nicht identifiziert ist und das Schreiben im Einzelfall, bei Geiselnahme mit Erpressungszielen, auch als Tatmittel eingestuft werden kann. Auch ein dringender Teilnahmeverdacht gegen den Pressemitarbeiter, der den Beweisgegenstand zuerst erlangt hat, hebt das Beschlagnahmeverbot auf (LR/*Menges* § 97 Rn. 137).

49 **III. Hilfspersonen der Berufsgeheimnisträger.** Beschlagnahmefrei sind Gegenstände im Gewahrsam der Hilfsperson eines Berufsgeheimnisträgers i.S.v. 53a. Eine Entbindung des Berufsgeheimnisträgers von der Schweigepflicht führt auch zur Zulässigkeit der Beschlagnahme bei der Hilfsperson. Ist diese Hilfsperson selbst Beschuldigter, entfällt das Beschlagnahmeverbot mit der Folge der Verwertbarkeit nur in jenem Verfahren.

50 **E. Ausschluss oder Beendigung der Beschlagnahmefreiheit.** Die Beschränkungen der Beschlagnahme durch Beschlagnahmeverbote gelten nach § 97 Abs. 1 Satz 3 nicht, wenn bestimmte Tatsachen den Verdacht begründen, dass die zur Zeugnisverweigerung berechtigte Person an der Tat oder an einer Begünstigung, Strafvereitelung oder Hehlerei beteiligt ist, oder dann, wenn es sich um Gegenstände handelt, die durch eine Straftat hervorgebracht oder zur Begehung einer Straftat gebraucht oder bestimmt sind oder die aus einer Straftat herrühren. Diese Gegenausnahme vom Beschlagnahmeverbot bezieht sich aber nur auf das Verfahren, in dem der Beteiligungsverdacht eine Rolle spielt; in einem Verfahren wegen anderer Taten des Beschuldigten, bezüglich derer der Zeugnisverweigerungsberechtigte nicht einer Beteiligung verdächtig ist, bewirkt das Beschlagnahmeverbot ein Verwertungsverbot (BGHSt 18, 227 [228 f.]).

51 **I. Verdacht der Tatbeteiligung oder Begehung einer Nachtat gegen den Zeugnisverweigerungsberechtigten.** Der Tatverdacht gegen eine zeugnisverweigerungsberechtigte Person wegen einer Beteiligung oder einer Begünstigung, Strafvereitelung oder Hehlerei hebt grundsätzlich das Beschlagnahmeverbot auf. Dieser Verdacht braucht weder dringend noch hinreichend i.S.v. § 203 zu sein (*Schmidt* Die Ausnahme vom Beschlagnahmeverbot gem. § 97 Abs. 2 Satz 2 Hs. 1 StPO, 1989, S. 54). Es müssen aber **bestimmte Tatsachen** für die Verdachtsannahme sprechen; bloße Vermutungen genügen nicht (*Görtz-Leible* Die Beschlagnahmeverbote des § 97 Abs. 1 StPO im Lichte der Zeugnisverweigerungsrechte, 2000, S. 283; SK-StPO/*Wohlers/Greco* § 97 Rn. 37). Entfällt der Tatverdacht nachträglich, weil sich Gegenindizien ergeben, dann lebt das Beschlagnahmeverbot wieder auf; bisherige Erkenntnisse bleiben danach aber verwertbar (BGH NStZ 1983, 85; *Schmidt* a.a.O., S. 64 ff.). Ist nur eine Hilfsperson (§ 97 Abs. 3 i.V.m. § 53a) verdächtig, so ist der Beschlagnahmezugriff möglich, soweit die Hilfsperson den Gewahrsam an dem Beweisgegenstand hat. Ist der Berufsgeheimnisträger selbst verdächtig, kann der Gegenstand sowohl bei diesem als auch bei einer Hilfsperson beschlagnahmt werden. Für **Medienmitarbeiter** wurde durch das PrStG (*Schork* NJW 2012, 2694 ff.) zusätzlich in § 97 Abs. 5 Satz 2 das Erfordernis eines **dringenden Tatverdachts** eingeführt. Sonst genügt das Vorliegen eines Anfangsverdachts.

52 Insb. bei **Strafverteidigern** ist genau zwischen noch zulässigem Verteidigungsverhalten und strafbarer Begünstigung oder (versuchter) Strafvereitelung zu unterscheiden (BGHSt 63, 174 [179 ff.] m Anm. *Bockemühl* NStZ 2019, 102 f.; *Mitsch* NJW 2018, 3263 f.). Hier müssen »gewichtige Anhaltspunkte« für eine

Tatbeteiligung oder die Begehung einer Nachtat vorliegen (BGH NJW 1973, 2035 [2036]); insoweit muss ein **qualifizierter Verdacht** vorhanden sein (BGH StV 2001, 604 [605]).

Nach h.M. ist es nicht notwendig, dass der Verteidiger nach §§ 138a ff. ausgeschlossen worden ist oder seine 53
Befugnisse nach § 138c Abs. 3 ruhen (*Beulke/Ruhmannseder* StV 2011, 180 [183]; a.A. LR/*Menges* § 97 Rn. 96). Gewichtige Anhaltspunkte für eine Tatbeteiligung des Verteidigers können danach eine Ausnahme vom Beschlagnahmeverbot rechtfertigen (SK-StPO/*Wohlers/Greco* § 97 Rn. 94). Der Inhalt beschlagnahmter Verteidigungsunterlagen kann auch dann aber nur gegen den Verteidiger, nicht gegen den Mandanten verwendet werden.

Für die Beteiligung an der Tat des Beschuldigten durch den Berufsgeheimnisträger oder die Nachtat zur Tat 54
des Beschuldigten ist der Tatbegriff des § 264 maßgeblich. Es ist nur eine rechtswidrige Tat erforderlich, diese muss nicht notwendigerweise schuldhaft begangen sein (BGHSt 26, 168 [169]; krit. *Görtz-Leible* Die Beschlagnahmeverbote des § 97 Abs. 1 StPO im Lichte der Zeugnisverweigerungsrechte, 2000, S. 284 f.). Allerdings muss der Tatverdacht zumindest auch die Erfüllung des subjektiven Tatbestands einschließen (*Schmidt* Die Ausnahme vom Beschlagnahmeverbot gem. § 97 Abs. 2 Satz 2 Hs. 1 StPO, 1989, S. 58 f.). Persönliche Strafaufhebungsgründe sind hier auch unerheblich. Nebentäterschaft anstelle einer Beteiligung an der Tat des beschuldigten Mandanten reicht nicht aus, um das Beschlagnahmeverbot zugunsten des Mandanten aufzuheben; für den Verteidiger entfällt es in Bezug auf Tatmittel ohnehin (Rn. 49).

Befindet sich der Beweisgegenstand im Gewahrsam von **Presseorganen**, dann bleibt er trotz bestehenden Tat- 55
verdachts vom Beschlagnahmezugriff ausgeschlossen, wenn seine Beschlagnahme unter Berücksichtigung von Art. 5 Abs. 1 Satz 2 GG **außer Verhältnis** zur Bedeutung der Sache stünde oder die Ermittlung des Sachverhalts oder Aufenthaltsorts des Täters **auch auf andere Weise ohne wesentliche Erschwernis** erfolgen könnte (§ 97 Abs. 5 Satz 2 Hs. 2). Das Gesetz hat den verfassungsrechtlich notwendigen Quellenschutz (BVerfGE 77, 65 [73 ff.]; 117, 244 [265]) in der Neufassung des § 97 erweitert.

II. Beschlagnahmefähigkeit der instrumenta vel producta sceleris. Unmittelbar der Tatausführung dienende 56
Tatwerkzeuge (LG Stuttgart NJW 1976, 2020; *Görtz-Leible* Die Beschlagnahmeverbote des § 97 Abs. 1 StPO im Lichte der Zeugnisverweigerungsrechte, 2000, S. 291 f.; SK-StPO/*Wohlers/Greco* § 97 Rn. 41 f.) und **Gegenstände**, die durch die Tat **hervorgebracht**, zur Tat **gebraucht** oder **bestimmt** sind oder aus der Tat **herrühren**, unterliegen keinem Beschlagnahmeverbot (LR/*Menges* § 97 Rn. 42 ff.). Sie unterliegen zudem meist den Regeln über die Einziehung und können auch insoweit beschlagnahmt werden, ohne dass dem die Beschlagnahmeverbote für Beweisgegenstände entgegenstehen. Durch die Tat hervorgebracht sind Gegenstände, die durch die Tat erst entstanden sind oder aber dadurch verändert wurden. Zur Begehung der Tat gebraucht oder bestimmt sind alle bei der Tatausführung tatsächlich eingesetzten oder nach dem Tatplan zur Vorbereitung oder Durchführung der Tat vorgesehenen Waffen, Werkzeuge oder sonstigen Mittel. Zur Begehung der Tat gebraucht oder bestimmt sind auch Gegenstände, die lediglich der **Vorbereitung** der Tat dienen (Meyer-Goßner/Schmitt/*Köhler* § 97 Rn. 22). Dass Gegenstände durch die Tat hervorgebracht sind oder aus ihr herrühren, setzt nicht voraus, dass sie einen Vermögenswert haben. »Straftat« i.S.d. § 97 Abs. 2 Satz 3 ist nur die verfahrensgegenständliche Straftat, zu deren Aufklärung die Beschlagnahme erfolgen soll.

III. Aufhebung oder Beendigung des Beschlagnahmeverbots. Das Beschlagnahmeverbot endet, wenn 57
das Zeugnisverweigerungsrecht entfällt. Das Aussageverweigerungsrecht nach § 52 entfällt mit der Auflösung des Verhältnisses durch **Auflösung des Verlöbnisses** oder Nichtigkeitsfeststellung hinsichtlich einer Adoption, ferner mit dem **Tod des Angehörigen** des Beschuldigten oder dem Versterben des Beschuldigten selbst, wonach Mitbeschuldigte nicht mehr (mit-)geschützt werden. Damit wird ein Gegenstand, der sich im Gewahrsam dieses Angehörigen befunden hatte, beschlagnahmefähig. Der **Tod eines** zur Zeugnisverweigerung berechtigten und zur Verschwiegenheit verpflichteten **Berufsgeheimnisträgers** hat dagegen nicht zwingend dieselbe Folge. Vielmehr gehen meist das Zeugnisverweigerungsrecht und der Gewahrsam an dem Beweisgegenstand auf einen **Nachfolger** desselben Berufs über. Das Beschlagnahmeverbot, das vor dem Tod des Vorgängers bestand, bleibt danach erhalten.

Wird der nach § 53 zur Zeugnisverweigerung Berechtigte wirksam von der zugleich bestehenden Ver- 58
schwiegenheitspflicht **entbunden** wird, dann **entfällt** den Fällen der **§ 53 Abs. 1 Satz 1 Nr. 2 bis 3b, § 53a** auch das Zeugnisverweigerungsrecht und zugleich das flankierende **Beschlagnahmeverbot** (OLG Hamburg NJW 1962, 689 ff.; OLG Nürnberg NJW 1958, 272 [273 ff.]; SK-StPO/*Wohlers/Greco* § 97 Rn. 27) und zwar sowohl für den Berufsgeheimnisträger selbst als auch für eine eventuell eingeschaltete Hilfsperson i.S.d. § 53a. Die Frage der Zuständigkeit zur Abgabe der Erklärung bei juristischen Personen ist umstritten; infrage kommt insb. die Anknüpfung entweder an den Mandatsvertrag (*Tully/Kirch-Heim* NStZ 20912, 657 ff.) oder an das individuell-personenbezogene Vertrauensverhältnis (*Krause* NStZ 2012, 663 ff.). Die Entbindungserklärung kann **widerrufen** werden (*Görtz-Leible* Die Beschlagnahmeverbote des § 97 Abs. 1

StPO im Lichte der Zeugnisverweigerungsrechte, 2000, S. 297), wodurch das Beschlagnahmeverbot wieder auflebt (SK-StPO/*Wohlers/Greco* § 97 Rn. 32) und zur Rückgabe des Gegenstands zwingt, ohne allerdings rückwirkende Kraft hinsichtlich der Verwertbarkeit der Erkenntnisse aus ihr zu besitzen. Handelt es sich bei dem Mandanten oder Klienten um eine **juristische Person**, so entscheiden deren **Organe** über die Abgabe der Entpflichtungserklärung. Im Verfahren entscheidet der Insolvenzverwalter nicht allein (OLG Celle wistra 1986, 83 [84]; OLG Düsseldorf StV 1993, 346 m.Anm. *Münchhalffen*; a.A. OLG Nürnberg StV 2011, 142 [143] m.Anm. *Dierlamm*).

59 Das **Einverständnis des Beschuldigten** berührt in den Fällen von § 97 Abs. 4 und 5 die Beschlagnahmefreiheit nicht, da das Beschlagnahmeverbot dort nicht nur in seinem Interesse besteht, sondern auch einen Institutionenschutz bewirkt und daher nicht seiner alleinigen Disposition unterliegt.

60 **Das einseitige Einverständnis des zur Zeugnisverweigerung berechtigten Zeugen** mit der Sicherstellung des Beweisgegenstands macht den Beschlagnahmeschutz gegenstandslos (LR/*Menges* § 97 Rn. 55 ff.), wie auch das Zeugnisverweigerungsrecht wirkungslos bleibt, wenn der Zeuge **in Kenntnis seines Weigerungsrechts** doch aussagt. Der Verzicht ist widerruflich (LR/*Menges* § 97 Rn. 61). Umstritten ist vor allem die Frage, welche Folgen sich daraus ergeben, dass der aussageverweigerungsberechtigte Zeuge im Einzelfall seine Verschwiegenheitspflicht verletzt und sich nach § 203 StGB sogar strafbar macht. Hier wird zunächst nach dem Maßstab der Verfügbarkeit des Informationsinhalts zu differenzieren sein. Das Beichtgeheimnis und das Verteidigergespräch gehören zum absolut geschützten Kernbereich der Persönlichkeitsentfaltung, über die weder der Berufsgeheimnisträger noch der Staat zum Nachteil des Beschuldigten verfügen dürfen. Die **Offenlegung der Verteidigungsstrategie** durch den informell ohne Beratung und Zustimmung des Mandanten dealenden Verteidiger unter **Übergabe von Verteidigungsunterlagen** ist nicht nur rechtswidrig (BVerfG NJW 2013, 1058 [1064]) und pflichtwidrig, sie führt auch wegen der Disposition über **Unverfügbares** zu einem Beschlagnahme- und Beweisverwertungsverbot. Die staatlichen Strafverfolgungsorgane dürfen daran nicht mitwirken. Auch aus einer Verletzung strafbewehrter Pflichten dürfen sie nach zutreffender Ansicht **im Fall des § 203 StGB** keinen Beweisgewinn ziehen (*Eisenberg* Beweisrecht der StPO, Rn. 2348; SK-StPO/*Wohlers/Greco* § 97 Rn. 35).

61 **F. Sicherstellung bei freiwilliger Herausgabe des Beweisgegenstands.** Die **freiwillige** Herausgabe enthält zugleich einen **Verzicht** auf das Beschlagnahme- und Verwertungsverbot. Der Verzicht kann entsprechend § 52 Abs. 3 Satz 2 **widerrufen** werden (*Görtz-Leible* Die Beschlagnahmeverbote des § 97 Abs. 1 StPO im Lichte der Zeugnisverweigerungsrechte, 2000, S. 294 f.; Meyer-Goßner/Schmitt/*Köhler* § 97 Rn. 7). Die (bloße) Ausübung des Zeugnisverweigerungsrechts kann allerdings nicht als Widerruf des Verzichts auf das Beschlagnahme- und Verwertungsverbot ausgelegt werden. Der beschlagnahmte Gegenstand ist nach einem Widerruf des Verzichts zurückzugeben, jedoch sind die bis dahin erzielten Auswerteergebnisse verwertbar. Die Sicherstellung ist nicht **zulässig**, wenn der Gewahrsamsinhaber mit der Erklärung seiner Einwilligung **gegen § 203 StGB verstößt.**

62 Der Gewahrsamsinhaber ist darüber zu **belehren**, dass der Gegenstand nicht zwangsweise beschlagnahmt werden kann. Die Belehrung ist auch dann notwendig, wenn der Gewahrsamsinhaber den Gegenstand spontan freiwillig herausgibt. Der Gewahrsamsinhaber kann die Verwertbarkeit der Sache auf das Verfahren **beschränken**, in dem sie herausgegeben worden ist, weitere Beschränkungen sind nicht zulässig.

63 **G. Beweisverwertungsverbot.** Die Rechtsfolgen eines Verstoßes gegen ein Beschlagnahmeverbot, das sich aus dem Zeugnisverweigerungsrecht der Berufsgeheimnisträger ergibt, sind nicht in § 160a geregelt. § 97 besitzt nach § 160a Abs. 5 den Vorrang. Die Tatsache, dass hier ein Verwertungsverbot als Folge des Beschlagnahmeverbots nicht positivrechtlich geregelt ist, besagt nichts anderes; denn das Verwertungsverbot versteht sich dann von selbst (vgl. BVerfGE 44, 353 [383]). Es gilt auch für Mitbeschuldigte. Es darf nicht durch die **Hypothese einer alternativ rechtmäßigen Beweiserlangung** (zur Rechtsentwicklung *Jahn/Dallmeyer* NStZ 2005, 297 ff.) auf anderem Wege, etwa über § 81a bei der Blutprobenbeschlagnahme im Krankenhaus, umgangen werden (so aber OLG Celle NZV 1989, 485 f. m.Anm. *Wohlers* NStZ 1990, 245 f.; OLG Frankfurt NStZ-RR 1999, 246; OLG Zweibrücken NJW 1994, 810 f.). Ein Verstoß gegen das in § 97 Abs. 1 ausgesprochene Verbot der Beschlagnahme von schriftlichen Mitteilungen zwischen dem Beschuldigten und zeugnisverweigerungsberechtigten Personen oder Aufzeichnungen und anderen Gegenständen begründet ohne Weiteres ein **Beweisverwertungsverbot**, das von Amts wegen zu berücksichtigen ist, solange keine Heilung des Fehlers eintritt. Der Staat ist in diesem Fall schließlich auch zur Herausgabe des Beweisgegenstands von Amts wegen verpflichtet. Die Widerspruchslösung (§ 136 Rn. 95 ff.) ist hier wegen der gesetzlichen Anordnung eines Beweisverbots ohne besondere Dispositionsmacht der Verteidigung nicht anwendbar (a.A. LR/*Menges* § 97 Rn. 142). Erst recht folgt aus einer Verfassungswidrigkeit der Beschlagnahme ein Verwertungsverbot (weitergehend BVerfGE 44, 353 [383]). Wenn die Beschlagnahme zum Zeitpunkt ihrer

Anordnung **zulässig** war, hindern später eintretende – einer Beschlagnahme entgegenstehende – Umstände eine Verwertung nicht. War die Beschlagnahme zum Zeitpunkt ihrer Anordnung **unzulässig**, fallen jedoch die das Beschlagnahmeverbot begründenden Umstände später weg, dann darf der Beweisgegenstand verwertet werden (BGHSt 26, 168 [170 f.]).

Ein zulässig beschlagnahmter Gegenstand ist nur in dem **Umfang** verwertbar, in dem die Voraussetzungen der Beschlagnahme vorgelegen haben. Er darf deshalb nicht zum Nachweis einer Tat verwertet werden, wenn er zu deren Verfolgung nicht hätte beschlagnahmt werden dürfen. Dabei ist unerheblich, ob verschiedene Taten in demselben Verfahren oder in verschiedenen Verfahren verfolgt werden, sofern jedenfalls eine prozessuale Gemeinsamkeit besteht. 64

Hat eine zeugnisverweigerungsberechtigte Person den Gegenstand **ohne Belehrung herausgegeben**, ist er unverwertbar, es sei denn, der Gewahrsamsinhaber kannte sein Recht auf Nichtherausgabe oder erklärt auf nachträgliche Belehrung sein Einverständnis. 65

Eine **rechtswidrige Durchsuchung** führt zumindest dann, wenn schon der Durchsuchung auch Verfassungsrecht entgegengestanden hätte, zu einem Beweisverwertungsverbot für die hiernach beschlagnahmten Gegenstände (BVerfGE 44, 353 [383]). Soweit dies auf besonders schwere Verfahrensfehler der Durchsuchung beschränkt wird (LG Dresden StV 2012, 13 [14]), sollte diese Eingrenzung ihrerseits auf den objektiven Befund bezogen sein und keinen subjektiven Rechtsmissbrauchstatbestand einschließen; denn bei den Beweisverwertungsverboten geht es nicht um die Disziplinierung der Ermittler, sondern um den Schutz der von Eingriffsakten Betroffenen, für die das individuelle Handlungsmotiv der Ermittlungsbeamten unerheblich erscheint. 66

H. Revision. Wenn ein Beweisgegenstand trotz Verwertungsverbots bei der Beweiswürdigung verwertet wurde, kann dies die Revision begründen, und zwar auch zugunsten eines Mitangeklagten (Meyer-Goßner/Schmitt/*Köhler* § 97 Rn. 51). In der Revisionsbegründung muss dann aber gem. § 344 Abs. 2 Satz 2 auch dargelegt werden, dass die Voraussetzungen des Abs. 2 Satz 3 nicht vorgelegen haben, wenn Anhaltspunkte für einen solchen Fall vorliegen (BGH NStZ 1991, 196 [197]). Die Nichtbeachtung eines Verwertungsverbots kann auch von einem Mitangeklagten geltend gemacht werden, der nicht unmittelbar selbst von der Verletzung des Beschlagnahmeverbots betroffen war. 67

§ 98 Verfahren bei der Beschlagnahme

(1) [1]Beschlagnahmen dürfen nur durch das Gericht, bei Gefahr im Verzug auch durch die Staatsanwaltschaft und ihre Ermittlungspersonen (§ 152 des Gerichtsverfassungsgesetzes) angeordnet werden. [2]Die Beschlagnahme nach § 97 Abs. 5 Satz 2 in den Räumen einer Redaktion, eines Verlages, einer Druckerei oder einer Rundfunkanstalt darf nur durch das Gericht angeordnet werden.

(2) [1]Der Beamte, der einen Gegenstand ohne gerichtliche Anordnung beschlagnahmt hat, soll binnen drei Tagen die gerichtliche Bestätigung beantragen, wenn bei der Beschlagnahme weder der davon Betroffene noch ein erwachsener Angehöriger anwesend war oder wenn der Betroffene und im Falle seiner Abwesenheit ein erwachsener Angehöriger des Betroffenen gegen die Beschlagnahme ausdrücklichen Widerspruch erhoben hat. [2]Der Betroffene kann jederzeit die gerichtliche Entscheidung beantragen. [3]Die Zuständigkeit des Gerichts bestimmt sich nach § 162. [4]Der Betroffene kann den Antrag auch bei dem Amtsgericht einreichen, in dessen Bezirk die Beschlagnahme stattgefunden hat; dieses leitet den Antrag dem zuständigen Gericht zu. [5]Der Betroffene ist über seine Rechte zu belehren.

(3) Ist nach erhobener öffentlicher Klage die Beschlagnahme durch die Staatsanwaltschaft oder eine ihrer Ermittlungspersonen erfolgt, so ist binnen drei Tagen dem Gericht von der Beschlagnahme Anzeige zu machen; die beschlagnahmten Gegenstände sind ihm zur Verfügung zu stellen.

(4) [1]Wird eine Beschlagnahme in einem Dienstgebäude oder einer nicht allgemein zugänglichen Einrichtung oder Anlage der Bundeswehr erforderlich, so wird die vorgesetzte Dienststelle der Bundeswehr um ihre Durchführung ersucht. [2]Die ersuchende Stelle ist zur Mitwirkung berechtigt. [3]Des Ersuchens bedarf es nicht, wenn die Beschlagnahme in Räumen vorzunehmen ist, die ausschließlich von anderen Personen als Soldaten bewohnt werden.

Übersicht

1 **A. Zweck und Anwendungsbereich der Norm.** Die Norm regelt vor allem die **Kompetenz** zur Anordnung der Beschlagnahme, die von der Durchsuchungsanordnung zu unterscheiden ist, welche jedoch in der Praxis oft formularmäßig mehr oder weniger unbestimmte Beschlagnahmehinweise enthält, die aber keine wirksame Beschlagnahmeanordnung (LG Hildesheim StraFo 2007, 114 f.), sondern nur eine Richtlinie für Ziel und Grenzen der Durchsuchung sind (OLG Koblenz NStZ 2007, 285 f.). Diese genügt nicht den Mindestanforderungen an die notwendige Begründung eines richtigen Beschlagnahmebeschlusses (SK-StPO/*Wohlers/Greco* § 98 Rn. 18). Zu unterscheiden sind die Beschlagnahme und deren Anordnung auch von der Durchsicht vorläufig sichergestellten Materials nach § 110, die keine Beschlagnahme darstellt, sondern der richterlichen Entscheidung vorgelagert ist (BVerfGE 124, 43 [75]). Eine Beschlagnahmeanordnung bezieht sich auf ein **bestimmtes Strafverfahren**; soll sie auch für ein anderes Verfahren wirksam werden, bedarf es dort einer weiteren Anordnung (AG Bremen StV 2012, 14 f.). Werden bei einer Durchsuchung Gegenstände sichergestellt, ist mangels vorheriger konkreter Beschlagnahmeanordnung **nachträglich** einer richterlichen Entscheidung über die Beschlagnahme erforderlich, sofern ein Gegenstand nicht gewahrsamslos ist oder freiwillig herausgegeben wird. § 98 enthält ferner **Rechtsbehelfsregeln** und eine **Ausnahme von der allgemeinen Vollziehungskompetenz** der Staatsanwaltschaft und ihrer Ermittlungspersonen im militärischen Bereich. Eine generelle Rechtsschutzgewährung ist § 98 Abs. 2 Satz 2, der bei diversen Ermittlungsmaßnahmen auch unter Verdrängung der §§ 23 ff. EGGVG **analog angewendet** zu werden pflegt (BGHSt 44, 171 [174]; 44, 265 [268 ff.]; BGH StV 2000, 537), nicht immanent (*Schenke* NJW 2011, 2838 [2839 f.]). Diese ist weder vom Prozessgesetzgeber gewollt noch ausreichend effektiv im Sinne von Art. 19 Abs. 4 Satz 1 GG und entspricht nicht dem Gebot der Rechtsmittelklarheit. Danach müssen Rechtsbehelfe grundsätzlich in der geschriebenen Rechtsordnung geregelt und in ihren Voraussetzungen für die Bürger erkennbar sein (BVerfGE 107, 395 [416]; 108, 341 [349]). Für heimliche Ermittlungseingriffe gilt nun **§ 101 Abs. 7 Satz 2**, der gegenüber § 98 **lex specialis** ist (BGHSt 53, 1 [3]; krit. *Löffelmann* ZIS 2009, 495 [496]). **§ 95a Abs. 5 Satz 1** hat für die heimliche Durchsuchung eine weitere Spezialregelung eingeführt, die aber den Beschuldigten in jener Konstellation durch eine Befristung **systemwidrig** benachteiligt (BeckOK-IT-Recht/*Brodowski* § 95a StPO Rn. 15).

2 § 98 gilt nicht für die Beschlagnahme von Einziehungsgegenständen; dafür sind die §§ 111b ff. maßgeblich. Für das Steuerstrafverfahren liefern die §§ 386, 399, 404 AO spezielle Bestimmungen.

3 **B. Kompetenzordnung für die Beschlagnahme im Überblick. Grundsätzlich** ist zur Anordnung der Beschlagnahme aus Gründen der Rechtsschutzgewährleistung (Art. 19 Abs. 4 Satz 1 GG) gegenüber dem von Ermittlungsbeamten vollzogenen hoheitlichen Zugriff auf Beweis- und Einziehungsgegenstände im Sinne von § 94 **der Richter zuständig** (§ 98 Abs. 1 Satz 1 Hs. 1), der eine »vorbeugende Kontrolle der Maßnahme durch eine unabhängige und neutrale Instanz« gewährleisten soll (BVerfGE 103, 142 [151]; 115, 166 [196] für die Durchsuchung; SK-StPO/*Wohlers/Greco* § 98 Rn. 6), was aber aus verschiedenen Gründen, insb. wegen übermäßiger Pensen, unzureichender Information sowie fehlender Einbindung des Ermittlungsrichters in das Gesamtverfahren, oft praktisch ineffektiv bleibt (*Brüning* ZIS 2006, 29 ff.; *Putzke* StraFo 2016, 1 ff.). Nur **ausnahmsweise** (*Brüning* ZIS 2006, 29 [32]) dürfen **die Staatsanwaltschaft oder ihre Ermittlungspersonen** eine Beschlagnahme anordnen, wenn die Gefahr eines Beweisverlusts oder der sonstigen Zweckverfehlung vorliegt (§ 98 Abs. 1 Satz 1 Hs. 2). Das gilt auch noch nach Anklageerhebung. »Gefahr im Verzug« ist anzunehmen, wenn der **Zweck der Maßnahme**, nämlich die **Sicherung eines sächlichen Beweismittels** (§ 94 Abs. 1 und 2) **oder des Führerscheins als Einziehungsgegenstands** (§ 94 Abs. 3), **gefährdet** wird, sofern vor dem Zugriff auf den Beweisgegenstand erst die richterliche Anordnung eingeholt wird.

4 Eilkompetenzen für Ermittlungsbeamte bestehen nicht, wenn die **Beschlagnahme in einer Redaktion, einem Verlag, einer Druckerei oder einer Rundfunkanstalt** stattfinden soll (LR/*Menges* § 98 Rn. 7). Dieser Eingriff in die Pressefreiheit aus Art. 5 Abs. 1 GG (BVerfG NJW 2011, 1863 ff.) ist **ausschließlich dem Gericht vorbehalten** (§ 98 Abs. 1 Satz 2). Dies betrifft andererseits nicht Beschlagnahmen außerhalb der Räume

der Redaktion, des Verlags, der Druckerei oder Rundfunkanstalt, etwa im getrennten Büro eines freien Mitarbeiters (BGH StV 1999, 163). Durchsuchung und Beschlagnahme in Räumen von Presseorganen sind unzulässig, wenn sie nur dazu dienen, **Informanten** der Pressemitarbeiter ausfindig zu machen (BVerfGE 117, 244 [265]).

Bei einer Beschlagnahme durch einen Ermittlungsbeamten wegen Gefahr im Verzug soll der Ermittler die **richterliche Entscheidung binnen drei Tagen** beantragen, wenn bei der Beschlagnahme weder der Betroffene noch ein erwachsener Angehöriger anwesend war oder ein anwesender Betroffener oder Angehöriger widersprochen hat (§ 98 Abs. 2 Satz 1). Dann erfolgen der behördliche Antrag und die gerichtliche Entscheidung **von Amts wegen. Der Betroffene kann** aber auch jederzeit die gerichtliche Entscheidung **beantragen** (§ 98 Abs. 2 Satz 2). Für Fälle der heimlichen Beschlagnahme trifft **§ 95a Abs. 3** hierzu eine **Sonderregelung** bezüglich des Antrags auf Entscheidung des Gerichts über die Zurückstellung der Benachrichtigung des Beschuldigten und dessen Belehrung über Rechtsmittel. 5

Auch im Sinne von Art. 101 Abs. 1 Satz 2 GG zuständig ist im Vorverfahren **der Ermittlungsrichter** (§ 98 Abs. 2 Satz 3 i.V.m. § 162 oder § 169) auf Antrag der Staatsanwaltschaft (LR/*Menges* § 98 Rn. 14). 6

Im Zwischen- oder Hauptverfahren ist **das erkennende Gericht** zuständig (§ 98 Abs. 2 Satz 4 i.V.m. § 162 Abs. 3 Satz 1). Nach verbreiteter Ansicht ist auch **nach Beginn der Hauptverhandlung** die **Besetzung des Gerichts** für Entscheidungen während einer Unterbrechung zuständig (MüKo-StPO/*Hauschild* § 98 Rn. 3; SK-StPO/*Wohlers/Greco* § 98 Rn. 11). Insoweit soll das Quorum »außerhalb der Hauptverhandlung« **ohne Schöffen** entscheiden, wohingegen auch für gleichartige Beschlüsse in der nicht unterbrochenen Hauptverhandlung die dortige Besetzung **mit Schöffen** gilt. Der Entscheidungszeitpunkt mit oder ohne Unterbrechung der Hauptverhandlung darf aber nicht zu einem Besetzungswechsel nach Belieben führen. Die Änderung des Quorums entspricht auch nicht dem gem. Art. 101 Abs. 1 Satz 2 GG allein maßgeblichen Gesetz, das, vom Eintritt von Ergänzungsrichtern- oder -schöffen abgesehen, keinen solchen Besetzungswechsel in der Phase zwischen Beginn und Ende der Hauptverhandlung kennt. Allenfalls bei Entscheidungen über die Untersuchungshaft, die besonders eilbedürftig sind und nicht unmittelbar mit dem Verfahren in der Hauptsache zusammenhängen, kann ein anderes Quorum heranzuziehen sein (OLG Naumburg NStZ-RR 2001, 347; a.A. für Staatsschutzsachen BGHSt 43, 91 [93 f.] = NStZ 1997, 606 f. m.Anm. *Dehn*). Das wird aus der Sonderregelung des Haftrechts deutlich, wonach im Eilfall sogar der Vorsitzende allein entscheiden kann (OLG Köln NStZ 2009, 589, 590 m.Anm. *Krüger*). Eine entsprechende Sonderregelung für andere Eingriffsmaßnahmen, wie die Beschlagnahme von Beweismitteln, fehlt aber im Gesetz. § 30 Abs. 1 GVG bestimmt: »Insoweit das Gesetz nicht Ausnahmen bestimmt, üben die Schöffen während der Hauptverhandlung das Richteramt in vollem Umfang und mit gleichem Stimmrecht wie die Richter beim Amtsgericht aus und nehmen auch an den im Laufe einer Hauptverhandlung zu erlassenden Entscheidungen teil, die in keiner Beziehung zu der Urteilsfällung stehen und die auch ohne mündliche Verhandlung erlassen werden können.« Das Gesetz enthält auch sonst keine Regeln dafür, dass und unter welchen Voraussetzungen eine Änderung des Quorums, welches sich nach der **Konzentrationsmaxime** für die gesamte Hauptverhandlung zuständig ist, in Unterbrechungsphasen stattfinden kann (*Börner* JR 2010, 481). Das erkennende Gericht hat daher nach Beginn der Hauptverhandlung auch in Unterbrechungsphasen in der Besetzung, die »im Laufe einer Hauptverhandlung« gilt, zu entscheiden (LR/*Menges* § 98 Rn. 9). 7

Eine andere Frage ist diejenige, ob **nach Durchführung eines Teils der Hauptverhandlung** überhaupt noch Raum für eine Beweismittelbeschlagnahme bleibt. Dies ist auch im Hinblick auf die Neutralitätsgarantie aus Art. 101 Abs. 1 Satz 2 GG und Art. 6 Abs. 1 Satz 1 EMRK von Bedeutung, weil sich das Gericht nicht unnötig einer Besorgnis der Befangenheit aussetzen soll. Beschlagnahmt das Tatgericht unter Bejahung der Eingriffsvoraussetzungen erst während der Hauptverhandlung solche Beweismittel, die schon vorher zu erlangen gewesen wären, kommt zu den üblichen Perseveranz-, Inertia- und Schulterschlusseffekten infolge der Aktenkenntnis der Berufsrichter (*Schünemann* StV 2000, 159 ff.) und ihrer strukturellen Beeinflussung durch die Verurteilungsprognose aus dem Eröffnungsbeschluss im Sinne der Lehren von der kognitiven Dissonanz (*Degener* StV 2002, 618, 622; *Guthke* in: Strafverteidigervereinigungen, Welche Reform braucht das Strafverfahren? 2015, S. 153 ff.) ein weiteres Moment der strukturellen Festlegung vor urteilsreife hinzu. Deshalb ist von Eingriffsmaßnahmen nach Beginn der Hauptverhandlung allenfalls zurückhaltend Gebrauch zu machen. 8

Der Betroffene kann den Antrag auf gerichtliche Entscheidung im Fall einer vorangegangenen behördlichen Beschlagnahme wegen Gefahr im Verzug auch bei dem **Gericht am Ort der Beschlagnahme** einreichen, selbst wenn dieses nicht für eine Beschlagnahmeanordnung **örtlich zuständig** gewesen wäre. Es leitet den Antrag dann an das zuständige Gericht weiter (§ 98 Abs. 2 Satz 5). 9

Der Betroffene ist bei der Vollziehung der Beschlagnahme **über seine Rechte**, der Sicherstellung zu widersprechen, bei einer Beschlagnahmeanordnung durch einen Ermittlungsbeamten wegen Gefahr im Verzug die gerichtliche Entscheidung zu beantragen oder gegen eine bereits vorliegende gerichtliche Beschlagnahme- 10 anordnung Beschwerde einzulegen, **zu belehren** (§ 98 Abs. 2 S. 6). § 53a Abs. 3 sieht eine Ausnahme hiervon vor.

11 **Im Zwischen- oder Hauptverfahren** ist dem erkennenden Gericht von einer erst nach Anklageerhebung erfolgten Beschlagnahme durch einen Beamten wegen Gefahr im Verzug binnen drei Tagen Anzeige zu machen und der **Beschlagnahmegegenstand zur Verfügung zu stellen** (§ 98 Abs. 3). Dies beruht auf der Verfahrensherrschaft des erkennenden Gerichts ab der Anklageerhebung.

12 Zum **Schutz des Militärbetriebs** sind Beschlagnahmen, die in einem Dienstgebäude oder einer nicht allgemein zugänglichen Einrichtung oder Anlage der Bundeswehr erforderlich wird, die vorgesetzte Dienststelle der Bundeswehr als zuständige Behörde zu ersuchen (§ 98 Abs. 4 Satz 1). Die Ermittlungsbehörde darf an der Beschlagnahme mitwirken (§ 98 Abs. 4 Satz 2), die hier ausnahmsweise der Militärdienststelle obliegt, aber sie darf im militärischen Bereich nicht allein handeln. Dieser Vorbehalt für die vorgesetzten militärischen Dienststellen gilt nicht bei Beschlagnahmen in Räumen, die nur von Zivilpersonen bewohnt werden (§ 98 Abs. 4 Satz 3).

13 **C. Ausnahmekompetenz bei Gefahr im Verzug.** Im Eilfall sind die Staatsanwaltschaft und ihre Ermittlungspersonen zur Anordnung der Beschlagnahme zuständig, ferner die Steuer- und Zollfahndungsstellen. »Gefahr im Verzug« als Grund für eine Eilkompetenz der Staatsanwaltschaft und ihrer Ermittlungspersonen besteht, wenn **aufgrund bestimmter Tatsachen anzunehmen** ist, **dass das Beweismittel verloren geht** und dadurch der meist maßgeblich Beweissicherungszweck der Maßnahme oder – in den viel selteneren Fällen des § 94 Abs. 3 (BGHSt 22, 385 [392]) – der Zweck der Sicherung der Führerscheineinziehung wahrscheinlich verfehlt werden mag, sofern vor dem Beschlagnahmezugriff auf den Beweisgegenstand zuerst eine richterliche Anordnung eingeholt wird (BGHSt 22, 385 [389]; *Eisenberg* Beweisrecht der StPO, Rn. 2377a; LR/*Menges* § 98 Rn. 34; SK-StPO/*Wohlers/Greco* § 98 Rn. 34; für die Durchsuchung BVerfGE 103, 142 [154]; BGHSt 51, 285 [288]). Es geht um eine Prognose. Gefahr im Verzug ist ein **unbestimmter Rechtsbegriff**, der als Ausnahmetatbestand eng ausgelegt werden soll (BVerfGE 103, 142 [153]; BGHSt 51, 285 [292]) und den Ermittlungsbeamten keinen unüberprüfbaren **Beurteilungsspielraum** für seine Anwendung belässt (BVerfGE 103, 142 [157 ff.]). Vielmehr ist das Vorliegen oder Nichtvorliegen der Anordnungsvoraussetzung für das nach § 98 Abs. 2 nachträglich eingreifende Gericht inhaltlich in vollem Umfang nachprüfbar; nur muss dann natürlich auch durch das Gericht eine Betrachtung aus der Perspektive z.Zt. des behördlichen Entschlusses zugrunde gelegt werden. Ein **Irrtum** über das Vorliegen von Gefahr im Verzug führt nach der Abwägungsdoktrin der Rspr. im Allgemeinen nicht zu einem Beweisverwertungsverbot. Vielmehr soll mit dieser Rechtsfolge nur eine **willkürliche Verfehlung des Richtervorbehalts** belegt werden (BVerfGE 113, 29 [61]; MüKo-StPO/*Hauschild* § 98 Rn. 13; a.A. SK-StPO/*Wohlers/Greco* § 98 Rn. 36). Das entspricht allerdings nicht ohne Weiteres der Bedeutung und Tragweite des Eingriffsakts und der Grenzen der Beweisbefugnis der staatlichen Strafverfolgungsorgane. Eine Kompetenzverletzung liegt auch vor, wenn ein Ermittlungsbeamter die allmähliche Zuspitzung der Situation hinnimmt und abwartet, bis der Richtervorbehalt nicht mehr realisiert werden kann, obwohl ein Beschlagnahmezugriff mit richterlicher Erlaubnis vorher möglich gewesen wäre (vgl. für die Durchsuchung BGHSt 51, 285 [288]). Ist der **Richter mit einem Antrag** auf Beschlagnahmeanordnung **befasst**, kann die Ermittlungsbehörde nicht mehr auf eine Eilkompetenz zurückgreifen (vgl. für die Durchsuchung BGHSt 61, 266 ff.).

14 Die Annahme von Gefahr im Verzug ist **mit einzelfallbezogenen Tatsachen zu belegen**, was zumindest nachträglich in den Akten zu dokumentieren ist (BVerfGE 103, 142 [160]). Anders als bei der ermittlungsrichterlichen Beschlagnahmeanordnung bedarf die Eilanordnung durch die Ermittlungsbehörde zunächst nicht der Schriftform. Die Tatsachengrundlagen der Entscheidung für die Annahme einer Eilkompetenz und deren Nutzung sind danach aber in den Akten zu dokumentieren.

15 **D. Ausfüllung der Regelkompetenz zur Beschlagnahmeanordnung durch das Gericht.** Gesetzlicher Regelfall ist – unbeschadet der praktischen Umkehrung der Verhältnisse – die Beschlagnahmeanordnung durch den Richter auf Antrag der Staatsanwaltschaft. Hier zeigen sich strukturelle Defizite (*Brüning* ZIS 2006, 29 [32 f.]). Das **Postulat eines Bereitschaftsdienstes** der Richter in der idealisierenden Vorstellung der Verfassungsrichter vom Richtervorbehalt (BVerfGE 139, 245 [264 ff.]; 151, 67 [86 ff.]) geht am Gebot der Effektivität gerichtlichen Rechtsschutzes vorbei, das auch für die Aufgaben des »präventiven Rechtsschutzes« aufgrund eines Richtervorbehalts für Grundrechtseingriffe im Vorverfahren gelten müsste (*Brüning* ZJS 2010, 129 [132 f.]). Der Richter des Notdienstes im nächtlichen Einsatz ist kaum in der Lage, eine ausreichend genaue Prüfung der Eingriffsvoraussetzungen durchzuführen. Allerdings spielt dies im Bereich der Beschlagnahme eine geringere praktische Rolle als bei Durchsuchungsanordnungen.

16 Die richterliche Beschlagnahmeanordnung ergeht prinzipiell durch **schriftlichen Beschluss** (LR/*Menges* § 98 Rn. 15). Eine »fernmündliche Genehmigung eines Ermittlungsrichters« reicht entgegen Andeutungen in der

Rspr. (vgl. für die Durchsuchung BGHSt 51, 285 [295]) nicht aus, weil sie praktisch keine eigenverantwortliche Entscheidung des Richters darstellt (Rdn. 17). Der Beschluss ist anfechtbar und daher nach § 34 **zu begründen** (LG Berlin StV 2002, 67 f.; SK-StPO/*Wohlers/Greco* § 98 Rn. 16 ff.), womit die Ermittlungsrichter **durch** unsinnige **Pensenvorgaben**, wonach von einem **Ermittlungsrichter** rund 5.000 solcher Beschlüsse pro Jahr zu fertigen wären, wenn ausschließlich Gs-Sachen zu seinem Aufgabenbereich gehören würden, **strukturell überfordert** sind (*Brüning* ZIS 2006, 29 [32 f.]; *Paeffgen/Wasserburg* GA 2012, 535 [550]). Dass dieses Pensum bei ordnungsgemäßer Sachbehandlung praktisch unerfüllbar ist, weshalb sich Ermittlungsrichter auf eher stichprobenartige Prüfungen beschränken, darf aus verfassungsrechtlicher Sicht nicht zulasten der Betroffenen gehen. Praktisch geschieht aber genau dies. Mahnungen an die Gesetz- und Haushaltgeber sind vom BVerfG geäußert (BVerfGE 103, 142 [152]), dort aber bisher ignoriert worden. Die Pensenvorgaben mit fiktiv zu meisternden Fallzahlen haben sich an einer formularmäßig pflichtwidrigen Erledigungspraxis ohne Effektivität als Mittel des präventiven Rechtsschutzes orientiert, während die Erledigungspraxis sich mit ihrer ökonomisierten Entscheidungsweise darum bemüht, das eigentlich unerfüllbare Pensum nach einem äußeren Anschein doch zu erledigen.

Die **Begründung der Entscheidung und ihre Absetzung gehören zum Entscheidungsprozess** einer ordnungsgemäßen richterlichen Rechtshandlung und müssen neben der **Sichtung von Unterlagen**, aus denen sich der Tatverdacht (LG Hildesheim wistra 2007, 399 f.), die mutmaßliche Existenz eines Sachbeweises und dessen Beweiseignung sowie die Geeignetheit, Erforderlichkeit und Angemessenheit der Eingriffsmaßnahme wenigstens in groben Zügen ablesen lassen (für die Durchsuchung *Höfling* JR 2003, 408 [410]). Ist das im Einzelfall nicht ohne Gefährdung des Untersuchungszwecks umsetzbar, so liegt Gefahr im Verzug vor. Die **Praxis einer** mehr oder weniger unreflektierten ermittlungsrichterlichen **Beschlagnahmeanordnung**, auch **auf Telefonanruf** durch einen Ermittler (hingenommen bei einer Durchsuchungsanordnung von BGH StV 2006, 174 m.Anm. *Harms* StV 2006, 215 ff.), deren **mündliche Mitteilung** an die Vollzugsorgane und nachträgliche schriftliche Fixierung lässt die Rechtsschutzfunktion des Richtervorbehalts leerlaufen (zur Durchsuchungserlaubnis *Höfling* JR 2003, 408 [409]). Sie erweist sich wegen weitgehender Annullierung der **Eigenverantwortlichkeit des Richters** bei der Entscheidung (vgl. für die Durchsuchungsanordnung BVerfGE 96, 44 [51]; 103, 142 [151]) bestenfalls als sinnlos, wenn nicht sogar wegen vorschneller Verfestigung der Verdachtshypothese durch eine nur scheinbar stattgefundene neutrale Verdachtsbestätigung als **kontraproduktiv**. Deshalb taugt auch die Überlegung der abweichenden Ansicht im Ergebnis nicht, ein mündlicher Beschluss des Richters sei immer noch besser als keine gerichtliche Eingriffserlaubnis. Auch die Unterzeichnung eines von der Ermittlungsbehörde in Einzelheiten vorformulierten Beschlagnahmebeschlusses konterkariert die Kontrollfunktion des Ermittlungsrichters und verletzt die Neutralitätsgarantie aus Verfassung und Konvention (Art. 101 Abs. 1 Satz 2 GG, Art. 6 Abs. 1 Satz 1 EMRK). Abweichende Rechtsbehauptungen vergessen den Sinn des Richtervorbehalts und sind an formale Handlungsroutinen überlasteter Ermittlungsrichter angepasst. Genau genommen erfüllt der Richter seine **Pflicht zur ordnungsgemäßen Überprüfung** nicht, wenn er sich nicht umfassend über den bisherigen Sachstand informiert, bevor er seine Entscheidung trifft (vgl. BVerfG NJW 2012, 2334 [2336]). Das gehört zum materiellen Gewährleistungsgehalt des grundrechtsgleichen Rechts der Betroffenen aus Art. 101 Abs. 1 Satz 2 GG. Auch dient die schriftliche Begründung der Entscheidung der eigenen Kontrolle des Gedankengangs innerhalb des komplexen Entscheidungsprozesses, den eine überlastete Formularbeschlusspraxis überspringt. Nach allem ist eine zunächst nicht schriftlich niedergelegte Entscheidung ebenso verfehlt wie das gedankenlose Ausfüllen eines Beschlussformulars ohne ausreichende Informierung des Richters über den bisherigen Befund des Ermittlungsverfahrens und ohne eine auf den Einzelfall bezogene Entscheidungsbegründung. **17**

Nur **mündlich mitgeteilte Informationen der Ermittlungsbehörde** sind keine ausreichende Entscheidungsgrundlage (zu Unrecht für einen telefonischen Antrag auf Durchsuchungsgestattung LG Dresden StraFo 2004, 13 f. m.Anm. *Lemke*). Im Zeitalter der elektronischen Datenverarbeitung und der Telekommunikation per E-Mail oder Telefax ist eine rasche Fixierung und Übermittlung greifbarer Informationen, die auch Aktenbestandteil werden, technisch möglich. Die Neutralitätsgarantie aus Art. 101 Abs. 1 Satz 2 GG und Art. 6 Abs. 1 Satz 1 EMRK wird nicht gewahrt, wenn der Ermittlungsrichter, der ein von der Ermittlungsbehörde unabhängiges Organ der Gegenkontrolle im Interesse einer präventiven Rechtsschutzgewährung an den regelmäßig nicht vor dem Beschlagnahmezugriff angehörten Betroffenen sein soll, allein aufgrund mündlich übermittelter Zusammenfassungen des behördlichen Informationstands entscheidet. In einer solchen Situation ist die Zurückstellung der Entscheidung, gegebenenfalls mit der Folge des Eingreifens der Eilkompetenz der Staatsanwaltschaft und ihrer Ermittlungspersonen, der sachgemäße Weg. Lehnt das Gericht nicht die Beschlagnahmeanordnung selbst, sondern nur eine Entscheidung in unzureichender Zeit auf unzureichender Informationsgrundlage ab, so fällt die Anordnungszuständigkeit an die Staatsanwaltschaft und ihre Ermittlungspersonen bei Vorliegen von Gefahr im Verzug zurück. **18**

19 Die Beschlagnahmeanordnung ergeht meist **ohne vorherige Anhörung des Betroffenen** (§ 33 Abs. 4 Satz 1), wenn andernfalls der Erfolg der Maßnahme gefährdet wäre (LR/*Menges* § 98 Rn. 17). Dem muss bei der gerichtlichen Entscheidung als Mittel der präventiven Rechtsschutzgewährung durch kritische Bewertung der Verdachtsgründe Rechnung getragen werden. Sind z.Zt. der richterlichen Entscheidung über die Beschlagnahme bereits Äußerungen des Beschuldigten oder Stellungnahmen der Verteidigung bekannt, so müssen diese selbstverständlich berücksichtigt werden.

20 Der ordnungsgemäße Beschlagnahmebeschluss muss die zu vollziehende Maßnahme unter möglichst genauer **Bezeichnung des Beschlagnahmegegenstands** (LR/*Menges* § 98 Rn. 18), die wenigstens knappe **Bezeichnung des Tatvorwurfs** in tatsächlicher und rechtlicher Hinsicht enthalten (LR/*Menges* § 98 Rn. 20), die Tatsachen und bisherigen **Beweise für den Tatverdacht** (BayVerfGH BayVBl. 2012, 482 f.) sowie deren **vorläufige Würdigung** erkennen lassen und die potenzielle **Beweiseignung** des Gegenstands (OLG Düsseldorf StV 1983, 407; *Roxin/Schünemann* Strafverfahrensrecht, § 34 Rn. 12), sowie die **Verhältnismäßigkeit** seiner Beschlagnahme erklären (LR/*Menges* § 98 Rn. 20). Das kann kurz und knapp geschehen, muss aber die Berücksichtigung der genannten Prüfungspunkte erkennen lassen. Kommt das **Eingreifen eines Beschlagnahmeverbots** oder eines Beweisverwertungsverbots für den Beschlagnahmegegenstand mit der Vorwirkung eines Beschlagnahmehindernisses aus Gründen der Unverhältnismäßigkeit infrage (zur Beschlagnahme von »Verteidigerpost« bei einem Gefangenen LG Tübingen NStZ 2008, 653 ff.), muss sich das Gericht auch damit auseinandersetzen. Besondere Vorsicht ist geboten, wenn es um die Beschlagnahme von Daten von erheblichem Umfang geht (LG Görlitz Beschl. v. 18.06.2020 – 3 Qs 67/20).

21 Ist eine Anordnung der »Beschlagnahme« **im Kontext eines Durchsuchungsbeschlusses** noch unbestimmt, weil dort der gesuchte Gegenstand allenfalls gattungsmäßig oder durch Beispiele umrissen ist, so liegt **keine** (wirksame) **Beschlagnahmeanordnung** im Sinne von Abs. 1 (LG Bad Kreuznach StV 1994, 177 f.; LG Essen ZWH 2012, 379 [381]; LG Koblenz wistra 2004, 438 ff.; LG Mannheim Beschl. v. 03.02.2022 – 4 Qs 55/21), sondern nur ein Hinweis auf den Zweck der Durchsuchung vor. In diesem Fall werden bei der Durchsuchung sichergestellte Gegenstände gesichtet (§ 110) und gegebenenfalls nachträglich förmlich beschlagnahmt (*Kemper* wistra 2006, 171 ff.). Die genaue Bezeichnung des Beschlagnahmegegenstands und die Gründe der Beschlagnahmeanordnung werden dann erst nachträglich geprüft und gegebenenfalls niedergelegt. Der eigentliche Beschlagnahmebeschluss folgt entgegen einer Suggestion der Formularpraxis ermittlungsrichterlicher Beschlüsse der Durchsuchung nach, worauf die vorangegangene, allgemeine Beschlagnahmeweisung gegenstandslos wird (BGHR StPO § 98 Abs. 2 Bestätigung 1). Eine gegen die unbestimmte »Beschlagnahmeanordnung« gerichtete Beschwerde ist als Antrag auf gerichtliche Entscheidung nach Abs. 2 Satz 2 auszulegen und vom Ermittlungsrichter zu bescheiden, bevor die Beschwerdeinstanz angerufen werden kann (OLG Koblenz NStZ 2007, 285 f.). Ein **Mangel des Durchsuchungsbeschlusses** greift auf die nachfolgende Beschlagnahmeanordnung nur dann durch, wenn er so gravierend ist, dass daraus ein Beweisverwertungsverbot folgt; behebbare Defizite in der Begründung gehören nach der Rspr. nicht zu derartigen Mängeln (BVerfG Beschl. v. 18.02.2008 – 2 BvR 2697/07).

22 Die Beschlagnahme eines bestimmten Gegenstands als Beweismittel ist nur anzuordnen, wenn sie als Maßnahme der Beweissicherung für das Verfahren im Sinne des allgemein geltenden Grundsatzes der Verhältnismäßigkeit **geeignet, erforderlich und angemessen** ist, insb. also in einem angemessenen Verhältnis zur Schwere der mutmaßlichen Tat und der Stärke des Verdachts steht (BayVerfGH BayVBl. 2012, 482 [483]) und nicht wegen ausreichender sonstiger Beweismittel, wie einem glaubhaften und verwertbaren Geständnis des Beschuldigten, entbehrlich ist.

23 **E. Bekanntmachung und Vollziehung. I. Durchführung oder Zurückstellung der Bekanntmachung.** Die Beschlagnahmeanordnung ist dem Betroffenen bekannt zu machen (LR/*Menges* § 98 Rn. 21). Dies kann im Allgemeinen **bis zum Beginn der Beschlagnahme** zurückgestellt werden, um den Zweck der Untersuchung nicht zu gefährden; nach § 95a kann eine weitere Zurückstellung angeordnet werden. Das Gesetz sieht dies sonst nicht vor, weil es sich bei der Beschlagnahme herkömmlich um eine offene Ermittlungsmaßnahme handelt (BGH StV 2016, 132) und effektiver Rechtsschutz gegen einen Eingriffsakt spätestens dann ermöglicht werden soll, wenn der Betroffene bei der Vollziehung davon erfährt.

24 In Ausnahmefällen ließ eine Praxis unter Hinweis auf allgemeine Grundsätze der Nichtöffentlichkeit des Vorverfahrens und der dortigen Geheimhaltungsbedürfnisse bis hin zur Versagung von Akteneinsicht an die Verteidigung (§ 147 Abs. 2) eine Zurückstellung der Bekanntmachung der Beschlagnahmeanordnung zu, wenn hierdurch der Untersuchungszweck gefährdet erschien. Das ist durch § 95a überholt.

25 ***II. Zuständigkeit zur Vollstreckung der Beschlagnahmeanordnung und Art und Weise der Vollziehung.*** Eine Vollziehungspflicht folgt im Vorverfahren, in dem die Staatsanwaltschaft die Verfahrensherrschaft besitzt, nicht schon aus der Existenz einer ermittlungsrichterlichen Anordnung, sondern allein aus

dem Legalitätsprinzip und der Aufklärungspflicht nach § 160 Abs. 1 und 2. Richterliche Beschlagnahmeanordnungen vollstreckt **die Staatsanwaltschaft** (§ 36 Abs. 2) **mithilfe ihrer Ermittlungspersonen** (LR/*Menges* § 98 Rn. 22; SK-StPO/*Wohlers/Greco* § 98 Rn. 21). Wird eine gerichtliche Beschlagnahmeanordnung im Vorverfahren von der Staatsanwaltschaft über einen langen Zeitraum hinweg nicht vollzogen, verliert sie ihre Wirkung, weil der tatsächliche Befund nicht mehr der Entscheidungssituation entspricht (LG Köln StraFo 2004, 239). Vor der Vollziehung ist dann eine ergänzende richterliche Entscheidung einzuholen; eine Eilkompetenz lässt sich in einem Verzögerungsfall nicht mehr begründen. **Das erkennende Gericht** im Zwischen- oder Hauptverfahren ist bei der Vollziehung von Beschlagnahmeanordnungen regelmäßig auf die Amtshilfe der Staatsanwaltschaft oder Polizei angewiesen; es kann Beschlagnahmeanordnungen im Prinzip aber auch selbst vollstrecken, wenn ihm der Beweisgegenstand vorliegt und eine weitergehende Vollziehungsmaßnahme als die Ergreifung nicht erforderlich ist.

Bei der Durchführung der Beschlagnahme durch Ermittlungsbeamte darf in Grenzen **unmittelbarer Zwang** 26 angewendet werden. Die Beschlagnahmeanordnung selbst gestattet nicht mehr und nichts anderes als die gegebenenfalls gewaltsame Sicherstellung des Gegenstands. Die Befugnis zum **Betreten einer Wohnung** im Sinne von Art. 13 Abs. 1 GG ist der Beschlagnahmeanordnung entgegen einer Fehlvorstellung in der Praxis und der latenten Verwechslung von Durchsuchung und Beschlagnahme nicht immanent. Sie ist bei Bedarf gesondert nach den §§ 102 ff. zu prüfen und anzuordnen. Die Beschlagnahme greift für sich genommen nicht in den Schutzbereich des Art. 13 Abs. 1 GG ein (BVerfG Beschl. v. 18.02.2008 – 2 BvR 2697/07).

Ein gewaltsames **Öffnen von verschlossenen Behältnissen unter deren Beschädigung** gilt als zulässig, ist 27 aber eher eine Begleitmaßnahme zur Durchsuchung (SK-StPO/*Wohlers/Greco* § 98 Rn. 25). Widersetzt sich der Betroffene der Maßnahme oder verhindern sonstige im Durchsuchungsobjekt anwesende Personen die Durchführung, so ist unter Berücksichtigung des Grundsatzes der Verhältnismäßigkeit auch eine Anwendung von Gewalt gegen die Person als unmittelbarer Zwang erlaubt.

Eine richterliche Beschlagnahmeanordnung darf im Allgemeinen nicht mehr vollzogen werden, wenn **seit** 28 **der Anordnung mehr als sechs Monate verstrichen** sind (vgl. für den Durchsuchungsbeschluss BVerfGE 96, 44 [52 ff.]; BGHSt 51, 285 [294]; a.A. LR/*Menges* § 98 Rn. 23). Der Streitfrage, ob die Staatsanwaltschaft verpflichtet ist, eine ermittlungsrichterliche Beschlagnahmeanordnung zu vollstrecken, dürfte kaum praktische Relevanz zukommen, da im Ermittlungsverfahren – mit Ausnahme der Notkompetenz nach § 165 StPO – Beschlagnahmeanordnungen nur auf Antrag der Staatsanwaltschaft ergehen.

Wenn die Beschlagnahme in Räumen erfolgen muss, die nicht ausschließlich von anderen Personen als Sol- 29 daten bewohnt werden, so führt sie gem. § 98 Abs. 4 die vorgesetzte **militärische Dienststelle**, gegebenenfalls unter Mitwirkung der ersuchenden Ermittlungsbehörde, durch (LR/*Menges* § 98 Rn. 25). Vorgesetzte Dienststelle ist diejenige, der die dienstliche Gewalt über das Gebäude, die Einrichtung oder die Anlage zusteht, in der sich der Beschlagnahmegegenstand befindet. In der Regel ist dies der Kommandeur der betroffenen Militäreinheit. Dienstgebäude sind vor allem Kasernen, Fahrzeug- oder Geräteparks, Militärwerkstätten und Ähnliches, nicht jedoch Wohnungen von Soldaten außerhalb des Kasernengeländes. Nicht allgemein zugänglich sind insb. Kasernen, Schießstände, Sanitätsbereiche; Schiffe der Bundesmarine, Flugzeuge der Bundesluftwaffe und Fahrzeuge der Bundeswehr (LR/*Menges* § 98 Rn. 27).

F. Nachholung der gerichtlichen Entscheidung. I. Antrag auf Beschlagnahmebestätigung von Amts 30 **wegen.** Ist bei der Beschlagnahme **weder der Betroffene noch ein erwachsener Angehöriger** des Betroffenen **anwesend** oder **widersprechen** diese Personen im Fall ihrer Anwesenheit der Beschlagnahme, so soll der Ermittlungsbeamte innerhalb von drei Tagen die richterliche Bestätigung der Anordnung beantragen. Diese »soll«-Vorgabe enthält im Ergebnis eine Pflicht (vgl. LR/*Menges* § 98 Rn. 46). Betroffener ist jeder, in dessen Gewahrsam oder in dessen Eigentums- oder Besitzrechte eingegriffen wird. Angehöriger ist bei funktionaler Betrachtung des Normzwecks der vorliegenden Vorschrift über den Maßstab des § 52 Abs. 1 hinaus jede dem Betroffenen nahestehende Person, ohne dass es auf einen bestimmten Verwandtschaftsgrad ankommt (*Eisenberg* Beweisrecht der StPO, Rn. 2380a). Erwachsen ist bei gleicher Auslegungsperspektive nicht nur ein Volljähriger, sondern jeder, der nach seiner körperlichen Entwicklung und seinem Erscheinungsbild »erwachsen« wirkt (Meyer-Goßner/Schmitt/*Köhler* § 98 Rn. 15; a.A. *Eisenberg* Beweisrecht der StPO, Rn. 2380a). Denn der vollziehende Beamte muss nicht zwingend die Volljährigkeit überprüfen und ein Irrtum ist allzu leicht möglich. Im Zweifel ist aber jedenfalls vorsorglich die richterliche Entscheidung zu beantragen. Die dreitägige Frist für den Antrag auf richterliche Bestätigung der behördlichen Maßnahme beginnt mit der Vollziehung der Beschlagnahme, deren Vornahmetag nicht mitgezählt wird. Sie betrifft nur den Antrag, nicht den Zeitpunkt der richterlichen Entscheidung, der auch später liegen kann.

31 **II. Antrag des Betroffenen auf gerichtliche Entscheidung (Abs. 2 Satz 2).** Der von der Beschlagnahme betroffene Gewahrsamsinhaber, Eigentümer (LG Meiningen Beschl. v. 03.01.2012 – 2 Qs 179/11) oder sonst in seinen Rechten unmittelbar Verletzte kann gem. § 98 Abs. 2 Satz 2 **jederzeit** die gerichtliche Entscheidung beantragen, gegebenenfalls **auch nach Aufhebung der Beschlagnahme**, wenn Wiederholungsgefahr besteht oder ein schwerwiegender Grundrechtseingriff zu verzeichnen war (AG Bremen StV 2012, 14 f.). § 95a Abs. 5 Satz 1 engt das in gleichheitswidriger Weise für die Sonderkonstellation der heimlichen Beschlagnahme durch eine zweiwöchige Frist ein. Die **Bezeichnung** des Rechtsbehelfs ist **unerheblich**, sofern nur der Wille, eine gerichtliche Überprüfung herbeizuführen, hinreichend deutlich wird (vgl. § 300). Legt der Betroffene eine »Beschwerde« gegen eine nichtrichterliche Beschlagnahme ein, so ist dieser Behelf als Antrag nach § 98 Abs. 2 Satz 2 **auszulegen** (LG Frankfurt an der Oder StraFo 2008, 330). Wird aber ein Antrag auf gerichtliche Entscheidung erst gestellt, nachdem der Ermittlungsrichter bereits nach Abs. 1 die Beschlagnahme angeordnet hatte, so ist der Behelf als Beschwerde zu verstehen.

32 Der Betroffene ist bei der Beschlagnahme über seine Rechte **zu belehren** (§ 98 Abs. 2 Satz 5). Zu den Rechten gehört die Möglichkeit des Widerspruchs gegen die Sicherstellung, das Antragsrecht nach § 98 Abs. 2 Satz 2 (BVerfGE 124, 43 [72]) oder die Beschwerdemöglichkeit im Fall einer bereits vorausgegangenen Beschlagnahmeanordnung durch den Ermittlungsrichter; inhaltlich genügt regelmäßig der Hinweis, dass sich der Betroffene an das Amtsgericht wenden könne, in dessen Bezirk die Beschlagnahme vollzogen wird. Die Belehrung obliegt dem Ermittlungsbeamten, der die Beschlagnahme wegen Gefahr im Verzug selbst anordnet oder der die richterliche Beschlagnahmeanordnung vollzieht. § 95a Abs. 4 Satz 2 enthält für den Fall der heimlichen Beschlagnahme wieder eine Sonderregelung.

33 § 98 Abs. 2 Satz 2 wird auf Beanstandungen der **Art und Weise der Vollziehung** der Beschlagnahme analog angewendet (LR/*Menges* § 98 Rn. 50), ebenso auf Fälle der Durchsicht nach § 110, die mit einer vorläufigen Sicherstellung verbunden ist (BayVerfGH BayVBl. 2012, 482 f.). Die Art. 23 ff. EGGVG sollen insoweit nicht zur Anwendung kommen. An sich ist die analoge Anwendung von Vorschriften über gerichtliche Zuständigkeiten im Hinblick auf das Gesetzlichkeitsprinzip nach Art. 101 Abs. 1 Satz 2 GG fragwürdig. Der Gesetzgeber hat auch dieses Detailproblem bisher ignoriert und bleibt dabei, solange die Rspr. scheinbar problemlos agiert. In § 95a Abs. 5 Satz 1 ist die Anfechtung der Beschlagnahmeanordnung, der Art und Weise der Vollziehung und der Zurückstellung der Benachrichtigung des Beschuldigten nun für den Sonderfall einheitlich vorgesehen.

34 **III. Gerichtszuständigkeit. Bis zur Erhebung der Anklage** ist der **Ermittlungsrichter** zur Anordnung oder nachträglichen Überprüfung der Beschlagnahme zuständig, **danach das erkennende Gericht**. Wenn die Beschlagnahme für **mehrere**, nicht miteinander verbundene **Strafverfahren** erfolgt, ist im Vorverfahren der Ermittlungsrichter bei dem Amtsgericht am Sitz der Staatsanwaltschaft zuständig, deren Verfahren führt. In Staatsschutzsachen ist der Ermittlungsrichter des OLG oder derjenige des BGH zuständig (§ 169).

35 Wird in normalen Strafverfahren, außer Staatsschutzsachen mit der Zuständigkeit des Ermittlungsrichters des BGH, ein Widerspruch gegen die Beschlagnahme noch nach Anklageerhebung erstinstanzlich durch den Ermittlungsrichter bei dem Amtsgericht abgelehnt und ein Rechtsbehelf beim Landgericht in der Form einer Beschwerdeentscheidung beschieden, so kann die **Beschwerdeentscheidung** nach einer Ansicht in der Rspr. **in eine erstinstanzliche Entscheidung umgedeutet** werden, damit der Instanzenzug der Prozesslage angepasst wird (OLG Schleswig Beschl. v. 04.11.2002 – 2 Ws 343/02 [218/02]). Andererseits wird dann praktisch eine weitere Beschwerde eröffnet, die das Gesetz in Beschlagnahmesachen nicht vorsieht (§ 310 Abs. 2). Der Instanzwechsel ist in § 101 Abs. 7 Satz 4, § 95 Abs. 5 Satz 3 gesetzlich vorgesehen (BGHSt 53, 1 [4 f.]); ob sich das auf das Verfahren nach § 98 Abs. 2 Satz 2 auswirkt, ist nicht geklärt (*Löffelmann* ZIS 2009, 495 [496]).

36 **IV. Prüfungsmaßstab.** Dem Betroffenen ist im gerichtlichen Prüfungsverfahren das rechtliche Gehör zu gewähren (§ 33 Abs. 4) und die Staatsanwaltschaft anzuhören (§ 33 Abs. 2). Der Ermittlungsrichter hat danach die **Rechtmäßigkeit** in tatsächlicher und rechtlicher Hinsicht (LR/*Menges* § 98 Rn. 53), aber **nicht** die **Zweckmäßigkeit** der Maßnahme zu prüfen (SK-StPO/*Wohlers/Greco* § 98 Rn. 9). Er hat in den Fällen des § 98 Abs. 2 andererseits nicht nur entscheiden, ob die Beschlagnahme im Zeitpunkt seiner Entscheidung wegen Vorliegens eines Tatverdachts und der potenziellen Beweisbedeutung des Beschlagnahmegegenstands (LG Bielefeld Beschl. v. 25.01.2013 – 1 Qs 629/12) gerechtfertigt und verhältnismäßig ist, sondern auch, ob **Gefahr im Verzug** vorgelegen hat und die Anordnungskompetenz der Staatsanwaltschaft oder ihrer Ermittlungspersonen z.Zt. des Zugriffs gegeben war. Bei schwerwiegenden Fehlern im vorangegangenen Sicherstellungsverfahren kommt eine richterliche Bestätigung der behördlichen Beschlagnahme nicht infrage (BVerfG Beschl. v. 12.02.2004 – 2 BvR 2009/03).

Die **Durchsicht** des sichergestellten Materials, gegebenenfalls auch von beschlagnahmen Computer-Dateien (BVerfGE 124, 43 [72]), die der Prüfung dient, ob und gegebenenfalls welche Sicherstellungsgegenstände zurückzugeben oder zu beschlagnahmen sind, richtet sich nach § 110 und erfolgt im Rahmen einer vorläufigen Sicherstellung. Die Durchsetzung eines auf die Löschung von zu Beweiszwecken gesicherten elektronischen Daten gerichteten Antrags kann nicht im Verfahren nach §§ 23 ff. EGGVG, sondern nur im Verfahren nach §§ 110, 98 Abs. 2 Satz 2 StPO zur gerichtlichen Überprüfung gestellt werden (OLG Rostock Beschl. v. 29.06.2017 – 20 VAs 5/16). 37

G. Beendigung der Beschlagnahme. Die Beschlagnahme endet spätestens **mit dem rechtskräftigen Abschluss des Verfahrens**, ohne dass es dann einer förmlichen Aufhebung bedarf (LR/*Menges* § 98 Rn. 56). Die Gegenstände werden, wenn die Rückgabevoraussetzungen offenkundig sind (§ 111n Abs. 4) von der Staatsanwaltschaft zurückgegeben (LR/*Menges* § 98 Rn. 63) und zwar grundsätzlich an den letzten Gewahrsamsinhaber (§ 111n Abs. 1), unter den Voraussetzungen des § 111n Abs. 2 an den Verletzten. Steht der Herausgabe der Anspruch eines Dritten entgegen, wird die Sache an den Dritten herausgegeben, wenn dieser bekannt ist (§ 111n Abs. 3). 38

Eine förmliche **Aufhebung** der Beschlagnahmeanordnung ist **erforderlich**, wenn der Beweisgegenstand vor Verfahrensbeendigung aus Beweisgründen nicht mehr im konkreten Verfahren benötigt wird und auch eine Beschlagnahme als Einziehungsgegenstand nicht infrage kommt oder wenn die Beschlagnahme aus anderen Gründen unverhältnismäßig geworden ist. Hierfür zuständig ist nach Anklageerhebung das erkennende **Gericht**, vor Anklageerhebung die **Staatsanwaltschaft** (LR/*Menges* § 98 Rn. 61). **Ermittlungspersonen** dürfen die durch sie bewirkte Beschlagnahme nur aufheben, wenn die Sache noch nicht der Staatsanwaltschaft vorgelegt worden ist. Die Aufhebung schließt eine erneute Beschlagnahme nicht aus. 39

Wird der beschlagnahmte Gegenstand lange Zeit, etwa mehr als sechs Monate lang, nicht als Beweismittel im Vorverfahren herangezogen, insb. der Datenbestand eines beschlagnahmten Computers nicht ausgewertet, kann die Aufrechterhaltung der Beschlagnahme unverhältnismäßig werden (LG Aachen StV 2000, 548; *Konisch* AnwBl. 1988, 617 ff.). Der Beschlagnahmebeschluss wird auch dann gegenstandslos, wenn sich zwischen seinem Erlass und dem Zeitpunkt einer möglichen Vollziehung die Sachlage grundlegend geändert hat. 40

H. Rechtsmittel. I. Beschwerde. Gegen die richterliche Anordnung der Beschlagnahme nach § 98 Abs. 1 oder deren Ablehnung ist die Beschwerde nach § 304 **statthaft** (SK-StPO/*Wohlers/Greco* § 98 Rn. 28), ferner gegen die Bestätigung nach § 98 Abs. 2 Satz 1, gegen die Ablehnung des Antrags auf gerichtliche Entscheidung nach § 98 Abs. 2 Satz 2 und gegen die Ablehnung des Antrags auf Erlass einer richterlichen Beschlagnahmeanordnung. Das gilt nach § 305 Abs. 2 sind auch für Entscheidungen des erkennenden Gerichts (a.A. OLG Hamburg JR 1985, 300 f. m.Anm. *K. Meyer*). Für Fälle der heimlichen Beschlagnahme sieht § 95a Abs. 5 Satz 2 in gleichheitswidriger Weise nur eine sofortige Beschwerde vor. **Beschwerdebefugt** sind der als Eigentümer oder Gewahrsamsinhaber von der Beschlagnahme unmittelbar Betroffene (SK-StPO/*Wohlers/Greco* § 98 Rn. 29) und die Staatsanwaltschaft. 41

Wird nach Einlegung der Beschwerde und vor der Entscheidung hierüber die öffentliche Klage erhoben, so wird die Beschwerde von der Rspr. in einen Antrag auf Entscheidung durch das erkennende Gericht umgedeutet (Rdn. 35). Eine weitere Beschwerde ist in Beschlagnahmesachen nicht vorgesehen (OLG Köln NStZ-RR 2002, 244 f.). 42

Die Beschwerde führt zur eigenen **Sachentscheidung des Beschwerdegerichts** (§ 309 Abs. 2), das prüfen muss, ob sämtliche Beschlagnahmevoraussetzungen z.Zt. seines Beschlusses vorliegen und keine Beschlagnahmeverbote eingreifen. Vor dieser Entscheidung ist dem Beschwerdeführer rechtliches Gehör zu gewähren (BVerfGE 18, 399 [404]). Ein **Belehrungsmangel** im Sinne von § 98 Abs. 2 Satz 5 ist im Beschwerdeverfahren nach der Rspr. ohne besondere Bedeutung (OLG Frankfurt NStZ-RR 2003, 175 f.). Er führt zumindest regelmäßig **nicht zu einem Beweisverwertungsverbot**. Ausnahmsweise kann das Beschwerdegericht nach der Rspr. bei Vorliegen gravierender Verfahrensfehler im Verfahren des Ermittlungsrichters den amtsgerichtlichen Beschluss aufheben und die Sache an dieses Gericht zurückverweisen, wenn andernfalls praktisch ein Instanzverlust anzunehmen wäre (LG Bochum Beschl. v. 26.10.2004 – 12 Qs 23/04). Da aber der Ermittlungsrichter ohnehin funktional exekutivisch handelt, ist der Instanzverlust oft nicht essenziell. Das positive Recht sieht eine Aufhebung und Zurückverweisung im Beschwerdeverfahren nicht vor. Ob das Beschwerdegericht eine konkrete Beschlagnahmeanordnung erlassen darf, nachdem das Amtsgericht dies versäumt hatte (BVerfG Beschl. v. 13.04.1999 – 2 BvR 274/99), erscheint zweifelhaft. 43

Auch **nach Beendigung der Beschlagnahme** kann eine nachträgliche Überprüfung im Antragsverfahren nach § 98 Abs. 2 Satz 2 und im Beschwerdeverfahren mit dem Ziel der nachträglichen Feststellung der Rechtswidrigkeit der Beschlagnahme in Betracht kommen, wenn der Beschwerdeführer ein Rechtsschutzinteresse daran hat (*Meyer/Rettenmaier* NJW 2009, 1238 ff.). Die ist zumindest dann der Fall, wenn ein tiefgreifender 44

Grundrechtseingriff vorliegt (BVerfGE 96, 27 [40]; 115, 166 [268 ff.]), was bei den einem Richtervorbehalt unterliegenden Beweismittelbeschlagnahmen regelmäßig der Fall ist (BayVerfGH BayVBl. 2012, 482 f.), und wenn eine frühere Reaktion des Betroffenen durch ein Rechtsmittel nicht möglich war (OLG Frankfurt NStZ-RR 2003, 175 f.). Nach besonders langem Zeitablauf kann das Antrags- und Beschwerderecht verwirkt sein (BVerfG Beschl. v. 16.04.2007 – 2 BvR 463/07).

45 **II. Revision.** Die Revision kann darauf gestützt werden, dass ein Beweisgegenstand **trotz Bestehens eines Beweisverwertungsverbots** beschlagnahmt und **verwertet** wurde, sofern das Urteil darauf beruht (*Eisenberg* Beweisrecht der StPO, Rn. 2389).

46 Der Strafprozessordnung soll nach der Rspr. ein Grundsatz fremd sein, dass ein Verstoß gegen Vorschriften über die Beweiserhebung zu einem Verwertungsverbot führt (BGHSt 51, 285 [289 f.]); das war früher für das Beschlagnahmerecht anders gesehen worden (BVerfGE 44, 353 [383]). Ein **unselbstständiges Beweisverwertungsverbot** besteht nach heutiger Rspr. vor allem dann, wenn ein Beweisgegenstand entgegen einem **Beschlagnahmeverbot** aus Art. 97 Abs. 1 oder von Verfassungs wegen erlangt wurde (*Eisenberg* Beweisrecht der StPO, Rn. 2387), ferner wenn der Betroffene im Fall des § 97 Abs. 1 **nicht** darüber **belehrt** wurde, dass er nicht zur Herausgabe gezwungen werden darf, und er nur deshalb die Sache herausgegeben hat (*Eisenberg* a.a.O., Rn. 2388). I.Ü. wird die **Abwägungsdoktrin** angewendet (LR/*Menges* § 98 Rn. 75; s.a. § 136 Rdn. 86 ff.). Danach sind Beweisverwertungsverbote als Folge von Fehlern bei der Beweiserhebung die Ausnahme; die Verwertbarkeit soll die Regel sein. Das leuchtet aber nicht ein, weil damit Rechtsfehler bei der Beweiserhebung, die nicht nur Verstöße gegen belanglose »Ordnungsvorschriften« darstellen, in der Regel folgenlos bleiben; das wirkt eher paradox. **Verfahrensfehler bei der Durchsuchung** wirken sich danach jedoch meist nicht auf die **Wirksamkeit der Beschlagnahme** und die Verwertbarkeit des Beschlagnahmegegenstands als Beweismittel aus. Die **Widerspruchslösung** (§ 136 Rdn. 100 ff.) gilt nicht für unselbstständige Beweisverwertungsverbote wegen Fehlern bei der Durchsuchung oder Beschlagnahme (BGHSt 61, 266 [270] m.Anm. *Basdorf* NStZ 2017, 370 ff.; *Zopfs* NJW 2017, 1335 f.). Bei selbstständigen Beweisverwertungsverboten von Verfassungs wegen (*Lucke* HRRS 2011, 527 ff.) spielt sie ohnehin keine Rolle.

47 Der »Grundsatz der Verwertbarkeit« gilt nach der Rspr. jedenfalls, wenn **bei einer hypothetischen Verlaufsalternative** auch eine rechtmäßige Beweiserlangung in Betracht gekommen wäre (BGH NStZ 1989, 375 m. Anm. *Roxin*; OLG Frankfurt NStZ-RR 2003, 175 f.; abl. für den Fall der Kompetenzanmaßung BGHSt 51, 285 [295 f.]). Das entspricht jedoch nicht der Bedeutung und dem **Normzweck der eingriffsrechtlichen Bestimmungen** über die Beweiserhebung (MüKo-StPO/*Hauschild* § 98 Rn. 13) und dem verfassungsrechtlichen Gewicht der Eingriffshandlungen sowie dem rechtstatsächlichen Befund häufigen Rechtsbruchs aus Nachlässigkeit oder aus der Absicht einer Verfahrenserleichterung (*Harms* StV 2006, 215 [219]). Die Behauptung einer regelhaften Folgenlosigkeit wegen einer angeblichen Regel der Verwertbarkeit des Beweises trotz substanzieller Rechtsfehler bei der Beweiserhebung und einer begründungsbedürftigen Ausnahmeposition von Verwertungsverboten (zu Recht krit. *Lucke* HRRS 2011, 527 [531]) verleitet zu solchem Rechtsbruch (*Kühne* NJW 1979, 1953 [1054]; *Ransiek* StV 2002, 565 [566 ff.]). Die Abwägungsdoktrin führt zu einem intuitiv gewichtenden Vergleich von »Fallgestaltungen«, die weder tatsächlich noch rechtlich etwas miteinander zu tun haben, außer der Fragenkategorie, ob aus einem Rechtsfehler bei der Beweiserhebung ein Beweisverwertungsverbot als Rechtsfolge resultiert. Die Prüfung, ob der Einzelfall jenen Fallgruppen »ausreichend ähnlich« erscheint (BGHSt 51, 285 [291]), wird ohne dogmatisch nachvollziehbaren Maßstab durchgeführt. Derart intuitive Rechtsfindung sollte besser vermieden werden, weil sie nur zu Rechtsunsicherheit führt.

48 Von der herrschenden Meinung gesondert gewichtet werden **Willkürakte oder bewusste Rechtsverletzungen** (BGHSt 51, 285 [292]). Deren Prüfung und gegebenenfalls Bejahung **verdirbt** allerdings **das Prozessklima** und sollte vermieden werden, sofern es andere Kriterien gibt, die eine dogmatisch plausible Unterscheidung von folgenlosen Verfahrensfehlern und solchen gestatten, die ein Beweisverwertungsverbot auslösen. Derartige Kriterien sind nach der **Normzwecklehre** (§ 136 Rdn. 93) und der **Beweisbefugnistheorie** (§ 136 Rdn. 94 ff.) durchaus zu finden und sie sind dogmatisch stringenter und ihr Resultat eher vorhersehbar als das Resultat nach der diffusen Abwägungstheorie; diese führt dazu, dass **selbst für Tatgerichte nicht vorhersehbar** erscheint, wie die höchstrichterliche Rspr. letztlich über die Verwertungsverbotsfrage entscheiden wird. Das war ein Mitmotiv für informelle Urteilsabsprachen (BVerfGE 133, 168 [172]), was auf einen fehlerhaften Ansatz hinweist.

49 Bisher gilt aber, dass auf **Verstöße gegen die Regeln über die Anordnungskompetenzen** ein Rechtsbehelf nach § 98 Abs. 2 Satz 2 oder § 304 Abs. 1 (LG Verden Beschl. v. 11.08.2010 – 7 KLs 3/10) oder auch die Revision nicht mit Erfolg gestützt werden kann, soweit sich daraus kein Beweisverwertungsverbot ergibt. Das soll nach der Rspr. bei schwerwiegenden, bewussten oder willkürlichen Verfahrensverstößen gegen die

Kompetenzordnung der Fall sein (BVerfGE 113, 29 [61]; BGHSt 51, 285 [292]), was bei restriktiver Interpretation der Beweisverwertungsverbote als besonders begründungsbedürftiger Ausnahmetatbestände dann zugleich den entscheidenden Rahmen ihrer Anwendung darstellt (Meyer-Goßner/Schmitt/*Köhler* § 98 Rn. 7), weil andere Abwägungskriterien regelmäßig zum Ergebnis der Verwertbarkeit des Beweisgegenstands trotz Verfahrensfehlern bei der Beweisgewinnung führen. Jedoch entspricht das Resultat nicht dem Prinzip vom Vorbehalt des Gesetzes und der daraus resultierenden Begrenzung der Beweisbefugnis der staatlichen Strafverfolgungsorgane.

Hat das erkennende Gericht die eigene Beschlagnahme eines Beweismittels oder die Verwendung eines vom Ermittlungsrichter beschlagnahmten Gegenstands trotz Fehlens eines Verwertungsverbots abgelehnt, so kann dies im Einzelfall eine **Aufklärungsrüge** nach §§ 244 Abs. 2, 337 begründen (*Eisenberg* Beweisrecht der StPO, Rn. 2389). 50

Vorbemerkung vor § 98a ff.

A. Möglichkeiten automatisierter Datenverarbeitung nach dem OrgKG. Der Gesetzgeber hat die Vorschriften der §§ 98a bis 98c durch das Gesetz zur Bekämpfung des illegalen Rauschgifthandels und anderer Erscheinungsformen der Organisierten Kriminalität (OrgKG) vom 15.07.1992 (BGBl I S. 1302) in die Strafprozessordnung eingefügt. Er ist dabei von einer Gefährdung der Bundesrepublik Deutschland durch organisierte Kriminalität ausgegangen, deren besondere Strukturen und Professionalität sowie deren konspiratives, auf Abschottung bedachtes Vorgehen die herkömmlichen Ermittlungs- und Aufklärungsmethoden nicht mehr als ausreichend erscheinen ließen (vgl. *Möhrenschlager* wistra 1992, 282). Um zukünftig die Möglichkeiten der automatisierten Datenverarbeitung für die Zwecke der Strafverfolgung nutzen zu können, wurden gesetzliche Ermächtigungen für die sog. **Rasterfahndung** (§§ 98a, 98b) und den **maschinellen Abgleich mit vorhandenen Daten** (§ 98c) geschaffen. Während die §§ 98a und 98b den Zugriff bei öffentlichen oder nicht öffentlichen Stellen auf für andere Zwecke als die Strafverfolgung erhobene und gespeicherte Daten ermöglichen, erlaubt § 98c nur den polizei- bzw. justizinternen maschinellen Datenabgleich von Strafverfahrensdaten mit Daten, die zu Zwecken der Strafverfolgung, der Strafvollstreckung oder zur Gefahrenabwehr gespeichert wurden. Auch wenn der Begriff der Rasterfahndung zum Teil auf alle Maßnahmen der §§ 98a bis 98c bezogen wird (vgl. BT-Drs. 12/989, S. 36), handelt es sich beim maschinellen Datenabgleich gem. § 98c nicht um Rasterfahndung im engeren Sinn. Nicht in der Strafprozessordnung geregelt sind die rechtlichen Möglichkeiten der Nutzung automatisierter Datenverarbeitung im präventivpolizeilichen Bereich zur Abwehr von Gefahren einschließlich der Verhütung künftiger Straftaten. Derartige Ermittlungsmaßnahmen haben ihre Rechtsgrundlagen in den Polizei- und Sicherheitsgesetzen der Länder (§ 98a Rn. 8). Gegenstand der §§ 98a bis 98c sind allein Rasterfahndung und Datenabgleich im Bereich der Strafverfolgung. 1

B. Grundrechtseingriff durch Massendatenverarbeitung. Die Ermittlungsmethoden Rasterfahndung (§§ 98a und 98b) und maschineller Abgleich mit vorhandenen Daten (§ 98c) sind ebenso wie der in § 163d geregelte Abgleich von Daten aus Kontrollen (Kontroll- bzw. Netzfahndung) Formen der **Massendatenverarbeitung**. Sie sind regelmäßig mit einem Eingriff in das Recht auf informationelle Selbstbestimmung verbunden, weil durch die Menge der verarbeiteten Daten viele Unbeteiligte, die sich nicht verdächtig gemacht haben, in den strafrechtlichen Kontrollprozess geraten (vgl. *Möhrenschlager* wistra 1992, 326; *Wittig* JuS 1997, 961; vgl. auch BVerfG NJW 2006, 1939, 1942 Rn. 110). Auch wenn die von der Rasterfahndung betroffenen Informationen für sich genommen im Regelfall eine geringe Persönlichkeitsrelevanz haben, kommt der mit der Rasterfahndung verbundenen inhaltlichen Weite sowie der mit ihr eröffneten Möglichkeit der Verknüpfung von Daten ein erhebliches Gewicht zu (BVerfG NJW 2006, 1939, 1942 Rn. 96). Die Normierung dieser – weitgehend schon zuvor praktizierten (vgl. die Nachweise bei *Wittig* a.a.O.) – »verdeckten« Fahndungsmethoden stellt damit auch eine Reaktion des Gesetzgebers auf das Urteil des BVerfG vom 13.12.1983 zum Volkszählungsgesetz (BVerfGE 65, 1, 41 ff.) dar. Danach bedürfen Eingriffe in das aus dem allgemeinen Persönlichkeitsrecht (Art. 2 i.V.m. Art. 1 GG) abgeleitete **Grundrecht auf informationelle Selbstbestimmung** besonderer Eingriffsermächtigungen, aus denen sich die Voraussetzungen und der Umfang der Beschränkungen klar und für den Bürger erkennbar ergeben (BVerfGE 65, 1, 44). 2

Grundrechtssichernde Verfahrensregelungen über die **nach Durchführung** einer solchen Ermittlungsmaßnahme erforderliche Kennzeichnung der erlangten Daten, Benachrichtigung der betroffenen Personen, Löschung nicht mehr erforderlicher Daten, Verwendung der Daten in anderen Strafverfahren sowie über den gerichtlichen Rechtsschutz enthalten die **§§ 101 und 477 Abs. 2 StPO**, die einheitlich für alle eingriffsintensiven verdeckten Ermittlungsmaßnahmen gelten (vgl. BR-Drucks. 275/07, S. 4).

3 **C. Bedeutung der Rasterfahndung in der Praxis.** Die Rasterfahndung wurde in den sechziger Jahren des vorigen Jahrhunderts vom BKA entwickelt und in den siebziger Jahren vor allem im Rahmen der Bekämpfung der Terroristen der RAF angewendet. Anders als etwa bei der Rasterfahndung auf präventivpolizeilicher Rechtsgrundlage nach den Anschlägen vom 11.09.2001 (vgl. dazu BVerfG NJW 2006, 1939) wurde von den Möglichkeiten der strafprozessualen Rasterfahndung gem. § 98a nur sehr wenig Gebrauch gemacht; sie ist in der Ermittlungstätigkeit der Staatsanwaltschaften der seltene Ausnahmefall. Empirische Ergebnisse hierzu finden sich in einer Studie von *Pehl* (Die Implementation der Rasterfahndung, 2008), der im Zeitraum von 1992 bis 2005 nur 30 unter Einsatz der Rasterfandung geführte Ermittlungsverfahren identifizieren und davon 27 untersuchen konnte, bei denen zudem die Rasterdaten im weiteren Verfahrensverlauf nicht als Beweismittel, sondern lediglich als Ansatz für weitere Ermittlungsmaßnahmen verwendet wurden (*Pehl* a.a.O., S. 240 ff.; 289 ff.). Immerhin erbrachten mehr als zwei Drittel der untersuchten Rasterfahndungen neue Ermittlungsansätze, die jedoch nur vereinzelt zu Ermittlungserfolgen führten (*Pehl* a.a.O., S. 298). Soweit die Rasterfahndung in der Praxis überhaupt zur Anwendung kommt, scheint der Hauptanwendungsbereich in der Vorbereitung von DNA-Reihenuntersuchungen zu liegen (vgl. *Pehl* a.a.O., S. 249 f., 265 ff., 290 f.; SK-StPO/*Wohlers/Greco* § 98a Rn. 8). Die mit einer Rasterfahndung verbundenen Kosten scheinen bei der Entscheidung, eine Rasterfahndung durchzuführen, nur eine untergeordnete Rolle zu spielen (*Pehl* a.a.O., S. 294).

§ 98a Rasterfahndung

(1) Liegen zureichende tatsächliche Anhaltspunkte dafür vor, dass eine Straftat von erheblicher Bedeutung
1. auf dem Gebiet des unerlaubten Betäubungsmittel- oder Waffenverkehrs, der Geld- oder Wertzeichenfälschung,
2. auf dem Gebiet des Staatsschutzes (§§ 74a, 120 des Gerichtsverfassungsgesetzes),
3. auf dem Gebiet der gemeingefährlichen Straftaten,
4. gegen Leib oder Leben, die sexuelle Selbstbestimmung oder die persönliche Freiheit,
5. gewerbs- oder gewohnheitsmäßig oder
6. von einem Bandenmitglied oder in anderer Weise organisiert
begangen worden ist, so dürfen, unbeschadet §§ 94, 110, 161, personenbezogene Daten von Personen, die bestimmte, auf den Täter vermutlich zutreffende Prüfungsmerkmale erfüllen, mit anderen Daten maschinell abgeglichen werden, um Nichtverdächtige auszuschließen oder Personen festzustellen, die weitere für die Ermittlungen bedeutsame Prüfungsmerkmale erfüllen. Die Maßnahme darf nur angeordnet werden, wenn die Erforschung des Sachverhalts oder die Ermittlung des Aufenthaltsortes des Täters auf andere Weise erheblich weniger Erfolg versprechend oder wesentlich erschwert wäre.

(2) Zu dem in Absatz 1 bezeichneten Zweck hat die speichernde Stelle die für den Abgleich erforderlichen Daten aus den Datenbeständen auszusondern und den Strafverfolgungsbehörden zu übermitteln.

(3) Soweit die zu übermittelnden Daten von anderen Daten nur mit unverhältnismäßigem Aufwand getrennt werden können, sind auf Anforderung auch die anderen Daten zu übermitteln. Ihre Nutzung ist nicht zulässig.

(4) Auf Anforderung der Staatsanwaltschaft hat die speichernde Stelle die Stelle, die den Abgleich durchführt, zu unterstützen.

(5) § 95 Abs 2 gilt entsprechend.

Übersicht

A. Regelungsinhalt. Die §§ 98a und 98b regeln die materiellen und formellen Voraussetzungen der sog. **Rasterfahndung** im Rahmen der Strafverfolgung. Diese Ermittlungsmethode nutzt die Möglichkeiten der elektronischen Datenverarbeitung, um durch eine maschinell ablaufende Überprüfung von Datenbeständen öffentlicher und nichtöffentlicher Stellen Hinweise und Spuren aufzuklären, die nach kriminalistischer Erfahrung zur Aufklärung einer Straftat beitragen können. Sie ist als verdeckte Ermittlungsmaßnahme ausgestaltet. Die Rasterfahndung besteht in einem automatisierten Abgleich personenbezogener Daten, die nicht zum Zwecke der Strafverfolgung erhoben wurden und in Dateien anderer Stellen als Strafverfolgungsbehörden gespeichert sind, mithilfe fallspezifischer tätertypischer Prüfungsmerkmale, den sog. Rastern (BT-Drs. 12/989, S. 36; *Hilger* NStZ 1992, 460). Den **Abgleich** der Daten regelt § 98a Abs. 1, deren vorangehende **Erhebung** bei den speichernden Stellen § 98a Abs. 2–5. Kern der Rasterfahndung ist der Abgleich der herausgefilterten Datenbestände mehrerer Speicherstellen, der die Verknüpfung verschiedener Sachbereiche ermöglicht, um ein Persönlichkeitsprofil zu erstellen; die Suchabfrage in Dateien derselben Speicherstelle ist keine Rasterfahndung (BVerfG NJW 2009, 1405, 1506 Rn. 23). 1

B. Ablauf der Rasterfahndung. Die Rasterfahndung läuft, nachdem eine entsprechende Anordnung (§ 98b) ergangen ist, regelmäßig in folgenden Schritten ab (vgl. KK-StPO/*Greven* Rn. 2, 15 ff.; *Graf*, Rasterfahndung und organisierte Kriminalität, 1997, S. 98 ff.; *Rogall* GS Schlüchter, 2002, S. 611, 619 ff.; *Wittig* JuS 1997, 961, 969): 2

– Zunächst werden die auf den Täter vermutlich zutreffenden Prüfungsmerkmale (Raster) bestimmt und damit für den Einzelfall (§ 98b Abs. 1 Satz 5) ein Verdächtigenprofil erstellt.
– Sodann wird eine Suchanfrage formuliert, bei der die Prüfungsmerkmale logisch verknüpft werden.
– Anhand dieser Suchanfrage werden die Datenbestände von ausgewählten öffentlichen oder nichtöffentlichen Stellen nach bestimmten Zeichenketten, numerischen Werten oder anderen digitalisierten Informationen wie Bildern durchsucht.
– Diejenigen Informationen, die mit der Suchanfrage übereinstimmen, werden herausgefiltert, in einer gesonderten Datei gespeichert und den Strafverfolgungsbehörden übermittelt.
– Die Suchergebnisse werden anschließend mit anderen Daten maschinell abgeglichen, um die Personen herauszufiltern, die alle Prüfungsmerkmale aufweisen (**positive Rasterfahndung**) oder die Personen auszuschließen, die den Rastern nicht genügen (**negative Rasterfahndung**; vgl. BT-Drs. 12/989, S. 37). Auf diese Weise wird die Zahl der verdächtigen Personen auf diejenigen mit tätertypischen Merkmalen beschränkt (Schnittmenge bzw. Datenrestbestand), gegen die dann mit herkömmlichen Mitteln weiter ermittelt werden kann.

C. Anwendungsbereich. § 98a bezieht sich auf den **maschinellen Abgleich von personenbezogenen Daten aus Dateien** aller Art, der unter der Verantwortung der Strafverfolgungsbehörden vorgenommen wird, unabhängig von der verwendeten Technik (*Hilger* NStZ 1992, 460 Fn. 54). Gem. Art. 4 Nr. 1 DSGVO sind personenbezogene Daten alle Informationen, die sich auf eine identifizierte oder identifizierbare natürliche Person beziehen. Als identifizierbar wird eine natürliche Person angesehen, die direkt oder indirekt, insb. mittels Zuordnung zu einer Kennung wie einem Namen, zu einer Kennnummer, zu Standortdaten, zu einer Online-Kennung oder zu einem oder mehreren besonderen Merkmalen, die Ausdruck der physischen, physiologischen, genetischen, psychischen, wirtschaftlichen, kulturellen oder sozialen Identität dieser natürlichen Person sind, identifiziert werden kann. **Personenbezogen** bedeutet daher, dass sich die jeweiligen Daten in irgendeiner Weise auf eine Person beziehen lassen. Dies ist z.B. auch dann der Fall, wenn sich in Datensätzen die Beziehung zu einer Person nur über ein sog. Schlüsselfeld herstellen lässt (vgl. KK-StPO/*Greven* Rn. 18); als solches kommt etwa das Feld »Kontonummer« in Transaktions- und Kundendateien einer Bank in Betracht. Zwar regelt § 98a ausdrücklich nur die an einem Täterprofil ausgerichtete täterbezogene Rasterfahndung; für die rein tatbezogene Rasterfahndung, die etwa zur Aufklärung von Geldflüssen bei Wirtschaftsstraftaten eingesetzt werden kann, gelten die Regelungen jedoch entsprechend (KK-StPO/*Greven* Rn. 32). Da § 98a Abs. 1 Satz 1 nicht die Herausgabepflicht, sondern die materiellen Voraussetzungen für den maschinell-automatisierten **Datenabgleich** regelt, ist diese Vorschrift auch dann anzuwenden, wenn die Daten von der speichernden Stelle freiwillig herausgegeben werden (BT-Drs. 12/989, S. 37). Andererseits finden die Bestimmungen über die Rasterfahndung schon auf die **Aussonderung und Übermittlung von Daten** zum Zwecke des Abgleichs Anwendung (vgl. § 98b Abs. 1 Satz 1: »Der Abgleich und die Übermittlung der Daten«). 3

4 **Nicht anzuwenden** sind die §§ 98a und 98b, wenn die Strafverfolgungsbehörden die Daten, die abgeglichen werden sollen, ohne rastergeordneten Einsatz von Daten einer Vielzahl Tatunbeteiligter **über die §§ 94, 100b, 110, 161, 163 erhalten** haben, z.B. durch Beschlagnahme – etwa einer Festplatte (vgl. VGH Baden-Württemberg, Beschl. v. 02.04.2019 – 1 S 982/18 Rn. 23, juris) –, Online-Durchsuchung oder Auskünfte über spezielle Täter-Daten (*Hilger* NStZ 1992, 460). Dies gilt selbst dann, wenn private Stellen (z.B. Kreditkartenunternehmen) die herauszugebenden Daten (»Treffer«) erst durch eine maschinelle Recherche aufgrund von Prüfungsmerkmalen in ihrem eigenen Datenbestand herausfiltern mussten, denn in einem solchen Fall erhält die Strafverfolgungsbehörde allein Auskünfte zu speziellen Täter-Daten übermittelt, nicht aber die Gesamtdateien zum weiteren Abgleich mit anderen Dateien (BVerfG NJW 2009, 1405; vgl. auch AG Halle-Saalkreis DuD 2007, 464).

5 Bereits nach §§ 161, 163 zulässig ist die **Auswertung von** Karteien oder anderen **schriftlichen Informationen**, wenn lediglich ein **Handabgleich** von nicht elektronisch gespeicherten Daten stattfinden soll (BT-Drs. 12/989, S. 36), bei dem der für die Rasterfahndung typische schnelle Massenabgleich von Daten gerade nicht vorgenommen werden kann. Die Regelungen über die Rasterfahndung greifen aber auch dann nicht ein, wenn nach den §§ 94 ff. gewonnene Daten **elektronisch erfasst** und mit einem Datenbankprogramm aufgearbeitet werden sollen. Werden aber schriftliche Informationen mithilfe von Scannern und Text- und Bilderkennungssoftware so in Textdateien oder in ein Datenbankformat umgewandelt, dass eine der Rasterfahndung vergleichbare Informationsverarbeitung möglich wird, werden die Grundsätze der Rasterfahndung entsprechend anzuwenden sein (vgl. KK-StPO/*Greven* Rn. 4).

6 Keine Anwendung finden die §§ 98a und 98b auch auf die **Beschlagnahme** und Auswertung **von EDV-Daten** des Beschuldigten oder Dritter als Beweismittel, soweit die Daten etwa durch die Sicherstellung von Speichermedien (Massenspeichern) wie Festplatten, Disketten, CDs oder DVDs nach §§ 94 ff. beschlagnahmt werden dürfen (BT-Drs. 12/989, S. 36; vgl. hierzu VGH Baden-Württemberg, Beschl. v. 02.04.2019 – 1 S 982/18 Rn. 23, juris; *Matzky*, Zugriff auf EDV im Strafprozess, 1999, S. 161, 218 ff.; *Bär* CR 1996, 675 und 744; *Schäfer* wistra 1989, 12 f.; *Spatscheck/Spatscheck* PStR 2000, 188; MüKo-StPO/*Günther* Rn. 8). Bei entsprechender Beweiseignung können auch gesamte Kundendateien beschlagnahmt werden (vgl. LG Oldenburg PStR 2001, 143: Beschlagnahme bei einem Kreditinstitut, um die hinter bestimmten Kontonummern stehenden Kunden zu ermitteln). Mit der Beschlagnahme ganzer Datenbestände ohne eigene Beweisbedeutung und allein zu dem Zweck, diese dann anhand von Verdächtigenprofilen zur Ermittlung potenziell verdächtiger Personen für einen EDV-Abgleich mit vorhandenen Daten zu nutzen, können die Vorschriften über die Rasterfahndung allerdings nicht umgangen werden; in solchen Fällen sind die Vorschriften der §§ 98a und 98b zu beachten. Dasselbe gilt, wenn die Daten auf bereits beschlagnahmten Datenträgern in einem anderen Strafverfahren Ausgangspunkt einer Rasterfahndung sein sollen (vgl. SK-StPO/*Wohlers/Greco* Rn. 3; *Hilger* NStZ 1992, 457, 461 Rn. 78). Kommt wegen deren potenzieller Beweisbedeutung eine Beschlagnahme sehr großer Datenbestände in Betracht, ist Voraussetzung einer Beschlagnahmeanordnung, dass eine Abwägung zwischen dem staatlichen Interesse an einer wirksamen Strafverfolgung und rechtlich geschützten Interessen Dritter vorgenommen wird (vgl. BVerfG NJW 2005, 1917).

7 Keine Rasterfahndung nach § 98a liegt vor

- beim **Datenabgleich durch die ersuchte Stelle selbst** nach den für sie geltenden Vorschriften (BT-Drs. 12/989, S. 37), ohne dass ein Abgleich mit Datenbeständen anderer Speicherstellen erfolgen soll; dies gilt auch dann, wenn die StA zuvor (als nach § 161 Abs. 1 zulässige Ermittlungsmaßnahme) eine Speicherstelle (z.B. ein Kreditkartenunternehmen) aufgefordert hatte, ihren Gesamtbestand an Kundendaten nach bestimmten Merkmalen zu durchsuchen und die »Treffer« an die StA herauszugeben (BVerfG NJW 2009, 1405; vgl. auch AG Halle-Saalkreis DuD 2007, 464);
- bei einer bloßen maschinellen **Datenbankabfrage** nach vorgegebenen Kriterien (vgl. BGH NStZ 2002, 107), etwa bei der sog. Zielwahlsuche in Datensätzen von Telekommunikationsunternehmen zur nachträglichen Anruferfeststellung gem. § 100g Abs. 1 (OLG Stuttgart NStZ 2001, 158; OLG Köln NStZ-RR 2001, 31, vgl. dazu auch BVerfG NJW 2003, 1787, 1792; wenn der TK-Anbieter die anrufenden Nummern nicht gespeichert hat, ist die Zielwahlsuche allerdings nicht erfolgversprechend; die Notwendigkeit einer Zielwahlsuche besteht nicht, soweit gem. § 176 Abs. 2 Satz 1 Nr. 1 TKG die Rufnummern des anrufenden und des angerufenen Anschlusses als Vorratsdaten gespeichert sind, vgl. KMR/*Bär* Rn. 54 zu § 100g);
- bei **Auskünften** über Bestandsdaten im automatisierten Auskunftsverfahren nach § 100j durch TK-Anbieter, es sei denn über Einzelanfragen hinaus soll ein maschineller Abgleich durchgeführt werden (KK-StPO/*Greven* Rn. 34);
- bei der ohne besondere Ermächtigung zulässigen Recherche in allgemein zugänglichen Online-Diensten, etwa über das **Internet**, auch wenn bei der Abfrage sog. Suchmaschinen verwendet werden, da es insoweit

an einem Eingriff in das Recht auf informationelle Selbstbestimmung fehlt (SK-StPO/*Wohlers/Greco* Rn. 4; Radtke/Hohmann/*Joecks* Rn. 6; *Rückert* ZStW 2017, 302, 316 ff.; für die automatisierte Erhebung und Auswertung von öffentlich zugänglichen Daten nach Suchrastern wird allerdings teilweise vertreten, dass die Eingriffsintensität solcher Maßnahmen denen nach den §§ 111 und 163d vergleichbar sei, sodass sie nicht auf die Ermittlungsgeneralklauseln gestützt werden könnten, sondern einer eigenen Rechtsgrundlage bedürften, vgl. *Rückert* ZStW 2017, 302, 332 f.);

– beim **länderübergreifenden Abruf nach § 88b AO** von für Zwecke eines Verwaltungsverfahrens in Steuersachen, eines Straf- oder Bußgeldverfahrens wegen einer Steuerstraftat oder eines Bußgeldverfahrens wegen einer Steuerordnungswidrigkeit von Finanzbehörden gespeicherten Daten mit der Möglichkeit des automatisierten Datenabgleichs zur Verhütung, Ermittlung und Verfolgung von Steuerverkürzungen (zu den gegen § 88b AO als »anlasslose Rasterfahndung« erhobenen verfassungsrechtlichen Bedenken vgl. *Beckmann* DStR 2017, 971; *Gläser/Schöllhorn* DStR 2016, 1577, 1579 und *Peters/Odinius* AO-StB 2021, 124).

Für **DNA-Reihenuntersuchungen** enthält § 81h eine eigenständige Regelung. Zur automatisierten Erfassung von **Kfz-Kennzeichen** zwecks Abgleich mit dem Fahndungsbestand s. BVerfGE 120, 378 = NJW 2008, 1505. Die Einbeziehung von **Bundesfernstraßenmautdaten** in eine Rasterfahndung ist gesetzlich ausgeschlossen (§ 4 Abs. 3 Satz 4 und 5 BFStrMG).

Die §§ 98a und 98b regeln nur die Rasterfahndung zum Zwecke der Strafverfolgung. Im Bereich der **Gefahrenabwehr** enthalten die **Polizei- und Sicherheitsgesetze der Länder** eigenständige Ermächtigungsgrundlagen für die Rasterfahndung zur vorbeugenden Bekämpfung von Straftaten mit erheblicher Bedeutung (z.B. Art. 46 BayPAG; § 62 SächsPVDG; vgl. dazu *Petri* in Lisken/Denninger, Handbuch des Polizeirechts 6. Aufl. Abschnitt G Rn 1060; *Gerling/Langer/Roßmann* DuD 2001, 746). Diese Vorschriften enthalten auch Regelungen über die Zulässigkeit der Verwendung der hierbei erlangten Daten für die Strafverfolgung (vgl. Art. 48 Abs. 3 BayPAG; § 84 Abs. 2 Nr. 2 lit. b SächsPVDG). 8

Nicht der Strafverfolgung dienende **steuerverfahrensrechtliche Ermittlungen** der Steuerfahndung zur Aufdeckung und Ermittlung unbekannter Steuerfälle (§ 208 Abs. 1 Nr. 3 AO) richten sich auch dann nicht nach den §§ 98a, 98b, wenn sie an einem Fahndungsraster orientiert sind und gelegentlich eines steuerstrafrechtlichen Ermittlungsverfahrens gegen Dritte, aber ohne sachlichen Zusammenhang mit diesem vorgenommen werden. Ob in solchen Fällen eine **unzulässige steuerliche Rasterfahndung** gegeben ist, bestimmt sich nach den Vorschriften der AO und der hierzu ergangenen Rspr. des BFH (vgl. NJW 2000, 3157). Wegen der doppelfunktionalen Tätigkeit der Steuerfahndung im Besteuerungsverfahren und im Strafverfahren richten sich deren Befugnisse nach der jeweils wahrgenommenen Aufgabe (BFH NJW 2000, 3158). Zu den sog. Bankenfahndungen der Finanzbehörden vgl. auch BFH NJW 2001, 2573; 2002, 2340; *Löwe-Krahl* PStR 2000, 251. 9

D. Gesetzliche Grundlage für den Grundrechtseingriff. Die §§ 98a und 98b stellen eine hinreichend bestimmte gesetzliche Grundlage für einen Eingriff in das vom BVerfG aus Art. 2 Abs. 1 i.V.m. Art. 1 GG abgeleitete **Recht auf informationelle Selbstbestimmung** dar, nach dem der einzelne das Recht hat, »grundsätzlich selbst über die Preisgabe und Verwendung seiner persönlichen Daten zu bestimmen« (BVerfGE 65, 1, 43). Trotz der Verknüpfung unbestimmter Rechtsbegriffe mit einem Katalog von Anlasstaten (§ 98a Abs. 1 Satz 1), der teilweise dynamische Verweisungen beinhaltet (Nr. 2) und in gewissem Umfang offen ist (Nr. 5 und 6), sind die Voraussetzungen und der Umfang der Beschränkungen des Rechts auf informationelle Selbstbestimmung durch die §§ 98a und 98b noch hinreichend klar bestimmt und für den Bürger erkennbar (a.A. *Siebrecht* CR 1996, 545). Wegen der in § 98a Abs. 1 enthaltenen Begrenzung der Rasterfahndung auf Straftaten von erheblicher Bedeutung steht die strafprozessuale Rasterfahndung auch i.Ü. im Einklang mit dem Grundgesetz (glA AnwK-StPO/*Löffelmann* Rn. 1). Liegen die Eingriffsvoraussetzungen der §§ 98a und 98b nicht vor, kann dies wegen des erheblichen Grundrechtseingriffs ein Beweisverwertungsverbot zur Folge haben (s. § 98b Rn. 8). Der Grundsatz der Selbstbelastungsfreiheit (»*nemo tenetur se ipsum accusare*«) kann dagegen bei einer Rasterfahndung in keinem Fall berührt sein, da der Beschuldigte weder unmittelbar noch mittelbar zur Preisgabe personenbezogener Daten gezwungen wird (vgl. auch SK-StPO/*Wohlers*/*Greco* Rn. 7). 10

E. Einsatzvoraussetzungen der Rasterfahndung. Die Rasterfahndung ist nur bei einem Anfangsverdacht für eine Straftat von erheblicher Bedeutung aus einem abschließenden Straftatenkatalog zulässig (§ 98a Abs. 1 Satz 1). Weitere Voraussetzung ist, dass die Erforschung des Sachverhalts oder die Ermittlung des Aufenthaltsortes des Täters auf andere Weise erheblich weniger Erfolg versprechend oder wesentlich erschwert wäre (§ 98a Abs. 1 Satz 2 – Subsidiaritätsgrundsatz). 11

12 **I. Anfangsverdacht.** Die Rasterfahndung erfordert einen **Anfangsverdacht** für eine bereits begangene Straftat, wie ihn jede Einleitung eines Strafverfahrens voraussetzt (§ 152 Abs. 2). Er muss sich auf »zureichende tatsächliche Anhaltspunkte« stützen. Die Rasterfahndung dient dazu, Nichtverdächtige auszuschließen oder Personen festzustellen, die weitere für die Ermittlungen bedeutsame Prüfungsmerkmale erfüllen (§ 98a Abs. 1 Satz 1), um dadurch den Kreis möglicher Tatverdächtiger einzuschränken. Die Rasterfahndung ist damit keine verdachtslose Ermittlungsmaßnahme, auch wenn sich der Verdacht in erster Linie auf die Tat selbst und den modus operandi bezieht (KK-StPO/*Greven* Rn. 11; *Graf*, Rasterfahndung und organisierte Kriminalität, 1997, S. 86) und der Tatverdacht gegen eine bestimmte Person häufig nicht Ausgangspunkt, sondern – im besten Fall – das Ergebnis der Rasterfahndung ist (*Wittig* JuS 1997, 968). Wegen der vorgegebenen Verdachtsschwelle ist der Einsatz der Rasterfahndung im Bereich von Vorfeld- oder Initiativermittlungen ausgeschlossen (*Graf* a.a.O., S. 86).

13 Der in § 98a Abs. 1 Satz 1 gewählte **Begriff des Täters** umfasst – wie bei § 163d – alle Kategorien von Täterschaft und Teilnahme (BT-Drs. 12/989, S. 37). Es ist ausreichend, wenn sich der Tatverdacht auf eine **versuchte Straftat** bezieht (*Hilger* NStZ 1992, 460; *Graf* a.a.O., S. 88; a.A. SK-StPO/*Wohlers/Greco* Rn. 16).

14 **II. Katalogtat von erheblicher Bedeutung.** 1. Die Rasterfahndung darf nur zur Erforschung von Straftaten aus dem in § 98a Abs. 1 Satz 1 enthaltenen generalisierenden Katalog von Deliktsgruppen und Begehungsarten (**Katalogstraftaten**) eingesetzt werden, die als bevorzugte Betätigungsfelder der Organisierten Kriminalität angesehen werden:

- **Nr. 1** erfasst im Wesentlichen die in § 100a Abs. 2 Nr. 1 lit. e, Nr. 6, 7, 9 und 11 aufgeführten Straftatbestände.
- **Nr. 2** enthält eine zulässige (vgl. BVerfG wistra 2010, 396, 400 Rn. 43; krit. *Petri* in Lisken/Denninger, Handbuch des Polizeirechts, 6. Aufl., Abschnitt G, Rn. 1067) dynamische Verweisung auf die in den §§ 74a und 120 GVG enthaltenen Straftatenkataloge auf dem Gebiet des Staatsschutzes; dazu gehören insb. die Taten der Bildung einer kriminellen oder terroristischen Vereinigung (§§ 129–129b StGB).
- **Nr. 3** erfasst die §§ 306 bis 323c StGB. Der verwendete Begriff der »gemeingefährlichen Straftaten« ist die Sammelbezeichnung für die im 28. Abschnitt des Besonderen Teils des StGB unter Strafe gestellten Handlungen.
- **Nr. 4** verweist auf die §§ 174 bis 184j sowie auf die §§ 211 bis 241a StGB; erfasst werden auch § 30 WStG und die Straftaten im Amt gem. § 340, 343, 345 StGB (vgl. *Pehl* Die Implementation der Rasterfahndung, Diss. 2008, S. 20; SK-StPO/*Wohlers/Greco* Rn. 14).
- **Nr. 5** und **Nr. 6** beziehen alle gewerbs- und gewohnheitsmäßig, von einem Bandenmitglied oder in anderer Weise organisiert begangenen Straftaten in den Katalog ein; sie knüpfen an die Begehungsform an.

Zur Auslegung der Begriffe der **Gewerbs- und Gewohnheitsmäßigkeit**, die sich nach den insoweit zu den Bestimmungen des StGB entwickelten Kriterien richtet, vgl. BGHSt 15, 377; 29, 189; Schönke/Schröder/*Sternberg-Lieben/Bosch* Vorbem §§ 52 ff. Rn. 95; *Fischer* Vor § 52 Rn. 61 ff.; *Jäger* in Joecks/Jäger/Randt, Steuerstrafrecht, 8. Aufl. § 373 AO Rn. 31 ff.

Zum **Begriff der Bande**, der einen Zusammenschluss von mindestens drei Personen voraussetzt, die sich mit dem Willen verbunden haben, künftig für eine gewisse Dauer mehrere selbstständige, im Einzelnen noch ungewisse Straftaten des im Gesetz genannten Deliktstyps zu begehen, vgl. BGHSt 46, 321.

Die erste Variante der Nr. 6 (»**von einem Bandenmitglied organisiert**«) liegt bereits dann vor, wenn ein Anfangsverdacht der Begehung einer Straftat durch eine Person gegeben ist, die verdächtig ist, Mitglied einer Bande zu sein. Nicht erforderlich ist, dass Anhaltspunkte für eine Beteiligung der anderen Bandenmitglieder vorliegen, denn solche werden oft zu Beginn der Ermittlungen fehlen und sich erst mithilfe der Rasterfahndung ergeben (*Hilger* NStZ 1992, 460 Fn. 51).

Die zweite Variante der Nr. 6 (»**in anderer Weise organisiert**«) enthält einen Auffangtatbestand für ansonsten vom Straftatenkatalog nicht erfasste Fälle, bei denen aber zureichende Anhaltspunkte dafür bestehen, dass hinter der Tat eine »Organisationsstruktur« steht (*Hilger* a.a.O.); sie wird dem Gebot der Normenklarheit noch gerecht (a.A. SK-StPO/*Wohlers/Greco* Rn. 15; krit auch *Petri* in *Lisken/Denninger* a.a.O. Rn. 1068).

Die Rasterfahndung kann auch zur Erforschung von gewerbs- oder bandenmäßigen **Steuerstraftaten** (s. § 370 Abs. 3 Satz 2 Nr. 5, § 373, § 374 Abs. 2 AO, § 26c UStG) und damit insb. zur Aufklärung der zumeist komplexen »Umsatzsteuerkarusselle« eingesetzt werden, deren finanzieller Schaden in der EU vom Bundesrechnungshof bereits im Jahr 2003 aufgrund von Schätzungen mit annähernd 12 Mrd. € pro Jahr beziffert wurde (Bericht nach § 99 BHO, BT-Drs. 15/1495, S. 3). Die jährlichen Einnahmeverluste durch »Umsatzsteuerbetrug« in der EU werden mittlerweile auf zwischen 50 Mrd. € (Quelle: Pressemitteilung der Europäischen Kommission vom 28.09.2017, IP 17/3441) und 100 Mrd. € (Quelle: Gemeinsamer Bericht des

Bundesrechnungshofes und der Rechnungshöfe von Belgien und den Niederlanden zum innergemeinschaftlichen Umsatzsteuerbetrug vom 12.03.2009, S. 3) geschätzt.

2. Um im Hinblick auf den Eingriff in die Grundrechte Dritter dem allgemeinen Prinzip der Verhältnismäßigkeit Rechnung zu tragen (vgl. *Rieß* GA 2004, 623, 631), gestattet § 98a Abs. 1 Satz 1 die Rasterfahndung auch bei den katalogartig aufgezählten Straftaten nur zur Erforschung einer **Straftat von erheblicher Bedeutung**. Durch diesen unbestimmten Rechtsbegriff werden alle diejenigen Straftaten ausgeschieden, die nicht mindestens der mittleren Kriminalität (vgl. dazu BGH, Urt. v. 26.06.2012 – 1 StR 163/12 m.w.N.) zuzurechnen sind, den Rechtsfrieden empfindlich stören und geeignet sind, das Gefühl der Rechtssicherheit der Bevölkerung erheblich zu beeinträchtigen (BVerfG NJW 2001, 879, 880; 2004, 999; 2009, 2431, 2435). Erforderlich ist in jedem Fall eine **einzelfallbezogene Beurteilung** unter Berücksichtigung des allgemeinen Verhältnismäßigkeitsgrundsatzes. In Fällen der mittleren Kriminalität kommt es dabei nicht so sehr auf den abstrakten Charakter des Deliktstatbestandes, sondern mehr auf die Art und Schwere der jeweiligen Tat nach der Verdachtslage bei Anordnung der Maßnahme an (vgl. BVerfG 2009, 2431, 2435; *Rieß* GA 2004, 623, 631). Die Beeinträchtigung des Rechtsfriedens oder der Rechtssicherheit kann sich etwa daraus ergeben, dass durch die Straftat bedeutsame Rechtsgüter, wie z.B. Leib, Leben, Gesundheit oder fremde Sachen von bedeutendem Wert, erheblich verletzt worden sind. Auch Eigentums- oder Vermögensdelikte mittlerer Kriminalität können nach Lage des Einzelfalls die genannten Voraussetzungen erfüllen, insb. wenn es sich um Taten mit Seriencharakter und erheblichem Gesamtschaden für die Allgemeinheit handelt (*Möhrenschlager* wistra 1992, 327). Straftaten geringen Gewichts, etwa gem. § 316 StGB, können eine Rasterfahndung nicht rechtfertigen. Andererseits ist es nicht erforderlich, dass die Schwere des Unrechts und die Störung des Rechtsfriedens gerade durch die Elemente und Strukturen der Organisierten Kriminalität geprägt sind. Ist dies der Fall, ist freilich die erhebliche Bedeutung der Straftat regelmäßig gegeben. Fahrlässigkeitsdelikte werden zwar regelmäßig die Erheblichkeitsschwelle nicht erreichen, scheiden aber nicht bereits von vornherein als erhebliche Straftaten aus (glA *Rieß* GA 2004, 623, 638; HK-StPO/*Gercke* Rn. 15). Dasselbe gilt für Taten, die im Höchstmaß mit einer Freiheitsstrafe von nicht mehr als zwei Jahren geahndet werden können (vgl. BGH, Urt. v. 26.06.2012 – 1 StR 163/12 betr. den Besitz kinderpornografischer Schriften), wie dies etwa bei sexueller Belästigung gem. § 184i StGB der Fall ist (a.A. *Rieß* GA 2004, 623, 637). 15

3. Auch eine **versuchte Straftat** kann eine Tat von erheblicher Bedeutung sein (*Hilger* NStZ 1992, 460; *Rieß* GA 2004, 623, 638; Meyer-Goßner/Schmitt/*Köhler* Rn. 7; a.A. SK-StPO/*Wohlers*/*Greco* Rn. 16; HK-StPO/*Gercke* Rn. 15), sofern der Versuch strafbar ist (§ 23 Abs. 1 StGB). Für die erforderliche Beurteilung im Einzelfall kommt dann der Gefährlichkeit des Tatversuchs und der Nähe zur Vollendung gesteigerte Bedeutung zu. 16

III. Subsidiarität. Die Rasterfahndung ist nach der qualifizierten **Subsidiaritätsklausel** des § 98a Abs. 1 Satz 2 nur dann zulässig, wenn – ausgehend von einer am Aufklärungserfolg und an den Aufklärungsschwierigkeiten orientierten ex ante-Prognose – die Erforschung des Sachverhalts oder die Ermittlung des Aufenthaltsortes des Täters auf andere Weise erheblich weniger Erfolg versprechend oder wesentlich erschwert wäre. Innerhalb des gesetzlichen Systems der Subsidiaritätsklauseln der §§ 98a, 100a, 100b, 100c, 100g, 100h, 110a (vgl. dazu BGHSt 41, 30, 34) ist die Klausel weiter gefasst als die des § 100a Abs. 1 Nr. 3 für die Überwachung der Telekommunikation, wo statt »erheblich weniger Erfolg versprechend oder wesentlich erschwert« die Formulierung »wesentlich erschwert oder aussichtslos« verwendet wird. Nicht erforderlich ist, dass das erstrebte Ermittlungsergebnis durch andere Ermittlungsmaßnahmen überhaupt nicht zu erzielen wäre. 17

Erheblich weniger Erfolg versprechend sind andere zur Verfügung stehende Ermittlungsmaßnahmen, wenn eine Prognose ergibt, dass mit ihnen die vollständige Aufklärung der Straftat nicht annähernd in demselben Maße erreicht werden kann, wie es bei einem Einsatz der Rasterfahndung möglich erscheint (BT-Drs. 12/989, S. 37). Dem Anordnenden steht insoweit ein Beurteilungsspielraum zu (vgl. Meyer-Goßner/Schmitt/*Köhler* § 100a Rn. 13).

Eine **wesentliche Erschwerung** liegt insb. vor, wenn die Benutzung anderer Aufklärungsmittel zu einem unvertretbaren Arbeitsaufwand führen würde, der mit der Vernachlässigung anderer Ermittlungsverfahren verbunden wäre (KK-StPO/Bruns § 100a Rn. 31). Dasselbe gilt, wenn andere Aufklärungsmittel einen erheblich größeren Zeitaufwand erfordern würden und daher mit einer wesentlichen Verfahrensverzögerung verbunden wären. Auch die Verursachung erheblich höherer Kosten bei Verwendung eines anderen Aufklärungsmittels kann eine Rolle spielen, wenn diese so hoch sind, dass das andere Aufklärungsmittel damit faktisch ausscheidet (vgl. auch SK-StPO/Wohlers/*Greco* Rn. 18 sowie *Franke*/*Wienroeder* BtMG § 110a StPO Rn. 56; a.A. KK-StPO/Bruns § 100a Rn. 31; Meyer-Goßner/Schmitt/*Köhler* § 100a Rn. 13).

Daneben ist das allgemeine Prinzip der **Verhältnismäßigkeit** zu beachten. Die Rasterfahndung kann daher auch dann zulässig sein, wenn die Aufklärung zwar mithilfe einer anderen Erfolg versprechenden Maßnahme 18 erreicht werden könnte, diese jedoch tiefer in den persönlichen Bereich Betroffener eingreifen würde (BT-Drs. 12/989, S. 37).

19 **F. Datengewinnung und Datenabgleich. I. Aussonderung und Übermittlung der Daten.** § 98a Abs. 2 bis 5 regeln die **Mitwirkungspflichten der speichernden Stelle**. Nach § 98a Abs. 2 ist sie verpflichtet, die für den Datenabgleich erforderlichen Daten anhand der Suchanfrage **auszusondern und** den Strafverfolgungsbehörden nur diesen beschränkten Datensatz **zu übermitteln**. Das Gesetz schreibt die Form und das Datenformat der Übermittlung nicht vor. Müssen die Daten erst in ein für den Datenabgleich verwendbares Format gebracht werden, hat die speichernde Stelle auf Anforderung der StA **die Abgleichstelle** hierbei zu **unterstützen** (§ 98a Abs. 4).

20 Soweit eine **Trennung** des benötigten Datenmaterials **von anderen Daten**, z.B. von nicht zum Verdächtigenprofil gehörenden Feldern, nur mit unverhältnismäßigem Aufwand möglich ist, können auf besondere Anordnung auch die anderen Daten übermittelt werden (§ 98a Abs. 3 Satz 1). Ihre Nutzung ist allerdings nicht zulässig (§ 98a Abs. 3 Satz 2). Erweist es sich später als notwendig, auch die anderen Daten abzugleichen, ist dies nur aufgrund einer neuen Anordnung nach § 98b gestattet.

21 **Adressat** der gesamten Mitwirkungspflichten der selbst nicht handlungsfähigen »speichernden Stelle« ist der **Gewahrsamsinhaber** (SK-StPO/*Wohlers*/*Greco* Rn. 23; KK-StPO/*Greven* Rn. 27). Die Pflichten treffen allerdings **nicht** den **Beschuldigten**, der nach dem Verfassungsrang genießenden Grundsatz »*nemo tenetur se ipsum accusare*« keinem Zwang zur Selbstbelastung unterworfen werden darf (vgl. auch LR/*Menges* Rn. 34). **Zeugnisverweigerungsberechtigte** sind grundsätzlich zur Herausgabe der Daten verpflichtet, Ordnungs- und Zwangsmittel nach § 95 Abs. 2 dürfen aber gegen sie nicht verhängt werden (§ 98a Abs. 5, § 95 Abs. 2 Satz 2).

22 Die **Herausgabepflicht entfällt** wegen des Verweises in § 98b Abs. 1 Satz 7 auf § 97, **soweit Beschlagnahmeverbote bestehen**; eine freiwillige Datenübermittlung bleibt in solchen Fällen allerdings möglich (*Hilger* NStZ 1992, 461 Fn. 68; KK-StPO/*Greven* Rn. 29; a.A. *Siebrecht* CR 1996, 545). Da das Beschlagnahmeverbot des § 97 bei den in § 53 Abs. 1 Nr. 1 bis 3b genannten Berufsangehörigen enger als das Zeugnisverweigerungsrecht nur das Verhältnis zwischen ihnen und den Beschuldigten schützt (*Graf*, Rasterfahndung und organisierte Kriminalität, 1997, S. 100), dürfen bei Berufsgeheimnisträgern solche personenbezogenen Daten, die sich nicht auf einen Beschuldigten beziehen, zu Zwecken der Rasterfahndung abgeglichen werden (KK-StPO/*Greven* Rn. 29). Müssen von einem Unternehmen Mitarbeiterdaten übermittelt werden, unterliegt dies nicht der Mitbestimmung des Betriebsrats; § 98a ist eine anderweitige gesetzliche Regelung i.S.d. § 87 Abs. 1 BetrVG (vgl. *Gerling*/*Langer*/*Roßmann* DuD 2001, 746, 747).

23 **II. Datenabgleich.** § 98a Abs. 1 Satz 1 ermöglicht den **maschinellen Abgleich** der von der speichernden Stelle ausgesonderten Daten; die Auswertung von Hand ist bereits nach §§ 161, 163 zulässig (Rn. 5). Ziel des Datenabgleichs ist es, die Schnittmenge der personenbezogenen Daten herauszufiltern, die in den übermittelten Datenbeständen mindestens ein gemeinsames Merkmal aufweisen (KK-StPO/*Greven* Rn. 23). Der so entstandene Datenbestand kann mit anderen Datenbeständen der Strafverfolgungsbehörden weiter abgeglichen werden. Das Gesetz macht keine Vorgaben, wer den Datenabgleich vorzunehmen hat. Es kommt daher nicht nur ein Abgleich durch die StA oder die Polizei, sondern z.B. auch ein externer Datenabgleich durch Beauftragung eines Sachverständigen in Betracht. Jedenfalls ist der Datenabgleich unter der Verantwortung der StA durchzuführen (BT-Drs. 12/989, S. 37).
Die speichernde Stelle trifft auch für den Datenabgleich eine **Unterstützungspflicht**. Auf Anforderung der StA hat sie die Stelle, die den Abgleich durchführt, zu unterstützen (§ 98a Abs. 4); die Unterstützung kann in der Aufhebung von Verschlüsselungen, aber auch im Überlassen von Personal oder Hardware liegen.

24 **G. Ordnungs- und Zwangsmittel.** Nach § 98a Abs. 5 dürfen in entsprechender Anwendung von § 95 Abs. 2 **Ordnungs- und Zwangsmittel** nach § 70 eingesetzt werden, wenn die Aussonderung oder Übermittlung der Daten oder die Mitwirkung beim Datenabgleich unberechtigt verweigert wird. Gegen Zeugnisverweigerungsberechtigte dürfen keine Ordnungs- oder Zwangsmittel festgesetzt werden (§ 95 Abs. 2 Satz 2). Bei unzulässiger Anwendung von Zwang richtet sich die Verwertbarkeit nach den Grundsätzen zu § 95 Abs. 2; danach besteht ein Verwertungsverbot, wenn trotz befugter Weigerung Zwang nach § 95 Abs. 2 angewendet worden ist. Kein Verwertungsverbot zugunsten des Beschuldigten besteht demgegenüber, wenn die Weigerung auf § 55 gestützt wurde, da in einem solchen Fall der Rechtskreis des Beschuldigten nicht berührt ist (KMR/*Müller* Vorb. § 94 Rn. 22; Meyer-Goßner/Schmitt/*Köhler* § 95 Rn. 11; LR/Menges Rn. 16; a.A. SK-StPO/Wohlers/*Greco* § 95 Rn. 39). Zur Anordnungszuständigkeit s. § 98b Rn. 12.

25 **H. Entschädigung.** Für die Erfüllung ihrer Mitwirkungspflichten kann die speichernde Stelle nach § 23 Abs. 2 Satz 1 Nr. 1, Abs. 3 JVEG Entschädigung verlangen (vgl. zur Vorgängernorm § 17a ZSEG OLG Stuttgart NStZ 2001, 158; OLG Köln NStZ-RR 2001, 31).

I. Revision. Mit der Revision kann beanstandet werden, dass die Beweiswürdigung auf unverwertbaren Ergebnissen beruht. Zu den Einzelheiten s. § 98b Rn. 18. 26

§ 98b Verfahren bei der Rasterfahndung

(1) Der Abgleich und die Übermittlung der Daten dürfen nur durch das Gericht, bei Gefahr im Verzug auch durch die Staatsanwaltschaft angeordnet werden. Hat die Staatsanwaltschaft die Anordnung getroffen, so beantragt sie unverzüglich die gerichtliche Bestätigung. Die Anordnung tritt außer Kraft, wenn sie nicht binnen drei Werktagen vom Gericht bestätigt wird. Die Anordnung ergeht schriftlich. Sie muss den zur Übermittlung Verpflichteten bezeichnen und ist auf die Daten und Prüfungsmerkmale zu beschränken, die für den Einzelfall benötigt werden. Die Übermittlung von Daten, deren Verwendung besondere bundesgesetzliche oder entsprechende landesgesetzliche Verwendungsregelungen entgegenstehen, darf nicht angeordnet werden. Die §§ 96, 97, 98 Abs 1 Satz 2 gelten entsprechend.
(2) Ordnungs- und Zwangsmittel (§ 95 Abs 2) dürfen nur durch das Gericht, bei Gefahr im Verzug auch durch die Staatsanwaltschaft angeordnet werden; die Festsetzung von Haft bleibt dem Gericht vorbehalten.
(3) Sind die Daten auf Datenträgern übermittelt worden, so sind diese nach Beendigung des Abgleichs unverzüglich zurückzugeben. Personenbezogene Daten, die auf andere Datenträger übertragen wurden, sind unverzüglich zu löschen, sobald sie für das Strafverfahren nicht mehr benötigt werden.
(4) Nach Beendigung einer Maßnahme nach § 98a ist die Stelle zu unterrichten, die für die Kontrolle der Einhaltung der Vorschriften über den Datenschutz bei öffentlichen Stellen zuständig ist.

Übersicht

A. Zuständigkeit für die Anordnung der Rasterfahndung. Der Abgleich und die Datenübermittlung für eine Rasterfahndung bedürfen einer besonderen **Anordnung**. Für die Übermittlung ungetrennter weiterer Daten ist eine zusätzliche Anordnung erforderlich (§ 98a Abs. 3, vgl. § 98a Rn. 20). Die Anordnung darf nur **durch das Gericht**, bei **Gefahr im Verzug** auch von der **StA**, nicht aber von ihren Ermittlungspersonen getroffen werden. Gefahr im Verzug liegt vor, wenn der Erfolg der Ermittlungsmaßnahme durch die mit der Anrufung des Gerichts verbundene Verzögerung vereitelt oder infrage gestellt würde (vgl. BVerfGE 51, 97, 111). Dies dürfte bei der Rasterfahndung allenfalls in seltenen Ausnahmefällen gegeben sein. Eine Anordnungskompetenz der StA besteht bei Organen der Presse und des Rundfunks nicht (§ 98b Abs. 1 Satz 7 i.V.m. § 98 Abs. 1 Satz 2). Die gerichtliche Zuständigkeit liegt im Ermittlungsverfahren beim Ermittlungsrichter (§§ 162, 169); er hat ausschließlich die Rechtmäßigkeit, nicht aber die Zweckmäßigkeit der von der StA beantragten Rasterfahndung zu prüfen. Die Durchführung der Rasterfahndung obliegt stets der StA (§ 36 Abs. 2 Satz 1), was aber nicht bedeutet, dass sie den Datenabgleich selbst vorzunehmen hat (vgl. KK-StPO/*Greven* § 98a Rn. 24). 1

Nach einer Eilanordnung durch die StA hat diese unverzüglich (ohne schuldhaftes Zögern) die **gerichtliche Bestätigung** der Anordnung zu beantragen (§ 98b Abs. 1 Satz 2), es sei denn, der Aufklärungserfolg wurde bereits (anderweitig) erreicht oder auf die Maßnahme wurde verzichtet. Die Prüfungskompetenz des Gerichts beschränkt sich auf die Frage, ob die Rasterfahndung im Zeitpunkt der Prüfung gerechtfertigt ist, nicht, ob die Anordnungsvoraussetzungen für die StA vorgelegen haben (*Schnarr* NStZ 1991, 214; *Graf*, Rasterfahndung und organisierte Kriminalität, 1997, S. 104). Wenn das Gericht die Eilanordnung nicht binnen drei Werktagen bestätigt, tritt sie ohne Weiteres außer Kraft; der Tag der Anordnung zählt nicht mit (§ 42). Eingeleitete Maßnahmen sind dann unverzüglich zu beenden und bereits erhaltene Datenträger zurückzugeben. Bis dahin erlangte Erkenntnisse dürfen allerdings auch dann verwertet werden, wenn die Bestätigung unterbleibt oder versagt wird, sofern die Anordnungsvoraussetzungen für die StA vorgelegen haben (*Graf* a.a.O., S. 109). Das Außerkrafttreten der Eilanordnung entzieht lediglich der Fortdauer der Anordnung die rechtliche Grundlage, die Wirksamkeit der Anordnung für die vergangene Zeit steht nicht infrage (*Schnarr* 2

NStZ 1991, 215). War die Anordnung hingegen rechtswidrig, kann dies zu einem Beweisverwertungsverbot der durch die Maßnahme erlangten Erkenntnisse führen (vgl. *Hilger* NStZ 1992, 460 Fn. 66 m.w.N.; zu Verwertungsverboten i.Ü. s. Rn. 8 f.).

3 **B. Anordnungsverbote.** Die Datenübermittlung darf nach § 98b Abs. 1 Satz 6 nicht angeordnet werden, soweit besondere bundesgesetzliche oder entsprechende landesgesetzliche **Verwendungsregelungen** entgegenstehen, die einen gesteigerten Schutz personenbezogener Daten bewirken sollen (*Hilger* NStZ 1992, 461 Fn. 67), wie etwa § 30 Abs. 1 AO; § 16 BStatG; § 51 BZRG; § 39 PostG; § 35 Abs. 1 SGB I; §§ 67a ff. SGB X; § 3 Telekommunikation-Telemedien-Datenschutz-Gesetz (TTDSG). Gem. § 98b Abs. 1 Satz 7 dürfen nach § 96 gesperrte Daten nicht in die Rasterfahndung einbezogen werden. Dasselbe gilt für nach § 97 **beschlagnahmefreie Daten**, es sei denn, die Daten werden freiwillig zur Verfügung gestellt (vgl. § 98a Rn. 22).

4 **C. Form und Inhalt der Anordnung.** Die Anordnung der Rasterfahndung bedarf der **Schriftform** (§ 98b Abs. 1 Satz 4). Bei Anordnung durch Fax oder E-Mail ist das Formerfordernis der Schriftlichkeit gewahrt (KK-StPO/*Bruns* § 100e Rn. 8; vgl. auch § 126 Abs. 3 BGB). Regelmäßig ist vor der Anordnung der Rasterfahndung nach § 33 Abs. 3, Abs. 4 der Gewahrsamsinhaber der Speicherstelle anzuhören (*Graf*, Rasterfahndung und organisierte Kriminalität, 1997, S. 105).

5 Der notwendige **Inhalt der Anordnung** bestimmt sich nach § 98b Abs. 1 Satz 5 (vgl. BGHSt 44, 265, 272); daneben müssen die allgemeinen Anforderungen an einen Beschlagnahmebeschluss erfüllt sein. In die Anordnung sind deshalb aufzunehmen:
– die Bezeichnung des **Verfahrens**, in dem sie ergeht,
– die Bezeichnung der **anordnenden Stelle** und des Anordnenden,
– die **Straftat**, wegen der die Rasterfahndung durchgeführt werden soll,
– der **Zweck** der Rasterfahndung,
– der zur Übermittlung der Daten **Verpflichtete** (vgl. § 98a Rn. 21), der im Hinblick auf eventuelle Ordnungs- und Zwangsmittel möglichst genau bezeichnet werden sollte,
– ggf der zur Unterstützung beim Datenabgleich Verpflichtete (§ 98a Abs. 4),
– die Umschreibung des **Datenbestandes**, in dem recherchiert wird,
– ggf die Bezeichnung weiterer Daten, die nicht vorher ausgesondert werden müssen (§ 98a Abs. 3 Satz 1) und
– die im Einzelfall maßgeblichen **Prüfungsmerkmale** (Raster) einschließlich der Suchanfrage.

6 **D. Verwendung der Ergebnisse der Rasterfahndung. I. Abklärung des Tatverdachts.** Der nach Durchführung der Rasterfahndung gegen bestimmte Personen bestehende Tatverdacht wird auf konventionelle Weise weiter abgeklärt, z.B. durch Vernehmungen und Durchsuchungen. Bereits das Zusammentreffen mehrerer Prüfungsmerkmale bei einer Person kann einen Tatverdacht begründen, der gebietet, dass gegen sie als **Beschuldigter** zu ermitteln ist (KK-StPO/*Greven* § 98a Rn. 11). Dem Verdächtigen sind dann bei seiner (ersten) Vernehmung der Tatvorwurf und die in Betracht kommenden Strafvorschriften mitzuteilen (§ 136 Abs. 1 Satz 1); er ist über seine Rechte der Aussagefreiheit und zur Konsultation eines Verteidigers zu belehren (§ 136 Abs. 1 Satz 2). Bei richterlichen Zeugen- und Sachverständigenvernehmungen steht ihm neben Staatsanwaltschaft und Verteidiger das Recht zur Anwesenheit zu (§ 168c Abs. 2), wenn er nicht vom Richter ausgeschlossen wird, weil seine Anwesenheit den Untersuchungszweck gefährden würde (§ 168c Abs. 3). Die Benachrichtigung von solchen Terminen darf nur unter den Voraussetzungen des § 168c Abs. 5 Satz 2 unterbleiben (BGH StV 2003, 540).

7 Hinsichtlich der Beschuldigteneigenschaft, d.h. der Frage, ab wann eine Person **Beschuldigter** ist, haben die Strafverfolgungsbehörden einen Beurteilungsspielraum (vgl. BGHSt 38, 214, 228; BGH StV 1997, 281). Eine Vernehmung als Zeuge kommt dann nicht mehr in Betracht, wenn sich der Verdacht so verdichtet hat, dass die Person ernstlich als Täter der untersuchten Straftat in Betracht kommt (vgl. BGH NStZ-RR 2002, 67). Ist eine Ermittlungshandlung darauf gerichtet, den Vernommenen als Täter einer Straftat zu überführen, kommt es nicht mehr darauf an, wie der Ermittlungsbeamte sein Verhalten rechtlich bewertet (BGH NStZ 2015, 291). Bei Wahrscheinlichkeitsaussagen aufgrund statistischer Häufigkeiten ist zu beachten, dass die Merkmalswahrscheinlichkeit, d.h. die Wahrscheinlichkeit für das Auftreten einer Merkmalskombination nicht mit der Belastungswahrscheinlichkeit, d.h. der statistischen Wahrscheinlichkeit, dass ein Verdächtiger Täter ist, gleichgesetzt werden darf. Wird die Kombination von Prüfungsmerkmalen in eine Belastungswahrscheinlichkeit übertragen, sind auch etwaige Abhängigkeiten der Prüfungsmerkmale untereinander und die sog. Anfangswahrscheinlichkeit zu berücksichtigen (vgl. BGHSt 38, 320, 323; BGH StV 1992, 312; KK-StPO/*Greven* § 98a Rn. 11).

II. Verwertbarkeit der Ergebnisse. Die Verwertbarkeit der aus einer Rasterfahndung gewonnenen Erkenntnisse zu Beweiszwecken bestimmt sich grundsätzlich nach denselben Regeln, wie sie für Überwachungsergebnisse bei der TKÜ nach § 100a gelten (vgl. SK-StPO/Wohlers/*Greco* Rn. 13). War die **Anordnung** der Rasterfahndung **rechtswidrig**, weil der **Verdacht** einer Katalogtat von vornherein **nicht bestanden** hat, sind die erlangten Erkenntnisse grundsätzlich nicht verwertbar (KK-StPO/*Greven* Rn. 5; Meyer-Goßner/Schmitt/*Köhler* § 98a Rn. 11; vgl. zur TKÜ BGHSt 41, 30, 31). Hinsichtlich der Frage, ob ein Tatverdacht gegeben ist, steht dem Ermittlungsrichter allerdings ein Beurteilungsspielraum zu (BGH NJW 2003, 368). Entscheidend ist deshalb, ob die Anordnung – rückbezogen auf den Zeitpunkt ihres Erlasses – wenigstens noch als vertretbar erscheint. Dieser Maßstab gilt auch im Revisionsverfahren (BGHSt 41, 30). In Zweifelsfällen hat das erkennende Gericht die Verdachtslage, die im Zeitpunkt der Anordnung gegeben war, anhand der Akten zu rekonstruieren und auf dieser Grundlage die Verwertbarkeit zu untersuchen (BGH NJW 2003, 368). Die Unverwertbarkeit von Ergebnissen aus einer rechtswidrigen Rasterfahndung kann im Revisionsverfahren nur dann gerügt werden, wenn bereits in der tatgerichtlichen Hauptverhandlung gegen die Verwertung Widerspruch erhoben worden ist (vgl. LR/Menges § 98b Rn. 33). 8

Wertungsfehler des Ermittlungsrichters führen nicht in jedem Fall zur Unverwertbarkeit der erlangten Erkenntnisse. Ein solcher Fehler bleibt jedenfalls dann unbeachtlich, wenn die rechtliche Begründung nachträglich ausgewechselt werden kann, weil die Anordnung der Rasterfahndung innerhalb desselben Lebenssachverhaltes auf eine andere Katalogtat hätte gestützt werden können. Ob dies der Fall ist, hat das Tatgericht auf der Grundlage der Verdachtssituation zum Zeitpunkt des Erlasses der Anordnung über die Rasterfahndung zu beurteilen (vgl. zur TKÜ BGH NJW 2003, 1880, 1883). 9

Einem **Verwertungsverbot** unterliegen auch die Ermittlungsergebnisse bei Verstößen gegen die Zuständigkeitsregeln, etwa solche, die bei Eilanordnungen der StA nach Ablauf der Frist von drei Werktagen ohne gerichtliche Bestätigung gewonnen werden (KK-StPO/*Greven* Rn. 5). Die Missachtung des Subsidiaritätsgrundsatzes hat ebenfalls die Unverwertbarkeit der durch die Rasterfahndung erlangten Erkenntnisse zur Folge (BGHSt 41, 30). Aufgrund einer Eilanordnung der StA rechtmäßig erlangte Erkenntnisse bleiben dagegen auch dann verwertbar, wenn die gerichtliche Bestätigung gem. § 98b Abs. 1 Satz 2 ausbleibt (Meyer-Goßner/Schmitt/*Köhler* § 98a Rn. 11; a.A. HK-StPO/*Gercke* § 98a Rn. 22). 10

III. Kennzeichnungspflicht und Verwendungsbeschränkungen. Grundsätzlich dürfen die durch eine Rasterfahndung erlangten Erkenntnisse nur in dem Strafverfahren, in dem sie zur Aufklärung einer bestimmten Katalogtat angeordnet worden waren, verwertet werden (**Zweckbindung**). Beim Datenabgleich sich ergebende **Zufallserkenntnisse** dürfen aber auch ohne Einwilligung der betroffenen Personen **in anderen Strafverfahren zu Beweiszwecken für** solche Taten verwendet werden, bei denen es sich ebenfalls um **in § 98a Abs. 1 bezeichnete Katalogtaten** handelt (§ 479 Abs. 2). 11

I.Ü. dürfen solche Erkenntnisse ebenso wie die von der Speicherstelle übermittelten Daten unbeschränkt als **Ermittlungsansatz für andere Taten** Verwendung finden (KK-StPO/*Greven* Rn. 10 f.; a.A. *Pehl*, Die Implementation der Rasterfahndung, Diss. 2008, S. 49 zur Vermeidung der Gefahr einer allgemeinen Ausforschung); an diese können dann weitere herkömmliche Ermittlungshandlungen anknüpfen. Darüber hinaus dürfen persönliche Daten, die durch eine Maßnahme nach § 98a ermittelt worden sind, ohne Einwilligung der betroffenen Person nur für Zwecke eines Strafverfahrens, zur Abwehr einer erheblichen Gefahr für die öffentliche Sicherheit und für die Zwecke, für die eine Übermittlung nach § 18 BVerfSchG zulässig ist, sowie nach Maßgabe des § 476 zu Forschungszwecken verwendet werden. Zur Befugnis der Verwendung personenbezogener Daten aus Strafverfahren nach Maßgabe der Polizeigesetze s. § 481.

Zur Sicherstellung, dass die Verwendungsregelungen des § 479 Abs. 2 für die verdeckten strafprozessualen Ermittlungsmaßnahmen, zu denen auch die Rasterfahndung zählt, beachtet werden, hat der Gesetzgeber in § 101 Abs. 3 Satz 1 eine **Kennzeichnungspflicht** für die durch solche Maßnahmen erhobenen Daten eingeführt (BT-Drs. 16, 5846, S. 38). Die Kennzeichnung ist auch nach einer Übermittlung der Daten an eine andere Stelle aufrechtzuerhalten (§ 101 Abs. 3 Satz 2).

E. Anordnung von Ordnungs- und Zwangsmitteln. Zuständig zur Anordnung von den in § 70 näher bezeichneten Ordnungs- und Zwangsmitteln bei unberechtigt verweigerter Mitwirkung der speichernden Stelle (§ 98a Abs. 5 i.V.m. § 95 Abs. 2; vgl. § 98a Rn. 24) ist nach § 98b Abs. 2 das Gericht, bei Gefahr im Verzug, außer zur Festsetzung von Haft (§ 98b Abs. 2 Hs. 2; Art. 104 Abs. 2 GG), auch die StA. 12

F. Rückgabe der Datenträger und Löschung der Daten. Nach Beendigung des Datenabgleichs sind die von der Speicherstelle übergebenen **Datenträger** unverzüglich **zurückzugeben** (§ 98b Abs. 3 Satz 1). Die gesetzliche Regelung schließt allerdings nicht aus, den Datenträger bis zum Abschluss des Strafverfahrens zurückzuhalten, wenn darauf befindliche Daten zur Beweisführung benötigt werden (KK-StPO/*Greven* 13

Rn. 8; Meyer-Goßner/Schmitt/*Köhler* Rn. 6). Auf andere Datenträger übertragene personenbezogene **Daten** sind erst – dann aber ebenso unverzüglich – zu **löschen**, wenn sie für das Strafverfahren nicht mehr benötigt werden (§ 98b Abs. 3 Satz 2), was in der Regel mit dem rechtskräftigen Abschluss des Strafverfahrens der Fall ist. Die Daten dürfen auch darüber hinaus aufbewahrt werden (KK-StPO/*Greven* Rn. 8; a.A. *Siebrecht* CR 1996, 552 f.; *Schnarr* ZRP 1990, 297), solange nach den konkreten Umständen ein späterer Wiederaufnahmeantrag nicht unwahrscheinlich ist (ähnlich Hilger NStZ 1997, 373); die bloß abstrakte Möglichkeit eines Wiederaufnahmeverfahrens rechtfertigt die weitere Aufbewahrung hingegen nicht. Um eine Überprüfung der Löschung zu ermöglichen (vgl. § 98b Abs. 4), sollte ein Löschprotokoll errichtet werden (*Hilger* NStZ 1992, 461 Fn. 71). Daten, bei denen die Verwendung in einem anderen Strafverfahren zu Beweiszwecken zulässig ist (§ 479 Abs. 2), dürfen vorher in das andere Strafverfahren übermittelt werden (*Hilger* a.a.O. Fn. 70). Eine Regelung darüber, wer für die Entscheidung über die Rückgabe zuständig ist, enthält § 98b nicht. Im Ermittlungsverfahren ist daher die StA, danach das mit der Sache befasste Gericht zuständig (MüKo-StPO/*Günther* Rn. 21).

14 **G. Benachrichtigungspflichten.** Nach Beendigung einer Maßnahme gem. § 98a ist der zuständige **Datenschutzbeauftragte** zu informieren (§ 98b Abs. 4), der die Einhaltung der datenschutzrechtlichen Vorschriften, nicht aber die strafprozessuale Rechtmäßigkeit der Rasterfahndung im Einzelfall zu prüfen hat (*Siebrecht* CR 1996, 555).

Weitere Benachrichtigungspflichten ergeben sich nach Maßgabe des § 101 Abs. 1, Abs. 4 ff. gegenüber denjenigen **Personen, gegen die nach Auswertung der Daten weitere Ermittlungen geführt wurden** (§ 101 Abs. 4 Nr. 1). Solche Ermittlungen sind etwa Vernehmung dieser Personen, Durchsuchungen, Nachforschungen in ihrem Umfeld oder Einholung von Auskünften über sie. Die Benachrichtigung muss mindestens die Anordnung und Durchführung der Rasterfahndung beinhalten und sollte auch die Speicherstelle und die verwendeten Prüfungsmerkmale bezeichnen (KK-StPO/*Greven* Rn. 13). Die **Benachrichtigungen sind Sache der Staatsanwaltschaft.** Unverdächtige Personen, gegen die keine Ermittlungen geführt werden, sind nicht zu benachrichtigen.

Ist eine **Gefährdung des Untersuchungszwecks** oder der öffentlichen Sicherheit zu befürchten, darf die Benachrichtigung der Tatverdächtigen zunächst unterbleiben. Sie hat nach § 101 Abs. 5 Satz 1 erst dann zu erfolgen, wenn dies ohne Gefährdung des Untersuchungszwecks, des Lebens, der körperlichen Unversehrtheit und der persönlichen Freiheit und von bedeutenden Vermögenswerten möglich ist. Eine Zurückstellung der Benachrichtigung kommt daher z.B. dann in Betracht, wenn erwartet werden kann, dass mithilfe weiterer Ermittlungen (einschließlich der Fortsetzung der Rasterfahndung) noch Beweismittel aufgefunden werden (*Graf* Rasterfahndung und organisierte Kriminalität, 1997, S. 111). Erfolgt eine zurückgestellte Benachrichtigung nicht binnen zwölf Monaten nach Beendigung der Maßnahme, hier also des Datenabgleichs, bedürfen weitere Zurückstellungen der gerichtlichen Zustimmung (§ 101 Abs. 6).

15 **H. Rechtsschutz.** Gegen die **gerichtliche Anordnung** der Rasterfahndung ist die **Beschwerde** zulässig, solange die Rasterfahndung noch nicht abgeschlossen ist; dies gilt auch dann, wenn die Rasterfahndung durch den Ermittlungsrichter des BGH angeordnet wurde (§ 304 Abs. 5).

Für von der Rasterfahndung **betroffene Personen**, gegen die nach Auswertung der Daten weitere Ermittlungen geführt wurden (§ 101 Abs. 4 Nr. 1), ist auch nach Erledigung der Maßnahme noch bis zu zwei Wochen nach ihrer Benachrichtigung ein **Antrag auf Feststellung der Rechtswidrigkeit** der Maßnahme bzw. der Art und Weise ihres Vollzugs (§ 101 Abs. 7 Satz 2) zulässig; eine Beschwerde ist dann in einen solchen Antrag umzudeuten (§ 300). Als abschließende Sonderregelung verdrängt § 101 Abs. 7 Satz 2 für die antragsberechtigten Betroffenen den von der Rspr entwickelten Rechtsschutz entsprechend § 98 Abs. 2 (BGHSt 53, 1, 3; BGH NStZ 2009, 104; Meyer-Goßner/Schmitt/*Köhler* § 101 Rn. 26a m.w.N.; zum Meinungsstand in der Lit. s.a. die Nachweise bei KMR/Bär § 101 Rn. 34a). Zuständig für die Entscheidung über den Antrag nach § 101 Abs. 7 Satz 2 ist das für die Anordnung der Rasterfahndung zuständige Gericht (BT-Drs. 16/5846 S. 63), danach das mit der Sache befasste Gericht in der das Verfahren abschließenden Entscheidung (§ 101 Abs. 7 Satz 4, s.a. BGHSt 53, 1, 4).

Unverdächtige Personen, die nicht benachrichtigt werden müssen, sind auch **nicht beschwerdeberechtigt** (Umkehrschluss aus § 101 Abs. 4 Nr. 1; KK-StPO/*Greven* Rn. 15).

16 Die Rechtswidrigkeit einer **Eilanordnung der StA** kann entsprechend § 98 Abs. 2 Satz 2 geltend gemacht werden, wenn die StA pflichtwidrig die richterliche Bestätigung ihrer Anordnung nicht beantragt hat (KK-StPO/Greven Rn. 14). Nach einer gerichtlichen Bestätigung ist ein Antrag entsprechend § 98 Abs. 2 Satz 2 prozessual überholt und daher unzulässig (vgl. BGH [ER] NStZ 2003, 272; Meyer-Goßner/Schmitt/*Köhler* § 98b Rn. 9).

Die **Anordnung von Ordnungs- oder Zwangsmitteln** durch das Gericht kann nach § 304 Abs. 2 mit der **Beschwerde** angefochten werden; gegen die Eilanordnung der StA sollte der Betroffene auch ohne ausdrückliche gesetzliche Regelung entsprechend § 98 Abs. 2 Satz 2 die richterliche Entscheidung beantragen können (vgl. auch § 161 Abs. 4). 17

I. Revision. Auf Verstöße gegen die Vorschrift des § 98b kann die Revision nicht gestützt werden (Meyer-Goßner/Schmitt/*Köhler* § 98b Rn. 12). Mit der Revision kann aber im Wege einer Verfahrensrüge – die den Anforderungen des § 344 Abs. 2 Satz 2 genügen muss – geltend gemacht werden, dass die Beweiswürdigung auf unverwertbaren Erkenntnissen aus einer rechtswidrigen Rasterfahndung beruhe, wenn gegen die Verwertung bereits in der tatgerichtlichen Hauptverhandlung Widerspruch erhoben worden ist (Rn. 8 ff.; vgl. auch BGHSt 51, 1, BGH wistra 2000, 432). Da das Ergebnis des Datenabgleichs zumeist nicht selbst als Beweismittel verwendet wird, sondern nur der Ermittlung von Tatverdächtigen dient, gegen die mit konventionellen Mitteln weiter ermittelt wird, werden derartige Verstöße gegen Beweisverwertungsverbote selten sein. Es sind jedoch Fälle denkbar, in denen den Auswertungsergebnissen des Datenabgleichs ein eigener Beweiswert zukommt (unzutr. insoweit AnwK-StPO/*Löffelmann* Rn. 9), etwa wenn die Merkmalswahrscheinlichkeit bei der Beweisführung in eine Belastungswahrscheinlichkeit übertragen wird (vgl. dazu KK-StPO/*Greven* § 98a Rn. 11 mit Verweis auf BGH NStZ 1992, 601 und BGHSt 38, 320; § 98b Rn. 7). 18

§ 98c Maschineller Abgleich mit vorhandenen Daten

Zur Aufklärung einer Straftat oder zur Ermittlung des Aufenthaltsortes einer Person, nach der für Zwecke eines Strafverfahrens gefahndet wird, dürfen personenbezogene Daten aus einem Strafverfahren mit anderen zur Strafverfolgung oder Strafvollstreckung oder zur Gefahrenabwehr gespeicherte Daten maschinell abgeglichen werden. Entgegenstehende besondere bundesgesetzliche oder entsprechende landesgesetzliche Verwendungsregelungen bleiben unberührt.

Übersicht

A. Allgemeines. § 98c regelt **keine Rasterfahndung**. Diese Vorschrift erlaubt lediglich den maschinellen Datenabgleich von personenbezogenen Strafverfahrensdaten mit anderen zu repressiven oder präventiven Zwecken gespeicherten Daten, die bei Polizei oder Justiz bereits vorhanden sind (sog. **justizinterner Datenabgleich**). **Zweck** des Datenabgleichs ist die **Aufklärung einer Straftat** oder die **Ermittlung des Aufenthaltsortes einer Person**, nach der für Zwecke eines Strafverfahrens gefahndet wird. Zulässig ist damit z.B. der Abgleich von Fahndungsdateien mit Melderegistern. Soweit der Datenabgleich der Gefahrenabwehr dienen soll, kann er nicht auf § 98c gestützt werden; einschlägig sind insoweit allein die entsprechenden Ermächtigungsgrundlagen in den Polizeigesetzen (vgl. SK-StPO/*Wohlers*/*Greco* Rn. 1; LR/*Menges* Rn. 4). 1

B. Anordnungsvoraussetzungen. Der Datenabgleich erfordert lediglich einen Anfangsverdacht für (irgend-) eine Straftat (§ 152 Abs. 2), besondere **Anordnungskompetenzen oder Eingriffsschwellen fehlen**. Der maschinelle Abgleich ist ohne Bindung an einen Straftatenkatalog, ohne Beachtung von Subsidiaritätsregeln und ohne richterliche Anordnung zulässig, da nur bereits vorhandene Daten genutzt werden, die durch die in der Strafprozessordnung geregelten Ermittlungsmaßnahmen gewonnen oder befugt in Präventivdateien aufgenommen wurden (*Hilger* NStZ 1992, 461). § 98c darf aber nicht zur Umgehung der speziellen, einschränkenden Voraussetzungen der §§ 98a, 98b herangezogen werden. Dies wäre etwa der Fall, wenn eine in einem Verfahren beschlagnahmte Datei Daten enthält, die für ein anderes Verfahren Ausgangspunkt einer Rasterfahndung sein könnten. In einem solchen Fall sind die §§ 98a, 98b zu beachten (*Hilger* NStZ 1992, 461 Fn. 78). 2

Im Gegensatz zur Rasterfahndung (§ 98b Abs. 1 Satz 4 und 5) setzt der Datenabgleich nach § 98c keine ausdrückliche oder gar formgebundene Anordnung voraus; insb. bedarf er keiner gerichtlichen Zustimmung oder Bestätigung. Wie auch sonst bei Ermittlungshandlungen der Strafverfolgungsbehörden empfiehlt sich aber jedenfalls eine schriftliche Dokumentation von Anordnung und Durchführung der Maßnahme.

3 **C. Abgleich mit Strafverfolgungs- oder Strafvollstreckungsdaten.** Nach § 98c können personenbezogene Daten aus Strafverfahren, etwa aus beschlagnahmten Datenträgern, maschinell mit anderen **zur Strafverfolgung oder Strafvollstreckung gespeicherten Daten** (z.B. aus Fahndungsdateien) abgeglichen werden. Mit »Daten aus einem Strafverfahren« sind allein die Daten desjenigen Strafverfahrens gemeint, aus dem heraus die Maßnahme durchgeführt wird (MüKo-StPO/*Günther* Rn. 13). Zu den Strafverfahrensdaten gehören auch die im Strafverfahren nach § 34 BMG aus dem Melderegister eingeholten Daten (BT-Drs. 12/989, S. 38; *Hilger* NStZ 1992, 461 Fn 76).

4 **D. Abgleich mit zur Gefahrenabwehr gespeicherten Daten.** § 98c erlaubt auch die unbeschränkte **Nutzung von Präventivdateien**, z.B. aus dem polizeilichen Informationssystem INPOL, zum Abgleich mit Strafverfahrensdateien. Diese Möglichkeit der Verwendung von zur Gefahrenabwehr gespeicherten Daten ist für eine effektive Strafverfolgung unverzichtbar (vgl. BT-Drs. 12/989, S. 38; *Krey/Haubrich* JR 1992, 312). Da sowohl Strafverfolgung als auch Gefahrenabwehr dem Rechtsgüterschutz dienen, steht § 98c trotz der unterschiedlichen Speicherzwecke im Einklang mit der Verfassung (*Krey/Haubrich* a.a.O.; Meyer-Goßner/Schmitt/*Köhler* § 98c Rn. 1; a.A. *Hassemer* KJ 1992, 64, 71; *Bruckermann* Neue Rechtsentwicklung zur Bekämpfung der organisierten Kriminalität, 2003, S. 57 f.; *Siebrecht* StV 1996, 566 wegen fehlender verfahrensrechtlicher Schutzvorkehrungen; krit auch SK-StPO/Wohlers/*Greco* Rn. 4). Die Zweckänderung von zur Gefahrenabwehr erhobenen Daten für die Strafverfolgung wird teilweise auch von den der Datenerhebung zugrunde liegenden präventivpolizeilichen Vorschriften ausdrücklich für zulässig erklärt (z.B. Art. 48 Abs. 3 BayPAG; § 84 Abs. 2 Nr. 2 lit. b SächsPVDG).

5 **E. Verwendungsbeschränkungen.** Unberührt bleiben nach § 98c Satz 2 entgegenstehende bundes- oder landesgesetzliche Verwendungsregelungen. Vgl hierzu § 98b Rn. 3. Auch strafprozessuale Schutzvorschriften (z.B. §§ 52 ff., 96, 97, 136a, 160a, 479 Abs. 2) können deshalb eine Einbeziehung bestimmter Daten in einen Datenabgleich ausschließen (vgl. *Hilger* NStZ 1992, 461 Fn. 79; SK-StPO/*Wohlers*/*Greco* Rn. 5).

6 **F. Revision.** Mit der Revision kann beanstandet werden, wenn Daten entgegen § 98c S. 2 unter Verletzung bundes- oder landesrechtlichen Verwendungsregelungen in den Datenabgleich einbezogen worden sind, sofern die Ergebnisse des Abgleichs in die Hauptverhandlung eingeführt und mit eigenständigem Beweiswert in die Beweiswürdigung eingestellt worden sind (vgl. LR/*Menges* Rn. 19). Verstöße gegen § 98c im Ermittlungsverfahren, die keine Auswirkungen auf die Hauptverhandlung haben, können dagegen mit der Revision nicht gerügt werden (vgl. §§ 336, 337; BGHSt 6, 326, 328).

§ 99 Postbeschlagnahme und Auskunftsverlangen

(1) [1]Zulässig ist die Beschlagnahme der an den Beschuldigten gerichteten Postsendungen und Telegramme, die sich im Gewahrsam von Personen oder Unternehmen befinden, die geschäftsmäßig Post- oder Telekommunikationsdienste erbringen oder daran mitwirken. [2]Ebenso ist eine Beschlagnahme von Postsendungen und Telegrammen zulässig, bei denen aus vorliegenden Tatsachen zu schließen ist, daß sie von dem Beschuldigten herrühren oder für ihn bestimmt sind und daß ihr Inhalt für die Untersuchung Bedeutung hat.

(2) [1]Unter den Voraussetzungen des Absatzes 1 ist es auch zulässig, von Personen oder Unternehmen, die geschäftsmäßig Postdienste erbringen oder daran mitwirken, Auskunft über Postsendungen zu verlangen, die an den Beschuldigten gerichtet sind, von ihm herrühren oder für ihn bestimmt sind. [2]Die Auskunft umfasst ausschließlich die aufgrund von Rechtsvorschriften außerhalb des Strafrechts erhobenen Daten, sofern sie Folgendes betreffen:

1. **Namen und Anschriften von Absendern, Empfängern und, soweit abweichend, von denjenigen Personen, welche die jeweilige Postsendung eingeliefert oder entgegengenommen haben,**
2. **Art des in Anspruch genommenen Postdienstes,**
3. **Maße und Gewicht der jeweiligen Postsendung,**
4. **die vom Postdienstleister zugeteilte Sendungsnummer der jeweiligen Postsendung sowie, sofern der Empfänger eine Abholstation mit Selbstbedienungs-Schließfächern nutzt, dessen persönliche Postnummer,**
5. **Zeit- und Ortsangaben zum jeweiligen Postsendungsverlauf sowie**
6. **Bildaufnahmen von der Postsendung, die zu Zwecken der Erbringung der Postdienstleistung erstellt wurden.**

[3]Auskunft über den Inhalt der Postsendung darf darüber hinaus nur verlangt werden, wenn die in Satz 1 bezeichneten Personen oder Unternehmen davon auf rechtmäßige Weise Kenntnis erlangt haben. [4]Aus-

kunft nach den Sätzen 2 und 3 müssen sie auch über solche Postsendungen erteilen, die sich noch nicht oder nicht mehr in ihrem Gewahrsam befinden.

Übersicht

A. Zweck, Anwendungsbereich und Bedeutung der Eingriffsnorm. I. Gesetzliche Ermächtigungen zum Eingriff in das Postgeheimnis. Die Vorschrift behandelt im Hinblick auf **Eingriffe in** den Schutzbereich des Spezialgrundrechts über **das Brief- und Postgeheimnis** aus Art. 10 Abs. 1 GG, das nach der Privatisierung der Post in § 39 PostG (§ 88 TKG) neu geregelt wurde. In Abs. 1 geht es um die Beschlagnahme von Postsendungen, die sich im Gewahrsam eines Postdienstleisters befinden (Abs. 1 Satz 1) oder auf dem **Postweg** (*T. Bode* Verdeckte strafprozessuale Ermittlungsmaßnahmen, 2012, S. 340) zum Beschuldigten oder von diesem zu einem Dritten (Abs. 1 Satz 2) abgefangen werden. Vorausgesetzt wird, dass diese Gegenstände sich im Gewahrsam eines Dienstleisters befinden, der geschäftsmäßig Postdienste erbringt, oder im Gewahrsam einer Transporthilfsperson eines solchen Postdienstleisters. § 99 Abs. 1 stellt i.V.m. § 94 Abs. 2 für »die Beschlagnahme« (Satz 1) die gesetzliche Eingriffsermächtigung (Art. 10 Abs. 1 Satz 2 GG) zur Verfügung, während § 100 die Zuständigkeit und das Verfahren regelt. Insoweit besteht **spezielles Eingriffsrecht**. Die bei anderen Beweisgegenständen als Postsendungen bestehende Möglichkeit der Herausgabe (§ 95) mit der Möglichkeit der formlosen Sicherstellung durch die Strafverfolgungsorgane (§ 94 Abs. 1) besteht im Schutzbereich des Postgeheimnisses nicht, weil die Postdienstleister dafür keine Dispositionsbefugnis haben (vgl. § 39 Abs. 3 S. 3 PostG). Der staatliche Zugriff auf Postsendungen ist nur durch **förmliche Beschlagnahme** möglich, nicht durch formlose Sicherstellung. Ergänzend besteht »auch« die Möglichkeit zu einem **Auskunftsverlangen** der Ermittlungsbehörde **gegenüber dem Postdienstleister** bezüglich der äußeren Umstände der Postsendung. Zwar war in der vorliegenden Vorschrift bis zum 01.07.2021 nur die Beschlagnahme geregelt, jedoch sah die h.M. bereits bisher als milderes Mittel die Möglichkeit zu einem Auskunftsverlangen über Sendungen vor (LG Ingolstadt Beschl. v. 13.02.2018 – 2 Qs 4/18). Nachdem dagegen in der Rspr. besonders hinsichtlich »retrograder Auskunftsverlangen« nach Zustellung der Sendung Bedenken angemeldet wurden (BGH StV 2019, 659 ff.; BGH Ermittlungsrichter StV 2017, 145 f. m.Anm. *Krause* NZWiSt 2017, 60 f.; *Pannenborg* StV 2017, 433 f.; *D. Schmidt* NJW 2017, 681 f.), hat der Gesetzgeber durch Gesetz zur Fortentwicklung der Strafprozessordnung und zur Änderung weiterer Vorschriften (BGBl. 2021 I, S. 2099) eine erweiterte Möglichkeit zu Auskunftsverlangen in **Abs. 2** positivrechtlich verankert (BT-Drs. 19/27654, S. 66 ff.). Die Befugnis dazu knüpft an dieselben Voraussetzungen an wie die Postbeschlagnahme. Das Verlangen umfasst Auskünfte über dieselben Arten von Postsendungen, die auch der Postbeschlagnahme unterliegen, und es richtet sich an denselben Adressatenkreis. Das Auskunftsverlangen ist nun aber nicht mehr als milderes Mittel gegenüber der Postbeschlagnahme vorgesehen, sondern als zusätzliche Maßnahme und es ist in der zeitlichen Dimension auf noch nicht oder nicht mehr im Gewahrsam des Postdienstleisters befindliche Sendungen ausgedehnt worden. 1

II. Beweisbeschaffung und Beweissicherung als strafprozessualer Zweck. Schon durch den Zusammenhang mit den allgemeinen Regeln über »die Beschlagnahme« sowie die Beschränkung der Postbeschlagnahme auf Postsendungen oder Telegramme, die für den Beschuldigten bestimmt sind oder von diesem herrühren, ist der Zweck des Eingriffs als Mittel zur **Beschaffung und Sicherung von Sachbeweisen** umgrenzt. Kein Zweck der Postbeschlagnahme ist die Sicherung von Einziehungsgegenständen. Im objektiven Einziehungsverfahren kommt sie daher nicht infrage (BGHSt 23, 329 [330 f.]; SK-StPO/*Wohlers/Greco* § 99 Rn. 11). 2

Abs. 1 Satz 2 hebt hervor, dass der Eingriffsanlass darin besteht, dass der **Inhalt der Postsendung** für die Untersuchung im Strafverfahren **nach einem auf konkrete Tatsachen gestützten Schluss von Bedeutung** sein muss; das gilt für die Konstellation des Abs. 1 Satz 1 ebenso. Eine lediglich abstrakte Beweisbedeutung reicht unabhängig vom weit gefassten Wortlaut des Satz 1 auch dann nicht aus, wenn es sich um eine Sendung auf dem Postweg zum Beschuldigten handelt. Es kann nicht unterstellt werden, dass jede Postsendung an diesen eine Beweisbedeutung in dem gegen ihn gerichteten Verfahren hat und deshalb den Eingriff in das Postgeheimnis legitimiert. Die Beweisbedeutung für das konkrete Ermittlungsverfahren muss vielmehr nach einem **Schluss aus vorliegenden Tatsachen** wahrscheinlich sein (SK-StPO/*Wohlers/Greco* § 99 Rn. 13). Nur dies wird dem Bedeutungsgehalt der Beschränkung des Spezialgrundrechts aus Art. 10 Abs. 1 GG gerecht.

3 **III. Eingriff in die Sphäre der Postdienstleister.** Postsendungen – oder die heute nicht mehr gebräuchlichen »Telegramme« – werden von der Eingriffsermächtigung für die Beschlagnahme nach Abs. 1 nur erfasst, wenn sie sich **im Gewahrsam von Postdienstleister** befinden. Für andere Gegenstände, die noch nicht auf den Postweg gegeben wurden oder diesen bereits durch Ankunft beim Empfänger verlassen haben, gilt das allgemeine Beschlagnahmerecht. Vom Grundrechtseingriff i.S.d. Art. 10 GG bei der Postbeschlagnahme betroffen sind der Absender und der Adressat der Postsendung; Adressaten des hoheitlichen Zugriffs auf den Gewahrsam an der Sache sind Personen oder Unternehmen, die geschäftsmäßig Postdienste erbringen oder hieran mitwirken. **Postdienstleistungen** bestehen aus der Beförderung von Briefsendungen, adressierten Paketen sowie von Katalogen, Zeitungen und Zeitschriften im Versand (bezüglich Pornografie OLG Karlsruhe NJW 1973, 208; LG Freiburg NStZ-RR 1998, 11). Die rein postverwaltungsrechtliche und technisch überholte Beschränkung des Begriffs der Postdienstleistungen auf den Versand von Paketen mit einem Höchstgewicht von zwanzig Kilogramm durch § 4 Nr. 5 PostG ist Eingriffsrecht unmaßgeblich (*Eisenberg* Beweisrecht der StPO, Rn. 2390).

4 **IV. Materiellrechtliche Wirkung der Herausgabe von Postsendungen.** Gibt der Postdienstleister eine Postsendung an die Strafverfolgungsbehörde heraus, ohne dass eine Anordnung der Postbeschlagnahme vorliegt, macht er sich wegen Verletzung des Postgeheimnisses nach **§ 206 StGB** strafbar, soweit jedenfalls kein Fall des § 138 StGB vorliegt. Wer ihn dazu auffordert kann Anstifter, wer ihn unterstützt kann Gehilfe sein. Entsprechendes gilt bei Einschaltung eines Transporthilfsunternehmens, wie einer Bahn, Spedition oder Fluggesellschaft. Erst eine prozessual rechtmäßige Postbeschlagnahme liefert einen **Rechtfertigungsgrund** für die mit der Herausgabe an eine andere Person als den Adressaten oder den Absender objektiv verbundene Verletzung des Postgeheimnisses. Rechtfertigender Notstand (§ 34 StGB) kommt im Allgemeinen auch nicht infrage.

5 **B. Postbeschlagnahme (Abs. 1). I. Einbeziehung des Beschuldigten in den Postversand.** Voraussetzung der Postbeschlagnahme ist, dass sich das **Strafverfahren gegen einen bestimmten Beschuldigten** richtet (SK-StPO/*Wohlers/Greco* § 99 Rn. 10), der zwar individualisiert, aber nicht unbedingt namentlich identifiziert sein muss (*Eisenberg* Beweisrecht der StPO, Rn. 2393; MüKo-StPO/*Günther* § 99 Rn. 33). Die fehlende namentliche Identifizierung erschwert nur faktisch die Zuordnung einer Postsendung zu einer Person als Beschuldigter. Beschlagnahmefähig sollen nach der Rspr. auch **Bekennerschreiben unbekannter Attentäter oder Entführer** sein (KG Beschl. v. 30.07.2010 – [1] 2 StE 2/08–2 [21/08]); denn die Tatsache des Bekennens zur Tat lasse regelmäßig den Schluss zu, dass die Postsendung von einem Täter herrührt. Die vorliegende Vorschrift spricht aber nur von »dem Beschuldigten«, was dagegen spricht, sie auch auf Fälle anzuwenden, in denen die Postbeschlagnahme zur Bestimmung des Beschuldigten in einem gegen Unbekannt geführten Verfahren (UJs) dienen soll. Das für die Ermittlungspraxis ärgerliche Hindernis für den Zugriff auf Postsendungen in Verfahren gegen Unbekannt rührt aus dem Fehlen einer passenden Eingriffsermächtigung her und entbindet die Rechtsanwender nicht von der Beachtung des Gesetzes und seiner Grenzen (Art. 10 Abs. 2 Satz 1, 20 Abs. 3 GG).

6 Nur Postsendungen oder Telegramme, die **an den Beschuldigten gerichtet** (Satz 1) sind **oder von diesem** stammen oder bei denen konkrete Tatsachen darauf hinweisen, dass die Sendung **für ihn bestimmt ist** oder **von ihm herrührt**, können nach Abs. 1 beschlagnahmt werden (MüKo-StPO/*Günther* § 99 Rn. 22 ff.; SK-StPO/*Wohlers/Greco* § 99 Rn. 13 f.). Dies betrifft den Postweg, auf dem ein Gewahrsam des Postdienstleisters besteht, sobald der Brief, das Paket oder die sonstige Postsendung bei diesem eingegangen ist. Der Gewahrsam des Postdienstleisters dauert an, bis die Sendung einer anderen Person oder einem anderen Unternehmen übergeben, an den Adressaten ausgeliefert oder an den Absender zurückgegeben worden ist.

7 **II. Tatverdacht.** Die **Art der Tat**, die dem Beschuldigten vorgeworfen wird, ist nach dem Wortlaut der Eingriffsnorm unerheblich; die Postbeschlagnahme kommt nicht nur bei bestimmten Arten von Straftaten infrage (MüKo-StPO/*Günther* § 99 Rn. 36). Jedoch gilt der **Grundsatz der Verhältnismäßigkeit**, sodass bei

Bagatelldelikten ein Eingriff in das Postgeheimnis unangemessen sein kann. Andererseits ist für die Zulassung der Postbeschlagnahme nicht erforderlich, dass die verfolgte Tat eine Straftat von erheblicher Bedeutung ist. Insb. bei **Straftaten**, die **durch Versendung von Briefen** mit beleidigenden, bedrohenden oder nachstellenden Äußerungen begangen werden, ist eine Postbeschlagnahme als wichtiges Mittel zur Beweisgewinnung regelmäßig angemessen.

Ein besonderer Verdachtsgrad wird nicht vorausgesetzt. **Einfacher Tatverdacht genügt** (MüKo-StPO/*Günther* § 99 Rn. 37). Allerdings soll auch der Verdachtsgrad im Einzelfall bei der Verhältnismäßigkeitsprüfung zu berücksichtigen sein. Das überzeugt jedoch nur bedingt, weil die Beschlagnahme als Sicherung von Beweisen auch zu einer näheren Überprüfung des allgemeinen Tatverdachts dienen soll. Wird also der einfache Verdacht durch den Inhalt der abgefangenen Postsendung zum dringenden Verdacht, so ist das vorherige Erkenntnisdefizit kein Grund, nachträglich die Anordnung der Postbeschlagnahme infrage zu stellen. Für die Verhältnismäßigkeitsprüfung relevant sind jedenfalls mit überwiegender Bedeutung die Schwere des Vorwurfs – nicht der Grad der Wahrscheinlichkeit seiner Richtigkeit – und die Beweisbedeutung der Postbeschlagnahme mit Blick auf die sonstige gegenwärtige oder künftig zu erwartende Beweislage. 8

III. Postsendungen mit potenzieller Beweisbedeutung als Beschlagnahmegegenstand. 1. Sachen auf dem Postweg. Nach dem Wortlaut des Gesetzes geht es um die Beschlagnahme von **Postsendungen** oder Telegrammen, die aufgrund konkreter Tatsachenhinweise eine **Beweisbedeutung** für das Strafverfahren haben können. Eine nur vermutete Beweisbedeutung reicht nicht aus (Rdn. 2). Der Begriff der Postsendung wird nur für das Postrecht in § 4 Nr. 5 PostG definiert. 9

Telegramme als Schutzgut des Art. 10 Abs. 1 GG stehen Briefsendungen gleich. § 100a ist beim Zugriff auf Telegramme nicht einschlägig. Die Versendung von Telegrammen ist inzwischen überholt (*Schlegel* HRRS 2007, 44 [51]) und § 99 insoweit gegenstandslos. Ersetzt wurden die Telegramme in der Fernkommunikation durch E-Mails, elektronische Kurznachrichten und Mitteilungen in sozialen Netzwerken. 10

2. Daten in der elektronischen Post. Nicht ausdrücklich geregelt ist die Beschlagnahme von **E-Mail-Dateien** oder anderen elektronischen »Postsendungen«. Insoweit stellen sich die Fragen, ob Daten als **unkörperliche Gegenstände** (*Warken* NZWiSt 2017, 449 ff.) überhaupt Gegenstand einer Beschlagnahme sein können, oder nur Datenträger als Sachen, und wann der **Postweg** oder Telekommunikationsvorgang i.S. eines Gewahrsams des Telekommunikationsdienstleisters betroffen oder schon verlassen ist, wenn E-Mails auf dem Weg vom Absender zum Empfänger in einem E-Mail-Account zwischengespeichert werden (§ 94 Rdn. 8 ff.). 11

Auf erste Sicht ist anzunehmen, dass § 99 auf das Problem nicht zugeschnitten ist und die Eingriffsermächtigung mit ihrem **Wortlaut** den Zugriff auf E-Mails nicht regelt (MüKo-StPO/*Günther* § 99 Rn. 12; *Schlegel* HRRS 2007, 44 [51]); denn insb. ein »Gewahrsam« besteht bei Daten nicht oder jedenfalls nicht im traditionellen Sinn. **Datenkopien und Datenspeicherungen** sind eher ein ***aliud*** und entsprechen in der Eingriffsintensität mehr einer TKÜ als der zweistufigen Postbeschlagnahme. Daher war der Zugriff auf E-Maildateien, die in einer Mailbox gespeichert sind, nach anfänglicher Rspr. und Literaturmeinung nur nach den Maßstäben des § 100a zu erfassen (LG Hanau MMR 2000, 175 [176] m.Anm. *Bär*; LG Mannheim StV 2002, 242 f. m.Anm. *Jäger*; *Eisenberg* Beweisrecht der StPO, Rn. 2391). Die überwiegende Rspr. meint aber, der noch mögliche Wortsinn sei nicht überschritten, wenn § 94 oder § 99 darauf angewendet werden, oder diese seien entsprechend anwendbar. Dadurch wird das Zitiergebot des Art. 19 Abs. 1 Satz 2 GG nicht verletzt, weil Art. 10 Abs. 1 GG vom historischen Gesetzgeber der vorkonstitutionellen Norm über die Postbeschlagnahme noch nicht als beschränktes Gesetz benannt werden konnte und daher nicht benannt wurde, was bei vorkonstitutionellen Vorschriften aber auch nicht erforderlich ist. Eine **analoge Anwendung** von gesetzlichen Eingriffsermächtigungen (LG Ravensburg MMR 2003, 679 m.Anm. *Bär*; AG Reutlingen StV 2012, 462) begegnet jedoch Bedenken im Hinblick auf das Prinzip vom Vorbehalt des Gesetzes (Art. 10 Abs. 2 Satz 1 GG) und den Gewaltenteilungsgrundsatz (§ 94 Rdn. 9; LG Hamburg StV 2009, 404 [405]; *T. Bode* Verdeckte strafprozessuale Ermittlungsmaßnahmen, 2012, S. 340; *Schlegel* HRRS 2007, 44 [51]). Teilt man diese Bedenken, kann es nur darum gehen, ob eine **direkte Anwendung** von § 99 auf die Beschlagnahme von E-Mails und anderen elektronischen Sendungen möglich ist. Das wurde von der Rspr. bejaht (BGH NStZ 2009, 397 [398] m.Anm. *Bär*; BVerwG NVwZ-RR 2020, 1029 f.), ist aber genau genommen zu verneinen (MüKo-StPO/*Günther* § 99 Rn. 12). 12

§ 94 ist nach heute h.A. beim Zugriff auf E-Mails anwendbar, soweit das **außerhalb einer bestehenden Telekommunikation** geschieht (BVerfGE 124, 43 [58 ff.]), **§ 99** kommt nach demselben Ansatz zum Zuge, soweit der Vorgang der **Telekommunikation** i.S.v. Art. 10 Abs. 1 GG (§ 94 Rdn. 11) **nicht abschlossen** ist und sich die **E-Mail im »Gewahrsam« des Telekommunikationsdienstleisters** befindet; insoweit soll § 100a obsolet sein (*Schlegel* HRRS 2008, 23 [29]). Diese Ansicht beruht aber auf einem Wertungsfehler. Jedenfalls 13 solange die E-Mail-Sendung sich im **Versendevorgang** bewegt, ohne endgültig gespeichert zu sein, kommt ein Zugriff nur aufgrund der spezielleren Ermächtigungsnorm des **§ 100a** infrage.

14 Nach der – streitbaren – Grundannahme sind verschiedene Entstehungs-, Versendungs- und Speicherungsphasen von Bedeutung. Eine **Postbeschlagnahme** ist nur der Zugriff auf statisch vorhandene E-Mails in den Zeiträumen, in denen E-Mail-Sendungen als »Postsendungen« **beim E-Mail-Provider** bis zur Weiterversendung oder zum Abruf durch den Empfänger zwischengespeichert (BGH StV 2009, 623) oder vor der Öffnung durch den Empfänger bei diesem im elektronischen »Briefkasten« gespeichert werden. Vor der Absendung durch den Absender und nach Ankunft im Computersystem des Empfängers und Öffnung durch diesen oder Speicherung auf einem Datenträger, der kein elektronischer Briefkasten mehr ist, kommt eine Beschlagnahme nach § 94, während des jeweiligen Übermittlungsvorgangs eine Überwachung nach § 100a infrage. Beim Provider zwischengespeicherte E-Mails ruhen nach heute h.A. auf dessen Speichermedium in ähnlicher Weise, wie eine sächliche Postsendung in der Räumen des Postdienstleisters in dessen Gewahrsam wäre (BGH StV 2009, 623). Sie sind damit **einer Briefsendung** in dessen Gewahrsam derart **ähnlich**, dass keine Telekommunikation i.S.v. § 100a stattfindet. Das ist vielmehr der Anwendungsbereich von § 99.

15 Das Eingriffsrecht ist mit dieser Deutung dem für neue technische Entwicklungen zugänglichen Schutzbereich des Art. 10 Abs. 1 GG (*Gaede* StV 2009, 96 f.) angepasst worden. Das mag verfassungsdogmatisch akzeptabel sein, schließt aber eine **denkbar weite Auslegung des einfachrechtlichen Eingriffsnormenbestandes** ein (*Meinicke* StV 2012, 463) und führt dort zu einem unterschiedlichem **Schutzniveau**, wenn die verschiedenen Anforderungsprofile der §§ 94, 99 einerseits und § 100a andererseits miteinander verglichen werden (§ 94 Rdn. 10). § 95a nivelliert inzwischen den Unterschied für einen Teilbereich, ist aber seinerseits nicht systemgerecht. Zwar sind die Eingriffshandlungen bei dem prinzipiell offenen (§ 94, § 99) oder heimlichen (§ 95a, § 100a) Zugriff verschieden, was die unterschiedlichen Eingriffsvoraussetzungen erklären könnte; jedoch macht es für den vom Informationszugriff betroffenen potenziellen Empfänger der E-Mail keinen Unterschied, ob diese durch Datenbeschlagnahme beim Provider oder durch Datenzugriff mittels Überwachung des Internets von außen erfolgt. Unklar ist die Rechtsanwendung insb. bei einem nicht nur einmaligen, sondern geraume Zeit andauernden **Zugriff auf eine Zwischenspeicherung verschiedener E-Mails**. Dafür wirkt die Anwendung von § 99 besonders unzureichend.

16 Auch die neue Regelung über die mit einer vorläufigen Sicherstellung (§ 94 Abs. 1) oder Daten-»Sicherung« verbundene **Durchsicht nach § 110 Abs. 3 während der Durchsuchung** (*Schlegel* HRRS 2008, 23 [25 ff.]) ändert nicht viel an der Lückenhaftigkeit der eingriffsrechtlichen Regelungen.

17 Was für E-Mails gilt, soll – cum grano salis – auch für ähnliche elektronische **Nachrichten in »sozialen Netzwerken« oder Chat-Nachrichten gelten**, die beim jeweiligen Provider, wie »facebook« (AG Reutlingen StV 2012, 462 m.Anm. *Meinicke*), in einer mit Passwort geschützten Weise gespeichert sind. Insoweit ist der Datenzugriff generell zulässig, wenn die Teilnehmer einer offenen Kommunikation im Internet keinen Schutz verwenden, sodass Jedermann zugreifen kann. Soweit eine Zugriffshürde besteht, die an sich nur von berechtigten Kommunikationsteilnehmern überwunden werden kann und soll, ist der staatliche Zugriff nur möglich, wenn das spezielle Eingriffsrecht des § 100a dies zulässt. Daneben spielt die wesentlich weniger spezifizierte Regelung der Beschlagnahme oder Postbeschlagnahme beim Zugriff auf solche Dateien keine Rolle.

18 **3. Gewahrsam eines Postdienstleisters.** Eine Postbeschlagnahme ist nur dort vorgesehen, wo sich die Postsendung im **Gewahrsam** von **Personen** oder **Unternehmen** befindet, welche **geschäftsmäßig Post- oder Telekommunikationsdienstleistungen erbringen** (§ 4 Nr. 4 PostG, § 3 Nr. 10 TKG; *Eisenberg* Beweisrecht der StPO, Rn. 2393; MüKo-StPO/*Günther* § 99 Rn. 15). Dies betrifft nicht nur überregionale Postbeförderer, die an die Stelle der privatisierten »Post« getreten sind, sondern es erstreckt sich auch auf Unternehmen, die in räumlich oder sachlich beschränkten Bereichen mit der Überbringung von Sendungen befasst sind. Geschäftsmäßig ist das nachhaltige Betreiben der Beförderung von Postsendungen für Andere mit oder theoretisch auch ohne Gewinnerzielungsabsicht. Der Gewahrsam des Unternehmens, das Postdienstleistungen erbringt, wird nicht dadurch aufgehoben, dass von diesem ein **Subunternehmen** in Transportleistungen einbezogen wird. Die Einschaltung eines Transportunternehmens, wie die Bahn, eine Spedition oder Fluggesellschaft, aufgrund gesetzlicher Vorschriften führt dazu, dass auch diese Hilfsunternehmen in den Aufgaben- und Pflichtenkreis beim Schutz des Postgeheimnisses einbezogen werden.

19 **IV. Umsetzung der Postbeschlagnahme durch den Postdienstleister.** Die **Postbeschlagnahme** durch den Richter (§ 100 Abs. 1 und 2) erfolgt erst **nach Öffnung** (§ 100 Abs. 3) **und Durchsicht** der Postsendung, wenn eine tatsächliche Beweisrelevanz erkennbar wird. Die **Anordnung** führt zuvor dazu, dass die entsprechenden **Postsendungen** – zum Schutz des Postgeheimnisses für die übrigen Sendungen **exklusiv** (BGH StV 2008, 225) – **vom Dienstleister ausgesondert und** an die Staatsanwaltschaft oder das Gericht **ausgeliefert** (§ 100 Abs. 2) werden (BGH StV 2008, 225; *Eisenberg* Beweisrecht der StPO, Rn. 2390), welche die Post-

sendungen zunächst vorübergehend in den staatlichen Gewahrsam übernehmen. Die Postsendungen sind danach zu sichten (§ 100 Abs. 3 Satz 1). Die Anordnung der Aussonderung und Herausgabe bestimmter Postsendungen, die noch keine Postbeschlagnahme ist, sondern eine potenzielle Vorstufe, bezieht sich auf bereits im Gewahrsam des Dienstleisters befindliche konkrete Postsendungen. Diesem zweistufigen Vorgang entspricht der direkte Zugriff auf E-Mails (Rdn. 11 ff.) nicht.

V. Umfang und Begrenzung der Anordnung der Postbeschlagnahme. Einer ausdrücklichen Anordnung 20
der Postbeschlagnahme bedarf es nicht, falls die durch Art. 10 Abs. 1 GG als Grundrecht geschützten **Teilnehmer am Postverkehr**, also Absender und Empfänger, jeweils mit der Sicherstellung der Sendung **einverstanden** sind; dann liegt ein **Verzicht auf das Spezialgrundrecht** aus Art. 10 Abs. 1 GG vor und die formlose **Sicherstellung** ist nach § 94 Abs. 1 möglich.

Ob die **Einwilligung eines Teilnehmers** am Postversendevorgang allein ausreicht, ist umstritten. Über- 21
wiegend wird angenommen, dass dies ausreicht (*Eisenberg* Beweisrecht der StPO, Rn. 2390a; Meyer-Goßner/Schmitt/*Köhler* § 99 Rn. 3), da der andere Teilnehmer keinen Anspruch auf vertrauliche Behandlung der Postsendung durch seinen Postversendungspartner habe. Das trägt aber dem Bedeutungsgehalt des Spezialgrundrechts aus Art. 10 Abs. 1 GG, das auch den Versendevorgang selbst in ähnlicher Weise wie bei einem Telekommunikationsvorgang schützt, nicht genügend Rechnung (MüKo-StPO/*Günther* § 99 Rn. 58; SK-StPO/*Wohlers/Greco* § 99 Rn. 7). Zwar könnte auch das **Einverständnis des Absenders** ausreichen, der die Postsendung schließlich vor der Absendung hätte herausgeben können. Der Empfänger könnte nach Erhalt der Sendung die Sache freiwillig herausgeben, weil er dann Inhaber des einseitigen Kommunikationsinhalts wird. Jedoch ist das eine Überlegung i.S. eines hypothetischen Ersatzeingriffs, der rechtlichen Bedenken unterliegt, weil er zur Ausschaltung einer Eingriffsnorm aufgrund der hypothetischen Anwendung einer anderen Vorschrift führt. Der Schutz des Versendevorgangs und das Vertrauen in die Wahrung des Postgeheimnisses bis zur Grenze einer insgesamt gesetzeskonformen Beschränkung haben aber eine weitergehende Bedeutung, die einseitige Dispositionen unzureichend erscheinen lässt.

Rechtlich unerheblich ist das **Einverständnis des Postdienstleisters**, weil er gem. § 39 PostG nicht über 22
das Grundrecht von Absender und Empfänger verfügen kann (*Eisenberg* Beweisrecht der StPO, Rn. 2390a; MüKo-StPO/*Günther* § 99 Rn. 51).

Die **Beschlagnahmeverbote** des § 97 spielen bei der Postbeschlagnahme regelmäßig keine Rolle, weil im 23
Gewahrsam des Dienstleisters befindliche Poststücke nicht im Gewahrsam eines Berufsgeheimnisträgers sind (BVerfGE 107, 299 [333]; *Eisenberg* Beweisrecht der StPO, Rn. 2394; SK-StPO/*Wohlers/Greco* § 99 Rn. 15). **Beweisverbote von Verfassungs wegen** oder nach der damit teilweise kongruenten Regelung des § 160a (vgl. dazu BVerfG StV 2012, 257 [263]) sind dagegen auch im Rahmen einer Postbeschlagnahme beachtlich. Insb. darf erkennbare **Verteidigerpost** nicht beschlagnahmt werden (MüKo-StPO/*Günther* § 99 Rn. 49; Meyer-Goßner/Schmitt/*Köhler* § 99 Rn. 13), weil die freie Kommunikation zwischen dem Verteidiger und dem Beschuldigten (§ 148) wegen der essenziellen Bedeutung der Möglichkeit einer ungestörten Verteidigung für den Achtungsanspruch aus der Menschenwürdegarantie im Strafverfahren zum Unverfügbaren (Art. 1 Abs. 1 GG) zählt. Das gilt nur dann nicht, wenn der Verteidiger an der Tat des Mandanten selbst beteiligt ist oder er eine Nachtat i.S.d. §§ 257–261 StGB dazu begeht; der Beschlagnahmezugriff setzt dann zumindest erhebliche Verdachtsmomente hierfür voraus. Ob das Gesetz hier ein ausreichendes Konzept für den **Schutz des Kernbereichs der Persönlichkeitsentfaltung** enthält, erscheint zweifelhaft (abl. *T. Bode* Verdeckte strafprozessuale Ermittlungsmaßnahmen, 2012, S. 342 ff.).

Sind dieselben Beweisbeschaffungsziele durch weniger eingriffsintensive Maßnahmen zu erreichen oder zu 24
ersetzen, ist die Postbeschlagnahme unverhältnismäßig.

VI. Beendigung der Postbeschlagnahme. Die Anordnung der Postbeschlagnahme ist, wenn diese nicht 25
ohnehin auf einen bestimmten Gegenstand beschränkt ist, mit dessen Erfassung die Maßnahme erledigt ist, aus Gründen der **Verhältnismäßigkeit** zeitlich zu begrenzen. Die Aussonderungs- und Herausgabepflicht des Postdienstleisters endet gegebenenfalls mit dem **Ablauf einer vom Gericht hierfür gesetzten Frist**. Ab diesem Zeitpunkt darf der Dienstleister zur Wahrung des Postgeheimnisses keine Postsendungen mehr aussondern und an die Staatsanwaltschaft ausliefern. Darüber hinaus ist die Maßnahme seitens der Strafverfolgungsorgane zu beenden, wenn die Voraussetzungen entfallen sind oder das Beweisziel erreicht ist.

VII. Durchsetzung. Zwangsmittel zur Durchsetzung der Aussonderung und Auslieferung der beschlag- 26
nahmten Postsendung sieht das Gesetz nicht ausdrücklich vor. Solange die Post verstaatlicht war, beruhte dies auf der prinzipiellen **Entbehrlichkeit von Zwangsmitteln** unter den Organen des Staates. Seit die »Post« privatisiert ist, trifft diese Prämisse der Nichtregelung nicht mehr zu. Die Praxis behilft sich mit einer entsprechenden Anwendung der §§ 95 Abs. 2, 70 (BGH StV 2009, 623 m.Anm. *Bär* NStZ 2009, 398 f.;

LG Hildesheim MMR 2010, 800), außer bei Bestehen eines Zeugnisverweigerungsrechts. Die **entsprechende Anwendung einer** solchen **Zwangsbefugnis** ist aber mit dem Prinzip vom Vorbehalt des Gesetzes nicht vereinbar (*Gaede* StV 2009, 96 [99]). Eine Freiheitsentziehung durch Ordnungshaft nach § 70 kann darauf jedenfalls nicht gestützt werden (Art. 2 Abs. 2 S. 3, 104 Abs. 1 GG). Insoweit liegt jedenfalls eine Analogie zu § 77, der nur Ordnungsgeld vorsieht, näher, ohne dass hierdurch das zentrale Problem der Gesetzeslücke und der fehlenden Analogiefähigkeit von Eingriffsrecht behoben wäre.

27 **VIII. Nachträgliche Benachrichtigung der Betroffenen.** Die als **Absender** und angegebener **Empfänger** der Postsendung von der Beschlagnahme der Sendung auf dem Postweg Betroffenen sind nach § 101 Abs. 4 Satz 1 Nr. 2 von der ihnen regelmäßig nicht bekannten Postbeschlagnahme zu benachrichtigen und über ihre Rechtsschutzmöglichkeit nach § 101 Abs. 7 zu belehren. Die Benachrichtigung erfolgt, sobald dies ohne Gefährdung des Untersuchungszwecks, des Lebens, der körperlichen Unversehrtheit und der persönlichen Freiheit einer Person und von bedeutenden Vermögenswerten möglich ist (§ 101 Abs. 5). Sie können die sie jeweils in ihrem Grundrecht aus Art. 10 Abs. 1 GG beschränkende Postbeschlagnahme, welche zur Aussonderung bestimmter Postsendungen und deren Vorlage durch den Postdienstleister an das Gericht zur Folge hat, durch Beschwerde gem. § 304 anfechten. Dies gilt auch für sonst meist nicht mehr anfechtbare Beschlüsse der Oberlandesgerichte und für Beschlüsse des Ermittlungsrichters des Bundesgerichtshofs (§ 304 Abs. 4 Satz 2 Nr. 1), ebenso für entsprechende Beschlüsse erkennender Gerichte (§ 305 Satz 2; zum Übergang der Zuständigkeit vom Ermittlungsrichter auf das erkennende Gericht BGHSt 53, 1 [4]). Auch wenn nach Öffnung einer Sendung festgestellt wird, dass sie für Zwecke der Beweisführung im konkreten Strafverfahren nicht von Bedeutung ist und sie daraufhin sofort weiterbefördert wird, ist doch eine nachträgliche Informierung der Betroffenen erforderlich (BVerfG StV 2009, 617 [622]); andernfalls läge eine heimliche Zensur vor.

28 **C. Auskunftverlangen (Abs. 2).** Unter den **Voraussetzungen des Abs. 1** ist es nach Abs. 2 auch zulässig, von Postdienstleistern Auskunft über Postsendungen zu verlangen, die an den Beschuldigten gerichtet sind, von ihm herrühren oder für ihn bestimmt sind. Damit ist einerseits die bisherige Praxis eines Auskunftsbegehrens als Minus gegenüber der Postbeschlagnahme positivrechtlich geregelt, andererseits das **Auskunftsverlangen** erweitert und als **zusätzliche Maßnahme neben der Postbeschlagnahme** normiert worden. Der Gesetzgeber hält dies »mit Blick auf das im Grundgesetz verankerte Gebot der effektiven Strafverfolgung« für unverzichtbar, weil kriminelle Handlungen zunehmend unter Inanspruchnahme des Versands von inkriminierten Gegenständen begangen werden, die auch im »Darknet« vielfach gehandelt werden. Postdienstleister bilden dabei die »Schnittstelle« zwischen digitaler und analoger Welt (BT-Drs. 19/27654, S. 67).

29 Auskunftsverlangen über den äußeren Anlauf der Postsendungen sollen **nicht nur** möglich sein, **solange sich die Postsendungen im Gewahrsam des Postdienstleisters befinden**, sondern auch hinsichtlich bestellter, aber **noch nicht** an den Postdienstleister **ausgelieferter Sendungen**, ferner hinsichtlich solcher Sendungen, die bereits durch Aushändigung an den Empfänger **abgewickelt** wurden. Das geht in zeitlicher Hinsicht über die bisher als Minus zur Postbeschlagnahme in deren zeitlichem Umfang praktizierten Auskunftsersuchen hinaus. Sind aber die Daten beim Postdienstleister gelöscht, entfällt die Auskunftspflicht; zur Datenspeicherung wird er nach der vorliegenden Vorschrift nicht verpflichtet (BT-Drs. 19/27654, S. 70). Das Auskunftsverlangen ist danach jedoch kein minus, sondern ein aliud. Es ist zudem nicht nur anstelle, sondern **»auch« neben einer Postbeschlagnahme** möglich, zumal der Informationsgehalt der Auskunft für das Strafverfahren ein anderer ist als derjenige der beschlagnahmten Postsendung.

30 Die Auskunft darf nur über **Informationen nach einem abschließenden Katalog** verlangt werden, nämlich hinsichtlich der **Namen und Anschriften** von Absendern, Empfängern und, soweit abweichend, von denjenigen Personen, welche die jeweilige Postsendung eingeliefert oder entgegengenommen haben, der **Art des** in Anspruch genommenen **Postdienstes**, der **Maße und Gewichte** der Postsendung, den vom Postdienstleister zugeteilten **Sendungsnummern** der jeweiligen Postsendung sowie, sofern der Empfänger eine Abholstation mit Selbstbedienungsschließfächern nutzt, dessen persönlicher **Postnummer**, der **Zeit- und Ortsangaben zum Sendungsverlauf** sowie der eventuellen **Bildaufnahmen** von der Postsendung, die zu Zwecken der Erbringung der Postdienstleistung erstellt wurden. Auskunft über den **Inhalt** der Postsendung darf darüber hinaus **nur** verlangt werden, wenn die Postdienstleister davon **auf rechtmäßige Weise Kenntnis erlangt** haben, etwa bei einer Beschädigung der Sendung, bei fehlender Zustellbarkeit beim Empfänger oder bei **Gefahren für die körperliche Unversehrtheit** (BT-Drs. 19/27654 S. 69).

31 Soweit zulässig, kann die **Auskunft schriftlich** erteilt werden. Eine Zeugenbefragung eines Mitarbeiters des Postdienstunternehmens ist aber auch möglich.

D. Rechtsmittel und Verwertungsverbote. Gegen die **Beschlagnahme** einzelner Postsendungen **ohne vorherige richterliche Anordnung** durch die Staatsanwaltschaft wegen Gefahr im Verzug kann der Betroffene die **richterliche Entscheidung** nach § 100 Abs. 4 Satz 1, § 98 Abs. 2 Satz 2 StPO beantragt werden. Gegen die richterliche Beschlagnahmeanordnung ist prinzipiell eine Beschwerde möglich (BeckOK-StPO/*Graf* § 99 Rn. 31), was regelmäßig an fehlender Kenntnis des Betroffenen scheitert. Nachträglicher Rechtsschutz gegen die richterliche Beschlagnahmeanordnung ist dagegen nach § 101 Abs. 7 vorgesehen (BGHSt 53, 1 [3 f.]). Gegen das **Auskunftsverlangen** sind entsprechende Rechtsbehelfe gegeben. 32

Die Übertragung der Öffnungsbefugnis durch den Richter auf die **Staatsanwaltschaft** kann nicht angefochten werden (§ 100 Abs. 3 S. 3). Soweit jedoch das Gericht einen diesbezüglichen Antrag der Staatsanwaltschaft zurückweist, steht dieser eine Beschwerdemöglichkeit zu. Ein Postunternehmen kann durch die Art und Weise der Umsetzung der richterlichen Postbeschlagnahmeanordnung betroffen sein; es hat aber keine Beschwerdebefugnis (LG Ingolstadt Beschl. v. 13.02.2018 – 2 Qs 4/18). 33

Die Verletzung der Rechtsnormen über die Postbeschlagnahme kann ein Beweisverwertungsverbot zur Folge haben (OLG Karlsruhe NJW 1973, 208 [209]). Dafür gelten die allgemeinen Regeln über **unselbstständige Beweisverwertungsverbote**. Dabei ist besonders zu beachten, dass eine fehlerhafte und nicht nach Art. 10 Abs. 2 Satz 1 GG legitimierte Postbeschlagnahme nicht nur die allgemeine Handlungsfreiheit beschränkt, sondern in das Spezialgrundrecht eingreift. Daraus folgt, dass eine im Einzelfall rechtswidrige Postbeschlagnahme entgegen der Grundannahme der Abwägungslehre (BVerfG StV 2012, 257 [263]), dass die Verwertbarkeit die Regel und unselbstständige Beweisverwertungsverbote eine begründungspflichtige Ausnahme sei, regelmäßig ein Verwertungsverbot zur Folge haben muss, sofern nicht besondere Gegengründe festzustellen sind. Das Verwertungsverbot kann mit der **Revision** geltend gemacht werden, wobei die Voraussetzungen des § 344 Abs. 2 Satz 2 zu beachten sind. Die Widerspruchslösung ist hier nicht anzuwenden. Auch die Entgegennahme einer durch einen Dritten entwendeten und geöffneten Postsendung durch die Strafverfolgungsbehörden, die aus dem Inhalt der Postsendung als Zufallsfund Informationen über eine Straftat des Absenders erlangen, greift in den Schutzbereich des Art. 10 Abs. 1 GG ein und kann, wenn keine gesetzliche Ermächtigung für den Informationszugriff eingreift, ein Beweisverwertungsverbot auslösen. Fernwirkungen dieses Beweisverwertungsverbots werden nur nach Maßgabe der Abwägungsdoktrin anerkannt (OLG Koblenz StraFo 2017, 329 ff.). 34

§ 100 Verfahren bei der Postbeschlagnahme

(1) Zur Anordnung der Maßnahmen nach § 99 ist nur das Gericht, bei Gefahr im Verzug auch die Staatsanwaltschaft befugt.

(2) Anordnungen der Staatsanwaltschaft nach Absatz 1 treten, auch wenn sie eine Auslieferung nach § 99 Absatz 1 oder eine Auskunftserteilung nach § 99 Absatz 2 noch nicht zur Folge gehabt haben, außer Kraft, wenn sie nicht binnen drei Werktagen gerichtlich bestätigt werden.

(3) [1]Die Öffnung der ausgelieferten Postsendungen steht dem Gericht zu. [2]Es kann diese Befugnis der Staatsanwaltschaft übertragen, soweit dies erforderlich ist, um den Untersuchungserfolg nicht durch Verzögerung zu gefährden. [3]Die Übertragung ist nicht anfechtbar; sie kann jederzeit widerrufen werden. [4]Solange eine Anordnung nach Satz 2 nicht ergangen ist, legt die Staatsanwaltschaft die ihr ausgelieferten Postsendungen sofort, und zwar verschlossene Postsendungen ungeöffnet, dem Gericht vor.

(4) [1]Über eine von der Staatsanwaltschaft verfügte Maßnahme nach § 99 entscheidet das nach § 98 zuständige Gericht. [2]Über die Öffnung einer ausgelieferten Postsendung entscheidet das Gericht, das die Beschlagnahme angeordnet oder bestätigt hat.

(5) [1]Postsendungen, deren Öffnung nicht angeordnet worden ist, sind unverzüglich an den vorgesehenen Empfänger weiterzuleiten. [2]Dasselbe gilt, soweit nach der Öffnung die Zurückbehaltung nicht erforderlich ist.

(6) Der Teil einer zurückbehaltenen Postsendung, dessen Vorenthaltung nicht mit Rücksicht auf die Untersuchung geboten erscheint, ist dem vorgesehenen Empfänger abschriftlich mitzuteilen.

Übersicht

1 **A. Zweck und Bedeutung.** Die Vorschrift regelt die Zuständigkeit für die **Anordnung der Postbeschlagnahme und das Auskunftsverlangen**, welche grundsätzlich dem Gericht, nur in Eilfällen der Staatsanwaltschaft zugewiesen ist (§ 100 Abs. 1). Polizeiliche Anordnungskompetenzen bestehen hier, anders als nach § 98 Abs. 1 Satz 1 für die sonstige Beschlagnahme, grundsätzlich nicht. Eine staatsanwaltschaftliche Eilanordnung muss innerhalb von drei Werktagen vom Gericht bestätigt werden (Abs. 2). Auch die **Öffnung** der vom Postdienstleister ausgesonderten und ausgelieferten Sendungen obliegt dem Gericht (Abs. 3 Satz 1, Abs. 4 Satz 2); nur ausnahmsweise kann diese Befugnis zur Beschleunigung der inhaltlichen **Überprüfung** auf die Staatsanwaltschaft übertragen werden (Abs. 3 Satz 2), was nicht anfechtbar, aber jederzeit widerruflich ist (Abs. 3 Satz 3). Sonst sind Postsendungen ungeöffnet dem Richter vorzulegen (Abs. 3 Satz 4). Die Entscheidung über eine **förmliche Beschlagnahme einer bestimmten Postsendung** trifft danach das Gericht, und zwar erst nach einer inhaltlichen Prüfung der Postsendung (SK-StPO/*Wohlers/Greco* § 100 Rn. 1). Wenn eine Postsendung nach einer äußeren Sichtprüfung nicht geöffnet wurde oder aber nach der Öffnung eine Beweisbedeutung für das Verfahren nicht angenommen wird, ist die Sendung unverzüglich in den Postlauf zurückzugeben (Abs. 5). Als Minus zur vollständigen Vorenthaltung der Sendung durch Postbeschlagnahme ist auch die **Weiterleitung einer Abschrift** vorgesehen, soweit dies den Untersuchungszweck nicht gefährdet (Abs. 6).

2 Mit allem regelt die Vorschrift die Zuständigkeiten und das Verfahren bei der Anordnung und Durchführung der Postbeschlagnahme sowie der Anordnung der Auskunftserteilung und sichert durch Kompetenzbeschränkungen das Postgeheimnis. Der Richtervorbehalt dient der vorbeugenden **Rechtsschutzgewährung** für den Beschuldigten (BVerfGE 103, 142 [151]); gleichzeitig werden allerdings auch gegenläufige Verfahrensinteressen des Staates an Beweissicherung und Verfahrensbeschleunigung berücksichtigt. Ergänzt wird die Vorschrift durch die Regeln in § 101 Abs. 4 Satz 1 Nr. 2 über die Benachrichtigung von Absender und Adressat, sobald dies ohne Gefährdung des Untersuchungszwecks, des Lebens, der körperlichen Unversehrtheit und der persönlichen Freiheit einer Person und von bedeutenden Vermögenswerten möglich ist (§ 101 Abs. 5).

3 **B. Zuständigkeit.** Zuständig für eine Anordnung und Vollziehung der Postbeschlagnahme ist nach § 100 Abs. 1 Hs. 1 zunächst das **Gericht**. Bei Gefahr im Verzug ist ausnahmsweise die **Staatsanwaltschaft** zur Anordnung zuständig (Abs. 1 Hs. 2), welche die Aussonderung und Auslieferung von Postsendungen durch den Postdienstleister bewirkt (SK-StPO/*Wohlers/Greco* § 100 Rn. 10). Die Aussonderung wiederum obliegt allein dem Postdienstleister, der auch das Postgeheimnis für andere Teilnehmer am Postverkehr zu wahren hat. Polizeiliche **Ermittlungspersonen** (§ 152 GVG) haben keine Kompetenz bei der Anordnung und Durchführung der zweistufigen Postbeschlagnahme nach § 99 Abs. 1 (MüKo-StPO/*Günther* § 100 Rn. 2) und bei der Anordnung eines Auskunftsverlangens nach § 99 Abs. 2. Autonome Anweisungen durch Polizeibeamte an Postdienstleister sind daher wegen Verletzung des Postgeheimnisses unbeachtlich. Polizeiliche Ermittlungspersonen sind nur als **Boten oder Hilfskräfte** zur Unterstützung der Anordnungen von Gericht oder Staatsanwaltschaft in deren Durchführung einzuschalten, insb. durch **Übermittlung** der richterlichen oder staatsanwaltschaftlichen Anweisung an einen Postdienstleister zum Aussondern und zur Auslieferung von Postsendungen, ferner durch **Überbringung** der verschlossenen Postsendungen an das Gericht, schließlich auch zur **Rückgabe** von nicht oder nicht mehr beschlagnahmten Postsendungen an den Postdienstleister oder den Empfänger. Besonders bei der inhaltlichen richterlichen Prüfung der Postsendung nach Öffnung können Ermittlungspersonen allenfalls untergeordnete Hilfsmaßnahmen leisten. Die **Eigenverantwortlichkeit** (BVerfGE 103, 142 [151]) **und Neutralität der richterlichen Prüfung** und Entscheidung ist strikt zu wahren.

4 **C. Form der Anordnung der Postbeschlagnahme.** Eine bestimmte Form der Anordnung der Postbeschlagnahme sieht das Gesetz nicht ausdrücklich vor. Das Gericht erlässt aber nach allgemeinen Regeln einen **Beschluss** (LR/*Menges* § 100 Rn. 6), während die staatsanwaltschaftliche Eilanordnung wegen Gefahr im Verzug durch **Vermerk** in den Akten festgehalten wird. Eine bloß **mündliche Bekanntmachung** durch einen anderen als den Entscheidungsträger selbst ist für den angewiesenen Postdienstleister nicht nachzuvollziehen. Auch eine **fernmündliche Anweisung** zur Aussonderung und Auslieferung von Postsendungen durch den Richter an den Postdienstleister scheidet aus (MüKo-StPO/*Günther* § 100 Rn. 3; a.A. SK-StPO/*Wohlers/Greco* § 100 Rn. 6). Vielmehr ist ein **schriftlicher Beschluss** des Gerichts erforderlich, zumal die schriftliche Abfassung einer Entscheidung mitsamt ihrer Begründung zu größerer Sorgfalt des Entscheidungsprozesses

zwingt. Die Eilanordnung des Staatsanwalts kann dieser ausnahmsweise selbst an Ort und Stelle dem Postdienstleister mündlich erteilen und erläutern. Der Vorgang mitsamt den Gründen für die Anordnung und die Annahme des Bestehens einer Eilkompetenz ist aber unverzüglich nachträglich in den Akten zu dokumentieren.

D. Inhalt des Gerichtsbeschlusses. Aus einem Gerichtsbeschluss über die **Anordnung der Postbeschlagnahme** muss erkennbar sein, gegen welche Person als **Beschuldigten** sich die Maßnahme richtet, welcher strafrechtliche **Vorwurf** der Anordnung zugrunde liegt, welche wesentlichen **Beweisgründe** die Verdachtshypothese tragen und welche konkreten **Postsendungen** von der Beschlagnahme erfasst werden sollen (MüKo-StPO/*Günther* § 100 Rn. 7 ff.). Es dürfen keine vermeidbaren Zweifel über den Umfang der Beschlagnahmeanordnung und der hieraus resultierenden Befugnis sowie der Pflicht des Postdienstleisters zur Aussonderung und Auslieferung verbleiben. Der Postdienstleister, der das Postgeheimnis in Bezug auf Sendungen, die nicht von der Beschlagnahmeanordnung erfasst sind, nicht verletzen darf, muss anhand der Anordnung genau feststellen können, welche Sendungen er auszusondern und abzuliefern hat. Der Richter darf die Interpretation seiner Anordnung hinsichtlich dieser Frage, welche Postsendungen gemeint sind, nicht innerhalb eines zu weit gefassten Rahmens der Staatsanwaltschaft oder den polizeilichen Ermittlungspersonen überlassen. Zulässig ist es andererseits, alle Postsendungen, die an einen bestimmten Beschuldigten unter einer oder mehreren Adressen gerichtet sind oder von diesem stammen, abzufangen, wenn vorliegende Tatsachen schon vor der Öffnung und Sichtprüfung darauf hindeuten, dass alle derartigen Sendungen beweisrelevant sein können. Daher kommt Angaben im Beschluss über Namen und Adressen von Absendern und Empfängern besondere Bedeutung zu. Auch wenn dem Dienstleister zur Vermeidung von Gefährdungen des Untersuchungszwecks nur ein **verkürzter Beschlusstext ausgehändigt** wird, sind darin solche Angaben erforderlich, damit er die Anweisung zutreffend ausführen kann. Bei der Anordnung eines Auskunftsverlangens sind die Frageninhalte i.S.d. § 99 Abs. 2 Satz 2 zu formulieren. 5

Die **Mitteilung des Tatverdachts** (LR/*Menges* § 100 Rn. 10; SK-StPO/*Wohlers/Greco* § 100 Rn. 9) und seiner **Beweisgrundlagen** in der Anordnung dient auch der vorbeugenden Rechtsschutzgewährleistung für die regelmäßig nicht vorher angehörten Betroffenen. Ohne dies würde der wegen Überforderung der Ermittlungsrichter ohnehin annähernd ineffektive Richtervorbehalt (zu dem »Mythos« vom Richtervorbehalt *Asbrock* KritV 1997, 255 ff.; s.a. *Putzke* StraFo 2016, 1 ff.) zu stark ausgehöhlt, sodass die »Legitimation durch Verfahren« infrage gestellt wäre. Der Ermittlungsrichter, der die Anordnung der Postbeschlagnahme prüft, muss anhand der bisherigen Informationen nach Aktenlage eine vorläufige Beweiswürdigung vornehmen, um einen der Maßnahme angemessenen Verdacht einer Straftat und der Beteiligung des Beschuldigten daran festzustellen oder aber im Ablehnungsfall zu verneinen. Die **Dokumentation** der die Anordnung einer Postbeschlagnahme im Wesentlichen tragenden Verdachtsgründe soll auch einem **Rechtsmittelgericht** später die Prüfung ermöglichen, dass und wie der Ermittlungsrichter die eigenverantwortliche Prüfung durchgeführt hat. Der Ermittlungsrichter als unabhängige Kontrollinstanz darf nicht nur die Verdachtshypothese der Ermittlungsbeamten ungeprüft übernehmen. 6

Neben dem Vorliegen des konkreten Verdachts einer Straftat, der Tatbeteiligung des Beschuldigten und der Beweisgründe hierfür hat der Anordnungsbeschluss das **Vorliegen der** verfahrensrechtlichen **Eingriffsvoraussetzungen** und die **Verhältnismäßigkeit** der Eingriffsmaßnahme zu erörtern. Ist die Anordnung nicht auf bestimmte Postsendungen beschränkt, so ist sie im Allgemeinen aus Gründen der Verhältnismäßigkeit zeitlich zu begrenzen. 7

E. Vorherige Anhörung oder nachträgliche Informierung der Betroffenen. Regelmäßig werden in der Praxis weder Beschuldigte noch die weiteren von der Anordnung betroffenen Personen **vor der Anordnung und Vollziehung** der Postbeschlagnahme angehört (LR/*Menges* § 100 Rn. 13; SK-StPO/*Wohlers/Greco* § 100 Rn. 7), um den Zweck der Maßnahme nicht zu gefährden (§ 33 Abs. 4). Das ist wegen der begrenzten Möglichkeiten der am Postversendungsvorgang als Absender oder Empfänger beteiligten Personen auf den Ablauf nicht zwingend in jedem Fall erforderlich, insb. bei einem weiten und längere Zeit in Anspruch nehmenden Postweg, auf den der Absender und der Empfänger gegebenenfalls keinen Zugriff haben. Die Betroffenen sind aber jedenfalls **nachträglich** zu informieren, sobald dies ohne **Gefährdung des Untersuchungszwecks** möglich ist (§ 101 Abs. 5). Im Gegensatz zur generellen Beschlagnahmeanordnung sieht die § 101 Abs. 1 für die individuelle Beschlagnahme einzelner Postsendungen als Beweismittel die Möglichkeit einer Zurückstellung der Benachrichtigung, wie sie für die sonstige Beschlagnahme nach § 95a möglich ist, nicht vor (MüKo-StPO/*Günther* § 100 Rn. 34). Zwar hat der Gesetzgeber in § 101 für alle verdeckten Ermittlungsmaßnahmen die Möglichkeit der Zurückstellung der Benachrichtigung und deren gerichtliche Überprüfung eröffnet (BT-Drs. 16/5846 S. 57). Deshalb wird in der Literatur eine entsprechende Anwendung von § 101 8 erwogen (MüKo-StPO/*Günther* § 100 Rn. 36). Dagegen spricht aber, von generellen Einwänden gegen eine Analogie im Eingriffsrecht, nun auch ein Umkehrschluss aus § 95a.

9 **F. Eilanordnungen der Staatsanwaltschaft.** Bei **Gefahr des Beweisverlusts** im Fall der vorherigen Anrufung des Gerichts ist die **Staatsanwaltschaft**, in den Fällen des § 399 AO auch die Finanzbehörde, ausnahmsweise zu einer Eilanordnung befugt. Polizeiliche **Ermittlungspersonen** haben bei der Postbeschlagnahme keine Eilkompetenz (LR/*Menges* § 100 Rn. 4; SK-StPO/*Wohlers/Greco* § 100 Rn. 5).

10 Aber auch schon die staatsanwaltschaftliche Prüfung ist mit derjenigen des Richters nicht zu vergleichen, weil Staatsanwälte **weisungsgebunden** und daher nicht ebenso unabhängig und neutral sind, wie Richter (vgl. BVerfGE 103, 142 [154]). Dem trägt das Gesetz dadurch Rechnung, dass die richterliche Entscheidung binnen drei Tagen nachgeholt oder die Eilanordnung annulliert wird (Abs. 2).

11 Die Eilkompetenz wegen Gefahr im Verzug ist ein **Ausnahmefall**, der zu einer engen Auslegung und restriktiven Anwendung dieses Tatbestands zwingt (vgl. BVerfGE 103, 142 [155]). Die Annahme, es drohe ein Beweisverlust im Fall der vorherigen Anrufung des Gerichts muss auf **konkrete Tatsachen** gestützt werden; bloße Vermutungen reichen nicht aus. Im Allgemeinen ist zumindest der **Versuch** zu unternehmen, rechtzeitig einen Richter zu erreichen. Dieser muss andererseits innerhalb der Zeitspanne, in der noch nicht die konkrete Gefahr des Beweisverlusts besteht, in der Lage sein, die Verdachtsgründe für den strafrechtlichen Vorwurf gegen den Beschuldigten, die Eingriffsvoraussetzungen für die Postbeschlagnahme und die Verhältnismäßigkeit dieses Grundrechtseingriffs zu prüfen und **in der üblichen Beschlussform** zu entscheiden. Der schlichte **telefonische Abruf** einer richterlichen Gestattung der Postbeschlagnahme ohne substanziellen Informationsaustausch und ohne autonomen Prüfungsvorgang bei Gericht ist nicht ausreichend, weil er den Zweck der Rechtsschutzgewährleistung verfehlt. Ist kein Raum für eine effektive Prüfung und Entscheidung durch den Richter, so muss dies seiner Unerreichbarkeit in der Zeitspanne, in der noch kein Beweisverlust droht, mit der Folge der staatsanwaltschaftlichen Eilkompetenz gleichstehen.

12 Eine Anordnung der Staatsanwaltschaft muss **binnen drei Werktagen durch das Gericht bestätigt** werden, sonst tritt mit Wirkung ex nunc **außer Kraft** (LR/*Menges* § 100 Rn. 20 f.). Die Frist dafür ist nach § 42 zu bestimmen (SK-StPO/*Wohlers/Greco* § 100 Rn. 4). Sie beginnt mit der Anordnung, nicht mit der Durchführung der Maßnahme. Die nachträgliche Prüfung der staatsanwaltschaftlichen Eilanordnung durch das Gericht entspricht inhaltlich der anfänglichen Anordnung der Postbeschlagnahme durch den Richter und unterliegt den gleichen Voraussetzungen und Inhaltsanforderungen an den Beschluss. Das Gericht kann auch die Eilanordnung der Staatsanwaltschaft nachträglich abändern (SK-StPO/*Wohlers/Greco* § 100 Rn. 4), sodass sie danach mit dem neuen Inhalt vom angewiesenen Postdienstleister durch Aussonderung und Ablieferung bestimmter Postsendungen zu vollziehen ist. Ist beim Ergehen der richterlichen Bestätigung die dreitägige Frist bereits abgelaufen und die staatsanwaltschaftliche Anordnung damit beendet, dann ist eine nachträgliche richterliche Anordnung der Postbeschlagnahme oder eines Auskunftsersuchens eine neue Anordnung (SK-StPO/*Wohlers/Greco* § 100 Rn. 4). Beendet die Staatsanwaltschaft die Anordnung der Aussonderung und Ablieferung von Postsendungen vor Ablauf der Frist, so ist eine gerichtliche Entscheidung insoweit nicht mehr erforderlich. Die bis dahin vom Postdienstleister ausgelieferten Postsendungen werden jedoch noch einer richterlichen Prüfung und Entscheidung darüber zugeführt, ob eine förmliche Beschlagnahme erfolgen soll.

13 **G. Öffnung und Überprüfung der Postsendungen.** Die Öffnung der ausgesonderten Sendungen steht nach Abs. 3 Satz 1 zunächst nur dem Gericht zu, dem die ausgelieferten Sendungen ungeöffnet vorgelegt werden (LR/*Menges* § 100 Rn. 32). Jedoch kann der Richter im Einzelfall zur Beschleunigung der Sichtung auch die Öffnungsbefugnis gem. Abs. 3 Satz 2 auf die Staatsanwaltschaft übertragen (MüKo-StPO/*Günther* § 100 Rn. 14). Diese Entscheidung ist für sich genommen unanfechtbar; sie kann aber jederzeit widerrufen werden (Abs. 3 Satz 3). Erfolgt eine Öffnung, so ist dieser gerechtfertigte Eingriff in das Postgeheimnis zu kennzeichnen (SK-StPO/*Wohlers/Greco* § 100 Rn. 16).

14 **I. Sichtprüfung und Öffnung durch den Richter.** Zur Öffnung der Post ist grundsätzlich der Richter zuständig (LR/*Menges* § 100 Rn. 29). Werden diesem die verschlossenen Sendungen vorgelegt, nimmt der Richter zunächst eine **äußere Sichtung** vor, um offensichtlich nicht beweiserhebliche oder – etwa als Verteidigerpost – erkennbar nicht verwertbare Sendungen schon auf dieser Stufe **ungeöffnet** in den Postweg zurückzugeben. Andernfalls sind Sendungen zu **öffnen**, um ihren **Inhalt auf** ihre potenzielle **Beweiserheblichkeit** zu **überprüfen** (LR/*Menges* § 100 Rn. 33). Hierbei ist der Staatsanwaltschaft vom Inhalt Kenntnis zu geben, damit diese zur Frage der Beschlagnahme angehört wird (§ 33 Abs. 2), diese beantragen oder von einer Beschlagnahme absehen kann. Wird der Inhalt der Postsendung als beweiserheblich angesehen und liegen die Voraussetzungen der Postbeschlagnahme i.Ü. z.Zt. der richterlichen Sichtung noch vor, hat der Richter die Beschlagnahme anzuordnen (SK-StPO/*Wohlers/Greco* § 100 Rn. 14). Der Ermittlungsrichter hat nur die

Rechtmäßigkeit, nicht die Zweckmäßigkeit der Maßnahme zu prüfen. Als Minus zur Beschlagnahme des Originals kommt auch die Anfertigung einer beglaubigten Kopie infrage, wenn damit den Beweiszwecken des Strafverfahrens ausreichend gedient ist. Die Rückgabe der Originalsendung in den Postlauf entspricht dann dem Grundsatz der Verhältnismäßigkeit.

Werden Postsendungen gefunden, deren Inhalt zwar keine Beweisbedeutung in dem bisherigen Verfahren besitzt, der aber **Hinweise auf eine andere Straftat** gibt, sind, so handelt es sich um **Zufallsfunde** i.S.v. § 108 (LR/*Menges* § 100 Rn. 35; SK-StPO/*Wohlers/Greco* § 100 Rn. 14). Werden in der Postsendung **gefährliche Gegenstände** gefunden, können diese zur Gefahrenabwehr auch nach **Polizeirecht** behandelt werden. 15

II. Delegierung der Öffnungsbefugnis an die Staatsanwaltschaft. Ist die Öffnungsbefugnis ausnahmsweise wegen Gefahr im Verzug vom Gericht **auf die Staatsanwaltschaft übertragen** worden (LR/*Menges* § 100 Rn. 30), so sind die Sichtprüfung und Entscheidung über eine Öffnung der Sendungen von der Behörde vorzunehmen. Dies darf sie **nicht auf polizeiliche Ermittlungspersonen delegieren**; diese dürfen vom Inhalt der Sendung keine Kenntnis erlangen (LR/*Menges* § 100 Rn. 31; SK-StPO/*Wohlers/Greco* § 100 Rn. 15). Ermittlungspersonen können die Postsendungen nur nach Aussortierung beim Postdienstleister übernehmen und sie dort zurückgeben, wenn keine Beschlagnahme erfolgt oder die Maßnahme beendet ist. In der Praxis kommt eine **heimliche Öffnung und spurlose Schließung** der Postsendungen vor, zu der sich die Staatsanwaltschaft gegebenenfalls der Hilfe kriminaltechnisch versierter Polizeibeamter bedient (SK-StPO/*Wohlers/Greco* § 100 Rn. 5). Diese Form des heimlichen Informationszugriffs entspricht nicht dem Gesetz. 16

Sofern die Staatsanwaltschaft einzelne Sendungen für beweiserheblich hält, legt sie diese dem Gericht mit einem **Beschlagnahmeantrag** vor. Die übrigen Sendungen, mit denen nicht derart verfahren wird, sind gem. Abs. 5 Satz 1 unverzüglich dem Postdienstleister zur Weiterbeförderung zurückzugeben (SK-StPO/*Wohlers/Greco* § 100 Rn. 16). 17

H. Beendigung der Postbeschlagnahme. Die Anweisung an den Postdienstleister zur Aussonderung und Ablieferung einer Mehrzahl von Postsendungen endet gegebenenfalls mit Ablauf des vom Richter dafür festgesetzten Zeitraums von selbst oder mit einer förmlichen Aufhebungsentscheidung (SK-StPO/*Wohlers/Greco* § 100 Rn. 18). Die Aufhebung kann das Gericht beschließen, ist aber auch durch die Staatsanwaltschaft möglich, solange diese – im Vorverfahren und bis zum Eröffnungsbeschluss – die Verfahrensherrschaft besitzt. Sie ist aber auch schon davor zu beenden, wenn der Zweck der Postbeschlagnahme erreicht ist, ferner wenn keine beweisrelevanten Sendungen mehr zu erwarten sind, die Eingriffsvoraussetzungen nicht mehr vorliegen oder wenn Gründe gegen die Verhältnismäßigkeit im engeren Sinne einer Fortführung sprechen (LR/*Menges* § 100 Rn. 43; SK-StPO/*Wohlers/Greco* § 100 Rn. 18). Die Ermittlungsmaßnahme ist spätestens zu beenden, wenn das Strafverfahren eingestellt wird oder rechtskräftig abgeschlossen ist. Im Vollstreckungsverfahren gelten andere Regeln. Zur Vorbereitung eines Wiederaufnahmeverfahrens kommt eine Postbeschlagnahme kaum infrage. 18

I. Auskunftsersuchen statt Beschlagnahme von Postgegenständen. Als weniger beeinträchtigende Maßnahme kann durch das Gericht, bei Gefahr im Verzug auch durch die Staatsanwaltschaft, eine Auskunft vom Postdienstleister über Postsendungen gefordert werden, die vom Beschuldigten stammen oder für ihn bestimmt sind. Form und Inhalt der Anordnung sowie deren Ausführung entsprechen im Wesentlichen einer Anordnung der Postbeschlagnahme (LR/*Menges* § 100 Rn. 47). 19

J. Einsatz von Zwangsmitteln. Die Postdienstleister sind grundsätzlich zur Aussonderung und Ablieferung von Postsendungen aufgrund einer Anordnung des Gerichts oder einer Eilanordnung der Staatsanwaltschaft verpflichtet. Die Ermittlungsbehörden können diese Aufgabe **nicht** dadurch selbst übernehmen, dass sie im Wege einer **Durchsuchung** das Verfahren nach § 110 einsetzen; denn die Postdienstleister sind exklusiv zur Wahrung des Postgeheimnisses zuständig und Durchsuchung sowie Sichtung nach § 110 sind für den Fall der Postbeschlagnahme im Gesetz nicht als Vorstufen zur Beschlagnahme vorgesehen (SK-StPO/*Wohlers/Greco* § 100 Rn. 13). In der Strafprozessordnung ist auch keine ausdrückliche Regelung darüber und über die Durchsetzung der Pflicht enthalten. Die h.M. behilft sich mit einer bedenklichen Analogie zu §§ 95 Abs. 2, 70 (BGH NJW 2009, 1828) oder zu §§ 161a, 77 (SK-StPO/*Wohlers/Greco* § 100 Rn. 13). 20

K. Rechtsmittel. Der Beschuldigte kann, sobald er von der Maßnahme erfährt, sowohl die gerichtliche Anordnung der generellen Postbeschlagnahme als auch der Beschlagnahme einzelner Sendungen und die Anordnung eines Auskunftsersuchens mit dem Rechtsbehelf aus § 101 Abs. 7 als lex specialis anfechten, welche die allgemeinen Rechtsbehelfe verdrängt (BGHSt 53, 1 [2 f.]; für das vereinsrechtliche Verbotsverfahren auch BVerwGE 168, 200 [205 ff.]).Gegen eine Eilanordnung der Staatsanwaltschaft kann er das Gericht anrufen (§ 98 Abs. 2 Satz 2). Dafür hat er auch nach prozessualer Überholung noch ein **Rechtsschutzinteresse** 21 (einschränkend BGH StV 2008, 225 f.), weil er vorher nicht informiert und angehört wurde und der Eingriff in das Grundrecht aus Art. 10 Abs. 1 GG wegen der Erschütterung des Vertrauens in die ungestörte Nutzung von Postdienstleistungen fortwirkt. Vor diesem Hintergrund haben auch Absender oder Adressaten einer konkreten Sendung, die nicht Beschuldigte sind, eine Anfechtungsbefugnis.

22 Dem betroffenen **Postdienstleister** steht ebenfalls der befristete Rechtsbehelf nach § 101 Abs. 7 zu, daneben hinsichtlich staatsanwaltschaftlicher Eilanordnungen und der Beanstandung der Art und Weise der Durchführung der Maßnahme nach überkommener Ansicht auch der Rechtsbehelf nach § 98 Abs. 2 Satz 2 analog (Meyer-Goßner/Schmitt/*Köhler* § 100 Rn. 17). Ob es noch mit dem Gebot der Rechtsmittelklarheit (BVerfGE 107, 395 [416 f.]; 108, 341 [349]; 122, 190 [200]) und dem Grundsatz der Gesetzlichkeit des Richters (Art. 101 Abs. 1 Satz 2 GG) vereinbar ist, Rechtsbehelfsnormen entsprechend anzuwenden, erscheint aber fragwürdig.

23 Die **Verletzung der Kompetenzen** zur Anordnung und Durchführung der Postbeschlagnahme kann zu einem **Beweisverwertungsverbot** führen (SK-StPO/*Wohlers/Greco* § 100 Rn. 23), das gegebenenfalls auch noch im **Revisionsverfahren** geltend gemacht werden kann, soweit die Postsendung als Beweismittel dem Urteil zugrunde gelegt wurde und es darauf beruhen kann. Soweit die Beweisverwertungsverbotslösung dahin eingeschränkt wird, dass nur eine bewusste Kompetenzanmaßung oder willkürliche Verletzung von Zuständigkeitsgrenzen zu einem Beweisverwertungsverbot oder Revisionsgrund führen soll (LR/*Menges* § 100 Rn. 55;), wird dies dem Bedeutungsgehalt des verletzten Grundrechts aus Art. 10 Abs. 1 GG nicht ausreichend gerecht.

§ 100a Telekommunikationsüberwachung

(1) [1]Auch ohne Wissen der Betroffenen darf die Telekommunikation überwacht und aufgezeichnet werden, wenn

1. bestimmte Tatsachen den Verdacht begründen, dass jemand als Täter oder Teilnehmer eine in Absatz 2 bezeichnete schwere Straftat begangen, in Fällen, in denen der Versuch strafbar ist, zu begehen versucht, oder durch eine Straftat vorbereitet hat,
2. die Tat auch im Einzelfall schwer wiegt und
3. die Erforschung des Sachverhalts oder die Ermittlung des Aufenthaltsortes des Beschuldigten auf andere Weise wesentlich erschwert oder aussichtslos wäre.

[2]Die Überwachung und Aufzeichnung der Telekommunikation darf auch in der Weise erfolgen, dass mit technischen Mitteln in den von dem Betroffenen genutzte informationstechnische Systeme eingegriffen wird, wenn dies notwendig ist, um die Überwachung und Aufzeichnung insbesondere in unverschlüsselter Form zu ermöglichen. [3]Auf dem informationstechnischen System des Betroffenen gespeicherte Inhalte und Umstände der Kommunikation dürfen überwacht werden, wenn sie auch während des laufenden Übertragungsvorgangs im öffentlichen Telekommunikationsnetz in verschlüsselter Form hätten überwacht und aufgezeichnet werden können.

(2) Schwere Straftaten im Sinne des Absatzes 1 Nr. 1 sind:

1. aus dem Strafgesetzbuch:
   a) Straftaten des Friedensverrats, des Hochverrats und der Gefährdung des demokratischen Rechtsstaates sowie des Landesverrats und der Gefährdung der äußeren Sicherheit nach den §§ 80a bis 82, 84 bis 86, 87 bis 89a, 89c Absatz 1 bis 4, 94 bis 100a,
   b) Bestechlichkeit und Bestechung von Mandatsträgern nach § 108e,
   c) Straftaten gegen die Landesverteidigung nach den §§ 109d bis 109h,
   d) Straftaten gegen die öffentliche Ordnung nach § 127 Absatz 3 und 4 sowie den §§ 129 bis 130,
   e) Geld- und Wertzeichenfälschung nach den §§ 146 und 151, jeweils auch in Verbindung mit § 152, sowie nach § 152a Abs. 3 und § 152b Abs. 1 bis 4,
   f) Straftaten gegen die sexuelle Selbstbestimmung in den Fällen der §§ 176, 176c, 176d, und, unter den in § 177 Absatz 6 Satz 2 Nummer 2 genannten Voraussetzungen, des § 177,
   g) Verbreitung, Erwerb und Besitz kinder- und jugendpornographischer Inhalte nach § 184b, § 184c Absatz 2,
   h) Mord und Totschlag nach den §§ 211 und 212,
   i) Straftaten gegen die persönliche Freiheit nach den §§ 232, 232a Absatz 1 bis 5, den §§ 232b, 233 Absatz 2, den §§ 233a, 234, 234a, 239a und 239b,
   j) Bandendiebstahl nach § 244 Abs. 1 Nr. 2, Wohnungseinbruchdiebstahl nach § 244 Absatz 4 und schwerer Bandendiebstahl nach § 244a,
   k) Straftaten des Raubes und der Erpressung nach den §§ 249 bis 255,
   l) gewerbsmäßige Hehlerei, Bandenhehlerei und gewerbsmäßige Bandenhehlerei nach den §§ 260 und 260a,

m) Geldwäsche nach § 261, wenn die Vortat eine der in den Nummern 1 bis 11 genannten schweren Straftaten ist,
n) Betrug und Computerbetrug unter den in § 263 Abs. 3 Satz 2 genannten Voraussetzungen und im Falle des § 263 Abs. 5, jeweils auch in Verbindung mit § 263a Abs. 2,
o) Subventionsbetrug unter den in § 264 Abs. 2 Satz 2 genannten Voraussetzungen und im Falle des § 264 Abs. 3 in Verbindung mit § 263 Abs. 5,
p) Sportwettbetrug und Manipulation von berufssportlichen Wettbewerben unter den in § 265e Satz 2 genannten Voraussetzungen,
q) Vorenthalten und Veruntreuen von Arbeitsentgelt unter den in § 266a Absatz 4 Satz 2 Nummer 4 genannten Voraussetzungen,
r) Straftaten der Urkundenfälschung unter den in § 267 Abs. 3 Satz 2 genannten Voraussetzungen und im Fall des § 267 Abs. 4, jeweils auch in Verbindung mit § 268 Abs. 5 oder § 269 Abs. 3, sowie nach § 275 Abs. 2 und § 276 Abs. 2,
s) Bankrott unter den in § 283a Satz 2 genannten Voraussetzungen,
t) Straftaten gegen den Wettbewerb nach § 298 und, unter den in § 300 Satz 2 genannten Voraussetzungen, nach § 299,
u) gemeingefährliche Straftaten in den Fällen der §§ 306 bis 306c, 307 Abs. 1 bis 3, des § 308 Abs. 1 bis 3, des § 309 Abs. 1 bis 4, des § 310 Abs. 1, der §§ 313, 314, 315 Abs. 3, des § 315b Abs. 3 sowie der §§ 316a und 316c,
v) Bestechlichkeit und Bestechung nach den §§ 332 und 334,

2. aus der Abgabenordnung:
   a) Steuerhinterziehung unter den in § 370 Absatz 3 Satz 2 Nummer 1 genannten Voraussetzungen, sofern der Täter als Mitglied einer Bande, die sich zur fortgesetzten Begehung von Taten nach § 370 Absatz 1 verbunden hat, handelt, oder unter den in § 370 Absatz 3 Satz 2 Nummer 5 genannten Voraussetzungen,
   b) gewerbsmäßiger, gewaltsamer und bandenmäßiger Schmuggel nach § 373,
   c) Steuerhehlerei im Falle des § 374 Abs. 2,
3. aus dem Anti-Doping-Gesetz: Straftaten nach § 4 Absatz 4 Nummer 2 Buchstabe b,
4. aus dem Asylgesetz:
   a) Verleitung zur missbräuchlichen Asylantragstellung nach § 84 Abs. 3,
   b) gewerbs- und bandenmäßige Verleitung zur missbräuchlichen Asylantragstellung nach § 84a,
5. aus dem Aufenthaltsgesetz:
   a) Einschleusen von Ausländern nach § 96 Abs. 2,
   b) Einschleusen mit Todesfolge und gewerbs- und bandenmäßiges Einschleusen nach § 97,

5a. aus dem Ausgangsstoffgesetz:
Straftaten nach § 13 Absatz 3

6. aus dem Außenwirtschaftsgesetz: vorsätzliche Straftaten nach den §§ 17 und 18 des Außenwirtschaftsgesetzes,
7. aus dem Betäubungsmittelgesetz:
   a) Straftaten nach einer in § 29 Abs. 3 Satz 2 Nr. 1 in Bezug genommenen Vorschrift unter den dort genannten Voraussetzungen,
   b) Straftaten nach den §§ 29a, 30 Abs. 1 Nr. 1, 2 und 4 sowie den §§ 30a und 30b,
8. aus dem Grundstoffüberwachungsgesetz: Straftaten nach § 19 Abs. 1 unter den in § 19 Abs. 3 Satz 2 genannten Voraussetzungen,
9. aus dem Gesetz über die Kontrolle von Kriegswaffen:
   a) Straftaten nach § 19 Abs. 1 unter den in § 19 Abs. 3 Satz 1 genannten Voraussetzungen,
   b) Straftaten nach § 22a Abs. 1 bis 3,

9a. aus dem Neue-psychoaktive-Stoffe-Gesetz: Straftaten nach § 4 Absatz 3 Nummer 1 Buchstabe a,

10. aus dem Völkerstrafgesetzbuch:
    a) Völkermord nach § 6,
    b) Verbrechen gegen die Menschlichkeit nach § 7,
    c) Kriegsverbrechen nach den §§ 8 bis 12,
    d) Verbrechen der Aggression nach § 13,
11. aus dem Waffengesetz:
    a) Straftaten nach § 51 Abs. 1 bis 3,
    b) Straftaten nach § 52 Abs. 1 Nr. 1 und 2 Buchstabe c und d sowie Abs. 5 und 6.

(3) Die Anordnung darf sich nur gegen den Beschuldigten oder gegen Personen richten, von denen auf Grund bestimmter Tatsachen anzunehmen ist, dass sie für den Beschuldigten bestimmte oder von ihm herrührende Mitteilungen entgegennehmen oder weitergeben oder dass der Beschuldigte ihren Anschluss oder ihr informationstechnisches System benutzt.

(4) [1]Auf Grund der Anordnung einer Überwachung und Aufzeichnung der Telekommunikation hat jeder, der Telekommunikationsdienste erbringt oder daran mitwirkt, dem Gericht, der Staatsanwaltschaft und ihren im Polizeidienst tätigen Ermittlungspersonen (§ 152 des Gerichtsverfassungsgesetzes) diese Maßnahmen zu ermöglichen und die erforderlichen Auskünfte unverzüglich zu erteilen. [2]Ob und in welchem Umfang hierfür Vorkehrungen zu treffen sind, bestimmt sich nach dem Telekommunikationsgesetz und der Telekommunikations-Überwachungsverordnung. [3]§ 95 Absatz 2 gilt entsprechend.

(5) Bei Maßnahmen nach Absatz 1 Satz 2 und 3 ist technisch sicherzustellen, dass

1. ausschließlich überwacht und aufgezeichnet werden können:
   a) die laufende Telekommunikation (Absatz 1 Satz 2), oder
   b) Inhalte und Umstände der Kommunikation, die ab dem Zeitpunkt der Anordnung nach § 100e Absatz 1 auch während des laufenden Übertragungsvorgangs im öffentlichen Telekommunikationsnetz hätten überwacht und aufgezeichnet werden können (Absatz 1 Satz 3),

2. an dem informationstechnischen System nur Veränderungen vorgenommen werden, die für die Datenerhebung unerlässlich sind, und

3. die vorgenommenen Veränderungen bei Beendigung der Maßnahme, soweit technisch möglich, automatisiert rückgängig gemacht werden. Das eingesetzte Mittel ist nach dem Stand der Technik gegen unbefugte Nutzung zu schützen. Kopierte Daten sind nach dem Stand der Technik gegen Veränderung, unbefugte Löschung und unbefugte Kenntnisnahme zu schützen.

(6) Bei jedem Einsatz des technischen Mittels sind zu protokollieren

1. die Bezeichnung des technischen Mittels und der Zeitpunkt seines Einsatzes,

2. die Angaben zur Identifizierung des informationstechnischen Systems und die daran vorgenommenen nicht nur flüchtigen Veränderungen,

3. die Angaben, die die Feststellung der erhobenen Daten ermöglichen, und

4. die Organisationseinheit, die die Maßnahme durchführt.

Übersicht Rdn.

A. Zweck und Anwendungsbereich. I. Regelungsgehalt der Norm und Bedeutung des Eingriffs. Die Vorschrift regelt die **gesetzliche Ermächtigung zum staatlichen Eingriff in eine laufende Telekommunikation** unter Inanspruchnahme eines Netzbetreibers. Die Bezugnahme grundsätzlich nur auf eine aktuell laufende Kommunikation folgt einerseits aus dem Begriff der Überwachung (*Grözinger* Die Überwachung von Cloud-Storage, S. 217 ff. und NStZ 2021, 358) sowie andererseits mittelbar aus Abs. 5 Nr. 1 lit. a. **Abgespeicherte Informationen** aus einer noch nicht begonnenen oder bereits beendeten Telekommunikation sind **keine durch Überwachung nach § 100a zu erfassende Telekommunikation**, sondern Gegenstand der Beschlagnahme nach § 94, die der Gesetzgeber auch als heimliche Methode vorsieht (§ 95a). Das wurde in einer Entscheidung durch ein unklares Postulat der alternativen Anwendung von § 94 oder § 100a übergangen (BGH NStZ 2021, 355 [357]), die aber durch den neuen § 95a überholt ist. 1

Die **Anordnung einer TKÜ** ist nur bei Vorliegen des auf konkrete Tatsachen gestützten Verdachts einer Katalogtat erlaubt. Zudem muss die Anlasstat im Einzelfall schwer wiegen. Schließlich darf eine TKÜ nur angeordnet werden, wenn die Erforschung des Sachverhalts oder die Ermittlung des Aufenthaltsortes des Beschuldigten auf andere Weise wesentlich erschwert oder aussichtslos wäre. Die Überwachung ist gegenüber Beschuldigten, gem. § 100a Abs. 3 auch gegenüber dessen Nachrichtenmittlern oder Personen, deren Anschluss vom Beschuldigten benutzt wird, zulässig, was verfassungsrechtlich nicht zu beanstanden ist (BVerfGE 141, 220 [310 f.]). Soweit die Überwachung allerdings den **unantastbaren Kernbereich privater Lebensgestaltung** berührt (BVerfGE 141, 220 [276 f.]), besteht ein **Beweiserhebungs- und -verwertungsverbot** (§ 100d). § 100a normiert i.Ü. die abschließenden (BVerfGE 113, 348 [372]) und prinzipiell eng auszulegenden Voraussetzungen dieser Eingriffsmaßnahme (BGHSt 31, 296 [298]; 48, 240 [247]; LR/*Hauck* § 100a Rn. 35), die auch **nicht analog** auf neue Fallgestaltungen **angewendet** werden kann (*Schlegel* Normative Grenzen für internetbasierte Ermittlungsmethoden, S. 47 ff.). Die Maßnahme ist **eingriffsintensiv** (BVerfGE 129, 208 [240]; 141, 220 [309 f.]). Sie wird in der Praxis aber wie eine Standardmaßnahme genutzt (*Gercke* StraFo 2014, 94 ff.; *Meyer-Mews* StraFo 2016, 133; *Puschke/Singelnstein* NJW 2008, 113 f.; SK-StPO/*Wolter/Greco* § 100a Rn. 6). **Dienstleister** werden zur Vornahme der notwendigen Unterstützungsmaßnahmen beim Eindringen in den Netzbetrieb oder zur Erteilung der für die Umsetzung erforderlichen Auskünfte **verpflichtet**. Die Überwachung der Telekommunikation gilt aus kriminalistischer Sicht als unverzichtbare Ermittlungsmaßnahme. Aus demselben Grund (BeckOK-StPO/*Graf* § 100a Rn. 15; LR/*Hauck* § 100a Rn. 88) wurde sie **wegen** der zunehmenden **Verschlüsselung** von Telekommunikationsinhalten **um eine Quellen-Telekommunikationsüberwachung erweitert** (Abs. 1 Satz 2), also eine Infiltration eines Rechners, um die Information vor der Verschlüsselung abzufangen (*Ruppert* Jura 2019, 994 ff.; *Safferling/Rückert* JR 2018, 9 ff.). Zur Überbrückung des durch die Infiltrationsmaßnahmen bewirkten Zeitverlusts darf danach auch eine gespeicherte Telekommunikation erfasst werden, wenn dies hypothetisch durch eine Überwachung der laufenden Telekommunikation möglich gewesen wäre, sofern es keine Verschlüsselung gegeben hätte (Abs. 1 Satz 3). 2

Unbeschadet der Gewöhnung an fast schon routinemäßige Überwachungen in einer früher nur für nachrichtendienstliche Tätigkeiten geläufigen Ermittlungsmethode gilt rechtlich aber auch noch heute, dass der heimliche Eingriff in das Grundrecht aus Art. 10 Abs. 1 GG, soweit es um laufende Telekommunikation geht, oder in das Grundrecht auf Gewährleistung der Vertraulichkeit und Integrität informationstechnischer Systeme (BVerfGE 120, 274 [302 ff.]; 141, 220 [304]), soweit es um den Zugriff auf gespeicherte Daten geht, eine eng auszulegende **Ausnahme vom Grundsatz des offenen Vorgehens des Staates** darstellt. § 95a hat das nun relativiert. Der gesetzgeberische Wunsch nach Technikoffenheit des Eingriffsrechts ist kein taugliches Auslegungskriterium (*Schlegel* Normative Grenzen für internetbasierte Ermittlungsmethoden, S. 79 ff.), das eine andere Wertung zuließe. 3

Telekommunikation ist nach dem auf die Technik ausgerichteten **Telekommunikationsrecht** der technische Vorgang des Aussendens, Übermittelns und Empfangens von Nachrichten jeder Art in der Form von Zeichen, Sprache, Bildern oder Tönen mittels technischer Einrichtungen oder Systeme, die als Nachrichten identifizierbare elektromagnetische oder optische Signale senden, übertragen, vermitteln, empfangen, steuern oder kontrollieren (§ 3 Nr. 22 TKG). Dieser Begriff passt nicht uneingeschränkt auf die **Überwachung** der Telekommunikation nach der vorliegenden Vorschrift, die herkömmlich in der Erweiterung der früheren Telefonüberwachung eines zwei-Personen-Verhältnisses nur als aktuell **laufende Kommunikation** interpretiert wird, die in den Schutzbereich des Art. 10 Abs. 1 GG eingreift (*Heinrich* ZIS 2020, 421 [422 f.]; zum polizeirechtlichen Gegenstück BVerfG NJW 2021, 3033 [3035]). Nach der gesetzgeberischen Vorstellung soll der Begriff der TKÜ einerseits entwicklungsoffen sein; andererseits ist staatliches Eingriffsrecht eng auszulegen. Nach einer unabhängig von § 3 Nr. 11 TKG für die vorliegende Vorschrift entwickelten Auslegung des Begriffs der Telekommunikation ist damit jeder **Datenaustausch zwischen elektronischen Medien** (*Bernsmann* NStZ 2002, 103 [104]) **im Rahmen eines bewusst eingeleiteten Kommunikationsvorgangs** (LR/*Hauck* § 100a 4

Rn. 30) gemeint. Es geht nur um eine **Individualkommunikation**, die dem Schutz des Art. 10 Abs. 1 GG unterliegt (MüKo-StPO/*Günther* § 100a Rn. 33; Meyer-Goßner/Schmitt/*Köhler* § 100a Rn. 6), nicht um einseitigen Informationstransfer im Netz, quasi als elektronisches Selbstgespräch, und auch nicht um eine »Kommunikation« einer Person mit einem Automaten. Der **Eingriff in den Inhalt eines abgeschlossenen Telekommunikationsvorgangs** ist auch im Bereich der Quellen-Telekommunikationsüberwachung **nur als hypothetischer Ersatzeingriff** für die Zeitspanne zwischen einer theoretisch möglichen Anordnung einer regulären TKÜ und der Überwindung einer Verschlüsselung durch Quellen-Telekommunikationsüberwachung vorgesehen (§ 100a Abs. 1 Satz 3).

5 Durch die Ausdehnung der TKÜ und anderer heimlicher Ermittlungsmethoden, die in der Praxis oft auch kumulativ angewendet werden, ist der **Anwendungsbereich** der vorliegenden Vorschrift und deren Abgrenzung von anderen Eingriffsnormen **unklar** geworden. Probleme der Rechtsanwendung ergeben sich besonders beim **Zugriff auf E-Mails**, die beim Provider gespeichert sind (BGH NStZ 2021, 355 [357]; a.A. LR/*Hauck* § 100a Rn. 77), oder bei einem ähnlichen **Zugriff auf Daten in einem Account**, ferner beim **Zugriff auf Daten in Datenwolken** (*Grözinger* Die Überwachung von Cloud-Storage, S. 176 ff.; *Stelzer* Die repressive Online-Durchsuchung nach § 100b StPO, S. 57 ff.) und schließlich bei **Ermittlungen in sozialen Netzwerken** (LR/*Hauck* § 100a Rn. 82). Dafür wird ein unerfülltes Regelungsbedürfnis angenommen (BeckOK-StPO/*Graf* § 100a Rn. 17 ff.). Demgegenüber ist der Katalog der Anknüpfungstaten für die TKÜ infolge laufender Ergänzungen kaum noch überschaubar. Eine **effektive Rechtskontrolle** der Auslegung und Anwendung der Eingriffsnorm **findet** durch Ökonomisierung der ermittlungsrichterlichen Entscheidungen innerhalb eines übermäßigen Pensums (LR/*Hauck* § 100a Rn. 28) und der Beschlüsse der Beschwerdegerichte (eigentümlich anders LG Paderborn NZWiSt 2021, 366) infolge von kognitiver Dissonanz, aber auch aufgrund der weiten Zurückdrängung von Verfahrensrügen durch die restriktive revisionsgerichtliche Rspr., **selten statt**. Der rechtstatsächliche Gesamtbefund wird deshalb in der Wahrnehmung von Gesetzgeber und Rechtswissenschaft nicht erfasst. In der Summe aller Umstände herrscht ein Regelungs- und Rechtsanwendungschaos.

6 Die explosionsartige Vergrößerung der Informationsmengen durch rasche Änderungen der Technik und das Volumen des staatlichen Informationszugriffs verursacht Fragen nach den Grenzen des für staatliche Strafverfolgungszwecke Verfügbaren. **Eingriffe in den absolut geschützten Kernbereich der Persönlichkeitsentfaltung** (*Doll* Strafprozessuale Konturierung des Kernbereichs privater Lebensgestaltung, 2021, S. 201 f.) kann auch die vorliegende Vorschrift nicht gestatten (§ 100d Abs. 1 und 2). Eine ähnlich wie die Kernbereichsberührung zu bewertende **Totalüberwachung** (BVerfGE 112, 304 [310]; *Wolter* FS Rudolphi, 2004, S. 733 ff.), deren Teil eine TKÜ sein könnte, ist ebenfalls mit Art. 1 Abs. 1, 20 Abs. 3, 79 Abs. 3 GG unvereinbar. Eine genaue Definition dieses Tabubereichs fehlt bisher. Eine effektive Rechtskontrolle entfällt wegen struktureller Defizite der Kontrollinstanzen. Der Hinweis auf eine Gefahr der Erstellung eines Persönlichkeitsprofils als Grenzmarkierung besagt nicht viel, denn die Persönlichkeitserforschung ist prinzipiell ein Teil der Strafverfolgungsmaßnahmen, wenn es etwa um die Motivsuche oder die Untersuchung von Aussagetüchtigkeit, Schuldfähigkeit oder Verhandlungsfähigkeit einer Zielperson geht.

7 **II. Ermächtigung zum Eingriff in den Schutzbereich des Telekommunikationsgeheimnisses oder des Grundrechts auf Gewährleistung der Vertraulichkeit und Integrität informationstechnischer Systeme.** § 100a **nennt abschließend die materiellen Voraussetzungen** einer Überwachung und Aufzeichnung von laufender Telekommunikation als verdeckte Ermittlungsmaßnahme im Strafverfahren. Formelle Voraussetzungen sind in § 100e geregelt. Mit der Einführung mobiler Telefone mit Zusatzfunktionen und von Rechnern aller Art mit Internetzugang hat die Telekommunikation explosionsartig zugenommen und sich auch qualitativ gegenüber dem Telefonverkehr, der einer früheren Telefonüberwachung unterlegen hatte, stark verändert. **Informationstechnische Systeme** sind insb. **in Form von Personalcomputern, Laptops, Tablets und Smartphones** allgegenwärtig (BVerfGE 120, 274 [303]). **Nicht** alle digitalen Systeme sind aber Mittel der Telekommunikation, die der Überwachung nach der vorliegenden Vorschrift unterliegen; das gilt etwa für **smarte Haushaltsgeräte** und **digitale Assistenten** (*Rüscher* NStZ 2018, 687 [689]). Elektronische Kurznachrichten und ähnliche Formen der Fernkommunikation gehören zum Alltag, sodass bereits E-Mails veraltete Medien darstellen, die vor allem noch zur Versendung umfangreicher Anhänge genutzt werden. Telekommunikation umfasst alle technischen Vorgänge des Aussendens, Übermittelns und Empfangens von Informationen in Form von Zeichen, Sprache, Bildern oder Tönen durch Telekommunikationsanlagen (§ 3 Nr. 22 TKG). Der Gesetzgeber hat vor diesem Hintergrund den früheren Begriff des »Fernmeldeverkehrs« durch den weiteren Begriff der »Telekommunikation« ersetzt, damit **neue technische Möglichkeiten** der Nachrichtenübermittlung in den Anwendungsbereich der Eingriffsnorm fallen. Der grundrechtliche Schutz durch Art. 10 Abs. 1 GG, der nur aufgrund einer gesetzlichen Eingriffsermächtigung bei Vorliegen ihrer Voraussetzungen

durchbrochen werden darf, umfasst ebenfalls jede Form der Telekommunikation, unabhängig von der konkreten Übermittlungsart (BVerfGE 120, 274 [307]). Insoweit sind die **Begriffe aus dem Verfassungsrecht und dem grundrechtsbeschränkenden Eingriffsrecht parallel** gestaltet, was bei der Auslegung zu berücksichtigen ist (vgl. BGH NStZ 2021, 355 [357]). Allerdings bleibt zu beachten, dass die Definition des Schutzbereichs des Telekommunikationsgeheimnisses nichts Abschließendes über den Anwendungsbereich der gesetzlichen Ermächtigung zur Beschränkung dieses Grundrechts besagt (*Heinrich* ZIS 2020, 421 [424]); die Auslegung der einfachrechtlichen Eingriffsnorm hat also partiell auch eine andere Bedeutung.

Ob darüber hinaus auch ein einseitiger Datenabruf, etwa beim **Cloud-Computing** (*Grözinger* StV 2019, 8
406 ff.) oder beim **Surfen im Internet** (*Heinrich* ZIS 2020, 421 [426 ff.]), als Telekommunikation bezeichnet werden kann, für die § 100a eine Eingriffsermächtigung ergeben könnte (LR/*Hauck* § 100a Rn. 85), ist jedenfalls im Gesetz bisher nicht klargestellt. Der Datenzugriff ist in § 100a spezieller und mit Blick auf die Eingriffsintensität enger geregelt als in § 94, von dessen Anwendbarkeit das BVerfG ausgegangen ist (BVerfGE 124, 43 [60 ff.]). Die fachgerichtliche Rspr. bevorzugt deshalb die Anwendung von § 100a auch beim **Zugriff auf beim Provider zwischen- oder endgespeicherte E-Mails**, weil dies für heimliche Ermittlungen sachgerechter erscheint (BGH NStZ 2021, 355 [357] m.Anm. *Abraham* HRRS 2021, 356 ff.; *Grözinger* NStZ 2021, 358 ff.; *Nicolai* HRRS 2021, 365 ff.; *Trüg* JZ 2021, 560 ff.; BGH MMR 2021, 628 f.). Dabei passt herkömmlich weder das Recht der Beschlagnahme von Gegenständen noch das Recht der Überwachung einer laufenden Telekommunikation uneingeschränkt auf diese Konstellation (LR/*Hauck* § 100a Rn. 77). § 95a hat die Problematik inzwischen relativiert. Bei Provider gespeicherte E-Mails, die der Empfänger bereits abgerufen hat oder aus unterschiedlichen Gründen dort ruhen lässt, unterliegen danach einer gegebenenfalls nach § 95a heimlich durchgeführten Beschlagnahme auf in der Vergangenheit ausgetauschte Kommunikationsinhalte (für eine alternative Anwendung von § 100a vor Inkrafttreten des § 95a BGH NStZ 2021, 355 [357]; *Abraham* HRRS 2021, 356 [362 ff.]; a.A. *Trüg* JZ 2021, 560 [564]). Auf den Zugriff auf **Daten in einer Datenwolke** (cloud) kann § 100a nicht angewendet werden, schon weil die externe Speicherung beliebiger Daten für sich genommen keine Telekommunikation darstellt (*Grözinger* Die Überwachung von Cloud-Storage, S. 176 ff. und StV 2019, 406 [409]; Meyer-Goßner/Schmitt/*Köhler* § 100a Rn. 14f). Schließlich geht es dabei nicht oder nicht nur um eine Kommunikation zwischen zwei Personen und erst recht nicht um eine laufende Kommunikation (vgl. Abs. 5 Nr. 1 lit. a), die einer Überwachung im herkömmlichen Sinn der Norm zugänglich wäre.

Das Telekommunikationsgeheimnis i.S.d. Art. 10 Abs. 1 GG schützt andererseits nicht nur den **Inhalt** der 9
Telekommunikation, also den Gesprächstext, sondern auch deren **Umstände** (BVerfG StV 2019, 369 m. Anm. *Großmann*), also die Informationen darüber, ob, wann und wie oft zwischen bestimmten Personen oder Telekommunikationseinrichtungen eine Telekommunikation stattgefunden hat oder auch nur versucht wurde (BVerfGE 113, 348 [364]; 120, 274 [308]; 129, 208 [241]). Auch insoweit ist der staatliche Datenzugriff eine grundrechtsbeschränkende Maßnahme, die der gesetzlichen Ermächtigung bedarf. Die Erfassung von Verkehrsdaten ist in § 100g unter erleichterten Voraussetzungen als in § 100a geregelt (LR/*Hauck* § 100a Rn. 66), ohne diesen zu verdrängen (BVerfG StV 2019, 369 [370] m.Anm. *Großmann*). Die Auskunft über Bestandsdaten normiert § 100j.

In § 100a Abs. 1 Satz 2 und 3 geregelt ist der **Eingriff in die Vertraulichkeit und Integrität informations-** 10
technischer Systeme durch deren Infiltration (*Schlegel* Normative Grenzen für internetbasierte Ermittlungsmethoden, S. 247; s.a. *Stelzer* Die repressive Online-Durchsuchung nach § 100b StPO, S. 47 ff.). Die gespeicherten Inhalte der im Zeitraum der Geltung der Überwachungsanordnung geführten Telekommunikation dürfen dazu auch auf dem Endgerät unter den Voraussetzungen, die für eine Überwachung der Telekommunikation auf dem Übertragungsweg maßgeblich wären, erfasst werden, um eine Verschlüsselung überwinden zu können (BT-Drs. 18/12785 S. 53 ff.). Soweit § 100a Abs. 1 Satz 3 dies auf Informationen aus einer Telekommunikation erstreckt, die bereits vor Anbringung der Überwachungssoftware geführt wurde, handelt es sich praktisch um eine thematisch beschränkte »**kleine Online-Durchsuchung**«. Sie greift wegen des Abschlusses der Telekommunikation zwischen den Gesprächspartnern nicht mehr in den Schutzbereich des Art. 10 GG ein, sondern in denjenigen des Grundrechts auf Gewährleistung der Vertraulichkeit und Integrität informationstechnischer Anlagen. Auch einfachrechtlich handelt es sich um ein aliud gegenüber der herkömmlichen TKÜ. Der Unterschied zur Online-Durchsuchung i.S.v. § 100b besteht in der thematischen Beschränkung auf Telekommunikationsinhalte, während die Online-Durchsuchung die Gesamtheit aller gespeicherten Daten betrifft (*Großmann* GA 2018, 439 ff.).

Die Überwachung und Aufzeichnung der Telekommunikation von Beschuldigten oder deren Nachrichten- 11
mittlern ist zugleich mit dem Anstieg der praktischen Nutzung der Telekommunikation zu einem Massenphänomen geworden. Sie greift – hinsichtlich der Datenmenge und der Streubreite bei der Erfassung auch Unverdächtiger mit zunehmender Tendenz – in erheblicher Weise in das Grundrecht der Kommunikations-

teilnehmer aus **Art. 10 Abs. 1 GG** ein (BVerfG NJW 2007, 2749 [2750]), hilfsweise in das aus **Art. 2 Abs. 1 i.V.m. Art. 1 Abs. 1 GG** hergeleitete Recht auf Gewährleistung der Vertraulichkeit und Integrität informationstechnischer Anlagen (BVerfGE 120, 274 [302 ff.]; BVerfG NJW 2021, 3033 [3035]). Letzteres schützt vor Eingriffen in informationstechnische Systeme, soweit der Schutz nicht bereits durch andere Grundrechte, insb. Art. 10 oder Art. 13 GG, sowie das Recht auf informationelle Selbstbestimmung gewährleistet ist (BVerfGE 124, 43 [57]). I.Ü. liegt bei der Überwachung der Telekommunikation ein Eingriff i.S.v. **Art. 8 Abs. 2 EMRK** vor (EGMR StV 1998, 683; *Meyer-Mews* StraFo 2016, 133 [135]). Art. 10 Abs. 1 GG stellt ein Spezialgrundrecht gegenüber dem Recht auf informationelle Selbstbestimmung dar, dessen Schutzbereich bei Maßnahmen nach Beendigung der Telekommunikation und außerhalb der laufenden Telefonverbindungen zum Tragen kommt, regelmäßig auch bei der Quellen-Telekommunikationsüberwachung. Das subsidiäre Generalgrundrecht aus Art. 2 Abs. 1 i.V.m. Art. 1 Abs. 1 GG nimmt aber mit der Zunahme der Eingriffsintensität derjenigen Maßnahmen, die außerhalb des Schutzbereichs von Art. 10 Abs. 1 GG auf elektronisch genutzte Daten zugreifen, ähnliche Konturen an wie das Spezialgrundrecht. Genau genommen geht es darüber hinaus, weil die Erfassung gespeicherter Daten einer intensiveren Grundrechtseingriff darstellt als die Erfassung nur der Inhalte von laufender Telekommunikation. Für einen Eingriff in das Recht auf Gewährleistung der Vertraulichkeit und Integrität informationstechnischer Anlagen müssen daher weitergehende Sicherungen bestehen, als sie etwa durch allgemeine Befugnisse zur Durchsuchung oder Beschlagnahme bestehen oder gar aus der Ermittlungsgeneralklausel resultieren. Wegen der erheblichen Eingriffsintensität hat das strafprozessuale Eingriffsrecht bei allen diesen eingriffsintensiven Maßnahmen in besonderer Weise dem rechtsstaatlichen Gebot der **Normenklarheit und Bestimmtheit** zu genügen (BVerfGE 113, 348 [375 ff.]; s.a. BGHSt 48, 240 [247]). Dies schließt generalklauselartige Regelungen aus.

12 Neben dem strafprozessualen Eingriffsrecht zur Erfassung von über eine Telekommunikation gespeicherten Daten bestehen Ermächtigungen in polizeirechtlichen Gesetzen zur **Überwachung** der Telekommunikation **zu präventiv-polizeilichen Zwecken.** Deren Erkenntnisse können durch Zweckänderung auch im Strafverfahren verwendet werden (§ 161 Abs. 2 Satz 1). In **Gemengelangen** und im Vorfeldbereich (BVerfGE 113, 348 [373 ff.]) geht das strafprozessuale Eingriffsrecht i.S.v. § 100a nach der hier vertretenen Ansicht vor (zu den Abgrenzungstheorien *Brodowski* Verdeckte technische Maßnahmen im Polizei- und Strafverfahrensrecht, 2016, S. 338 ff.). Insoweit gilt Ähnliches wie bei der staatlichen Tatprovokation durch V-Leute, die auch einheitlich am Strafprozessrecht, nicht am Polizeirecht gemessen wird, da die Begehung von Straftaten andernfalls allgemein als Gefahr zu definieren und **Polizeirecht alternativ anwendbar** wäre (so aber für legendierte Polizeikontrollen BGHSt 62, 123 [131 ff.]; s. dazu § 136 Rdn. 30, 36). Allerdings breitet sich die alternative Rechtsanwendung in der Praxis aus und führt zu einem weitreichenden Informationstransfer aus dem gefahrenabwehrrechtlichen in den strafprozessualen Bereich (§ 161 Abs. 2). Dadurch werden die schützenden Formen des Strafprozessrechts partiell unterwandert. Ein einheitliches operatives Ermittlungsrecht (*Brodowski* a.a.O., S. 551 ff.) fehlt jedenfalls. Zumindest bei der Prüfung, ob eine unzulässige Totalüberwachung vorliegt, sind auch die im Einzelfall getroffenen präventiven und repressiven Maßnahmen in einer Gesamtschau zu bewerten. Kommt bereits im Strafverfahren eine mehr oder weniger flächendeckende Überwachung vor, steigt aus der Perspektive des Rechts der Bürger auf staatlichen Schutz vor Einschüchterung (*Bode* Verdeckte strafprozessuale Ermittlungsmaßnahmen, 2012, S. 112 ff.) das Belastungsgewicht und damit das Anforderungsniveau an die Anordnung einer noch verhältnismäßigen weiteren Maßnahme (BVerfGE 141, 220 [280]).

13 Die durch das Spezialgrundrecht des Art. 10 Abs. 1 GG besonders geschützte Telekommunikation ist partiell für neue Entwicklungen offen (BVerfGE 106, 28 [36]). Sie reicht vom Absenden der Signale bis zu deren Empfang beim Adressaten. Sie betrifft zunächst allerdings nur den Vorgang der **Nachrichtenübermittlung**, also den Informationszugriff auf dem Übertragungsweg. Insoweit richtet sich die Überwachungsanordnung an die Personen oder Unternehmen, die **Telekommunikationsdienstleistungen** erbringen oder daran mitwirken; diese werden vom Staat in Anspruch genommen, um den Ermittlungsbehörden den Zugang zur Telekommunikation der Gesprächsteilnehmer zu ermöglichen (§ 100a Abs. 4). Jedoch müssen Eingriffe in den Schutzbereich des Art. 10 Abs. 1 GG in Form einer »Überwachung« der Telekommunikation nicht zwangsläufig nur auf dem **Übertragungsweg** stattfinden, sondern ein solcher Grundrechtseingriff kann auch **am Endgerät** eines Kommunikationspartners stattfinden (BT-Drs. 18/12785; S. 53 ff.). Nicht unter den Schutz des Art. 10 Abs. 1 GG fallen Daten, die noch nicht übermittelt werden. Das gilt etwa für Dateien, die für einen künftigen E-Mail- oder SMS-Verkehr vorbereitet sind, oder etwa um noch nicht abgeschickte Telefaxschreiben. Insoweit gelten für staatliche Zugriffe nach herrschender Meinung die §§ 94 ff., die herkömmlich, bis zur Einführung von § 95a, allerdings nur offene Ermittlungsmaßnahmen vorsahen. Andererseits sind Informationszugriffe auch während einer begonnenen, aber noch nicht abgeschlossenen Telekommunikation nicht von § 100a erfasst, wenn die Informationen, etwa in Form gespeicherter E-Mail-Dateien, in einer Speicherstelle eines Telekommunikationsdienstleisters, wie eines Providers beim E-Mail-Verkehr, **vorüber-**

gehend zur Ruhe kommen. **E-Mails** können nach bisheriger Rspr. auch (BGH NStZ 2021, 355 [357]) beim Provider i.S.d. §§ 94, 99 **beschlagnahmt** werden, ohne dass es zwingend auf die Voraussetzungen des § 100a ankommt (§ 94 Rdn. 8 ff.). Soweit es sich um eine heimliche Ermittlungsmethode vor Beendigung des E-Mail-Verkehrs handelt, lag jedenfalls bis zum Inkrafttreten des § 95a die Anwendung von § 100a näher, weil die größeren Eingriffsintensität eine speziellere Ermächtigungsnorm voraussetzt (*Beulke/Meininghaus* FS Widmaier, 2008, S. 63 [77]; MüKo-StPO/*Günther* § 100a Rn. 136; a.A. *Liebig* Der Zugriff auf Computerinhaltsdaten im Ermittlungsverfahren, 2015, S. 108 ff.). Es handelt sich nicht mehr um einen Eingriff mithilfe von § 100a, wenn **Abstrahlungen** eines Computermonitors aufgefangen (BeckOK-StPO/*Graf* § 100a Rn. 24; *Valerius* JR 2007, 275 [278]) oder **Spuren des Bedienens verschiedener Tasten** einer Tastatur ausgewertet werden. Die sind eher Maßnahmen i.S. einer Quellen-Telekommunikationsüberwachung.

III. Maßnahmen außerhalb des Schutzbereichs von Art. 10 Abs. 1 GG. Bereits in die Herrschaftssphäre 14
des Empfängers gelangte Informationen haben den Bereich der von Art. 10 Abs. 1 GG geschützten Telekommunikation verlassen, wenn sie **ausgedruckt**, beim Empfänger **abgespeichert oder** sonst **aufgezeichnet** und dort zur Ruhe gekommen sind. Sie sind dann eingriffsrechtlich ein Gegenstand der **Beschlagnahme** (*Singelnstein* NStZ 2012, 593 [597 f.]), soweit nicht gerade eine Quellen-Telekommunikationsüberwachung nach § 100a Abs. 1 Satz 2 und 3 stattfindet. Für das Verlassen des Schutzbereichs des Spezialgrundrechts kommt es nicht darauf an, ob der Empfänger die aufgezeichneten Informationen schon inhaltlich zur Kenntnis genommen hat. Ausreichend ist, dass sie ihm zur Verfügung stehen. Keine Telekommunikation liegt nach überkommener Ansicht, die allerdings noch dem Vorstellungsbild des Fernmeldeverkehrs folgt, **bei einseitiger Nutzung informationstechnischer Systeme** ohne sozialen Informationsaustausch vor, also etwa beim **Surfen** im Internet (*Heinrich* ZIS 2020, 421 [427 f.]; SK-StPO/*Wolter/Greco* § 100a Rn. 31a), beim **Versenden einer E-Mail an die eigene Adresse** des Absenders, um auf die Datei später wieder Zugriff nehmen zu können, oder beim Zugriff auf ausgelagerte Daten (**cloud computing**; dazu *Bell* Strafverfolgung und die Cloud – strafprozessuale Ermächtigungsgrundlagen und deren völkerrechtliche Grenzen, 2019; *Grötzinger* Die Überwachung von Cloud-Storage). Diese Vorgänge sind nach der hier vertretenen Auffassung keine laufende Kommunikation i.S.v. Art. 10 Abs. 1 GG und keine solche, die der Überwachung i.S.v. § 100a unterliegt. Soweit das BVerfG anders entschieden hat (BVerfG NJW 2016, 3508 [3510]) kann das kaum überzeugen (*Eidam* NJW 2016, 3511 f.; *Hiéramente* HRRS 2016, 448 ff.). Es fehlt an einer zu überwachenden Individualkommunikation und an einer sozialen Interaktion (*Sinn* Stellungnahme in der öffentlichen Anhörung im Ausschuss für Recht und Verbraucherschutz des Deutschen Bundestages zum Gesetzentwurf zur Änderung des Strafgesetzbuches, des Jugendgerichtsgesetzes, der Strafprozessordnung und weitere Gesetze vom 31.05.2017, S. 5), deren Erscheinungsbild dem überkommenen Fernmeldeverkehr auch nur annähernd entsprechen könnte. Die Internetüberwachung ist von der TKÜ wesensverschieden (*Hiéramente* HRRS 2016, 448 [451]). Der hoheitliche Zugriff auf eine Informationsbeschaffung durch die Zielperson im Internet besitzt auch eine andere Zielrichtung. Er ähnelt vielmehr ebenso im Erscheinungsbild wie beim Belastungsgewicht einer Online-Durchsuchung und ist nach § 100b zu beurteilen.

Die Beteiligten einer Telekommunikation können auf die Geltendmachung des Grundrechts aus Art. 10 15
Abs. 1 GG verzichten, sodass es dann der Anwendung von § 100a mangels Grundrechtseingriffs nicht bedarf. Das ist etwa beim **Telefonieren mit Freisprecheinrichtungen** in der Öffentlichkeit der Fall oder bei der **Benutzung einer Lautsprecherfunktion** des Telefons in Anwesenheit Dritter (zum Mithören am Zweithörer BGHSt 39, 335 [338]; s.a. BVerfGE 106, 28 [38]). Prinzipiell ist ein wirksamer **Grundrechtsverzicht nur mit Einwilligung aller Gesprächsteilnehmer** möglich (BeckOK-StPO/*Graf* § 100a Rn. 26; MüKo-StPO/*Günther* § 100a Rn. 79; LR/*Hauck* § 100a Rn. 38; SK-StPO/*Wolter/Greco* § 100a Rn. 17), sodass bei einer »Hörfalle« (§ 136 Rdn. 23 ff.), bei der nur ein Kommunikationspartner mit der Informationserfassung durch Ermittler des Staates einverstanden ist, kein Grundrechtsverzicht des anderen Kommunikationsteilnehmers vorliegt (*Eisenberg* Beweisrecht der StPO, Rn. 2487), es sei denn, es ist nach den Umständen mit einem Mithören Dritter allgemein zu rechnen und der Kommunikationspartner ist damit auch zumindest konkludent einverstanden (LR/*Hauck* § 100a Rn. 37, 41).

IV. Heimliche Ermittlungen im Schutzbereich des Art. 10 Abs. 1 GG. Die Überwachung und Auf- 16
zeichnung sowie Verwertung der Telekommunikationsinhalte kann »auch ohne Wissen« der Betroffenen erfolgen, also ebenso heimlich wie offen. In der Praxis ist das heimliche Vorgehen der Regelfall, weil Offenheit eher zur Unterlassung oder Veränderung der Kommunikation führen würde, die in unbeeinflusster Form erfasst werden soll. Die Heimlichkeit der Überwachung verlangt jedoch erhöhte Anforderungen an die Eingriffsermächtigung (EGMR StV 1998, 683 [684]). Eine immer noch wichtige Fallgruppe der Telekommunikation, die Gegenstand einer Überwachung nach § 100a sein kann, sind die herkömmlichen Telefonate, die nicht nur als **Festnetzgespräche**, sondern auch als **Mobiltelefongespräche** infrage kommen. Zur

Telekommunikation gehört ferner die bereits technisch überholt wirkende, aber bisweilen noch vorkommende **Telefaxübermittlung.** Außerdem ist die Telekommunikation über Kommunikationsdienste, wie **WhatsApp**-Nachrichten, **SMS** oder **MMS**, von Bedeutung für den Telekommunikationsverkehr und dessen Überwachung. Hinzu kommen weitere Informationsvermittlungsvorgänge im Internet. Zwischenzeitlich hatte der **E-Mail-Verkehr** erhebliche Bedeutung erlangt, der nun hinter die Kurznachrichten zurücktritt und vor allem für die Übermittlung umfangreicher Anhänge mit Texten und Bildern genutzt wird. Der staatliche **Zugriff** hierauf ist nach herrschender Ansicht **in verschiedenen Stufen mit unterschiedlichen Eingriffsregelungen** möglich. Soweit die Telekommunikation andauert und nicht zur Ruhe gekommen ist, gilt für den dann erfolgenden Eingriff in den Schutzbereich des Art. 10 Abs. 1 GG die Ermächtigung nach § 100a. Vor, zwischen und nach der Nachrichtenübermittlung wird auf gespeicherte Daten mittels Beschlagnahme zugegriffen, die unter den Voraussetzungen des § 95a eine **Zurückstellung der Benachrichtigung** des Betroffenen zulässt. Die herkömmliche Abgrenzung zwischen offenen und heimlichen Informationszugriffen des Staates wird dadurch verwischt und das Normengefüge wird erschüttert.

17 Auch bei der **Internet-Telefonie** mit einer **Verschlüsselung über eine VoIP-Software** handelt es sich um Telekommunikation. Überwachungsmaßnahmen als Grundrechtsbeschränkungen i.S.v. Art. 10 Abs. 2 GG richten sich insoweit nach § 100a, nicht nach den Regeln der Durchsuchung und Beschlagnahme. Die Verschlüsselungen führen dazu, dass die staatliche Überwachung solcher Gespräche technisch nur mithilfe einer Quellen-Telekommunikationsüberwachung möglich ist, die nun in § 100a Abs. 1 Satz 2 und 3 vorgesehen ist. Eine **Überwachung von Chat-Plattformen** im Internet mit Zugangssicherungen war bisher ebenfalls nicht möglich (*Klescewski* ZStW 123 [2011], 737 [752 ff.]; *Singelnstein* NStZ 2012, 593 [594]), dürfte nun aber mittels Quellen-Telekommunikationsüberwachung erfassbar sein. Ähnliches gilt für eine sonstige zugangsgesicherte **Kommunikation in »sozialen Netzwerken«.** Soweit die Teilnehmer ihre Informationen ohne Zugangssicherung für jedermann zugänglich gestalten, können die staatlichen Strafverfolgungsorgane schon aufgrund der **Ermittlungsgeneralklausel** dortige Informationen erfassen, denn in der für jedermann zugänglichen Kommunikation liegt wegen der Freiwilligkeit der Entäußerung der Kommunikationsteilnehmer in Kenntnis der Zugänglichkeit für Jedermann kein Grundrechtseingriff bei der Erfassung der Inhalte durch den Staat. Ob auch ein **Internetstreifengang unter Verwendung einer Legende** zulässig ist (*Eisenmenger* Die Grundrechtsrelevanz »virtueller Streifenfahrten«, 2017, S. 250 ff.), hängt von der Anwendbarkeit der §§ 110a–110c ab (*Wölm* Schutz der Internetkommunikation und »heimliche Internetaufklärung«, S. 280 f.). Beim Einsatz Dritter auf polizeiliches Geheiß können sich Konstellationen ergeben, die einer Hörfalle am Telefon ähneln (§ 136 Rdn. 23, § 136a Rdn. 9). Anders als beim Zugriff auf die vom Internetbenutzer freiwillig für Jedermann freigegebenen Entäußerungen liegt es, wenn Ermittler sich einen Zugang zu Informationen verschaffen, die über **Zugangssicherungen** verfügen. Diese schließen eine allgemeine Freigabe der Äußerungen für einen Zugriff durch Jedermann aus. Deren Überwindung durch die staatlichen Ermittlungsbehörden bedarf einer spezialgesetzlichen Eingriffsermächtigung (*Singelnstein* NStZ 2012, 593 [600]), die mit § 100a Abs. 1 Satz 2 und 3 geschaffen wurde. Problematisch bleibt die Konstellation, in der sich Ermittler unter einer **Legende** selbst in die Kommunikation einschalten (*Wölm* a.a.O., S. 249 ff.). Hier könnten theoretisch Kombinationen von §§ 100a, 110a infrage kommen (*Rosengarten/Römer* NJW 2012, 1764 ff.), die aber eingriffsrechtlich fragwürdig bleiben (*Schlegel* Normative Grenzen für internetbasierte Ermittlungsmethoden, S. 216 ff.). Nach dem **Prinzip vom Vorbehalt des Gesetzes** darf **nicht durch Kombination einzelner Ermächtigungsgrundlagen** neue Ermittlungsmaßnahmen **legitimiert** werden. Der Verwendung einer Legende zur Überwindung einer Zugangssicherung, die weder in § 100a Abs. 1 Satz 2 noch in § 110c vorgesehen ist, steht auch das allgemeine Täuschungsverbot entgegen, dass sich aus Art. 1 Abs. 1 GG und dem Regelungsgedanken des § 136a Abs. 1 gibt. Allerdings hat der Gesetzgeber angenommen, die Verschaffung des Zugangs zu einem informationstechnischen System unter Verwendung einer Legende zur Anbringung einer Überwachungssoftware sei eine kriminalistischen List (s.a. LR/*Hauck* § 100a Rn. 235). Dagegen bestehen jedoch erhebliche Bedenken. Der absolut geschützte Kernbereich der Persönlichkeitsentfaltung ist zudem erreicht, wenn ein Ermittler einen Beschuldigten unter Verwendung einer Legende in einem Internet-Chat zu einer Selbstbelastung provoziert (§ 136 Rdn. 23 ff.).

18 **B. Materielle Voraussetzungen der TKÜ (Abs. 1 und 2).** Voraussetzung der TKÜ ist das Vorliegen eines auf konkrete Tatsachen gestützten Verdachts einer Katalogtat (§ 100a Abs. 1 Satz 1 Nr. 1 und Abs. 2), die auch im Einzelfall »schwer« wiegt (Abs. 1 Satz 1 Nr. 2). Ferner ist erforderlich, dass die Sachaufklärung oder Fahndung nach dem Beschuldigten auf andere Weise wesentlich erschwert oder aussichtslos wäre (Abs. 1 Satz 1 Nr. 3).

19 **I. Anlasstaten (Abs. 2). Der abschließende Katalog** der Anlasstaten, welcher derzeit 44 Normen und Normgruppen nennt, wobei denen es sich abstrakt-generell gesehen um schwere Straftaten handeln soll, ist vom Gesetzgeber wiederholt im Hinblick auf polizeipraktische Bedürfnisse ausgedehnt worden. Der Katalog

des § 100a Abs. 2 verweist auf die dort genannten **Strafnormen**, wie sie **zur Zeit der Anordnung der** TKÜ bestehen. Erweitert der Gesetzgeber den jeweiligen Straftatbestand, nimmt das strafprozessuale Eingriffsrecht dies auf, da es **dynamische Verweisungen** enthält (*Brodowski* Verdeckte technische Maßnahmen im Polizei- und Strafverfahrensrecht, 2016, S. 175). Der Straftatenkatalog wirkt wegen der Fülle seiner Anknüpfungspunkte mit unterschiedlicher Bedeutung für Ermittlungsmaßnahmen und unterschiedliche Schwere von Unrecht und Schuld **unüberschaubar und inhomogen** (LR/*Hauck* § 100a Rn. 47). Ein Rechtsstaat, der solch hypertrophe Normen des Eingriffsrechts hervorbringt, muss sich fragen lassen, ob er auf dem richtigen Weg ist. Der Anlasstatenkatalog stellt auch nur eine Scheingenauigkeit und Differenziertheit zur Schau, weil er an eine Verdachtslage anknüpft, die keine genaue Abgrenzung erfüllter Tatbestände gestattet und durch die Vagheit der übrigen Eingrenzungskriterien der im Einzelfall schwerwiegenden Tat und der Subsidiarität und Verhältnismäßigkeit der Eingriffsmaßnahme weiter relativiert wird. Der Katalog dürfte zudem wegen der kaum noch erklärbaren Unterschiede zwischen Katalogtaten und Nichtkatalogtaten partiell unverhältnismäßig sein (*Klescewski* ZStW 123 [2011], 737 [762]; SK-StPO/*Wolter/Greco* § 100a Rn. 48 f.). Eine plausible **dogmatische Struktur** und Systematik ist darin **nicht auszumachen** (*Bode* Verdeckte strafprozessuale Ermittlungsmaßnahmen, 2012, S. 356: LR/*Hauck* § 100a Rn. 51 f.). Zum Teil wird auf Delikte verwiesen, die typischerweise in organisierter Form begangen werden und deshalb schwer aufklärbar sind. Zum Teil geht es um Deliktsarten, die im Hinblick auf das verletzte Rechtsgut schwer wiegen und deshalb ein hohes Aufklärungsbedürfnis aufweisen (BVerfGE 129, 208 [243]). Bei allem Deliktsarten i.S.v. § 100a Abs. 2 gibt es aber Variationen und Fallgruppen, die außerhalb des Bereichs der organisierten oder schwerwiegenden Begehungsarten liegen. Das wird insb. bei dem jüngst nach dem Muster eines »all-crimes-approach« novellierten (*Gazeas* NJW 2021, 1041 ff.; *Gercke/Jahn/Paul* StV 2021, 330 ff.; *Travers/Michaelis* NZWiSt 2021, 125 ff.) Tatbestand der Geldwäsche deutlich. Insoweit ist die Bewertung der Schwere der jeweiligen Anlasstat nach den auf das polizeirechtliche Gegenstück bezogenen Maßstäben des Ersten Senats des BVerfG unbestimmt (vgl. BVerfGE 113, 348 [387 f.]). Der Zweite Senat hat das Normkonzept dagegen mit einem kursorischen Blick auf die Kombination von Tatenkatalog, Schwereklausel und Subsidiaritätsprinzip noch für ausreichend bestimmt erachtet (BVerfGE 129, 208 [242 ff.]; BVerfG NJW 2016, 3508 [3511]).

Der Hinweis auf die Straftatbestände des Besonderen Teils des StGB oder des Nebenstrafrechts im Anlasstaten- 20
katalog schließt auch **Zurechnungsvarianten** nach dem Allgemeinen Teil des StGB ein. Auf die Abgrenzung von **Täterschaft und Teilnahme** (LR/*Hauck* § 100a Rn. 43) kommt es deshalb im strafprozessualen Eingriffsrecht ebenso wenig an, wie auf die Unterscheidung von **Vollendung und Versuch**, **Tun und Unterlassen** durch einen Garanten und anderes mehr. Umgekehrt entfällt der Katalogtatenverdacht, wenn zwar der objektive Tatbestand nach der Verdachtslage erfüllt ist, aber ein **Rechtfertigungs-**, **Entschuldigungs- oder Schuldausschließungsgrund** eingreift, was bei der Verdachtsprüfung im Vorverfahren allerdings kaum zuverlässig einzuschätzen ist.

II. Konkreter Tatverdacht in personam. Bestimmte Tatsachen müssen den Verdacht des Vorliegens einer 21
Katalogtat begründen, damit die TKÜ zulässig ist. Die These des BVerfG ist falsch: »Das Gewicht der jeweiligen Eingriffe verlangt Verdachtsgründe, die über vage Anhaltspunkte und bloße Vermutungen hinausreichen« (BVerfG NJW 2007, 2749 [2751]). Das ist hinsichtlich der Verdachtsgrundlagen kein Unterschied zum generell für strafprozessuale Eingriffsmaßnahmen erforderlichen Anfangsverdacht, weil eine Annahme ohne Tatsachengrundlage eine **Vermutung** und überhaupt **kein Verdacht** ist (vgl. BVerfGE 44, 353 [371 f.]; 115, 166 [197]; BVerfG NJW 2014, 1650 [1651]; 2015, 851 [852]). Die in § 100a Abs. 1 geforderte Tatsachenkonkretisierung muss den Verdacht aber tatsachenbasiert auf eine Katalogtat lenken. Der Verdachtsgrad muss dagegen weder zu einer Verurteilung hinreichend noch dringend sein. Insoweit genügt ein **Anfangsverdacht** i.S.v. § 152 Abs. 2 (BGH StV 2010, 553 f.; JR 2018, 45 [49], in BGHSt 62, 22 ff. insoweit nicht abgedruckt; LR/*Hauck* § 100a Rn. 50; näher *L. Schulz* Normiertes Misstrauen – Der Verdacht im Strafverfahren, 2001), der, wie auch sonst, **auf bestimmte Tatsachen gestützt** sein muss (BVerfGE 113, 348 [385]; BGH StV 2017, 434 f.; MüKo-StPO/*Günther* § 100a Rn. 72) und nicht nur eine Vermutung darstellen darf. Der Verdacht muss i.Ü. so weit konkretisiert sein, dass **ein Beschuldigter als Betroffener** der Eingriffsmaßnahme **oder Partner einer Mittelsperson** erkennbar sowie seine Beteiligung an einer **Katalogtat** wahrscheinlich ist (BGH StV 2010, 553 f.; MüKo-StPO/*Günther* § 100a Rn. 74). Es geht also um einen **Katalogtatenverdacht in personam**, nicht nur *in rem*. Nach der Rspr. besteht insoweit ein **Beurteilungsspielraum** für den Ermittlungsrichter (BGH StV 1998, 247 [248]; StraFo 2009, 19 f.; JR 2018, 45 [49]), oder ein solcher **für den Ermittlungsbeamten**, der die Überwachung bei Gefahr im Verzug anordnet. Mit der Zubilligung dieses Beurteilungsspielraums für die Entscheidungsträger des Vorverfahrens durch Kontrollinstanzen (Beschwerde-, Tat- oder Revisionsgericht) wird allerdings die Gewährung effektiven Rechtsschutzes gegen Fehler bei der Eingriffsgestattung praktisch verhindert (*Eisenberg* Beweisrecht der StPO, Rn. 2488). Revisionsrichterliche

Überlegungen zu rechtmäßigen hypothetischen Ersatzeingriffen als Mittel der nachträglichen Fehlerkorrektur zur Vermeidung von Beweisverwertungsverboten nehmen umgekehrt keine Rücksicht mehr auf den für die frühere ermittlungsrichterliche Prüfung postulierten Beurteilungsspielraum, sondern prüfen den hypothetischen Ersatzeingriff selbst (*Bernsmann/Sotelsek* StV 2004, 113 [115]). Das entspricht insgesamt nicht dem Effektivitätsgebot aus Art. 19 Abs. 4 Satz 1 GG.

22 **III. Schwere der Katalogtat.** Die Anlasstat muss nicht nur allgemein, sondern auch **im Einzelfall schwer wiegen** (LR/*Hauck* § 100a Rn. 49). Was darunter im Vergleich mit dem sonst im Eingriffsrecht zur Legitimation von weniger intensiven Grundrechtseingriffen gebrauchten Begriff der »Straftat von erheblicher Bedeutung« (§§ 98a Abs. 1 Nr. 1, 100g Abs. 1 Nr. 1, 100i Abs. 1, 163f Abs. 1 Satz 1) gemeint sein soll, bleibt unklar (*Kretschmer* HRRS 2010, 551 [553]). Der Gesetzgeber hat eine verfassungsrechtliche Voraussetzung zitiert, diese aber praktisch nicht umgesetzt (*Bode* Verdeckte strafprozessuale Ermittlungsmaßnahmen, 2012, S. 357). Der Hinweis auf eine **Mindesthöchststrafe von fünf Jahren** (*Puschke/Singelnstein* NJW 2008, 113 [114]) besagt wenig, weil dies zumindest im Kernstrafrecht gesetzlicher Standard ist. Tatsächlich ist kein verifizierbarer Unterschied der schweren Katalogtat zur »Straftat von erheblicher Bedeutung« vorhanden, obwohl die Schwereklausel begrifflich **zwischen der »Straftat von erheblicher Bedeutung« und den besonders schweren Straftaten** i.S.v. § 100c Abs. 1 Nr. 1 liegt (*Eisenberg*, Beweisrecht der StPO, Rn. 2489; allg. zu den Abstufungen nach der Eingriffsintensität BVerfGE 141, 220 [269]). Ob ein minder schwerer Fall i.S. einer für den Deliktstyp gegebenenfalls vorhandenen Strafmilderungsnorm vorliegt, lässt sich im Vorverfahren kaum absehen, wäre aber bei der Prüfung der Eingriffsvoraussetzungen zu berücksichtigen, wenn dies absehbar wäre. Auch das Eingreifen einer Strafrahmenverschiebung anhand von vertypten Strafmilderungsgründen ist bei der Prognose im Rahmen der Eingriffsgestattung kaum prüfbar. Erst recht ist im Frühstadium der Ermittlungen vor deren Abschluss **nicht prognostizierbar**, welche **Strafe** innerhalb des möglicherweise verschiebbaren Strafrahmens für die Tat verhängt werden mag. Daher kann die Schwere des Eingriffsanlasses zumindest nicht allein an einer Straferwartung gemessen werden. Relevant sind andererseits auch die **Art und Bedeutung der konkreten Tat für das Opfer und für die Allgemeinheit** im Hinblick auf die Bedeutung des letzten Rechtsguts und das Gewicht des konkreten Rechtsgutseingriffs. Schließlich spielt das **Maß der** individuellen **Schuld** eine Rolle. Insgesamt ist die Schwereklausel allenfalls in einer Kombination mit dem Tatenkatalog und in der Gesamtschau der Eingriffsvoraussetzungen noch hinreichend bestimmt (BVerfGE 129, 208 [244]; a.A. *Bode* a.a.O., S. 357).

23 **IV. Subsidiarität.** Eine TKÜ darf nur angeordnet werden, wenn die Erforschung des Sachverhalts oder die Ermittlung des Aufenthaltsortes des Beschuldigten ansonsten wesentlich erschwert oder aussichtslos wäre. **Aussichtslosigkeit** besteht, wenn andere Ermittlungsmöglichkeiten nicht verfügbar sind oder jedenfalls im Einzelfall keine Erfolgsaussicht versprechen. Eine **wesentliche Erschwerung** liegt vor, wenn andere Ermittlungsmaßnahmen zeitlich erheblich aufwendiger wären oder schlechtere Ergebnisse erwarten ließen. Allein ein größerer Aufwand und damit verbundene Kosten reichen aber im Allgemeinen nicht aus, es sei denn, sie erweisen sich als gänzlich unvertretbar (LR/*Hauck* § 100a Rn. 45). Die Subsidiaritätsklausel ist wiederum so **unbestimmt**, dass sie kaum präzise Ergebnisse liefert (zu fließenden Übergängen BGHSt 41, 30 [34]) und keine nennenswerte Begrenzungsfunktion erfüllt. Sie erschwert nur, soweit sie nicht in der Praxis ignoriert wird, die Rechtsanwendung, zumal eine Konkurrenz verschiedener Ermittlungsmaßnahmen mit oder ohne eigene Subsidiaritätsklausel kaum sinnvoll auflösbar erscheint (*Blozik* Subsidiaritätsklauseln im Strafverfahren, 2012, S. 233 f.). In der Praxis wird das Dilemma dadurch kaschiert, dass einerseits dem Ermittlungsrichter oder dem die Überwachung anordnenden Ermittlungsbeamten ein Beurteilungsspielraum zugebilligt wird (BGHSt 47, 362 [365 f.]). Andererseits findet sich im Text von Anordnungsbeschlüssen zu dem Kriterium meist nicht einmal ein Hinweis darauf, dass und anhand welcher Kriterien insoweit eine Prüfung vorgenommen wurde (*Kinzig* StV 2004, 560 [564]). Faktisch bleibt das Kriterium auch in der Revisionsinstanz ungeprüft (*Bernsmann/Stoeltesek* StV 2004, 113).

24 **V. Verhältnismäßigkeit i.Ü..** Neben der Tatschwereklausel und der auf die Ermittlungsmöglichkeiten bezogenen Subsidiaritätsklausel ist die Verhältnismäßigkeit einer TKÜ auch nach dem allgemein im Eingriffsrecht geltenden Grundsatz der Verhältnismäßigkeit zu prüfen (*Sankol* MMR 2008, 154 [157 f.]). Das Gebot der Verhältnismäßigkeit gilt für **Anordnung, Dauer** (BGH NStZ-RR 2011, 148 f.) **und Umfang** der Überwachung. Inwieweit es auch bei einer **Mehrzahl verschiedener Ermittlungseingriffe** mit deren Gesamtbelastungsgewicht für den Beschuldigten zu beachten ist, was in der Praxis kaum geschieht. Als Teil einer Totalüberwachung (BVerfGE 112, 304 [310, 321]) wäre die TKÜ jedenfalls unverhältnismäßig (*Meyer-Mews* StraFo 2016, 133 [140). Ob das Hinzutreten flächendeckender polizei- oder nachrichtendienstlicher Überwachungen insoweit auch die rechtliche Bewertung aus der Perspektive der betroffenen Bürger beeinflusst,

ist ungeklärt, wird aber bisher meist schon mangels Tatsachenkenntnis ignoriert. Besondere Bedeutung für die Verhältnismäßigkeitsprüfung hat auch die Frage, ob und in welchem Maße nur relativ justizpflichtige Nachrichtenmittler oder sonstige **Unverdächtige betroffen** sind. Eine Überwachungsmaßnahme ist aus Gründen der Verhältnismäßigkeit eher gegenüber Beschuldigten, weniger gegenüber Drittbetroffenen, aber innerhalb der letzteren Gruppe eher unter potenziellen Nachrichtenmittlern als zum Nachteil (auch) von (gänzlich) Unbeteiligten gerechtfertigt. § 160a Abs. 2 gebietet schließlich auch die **Berücksichtigung von Zeugnisverweigerungsrechten**, die nicht ohne Weiteres mithilfe einer TKÜ umgangen werden dürfen (vgl. § 160a Abs. 2) und bei Berührung des Kernbereichs der Persönlichkeitsentfaltung (BVerfGE 141, 220 [276 f.]) ausgeschlossen sind (§ 100d Abs. 1 und 2). Im Ganzen sind Bewertungskriterien die mehr oder minder große Bedeutung der Sache, die Streubreite der Einbeziehung nichtverdächtiger Dritter in die Überwachung (BVerfGE 107, 299 [320]), die Dauer und Intensität der Überwachung und die sonstige Beweislage.

C. Betroffene (Abs. 3 und 4). Die Anordnung darf sich nur gegen den Beschuldigten oder gegen Personen 25 richten, von denen aufgrund bestimmter Tatsachen anzunehmen ist, dass sie für den Beschuldigten bestimmte oder von ihm herrührende Mitteilungen entgegennehmen oder weitergeben oder dass der Beschuldigte ihren Anschluss benutzt. Bezugspunkt ist der Telekommunikationsanschluss dieser Personen. Die gegen den Beschuldigten oder Nachrichtenmittler gerichtete Anordnung der Überwachung schließt es nicht aus, dass im Einzelfall auch Dritte als deren Kommunikationspartner oder zufällige Nutzer des Anschlusses von der Ausführung der Überwachungsanordnung betroffen werden, weil sie von einem Anschluss, der dem Beschuldigten oder seinem Nachrichtenmittler zuzurechnen ist, ihrerseits Telekommunikation ausführen. Dies ist kein generelles Hindernis für die Anordnung und Durchführung der Überwachung, es ist aber bei der Verhältnismäßigkeitsprüfung zu beachten (Rdn. 24).

I. Beschuldigte. Zuvörderst ist die Maßnahme gegen Beschuldigte zu richten, die einer besonderen 26 Justizpflicht unterliegen und hinsichtlich der von ihnen herrührenden oder empfangenen Mitteilungen der Überwachung nach § 100a unterliegen. Beschuldigter ist derjenige, dem **nach dem Verfolgungswillen der Staatsanwaltschaft** die Begehung einer Straftat vorgeworfen wird und gegen den deshalb förmlich ein Ermittlungsverfahren geführt wird (§ 136 Rdn. 13). Es genügt, ist aber auch erforderlich, dass die Begründung der Beschuldigtenrolle mit der Anordnung der Überwachung der Telekommunikation zusammentrifft (LR/*Hauck* § 100a Rn. 175). Die Identität des Beschuldigten muss dabei noch nicht i.S. einer Kenntnis der Personaldaten bekannt sein; er muss aber individualisierbar sein (*Eisenberg* Beweisrecht der StPO, Rn. 2490).

II. Nichtbeschuldigte. Gegen andere Personen als Beschuldigte, die nur ausnahmsweise und in eingeschränktem Umfang justizpflichtig sind, darf sich eine Anordnung der TKÜ nur richten, wenn aufgrund bestimmter Tatsachen der auf konkrete Tatsachen gestützte **Verdacht** (MüKo-StPO/*Günther* § 100a Rn. 101; *Sankol* MMR 2008, 154 [157]) besteht, dass sie bewusst oder unbewusst für den Beschuldigten bestimmte oder von diesem stammende Informationen auf dem Weg der Telekommunikation entgegennehmen oder weitergeben, also **Nachrichtenmittler** sind, **oder** ihr **Anschluss vom Beschuldigten** für dessen Telekommunikation **benutzt** wird. Darauf, ob sie »im Lager« des Beschuldigten stehen, kommt es nicht an (*Sankol* MMR 2008, 154 [1569). **Behördenanschlüsse** können nur mit Einverständnis der zuständigen Stelle überwacht werden (*Eisenberg* Beweisrecht der StPO, Rn. 2491). Eine besonderes Beweiserhebungsverbot bezüglich der **Anschlüsse zeugnisverweigerungsberechtigter Personen** i.S.d. §§ 52, 53, 53a besteht für die Inanspruchnahme als Nachrichtenmittler nicht, soweit jedenfalls keine zum Kernbereich der Persönlichkeitsentfaltung gehörende Vertrauensbeziehung in Rede steht (§ 100d Abs. 1); jedoch bleibt hinsichtlich der Verteidiger § 148 (Meyer-Goßner/Schmitt/*Köhler* § 100a Rn. 21), bezüglich der Berufsgeheimnisträger § 160a und bezüglich der Angehörigen des Beschuldigten § 100d Abs. 5 zu beachten. Insoweit ist das Schutzkonzept bei der TKÜ inkonsistent und mit demjenigen für andre heimliche Ermittlungsmethoden nicht genau abgestimmt (LR/*Hauck* § 100a Rn. 180 ff.). 27

1. Mutmaßliche Nachrichtenmittler. Das Eingriffsrecht ermöglicht in Grenzen eine Überwachung der Tele- 28 kommunikation durch **Nichtverdächtige** schon im Rahmen der Ausrichtung der Überwachungsanordnung. Dies ist zum einen der Fall, wenn der Betroffene zwar nicht der Teilnahme an der Tatbegehung verdächtig ist, aber wie ein Bote Mitteilungen von dem Beschuldigten entgegennimmt oder an ihn weitergibt (*Sankol* MMR 2008, 154 [155 f.]). Für eine solche Rolle als Nachrichtenmittler müssen **konkrete Anhaltspunkte** vorhanden sein (BVerfGE 107, 299 [323]). Die h.M. billigt dem Anordnungsorgan dabei wieder einen Beurteilungsspielraum zu (*Sankol* MMR 2008, 154 [157]). Der Nachrichtenmittler kann ein Angehöriger, Nachbar, Arbeitskollege, Gastwirt oder Freund des Beschuldigten (LR/*Hauck* § 100a Rn. 176), im Einzelfall sogar das erpresste **Opfer der Katalogtat** (LR/*Hauck* § 100a Rn. 178; *Mahnkopf/Döhring* NStZ 1995, 112 ff.;

diff. *Sankol* MMR 2008, 154 [156 f.]; a.A. *Kleih* Die strafprozessuale Überwachung der Telekommunikation, 2009, S. 144).

29 Die bloße **Vermutung einer Rolle** des Betroffenen als Nachrichtenmittler **genügt nicht.** Aus einer allgemeinen Nähebeziehung zum Beschuldigten allein lässt sich meist nicht in ausreichender Weise auf die Rolle als Nachrichtenmittler für diesen schließen. Näher liegt dies im Fall der tatsachengestützten Annahme, dass das Tatopfer weiter erpresst wird und Anrufe des Beschuldigten erwartet. Sonst müssen weitere Tatsachen vorliegen, die – ähnlich wie bei dem Verdacht der Katalogtat – aufgrund nachvollziehbarer Schlussfolgerungen die Annahme rechtfertigen, eine Informationsvermittlung durch den Betroffenen an den Beschuldigten sei zu erwarten. Wird eine Überwachungsmaßnahme gegen mutmaßliche Nachrichtenmittler gerichtet, so muss sie aus Gründen der Verhältnismäßigkeit darauf beschränkt sein, diejenigen Telekommunikationsinhalte aufzuzeichnen, die eine Kommunikation mit dem Beschuldigten oder einem weiteren Nachrichtenmittler für diesen betreffen (LG Ulm StV 2006, 8 [9 f.] m.Anm. *Roggan*). Der Nachrichtenmittler muss sich der Tätigkeit für einen Beschuldigten nicht bewusst sein (LR/*Hauck* § 100a Rn. 176).

30 Die Überwachungsanordnung, die einen Nachrichtenmittler des Beschuldigten betrifft, bedarf auch einer besonderen **Berücksichtigung des Grundsatzes der Verhältnismäßigkeit**. Sie kann unangemessen sein, wenn sei auf eine besonders umfangreiche Überwachung seines Anschlusses hinausläuft (LG Mainz MMR 2020, 202 f.).

31 **2. Inhaber von Anschlüssen oder informationstechnischen Systemen, die mutmaßlich vom Beschuldigten benutzt werden.** Die Überwachung von nicht auf den Beschuldigten angemeldeten Telekommunikationsanschlüssen ist rechtlich möglich, wenn der Beschuldigte diese Anschlüsse mutmaßlich benutzt. Gleiches gilt bei der Quellen-Telekommunikationsüberwachung für den Inhaber eines informationstechnischen Systems, das der Beschuldigte mutmaßlich benutzt. Auch für diese Nutzung durch den Beschuldigten als Voraussetzung für die Überwachung von Anschlüssen oder informationstechnischen Systemen Drittbetroffener müssen **konkrete Hinweise** vorliegen, damit die Anordnung der schwerwiegenden Eingriffsmaßnahme gerechtfertigt ist. Darauf, ob der Anschlussinhaber um die Nutzung seines Anschlusses oder informationstechnischen Systems durch den Beschuldigten weiß oder nicht (*Eisenberg* Beweisrecht der StPO, Rn. 2491), und darauf, ob die Benutzung im Verhältnis zwischen dem Inhaber und dem Beschuldigten zivilrechtlich legitim ist oder nicht, kommt es nicht an. Auch die unberechtigte Nutzung eines fremden Anschlusses oder informationstechnischen Systems durch den Beschuldigten kann ausreichender Anlass zu dessen Überwachung sein. Der Inhaber muss ferner keine natürliche Person, sondern kann auch eine Gesellschaft oder juristische Person sein.

32 Die Überwachung **öffentlich** – etwa in einem Internetcafe – zur Verfügung stehender Anschlüsse ist auch zulässig, wenn Grund zu der Annahme besteht, der Beschuldigte werde diese benutzen. Damit werden aber in weitem Umfang auch Personen von der Überwachung betroffen, die weder Beschuldigte noch Nachrichtenmittler sind. Diese Konsequenz zwingt zur genauen Prüfung der Verhältnismäßigkeit und einschränkenden Anwendung der Überwachungsmaßnahme.

33 **3. Telekommunikationsdienstleister.** Die Vollziehung der TKÜ obliegt der Staatsanwaltschaft und ihren Ermittlungspersonen. Telekommunikationsunternehmen und diejenigen, die an der Erbringung von Telekommunikationsdiensten beteiligt sind, werden vom Gesetz zur Mitwirkung an der Überwachung verpflichtet (§ 100a Abs. 4). Damit wird **in ihre Berufsausübungsfreiheit eingegriffen**, was nur auf gesetzlicher Grundlage zulässig ist (BGH NStZ-RR 2015, 345 f.). Technische Einrichtungen zur Umsetzung von Überwachungsanordnungen im Hinblick auf die laufende Telekommunikation und deren Übertragungsweg muss ein geschäftsmäßig handelnder Telekommunikationsdiensteanbieter vorhalten (§ 110 Abs. 1 TKG), und zwar ein Anbieter, der mehr als 10.000 Nutzungsberechtigte hat (§ 3 Abs. 2 Satz 1 Nr. 5 TKÜV). Die Mitwirkungsverpflichtung umfasst nur die Ausleitung der aufgefangenen Informationen durch entsprechende Schaltungen (§ 9 TKÜV) und deren Übergabe an die Ermittlungsbehörde, nicht die Abstellung von Personal. Die Überwachung der Telekommunikation und die Aufzeichnung ist durch die Polizei oder von anderen durch die Staatsanwaltschaft beauftragten Personen vorzunehmen, welchen auch die Auswertung obliegt. Kommt der Telekommunikationsdiensteanbieter seiner Mitwirkungspflicht bei der Ausleitung nicht nach, kann er durch **Ordnungs- und Zwangsmittel** dazu veranlasst werden (§ 100b Abs. 3 Satz 3 i.V.m. § 95 Abs. 2). Eine Pflicht zur Mitwirkung an einer Quellen-Telekommunikationsüberwachung besteht nicht (*Sinn* Stellungnahme in der öffentlichen Anhörung im Ausschuss für Recht und Verbraucherschutz des Deutschen Bundestages zum Gesetzentwurf zur Änderung des Strafgesetzbuches, des Jugendgerichtsgesetzes, der Strafprozessordnung und weiterer Gesetze vom 31.05.2017, S. 8).

D. Art der Verwertung der Erkenntnisse. Die rechtmäßige Überwachung führt dazu, dass die Erkenntnisse hieraus im Strafverfahren als Beweis für und gegen den Beschuldigten verwertet werden dürfen (Meyer-Goßner/Schmitt/*Köhler* § 100a Rn. 32). **Zufallserkenntnisse** sind auch verwertbar, sofern sie eine Katalogtat betreffen (LG Münster StV 2008, 460 f.). Die Aufzeichnungen im Rahmen der TKÜ sind **Sachbeweise**, die als solche nicht schon im Rahmen der Akteneinsicht dem Verteidiger überlassen werden müssen (OLG Karlsruhe StV 2013, 74 f. m.Anm. *Beulke/Witzigmann*; *Meyer-Mews* NJW 2012, 2743 f.; *Wölky* StraFo 2013, 493 ff.), sondern prinzipiell nur wie andere sächliche Beweismittel gesichtet werden können. Etwas anders gilt für Aufzeichnungen oder Übersetzungen, die **Aktenbestandteil** werden und insoweit der **Akteneinsicht** des Verteidigers unterliegen. 34

Aufzeichnungen in fremder Sprache sind in die Gerichtssprache zu übersetzen, soweit sie verwertet werden sollen. Diese **Übersetzung** ist beweisrechtlich eine Sachverständigenaufgabe (BGHSt 1, 4 [6]; BGH NStZ 1985, 466; offengelassen von BGHR StPO § 100a Einführung 1). Ihr Ergebnis oder die Niederschrift einer in der Gerichtssprache geführten Telekommunikation (BGHSt 27, 135 [136]) kann als **Urkunde** in die Hauptverhandlung eingeführt werden (BGH NStZ 2002, 493), gegebenenfalls auch im Selbstleseverfahren (LR/*Hauck* § 100a Rn. 192). Dabei handelt es sich aber um eine sekundäre Beweisquelle. Primär werden Aufzeichnungen aus der Überwachung der Telekommunikation durch **Inaugenscheinnahme** in die Hauptverhandlung eingeführt, weil die Aufzeichnung als primäres Beweismittel ein Augenscheinobjekt ist (LR/*Hauck* § 100a Rn. 190). Tonaufnahmen können daher abgespielt (BGHSt 27, 135) und optisch wahrnehmbare Telekommunikationsakte für die Verfahrensbeteiligten auf Monitoren oder Leinwandprojektionen sichtbar gemacht werden. Die **Zeugenvernehmung** des bei der Durchführung der Überwachung eingesetzten Ermittlungsbeamten ist ebenfalls möglich. Sie hat aber als mittelbarer Beweis jedenfalls keinen besseren Beweiswert als die durch Sachbeweis eingeführte Aufzeichnung (BGH NStZ 2002, 493 [494]; *Sankol* MMR 2008, 154 [158]). Bei der Zeugenvernehmung kann das Vorspielen der Aufzeichnung auch als Vernehmungsbehelf verwendet werden (BGH Beschl. v. 02.12.2003 – 1 StR 340/03). 35

E. Beweisverbote. Ist die TKÜ rechtmäßig anders angeordnet worden, so sind die Erkenntnisse hier grundsätzlich verwertbar, auch wenn sich der Anlassfall später als Nichtkatalogtat darstellt (KG NStZ 2020, 563 m. Anm. *Kulhanek*; Meyer-Goßner/Schmitt/*Köhler* § 100a Rn. 32). Beweisverwertungsverbote bestehen nur in anderen Konstellationen. **Absolute Beweisverbote** können wegen Eingriffs in den Kernbereich der Persönlichkeitsentfaltung entstehen; diese sind in **§ 100d Abs. 1 und 2** geregelt. Dieser **Kernbereichsschutz** ist nach Ansicht des BVerfG (NJW 2016, 3508 [3511]) ausreichend, dürfte aber jedenfalls in der Praxis aufgrund von technischen und personellen Kapazitätsbegrenzungen hapern (*Eidam* NJW 2016. 3511 [3512]). Absolute Beweisverbote wegen Eingriffs in den Kernbereich der Persönlichkeitsentfaltung sind – wie im Fall des § 136a Abs. 3 – abwägungsfest, widerspruchsunabhängig und haben Dritt-, Vor-, Folge- und Fernwirkungen (LR/*Hauck* § 100a Rn. 234). **Relative Beweisverwertungsverbote** hinsichtlich der Erkenntnisse aus einer TKÜ kommen bei einer Verletzung von Beweiserhebungsnormen über die positivrechtlichen Regeln hinaus in Betracht (*Meyer-Mews* StraFo 2016, 177 ff.), etwa wenn wegen eines Subsumtionsfehlers von Anfang an kein Anlassfall für eine TKÜ vorlag (LR/*Hauck* § 100a Rn. 218). I.Ü. sind Beweisverwertungsverbote wegen Fehlern bei der Anordnung nach der dogmatisch angreifbaren und uneinheitlichen Rspr. **abwägungs-** (§ 136 Rdn. 86 ff.) **und widerspruchsabhängig** (§ 136 Rdn. 100 ff.). Sie entfallen danach oft aufgrund von Überlegungen zu einem **hypothetisch rechtmäßigen Ersatzeingriff** (§ 136 Rdn. 99). Sie haben nach der Rspr. **keine Fernwirkungen** (BGHSt 32, 68 [71]; 51, 1 [8]; MüKo-StPO/*Günther* § 100a Rn. 218; LR/*Hauck* § 100a Rn. 242; Meyer-Goßner/Schmitt/*Köhler* § 100a Rn. 38; a.A. BGHSt 29, 244 [249 ff.]), es sei denn, ausnahmsweise ergebe eine Abwägung des Strafverfolgungsinteresses der Allgemeinheit mit dem Interesse des Beschuldigten an der prozessordnungsgemäßen Verfahrensführung, dass auch diese Rechtsfolge erforderlich ist (§ 136 Rdn. 130). Singuläre Rechtsfehler bei einzelnen Überwachungsmaßnahmen aus einer Serie von Anordnungsentscheidungen haben ferner keinen Einfluss auf die Wirksamkeit der übrigen (BGHSt 51, 1 [9]). 36

I. Prüfung von Beweisverboten nach der Abwägungsdoktrin. Neben den selbstständigen, also von Rechtsfehlern bei der Beweiserhebung unabhängigen Beweisverwertungsverboten nach § 100a Abs. 4 und § 160a kommen praeter legem auch **unselbstständige Beweisverwertungsverbote** aufgrund von Rechtsfehlern bei der Beweiserhebung infrage. Hierfür werden in der Rspr. die Grundsätze der Abwägungsdoktrin (§ 136 Rdn. 86 ff.) herangezogen (BGH StV 2017, 1 [2]), die auch in § 160a Abs. 2 anklingt (*Kretschmer* HRRS 2010, 551 [552]), dort aber nicht für alle Konstellationen unselbstständiger Beweisverwertungsverbote abschließend geregelt ist. Früher war im Ansatz davon ausgegangen worden, dass Rechtsfehler bei der TKÜ prinzipiell zu einem Beweisverwertungsverbot führen (BGHSt 31, 304 [308]; 32, 68 [70]; 41, 30 [31]). Heute ist das Eingreifen oder Nichtvorliegen eines Beweisverwertungsverbots aufgrund einer **Abwägung der Bedeutung des Strafverfolgungsinteresses** der Allgemeinheit **gegenüber dem Interesse des Beschuldigten** an 37 der Wahrung seiner prozessualen Rechte zu treffen. Das führt bereits wegen der Beschränkung der TKÜ auf Fälle des Verdachts von Straftaten von erheblicher Bedeutung regelmäßig zur Bejahung der Verwertbarkeit. Diese Abwägung vermag aufgrund ihrer Systemlosigkeit, Widersprüchlichkeit und Unberechenbarkeit kaum zu überzeugen. Sie hat zu einer erheblichen **Rechtsunsicherheit** geführt, die sogar informelle Umgehungen durch die Urteilsabsprachepraxis der Tatgerichte forciert hat (BVerfG § 133, 168 [172]). Auch ist die These, Beweisverwertungsverbote seien als Rechtsfolge von Verfahrensfehlern bei der Beweiserhebung eine **besonders begründungsbedürftige Ausnahme** (BVerfGE 130, 1 [28]; umgekehrt noch BGHSt 31, 304 [308]; 32, 68 [70]; 41, 30 [31]; 47, 362 [365]; 48, 240 [248]), nur als ergebnisorientierte Deutung anzusehen. Die Annahme eines Beweisverwertungsverbots soll nach der heute herrschenden Variante der Abwägungsdoktrin nur höchst ausnahmsweise geboten sein, wenn die Informationsverwertung zu einem **unverhältnismäßigen Eingriff** in das Persönlichkeitsrecht führen würde, oder die **Bejahung eines Beweisverwertungsverbots nach bewussten oder willkürlichen Gesetzesverstößen** geboten erscheint (BGHSt 41, 30 [34]). Letzteres läuft allerdings auf eine Disziplinierungsfunktion der Verwertungsverbote hinaus (*Kleih* Die strafprozessuale Überwachung der Telekommunikation, 2009, S. 262), die sonst als Grund für Beweisverwertungsverbote dementiert wird. Ob ein Verstoß gegen Beweiserhebungsvorschriften ein Beweisverwertungsverbot nach sich zieht, soll stets nach den Umständen des Einzelfalles entschieden werden. Es ist nach den Abwägungskriterien der herrschenden Ansicht, umso eher zu verneinen, je schwerer der Tatvorwurf wiegt. Dabei wäre aber das Bedürfnis des Beschuldigten nach Einhaltung der schützenden Formen des strafprozessualen Beweisrechts umso größer, je schwerer der Vorwurf wiegt. Die Wertungskriterien der Abwägungsdoktrin wirken insoweit paradox.

38 Nur grundlegende Mängel bei Anordnung der Überwachung der Telekommunikation können vom Standpunkt der herrschenden Abwägungslehre zur Unverwertbarkeit der so erlangten Erkenntnisse führen (BGHSt 51, 1 [2]). Daher liegt die Annahme eines Verwertungsverbots nur bei bewusster oder objektiv **willkürlicher Verletzung des Richtervorbehalts**, nicht bei einer nur versehentlichen Annahme von Gefahr im Verzug nahe (krit. *Piel* StraFo 2017, 54 ff.). Die **Überschreitung der** vom Gericht festgelegten **Zeitspanne für die Überwachung** ist nach der Abwägungslösung ähnlich zu beurteilen; bei einem Versehen scheidet ein Beweisverwertungsverbot aus, bei Willkür greift es ein. Als bloße Formalverstöße betrachtete Fehler, wie der Verstoß gegen das **Schriftformerfordernis** des § 100b Abs. 2 Satz 1 für die Überwachungsanordnung, sollen für sich genommen prinzipiell kein Beweisverwertungsverbot begründen.

39 Ob ein hinreichend mit Tatsachen belegter **Anfangsverdacht** einer Katalogtat z.Zt. der Überwachungsanordnung vorgelegen hat, ist vom Ermittlungsrichter bei der Anordnung der Maßnahme innerhalb eines ihm zugebilligten **Beurteilungsspielraums** zu entscheiden (BGHSt 41, 30 [33]; 47, 362 [365 f.]). Nur wenn dieser Spielraum überschritten wurde und die Entscheidung nicht mehr vertretbar ist, wird von der Rspr. ein Beweisverwertungsverbot angenommen. Die Reduzierung der Kontrolle im Hinblick auf einen Beurteilungsspielraum des Ermittlungsrichters oder Ermittlungsbeamten entspricht allerdings nicht dem Effektivitätsgebot für die Rechtsschutzgewährung (*Eisenberg* Beweisrecht der StPO, Rn. 2505).

40 Hat bei der Überwachungsanordnung ein durch bestimmte Tatsachen begründeter Verdacht einer **Katalogtat** gefehlt, sind die aus der Überwachung gewonnenen Erkenntnisse nicht verwertbar (BGHSt 41, 30 [31]; *Eisenberg* Beweisrecht der StPO, Rn. 2501a; MüKo-StPO/*Günther* § 100a Rn. 201). Ändern sich aber die Voraussetzungen für eine Anordnung im Verlauf eines anhängigen Strafverfahrens durch einen Gesetzgebungsakt zur Ausdehnung des Anlasstatenkatalogs, so kann eine ursprünglich nicht zulässige Überwachung nachträglich verwertbar werden (BGHSt 53, 64 [67 ff.] m.Anm. *Beck* JR 2010, 493 ff.). Wegen fiktiver Heilung des Verfahrensfehlers durch einen hypothetisch rechtmäßigen **Ersatzeingriff** liegt nach der Rspr. auch dann kein Verwertungsverbot liegt vor, wenn der Sachverhalt bei ergänzender Bewertung den Verdacht einer anderen Katalogtat rechtfertigt, als sie in der Anordnungsentscheidung angenommen wurde (BGHSt 48, 240 [250]). Insb. besteht kein Verwertungsverbot, wenn der anfänglich bestehende und der Überwachungsanordnung zugrunde liegende **Verdacht einer Katalogtat** sich **später nicht bestätigt**, aber durch die Überwachung Erkenntnisse über eine Nichtkatalogtat erlangt wurden (BGHSt 28, 122 [126 ff.]). Erst recht ist danach auch die Verwertung zur Aburteilung von mit Katalogdelikten **konkurrierenden Nichtkatalogtaten** möglich.

41 Bei der Nachprüfung der **Einhaltung des Subsidiaritätsgrundsatzes** hat der Ermittlungsrichter nach der Rspr. wieder einen Beurteilungsspielraum (BGHSt 47, 362 [365 f.]). Nur wenn dieser erkennbar überschritten wurde, liegt ein Verfahrensfehler bei der Überwachungsanordnung vor, der zur Unverwertbarkeit der Abhörergebnisse führt. Da die Subsidiaritätsklausel unbestimmt ist und die Verfahrenslage z.Zt. der Überwachungsanordnung im Hinblick auf die aus der damaligen Perspektive des Ermittlungsrichters verfügbaren Alternativmaßnahmen kaum rekonstruierbar ist, wird ein Verfahrensfehler dieser Art kaum jemals festgestellt.

42 Fehler der **Begründung der Anordnung** einer TKÜ führen für sich genommen nicht zu einer Unverwertbarkeit der gewonnenen Erkenntnisse (BGHSt 47, 362 [367]). Bei Begründungsdefiziten soll das erkennende Gericht den Ermittlungsstand zur Zeit der Überwachungsanordnung rekonstruieren und danach die Vertret-

barkeit der Anordnungsentscheidung mit eigenen Gründen prüfen (BGHSt 41, 30 [32 ff.]; 51, 1 [6]). Etwas anderes kann aber jedenfalls dann gelten, wenn die Eingriffsgestattung anhand der mitgeteilten Begründung nicht nachvollziehbar ist.

Mit den Restriktionen der unselbstständigen Beweisverwertungsverbote durch die Abwägungsdoktrin, die früher bei der TKÜ so noch nicht angewendet wurde (zur umgekehrten Regel eines Verwertungsverbots BGHSt 48, 240 [248]), wird der **Bedeutung des Grundrechtseingriffs** und der die Grundrechtsausübung beschränkenden Voraussetzungen des Eingriffsrechts nicht ausreichend Rechnung getragen (*Meyer-Mews* StraFo 2016, 177 [178]). Der heimliche Eingriff in den Schutzbereich des Art. 10 Abs. 1 GG wiegt schwer, weil er eine Kommunikationsbeziehung und einen Bereich der Vertraulichkeit berührt. Es geht dabei auch um den Schutz vor einer die Persönlichkeitsentfaltung hemmenden Angst (vgl. BVerfGE 129, 208 [241]) davor, dass der Rechtsstaat im Gegensatz zu einem totalitären Gebilde nicht überall heimlich auch die Fernkommunikation überwacht. Diese Angst wird derzeit durch flächendeckende nachrichtendienstliche Überwachungsmaßnahmen potenziert; sie darf aber gerade deswegen nicht als mangels Beherrschbarkeit jenes Überwachungsapparats irrelevant betrachtet werden. Vielmehr ist die Beachtung der schützenden Formen des Strafverfahrensrechts als Eingriffslegitimation von besonderer Bedeutung. Soll der Richtervorbehalt eine präventive Rechtsschutzfunktion erfüllen, kann die Nichteinhaltung dieser Form von »Legitimation durch Verfahren« unabhängig vom Grund des Versäumnisses nicht folgenlos bleiben und nur in extremen Ausnahmefällen zur Unverwertbarkeit der fehlerhaft erlangten Informationen führen. Es geht bei dem Beweisverwertungsverbot allerdings nicht um eine Kompensation einer Einflussnahme auf den Beweiswert, sondern um den Schutz der Bürger vor der Angst, die ein nicht effektiv kontrollierter Überwachungsvorgang auslösen kann (*Bode* Verdeckte strafprozessuale Ermittlungsmaßnahmen, 2012, S. 112 ff.). Nur die unter strikter Einhaltung der Verfahrensregeln als Eingriffsgestattung i.S.v. Art. 10 Abs. 2 Satz 1 GG legitime Überwachungstätigkeit, gegen die auch effektiver Rechtsschutz gewährleistet werden muss (BGHSt 41, 30 [32 f.]), darf verwertbare Informationen aus heimlicher Überwachungstätigkeit an den Staat ausliefern. Insoweit ist die Abwägungsdoktrin im Kontext mit unselbstständigen Beweisverwertungsverboten aufgrund von Verfahrensfehlern jedenfalls bei der Anordnung oder Durchführung der TKÜ verfehlt. 43

II. Widerspruchslösung. Soweit es nicht um positivrechtlich geregelte Beweisverwertungsverbote geht, soll nach bisheriger Rspr. und Teilen Literatur auch hier die Widerspruchslösung (§ 136 Rdn. 99 ff.) gelten (BGHSt 51, 1 [3]; BGH StV 2001, 545 m.Anm. *Ventzke*; BGH StV 2016, 771 [772]; befürwortend *Basdorf* NStZ 2017, 370 ff.; krit. MüKo-StPO/*Günther* § 100a Rn. 207; abl. *Hauck* Heimliche Strafverfolgung und Schutz der Privatheit, 2014, S. 531 ff. und LR/*Hauck* § 100a Rn. 215; *Meyer-Mews* StraFo 2016, 177 [179]). Ein Verwertungsverbot wegen Rechtsfehlern bei der TKÜ entsteht danach nur, wenn die Verteidigung bis zu dem Zeitpunkt des § 257 der Verwertung der Überwachungsergebnisse in der Hauptverhandlung widerspricht und zumindest die Angriffsrichtung ihrer Beanstandung benennt (§ 136 Rdn. 111). Wird die Widerspruchsmöglichkeit nicht in diesem begrenzten zeitlichen Rahmen genutzt, so ist die spätere Geltendmachung eines unselbstständigen Beweisverwertungsverbots **präkludiert.** Damit hat sich das Richterrecht aber von seinem eigenen Ursprungsgedanken gelöst und verselbstständigt, indem es nun auch den Sachbeweis über Telekommunikationsinhalte ergreift (BGHSt 61, 266 [268 f.]). Derzeit unterliegt das Richterrecht einer Neukonzeptionierung (*Berg* StraFo 2018, 327 ff.), deren Auswirkung auf den Fall einer Verletzung von § 100a noch nicht abzusehen ist. Mit der bisherigen Anerkennung einer Dispositionsbefugnis der Verteidigung und der daraus weitergehend abgeleiteten Obliegenheit zur befristeten Dispositionsentscheidung können die Präklusionsregeln des Richterrechts der derzeit geltenden Konzeption nicht legitimiert werden. Zudem wird das **Prinzip vom Vorrang und vom Vorbehalt des Gesetzes hier nicht gewahrt.** Der Gesetzgeber hat nämlich bei der Neufassung der Regeln durch das Gesetz zur Neuregelung der TKÜ und anderer verdeckter Ermittlungsmaßnahmen sowie zur Umsetzung der Richtlinie 2006/24/EG vom 21.12.2007 der Widerspruchslösung nicht Raum gegeben. Er hat sie weder im Gesetzestext noch in den Materialien erwähnt. Auf Kernbereichsberührungen i.S.v. § 100a Abs. 4 ist die Widerspruchlösung ohnehin aufgrund der Schutzpflicht nach Art. 1 Abs. 1 Satz 2 GG nicht anwendbar, weil der absolut geschützte Kernbereich der Persönlichkeitsentfaltung nicht zur Disposition des Betroffenen steht und zwingende Beweisverbote nach dem Maßstab des § 136a Abs. 3 zur Folge hat (vgl. BGHSt 57, 71 [78]; a.A. BGHSt 51, 1 [4]; tendenziell für die Anwendung der Widerspruchslösung auch in Täuschungsfällen BGH StV 2016, 771 [772]). Wenn aber die Frage der Kernbereichsberührung von Amts wegen zu untersuchen ist, besteht kein Grund dazu, die Anschlussfrage nach der Unverwertbarkeit der Überwachungsergebnisse wegen einer Verletzung von Rechtspositionen auf der nachfolgenden Stufe i.S.d. Sphärentheorie nicht ebenfalls von Amts wegen zu überprüfen (*Tepperwien* FS Widmaier, 2008, S. 583 [592]). 44

45 **F. Zusätzliche Erkenntnisse. I. Raumgespräche.** Die nach der Anordnung gem. §§ 100b, 100a zu erfassende Telekommunikation umfasst nur die unmittelbar mit der Telekommunikationsanlage übermittelten Informationen. Keine Telekommunikation sind Gespräche im Hintergrund, welche nur **zufällig mithilfe der TKÜ aufgefasst** werden, sei es, dass die Überwachungseinrichtung weiter reicht als nur bis zur eigentlichen Fernkommunikation, sei es, dass technische Fehler bei der Telekommunikationsbeendigung zur Erfassung des Raumgesprächs führen. Von der TKÜ miterfasste Kommunikationsinhalte aus dem Hintergrund werden nach der jüngeren Rspr. allerdings für verwertbar erklärt, soweit dies vor dem Hintergrund einer laufenden und an sich rechtmäßigen TKÜ geschieht (BGH StV 2003, 370 f.; 2009, 398; NStZ 2018, 550 f. m.Anm. *Ventzke*; a.A. *Fezer* NStZ 2003, 625 [626 f.]; SK-StPO/*Wolter/Greco* § 100a Rn. 23 ff.). Der Ursprung des auf diesem Wege erfassten Gesprächs sei für den Charakter als Telekommunikationsvorgang ohne Bedeutung. Selbst für zufällig aufgezeichnete Hintergrundgespräche, an denen ein **Angehöriger** des Beschuldigten **beteiligt** ist, bestehe jedenfalls kein absolutes Verwertungsverbot. Für dieses Ergebnis wird entweder auf die Abwägungsdoktrin verwiesen (krit. *Fezer* NStZ 2003, 625 [629]), die jedenfalls in Fällen schwerer Kriminalität regelmäßig zur Verwertbarkeit der Informationen führt, oder auf eine Verlaufshypothese in Richtung auf eine im Einzelfall auch denkbare rechtmäßige Beweiserlangung hingedeutet, die jedoch den Richtervorbehalt ad absurdum führt (*Kühne* Strafprozessrecht, Rn. 521.1). Mit dem Bedeutungsgehalt des beschränkten Grundrechts und der Bedeutung des Eingriffsrechts als Grundrechtsschranke ist die Verwertbarkeitsthese unvereinbar. Unzulässig sind aber auch nach der Rspr. solche Raumgesprächserfassungen, die **außerhalb einer** technisch fehlerhaft (un-)**beendeten Telekommunikation** stattfinden (BGHSt 31, 296 [297 ff.]). Diese würden als hypothetischer Ersatzeingriff den Charakter einer Wohnraumüberwachung annehmen (abl. *Fezer* NStZ 2003, 625 [629]). Im Fall der Überwachung eines Raumgesprächs im Auto (BGH StV 2003, 370 f.) wäre § 100f für einen hypothetischen Ersatzeingriff maßgeblich, den der Ermittlungsrichter bei der Telekommunikationsüberwachungsanordnung nicht zugrunde gelegt hatte. Deshalb lässt sich der Eingriff nicht mit eine Verlaufshypothese rechtfertigen, die das eigene Beurteilungsergebnis an die Stelle der Prüfung des Ermittlungsrichters bei dessen präventiver Rechtsschutzgewährung setzt. Der Unterschied der Raumgesprächsüberwachung durch Bedienungsfehler in der Telekommunikationsanlage oder der Überwachungseinrichtung zur Erfassung von Hintergrundgesprächen bei laufender TKÜ zu einer zu weit gehenden Reichweite der Überwachungstechnik ist marginal, die Argumentation der Rspr. divergierend (*Prittwitz* StV 2009, 437 [439 ff.]; *Weßlau* StV 2003, 483 f.) und im Ganzen nicht überzeugend (*Fezer* NStZ 2003, 625 [627 ff.]; SK-StPO/*Wolter* § 100a Rn. 23 ff.). Es muss vielmehr davon ausgegangen werden, dass es für die Erfassung von Hintergrund- oder Raumgesprächen an einer dafür ausreichenden gesetzlichen Ermächtigung zur Überwachung und Aufzeichnung fehlt (*Kleih* Die strafprozessuale Überwachung der Telekommunikation, 2009, S. 183 f.; *Sankol* MMR 2007, 692 [697]) und hypothetische Ersatzeingriffe nicht mithilfe anderer Eingriffsnormen begründet werden dürfen.

46 **II. Zufallsfunde und Nichtkatalogtaten.** Erkenntnisse über mit dem Ausgangsverfahren nicht unmittelbar zusammenhängende Straftaten können nach § 477 Abs. 2 nur zur **Aufklärung weiterer Katalogtaten** verwendet werden (BGH StV 1998, 247 [248]; NJW 2009, 791 [792]; *Eisenberg* Beweisrecht der StPO, Rn. 2502; *Hiéramente* wistra 2015, 9 ff.). Insoweit gelten kraft Gesetzes auch Überlegungen, die der Theorie vom hypothetischen Ersatzeingriff ähneln (*Roxin/Schünemann* Strafverfahrensrecht, § 36 Rn. 18). Erkenntnisse über die Anlasstaten sind auch verwertbar, wenn sich die Tat erst nachträglich als Nichtkatalogdelikt darstellt (MüKo-StPO/*Günther* § 100a Rn. 179). Zudem sind Nichtkatalogtaten, die in einem engen **Zusammenhang** mit Katalogdelikten stehen, mithilfe der Erkenntnisse aus der TKÜ aufzuklären (BGH StV 1998, 247 [248]; MüKo-StPO/*Günther* § 100a Rn. 180). Nur Zufallserkenntnisse, die isolierte Nichtkatalogtaten und auch nicht dieselbe **Tat im prozessualen Sinn** wie die Anlasstat betreffen, sind unverwertbar. Zufallserkenntnisse über die Begehung einer **Katalogtat eines Dritten** können gegen diesen verwertet werden (*Eisenberg* Beweisrecht der StPO, Rn. 2503).

47 **III. Präventiv-polizeilich erlangte Überwachungsergebnisse.** Sind Erkenntnisse durch nicht präventiv-polizeiliche Überwachungsmaßnahmen erlangt worden, so werden sie nach § 161 Abs. 2 Satz 1 auch zu Beweiszwecken im Strafverfahren verwendet (näher *Brodowski* Verdeckte technische Überwachungsmaßnahmen im Polizei- und Strafverfahrensrecht, 2016, S. 131 ff.). Als **Spurenansatz** können sie auch im Hinblick auf Nichtkatalogtaten herangezogen werden (BT-Drs. 16/5846, S. 64). Der präventiv-polizeilichen TKÜ im Straftatenvorfeld sind aber wegen der an sich abschließenden Regelung der StPO Grenzen gesetzt (*Kleih* Die strafprozessuale Überwachung der Telekommunikation, 2009, S. 140).

H. Sonderfälle der Informationsgewinnung über Telekommunikationswege. I. Hörfalle. Die Erkenntnisse aus einer »Hörfalle«, bei welcher ein Kommunikationspartner mit der Überwachung des Gesprächs einverstanden ist und den Beschuldigten informell, aber unter heimlicher Beteiligung der Ermittlungsbehörde ausforscht, gelten nach bisher h.M. als verwertbar, weil die §§ 136 Abs. 1 Satz 2, 136a Abs. 1 nicht anwendbar seien (§ 136 Rdn. 23 ff.) und ein Eingriff in den Schutzbereich des Art. 10 Abs. 1 GG nicht vorliege (BGHSt 42, 139 [153 f.]). Nur aus einer Nähe zur Verletzung des nemo-tenetur-Grundsatzes (BGHSt 42, 139 [157]) sollen sich Einschränkungen nach den Maßstäben der materiellen Voraussetzungen für heimliche Überwachungen ergeben. Diese Ansicht erscheint jedoch überholt. Das Handeln des Privaten bei der Aufnahme einer überwachten Telekommunikation, der im Auftrag der Polizei oder mit deren Wissen in ihrem Interesse handelt, ist dem Staat zuzurechnen und hat daher auch Eingriffsqualität (vgl. EGMR StV 2004, 1 [2] m. Sondervotum *Palm*). Es bedarf daher zumindest einer spezialgesetzlichen Ermächtigung, wenn nicht sogar ein Eingriff in unverfügbare Rechtspositionen vorliegt. Im Fall einer dem Staat zuzurechnenden aktiven Selbstbelastungsprovokation im Rahme dieser Telekommunikation ist Art. 1 Abs. 1 GG verletzt und die Rechtsfolge entsprechend § 136a Abs. 3 zu beurteilen (*Wolter* ZIS 2012, 238 ff.). Ohne eine Selbstbelastungsprovokation liegt immer noch ein **heimliches Vorgehen im staatlichen Aufklärungsinteresse** unter Eingriff in das allgemeine Persönlichkeitsrecht vor, das zumindest **mangels gesetzlicher Gestattung** nicht zulässig ist und daher nach den Maßstäben der Beweisbefugnislehre (§ 136 Rdn. 94 ff.) zu einem Verwertungsverbot führen muss. 48

II. Quellen-Telekommunikationsüberwachung (Abs. 1 Satz 2 und 3 und Abs. 4 bis 6). 1. Technischer Vorgang. Unter einer Quellen-Telekommunikationsüberwachung (*Großmann* JA 2019, 241 [243 ff.]; *Ruppert* Jura 2018, 994 ff.) versteht man die **Ausleitung von Gesprächsdaten** einer Telekommunikation aus einem informationstechnischen System, insb. aus einem internetfähigen Rechner, Laptop, Smartphone, iPad, sprachgesteuerten Assistenten u.ä. (LR/*Hauck* § 100a Rn. 108), **vor oder nach der Verschlüsselung**, welche auf dem Übertragungsweg stattfindet, also an der Quelle beim Absender oder Empfänger (*Schlegel* Normative Grenzen für internetbasierte Ermittlungsmethoden, S. 97 ff.). Dadurch soll ein Gegenmittel zur Verschlüsselung von Informationen aus der Telekommunikation entgegengewirkt werden; auf die Herstellung einer Möglichkeit zur Überwachung oder Entschlüsselung von Telekommunikation als Ersatz für eine technisch verhinderte TKÜ soll die Eingriffsmaßnahme beschränkt sein (*Freiling/Safferling/Rückert* JR 2018, 9 [17]). Zur Ermöglichung der Maßnahme ist aber Infiltration eines Endgerätes erforderlich, um entweder den Schlüssel zur Ermöglichung einer weiteren TKÜ mithilfe einer Entschlüsselungstechnik oder aber die auf dem Rechner entschlüsselt vorhandenen Telekommunikationsinformationen auszuleiten. Damit geht die Maßnahme über eine hypothetische konventionelle TKÜ hinaus (*Freiling/Safferling/Rückert* JR 2018, 9 [11 f.]; LR/*Hauck* § 100a Rn. 91). Die Verschlüsselung von Daten besteht in einer technischen Unbrauchbarmachung für Unbeteiligte, die eine Kenntnisnahme vom Inhalt der Nachricht im Fall der herkömmlichen Überwachung ausschließt. Sie ist, insb. bei der **Voice-over-IP-Kommunikation** oder bei der Nutzung von Audiosystemen, wie **Skype**, technisch weit fortgeschritten und mit einer bloßen TKÜ in Echtzeit kaum zu überwinden (BT-Drs. 18/12785 S. 53). Die Entschlüsselung der Telekommunikation auf dem Übertragungsweg ist dann entweder technisch nicht möglich oder für Zwecke der Informationsbeschaffung im Strafverfahren zu aufwendig. 49

Eine **Verpflichtung der Anbieter** von Telekommunikationsdiensten zur Herausgabe von automatisch generierten, temporären Schlüsseln oder die Einführung sogenannter Hintertüren für Behörden bereits in den Programmen durch deren Anbieter ist **nicht vorgesehen** (BT-Drs. 18/12785 S. 53). Eine TKÜ auch im Fall der Verschlüsselung wird von Rechtspolitik und Justiz zur Gewährleistung einer effektiven Strafverfolgung als erforderlich angesehen (*Henzler* Stellungnahme in der öffentlichen Anhörung im Ausschuss für Recht und Verbraucherschutz des Deutschen Bundestages zum Gesetzentwurf zur Änderung des Strafgesetzbuches, des Jugendgerichtsgesetzes, der Strafprozessordnung und weiterer Gesetze vom 31.05.2017, S. 4; *Huber* ebenda, S. 1; *Krauß* ebenda Satz 2). 50

Der Informationszugriff setzt bei der Quellen-Telekommunikationsüberwachung früher oder später ein als bei dem Transfer verschlüsselter Informationen, indem vielmehr Daten **vor oder nach der Verschlüsselung aufgezeichnet** und in unverschlüsselter Form ausgeleitet werden (BT-Drs. 18/12785, S. 54). Hierzu können etwa bei manueller Eingabe mit einem Key-Logger die **Tastatureingaben gespiegelt** (LR/*Hauck* § 100a Rn. 120) oder bei der Internet-Telefonie die in Klangdaten umgewandelten Informationen aus den Internetprotokollen kopiert und im ausgehenden Datenstrom unverschlüsselt übertragen werden (BT-Drs. 18/12785, S. 56). Außerdem kommen »**Trojaner**« als Spionagesoftware zum Einsatz (LR/*Hauck* § 100a Rn. 123), die auf dem Rechner der Zielperson durch Infiltration von außen oder Installation vor Ort angebracht werden und den kryptographischen Schlüsselaus dem Arbeitsspeicher des Rechners gewinnen (*Brodowski* JR 2011, 533 [535]; *Bode* Verdeckte strafprozessuale Ermittlungsmaßnahmen, 2012, S. 359 f.; LR/*Hauck* § 100a Rn. 122). 51

Die Maßnahme wurde schon bisher eingesetzt, wofür aber die Ermächtigungsgrundlage fehlte (LR/*Hauck* § 100a Rn. 96), weil es sich um eine von der herkömmlichen TKÜ wesensverschiedene Maßnahme handelt (BT-Drs. 18/12785, S. 54; für Vertretbarkeit aber *Bratke* Die Quellen-Telekommunikationsüberwachung im Strafverfahren, 2013, S. 321 ff.). Nunmehr gestattet § 100a Abs. 1 Satz 2 und 3 eine derartige Quellen-Telekommunikationsüberwachung, die von Ermittlern als erforderlich angesehen wird (*Neuhaus* DRiZ 2017, 192 f.). § 100a Abs. 4 bis 6 betrifft Maßnahmen zur Gewährleistung einer Begrenzung des Eingriffs, die der Gefahr einer umfassenden Ausspähung (LR/*Hauck* § 100a Rn. 89) entgegenwirken sollen.

52 **2. Eingriffsqualität.** Die Quellen-Telekommunikationsüberwachung greift im Fall des § 100a Abs. 1 Satz 2 in den **Schutzbereich** des Art. 10 Abs. 1 GG (BVerfGE 141, 220 [309]) oder im Fall des § 100a Abs. 1 Satz 3 in denjenigen des Grundrechts auf Gewährleistung der Vertraulichkeit und Integrität informationstechnischer Systeme ein (*Großmann* JA 2019, 241 [243]; LR/*Hauck* § 100a Rn. 95; *Schlegel* Normative Grenzen für internetbasierte Ermittlungsmethoden, S. 247). Dies ist danach abzugrenzen, ob eine noch nicht beendete oder eine bereits abgeschlossene Telekommunikation von dir staatlichen Überwachung erfasst wird (BT-Drs. 18/12785, S. 54). § 100a Abs. 1 Satz 2 und 3 liefert die **gesetzliche Ermächtigung** zu einem solchen Grundrechtseingriff bei der Informationsbeschaffung und für die Verwertung der Informationen in Strafverfahren (BT-Drs. 18/12785, S. 56). Dabei enthält § 100a Abs. 1 Satz 3 einen gesetzlich angeordneten **hypothetischen Ersatzeingriff** für die Erfassung abgeschlossener Telekommunikationsvorgänge **in der Phase zwischen Anordnung und Durchführung der Quellen-Telekommunikation** (LR/*Hauck* § 100a Rn. 154). Ein spezifischer, über § 100d hinausgehender **Kernbereichsschutz** wurde vom Gesetzgeber insoweit nicht für erforderlich gehalten (BT-Drs. 18/12785, S. 54). Die Verhältnismäßigkeit der Quellen-Telekommunikationsüberwachung muss aber gesondert danach bewertet werden, ob sie notwendig ist, um die Überwachung und Aufzeichnung der laufenden Telekommunikation mithilfe des infiltrierten informationstechnischen Systems insb. in unverschlüsselter Form zu ermöglichen (LR/*Hauck* § 100a Rn. 135 ff.).

53 **3. Einfachrechtlicher Umfang.** Jedoch sind zum Schutz des Persönlichkeitsrechts des Betroffenen technische und rechtliche **Begrenzungen der Quellen-Telekommunikationsüberwachung** vorgesehen. Gespeicherte Nachrichten dürfen danach nicht erfasst werden, wenn sie nicht mehr als Kommunikation im Zeitraum nach dem Ergehen der befristeten richterlichen oder staatsanwaltschaftlichen Überwachungsanordnung (§ 100e) gelten können. Ein Ausleiten von Nachrichten vom Endgerät darf demnach nur erfolgen, wenn dies ein funktionales **Äquivalent zur Überwachung von Äußerungen aus der laufenden Telekommunikation** anzusehen ist, die ihrerseits erst ab Erlass der richterlichen Anordnung bis zum Ende der im Anordnungsbeschluss bestimmten Frist zulässig wäre (§ 100a Abs. 5 Nr. 1 lit. b). Ältere Nachrichten dürfen nicht erhoben werden (BT-Drs. 18/12785, S. 57); ihre Erfassung ist nur im Wege der Online-Durchsuchung möglich. Um die Eingrenzung auf die hypothetische Erfassung einer laufenden Telekommunikation zu gewährleisten, ist bei der verwendeten **Software** sicherzustellen, dass **anhand der** zu den einzelnen Nachrichten hinterlegten **Meta-Daten** über Messenger-Dienste versandte Nachrichten erst ab dem Zeitpunkt der Anordnung durch das Gericht oder der Anordnung durch die Staatsanwaltschaft bei Gefahr im Verzug ausgeleitet werden (BT-Drs. 18/12785, S. 54). Jedes Mehr an Informationserfassung wäre eine Online-Durchsuchung, die nur nach Maßgabe von § 100b zulässig wäre. Bei der Quellen-Telekommunikationsüberwachung ist es allerdings erforderlich, dass die Überwachungssoftware aus der Gesamtheit der gespeicherten Daten diejenigen auswählt, welche die gesuchte Telekommunikation betreffen. Ob das technisch möglich ist und sichergestellt werden kann, ist umstritten (LR/*Hauck* § 100a Rn. 129). Insoweit machen Gegner der Maßnahme geltend, praktisch liegt doch eine Art von Online-Durchsuchung vor (*Buermeyer* Stellungnahme in der öffentlichen Anhörung im Ausschuss für Recht und Verbraucherschutz des Deutschen Bundestages zum Gesetzentwurf zur Änderung des Strafgesetzbuches, des Jugendgerichtsgesetzes, der Strafprozessordnung und weiterer Gesetze vom 31.05.2017, S. 17; *Sinn* ebenda, S. 6); schließlich bestehe eine wesensmäßige Gleichheit damit. Die Befürworter verweisen darauf, dass es nur um einen automatisierten Vorgang gehe, der nichts daran ändere, dass im Ergebnis nur die gesuchte Telekommunikation erfasst werde (*Krauß* ebenda, S. 9). Eine effektive gerichtliche Kontrolle des technisch anspruchsvollen Vorgangs erscheint kaum realisierbar (*Buermeyer* a.a.O., S. 19). Die technische Realisierbarkeit steht derzeit noch infrage.

54 Bei der Quellen-Telekommunikationsüberwachung werden **die technischen Geräte des Betroffenen mit einer Software infiltriert und verändert**, was nicht unbedenklich erscheint (LR/*Hauck* § 100a Rn. 125). Die Software muss den Anforderungen des **§ 100a Abs. 5 Satz 1 Nr. 1** genügen, um ausschließlich eine verschlüsselt geführte Kommunikation in unverschlüsselter Form aufzuzeichnen und auszuleiten. Vom staatlichen Informationszugriff erfasst werden nur Kommunikationsinhalte in dem zeitlichen Rahmen von der Anordnung der Maßnahme bis zum Ablauf der dafür bestimmten Frist. Die Quellen-Telekommunikationsüberwachung ist insgesamt nur zulässig, wenn und soweit es um die Entschlüsselung und Ausleitung von

beim Datentransfer zwischen den Kommunikationspartner verschlüsselten Telekommunikationsinhalten geht (BT-Drs. 18/12785, S. 56). Darüber hinaus dürfen die technischen Mittel zur Infiltration des informationstechnischen Systems nicht verwendet werden. Kann dies mit der zur Verfügung stehenden Software nicht bewirkt werden, ist die Maßnahme unzulässig (BT-Drs. 18/12785, S. 57), was aber der gesetzlichen Regelung nicht per se entgegensteht, sondern eine Frage der Umsetzung ist (BVerfGE 141, 220 [311]).

4. Installation der Überwachungssoftware. Die **Anbringung der Überwachungssoftware** kann auf technischem Wege ohne Mitwirkung des Betroffenen von außen (**online**) erfolgen, indem ein **Trojaner** verwendet wird. Die gesetzliche Ermächtigungsgrundlage trägt wohl auch dies. Jedoch sind die Begleitmaßnahmen nicht abschließend geregelt (*Derin/Golla* NJW 2019, 1111 ff.). 55

Dem Gesetzgeber schwebt vor, dass die Installation vor Ort auch **in der Wohnung** des Betroffenen alternativ »**mittels kriminalistischer List** erfolgen« dürfe (BT-Drs. 18/12785, S. 57; ähnlich *Bratke* Die Quellen-Telekommunikationsüberwachung im Strafverfahren, 2013, S. 248 ff.), wogegen aber Bedenken bestehen (*Derin/Golla* NJW 2019, 1111 [1113]; *Sinn* Stellungnahme in der öffentlichen Anhörung im Ausschuss für Recht und Verbraucherschutz des Deutschen Bundestages zum Gesetzentwurf zur Änderung des Strafgesetzbuches, des Jugendgerichtsgesetzes, der Strafprozessordnung und weiterer Gesetze vom 31.05.2017, S. 8), die den verfassungsrechtlichen Einwendungen gegen das Betreten fremder Wohnungen durch Verdeckte Ermittler unter Verwendung ihrer Legende entsprechen (§ 110c Rdn. 1). Jedenfalls ergibt sich aus § 100a Abs. 1 Satz 2 und 3 sowie Abs. 5 **keine Befugnis** der Ermittlungsbeamten, **die Wohnung** des Betroffenen zur Anbringung der Überwachungssoftware heimlich **zu betreten** (*Bradtke* a.a.O., S. 255 ff.). Diese ist aber erforderlich, weil im Hinblick auf den zusätzlichen Eingriff in den Schutzbereich des Grundrechts aus Art. 13 Abs. 1 GG kein unselbstständiger Begleiteingriff angenommen werden kann. 56

5. Datenveränderung und Nutzungsgefährdung durch die Maßnahme. Die Infiltration des informationstechnischen Systems mit einer Software führt zur **Datenveränderung** und zugleich zu der Gefahr des Zugriffs Dritter auf die Daten des Betroffenen. Diese Veränderungen und Gefährdungen sind auf das für die Durchführung der Maßnahme Erforderliche **zu beschränken** (§ 100a Abs. 5 Nr. 2). Sie sind nach Beendigung der Maßnahme **automatisch rückgängig zu machen**, soweit dies technisch möglich ist (LR/*Hauck* § 100a Rn. 157). Indes zwingt die Unmöglichkeit der Rückgängigmachung oder ein sonstiger Folgeschaden nicht ohne Weiteres dazu, von vornherein von der Maßnahme abzusehen (BVerfGE 141, 220 [306]); dies ist aber bei der Verhältnismäßigkeitsprüfung zu berücksichtigen. Das eingesetzte Mittel, also der Staatstrojaner, ist gegen unbefugte Verwendung **abzuschirmen** (LR/*Hauck* § 100a Rn. 158). Auch **die kopierten Daten** sind gegen Veränderung, unbefugte Löschung und unbefugte Kenntnisnahme **zu schützen** (§ 100a Abs. 5 Nr. 3; LR/*Hauck* § 100a Rn. 160 ff.)). Mit all diesen Vorkehrungen will das Gesetz den geringstmöglichen Eingriff gewährleisten. Ist nicht zu garantieren, dass der Staatstrojaner missbraucht wird oder eine Veränderung oder Löschung der von der staatlichen Überwachung erfassten Daten oder aber eine unbefugte Kenntnisnahme Dritter stattfindet, hat die Maßnahme im Grundsatz zu unterbleiben. Wie zu weitgehende oder fehlerhafte Angriffe zu kompensieren sind, ist jedoch im Gesetz nicht geregelt. § 100a Abs. 6 sieht nur eine **Pflicht zur Protokollierung** der Maßnahmen zur Gewährleistung einer Überprüfung und Kontrolle vor, ferner die Aufbewahrung einer Kopie der eingesetzten Software, auch um eine Sicherung der Beweiskraft der erlangten Informationen zu bewirken (LR/*Hauck* § 100a Rn. 163). 57

III. Abgrenzung von der Online-Durchsuchung. Für die Online-Durchsuchung, also die heimliche Infiltration eines Computers zu einer Suche nach von der Telekommunikation unabhängig gespeicherten Informationen (BVerfG NJW 2016, 3508 [3510]), fehlte es bisher an einer gesetzlichen Ermächtigung (BGHSt 51, 211 [212 ff.]). Diese ist mit § 100b geschaffen worden und von der auf Telekommunikationsinhalte beschränkten Quellen-Telekommunikationsüberwachung zu unterscheiden (vor der Novelle *Bratke* Die Quellen-Telekommunikationsüberwachung im Strafverfahren, 2013, S. 48 ff.). Die Abgrenzung hat praktisch nur anhand der Inhalte der gesuchten Informationen zu erfolgen. **Technisch** besteht im Ansatz, abgesehen von der Programmierung der Spähsoftware, **kein Unterschied** (*Buermeyer* Stellungnahme in der öffentlichen Anhörung im Ausschuss für Recht und Verbraucherschutz des Deutschen Bundestages zum Gesetzentwurf zur Änderung des Strafgesetzbuches, des Jugendgerichtsgesetzes, der Strafprozessordnung und weitere Gesetze vom 31.05.2017, S. 9). Die Online-Durchsuchung geht hinsichtlich der erfassten Datenmengen und Informationsinhalte über die Quellen-Telekommunikationsüberwachung hinaus und stellt den **größtmöglichen Informationszugriff** dar. Daher sind **strengere Anforderungen** an einen solchen Eingriff zu stellen, wenn diese verfassungskonform sein soll. 58

Soweit **Surfen** im Internet oder **Cloud Computing** auch **als Telekommunikation** bewertet werden soll (Rdn. 5), verschwimmen beim Zugriff auf darüber gespeicherte Daten die Grenzen zwischen Quellen- 59

Telekommunikationsüberwachung und Online-Durchsuchung. Das Gesetz lässt dies ungeklärt (*Sinn* Stellungnahme in der öffentlichen Anhörung im Ausschuss für Recht und Verbraucherschutz des Deutschen Bundestages zum Gesetzentwurf zur Änderung des Strafgesetzbuches, des Jugendgerichtsgesetzes, der Strafprozessordnung und weiterer Gesetze vom 31.05.2017, S. 4).

§ 100b Online-Durchsuchung

(1) Auch ohne Wissen des Betroffenen darf mit technischen Mitteln in ein von dem Betroffenen genutztes informationstechnisches System eingegriffen und dürfen Daten daraus erhoben werden (Online-Durchsuchung), wenn

1. bestimmte Tatsachen den Verdacht begründen, dass jemand als Täter oder Teilnehmer eine in Absatz 2 bezeichnete besonders schwere Straftat begangen oder in Fällen, in denen der Versuch strafbar ist, zu begehen versucht hat,

2. die Tat auch im Einzelfall besonders schwer wiegt und

3. die Erforschung des Sachverhalts oder die Ermittlung des Aufenthaltsortes des Beschuldigten auf andere Weise wesentlich erschwert oder aussichtslos wäre.

(2) Besonders schwere Straftaten im Sinne des Absatzes 1 Nummer 1 sind:

1. aus dem Strafgesetzbuch:

a) Straftaten des Hochverrats und der Gefährdung des demokratischen Rechtsstaates sowie des Landesverrats und der Gefährdung der äußeren Sicherheit nach den §§ 81, 82, 89a, 89c Absatz 1 bis 4, nach den §§ 94, 95 Absatz 3 und § 96 Absatz 1, jeweils auch in Verbindung mit § 97b, sowie nach den §§ 97a, 98 Absatz 1 Satz 2, § 99 Absatz 2 und den §§ 100, 100a Absatz 4,

b) Betreiben krimineller Handelsplattformen im Internet in den Fällen des § 127 Absatz 3 und 4, sofern der Zweck der Handelsplattform im Internet darauf ausgerichtet ist, in den Buchstaben a und c bis o sowie in den Nummern 2 bis 10 genannte besonders schwere Straftaten zu ermöglichen oder zu fördern,

c) Bildung krimineller Vereinigungen nach § 129 Absatz 1 in Verbindung mit Absatz 5 Satz 3 und Bildung terroristischer Vereinigungen nach § 129a Absatz 1, 2, 4, 5 Satz 1 erste Alternative, jeweils auch in Verbindung mit § 129b Absatz 1,

d) Geld- und Wertzeichenfälschung nach den §§ 146 und 151, jeweils auch in Verbindung mit § 152, sowie nach § 152a Absatz 3 und § 152b Absatz 1 bis 4,

e) Straftaten gegen die sexuelle Selbstbestimmung in den Fällen des § 176 Absatz 1 und der §§ 176c, 176d und, unter den in § 177 Absatz 6 Satz 2 Nummer 2 genannten Voraussetzungen, des § 177,

f) Verbreitung, Erwerb und Besitz kinderpornografischer Inhalte in den Fällen des § 184b Absatz 1 Satz 1 und Absatz 2,

g) Mord und Totschlag nach den §§ 211, 212,

h) Straftaten gegen die persönliche Freiheit in den Fällen des § 232 Absatz 2 und 3, des § 232a Absatz 1, 3, 4 und 5 zweiter Halbsatz, des § 232b Absatz 1 und 3 sowie Absatz 4, dieser in Verbindung mit § 232a Absatz 4 und 5 zweiter Halbsatz, des § 233 Absatz 2, des § 233a Absatz 1, 3 und 4 zweiter Halbsatz, der §§ 234 und 234a Absatz 1 und 2 sowie der §§ 239a und 239b,

i) Bandendiebstahl nach § 244 Absatz 1 Nummer 2 und schwerer Bandendiebstahl nach § 244a,

j) schwerer Raub und Raub mit Todesfolge nach § 250 Absatz 1 oder Absatz 2, § 251,

k) räuberische Erpressung nach § 255 und besonders schwerer Fall einer Erpressung nach § 253 unter den in § 253 Absatz 4 Satz 2 genannten Voraussetzungen,

l) gewerbsmäßige Hehlerei, Bandenhehlerei und gewerbsmäßige Bandenhehlerei nach den §§ 260, 260a,

m) besonders schwerer Fall der Geldwäsche nach § 261 unter den in § 261 Absatz 5 Satz 2 genannten Voraussetzungen, wenn die Vortat eine der in den Nummern 1 bis 7 genannten besonders schweren Straftaten ist,

n) Computerbetrug in den Fällen des § 263a Absatz 2 in Verbindung mit § 263 Absatz 5,

o) besonders schwerer Fall der Bestechlichkeit und Bestechung nach § 335 Absatz 1 unter den in § 335 Absatz 2 Nummer 1 bis 3 genannten Voraussetzungen,

2. aus dem Asylgesetz:

a) Verleitung zur missbräuchlichen Asylantragstellung nach § 84 Absatz 3,

b) gewerbs- und bandenmäßige Verleitung zur missbräuchlichen Asylantragstellung nach § 84a Absatz 1,

3. **aus dem Aufenthaltsgesetz:**
   a) **Einschleusen von Ausländern nach § 96 Absatz 2,**
   b) **Einschleusen mit Todesfolge oder gewerbs- und bandenmäßiges Einschleusen nach § 97,**
4. **aus dem Außenwirtschaftsgesetz:**
   a) **Straftaten nach § 17 Absatz 1, 2 und 3, jeweils auch in Verbindung mit Absatz 6 oder 7,**
   b) **Straftaten nach § 18 Absatz 7 und 8, jeweils auch in Verbindung mit Absatz 10,**
5. **aus dem Betäubungsmittelgesetz:**
   a) **besonders schwerer Fall einer Straftat nach § 29 Absatz 1 Satz 1 Nummer 1, 5, 6, 10, 11 oder 13, Absatz 3 unter der in § 29 Absatz 3 Satz 2 Nummer 1 genannten Voraussetzung,**
   b) **eine Straftat nach den §§ 29a, 30 Absatz 1 Nummer 1, 2, 4, § 30a,**
6. **aus dem Gesetz über die Kontrolle von Kriegswaffen:**
   a) **eine Straftat nach § 19 Absatz 2 oder § 20 Absatz 1, jeweils auch in Verbindung mit § 21,**
   b) **besonders schwerer Fall einer Straftat nach § 22a Absatz 1 in Verbindung mit Absatz 2,**
7. **aus dem Grundstoffüberwachungsgesetz: Straftaten nach § 19 Absatz 3**
8. **aus dem Neue-psychoaktive-Stoffe-Gesetz: Straftaten nach § 4 Absatz 3 Nummer 1,**
9. **aus dem Völkerstrafgesetzbuch:**
   a) **Völkermord nach § 6,**
   b) **Verbrechen gegen die Menschlichkeit nach § 7,**
   c) **Kriegsverbrechen nach den §§ 8 bis 12,**
   d) **Verbrechen der Aggression nach § 13,**
10. **aus dem Waffengesetz:**
   a) **besonders schwerer Fall einer Straftat nach § 51 Absatz 1 in Verbindung mit Absatz 2,**
   b) **besonders schwerer Fall einer Straftat nach § 52 Absatz 1 Nummer 1 in Verbindung mit Absatz 5.**

(3) [1]Die Maßnahme darf sich nur gegen den Beschuldigten richten. [2]Ein Eingriff in informationstechnische Systeme anderer Personen ist nur zulässig, wenn auf Grund bestimmter Tatsachen anzunehmen ist, dass
1. **der in der Anordnung nach § 100e Absatz 3 bezeichnete Beschuldigte informationstechnische Systeme der anderen Person benutzt, und**
2. **die Durchführung des Eingriffs in informationstechnische Systeme des Beschuldigten allein nicht zur Erforschung des Sachverhalts oder zur Ermittlung des Aufenthaltsortes eines Mitbeschuldigten führen wird.**

[3]Die Maßnahme darf auch durchgeführt werden, wenn andere Personen unvermeidbar betroffen werden.
(4) § 100a Absatz 5 und 6 gilt mit Ausnahme von Absatz 5 Satz 1 Nummer 1 entsprechend.

Übersicht Rdn.

A. Inhalt und Problematik der Norm. § 100b regelt die als Online-Durchsuchung bezeichnete **Infiltration eines informationstechnischen Systems** eines Beschuldigten, seines Nachrichtenmittlers oder einer Person, deren informationstechnische Systeme ein Beschuldigter benutzt (*Soiné* NStZ 2018, 497 ff.). Auf diesem Weg dürfen unter bestimmten Voraussetzungen **Daten aus dem informationstechnischen System erhoben** werden. Mit dieser Maßnahme sollen aufklärungsrelevante Informationen »auch« **heimlich ausgelesen** und den Ermittlungsbehörden auf technischem Wege (online) zur Verfügung gestellt werden. Dies geschieht aus ermittlungstaktischen Gründen zweckmäßigerweise, dann aber mit großer Eingriffsintensität ohne Wissen des Betroffenen. Ob die Norm das **Auslesen eines Smartphones** gegen den Willen des Betroffenen gestattet, ist allerdings wegen des Eingriffs nicht nur in das Grundrecht auf Vertraulichkeit und Integrität informationstechnischer Systeme, sondern auch in den Schutzbereich von Art. 10 Abs. 1 GG fraglich (abl. *Grzesiek/Zühlke* StV-S 2021, 117 ff.). Der Einsatz der Online-Durchsuchung zur **Erfassung von Daten in einer Cloud** ist 1 ebenfalls umstritten (dafür *Heinrich* ZIS 2020, 421 ff.; Meyer-Goßner/Schmitt/*Köhler* § 100b Rn. 10; a.A. *Grötzinger* Die Überwachung von Cloud-Storage, S. 304 ff. und StV 2019, 406 ff.). Zur **Nutzung von Daten aus digitalen Assistenten** in Wohnung oder Fahrzeug des Betroffenen liefert die vorliegende Vorschrift möglicherweise einen Weg (*Rüscher* NStZ 2018, 687 ff.); auch das ist allerdings noch ungeklärt. Die **Verwendung von Daten aus massenhaften Eingriffen** in informationstechnische Systeme **aus dem Ausland** (*Derin/Singelnstein* NStZ 2021, 449 ff.) zeigt zumindest die erhebliche Dimension des Eingriffs an. Die Beweisergebnisse aufgrund der **Infiltration** informationstechnischer Systeme **im Ausland** wegen einer Verschlüsselung mit Hilfe der Dienste einer kriminellen Handelsplattform **EncroChat** ist in deutschen Strafverfahren nach der Rspr. verwertbar (BGH StV 2022, 353 ff. m.Anm. *Cornelius* NJW 2022, 1546 f.; OLG Karlsruhe MMR 2022, 217 ff.; OLG Rostock NJ 2021, 372 ff.; OLG Schleswig NStZ 2021, 693 ff.; KG NStZ-RR 2021, 353 ff. m.Anm. *Immel*; a.A. LG Berlin NStZ 2021, 696 ff.; *Gebhardt/Michalke* NJW 2022, 655 ff.; *Singelstein* NStZ 2021, 449 ff.). Dasselbe gilt für das Nachfolgesystem Anom (LG Darmstadt StV 2022, 280 m. Anm. *Nestler*).

2 Es handelt sich um eine regelmäßig heimliche Ermittlungsmethode, die auch deshalb besonders eingriffsintensiv ist, weil dabei praktisch **der gesamte Datenbestand** auf einem informationstechnischen System der **Durchsicht oder Überwachung** unterworfen wird. In welcher Form und in welchem Umfang ein Datenzugriff rechtlich möglich sein soll, ist im Gesetz nicht näher bestimmt. Wenn sogar gelöschte Daten reaktiviert und ausgelesen werden können, ist mit der Online-Durchsuchung eine **Erfassung von** personenbezogenen **Daten des Betroffenen oder Dritter in größtmöglichem Umfang** jedenfalls technisch **realisierbar** (*Buermeyer* Gutachterliche Stellungnahme im Rechtsausschuss vom 31.05.2017, S. 5) und dies auch ohne Wissen des Betroffenen, was die Eingriffsintensität per se erhöht (*Soiné* NStZ 2018, 497).

3 Eingegriffen wird im Allgemeinen in den **Schutzbereich des Grundrechts auf Integrität und Vertraulichkeit informationstechnischer Systeme** (*Kohlmann* Online-Durchsuchungen und andere Maßnahmen mit Technikeinsatz, 2012, S. 111 ff.), zugleich aber auch in den **Schutzbereich des Rechts auf informationelle Selbstbestimmung** des Inhabers des informationstechnischen Systems oder der Personen, deren personenbezogene Daten dort zu finden sind. Anders als bei Durchsuchung und Beschlagnahme, dort mit der neuen Einschränkung gem. § 95a, erfolgt der Eingriff hier in der Regel **heimlich** und nicht nur punktuell sowie einmalig, sondern er kann sich **über einen längeren Zeitraum** erstrecken und große Datenmengen erfassen. Im Gegensatz der TKÜ können nicht nur aktuell transferierte Kommunikationsinhalte, sondern sämtliche gespeicherten Daten und das **Nutzungsverhalten** der Person über den gesamten Zeitraum der Infiltration des informationstechnischen Systems erfasst werden (BT-Drs. 18/12785 S. 59). Nach Ansicht des BVerfG (BVerfGE 141, 220 [269, 273]) ist die Maßnahme von der Eingriffsintensität her im Ansatz **einer akustischen Wohnraumüberwachung vergleichbar**. Der Gesetzgeber hat die Eingriffsgestattung hinsichtlich der Online-Durchsuchung zwar derjenigen beim Großen Lauschangriff (§ 100c) parallel gestaltet (BT-Drs. 18/12785 S. 59). Tatsächlich geht der Eingriff durch eine Online-Durchsuchung wegen der Dichte der heimlichen Datenabschöpfung noch über den Großen Lauschangriff hinaus, weil nicht nur aktuelle Gespräche, sondern **sämtliche gespeicherten Daten** erfasst werden können (*Großmann* GA 2018, 439 [446]).

4 Zumindest praktisch können auch **Mikrofone oder Kameras** aktiviert werden, die das informationstechnische System enthält und durch welche akustische sowie optische Signale aus der Umgebung aufgefangen werden, die als Daten »aus dem informationstechnischen System« an die Ermittlungsbehörden weitergeleitet werden könnten. Der Gesetzeswortlaut schließt dies nicht aus (krit. *Buermeyer* Gutachterliche Stellungnahme vom 31.05.2017 im Rechtsausschuss, S. 4; *Sinn* ebenda S. 10). Eine einschränkende Auslegung, die dem entgegensteht, wird aber erwogen (Meyer-Goßner/Schmitt/*Köhler* § 100b Rn. 2). Auch **Art. 13 Abs. 1 GG**, in dessen Schutzbereich bei der einfachen Infiltration des informationstechnischen Systems noch nicht eingegriffen wird (LR/*Hauck* § 100b Rn. 3 ff.), wird beim optischen und akustischen Ausspähen der Wohnung beschränkt. Dafür erteilt § 100b keine gesetzliche Ermächtigung (KK-StPO/*Bruns* § 100b Rn. 5).

5 Die aus dem informationstechnischen System erhobenen Daten können isoliert oder in ihrer Kombination dazu verwendet werden, ein **Persönlichkeitsbild** des Betroffenen zu erstellen. Die Maßnahme ist deshalb nicht nur am Maßstab des Grundrechts auf Gewährleistung der Vertraulichkeit und Integrität informationstechnischer Systeme (BVerfGE 141, 220 [303 f.]) aus Art. 2 Abs. 1 i.V.m. Art. 1 Abs. 1 GG zu messen, sondern auch direkt am Maßstab des **Art. 1 Abs. 1 GG** (*Großmann* GA 2018, 439 [447]). Haben die Ermittlungsbehörden im Ergebnis mehr Informationen über die Persönlichkeit des Betroffenen als dieser selbst, kann dieser zum bloßen **Objekt des Verfahrens** werden; das macht die Maßnahme unzulässig. Die Möglichkeit der **Erstellung eines umfassenden Persönlichkeitsprofils** anhand sämtlicher gespeicherter Daten, die mithilfe der Online-Durchsuchung erfasst und nicht nur in ihrer Summe, sondern auch in ihrem Zusammenhang ausgewertet werden, ist deshalb ähnlich krit. zu bewerten, wie ein Eingriff in den codierenden Bereich der DNA (dazu BVerfGE 103, 21 [32]). Ob und wann mit der Maßnahme zudem eine unzulässige **Totalüberwachung** verbunden ist, bleibt im Gesetz ebenso wie in Rspr. und Literatur bisher ungeklärt.

Das verfassungsrechtliche Anforderungsprofil an die **Online-Durchsuchung zu repressiven Zwecken** muss mindestens demjenigen einer Online-Durchsuchung **zur Gefahrenabwehr** nach dem Polizeirecht des Bundes und der Länder entsprechen. Streng genommen gehen die Anforderungen darüber hinaus, weil die Abwehr von Gefahren für Rechtsgüter zu deren Schutz eine weitergehende Legitimation aufgrund der staatlichen Schutzpflichten für ihre Bürger ermöglicht, als die Sanktionierung einer eingetretenen Rechtsgutsverletzung, die durch die Bestrafung der Schuldigen nicht mehr zu annullieren ist (*Buermeyer* Gutachterliche Stellungnahme vom 31.05.2017 im Rechtsausschuss, S. 10). 6

B. Materielle Voraussetzungen der Online-Durchsuchung. Die Online-Durchsuchung war bisher ohne **spezialgesetzliche Regelung** nicht erlaubt, obwohl die Praxis damit bereits in einer angeblichen rechtlichen Grauzone operiert hatte (BGHSt 51, 211 [212 ff.]). Der neue § 100b regelt nunmehr die materiellen Voraussetzungen für eine Online-Durchsuchung (BT-Drs. 18/12785 S. 58 ff.). § 100d sieht auch einen Kernbereichsschutz vor, der allerdings erst auf der Ebene der Informationsverwertung einsetzen kann. Das Verfahren zur Online-Durchsuchung ist in § 100e mitnormiert. Ob die Maßnahme mit alledem noch **verfassungskonform** ist, wird allerdings weiterhin bezweifelt (*Ziegelmann/Schäfer* Kriminalistik 2018, 557 ff.). 7

I. Konkreter Verdacht einer Katalogtat (Abs. 1 Nr. 1, Abs. 2). Die Online-Durchsuchung setzt voraus, dass **bestimmte Tatsachen** den **Verdacht** begründen, dass jemand als Täter oder Teilnehmer einer **Katalogtat** im Sinne von § 100b Abs. 2 eine besonders schwere Straftat **begangen oder versucht** hat. Täterschaft und Teilnahme stehen gleich, ebenso **Vollendung und Versuch**. **Vorstufen** zum Versuch im Sinne von § 30 StGB **genügen** nach dem Wortlaut des Gesetzes **nicht** (*Soiné* NStZ 2018, 497 [498]). Ohne dass die Vorschrift das ausdrücklich erwähnt, ist andererseits auch eine **Tatbegehung durch Unterlassen** relevant, weil dies nach materiellem Recht durch die Zurechnungsregel des § 13 StGB bestimmt wird und § 100b Abs. 1 Nr. 1 StPO insoweit keine Regelung mit Ausschließlichkeitscharakter getroffen hat. 8

Der erforderliche Verdacht muss nach der gesetzlichen Regelung **keinen erhöhten Wahrscheinlichkeitsgrad**, wie beim hinreichenden oder dringenden Tatverdacht erreichen (BeckOK StPO/*Graf* § 100b Rn. 15). Ein Anfangsverdacht genügt, für den aber stets konkrete Tatsachen der Begehung einer Straftat vorliegen müssen, weil eine bloße Vermutung ohne Tatsachenbasis generell kein Verdacht im Sinne des Eingriffsrechts ist (§ 100a Rdn. 31). Erforderlich und ausreichend ist im Sinne eines Anfangsverdachts aufgrund des **Vorliegens von konkreten Tatsachen**, die aber darauf hinweisen müssen, dass eine **Katalogtat** in Betracht kommt (*Soiné* NStZ 2018, 497 [498]) und diese durch **bestimmte Personen als Täter oder Teilnehmer** begangen wurde (LR/*Hauck* § 100b Rn. 78). Ob dies der Bedeutung und Tragweite des Grundrechtseingriffs ausreichend Rechnung trägt, erscheint fraglich (*Kohlmann* Online-Durchsuchungen und andere Maßnahmen mit Technikeinsatz, 2012, S. 214 ff.). 9

Nach den Vorgaben des BVerfG (BVerfGE 141, 220 [270 f.]) kommen nur **besonders schwere Straftaten** als tauglicher Anknüpfungspunkt für die Ermittlungsmaßnahmen in Betracht. Der Gesetzgeber hat dazu durch seinen **abschließenden Katalog** von Anknüpfungstaten, der allerdings ebenso wie bei § 100a einem latenten Ergänzungsbestreben des Gesetzgebers unterliegt, eine Vorwertung vorgenommen. Er hat sich dabei an dem Tatenkatalog für die akustische Wohnraumüberwachung (§ 100c) orientiert und diesen hierher übernommen (BT-Drs. 18/12785 S. 59 f.). Ob die in dem Katalog des § 100b Abs. 2 genannten Deliktsarten in allen Punkten dem Anforderungsprofil einer besonders schweren Straftat als Legitimation des besonders intensiven Grundrechtseingriffs entsprechen, erscheint aber fraglich (*Buermeyer* Gutachterliche Stellungnahme vom 31.05.2017 im Rechtsausschuss, S. 12). Das gilt auch für die jüngsten Ergänzungen, unter anderem um den besonders schweren Fall der Geldwäsche, der auf der Ebene einer bloßen Verdachtsprüfung schwer von Normalfällen abzugrenzen ist. Darüber hinaus bestehen allgemeine Zweifel an einer genügenden Legitimationswirkung des Straftatenkatalogs (*Kohlmann* Online-Durchsuchungen und andere Maßnahmen mit Technikeinsatz, 2012, S. 232 ff.). 10

Der Gesetzgeber hat den Katalog nicht nur mit Delikten gefüllt, die im Hinblick auf das verletzte Rechtsgut und die angedrohte Strafe besonders schwer wiegen, sondern auch mit solchen, die wegen der Schwierigkeit der Beweisbeschaffung aus der Sicht der Ermittlungspraxis einen besonderen Aufklärungsbedarf begründen. Das gilt etwa für den **Erwerb und Besitz kinderpornografischer Schriften**, die vor allem mithilfe einer Online-Durchsuchung auf informationstechnischen Systemen gefunden werden können. Ob auch **Geld- und Wertzeichenfälschung** als Anknüpfungstaten oder **Geldwäsche** im besonders schweren Fall als besonders schwerer Straftaten zur Legitimation der eingriffsintensiven Online-Durchsuchung dienen können, wirkt problematisch. Darüber hinaus sind **Eigentums- und Vermögensdelikte**, auch in der qualifizierten Form als Wohnungseinbruchsdiebstähle oder Raub bzw. räuberische Erpressung streng genommen keine ausreichenden Legitimationsgründe (*Buermeyer* Gutachterliche Stellungnahme vom 31.05.2017 im Rechtsausschuss, S. 9). 11

Erst recht sind **nebenstrafrechtliche Delikte** kaum als besonders schwere Straftaten einzuordnen, die eine Legitimation für diese Eingriffsmaßnahme ergeben könnten (*Buermeyer* a.a.O., S. 13).

12 **II. Besondere Schwere der Tat im Einzelfall (Abs. 1 Nr. 2).** Die Anlasstat der Online-Durchsuchung muss nicht nur eine Katalogtat im Sinne von § 100b Abs. 2 sein, wodurch aufgrund einer gesetzgeberischen Vorwertung die besondere Schwere indiziert werden sollte, sondern sie muss auch im Einzelfall **besonders schwer** wiegen. Was darunter zu verstehen ist, bleibt im Gesetz und in den Materialien unklar (BT-Drs. 18/12785 S. 60). Nach der allgemeinen Unterscheidung in erhebliche, schwerwiegende und besonders schwerwiegende Straftaten als Anknüpfungspunkte für verschiedene Ermittlungsmaßnahmen von unterschiedlichem Eingriffsgewicht (BVerfGE 141, 220 [270]) ist hier ein **Höchstmaß der Tatschwere** zu fordern.

13 Das **Tatunrecht** und die **Schuld** des Angeklagten müssen besonders schwer wiegen. Da der gravierende Grundrechtseingriff durch umfassenden Zugriff auf sämtliche gespeicherten oder aktuellen erfassbaren personenbezogenen Daten absoluten **Ausnahmecharakter** haben soll, muss eine **Würdigung aller bereits bekannten Umstände** ergeben, dass es sich im Einzelfall um eine Tat von besonderer Schwere innerhalb des Spektrums der Deliktsart im Sinne des Katalogs der Anknüpfungstaten für die Maßnahme handelt. Dies ist im Rahmen einer Gesamtwürdigung unter Berücksichtigung der **Bedeutung des verletzten Rechtsguts**, der **Schwere der** im Einzelfall erfolgten **Rechtsgutsverletzung** und **des mutmaßlichen Schuldgewichts** beim Beschuldigten zu beurteilen, soweit die Informationslage im Stadium des Anfangsverdachts dies gestattet. Besonders schwer ist die Tat insb. bei einer **Straferwartung von mehr als fünf Jahren** (LR/*Hauck* § 100b Rn. 80).

14 Da die **Katalogtaten** nach ihrer abstrakt-generellen Regelung **unterschiedliches Gewicht** haben, muss – wenn der Katalog dem Grundsatz der Verhältnismäßigkeit Genüge tun sollte (abl. *Buermeyer* Gutachterliche Stellungnahme vom 31.05.2017 im Rechtsausschuss, S. 13) – auch bei der Einzelfallprüfung berücksichtigt werden, dass die Deliktarten per se verschiedenes Unrechtsgewicht aufweisen.

15 **III. Wesentliche Erschwerung oder Aussichtslosigkeit des Sachverhaltserforschung oder Aufenthaltsermittlung (Abs. 1 Nr. 3).** Die Online-Durchsuchung ist nur zulässig, wenn die Erforschung des Sachverhalts oder die Ermittlung des Aufenthaltsorts des Beschuldigten auf andere Weise wesentlich erschwert oder aussichtslos ist. Damit wird die **Subsidiarität** der Maßnahme gegenüber anderen Ermittlungsangriffen mit ähnlicher Erfolgseignung vorausgesetzt, insb. bei einer offenen Durchsuchung (LR/*Hauck* § 100b Rn. 82). Das anordnende Gericht hat bei der Prüfung dieser Voraussetzungen nach den allgemeinen Maßstäben der Rspr. zu heimlichen Ermittlungsmethodeneinen **Beurteilungsspielraum** (Meyer-Goßner/Schmitt/*Köhler* § 100b Rn. 6), der einerseits durch den besonderen Ausnahmecharakter der Online-Durchsuchung eingeengt wird, andererseits wegen der Unbestimmtheit des Kriteriums vage erscheint. Nach allen Erfahrungen mit anderen subsidiären Ermittlungseingriffen besitzt dieses Einschränkungskriterium als Ausprägung des Grundsatzes der Verhältnismäßigkeit in der Rechtsanwendungspraxis kaum eine eigenständige Steuerungsfunktion (*Kohlmann* Online-Durchsuchungen und andere Maßnahmen mit Technikeinsatz, 2012, S. 236 ff.).

16 **IV. Betroffene Personen (Abs. 3).** Der Kreis der Betroffenen wird für die Online-Durchsuchung zu Recht enger formuliert als bei der TKÜ.

17 **1. Beschuldigte (Abs. 3 Satz 1).** Die Maßnahme darf **grundsätzlich nur unmittelbar gegen den Beschuldigten** gerichtet werden. Die Beschuldigteneigenschaft muss vor der Anordnung feststehen und sie ist nach herrschender Meinung prinzipiell **aufgrund des formellen Beschuldigtenbegriffs** zu definieren (§ 136 Rdn. 12 ff.). Der danach primär maßgebende Verfolgungswille der Staatsanwaltschaft kann sich gerade daraus ergeben, dass eine Online-Durchsuchung gegen eine bestimmte Person beantragt wird, die der Begehung einer Katalogtat verdächtigt wird.

18 **2. Inhaber eines informationstechnischen Systems, das der Beschuldigte benutzt (Abs. 3 Satz 2).** Andere Personen als der Beschuldigte werden von der Eingriffsmaßnahme nur erfasst, wenn aufgrund bestimmter Tatsachen anzunehmen ist, dass **der Beschuldigte ihre informationstechnischen Systeme selbst benutzt.** Dadurch wird auch der Beschuldigte selbst unmittelbar betroffen. In diesen Fällen der Nutzung eines fremden informationstechnischen Systems durch den Beschuldigten ist ein Zugriff auf das Gerät der anderen Person nur zulässig, wenn der **Zugriff auf Geräte des Beschuldigten nicht ausreicht** (BT-Drs. 18/12785, S. 60).

19 Für die Benutzung des informationstechnischen Systems eines Dritten müssen **konkrete Anhaltspunkte** vorliegen, die über einen bloßen Kontakt des Beschuldigten zu dieser Person hinausgehen müssen. Andere Betroffene im Sinne von Abs. 3 Satz 2 können auch **Anbieter von Cloud-Diensten** sein, die nicht zur Ausleitung gespeicherter Daten aus der Datenwolke verpflichtet werden können (*Soiné* NStZ 2018, 497 [500]).

Die Eigenschaft als **Informationsmittler** des Beschuldigten rechtfertigt – anders als bei der Überwachung der Telekommunikation – keinen Zugriff auf das informationstechnische System eines Dritten zur Online-Durchsuchung. 20

3. Unvermeidbar mitbetroffene andere Personen (Abs. 3 Satz 3). Weil die Online-Durchsuchung typischerweise eine große **Vielzahl von personenbezogenen Daten** des Betroffenen wie auch anderer Personen erfasst, stellt sich die Frage nach einer Legitimation des zwangsläufig erfolgenden Eingriffs in das Recht auf informationelle Selbstbestimmung auch der Drittbetroffenen. Wäre dies ein Grund für den Ausschluss der Maßnahme, so wäre diese generell unzulässig. Erklärt man sie aber für zulässig, so ist die notwendige Betroffenheit dritter Personen kein Hinderungsgrund für den Informationszugriff auf der Ebene der Anordnung und Durchführung der Ermittlungsmaßnahme. Es ist dann aber auf der **Ebene der Verwendung** der personenbezogenen Daten zu prüfen, ob der Eingriff in das informationelle Selbstbestimmungsrecht nichtverdächtiger Personen legitim ist, was nach verfassungsrechtlichen Vorgaben im Allgemeinen zu verneinen ist und auch nicht durch die Figur des hypothetischen Ersatzeingriffs zu rechtfertigen wäre. Zufallsfunde, die einen Tatverdacht gegen Drittbetroffene ergeben, müssen ausgeblendet werden, was Ermittlern wiederum schwerfällt. 21

V. Technische Sicherungen zur Rückgängigmachung der Datenveränderung oder Beseitigung von Folgeschäden (Abs. 4). § 100b Abs. 4 verweist für die Online-Durchsuchung auf die Regelung über die technischen Sicherungen und Protokollierungsvorschriften bei der Quellen-Telekommunikationsüberwachung (§ 100a Abs. 4–6) **mit Ausnahme der** Voraussetzungen für die **Herstellung einer funktionalen Äquivalenz** der Quellen-Telekommunikationsüberwachung **zur herkömmlichen TKÜ** gem. § 100a Abs. 5 Satz 1 Nr. 1. 22

Technische Sicherungen gegen die Überwachung kernbereichsrelevanter Daten sind auch bei der Online-Durchsuchung kaum möglich und deshalb im Gesetz auf der Ebene des Informationszugriffs nicht vorgesehen. Der nicht durch automatisierte technische Vorgänge, sondern nur durch individuell-konkrete juristische Prüfung mögliche **Kernbereichsschutz** kann demnach erst auf der Verwertungsebene eine Rolle spielen (*Doll* Strafprozessuale Konturierung des Kernbereichs privater Lebensgestaltung, 2021, S. 207 f.). 23

Das Gesetz **überlässt es den Ermittlungsbehörden und dem** die Maßnahme anordnenden **Gericht, die technischen Anforderungen an die Software zu definieren** (*Buermeyer* Gutachterliche Stellungnahme vom 31.05.2017 im Rechtsausschuss, S. 6). 24

Das könnte ein gravierendes **Regelungsdefizit** sein und es stellt eine **potenzielle Gefahr für die IT-Sicherheit** dar (*Freiling/Safferling/Rückert* JR 2018, 9 [22]; *Neumann/Kurz/Rieger* Sachverständigenauskunft v. 31.05.2017 im Rechtsausschuss, S. 5 ff.). Ob dies seitens der Internetnutzer durch weitergehende **Kryptografie** mithilfe spezieller Software nach dem **Modell des Tor-Browsers** als Zugang zu einem **Darknet** umgangen werden kann, ist bei der notwendigen gesetzgeberischen Kontrolle der Geeignetheit und Erforderlichkeit der Überwachungsregelung latent zu prüfen. Der Gesetzgeber hat aber jüngst auch das Betreiben krimineller Handelsplattformen im Internet unter Strafe gestellt und dies mit Einschränkungen wiederum zur Anlasstat für die Online-Durchsuchung erklärt, weil die Kriminalität im Darknet kaum anders zu beherrschen ist. 25

In jedem Fall müssen die zur Infiltration des informationstechnischen Systems verwendete **Schadsoftware** und weitere Datenveränderungen nach Beendigung der Maßnahme wieder **beseitigt** werden, soweit dies möglich ist. Es bleiben aber Gefahren für die IT-Sicherheit durch die von der Infiltration des Staatstrojaners geschaffene Sollbruchstelle bestehen (*Großmann* GA 2018, 439 [454 ff.]). Zudem muss **sichergestellt** sein, dass **Dritte keinen Zugang** zu dem Datenbestand des infiltrierten informationstechnischen Systems erlangen oder ihrerseits Datenänderungen vornehmen können. Das stößt technisch erst recht an Grenzen. Auch dazu ist eine **staatseigene Softwareherstellung** erforderlich (*Bunzel* Der strafprozessuale Zugriff auf IT-Systeme, 2015, S. 422), die zahlreiche Probleme bereitet. 26

C. Umsetzung der Maßnahme. Die Infiltration des informationstechnischen Systems kann technisch von außen, insb. durch **Zuführung eines Trojaners**, also aus der Ferne, erfolgen, oder durch technische Maßnahmen **direkt am informationstechnischen System**, wenn Ermittlungsbeamte dazu Zugang erlangen (*Kohlmann* Online-Durchsuchungen und andere Maßnahmen mit Technikeinsatz, 2012, S. 43 ff.). Insoweit gilt dasselbe wie für die Quellen-Telekommunikationsüberwachung (§ 100a Rdn. 55 f.). Nach der Vorstellung des Gesetzgebers kann »kriminalistische List« zur Infiltration des fremden informationstechnischen Gerätes genutzt werden. Eine Eingriffsermächtigung zum **Betreten der Wohnung des Betroffenen** (KK-StPO/*Bruns* § 100b Rn. 6: Annexkompetenz), auch unter Verwendung einer Legende, ist in § 100b für sich genommen jedenfalls nicht enthalten und das Zitiergebot des Art. 19 Abs. 1 Satz 2 GG steht der Anwendung der Eingriffsnorm auf die Begleitmaßnahme entgegen (zu Annexbefugnissen *Gleizer* GA 2021, 395 ff.). § 110c sieht eine Möglichkeit des Betretens fremder Wohnungen unter Verwendung einer Legende vor, er gestattet allerdings nicht die Infiltration des informationstechnischen Systems unter Verwendung der Legende. Theoretisch 27 könnten beide Normen kombiniert werden (*Soiné* NStZ 2018, 497 [501]), was aber rechtlich bedenklich bleibt, weil aus der Kombination verschiedener Ermächtigungsnormen keine neue gesetzliche Eingriffserlaubnis konstruiert werden darf (BGHSt 51, 211 [219]). Die gesetzgeberische Überlegung, es liege beim Eindringen eines Ermittlungsbeamten in eine fremde Wohnung unter Verwendung einer Legende mit dem Ziel der Infiltration eines informationstechnischen Systems nur eine **kriminalistische List** vor, die durch das Gesetz ohne Weiteres gestattet sei, wirkt wie eine Ausrede. Ein wirksamer Grundrechtsverzicht des Wohnungsinhabers infolge einer Täuschung kann nicht angenommen werden.

§ 100c Akustische Wohnraumüberwachung

(1) Auch ohne Wissen der Betroffenen darf das in einer Wohnung nichtöffentlich gesprochene Wort mit technischen Mitteln abgehört und aufgezeichnet werden, wenn

1. bestimmte Tatsachen den Verdacht begründen, dass jemand als Täter oder Teilnehmer eine in § 100b bezeichnete besonders schwere Straftat begangen oder in Fällen, in denen der Versuch strafbar ist, zu begehen versucht hat,

2. die Tat auch im Einzelfall besonders schwer wiegt,

3. auf Grund tatsächlicher Anhaltspunkte anzunehmen ist, dass durch die Überwachung Äußerungen des Beschuldigten erfasst werden, die für die Erforschung des Sachverhalts oder die Ermittlung des Aufenthaltsortes eines Mitbeschuldigten von Bedeutung sind, und

4. die Erforschung des Sachverhalts oder die Ermittlung des Aufenthaltsortes eines Mitbeschuldigten auf andere Weise unverhältnismäßig erschwert oder aussichtslos wäre.

(2) [1]Die Maßnahme darf sich nur gegen den Beschuldigten richten und nur in Wohnungen des Beschuldigten durchgeführt werden. [2]In Wohnungen anderer Personen ist die Maßnahme nur zulässig, wenn auf Grund bestimmter Tatsachen anzunehmen ist, dass

1. der in der Anordnung nach § 100e Absatz 3 bezeichnete Beschuldigte sich dort aufhält und

2. die Maßnahme in Wohnungen des Beschuldigten allein nicht zur Erforschung des Sachverhalts oder zur Ermittlung des Aufenthaltsortes eines Mitbeschuldigten führen wird.

[3]Die Maßnahme darf auch durchgeführt werden, wenn andere Personen unvermeidbar betroffen werden.

Übersicht

1 **A. Allgemeines. I. Problematik der Eingriffsmaßnahme.** War in der zweiten Hälfte des 20. Jahrhunderts die Vorstellung der Anbringung von »Geheimmikrofonen« in einer Wohnung noch ein fernliegender Albtraum (*Geller/von Schlabrendorf/Rupp* BVerfGE 30, 33 [46]), so hat man sich heute an diese Vorgehensweise im Rahmen eines Umbaus des Rechtsstaats in einen Überwachungsstaat derart gewöhnt (krit. *Jäger/Hohmann-Dennhardt* BVerfGE 109, 382 [390 f.]), dass scheinbar nicht einmal mehr durchgreifende Bedenken gegen eine annähernd unbegrenzten Informationsbeschaffung durch Infiltration informationstechnischer Systeme besteht (§ 100b); dahinter steht inzwischen schon die akustische Wohnraumüberwachung zurück, obwohl diese für einige Zeit als schwerster Grundrechtseingriff zur Sachverhaltsermittlung angesehen wurde. § 100c ist nach einer praktisch durch verfassungsgerichtliche Vorgaben herbeigeführten **Verfassungsänderung** im Jahr 1998 eingeführt worden (krit. SK-StPO/*Wolter* § 100c Rn. 2 f.). Er beruht auf dem hierdurch reformierten Art. 13 Abs. 3 GG, der einzigen Verfassungsnorm, die eine strafprozessuale Eingriffsmaßnahme im Verfassungstext direkt anspricht, ohne allerdings selbst eine Eingriffsermächtigung zu regeln, die ausschließlich in § 100c oder entsprechenden polizeirechtlichen Bestimmungen zu finden ist. Art. 13 Abs. 3 GG stellt nach der damaligen Mehrheitsmeinung im BVerfG **kein** im Sinne von Art. 1 Abs. 1, 20 Abs. 3, 79 Abs. 3

GG **verfassungswidriges Verfassungsrecht** dar (BVerfGE 109, 279 [309 ff.] m. Sondervotum *Jäger/Hohmann-Dennhardt* S. 382 ff.).

Die akustische Wohnraumüberwachung zu Strafverfolgungszwecken soll nicht generell die Menschenwürdegarantie antasten (BVerfGE 109, 279 [311]). Dabei ist aber kein überzeugender **Vergleich mit der staatlichen Selbstbelastungsprovokation** des Beschuldigten als weiterer heimlicher Ermittlungsmaßnahme angestellt worden (BVerfGE 109, 279 [324]), die wegen des Menschenwürdegehalts des nemo-tenetur-Grundsatzes zur Unzulässigkeit jener Maßnahme führen kann (§ 136 Rdn. 27 ff., § 136a Rdn. 9). Die akustische Wohnraumüberwachung erfasst zwar nur nicht durch den Staat veranlasste Gesprächsäußerungen (LR/*Hauck* § 100c Rn. 14), sie ist aber bei gleicher Zielrichtung – der heimlichen Erfassung selbstbelastender Äußerungen des Beschuldigten – unter heimlichem Eindringen in eine räumlich besonders geschützte Sphäre verbunden. Das Belastungsgewicht erscheint im Vergleich mit einem Eingriff in die Selbstbelastungsfreiheit kaum geringer als jener Grundrechtseingriff. Es ist in gewisser Weise auch demjenigen bei einer Online-Durchsuchung (§ 100b) vergleichbar (BVerfGE 141, 220 [269, 273]). Der *nemo-tenetur*-Grundsatz wird mittelbar dadurch berührt, dass der heimlich in seiner Wohnung belauschte Beschuldigte sich später gegen Fehldeutungen der Überwachungsergebnisse mit einer Einlassung wehren muss, die er ohne die heimliche Belauschung nicht hätte abgeben wollen. Der Beschuldigte wird in der Praxis mit abgelauschten eigenen Äußerungen aber ausschließlich »überführt«; Entlastendes wird regelmäßig nicht damit aufgeklärt (SK-StPO/*Wolter* § 100c Rn. 13). Der Große Lauschangriff im letzten Rückzugsraum des Bürgers ist auch deshalb ein kaum zu legitimierender Grundrechtseingriff. **Freiwilligkeit** der Äußerung wird als angeblicher Legitimationsgrund (BVerfGE 109, 279 [325]) durch die Infiltration der Wohnung relativiert. 2

II. Anwendungsbereich und Regelungszusammenhang. § 110c regelt die materiellen Eingriffsvoraussetzungen für das strafprozessuale Abhören und Aufzeichnen des nichtöffentlich gesprochenen Wortes in einer Wohnung, in der sich der Beschuldigte aufhält. Zum Einsatz kommen **technische Mittel**, die in Form von Richtmikrofonen von außen oder kleinen Mikrofonen (»Wanzen«) von innen den Wohnraum akustisch überwachen (*Eisenberg* Beweisrecht der StPO, Rn. 2522). Welche **Mittel** im Einzelnen in Betracht kommen, hat der Gesetzgeber nicht bestimmt, damit die Eingriffsnorm **entwicklungsoffen** bleibt (MüKo-StPO/*Günther* § 100c Rn. 50). § 100e enthält in Ergänzung der vorliegenden Vorschrift verfahrensrechtliche Bestimmungen mit einem speziellen Richtervorbehalt. 3

Die vom BVerfG im Hinblick auf die Verletzung des unantastbaren Bereichs privater Lebensgestaltung teilweise für verfassungswidrig erklärten (BVerfGE 109, 279 [325 ff.]) früheren Regelungen zum »Großen Lauschangriff« wurden mit Gesetz vom 24.06.2005 (BGBl. I, S. 1841) neugestaltet (nunmehr § 100d), um den engeren Richtervorbehalt (nunmehr § 100e) und um die Ausgestaltung nachträglichen Rechtsschutzes sowie Regelungen zum Datenschutz ergänzt. Das auch hiernach immer noch mit unzureichender Konzeption erlassene Gesetz zur Neuregelung der TKÜ und anderer verdeckter Ermittlungsmaßnahmen sowie zur Umsetzung der Richtlinie 2006/24/EG v. 21.12.2007 (BGBl. I 2007, S. 3198) hat Kennzeichnungs-, Benachrichtigungs- und Löschungspflichten in § 101 hinzugefügt. Infolge der Neuregelung der Quellen-Telekommunikationsüberwachung und der Online-Durchsuchung ist zuletzt die Gesetzessystematik der §§ 100a ff. verändert worden. § 100c verweist jetzt auf den Katalog von Anknüpfungstaten in § 100b Abs. 2, ohne – wie zuvor – einen eigenen Deliktskatalog aufzustellen. 4

Der »Große Lauschangriff« zu repressiven Zwecken nach § 100c ist **die akustische Überwachung** des nichtöffentlich gesprochenen Wortes **in Wohnungen mit Ausnahme der Telekommunikation**, die ggf. – von »Raumgesprächen« abgesehen – nach § 100a, überwacht wird. Für eine **Online-Durchsuchung** von Rechnern liefert § 100c keine Ermächtigung. Diese ist in § 100b vorgesehen, wobei aber kein **Einsatz von Mikrofonen und Kameras infiltrierter informationstechnischer Systeme** gestattet wird (§ 100b Rdn. 4). Angesichts der hohen Hürden für den Eingriffsakt kommt die akustische Wohnraumüberwachung selten zum Einsatz (LR/*Hauck* § 100c Rn. 7; SK-StPO/*Wolter* § 100c Rn. 10, 10b), sodass sogar ihre Geeignetheit zur Erreichung des angestrebten Zwecks fragwürdig bleibt (SK-StPO/*Wolter* § 100c Rn. 9). 5

Der präventivpolizeiliche Einsatz von technischen Mitteln zur Wohnraumüberwachung, einschließlich der »Eigensicherung«, richtet sich nach den Polizeigesetzen des Bundes (zu § 20h BKAG BVerfGE 141, 220 [295 ff.]) und der Länder. Die Verwertbarkeit der hieraus gewonnenen präventivpolizeilichen Informationen auch im Strafverfahren wird durch § 100e Abs. 6 Nr. 3 geregelt. 6

Nicht ausdrücklich vorgesehen sind das heimliche **Betreten der Wohnung zur Installation der technischen Mittel** oder andere mit der Überwachung notwendigerweise verbundene Eingriffsmaßnahmen. Für solche unselbstständigen **Begleitmaßnahmen** reklamiert die herrschende Meinung eine **Annexkompetenz** der den Eingriff ausführenden Ermittler aus § 100c (*Eisenberg* Beweisrecht der StPO, Rn. 2522; SK-StPO/*Wolter* 7

§ 100c Rn. 40), die aber im Hinblick auf den Gesetzesvorbehalt und das rechtsstaatliche Bestimmtheitsgebot für Eingriffsmaßnahmen problematisch bleibt (LR/*Hauck* § 100c Rn. 8 ff.).

8 Überwachungsgegenstand der Maßnahme ist **das nichtöffentlich gesprochene Wort.** Darunter wird das im räumlichen Schutzbereich des Art. 13 Abs. 1 GG geführte **Gespräch** verstanden, das nicht für einen unbestimmten oder durch persönliche oder sachliche Beziehungen miteinander verbundenen Personenkreis wahrnehmbar ist (SK-StPO/*Wolter* § 100c Rn. 37). Der Begriff der **Nichtöffentlichkeit** hat keine besondere Bedeutung, da es bei dem Eingriffsgegenstand ausschließlich um Gespräche in einer Wohnung geht, die per se nicht-öffentlich sind (MüKo-StPO/*Günther* § 100c Rn. 19). Das nichtöffentlich gesprochene Wort kann aber auch ein **Selbstgespräch** sein, dessen heimliche Überwachung wegen der Qualität der Selbstkommunikation im Sinne von nichtöffentlich entäußerten bloßen Gedanken in den absolut geschützten Kernbereich der Persönlichkeitsentfaltung eingreift und unzulässig ist (BGHSt 50, 206 [210 ff.]; 57, 71 [74 ff.]; SK-StPO/*Wolter* § 100c Rn. 37). Der Begriff des nichtöffentlich gesprochenen Wortes ist i.Ü. identisch mit dem gleichlautenden Tatbestandsmerkmal des § 201 Abs. 1 Nr. 1 StGB. Eine optische Überwachung ist auch in § 100c nicht vorgesehen (MüKo-StPO/*Günther* § 100c Rn. 3; LR/*Hauck* § 100c Rn. 11).

9 Die **Aufzeichnung** des öffentlich gesprochenen Wortes ist schon aufgrund der Ermittlungsgeneralklausel zulässig (LR/*Hauck* § 100c Rn. 2), weil sie wegen der eigenverantwortlichen Entäußerung durch den Betroffenen für sich genommen keine Eingriffsrelevanz besitzt. Dies gilt schließlich auch für faktisch öffentliche Gespräche, wie etwa für laute Unterhaltungen und Telefonate auf öffentlichen Straßen und Plätzen, in Ladenlokalen oder in öffentlichen Verkehrsmitteln.

10 **B. Allgemeine Eingriffsvoraussetzungen.** Positive Anordnungsvoraussetzungen sind das Vorliegen eines konkreten Verdachts einer Anknüpfungstat aus dem Katalog des § 100b Abs. 2 (§ 100c Abs. 1 Nr. 1), die Ausrichtung der Maßnahme auf diesbezügliche Sachaufklärung und die Beachtung eines strengen Subsidiaritätsprinzips. Der allgemein geltende Grundsatz der Verhältnismäßigkeit kommt hinzu, wird aber durch die vorgenannten Einschränkungskriterien derart vorgeprägt, dass danach kaum noch Raum für weitere Überlegungen im Einzelfall bleibt.

11 **I. Materielle Anordnungskriterien. 1. Konkreter Verdacht einer Katalogtat (Abs. 1 Nr. 1 i.V.m. § 100b Abs. 2).** Nach den verfassungsgerichtlichen Vorgaben wurden in den Katalog der tauglichen Anlasstaten in § 100b Abs. 2 nur **Straftaten mit einer die Mindesthöchststrafe von fünf Jahren Freiheitsstrafe** überschreitenden Strafrahmenobergrenze aufgenommen (vgl. BVerfGE 109, 279 [349]). Das liefert aber kein wesentliches Einschränkungskriterium, da zahlreiche Straftaten jedenfalls aus dem Kernstrafrecht einen solchen Strafrahmen aufweisen. Das gilt auch für solche, die nicht in den Katalog aufgenommen worden zu sein. In der Praxis dominieren Tötungsverbrechen oder schwere Betäubungsmitteldelikte als Anwendungsfälle des Großen Lauschangriffs. Breitere Anwendung scheitert eher an dem erheblichen Aufwand, den der Große Lauschangriff bereitet und der durch informelle V-Mann-Einsätze und andere Maßnahmen entbehrlich werden kann.

12 Der durch § 100c Abs. 1 Nr. 1 in Bezug genommene **Straftatenkatalog** des § 100b Abs. 2 ist abschließend. Er schließt **auch den Versuch** des Katalogdelikts ein, nur **nicht einen Beteiligungsversuch bei Verbrechen** im Sinne von § 30 StGB. Der Anlasstatenkatalog folgt auch hier keinem einheitlichen Konzept (SK-StPO/*Wolter* § 100c Rn. 7) und bezeichnet z.T. hinsichtlich des Gewichts von Unrecht und Schuld **schwerwiegende,** z.T. auch nur **schwer aufklärbare** Deliktsarten. Umgekehrt wirkt es fragwürdig, dass etwa aus dem Bereich der Gewaltdelikte nur Mord und Totschlag, nicht aber qualifizierte Fälle der Körperverletzung, als taugliche Anlasstaten gewertet werden. Dagegen ist die Aufnahme des Besitzes kinderpornografischer Schriften in § 100b Abs. 2 als Vorfelddelikt gegenüber dem unmittelbaren Rechtsgüterschutz gem. §§ 176 ff. StGB dem Streben nach Prävention und ermittlungstechnischer Perfektion geschuldet. Sie wirkt im Vergleich mit den qualifizierten Fällen direkter Sexualdelikte inadäquat. Die **Einbeziehung besonders schwerer Fälle** bestimmter Deliktsarten setzt die Regelbeispiele hierzu den Qualifikationsmerkmalen im ersten Anlauf praktisch gleich und verlangt bei der Schwerebeurteilung im Einzelfall schon im Vorverfahren eine Bewertung, die sonst erst nach Durchführung der Beweisaufnahme in der Hauptverhandlung möglich erscheint. Der kaum widerleglichen Regelwirkung der gesetzlichen Beispiele für besonders schwere Fälle kommt bei der Verdachtsprüfung im Vorverfahren jedenfalls besonderes Gewicht zu.

13 Die Tatsachenbasis des Verdachts der Katalogtat muss **in konkreten Umständen** bestehen (MüKo-StPO/*Günther* § 100c Rn. 26). Vermutungen reichen – wie auch sonst für jeden Verdacht – nicht aus. Schlussfolgerungen aufgrund der kriminalistischen Erfahrungen können aber einen kargen Tatsachenkern anreichern. Mit dem konkreten Verdacht einer Katalogtat ist auch hier, ebenso wie bei § 100a und § 100b, nicht der für eine Anklageerhebung erforderliche hinreichende Tatverdachts oder ein für die Anordnung von Untersuchungshaft erforderlicher dringender Tatverdacht gemeint (BVerfGE 109, 279 [350 f.]); ein Anfangs-

verdacht genügt. Dieser muss aber aufgrund der im Anordnungszeitpunkt vorliegenden Erkenntnisse eine erhöhte Wahrscheinlichkeit der Begehung einer Katalogtat ergeben. Damit ist keine Erhöhung des Wahrscheinlichkeitsgrades gegenüber dem auch sonst ausreichenden Anfangsverdacht gemeint, sondern eine gewisse **Tatkonkretisierung.**

2. Besondere Schwere der Tat im Einzelfall (Abs. 1 Nr. 2). Über die Eigenschaft als schwerwiegende Katalogtat hinaus muss die zu verfolgende Tat auch **im Einzelfall besonders schwer wiegen** (BVerfGE 109, 279 [344]; SK-StPO/*Wolter* § 100c Rn. 43). Worin das über die abstrakte Strafdrohung mit einer Mindesthöchststrafe von fünf Jahren hinausgehende besondere Gewicht der Tat liegen soll, bleibt im Gesetz hier ebenso wie bei § 100b weitgehend **unbestimmt** (für Verfassungswidrigkeit *Bode* Verdeckte strafprozessuale Ermittlungsmaßnahmen, S. 378). Für die Beurteilung sollen der **Rang** und die Schutzwürdigkeit **des verletzten Rechtsguts** sowie **Begehungsmerkmale** der Tat und die konkreten **Tatfolgen** maßgeblich sein (BVerfGE 109, 279 [344]). Mit diesen groben Orientierungspunkten ist nach der gesetzlichen Regelung in beinahe maßstabloser Weise eine behauptete besondere Schwere abzumessen, die nach einer weiteren Leerformel den Grad der mittleren Kriminalität deutlich übersteigen muss (BVerfGE 109, 279 [346]). Bei bestimmten Straftaten, insb. Kapitaldelikten, kann als Indiz für die hinreichende Schwere beinahe schon das angegriffene Rechtsgut ausreichen (BVerfGE 109, 279 [346]). Bei anderen Delikten, insb. solchen, die Universalrechtsgüter betreffen, muss die besondere Schwere der Tat mit weiteren Umständen des Einzelfalls bestimmt werden. Streng genommen handelt es sich bei dem Verweis auf die besondere Schwere der Anlasstat um eine **Scheinlegitimierung** des Eingriffs in eine besonders schutzwürdige Sphäre des Betroffenen. Die angebliche Tatschwere als Legitimationsgrund soll sich ggf. auch aus dem **Zusammentreffen mehrerer Katalogstraftaten** oder der **Tatbegehung durch mehrere Beschuldigte** ergeben können (BVerfGE 109, 279 [346]), namentlich, wenn sie als Fall der Organisierten Kriminalität erscheint, die sich aber ihrerseits wieder einer einheitlichen Definition entzieht (BVerfGE 109, 279 [338 ff.]). 14

3. Erforschung des Sachverhalts oder Ermittlung des Aufenthalts eines Mitbeschuldigten als Ziel (Abs. 1 Nr. 3). Weitere Voraussetzung für die akustische Überwachung der Wohnung ist das Vorliegen tatsächlicher Anhaltspunkte dafür, dass damit **Äußerungen des Beschuldigten** erfasst werden, die zur **Aufklärung des Sachverhalts** oder zur **Ermittlung des Aufenthalts eines Mitbeschuldigten** beitragen können. Da sich die Maßnahme nur gegen den Beschuldigten, nicht gegen andere Personen richten darf, ist in der Regel Voraussetzung, dass bekannt ist oder zumindest naheliegt, dass sich der Beschuldigte in der überwachten Wohnung aufhält (BVerfGE 109, 279 [352]). Allerdings kann die Maßnahme auch dazu dienen, Informationen über den ständigen Aufenthaltsort eines Beschuldigten zu gewinnen. Daneben ist die Ermittlung des Aufenthalts von Mitbeschuldigten ein zulässiges Ziel der akustischen Wohnraumüberwachung. 15

4. Subsidiarität des großen Lauschangriffs (Abs. 1 Nr. 4). Die Subsidiaritätsklausel des § 100c Abs. 1 Nr. 4 betrifft den unverhältnismäßig höheren oder nicht Erfolg versprechenden Ermittlungsaufwand, der zu betreiben wäre, wenn die Strafverfolgungsbehörden auf die akustische Wohnraumüberwachung verzichten würden. Gegenüber den sonst im strafprozessualen Eingriffsrecht verwendeten Subsidiaritätsklauseln (»erschwert« oder »wesentlich erschwert«) enthält das hier verwendete **Kriterium der unverhältnismäßigen Erschwernis** eine weitere Steigerung. Es bringt eine Rangfolge zum Ausdruck, in der die akustische Wohnraumüberwachung als allerletztes Mittel bezeichnet wird (BT-Drs. 13/8650, S. 5). **Alle anderen Maßnahmen**, die nach Lage des Einzelfalls infrage kommen und nicht von vornherein aussichtslos erscheinen oder für sich genommen unverhältnismäßig große Anstrengungen erfordern, **gehen vor.** Die akustische Wohnraumüberwachung soll nur zum Einsatz gelangen, wenn andere Ermittlungsmaßnahmen mit hoher Wahrscheinlichkeit versagen oder unzureichend bleiben oder einen völlig inadäquaten Aufwand nach sich ziehen würden. Gefordert wird dazu eine Abwägung mit der Vorgabe, dass »bis zum Grade der Unverhältnismäßigkeit« Erschwernisse bei den Ermittlungen hinzunehmen sind, bevor auf die akustische Wohnraumüberwachung zurückgegriffen werden darf. Dem anordnenden Gericht steht dabei nach der Rspr. wiederum ein Beurteilungsspielraum zu, der aber das Prinzip der Kontrolle annulliert und das ohnehin fragwürdige Subsidiaritätskriterium (*Blozik* Subsidiaritätsklauseln im Strafverfahren, S. 233 ff.) weiter entwertet (SK-StPO/*Wolter* § 100c Rn. 47). 16

II. Die Wohnung als betroffener räumlicher Schutzbereich. § 100c erlaubt das Abhören und Aufzeichnen des nichtöffentlich gesprochenen Wortes in einer Wohnung. Der Begriff »Wohnung« im Sinne von Art. 13 GG ist nach der Rspr. **weit auszulegen** (BGHSt 50, 206 [211]; MüKo-StPO/*Günther* § 100c Rn. 5 ff.; SK-StPO/*Wolter* § 100c Rn. 34). Unter der Wohnung im Sinne von Art. 13 Abs. 1 GG und § 100c wird jeder nicht allgemein zugängliche Raum verstanden, der zur Gewährleistung einer räumlichen Privatsphäre der allgemeinen Zugänglichkeit durch Abschottung entzogen und zur **Stätte des Aufenthalts von Menschen** 17 gemacht ist (BGHSt 50, 206 [211]; *Eisenberg* Beweisrecht der StPO, Rn. 2520a). Maßgeblich ist die äußerlich erkennbare Zweckbestimmung durch den Nutzungsberechtigten. **Arbeits-, Betriebs- und Geschäftsräume** werden auch zu den Wohnungen gezählt, ebenso ein **Krankenzimmer** (BGHSt 50, 206 [211]), zumindest, soweit keine Mehrfachbelegung vorliegt. Selbst in **Vereinshäusern** (BGH NStZ 1997, 195 [196] m.Anm. *Scholz*), **Klubräumen** oder **Spielsälen** kann eine räumliche Privatsphäre bestehen, sodass sie als »Wohnung« anzusehen sind. Auf den Innenbereich von Gebäuden ist der Begriff der Wohnung nicht beschränkt. Auch der **Vorgarten** eines Wohnhauses soll noch zur Wohnung gehören (BGH NJW 1997, 2189).

18 Ein **Kfz** ist **keine Wohnung**, wenn es nur der Fortbewegung oder dem Transport von Sachen dient (BGH NStZ 1998, 157). Etwas anderes kann für ein Wohnmobil gelten (MüKo-StPO/*Günther* § 100c Rn. 13). Die **Zelle** eines Gefangenen und der **Besucherraum** einer Haftanstalt werden ebenfalls nicht als Wohnung angesehen (BGHSt 53, 294 [300]; MüKo-StPO/*Günther* § 100c Rn. 14). Keinen Schutz aus Art. 13 GG sollen ferner die **Unterkunftsräume** von Soldaten oder Polizeibeamten genießen (BGH NStZ 1999, 46). Das beruht aber z.T. noch auf dem überholten Begriffsverständnis im Zusammenhang mit einem »besonderen Gewaltverhältnis«.

19 **III. Betroffene Personen.** In der Regel ist **der Beschuldigte** selbst betroffen. Grundsätzlich darf die Überwachung gem. § 100c Abs. 2 Satz 1 nur **in seiner Wohnung** durchgeführt werden (*Eisenberg* Beweisrecht der StPO, Rn. 2530; SK-StPO/*Wolter* § 100c Rn. 48), dies aber auch dann, wenn er sich nicht darin aufhält. Dabei dürfen Erkenntnisse über andere Personen gewonnen und verwertet werden (BVerfGE 109, 279 [354 f.]).

20 **Wohnungen anderer Personen** dürfen nur ausnahmsweise unter den aus dem Verhältnismäßigkeitsgrundsatz abgeleiteten Voraussetzungen des § 100c Abs. 2 Satz 2 überwacht werden (vgl. BVerfGE 109, 279 [356]; SK-StPO/*Wolter* § 100c Rn. 51). Es muss aufgrund bestimmter Tatsachen anzunehmen sein, dass **der Beschuldigte sich in der fremden Wohnung aufhält** (BVerfGE 109, 279 [355]) und die **Überwachung der eigenen Wohnung des Beschuldigten nicht ausreicht**, oder der Aufenthaltsort eines Mitbeschuldigten in der fremden Wohnung festgestellt werden kann.

21 Das **Einverständnis** des Wohnungsinhabers mit dem Einsatz genügt nicht als Ersatz für eine richterliche Eingriffsgestattung auf gesetzlicher Grundlage, da der Inhaber nicht über die Grundrechte anderer Personen, die von der Überwachung mitbetroffen werden können, disponieren darf (BT-Drs. 15/4533, S. 26).

22 Die Maßnahme kann gem. § 100c Abs. 2 Satz 3 auch angeordnet werden, wenn **Dritte unvermeidbar betroffen** werden (MüKo-StPO/*Günther* § 100c Rn. 47; SK-StPO/*Wolter* § 100c Rn. 53), soweit nicht der absolut geschützte Kernbereich der Persönlichkeitsentfaltung bei diesen Personen oder beim Beschuldigten als Kommunikationspartner berührt wird (BVerfGE 109, 279 [353]). Wann es unvermeidbar ist, dass ein nicht verdächtiger Dritter überwacht wird, muss im Einzelfall unter **Beachtung des Verhältnismäßigkeitsgrundsatzes** geprüft werden. Werden unverdächtige Dritte im Übermaß betroffen, hat die Überwachung zu unterbleiben.

23 **C. Unselbstständige Beweisverwertungsverbote.** Der Kernbereichsschutz ist in § 100d besonders geregelt. Ein Beweisverwertungsverbot kommt über die Fälle des Eingriffs in den absolut geschützten Kernbereich der Persönlichkeitsentfaltung hinaus nach der Rspr. zu unselbstständigen Beweisverwertungsverboten **bei gewichtigen Fehlern** im Zusammenhang mit der Anordnung der akustischen Wohnraumüberwachung in Betracht. Ein solcher wird vor allem bei bewusster Überschreitung der durch die Eingriffsnorm geregelten Befugnisse angenommen, insb. bei Umgehung der materiellen Anordnungsvoraussetzungen oder bei Verletzung der Regeln über den Richtervorbehalt. Liegt kein Katalogtatenverdacht vor, wiegt die Tat im Einzelfall nicht besonders schwer oder ist der Subsidiaritätsgrundsatz nicht beachtet worden, müssen auch Beweisverwertungsverbote eingreifen. Dies wird nur durch den Beurteilungsspielraum des anordnenden Gerichts relativiert. Über ein unselbstständiges Beweisverwertungsverbot kann und muss die Verteidigung nach der **Widerspruchslösung** der Rspr. (§ 136 Rdn. 100 ff.) disponieren (vgl. BGHSt 50, 206 [215]). Diese »Lösung« ist aber nicht nur generell angreifbar (§ 136 Rdn. 117 ff.), sie wirkt im Bereich der Informationsbeschaffung durch einen »Großen Lauschangriff« besonders unpassend, zumal der Gesetzgeber im Rahmen der verschiedenen Neuregelungen wie dem Gesetzestext noch in den Materialien auf einen notwendigen Widerspruch der Verteidigung gegen die Beweisverwertung hingewiesen hat.

24 **Nichtkatalogtaten** dürfen prinzipiell nicht mit den Erkenntnissen aus der akustischen Wohnraumüberwachung verfolgt werden (*Eisenberg* Beweisrecht der StPO, Rn. 2536). Das muss auch dann gelten, wenn ursprünglich der Verdacht einer Katalogtat vorgelegen hatte, der sich später in den Verdacht einer Nichtkatalogtat verändert hat. **Verletzungen des Subsidiaritätsgrundsatzes** bleiben vom Ausgangspunkt der Rspr. aus folgenlos, worin die Nutzlosigkeit der schwierigen Übung, eine qualifizierte Subsidiaritätsklausel auszulegen und anzuwenden (*Blozig* Subsidiaritätsklauseln im Strafverfahren, S. 233 ff.) zum Ausdruck kommt.

D. Unzulässigkeit einer Totalüberwachung. Insb. bei einem gleichzeitigen und längerfristigen Einsatz 25
mehrerer technischer Mittel zur Überwachung von Kommunikation, Telekommunikation und Aufenthalt des Beschuldigten ist zu beachten, dass eine »**Rundumüberwachung**« als **unzulässig** gilt (BVerfGE 109, 279 [323]; 112, 304 [319]; 141, 220 [280]; BGHSt 54, 69 [102 ff.]). Dies wird angenommen, wenn eine nahezu lückenlose Registrierung aller Bewegungen und Lebensäußerungen des Beschuldigten erfolgt, welche die **Erstellung eines umfassenden Bewegungs- und Persönlichkeitsprofils** ermöglicht (BGHSt 54, 69 [105]).

§ 100d Kernbereich privater Lebensgestaltung; Zeugnisverweigerungsberechtigte

(1) Liegen tatsächliche Anhaltspunkte für die Annahme vor, dass durch eine Maßnahme nach den §§ 100a bis 100c allein Erkenntnisse aus dem Kernbereich privater Lebensgestaltung erlangt werden, ist die Maßnahme unzulässig.

(2) [1]Erkenntnisse aus dem Kernbereich privater Lebensgestaltung, die durch eine Maßnahme nach den §§ 100a bis 100c erlangt wurden, dürfen nicht verwertet werden. [2]Aufzeichnungen über solche Erkenntnisse sind unverzüglich zu löschen. [3]Die Tatsache ihrer Erlangung und Löschung ist zu dokumentieren.

(3) [1]Bei Maßnahmen nach § 100b ist, soweit möglich, technisch sicherzustellen, dass Daten, die den Kernbereich privater Lebensgestaltung betreffen, nicht erhoben werden. [2]Erkenntnisse, die durch Maßnahmen nach § 100b erlangt wurden und den Kernbereich privater Lebensgestaltung betreffen, sind unverzüglich zu löschen oder von der Staatsanwaltschaft dem anordnenden Gericht zur Entscheidung über die Verwertbarkeit und Löschung der Daten vorzulegen. [3]Die Entscheidung des Gerichts über die Verwertbarkeit ist für das weitere Verfahren bindend.

(4) [1]Maßnahmen nach § 100c dürfen nur angeordnet werden, soweit auf Grund tatsächlicher Anhaltspunkte anzunehmen ist, dass durch die Überwachung Äußerungen, die dem Kernbereich privater Lebensgestaltung zuzurechnen sind, nicht erfasst werden. [2]Das Abhören und Aufzeichnen ist unverzüglich zu unterbrechen, wenn sich während der Überwachung Anhaltspunkte dafür ergeben, dass Äußerungen, die dem Kernbereich privater Lebensgestaltung zuzurechnen sind, erfasst werden. [3]Ist eine Maßnahme unterbrochen worden, so darf sie unter den in Satz 1 genannten Voraussetzungen fortgeführt werden. [4]Im Zweifel hat die Staatsanwaltschaft über die Unterbrechung oder Fortführung der Maßnahme unverzüglich eine Entscheidung des Gerichts herbeizuführen; § 100e Absatz 5 gilt entsprechend. [5]Auch soweit für bereits erlangte Erkenntnisse ein Verwertungsverbot nach Absatz 2 in Betracht kommt, hat die Staatsanwaltschaft unverzüglich eine Entscheidung des Gerichts herbeizuführen. [6]Absatz 3 Satz 4 gilt entsprechend.

(5) [1]In den Fällen des § 53 sind Maßnahmen nach den §§ 100b und 100c unzulässig; ergibt sich während oder nach Durchführung der Maßnahme, dass ein Fall des § 53 vorliegt, gilt Absatz 2 entsprechend. [2]In den Fällen der §§ 52 und 53a dürfen aus Maßnahmen nach den §§ 100b und 100c gewonnene Erkenntnisse nur verwertet werden, wenn dies unter Berücksichtigung der Bedeutung des zugrunde liegenden Vertrauensverhältnisses nicht außer Verhältnis zum Interesse an der Erforschung des Sachverhalts oder der Ermittlung des Aufenthaltsortes eines Beschuldigten steht. [3] § 160a Absatz 4 gilt entsprechend.

Übersicht **Rdn.**

A. Inhalt und Anwendungsbereich der Norm. § 100d fasst für die Fälle der Überwachung der Tele- 1
kommunikation, der Quellen-Telekommunikationsüberwachung, der Online-Durchsuchung und des Großen Lauschangriffs die Regeln zum erforderlichen **Kernbereichsschutz** und zur **Berücksichtigung der Zeugnisverweigerungsrechte** zusammen. Bisher waren die entsprechenden Regelungen für die TKÜ und die akustische Wohnraumüberwachung getrennt normiert. Die Zusammenfassung, auch für die neuen Ermittlungseingriffe nach § 100a Abs. 1 Sätze 2 und 3 (Quellen-Telekommunikationsüberwachung) sowie § 100b (Online-

Durchsuchung), deutet ein Defizit an spezialgesetzlichen Regelungen im Hinblick auf die sonstigen heimlichen Ermittlungsmethoden, etwa bei der akustischen Überwachung außerhalb von Wohnungen (§ 100f) oder beim Einsatz von Verdeckten Ermittlern (§§ 110a ff.) an, erst recht bei dem insgesamt nicht gesetzlich geregelten Einsatz von sonstigen nicht offen ermittelnden Polizeibeamten oder Vertrauensleuten der Polizei. Diese Lücke wird nur partiell durch **§ 160a** geschlossen.

2 **B. Kernbereichsschutz.** Die heimlichen Ermittlungsmethoden nach §§ 100a ff. sind nicht per se verfassungswidrig. **Allein die Heimlichkeit** des staatlichen Vorgehens **verletzt nicht die Menschenwürde** einer überwachten Person. Andererseits sind die Bürger vor einer zu weitgehenden staatlichen Überwachung zu schützen, die eine **absolute Grenze** überschreiten kann, wenn dadurch die **Existenzbedingungen** des Einzelnen in der freiheitlichen Grundordnung infrage gestellt werden. Der Rechtsstaat muss dem Bürger einen **letzten Rückzugsraum** belassen, in dem dieser vom staatlichen Informationszugriff verschont bleibt (BGHSt 57, 71 [75]). Das strafprozessuale Eingriffsrecht muss im Rahmen des Möglichen darauf Rücksicht nehmen, dass dieser Rückzugsraum nicht betreten oder überwacht wird. Ein zu weit gehender Informationszugriff des Staates durch Anwendung heimlicher Ermittlungsmethoden ist zu unterlassen, wenn eine Antastung der Menschenwürde und ein Eindringen in den absolut geschützten Kernbereich der Persönlichkeitsentfaltung hierdurch absehbar ist. Soweit dies nicht möglich ist, muss zumindest nachträglich durch Beseitigung der Folgen dafür Sorge getragen werden, dass die Menschenwürde im weiteren Strafverfahren unangetastet bleibt (BT-Drs. 18/12785, S. 61).

3 **I. Der absolut geschützte Kernbereich der Persönlichkeitsentfaltung.** Der absolut geschützte **Kernbereich der Persönlichkeitsentfaltung** entspricht der Wesensgehaltsgarantie des allgemeinen Persönlichkeitsrechts und er hat seine verfassungsrechtliche Wurzel in **Art. 1 Abs. 1 GG.** Worin dieser Kernbereich genau besteht, ist nicht abschließend geklärt (*Rottmeier* Kernbereich privater Lebensgestaltung, S. 37 ff.). Jedoch hat die Rspr. des BVerfG in jüngerer Zeit eine **zunehmende Konturierung** vorgenommen (BVerfGE 141, 220 [276 f.]; *Doll* Strafprozessuale Konturierung des Kernbereichs privater Lebensgestaltung, S. 116 ff.).

4 **1. Informationsinhalte aus dem Kernbereich der Persönlichkeitsentfaltung.** Die Verfassung gewährleistet mit dem Schutz des Kernbereichs privater Lebensgestaltung dem Einzelnen einen Bereich höchstpersönlicher Privatheit gegenüber staatlicher Überwachung. Er sichert einen dem Staat nicht verfügbaren **Menschenwürdekern** des grundrechtlichen Schutzes gegenüber heimlichen Ermittlungen mit Überwachungscharakter. Die Freiheitsrechte sollen nicht daran scheitern, dass jedermann beständig mit staatlicher Überwachung rechnen muss. Auch überragende Interessen der Allgemeinheit können einen Eingriff in den absolut geschützten Kernbereich der Persönlichkeitsentfaltung nicht rechtfertigen.

5 Zum Kernbereich der Persönlichkeitsentfaltung gehört insb. die Möglichkeit, innere Vorgänge wie Empfindungen und Gefühle sowie Überlegungen, Ansichten und Erlebnisse höchstpersönlicher Art zum Ausdruck zu bringen (BVerfGE 109, 279 [313]). Geschützt wird auch **die nichtöffentliche Kommunikation mit Personen des besonderen Vertrauens**, die in der berechtigten Erwartung geführt wird, hierbei nicht vom Staat überwacht zu werden. Dies ist insb., aber nicht nur bei Gesprächen in der Wohnung der Fall. Zu den Gesprächspartnern des höchstpersönlichen Vertrauens gehören **Ehe- oder Lebenspartner, Geschwister und Verwandte** in gerader Linie, **Strafverteidiger, Ärzte, Geistliche** und **enge Freunde**. Dieser Personenkreis deckt sich teilweise mit demjenigen der Zeugnisverweigerungsberechtigten. Der Kernbereichsschutz (§ 100d Abs. 1–4) ist aber **vom Schutz der Zeugnisverweigerungsrechte** (§ 100d Abs. 5) zu unterscheiden (SK-StPO/*Wolter* § 100a Rn. 55).

6 Eine **Kommunikation über Straftaten** ist im Allgemeinen nicht absolut geschützt (BGH Beschl. v. 12.03.2019 – 2 StR 244/18), selbst wenn die Kommunikation zugleich Höchstpersönliches zum Gegenstand hat. Die Besprechung von Straftaten gehört ihrem Inhalt nach nicht zum Kernbereich privater Lebensgestaltung (BVerfGE 109, 279 [319]; 124, 43 [70]; 130, 1 [22]; *Doll* Strafprozessuale Konturierung des Kernbereichs privater Lebensgestaltung, S. 132 ff.; *Rottmeier* Kernbereich privater Lebensgestaltung und strafprozessuale Lauschangriffe, S. 61 ff.). Sie weist durch den Gesprächsinhalt im Allgemeinen einen **Sozialbezug** auf (LR/*Hauck* § 100d Rn. 15: Verfahrensbezug), der über die Sozialpflichtigkeit des Einzelnen ein Zugriffsrecht des Staates eröffnet, das im Rahmen einer **Abwägung** der Strafverfolgungsinteressen der Allgemeinheit gegen die Individualinteressen im Einzelfall möglich ist. Der Kernbereich der Persönlichkeitsentfaltung ist demgegenüber abwägungsfest. Relativiert wird die Ausklammerung straftatbezogener Äußerungen vom Kernbereich der Persönlichkeitsentfaltung vor allem in den Fällen unbewusster Selbstgespräche in einer scheinbaren Abgeschiedenheit. Hier ist die Bedeutung der Selbstkommunikation als bewusste oder unbewusste Äußerung von bloßen Gedankeninhalten ein Grund zur Annahme der Unzulässigkeit einer mittelbaren Gedankenkontrolle durch den Staat.

Ob eine bestimmte Information dem Kernbereich der Persönlichkeitsentfaltung zuzuordnen ist, hängt im Allgemeinen davon ab, in welcher Art und Intensität sie aus sich heraus die Sphäre anderer oder Belange der Gemeinschaft berührt (BVerfGE 130, 1 [22]). Ein höchstpersönliches Gespräch fällt nicht bereits deshalb aus dem Kernbereich privater Lebensgestaltung heraus, weil es auch **mittelbar Aufschlüsse über die Begehung von Straftaten** ermöglichen könnte. Aufzeichnungen oder Äußerungen im Zwiegespräch, die ausschließlich innere Eindrücke und Gefühle wiedergeben und keine direkten Hinweise auf konkrete Straftaten enthalten, haben nicht schon dadurch einen Gemeinschaftsbezug, dass sie Ursachen oder Beweggründe strafbaren Verhaltens erkennen lassen. Aber auch solche Gespräche, durch die dem Einzelnen eine **Auseinandersetzung mit Straftaten** ermöglicht wird, können in bestimmten Konstellationen unabhängig von diesem Gesprächsinhalt wegen der **Besonderheit der Kommunikationsbeziehung** zum Kernbereich der Persönlichkeitsentfaltung gezählt werden (*Doll* Strafprozessuale Konturierung des Kernbereichs privater Lebensgestaltung, S. 124 ff.). Das gilt für **Beichtgespräche**, vertrauliche **Gespräche mit einem Arzt** oder Psychotherapeuten sowie **Mandatsgespräche mit einem Strafverteidiger** (SK-StPO/*Wolter* § 100a Rn. 55 f.). Diese sind für den Staat tabu, obwohl sie die Begehung von Straftaten zum Gegenstand haben, weil der Einzelne die Möglichkeit haben muss, ungestört einem Priester seine Straftaten zu beichten, medizinischen oder therapeutischen Rat in Anspruch zu nehmen und seine Verteidigung mit einem professionellen Strafverteidiger besprechen zu können (einschränkend *Rottmeier* Kernbereich privater Lebensgestaltung und strafprozessuale Lauschangriffe, S. 87 ff.). 7

2. Selbstgespräche in vermeintlicher Abgeschiedenheit. Aus der Rspr. zur Überwachungsfreiheit von solchen Selbstgesprächen, die der Betroffene in einer vermeintlichen Abgeschiedenheit führt, geht hervor, dass auch eine Gedankenkontrolle der staatlichen Überwachungsmaßnahmen zur Antastung der Menschenwürde führt. **Die Gedanken sind frei**, weil Denken für Menschen eine Existenzbedingung ist, die der staatliche Strafverfolgungsapparat nicht infrage stellen darf (BGHSt 57, 71 [75] m.Anm. *Ernst/Sturm* HRRS 2012, 374 ff.; *Fleischmann* NJ 2012, 218 f.; *Ladiges* StV 2012, 517 ff.; *Mitsch* NJW 2012, 1486 ff.; *Doll* Strafprozessuale Konturierung des Kernbereichs privater Lebensgestaltung, S. 135 ff.; *Renka* Zur Verwertbarkeit von Selbstkommunikation im deutschen Strafprozess, S. 187 ff.; *Rottmeier* Kernbereich privater Lebensgestaltung und strafprozessuale Lauschangriffe, S. 81 ff.; *Warg* NStZ 2012, 237 ff.; *Wohlers* JR 2012, 389 ff.; *Zabel* ZJS 2012, 563 ff.; *Zimmermann* GA 2013, 162 f.; s.a. *Soiné* Kriminalistik 2022, 98 ff.). Müsste der Einzelne mit einer Überwachung seiner Gedanken durch technikgestützte staatliche Eingriffsmaßnahmen rechnen, wäre in letzter Konsequenz seine menschliche Existenz infrage gestellt. 8

Dem Denken des Einzelnen **fehlt** per se **eine Gemeinschaftsbezogenheit**, die den Informationsinhalt vom Kernbereich der Persönlichkeitsentfaltung abgrenzen würde. Gleiches gilt für die – mehr oder weniger unbewusste – **Gedankenäußerung im nicht öffentlich geführten Selbstgespräch** (BGHSt 50, 206 [213]; 57, 71 [75]). Gedanken werden zwar in Form eines »inneren Sprechens« entwickelt. Das Denken und die Sprache, die nur dem Menschen zur Verfügung steht, sind aber untrennbar miteinander verbunden. Die Gedankeninhalte des inneren Sprechens treten vor allem **in Situationen, in denen der Sprechende sich unbeobachtet fühlt**, durch Aussprechen hervor, wobei die verbale Äußerung meist nur einen Teil des Denkens nach außen transportiert (*Renka* Zur Verwertbarkeit von Selbstkommunikation im deutschen Strafprozess, S. 35 ff.) und daher auch als Beweis im Strafverfahren von zweifelhafter Bedeutung wäre, wenn er als verwertbar gelten könnte. **Das »laute Denken«** beim nichtöffentlich geführten Selbstgespräch nimmt aber an der Gedankenfreiheit teil, die einem staatlichen Informationszugriff absolute Schranken setzt. Bedeutung für die im Einzelfall vorzunehmende Zuordnung des Selbstgesprächs zum Kernbereich der Persönlichkeitsentfaltung hat dabei auch die Nichtöffentlichkeit der **Äußerungssituation**. Auf den **Inhalt** der Gedankenäußerung kommt es hingegen nicht an. Das Selbstgespräch gehört daher zu absolut geschützten Kernbereich der Persönlichkeitsentfaltung, auch wenn es inhaltlich einen Themenbezug zu einer Straftat aufweist (SK-StPO/*Wolter* § 100c Rn. 63). 9

Der **Kernbereichsschutz der nicht öffentlichen Gedankenäußerung** in Form des Führens eines Selbstgesprächs entfällt dann, wenn der Grundrechtsträger den Äußerungsinhalt freiwillig der Wahrnehmung durch andere preisgibt. Das ist bei Selbstgesprächen in der Öffentlichkeit regelmäßig der Fall. I.Ü. ist ein Selbstgespräch in Abwesenheit anderer Personen als lautes Denken der staatlichen Überwachung durch technikgestützte heimliche Ermittlungsmethoden gem. §§ 100b, 100c entzogen. Wird es gleichwohl bei einer Online-Durchsuchung unter **Einschaltung von Mikrofonen oder Kameras** des infiltrierten informationstechnischen Systems oder durch akustische Wohnraumüberwachung erfasst, besteht wegen der damit verbundenen Antastung der Menschenwürde ein **absolutes Beweisverwertungsverbot** (BGHSt 57, 71 [78]). 10

3. Intimes Persönlichkeitsbild. In der Rspr. ist die Kategorie des umfassenden Persönlichkeitsbildes nicht abschließend geklärt, welches durch eine **Rundumüberwachung** (BVerfGE 109, 279 [323]; 112, 304 [319]; 130, 1 [24]; 141, 220 [317]; BGHSt 54, 69 [105]) oder **Totalüberwachung** (BVerfGE 112, 304 [310]; 11

BGHSt 46, 266 [277]) gewonnen werden könnte. Der Gesetzgeber hat dazu in der Strafprozessordnung keine Regelung getroffen. Unzulässig ist aber bereits von Verfassungs wegen eine **Überwachung**, wenn sie sich **über einen längeren Zeitraum** erstreckt und derart **umfassend** ist, dass nahezu **lückenlos** alle Bewegungen und Lebensäußerungen des Betroffenen registriert werden und zur Grundlage für ein Persönlichkeitsprofil werden können (BVerfGE 130, 1 [24]; LR/*Hauck* § 100d Rn. 46). Das wird im Ergebnis einer Antastung der Menschenwürde gleichgestellt (zu Gemeinsamkeiten und Unterschieden *Doll* Strafprozessuale Konturierung des Kernbereichs privater Lebensgestaltung, S. 264 f.). Auch ein solches Beweisergebnis kann dazu führen, dass die dazu führende Erfassung der Informationen durch den Staat **mit additiven Ermittlungsmethoden** (BVerfGE 141, 220 [280]) die Grenze des Zulässigen überschreitet. Wann genau dies der Fall ist und welche Vorkehrungen bei additiven Ermittlungszugriffen zu treffen sind, wurde noch nicht im Einzelnen überprüft.

12 Erlangt der Staat durch **heimliche Ermittlungen** ein **Maximum an persönlichkeitsbezogenen Informationen**, die über das hinausgehen, was der Betroffene selbst über sich weiß und anhand üblicher Informationsquellen in Erfahrung bringen kann, liegt ein Fall der unzulässigen Schaffung eines umfassenden Persönlichkeitsbildes vor. Insoweit gilt Ähnliches, wie für die Persönlichkeitserforschung durch Genanalyse im codierenden Bereich der menschlichen DNA (BVerfGE 103, 21 [30]).

13 Führt eine Totalüberwachung, insb. durch kumulative Erfassung aller gespeicherten Daten auf einem informationstechnischen System und Beobachtung der Person mit technischen Mitteln unter optischer und akustischer Überwachung ihrer Gespräche und Verhaltensweisen, dazu, dass ein **erschöpfendes Persönlichkeitsprofil** entsteht, so wird die Menschenwürde dadurch angetastet und der Einzelne zum bloßen Objekt des Staates degradiert. Insoweit besitzt vor allem die Möglichkeit einer **Online-Durchsuchung** durch **Abschöpfung** und Auswertung **enormer Datenmengen**, die auch mit zielgerichtetem Einsatz von Computerprogrammen beliebige Verknüpfungen von Einzelinformationen ermöglichen, ein erhebliches Potenzial für eine totalitäre Überwachung (*Buermeyer* Gutachterliche Stellungnahme vom 31.05.2017 im Rechtsausschuss, S. 5; *Großmann* GA 2018, 439 [447]).

14 **II. Präventiver Kernbereichsschutz (Abs. 1).** Die verfassungsrechtlichen Anforderungen an die konkrete Ausgestaltung des Kernbereichsschutzes können je nach der Art der Informationserhebung und der durch sie erfassten Informationen unterschiedlich sein (BVerfGE 129, 208 [245]), weshalb auch der Strafprozessgesetzgeber differenziert hat. Eine Ermächtigung zu einer Überwachungsmaßnahme, die den Kernbereich privater Lebensgestaltung berühren kann, hat möglichst sicherzustellen, dass **Daten** mit Kernbereichsbezug **von vornherein nicht erhoben** werden. Ein Abhören des nichtöffentlich gesprochenen Wortes in Wohnungen hat zur Vermeidung von Eingriffen in den Kernbereich privater Lebensgestaltung zu unterbleiben, wenn sich jemand **allein** oder **ausschließlich mit Personen** in der Wohnung aufhält, **zu denen er in einem** besonderen, den Kernbereich betreffenden **Vertrauensverhältnis steht** (BVerfGE 109, 279 [319]). Bestehen auch sonst konkrete Anhaltspunkte dafür, dass eine bestimmte Datenerhebung den Kernbereich privater Lebensgestaltung berühren wird, muss sie gem. § 100d Abs. 1 unterbleiben (BT-Drs. 18/12785, S. 61).

15 Anders liegt es, wenn Anhaltspunkte dafür bestehen, dass kernbereichsbezogene Kommunikationsinhalte **mit Inhalten verknüpft werden, die dem Ermittlungsziel unterfallen, um eine Überwachung zu verhindern** (BVerfGE 129, 208 [245]). Kommen sowohl aufklärungsrelevante Informationen über Straftaten als auch geschützte Informationen aus dem Kernbereich der Persönlichkeitsentfaltung in Betracht, gilt kein absolutes Beweiserhebungsverbot; in diesen Konstellationen ist aber jedenfalls auf der Verwendungsebene ein Beweisverwertungsverbot zu beachten (§ 100d Abs. 2 Satz 1).

16 **III. Nachträglicher Kernbereichsschutz (Abs. 2).** In vielen Fällen, insb. **bei automatisierter Überwachung ohne** menschliche **Kontrolle in Echtzeit**, ist es immer dann, wenn die heimliche Überwachungsmaßnahme durchgeführt wird und zur Erfassung zahlreicher personenbezogener Daten führt, praktisch unvermeidbar, dass die Ermittlungsbehörden auch vertrauliche Informationen erlangen, bevor sie deren Kernbereichsbezug erkennen (*Doll* Strafprozessuale Konturierung des Kernbereichs privater Lebensgestaltung, S. 243 ff.). Dann ist es nach der Rspr. auch verfassungsrechtlich nicht erforderlich, den Zugriff wegen des Risikos einer Kernbereichsverletzung bereits auf der Ebene der Datenerhebung zu unterlassen (krit. *Rottmeier* Kernbereich privater Lebensgestaltung und strafprozessuale Lauschangriffe, S. 119 ff.). Heimliche Ermittlungsmaßnahmen mit dem Ziel der Erfassung personenbezogener Daten dürfen danach auch dann vorgenommen, wenn ein Informationszugriff im Kernbereich der Persönlichkeitsentfaltung möglich ist, aber noch nicht konkret abgesehen werden kann (krit. SK-StPO/*Wolter* § 100c Rn. 67 ff.). In Fällen dieser Art ist es vom Standpunkt des Gesetzgebers und der Rspr. aus geboten, für einen hinreichenden **Schutz des Kernbereichs** der Persönlichkeitsentfaltung **in der Auswertungsphase** zu sorgen (*Doll* Strafprozessuale Konturierung des Kernbereichs privater Lebensgestaltung, S. 255 ff.; zur Kritik LR/*Hauck* § 100d Rn. 24). Dazu kann künftig möglicherweise ein Ausfiltern kernbereichsrelevanter Daten durch **Einsatz künstlicher Intelligenz** dienen (*Esser/Reiß-*

mann StV 2021, 526 ff.). Der Gesetzgeber hat von Verfassung wegen jedenfalls durch geeignete Vorschriften sicherzustellen, dass dann, wenn Daten mit Bezug zum Kernbereich privater Lebensgestaltung erhoben worden sind, die Intensität der Kernbereichsverletzung und ihre Auswirkungen für die Persönlichkeit und Entfaltung des Betroffenen so gering wie möglich bleiben. Entscheidende Bedeutung hat auch die **Durchsicht der erhobenen Daten** auf kernbereichsrelevante Inhalte (BVerfGE 129, 208 [246]).

1. Absolute Beweisverwertungsverbote (Abs. 2 Satz 1). Den Kernbereich privater Lebensgestaltung betreffende Informationen dürfen nach den Maßstäben der Verfassung nicht verwendet werden (BVerfGE 130, 1 [22]; *Doll* Strafprozessuale Konturierung des Kernbereichs privater Lebensgestaltung, S. 256 ff.; *Kretschmer* HRRS 2010, 551 [556 f.]). Deshalb sieht auch § 100d Abs. 2 Satz 1 vor, dass kernbereichsrelevante Erkenntnisse im Strafverfahren nicht als Beweismittel verwertet werden dürfen. Dieses **Verwertungsverbot** betrifft alle Verfahrensstadien unabhängig davon, ob es um **Freibeweis oder Strengbeweisverfahren** geht. Daraus ergibt sich indes kein umfassendes Verwertungsverbot für alle aus einer Überwachung gewonnenen Erkenntnisse, sondern nur für diejenigen, die durch eine Kernbereichsverletzung erzielt wurden (BGHSt 54, 69 [96]). Die Abgrenzung kernbereichsrelevanter Daten von solchen ohne absoluten Schutz fällt im Einzelfall schwer. Im Zweifel ist der Rahmen des Unverwertbaren zu einem nach Art. 1 Abs. 2 GG gebotenen effektiven Kernbereichsschutz weit zu ziehen. 17

Damit Beweisführungsverbote zum Schutz des Kernbereichs der Persönlichkeitsentfaltung wirkungsvoll bleiben, sind diesen auch **Fern- und Drittwirkungen** zuzumessen. Für die umstrittene Frage der Fernwirkung gilt insoweit Ähnliches wie bei § 136a Abs. 3 (§ 136a Rdn. 66). Auch als **Spurenansatz** sind kernbereichsrelevante Informationen nicht zu verwenden (BVerfGE 129, 208 [249]; LR/*Hauck* § 100d Rn. 23; *Kretschmer* HRRS 2010, 551 [552]; SK-StPO/*Wolter* § 100c Rn. 71). 18

2. Löschungsgebote und Dokumentationspflichten (Abs. 2 Satz 2). Neben einem umfassenden Beweisverwertungsverbot im Fall der staatlichen Erfassung von Informationen aus dem absolut geschützten Kernbereich der Persönlichkeitsentfaltung besteht ein **Gebot der unverzüglichen Löschung** solcher Erkenntnisse (LR/*Hauck* § 100d Rn. 26). Werden die Informationen gelöscht, sind sie in der Regel auch praktisch nicht gegen den Betroffenen verwertbar. Das absolute Beweisverwertungsverbot schließt allerdings zugleich eine Verwertung als Entlastungsbeweis aus (BGHSt 57, 71 [78]), was jedoch zum Kernbereichsschutz hingenommen werden muss; denn bereits die **in der Hauptverhandlung** vorzunehmende **Beweiserhebung** über einen kernbereichsrelevanten Inhalt, um diesen zugunsten eines Angeklagten oder eines Mitangeklagten zu verwerten (für eine Verwertung als Entlastungsbeweis aber *Doll* Strafprozessuale Konturierung des Kernbereichs privater Lebensgestaltung, S. 258 f.), wäre allerdings eine neue Antastung der Menschenwürde. 19

Das Gesetz regelt nicht ausdrücklich, wer die **Löschung durchführen** soll. Aus allgemeinen Grundsätzen ist (entgegen BT-Drs. 16/5846, S. 45) zu entnehmen, dass die Kompetenz zu der gegebenenfalls eine Lücke in den Akten belassende Entscheidung nur der **Staatsanwaltschaft** aufgrund ihrer Leitungsmacht im Vorverfahren zusteht, nicht den polizeilichen Ermittlungspersonen. Ab dem Zwischenverfahren entscheidet das erkennende Gericht. 20

Flankierend zum Beweisverwertungsverbot bestehen **Dokumentationspflichten.** Die Tatsache der Informationserlangung und Löschung ist jeweils zu dokumentieren. Die Dokumentation darf aber **keinen Hinweis auf den Informationsgehalt** geben, weil sonst der Zweck des Beweiswürdigungsverbots und des Löschungsgebots uns partiell verfehlt würde. Die Wirksamkeit des Löschungsgebots zum effektiven Kernbereichsschutz bleibt ohnehin zweifelhaft (weiter abl. SK-StPO/*Wolter* § 100c Rn. 60c, 60e) 21

Die Dokumentation wird **zu den Akten** genommen, um eine Kontrolle der Rechtmäßigkeit der Maßnahmen bis zum Abschluss des Strafverfahrens zu ermöglichen (BT-Drs. 18/12785, S. 61). 22

D. Sicherungen gegen Kernbereichsverletzungen bei der Online-Durchsuchung (Abs. 3). Bei Maßnahmen nach § 100b ist, **soweit möglich, technisch sicherzustellen**, dass Daten, die den Kernbereich privater Lebensgestaltung betreffen, gar nicht erst erhoben werden. Wie dies technisch durch automatisierte Abläufe zu geschehen hat und wer die Technik kontrollieren soll, lässt das Gesetz offen. Insoweit bestehen auch Umsetzungsprobleme, solange dafür keine **künstliche Intelligenz** zur Verfügung steht (zu Letzterem *Esser/Reißmann* StV 2021, 526 ff.). 23

Ist eine Online-Durchsuchung wegen des enormen Umfangs der erfassten Daten sogar ein schwerer wiegender Eingriff als die akustische Wohnraumüberwachung, so ist die hinter dem Anforderungsprofil des § 100d Abs. 4 zurückbleibende Kernbereichsschutzregelung gem. § 100d Abs. 3, die eine Echtzeitüberwachung voraussetzt, welche bei der Online-Durchsuchung schon faktisch nicht gewährleistet werden kann, auch sonst unzureichend (*Großmann* GA 2018, 439 [448 f.]). Das spricht weniger für die Entbehrlichkeit von 24 technisch unrealisierbaren Sicherungen in Form einer Echtzeitprüfung als vielmehr gegen die Legitimität der Maßnahme an sich.

25 **Erkenntnisse**, die durch eine Online-Durchsuchung erlangt wurden und den Kernbereich privater Lebensgestaltung betreffen, sind alternativ **unverzüglich zu löschen oder** von der Staatsanwaltschaft **dem Gericht zur Entscheidung über die Verwertbarkeit** oder Löschung der Daten **vorzulegen**. Die Löschung empfiehlt sich aber nicht, solange ernstliche Zweifel an der Kernbereichsrelevanz bestehen (LR/*Hauck* § 100d Rn. 35).

26 Auf Vorlage der Staatsanwaltschaft entscheidet im Vorverfahren das **Gericht, das die Online-Durchsuchung angeordnet hat.** Bleibt dessen Entscheidung aus, so hat **später das erkennende Gericht** über die Verwertbarkeitsfrage zu entscheiden (LR/*Hauck* § 100d Rn. 50). Die **Entscheidung des anordnenden Gerichts** über die Verwertbarkeit ist gem. § 100d Abs. 3 Satz 3 **für das weitere Verfahren bindend.** Diese Bindungswirkung kann, auch wenn weder der Gesetzestext noch die Materialien (BT-Drs. 18/12785, S. 61) darüber genaue Auskunft geben, nur für das Ermittlungsverfahren gelten, soweit die Verwertbarkeit bejaht wird. Eine Verwertung von Material, das wegen Kernbereichsverletzung von Verfassungs wegen absolut unverwertbar ist (Art. 1 Abs. 1 Satz 2, Abs. 3 GG), kann dem erkennenden Gericht und einem Rechtsmittelgericht nicht zugemutet werden, wenn im Vorverfahren das anordnende Gericht die Verwertbarkeit zu Unrecht bejaht hatte. Würde das erkennende Gericht, anders als das anordnende Gericht im Vorverfahren, von der Unverwertbarkeit der Informationen ausgehen und wäre es nach der einfach-rechtlichen Bestimmung an die von ihm für unzutreffend gehaltene Annahme der Verwertbarkeit durch den Beschluss des im Vorverfahren zuständigen Gerichts gebunden, müsste es in der Hauptverhandlung im Strengbeweisverfahren über einen kernbereichsrelevanten Inhalt Beweis erheben. Diese Beweiserhebung wäre gegebenenfalls ebenso wie die Beweisverwertung im Urteil eine **Verletzung der Menschenwürde**. Eine Bindung im gesamten weiteren Verfahren kommt demnach allenfalls infrage, wenn das die Eingriffsmaßnahme anordnenden Gericht die Verwertbarkeit verneint hat, der Beweisstoff danach nicht gelöscht wurde, sondern weiter zur Verfügung steht, und das erkennende Gericht die Verwertbarkeit bejahen würde (SK-StPO/*Wolter* § 100c Rn. 89); auch das aber erscheint nur hinsichtlich belastender Wirkungen des Beweisinhalts sachgerecht. Einen Entlastungsbeweis nicht zuzulassen, weil ein anderes Gericht zu Unrecht von der Unverwertbarkeit ausgegangen ist, dürfte vom Gesetzgeber, der diesen Fall offenbar nicht bedacht hat, nicht gewollt gewesen sein. Insoweit erscheint eine teleologische Reduktion der Bindungsnorm angezeigt zu sein.

27 **E. Kernbereichsschutz bei der akustischen Wohnraumüberwachung (Abs. 4).** Maßnahmen nach § 100c dürfen nur angeordnet werden, soweit aufgrund tatsächlicher Anhaltspunkte anzunehmen ist, dass durch die Überwachung kernbereichsrelevante Äußerungen nicht erfasst werden. Das Abhören und Aufzeichnen ist zu **unterbrechen**, sobald sich während der Überwachung Anhaltspunkte dafür ergeben, dass Äußerungen, die dem Kernbereich privater Lebensgestaltung zuzurechnen sind, erfasst werden (SK-StPO/*Wolter* § 100c Rn. 68). Ist eine Maßnahme unterbrochen worden, so darf sie **fortgeführt** werden, sobald aufgrund tatsächlicher Anhaltspunkte anzunehmen ist, dass nunmehr keine kernbereichsrelevanten Äußerungen mehr erfasst werden. Diese Regelung ist »gut gemeint«, aber kaum praktikabel (LR/*Hauck* § 100d Rn. 41).

28 **Im Zweifel** hat die Staatsanwaltschaft über die Unterbrechung oder Fortführung der Maßnahme unverzüglich eine **Entscheidung des Gerichts** herbeizuführen, wofür im Vorverfahren eine **Spezialstrafkammer** zuständig ist (§ 74a Abs. 4 GVG). Liegen die Voraussetzungen der Anordnung nicht mehr vor, sind die ergriffenen Maßnahmen unverzüglich **zu beenden** (§ 100d Abs. 4 Satz 4 i.V.m. § 100e Abs. 5). Das anordnende Gericht ist dann über den Verlauf und die Beendigung der Maßnahme zu unterrichten. Beendet nicht die Staatsanwaltschaft von sich aus die akustische Wohnraumüberwachung, so hat das Gericht den Abbruch anzuordnen, wenn die Voraussetzungen entfallen sind. Der Abbruch kann im Einzelfall auch vom Vorsitzenden der zuständigen Strafkammer allein angeordnet werden. Soweit für bereits erlangte Erkenntnisse ein **Verwertungsverbot** nach § 100d Abs. 2 in Betracht kommt, hat die Staatsanwaltschaft unverzüglich eine **Entscheidung des Gerichts** herbeizuführen, dass die Maßnahme angeordnet hat. Die – problematische – Regelung der **Bindung** der Staatsanwaltschaft **an die Entscheidung** des Gerichts gem. § 100d Abs. 3 Satz 3 gilt auch hier entsprechend. Das erkennende Gericht und einer Rechtsmittelgericht sind aber später an die gerichtliche Entscheidung aus dem Vorverfahren nicht mehr gebunden, wenn diese zu Unrecht von der Verwertbarkeit der Informationen mangels Kernbereichsrelevanz ausgegangen ist (Rdn. 26).

29 **F. Schutz von Zeugnisverweigerungsrechten (Abs. 5).** Die Abstimmung zwischen (absoluten) Beweisverboten bei kernbereichsrelevanten Informationen und solchen zum Schutz von Zeugnisverweigerungsberechtigten in § 100d und § 160a ist misslungen (LR/*Hauck* § 100d Rn. 56 ff.; SK-StPO/*Wolter* § 100c Rn. 79). **In den Fällen des § 53** sind nach § 100d Abs. 6 eine Online-Durchsuchung und eine akustische Wohnraumüberwachung von vornherein **unzulässig** (BVerfGE 109, 279 [329]; LR/*Hauck* § 100d Rn. 62). Soweit es nicht um Geistliche, Strafverteidiger oder Ärzte geht, wird damit **der präventive Schutz**, der sonst

nur kernbereichsrelevanten Kommunikationsverhältnissen zukommt, auf andere Berufsgruppen ausgedehnt. Das ist einer gesetzgeberischen Unsicherheit über die Reichweite des absolut geschützten Kernbereichs der Persönlichkeitsentfaltung geschuldet und führt an anderer Stelle zu Rechtsunklarheit, die den Vorteil der Ausdehnung des Schutzumfangs wieder relativiert. Fragwürdig erscheint auch die regelungstechnische Bevorzugung der Berufsgeheimnisträger (§ 53 Abs. 1) gegenüber den Angehörigen des Beschuldigten (§ 52 Abs. 1). Stellt sich erst im Lauf der Gesprächsüberwachung heraus, dass eine Person aus dem Kreis dieser Zeugnisverweigerungsberechtigten an abgehörten und aufgezeichneten Gesprächen beteiligt ist, so gelten die absoluten Beweisverwertungsverbote und Löschungs- sowie Dokumentationsgebote nach § 100d Abs. 2 Sätze 2–4 insoweit ebenfalls.

Weniger stark ist der **Schutz der in § 52 und § 53a genannten Personen**. In den Fällen der §§ 52, 53a dür- 30
fen aus einer Online-Durchsuchung oder akustischen Wohnraumüberwachung gewonnene Erkenntnisse, welche solche Personen betreffen, verwertet werden, wenn dies unter Berücksichtigung der Bedeutung des zugrunde liegenden Vertrauensverhältnisses **nicht außer Verhältnis** zum Interesse an der Erforschung des Sachverhalts oder der Ermittlung des Aufenthaltsortes eines Beschuldigten steht. Die Gleichsetzung dieser beiden disparaten Personengruppen nach §§ 52, 53a wirkt wiederum willkürlich. In Bezug auf beide Gruppen gilt nach dem Gesetz einfachrechtlich **kein absolutes Beweiserhebungsverbot**, sondern nur ein durch eine **Abwägung** (krit. zur Abwägungsdoktrin § 136 Rdn. 86 ff.) beschränktes Verwertungsverbot. Die Erkenntnisse aus der Überwachung von Gesprächen des Beschuldigten mit solchen Zeugnisverweigerungsberechtigten dürfen demnach verwertet werden, wenn der Eingriff in die Vertrauensbeziehung bei Abwägung mit dem staatlichen Strafverfolgungsinteresse nicht unverhältnismäßig ist, was immer darunter zu verstehen sein soll. Das gilt aber dann nicht, wenn der Beschuldigte mit einer Person aus dem Kreis der zeugnisverweigerungsberechtigten Angehörigen (§ 52) eine **kernbereichsrelevante Kommunikation** führt, die schon nach § 100d Abs. 1 nicht der Überwachung unterliegen darf (Rdn. 7). Auch insoweit wirkt die einfachrechtliche Regelung, die den Schutz von Zeugnisverweigerungsrechten gem. § 53 anders behandelt als denjenigen gem. § 52, unausgewogen (vgl. *Jäger/Hohmann-Dennhardt* in BVerfGE 109, 382 [385]).

§ 100d Abs. 5 Satz 3 verweist für alle Personengruppen im Sinne der §§ 52, 53, 53a auf die **Verstrickungs-** 31
regelung des § 160a Abs. 4 (SK-StPO/*Wolter* § 100c Rn. 85). Der Schutz durch Beweisverbote gilt demnach insgesamt nicht im Fall des Verdachts einer Beteiligung des Zeugnisverweigerungsberechtigten an der Tat aufgrund bestimmter Tatsachen. Wenn **der Zeugnisverweigerungsberechtigte** also **selbst einer Katalogtat verdächtig** ist, ferner dann, wenn ein Berufsgeheimnisträger von seiner Verschwiegenheitspflicht **entbunden** wurde **oder** wenn der Zeugnisverweigerungsberechtigte auf sein Weigerungsrecht **verzichtet**, dürfen die Erkenntnisse aus seiner Online-Durchsuchung oder akustischen Wohnraumüberwachung verwertet werden (*Eisenberg* Beweisrecht der StPO, Rn. 2532).

§ 100e Verfahren bei Maßnahmen nach den §§ 100a bis 100c

(1) [1]Maßnahmen nach § 100a dürfen nur auf Antrag der Staatsanwaltschaft durch das Gericht angeordnet werden. [2]Bei Gefahr im Verzug kann die Anordnung auch durch die Staatsanwaltschaft getroffen werden. [3]Soweit die Anordnung der Staatsanwaltschaft nicht binnen drei Werktagen von dem Gericht bestätigt wird, tritt sie außer Kraft. [4]Die Anordnung ist auf höchstens drei Monate zu befristen. [5]Eine Verlängerung um jeweils nicht mehr als drei Monate ist zulässig, soweit die Voraussetzungen der Anordnung unter Berücksichtigung der gewundenen Ermittlungsergebnisse feststehen.

(2) [1]Maßnahmen nach den §§ 100b und 100c dürfen nur auf Antrag der Staatsanwaltschaft durch die in § 74a Abs. 4 des Gerichtsverfassungsgesetzes genannte Kammer des Landgerichts angeordnet werden, in dessen Bezirk die Staatsanwaltschaft ihren Sitz hat. [2]Bei Gefahr im Verzug kann diese Anordnung auch durch den Vorsitzenden getroffen werden. [3]Dessen Anordnung tritt außer Kraft, wenn sie nicht binnen drei Werktagen von der Strafkammer bestätigt wird. [4]Die Anordnung ist auf höchstens einen Monat zu befristen. [5]Eine Verlängerung um jeweils nicht mehr als einen Monat ist zulässig, soweit die Voraussetzungen unter Berücksichtigung der gewonnenen Ermittlungsergebnisse fortbestehen. [6]Ist die Dauer der Anordnung auf insgesamt sechs Monate verlängert worden, so entscheidet über weitere Verlängerungen das Oberlandesgericht.

(3) [1]Die Anordnung ergeht schriftlich. [2]In ihrer Entscheidungsformel sind anzugeben:

1. **soweit möglich, der Name und die Anschrift des Beschuldigten, gegen den sich die Maßnahme richtet,**
2. **der Tatvorwurf, auf Grund dessen die Maßnahme angeordnet wird,**
3. **Art, Umfang, Dauer und im Zeitpunkt der Maßnahme,**
4. **die Art der durch die Maßnahmen zu erhebenden Informationen und ihre Bedeutung für das Verfahren,**

5. bei Maßnahmen nach § 100a die Rufnummer oder eine andere Kennung des zu überwachenden Anschlusses oder des Endgerätes, sofern sich nicht aus bestimmten Tatsachen ergibt, dass diese zugleich einem anderen Endgerät zugeordnet ist; im Fall des § 100a Absatz 1 Satz 2 und 3 eine möglichst genaue Bezeichnung des informationstechnischen Systems, in das eingegriffen werden soll,
6. bei Maßnahmen nach § 100b eine möglichst genaue Bezeichnung des informationstechnischen Systems, aus dem Daten erhoben werden sollen,
7. bei Maßnahmen nach § 100c die zu überwachende Wohnung oder die zu überwachenden Wohnräume.

(4) [1]In der Begründung der Anordnung oder Verlängerung von Maßnahmen nach den §§ 100a bis 100c sind deren Voraussetzungen und die wesentlichen Abwägungsgesichtspunkte darzulegen. [2]Insbesondere sind einzelfallbezogen anzugeben:
1. die bestimmten Tatsachen, die den Verdacht begründen,
2. die wesentlichen Erwägungen zur Erforderlichkeit und Verhältnismäßigkeit der Maßnahme,
3. bei Maßnahmen nach § 100c die tatsächlichen Anhaltspunkte im Sinne des § 100d Absatz 4 Satz 1.

(5) [1]Liegen die Voraussetzungen der Anordnung nicht mehr vor, so sind die aufgrund der Anordnung ergriffenen Maßnahmen unverzüglich zu beenden. [2]Das anordnende Gericht ist nach Beendigung der Maßnahme über deren Ergebnisse zu unterrichten. [3]Der Maßnahme nach den §§ 100b und 100c ist das anordnende Gericht auch über den Verlauf zu unterrichten. [4]Liegen die Voraussetzungen der Anordnung nicht mehr vor, so hat das Gericht den Abbruch der Maßnahme anzuordnen, sofern der Abbruch nicht bereits durch die Staatsanwaltschaft veranlasst wurde. [5]Die Anordnung des Abbruchs einer Maßnahme nach den §§ 100b und 100c kann auch durch den Vorsitzenden erfolgen.

(6) [1]Die durch Maßnahmen nach den §§ 100b und 100c erlangten und verwertbaren personenbezogenen Daten dürfen für andere Zwecke nachfolgenden Maßgaben verwendet werden:
1. Die Daten dürfen in anderen Strafverfahren ohne Einwilligung der insoweit überwachten Personen zur Aufklärung einer Straftat, aufgrund derer Maßnahmen nach § 100b oder § 100c angeordnet werden könnten, oder zur Ermittlung des Aufenthalts der einer solchen Straftat beschuldigten Person verwendet werden.
2. Die Verwendung der Daten, auch solcher nach § 100d Absatz 5 Satz 1 Halbsatz 2, zu Zwecken der Gefahrenabwehr ist nur zur Abwehr einer im Einzelfall bestehenden Lebensgefahr oder einer dringenden Gefahr für Leib oder Freiheit einer Person, für die Sicherheit oder den Bestand des Staates oder für Gegenstände von bedeutendem Wert, die der Versorgung der Bevölkerung dienen, von kulturell herausragendem Wert oder in § 305 des Strafgesetzbuches genannt sind, zulässig. Die Daten dürfen auch zur Abwehr einer im Einzelfall bestehenden dringenden Gefahr für sonstige bedeutende Vermögenswerte verwendet werden. Sind die Daten zur Abwehr der Gefahr oder für eine vorgerichtliche oder gerichtliche Überprüfung der zur Gefahrenabwehr getroffenen Maßnahmen nicht mehr erforderlich, so sind Aufzeichnungen über diese Daten von der für die Gefahrenabwehr zuständigen Stelle unverzüglich zu löschen. Die Löschung ist aktenkundig zu machen. Soweit die Löschung lediglich für eine etwaige vorgerichtliche oder gerichtliche Überprüfung zurückgestellt ist, dürfen die Daten nur für diesen Zweck verwendet werden; für eine Verwendung zu anderen Zwecken sind sie zu sperren.
3. Sind verwertbare personenbezogene Daten durch eine entsprechende polizeirechtliche Maßnahme erlangt worden, dürfen sie in einem Strafverfahren ohne Einwilligung der insoweit überwachten Personen nur zur Aufklärung einer Straftat, auf Grund derer die Maßnahmen nach § 100b oder § 100c angeordnet werden könnten, oder zur Ermittlung des Aufenthalts der einer solchen Straftat beschuldigten Person verwendet werden.

Übersicht

1 **A. Inhalt und Anwendungsbereich.** § 100e fasst die früher getrennt geregelten **Anordnungskompetenzen**, sowie Regelungen über **Form und Inhalt der Entscheidungen** und über die **Verwendung der gewonnenen Erkenntnisse** bezüglich der Maßnahmen der TKÜ (§ 100a Abs. 1 Satz 1) und der Quellen-Telekommunikationsüberwachung (§ 100a Abs. 1 Sätze 2 und 3), der Online-Durchsuchung (§ 100b) und der akustischen Wohnraumüberwachung (§ 100c) zusammen. Dabei gelten für die **TKÜ**, einschließlich der Quellen-Telekommunikationsüberwachung, **geringere Anforderungen** an die Anordnungskompetenzen. Für die untereinander gleichgesetzten Grundrechtseingriffe bei der **Online-Durchsuchung und** der **akustischen Wohnraumüberwachung** als besonders schwerwiegende Eingriffe wird jeweils ein **qualifizierter Richtervorbehalt** aufgestellt. Ob die geringeren Voraussetzungen bei der Quellen-Telekommunikationsüberwachung als »kleiner Online-Durchsuchung« im Hinblick auf deren Missbrauchsgefahren angemessen ist, bleibt fragwürdig.

2 § 100e Abs. 1 regelt die **Kompetenz zur Anordnung** einer strafprozessualen Überwachung der Telekommunikation **nach § 100a** und zur **Bestimmung der Dauer** der Maßnahmen. Diese Anordnungskompetenz steht grundsätzlich nur dem **Gericht** zu, bei **Gefahr im Verzug** ausnahmsweise auch der **Staatsanwaltschaft, nicht der Polizei**. Eine Eilanordnung der TKÜ durch die Staatsanwaltschaft muss innerhalb von drei Werktagen vom Gericht bestätigt werden, sonst verliert sie ex nunc ihre Wirkung. Die Anordnung ist auf eine **Dauer von höchstens drei Monaten** zu befristen, sie kann einmal oder mehrfach um bis zu drei Monate verlängert werden. Die Online-Durchsuchung (**§ 100b**) und die akustische Wohnraumüberwachung (**§ 100c**) unterliegen als besonders schwer wiegende Grundrechtseingriffe einem **qualifizierten Richtervorbehalt** (BVerfGE 109, 279 [358 ff.]). Bei **Gefahr im Verzug** muss nicht des Kollegialgerichts entscheiden, sondern es genügt eine **Entscheidung des Vorsitzenden.** Eine Eilkompetenz der Staatsanwaltschaft, erst recht eine solche der Polizei, besteht insoweit nicht. Die Anordnung der Online-Durchsuchung oder akustischen Wohnraumüberwachung ist auf **höchstens einen Monat** zu befristen, sie kann einmal oder mehrmals um jeweils nicht mehr als einen Monat verlängert werden. Die Frist beginnt mit dem Erlass der Anordnung, nicht mit dem Beginn der Bewachungsmaßnahme (MüKo-StPO/*Günther* § 100d Rn. 7; SK-StPO/*Wolter* § 100d Rn. 11). Hat die Anordnung eine Gesamtdauer von sechs Monaten erreicht, entscheidet über eine weitere Verlängerung das **Oberlandesgericht.** § 100c Abs. 3 regelt den notwendigen Inhalt der **Entscheidungsformel**, § 100c Abs. 4 den Inhalt der **Entscheidungsbegründung** bei den Überwachungsanordnungen nach §§ 100a–100c. In § 100e Abs. 5 ist normiert, dass die Maßnahme **abzubrechen** ist, wenn die Anordnungsvoraussetzungen weggefallen sind. § 100e Abs. 6 trifft Regelungen über die **Verwendung** der erlangten Informationen in anderen Strafverfahren oder bei der polizeilichen Gefahrenabwehr sowie Regelungen über die Verwendung der aus entsprechenden polizeirechtlichen Maßnahmen erlangten Informationen im Strafverfahren (zu Gemengelagen allg. *Brodowski* Verdeckte technische Überwachungsmaßnahmen im Polizei- und Strafverfahrensrecht, S. 253 ff.). Soweit es um eine Datenverwendung im Strafverfahren geht, hängt diese prinzipiell davon ab, dass es um die Verfolgung einer Katalogtat im Sinne des strafprozessualen Eingriffstatbestands geht. Für die Verwendung bei der Gefahrenabwehr gelten andere Maßstäbe (BVerfGE 141, 220 [270]).

3 **B. Zuständigkeiten. I. Anordnungskompetenz bei der TKÜ (Abs. 1). 1. Richtervorbehalt (Abs. 1 Satz 1).** Grundsätzlich ist zur Anordnung der TKÜ das **Gericht zuständig**, das eine vorbeugende Kontrolle der Maßnahme gewährleisten soll (*Meyer-Mews* StraFo 2016, 133 ff.; *Piel* StraFo 2017, 54 ff.; krit. zur Effektivität des Richtervorbehalts *Kleih* Die strafprozessuale Überwachung der Telekommunikation, S. 247 ff.; *Putzke* StraFo 2016, 1 ff.). Die Beantragung obliegt der Staatsanwaltschaft. Maßgeblich für diese Kompetenzverteilung ist der **Grundsatz der Gewaltenteilung.** Zwar ist die Staatsanwaltschaft nach der Verfassung auch eine Garantin der Rechtsstaatlichkeit des Verfahrens. Dennoch lag es wegen der Kontrollfunktion der Gewaltenteilung nahe, mit der Anordnung schwerer Grundrechtseingriffe einen Richter zu befassen. Hinzu tritt der **Gedanke effektiven Rechtsschutzes** (BVerfGE 103, 142 [151]; 109, 279 [357 f.]; 115, 166 [196 f.]; 125, 260 [238]) durch eine Verfahrensgestaltung, die darauf zielt, strukturelle Rechtsschutzdefizite zu kompensieren (BVerfGE 139, 245 [266]). Das Gesetz geht davon aus, dass der Richter wegen seiner Unabhängigkeit und Gesetzesbindung die Rechte des Betroffenen am besten wahren kann (BVerfGE 151, 67 [86]). Durch seine Einschaltung soll sichergestellt werden, dass die Interessen des Betroffenen berücksichtigt werden. Deshalb darf **die Staatsanwaltschaft nur ausnahmsweise** eine TKÜ anordnen, wenn die konkrete Gefahr eines Beweisverlusts vorliegt. In diesem Fall ist eine **gerichtliche Bestätigung** innerhalb von drei Werktagen seit der Anordnung erforderlich; andernfalls wird die behördliche Anordnung unwirksam.

4 Die praktische Bedeutung des Richtervorbehalts sinkt durch **übermäßige Pensenbelastung** der Ermittlungsrichter mit der Folge formularmäßiger Beschlussbegründungen (*Hiéramente* ZRP 2017, 50 ff.), die in der Praxis meist durch die Staatsanwaltschaft mehr oder weniger vollständig vorformuliert werden, durch regelmäßige **Nichtgewährung rechtlichen Gehörs** an den Betroffenen vor der Anordnung (§ 33 Abs. 4), durch

die **Geheimhaltung polizeilicher Erkenntnisse** aus bisherigen heimlichen Ermittlungen (§ 95a, § 101 Abs. 5) und durch die **strukturelle Einseitigkeit** der Begründung der Verdachtshypothese. Nachlässigkeiten in der ermittlungsrichterlichen Entscheidungspraxis werden durch die häufige Folgenlosigkeit von Verfahrensfehlern wegen der **Zurückdrängung von Beweisverwertungsverboten** durch die richterrechtliche Widerspruchslösung und die herrschende Abwägungsdoktrin (*Meyer-Mews* StraFo 2016, 177 ff.; *Piel* StraFo 2017, 54 ff.), ferner durch die weite **Zurückdrängung von Verfahrensrügen** in der Revision (*Schletz* Die erweiterte Revision in Strafsachen, S. 321 ff.) begünstigt. Die **Einräumung von Beurteilungsspielräumen** für die erstinstanzlichen Richter und die **Nichtbeanstandung** der Praxis **behördlich vorformulierter Gerichtsbeschlüsse** (BVerfG NJW 2009, 2516 [2517]; 2015, 851 [852]) tragen auch zur Entwertung des Richtervorbehalts als Instrument einer neutralen Gewährung vorbeugenden Rechtsschutzes. In der Praxis leistet der Richtervorbehalt daher aufgrund struktureller Schwächen bei Weitem nicht das, was von der verfassungsgerichtlichen Rspr. erwartet wird (*Putzke* StraFo 2016, 1 ff.).

5 Zuständig ist im Ermittlungsverfahren nach § 162 Abs. 1 Satz 1, soweit nicht in Staatsschutzsachen der Ermittlungsrichter bei einem OLG oder beim BGH zur Entscheidung berufen ist, der **Ermittlungsrichter** bei dem Amtsgericht. Er kann nur auf Antrag der Staatsanwaltschaft tätig werden. **Nach Anklageerhebung** geht die Zuständigkeit auf **das erkennende Gericht** über. Jedoch ist eine Notwendigkeit zum Einsatz von heimlichen Ermittlungsmethoden in diesem Verfahrensstadium meist kaum noch begründbar. Hat das erkennende Gericht gleichwohl ausnahmsweise parallel zum Hauptverfahren eine TKÜ angeordnet, so hat es die Verteidigung aus Fairnessgründen alsbald von deren Ergebnis zu unterrichten, selbst wenn es dies nicht für entscheidungserheblich hält (BGH NJW 1990, 584 [585 f.]).

6 **2. Eilkompetenz der Staatsanwaltschaft (Abs. 1 Sätze 2 und 3).** § 100e Abs. 1 Satz 2 sieht vor, dass Telekommunikationsüberwachungen bei **Gefahr im Verzug** auch durch **die Staatsanwaltschaft** angeordnet werden dürfen. Der Zweck der Eilkompetenz besteht in der Ermöglichung eines situationsgerechten Ermittlungshandelns (BVerfGE 139, 245 [272]). Die richterliche Anordnung ist allerdings rechtlich die Regel und die nichtrichterliche hier eine **besondere Ausnahme**. Generell ist der Begriff von »Gefahr im Verzug« eng auszulegen (BVerfGE 103, 142 [152]). Eine bei staatsanwaltschaftlicher Anordnung binnen dreier Tage gem. § 100e Abs. 1 Satz 3 einzuholende **nachträgliche Bestätigung** der Rechtmäßigkeit **durch den Richter** (LR/*Hauck* § 100a Rn. 24) ist verfahrenspsychologisch im Hinblick auf ubiquitäre **Schulterschlusseffekte** (*Schünemann* StV 2000, 159 [162]) und **Dissonanzreduktionen** aufgrund von kognitiver Dissonanz (*Eschelbach* GA 2019, 593 ff.), die im ermittlungsrichterlichen Arbeitsbereich besonders wenig Widerstand erfährt, eine fragwürdige Kompensation für den Wegfall des Richtervorbehalts im Anordnungszeitpunkt. Sie kann überdies einen in der Zwischenzeit bis zur nachträglichen Entscheidung des Gerichts erfolgten Grundrechtseingriff nicht rückgängig machen und **das Außerkrafttreten wirkt** gegebenenfalls **nicht zurück** (LR/*Hauck* § 100a Rn. 26). Andererseits darf bei der Bestimmung von Gefahr im Verzug der Zweck der Eilkompetenz nicht außer Betracht bleiben. Diese Kompetenz eröffnet der Staatsanwaltschaft die Möglichkeit eines Eingriffs, wenn **Beweise ansonsten gefährdet** wären (BVerfGE 103, 142 [154]). Gefahr im Verzug ist anzunehmen, wenn die vorherige Einholung der richterlichen Anordnung den Erfolg der Überwachungsmaßnahmen gefährden würde (BGHSt 51, 285 [288]; 61, 266 [272]). Ob dafür ein angemessener Zeitraum zur Verfügung steht, innerhalb dessen eine Entscheidung des Richters erwartet werden kann, oder ob bereits eine Verzögerung wegen des Versuchs der Herbeiführung seiner Entscheidung den Erfolg der Durchsuchung gefährden würde und daher eine behördliche Überwachungsanordnung ergehen darf, hat die Staatsanwaltschaft zunächst selbst zu prüfen, wofür ihr ein Beurteilungsspielraum zusteht. Spekulationen oder Vermutungen sind nicht hinreichend, um eine Eilkompetenz zu begründen. Die Annahme von Gefahr im Verzug muss **mit konkreten Tatsachen begründet** werden (BVerfGE 103, 142 [155]; 139, 245 [270]).

7 Gefahr im Verzug kann **rechtlich** nicht dadurch erst entstehen, dass die Staatsanwaltschaft deren **Voraussetzungen** durch Zuwarten **selbst herbeiführt**. Die Staatsanwaltschaft darf den Antrag an den Ermittlungsrichter deshalb nicht so lange zurückstellen, bis **tatsächlich** die Gefahr eines Beweismittelverlusts eingetreten ist (BVerfGE 139, 245 [270]; BGHSt 61, 266 [273]). Sie muss im Bedarfsfall regelmäßig zumindest ernsthaft versuchen, eine Anordnung des zuständigen Richters zu erlangen. Dazu ist im Rechtsstaat durch Schaffung richterlicher Bereitschaftsdienste in gewissem zeitlichem Umfang eine uneingeschränkte Erreichbarkeit zu ermöglichen (BVerfGE 151, 67 [88 ff.]). Hat die Staatsanwaltschaft das Vorliegen von Gefahr im Verzug verneint und eine richterliche Überwachungsanordnung beantragt, **endet mit der Befassung des Gerichts** generell auch **die Eilkompetenz** der Behörde (BVerfGE 139, 245 [271]; BGHSt 61, 266 [274]).

8 Falls die Staatsanwaltschaft dagegen zu dem Ergebnis gelangt, dass Gefahr im Verzug vorliegt, sind die zugrunde gelegten **Umstände zu dokumentieren** (BVerfGE 139, 245 [271]). Dies geschieht der Praxis durch einen Aktenvermerk, der die wesentlichen Erwägungen des anordnenden Staatsanwalts erkennen lassen muss.

II. Anordnungskompetenz bei der Onlinedurchsuchung oder akustischen Wohnraumüberwachung (Abs. 2). Die Anordnung der repressiven akustischen Wohnraumüberwachung **bedarf** stets **eines Antrags der Staatsanwaltschaft.** Polizeibehörden sind nicht antragsberechtigt. Für Maßnahmen der Wohnraumüberwachung ist eine **besondere Strafkammer** beim Landgericht am Sitz eines Oberlandesgerichts zuständig (LR/*Hauck* § 100a Rn. 28). Diese Strafkammer darf nicht mit strafprozessualen Hauptverfahren befasst sein (§ 74a Abs. 4 GVG). Dass die **Eingriffsrichter** demnach auch nicht mit den später **erkennenden Richtern** identisch sein sollen, hat das Gesetz **nicht durch einen Ausschlusstatbestand gesichert.** Insgesamt besteht wegen der bekannten Perseveranz-, Inertia- und Schulterschlusseffekte (*Schünemann* StV 2000, 159 ff.) infolge einer qualifizierten Vorbefassung (allg. *Kierzkowski* Die Unparteilichkeit des Richters im Strafverfahren unter Berücksichtigung von Art. 6 Abs. 1 Satz 1 EMRK, S. 130 ff.) gleichwohl ein strukturelles Defizit an präventiver Rechtsschutzgewährleistung. Wurde die Dauer der Maßnahme auf insgesamt sechs Monate verlängert, so ist für jede weitere Entscheidung nicht mehr die Sonderstrafkammer, sondern ein gem. § 120 Abs. 4 Satz 2 GVG mit Hauptverfahren nicht befasster **Senat des Oberlandesgerichts** zuständig. 9

Die **Sonderstrafkammer** (§ 74a Abs. 4 GVG) tritt **bei** den besonders schwerwiegenden Eingriffen durch **Online-Durchsuchung** oder **akustische Wohnraumüberwachung** an die Stelle des sonst im Strafverfahren für die Anordnung von Grundrechtseingriffen nach § 162 zuständigen Ermittlungsrichters beim Amtsgericht. Sie ist in zentralisierter Weise **für den Bezirk des Oberlandesgerichts zuständig.** Die Einschaltung eines Kollegialgerichts bei einem Gericht höherer Art anstelle des Ermittlungsrichters beim Amtsgericht führt als Nebeneffekt zumindest praktisch dazu, dass die Zahl der Anträge begrenzt bleibt, weil der dortige Begründungsaufwand für den staatsanwaltschaftlichen Antrag ebenso wie für die gerichtliche Entscheidung und die Kontrolldichte erhöht ist. 10

Eine **Eilentscheidung** über die Anordnung einer Online-Durchsuchung oder akustischen Wohnraumüberwachung kann bei Gefahr im Verzug wegen Nichterreichbarkeit der Kammermitglieder oder ihrer geschäftsplanmäßigen Vertreter in angemessener Zeit allein **durch den Vorsitzenden** der Staatsschutzkammer erfolgen (LR/*Hauck* § 100a Rn. 29). Danach ist jedoch eine **Bestätigung der Strafkammer innerhalb von drei Werktagen** erforderlich, damit die Anordnung nicht außer Kraft tritt (LR/*Hauck* § 100d Rn. 8). In der Zwischenzeit gewonnene Erkenntnisse sollen auch im Fall einer Nichtbestätigung der Entscheidung des Vorsitzenden durch die Strafkammer wegen der immerhin zunächst als Grundlage der Maßnahmenvollziehung vorhanden gewesenen richterlichen Prüfung **verwertbar** bleiben (LR/*Hauck* § 100a Rn. 32; Meyer-Goßner/Schmitt/*Köhler* § 100d Rn. 1; a.A. SK-StPO/*Wolter* § 100d Rn. 6a). Nur wenn die Anordnung des Vorsitzenden sich nachträglich als rechtsfehlerhaft erweist, kommt nach diesem Ansatz ein Verwertungsverbot infrage. Das Gericht prüft auch bei einer bereits vorliegenden Eingriffsmaßnahme auf Antrag der Staatsanwaltschaft prinzipiell nur, ob **die gesetzlichen Eingriffsvoraussetzungen** vorliegen, **nicht, ob die** beantragte **Maßnahme zweckmäßig ist.** 11

Die besondere Strafkammer ist ferner für **Entscheidungen über** das **Vorliegen eines Löschungsgebots** (§ 100d Abs. 2 Satz 2) oder Beweisverwertungsverbots wegen **Kernbereichsverletzung** (§ 100d Abs. 3 Satz 2 und Abs. 4 Satz 4) sowie den **Abbruch der Überwachung** wegen Wegfalls der Anordnungsvoraussetzungen zuständig (§ 100d Abs. 5 Satz 4). 12

C. Rubrum, Formel (Abs. 3) und Begründung des Anordnungsbeschlusses (Abs. 4). Die Anordnung einer Überwachungsmaßnahme hat stets schriftlich zu erfolgen. Nach den verfassungsgerichtlichen Vorgaben hat der Gesetzgeber das **Gebot vorbeugender richterlicher Kontrolle** mit strengen Anforderungen an den **Inhalt und** die **Begründung** der gerichtlichen Anordnung verbunden (BVerfGE 109, 279 [358 f.]; 125, 260 [238]). Hieraus folgt das Erfordernis einer hinreichend substanziierten **Begrenzung und Begründung der Überwachungsmaßnahmen** sowie Begrenzung der Erfassung begehrter Daten. Der Begründungszwang soll eine effektive Kontrolle ermöglichen (BVerfGE 125, 260 [238]). Der Anordnungsbeschluss des Gerichts muss deshalb gehaltvoll begründet werden und er darf sich nicht in Leerformeln erschöpfen. Überdies sind **die zu übermittelnden Daten** nach Maßgabe des Verhältnismäßigkeitsgrundsatzes hinreichend **selektiv** und in klarer Weise zu bezeichnen (BVerfGE 125, 260 [238]). Das fällt bei Überwachungsmaßnahmen schwer, die eine Vielzahl von Daten mit kaum vorhersehbarem Einzelinhalt erfassen können; die Vorgabe stößt daher rasch an Leistungsgrenzen. 13

Die Überwachungsanordnung ergeht schriftlich **durch Beschluss** des Gerichts (LR/*Hauck* § 100a Rn. 8). Damit das Gericht eigenverantwortlich entscheiden kann, muss es **über den Stand der Ermittlungen unterrichtet** sein (LR/*Hauck* § 100a Rn. 10). Der auf dieser Grundlage ergehende Beschluss muss, soweit möglich, strengen Anforderungen an **Angaben in Rubrum** (hinsichtlich der Personalien des Beschuldigten im Gesetzestext fehlerhaft als »Formel« bezeichnet) **und Tenor** (§ 100e Abs. 3) **sowie in der Begründung** (§ 100e Abs. 4, § 34; LR/*Hauck* § 100a Rn. 17) der Entscheidung genügen. So sind nach Möglichkeit **Name und** 14

Anschrift des Beschuldigten, der **Tatvorwurf** durch Nennung des Straftatbestands (MüKo-StPO/*Günther* § 100d Rn. 12), das **Überwachungsobjekt** (Anschluss, informationstechnisches System, Wohnung), **Art, Umfang und Dauer** der Maßnahme, Art und Bedeutung der relevanten **Informationen**, die **Verdachtsgründe**, die **Verhältnismäßigkeitserwägungen** und die Umstände, auf denen eine **negative Kernbereichsprognose** beruht, zu erläutern. Zur Art und zum Umfang der Maßnahme gehören auch **die technischen Mittel**, die bei der Überwachung zum Einsatz kommen sollen und gegebenenfalls durch **Begleitmaßnahmen** anzubringen sind. Zusätzlich kann das Gericht bei der Telekommunikationsüberwachungsanordnung gegebenenfalls bestimmen, dass die Überwachung ausnahmsweise ohne automatische Aufzeichnung nur unter Echtzeitüberwachung durchgeführt werden soll, oder dass die Überwachung zur Vermeidung eines Eingriffs in den Kernbereich der Persönlichkeitsentfaltung nur bei Anwesenheit bestimmter Personen in der Wohnung durchgeführt werden darf, deren Kommunikationsbeziehung mit dem Beschuldigten erwarten lässt, dass nicht ausschließlich Gespräche in einer besonders geschützten Vertrauensbeziehung geführt werden. Im Fall einer **Fristverlängerung** ist eine neue Entscheidung erforderlich, die inhaltlich auf den Anordnungsbeschluss Bezug nehmen kann, soweit sich keine Änderungen ergeben haben.

15 Die Anordnung muss zunächst auf höchstens einen Monat **befristet** werden (§ 100e Abs. 3 Satz 4). Die Frist kann nachträglich jeweils um einen Monat **verlängert** werden (§ 100e Abs. 3 Satz 5). Sie beginnt mit dem Erlass der Anordnung, nicht erst mit dem Beginn der Überwachung (SK-StPO/*Wolter* § 100d Rn. 11).

16 **D. Durchführung und Abbruch der Überwachung (Abs. 5).** Mit der Durchführung der Überwachung **beauftragt die Staatsanwaltschaft die polizeilichen Ermittlungspersonen**, die allein über entsprechende Überwachungstechnik verfügen. Die Polizei schaltet bei der TKÜ den **Diensteanbieter** ein. Bei der Online-Durchsuchung oder der akustischen Überwachung kann sie gegebenenfalls mithilfe eines »Staatstrojaners« von außen in das informationstechnische System in der Wohnung des Betroffenen eindringen, ohne dass es besonderer Begleitmaßnahmen bedarf. Das anordnende Gericht hat im Rahmen der Verhältnismäßigkeitsprüfung auch die notwendigen Begleitmaßnahmen zu berücksichtigen (SK-StPO/*Wolter* § 100d Rn. 17). Will die Ermittlungsbehörde unmittelbar **in der Wohnung** ein informationstechnisches System infiltrieren, fehlt es nach der hier vertretenen Ansicht, entgegen einer auf Praktikabilitätserwägungen beruhenden Perspektive, an einer verfassungskonform Legitimation zum Betreten der Wohnung unter Verwendung einer Legende in den §§ 100b, 110c (§ 100b Rdn. 27).

17 **Liegen die Voraussetzungen** der Anordnung **nicht mehr vor, sind** die **Überwachungsmaßnahmen unverzüglich zu beenden** (§ 100e Abs. 5 Satz 1). In diesem Fall hat das **Gericht** den Abbruch anzuordnen (SK-StPO/*Wolter* § 100d Rn. 22), sofern dieser nicht bereits durch die **Staatsanwaltschaft** veranlasst wurde (§ 100e Abs. 5 Satz 4). Die Anordnung des Abbruchs einer Maßnahme nach den §§ 100b und 100c kann auch **durch den Vorsitzenden** der Sonderstrafkammer erfolgen (§ 100e Abs. 5 Satz 5) und bedarf keiner Bestätigung durch die Strafkammer (MüKo-StPO/*Günther* § 100d Rn. 28). Um einen Abbruch der Überwachung zu ermöglichen hat das Gericht im Grundsatz laufend zu kontrollieren, ob die Voraussetzungen noch vorliegen. Es kann dazu Informationen bei der Ermittlungsbehörde anfordern (SK-StPO/*Wolter* § 100b Rn. 25). Es hat aber im Allgemeinen nur zu reagieren, wenn ihm Hinweise darauf bekannt werden, dass sie Anordnungsvoraussetzungen weggefahren sein könnten.

18 Von einem Abbruch der Maßnahme mit der Notwendigkeit einer neuen gerichtlichen Anordnung ist eine **Unterbrechung** bei vorübergehend auftretender Gefahr der Kernbereichsberührung zu unterscheiden, die für sich genommen keiner gerichtlichen Entscheidung bedarf (LR/*Hauck* § 100a Rn. 53). Ein Abbruch der Maßnahme kann aber notwendig werden, wenn die Überwachung mehrfach unterbrochen werden musste, weil die Gefahr eines Eingriffs in den Kernbereich privater Lebensgestaltung bestand und danach nicht mehr davon ausgegangen werden kann, dass es zu keinem weiteren Eingriff in den Kernbereich kommen wird. Auch **bei aufkommenden Zweifeln** am Bestehen eines für die Anordnung der Maßnahme ausreichenden Verdachts oder der Verhältnismäßigkeit der Überwachung kann ein Abbruch geboten sein.

19 Nach § 100e Abs. 5 Satz 2 besteht eine Verpflichtung der Behörden zur **Unterrichtung des Gerichts über einen** behördlich vor Fristablauf veranlassten **Abbruch** der Überwachung. In den Fällen der Online-Durchsuchung oder akustischen Wohnraumüberwachung ist das Gericht auch über den Verlauf zu informieren (§ 100e Abs. 5 Satz 3). Es soll gegebenenfalls auch über einen **Erfolg** berichtet werden. Andererseits sollen **Bedenken** gegen Art der erhobenen Daten, den Umfang und die Dauer der Maßnahme mitgeteilt werden, um künftige Fehler zu vermeiden. Das setzt eine die strukturellen Schwächen überwindende Objektivität und Neutralität der Ermittlungsbehörde voraus.

20 **E. *Verwendung der erlangten Informationen* (Abs. 6). I. Verwendung in anderen Strafverfahren.** Erkenntnisse aus einer Überwachung sind im **Verfahren gegen Mitbeschuldigte** oder **anderen Strafverfahren** nach Maßstäben eines hypothetischen Ersatzeingriffs verwertbar (SK-StPO/*Wolter* § 100d Rn. 35), also immer und nur dann, wenn auch dort eine Überwachung hypothetisch möglich gewesen wäre (§ 100e Abs. 6 Nr. 1). Voraussetzung dafür sind also auch die Verfolgung einer **Katalogtat** (LR/*Hauck* § 100a Rn. 71 f.), deren **besondere Schwere** im Einzelfall, das **Vorliegen eines konkreten Anfangsverdachts** und die hypothetische **Beachtung des Subsidiaritätsgrundsatzes.** Die Verwendung von Informationen in anderen Verfahren unterliegt denselben Verwertungsgrenzen durch selbstständige **Beweisverwertungsverbote** wie im Ursprungsverfahren. Dies gilt auch, soweit im Ausgangsverfahren ein Verwertungsverbot aufgrund einer Abwägung nach § 100c Abs. 6 besteht, während die Abwägung in dem anderen Strafverfahren für sich genommen zur Zulässigkeit der Verwendung führen würde. Soweit im Ausgangsverfahren Beweisverwertungsverbote nach § 100c Abs. 5 in Betracht kommen, muss auch vor einer Verwendung der Überwachungsergebnisse in einem anderen Verfahren eine **gerichtliche Entscheidung über die Verwertbarkeit** eingeholt werden (§ 100d Abs. 4 Satz 5).

Mit der Formulierung, dass die Maßnahme »zur Aufklärung« einer anderen Katalogtat angeordnet werden könnte, stellt das Gesetz klar, dass allein das **Vorliegen einer Katalogstraftat nicht ausreicht**, um die Verwendung der gewonnenen Erkenntnisse für andere Zwecke zu rechtfertigen. Vielmehr müssen die gewonnenen Erkenntnisse auch insoweit den konkreten Verdacht einer Katalogtat begründen und die Subsidiaritätsklausel muss entsprechend beachtet werden. § 100e Abs. 5 Nr. 1 ist *lex specialis* gegenüber § 477 Abs. 2 und gestattet die **Verwertung von Zufallsfunden** nur unter den Voraussetzungen des hypothetischen Ersatzeingriffs. Werden Zufallsfunde in einem anderen Verfahren verwendet, ist dies insb. nur zulässig, soweit es zum Beweis einer Katalogtat dient. 21

Erklärt sich die **überwachte Person** später mit der Weiterverwendung der erlangten Informationen **einverstanden**, können die gewonnenen Daten auch in einem anderen Strafverfahren, das keine Katalogtat im Sinne von § 100c Abs. 2 zum Gegenstand hat, verwertet werden (MüKo-StPO/*Günther* § 100d Rn. 39; SK-StPO/*Wolter* § 100d Rn. 39). 22

II. Verwendung zur Gefahrenabwehr. Die Verwendung von Daten aus einer strafprozessualen Wohnraumüberwachung zu Zwecken der Gefahrenabwehr ist mit dem Ziel der Abwehr einer Lebensgefahr oder einer näher bezeichneten Gefahr für andere wichtige Rechtsgüter zulässig (BVerfGE 141, 220 [270]; *Brodowski* Verdeckte technische Überwachungsmaßnahmen im Polizei- und Strafverfahrensrecht, S. 276 ff.; LR/*Hauck* § 100a Rn. 77 ff.; SK-StPO/*Wolter* § 100d Rn. 46 ff.). Verwertbarkeit im Ausgangsstrafverfahren wird bei der gefahrenabwehrrechtlichen Informationsverwendung nicht vorauszugesetzt. Die Löschungspflicht obliegt ggf. der für die Gefahrenabwehr zuständigen Stelle. 23

Für den **nachträglichen Rechtsschutz gegen erledigte polizeiliche Überwachungsmaßnahmen** zur Abwehr von Gefahren ist der **Verwaltungsrechtsweg** eröffnet, und zwar auch dann, wenn wegen des zugrunde liegenden Sachverhalts ein strafrechtliches Ermittlungsverfahren geführt wird (BGHSt 62, 22 [26 ff.]). 24

Bei **Gemengelagen** (*Brodowski* Verdeckte technische Überwachungsmaßnahmen im Polizei- und Strafverfahrensrecht, S. 293 ff.) soll nach vordringender Ansicht eine alternative Anwendung von Polizei- oder Strafprozessrecht möglich sein (für »legendierte Kontrollen« BGHSt 62, 123 [130 ff.]), wodurch aber im Ergebnis die Beschuldigtenrechte aufgrund eines polizeilichen »Befugnis-shopping« vernachlässigt werden. 25

III. Verwendung polizeirechtlich erlangter Informationen im Strafverfahren. Erkenntnisse aus einer präventivpolizeilichen Wohnraumüberwachung dürfen **im Strafverfahren** unter den Voraussetzungen des § 100e Abs. 5 Nr. 3 **verwertet** werden (*Brodowski* Verdeckte technische Überwachungsmaßnahmen im Polizei- und Strafverfahrensrecht, S. 131 ff.; LR/*Hauck* § 100a Rn. 83 ff.; SK-StPO/*Wolter* § 100d Rn. 69 ff.). Der Begriff »verwertbare Daten« bezieht sich dabei nur scheinbar auf die Beweisverwertungsverbote aus § 100d, sinnvollerweise aber auf alle Beweisverwertungsverbote (SK-StPO/*Wolter* § 100d Rn. 69a). 26

Voraussetzung der Verwendung ist die Verfolgung einer **Katalogtat** im Sinne des § 100c Abs. 2, ferner, dass auch das zur Erhebung der Daten ermächtigende Polizeigesetz deren **Umwidmung** für Zwecke der Strafverfolgung **gestattet**, und schließlich, dass die zu verwendenden **Daten** polizeirechtlich **in rechtmäßiger Weise erhoben** wurden (MüKo-StPO/*Günther* § 100d Rn. 45). Enthält das der präventiven Überwachung zugrunde liegende Gesetz keine Regelung zum präventiven Schutz des Kernbereichs privater Persönlichkeitsentfaltung, wie sie § 100d Abs. 1 für das Strafverfahren vorsieht (BGHSt 54, 69 [92]), so sind vom Standpunkt der heute herrschenden Abwägungsdoktrin aus im Rahmen einer Abwägung alle maßgeblichen Gesichtspunkte des Einzelfalls und die widerstreitenden Interessen zu berücksichtigen. 27

Sind die Erkenntnisse auf rechtmäßige Weise erlangt worden, dürfen die Daten auch zur Beweisführung von solchen **Nichtkatalogtaten** verwendet werden, die mit der Anlasstat eine einheitliche Tat im prozessualen Sinn bilden. 28

29 F. **Unselbstständige Beweisverwertungsverbote.** Selbstständige, also von dem Beweiserhebungsakt unabhängige Beweisverwertungsverbote, die sich unmittelbar aus dem Verfassungsrecht oder aus Regeln zum Schutz von Zeugnisverweigerungsberechtigten (BGH StV 2017, 1 f. m.Anm. *Gercke* = NStZ 2016, 741 m. Anm. *Kämpfer*) ergeben, sind nach § 100d zu beurteilen (s. dort). Daneben können sich unselbstständige Beweisverwertungsverbote **aus Rechtsfehlern bei der Beweiserhebung** ergeben. Wann dies der Fall ist, hängt von den Umständen des Einzelfalls ab und folgt in der Praxis der **Abwägungslehre** (§ 136 Rdn. 85 ff.).

30 **Wegen des erheblichen Eingriffsgewichts** der Überwachungsmaßnahmen nach den §§ 100a–100c und **der besonderen Bedeutung der** formellen und materiellen **Voraussetzungen** hierfür kann bei Vorliegen eines Verfahrensfehlers jedenfalls hier nicht von einem **Eingreifen von Beweisverwertungsverboten nur in extremen Ausnahmefällen** ausgegangen werden, wie es sonst für unselbstständige Beweisverwertungsverbote propagiert wird (BVerfGE 130, 1 [28]). Vielmehr führen Verstöße gegen die Anordnungsvoraussetzungen jedenfalls bei den eingriffsintensiven Überwachungsmaßnahmen **regelmäßig** zu einem Beweisverwertungsverbot (SK-StPO/*Wolter* § 100d Rn. 14). Nur ausnahmsweise bleibt es bei der Verwertbarkeit der erlangten Informationen. Die Beweisergebnisse aufgrund der Infiltration informationstechnischer Systeme im Ausland wegen einer Verschlüsselung mit Hilfe der Dienste einer kriminellen Handelsplattform **EncroChat** ist in deutschen Strafverfahren nach der Rspr. trotz der erheblichen Streubreite der Infiltrationsmaßnahmen verwertbar (BGH StV 2022, 353 ff. m.Anm. *Cornelius* NJW 2022, 1546 f.; OLG Karlsruhe MMR 2022, 217 ff.; OLG Rostock NJ 2021, 372 ff.; OLG Schleswig NStZ 2021, 693 ff.; KG NStZ-RR 2021, 353 ff. m.Anm. *Immel*; a.A. LG Berlin NStZ 2021, 696 ff.; *Gebhardt/Michalke* NJW 2022, 655 ff.; *Singelstein* NStZ 2021, 449 ff.). Dasselbe gilt für das Nachfolgesystem **Anom** (LG Darmstadt StV 2022, 280 m.Anm. *Nestler*).

31 Das Fehlen der richterlichen Anordnung einer inländischen TKÜ führt zu einem Beweisverwertungsverbot hinsichtlich der bei dieser Überwachung gewonnenen Beweismittel, auch wenn der Staatsanwalt die Maßnahme unter Inanspruchnahme seiner Eilkompetenz angeordnet hat, ohne wenigstens zuvor versucht zu haben, einen Richter zu erreichen, wenn dafür in der Spanne des Bereitschaftsdienstes eine Möglichkeit besteht. Die **Verletzung des Richtervorbehalts** (*Piel* StraFo 2017, 54 ff.) hat auch sonst bei den heimlichen und eingriffsintensiven Ermittlungsmaßnahmen besondere Bedeutung und rechtfertigt im Grundsatz die Annahme eines Beweisverwertungsverbots. Die im sonstigen Eingriffsrecht geläufige Behauptung, dies sei nur bei grober Verkennung der Bedeutung des Richtervorbehalts oder willkürlicher Berufung auf eine Eilkompetenz der Fall, trägt jedenfalls bei den Maßnahmen nach den §§ 100b und 100c nicht, zumal dort keine entsprechenden Eilkompetenzen der Staatsanwaltschaft bestehen, sondern nur solche des Vorsitzenden der Spezialstrafkammer. Der **Hypothese eines** theoretisch alternativ möglichen **rechtmäßigen Ermittlungsverlaufs** kommt schon allgemein bei Verkennung von Bedeutung und Tragweite des Richtervorbehalts im Rahmen der Abwägungsentscheidung über ein Beweisverwertungsverbot keine Bedeutung zu. Gilt das bereits für die Durchsuchung (BGHSt 61, 266 [276]), so muss Entsprechendes erst recht jedenfalls bei den heimlichen Quellen-Telekommunikationsüberwachungen, Online-Durchsuchungen oder akustischen Wohnraumüberwachungen gelten. Hat ein **unzuständiges Gericht** die Anordnung einer Online-Durchsuchung oder akustischen Wohnraumüberwachung getroffen, sind die hieraus gewonnenen Erkenntnisse unverwertbar. Ein unselbstständiges Beweisverwertungsverbot greift ferner ein, wenn der für die Maßnahme erforderliche konkrete **Verdacht einer Katalogtat** zum Zeitpunkt der Anordnung fehlte (einschr. bei fehlerhafter Informierung des Ermittlungsrichters über Indiztatsachen BGH StraFo 2015, 458). Beweisverwertungsverbote kommen ferner in Betracht **bei nicht nur unerheblichen Verstößen gegen Befristungen**. Nur geringfügige Überschreitungen der Frist rechtfertigen dagegen die Annahme, dass deshalb noch kein Beweisverwertungsverbot eingreift (SK-StPO/*Wolter* § 100b Rn 37).

32 Die Geltung der **Widerspruchslösung** (Meyer-Goßner/Schmitt/*Köhler* § 100e Rn. 31) für unselbstständige Beweisverwertungsverbote (§ 136 Rdn. 100 ff.) erscheint mit Blick auf die von Amts wegen zu beachtenden Schutzvorkehrungen bei der Informationsbeschaffung mithilfe von eingriffsintensiven Ermittlungen nach §§ 100a–100c noch mehr als bei anderen unselbstständigen Beweisverwertungsverboten (einschränkend BGHSt 61, 266 [268] m.Anm. *Zopfs* NJW 2017, 1335 f.) unangebracht. Der Gesetzgeber hat bei der Neuordnung und Ergänzung der Vorschriften über die heimlichen Ermittlungsmethoden weder im Gesetzestext noch in den Materialien andeutungsweise die Widerspruchslösung erwähnt. Es dürfte daher dem Prinzip vom Vorrang und vom Vorbehalt des Gesetzes entsprechen, hier kein Widerspruchserfordernis aufzustellen.

§ 100f Akustische Überwachung außerhalb von Wohnraum

(1) Auch ohne Wissen der betroffenen Personen darf außerhalb von Wohnungen das nichtöffentlich gesprochene Wort mit technischen Mitteln abgehört und aufgezeichnet werden, wenn bestimmte Tatsachen den Verdacht begründen, dass jemand als Täter oder Teilnehmer eine in § 100a Abs. 2 bezeichnete, auch im

Einzelfall schwerwiegende Straftat begangen oder in Fällen, in denen der Versuch strafbar ist, zu begehen versucht hat, und die Erforschung des Sachverhalts oder die Ermittlung des Aufenthaltsortes eines Beschuldigten auf andere Weise aussichtslos oder wesentlich erschwert wäre.
(2) [1]**Die Maßnahme darf sich nur gegen einen Beschuldigten richten.** [2]**Gegen andere Personen darf die Maßnahme nur angeordnet werden, wenn auf Grund bestimmter Tatsachen anzunehmen ist, dass sie mit einem Beschuldigten in Verbindung stehen oder eine solche Verbindung hergestellt wird, die Maßnahme zur Erforschung des Sachverhalts oder zur Ermittlung des Aufenthaltsortes eines Beschuldigten führen wird und dies auf andere Weise aussichtslos oder wesentlich erschwert wäre.**
(3) **Die Maßnahme darf auch durchgeführt werden, wenn Dritte unvermeidbar betroffen werden.**
(4) **§ 100d Absatz 1 und 2 sowie § 100e Absatz 1, 3, 5 Satz 1 gelten entsprechend.**

Übersicht

A. Allgemeines. I. Inhalt. Die Vorschrift existiert (früher unter anderer Bezifferung) seit dem Gesetz zur Bekämpfung des illegalen Rauschgifthandels und anderer Erscheinungsformen der Organisierten Kriminalität (BGBl. I 1992, S. 1302). Sie regelt die akustische Überwachung von Beschuldigten außerhalb von Wohnungen und wurde durch das Gesetz zur Neuregelung der TKÜ und anderer verdeckter Ermittlungsmaßnahmen sowie zur Umsetzung der Richtlinie 2006/24/EG (BGBl. I 2007, S. 3201) neu gefasst, später nur redaktionell an Änderungen in den übrigen Eingriffsermächtigungsnormen angepasst. Für die gesonderte Aktenführung, die nachträgliche Benachrichtigung Betroffener und den Rechtsschutz gilt § 101. 1

§ 100f erlaubt nur das **Abhören und Aufzeichnen des nichtöffentlich gesprochenen Wortes außerhalb der** von Art. 13 Abs. 1 GG besonders geschützten räumlichen Sphäre einer **Wohnung**, weshalb der Überwachungsort näherer Konkretisierung bedarf (*Weisser* wistra 2018, 327 ff.). Für den Großen Lauschangriff in der Wohnung gilt die speziellere Eingriffsregelung der §§ 100c, 100e, für die Online-Durchsuchung gelten die §§ 100b, 100e. Der Begriff der Wohnung wird weit verstanden und umfasst neben allen Räumen in Wohngebäuden, auch nicht allgemein zugängliche Bürogebäude, Vereinsheime und anderes mehr. Allgemein zugängliche Ladenlokale sind keine Wohnung. Auch Hafträume fallen nicht unter den Begriff der Wohnung (BGHSt 53, 294 [300]; LR/*Hauck* § 100f Rn. 3), ebenso Besuchsräume einer Justizvollzugsanstalt (BGHSt 44, 138 [140 f.]), weshalb dort eine akustische Gesprächsüberwachung nach § 100f in Betracht kommt. Wird allerdings bei einem Untersuchungsgefangenen der Eindruck erweckt, er könne sich mit seinem zu Besuch erschienenen Ehepartner offen und ohne Gefahr einer Überwachung über die ihm zur Last gelegten Straftaten unterhalten, muss in der heimlichen Gesprächsüberwachung und -aufzeichnung zumindest dann ein Verstoß gegen den Fairnessgrundsatz gesehen werden, wenn die überwachte Gesprächssituation und der Anschein des Fehlens einer Überwachung von Ermittlern gezielt herbeigeführt wurden (BGHSt 53, 294 [304 ff.]). Die akustische Überwachung außerhalb von Wohnungen findet i.Ü. auf öffentlichen Plätzen, in allgemein zugänglichen Räumen oder mit besonderer **Praxisrelevanz** in Verkehrsmitteln statt, also als **Fahrzeuginnenraumüberwachung.** 2

Nichtöffentlich gesprochen ist ein überwachtes Gespräch nur, wenn es in einem eng begrenzten Teilnehmerkreis geführt und nicht für Jedermann »öffentlich« hörbar geführt wird (MüKo-StPO/*Günther* § 100f Rn. 6; LR/*Hauck* § 100f Rn. 2). Der **Gesprächsort** ist unerheblich, solange er in einer relativen Abgeschiedenheit außerhalb einer Wohnung liegt. **Öffentlich geführte Gespräche**, die Jedermann hören kann, darf hingegen auch der Staat für Zwecke der Strafverfolgung schon aufgrund der Ermittlungsgeneralklausel auffangen und verwenden (MüKo-StPO/*Günther* § 100f Rn. 7).

3 **II. Bedeutung.** Nach § 100f kann das nichtöffentlich gesprochene Wort des Beschuldigten für Zwecke der Sachverhaltsaufklärung im Verdachtsfall oder für die Ermittlung des Aufenthaltsorts eines Beschuldigten überwacht und aufgezeichnet werden. Die prozessuale **Ermächtigung** zu diesem Eingriff in das allgemeine Persönlichkeitsrecht liefert zugleich einen **Rechtfertigungsgrund** für die tatbestandlich vorliegende Verletzung der Vertraulichkeit des Wortes i.S.d. § 201 StGB. Die Eingriffsermächtigung umfasst nach herrschender Meinung neben den eigentlichen Maßnahmen der Überwachung und Aufzeichnung von Äußerungen auch die mit dem Vollzug der Maßnahme typischerweise verbundenen **Begleitmaßnahmen** (krit. LR/*Hauck* § 100f Rn. 6; s.a. *Gleizer* GA 2021, 395 ff.). Sie ermächtigt danach zu Eingriffen, die **nur unwesentlich** in den Rechtskreis des Beschuldigten eindringen, wie das ohne Sachbeschädigung erfolgende **Öffnen** seines Autos zum **Einbau** einer »Wanze«. Als nicht mehr geringfügig ist aber das auch nur kurzzeitige vollständige Entziehen der Fahrzeugnutzung durch **Verbringen in eine Werkstatt** anzusehen (SK-StPO/*Wolter/Greco* § 100f Rn. 7). Richtigerweise sind unselbstständige Begleiteingriffe spätestens dann nicht mehr von der Ermächtigungsnorm legitimiert, wenn sie in andere verfassungsrechtlich geschützte Rechtspositionen eingreifen als die Hauptmaßnahme. Das folgt schon aus dem Zitiergebot des Art. 19 Abs. 1 Satz 2 GG. Die Entziehung der Fahrzeugnutzung greift in die Eigentümerbefugnis ein, mit der Sache nach Belieben zu verfahren (§ 903 BGB), und damit in den Schutzbereich des Art. 14 Abs. 1 GG. Das hat mit dem Eingriff der Gesprächsüberwachung in das allgemeine Persönlichkeitsrecht aus Art. 2 Abs. 1 i.V.m. Art. 1 Abs. 1 GG nichts mehr zu tun.

4 **III. Technische Mittel.** Als Mittel zum Abhören des nichtöffentlich gesprochenen Wortes kommen insb. **Richtmikrofone oder Kleinmikrofone** (»Wanzen«) zum Einsatz, aber auch andere Aufzeichnungsgeräte infrage (*Bode* Verdeckte strafprozessuale Ermittlungsmaßnahmen, S. 381).

5 **B. Anordnungsvoraussetzungen. I. Verdacht einer Katalogtat.** Die akustische Überwachung des im Zwiegespräch des Beschuldigten mit einer anderen Person nichtöffentlich gesprochenen Wortes außerhalb von Wohnungen ist nach herrschender Auffassung einer Überwachung der Telekommunikation vergleichbar. Daher wird hier ebenfalls der konkrete Verdacht einer **Katalogtat im Sinne von § 100a Abs. 2** vorausgesetzt. Es genügt, wenn die Tat versucht wurde oder ein strafbarer Beteiligungsversuch am Verbrechen im Sinne von § 30 StGB vorliegt. Es müssen **bestimmte Tatsachen** für die Verdachtsannahme vorliegen, die jedenfalls eine solche Tatkonkretisierung ermöglichen, dass geprüft werden kann, ob sich der Verdacht auf eine Katalogtat bezieht. Ein erhöhter Wahrscheinlichkeitsgrad im Sinne eines hinreichenden oder dringenden Tatverdachts wird auch hier aber nicht gefordert (§ 100a Rdn. 12). Es genügt ein **konkreter Anfangsverdacht** (LR/*Hauck* § 100f Rn. 13).

6 **II. Schwere der Tat im Einzelfall.** Die Tat muss nicht nur zu den generell als gravierend angesehenen Taten des Katalogs nach § 100a Abs. 2 zählen, sondern auch **im Einzelfall schwer wiegen** (§ 100a Rdn. 22), nach gängiger Leerformel **mindestens der mittleren Kriminalität** zuzurechnen sein. Das ist ein unbestimmter Rechtsbegriff. Bei der Einzelfallprüfung sind die Kriterien minder schwerer Fälle im Sinne gesetzlicher Strafrahmenmilderungen kaum verifizierbar, aber auch nicht generell unbeachtlich. Näher liegt die Verneinung der eingriffsrechtlich erforderlichen Schwere der Tat bei wahrscheinlichem Eingreifen vertypter Milderungsgründe, ihre Bejahung dagegen bei Hinweisen auf das Vorliegen einer Qualifikation oder eines besonders schweren Falls im Sinne einer Strafrahmenschärfungsregelung.

7 **III. Subsidiarität der Gesprächsüberwachung.** Außerdem muss die Erforschung des Sachverhalts oder die Ermittlung des Aufenthaltsortes des Täters auf andere Weise als durch die akustische Überwachung aussichtslos oder wesentlich erschwert wäre. Die Subsidiaritätsklausel liefert eine Scheinlegitimation, weil sie in der Praxis tatsächlich kaum beachtet wird und sich auch einer plausiblen Anwendung entzieht. Aussichtslos ist die Erforschung des Sachverhalts, wenn weniger eingriffsintensive Ermittlungsmethoden nicht zur Verfügung stehen oder aussichtslos erscheinen. Wesentlich erschwert ist der Ermittlungserfolg, wenn er mit anderen Ermittlungsmaßnahmen mit hoher Wahrscheinlichkeit nicht, nicht ebenso schnell oder umfassend erzielt werden könnte (§ 100a Rdn. 23).

8 **IV. Ausrichtung gegen den Beschuldigten oder Verbindungspersonen.** Grundsätzlich gestattet § 100f nur den **Lauschangriff auf den Beschuldigten** (§ 100f Abs. 2 Satz 1). Richtet sich die Maßnahme ausnahmsweise nicht gegen einen Beschuldigten, sondern **gegen andere Personen**, ist dies nur zulässig, wenn aufgrund bestimmter Tatsachen anzunehmen ist, dass diese Personen mit einem Beschuldigten in **Verbindung** stehen oder eine solche Verbindung hergestellt wird (§ 100f Abs. 2 Satz 2). Dazu genügt es aber, wenn zu erwarten ist, dass es zu einem Kontakt der überwachten Person mit dem Beschuldigten kommen wird oder wenn sich

aus dem Verhalten der Kontaktperson Rückschlüsse auf Tat und Täter im Sinne der Verdachtshypothese ziehen lassen (MüKo-StPO/*Günther* § 100f Rn. 15; LR/*Hauck* § 100f Rn. 18). Zielpersonen der akustischen Gesprächsüberwachung müssen nicht unbedingt namentlich bekannt sein. Bei der Maßnahme gegen Nichtbeschuldigte nach § 100f Abs. 2 Satz 2 muss die akustische Überwachung jedenfalls dazu geeignet sein, den auf andere Weise nicht oder kaum zu erzielenden Ermittlungserfolg zu sichern. Soweit **Dritte unvermeidbar mit betroffen** werden, ist die gegen den Beschuldigten gerichtete Überwachungsmaßnahme aber auch zulässig (MüKo-StPO/*Günther* § 100f Rn. 20), selbst wenn es sich dabei um zeugnisverweigerungsberechtigte Personen handelt.

C. Beweisverbote von Verfassungs wegen. I. Unzulässigkeit des Eingriffs in den Kernbereich der Persönlichkeitsentfaltung. Gegen Geistliche in der Rolle als **Beichtvater oder** gegen **Strafverteidiger** des Beschuldigten darf die Maßnahme mit Ausnahme des Falls der Tatverstrickung (§ 160a Abs. 4) generell nicht gerichtet werden, weil das Beichtgespräch des Priesters und das Mandatsgespräch des Verteidigers zum absolut geschützten **Kernbereich der Persönlichkeitsentfaltung** gehören (§ 100d Rdn. 3 ff.). Für **Arztgespräche** kann das im Einzelfall ebenso gelten. Bei Gesprächen des Beschuldigten mit **Angehörigen** oder engen **Vertrauten** ist Kernbereichsrelevanz nur anzunehmen, soweit kein Tatbezug des Gesprächsinhalts besteht (BGH Beschl. v. 12.03.2019 – 2 StR 244/18); solche Inhalte sind dann aber für das Strafverfahren meist auch nicht von Interesse. Die Überwachung eines Selbstgesprächs ist unzulässig (§ 100d Rdn. 8 ff.). 9

II. Fehlen eines Kernbereichsschutzes. Eine Regelung zum präventiven Kernbereichsschutz im Sinne von § 100d enthält § 100f unverständlicherweise nicht (für die Verfassungswidrigkeit der Norm aus diesem Grund *Bode* Verdeckte strafprozessuale Ermittlungsmaßnahmen, S. 382; krit. SK-StPO/*Wolter/Greco* § 100f Rn. 30 ff.; für eine analoge Anwendung der Kernbereichsschutzregelung für die TKÜ *Rottmeier* Kernbereich privater Lebensgestaltung und strafprozessuale Lauschangriffe, S. 238). Auch Verwertungsverbote sind hier einfachrechtlich nicht gesondert vorgesehen. Die Regelungslücke ist vorerst zumindest durch Annahme von Beweisverboten von Verfassungs wegen zu schließen (BGHSt 57, 71 [74]; Meyer-Goßner/Schmitt/*Köhler* § 100f Rn. 19 f.), wenn nicht zugleich vorgreiflich ein Beweiserhebungsverbot angenommen wird (offengelassen von BGHSt 53, 294 [301]). Für die Überwachung von Berufsgeheimnisträgern und ihren Berufshelfern, die zur Zeugnisverweigerung berechtigt sind, gilt auch § 160a Abs. 1 (MüKo-StPO/*Günther* § 100f Rn. 16 f.). Für Angehörige im Sinne von § 52 sieht das Gesetz keinen Schutz vor. Das wirkt ebenfalls verfassungsrechtlich bedenklich, wird aber von der Rspr. bisher hingenommen worden (BVerfG StV 2011, 261 [262] m.Anm. *Jäger*). 10

D. Zulässigkeit der Überwachung bei Betroffenheit von Nichtverdächtigen. Es lässt sich kaum vermeiden, dass von der heimlichen Gesprächsüberwachung unbeteiligte Personen betroffen werden. § 100f Abs. 3 stellt klar, dass dies die Maßnahme nicht unzulässig macht (MüKo-StPO/*Günther* § 100f Rn. 20). Der Umfang, in dem nichtverdächtige Dritte von der staatlichen Überwachung betroffen sind, ist allerdings bei der generell gebotenen Prüfung der Angemessenheit der Eingriffsmaßnahme zu berücksichtigen. Im Übermaß dürfen Nichtverdächtige nicht belastet werden. Zeugnisverweigerungsrechte dürfen nicht umgangen werden (SK-StPO/*Wolter/Greco* § 100f Rn. 37). 11

E. Anordnungszuständigkeit und Verfahren. I. Richtervorbehalt und Eilkompetenz der Staatsanwaltschaft (Abs. 4). Die Anordnung der akustischen Überwachung des nichtöffentlich gesprochenen Wortes außerhalb einer Wohnung trifft, wie bei der Überwachung der Telekommunikation (§ 100e Abs. 1), auf **Antrag der Staatsanwaltschaft** der zuständige Richter, also im Vorverfahren der **Ermittlungsrichter**, im Zwischen- und Hauptverfahren **das erkennende Gericht**. Bei **Gefahr im Verzug** kann aber auch die **Staatsanwaltschaft** eine Eilanordnung erlassen. Diese muss dann aber innerhalb von drei Werktagen richterlich bestätigt werden. Bis zu diesem Zeitpunkt gewonnene Erkenntnisse bleiben nach der Rspr. auch dann verwertbar, wenn der Ermittlungsrichter anschließend die Bestätigung ablehnt. Dagegen bestehen aber Bedenken, weil der Richtervorbehalt, welcher der Eingriffsmaßnahme auch eine partielle Legitimation durch Verfahren verleihen soll, nicht einmal nachträglich gewahrt wird. Die polizeilichen Ermittlungspersonen haben seit der Neufassung im Jahr 2007 (Rdn. 1) auch bei Gefahr in Verzug keine Anordnungskompetenz mehr. 12

II. Form und Inhalt der Anordnung. Verfahrensregelungen nach § 100e Abs. 1, 3, 5 Satz 1 gelten bei der Anordnung der akustischen Überwachung entsprechend. Für **Form und Inhalt** der Anordnung verweist § 100f Abs. 4 auf die dortigen Anforderungen. Auf die **Begründungsanforderungen** nach § 100e Abs. 4 wird dagegen **nicht Bezug genommen**, was mit Blick auf das Prinzip der Kontrolle unverständlich wirkt. Aus Gründen der Rechtsschutzgewährleistung bedarf der Anordnungsbeschluss aber auch hier einer nachvollziehbaren Begründung (§ 34), in der zumindest die wesentlichen Gesichtspunkte der Verdachtshypo- 13 these, ihrer zentralen Beweisgründe, der vorläufigen rechtlichen Bewertung und der Verhältnismäßigkeit der Maßnahme niederzulegen sind.

14 **III. Durchführung, Befristung und Beendigung.** Die mit dem **Einbau der technischen Geräte** verbundenen Vorbereitungs- und Begleitmaßnahmen, wie das Öffnen von Fahrzeugen, die Verbringung eines Fahrzeugs an einen anderen Ort zum heimlichen Einbau der Technik sowie die **Nutzung des bordeigenen Batteriestroms** gelten als im Wege der **Annexkompetenz** ebenfalls durch § 100f abgedeckt (BGH NStZ 2001, 386 [387]; MüKo-StPO/*Günther* § 100f Rn. 33). Das ist allerdings fragwürdig, soweit ein Eingriff in das Eigentumsgrundrecht erfolgt, der schon nach dem Zitiergebot nicht von § 100f erfasst ist (Rdn. 3).

15 Die Überwachung darf zunächst **längstens für drei Monate** angeordnet werden, die Frist kann aber nachträglich **verlängert** werden (§ 100f Abs. 4 i.V.m. § 100b Abs. 1 Satz 4 und Satz 5). Fristbeginn ist der Erlass der richterlichen Anordnung, nicht der Beginn der Durchführung der Überwachung (SK-StPO/*Wolter/Greco* § 100f Rn. 18). Wird keine Frist bestimmt, dann erweist sich dies im Einzelfall als unschädlich für die Verwertbarkeit solcher Überwachungsergebnisse, die jedenfalls in der gesetzlich zulässigen Frist erlangt wurden (BGHSt 53, 294 [300]). Die Maßnahme ist **unverzüglich zu beenden, sobald ihre Voraussetzungen nicht mehr vorliegen** (Abs. 4 i.V.m. § 100e Abs. 5 Satz 1).

16 **F. Verwertung der Erkenntnisse aus der Überwachung. I. Verwendung in verschiedenen Strafverfahren wegen einer Katalogtat.** Verwertet werden dürfen die aufgezeichneten Informationen aus der Gesprächsüberwachung nicht nur **zu Beweiszwecken in dem Strafverfahren, in dem die Maßnahme angeordnet wurde,** sondern auch **in anderen Strafverfahren**, soweit sie eine Katalogtat zum Gegenstand haben. Dem liegt der Gedanke des hypothetischen Ersatzeingriffs zugrunde. Für die **Verwertung von Zufallsfunden** gilt § 477 Abs. 2 Satz 2 (SK-StPO/*Wolter/Greco* § 100f Rn. 26 f.).

17 **II. Berührung des nemo-tenetur-Grundsatzes.** Die Verwertung von Aufzeichnungen über heimlich überwachte selbstbelastende Äußerungen des Beschuldigten im Gespräch mit einer Privatperson begegnet nach der Rspr. auch mit Blick auf den nemo-tenetur-Grundsatz keinen Bedenken. Der Grundsatz gilt als unberührt, solange die von den Strafverfolgungsbehörden erfassten Äußerungen jedenfalls nicht aufgrund einer die Äußerung fördernden Drucksituation gemacht werden. Das beruht allerdings auf einem zu kurz greifenden Verständnis jenes Grundsatzes (vgl. § 136 Rdn. 44 ff.). Jedenfalls bei gezielter Umgehung von Schweigerechten durch gezielt arrangierte heimliche Gesprächsüberwachungen muss ein Beweisverwertungsverbot eingreifen.

18 Dagegen ist ein im Auto aufgezeichnetes **Selbstgespräch eines sich unbeobachtet fühlenden Beschuldigten** dem absolut geschützten Kernbereich zuzurechnen und deshalb absolut unverwertbar (BGHSt 57, 71 [74 ff.]; § 100d Rdn. 8 ff.). Soweit eine Gegenansicht annimmt, der inhaltliche **Tatbezug** hebe das Selbstgespräch aus dem Kernbereich der Persönlichkeitsentfaltung heraus und dies sei nach dem Tagebuchurteil des Bundesverfassungsgerichts zu befürworten, verkennt sie den Bedeutungsgehalt der Äußerungen in einem unbewussten Selbstgespräch. Dabei handelt es sich (bisweilen) um verbalisierte **Fragmente von Gedanken**, deren Bedeutung auch aussagepsychologisch nicht anhand des fragmentarischen Wortlauts erschlossen werden kann, solange der Gedankenzusammenhang nicht bekannt oder gefolgert wird, was als Gedankenpolizei durch Art. 1 Abs. 1 GG verboten ist. Anders als bei einem Zwiegespräch geht es dem Sprechenden nicht um Informationsvermittlung. Die hörbaren Teile seiner Gedanken müssen auch, anders als bei einer Unterredung zur Informierung eines Gesprächspartners keinen wahrheitsgemäßen Erlebnisbericht darstellen. Zur Verifizierung müsste deshalb der vollständige Inhalt des zugrunde liegenden Denkvorgangs, dessen Exzerpte meist unbewusst verbalisiert werden, bekannt sein. **Gedankenerforschung** soll im Strafverfahren jedoch nicht stattfinden, soweit der Betroffene seine Gedanken nicht freiwillig und für anwesende Personen hörbar äußert (BGHSt 57, 71 [75]). Wäre der Beschuldigte gezwungen, einer Fehldeutung der heimlich belauschten Gedankenfragmente entgegenzutreten, so wäre er zudem **zu einer Sacheinlassung** gezwungen. Die Überwachung, Aufzeichnung und Verwertung von Bemerkungen beim unbewussten Selbstgespräch an abgeschiedener Stelle berührt daher auch den Grundsatz »nemo tenetur se ipsum accusare«. Auf die Frage, ob das Selbstgespräch in einer nach Art. 13 Abs. 1 GG besonders geschützten räumlichen Sphäre oder an einem anderen Ort, an dem sich der Betroffene alleine wähnt, stattfindet, kommt es nicht an. Die Selbstgesprächsüberwachung im Kraftfahrzeug unterscheidet sich, was die Kernbereichsrelevanz betrifft, in nichts von derjenigen im Krankenzimmer. Das absolute Beweisverwertungsverbot wegen Verletzung des Kernbereichs der Persönlichkeitsentfaltung hat Folge-, Fern- und Drittwirkungen (vgl. BGHSt 57, 71 [78]).

19 **III. Umwidmung der Erkenntnisse aus präventiv-polizeilicher Überwachung.** Bei präventiv-polizeilich angeordneter Gesprächsüberwachung können die so erlangten Informationen in einem Strafverfahren nach Maßgabe der §§ 161 Abs. 2, 477 Abs. 2 Satz 3 verwendet werden.

G. Unselbstständige Beweisverwertungsverbote. Ob bei Rechtsfehlerhaftigkeit der Überwachungsanordnung ein Verwertungsverbot besteht, richtet sich nach allgemeinen Grundsätzen, nach der ebenso vorherrschenden wie prinzipienlosen **Abwägungsdoktrin** (§ 136 Rdn. 86 ff.) also durch Abwägung des staatlichen Interesses an der Aufklärung von Straftaten gegen das individuelle Interesse des Beschuldigten an der Einhaltung der Prozessordnung und dem Schutz seiner grundrechtlichen Rechtspositionen. Plausibler erscheint es freilich, nach der **Beweisbefugnislehre** danach zu fragen, ob der Staat aus der rechtswidrig angeordneten heimlichen Überwachungsmaßnahme prozessuale Vorteile ziehen darf, oder ob wenigstens nach der **Normzwecklehre** ein Verwertungsverbot die angemessene prozessuale Rechtsfolge einer Gesetzesverletzung im Hinblick auf den Zweck der nicht beachteten prozessualen Eingriffsermächtigungsnorm darstellt. Die **Widerspruchslösung** (§ 136 Rdn. 100 ff.) erheischt nach ihrer Expansion in der Rspr. auch bei einer Verletzung von § 100f Beachtung, sie verdient diese aber auch hier nicht (§ 100e Rdn. 32). Insgesamt ist ein Regel- und Ausnahmeverhältnis von Verwertbarkeit und Unverwertbarkeit, das von der Rspr. aufgestellt wurde (§ 100e Rdn. 30), bei den heimlichen Ermittlungsmethoden mehr denn je fragwürdig (*Singelnstein/Putzer* GA 2015, 564 ff.). 20

§ 100g Erhebung von Verkehrsdaten

(1) [1]Begründen bestimmte Tatsachen den Verdacht, dass jemand als Täter oder Teilnehmer

1. eine Straftat von auch im Einzelfall erheblicher Bedeutung, insbesondere eine in § 100a Absatz 2 bezeichnete Straftat, begangen hat, in Fällen, in denen der Versuch strafbar ist, zu begehen versucht hat oder durch eine Straftat vorbereitet hat oder

2. eine Straftat mittels Telekommunikation begangen hat,

so dürfen Verkehrsdaten (§§ 9 und 12 des Telekommunikation-Telemedien-Datenschutz-Gesetzes und § 2a Absatz 1 des Gesetzes über die Errichtung einer Bundesanstalt für den Digitalfunk der Behörden und Organisationen mit Sicherheitsaufgaben) erhoben werden, soweit dies für die Erforschung des Sachverhalts erforderlich ist und die Erhebung der Daten in einem angemessenen Verhältnis zur Bedeutung der Sache steht. [2]Im Fall des Satzes 1 Nummer 2 ist die Maßnahme nur zulässig, wenn die Erforschung des Sachverhalts auf andere Weise aussichtslos wäre. [3]Die Erhebung gespeicherter (retrograder) Standortdaten ist nach diesem Absatz nur unter den Voraussetzungen des Absatzes 2 zulässig. [4]Im Übrigen ist die Erhebung von Standortdaten nur für künftig anfallende Verkehrsdaten oder in Echtzeit und nur im Fall des Satzes 1 Nummer 1 zulässig, soweit sie für die Erforschung des Sachverhalts oder die Ermittlung des Aufenthaltsortes des Beschuldigten erforderlich ist.

(2) [1]Begründen bestimmte Tatsachen den Verdacht, dass jemand als Täter oder Teilnehmer eine der in Satz 2 bezeichneten besonders schweren Straftaten begangen hat oder in Fällen, in denen der Versuch strafbar ist, eine solche Straftat zu begehen versucht hat, und wiegt die Tat auch im Einzelfall besonders schwer, dürfen die nach § 176 des Telekommunikationsgesetzes gespeicherten Verkehrsdaten erhoben werden, soweit die Erforschung des Sachverhalts oder die Ermittlung des Aufenthaltsortes des Beschuldigten auf andere Weise wesentlich erschwert oder aussichtslos wäre und die Erhebung der Daten in einem angemessenen Verhältnis zur Bedeutung der Sache steht. [2]Besonders schwere Straftaten im Sinne des Satzes 1 sind:

1. aus dem Strafgesetzbuch:

a) Straftaten des Hochverrats und der Gefährdung des demokratischen Rechtsstaates sowie des Landesverrats und der Gefährdung der äußeren Sicherheit nach den §§ 81, 82, 89a, nach den §§ 94, 95 Absatz 3 und § 96 Absatz 1, jeweils auch in Verbindung mit § 97b, sowie nach den §§ 97a, 98 Absatz 1 Satz 2, § 99 Absatz 2 und den §§ 100, 100a Absatz 4,

b) besonders schwerer Fall des Landfriedensbruchs nach § 125a sowie Betreiben krimineller Handelsplattformen im Internet in den Fällen des § 127 Absatz 3 und 4,

c) Bildung krimineller Vereinigungen nach § 129 Absatz 1 in Verbindung mit Absatz 5 Satz 3 sowie Bildung terroristischer Vereinigungen nach § 129a Absatz 1, 2, 4, 5 Satz 1 erste Alternative, jeweils auch in Verbindung mit § 129b Absatz 1,

d) Straftaten gegen die sexuelle Selbstbestimmung in den Fällen der §§ 176, 176c, 176d und, unter den in § 177 Absatz 6 Satz 2 Nummer 2 genannten Voraussetzungen, des § 177,

e) Verbreitung, Erwerb und Besitz kinder- und jugendpornographischer Inhalte in den Fällen des § 184b Absatz 1 Satz 1, Absatz 2 und 3 sowie des § 184c Absatz 2,

f) Mord und Totschlag nach den §§ 211 und 212,

g) Straftaten gegen die persönliche Freiheit in den Fällen der §§ 234, 234a Absatz 1, 2, §§ 239a, 239b und Zwangsprostitution und Zwangsarbeit nach § 232a Absatz 3, 4 oder 5 zweiter Halbsatz,

§ 232b Absatz 3 oder 4 in Verbindung mit § 232a Absatz 4 oder 5 zweiter Halbsatz und Ausbeutung unter Ausnutzung einer Freiheitsberaubung nach § 233a Absatz 3 oder 4 zweiter Halbsatz,

h) Einbruchdiebstahl in eine dauerhaft genutzte Privatwohnung nach § 244 Absatz 4, schwerer Bandendiebstahl nach § 244a Absatz 1, schwerer Raub nach § 250 Absatz 1 oder Absatz 2, Raub mit Todesfolge nach § 251, räuberische Erpressung nach § 255 und besonders schwerer Fall einer Erpressung nach § 253 unter den in § 253 Absatz 4 Satz 2 genannten Voraussetzungen, gewerbsmäßige Bandenhehlerei nach § 260a Absatz 1, besonders schwerer Fall der Geldwäsche nach § 261 unter den in § 261 Absatz 5 Satz 2 genannten Voraussetzungen, wenn die Vortat eine der in den Nummern 1 bis 8 genannten besonders schweren Straftaten ist,

i) gemeingefährliche Straftaten in den Fällen der §§ 306 bis 306c, 307 Absatz 1 bis 3, des § 308 Absatz 1 bis 3, des § 309 Absatz 1 bis 4, des § 310 Absatz 1, der §§ 313, 314, 315 Absatz 3, des § 315b Absatz 3 sowie der §§ 316a und 316c,

2. aus dem Aufenthaltsgesetz:
   a) Einschleusen von Ausländern nach § 96 Absatz 2,
   b) Einschleusen mit Todesfolge oder gewerbs- und bandenmäßiges Einschleusen nach § 97,
3. aus dem Außenwirtschaftsgesetz: Straftaten nach § 17 Absatz 1 bis 3 und § 18 Absatz 7 und 8,
4. aus dem Betäubungsmittelgesetz:
   a) besonders schwerer Fall einer Straftat nach § 29 Absatz 1 Satz 1 Nummer 1, 5, 6, 10, 11 oder 13, Absatz 3 unter der in § 29 Absatz 3 Satz 2 Nummer 1 genannten Voraussetzung,
   b) eine Straftat nach den §§ 29a, 30 Absatz 1 Nummer 1, 2, 4, § 30a,
5. aus dem Grundstoffüberwachungsgesetz: eine Straftat nach § 19 Absatz 1 unter den in § 19 Absatz 3 Satz 2 genannten Voraussetzungen,
6. aus dem Gesetz über die Kontrolle von Kriegswaffen:
   a) eine Straftat nach § 19 Absatz 2 oder § 20 Absatz 1, jeweils auch in Verbindung mit § 21,
   b) besonders schwerer Fall einer Straftat nach § 22a Absatz 1 in Verbindung mit Absatz 2,
7. aus dem Völkerstrafgesetzbuch:
   a) Völkermord nach § 6,
   b) Verbrechen gegen die Menschlichkeit nach § 7,
   c) Kriegsverbrechen nach den §§ 8 bis 12,
   d) Verbrechen der Aggression nach § 13,
8. aus dem Waffengesetz:
   a) besonders schwerer Fall einer Straftat nach § 51 Absatz 1 in Verbindung mit Absatz 2,
   b) besonders schwerer Fall einer Straftat nach § 52 Absatz 1 Nummer 1 in Verbindung mit Absatz 5.

(3) [1]Die Erhebung aller in einer Funkzelle angefallenen Verkehrsdaten (Funkzellenabfrage) ist nur zulässig,
1. wenn die Voraussetzungen des Absatzes 1 Satz 1 Nummer 1 erfüllt sind,
2. soweit die Erhebung der Daten in einem angemessenen Verhältnis zur Bedeutung der Sache steht und
3. soweit die Erforschung des Sachverhalts oder die Ermittlung des Aufenthaltsortes des Beschuldigten auf andere Weise aussichtslos oder wesentlich erschwert wäre.

[2]Auf nach § 176 des Telekommunikationsgesetzes gespeicherte Verkehrsdaten darf für eine Funkzellenabfrage nur unter den Voraussetzungen des Absatzes 2 zurückgegriffen werden.

(4) [1]Die Erhebung von Verkehrsdaten nach Absatz 2, auch in Verbindung mit Absatz 3 Satz 2, die sich gegen eine der in § 53 Absatz 1 Satz 1 Nummer 1 bis 5 genannten Personen richtet und die voraussichtlich Erkenntnisse erbringen würde, über die diese das Zeugnis verweigern dürfte, ist unzulässig. [2]Dennoch erlangte Erkenntnisse dürfen nicht verwendet werden. Aufzeichnungen hierüber sind unverzüglich zu löschen. [3]Die Tatsache ihrer Erlangung und der Löschung der Aufzeichnungen ist aktenkundig zu machen. [4]Die Sätze 2 bis 4 gelten entsprechend, wenn durch eine Ermittlungsmaßnahme, die sich nicht gegen eine in § 53 Absatz 1 Satz 1 Nummer 1 bis 5 genannte Person richtet, von dieser Person Erkenntnisse erlangt werden, über die sie das Zeugnis verweigern dürfte. [5] § 160a Absatz 3 und 4 gilt entsprechend.

(5) Erfolgt die Erhebung von Verkehrsdaten nicht beim Erbringer von Telekommunikationsdiensten, bestimmt sie sich nach Abschluss des Kommunikationsvorgangs nach den allgemeinen Vorschriften..

Übersicht

A. Inhalt und Bedeutung der Vorschrift. I. Regelungsgehalt. § 100g regelt die ermittlungsbehördliche **Erhebung von Verkehrsdaten**, die aufgrund einer Telekommunikation anfallen, sowie die Möglichkeit einer **Funkzellenabfrage** zur **Standortbestimmung** eines Mobiltelefons im Sende- und Empfangsbereich von Funkzellen. Beides sind gebräuchliche Maßnahmen zur Sachaufklärung in Strafverfahren ebenso wie aufgrund entsprechender polizeirechtlicher Vorschriften zur Gefahrenabwehr. Verkehrs- und Standortdaten sagen nicht unmittelbar etwas über den Gesprächsinhalt und die daran beteiligten Personen aus; sie können aber im Rahmen einer Gesamtwürdigung verschiedener Umstände erhebliches Beweisgewicht als **Indizien** erlangen. Die Datenerhebung als Eingriffsmaßnahme reiht sich zunächst ohne besondere Probleme in die Reihe der heimlichen Ermittlungsmethoden, soweit es nicht um die Inanspruchnahme Privater geht. Heftig umkämpft ist dagegen die **Verpflichtung von Netzbetreibern zur Speicherung von Verbindungsdaten** auf Vorrat für eine künftige Datenerhebung ohne konkreten Ermittlungsanlass, wozu die Wortneuschöpfung der **»Vorratsdatenspeicherung«** entstanden ist. Dabei geht es um eine **anlasslose Datenerfassung**, die **jeden Nutzer** der Telekommunikationswege **trifft**. Das ist ein Baustein auf dem Weg zu einem Überwachungsstaat, dessen Entwicklung unaufhaltsam erscheint, zumal Private, namentlich die Werbeindustrie, alle technischen Möglichkeiten längst auszuschöpfen pflegen. Im Strafverfahrensrecht hat das erneut eine monströse Eingriffsnorm hervorgebracht, der zahlreiche Details eine scheinbare Sicherheit der Rechtsanwendung suggerieren, die in einem extremen Missverhältnis zur leichtfüßigen Rechtsanwendungspraxis steht, der Rechtskontrollinstanzen durch weite Zurückdrängung von Verfahrensrügen (*Schletz* Die erweiterte Revision in Strafsachen, S. 321 ff.) und Grundrechtsrügen (vgl. die breite Begründung der Unzulässigkeit einer Verfassungsbeschwerde durch BVerfG NJW 2021, 3033 [3034 ff.]) mithilfe von **kaum überwindbaren Zulässigkeitshürden**, die deshalb auch nur noch selten angelaufen werden. 1

II. Beanstandung der Vorratsdatenspeicherung. Die hitzige Diskussion um die »Vorratsdatenspeicherung« (vgl. *Petri* ZD 2021, 493 ff.) hat zu Rspr. mit unterschiedlichen Akzenten, zur zeitweiligen Aussetzung der Anwendung der Norm und zu Gesetzesanpassungen geführt. Derzeit gilt die Möglichkeit zur »retrograden« Erhebung von Verkehrsdaten aus gespeicherten Vorräten unter eingeschränkten Voraussetzungen. Jedoch liegt einerseits ein Referentenentwurf eines Gesetzes zur Einführung einer Speicherpflicht und Höchstspeicherfrist für Verkehrsdaten vom 15.05.2021 vor, während andererseits bei BVerfG und EuGH **Verfahren zur Beanstandung** der »Vorratsdatenspeicherung« **anhängig** sind. Die Strafjustiz tendiert zur Anwendung der Norm in ihrer derzeitigen Gestalt. Die verwaltungsgerichtliche Rspr. neigt zur Zurückhaltung bei der Umsetzung der Speicherungspflicht für die Netzbetreiber und ist vorerst in einem Verfahren der Vorlage an den EuGH gemündet. Insgesamt ist der Ausgang ungewiss und von der jeweils aktuellen öffentlichen Bewertung der Erforderlichkeit der Maßnahmen vorzugsweise zur Bekämpfung von Terrorismus und Organisierter Kriminalität stimmungsabhängig. 2

III. Rechtsentwicklung. Am 09.11.2007 wurde das **Gesetz zur Neuregelung der TKÜ und anderer verdeckter Ermittlungsmaßnahmen sowie zur Umsetzung der Richtlinie 2006/24/EG** (VDSG) verabschiedet (BGBl. I 2007, S. 2614), am 11.03.2008 schränkte das BVerfG die Anwendung des Gesetzes durch **einstweilige Anordnung** ein (BVerfGE 121, 1 [14 ff.]; 122, 120 [132]). Am 02.03.2010 erklärte das BVerfG, dass eine **anlasslose Speicherung von Verkehrsdaten** durch private Diensteanbieter **mit Art. 10 GG nicht schlechthin unvereinbar** sei, jedoch verlange der Grundsatz der Verhältnismäßigkeit, dass die **Ausgestaltung** dem Gewicht des Grundrechtseingriffs angemessen Rechnung trägt (BVerfGE 125, 260 [307 ff.]). Erforderlich seien **normenklare Regelungen** hinsichtlich der **Datensicherheit**, der **Datenverwendung**, der **Transparenz** und des **Rechtsschutzes**. Der Abruf und die unmittelbare Nutzung der Daten seien nur **verhältnismäßig**, wenn sie überragend wichtigen Aufgaben des Rechtsgüterschutzes dienten. Im Bereich der Strafverfolgung 3 setze dies einen durch bestimmte Tatsachen begründeten **Verdacht einer schweren Straftat** voraus. Eine nur mittelbare Nutzung der Daten zur Erteilung von Auskünften sei unabhängig von Straftaten- oder Rechtsgüterkatalogen für die Strafverfolgung, Gefahrenabwehr (einschränkend BVerfGE 155, 119 [176 ff.]) und nachrichtendienstliche Maßnahmen zulässig. Nachdem die Bundesregierung die **Richtlinie 2006/24/EG** des Europäischen Parlaments und des Rates vom 15.03.2006 über die Vorratsspeicherung von Daten, die bei der Bereitstellung öffentlich zugänglicher elektronischer Kommunikationsdienste oder öffentlicher Kommunikationsnetze erzeugt oder verarbeitet werden, und zur Änderung der Richtlinie 2002/58/EG (ABl. L 105 vom 13.04.2006, S. 54) **nicht ins deutsche Recht übertragen** hatte, reichte die EU-Kommission Klage vor dem **EuGH** ein. Nachdem dieser die **Richtlinie verworfen** hatte, nahm die Kommission ihre Klage zurück. Darauf wurde ein **Gesetz zur Einführung einer Speicherpflicht und Höchstspeicherfrist für Verkehrsdaten** beschlossen und am 17.12.2015 verkündet (BGBl. I, S. 2218), das Netzbetreiber dazu verpflichtet, bestimmte Daten zu speichern. Dagegen sind wiederum Verfassungsbeschwerden anhängig. In einem Verwaltungsprozess hat in letzter Instanz das BVerwG die Frage der Auslegung der **Datenschutzrichtlinie für elektronische Kommunikation** (Richtlinie 2002/58/EG) **dem EuGH vorgelegt** (BVerwG NVwZ 2020, 1108 ff. m.Anm. *Hammer/Müllmann* K&R 2020, 103 ff.). Bis zu dessen Entscheidung bleibt die Vorratsdatenspeicherung derzeit ausgesetzt.

4 Zwar wurde nach **Wiedereinführung einer Speicherpflicht** in § 113b TKG (ab 11.12.2021 § 176 TKG) die vorliegende Vorschrift unter Beachtung der Vorgaben des BVerfG neu gefasst, sodass auch retrograde Verbindungsdaten in bestimmtem Umfang erhoben werden können. Jedoch fehlt es derzeit an einer durchgehenden Umsetzung der Speicherpflicht. Tatsächlich gespeicherte sowie künftig oder in Echtzeit erhobene Daten können dagegen jetzt unter den Voraussetzungen der vorliegenden Vorschrift für Zwecke der Strafverfolgung genutzt werden. Verfahrensrechtliche Bestimmungen dazu sind in §§ 101a, 101b vorgesehen. § 100g enthält die materiellen Eingriffsvoraussetzungen der Erhebung von Verkehrsdaten und Beweisverbote für den Fall, dass Berufsgeheimnisträger betroffen sind (§ 100g Abs. 4).

5 Aus der Rspr. des BVerfG (BVerfGE 125, 260 [309 ff.]) und des EuGH (NJW 2014, 2169 ff. 2021, 531 ff. m.Anm. *Ogorek*) haben sich mehrere Gesetzesänderungen ergeben, die zu **verschärften Anforderungen** an **die anlasslose Vorratsdatenspeicherung** von Verkehrs- und Standortdaten über Telekommunikation und deren Erhebung geführt haben. Betroffen sind im Verfassungsrecht **Art. 10 Abs. 1 GG** und das **Recht auf informationelle Selbstbestimmung**, im europäischen Recht Art. 15 Abs. 1 der Richtlinie 2002/58/EG des Europäischen Parlaments und des Rates vom 12.07.2002 über die Verarbeitung personenbezogener Daten und den Schutz der Privatsphäre in der elektronischen Kommunikation (**Datenschutzrichtlinie für elektronische Kommunikation**) in der durch die Richtlinie 2009/136/EG des Europäischen Parlaments und des Rates vom 25.11.2009 geänderten Fassung, sowie Art. 7, 8 und 11 sowie des Art. 52 Abs. 1 der **Charta der Grundrechte der Europäischen Union** (BeckOK-StPO/*Bär* § 100g Rn. 2; *Derksen* NVwZ 2017, 1005 ff.). Dies steht bisher einer Regelung entgegen, die für Zwecke der Bekämpfung von Straftaten eine Vorratsspeicherung sämtlicher Verkehrs- und Standortdaten aller Teilnehmer und registrierten Nutzer in Bezug auf alle elektronischen Kommunikationsmittel vorsieht (EuGH NJW 2017, 717 ff. m.Anm. *Frenz* DVBl 2017, 183 ff.; *Kippker/Schefferski/Stelter* ZD 2017, 131 ff.; *Priebe* EuZW 2017, 136 ff.; *Roßnagel* NJW 2017, 696 ff.).

6 **IV. Stand der Regelung.** § 100g regelt vor diesem Hintergrund die Befugnis der Ermittlungsbehörden zur **Einholung der Auskunft über aus geschäftlichen Gründen gespeicherte oder** zur Strafverfolgung gesondert **in Echtzeit erhobene Telekommunikationsverbindungsdaten** einerseits (§ 100g Abs. 1) und die Erhebung von gem. § 113b TKG (ab 11.12.2021 § 176 TKG) innerhalb einer Speicherpflicht **anlasslos gespeicherten Verbindungsdaten und Standortdaten** (§ 100g Abs. 2) andererseits in unterschiedlicher Weise. Außerdem ist die **Funkzellenabfrage** vorgesehen (§ 100g Abs. 3). § 100g Abs. 4 normiert **Verwendungsbeschränkungen** zum Schutz von Berufsgeheimnisträgern. Zuletzt enthält § 100g Abs. 5 eine **Klarstellung des Anwendungsbereichs** der Norm. In der Verkehrsdatenabfrage liegt auch nach einer Vorratsdatenspeicherung im Allgemeinen **keine unzulässige Totalüberwachung** (BVerfGE 125, 260 [322, 324]). Einen speziellen **Kernbereichsschutz sieht das Gesetz** bezüglich der Verkehrsdatenabfrage **nicht vor**, weil diese angeblich regelmäßig nicht in den absolut geschützten Kernbereich der Persönlichkeitsentfaltung eingreift. Das ist aber nur zutreffend, wenn ausschließlich der Kommunikationsinhalt zum Gegenstand von Kernbereichsüberlegungen gemacht wird. Soweit sich schon aus der Kommunikationsbeziehung zwischen den Teilnehmern aus der Telekommunikation im Einzelfall eine Kernbereichsberührung ergeben kann, muss auch ein präventiver Kernbereichsschutz bestehen, den der Gesetzgeber versäumt hat (SK-StPO/*Wolter/Greco* § 100g Rn. 2g, 4). Nach Ansicht des Gesetzgebers sind mit der differenzierenden Eingriffsermächtigung die verfassungsrechtlichen Anforderungen erfüllt (BT-Drs. 16/5088, S. 12; *Bär* NZWiSt 2017, 81 [86]). Allerdings widerspricht die umfängliche Speicherung aller relevanten Telekommunikationsverbindung und Standortdaten weiterhin den Vorgaben des EuGH (*Roßnagel*

NJW 2017, 696 ff.). Die Bundesnetzagentur hat nach einer ersten Gerichtsentscheidung (OVG Münster NVwZ-RR 2018, 43 ff.) den **Neubeginn der Vorratsdatenspeicherung** im Juli 2017 **ausgesetzt.**

V. Eingriffsrelevanz. Die Erfassung gespeicherter Daten berührt bei der Verkehrsdatenspeicherung und Verwendung den **Schutzbereich des Art. 10 Abs. 1 GG** (BVerfGE 125, 260 [312 ff.]), soweit Verkehrsdaten über eine Telekommunikation betroffen sind, i.Ü. den Schutzbereich des Rechts auf informationelle Selbstbestimmung (BVerfGE 130, 151 [178 f.]). Das Vorliegen eines Eingriffs in den Schutzbereich des Art. 10 Abs. 1 GG gilt auch für die **Zuordnung dynamischer IP-Adressen** (BVerfGE 130, 150 [204]; *Bode* Verdeckte strafprozessuale Ermittlungsmaßnahmen, S. 386; einschr. *Krause* NStZ 2016, 139 ff.; krit. SK-StPO/*Wolter/Greco* § 100g Rn. 9a). Art. 10 Abs. 1 GG erfasst nämlich nicht nur den Kommunikationsinhalt, sondern zugleich die näheren Umstände des Kommunikationsvorgangs (BVerfGE 125, 260 [313]). Er verdrängt in seinem Anwendungsbereich das subsidiäre Recht auf informationelle Selbstbestimmung. Danach ist auf der Ebene des einfachen Rechts zur Grundrechtsbeschränkung nach Art. 10 Abs. 2 GG eine spezialgesetzliche Eingriffsermächtigung erforderlich, die auch das Zitiergebot aus Art. 19 Abs. 1 Satz 2 GG beachtet. 7

Die Verbindungsdaten kennzeichnen zwar nur **die äußeren Merkmale der Telekommunikation, nicht deren Inhalt** (Meyer-Goßner/Schmitt/*Köhler* § 100g Rn. 29), der nach § 100a überwacht werden kann. Insoweit liegt bei der Verkehrsdatenerhebung ein erheblicher (BVerfGE 125, 260 [318]; *Singelnstein* NStZ 2012, 593 [601]), aber **kein ebenso schwerwiegender Grundrechtseingriff vor, wie bei der Inhaltserfassung** der Telekommunikation (*Schluckebier* in BVerfGE 125, 364 [365]; *Eichberger* ebenda, S. 380). Durch die gem. § 113b TKG (ab 11.12.2021 § 176 TKG) **anlasslose Speicherung der Verkehrsdaten** aller Bürger über einen längeren Zeitraum hinweg erlangt die zweistufige Maßnahme der Speicherung und Erhebung von Verkehrsdaten **beträchtliches Eingriffsgewicht**, weil zunächst die Telekommunikationsverkehrsdaten aller Bürger durch alle Diensteanbieter über einen längeren Zeitraum gespeichert werden (BVerfGE 125, 260 [318]). Die spätere Ausleitung solcher Daten an die Ermittlungsbehörden erfolgt zwar selektiv, aber immer noch mit einer erheblichen **Datenmenge**, die auch **aufschlussreich** sein kann im Hinblick auf die Art und Anzahl der Verbindungen, das Kommunikationsverhalten und das Bewegungsprofil der Betroffenen (BVerfGE 125, 260 [319]). Weil die Telekommunikation in vielfältiger Weise und mit rasch zunehmender Tendenz zum Alltag gehört und für Jedermann unverzichtbar geworden ist, muss die staatliche Datenerfassung **zu Zwecken der Strafverfolgung wie auch der Gefahrenabwehr** darauf bezogen werden können. Gefahrenabwehrrecht und Strafprozessrecht sind nach der neueren Rspr. prinzipiell gleichrangig nebeneinander anwendbar (vgl. in anderem Zusammenhang BGHSt 62, 123 [130 ff.]) und diese Rechtsanwendung führt unter Beachtung von Verwendungsbeschränkungen über §§ 161 Abs. 2, 477 Abs. 2 Satz 2 zum Informationstransfer aus dem einen in den anderen Regelungsbereich (*Brodowski* Verdeckte technische Überwachungsmaßnahmen im Polizei- und Strafverfahrensrecht, S. 255 ff.). 8

VI. Nicht erfasste Datenabrufmöglichkeiten. Für den **Abruf von Bestandsdaten** gilt **§ 100j**, für das **Verwenden von »stillen SMS« zur Standortbestimmung** dagegen § 100i Abs. 1 Nr. 2 (BGHSt 63, 82 [85] m.Anm. *Bär* MMR 2018, 826 f.; *Puschke* NJW 2018, 2811 f.; *Rückert* NStZ 2018, 613 f.; *Ruppert* JR 2018, 300 ff.; abl. *Fahrthofer* ZIS 2020, 190 [192 ff.]). Auch ein der Verwendung einer »stillen SMS« vergleichbares »**IP-Tracking**« unter Einsatz eines E-Mail-Bestätigungsdienstes mit einem E-Mail-Anhang ist ein ***aliud*** gegenüber § 100g, der nur nach einem Teil der Rspr. und Literatur anwendbar ist (BGH [ER] wistra 2015, 395 f.; LR/*Hauck* § 100g Rn. 41; Meyer-Goßner/Schmitt/*Köhler* § 100g Rn. 45). IP-Tracking wird durch die vorliegende Vorschrift nicht direkt legitimiert, weil es dabei um etwas anderes als die bloße Abfrage von Verkehrsdaten geht. Es soll nach zum Teil vertretener Auffassung bereits aufgrund der Ermittlungsgeneralklausel gestattet sein, weil damit nur in das allgemeine Persönlichkeitsrecht eingegriffen werde (BeckOK-StPO/*Bär* § 100a Rn. 24 f. und NZWiSt 2017, 81 [84]). Das greift angesichts der Heimlichkeit des Vorgehens zu kurz, welche eine spezialgesetzliche Regelung erforderlich macht. Insoweit ist § 100h einschlägig (KK-StPO/*Bruns* § 100g Rn. 20; *Krause* NStZ 2016, 139 ff.; *Steinmetz* wistra 2015, 395 f.), dessen Voraussetzungen zwar hinter denjenigen nach § 100g zurückbleiben, aber gleichwohl genügen; denn die Eingriffsintensität ist, unbeschadet der Eigenschaft der erhobenen Daten als Verkehrsdaten, wegen der geringeren Streubreite in Bezug auch Unverdächtige nicht ebenso hoch. Daten aus einem **Mauterfassungssystem** dürfen nicht nach § 100g an die Strafverfolgungsbehörden übermittelt werden (LG Magdeburg NJW 2006, 1073 [1074]; KK-StPO/*Bruns* § 100g Rn. 20), weil sie keine Telekommunikation i.S.v. Art. 10 Abs. 1 GG darstellen (Meyer-Goßner/Schmitt/*Köhler* § 100g Rn. 10). Deshalb ist derzeit etwa nur mit Einverständnis des Eigentümers eines Lastkraftwagens die Ermittlung des Standorts seines Fahrzeugs, etwa im Fall des Diebstahls, als repressiv-polizeiliche Datenverwendung zulässig. 9

10 **B. Verkehrsdatenerhebung (Abs. 1). I. Verkehrsdaten.** »Verkehrsdaten« sind nach **§ 3 Nr. 30 TKG** solche **Daten über eine Telekommunikationsverbindung**, die bei der Erbringung eines Telekommunikationsdienstes erhoben, verarbeitet oder genutzt werden. § 100g Abs. 1 verweist zudem auf die nähere Konkretisierung in § 96 Abs. 1 TKG und, im Wesentlichen deckungsgleich (BeckOK-StPO/*Bär* § 100g Rn. 10), § 2a BDBSOG. Nach **§ 96 Abs. 1 TKG** darf der Diensteanbieter, soweit erforderlich, an Verkehrsdaten erheben: die Nummer oder Kennung der beteiligten Anschlüsse oder der Endeinrichtung, personenbezogene Berechtigungskennungen, bei Verwendung von Kundenkarten auch die Kartennummer, bei mobilen Anschlüssen auch die Standortdaten, den Beginn und das Ende der jeweiligen Verbindung nach Datum und Uhrzeit und, soweit die Entgelte davon abhängen, die übermittelten Datenmengen, den vom Nutzer in Anspruch genommenen Telekommunikationsdienst, die Endpunkte von festgeschalteten Verbindungen, ihren Beginn und ihr Ende nach Datum und Uhrzeit und, soweit die Entgelte davon abhängen, die übermittelten Datenmengen, sonstige zum Aufbau und zur Aufrechterhaltung der Telekommunikation sowie zur Entgeltabrechnung notwendige Verkehrsdaten. Verkehrsdaten sind nach **§ 2a BDBSOG** solche Daten, die bei der Erbringung eines Telekommunikationsdienstes im Digitalfunk BOS im Zuständigkeitsbereich der Bundesanstalt entstehen, nämlich die Gerätenummer zur Identifikation eines Endgerätes, den Identifizierungsdatensatz der im Endgerät befindlichen Sicherheitskarte oder Teile davon, die Gruppenkennung, die Basisstationskennung, für jedes Endgerät Datum und Uhrzeit der Einbuchung und Ausbuchung aus einer Basisstation sowie erfolgloser Einbuchungsversuche, den Beginn und das Ende der jeweiligen Verbindung nach Datum und Uhrzeit sowie sonstige zum Aufbau und zur Aufrechterhaltung der Dienste im Digitalfunk BOS notwendige Daten.

11 **II. Erhebung bei geschäftlichen Netzbetreibern oder mit deren Hilfe.** Die Datenerhebung erfolgt bei denjenigen, die geschäftsmäßig eigene oder fremde **Telemedien zur Nutzung bereithalten oder den Zugang zur Nutzung vermitteln**, nicht Anbieter eines »over-the-top-Dienstes« (LG Köln MMR 2021, 179 m.Anm. *Dieckmann/Heidrich*; a.A. LG München MMR 2020, 336 ff. m.Anm. *Rottmeier/Faber*). § 100g Abs. 1 betrifft die Erhebung von Telekommunikationsverkehrsdaten, die aus geschäftlichen Gründen oder gesondert für Zwecke der Strafverfolgung im Einzelfall gespeichert werden und danach gezielt ausgeleitet werden können. Nach § 100g fallen dagegen solche Daten, die **nicht bei einem Diensteanbieter erhoben** werden, nicht unter die Eingriffsermächtigung, sondern sie unterliegen den allgemeinen Vorschriften des strafprozessualen Eingriffsrechts. Insb. werden die Verbindungsdaten, die nach Abschluss des Übertragungsvorgangs nur im Herrschaftsbereich des Teilnehmers der Telekommunikation aufgezeichnet wurden, nicht nach § 100g erfasst; dafür gelten die §§ 94 ff. (*Singelnstein* NStZ 2012, 593 [602]).

12 **Verkehrsdaten** können im Fall des § 100g Abs. 1 auch **in Echtzeit** vom Diensteanbieter an die Ermittlungsbehörden weitergegeben werden (*Bode* Verdeckte strafprozessuale Ermittlungsmaßnahmen, S. 385). Insoweit geht es nicht nur um einen Auskunftsanspruch, sondern praktisch um eine Möglichkeit der eigenen Datenerhebung durch die Ermittlungsbehörden mithilfe der Diensteanbieter. Für Verkehrsdaten wird daneben eine in Zukunft gerichtete Erhebung zugelassen. Voraussetzung ist stets, dass dies für die Erforschung des Sachverhalts erforderlich ist und es um die Verfolgung einer Straftat von erheblicher Bedeutung geht.

13 Die Verkehrsdatenerhebungen in Echtzeit kann **zeitgleich** an die Strafverfolgungsbehörden ausgeleitet werden **oder in bestimmten Zeitabständen** gebündelt erfolgen (BT-Drs. 16/5846, S. 50 f.).

14 **III. Betroffene Nutzer.** Von der Verkehrsdatenerhebung in ihrem Recht auf informationelle Selbstbestimmung betroffen sind nur Beschuldigte, deren Nachrichtenmittler oder Dritte, von denen anzunehmen ist, dass der Beschuldigte ihren Anschluss benutzt (KK-StPO/*Bruns* § 100g Rn. 11). Das ergibt sich aus § 101a Abs. 1 Satz 1 i.V.m. § 100a Abs. 3 (BeckOK-StPO/*Bär* § 100g Rn. 23).

15 **IV. Anlässe der Erhebung.** § 100g Abs. 1 nennt zwei potenzielle Anlässe der Verkehrsdatenerhebung, nämlich den Verdacht der Begehung einer Straftat von erheblicher Bedeutung und den Verdacht der Begehung einer Straftat mittels Telekommunikation. Der früher genannte weitere Zweck der **Ermittlung des Aufenthaltsorts** des Beschuldigten ist in der Neufassung der Eingriffsnorm entfallen. Er ist nur mithilfe der in Echtzeit oder künftig zu gewinnenden **Standortdaten** zu erreichen (Abs. 1 Satz 4).

16 **1. Verdacht einer Straftat von erheblicher Bedeutung.** Die verfolgte Straftat muss von erheblicher Bedeutung sein. Die Erheblichkeit muss zudem nicht nur **abstrakt**, sondern auch bezogen **auf den konkreten Einzelfall** vorliegen. Für das Vorliegen eines solchen Falls müssen konkrete Tatsachen sprechen. Damit wird nur ein Anfangsverdacht vorausgesetzt, kein höherer Verdachtsgrad (BeckOK-StPO/*Bär* § 100g Rn. 6). Jedoch müssen konkrete Tatsachen eine Verdachtskonkretisierung in der Weise gestatten, dass es sich um eine Straftat von erheblicher Bedeutung handelt. Etwa entgegenstehende Strafaufhebungs-, Rechtfertigungs- oder Entschuldigungsgründe sind zu beachten.

Der **Rechtsbegriff der Straftat von erheblicher Bedeutung** taucht auch in §§ 81g Abs. 1 Satz 1, 98a Abs. 1, 100h Abs. 1 Satz 2, 110a Abs. 1 auf. Er ist unbestimmt, zumal er als Eingriffsvoraussetzung für Maßnahmen von sehr unterschiedlichem Gewicht verwendet wird. Er gilt gleichwohl als verfassungskonform (BVerfGE 103, 21 [34]). In § 100g Abs. 1 Satz 1 Nr. 1 wird er dadurch beispielhaft umschrieben, dass **insb.** Straftaten i.S.d. Katalogs für die TKÜ **gem. § 100a Abs. 2** abstrakt-generell gesehen von erheblicher Bedeutung sein sollen. Dies weist darauf hin, dass eine Straftat von erheblicher Bedeutung anzunehmen ist, wenn **der Gesetzgeber ihr besonderes Gewicht** beimisst, sie **mindestens** zum Bereich der **mittleren Kriminalität** gehört (*Bär* NZWiSt 2017, 81 [83]), den **Rechtsfrieden empfindlich stört** und dazu geeignet ist, das **Gefühl der Rechtssicherheit** in der Bevölkerung **erheblich zu beeinträchtigen** (BVerfGE 103, 21 [34]; 107, 299 [322]; 109, 279 [344]; LR/*Hauck* § 100g Rn. 21). 17

Die Untergrenze zu einer Straftat ohne erhebliche Bedeutung bleibt **vage**, womit der Gesetzgeber für die Rechtsanwendung eine gewisse **Flexibilität** offenhalten will (BR-Drucks. 702/01, S. 7). Auf bestimmte **Strafrahmen** kann im Bereich des Kernstrafrechts meist nicht abgestellt werden, zumal die Delikte des Katalogs in § 100a insoweit auch keine einheitliche Struktur aufweisen. Weil der Deliktskatalog der Anlassdaten für die TKÜ als Beispiel für Straftaten von abstrakt-generell erheblicher Bedeutung auch sonst sehr unterschiedliche Delikte enthält und weil die Erheblichkeit der Anlasstat für die Verkehrsdatenerhebung nicht nur abstrakt, sondern zugleich im Einzelfall zu festzustellen ist, bleibt die Grenze zu einer Straftat von erheblicher Bedeutung unbestimmt, dass dem Kriterium keine wesentliche Einschränkungsfunktion des Eingriffstatbestands zukommt. 18

Auszuschließen sind jedenfalls **Antragsdelikte**, die schon abstrakt-generell gesehen keine Erheblichkeit aufweisen (BeckOK-StPO/*Bär* § 100g Rn. 6). Bei Delikten mit abstrakt-genereller Erheblichkeit sind im Einzelfall **minder schwere Fälle** als Anlass für die Ermittlungsmaßnahme auszuschließen (SK-StPO/*Wolter/Greco* § 100g Rn. 21), soweit diese geringere Tatschwere absehbar ist. 19

Im Stadium des Ermittlungsverfahrens kann das **Maß der individuellen Schuld** als Absicht, direkter oder bedingter Vorsatz, Leichtfertigkeit oder einfache Fahrlässigkeit in der Praxis meist keine entscheidenden Gradmesser ausmachen, weil diese bei der vorläufigen Bewertung des Falles kaum ausreichend zuverlässig feststellbar erscheint. Vielmehr kommt es auf die **Bedeutung des betroffenen Rechtsguts**, die **Intensität seiner Verletzung**, das **Ausmaß der Schäden** infolge der Tat und die **Art und Weise der Tatbegehung** an. Die **Erfüllung von Qualifikationsmerkmalen oder Regelbeispielen** für besonders schwere Fälle im Einzelfall auf eine Straftat hin, die auch von erheblicher Bedeutung i.S.d. strafprozessualen Eingriffsrechts ist. 20

2. Tatbegehung mittels Telekommunikation. Die Verkehrsdatenerhebung ist auch zulässig, wenn es um die Verfolgung von Straftaten geht, die **mittels Telekommunikation** begangen wurden. Dazu muss praktisch ein Endgerät einer Telekommunikationseinrichtung bei der eigentlichen Tathandlung zum Einsatz kommen (LR/*Hauck* § 100g Rn. 24). Dabei kommt es nicht darauf an, ob es sich um eine Straftat von erheblicher Bedeutung handelt. Die Absenkung der Anforderungen an die Anlasstat sind verfassungsrechtlich nicht zu beanstanden (BVerfG MMR 2007, 231 f. m.Anm. *Bär*). Erfasst werden alle Delikte, die mit einem Festnetztelefon, Mobiltelefon, iPhone, Tablett, Laptop oder Computer mit Internetanbindung als **Tatmittel** begangen werden. Zu deren Verfolgung können auch Standortdaten in Echtzeit oder künftig anfallende Daten erhoben werden, nicht aber zur Ermittlung des Aufenthaltsorts des Beschuldigten (arg. e contrario Abs. 1 Satz 4; BeckOK-StPO/*Bär* § 100g Rn. 19). Für die Erhebung bereits gespeicherter (retrograder) Standortdaten gilt Abs. 2 (Meyer-Goßner/Schmitt/*Köhler* § 100g Rn. 1b). 21

Die Variante des Eingriffsanlasses hinsichtlich des Verdachts einer Tatbegehung durch Telekommunikation betrifft insb. die **Verfolgung von Internetstraftaten** in Form eines Ausspähens von Daten, die Verfolgung von **Phishing** oder **Datenmanipulation**, **Computerbetrug**, **Computersabotage** oder **Datenveränderung**. Ein zunehmend praktisch relevantes Anwendungsfeld liegt außerdem in der Verfolgung von **Kinder- und Jugendpornografie**, aber der Verfolgung einer **Verletzung von Urheberrechten**, des **Stalking**, der **Beleidigungsdelikte**, der Hasskriminalität, des Cybergrooming, aber auch von Strafvereitelungsversuchen im Wege der Telekommunikation (BeckOK-StPO/*Bär* § 100g Rn. 9). Auch bei diesen Delikten besteht ein Anspruch der Strafverfolgungsbehörden auf Auskunft der Dienstleister, weil die Delikte, auch wenn sie im Einzelfall nicht von erheblicher Bedeutung sind, ohne die Verkehrsdatenauskunft praktisch nicht aufklärbar sind (BR-Drucks. 701/01, S. 7). 22

III. Subsidiarität und Verhältnismäßigkeit. Bei der Verfolgung einer Straftat von erheblicher Bedeutung oder einer Straftat, die mittels der Telekommunikation begangen wurde, ist die Erfassung der Daten nur zulässig, wenn sie **in einem angemessenen Verhältnis zur Bedeutung der Sache** steht (LR/*Hauck* § 100g Rn. 18: Proportionalitätsgarantie). Das ist allerdings bei den Straftaten von erheblicher Bedeutung oder den Taten, die durch Telekommunikation begangen werden, regelmäßig der Fall. 23

24 Die Verfolgung einer **Straftat, die mittels Telekommunikation begangen wurde**, darf nur erfolgen, soweit die **Erforschung des Sachverhalts auf andere Weise aussichtslos** wäre (Abs. 1 Satz 3). Erforderlich ist insoweit eine Prüfung, ob im Einzelfall andere zielführende Aufklärungsmaßnahmen mit geringerem Eingriffsgewicht in Betracht kommen und aussichtsreich erscheinen. Jedoch ist die sachgemäße Verfolgung von Taten, die durch Telekommunikation begangen werden, ohne genaue Erfassung der Verbindungsdaten aufgrund der Aufklärungspflicht des Tatgerichts und der Darstellungsgebote für die Urteilsbegründung allenfalls höchst ausnahmsweise aufgrund anderer Beweismittel gewährleistet (BeckOK-StPO/*Bär* § 100g Rn. 22), etwa aufgrund eines umfassenden Geständnisses mit einer gewissen Absicherung durch aussageexterne Zusatzindizien. Als solche kommen andererseits wiederum die Verkehrsdaten infrage. Die Subsidiaritätsklausel ist allerdings vor allem bei Internetstraftaten ohne große praktische Bedeutung als Kriterium der Eingriffsbeschränkung.

25 **C. Erhebung anlasslos gespeicherter Verkehrsdaten (Abs. 2).** Nach § 113b TKG (ab 11.12.2021 § 176 TKG) sind **Dienstleister** verpflichtet (Meyer-Goßner/Schmitt/*Köhler* § 100g Rn. 23), auch **ohne konkreten Ermittlungsanlass** der Behörden im Inland bestimmte **Verkehrsdaten** der Telekommunikation (§ 113b Abs. 2 TKG) **von allen Nutzern** für zehn Wochen (Standortdaten vier Wochen) auf Vorrat zu speichern. Der Inhalt der Kommunikation, Daten über aufgerufene Internetseiten und Daten von Diensten der elektronischen Post dürfen zwar nicht gespeichert werden (§ 113b Abs. 5 TKG). Gleichwohl ist die Pflicht zur »Vorratsdatenspeicherung« wegen der Streubreite ein schwerwiegender Eingriff. Die Diensteanbieter werden durch die Regelung von ihrer Geheimhaltungspflicht im Vertragsverhältnis zu den Nutzern befreit. Sie müssen die notwendigen Vorkehrungen zur Speicherung treffen (BT-Drs. 18/5088). Wegen der Eingriffsintensität der Maßnahme werden an deren Zulässigkeit hohe Anforderungen im Hinblick auf Missbrauchsschutz, Verwendungsbeschränkungen und Transparenz der Datenerhebung sowie gerichtliche Kontrolle gestellt (BVerfGE 125, 260 [325]).

26 **I. Konkreter Verdacht einer Katalogtat.** Die Erhebung der Verkehrsdaten aus der Vorratsdatenspeicherung setzt auch keinen erhöhten Wahrscheinlichkeitsgrad der Tatbegehung voraus, sondern nur einen tatsachenbasierten **Anfangsverdacht** (BeckOK-StPO/*Bär* § 100a Rn. 38). Dieser muss sich aber auf das **Vorliegen einer besonders schweren Straftat** beziehen. Dafür stellt § 100g Abs. 2 Satz 2 einen umfangreichen **Katalog tauglicher Anlasstaten** auf, die als typischerweise besonders schwer gelten. Darüber hinaus muss der Verdacht aber auf eine Tat bezogen sein, die auch im Einzelfall besonders schwer wiegt.

27 Das Gesetz setzt **Täterschaft und Teilnahme, Versuch und Vollendung** jeweils gleich. Die Abstufung in den Beteiligungsformen oder in dem Stadium der Tat ist erst bei der konkreten Schweregewichtung im Einzelfall und bei der Verhältnismäßigkeitsprüfung zu berücksichtigen. Aus der Hervorhebung der Beteiligungsformen ergibt sich im Umkehrschluss, dass **Vorstufen** nach § 30 StGB **nicht ausreichen** (BeckOK-StPO/*Bär* § 100a Rn. 42).

28 **Der mehrfach geänderte** (BeckOK-StPO/*Bär* § 100a Rn. 41) **Katalog der Anknüpfungstaten** in § 100g Abs. 2 Satz 2 soll solche Delikte bezeichnen, deren strafgesetzlicher Tatbestand nach der gesetzgeberischen Vorwertung bereits vor der auf den Einzelfall bezogenen Gewichtung des die Eingriffsmaßnahme anordnenden Gerichts **abstrakt-generell eine besondere Schwere der Tat** umschreiben. Dabei werden Staatsschutzdelikte, Vereinigungsdelikte, qualifizierte Sexualdelikte, gewerbs- oder bandenmäßig begangene Delikte der Verbreitung, des Erwerbs und Besitzes kinder- oder jugendpornografischer Schriften, Mord und Totschlag, schwere Straftaten gegen die persönliche Freiheit und qualifizierte Zwangsprostitution oder Zwangsarbeit, Wohnungseinbruchsdiebstahl, schwerer Bandendiebstahl, schwerer Raub, Raub mit Todesfolge, räuberische Erpressung und gewerbs- oder bandenmäßige Erpressung, gewerbsmäßige Bandenhehlerei, gewerbs- oder bandenmäßige Geldwäsche, bestimmte gemeingefährliche Straftaten, Einschleusen von Ausländern, Einschleusen mit Todesfolge oder gewerbs- und bandenmäßiges Einschleusen, Straftaten nach § 17 Abs. 1 bis 3 und § 18 Abs. 7 und 8 AWG, gewerbsmäßig begangene Taten nach § 29 Abs. 1 Satz 1 Nr. 1, 5, 6, 10, 11 oder 13, Verbrechen nach den §§ 29a, 30 Abs. 1 Nr. 1, 2, 4, § 30a BtMG, gewerbs- oder bandenmäßig begangene Taten nach § 19 Abs. 1 GÜG, Taten nach § 19 Abs. 2 oder § 20 Abs. 1 KWKG, jeweils auch i.V.m. § 21 KWKG, besonders schwere Fälle von Taten nach § 22a Abs. 1 i.V.m. Abs. 2 KWKG, Völkermord, Verbrechen gegen die Menschlichkeit, bestimmte Kriegsverbrechen, gewerbs- oder bandenmäßig begangene Waffendelikte nach § 51 Abs. 1 i.V.m. Abs. 2 WaffG oder nach § 52 Abs. 1 Nr. 1 i.V.m. Abs. 5 WaffG genannt. Dieser Katalog **ähnelt denjenigen nach § 100a Abs. 2** (BT-Drs. 18/5088, S. 32) **und § 100b Abs. 2**, ist damit aber **jeweils nur partiell identisch.** Kritiker vermissen vor allem eine Aufnahme der Computerkriminalität und der Geld- und Wertzeichenfälschung (*Bär* NZWiSt 2017, 81 [85]) und weisen i.Ü. auf Unstimmigkeiten und Wertungswidersprüche hin (BeckOK-StPO/*Bär* § 100a Rn. 39).

29 Die **Unterschiedlichkeit und Komplexität der Straftatenkataloge** in §§ 100a Abs. 2, 100b Abs. 2, 100g Abs. 2 Satz 2, die jeweils über das Standarderfordernis einer »Straftat von erheblicher Bedeutung« (§ 100g

Abs. 1 Nr. 1) hinausgehen, führt zu einer erheblichen Erschwerung der Rechtsanwendung. Der Gesetzgeber hat den Anknüpfungstatenkatalog des § 100g Abs. 2 Satz 2 aber im Einklang mit der Rspr. des BVerfG auch daran orientiert, dass es dabei zum Teil um Taten gehen soll, bei denen **die gespeicherten Verkehrsdaten** nach kriminalistischer Erfahrung **von besonderer Beweisbedeutung** sind (BT-Drs. 18/5088, S. 32). Ob diese Vorgabe eingehalten wurde, ist wiederum zweifelhaft (BeckOK-StPO/*Bär* § 100g Rn. 32). Die **Zweckmäßigkeit** ist streng genommen **kein Schwerekriterium.**

II. Besondere Schwere der Tat im Einzelfall. Eingriffsvoraussetzung ist über die Erfüllung des Tatbestands einer Katalogtat hinaus, dass die Tat auch **im Einzelfall besonders schwer** wiegt (BeckOK-StPO/*Bär* § 100a Rn. 43). Die besondere Schwere geht auch insoweit über die einfache Schwere i.S.v. § 100a Abs. 1 Satz 1 Nr. 2 hinaus, erst recht über das Gewicht einer »Straftat von erheblicher Bedeutung« i.S.d. §§ 98a Abs. 1 Nr. 1, 100g Abs. 1 Nr. 1, 100i Abs. 1, 163f Abs. 1 Satz 1 (§ 100a Rn. 13). Ist schon der Begriff der Straftat von erheblicher Bedeutung unbestimmt, so ist die Abgrenzung von schweren und besonders schweren Straftaten, namentlich im Bereich der Überlappung der Anknüpfungstatenkataloge der §§ 100a Abs. 2 einerseits und §§ 100b Abs. 2, 100g Abs. 2 andererseits erst recht problematisch. Wie die Kategorien der Straftaten von erheblicher Bedeutung, von einfacher Schwere und besonderer Schwere im Einzelfall voneinander abzugrenzen sein sollen, bleibt **unbestimmt**. Die gesetzgeberische **Vorwertung** durch den Katalog der abstrakt-generell besonders schwerwiegenden Taten nach § 100g Abs. 2 Satz 2 liefert allenfalls einen Hinweis, zumal nur teilweise Überlappungen mit Anknüpfungstatenkatalogen aus anderen Eingriffsnormen bestehen, weshalb im Ansatz auch eine eingriffsspezifische Wertung erforderlich erscheint. 30

Von den Straftaten, die innerhalb der Kategorien des gesetzlichen Anlasstatenkatalogs besonders schwer wiegen, sind jedenfalls **minder schwere Fälle** im Allgemeinen **auszuschließen**, was aber nicht bei allen Deliktskategorien auch zwingend erscheint und im Stadium des Anfangsverdachts meist nicht konturenscharf festgestellt werden kann. Besonders bei **Eingreifen vertypter Milderungsgründe** kann trotz Erfüllung des Tatbestands eines Katalogdelikts eine im Einzelfall nicht besonders schwerwiegende Tat anzunehmen sein. Dabei kommen vor allem die **Bedeutung des** betroffenen **Rechtsguts**, die **Schwere seiner Verletzung**, die **Art der** konkreten **Tatausführung** und, soweit dies in der Verdachtssituation bereits absehbar ist, das **Gewicht der** individuellen **Schuld** des Täters oder Teilnehmers als Abgrenzungskriterien infrage. Alles ist von dem anordnenden Gericht im Rahmen einer Gesamtschau zu würdigen. Besonders schwer wiegt die Tat, wenn sie in ihrer Bedeutung und Tragweite über den Durchschnittsfall einer einfach schwerwiegenden Tat, die auch eine TKÜ gestattet, hinausgeht. **Minder schwere Fälle** oder Fälle, bei denen ein **vertypter Strafmilderungsgrund** eingreift, scheiden in der Regel aus. 31

Dem Entscheidungsträger ist zwangsläufig ein **Beurteilungsspielraum** zuzubilligen. Dies reduziert die Effektivität des nachträglichen Rechtsschutzes gegen die Eingriffsmaßnahme und darf nicht in einer Kontrollbegrenzung nach dem engen Willkürmaßstab münden. Erforderlich ist vielmehr, dass zumindest eine gewisse **Plausibilität** der Behauptung einer besonderen Schwere der Tat aus den Gründen der richterlichen Eingriffsgestattung zu entnehmen ist. 32

III. Wesentliche Erschwerung oder Aussichtslosigkeit der Sachaufklärung oder Aufenthaltsermittlung. Die Verkehrsdatenerhebung mithilfe der anlasslos gespeicherten Vorratsdaten ist nur zulässig, soweit die Erforschung des Sachverhalts oder die Ermittlung des Aufenthaltsortes des Beschuldigten auf andere Weise wesentlich erschwert oder aussichtslos wäre. Dieses auch sonst maßgebliche Verhältnismäßigkeitskriterium ist insb. erfüllt, wenn Zielpersonen sich **konspirativ** verhalten und **offene Ermittlungen keinen Erfolg versprechen.** Die Verkehrsdatenabfrage ist ihrerseits nur theoretisch eine gegenüber dem Nutzer der Telekommunikation offene Maßnahme (Meyer-Goßner/Schmitt/*Köhler* § 100g Rn. 11). Im Stadium des Anfangsverdachts bleibt das Einschränkungsmerkmal weitgehend funktionslos, weil die Erfolgsaussicht offener Ermittlungen oft kaum kalkulierbar erscheint und die Erforderlichkeit der Maßnahme aus der Sicht der Ermittler alternativlos erscheint (BeckOK-StPO/*Bär* § 100a Rn. 45). Auch wird durch den offenen Zugriff im Hinblick auf den einzelnen Beschuldigten vielfach die **Aufklärung der Beteiligung anderer Personen** an der Tat, bezüglich derer der offene Zugriff keine ebenso deutliche Beweislage verspricht, erheblich erschwert. Auf ein künftiges Einlassungsverhalten von Beschuldigten kann die Verneinung der Eingriffsvoraussetzung kaum gestützt werden. Insgesamt läuft die Subsidiaritätsklausel weitgehend leer, obwohl sie theoretisch ein wesentliches Legitimationselement für die Eingriffsgestattung sein soll. Beim Zugriff auf die Vorratsdatenspeicherung spielt zudem die Eilbedürftigkeit der Datenerhebung wegen der Begrenztheit der Mindestspeicherfristen eine Rolle. 33

34 **IV. Angemessenes Verhältnis zu Bedeutung der Sache.** Die Prüfung der Verhältnismäßigkeit der Eingriffsmaßnahme im engeren Sinne ist ebenfalls bei jeder Eingriffsgestattung und Maßnahmenvollziehung geboten. Dazu sind das **Gewicht des Grundrechtseingriffs** einerseits und die **Bedeutung der aufzuklärenden Sache** andererseits einzelfallbezogen gegeneinander abzuwägen, wobei auch die **Beweisbedeutung** der konkreten Ermittlungsmaßnahme eine Rolle spielt.

35 Ist bereits bei den Eingriffsvoraussetzungen die **besondere Schwere der Tat** auch im Einzelfall bejaht worden, wird sich die **Angemessenheit** der Ermittlungsmaßnahme im Allgemeinen fast von selbst verstehen. Jedoch muss auch das **Eingriffsgewicht einer Summe additiv vorgenommener verdeckter Ermittlungsmaßnahmen** mitbewertet werden. Würde eine Totalüberwachung sogar eine Verletzung des Achtungsanspruchs aus der Menschenwürdegarantie des Art. 1 Abs. 1 GG bedeuten mit der Folge, dass sie absolut unzulässig wäre, so kann ein knapp unterhalb dieser letzten Schwelle liegender Eingriff in das Persönlichkeitsrecht des Betroffenen durch eine Vielzahl verdeckter Ermittlungsmaßnahmen im Einzelfall auch gegen den Grundsatz der Verhältnismäßigkeit verstoßen. Dabei sind **die auf polizeirechtlicher Grundlage parallel erfolgenden Eingriffsmaßnahmen** zusammen mit den strafprozessualen verdeckten Ermittlungen in einer **Gesamtschau** zu würdigen; denn alle Maßnahmen sind, wenn sie aus demselben Anlass heraus getroffen werden, im Ganzen dem Staat zuzurechnen und von diesem auch insgesamt zu legitimieren. Die Zulassung einer alternativen Anwendung von Polizeirecht oder Strafprozessrecht aufgrund desselben Verhaltens des Betroffenen in Gemengelagen (allg. dazu *Brodowski* Verdeckte technische Überwachungsmaßnahmen im Polizei- und Strafverfahrensrecht, S. 255 ff.) zwingt dazu, Maßnahmen aus beiden Bereichen im Blick zu behalten. Ob das in der Praxis ausreichend beachtet werden kann, ist wegen der partiellen **Geheimhaltung von präventivpolizeilichen Maßnahmen** gegenüber den Strafverfolgungsorganen, allerdings fragwürdig.

36 Die Verhältnismäßigkeitsprüfung kann ergeben, dass **nicht sämtliche Verkehrsdaten**, sondern nur bestimmte Informationen zu erheben sind, ferner dass **nicht der äußerste zeitliche Rahmen** der rechtlichen Eingriffsmöglichkeiten auszuschöpfen ist. Jedoch führen die **Unwägbarkeiten** des Erkenntnisgewinns in der Praxis dazu, dass die Ausschöpfung aller Möglichkeiten angestrebt wird und deshalb keine derartige Beschränkung erfolgt. Die zeitliche Begrenzung der Speicherungsdauer bei den Diensteanbietern trägt ein Übriges dazu bei, dass der vom Gesetz enggezogene Rahmen bei der praktischen Rechtsanwendung typischerweise ausgeschöpft wird.

37 **E. Funkzellenabfrage (Abs. 3).** In § 100g Abs. 3 ist eine eigenständige Regelung der Funkzellenabfrage bezüglich der zu einem bestimmten Zeitpunkt in einer bestimmten Funkzelle angefallenen Verkehrsdaten vorgesehen (Meyer-Goßner/Schmitt/*Köhler* § 100g Rn. 36), die vorher in der allgemeinen Regelung über die Verkehrsdatenabfrage ohne besondere Benennung enthalten war (BeckOK-StPO/*Bär* § 100a Rn. 47). In § 100g Abs. 3 ist nun gesondert geregelt, dass die Erhebung aller in einer Funkzelle angefallenen Verkehrsdaten nur zulässig ist, wenn die **Voraussetzungen einer allgemeinen Verkehrsdatenabfrage** gem. § 100g Abs. 1 Nr. 1 erfüllt sind, die Erhebung der weiteren Daten in einem angemessenen Verhältnis zur Bedeutung der Sache steht und sofern die Erforschung des Sachverhalts oder die Ermittlung des Aufenthaltsorts des Beschuldigten auf andere Weise aussichtslos oder wesentlich erschwert wäre (LG Arnsberg ZD 2019, 415 f. Das betrifft nur die aus geschäftlichen Gründen gespeicherten Daten. Auf anlasslos gespeicherte Verkehrsdaten darf eine »retrograde« Funkzellenabfrage nur unter den Voraussetzungen des § 100g Abs. 2 zugreifen (LG Stade MMR 2019, 257 ff.). Jedoch sind Standortdaten aus Funkzellen **nur in einem engeren zeitlichen Umfang von vier Wochen Gegenstand einer Vorratsdatenspeicherung** (§ 176 TKG).

38 Zum Verbindungsaufbau muss jedes Mobiltelefon einen **Kontakt zur nächstgelegenen Funkzelle** herstellen, was automatisch geschieht, solange das Mobiltelefon nicht abgeschaltet ist (BeckOK-StPO/*Bär* § 100a Rn. 48). Funkzellen können je nach Technik und örtlichen Gegebenheiten **einzelne Meter bis zu mehreren Kilometern** abdecken. Das eingeschaltete Mobiltelefon loggt sich auch im Stand-by-Modus laufend bei der nächstgelegenen Funkzelle ein. Die Basisstation des Netzes schickt ihrerseits eine eindeutige Nummer mit dem jeweiligen Standort an das Mobiltelefon, damit die Kommunikation rasch aufgebaut werden kann. Durch **Speicherung dieser Standortdaten** mit entsprechenden Zeitstempeln kann die Position des Endgerätes zu einer bestimmten Zeit dadurch annähernd genau festgestellt werden. Die Abfrage verschiedener Standortdaten ergibt zudem ein **Bewegungsprofil.** Das ist ein **wichtiges Informationsmittel** im Strafverfahren (LR/*Hauck* § 100g Rn. 1). Die **Speicherung** der Funkzellendaten durch die Netzbetreiber erfolgt allerdings **nur kurzfristig.** Die Funkzellendaten werden nämlich nicht für Abrechnungszwecke benötigt und eine Vorratsdatenspeicherung findet nach § 176 TKG nur für vier Wochen statt.

39 Als Voraussetzung für die Abfrage muss es sich, **wie in den Fällen des Abs. 1**, bei der Anlasstat um eine Straftat von auch im Einzelfall erhebliche Bedeutung handeln. Die Erhebung der Daten muss in einem angemessenen Verhältnis zur Bedeutung der Sache stehen und die Ermittlung des Sachverhalts oder die Ermittlung des Aufenthaltsorts des Beschuldigten auf andere Weise muss aussichtslos oder wesentlich erschwert sein. Diese

allgemeinen Eingriffsvoraussetzungen entsprechen denjenigen der allgemeinen Verkehrsdatenabfrage gem. § 100g Abs. 1; beim Rückgriff auf **bereits gespeicherte** (»retrograde«) **Standortdaten** sind zusätzlich die Voraussetzungen des **§ 100g Abs. 2** zu erfüllen. Nicht erforderlich ist für eine Abfrage der Standortdaten, dass tatsächlich eine Telekommunikation in der Funkzelle erfolgt ist (BeckOK-StPO/*Bär* § 100a Rn. 50).

Durch Funkzellenabfragen werden in unvermeidbarer Weise auch Verkehrsdaten nicht verdächtiger Personen 40
erhoben. Eine **funktionsbedingte Drittbetroffenheit** lässt sich nicht ausschließen, weshalb sie der Maßnahme nicht von vornherein entgegensteht. Sie ist allerdings bei der auf den Einzelfall bezogenen **Verhältnismäßigkeitsprüfung** zu berücksichtigen. Dies kann eine zeitlich und örtlich eingeschränkte **Begrenzung der Funkzellenabfrage** zur Folge haben. Ist eine solche Begrenzung im Einzelfall nicht möglich und das Ausmaß der Betroffenheit nichtverdächtiger Personen so groß, dass die Maßnahme, auch mit Blick auf die Bedeutung der Tat, unangemessen erscheint, muss die Funkzellenabfrage unterbleiben. Die **Abschätzung** des Vorliegens eines solchen Falles ist **in der Praxis stark erschwert**. Sie dürfte dann, wenn das Vorliegen einer Straftat von erheblicher Bedeutung bejaht ist, der Anordnung meist wegen der Annahme einer praktischen Unverzichtbarkeit der Maßnahme nicht effektiv entgegenstehen.

F. Schutz von Berufsgeheimnisträgern (Abs. 4). Für **Berufsgeheimnisträger** beschränkt sich § 100g Abs. 4 41
darauf, ein **Verbot** bereits **der Erhebung** der Verkehrsdaten **aus der Vorratsdatenspeicherung** (§ 100g Abs. 2) auszusprechen, soweit es um Erkenntnisse geht, über welche die Betroffenen gem. § 53 Abs. 1 Satz 1 Nr. 1 bis 5 das Zeugnis verweigern dürften (Meyer-Goßner/Schmitt/*Köhler* § 100g Rn. 41). Dieses Beweiserhebungsverbot wird um ein absolutes **Verwertungsverbot und Löschungsgebot** hinsichtlich der entgegen dem Erhebungsverbot doch erhobenen Daten ergänzt (LR/*Hauck* § 100g Rn. 56; Meyer-Goßner/Schmitt/*Köhler* § 100g Rn. 42). Die Tatsache einer Erlangung von Verkehrsdaten der Berufsgeheimnisträger und der Löschung der Aufzeichnungen ist **aktenkundig** dann zu machen. Diese Regeln über das Erhebungs- und Verwendungsverbot und Löschungsgebot gelten **auch bei zufälliger Drittbetroffenheit** von zeugnisverweigerungsberechtigten Berufsgeheimnisträgern (§ 100g Abs. 4 Satz 5). Sie sind auf Berufshelfer i.S.v. § 53a entsprechend anzuwenden (§§ 100g Abs. 4 Satz 6, 160a Abs. 3). Bei einer **Tatverstrickung** des Berufsgeheimnisträgers oder Berufshelfers sind die Ge- und Verbote unbeachtlich (*Bär* NZWiSt 2017, 81 [85]). In den Fällen von § 100g Abs. 1 und Abs. 3 bleibt § 160a zu beachten (LR/*Hauck* § 100g Rn. 57).

G. Erhebung von Verkehrsdaten nach Ende der Telekommunikation (Abs. 5). Werden Verkehrsdaten 42
nach Abschluss des Kommunikationsvorgangs auf andere Weise als durch Anordnung der Auskunft durch Erbringer der Telekommunikationsdienste erhoben, also beim Empfänger auf dem Endgerät, so gelten dafür **die allgemeinen Vorschriften** des Eingriffsrechts über die Beschaffung von Sachbeweisen nach **§§ 94 ff.** (KK-StPO/*Bruns* § 100g Rn. 17). Diese Maßnahme greift nämlich nicht in den Schutzbereich des Art. 10 Abs. 1 GG ein. § 100g Abs. 5 stellt das klar, knüpft aber auch an den problematischen Vorgang des praktisch heimlich erfolgenden Datenzugriffs durch Beschlagnahme an; das Problem der fehlenden Offenheit des Zugriffs wird nun durch § 95a relativiert.

§ 100h Weitere Maßnahmen außerhalb von Wohnraum

(1) [1]Auch ohne Wissen der betroffenen Person dürfen außerhalb von Wohnungen
1. Bildaufnahmen hergestellt werden,
2. sonstige besondere für Observationszwecke bestimmte technische Mittel verwendet werden,
wenn die Erforschung des Sachverhalts oder die Ermittlung des Aufenthaltsortes eines Beschuldigten auf andere Weise weniger erfolgversprechend oder erschwert wäre. [2]Eine Maßnahme nach Satz 1 Nr. 2 ist nur zulässig, wenn Gegenstand der Untersuchung eine Straftat von erheblicher Bedeutung ist.

(2) [1]Die Maßnahmen dürfen sich nur gegen einen Beschuldigten richten. [2]Gegen andere Personen sind
1. Maßnahmen nach Absatz 1 Nr. 1 nur zulässig, wenn die Erforschung des Sachverhalts oder die Ermittlung des Aufenthaltsortes eines Beschuldigten auf andere Weise erheblich weniger erfolgversprechend oder wesentlich erschwert wäre,
2. Maßnahmen nach Absatz 1 Nr. 2 nur zulässig, wenn auf Grund bestimmter Tatsachen anzunehmen ist, dass sie mit einem Beschuldigten in Verbindung stehen oder eine solche Verbindung hergestellt wird, die Maßnahme zur Erforschung des Sachverhalts oder zur Ermittlung des Aufenthaltsortes eines Beschuldigten führen wird und dies auf andere Weise aussichtslos oder wesentlich erschwert wäre.

(3) Die Maßnahmen dürfen auch durchgeführt werden, wenn Dritte unvermeidbar mitbetroffen werden.

(4) § 100d Absatz 1 und 2 gilt entsprechend.

Übersicht

1 **A. Anwendungsbereich.** Eine **längerfristige Observation** unterliegt der Regelung des § 163f, die über § 100h hinausgeht und einen Richtervorbehalt vorsieht (§ 163f Abs. 3). § 100h regelt **Begleitmaßnahmen** durch Einsatz technischer Mittel bei kurz- oder längerfristigen Observationen.

2 **I. Anfertigung von Bildaufnahmen für Observationszwecke (Abs. 1 Satz 1 Nr. 1).** Die Vorschrift betrifft in allen Alternativen, auch derjenigen nach § 100h Abs. 1 Satz 1 Nr. 1, den Einsatz technischer Mittel **für Zwecke einer Observation** (*Eisenberg* Beweisrecht der StPO, Rn. 2513a; *Singelnstein* NStZ 2014, 305 [306]). Voraussetzung ist das Vorliegen des Anfangsverdachts einer Straftat (LR/*Hauck* § 100h Rn. 2). Dann dürfen nach § 100h Abs. 1 Satz 1 Nr. 1 **Bildaufnahmen** als Einzelbilder oder Filmaufnahmen hergestellt werden (MüKo-StPO/*Günther* § 100h Rn. 3; LR/*Hauck* § 100h Rn. 5), die bestimmte Personen betreffen und in das **Recht am eigenen Bild** als Teil des allgemeinen Persönlichkeitsrechts eingreifen. Die so hergestellten Lichtbilder können etwa auch später einem Zeugen zur **Identifizierung** vorgelegt oder für **Fahndungen** eingesetzt werden. Besondere Eingriffsvoraussetzungen stellt das Gesetz nicht auf. Der Grundsatz der Verhältnismäßigkeit ist aber, wie immer, auch hier zu beachten. Auch der Einsatz von Drohnen zur Herstellung von Bildaufnahmen ist rechtlich möglich (*Singelnstein* NStZ 2014, 305 [308]; *Zöller/Ihwas* NVwZ 2014, 408 [414]).

3 Foto- und Videodokumentationen im Rahmen der **Spurensicherung** am Tatort sind keine Observation. Dabei angefertigte Fotos können schon aufgrund der Ermittlungsgeneralklausel angefertigt und verwendet werden, ohne dass es auf § 100h ankommt (LR/*Hauck* § 100h Rn. 3).

4 **II. Einsatz technischer Mittel zu Observationszwecken (Abs. 1 Satz 1 Nr. 2).** § 100h Abs. 1 Satz 1 Nr. 2 gestattet den Einsatz sonstiger technischer Mittel für Observationszwecke, die nicht in der Aufnahme von Bildern (§ 100h Abs. 1 Satz 1 Nr. 1) oder des nichtöffentlich gesprochenen Wortes (§ 100f) bestehen, sondern in sonstiger Weise die Observation erleichtern oder ermöglichen. Es handelt sich um eine Art von **Generalklausel für den Technikeinsatz bei der Observation** (*Bode* Verdeckte strafprozessuale Ermittlungsmaßnahmen, S. 395; *Singelnstein* NStZ 2014, 305 [308]) zur Sachverhaltserforschung oder zur Ermittlung des Aufenthaltsorts des Beschuldigten.

5 Welche **technischen Mittel** die Ermittler einsetzen können, **hat das Gesetz nicht bestimmt**. Es kollidiert insoweit partiell mit Grundsatz der Normenklarheit, der aber in der Gesamtschau wohl noch gewahrt bleibt (*Bode* Verdeckte strafprozessuale Ermittlungsmaßnahmen, S. 405 f.), obwohl er nicht mit dem Verhältnismäßigkeitsprinzip vermengt werden darf (so aber tendenziell BVerfGE 112, 304 [316 f.]).

6 Sonstige technische Mittel sind zum Beispiel Peilsender, Nachtsichtgeräte, Bewegungsmelder, Diebesfallen und anderes mehr (*Bode* Verdeckte strafprozessuale Ermittlungsmaßnahmen, S. 400; MüKo-StPO/*Günther* § 100h Rn. 6). Nach § 100h ist es auch zulässig, das **GPS** (global positioning system) einzusetzen (BGHSt 46, 266 [271 ff.]; LR/*Hauck* § 100h Rn. 8; *Singelnstein* NStZ 2014, 305 [308]), solange jedenfalls die Grenze zur Totalüberwachung, auch bei additiven Überwachungsmaßnahmen, nicht überschritten wird (SK-StPO/*Wolter/Greco* § 100h Rn. 13, 20). Ein weiteres wirkungsvolles Mittel zur Standortbestimmung einer Person mithilfe eines Mobilfunkendgeräts ist die **»stille SMS«** (*Krüger* ZJS 2012, 606 ff.; *Smith* VR 2012, 334 ff.), die aber nach § 100i Abs. 1 Nr. 2 zu beurteilen ist (BGHSt 63, 82 [85] m.Anm. *Bär* MMR 2018, 826 f.; *Puschke* NJW 2018, 2811 f.; *Rückert* NStZ 2018, 613 f.; *Ruppert* JR 2019, 297 ff.). Ähnlich wie beim Einsatz von Peilsendern wird dabei ein Signal an eine bekannte Mobilfunknummer gesandt und bei der Rückmeldung an den Provider ein Datensatz mit Angabe der Funkzelle erzeugt, in der sich das Mobilfunkendgerät der Zielperson befindet. Die Abfrage der so geschaffenen Daten ist nach zum Teil vertretener Ansicht nicht nach Maßgabe des § 100h vorzunehmen, sondern nach § 100g (*Krüger* ZJS 2012, [609 ff.]; krit. *Singelnstein*

NStZ 2012, 593 [601]). Praktisch geht es aber nicht um eine Verkehrsdatenabfrage beim Diensteanbieter, sondern um einen Technikeinsatz gegenüber dem Endgerät des Nutzers.

III. Unterschwellige Maßnahmen. Umstritten ist, ob als technische Mittel im Sinne des § 100h auch **bloße Sehhilfen**, wie Ferngläser (MüKo-StPO/*Günther* § 100h Rn. 7), oder **Markierungssysteme** zur Ermöglichung einer späteren Ortung und technisch **präparierte Gegenstände** (Diebesfallen), anzusehen sind. Bisweilen wird angenommen, diese könnten wegen fehlenden Eingriffscharakters schon aufgrund der Ermittlungsgeneralklausel eingesetzt werden. Die Gegenansicht weist zutreffend darauf hin, dass eine solche Differenzierung im **Wortlaut des Gesetzes** keinen Niederschlag gefunden hat, sodass § 100h Abs. 1 Satz 1 Nr. 2 darauf anzuwenden ist. Zudem ist der Übergang zu Maßnahmen mit **Eingriffscharakter** bei der **Erfassung personenbezogener Informationen** mithilfe einer Observation fließend. Nach den Maßstäben zum Recht auf informationelle Selbstbestimmung gibt es kein belangloses Datum (BVerfGE 65, 1 [45]; 118, 68 [85]; 120, 378 [399]; 128, 1 [45]; 130, 151 [184]), weshalb auch die Beobachtung der Person und ihres Verhaltens an einem bestimmten Ort zu einer bestimmten Zeit in einem konkreten Kontext und die Verwendung dieser Information in den **Schutzbereich des Rechts auf informationelle Selbstbestimmung** eingreift, soweit nicht von einem Grundrechtsverzicht durch freiwillige Präsentierung in der Öffentlichkeit auszugehen ist. 7

IV. Masseneinsatz bei Verkehrsordnungswidrigkeiten. Die Anwendung von § 100h Abs. 1 Satz 1 Nr. 1 i.V.m. § 46 Abs. 1 OWiG für die Fertigung von Bildaufnahmen oder Videoaufzeichnungen zur Verfolgung von Ordnungswidrigkeiten, insb. im Straßenverkehr (*Rebler* SVR 2013, 208 [210]), ist nach herrschender Meinung ebenfalls zulässig (vgl. BVerfG NJW 2010, 2717 f.; DAR 2010, 574 f. m.Anm. *Rausch* ZfSch 2010, 547 ff.; OLG Bamberg VerkMitt 2015, Nr 65; *Harnisch/Pohlmann* NZV 2010, 380 [384]). Dies eröffnet ein breites Anwendungsfeld der **optischen Verkehrsüberwachung** und bei **Geschwindigkeits- oder Abstandsmessungen** (OLG Hamm Urt. v. 22.05.2011 – 3 RBs 61/11; AG Groß-Gerau NStZ-RR 2013, 250 [251]; AG Lüdinghausen NZV 2013, 203 [204]), wobei Letztere eher in den Anwendungsbereich von § 100h Abs. 1 Satz 1 Nr. 2 fallen. Umstritten ist hier der Anfangsverdacht (vgl. zur Verdachtsentstehung ab Erfassung eines Regelverstoßes BVerfG NJW 2010, 2717 [2718]; OLG Bremen DAR 2011, 35 [36]; a.A. *Wilcken* NZV 2011, 67 ff.). Bemerkenswert wirkt es jedenfalls, dass alltägliche Ordnungswidrigkeiten im Straßenverkehr nicht selten mit einem größeren technischen Aufwand verfolgt werden, als manche Straftaten von erheblicher Bedeutung. 8

V. Überbordende Maßnahmen. Maßnahmen zur Überwachung der Telekommunikation unterliegen § 100a, nicht § 100h. Unzureichend war die Regelung in § 100h Abs. 1 Satz 1 Nr. 2 für den Einsatz von Trojanern zur »Online-Durchsuchung« (BGHSt 51, 211 [218]), die jetzt in § 100b geregelt ist. 9

B. Ausgrenzung des Schutzbereichs von Art. 13 Abs. 1 GG. Gestattet sind Bildaufnahmen und der **Einsatz technischer Mittel** nur **»außerhalb von Wohnungen«**, womit auch Bildaufnahmen von außen in eine Wohnung hinein unzulässig sind. Maßgeblich ist der Standort der observierten Person oder der Lageort eines observierten Objekts (MüKo-StPO/*Günther* § 100h Rn. 8). In den Schutzbereich des Art. 13 Abs. 1 GG darf nur nach Maßgabe der §§ 102 ff. offen oder nach § 100c heimlich zur akustischen Überwachung eingedrungen werden. Außerhalb von Wohnungen greift die rein optische Überwachung meist auch **nicht** in den **Kernbereich der Persönlichkeitsentfaltung** ein (BVerfGE 112, 304 [318]; *Singelnstein* NStZ 2014, 305 [311]); ausgeschlossen ist das andererseits nicht (*Bode* Verdeckte strafprozessuale Ermittlungsmaßnahmen, S. 395 f.). **Kernbereichsschutz** sieht nun § 100h Abs. 4 i.V.m. § 100d Abs. 1 und Abs. 2 vor. 10

Nach der Rspr. ist eine **längerfristige Videoüberwachung des Wohnungseingangs** zum Erkennen von Kontaktpersonen, der Feststellung von Anwesenheitszeiten des Beschuldigten sowie zur Identifizierung von Mittätern zulässig, da der Schutzbereich des Art. 13 Abs. 1 GG nicht berührt werde (BGHSt 44, 13 [16]). 11

C. Betroffene Personen und Unerheblichkeit ihrer Wahrnehmung. Die Maßnahme richtet sich entgegen einem ersten Anschein nach § 100h Abs. 2 Satz 1 **nicht exklusiv gegen Beschuldigte**. Sie kann unter den Bedingungen des § 100h Abs. 2 Satz 2 auch **unverdächtige Personen**, etwa Kontaktpersonen des Beschuldigten, erfassen, wenn daraus ein Hinweis zur Sachaufklärung oder zur Bestimmung des Aufenthalts eines Beschuldigten entnommen werden soll. Werden unverdächtige Dritte **unvermeidbar** miterfasst, so steht dies der Maßnahme nicht entgegen. Jedoch ist bei der stets angezeigten **Verhältnismäßigkeitsprüfung** zu berücksichtigen, dass von einer technikbasierten Observationsmaßnahme ggf. auch Dritte, etwa Begleitpersonen des Beschuldigten oder Passanten, betroffen werden. Das gilt auch dann, wenn **zeugnisverweigerungsberechtigte Personen** durch die technikgestützten Maßnahmen in ihrem Persönlichkeitsrecht betroffen werden (MüKo-StPO/*Günther* § 100h Rn. 14). Die Maßnahme der technikunterstützten Observation oder Anfertigung von Bildern kann aber auch direkt gegen unverdächtige Personen eingesetzt werden, 12 wenn dies im Aufklärungsinteresse geboten erscheint und den Grundsatz der Verhältnismäßigkeit wahrt. Hinsichtlich einer Maßnahme, die einen Berufsgeheimnisträger betrifft, ist § 160a zu beachten. Die Überwachung eines mandatierten Strafverteidigers scheidet schon wegen Verletzung des absoluten Kernbereichs der Persönlichkeitsentfaltung aus, weil das rechtsstaatlich bedeutsame Verteidigermandat als Tabuzone gegen Ausspähung zu sichern ist.

13 Bildaufnahmen und der Einsatz sonstiger technischer Mittel für Observationszwecke sind »**auch ohne Wissen**« des Betroffenen möglich, sie können also **heimlich** erfolgen. Es kommt für die Rechtmäßigkeit der Maßnahme nicht darauf an, ob die Bildaufnahme unbemerkt oder mit der Wahrnehmung des Betroffenen erfolgt. Sofern alle im Einzelfall Betroffenen **einwilligen**, kann eine Bildaufnahme auch ohne die Eingriffsermächtigung nach § 100h durchgeführt werden, weil dann infolge Verzichts kein Grundrechtseingriff vorliegt. Die Ermittlungsgeneralklausel deckt sodann jedenfalls die Maßnahme, ohne dass es der vorliegenden Spezialermächtigung bedarf. Die Einwilligung eines Betroffenen reicht mangels Dispositionsmacht nicht aus, wenn auch weitere Personen erfasst werden.

14 **D. Zulässigkeit zur Verfolgung von beliebigen Straftaten (Abs. 1 Satz 1) oder von Straftaten von erheblicher Bedeutung (Abs. 1 Satz 2).** Die Herstellung von Bildaufnahmen nach **§ 100h Abs. 1 Satz 1 Nr. 1** ist schon beim einfachen, nur tatsachenbasierten **Anfangsverdacht** einer beliebigen Straftat zulässig (SK-StPO/*Wolter/Greco* § 100h Rn. 6). Eine Beschränkung auf bestimmte Deliktsarten ist insoweit wegen der meist geringen Eingriffsintensität nicht vorgesehen (MüKo-StPO/*Günther* § 100h Rn. 15; krit. *Bode* Verdeckte strafprozessuale Ermittlungsmaßnahmen, S. 399 f.). Die Anlasstat muss nur im Fall von **§ 100h Abs. 1 Satz 1 Nr. 2** eine **Straftat von erheblicher Bedeutung** sein, weil der Einsatz sonstiger technischer Mittel als gravierender gilt, was indes nicht immer zutrifft. Um als Straftat von erheblicher Bedeutung zu gelten, muss die Tat nach der geläufigen Leerformel mindestens dem **Bereich der mittleren Kriminalität** zuzurechnen sein, den **Rechtsfrieden empfindlich stören** und dazu geeignet sein, das **Gefühl der Rechtssicherheit** der Bevölkerung erheblich zu beeinträchtigen (§ 98a Rdn. 5 ff.). Der Begriff ist unbestimmt (*Bode* Verdeckte strafprozessuale Ermittlungsmaßnahmen, S. 404; LR/*Hauck* § 100h Rn. 14; a.A. ohne Berücksichtigung von Detailproblemen BVerfGE 112, 304 [316]) und wird in den verschiedenen Eingriffsnormen in unterschiedlichen Variationen gebraucht, was die Bedenken gegen die hinreichende Normbestimmtheit verstärkt. Ausreichend ist auch in Bezug auf die Straftat von erheblicher Bedeutung ein Anfangsverdacht (BVerfGE 112, 304 [318]).

15 **E. Beweiserhebungsverbote (§ 160a).** Soweit die Observation nicht verdächtige Personen betrifft, sieht § 100h keine Unterscheidung des Mitteleinsatzes bei der Observation von zeugnisverweigerungsberechtigten oder anderen Betroffenen vor. Das Gebot einer Differenzierung folgt aber aus § 160a und dem Grundsatz der Verhältnismäßigkeit. Zunächst ist der **Kernbereichsschutz** nach Art. 1 Abs. 1 GG zu beachten, der es gebietet, besondere Kommunikationsbeziehungen, wie Verteidigergespräche, Beichtgespräche, manche Arztgespräche und vertrauliche Unterredungen des Beschuldigten mit nächsten Angehörigen, die **nicht akustisch überwacht** werden dürften (§ 100f Rdn. 9 f.), **auch nicht optisch** zu **überwachen.** § 160a Abs. 1 stellt Gespräche mit Berufsgeheimnisträgern unter absoluten Schutz; dieser Schutz gilt auch für die technikgestützte Observation (*Eisenberg* Beweisrecht der StPO, Rn. 2516a). Die optische Überwachung ist nicht wesentlich weniger gewichtig als eine akustische Überwachung, denn sie könnte, wenn sie bemerkt würde oder als latentes Risiko zu befürchten wäre, das Recht auf **Schutz vor Einschüchterung** (*Bode* Verdeckte strafprozessuale Ermittlungsmaßnahmen, S. 112 ff.) verletzen und auf diesem Wege zumindest mittelbar den Kernbereich der Persönlichkeitsentfaltung in den besonderen Kommunikationsbeziehungen berühren. Bei Maßnahmen außerhalb des Kernbereichs, aber in dessen Peripherie muss **zumindest** nach Maßgabe der **Abwägungslösung** im Sinne von **§ 160a Abs. 2** zwischen noch zulässigen und nicht mehr statthaften Observationsmaßnahmen mit Technikunterstützung differenziert werden. Das gebietet der Grundsatz der Verhältnismäßigkeit.

16 **F. Subsidiarität und Verhältnismäßigkeit.** Der Einsatz von sonstigen technischen Mitteln **gegen Beschuldigte** ist nach § 100h Abs. 1 Satz 1 nur zulässig, wenn die Sachaufklärung oder Aufenthaltsermittlung auf andere Weise **weniger Erfolg versprechend oder erschwert** wäre. Das läuft auf eine bloße Zweckmäßigkeitsprüfung hinaus (MüKo-StPO/*Günther* § 100h Rn. 19). Der Einsatz **gegen Nichtbeschuldigte** kommt dagegen nach der Subsidiaritätsklausel des § 100h Abs. 2 Satz 2 Nr. 2 nur infrage, wenn die Zielerreichung auf andere Weise **aussichtslos oder wesentlich erschwert** wäre. Die Erschwernis ist aber fast immer zu bejahen und ein gradueller Unterschied zwischen einfacher oder wesentlicher Erschwernis kaum verifizierbar (*Eisenberg* Beweisrecht der StPO, Rn. 2515), weshalb die Merkmale ohne Rücksicht auf ihre graduellen Unterschiede in der Praxis leerlaufen. Dem anordnenden Entscheidungsträger wird zudem ein **Beurteilungsspielraum** zugebilligt, der die nachträgliche Kontrolle ggf. auf eine bloße Willkürprüfung beschränkt (MüKo-StPO/*Günther* § 100h Rn. 21). Die Subsidiaritätsklauseln bewirken insgesamt **keine ernsthafte Einschränkung** des

Eingriffshandelns (*Blozik* Subsidiaritätsklauseln im Strafverfahren, S. 233 ff.) und liefern nur eine **Scheinlegitimation** für die Eingriffsakte (*Bode* Verdeckte strafprozessuale Ermittlungsmaßnahmen, S. 399).

Bei gleichzeitigem **Einsatz mehrerer Überwachungsmittel** oder anderer heimlicher Ermittlungsmethoden ist zu beachten, dass eine »**Rundumüberwachung**«, mit der ein umfassendes Persönlichkeitsprofil erstellt werden kann, gegebenenfalls unzulässig ist (BVerfGE 112, 304 [319]; BGHSt 46, 266 [277]). Problematisch erscheint auch mit Blick hierauf, dass § 100h kein Kernbereichsschutzkonzept enthält (*Bode* Verdeckte strafprozessuale Ermittlungsmaßnahmen, S. 402) und keine zeitliche Begrenzung der Maßnahme vorsieht. 17

G. Unselbstständige Begleitmaßnahmen. Vorbereitungs- oder Begleitmaßnahmen werden von § 100h mit umfasst, wenn sie keinen Eingriff in andere Rechtspositionen als die Hauptmaßnahme ermöglichen und den Haupteingriff allenfalls unwesentlich erweitern. Die **Annexkompetenz** gestattet das Öffnen eines fremden Fahrzeugs zur Anbringung eines GPS-Senders (BGHSt 46, 266 [273 f.]; s.a. *Singelnstein* NStZ 2014, 305 [310 f.]), nicht aber wegen des zusätzlichen Eingriffs in den Schutzbereich des Art. 14 Abs. 1 GG, der schon nach dem Zitiergebot nicht von der vorliegenden Vorschrift gestattet werden kann (LR/*Hauck* § 100h Rn. 9), die heimliche Verbringung des Autos in eine Werkstatt zur Anbringung des Senders (*Bernsmann* StV 2001, 382 [385]; a.A. BGHSt 46, 266 [274]; MüKo-StPO/*Günther* § 100h Rn. 24). Auch die Benutzung von fremden Stromquellen in geringem Umfang zum Betrieb von Überwachungsgeräten soll als Begleitmaßnahme zulässig sein. Auch das kann aber nur bei wirtschaftlich unerheblichen Stromentnahmen, etwa von einer Autobatterie, akzeptiert werden. 18

H. Anordnungsverfahren. Zuständig für den Einsatz technischer Mittel sind **die Staatsanwaltschaft und ihre Ermittlungspersonen** (§ 152 GVG) oder auch die anderen repressiv-polizeilich handelnden Polizeibeamten. Ein **Richtervorbehalt besteht nicht** (MüKo-StPO/*Günther* § 100h Rn. 22) und ist auch verfassungsrechtlich nicht unbedingt erforderlich (BVerfGE 112, 304 [318]). 19

Die Anordnung des Einsatzes technischer Mittel sollte trotz des fehlenden Verweises auf § 100b Abs. 2 **in den Akten dokumentiert** werden (BVerfGE 112, 304 [320 f.]). 20

Eine **Befristung** enthält § 100h im Gegensatz zu den anderen Bestimmungen über heimliche Ermittlungsmethoden nicht. Bei längerfristigen Observationen ist aber § 163f zu beachten, i.Ü. gilt, wie immer im Eingriffsrecht, der Grundsatz der Verhältnismäßigkeit. Die Maßnahme ist danach zu beenden, wenn die Voraussetzungen nicht mehr vorliegen oder der Grad der Angemessenheit überschritten wird. 21

I. Verwendung der Informationen. Rechtmäßig erlangte Observationserkenntnisse und Zufallsfunde sind prinzipiell verwertbar (*Allgayer* NStZ 2006, 603 [606]); bei Rechtsfehlern, etwa dem Fehlen einer Anordnung durch einen dafür zuständigen Entscheidungsträger oder dem Überschreiten der nach dem Verhältnismäßigkeitsgrundsatz noch angemessenen Dauer des Einsatzes, richtet sich die Frage der Verwertbarkeit der erlangten Informationen vom Standpunkt der herrschenden Meinung nach der **Abwägungsdoktrin** (§ 136 Rdn. 86 ff.). Bei einem **Eingriff in den absolut geschützten Kernbereich** der Persönlichkeitsentfaltung muss dagegen ein **abwägungsfreies Beweisverbot** gelten. 22

Die Weiterverwendung von Bildaufnahmen zu anderen Zwecken unterliegt im Gegensatz zu Daten, die aus dem Einsatz sonstiger für Observationszwecke bestimmter Mittel erlangt wurden, **nicht** der **Verwendungsbeschränkung des § 477 Abs. 2**, da die Herstellung von Bildaufnahmen nicht den Verdacht bestimmter Straftaten von erheblicher Bedeutung voraussetzt. Anders ist es bei den Erkenntnissen aus Maßnahmen nach § 100h Abs. 1 Satz 1 Nr. 2 (*Eisenberg* Beweisrecht der StPO, Rn. 2519); insoweit gilt das Prinzip des hypothetischen Ersatzeingriffs, wonach auch die engeren Eingriffsvoraussetzungen der vorliegenden Vorschrift für die sonstigen technischen Mittel bei der Observation hypothetisch erfüllt sein müssen. Die Verwendung der technikgestützten Observationserkenntnisse als **Spurenansatz** gilt aber generell als zulässig. 23

Nach präventiv-polizeilichem Einsatz technischer Mittel aufgrund präventivpolizeirechtlicher Bestimmungen ist die Verwertung im Strafverfahren nach Maßgabe des § 161 Abs. 1 zulässig, wenn kein hypothetisches Beweisverwertungsverbot aus § 160a eingreift, das bei strafprozessualer Informationserlangung anzunehmen wäre. Umgekehrt können die Ermittlungsergebnisse nach § 481 an die präventiv-polizeilich handelnden Stellen weitergegeben werden. 24

J. Benachrichtigung des Betroffenen und Rechtsschutzgewährung. Die Benachrichtigung der betroffenen Beschuldigten und erheblich mitbetroffenen Dritten richtet sich nach § 101 Abs. 4 bis 7 (*Eisenberg* Beweisrecht der StPO, Rn. 2517). Diese Personen können dann nachträglich Rechtsschutz durch Antrag auf gerichtliche Entscheidung nach § 101 Abs. 7 Satz 2 erlangen. Die Löschung der Daten erfolgt nach § 101 Abs. 8. 25

§ 100i Technische Ermittlungsmaßnahmen bei Mobilfunkendgeräten

(1) Begründen bestimmte Tatsachen den Verdacht, dass jemand als Täter oder Teilnehmer eine Straftat von auch im Einzelfall erheblicher Bedeutung, insbesondere eine in § 100a Abs. 2 bezeichnete Straftat, begangen hat, in Fällen, in denen der Versuch strafbar ist, zu begehen versucht hat oder durch eine Straftat vorbereitet hat, so dürfen durch technische Mittel

1. die Gerätenummer eines Mobilfunkendgerätes und die Kartennummer der darin verwendeten Karte sowie

2. der Standort eines Mobilfunkendgerätes

ermittelt werden, soweit dies für die Erforschung des Sachverhalts oder die Ermittlung des Aufenthaltsortes des Beschuldigten erforderlich ist.

(2) [1]Personenbezogene Daten Dritter dürfen anlässlich solcher Maßnahmen nur erhoben werden, wenn dies aus technischen Gründen zur Erreichung des Zwecks nach Absatz 1 unvermeidbar ist. [2]Über den Datenabgleich zur Ermittlung der gesuchten Geräte- und Kartennummer hinaus dürfen sie nicht verwendet werden und sind nach Beendigung der Maßnahme unverzüglich zu löschen.

(3) [1] § 100a Abs. 3 und § 100e Absatz 1 Satz 1 bis 3, Absatz 3 Satz 1 und Absatz 5 Satz 1 gelten entsprechend. [2]Die Anordnung ist auf höchstens sechs Monate zu befristen. [3]Eine Verlängerung um jeweils nicht mehr als sechs weitere Monate ist zulässig, soweit die in Absatz 1 bezeichneten Voraussetzungen fortbestehen.

Übersicht

1 **A. Allgemeines. I. Zweck und Inhalt. 1. IMSI-Catcher.** Die Vorschrift betrifft Maßnahmen zur Bestimmung der **Standortdaten von Mobiltelefonen**. Sie ermächtigt mit Abs. 1 Nr. 1 zur Erfassung der Gerätenummer eines Mobilfunkendgerätes und der Kartennummer der darin verwendeten Karte, wozu herkömmlich ein sogenannter IMSI verwendet wird (BT-Drs. 14/9088, S. 7). Der IMSI-Catcher ist ein technisches Gerät, dass für alle Frequenzbereiche eine **Funkzelle simuliert** (SK-StPO/*Wolter/Greco* § 100i Rn. 8). Die Daten aller Mobiltelefone, die im Standby-Modus oder Netzbetrieb sind und automatisch an einer Funkzelle eingeloggt werden, können damit erfasst und an einem Display angezeigt werden. Durch **Wiederholung des Anzeigevorgangs** werden Mobiltelefone, die durch **Standortwechsel** an einer anderen Funkzelle erscheinen, identifiziert werden. Die Verfolgung dieser Standorte und Daten von Mobilfunkgeräten, die der Beschuldigte oder eine sonstige Zielperson mitführt, setzt regelmäßig zugleich eine **Observation** der Person voraus und ermöglicht die Feststellung des Endgeräts nur, wenn der IMSI-Catcher in der Nähe der Zielperson und ihres Mobiltelefons ist (MüKo-StPO/*Günther* § 100i Rn. 21). Das Ermittlungspotenzial des IMSI-Catcher-Einsatzes zur Erfassung bisher unbekannter **IMEI- oder IMSI-Kennungen** (zur Entstehungsgeschichte *Harnisch/Pohlmann* HRRS 2009, 202 [205 ff.]) ist nach der explosionsartigen Erweiterung der Massentelekommunikation erheblich (*Gercke* MMR 2003, 453 [454]), wenngleich die Maßnahme technisch überholt wirkt. Die Standortbestimmung durch »stille SMS«, ist allerdings schneller, einfacher und ohne **Beeinträchtigung Dritter** zu bewirken (*Harnisch/Pohlmann* HRRS 2009, 202 [216]). Der Einsatz des IMSI-Catchers ist ggf. zur **Vorbereitung von Überwachungsmaßnahmen nach §§ 100a, 100g** erforderlich (SK-StPO/*Wolter/Greco* § 100i Rn. 2).

2 **IMSI** (International Mobile Subscriber Identity) ist die Chipkartenkennung eines Mobilfunkendgeräts, die auf austauschbaren Chipkarten (Subscriber Identity Module – **SIM**) gespeichert ist. Pro Mobilfunkendgerät gibt es weltweit auch nur eine Gerätenummer (International Mobile Equipment Identity – **IMEI**).

3 IMSI-Catcher bestehend aus Steuerungsrechner, Antenne und Messgeräten (*Harnisch/Pohlmann* HRRS 2009, 202 [203]) werden **in mobilen Einheiten** zur Feststellung unbekannter Chipkartennummern oder der Gerätekennung, insb. falls mit einem Endgerät mehrere Chipkarten verwendet werden, und daneben

oder danach auch zur **Standortbestimmung** von eingeschalteten Mobilfunkgeräten eingesetzt (BVerfG NJW 2007, 351 ff.). Zu deren Lokalisierung wird die virtuelle Funkzelle genutzt. Dieser IMSI-Catcher zieht Signale der Endgeräte in seinem Wirkbereich bei der automatischen Kontaktsuche der Mobiltelefone nach der standortnächsten Funkzelle auf sich und macht so deren Standort innerhalb ihres Wirkungsbereichs erkennbar. Jedes Mobiltelefon, das zumindest im Standby-Modus in bestimmten Zeitintervallen oder bei einem Ortswechsel in einen anderen Funkzellenbereich sich bei der nächstgelegenen Funkzelle anmeldet, wirkt im Ergebnis **wie ein Bewegungsmelder** (*Wohlers/Demko* StV 2009, 341 [347]), der vom Inhaber unbemerkt in automatisierter Form laufend Positionsmeldungen abgibt (BVerfG NJW 2007, 351 [353]). Ist der Benutzer observiert, kann dann auch sein Gerät aus der Masse der eingeloggten Mobiltelefone selektiert werden. Einen gewissen Nachteil bringt der Einsatz des IMSI-Catcher mit sich, indem er alle von ihm angezogenen Mobiltelefone ganz kurzzeitig vom Netz nimmt, sodass auch Drittbetroffene für Sekunden nicht telekommunizieren können (*Harnisch/Pohlmann* HRRS 2009, 202 [204]). Allerdings wird die Verbindung nicht unterbrochen. Der im Allgemeinen nur **periphere Eingriff das informationelle Selbstbestimmungsrecht Dritter** besteht zudem in der Erfassung ihrer Gerätedaten. Theoretisch besteht auch die Gefahr, dass sie versehentlich ins Visier der Ermittler geraten.

2. Stille SMS. Bei einer stillen SMS wird eine **Kurzmitteilung** an eine Mobilfunknummer gesandt, die zwar eine Verbindung mit dem Mobiltelefon erzeugt, aber deren Nutzer **nicht angezeigt** wird. Der Empfang der SMS bewirkt eine **Rückmeldung** des Mobiltelefons **bei der Funkzelle**, in der es eingebucht ist, wodurch bei dem Netzbetreiber ein **Verkehrsdatensatz** erzeugt wird, der die Angabe der Funkzelle enthält. Damit kann der ungefähre Standort des Mobiltelefons im Zeitpunkt des Empfangs der stillen SMS bestimmt werden. Voraussetzung ist, dass das Mobiltelefon eingeschaltet und empfangsbereit ist. Im Standby-Modus erzeugt das Mobiltelefon in periodischen Abständen ähnliche Daten (BGHSt 63, 82 [83]). **§ 100i Abs. 1 Nr. 2** liefert dafür die **Rechtsgrundlage** (BGHSt 63, 82 [86] = MMR 2018, 824 ff. m.Anm. *Bär* = NJW 2018, 2809 ff. m.Anm. *Puschke* = NStZ 2018, 611 ff. m.Anm. *Rückert* = JR 2019, 297 [298] m.Anm. *Ruppert*; zust. *Hiéramente* jurisPR-StrafR 17/2018 Anm. 1; abl. *Farthofer* ZIS 2020, 190 [192 ff.]). Zum Umfang der praktischen Anwendung s. BT-Drs. 20/1178. 4

II. Verfassungsmäßigkeit. Der strafprozessuale Einsatz von IMSI-Catchern gilt als **verfassungsgemäß** (BVerfG NJW 2007, 351 [352 ff.]; *Harnisch/Pohlmann* HRRS 2009, 202 [214 ff.]; a.A. *Bode* Verdeckte strafprozessuale Ermittlungsmaßnahmen, S. 410 f.; SK-StPO/*Wolter/Greco* § 100i Rn. 17 ff.). Die Erhebung nur der Daten über die Geräte- oder Chipkartenkennung oder den Standort des eingeschalteten, aber nicht aktuell zur Telekommunikation benutzten Mobilfunkgeräts **greift** nach herrschender Meinung **nicht in den Schutzbereich des Art. 10 Abs. 1 GG ein**, weil er nur einen Informationsaustausch zwischen Geräten und keine Kommunikation zwischen Menschen betrifft (BVerfG NJW 2007, 351 ff.; MüKo-StPO/*Günther* § 100i Rn. 14; a.A. SK-StPO/*Wolter/Greco* § 100i Rn. 12). Den verfassungsrechtlichen Maßstab der Kontrolle der Eingriffsmaßnahme und des zugrunde liegenden Gesetzes bildet dann das **Recht auf informationelle Selbstbestimmung**. Ein Unterschied zwischen der Anwendbarkeit von Art. 10 Abs. 1 GG oder nur des Auffanggrundrechts aus Art. 2 Abs. 1 GG liegt auch in der Geltung des Zitiergebots aus Art. 19 Abs. 1 Satz 2 GG nur für ersteres. Allerdings besteht die technische Möglichkeit der rechtsmissbräuchlichen Nutzung der virtuellen Funkzelle nicht nur zur Erfassung der Geräte- oder Chipkartenkennungen oder des Gerätestandorts, sondern auch zur Überwachung der Telekommunikation außerhalb des Anwendungsbereichs der §§ 100a, 100b (*Bode* Verdeckte strafprozessuale Ermittlungsmaßnahmen, S. 411 f.). **Missbrauchsgefahr** allein führt aber nicht zur Verfassungswidrigkeit einer Eingriffsermächtigungsregelung. Im Allgemeinen liegt auch **keine Totalüberwachung** vor, was aber anhand additiver Eingriffsmaßnahmen zu prüfen ist, in deren Rahmen § 100i zumindest auch ein gewisses Potenzial für eine Rundumüberwachung zur Verfügung stellt (SK-StPO/*Wolter/Greco* § 100i Rn. 24). 5

B. Einsatzvoraussetzungen. I. Einsatz zur Ermittlung der Geräte- oder Chipkartenkennung (Abs. 1 Nr. 1). Die Ermittlung der Gerätekennung oder der SIM-Kartennummer ist zunächst unter anderem eine **Zwischenstufe auf dem Weg zur TKÜ** des Mobilfunkendgeräts nach §§ 100a, 100b (BVerfG NJW 2007, 351 [355]; *Gercke* MMR 2003, 453 [454]), aber seit der Novelle des Jahres 2008 nicht mehr darauf beschränkt. Schon bei der Ermittlung der Geräte- und Kartennummer nach § 100i Abs. 1 Nr. 1, die mangels direkt tatbezogener Aussagekraft typischerweise nur eine Vorbereitungsmaßnahme für weitergehende Ermittlungen darstellt, wird der Umstand ausgenutzt, dass jedes eingeschaltete Mobiltelefon sich auch dann, wenn keine Telekommunikation stattfindet, in bestimmten Zeitabständen oder bei Ortswechseln bei der nächsten Funkzelle des Mobilfunknetzes anmeldet, um verbindungsbereit zu sein. Um die IMEI oder IMSI eines bestimmten Teilnehmers mit dem Catcher zu erfassen, **muss** wiederum **sein ungefährer Standort bekannt sein** (*Harnisch/* 6

Pohlmann HRRS 2009, 202 [204]), weil der IMSI-Catcher eingeschaltete Mobiltelefone nur in seinem Einzugsbereich dazu veranlassen kann, ihre Signale und Daten an den Catcher zu senden. Befinden sich im Bereich der simulierten Funkzelle neben der Zielperson andere Mobilfunkteilnehmer, so müssen **Messungen an verschiedenen Orten** durchgeführt werden, um den genauen Standort des Zielgeräts einzugabeln. Das ist gegebenenfalls ein komplizierter Vorgang, der die Maßnahme für Ermittler unattraktiv macht und eher durch »stille SMS« ersetzt wird (*Harnisch/Pohlmann* HRRS 2009, 202 [209]). Zur eindeutigen Bestimmung des gesuchten Endgeräts kann auch ein **Abgleich** der gemessenen Daten **mit den Kundendaten der Mobilfunkbetreiber**, ein Stimmenvergleich durch **Testanruf** oder eine **Observation** der Zielperson nötig sein. Der Gesamtvorgang ist also im Einzelfall komplex, mehrstufig und aufwendiger als eine rein technische Signalerfassung. Schon deshalb kann der IMSI-Catcher-Einsatz nicht mehr massenhaft betrieben werden. Zulässig ist es andererseits aber auch, den IMSI-Catcher zur **Unterstützung einer Observation** und zur **Vorbereitung einer Verkehrsdatenerhebung** nach § 100g StPO einzusetzen (BT-Drs. 16/5846, S. 56; *Harnisch/Pohlmann* HRRS 2009, 202 [207]), also in eine Vorgehensweise aus mehreren Eingriffsakten zu integrieren. Nicht ausdrücklich in der vorliegenden Vorschrift erwähnt ist der Einsatz eines IMSI-Catchers **zur Eigensicherung** der bei einem Zugriff nach Observation eingesetzten Beamten. Auch dieser IMSI-Catcher-Einsatz gilt aber als zulässig (BT-Drs. 16/5846, S. 56). Dabei ist nicht abschließend geklärt, ob es sich um eine polizeirechtliche Maßnahme zur Gefahrenabwehr oder um eine Begleitmaßnahme zum repressivpolizeilichen Einsatz handelt.

7 **II. Einsatz zur Standortbestimmung (Abs. 1 Nr. 2).** Die Messtechnik kann nach **§ 100i Abs. 1 Nr. 2** – alternativ oder kumulativ zu Abs. 1 Nr. 1 – auch dazu genutzt werden, den **Standort eines Mobiltelefons** mittels der simulierten Funkzelle oder durch »stille SMS« (BGHSt 63, 82 [85] m.Anm. *Bär* MMR 2018, 826 f.; *Puschke* NJW 2018, 2811 f.; *Rückert* NStZ 2018, 613 f.; *Ruppert* JR 2018, 300 ff.), **zu bestimmen**, um auf diesem Wege mittelbar einen Beschuldigten als Gewahrsamsinhaber des Mobilfunkendgeräts zu lokalisieren. Ist der aktuell bestimmte Standort kein Indiz für die bereits früher begangene Tat, so kann der lokalisierte Standort im Strafverfahren zur Ergreifung aufgrund eines Haftbefehls oder Festnahme des Beschuldigten nach § 127 verwendet werden. Das Gesetz sah zunächst auch nur dieses Einsatzziel vor (*Gercke* MMR 2003, 453 [455]); die Novelle von 2008 hat das Einsatzspektrum auf die Sachaufklärung zum Tatverdacht erweitert. Das ist praxisrelevant. Im Rahmen einer Überwachung von laufendem Tatgeschehen, etwa bei einem polizeilich überwachten Betäubungsmittelgeschäft oder der Begehung von Einbrüchen oder Skimmingdelikten durch eine observierte Bande, kann nämlich der genaue Standort einer Person zur Tatzeit auch Indizbedeutung für den Nachweis der Tatbeteiligung des Inhabers des Mobilfunkendgeräts liefern. Voraussetzung für den Informationseingriff durch Standortbestimmung ist neben der ungefähren Kenntnis der Position, dass die IMSI, IMEI oder Telefonnummer des Mobiltelefons bekannt ist. Diese Daten können auch bei Telekommunikationsdienstleistern abgefragt werden (§ 100j). Die Standortbestimmung mithilfe des IMSI-Catchers ist wegen der mobilen Simulation einer Funkzelle, insb. aus einem Überwachungsfahrzeug heraus, und der Möglichkeit der Eingabelung durch verschiedene Peilungen wesentlich **präziser als die Rekonstruktion eines Standorts mithilfe der normalen Funkzellen**, die nach einem Raster stationär aufgestellt sind (*Gercke* MMR 2003, 453 [454]). Das macht den aufwendigeren IMSI-Catcher-Einsatz für Ermittlungszwecke im Einzelfall interessant, soweit keine noch einfachere Technik, wie die »stille SMS«, ausreicht.

8 **III. Ziel der Aufklärung des Verdachts einer Straftat von erheblicher Bedeutung oder der Ermittlung des Aufenthalts des Beschuldigten.** Zulässig ist der Einsatz des IMSI-Catchers **zur Erforschung des Sachverhalts oder Ermittlung des Aufenthaltsortes** des Beschuldigten (LR/*Hauck* § 100i Rn. 26). Voraussetzung ist der auf konkrete Tatsachen gestützte **Anfangsverdacht einer Straftat von einer** auch im Einzelfall **erheblichen Bedeutung** (*Harnisch/Pohlmann* HRRS 2009, 202 [207]). Ausreichend ist nach ausdrücklicher Bestimmung in Abs. 1 auch der **Versuch** eines Erfolgsdelikts oder eine selbstständige strafbare **Vorbereitungshandlung**. Auch die Abgrenzung von Täterschaft oder Teilnahme ist unerheblich (Meyer-Goßner/Schmitt/*Köhler* § 100i Rn. 8), obwohl das Gesetz dies im Gegensatz zu den Verwirklichungsstufen der Tat nicht ausdrücklich hervorhebt. Der »Beschuldigte« kann jedenfalls sowohl Täter als auch Teilnehmer sein.

9 **Nicht unbedingt erforderlich** ist das Vorliegen des Verdachts einer **Katalogtat** im Sinne von § 100a Abs. 2. Andererseits sieht das Gesetz in einer solchen Katalogtat **typischerweise** eine Straftat von mindestens erheblicher Bedeutung (vgl. § 100g Abs. 1 Satz 1 Nr. 1). Aus § 100i ergibt sich in der Gesamtschau aber eine niedrigere Erheblichkeitsschwelle als in den Fällen des § 100a. Dort wird erstens eine vom Gesetzgeber abstrakt-generell als erheblich bewertete Tat aus dem Deliktskatalog nach § 100a Abs. 2 vorausgesetzt, die zweitens **auch im Einzelfall von erheblicher Bedeutung** sein muss. Bei § 100i soll ebenfalls eine im Einzelfall erhebliche Tat (MüKo-StPO/*Günther* § 100i Rn. 26; Meyer-Goßner/Schmitt/*Köhler* § 100i Rn. 6) der Gegenstand einer Verdachtshypothese sein, die nicht unbedingt eine Katalogtat nach § 100a Abs. 2 sein muss. Der Gesetzgeber treibt an dieser Stelle wieder ein Verwirrspiel mit dem ohnehin unbestimmten Rechts-

begriff der Straftat von erheblicher Bedeutung (krit. *Lindemann* KritJ 2000, 86 ff.; *Rieß* GA 2004, 623 ff.) als Tatbestandsvoraussetzung. Wer behauptet, der Begriff der Straftat von erheblicher Bedeutung sei mit dem Grundsatz der Normenklarheit nicht unvereinbar (vgl. *Harnisch/Pohlmann* HRRS 2009, 202 [215 ff.]), übersieht die Variationen der Begriffsverwendung in den verschiedenen Eingriffsnormen. Die gebräuchliche Leerformel, die Tat müsse mindestens dem Bereich der mittleren Kriminalität angehören, den Rechtsfrieden empfindlich stören und das Gefühl der Rechtssicherheit der Bevölkerung erheblich beeinträchtigen (MüKo-StPO/*Günther* § 100i Rn. 25; *Harnisch/Pohlmann* HRRS 2009, 202 [215]), verdeutlicht dadurch nur die **Unbestimmtheit** des Begriffs. Wenn von ausreichender Normenklarheit der Eingriffsregelung ausgegangen wird (BVerfG NJW 2007, 351 [355]), beruht dies auf einer großzügigen Interpretation dieses Begriffs, die Details nicht mehr in den Blick nimmt. Streng genommen ist die Norm in diesem Punkt doch zu unbestimmt (*Bode* Verdeckte strafprozessuale Ermittlungsmaßnahmen, S. 410 f.).

C. Einsatz gegen den Beschuldigten oder Nachrichtenmittler und Drittbetroffenheit. Die Maßnahme 10
darf sich nach § 100i Abs. 3 i.V.m. § 100a Abs. 3 **nur gegen den Beschuldigten** oder gegen Personen richten, von denen anzunehmen ist, dass sie für den Beschuldigten bestimmte oder von ihm herrührende Mitteilungen entgegennehmen oder weitergeben, oder dass der Beschuldigte ihren Anschluss benutzt, also **Nachrichtenmittler** oder **Anschlussinhaber** (MüKo-StPO/*Günther* § 100i Rn. 32). Wird ein **zeugnisverweigerungsberechtigter Zeuge** im Sinne von § 53 als Nachrichtenmittler betroffen, gelten die Beweisverbotsregeln nach **§ 160a** (*Harnisch/Pohlmann* HRRS 2009, 202 [208]). Ein **Schutz von Angehörigen** im Sinne des § 52 ist dagegen weder in § 100i noch in § 160a vorgesehen. Das erscheint bedenklich. Zumindest bei der allgemeinen Verhältnismäßigkeitsprüfung ist auf die Eigenschaft einer betroffenen Person als zeugnisverweigerungsberechtigter Zeugen Bedacht zu nehmen.

§ 100i Abs. 2 enthält die Einschränkung, dass **personenbezogene Daten Dritter** erhoben werden dürfen, 11
soweit dies technisch unvermeidbar ist (LR/*Hauck* § 100i Rn. 30; Meyer-Goßner/Schmitt/*Köhler* § 100i Rn. 14; abl. SK-StPO/*Wolter/Greco* § 100i Rn. 16 ff.), ferner, dass sie **nur zum Zwecke des Datenabgleichs** verwendet werden dürfen und danach **unverzüglich zu löschen** sind. § 100i Abs. 2 Satz 2 enthält dazu ein den § 477 Abs. 2 Satz 2 verdrängendes **Verbot der nachträglichen Zweckänderung** zur Verwendung von Zufallsfunden als Spurenansatz (Meyer-Goßner/Schmitt/*Köhler* § 100i Rn. 14). Mit dieser aus der Perspektive der Ermittler unbefriedigend wirkenden Regelung hat der Gesetzgeber jedoch die verfassungsgerichtliche Forderung vorweggenommen, die Grundrechtspositionen unbeteiligter Dritter nicht über das unbedingt notwendige Maß hinaus zu berühren; im Allgemeinen ist der Eingriff für Dritte auch nur geringfügig (BVerfG NJW 2007, 351 [356]).

D. Verhältnismäßigkeitskontrolle. Wie stets im Eingriffsrecht ist auch beim Einsatz des IMSI-Catchers der 12
Grundsatz der Verhältnismäßigkeit zu wahren. Er ist vom Ermittlungsrichter und den Ermittlungsbeamten bei Anordnung und Durchführung der Maßnahme einerseits hinsichtlich der Geeignetheit, Erforderlichkeit und Angemessenheit des Einsatzes zur Erreichung des verfolgten Ziels und andererseits hinsichtlich des Grades der Betroffenheit unverdächtiger Dritter zu prüfen (BVerfG NJW 2007, 351 [356]). Eine besondere **Subsidiaritätsklausel** enthält § 100i Abs. 1 seit der Novellierung der Regeln über die heimlichen Ermittlungseingriffe im Jahr 2008 nicht mehr (*Harnisch/Pohlmann* HRRS 2009, 202 [208]; *Puschke/Singelnstein* NJW 2008, 113 [115]), was angesichts der geringen praktischen Bedeutung einer solchen Klausel (*Blozik* Subsidiaritätsklauseln im Strafverfahren, S. 233 ff.) kein großer Verlust ist, aber rechtlich die gesetzgeberische Einordnung des IMSI-Catcher-Einsatzes (bei § 100i Abs. 1 Nr. 1) als Standardmaßnahme oder bloße Zwischenstufe für weitergehende Ermittlungsmaßnahmen signalisiert. Dabei ist aber jedenfalls die **Erstellung von Bewegungsbildern** in besonderen Fällen des § 100i Abs. 1 Nr. 2 kein Minus gegenüber der TKÜ, sondern ein Aliud (*Wohlers/Demko* StV 2009, 241 [247]).

Beim längerfristigen Einsatz eines IMSI-Catchers ist zu beachten, dass die Erstellung eines Bewegungsprofils 13
die Maßnahme als Teil eines Geflechts von Überwachungsmaßnahmen in den Grenzbereich zur **Rundumüberwachung** bringt, die bei Hinzutreten weiterer Überwachungsmaßnahmen von erheblichem Gesamtumfang bis hin zu einer vollständigen Erfassung aller personenbezogenen Daten ab Überschreitung eines noch undefinierten Grenzbereichs unzulässig ist.

E. Anordnungsverfahren. Zuständig für die Anordnung des Einsatzes eines IMSI-Catchers auf Antrag der 14
Staatsanwaltschaft ist nach § 100i Abs. 3 über dessen Verweisung auf § 100e grundsätzlich **das Gericht**, im Vorverfahren also der Ermittlungsrichter, später das erkennende Gericht (allgemein zum Zuständigkeitswechsel *Löffelmann* ZIS 2009, 495 ff.), **bei Gefahr im Verzug**, namentlich in Fällen der Notwendigkeit einer raschen Standortbestimmung (Meyer-Goßner/Schmitt/*Köhler* § 100i Rn. 16), ausnahmsweise **die Staatsanwaltschaft** (LR/*Hauck* § 100i Rn. 32, 43 ff.), **nicht eine polizeiliche Ermittlungsperson** (MüKo-StPO/

Günther § 100i Rn. 34). Wird die Eilanordnung der Staatsanwaltschaft nicht **binnen drei Werktagen richterlich bestätigt**, wird die weitere Eingriffsmaßnahme unzulässig, jedoch bleiben die bis dahin gewonnenen Erkenntnisse verwertbar (LR/*Hauck* § 100i Rn. 49).

15 Die Anordnung ergeht **schriftlich**. Die Maßnahme ist nach § 100i Abs. 4 Satz 2 **auf höchstens sechs Monate zu befristen** (Abs. 3 Satz 2); eine **Verlängerung** der Frist ist aber – unter modifizierter Beachtung des Grundsatzes der Verhältnismäßigkeit – möglich (§ 100i Abs. 3 Satz 3). Das geht allerdings mit Blick auf die Gefahr einer Totalüberwachung zu weit.

16 Der Inhalt der **Entscheidungsformel** ist im Gesetz nicht vorgegeben. Es ist jedoch im Hinblick auf § 101 zweckmäßig, das Ziel der Maßnahme, Name und Anschrift des Betroffenen und – soweit bereits bekannt – die Gerätekennung sowie die Dauer des Einsatzes des IMSI-Catchers anzugeben (MüKo-StPO/*Günther* § 100i Rn. 37). Der Beschluss ist nach § 34 **zu begründen** (LR/*Hauck* § 100i Rn. 40). Jedoch schreibt das Gesetz hier, anders als in § 100e, keine bestimmten Kriterien des Begründungsinhalts vor. Das bedeutet aber nicht, dass es keiner Begründung bedürfte oder keine ähnlichen Kriterien zu beachten wären.

17 **F. Durchführung, Beendigung und Löschung.** Die Durchführung der Maßnahme obliegt der Staatsanwaltschaft, die ihre Ermittlungspersonen bei der Polizei damit beauftragt, weil allein diese über die technische Ausstattung verfügen. Die Inanspruchnahme von Telekommunikationsdienstleistern ist in der Regel nicht erforderlich (Meyer-Goßner/Schmitt/*Köhler* § 100i Rn. 16), es sei denn, der IMSI-Catcher-Einsatz diene der Vorbereitung einer TKÜ; dann gilt die hierfür maßgebliche Regelung. Für eine flankierende Erfassung der Verkehrsdaten ist § 100g, für die Heranziehung der Bestandsdaten § 100j zusätzlich zu beachten.

18 Nach § 100i Abs. 3 Satz 1 i.V.m. § 100e ist der Einsatz des IMSI-Catchers unverzüglich zu **beenden, wenn die Einsatzvoraussetzungen** mitsamt dem Kriterium der Verhältnismäßigkeit nicht mehr vorliegen.

19 Für die Maßnahme nach § 100i gelten auch die **Kennzeichnungs-, Benachrichtigungs- und Löschungsregeln** des § 101. Die **Benachrichtigung der Zielpersonen** erfolgt nach § 101 Abs. 4 Satz 1 Nr. 8; dabei muss der Betroffene über das Recht belehrt werden, die gerichtliche Entscheidung nach § 101 Abs. 7 Satz 2 herbeizuführen. Nur **in unerheblichem Maße betroffene Dritte** müssen nicht unbedingt benachrichtigt werden (BVerfG NJW 2007, 351 [356]). Die Löschung der aus der Maßnahme gewonnenen Daten richtet sich nach § 101 Abs. 8.

20 **G. Datenverwendung und Beweisverwertungsverbote.** Für eine Weiterverwendung der gewonnenen Erkenntnisse gilt § 477 Abs. 2. Die Verwendungsbeschränkung gilt aber nicht, wenn der Betroffene mit der weiteren Verwendung der Informationen einverstanden ist.

21 Ein unselbstständiges **Beweisverwertungsverbot** kommt **bei Rechtsfehlern** der Erfassung von Geräte- oder Chipkartenkennungen meist nicht in Betracht (LR/*Hauck* § 100i Rn. 57), weil die gewonnenen Daten in der Regel nur als Ansatz für weitere Ermittlungen dienen. Rechtsfehler bei der Ermittlung von Standortdaten, die im Einzelfall auch Indizbedeutung für den Tatnachweis durch Lokalisierung des Beschuldigten zu einer bestimmten Zeit haben können, werfen dagegen ernsthaft die Frage der Verwertbarkeit der fehlerhaft erhobenen Daten auf. Dafür gelten allgemeine Regeln (*Harnisch/Pohlmann* HRRS 2009, 202 [208]). Wann rechtlich ein Beweisverwertungsverbot infrage kommt, bestimmt die Rspr. nach der undogmatischen und konturenlosen **Abwägungsdoktrin** (§ 136 Rdn. 86 ff.). **Normzwecktheorie** (§ 136 Rdn. 93) und – erst recht – die **Beweisbefugnislehre** (§ 136 Rdn. 94) kommen nicht selten zu anderen Resultaten.

§ 100j Bestandsdatenauskunft

(1) [1] Soweit dies für die Erforschung des Sachverhalts oder die Ermittlung des Aufenthaltsortes eines Beschuldigten erforderlich ist, darf Auskunft verlangt werden

1. **über Bestandsdaten gemäß § 3 Nummer 6 des Telekommunikationsgesetzes und über die nach § 172 des Telekommunikationsgesetzes erhobenen Daten (§ 174 Absatz 1 Satz 1 des Telekommunikationsgesetzes) von demjenigen, der geschäftsmäßig Telekommunikationsdienste erbringt oder daran mitwirkt, und**
2. **über Bestandsdaten gemäß § 2 Absatz 2 Nummer 2 des Telekommunikation-Telemedien-Datenschutz-Gesetzes (§ 22 Absatz 1 Satz 1 des Telekommunikation-Telemedien-Datenschutz-Gesetzes) von demjenigen, der geschäftsmäßig eigene oder fremde Telemedien zur Nutzung bereithält oder den Zugang zur Nutzung vermittelt.**

[2] Bezieht sich das Auskunftsverlangen nach Satz 1 Nummer 1 auf Daten, mittels derer der Zugriff auf Endgeräte oder auf Speichereinrichtungen, die in diesen Endgeräten oder hiervon räumlich getrennt eingesetzt werden, geschützt wird (§ 174 Absatz 1 Satz 2 des Telekommunikationsgesetzes), darf die Auskunft nur verlangt werden, wenn die gesetzlichen Voraussetzungen für die Nutzung der Daten vorliegen.

[3]Bezieht sich das Auskunftsverlangen nach Satz 1 Nummer 2 auf als Bestandsdaten erhobene Passwörter oder andere Daten, mittels derer der Zugriff auf Endgeräte oder auf Speichereinrichtungen, die in diesen Endgeräten oder hiervon räumlich getrennt eingesetzt werden, geschützt wird (§ 23 des Telekommunikation-Telemedien-Datenschutz-Gesetzes), darf die Auskunft nur verlangt werden, wenn die gesetzlichen Voraussetzungen für ihre Nutzung zur Verfolgung einer besonders schweren Straftat nach § 100b Absatz 2 Nummer 1 Buchstabe a, c, e, f, g, h oder m, Nummer 3 Buchstabe b erste Alternative oder Nummer 5, 6, 9 oder 10 vorliegen.

(2) [1]Die Auskunft nach Absatz 1 darf auch anhand einer zu einem bestimmten Zeitpunkt zugewiesenen Internetprotokoll-Adresse verlangt werden (§ 174 Absatz 1 Satz 3, § 177 Absatz 1 Nummer 3 des Telekommunikationsgesetzes und § 22 Absatz 1 Satz 3 und 4 des Telekommunikation-Telemedien-Datenschutz-Gesetzes). [2]Das Vorliegen der Voraussetzungen für ein Auskunftsverlangen nach Satz 1 ist aktenkundig zu machen

(3) [1]Auskunftsverlangen nach Absatz 1 Satz 2 dürfen nur auf Antrag der Staatsanwaltschaft durch das Gericht angeordnet werden. [2]Im Fall von Auskunftsverlangen nach Absatz 1 Satz 2 kann die Anordnung bei Gefahr im Verzug auch durch die Staatsanwaltschaft oder ihre Ermittlungspersonen (§ 152 des Gerichtsverfassungsgesetzes) getroffen werden. [3]In diesem Fall ist die gerichtliche Entscheidung unverzüglich nachzuholen. [4]Die Sätze 1 bis 3 finden bei Auskunftsverlangen nach Absatz 1 Satz 2 keine Anwendung, wenn die betroffene Person vom Auskunftsverlangen bereits Kenntnis hat oder haben muss oder wenn die Nutzung der Daten bereits durch eine gerichtliche Entscheidung gestattet wird. [5]Das Vorliegen der Voraussetzungen nach Satz 4 ist aktenkundig zu machen.

(4) [1]Die betroffene Person ist in den Fällen des Absatzes 1 Satz 2 und 3 und des Absatzes 2 über die Beauskunftung zu benachrichtigen. [2]Die Benachrichtigung erfolgt, soweit und sobald hierdurch der Zweck der Auskunft nicht vereitelt wird. [3]Sie unterbleibt, wenn ihr überwiegende schutzwürdige Belange Dritter oder der betroffenen Person selbst entgegenstehen. [4]Wird die Benachrichtigung nach Satz 2 zurückgestellt oder nach Satz 3 von ihr abgesehen, sind die Gründe aktenkundig zu machen.

(5) Auf Grund eines Auskunftsverlangens nach Absatz 1 oder 2 hat derjenige, der geschäftsmäßig Telekommunikationsdienste erbringt oder daran mitwirkt, die zur Auskunftserteilung erforderlichen Daten unverzüglich zu übermitteln. § 95 Absatz 2 gilt entsprechend.

Übersicht

1 **A. Allgemeines.** Die Vorschrift betrifft die strafprozessuale Abfrage von **Bestandsdaten** der Telekommunikationsdiensteanbieter i.S.v. § 3 Nr. 6 TKG, **nicht** die Abfrage von **Nutzungsdaten** (BeckOK-StPO/*Graf* § 100j Rn. 14; LR/*Hauck* § 100j Rn. 6). Bestandsdaten sind die Daten eines Endnutzers, die erforderlich sind für die Begründung, inhaltliche Ausgestaltung, Änderung oder Beendigung eines Vertragsverhältnisses über Telekommunikationsdienste, insb. Name und Anschrift des Nutzers, aber auch Bankverbindung und alle anderen Daten des Vertragsverhältnisses. Zu den Bestandsdaten gehört ferner die vom Netzbetreiber dem Nutzer zugewiesene IP-Adresse für die Internet-Kommunikation, die IMSI und IMEI-Nummern und die Seriennummer der SIM-Karte(KMR/*Bär* § 100j Rn. 13).

2 Die Vorschrift ist am 01.07.2013 in Kraft getreten. Sie wurde eingefügt, nachdem das BVerfG (BVerfGE 130, 151 [178 ff.] m.Anm. *Meinicke* MMR 2012, 416 ff.; *Orantek* NJ 2012, 337 f.; *Roth* ZD 2012, 228 f. und K&R 2012, 278 ff.; *Schnabel* CR 2012, 253 ff.) die bisherige Regelung als unzureichend bezeichnet und dem Gesetzgeber eine Frist zur Neuregelung sowie der Praxis eine **Übergangsgestattung** zugebilligt hatte (BT-Drs. 17/12034, S. 10). Danach hat das Gericht auch die Neuregelung des § 113 TKG für teilweise verfassungswidrig erklärt und dem Gesetzgeber eine Frist zur Nachbesserung bis zum Ende des Jahres 2021 gesetzt (BVerfGE 155, 119 [166 ff.]). Zwar erfolgte durch das Gesetz vom 30.03.2021 zur Anpassung der Regelungen über die Bestandsdaten Auskunft an die Vorgaben der Entscheidung des Bundesverfassungs-

gerichts vom 27.05.2020 (BGBl. 2021 I S. 448, 1380). Mit Wirkung vom 01.12.2021 folgten weitere Änderungen (BGBl. 2021 I S. 1982).

3 § 100j Abs. 1 sieht eine **Befugnis der Ermittlungsbehörden** zur Bestandsdatenabfrage und eine **Auskunftspflicht derjenigen, die geschäftsmäßig Telekommunikationsdienste anbieten,** hinsichtlich ihrer Bestandsdaten nach §§ 95, 111 TKG sowie der Adressen in Internetprotokollen vor Das öffnet eine »Doppeltür« für die Ermittler und die Diensteanbieter (BeckOK-StPO/*Graf* § 100j Rn. 7). Die staatliche Maßnahme berührt den **Schutzbereich des Rechts** der von der Datenerhebung Betroffenen **auf informationelle Selbstbestimmung.** Auskunftsverlangen hinsichtlich der Zugangscodes greifen mittelbar auch in den **Schutzbereich des** spezielleren **Art. 10 Abs. 1 GG** ein (BVerfGE 130, 150 [182 f.]; BeckOK-StPO/*Graf* § 100j Rn. 3; LR/*Hauck* § 100j Rn. 9). § 100j Abs. 3 sieht in den Konstellationen des § 100j Abs. 1 Satz 2 zur Legitimation durch Verfahren einen **Richtervorbehalt** vor, der für die allgemeine Bestandsdatenabfrage nach § 100j Abs. 1 Satz 1 nicht existiert. Geregelt ist ferner eine Pflicht der Behörden zur nachträglichen **Informierung der Betroffenen** in den Auskunftssituationen nach § 100j Abs. 1 Satz 2 sowie bei der Auskunft hinsichtlich der Internetprotokoll-Adressen gem. § 100j Abs. 2. Dies gilt wiederum nicht für die allgemeinen Bestandsdaten-Abfragen, die automatisiert erfolgen. § 100j Abs. 5 stellt schließlich die der Auskunftsberechtigung der Behörden korrespondierende Verpflichtung der Diensteanbieter zur **Mitwirkung** auf, die **mit Zwangsmitteln** im Sinne der §§ 95 Abs. 2, 70 **durchgesetzt** werden kann.

4 Was technisch möglich ist, soll aus der Sicht der Ermittler auch genutzt werden. Dazu war vor Inkrafttreten der Vorschrift auf die **Ermittlungsgeneralklausel des § 161 Abs. 1 Satz 1** zurückgegriffen worden (BT-Drs. 17/12034, S. 10). Umstritten war aber hinsichtlich der **Bestandsdatenabfrage** gegenüber Telekommunikationsdiensteanbietern, ob es sich jedenfalls bei Verknüpfung von Informationen über stattgefundene Telekommunikation und Zuordnung zu einem individuellen Teilnehmer nicht doch um **Verkehrsdaten** handelt, die dem Schutzbereich des Art. 10 Abs. 1 GG unterliegen. Die **Zuordnung von dynamischen IP-Adressen** zu konkreten Telekommunikationsvorgängen berührt jedenfalls diesen Schutzbereich mit der Folge, dass eine spezialgesetzliche Ermächtigungsgrundlage erforderlich ist, die auch das Zitiergebot wahrt (BVerfGE 130, 150 [204]; SK-StPO/*Wolter/Greco* § 100j Rn. 4). Die Telekommunikationsdienstleister prüfen schließlich für die Identifizierung einer dynamischen IP-Adresse in einem Zwischenschritt auch die Verbindungsdaten ihrer Kunden und geben danach das Resultat an die Behörden weiter. Deshalb hatte der Gesetzgeber eine spezialgesetzliche Ermächtigungsgrundlage zu schaffen.

5 In den Polizeigesetzen der Länder sind für präventivpolizeiliche Maßnahmen entsprechende Eingriffsnormen entstanden (z.B. zum brandenburgischen Gesetz *Bode* NJ 2015, 5 ff.), ebenso auf Bundesebene polizeirechtliche Bestimmungen in §§ 7, 20b, 22 BKAG, § 22a BPolG, §§ 7, 15 ZFdG sowie für den nachrichtendienstlichen Bereich § 2b BNDG und § 4b MADG.

6 Die praktische Bedeutung der Vorschrift ist groß, weil eine **Vielzahl von Eingriffsmaßnahmen** davon abhängig ist, die ihrerseits zugenommen haben, seit der mobile Telekommunikationsverkehr durch Handytelefonate, E-Mails, SMS, MMS und anderes rasant zugenommen hat. Nach dieser Änderung der technischen Bedingungen kommt insb. der Zuordnung festgestellter Internetprotokoll-Adressen zum Anschlussinhaber im Strafverfahren eine **wichtige Informationsbeschaffungsfunktion** zu. Zugleich ist die Bedeutung der Auskunft über Zugangscodes gestiegen, da Endgeräte heute prinzipiell codiert sind.

7 **B. Bestandsdatenabfrage (Abs. 1). I. Bestandsdatenauskunft bei der Telekommunikation (Abs. 1 Satz 1).** Nach § 100j Abs. 1 Satz 1 hat derjenige, der geschäftsmäßig Telekommunikationsdienste erbringt oder daran mitwirkt, auf Verlangen der Ermittlungsbehörde eine Auskunft über die nach § 172 TKG erhobenen Daten (§ 174 TKG) zu erteilen (BT-Drs. 17/12034, S. 11 f.). Die Anfrage ist zulässig, soweit dies **für die Erforschung des Sachverhaltes** oder für die **Ermittlung des Aufenthaltsortes eines Beschuldigten** erforderlich ist. Voraussetzung ist nur das Vorliegen des Anfangsverdachts einer Straftat und die Verhältnismäßigkeit der Maßnahme zur Sachaufklärung oder Feststellung des Aufenthaltsortes des Beschuldigten (KMR/*Bär* § 100j Rn. 15; LR/*Hauck* § 100j Rn. 3). § 100j Abs. 1 Satz 1 liefert dann eine gesetzliche Eingriffsermächtigung für die Behörden und zugleich eine Gestattung der Auskunftserteilung durch die Diensteanbieter über Bestandsdaten ihrer Kunden an die Behörden. In ihren Grundrechten betroffen sind in erster Linie Beschuldigte (LR/*Hauck* § 100j Rn. 5), aber auch unvermeidbar mitbetroffene Personen. Die in § 111 Abs. 1 TKG bezeichneten **Daten** sind dafür von den Dienstanbietern schon bei Vertragsschluss mit den Kunden **auf Vorrat zu erheben und zu speichern** (BT-Drs. 17/12034, S. 10; 18/5088). Bei diesen Informationen handelt es sich um Namen und Anschrift des Benutzers, dessen Geburtsdatum, die ihm zugewiesenen Rufnummern, die Gerätenummern der Endgeräte, das Datum des Vertragsbeginns sowie bei Festnetzanschlüssen die Anschrift, an welcher der Anschluss betrieben wird.

8 Voraussetzung der Eingriffsmaßnahme ist deren Erforderlichkeit zur Erreichung der angestrebten Ziele. Eine besondere Subsidiaritätsklausel enthält die Vorschrift im Gegensatz zu anderen Normen über heimliche

Ermittlungsmethoden nicht (SK-StPO/*Wolter/Greco* § 100j Rn. 6). Es gilt aber, von dem Erforderlichkeitserfordernis abgesehen, unmittelbar von Verfassungs wegen der **Grundsatz der Verhältnismäßigkeit** (LR/*Hauck* § 100j Rn. 4), der neben der Geeignetheit und Erforderlichkeit der Maßnahme auch deren Angemessenheit voraussetzt. Der Eingriff in die Grundrechtsposition des Betroffenen muss deshalb in einem angemessenen Verhältnis zur Bedeutung der Informationsbeschaffungsmaßnahme und dem Gewicht des strafrechtlichen Vorwurfs stehen, der auch damit aufzuklären sein soll. Einzelne Bestandsdatenauskünfte erscheinen für sich genommen als **wenig eingriffsintensive Maßnahme**. Im Rahmen einer aus einer Vielzahl von Informationsbeschaffungsmaßnahmen, die unter anderem mithilfe der Bestandsdaten veranlasst werden können, bestehenden weitreichenden Überwachung der Person steigt aber auch ihr Eingriffsgewicht erheblich an und kann im Fall der Totalüberwachung den Kernbereich der Persönlichkeitsentfaltung berühren.

II. Erfassung von Zugangssicherungscodes (Abs. 1 Satz 2 und Satz 3). § 100j Abs. 1. Satz 2 sieht unter eingeschränkten Voraussetzungen eine Eingriffserlaubnis für den Auskunftsanspruch bezüglich derjenigen Daten vor, die den Zugriff auf Endgeräte oder Speichereinrichtungen hierzu ermöglichen, also den Schlüssel zum gespeicherten Informationsinhalt darstellen. Es handelt sich bei dem Eingriffsziel dieser Maßnahme noch nicht unmittelbar um die Erhebung von Telekommunikationsdaten oder Inhaltsdaten, sondern um Zugangsdaten zu Geräten (BVerfGE 130, 150 [208]). Dazu gehören **Sicherungs- und Zugriffcodes**, namentlich Passwörter, PIN und PUK bei Mobiltelefonen, Smartphones und Tablets mit Internetzugängen über das Mobilfunknetz. Die Auskunft über solche Daten darf nur verlangt und erteilt werden, wenn die **Voraussetzungen für die Nutzung** auch dieser Sicherungsdaten vorliegen (BeckOK-StPO/*Graf* § 100j Rn. 20; LR/*Hauck* § 100j Rn. 11), also auch die **Eingriffsvoraussetzungen für einen Zugriff auf die Verbindungsdaten** (BT-Drs. 17/12034, S. 13) **oder die Dateninhalte**, namentlich nach §§ 100a, 100b, 100g. Damit wird in verklausulierter Form im Ergebnis wieder dem Erfordernis der Eingrenzung der Nutzung (*Bode* Verdeckte strafprozessuale Ermittlungsmaßnahmen, S. 393) Rechnung getragen. Die Auskunft über Zugangssicherungscodes, mit deren Hilfe auf Daten in gesicherten Bereichen zugegriffen werden soll, kann nur in Fällen des Verdachts einer besonders schweren Straftat verlangt werden (BT-Drs. 19/25294, S. 47). 9

Angesichts des Verfahrensaufwands für eine Anordnung nach § 100j Abs. 1 Satz 2 kann das Bestreben auftreten, mithilfe der durch eine **frühere Auskunft** erlangten Informationen später erneut zu versuchen, den Zugang zu einem Endgerät herzustellen. Auch wenn Ermittlungspersonen dazu technisch in der Lage sind, dürfen sie doch mit diesen Mitteln nicht die Regelung des § 100j Abs. 1 Satz 2 bei weiteren Eingriffsakten umgehen. Auch eine **Rechtfertigung der Datenausspähung** (§ 202a StGB) durch Anwendung der vorliegenden Vorschrift wird dann nicht mehr erreicht. 10

III. Regelungslücke bei externer Datenspeicherung. Der behördliche Zugriff auf extern gespeicherte Daten, etwa in einer **Datenwolke** (data cloud; zum Zugriff *Grözinger* StV 2019, 406 ff.; näher *Bell* Strafverfolgung und die Cloud – strafprozessuale Ermächtigungsgrundlagen und deren völkerrechtliche Grenzen, 2019; *Grötzinger* Die Überwachung von Cloud-Storage, 2019; *Wicker* Cloud Computing und staatlicher Strafanspruch: strafrechtliche Risiken und strafprozessuale Ermittlungsmöglichkeiten in der Cloud, 2016) oder **drop-box**, ist bisher im Gesetz nicht vorgesehen (SK-StPO/*Wolter/Greco* § 100j Rn. 11; a.A. KK-StPO/*Bruns* § 100j Rn. 3; Meyer-Goßner/Schmitt/*Köhler* § 100j Rn. 3) und wohl nur bei Auswertung eines Endgeräts mit geöffnetem Zugang i.R. einer Durchsuchung nach § 110 möglich (KMR/*Bär* § 100j Rn. 25). Clouddienste oder Betreiber von Drop-Boxes sind nämlich **nicht mit Telekommunikationsdienstleistern gleichzusetzen.** Ein heimlicher Zugriff auf Datenwolken oder drop-boxes ohne besondere Ermächtigung ist derzeit allenfalls über § 100b denkbar, soweit das **Territorialitätsprinzip** für den Zugriff auf **grenzüberschreitend angelegte Speicher** kein Hindernis eigener Art bildet (BeckOK-StPO/*Graf* § 100j Rn. 24). Soweit das zulässig ist, können auch die für den Eingriff erforderlichen Bestandsdaten unter den eingeschränkten Voraussetzungen des § 100j Abs. 1 Satz 3 abgefragt werden. 11

C. Erfassung dynamischer IP-Adressen (Abs. 2). Nach der Regelung des § 100j Abs. 2 kann Auskunftserteilung auch hinsichtlich dynamischer IP-Adressen zur Telekommunikation wie zur Nutzung von Telemedien verlangt werden (BeckOK-StPO/*Graf* § 100j Rn. 26; Meyer-Goßner/Schmitt/*Köhler* § 100j Rn. 4; a.A. SK-StPO/*Wolter/Greco* § 100j Rn. 13), wenn dies zur weiteren Erforschung des Sachverhalts oder der Ermittlung des Aufenthaltsortes eines Beschuldigten geboten ist. Erforderlich ist auch insoweit der **Anfangsverdacht** einer Straftat. Ermittlungen »ins Blaue hinein« sind unzulässig (BVerfGE 130, 150 [205]). Repressiv-polizeiliche Abfragen sind insoweit nur unter **Angabe eines Zeitpunktes** zulässig, zu welchem die betreffende IP-Adresse verwendet wurde (KMR/*Bär* § 100j Rn. 35; KK-StPO/*Bruns* § 100j Rn. 4; BeckOK-StPO/*Graf* § 100j Rn. 27; LR/*Hauck* § 100j Rn. 14). Damit wird das Ermittlungsziel in Bezug zur Verdachtshypothese einer zu jener Zeit begangenen Tat gesetzt und nach dem Maßstab der Verhältnismäßigkeit eingegrenzt. 12

Jedoch liegt hier ein Eingriff in den Schutzbereich des Art. 10 Abs. 1 GG vor, der eine engere Eingriffsregelung erfordern sollte (LR/*Hauck* § 100j Rn. 15), die bisher so nicht besteht (KMR/*Bär* § 100j Rn. 33). Eine Personenauskunft zu einer dynamischen IP-Adresse ist aktenkundig zu machen (Abs. 2 Satz 2). Damit soll das Vorliegen der Voraussetzungen für eine solche Auskunftserteilung dokumentiert werden, zumal diese ohne richterliche Anordnung erfolgen kann.

13 **D. Richtervorbehalt und Eilkompetenz der Ermittlungsbehörden (Abs. 3). I. Richterliche Anordnung bei Auskunftsverlangen nach Abs. 1 Satz 2 (Abs. 3 Satz 1).** Die allgemeine Bestandsdatenabfrage unterliegt keinem Richtervorbehalt. Nach § 100j Abs. 3 Satz 1 bedarf **nur das Auskunftsverlangen über Sicherheits- und Zugangscodes** gem. § 100j Abs. 1 Satz 2 einer richterlichen Gestattung auf **Antrag der Staatsanwaltschaft.** Durch diesen **Richtervorbehalt** soll sichergestellt werden, dass **kein** absolut **heimlich bleibender Zugriff** auf Daten in zugangsgeschützten Bereichen erfolgt. Ein richterlicher Beschluss ist in den Fällen des § 100j Abs. 1 Satz 2 **ausnahmsweise entbehrlich**, wenn die Nutzung eines Zugangssicherungscodes bereits **durch anderweitige gerichtliche Entscheidung gestattet** wurde, etwa durch Beschlagnahme der gesicherten Daten aufgrund einer richterlichen Beschlagnahmeanordnung, oder wenn **der Betroffene** Kenntnis vom Herausgabeverlangen hat oder haben muss und in die Nutzung der Zugangssicherungscodes **ausdrücklich eingewilligt hat** (§ 100j Abs. 3 Satz 4; KMR/*Bär* § 100j Rn. 42; KK-StPO/*Bruns* § 100j Rn. 5; BeckOK-StPO/*Graf* § 100j Rn. 29; krit. LR/*Hauck* § 100j Rn. 21 f.). Dies muss gegebenenfalls **aktenkundig** gemacht werden (§ 100j Abs. 3 Satz 5).

14 Der Richtervorbehalt soll **präventiven Rechtsschutz** gegen die heimliche Ermittlungsmaßnahme zugunsten des Betroffenen bewirken, dem regelmäßig nicht vorher das rechtliche Gehör gewährt wird. Die Rechtsschutzwirkung des Richtervorbehalts trifft aber in der Praxis rasch auf Leistungsgrenzen (*Stadler* ZRP 2013, 179 f.), insb. wegen Überlastung der Ermittlungsrichter aufgrund unrealistischer Pensenvorgaben. Das entspricht nicht der Eingriffsbedeutung der explosionsartig zunehmenden und weitreichenden Datenerfassungsmaßnahmen.

15 **II. Eilkompetenz von Staatsanwaltschaft und Polizei (Abs. 3 Satz 2).** Bei **Gefahr im Verzug**, also in dem Fall, dass das zuständige Gericht nicht rechtzeitig zur Vermeidung eines Beweisverlusts erreichbar ist, sieht § 100j Abs. 3 Satz 2 eine eng auszulegende **Eilkompetenz der Staatsanwaltschaft oder ihrer Ermittlungspersonen** vor (BeckOK-StPO/*Graf* § 100j Rn. 31; LR/*Hauck* § 100j Rn. 19). Die Regelung reicht weiter als diejenige des § 100e Abs. 1 bei der Überwachung der Telekommunikation, was der geringeren Eingriffsintensität der Bestandsdatenerfassung geschuldet ist, die jedoch angesichts des Vordringens in den Grenzbereich zur Totalüberwachung auch vor den Datenwolken annähert.

16 Nach einer behördlichen Anordnung des Eingriffs wegen Gefahr im Verzug ist die **richterliche Entscheidung unverzüglich nachzuholen** (§ 100j Abs. 3 Satz 3). Die **Folge eines Verfahrensfehlers** hierbei regelt das Gesetz nicht. Im Vergleich mit § 100b Abs. 1 Satz 3 wäre vom Standpunkt der Abwägungsdoktrin (§ 136 Rdn. 86 ff.) aus sicher anzunehmen, dass die Eilanordnung jedenfalls nicht rückwirkend unwirksam wird, auch wenn keine Nachholung der richterlichen Entscheidung erfolgt oder der Ermittlungsrichter die Anordnung ablehnt. Nach der Beweisbefugnislehre (§ 136 Rdn. 94) entfällt jedoch die Legitimation des Informationszugriffs mit der Rechtsverletzung mit der Folge eines Beweisverwertungsverbots.

17 **E. Benachrichtigung der Betroffenen (Abs. 4).** Mit der Benachrichtigungspflicht, die nur für Maßnahmen nach § 100j Abs. 1 Satz 2 und Abs. 2 gilt, soll angesichts der Tatsache, dass die Zuordnung von dynamischen IP-Adressen einen Eingriff in den Schutzbereich des Art. 10 Abs. 1 GG darstellt, dem Grundsatz der **Transparenz** Rechnung getragen und eine Möglichkeit für nachträglichen Rechtsschutz eröffnet werden (BT-Drs. 17/12879, S. 11; BeckOK-StPO/*Graf* § 100j Rn. 34). Gleiches gilt bei Erteilung von Auskünften über Zugangssicherungscodes.

18 Die Benachrichtigung unterbleibt, solange infolge der Auskunft der konkrete **Ermittlungszweck vereitelt** würde (§ 100j Abs. 4 Satz 2). Ebenso unterbleibt eine Benachrichtigung, wenn ihr überwiegende **schutzwürdige Belange Dritter** oder der betroffenen Person selbst entgegenstehen (§ 100j Abs. 4 Satz 3), wobei insoweit jeweils eine Abwägung im Einzelfall erforderlich ist. Die Zurückstellung einer Benachrichtigung ist zusammen mit den hierfür maßgeblichen Gründen aktenkundig zu machen (§ 100j Abs. 4 Satz 4).

19 Die Benachrichtigung ist **durch die Staatsanwaltschaft** vorzunehmen, der im Ermittlungsverfahren die Sachleitung obliegt (BT-Drs. 17/12879, S. 11; LR/*Hauck* § 100j Rn. 23).

20 **F. Mitwirkungspflicht der Diensteanbieter (Abs. 5).** § 100j Abs. 5 Satz 1 bestimmt, dass aufgrund eines *Auskunftsverlangens* nach § 100j Abs. 1 oder 2 derjenige, der Telekommunikationsdienste erbringt oder daran mitwirkt, die erforderlichen **Daten unverzüglich zu übermitteln** hat, wozu er nach § 174 Abs. 6 TKG bzw. §§ 22, 23 TTDSG verpflichtet ist. Wie bei anderen Eingriffsermächtigungen gilt auch hier, dass dem

Dienstleister keine Beschwerdebefugnis zusteht, soweit es um die Anordnung selbst geht. Keinesfalls können sie anstelle des Ermittlungsrichters oder der Staatsanwaltschaft eine eigene rechtliche Wertung der Zulässigkeit einer Anordnung durchsetzen.

§ 100j Abs. 5 Satz 2 regelt, dass entsprechend § 95 Abs. 2 Satz 1 zur Durchsetzung der Auskunftspflicht 21
die in § 70 bestimmten **Ordnungs- und Zwangsmittel** festgesetzt werden können. Nur dagegen steht dem betroffenen Diensteanbieter ein Beschwerderecht zu.

G. Rechtsschutz. Der Betroffene kann erst nachträglich Rechtsschutz erlangen und daher mit der 22
Beschwerde die **nachträgliche Feststellung der Rechtswidrigkeit** der Maßnahme erstreben (§ 304 Abs. 1). In § 101 Abs. 7 i.V.m. Abs. 4 wird dagegen nicht auf § 100j verwiesen (Meyer-Goßner/Schmitt/*Köhler* § 100j Rn. 8). Darin aber doch eine abschließende und auch hier anwendbare Regelungen sind (KMR/*Bär* § 100j Rn. 50).

§ 100k Erhebung von Nutzungsdaten bei Telemediendiensten

(1) [1]Begründen bestimmte Tatsachen den Verdacht, dass jemand als Täter oder Teilnehmer eine Straftat von auch im Einzelfall erheblicher Bedeutung, insbesondere eine in § 100a Absatz 2 bezeichnete Straftat, begangen hat, in Fällen, in denen der Versuch strafbar ist, zu begehen versucht hat oder durch eine Straftat vorbereitet hat, dürfen von demjenigen, der geschäftsmäßig eigene oder fremde Telemedien zur Nutzung bereithält oder den Zugang zur Nutzung vermittelt, Nutzungsdaten (§ 2 Absatz 2 Nummer 3 des Telekommunikation-Telemedien-Datenschutz-Gesetzes) erhoben werden, soweit dies für die Erforschung des Sachverhalts erforderlich ist und die Erhebung der Daten in einem angemessenen Verhältnis zur Bedeutung der Sache steht. [2]Die Erhebung gespeicherter (retrograder) Standortdaten ist nur unter den Voraussetzungen von § 100g Absatz 2 zulässig. [3]Im Übrigen ist die Erhebung von Standortdaten nur für künftig anfallende Nutzungsdaten oder in Echtzeit zulässig, soweit sie für die Erforschung des Sachverhalts oder die Ermittlung des Aufenthaltsortes des Beschuldigten erforderlich ist.

(2) [1]Soweit die Straftat nicht von Absatz 1 erfasst wird, dürfen Nutzungsdaten auch dann erhoben werden, wenn bestimmte Tatsachen den Verdacht begründen, dass jemand als Täter oder Teilnehmer mittels Telemedien eine der folgenden Straftaten begangen hat und die Erforschung des Sachverhalts auf andere Weise aussichtslos wäre:

1. aus dem Strafgesetzbuch
   a) Verwenden von Kennzeichen verfassungswidriger Organisationen nach § 86a,
   b) Anleitung zur Begehung einer schweren staatsgefährdenden Gewalttat nach § 91,
   c) Öffentliche Aufforderung zu Straftaten nach § 111,
   d) Straftaten gegen die öffentliche Ordnung nach den §§ 126, 131 und 140,
   e) Beschimpfung von Bekenntnissen, Religionsgesellschaften und Weltanschauungsvereinigungen nach § 166,
   f) Verbreitung, Erwerb und Besitz kinderpornographischer Inhalte nach § 184b,
   g) Beleidigung, üble Nachrede und Verleumdung nach den §§ 185 bis 187 und Verunglimpfung des Andenkens Verstorbener nach § 189,
   h) Verletzungen des persönlichen Lebens- und Geheimbereichs nach den §§ 201a, 202a und 202c,
   i) Nachstellung nach § 238,
   j) Bedrohung nach § 241,
   k) Vorbereitung eines Computerbetruges nach § 263a Absatz 3,
   l) Datenveränderung und Computersabotage nach den §§ 303a und 303b Absatz 1,

2. aus dem Gesetz über Urheberrecht und verwandte Schutzrechte Straftaten nach den §§ 106 bis 108b,

3. aus dem Bundesdatenschutzgesetz nach § 42.

[2]Satz 1 gilt nicht für die Erhebung von Standortdaten.

(3) Abweichend von Absatz 1 und 2 darf die Staatsanwaltschaft ausschließlich zur Identifikation des Nutzers Auskunft über die nach § 2 Absatz 2 Nummer 3 Buchstabe a des Telekommunikation-Telemedien-Datenschutz-Gesetzes erhobenen Daten verlangen, wenn ihr der Inhalt der Nutzung des Telemediendienstes bereits bekannt ist.

(4) Die Erhebung von Nutzungsdaten nach Absatz 1 und 2 ist nur zulässig, wenn aufgrund von Tatsachen die Annahme gerechtfertigt ist, dass die betroffene Person den Telemediendienst nutzt, den derjenige, gegen den sich die Anordnung richtet, geschäftsmäßig zur Nutzung bereithält oder zu dem er den Zugang zur Nutzung vermittelt.

(5) Erfolgt die Erhebung von Nutzungsdaten oder Inhalten der Nutzung eines Telemediendienstes nicht bei einem Diensteanbieter, der geschäftsmäßig Telemedien zur Nutzung bereithält, bestimmt sie sich nach Abschluss des Kommunikationsvorgangs nach den allgemeinen Vorschriften.

1 **A. Allgemeines.** Die Vorschrift sieht in **Abs. 1** eine Erhebung von Nutzungsdaten von Telemedien durch die Strafverfolgungsorgane bei einem im Einzelfall bestehenden **Verdacht einer Straftat von erheblicher Bedeutung** vor. Erfasst werden damit sowohl **gespeicherte** (retrograder) **Nutzungsdaten** als auch solche Nutzungsdaten, die erst **in Echtzeit und in Zukunft** im Anschluss an eine entsprechende Anordnung anfallen. In **Abs. 2** wird die Eingriffserlaubnis auf **weniger schwerwiegende Straftaten** ausgedehnt, für deren Verfolgung insb. dazu der Zugriff auf die Nutzungsdaten von Telemedien von erheblicher Bedeutung ist. Dazu listet das Gesetz einen Katalog solcher Straftaten auf, die entweder mithilfe von Telemedien gegangen werden oder jedenfalls vor allem durch Erfassung ihrer Nutzungsdaten aufgeklärt werden können. Der Datenzugriff soll insoweit nur erfolgen, wenn die **Verfolgung** der Katalogtaten **andernfalls aussichtslos** wäre. In **Abs. 3** wird **der vereinfachte Zugriff** auf Nutzungsdaten **zur Identifizierung des Nutzers** geregelt. Die Vereinfachung rechtfertigt sich in diesem Fall daraus, dass der Inhalt der Nutzung des Tele Mediendienstes bereits bekannt sein muss und nur noch der Nutzer identifiziert werden soll. In **Abs. 4** wird erläutert, gegen welche **Betroffenen** sich Maßnahmen nach Abs. 1 und 2 richten dürfen. **Abs. 5** schließlich verweist für die Erhebung von Nutzungsdaten oder die Erfassung von Inhalten der Nutzung eines Tele Mediendienstes, der nicht von einem geschäftsmäßigen Diensteanbieter betrieben wird, auf **die allgemeinen Regeln** des strafprozessualen Eingriffsrechts.

2 Die Vorschrift wurde nach einem ungewöhnlichen Gesetzgebungsverfahren (BeckOK-StPO/*Bär* § 100k Rn. 8 ff.) durch das Gesetz zur Anpassung der Regelungen über die Bestandsdatenauskunft an die Vorgaben aus der Entscheidung des Bundesverfassungsgerichts vom 27.05.2020 (BGBl. I 2021, S. 448, 1380) eingeführt. Sie regelt eine gesetzliche **Eingriffsermächtigung** für den staatlichen **Zugriff auf Nutzungsdaten bei Telemedien** beim Diensteanbieter, nicht durch Direktzugriff mit technischen Mitteln (Beck-OK-IT-Recht/*Brodowski* StPO § 100k Rn. 4). Damit steht sie an der Seite der Ermächtigung zum Zugriff auf Verkehrsdaten der Telekommunikation (§ 100g StPO), wovon sei **nicht leicht abzugrenzen** ist, und soll eine normenklare und rechtssichere Eingriffsermächtigung darstellen. Das eilig geschaffene und alsbald berichtigte Produkt des Gesetzgebers ist eine komplexe und **nicht einfach zu handhabende Regelung**.

3 **B. Telemedien.** Die Eingriffsermächtigung zur Erfassung von Nutzungsdaten betrifft Telemedien, die **von der Telekommunikation** i.S.d. §§ 100a, 100g, 100i und von Rundfunk **zu unterscheiden** sind (KMR/*Bär* § 100k Rn. 3) und deshalb von dem diesbezüglichen Eingriffsrecht nicht erfasst werden. Die Abgrenzung von Telekommunikation und Telemedienbetrieb ist in Grenzbereichen nicht endgültig geklärt. Zudem gibt es Überlappungen der Angebote von Dienstleistern, die beide Bereiche kumulativ betreffen.

4 **Telekommunikation** i.S.d. Eingriffsrechts im Schutzbereich von Art. 10 Abs. 1 GG ist der **Informationsaustausch zwischen zwei oder mehr Personen** in der Vermittlung von elektronischen Einrichtungen. **Telemedien** hingegen liefern vor allem **Informationen**, die für eine Vielzahl **von Nutzern mithilfe einer elektronischen Einrichtung**, insb. über das Internet, **abrufbar** gestaltet sind. Dazwischen liegen zahlreiche technische Zwischenstufen. Die Regelungen im Telekommunikationsgesetz einerseits und im Telemediengesetz andererseits liefern Hinweise auf den jeweiligen Regelungsbereich. Ab dem 01.12.2021 wird durch das neugefasste TKG aufgrund des Telekommunikation-Telemedien-Datenschutz-Gesetzes (**TTDSG**, BGBl. I, S. 1858) der Begriff des elektronischen Kommunikationsdienste weiter gefasst, was auch Auswirkungen auf die Abgrenzung von Telekommunikationsdiensten und Telemediendiensten für die Frage der Anwendung von § 100g einerseits und § 100k andererseits haben kann.

5 Telemedien sind vor allem **Internetplattformen, Suchmaschinen, Online-Banking, Online-Spiele, Blogs und Apps** (BeckOK-StPO/*Bär* § 100k Rn. 1). **Mischformen** zwischen Telemedien und Telekommunikation

finden sich im Rahmen der sozialen **Netzwerke mit Chat-Diensten**, bei denen etwa **WhatsApp, Skype** und **googlemail** auch über das Internet **Formen der Individualkommunikation** ermöglichen, die dem strafprozessualen Eingriffsrecht zur Beschränkung des Grundrechts aus Art. 10 Abs. 1 GG unterliegen und nicht der vorliegenden Vorschrift. **Soweit** aber **keine Individualkommunikation**, sondern die Verbreitung von Äußerungen an eine Vielzahl von Interessenten über **Facebook, Twitter, Instagram** u.a. **stattfindet**, ist nicht das Eingriffsrecht bezüglich der Telekommunikation, sondern dasjenige bezüglich der **Telemedien** einschlägig ((BeckOK-StPO/*Bär* § 100k Rn. 3). Der Gesetzgeber will nämlich den Telemedien auch diejenigen Dienste unterordnen, die neben dem Vorgang der Telekommunikation **zusätzliche Leistungen**, wie Navigationshilfen, Suchmaschinen und anderes erbringen. Bei einer strafprozessualen Eingriffsgestattung sind deshalb im Einzelfall kumulativ Maßnahmen nach § 100g und § 100k erforderlich.

Die Eingriffsermächtigung nach § 100k Abs. 1 und 2 betrifft **Nutzungsdaten** bei Telemedien Diensten. 6 **Beginn und Ende einer Verbindung** sowie die dabei verwendete **Rufnummer** oder **IP-Adresse** sind zunächst **Verkehrsdaten** und noch keine Nutzungsdaten. Erst **während des** anschließenden **Abrufs** von Informationen **entstehen Nutzungsdaten** aus den Telemedien. Nach § 2 Abs. 2 Nr. 3 TTDSG sind Nutzungsdaten alle Informationen, die eine Inanspruchnahme von Telemedien und deren Abrechnung ermöglichen. Die **Verkehrsdaten** zur Identifikation des Nutzers, die Daten über Beginn, Ende und Umfang der jeweiligen Nutzung und zu den in Anspruch genommenen Telemedien bilden dabei einen **Annex zu den Nutzungsdaten**. Sie können daher von einer Maßnahme nach der vorliegenden Vorschrift mitumfasst werden, zum Teil auch, soweit sie eigentlich als **Bestandsdaten** zu bezeichnen sein könnten (BeckOK-StPO/*Bär* § 100k Rn. 14). I.Ü. wird ein Zugriff auf Bestandsdaten durch § 100j Abs. 1 Nr. 2 ermöglicht. Eine **Pflicht der Betreiber von Telemedien zur Vorratsdatenspeicherung besteht** allerdings **nicht**, soweit diese nicht gleichzeitig Telekommunikationsdienstleistungen erbringen.

C. Erhebung von Nutzungsdaten (Abs. 1 und 2). Das Gesetz liefert nach dem **Doppeltürmodell** des 7 Bundesverfassungsgerichts einerseits eine **Berechtigung des** geschäftsmäßigen **Betreibers von Telemedien zur Auskunft** über **Nutzungsdaten i.S.v. § 2 Abs. 2 N. 3 TTDSG** andererseits eine **gesetzliche Eingriffsermächtigung** für die staatlichen Ermittlungsbehörden zur Erfassung dieser Daten. Ob aufseiten der Betreiber auch **Access-Provider** in Anspruch genommen werden können, war bis zum Inkrafttreten des TTDSG (BGBl. I 2021, S. 1982) nicht geklärt, wird aber jetzt durch § 2 Abs. 2 Nr. 1 TTDSG bejaht. Anbieter von Telemedien ist danach jede natürliche oder juristische Person, die eigene oder fremde Telemedien erbringt, an der Erbringung mitwirkt oder den Zugang zur Nutzung von eigenen oder fremden Telemedien vermittelt. Für den Datenzugriff durch die Ermittlungsbehörden ist ein auf bestimmte Tatsachen gestützter Verdacht einer Straftat von erheblicher Bedeutung. In diesem Fall können die Nutzungsdaten beim Betreiber von Telemedien abgerufen werden, soweit dies zur Erforschung des Sachverhalts erforderlich ist und die Erhebung der Daten in einem angemessenen Verhältnis zur Bedeutung der Sache steht. Soweit es um »retrograde« Standortdaten geht, die beim Betreiber von Telemedien bereits gespeichert sind, ist der Abruf nur unter den Voraussetzungen des § 100g Abs. 2 zulässig.

I. Verdacht einer Straftat von erheblicher Bedeutung (Abs. 1). Voraussetzung für die Erhebung von 8 Nutzungsdaten ist das Vorliegen eines Tatverdachts eine Straftat von erheblicher Bedeutung, die auf bestimmten Tatsachen beruht. Auch hier ist wiederum weder ein hinreichender noch dringender Tatverdacht erforderlich. Es genügt ein **Anfangsverdacht** (KMR/*Bär* § 100k Rn. 19; Beck-OK-IT-Recht/*Brodowski* StPO § 100k Rn. 6). Voraussetzung für das Vorliegen eines Verdachts, der generell von einer bloßen Vermutung zu unterscheiden bleibt, ist stets das Vorliegen konkreter Tatsachen. Der Hinweis des Gesetzes auf das Erfordernis eines Verdachts aufgrund bestimmter Tatsachen bezieht sich auf die **Tatkonkretisierung** im Verdachtshorizont der Ermittlungsbehörde, die eine Straftat von erheblicher Bedeutung ergeben muss. Bei der Verdachtsprüfung sind Strafausschließungsgründe, Rechtfertigungs- und Schuldausschließungsgründe zu berücksichtigen (BeckOK-StPO/*Bär* § 100k Rn. 17).

Das Eingriffsrecht verwendet auch hier wieder den unbestimmten Rechtsbegriff der **Straftat von erheblicher** 9 **Bedeutung**, wobei als **Regelbeispiel** das Vorliegen eines Falles i.S.d. Katalogs Anknüpfungstatsachen § 100a Abs. 2 genannt wird. Dieser **Katalog von tauglichen Anknüpfungsdaten** ist hier aber nicht abschließend, sondern nur »insbesondere« als Fall einer Straftat von abstrakt erheblicher Bedeutung genannt. I.Ü. gilt die allgemeine Formel, dass eine Straftat von erheblicher Bedeutung vorliegen soll, wenn der Gesetzgeber hier ein besonderes Gewicht beimisst und die Tat **mindestens dem Bereich der mittleren Kriminalität zuzurechnen** ist, sieht den **Rechtsfrieden empfindlich stört** und dazu geeignet ist, das **Gefühl der Rechtssicherheit** der Bevölkerung erheblich zu **beeinträchtigen** (KMR/*Bär* § 100k Rn. 20). Die Grenze zu Straftaten, die nicht in diesem Sinne von erheblicher Bedeutung sind, ist offen. Damit soll die Anwendung der Vorschrift **flexibel** gestaltet werden, womit aber zugleich feststeht, dass insoweit **kein eindeutig bestimmtes Merkmal** eine Eingriffsnorm vorliegt. Ob die Straftat, für die aufgrund bestimmter Tatsachen ein Verdacht besteht, von erheblicher Bedeutung ist, richtet sich bei der Anwendung der genannten Formel vor allem nach der Bedeutung gefährdeter oder verletzter **Rechtsgüter**, dem Ausmaß der entstandenen **Schäden** und der **Art und Weise der Begehung** der Tat (BeckOK-StPO/*Bär* § 100k Rn. 18).

10 **II. Verdacht einer durch Telemedien begangenen Katalogtat (Abs. 2).** Soweit der Verdacht einer Tat besteht, die **nicht von erheblicher Bedeutung** ist (Beck-OK-IT-Recht/*Brodowski* StPO § 100k Rn. 8), kann gleichwohl eine Erhebung von Nutzungsdaten bei Telemediendiensten stattfinden, wenn es sich um den Verdacht einer **Katalogtat** handelt (Abs. 2 Satz 1). Insoweit dürfen **Nutzungsdaten** aber nur **mit Ausnahme der Standortdaten** erhoben werden (Abs. 2 Satz 2).

11 Bei den Katalogtaten handelt es sich um Delikte, die **typischerweise unter Benutzung von Telemedien begangen** werden können. Es geht um näher bezeichnete extremistische Straftaten, Hasskriminalität, Beleidigungsdelikte, Straftaten aus dem Bereich der Kinderpornografie, Verletzungen des persönlichen Lebens- und Geheimbereichs oder von Urheberrechten, Nachstellungen, Bedrohung, Computerbetrug, Datenveränderung und Computersabotage, aber auch Straftat nach § 42 BDSG. Handelt es sich dabei um Antragsdelikte, die als solche typischerweise auch keine Straftaten von erheblicher Bedeutung sind.

12 Eingeschränkt wird die Erhebung von Nutzungsdaten solcher Taten, die nicht von erheblicher Bedeutung sind, aber Katalogtaten darstellen, durch eine diesbezügliche **Einschränkung der Subsidiaritätsklausel** (KMR/*Bär* § 100k Rn. 35). Die Datenerhebung darf nur erfolgen, wenn die **Verfolgung** der Katalogtat **andernfalls aussichtslos** wäre. Das ist allerdings bei einer mittels Telemedien begangenen Tat regelmäßig der Fall (BeckOK-StPO/*Bär* § 100k Rn. 33). Die Feststellung der Aussichtslosigkeit der Strafverfolgung ohne die Erhebung der Nutzungsdaten präjudiziert dann auch die allgemeine Verhältnismäßigkeitsprüfung, weil die Angemessenheit der Maßnahme zur Vermeidung einer Aussichtslosigkeit der Strafverfolgung, unbeschadet der Anwendung des Opportunitätsprinzips, kaum zu verneinen ist.

13 **III. Erhebung retrograder Nutzungsdaten.** Bereits gespeicherte (retrograde) Nutzungsdaten dürfen nach § 100k Abs. 1 Satz 1 erhoben werden, dies allerdings **nur zur Erforschung des Sachverhalts, nicht zur Ermittlung des Aufenthaltsortes** des Beschuldigten. Das wäre andernfalls nur mithilfe von Standortdaten möglich, aus deren Auswertung sich an Bewegungsprofil ergeben kann, das als besonders sensibles Ergebnis von Beweiserhebungen gilt (BeckOK-StPO/*Bär* § 100k Rn. 22). Dabei berührt jedenfalls die Erstellung eines Bewegungsprofils für sich genommen keinesfalls den absolut geschützten Kernbereich der Persönlichkeitsentfaltung. Die gesetzgeberische Sensibilität ist an dieser Stelle zu weitgehend, was aufgrund der generellen Unklarheit des Kriteriums des Kernbereichs privater Lebensgestaltung beruht, der aus demselben Grund an anderer Stelle er unterbewertet bleibt.

14 **IV. Erhebung von Standortdaten.** § 100k Abs. 1 S. 2 gestattet aber die Erhebung gespeicherter (retrograder) Standortdaten zur aktivierten Funkzelle, dies jedoch ausschließlich **unter den weiteren Voraussetzungen des § 100g Abs. 2**, also nur bei dem Verdacht einer besonders schweren Straftat i.S.d. dortigen Katalogs, die auch im Einzelfall besonders schwer wiegt (BeckOK-StPO/*Bär* § 100k Rn. 23).

15 Was unter den **Standortdaten im Bereich der Nutzung von Telemedien** zu verstehen ist, bleibt im Gesetz allerdings unklar (KMR/*Bär* § 100k Rn. 26), zumal, anders als bei der Nutzung von Mobiltelefonen, hier nicht typischerweise Funkzellen in Anspruch genommen werden müssen. Im Grunde kann dies nur **Positionsmeldungen** bei der Inanspruchnahme von Telemedien betreffen, die z.B. bei **Benutzung einer App** anfallen (KMR/*Bär* § 100k Rn. 27).

16 Eine Erhebung von Standortdaten in Echtzeit wird den Ermittlungsbehörden dagegen nach § 100k Abs. 1 Satz 3 auch ohne Inanspruchnahme einer Auskunft des Diensteanbieters ermöglicht. Damit kann **auch die Ermittlung des Aufenthaltsorts des Beschuldigten** betrieben werden.

17 **V. Verhältnismäßigkeit.** Die Erhebung von Nutzungsdaten nach § 100k Abs. ein Satz 1 ist nur zulässig, wenn sie **in einem angemessenen Verhältnis zur Bedeutung der Sache** steht. Damit wird auf den Grundsatz der Verhältnismäßigkeit verwiesen. Dessen Einhaltung wird allerdings schon dadurch vorgeprägt, dass es um den Verdacht einer Straftat von erheblicher Bedeutung oder um die Begehung einer Katalogtat mithilfe von Telemedien geht. Insoweit ist die Erhebung der Nutzungsdaten im Allgemeinen auch angemessen. Nur in einem besonderen Ausnahmefall wird dies einmal anders liegen.

18 **D. Vereinfachte Erhebung von Nutzungsdaten (Abs. 3).** Vereinfacht ist die Erhebung von Nutzungsdaten, wenn der **Inhalt bereits bekannt** ist und die **Datenerhebung nur noch zur Identifizierung des Nutzers** dient. Dann kann **die Staatsanwaltschaft** die Nutzungsdaten, insb. zur IP-Adresse, erheben oder deren Erhebung anordnen (Beck-OK-IT-Recht/*Brodowski* StPO § 100k Rn. 12). Eine eigenständige Kompetenz

ihrer Ermittlungspersonen ist nicht vorgesehen; diese bedürfen zur Vollziehung der staatsanwaltschaftlichen Anordnung der Maßnahme, können dann aber natürlich tätig werden, weil die Hervorhebung der Staatsanwaltschaft in Abs. 3 nur die Betonung ihrer Leitungsmacht und Entscheidungskompetenz darstellt, aber keine exklusive Vollziehungskompetenz regelt (so im Ergebnis auch BeckOK-StPO/*Bär* § 100k Rn. 39). Andererseits ist eine Einschaltung des Ermittlungsrichters in den Fällen des Abs. 3 entbehrlich.

Bereits bekannt ist der Dateninhalt, wenn eine **strafrechtlich relevante Äußerung in den Telemedien** durch Strafanzeige oder anderweitige Ermittlungen aktenkundig geworden ist (BeckOK-StPO/*Bär* § 100k Rn. 36) und insoweit eine sichere Kenntnis besteht (Beck-OK-IT-Recht/*Brodowski* StPO § 100k Rn. 13). 19

E. Betroffene (Abs. 4). Die Abfrage der Nutzungsdaten beim geschäftsmäßigen Betreiber von Telemedien nach Abs. 1 und 2 richtet sich auf Daten **von Beschuldigten**, deren **Nachrichtenmittlern** oder anderen **Personen**, von denen aufgrund bestimmter Tatsachen anzunehmen ist, dass der Beschuldigte **ihren Anschluss oder ihr informationstechnische Systeme benutzt** (BeckOK-StPO/*Bär* § 100k Rn. 41). Unbeteiligte sollen damit typischerweise nicht betroffen werden. Die vereinfachte Datenerhebung nach Abs. 3 betrifft ausschließlich die Daten von Nutzern, die danach regelmäßig Beschuldigte werden. 20

F. Nutzungsdatenerhebung nicht vom Anbieter (Abs. 5). § 100k Abs. 5 stellt klar, dass die Erfassung von Nutzungsdaten nach Abschluss der Nutzung, soweit sie nicht beim Diensteanbieter erfolgt, den allgemeinen Vorschriften unterliegt. Insoweit sind insb. die §§ 94 ff. maßgeblich (BeckOK-StPO/*Bär* § 100k Rn. 42). Das wäre auch ohne Abs. 5 anzunehmen, der nur deklaratorische Bedeutung hat. 21

§ 101 Verfahrensregelungen bei verdeckten Maßnahmen

(1) Für Maßnahmen nach den §§ 98a, 99, 100a bis 100f, 110a, 163d bis 163g gelten, soweit nichts anderes bestimmt ist, die nachstehenden Regelungen.

(2) [1]Entscheidungen und sonstige Unterlagen über Maßnahmen nach den §§ 100b, 100c, 100f, 100h Abs. 1 Nr. 2 und § 110a werden bei der Staatsanwaltschaft verwahrt. [2]Zu den Akten sind sie erst zu nehmen, wenn die Voraussetzungen für eine Benachrichtigung nach Absatz 5 erfüllt sind.

(3) [1]Personenbezogene Daten, die durch Maßnahmen nach Absatz 1 erhoben wurden, sind entsprechend zu kennzeichnen. [2]Nach einer Übermittlung an eine andere Stelle ist die Kennzeichnung durch diese aufrechtzuerhalten.

(4) [1]Von den in Absatz 1 genannten Maßnahmen sind im Falle

1. **des § 98a die betroffenen Personen, gegen die nach Auswertung der Daten weitere Ermittlungen geführt wurden,**
2. **des § 99 der Absender und der Adressat der Postsendung,**
3. **des § 100a die Beteiligten der überwachten Telekommunikation,**
4. **des § 100b die Zielperson sowie die erheblich mitbetroffene Person,**
5. **des § 100c**
   a) **der Beschuldigte, gegen den sich die Maßnahme richtete,**
   b) **sonstige überwachte Personen,**
   c) **Personen, die die überwachte Wohnung zur Zeit der Durchführung der Maßnahme innehatten oder bewohnten,**
6. **des § 100f die Zielperson sowie die erheblich mitbetroffenen Personen,**
7. **des § 100h Abs. 1 die Zielperson sowie die erheblich mitbetroffenen Personen,**
8. **des § 100i die Zielperson,**
9. **des § 110a**
   a) **die Zielperson,**
   b) **die erheblich mitbetroffenen Personen,**
   c) **die Personen, deren nicht allgemein zugängliche Wohnung der Verdeckte Ermittler betreten hat,**
10. **des § 163d die betroffenen Personen, gegen die nach Auswertung der Daten weitere Ermittlungen geführt wurden,**
11. **des § 163e die Zielperson und die Person, deren personenbezogene Daten gemeldet worden sind,**
12. **des § 163f die Zielperson sowie die erheblich mitbetroffenen Personen,**
13. **des § 163g die Zielperson**

zu benachrichtigen. [2]Dabei ist auf die Möglichkeit nachträglichen Rechtsschutzes nach Absatz 7 und die dafür vorgesehene Frist hinzuweisen. [3]Die Benachrichtigung unterbleibt, wenn ihr überwiegende schutzwürdige Belange einer betroffenen Person entgegenstehen. [4]Zudem kann die Benachrichtigung einer in Satz 1 Nr. 2, 3 und 6 bezeichneten Person, gegen die sich die Maßnahme nicht gerichtet hat, unterblei-

ben, wenn diese von der Maßnahme nur unerheblich betroffen wurde und anzunehmen ist, dass sie kein Interesse an einer Benachrichtigung hat. [5]Nachforschungen zur Feststellung der Identität einer in Satz 1 bezeichneten Person sind nur vorzunehmen, wenn dies unter Berücksichtigung der Eingriffsintensität der Maßnahme gegenüber dieser Person, des Aufwands für die Feststellung ihrer Identität sowie der daraus für diese oder andere Personen folgenden Beeinträchtigungen geboten ist.

(5) [1]Die Benachrichtigung erfolgt, sobald dies ohne Gefährdung des Untersuchungszwecks, des Lebens, der körperlichen Unversehrtheit und der persönlichen Freiheit einer Person und von bedeutenden Vermögenswerten, im Fall des § 110a auch der Möglichkeit der weiteren Verwendung des Verdeckten Ermittlers möglich ist. [2]Wird die Benachrichtigung nach Satz 1 zurückgestellt, sind die Gründe aktenkundig zu machen.

(6) [1]Erfolgt die nach Absatz 5 zurückgestellte Benachrichtigung nicht binnen zwölf Monaten nach Beendigung der Maßnahme, bedürfen weitere Zurückstellungen der gerichtlichen Zustimmung. [2]Das Gericht bestimmt die Dauer weiterer Zurückstellungen. [3]Es kann dem endgültigen Absehen von der Benachrichtigung zustimmen, wenn die Voraussetzungen für eine Benachrichtigung mit an Sicherheit grenzender Wahrscheinlichkeit auch in Zukunft nicht eintreten werden. [4]Sind mehrere Maßnahmen in einem engen zeitlichen Zusammenhang durchgeführt worden, so beginnt die in Satz 1 genannte Frist mit der Beendigung der letzten Maßnahme. [5]Bei Maßnahmen nach den §§ 100b und 100c beträgt die in Satz 1 genannte Frist sechs Monate.

(7) [1]Gerichtliche Entscheidungen nach Absatz 6 trifft das für die Anordnung der Maßnahme zuständige Gericht, im Übrigen das Gericht am Sitz der zuständigen Staatsanwaltschaft. [2]Die in Absatz 4 Satz 1 genannten Personen können bei dem nach Satz 1 zuständigen Gericht auch nach Beendigung der Maßnahme bis zu zwei Wochen nach ihrer Benachrichtigung die Überprüfung der Rechtmäßigkeit der Maßnahme sowie der Art und Weise ihres Vollzugs beantragen. [3]Gegen die Entscheidung ist die sofortige Beschwerde statthaft. [4]Ist die öffentliche Klage erhoben und der Angeklagte benachrichtigt worden, entscheidet über den Antrag das mit der Sache befasste Gericht in der das Verfahren abschließenden Entscheidung.

(8) [1]Sind die durch die Maßnahme erlangten personenbezogenen Daten zur Strafverfolgung und für eine etwaige gerichtliche Überprüfung der Maßnahme nicht mehr erforderlich, so sind sie unverzüglich zu löschen. [2]Die Löschung ist aktenkundig zu machen. [3]Soweit die Löschung lediglich für eine etwaige gerichtliche Überprüfung der Maßnahme zurückgestellt ist, dürfen die Daten ohne Einwilligung der betroffenen Personen nur zu diesem Zweck verwendet werden; ihre Verarbeitung ist entsprechend einzuschränken.

Übersicht Rdn.

A. Zweck und Anwendungsbereich der Norm (Abs. 1). Die Regelung betrifft **prozeduralen Grundrechtsschutz** (BeckOK-IT-Recht/*Brodowski* StPO § 101 Rn. 1) und gilt nach unter dem Vorbehalt anderweitiger abweichender Vorschriften bei allen verdeckten Ermittlungsmaßnahmen i.S.d. §§ 98a, 99, 100a, 100b bis 100i, 110a, 163d–163g. Ihr gehen **bereichsspezifische Sonderregeln** in § 98b Abs. 3, § 100i Abs. 2 Satz 2, § 100j Abs. 4 vor (MüKo-StPO/*Günther* § 101 Rn. 3; SK-StPO/*Wolter/Jäger* § 101 Rn. 3). § 101a trifft ergänzende Regelungen für die Erfassung von Verkehrsdaten zur Telekommunikation und zur Nutzung von Telemedien. 1

Es geht in § 101 um Spezialregelungen über die **Aktenführung** (Abs. 2), den **Umgang mit personenbezogenen Daten** (Abs. 3, Abs. 8), den **Kreis der betroffenen Personen** (Abs. 4), deren **nachträgliche Benachrichtigung** (Abs. 5 und 6), die **Zuständigkeit der Gerichte** für die Anordnung (Abs. 7 Satz 1) und für die **nachträgliche Kontrolle** (Abs. 7 Satz 2) der Maßnahmen. 2

Die vorliegende Bestimmung dient der **Benachrichtigung des von** für ihn **verdeckt stattfindenden Ermittlungen Betroffenen zur** nachträglichen **Gewährung rechtlichen Gehörs** i.S.v. Art. 103 Abs. 1 GG (LR/*Hauck* § 101 Rn. 1) und zur nachträglichen **Rechtsschutzgewährleistung** gem. Art. 19 Abs. 4 Satz 1 GG (BVerfGE 129, 208 [251]). Auch soweit ein Richtervorbehalt bei der Anordnung einer verdeckten Ermittlungsmaßnahme eine präventive Rechtsschutzfunktion erfüllen soll, bleibt dieser Rechtsschutz teilweise defizitär, weil das Recht auf Gehör vor Gericht zunächst nicht gewährt wurde. Deshalb ist die nachträgliche Gewährung gerichtlichen Rechtsschutzes in einem Antragsverfahren auch mit Blick auf das Effektivitätsgebot aus Art. 19 Abs. 4 Satz 1 GG erforderlich (LR/*Hauck* § 101 Rn. 1). Um dies zu ermöglichen, muss jeder Betroffene zunächst benachrichtigt werden. Der Kreis der zu benachrichtigenden Personen (§ 101 Abs. 4) wurde durch Gesetzesänderungen im Jahr 2008 erweitert. Dies gilt vor allem bei Auskünften über längere Telekommunikationsüberwachungen und akustische (§ 100f) oder technikgestützte optische Überwachungen (§ 100h Abs. 1 Satz 1 Nr. 2), wodurch oft eine Mehrzahl von Personen betroffen wird. Die Feststellung der zu benachrichtigenden Personen kann erheblichen Aufwand nach sich ziehen. Für Maßnahmen nach § 100g, § 100k wurden Sonderregeln in § 101a Abs. 6 und 7 geschaffen. 3

B. Gesonderte Aktenführung (Abs. 2). In § 101 Abs. 2 ist eine gesonderte Aktenführung für die Unterlagen über die sensiblen Maßnahmen der **Lauschangriffe, Online-Durchsuchungen**, technikgestützten **optischen Überwachungen** und der **Einsätze Verdeckter Ermittler** vorgesehen (LR/*Hauck* § 101 Rn. 3). Damit wird in erheblichem Maß in den Grundsatz der Aktenwahrheit und Aktenvollständigkeit eingegriffen (LR/*Hauck* § 101 Rn. 6; für Verfassungswidrigkeit SK-StPO/*Wolter/Jäger* § 101 Rn. 5). Die Unterlagen werden zunächst bei der Staatsanwaltschaft **in Sonderheften** der Staatsanwaltschaft verwahrt (MüKo-StPO/*Günther* § 101 Rn. 9; LR/*Hauck* § 101 Rn. 3) und erst dann zu den Verfahrensakten genommen, wenn eine Gefährdung des Untersuchungszwecks oder eine Gefahr für wichtige Rechtsgüter i.S.v. § 101 Abs. 5 nicht mehr besteht (LR/*Hauck* § 101 Rn. 3). Spätestens mit Anklageerhebung sind die Akten gem. § 199 Abs. 2 Satz 2 vollständig dem erkennenden Gericht vorzulegen, soweit keine Sperrung nach § 96, § 110b Abs. 3 erfolgt. Über die **Sperrung oder Freigabe** entscheidet bezüglich der Unterlagen, die den Einsatz eines Verdeckten Ermittlers betreffen, im Ergebnis das **Innenressort**. Das kollidiert mit der Regelung des § 101 Abs. 2, wonach die Staatsanwaltschaft über die Führung von Sonderheften entscheidet und diese verwahrt. Im Ergebnis wird die Sperrung oder Freigabe von der Staatsanwaltschaft nur im Benehmen mit der obersten Dienstbehörde des zu schützenden Beamten vorgenommen werden können (LR/*Hauck* § 101 Rn. 8). 4

Für andere heimliche Ermittlungsmaßnahmen gilt die Sonderregelung nicht, also **nicht für den Einsatz von V-Leuten oder nicht offen ermittelnden Polizeibeamten**, die keine Verdeckten Ermittler sind (vgl. Anl. D zu den RiStBV), obwohl der Regelungsbedarf dort derselbe sein müsste. Das gilt auch für den **Umgang mit legendierten Polizeikontrollen.** Der **Grundsatz der Aktenwahrheit und der Aktenvollständigkeit** wird dort unter Umständen ohne gesetzliche Legitimation durchbrochen (BGHSt 62, 123 [142 f.]; *Börner* StraFo 2018, 1; *Krehl* StraFo 2018, 265 [273]). Schon weil auch § 101 die Ermittlungsbehörden nicht dazu berechtigt, inhaltlich falsche Angaben in den Akten zu machen (MüKo-StPO/*Günther* § 101 Rn. 10), bestehen gegen Aktenvermerke, die im Fall der legendären Kontrolle einen Zufallsfund vortäuschen, erhebliche Bedenken. 5

Erst nach Offenlegung der verdeckten Maßnahmen sind die zunächst von der Staatsanwaltschaft in Sonderheften zu verwahrenden Entscheidungen und Unterlagen über Erkenntnisse zu den Verfahrensakten zu nehmen (§ 101 Abs. 2) und unterliegen erst dann der **Akteneinsicht** nach § 147, § 406e, § 427 Abs. 1. Sind die Voraussetzungen nach § 101 Abs. 5 noch nicht erfüllt, etwa weil ein Verdeckter Ermittler noch im Einsatz ist, besteht auch die Möglichkeit der Verweigerung von Akteneinsicht nach § 147 Abs. 2. Im Hauptverfahren entfällt diese Sperrungsmöglichkeit zumindest dann, wenn die Erkenntnisse des Verdeckten Ermittlers zu Beweiszwecken verwendet werden sollen (LR/*Hauck* § 101 Rn. 12). 6

7 Ein **in camera-Verfahren**, das die Kenntnisnahme von den Unterlagen auf das Gericht beschränken würde (BVerfGE 101, 106 [128 ff.]), kommt im Strafprozess im Allgemeinen nicht in Betracht, weil dort das rechtliche Gehör zu wahren ist (BVerfGE 57, 250 [288]; MüKo-StPO/*Günther* § 101 Rn. 13; LR/*Hauck* § 101 Rn. 9 ff.; SK-StPO/*Wolter/Jäger* § 101 Rn. 6a). Das betrifft aber nicht Entscheidungen im Vorverfahren, soweit dort vorerst kein Gehör des Betroffenen vor Gericht gewährt wird. Der **Ermittlungsrichter** oder der für Maßnahmen nach §§ 100b, 100c zuständigen Spezialstrafkammer, welche die heimliche Maßnahme anordnen, sie kontrollieren oder Benachrichtigungen zurückstellen soll, kann daher **von einer Aktensperrung nicht betroffen** sein (LR/*Hauck* § 101 Rn. 9). Sie haben das Recht, die vollständige Vorlage der Erkenntnisse zu verlangen (KK-StPO/*Bruns* § 101 Rn. 6).

8 **C. Kennzeichnung personenbezogener Daten (Abs. 3). Personenbezogene Daten** (§ 3 Abs. 1 BDSG), die durch verdeckte Ermittlungsmaßnahmen i.S.v. § 101 Abs. 1 erhoben wurden, sind als Produkte solcher Maßnahmen **zu kennzeichnen** (§ 101 Abs. 3 Satz 1). Diese Kennzeichnungspflicht soll eine dem Zweck entsprechenden Datenverwendung sicherstellen, weil die Erkenntnisse aus fast allen heimlichen Ermittlungen einer mehr oder weniger strengen **Verwendungsbeschränkung** unterliegen. Deshalb muss die Kennzeichnung auch nach Übermittlung an eine andere Stelle aufrechterhalten werden (§ 101 Abs. 3 Satz 2). Informationen aus Folgemaßnahmen sind nur zu kennzeichnen, wenn sie ihrerseits aus einer verdeckten Maßnahme i.S.d. § 101 Abs. 1 herrühren.

9 Das Gesetz schreibt nicht vor, wie die Kennzeichnung zu erfolgen hat. Die **Herkunft** der Daten aus einer bestimmten heimlichen Ermittlungsmaßnahme muss nur anhand irgendeines Kennzeichens oder Vermerks konkret nachzuvollziehen sein. Das kann im Einzelfall durch **Stempelaufdruck** geschehen (KK-StPO/*Bruns* § 101 Rn. 9; LR/*Hauck* § 101 Rn. 14) oder für eine Mehrzahl von Informationen durch Aufnahme in ein **Sonderheft** mit entsprechender Sammelbezeichnung, wie »TKÜ-Sonderheft«.

10 **D. Benachrichtigung (Abs. 4–6).** Von einer verdeckten Ermittlungsmaßnahme i.S.d. StPO sind die Betroffenen grundsätzlich nachträglich zu benachrichtigen. Für die Benachrichtigungspflicht kommt es prinzipiell nicht auf das Ermittlungsergebnis, sondern nur auf die Tatsache des Vorliegens eines Eingriffsakts an (LR/*Hauck* § 101 Rn. 15). Für die Benachrichtigung zuständig ist die Staatsanwaltschaft (Meyer-Goßner/Schmitt/*Köhler* § 101 Rn. 5).

11 **I. Inhalt.** Wie und in welchem Umfang die Betroffenen zu benachrichtigen sind, schreibt das Gesetz nicht vor (LR/*Hauck* § 101 Rn. 28; SK-StPO/*Wolter/Jäger* § 101 Rn. 12). Die Benachrichtigung hat auch nur zu erfolgen, soweit Personen von der heimlichen Ermittlungsmaßnahme betroffen sind. Im Kern genügt die **Mitteilung der Tatsache**, dass eine Ermittlungsmaßnahme der konkreten Art angeordnet und durchgeführt wurde. Erfasste **Kommunikationsinhalte** müssen **nicht inhaltlich mitgeteilt** werden, weil auch insoweit das Interesse an der Benachrichtigung mit dem Interesse anderer Personen an der Geheimhaltung kollidiert. Eingriffe in das Persönlichkeitsrecht sollen nicht durch Benachrichtigung dritter Personen perpetuiert, begründet oder perpetuiert werden. Bei der Benachrichtigung über die Tatsache des Eingriffsakts und dessen **Eckdaten** ist auf die Möglichkeit nachträglichen Rechtsschutzes und die dafür vorgesehene Frist hinzuweisen. Ob die Begründung der Eingriffsanordnung mitzuteilen ist, bleibt unklar (LR/*Hauck* § 101 Rn. 30); dies gehört aber im Grundsatz auch zur Ermöglichung der Rechtsschutzgewährleistung.

12 **II. Zu benachrichtigende Personen (Abs. 4). 1. Rasterfahndung und Schleppnetzfahndung (Abs. 4 Satz 1 Nr. 1).** Nach Raster- und Netzfahndungsmaßnahmen (§§ 98a, 163d) sind die Personen zu benachrichtigen, gegen die nach Auswertung der Daten **weitere Ermittlungen** geführt wurden, unabhängig davon, ob sich der Tatverdacht bestätigt hat oder ausgeräumt wurde (KK-StPO/*Bruns* § 101 Rn. 11; LR/*Hauck* § 101 Rn. 18; Meyer-Goßner/Schmitt/*Köhler* § 101 Rn. 7). Unverdächtige Personen, die durch das Raster gefallen sind, müssen nicht benachrichtigt werden.

13 **2. Postbeschlagnahme (Abs. 4 Satz 1 Nr. 2).** Von einer Postbeschlagnahme (§ 99) sind **Absender und Adressat** der beschlagnahmten Sendung zu benachrichtigen. Wer eine der Postbeschlagnahme unterliegende Postsendung nur entgegengenommen hat, ohne Adressat zu sein, zählt nicht zu den zu benachrichtigenden Personen (LR/*Hauck* § 101 Rn. 19; Meyer-Goßner/Schmitt/*Köhler* § 101 Rn. 8).

14 Die Benachrichtigungsregelung soll auch bei Beschlagnahme einer E-Mail beim Provider zur Anwendung kommen (BGH StV 2011, 73 [74]), was aber vor allem dann zutrifft, wenn der Informationszugriff nach § 100a erfolgt ist (MüKo-StPO/*Günther* § 101 Rn. 22).

15 Wird ein Brief geöffnet, aber nicht zurückbehalten und beschlagnahmt, muss der Adressat nicht benachrichtigt werden, da keine Beschlagnahme erfolgt ist. Spezielle Regelungen über die Weiterleitung trifft § 100 Abs. 5 und 6.

3. TKÜ (Abs. 4 Satz 1 Nr. 3). Nach einer TKÜ (§ 100a) sind **die Beteiligten der Kommunikation** (KK-StPO/*Bruns* § 101 Rn. 13; LR/*Hauck* § 101 Rn. 20; Meyer-Goßner/Schmitt/*Köhler* § 101 Rn. 9; krit. SK-StPO/*Wolter/Jäger* § 101 Rn. 14) zu benachrichtigen, deren Rechte aus Art. 10 Abs. 1 GG betroffen sind. Der Inhaber des überwachten Anschlusses ist auch Beteiligter, wenn er selbst den Anschluss genutzt hat. Er muss hingegen nicht benachrichtigt werden, wenn das Gespräch einer anderen Person als Nachrichtenmittlers mit einem Dritten geführt und überwacht wurde. Bei geschäftlichen Kontakten ist **eine juristische Person** zu benachrichtigen, wenn der Gesprächsteilnehmer für diese gesprochen und gehandelt hat. Der **Netzbetreiber** ist an der Kommunikation **nicht beteiligt** und muss deshalb auch nicht benachrichtigt werden (Meyer-Goßner/Schmitt/*Köhler* § 101 Rn. 9). 16

4. Online-Durchsuchung (Abs. 4 Satz 1 Nr. 4). Von der Online-Durchsuchung ist der **Inhaber des infiltrierten informationstechnischen Systems** zu unterrichten, ebenso derjenige, der personenbezogene Daten dort gespeichert hat (KK-StPO/*Bruns* § 101 Rn. 14). Bei Erfassung einer großen Datenmenge, die eine Vielzahl von personenbezogenen Daten verschiedener Menschen betreffen kann, kann aber rein praktisch nicht jeder, der in seinem Recht auf informationelle Selbstbestimmung betroffen ist, unterrichtet werden. Trifft die Ermittlungsbehörde eine **Auswahl**, die bestimmte Personen mit Beweisbedeutung für das Strafverfahren eingrenzt, sind auch diese zu informieren (krit. LR/*Hauck* § 101 Rn. 25). 17

5. Akustische Wohnraumüberwachung (Abs. 4 Satz 1 Nr. 5). Nach einer akustischen Wohnraumüberwachung (§ 100c) sind **der Beschuldigte**, andere mehr oder weniger **zufällig mitüberwachte Personen** und auch **der Wohnungsinhaber** zu benachrichtigen (KK-StPO/*Bruns* § 101 Rn. 14a; Meyer-Goßner/Schmitt/*Köhler* § 101 Rn. 10). Dies sind die Personen, in deren Rechtspositionen aus Art. 13 Abs. 1, 2 Abs. 1 i.V.m. Art. 1 Abs. 1 GG eingegriffen wurde und denen die Möglichkeit des nachträglichen Rechtsschutzes zu eröffnen ist. 18

6. Akustische Überwachung außerhalb von Wohnungen (Abs. 4 Satz 1 Nr. 6). Bei der akustischen Gesprächsüberwachung außerhalb einer Wohnung (§ 100f) sind **die Zielperson** und **alle erheblich mit betroffenen Personen** zu benachrichtigen. Das sind zumindest die unmittelbaren **Gesprächspartner** des Beschuldigten (KK-StPO/*Bruns* § 101 Rn. 15). Findet die Maßnahme an einem öffentlichen Ort statt, so können neben dem Gespräch der Zielperson auch Äußerungen anderer **Randfiguren** erfasst werden, ohne dass es auf die Feststellung ihrer Äußerungen ankommt. Diese Personen sind gegebenenfalls nur unerheblich, »im Vorübergehen«, betroffen und müssen dann nicht benachrichtigt werden (Meyer-Goßner/Schmitt/*Köhler* § 101 Rn. 11). 19

7. Observation mit technischen Mitteln (Abs. 4 Satz 1 Nr. 7). Wie bei der akustischen Überwachung sind die Zielpersonen und erheblich mit betroffenen Personen nach einer Observation unter Einsatz technischer Mittel (§ 100h) zu benachrichtigen. Bei Bildaufnahmen sind wegen des Eingriffs in das Recht am eigenen Bild prinzipiell auch am Rande **abgebildete Personen** zu benachrichtigen. Nicht erheblich mit betroffen sind aber nur zufällig ins Bild geratene **Randfiguren** des Überwachungsgeschehens, gegen die sich die Maßnahme nicht gerichtet hat und die nur aufgrund ihrer Streubreite beiläufig und zufällig erfasst wurden. 20

8. IMSI-Catcher oder stille SMS (Abs. 4 Satz 1 Nr. 8). Der Einsatz eines IMSI-Catchers oder einer stillen SMS (§ 100i) greift in das Recht auf informationelle Selbstbestimmung der **Zielperson** eingreift, die deshalb zu benachrichtigen ist (Meyer-Goßner/Schmitt/*Köhler* § 101 Rn. 12). Die Daten aller anderen vom Einsatz eines IMSI-Catchers betroffenen Personen werden nur erhoben, weil es technisch unvermeidbar ist; ihre Daten dürfen über einen Datenabgleich hinaus nicht verwendet werden. Insoweit sind sie nur unerheblich betroffen und müssen nicht benachrichtigt werden. 21

9. Verdeckter Ermittler (Abs. 4 Satz 1 Nr. 9). Nach dem Einsatz eines Verdeckten Ermittlers (§ 110a) sind die **Zielperson** seines Einsatzes, ferner eine andere **Person, deren Wohnung** der Verdeckte Ermittler gegebenenfalls **betreten** hat (KK-StPO/*Bruns* § 101 Rn. 18; LR/*Hauck* § 101 Rn. 26), und weitere **nicht lediglich unerheblich Betroffene** zu benachrichtigen (Meyer-Goßner/Schmitt/*Köhler* § 101 Rn. 13), was allerdings Gefahren für den Verdeckten Ermittler erhöht. Ob von der Benachrichtigung abzusehen ist, weil die Möglichkeit weiteren Einsatzes gefährdet wird, hängt von einer Abwägung im Einzelfall ab. Randfiguren, die nur zufällig und beiläufig mit dem Verdeckten Ermittler in Kontakt gekommen sind, müssen nicht benachrichtigt werden. 22

23 **10. Datenerhebung aus Kontrollen (Abs. 4 Satz 1 Nr. 10).** Bei einer **Grenzkontrolle** oder Personenüberprüfung an einer **Kontrollstelle** (§ 163d) betrifft die Datenerhebung zunächst die kontrollierten Personen, die aber regelmäßig bei der offenen Maßnahme im Bilde sind. Werden personenbezogene Daten Dritter erfasst, so sind diese zu benachrichtigen, soweit es nicht nur um eine unerhebliche Betroffenheit geht.

24 **11. Ausschreibung zur polizeilichen Beobachtung (Abs. 4 Satz 1 Nr. 11).** Zu benachrichtigen sind nach einer Ausschreibung zur polizeilichen Beobachtung (§ 163e) **der Beschuldigte und ein Nachrichtenmittler** oder eine **Begleitperson**, deren personenbezogene Daten gemeldet worden sind (KK-StPO/*Bruns* § 101 Rn. 20). Wurde ein Kfz-Kennzeichen ausgeschrieben, so ist der Halter oder Nutzer des Fahrzeugs zu benachrichtigen.

25 **12. Polizeiliche Beobachtung und längerfristige Observation (Abs. 4 Satz 1 Nr. 12).** Nach einer polizeilichen Beobachtung (§ 163f) oder längerfristigen Observation (§ 163f) sind die **Zielperson** und **die erheblich mitbetroffenen Personen** zu benachrichtigen. Wiederum sind Fälle unerheblicher Betroffenheit denkbar, in denen die Benachrichtigung unterbleiben kann.

26 **13. Erhebung von Verkehrsdaten (Abs. 4 Satz 1 Nr. 13).** Von der Erhebung von Verkehrsdaten (§ 100g) wird regelmäßig die Zielperson ohne ihr Wissen in ihrem Recht auf informationelle Selbstbestimmung betroffen. Deshalb gilt die Benachrichtigungspflicht auch ihr gegenüber.

27 **III. Ausnahmen (Abs. 4 Satz 3 – 5). 1. Schutzwürdige Belange Dritter.** Die Benachrichtigung unterbleibt, wenn ihr überwiegende schutzwürdige Belange einer betroffenen Person entgegenstehen (§ 101 Abs. 4 Satz 3). Die Notwendigkeit der Einschränkung von Benachrichtigungen besteht, wenn der **Grundrechtseingriff** bei der Zielperson durch Verbreitung der Nachricht **nur vertieft** wird, oder wenn eine drittbetroffene Person **keinen Anlass zu der Eingriffsmaßnahme gegeben** hatte und ihrerseits durch die Benachrichtigung anderer **mehr Nachteile als Vorteile** erfährt. **Abzuwägen** ist das Interesse des unmittelbar Betroffenen an der Benachrichtigung mit dem Interesse des Dritten an einem geringen Bekanntheitsgrad des Ereignisses (LR/*Hauck* § 101 Rn. 34). Letzteres überwiegt oftmals **im unternehmerischen Bereich**, wo der Geschäftspartner des Beschuldigten nicht unbedingt über die staatliche Überwachung unterrichtet werden muss (KK-StPO/*Bruns* § 101 Rn. 23; Meyer-Goßner/Schmitt/*Köhler* § 101 Rn. 16; SK-StPO/*Wolter/Jäger* § 101 Rn. 24). Der Benachrichtigung entgegenstehende Interessen sind besonders **im persönlichen Lebensbereich** zu finden. Gefährdungen von Leib, Leben oder Gesundheit und von bedeutenden Sachwerten gebieten zuerst vor allem die Zurückstellung der Benachrichtigung, nicht sogleich das endgültige Absehen hiervon.

28 Der Beschuldigte hat im Einzelfall aus persönlichen, wirtschaftlichen oder sozialen Gründen ein Interesse daran, dass seine **Kommunikationspartner** nichts von dem gegen ihn geführten Ermittlungsverfahren erfahren, insb. dann, **wenn der Anfangsverdacht sich später nicht erhärtet** hat. Dann wäre eine **erneute Stigmatisierung** für ihn schädlich. Indes ist das Interesse an der Erlangung einer Möglichkeit für nachträglichen Rechtsschutz auch dann nicht vorschnell als zu gering einzuschätzen. Wie sich eine Benachrichtigung auf private **Vertrauensverhältnisse** auswirken kann, ist kaum zu prognostizieren. **Bei Berufsgeheimnisträgern** wiegen Eingriffe in die Vertraulichkeit der Kommunikation schwer und das diesbezügliche Interesse an einer nachträglichen Rechtsschutzgewährung überwiegt im Allgemeinen ein Interesse an der Nichtbenachrichtigung Dritter. Eingriffe in den absolut geschützten **Kernbereich privater Lebensgestaltung** müssen dann, wenn sie im Einzelfall unbeschadet der präventiven Rechtsschutzmöglichkeiten (§ 100d) doch vorkommen, mitgeteilt werden, weil insoweit ein besonderes Interesse an der nachträglichen gerichtlichen Rechtswidrigkeitsfeststellung besteht.

29 **2. Unerhebliche Betroffenheit.** Nach § 101 Abs. 4 Satz 4 kann die Benachrichtigung unterbleiben, wenn die Person von der Maßnahme nur unerheblich betroffen wurde (BVerfGE 129, 208 [251]) und anzunehmen ist, dass sie **kein Interesse** an einer Benachrichtigung hat (LR/*Hauck* § 101 Rn. 35; SK-StPO/*Wolter/Jäger* § 101 Rn. 25). Die Abgrenzung zwischen einer erheblichen und unerheblichen Betroffenheit verlangt aber eine schwierige Entscheidung in einem Randbereich und verlangt entweder die Bewältigung einer kaum lösbaren Aufgabe oder provoziert kursorische Entscheidungen nach einem Bauchgefühl. Bei der Erheblichkeitsfrage geht es nur um **rechtliche Kriterien, nicht** um **Affektionsinteressen**. Je schwerer **der Eingriffsakt** wiegt, desto eher ist von einer erheblichen Betroffenheit auszugehen, auch wenn **der Ermittlungsertrag** der Maßnahme im Einzelfall gering erscheint. Bei einer akustischen Überwachung in einer Wohnung (§ 100c) ist prinzipiell von einer erheblichen Betroffenheit auszugehen (vgl. BVerfGE 129, 208 [238]); dasselbe wird ist bei einer Online-Durchsuchung anzunehmen, die auch zu einer Datenänderung auf dem infiltrierten Rechner führt.

30 Geringfügige Betroffenheit mag bei der heimlichen Erfassung nicht verfahrensrelevanter **Alltagsszenen ohne Beweisrelevanz** und ohne besondere **Intimität** vorliegen. Jedoch kommt es auch hier zugleich auf die Art

und Weise des Ermittlungseingriffs an. Das **Recht auf Freiheit vor Einschüchterung** (*Bode* Verdeckte strafprozessuale Ermittlungsmaßnahmen, S. 112 ff.) hat Gewicht und es gebietet im Regelfall, das Rechtsschutzinteresse höher als das Interesse am Absehen von der Benachrichtigung zu bewerten. § 101 Abs. 4 Satz 4 eröffnet gleichwohl einen Ermessensspielraum.

3. Nichtermittlung der Betroffenen bei unverhältnismäßigem Aufwand. Nachforschungen zur Feststellung der Identität einer betroffenen Person sind zum Zweck der Benachrichtigung nur vorzunehmen, wenn dies unter Berücksichtigung der Eingriffsintensität der Maßnahme gegenüber dieser Person, des Aufwands für die Feststellung ihrer Identität sowie der daraus für diese oder andere Personen folgenden Beeinträchtigungen geboten erscheint. Insoweit ist eine **Abwägung** der Interessen an Benachrichtigung und Rechtsschutzgewährleistung einerseits sowie verfahrensökonomischen Aspekten andererseits erforderlich (LR/*Hauck* § 101 Rn. 36). Ist die Identität beiläufig betroffener Randpersonen schon bei dem Ermittlungseingriff mangels **Beweisbedeutung** nicht festgestellt worden, so müssen sie in der Regel auch nicht nachträglich erst für eine Benachrichtigung identifiziert werden. 31

IV. Zurückstellung der Benachrichtigung (Abs. 5). Nach § 101 Abs. 5 Satz 1 kann die Benachrichtigung zurückgestellt werden, solange durch sie entweder **der Untersuchungszweck** oder aber **Leib, Leben, Freiheit** von Menschen oder **bedeutende Vermögenswerte** (zur Normbestimmtheit BVerfGE 129, 208 [255]) gefährdet würden. Die Zurückstellung ist ferner möglich zum Zweck der weiteren **Verwendung eines Verdeckten Ermittlers** (MüKo-StPO/*Günther* § 101 Rn. 58; LR/*Hauck* § 101 Rn. 37; abl. SK-StPO/*Wolter/Jäger* § 101 Rn. 32), die in der Hand des Innenressorts liegt. Für andere nicht offen ermittelnde Polizeibeamte (noeP) und V-Personen (VP) fehlt insoweit wiederum eine entsprechende Regelung im Gesetz (s. nur Anl. D zu den RiStBV), weil entweder schon deren Einsatz nicht im Gesetz vorgesehen und daher streng genommen unzulässig ist oder dieser allein aufgrund der Ermittlungsgeneralklausel erfolgt (BVerfGE 129, 208 [257]) und damit unter der Eingriffsschwelle der Spezialermächtigungen liegen soll (vgl. § 110a Rdn. 10 f.; zum Regelungsdefizit besonders *Gercke* StV 2017, 615 ff.). 32

Die Gründe für die Zurückstellung der Benachrichtigung müssen **in den Akten vermerkt** werden (§ 101 Abs. 5 Satz 2). Das ist auch deshalb von Bedeutung, weil die Einfügung der Unterlagen über verdeckte Ermittlungen nach den §§ 100b, 100c, 100f, 100h Abs. 1 Nr. 2 und § 110a in die Verfahrensakten vom Ende der Zurückstellung der Benachrichtigung abhängig sind (§ 101 Abs. 2). 33

Die Benachrichtigung kann noch nach Beendigung einer einzelnen Maßnahme zurückgestellt bleiben, wenn **in derselben Sache andere verdeckte Ermittlungen** fortgeführt werden, deren Untersuchungszweck bei einer Mitteilung der beendeten Maßnahme gefährdet würde (BGH [ER] NStZ-RR 2021, 287 [288]). 34

Die Zurückstellung der Benachrichtigung ist nach dem Gesetz zunächst **nicht zeitlich begrenzt**, jedoch soll sie **auf das Erforderliche beschränkt** werden. Mit zunehmender Dauer der Zurückstellung gewinnt das Interesse des Betroffenen an der Benachrichtigung auch immer größeres Gewicht (BGH [ER] NStZ-RR 2021, 287 [289]). Erforderlich ist eine periodisch wiederkehrende richterliche Kontrolle. Spätestens dann, wenn die Benachrichtigung **länger als zwölf Monate** oder bei der akustischen Wohnraumüberwachung **sechs Monate**, nach Beendigung der Maßnahme weiter zurückgestellt werden soll, bedarf es nach § 101 Abs. 6 Satz 1 der **Zustimmung des Gerichts**. Bei mehreren zusammenhängenden Maßnahmen i.S.v. § 101 Abs. 4 Satz 1 beginnt diese **Frist** nach § 101 Abs. 6 Satz 4 mit der Beendigung der letzten Maßnahme. Das Gericht bestimmt gegebenenfalls auch eine Frist für die Dauer der weiteren Zurückstellung. 35

Für die Zurückstellung der Benachrichtigung zuständig ist **das für die Anordnung** der Maßnahme **zuständige Gericht**. Wenn das Gericht dem **Antrag der Staatsanwaltschaft** auf Zurückstellung der Benachrichtigung stattgibt, legt es zugleich die Dauer der Zurückstellung fest. Auch vor Ablauf der Frist kann festgestellt werden, dass von einer Benachrichtigung endgültig abzusehen ist, wenn mit an Sicherheit grenzender Wahrscheinlichkeit die Voraussetzungen einer Benachrichtigung auch in Zukunft nicht eintreten werden (§ 101 Abs. 6 Satz 3). 36

Im Vorverfahren ist der **Ermittlungsrichter** zuständig, nach Anklageerhebung **das erkennende Gericht**. Eine parallele Zuständigkeit des Ermittlungsrichters nach Anklageerhebung kennt das Gesetz nicht. Das erkennende Gericht hat hingegen verdeckte Ermittlungen gegen den Angeschuldigten grundsätzlich nicht mehr anzuordnen oder eine Benachrichtigung zurückzustellen; denn ab dem Zeitpunkt der Anklageerhebung sollen im Verfahren gegen diese Person alle Karten auf den Tisch gelegt sein. Eine Entscheidung durch das erkennende Gericht über heimliche Ermittlungen stellt zudem dessen Neutralität infrage, weshalb zumindest größte Vorsicht geboten ist. **Während einer laufenden Hauptverhandlung** sollten Maßnahmen i.S.d. § 101 Abs. 1 (LR/*Hauck* § 101 Rn. 2; zur Telefonüberwachung wegen »dringenden« Verdachts der Falschaussage eines Zeugen BGHSt 36, 305 ff.) daher im Allgemeinen zur Vermeidung einer zu weit gehenden Beweisantizipation nicht mehr erfolgen. 37

38 Gegen die **Verweigerung der gerichtlichen Zustimmung** zur Zurückstellung der Benachrichtigung ist die **Beschwerde** der Staatsanwaltschaft statthaft (§ 304 Abs. 1). Zur Vermeidung vollendeter Tatsachen vor der Entscheidung über die Beschwerde, dürfte regelmäßig eine Anordnung der **Aussetzung der Vollziehung** der Benachrichtigung gem. § 307 Abs. 2 geboten sein.

39 **V. Durchführung.** Für die Benachrichtigung ist die **Staatsanwaltschaft zuständig** (MüKo-StPO/*Günther* § 101 Rn. 44; SK-StPO/*Wolter/Jäger* § 101 Rn. 13). Diese wiederum kann die **Polizei** auch damit beauftragen, die Benachrichtigungen **vorzubereiten.** Dabei dürfte es hilfreich sein, wenn diese bereits während der Eingriffsmaßnahme vermerkt, ob eine Benachrichtigung voraussichtlich unterbleiben kann oder erfolgen muss, ob eine Zurückstellung erforderlich ist oder ob ein Zweifelsfall vorliegt.

40 Die Benachrichtigung erfolgt **schriftlich.** Ihr Inhalt muss zumindest so viele Angaben enthalten, dass die **Gewährung rechtlichen Gehörs sichergestellt** ist und es dem zu Benachrichtigenden ermöglicht wird, die nachträgliche gerichtliche Überprüfung der verdeckten Maßnahme zu beantragen. Die Art der Maßnahme, ihr Zeitraum und der Kommunikationspartner sind dazu zu benennen. Auf die Mitteilung von überwachten Kommunikationsinhalten kann verzichtet werden. Erforderlich ist schließlich ein Hinweis auf die Möglichkeit nachträglichen Rechtsschutzes und die Frist des § 101 Abs. 7 Satz 2.

41 **E. Gerichtlicher Rechtsschutz (Abs. 7).** § 101 Abs. 7 Satz 2 gibt den dort genannten Personen die Möglichkeit, **nach Erledigung** der repressiven Maßnahme die Rechtmäßigkeit der **Anordnung** und die **Art und Weise ihres Vollzugs**, einschließlich der Frage der Rechtzeitigkeit der Benachrichtigung (OLG Stuttgart StraFo 2016, 413; LR/*Hauck* § 101 Rn. 47), gerichtlich überprüfen (*Singelnstein* NStZ 2009, 481 [482]) und die **Rechtswidrigkeit feststellen** zu lassen.

42 **Antragsberechtigt** ist jeder, der durch die Maßnahme **in seinen Rechten betroffen** ist, insb. in seinem Recht auf informationelle Selbstbestimmung (VerfGH Brandenburg Beschl. v. 19.03.2021 – 62/19). Antragsberechtigt kann aber etwa **auch eine juristische Person** sein, die bei der heimlichen Anbringung von Überwachungselektronik in ihren Geschäftsräumen in ihrem Recht aus Art. 13 Abs. 1 GG betroffen ist (BGH Beschl. v. 29.10.2020 – StB 30/20). Ein vom Staat in Anspruch genommener **Anbieter von Telekommunikationsdiensten** ist ebenfalls antragsberechtigt, wenn er nur »over-the-top«-Dienste leistet (BGH MMR 2021, 628 f.).

43 Eine positive Rechtsmäßigkeitsbestätigung auf Antrag der Staatsanwaltschaft sieht das Gesetz nicht vor.

44 Bei der Prüfung der Rechtmäßigkeit auf Antrag des Betroffenen mit dem Ziel der nachträglichen Rechtswidrigkeitsfeststellung geht es nur um die Rechtmäßigkeit der Maßnahme, **nicht** um **eventuelle Rechtsfolgen** eines Verfahrensfehlers. § 101 Abs. 7 Satz 2 dient nicht dazu, im Vorgriff auf die Entscheidung des erkennenden Gerichts die Frage nach dem Eingreifen oder Nichteingreifen eines unselbstständigen Beweisverwertungsverbots (KK-StPO/*Bruns* § 101 Rn. 35a).

45 Nach dem **Grundsatz der Rechtsmittelklarheit** (vgl. BVerfGE 107, 395 [416 f.]) ist eine **analoge Anwendung von § 98 Abs. 2 Satz 2** neben § 101 Abs. 7 Satz 2 zumindest zweifelhaft (dafür aber LR/*Hauck* § 101 Rn. 45). Indes betrifft die vorliegende Vorschrift nur den nachträglichen Rechtsschutz, nicht den Rechtsschutz gegen noch nicht erledigte Maßnahmen, sodass für frühere Beanstandungen auf § 98 Abs. 2 Satz 2 zurückgegriffen werden kann, um Rechtsschutz zu gewährleisten (KK-StPO/*Bruns* § 101 Rn. 34; Meyer-Goßner/Schmitt/*Köhler* § 101 Rn. 26a; *Singelnstein* NStZ 2009, 481 [483]).

46 Der Betroffene hat auch dann einen Anspruch auf gerichtliche Überprüfung, wenn er **auf andere Weise als durch Benachrichtigung** von der Maßnahme **erfahren** hat. Wurde ein Betroffener nicht benachrichtigt, weil schutzwürdige Belange anderer Personen entgegenstehen, oder wurde die Benachrichtigung zurückgestellt, so steht das der Möglichkeit eines Antrags auf gerichtliche Überprüfung nach § 101 Abs. 7 Satz 2 nicht entgegen.

47 Zur Begründung des Rechtsbehelfs hat der Betroffene **Anspruch auf Auskunft** aus den Akten oder auf **Akteneinsicht** (*Singelnstein* NStZ 2009, 481 [485 f.]; SK-StPO/*Wolter/Jäger* § 101 Rn. 44a), soweit das für die Rechtsverfolgung unerlässlich ist. Zum Gegenstand des Auskunfts- oder Akteneinsichtsrechts gehören die Anordnung der verdeckten Ermittlungsmaßnahme, hierauf gerichtete Anträge und prinzipiell auch die Aktenbestandteile, auf die sich die Anordnung gestützt hatte. Richtet sich der Antrag auch gegen die Rechtmäßigkeit der Vollziehung der Anordnung, so müssen im Grundsatz auch die Aktenbestandteile offengelegt werden, aus denen sich Art und Weise der Durchführung ergibt. Soweit das Interesse der Strafjustiz an der Geheimhaltung überwiegt, um Ermittlungen nicht zu gefährden, ist die Offenlegung zurückzustellen.

48 Der Antrag auf gerichtliche Entscheidung ist **innerhalb** einer Ausschlussfrist **von zwei Wochen nach der Benachrichtigung** zu stellen (krit. *Singelnstein* NStZ 2009, 481 [483]). Ist eine Benachrichtigung nicht erfolgt, läuft keine Frist.

49 Zur Entscheidung zuständig ist im Vorverfahren **der Ermittlungsrichter**, nach Anklageerhebung in derselben Sache **das erkennende Gericht** (§ 101 Abs. 7 Satz 4; LR/*Hauck* § 101 Rn. 58a; Meyer-Goßner/Schmitt/

Köhler § 101 Rn. 22; *Singelnstein* NStZ 2009, 481 [484]). Letzteres entscheidet über den Antrag zusammen mit der das Hauptsacheverfahren beendenden Entscheidung. Damit werden divergierende Entscheidungen vermieden (BGHR StPO § 101 Abs. 7 Satz 4 Zuständigkeit 2). Andererseits ist das Gericht bei der Hauptsachefrage **nicht** an eine früher ergangene Entscheidung über einen Antrag eines Betroffenen auf nachträgliche Feststellung der Rechtswidrigkeit der verdeckten Ermittlungsmaßnahme **gebunden** (BT-Drs. 16/5846, S. 62; LR/*Hauck* § 101 Rn. 59; SK-StPO/*Wolter/Jäger* § 101 Rn. 44). Die Entscheidung über den Antrag des Betroffenen ist nämlich nach § 101 Abs. 7 Satz 3 unabhängig vom Urteil über die öffentliche Klage **mit der sofortigen Beschwerde anfechtbar** (OLG Celle OLGSt StPO § 101 Nr. 2; KK-StPO/*Bruns* § 101 Rn. 36; LR/*Hauck* § 101 Rn. 59; *Singelnstein* NStZ 2009, 481 [485]).

Nach rechtskräftiger Beendigung des Strafverfahrens ist für die Gewährung nachträglichen Rechtsschutzes 50
gegen eine verdeckte Ermittlungsmaßnahme wieder das Gericht zuständig, das sie angeordnet hatte (OLG Koblenz Beschl. v. 19.05.2010 – 1 AR 19/10).

Für den nachträglichen Rechtsschutz gegen bereits **erledigte verdeckte polizeiliche Überwachungsmaßnahmen zur Abwehr von Gefahren** des internationalen Terrorismus nach §§ 20g ff. BKAG ist der Verwaltungsrechtsweg eröffnet; § 101 Abs. 7 ist insoweit nicht anwendbar (BGHSt 62, 22 [24]). 51

F. Sperrung und Löschung von Daten (Abs. 8). Nach § 101 Abs. 8 Satz 1 sind die erlangten Daten zu 52
löschen, wenn sie sicher **weder für die weitere Strafverfolgung noch für eine gerichtliche Überprüfung benötigt** werden, und zwar auch **nicht in einem Wiederaufnahmeverfahren.** Dabei ist auch die Möglichkeit der Führung eines Entlastungsbeweises zu berücksichtigen (LR/*Hauck* § 101 Rn. 62). Von der Löschung kann abgesehen werden, wenn bei Einstellung eines Ermittlungsverfahrens ein Verfahren gegen einen anderen Beschuldigten eingeleitet ist, in dem die Erkenntnisse aus der verdeckten Maßnahme als Beweismittel verwertet werden können. Über die Löschung ist ein **Aktenvermerk** anzufertigen (§ 101 Abs. 8 Satz 2).

Für die in Dateien gespeicherten personenbezogenen Daten gilt § 489. Ist die Löschung nur für den Fall 53
einer gerichtlichen Überprüfung zurückgestellt worden, so bedarf es für eine **anderweitige Verwendung** der **Einwilligung** des Betroffenen. In diesem Fall müssen die Daten **gesperrt** werden (§ 101 Abs. 8 Satz 3).

§ 160a Abs. 1 hat bei Erfassung von Verteidigergesprächen Vorrang vor § 101 Abs. 8 (BGH StV 2014, 388 54
[390] m.Anm. *Scharenberg*; KK-StPO/*Bruns* § 101 Rn. 39).

§ 101a Gerichtliche Entscheidung; Datenkennzeichnung und -auswertung; Benachrichtigungspflichten bei der Erhebung von Verkehrsdaten

(1) [1]Bei Erhebungen von Verkehrs- und Nutzungsdaten nach § 100g gelten § 100a Absatz 3 und 4 und § 100e entsprechend mit der Maßgabe, dass

1. in der Entscheidungsformel nach § 100e Absatz 3 Satz 2 auch die zu übermittelnden Daten und der Zeitraum, für den sie übermittelt werden sollen, eindeutig anzugeben sind,
2. der nach § 100a Absatz 4 Satz 1 zur Auskunft Verpflichtete auch mitzuteilen hat, welche der von ihm übermittelten Daten nach § 176 des Telekommunikationsgesetzes gespeichert worden.

[2]In den Fällen des § 100g Absatz 2, auch in Verbindung mit § 100g Absatz 3 Satz 2, findet abweichend von Satz 1 § 100e Ansatz 1 Satz 2 keine Anwendung. [3]Bei Funkzellenabfragen nach § 100g Absatz 3 genügt, abweichend von § 100e Ansatz 3 Satz 2 Nummer 5, eine räumlich und zeitlich eng begrenzte und hinreichend bestimmte Bezeichnung der Telekommunikation.

(1a) Bei der Erhebung und Beauskunftung von Nutzungsdaten eines Telemediendienstes nach § 100k gilt § 100a Absatz 3 und 4, bei der Erhebung von Nutzungsdaten nach § 100k Absatz 1 und 2 zudem § 100e Absatz 1 und 3 bis 5 entsprechend mit der Maßgabe, dass in der Entscheidungsformel nach § 100e Absatz 3 Satz 2 an die Stelle der Rufnummer (§ 100e Absatz 3 Satz 2 Nummer 5), soweit möglich eine eindeutige Kennung des Nutzerkontos des Betroffenen, ansonsten eine möglichst genaue Bezeichnung des Telemediendienstes tritt, auf den sich das Auskunftsverlangen bezieht.

(2) Wird eine Maßnahme nach § 100g oder § 100k Absatz 1 oder Absatz 2 angeordnet, sind in der Begründung einzelfallbezogen insbesondere die wesentlichen Erwägungen zur Erforderlichkeit und Angemessenheit der Maßnahme, auch hinsichtlich des Umfangs der zu erhebenden Daten und des Zeitraums, für den sie erhoben werden sollen, darzulegen.

(3) [1]Personenbezogene Daten, die durch Maßnahmen nach § 100g erhoben wurden, sind entsprechend zu kennzeichnen und unverzüglich auszuwerten. Bei der Kennzeichnung ist erkennbar zu machen, ob es sich um Daten handelt, die nach § 176 des Telekommunikationsgesetzes gespeichert waren. [2]Nach einer Übermittlung an eine andere Stelle ist die Kennzeichnung durch diese aufrecht zu erhalten. [3]Für die Löschung personenbezogener Daten gilt § 101 Absatz 8 entsprechend.

(4) [1]Verwertbare personenbezogene Daten, die durch Maßnahmen nach § 100g Absatz 2, auch in Verbindung mit § 100g Absatz 1 Satz 3 oder Absatz 3 Satz 2, erhoben wurden, dürfen ohne Einwilligung der Beteiligten der betroffenen Telekommunikation nur für folgende andere Zwecke und nur nach folgenden Maßgaben verwendet werden:

1. **in anderen Strafverfahren zur Aufklärung einer Straftat, auf Grund derer eine Maßnahme nach § 100g Absatz 2, auch in Verbindung mit § 100g Absatz 1 Satz 3 oder Absatz 3 Satz 2, angeordnet werden könnte, oder zur Ermittlung des Aufenthalts der einer solchen Straftat beschuldigten Person,**
2. **Übermittlung zu Zwecken der Abwehr von konkreten Gefahren für Leib, Leben oder Freiheit einer Person oder für den Bestand des Bundes oder eines Landes (§ 177 Absatz 1 Nummer 2 des Telekommunikationsgesetzes).**

[2]Die Stelle, die die Daten weiterleitet, macht die Weiterleitung und deren Zweck aktenkundig. [3]Sind die Daten nach Satz 1 Nummer 2 nicht mehr zur Abwehr der Gefahr oder nicht mehr für eine vorgerichtliche oder gerichtliche Überprüfung der zur Gefahrenabwehr getroffenen Maßnahmen erforderlich, so sind Aufzeichnungen über diese Daten von der für die Gefahrenabwehr zuständigen Stelle unverzüglich zu löschen. [4]Die Löschung ist aktenkundig zu machen. [5]Soweit die Löschung lediglich für eine etwaige vorgerichtliche oder gerichtliche Überprüfung zurückgestellt ist, dürfen die Daten nur für diesen Zweck verwendet werden; für eine Verwendung zu anderen Zwecken sind sie zu sperren.

(5) Sind verwertbare personenbezogene Daten, die nach § 176 des Telekommunikationsgesetzes gespeichert waren, durch eine entsprechende polizeirechtliche Maßnahme erlangt worden, dürfen sie in einem Strafverfahren ohne Einwilligung der Beteiligten der betroffenen Telekommunikation nur zur Aufklärung einer Straftat, aufgrund derer eine Maßnahme nach § 100g Absatz 2, auch in Verbindung mit Absatz 3 Satz 2, angeordnet werden könnte, oder zur Ermittlung des Aufenthalts der einer solchen Straftat beschuldigten Person verwendet werden.

(6) [1]Die Beteiligten der betroffenen Telekommunikation oder die betroffenen Nutzer des Telemediendienstes sind von der Erhebung der Verkehrsdaten und Nutzungsdaten nach § 100g zu benachrichtigen. [2] § 101 Absatz 4 Satz 2 bis 5 und Absatz 5 bis 7 gilt entsprechend mit der Maßgabe, dass

1. **das Unterbleiben der Benachrichtigung nach § 101 Absatz 4 Satz 3 der Anordnung des zuständigen Gerichts bedarf;**
2. **abweichend von § 101 Abs. 6 Satz 1 die Zurückstellung der Benachrichtigung nach § 101 Absatz 5 Satz 1 stets der Anordnung des zuständigen Gerichts bedarf und eine erstmalige Zurückstellung auf höchstens zwölf Monate zu befristen ist.**

(7) [1]Die betroffene Person ist in den Fällen des § 100k Absatz 3 über die Beauskunftung zu benachrichtigen. [2]Die Benachrichtigung erfolgt, soweit und sobald hierdurch der Zweck der Beauskunftung nicht vereitelt wird. [3]Sie unterbleibt, wenn ihr überwiegende schutzwürdige Belange Dritter oder der betroffenen Person selbst entgegenstehen. [4]Wird die Benachrichtigung nach Satz 2 zurückgestellt oder nach Satz 3 von ihr abgesehen, sind die Gründe aktenkundig zu machen.

Übersicht

1 **A. Bedeutung der Norm und Zusammenhang.** § 101a enthält zur Gewährleistung prozeduralen Grundrechtsschutzes **Verfahrensregelungen** für die **Erhebung von Verkehrsdaten** gem. § 100g und Nutzungsdaten gem. § 100k. In § 100e konnte diese Regelung angeblich aus systematischen Gründen nicht platziert werden, weil es sich bei der Erhebung der Verkehrsdaten prinzipiell um eine **offene Maßnahme** handeln soll (BVerfGE 125, 260 [335 f.]). Das trifft allerdings nicht zu, weil Offenheit nur gegenüber dem Betreiber des Telekommunikationsdienstes besteht, nicht gegenüber dem Nutzer der Telekommunikationsdienste (LR/*Hauck* § 101a Rn. 3). Inhaltlich orientiert sich die Norm weitgehend an den entsprechenden Regelungen für die Anordnung und Ausführung der Überwachung der Telekommunikation und, soweit es um die eingriffsintensivere **Abfrage aus der Vorratsdatenspeicherung** geht, an den entsprechenden Regeln zur Online-

Durchsuchung. Der Gesetzgeber hat damit versucht, den Vorgaben des BVerfG für diese Eingriffsmaßnahmen möglichst weitgehend Rechnung zu tragen; dementsprechend wirkt die Norm hypertroph. Zuletzt wurden durch das Gesetz von 30.03.2021 zur Anpassung der Regelungen über die Bestandsdatenauskunft an die Vorgaben aus der Entscheidung des Bundesverfassungsgerichts vom 27.05.2020 (BGBl. I 2021, S. 448) **zusätzliche Regelungen für die Nutzungsdatenabfrage** bei Betreibern von Telemediendiensten nach § 100k in § 101a Abs. 1a und Abs. 7 hinzugefügt. Bei dieser erst im Vermittlungsverfahren ohne Begründung eingefügten Regelung stimmt die verabschiedete Fassung (BT-Drs. 19/27900) nicht mit der veröffentlichten Fassung überein (BeckOK-IT-Recht/*Brodowski* StPO § 101a Rn. 2).

Es gilt das **Doppeltürmodell** für den Datenzugriff. Danach legitimiert die vorliegende Vorschrift einerseits die Anforderung der Datenübermittlung durch den Staat, andererseits die Preisgabe die Informationen durch den Betreiber der Telekommunikations- oder Telemediendienste. Die **Vollziehung** der staatlichen Eingriffsmaßnahme **obliegt der Staatsanwaltschaft** (LR/*Hauck* § 101a Rn. 21). **Der verpflichtete Telekommunikationsdienstleister** hat der Ermittlungsbehörde sämtliche angeforderten Verkehrsdaten mitzuteilen (BeckOK-StPO/*Bär* § 101a Rn. 13; LR/*Hauck* § 101a Rn. 24) und gegebenenfalls auch anzugeben, **welche Daten** ggf. **aus der Vorratsdatenspeicherung stammen** (§ 101a Abs. 1 Satz 1 Nr. 2). Dafür ist nach §§ 30 ff. TKÜV ein **digitales Format** zu nutzen. Bei der Funkzellenabfrage (§ 100g Abs. 3) genügt die räumlich und zeitlich eingegrenzte Angabe der zu erfassenden Verbindung (§ 101a Abs. 1 Satz 3; BeckOK-StPO/*Bär* § 101a Rn. 12; LR/*Hauck* § 101a Rn. 13). 2

B. Anordnungskompetenzen und inhaltliche Vorgaben für die richterliche Entscheidung (Abs. 1). Durch partielle Verweisung auf § 100e Abs. 1 gilt der **Richtervorbehalt** prinzipiell auch für die Verkehrsdatenabfrage. Eine **Eilkompetenz** der Staatsanwaltschaft bei Gefahr im Verzug besteht nur im Fall des § 100g Abs. 1, nicht für die Abfrage der Verkehrs- und der Funkzellendaten aus der (Vorrats-) Datenspeicherung i.S.v. § 100g Abs. 2 (BeckOK-StPO/*Bär* § 101a Rn. 8; BeckOK-IT-Recht/*Brodowski* StPO § 101a Rn. 6; KK-StPO/*Bruns* § 101a Rn. 3; LR/*Hauck* § 101a Rn. 5). 3

Der grundsätzlich zuständige Ermittlungsrichter hat eine **eigenverantwortliche Prüfung der Voraussetzungen** der Eingriffsmaßnahme durchzuführen und deren Ergebnisse in seinem **schriftlich** niederzulegen **Beschluss** im Einzelnen anzugeben (BeckOK-StPO/*Bär* § 101a Rn. 10; LR/*Hauck* § 101a Rn. 10). Die eingehenden Vorgaben des BVerfG sind im Gesetz wiederholt worden. Es handelt sich aus der Sicht der Praxis um übergenau vorgegebene **inhaltliche Anforderungen an die Beschlussformel und die Entscheidungsbegründung** (KK-StPO/*Bruns* § 101a Rn. 7; LR/*Hauck* § 101a Rn. 17). Die diesbezüglichen Anforderungen gem. § 100e Abs. 3 und 4 gelten bei der richterlichen Anordnung der Verkehrsdatenabfrage ebenfalls. Zusammengefasst folgt daraus, dass die konkrete **Maßnahme möglichst präzise bezeichnet** und im Rahmen der Verhältnismäßigkeit eng begrenzt werden soll; die **Prüfung der tatsächlichen und rechtlichen Voraussetzungen** für die Anordnung der Verkehrsdatenabfrage muss erkennbar gemacht werden. Nicht zuletzt muss auch die einzelfallbezogene **Verhältnismäßigkeitsprüfung** in der Begründung des Anordnungsbeschlusses zum Ausdruck kommen (§ 101a Abs. 2). Nach § 101a Abs. 1 müssen über die allgemeinen Anforderungen gem. § 100e Abs. 3 und 4 hinaus bei der Anordnung der Verkehrsdatenabfrage auch **die zu übermittelnden Daten** und **der Zeitraum**, für den sie ermittelt werden sollen, eng begrenzt und eindeutig angegeben werden (§ 101a Abs. 1 Satz 1 Nr. 1; BeckOK-StPO/*Bär* § 101a Rn. 11). 4

Wenn die Frist für die Durchführung der Maßnahme verlängert, muss sich aus der richterlichen **Verlängerungsanordnung** das Fortbestehen der Voraussetzungen für die Eingriffsmaßnahme ergeben. Dabei ist gegebenenfalls auf zwischenzeitlich **erlangte Ermittlungsergebnisse** einzugehen. I.Ü. kann wenigstens partiell auf die Gründe der erstmaligen Anordnung der Maßnahme Bezug genommen werden. 5

C. Verfahrensvorgaben für die Verkehrs- und Nutzungsdatenerhebung bei Telemediendiensten (Abs. 1a). Für die Datenerhebung bei Betreibern von Telemediendiensten gem. § 100k gilt § 101 Abs. 1a. Danach kann eine Anordnung der Datenerhebung **gegen den Beschuldigten**, gegen dessen **Nachrichtenmittler** oder gegen **dritte Personen** erfolgen, von denen aufgrund bestimmter Tatsachen anzunehmen ist, dass der Beschuldigte ihr informationstechnische Systeme benutzt (BeckOK-StPO/*Bär* § 101a Rn. 20; Meyer-Goßner/Schmitt/*Köhler* § 101a Rn. 3). 6

Die Maßnahmen nach § 100k Abs. 1 und Abs. 2 unterliegen entsprechend § 100e Abs. 1 einem **Richtervorbehalt**. Bei **Gefahr im Verzug** kann die Anordnung nur im Fall des § 100g Abs. 1 durch **die Staatsanwaltschaft** getroffen werden (Meyer-Goßner/Schmitt/*Köhler* § 101a Rn. 5). Soweit die Anordnung der Staatsanwaltschaft nicht binnen drei Werktagen von dem Gericht bestätigt wird, tritt sie außer Kraft (§ 100e Abs. 1 Satz 3). Für die **vereinfachte Erhebung** nur von **Identifikationsdaten** des Nutzers nach § 100k Abs. 3 besteht **kein Richtervorbehalt**; insoweit genügt eine staatsanwaltschaftliche Anordnung (BeckOK-StPO/*Bär* § 101a Rn. 22). 7

8 Die Erhebung von künftig anfallenden Nutzungsdaten ist **auf höchstens drei Monate zu befristen** (§ 100e Abs. 1 Satz 3). Sie kann um jeweils nicht mehr als drei Monate **verlängert** werden (§ 100e Abs. 1 Satz 4). Eine **Höchstfrist gibt es** allerdings **nicht**. Für den Zugriff auf bereits gespeicherte (retrograde) Nutzungsdaten spielen diese Fristen natürlich keine Rolle (BeckOK-StPO/*Bär* § 101a Rn. 23).

9 Die in der Regel durch den Richter erfolgende **Anordnung** der Erhebung von Nutzungsdaten bei Betreibern von Telemediendiensten muss **schriftlich** erfolgen. Es gelten im Grundsatz für den Inhalt die Anforderungen des § 100e Abs. 3 Nr. 1–5. Danach sind **Name und Anschrift des Betroffenen** anzugeben, es ist eine **Angabe zum Tatvorwurf** erforderlich, die **Art der zu erhebenden Informationen** und ihre **Bedeutung für das Verfahren** sind zu benennen; schließlich sind Angaben zu **Art, Umfang und Dauer der Maßnahme** vorgeschrieben. Zur Kennzeichnung des Gegenstands der Datenabfrage ist die **Kennung des Nutzerkontos** des Betroffenen, sonst die genaue **Bezeichnung des Telemediendienstes** erforderlich. Durch Bezugnahme auf § 100e Abs. 4 und Abs. 5 gelten hier auch die Regelungen zur näheren **Begründung der Anordnung** der Datenabfrage oder ihre Verlängerung sowie zur Beendigung der Maßnahmen.

10 **D. Besondere Begründung der Verhältnismäßigkeit (Abs. 2).** Durch § 101a Abs. 2 wird für alle Maßnahmen nach § 100g und § 100k Abs. 1 und Abs. 2 nach dem Vorbild aus § 81g Abs. 3 Satz 5 und § 100d Abs. 3 Sätze 1 und 2 eine besondere Begründungspflicht aufgestellt. Danach sind **einzelfallbezogen** insb. die wesentlichen **Erwägungen zur Erforderlichkeit und Angemessenheit** der Maßnahme, auch **hinsichtlich des Umfangs** der zu erhebenden Daten **und des Zeitraums**, für den sie erhoben werden sollen, in der Anordnungsentscheidung mitzuteilen (Meyer-Goßner/Schmitt/*Köhler* § 101a Rn. 13). Dadurch soll nach der Vorstellung des Gesetzgebers der anordnende Ermittlungsrichter oder Staatsanwalt die maßgeblichen Gesichtspunkte verdeutlichen, aus denen sich die Verhältnismäßigkeit des Datenzugriffs ergibt (BT-Drs. 18/5088, S. 35). Zum Beispiel anderem sollen nur **einzelne Standortdaten** abgerufen werden, wenn nur diese benötigt werden; damit soll **verhindert** werden, **dass umfangreiche Bewegungsprofile** (BVerfGE 125, 260 [328]) **erstellt werden** (BeckOK-StPO/*Bär* § 101a Rn. 27; KK-StPO/*Bruns* § 101a Rn. 7). Diese gesetzgeberische Übervorsicht beruht auf der sich schon am Schlagwort »Bewegungsprofil« entzündenden Unsicherheit, was unter dem absolut geschützten Kernbereich der Persönlichkeitsentfaltung zu verstehen sein mag. Die Feststellung eines zeitlich und räumlich begrenzten Bewegungsprofils eines Verdächtigen hat bei einer Tatrekonstruktion oft eine wichtige Beweisbedeutung und zählt im Allgemeinen nicht zu dem absolut geschützten Kernbereich der Persönlichkeitsentfaltung.

11 **E. Kennzeichnung, Auswertung und Löschung der Daten (Abs. 3).** Personenbezogene Daten sind bei der Auswertung zu kennzeichnen und unverzüglich auszuwerten (§ 101a Abs. 3 Satz 1), damit der latente **Eingriff** in das Recht auf informationelle Selbstbestimmung möglichst **begrenzt** bleibt. Bei Verkehrsdaten ist auch erkennbar zu machen, ob es sich um Daten handelt, die im Rahmen einer **Vorratsdatenspeicherung** gespeichert waren (§ 101a Abs. 3 Satz 2). Nach einer **Übermittlung an eine andere Stelle** ist die Kennzeichnung durch diese aufrechtzuerhalten (§ 101a Abs. 3 Satz 3), damit die **Zweckbindung** aufrechterhalten bleibt.

12 Die Verbindungsdaten sind **unverzüglich zu löschen**, wenn sie **zweifelsfrei nicht mehr** für die gesetzlich begrenzten Zwecke der Strafverfolgung bestimmter Straftaten oder aber zur Abwehr im Bereich ähnlich schwerwiegender Gefahren **benötigt** werden (§ 101a Abs. 3 Satz 3 i.V.m. § 101 Abs. 8). Die Löschung ist aktenkundig zu machen. Wenn Sie für den Fall einer gerichtlichen Untersuchung zurückgestellt wird, ist sie nur für diesen Zweck zu verwenden, es sei denn der Betroffene willigt in eine anderweitige Verwendung ein (BeckOK-StPO/*Bär* § 110a Rn. 30).

13 **F. Verwendung von Vorratsdaten (Abs. 4 und 5).** § 101a Abs. 4 und 5 regelt die Übermittlung und Verwendung von Vorratsdaten (BeckOK-StPO/*Bär* § 101a Rn. 31); dies gilt nicht für sonstige Verkehrs- oder Standortdaten zur Telekommunikation (§ 100g Abs. 1) oder zur Nutzung von Telemedien (§ 100k). In dem Verfahren, für das die Verkehrsdatenabfrage erfolgt ist, können rechtmäßig erlangten Erkenntnisse aus Vorratsdaten als **Beweismittel** oder als **Spurenansatz** verwertet werden (BeckOK-IT-Recht/*Brodowski* StPO § 101a Rn. 9; Meyer-Goßner/Schmitt/*Köhler* § 101a Rn. 20), auch wenn eine Änderung der Bewertung gegenüber der ursprünglichen Verdachtshypothese stattfindet (BeckOK-StPO/*Bär* § 101a Rn. 31). Bei Verfahrensfehlern gelten die allgemeinen Regeln über unselbstständige Beweisverwertungsverbote (Meyer-Goßner/Schmitt/*Köhler* § 101a Rn. 21). **In anderen Strafverfahren** sind die Erkenntnisse nur verwertbar, wenn dort **i.S. eines hypothetischen Ersatzeingriffs** (BeckOK-StPO/*Bär* § 101a Rn. 31; Meyer-Goßner/Schmitt/*Köhler* § 101a Rn. 27) unter den Voraussetzungen für die Anordnung ebenfalls eine Verkehrsdatenabfrage möglich gewesen wäre (§ 101a Abs. 4 Satz 1 Nr. 1). Das setzt insb. voraus, dass es auch dort um eine Katalogtat i.S.v. § 100g Abs. 2 geht (BeckOK-StPO/*Bär* § 101a Rn. 33; LR/*Hauck* § 101a Rn. 43).

Ein **Datentransfer aus dem Strafverfahren in ein polizeirechtliches Verfahren** führt dazu, dass dort die Erkenntnisse zu Zwecken der Abwehr von konkreten **Gefahren für Leib, Leben oder Freiheit einer Person** oder für den **Bestand des Bundes oder eines Landes** verwendet werden können (BeckOK-StPO/*Bär* § 101a Rn. 33; LR/*Hauck* § 101a Rn. 47; Meyer-Goßner/Schmitt/*Köhler* § 101a Rn. 28). Auf strikte Einhaltung der Verwendungsbeschränkung ist zu achten. Die Behörde, die für die Maßnahmen der Gefahrenabwehr zuständig ist, hat die Übermittlung der Daten festzuhalten. Sie muss die Daten löschen, sobald sie für die begrenzten Zwecke der Gefahrenabwehr nicht mehr erforderlich sind. Allerdings kann die Löschung für eine etwaige vorgerichtliche oder gerichtliche Überprüfung zurückgestellt werden. All dies ist **aktenkundig** festzuhalten. 14

Bei Fehlern im Anordnungsverfahren oder bei der Anwendung der materiellen Voraussetzungen für die Eingriffsmaßnahme gelten im Strafverfahren nach herrschender Auffassung für die Frage der **Verwertbarkeit** der allgemeinen Prinzipien über Beweisverwertungsverbote, wozu vom Standpunkt der herrschenden Meinung aus die **Abwägungsdoktrin** gehört (§ 136 Rdn. 85 ff.). Daten, bei denen die **Speicherfristen** i.S.d. **Vorratsdatenspeicherung** überschritten sind, dürfen allerdings generell nicht verwertet werden. Ein unselbstständiges Beweisverwertungsverbot kann sich i.Ü. insb. aus einer schwerwiegenden **Verletzung des Richtervorbehalts** ergeben. Dies ist jedenfalls dann anzunehmen, wenn eine Umgehung des Richtervorbehalts vorliegt oder dessen Bedeutung und Tragweite grundlegend verkannt wurde. 15

Sind personenbezogene Daten aus einer Vorratsdatenspeicherung **durch eine polizeirechtliche Maßnahme erlangt** worden, dürfen sie in einem Strafverfahren ohne Einwilligung der Beteiligten der betroffenen Telekommunikation nur zur Aufklärung einer Straftat, aufgrund derer eine Verkehrsdatenabfrage nach dem Strafprozessrecht **i.S. eines hypothetischen Ersatzeingriffs** in Betracht gekommen wäre, (BeckOK-StPO/*Bär* § 101a Rn. 34) verwendet werden (§ 101a Abs. 5). Entsprechendes gilt für die Verwendung der in einem Strafverfahren erhobenen Verkehrsdaten, wenn diese in einem anderen Strafverfahren verwendet werden sollen (KK-StPO/*Bruns* § 101a Rn. 10). 16

G. Benachrichtigung der Betroffenen (Abs. 6). Die Verkehrsdatenabfrage gilt – zu Unrecht (Rn. 1) – als eine **offene Ermittlungsmaßnahme**, weshalb an sich den Betroffenen vor der Anordnung **das rechtliche Gehör** zu gewähren ist. Wird dadurch der Untersuchungszweck gefährdet, was in der Praxis zumeist der Fall ist, kann die vorherige Gewährung rechtlichen Gehörs entfallen. In diesem Fall ist jedoch eine nachträgliche Benachrichtigung der Betroffenen erforderlich. Die **Beteiligten der** betroffenen **Telekommunikation** sind sodann grundsätzlich von der Erhebung der Verkehrsdaten zu benachrichtigen (LR/*Hauck* § 101a Rn. 60). Die Benachrichtigung **unterbleibt ausnahmsweise**, wenn ihr **überwiegende schutzwürdige Belange** einer betroffenen Person entgegenstehen (BeckOK-StPO/*Bär* § 101a Rn. 39). Zudem kann die Benachrichtigung einer Person, gegen die sich die Maßnahme nicht gerichtet hat, unterbleiben, wenn diese von der Maßnahme **nur unerheblich betroffen wurde** und anzunehmen ist, dass sie **kein Interesse** an einer Benachrichtigung hat. 17

Die Benachrichtigung erfolgt, sobald dies ohne **Gefährdung des Untersuchungszwecks**, des **Lebens**, der **körperlichen Unversehrtheit** und der **persönlichen Freiheit** einer Person und **von bedeutenden Vermögenswerten**, im Fall des § 110a auch der **Möglichkeit einer weiteren Verwendung des Verdeckten Ermittlers** möglich ist. Die Zurückstellung ist aus den in § 101 Abs. 5 Satz 1 genannten Gründen möglich (Meyer-Goßner/Schmitt/*Köhler* § 101a Rn. 34). Die Zurückstellung oder das Unterbleiben der Benachrichtigung bedarf einer näher zu begründenden **Anordnung des Gerichts**. 18

H. Besondere Benachrichtigungspflichten bei der vereinfachten Nutzungsdatenerhebung (Abs. 7). Nach § 100k Abs. 3 ist die Auskunft über den Nutzer eines Telemediendienstes vereinfacht, wenn es nur um dessen Identifizierung geht und der Dateninhalt der Nutzung bereits bekannt ist. Dann bedarf es keiner richterlichen Anordnung. Die Auskunft kann ohne Weiteres von der Staatsanwaltschaft oder in deren Auftrag von deren Ermittlungspersonen beim Betreiber des Telemediendienstes eingeholt werden. Der Betroffene ist **durch die Staatsanwaltschaft** (BeckOK-IT-Recht/*Brodowski* StPO § 101a Rn. 12) über die Auskunftserteilung **zu benachrichtigen**, soweit und sobald hierdurch der **Zweck der Maßnahme nicht vereitelt** wird. Die Benachrichtigung **unterbleibt** jedoch, wenn ihr **überwiegende schutzwürdige Belange** Dritter oder des Betroffenenentgegenstehen. Wird die Benachrichtigung, was ebenfalls möglich ist, **zurückgestellt** oder wird von ihr abgesehen, so sind die Gründe dafür aktenkundig zu machen. 19

I. Nachträglicher Rechtsschutz. Die an der Telekommunikation Beteiligten, deren Verkehrsdaten regelmäßig ohne ihr Wissen unter Eingriff in das Recht auf informationelle Selbstbestimmung abgefragt werden, können nachträglich durch einen **Antrag auf Feststellung der Rechtswidrigkeit** der Maßnahme nach § 101a Abs. 6 Satz 2 i.V.m.§ 101 Abs. 7 Satz 2 Rechtsschutz verlangen (LR/*Hauck* § 101a Rn. 63; Meyer-Goßner/Schmitt/*Köhler* § 101a Rn. 37). Gegen eine ablehnende Entscheidung steht ihnen sodann die **sofortige Beschwerde** zu. 20

§ 101b Statistische Erfassung; Berichtspflichten

(1) [1]Die Länder und der Generalbundesanwalt berichten dem Bundesamt für Justiz kalenderjährlich jeweils bis zum 30. Juni des dem Berichtsjahr folgenden Jahres über in ihrem Zuständigkeitsbereich angeordnete Maßnahmen nach den §§ 100a, 100b, 100c, 100g und 100k Absatz 1 und 2. [2]Das Bundesamt für Justiz erstellt eine Übersicht zu den im Berichtsjahr bundesweit angeordneten Maßnahmen und veröffentlicht diese im Internet. [3]Über die im jeweils vorangegangenen Kalenderjahr nach § 100c angeordneten Maßnahmen berichtet die Bundesregierung dem Deutschen Bundestag vor der Veröffentlichung im Internet.

(2) In den Übersichten über Maßnahmen nach § 100a sind anzugeben:
1. die Anzahl der Verfahren, in denen Maßnahmen nach § 100a Absatz 1 angeordnet worden sind;
2. die Anzahl der Überwachungsanordnungen nach § 100a Absatz 1, unterschieden nach Erst- und Verlängerungsanordnungen;
3. die jeweils zugrunde liegende Anlassstraftat nach der Unterteilung in § 100a Absatz 2;
4. die Anzahl der Verfahren, in denen ein Eingriff in ein von dem Betroffenen genutztes informationstechnisches System nach § 100a Absatz 1 Satz 2 und 3
   a) im richterlichen Beschluss angeordnet wurde und
   b) tatsächlich durchgeführt wurde.

(3) In den Übersichten über Maßnahmen nach § 100b sind anzugeben:
1. die Anzahl der Verfahren, in denen Maßnahmen nach § 100b Absatz 1 angeordnet worden sind;
2. die Anzahl der Überwachungsanordnungen nach § 100b Absatz 1, unterschieden nach Erst- und Verlängerungsanordnungen;
3. die jeweils zugrunde liegende Anlassstraftat nach Maßgabe der Unterteilung in § 100b Absatz 2;
4. die Anzahl der Verfahren, in denen ein Eingriff in ein vom Betroffenen genutztes informationstechnisches System tatsächlich durchgeführt wurde.

(4) In den Berichten über Maßnahmen nach § 100c sind anzugeben:
1. die Anzahl der Verfahren, in denen Maßnahmen nach § 100c Absatz 1 angeordnet worden sind;
2. die jeweils zugrunde liegende Anlassstraftat nach Maßgabe der Unterteilung in § 100b Absatz 2;
3. ob das Verfahren einen Bezug zur Verfolgung organisierter Kriminalität aufweist;
4. die Anzahl der überwachten Objekte je Verfahren nach Privatwohnungen und sonstigen Wohnungen sowie nach Wohnungen des Beschuldigten und Wohnungen dritter Personen;
5. die Anzahl der überwachten Personen je Verfahren nach Beschuldigten und nichtbeschuldigten Personen;
6. die Dauer der einzelnen Überwachung nach Dauer der Anordnung, Dauer der Verlängerung und Abhördauer;
7. wie häufig eine Maßnahme nach § 100d Absatz 4, § 100e Absatz 5 unterbrochen oder abgebrochen worden ist;
8. ob eine Benachrichtigung der betroffenen Personen (§ 101 Absatz 4 bis 6) erfolgt ist oder aus welchen Gründen von einer Benachrichtigung abgesehen worden ist;
9. ob die Überwachung Ergebnisse erbracht hat, die für das Verfahren relevant sind oder voraussichtlich relevant sein werden;
10. ob die Überwachung Ergebnisse erbracht hat, die für andere Strafverfahren relevant sind oder voraussichtlich relevant sein werden;
11. wenn die Überwachung keine relevanten Ergebnisse erbracht hat: die Gründe hierfür, differenziert nach technischen Gründen und sonstigen Gründen;
12. die Kosten der Maßnahme, differenziert nach Kosten für Übersetzungsdienste und sonstigen Kosten.

(5) In den Übersichten über Maßnahmen nach § 100g sind anzugeben:
1. unterschieden nach Maßnahmen nach § 100g Absatz 1, 2 und 3
   a) die Anzahl der Verfahren, in denen diese Maßnahmen durchgeführt wurden;
   b) die Anzahl der Erstanordnungen, mit denen diese Maßnahmen angeordnet wurden;
   c) die Anzahl der Verlängerungsanordnungen, mit denen diese Maßnahmen angeordnet wurden;
2. untergliedert nach der Anzahl der zurückliegenden Wochen, für die die Erhebung von Verkehrsdaten und Nutzungsdaten angeordnet wurde, jeweils bemessen ab dem Zeitpunkt der Anordnung
   a) die Anzahl der Anordnungen nach § 100g Absatz 1;
   b) die Anzahl der Anordnungen nach § 100g Absatz 2;
   c) die Anzahl der Anordnungen nach § 100g Absatz 3;
   d) die Anzahl der Anordnungen, die teilweise ergebnislos geblieben sind, weil die abgefragten Daten teilweise nicht verfügbar waren;
   e) die Anzahl der Anordnungen, die ergebnislos geblieben sind, weil keine Daten verfügbar waren.

(6) In den Übersichten über Maßnahmen nach § 100k sind jeweils unterschieden nach Maßnahmen nach den Absätzen 1 und 2 anzugeben:
1. die Anzahl der Verfahren, in denen Maßnahmen angeordnet worden sind;
2. die Anzahl der Anordnungen, unterschieden nach Erst- und Verlängerungsanordnungen;
3. untergliedert nach der Anzahl der zurückliegenden Wochen, für die die Erhebung von Nutzungsdaten angeordnet wurde, jeweils bemessen ab dem Zeitpunkt der Anordnung
a) die Anzahl der Anordnungen, die teilweise ergebnislos geblieben sind, weil die abgefragten Daten teilweise nicht verfügbar waren;
b) die Anzahl der Anordnungen, die ergebnislos geblieben sind, weil keine Daten verfügbar waren.

§ 101b ist **keine Regelung für einzelne Strafverfahren**, sondern er ordnet eine Berichtspflicht zur **Unterrichtung der Öffentlichkeit** über die Anwendung eingriffsrechtlichen Normen an; durch das so gewonnene statistische Material und dessen Veröffentlichung im Internet (www.bundesjustizamt.de) soll **Transparenz** gegenüber der Bevölkerung geschaffen werden (BeckOK-StPO/*Bär* § 101b Rn. 4; LR/*Hauck* § 101b Rn. 2). Außerdem bestimmt das Gesetz, dass **dem Deutschen Bundestag** durch die Bundesregierung auf der Grundlage der Übersichten des Bundesamtes für Justiz, die aus den jährlichen Berichten der Landesjustizverwaltungen und des Generalbundesanwalts zusammengestellt werden, **über Große Lauschangriffe zu berichten** ist. Dazu liefern die Länder und der Generalbundesanwalt dem Bundesamt für Justiz jährlich ihr **statistisches Material** über Maßnahmen nach den §§ 100a, 100b, 100c, 100g und 100k Abs. 1 und 2. Das Bundesamt erstellt daraus jeweils eine Jahresübersicht und veröffentlicht diese im Internet. Über die im vorangegangenen Kalenderjahr nach § 100c angeordneten Maßnahmen berichtet die Bundesregierung aus diesem Material auch dem Deutschen Bundestag. Das **dient der parlamentarischen Kontrolle** des Gesetzesvollzuges (LR/*Hauck* § 101b Rn. 17), die allerdings wegen der exklusiven Schaffung einer verfassungsrechtlich vorgeschriebenen **Berichtspflicht für Große Lauschangriffe** gem. Art. 13 Abs. 6 Satz 1 GG auf Maßnahmen nach § 100c beschränkt bleibt. Weitergehende Transparenzberichte sind allerdings über die gesetzliche Vorschrift hinaus auch möglich (BeckOK-StPO/*Bär* § 101b Rn. 5). Eine Informierung der Öffentlichkeit über die Statistik der gesamten heimlichen Überwachungsmaßnahmen wäre erforderlich, um dieser Hinweise auf den Gesamtumfang der heimlichen Vermittlungstätigkeiten zu geben. Die geringe Anzahl der Großen Lauschangriffe suggeriert ein viel geringeres Potenzial heimlicher staatlicher Überwachungsmaßnahmen, als es im Ergebnis durch die wesentlich häufigeren anderen Maßnahmen, etwa nach § 100a, § 100f und den sich der statistischen Erfassung entziehenden Einsatz polizeilicher V-Leute, tatsächlich vorhanden ist. 1

Die Berichte sind, gemessen am Zweck der Informierung der Öffentlichkeit über heimliche staatliche Überwachungsmaßnahmen, inhaltlich **nicht genügend aussagekräftig**, weil zwar über die Zahl der Verfahren berichtet wird, in denen Maßnahmen nach den §§ 100a, 100b, 100c, 100g und 100k Abs. 1 und 2 getroffen wurden. Die **Zahl, die Dauer und der Erfolg, Misserfolg oder Nichtvollzug der angeordneten Maßnahmen** wird aber **nicht angegeben** (LR/*Hauck* § 101b Rn. 4). 2

Der notwendige **Inhalt der Berichte** ist für die verschiedenen Maßnahmen in § 101b Abs. 2 im Einzelnen **vorgeschrieben**. Die Berichte enthalten damit aber nur statistisches Material und keine auf den Einzelfall bezogenen, erst recht **keine personenbezogenen Daten** (LR/*Hauck* § 101b Rn. 3). Daher droht durch Veröffentlichung des statistischen Materials weder eine Gefährdung der Ermittlungen in einzelnen Verfahren noch eine Verletzung des Rechts auf informationelle Selbstbestimmung Einzelpersonen (*Bergt* CR 2014, 510). 3

§ 102 Durchsuchung bei Beschuldigten

Bei dem, welcher als Täter oder Teilnehmer einer Straftat oder der Datenhehlerei, Begünstigung, Strafvereitelung oder Hehlerei verdächtig ist, kann eine Durchsuchung der Wohnung und anderer Räume sowie seiner Person und der ihm gehörenden Sachen sowohl zum Zweck seiner Ergreifung als auch dann vorgenommen werden, wenn zu vermuten ist, dass die Durchsuchung zur Auffindung von Beweismitteln führen werde.

Übersicht

1 **A. Durchsuchung beim Verdächtigen.** Durchsucht werden darf beim Täter oder Teilnehmer einer Straftat oder bei Personen, die einer auf die Straftat bezogenen Datenhehlerei, Begünstigung, Strafvereitelung oder Hehlerei verdächtig sind. Täter oder Teilnehmer sind zunächst Tatverdächtige gegen die ein Verfahren als **Beschuldigte** betrieben wird, bei denen also durch einen Willensakt der zuständigen Strafverfolgungsbehörde die Beschuldigteneigenschaft begründet wurde (BGHSt 34, 138 [140]). Liegt gegen diesen Beschuldigten ein über bloße Vermutungen hinausreichender, auf bestimmte tatsächliche Anhaltspunkte gestützter konkreter Verdacht vor, dass eine Straftat begangen wurde, ist eine Durchsuchung zulässig (BVerfG NJW 1991, 690 [691]; NJW 1995, 2839 [2840]; BVerfG Beschl. v. 03.03.2021 – 2 BvR 1746/18; BVerfG, Beschl. v. 29.07.2020 – 2 BvR 1188/18; BGH NStZ 2016, 370; BGH NStZ-RR 2009, 142 [143]). § 102 gestattet die Durchsuchung aber auch bei einem **Tatverdächtigen**, der nicht Beschuldigter ist (*Park*, Durchsuchung und Beschlagnahme, Rn. 36). Voraussetzung ist dabei, dass es mindestens möglich sein muss, dass dieser sich durch das vorgeworfene Verhalten nach materiellem Recht strafbar gemacht hat (BVerfGE 20, 162 [185]), also Tatsachen vorliegen, die auf eine naheliegende Möglichkeit der Täterschaft oder Teilnahme schließen lassen (BGHSt 53, 112 [114]). Bloße Vermutungen und vage Anhaltspunkte genügen dagegen nicht (BVerfG NJW-Spezial 2016, 600; BVerfG StV 2006, 624 [625]; BVerfG NStZ-RR 2005, 207; BVerfG StV 2011, 68; BVerfG wistra 2012, 63; BGH, Beschl. v. 09.02.2021 – StB 9, 10/20 zur Durchsuchung in einem frühen Stadium der Ermittlungen). Insb. darf die Durchsuchung nicht der Ermittlung von Tatsachen dienen, die zur Begründung eines Verdachts erforderlich sind (BVerfG NJW 2006, 2974 [2975]; BVerfG wistra 2012, 63). Die Durchsuchung setzt vielmehr einen solchen Verdacht bereits voraus (BVerfG StV 2010, 665). Auf eine **anonyme Anzeige** lässt sich eine Durchsuchung nur stützen, wenn diese »von beträchtlicher Qualität« ist oder mit ihr zusammen schlüssiges Tatsachenmaterial vorgelegt worden ist (LG Stuttgart StRR 2007, 322) Die Voraussetzungen des § 102 StPO müssen im Hinblick auf die schutzwürdigen Interessen des Beschuldigten wegen der erhöhten Gefahr und des nur schwer bewertbaren Risikos einer falschen Verdächtigung besonders sorgfältig geprüft werden (BVerfG NJW-Spezial 2016, 600). Möglich ist es auch bei **mehreren Tatverdächtigen** zu durchsuchen, auch wenn nur einer von ihnen tatsächlich Täter sein kann (BVerfG NStZ 1996, 606 zu § 81a).

2 Ein Verstoß gegen diese Anforderungen liegt vor, wenn sich sachlich plausible Gründe für eine Durchsuchung nicht mehr finden lassen (BVerfGE 4, 1 [7]; BVerfGE 44, 353 [371 f.]; 59, 95 [97]; BVerfG Beschl. v. 26.10.2011 – 2 BvR 1774/10).

Soll beim Tatverdächtigen durchsucht werden, wird dieser spätestens mit der Anordnung Beschuldigter (vgl. auch LR/*Tsambikakis*§ 102 Rn. 9). Nach anderer Auffassung wird die Beschuldigteneigenschaft erst mit der Durchführung/dem Vollzug der Durchsuchung begründet (KK-StPO/*Bruns* § 102 Rn. 1; BGH StV 1997, 281). Die Begründung einer Beschuldigteneigenschaft verneinen unter Hinweis auf die unterschiedlichen Begrifflichkeiten des Verdächtigen und des Beschuldigten dagegen das OLG Köln (VRS 27, 103 [104]), das OLG Düsseldorf (VRS 41, 429 [430]) und zuletzt das OLG Stuttgart (NStZ 1994, 291), jedenfalls für die Fälle, in denen die Durchsuchung ergebnislos bleibt und ein Ermittlungsverfahren erst gar nicht eingeleitet wurde. Nach *Wohlers/Jäger* (SK-StPO § 102 Rn. 5) ist danach zu differenzieren, gegen wen sich die Maßnahme richtet: Stütze sich die Durchsuchung auf § 103, müsse es einen – wenn auch unbekannten – anderen Verdächtigen geben.

3 Abzugrenzen ist die Person des Tatverdächtigen gegenüber dem **Nichtverdächtigen** i.S.d. § 103, bei dem eine Durchsuchung gem. § 103 nur unter engeren Voraussetzungen zulässig ist (vgl. § 103 Rdn. 5): Die Verknüpfung des personenbezogenen Tatverdachts mit einem eher abstrakten Auffindeverdacht schafft bereits hier einen ausreichenden Eingriffsanlass. Fehlt dagegen ein gegen den von der Durchsuchung Betroffenen selbst gerichteter Verdacht der Beteiligung an der Tat, dann muss der Eingriffsanlass hinsichtlich des Durchsuchungsziels näher konkretisiert sein, um die staatliche Inanspruchnahme des Betroffenen zu rechtfertigen. Insoweit müssen konkrete Gründe dafür sprechen, dass ein Beweisgegenstand bei dem Unverdächtigen gefunden werden kann (BVerfG NJW 2003, 2669 [2670]).

4 Es muss feststellbar sein, dass der Tatverdacht vom Richter **eigenverantwortlich geprüft** und nachvollziehbar bejaht wurde (BVerfGE 96, 44 [51 f.]; BVerfG NJW 2003, 2669 [2670]). Der Richter ist verpflichtet, sich ein Urteil zu bilden und nicht nur die Anträge der Staatsanwaltschaft nach pauschaler Prüfung gegenzuzeichnen. Dazu gehört eine sorgfältige Prüfung der Eingriffsvoraussetzungen und eine umfassende Abwägung zur Feststellung der Angemessenheit des Eingriffs im konkreten Fall. Hierzu ist es erforderlich, dass die Ermittlungsbehörden (Staatsanwaltschaft/Polizei) die Einhaltung des Grundsatzes der Aktenwahrheit und der Aktenvollständigkeit gewährleisten (BVerfG NJW-Spezial 2016, 600). Allerdings rechtfertigt allein die wörtliche Übernahme einer Antragsbegründung der Staatsanwaltschaft für eine Durchsuchungsanordnung durch den Ermittlungsrichter nicht die Annahme, eine eigenverantwortliche Prüfung durch den Richter habe nicht stattgefunden. Die gegenteilige Annahme kann nur bei Vorliegen hinreichender und konkreter

Anhaltspunkte dafür begründet sein, dass eine eigenständige richterliche Prüfung nicht stattgefunden hat (BVerfG NJW 2015, 851). Etwaigen Darlegungsmängeln (nicht aber Mängeln bei der ermittlungsrichterlich zu verantwortenden Umschreibung des Tatvorwurfs und der zu suchenden Beweismittel) kann der auf eine Beschwerde hin ergehende Beschluss des Landgerichts der Sache nach abhelfen (BVerfG StRR 2016, Nr 10, 2; BVerfG NJW 2003, 2669). Das Landgericht darf seine Entscheidung dabei aber nicht auf Gründe stützen, die dem Ermittlungsrichter nicht bekannt waren (BVerfG NStZ-RR 2005, 207).

In jeden Fall notwendig ist allerdings, dass überhaupt ein Ermittlungsverfahren eingeleitet wurde, sei es gegen Dritte oder gegen Unbekannt (a.A. LG Trier StraFo 2007, 371 [372], wonach ein Durchsuchungsbeschluss in einem Ermittlungsverfahren gegen Unbekannt nur nach den Voraussetzungen des § 103 ergehen darf). Durchsuchungen bei Personen, gegen die sich sogenannte Vorermittlungen zur Prüfung eines Anfangsverdachts richten, verbieten sich danach. 5

Nach Ansicht des LG Düsseldorf ist eine Durchsuchung auch im selbstständigen Einziehungsverfahren nach §§ 76a Abs. 2, 73, 73b, 73c StGB nach Eintritt der Verfolgungsverjährung zulässig (Beschl. v. 07.02.2018 – 8 Qs 2/18, wistra 2018, 445 mit Anm. *Rettke*; aA *Köhler/Burkhard*, NStZ 2017, 665). 6

Zur Begründung eines Anfangsverdachts einer Durchsuchung auf der Grundlage von Tatsachen, die einem Beweisverwertungsverbot unterliegen, vgl. BVerfG wistra 2011, 61 (*Steuer-CD*). 7

Verdächtige sind nur **natürliche Personen**. Für juristische Personen handeln deren Organe. Eine Durchsuchungsanordnung kann sich danach zwar gegen »Verantwortliche« eines Unternehmens richten, allerdings ist nur eine gegen eine bestimmte Person gerichtete, nicht aber eine die Ermittlung des noch unbekannten Täters bezweckende Untersuchungshandlung geeignet, die Verjährung zu unterbrechen (BGHSt 24, 321 [323]). 8

Verfassungsrechtlich unzulässig sind Durchsuchungen in Ermittlungsverfahren gegen **Presseangehörige**, wenn sie ausschließlich oder vorwiegend dem Zweck dienen, die Person des Informanten zu ermitteln (Verdacht der Beihilfe zum Dienstgeheimnisverrat, BVerfGE 117, 244 [259 f.]; 20, 162, 191, 217). Dies gilt auch, wenn die Presseangehörigen Beschuldigte sind. 9

Einen allgemeinen Vorrang der Strafprozessordnung gegenüber dem Gefahrenabwehrrecht gibt es nicht. Auch während eines laufenden Ermittlungsverfahrens kann die Polizei daher aufgrund präventiver Ermächtigungsgrundlagen zum Zwecke der Gefahrenabwehr tätig werden. (Zur Zulässigkeit sog. legendierter Kontrollen, vgl. BGH, Urt. v. 26.04.2017 – 2 StR 247/16, BGHSt 62, 123; LG Münster Beschl. v. 01.09.2014 – 9 Qs 220 Js). 10

B. Objekte der Durchsuchung. I. Wohnung: Der Begriff ist nach der Rspr. des BVerfG zu Art. 13 GG weit auszulegen und nicht umgangssprachlich zu verstehen. Danach sind alle Räume umfasst, die der allgemeinen Zugänglichkeit durch eine Abschottung entzogen und zur Stätte privaten Wirkens gemacht werden (BT-Drs. 15/4533, S. 11; BVerfGE 89, 1 [6]; BGHSt 50, 206 [211]). Maßgeblich ist dabei die nach außen erkennbare Willensbetätigung desjenigen, der einem Raum kraft Widmung den Schutz der Privatheit verschafft hat (*Hermes* in: Dreier, Grundgesetz-Kommentar, Rn. 51 ff.). Art. 13 GG schützt somit Haupt- und Nebenwohnräume (Wohn- und Schlafräume, Bad, Flur, Balkon, Terrasse, Abstellkammer, Kellerräume, Dachboden, Garage), Gartenhäuser, Wochenendhäuser (VerfG Potsdam, Beschl. v. 21.11.2003 – 94/02; BGHSt 44, 138 [140]), Jagdhütten, Hotelzimmer, Wohnwagen und Wohnmobile, bewohnbare Schiffe, Zelte, Schlafwagenabteile, Krankenzimmer, nicht allgemein zugängliche **Geschäfts- und Büroräume** (BVerfGE 32, 54 [68 ff.]; BVerfGE 44, 353 [371]; BVerfG NJW-Spezial 2015, 664), Amts- und Diensträume, Personalaufenthaltsräume, Arbeitshallen, Werkstätten (BGHSt 44, 138, 140), Anwaltskanzleien, Arztpraxen (BVerfG NStZ-RR 2008, 176 [177]) oder ein nicht allgemein zugängliches Vereinsbüro (BGH NJW 1997, 1018, 1019; BVerwG NJW 2005, 454 [455] – Teestube). Maßgeblich für die Inhaberschaft sind die tatsächlichen Verhältnisse, auf einen gültigen Benutzungsvertrag kommt es nicht an (KK-StPO/*Bruns* § 102 Rn. 9; *Werwigk* NJW 1983, 2366, zur Geltung des Richtervorbehalts bei besetzen Häusern). Gleichgültig ist, ob der Verdächtige **Allein- oder Mitinhaber** der Räumlichkeiten ist (OLG Köln StV 2018, 801; BGH NStZ 1986, 84 [85] unter Hinweis auf *Kleinknecht-Meyer* § 102 Rn. 7). Durchsucht werden können danach auch Räume, die der Verdächtige nur mitbenutzt. Das gilt etwa für Zimmer in einer gemeinsam benutzten Wohnung, den Zugangsbereich einer Wohnung im Treppenhaus als auch die umfriedete Grundstücksfläche zwischen Haus und Gehweg (BGHSt 44, 13 [16]) oder sonstige Gemeinschaftsräumlichkeiten einer Hauseigentümergemeinschaft oder eines Miethauses. Auch kann eine Bürogemeinschaft insgesamt durchsucht werden, wenn eine genaue Zuordnung der einzelnen Räume nicht möglich ist und sich nicht abklären lässt, ob der Verdächtige für die eine oder andere Organisation tätig ist, wenn jedenfalls beide Organisationen in den Räumlichkeiten ihren Sitz haben (BGHR StPO § 102 Geschäftsräume 1). Allerdings gebietet der Grundsatz der Verhältnismäßigkeit in solchen Fällen *eine gewisse Respektierung der Sphäre des Mitgewahrsamsinhabers* (BGH StPO § 102 Geschäftsräume 1 unter Hinweis auf SK-StPO/*Rudolphi* § 102 Rn. 4). Grundlage für die Durchsuchung ist 11 in diesen Fällen nach herrschender Meinung § 102, nicht § 103 (BGH NStZ 1986, 84). Sind die Räumlichkeiten eindeutig nicht dem gemeinschaftlich genutzten Herrschaftsbereich zuzuordnen, scheidet § 102 als Eingriffsgrundlage aus (vgl. auch LG Heilbronn StV 2005, 380). Der Schutz der Wohnung nach Art. 13 GG erstreckt sich auch auf die **Arbeits-, Betriebs- und Geschäftsräume** einer **juristischen Person** (BGHSt 40, 191, 193). Richtet sich der Verdacht gegen ein Organ einer solchen ist jedoch umstritten, auf welcher Grundlage beim Verdächtigen durchsucht werden kann. *Bruns* (KK-StPO Rn. 8) erachtet die wahlweise Durchsuchung nach beiden Vorschriften für zulässig (vgl. auch BVerfG NStZ-RR 2005, 203). Bei einer sowohl auf § 102 und § 103 gestützten Durchsuchung sind jedoch die unterschiedlichen Voraussetzungen beider Eingriffsgrundlagen hinsichtlich der Auffindevermutung zu beachten (BVerfG NJW 2003, 2669). Richtig ist die Differenzierung: Die Räumlichkeiten, an denen der Verdächtige Allein- oder Mitgewahrsam hat, sind nach § 102 zu durchsuchen. Dies betrifft nicht nur sein Büro, seinen Arbeitsplatz bzw. Schreibtisch (BGH NStZ 1997, 147: § 102 als Grundlage einer Durchsuchung gegen die Geschäftsführer einer GmbH) sondern die Firmenräume insgesamt. I.Ü. ist § 103 einschlägig (so auch SK-StPO/*Wohlers/Jäger* § 102 Rn. 12).

12 **II.** Mit **anderen Räumen** sind die Unterkunftsräume eines Polizeibeamten oder Soldaten (BGHSt 44, 138), Kfz (BGH NStZ 1998, 157–158) oder Hafträume in einer Justizvollzugsanstalt (BVerfG NJW 1996, 2643; BGHSt 44, 138; zum Besuchsraum der Justizvollzugsanstalt: BVerfG NJW 2006, 2974–2975) gemeint. Diese Räume sind entweder nicht zum Aufenthalt von Menschen bestimmt oder ihnen fehlt aus anderen Gründen eine räumliche Sphäre, deren Schutz des Art. 13 GG gewährleistet.

13 **III.** Bei der Durchsuchung der **Person** dürfen Sachen oder Spuren in oder unter der Kleidung gesucht werden. Die Durchsuchung der vom Verdächtigen getragenen Kleidungsstücke selbst ist von einer solchen Anordnung ebenfalls umfasst (KK-StPO/*Bruns* § 102 Rn. 10 f.). Erlaubt ist auch das Suchen auf der Körperoberfläche und in natürlichen Körperöffnungen, soweit diese ohne medizinische Hilfsmittel einsehbar sind. Dies gilt etwa für die Untersuchung des Mundraums nach dort verborgenen Betäubungsmitteln (OLG Celle NStZ 1998, 87–88). Zu beachten ist hierbei allerdings § 81d, wonach Durchsuchungen nicht von Angehörigen des anderen Geschlechts durchgeführt werden sollen. Ausgeschlossen ist die Suche nach Gegenständen, die sich im Körperinneren befinden. Eine solche körperliche Untersuchung richtet sich ausschließlich nach §§ 81a ff.

14 **IV.** Schließlich dürfen auch die **dem Verdächtigen gehörenden Sachen** durchsucht werden. Das sind etwa alle Kleidungsstücke, die Wohnungs- und Geschäftseinrichtung, Computer, Mobiltelefone und das Kfz. Voraussetzung ist allein, dass der Verdächtige an den Sachen Gewahrsam hat, nicht, ob sie in seinem Eigentum stehen. Bloßer Mitgewahrsam rechtfertigt ebenfalls eine Anordnung nach § 102 (HK-StPO *Gercke* § 102 Rn. 12). Sachen, die der Verdächtige bei einem Dritten verwahrt hat, sind nach § 102 zu durchsuchen, es sei denn, der Verdächtige hat seinen Gewahrsam aufgegeben (KK-StPO/*Bruns* § 102 Rn. 11).

15 §§ 102, 103 stützen auch die Durchsuchung von **Datenverarbeitungsanlagen und Telekommunikationssystemen** als *Sachen* des Verdächtigen (oder eines Dritten). Der Begriff der Durchsuchung umfasst jedenfalls das Suchen nach elektronisch gespeicherten Daten, § 94 ermöglicht die Sicherstellung und Beschlagnahme von Datenträgern oder die Kopie der entsprechenden Daten (BVerfGE 113, 29 [50]; 115, 166 [191 ff.]). Dazu dürfen die Anlagen in Betrieb genommen werden.

16 Die heimliche Infiltration eines informationstechnischen Systems, wie etwa eines Personalcomputers, mittels derer die Nutzung des Systems überwacht und seine Speichermedien ausgelesen werden können (sog. **Online-Durchsuchung**) kann nicht auf § 102 gestützt werden (Beschluss des Ermittlungsrichters des BGH vom 21.02.2006, StV 2007, 60; Beschluss des Ermittlungsrichters des BGH vom 25.11.2006, JR 2007, 77; BGHSt 51, 211; BVerfGE 120, 274 [302 ff.]). Wie das Recht auf Anwesenheit des Inhabers der zu durchsuchenden Räume und Sachen gem. § 106 Abs. 1 Satz 2, die Pflicht auf Zuziehung eines Gemeindebeamten bei der Durchsuchung ohne Richter oder Staatsanwalt gem. § 105 Abs. 2 Satz 1 und schließlich die Pflicht dem Betroffenen auf Verlangen nach Beendigung der Durchsuchung eine Durchsuchungsbescheinigung nach § 107 zeigen, ist danach eine rechtmäßige Durchsuchung dadurch geprägt, dass Ermittlungsbeamte am Ort der Durchsuchung körperlich anwesend sind und die Ermittlungen offenlegen (BGHSt 51, 211 [212]; BVerfGE 115, 166). Die bewusst heimliche Durchführung einer richterlichen Durchsuchungsanordnung genügt diesen Anforderungen nach der Rspr. des BGH nicht (auch andere Eingriffsnormen, wie § 100a – Überwachung der Telekommunikation –, § 100c – Wohnraumüberwachung –, § 100f Abs. 1 Nr. 2 – Einsatz technischer Mittel – und die Generalklausel des § 161 scheiden danach als Befugnisnormen aus; BGHSt 51, 211 [212]).

17 **C. Durchsuchungszweck. I.** Die Durchsuchung darf zum Zweck der **Ergreifung des Verdächtigen** vorgenommen werden. Besteht daher gegen den Verdächtigen ein Haftbefehl (§§ 112, 230 Abs. 2, 236, 329 Abs. 4, 457 Abs. 2), ein Unterbringungsbefehl (§§ 126a, 81), soll er vorläufig festgenommen oder vorgeführt (§§ 127, 134, 230 Abs. 2, 236, 329 Abs. 4, 457 Abs. 2), körperlich untersucht oder erkennungs-

dienstlich behandelt werden (§§ 81a, 81b; LG Hamburg NStZ 2005, 406, dagegen LG Frankfurt StV 2003, 610; LG Bremen StV 2005, 494) oder wird der Betroffene zur Durchführung von Identifizierungsmaßnahmen gesucht (§§ 163a, 163b), ist eine Durchsuchung zulässig. Dies gilt i.Ü. auch für die Festnahme des Verurteilten zur Einlieferung in Strafhaft, den Maßregelvollzug (§ 463 Abs. 1) oder die Widerrufshaft (§ 453c). Zur »Nachschau« von Polizeibeamten im Zuge der Vollstreckung einer Ersatzfreiheitsstrafe, s. KG Beschl. v. 19.02.1999 – 1 Ss 363/98.

II. Die Durchsuchung darf auch dann vorgenommen werden, wenn zu vermuten ist, dass sie zur **Auffindung von Beweismitteln** führt. Dazu zählen die *Spuren* einer Straftat nach § 103 (KK-StPO/*Bruns* § 102 Rn. 4; SK-StPO/*Wohlers/Jäger* § 102 Rn. 21; Meyer-Goßner/*Schmitt* § 102 Rn. 13) und Personen, die zu Beweiszwecken in Augenschein genommen werden sollen; nicht aber die Suche nach Zeugen (Meyer-Goßner/*Schmitt* § 102 Rn. 13). 18

§ 111b Abs. 2 verweist bei der Sicherstellung und Beschlagnahme von **Einziehungsgegenständen** auf §§ 102 bis 110. § 102 ist demnach auch Befugnisnorm für die Suche nach diesen Gegenständen. Allerdings muss differenziert werden, ob der Gegenstand nur als solcher oder auch als Beweismittel gesucht wird (s. § 94). 19

Im Unterschied zu § 103 bedarf es bei § 102 keiner konkreten Auffindevermutung. Ist eine Person einer Straftat verdächtig, ist es nach der Lebenserfahrung in gewissem Grade wahrscheinlich, dass bei dieser Person Beweisgegenstände zu finden sind, die zur Prüfung der Verdachtsannahme beitragen können (BVerfG WM 2003, 1296; BVerfG NJW 2007, 1804 [1805 f.]). Es genügt also die auf die kriminalistische Erfahrung gestützte begründete Aussicht, dass der Zweck der Durchsuchung erreicht werden kann (Meyer-Goßner/*Schmitt* § 102 Rn. 2; BVerfG NJW 2015, 851; BVerfG NJW 2003, 2669 [2670]). Eine Durchsuchung, die darauf gerichtet ist, beschlagnahmefreie Beweismittel zu suchen, ist unzulässig (KG NJW 1984, 1133; OLG Frankfurt NStZ-RR 2005, 270). 20

D. Grundsatz der Verhältnismäßigkeit. Im Hinblick auf den schwerwiegenden Eingriff in die grundrechtlich geschützte Lebenssphäre des Betroffenen steht die Anordnung der Durchsuchung unter dem allgemeinen Rechtsgrundsatz der Verhältnismäßigkeit (BVerfGE 20, 162; BVerfG 59, 95 [97]; BVerfG NJW-Spezial 2015, 664; BVerfG, Beschl. v. 29.07.2020 – 2 BvR 1188/18; BVerfG NJW 20, 384). Die Anordnung muss in angemessenem Verhältnis zur Schwere der Straftat und zur Stärke des Tatverdachts stehen, zur Ermittlung und Verfolgung der Straftat erforderlich sein und auch den Erfolg versprechen, geeignete Beweismittel zu erbringen (BVerfGE 20, 162; 42, 212 [220]; BVerfG, Beschl. v. 26.10.2011 – 2 BvR 1774/10; BVerfG NJW 2011, 2275; BVerfG ZInsO 2018, 705). Dabei muss von vorneherein für eine angemessene Begrenzung der Zwangsmaßnahme Sorge getragen werden. Der Durchsuchungsbeschluss muss daher sicherstellen, dass der Eingriff in die Grundrechte messbar und kontrollierbar bleibt (BVerfGE 42, 212 [220]). Die **Umgrenzung des Tatvorwurfs** soll den Betroffenen in den Stand versetzen, die Durchsuchung zu kontrollieren und Rechtsschutz zu suchen (BVerfGK 5, 347). Diesen Anforderungen wird der Durchsuchungsbeschluss dann nicht gerecht, wenn er keinerlei tatsächliche Angaben über den Tatvorwurf enthält und den denkbaren Inhalt der Beweismittel, denen die Durchsuchung gilt, nicht erkennen lässt (BVerfGE 42, 212–223; BVerfG NStZ-RR 2005, 203 [204 f.]). Notwendig sind darüber hinaus Angaben zum Tatzeitraum (BVerfG DStR 2017, 982). Die schlagwortartige Bezeichnung nachrangiger Straftatbestände mit der Anfügung *usw.* oder *ua* genügt regelmäßig nicht, es sei denn, die Beschreibung der aufzuklärenden Straftaten wird durch die Angaben über die Beweismittel ergänzt. Die aufzuklärende Straftat muss, wenn auch kurz, so genau umschrieben werden, wie es nach den Umständen des Einzelfalls möglich ist (BVerfGE 42, 212 [221]; 103, 142, 151 f.; BVerfG NStZ-RR 2005, 203 [204]; BVerfG wistra 2012, 63; BVerfG NJW 2012, 1065). Formelhafte Wendungen in den Gründen genügen vor allem dann nicht, wenn eine konkrete Kennzeichnung nach dem Ergebnis der Ermittlungen möglich und den Zwecken der Strafverfolgung nicht abträglich ist (BVerfG NJW 2012, 2097; BVerfG StV 2006, 624; BVerfG NStZ 2000, 601). Dabei ist die Darlegung der wesentlichen Verdachtsmomente in der Begründung der Durchsuchungsanordnung einfachgesetzlich geboten. Indiztatsachen, die den Anfangsverdacht begründen, sind daher im Beschluss zu benennen, wenn die Bekanntgabe nicht den Untersuchungszweck gefährdet (BVerfG, Beschl. v. 14.11.2017 – 2 BvR 1096/17; zur Notwendigkeit der Angabe von Indiztatsachen, vgl. BVerfG NJW 2012, 2097; BVerfGK 1, 51 [52]; BVerfG, Beschl. v. 07.09.2007 – 2 BvR 620/02); der pauschale Hinweis auf das bisherige Ermittlungsergebnis genügt dem nicht (BGH NStZ-RR 2009, 142 [143]). Auch dass der zugrunde liegende Verdacht den Akten zu entnehmen ist, entbindet den Ermittlungsrichter nicht, den aus seiner Sicht maßgeblichen Verdacht mitzuteilen und zu bewerten (BVerfG NJW 2002, 1941; BVerfG NStZ-RR 2005, 203 [204]). Im Ergebnis sind daher die Erforderlichkeit und Verhältnismäßigkeit der Maßnahme unter Abwägung von Tatschwere und Schutzgut einzelfallbezogen zu begründen (BVerfG NJW 2015, 1585). 21

22 Sind die Befundtatsachen, auf die sich die Durchsuchung stützt, bereits seit mehreren Monaten bekannt, so ist zu prüfen, welche Anforderungen an die Begründung bzw. Fortdauer des Tatverdachts sowie an die Geeignetheit der Zwangsmaßnahme zu stellen sind (Durchsuchung 9 Monate nach Kenntniserlangung vom Verdacht des unerlaubten Betäubungsmittelhandels; BVerfGK 4, 303). Davon zu unterscheiden ist der Verlust der rechtfertigenden Kraft der Durchsuchungsermächtigung 6 Monate nach Erlass der Durchsuchungsanordnung (BVerfGE 96, 44).

23 I. Die Durchsuchung muss in **angemessenem Verhältnis** zur Stärke des Tatverdachts und zur Schwere der Tat stehen. Die Vermutung einer Ordnungswidrigkeit, die mit einer Geldbuße von höchstens 5.000 DM bewehrt ist, wahrt dieses Verhältnis nicht (BVerfG NStZ 1999, 414; BVerfGE 42, 212 [220]; 59, 95 [97]; BVerfG NJW 2006, 3411 [3412]: Durchsuchung von Kanzleiräumen wegen einiger Verkehrsordnungswidrigkeiten von je 15 €). Allerdings sind Durchsuchungen im Bereich der Ordnungswidrigkeiten nicht grundsätzlich ausgeschlossen (§ 46 OWiG).

24 Besondere Anforderungen gelten hier bei **geschützten Berufen**, wie Ärzten (BVerfG NStZ-RR 2008, 176, 177), Rechtsanwälten (BVerfGE 105, 365 [371]; 113, 29 [47]; BVerfG Beschl. v. 31.08.2010 – 2 BvR 223/10) oder Steuerberatern (BVerfG NJW 2003, 2669 [2670]).
Besonderheiten gelten bei Durchsuchungen in **Presseräumen**. Wegen der damit verbundenen Störung der redaktionellen Arbeit und der Möglichkeit einer einschüchternden Wirkung stellt die Durchsuchung dort eine Beeinträchtigung der Pressefreiheit dar (*Cicero* BVerfG 117, 244–272; BVerfG NJW 2005, 965; BVerfG StV 2016, 65). Zu befürchten ist danach, dass potenzielle Informanten durch die begründete Befürchtung, bei einer Durchsuchung könnte ihre Identität festgestellt werden, davon abgehalten werden können, Informationen zu liefern, die sie nur im Vertrauen auf die Wahrung ihrer Anonymität herauszugeben bereit sind. Auch das Redaktionsgeheimnis kann in der Verschaffung staatlichen Wissens über die im Bereich journalistischer Recherche hergestellten Kontakte verletzt sein (vgl. BVerfGE 66, 116 [133 ff.]; 107, 299 [331]).

25 II. Zu prüfen ist, ob die Durchsuchung **erforderlich** ist oder ob nicht **weniger einschneidende Mittel** zur Verfügung stehen, auch wenn diese möglicherweise nicht sofort zur sofortigen Sachverhaltsaufklärung führen (BVerfG ZInsO 2018, 705 zum Verdacht der Insolvenzverschleppung; BVerfG StV 2009, 452). Dazu zählen nicht nur die Einholung von Auskünften bei Dritten (Überprüfung bei Banken, Grundbuchämtern, Internet-Providern) sondern auch die Beiziehung von Akten (Veranlagungsakten der Finanzbehörden, BVerfG StV 2006, 565 [566]). Ist der Verdächtige bereit, die Beweismittel **freiwillig herauszugeben**, kann eine Durchsuchung unverhältnismäßig sein (LG Berlin NStZ 2004, 103: Die Verdächtigen verhielten sich ausweislich der Durchsuchungsberichte kooperativ, eine weitere Durchsuchung und Beschlagnahme wäre daher nicht erforderlich gewesen). Eine solche Abwendungsbefugnis kann ausdrücklich auch im Durchsuchungsbeschluss nach § 102 enthalten sein.

26 Zu prüfen ist in diesen Fällen aber, ob der Verdächtige ohne Gefährdung des Untersuchungszwecks und der Vollständigkeit zur freiwilligen Herausgabe aufgefordert werden könnte (BerlVerfGH StV 1999, 296).

27 Benötigt der Betroffene das sichergestellte Material dringend zur Fortführung seines Betriebs und entstehen bei der erforderlichen weiteren Durchsicht der Papiere erhebliche Nachteile, ist die Durchsuchung unverhältnismäßig, soweit nur der vage Verdacht vorliegt, das gesuchte Beweismittel befindet sich unter den mitgenommenen Gegenständen (BGH StV 1988, 90 [91]). I.Ü. ist zu prüfen, ob durch die Anfertigung von Kopien und deren Herausgabe an den Betroffenen dessen Interessen nicht hinreichend berücksichtigt werden.

28 E. **Verwertungsverbot.** Die Verwertung der gewonnenen Beweise ist im Fall einer rechtsfehlerhaften Beweiserhebung nicht generell unzulässig (BVerfGK 9, 174; BVerfG NJW 2000, 3556 [3557]; NStZ 2000, 489; NStZ 2006, 46). Dies gilt auch für fehlerhafte Durchsuchungen, die zur Sicherstellung von Beweisgegenständen führen (BVerfG NStZ 2004, 216). Es muss vielmehr in jedem Einzelfall geprüft werden, ob der Verstoß ein strafprozessuales Verwertungsverbot nach sich zieht. Zu entscheiden ist dies nach der Art des Verbots und dem Gewicht des Verstoßes unter Abwägung der widerstreitenden Interessen (BVerfG NJW 2008, 3053 [3054]; BGHSt 38, 214 [219]; 44, 243 [249]; 51, 285 [289 f.]; KK-StPO/*Greven* vor § 94 Rn. 10). Jedenfalls dann, wenn die Verfahrensverstöße schwerwiegend oder bewusst oder willkürlich begangen sind, hat dies ein Beweisverwertungsverbot zur Folge (BVerfGE 113, 29 [61]; BVerfG NJW 1999, 273 [274]; NJW 2006, 2684 [2686]). So kann die willkürliche Annahme von Gefahr im Verzug ein Verwertungsverbot nach sich ziehen (BGH NStZ 2004, 449 [450]). Auch bei fehlendem Tatverdacht sind das öffentliche Interesse an einer effektiven Strafverfolgung und der Wahrheitsermittlung in Strafverfahren in die **Abwägung** einzubeziehen (kein Beweisverwertungsverbot bei mangelndem Tatverdacht eines Markenrechtsverstoßes hinsichtlich der bei der Durchsuchung aufgefundenen nicht geringen Menge von Betäubungsmitteln; BVerfG NJW 2009, 3225 [3226]). Dabei kann eine Verwertbarkeit auch unter dem Gesichtspunkt eines **hypothetischen rechtmäßigen Ersatzeingriffes** bejaht werden (BGHSt 51, 285 [295 f.]; 31, 304; BGHSt 36, 119).

§ 103 Durchsuchung bei anderen Personen

(1) [1]Bei anderen Personen sind Durchsuchungen nur zur Ergreifung des Beschuldigten oder zur Verfolgung von Spuren einer Straftat oder zur Beschlagnahme bestimmter Gegenstände und nur dann zulässig, wenn Tatsachen vorliegen, aus denen zu schließen ist, dass die gesuchte Person, Spur oder Sache sich in den zu durchsuchenden Räumen befindet. [2]Zum Zwecke der Ergreifung eines Beschuldigten, der dringend verdächtig ist, eine Straftat nach § 89a oder § 89c Abs. 1 bis 4 des Strafgesetzbuchs oder nach § 129a, auch in Verbindung mit § 129b Abs. 1, des Strafgesetzbuches oder eine der in dieser Vorschrift bezeichneten Straftaten begangen zu haben, ist eine Durchsuchung von Wohnungen und anderen Räumen auch zulässig, wenn diese sich in einem Gebäude befinden, von dem auf Grund von Tatsachen anzunehmen ist, dass sich der Beschuldigte in ihm aufhält.

(2) Die Beschränkungen des Absatzes 1 Satz 1 gelten nicht für Räume, in denen der Beschuldigte ergriffen worden ist oder die er während der Verfolgung betreten hat.

Übersicht

A. »Andere Personen«. Andere Personen sind Unverdächtige i.S.d. § 102 (zu den Einzelheiten s. dort Rdn. 3). Voraussetzung der Durchsuchung ist auch hier ein Tatverdacht gegen eine bestimmte Person oder gegen Unbekannt. Nach dem OLG Bamberg soll bei Ermittlungen, die gegen ein (strafunmündiges) Kind gerichtet sind und gegen das ein Ermittlungsverfahren nach § 170 Abs. 2 eingestellt wurde, die Durchsuchung des Zimmers des Kindes auf § 103 gestützt werden können (OLG Bamberg NStE § 103 StPO Nr. 1). Aus dem Durchsuchungsbeschluss muss hervorgehen, welche Verbindung zwischen dem Tatverdächtigen und dem Dritten bestehen soll. Nicht ausreichend ist, dass sich Anlass und Zusammenhang für den Betroffenen erst aus den Gesamtumständen der Durchsuchung ergeben (BVerfG NJW 2007, 1804). Zu den »anderen Personen« zählen auch **Banken**. Bei diesen reicht es regelmäßig aus, die zu durchsuchenden Räumlichkeiten (Niederlassung bzw. Zweigstelle) allgemein zu beschreiben (vgl. hierzu BVerfG NStZ 1994, 349; zur Durchsuchung bei öffentlich-rechtlichen Sparkassen, BVerfG NJW 1995, 582 [583]; zur Beschränkung des Durchsuchungsbeschlusses bei Verdacht der Steuerhinterziehung gegen einen Bankkunden, LG Bielefeld NStZ 1999, 581; zu den Anforderungen an die Konkretisierung eines gegen eine Bank gerichteten Durchsuchungsbeschlusses, LG Freiburg NStZ 2000, 554; LG Bonn StV 2002, 358). Allerdings sind Banken bereits nach §§ 161a, 95 verpflichtet, Auskunftsersuchen der Staatsanwaltschaft nachzukommen (vgl. LG Gera NStZ 2001, 276; LG Halle NStZ 2001, 276; LG Koblenz wistra 2002, 359 und *Bittmann* NStZ 2001, 231). Nach dem *Thüringer OLG* ist die Durchsuchung **behördlicher Diensträume** grundsätzlich zulässig, soweit eine Beschlagnahme von Akten oder anderen in amtlicher Verwahrung befindlichen Schriftstücken in Betracht kommen kann (zur Beschlagnahme von Behördenakten u.a. BGHSt 38, 237; OLG Hamm Beschl. v. 16.04.1984 – 3 Ws 187/84; LG Wuppertal NJW 1992, 770; LG Oldenburg wistra 1990, 76; vgl. hierzu auch § 96). Allerdings muss zuvor die Herausgabe des Schriftgutes erfolglos versucht und keine Sperrerklärung abgegeben worden sein (Thüringer OLG NJW 2001, 1290, wonach auch davon abgesehen werden kann, wenn sich Verwaltungsbehörde zuvor widersprüchlich verhalten hat). Nach Meyer-Goßner/*Schmitt* dürfen Behörden nur zur Ergreifung des Beschuldigten und zur Auffindung von Beweismittel durchsucht werden, die die Behörde nicht verwahrt (§ 103 Rn. 2; zum Streitstand s.a. LR/*Tsambikakis* § 103 Rn. 4; zur Durchsuchung eines Arbeitsamtes bei Verdacht der Beihilfe zur Steuerhinterziehung, vgl. LG Koblenz wistra 2004, 438; zur Zulässigkeit der Beschlagnahme von Jugendamtsakten, vgl. LG Saarbrücken JAmt 2007, 321; zur Beschlagnahme der im Gewahrsam des Niedersächsischen Landesamtes befindlichen Beherbergungsstatistik und der Durchsuchung der Diensträume, vgl. LG Hannover, NdsRpfl 2006, 330; zur Durchsuchung eines Kreisjugendamtes, LG Fulda JAmt 2004, 438). Dem **Insolvenzverwalter** steht kein ausdrückliches Zeugnisverweigerungsrecht nach § 53 Abs. 1 mit der Folge eines Beschlagnahmeverbots nach § 97 zu (vgl. LG Ulm NJW 2007, 2056). Da den Insolvenzverwalter aber Amtspflichten treffen, ist er verpflichtet, mit den Ermittlungsbehörden zu kooperieren. Bei einem unverdächtigen Insolvenzverwalter ist nach der zutreffenden Ansicht des LG Saarbrücken daher besondere Zurückhaltung geboten; die Möglichkeit des Herausgabeverlangens vordringlich in Betracht zu ziehen (LG Saarbrücken NStZ 2010, 534 [535]; LG Neubrandenburg NJW 2010, 691). Nach der Auffassung des LG Berlin ist eine Durchsuchung beim Insolvenzverwalter erst dann möglich, wenn gewichtige Anhaltspunkte dafür vorliegen, dass Beweismittel ohne Durchsuchung verloren gehen könnten und dadurch die Ermittlungen beeinträchtigt werden (ZInsO 2008, 865; vgl. auch LG Bonn 1

ZInsO 2017, 719; LG Potsdam ZIP 2008, 287; LG Bonn Beschl. v. 22.12.2016 – 523 Qs 35/08: Vorrangig ist die Beiziehung der Insolvenzakte, das Verlangen nach Einsichtnahme in die Geschäftsunterlagen und die Anforderung entsprechender Kopien). Zur Unverhältnismäßigkeit der Beschlagnahme notarieller Urkunden beim **Notar**, vgl. NotBZ 2003, 433; zur Durchsuchung eines Notariats, vgl. BVerfG wistra 2012, 179 und Nichtannahmebeschluss vom 29.02.2012 – 2 BvR 2100/11. Zur Durchsuchung der Geschäftsräume eines **Providers** bei Verdacht nach § 106 Abs. 1 UrhG und § 108 Nr. 7 UrhG, vgl. LG Saarbrücken, MMR 2010, 205 [206]. Zur Durchsuchung von Geschäftsräumen eines **Radiosenders** oder **Redaktionsräumen** einer Zeitschrift, vgl. BVerfG DVBl, 2011, 161 (Hamburger Lokalsender »Freies Sender Kombinat«) und BVerfGE 117, 244 (Cicero). Buchhaltungs- und Geschäftsunterlagen, die sich bei einem **Steuerberater** befinden, können dem Beschlagnahmeverbot des § 97 unterliegen mit der Folge, dass eine Durchsuchung mit dem Ziel ihrer Auffindung unzulässig wäre (BVerfG, Nichtannahmebeschluss vom 01.07.2003 – 2 BvR 306/03; vgl. § 97). Zur Anwendung des Verhältnismäßigkeitsgrundsatzes, vgl. LG Braunschweig StraFo 2016, 413. Unterlagen eines **Wirtschaftsprüfers**, die er in seiner Eigenschaft als Wirtschaftsprüfer erstellt oder erhält, sind regelmäßig beschlagnahmefrei (§ 53).

2 Die Durchsuchung nach § 103 ist nicht rechtswidrig, wenn die Durchsuchung nach den z.Zt. der Durchsuchungsanordnung vorliegenden Erkenntnissen auch auf § 102 hätte gestützt werden können (BGHSt 28, 57 [60]; LR/*Tsambikakis* § 103 Rn. 1; zur Auffindungsvermutung bei § 102).

3 **B. Objekte der Durchsuchung.** Wie bei § 102 dürfen Wohnung, Büro- und Geschäftsräume, andere Räume, EDV-Anlagen, die Person des Unverdächtigen und dessen Sachen durchsucht werden (zu den Begrifflichkeiten s. dort). Zur körperlichen Durchsuchung anderer Personen vgl. § 81c.

4 **C. Durchsuchungszweck. I. Ergreifung des Beschuldigten.** Hinsichtlich des gegen den Beschuldigten bestehenden Tatverdachts gelten die gleichen Maßstäbe wie bei § 102 (Rdn. 1 ff.). Die Durchsuchung nach § 103 ist aber nur dann zulässig, wenn Tatsachen vorliegen, aus denen zu schließen ist, dass die gesuchte Person sich in den zu durchsuchenden Räumen befindet (etwa Erkenntnisse des mobilen Einsatzkommandos, LG Saarbrücken NStZ-RR 2002, 267). Eine bloße Vermutung reicht nicht, vielmehr muss der Durchsuchungserfolg aus der Sicht der Ermittlungspersonen wahrscheinlich sein (OLG Düsseldorf wistra 2008, 318).

5 II. **Auffinden von Spuren und Beweismitteln.** Voraussetzung ist, dass **hinreichend individualisierte** bestimmte Beweismittel für die den Gegenstand des Verfahrens bildende Straftat gesucht werden (BVerfG NJW 1981, 971; BVerfGE 42, 212 [218 ff.]; BGH NStZ 2002, 215 [216]). Die Durchsuchung zur Sicherstellung von Gegenständen, denen keine Beweisbedeutung für das Verfahren zukommt, ist durch § 103 nicht gedeckt (BGHR StPO § 103 Gegenstände 3 [Gründe]). Die Beweismittel müssen jedenfalls der Gattung nach näher bestimmt sein (BGH NStZ 2000, 154 [155]). Weder beim Betroffenen noch beim vollziehenden Beamten dürfen hier Zweifel über die zu suchenden und zu beschlagnahmenden Gegenstände entstehen (BGH NStZ 2002, 215 [216] unter Hinweis auf SK-StPO/*Rudolphi* § 98 Rn. 17). Die Aussicht, *irgendwelche* Beweismittel zu finden, reicht daher nicht aus (BGH NStZ 2000, 154 [155]). Unzureichend ist etwa die Formulierung, *»Beweismittel, nämlich Unterlagen, auch in elektronischer Form, die Rückschlüsse auf den tatsächlichen Aufenthaltsort des Beschuldigten und die Höhe seiner Einkünfte zulassen«* (LG Limburg, Beschl. v. 15.02.2011 – 1 Qs 6/11). Die Formulierung *»die zur Sache gehörenden, sichergestellten Gegenstände«* genügt den Anforderungen an die inhaltliche Bestimmtheit des Durchsuchungszwecks nur, wenn der Tatvorwurf denkbar einfach strukturiert ist. Dies ist der Fall, wenn er sich auf den Besitz bestimmter Gegenstände richtet, sodass allein daraus deutlich wird, dass gerade nach diesen Gegenständen – etwa Betäubungsmittel – zu suchen ist (BVerfG NJW 2005, 275 [276]). Im Zusammenwirken mit der Bezeichnung des Tatvorwurfes kann auch die Beschreibung *»sämtliche Geschäfts- und Buchhaltungsunterlagen der Firma A.«* ausreichend sein (BVerfG Nichtannahmebeschluss vom 01.07.2003 – 2 BvR 306/03).

6 Es müssen **hinreichende tatsächliche Anhaltspunkte** dafür vorliegen, dass sich in den vom Nichtverdächtigen genutzten Räumen Gegenstände befinden, die als Beweismittel in Betracht kommen (BVerfG NJW 2016, 1645; BVerfG NJW 2009, 2518, 2521; BVerfG NJW 2003, 2669, wonach konkrete Umstände dafür sprechen müssen; BGHSt 28, 57 [59], soweit vorliegende Erkenntnisse den vertretbaren Schluss zulassen; BGH NStZ 2000, 154 [155]: Der Unverdächtige wohnt mit mehreren Beschuldigten des Verfahrens in einer Wohngemeinschaft zusammen. Aufgrund einer solchen Wohnsituation entspricht es der Lebenserfahrung, dass die Beschuldigten Zugang zu allen von den Mitgliedern bewohnten Räume haben und sie alle die der Wohngemeinschaft zur Verfügung stehenden Fahrzeuge nutzen; BGH, Beschl. v. 28.06.2019 – StB 14/18). Sprechen Anhaltspunkte dafür, dass sich die Gegenstände oder die Person an verschiedenen Orten befinden – der Beschuldigte verfügt über mehrere Wohnanschriften –, ist die Durchsuchung an allen Orten gleichzeitig zulässig, wenn nur so der Gefahr der Verdunkelung begegnet werden kann (KK-StPO/*Bruns* § 103 Rn. 5).

Anhaltspunkte für die Erfolgsaussicht der Durchsuchung dürfen allerdings nicht aus der Feststellung der Polizeibeamten beim Vollzug der Durchsuchungsanordnung gestützt werden, wenn die Maßnahme auf einen richterlichen Durchsuchungsbeschluss gestützt wird (BVerfG NJW 2007, 1804 [1806]).

Die Durchsuchung darf nicht darauf gerichtet sein, Gegenstände aufzuspüren, die nach § 97 **beschlagnahmefrei** sind (zum Schutz zeugnisverweigerungsberechtigter Berufsgeheimnisträger, vgl. § 160a). Besteht allerdings bei der Durchsuchung Unklarheit darüber, ob die Gegenstände von § 97 erfasst werden, können sie nach § 110 einstweilig beschlagnahmt werden (LG Stuttgart Beschl. v. 16.08.2004 – 10 Qs 58/04; LR/*Tsambikakis* § 103 Rn. 12) 7

III. Zu den **Einziehungsgegenständen**, s. § 102

D. Grundsatz der Verhältnismäßigkeit. Insb. dann, wenn der Nichtbeschuldigte aus Sicht der Ermittlungsbehörden durch sein Verhalten in keiner Weise Anlass zu den Ermittlungsmaßnahmen gegeben hat, sind erhöhte Anforderungen an die Verhältnismäßigkeit zu stellen (BVerfG wistra 2016, 149; BVerfG NJW 2007, 1804–1806 unter Hinweis auf *Nack* Rn. 12 u.a.). Zur Durchsuchung der Wohnung eines Angestellten beim Verdacht der Begehung von Steuerstraftaten durch seinen Arbeitgeber, vgl. LG Oldenburg PStR 2012, 53. Der Durchsuchungsbeschluss muss die Beurteilung der Verhältnismäßigkeit erkennen lassen, ohne dass aber umfangreiche Ausführungen grundsätzlich und stets von Verfassung wegen geboten sind (BVerfG Beschl. v. 10.12.2010 – 1 BvR 1739/04, zur Durchsuchung einer Radioredaktion; BVerfG Beschl. v. 26.03.2007 – 2 BvR 1006/01). 8

Der Betroffenen ist regelmäßig zur freiwilligen Herausgabe der Gegenstände vor der Durchsuchung aufzufordern. Einer ausdrücklichen **Abwendungsbefugnis** im Durchsuchungsbeschluss selbst bedarf es aber nicht (vgl. auch LR/*Tsambikakis* § 103 Rn. 8, wonach die Durchsuchung ohne eine solche Aufforderung rechtswidrig ist; LG Regensburg, Beschl. v. 29.11.2016 – 5 Qs 116/16; LG Mühlhausen wistra 2007, 195; LG Kaiserslautern NStZ 1981, 438). Hätte eine solche Aufforderung zur Folge, dass Beweismittel vernichtet und somit der Durchsuchungserfolg gefährdet wird, bedarf es ihrer nicht (LG Hamburg, Beschl. v. 18.09.2018 – 608 Qs 26/18). 9

E. Gebäudedurchsuchung. Ist der Beschuldigte dringend verdächtig, eine Straftat nach § 89a, § 89c, § 129a, § 129b Abs. 1 StGB oder eine dort bezeichnete (Katalog-) Straftat begangen zu haben, ist eine Durchsuchung von Wohnungen und anderen Räumen zulässig, wenn diese sich in einem Gebäude befinden, von dem aufgrund von Tatsachen anzunehmen ist, dass sich der Beschuldigte in ihm aufhält. **Dringender Tatverdacht** setzt einen hohen Grad der Wahrscheinlichkeit einer Verurteilung voraus (§ 112 Rdn. 7). Auch hier müssen hinreichende tatsächliche Anhaltspunkte vorliegen, dass sich der Beschuldigte im Gebäude aufhält. Solche **Tatsachen** sind etwa Beobachtungen polizeilicher Einsatzkommandos, Beobachtungen unbeteiligter Dritter oder das Auffinden eines vom Beschuldigten genutzten Fahrzeugs in der Nähe des Gebäudes (LR/*Tsambikakis* § 103 Rn. 21; KG JR 1972, 297, 299). Spricht eine größere Wahrscheinlichkeit dafür, dass sich der Beschuldigte in einer bestimmten Wohnung aufhält, hindert das die Annahme des Aufenthalts in dem Gebäude nicht (Meyer-Goßner/*Schmitt* § 103 Rn. 11). Allerdings ist für diesen Fall die Wohnung vorrangig zu durchsuchen (Meyer-Goßner/*Schmitt* § 103 Rn. 11). 10

Ein **Gebäude** ist eine räumlich abgegrenzte selbstständige bauliche Einheit, unabhängig von der Zahl der Wohnungen, Treppenhäuser oder Ausgangstüren (KK-StPO/*Bruns* § 103 Rn. 9). Dazu zählen regelmäßig Vorder- und Hinterhaus, sofern beide eine bauliche Verbindung haben. Allerdings verbinden ein gemeinsamer Kellerraum oder die Tiefgarage Gebäudeteile noch nicht zu einer baulichen Einheit (*Kurth* NJW 1979, 1383). Der Durchsuchungsbeschluss kann in einem solchen Fall auch nicht auf zwei Gebäude erstreckt werden, vielmehr ist der Beschluss auf das Gebäude zu beschränken, für das die größere Wahrscheinlichkeit des Aufenthalts spricht (KK-StPO/*Bruns* § 103 Rn. 10 mit dem Hinweis der möglichen Anordnung der Durchsuchung des zweiten Gebäudes nach erfolgloser Durchführung der ersten Anordnung). 11

Durchsuchungszweck ist allein die Ergreifung des Beschuldigten. Daher dürfen nicht zum Verbergen geeignete Behältnisse nur durchsucht werden, wenn aufgrund bestimmter Tatsachen der Verdacht besteht, dass sich darin Unterlagen befinden, die die Ergreifung des Beschuldigten ermöglichen (Meyer-Goßner/*Schmitt* § 103 Rn. 14 unter Hinweis auf *Vogel* NJW 1978, 1226). Nach anderen Beweismitteln darf daher nicht gesucht werden. Zu den Zufallsfunden, vgl. § 108.

F. Raumdurchsuchung. Ist der Beschuldigte bereits in Räumen ergriffen worden oder betritt er Räume während seiner Verfolgung, bedarf es zur Durchsuchung nach § 103 Abs. 2 keiner (weiteren) Tatsachen, die seine Ergreifung wahrscheinlich machen. Die Durchsuchung ist nach Meyer-Goßner/*Schmitt* auch mit dem Ziel zulässig, Personen aufzufinden, die als Zeugen in Betracht kommen (§ 103 Rn. 15). 12

§ 104 Durchsuchung von Räumen zur Nachtzeit

(1) Zur Nachtzeit dürfen die Wohnung, die Geschäftsräume und das befriedete Besitztum nur in folgenden Fällen durchsucht werden:

1. **bei Verfolgung auf frischer Tat,**
2. **bei Gefahr im Verzug,**
3. **wenn bestimmte Tatsachen den Verdacht begründen, dass während der Durchsuchung auf ein elektronisches Speichermedium zugegriffen werden wird, das als Beweismittel in Betracht kommt, und ohne Durchsuchung zur Nachtzeit die Auswertung des elektronischen Speichermediums, insbesondere in unverschlüsselter Form, aussichtlos oder wesentlich erschwert wäre, oder**
4. **zur Wiederergreifung eines entwichenen Gefangenen.**

(2) Diese Beschränkung gilt nicht für Räume, die zur Nachtzeit jedermann zugänglich oder die der Polizei als Herbergen oder Versammlungsorte bestrafter Personen, als Niederlagen von Sachen, die mittels Straftaten erlangt sind, oder als Schlupfwinkel des Glücksspiels, des unerlaubten Betäubungsmittel- und Waffenhandels oder der Prostitution bekannt sind.

(3) Die Nachtzeit umfasst den Zeitraum von 21 bis 6 Uhr.

Übersicht

1 **A. Einschränkung der nach §§ 102, 103 angeordneten Durchsuchungen.** Durchsuchungen von Wohnungen, Geschäftsräumen und des befriedeten Besitztums sind – gegen den Willen des Betroffenen – nur unter den Voraussetzungen des § 104 möglich. Ausgenommen sind lediglich die in Abs. 2 ausdrücklich genannten Räume (vgl. unten Rn. 4). Für die Durchsuchung von Personen und Sachen ist § 104 demnach nicht anwendbar, es sei denn, sie sind mit einer Hausdurchsuchung verbunden (SK-StPO/*Wohlers/Jäger* § 104 Rn. 1; Meyer-Goßner/*Schmitt* § 104 Rn. 1). Allerdings kann der Durchsuchungsbeschluss klarstellen, ob er zur Nachtzeit vollstreckt werden darf oder nicht (BGH MDR 1964, 71, wonach der Ermittlungsrichter des BGH die Durchsuchung ersichtlich wegen Gefahr im Verzug »auch für die Nachtzeit« für zulässig erklärt hat). Darüber, ob zur Nachtzeit durchsucht werden darf, entscheidet i.Ü. der die Anordnung der Durchsuchung vollziehende Beamte (Meyer-Goßner/*Schmitt* § 104 Rn. 1; KK-StPO/*Bruns* § 104 Rn. 1).

2 **B. Nachtzeit.** Die Nachtzeit ist in Abs. 3 abschließend definiert (zur Kritik an der früheren Fassung vgl. HR/*Gercke* § 104 Rn. 9; AK-StPO/*Amelung* § 104 Rn. 18 ff.; *Park*, Durchsuchung und Beschlagnahme Rn. 183). Zur Ausgestaltung des richterlichen Bereitschaftsdienstes hatte das BVerfG zwischenzeitlich entschieden, dass – nach den heutigen Lebensgewohnheiten – zumindest die Zeit zwischen 21 Uhr und 6 Uhr ganzjährig als Nachtzeit anzusehen sei (BVerfG, Beschl. v. 12.03.2019 – 2 BvR 675/14, NJW 2019, 1428; BVerfG, Urt. v. 24.07.2018 – 2 BvR 309/15 u.a., Rn. 100). Danach sei es von Verfassung wegen geboten, dass sich der Schutz vor nächtlichen Wohnungsdurchsuchungen auch in den Monaten April bis September auf die Zeit von 4 Uhr bis 6 Uhr morgens erstrecke (BVerfG, Beschl. v. 12.03.2019 – 2 BvR 675/14, Rn. 66 ff.). Wohnungsdurchsuchungen zur Verfolgung auf frischer Tat, bei Gefahr im Verzug oder zur Wiederergreifung eines entwichenen Gefangenen blieben danach aber zulässig; die Durchsuchungsbeschränkungen erstreckten sich zudem nicht auf die in § 104 Abs. 2 StPO genannten Räume. Mit Gesetz vom 25.06.2021 (BGBl. I, S. 2099) wurden die verfassungsrechtlichen Anforderungen des BVerfG nunmehr umgesetzt (vgl. BT-Drs. 19/27654, S. 72 f.). Eine **bis in die Nachtzeit andauernde** Durchsuchung darf im Hinblick auf die Gefahr eines Beweismittelverlustes aber **fortgesetzt** werden, auch wenn die Voraussetzungen von § 104 Abs. 1 und 2 nicht vorliegen. Allerdings entspricht es dem Sinn des § 104, die Durchsuchung so rechtzeitig zu beginnen, dass mit ihrer Beendigung noch vor Anbruch der Nacht zu rechnen ist (BVerfGE 44, 353, 369). Konnte dies im Einzelfall erwartet werden, ist der Umstand, dass sich die Erwartung nicht erfüllt hat, ohne Belang (BVerfGE 44, 353, 369).

3 **C. Durchsuchungsvoraussetzungen nach Abs. 1. Verfolgung auf frischer Tat** (Nr. 1) liegt vor, wenn sie unmittelbar nach Entdeckung der Tat aufgenommen wird. Der Täter braucht weder bei der Tat betroffen worden zu sein, noch muss die Verfolgung der Tat unmittelbar nachfolgen (Meyer-Goßner/*Schmitt* § 104 Rn. 3 unter Hinweis auf LR/*Tsambikakis* § 104 Rn. 5). Die Verfolgung braucht dabei nicht auf die Ergreifung des Täters gerichtet zu sein (Meyer-Goßner/*Schmitt* § 104 Rn. 3; LR/*Tsambikakis* § 104 Rn. 5; vgl. auch

KK-StPO/*Bruns* § 104 Rn. 5, wonach eine Verfolgung auf frischer Tat [nur dann] vorliegt, wenn der bei der Tat Betroffene sich aufgrund vorhandener Anhaltspunkte in die zu durchsuchenden Räume geflüchtet hat). **Gefahr im Verzug** (Nr. 2) ist gegeben, wenn das Warten bis zum Tagesanbruch den Erfolg der Durchsuchung, d.h. die Ergreifung des Beschuldigten (oder Verdächtigen) bzw. das Auffinden von Beweismitteln gefährden würde (vgl. auch § 105 Rdn. 18). Ein bestimmter **Verdacht des Zugriffs auf ein elektronisches Speichermedium** (Nr. 3) – neu eingefügt mit Ges. vom 25.05.2021 (BGBl. I, S. 2099) – erfordert nicht nur konkrete Anhaltspunkte dafür, dass in den Räumlichkeiten oder auf dem befriedeten Besitztum während der Durchsuchung zur Nachtzeit auf ein elektronisches Speichermedium zugegriffen werden soll. Die Durchsuchung zur Tagzeit die Auswertung, insb. in unverschlüsselter Form, muss zudem aussichtslos oder wesentlich erschwert sein. Die **Wiederergreifung von entwichenen Gefangenen** (Nr. 4) betrifft die Personen, die sich in einem formell ordnungsgemäß angeordneten Gewahrsam befinden, demnach Strafgefangene, Untersuchungsgefangene (nach §§ 112, 112a, 230 Abs. 2), aufgrund von § 127 Abs. 2 vorläufig Festgenommene, in einer Entziehungsanstalt oder Sicherungsverwahrung Untergebrachte und die ohne Unterbrechung des Strafvollzugs in ein Krankenhaus verbrachten (*Fischer* § 120 StGB Rn. 2; LR/*Tsambikakis* § 104 Rn. 9).

D. Von der Beschränkung befreite Räume nach Abs. 2. **Zur Nachtzeit für jedermann** (auch gegen Entgelt) **zugängliche Räume** sind etwa Gaststätten, Bahnhofshallen, Barbetriebe (vgl. auch Nr. 62 AStBV [St] 2019), Herbergen und Kinos (vgl. SK-StPO/*Wohlers/Jäger* § 104 Rn. 12; Meyer-Goßner/*Schmitt* § 104 Rn. 7; KK-StPO/*Bruns* § 104 Rn. 4). **Andere Räumlichkeiten** wie etwa Schlupfwinkel, dienen bestimmten Personen nicht zum ständigen Aufenthalt, sondern werden von einem wechselnden Personenkreis aufgesucht (KK-StPO/*Bruns* § 104 Rn. 4). 4

E. Rechtsbehelfe. Bei Verstößen gegen § 104 kann der Betroffene die richterliche Entscheidung entsprechend § 98 Abs. 2 Satz 2 beantragen. 5

§ 105 Verfahren bei der Durchsuchung

(1) [1]Durchsuchungen dürfen nur durch den Richter, bei Gefahr im Verzug auch durch die Staatsanwaltschaft und ihre Ermittlungspersonen (§ 152 des Gerichtsverfassungsgesetzes) angeordnet werden. [2]Durchsuchungen nach § 103 Abs. 1 Satz 2 ordnet der Richter an; die Staatsanwaltschaft ist hierzu befugt, wenn Gefahr im Verzug ist.

(2) [1]Wenn eine Durchsuchung der Wohnung, der Geschäftsräume oder des befriedeten Besitztums ohne Beisein des Richters oder des Staatsanwalts stattfindet, so sind, wenn möglich, ein Gemeindebeamter oder zwei Mitglieder der Gemeinde, in deren Bezirk die Durchsuchung erfolgt, zuzuziehen. [2]Die als Gemeindemitglieder zugezogenen Personen dürfen nicht Polizeibeamte oder Ermittlungspersonen der Staatsanwaltschaft sein.

(3) [1]Wird eine Durchsuchung in einem Dienstgebäude oder einer nicht allgemein zugänglichen Einrichtung oder Anlage der Bundeswehr erforderlich, so wird die vorgesetzte Dienststelle der Bundeswehr um ihre Durchführung ersucht. [2]Die ersuchende Stelle ist zur Mitwirkung berechtigt. [3]Des Ersuchens bedarf es nicht, wenn die Durchsuchung von Räumen vorzunehmen ist, die ausschließlich von anderen Personen als Soldaten bewohnt werden.

Übersicht

1 **A. Anordnung der Durchsuchung. I. Notwendigkeit einer Anordnung.** Eine Durchsuchungsanordnung ist notwendig, wenn der Betroffene nicht freiwillig in die Maßnahme einwilligt. Diese **Einwilligung** ist eine freiwillige, ernstlich und in Kenntnis der Sachlage und des Weigerungsrechts erteilte ausdrückliche Zustimmung, nicht lediglich kooperatives Verhalten oder die bloße Hinnahme des Eingriffs (OLG Bamberg Urt. v. 22.03.2011 – 3 Ss 14/11 zu § 81a StPO unter Hinweis auf OLG Bamberg NJW 2009, 2146). Sie kann sich nur auf einen konkreten Einzelfall beziehen (LR/*Tsambikakis* § 105 Rn. 3, 4). Dem Beschuldigten muss mitgeteilt werden, dass gegen ihn der Anfangsverdacht einer Straftat besteht und dass die Maßnahme der Auffindung weiterer ihn möglicherweise belastender Beweismittel dienen soll (LG Saarbrücken StV 2003, 434, 435). Die Durchsuchung darf nur in Aussicht gestellt werden, wenn deren Voraussetzungen auch tatsächlich vorliegen (Hanseatisches OLGStV 2008, 12). Eine (richterliche) Durchsuchungsanordnung ist auch dann nicht entbehrlich, wenn der Beschuldigte etwa die Tür zu seiner Wohnung öffnet, nachdem er die Tätigkeit des Schlüsseldienstes wahrgenommen hatte und in der Folge den Polizeibeamten Zutritt in die Wohnung gewährt und das Rauschgift aushändigt (OLG Köln StV 2010, 14, 15). Gleiches gilt – was die polizeiliche Nachschau in allen Räumlichkeiten der Wohnung betrifft –, soweit der Wohnungsinhaber noch den Zutritt in den Flur der Wohnung gestattet, um den Anlass des Polizeieinsatzes nicht im Hausflur vor den Nachbarn zu besprechen (LG Berlin StV 2011, 89). Üben die Strafverfolgungsorgane unzulässigen Zwang auf den Betroffenen aus oder täuschen sie diesen, fehlt es an der Freiwilligkeit. Das ist insb. beim Einsatz verdeckt operierender Polizeibeamter zu prüfen (vgl. LR/*Tsambikakis* § 105 Rn. 3, 7; SK-StPO/*Wohlers/Jäger* § 105 Rn. 5a). Zur Einwilligung berechtigt ist jeder Inhaber oder Bewohner eines Wohnraums, unabhängig davon, auf welchen Rechtsverhältnissen die Nutzung des Wohnraums beruht (BVerfGE 109, 278, 326). Das kann auch der Mieter als Inhaber des Mitgewahrsams bzw. des Hausrechts an gemeinschaftlich genutzten Hausfluren sein (BGH NStZ-RR 2019, 26). Erfolgt die Einwilligung durch einen Vertreter, ist sie nur dann wirksam, wenn dieser alle Umstände kennt, die erforderlich sind, um die Einwilligung wirksam erteilen zu können (so noch LR/*Schäfer* § 105 Rn. 5). Eine **unwirksame Einwilligung** führt zur Rechtswidrigkeit der Durchsuchung, allerdings nicht ohne Weiteres zur Nichtverwertbarkeit anlässlich der Durchsuchung beschlagnahmter Beweismittel (LR/*Tsambikakis* § 105 Rn. 15). Ein **Widerruf** der Einwilligung ist jederzeit, insb. auch während der Durchsuchung, möglich. In diesem Fall ist für die Fortsetzung der Durchsuchung eine Anordnung nach Abs. 1 erforderlich. Dabei kann Gefahr im Verzug gegeben sein, sodass die Anordnung durch den Staatsanwalt oder die Ermittlungspersonen der Staatsanwaltschaft getroffen werden kann (BGH NStZ 1986, 85, 86). Der nachträgliche Widerruf der zur Vermeidung einer Durchsuchung freiwillig herausgegebenen Gegenstände – zuweilen als »Beschwerde« bezeichnet –, ist als Antrag nach § 98 Abs. 2 Satz 2 zu verstehen (OLG Düsseldorf StV 1997, 174; vgl. auch SK-StPO/*Wohlers/Jäger* § 105 Rn. 7).

2 Ein auf die Ergreifung des Verdächtigen abzielender Haftbefehl nach §§ 112, 453c, ein Unterbringungsbefehl nach § 126a oder ein Vorführungsbefehl nach §§ 134, 230 Abs. 2, 236, 239 Abs. 4 Satz 1 beinhaltet die **stillschweigende Anordnung** einer Durchsuchung der Räumlichkeiten des Festzunehmenden (KK-StPO/*Bruns* § 105 Rn. 6; Meyer-Goßner/*Schmitt* § 105 Rn. 6; abl. SK-StPO/*Wohlers/Jäger* § 105 Rn. 9; zum Streitstand auch LR/*Tsambikakis*§ 105 Rn. 16 ff.). Gleiches gilt für nach § 457 erlassene Haftbefehle nach rechtskräftiger Verurteilung zu einer Freiheitsstrafe ohne Bewährung (OLG Düsseldorf NJW 1981, 2133, 2134; KK-StPO/*Bruns* § 105 Rn. 6; Meyer-Goßner/*Schmitt* § 105 Rn. 6).

3 **II. Anordnungskompetenz des Richters.** In die durch Art. 13 GG geschützte persönliche Lebenssphäre greift eine Durchsuchung schwerwiegend ein (BVerfGE 51, 97, 107). Dem Gewicht dieses Eingriffs und der verfassungsrechtlichen Bedeutung des Schutzes der räumlichen Privatsphäre entspricht es daher, dass Art. 13 Abs. 2 Hs. 1 GG die Anordnung einer Durchsuchung grundsätzlich dem Richter vorbehält (BVerfGE 103, 142, 151). Davon ausgehend, dass Richter aufgrund ihrer persönlichen und sachlichen Unabhängigkeit und ihrer strikten Unterwerfung unter das Gesetz die Rechte der Betroffenen im Einzelfall am besten und am sichersten wahren können, zielt der **Richtervorbehalt** auf eine vorbeugende Kontrolle der Maßnahme durch eine unabhängige und neutrale Instanz ab (BVerfGE 103, 142, 151 unter Hinweis auf BVerfGE 77, 1, 51; 57, 346, 355 f.; 76, 83, 91). Die Einschaltung des Richters soll aber auch dafür sorgen, dass die Interessen des Betroffenen angemessen berücksichtigt werden (BVerfG, Beschl. v. 31.08.2010 – 2 BvR 223/10; BVerfGE 103, 142, 151; 9, 89, 97). Verlangt wird eine **eigenverantwortliche richterliche Prüfung** der Eingriffsvoraussetzungen (BVerfG NJW 2005, 1707; BVerfGE 57, 346, 355). Der Richter hat also zumindest zu prüfen, ob die gesetzlichen Voraussetzungen für die Durchführung der Maßnahme vorliegen und der Verhältnismäßigkeitsgrundsatz gewahrt ist. Die richterliche Durchsuchungsanordnung ist demnach keine bloße Formsache (BVerfGE 57, 346, 355). Der Richter hat zudem durch geeignete Formulierungen des Durchsuchungsbeschlusses im Rahmen des Möglichen sicherzustellen, dass der Grundrechtseingriff angemessen begrenzt wird, messbar und kontrollierbar bleibt (BVerfG NJW 1997, 2165, 2166). Sein Durchsuchungsbeschluss

hat die rechtliche Grundlage der konkreten Maßnahme zu schaffen und muss Rahmen, Grenzen und Ziel der Durchsuchung definieren (BVerfG NJW 1997, 2165, 2166). Er ist dabei nicht daran gehindert, auf vorformulierte Anträge der Staatsanwaltschaft zurückzugreifen (BVerfG NJW 2015, 851; BGH NStZ 2021, 59; krit. hierzu SK-StPO/*Wohlers/Jäger* § 105 Rn. 17). Die eigenverantwortliche Prüfung setzt aber voraus, dass dem Richter die Ermittlungsakten regelmäßig vollständig vorgelegt werden (BVerfGE 57, 346, 357, wonach die vollständige Vorlage der Ermittlungsakten nicht zwingende Voraussetzung ist; vgl. dazu LR/*Tsambikakis* § 105 Rn. 41 ff.). Die Ermittlungsbehörden haben die Einhaltung des Grundsatzes der Aktenwahrheit und der Aktenvollständigkeit zu gewährleisten (BVerfG StV 2017, 361 unter Hinweis auf § 163 Abs. 2 Satz 1, 168b Abs. 1 und § 199 Abs. 2 StPO).

Im Rahmen des **Ermittlungsverfahrens** ist hierfür der Ermittlungsrichter (§ 162), nach Anklageerhebung das mit der **Sache befasste Gericht** zuständig, soweit die angeklagte Tat Grundlage der Durchsuchungsanordnung ist. Zur Frage, ab welchem Zeitpunkt der Ermittlungsrichter mit der Sache befasst ist, vgl. BGH StraFo 2017, 103 und OLG Köln, Beschl. v. 25.10.2016 – 1 RVs 227/16). 4

III. Durchsuchungsbeschluss des Richters – Form und Inhalt. Eine bestimmte Form ist zwar nicht vorgeschrieben, allerdings sollten richterliche Anordnungen regelmäßig **schriftlich** erfolgen (BVerfGE 103, 142, 154 unter Hinweis auf BVerfGE 20, 162, 227). Der Durchsuchungsbeschluss kann daher auch **mündlich** (BVerfGE 20, 162, 227; 103, 142, 154) ergehen. Die Verwendung von Formularen ist zwar grundsätzlich nicht zu beanstanden, sie drängen allerdings zu einer oberflächlichen Darlegung der Durchsuchungsvoraussetzungen und lassen Zweifel an der eigenverantwortlichen Überprüfung durch den Richter (BVerfG Nichtannahmebeschluss vom 24.05.2006 – 2 BvR 1872/05). Dies gilt insb. für Angaben wie »§§ 102 ff. StPO« oder der Anordnung, die »zur Sache gehörenden, sichergestellten Gegenstände« zu beschlagnahmen (BVerfG NJW 2005, 275, 276). Den Anforderungen an eine richterliche Entscheidung genügt nicht, dass der Richter in einem Formular oder in ein von ihm gefertigtes unvollständiges Schriftstück Blattzahlen einsetzt, mit denen er auf in den Akten befindlichen Textpassagen Bezug nimmt (LG Siegen Beschl. v. 25.10.2010 – 10 Qs 104/09). 5

Erfolgt die **Anordnung mündlich**, muss diese in den Ermittlungsakten **dokumentiert** werden (BGH NStZ 2005, 392, 393). Dies schließt die ihren mündlichen Erlass rechtfertigende Eilbedürftigkeit mit ein (BVerfG StRR 2007, 242). Die richterlich angeordnete oder gestattete Durchsuchung wird aber nicht dadurch rechtswidrig, dass sie unzureichend dokumentiert worden ist. Eine unzureichende Dokumentation führt nicht zu einem Beweisverwertungsverbot (BGH NStZ 2005, 392, 393). 6

Zu den Anforderungen an den **Inhalt der Anordnung** im Einzelnen: 7

Im Rahmen des **Tatvorwurfs** muss ein dem Beschuldigten angelastetes Verhalten geschildert werden, das – wenn es wirklich begangen sein sollte – den Tatbestand eines Strafgesetzes erfüllt (BVerfG NJW 2007, 1443). Die wesentlichen Merkmale des gesetzlichen Tatbestandes, die die Strafbarkeit des zu subsumierenden Verhaltens kennzeichnen, müssen danach berücksichtigt werden (BVerfG NJW 2007, 1443). Grundsätzlich unerlässlich zur Individualisierung der Tat ist zudem die Angabe der **Tatzeit** (BVerfG Nichtannahmebeschluss vom 24.05.2006 – 2 BvR 1672/05). Zu möglichen Anhaltspunkten für eine Begrenzung des Tatzeitraums aus der Beschreibung der aufzufindenden Beweismittel, der Sachverhaltsschilderung und zu der Frage einer dem Durchsuchungsbeschluss immanenten Beschränkung auf nichtverjährte Straftaten, vgl. BVerfG NJW 2017, 2016). Das BVerfG verlangt dabei aber ausdrücklich keine so vollständige Schilderung, wie die Formulierung eines Anklagesatzes oder gar die Feststellungen eines Urteils (BVerfG Nichtannahmebeschluss vom 24.05.2006 – 2 BvR 1672/05). Die aufzuklärende Straftat muss – wenn auch kurz – allerdings so genau umschrieben werden, wie es nach den Umständen des Einzelfalls möglich ist (BVerfGE 20, 162, 227). Die bloße Wiedergabe des gesetzlichen Tatbestandes genügt nicht (BVerfG StraFo 2004, 413; Beschl. v. 27.07.2007 –2 BvR 1994/02). Beim Verdacht der *Insolvenzverschleppung* muss etwa ein Tatvorwurf beschrieben werden, der den äußeren Rahmen der durchzuführenden Zwangsmaßnahme absteckt. Dazu gehören die den Tatverdacht begründenden Handlungen, der Tatzeitraum sowie der Bezugspunkt der strafbaren Handlungen (BVerfG StV 2005, 643, 644; zum Anfangsverdacht der Insolvenzverschleppung, des Vorenthaltens von Arbeitnehmeranteilen, der Verletzung der Buchführungspflicht und des Bankrotts, vgl. LG Potsdam wistra 2005, 193, 194 f.; zur [folgenlosen] fehlenden Angabe des Eintritts der Zahlungsunfähigkeit bzw. der Überschuldung, BVerfG ZInsO 2002, 424). Ein Durchsuchungsbeschluss wegen des Verdachts der *Steuerhinterziehung* mit der Begründung, der Beschuldigte stehe im Verdacht in strafbarer Weise die USt verkürzt zu haben, indem er sich in den Jahren 2001, 2002 und 2003 wissentlich an sogenannten Karussellgeschäften beteiligt habe, in deren Rahmen er USt nicht ablieferte, indem er belegmäßig innergemeinschaftliche Lieferungen von Waren darstellte, obwohl den Abnehmern im EU-Ausland die erforderliche Verfügungsmacht über die Ware tatsächlich nicht verschafft worden ist und er Vorsteuern aus Einkaufsrechnungen geltend machte, denen wirtschaftlich relevante Lieferungen nicht zugrunde gelegen haben, weil 8 die beteiligten Unternehmen als Bestandteile eines wirtschaftlich unsinnigen Warenkreislaufs anzusehen sind, genügt den verfassungsrechtlichen Anforderungen nicht. Die Schilderung beschränkt sich auf eine knappe und lediglich abstrakte Beschreibung des angenommenen Modells der Steuerhinterziehung, ohne den konkreten Lebenssachverhalt näher zu bezeichnen (BVerfG WM 2007, 1046). Insb. fehlt eine Zuordnung der einzelnen im Ermittlungsbericht genannter Geschäftsvorfälle zu Straftatbeständen (vgl. auch BVerfG WM 2009, 914). Ein Durchsuchungsbeschluss, der die dem Beschuldigten zur Last gelegte Tat lediglich pauschal damit umschreibt, er habe *Betäubungsmittel* erworben bzw. mit diesen Handel getrieben, ohne diesen Vorwurf zu konkretisieren und der die Art sowie den denkbaren Inhalt der Beweismittel, denen die Durchsuchung gilt, nur allgemein bezeichnet, verletzt Art. 13 GG (BVerfG StV 2003, 203, 204).

9 Es ist nicht zwingend erforderlich, in der Durchsuchungsanordnung die **Indiztatsachen** anzugeben, auf die der Tatverdacht gestützt wird (BVerfG NStZ-RR 2002, 172, 173). Ist zur Begrenzung der richterlichen Durchsuchungsanordnung eine Angabe der Verdachtsgründe nicht erforderlich, kann deren Mitteilung auch später erfolgen (BVerfG NStZ 2004, 160). Der BGH hat allerdings darauf hingewiesen, dass die Darlegung jedenfalls der wesentlichen Verdachtsmomente einfachgesetzlich geboten ist (BGH wistra 2009, 197, 198). Nur hierdurch wird dem Betroffenen eine sachgerechte, umfassende Prüfung ermöglicht, ob der Beschluss rechtmäßig ergangen ist. Die Angabe der wesentlichen Verdachtsmomente darf nur unterbleiben, wenn die Bekanntgabe den Untersuchungszweck gefährdet und daher den Zwecken der Strafverfolgung abträglich ist. Danach genügt der pauschale Hinweis auf das »bisherige Ermittlungsergebnis« zu Begründung grundsätzlich nicht (BGH wistra 2009, 197, 198).

10 Der Durchsuchungsbeschluss muss die Art und den (denkbaren) Inhalt der konkret **gesuchten Beweismittel** erkennen lassen (BGH NJW 2004, 1517, 1518). Dies gilt jedenfalls dann, wenn solche Kennzeichnungen nach dem Ergebnis der Ermittlungen ohne Weiteres möglich und den Zwecken der Strafverfolgung nicht abträglich sind (BVerfGE 42, 212, 220 f.). Die Formulierung, »die Durchsuchung werde zur Auffindung von Beweismitteln führen« genügt daher nicht (zur Beschlagnahme von Klientenakten in einer Drogenberatungsstelle, BVerfGE 44, 353, 371 ff.). Ist eine genaue Bezeichnung der Beweismittel nicht möglich, müssen jedenfalls Kriterien zur Eingrenzung genannt und Beweismittel mit Bezügen zum Ermittlungsanlass beispielhaft aufgezählt werden (BVerfG NStZ 1994, 349). Nicht notwendig ist es zwar, dass die zu beschlagnahmenden Unterlagen in allen Einzelheiten beschrieben werden. Erforderlich ist es aber, dass sie zumindest ihrer Gattung nach bestimmt sind (BGH NStZ 2002, 215, 216: »die Sicherstellung von Schriftstücken, Tonträgern und anderen Beweismitteln, welche geeignet sind, die Struktur der Band, deren Organisation und Arbeitsweise zu belegen«, macht nicht erkennbar auf welche zumindest gattungsmäßig konkretisierten Gegenstände die Suche beschränkt sein sollte). Wenn zwar vordergründig ein Bemühen um detaillierte Aufzählung der gesuchten Beweismittel erkennbar, durch die Verwendung von Leerformeln aber ein Zugriff auf eine unüberschaubare Zahl von Unterlagen ermöglicht wird, die zum Ermittlungsverfahren keinen unmittelbaren Bezug aufweisen, ist das Tatbestandsmerkmal »zur Beschlagnahme bestimmter Beweismittel« in § 103 nicht erfüllt (BVerfG StV 2009, 505, 506; »Unterlagen, die Auskunft über Art und Umfang der steuerlichen und rechtlichen Beratung von Medienfonds durch Mitarbeiter der Beschwerdeführerin im Allgemeinen geben«).

11 Im Beschluss ist schließlich die räumliche Sphäre, in der die Durchsuchung stattfinden soll, so genau zu beschreiben, wie es nach den Umständen des Einzelfalls möglich ist (BVerfG, Nichtannahmebeschl. v. 13.03.2018, 2 BvR 2990/14). Eine Durchsuchungsanordnung erstreckt sich daher nur auf Wohnräume, wenn diese ausdrücklich als Durchsuchungsobjekt bezeichnet werden. Werden diese nur im Rahmen der Angaben zur Person genannt, dient die Bezeichnung regelmäßig lediglich der Identifizierung der Person (BVerfG, Nichtannahmebeschl. v. 13.03.2018 – 2 BvR 2990/14).

12 Dem Durchsuchungsbeschluss müssen schließlich Erwägungen zur **Verhältnismäßigkeit** zu entnehmen sein. Aus der Durchsuchungsanordnung (nach § 103) muss zudem hervorgehen, welche Verbindungen zwischen dem Beschuldigten und den ihm vorgeworfenen Taten einerseits und dem Dritten andererseits bestehen. Es muss für den Dritten ersichtlich sein, weshalb sich die Durchsuchung gerade gegen seine Wohnräume richtet (vgl. Auffindungsvermutung in § 103). Erforderlich ist demnach die Angabe von Tatsachen, aus denen zu schließen ist, dass sich die gesuchte Tatsache gerade in den zu durchsuchenden Räumen befindet (BVerfG NJW 2007, 1804, 1805).

13 Die **Modalitäten des Vollzugs der Durchsuchung** können in der Anordnung festgelegt werden. Das betrifft etwa die Unzulässigkeit der Durchsuchung bei Nacht (SK-StPO/*Wohlers/Jäger* § 105 Rn. 27; LR/*Tsambikakis* § 105 Rn. 74).

14 Ein **Mangel der Begründung** wird nicht dadurch geheilt, dass ein ungenügender Durchsuchungsbeschluss nachgebessert werden könnte (BVerfG NStZ 2000, 601). Zur Heilung der Mängel im Beschwerdeverfahren, vgl. Rdn. 43.

Der Betroffene ist vor Erlass der Durchsuchungsanordnung **nicht anzuhören** (§ 33 Abs. 4; BVerfGE 49, 329, 342) und es ist ihm die Durchsuchung vorher nicht anzukündigen. Allerdings kann sich eine Anhörung, jedenfalls aber eine Ankündigung für die Fälle, in denen bei nicht teilnahmeverdächtigen Angehörigen geschützter Berufe durchsucht werden soll, empfehlen (LR/*Tsambikakis* § 105 Rn. 38). Dem Betroffenen ist der **Anordnungsbeschluss bekannt zu machen.** Dies schließt regelmäßig die Bekanntgabe der vollständigen Begründung mit ein. Im Einzelfall ist es jedoch nach den das Ermittlungsverfahren beherrschenden Grundsätzen nicht ausgeschlossen, die Bekanntmachung der Gründe zurückzustellen, wenn durch sie der Untersuchungszweck gefährdet wäre (BGH NStZ 2003, 273, 274). Kann die Gefährdung des Untersuchungszwecks aber dadurch ausgeräumt werden, dass in der auszuhändigenden Ausfertigung vom Abdruck einzelner Passagen der Begründung abgesehen wird, darf danach auch eine unvollständige Ausfertigung übergeben werden. In jedem Fall ist aber auf die Weglassung der Gründe hinzuweisen (BGH NStZ 2003, 273). 15

Ist der Betroffene bei der Durchsuchung **nicht anwesend** und konnte ihm vor der Durchsuchung die Anordnung nicht bekannt gemacht werden, ist er nachträglich so schnell wie möglich zu unterrichten (vgl. auch § 106). 16

Ein unbedingter Anspruch auf **Akteneinsicht** im Beschwerdeverfahren gegen eine Durchsuchungs- und Beschlagnahmeentscheidung lässt sich – anders als bei Untersuchungshaft – aus dem Recht des Beschuldigten auf ein faires rechtsstaatliches Verfahren und seinem Anspruch auf rechtliches Gehör nicht entnehmen (LG Saarbrücken NStZ-RR 2006, 80, 81). 17

IV. Anordnungskompetenz der Staatsanwaltschaft und ihrer Ermittlungspersonen. Art. 13 Abs. 2 Hs. 2 GG sieht vor, dass Durchsuchungen bei Gefahr im Verzug auch »durch die in den Gesetzen vorgesehenen anderen Organe« – bei strafprozessualen Durchsuchungen demnach durch die Staatsanwaltschaft und ihre Ermittlungspersonen (§ 152 GVG) angeordnet werden dürfen. Wegen des Ausnahmecharakters dieser Regelung, vor allem auch wegen der grundrechtssichernden Schutzfunktion des Richtervorbehalts ist der Begriff Gefahr im Verzug aber eng auszulegen (BVerfGE 103, 142, 152 f.). **Gefahr im Verzug** liegt vor, wenn die richterliche Anordnung nicht eingeholt werden kann, ohne dass der Zweck der Maßnahme – regelmäßig die Sicherung von Beweismitteln – gefährdet wird (BVerfGE 51, 97, 111 unter Hinweis auf RGSt 23, 334). Sie muss mit Tatsachen begründet werden, die auf den Einzelfall bezogen sind (vgl. dazu LR/*Tsambikakis* § 105 Rn. 85). Die bloße Möglichkeit eines Beweismittelverlustes genügt jedenfalls nicht (BVerfGE 103, 142, 155, wonach reine Spekulationen, hypothetische Erwägungen oder lediglich auf kriminalistische Alltagserfahrungen gestützte fallunabhängige Vermutungen als Grundlage einer Annahme von Gefahr im Verzug nicht hinreichend sind). Die Strafverfolgungsbehörden dürfen die tatsächlichen Voraussetzungen einer Gefahr im Verzug auch nicht selbst herbeiführen. Sie dürfen also nicht so lange zuwarten, bis die Gefahr eines Beweismittelverlustes tatsächlich eingetreten ist und damit die Regelzuständigkeit des Richters unterlaufen (BVerfGE 103, 142, 155; BGH StraFo 2011, 506, 507). Sie müssen regelmäßig versuchen, eine Anordnung des instanziell und funktionell zuständigen Richters zu erlangen, bevor sie eine Durchsuchung beginnen (BVerfGE 103, 142, 155). Insb. kann die Annahme von Gefahr im Verzug nicht allein mit dem abstrakten Hinweis begründet werden, eine richterliche Entscheidung sei gewöhnlicherweise zu einem bestimmten Zeitpunkt oder innerhalb einer bestimmten Zeitspanne nicht zu erreichen (BVerfGE 103, 142, 156). Dabei kommt es für die Frage, ob die Ermittlungsbehörden eine richterliche Entscheidung rechtzeitig erreichen können, auf den Zeitpunkt an, zu dem die Staatsanwaltschaft oder ihre Hilfsbeamten die Durchsuchung für erforderlich halten (BGH NStZ 2012, 104 unter Hinweis auf BGHSt 51, 285, 288 f.). Ist bereits ein Durchsuchungsbeschluss beantragt, ist auch dann, wenn der Ermittlungsrichter sich außerstande sieht, die Anordnung ohne Vorlage der Akte zu erlassen, für eine staatsanwaltschaftliche Prüfung des Vorliegens von Gefahr im Verzug regelmäßig kein Raum mehr. Anderes gilt nur, wenn neue Umstände vorliegen, die sich nicht aus dem vorangegangenen Prozess der Prüfung und Entscheidung über den ursprünglichen Antrag auf Durchsuchung ergeben (BGH StraFo 2017, 103; vgl. auch OLG Köln, Beschl. v. 25.10.2016 – 1 RVs 227/16). Zur Gefahr im Verzug bei der Durchsuchung der Wohnung eines Dritten zum Zwecke der Festnahme des flüchtigen Verurteilten, vgl. LG Marburg Beschl. v. 02.08.2012 – 3 KLs – 1 Js 2877/11. Zu den aktuellen Entwicklungen der Rspr., vgl. auch Moldenhauer JA 2017, 206. 18

Aus der Regelzuständigkeit des Richters folgt die verfassungsrechtliche Verpflichtung, die Erreichbarkeit des Ermittlungsrichters gegebenenfalls auch durch die **Einrichtung eines Eil- oder Notdienstes** zu sichern (BVerfG, Beschl. v. 12.03.2019 – 2 BvR 675/14; BVerfG NJW 2004, 1442; BVerfGE 103, 142, 156; § 22c GVG). Das bedeutet aber nicht, dass auch zur Nachtzeit i.S.d. § 104 Abs. 3 unabhängig vom konkreten Bedarf stets ein richterlicher Eildienst zur Verfügung stehen müsste (BVerfG, Beschl. v. 12.03.2019 – 2 BvR 675/14, wonach sich die Nachtzeit abweichend von § 104 Abs. 3 StPO auf die Zeit bis 6.00 Uhr morgens erstreckt; BVerfG NJW 2004, 1442; BVerfGE 103, 142, 146). Ein solcher ist erst dann gefordert, wenn hier- 19 für ein praktischer Bedarf besteht, der über den Ausnahmefall hinausgeht (BVerfG NJW 2004, 1442 für das Land Brandenburg, in dem es nur ganz vereinzelt zu nächtlichen Durchsuchungsanordnungen kommt; vgl. auch BGH NStZ 2012, 104). Wäre das durch Art. 13 Abs. 2 GG vorgegebene Regel-Ausnahme-Verhältnis ohne die nächtliche Erreichbarkeit eines Ermittlungsrichters nicht mehr gewahrt, liegt ein solcher über den Ausnahmefall hinausgehender Bedarf an nächtlichen Durchsuchungsanordnungen vor. Von der Einrichtung eines nächtlichen Bereitschaftsdienstes kann nach der Rspr. des Bundesverfassungsgerichts daher nur abgesehen werden, soweit nachts Durchsuchungsanordnungen lediglich »in sehr geringem Umfang« anfallen (BVerfG, Beschl. v. 12.03.2019 – 2 BvR 675/14 zur Ausgestaltung der Bereitschaftsdienstzeit beim AG Rostock im Jahr 2013). Allerdings muss nach dieser Rspr. die Regelzuständigkeit des Ermittlungsrichters bei Tage uneingeschränkt gewährleistet sein, was auch einschließt, dass dem Richter die notwendigen Hilfsmittel für eine sachangemessene Wahrnehmung seiner richterlichen Aufgaben zur Verfügung gestellt werden (vgl. auch BVerfG NJW 2004, 1442; für den richterlichen Haftdienst, BVerfG NJW 2002, 3161, 3162). Wird dem Bereitschaftsrichter der Sachverhalt plausibel geschildert, darf er sein Tätigwerden nicht unter Hinweis auf fehlende Aktenkenntnis verweigern (BbgVerfG NJW 2003, 2305; zum Streitstand Meyer-Goßner/*Schmitt* § 105 Rn. 2b). Sieht sich der Richter ohne Aktenkenntnis außerstande, einen Durchsuchungsbeschluss zu erlassen, fehlt es an einer eigenständigen Prüfung und Entscheidung des Richters, sodass die Staatsanwaltschaft aufgrund ihrer Eilkompetenz selbst die Durchsuchung wegen Gefahr im Verzug anordnen kann (BGH NStZ 2006, 114, 115).

20 Für die Anordnung der Durchsuchung von **Pressebetrieben und Rundfunkanstalten** nach Gegenständen, die nur nach § 97 Abs. 5 Satz 2 beschlagnahmt werden dürfen, ist ausschließlich der Richter zuständig (entsprechend § 98 Abs. 1 Satz 2). Eine richterliche Bestätigung der Anordnung des Staatsanwalts und der Ermittlungspersonen der Staatsanwaltschaft ist in § 105 nicht vorgesehen (Meyer-Goßner/*Schmitt* § 105 Rn. 2).

21 Eine richterliche Bestätigung der Anordnung des Staatsanwalts und der Ermittlungspersonen der Staatsanwaltschaft ist in § 105 nicht vorgesehen (Meyer-Goßner/*Schmitt* § 105 Rn. 2). Eine Pflicht der Ermittlungspersonen hinsichtlich einer rechtmäßig auf Gefahr im Verzug gestützten und noch laufenden Durchsuchung eine richterliche Genehmigung zu erwirken, besteht nicht (BGH, Urt. v. 15.03.2017 – 2 StR 23/16, NStZ 2017, 713).

22 I.Ü. gilt, dass der Begriff »Gefahr im Verzug« ein **unbestimmter Rechtsbegriff** ist. Ein Ermessen der Behörden scheidet damit aus (BVerfG StV 2004, 633). Die Auslegung und Anwendung unterliegt einer unbeschränkten gerichtlichen Kontrolle (BVerfGE 103, 142, 157 f.).

23 **V. Dokumentationspflichten bei Gefahr im Verzug.** In Eilfällen reicht die (fern)mündliche Anordnung der Durchsuchung aus. Die wirksame gerichtliche Nachprüfung der Anordnung bei Gefahr im Verzug setzt nach der Rspr. des BVerfG jedoch voraus, dass der Beamte (Staatsanwalt oder Polizeibeamter) vor oder jedenfalls unmittelbar nach der Durchsuchung seine für den Eingriff bedeutsamen Erkenntnisse und Annahmen in den Ermittlungsakten dokumentiert (BVerfGE 103, 142, 160). Er muss daher insb. unter Bezeichnung des Tatverdachts und der gesuchten Beweismittel, die Umstände darlegen, auf die er die Gefahr des Beweismittelverlustes stützt (BVerfGE 103, 142, 160). Zudem muss erkennbar sein, ob der Beamte den Versuch unternommen hat, den Ermittlungsrichter zu erreichen. Allgemeine Formulierungen, die bloß die juristische Definition von »Gefahr im Verzug« wiedergeben, reichen nicht aus (OLG Zweibrücken, Urt. v. 18.06.2019 – 1 OLG 2 Ss 3/18). Die Dokumentationspflicht richtet sich in erster Linie an den verantwortlichen Staatsanwalt. Nur im Einzelfall (wegen der »Evidenz« des Falles) reicht der zeitnahe polizeiliche Vermerk aus (BVerfG NJW 2004, 1442).

24 **B. Ausführung der Durchsuchung. I. Zuständige Organe.** Die Zuständigkeit für den Vollzug der (ermittlungs)richterlichen Anordnung liegt bei der Staatsanwaltschaft (BVerfG NJW 1997, 2165, 2166; § 36 Abs. 2 Satz 1). Der Ermittlungsrichter kann, muss dabei aber nicht anwesend sein.

25 Die Staatsanwaltschaft kann andere Behörden, wie etwa die Polizei, mit dem Vollzug beauftragen. Das erkennende Gericht, das die Anordnung getroffen hat, hat die Vollstreckung selbst zu leiten (so SK-StPO/*Wohlers/Jäger* § 105 Rn. 44 m.w.N.; vgl. auch LR/Tsambikakis § 105 Rn. 112).

26 **II. Zeitliche Geltung. Von dem Vollzug** einer Durchsuchungsanordnung kann **vorläufig abgesehen** werden (Art. 13 Abs. 2 GG; BVerfG NJW 1997, 2165, 2166). Nicht erlaubt ist es aber, sich eine Durchsuchungsanordnung »auf Vorrat« zu besorgen. Vielmehr ist die Befugnis der Staatsanwaltschaft von der erteilten Durchsuchungsanordnung Gebrauch zu machen, durch objektive Merkmale begrenzt (BVerfG NJW 1997, 2165, 2166). Maßgebliche Kriterien hierfür sind die Art des Tatverdachts, die Schwierigkeit der Ermittlungen, die sonstigen Besonderheiten des Falles sowie die Dauerhaftigkeit der tatsächlichen Grundlagen für die

Erforderlichkeit und Zumutbarkeit der Durchsuchungsmaßnahme (BVerfG NJW 1997, 2165, 2166). Zu berücksichtigen sind aber auch die Vorbereitung der Ermittlungsmaßnahmen, ermittlungstaktische Überlegungen, die Rücksichtnahme unter dem Gesichtspunkt der Publizität, die Möglichkeit des Beweismittelverlustes und der Beweismittelveränderung (KK-StPO/*Bruns* § 105 Rn. 10 unter Hinweis auf die Stellungnahme des 5. Strafsenates zur Verfassungsbeschwerde). **Spätestens mit dem Ablauf eines halben Jahres** ist davon auszugehen, dass die richterliche Prüfung nicht mehr die rechtlichen Grundlagen einer beabsichtigten Durchsuchung gewährleistet und die richterliche Anordnung nicht mehr den Rahmen, die Grenzen und den Zweck der Durchsuchung i.S. eines effektiven Grundrechtsschutzes zu sichern vermag (BVerfG NJW 1997, 2165, 2166). Zum Verdacht der *Insolvenzverschleppung*, vgl. BVerfG ZInsO 2002, 424 (die Durchsuchungsanordnung bedarf nach Ablauf von 3 Monaten keiner neuen richterlichen Verhältnismäßigkeitsprüfung).

Nach Ablauf dieser Frist ist ein **neuer Durchsuchungsbeschluss** zu beantragen. 27

Ändern sich die für den Erlass der Anordnung **maßgeblichen Umstände** darf die Staatsanwaltschaft von der 28 Anordnung keinen Gebrauch mehr machen (LR/*Tsambikakis* § 105 Rn. 113).

III. Absehen von der Durchsuchung. Die Staatsanwaltschaft kann von der Durchführung der Durch- 29 suchung absehen, wenn der Durchsuchungszweck nicht mehr erreicht werden kann oder die Durchsuchung den Verhältnismäßigkeitsgrundsatz verletzt (KK-StPO/*Bruns* § 105 Rn. 8). Richterliche Anordnungen im Zwischenverfahren und im Hauptverfahren sind allerdings verbindlich (KK-StPO/*Bruns* § 105 Rn. 8).

IV. Zuziehung von Zeugen. Bei der Durchsuchung der Wohnung, der Geschäftsräume oder des befriedeten 30 Besitztums ohne Beisein des Richters oder Staatsanwalts sollen Zeugen (ein Gemeindebeamter oder zwei Gemeindemitglieder) zuzuziehen sein (Abs. 2). Damit soll notfalls auch die Vornahme einer ordnungsgemäßen Durchführung bewiesen werden (BGH NJW 1963, 1461). Abs. 2 Satz 1 postuliert Pflichten der Ermittlungsorgane. Diese Zuziehung ist daher eine wesentliche Förmlichkeit der Durchsuchung, nicht eine bloße Ordnungsvorschrift (BGHSt 51, 211). Nichts anders ergibt sich aus der Einschränkung »**wenn möglich**«, da i.S. dieser Vorschriften eine Unmöglichkeit nur dann vorliegt, wenn die durch Tatsachen begründete naheliegende Möglichkeit besteht, dass durch die Suche nach bereiten Zeugen der Erfolg der Durchsuchung vereitelt wird (BGHSt 51, 211, 213 unter Hinweis auf LR/*Schäfer* Rn. 55; SK-StPO/*Wohlers/Jäger* § 105 Rn. 56; RGSt 55, 161, 165). Der Beamte entscheidet hierüber nach pflichtgemäßem Ermessen (BGH NStZ 1986, 84, 85; KK-StPO/*Bruns* Rn. 14; a.M. SK-StPO/*Wohlers/Jäger* § 105 Rn. 57, wonach die Nichtzuziehung zur Annahme der Rechtswidrigkeit führt). Er handelt auch dann rechtmäßig, wenn er sich über die Beurteilung der Verhältnisse irrt (Meyer-Goßner/*Schmitt* § 105 Rn. 11 m.w.N.; KK-StPO/*Bruns* § 105 Rn. 14).

Insb. dann, wenn die Durchsuchung zunächst im Einvernehmen ohne Zeugen begonnen hat und später 31 gegen den Willen des Betroffenen fortgesetzt wird, kann jedoch auf eine Hinzuziehung regelmäßig verzichtet werden, um den Erfolg der Durchsuchung zu sichern (BGH NStZ 1986, 84).

Die Zeugen müssen erst zu Beginn der eigentlichen Durchsuchungshandlung, d.h. der Nachforschung nach 32 Beweismitteln herangezogen werden (BGH NJW 1963, 1461).

Der Betroffene kann auf die Zuziehung von Zeugen **verzichten** (BGH NJW 1963, 1461; LR/*Tsambikakis* § 105 Rn. 118; Meyer-Goßner/*Schmitt* § 105 Rn. 12; vgl. aber KK-StPO/*Bruns* § 105 Rn. 14 wonach 33 es auch bei einem Verzicht dem Ermessen des Polizeibeamten überlassen bleibt, ob er von der Zuziehung absieht oder nicht). Der Verzicht auf die Zuziehung von Zeugen ist mit einer überprüfbaren Begründung zu versehen. Der Hinweis »Stadt München stellt keine DuSu-Zeugen« genügt dem nicht (LG München StraFo 2009, 146, 147).

V. Vernehmung von Zeugen. Vernehmungen von Zeugen während der Durchsuchung, etwa zu den durch- 34 suchenden Räumlichkeiten, den Aufbewahrungsorten sicherzustellender Beweismittel oder Passwörtern von EDV-Anlagen, sind grundsätzlich zulässig. Unter Hinweis auf § 161a können sie (in Anwesenheit eines Staatsanwalts) auch zur Aussage veranlasst werden. Es gilt dabei aber § 68a zu beachten, wonach sich ein Zeuge eines anwaltlichen Beistands bedienen kann.

VI. Anwesenheitsrechte Dritter. Sachverständige können an einer Durchsuchung teilnehmen. Hierzu 35 bedarf es allerdings regelmäßig eines behördlichen Auftrags. Die Teilnahme orientiert sich ebenso wie die Heranziehung **sachkundiger Zeugen** als Helfer der Ermittlungsbehörden aber an der Stellung der Staatsanwaltschaft zur Unparteilichkeit. Danach kann die Zuziehung des Anzeigeerstatters oder von ihm beauftragter Personen, bspw. zur Identifizierung von Diebesgut, geboten sein. Anderes gilt aber, soweit die Zeugen etwa Mitarbeiter einer Anzeigeerstatterin sind, die zugleich Mitbewerberin im selben Markt ist und die daher bei Durchsicht der Geschäftsunterlagen möglicherweise Geschäftsgeheimnisse wahrnehmen können (OLG Hamm NStZ 1986, 326, 327; vgl. auch AG Schönebeck Urt. v. 08.06.2004 – 6 Cs 556 Js

23580/03; zur Teilnahme eines Mitarbeiters der Gesellschaft für Urheberrechtsverletzungen als Sachverständiger, LG Kiel NStZ 2007, 169; vgl. § 110 Rn. 11). Zur Zuziehung eines Sachverständigen aus der Sphäre des Anzeigeerstatters durch die Polizei, vgl. LG Berlin Beschl. v. 03.05.2012 – 526 Qs 10 – 11/12. **Beamte der Steuerfahndung** können als Sachverständige für Buchhaltungsfragen herangezogen werden, soweit die Durchsuchung wegen eines Nichtsteuerdelikts durchgeführt wird (LG Stuttgart wistra 1997, 279). Zur Auswertung von Abrechnungsunterlagen durch Sachverständige, vgl. BVerfG Nichtannahmebeschluss vom 31.08.2007 – 2 BvR 1681/07. Für **ausländische Ermittlungsbeamte** kann sich eine ausdrückliche gesetzliche Ermächtigung für deren Anwesenheit entweder aus den als innerstaatliches Recht geltenden völkerrechtlichen Bestimmungen ergeben, die dem um Rechtshilfe ersuchenden Staat unter bestimmten Voraussetzungen einen Anspruch auf Gestattung der Anwesenheit seiner Beamten an in seinem Strafverfolgungsinteresse im Inland durchzuführenden Ermittlungsmaßnahmen zugestehen. Bestehen solche Bestimmungen nicht, kann sich im Einzelfall die Notwendigkeit einer Beteiligung weiterer Personen aus dem Gebot einer sachgerechten, auf den Ermittlungserfolg zielenden, gleichzeitig aber auch den Umfang der Beweismittelerhebungen auf das für die Beweisführung und die weiteren Ermittlungen unerlässliche Maß beschränkenden Erledigung einer Durchsuchungsanordnung ergeben (OLG Karlsruhe NStZ 1991, 50, 51). Die Vornahme eigener Durchsuchungen geht dabei allerdings über die bloße Förderung durch innerstaatliche Behörden vorzunehmender Ermittlungsmaßnahmen hinaus.

36 Zur Teilnahme Dritter an der Durchsicht der Papiere, vgl. § 110 Rdn. 12.

37 **VII. Dokumentation der Durchsuchung.** Die fotografische Dokumentation einer Durchsuchung kann zulässig (und geboten) sein, soweit dies etwa zur Dokumentation des Auffindeortes von Beweismitteln erforderlich ist, wenn sich das Erfordernis weiterer Durchsuchungsmaßnahmen oder Spurensicherungsmaßnahmen ergibt, die nicht sofort ausgeführt werden können oder wenn diese wegen der Bedeutung der Straftat und der voraussichtlichen Bedeutung der Bilder als Beweismittel für den gerichtlichen Augenschein das Interesse des Wohnungsinhabers an der Bewahrung seiner privaten Lebenssphäre überwiegen könnte (OLG Celle StV 1985, 137, 139; LG Hamburg StV 2004, 368, 369; vgl. auch BVerfG NJW 2011, 1863, 1866; *Park* Durchsuchung und Beschlagnahme Rn. 205).

38 **VIII. Anwendung unmittelbaren Zwangs.** Die Durchsuchungsanordnung berechtigt zu allen Maßnahmen, die zur Erreichung des Durchsuchungszwecks erforderlich sind (OLG Karlsruhe StraFo 1997, 13, 15). Hingenommen werden müssen danach auch Einschränkungen der ungehinderten **fernmündlichen Kontaktaufnahme,** wenn die Gefahr besteht, dass es sonst zu Verdunklungshandlungen kommen könnte. Das gilt allerdings nicht für den Kontakt zum Verteidiger. Es empfiehlt sich dabei aber regelmäßig den Kontakt durch den Polizeibeamten herstellen zu lassen. Die mit der Vollziehung der Maßnahme beauftragten Beamten dürfen sich den Zugang auch mit Gewalt gegen Personen und Sachen erzwingen (LR/*Tsambikakis* § 105 Rn. 124). Wohn- und Geschäftsräume dürfen daher – regelmäßig unter Zuhilfenahme eines Schlüsseldienstes – **gewaltsam geöffnet** werden, bei der Personendurchsuchung der Betroffene **kurzfristig festgenommen** und auf der Polizeiwache durchsucht werden (Meyer-Goßner/*Schmitt* § 105 Rn. 13; LR/*Tsambikakis* § 105 Rn. 127; LG Frankfurt NJW 2008, 2201). Ein »Stubenarrest« i.S. einer präventiven Festnahme vor oder während einer Durchsuchung scheidet danach aber aus. **Dritte** dürfen bei dem Verdacht, sicherzustellende Gegenstände zu entfernen, vom Durchsuchungsort ferngehalten werden (vgl. auch die Anmerkungen zu § 106 und § 164).

39 Bei der Anwendung unmittelbaren Zwangs ist aber stets der **Verhältnismäßigkeitsgrundsatz** zu berücksichtigen.

40 **IX. Beendigung der Durchsuchung.** Die Durchsuchungsanordnung berechtigt zu einer einmaligen, einheitlichen Durchsuchung (Meyer-Goßner/*Schmitt* § 105 Rn. 14 m.w.N.). Die Durchsuchung muss daher in einem Zug durchgeführt, kann aber durch Pausen unterbrochen werden. Mit einer ausdrücklichen Erklärung oder durch schlüssiges Verhalten ist die Durchsuchung aber beendet, die Durchsuchungsanordnung somit verbraucht (BVerfG StV 2004, 633, 634 unter Hinweis auf *Meyer-Goßner*; BGH NStZ 2020, 621). Die Durchsicht von Papieren nach § 110 gehört noch zum Vollzug der Durchsuchungsanordnung (BVerfG NJW 2011, 1863, 1865; BGH NJW 1995, 3397; vgl. i.Ü. die Anmerkungen zu § 110).

41 **C. Durchsuchungen bei der Bundeswehr.** Die Regelung ist mit Ausnahme der Formulierung: »Durchsuchung« inhaltsgleich mit § 98 Abs. 4. Auf die dortige Kommentierung wird verwiesen.

42 **D. Rechtsbehelfe. I. Richterliche Durchsuchungsanordnung und ihre Ablehnung.** Zulässig ist die **Beschwerde** nach § 304, auch wenn die Durchsuchungsanordnung vollzogen ist und sich die Maßnahme deshalb erledigt hat (BVerfGE 96, 27; 96, 44, 48 f.; KK-StPO/*Bruns* § 105 Rn. 19; SK-StPO/*Wohlers/Jäger* § 105 Rn. 72). § 305 Satz 2 gilt entsprechend (Meyer-Goßner/*Schmitt* 105 Rn. 15). Bei bereits erledigten

Durchsuchungen setzt die Beschwerde ein berechtigtes Interesse an der Feststellung der Rechtswidrigkeit der angefochtenen Maßnahme voraus. Ein solches Interesse ist allerdings bei der Durchsuchung von Wohnungen schon wegen des Gewichts des Eingriffs in das Grundrecht nach Art. 13 GG zu bejahen (BVerfGE 96, 27, 41). Mit dem Gebot effektiven Rechtsschutz zu gewährleisten ist es jedoch vereinbar, die Rechtsschutzgewährung von einem (noch) vorhandenen und fortbestehenden Rechtsschutzinteresse abhängig zu machen (BVerfG NJW 2003, 1514, 1515; BVerfGE 49, 329, 337 f.; 96, 27, 39; 104, 220, 232). Ein solches ist anzunehmen, solange der Rechtsschutzsuchende gegenwärtig betroffen ist und mit seinem Rechtsmittel ein konkretes praktisches Ziel erreichen kann (BVerfGE 104, 220, 232). Ein Antrag kann deshalb nicht nach Belieben hinausgezogen oder verspätet gestellt werden (BVerfG NJW 2003, 1514: Verwerfung der Beschwerde wegen »prozessualer Überholung« nach Vollzug der Ermittlungsmaßnahme, Einstellung des Ermittlungsverfahrens und Ablauf von 2 Jahren bis zur Einlegung der Beschwerde nach Vollzug und Abschluss des Verfahrens). Die Abwendung der Durchsuchung durch Herausgabe der Beweismittel lässt ein Rechtsschutzbedürfnis nicht entfallen (BVerfG wistra 2008, 463, 464 f.). Auch wenn es sich bei der Anordnung der Durchsuchung zum Zweck der Ergreifung nur um eine begleitende Maßnahme handelt (hier eine Anordnung nach § 81a StPO) ist die Beschwerde zulässig (BGH, Beschl. v. 05.04.2018 – StB 2/18).

Das Beschwerdegericht darf seine Entscheidung nicht auf Gründe stützen, die dem Ermittlungsrichter nicht bekannt waren. Prüfungsmaßstab bleibt die Sach- und Rechtslage zur Zeit des Erlasses des Durchsuchungsbeschlusses (BVerfG NJW 2011, 291). Mangelhafte Umschreibungen des Tatvorwurfs oder der zu suchenden Beweismittel können daher nicht nachträglich geheilt werden, denn diese Angaben dienen dem durchsuchenden Beamten zur Begrenzung des Eingriffs auf das zur Zweckerreichung erforderliche Maß (BVerfG NJW 2011, 291, 292 m.w.N.). 43

II. Durchsuchungsanordnung der Staatsanwaltschaft und ihrer Ermittlungsbeamten. Ist die Durchsuchung **noch nicht abgeschlossen**, kann der Richter entsprechend § 98 Abs. 2 Satz 2 angerufen werden (BGHSt 28, 206, 209; 36, 30, 31; Meyer-Goßner/*Schmitt* § 105 Rn. 15 m.w.N.; KK-StPO/*Bruns* § 105 Rn. 16; SK-StPO/*Wohlers/Jäger* § 105 Rn. 73). Gegen dessen Entscheidung ist die Beschwerde nach § 304 statthaft. Auch soweit der Vollzug der Anordnung **erledigt** ist, wird die Rechtmäßigkeit der Entscheidung entsprechend § 98 Abs. 2 mit dem Antrag auf gerichtliche Entscheidung nachträglich geprüft (KK-StPO/*Bruns* § 105 Rn. 17; SK-StPO/*Wohlers/Jäger* § 105 Rn. 73). 44

III. Art und Weise der Vollziehung. Wird die Art und Weise der Durchsuchung beanstandet, kann ebenfalls in entsprechender Anwendung des § 98 Abs. 2 Satz 2 die gerichtliche Entscheidung beantragt werden (Meyer-Goßner/*Schmitt* § 105 Rn. 17; vgl. KK-StPO/*Bruns* § 105 Rn. 18). Dies gilt sowohl für richterlich angeordnete abgeschlossene Durchsuchungen (BGHSt 45, 183, jedenfalls dann, wenn die beanstandete Art und Weise des Vollzugs nicht ausdrücklicher und evidenter Bestandteil der richterlichen Anordnung war) als auch für nichtrichterlich angeordnete abgeschlossene Durchsuchungen (BGHSt 45, 265 – dem Betroffenen wurde verwehrt, seinen Verteidiger herbeizurufen). 45

E. Verwertbarkeit von Beweismitteln. Ein allgemeiner Grundsatz, dass jeder Verstoß gegen Beweiserhebungsvorschriften ein strafprozessuales Verwertungsverbot nach sich zieht, ist dem Strafverfahrensrecht nach gefestigter Rspr. fremd (BGHSt 51, 285, 289 f.; BVerfG NJW 2009, 3225 m.w.N.). Ein Beweisverwertungsverbot ist daher die Ausnahme und greift nur bei ausdrücklicher gesetzlicher Regelung oder aus übergeordneten wichtigen Gründen nach Abwägung der widerstreitenden Interessen im Einzelfall (BVerfG NJW 2009, 3225). Nur eine bewusste Missachtung oder gleichgewichtig grobe Verkennung der Voraussetzungen des für die Wohnungsdurchsuchung bestehenden Richtervorbehalts kann die Annahme eines Verbots der Verwertung bei der Durchsuchung gewonnener Beweismittel rechtfertigen (BGH NStZ 2020, 621; BGHSt 51, 285; BGH NStZ 2012, 104; OLG Düsseldorf NStZ 2017, 177). Ein Beweisverwertungsverbot ist auch bei schwerwiegenden, bewussten oder willkürlichen Verfahrensverstößen, in denen die Beschränkung auf den Ermittlungszweck der Datenträgerbeschlagnahme planmäßig oder systematischer außer Acht gelassen wird, geboten (BVerfGE 113, 29, 61). Ein absolutes Beweisverwertungsverbot unmittelbar aus den Grundrechten ist darüber hinaus für solche Fälle anerkannt, in denen der Kernbereich privater Lebensgestaltung berührt ist (BVerfG NStZ 2011, 103, 105 zur »Steuer-CD«; BVerfGE 109, 279, 320). Ein Verwertungsverbot bei fehlerhafter Durchsuchung scheidet jedenfalls dann aus, wenn dem Erlass der Durchsuchungsanordnung keine rechtlichen Hindernisse entgegengestanden hätten und die tatsächlich sichergestellten Beweismittel als solche der Verwertung als Beweismittel rechtlich zugänglich gewesen wären (sog. Hypothetischer Ersatzeingriff; vgl. BVerfG StV 2002, 113; BGH NStZ 2016, 551; BGHSt 31, 304, 306; BGH NStZ 1998, 375, 376). Dem Aspekt eines möglichen hypothetisch rechtmäßigen Ermittlungsverlaufs kommt bei schwer- 46 wiegender, bewusster oder willkürlicher Verkennung des Richtervorbehalts allerdings keine Bedeutung zu (BGH NStZ 2012, 104).

47 Kein Verwertungsverbot ist daher anzunehmen: bei **irrtümlicher Annahme von Gefahr im Verzug** (mit der oben geschilderten Ausnahme); bei **fehlender Dokumentation** allein (BVerfG StraFo 2011, 287) und bei **Fehlen eines nächtlichen richterlichen Bereitschaftsdienstes** (NStZ-RR 2007, 242, 243).

48 Zum Beweisverwertungsverbot bei Missachtung des Richtervorbehalts, vgl. BGH StraFo 2016, 338 (auch zur Bedeutung eines möglichen hypothetisch rechtmäßigen Ermittlungsverlaufs); BGH StraFo 2011, 506, 507; bei einer Durchsuchung ohne Rechtsgrundlage, LG Dresden StraFo 2011, 233; LG Köln StraFo 2011, 223. Zur objektiv willkürlichen Annahme staatsanwaltschaftlicher Eilkompetenz, die ein Verbot der Verwertung der bei den Durchsuchungen erhobenen Beweise nach sich ziehen kann, vgl. BGH StV 2012, 3.

49 **F. Revision.** Fehler bei der Durchsuchung können eine Revision nicht begründen. Allerdings kann die Verwertung der bei einer Durchsuchung gewonnenen Erkenntnisse entgegen einem bestehenden Beweisverwertungsverbot gerügt werden (BGHSt 51, 285; BGH StraFo 2017, 103; BGH StraFo 2011, 314, 315; LR/*Tsambikakis* § 105 Rn. 149).

50 Die Zulässigkeit einer Verfahrensrüge, mit der ein Beweisverwertungsverbot wegen Fehlern bei einer Durchsuchung zur Sicherstellung von Sachbeweisen gerügt wird, setzt einen Widerspruch voraus (BGH NStZ 2018, 737; BGHSt 60, 38; Meyer-Goßner/*Schmitt* § 105 Rn. 22; anders – nicht tragend: BGHSt 61, 266 mit Anm. *Basdorf* in NStZ 2017, 367). Zum Umfang des notwendigen Rügevortrags vgl. auch BGH StV 2015, 85.

§ 106 Hinzuziehung des Inhabers eines Durchsuchungsobjekts

(1) [1]Der Inhaber der zu durchsuchenden Räume oder Gegenstände darf der Durchsuchung beiwohnen. [2]Ist er abwesend, so ist, wenn möglich, sein Vertreter oder ein erwachsener Angehöriger, Hausgenosse oder Nachbar zuzuziehen.

(2) [1]Dem Inhaber oder der in dessen Abwesenheit zugezogenen Person ist in den Fällen des § 103 Abs. 1 der Zweck der Durchsuchung vor deren Beginn bekanntzumachen. [2]Diese Vorschrift gilt nicht für die Inhaber der in § 104 Abs. 2 bezeichneten Räume.

Übersicht

1 **A. Förmlichkeit der Durchsuchung.** § 106 postuliert Pflichten der Ermittlungsorgane und ist – wie auch § 105 Abs. 2 und § 107 Satz 1 – nach seinem Wortlaut sowie nach seinem Sinn und Zweck, den von einer Durchsuchung Betroffenen zu schützen, als wesentliche Förmlichkeit zwingendes Recht und nicht lediglich eine Vorschrift, die zur beliebigen Disposition der Ermittlungsorgane steht (BGHSt 51, 211, 213 zur »verdeckten Online-Durchsuchung«). Zu § 106 als Ordnungsvorschrift, vgl. unten Rdn. 17.

2 § 106 findet sowohl bei einer Durchsuchung nach § 102 als auch nach § 103 Anwendung.

3 **B. Anwesenheitsrecht des Inhabers. Inhaber** ist jeder, der die zu durchsuchenden Räume tatsächlich innehat und der an den Durchsuchungsgegenständen Gewahrsam hat (LR/*Tsambikakis* § 106 Rn. 2; KK-StPO/*Bruns* § 106 Rn. 1). Bei einer Mietwohnung ist dies der Mieter, bei einem Hotelzimmer der tatsächliche Nutzer und der Hotelbesitzer (LR/*Tsambikakis* § 106 Rn. 2). Ein Gefangener ist nicht Inhaber seiner Haftzelle (BVerfG NStZ 1996, 511; OLG Dresden ZfStrVo 1995, 251; KK-StPO/*Bruns* § 106 Rn. 1; anders LR/*Tsambikakis* § 106 Rn. 2, wonach der Gefangene Inhaber sein kann). Gleiches gilt für das Inventar der Zelle. Er ist lediglich Inhaber der in seinem Eigentum stehenden oder ihm von Dritten überlassenen Gegenstände. Der Inhaber kann auf sein Anwesenheitsrecht **verzichten** oder **einen anderen mit der Wahrnehmung seiner Interessen betrauen** (Meyer-Goßner/*Schmitt* § 106 Rn. 2). Dies trifft etwa für einen Unternehmensanwalt oder für einen Mitarbeiter der Rechtsabteilung zu (vgl. auch *Taschke*, Verteidigung in Unternehmen – Die wirtschaftliche Unternehmensberatung, StV 2007, 495, 498). Das Anwesenheitsrecht besteht allerdings nur, wenn der Inhaber sich am Durchsuchungsort aufhält. Es besteht daher **keine Wartepflicht** der die Durchsuchungsanordnung vollziehenden Beamten. Regelmäßig wird aber ohne erhebliche Verzögerung der Inhaber zu benachrichtigen und herbeizuholen sein. Trifft der Inhaber nach Beginn der Durchsuchung ein, ist diese nicht zu »wiederholen« sondern fortzusetzen (Meyer-Goßner/*Schmitt* § 106 Rn. 2).

Der Inhaber darf sich während der Durchsuchung frei in den zu durchsuchenden Räumen bewegen. Stört er allerdings die Durchsuchung, kann er nach § 164 entfernt und festgehalten werden (RGSt 33, 251). Zur Anwendung unmittelbaren Zwangs, vgl. § 105 Rdn. 38. 4

Der **Beschuldigte**, der nicht Inhaber ist, hat kein Anwesenheitsrecht. Der Inhaber kann aber dessen Anwesenheit gestatten (Meyer-Goßner/*Schmitt* § 106 Rn. 3). Ein inhaftierter Beschuldigter hat keinen Anspruch auf Vorführung zur Teilnahme an der Durchsuchung (LR/*Tsambikakis* § 106 Rn. 12). 5

Der **Verteidiger** hat kein eigenes (strafprozessuales) Anwesenheitsrecht. Ist der Beschuldigte aber Inhaber der zu durchsuchenden Räume kann er dem Verteidiger die Anwesenheit gestatten. Will der Beschuldigte während der Durchsuchung mit seinem Verteidiger Kontakt aufnehmen, kann dies allenfalls unter den Voraussetzungen des § 164 versagt werden (SK-StPO/*Wohlers/Jäger* § 106 Rn. 10). Die Kontaktaufnahme ist aber gegebenenfalls unter Vermittlung des die Durchsuchung leitenden Beamten herzustellen, um auch zu gewährleisten, dass tatsächlich der Verteidiger angerufen wird (vgl. auch LR/*Tsambikakis* § 105 Rn. 127; § 105 Rn. 36). Das Eintreffen des Verteidigers zur Durchsuchung muss nicht abgewartet werden. Die Fürsorgepflicht gebietet es aber regelmäßig dann zu warten, wenn der Verteidiger sein zeitnahes Erscheinen angekündigt hat (SK-StPO/*Wohlers/Jäger* § 106 Rn. 10; vgl. i.Ü. auch OLG Hamm, Beschl. v. 28.03.1980 –1 VAs 8/80) 6

Der **Staatsanwalt** hat, da er mit der Durchführung der Durchsuchung betraut ist (§ 36 Abs. 2 Satz 1), auch dann ein Anwesenheitsrecht, wenn ein Richter an der Durchsuchung teilnimmt. 7

Der die Durchsuchung **anordnende Richter** ist ebenfalls stets anwesenheitsberechtigt (vgl. KK-StPO/*Bruns* § 106 Rn. 3). 8

Die **Finanzbehörde** hat ein Anwesenheitsrecht sowohl für den Fall, dass sie für die Staatsanwaltschaft das Verfahren führt (§ 386 Abs. 2 AO) als auch dann, wenn die Staatsanwaltschaft selbst das (Steuer) Ermittlungsverfahren führt (§ 403 AO). Die Steuerfahndung muss allerdings von der Staatsanwaltschaft nach § 404 Satz 1 AO mit der Mitwirkung an der Durchsuchung beauftragt werden. 9

Ein **Sachverständiger** hat – auch als Angehöriger der Polizei oder Staatsanwaltschaft – ein Anwesenheitsrecht nur dann, wenn er aufgrund eines entsprechenden Auftrags der Staatsanwaltschaft an der Durchsuchung teilnimmt (vgl. auch § 105 Rdn. 35). 10

Dem **Nebenkläger** oder Privatkläger steht ein Anwesenheitsrecht nicht zu (LR/*Tsambikakis* § 106 Rn. 9; SK-StPO/*Wohlers/Jäger* § 106 Rn. 12). 11

C. Zuziehung Dritter. Ist der Inhaber nicht anwesend, müssen in der in Abs. 1 angegebenen Reihenfolge sein Vertreter oder ein erwachsener Angehöriger, Hausgenosse oder Nachbar zugezogen werden. Ist der (störende) Inhaber entfernt worden, bedarf es keiner Zuziehung Dritter. Der Inhaber hat in diesem Fall sein Anwesenheitsrecht verwirkt (LR/*Tsambikakis* § 106 Rn. 5). Ein Vertreter des Inhabers, ist derjenige, der ihn üblicherweise vertritt. Dies wird regelmäßig der Ehegatte sein. Möglich ist aber auch die Vertretung in sonstigen Angelegenheiten kraft Auftrags (LR/*Tsambikakis* § 106 Rn. 6 mit dem Beispiel des Hausverwalters) oder der eigens mit der Wahrnehmung der Rechte des Inhabers bei der Durchsuchung beauftragte Vertreter. Auch der Vertreter kann auf die Teilnahme an der Durchsuchung verzichten. 12

Aus ermittlungstaktischen Gründen darf die Hinzuziehung Dritter nicht unterbleiben (BGHSt 51, 211, 213 f.). Von der Zuziehung kann aber abgesehen werden, wenn sie unmöglich ist (vgl. hierzu § 105 Rdn. 30). 13

D. Bekanntgabe. Dem Inhaber (oder dem hinzugezogenen Dritten) ist in jedem Fall vor der Durchsuchung nach § 103 deren Zweck bekannt zu geben, es sei denn die Durchsuchung findet unter den Voraussetzungen des § 104 Abs. 2 statt. *Tsambikakis* hält unter Hinweis auf die Rspr. des BGH (BGHR StPO § 105 Zustellung 1) unter verfassungskonformer Auslegung der Vorschriften auch die Aushändigung der Durchsuchungsanordnung an den Betroffenen vor der Durchsuchung für geboten, es sei denn der Durchsuchungszweck werde dadurch nicht (ausnahmsweise) gefährdet (LR/*Tsambikakis* § 106 Rn. 14). *Tsambikakis* fordert zudem bei Anordnungen wegen Gefahr im Verzug eine entsprechende, möglichst schriftliche Bekanntgabe. Vgl. i.Ü. *Wiepjes*, StV 2019, 286. 14

Bei einer Durchsuchung nach § 102 sollte der Durchsuchungszweck auch dem Verdächtigen bekannt gegeben werden, soweit nicht der Untersuchungserfolg hierdurch gefährdet wird (Meyer-Goßner/*Schmitt* § 106 Rn. 5). 15

Zu weiteren Mitteilungspflichten, vgl. § 107. 16

E. Rechtsbehelfe und Verwertbarkeit von Beweismitteln. Ob es sich bei § 106 um eine **bloße Ordnungsvorschrift** handelt, aus deren Verletzung keine Rechtsfolgen hergeleitet werden können (so BGH NStZ 1983, 375) ist strittig. Nach *Tsambikakis* enthält § 106 als gesetzlich geregelte Form der Durchsuchung im Sinne von Art. 13 Abs. 2 GG **zwingendes Recht** (LR/*Tsambikakis* § 106 Rn. 15; Meyer-Goßner/*Schmitt* § 106 Rn. 1; SK-StPO/*Wohlers/Jäger* § 106 Rn. 27). Dem folgt auch der BGH in seinem Beschl. v. 31.07.2007 (BGHSt 51, 211, 213 f.; vgl. oben Rdn. 1) mit dem Hinweis darauf, dass in der Diskussion um die Frage, 17 ob aus der Verletzung der Vorschrift ein Beweisverwertungsverbot folgt, diese zuweilen jedenfalls als bloße Ordnungsvorschrift bezeichnet wird (vgl. danach auch BVerfG NJW 2005, 1917 zu Beweisverwertungsverboten bei schwerwiegenden, bewussten oder willkürlichen Verfahrensverstößen). Zu einem Verwertungsverbot bei einem Verstoß gegen § 106, vgl. auch AG Bremen StraFo 2008, 468.

18 Zulässiger Rechtsbehelf ist der Antrag auf richterliche Entscheidung entsprechend § 98 Abs. 2 Satz 2 (auch nach Beendigung der Durchsuchung).

§ 107 Durchsuchungsbescheinigung; Beschlagnahmeverzeichnis

[1]Dem von der Durchsuchung Betroffenen ist nach deren Beendigung auf Verlangen eine schriftliche Mitteilung zu machen, die den Grund der Durchsuchung (§§ 102, 103) sowie im Falle des § 102 die Straftat bezeichnen muss. [2]Auch ist ihm auf Verlangen ein Verzeichnis der in Verwahrung oder in Beschlag genommenen Gegenstände, falls aber nichts Verdächtiges gefunden wird, eine Bescheinigung hierüber zu geben.

Übersicht

1 **A. Mitteilung.** Die Vorschrift gewährleistet, dass der Betroffene unmittelbar **nach Beendigung** der Maßnahme über den Grund der Durchsuchung informiert wird und damit Gelegenheit erhält, deren Rechtmäßigkeit zu überprüfen und gegebenenfalls nachträglich Rechtsschutz in Anspruch zu nehmen (BGH NJW 2007, 930). Zwar erfolgt die Bekanntmachung des Durchsuchungsgrundes regelmäßig vor der Durchsuchung (vgl. § 105 Rdn. 15), dem Betroffenen – also dem **Gewahrsamsinhaber** – ist aber jedenfalls **auf dessen Verlangen** nach Beendigung der Durchsuchung schriftlich Mitteilung zu machen über den Grund der Durchsuchung und – bei einer Durchsuchung nach § 102 – über die Straftat. Auch die nach § 106 Satz 2 hinzugezogene Person kann eine solche Mitteilung verlangen (LR/*Tsambikakis* § 107 Rn. 4). **Von Amts wegen** hat die Mitteilung dann zu erfolgen, wenn der Betroffene von der Durchsuchung keine Kenntnis erlangt hat (SK-StPO/*Wohlers/Jäger* § 107 Rn. 3 unter Hinweis auf AK-*Amelung* § 107 Rn. 4 f.). Ein Strafgefangener hat keinen Anspruch auf Erteilung einer Negativbescheinigung über eine ergebnislose Haftraumdurchsuchung (KG, Beschl. v. 05.09.2008 – 2 Ws 408/08 Vollz).

2 Ausreichend ist die lediglich abstrakte Angabe des Durchsuchungszwecks (etwa Auffinden von Beweismitteln; vgl. KK-StPO/*Bruns* § 107 Rn. 3; Meyer-Goßner/*Schmitt* § 107 Rn. 2; vgl. auch die Anmerkungen zu § 102, § 103). *Wohlers* verlangt aus Gründen effektiven Rechtsschutzes (und zur Vermeidung unnötiger Rechtsmittel) die Mitteilung aller Umstände, auf die die Zulässigkeit der Durchsuchung gegründet worden ist (SK-StPO/*Wohlers/Jäger* § 107 Rn. 6).

3 § 107 gilt nach der Verweisung in **§ 111b Abs. 2** auch für die Durchsuchung zur Sicherstellung von Gegenständen, die der Einziehung unterliegen.

4 **B. Verzeichnis der in Verwahrung oder in Beschlag genommenen Gegenstände.** In der Regel hat die Staatsanwaltschaft, als die die Durchsuchung ausführende Behörde, dem Betroffenen ein **Verzeichnis** der in Verwahrung oder in Beschlag genommenen Gegenstände auszustellen. Wird nichts Verdächtiges aufgefunden, kann der Betroffene eine **Negativbescheinigung** verlangen. Das Verzeichnis wird regelmäßig **vor Ort erstellt** (OLG Stuttgart StV 1993, 235, 236) und umfasst die formlos sichergestellten oder beschlagnahmten Gegenstände nach Art und Anzahl. In der Praxis wird das Verzeichnis auch ergänzt um die genaue Angabe des Fundortes (Durchsuchungsort; Durchsuchungsraum; Inventar). Zwar ist eine ins Einzelne gehende Beschreibung von Gegenständen und Schriftstücken nicht erforderlich, die Kennzeichnung muss aber eine Identifizierung ermöglichen. Stehordner sind daher – soweit möglich – mit ihrer äußeren Beschriftung oder ihrem wesentlichen Inhalt aufzuführen (»Lohnbuchhaltung 2010«). Das Gleiche gilt für einzelne Schriftstücke. Kommt es (etwa beim Verdacht der unordentlichen Buchführung) auf die Aufbewahrungssituation an, kann in Einzelfällen auch deren Bezeichnung genügen (»ein Karton Ausgangsrechnungen«; vgl. auch Nr. 69 Abs. 2 AStBV [St] 2011). Ein Verzeichnis ist auch dann zu erstellen, soweit zur Wahrung des Verhältnismäßigkeitsgrundsatzes von der Originalurkunde gefertigte Kopien sichergestellt werden (LG Stade wistra 2002, 319). Eine Paginierung lose aufgefundener Schriftstücke ist nicht erforderlich. (KK-StPO/*Bruns* § 107 Rn. 4).

5 Das Verzeichnis ist, wenn es verlangt wird, möglichst sofort (nach Beendigung) auszuhändigen (OLG Stuttgart *StV 1993, 235, 236*).

Eine schriftliche Mitteilung über den Grund der Durchsuchung »nach deren Beendigung« kann dem Beschuldigten »auf Verlangen« ebenso wie die Übergabe eines Verzeichnisses der beschlagnahmten Gegenstände auch noch nach dem Übergang der Ermittlungen in die offene Phase gemacht werden, ohne seine Rechtsschutzmöglichkeiten im Ergebnis zu verkürzen (BGH wistra 2007, 28, 30). 6

C. Rechtsbehelfe. Diskutiert wird, ob es sich um zwingendes Recht handelt (KK-StPO/*Bruns* § 107 Rn. 5 unter Hinweis auf BGH NJW 2007, 930 = BGHSt 51, 211, 213; LR/*Tsambikakis* § 107 Rn. 1; Meyer-Goßner/*Schmitt* § 107 Rn. 1; vgl. § 106 Rdn. 17) oder um eine bloße Ordnungsvorschrift (OLG Stuttgart StV 1993, 235, 236). 7

Die Nichteinhaltung führt zu keinem Beweisverwertungsverbot (OLG Stuttgart StV 1993, 235; KK-StPO/*Bruns* § 107 Rn. 5; SK-StPO/*Wohlers/Jäger* § 107 Rn. 10; vgl. aber LR/Tsambikakis § 107 Rn. 6). 8

Weigert sich die Behörde ein Verzeichnis zu erstellen, ist nach *Schmitt* Antrag auf gerichtliche Entscheidung nach § 23 EGGVG statthaft (Meyer-Goßner/*Schmitt* § 107 Rn. 5; LG Gießen wistra 2000, 76; OLG Karlsruhe NStZ 1995, 48). *Bruns* weist allerdings darauf hin, dass bis zur Erfüllung von einem Andauern der Durchsuchung auszugehen ist, sodass der nach § 105 zuständige Richter entscheidet, wenn mangelhafte Ausführung behauptet wird (KK-StPO/*Bruns* § 107 Rn. 5). Danach ist § 98 Abs. 2 Satz 2 entsprechend anwendbar (so auch SK-StPO/*Wohlers/Jäger* § 107 Rn. 9 und LR/*Tsambikakis* § 107 Rn. 6 unter Hinweis darauf, dass die Erteilung der Durchsuchungsbescheinigung und des Beschlagnahmeverzeichnisses die Art und Weise der Durchsuchung betreffen). 9

Dem Antrag fehlt es am Rechtsschutzbedürfnis, wenn alle, bis auf eine einzige in einem Gerichtsbeschluss bezeichnete Unterlage zurückgegeben wurde (OLG Stuttgart NJW 1977, 2276, 2277). 10

§ 108 Beschlagnahme anderer Gegenstände

(1) [1]Werden bei Gelegenheit einer Durchsuchung Gegenstände gefunden, die zwar in keiner Beziehung zu der Untersuchung stehen, aber auf die Verübung einer anderen Straftat hindeuten, so sind sie einstweilen in Beschlag zu nehmen. [2]Der Staatsanwaltschaft ist hiervon Kenntnis zu geben. [3]Satz 1 findet keine Anwendung, soweit eine Durchsuchung nach § 103 Abs. 1 Satz 2 stattfindet.

(2) Werden bei einem Arzt Gegenstände im Sinne von Absatz 1 Satz 1 gefunden, die den Schwangerschaftsabbruch einer Patientin betreffen, ist ihre Verwertung zu Beweiszwecken in einem Strafverfahren gegen die Patientin wegen einer Straftat nach § 218 des Strafgesetzbuches unzulässig.

(3) Werden bei einer in § 53 Abs. 1 Satz 1 Nr. 5 genannten Person Gegenstände im Sinne von Absatz 1 Satz 1 gefunden, auf die sich das Zeugnisverweigerungsrecht der genannten Person erstreckt, ist die Verwertung des Gegenstandes zu Beweiszwecken in einem Strafverfahren nur insoweit zulässig, als Gegenstand dieses Strafverfahrens eine Straftat ist, die im Höchstmaß mit mindestens fünf Jahren Freiheitsstrafe bedroht ist und bei der es sich nicht um eine Straftat nach § 353b des Strafgesetzbuches handelt.

Übersicht

A. Einstweilige Beschlagnahme von Zufallsfunden. Deuten Gegenstände auf die Verübung einer anderen als der in der Durchsuchungsanordnung genannten Straftat hin, kann dieser Gegenstand nach § 108 als Beweismittel beschlagnahmt werden. Ausreichend ist der **ungewisse Verdacht der Tat** und die **naheliegende Möglichkeit der Geeignetheit als Beweismittel** (LR/Tsambikakis § 108 Rn. 8), ein Anfangsverdacht i.S.d. § 152 muss nicht bestehen. Steht der Beschlagnahme in dem noch einzuleitenden anderen Verfahren ein Beschlagnahmeverbot entgegen, ist die einstweilige Beschlagnahme nach § 108 unzulässig (LR/*Tsambikakis* § 108 Rn. 10; SK-StPO/*Wohlers/Jäger* § 108 Rn. 12; KK-StPO/*Bruns* § 108 Rn. 2). 1

§ 108 bietet **keine** Grundlage für eine **gezielte Suche nach Zufallsfunden** (LG Berlin StV 1987, 97; LR/*Tsambikakis* § 108 Rn. 9). In Fällen einer ausdrücklichen Beschränkung im Durchsuchungsbeschluss darf die Vorschrift des § 108 daher nicht als Hebel für die Sicherstellung explizit nicht erfasster Unterlagen genutzt werden (LG Freiburg StV 2000, 15). 2

Hat der Durchsuchungsbeamte Kenntnis von einem anderen Verfahren gegen den Beschuldigten oder einen Dritten, für das der Zufallsfund als Beweismittel in Betracht kommt, kommt die Beschlagnahme nach den §§ 94, 98 in Betracht (vgl. LR/*Tsambikakis* § 108 Rn. 4; SK-StPO/*Wohlers/Jäger* § 108 Rn. 8; vgl. auch Rdn. 8 zur Durchsuchung nach § 103 Abs. 1 Satz 2). 3

4 Für Zufallsfunde, die ersichtlich mit dem der Durchsuchung zugrunde liegenden Tatverdacht in Verbindung stehen, von der Zielrichtung der Durchsuchungsanordnung aber nicht erfasst werden, kann § 98 Anwendung finden, soweit dadurch nicht nachträglich die Eingrenzungsfunktion der bestehenden Durchsuchungsanordnung faktisch ausgehöhlt wird (LG Kiel StV 2017, 22 zu einem Durchsuchungsbeschluss, der allein der Auffindung einer Schusswaffe dient und der Sicherstellung eines Mobiltelefons ua; LG Berlin StV 2004, 198: für die Ermächtigung der gezielten Suche nach Kleidungsstücken und tatsächlich sichergestellter Computer-Hardware und Datenträger; LR/*Tsambikakis* § 108 Rn. 7; KK-StPO/*Bruns* § 108 Rn. 7 für Zufallsfunde bei einer Ergreifungsdurchsuchung). Zur vorläufigen Sicherstellung von in der Durchsuchungsanordnung nicht genannten Gegenständen, vgl. LG Kiel StV 2017, 22).

5 Zur Verwertbarkeit von Zufallsfunden bei Auswertung eines E-Mail Accounts, vgl. LG Mannheim StV 2011, 352.

6 § 108 gilt auch für die **Briefkontrolle bei Untersuchungsgefangenen** (BGHSt 28, 349, 350; OLG Düsseldorf NJW 1993, 3278; vgl. auch SK-StPO/*Wohlers/Jäger* § 108 Rn. 10).

7 Die vorläufige Beschlagnahme wird **vom Durchsuchungsbeamten angeordnet**. Hiervon ist der Staatsanwaltschaft unverzüglich Kenntnis zu geben. Über die Beschlagnahme des Gegenstands nach §§ 94, 98 wird in dem neu einzuleitenden Ermittlungsverfahren entschieden (BGHSt 28, 349, 350; LR/*Tsambikakis* § 108 Rn. 14; SK-StPO/*Wohlers/Jäger* § 108 Rn. 14; KK-StPO/*Bruns* § 108 Rn. 5). Eine Bestätigung des für das ursprüngliche Ermittlungsverfahren zuständigen Richters genügt nicht (BGHSt 19, 374, 376). Das neue Ermittlungsverfahren ist innerhalb **angemessener Frist** einzuleiten (Beispiele: BGHSt 29, 13, 15; 28, 349, 350; 19, 374, 376 [vorläufige prozessuale Zwangsmaßnahmen dürfen nicht weit über 1 Jahr andauern]; LG Freiburg StV 2000, 15). Wird kein neues Ermittlungsverfahren eingeleitet, ist die vorläufige Beschlagnahme aufzuheben und der Gegenstand zurückzugeben (KK-StPO/*Bruns* § 108 Rn. 5 unter Hinweis auf BGHSt 19, 374, 376; 28, 349, 350; 29, 13, 15).

8 Bei **Gebäudedurchsuchungen** (§ 103 Abs. 1 Satz 2) ist § 108 nicht anwendbar. Beweismittel können in diesem Fall nur nach § 94 beschlagnahmt werden, wenn sie das Verfahren gegen den Beschuldigten betreffen, der gesucht wird (KK-StPO/*Bruns* § 108 Rn. 8). *Bruns* schließt daher die vorläufige Sicherstellung von Zufallsfunden, die in Verfahren gegen andere Beschuldigte als Beweismittel in Betracht kommen, aus. In diesem Fall soll aber die Tatsache, dass sich ein Zufallsfund im durchsuchten Raum befindet, der Staatsanwaltschaft gemeldet werden, die dann ein neues Ermittlungsverfahren einleiten und in diesem einen Durchsuchungs- und Beschlagnahmebeschluss erwirken oder Gefahr im Verzug annehmen kann (KK-StPO/*Bruns* § 108 Rn. 8; zur Beschlagnahme bei Gefahr im Verzug durch Staatsanwaltschaft oder Polizei, vgl. auch Meyer-Goßner/*Schmitt* § 108 Rn. 5).

9 § 108 ist unmittelbar anwendbar auf Gegenstände, die in einem anderen Verfahren für **eingezogen** erklärt werden können (§ 111b Abs. 2).

10 **B. Verwertungsverbote.** Im **Verfahren gegen die Patientin** sieht Abs. 2 ein ausdrückliches Verwertungsverbot für solche Gegenstände vor, die bei einem Arzt gefunden werden und die den Schwangerschaftsabbruch dieser Patientin betreffen (vgl. dazu auch BGHSt 38, 144).

11 Bei **Medienmitarbeitern** dürfen Zufallsfunde nach Abs. 3 zu Beweiszwecken nur verwertet werden, wenn Gegenstand des Strafverfahrens eine Straftat ist, die im Höchstmaß mit mindestens 5 Jahren Freiheitsstrafe bedroht ist und bei der es sich nicht um eine Straftat nach § 353b StGB (Verletzung des Dienstgeheimnisses und einer besonderen Geheimhaltungspflicht) handelt.

12 Ein Verwertungsverbot auch hinsichtlich Zufallsfunden wird bejaht, soweit die Durchsuchung selbst als rechtswidrig und objektiv willkürlich zu bewerten ist (OLG Koblenz StV 2002, 533, 535). Wird systematisch nach Zufallsfunden gesucht und dabei Gegenstände beschlagnahmt, sind diese nach allgemeiner Auffassung als Beweismittel nur dann unverwertbar, wenn der prozessuale Verstoß so schwer wiegt, dass bei einer Abwägung aller Umstände das Interesse des Betroffenen das staatliche Strafverfolgungsinteresse überwiegt (vgl. SK-StPO/*Wohlers/Jäger* § 108 Rn. 17; LR/*Tsambikakis* § 108 Rn. 18; LG Berlin StV 2004, 198; LG Wiesbaden StV 1988, 292; KG StV 1985, 404; LG Bremen wistra 1984, 241).

13 Zur Unverwertbarkeit von Informationen aus einem bei einer Durchsuchung aufgefundenen Testament, vgl. LG Koblenz NJW 2010, 2229. Zum Verstoß gegen den Richtervorbehalt bei Durchsuchungen, vgl. KG, Urt. v. 01.09.2008 – (4) 1 Ss 220/08 (136/08). Zum Verwertungsverbot bei Beweismitteln, die im Zuge einer ohne berechtigten Anfangsverdacht und ohne wirksame Einwilligung des Betroffenen durchgeführten Durchsuchungen sichergestellt wurden, vgl. LG Bremen StV 2006, 571. Zur unzulässigen Fertigung von Abschriften im Ermittlungsverfahren wegen Steuerhinterziehung, vgl. LG Baden-Baden StV 1989, 428.

C. Rechtsbehelfe. Zulässiger Rechtsbehelf gegen **die einstweilige Beschlagnahme** ist die Anrufung des Richters in entsprechender Anwendung des § 98 Abs. 2 Satz 2 (KK-StPO/*Bruns* § 108 Rn. 9; LR/Tsambikakis § 108 Rn. 21; SK-StPO/*Wohlers/Jäger* § 108 Rn. 15). **Zuständig** ist der Richter, der für das neu einzuleitende Verfahren zuständig ist (so KK-StPO/*Bruns* § 108 Rn. 9 und SK-StPO/*Wohlers* § 108 Rn. 16 – es sei denn, es ist nicht binnen angemessener Zeit ein Ermittlungsverfahren eingeleitet worden). Anders jedoch *Tsambikakis*, wonach die Beschlagnahme in dem Verfahren erfolgt, wegen dem die Durchsuchung stattfindet (LR/*Tsambikakis* § 108 Rn. 21, wonach sich der Betroffene gegen die Art und Weise der erfolgten Durchsuchung wendet). Gegen **richterliche Maßnahmen** nach § 108 ist die Beschwerde zulässig. Dies gilt jedoch nicht für Entscheidungen des OLG und des BGH, weil § 304 Abs. 4 Satz 2, Abs. 5 eine Beschwerde gegen die vorläufige Maßnahme nach § 108 nicht vorsieht (KK-StPO/*Bruns* § 108 Rn. 10; BGHSt 28, 349). 14

§ 109 Kenntlichmachung beschlagnahmter Gegenstände

Die in Verwahrung oder in Beschlag genommenen Gegenstände sind genau zu verzeichnen und zur Verhütung von Verwechslungen durch amtliche Siegel oder in sonst geeigneter Weise kenntlich zu machen.

Übersicht

A. Verzeichnis und Kenntlichmachung. Eine ins Einzelne gehende Beschreibung von Gegenständen und Schriftstücken ist nicht erforderlich (vgl. § 107 Rdn. 4), die Kennzeichnung muss aber eine Identifizierung ermöglichen (LR/*Tsambikakis* § 107 Rn. 2). Ein Verzeichnis ist auch dann zu erstellen, soweit zur Wahrung des Verhältnismäßigkeitsgrundsatzes von der Originalurkunde gefertigte Kopien sichergestellt werden (LG Stade wistra 2002, 319). Eine Paginierung lose aufgefundener Schriftstücke ist nicht erforderlich. 1

Ein auf behördlichen Datenträger kopierter **Datenbestand** ist nicht im Ganzen Beweismittel, vielmehr sind die potenziell beweisbedeutsamen Datensätze »herauszufiltern« und so konkret zu bezeichnen, dass eine Unsicherheit über den Umfang der beantragten Beschlagnahme nicht auftreten kann (LG Bonn wistra 2005, 76). Die pauschale Bezeichnung »E-Mail-Accounts« und »E-Mails« genügt danach nicht (anders LG Köln NStZ 1995, 54, 55; vgl. hierzu aber BGH CR 1999, 292 f. und *Kemper*, Das Beschlagnahmeverzeichnis nach § 109 StPO in Wirtschafts- und Steuerstrafverfahren, wistra 2008, 96). 2

Vorgaben für die Erfassung von **Überführungsstücken** – den in Straf- oder Bußgeldsachen in Verwahrung genommenen Gegenständen, die als Beweismittel von Bedeutung sind oder der Einziehung unterliegen (§§ 94, 111b ff. StPO, §§ 22 ff., 46 OWiG) – finden sich i.Ü. sowohl in den **Aktenordnungen** der Landesjustizverwaltungen (§ 9) als auch in **Gewahrsamssachenanweisungen** einzelner Bundesländer. 3

Eine Beweiskraft für und gegen jedermann hat das Beweismittelverzeichnis nicht (KK-StPO/*Bruns* § 109 Rn. 2). 4

B. Rechtsbehelfe. § 109 stellt eine reine Ordnungsvorschrift dar. Ein Verstoß hiergegen hat auf die Rechtswirksamkeit der Beschlagnahme keinen Einfluss. 5

Zum Rechtsweg bei Weigerung der Steuerfahndung ein detailliertes Verzeichnis zu erstellen, vgl. LG Gießen wistra 2000, 76 (wonach nur eine gerichtliche Entscheidung nach § 23 Abs. 1 Satz 1 EGGVG beantragt werden kann). 6

§ 110 Durchsicht von Papieren und elektronischen Speichermedien

(1) Die Durchsicht der Papiere des von der Durchsuchung Betroffenen steht der Staatsanwaltschaft und auf deren Anordnung ihren Ermittlungspersonen (§ 152 des Gerichtsverfassungsgesetzes) zu.

(2) [1]Im Übrigen sind Beamte zur Durchsicht der aufgefundenen Papiere nur dann befugt, wenn der Inhaber die Durchsicht genehmigt. [2]Andernfalls haben sie die Papiere, deren Durchsicht sie für geboten erachten, in einem Umschlag, der in Gegenwart des Inhabers mit dem Amtssiegel zu verschließen ist, an die Staatsanwaltschaft abzuliefern.

(3) [1]Nach Maßgabe der Absätze 1 und 2 ist auch die Durchsicht von elektronischen Speichermedien bei dem von der Durchsuchung Betroffenen zulässig. [2]Die Durchsicht darf auch auf hiervon räumlich getrennte Speichermedien erstreckt werden, soweit auf sie von dem Speichermedium aus zugegriffen werden kann, erstreckt werden, wenn andernfalls der Verlust der gesuchten Daten zu befürchten ist. [3]Daten, die für die Untersuchung von Bedeutung sein können, dürfen gesichert werden.

(4) Werden Papiere zur Durchsicht mitgenommen oder Daten vorläufig gesichert, gelten die §§ 95a und 98 Absatz 2 entsprechend.

1 **A. Durchsicht.** Die der Staatsanwaltschaft vorbehaltene Durchsicht der Papiere des von einer Durchsuchung Betroffenen ist das Mittel, die als Beweislast in Betracht kommenden Papiere inhaltlich darauf zu prüfen, ob eine richterliche Beschlagnahme zu bewirken oder gegebenenfalls die Rückgabe bereits zur Durchsicht mitgenommener Papiere zu veranlassen ist (BVerfG NStZ 2002, 377, 378; OLG Frankfurt NStZ-RR 1997, 74; Meyer-Goßner/*Schmitt* § 110 Rn. 2; vgl. auch *Park*, Durchsuchung und Beschlagnahme Rn. 229 f.), sie dient also der **Prüfung der Beweisgeeignetheit** (Thüringer OLG NJW 2001, 1290). Können daher aufgrund des Durchsuchungs- und Beschlagnahmebeschlusses Papiere bereits gezielt als beweisgeeignet ausgesondert werden, sind sie zu **beschlagnahmen** (SK-StPO/*Wohlers/Jäger* § 110 Rn. 1; LG Stuttgart wistra 1993, 314 für in einer Berufsgenossenschaft »hinsichtlich eines Arbeitsunfalls des Geschädigten T.B. vom 20.02.1992 in der Firma K in E bestehenden Akten«).

2 Kommt das Papier als Beweismittel nicht in Betracht, ist es ohne weitere Kenntnisnahme vom Inhalt wieder **freizugeben** (SK-StPO/*Wohlers/Jäger* § 110 Rn. 20 unter Hinweis u.a. auf LG Oldenburg wistra 1987, 38 und AK-StPO/*Amelung* § 110 Rn. 11). Wie auch bei der Rückgabe beschlagnahmter Unterlagen, sind in diesem Fall auch von den Papieren gefertigte Kopien zu vernichten (AG Hanau StV 1989, 429, 431).

3 Von der Durchsicht ausgenommen sind erkennbar **beschlagnahmefreie** Papiere (BVerfG NStZ 2002, 377). Diese sind sofort und ungelesen herauszugeben (Meyer-Goßner/*Schmitt* § 110 Rn. 2 unter Hinweis auf RGSt 47, 195, 197). Allerdings ist es dem Beschuldigten verwehrt, die Beschlagnahme von Unterlagen schon dadurch zu verhindern, dass er diese etwa einfach als Verteidigungsunterlagen bezeichnet oder mit solchen Unterlagen vermischt. Entscheidend ist danach, ob ein Beschuldigter die Aufzeichnungen erkennbar, also für einen Außenstehenden nachvollziehbar, zum Zwecke der Verteidigung angefertigt hat. Ist etwa bei Verteidigerunterlagen nicht sofort feststellbar, ob die einzelnen Aufzeichnungen, die bei einer Durchsuchung gefunden werden, der Verteidigung dienen, können sie vorläufig sichergestellt werden (BVerfG NStZ 2002, 377 unter Hinweis auf KK-StPO/*Nack* § 97 Rn. 25; Meyer-Goßner/*Schmitt* § 110 Rn. 2).

4 »Größtmögliche Zurückhaltung« ist bei den Papieren zu wahren, bei denen ein **verfassungsrechtliches Verwertungsverbot** in Betracht kommt (BVerfGE 80, 367, 375; Meyer-Goßner/*Schmitt* § 110 Rn. 2; SK-StPO/*Wohlers/Jäger* § 110 Rn. 22).

5 Das Verfahren im Stadium der Durchsicht bildet noch einen **Teil der Durchsuchung** (BVerfG NJW 2009, 2518; NJW 2003, 2669, 2670; BGHSt 44, 265, 273), sie dehnt daher die Durchsuchung um den Zeitraum der Durchsicht aus (SK-StPO/*Wohlers/Jäger* § 110 Rn. 6 unter Hinweis auf BVerfG NStZ 2002, 377, 378; BGHSt 44, 265, 273; BGH NStZ 2003, 670 u.a.). Allerdings kann die Durchsuchung als solche nicht ohne Weiteres fortgesetzt werden, solange die Durchsicht andauert (vgl. auch BGH StV 1988, 90, wonach die Fortsetzung der Durchsuchung – hier der weiteren Durchsicht der sichergestellten Unterlagen – unzulässig ist, wenn keine Anhaltspunkte vorhanden sind, die die Vermutung begründen, die weitere Durchsicht werde zum Auffinden von Beweismitteln führen; vgl. auch LG Frankfurt wistra 1997, 117 zur Zulässigkeit der Fortsetzung einer Durchsuchung wegen internationaler Bezüge der vermuteten Straftat und der Menge des zu überprüfenden Materials).

6 Da das Sichtungsverfahren angesichts der fortdauernden Besitzentziehung in seiner Wirkung für den Betroffenen der Beschlagnahme angenähert ist (BVerfG NJW 2018, 3571), ist die mit einer Sicherstellung zum Zwecke der Durchsicht verbundene Belastung durch die Entziehung des Besitzes an Art. 14 Abs. 1 GG zu messen (BVerfG NJW 2018, 3571) – sind Daten betroffen, am Recht auf informationelle Selbstbestimmung aus Art. 2 Abs. 1 in Verbindung mit Art. 1 Abs. 1 GG.

7 Für die Rechtmäßigkeit der richterlichen Bestätigung der vorläufigen Sicherstellung zur Durchsicht kommt es deshalb darauf an, ob die rechtlichen Voraussetzungen für eine Durchsuchung im Zeitpunkt der Entscheidung noch vorliegen. Sind diese Voraussetzungen zum Zeitpunkt der Durchsicht ersichtlich nicht mehr gegeben, dann ist auch die Durchsicht als Teil der Durchsuchung nicht mehr zulässig (BVerfG, Beschl. v. 18.03.2009 – 2 BvR 1036/08, auszugsweise abgedruckt in NJW 2009, 2518 unter Hinweis auf BVerfG, Beschl. v. 18.06.2008 – 2 BvR 1111/08; BGH, Beschl. v. 23.11.1987 – 1 BJs 55/81 – 4- 1 BGs 517/87; BGH NJW 1973, 2035).

8 In welchem **Umfang** die inhaltliche Durchsicht des umfangreichen Schriftguts notwendig ist, wie sie im Einzelnen gestaltet wird und wann sie zu beenden ist, unterliegt zunächst der Entscheidung der Staatsanwalt-

schaft. Ihr steht insoweit ein **Ermessensspielraum** zu (BGH, Beschl. v. 20.05.2021 – StB 21/21; BGH NStZ 2003, 670, 671 unter Hinweis auf BGH NJW 1995, 3397; OLG Rostock, Beschl. v. 29.06.2017 – 20 VAs 5/16; LG Saarbrücken NStZ 2016, 751).

Der Grundsatz der Verhältnismäßigkeit verlangt, dass die **Durchsicht zügig** durchgeführt wird, um abhängig von der Menge des vorläufig sichergestellten Materials und der Schwierigkeit seiner Auswertung in angemessener Zeit zu dem Ergebnis zu gelangen, was als potenziell beweiserheblich dem Gericht zur Beschlagnahme angetragen und was an den Beschuldigten herausgegeben werden soll (BGH NStZ 2003, 670, 671 unter Hinweis auf LG Frankfurt wistra 1997, 117, 118; OLG Koblenz, Beschl. v. 20.03.2021 – 5 Ws 16/21; LG Mühlhausen StraFo 2003, 237, 238). Die vom BVerfG in seinem Beschl. v. 27.05.1997 zur zeitlichen Geltung von Durchsuchungsbeschlüssen aufgestellten Grundsätze (BVerfGE 96, 44, 51 ff.; 6 Monate) sind auf die Phase der Durchsicht von Unterlagen nach § 110 StPO nicht anzuwenden (BVerfG NStZ 2002, 377, 378). Bei der Frage, ob die Durchsicht nach § 110 unzumutbar lange andauert oder ob der damit verbundene Eingriff noch als verhältnismäßig anzusehen ist, sind der Grund für die lange Dauer der Maßnahme, der Grad des Eingriffs in Grundrechte des Betroffenen und das Gewicht der zugrunde liegenden Tatvorwürfe gegeneinander abzuwägen (BVerfG NStZ 2002, 377; LG Saarbrücken, Beschl. v. 20.09.2016 – 2 Qs 26/16; LG Frankfurt NJW 1997, 1170, wonach auf die Umstände des Einzelfalls abzustellen ist). Die Papiere sind freizugeben, wenn dessen Durchsicht aufgrund des hohen Geschäftsandrangs und einer damit einhergehenden Überlastung der auswertenden Behörden für längere Zeit nach der Sicherstellung noch nicht abgeschlossen ist (8 Monate bei einem nach § 110 sichergestellten Computer, LG Limburg StraFo 2006, 198). Ist der Zugriff auf einen (Computer) Plattenspeicher durch ein **Kennwort** geschützt, das, weil es vom Betroffenen nicht genannt wird, erst entschlüsselt werden muss, kann die Sichtung auch mehrere Monate in Anspruch nehmen. Gleiches gilt soweit Asservate in die deutsche Sprache übertragen werden müssen (vgl. BGH BGHR StPO § 105 Zustellung 1 [Gründe]). Zur Durchsicht von wichtigen Geschäftsunterlagen über eine Dauer von 3 Monaten, vgl. LG Dresden NStZ 2003, 567; LG Hildesheim StraFo 2007, 114 bzw. 2 3/4 Jahren, LG Mühlhausen StraFo 2003, 237; LG Limburg PStR 2011, 112). 9

B. Papiere. Erfasst werden alle Gegenstände, die wegen ihres Gedankeninhalts Bedeutung haben, namentlich alles private und berufliche Schriftgut, aber auch Mitteilungen und Aufzeichnungen aller Art, gleichgültig auf welchem Informationsträger sie festgehalten sind. Eigentum des Betroffenen an den Papieren wird nicht vorausgesetzt, vielmehr genügt der Gewahrsam (Meyer-Goßner/*Schmitt* § 110 Rn. 1). Sind Papiere auf andere Weise als durch eine Durchsuchung in die Hände der Strafverfolgungsorgane gelangt – etwa anlässlich einer Beschlagnahme ohne Durchsuchung oder bei einer Herausgabe nach § 95 –, ist § 110 ebenfalls anwendbar (LR/*Tsambikakis* § 110 Rn. 3 »analog«; Meyer-Goßner/*Schmitt* § 110 Rn. 1; *Park*, Der Anwendungsbereich des § 110 StPO bei Durchsuchungen in Wirtschafts- und Steuerstrafsachen, wistra 2000, 453, 455). 10

Der Begriff umfasst auch lesbare Aufzeichnungen auf **elektronischen Datenträgern und Datenspeichern** (BGH CR 1999, 292; BGH StV 1988, 90; BGH NStZ 2003, 670; zur Durchsicht der Daten auf einem »Notebook«, BVerfG NStZ 2002, 377; Disketten sowie die zum Lesen und Verarbeiten von Disketten notwendigen Zentral-Computereinheiten, BGH StV 1988, 90), Bild- und Tonträger und Mobiltelefone mit fest installiertem Speicher (SK-StPO/*Wohlers/Jäger* § 110 Rn. 8; LR/*Tsambikakis* § 110 Rn. 7). Den Zugriff auf **Daten eines Computernetzwerks** regelt nunmehr Abs. 3 (Rdn. 23). 11

C. Befugnis zur Durchsicht. Die Durchsicht der Papiere steht der **Staatsanwaltschaft** zu. Auf deren Anordnung sind auch ihre **Ermittlungspersonen** nach § 152 GVG hierzu befugt. Diese Anordnung kann dabei fernmündlich und vorab erfolgen (BT-Drs. 378/03) und ist entsprechend in den Ermittlungsakten festzuhalten. Nicht notwendig ist es daher (wie es in der Praxis mitunter geschieht), eine entsprechende Anordnung in den Durchsuchungsbeschluss aufzunehmen. Sind die Papiere fremdsprachig, darf die Staatsanwaltschaft **Dolmetscher** oder **Sachverständige** hinzuziehen, um die Übertragung in die deutsche Sprache und ihr damit die Prüfung auf die Beweiserheblichkeit zu ermöglichen. Gleiches gilt bei der Durchsicht von elektronischen Daten für **EDV-Sachverständige** oder **sachverständige Zeugen** (zu den abrechenbaren Kosten eines externen Dienstleisters vgl. auch OLG Schleswig-Holstein NStZ-RR 2017, 127). 12

Die Hinzuziehung von sachkundigen Personen bei einer Durchsuchung kann aber dann rechtswidrig sein, wenn die Ermittlungsbehörden dadurch gegen das **Gebot der Unparteilichkeit** verstoßen bzw. ihr Handeln beim Bürger einen nachvollziehbaren Verdacht dahin gehend entstehen lassen kann (OLG Bremen wistra 1999, 74, 75; OLG Hamm StV 1988, 47, 48). Zur unzulässigen Hinzuziehung eines Mitarbeiters der Gesellschaft zur Verfolgung von Urheberrechtsverletzungen e.V. (GVU) – einer Organisation von Unternehmen der Film- und Software-Entertainmentbranche und ihrer nationalen und internationalen Verbände, die sich satzungsgemäß die Ermittlung und Verfolgung von Fällen der sog. Produktpiraterie zur Aufgabe gemacht hat, vgl. LG Kiel NStZ 2007, 169. Die Ermittlungsbehörden dürfen daher bei einer Durchsuchung der Räume des Unternehmens, in dem die Verdächtigen tätig sind, in der Regel nicht **Mitarbeiter des geschädigten Unternehmens** beiziehen, um sich sachkundig unterstützen zu lassen (OLG Hamm NStZ 1986, 326).

13 Die **Entscheidung über die Durchsicht und** vor allem über die **Auswahl der zu beschlagnahmenden Papiere** bleibt aber bei der Staatsanwaltschaft (BGH, Beschl. v. 20.05.2021 – StB 21/21). Sie darf den Dritten nicht überlassen werden.

14 Der anordnende **Richter** ist ebenfalls zuständig (trotz des entgegenstehenden Wortlauts; KK-StPO/*Bruns* § 110 Rn. 1, LR/*Tsambikakis* § 110 Rn. 11; Meyer-Goßner/*Schmitt* § 110 Rn. 3, wenn der Richter die Durchsuchung vornimmt oder leitet) und kann sich die Durchsicht sogar vorbehalten (Thüringer OLG NJW 2001, 1290, 1293). Das **Gericht** ist zur Durchsicht berufen, wenn die Durchsicht im Rahmen einer Durchsuchung erfolgt, die nach Eingang der Anklageschrift bei Gericht von diesem angeordnet und durchgeführt wird (OLG Jena NJW 2001, 1290, 1293). Die Durchsuchung der Papiere kann dabei einem **beauftragten Richter** (Kammermitglied) durch Kammerbeschluss übertragen werden, der dann der Kammer berichtet (OLG Jena NJW 2001, 1290, 1293). Die **Finanzbehörde** tritt an die Stelle der Staatsanwaltschaft, wenn sie das Ermittlungsverfahren selbstständig durchführt (§ 399 Abs. 1 AO). Die **Zollfahndungsämter** und die mit der **Steuerfahndung** betrauten Dienststellen haben ebenfalls (als Ermittlungspersonen der Staatsanwaltschaft) die Befugnis zur Durchsicht (§ 404 Satz 2 AO).

15 **Andere Beamte** sind zur Durchsicht **nur** dann befugt, wenn der **Inhaber** die Durchsicht genehmigt (Abs. 2 Satz 1), d.h. **zuvor einwilligt** (LR/*Tsambikakis* § 110 Rn. 14). Diese (zu protokollierende) Einwilligung kann nur vom Gewahrsamsinhaber erteilt werden. Eine Beschränkung auf bestimmte Papiere, Personen oder Räume ist dabei zulässig (LR/*Tsambikakis* § 110 Rn. 15) und kann jederzeit widerrufen werden (SK-StPO/*Wohlers/Jäger* § 110 Rn. 15). Notwendig ist dabei eine **Belehrung** über die Möglichkeit der Verweigerung (AK/*Amelung* § 110 Rn. 15 unter Hinweis auf BGHSt 34, 397, 400 zur Verwertbarkeit von tagebuchartigen Aufzeichnungen; SK-StPO/*Wohlers/Jäger* § 110 Rn. 15).

16 Bei fehlender Genehmigung sind die Papiere zu versiegeln und an die Staatsanwaltschaft abzuliefern (Abs. 2 Satz 2). Da eine Durchsicht in diesem Fall ausscheidet, bleibt die Tätigkeit der anderen Beamten auf die bloße Aussonderung nach äußeren Kriterien (Aufbewahrungsplatz, Beschriftung von Ordnern) beschränkt. Verboten ist daher ein oberflächliches Lesen mit dem Ziel der Grobsichtung, ob Papiere mit der Straftat in Beziehung stehen könnten, erlaubt lediglich das Lesen des Betreffs eines Schreibens (OLG Celle StV 1985, 137, 139).

17 **D. Teilnahme an der Durchsicht.** Nach alter Rechtslage war der Inhaber der Papiere oder dessen Vertreter zudem – »falls demnächst die **Entsiegelung und Durchsicht** angeordnet wird« – wenn möglich, zur **Teilnahme** hieran aufzufordern (§ 110 Abs. 3 a.E). Nach der zutreffenden Auffassung von *Schmitt* ist dies nach der Gesetzesänderung allerdings nicht mehr notwendig (Meyer-Goßner/*Schmitt* § 110 Rn. 5). Nach *Wohlers/Jäger* sprechen aber vor allem systematische Gründe für das Fortbestehen der Möglichkeit der Teilnahme, nachdem § 106 im Regelfall die Anwesenheit bei der Durchsuchung vorsieht (SK-StPO/*Wohlers* § 110 Rn. 25; vgl. auch *Knauer/Wolf* NJW 2004, 2932, 2937, wonach insoweit ein Redaktionsversehen vorliegt).

18 Von Verfassungs wegen ist es nicht geboten, in jedem Fall eine Teilnahme an der Sichtung sichergestellter E-Mails vorzusehen (BVerfGE 124, 43, 72). Ob eine Teilnahme bei der Durchsicht geboten ist, ist danach im jeweiligen Einzelfall unter Berücksichtigung einer wirksamen Strafverfolgung einerseits und der Intensität des Datenzugriffs andererseits zu beurteilen. Bei der Beschlagnahme des gesamten Datenbestandes einer Rechtsanwalts- und Steuerberaterkanzlei kann es zur Sicherung der Verhältnismäßigkeit des Eingriffs im Einzelfall geboten sein, den Inhaber des jeweiligen Datenbestands in die Prüfung der Verfahrenserheblichkeit sichergestellter Daten einzubeziehen (BVerfGE 113, 29, 58). Danach können konkrete, nachvollziehbare und überprüfbare Angaben vor allem nichtverdächtiger Sozien zur Datenstruktur und zur Relevanz der jeweiligen Daten können deren materielle Zuordnung vereinfachen und den Umfang der sicherzustellenden Daten reduzieren.

19 Dem Betroffenen bleibt es aber unbenommen, das Vorliegen einer Beschlagnahmefreiheit darzutun (SK-StPO/*Wohlers/Jäger* § 110 Rn. 25).

20 **E. Vorläufige Sicherstellung und Mitnahme zur Durchsicht.** Grundsätzlich erfolgt die Durchsicht der Papiere **an Ort und Stelle.** Lässt die Beschaffenheit der Unterlagen eine sofortige Durchsicht an Ort und Stelle nicht zu, können diese vorläufig sichergestellt und zur Durchsicht mitgenommen werden (BGH NStZ 2003, 670). § 98 Abs. 2 und § 95a gelten entsprechend (Abs. 4).

21 Bei **EDV-Anlagen** wird es aus Gründen der Verhältnismäßigkeit regelmäßig genügen, den Arbeitsspeicher vor Ort zu kopieren. Ist dies nicht möglich, liegt ebenfalls nur eine Mitnahme zur Durchsicht vor, wenn die Kopie beim Sachverständigen erfolgen soll (SK-StPO/*Wohlers* § 110 Rn. 16).

F. Versiegelung und Ablieferung an die Staatsanwaltschaft (Abs. 2). **Nur** wenn der Inhaber die Durchsicht der Papiere durch andere Beamte nicht genehmigt, sind die **Papiere**, deren Durchsicht die Beamten für notwendig erachten, in einem **Umschlag**, der in Gegenwart des Inhabers mit dem Amtssiegel zu verschließen ist, an die Staatsanwaltschaft abzuliefern (Abs. 2). Dabei können aber auch andere verschließbare Behältnisse genutzt werden, sofern die abzuliefernden Gegenstände dies erforderlich machen (SK-StPO/*Wohlers/Jäger* § 110 Rn. 18 etwa für Planungsunterlagen). **Elektronische Daten** sind (auf den Datenträgern) in entsprechenden Behältnissen aufzubewahren, elektronische Geräte durch Versiegelung der Bedienelemente oder der Stromversorgung zu sichern (SK-StPO/*Wohlers/Jäger* § 110 Rn. 18). Ob dem Gewahrsamsinhaber auch gestattet ist, ein **eigenes Siegel** beizudrücken, ist strittig. Die alte Fassung des § 110 Abs. 3 sah ein entsprechendes Recht des Inhabers oder dessen Vertreters noch vor. Nach *Schmitt* gilt dies auch weiterhin (Meyer-Goßner/*Schmitt* § 110 Rn. 5). Zutreffend weist aber *Wohlers* darauf hin, dass aufgrund der Aufhebung des Anwesenheitsrechts mit dem 1. JuModG hierfür kein anerkennenswertes Bedürfnis mehr besteht (SK-StPO/*Wohlers/Jäger* § 110 Rn. 19). 22

G. Räumlich getrennte Speichermedien (Abs. 3). Nach Maßgabe der Absätze 1 und 2 darf die Durchsicht eines elektronischen Speichermediums bei dem von der Durchsuchung Betroffenen auch auf **hiervon räumlich getrennte Speichermedien im Inland** erstreckt werden, soweit auf sie **von dem Speichermedium aus zugegriffen werden kann** und wenn andernfalls der **Verlust der gesuchten Daten zu befürchten** ist. Dies betrifft den Zugriff auf einen Speicherplatz im Intranet oder Internet wie etwa den Zugriff auf beim Provider zum Abruf gespeicherte Emails (Meyer-Goßner/*Schmitt* § 110 Rn. 6 mit weiteren Hinweisen). Der heimliche Online-Zugriff oder eine heimliche Online-Durchsuchung ist nicht zulässig (vgl. § 100a Rdn. 57). 23

Befinden sich die Daten **im Ausland**, kann auf diese – im **Anwendungsbereich der Cybercrime-Convention** – nach deren Art. 32 zugegriffen werden. Das Übereinkommen des Europarats vom 23.11.2001 über Computerkriminalität (sog. Cybercrime-Convention – CCC; SEV Nr. 185), BGBl 2008 II, S. 1242, in Kraft seit 01.07.2009, BGBl 2010 II S. 218) enthält u.a. Regelungen zur Durchsuchung und Beschlagnahme sowie zur Rechtshilfe. Zum Ratifikationsstand vgl. http://conventions.coe.int). Zur Zulässigkeit einer Verfassungsbeschwerde gegen das Zustimmungsgesetz zum Übereinkommen des Europarats vom 23.11.2001 über Computerkriminalität, vgl. BVerfG, Beschl. v. 21.06.2016 – 2 BvR 637/09. 24

Art. 32 hat folgenden Wortlaut: 25

»Artikel 32 – Grenzüberschreitender Zugriff auf gespeicherte Computerdaten mit Zustimmung oder wenn diese öffentlich zugänglich sind

Eine Vertragspartei darf ohne Genehmigung einer anderen Vertragspartei

a auf öffentliche zugängliche gespeicherte Computerdaten (offene Quellen) zugreifen, gleichviel, wo sich die Daten geografisch befinden, oder

b auf gespeicherte Computerdaten, die sich im Hoheitsgebiet einer anderen Vertragspartei befinden, mittels eines Computersystems in ihrem Hoheitsgebiet zugreifen oder diese Daten empfangen, wenn sie die rechtmäßige und freiwillige Zustimmung der Person einholt, die rechtmäßig befugt ist, die Daten mittels dieses Computersystems an sie weiterzugeben.«

Geregelt wird dort aber allein der Zugriff auf **offen zugängliche Daten** (Art. 32a) und der Zugriff auf gespeicherte Daten mit **freiwilliger Zustimmung** des unmittelbar Betroffenen (Art. 32b). 26

Außerhalb des Anwendungsbereichs der Cybercrime-Convention richtet sich der Zugriff auf offen zugängliche Daten nach internationalem Gewohnheitsrecht (vgl. *Gercke* StraFo 2009, 271, 273). 27

I.Ü. verbleibt es – wie auch bei den zugangsgeschützten Daten – bei der Notwendigkeit eines förmlichen Rechtshilfeersuchens (vgl. hierzu Meyer-Goßner/*Schmitt* § 110 Rn. 7a). Zu den zugangsgeschützten Daten enthält die Cybercrime-Convention aber in Art. 29 besondere Rechtshilferegelungen. Diese rechtfertigen zwar keinen Zugriff auf die Daten, erleichtern jedoch die Datensicherung für ein Rechtshilfeverfahren. 28

Art. 29 hat folgenden Wortlaut: 29

»Artikel 29 – Umgehende Sicherung gespeicherter Computerdaten

1 Eine Vertragspartei kann eine andere Vertragspartei um Anordnung oder anderweitige Bewirkung der umgehenden Sicherung von Daten ersuchen, die mittels eines Computersystems gespeichert sind, das sich im Hoheitsgebiet der anderen Vertragspartei befindet, und derentwegen die ersuchende Vertragspartei beabsichtigt, ein Rechtshilfeersuchen um Durchsuchung oder ähnlichen Zugriff, Beschlagnahme oder ähnliche Sicherstellung oder Weitergabe der Daten zu stellen.

2 Ein Ersuchen um Sicherung nach Absatz 1 hat Folgendes genau zu bezeichnen:

a die Behörde, die um die Sicherung ersucht;

b die Straftat, die Gegenstand der strafrechtlichen Ermittlungen oder Verfahren ist, und eine kurze Sachverhaltsdarstellung;
c die gespeicherten Computerdaten, die zu sichern sind, und der Zusammenhang zwischen ihnen und der Straftat;
d alle verfügbaren Informationen zur Ermittlung des Verwahrers der gespeicherten Computerdaten oder des Standorts des Computersystems;
e die Notwendigkeit der Sicherung und
f die Absicht der Vertragspartei, ein Rechtshilfeersuchen um Durchsuchung oder ähnlichen Zugriff, Beschlagnahme oder ähnliche Sicherstellung oder Weitergabe der gespeicherten Computerdaten zu stellen.

3 Nach Eingang des von einer anderen Vertragspartei gestellten Ersuchens trifft die ersuchte Vertragspartei alle geeigneten Maßnahmen zur umgehenden Sicherung der bezeichneten Daten in Übereinstimmung mit ihrem innerstaatlichen Recht. Für die Zwecke der Erledigung eines Ersuchens wird die beiderseitige Strafbarkeit als Voraussetzung für die Vornahme dieser Sicherung nicht verlangt.

4 Eine Vertragspartei, welche die beiderseitige Strafbarkeit als Voraussetzung für die Erledigung eines Rechtshilfeersuchens um Durchsuchung oder ähnlichen Zugriff, Beschlagnahme oder ähnliche Sicherstellung oder Weitergabe gespeicherter Daten verlangt, kann sich in Bezug auf andere als die nach Artikeln 2 bis 11 umschrieben Straftaten das Recht vorbehalten, Ersuchen um Sicherung nach diesem Artikel abzulehnen, wenn sie Grund zu der Annahme hat, dass im Zeitpunkt der Weitergabe die Voraussetzung der beiderseitigen Strafbarkeit nicht erfüllt werden kann.

5 Darüber hinaus kann ein Ersuchen um Sicherung nur abgelehnt werden, wenn
a das Ersuchen eine Straftat betrifft, die von der ersuchten Vertragspartei als politische oder als mit einer solchen zusammenhängenden Straftat angesehen wird, oder
b die ersuchte Vertragspartei der Ansicht ist, dass die Erledigung des Ersuchens geeignet ist, ihre Souveränität, Sicherheit, öffentliche Ordnung (ordre public) oder andere wesentliche Interessen zu beeinträchtigen.

6 Ist durch die Sicherung nach Ansicht der ersuchten Vertragspartei die künftige Verfügbarkeit der Daten nicht gewährleistet oder die Vertraulichkeit der Ermittlungen der ersuchenden Vertragspartei gefährdet oder in andere Weise beeinträchtigt, so setzt sie die ersuchende Vertragspartei umgehend davon in Kenntnis; diese entscheidet dann, ob das Ersuchen dennoch erledigt werden soll.

7 Jede Sicherung, die in Erledigung des in Absatz 1 bezeichneten Ersuchens vorgenommen wird, erfolgt für mindestens 60 Tage, damit die ersuchende Vertragspartei ein Ersuchen um Durchsuchung oder ähnlichen Zugriff, Beschlagnahme oder ähnliche Sicherstellung oder Weitergabe der Daten stellen kann. Nach Eingang eines solchen Ersuchens werden die Daten weiterhin gesichert, bis über das Ersuchen entschieden worden ist.«

30 In **dringenden Fällen** kann nach Art. 25 Abs. 3 CCC »jede Vertragspartei Rechtshilfeersuchen oder damit in Zusammenhang stehende Mitteilungen durch schnelle Kommunikationsmittel einschließlich Telefax oder elektronischer Post übersenden, soweit diese Mittel einen angemessenen Sicherheits- und Authentisierungsstandard bieten (erforderlichenfalls auch unter Einsatz einer Verschlüsselung) und eine förmliche Bestätigung folgt, wenn die ersuchte Vertragspartei dies verlangt.«

31 Nicht zulässig ist es nach überwiegender Ansicht, selbst die zugangsgeschützten Daten im Ausland vorläufig zu sichern, um erst anschließend deren weitere Verwendung mit dem betroffenen Staat zu klären (Meyer-Goßner/*Schmitt* § 110 Rn. 7a mit zahlreichen Nachweisen aus der Literatur).

32 **H. Rechtsbehelfe.** Gegen die Mitnahme zur Durchsicht ist – da sie noch Teil der Durchsuchung ist und keine Beschlagnahme – **entsprechend § 98 Abs. 2 Satz 2** Antrag auf richterliche Entscheidung zulässig (BVerfG WM 2017, 1275; BVerfG NStZ 2002, 377, 378; BGH-Ermittlungsrichter CR 1999, 292, 293; BayVerfGH BRAK-Mitt 2011, 214; BGH NJW 2000, 84; Meyer-Goßner/*Schmitt* § 110 Rn. 10; KK-StPO/*Bruns* § 110 Rn. 9; SK-StPO/*Wohlers/Jäger* § 110 Rn. 28). Auch für die Prüfung der Einhaltung der Entscheidungsgrenzen im Hinblick auf die geforderte zügige Durchsicht steht dem Betroffenen der Antrag entsprechend § 98 Abs. 2 Satz 2 offen (BGH NStZ 2003, 670 unter Hinweis auf BVerfG NStZ 2002, 377, 378; BGH, Beschl. v. 20.05.2021 – StB 21/21). Gleiches gilt für die Durchsicht durch Nichtberechtigte (SK-StPO/*Wohlers/Jäger* § 110 Rn. 28 u.a. unter Hinweis auf OLG Jena NJW 2001, 1290, 1294; LG Magdeburg StraFo 1998, 271, 273) oder wenn geltend gemacht wird, unter den mitgenommenen Papieren befänden sich auch beschlagnahmefreie Papiere (BGH NJW 1973, 2035; SK-StPO/*Wohlers/Jäger* § 110 Rn. 28). Anders sieht dies aber das LG Oldenburg, wonach dem Betroffenen während der Durchsuchung kein Anspruch auf Prüfung der Beschlagnahmefreiheit durch einen Richter zusteht. Vielmehr haben die Ermittlungsbeamten

danach die Unterlagen selbst durchzusehen und zu entscheiden, ob die Unterlagen beweiserheblich sind und ob ein Beschlagnahmeverbot eingreift (LG Oldenburg PStR 2002, 95).

Geht die Sicherstellung über die thematisch begrenzte Zielvorgabe in dem nur bestimmte Datensätze betreffenden Durchsuchungsbeschluss hinaus, kann die auf den Rechtsbehelf nach § 98 Abs. 2 Satz 2 ergangene Entscheidung des Amtsgerichts selbstständig mit der Beschwerde (§ 304 Abs. 1 und 2) angefochten werden (BVerfGK 1, 126, 134; BVerfG StV 2009, 505). 33

I. Verwertbarkeit. Schwerwiegende, bewusste oder willkürliche Verstöße können ein Verwertungsverbot nach sich ziehen (Meyer-Goßner/*Schmitt* § 110 Rn. 10; SK-StPO/*Wohlers/Jäger* § 110 Rn. 30). Das soll etwa dann gelten, wenn umfassend offensichtlich nicht als Beweismittel relevante Papiere durchgesehen werden (LR/*Tsambikakis* § 110 Rn. 32; SK-StPO/*Wohlers/Jäger* § 110 Rn. 30 mit weiteren Hinweisen). 34

§ 110a Verdeckter Ermittler

(1) [1]Verdeckte Ermittler dürfen zur Aufklärung von Straftaten eingesetzt werden, wenn zureichende tatsächliche Anhaltspunkte dafür vorliegen, daß eine Straftat von erheblicher Bedeutung

1. auf dem Gebiet des unerlaubten Betäubungsmittel- oder Waffenverkehrs, der Geld- oder Wertzeichenfälschung,

2. auf dem Gebiet des Staatsschutzes (§§ 74a, 120 des Gerichtsverfassungsgesetzes),

3. gewerbs- oder gewohnheitsmäßig oder

4. von einem Bandenmitglied oder in anderer Weise organisiert

begangen worden ist. [2]Zur Aufklärung von Verbrechen dürfen Verdeckte Ermittler auch eingesetzt werden, soweit auf Grund bestimmter Tatsachen die Gefahr der Wiederholung besteht. [3]Der Einsatz ist nur zulässig, soweit die Aufklärung auf andere Weise aussichtslos oder wesentlich erschwert wäre. [4]Zur Aufklärung von Verbrechen dürfen Verdeckte Ermittler außerdem eingesetzt werden, wenn die besondere Bedeutung der Tat den Einsatz gebietet und andere Maßnahmen aussichtslos wären. [5]§ 100d Absatz 1 und 2 gilt entsprechend.

(2) [1]Verdeckte Ermittler sind Beamte des Polizeidienstes, die unter einer ihnen verliehenen, auf Dauer angelegten, veränderten Identität (Legende) ermitteln. [2]Sie dürfen unter der Legende am Rechtsverkehr teilnehmen.

(3) Soweit es für den Aufbau oder die Aufrechterhaltung der Legende unerläßlich ist, dürfen entsprechende Urkunden hergestellt, verändert und gebraucht werden.

Übersicht

A. Bedeutung, Zweck und Anwendungsbereich der Norm. Die Vorschrift, die durch das OrgKG eingeführt wurde (RegE BT-Drs. 12/989, S. 41; krit. *Zaczyk* StV 1993, 490 ff.) und bei der Vereinheitlichung der Vorschriften über verdeckte Ermittlungsmaßnahmen im Jahr 2008 zunächst unverändert geblieben ist (SK-StPO/*Wolter/Jäger* § 110a Rn. 1a) und erst durch das Gesetz zur Umsetzung der Richtlinie (EU) 2016/680 im Strafverfahren sowie zur Anpassung datenschutzrechtlicher Bestimmungen an die Verordnung (EU) 2016/679 (vom 20.11.2019 (BGBl. I, S. 1724) mit Wirkung vom 26.11.2019 um die Verweisung auf die Kernbereichsschutzregeln des § 100d Abs. 1 und 2 ergänzt wurde (BT-Drs. 19/4671, S. 62), regelt die materiellen Voraussetzungen des strafprozessualen Einsatzes Verdeckter Ermittler, während § 110b die Anordnung der Eingriffsmaßnahme normiert und § 110c einzelne Bestimmungen über die Eingriffsbefugnisse enthält. §§ 110d, 110e sind durch das Gesetz zur Vereinheitlichung der Normen über verdeckte Ermittlungsmaßnahmen aufgehoben worden; ihr Regelungsgehalt findet sich nun in § 101. 1

Verdeckte Ermittler sind nach § 110a Abs. 2 – i.S.v. §§ 2, 35 ff. BeamtStG (§§ 4, 60 ff. BBG) statusmäßige (BGH StV 2007, 561; LR/*Hauck* § 110a Rn. 17) – **Beamte des Polizeidienstes**, einschließlich der Steuer- und Zollfahndungsstellen, die unter einer auf Dauer angelegten veränderten Identität, der beschönigend 2 sogenannten **Legende**, in Strafverfahren ermitteln. Eine Bindung an den Gegenstand eines einzelnen Strafverfahrens besteht nicht; der Einsatz kann verfahrensübergreifend sein. Die Gesetze der Bundesländer enthalten meist Normen über den Einsatz Verdeckter Ermittler im präventivpolizeilichen Bereich (SK-StPO/*Wolter/Jäger* § 110a Rn. 2). In Gemengelangen geht das Strafprozessrecht als Bundesrecht vor (BGHSt 41, 64 [68]; s.a. für den V-Mann-Einsatz BGHSt 45, 321 [337]; 47, 44 [48]; MüKo-StPO/*Günther* § 110a Rn. 8; a.A. für »legendierte Kontrollen« BGHSt 62, 123 [131 ff.]). Der Einsatz Verdeckter Ermittler ist **polizeilich dominiert** und **unterläuft** strukturell **die Verfahrensherrschaft der** praktisch nur als Genehmigungsbehörde fungierenden **Staatsanwaltschaft** im Vorverfahren, sowie diejenige des Gerichts ab dem Zwischenverfahren, da nur die Polizei geeignete Beamte zur Verfügung hat, außerdem weil sie die »Legende« als polizeitaktische Maßnahme alleine aufbaut, schließlich weil Geheimhaltungsmaßnahmen und Beweismittelsperrungen (§§ 110b Abs. 3, 96) auch über Hintergründe einerseits und Vorgänge mit Verfahrensöffentlichkeit andererseits nicht miteinander vereinbar sind. Die Kontrolle durch die Justiz bleibt auf Ausschnitte beschränkt und aus der Sicht der Verteidigung, die auf **Rechtsbehelfe nach § 101 Abs. 7 Satz 2 und 3** verwiesen wird, nicht effektiv.

3 Verdeckte Ermittler werden nach der gesetzgeberischen Überlegung insb. im Bereich der **Bekämpfung der Organisierten Kriminalität** eingesetzt, um abgeschottete Strukturen aufzuklären (BT-Drs. 12/989, S. 42; *Ellbogen* Die verdeckte Ermittlungstätigkeit der Strafverfolgungsbehörden durch die Zusammenarbeit mit V-Personen und Informanten, S. 26 f.; SK-StPO/*Wolter/Jäger* § 110a Rn. 5). Weil das notwendig erscheint, galt es schon vor Inkrafttreten des Gesetzes als zulässig (vor dem OrgKG undifferenziert für V-Leute u.a. sowie Verdeckte Ermittler BGHSt 32, 315 [321 f.]; 32, 345 [346]; 40, 211 [215]; 41, 42 [43]; 45, 321 [324, 336]; 47, 44 [50]). Die Notwendigkeit allein ist aber keine ausreichende Legitimation, weil im Eingriffsrecht das Prinzip vom Vorbehalt des Gesetzes gilt (*Gercke* StV 2017, 615 ff.). Verdeckte Ermittlungen greifen aber zumindest in das allgemeine Persönlichkeitsrecht betroffener Personen ein und relativieren die Fairness des Verfahrens gegen den Beschuldigten. Der Einsatz von Verdeckten Ermittlern ist nach der einen gesamteuropäischen Mindeststandard wahrenden Rspr. des EGMR zulässig, solange er klaren Regeln und Schutzmaßnahmen unterworfen ist. Während die Zunahme des organisierten Verbrechens es notwendig macht, dass angemessene Maßnahmen ergriffen werden, hat das Recht auf eine faire Anwendung des Rechts einen so hohen Stellenwert, dass es der Zweckmäßigkeit nicht geopfert werden darf (EGMR JR 2015, 81 [84]; EuGRZ 2015, 454 ff.; 2021, 179 ff. m.Anm. *Esser* StV 2021, 383 ff.; *Hübner* HRRS 2020, 441 ff.; *Ruppert* StraFo 2020, 445 ff.). Das Phänomen der Organisierten Kriminalität (KK-StPO/*Bruns* § 110a Rn. 3, 20) kann allerdings begrifflich nicht so konturenscharf umschrieben werden, dass dies dem Bestimmtheitsgebot für Eingriffsnormen entsprechen könnte. Zahlreiche Definitionsversuche sind fehlgeschlagen; geblieben ist eine Arbeitsdefinition (LR/*Hauck* § 110a Rn. 1). Deshalb hat der Gesetzgeber eine Eingrenzung des tauglichen Ermittlungsgegenstands durch verschiedenartige Umschreibungen in einem Katalog von Anlasstaten gewählt, der typische Delikte oder Erscheinungsformen der Organisierten Kriminalität einschließen soll. Er hat sich dabei aber weder auf Organisierte Kriminalität beschränkt, noch ein Mehr an Bestimmtheit der gesetzlichen Eingriffsvoraussetzungen bewirkt. Jeder Versuch der Eingrenzung bei der Prüfung der Verhältnismäßigkeit geht an der Notwendigkeit einer abstrakt-generellen Regelung beschränkter Einsatzvoraussetzungen im speziellen Eingriffsrecht vorbei. Die vorliegende Vorschrift ist daher als Ermächtigungsnorm zum Grundrechtseingriff streng genommen **zu unbestimmt** (*Bode* Verdeckte strafprozessuale Ermittlungsmaßnahmen, S. 425).

4 Die §§ 110a ff. haben ihren Grund nicht in dem zu Unrecht als generell zulässig geltenden Verwenden eines Decknamens oder in dem ebenfalls der Praxis vertrauten und schon wegen angeblicher Erforderlichkeit in einer zur Beantwortung der Legitimationsfrage zirkelschlüssigen Weise als zulässig geltenden Verschweigen der Eigenschaft als Ermittler. Der Regelungsanlass für den Gesetzgeber bestand nur in einer durch die veränderte Identität bewirkten **Gefährdung des allgemeinen Rechtsverkehrs**. Deshalb ist die Regelung **nicht als gesetzliche Ermächtigung** zum Grundrechtseingriff **konzipiert worden**, sondern aus Gründen der Sachaufsicht und der Fürsorge für Verdeckte Ermittler (BT-Drs. 12/989, S. 42; *Ellbogen* Die verdeckte Ermittlungstätigkeit der Strafverfolgungsbehörden durch die Zusammenarbeit mit V-Personen und Informanten, S. 31; *Kirkpatrick* NStZ 2019, 177). Aus demselben Grund ist umgekehrt keine gesetzliche Regelung für den polizeilichen Einsatz von V-Leuten geschaffen worden. Bei allem wurde das Prinzip vom Vorrang und vom Vorbehalt des Gesetzes ignoriert. Die vorliegende Vorschrift hat aber nach der verzögerten Entdeckung des Eingriffscharakters eines Einsatzes Verdeckter Ermittler durch heimliche Beschaffung personenbezogener Daten die Aufgabe einer gesetzlichen Eingriffsermächtigung übernommen, die sie zwangsläufig unzureichend erfüllt. Das beruht auf einer zu kurz greifenden Rspr. (BGHSt 40, 211 [215 f.]; 42, 139 [145 ff.]), die den Eingriffscharakter von Ermittlungsmaßnahmen und das Belastungsgewicht des verdeckten staatlichen Handelns unterbewertet hat (*Hund* StV 1993, 379 ff.). Zudem ist der Einsatz Verdeckter Ermittler wenig gebräuchlich (LR/*Hauck* § 110a Rn. 3), weil dieser im Vergleich mit dem Einsatz von V-Leuten zu teuer, zu gefährlich oder nicht zielführend wirkt (*Ellbogen* Die verdeckte Ermittlungstätigkeit der Strafverfolgungsbehörden

durch die Zusammenarbeit mit V-Personen und Informanten, S. 36; *Krey/Jaeger* NStZ 1995, 517). Er wird meist durch den Einsatz anderer nicht offen ermittelnder Polizeibeamter oder privater V-Leute umgangen. Wegen der Verkennung des Bedeutungsgehalts der Verdeckten Ermittlungen als Grundrechtseingriff, ist auch nicht abschließend geklärt, wann verdeckten Ermittlungen mit Täuschungscharakter in den absolut geschützten Kernbereich der Persönlichkeitsentfaltung betroffener Bürger eindringen (*Wolter* ZIS 2012, 238 [240 ff.]). Das kasuistische Nachvollziehen der Rspr. des EGMR anhand des diffusen Fairnessmaßstabs aus Art. 6 Abs. 1 EMRK verhindert das Verständnis für die Bedeutung und Tragweite des Eingriffshandelns im Bereich der materiellen Grundrechte (Art. 1 Abs. 1, 2 Abs. 1, 20 Abs. 3 GG; *Tyszkiewicz* Tatprovokation als Ermittlungsmaßnahme, S. 56 ff.) und der korrespondierenden Menschenrechte (Art. 8 EMRK; LR/*Hauck* § 110a Rn. 16). **Mangels Kernbereichsschutzkonzepts** war die Regelung anfangs **verfassungswidrig** (*Bode* Verdeckte strafprozessuale Ermittlungsmaßnahmen, S. 423 ff.), was durch die Verweisung auf § 100d Abs. 1 und 2 behoben ist. Es fehlt aber immer noch ein präzises Rechtsbewusstsein für die Bedeutung von Selbstbelastungsprovokationen (*Eschelbach* GA 2015, 545 [546 ff.]; *Wolter* ZIS 2012, 238 [240 ff.]) und staatlichen Tatprovokationen (EGMR NJW 2021, 3515 ff. m.Anm. *Conen* StV 2022, 182 ff.; *Esser* StV 2021, 383 ff.; *Hübner* HRRS 2020, 441 ff.; *Petzsche* JR 2021, 368 ff.; *Ruppert* StraFo 2020, 445 ff.; BGHSt 60, 276 [283 ff.]; BGH StV 2022, 275 ff. m.Anm. *Janssen/Wennekers* StV 2022, 338 ff.).

B. Verdeckte Ermittlungen unter einer auf Dauer angelegten Legende. Für die Eigenschaft als Verdeckter 5
Ermittler und nicht nur als sonstiger nicht offen ermittelnder Polizeibeamter ist es von Bedeutung, ob der Auftrag des Verdeckten Ermittlers über einzelne, konkret vorausbestimmte Maßnahmen hinausgeht, ob es erforderlich werden kann, eine **unbestimmte Vielzahl von Personen** über seine Identität **zu täuschen**, und ob abzusehen ist, dass die **Identität** des Beamten **in künftigen Strafverfahren** auf Dauer **geheim zu halten** ist (BGHSt 41, 64 [65]). Das ist im Rahmen einer **Gesamtwürdigung** der verschiedenen Faktoren zu bewerten, die dem Eingriffsrecht, das an bestimmte Tatbestandsvoraussetzungen gebunden sein soll, allerdings fremd ist. Bei der Rechtsprechungsdefinition wird darauf abgestellt, ob der allgemeine Rechtsverkehr oder die Beschuldigtenrechte in künftigen Strafverfahren eine mehr als nur unerhebliche Beeinträchtigung durch den Einsatz des verdeckt operierenden Polizeibeamten erfahren können (BGHSt 41, 64 [65]), was weder zuverlässig prognostizierbar noch genau abgrenzbar sein dürfte. Die problematische Regelung hat zu dem Missverständnis geführt, aus § 110a ergebe sich eine **allgemeine Erlaubnis zur Täuschung** durch Ermittlungsbeamte im Strafverfahren (*Nowrousian* NStZ 2015, 625 ff.), was aber mit Art. 1 Abs. 1 und Art. 20 Abs. 3 GG kollidiert. Meist wird ein Täuschungsverbot erst bei zusätzlicher Ausnutzung einer Zwangslage für die Zielperson bejaht (*Gebhard/Hoheisel-Gruler* Kriminalistik 2021, 515 [516]). Jedoch sind Täuschung und Zwang nach § 136a Abs. 1 selbstständige verbotene Methoden.

Die Legende, unter der ein Verdeckter Ermittler operiert, ist nach der Rspr. ohne Verankerung im Wortlaut 6
der Norm prinzipiell **auf Dauer angelegt** (BGHSt 41, 42 [43]; 41, 64 [65]; KK-StPO/*Bruns* § 110a Rn. 5; Meyer-Goßner/Schmitt/*Köhler* § 110a Rn. 1), auch wenn ein bestimmter Mindestzeitraum ihrer Umsetzung nicht erforderlich sein soll. Eine Tarnung, die nur im Einzelfall zum Einsatz kommt, soll nicht dazu ausreichen, nicht offen ermittelnde Polizeibeamte dem »strengen« Reglement der §§ 110a ff. zu unterwerfen (BGHR StPO § 110a Ermittler 4 m.Anm. *Rogall* NStZ 1996, 451), weshalb dafür aber auch eine spezialgesetzliche Eingriffsermächtigung fehlt. Bei der Legendenbildung von Verdeckten Ermittlern werden neben **Namen, Anschrift und Berufsbezeichnung** die persönlichen Lebensverhältnisse des Verdeckten Ermittlers verändert (*Ellbogen* Die verdeckte Ermittlungstätigkeit der Strafverfolgungsbehörden durch die Zusammenarbeit mit V-Personen und Informanten, S. 32). Die neue Vita ist erlogen (*Zaczyk* StV 1993, 490 [492 f.]). Zu diesem Legendenaufbau dürfen nach § 110a Abs. 3 aber auch **Tarnpapiere** hergestellt werden (KK-StPO/*Bruns* § 110a Rn. 10; Meyer-Goßner/Schmitt/*Köhler* § 110a Rn. 8), wobei die prozessuale Norm zugleich als **Rechtfertigungsgrund bei Urkundenfälschungen** wirkt (LR/*Hauck* § 110a Rn. 28). »Einsatzbedingte Straftaten« sind Verdeckten Ermittlern sonst nicht erlaubt (BGH NStZ-RR 2021, 175 [176]; *Kirkpatrick* NStZ 2019, 177 [179 ff.]). Allenfalls über die allgemeinen Rechtfertigungsregeln oder Entschuldigungsgründe lässt sich im Einzelfall im Ergebnis eine Straffreiheit begründen (*Schwarzburg* NStZ 1995, 469 ff.). Personenstandsbücher und Register, die mit öffentlichem Glauben ausgestattet sind, dürfen nach der gesetzgeberischen Vorstellung auch nicht verfälscht werden, was jedoch bei einer Gesellschaftsgründung unter Verwendung der Legende im Handelsregister praktisch geschieht (*Zaczyk* StV 1993, 490 [493]).

Der Verdeckte Ermittler darf nach § 110a unter seiner Legende **am Rechtsverkehr teilnehmen**, also **Rechts-** 7
geschäfte abschließen, sonstige Rechtshandlungen vornehmen, sich unter dem falschen Namen in das Grundbuch oder in andere Register eintragen lassen, also Identitätstäuschungen bei Neueintragungen vornehmen, aber nicht bereits bestehende Eintragungen verfälschen (krit. *Zaczyk* StV 1993, 490 [492 f.]). Verdeckte Ermittler dürfen unter ihrer Legende auch als Kläger oder Beklagte **in Prozessen auftreten** (LR/*Hauck* § 110a

Rn. 29; SK-StPO/*Wolter/Jäger* § 110a Rn. 15). Kein Polizeibeamter kann zu dem belastenden und risikoreichen Einsatz als Verdeckter Ermittler gezwungen werden. Verdeckte Ermittlungen bergen die Gefahr, dass der Beamte, der sich über längere Zeit hinweg im kriminellen Milieu bewegen und sich ihm anpassen muss, dorthin abgleitet (*Zaczyk* StV 1993, 490 [493]). Das Leben des Beamten unter der Legende im kriminellen Milieu ist Familienangehörigen kaum zumutbar. Dem Rechtsverkehr ist eine derart **quasi-nachrichtendienstliche Vorgehensweise** im Strafverfahren unter der Geltung des Rechtsstaatsprinzips allenfalls zuzumuten, wenn einerseits die Erforderlichkeit solcher Maßnahmen unerlässlich ist und andererseits eine hinreichende Bestimmtheit der Voraussetzungen und Befugnisse besteht sowie das Prinzip der Kontrolle effektiv gewahrt ist. Beides ist nach Erfahrungen mit der Praxis von Selbstbelastungs- oder Tatprovokationen nicht der Fall. Bei einer Enttarnung drohen dem Beamten auch Racheakte des kriminellen Milieus. Der Einsatz als Verdeckter Ermittler ist nicht attraktiv, weil er einer Karriere eher hinderlich wirkt. Im Ganzen erscheint das Konstrukt auch aus der dienstrechtlichen Perspektive heraus bedenklich. Der Dienstherr hat die Pflicht dafür Sorge zu tragen, dass durch den Einsatz des Verdeckten Ermittlers Dritten kein Schaden entsteht. Ob und wie ein dennoch eingetretener Schaden durch Amtshaftungs- oder als Aufopferungsansprüche geltend gemacht werden kann, ist ungeklärt (KK-StPO/*Bruns* § 110a Rn. 12; *Zaczyk* StV 1993, 490 [493]).

8 **C. Unanwendbarkeit der speziellen Eingriffsnorm auf sonstige nicht offen ermittelnde Polizeibeamte oder V-Leute.** Die Rspr. definiert den Begriff der Verdeckten Ermittler eng in der fehlerhaften Annahme, dass andere Maßnahmen bereits nach der Ermittlungsgeneralklausel zu beurteilen seien (zum V-Mann-Einsatz *Gercke* StV 2017, 615 [617 ff.]). Das beruht auf einem latenten Missverständnis der Bedeutung des Prinzips vom Vorrang und vom Vorbehalt des Gesetzes, ferner auf einer falschen Auffassung vom Eingriffscharakter aller verdeckten Ermittlungen und vom Gewicht dieser Eingriffe in materielle und prozessuale Grundrechtspositionen. Die Ermittlungsgeneralklausel gestattet nur einen begrenzten Eingriff in das Recht auf informationelle Selbstbestimmung durch Erfassung, Speicherung und Verwendung personenbezogener Daten in überschaubarer Menge, aber keinen weitergehenden Eingriff in das allgemeine Persönlichkeitsrecht durch Erschleichen einer Vertrauensbeziehung, den heimlichen Eingriff in Spezialgrundrechte oder einen massenhaften Datenzugriff. Daher ist die Flucht in die Generalklausel verfehlt (LR/*Hauck* § 110a Rn. 14; MüKo-StPO/*Günther* § 110a Rn. 28 f.).

9 **I. Ohne Legendenverwendung auf Dauer ermittelnde Polizeibeamte.** Ein Polizeibeamter, der bei **Internetermittlungen** in sozialen Netzwerken seine wahre Identität und die Eigenschaft der Recherchen oder Kommunikation als Ermittlungstätigkeit verschweigt, unterliegt nicht den §§ 110a ff. (KK-StPO/*Bruns* § 110a Rn. 7; LR/*Hauck* § 110a Rn. 26; Meyer-Goßner/Schmitt/*Köhler* § 110a Rn. 4; *Soiné* NStZ 2003, 225 ff.; 2014, 248 ff.; s.a. *Eisenmenger* Die Grundrechtsrelevanz virtueller Streifenfahrten, 2017, S. 248 ff.), solange er nur anonym bleibt und die Legende nicht benötigt; andernfalls gelten die §§ 110a ff. (*Bode* Verdeckte strafprozessuale Ermittlungsmaßnahmen, S. 423 f.; *Rosengarten/Römer* NJW 2012, 1764 ff.).

10 Sonst **nicht offen ermittelnde Polizeibeamte** (noeP), in der Praxis vor allem als Scheinaufkäufer auftretende Ermittler (BGHSt 41, 64 [65]; BGHR StPO § 110a Ermittler 4; StPO § 110b Abs. 2 Verwertungsverbot 2; KK-StPO/*Bruns* § 110a Rn. 6; Meyer-Goßner/Schmitt/*Köhler* § 110a Rn. 4), sind nach der Rspr. keine Verdeckten Ermittler (BT-Drs. 12/989, S. 42; BVerfG StV 2012, 257 [262]; BGH StV 1997, 233; *Ellbogen* Die verdeckte Ermittlungstätigkeit der Strafverfolgungsbehörden durch die Zusammenarbeit mit V-Personen und Informanten, S. 39 ff.; *Lilie* NStZ 1995, 517; a.A. MüKo-StPO/*Günther* § 110a Rn. 31). Auch die längerfristige Verwendung von Tarnpapieren macht den nicht offen ermittelnden Polizeibeamten nach der vorherrschenden Definition nicht zu einem Verdeckten Ermittler, solange er nicht auf Dauer unter der Legende am Rechtsverkehr teilnimmt. Umgekehrt ist ein Polizeibeamter, der sich im Außendienst auf eine **einzelne Ermittlungshandlung** im Umfeld des Beschuldigten beschränkt, nach der Rspr. auch bei Verwendung der Legende nicht nach den Maßstäben der §§ 110a ff. zu beurteilen und zwar auch dann nicht, wenn er innerdienstlich länger mit dem Fall befasst ist (BGHR StPO § 110a Ermittler 4; krit. LR/*Hauck* § 110a Rn. 24; *Schneider* NStZ 2004, 359 [360 f.]). Diese Beschränkung des Anwendungsbereichs der Spezialnormen beruht auf der ursprünglich fehlerhaften Konzeption des Gesetzes und führt zu der Frage, ob der Einsatz nicht offen ermittelnder Polizeibeamter ausreichend durch die Ermittlungsgeneralklausel legitimiert werden kann. Da der Eingriffscharakter und das Eingriffsgewicht der Einzelmaßnahme aus der Sicht von Beschuldigten oft nicht hinter demjenigen zurückbleiben, das entsprechende Handlungen durch Verdeckte Ermittler aufweisen, ist die Frage richtigerweise zu verneinen (SK-StPO/*Wolter/Jäger* § 110a Rn. 13).

11 **II. V-Leute.** § 110a ist auf den Einsatz polizeilicher V-Leute **weder unmittelbar noch analog anwendbar** (BGHSt 41, 42 [44]; 45, 321 [330]; KK-StPO/*Bruns* § 110a Rn. 9; Meyer-Goßner/Schmitt/*Köhler* § 110a Rn. 4a; *Soiné* ZRP 2021, 47 ff.; zur Analogie näher *Ellbogen* Die verdeckte Ermittlungstätigkeit der Straf-

verfolgungsbehörden durch die Zusammenarbeit mit V-Personen und Informanten, S. 105 ff.), obwohl die eingriffsrechtliche Bedeutung dieselbe ist wie beim Einsatz Verdeckter Ermittler (LR/*Hauck* § 110a Rn. 12). Der Einsatz von V-Personen, der oft auch insgesamt geheim bleibt (*Conen* StraFo 2013, 140 [143]), gilt in der Rspr. seit jeher als **zulässig, weil** er zur Bekämpfung schwer aufklärbarer Kriminalität **notwendig** sei (BGHSt 32, 115 [121 ff.]; 45, 321 [336]; *Ellbogen* Die verdeckte Ermittlungstätigkeit der Strafverfolgungsbehörden durch die Zusammenarbeit mit V-Personen und Informanten, S. 31; Meyer-Goßner/Schmitt/*Köhler* § 110a Rn. 5; abl. *Eschelbach* StV 2000, 390 ff.). Die **Ermittlungsgeneralklausel** sei dafür eine ausreichende Rechtsgrundlage. Die behauptete Notwendigkeit ersetzt aber keine spezialgesetzliche Legitimation nach dem Prinzip vom Vorrang und vom Vorbehalt des Gesetzes, soweit V-Leute über einen Informationsbeschaffungsakt hinaus in Grundrechte Dritter eingreifen und ihre Handlungen aufgrund des Ermittlungsauftrags und einer **Verpflichtung für den öffentlichen Dienst** dem Staat **zuzurechnen** ist. Die Ermittlungsgeneralklausel ist gemessen an der Bedeutung und Tragweite des V-Mann-Einsatzes, an ihren besonderen Risiken und an den sonstigen Sonderregelungen für eingriffsintensive heimliche Ermittlungen als Ermächtigungsgrundlage unzureichend (*Barczak* StV 2012, 182 [186]; *Gebhard/Hoheisel-Gruler* Kriminalistik 2021, 515 [517]; *Gercke* StV 2017, 615 [622]; *Soiné* ZRP 2021, 47 ff.; SK-StPO/*Wolter/Jäger* § 110a Rn. 3). Der V-Mann-Einsatz, der aus der Sicht der Betroffenen denselben Zweck verfolgt und dieselbe Eingriffsintensität aufweist, wie der Einsatz eines Verdeckten Ermittlers, stellt sich vor allem als **Umgehung der vorliegenden Vorschrift** dar (*T. Bode* Verdeckte strafprozessuale Ermittlungsmaßnahmen, S. 423), die wiederum eine Umgehung von § 136a Abs. 1 und 3 enthält. Zwar mag es sich um einen andersartigen Eingriff handeln (BGHSt 41, 42 [45]), der aber für die **Risiken der Selbstbelastungsprovokation** (SK-StPO/*Wolter/Jäger* § 110a Rn. 3a; *Wolter* ZIS 2012, 238 ff.), **der Tatprovokation** des Beschuldigten oder **der Sachverhaltsverfälschung** eines Beschuldigten durch Falschbelastung oder übermäßige Belastung seitens der »bezahlten Zeugen« nicht weniger gewichtig ist. All dies war früher ohne nennenswerte dogmatische Begründung nur dementiert worden, weil nicht sein kann, was nicht sein darf. Heute sind die Zurechnung des auftragsgemäßen V-Mann-Handelns zum staatlichen Strafverfahren und der Eingriffscharakter bestimmter Maßnahmen durch V-Leute anerkannt (*Conen* StraFo 2013, 140 [144]). Das **Defizit im Gesetz** ist bisher geblieben (*Soiné* ZRP 2021, 47 ff.). Selbstbelastungsprovokationen und Tatprovokationen verletzen überdies den Achtungsanspruch aus der **Menschenwürdegarantie** und sie könnten daher nicht einmal durch den Gesetzgeber gestattet werden (Art. 1 Abs. 1, 20 Abs. 3, 79 Abs. 3 GG), der sich ohnehin zurückhält, während sich die Ermittlungspraxis zu weit vorwagt, ohne dass eine effektive Kontrolle durch die Gerichte stattfindet. Wenn der Gesetzgeber des OrgKG mit der Beschränkung seiner Normierungen auf Verdeckte Ermittler den Einsatz von V-Leuten nicht untersagen wollte (BGHSt 41, 42 [43 f.]), so besagt dies nicht, dass sein Schweigen eine ausreichende Legitimation liefern könnte. Gewohnheitsrecht kann bei eingriffsintensiven heimlichen Ermittlungen weder begründet werden noch als Legitimation im Eingriffsrecht ausreichen. Auch die gesetzgeberische Überlegung, dass der Staat nur seinen als Verdeckte Ermittler eingesetzten Polizeibeamten weitere Fürsorge durch Reglementierung des Einsatzes schulde (BGHSt 41, 42 [44]), greift in Fällen der behördlichen Beauftragung von Privatpersonen mit konkreten Ermittlungen und ihrer förmlichen Verpflichtung für den öffentlichen Dienst zu kurz. Andererseits haben V-Leute infolge der Unanwendbarkeit des Gesetzes nicht einmal die begrenzten Eingriffsbefugnisse nach § 110c. Ein im Aufklärungsinteresse geführtes Gespräch eines V-Manns mit einem Beschuldigten oder einer zeugnisverweigerungsberechtigten Person (BGHSt 40, 214 [216 ff.]; differenzierend BVerfG NStZ 2000, 489 m.Anm. *Rogall* ebenda und *Weßlau* StV 2000, 468) gilt bisher nach der Rspr. als verwertbar. Insoweit gilt immer noch der Maßstab des Hörfallenbeschlusses (BGHSt 42, 139 [145 ff.]). Jedoch ist diese Judikatur überholt (§ 136 Rdn. 23 ff.).

III. **Verdeckt ermittelnde Polizeibeamte aus anderen Nationen.** Verdeckt eingesetzte ausländische Polizei- 12
beamte (§ 93 IRG, Art. 14 EU-RhÜbk; Art. 20 Abs. 1 UNTOC) werden, solange sie nicht der deutschen Rechtsordnung unterstellt sind, nicht wie Verdeckte Ermittler im Sinn der vorliegenden Vorschrift, sondern wie V-Leute behandelt (BGH StV 2007, 561; KK-StPO/*Bruns* § 110a Rn. 5). Die Annahme der Zulässigkeit des V-Mann-Einsatzes aufgrund der Ermittlungsgeneralklausel ist aber unhaltbar. Dasselbe muss für die Gleichsetzung ausländischer Polizeibeamter bei deren verdecktem Einsatz im Inland mit V-Leuten oder nicht offen ermittelnden deutschen Polizeibeamten gelten (*Barczak* StV 2012, 182 [187 ff.]; *Eisenberg* Beweisrecht der StPO, Rn. 1034a).

D. **Anlasstaten für den Einsatz Verdeckter Ermittler.** Voraussetzung von den Einsatz Verdeckter Ermittler 13
ist zunächst, dass **zureichende tatsächliche Anhaltspunkte** dafür vorliegen, dass eine Katalogtat, die im Ansatz dem Muster des § 98a Abs. 1 entspricht, begangen wurde. Der Zukunftsverdacht, eine Zielperson sei dazu geneigt, künftig entsprechende Taten zu begehen, rechtfertigt den repressiv-polizeilichen Einsatz Verdeckter Ermittler nicht (*Tyszkiewicz* Tatprovokation als Ermittlungsmaßnahme, S. 102 ff.). Erforderlich

ist vielmehr der auf Tatsachen gestützte konkrete Verdacht, dass eine Katalogtat begangen worden ist. Der Verdacht muss über bloße Vermutungen hinausgehen. Andererseits muss er keine bestimmte Wahrscheinlichkeitsstufe, etwa i.S. eines dringenden oder hinreichenden Tatverdachts, erreichen. Der **Anfangsverdacht** genügt, wenn er ausreichend konkretisiert ist (KK-StPO/*Bruns* § 110a Rn. 13; MüKo-StPO/*Günther* § 110a Rn. 7; SK-StPO/*Wolter/Jäger* § 110a Rn. 8), und sich daraus Anhaltspunkte für das Vorliegen einer Katalogtat ergeben. Vorfeldermittlungen durch under cover-agents oder Initiativermittlungen durch Verdeckte Ermittler vor Entstehung eines Anfangsverdachts sind nicht zulässig (LR/*Hauck* § 110a Rn. 44). In der Praxis findet **in Gemengelangen** von Strafprozessrecht und Polizeirecht eine Vermischung von Tat- und Gefahrenverdacht statt, die den jeweiligen Verdachtsbegriff (Gefahrenverdacht oder Straftatverdacht) aufweicht. Die Kombination von Strafprozessrecht und Polizeirecht darf aber nicht dazu benutzt werden, die jeweiligen Eingriffsvoraussetzungen abzusenken oder zu umgehen (KK-StPO/*Bruns* § 110a Rn. 14; LR/*Hauck* § 110a Rn. 44), wie es jüngst bei der Preisgabe der **Schwerpunkttheorie** (*Lenk* NVwZ 2018, 38 ff.) im Fall der »legendierten Kontrollen« angenommen wurde (BGHSt 62, 123 [131 ff.]). Dazu verleitet die Definition der Rspr., eine Tatprovokation sei zulässig, wenn die V-Person oder der Verdeckte Ermittler gegen eine Person eingesetzt wird, die in einem den §§ 152 Abs. 2, 160 vergleichbaren Grad verdächtig sei, an einer bereits begangenen Straftat beteiligt gewesen zu sein oder zu einer zukünftigen Straftat bereit zu sein (BGHSt 45, 321 [337]). Nur bei gleichzeitigem Bestehen eines konkreten Anfangsverdachts und eines i.S.d. Landespolizeirechts ausreichenden Gefahrenverdachts darf der Einsatz mit doppelter Zielrichtung im Rahmen dessen erfolgen, was das Strafprozessrecht und das Polizeirecht jeweils gestatten. Die Problematik eines Lockspitzels ist aber allein unter Rückgriff auf strafrechtliche und strafverfahrensrechtliche Grundlagen zu behandeln. Bei der gezielten Provokation einer polizeilich kontrollierten Straftat handelt es sich um eine Maßnahme, die nach ihrem Schwerpunkt nicht der Gefahrenabwehr dient, sondern strafprozessual zu qualifizieren ist (BGHSt 45, 321 [337]).

14 **I. Bestimmte Vergehen von erheblicher Bedeutung.** Der Katalog der für den Einsatz Verdeckter Ermittler tauglichen Anknüpfungstaten ist unsystematisch und inhomogen (LR/*Hauck* § 110a Rn. 32). Erforderlich ist in den Fällen von § 110a Abs. 1 Satz 1 das Vorliegen einer **Straftat von erheblicher Bedeutung** aus dem Kreis der Katalogdelikte; die »besondere Bedeutung« von Verbrechen i.S.v. § 110a Abs. 1 Satz 4 lässt keinen substanziellen Unterschied dazu erkennen. Das Merkmal der Straftat von erheblicher Bedeutung wird in der Strafprozessordnung in verschiedenartigem Kontext verwendet (*Rieß* GA 2004, 623 ff.) und wirkt unbestimmt (*T. Bode* Verdeckte strafprozessuale Ermittlungsmaßnahmen, S. 425; *Lindemann* KJ 2000, 86 ff.), gilt aber nach dem allgemeinen Maßstab des prozessualen Eingriffsrechts in der Rspr. als noch ausreichend konkret. Gemeint sind Straftaten, die mindestens zur mittleren Kriminalität gerechnet werden, die den Rechtsfrieden empfindlich stören und die geeignet sind, das Gefühl der Rechtssicherheit in der Bevölkerung zu beeinträchtigen (KK-StPO/*Bruns* § 110a Rn. 21; MüKo-StPO/*Günther* § 110a Rn. 10). Damit wird praktisch ein unbestimmtes Kriterium durch eine Zusammenfassung mehrerer unbestimmter Kriterien umschrieben. Der Rest verschwimmt im Nebel eines Beurteilungsspielraums.

15 Zuerst werden innerhalb des Katalogs der Kriterien für taugliche Anlasstaten beliebige Delikte aus dem **Bereich des Betäubungsmittel- oder Waffenhandels** oder der **Geld- oder Wertzeichenfälschungsdelikte** genannt, die für den Typus der Organisierten Kriminalität charakteristisch erscheinen, aber auch Delikte durch Einzeltäter oder Randfiguren einschließen. Diese Delikte dürften vom Standpunkt der h.M. aus fast immer zugleich von »erheblicher Bedeutung« sein. Von einer ausreichenden Bestimmtheit der Norm als Ermächtigungsgrundlage für Grundrechtseingriffe im Grenzbereich zum Unverfügbaren kann aber streng genommen nicht die Rede sein. Ob die Anwendbarkeit auf **Staatsschutzdelikte** i.S.d. dynamischen Verweisung auf die Zuständigkeitsregeln aus §§ 74a, 120 GVG besser erscheint, liegt im Auge des Betrachters.

16 Die Anwendung der Eingriffsnorm auf Fälle des Verdachts **gewerbs- oder gewohnheitsmäßig** begangener Taten aller Art ist ein vager Versuch der Annäherung an den Bereich der Organisierten Kriminalität. Gewerbsmäßig handelt nach der gebräuchlichen Definition derjenige, der sich aus wiederholter Tatbegehung eine nicht nur vorübergehende Einnahmequelle von einiger Dauer und einigem Umfang verschaffen will. Ob dieser Wille vorliegt, ist im Frühstadium der Ermittlungen kaum verifizierbar. Gewohnheitsmäßig handelt, wer mindestens zwei Taten vergleichbarer Art begangen hat und einen durch Übung erworbenen Hang zu wiederholter Tatbegehung besitzt (KK-StPO/*Bruns* § 110a Rn. 18). Diese Eigenschaft als Hangtäter ist aber auch eine Leerformel. Nicht viel besser ist die Anknüpfung an **Bandentaten**, deren Abgrenzung der Rspr. schon bei ex-post-Betrachtung nach Abschluss der Ermittlungen große Probleme bereitet. Im Frühstadium der Ermittlungen ist dieses Qualifikationsmerkmal nur aufgrund vager Zuschreibungen praktikabel. **In anderer Weise organisiert** wird nach der Definition in Anl. E Nr. 2.1 zu den RiStBV eine Straftat begangen, wenn mehr als zwei Beteiligte auf längere oder unbestimmte Dauer arbeitsteilig unter Verwendung gewerblicher oder geschäftsähnlicher Strukturen zusammenwirken. Diese **Auffangklausel** entspricht fast einer Bande aus

drei Personen und ersetzt ein Stück davon im Bereich der »Bandenabrede« durch technisch-organisatorische Elemente (vgl. KK-StPO/*Bruns* § 110a Rn. 20).

II. Verbrechen mit Wiederholungsgefahr oder von besonderer Bedeutung. Beim Verdacht eines beliebigen Verbrechens ist der Einsatz eines Verdeckten Ermittlers nach § 110a Abs. 1 Satz 2 zulässig, wenn die Gefahr der **Wiederholung** besteht. Sind andere Maßnahmen aussichtslos, muss keine Gefahr der Wiederholung des – nicht notwendigerweise zu dem Katalog des § 110a Abs. 1 Satz 1 gehörenden – Verbrechens vorliegen, wenn es sich um eine Tat **von besonderer Bedeutung** handelt, § 110a Abs. 1 Satz 4. Die Merkmale »besondere Bedeutung der Tat« und »Straftat von erheblicher Bedeutung« sind inhaltlich im Wesentlichen gleich auszulegen. Die Straftat muss nach der ebenso gebräuchlichen wie wenig aussagekräftigen Formel mindestens zum **Bereich der mittleren Kriminalität** gehören, den Rechtsfrieden empfindlich stören und dazu geeignet sein, das Gefühl der Rechtssicherheit der Bevölkerung erheblich zu beeinträchtigen. 17

E. Subsidiaritätsklausel. Nach der Subsidiaritätsklausel des § 110a Abs. 1 Satz 3, welche nur die generelle Subsidiarität von heimlichen Ermittlungen gegenüber offenen Eingriffsmaßnahmen betreffen kann, damit sich die Subsidiaritätsklauseln der verschiedenen heimlichen Methoden nicht gegenseitig blockieren (LR/*Hauck* § 110a Rn. 37), ist Voraussetzung des Einsatzes eines Verdeckten Ermittlers beim Verdacht einer Katalogtat, dass die **Aufklärung** des Verdachtsfalls **auf andere Weise aussichtslos oder wesentlich erschwert** wäre (*Blozik* Subsidiaritätsklauseln im Strafverfahren, S. 47 f.), während im Fall der Verdacht eines Verbrechens, dass nicht typischerweise zur Organisierten Kriminalität gehört, hinzukommen muss, dass die **besondere Bedeutung der Tat** den Einsatz des Verdeckten Ermittlers gebietet (KK-StPO/*Bruns* § 110a Rn. 22). Welche Ermittlungsmethode den Vorrang hat und ob überhaupt eine andere Maßnahme vorausgegangen und erfolglos geblieben sein muss, bevor der Einsatz eines Verdeckten Ermittlers erwogen werden kann, bleibt nach dem Gesetzestext unklar (*Zaczyk* StV 1993, 490 [493]). Den Anordnungsorganen wird insoweit ein **Beurteilungsspielraum** zugebilligt. Nähere Betrachtung zeigt dann aber, dass die Subsidiaritätsklausel funktionslos bleibt und nicht mehr als einen Hinweis auf den ohnehin generell zu beachtenden **Grundsatz der Verhältnismäßigkeit** bewirkt. 18

F. Beweisverwertungsfragen. Geheimhaltungsmaßnahmen richten sich nach § 110b Abs. 3 und nachrangig nach § 96. Ist der Verdeckte Ermittler für das gerichtliche Verfahren aufgedeckt, muss er im Rahmen des § 244 Abs. 2 vernommen werden (*Rosbaud* HRRS 2005, 131 ff.). Der Verdeckte Ermittler kann bei nur teilweiser behördlicher Sperrung gegebenenfalls aber auch unter **Verfremdung seiner optischen und akustischen Erscheinung audiovisuell vernommen** werden (BGHSt 51, 232 [235 ff.]; BGH StV 2006, 682 f. m.Anm. *Schuster* StV 2007, 507 ff.). Seine Informationen sind nach h.M. prinzipiell verwertbar und können auf verschiedenen Wegen in die Hauptverhandlung eingeführt werden (*Safferling* NStZ 2006, 75 [80 ff.]). Bei Verfahrensfehlern greift ein Beweisverwertungsverbot ein, über das zwar keine gesetzliche Bestimmung getroffen wurde, das aber hierdurch auch nicht ausgeschlossen ist (LR/*Hauck* § 110a Rn. 45). Mit dem Gedanken eines hypothetischen Ersatzeingriffs können jedenfalls vom Standpunkt der Abwägungsdoktrin aus **Zufallsfunde** aufgrund gesetzlich geregelter heimlicher Ermittlungen, die Hinweise auf eine andere Katalogtat als diejenige geben, deretwegen der Einsatz angeordnet wurde, gegen den Beschuldigten oder gegen einen Dritten verwendet werden (LR/*Hauck* § 110a Rn. 49 m.w.N.). Verwertbar sind nach der herrschenden Auffassung auch Beweise hinsichtlich einer **Nichtkatalogtat**, die i.S. desselben Verfahrensgegenstands **in einem engen Zusammenhang mit der Anlasstat** steht. Das wird aber dann kritisiert, wenn zugleich der Verdacht der Katalogtat nicht erhärtet wurde, weil der im Ergebnis unbegründete Verdacht keine ausreichende Legitimation für die Beweisverwertung ergebe (LR/*Hauck* § 110a Rn. 51 m.w.N.). Auch wenn dem Einsatz eines Verdeckten Ermittlers bestimmte **Eingriffsvoraussetzungen gefehlt haben**, kommt ein Verwertungsverbot hinsichtlich solcher Beweise, die durch diesen Einsatz erlangt wurden, in Betracht. Das ist mit Blick auf die weiten Beurteilungsspielräume bei der Verdachtsannahme bezüglich einer Katalogtat und bei der Anwendung der Subsidiaritätsklausel praktisch nur der Fall, wenn **objektive Willkür** anzunehmen ist (LR/*Hauck* § 110a Rn. 55). Eher feststellbar sind **Verstöße gegen die formellen Eingriffsvoraussetzungen** nach § 110b (dazu § 110b Rdn. 13). 19

Bei einem **Eingriff in den** absolut geschützten **Kernbereich der Persönlichkeitsentfaltung** (*Doll* Strafprozessuale Konturierung des Kernbereichs privater Lebensgestaltung, 2021, S. 220 f.) gilt nach Abs. 1 Satz 5 die Regelung des § 100d Abs. 1 und 2 entsprechend. Die Erkenntnisse daraus unterliegen einem absoluten Beweiserhebungs- und Beweisverwertungsverbot, das der Sache nach demjenigen gem. § 136a Abs. 3 entspricht. 20

Der Einsatz der **Legende gilt nicht als Täuschung** i.S.v. § 136a Abs. 1 (BGHSt 52, 11 [16]). Das trifft allerdings nicht zu und die vorliegende Vorschrift vermag eine Täuschung auch nicht zu legitimieren, wenn 21 das Täuschungsverbot letztlich aus Art. 1 Abs. 1 GG abgeleitet wird und daher gem. Art. 79 Abs. 3 GG auch durch den Gesetzgeber nicht zu umgehen ist (*Conen* StraFo 2013, 140 [141]; *Lagodny* StV 1996, 167 [170 ff.]). Was der Verdeckte Ermittler, der sich in das Vertrauen eines Beschuldigten eingeschlichen hat, von diesem erfährt, kann nach herrschender Meinung im Grundsatz gegen den Beschuldigten verwertet werden (BGHSt 52, 11 [14]). Das fehlerhaft vertrauensvolle Gespräch wird von der Rspr. nicht als Vernehmung gewertet (vgl. BGHSt 42, 139 [145]), auch wenn es denselben Informationszweck erfüllt. Zudem wird das, was beim Einsatz verdeckter Ermittler unter einer Legende gesetzlich erlaubt sein soll, auch dort nicht als verbotene Methode bewertet. Damit geht die Judikatur allerdings am Thema des Grundrechtsschutzes des Beschuldigten vor ungewollter Selbstbelastung gegenüber einem mithilfe einer Täuschung vorgehenden Ermittlungsorgan des Staates vorbei (*Wolter* ZIS 2012, 238 [240 ff.]). Eine **Selbstbelastungsprovokation** greift in eine unverfügbare Rechtsposition ein (*Eschelbach* GA 2015, 545 [547]). Die Rspr. macht aber bisher nur Ausnahmen zugunsten eines Beweisverwertungsverbots im Fall der Umgehung eines bereits ausgeübten Schweigerechts, im Fall einer Ausforschung in der Untersuchungshaft (BGHSt 55, 138 [144 ff.] m.Anm. *Jahn* StraFo 2011, 117 ff.; *Kretschmer* HRRS 2010, 343 ff.), in der ein Beschuldigter dem Vorgehen nicht ausweichen kann, oder bei sonst bedrängender Befragung (BGHSt 52, 11 [15] m.Anm. *Duttge* JZ 2008, 261 ff.; *Engländer* ZIS 2008, 163 ff.; *Meyer-Mews* NJW 2007, 3142 ff.; *Renzikowski* JR 2008, 164 ff.; BGH StV 2009, 225 f. m.Anm. *Bauer* StV 2010, 120 f.; OLG Jena StV 2020, 455 ff.). Damit werden jedoch die Umgehungsmöglichkeit und die Aushöhlung der Selbstbelastungsfreiheit in dem Fall übergangen, in dem der noch nicht vernommene Beschuldigte informell ausgeforscht wird. Wäre die offene Beschuldigtenvernehmung nach der Subsidiaritätsklausel stets vorgreiflich vor der heimlichen Ausforschung, dürfte ein solcher Fall nicht eintreten. Dies zeigt, dass die Behauptung der Zulässigkeit einer Täuschung mithilfe der Legende zirkelschlüssig ist. Die informell beschaffte Information ist aber nach dem bisherigen Richterrecht (§ 136 Rdn. 100 ff.) auch nur unter den Voraussetzungen der **Widerspruchslösung** (§ 136 Rdn. 100 ff.) unverwertbar.

22 Soweit ein unselbstständiges Beweisverwertungsverbot anerkannt wird, hat dieses nach der Rspr. keine **Fernwirkung** (§ 136 Rdn. 130; LR/*Hauck* § 110a Rn. 70) auf andere, erst hierdurch erlangte Beweise (BGHR StPO § 110a Fernwirkung 1). Die Literatur plädiert hingegen zu Recht jedenfalls für Fernwirkungen von absoluten Beweisverwertungsverboten (vgl. § 136a Rdn. 67), die aus einer Selbstbelastungsprovokation des Beschuldigten durch einen Verdeckten Ermittler entstehen können (SK-StPO/*Wolter/Jäger* § 110a Rn. 4 und *Wolter* ZIS 2012, 238 [240 ff.]). Bei einer **Tatprovokation** Unverdächtiger folgt aus der generellen Unzulässigkeit des Vorgehens, das ab intio und endgültig unfair ist, ein umfassendes Beweisverwertungsverbot (EGMR NStZ 1999, 47 f.; NJW 2009, 3565 [3566 ff.]; NJW 2021, 3515 [3522 f.]), das einem **Verfahrenshindernis** gleichkommt (BGHSt 60, 276 [290 ff.]; BGH StV 2022, 275 m.Anm. *Janssen/Wennekers* StV 2022, 338 ff.).

§ 110b Verfahren beim Einsatz eines Verdeckten Ermittlers

(1) [1]Der Einsatz eines Verdeckten Ermittlers ist erst nach Zustimmung der Staatsanwaltschaft zulässig. [2]Besteht Gefahr im Verzug und kann die Entscheidung der Staatsanwaltschaft nicht rechtzeitig eingeholt werden, so ist sie unverzüglich herbeizuführen; die Maßnahme ist zu beenden, wenn nicht die Staatsanwaltschaft binnen drei Werktagen zustimmt. [3]Die Zustimmung ist schriftlich zu erteilen und zu befristen. [4]Eine Verlängerung ist zulässig, solange die Voraussetzungen für den Einsatz fortbestehen.

(2) [1]Einsätze,

1. die sich gegen einen bestimmten Beschuldigten richten oder

2. bei denen der Verdeckte Ermittler eine Wohnung betritt, die nicht allgemein zugänglich ist,

bedürfen der Zustimmung des Gerichts. [2]Bei Gefahr im Verzug genügt die Zustimmung der Staatsanwaltschaft. [3]Kann die Entscheidung der Staatsanwaltschaft nicht rechtzeitig eingeholt werden, so ist sie unverzüglich herbeizuführen. [4]Die Maßnahme ist zu beenden, wenn nicht das Gericht binnen drei Werktagen zustimmt. [5]Absatz 1 Satz 3 und 4 gilt entsprechend.

(3) [1]Die Identität des Verdeckten Ermittlers kann auch nach Beendigung des Einsatzes geheimgehalten werden. [2]Die Staatsanwaltschaft und das Gericht, die für die Entscheidung über die Zustimmung zu dem Einsatz zuständig sind, können verlangen, daß die Identität ihnen gegenüber offenbart wird. [3]Im übrigen ist in einem Strafverfahren die Geheimhaltung der Identität nach Maßgabe des § 96 zulässig, insbesondere dann, wenn Anlaß zu der Besorgnis besteht, daß die Offenbarung Leben, Leib oder Freiheit des Verdeckten Ermittlers oder einer anderen Person oder die Möglichkeit der weiteren Verwendung des Verdeckten Ermittlers gefährden würde.

A. Anwendungsbereich. Die Vorschrift regelt das Verfahren beim Einsatz eines Verdeckten Ermittlers im Sinne von § 110a, ferner die Frage der Geheimhaltung seiner Identität. Auf andere nicht offen ermittelnde Polizeibeamte oder polizeiliche V-Leute ist § 110b weder direkt noch analog anzuwenden. Bei einer Einzelhandlung eines Ermittlers unter einer auf Dauer angelegten Legende soll es nach der Rspr. der Zustimmungserfordernisse nicht bedürfen (BGH NStZ 1996, 450 m.Anm. *Rogall*). 1

B. Handlungsmöglichkeiten. Die Initiative zum Einsatz eines Verdeckten Ermittlers geht von der **Polizei** aus, die allein eine solche Einsatzmöglichkeit hat. Die Staatsanwaltschaft kann einen Einsatz nicht mit Erfolg anordnen, wenn die Polizei – aus welchen Gründen auch immer – keinen Verdeckten Ermittler zur Verfügung stellt (SK-StPO/*Wolter/Jäger* § 110b Rn. 2). Der Polizei obliegt demnach auch die Auswahl der Person des Verdeckten Ermittlers, der zu einem solchen gefährlichen und belastenden sowie nicht einmal (karriere-)förderlichen Einsatz nicht gegen seinen Willen verpflichtet werden kann; die Staatsanwaltschaft kann dafür nicht die Verantwortung übernehmen (Meyer-Goßner/Schmitt/*Köhler* § 110b Rn. 1). Ferner obliegt der Polizei allein der **Aufbau der Legende** als geheime polizeitaktische Maßnahme. Die **Staatsanwaltschaft** soll im Ermittlungsverfahren nach dem Grundprinzip des Strafverfahrensrechts sachleitungsbefugt bleiben, weil sie angeblich auch in Fällen, in denen ein Verdeckter Ermittler zum Einsatz kommt, als »Herrin des Ermittlungsverfahrens« gilt. Praktisch stößt das rasch an Grenzen und rechtlich ist die Rolle bei der Erteilung einer bloßen »Zustimmung« zum polizeilichen Einsatz auf die einer **Genehmigungsbehörde** reduziert. Die polizeiliche Spionagetätigkeit hat den klassischen Bereich des Strafverfahrensrechts verlassen. 2

Die Staatsanwaltschaft hat über Entscheidungen zum Einsatz eines Verdeckten Ermittlers **Vermerke** anzufertigen, die aber **nicht zu den Verfahrensakten** zu nehmen sind (§ 101 Abs. 2; Anl. D Nr. II 2.7 zu den RiStBV). Das ist mit dem Grundsatz der Aktenwahrheit und Aktenvollständigkeit zu §§ 163 Abs. 2 Satz 1, 199 Abs. 2 Satz 2 nicht zu vereinbaren, der hier aufgegeben wurde (§ 101 Abs. 2 Satz 2). 3

I. Zustimmung der Staatsanwaltschaft (Abs. 1). Die **Zustimmung der Staatsanwaltschaft** ist **stets erforderlich**, auch in den Fällen des § 110b Abs. 2 mit Richtervorbehalt (Meyer-Goßner/Schmitt/*Köhler* § 110b Rn. 2). Die Entscheidung über die Zustimmung trifft der Behördenleiter oder ein von ihm besonders bezeichneter Staatsanwalt (Anl. D RiStBV Nr. II 2.4). **Bei Gefahr im Verzug** kann die Polizei aber zunächst allein handeln (MüKo-StPO/*Günther* § 110b Rn. 6; LR/*Hauck* § 110b Rn. 7; SK-StPO/*Wolter/Jäger* § 110b Rn. 3). Sie muss dann die Zustimmung der Staatsanwaltschaft, in den Fällen des § 110b Abs. 2 über diese anschließend auch diejenige des Gerichts (SK-StPO/*Wolter/Jäger* § 110b Rn. 5), **nachträglich** einholen, die staatsanwaltschaftliche **unverzüglich**, die richterliche spätestens in drei Werktagen ab dem auf die Anordnung folgenden Tag. Würde die Staatsanwaltschaft dem Einsatz des Verdeckten Ermittlers nachträglich nicht zustimmen, weil sie den Einsatz für unzulässig oder unzweckmäßig hält (*Rogall* JZ 1996, 263; SK-StPO/*Wolter/Jäger* § 110b Rn. 4), was bisher nie bekannt wurde, wäre die Maßnahme sofort zu beenden. Die bis zum Ablauf der drei-Tage-Frist angefallenen Erkenntnisse bleiben jedenfalls verwertbar (KK-StPO/*Bruns* § 110b Rn. 2). Das bloße **Fehlen der staatsanwaltschaftlichen Zustimmung** führt nach einer Ansicht in der Literatur auch nicht zu einem Beweisverwertungsverbot für die Erkenntnisse aufgrund des gleichwohl durchgeführten Einsatzes des Verdeckten Ermittlers (MüKo-StPO/*Günther* § 110b Rn 10). Dadurch wird aber die schwache Position der Staatsanwaltschaft weiter minimalisiert. 4

II. Zustimmung des Gerichts (Abs. 2). In den Fällen des § 110b Abs. 2 Satz 1 ist – **zusätzlich zur staatsanwaltschaftlichen Zustimmung** – auch eine **Zustimmung des Gerichts** erforderlich, um für jeden nicht angehörten Betroffenen **präventiven Rechtsschutz** durch eine neutrale Instanz zu gewährleisten (BGHSt 42, 103 [104]). Diese Rechtsschutzfunktion wirkt aber wegen der generellen Überforderung der Ermittlungsrichter mit maßlosen Pensenzahlen und mangelhafter Informationslage im Bereich der polizeilichen Spionagetätigkeit fiktiv. Effektiver Rechtsschutz kann an dieser Stelle kaum ernsthaft erwartet werden. Zuständig ist im Vorverfahren der **Ermittlungsrichter** (§ 162). Dieser hat nur die **Rechtmäßigkeit, nicht** die **Zweckmäßigkeit** der Maßnahme **zu prüfen.** Bei **Gefahr im Verzug** genügt die Zustimmung der Staatsanwaltschaft (§ 110b 5

Abs. 2 Satz 2); die richterliche Zustimmung ist in diesem Fall binnen drei Tagen nachzuholen (MüKo-StPO/*Günther* § 110b Rn. 6; LR/*Hauck* § 110b Rn. 14).

6 **1. Einsatz gegen einen bestimmten Beschuldigten (Abs. 2 Satz 1 Nr. 1).** Richtet sich der Einsatz des Verdeckten Ermittlers gegen einen bestimmten Beschuldigten, ist die Zustimmung des Gerichts erforderlich. Ein solcher Fall liegt schon vor, wenn zwar der Beschuldigten noch nicht namentlich bekannt, aber **identifizierbar** und bereits individualisiert ist (KK-StPO/*Bruns* StPO § 110b Rn. 5; MüKo-StPO/*Günther* § 110b Rn. 15; LR/*Hauck* § 110b Rn. 4). Das Zustimmungserfordernis gilt auch und erst recht beim Einsatz gegen **mehrere Beschuldigte**, wobei die richterliche Zustimmung für jeden Beschuldigten gesondert erforderlich ist (LR/*Hauck* § 110b Rn. 11). Insoweit ist im Hinblick auf jeden Beschuldigten eine richterliche Zustimmung zum Einsatz gegen die jeweilige Person und ihr Umfeld erforderlich (SK-StPO/*Wolter/Jäger* § 110b Rn. 6). Bei personellen Überschneidungen des Umfelds verschiedener Beschuldigter wird die ohnehin schwerfällige Regelung aber unpraktikabel und verliert ihren Sinn. Die Zustimmung des Richters umfasst von vornherein auch den Einsatz des Verdeckten Ermittlers gegen **Kontaktpersonen** des Beschuldigten, ohne dass diesbezüglich eine gesonderte Entscheidung des Richters erforderlich würde (BGH StV 1999, 523).

7 In den Fällen, in denen die Zustimmung des Richters erforderlich ist, muss zuvor die **Staatsanwaltschaft als Zwischengenehmigungsbehörde** eingeschaltet werden (SK-StPO/*Wolter/Jäger* § 110b Rn. 5). Eine **direkte Anrufung des Gerichts** durch die Polizei ist **nicht vorgesehen.**

8 **2. Betreten einer Wohnung (Abs. 2 Satz 1 Nr. 1).** Die richterliche Zustimmung ist auch erforderlich, wenn es dem Verdeckten Ermittler erlaubt sein soll, **unter Verwendung der Legende** eine nicht allgemein zugängliche **Wohnung zu betreten** (BGHR StPO § 110b Abs. 2 Wohnung 1 m.Anm. *Felsch* StV 1998, 285; *Frister* JZ 1997, 1130; *Hilger* NStZ 1997, 449; *Nitz* JR 1998, 211; *Roxin* StV 1998, 43; *Wollweber* StV 1997, 507). Das Betreten von fremden Wohnungen durch den Verdeckten Ermittler **im Rahmen seiner Ermittlungstätigkeit** ist bei einem andauernden Einsatz praktisch nicht zu vermeiden (Meyer-Goßner/Schmitt/*Köhler* § 110b Rn. 4), sodass im Regelfall eine richterliche Zustimmung erforderlich und auch pauschale Zustimmung zum Betreten irgendeiner Wohnung möglich ist (LR/*Hauck* § 110b Rn. 12). Von der Zustimmung formal gedeckt wird nur **das offene Betreten** mit der **unter Verwendung der Legende** erschlichenen Erlaubnis des Wohnungsinhabers, nicht ein heimliches Eindringen (*Hilger* NStZ 1997, 449 [450]; SK-StPO/*Wolter/Jäger* § 110b Rn. 8). Mit Art. 13 Abs. 1 GG vereinbar ist der Befund ohnehin nicht.

9 **C. Form und Inhalt.** Die Anordnung des Einsatzes eines Verdeckten Ermittlers erfolgt zunächst durch die Polizei. Bei Notwendigkeit der Einschaltung von Staatsanwalt (Abs. 1 Satz 3) und Gericht (§ 110b Abs. 2 Satz 5 i.V.m. Abs. 1 Satz 3) ist deren **schriftliche Zustimmung** einzuholen (LR/*Hauck* § 110b Rn. 15). Diese Zustimmungsentscheidung soll **sämtliche Voraussetzungen** nach § 110a und § 110b überprüfen. Die Erklärung soll daher auch **Angaben zum Gegenstand, zum Umfang und zur Dauer des Einsatzes** enthalten, die der Staatsanwaltschaft und dem Gericht aber im Vorhinein allenfalls begrenzt möglich sind. Das Gesetz äußert sich zu den Formerfordernissen, abgesehen vom Schriftlichkeitsgebot, nicht weiter. Die staatsanwaltschaftliche Zustimmung kann mit der Bezeichnung der angewendeten Normen und kurzen Hinweisen zur Sachlage begründet werden (LR/*Hauck* § 110b Rn. 17).

10 Die **Zustimmungsentscheidung des Ermittlungsrichters** ist nach § 34 **zu begründen** (BGHSt 42, 103 [104] m.Anm. *Bernsmann* NStZ 1997, 250 f. und *Weßlau* StV 1996, 579 f.; MüKo-StPO/*Günther* § 110b Rn. 21), damit das Prinzip der Kontrolle wenigstens im Ansatz gewahrt wird. Aus der Begründung des Zustimmungsbeschlusses soll deutlich werden, dass eine **Einzelfallprüfung** auf der Grundlage sämtlicher für den Eingriff relevanter Erkenntnisse stattgefunden hat. Ein ausschließlich **formularmäßig abgefasster Beschluss** wird von der Rspr. hingenommen (BGHSt 42, 103 [105]; KK-StPO/*Bruns* StPO § 110b Rn. 8), er wirkt aber als Mittel der Kontrolle sinnlos (*Bernsmann* NStZ 1997, 250; LR/*Hauck* § 110b Rn. 17). Eine nur **mündlich erklärte Zustimmung** ist nach § 110b Abs. 2 Satz 5 i.V.m. Abs. 1 Satz 3 unwirksam. Die Rspr. behandelt aber auch dies als folgenlosen Ordnungsverstoß (BGH NStZ 1996, 48), wodurch das Zustimmungserfordernis allerdings weiter entwertet wird.

11 Der Einsatz des Verdeckten Ermittlers ist nach § 110b Abs. 1 Satz 3, Abs. 2 Satz 5 **zu befristen**, was bei einem auf Dauer unter aufwendig erstellter Legende und verfahrensübergreifend geplanten Einsatz wenig sachgerecht erscheint (Meyer-Goßner/Schmitt/*Köhler* § 110b Rn. 7). Die Verlängerung der gesetzten Frist ist möglich (§ 110b Abs. 1 Satz 4), sodass die Befristungsregelung wenig sinnvoll erscheint. Eine Höchstfrist für den Polizeieinsatz unter einer auf Dauer angelegten Legende ist im Gesetz auch nicht vorgesehen (MüKo-StPO/*Günther* § 110b Rn. 22; LR/*Hauck* § 110b Rn. 16). Die Frist soll gleichwohl dem Grundsatz der Verhältnismäßigkeit Rechnung tragen (BT-Drs. 12/989 Satz 42). Als grober Orientierungspunkt kann die dreimonatige Frist nach § 100b Abs. 1 Satz 5 dienen (KK-StPO/*Bruns* StPO § 110b Rn. 10).

Wird die **richterliche Zustimmung** nicht in der **drei-Tages-Frist** für deren Nachholung gem. Abs. 1 Satz 2 erteilt, dürfen auch die innerhalb dieser Zeit erlangten Erkenntnisse grundsätzlich verwertet werden, weil die Polizei bis dahin für die Anordnung zuständig und die Maßnahme im Sinne der einfachgesetzlichen Regeln bisher rechtmäßig war. Rechtsfolge ist nur die **Beendigung des weiteren Einsatzes** (§ 110b Abs. 2 Satz 4). Die Frist zur Nachholung der Zustimmung beginnt mit dem Tag nach der polizeilichen Einsatzanordnung. Durch das Gesetz zur Neuregelung der TKÜ und anderer verdeckter Ermittlungsmaßnahmen vom 21.12.2007 (BGBl I, 3198) wurde betont, dass bei der Fristberechnung **nur die Werktage** zu zählen sind.

D. Geheimhaltungsmaßnahmen. Die Identität des Verdeckten Ermittlers kann **über die Dauer seines Einsatzes hinaus** geheim gehalten werden; **§ 96** gilt kraft ausdrücklicher Verweisung entsprechend. Der zur Erteilung der Zustimmung zuständige **Richter oder Staatsanwalt** kann die **Offenbarung der Identität** verlangen. Das ist aber kaum sinnvoll, zumal Richter und Staatsanwalt die Identität vertraulich zu behandeln haben und nicht in den Verfahrensakten dokumentieren dürfen. § 110b Abs. 3 Satz 3 bestimmt darüber hinaus, dass eine **Sperrerklärung** der obersten Dienstbehörde vorliegen muss (KK-StPO/*Bruns* StPO § 110b Rn. 17; MüKo-StPO/*Günther* § 110b Rn. 26), wenn der Verdeckte Ermittler in einem konkreten Strafverfahren nicht als Zeuge mit seiner wahren Identität, sondern unter seiner Legende aussagen oder sein Wissen durch ein Sekundärbeweismittel in die Hauptverhandlung eingeführt werden soll. Das ist **im Rahmen einer audio-visuellen Vernehmung** möglich (BGH NStZ 2007, 534; KK-StPO/*Bruns* StPO § 110b Rn. 18). Auch beim Einsatz von V-Personen oder nicht offen ermittelnden Polizeibeamten, die keine Verdeckten Ermittler sind, soll § 110b Abs. 3 Satz 3 angewendet werden (BT-Drs. 12/989 Satz 42). Darin zeigt sich erneut die Zirkelschlüssigkeit der gesetzgeberischen Annahme, dass es für den Einsatz von V-Leuten und nicht offen ermittelnden Polizeibeamten keiner spezialgesetzlichen Ermächtigungsgrundlage bedürfe. 12
Die Geheimhaltung der Identität ist eine spezielle Regelung zum Schutz des Verdeckten Ermittlers vor **Gefahren für Leib, Leben oder Freiheit** des Beamten oder Dritter und zur Sicherung der **Möglichkeit einer weiteren Verwendung** des Verdeckten Ermittlers (§ 110b Abs. 3 Satz 3; LR/*Hauck* § 110b Rn. 19). Diese spezielle Geheimhaltungsregelung geht den §§ 54, 96 vor. Maßnahmen zum Schutz des Verdeckten Ermittlers bei einer Vernehmung können aber auch nach § 68 StPO getroffen werden.

E. Beweisverbotsfragen. Fehlt die staatsanwaltschaftliche oder gerichtliche **Zustimmung** zum Einsatz eines Verdeckten Ermittlers durch die Polizei, so kann daraus für die durch den Verdeckten Ermittler gewonnenen Erkenntnisse ein unselbstständiges Beweisverwertungsverbot resultieren (Meyer-Goßner/Schmitt/*Köhler* § 110b Rn. 11; § 110a Rdn. 28 ff.). Ob es eingreift oder nicht, wird in der Rspr. nach den Maßstäben der **Abwägungsdoktrin** entschieden (§ 136 Rdn. 86 ff.). Meist wird angenommen, **nur bei willkürlichen Entscheidungen** über den Einsatz eines Verdeckten Ermittlers (BGHSt 42, 103 [105 f.]; KK-StPO/*Bruns* StPO § 110b Rn. 12; Meyer-Goßner/Schmitt/*Köhler* § 110b Rn. 11; krit. *Bernsmann* NStZ 1997, 250) oder über die Nichtherbeiführung einer solchen Zustimmung wegen fehlerhafter Annahme von Gefahr im Verzug entstehe ein Beweisverwertungsverbot; nimmt die Polizei irrtümlich Gefahr im Verzug an, so folgt daraus kein Verwertungsverbot. **Fernwirkungen** von Verwertungsverboten werden von der Rspr. nicht anerkannt (BGHR StPO § 110a Fernwirkung 1 und § 110b Abs. 2 Verwertungsverbot 1). Ein **Begründungsmangel** der Zustimmungsentscheidung führt nach der herrschenden Auffassung prinzipiell nicht zu einem Beweisverwertungsverbot (BGH NStZ 1996, 48). Auch soll die Verwendung von Formularen bei der Abfassung ermittlungsrichterlicher Beschlüsse kein relevanter Mangel sein. Damit wird aber der Richtervorbehalt zum Mythos. 13
Andere Beweise, die bei einem unzulässigen Einsatz eines Verdeckten Ermittlers erlangt wurden, sind nach h.M. auch verwertbar. Bei rechtmäßigem Einsatz gegen einen Beschuldigten können **die über einen anderen Beschuldigten gewonnenen Erkenntnisse** nach der Rspr. auch dann verwertet werden, wenn insoweit zwar eine richterliche Zustimmung tatsächlich fehlt, aber die Voraussetzungen für eine richterliche Zustimmung rechtlich vorgelegen haben (BGHR StPO § 110b Abs. 2 Verwertungsverbot 2). Mit der **Hypothese der alternativ rechtmäßigen Beweiserlangung** (§ 136 Rdn. 99) kann so der ohnehin ineffektive Richtervorbehalt weiter entwertet werden. Für die **Verwertung von Zufallsfunden** gilt § 477 Abs. 2 Satz 2. Bei behördlicher Sperrung von Verdeckten Ermittlern als Zeugen in der Hauptverhandlung ist zum Ausgleich der Beschränkung des Konfrontationsrechts des Angeklagten aus Art. 6 Abs. 3 lit. d EMRK unter Abwägung mit dem Geheimhaltungsinteresse des Staates abgestuft zu prüfen, ob andere Maßnahmen, wie Zeugenschutzmaßnahmen nach § 68 StPO und § 10 Abs. 1 Satz 1 ZSHG (zum Zeugenschutzprogramm BGHSt 50, 318 [323 ff.]), eine anonymisierte audiovisuelle Vernehmung des Verdeckten Ermittlers oder die Zulassung von Fragen, die über den Führungsbeamten außerhalb der Hauptverhandlung an den Verdeckten Ermittler gestellt werden, oder aber die alleinige Vernehmung des Führungsbeamten als Zeuge vom Hörensagen ergriffen werden (LR/*Hauck* § 110b Rn. 22). Ist das Konfrontationsrecht beschränkt, gilt nach der Rspr. i.Ü. das Gebot einer 14

besonders vorsichtigen Beweiswürdigung. Diese mit § 261 schwer zu vereinbarende Beweiswürdigungslösung läuft auf eine Beweisregel des Inhalts hinaus, dass eine Verurteilung des Angeklagten regelmäßig nicht allein aufgrund der Angaben eines Zeugen, den der Angeklagte selbst oder durch seinen Verteidiger in keinem Verfahrensstadium konfrontativ befragen konnte, nicht erfolgen darf, wenn nicht aussagekräftige Zusatzindizien vorliegen (LR/*Hauck* § 110b Rn. 22).

15 F. **Rechtsmittel.** Bis zu ihrer Erledigung können die richterliche Anordnung im Hinblick auf ihre Rechtmäßigkeit und die Art und Weise ihres Vollzugs angefochten werden; für **nachträglichen Rechtsschutz** gilt **§ 101 Abs. 7 Satz 2 und 3** (Meyer-Goßner/Schmitt/*Köhler* § 110b Rn. 12).

16 Die Überprüfung der Rechtmäßigkeit der Anordnung im **Revisionsverfahren** ist nach bisheriger Judikatur eng begrenzt, was im Hinblick auf das Gebot der Effektivität des Rechtsschutzes aus Art. 19 Abs. 4 Satz 1 GG bedenklich erscheint. Bei der Geltendmachung von Beweisverwertungsverboten wird nach bisheriger Rspr. die **Widerspruchslösung** (§ 136 Rdn. 100 ff.) angewendet (BGH Beschl. v. 18.06.1996 – 1 StR 281/96; KK-StPO/*Bruns* StPO § 110b Rn. 20; Meyer-Goßner/Schmitt/*Köhler* § 110b Rn. 11, 13; MüKo-StPO/*Günther* § 110b Rn. 43). Zudem gelten strenge Anforderungen an die Substantiierung einer **Verfahrensrüge** nach § 344 Abs. 2 Satz 2 (BGHR StPO § 344 Abs. 2 Satz 2 Verwertungsverbot 6). Dringt dann doch eine Rüge in die Begründetheitsstation vor, gilt nach bisheriger Rspr. der Prüfungsmaßstab, ob der Betroffene durch den Fehler willkürlich oder unvertretbar in seinen Rechten verletzt wurde (Rdn. 20). Dadurch kommt ein Beweisverwertungsverbot im Ergebnis fast nie zum Tragen.

§ 110c Befugnisse des Verdeckten Ermittlers

[1]Verdeckte Ermittler dürfen unter Verwendung ihrer Legende eine Wohnung mit dem Einverständnis des Berechtigten betreten. [2]Das Einverständnis darf nicht durch ein über die Nutzung der Legende hinausgehendes Vortäuschen eines Zutrittsrechts herbeigeführt werden. [3]Im übrigen richten sich die Befugnisse des Verdeckten Ermittlers nach diesem Gesetz und anderen Rechtsvorschriften.

Übersicht

1 A. **Zweck.** Die Befugnis des Verdeckten Ermittlers (§ 110a Abs. 2) nur **zum offenen Betreten fremder Wohnungen** im Rahmen seines Einsatzes unter Verwendung der Legende, nicht zu einer nach § 102 ff. zu beurteilenden Durchsuchung, ist in § 110c im Hinblick auf das Grundrecht aus Art. 13 Abs. 1 GG besonders geregelt (MüKo-StPO/*Günther* § 110c Rn. 6; SK-StPO/*Wolter/Jäger* § 110c Rn. 3). Für sonstige nicht offen ermittelnde Polizeibeamte und V-Leute der Polizei gilt die Regelung nicht (LR/*Hauck* § 110c Rn. 24). Der Gesetzgeber geht beim Einsatz Verdeckter Ermittler ebenso wie beim Einsatz sonstiger nicht offen ermittelnder Polizeibeamter oder polizeilicher V-Leute davon aus, dass das bloße **Betreten der Wohnung mit Einverständnis des Inhabers kein Grundrechtseingriff** sei (abl. MüKo-StPO/*Günther* § 110c Rn. 13; LR/*Hauck* § 110c Rn. 23). Danach wäre eine gesetzliche Ermächtigung entbehrlich. Zum Teil wird aber auch für deren analoge Anwendung plädiert (KK-StPO/*Bruns* § 110c Rn. 4). Bei Schaffung des OrgKG sollte mit den §§ 110a ff. jedoch keine Eingriffsermächtigung geschaffen werden, weshalb auch der Einsatz von nicht offen ermittelnden Polizeibeamten und V-Leuten für sich genommen bewusst ungeregelt geblieben ist (LR/*Hauck* § 110c Rn. 24 f.). Stattdessen sollte nur aus Gründen der Fürsorge für Verdeckte Ermittler ein Regelwerk geschaffen werden. Dieser **Konzeptionsfehler** liegt auch nach der Vereinheitlichung der Normen über heimliche Ermittlungsmethoden im Jahr 2007 immer noch vor. Die Erlaubnis des über den Zweck des Vorgehens getäuschten Wohnungsinhabers ist weder ein Grundrechtsverzicht noch eine sonst rechtswirksame Gestattung. Die Norm **verstößt** daher streng genommen **gegen Art. 13 Abs. 1 GG** (SK-StPO/*Wolter/Jäger* § 110c Rn. 6).

2 I.Ü. **begrenzt** die Vorschrift nur **das Spektrum zulässiger Ermittlungshandlungen** der Verdeckten Ermittler auf das Maß des anderweitig an offenen Ermittlungs- oder Präventionsmaßnahmen Erlaubten. Der Verdeckte Ermittler darf danach nicht die fremde Wohnung **heimlich durchsuchen** (zur Unzulässigkeit einer »online«-Durchsuchung vor deren positivrechtlicher Regelung BGHSt 51, 211 [212 ff.]), weil die Durchsuchung prinzipiell eine offene Ermittlungsmaßnahme ist, was § 95a inzwischen relativiert. Der Verdeckte Ermittler darf den Beschuldigten auch nicht **heimlich ausfragen**, um den Ertrag einer Vernehmung einzufahren, ohne diese offen durchzuführen (zur Selbstbelastungsprovokation *Eschelbach* GA 2015, 545 [554]; SK-StPO/*Wolter/Jäger* § 110a Rn. 4; *Wolter* ZIS 2012, 238 [240 ff.]). Auch nach der Rspr. geht die Befug-

nis zur Täuschung nicht über die Verwendung der Legende hinaus (OLG Jena StV 2020, 455 ff.). § 110c erteilt im Ganzen keine relevante Erlaubnis für Ermittlungsmaßnahmen, sondern begrenzt diese allenfalls.

B. Betreten einer Wohnung. Wohnung im Sinne der vorliegenden Vorschrift sind **die von Art. 13 Abs. 1 GG geschützten Räume**. Dazu gehören Privaträume, aber auch beruflich oder geschäftlich genutzte Räumlichkeiten. Erlaubt wird durch § 110c Satz 1 nur **das offene Betreten** der Wohnung unter der Legende mit der erklärten Erlaubnis des Berechtigten, nicht ein heimliches Eindringen. Das durch Täuschung erschlichene Einverständnis des Hausrechtsinhabers mit dem Betreten der Wohnung schützt den Verdeckten Ermittler eigentlich nicht vor dem **Vorwurf des Hausfriedensbruchs**. § 110c Satz 1 statuiert insoweit einen Rechtfertigungsgrund, der bei Annahme seiner Verfassungswidrigkeit zumindest – wegen des gesetzgeberischen Fehlgriffs – einen unvermeidbaren Verbotsirrtum auslöst. 3

Der mit Erlaubnis des Wohnungsinhabers erfolgte Zutritt zur Wohnung soll nach der gesetzgeberischen Vorstellung kein hoheitlicher **Eingriff in das Grundrecht aus Art. 13 Abs. 1 GG** sein. Auch hat der Gesetzgeber des OrgKG vor den Klarstellungen, die vor allem erst mit dem Urteil des BVerfG über den großen Lauschangriff erfolgt sind, keine verfassungsrechtlichen Bedenken gegen die Maßnahme nach Satz 1 gehegt (BT-Drs. 12/989, S. 43). Das ist auf einem damals noch verbreiteten Mangel an Bewusstsein für Bedeutung und Tragweite des Grundrechts einerseits und der polizeilichen Eingriffshandlungen andererseits zurückzuführen. Eine Durchsuchung im Sinne von Art. 13 Abs. 2 GG liegt beim Betreten der Wohnung durch den Verdeckten Ermittler allerdings nicht vor, ebenso keine Maßnahme nach Art. 13 Abs. 7 GG. Infolge der Täuschung über den Zweck des Betretens der Wohnung mittels der Legende liegt im Einverständnis des Wohnungsinhabers jedoch kein wirksamer Grundrechtsverzicht (LR/*Hauck* § 110c Rn. 17). Es bleibt bei dem Ergebnis, dass **§ 110c Satz 1 gegen Art. 13 Abs. 1 GG verstößt** (LR/*Hauck* § 110c Rn. 11 ff.). 4

§ 110c setzt voraus, der Verdeckte Ermittler sei befugt, mit **Einverständnis** des Wohnrechtsinhabers unter Verwendung seiner Legende die Wohnung zu betreten. Das durch Täuschung herbeigeführte Einverständnis wird im Ergebnis dahin bewertet, dass kein Grundrechtseingriff vorliegt. Das trifft aber nicht zu (MüKo-StPO/*Günther* § 110c Rn. 27). Deshalb genügte das Gesetz auch nicht dem **Zitiergebot** aus Art. 19 Abs. 1 Satz 2 GG (LR/*Hauck* § 110c Rn. 18). Das Gesetz zur Neuregelung der TKÜ und anderer verdeckter Ermittlungsmaßnahmen sowie zur Umsetzung der Richtlinie 2006/24/EG hat daran nichts geändert (zum Zitiergebot mit Blick auf § 101 BVerfGE 129, 208 [236 f.]). 5

Über seine **Legende** hinaus darf der Verdeckte Ermittler auch nach der vorliegenden Vorschrift **kein anderes Mittel** nutzen, um den Zutritt zur Wohnung zu erlangen (KK-StPO/*Bruns* § 110c Rn. 2). Er darf sich daher, soweit das nicht schon Teil der Legende ist, nicht als Stromableser o.ä. Zutritt zur Wohnung verschaffen (*Felsch* StV 1998, 285 ff.). 6

C. Andere Befugnisse. Vom Recht der Betretung einer Wohnung abgesehen, hat der Verdeckte Ermittler nur die sich aus dem **Strafprozessrecht** und dem – hier nach der Schwerpunkttheorie nachrangig geltenden – **Polizeirecht** allgemein ergebenden Befugnisse. Er darf nach der gesetzgeberischen Vorstellung allerdings auch zugleich präventivpolizeilich tätig zu werden (BT-Drs. 12/2720, S. 47). **In Gemengelangen** hat sonst das Strafverfahrensrecht Vorrang vor dem Polizeirecht (BGHSt 45, 321 [337]). Soweit der BGH für legendierte Kontrollen inzwischen anders, nämlich zugunsten einer parallelen Anwendbarkeit von Polizeirecht und strafprozessualem Eingriffsrecht, entschieden hat (BGHSt 62, 123 [130 ff.]), kann das nicht ohne Divergenzausgleich verallgemeinert werden, da für Fälle der staatlichen Tatprovokation durch V-Leute oder Verdeckte Ermittler vorher bereits ein **Vorrang des Strafprozessrechts** erklärt worden war. 7

Für den Verdeckten Ermittler gilt auch das **Legalitätsprinzip.** Anl. D Ziff. II 2.6 zu den RiStBV weicht davon ab. »Aus kriminaltaktischen Erwägungen können Ermittlungsmaßnahmen, die in den Auftrag des Verdeckten Ermittlers fallen, zurückgestellt werden. Neu hinzukommenden zureichenden Anhaltspunkten für strafbare Handlungen braucht der VE solange nicht nachzugehen, als dies ohne Gefährdung seiner Ermittlungen nicht möglich ist; dies gilt nicht, wenn sofortige Ermittlungsmaßnahmen wegen der Schwere der neu entdeckten Tat geboten sind.« Das entspricht aber nicht dem Prinzip vom Vorbehalt und Vorrang des Gesetzes. 8

Aus der Sicht der Praxis kann der Verdeckte Ermittler so genannte Initiativermittlungen durchführen und er ist bei Befragungen aller Art nicht zu einer Belehrung nach §§ 136 Abs. 1, 55 Abs. 2, 163a Abs. 4 und 5 verpflichtet. Ob ein verdecktes Verhörs mit der Ermittlungsgeneralklausel legitimiert werden kann, wird inzwischen angezweifelt (BGHSt 55, 138 [143]). Auch das wird aber einerseits der Regelung in § 110c Satz 3, andererseits dem verfassungsrechtlichen Grundsatz »nemo tenetur se ipsum accusare« nicht gerecht (§ 136 Rdn. 23 ff.). Eine **Selbstbelastungsprovokation** des Beschuldigten durch informelle Ausforschung verletzt Art. 1 Abs. 1 GG (*Wolter* ZIS 2012, 238 [240 ff.]), was auf der Ebene des einfachen Rechts einem Eingreifen von § 136a Abs. 1 und 3 entspricht (§ 136 Rdn. 23 ff.; *Eschelbach* GA 2015, 545 [554]). Selbstbelastende Äußerungen eines Beschuldigten bei einem vernehmungsähnlichen Gespräch sind daher nur verwertbar, 9 wenn sie ohne Veranlassung durch den Verdeckten Ermittler gemacht werden (im Ansatz auch OLG Jena StV 2020, 455 ff.). I.Ü. gilt ein **gestuftes Konzept von absoluten und relativen Beweisverwertungsverboten** (*Wolter* ZIS 2012, 238 [240 ff.]). Die Rspr. hat diesen Stand allerdings noch nicht erreicht.

10 **Straftaten** darf der Verdeckte Ermittler nicht begehen (BGH NStZ-RR 2021, 175 [176]; KK-StPO/*Bruns* § 110c Rn. 6; MüKo-StPO/*Günther* § 110c Rn. 39; Meyer-Goßner/Schmitt/*Köhler* § 110c Rn. 4; *Schwarzburg* NStZ 1995, 469 ff.; SK-StPO/*Wolter/Jäger* § 110c Rn. 9). Dies gestattet ihm auch seine Legende nicht. Nur nach den Maßstäben der §§ 32, 34, 35 StGB kommen Rechtfertigungs- oder Entschuldigungsgründe zum Tragen.

11 **Tatprovozierendes Verhalten** galt nach überkommener Rspr. innerhalb bestimmter Grenzen als zulässig (BGHSt 45, 321 [336 ff.]) und führte selbst bei Überschreitung der Zulässigkeitsgrenze nur zu einem besonderen Strafmilderungsgrund (BGHSt 45, 321 [339 ff.]), nicht zu einem Verfahrenshindernis (BGHSt 60, 238 ff.; BGH StV 2019, 305 ff.; StraFo 2019, 17 [19 ff.]; dazu *Conen* StV 2019, 358 ff.) oder Beweisverwertungsverbot (BGHSt 45, 321 [334]). Diese Rspr. ist aufgrund der wiederholt hervorgehobenen **Rspr. des EGMR** überholt (EGMR NJW 2021, 3515 ff. m.Anm. *Conen* StV 2022, 182 ff.; *Esser* StV 2021, 383 ff.; *Hübner* HRRS 2020, 441 ff.; *Petzsche* JR 2021, 368 ff.; *Ruppert* StraFo 2020, 445 ff.; BGHSt 60, 276 [283 ff.]; BGH StV 2022, 275 ff. m.Anm. *Janssen/Wennekers* StV 2022, 338 ff.). Eine Tatprovokation liegt nach dem Ansatz des EGMR schon vor, wenn auf eine Zielperson über deren allgemeine Bereitschaft zum Mitwirken hinaus so stimulierend eingewirkt wird, dass die Bereitschaft zur konkreten Tat geweckt wird. Der EGMR knüpft an die Begehung einer **Tat** an, **die ohne die staatliche Einwirkung nicht begangen worden wäre.** Er orientiert sich also an einem Maßstab, welcher der Anstiftung entspricht (EGMR NJW 2021, 3515 [3520]). Die deutsche Rspr. hat das Eingriffsniveau bisher höher angesetzt. Sie sieht es als zulässig an, wenn ein Verdeckter Ermittler einen Dritten ohne sonstige Einwirkung darauf anspricht, ob dieser Betäubungsmittel beschaffen könne. Ferner gilt es als rechtmäßig, wenn der Verdeckte Ermittler eine allgemeine Bereitschaft der Zielperson zur Begehung von Straftaten ausnutzt. Erst wenn in einem undefinierten Übermaß Druck ausgeübt wird, soll die Grenze zur Rechtsstaatswidrigkeit überschritten sein (BGH StraFo 2019, 17 [19]). Ein dem Staat zuzurechnendes und unter einer Legende vorgebrachtes Ansinnen an einen anderen, dieser möge eine Straftat begehen, greift aber bereits in **das allgemeine Persönlichkeitsrecht** ein (Art. 2 Abs. 1 i.V.m. Art. 1 Abs. 1 GG). Jedenfalls in qualifizierten Fällen, wie Romeofällen (BGHSt 42, 139 [155]) oder Nötigungsfällen (OLG Jena StV 2020, 455 ff.), ist der Achtungsanspruch aus der Menschenwürdegarantie verletzt (Art. 1 Abs. 1 GG, § 136a). Die **Provokation eines Unverdächtigen** zur Begehung einer Straftat ist »ab initio« unzulässig und rechtswidrig. Die dazu in der deutschen Rspr. früher vertretene **Strafzumessungslösung** (BGHSt 45, 321 [326 ff.]; 47, 44 [48]) trägt dem nicht ausreichend Rechnung und wird nicht aufrechterhalten (BGH StV 2022, 275 ff. m.Anm. *Janssen/Wennekers* StV 2022, 338 ff.). Für eine Tatprovokation folgt aus der generellen Unzulässigkeit solchen Vorgehens des Staates, dass nach den Maßstäben des Art. 6 Abs. 1 EMRK nach dem gesamteuropäischen Mindeststandard daraus ein umfassendes **Beweisverwertungsverbot** hergeleitet wird; das kommt nach innerstaatlichem Recht einem **Verfahrenshindernis** gleich (BGHSt 60, 276 [290 ff.]). Ein Betroffener kann auch dann zu einer Straftat angestiftet werden, wenn er nicht direkt mit den verdeckt ermittelnden Polizeibeamten in Kontakt getreten ist, sondern über einen Komplizen, der von der Polizei unmittelbar zur Begehung einer Straftat angestiftet wurde, in die Straftat verwickelt wurde. Auch dann liegt, wenn die Handlungen der Polizei einen Anreiz zur Begehung der Straftat auch für diese weitere Person darstellten, ein In-die-Falllocken vor (EGMR NJW 2022, 3515 [3520 f.]).

§ 110d Besonderes Verfahren bei Einsätzen zur Ermittlung von Straftaten nach den §§ 176e und 184b des Strafgesetzbuches

[1]Einsätze, bei denen entsprechend § 176e Absatz 5 oder § 184b Absatz 6 des Strafgesetzbuches Handlungen im Sinne des § 176e Absatz 1 und 3 oder § 184b Absatz 1 Satz 1 Nummer 1, 2 und 4 sowie Satz 2 des Strafgesetzbuches vorgenommen werden, bedürfen der Zustimmung des Gerichts. [2]In dem Antrag ist darzulegen, dass die handelnden Polizeibeamten auf den Einsatz umfassend vorbereitet wurden. [3]Bei Gefahr im Verzug genügt die Zustimmung der Staatsanwaltschaft. [4]Die Maßnahme ist zu beenden, wenn nicht das Gericht binnen drei Werktagen zustimmt. [5]Die Zustimmung ist schriftlich zu erteilen und zu befristen. [6]Eine Verlängerung ist zulässig, solange die Voraussetzungen für den Einsatz fortbestehen.

Übersicht

A. Bedeutung und Zweck der Norm. Zur Verfolgung von Straftaten nach § 176 Abs. 4 Nr. 3, Abs. 6, § 184b Abs. 5 Satz 2 StGB dürfen **verdeckt ermittelnde Polizeibeamte** (noeP und VE, *Soiné* NStZ 2022, 321 [325]) zur Tarnung des Einsatzes nur **fiktiv-computergenerierter kinderpornografischer Schriften in Onlinetauschbörsen** als »(Un-)Keuschheitsprobe« **einbringen**, um sich Zugang zu einem solchen Internet-Forum zu verschaffen (*Soiné* NStZ 2022, 321). Es handelt sich vor allem um eine neue Waffe gegen die Verbreitung von Kinderpornographie im Darknet (*Rückert/Goger* MMR 2020, 373 ff.). Das **Herstellen** und die **Verbreitung** dieser virtuellen **kinderpornografischen Schriften** sind dann nicht tatbestandsmäßig (BT-Drs. 19/16543, S. 11; *Soiné* NStZ 2022, 321 [323]); denn nach § 184b Abs. 6 StGB gilt § 184b Abs. 1 Satz 1 Nr. 1, 2 und 4 und Satz 2 gilt nicht für dienstliche Handlungen im Rahmen von strafrechtlichen Ermittlungsverfahren, wenn die Handlung sich auf einen kinderpornografischen Inhalt bezieht, der kein tatsächliches Geschehen wiedergibt und auch nicht unter Verwendung einer Bildaufnahme eines Kindes oder Jugendlichen hergestellt worden ist, und die Aufklärung des Sachverhalts auf andere Weise aussichtslos oder wesentlich erschwert wäre. § 110d regelt die verfahrensrechtlichen Voraussetzungen dafür. Die Vorschrift wurde durch das 57. Gesetz zur Änderung des Strafgesetzbuchs mit Wirkung vom 03.03.2020 (BGBl. I, S. 431) eingefügt. Sie ist an der Fassung des § 110b Abs. 2 ausgerichtet (BT-Drs. 19/16543, S. 11). 1

B. Richtervorbehalt und staatsanwaltschaftliche Eilkompetenz. Die Vorschrift stellt den Einsatz in Satz 1 unter **Richtervorbehalt**, um eine Verbreitung von Kinderpornographie, auch wenn es sich dabei um fiktive Darstellungen handelt, einer engen Kontrolle zu unterwerfen (*Soiné* NStZ 2022, 321 [324]). Nach Satz 2 kann dieser Einsatz bei **Gefahr im Verzug** auch zunächst mit **Zustimmung der Staatsanwaltschaft** erfolgen, wonach die **richterliche Zustimmung** gem. Satz 4 innerhalb von drei Werktagen **nachzuholen** oder die Maßnahme zu beenden ist. Eine originäre Eilkompetenz der Ermittlungspersonen der Polizei besteht hier nicht. 2

Die Zustimmung des Gerichts muss förmlich beantragt werden. In dem **Antrag** ist auszuführen, dass der einzusetzende Polizeibeamte umfassend vorbereitet (Satz 2) und besonders qualifiziert ist (BT-Drs. 19/16543 S. 12), da die Herstellung und Verbreitung von computergenerierten kinderpornografischen Darstellungen an sich strafbar ist und für den eingesetzten Beamten ein Risiko darstellt. Der vorgesehene Polizeibeamte muss namentlich oder nach seiner Funktion im Antrag bezeichnet werden. Während § 184b Abs. 6 StGB allgemein von dienstlichen Handlungen spricht, die auch Staatsanwälte und Richter betreffen, regelt die vorliegende Vorschrift nur verdeckte Einsätze von Polizeibeamten im Internet (BeckOK-StPO/*Ziegler* § 110d Rn. 4). 3

C. Prüfprogramm und Entscheidungsinhalt. Der Ermittlungsrichter hat den notwendigen **Anfangsverdacht** und die besonderen **Voraussetzungen** nach § 184b Abs. 6 StGB zu prüfen, ob die beabsichtigten Handlungen privilegiert sind und der Grundsatz der Subsidiarität eingehalten ist. Er hat **nicht die Zweckmäßigkeit** des Ansatzes zu beurteilen, sondern nur über seine Rechtmäßigkeit zu entscheiden (Meyer-Goßner/Schmitt/*Köhler* § 110d Rn. 2). Die Entscheidung ergeht **schriftlich** (Satz 5) und bedarf gem. § 34 einer **Begründung**, die erkennen lässt, dass eine auf den Einzelfall bezogene Abwägung aller wesentlichen Belange stattgefunden hat (BeckOK-StPO/*Ziegler* § 110d Rn. 5). 4

Die Entscheidung muss **befristet** werden (Satz 5). Eine bestimmte Vorgabe dafür ist im Gesetz nicht vorgesehen. Maßgebend ist der Grundsatz der Verhältnismäßigkeit. Als Orientierungspunkt kann die dreimonatige Frist nach § 100b Abs. 1 Satz 5 dienen. Die **Frist** kann **verlängert** werden (Satz 6), was auch mehrfach erfolgen kann (BeckOK-StPO/*Ziegler* § 110d Rn. 6). 5

D. Unselbstständige Beweisverwertungsverbote. Für die Frage, ob bei Verletzung der förmlichen Voraussetzungen für den verdeckten Einsatz eines Polizeibeamten in einer Onlinetauschbörse ein Beweisverwertungsverbot entstehen kann, gelten im Ansatz dieselben Grundsätze wie bei § 110b. Mangels Zustimmung des Richters oder bei Gefahr im Verzug durch die Staatsanwaltschaft sind durch verdeckten Einsatz mithilfe computergenerierter Kinderpornografie gewonnene Erkenntnisse unverwertbar (*Soiné* NStZ 2022, 321 [327]; einschränkend *Rückert/Goger* MMR 2020, 373 [377 f.]). Dasselbe gilt bei willkürlich fehlerhaften Entscheidungen (Meyer-Goßner/Schmitt/*Köhler* § 110d Rn. 6). Zustimmung der Staatsanwaltschaft erlangte Informationen bleiben aber auch dann verwertbar, wenn nach Ablauf der Frist die richterliche Genehmigung nicht eingeholt wird oder nicht erfolgt. Formale Fehler bei der Abfassung der Entscheidung sollen dagegen kein Beweisverwertungsverbot auslösen (Meyer-Goßner/Schmitt/*Köhler* § 110d Rn. 6). 6

7 **E. Anfechtung.** Die richterliche Entscheidung ist mit der **Beschwerde** nach § 304 Abs. 1 anfechtbar (Meyer-Goßner/Schmitt/*Köhler* § 110d Rn. 7). Nach Erledigung kann damit die **Feststellung der Rechtswidrigkeit** der richterlichen Anordnung beantragt werden. Gegen die Zustimmung der Staatsanwaltschaft kann an **Antrag auf gerichtliche Entscheidung** entsprechend § 98 Abs. 2 Satz 2 gestellt werden. Nachträglicher Rechtsschutz i.S.v. **§ 101** ist für die Fälle des § 110d im Gesetz **nicht vorgesehen** (Meyer-Goßner/Schmitt/*Köhler* § 110d Rn. 5).

8 Im Revisionsverfahren kann mit einer **Verfahrensrüge** unter den Zulässigkeitsvoraussetzungen gem. § 344 Abs. 2 Satz 2, § 345 Abs. 1 ein Beweisverwertungsverbot geltend gemacht werden, das nach der herkömmlichen Rspr. voraussetzt, dass der Beschwerdeführer in der Hauptverhandlung vor dem Tatgericht rechtzeitig der Verwertung **widersprochen** hat (Meyer-Goßner/Schmitt/*Köhler* § 110d Rn. 8).

§ 110e (aufgehoben)

§ 111 Errichtung von Kontrollstellen an öffentlich zugänglichen Orten

(1) [1]Begründen bestimmte Tatsachen den Verdacht, daß eine Straftat nach § 89a des Strafgesetzbuchs oder nach § 129a, auch in Verbindung mit § 129b Abs. 1, des Strafgesetzbuches, eine der in dieser Vorschrift bezeichneten Straftaten oder eine Straftat nach § 250 Abs. 1 Nr. 1 des Strafgesetzbuches begangen worden ist, so können auf öffentlichen Straßen und Plätzen und an anderen öffentlich zugänglichen Orten Kontrollstellen eingerichtet werden, wenn Tatsachen die Annahme rechtfertigen, daß diese Maßnahme zur Ergreifung des Täters oder zur Sicherstellung von Beweismitteln führen kann, die der Aufklärung der Straftat dienen können. [2]An einer Kontrollstelle ist jedermann verpflichtet, seine Identität feststellen und sich sowie mitgeführte Sachen durchsuchen zu lassen.

(2) Die Anordnung, eine Kontrollstelle einzurichten, trifft der Richter; die Staatsanwaltschaft und ihre Ermittlungspersonen (§ 152 des Gerichtsverfassungsgesetzes) sind hierzu befugt, wenn Gefahr im Verzug ist.

(3) Für die Durchsuchung und die Feststellung der Identität nach Absatz 1 gelten § 106 Abs. 2 Satz 1, § 107 Satz 2 erster Halbsatz, die §§ 108, 109, 110 Abs. 1 und 2 sowie die §§ 163b und 163c entsprechend.

Übersicht

1 **A. Zweck und Anwendungsbereich der Norm.** Die aus der Zeit der Anti-Terrorgesetzgebung der 1970er Jahre stammende Vorschrift (zur Entstehungsgeschichte *Kurth* NJW 1979, 1377 ff.) regelt über § 163b hinaus nur **die repressiv-polizeiliche Einrichtung** (*Riegel* NJW 1979, 147 f.; SK-StPO/*Wolter* § 111 Rn. 1) **von Kontrollstellen zur Fahndung** nach Tätern aktueller schwerer Gewalttaten und **zur Erlangung von Beweismaterial.** Präventiv-polizeiliche Maßnahmen ähnlicher Art richten sich nach den Polizeigesetzen der Länder (LR/*Hauck* § 111 Rn. 6; SK-StPO/*Wolter* § 111 Rn. 1). Möglich ist nach h.M. allerdings auch eine doppelte Zielrichtung (Meyer-Goßner/Schmitt/*Köhler* § 111 Rn. 1). Aus § 111 ist allerdings keine allgemeine Erlaubnis zur Kontrolle beliebiger Personen abzuleiten (MüKo-StPO/*Günther* § 111 Rn. 10). Soweit die Rspr. **legendierte Kontrollen** hinnimmt (BGHSt 62, 123 [130 ff.]), wirkt dies auch mit Blick auf die enge Regelung des § 111 problematisch (§ 136 Rdn. 30, 36; § 136a Rdn. 34, 37, 68). Wegen der Anknüpfung des § 111 an schwerwiegende Straftaten ist die aufwendige Maßnahme, von der schließlich auch Unverdächtige betroffen werden (KK-StPO/*Bruns* § 111 Rn. 3), in der Regel verhältnismäßig, was aber eine auf den Einzelfall bezogene Prüfung nicht entbehrlich macht.

2 **B. Voraussetzungen. I. Katalogtaten.** Die Einrichtung einer Kontrollstelle ist nur zur Verfolgung der in § 111 Abs. 1 Satz 1 mit wenig überzeugender Auswahl (LR/*Hauck* § 111 Rn. 9) **abschließend aufgeführten Katalogtaten** zulässig (MüKo-StPO/*Günther* § 111 Rn. 4), nämlich der Vorbereitung staatsgefährdender Gewalttaten (§ 89a StGB), der Gründung oder Unterstützung einer in- oder ausländischen terroristischen Vereinigung (§§ 129a, 129b StGB) oder eines bewaffneten Raubdelikts, sei es (besonders) schwerer Raub

oder schwere räuberische Erpressung (KK-StPO/*Bruns* § 111 Rn. 4; Meyer-Goßner/Schmitt/*Köhler* § 11 Rn. 3; a.A. MüKo-StPO/*Günther* § 111 Rn. 6; LR/*Hauck* § 111 Rn. 8) unter Mitführen von Schusswaffen. Auf die Unterscheidung von Täterschaft und Teilnahme kommt es nach herrschender Ansicht hier nicht an. Auch der **Versuch** einer Katalogtat genügt, nicht aber eine als Beteiligungsversuch strafbare Handlung im **Vorbereitungsstadium** zum schweren Raub oder zur schweren räuberischen Erpressung nach § 30 StGB (MüKo-StPO/*Günther* § 111 Rn. 7; a.A. LR/*Hauck* § 111 Rn. 8).

II. Anfangsverdacht aufgrund bestimmter Tatsachen. Ein **Anfangsverdacht** der Katalogtat genügt, sofern 3
er durch **konkrete Tatsachen** belegt und jedenfalls so weit konkretisiert ist, dass die Tat vorläufig als Katalogtat eingeordnet werden kann (KK-StPO/*Bruns* § 111 Rn. 6; MüKo-StPO/*Günther* § 111 Rn. 8; LR/*Hauck* § 111 Rn. 10; SK-StPO/*Wolter* § 111 Rn. 4). **Dringender Tatverdacht** oder eine sonstige Steigerungsstufe ist nicht erforderlich. Bloße **Vermutungen** reichen, wie stets, jedoch nicht aus.

III. Ziel. Die Tatsachen müssen die Annahme rechtfertigen, dass die Einrichtung der Kontrollstelle zur 4
Ergreifung eines Täters oder Teilnehmers führen wird oder der **Sicherstellung von Beweismitteln** für den Tatnachweis dienen kann (MüKo-StPO/*Günther* § 111 Rn. 9; SK-StPO/*Wolter* § 111 Rn. 6). Das ist meist bei Kontrollstellen in einem engen zeitlichen Zusammenhang mit der Tatbegehung und räumlicher Nähe zum Tatort der Fall (LR/*Hauck* § 111 Rn. 12 f.).

IV. Erwartung des Erfolgs. Eine Kontrollstelle darf nur eingerichtet werden, wenn **aufgrund von Tat-** 5
sachen, etwa der Kenntnis einer Flucht der Täter eines Überfalls mit einem Fahrzeug, Anlass für die Annahme besteht, dass der bezweckte Erfolg in Form der Ergreifung oder Beweismittelsicherstellung in der Kontrollzeit am vorgesehenen Ort eintreten wird (SK-StPO/*Wolter* § 111 Rn. 7). Das folgt aus dem **Grundsatz der Verhältnismäßigkeit**. Es darf nicht dem Zufall überlassen bleiben, ob die Kontrollstelle einen Erfolg im Sinne der Zielvorgaben der Ergreifung oder Beweismittelsicherstellung erbringen wird. Die Erfolgserwartung muss sich andererseits nicht allein auf bestimmte Tatsachen gründen; es genügt die kriminalistische Erfahrung in Verbindung mit verdachtsbegründenden Umständen. Nicht zwingend erforderlich ist ein enger zeitlicher und örtlicher Zusammenhang zwischen der Straftat und der Einrichtung der Kontrollstelle, jedoch folgt dies meist aus Verhältnismäßigkeitserwägungen und einer Beschränkung der Erfolgserwartung. Unmittelbar nach einem bewaffneten Überfall und in Tatortnähe ist mit der Ergreifung der motorisierenden Täter in der Nähe des Tatorts zu rechnen, geraume Zeit danach und weit davon entfernt eher nicht mehr.

V. Ort der Kontrollstelle. Kontrollstellen können auf allen öffentlichen Straßen und Plätzen eingerichtet 6
werden und auch an tatsächlich öffentlichen Wegen oder sonst allgemein zugänglichen Stellen, etwa auf Bahnhöfen oder Flugplätzen, vor Sportplätzen oder in öffentlichen Gebäuden (LR/*Hauck* § 111 Rn. 14; SK-StPO/*Wolter* § 111 Rn. 9). Auf das Rechtsverhältnis der Nutzungsmöglichkeit kommt es nicht an. Innerhalb des privaten Besitztums, das nicht für jedermann zugänglich ist, kann eine Kontrollstelle aber nicht eingerichtet werden, also z.B. nicht in einem Ladenlokal (LR/*Hauck* § 111 Rn. 14). Unmittelbare Tatortnähe ist nicht zwingend erforderlich (KK-StPO/*Bruns* § 111 Rn. 8). Die Einrichtung von mehreren Kontrollstellen aus demselben Anlass ist auch zulässig, wenn dies zur Ergreifung des Täters oder zur Sicherung der Beweismittel erforderlich ist. Insb. wird nach einem bewaffneten Überfall ein »Ring« von Kontrollstellen um den Tatort zur Ergreifung der flüchtigen Täter sachdienlich erscheinen und dieser kann von Rechts wegen nach der vorliegenden Vorschrift gebildet werden.

C. Rechte und Pflichten. I. Identifizierungspflicht für Jedermann. An Kontrollstellen können, auch 7
wenn dies im Gesetzestext nicht ausdrücklich angesprochen wird, Personen und Fahrzeuge angehalten werden. Alle sind unabhängig von einem Verdacht »in personam« dazu verpflichtet, ihre Identität feststellen und mitgeführte Sachen durchsuchen zu lassen (LR/*Hauck* § 111 Rn. 25; Meyer-Goßner/Schmitt/*Köhler* § 111 Rn. 10). Eine besondere Anordnung im Einzelfall ist dazu nicht erforderlich. Die Polizei hat jedoch den Zweck der Kontrollstelle bekannt zu geben.

Die an einer Kontrollstelle angehaltenen Personen sind verpflichtet, ihre Personalien anzugeben (§ 111 8
OWiG; KK-StPO/*Bruns* § 111 Rn. 14; LR/*Hauck* § 111 Rn. 27); eine weitergehende Mitwirkungspflicht besteht nicht. Personen, die sich nicht ausweisen können oder Angaben verweigern, dürfen durchsucht und unter den Voraussetzungen des § 163b festgehalten oder erkennungsdienstlich behandelt werden (§ 81b). Eine derartige Maßnahme ist jedoch zumindest dann unverhältnismäßig, wenn ein Zusammenhang mit den gesuchten Tätern oder Beweismitteln offensichtlich nicht besteht.

II. Durchsuchung. An der Kontrollstelle angehaltene Personen dürfen **nach Beweismitteln durchsucht** 9
werden, sofern ein Zusammenhang mit den gesuchten Tätern jedenfalls nicht von vorneherein ausgeschlossen ist. **Nicht erforderlich** ist hier aber im Gegensatz zum Fall des § 103, dass ein **konkreter Auffindeverdacht**

besteht (LR/*Hauck* § 111 Rn. 30). Von der Möglichkeit der Durchsuchung werden neben der Person auch Fahrzeuge und mitgeführte Sachen umfasst. Der Umfang der Durchsuchung wird nach dem Verhältnismäßigkeitsgrundsatz beschränkt.

10 Es ist nicht zulässig, eine Kontrollstelle gezielt zur Suche nach Beweismitteln für beliebige Straftaten zu benutzen, jedoch können **Zufallsfunde** nach § 108 sichergestellt werden (§ 111 Abs. 3 als lex specialis ggü. § 477 Abs. 2 Satz 4). Werden Beweismittel zu Katalogtaten gefunden, so sind diese nach §§ 94, 95 für Verfahrenszwecke zu sichern. Nach § 111 Abs. 3 kommen auf die Durchsuchung an einer Kontrollstelle auch die Regeln des § 107 Satz 2 Hs. 1 über die **Bestätigung der Sicherstellung**, des § 109 über die **Registrierung und Kennzeichnung** der Beschlagnahmegegenstände und des § 110 über die **Durchsicht von Papieren** zur Anwendung. Zur Durchsicht sind hier, abweichend von § 110a Abs. 1, aber auch die eingesetzten Polizeibeamten berechtigt.

11 **D. Anordnung und Durchführung.** Die Anordnung der Einrichtung einer Kontrollstelle trifft der **Ermittlungsrichter**, mit der Einschränkung entsprechend § 165 auf Antrag der Staatsanwaltschaft. Die **Staatsanwaltschaft** und deren **Ermittlungspersonen** sind jedoch bei **Gefahr im Verzug** ebenfalls zur Anordnung befugt (LR/*Hauck* § 111 Rn. 17). Die Einholung einer nachträglichen Zustimmung des Richters ist nicht vorgesehen (LR/*Hauck* § 111 Rn. 19; a.A. SK-StPO/*Wolter* § 111 Rn. 18: analog §§ 98b Abs. 1, 100 Abs. 2, 100b Abs. 1, 100d Abs. 1, 100f Abs. 4, 100g Abs. 2, 100i Abs. 3, 100j Abs. 3 Satz 3, 163d Abs. 2, 163f Abs. 3).

12 Die Anordnung muss **den räumlichen Bereich**, in dem die Kontrollstelle eingerichtet werden soll, näher eingrenzen (LR/*Hauck* § 111 Rn. 20; SK-StPO/*Wolter* § 111 Rn. 14). Den genauen Ort und die Anzahl der Kontrollstellen muss der richterliche Beschluss aber nicht nennen und kann dies der Polizei überlassen, die nach ihren taktischen Erwägungen handeln muss. Der Richter darf den Ermittlern allerdings nicht einen Freibrief erteilen, nach eigenem Ermessen beliebige Kontrollstellen an selbst gewählten Orten und zur selbst bestimmten Zeit einzurichten (BGHSt 35, 363 [366] m.Anm. *Achenbach* NStZ 1989, 82 [83]).

13 Auch **Beginn und Dauer der Kontrolle** muss der Beschluss nach dem Gesetz nicht befristet und vom Gericht nicht genau festlegen (LR/*Hauck* § 111 Rn. 21; SK-StPO/*Wolter* § 111 Rn. 9; a.A. MüKo-StPO/*Günther* § 111 Rn. 17). Die Maßnahme umfasst – auch wenn dies nicht im Einzelnen normiert ist – typischerweise das **Anhalten** von Fahrzeugen oder Personen (zur immanenten Anhaltebefugnis SK-StPO/*Wolter* § 111 Rn. 21), die **Identifizierung** der Personen, zu deren Duldung jedermann verpflichtet ist (MüKo-StPO/*Günther* § 111 Rn. 21), und die **Suche nach Beweismitteln** der Anlasstat, soweit dies gegenüber nicht völlig unauffälligen Personen verhältnismäßig ist (SK-StPO/*Wolter* § 111 Rn. 25). Die aufwendige Maßnahme wird mit Blick auf die zeitlich und räumlich begrenzte Erfolgserwartung ohnehin nicht über längere Zeit und in weit ausgedehnten räumlichen Bereichen durchgeführt werden. Schließlich gilt auch für die Vollziehung der Maßnahme insgesamt der **Grundsatz der Verhältnismäßigkeit**, der strikt zu beachten ist (*Ehardt/Kunze* StV 1981, 64 [65]), um das Defizit bei der zeitlichen und räumlichen Eingrenzung auszutarieren.

14 Die richterliche Anordnung ergeht **schriftlich** durch einen zu begründenden Beschluss (LR/*Hauck* § 111 Rn. 22). Sie kann mündlich oder fernmündlich bekannt gemacht werden, ist aber schriftlich zu fixieren (MüKo-StPO/*Günther* § 111 Rn. 15). Ausnahmsweise wegen Gefahr im Verzug mögliche Eilanordnungen der Staatsanwaltschaft oder ihrer Ermittlungspersonen können auch mündlich ergehen. Sind jedoch nachträglich **aktenkundig** zu machen. Eine Begründung der Entscheidung fordert das Gesetz weder in § 111 noch – mangels Anfechtbarkeit – in § 34, was jedoch zur Nachlässigkeit bei der Prüfung der Voraussetzungen verführt. Das Gesetz verlangt auch bei einer behördlichen Anordnung aufgrund der Eilkompetenz keine nachträgliche richterliche Bestätigung, was jedoch zum Teil als derart misslich empfunden wird, dass eine entsprechende Anwendung diesbezüglicher Vorschriften des Eingriffsrechts gefordert wird (SK-StPO/*Wolter* § 111 Rn. 18).

15 Kontrollstellenanordnungen werden nach § 36 Abs. 2 **von der Polizei vollzogen**, die von der Staatsanwaltschaft beauftragt wird (LR/*Hauck* § 111 Rn. 23). Enthält die Anordnung nur Rahmenanweisungen, hat die Polizei über den konkreten Ort der Kontrollstellen zu entscheiden und die Maßnahme nach pflichtgemäßem Ermessen in dem erforderlichen und angemessenen Umfang durchzuführen. Sie hat auch das erforderliche Personal und sächliche Hilfsmittel zur Absperrung und Sicherung bereitzustellen. Nach § 163d Abs. 1 dürfen die anlässlich einer Kontrollstelle anfallenden Daten über die Identität von Personen sowie Umstände, die für die Aufklärung der Straftat oder für die Ergreifung des Täters von Bedeutung sein können, gespeichert werden.

16 Die Kontrollstelle ist unverzüglich **aufzuheben, sobald die Voraussetzungen entfallen sind** (LR/*Hauck* § 111 Rn. 24; SK-StPO/*Wolter* § 111 Rn. 20). Der Richter oder der Staatsanwalt, der die Anordnung getroffen hat, muss das weitere Vorliegen der Anordnungsvoraussetzungen überwachen und hat gegebenenfalls die Polizei zu Berichten anzuhalten. Entfallen die Voraussetzungen, hat die Polizei die Kontrollen unverzüglich zu beenden.

E. Rechtsmittel. Die **Anordnung** der Einrichtung einer Kontrollstelle und deren organisatorische Installierung sind mangels Beschwer für sich genommen **nicht anfechtbar** (BGHSt 35, 363 [364]; LR/*Hauck* § 111 Rn. 33). Der Staatsanwaltschaft steht ein Beschwerderecht nach § 304 Abs. 1 nur zu, wenn das Gericht ihren Antrag auf Einrichtung einer Kontrollstelle ablehnt oder die Anordnung vorzeitig aufhebt. Das Anhalten und die **Art und Weise des Vollzugs** der Identifizierungs- und Durchsuchungsmaßnahmen ist nach herrschender Ansicht für Betroffene entsprechend § 98 Abs. 2 Satz 2 durch Antrag auf gerichtliche Entscheidung angreifbar (BGHSt 35, 363 [364 f.]; KK-StPO/*Bruns* § 111 Rn. 18; LR/*Hauck* § 111 Rn. 34; SK-StPO/*Wolter* § 111 Rn. 30). **Prozessuale Überholung** lässt das Rechtsschutzinteresse jedenfalls dann nicht entfallen, wenn ein gravierender Grundrechtseingriff vorlag, dessen Rechtswidrigkeit nur nachträglich vom Gericht festzustellen ist (abl. für kurzzeitiges Festhalten zur Identifizierung BGHSt 36, 30 [31 f.]; 36, 242 [243 f.], zumindest im Ansatz überholt durch BVerfGE 96, 27 [40]; 104, 220 [232 f.]). 17

Die **Revision** kann nicht mit Erfolg darauf gestützt werden, dass die Anordnung einer Kontrollstelle rechtsfehlerhaft erfolgt sei (KK-StPO/*Bruns* § 111 Rn. 21; LR/*Hauck* § 111 Rn. 37); denn die **Erlangung von Beweismitteln**, die später einem Urteil zugrunde gelegt werden können, richtet sich nach §§ 94, 95, nicht nach der vorliegenden Vorschrift. Lagen die Voraussetzungen für die Einrichtung einer Kontrollstelle nicht vor, wird hiervon die Zulässigkeit der Sicherstellung von Beweismitteln für sich genommen nicht berührt. Ein **Beweisverwertungsverbot** wird meist nicht anerkannt (LR/*Hauck* § 111 Rn. 36). 18

§ 111a Vorläufige Entziehung der Fahrerlaubnis

(1) [1]Sind dringende Gründe für die Annahme vorhanden, daß die Fahrerlaubnis entzogen werden wird (§ 69 des Strafgesetzbuches), so kann der Richter dem Beschuldigten durch Beschluß die Fahrerlaubnis vorläufig entziehen. [2]Von der vorläufigen Entziehung können bestimmte Arten von Kraftfahrzeugen ausgenommen werden, wenn besondere Umstände die Annahme rechtfertigen, daß der Zweck der Maßnahme dadurch nicht gefährdet wird.

(2) Die vorläufige Entziehung der Fahrerlaubnis ist aufzuheben, wenn ihr Grund weggefallen ist oder wenn das Gericht im Urteil die Fahrerlaubnis nicht entzieht.

(3) [1]Die vorläufige Entziehung der Fahrerlaubnis wirkt zugleich als Anordnung oder Bestätigung der Beschlagnahme des von einer deutschen Behörde ausgestellten Führerscheins. [2]Dies gilt auch, wenn der Führerschein von einer Behörde eines Mitgliedstaates der Europäischen Union oder eines anderen Vertragsstaates des Abkommens über den Europäischen Wirtschaftsraum ausgestellt worden ist, sofern der Inhaber seinen ordentlichen Wohnsitz im Inland hat.

(4) Ist ein Führerschein beschlagnahmt, weil er nach § 69 Abs. 3 Satz 2 des Strafgesetzbuches eingezogen werden kann, und bedarf es einer richterlichen Entscheidung über die Beschlagnahme, so tritt an deren Stelle die Entscheidung über die vorläufige Entziehung der Fahrerlaubnis.

(5) [1]Ein Führerschein, der in Verwahrung genommen, sichergestellt oder beschlagnahmt ist, weil er nach § 69 Abs. 3 Satz 2 des Strafgesetzbuches eingezogen werden kann, ist dem Beschuldigten zurückzugeben, wenn der Richter die vorläufige Entziehung der Fahrerlaubnis wegen Fehlens der in Absatz 1 bezeichneten Voraussetzungen ablehnt, wenn er sie aufhebt oder wenn das Gericht im Urteil die Fahrerlaubnis nicht entzieht. [2]Wird jedoch im Urteil ein Fahrverbot nach § 44 des Strafgesetzbuches verhängt, so kann die Rückgabe des Führerscheins aufgeschoben werden, wenn der Beschuldigte nicht widerspricht.

(6) In anderen als in Absatz 3 Satz 2 genannten ausländischen Führerscheinen ist die vorläufige Entziehung der Fahrerlaubnis zu vermerken. Bis zur Eintragung dieses Vermerkes kann der Führerschein beschlagnahmt werden (§ 94 Abs. 3, § 98).

Übersicht

1 **A. Grundsätzliches.** Zusammen mit der Regelung zur Entziehung der Fahrerlaubnis (FEE) im Urteil wurde durch das 1. StVSichG v. 19.12.1952 (BGBl. I, S. 832) auch die vorläufige FEE als dem späteren Urteil **vorgreifende, vorläufige Maßregel** eingeführt. Inhaltliche Änderungen erfuhr die Norm danach durch das 2. StVSichG v. 26.11.1964 (BGBl. I, S. 921), durch das eine bessere Abstimmung des Instrumentes des § 111a mit den Vorschriften der §§ 94, 98 umgesetzt wurde und zudem die Streichung einer Erforderlichkeitsklausel in der damaligen Fassung, bezogen auf den Schutz der Allgemeinheit vor weiterer Gefährdung, erfolgte. Die Möglichkeit, Ausnahmen von der vorläufigen FEE vorzusehen (§ 111a Abs. 1 Satz 2) wurde sodann durch das EGOWiG v. 24.05.1968 (BGBl. I, S. 503) eingeführt, um eine Parallelisierung mit der (heutzutage in § 69a Abs. 2 StGB verankerten) möglichen Ausnahme bei der Sperrfrist im Urteil zu erreichen. Seine bisher letzte inhaltliche Änderung erfuhr die Norm in Abs. 3 und 6 durch das StVGÄndG v. 24.04.1998 (BGBl. I, S. 747). Diese diente der Umsetzung der Richtlinie 91/439/EWG des Rates v. 29.07.1991 zur gegenseitigen Anerkennung von Fahrerlaubnissen (FE). Ausf. zur Normgeschichte SK-StPO/*Rogall* § 111a Rn. 7 ff.

2 **B. Normzweck.** Obwohl in der StPO geregelt, handelt es sich bei § 111a nicht um ein Instrument, das auch der Verfahrenssicherung oder anderen Verfahrenszwecken dienen würde (a.A. KK-StPO/*Bruns* § 111a Rn. 1; HK-StPO/*Gercke* § 111a Rn. 1). § 111a beinhaltet vielmehr – wie §§ 126a, 132a, 275a Abs. 6 – allein eine **vorläufige Maßregel** (SK-StPO/*Rogall* § 111a Rn. 1; KMR/*Pauckstadt-Maihold* Rn. 1). Sie dient der **Sicherung des Straßenverkehrs** durch den sofortigen Ausschluss ungeeigneter Kraftfahrer, d.h. **verkehrsspezifisch gefährlicher Personen**, vom fahrerlaubnispflichtigen Kfz-Verkehr (BVerfG NJW 2001, 357; LK/*Geppert* § 69 Rn. 124; Meyer-Goßner/Schmitt/*Köhler* § 111a Rn. 1). Insofern ist die Norm in der StPO zwar gewissermaßen ein Fremdkörper (SK-StPO/*Rogall* § 111a Rn. 1), verfassungsgemäß ist sie indes (BVerfG NJW 2001, 357; NStZ 1982, 78; a.A. *Seebode* ZRP 1969, 25 mit Hinweis auf die angeblich fehlende Bundeskompetenz, dagegen zutr. LG Heidelberg NJW 1969, 1636). Die **praktische Bedeutung** der Norm ist groß, bezieht sie sich doch auf die zahlenmäßig mit Abstand bedeutendste (Zahl der Anordnungen 2020: 94.408, vgl. Strafverfolgungsstatistik, Tab. 5.1) Maßregel im deutschen Strafrecht (ausführlicher SSW-StGB/*Harrendorf* § 69 Rn. 2). Durch die enge Verschränkung mit der Führerscheinbeschlagnahme (Abs. 3 und Abs. 4) ist sie die mit Abstand wichtigste Maßnahme im Vorfeld des § 69 StGB. Ihre Anordnung in den Fällen, in denen § 69 StGB im Urteil droht, ist die Regel (vgl. SK-StPO/*Rogall* § 111a Rn. 18 sowie unten Rdn. 8 f.). Das Verfahren in Fällen, in denen eine Anordnung gem. § 111a getroffen wurde, ist mit **besonderer Beschleunigung** zu betreiben, wenngleich die für die U-Haft geltenden Grundsätze nur eingeschränkt übertragbar sind (BVerfG NJW 2005, 1767, 1768; OLG Hamm NZV 2002, 380; OLG Köln NZV 1991, 243; a.A. LG Frankfurt a.M. StV 2003, 69; zu Konsequenzen bei Verstößen s. Rdn. 16).

3 **C. Anordnung der vorläufigen Entziehung der Fahrerlaubnis (Abs. 1). I. Dringende Gründe für die Annahme einer Entziehung der Fahrerlaubnis.** Abs. 1 Satz 1 erlaubt die vorläufige Entziehung der Fahrerlaubnis, wenn dringende Gründe für die Annahme vorhanden sind, dass die **Fahrerlaubnis gem. § 69 StGB entzogen werden wird.** Die Maßnahme ist danach nicht zulässig, wenn nur die Verhängung eines **Fahrverbotes** gem. § 44 StGB oder einer **isolierten Sperrfrist** gem. § 69a Abs. 1 Satz 3 StGB im späteren Urteil möglich wäre (OLG Hamm, VRS 51, 43; Meyer-Goßner/Schmitt/*Köhler* § 111a Rn. 1; SK-StPO/*Rogall* § 111a Rn. 1; LK/*Geppert* § 69 Rn. 126; a.A. für die isolierte Sperre: LG München I DAR 1956, 249).

4 Erforderlich sind **dringende Gründe** für die Annahme, dass die FE im späteren Urteil gem. § 69 Abs. 1 Satz 1 StGB entzogen werden wird. Insofern ist – sich orientierend am dringenden Tatverdacht i.S.v. § 112 StPO (BVerfG, Beschl. v. 08.11.2017 – 2 BvR 2129/16, bei juris; zu diesem LR/*Lind* § 112 Rn. 16 ff. m.w.N.) – eine hohe Wahrscheinlichkeit einer späteren Anordnung der FEE im Urteil zu verlangen (LG Nürnberg-Fürth, Urt. v. 28.08.2018 – 5 Qs 58/18, bei juris LR/*Hauck* § 111a Rn. 13; LK/*Valerius* § 69 Rn. 218). Notwendig ist danach zum einen eine **hohe Wahrscheinlichkeit** dafür, dass die beschuldigte Person eine **Anlasstat**, nämlich eine rechtswidrige Tat (§ 11 Abs. 1 Nr. 5 StGB) bei oder im Zusammenhang mit dem Führen eines Kfz oder unter Verletzung der Pflichten eines Kfz-Führers, begangen hat, wegen derer sie verurteilt werden oder nur wegen erwiesener oder nicht auszuschließender Schuldunfähigkeit nicht verurteilt werden wird. Dazu ausf. SSW-StGB/*Harrendorf* § 69 Rn. 10 ff. Zum anderen muss sich die hohe Wahrscheinlichkeit darauf beziehen, dass das Gericht aufgrund der Tat wegen der **Ungeeignetheit** der beschuldigten Person zum Führen von Kfz die FE entziehen wird. Die Ungeeignetheit ist bei der vorläufigen FEE (ähnlich § 69 StGB) im Rahmen einer umfassenden Würdigung von mutmaßlicher Tat und mutmaßlicher Täterpersönlichkeit, wie sie sich derzeit mit hoher Wahrscheinlichkeit darstellen, zu beurteilen (SK-StPO/*Rogall* § 111a Rn. 17; ausf. SSW-StGB/*Harrendorf* § 69 Rn. 24 ff.). Zur Bedeutung von Nachtatverhalten vgl. auch Rdn. 9. Schließlich müssen auch dringende Gründe dafür sprechen, dass die beschuldigte Person eine FE überhaupt hat; die bloße Möglichkeit genügt also nicht (a.A. AG Kehl BA 2017, 135). Dies folgt daraus, dass die spätere FEE

gem. § 69 voraussetzt, dass die angeklagte Person eine FE besitzt (OLG Stuttgart NJW 2010, 3591; a.A.: AG Lahr NJW 2008, 2277 [m. abl. Anm. *Gübner*]).

Bei der Auslegung des **§ 69 Abs. 1 Satz 1 StGB** und damit auch für die dringenden Gründe i.S.d. § 111a ist zu berücksichtigen, dass die Norm nur der Beseitigung verkehrsspezifischer Gefahren, die von ungeeigneten Kraftfahrern ausgehen, dient, nicht darüber hinaus auch allgemein der Verbrechensverhütung (BGHSt 50, 93, 100; *Geppert* NStZ 2003, 288). Erforderlich ist ein **verkehrsspezifischer Gefahrzusammenhang** zwischen der Anlasstat und dem Führen eines Kfz (*Kulemeier* NZV 1993, 212; *Dreher/Fad* NZV 2004, 231, 233; *Duttge* JZ 2006, 102; im Ergebnis trotz Verortung des Problems im Bereich der Ungeeignetheit ebenso BGHSt 50, 93; LK/*Valerius* § 69 Rn. 100 ff.; MüKo-StGB/*von Heintschel-Heinegg/Huber* § 69 Rn. 36; *Fischer* § 69 Rn. 14; vgl. auch MüKo-StPO/*Hauschild* § 111a Rn. 10; näher und m.w.N. SSW-StGB/*Harrendorf* § 69 Rn. 17 ff.). 5

Entsprechend dem dringenden Tatverdacht (dazu BGH AnwBl. 1981, 116; OLG Karlsruhe StV 2004, 325) sind auch die dringenden Gründe i.S.d. § 111a auf der Basis des **gegenwärtigen Standes der Ermittlungen** zu beurteilen (LR/*Hauck* § 111a Rn. 14), sodass sich die Beurteilung jederzeit ändern kann. Bei Fortfall der dringenden Gründe ist nach Abs. 2 vorzugehen (s.u. Rdn. 15). 6

Mangels dringender Gründe für die Annahme, dass eine Anlasstat im o.g. Sinne vorliege, kommt **z.B.** im Bereich sog. **relativer Fahruntüchtigkeit** § 111a nicht in Betracht, wenn nicht mit hoher Wahrscheinlichkeit anzunehmen ist, dass ein Fahrfehler oder Unfall auf der Alkoholisierung oder dem Drogenkonsum der beschuldigten Person beruht (LG Koblenz BA 2022, 53; LG Kiel StV 2014, 627; LG Mühlhausen NZV 2014, 97; LG Frankfurt an der Oder BA 2010, 36; LG Berlin BA 2008, 264;). Aus einem auffälligen Verhalten eines alkoholisierten Fahrers bei der Verkehrskontrolle kann auf dessen Fahrunsicherheit nur geschlossen werden, wenn die festgestellten Auffälligkeiten gerade auch unmittelbare Beeinträchtigungen der Fahrsicherheit mit sich bringen (AG Dessau-Roßlau ZfS 2015, 467). Auch wenn die beschuldigte Person **kein Kfz** i.S.d. § 69 Abs. 1 StGB (zum Begriff SSW-StGB/*Harrendorf* § 69 Rn. 14 m.w.N.) geführt hat, verbietet sich die vorläufige FEE (so z.B. bei Wasserfahrzeugen oder Schienenbahnen: OLG Rostock NZV 2008, 472; BayObLG DAR 1993, 304; LG Oldenburg NZV 2008, 50; a.A. LG Oldenburg BA 2008, 319; LG Kiel NStZ-RR 2007, 59). Ist die **Beweissituation** aufgrund zu erwartender widerstreitender Zeugenaussagen in der Hauptverhandlung unklar, hat die vorläufige FEE ebenfalls zu unterbleiben, da die Würdigung der Zeugen und ihrer Aussagen dem unmittelbaren Eindruck in der Hauptverhandlung vorbehalten bleiben muss (LG Ansbach StraFo 2009, 331 f.); dasselbe gilt, wenn eine Fallkonstellation wahrscheinlich ist, bei der eine Ausnahme von der Regelwirkung des § 69 Abs. 2 in Betracht zu ziehen ist (AG Bielefeld NZV 2014, 378; AG Verden NZV 2014, 378; MüKo-StPO/*Hauschild* § 111a Rn. 13; vgl. a. BVerfG, Beschl. v. 08.11.2017 – 2 BvR 2129/16, bei juris). Zudem sind **Beweisverwertungsverbote** zu beachten———. 7

II. Ermessensentscheidung. Nach dem Wortlaut des Abs. 1 Satz 1 steht die vorläufige FEE im Ermessen des Gerichts. In der Regel wird aber dieses Ermessen dann, wenn die tatbestandlichen Voraussetzungen der Norm erfüllt sind, **auf null reduziert** sein (BVerfG, Beschl. v. 08.11.2017 – 2 BvR 2129/16, bei juris; OLG Jena VRS 115, 353; SK-StPO/*Rogall* § 111a Rn. 18; Meyer-Goßner/Schmitt/*Köhler* § 111a Rn. 3). Insb. im Fall der Regelvermutungen des § 69 Abs. 2 StGB darf der Richter nur aufgrund besonderer Umstände ausnahmsweise von der Entziehung absehen (LK/*Valerius* § 69 Rn. 220; SK-StPO/*Rogall* § 111a Rn. 18; LG Hannover, Beschl. v. 19.02.2020 – 46 Qs 11/20, BeckRS 2020, 12219; vgl. a. BVerfG, Beschl. v. 08.11.2017 – 2 BvR 2129/16, bei juris). I.R.d. Ermessensausübung ist dem Grundsatz der Verhältnismäßigkeit Rechnung zu tragen, insb. die **Erforderlichkeit** der vorläufigen FEE zu prüfen. Dies ergibt sich schon aus rechtsstaatlichen Erwägungen, sodass die Streichung der Erforderlichkeitsklausel in der Norm (Rdn. 1) i.E. bedeutungslos ist (SK-StPO/*Rogall* § 111a Rn. 19). Allerdings wird sich die vorläufige FEE nur im Ausnahmefall als ein nicht erforderliches Mittel herausstellen, da gleich geeignete, mildere Mittel bei Ungeeignetheit meist nicht existieren. Auch im Fall von Krankheit oder U- oder Strafhaft der beschuldigten Person kann in aller Regel nicht von einer vorläufigen FEE abgesehen werden (LR/*Hauck* § 111a Rn. 15; HK-StPO/*Gercke* § 111a Rn. 6; KK-StPO/*Bruns* § 111a Rn. 4; a.A.: SK-StPO/*Rogall* Rn. 19; Hentschel/*Krumm* 2. Teil, A Rn. 354), da auch für den Fall der Gesundung bzw. von Entlassung, Ausgang, Freigang etc. des Beschuldigten Vorsorge zu tragen ist. Etwas anderes gilt indessen, wenn die beschuldigte Person ihren Führerschein freiwillig sicherstellen lässt oder einer Beschlagnahme nicht widerspricht (LR/*Hauck* § 111a Rn. 15; a.A. KK-StPO/*Bruns* § 111a Rn. 4): Da § 111a anders als § 69 StGB nicht das Erlöschen der FE bewirkt (vgl. § 69 Abs. 3 Satz 1 StGB), sind alle Maßnahmen, die ebenfalls zu einem nach § 21 StVG strafbewehrten Fahrverbot führen, gleich geeignet. Die vorläufige FEE ist bei Vorliegen der tatbestandlichen Voraussetzung auch in aller Regel **verhältnismäßig i.e.S.** Insb. geben auch gravierende berufliche, wirtschaftliche oder soziale Folgen einer FEE einem ungeeigneten Kraftfahrer nicht das Recht, weiterhin am Straßenverkehr teilzunehmen (siehe hier nur 8

LG Berlin VRS 133, 2; weitere Nachweise bei SSW-StGB/*Harrendorf* § 69 Rn. 38). Verfassungsrechtlich ist das unbedenklich, vgl. BVerfG NJW 2001, 357.

9 Auch nach **längerem Zeitablauf** zwischen Anlasstat und Anordnung der Maßnahme wird die vorläufige FEE – entgegen einer teilweise in der Rspr. vertretenen Auffassung (so u.a. LG Koblenz BA 2018, 80; LG Bonn NZV 2010, 214; LG Kiel VRR 2008, 203; LG Frankfurt DAR 2005, 109; *Kropp* NStZ 1997, 471) – nicht automatisch unverhältnismäßig und auch Gründe des Vertrauensschutzes gebieten ein Absehen von der Anordnung nicht, sondern sie bleibt bis zur Rechtskraft des Urteils möglich (OLG Hamm NZV 2002, 380; OLG Düsseldorf NStZ-RR 2002, 314; KG DAR 2017, 591; LG Erfurt BA 2015, 42; LG Kleve BA 2011 249; LR/*Hauck* § 111a Rn. 23; SK-StPO/*Rogall* § 111a Rn. 20; verfassungsrechtlich ist das unbedenklich: BVerfG NJW 2005, 1767; gravierende, von staatlicher Seite verursachte [vgl. OLG Stuttgart BA 2022, 59, 52] Verzögerungen sind freilich in die Abwägung einzustellen, vgl. entsprechend Rdn. 16; zudem Hentschel/*Krumm* 2. Teil, A Rn. 376 und [zu weitgehend] KG StraFo 2011, 353). Verhängt das erstinstanzliche Gericht im Urteil die FEE gem. § 69 StGB, ohne parallel § 111a anzuordnen, kann auch das Berufungsgericht noch jederzeit die Anordnung nachholen (OLG Oldenburg NdsRpfl 2010, 36; OLG Hamm BA 2007, 379; Meyer-Goßner/Schmitt/*Köhler* § 111a Rn. 3 m.w.N.; zur Sperrwirkung von Abs. 2 vgl. Rdn. 18). Nach längerem Zeitablauf kann allerdings Anlass bestehen, aufgrund des **Nachtatverhaltens** des Täters dessen Ungeeignetheit anders zu beurteilen (LR/*Hauck* § 111a Rn. 23; LK/*Valerius* § 69 Rn. 222). Eine längere Zeit unbeanstandet gebliebene Fahrpraxis zwischen Anlasstat und Entscheidungszeitpunkt allein genügt nicht (a.A. LG Leipzig BA 2014, 358; LG Zweibrücken BA 2011, 182; LG Saarbrücken ZfS 2007, 470; LG Cottbus StraFo 2004, 353; HK-StPO/*Gercke* § 111a Rn. 7; *Gutt* jurisPR-VerkR 3/2017 Anm. 4), insofern gilt dasselbe wie bei § 69 StGB (dazu SSW-StGB/*Harrendorf* § 69 Rn. 30; LK/*Valerius* § 69 Rn. 145 f.; beide m.w.N.), und zwar namentlich für Trunkenheitstäter angesichts des geringen Entdeckungsrisikos derartiger Verstöße (dazu *Schöch* NStZ 1991, 11; *Schwind* NZV 1999, 145), da die fehlende Auffälligkeit dann keine prognostische Relevanz haben kann (ausf. *Maukisch* NZV 1992, 264). Zu diesem frühen Zeitpunkt spielt auch das erfolgreiche Absolvieren von **Nachschulungskursen** in aller Regel keine Rolle (näher LK/*Valerius* § 69 Rn. 150 ff. m.w.N.).

10 **III. Ausnahmen für bestimmte Arten von Kfz (Abs. 1 Satz 2).** Auch mit Abs. 1 Satz 2 wird dem Grundsatz der Verhältnismäßigkeit Rechnung getragen (LR/*Hauck* § 111a Rn. 25), sodass eine Ausnahme von der vorläufigen FEE für bestimmte Kfz-Arten zugelassen werden kann, wenn eine vollständige Entziehung nicht erforderlich ist. Dennoch wird **nur selten eine Ausnahme i.S.d. Abs. 1 Satz 2** möglich sein, da eine mit hoher Wahrscheinlichkeit verkehrsgefährliche Person, namentlich, wenn die Ungeeignetheit auf sog. **Charaktermängeln** basiert, in aller Regel unabhängig vom eingesetzten Kfz-Typ und auch unabhängig vom Zweck der Fahrt eine Gefahr für den Straßenverkehr darstellt (LG Osnabrück ZfS 1998, 273 m.Anm. *Bode*; Meyer-Goßner/Schmitt/*Köhler* § 111a Rn. 4; a.A. *Krumm* NZV 2006, 234). Dies gilt ganz besonders für mutmaßliche Alkoholtäter (LG Saarbrücken ZfS 1998, 152 m.Anm. *Bode*; näher und m.w.N. LK/*Valerius* § 69a Rn. 17 ff.).

11 Das Gericht ist **durch § 9 FeV gehindert**, eine Ausnahme für eine oder mehrere der FE-Klassen C, C1, D, D1 (in der Regel **Lkw** und/oder **Omnibusse**) vorzusehen und gleichzeitig die Klasse B (in der Regel **Pkw**) vorläufig zu entziehen. Für § 69a Abs. 2 StGB hat der Verordnungsgeber dies in § 9 Abs. 3 FeV klargestellt (*Backmann* SVR 2010, 281, 283; SSW-StGB/*Harrendorf* § 69a Rn. 18 m.w.N.), dasselbe gilt aber auch für § 111a (so auch MüKo-StPO/*Hauschild* § 111a Rn. 20a; anders *Burmann*, in: Burmann/Heß/Hühnermann/Jahnke § 111a StPO Rn. 3; ohne Problembewusstsein AG Landstuhl BA 2014, 361), obwohl dieser die FE insofern fortbestehen lässt und daher nicht erst die Neuerteilung der beschränkten FE durch die Verwaltungsbehörde zu beantragen wäre. Grund ist, dass die Ausnahme nach § 111a Abs. 1 Satz 2 jedenfalls nicht weitergehen kann als die spätere Ausnahme von der Sperrfrist, auf die sie sich bezieht. Damit ist die Ausnahmemöglichkeit primär für **land- und forstwirtschaftliche Fahrzeuge, selbstfahrende Arbeitsmaschinen, Stapler und andere Flurförderfahrzeuge** der Klassen T und L relevant. Dies ist auch inhaltlich gerechtfertigt, da eine Ausnahme bei an sich ungeeigneten Personen am ehesten für bauartbedingt weniger gefährliche, namentlich langsamere Fahrzeuge in Betracht kommt (OLG Hamm NJW 1971, 1618; LG Frankenthal DAR 1999, 374; LR/*Hauck* § 111a Rn. 31). Zum Begriff der Kfz-Art näher SSW-StGB/*Harrendorf* § 69a Rn. 17 f. m.w.N. und Beispielen.

12 Der bisherige Führerschein wird auch im Fall einer Ausnahme gem. Abs. 3 Satz 1 beschlagnahmt, die FE-Behörde ist aber verpflichtet, für die Dauer der vorläufigen FEE einen entsprechend beschränkten **Ersatzführerschein** auszustellen (SK-StPO/*Rogall* § 111a Rn. 29; LR/*Hauck* § 111a Rn. 32). Wird die FEE im Urteil endgültig entzogen und tritt Rechtskraft ein, erlischt die FE dann in vollem Umfang (Meyer-Goßner/Schmitt/*Köhler* § 111a Rn. 4), da §§ 69 ff. StGB nur Ausnahmen von der **Sperrfrist** vorsehen. Der Ersatzführerschein

ist einzuziehen, selbst wenn das Gericht im Urteil dieselben Ausnahmen von der Sperrfrist vorsieht (a.A. insofern LR/*Hauck* § 111a Rn. 32), da kein Anspruch auf die Erteilung der entsprechend beschränkten FE durch die Verwaltungsbehörde besteht (VGH Bayern, 19.11.2007 – 11 CE 07.2235, bei juris).

IV. Zuständigkeit und Verfahren. Die Anordnung gem. § 111a kann nur durch das **Gericht** erfolgen; 13
nur die Beschlagnahme des Führerscheins ist gem. §§ 94 Abs. 3, 98 Abs. 1 Satz 1 bei Gefahr im Verzug auch durch die StA und deren Ermittlungspersonen möglich (dazu unten Rdn. 20 ff.). Das Gericht kann die Anordnung von Amts wegen oder auf Antrag treffen; im Ermittlungsverfahren ist ein Antrag der StA in aller Regel erforderlich (§ 162 Abs. 1 Satz 1; einzige Ausnahme: § 165; LG Gera NStZ-RR 1996, 235). **Zuständig** ist im Ermittlungsverfahren gem. § 162 Abs. 1 Satz 1 das AG, in dessen Bezirk die StA oder ihre den Antrag stellende Zweigstelle ihren Sitz hat (Ausnahme: § 169); durch die Neufassung der Norm ist der diesbezügliche frühere Meinungsstreit gegenstandslos (SK-StPO/*Rogall* § 111a Rn. 22 m.w.N.). Nach Erhebung der öffentlichen Klage ist das Gericht zuständig, das mit der Sache befasst ist (§ 162 Abs. 3 Satz 1); dies ist das Berufungsgericht ab Aktenvorlegung gem. § 321 Satz 2 (OLG Düsseldorf NZV 1992, 202; KG DAR 2017, 591; Hentschel/*Krumm* 2. Teil, A Rn. 358). Während des Revisionsverfahrens ist das Gericht zuständig, dessen Urteil angefochten ist (§ 162 Abs. 3 Satz 2). Die vorläufige FEE erfolgt durch **Beschluss**, der knapp zu begründen ist (§ 34); der bloße Hinweis auf die Norm (LG Zweibrücken BA 2011, 182) oder die Wiedergabe des Gesetzeswortlauts (OLG Hamm DAR 1954, 63) genügen nicht, das Fehlen der Begründung ist aber unschädlich, wenn die Anordnung zugleich mit dem § 69 StGB verhängenden Urteil ergeht (OLG Koblenz VRS 71, 39). Die beschuldigte Person ist **anzuhören** (§ 33 Abs. 3), ebenso die StA (§ 33 Abs. 2). § 33 Abs. 4 Satz 1 ist unanwendbar, weil in Eilfällen die Beschlagnahme des Führerscheins gem. § 94 Abs. 3, 98 Abs. 1 Satz 1 möglich und ausreichend (Arg.: Rdn. 8 a.E.) ist (*Hentschel* DAR 1988, 90 f.; Hentschel/*Krumm* 2. Teil, A Rn. 366; HK-StPO/*Gercke* § 111a Rn. 10; a.A. LR/*Hauck* § 111a Rn. 54 f.). Die Anhörung der beschuldigten Person muss nicht unmittelbar durch das Gericht erfolgen, erforderlich ist aber, dass ihr Gelegenheit gegeben wird, sich zu allen für die vorläufige FEE maßgeblichen Tatsachen zu äußern (LR/*Hauck* § 111a Rn. 58; *Dahs* NJW 1968, 415; a.A. LG Mainz NJW 1968, 414). Der Beschluss wird gem. § 36 Abs. 2 Satz 1 zur Vollstreckung an die StA weitergeleitet und der beschuldigten Person gem. § 35 Abs. 2 bekannt gegeben. **Mitteilungspflichten** bestehen gem. §§ 12 ff. EGGVG i.V.m. MiStra Nr. 45 Abs. 1 Nr. 1, Abs. 3, Abs. 4.

V. Rechtsfolgen. Mit der Bekanntgabe des Beschlusses gem. § 35 Abs. 2 wird dieser wirksam (BGHZ 38, 14
86, 87). Er bewirkt ein Fahrverbot, das gem. § 21 Abs. 1 Nr. 1 StVG strafbewehrt ist. Im Hinblick darauf ist eine förmliche **Zustellung** unter Belehrung über die rechtlichen Folgen der Entscheidung empfehlenswert (Meyer-Goßner/Schmitt/*Köhler* § 111a Rn. 6). Die eigentliche Fahrerlaubnis bleibt noch bis zur Rechtskraft der endgültigen FEE bestehen (§ 69 Abs. 3 Satz 1 StGB). Gleichzeitig wirkt der Beschluss gem. Abs. 3 Satz 1 als Anordnung oder Bestätigung der Beschlagnahme eines von einer deutschen oder bei Beschuldigten mit Wohnsitz im Inland alternativ von einer Behörde eines anderen EU/EWR-Staates ausgestellten Führerscheins (Abs. 3). Zur Beschlagnahme näher Rdn. 20 ff., zu ausländischen Führerscheinen Rdn. 24.

D. Aufhebung der vorläufigen Entziehung der Fahrerlaubnis (Abs. 2). I. Aufhebungsgründe. Die vor- 15
läufige Entziehung der Fahrerlaubnis ist aufzuheben, wenn ihr Grund weggefallen ist oder wenn das Gericht im Urteil die Fahrerlaubnis nicht entzieht. Ein **Wegfall des Grundes** liegt vor, wenn zwischenzeitlich keine dringenden Gründe mehr für die Annahme vorliegen, dass der beschuldigten Person im Urteil die FE entzogen werden wird. Zu dringenden Gründen und deren Fehlen vgl. zunächst Rdn. 3 ff., speziell zum Wandel der Anforderungen an dringende Verdachtsgründe im Verfahrensverlauf Rdn. 6. Gericht und StA sind verpflichtet, die weitere Entwicklung aufmerksam zu verfolgen und ggf. eine Aufhebung der Maßnahme herbeizuführen (LK/*Valerius* § 69 Rn. 237; ein Beispiel findet sich in LG Düsseldorf DAR 2020, 398). Dabei ist das Gericht auch im Ermittlungsverfahren an einen Aufhebungsantrag der StA – anders als nach § 120 Abs. 3 Satz 1 – nicht gebunden, es sei denn, das Verfahren wäre bereits eingestellt worden (AG Münster MDR 1972, 166; Meyer-Goßner/Schmitt/*Köhler* § 111a Rn. 14; SK-StPO/*Rogall* § 111a Rn. 36; LK/*Valerius* § 69 Rn. 237; a.A. LG Hamburg StraFo 2017, 108; LG Bückeburg NdsRpfl. 1987, 200; LR/*Hauck* § 111a Rn. 49; *Wittschier* NJW 1985, 1324 f.): Es handelt sich um eine vom Gericht zu beurteilende vorläufige Maßregel, nicht um eine verfahrenssichernde Maßnahme.

Wie schon in Rdn. 9 für die Zeit bis zum Erlass der Anordnung erläutert, nötigt **längerer Zeitablauf** auch 16
nicht automatisch zur Aufhebung der vorläufigen FEE, aber im Einzelfall können aufgrund der bisherigen Dauer der vorläufigen FEE im Zusammenhang mit dem Verhalten des Beschuldigten seit der Tat keine dringenden Gründe für die Ungeeignetheit mehr vorliegen mit der Folge, dass die Maßnahme aufzuheben ist (OLG Koblenz NZV 2008, 47; OLG Düsseldorf NZV 2001, 354; ein Fall unklarer Beweissituation

[dazu generell Rdn. 7] findet sich in LG Düsseldorf DAR 2020, 398). Auch wenn das Gericht aus verfassungsrechtlichen Gründen gehalten ist, Verfahren, bei denen die FE gem. § 111a vorläufig entzogen ist, beschleunigt zu betreiben (BVerfG NJW 2005, 1767, 1768), führt dies dennoch in aller Regel nicht zu einer Aufhebung der vorläufigen FEE nur aufgrund zu langer Verfahrensdauer, d.h. ungeachtet der Ungeeignetheit der betroffenen Person (OLG Koblenz NZV 2008, 47; OLG Düsseldorf NZV 1988, 194; *Tepperwien* NStZ 2009, 1, 3 f.; *Krenberger* jurisPR-VerkR 5/2015 Anm. 5; SK-StPO/*Rogall* § 111a Rn. 40; LR/*Hauck* § 111a Rn. 33; LK/*Valerius* § 69 Rn. 240 f.; a.A. LG Hannover BA 2016, 267). Allein bei gravierenden Verstößen gegen das Beschleunigungsgebot, verbunden mit erheblichen Verzögerungen des Verfahrens, kann im Einzelfall ausnahmsweise auch die Aufhebung der vorläufigen Maßregel aus Gründen der Verhältnismäßigkeit trotz Ungeeignetheit in Betracht kommen (OLG Hamm NStZ-RR 2007, 351; OLG Nürnberg StV 2006, 685; LG Leipzig DAR 2018, 698; *Krumm* NJW 2004, 1627, 1629; *Tepperwien* NStZ 2009, 1, 3 f.; *Krenberger* jurisPR-VerkR 20/2013 Anm. 5; MüKo-StPO/*Hauschild* § 111a Rn. 35 Meyer-Goßner/Schmitt/*Köhler* § 111a Rn. 10; weitergehend LG Berlin BA 2015, 43; HK-StPO/*Gercke* § 111a Rn. 13; a.A. LR/*Hauck* § 111a Rn. 33); es ist jedoch immer eine Abwägung der Beschuldigtenbelange mit den Straßenverkehrssicherheitsinteressen vorzunehmen (BVerfG NJW 2005, 1767; SK-StPO/*Rogall* § 111a Rn. 40).

17 Im **Berufungsverfahren** gilt dasselbe wie in Rdn. 16 ausgeführt, und zwar auch dann, wenn die bisherige Dauer der vorläufigen FEE die im erstinstanzlichen Urteil festgesetzte Sperrfrist überschreitet (OLG Hamm NZV 2007, 639; OLG Düsseldorf NZV 1999, 389; Meyer-Goßner/Schmitt/*Köhler* § 111a Rn. 11; LK/*Valerius* § 69 Rn. 239): Eine Anrechnung der vorläufigen FEE findet insofern nicht statt, § 69a Abs. 4 und 5 StGB, und das Berufungsgericht bestimmt die Sperrfrist selbstständig nach der voraussichtlichen Dauer der Ungeeignetheit der angeklagten Person, wobei zwar das Verschlechterungsverbot zu beachten ist, aber dieses das Berufungsgericht auch bei angeordneten vorläufigen Maßnahmen nicht hindert, dieselbe Sperrfrist wie das Ausgangsgericht zu verhängen (BGH VRS 21, 338; BayObLG NJW 1966, 896; SSW-StGB/*Harrendorf* § 69 Rn. 53; Sch/Sch/*Kinzig* § 69a Rn. 13; a.A. *Gollner* JZ 1978, 637). Etwas anderes gilt im **Revisionsverfahren**, da gem. § 69a Abs. 5 Satz 2 StGB in die Sperrfrist die Zeit einer wegen der Tat angeordneten vorläufigen FEE eingerechnet wird, soweit sie nach Verkündung des Urteils verstrichen ist, in dem die der Maßregel zugrunde liegenden tatsächlichen Feststellungen letztmals geprüft werden konnten. Soweit der Zeitpunkt, zu dem dies der Fall wäre, wenn das Urteil bereits rechtskräftig wäre, verstrichen ist, bevor über die Revision entschieden ist, ist die vorläufige FEE aufzuheben, da diese nicht länger dauern darf als die drohende Gesamtdauer der Sperrfrist bei Rechtskraft (zutr. OLG Köln VRS 105, 343; LG Neuruppin StV 2004, 125; LK/*Geppert* § 69 Rn. 145; SK-StPO/*Rogall* § 111a Rn. 42; Hentschel/*Krumm* 2. Teil, A Rn. 402; *Hentschel* NJW 1981, 1081; *Janiszewski* NStZ 1983, 111; a.A. die h.M.: OLG Schleswig VRS 53, 121; KG VRS 53, 278; OLG Düsseldorf VRS 98, 190, 193; OLG Karlsruhe DAR 2003, 235; Sch/Sch/*Kinzig* § 69a Rn. 26; LR/*Hauck* § 111a Rn. 41; Meyer-Goßner/Schmitt/*Köhler* § 111a Rn. 12; KK-StPO/*Bruns* § 111a Rn. 12). Ein unzulässiger Eingriff in die Kompetenzen der Verwaltungsbehörde liegt darin nicht (näher Hentschel/*Krumm* 2. Teil, A Rn. 403).

18 Die vorläufige FEE ist zudem aufzuheben, wenn das Gericht im Urteil die FE **nicht entzieht.** Dies gilt nicht nur (was keiner besonderen Regelung bedürfte: BVerfG NJW 1995, 124) bei Rechtskraft eines solchen Urteils, sondern auch für nicht rechtskräftige Entscheidungen (Meyer-Goßner/Schmitt/*Köhler* § 111a Rn. 13). In beiden Fällen ist die Anordnung **durch Beschluss** aufzuheben, der freilich bei rechtskräftigem Urteil nur deklaratorische Bedeutung hat (OLG Karlsruhe NJW 1960, 2113). Die herrschende Meinung (BVerfG NJW 1995, 124; OLG Hamm BA 2001, 124; OLG Nürnberg StraFo 2011, 91; LK/*Valerius* § 69 Rn. 242; KK-StPO/*Bruns* § 111a Rn. 8; LR/*Hauck* § 111a Rn. 19) erkennt dem Abs. 2 zudem zu Recht eine **Sperrwirkung** zu: Nicht nur ist das erstinstanzliche Gericht verpflichtet, wenn es die FEE im Urteil nicht verhängt, auch die zuvor angeordnete vorläufige FEE aufzuheben, sondern ist das **Berufungsgericht** an diese Entscheidung insofern gebunden, als es (auch dann, wenn das Verbot der *reformatio in peius* nicht entgegensteht) nicht ohne Weiteres eine neue Anordnung gem. § 111a StPO treffen darf (anders: SK-StPO/*Rogall* § 111a Rn. 39). Es ist insofern den Urteilsfeststellungen größere Bedeutung beizumessen als den Verdachtsannahmen eines nachfolgenden Beschlusses. Anderes gilt, wenn neue Tatsachen oder Beweismittel vorliegen (BVerfG NJW 1995, 124; OLG Nürnberg StraFo 2011, 91; LR/*Hauck* § 111a Rn. 19; nach OLG Jena BA 2007, 182; OLG Koblenz VRS 73, 290 und KK-StPO/*Bruns* § 111a Rn. 9 zudem auch bei grober und offensichtlicher Fehlerhaftigkeit der erstinstanzlichen Entscheidung; dagegen zu Recht Hentschel/*Krumm* 2. Teil, A Rn. 406) oder sobald das Berufungsgericht die FE selbst im Urteil entzieht (OLG Karlsruhe NJW 1960, 2113; OLG Koblenz VRS 71, 39; KK-StPO/*Bruns* § 111a Rn. 9; LR/*Hauck* § 111a Rn. 20). Keine Sperrwirkung besteht nach Aufhebung und Zurückverweisung des freisprechenden bzw. die Anordnung der Maßregel ablehnenden Urteils durch das **Revisionsgericht** (KK-StPO/*Bruns* § 111a Rn. 9; Meyer-Goßner/*Schmitt* § 111a Rn. 13). Nach **Einspruch gegen einen Strafbefehl** gilt die Sperrwirkung hingegen ent-

sprechend (LG Berlin ZfS 2007, 228; LG Stuttgart StV 1986, 427); dies schon deswegen, weil sich der Richter, der zuvor den Strafbefehl unterzeichnet hat, sonst in einen Selbstwiderspruch setzen würde. Erst recht ist es unzulässig, wenn die StA den Antrag auf vorläufige FEE unter der Bedingung stellt, dass der Beschuldigte Einspruch gegen den Strafbefehl erhebt (AG Montabaur NZV 2011, 914; a.A. und rechtsstaatlich bedenklich LG Stuttgart DAR 2011, 419 m. krit. Anm. *Bergmann* DAR 2011, 420; krit. a. LK/*Valerius* § 69 Rn. 224).

II. Zuständigkeit und Rechtsfolgen. Zur **Zuständigkeit** gilt zunächst Rdn. 13 entsprechend. Hinzuzufügen ist nur, dass das **Revisionsgericht** zur Aufhebung zuständig ist, wenn es die im Urteil ausgesprochene FEE endgültig beseitigt oder das gesamte Urteil aufhebt (dann unter entsprechender Anwendung des § 126 Abs. 3): OLG Karlsruhe DAR 2020, 697; OLG Koblenz NZV 2008, 367; BayObLG NZV 1993, 239, 240; Meyer-Goßner/Schmitt/*Köhler* § 111a Rn. 14; KK-StPO/*Bruns* § 111a Rn. 13. Sonst bleibt das letzte Tatgericht zuständig (OLG Jena Beschl. v. 18.03.2019 – 1 OLG 151 Ss 22/19, BeckRS 2019, 7473; vgl. § 162 Abs. 3 Satz 2). Die Aufhebung beseitigt das Fahrverbot gem. § 21 Abs. 1 Nr. 1 StVG und der Führerschein ist gem. Abs. 5 (dazu Rdn. 23) dem Beschuldigten zurückzugeben. 19

E. Sicherstellung und Rückgabe des Führerscheins. Gem. §§ 94 Abs. 3, 98 Abs. 1 Satz 1 können Führerscheine, sofern sie der **Einziehung** unterliegen, beschlagnahmt oder anderweitig sichergestellt werden. Eingezogen werden können Führerscheine, wenn die FE im Urteil rechtskräftig entzogen wird und es sich um einen deutschen Führerschein oder bei im Inland Wohnenden auch um einen sonstigen EU/EWR-Führerschein handelt (vgl. §§ 69 Abs. 3 Satz 2, 69b Abs. 2 Satz 1 StGB). Auch die Beschlagnahme oder sonstige Sicherstellung ist dabei nur unter den Voraussetzungen des § 111a Abs. 1 Satz 1 möglich, d.h. bei **dringenden Gründen** für die Annahme, dass im Urteil die FE entzogen werden wird (OLG Stuttgart NJW 1969, 760, 761; SK-StPO/*Rogall* § 111a Rn. 32). Dies folgt aus der engen Verschränkung der Führerscheinsicherstellung mit der vorläufigen FEE, namentlich aus Abs. 3 (KMR/*Pauckstadt-Maihold* § 111a Rn. 13) und Abs. 5 (KK-StPO/*Bruns* § 111a Rn. 15). 20

Die isolierte Führerscheinbeschlagnahme kann nur bei **Gefahr im Verzug** durch **Polizei** oder **StA** erfolgen, das Gericht muss immer zugleich über § 111a entscheiden, vgl. Abs. 3. Gefahr im Verzug besteht immer dann, wenn ohne Beschlagnahme des Führerscheins zu besorgen ist, dass die beschuldigte Person in der Zeit bis zu einer Entscheidung gem. § 111a durch Teilnahme am Straßenverkehr weiter die Allgemeinheit gefährdet (str.; h.M.: BGHSt 22, 392 f.; OLG Stuttgart NJW 1969, 760, 761; LR/*Hauck* § 111a Rn. 67; KK-StPO/*Bruns* § 111a Rn. 16; *Gramse* NZV 2002, 345, 346; a.A. OLG Köln NJW 1968, 666, 667; *Dahs* NJW 1968, 632 f.). Die Beschlagnahme, die bei einem nicht mitgeführten Führerschein auch in der Wohnung der beschuldigte Person erfolgen kann (Meyer-Goßner/*Schmitt* § 111a Rn. 15), hat gem. § 21 Abs. 2 Nr. 2 StVG ebenfalls ein Fahrverbot zur Folge. Bevor zwecks Sicherstellung des Führerscheins ein Durchsuchungsbeschluss gem. §§ 102, 105 StPO ergehen kann, ist die beschuldigte Person grundsätzlich zur freiwilligen Herausgabe des Führerscheins schriftlich aufzufordern (LG Flensburg StV 2015, 622). 21

Gem. § 98 Abs. 2 Satz 1 soll binnen drei Tagen nach der Beschlagnahme die **gerichtliche Bestätigung** beantragt werden, wenn bei der Beschlagnahme weder die davon betroffene Person noch erwachsene Angehörige anwesend waren oder wenn die betroffene Person oder im Fall ihrer Abwesenheit erwachsene Angehörige gegen die Beschlagnahme ausdrücklichen Widerspruch erhoben haben. Die Einhaltung dieser Sollvorschrift ist nicht Wirksamkeitsvoraussetzung der fortdauernden Beschlagnahme (Meyer-Goßner/Schmitt/*Köhler* § 98 Rn. 14). Zudem kann gem. § 98 Abs. 2 Satz 2 die davon betroffene Person jederzeit die gerichtliche Entscheidung beantragen. Gem. § 111a Abs. 4 tritt dann anstelle der Entscheidung über die Beschlagnahme die Entscheidung über die vorläufige FEE, die zugleich als Bestätigung der Beschlagnahme gilt (Abs. 3). 22

Wenn das Gericht die vorläufige FEE wegen Fehlens der in § 111a Abs. 1 bezeichneten Voraussetzungen ablehnt, wenn es sie gem. Abs. 2 aufhebt oder im Urteil die Fahrerlaubnis nicht entzieht, ist der Führerschein gem. Abs. 5 Satz 1 der beschuldigten Person **zurückzugeben**. Zuständig ist im Ermittlungsverfahren die StA, danach bis zur Rechtskraft der Entscheidung das sachzuständige Gericht; § 36 Abs. 2 Satz 1 ist nicht anwendbar (Meyer-Goßner/Schmitt/*Köhler* § 111a Rn. 17). Im Vollstreckungsverfahren ist in der Regel die StA (§ 451 Abs. 1; Ausnahme: § 82 Abs. 1 Satz 1 JGG) zuständig. Wird im Urteil ein Fahrverbot (§ 44 StGB) verhängt, so kann die Rückgabe des Führerscheins aufgeschoben werden, wenn die beschuldigte Person nicht widerspricht (Abs. 5 Satz 2; Folge: § 450 Abs. 2). 23

F. Besonderheiten bei ausländischen Führerscheinen. Auch ausländische FE können vorläufig entzogen werden (vgl. Abs. 3 Satz 2 und Abs. 6); dies bewirkt ein Fahrverbot im Inland. Zu den Rechtsfolgen der endgültigen FEE im Urteil bei ausländischen FE vgl. § 69b StGB und dazu SSW-StGB/*Harrendorf* m.w.N. Soweit auch ausländische Führerscheine der Einziehung unterliegen (§ 69b Abs. 2 Satz 1 StGB), d.h. bei 24

EU/EWR-Führerscheinen von Personen, die ihren ordentlichen Wohnsitz im Inland haben, gilt für diese i.Ü. nichts anderes als für deutsche Führerscheine (vgl. Rdn. 20 ff.). Für alle anderen ausländischen Führerscheine gilt Abs. 6, d.h. die vorläufige FEE ist darin zu vermerken. Eine Beschlagnahme (Rdn. 20 ff.) ist nur bis zur Eintragung dieses Vermerkes zulässig, danach ist der Führerschein zurückzugeben.

25 **G. Beschwerde.** Gegen den Beschluss, die FE vorläufig zu entziehen, ist Beschwerde **zulässig** (§ 304), und zwar auch dann, wenn das erkennende Gericht die Anordnung getroffen hat (§ 305 Satz 2). Dasselbe gilt für den Beschluss, mit dem die Anordnung abgelehnt wird (Meyer-Goßner/Schmitt/*Köhler* § 111a Rn. 19). Weitere Beschwerde ist nicht möglich (§ 310 Abs. 2); gegen eine rechtsirrig als Beschwerdeentscheidung bezeichnete erstinstanzliche Entscheidung kann aber Beschwerde eingelegt werden (KG BA 2021, 41). Anfechtbar ist die Entscheidung auch dann, wenn sie durch das OLG in erster Instanz oder den Ermittlungsrichter beim BGH oder OLG ergeht, da es sich zugleich um die Entscheidung über eine Beschlagnahme handelt (§ 304 Abs. 4 Satz 2 Nr. 1, Abs. 5; KK-StPO/*Bruns* § 111a Rn. 22; vgl. § 111a Abs. 3, Abs. 4). Eine noch nicht erledigte Beschwerde gegen die Anordnung des § 111a durch den Ermittlungsrichter ist nach Anklageerhebung vom dann zuständigen erkennenden Gericht als Aufhebungsantrag zu behandeln (OLG Celle StraFo 2001, 134; OLG Düsseldorf VRS 99, 203; LG Arnsberg BA 2010, 35; MüKo-StPO/*Hauschild* § 111a Rn. 46). Entsprechendes gilt für eine Beschwerde gegen eine Anordnung des erstinstanzlichen Gerichts nach Eingang der Akten beim Berufungsgericht (OLG Stuttgart Justiz 2002, 248; OLG Düsseldorf NZV 1992, 202; OLG Hamm NJW 1969, 149; Meyer-Goßner/Schmitt/*Köhler* § 111a Rn. 19; LR/*Hauck* § 111a Rn. 94; a.A. OLG Stuttgart NStZ 1990, 141; KK-StPO/*Bruns* § 111a Rn. 22). Hat das erstinstanzliche Gericht eine FEE nach § 69 angeordnet, hat diese Entscheidung nach der Rspr. keine Bindungs-, aber doch Indizwirkung für eine danach ergehende Beschwerdeentscheidung bezüglich § 111a StPO (KG DAR 2017, 591, 592; OLG Hamburg Beschl. v. 08.03.2007 – 2 Ws 43/07, BeckRS 2007, 11906; Meyer-Goßner/Schmitt/*Köhler* § 111a Rn. 19; zur Sperrwirkung im umgekehrten Fall der Nichtanordnung im Urteil vgl. § 111a Abs. 2 und dazu Rdn. 18). Auch im **Revisionsverfahren** ist eine Beschwerde gegen die Anordnung der vorläufigen FEE zulässig, § 304 Abs. 1 (a.A. OLG Düsseldorf NZV 1991, 165; OLG Brandenburg NStZ-RR 1996, 170; KK-StPO/*Bruns* § 111a Rn. 22); indes dürfen im Beschwerdeverfahren nicht indirekt die tatsächlichen Voraussetzungen des § 69 zur Überprüfung gestellt werden: Die Prüfkompetenz beschränkt sich darauf, unter Zugrundelegung der Feststellungen des Berufungsgerichts die rechtlichen Voraussetzungen der Maßregelanordnung zu überprüfen (zutr. KG ZfS 2006, 528; OLG Karlsruhe BA 2017, 133; OLG Jena VRS 115, 353; OLG Köln VRS 105, 344; OLG Hamm NStZ-RR 2012, 376; LR/*Hauck* § 111a Rn. 92; SK-StPO/*Rogall* § 111a Rn. 61; vgl. auch BVerfG NStZ-RR 2002, 377; weitergehend für umfassende Überprüfungsmöglichkeit OLG Hamm NStZ-RR 2014, 384; OLG Düsseldorf NZV 2000, 383; OLG Schleswig NZV 1995, 345; *Schmid* BA 1996, 357 ff.). Eine **Aussetzung der Vollziehung** gem. § 307 Abs. 2 kommt wegen des Maßregelcharakters der Anordnung nicht in Betracht (OLG Köln ZfS 1984, 29; Meyer-Goßner/Schmitt/*Köhler* § 111a Rn. 19; LR/*Hauck* § 111a Rn. 90; a.A. *Dencker* ZfS 1984, 29; diff. KMR/*Pauckstadt-Maihold* § 111a Rn. 11). Das Beschwerdegericht muss eine **eigene Entscheidung** in der Sache treffen, kann also nicht aufheben und zurückverweisen (§ 309 Abs. 2; eine mögliche Ausnahme diskutiert LR/*Hauck* § 111a Rn. 91).

26 **H. Sonstiges.** Zum Vorgehen bei **Immunität** vgl. SK-StPO/*Rogall* § 111a Rn. 63 f. m.w.N.; bei Abgeordneten ist § 111a in der Regel von der allgemeinen Genehmigung zur Durchführung von Ermittlungsverfahren gedeckt: RiStBV Nr. 192a Abs. 2 Satz 2. Zur Entschädigung nach dem **StrEG** LK/*Valerius* § 69 Rn. 253 ff. m.w.N.

§ 111b Beschlagnahme zur Sicherung der Einziehung oder Unbrauchbarmachung

(1) [1]Ist die Annahme begründet, dass die Voraussetzungen der Einziehung oder Unbrauchbarmachung eines Gegenstandes vorliegen, so kann er zur Sicherung der Vollstreckung beschlagnahmt werden. [2]Liegen dringende Gründe für diese Annahme vor, so soll die Beschlagnahme angeordnet werden. [3]§ 94 Absatz 3 bleibt unberührt.

(2) Die §§ 102 bis 110 gelten entsprechend.

Übersicht

A. Grundsätzliches. Die grundlegende Umgestaltung, die die Regelungen zur Einziehung durch das Gesetz zur Reform der Vermögensabschöpfung vom 13.04.2017 (BGBl. I, S. 872) erfahren haben, ist mit einer grundsätzlichen Änderung des Rechts der vorläufigen Sicherungsmaßnahmen nicht verbunden. Die Neufassung behält vielmehr das bisherige System bei, das zwischen Beschlagnahme zur Vorbereitung einer späteren Einziehungsentscheidung und (Vermögens-) Arrest für die Fälle späterer Wertersatzeinziehungen unterscheidet. Die Veränderungen der § 111b ff. betreffen zum einen begriffliche Anpassungen, zunächst bedingt durch die Streichung des Wortes Verfall, vor allem aber getragen von dem Bemühen, etwa durch die Ersetzung des Begriffs des dinglichen Arrests durch den Vermögensarrest, der eigenständigen Rolle des Sicherungsinstruments für die strafrechtliche Vermögensabschöpfung Rechnung zu tragen. Daneben war der Gesetzgeber bemüht, die Regelungen für die Praxis zugänglicher zu machen. Hierzu sind die unterschiedlichen Sicherungsinstrumente nicht mehr wie bisher in einer Norm zusammengefasst (§ 111b Abs. 1 a.F. für die Beschlagnahme und Abs. 2 a.F. für den Arrest), sondern regelungstechnisch hinsichtlich Anordnungsvoraussetzungen, Vollziehung und Wirkung klar voneinander geschieden. Verweisungen auf die Zivilprozessordnung sollen auf das unumgängliche Mindestmaß beschränkt bleiben (BT-Drs. 18/9525, S. 49, 75). Die Reform der Opferentschädigung – weg von der bisherigen Rückgewinnungshilfe hin zu einem System der gleichmäßigen Verteilung gesicherter Vermögenswerte – wird im Bereich der vorläufigen Sicherung nur bei den Wirkungen des Vermögensarrests relevant (Meyer/Goßner/Schmitt/*Köhler* Vor § 111b Rn. 4). Zuletzt haben die Regelungen bedingt durch die mit Gesetz zur Fortentwicklung der Strafprozessordnung und zur Änderung weiterer Vorschriften vom 25.06.2021 (BGBl. I, S. 2099) aufgenommene Legaldefinition des Verletzten in § 373b StPO, die enger ist als der Kreis derer, die einen Anspruch auf Rückgewähr des Erlangten oder auf Wertersatz haben, Änderungen notwendig gemacht. In diesem Zusammenhang sind auch weitere, auf Erfahrungen mit der Praxis mit dem neuen Recht beruhende Nachsteuerungen erfolgt, so etwa in den §§ 111h, 111k, 111o (BT-Drs. 19/2765, S. 37). Einzelheiten s. dort. 1

§ 111b betrifft nunmehr allein die Anordnung der Beschlagnahme. Die Vorschrift dient im Zusammenwirken mit den nachfolgenden Vorschriften der Sicherung der Einziehung nach § 73 und § 74 StGB, während die Sicherung späterer Wertersatzeinziehungen gem. § 73c und § 74c StGB durch den Vermögensarrest in den § 111e ff. geregelt ist. Gemeinsame Vorschriften zur Zuständigkeit, zum weiteren Verfahren und zur Verwaltung verstrickter Gegenstände finden sich in den §§ 111j ff. An den verwendeten Begriffen und Verweisungen (§ 111c Abs. 2, § 111e Abs. 4) ist zu erkennen, dass die Zivilprozessordnung (§§ 916 ff.) als Vorbild dient. Auslegung und Rechtsanwendung bleiben mithin weiter an ihr orientiert. Gestrichen ist die schwer verständliche Fristenregelung des § 111b Abs. 3 a.F. Anordnung und Fortdauer von Sicherungsmaßnahmen unterliegen jedoch weiterhin dem allgemeinen Grundsatz der Verhältnismäßigkeit, sodass eine grundlegende Rechtsänderung damit nicht verbunden ist. 2

B. Einzelne Regelungen. I. Anwendungsbereich. Die Beschlagnahme sichert alle Formen der Einziehung, also sowohl die kondiktionsähnliche Einziehung von Taterträgen nach § 73 StGB als auch die als Nebenstrafe einzuordnende Einziehung von Tatprodukten, Tatmitteln und Tatwerkzeugen gem. § 74 StGB (zu der grundsätzlichen Unterscheidung der Rechtsinstitute trotz gleicher Bezeichnung vgl. SSW-StGB/*Heine* § 73 Rn. 7 f.). Die Regelung dient damit gleichermaßen der Sicherung der Befriedigungsmöglichkeiten des Verletzten, der den ihm deliktisch entzogenen Gegenstand zurückerhalten soll, wie dem Allgemeininteresse, bestimmte deliktische oder deliktisch verwendete Gegenstände endgültig aus dem Verkehr zu ziehen (Meyer/Goßner/Schmitt/*Köhler* Vor § 111b Rn. 4). In die zuletzt genannte Kategorie gehört auch die von der Norm ausdrücklich erwähnte Unbrauchbarmachung, die auf § 74d Abs. 1 S. 2 StGB verweist. § 111q enthält für die Einziehung von Schriften und die Unbrauchbarmachung allerdings einschränkende Sondervorschriften. 3

Die Beschlagnahme richtet sich auf **Gegenstände**. Der Begriff ist weiter als der in § 94 verwendete. Das zeigt zum einen der Blick auf die Regelung der Rechtsfolgen, in denen die Beschlagnahme nicht nur beweglicher Sachen vorgesehen ist, sondern auch von Grundstücken und Rechten (§ 111c Abs. 2, Abs. 3). Zum anderen folgt aus dem Sicherungszweck der Beschlagnahme, dass sie alle Vermögensvorteile erfassen muss, auf die sich die Einziehung richten kann (vgl. SSW-StGB/*Heine* § 73 Rdn. 48 f., § 74 Rn. 4; KMR/*Mayer* § 111b Rn. 3; KK-StPO/*Spillecke* § 111b Rn. 8; LR/*Johann* § 111b Rn. 20). Auch **Bitcoins** und vergleichbare Kryptowährungen können eingezogen werden (SSW-StGB/*Heine* § 73 Rn. 39; *Heine* NStZ 2016, 441, 444 f.; Meyer/Goßner/Schmitt/*Köhler* § 111b Rn. 4; zu den faktischen Schwierigkeiten *Rettke* NZWiSt 2021, 45 [50 ff.]). Der Beschlagnahmebeschluss muss den Gegenstand konkret benennen; nur so ist er taugliche Grundlage für Vollstreckungsmaßnahmen (LG Dresden StV 2004, 531). Für **Führerscheine**, die nach § 69 Abs. 3 S. 2 StGB der Einziehung unterliegen, besteht eine Sonderregelung: Sie werden wie Beweismittel beschlagnahmt, § 111b Abs. 1 S. 3 i.V.m. § 94 Abs. 3. 4

5 Mit der Beschlagnahme darf nur die Einziehung des Gegenstandes selbst, in erster Linie nach § 73 und §§ 74, 74b StGB, auch bei anderen (§§ 73b, 74a StGB), gesichert werden. Ebenfalls zulässig ist sie zur Sicherung der Einziehung von Nutzungen oder Surrogaten (§ 73 Abs. 2, 3, § 73b Abs. 2, 3 StGB) oder der erweiterten Einziehung (§ 73a Abs. 1 StGB). Ist die spätere Verwertung des beschlagnahmten Gegenstandes geplant, um mit dem Ertrag eine durch eine Wertersatzeinziehung zu begründende Forderung des Fiskus zu decken, ist allein der Vermögensarrest gem. § 111e richtiges Sicherungsmittel (BVerfGK 10, 180, 185 f.; BGH wistra 2015, 110, Rn. 7; BeckOK-StPO/*Huber* § 111b Rn. 2). **Bargeld** kann daher nur nach § 111b beschlagnahmt werden, wenn sich die Einziehung auf bestimmte, noch unterscheidbar vorhandene Banknoten und Münzen richten kann (gestohlenes Geld, als Kaufpreis erhaltenes Bargeld aus einem strafbaren Geschäft). Ausdrücklich in den Wortlaut aufgenommen ist nunmehr auch die Sicherung der Unbrauchbarmachung von Gegenständen (§ 74d Abs. 1 Satz 2 StGB). Schon bislang ist indes nicht bezweifelt worden, dass auch diese Rechtsfolge durch Beschlagnahme gesichert werden durfte.

6 Ob die Einziehung im subjektiven Verfahren gegen den Angeklagten oder im selbstständigen Einziehungsverfahren nach § 435 (§ 76a StGB) erfolgen soll, ist ohne Belang (BeckOK-StPO/*Huber* § 111b Rn. 5). Auch im Sicherungsverfahren kann nach Anpassung von § 413 nunmehr eine Einziehung erfolgen.

7 **II. Einziehungsprognose.** Eine Beschlagnahme kommt nur in Betracht, wenn die Annahme begründet ist, dass die Voraussetzungen einer späteren Einziehung vorliegen. Die hypothetische, auf den Zeitpunkt des Urteils oder der Entscheidung im selbstständigen Verfahren (§ 435 StPO) bezogene Beurteilung umfasst neben der Tatbestandsmäßigkeit, der Rechtswidrigkeit und der Schuld, soweit sie erforderlich ist (§ 74 StGB, vgl. aber §§ 73 Abs. 1, 74b Abs. 1 Nr. 1 StGB), auch die Beziehung des Gegenstandes zur Tat und zum Anordnungsadressaten und die Durchführbarkeit des Verfahrens. Die Sicherungsmaßnahmen sind nicht auf den Beschuldigten beschränkt, sondern können sich gegen jeden richten, der Adressat einer Einziehungsanordnung werden kann (KG wistra 2010, 317, 319; KK-StPO/*Spillecke* § 111b Rn. 8; KMR/*Mayer* § 111b Rn. 20 f.; LR/*Johann* vor § 111b Rn. 12). Wenn nach vollstreckter Beschlagnahme (Abs. 1, § 111c) absehbar wird, dass statt der Surrogateinziehung Wertersatzeinziehung angeordnet werden wird (§§ 73 Abs. 3, 73c Satz 1 StGB), ist Vermögensarrest anzuordnen und durch Pfändung zu vollziehen (§§ 111e Abs. 1, 111f Abs. 1, § 930 ZPO) und sodann die Beschlagnahme aufzuheben.

8 Die Prognose muss sich auch darauf richten, dass die Einziehung hindernde Gegengründe z.Zt. der Entscheidung nicht gegeben sein werden. Fehlen Verfahrensvoraussetzungen wie Strafantrag oder behördliches Strafverlangen, müssen tatsächliche Anhaltspunkte dafür bestehen, dass sie noch geschaffen werden können (Meyer-Goßner/Schmitt/*Köhler* § 111b Rn. 7). Eine sichernde Maßnahme ist – oder wird – unzulässig, wenn absehbar ist, dass eine spätere Anordnung wegen Unverhältnismäßigkeit unterbleiben muss (LR/*Johann* vor § 111b Rn. 22; vgl. auch OLG Hamm Beschl. v. 18.08.2020 – III-2 Ws 107–109/20, ZfSch 2020, 647: Aufhebung der Beschlagnahme nicht rechtsfehlerhaft, wenn das Tatgericht zu dem Ergebnis gelangt, von der grundsätzlich gegebenen Möglichkeit der Einziehung nach bisheriger Bewertung voraussichtlich keinen Gebrach machen zu wollen im Fall von beschlagnahmten Fahrzeugen nach einem illegalen Autorennen, krit. hierzu *Niehaus* DAR 2021, 357).

9 Ob Ansprüche Verletzter auf den fraglichen Gegenstand bestehen, ist für die Anordnungsprognose grundsätzlich irrelevant. Bestehen solche Ansprüche, so werden sie – wenn kein Fall von § 111n Abs. 2 vorliegt – erst nach der Einziehungsanordnung durch Zurückübertragung im Vollstreckungsverfahren (§§ 459h, 459j) erfüllt; keinesfalls hindern sie die Vornahme von Sicherungsmaßnahmen. Für die Anordnungsprognose kommt es deshalb nicht darauf an, ob zu erwarten ist, dass Geschädigte ihre Ansprüche geltend machen werden. Unterlassen sie dies, behält der Staat den eingezogenen Gegenstand. Zu prüfen ist allein, ob der Täter einen Anspruch auf Rückgewähr des erlangten Gegenstandes schon vor der Sicherungsmaßnahme – freiwillig oder im Wege der Zwangsvollstreckung – erfüllt hat oder ob zu erwarten ist, dass er ihn in der Zeit bis zur Verurteilung erfüllen wird. Dann kommt eine Einziehung wegen § 73e Abs. 1 StGB nicht mehr infrage.

10 Zum Grad der Wahrscheinlichkeit, die für die Anordnung der Einziehung sprechen muss, um die sichernde Beschlagnahme rechtfertigen zu können, enthält Abs. 1 eine Stufenregelung (ebenso § 111e Abs. 1 für den Vermögensarrest), was jedoch erst für die Frage des Gebotenseins der Anordnung eine Rolle spielt (KMR/*Mayer* § 111b Rn. 27 a.E.). Zulässig ist die Beschlagnahme schon dann, wenn die Annahme einer zukünftigen Einziehungsanordnung schlicht »begründet« ist (Abs. 1 Satz 1). Danach ist die Beschlagnahme bei **einfachem Verdacht** hinsichtlich des Vorliegens der Straftat und der Annahme der Einziehung möglich (ebenso LR/*Johann* § 111b Rn. 23, 19; KK-StPO/*Spillecke* § 111b Rn. 9; Meyer-Goßner/Schmitt/*Köhler* § 111b Rn. 6; KMR/*Mayer* § 111b Rn. 27). Bloße Vermutungen eignen sich nicht, um Sicherungsmaßnahmen zu rechtfertigen, die in aller Regel mit Beschränkungen des Grundrechts aus Art. 14 GG verbunden sind. Die Annahme, eine Straftat sei begangen und die übrigen Einziehungsvoraussetzungen lägen vor, muss noch

nicht beweisbar sein, um eine sichernde Maßnahme zu rechtfertigen, aber es darf auch nichts überwiegend dagegensprechen, dass geeignete Beweismittel zusammengetragen werden können. Ebenso müssen die einzelnen Umstände der Tatbegehung noch nicht so detailliert geschildert werden können, wie es für eine Anklage nötig wäre, aber die bekannten Elemente des Geschehenen müssen bereits geeignet sein, die wesentliche Struktur des fraglichen gesetzlichen Tatbestandes mit seinen jeweiligen Besonderheiten auszufüllen, die das Unrecht kennzeichnen (vgl. LG Berlin Beschl. v. 27.07.2020 – 506 Qs 57/20 wistra 2021, 127 zum Wegfall des Anfangsverdachts wegen einer geldwäschetauglichen Vortat gem. § 261 Abs. 1 S. 2 StGB aF im Laufe des Ermittlungsverfahrens). Gegen einen bestimmten Beschuldigten muss sich der Tatverdacht nicht richten, nachdem die Einziehung gem. § 76a StGB auch im selbstständigen Verfahren angeordnet werden kann.

Ist eine Einziehung von Tatprodukten, Tatmitteln oder Tatobjekten nach den Vorschriften der §§ 74, 74a StGB unverhältnismäßig i.S.v. § 74f StGB, fehlt es an einer Einziehungsvoraussetzung, sodass Sicherungsmaßnahmen von vornherein ausscheiden (Meyer-Goßner/Schmitt/*Köhler* § 111b Rn. 9). 11

III. Sicherungsbedürfnis. Abs. 1 verlangt darüber hinaus, dass die Beschlagnahme nur erfolgen darf, wenn sie »zur Sicherung der Vollstreckung der Einziehung oder Unbrauchbarmachung« erforderlich ist (BT-Drs. 18/9525, S. 49). Die ausdrückliche Normierung des Sicherungsbedürfnisses ist eine zur Zulässigkeitsvoraussetzung erhobene Ausprägung des allgemeinen Verhältnismäßigkeitsgrundsatzes. Maßgebend für das Gewicht des Sicherungsinteressen sind die Möglichkeiten und etwa bekannte Absichten des Betroffenen, die wahrscheinliche Zwangsmaßnahme zu vereiteln (vgl. § 111e Rdn. 9). Ein die Sicherungsmaßnahme rechtfertigendes Risiko wird allerdings schon ohne bestimmte Anhaltspunkte durch die Erwartung begründet, der Betroffene werde die zu erwartende Zwangsmaßnahme eher vereiteln statt hinnehmen (anders OLG Oldenburg NStZ-RR 2009, 282, 283; KMR/*Mayer* § 111b Rn. 29: Besorgnis aufgrund konkreter Tatsachen; OLG Hamburg StV 2009, 122, 124; OLG Köln NStZ 2011, 174 f.: nur nach betrügerischer oder listiger Begehung von Vermögensdelikten). Gerade um diesem Risiko zu begegnen, sind die Sicherungsmaßnahmen vorgesehen. Wenn allerdings überwiegende Gründe dafürsprechen, der Betroffene werde das Ergebnis des Erkenntnisverfahrens abwarten, ohne die Sache beiseite zu schaffen oder zu vernichten oder Vollstreckungsmöglichkeiten zu vereiteln, dürfen weder Beschlagnahme noch Vermögensarrest angeordnet werden. 12

Die Prognose über die Möglichkeiten und Absichten der Schadensersatzgläubiger, ihre Ansprüche durchzusetzen, hat keinen Einfluss auf das Sicherungsbedürfnis, weil der Rechtserwerb des Staates nicht davon abhängt, ob Schadensersatzforderungen bestehen und im Vollstreckungsverfahren geltend gemacht werden. Ein Sicherungsbedürfnis besteht nur dann nicht (mehr), wenn die auf den Gegenstand gerichtete Forderung bereits erfüllt (§ 73e Abs. 2 StGB) ist. 13

Das Sicherungsbedürfnis entfällt nicht, wenn die Sache, die voraussichtlich der Einziehung unterliegen wird, bereits auf anderer Rechtsgrundlage in staatlichen Gewahrsam genommen wurde. Eine **Beschlagnahme als Beweismittel** bewirkt keine Sicherung mit Blick auf eine spätere Einziehung, erst recht nicht eine bloße Sicherstellung (LG Lübeck StraFo 2003, 417). Über nach § 94 beschlagnahmte Gegenstände kann der Berechtigte weiter verfügen, weil die Rechtsverhältnisse an der Sache für deren Tauglichkeit als Beweismittel keine Rolle spielen. Die Beschlagnahme als Beweismittel (§ 94) muss deshalb durch eine Beschlagnahme nach Abs. 1 ergänzt werden. Hierzu hat die Beschlagnahmeanordnung nicht nur den Beschlagnahmegegenstand, sondern auch den Sicherungszweck zu bezeichnen, um gem. § 111c Abs. 1 das Veräußerungsverbot zu begründen – es sei denn der Sicherungszweck liegt auf der Hand (LG Dresden, StV 2004, 531; BGH NStZ 1985, 262; zum Ganzen *Eschelbach* § 94 Rn. 47; KMR/*Mayer* § 111b Rn. 11 f.; HK-StPO/*Gercke* § 111c Rn. 1). 14

IV. Anordnungsermessen. Ist die Annahme gerechtfertigt, die Einziehung werde angeordnet werden, und besteht ein Sicherungsbedürfnis, liegt die Beschlagnahme gem. Abs. 1 S. 1 im Ermessen (**kann**) der Strafverfolgungsorgane, die die Sicherungsinteressen des Staates mit den Belastungen des Adressaten, die für ihn schon mit der Sicherung verbunden sind, in einen Ausgleich zu bringen haben (BT-Drs. 18/9525, S. 75; KK-StPO/*Spillecke* § 111b Rn. 9; Meyer-Goßner/Schmitt/*Köhler* § 111b Rn. 11; a.A. KMR/*Huber* § 111b Rn. 32, der das freie Ermessen durch das Legalitätsprinzip eingeschränkt sieht). Dringende Gründe (Abs. 1 S. 2), also ein hoher Grad an Wahrscheinlichkeit für die Anordnung der Einziehung, verengen das Ermessen bei der Entscheidung über die Sicherungsmaßnahme. Der gesteigerte Grad an Wahrscheinlichkeit bezieht sich nicht allein auf die Anlasstat, sondern auf alle Voraussetzungen der Einziehung (vgl. BGH Beschl. v. 23.06.2020 – StB 17/20 juris). Die gesteigerte Erwartung, dass alle Voraussetzungen der zu sichernden Maßnahme gegeben und alle Ausschlussgründe nicht gegeben sein werden, führt zur Anordnung der Beschlagnahme, wenn nicht besondere Gegengründe in den Verhältnissen des Adressaten dazu drängen, dennoch von der sichernden Maßnahme abzusehen und ihm den wahrscheinlich einzuziehenden Gegenstand zu belassen. 15

16 Daneben erlaubt **§ 421**, der auf alle Fälle der Einziehung und Wertersatzeinziehung Anwendung findet, aus verfahrensökonomischen Gründen unter den dort genannten Voraussetzungen ein Absehen von der Einziehung. Diese Möglichkeit besteht auch schon im vorbereitenden Verfahren, § 421 Abs. 3, sodass Sicherungsmaßnahmen obsolet werden.

17 **V. Dauer der Beschlagnahme.** Die früher in § 111b Abs. 3 a.F. enthaltene Fristenregelung ist entfallen; eine ausdrückliche zeitliche Beschränkung von Sicherungsmaßnahmen besteht nicht mehr. Dies bedeutet indes nicht, dass Sicherungsmaßnahmen nunmehr zeitlich unbeschränkt zulässig sind. Denn auch die Fristenregelung des alten Rechts war letztlich nichts anderes als eine Verdeutlichung und Akzentuierung des allgemein geltenden Verhältnismäßigkeitsgrundsatzes. Das Übermaßverbot muss weiterhin angesichts des möglichen intensiven Eingriffs in Art. 14 GG von Verfassungs wegen bei Anordnung und Fortdauer von Sicherungsmaßnahmen besonders beachtet werden (BVerfG wistra 2015, 348), sodass die bisherige Rspr. für die Frage der **Verhältnismäßigkeit** der Maßnahme weiter herangezogen werden kann (BT-Drs. 18/9525, S. 49; Meyer-Goßner/Schmitt/*Köhler* § 111b Rn. 8; Zweifel bei *Greeve* ZWH 2017, 277, 282; *Trüg* NJW 2017, 1913, 1917; krit. auch HK-StPO/*Gercke* § 111b Rn. 13 vor allem mit Blick auf den Wegfall der Überprüfungsfristen). Die Beschlagnahme bedarf wie jede in Grundrechte eingreifende Ermittlungsmaßnahme mit Dauerwirkung der andauernden Rechtfertigung durch eine Verdachtsannahme, die im Verhältnis zu den durch den Zeitablauf in aller Regel anwachsenden Belastungen ausreichend gewichtig erscheinen muss (BVerfGK 5, 292, 301; OLG Hamburg StV 2009, 122, 123 f.; OLG Rostock PflR 2014, 191; LR/*Johann* § 111b Rn. 36 ff.). Das Gewicht der Verdachtsannahme wird durch ein Zusammenwirken der Schwere der wahrscheinlich begangenen Tat und des Grades der Wahrscheinlichkeit ihrer Begehung bestimmt. Die Sicherungsmaßnahme ist von Amts wegen aufzuheben, sobald die mit ihr verbundene Belastung in der Verdachtsannahme kein ausreichendes Gegengewicht mehr findet (LR/*Johann* § 111b Rn. 37, 38; so OLG Hamm Beschl. v. 18.08.2020 – III-2 Ws 107–109/20, ZfSch 2020, 647 nach 17-monatiger Beschlagnahme eines Kfz nach illegalem Autorennen unter Berücksichtigung des Wertverlusts und des bloßen Beihilfevorwurfs). Der darauf gerichtete Antrag des Betroffenen ist kein Rechtsmittel gegen die Anordnung, sondern ein Antrag, der einen neuen Rechtszug bei dem für die Anordnung – jetzt – zuständigen Gericht beginnen lässt. Wird er abgewiesen, dauert die Beschlagnahme fort, ohne dass es einer ausdrücklichen Verlängerung oder einer Anordnung der Fortdauer bedarf.

18 Dringende Gründe, also sowohl ein gesteigerter Tatverdacht als auch eine hohe Wahrscheinlichkeit der Einziehungsanordnung (vgl. zum Abs. 3 S. 1 a.F.: LR/*Johann* § 111b Rn. 39), lassen das Sicherungsinteresse in der Regel auf Dauer überwiegen. Auch die Beurteilung, eine hohe Anordnungswahrscheinlichkeit sei gegeben, enthebt aber nicht von der Prüfung, ob nach langer Dauer inzwischen die Interessen des Betroffenen überwiegen können. Andererseits ist nicht ausgeschlossen, dass auch ohne dringende Gründe, also bei einer nicht als hoch eingeschätzten Anordnungswahrscheinlichkeit, die Sicherungsmaßnahme nach langer Dauer weiter gerechtfertigt sein kann. Das kommt in Betracht, wenn der Fortgang der Ermittlungen, der zum Vorliegen dringender Gründe hätte führen können, durch Schwierigkeiten aufgehalten worden ist, die die StA nicht hat überwinden können: Der aufzuklärende Tatsachenstoff hat sich als besonders umfangreich oder als besonders kompliziert erwiesen, oder ein anderer wichtiger Grund steht dem Ermittlungserfolg entgegen. Dafür kommen beharrliche Verdunkelungsbemühungen der Beschuldigten oder anderer von der Einziehung Bedrohter infrage oder tatsächliche Hindernisse wie die Tatbegehung oder die Vermögensbelegenheit in einem Staat, der die Ermittlungen nicht oder nur sehr zögerlich fördert. Die Knappheit staatlicher Ressourcen, insb. die mangelhafte personelle oder sachliche Ausstattung von StA und Polizei, darf als ermessensleitender Grund nicht herangezogen werden, denn das Unvermögen des Staates, Rechtsbeschränkungen durch zügiges Handeln zu vermeiden oder zu mildern, soll nicht durch den dadurch Betroffenen ausgeglichen werden, indem er zusätzliche Belastungen hinnimmt (vgl. OLG Köln NStZ 2005, 400, 401; OLG Brandenburg StraFo 2015, 512; OLG Celle StV 2016, 13).

19 Ist die Beschlagnahme nicht mehr wegen des Sicherungszweckes, wohl aber wegen der Bedeutung als **Beweismittel** (§ 94) weiterhin gerechtfertigt, so bleibt die Beschlagnahme aufrechterhalten. Die besonderen Rechtsfolgen, die nur mit der Beschlagnahme zur Vollstreckungssicherung, nicht aber mit der Beschlagnahme zur Beweissicherung verbunden sind, insb. das relative Veräußerungsverbot des § 111d Abs. 1 enden aber. Diese Wirkungen sind im Interesse des Betroffenen in einem Beschluss auszusprechen.

20 **VI. Durchsuchung.** Abs. 2 verweist auf die Vorschriften über die Durchsuchung, die in ihrer direkten Anwendung nur die Suche nach Sachen erlauben, die als Beweismittel in Betracht kommen. Durch die Verweisung wird der Durchsuchungszweck auf das Auffinden von Sachen erweitert, die zur Sicherung der Einziehung beschlagnahmt werden sollen. Zugleich ist auf diese Weise klargestellt, dass der Beschlagnahmebeschluss allein nicht zum Durchsuchen einer Wohnung ermächtigt; dazu ist stets ein Beschluss nach § 105

Abs. 1 erforderlich (KMR/*Mayer* § 111b Rn. 34). Für den Vermögensarrest findet sich in § 111e Abs. 5 eine entsprechende Regelung.

Zuständigkeit, Verfahren und Rechtsmittel werden bei den §§ 111j und 111k erörtert. 21

§ 111c Vollziehung der Beschlagnahme

(1) [1]Die Beschlagnahme einer beweglichen Sache wird dadurch vollzogen, dass die Sache in Gewahrsam genommen wird. [2]Die Beschlagnahme kann auch dadurch vollzogen werden, dass sie durch Siegel oder in anderer Weise kenntlich gemacht wird.

(2) [1]Die Beschlagnahme einer Forderung oder eines anderen Vermögensrechtes, das nicht den Vorschriften über die Zwangsvollstreckung in das unbewegliche Vermögen unterliegt, wird durch Pfändung vollzogen. [2]Die Vorschriften der Zivilprozessordnung über die Zwangsvollstreckung in Forderungen und andere Vermögensrechte sind insoweit sinngemäß anzuwenden. [3]Die Aufforderung zur Abgabe der in § 840 Absatz 1 der Zivilprozessordnung bezeichneten Erklärungen ist in den Pfändungsbeschluss aufzunehmen.

(3) [1]Die Beschlagnahme eines Grundstücks oder eines Rechts, das den Vorschriften über die Zwangsvollstreckung in das unbewegliche Vermögen unterliegt, wird durch ihre Eintragung im Grundbuch vollzogen. [2]Die Vorschriften des Gesetzes über die Zwangsversteigerung und Zwangsverwaltung über den Umfang der Beschlagnahme bei der Zwangsversteigerung gelten entsprechend.

(4) [1]Die Beschlagnahme eines Schiffes, eines Schiffsbauwerks oder eines Luftfahrzeugs wird nach Absatz 1 vollzogen. [2]Ist der Gegenstand im Schiffs- oder Schiffsbauregister oder im Register für Pfandrechte an Luftfahrzeugen eingetragen, ist die Beschlagnahme in diesem Register einzutragen. [3]Zu diesem Zweck können eintragungsfähige Schiffsbauwerke oder Luftfahrzeuge zur Eintragung angemeldet werden; die Vorschriften, die bei der Anmeldung durch eine Person, die auf Grund eines vollstreckbaren Titels eine Eintragung im Register verlangen kann, anzuwenden sind, gelten hierbei entsprechend.

Übersicht

1 **A. Grundsätzliches.** Die Norm regelt, wie der unter den Voraussetzungen des § 111b und im Verfahren nach § 111j ergangene Beschluss zu vollstrecken ist, also auf welche Art und Weise verschiedene Vermögensgegenstände beschlagnahmt werden. Die Vollziehungskompetenz ergibt sich aus § 111k, die früher in § 111b Abs. 5, 6 a.F. geregelte Wirkungen der Vollziehung aus § 111d (s. die dortigen Erläuterungen). Die Regelung der Vollziehung selbst entspricht der bisherigen Rechtslage (§ 111b Abs. 1 bis 4 a.F.), die Änderungen sind lediglich redaktioneller oder klarstellender Natur. § 111b zeigt durch Verweisungen, durch die Wortwahl und durch die Zuordnung der verschiedenartigen Gegenstände zu den Vollstreckungsvarianten eine enge Entsprechung zum Recht der Zwangsvollstreckung nach der Zivilprozessordnung. Abweichungen dienen zumeist der Vereinfachung ggü. dem sehr differenzierten Regelungsprogramm der Zwangsvollstreckung.

2 Für die Pfändung zur Arrestvollziehung gilt nicht § 111c, sondern es sind gem. § 111f die §§ 928 und 930 bis 932 ZPO anzuwenden.

3 **B. Einzelne Regelungen.** Die Norm unterscheidet nach zivilrechtlichem Vorbild zwischen beweglichen Sachen, unbeweglichen Sachen, Forderungen und sonstigen Vermögensrechten. Voraussetzung ist stets eine vorangegangenen (oder zumindest gleichzeitige, § 111j Abs. 1 Sätze 2 und 3) Beschlagnahmeanordnung, die den Sicherungszweck erkennen lässt und den zu beschlagnahmenden Gegenstand konkret bezeichnet. Eine Sicherstellung oder eine Beschlagnahme gem. § 94 ist nicht ausreichend (s.o. § 111c Rdn. 14; HK-StPO/*Gercke* § 111c Rn. 1; BeckOK-StPO/*Huber* § 111c Rn. 2).

4 **I. Bewegliche Sachen.** Bewegliche Sachen werden beschlagnahmt, indem staatlicher Gewahrsam an ihnen begründet wird (Abs. 1). Staatlicher Gewahrsam besteht auch, wenn ein allein der Beschlagnahmebehörde verpflichteter Dritter die Sache verwahrt (LK/*Johann* § 111c Rn. 4; KK-StPO/*Spillecke* § 111c Rn. 3; HK-StPO/*Gercke* § 111c Rn. 3; BeckOK-StPO/*Huber* § 111c Rn. 4). Daneben kann die Beschlagnahme auch durch Anbringung eines Siegels oder in sonstiger Weise, etwa Anbringung einer schriftlichen Pfändungsanzeige in unmittelbarer Nähe des Beschlagnahmegegenstandes, kenntlich gemacht werden, worin eine symbolische Besitzergreifung zu sehen ist (Abs. 1 Satz 2). Ein Stufenverhältnis der beiden Vollziehungsformen besteht nicht; allerdings kommt die Kenntlichmachung in der Regel nur dann in Betracht, wenn es dem vollstreckenden Beamten nicht möglich ist, die Sache wegen ihrer Beschaffenheit an sich zu nehmen, er die

Sache nicht vor Entwendung und Verschlechterung sicher bewahren kann oder ihre Verwahrung besonders kostspielig wäre. Geld, Kostbarkeiten und Wertpapiere sind stets in Gewahrsam zu nehmen. Die Kenntlichmachung ist so vorzunehmen, dass sie für jedermann bei verkehrsüblicher Sorgfalt deutlich und mühelos erkennbar ist. Auch eine Kombination ist möglich, etwa indem ein für die Funktion des Ganzen wesentliches Teil in Gewahrsam genommen und der Rest – kenntlich gemacht – an Ort und Stelle belassen wird (zum Ganzen Meyer-Goßner/Schmitt/*Köhler* § 111c Rn. 4, 6 f.; HK-StPO/*Gercke* § 111c Rn. 4; BeckOK-StPO/*Huber* § 111c Rn. 5 f.). All dies entspricht der Pfändung nach § 808 ZPO, aber es sind auch einige Abweichungen zu beachten: Das Regel-Ausnahme-Verhältnis zwischen Siegelung und Wegnahme, das § 808 Abs. 2 ZPO vorsieht, ist nicht in den § 111c übernommen worden; dem Sicherungszweck – Vorbereitung des endgültigen Entzuges des Gegenstandes durch Einziehung – entspricht vielmehr eine gegenteilige Rangfolge, was auch in § 111d Abs. 2 deutlich wird. Auch Regelungen über den Pfändungsschutz für bestimmte Sachen gibt es nicht (vgl. hingegen §§ 811, 811c, 812 ZPO). Die Interessen des Betroffenen sind stattdessen durch die Beachtung des Übermaßverbotes zu berücksichtigen. Schließlich fehlen Sonderregeln über das Verhältnis zur Immobiliarvollstreckung. Ungetrennte Früchte können deshalb – anders als nach § 810 ZPO – nicht beschlagnahmt werden, weil sie keine beweglichen Sachen, sondern wesentliche Bestandteile des Grundstücks sind (§ 94 Abs. 1 BGB). Hingegen kann Zubehör (§ 97 BGB) auch dann – anders als nach § 865 Abs. 2 Satz 1 ZPO – beschlagnahmt werden, wenn es einem Hypotheken- oder Grundschuldgläubiger haftet (§ 1120 BGB).

5 Bewegliche Sachen, für die grundbuchähnliche Register geführt werden (**Schiffe, Schiffsbauwerke, Luftfahrzeuge**), werden gem. Abs. 4 Satz 1 nach der allgemeinen Regel des Abs. 1 beschlagnahmt. Sie unterliegen nicht den Regeln über die Immobiliarvollstreckung (vgl. hingegen §§ 864 Abs. 1, 870a ZPO). Um die Beschlagnahme offenkundig werden zu lassen und die Sachen dadurch dem Rechtsverkehr zu entziehen (§ 111d Abs. 1), muss die erfolgte Beschlagnahme in das jeweilige Register eingetragen werden; ggf. ist hierzu zunächst die Eintragung der bislang nicht registrierten Sache zu bewirken, Abs. 4 Satz 3. Die Beschlagnahme selbst erfolgt indes – anders als bei Grundstücken (Abs. 3 Satz 1) – nicht durch die Eintragung, sondern durch Realakt: Wegnahme oder Siegelung (KMR/*Mayer* § 111c Rn. 19; LR/*Johann* § 111c Rn. 13, 15); danach wird die so bewirkte Beschlagnahme eingetragen.

6 **II. Forderungen.** Forderungen werden nach den Vorschriften der Zivilprozessordnung gepfändet (Abs. 2 Satz 1, 2). Gleiches gilt für sonstige Vermögensrechte wie etwa **Bitcoins** oder Gesamthandsanteile, §§ 857, 859 ZPO (zu Bitcoins vgl. die Nachweise bei Meyer-Goßner/Schmitt/*Köhler* § 111c Rn. 8; außerdem *Rettke* wistra 2019, 100, 101). Der Verweis (»sinngemäße« Anwendung) betrifft allein den Vorgang der Pfändung und bezieht sich nicht auf die Rechtsfolgen, die in § 111d eigenständig geregelt sind. Bewirkt werden soll nur eine Sicherung, nicht die Verwertung der Forderung (LR/*Johann* § 111c Rn. 9; KMR/*Mayer* § 111c Rn. 7; SK-StPO/*Rogall* § 111c Rn. 8).

7 Zur Pfändung ergeht ein Beschluss, der die Forderung so genau wie möglich bezeichnet, dem Drittschuldner (dem Schuldner der zu pfändenden Forderung) verbietet, an den voraussichtlichen Schuldner der Einziehungsforderung (den Gläubiger der zu pfändenden Forderung) zu leisten, und dem Schuldner gebietet, sich jeder Verfügung über die Forderung zu enthalten, sie insb. nicht einzuziehen, § 829 ZPO. Die zu pfändende Forderung braucht nicht tituliert oder vom Drittschuldner irgendwie anerkannt zu sein. Es reicht die über eine bloße Vermutung hinausreichende, nachvollziehbare Darlegung ihres Bestandes. Sie wird deshalb in dem Pfändungsbeschluss als »angebliche Forderung« bezeichnet. Die Pfändung wird mit der Zustellung (§ 111k Abs. 2) an den Drittschuldner wirksam (KMR/*Mayer* § 111c Rn. 8; SK-StPO/*Rogall* § 111c Rn. 8), die Zustellung an den Schuldner ist zwar nicht verzichtbar, aber nicht Wirksamkeitsvoraussetzung. Für die Pfändung von Hypothekenforderungen und von Forderungen aus indossablen Papieren gelten die §§ 830 bis 831 ZPO.

8 Abs. 2 Satz 3 schreibt die bei direkter Anwendung des § 840 Abs. 1 ZPO nicht obligatorische **Drittschuldnererklärung** vor. Die Aufforderung an den Drittschuldner ist bereits in den Pfändungsbeschluss aufzunehmen, eine gesonderte Aufforderung ist damit – entsprechend schon bisheriger praktischer Handhabung – überflüssig (BT-Drs. 18/9525, S. 76). Der Drittschuldner kann die Erklärungen ggü. dem zustellenden Beamten oder innerhalb der Zweiwochenfrist ggü. der StA abgeben. Für die Anwendung der Haftungsvorschrift des § 840 Abs. 2 Satz 2 ZPO ist kein Raum, die Haftung Dritter ist in den §§ 73 ff. StGB abschließend geregelt (KMR/*Mayer* § 111c Rn. 10; SK-StPO/*Rogall* § 111c Rn. 9, a.A. die Vorauflage).

9 Eine Vorpfändung (§ 845 ZPO) ist nicht möglich (LR/*Johann* § 111c Rn. 10; KMR/*Mayer* § 111c Rn. 8; SK-StPO/*Rogall* § 111c Rn. 8), aber auch nicht nötig. Sie dient dazu, die dem Vollstreckungsgericht zuzuschreibenden Verzögerungen auszugleichen, die zwischen Titulierung der Forderung und Zustellung des Pfändungsbeschlusses entstehen. Bei staatlichen Sicherungsmaßnahmen kann eine vergleichbare Ver-

zögerung nicht entstehen, ein Vollstreckungsgericht wird nicht gebraucht. Vielmehr veranlasst die Staatsanwaltschaft die Vollziehung selbst, § 111k.

Die Forderung wird ausschließlich gepfändet, nicht überwiesen (§ 835 ZPO) (BGH NJW 2007, 3352; LR/*Johann* § 111c Rn. 9; HK-StPO/*Gerke* § 111c Rn. 5; KK-StPO/*Spillecke* § 111c Rn. 5; SK-StPO/*Rogall* § 111c Rn. 8; Meyer-Goßner/Schmitt/*Köhler* § 111c Rn. 8). Es ist nur der Sicherungszweck zu erfüllen, dem Verstrickung und Verfügungsverbot dienen. Darauf beschränkt sich die Wirkung der Pfändung (anders beim Vermögensarrest: §§ 111f Abs. 1 StPO, 930 Abs. 1 Satz 2, 804 ZPO), einer weitergehenden entsprechenden Anwendung der ZPO-Regelungen bedarf es nicht (vgl. zum Pfändungspfandrecht und § 80 Abs. 2 Satz 2 InsO: BGH NJW 2007, 3350, 3352). Der Gläubigerwechsel ist das Ergebnis des Erkenntnisverfahrens. Er wird erst durch das Urteil bewirkt, das die Einziehung ausspricht. 10

III. Grundstücke. Grundstücke werden durch eine **Eintragung in das Grundbuch** beschlagnahmt (Abs. 3 Satz 1). Dadurch wird nicht nur das Grundstück selbst beschlagnahmt, sondern gem. Abs. 3 Satz 2 auch Zubehör im Eigentum des Schuldners (§ 20 Abs. 2 ZVG, § 1120 BGB) sowie ungetrennte Erzeugnisse und auf diese bezogene Versicherungsforderungen (§ 21 Abs. 1 ZVG). Auf mittelbare Sachfrüchte (§ 99 Abs. 3 BGB) erstreckt sich die Beschlagnahme nicht (§ 21 Abs. 2 ZVG): Forderungen aus Miet- und Pachtverträgen und aus subjektivdinglichen Reallasten (§ 1105 Abs. 2 BGB) werden nicht erfasst. Soweit (Versicherungs-) Forderungen von der Beschlagnahme erfasst werden, richtet sich die Vollziehung des Arrestes mangels Verweisung auf § 22 ZVG nach Abs. 2. 11

Die Pfändung des Grundstücks und der mithaftenden Sachen und Forderungen wird nicht mit der Zustellung des die Beschlagnahme anordnenden Beschlusses an den Schuldner wirksam, sondern erst mit der Eintragung in das Grundbuch. Es genügt allein das Ersuchen der StA oder des anordnenden Gerichts (§ 38 GBO; § 111k Rdn. 7); einer Bewilligung (§ 19 GBO) bedarf es nicht. Es gibt keinen Vorrang des Ersuchens vor anderen Anträgen (§§ 17, 45 GBO) (KMR/*Mayer* § 111c Rn. 12; SK-StPO/*Rogall* § 111c Rn. 7). 12

In gleicher Weise werden **grundstücksgleiche Rechte**, also solche, die gem. § 864 ZPO den Vorschriften über die Zwangsvollstreckung in das unbewegliche Vermögen unterliegen, beschlagnahmt. Von praktischer Bedeutung ist in erster Linie das Wohnungs- und Teileigentum gem. § 1 WEG und das Erbbaurecht. Ebenfalls hierher gehören Fälle des Bruchteilseigentums an einem Grundstück (§ 864 Abs. 2 ZPO), nicht dagegen Anteile an einer Gesamthandsgemeinschaft (insoweit gilt Abs. 3, KMR/*Mayer* § 111c Rn. 11). Zu den sonstigen in Betracht kommenden Rechten (Bergwerkseigentum, Jagd- und Fischereigerechtigkeiten etc.) s. LR/*Johann* § 111c Rn. 6). 13

§ 111d Wirkung der Vollziehung der Beschlagnahme; Rückgabe beweglicher Sachen

(1) [1]Die Vollziehung der Beschlagnahme eines Gegenstandes hat die Wirkung eines Veräußerungsverbotes im Sinne des § 136 des Bürgerlichen Gesetzbuchs. [2]Die Wirkung der Beschlagnahme wird von der Eröffnung des Insolvenzverfahrens über das Vermögen des Betroffenen nicht berührt; Maßnahmen nach § 111c können in einem solchen Verfahren nicht angefochten werden.

(2) [1]Eine beschlagnahmte bewegliche Sache kann dem Betroffenen zurückgegeben werden, wenn er einen den Wert der Sache entsprechenden Geldbetrag beibringt. [2]Der beigebrachte Betrag tritt an die Stelle der Sache. [3]Sie kann dem Betroffenen auch unter dem Vorbehalt jederzeitigen Widerrufs zur vorläufigen weiteren Benutzung bis zum Abschluss des Verfahrens überlassen werden; die Maßnahme kann davon abhängig gemacht werden, dass der Betroffene Sicherheit leistet oder bestimmte Auflagen erfüllt.

(3) [1]Beschlagnahmtes Bargeld kann hinterlegt oder auf ein Konto der Justiz eingezahlt werden. [2]Der mit der Einzahlung entstandene Auszahlungsanspruch tritt an die Stelle des Bargeldes.

Übersicht

A. Grundsätzliches. Die Norm überführt aus systematischen Gründen den Regelungsgehalt des früheren § 111c Abs. 5 und 6 in eine gesonderte Vorschrift; die Art und Weise der Vollziehung wird von der dadurch bewirkten Rechtsfolge und der ihr nachfolgenden möglichen Rückgabe beweglicher Sachen getrennt. Darüber hinaus soll die Regelung das Spannungsverhältnis zwischen den insolvenzrechtlichen Pflichtbindungen des Insolvenzverwalters und dem strafrechtlichen Verbot der Geldwäsche auflösen (hierzu BT-Drs. 18/9525 S. 76). Die Ergänzung der Vorschrift um Abs. 3 durch das Gesetz zur Fortentwicklung der Strafprozess- 1 ordnung und zur Änderung weiterer Vorschriften vom 25.06.2021 (BGBl. I, S. 2099) geht auf eine Empfehlung des Rechtsausschusses zurück (BT-Drs. 19/30517, S. 20)

2 **B. Einzelne Regelungen. I. Relatives Verfügungsverbot.** Die Vollziehung der Beschlagnahme nach § 111c bewirkt nach **Abs. 1 S. 1** ein sog. behördliches Veräußerungsverbot nach § 136 BGB. Dabei handelt es sich genauer gesagt um ein relatives Verfügungsverbot: Eine verbotswidrige Verfügung des Anordnungsadressaten ist nur ggü. dem Staat unwirksam, i.Ü. aber wirksam; gutgläubiger Erwerb vom Anordnungsadressaten bleibt möglich, wenn sich der gute Glaube auch auf das Nichtbestehen des Verbots richtet (BGH NStZ 1985, 262 f.). Bedeutung erlangt dies allerdings nur, wenn eine bewegliche Sache im Gewahrsam des Schuldners verbleibt (KMR/*Mayer* § 111d Rn. 1) oder in den Fällen des § 111c Abs. 4 die Eintragung in dem jeweiligen Register unterblieben ist. Das Verfügungsverbot ist Pfändungswirkung; es entsteht deshalb nicht mit dem anordnenden Beschluss, sondern erst mit seiner Vollziehung (§ 111c Abs. 1 und 4: Ingewahrsamnahme oder Siegelung, Abs. 2: Zustellung des Pfändungsbeschlusses an den Drittschuldner, Abs. 3: Eintragung im Grundbuch) (KK-StPO/*Spillecke* § 111d Rn. 3; LR/*Johann* § 111c Rn. 16; Meyer-Goßner/Schmitt/*Köhler* § 111d Rn. 2). An das Verfügungsverbot aufgrund der Beschlagnahme schließt sich dasjenige aufgrund eines die Einziehung aussprechenden, nicht rechtskräftigen Urteils nahtlos an (§ 75 Abs. 3 StGB).

3 Bei **nicht verkehrsfähigen Gegenständen** wie Betäubungsmitteln oder Falschgeld, die gem. § 74b StGB der Einziehung unterliegen, gilt § 134 BGB. Sie können auch ohne Beschlagnahme nicht übertragen werden (KK-StPO/*Spillecke* § 111d Rn. 3; LR/*Johann* § 111c Rn. 18; Meyer-Goßner/Schmitt/*Köhler* § 111d Rn. 2).

4 **II. Insolvenzfestigkeit. Abs. 1 Satz 2** ordnet nunmehr die umfassende vollstreckungssichernde Fortwirkung der Beschlagnahme im Insolvenzverfahren an; § 80 Abs. 2, § 88 InsO werden verdrängt. Voraussetzung ist auch hier, dass die Beschlagnahmeanordnung nach § 111c vollzogen worden ist; der Beschluss allein genügt nicht. Damit kann nicht nur der aussonderungsberechtigte Verletzte einen ihm unmittelbar durch die Tat entzogenen Gegenstand zurückerlangen, sondern auch derjenige, der etwa durch Betrug sein Eigentum an verloren hat (BT-Drs. 18/11640, S. 79; *Köhler/Burkhard* NStZ 2017, 665, 677). Auf diese Weise wird verhindert, dass inkriminierte Gegenstände zur Befreiung des Täters, Teilnehmers oder Drittbeteiligten von privatrechtlichen Verbindlichkeiten eingesetzt werden können (Meyer-Goßner/Schmitt/*Köhler* § 111d Rn. 4). Sie sind nicht Teil der Insolvenzmasse (*Bittmann* NZWiST 2016, 131, 134; zur Kritik aus insolvenzrechtlicher Sicht HK-StPO/*Gercke* § 111d Rn. 4; *Hüls* ZWH 2018, 129, 132; krit. auch *Rhode* wistra 2018, 65, 69).

5 Der Ausschluss der Anfechtung (Abs. 1 S. 2 HS. 2) meint die Insolvenzanfechtung (§§ 129 ff. InsO), mit der der Insolvenzverwalter gegen die Beschlagnahme nach § 111b nicht vorgehen kann. Es bleibt ihm jedoch unbenommen, die Anordnung oder die Vollziehung der Beschlagnahme als Vertreter des Schuldners mit den im Strafverfahrensrecht vorgesehenen Rechtsmitteln anzugreifen. Ebenso kann er die Aufhebung beantragen, wenn er meint, die Anordnungsvoraussetzungen seien weggefallen.

6 **III. Rückgabe und Überlassung. Abs. 2** der Vorschrift entspricht § 111b Abs. 6 a.F. Satz 1 gestattet die **Auslösung** einer gepfändeten beweglichen Sache gegen Zahlung des Wertes; der Geldbetrag tritt an die Stelle des Beschlagnahmegegenstandes, die Sache selbst wird beschlagnahmefrei, Abs. 2 Satz 2. Die Auslösung wird – obwohl in das Ermessen des z.Zt. dieser Entscheidung für die Anordnung zuständigen Gerichts gestellt – nur ausnahmsweise in Betracht kommen. Denn die Ausübung dieses Ermessens wird im Wesentlichen durch den Zweck der durch die Beschlagnahme gesicherten Rechtsfolgeanordnung bestimmt. Ob statt der Sache selbst ein Geldbetrag eingezogen werden soll, ist jedoch eine Frage des materiellen Rechts. Dort ist der Zugriff auf den »Wertersatz« als Auffangmaßnahme vorgesehen, die dem Betroffenen die Vorteile einer Vereitelung oder anders begründeten Unmöglichkeit der Sachentziehung nehmen soll (§§ 73c, 74c StGB). Geht es um die Einziehung von Taterträgen (§ 73 StGB), soll dem Tatbeteiligten nach der gesetzgeberischen Konzeption indessen gerade das genommen werden, was er mit der Tatbegehung erlangt hat. Das materiell-rechtliche Regelungskonzept steht einer Auslösung daher grds. entgegen (ähnlich *Bittmann* NZWiSt 2016, 131, 134). Gibt es einen Verletzten, ist die Sache zudem **vorrangig** – nach neuem Recht zwingend – gem. **§ 111n Abs. 2** an diesen herauszugeben. Praktisch dürfte die Auslösung daher nur in Betracht kommen, wenn verderbliche Sachen beschlagnahmt worden sind und auf diese Weise eine Notveräußerung nach § 111p vermieden werden kann (Meyer-Goßner/Schmitt/*Köhler* § 111d Rn. 6; HK-StPO/*Gercke* § 111d Rn. 8). Im Ergebnis dürfte dies auch für die Einziehung von Tatprodukten, Tatmitteln und Tatobjekten gelten (§ 74 StGB). Handelt es sich um gefährliche Gegenstände, die der Sicherungseinziehung gem. § 74b StGB unterliegen, ist eine Auslösung mit dem Regelungszweck grundsätzlich unvereinbar (ebenso LR/*Johann* § 111c Rn. 20; SK-StPO/Rogall § 111c Rn. 20).

7 Die **Weiterbenutzung** zu gestatten (Abs. 2 Satz 3), kommt in aller Regel nur in Betracht, wenn angenommen werden kann, dass der Betroffene einen die spätere Entziehung vereitelnden Zugriff auf die Sache wegen der

Sicherheitsleistung oder der Auflage (HS. 2) unterlassen wird. Wenn Überwiegendes dafür spricht, dass der Betroffene auch ohne Sicherheitsleistung oder Auflage die Sache nicht beiseiteschaffen oder zerstören wird, kann nicht nach Abs. 2 Satz 3 verfahren werden, weil dann die Beschlagnahme selbst mangels Sicherungsbedürfnis aufzuheben ist (o. § 111b Rdn. 12).

Ist die Sache zugleich **Beweismittel**, kommt eine Auslösung nach Abs. 2 Satz 1 nicht in Betracht, eine Weiterbenutzung nur, wenn dadurch der Beweiswert nicht gefährdet wird (Meyer-Goßner/Schmitt/*Köhler* § 111d Rn. 8; HK-StPO/*Gercke* § 111d Rn. 11; SK-StPO/*Rogall* § 111c Rn. 21). Ist die Beschlagnahme nach § 94 Abs. 2 bisher nicht erfolgt, ist sie mit dem Beschluss zu verbinden, der die Rückgabe ablehnt. 8

Abs. 3 erweitert die Reaktionsmöglichkeiten der Strafverfolgungsbehörde, wenn Bargeld beschlagnahmt worden ist: Neben der Aufbewahrung im Original kann sie es auch hinterlegen oder auf ein Justizkonto einzahlen; welchen Weg sie geht, steht in ihrem Ermessen. Die Beschlagnahmewirkung nach Abs. 1 setzt sich im Fall der Hinterlegung oder Einzahlung unmittelbar und ohne weitere Zwischenschritte an dem Auszahlungsanspruch fort, Abs. 3 Satz 2; auf die weiteren (landesrechtlich unterschiedlich geregelten) Voraussetzungen der Hinterlegung kommt es insoweit nicht an (BT-Drs. 19/30517, S. 20). 9

§ 111e Vermögensarrest zur Sicherung der Wertersatzeinziehung

(1) [1]Ist die Annahme begründet, dass die Voraussetzungen der Einziehung von Wertersatz vorliegen, so kann zur Sicherung der Vollstreckung der Vermögensarrest in das bewegliche und unbewegliche Vermögen des Betroffenen angeordnet werden. [2]Liegen dringende Gründe für diese Annahme vor, so soll der Vermögensarrest angeordnet werden.

(2) Der Vermögensarrest kann auch zur Sicherung der Vollstreckung einer Geldstrafe und der voraussichtlichen Kosten des Strafverfahrens angeordnet werden, wenn gegen den Beschuldigten ein Urteil ergangen oder ein Strafbefehl erlassen worden ist.

(3) Zur Sicherung der Vollstreckungskosten ergeht kein Arrest.

(4) [1]In der Anordnung ist der zu sichernde Anspruch unter Angabe des Geldbetrages zu bezeichnen. [2]Zudem ist in der Anordnung ein Geldbetrag festzusetzen, durch dessen Hinterlegung der Betroffene die Vollziehung des Arrestes abwenden und die Aufhebung der Vollziehung des Arrestes verlangen kann; § 108 Absatz 1 der Zivilprozessordnung gilt entsprechend.

(5) Die §§ 102 bis 110 gelten entsprechend.

(6) Die Möglichkeit einer Anordnung nach § 324 der Abgabenordnung steht einer Anordnung nach Absatz 1 nicht entgegen.

Übersicht

A. Grundsätzliches. Der dingliche Arrest als strafprozessuales Sicherungsmittel ist durch das EGStGB (BGBl. I 1974, S. 469) mit Wirkung v. 01.01.1975 eingeführt worden. Mit der Neuordnung der Vermögensabschöpfung 2017 ist der Gleichklang mit der Zivilprozessordnung aufgegeben worden. Durch die der Rechtsordnung bis dahin unbekannte Bezeichnung »Vermögensarrest« und die Aufgabe der umfangreichen Verweise (§ 111d Abs. 2 a.F.) ist die weitgehende sachliche Übereinstimmung mit dem Sicherungssystem nach den §§ 916 ff. ZPO aber nicht aufgegeben. Der Vermögensarrest ist wie der dingliche Arrest ein Instrument zur Sicherung der Vollstreckung von voraussichtlich entstehenden Geldforderungen. Die mit dem Vermögensarrest zu sichernden Forderungen werden in den Abs. 1 und 2 abschließend genannt. Persönlicher Arrest (§§ 918, 933 ZPO) ist ausgeschlossen. 1

Wie bei der Beschlagnahme wird zwischen Anordnung und Vollziehung unterschieden; Letztere ist für den Vermögensarrest in § 111f geregelt, die Wirkung der Vollziehung in § 111h. Die Zuständigkeiten für Anordnung und Vollziehung sind für beide Sicherungsinstrumente, Vermögensarrest und Beschlagnahme, gemeinsam in § 111j und § 111k geregelt. 2

3 **B. Einzelne Regelungen. I. Arrestanspruch.** Mit der Ersetzung des früher unmittelbar auf das Zivilprozessrecht verweisenden Begriffs des dinglichen Arrests durch den Vermögensarrest im Zuge der Neuordnung des Rechts der Vermögensabschöpfung ist die Nähe des Sicherungsinstruments zu den Regelungen der ZPO nicht beseitigt worden. Es ist weiterhin in der Sache zwischen dem Arrestanspruch und dem Arrestgrund zu unterscheiden, wobei sich der Arrestgrund nach der Neufassung unmittelbar aus § 111e ergibt. Eines Verweises auf § 917 ZPO bedarf es nicht mehr (BT-Drs. 18/9525, S. 76 f.).

4 **1. Einziehung von Wertersatz.** Abs. 1 enthält – wie der 2017 ersetzte § 111d Abs. 1 a.F. – die Bezeichnung »Einziehung von Wertersatz« zur Beschreibung der zu sichernden Forderung. Diese Begrifflichkeit taucht nach der Neufassung im materiellen Recht nicht mehr auf; die Überschriften von § 73c und § 74c sprechen von der »Einziehung des Wertes«. Dass der Vermögensarrest zur Absicherung eben dieser Rechtsfolge dient, kann indes nicht bezweifelt werden.

5 Soll die Vollstreckung einer künftigen Wertersatzeinziehung gesichert werden, so ergibt sich der für die Anordnung des Arrestes erforderliche Grad an Wahrscheinlichkeit aus Abs. 1. Die Regelung ist derjenigen über die Voraussetzungen der Beschlagnahme wortgleich (§ 111b Abs. 1; dort Rdn. 10). Hier wie dort werden die gesteigerten Verdachtsgründe gem. Abs. 1 Satz 2 erst auf der Ebene des Anordnungsermessens relevant. Ausreichend ist zunächst der **einfache Verdacht** mit Blick auf die Tatbegehung (§ 152 Abs. 2) und außerdem eine auf Tatsachen gestützte gewisse Wahrscheinlichkeit dafür, dass es zu einer Wertersatzeinziehung in einem künftigen Urteil kommen wird (OLG Hamburg NZWiSt 2019, 106, 108; OLG Stuttgart NJW 2017, 3731, 3732; HK-StPO/*Gercke* § 111e Rn. 4; Meyer-Goßner/Schmitt/*Köhler* § 111e Rn. 4; BeckOK-StPO/*Huber* § 111e Rn. 4). Auch zur Sicherung geringfügiger Beträge darf der Vermögensarrest grundsätzlich angeordnet werden; die entsprechende Beschränkung in § 111d Abs. 1 Satz 3 a.F. ist weggefallen. Allerdings wird ein Vermögensarrest in solchen Fällen zumeist unverhältnismäßig sein (Wertgrenzen bei BeckOK-StPO/*Huber* § 111e Rn. 14, 17). Nach der Neufassung von § 261 StGB durch das Gesetz zur Verbesserung der strafrechtlichen Bekämpfung der Geldwäsche vom 18.03.2021 (BGBl. I, S. 327) sind durch Steuerhinterziehung ersparte Aufwendungen kein taugliches Tatobjekt mehr, sodass entsprechende Arreste aufzuheben sind (OLG Saarbrücken Beschl. v. 26.05.2021 – 4 Ws 53/21, StB 2021, 239).

6 Für Tatteile, die nach **§§ 154, 154a** aus dem Verfahren ausgeschieden sind, kommen Maßnahmen der Vermögensabschöpfung nicht in Betracht. Mit der Einstellung nach § 154 Abs. 2 und der Beschränkung nach § 154a entsteht ein Verfahrenshindernis. Das Verfahren ist insoweit nicht mehr anhängig, sodass die Verhängung von Rechtsfolgen für die ausgeschiedenen Tatteile nicht mehr in Betracht kommt. Einziehungsentscheidungen können nur noch im selbstständigen Verfahren nach § 76a StGB getroffen werden; wird dieses nicht betrieben, müssen Arreste und darauf bezogene Vollziehungen entsprechend angepasst werden (BGH NStZ-RR 2018, 116, 117; Beschl. v. 18.12.2018 – 1 StR 407/18, NStZ-RR 2019, 153, 154 zu § 154; OLG Celle ZWH 2019, 60, 62 m.Anm. *Bode* zu § 154a).

7 **2. Geldstrafe, Verfahrenskosten.** Die Forderung aus einer Geldstrafe und auf Ersatz der Kosten des Verfahrens (Abs. 2) – nicht der Vollstreckung (Abs. 3) – kann erst gesichert werden, wenn ein Urteil verkündet oder ein Strafbefehl erlassen worden ist, in dem diese Rechtsfolgen ausgesprochen werden. Der Strafbefehl muss noch nicht zugestellt sein (vgl. §§ 408 Abs. 3 Satz 1, 410 Abs. 1 Satz 1), sodass Strafbefehl und Arrestanordnung zugleich ergehen können. Da das Urteil oder der Strafbefehl nicht rechtskräftig sein müssen, um als Arrestgrundlage zu dienen, wird auch hier – wie bei der Sicherung der Einziehung – eine noch nicht bestehende, sondern eine wahrscheinlich entstehende Forderung gesichert. Die anfechtbare Festsetzung der **Geldstrafe** reicht zur Begründung der Wahrscheinlichkeit aus, die zu sichernde Forderung werde entstehen, wenn nicht überwiegende Gründe für ihre Aufhebung sprechen. Das kann in Betracht kommen, wenn das erkennende Gericht selbst in den Urteilsgründen auf die Fehlerhaftigkeit des Urteils hinweist oder wenn im Rechtsmittelverfahren deutliche Anzeichen für die Aufhebung der angefochtenen Entscheidung sprechen. Wird sie im Rechtsfolgenausspruch aufgehoben, entfällt die zu sichernde Geldstrafe, sodass der hierauf bezogene Arrest seine Grundlage verliert und ebenfalls aufzuheben ist. Ob es wahrscheinlich ist, dass abermals ein in den Rechtsfolgen entsprechendes Urteil ergehen wird, ist nicht von Bedeutung. Erst wenn ein solches Urteil verkündet ist, kommt eine erneute Arrestanordnung in Betracht. Wird der Ausspruch einer Geldstrafe nur in Bezug auf Zahl oder Höhe der Tagessätze aufgehoben, so kann der Arrest bestehen bleiben; anhand der Darlegungen des Rechtsmittelgerichts ist allerdings zu prüfen, ob der Arrestbetrag vermindert oder erhöht werden muss. Bleibt der Schuldspruch bestehen und wird nur der Strafausspruch aufgehoben, so kann der Arrest zur Sicherung der **Kosten** bestehen bleiben.

II. Arrestgrund: Sicherungsbedürfnis. Der umfassende Verweis auf Vorschriften der Zivilprozessordnung (§ 111d Abs. 2 a.F.) ist 2017 entfallen. Erlass und Vollzug des Arrests regeln die §§ 111e und 111f weitgehend selbstständig mit einigen wenigen verbliebenen Verweisen (Abs. 4 Satz 2 Hs. 2, § 111f Abs. 1 Satz 2). Die enge Zweckbindung des Arrestes und Mahnung, das aus der Grundrechtsgeltung folgende Verhältnismäßigkeitsgebot zu beachten, sollen sich nun aus dem Wortlaut – »zur Sicherung der Vollstreckung« – ergeben; die Anforderungen an den Sicherungsgrund sollen dadurch nicht abgesenkt werden (BT-Drs. 18/9525, S. 76 f.; a.A – nur noch finales Element – OLG Stuttgart NJW 2017, 3731, 372, dagegen *Korte* wistra 2018, 1, 11; *Greeve* ZWH 2018, 81, 82 m.w.N.). 8

Eine Vollstreckungssicherung gem. Abs. 2 durch Arrest ist nur erforderlich, wenn zu erwarten ist, dass die Vollstreckung wesentlich erschwert werde, wenn der Hauptsachetitel abgewartet wird. Die Gründe muss der Schuldner nicht zu vertreten haben, aber sie müssen gerade in der mit dem Zeitablauf verbundenen Erwartung liegen. Zur Beurteilung des Sicherungsbedürfnisses ist nur das Verhalten des Schuldners von Bedeutung, nicht die Maßnahmen seiner Gläubiger. Die Erforderlichkeit (und Notwendigkeit) der Sicherung ist nach der Rspr. zum einen regelmäßig dann gegeben, wenn der Tatbestand eines **vermögensbezogenen Strafgesetzes** (z. B. Abrechnungsbetrug oder Steuerhinterziehung) erfüllt sein könnte, zum anderen, wenn der Täter seine **Vermögenswerte verschleiert** oder Vermögenswerte **versteckt** (OLG Rostock PflR 2014, 191; OLG Stuttgart NJW 2017, 3731, 3732; OLG Hamburg NZWiSt 2019, 106, 110; gegen die in diesen Entscheidungen zugrunde gelegte Indizwirkung konnexer Straftaten HK-StPO/*Gercke* § 111e StPO Rn. 12 m.w.N.; vgl. auch LG Frankfurt Beschl. v. 29.07.2020 – 5–14 Qs 9/20, juris Rn. 12 ff. mit zust. Anm. *Hiéramente* jurisPR-StrafR 8/2021 Anm. 6; zum Meinungsstand in der Judikatur auch KK-StPO/*Spillecke* § 111e Rn. 7; KMR/*Mayer* § 111e Rn. 7 jew. m.w.N.). Häufig werden sich indes aus der Person des Beschuldigten, seinen Lebensumständen, seiner Lebensführung, seinem den Ermittlungen vor- und nachgelagerten Verhalten sowie der Art und Weise der Tatbegehung Anhaltspunkte ergeben, die gerade bei vermögensbezogenen Straftaten befürchten lassen, dass die Arrestforderung bei Zuwarten nicht mehr wird beigetrieben werden können (OLG Bamberg ZWH 2018, 341; OLG Stuttgart NJW 2017, 3731, 3732; OLG Hamburg NZWiSt 2019, 106, 110; KG Beschl. v. 02.06.2020 – 4 Ws 21/20, juris Rn. 25 f.; zum Ganzen Meyer-Goßner/Schmitt/*Köhler* § 111e Rn. 6 m.w.N.). Schlechte Einkommens- und Vermögensverhältnisse des Schuldners allein begründen kein Sicherungsbedürfnis (LR/*Johann* § 111d Rn. 21; HK-StPO/*Gerke* § 111d Rn. 7; SK-StPO/*Rogall* § 111d Rn. 15), können aber im Rahmen einer Gesamtwürdigung der Anhaltspunkte Gewicht erlangen (BeckOK-StPO/*Huber* § 111e Rn. 10). Eine Arrestanordnung ohne ein Sicherungsbedürfnis ist rechtswidrig. 9

Wird voraussichtlich eine Gesamtschuld entstehen, so darf der Arrest zwar gegen jeden der voraussichtlichen Gesamtschuldner angeordnet und gegen jeden Gesamtschuldner in voller Höhe vollstreckt werden. Die Gesamtschuld wird erst bei der Vollstreckung des Urteils relevant (LG Berlin Beschl. v. 16.12.2020 – 514 Qs 29/20, NZWiSt 2021, 286 m. zust. Anm. *Rettke*). Hat einer der Gesamtschuldner den Anspruch des Verletzten erfüllt, ist der Arrest gegen die übrigen wegen § 73e StGB allerdings aufzuheben, auch dann wenn nicht zu erwarten ist, dass diese im Innenverhältnis insoweit noch herangezogen werden (OLG Frankfurt Beschl. v. 16.08.2021 – 3 Ws 406/21, juris). 10

Der Arrestgrund entfällt nicht deshalb, weil auch der Verletzte Sicherungsmaßnahmen gegenüber dem Tatbeteiligten ergriffen hat. Nach dem Wegfall des Vorrangs von Verletztenansprüchen gem. § 73 Abs. 1 Satz 2 StGB a.F. steht der staatliche Anspruch auf Wertersatzeinziehung neben den Verletztenansprüchen und wird von diesen nicht mehr verdrängt (BeckOK-StPO/*Huber* § 111e Rn. 2). Genauso wenig hindern die besonderen **Sicherungsmöglichkeiten des Fiskus nach § 324 AO** die Anordnung eines Vermögensarrests, was Abs. 6 ausdrücklich klarstellt (vgl. auch OLG Stuttgart NJW 2017, 3731, 3733 m.Anm. *Gubitz/Moltekin*; OLG Hamburg NZWiSt 2019, 106, 110; KG Beschl. v. 02.06.2020 – 4 Ws 21/20, juris Rn. 27). Etwas anderes dürfte nur dann gelten, wenn der Verletzte einen dinglichen Arrest bereits vollzogen hat. Der Rechtsgedanke des § 73e StGB steht in diesem Fall staatlichen Sicherungsmaßnahmen entgegen (KMR/*Mayer* § 111e Rn. 9). 11

III. Verhältnismäßigkeit und Dauer der Maßnahme. Wie bei der Beschlagnahme muss auch beim Vermögensarrest der Grundsatz der Verhältnismäßigkeit gewahrt sein. Weil mit der Arrestvollziehung – anders als bei der Beschlagnahme, die sich auf inkriminierte Gegenstände bezieht – auf das Legalvermögen des Tatbeteiligten oder Dritten zugegriffen wird, erhält der verfassungsunmittelbare **Verhältnismäßigkeitsgrundsatz** besonderes Gewicht. Für die strafähnliche Einziehung des Wertersatzes von Tatprodukten, Tatmitteln und Tatobjekten (§ 74c StGB) ist der Verhältnismäßigkeitsgrundsatz darüber hinaus in § 74f StGB ausdrücklich normiert. 12

13 Da der Verlust von Eigentum als Nebenfolge einer strafrechtlichen Verurteilung zu den traditionellen Schranken des Eigentums gehört (BVerfGE 22, 387, 422; 110, 1, 24), steht die Grundrechtsgeltung auch den Sicherungsmaßnahmen nicht grds. entgegen (BVerfGK 5, 292, 301; BVerfG StV 2004, 409, 410). Sie berühren den Schutzbereich des Grundrechts aus Art. 14 Abs. 1 Satz 1 GG, indem sie die Rechtsinhaberschaft des Eigentümers nicht endgültig aufheben, aber die Nutzungs- und Verfügungsmöglichkeiten in einschneidender Weise beschränken (BVerfGK 5, 217, 219; BVerfG StV 2004, 409, 410). Die Schwere des Eingriffs steigt mit der Dauer der Sicherungsmaßnahme und mit der Höhe des arrestierten Betrages. Mittelbare Beeinträchtigungen, etwa im Beruf oder bei der Kreditwürdigkeit, sind auch nach einer eventuellen Aufhebung der Maßnahme und einer strafrechtlichen Entschädigung (vgl. §§ 2 Abs. 2 Nr. 4, 5 Abs. 1 Nr. 4 StrEG) irreparabel (BVerfGK 3, 197, 205; 7, 205, 211). Für die Zeit der Aufrechterhaltung der Maßnahme ist die wirtschaftliche Handlungsfreiheit des Betroffenen gravierend beeinträchtigt. Gerade wenn der Arrestbetrag das gesamte oder nahezu das gesamte Vermögen erfasst (vgl. BVerfGK 3, 197, 203 f.), schließen die Beschlagnahmen und Pfändungen von der Teilnahme am Rechtsverkehr faktisch aus. Da auch die Wertersatzeinziehung nicht nur auf den Gewinn, sondern auf das Erlangte zugreift, sodass etwaige Aufwendungen für die Tatbegehung unberücksichtigt bleiben (§ 73d Abs. 1 Satz 2 StGB), sind Arrestbeträge, die das gesamte Vermögen abdecken, keine atypischen Sonderfälle. Dem Betroffenen ist dann selbst die Möglichkeit genommen, laufende Verpflichtungen des täglichen Lebens zu erfüllen. In diesen Fällen sind Parallelwertungen berechtigt, die sich an den Wirkungen der Untersuchungshaft orientieren (vgl. BVerfGK 3, 197, 206; SK-StPO/*Rogall* vor § 111b Rn. 25; allg. zur Problematik *Rettke* wistra 2021, 2010). Erfolgt ein Vermögensarrest zur Sicherung der Vollstreckung einer Geldstrafe oder von Verfahrenskosten (Abs. 2) kann eine erdrosselnde Wirkung dagegen grundsätzlich nicht zur Unverhältnismäßigkeit der Anordnung als solche führen; § 111g Abs. 2 löst diese Fälle vielmehr über den Vollstreckungsschutz (a.A. KMR/*Mayer* § 111g Rn. 5). Auch sonst sind die bei der Vollziehung die Pfändungsschutzvorschriften der §§ 811 ff, 850 ff. ZPO zu beachten (§ 111f Abs. 1 i.V.m. § 928, 930 ZPO).

14 Aus dem Grundsatz der Verhältnismäßigkeit folgt eine Wechselbeziehung zwischen dem Gewicht des Eingriffs und den Anforderungen an seine **Begründung**. Je intensiver der Staat mit Sicherungsmaßnahmen in den vermögensrechtlichen Freiheitsbereich eingreift, desto höher sind die Anforderungen an die Rechtfertigung dieses Eingriffs. Wird durch die Sicherungsmaßnahme nahezu das gesamte Vermögen der Verfügungsbefugnis des Betroffenen entzogen, so fordert der Verhältnismäßigkeitsgrundsatz eine besonders sorgfältige Prüfung und eine eingehende Darlegung der maßgeblichen tatsächlichen und rechtlichen Grundlagen der Anordnung (BVerfGK 5, 217, 220; 5, 292, 301; 8, 143, 146; 10, 180, 182; BVerfG StV 2004, 409, 410; KMR/*Mayer* § 111e Rn. 10; *Cordes* NZWiSt 2021, 45 [49]). Aber auch ein weniger umfassender Zugriff auf das Vermögen kann am Grundsatz der Verhältnismäßigkeit scheitern, wenn Eingriffsvoraussetzungen in besonders drastischer Weise missachtet wurden (BVerfGK 5, 217, 220; 10, 180, 182).

15 Der Vermögensarrest ist auch nach Wegfall der in § 111b Abs. 3 a.F. vorgesehenen Überprüfungsfristen **nicht unbeschränkt** zulässig. Die bisher von der Rspr. entwickelten Grundsätze finden weiterhin Anwendung (BT-Drs. 18/9525, S. 49). Je stärker die individuelle Betroffenheit, je weitreichender die Maßnahme, je geringer der Bezug eines unbeteiligten Dritten zur Tat, desto eher verliert das Sicherstellungsinteresse des Staates mit zunehmender Dauer des Ermittlungsverfahrens an Gewicht (OLG Stuttgart NJW 2017, 3731, 3732 m. krit. Anm. *Greeve* ZWH 2018, 81, 82). Dies gilt insb. dann, wenn es zu erheblichen Verfahrensverzögerungen gekommen ist, die nicht durch die Komplexität der Ermittlungen bedingt sind (OLG Rostock StraFo 2018, 350 f.; Meyer-Goßner/Schmitt/*Köhler* § 111e Rn. 9; Einzelfälle bei KK-StPO/*Spillecke* § 111e Rn. 9).

16 Nachdem der Novellierung des Vermögensabschöpfungsrechts das Prinzip der Kontinuität inhärent ist, bleiben nach altem Recht angeordnete dingliche Arreste bestehen. Sie bewirken nunmehr auch die mit der Gesetzesänderung eingetretenen zusätzlichen Rechtsfolgen wie die Entstehung eines Veräußerungsverbots am Grundstück (OLG München MDR 2018, 364). § 14 EGStPO sieht nur für den Auffangrechtserwerb nach § 111i Abs. 2 a.F. eine Übergangsvorschrift vor.

17 Entfallen die Anordnungsvoraussetzungen, muss der Vermögensarrest unverzüglich **aufgehoben** werden. Gleiches gilt bei prozessualem Absehen von Maßnahmen der Vermögensabschöpfung nach § 421 (Meyer-Goßner/Schmitt/*Köhler* § 111e Rn. 18). I.Ü. ist die Höhe der zu sichernden Forderung fortlaufend zu überprüfen und der Beschluss ggf. anzupassen (KK-StPO/*Spillecke* § 111e Rn. 15). Dies gilt insb. dann, wenn durch Verfahrensbeschränkungen nach § 154 Abs. 2 StPO eine Wertersatzeinziehung nicht mehr in der ursprünglich verfahrensgegenständlichen Höhe erfolgen kann (Rdn. 6).

IV. Anordnung. 1. Ermessen. Ist die Annahme gerechtfertigt, die Wertersatzeinziehung werde angeordnet werden, und besteht ein Sicherungsbedürfnis, liegt der Vermögensarrest wie die Beschlagnahme gem. Abs. 1 Satz 1 im Ermessen (**kann**) der Strafverfolgungsorgane. Dringende Gründe (Abs. 1 Satz 2), also ein hoher Grad an Wahrscheinlichkeit für die Anordnung der Wertersatzeinziehung, verengen hier wie dort das Ermessen bei der Entscheidung über die Sicherungsmaßnahme; auf die Ausführungen zu § 111b (Rdn. 15) wird verwiesen. 18

2. Arrestbeschluss. Abs. 4 benennt den notwendigen Inhalt des Arrestbeschlusses. Die Vorschrift ersetzt den früheren Verweis auf § 920 Abs. 1 ZPO. Der Arrestbeschluss muss in seinem Tenor deutlich als solcher erkennbar sein. Der Arrestanspruch ist genau zu bezeichnen, indem Gläubiger und Schuldner, Anspruchsgrund und geschuldeter Geldbetrag genannt werden. (z. B. »Zur Sicherung der Vollstreckung wegen der Einziehung von Wertersatz in Höhe von … wird der Vermögensarrest in das bewegliche und unbewegliche Vermögen des Schuldners angeordnet«). Fehlt eine dieser Angaben, so ist die Anordnung unwirksam. Anders als nach § 922 Abs. 1 Satz 2 ZPO ist der Beschluss stets mit Gründen zu versehen (§ 34) (KMR/*Mayer* § 111e Rn. 16; Meyer-Goßner/Schmitt/*Köhler* § 111e Rn. 15). 19

Dem Schuldner steht eine Abwendungsbefugnis zur Vermeidung der Arrestvollziehung zu (Abs. 4 Satz 2). Dazu ist mit der Anordnung zugleich eine **Lösungssumme** gleich dem zu sichernden Betrag festzusetzen. Fehlt sie, ist der Beschluss nicht unwirksam, aber rechtswidrig und nicht erst auf ein Rechtsmittel, sondern von Amts wegen zu ergänzen (KMR/*Mayer* § 111e Rn. 18). Anders als im Zivilprozessrecht kommt die Einbeziehung von Verfahrenskosten nicht in Betracht. Verfahrenskosten können zwar selbst Gegenstand einer Sicherung durch Arrest werden, aber erst nach Urteilsverkündung (Abs. 2). Es steht dem Sicherungsbedürfnis nicht entgegen, entsprechend der allgemeinen Ansicht zur Anwendung des § 923 ZPO eine andere, gleichermaßen geeignete Art der Sicherung festzulegen (HK-StPO/*Gercke* § 111e Rn. 22; SK-StPO/*Rogall* § 111d Rn. 24; LR/*Johann* § 111d Rn. 31; BeckOK-StPO/*Huber* § 111e Rn. 22). Dazu verweist Abs. 4 Satz 2 Hs. 2 auf § 108 ZPO. Hinterlegt der Schuldner zur Abwendung der Vollstreckung Geld oder, soweit das besonders zugelassen ist, Wertpapiere, so erwirbt der Staat ein Pfandrecht gem. § 233 BGB. Bei Nachweis der Sicherheitsleistung hat die Vollstreckung zu unterbleiben (vgl. §§ 928, 775 Nr. 3 ZPO). Die gleiche Wirkung hat die Übergabe des Lösungsbetrages an den vollstreckenden Beamten. Vor der Sicherheitsleistung ergangene Vollziehungsmaßnahmen sind auf Antrag des Schuldners aufzuheben (§ 111g Abs. 1); die Entscheidung ist dem Rechtspfleger übertragen (§§ 31 Abs. 1 Nr. 2, 20 Nr. 15 RPflG). Die Arrestanordnung selbst bleibt bestehen. 20

Da der Schuldner im Verfahren über den Erlass des Arrests in aller Regel nicht beteiligt wird, um die auf Überraschung angewiesene Wirksamkeit der Vollziehung zu sichern (§ 33 Abs. 4), wird ihm mit dem Arrestbeschluss erstmals – nachträglich – rechtliches Gehör zur Frage der – bereits geschehenen – Arrestanordnung gewährt. Der Beschluss muss dem Schuldner nicht zugestellt werden; da keine Fristen in Gang gesetzt werden, genügt gem. § 35 Abs. 2 Satz 2 formlose Bekanntmachung (KMR/*Mayer* § 111e Rn. 16, a.A. die Vorauflage). Die Ablehnung des Arrests wird nur der StA mitgeteilt, nicht dem Schuldner, damit die überraschende Wirkung bei einer Abänderung der Entscheidung im Beschwerdeverfahren erreicht werden kann. 21

V. Durchsuchung. Wie § 111b Abs. 2 für die Beschlagnahme (oben § 111b Rdn. 20), gestattet Abs. 5 die Durchsuchung zur Auffindung von Gegenständen, die zur Sicherung der Wertersatzeinziehung gepfändet werden sollen. Zugleich ist auf diese Weise klargestellt, dass der Arrestbeschluss allein nicht zum Durchsuchen einer Wohnung ermächtigt; dazu ist stets ein Beschluss nach § 105 Abs. 1 erforderlich (KMR/Huber § 111e Rn. 21). Der Sache nach gehört die Durchsuchung zur Vollziehung des Arrests (BT-Drs. 18/9525, S. 77; KK-StPO/*Spillecke* § 111e Rn. 13). Wegen des zu beachtenden Richtervorbehalts ist sie allerdings zweckmäßig zusammen mit der Arrestanordnung geregelt. 22

VI. Verhältnis zu § 324 AO. Abs. 6 enthält eine Sonderregelung für Steuerstrafverfahren und stellt klar, dass ein strafrechtliches Sicherungsbedürfnis nicht etwa deshalb entfällt, weil dem Fiskus in § 324 AO eigene Sicherungsmöglichkeiten zur Verfügung stehen (*Korte* wistra 2018, 1, 11; a.A. *Lampe* jurisPR-StrafR 16/2017 Anm. 4: Vermögensarrest nur, wenn ein nicht über § 324 AO zu befriedigendes Sicherungsbedürfnis besteht). Dadurch sollte eine rechtliche Unsicherheit bei der vorläufigen Sicherung von Vermögenswerten in Steuerstrafverfahren beseitigt werden (OLG Stuttgart NJW 3371, 3373; BT-Drs. 18/9525 S. 78; vgl. o. Rdn. 11). Die nach § 386 AO zur Verfolgung von Steuerstraftaten berufene Finanzbehörde hat daher die Wahl, ob sie Sicherungsmaßnahmen nach § 324 AO ergreift oder nach § 111e Abs. 1 (LG Hamburg wistra 2018, 446). Übernimmt die Staatsanwaltschaft das Verfahren, kann sie eigene Sicherungsmaßnahmen nicht mit dem Hinweis auf ein fehlendes Sicherungsbedürfnis mit Blick auf vorrangige Sicherungsmöglichkeiten der Finanzbehörde nach § 324 AO zurückstellen (vgl. auch LG Hamburg PStR 2018, 277). Zur Zweckmäßigkeit eigener Sicherungsmaßnahmen des Fiskus gem. § 324 AO mit Blick auf deren Insolvenzfestigkeit s. *Köhler/Burkhard* NStZ 2017, 665, 678 f. und unten § 111h Rdn. 7 f. 23

§ 111f Vollziehung des Vermögensarrestes

(1) [1]Der Vermögensarrest in eine bewegliche Sache, in eine Forderung oder ein anderes Vermögensrecht, das nicht der Zwangsvollstreckung in das unbewegliche Vermögen unterliegt, wird durch Pfändung vollzogen. [2]Die §§ 928 und 930 der Zivilprozessordnung gelten sinngemäß. [3]§ 111c Absatz 2 Satz 3 gilt entsprechend.

(2) [1]Der Vermögensarrest in ein Grundstück oder ein Recht, das den Vorschriften über die Zwangsvollstreckung in das unbewegliche Vermögen unterliegt, wird durch Eintragung einer Sicherungshypothek bewirkt. [2]Die §§ 928 und 932 der Zivilprozessordung gelten sinngemäß.

(3) [1]Der Vermögensarrest in ein Schiff, ein Schiffsbauwerk oder ein Luftfahrzeug wird nach Absatz 1 bewirkt. [2]Ist der Gegenstand im Schiffs- oder Schiffsbauregister oder im Register für Pfandrechte an Luftfahrzeugen eingetragen, gelten die §§ 928 und 931 der Zivilprozessordung sinngemäß.

(4) In den Fällen des Absatzes 2 und des Absatzes 3 Satz 2 wird auch das Veräußerungsverbot nach § 111h Absatz 1 Satz 1 in Verbindung mit § 136 des Bürgerlichen Gesetzbuchs eingetragen.

Übersicht

1 **A. Grundsätzliches.** Die Vorschrift ersetzt die unübersichtliche Verweisung in § 111d Abs. 2 a.F. Zwar wird immer noch auf die sinngemäß zur Anwendung kommenden Vorschriften der ZPO verwiesen. Allerdings benennt die Norm die unterschiedlichen Vollziehungsarten nunmehr selbst, was die Verständlichkeit des Gesetzes erhöht. Die Vollziehung des Vermögensarrests entspricht abgesehen von beweglichen Sachen der der Beschlagnahme (KMR/*Mayer* § 111e Rn. 3); die Vollziehungsvorschriften der § 111c und § 111f sind entsprechend parallel aufgebaut. § 111f regelt nur die Art und Weise der Vollziehung des Vermögensarrests; seine Anordnungsvoraussetzungen ergeben sich aus § 111e, die Zuständigkeit für die Anordnung aus § 111j und die für die Vollziehung aus § 111k.

2 **B. Einzelne Regelungen. I. Notwendigkeit der Vollziehung.** Aus der Arrestanordnung selbst folgen Verfügungsbeschränkungen zulasten des Schuldners oder Sicherungswirkungen zugunsten des Gläubigers nicht. Der Arrestbeschluss ist ein Vollstreckungstitel, der der Vollziehung bedarf, die grundsätzlich nach den Regeln der ZPO geschieht (§ 928 ZPO). Soweit dort auf die Regeln der Zwangsvollstreckung (§ 704 ff.) weiterverwiesen wird, ist zu differenzieren: Entsprechend dem Zweck des Vermögensarrest kommen nur solche Regelungen zur Anwendung, die der Sicherung, nicht aber der Befriedigung der Arrestansprüche dienen (SK-StPO/*Rogall* § 111d Rn. 26). Die sinngemäße Geltung erstreckt sich auch nicht auf die in der ZPO geregelten Zuständigkeiten. Insoweit geht § 111k Abs. 1 vor.

3 Auf § 929 verweist Abs. 1 Satz 2 nicht, die Vollziehungsfrist ist also ohne Bedeutung (OLG Celle FGPrax 2018, 102 f.; für ein »Verfallsdatum« von 6 Monaten dagegen SK-StPO/*Rogall* § 111d Rn. 28). Allerdings kann bei längerem Nichtvollzug das Sicherungsbedürfnis entfallen; der Arrestbeschluss ist dann aufzuheben (OLG Zweibrücken wistra 2009, 484, 486). Die Vollziehung kann vor der Bekanntgabe der Arrestanordnung beginnen. Ein nach früherem Recht angeordneter dinglicher Arrest wirkt fort und kann Grundlage einer sich jetzt nach neuem Recht richtenden Vollziehung sein (Meyer-Goßner/Schmitt/*Köhler* § 111f Rn. 8).

4 **II. Art und Weise der Vollziehung.** Die Arrestvollziehung in **bewegliche Sachen** einschließlich der Schiffe und Luftfahrzeuge und in **Forderungen** wird durch **Pfändung** bewirkt (Abs. 1, 3, §§ 930, 931 ZPO). Für den Staat entsteht ein Pfandrecht (§ 804 ZPO; vgl. AG Saarbrücken wistra 2000, 194). Eine sinngemäße Anwendung der §§ 806a und 807 ZPO scheidet aus (HK-StPO/*Gercke* § 111f Rn. 2); stattdessen kann gem. § 111e Abs. 5 nach der Arrestvollziehung unterliegenden Gegenständen durchsucht werden, wenn ein entsprechender Beschluss vorliegt. Die Aufforderung zur Abgabe der Drittschuldnererklärung ist wie bei der Vollziehung der Beschlagnahme in den Pfändungsbeschluss aufzunehmen, Abs. 1 Satz 3 i.V.m. § 111c Abs. 2 Satz 3. Die Pfändungsschutzvorschriften der §§ 811 ff., 850 ff. ZPO sind zu beachten (KMR/*Mayer* § 111e Rn. 4). **Bitcoins** können als andere Vermögensrechte aufgrund eines Vermögensarrests gem. §§ 930, 857 ZPO gepfändet werden (Einzelheiten bei *Greier* wistra 2016, 249, 256 f.; *Rettke* NZWiSt 2020, 45 [52 f.]). Befindet sich das Pfändungsobjekt – etwa als Beweismittel – bereits im Besitz der Strafverfolgungsbehörden, ist nicht der Herausgabeanspruch zu pfänden, sondern der Gegenstand selbst (OLG Frankfurt NStZ-RR 2005, 144 f.).

5 In **Grundstücke** und grundstücksgleiche Rechte wird der Vermögensarrest durch Eintragung einer **Sicherungshypothek** in das Grundbuch bewirkt (Abs. 2, § 932 ZPO). Gem. **Abs. 4** ist zudem das mit der Vollziehung gem. § 111h Abs. 1 entstehende relative Veräußerungsverbot in das Grundbuch einzutragen, um einen gut-

gläubigen Rechtserwerb durch Dritte zu verhindern (BT-Drs. 18/11640 S. 85;). Gleiches gilt für bewegliche Sachen, für die grundbuchähnliche Register geführt werden (Schiffe, Schiffsbauwerke, Luftfahrzeuge). Auch bereits vollzogene, nach altem Recht ergangene dingliche Arreste können zur Grundlage einer derartigen Eintragung gemacht werden (OLG München Beschl. v. 22.12.2017 – 34 Wx 432/17, MDR 2018, 364).

Eine gesamtschuldnerische Haftung mehrerer Einziehungsadressaten wird erst bei der Vollstreckung des Urteils relevant. Bis dahin ist die Staatsanwaltschaft nicht gehindert, gegen jeden Gesamtschuldner bis zur vollen Höhe des Wertes der Taterträge Sicherungsmaßnahmen zu ergreifen. Die Vollziehung des Arrestes ist daher gegenüber jedem Gesamtschuldner in voller Höhe zulässig und wird auch nicht durch Hinterlegung eines der gesamtschuldnerischen Arrestschuldner gesperrt, wenn diese nicht ausdrücklich auch zugunsten der anderen Arrestschuldner erfolgt ist (LG Berlin Beschl. v. 16.12.2020 – 514 Qs 29/20, NZWiSt 2021, 286 mit zust. Anm. *Rettke*). 6

§ 111g Aufhebung der Vollziehung des Vermögensarrestes

(1) Hinterlegt der Betroffene den nach § 111e Absatz 4 festgesetzten Geldbetrag, wird die Vollziehungsmaßnahme aufgehoben.

(2) Ist der Arrest wegen einer Geldstrafe oder der voraussichtlich entstehenden Kosten des Strafverfahrens angeordnet worden, so ist eine Vollziehungsmaßnahme auf Antrag des Beschuldigten aufzuheben, soweit der Beschuldigte den Pfandgegenstand zur Aufbringung der Kosten seiner Verteidigung, seines Unterhalts oder des Unterhalts seiner Familie benötigt.

Die Norm regelt die Aufhebung von Vollziehungsmaßnahmen, während der Arrest fortbesteht. Sie betrifft nicht die Aufhebung des Arrestbeschlusses selbst (§ 111j Rdn. 19). 1

Abs. 1 betrifft die Aufhebung von Vollziehungsmaßnahmen, die der Betroffene erreichen kann, indem er seine Abwendungsbefugnis wahrnimmt (§ 111e Rdn. 20). Der Vermögensarrest bleibt bestehen und bildet den Rechtsgrund für die Einbehaltung der Sicherheit (KMR/*Mayer* § 111g Rn. 2). Die Hinterlegung durch einen von mehreren Gesamtschuldnern hindert die Arrestvollziehung gegen die übrigen allerdings nicht, wenn sie nicht ausdrücklich auch zugunsten der anderen Arrestschuldner erfolgt ist (LG Berlin Beschl. v. 16.12.2020 – 514 Qs 29/20, NZWiSt 2021, 286 [288] m. Zust. Anm. *Rettke*). 2

Abs. 2 ist identisch mit § 111d Abs. 3 a.F. Die Vorschrift ist Ausdruck des Übermaßverbotes, das auch bei der Vollziehung des Vermögensarrests gilt. Allerdings ist kein überzeugender Grund ersichtlich, der die angeführten Gesichtspunkte bei der dort nicht genannten Sicherung einer Wertersatzeinziehung als unmaßgeblich erscheinen ließe. Die Sicherung des Unterhalts des Betroffenen und seiner Angehörigen ist in diesem Fall zwar ebenfalls gewährleistet, nämlich über die Pfändungsschutzvorschriften der §§ 811 ff., 850 ff., die über § 111f, § 928 ZPO Anwendung finden. Das Anliegen einer freien Wahlverteidigung ist dort allerdings nicht genannt. Die Aufhebungsgründe des § 111g für die Arrestvollziehung sind jedoch abschließend (KK-StPO/*Spillecke* § 111g Rn. 3). Für den Fall der Sicherung einer Einziehungsforderung kann das Unvermögen, die Kosten der Verteidigung aufzubringen, daher allenfalls bei der Anordnung des Vermögensarrest selbst im Rahmen von Verhältnismäßigkeitserwägungen berücksichtigt werden. Der Betroffene muss sich nicht auf notwendige Kosten verweisen lassen; eine unangemessen hohe Vergütung ist allerdings nicht anzuerkennen (KK-StPO/*Spillecke* § 111g Rn. 4; *Bach* StraFo 2005, 485, 486). 3

Die Aufhebung der Vollziehung setzt einen Antrag des Betroffenen voraus, der die Aufhebungsgründe glaubhaft zu machen hat (OLG Karlsruhe StraFo 2002, 84). Die Zuständigkeit für die Aufhebung entspricht derjenigen für die Durchführung der Vollziehung, es gilt § 111k (BT-Drs. 18/9525, S. 78; a.A. ohne Begründung HK-StPO/*Gercke* § 111g Rn. 7). Bei mehreren Vollziehungsmaßnahmen hat das Gericht die Wahl, welche es aufhebt (Meyer-Goßner/Schmitt/*Köhler* § 111g Rn. 3). 4

Wird der Vermögensarrest selbst aufgehoben, sind gem. § 775 Nr. 1, § 776 Satz 1 ZPO zugleich die Vollziehungsmaßnahmen aufzuheben (OLG Saarbrücken StraFo 2016, 377). Automatisch geschieht dies nicht (KMR/*Mayer* § 111f Rn. 13). 5

§ 111h Wirkung der Vollziehung des Vermögensarrestes

(1) [1]Die Vollziehung des Vermögensarrestes in einen Gegenstand hat die Wirkung eines Veräußerungsverbots im Sinne des § 136 des Bürgerlichen Gesetzbuchs. [2]Für das Sicherungsrecht, das in Vollziehung des Vermögensarrestes entsteht, gilt § 80 Absatz 2 Satz 2 der Insolvenzordnung.

(2) [1]Zwangsvollstreckungen in Gegenstände, die im Wege der Arrestvollziehung nach § 111f gesichert worden sind, sind während der Dauer der Arrestvollziehung nicht zulässig. [2]Die Vollziehung einer Arrest-

anordnung nach § 324 der Abgabenordnung bleibt unberührt, soweit der Arrestanspruch aus der Straftat erwachsen ist.

1 **A. Grundsätzliches.** Die Norm regelt die Wirkung des Arrestes zugunsten des Staates als Gläubiger der Arrestforderung gegenüber anderen Gläubigern des Betroffenen. Die Regelung betrifft allein die Vollziehung des Vermögensarrestes (§§ 111e, 111f). Die Wirkungen der sichernden Beschlagnahme (§§ 111b, 111c) beim Zugriff anderer Gläubiger und insb. im Insolvenzverfahren über das Vermögen des Betroffenen ist in § 111d Abs. 1 geregelt.

2 Mit Rechtskraft der gerichtlichen Anordnung der Wertersatzeinziehung fällt der bloße Sicherungscharakter (o. § 111f Rdn. 2) der Maßnahmen weg und das (Arrest-) Pfändungspfandrecht oder die (Arrest-) Sicherungshypothek erstarken zum Vollstreckungspfandrecht, das nunmehr die Verwertung gestattet (BT-Drs. 18/9525, S. 78). Sein Rang bestimmt sich nach dem Zeitpunkt der Arrestpfändung; die Verwertung erfolgt gem. §§ 459g, 459 (KMR/*Mayer* § 111h Rn. 1). Die Arrestanordnung wird erst mit Einleitung der Vollstreckung der gesicherten Rechtsfolge wirkungslos, die ihrerseits eine Verstrickung bewirkt (OLG München NStZ-RR 2004, 303).

3 **B. Einzelne Regelungen. I. Relatives Verfügungsverbot.** Gem. Abs. 1 entsteht als Rechtsfolge der Vollziehung eines Vermögensarrest – wie bei der Beschlagnahme, § 111d Abs. 1 – ein relatives Verfügungsverbot nach § 136 BGB. Gem. § 111f Abs. 4 ist das Verfügungsverbot bei der Arrestvollziehung in Grundstücke oder in Schiffe, Schiffsbauwerke oder Luftfahrzeuge in das Grundbuch oder jeweilige Register einzutragen. Dies gilt auch, wenn der Arrest noch als dinglicher Arrest nach altem Recht erwirkt und seine Vollziehung vor der Rechtsänderung bewirkt worden ist (OLG München Beschl. v. 22.12.2017 – 34 Wx 432/17, MDR 2018, 364).

4 **II. Insolvenzverfahren.** Die Vollziehung des Vermögensarrests hat, wie Abs. 1 Satz 2 klarstellt, im Verhältnis zum Insolvenzverfahren über das Vermögen des Betroffenen die gleiche Wirkung wie die Zwangsvollstreckung eines anderen Gläubigers. Eine Privilegierung wie bei der Beschlagnahme (§ 111d Abs. 1 Satz 2) findet nicht statt. In den zeitlichen Grenzen der Rückschlagsperre des § 88 InsO und vorbehaltlich einer Anfechtung nach §§ 129 ff. InsO genießt das in Vollziehung eines Vermögensrechts entstandene Sicherungsrecht daher wie jede andere Zwangsvollstreckungsmaßnahme eines Gläubigers **Insolvenzfestigkeit** und berechtigt zur abgesonderten Befriedigung nach den §§ 49, 50 InsO (HK-StPO/*Gercke* § 111h Rn. 3; KK-StPO/*Spillecke* § 111h Rn. 2; Meyer-Goßner/Schmitt/*Köhler* § 111h Rn. 3). Hieran hat die Neuregelung nichts geändert (zur bisherigen Rechtslage BT-Drs. 18/9525 S. 78).

5 Bei diesem Grundsatz verbleibt es, wenn der dem Vermögensarrest zugrunde liegende Arrestanspruch eine **Straftat allein zum Nachteil der Allgemeinheit** betrifft, wie dies etwa beim Betäubungsmittelhandel der Fall ist. Erlöse, die durch derartige Taten erlangt wurden und deren insolvenzfeste Sicherung gelungen ist, bleiben dem Zugriff privater Gläubiger entzogen (BT-Drs. 18/9525 S. 79). Handelt es sich dagegen um eine Tat mit mindestens einem Individualgeschädigten, enthält § 111i eine gewichtige Abweichung, s. dort.

6 **III. Zwangsvollstreckung.** Abs. 2 regelt den Vorrang der Arrestvollziehung vor nachfolgenden Vollstreckungsversuchen und normiert ein **Vollstreckungsverbot**. Es gilt – wie der Gesetzgeber nunmehr mit Gesetz zur Fortentwicklung der Strafprozessordnung und zur Änderung weiterer Vorschriften vom 25.06.2021 (BGBl. I, S. 2099) – für alle in § 111f geregelten, in Vollziehung eines Vermögensarrests entstehenden Sicherungsrechte (ebenso schon bisher BGH Beschl. v. 28.05.2020 – V ZB 56/19, NJW 2020, 2337). Das Vollstreckungsverbot hat bei Taten zum Nachteil von Rechtsgütern der Allgemeinheit zur Folge, dass sonstige Gläubiger sich nicht aus staatlich gepfändeten Vermögenswerten befriedigen können (Meyer-Goßner/Schmitt/*Köhler* § 111h Rn. 4). Bei Taten mit Individualgeschädigten soll es (vgl. § 89 Abs. 1 InsO) den grundsätzlichen Vorrang der Verletzten vor anderen Gläubigern, die nicht bereits vor dem Zugriff des sichernden Staates vollstreckt haben, sichern. Denn unter diesen wird der Einziehungsbetrag später gem. § 459h Abs. 2 verteilt, sofern es sich nicht um einen Mangelfall handelt oder das Insolvenzverfahren über das Vermögen des Arrestschuldners aus anderem Grunde eröffnet worden ist. Die Vorschrift verhindert darüber hinaus, dass im Fall einer späteren Eröffnung des Insolvenzverfahrens durch Einzelzwangsvollstreckungsmaßnahmen nach der Arrestvollziehung Absonderungsrechte entstehen, die die Insolvenzmasse schmälern

würden (BT-Drs. 18/9525 S. 78 f.). Dadurch wird die Gleichbehandlung der Tatgeschädigten im Mangelfall gewährleistet: Erlischt das staatliche Sicherungsrecht gem. § 111i, kann keiner der Verletzten aufgrund eigener nachrangiger Sicherungsmaßnahmen gegenüber den anderen privilegiert werden (BT-Drs. 18/11640 S. 85). Das Vollstreckungsverbot gilt auch gegenüber anderen Gläubigern des Betroffenen, auch solchen, deren Forderungen erst nach der Arrestvollziehung entstehen. Es unterbindet allerdings nicht die Zwangsvollstreckung aus Rechten, die dem in Vollziehung des Vermögensarrests entstandenen Sicherungsrecht der Staatsanwaltschaft im Rang vorgehen (BGH Beschl. v. 28.05.2020 – V ZB 56/19, NJW 2020, 2337, 239). Unzulässig ist nur die Vollstreckung, nicht die Errichtung von Titeln gegen den Betroffenen (KK-StPO/*Spillecke* § 111h Rn. 3; BeckOK-StPO/*Huber* § 111h Rn. 6).

Ausgenommen vom Vollstreckungsverbot ist allein der Staat als Steuergläubiger des Betroffenen. Die zeitlich nachrangige **Arrestvollziehung nach § 324 AO** ist nicht unwirksam. Dies gilt allerding nur, wenn die Arrestforderung, die die Finanzbehörde mit dem von ihr selbst angeordneten dinglichen Arrest sichert, aus der Straftat stammt, deren Verdacht die strafprozessuale Sicherungsmaßnahme rechtfertigt. Damit soll gewährleistet werden, dass wegen Steuerstraftaten gesichertes Vermögen dem eigentlichen Geschädigten, nämlich dem Gemeinwesen, zugutekommt (KK-StPO/*Spillecke* § 111h Rn. 4). Die Arrestvollziehung wegen anderer steuerrechtlicher Verbindlichkeiten des Betroffenen scheitert an Abs. 2 Satz 1. 7

Bedeutung erlangt diese Sicherungsmöglichkeit in der Insolvenz des Beschuldigten: Während das Sicherungsrecht der Staatsanwaltschaft erlischt, bleibt das des Fiskus in den zeitlichen Grenzen von § 88 InsO und unter Berücksichtigung der Anfechtungsmöglichkeiten bestehen (krit. zu dieser Privilegierung des Fiskus *Rhode* wistra 2018, 65, 66 f.). Die Möglichkeit des Fiskus, mittels § 324 AO in das von der Staatsanwaltschaft nach § 111e gesicherte Vermögen die eigene Arrestvollstreckung zur Sicherung der Vollstreckung der Steuerschuld zu betreiben, endet mit der Eröffnung des Insolvenzverfahrens (instruktiv *Köhler/Burkhard* NStZ 2017, 665, 678 f.). 8

§ 111i Insolvenzverfahren

(1) [1]Ist jemandem aus der Tat ein Anspruch auf Ersatz des Wertes des Erlangten erwachsen und wird das Insolvenzverfahren über das Vermögen des Arrestschuldners eröffnet, so erlischt das Sicherungsrecht nach § 111h Absatz 1 an dem Gegenstand oder an dem durch dessen Verwertung erzielten Erlös, sobald dieser vom Insolvenzbeschlag erfasst wird. [2]Das Sicherungsrecht erlischt nicht an Gegenständen, die in einem Staat belegen sind, in dem die Eröffnung des Insolvenzverfahrens nicht anerkannt wird. [3]Die Sätze 1 und 2 gelten entsprechend für das Pfandrecht an der nach § 111g Absatz 1 hinterlegten Sicherheit.

(2) [1]Sind mehrere Anspruchsberechtigte im Sinne des Absatzes 1 Satz 1 vorhanden und reicht der Wert des in Vollziehung des Vermögensarrests gesicherten Gegenstandes oder des durch seine Verwertung erzielten Erlöses zur Befriedigung der von ihnen geltend gemachten Ansprüche nicht aus, so stellt die Staatsanwaltschaft einen Antrag auf Eröffnung des Insolvenzverfahrens über das Vermögen des Arrestschuldners. [2]Die Staatsanwaltschaft sieht von der Stellung eines Eröffnungsantrags ab, wenn begründete Zweifel daran bestehen, dass das Insolvenzverfahren auf Grund des Antrags eröffnet wird.

(3) [1]Verbleibt bei der Schlussverteilung ein Überschuss, so erwirbt der Staat bis zur Höhe des Vermögensarrestes ein Pfandrecht am Anspruch des Schuldners auf Herausgabe des Überschusses. [2]In diesem Umfang hat der Insolvenzverwalter den Überschuss an die Staatsanwaltschaft herauszugeben.

Übersicht

A. Grundsätzliches. Die Norm ist Teil des Kernstücks des Reform des Rechts der Vermögensabschöpfung, der »grundlegenden Neuregelung der Opferentschädigung« (BT-Drs. 18/9525 S. 49). Im materiellen Recht ist der Anspruchsvorrang des Verletzten vor dem Staat (§ 73 Abs. 1 Satz 2 a.F. StGB) abgeschafft worden, im Verfahrensrecht der Titelvorrang (§§ 111g, 111h a.F.). Während des Ermittlungsverfahrens erfahren sie staatliche Hilfe bei der Durchsetzung ihrer Ersatzansprüche nur noch in einem Insolvenzverfahren oder indem ein Insolvenzverfahren durch die Staatsanwaltschaft beantragt wird. Dessen Abschluss ist abzuwarten, bevor sie (anteilige) Befriedigung erwarten können. Der Kreis der Anspruchsinhaber, denen die hier vorgesehenen Insolvenzregelungen und die Entschädigungshilfe während des Vollstreckungsverfahrens (§ 459h) 1 zugutekommen können, ist im Gegensatz zum alten Recht wesentlich eingeschränkt worden (Rdn. 5 ff.). Geschädigte, die von diesen Normen nicht erfasst werden, genießen auch während der Vollstreckung der Einziehung keine staatliche Hilfe mehr bei der Durchsetzung ihrer Schadensersatzansprüche. Weil der Kreis der Anspruchsinhaber jedoch weiter ist als die durch Gesetz zur Fortentwicklung der Strafprozessordnung und zur Änderung weiterer Vorschriften vom 25.06.2021 (BGBl. I, S. 2099) in § 373b eingefügte Legaldefinition des Verletzten, ist der Normtext begrifflich angepasst und der »Verletzte« im Recht der Vermögensabschöpfung aus der StPO gestrichen worden. Eine inhaltliche Änderung zum bisher geltenden Recht ist damit nicht verbunden (BT-Drs. 19/27654, S. 74). Da die Legaldefinition nur für die StPO gilt, musste § 73e StGB nicht angepasst werden, weshalb dort weiterhin vom »Verletzten« die Rede ist.

2 Die Vorschrift findet keine Anwendung, wenn lediglich Taten zum Nachteil der Allgemeinheit begangen worden sind (Betäubungsmittelhandel, Steuerhinterziehung). Diese Fälle unterfallen allein § 111h (s. § 111h Rdn. 5).

3 **B. Einzelne Regelungen. I. Sicherungsrechte in der Insolvenz des Betroffenen.** Wird über das Vermögen des Arrestschuldners das Insolvenzverfahren eröffnet, so bleibt das im Wege der Arrestvollziehung bewirkte Sicherungsrecht gem. § 111h Abs. 1 und § 80 Abs. 2 Satz 2 InsO grundsätzlich wirksam (oben § 111h Rdn. 4 f.). Ohne eine Sonderregelung entzieht diese »Insolvenzfestigkeit« der Arrestvollziehung den davon betroffenen Vermögensgegenstand der Verwertung und Verteilung durch den Insolvenzverwalter; um Ansprüche der Insolvenzgläubiger zu befriedigen, steht der Vermögensgegenstand nicht zur Verfügung. Damit sich dieser Vorrang des Staates nicht zum Nachteil derjenigen auswirkt, die einen Anspruch gegen den Beschuldigten durchsetzen wollen und in ihren Aussichten ohnehin nur auf ein Insolvenzverfahren beschränkt sind, wird für die Fälle des Vermögensarrests die Insolvenzfestigkeit aufgegeben: Gem. Abs. 1 Satz 1 erlischt das Sicherungsrecht. Der Arrest bleibt bestehen, aber die Vollziehung verliert ihre Wirkung, sodass der betroffene Vermögensgegenstand zur Befriedigung aller Gläubiger zur Verfügung steht.

4 Damit unterscheidet sich die Arrestwirkung grundsätzlich von derjenigen der Beschlagnahme. Bei Letzterer ist die Insolvenzfestigkeit zugunsten des Verletzten erweitert worden ist; dem Täter soll das unmittelbar Erlangte keinesfalls zur Befriedigung sonstiger Verbindlichkeiten zur Verfügung stehen, vgl. § 111d Rdn. 4. Anders beim Arrest: Hat der Verletzte nicht einen auf einen bestimmten Gegenstand gerichteten Rückgewähranspruch, sondern nur einen Wertersatzanspruch, soll er nicht besser stehen, als andere Gläubiger auch. Diese Lösung vermeidet zwar bei mehreren Verletzten das oft beklagte Windhundrennen im Mangelfall, in dem die Gesetzesbegründung eine zentrale Ungerechtigkeit des bisherigen Rechts sieht (BT-Drs. 18/9525 S. 46). Geschädigtenfreundlich ist sie aber nur bedingt. Denn von der Mehrung der Insolvenzmasse profitieren nicht nur diejenigen Geschädigten, die im Sinne der Regelungen zur Vermögensabschöpfung anspruchsberechtigt sind (so BT-Drs. 18/9525 S. 79, zum Kreis der Anspruchsinhaber sogleich), sondern alle Gläubiger des Täters. Dem Täter wird gestattet, den Wert des Erlangten auch zur (anteiligen) Deckung seiner sonstigen Verbindlichkeiten einzusetzen. Anders gesagt: Sonstige Gläubiger profitieren von deliktisch erlangtem Vermögen auf Kosten der deliktischen Gläubiger (instruktiv das Beispiel bei *Köhler/Burkhard* NStZ 2017, 665, 677). Das Ziel, den Opferschutz zu stärken, wird damit nur bedingt erreicht (zu der mit der Neuregelung für die Geschädigten verbundenen Schlechterstellung vgl. auch SSW-StGB/*Heine* § 73 Rn. 29 f.).

5 **1. Anspruchsinhaber/Verletzter.** Das Sicherungsrecht erlischt, wenn einem jemandem aus der Tat ein Anspruch auf Ersatz des Wertes des Erlangten erwachsen ist (zur Begrifflichkeit o. Rdn. 1). Mit der Koppelung an das aus der Tat Erlangte erfährt der Kreis der Anspruchsinhaber gegenüber der alten Rechtslage eine deutliche Konturierung und Einschränkung. So kam es unter der Geltung des alten Rechts allein darauf an, ob das verletzte Strafgesetz auch die Interessen des Geschädigten schützte (vgl. nur SK-StGB/*Wolters* § 73 Rn. 33). Hierzu hatte sich eine vielfältige Kasuistik entwickelt, die sich zwar überwiegend an dem Schutzgut des jeweils verletzten Strafgesetzes orientierte, jedoch keine trennscharfen oder überzeugenden Differenzierungen liefern konnte. So wurde der Fiskus bei der Steuerhinterziehung als Verletzter angesehen (BGH NStZ 2001, 155, 156), obwohl es schwerfällt, das öffentliche Interesse am rechtzeitigen und vollständigen Steueraufkommen als Individualschutzgut zu begreifen. Bei Umweltdelikten sollte nur relevant sein, dass durch eine Handlung, die zugleich strafrechtlich relevant war, ein anderer geschädigt worden war (BGHSt 58, 152, 154 zu Sanierungskosten bei illegaler Abfallentsorgung); der Wortlaut des § 73 Abs. 1 Satz 2 StGB a.F. verlange nur einen Kausalzusammenhang zwischen Tatbegehung und Entstehung des Ersatzanspruchs. Gleichwohl bestand überwiegend Einigkeit, dass Schmerzensgeldansprüche nicht erfasst wurden (Graf/Jäger/Wittig/*Wiedner* § 73 StGB Rn. 67).

6 Mit der Neufassung hat der Gesetzgeber klargestellt, dass es nicht um irgendeinen aus der Tat erwachsenen Anspruch des Geschädigten geht (§§ 111g, 111h a.F.), sondern um einen »**Anspruch auf Ersatz des Wertes des Erlangten**«. Maßgeblich ist mithin allein, dass der Täter, Teilnehmer oder Drittbegünstigte, gegen

den sich der Vermögensarrest richtet, etwas erlangt hat, das im entscheidungserheblichen Zeitpunkt an den Geschädigten zurück zu gewähren wäre, wäre diese Rückgewähr nicht gem. § 73c StGB unmöglich. Ob dem letztlich ein deliktischer Anspruch zugrunde liegt, ein vertraglicher Schadensersatzanspruch, eine Vindikations- oder eine Kondiktionslage, spielt keine Rolle. Hat der Täter/Teilnehmer/Drittbeteiligte von dem Geschädigten oder auf dessen Kosten durch die Tat etwas erlangt, ist dieser Anspruchsinhaber im Sinne der von § 111i Abs. 2, wenn die gegenständliche Rückgewähr des Erlangten nicht mehr möglich ist.

Ausgeschlossen sind damit Schmerzensgeldansprüche, Nebenforderungen wie etwa Zinsansprüche oder die Kosten der Rechtsverfolgung. All diese Ansprüche sind zwar dem Geschädigten infolge der Tatbegehung entstanden; sie finden ihre Kehrseite jedoch nicht im Erlangten (BT-Drs. 18/9525, S. 51; HK-StGB/*Gercke* § 111i Rn. 2; BT-Drs. 18/9525, S. 50). 7

Der Anspruch des vermögensabschöpfungsrechtlich Verletzten muss nur »**erwachsen**«, also entstanden sein (BGH NStZ-RR 2006, 138); er muss weder tituliert noch unbestritten sein. Ob der Anspruchsinhaber seinen Anspruch geltend macht, spielt ebenfalls keine Rolle. Das Sicherungsrecht erlischt mithin auch dann, wenn es unwahrscheinlich ist, dass er jemals Kenntnis davon erlangt, dass er seinen Schaden von dem Täter ersetzt verlangen kann. Auch der Betrugserlös, um dessen Ersatz sich die jeweils nur um geringe Beträge gebrachten Geschädigten nicht kümmern (wie bei Massenbetrügereien mit 0180-Rufnummern), lässt unter den weiteren Voraussetzungen des § 111i die Arrestvollziehung unwirksam werden (vgl., noch zum Ausschluss des Verfalls nach § 73 Abs. 1 Satz 2 a.F. StGB, BGH wistra 2002, 57, 58; anders bei bloß theoretischen Ansprüchen, die praktisch nicht durchgesetzt werden können: BGH Beschl. v. 27.07.2017 – 1 StR 412/16, NStZ 2018, 401, 405 – Stromkosten bei unberechtigter Nutzung eines PCs im Rahmen eines Botnetzes). In solchen Fällen ist die Privilegierung nichtdeliktischer Gläubiger (o. Rdn. 3), die auf diese Weise von den Taterträgen profitieren können, evident. 8

Erlischt der Anspruch des Verletzten durch Erfüllung, Aufrechnung, (Teil-) Erlass oder gerichtlichen Vergleich (BGH ZWH 2019, 58 ff. m.Anm. *Spatschek/Spilker*), ist die Einziehung nach § 73e Abs. 1 StGB ausgeschlossen (SSW-StGB/*Heine* § 73e Rdn. 2). Da eine Arrestforderung nicht mehr besteht, ist zunächst der Arrest und sodann die auf ihm beruhende Vollziehung aufzuheben. Forderungsübergang infolge Abtretung, Erbfalls oder aufgrund Gesetzes, etwa gem. § 86 Abs. 1 Satz 1 VVG auf eine Versicherung (BGH StV 2019, 17 f.), bewirkt kein Erlöschen. Gleiches gilt für die Verjährung (BGH Beschl. v. 08.05.2018 – 5 StR 139/18). Auch die sozialrechtliche Ausschlussfrist für die Rückforderung zu Unrecht erbrachten Arbeitslosengeldes steht einer Wertersatzeinziehung nicht entgegen (OLG München NZWiSt 2019, 77, 78 f.). Für den Gesamtschuldnerausgleich, § 426 Abs. 2 BGB, ist zu differenzieren: Erfüllt ein gutgläubiger Dritter, etwa ein Vermittler eines Anlagebetrügers, Ansprüche des Verletzten, gehen diese auf ihn über und sind bei der Wertersatzeinziehung weiter zu berücksichtigen. Bewirkt dagegen einer von mehreren Tätern eine Leistung an den Verletzten, erlischt in dieser Höhe strafrechtlich der Anspruch aus der Tat. Zwar kommt es auch hier zum Gesamtschuldnerausgleich; es ist jedoch nicht Aufgabe der Strafjustiz, den Gesamtschuldnerausgleich zwischen Tatbeteiligten zu ermöglichen (LG Hildesheim NDsRPfl 2019, 58, 60; zum alten Recht OLG Karlsruhe wistra 2004, 478, 479; vgl. auch BGH ZWH 2019, 58). 9

Nicht zu einem Forderungsübergang und nicht zum Erlöschen des Schadensersatzanspruches führt die Insolvenz des Verletzten, die deshalb dem Erlöschen des Sicherungsrechts nicht entgegensteht; der Verletzte bleibt als Insolvenzschuldner Anspruchsinhaber und für ihn handelt der Insolvenzverwalter (BT-Drs. 18/9525, S. 51; zum alten Recht LG Hildesheim NStZ-RR 2008, 43 f.; OLG Celle NJW 2007, 3795, 3796). 10

Sind Tatteile gem. **§§ 154, 154a** ausgeschieden worden, sind die insoweit betroffenen Geschädigten nicht länger anspruchsberechtigt, weil die Verhängung von Rechtsfolgen für die ausgeschiedenen Tatteile mangels Anhängigkeit nicht mehr in Betracht kommt (BT-Drs. 18/9525 S. 51). Diese Geschädigten sind nun auf den Zivilrechtsweg verwiesen. Eine Privilegierung der verbleibenden Verletzten (so *Köllner/Mück* NZI 2017, 593, 597), zumeist solche mit hohen Schäden oder klarer Beweislage, ist damit allerdings kaum verbunden, denn das für sie zunächst weiter bestehende Sicherungsrecht ist nicht insolvenzfest, s. sogleich. Gem. §§ 154, 154a aus dem Verfahren ausgeschiedene Geschädigte haben es deshalb in der Hand, durch Herbeiführung eines Insolvenzverfahrens weiterhin und in gleichem Maße wie die anderen von den gesicherten Vermögenswerten zu profitieren (*Reitemeier/Koujouie* Das neue Recht der Vermögensabschöpfung, S. 34). 11

2. **Rechtsfolge: Erlöschen des Sicherungsrechts.** Abs. 1 Satz 1 bestimmt, dass das in Vollziehung eines Vermögensarrests entstandene Sicherungsrecht mit der Eröffnung des Insolvenzverfahrens über das Vermögen des Arrestschuldners erlischt. Gleichgültig ist, auf wessen Betreiben das Insolvenzverfahren eröffnet wird, ob auf Antrag eines Geschädigten, eines sonstigen Gläubigers oder des Arrestschuldners selbst (BT-Drs. 18/11640 S. 86). Besteht zur Zeit der Insolvenzeröffnung eine Forderung eines Geschädigten, die die Merkmale des Abs. 1 Satz 1 erfüllt, so erlischt das in Vollziehung des Vermögensarrests begründete Sicherungsrecht an den 12

Gegenständen, die vom **Insolvenzbeschlag** erfasst werden. Der Begriff kommt in der Insolvenzordnung nicht vor; gemeint ist die Zugehörigkeit zur Insolvenzmasse gem. § 35 InsO. Erfasst werden also alle Gegenstände, die dem Arrestschuldner zur Zeit der Eröffnung des Insolvenzverfahrens gehören oder die er während des Insolvenzverfahrens erlangt. Letzteres ist insb. denkbar im Zusammenhang mit den Verschiebungsfällen (vgl. § 73b Abs. 1 Nr. 2 und 3, Abs. 2 StGB), bei denen der gesicherte Gegenstand infolge einer Insolvenzanfechtung nach Eröffnung des Verfahrens zur Masse zurückgewährt wird (BT-Drs. 18/9525 S. 79). An Gegenständen, die zum insolvenzfreien Vermögen gehören, bleibt das Sicherungsrecht bestehen, weil sie für die Berichtigung der Gläubigerforderungen nicht zur Verfügung stehen, sodass mit dem Verzicht des sichernden Staates kein Vorteil der Gläubiger erreicht werden könnte.

13 Abs. 1 Satz 2 soll sicherstellen, dass es bei im Ausland belegenen Gegenständen des Arrestschuldners nicht zu Sicherungslücken kommt, wenn der ausländische Staat die Eröffnung des Insolvenzverfahrens und damit den Insolvenzbeschlag des Gegenstandes nicht anerkennt. Aus diesem Grunde kommt das Sicherungsrecht in diesen Fällen nur in Wegfall, wenn der Belegenheitsstaat die Verwertung zugunsten der Insolvenzgläubiger zulässt.

14 Das Sicherungsrecht erlischt kraft Gesetzes. Einer Entscheidung des anordnenden Gerichts oder des Insolvenzgerichts bedarf es nicht. Ob das Sicherungsrecht besteht oder ob der Gegenstand den Insolvenzgläubigern zur Verfügung steht, ist eine Frage des Insolvenzverfahrens. Der Streit über die Voraussetzungen des Erlöschens, etwa über das Bestehen einer geeigneten Forderung eines Verletzten, ist daher mit den Rechtsmitteln des Insolvenzverfahrens verbindlich zu klären.

15 Ist das Sicherungsrecht erloschen, so kann es nur durch eine weitere Vollziehungsmaßnahme erneut begründet werden. Es entsteht nicht kraft Gesetzes neu, wenn die Voraussetzungen des Erlöschens nachträglich entfallen. Gelangt der betroffene Gegenstand von der Masse zum insolvenzfreien Vermögen, etwa durch Freigabeerklärung des Insolvenzverwalters, so muss sich die Staatsanwaltschaft erneut um die Arrestvollziehung bemühen; ein Wiederaufleben des Sicherungsrechts hätte einer gesetzlichen Regelung bedurft, die nicht vorgesehen ist. Grundlage der erneuten Vollziehung bleibt der Arrestbeschluss, der von der Insolvenzeröffnung nicht berührt wird.

16 **II. Insolvenzantrag der Staatsanwaltschaft.** Abs. 2 regelt den sog. »**Mangelfall**«: Wenden sich Anspruchsinhaber an die Staatsanwaltschaft, um aus dem Eingezogenen entschädigt zu werden, und ist absehbar, dass ihre Ersatzansprüche auf diese Weise nicht vollständig befriedigt werden können, soll die Staatsanwaltschaft von einer Verteilung auf mehrere Gläubiger entlastet werden. Verlangt nur ein Gläubiger von der Staatsanwaltschaft eine Teilhabe an den eingezogenen Vermögenswerten, so kann vollständig, wenn auch für ihn unzureichend, an diesen einen Gläubiger ausgekehrt werden. Mehrere Gläubiger werden durch Abs. 2 auf das Insolvenzverfahren über das Vermögen des Täters verwiesen – mit dem Ergebnis, dass sie nun nicht nur untereinander um die sichergestellten und später eingezogenen Vermögenswerte konkurrieren, sondern mit allen Gläubigern des Täters um die gesamte Insolvenzmasse.

17 Die Befugnis und Verpflichtung der Staatsanwaltschaft, den Insolvenzantrag zu stellen, hängt von drei Voraussetzungen ab: Zum einen muss aufgrund eines Vermögensarrestes irgendein Vermögenswert des Beschuldigten sichergestellt worden sein. Zum anderen müssen mehrere Geschädigte Ansprüche **geltend machen**, die auf dem Tatgeschehen beruhen und die sich auf den Ersatz des Erlangten richten (oben Rdn. 6 ff.). Das bloße Bestehen solcher Ansprüche reicht hier, anders als nach Abs. 1, nicht aus. Vielmehr müssen sich die Anspruchsinhaber an die Staatsanwaltschaft gewandt haben, um die Entschädigungshilfe in Anspruch zu nehmen. Voraussetzung hierfür ist, dass sie von der Staatsanwaltschaft über die Möglichkeit der Geltendmachung gem. § 111l Abs. 3 (s. dort) entsprechend informiert wurden. Schließlich muss der Gesamtwert dieser Ansprüche den Gesamtwert des Sichergestellten übersteigen, sodass durch Auskehrung des Sichergestellten nach der Einziehungsentscheidung keine vollständige Befriedigung der Ersatzgläubiger zu erwarten ist. Mithin kann es vom Verhalten der Anspruchsinhaber abhängen, ob aus einem Deckungsfall ein Mangelfall wird: Wendet sich einer mehr an die Staatsanwaltschaft, als aus dem gesicherten Vermögen befriedigt werden kann, ist sind die Voraussetzungen für einen Insolvenzantrag der Staatsanwaltschaft gegeben. Umgekehrt kann auch die Staatsanwaltschaft durch Ausscheiden von Taten einen Mangelfall zum Deckungsfall machen (*Köhler/Burkhard* NStZ 2017, 665, 681). Kommt ein Absehen von der Antragstellung mit Blick auf Abs. 2 Satz 2 nicht in Betracht, ist der Antrag zu stellen (Meyer-Goßner/Schmitt/*Köhler* § 111i Rn. 9 m.w.N.).

18 Die Staatsanwaltschaft hat ein **eigenes Antragsrecht** – zuständig ist gem. § 31 Abs. 1 Nr. 3 RPflG der Rechtspfleger (zu den damit verbundenen Schwierigkeiten HK-StPO/*Gercke* § 111i Rn. 15); sie tritt nicht etwa nur für die Anspruchsinhaber auf (anders noch der Regierungsentwurf, vgl. BT-Drs. 18/9525 S. 80). Ihre Befugnis, den Insolvenzantrag zu stellen, ergibt sich nicht allein aus Abs. 2 (für ein Fremdantragsrecht eigener Art auch *Kampf* ZVI 2019, 214, 217, ähnlich BeckOK-InsO/*Wolfer* § 13 Rn. 19a), sondern schon allgemein aus § 13 Abs. 1 Satz 2 InsO. Abs. 2 regelt, wann und unter welchen Voraussetzungen die Staatsanwaltschaft von

ihr Gebrauch machen muss (BGH, Beschl. v. 10.06.2020 – 5 Ars 17/19 NJW 2020, 3123, 3124 m.Anm. *Rettke*; vgl. auch Rechtsausschuss des Bundestages, BT-Drs. 18/11640, S. 87; die dortigen Ausführungen übernehmend KK-StPO/*Spillecke* § 111i Rn. 12; HK-StPO/*Gercke* § 111i Rn. 7; Meyer-Goßner/Schmitt/*Köhler* § 111i Rn. 10 und KMR/*Mayer* Rn. 9, wenn auch auf den Regierungsentwurf verweisend). Dies entspricht der zivilrechtlichen Betrachtungsweise des Einziehungsanspruchs. Es handelt »um einen strafrechtlichen Anspruch eigener Art, der entsprechend seiner quasi-bereicherungsrechtlichen Rechtsnatur mit dem Erlangen durch den Betroffenen entsteht und fällig wird« (BT-Drs. 18/11640, S. 86). Der Anspruch auf Einziehung von Wertersatz wird insolvenzrechtlich mit der Erlangung des Gegenstandes begründet (BGH Beschl. v. 18.02.2021 IX ZB 6/20, NJW 2021, 1469; *Ceffinato* EWiR 2021, 305 f.; der Bundesfinanzhof argumentiert zum insolvenzrechtlichen Entstehen von Steuerforderungen ähnlich, vgl. nur BFH NZI 2019, 300, 301). Es spricht deshalb vieles dafür, der Staatsanwaltschaft schon vor der rechtskräftigen Einziehungsentscheidung die Stellung einer (nachrangigen) Insolvenzgläubigerin zuzubilligen (ebenso *Rhode* wistra 2018, 65, 70). Damit ist die Befugnis verbunden, auch außerhalb der in Abs. 2 geregelten Verpflichtung hierzu einen Insolvenzantrag zu stellen, etwa wenn es nur einen Anspruchsinhaber gibt (a.A. – nicht tragend BGH NJW 2020, 3123, 3126, wie hier *Rettke* NJW 2020, 3127).

So oder so müssen die übrigen **Antragsvoraussetzungen aus der Insolvenzordnung** erfüllt sein; mangelndes Rechtsschutzbedürfnis oder fehlende Vollstreckbarkeit, die sonst Gläubigern öffentlich-rechtlicher Forderungen schaden würde (MüKo-InsO/*Vula* § 14 Rn. 91), kann dem Antrag der Staatsanwaltschaft in den von Abs. 2 erfassten Fällen allerdings nicht entgegengehalten werden. Gem. § 14 Abs. 1, § 17 InsO hat die Staatsanwaltschaft den Einziehungsanspruch und das Vorliegen eines Eröffnungsgrundes, in der Regel die Zahlungsunfähigkeit des Schuldners, darzulegen und glaubhaft zu machen. Ausreichend ist die überwiegende Wahrscheinlichkeit, dass es zu einer Einziehungsentscheidung kommen wird. Diese Voraussetzungen werden in aller Regel mit Anklageerhebung vorliegen (KK-StPO/*Spillecke* § 111i Rn. 13 f.; mit Blick auf einen möglichen Freispruch ist dies insolvenzrechtlich nicht spannungsfrei, vgl. *Hüls* ZWH 2018, 129, 133). Zur Glaubhaftmachung kann die Staatsanwaltschaft in erster Linie auf den Arrestbeschluss und dessen fruchtlose oder unzureichende Vollziehung oder die Ergebnisse ihrer Finanzermittlungen verweisen (BT-Drs. 18/11640 S. 86 f.; zu den Darlegungsanforderungen im Einzelnen *Rhode* wistra 2018, 65, 71 f.; *Reitemeier/Koujouie* Das neue Recht der Vermögensabschöpfung, S. 63 ff.). Reicht dies für eine schlüssige Darlegung der Eröffnungsvoraussetzungen nicht aus, darf sie keine strafverfahrensrechtlichen Zwangsmittel einsetzen, um das noch Erforderliche allein für die Frage der Insolvenzantragstellung in Erfahrung zu bringen. 19

Ob auf den zulässigen Antrag das Insolvenzverfahren zu eröffnen ist, bestimmt sich allein nach der Insolvenzordnung. Wird es eröffnet, treten die Folgen des Abs. 1 ein. Ist abzusehen, dass der Antrag nicht zur Eröffnung führen wird, soll er nicht gestellt werden (Abs. 2 Satz 2). Für die Anspruchsinhaber ist dies die günstigere Variante, weil die Sicherungsrechte nicht erlöschen (Abs. 1 Satz 1); sie können ihre Ansprüche bei der Vollstreckung der Einziehung wenigstens teilweise durch Auskehrung des Einziehungserlöses befriedigen und konkurrieren dabei nicht mit den weiteren Gläubigern des Schuldners. Auch im Vollstreckungsverfahren sieht die Staatsanwaltschaft von voraussichtlich erfolglosen Insolvenzanträgen ab (§ 459h Abs. 2 Satz 2). 20

Wird die Eröffnung des Insolvenzverfahrens abgelehnt, besteht das Sicherungsrecht fort und der gesicherte Gegenstand steht gem. § 459m Abs. 1 Satz 4 i.V.m. Abs. 1 Satz 1 bis 3 unter den dort genannten Bedingungen zur Befriedigung von Verletzten zur Verfügung (KMR/*Mayer* § 111i Rn. 11). 21

Gegen die Entscheidung der Staatsanwaltschaft, nach Abs. 2 einen Insolvenzantrag zu stellen, steht dem Arrestschuldner nach BGH der **Rechtsweg** nach §§ 23 EGGVG offen, denn die Staatsanwaltschaft handele hierbei wie jeder andere Gläubiger und gerade nicht in spezifisch strafprozessualer Weise. Wegen der Subsidiaritätsklausel des § 23 Abs. 3 EGGVG unterliege der Überprüfung jedoch nur, ob die Voraussetzungen von Abs. 2 vorgelegen hätten (BGH, Beschl. v. 10.06.2020 – 5 Ars 17/19, NJW 2020, 3123, 3124). Das soll trotz § 459o auch im Rahmen der Strafvollstreckung gelten (BGH aaO 3125). Die Entscheidung verwundert, denn gegen den Insolvenzantrag anderer Gläubiger besteht auch kein Rechtsmittel. Eine Beschwer für den Arrestschuldner entsteht erst mit der Eröffnung des Insolvenzverfahrens, wogegen – auch nach Ansicht des BGH – Rechtsschutz im Insolvenzverfahren zu suchen ist. Der gerichtlichen Überprüfbarkeit der Antragstellung als solcher bedarf es nicht (ebenso *Bittmann*, ZWH 2020, 265; *Tschakert* NStZ 2020, 53). Die Anspruchsinhaber können die (Nicht-) Antragstellung der Staatsanwaltschaft nicht anfechten, denn diese stellt den Antrag aus eigenem Recht; durch ihr Handeln können sie daher nicht beschwert sein (Meyer-Goßner/Schmitt/*Köhler* § 111i Rn. 16). 22

III. Die Einziehungsforderung in der Insolvenz des Beschuldigten. Mit der Antragstellung erschöpft sich die Rolle der Staatsanwaltschaft im Insolvenzverfahren. Allerdings hat die Staatsanwaltschaft die Anspruchsinhaber mit der der Antragstellung vorangegangenen Vollziehung gem. § 111l (s. dort) auf die Möglichkeit 23 hinzuweisen, ihre Ansprüche im Fall der Eröffnung des Insolvenzverfahrens beim Insolvenzverwalter anzumelden.

24 Die Eröffnung des Insolvenzverfahrens führt nicht dazu, dass der Insolvenzverwalter, auf den die Verfügungs- und Verwaltungsbefugnis über das Schuldnervermögen übergegangen ist, am Strafverfahren zu beteiligen wäre oder gar die Einziehungsentscheidung gegen ihn als Partei kraft Amtes zu richten wäre. Als strafrechtliche Nebenfolge kommt die Anordnung der Einziehung allein gegenüber dem Täter oder dem Einziehungsadressaten in Betracht (BGH NZI 2019, 305, 307).

25 Die Einziehungsforderung ist, ebenso wie die auf die Zahlung einer Geldstrafe gerichtete Forderung, eine nachrangige Insolvenzforderung (§ 39 Abs. 1 Nr. 3 InsO). Die Staatsanwaltschaft kann diese Forderung, wenn sie entstanden und fällig ist, also nach Rechtskraft der Entscheidung, zur Tabelle anmelden. Sind die Sicherungsrechte erloschen, weil ein dazu geeigneter Ersatzanspruch bestand (Abs. 1 Satz 1), ist dies die einzige, in aller Regel wenig aussichtsreiche Möglichkeit, aus der Insolvenz etwas zu erlangen. Bestand kein Ersatzanspruch eines Verletzten, sodass die Arrestvollziehung bestehen bleiben konnte, ist die Staatsanwaltschaft aus dem Sicherungsrecht zur abgesonderten Befriedigung berechtigt (§§ 49, 50 InsO). Diese abgesonderte Befriedigung richtet sich bis zur Vollstreckbarkeit der Einziehungsentscheidung allein auf die Sicherung des betreffenden Vermögensgegenstandes; mit der Vollstreckbarkeit wandelt sich das Arrestpfandrecht in ein Pfandrecht zur Befriedigung der nun entstandenen und fälligen Forderung.

26 Sind die Sicherungsrechte nach Abs. 1 Satz 1 erloschen und wird das Insolvenzverfahren schneller abgeschlossen als das Strafverfahren, so entsteht nach Abs. 3 Satz 1 kraft Gesetzes ein Pfandrecht an einem Überschuss, der bei der Schlussverteilung im Insolvenzverfahren verbleibt (§ 199 InsO). Grundlage ist der noch immer bestehende Arrestbeschluss. Einer Vollziehungsentscheidung bedarf es nicht. Die Staatsanwaltschaft kann sich mit Verweis auf die Norm an den Insolvenzverwalter wenden, um zu erreichen, dass dieser den Überschuss an sie, nicht an den Insolvenzschuldner, auskehrt. Praktisch ist dieser Fall nicht.

§ 111j Verfahren bei der Anordnung der Beschlagnahme und des Vermögensarrestes

(1) [1]Beschlagnahme und Vermögensarrest werden durch das Gericht angeordnet. [2]Bei Gefahr im Verzug kann die Anordnung auch durch die Staatsanwaltschaft erfolgen. [3]Unter der Voraussetzung des Satzes 2 sind zur Beschlagnahme einer beweglichen Sache auch die Ermittlungspersonen der Staatsanwaltschaft (§ 152 des Gerichtsverfassungsgesetzes) befugt.

(2) [1]Hat die Staatsanwaltschaft die Beschlagnahme oder den Arrest angeordnet, so beantragt sie innerhalb einer Woche die gerichtliche Bestätigung der Anordnung. [2]Dies gilt nicht, wenn die Beschlagnahme einer beweglichen Sache angeordnet ist. [3]Der Betroffene kann in allen Fällen die Entscheidung des Gerichts beantragen. [3]Die Zuständigkeit des Gerichts bestimmt sich nach § 162.

Übersicht

1 **A. Grundsätzliches.** Die Norm regelt die Zuständigkeit und einzelne Gesichtspunkte des Verfahrens zur Anordnung des Vermögensarrestes (§ 111e) und der Beschlagnahme (§ 111b). Nicht Gegenstand dieser Regelung ist die Zuständigkeit für die Vollziehung. Diese ist in § 111k geregelt. Der Regelungsgehalt von § 111j entspricht § 111e Abs. 1 und 2 a.F.

2 **B. Einzelne Regelungen. I. Zuständigkeit. 1. Richtervorbehalt.** Es gilt grds. ein Richtervorbehalt (Abs. 1 Satz 1). Zuständig ist, wie bei allen anderen Sicherungs- und Ermittlungsmaßnahmen unter Richtervorbehalt, der Ermittlungsrichter, nach Anklageerhebung das befasste Gericht, mit Aktenvorlage (§ 321 Satz 2) das Berufungsgericht und während des Revisionsverfahrens das Gericht, dessen Urteil angefochten ist (BeckOK-StPO/*Huber* § 111j Rn. 1). Die Abgabe des Verfahrens von einer an eine andere StA führt zum Übergang der ermittlungsrichterlichen Zuständigkeit (OLG Hamm Beschl. v. 11.10.2018 – III4 Ws 133/18).

3 Der Richtervorbehalt wird hier – anders als bei der Untersuchungshaft (Art. 104 Abs. 2 Satz 1 GG) und der Wohnungsdurchsuchung (Art. 13 Abs. 2 GG) – nicht durch das Grundgesetz angeordnet. Er beruht auf einfachem Gesetzesrecht und dient der Gewährleistung des Eigentumsrechts (Art. 14 Abs. 1 GG) durch Verfahrensgestaltung. Schematisch vorgenommene Anordnungen oder formelhafte Bemerkungen in den

Beschlussgründen vertragen sich mit dieser Aufgabe nicht (vgl. zur Arrestanordnung: BVerfGK 5, 217, 220; 8, 143, 147; BVerfG StV 2004, 409, 410; OLG Oldenburg NStZ-RR 2009, 282, 283).

Im Ermittlungsverfahren setzt die Anordnung der Beschlagnahme oder des Vermögensarrests – von Eilfällen abgesehen – einen **Antrag der StA** voraus (§ 162 Abs. 1 Satz 1). Nach Anklageerhebung kann das für die Ermittlungs- und Sicherungsmaßnahmen zuständige Gericht der Hauptsache (oben Rdn. 2) auch von Amts wegen nach Anhörung der StA (§ 33 Abs. 2) beschließen (§ 162 Rdn. 19). Ergeben sich im Laufe des Verfahrens Änderungen (Ermittlung weiterer Taten, Beschränkung des Verfahrensstoffs nach §§ 154, 154a), ist die StA gehalten, auf eine Anpassung der Beschlagnahme- oder Arrestanordnungen anzutragen (KK-StPO/*Spillecke* § 111j Rn. 4). 4

2. Eilkompetenz. a) Gefahr im Verzug. Die zulässigen Abweichungen von der Entscheidungszuständigkeit des Richters sehen eine Zuweisung an die StA für die Arrestanordnung und für alle von § 111b geregelten Fälle der Beschlagnahme mit Ausnahme der periodischen Druckwerke und gleichstehender Gegenstände (§ 111q Abs. 4 Satz 1) vor. Bei Letzteren ist die Beschlagnahme stets dem Richter vorbehalten. Ermittlungspersonen der StA (§ 152 GVG) dürfen im Eilfall nur die Beschlagnahme beweglicher Sachen anordnen, die sie gem. § 111k Abs. 1 Satz 3 auch gleich vollziehen werden. Kann mit der Vollziehung zugewartet werden, besteht für die Inanspruchnahme der Eilkompetenz für die Anordnung kein Bedürfnis. Schiffe, Schiffsbauwerke und Luftfahrzeuge sind ebenfalls bewegliche Sachen, die Ermittlungspersonen beschlagnahmen können. Allerdings können sie die Besonderheiten der Vollziehung (§ 111c Abs. 4) insoweit nicht herbeiführen, s. § 111k Rdn. 5. 5

Voraussetzung für das Abweichen von der Entscheidungszuständigkeit des Richters ist **Gefahr im Verzug** (Abs. 1 Satz 2): Die Ersatzzuständigkeit der StA tritt nur ein, wenn der Erfolg der Sicherungsmaßnahme wahrscheinlich ausbliebe, bis der zuständige Richter mit der Sache befasst werden und die Maßnahme anordnen könnte. Gleiches gilt für das Verhältnis der StA zu den Ermittlungspersonen bei der Beschlagnahme beweglicher Sachen (Abs. 1 Satz 3). Alle Gesichtspunkte der für die Wohnungsdurchsuchung und die körperliche Untersuchung entwickelten Anforderungen an die Abweichung vom Richtervorbehalt bei Gefahr im Verzug gelten auch hier (BVerfGE 103, 142, 152 ff.; 139, 245, 268 ff.; BVerfGK 2, 176, 178; 5, 74, 79; 9, 287, 290; BVerfG NJW 2002, 3161, 3162; 2007, 1345 f.; LR/*Johann* § 111e Rn. 3; HK/*Gercke* § 111j Rn. 2). 6

b) Richterliche Bestätigung. Die Anordnung der StA, nicht erst der Vollzug der Beschlagnahme, bedarf der Bestätigung durch den Richter, der zuständig gewesen wäre, wenn Gefahr im Verzuge nicht gegeben gewesen wäre (Abs. 2 Satz 1, 4). Eine Ausnahme – keine Bestätigung erforderlich – gilt nur für die Beschlagnahme beweglicher Sachen (Abs. 2 Satz 2). Ist eine Bestätigung danach nicht erforderlich, kann der Betroffene gerichtliche Überprüfung der Anordnungsvoraussetzungen und der Entscheidungszuständigkeit beantragen (Abs. 2 Satz 3). Hierüber ist er entsprechend § 98 Abs. 2 Satz 5 zu belehren, KK-StPO/*Spillecke* § 111j Rn. 5 m.w.N.). 7

Wie bei § 98 Abs. 2 Satz 1 ist die Einhaltung der **Frist** keine Wirksamkeitsvoraussetzung für den Bestand der Anordnung. Auch wenn Abs. 2 Satz 1 nicht als Sollvorschrift formuliert ist, enthält er keine auflösende Bedingung, die die Anordnung entfallen lässt, sondern eine Ordnungsvorschrift, die die richterliche Überprüfung in bestimmten Fallkonstellationen sicherstellen soll (KK-StPO/*Spillecke* § 111j Rn. 7; im Ergebnis ebenso Meyer-Goßner/Schmitt/*Köhler* § 111j Rn. 6; HK-StPO/*Gercke* § 111j Rn. 6). Andernfalls wäre nicht erklärlich, warum eine von Amts wegen erfolgende Bestätigung bei der Beschlagnahme beweglicher Sachen entbehrlich sein soll. Die Frist beginnt mit der Anordnung, nicht erst mit der Zustellung oder der Vollziehung. Innerhalb einer Woche muss der Bestätigungsantrag bei Gericht eingegangen sein. Geregelt ist allein eine Antrags-, nicht eine Entscheidungsfrist. 8

Bestand Gefahr im Verzug nicht, so ist die Anordnung der StA allein aus diesem Grunde rechtswidrig. Das gilt sowohl für die Anordnungen, die der Bestätigung bedürfen, als auch für die Ausnahmefälle nach Abs. 2 Satz 2. Liegen z.Zt. der Entscheidung des Gerichts alle Voraussetzungen für eine Arrestanordnung (§ 111e) oder eine Beschlagnahme (§ 111c) vor und war die Annahme der Eilzuständigkeit nur fehlerhaft, aber nicht willkürlich und damit nicht nichtig, so stellt das Gericht zwar die Fehlerhaftigkeit der ursprünglichen Anordnung fest (a.A. BeckOK-StPO/*Huber* § 111j Rn. 6: Das Gericht hat nicht zu prüfen, ob die Eilanordnung zu Recht ergangen ist). Gleichwohl bleibt die Anordnung aufrechterhalten, denn die ursprüngliche Anordnung war nicht unwirksam (BGH Beschl. v. 25.02.1985 – 1 StE 4/85, NStZ 1985, 262; LR/*Johann* § 111e Rn. 13; HK-StPO/*Gercke* § 111j Rn. 8; KMR/*Mayer* § 111j Rn. 5). Auch im zivilprozessualen Arrestverfahren erfolgt eine Aufhebung nur, wenn der Gläubiger den alten Arrestanspruch gegen einen neuen austauscht (vgl. MüKo-ZPO/*Drescher* § 925 Rn. 4 m.w.N.); für den Vermögensarrest gilt nichts anderes. Stellt sich bei der Prüfung heraus, dass statt einer Einziehung des beschlagnahmten Gegenstandes eine Einziehung von Wertersatz in Betracht kommt, muss ein nach § 111c Abs. 1 in Gewahrsam genommener Gegenstand nach Aufhebung des Beschlagnahmebeschlusses und Erlass des Arrestes in dessen Vollziehung gem. § 111f Abs. 1 i.V.m § 930 9

ZPO gepfändet werden. Durch die Änderung der Rechtsgrundlage tritt indes keine Rangänderung ein, da es sich um denselben Verfahrensgegenstand handelt (LR/*Johann* § 111e Rn. 14).

10 **II. Anordnung.** Die Entscheidung ergeht durch **Beschluss**, der **zu begründen** ist. In Eilfällen kann sie auch mündlich erfolgen. Die Umstände der Anordnung und die sie tragenden Gründe sind – wie bei allen Eilentscheidungen – umgehend zu den Akten zu bringen, insb. wenn die Anordnung unter Inanspruchnahme der Eilkompetenz durch die StA oder eine Ermittlungsperson erfolgt ist. Eine Belehrung über die Wirkung der Beschlagnahme ist nicht vorgeschrieben, aber empfehlenswert (HK-StPO/*Gercke* § 111j Rn. 3)

11 Während die Anordnung des Arrestes durch ihre Eigenart eindeutig ist, bedarf es bei der Anordnung der Beschlagnahme einer Angabe des **Sicherungszweckes**, wenn dieser nicht offensichtlich ist. Die Anordnung muss von der Beschlagnahme, die allein der Sicherung von Beweismitteln dient (§ 94), erkennbar abzugrenzen sein, damit Klarheit über die Rechtsfolge nach § 111d Abs. 1 besteht (s. § 111b Rdn. 14; BGH NStZ 1985, 262; NJW 2004, 1802, 1803). Dies gilt insb., wenn eine Ermittlungsperson die Beschlagnahme einer beweglichen Sache anordnet und vollzieht (o. Rdn. 5). Je einschneidender schon die Sicherungsmaßnahme auf die wirtschaftliche Freiheit des Betroffenen einwirkt, desto eingehender müssen die maßgeblichen tatsächlichen und rechtlichen Erwägungen in der Anordnung dargelegt werden, damit der Betroffene dagegen Rechtsschutz suchen kann (BVerfGK 5, 292, 301; 8, 143, 147; BVerfG StV 2004, 409, 410).

12 Wenn das Sicherungsbedürfnis es erfordert, braucht der Betroffene vor der Anordnung der Sicherungsmaßnahme nicht angehört zu werden. Um Zwischenverfügungen zuvorzukommen, kann dies auch gelten, wenn der betroffene Gegenstand schon auf anderer Rechtsgrundlage sichergestellt ist. Die Sicherungsmaßnahmen können ihre Wirksamkeit gerade in der Überraschung des Betroffenen entfalten. Aus Art. 103 Abs. 1 GG, aus dem durch die Sicherungsmaßnahme berührten Art. 14 Abs. 1 GG und aus dem Gebot der Rechtsstaatlichkeit, dem die Garantie effektiven Rechtsschutzes zu entnehmen ist, folgt dann, dass die Möglichkeit der Äußerung mit dem Ziel umfassender und wirksamer Verteidigung gegen den Beschluss nachträglich, also während der Wirkung der Maßnahme, gewährt werden muss.

13 **III. Beschwerde.** Der Beschluss, mit dem Arrest oder Beschlagnahme angeordnet, bestätigt (Abs. 2 Satz 1), aufgehoben oder ein Antrag abgelehnt wird, kann mit der Beschwerde angefochten werden (§§ 304, 305 Satz 2). Weitere Beschwerde ist nach § 310 Abs. 1 Nr. 3 nur gegen die Anordnung eines Arrests über mehr als 20.000,00 € statthaft, nicht auch gegen die Vollziehung (OLG München NJW 2008, 389, 390 f.; OLG Hamburg NJW 2008, 1830, 1831). Mit der Neufassung des § 310 Abs. 3 hat sich der frühere Streit erledigt, ob die weitere Beschwerde auch gegen die Ablehnung des Vermögensarrests statthaft ist; sie ist nach dem nunmehr eindeutigen Wortlaut gleichermaßen möglich gegen die Anordnung, die Aufhebung und die Bestätigung der Ablehnung und steht damit auch der StA offen. Gegen die Anordnung der Beschlagnahme (§ 111b) ist die weitere Beschwerde dagegen nicht statthaft.

14 Die Anfechtung nicht der Anordnung, sondern der Vollziehung der Sicherungsmaßnahmen wird durch § 111k Abs. 3 geregelt (dort Rdn. 14 ff.).

15 **IV. Beendigung.** Im Ermittlungsverfahren sind Beschlagnahme und Vermögensarrest dem jeweiligen Ermittlungsstand anzupassen. Entfällt der Sicherungszweck oder wird die Sicherung unverhältnismäßig, sind die Anordnungen aufzuheben (oben § 111b Rdn. 17 ff., § 111e Rdn. 12 ff.).

16 Bei Abschluss des Hauptsacheverfahrens richtet sich die Beendigung von Beschlagnahme und Arrest nach dem Sicherungszweck. Die jeweilige Vollstreckungsmaßnahme muss sich lückenlos zunächst auf den Sicherungs-, dann auf den Hauptsachetitel stützen können, um Zwischenverfügungen auszuschließen. Das führt zu folgenden Ergebnissen:

17 **1. Beschlagnahme.** Wird im Urteil die Einziehung angeordnet, wird die Beschlagnahme (§ 111b) ohne Weiteres gegenstandslos, sobald die Hauptsacheentscheidung den Rechtsübergang auf den Staat bewirkt. Das geschieht mit der Rechtskraft der Entscheidung. Neben dem verkündeten, nicht rechtskräftigen Urteil ist die Beschlagnahme nicht entbehrlich: Das Urteil bewirkt zwar ein relatives Verfügungsverbot (§ 75 Abs. 3 StGB), nicht aber eine Befugnis, staatlichen Gewahrsam zu begründen oder aufrechtzuerhalten.

18 Endet das Hauptsacheverfahren, ohne dass eine Einziehung ausgesprochen wird, deren Sicherung die Beschlagnahme diente, so ist die Beschlagnahme durch Beschluss aufzuheben, weil nunmehr ein Sicherungsbedürfnis fehlt (KK-StPO/*Spillecke* § 111j Rn. 16). Unterbleibt dies, wird sie mit Rechtskraft ebenfalls gegenstandslos (Meyer-Goßner/Schmitt/*Köhler* § 111j Rn. 10 m.w.N.; HK-StPO/*Gercke* § 111j Rn. 9). Beschlagnahmte bewegliche Gegenstände sind zurück zu gewähren. Bei Forderungen, Grundstücken und den von § 111c Abs. 4 erfassten beweglichen Sachen, für die Register geführt werden, hat entsprechend § 111k die StA den erforderlichen *actus contrarius* zur Vollziehung vorzunehmen, um die Wirkung des § 111d Abs. 1 Satz 1 zu beseitigen (LR/*Johann* § 111e Rn. 25; KK-StPO/*Spillecke* § 111j Rn. 18).

19 **2. Vermögensarrest.** Ähnlich verhält es sich beim Arrest: Erfolgt im Urteil eine Wertersatzeinziehung, deren Sicherung der Vermögensarrest dient, wird der Arrest mit Eintritt der Rechtskraft der Entscheidung gegenstandslos (Meyer-Goßner/Schmitt/*Köhler* § 111j Rn. 10 m.w.N.). Bis dahin dient er den auf seiner Grundlage bewirkten Vollziehungsmaßnahmen weiter als rechtfertigender Titel (OLG München NStZ-RR 2004, 303). Mit Rechtskraft wandeln sich die durch seine Vollziehung begründeten Sicherungspfandrechte in ranggleiche Vollstreckungspfandrechte aus dem Hauptsachetitel, die den Staat nun auch zur Befriedigung aus den sichergestellten Vermögensgegenständen ermächtigen. Für die Verfahrenskosten ist dies erst der Fall, wenn ein Kostenansatz vorliegt, § 19 GKG (OLG Stuttgart NStZ 2005, 401, 402). Die Pfändungen müssen nicht *sub titulo* § 459g Abs. 2 wiederholt werden (OLG München NStZ-RR 2004, 303, 304; a.A. offenbar KK-StPO-*Spillecke* § 111j Rn. 14).

20 Endet das Verfahren, ohne dass der Arrestanspruch entsteht (keine Wertersatzeinziehung, Freispruch), neigt BGHSt 58, 152, 157 f. zu der Annahme der Fortwirkung gem. § 916 ff. ZPO über den Zeitpunkt der Rechtskraft hinaus, sodass die Aufhebung danach zwingend geboten wäre (a.A. Meyer-Goßner/Schmitt/*Köhler* § 111j Rn. 10 m.w.N.). Dies lässt sich nur schwer mit § 47 Abs. 3 vereinbaren, wonach bei nachträglicher Durchbrechung der Rechtskraft infolge Wiedereinsetzung die Maßnahme wieder auflebt, was ihr vorheriges Erlöschen voraussetzt. Allerdings sollte richtigerweise eine Aufhebung schon früher, nämlich mit der Entscheidung erfolgen, weil mit der Verkündung des von der Wertersatzeinziehung absehenden Urteils wie bei der Beschlagnahme kein Sicherungsbedürfnis mehr besteht (ebenso LR/*Johann* § 111e Rn. 30).

§ 111k Verfahren bei der Vollziehung der Beschlagnahme und des Vermögensarrestes

(1) [1]Beschlagnahme und Vermögensarrest werden durch die Staatsanwaltschaft vollzogen. [2]Die erforderlichen Eintragungen in das Grundbuch und in die in § 111c Absatz 4 genannten Register sowie die in § 111c Absatz 4 genannten Anmeldungen werden auf Ersuchen der Staatsanwaltschaft bewirkt. [3]Soweit ein Arrest nach den Vorschriften über die Pfändung in bewegliche Sachen zu vollziehen ist, kann dies durch die in § 2 des Justizbeitreibungsgesetzes bezeichnete Behörde, den Gerichtsvollzieher, die Staatsanwaltschaft oder durch deren Ermittlungspersonen (§ 152 des Gerichtsverfassungsgesetzes) vollzogen werden. [4]Die Beschlagnahme beweglicher Sachen kann auch durch die Ermittlungspersonen der Staatsanwaltschaft (§ 152 des Gerichtsverfassungsgesetzes) vollzogen werden. [5]§ 98 Absatz 4 gilt entsprechend.

(2) [1]Für die Zustellung gilt § 37 Absatz 1 mit der Maßgabe, dass auch die Ermittlungspersonen der Staatsanwaltschaft (§ 152 des Gerichtsverfassungsgesetzes) mit der Ausführung beauftragt werden können. [2]Für Zustellungen an ein im Inland zum Geschäftsbetrieb befugtes Kreditinstitut gelten die §§ 173 und 175 der Zivilprozessordnung entsprechend.

(3) Gegen Maßnahmen, die in Vollziehung der Beschlagnahme oder des Vermögensarrestes getroffen werden, kann der Betroffene die Entscheidung des nach § 162 zuständigen Gerichts beantragen.

Übersicht

1 **A. Grundsätzliches.** Die Vorschrift regelt die Zuständigkeiten zur Durchführung der Beschlagnahme und zur Vollziehung des Vermögensarrestes, während § 111j die Anordnung dieser Maßnahmen betrifft. Die verfahrensrechtliche Sicherung des Grundrechtsschutzes ist mit der Regelzuständigkeit des Richters für die Anordnung (§ 111j Rdn. 2 ff.) zur Geltung gebracht worden. Für die Vollziehung bedarf es dieses Sicherungsinstruments deshalb nicht mehr. Weitgehender als nach der Zivilprozessordnung ist deshalb eine Behördenzuständigkeit geregelt, deren Vollziehungsverhalten nur auf Antrag gerichtlich überprüft wird (LR/*Johann* § 111f Rn. 1).

2 Die Regelung fasst die bisherigen Abs. 1 bis 3 des § 111f a.F. in einem Abs. zusammen und streicht die früher neben der Zuständigkeit der StA bestehende Zuständigkeit der Gerichte für Ersuchen und Anmeldungen von Registereintragungen (§ 111c Abs. 2, 4 und § 111f Abs. 2, 4). Daneben wird die Zustellung an Banken erleichtert und die Zuständigkeit des zur Überprüfung berufenen Gerichts klargestellt.

3 **B. Einzelne Regelungen. I. Zuständigkeit.** Abs. 1 regelt die Zuständigkeit für die Vollziehung von Beschlagnahme und Vermögensarrest ausgehend von dem jeweils Handelnden. Für den Rechtsanwender, der für eine bestimmte in Rede stehende Maßnahme schnelle Orientierung über die zur Vornahme der jeweiligen Sicherung Befugten sucht, ist die Vorschrift dadurch etwas unübersichtlich geraten. Es finden Anwendung: Satz 1 auf Beschlagnahme sämtlicher Vermögensgegenstände und Arrestvollziehung in sämtliche Vermögensgegenstände, Satz 2 auf Arrestvollziehung nur durch Pfändung beweglicher Sachen, Satz 3 auf Beschlagnahme nur beweglicher Sachen und Satz 4 auf Beschlagnahme und Arrestvollziehung in Einrichtungen der Bundeswehr. Immer und für alles zuständig ist gem. Abs. 1 Satz 1 die **StA.**

4 **1. Beschlagnahme. a) Bewegliche Sachen.** Für die Vollziehung der **Beschlagnahme** nach § 111c ist – wie für alle Vollziehungen – die **StA** zuständig, Abs. 1 Satz 1. Innerhalb der StA sind die Geschäfte gem. § 31 Abs. 1 Nr. 1 RPflG dem Rechtspfleger übertragen. Dieser trifft die notwendigen Anordnungen zur Vollziehung, beschlagnahmt indessen nicht selbst. Denn die Zuweisung der funktionellen Zuständigkeit an den Rechtspfleger richtet sich bei der Vollziehung der Beschlagnahme beweglicher Sachen nach den entsprechenden Regeln für das Zwangsvollstreckungsverfahren. Weil diese Geschäfte im Zwangsvollstreckungsverfahren nicht dem Rechtspfleger übertragen sind (§ 20 Nr. 17 RPflG), sondern dem Gerichtsvollzieher (§ 808 Abs. 1 ZPO), ist der Rechtspfleger für den Realakt der Ingewahrsamnahme selbst nicht zuständig, kann ihn aber veranlassen. Mit der Ausführung selbst kann er jeden Beamten betrauen, den die StA beauftragen kann, insb. die Polizei (wie hier KMR/*Mayer* § 111k Rn. 2 f.; *Savini* Handbuch der Vermögensabschöpfung nach altem und neuem Recht 5. Aufl. 2017, S. 94).

5 Sind bewegliche Sachen nach § 111c Abs. 1 zu beschlagnahmen, kann die Ingewahrsamnahme oder die Siegelung gem. Abs. 1 Satz 3 auch durch **Ermittlungspersonen** der StA erfolgen. Die Regelung ist durch die Anordnungskompetenz aus § 111j Abs. 1 Satz 3 bedingt: Ist die Ermittlungsperson befugt, in Eilfällen die Beschlagnahme selbst anzuordnen, muss sie sie auch vollziehen können, ohne dass es dazu eines Auftrags der StA bedarf, damit die Anordnungskompetenz nicht leerläuft. Erfasst werden sämtliche bewegliche Sachen, auch diejenigen, für die gem. § 111c Abs. 4 Register geführt werden (Schiffe, Schiffsbauwerke, Luftfahrzeuge). Die Beseitigung der Publizitätswirkung des öffentlichen Registers kann allerdings nur die StA herbeiführen (wie hier KMR/*Mayer* § 111k Rn. 8; LR/*Johann* § 111f Rn. 5; *Savini* Handbuch der Vermögensabschöpfung nach altem und neuem Recht 5. Aufl. 2017, S. 111; a.A. offenbar HK-StPO/*Gercke* § 111k Rn. 5; unklar Meyer-Goßner/Schmitt/*Köhler* § 111k Rn. 5). Zuständig ist gem. § 31 Abs. 1 Nr. 1 RPflG der Rechtspfleger.

6 Für Beschlagnahmen in Dienstgebäuden der Bundeswehr gilt § 98 Abs. 4 entsprechend.

7 **2. Grundstücke und grundstücksgleiche Rechte.** Mit dem Gesetz zur Fortentwicklung der Strafprozessordnung und zur Änderung weiterer Vorschriften vom 25.06.2021 (BGBl. I, S. 2099) ist die frühere Sonderregelung für Grundstücke, nach der das Grundbuchamt und die Registergerichte von der StA um Eintragung ersucht werden (§ 111f Abs. 2 a.F., damals auch noch mit gerichtlicher Zuständigkeit) klarstellungshalber wieder in das Gesetz aufgenommen worden (BT-Drs. 19/27654, S. 75). In der Sache hat sich dadurch nichts geändert, auch zuvor hat gem. Abs. 1 Satz 1 die StA um Eintragung i.S.v. **§ 38 GBO** ersucht (BGH Beschl. v. 21.11.2019 – V ZB 75/18 NZWiSt 2020, 193 [194] zum Antrag auf Eintragung einer Sicherungshypothek nach Arrestanordnung; OLG Hamm RPfleger 2018, 433). Zuständig ist funktionell gem. § 31 Abs. 1 Nr. 1 der Rechtspfleger. Weitere Zuständigkeiten bestehen nicht.

8 **3. Forderungen.** Auch die Beschlagnahme einer Forderung obliegt allein der StA, hier ebenfalls funktionell dem Rechtspfleger (§§ 31 Abs. 1 Nr. 2, 20 Nr. 16 RPflG). Die Aufforderung nach § 840 Abs. 1 ZPO ist bereits in den Beschlagnahmebeschluss aufzunehmen, § 111c Abs. 2 S. 3, sodass sich sein Tätigwerden auf die Zustellung des Verfügungsverbots an den Schuldner, vor allem aber – zur Bewirkung der Pfändung (§ 829 Abs. 3 ZPO) – des Zahlungsverbots an den Drittschuldner beschränkt (OLG Celle NdsRpfl 1997, 163; BeckOK-StPO/*Huber* § 111k Rn. 3). **Bitcoins** werden mangels Drittschuldner durch Zustellung eines Pfändungsbeschlusses an den Schuldner gepfändet, § 857 Abs. 1, 2 ZPO (*Savini* Handbuch der Vermögensabschöpfung nach altem und neuem Recht 5. Aufl. 2017, S. 156; a.A. *Rettke* NZWiSt 2020, 45 [51]: keine Beschlagnahme möglich, da nur eine Wertersatzeinziehung in Betracht komme). Zur Erleichterung der Zustellung an Banken s. u. Rdn. 13.

9 **II. Arrestvollziehung.** Für die Arrestvollziehung enthält Abs. 1 Satz 2 bei beweglichen Sachen eine Sonderregelung; i.Ü., also bei der Pfändung von Forderungen und Grundstücken und grundstücksgleichen Rechten, besteht kein Unterschied zur Vollziehung der Beschlagnahme. Die Eintragung der Sicherungshypothek (§ *111f* Abs. 2) beantragt der Rechtspfleger der StA beim Grundbuchamt (OLG Hamm RPfleger 2018, 433 f.); die Monatsfrist des § 929 Abs. 2 ZPO gilt nicht (OLG Celle FGPrax 2018, 102, 103 f.).

Abs. 1 Satz 2 bezieht in den Kreis derjenigen, die eine **bewegliche Sache** pfänden können, über die **StA** und ihre **Ermittlungspersonen** hinaus auch den **Gerichtsvollzieher** und sonstige in § 2 JBeitrG bezeichnete Behörden mit ein. Letztgenannte umfassen die Behörde, die im Fall der Rechtskraft für die Vollstreckung zuständig wären, § 2 Abs. 1, 3 JBeitrG. Grundsätzlich ist dies für Geldstrafen und Wertersatzeinziehungen gem. § 451, § 459g Abs. 2 die StA, die ohnehin gem. Abs. 1 für die Vollziehung zuständig ist. Für die Beitreibung der Verfahrenskosten ist jedoch die **Gerichtskasse** zuständig, für die beim BGH anfallenden das Bundesamt für Justiz (§ 2 Abs. 2 JBeitrG). Sichert der Vermögensarrest mithin allein die voraussichtlichen Kosten des Strafverfahrens (§ 111e Abs. 2), kann die Pfändung einer beweglichen Sache auch durch die Gerichtskasse erfolgen (KMR/*Mayer* § 111k Rn. 5; Meyer-Goßner/Schmitt/*Köhler* § 111k Rn. 9; BeckOK-StPO/*Huber* § 111k Rn. 6). 10

Geregelt wird, wer die Vollstreckungshandlungen durchzuführen hat. Nicht geregelt wird hingegen, wer das zuständige Vollstreckungsorgan durch einen Antrag dazu veranlasst, wer also die Entscheidung trifft, auf welche Weise der Arrestbeschluss vollzogen werden soll. Dies ist gem. Abs. 1 Satz 1 Sache der StA, hier gem. § 31 Abs. 2 Satz 1 RPflG des Rechtspflegers (KMR/*Mayer* § 111k Rn. 5). 11

III. Zustellung. Für die Zustellung der zur Vollziehung der Beschlagnahme und zur Arrestvollziehung getroffenen Entscheidungen gelten die Vorschriften der Zivilprozessordnung entsprechend (Abs. 2 Satz 1, § 37 Abs. 1). Abs. 2 Satz 1 modifiziert das dortige Regelwerk insoweit, als der in § 168 Abs. 2 ZPO normierte Vorrang der Zustellung durch die Post oder einen Justizbediensteten nicht gilt. Die StA kann wahlweise auch eine Ermittlungsperson mit der Zustellung betrauen (KMR/*Mayer* § 111k Rn. 9; KK-StPO/*Spillecke* § 111k Rn. 6). 12

Abs. 2 Satz 2 eröffnet die Möglichkeit, an **inländische Kreditinstitute** gegen Empfangsbekenntnis zuzustellen. Von Interesse ist vor allem die Zustellungsmöglichkeit mittels Telekopie (§ 174 Abs. 2 ZPO) und elektronischer Dokumente (§ 174 Abs. 3 ZPO). Dies erleichtert die Pfändung von Kontoguthaben und soll so der Gefahr von Vermögensverschiebungen in »letzter Sekunde« vorbeugen (BT-Drs. 18/9525, S. 82). Die Neuregelung stellt damit private Banken den öffentlich-rechtlichen Kreditinstituten wie etwa Sparkassen gleich, für die die vereinfachten Zustellungsmöglichkeiten ohnehin gem. § 174 Abs. 1 ZPO gilt. 13

IV. Rechtsbehelfe. Abs. 3 enthält gegenüber der Vorläuferregelung des § 111f Abs. 5 a.F. lediglich eine Klarstellung über das zur Entscheidung berufene Gericht. I.Ü. bleibt es dabei, dass alle Maßnahmen, die zur Vollziehung der Beschlagnahme und des Arrests getroffen werden, anfechtbar sind und zwar nur vor dem nach § 162 zuständige Strafgericht. Dies gilt auch, wenn der Sache nach über zwangsvollstreckungsrechtliche Rechtsbehelfe entschieden wird (LR/*Johann* § 111f Rn. 12; KK-StPO/*Spillecke* § 111k Rn. 8; HK-StPO/*Gercke* § 111k Rn. 11; Meyer-Goßner/Schmitt/*Köhler* § 111k Rn. 15), also gem. § 111f Abs. 1 Satz 2, Abs. 2 Satz 2, § 928 ZPO über Vollstreckungserinnerungen (§ 766 Abs. 1 ZPO) oder Drittwiderspruchsklagen (§ 771 ZPO), außerdem für den grundbuchrechtlichen Rechtsbehelf der Beschwerde (§ 71 GBO) (OLG Jena NJW 2012, 692). Anfechtbar sind die Maßnahmen aller nach Abs. 1 zuständigen Vollstreckungsorgane; zur Notveräußerung vgl. die Sonderregelung in § 111p Abs. 5. Zuständig ist das Gericht, das z.Zt. der Entscheidung über den Rechtsbehelf für die Anordnung des Arrests oder der Beschlagnahme zuständig wäre. Die Abgabe des Verfahrens von einer an eine andere StA führt zum Übergang der Zuständigkeit (OLG Hamm Beschl. v. 11.10.2018 – III-4 Ws 133/18). Das Gericht entscheidet gem. § 31 Abs. 6 Satz 1 RPflG auch, soweit bei der StA funktionell der Rechtspfleger zuständig war. Hat eine Ermittlungsperson der StA eine Vollziehung vorgenommen, ist die Sache zunächst der StA vorzulegen, die die Entscheidung korrigieren kann (KK-StPO/*Spillecke* § 111p Rn. 10). Es gelten der Amtsermittlungsgrundsatz und das Freibeweisverfahren (LR/*Johann* § 111f Rn. 12). 14

Gegen die Entscheidung über den Rechtsbehelf ist die Beschwerde statthaft (§§ 304, 305 Satz 2) (OLG Düsseldorf wistra 2009, 207; LR/*Johann* § 111f Rn. 12; KK-StPO/*Spillecke* § 111f Rn. 7). Weitere Beschwerde ist ausgeschlossen (OLG Hamm NStZ 2008, 586 f.); die ausnahmsweise Zulassung durch § 310 Abs. 1 Nr. 3 betrifft nur die Arrestanordnung selbst, nicht die Vollziehung des Arrests (OLG Hamburg NJW 2008, 1830, 1831; LR/*Johann* § 111f Rn. 15; KMR/*Mayer* § 111k Rn. 11). 15

Ist das Urteil, das die vom Arrest gesicherte Forderung begründet, rechtskräftig und ist ein vollstreckbarer Hauptsachetitel erteilt (§ 451 Abs. 1), so wird mit dem dadurch gewandelten Pfandrecht nicht mehr der Arrest vollzogen, sondern das Urteil (§ 111j Rdn. 19). Die Anfechtung der Vollziehungsmaßnahmen richtet sich deshalb nicht mehr nach Abs. 3, sondern nach den § 459o (wie hier Meyer-Goßner/Schmitt/*Köhler* § 111k Rn. 16; a.A.: allerdings noch zum alten Recht OLG Saarbrücken Beschl. v. 12.04.2017 – 5 W 11/17 im Anschluss an OLG Hamburg wistra 2011, 195, 196 f.). Mit dem Wegfall des Auffangrechtserwerbs ist ein Wiederaufleben der Zuständigkeit des Ermittlungsrichters ausgeschlossen (ebenso Meyer-Goßner/Schmitt/*Köhler* § 111k Rn. 16 m.w.N.; HK-StPO/*Gercke* § 111k Rn. 12). 16

17 Wird die in Vollziehung einer Beschlagnahme oder eines Vermögensarrests getroffene Maßnahme für unzulässig erklärt, ist die Zwangsvollstreckung insoweit einzustellen und die getroffene Maßnahme aufzuheben, § 775 Nr. 1, § 776 Satz 1 ZPO.

§ 111l Mitteilungen

(1) Die Staatsanwaltschaft teilt die Vollziehung der Beschlagnahme- oder des Vermögensarrestes demjenigen mit, dem ein Anspruch auf Rückgewähr des Erlangten oder auf Ersatz des Wertes des Erlangten aus der Tat erwachsen ist.

(2) In den Fällen der Beschlagnahme einer beweglichen Sache ist die Mitteilung mit dem Hinweis auf den Regelungsgehalt des Verfahrens über die Herausgabe nach den §§ 111n und 111o zu verbinden.

(3) [1]Wird ein Vermögensarrest vollzogen, so fordert die Staatsanwaltschaft den Anspruchsinhaber zugleich mit der Mitteilung auf zu erklären, ob und in welcher Höhe er den Anspruch auf Ersatz des Wertes des Erlangten, der ihm aus der Tat erwachsen ist, geltend machen wolle. [2]Die Mitteilung ist mit dem Hinweis auf den Regelungsgehalt des § 111h Absatz 2 sowie auf die Verfahren nach § 111i Absatz 2, § 459h Absatz 2 sowie § 459k zu verbinden.

(4) [1]Die Mitteilung kann durch einmalige Bekanntmachung im Bundesanzeiger erfolgen, wenn eine Mitteilung gegenüber jedem einzelnen Verletzten mit unverhältnismäßigem Aufwand verbunden wäre. [2]Zusätzlich kann die Mitteilung auch in anderer geeigneter Weise veröffentlicht werden. [3]Gleiches gilt, wenn unbekannt ist, wem ein Anspruch auf Rückgewähr des Erlangten oder auf Ersatz des Wertes des Erlangten aus der Tat erwachsen ist, oder wenn der Anspruchsinhaber unbekannten Aufenthalts ist. [4]Personendaten dürfen nur veröffentlicht werden, soweit ihre Angabe zur Wahrung der Rechte der Anspruchsinhaber unerlässlich ist. [5]Nach Beendigung der Sicherungsmaßnahmen veranlasst die Staatsanwaltschaft die Löschung der Bekanntmachung.

Übersicht

1 **A. Grundsätzliches.** Die zwingende Mitteilung an diejenigen, denen aus der Tat ein Anspruch auf Rückgewähr des Erlangten oder auf Wertersatz erwachsen ist (Verletzte i.S.v. § 73e StGB; zur Änderung der Begrifflichkeit in der StPO im Zuge der Legaldefinition des Verletzten in § 373b durch das Gesetz zur Fortentwicklung der Strafprozessordnung und zur Änderung weiterer Vorschriften (BGBl. I, S. 2099) (s. § 111i Rdn. 1) soll ihnen die Wahrnehmung ihrer Rechte ermöglichen und ihre Teilnahme am Entschädigungsverfahren sicherstellen. Die Norm ersetzt und ergänzt § 111e Abs. 3 und 4 a.F. Sie stellt in den Absätzen 2 und 3 klar, dass die Anspruchsinhaber inhaltlich über ihre Rechte und Obliegenheiten informiert werden müssen (»Regelungsgehalt«) und es mit der bloßen Mitteilung der Vorschriften oder gar nur des Vollzuges der jeweiligen Sicherungsmaßnahme (so noch § 111e Abs. 3 a.F.) nicht getan ist (BT-Drs. 18/11640, S. 88).

2 **B. Einzelne Regelungen. I. Adressat.** Zu informieren sind nicht die Geschädigten, sondern die **Anspruchsinhaber** i.S.v. § 111i Abs. 1 Satz 1. Das sind diejenigen, denen aus der verfahrensgegenständlichen Tat ein Anspruch auf Rückgewähr entweder des Erlangten selbst (Beschlagnahmefälle) oder auf Ersatz des Wertes des Erlangten (Fälle des Vermögensarrests) erwachsen ist (s. § 111i Rdn. 5 ff.). Der Begriff ist hier wie dort dynamisch: Die Ermittlung weiterer Taten mit Verfahrenserstreckung auf dieselben erfordert entsprechend angepasste Mitteilungen. Durch die Mitteilung sollen die Anspruchsinhaber in die Lage versetzt werden, entweder die Herausgabe des ihnen zustehenden Gegenstandes zu verlangen oder am Verteilungsverfahren – entweder in der Insolvenz oder im Rahmen der Vollstreckung durch die StA – unter Beachtung der sie jeweils treffenden Obliegenheiten teilhaben zu können. Zur Sicherung weiterer Ansprüche dienen die staatlichen Sicherungsmaßnahmen nicht. In der Mitteilung sollte der Anspruchsinhaber deshalb auch darauf hingewiesen werden, dass sich sein Entschädigungsanspruch im Strafverfahren auf die Rückgewähr des durch die Tat Erlangten oder auf Ersatz des Wertes des Erlangten beschränkt (BT-Drs. 18/9525, S. 83). Erfolgt ein Vermögensarrest allein zur Sicherung von Geldstrafen und Verfahrenskosten, § 111e Abs. 2, entfällt die Mitteilung (Meyer-Goßner/Schmitt/*Köhler* § 111l Rn. 1).

3 **II. Inhalt.** Anders als früher differenziert das Gesetz die Mitteilungspflichten nach der Art der Sicherungsmaßnahme. Im **Beschlagnahmefall** sind die Anspruchsinhaber gem. Abs. 2 neben der Tatsache der Vollziehung der Beschlagnahme über das Herausgabeverfahren nach §§ 111n, 111o zu informieren.

Hat die StA einen **Vermögensarrest** erwirkt und vollzogen, umfasst die Mitteilungspflicht über diesen Umstand hinaus zunächst die Aufforderung, sich zu erklären, ob Ansprüche geltend gemacht werden (Abs. 3 Satz 1). Die Geltendmachung ist Voraussetzung für die Prüfung, ob die StA einen Insolvenzantrag nach § 111i Abs. 2 zu stellen hat (s. § 111i Rdn. 17). Abs. 3 Satz 2 schreibt im Weiteren vor, die Anspruchsinhaber auf das Verbot der Einzelzwangsvollstreckung während der Dauer der Arrestvollziehung, § 111h Abs. 2, hinzuweisen sowie über den Regelungsgehalt des § 111i Abs. 2 sowie das Verfahren nach § 459h Abs. 2, § 459k zu unterrichten. Im Einzelnen sind sie darüber zu informieren, dass die StA einen Insolvenzantrag stellen wird, wenn die sichergestellten Vermögenswerte zur Befriedigung der geltend gemachten Ansprüche nicht ausreichen werden, § 111i Abs. 2, und sie ihre Ansprüche in diesem Fall gegenüber dem Insolvenzverwalter anmelden müssen (BT-Drs. 18/11640, S. 88, HK-StPO/*Gercke* § 111l Rn. 1). Findet zunächst kein Insolvenzverfahren statt, müssen die Anspruchsinhaber ihre Ansprüche binnen sechs Monaten nach Rechtskraft anmelden. Stellt sich dann heraus, dass der Erlös zur Befriedigung aller nicht ausreichen wird, erfolgt wiederum der Übergang in das Insolvenzverfahren, § 459h Abs. 2, § 459k. Auch hierüber sind die Anspruchsinhaber zu informieren (KMR/*Mayer* § 111l Rn. 4). Da eine Einzelzwangsvollstreckung der Anspruchsinhaber wegen § 111h Abs. 2 nicht mehr stattfindet und ihre Befriedigung erst nach Verwertung der gesicherten Vermögenswerte entweder im Insolvenzverfahren oder im Rahmen der Strafvollstreckung erfolgt, sind detaillierte Angaben zur Werthaltigkeit der gesicherten Vermögenswerte nicht erforderlich (a.A. noch HK-StPO/*Gercke* § 111l Rn. 2). Die im Regierungsentwurf (BT-Drs. 18/9525, S. 83) und vom Rechtsausschuss (BT-Drs. 18/11640, S. 88) angemahnte Konkretisierung in den RiStBV ist bisher nicht erfolgt. 4

III. Art und Weise. Das Gesetz schreibt für die Mitteilung keine besondere Form vor; eines Nachweises bedarf es nicht (BeckOK-StPO/*Huber* § 111l Rn. 2). Nur an bekannte Anspruchsinhaber ist die Mitteilung zu richten; eine Pflicht, aus Anlass der Sicherungsmaßnahmen nach Anspruchinhabern zu suchen, besteht nicht (HK-StPO/*Gercke* § 111l Rn. 2). Die **öffentliche Mitteilung** (Abs. 4) steht im Ermessen der StA. Sie wird bei einer Vielzahl bekannter Anspruchsinhaber das Mittel der Wahl sein und außerdem in Betracht kommen, wenn die Anspruchsinhaber unbekannt sind, mag ihre Zahl auch gering sein. Das von Abs. 4 eingeräumte Ermessen bezieht sich nur auf das »wie« der Mitteilung, nicht auf das »ob«. Hierfür gilt Abs. 1: Die Mitteilung als solche ist zwingend (Meyer-Goßner/Schmitt/*Köhler* § 111l Rn. 8a; a.A. die Vorauflage; BeckOK-StPO/*Huber* § 111l Rn. 6). Die Regelung bedeutet für die Staatsanwaltschaften eine erhebliche Vereinfachung. Da der Bundesanzeiger üblicherweise von Privaten nicht gelesen wird, darf jedoch bezweifelt werden, ob sich auf diese Weise das gesetzgeberische Ziel erreichen lässt, das Opferentschädigungsverfahren für die Anspruchsinhaber transparent und einfach zu gestalten (krit. auch *Bielefeld/Händel* wistra 2019 9 f.). Zur Wahrung datenschutzrechtlicher Belange hat die öffentliche Mitteilung die Tat möglichst ohne Benennung des Verdächtigen zu bezeichnen (Einzelheiten bei KMR/*Mayer* § 111l Rn. 7). Nach Beendigung der Maßnahme hat die StA die Löschung der Veröffentlichung im Bundesanzeiger zu veranlassen, Abs. 4 Satz 5. 5

Den Zeitpunkt der Mitteilung regelt die Norm nicht, er liegt im Ermessen der Staatsanwaltschaft. Das frühere Gebot der »unverzüglichen« Unterrichtung ist weggefallen, nachdem dem vollstreckungsrechtlichen Prioritätsgrundsatz aufseiten der Geschädigten keine Bedeutung mehr zukommt (KMR/*Mayer* § 111l Rn. 1). Dadurch sollen die Staatsanwaltschaften gerade in komplexen Verfahren entlastet werden (BT-Drs. 18/9525, S. 82). Zur Mitteilung verpflichtet ist stets die StA, auch wenn die Sicherungsmaßnahme ohne ihren Antrag erlassen wurde. Die funktionelle Zuständigkeit richtet sich nach § 31 Abs. 1 Nr. 2 RPflG. 6

Versäumnisse stellen die Wirksamkeit der Sicherungsmaßnahmen nicht infrage. Die unter der alten Regelung mit Blick auf das Prioritätsprinzip der Verletztenvollstreckung noch denkbaren Amtshaftungsansprüche bei unterbliebener Mitteilung im Ermittlungsverfahren dürften mit Blick auf die neuerliche Mitteilung nach Rechtskraft (§ 459l) und die Verteilung erst im Vollstreckungsverfahren (§ 459h) keine Rolle mehr spielen (Meyer-Goßner/Schmitt/*Köhler* § 111l Rn. 2). 7

§ 111m Verwaltung beschlagnahmter oder gepfändeter Gegenstände

(1) [1]Die Verwaltung von Gegenständen, die nach § 111c beschlagnahmt oder aufgrund eines Vermögensarrestes nach § 111f gepfändet worden sind, obliegt der Staatsanwaltschaft. [2]Sie kann ihre Ermittlungspersonen (§ 152 des Gerichtsverfassungsgesetzes) oder den Gerichtsvollzieher mit der Verwaltung beauftragen. [3]In geeigneten Fällen kann auch eine andere Person mit der Verwaltung beauftragt werden.

(2) Gegen Maßnahmen, die im Rahmen der Verwaltung nach Absatz 1 getroffen werden, kann der Betroffene die Entscheidung des nach § 162 zuständigen Gerichts beantragen.

Durch Begründung des staatlichen Gewahrsams bei der Beschlagnahme oder Pfändung entsteht ein öffentlich-rechtliches Verwahrverhältnis. Die bürgerlich-rechtlichen Vorschriften über die Verwahrung (§§ 688 ff. 1

BGB) sind entsprechend anzuwenden (BGH NJW 1990, 1230 f.), soweit der Zweck der Beschlagnahme oder Pfändung nicht entgegensteht. In groben Zügen gilt: Der Staat hat den beschlagnahmten oder gepfändeten Sachen Raum und Obhut zu gewähren. Er muss die Sache vor unberechtigtem Zugriff sichern, um Wegnahme, Beschädigung und Zerstörung vorzubeugen. Auch Schäden, die durch die bloße Lagerung zu erwarten sind, muss er verhindern, indem er die Sache pflegt, vgl. auch Nr. 74 RiStBV. Die Verletzung dieser Pflichten löst Schadensersatzansprüche aus, für die das Verwahrverhältnis und die Amtshaftung als Anspruchsgrundlagen konkurrieren; die Ansprüche sind auf dem Zivilrechtsweg geltend zu machen (Art. 34 S. 3 GG, § 40 Abs. 2 S. 1 VwGO). In Umsetzung von Art. 10 Abs. 1 der Richtlinie 2014/42/EU bezeichnet das Gesetz die Verwahrung nun als »Verwaltung«. Zur Rechtsklarheit trägt es bei, dass die Zuständigkeit durch Abs. 1 nunmehr ausdrücklich geregelt ist. Die Verpflichtung zur Verwaltung gilt für alle beschlagnahmten oder in Vollziehung eines Arrestes gepfändeten Gegenstände, auch für Immobilien; eine Beschränkung auf bewegliche Sachen lässt sich dem Gesetz nicht entnehmen (so aber *Kamrau-Fiedler* Rpfleger 2021, 137; wie hier Meyer-Goßner/Schmitt/*Köhler* § 111m Rn. 1).

2 Die Verwaltung obliegt der Staatsanwaltschaft, funktionell zuständig ist der Rechtspfleger, § 31 Abs. 1 Nr. 4 RPflG. Sie kann sie entweder durch eigenes Personal oder durch ihre Ermittlungspersonen erledigen, oder sie kann den Gerichtsvollzieher ersuchen oder einen Privaten, etwa bei der Verwaltung von Immobilien (BT-Drs. 18/9525, S. 83), vertraglich verpflichten. Das Ermessen ist so auszuüben, dass zum einen der Sicherungszweck gegenüber dem Beschlagnahmeadressaten und gegenüber Dritten wirksam erfüllt wird und zum anderen ein wirtschaftlich vernünftiges Verhältnis dieser Zweckerfüllung zu dem dafür zu treibenden Aufwand eingehalten wird. Sichergestelltes Bargeld ist bei der Gerichtskasse einzuzahlen (LG Hildesheim NdsRPfl 2019, 95 f., s.a. § 111d Abs. 3 und § 111d Rdn. 9). Einen Sonderfall der Verwaltung stellt die Notveräußerung dar, § 111p. Für die Entgelte, die an Dritte für die Verwahrung zu zahlen sind, enthält Nr. 9009 KV-GKG einen Auslagentatbestand.

3 Gegen die Art und Weise der Verwahrung kann der Betroffene die gerichtliche Entscheidung beantragen (Abs. 2). Betroffen von der Art und Weise der Verwahrung ist jeder, der ein rechtliches Interesse am Erhalt der verwahrten Sache hat (KMR/*Mayer* § 111m Rn. 3). Der Rechtsbehelf betrifft allein die Ausübung der Verwaltung, also die Handlungen und Vorkehrungen, die zu treffen oder zu unterlassen sind, um die verwahrte Sache zu sichern und zu erhalten. Der Rechtsweg wegen der Folgen einer Verletzung dieser Pflichten (Rdn. 1) und wegen der Kosten der Verwahrung (Rdn. 2) wird nicht durch Abs. 2 geregelt.

4 Zuständig ist stets der Ermittlungsrichter. Die Entscheidungen können mit der Beschwerde angefochten werden. Dies gilt auch für Entscheidungen des Oberlandesgerichts und des Ermittlungsrichters des Bundesgerichtshofes, denn Beschlagnahme i.S.v. § 304 Abs. 4 Satz 2 Nr. 1, Abs. 5 erfasst auch den Vermögensarrest, jedenfalls soweit er der Sicherung der Einziehung von Wertersatz dient (BGHSt 29, 13).

§ 111n Herausgabe beweglicher Sachen

(1) Wird eine bewegliche Sache, die nach § 94 beschlagnahmt oder auf andere Weise sichergestellt oder nach § 111c Absatz 1 beschlagnahmt worden ist, für Zwecke des Strafverfahrens nicht mehr benötigt, so wird sie an den letzten Gewahrsamsinhaber herausgegeben.

(2) Abweichend von Absatz 1 wird die Sache an den denjenigen herausgegeben, dem sie durch die Straftat unmittelbar entzogen worden ist, wenn dieser bekannt ist.

(3) Steht der Herausgabe nach Absatz 1 oder Absatz 2 der Anspruch eines Dritten entgegen, wird die Sache an den Dritten herausgegeben, wenn dieser bekannt ist.

(4) Die Herausgabe erfolgt nur, wenn ihre Voraussetzungen offenkundig sind.

Übersicht

1 **A. Grundsätzliches.** Die Norm beginnt mit der – bis zur Reform 2017 nur in Nr. 75 RiStBV enthaltenen – Grundregel, nach der eine bewegliche Sache demjenigen zurückgegeben wird, dem sie zum Zwecke der Beschlagnahme weggenommen wurde oder der sie herausgegeben hat, um die Wegnahme zu verhindern (Abs. 1). Die Grundregel erfährt zwei Ausnahmen: die Rückgabe an denjenigen, dem aus der Tat ein Anspruch auf Rückgewähr erwachsen ist (Abs. 2), oder an den sonstigen Berechtigten (Abs. 3).

2 Die Vorschrift gestattet eine Herausgabe von beweglichen körperlichen Sachen schon vor Rechtskraft. Soweit der Verletzte einer Tat i.S.v. § 73e Abs. 1 StGB (zur unterschiedlichen Terminologie in StPO und StGB s.

§ 111i Rdn. 1) die Sache zurückerhält, wird im Interesse der raschen und einfachen Befriedigung insb. von Diebesopfern der i.Ü. das Recht der Opferentschädigung beherrschende Grundsatz durchbrochen, eine Entschädigung nur außerhalb des Strafverfahrens, nämlich im Strafvollstreckungsverfahren oder im Insolvenzverfahren, vorzunehmen (BT-Drs. 18/9525 S. 49; HK-StPO/*Gercke* § 111n Rn. 1).

B. Einzelne Regelungen. I. Erfasste Gegenstände. Anwendbar ist Norm ausschließlich auf bewegliche Sachen. Sie gilt für bloße Beweismittel gleichermaßen wie für Einziehungsgegenstände, nicht dagegen für bewegliche Sachen, die im Zuge einer Arrestvollziehung gepfändet wurden. Wer die Herausgabe einer solche Sache erreichen will, ist auf die Rechtsmittel im Arrestverfahren verwiesen (§ 111k Abs. 3). Auch auf Ersatzsachen und Erlöse ist § 111n nicht anwendbar (BeckOK-StPO/*Huber* § 111n Rn. 9). Eine analoge Anwendung auf die Anordnung, den Betrag einer beschlagnahmten Forderung auszubezahlen, kommt ebenfalls nicht in Betracht (BGHZ 172, 278, 281). Erfasst werden nur sichergestellte oder beschlagnahmte bewegliche Sachen, die sich im Zeitpunkt der Herausgabeentscheidung noch im Gewahrsam der Strafverfolgungsbehörden befinden; ist Bargeld hinterlegt worden, ist dies nicht mehr der Fall (OLG Stuttgart Beschl. v. 06.11.1986 – 3 Ws 266/86 NStZ 1987, 243). 3

II. Herausgabe von Beweismitteln. Allein als **Beweismittel** gem. § 94 beschlagnahmten oder sonst sichergestellten Gegenständen werden regelmäßig gem. Abs. 1 an den letzten Gewahrsamsinhaber herauszugeben sein. Voraussetzung ist, dass die Sache »für Zwecke des Strafverfahrens nicht mehr benötigt« wird. Hier kommt es nur auf die Beweisbedeutung an. Ist sie entfallen, weil das Ermittlungsverfahren eingestellt worden ist, oder kann ihr auf andere Weise genügt werden, etwa durch Anfertigung von Lichtbildern, Kopien oder Datenspiegelungen, besteht für die weitere Zurückbehaltung kein Grund und der Gegenstand ist herauszugeben (KMR/*Mayer* § 111n Rn. 2). 4

Ob der letzte Gewahrsamsinhaber zugleich Eigentümer ist oder war, spielt für die Herausgabe grundsätzlich keine Rolle. Die Vorschrift bezweckt nur eine vorläufige Regelung der Besitzverhältnisse, durch die die Eigentumsverhältnisse nicht berührt werden. Wer sich eines besseren Rechts berühmen kann, ist nicht gehindert, dieses gegen den Herausgabeempfänger im Zivilrechtsweg geltend zu machen (BT-Drs. 18/9525 S. 84). Nur unter den Voraussetzungen des Abs. 3, 4 erfolgt die Herausgabe an einen **berechtigten Dritten** und damit an einen anderen als den Gewahrsamsinhaber (KK-StPO/*Spillecke* § 111n Rn. 10; LG Frankfurt[Oder] Beschl. v. 11.12.2018 – 23 Qs 90/18 juris Rn. 9). 5

Die Sache wird entsprechen § 697 BGB dort zurückgegeben, wo sie verwahrt wird; es handelt sich um eine **Holschuld**. Das gilt auch gegenüber dem nicht beschuldigten (unbeteiligten) Dritten. Die verwaltende Justizbehörde ist nicht verpflichtet, die Sache an den Beschlagnahmeort oder den Wohnsitz des Berechtigten zurückzubringen (BGH NJW 2005, 988; BGH Urt. v. 16.05.2019 – III ZR 6/18 NJW 2019, 2618; BeckOK-StPO/*Huber* § 111n Rn. 4; Meyer-Goßner/Schmitt/*Köhler* § 111n Rn. 4; KMR/*Mayer* § 111n Rn. 8). 6

III. Herausgabe von Einziehungsgegenständen. Ist der Gegenstand gem. **§ 111c** beim Tatbeteiligten zur Sicherung einer Einziehungsentscheidung beschlagnahmt worden, wird eine Herausgabe an ihn als letzten Gewahrsamsinhaber nur im Ausnahmefall in Betracht kommen, etwa wenn das Ermittlungsverfahren nach § 170 Abs. 2 eingestellt wird. Denn solange ihm gegenüber eine Einziehungsentscheidung im Raum steht, wird der Gegenstand »für Zwecke des Strafverfahrens« weiterhin benötigt. Auf diese Weise verhindert das Tatbestandsmerkmal, dass die Sache an den Rechtsbrecher zurückgelangt, wenn kein Verletzter oder vorrangig berechtigter Dritter vorhanden ist (vgl. Meyer-Goßner/Schmitt/*Köhler* § 111n Rn. 8; HK-StPO/*Gercke* § 111n Rn. 6). 7

Bei der Herausgabe von Einziehungsgegenständen ist damit Abs. 2 von praktischer Relevanz, nicht Abs. 1. Die Vorschrift ermöglicht – als Besonderheit im Gefüge der neu geregelten Opferentschädigung – die zeitnahe Befriedigung desjenigen, dem gerade die beschlagnahmte bewegliche Sache durch die Straftat entzogen worden ist (Verletzter i.S.v. § 73e Abs. 1 StGB). Die Gesetzesbegründung nennt in erster Linie Diebesgut (BT-Drs. 18/9525 S. 49); die Rückgabe an den Verletzten kommt aber auch bei ertrogenen Sachen in Betracht oder bei Geld, wenn die unmittelbar durch die Tat erlangten Münzen und Scheine vom übrigen Tätervermögen unterscheidbar sichergestellt werden konnten (OLG Köln NStZ-RR 2005, 239). Auch durch Unterschlagung Erlangtes kommt in Betracht. Maßgeblich ist, dass der Verletzte durch die Tat den Besitz an dem Gegenstand verloren hat; Eigentümer muss er nicht notwendiger Weise gewesen sein (Meyer-Goßner/Schmitt/*Köhler* § 111n Rn. 10; KMR/*Mayer* § 111n Rn. 11). Die Vorschrift begünstigt nur den ursprünglichen Verletzten, nicht auch Dritte, die in die Rechtsposition des Verletzten eingerückt sind, wie etwa den Versicherer nach § 86 Abs. 1 S. 1 VVG oder den Erben des Verletzten, was die Neufassung der Vorschrift durch das Gesetz zur Fortentwicklung der Strafprozessordnung und zur Änderung weiterer Vorschriften vom 8

25.06.2021 (BGBl. I, S. 2099) ausdrücklich klarstellt (BT-Drs. 18/9525, 84; zum Erben a.A. BeckOK-StPO/*Huber* § 111n Rn. 10). Die Rückgabe an den Verletzten setzt voraus, dass im Verfahren nach § 111n positiv festgestellt wird, dass eine rechtswidrige, nicht notwendiger Weise schuldhafte Straftat (§ 73 StGB) vorgelegen hat. Die Entscheidung erfolgt nach dem Stand des Ermittlungsergebnisses (KK-StPO/*Spillecke* § 111n Rn. 6; BeckOK-StPO/*Huber* § 111n Rn. 12). Eine spätere Einziehungsentscheidung bleibt trotz Rückgabe möglich und ist im Einzelfall sogar veranlasst, etwa wenn der Verletzte durch die Tat sein Eigentum verloren hat, das sonst bei dem Täter oder Tatbeteiligten verbliebe (Einzelheiten bei *Ullenboom* NZWiSt 2020, 470, 471).

9 Ist der Verletzte unbekannt, also unbekannten Namens und Aufenthalts, so braucht er nicht ermittelt zu werden. Kann die Sache gem. §§ 73, 73a StGB mit der Folge des Eigentumsübergangs gem. § 75 Abs. 1 Satz 2 StGB eingezogen werden (SSW-StGB/*Heine* § 75 Rn. 10), bedarf es des Rückgriffs auf Fundvorschriften (§ 983 BGB) nicht (a.A. KK-StPO/*Spillecke* § 111n Rn. 7; wie hier BeckOK-StPO/*Huber* § 111n Rn. 17); Letztere kommen nur in Betracht, wenn der Gegenstand keiner nach Tatort und Tatzeit konkretisierbaren Straftat zugeordnet werden kann und auch eine erweiterte oder selbstständige Einziehung gem. § 76a Abs. 4 StGB ausscheidet (*Reitemeier/Koujouie* Das neue Recht der Vermögensabschöpfung 2017, S. 50 f.)

10 Nach der weiteren im Abs. 3 geregelten Ausnahme kann auch an einen **berechtigten Dritten** herausgegeben werden. Nach altem Recht (§ 111k a.F.) war dies nicht möglich; Ansprüche Dritter schlossen die Rückgabe im vereinfachten Verfahren aus. Dritte sind alle, die ein Recht zum Besitz des sichergestellten Gegenstandes oder einen Anspruch auf Besitzverschaffung haben (KMR/*Mayer* § 111n Rn. 14). Auch der Beschuldigte kommt in Betracht, wenn ihm ein von dem Tatgeschehen unabhängiger Anspruchsgrund das Besitzrecht zuweist (KK-StPO/*Spillecke* § 111n Rn. 8). Deshalb kann nicht nach Abs. 2 an denjenigen Verletzten herausgegeben werden, der sein Recht zum Besitz inzwischen verloren hat oder dem durch die Straftat im Verhältnis zum Berechtigten unberechtigter Besitz entzogen wurde. Bei zweifelhafter Anspruchsberechtigung des Dritten kommt eine Herausgabe nicht in Betracht (Einzelheiten bei KK-StPO/*Spillecke* § 111n Rn. 8).

11 **IV. Offenkundigkeit.** Die StA oder das Gericht (§ 111o) sollen sich während des Ermittlungsverfahrens oder neben der Hauptverhandlung nicht auf lange Auseinandersetzungen oder gar auf die Beteiligung an einem Zivilrechtsstreit einlassen müssen, um die Rechte an dem herauszugebenden Gegenstand verbindlich feststellen zu lassen. Wenn die tatsächlichen Voraussetzungen oder die Rechtslage unübersichtlich und schwierig sind, kommt eine Herausgabe im vereinfachten Verfahren nicht in Betracht. Dazu müssen die Voraussetzungen allerdings nicht »offenkundig« in dem Sinne sein, dass jedermann sie kennt. Es reicht aus, dass sich den Beteiligten, die die Verhältnisse des zu entscheidenden Falles kennen und die Lage objektiv und unter Berücksichtigung aller berührten Rechte und Interessen und unter kritischer Würdigung der mit Gründen vertretenen Rechtsansichten prüfen, das Ergebnis aufdrängt, es sei an den letzten Gewahrsamsinhaber oder an den Verletzten oder an einen anderen Berechtigten herauszugeben. Der dazu eingeführte Begriff ist an sich die Offensichtlichkeit (vgl. etwa § 349 Abs. 2); Abs. 4 schreibt den Missgriff bei der Formulierung des § 111k a.F. fort. Offensichtlich begründet ist ein Herausgabeverlangen etwa, wenn die tatsächliche und die rechtliche Lage übersichtlich, einfach und klar ist oder wenn die Berechtigung durch die Einverständniserklärungen aller anderen infrage kommenden Beteiligten oder durch einen zivilrechtlichen Titel nachgewiesen wird. In Zweifelsfällen dauert die Beschlagnahme fort (BT-Drs. 18/9525, S. 4).

§ 111o Verfahren bei der Herausgabe

(1) Über die Herausgabe entscheidet im vorbereitenden Verfahren und nach rechtskräftigem Abschluss des Verfahrens die Staatsanwaltschaft, im Übrigen das mit der Sache befasste Gericht.

(2) Gegen die Verfügung der Staatsanwaltschaft können die Betroffenen die Entscheidung des nach § 162 zuständigen Gerichts beantragen.

1 Die Norm ergänzt § 111n und regelt die Zuständigkeit für das Verfahren bei der Herausgabe; die früheren Streitfragen (vgl. nur StPO/*Rogall* § 111k Rn. 20 ff.; LR/*Johann* § 111k Rn. 19) sind damit erledigt. Zuständig für die Entscheidung, ob die nicht mehr beschlagnahmte Sache an den letzten Gewahrsamsinhaber, den Verletzten oder einen anderen Berechtigten herausgegeben wird, ist während des Ermittlungsverfahrens und während des Vollstreckungsverfahrens nach Rechtskraft des Urteils die Staatsanwaltschaft, nach Anklageerhebung und vor Rechtskraft das befasste Gericht, mit Aktenvorlage (§ 321 Satz 2) das Berufungsgericht und während des Revisionsverfahrens das Gericht, dessen Urteil angefochten ist. Bei der StA ist funktional der Rechtspfleger zuständig, § 31 Abs. 1 Nr. 5 RPflG. Vor einer Entscheidung sind – soweit vorhanden – die sonstigen Betroffenen zu hören (KMR/*Mayer* § 111o Rn. 1).

2 Hat die StA entschieden, so kann jeder dadurch Beschwerte eine gerichtliche Entscheidung beantragen (Abs. 2). Zuständig ist stets der Ermittlungsrichter. Ermittlungspersonen der StA sind nach Abs. 1 zur

Herausgabe nicht befugt (KK-StPO/*Spillecke* § 111o Rn. 3). Handeln sie auf Weisung der Staatsanwaltschaft, ist es deren Entscheidung, nicht ihre eigene. Die gerichtliche Prüfungskompetenz entspricht § 111n: Die Herausgabe erfolgt nur, wenn ihre Voraussetzungen offenkundig sind (*Ullenboom* NZWiSt 2020, 470 [474]).

Ergeht auf einen Antrag nach Abs. 2 eine gerichtliche Entscheidung oder ist das Gericht zur Entscheidung zuständig, so können all diese Entscheidung mit der Beschwerde angefochten werden. Die Entscheidung betrifft eine Beschlagnahme, nämlich die Abwicklung ihrer Beendigung, sodass auch Entscheidungen des Oberlandesgerichts und des Ermittlungsrichters des Bundesgerichtshofes anfechtbar sind (§ 304 Abs. 4 Satz 2 Nr. 1, Abs. 5). Damit sind alle Entscheidungen, die die Rückgabe einer nicht mehr beschlagnahmten Sache anordnen oder diese Rückgabe ablehnen, dem strafprozessualen Rechtsmittelsystem zugeordnet, nicht dem Zivilrechtsweg. Wer die Herausgabe einer Sache an sich verlangt, weil sie ihm durch die Straftat entzogen worden sei, ist ebenso wie derjenige, der diese Herausgabe abwenden will, auf die Anträge und Rechtsmittel nach § 111o verwiesen; auch § 23 EGGVG wird verdrängt (OLG Bremen Beschl. v. 27.11.2017 – 1 VAs 6/17, OLGStPO § 111o Nr. 1). Ist die Herausgabe erfolgt, kann nur noch die Rechtswidrigkeit der Herausgabeentscheidung festgestellt werden (LG Rostock, Beschl. v. 09.04.2018 – 18 Qs 32/18). 3

§ 111p Notveräußerung

(1) [1]Ein Gegenstand, der nach § 111c beschlagnahmt oder nach § 111f gepfändet worden ist, kann veräußert werden, wenn sein Verderb oder ein erheblicher Wertverlust droht oder seine Aufbewahrung, Pflege oder Erhaltung mit erheblichen Kosten oder Schwierigkeiten verbunden ist (Notveräußerung). [2]Der Erlös tritt an die Stelle des veräußerten Gegenstandes.

(2) [1]Die Notveräußerung wird durch die Staatsanwaltschaft angeordnet. [2]Ihren Ermittlungspersonen (§ 152 des Gerichtsverfassungsgesetzes) steht diese Befugnis zu, wenn der Gegenstand zu verderben droht, bevor die Entscheidung der Staatsanwaltschaft herbeigeführt werden kann.

(3) [1]Die von der Beschlagnahme oder Pfändung Betroffenen sollen vor der Anordnung gehört werden. [2]Die Anordnung sowie Zeit und Ort der Veräußerung sind ihnen, soweit dies ausführbar erscheint, mitzuteilen.

(4) [1]Die Durchführung der Notveräußerung obliegt der Staatsanwaltschaft. [2]Die Staatsanwaltschaft kann damit auch ihre Ermittlungspersonen (§ 152 des Gerichtsverfassungsgesetzes) beauftragen. [3]Für die Notveräußerung gelten im Übrigen die Vorschriften der Zivilprozessordnung über die Verwertung von Gegenständen sinngemäß.

(5) [1]Gegen die Notveräußerung und ihre Durchführung kann der Betroffene die Entscheidung des nach § 162 zuständigen Gerichts beantragen. [2]Das Gericht, in dringenden Fällen der Vorsitzende, kann die Aussetzung der Veräußerung anordnen.

Übersicht

A. Grundsätzliches. Die Vorschrift ersetzt § 111l a.F. und vereinfacht in Abs. 4 insb. das Verfahren. Mit ihr soll Art. 10 der RL 2014/42/EU genügt werden, der die Mitgliedstaaten zu einer effektiven Verwaltung und Verwertung gesicherter Vermögensgegenstände anhält (BT-Drs. 18/9525, S. 85; KK-StPO/*Spillecke* § 111p Rn. 1). Die Regelung stellt einen Sonderfall der in § 111m geregelten Verwaltung beschlagnahmter und gepfändeter Gegenstände dar und ersetzt § 930 Abs. 3 ZPO (vgl. § 111f Abs. 1 Satz 2), der keine Anwendung findet (LR/*Johann* § 111d Rn. 34; KMR/*Mayer* § 111f Rn. 3, § 111m Rn. 1; a.A. HK-StPO/*Gercke* § 111f Rn. 2). 1

B. Einzelne Regelungen. I. Erfasste Gegenstände. Geregelt wird die Notveräußerung von Gegenständen, die nach § 111c beschlagnahmt oder aufgrund eines Vermögensarrestes gepfändet worden sind. Die Verwendung des Begriffs »Gegenstand« belegt, dass der Anwendungsbereich nicht auf **bewegliche Sachen** beschränkt ist; **Forderungen, Grundstücke** (nach bisheriger Rechtslage str., abl. BGH WM 2019, 514, 516 m.w.N., der die Frage zum neuen Recht ausdrücklich offenlässt; wie hier KK-StPO/*Spillecke* § 111p Rn. 2; BeckOK-StPO/*Huber* § 111p Rn. 1; a.A. Meyer-Goßner/Schmitt/*Köhler* § 111p Rn. 1; allerdings ist das bisherige Argument, es werde allein auf die Vorschriften zur Verwertung einer gepfändeten Sache verwiesen, mit der Neufassung weggefallen; daran festhaltend *Savini* Handbuch zur Vermögensabschöpfung 2 nach altem und neuem Recht, S. 231), **Immaterialgüterrechte** wie Patent- und Markenrechte oder sonstige Vermögenswerte wie **Bitcoins** (als nichtkörperliche Gegenstände, vgl. BGH NStZ 2018, 401, 405; s. auch § 77a StVollstrO) kommen ebenfalls in Betracht (dazu *Rettke* NZWiSt 2020, 45, 53 f.). Auf allein als Beweismittel nach § 94 beschlagnahmte Sachen ist die Norm nicht anwendbar. Dies gilt schon deshalb, weil ein Gegenstand nach Notveräußerung zu Beweiszwecken nicht mehr zur Verfügung steht. Droht hier ein Verderb, ist er deshalb – nach Durchführung beweissichernder Maßnahmen – zurückzugeben (KK-StPO/*Spillecke* § 111p Rn. 3; Meyer-Goßner/Schmitt/*Köhler* § 111p Rn. 1). Gegenstände, die aus rechtlichen Gründen nicht veräußert werden dürfen (z. B. Betäubungsmittel, verdorbene Lebensmittel), dürfen vernichtet werden, ebenso solche der Einziehung unterliegende Gegenstände, die sinnvollerweise nur zur Begehung rechtswidriger Taten gebraucht werden können; einem Vermarktungsverbot unterliegende artgeschützte Tiere können einer geeigneten Institution übergeben werden (LG Hannover NuR 2009, 659 f.; zum Ganzen KK-StPO/*Spillecke* § 111p Rn. 4).

3 **II. Veräußerungsgründe.** Die Veräußerung ist in zwei Fallgruppen zulässig, nämlich bei drohendem Verderb oder Wertverlust oder wenn der Unterhalt des Gegenstandes für die Staatsanwaltschaft (§ 111m Abs. 1) mit unverhältnismäßigem Aufwand verbunden ist.

4 Ein die Notveräußerung rechtfertigender **erheblicher Wertverlust** soll »jedenfalls« bei einem drohenden Wertverlust von **10 %** erreicht sein (BT-Drs. 18/9525, S. 85). Der Wertverlust kann sich – etwa bei Aktiendepots – auch aus der Marktentwicklung ergeben (HK-StPO/*Gercke* § 111p Rn. 4). Gerade bei den in der Gesetzesbegründung angeführten KfZ und Elektronikartikeln dürfte ein entsprechender Wertverfall im Verlauf des Ermittlungsverfahrens regelmäßig eintreten, sodass auch die Frage der Notveräußerung regelmäßig im Raum steht und ihre frühzeitige Verwendung sogar »geboten« sein soll (BT-Drs. 18/9525, S. 85; vgl. aber OLG Hamburg NStZ-RR 2011, 345, 346: unzul. Notveräußerung bei einem z.Zt. der Beschlagnahme 1,5 Jahre alten Audi A6 nach 13 Monaten Sicherstellungsdauer während des Revisionsverfahrens).

5 Ob die Aufbewahrung, Pflege und Erhaltung in einem die Notveräußerung rechtfertigenden Maße mit **erheblichen Kosten und Schwierigkeiten** verbunden ist, ist in erster Linie nach dem Wert des betroffenen Gegenstandes im Verhältnis zur voraussichtlichen Dauer der Sicherstellung zu beurteilen (OLG Hamm VRS 98, 133; KMR/*Mayer* § 111p Rn. 5). Gerechtfertigt ist die (Not-) Veräußerung dann, wenn sie auch ein wirtschaftlich denkender Eigentümer vornehmen würde (LR/*Johann* § 111l Rn. 6; BeckOK-StPO/*Huber* § 111p Rn. 2; Meyer-Goßner/Schmitt/*Köhler* § 111p Rn. 2 m.w.N.). Überschreiten die Kosten auch bei dreijähriger Aufbewahrung 10 % des Wertes nicht, kommt eine Notveräußerung nicht in Betracht (LG Bonn StraFo 2016, 152: Reifenlager). Werden Tiere aus schlechter Haltung beschlagnahmt, ist bereits im Zeitpunkt der Beschlagnahme wegen der voraussichtlich entstehenden Kosten die Notveräußerung wahrscheinlich (OLG Schleswig NJW-RR 2017, 598, 599).

6 Bei beweglichen Sachen genießt die Herausgabe an den Verletzten, § **111n Abs. 2**, stets Vorrang (BT-Drs. 18/9525, S. 85).

7 **III. Rechtsfolge.** Der Veräußerungserlös tritt an die Stelle des notveräußerten Gegenstandes (Abs. 1 Satz 2). Der Eigentümer des vormals im staatlichen Gewahrsam befindlichen Gegenstandes erhält einen Anspruch auf Auskehrung (RGSt 66, 85). In den Fällen der §§ 73, 74 StGB ist nunmehr auf Einziehung des Erlöses anstelle des ursprünglichen Gegenstandes zu erkennen (BGHSt 8, 46, 53). Wer an dem Gegenstand nur ein Recht zum Besitz hatte, hat keine Rechte am Erlös.

8 **IV. Verfahren. 1. Anordnung. Zuständig** für die Entscheidung, ob eine Notveräußerung durchgeführt werden soll, ist gem. Abs. 2 die Staatsanwaltschaft, in Eilfällen deren Ermittlungspersonen; die frühere gerichtliche Zuständigkeit nach Anklageerhebung ist weggefallen. Funktionell zuständig ist der Rechtspfleger (§ 31 Abs. 1 Nr. 2 RPflG). Die Notveräußerung kommt nur **vor Rechtskraft** in Betracht. Maßnahmen nach Rechtskraft erfolgen in Vollstreckung der getroffenen Einziehungsentscheidung und stellen damit Verwertungshandlungen dar (§ 111j Rdn. 19; a.A. KK-StPO/*Spillecke* § 111p Rn. 6; HK-StPO/*Gercke* § 111p Rn. 7; wie hier KMR/*Mayer* § 111p Rn. 3; BeckOK-StPO/*Huber* § 111p Rn. 3; *Savini* Handbuch der Vermögensabschöpfung nach altem und neuem Recht 6. Aufl. 2021, S. 232).

9 Nach dem Wortlaut der Norm steht die Entscheidung im **Ermessen** der Staatsanwaltschaft. Liegen die Veräußerungsgründe vor, soll die Behörde allerdings regelmäßig zur Veräußerung gehalten sein, um den wirtschaftlichen Wert sichergestellter Vermögensgegenstände zu erhalten. Eine unnötig lange Verwahrung kann eine unrichtige Sachbehandlung i.S.v. § 21 GKG darstellen, sodass die Kosten vom Verurteilten nicht zu tragen sind (KG Beschl. v. 12.09.2001 – 3 Ws 301/01; KMR/*Mayer* § 111p Rn. 6). Allerdings ist zu bedenken, dass mit einer Notveräußerung in das Vermögen von Personen eingegriffen wird, für die die Unschuldsvermutung streitet, indem unwiderrufliche Fakten geschaffen werden. Hinzu kommt, dass die

Notveräußerung häufig zu einer Veräußerung unter Wert führt, was bei der Frage der Verhältnismäßigkeit der Maßnahme einzustellen ist (HK-StPO/*Gercke* §§ 111p Rn. 4). Nach der Systematik des Gesetzes ist die Verwahrung und Erhaltung zudem die Regel, die notfalls zugelassene Veräußerung dagegen die Ausnahme. Wer Eigentümer des zur Notveräußerung anstehenden Gegenstandes ist, ist nicht von Bedeutung. Auch Gegenstände, die nicht dem von der bevorstehenden Einziehung Betroffenen gehören, dürfen notveräußert werden. Vor der Entscheidung sind die von der Beschlagnahme oder der Pfändung Betroffenen zu hören, namentlich der Beschuldigte, der Eigentümer sowie sonstige Personen, denen Rechte an dem Gegenstand zustehen oder die sich solcher berühmen (Meyer-Goßner/Schmitt/*Köhler* § 111p Rn. 6). Ihnen ist außerdem der Zeitpunkt der angeordneten Notveräußerung mitzuteilen (Abs. 3), damit sie gegebenenfalls den Gegenstand selbst erwerben können (Meyer-Goßner/Schmitt/*Köhler* § 111p Rn. 7). Die Nichtbeachtung der Sollvorschrift bleibt ohne Einfluss auf die Wirksamkeit der Notveräußerung (KK-StPO/*Spillecke* § 111p Rn. 888; KMR/*Mayer* § 111p Rn. 9 m.w.N.). 10

2. Durchführung. Die Veräußerung obliegt gem. Abs. 4 der Staatsanwaltschaft und dort dem Rechtspfleger (§ 31 Abs. 1 Nr. 2 RPflG); die StA kann auch ihre Ermittlungspersonen mit der Verwertung beauftragen. Bei der Art und Weise der Veräußerung hat sie freie Hand, insb. kann sie den Gegenstand auch freihändig verwerten oder Private mit der Verwertung für ihre Rechnung beauftragen (BT-Drs. 18/9525, S. 85 f.). Beauftragt sie den Gerichtsvollzieher, kann dieser seine Kosten von dem Erlös vorweg entnehmen (AG Neubrandenburg Beschl. v. 28.01.2021 – 610 M 1048/20, DGVZ 2021, 98). Die Befugnis hierzu folgt aus Abs. 4 Satz 1 (ebenso KK-StPO/*Spillecke* § 111p Rn. 9; KMR/*Mayer* § 111p Rn. 10; Meyer-Goßner/Schmitt/*Köhler* § 111p Rn. 8). Ergänzend finden die Vorschriften der Zivilprozessordnung über die Verwertung von Gegenständen, also §§ 814 ff. ZPO, Anwendung. 11

3. Rechtsbehelfe. Gegen die Anordnung der Notveräußerung und gegen die Art und Weise ihrer Durchführung kann gerichtliche Entscheidung beantragt werden (Abs. 5 Satz 1, § 31 Abs. 6 RPflG). Ist eine Ermittlungsperson tätig geworden, ist zunächst der Staatsanwaltschaft Gelegenheit zur Änderung oder Aufhebung der Entscheidung zu geben (BeckOK-StPO/*Huber* § 111p Rn. 8; Meyer-Goßner/Schmitt/*Köhler* § 111p Rn. 9). Antragsberechtigt ist auch der letzte Gewahrsamsinhaber, dessen Recht zum Besitz beeinträchtigt sein kann (OLG Saarbrücken StraFo 2016, 377) 12

Zuständig ist im Vorverfahren der Ermittlungsrichter, nach Anklageerhebung das Hauptsachegericht, im Revisionsverfahren das letzte Tatgericht. Ist danach ein Spruchkörper zur Entscheidung berufen, weist Abs. 5 Satz 2 dem Vorsitzenden eine Eilkompetenz für vorläufige Maßnahmen zu. Ist die Notveräußerung bereits erfolgt, ist gem. § 98 Abs. 2 analog wie auch sonst bei Grundrechtseingriffen über die Rechtmäßigkeit der Maßnahme zu entscheiden (KMR/Mayer § 111p Rn. 12) 13

Gegen die Entscheidung des Gerichts ist die Beschwerde gem. § 304 statthaft ist; eine weitere Beschwerde findet nicht statt, § 310 Abs. 2. 14

§ 111q Beschlagnahme von Schriften und Vorrichtungen

(1) Die Beschlagnahme einer Verkörperung eines Inhalts (§ 11 Abs. 3 des Strafgesetzbuches) oder einer Vorrichtung im Sinne des § 74d des Strafgesetzbuches darf nach § 111b Absatz 1 nicht angeordnet werden, wenn ihre nachteiligen Folgen, insbesondere die Gefährdung des öffentlichen Interesses an unverzögerter Verbreitung, offenbar außer Verhältnis zu der Bedeutung der Sache stehen.

(2) [1]Ausscheidbare Teile der Verkörperung, die nichts Strafbares enthalten, sind von der Beschlagnahme auszuschließen. [2]Die Beschlagnahme kann in der Anordnung weiter beschränkt werden.

(3) Die Beschlagnahme kann dadurch abgewendet werden, dass der Betroffene den Teil eines Inhalts, der zur Beschlagnahme Anlass gibt, von der Vervielfältigung oder der Verbreitung ausschließt.

(4) [1]Die Beschlagnahme einer periodisch erscheinenden Verkörperung eines Inhalts (§ 11 Abs. 3 des Strafgesetzbuches) oder einer zu deren Herstellung gebrauchten oder bestimmten Vorrichtung im Sinne des § 74d des Strafgesetzbuches ordnet das Gericht an. [2]Die Beschlagnahme der Verkörperung eines anderen Inhalts (§ 11 Absatz 3 des Strafgesetzbuches) oder einer zu deren Herstellung gebrauchten oder bestimmten Vorrichtung im Sinne des § 74d des Strafgesetzbuches kann bei Gefahr in Verzug auch die Staatsanwaltschaft anordnen. [3]Die Anordnung der Staatsanwaltschaft tritt außer Kraft, wenn sie nicht binnen drei Tagen von dem Gericht bestätigt wird. [4]In der Anordnung der Beschlagnahme ist der genaue Inhalt, der zur Beschlagnahme Anlass gibt, zu bezeichnen.

(5) [1]Eine Beschlagnahme nach Absatz 4 ist aufzuheben, wenn nicht binnen zwei Monaten die öffentliche Klage erhoben oder die selbständige Einziehung beantragt ist. [2]Reicht die in Satz 1 bezeichnete Frist wegen des besonderen Umfanges der Ermittlungen nicht aus, kann das Gericht auf Antrag der Staatsanwaltschaft

die Frist um weitere zwei Monate verlängern. [3]Der Antrag kann einmal wiederholt werden. [4]Vor Erhebung der öffentlichen Klage oder vor Beantragung der selbständigen Einziehung ist die Beschlagnahme aufzuheben, wenn die Staatsanwaltschaft dies beantragt.

Übersicht

1 **A. Grundsätzliches.** Die Vorschrift fasst die früheren §§ 111m und n ohne inhaltliche Änderungen zusammen und enthält Sonderregelungen zu §§ 111b ff. für die Beschlagnahme von Verkörperungen von Inhalten (früher Schriften und periodischen Druckwerken) sowie der zu ihrer Herstellung gebrauchten Vorrichtungen. Mit dem 60. Gesetz zur Änderung des Strafgesetzbuchs vom 30.11.2020 (BGBl. I, S. 2600) wurde der Schriftenbegriff des § 11 Abs. 3 StGB zu einem Inhaltsbegriff fortentwickelt, um anstatt wie bisher über das Trägermedium nun direkt den jeweiligen Inhalt als den eigentlichen Grund für die Strafbarkeit darauf bezogener Handlungen zu erfassen. Zudem sollte für alle Inhaltsdelikte eine von technischen Entwicklungen möglichst unabhängige Regelung geschaffen werden (BT-Drs. 19/19859, S. 2). Dies zog Folgeänderungen bei allen Vorschriften nach sich, die auf den bisherigen Schriftenbegriff Bezug genommen haben. Für § 111q, der weiterhin vorrangig bei Schriften und sonstigen Darstellungen im Sinne des erweiterten Schriftenbegriffs zur Anwendung kommt, hat die Neufassung im Ergebnis nicht zu Änderungen geführt (ebenso Meyer-Goßner/Schmitt/*Köhler* § 111q Rn. 1). Die Beschlagnahmemöglichkeiten werden im Interesse der Meinungsäußerungs- und Pressefreiheit (Art. 5 Abs. 1 GG) eingeschränkt. Sowohl die Anordnung (Abs. 1, 2, 5) als auch ihre Vollziehung (Abs. 3) werden in besonderem Maße dem Verhältnismäßigkeitsgrundsatz unterworfen, der in den Einzelregelungen weiter ausdifferenziert wird. Die Norm findet nur auf Beschlagnahmen mit Blick auf eine spätere Einziehung Anwendung; Beschlagnahmen zu Beweiszwecken richten sich nach § 94 ff. und unterfallen (nur) den allgemeinen Verhältnismäßigkeitsanforderungen (HK-StPO/*Gercke* § 111q Rn. 1; KK-StPO/*Spillecke* § 111q Rn. 1; Meyer-Goßner/Schmitt/*Köhler* § 111q Rn. 1).

2 Landesrechtliche Pressegesetze werden – soweit sie Vorschriften über die Beschlagnahme enthalten – von § 111q verdrängt. Die Beschlagnahme zum Zwecke der Sicherstellung für Zwecke der strafrechtlichen Einziehung ist dem Strafverfahrensrecht zugehörig und nicht dem Presserecht, sodass die landesrechtlichen Vorschriften gem. Art. 72 Abs. 1, Art. 74 Abs. 1 Nr. 1 GG nichtig sind (h.M., vgl. nur KK-StPO/*Spillecke* § 111q Rn. 2, Meyer-Goßner/Schmitt/*Köhler* § 111q Rn. 2 m.w.N.).

3 **B. Einzelne Regelungen. I. Anwendungsbereich.** Die Vorschrift findet auf **Inhalte i.S.v. § 11 Abs. 3 StGB** Anwendung und gilt damit neben Druckwerken auch für Ton- und Bildträger (Schallplatten, Videobänder, Filmspulen, Musikkassetten, Tonbänder), Datenspeicher (CDs, DVDs, USB-Sticks, Disketten), Abbildungen (auch Plakate) und andere Darstellungen. Zu den Inhalten zählen auch in das Internet eingestellte, auf einem Server abgelegte Daten (BGHSt 46, 212, 216; BGHSt 47, 55, 58; BGH NStZ 2007, 216. Die Norm gilt auch für die zur Herstellung der Schriften gebrauchten und bestimmten **Vorrichtungen gem. § 74d Abs. 1 Satz 2 StGB**, passt hier in ihren Einzelregelungen aber überwiegend nicht. Insoweit verbleibt es bei einer strikten Anwendung des Verhältnismäßigkeitsgrundsatzes (KK-StPO/*Spillecke* § 111q Rn. 7).

4 **II. Anordnung. 1. Voraussetzungen.** Stets müssen die Voraussetzungen von § 111b Abs. 1 erfüllt sein, also Gründe für die Annahme vorliegen, dass es zu einer Einziehung oder Unbrauchbarmachung nach § 74d kommen wird (Einzelheiten s. dort; vgl. außerdem KMR/*Mayer* § 111q Rn. 4 ff.). Abs. 1 knüpft die Beschlagnahme von Verkörperungen von Inhalten und Vorrichtungen zu Sicherungszwecken an die weitere Voraussetzung, dass keine Allgemeininteressen das Übergewicht gewinnen, die als Ausfluss von Art. 5 Abs. 1 GG der Maßnahme entgegenstehen.

5 Als **nachteilige Folge** ist insb. das öffentliche Interesse an unverzögerter Verbreitung des Inhalts in die Abwägung einzustellen, das nicht unnötig gefährdet werden darf. Die nachteiligen Folgen für das Informationsinteresse wiegen umso schwerer, je mehr sich der Inhalt mit aktuellen Themen befasst, wobei auf den gesamten Inhalt abzustellen ist, nicht nur auf den inkriminierten Teil. Gleichgültig ist, ob sich die Öffentlichkeit aus anderen Quellen unterrichten kann (KK-StPO/*Spillecke* § 111q Rn. 5; Meyer-Goßner/Schmitt/*Köhler* § 111q Rn. 5; KMR/*Mayer* § 111q Rn. 11; LR/*Johann* § 111m Rn. 15). Ebenfalls als nachteilige Folge einzustellen sind die Auswirkungen der Maßnahme auf die wirtschaftliche Leistungsfähigkeit der an Herstellung und Vertrieb des Druckwerks Beteiligten (Meyer-Goßner/Schmitt/*Köhler* § 111q Rn. 5).

Unzulässig ist die Beschlagnahme, wenn sie in einem offenbaren, d.h. ohne Weiteres erkennbaren, Missverhältnis zur **Bedeutung der Sache** steht (KMR/*Mayer* § 111q Rn. 10); ein krasses Missverhältnis ist nicht erforderlich (KK-StPO/*Spillecke* § 111q Rn. 5). Die Formulierung als Ausnahme (»darf nicht, wenn offenbar außer Verhältnis«, Abs. 1) zeigt, dass eine umfangreiche Beweiserhebung zur Ermittlung der Ausnahmevoraussetzungen nicht erforderlich ist; im Zweifel bleibt es bei der Beschlagnahme (LR/*Johann* § 111m Rn. 18). Die das Gegengewicht der Abwägung bildende Bedeutung der Sache hängt insb. von der Schwere der Tat und dem Gewicht des Verdachts ab; bei der Verletzung von Individualrechtsgütern (Beleidigung etc.) kommt eine Auflagenbeschlagnahme nur ausnahmsweise in Betracht, etwa wenn eine nicht wieder gutzumachende Diffamierung zu besorgen ist oder der wirtschaftliche Ruin eines Unternehmens droht (LR/*Johann* § 111m Rn. 19; KMR/*Mayer* § 111q Rn. 12). 6

Als weitere Beschränkung sieht **Abs. 2** vor, dass die Anordnung die ausscheidbaren, nicht inkriminierten Teile auszunehmen hat. Sie hat sich – ebenfalls als Ausdruck des Verhältnismäßigkeitsgrundsatzes – auf das zur Zweckerreichung Erforderliche zu beschränken (LR/*Johann* § 111m Rn. 22). Praktisch wird dies – ohne Mitwirkung des Beschuldigten – nur bei Loseblattsammlungen, Zeitungsbeilagen oder bei im Internet gespeicherten Daten in Betracht kommen. Ob der verbleibende Rest noch ein in sich geschlossenes Werk darstellt, ist unerheblich; allerdings darf die Schrift als Ganzes, etwa ein Buch, nicht unverwertbar werden. Ist der Beschuldigte von vornherein zu Schwärzungen bereit, kann die Beschlagnahme gänzlich unnötig werden (z. Ganzen mit weiteren Nachweisen KK-StPO/*Spillecke* § 111q Rn. 6). Die ausgeschiedenen Teile sind in der Beschlagnahmeanordnung genau zu bezeichnen. 7

2. Zuständigkeit. Abs. 4 modifiziert die allgemeine Zuständigkeitsregelung des § 111j Abs. 1 dahin, dass bei Gefahr im Verzug ein Einschreiten der Ermittlungsbeamten in keinem Fall in Betracht kommt (krit. hierzu mit Blick auf Versammlungen und Kundgebungen, bei denen die Polizei Flyer und sonstige Informationsträger mit inkriminierten Inhalten nicht aus dem Verkehr ziehen, sondern nur einzelne Exemplare zu Beweiszwecken sicherstellen kann *Brenneisen* Kriminalistik 2021, 173, 175; in solchen muss auf die Eilkompetenz der StA ausgewichen werden). Auch der Staatsanwaltschaft kommt keine Eilkompetenz zu, wenn die Beschlagnahme **periodisch erscheinende Verkörperungen von Inhalten** und deren Herstellungsvorrichtungen betrifft; hier ist die Anordnung ausschließlich dem **Richter** (§ 162) vorbehalten, Abs. 4 Satz 1. In erster Linie sind hiervon Zeitungen und Zeitschriften erfasst, aber auch Blogs dürften – je nach Zuschnitt – unter die Regelung fallen. Maßgeblich ist ein Erscheinen in ständiger, nicht notwendiger Weise regelmäßiger Folge in Abständen von nicht mehr als sechs Monaten, wobei die Ausgaben jeweils in sich geschlossen sein und mit den früheren eine Gleichartigkeit aufweisen müssen (KK-StPO/*Spillecke* § 111q Rn. 11). Fortsetzungslieferungen oder Taschenbuchreihen scheiden danach aus (LR/*Johann* § 111n Rn. 5). 8

Bei nicht periodisch erscheinenden Verkörperungen von Inhalten und ihren Herstellungsvorrichtungen kann bei Gefahr im Verzug gem. Abs. 4 Satz 2 auch die **Staatsanwaltschaft** die Beschlagnahme anordnen. Die Beschlagnahmeanordnung der Staatsanwaltschaft muss binnen drei Tagen **richterlich bestätigt** werden, sonst tritt sie – anders als bei § 111j (s. dort Rdn. 8) – *ipso iure* außer Kraft. Die Frist beginnt mit dem Datum der Anordnung und berechnet sich nach den allgemeinen Vorschriften (§ 42, § 43 Abs. 2). § 43 Abs. 2 nicht gelten zu lassen, besteht keine Veranlassung (hM, vgl. nur KK-StPO/*Spillecke* § 111q Rn. 12; Meyer-Goßner/Schmitt/*Köhler* § 111q Rn. 14; LR/*Johann* § 111n Rn. 13; a.A. nur KMR/*Mayer* § 111q Rn. 19). Ergeht die richterliche Bestätigung trotz rechtzeitigen Antrags verspätet, gilt sie als richterliche Beschlagnahme (HK-StPO/*Gercke* § 111q Rn. 13). 9

3. Inhalt. Abs. 4 Satz 4 stellt besondere Anforderungen an den Inhalt der Beschlagnahmeanordnung von Verkörperungen von Inhalten. Sie hat die Stellen, die Anlass für die Beschlagnahme geben, genau zu bezeichnen und zwar nach Inhalt – bei Texten nach Möglichkeit in wörtlicher Wiedergabe, bei Filmen und Abbildungen durch Beschreibung – und Fundstelle – bei Druckwerken nach Heft, Band, Seite, Spalte, Zeile, bei Audio- und Videomaterial nach Titel und Laufzeit, bei Datenträgern nach Speicherort (KK-StPO/*Spillecke* § 111q Rn. 9; KMR/*Mayer* § 111q Rn. 20). Die Pflicht zur Angabe des durch die Verkörperung des Inhalts verletzten Strafgesetzes folgt aus § 34 (LR/*Johann* § 111m Rn. 26). Dies schließt die mündliche Anordnung der Beschlagnahme von Schriften praktisch aus, denn die Regelung gilt auch in Eilfällen. Der Betroffenen soll so in die Lage versetzt werden, adäquate Abwendungsmöglichkeiten anbieten zu können (HK-StPO/*Gercke* § 111q Rn. 16). 10

Als bloßer Begründungsmangel führt ein Verstoß nicht zu Unwirksamkeit der Maßnahme. Auf einen Rechtsbehelf hin ist eine Korrektur möglich (LR/*Johann* § 111m Rn. 27; Meyer-Goßner/Schmitt/*Köhler* § 111q Rn. 10). 11

12 **III. Vollziehung.** Die Zuständigkeit für die Vollziehung regelt § 111q nicht, sodass es bei der für alle Beschlagnahmen nach § 111b geltenden Regelung des § 111k Abs. 1 Satz 1 bleibt: Zuständig ist die Staatsanwaltschaft (o. § 111k Rdn. 4). Eines Rückgriffs auf § 36 Abs. 2 bedarf es nicht (so aber Meyer-Goßner/Schmitt/*Köhler* § 111q Rn. 16; HK-StPO/*Gercke* § 111q Rn. 15; Beck-OK-StPO/*Huber* § 111q Rn. 11).

13 Abs. 3 schränkt die Vollziehung von Beschlagnahmeanordnungen betreffend die Verkörperung von Inhalten ein. Die Vorschrift spricht ungenau von der Beschlagnahme, also an sich der Anordnung. Geregelt wird jedoch die **Abwendungsbefugnis nach der Anordnung** (ebenso Meyer-Goßner/Schmitt/*Köhler* § 111q Rn. 9; LR/*Johann* § 111m Rn. 28, vgl. aber Rn. 30; KK-StPO/*Spillecke* § 111q Rn. 8), also die Hemmung der Vollziehung. Die Abwendungsbefugnis steht demjenigen zu, der dazu technisch und rechtlich in der Lage ist; wie er die Herausnahme der inkriminierten Passagen von der Verbreitung oder Vervielfältigung bewerkstelligt, ist unerheblich. In Betracht kommen namentlich die Schwärzung der betroffenen Passagen, das Überkleben von Plakaten oder die Löschung oder Sperrung der Zugriffsmöglichkeiten bei online-Inhalten (KK-StPO/*Spillecke* § 111q Rn. 8; LR/*Johann* § 111m Rn. 31). Ob ein Antrag des Betroffenen erforderlich ist oder nicht (hM: Antrag erforderlich, vgl. nur HK-StPO/*Gercke* § 111q Rn. 10 m.w.N.; a.A. LR/*Johann* § 111m Rn. 32), ist eine akademische Frage. Da die Abwendung eine freiwillige Mitwirkung des Betroffenen erfordert und nur in Betracht kommt, wenn er die zur Abwendung geeigneten Maßnahmen darlegt und umsetzt, liegt stets ein zumindest konkludenter Antrag vor.

14 Die Vorschrift findet auf die in § 74d Abs. 1 Satz 2 StGB genannten Vorrichtungen entsprechende Anwendung, wenn durch Maßnahmen des Betroffenen sichergestellt werden kann, dass sie zur Herstellung von Schriften mit strafrechtlich relevantem Inhalt keine Verwendung mehr finden (KK-StPO/*Spillecke* § 111q Rn. 8; LR/*Johann* § 111m Rn. 28).

15 **IV. Aufhebung.** Für die Aufhebung der Beschlagnahme gelten zunächst die allgemeinen Regeln: Entfällt der Tatverdacht oder ist eine Einziehung oder Unbrauchbarmachung etwa wegen freiwilliger Maßnahmen des Betroffenen nicht mehr zu erwarten, ist die Anordnung aufzuheben (Meyer-Goßner/Schmitt/*Köhler* § 111q Rn. 9; KMR/*Mayer* § 111q Rn. 16). Stellt die Staatsanwaltschaft einen entsprechenden Antrag, muss das Gericht dem nachkommen, Abs. 5 Satz 4.

16 Abs. 5 Satz 1 bis 3 unterwirft die Aufrechterhaltung einer Beschlagnahme von Verkörperungen von Inhalten darüber hinaus einem strikten **Fristenregime**. Die Regelung dient dem Schutz der Presse vor verzögerter Sachbehandlung und erfordert beschleunigtes Tätigwerden der Staatsanwaltschaft. Nach Abs. 5 Satz 1 muss **binnen zwei Monaten** nach der Beschlagnahme die **Anklage** erhoben (§ 170 Abs. 1) oder die selbstständige Einziehung beantragt (§ 435 Abs. 1) werden, andernfalls ist die Beschlagnahme aufzuheben. Maßgeblich ist der der Beschlagnahme zugrunde liegende Sachverhalt, eine abweichende rechtliche Würdigung ist unschädlich. Für die Berechnung der Frist gilt § 43; für die Nichtanwendung von § 43 Abs. 2 ergibt sich im Gesetz kein Anhaltspunkt (hM, vgl. nur Meyer-Goßner/Schmitt/*Köhler* § 111q Rn. 19; KK-StPO/*Spillecke* § 111q Rn. 13; a.A. nur KMR/*Mayer* § 111q Rn. 21).

17 Die Frist kann maximal zweimal um jeweils zwei Monate **verlängert** werden, Abs. 5 Satz 2 und 3. Voraussetzung ist jeweils, dass die Frist wegen des Umfangs der Ermittlungen eine Anklageerhebung noch nicht zugelassen hat. Soweit gefolgert wird, besondere Schwierigkeiten ließen hier – weil anders als in § 121 Abs. 1 nicht erwähnt – eine Verlängerung nicht zu (Meyer-Goßner/Schmitt/*Köhler* § 111q Rn. 20; KMR/*Mayer* § 111q Rn. 22; HK-StPO/*Gercke* § 111q Rn. 18), ist dem in dieser Allgemeinheit schon deshalb nicht zu folgen, weil beide Kriterien nicht trennscharf von einander abzugrenzen sind (vgl. nur KK-StPO/*Schultheiß* § 121 Rn. 14). Sind die Ermittlungen aufwendig und werden sie mit der gebotenen Beschleunigung geführt, kann es keinen Unterschied machen, ob die Verzögerung darin begründet ist, dass zahlreiche Delikte aufzuklären oder Beweismittel auszuwerten sind oder dass die Auswertung eines zentralen Beweismittels einen erheblichen forensischen Aufwand nach sich zieht. Personal- und Ressourcenmangel sowie rechtliche Schwierigkeiten können eine Fristüberschreitung dagegen nicht rechtfertigen (wie hier LR/*Johann* § 111n Rn. 27; KK-StPO/*Spillecke* § 111q Rn. 16 m.w.N.).

18 **V. Rechtbehelfe.** Für die Rechtsbehelfe ergibt sich gegenüber sonstigen Beschlagnahmen nach § 111b Abs. 1 nur für den Fall eine Modifikation, dass die staatsanwaltschaftliche Eilanordnung nicht bestätigt wird: Weil hier die Anordnung *ipso iure* außer Kraft tritt, kommt eine gerichtliche Überprüfung nach dem Muster von § 111j Abs. 2 Satz 3 nicht in Betracht. Gleichwohl besteht – schon in Ansehung der betroffenen Grundrechte aus Art. 5 GG – ein Bedürfnis, die Rechtmäßigkeit der Maßnahme überprüfen zu lassen. Hierfür ist § 98 Abs. 2 Satz 2 StPO analog heranzuziehen (vgl. HK-StPO/*Gercke* § 111q Rn. 21; a.A. BeckOK-StPO/*Huber* § 111q Rn. 18: nicht anfechtbar). Soweit dagegen die Art und Weise der Vollziehung der Beschlagnahmeanordnung angegriffen wird, besteht mit § 111k Abs. 3 eine speziellere Regelung, die § 98 Abs. 2

Satz 2 verdrängt (a.A. Meyer-Goßner/Schmitt/*Köhler* § 111q Rn. 25, der auch hier den Antrag nach § 98 Abs. 2 Satz 2 für gegeben erachtet).

Gegen richterliche Entscheidungen (Beschlagnahmeanordnung, Beschlagnahmebestätigung und Verlängerungsentscheidungen) ist die Beschwerde gem. § 304 gegeben; eine weitere Beschwerde findet nicht statt, § 310 Abs. 2. 19

Neunter Abschnitt. Verhaftung und vorläufige Festnahme

Vorbemerkung zu den §§ 112 ff.

Übersicht

A. Einleitung. Die Untersuchungshaft ist die schärfste strafprozessuale Zwangsmaßnahme, die der Staat gegen den Bürger ergreifen kann. Ihre Anordnung ist ebenso wie ihr Vollzug der massivste gesetzlich zugelassene Eingriff in die Lebensführung des Beschuldigten. Dabei geht es nicht einmal unmittelbar um die Durchsetzung des staatlichen Strafanspruchs, sondern nur um die vorläufige Festsetzung des Beschuldigten, damit ein Strafverfahren gegen ihn durchgeführt werden kann. Der auf freiem Fuß befindliche Beschuldigte kann sich frei und ungezwungen auf seine Verteidigung vorbereiten und wird nach einer Verurteilung zum Strafantritt geladen. Er kann sich auf den Freiheitsverlust einrichten. Eine Verhaftung erfolgt hingegen in den meisten Fällen unvermittelt und plötzlich, ohne Ankündigung, vorhergehende Ladung oder Anhörung und ohne (rechtskräftige) Verurteilung (vgl. *Herrmann* Rn. 1 ff.; Schlothauer/Weider/Nobis Untersuchungshaft, Rn. 1; *Seebode*, Der Vollzug der Untersuchungshaft, 1985, S. 3). Die Inhaftierung des noch nicht oder noch nicht rechtskräftig verurteilten Beschuldigten ist nicht zu Unrecht als Freiheitsberaubung ggü. einem Unschuldigen bezeichnet worden (*Hassemer* StV 1984, 38, 40; zur Unschuldsvermutung bei Untersuchungshaft s.a. *Herrmann* StraFo 2016, 89 ff.). Dennoch kommt man nicht umhin, die Untersuchungshaft als zulässig anzusehen (Meyer-Goßner/*Schmitt* Vor § 112 Rn. 1), denn in bestimmten Fällen ist sie für eine wirksame Strafrechtspflege unentbehrlich (*Roxin/Schünemann*, Strafverfahrensrecht, § 30 Rn. 1, S. 218). 1

2 Die Anzahl der Untersuchungsgefangenen hatte vorübergehend abgenommen. Sie nimmt nun aber wieder zu (*Morgenstern* ZIS 2011, 240; *Nobis* StraFo 2012, 45 ff.; *Püschel* StraFo 2009, 134; *Radtke/Hohmann/Tsambikakis*, StPO, § 112 Rn. 1; Schlothauer/Weider/Nobis Untersuchungshaft, Rn. 6). Sie ist seit 2014 geradezu dramatisch um ca. 25 % gestiegen (destatis). Die Anzahl von Ausländern, die in Untersuchungshaft kamen, spielt dabei eine wesentliche Rolle, sie nahm ebenfalls signifikant zu. Diejenige von Deutschen nahm hingegen geringfügig ab. Auch die Anzahl der Fälle, in denen die Untersuchungshaft länger als sechs Monate dauerte, nahm deutlich zu. Es war seit jeher kritisiert worden, dass zu oft und zu früh verhaftet wird und die Untersuchungshaft zu lange andauere (exemplarisch: *Alsberg* JW 1925, 1433 ff.; *Sarstedt*, Reform der Untersuchungshaft (1963), abgedruckt in *Hamm et al.* (Hrsg.), Rechtsstaat als Aufgabe: Ausgewählte Schriften und Vorträge 1952 bis 1985, S. 120, 121 f.; *Der Spiegel* 12/1964, U-Haft in Deutschland, S. 37 ff.).
Eine andere Entwicklung ist in **Österreich** festzustellen. Dort ist nach der großen Reform des Vorverfahrens der StPO zum 01.01.2008 die Anzahl der Verhaftungen signifikant gesunken und die Untersuchungshaft dauert nunmehr kürzer an (*Kier/Soyer* ÖAnwBl. 2009, 213, 215). Verblüffend hieran ist, dass dort das Haftrecht weitgehend unangetastet blieb. Dass in Österreich nicht mehr so (vor-)schnell und dann auch nicht mehr so lang, insgesamt seltener verhaftet wird, soll insb. auch auf eine gesteigerte Kritikfähigkeit der Richterschaft ggü. den Ermittlungsbehörden zurückzuführen sein (*Kier/Soyer* ÖAnwBl. 2009, 213, 215).
Leider ist eine solche geänderte Sicht nach der **Reform des Rechts der Untersuchungshaft in Deutschland** zum 01.01.2010 (ausf. hierzu s. Rdn. 36 ff.) nicht festzustellen. Vielmehr hat sich das Gegenteil bewahrheitet. Auch wenn das Bewusstsein aller Beteiligten durch die Reform geschärft wurde, so bleibt fest zu halten, dass sich im Ergebnis nichts geändert oder gar zum Positiven entwickelt hat. Die in der 1. Auflage gehegte Hoffnung, dass die Reform positive Wirkung zeigen werde, hat sich damit nicht bestätigt.
Dasselbe traurige Bild zeigte sich nach der Reform durch das »**Gesetz zur effektiveren und praxistauglicheren Ausgestaltung des Strafverfahrens**« vom 17.08.2017. Die Neuregelungen zur Beiordnung eines Pflichtverteidigers nach § 141 Abs. 3 Satz 4 für sämtliche Fälle der richterlichen Vernehmung und somit ausnahmslos auch bei der Frage der Anordnung der Untersuchungshaft (»ohne Wenn und Aber« und nicht erst mit Beginn der Vollstreckung), wurde teils bewusst missgedeutet und setzte sich in der Praxis vielfach nicht durch. Auch weiterhin wurden Pflichtverteidiger regelmäßig zu spät hinzugezogen.
Eine deutlich positive Entwicklung ergibt sich nun durch das »**Gesetz zur Neuregelung des Rechts der notwendigen Verteidigung**« v. 10.12.2019 (BGBl. I, S. 2128), das am 13.12.2019 in Kraft getreten ist. Dort wurde das Recht der Pflichtverteidigung neu – nunmehr unmissverständlich und einer den Beschuldigten in seinen Rechten beschränkenden Auslegung nicht mehr zugänglich – eindeutig geregelt worden. Mit diesem Gesetz wurde dann doch noch die EU-RiLi 1916/2020 angemessen umgesetzt (s. dazu *Böß* NStZ 2020, 185 ff.; *Galneder/Ruppert* StV 2021, 202 ff.; *Hillenbrand* StRR 3/2020, 5 und 4/2020, 5; s.a. *Spitzer* StV 2020, 418 ff.).Eine ausführliche Kommentierung zum Recht auf Pflichtverteidigung in Fällen der Anordnung der Untersuchungshaft und auch für die Zeit danach findet sich ab Rdn. 64 ff.).
Wie schwierig die Umsetzung von Reformbemühungen ist, zeigt auch das Beispiel **Griechenland**, wo die Bemühungen um Rechtsstaatlichkeit und eine Angleichung an das moderne europäische Verständnis von Beschuldigtenrechten ebenfalls nur schwer umsetzbar sind (ausf. hierzu *Anagnostopoulos* StraFo 2013, 453 ff.).
Insgesamt muss konstatiert werden: Die Untersuchungshaft ist der neuralgische Punkt des rechtsstaatlichen Verfahrens (AnwK-Uhaft/*König* Vorwort V). Sie bleibt das trostloseste Kapitel der Strafverteidigung (so schon *Dahs* Hdb. des Strafverteidigers, Rn. 306).

3 **B. Allgemeines. I. Rechtfertigung der Untersuchungshaft.** Die Erduldung von Untersuchungshaft wird allgemein als Sonderopfer angesehen, das dem Beschuldigten ggü. der Allgemeinheit abverlangt wird (BGHZ 60, 302 = NJW 1973, 1322; differenzierend *Hassemer* StV 1984, 38, 40; s.a. KK/*Graf* Vor § 112 Rn. 13; Meyer-Goßner/*Schmitt* Vor § 112 Rn. 3). Als Sonderopfer darf sie aber nur in engen Grenzen angewandt werden. Zudem gebieten die verfassungsrechtlich garantierten Grundsätze der Unschuldsvermutung und der Verhältnismäßigkeit, die Untersuchungshaft auf das Allernotwendigste zu beschränken (*Roxin/Schünemann* Strafverfahrensrecht, § 30 Rn. 1, S. 218; zur Unschuldsvermutung bei Untersuchungshaft s.a. *Herrmann* StraFo 2016, 89 ff.).

4 Endet das Strafverfahren ohne Verurteilung durch Einstellung oder Freispruch, dann stehen dem zu Unrecht Inhaftierten grds. ein **Entschädigungsanspruch gem. § 2 Abs. 1 StrEG** zu (*Broß* StraFo 2009, 10 ff.; *Burhoff* Hdb. für das strafrechtliche Ermittlungsverfahren, Rn. 4182; *Killinger*, Staatshaftung für rechtswidrige Untersuchungshaft in Deutschland und Österreich im Lichte von Art. 5 Abs. 5 EMRK, Diss. 2015, S. 29 ff.; *Kotz* StRR 2010, 164 ff.; *ders.* StRR 2010, 204 ff.; *ders.* StRR 2010, 244; *Burhoff/Kotz-Kotz*, Hdb. für die strafrechtliche Nachsorge, Teil I, Rn. 280 ff.; *Widmaier/Kotz* MAH Strafverteidigung; § 25 Rn. 13; zum Ersatz eines Einkommensausfalles auch für die Zukunft s. LG München StRR 2008, 114 [m.Anm. *D. Herr-*

mann]; zu Amtshaftungsansprüchen wegen unberechtigt beantragter Untersuchungshaft s. LG Köln StRR 2015, 154 [m.Anm. *G. Herrmann*]).

War der Antrag auf Erlass eines Haftbefehls darüber hinaus unvertretbar, dann kommt auch ein **Schadensersatzanspruch nach den §§ 839, 253 Abs. 2 BGB** in Betracht (LG Dortmund StV 2005, 451). Selbst für den Fall einer Verurteilung kann dem Betroffenen ein Anspruch auf Entschädigung für dennoch zu Unrecht erlittene Untersuchungshaft zustehen (vgl. *Park/Schlothauer* FS Widmaier, 2008, S. 387, 404 ff.). Umgekehrt ist eine Entschädigung für zu Unrecht erlittene Untersuchungshaft aber unter den Voraussetzungen des § 5 StrEG ausgeschlossen, insb. wenn und soweit der Beschuldigte die Strafverfolgungsmaßnahme vorsätzlich oder grob fahrlässig verursacht hat (§ 5 Abs. 2 Satz 1 StrEG; s. hierzu OLG Köln Beschl. v. 03.05.02017 – 2 Ws 237/17 [Selbstbezichtigung ggü. einem Zeugen]). 5

Neben Ansprüchen aus dem StrEG regelt **Art. 5 Abs. 5 EMRK** für Fälle der rechtswidrigen Festnahme oder Freiheitsentziehung einen weitergehenden (verschuldensunabhängigen!) Schadensersatzanspruch gegen den Staat (s. EGMR Nr. 11364/03, Urteil der 5. Kammer v. 13.12.2007 [Mooren v. Deutschland I] StRR 2008, 98 ff. [m.Anm. *D. Herrmann/J. Herrmann*] = StV 2008, 475; s.a. EGMR Nr. 11364/03, Urteil der Großen Kammer v. 09.07.2009 [Mooren v. Deutschland II] StraFo 2010, 63 = StRR 2009, 473 ff. [m.Anm. *D. Herrmann*] = StV 2010, 490 ff. [m.Anm. *Pauly*]; zum Ganzen auch *Brockhaus/Ullrich* StV 2016, 678 ff.; *Broß* StraFo 2009, 10 ff.; *Krauße* StraFo 2017, 349 ff.; Meyer-Goßner/*Schmitt* Art. 5 MRK Rn. 14; *Park-Schlothauer*, Rechtswidrige Untersuchungshaft: nachträglicher Rechtsschutz und Wiedergutmachung, FS *G. Widmaier*, 2008, S. 387 ff.; s.a. *Strafner* StV 2010, 275 ff.; LR/*Esser* Erl. zu Art. 5 EMRK; Art. 5 EMRK Rn. 67 ff.; ausf. und sehr praxisrelevant zum Ganzen: *Killinger*, Staatshaftung für rechtswidrige Untersuchungshaft in Deutschland und Österreich im Lichte von Art. 5 Abs. 5 EMRK, Diss. 2015). 6

Art. 5 EMRK bietet eine eigenständige Anspruchsgrundlage für den Ersatz von materiellem aber auch immateriellem Schaden. Art. 5 Abs. 5 EMRK ist kein Aufopferungsanspruch, sondern ein Fall der Gefährdungshaftung mit deliktsähnlichem Einschlag (BGHZ 45, 58; BGH NStZ 2010, 229). Die Haftungsbeschränkungen des StrEG gelten hier nicht. Art. 5 Abs. 5 EMRK ist lex specialis zu § 839 BGB und Art. 34 GG. Dort geht es um »unschuldig erlittene Untersuchungshaft«. Hier hingegen geht es um »rechtswidrig erlittene Freiheitsentziehung«. 7

Zuständig sind die Zivilgerichte, in erster Instanz die Staatshaftungskammern der Landgerichte, in deren Bereich die Verhaftung vorgenommen bzw. die Haft vollzogen wurde (BGHZ 122, 268; Meyer-Goßner/*Schmitt* Art. 5 MRK Rn. 14). 8

An den Nachweis des Schadens dürfen keine überspannten Anforderungen gestellt werden (*Brockhaus/Ullrich* StV 2016, 678 ff.; *Broß* StraFo 2009, 10 ff.; *Krauße* StraFo 2017, 349 ff.; Meyer-Goßner/*Schmitt* Art. 5 MRK Rn. 14; *Park-Schlothauer*, Rechtswidrige Untersuchungshaft: nachträglicher Rechtsschutz und Wiedergutmachung, FS *G. Widmaier*, 2008, S. 387 ff.; *Strafner* StV 2010, 275 ff.). Neben sämtlichen materiellen Schäden, die auch die Anwaltskosten sowie die Verteidigerhonorare umfassen, die zur Bekämpfung der rechtswidrigen Untersuchungshaft aufgewendet wurden (vgl. *Killinger* S. 64 f. u. S. 134 mit Nachweisen aus der Rspr.), ist auch der immaterielle Schaden in Form eines Schmerzensgeldes zu ersetzen. Anders als bei § 7 Abs. 3 StrEG gibt es hier aber keine pauschale Begrenzung auf 25 € pro Tag. Das Schmerzensgeld ist entsprechend der zivilrechtlichen Grundsätze unter Würdigung aller Umstände und Berücksichtigung der Ausgleichs- und Genugtuungsfunktion zu bemessen (BGHZ [GS] 18, 149; BGHZ 193, 110). Dabei sind insb. zu berücksichtigen: psychische und physische Belastungen des Vollzuges, Dauer der Freiheitsentziehung, Beeinträchtigung des Erwerbs- und Berufslebens, rufschädigende Wirkungen im privaten und öffentlichen Bereich, Ehr- und Persönlichkeitsverletzungen sowie der hohe Wert der persönlichen Freiheit selbst, dem bei der Bewertung der Schmerzensgeldhöhe besonderes Gewicht zukommt (OLG Naumburg, Urt. v. 27.12.2011 -10 W 14/11; OLG Brandenburg, Urt. v. 12.09.2013, 2 W 2/13; OLG Frankfurt a.M., Urt. v. 02.10.2007, 19 U 8/07; ausführlich. *Killinger* S. 135 f.). 9

Eine gefestigte Rspr. zur Orientierung anhand ungefährer Bemessungsgrenzen oder Schadensersatzbeträge gibt es soweit ersichtlich nicht. Manche Gerichte orientieren sich an Tagessätzen. Diese sind der Höhe nach nicht auf eine Entschädigung innerhalb der Grenzen des StrEG beschränkt. Problematisch erscheint, dass sich Anspruchsteller und deren Anwälte zurückhaltend agieren und sich mit den niedrigen Sätzen von § 7 Abs. 3 StrEG zufriedengeben (*Killinger* S. 141). Manche Gerichte sprechen Pauschalen zu, die sich an den Gesamtumständen ausrichten. Sie rekurrieren dabei auf Entscheidungen des EGMR zu Art. 41 EMRK oder beziehen sich auf die zivilrechtliche Rspr. zu den Fällen, in welchen Private eine rechtswidrige Freiheitsentziehung, etwa durch Falschbezichtigung, veranlasst haben. In der Praxis finden sich geradezu dramatisch unterschiedliche Entscheidungen von 30 € bis zu 5.850 € für jeden Tag der rechtswidrig erlittenen Freiheitsentziehung: OLG München v. 22.08.2013 – 1 U 1488/13 (30 €/Tag; Grundbetrag von 25 € analog StrEG plus 5 € Zuschlag für Konventionswidrigkeit); LG Dortmund StV 2005, 451 (195 €/Tag; 21 Tage Auslieferungshaft. 10

Kein dringender Tatverdacht und unvertretbarer Haftbefehlsantrag der Staatsanwaltschaft, dem lediglich die belastende Äußerung eines Mitbeschuldigten zu Grunde lag. Dies rechtfertige jedoch nicht den Schluss, dass die Wahrscheinlichkeit groß war, dass der Kläger auch tatsächlich Täter oder Teilnehmer der Straftat war); EGMR v. 13.01.2015, 41040/11 (5.850 €/24 Stunden; vorläufige Festnahme eines diabeteskranken Mannes, dem während der Festnahme weder Nahrung noch medizinische Versorgung gewährt wurde); EGMR v. 01.12.2011, 8080/08 (500 €/Tag für rechtswidrigen vorbeugenden Polizeigewahrsam in Zusammenhang mit dem G8-Gipfel); EGMR v. 17.05.2011 – 2474/06 (2.000 €/Tag; rechtswidrige Festnahme über drei Tage wegen angeblicher Widerstandshandlung); EGMR v. 25.09.2003, 52792/99 (500 €/26 Stunden; vorläufige Festnahme einer älteren Dame aus nichtigem Anlass); KG NJW 2005, 1284 (85 €/Tag; 76 Tage Untersuchungshaft, nachdem Verteidigerin es versäumt hatte, Terminverlegung zu beantragen und Mandant auf die Folgen der Terminversäumnis hinzuweisen; insofern schadensersatzpflichtig auch die Anwältin!); siehe zahlreiche weitere Beispiele bei *Killinger* S. 79 u. S. 135 ff.).

11 Der Staat übernimmt mit dessen Inhaftierung aber auch die Verantwortung für den Schutz des Gefangenen. Die Bediensteten einer JVA haben eine **Amtspflicht zum Schutz des Lebens und der körperlichen Unversehrtheit der Gefangenen** (vgl. Art. 2 Abs. 2 GG). Diese Pflicht umfasst auch die Verhütung von drohenden Schäden der Häftlinge durch Mitgefangene. Absehbaren Risiken aufgrund der Gefährlichkeit eines möglichen Schädigers muss durch Trennung der Gefangenen, eine engmaschige Aufsicht oder auch die Verwehrung des freien Zugangs zu gefährlichen Werkzeugen begegnet werden. Hierbei kommt es nicht allein darauf an, ob eine die Eigen- und Fremdgefährdung verneinende psychiatrische Prognoseentscheidung methodisch richtig getroffen worden sein mag, sondern auch darauf, ob im Alltag einer Anstalt unter Berücksichtigung des bisherigen Verhaltens des späteren Schädigers besondere Vorkehrungen geboten sind. Muss den Bediensteten einer JVA angesichts der besonderen Umstände auch ohne psychologische Vorbildung allein aufgrund ihrer dienstlichen Erfahrung die Gefahr bewusst sein, dann stellt die Verneinung einer Amtspflicht zum Schutz des Gefangenen eine nicht mehr vertretbare (willkürliche) Handhabung von § 839 BGB i.V.m. Art. 34 GG dar. Davon ist insb. auszugehen, wenn entgegen der Regel psychisch auffällige Gefangene mit normalen Gefangenen über einen längeren Zeitraum und bei freiem Zugang zu gefährlichen Werkzeugen alleingelassen werden und es zu Verletzungshandlungen kommt. Dem geschädigten Gefangenen steht dann **Schadensersatz aus Amtspflichtverletzung** zu (BVerfG NJW 2016, 1081 ff. = StV 2016, 175 ff.; s.a. BGH NJW 2003, 3698 ff.; BGH NJW 1956, 1399 ff.; s. hierzu auch § 119 Rdn. 20).

12 **II. Zweck der Untersuchungshaft. 1. Allgemeines.** Zweck der Untersuchungshaft ist die Sicherung des Strafverfahrens. Die Entziehung der Freiheit des Beschuldigten findet nur statt, um die Durchführung des Erkenntnisverfahrens sowie der Strafvollstreckung zu gewährleisten. Sie dient je nach Lage des Falles der Sicherung der Anwesenheit des Beschuldigten, einer ordnungsgemäßen Feststellung der für die Urteilsfindung erforderlichen Tatsachen und der Sicherstellung der Strafvollstreckung (BVerfGE 19, 342, 348 = NJW 1966, 243, 244; BVerfGE 20, 45, 49 = NJW 1966, 1259; BVerfGE 32, 87, 93; s.a. *Hassemer* StV 1984, 38, 40; AnwK-StPO/*Lammer*, § 112 Rn. 5; Meyer-Goßner/*Schmitt* Vor § 112 Rn. 4). Es geht einzig um die vollständige Aufklärung der Tat und die rasche Bestrafung des Täters. Andere Zwecke dürfen mit der Untersuchungshaft nicht verfolgt werden (vgl. statt aller *Roxin/Schünemann*, Strafverfahrensrecht, § 30 Rn. 1 a.E.). Ist die Untersuchungshaft zur Erreichung der erlaubten Zwecke nicht mehr erforderlich, dann ist sie unverhältnismäßig und darf nicht mehr angeordnet werden (vgl. statt aller *Broß* StraFo 2009, 10, 12).

13 Nach BGH StraFo 2017, 190 soll die Fortdauer der Untersuchungshaft zulässig sein, obwohl die Durchführung des Strafverfahrens unwahrscheinlich geworden ist. Dem stehe die drohende Abschiebung nicht entgegen, denn wenn diese scheitere, dann müsse das Verfahren fortgesetzt werden. Das erscheint dogmatisch bedenklich. Denn dann wäre zunächst einmal Abschiebehaft angezeigt, die ja ebenfalls an konkrete gesetzliche Vorgaben gebunden ist. Dass insofern Abschiebungen in der Praxis zunehmend scheitern, kann und darf nicht über das Institut der Untersuchungshaft geklärt werden (s. hierzu auch die Kommentierung zu § 116b).

14 Der Zweck der Untersuchungshaft darf auch nicht die Rückgewinnung der Beute sein. Beweismittel, die zum Nachweis der Strafbarkeit sowie zur Strafzumessung erforderlich sind, dienen nicht dem Institut der Rückgewinnungshilfe (*Gärtner* NStZ 2005, 544 ff.; dort speziell zur Verdunkelungsgefahr).

15 **2. Normative Grundlagen der Untersuchungshaft.** Der Erlass eines Haftbefehls ist in jedem Stadium des Strafverfahrens zulässig. Das Gericht hat i.R.d. gesetzlichen Vorgaben anhand des konkreten Einzelfalles nach pflichtgemäßem Ermessen zu entscheiden (BVerfGE 19, 342, 349 = NJW 1966, 243, 244; Meyer-Goßner/*Schmitt* § 112 Rn. 1).

16 Die **normativen Maßstäbe** für die Voraussetzungen der Untersuchungshaft ergeben sich aus der Verfassung (vgl. Art. 1, 2 und 103 GG) und aus der Strafprozessordnung (vgl. insb. den §§ 112 ff.), darüber hinaus aber auch aus der Menschenrechtskonvention (vgl. dort insb. Art. 5 und 6 EMRK). Bei der Prüfung der Voraus-

setzungen der Untersuchungshaft ist nicht danach zu fragen, ob diese angeordnet werden kann, sondern vielmehr, ob ihre Verhängung – als *ultima ratio* – wegen überwiegender Belange des Gemeinwohls zwingend geboten ist (KG StRR 2013, 243 [Kurzmitteilung] = StRR 2013, 356 f. [m.Anm. *Burhoff*] = StraFo 2013, 375 ff. = StV 2014, 26 f.).

Die **formellen Voraussetzungen** der Untersuchungshaft finden sich vornehmlich in den §§ 114, 114a sowie § 115. 17

Die **materiellen Voraussetzungen** der Untersuchungshaft sind in erster Linie in den §§ 112, 112a, 113 und 127b geregelt. Zur Begründung eines Haftbefehls bedarf es eines dringenden Tatverdachts (§ 112 Abs. 1 – ausf. hierzu s. dort), sowie des Vorliegens mindestens eines der gesetzlich normierten Haftgründe (vgl. § 112 Abs. 2, Abs. 3 sowie § 112a – ausf. hierzu s. dort). Darüber hinaus darf die Untersuchungshaft nicht unverhältnismäßig sein (§ 112 Abs. 1 Satz 2 – ausf. hierzu s. dort). Das sind die sog. **»drei Säulen«** auf denen die Untersuchungshaft gründet. 18

Die Haftgründe sind in den §§ 112, 112a abschließend geregelt. Auf andere als die dort genannten fünf Haftgründe darf ein Haftbefehl nicht gestützt werden (statt Aller: OLG Karlsruhe StV 2010, 30). Neben den gesetzlichen Haftgründen spielen in der Praxis aber häufig vom Gesetz nicht genannte und auch nicht vorgesehene, sog. **»apokryphe Haftgründe«**, eine weitverbreitete Rolle. Diese dürfen aber keinesfalls die Untersuchungshaft rechtfertigen (ausf. hierzu s. § 112 Rdn. 19 ff.; s.a. *Alsberg* JW 1925, 1433 ff.; *Burhoff* Hdb. für das strafrechtliche Ermittlungsverfahren, Rn. 4149 ff.; *Eidam* HRRS 2013, 292 ff.; *Herrmann*, Untersuchungshaft, Rn. 638 ff.; *Münchhalffen* StraFo 1999, 332 ff.; Schlothauer/Weider/Nobis Untersuchungshaft, Rn. 680 ff.; *Weider* StraFo 1995, 11 ff.; *Widmaier/König*, MAH Strafverteidigung, § 4 Rn. 48 sowie Rn. 174 f.). 19

III. Strafprozessuale Freiheitsentziehung – Überblick. Im **9. Abschnitt der StPO** sind verschiedene freiheitsentziehende Zwangsmaßnahmen gegen den Beschuldigten geregelt. Neben den Vorschriften zur Untersuchungshaft (§§ 112 ff.) finden sich Vorgaben zur einstweiligen Unterbringung (§ 126a), der vorläufigen Festnahme (§ 127) und der Hauptverhandlungshaft (§ 127b). 20

1. Daneben regelt die StPO in anderem Sachzusammenhang die sog. **»Ungehorsamshaft«**, mit der die Anwesenheit des Angeklagten in der Hauptverhandlung erzwungen werden kann (vgl. §§ 230 Abs. 2, 236, 329 Abs. 4 Satz. 1 und § 412 Satz 1), den **Sicherungshaftbefehl** vor Widerruf einer Strafaussetzung zur Bewährung (§ 453c Abs. 1) und den **Vollstreckungshaftbefehl** (§ 457 Abs. 2). Weitere Möglichkeiten einer teilweise aber nur kurzfristig erlaubten oder zugelassenen Freiheitsentziehung ergeben sich aus § 81 Abs. 1 (Unterbringung zur Beobachtung des Beschuldigten), § 81a Abs. 1 (körperliche Untersuchung), § 81b (Anfertigen von Lichtbildern und Fingerabdrücken, sog. »erkennungsdienstliche Behandlung«), § 102 (Durchsuchung beim Verdächtigen), § 163b Abs. 1 (Feststellung der Identität), § 163c (Freiheitsentziehung zur Feststellung der Identität). Eine vorübergehende Freiheitsentziehung ist auch zur Vorführung (vgl. §§ 133 Abs. 2, 134, 135, 163a Abs. 3 Satz 2) und zur Verwahrung während der Unterbrechung und auch bei der Hauptverhandlung (§ 231 Abs. 1 Satz 2) erlaubt. 21
2. Die sog. **»Organisationshaft«**, teils auch »Zwischenhaft« genannt, erfasst den Übergang von Untersuchungshaft in Strafhaft bzw. den Freiheitsentzug zwischen Beendigung der Untersuchungshaft und Beginn des Maßregelvollzuges. Sie ist gesetzlich nicht geregelt. Sie ist zwar »regelwidrig«, gilt jedoch als verfassungsgemäß, sofern sie dem Verurteilten nicht zum Nachteil gereicht (BVerfG NJW 2006, 427 ff. [nicht über drei Monate]; NStZ 1998, 77 ff. [m.Anm. *Lemke*]; s.a. OLG Brandenburg NStZ 2000, 500 [m.Anm. *Rautenberg*]; OLG Celle StV 2003, 32; OLG Hamm NStZ 2009, 655 [Übergang in Strafhaft auch bei nur Teilrechtskraft des Urteils]; OLG Hamm StraFo 2004, 105; zu Recht krit. *Bartmeier* NStZ 2006, 544 ff.; *Morgenstern* StV 2007, 441 ff.; *Paeffgen* FS *Fezer*, 2008, S. 43 ff.; *Trennhaus* StV 1999, 511 ff.; s.a. *Schweckendieck* NStZ 2011, 10 ff. [auch zur Außervollzugsetzung des Haftbefehls nach § 116 nach Rechtskraft]; s. zur Organisationshaft auch die Kommentierung bei § 120 Rdn. 35). 22
3. In **Jugendstrafverfahren** sind wegen der in § 72 JGG normierten Subsidiarität der Untersuchungshaft vorrangig andere sich bietende Alternativen, bspw. die einstweilige Unterbringung in einem geeigneten Heim der Jugendhilfe usw., auszuschöpfen. Wird doch Untersuchungshaft angeordnet, dann sind im Haftbefehl konkrete Gründe zu nennen, aus denen sich ergibt, dass andere (mildere) Maßnahmen nicht ausreichend sind und die Untersuchungshaft auch sonst nicht unverhältnismäßig ist (OLG Karlsruhe StV 2011, 596; OLG Köln StRR 2008, 35 ff. [m.Anm. *Mertens*]). Hier besteht eine zusätzliche Begründungspflicht. Wegen des eindeutigen Gesetzeswortlautes gilt dies aber nicht für Heranwachsende. Ist ein Heranwachsender nicht in einer geschlossenen Einrichtung untergebracht und steht er damit nicht unter richterlicher Überwachung, dann stellt dies keine mit dem Vollzug von Untersuchungshaft vergleichbare Freiheitsentziehung dar (OLG Köln NStZ-RR 2011, 121 f. [zu § 121]). 23

24 4. Weitere Möglichkeiten des Freiheitsentzuges ergeben sich aus dem **GVG**. Dort sind die »Ordnungshaft« (vgl. §§ 177 Abs. 1, 178 Abs. 1 Satz 1 GVG) sowie die vorläufige Festnahme bei Straftaten in der Sitzung (§ 183 Satz 2 GVG) geregelt.

25 5. Auch in den jeweiligen **Polizeigesetzen der Länder** sind präventive Möglichkeiten der Festnahme geregelt. Der Zweck ist dort aber ein anderer.

26 6. Spezialgesetzliche Regelungen finden sich im **IRG**, u.a. die Haft zur Sicherung der Auslieferung (§§ 15, 17 ff. IRG), Haft zur Sicherung der Durchlieferung (§ 45 IRG) und Haft zur Sicherung der Rücklieferung (§ 68 Abs. 2 und 3 IRG).

27 7. Der **Europäische Haftbefehl** ist kein Haftbefehl i.S.d. §§ 112 ff. Vielmehr handelt es sich um ein eine Art Fahndungsersuchen. Er regelt die vereinfachte Form der Auslieferungshaft innerhalb der Europäischen Union und ersetzt insofern die allgemeinen Regeln (vgl. §§ 78 ff. IRG) hinsichtlich der Auslieferung von EU-Bürgern innerhalb der EU (ausf. *Ahlbrecht* StV 2005, 40 ff.; *ders.* JR 2005, 400 ff.; *Ahlbrecht/Böhm/Esser/Hugger/Kirsch/Rosenthal*, Internationales Strafrecht in der Praxis, 2008; *Ahlbrecht/Börgers* ZIS 2008, 221 ff.; *Böhm* NJW 2005, 2588 ff.; *ders.* NJW 2006, 2592 ff.; *ders.* StraFo 2013, 177 ff.; *Böse* HRRS 2011, 19 ff.; *Burhoff* Hdb. für das strafrechtliche Ermittlungsverfahren, Rn. 2173 ff.; *Esser* StRR 2011, 133 ff.; *Fromm* StRR 2011, 208 ff.; *Hackner/Schomburg/Lagodny/Gieß* NStZ 2006, 663 ff.; *Satzger*, Internationales und Europäisches Strafrecht, § 30; *Schomburg/Lagodny* NJW 2012, 348 ff.; *Schünemann* StRR 2011, 133 ff.; *Spronken* StRR 2011, 129 ff.; *Vogel* StRR 2011, 135 ff.). Grundlage der Auslieferung bleibt ein nationaler Haftbefehl des ersuchenden Staates gegen den Verfolgten (s.u.).

28 Nach Art. 1 Abs. 1 des Rahmenbeschlusses handelt es sich um eine **»gerichtliche Entscheidung«** eines Mitgliedsstaates, deren Zweck die Festnahme und Übergabe einer gesuchten Person durch einen anderen Mitgliedstaat ist, um dort die Strafverfolgung oder die Strafvollstreckung zu ermöglichen. Der EuGH hat am 27.05.2019 (C-508/18 sowie C-82/19; nach juris) festgestellt, dass die deutsche Staatsanwaltschaft nicht unabhängig genug ist, um einen Europäischen Haftbefehl auszustellen. Nach Art. 6 Abs. 1 des EU-Rahmenbeschlusses (2002/548/JI) kann ein Europäischer Haftbefehl nur von einer »Justizbehörde« ausgestellt werden. Die deutsche Staatsanwaltschaft sei zwar Organ der Rechtspflege. Sie ist daneben aber auch einem grundsätzlichen Weisungsrecht aus dem Justizministerium unterworfen und deswegen nicht unabhängig. Zwar sei der Begriff »Justizbehörde« nicht auf Gerichte beschränkt, die mit der Ausstellung betraute Behörde muss aber bei der Ausübung ihrer Aufgaben unabhängig handeln. Die deutsche Staatsanwaltschaft sei hingegen der Gefahr ausgesetzt, im Rahmen des Erlasses einer Entscheidung über die Ausstellung eines Europäischen Haftbefehls mittelbar oder unmittelbar Anordnungen oder Einzelweisungen seitens der Exekutive (eines Justizministers) unterworfen zu werden. Daran ändert auch der Umstand nichts, dass der Europäische Haftbefehl auf einem deutschen, durch einen Richter ausgestellten Haftbefehl beruhe.
Anders verhält sich das indes mit dem litauischen Generalstaatsanwalt. Der EuGH urteilte am selben Tag (s.o.) in der Rechtssache C-509/18, dass dieser aufgrund seines Status bei der Ausstellung eines Europäischen Haftbefehls unabhängig von der Exekutive sei.

29 Nach Art. 2 des Rahmenbeschlusses ist der Europäische Haftbefehl nur auf einen bestimmten Katalog an Delikten anwendbar (vgl. § 81 IRG; s. dazu *Ahlbrecht* u.a. [s.o.], Rn. 782 ff.; *Burhoff* Hdb. für das strafrechtliche Ermittlungsverfahren, Rn. 2183).

30 Voraussetzung ist ein **nationaler Haftbefehl**. Grds. verbleibt es beim zweistufigen Auslieferungsverfahren. Ersuchen der Mitgliedstaaten dürfen aber nur unter den engen Vorgaben des § 83b IRG abgelehnt werden (vgl. BVerfGE 113, 273 ff. = NJW 2005, 2289 ff.; OLG Stuttgart NJW 2004, 3437 f.; s. zum Ganzen *Böhm* NJW 2006, 2592 ff.; *Hackner/Schomburg/Lagodny/Gleß* NStZ 2006, 633 ff.; Meyer-Goßner/*Schmitt* Vor § 112 Rn. 9; *Satzger*, Internationales und Europäisches Strafrecht, § 30 Rn. 10). Ersuchen um Auslieferung und Festnahme bewirken dabei weder unmittelbar noch mittelbar im ersuchten Staat einen zurechenbaren Eingriff in die Freiheit des Gesuchten (BVerfG NJW 1981, 1154 f.; *Ahlbrecht/Börgers* ZIS 2008, 221 ff.; Meyer-Goßner/*Schmitt* § 23 EGGVG Rn. 4; KK/*Schoreit* § 23 EGGVG Rn. 6).

31 Mangels unmittelbarer Rechtswirkungen für den Betroffenen soll ein Antrag im nationalen Verfahren nach den §§ 23 ff. EGGVG unzulässig sein (OLG Celle NStZ 2010, 534 = StV 2010, 63). Andererseits gestattet ein nicht subsumtionsfähiger Inhalt im Europäischen Haftbefehl keinen Freiheitsentzug (OLG Hamm StraFo 2014, 348).

32 Wurde der Beschuldigte aufgrund eines Europäischen Haftbefehls ausgeliefert, dann steht der **Spezialitätengrundsatz** dem Erlass eines weiteren Haftbefehls wegen einer anderen Tat, deren Verfolgung der ersuchte Mitgliedstaat (noch) nicht zugestimmt hat, nicht entgegen.

33 »**Überhaft**« darf wegen eines solchen Haftbefehls nicht angeordnet werden (OLG Stuttgart StV 2015, 361 ff.).

34 8. Eine **Ausschreibung zur Festnahme nach SDÜ** entsprechend § 83a Abs. 1 IRG gilt nach § 83a Abs. 2 IRG als Europäischer Haftbefehl. Ausschreibungen zur Festnahme nach **SIS Fahndungsmaßnahmen** sind

nach § 131 zu beurteilen. Sie sind nach allgemeiner Meinung analog § 98 Abs. 2 Satz 2 vor dem AG anfechtbar (vgl. Meyer-Goßner/*Schmitt* § 131 Rn. 1; OLG Brandenburg NStZ 2007, 54; OLG Celle Nds.Rpfl. 2009, 431).

Eine ausführlichere Kommentierung ist hier nicht möglich. Ich verweise insb. auf die im Text benannten Fundstellen. 35

C. Reform des Rechts der Untersuchungshaft zum 01.01.2010. I. Allgemeines. Etwa Anfang der 1980er Jahre ist die Diskussion um die Reform der Untersuchungshaft neu aufgeflammt (vgl. KK/*Graf* Vor § 112 Rn. 22; LR/*Hilger* Vor § 112 Rn. 70 f.; AnwK-StPO/*Lammer*, § 112 Rn. 1). Vornehmlich vonseiten der Anwaltschaft und der Wissenschaft wurde gefordert, die Rechtsstellung des Beschuldigten zu stärken. Haftanordnungen sollten reduziert und die Dauer der Untersuchungshaft verkürzt werden. In erster Linie gefordert wurden striktere Zulässigkeitsvoraussetzungen für die Anordnung der Untersuchungshaft, eine stärkere Konkretisierung der Haftgründe, eine konsequentere Beachtung des Verhältnismäßigkeitsgrundsatzes, eine Erhöhung des Begründungszwangs im Haftbefehl, eine frühere und schnellere Überprüfung der Anordnung der Haft, eine Verbesserung der Verteidigungsmöglichkeiten, zeitliche Obergrenzen für die Untersuchungshaft, sowie der Ausbau von Alternativen zur Haft, z.B. durch die »elektronische Fußfessel« (s. zum Ganzen KK/*Graf* Vor § 112 Rn. 22 f.; LR/*Hilger* Vor § 112 Rn. 70 f.; zum elektronisch überwachten Hausarrest s. *Hochmayr* NStZ 2013, 13 ff.). Daneben wurde gefordert, den Vollzug der Untersuchungshaft, der sich bislang nur auf die in § 119 Abs. 3 u. 4 a.F. enthaltenen Generalklauseln sowie auf die UVollzO (eine von den Ländern damals einheitlich erlassene Verwaltungsanordnung; s. hierzu *Herrmann* Untersuchungshaft, Rn. 288) stützte, gesetzlich umfassend zu regeln. 36

Von der Bundesregierung wurden verschiedene Entwürfe für eine Neuregelung des Rechts der Untersuchungshaft vorgelegt, die aber immer wieder am Widerstand der Länder scheiterten (vgl. LR/*Hilger* StPO, Vor § 112 Rn. 71). Nicht zuletzt die ständige Kritik von Anwaltschaft und wissenschaftlicher Literatur, darüber hinaus aber auch wegweisende Urteile des BVerfG und dann insb. auch des EGMR führten schließlich aber doch zu einer inhaltlich neuen Regelung von Anordnung und Vollzug der Untersuchungshaft. 37

Zusammenfassend lässt sich zu den verschiedenen Reformbestrebungen sagen, dass die Rechte des Beschuldigten und der Anspruch auf ein faires Verfahren inzwischen sehr viel stärker Beachtung finden, als noch vor einigen Jahren. Der Gesetzgeber kam nicht umhin, die Rspr. zu den Rechten des Beschuldigten umzusetzen und zugleich das Recht des Vollzugs der Untersuchungshaft endlich konkret auszugestalten. 38

II. Gesetzliche Neuerungen zum 01.01.2010. Das Gesetz zur Änderung des GG v. 28.08.2006 (BGBl. I 2006, S. 2863 ff.) normierte eine Föderalismusreform. In Art. 74 Abs. 1 Nr. 1 GG ist seit 01.09.2006 geregelt, dass sich die konkurrierende Gesetzgebung auf das »... *gerichtliche Verfahren (ohne das Recht des Untersuchungshaftvollzugs)* ...« erstreckt (s. hierzu *Herrmann* StRR 2010, 4 ff.; *Seebode* HRRS 2008, 236 ff.; *Tsambikakis* ZIS 2009, 503 ff.). Eine solche Differenzierung zwischen **Anordnung** einerseits und **Vollzug** andererseits führt aber zu zusätzlichen Schwierigkeiten. Mit Sinn und Zweck der Untersuchungshaft lässt sie sich nicht erklären. Schon nach kurzer Zeit haben sich in der Praxis eine Vielzahl neuer Probleme offenbart (ausf. hierzu sogleich). Die Zweiteilung wirkt »verstörend« (*Tsambikakis* ZIS 2009, 503). Es scheint, dass bei den Verhandlungen der Reform zwischen Bund und Ländern politische Motive eine wesentliche Rolle gespielt haben (*Herrmann* StRR 2010, 4; *Tsambikakis* ZIS 2009, 503). Die gespaltene Regelung von Anordnung und Vollzug der Untersuchungshaft soll wirtschaftliche bzw. finanzielle »Manövriermasse« in der politischen Diskussion zwischen Bund und Ländern gewesen sein. Eine wesentliche Rolle bei der Reform hat sicher auch gespielt, dass die Länder den Vollzug der Untersuchungshaft finanzieren müssen und deshalb in diesem Bereich mitbestimmen wollten. Aus dem Entwurf des ThürUVollzG ist bspw. zu entnehmen, dass durch die Änderung des Vollzuges der Untersuchungshaft »*finanzielle Mehraufwendungen unumgänglich*« sind, um den Anforderungen an einen zeitgemäßen und humanen Untersuchungshaftvollzug gerecht zu werden und eine Schlechterstellung von Untersuchungs- ggü. Strafgefangenen zu verhindern. Frühere Reformversuche waren wohl auch aus diesen Gründen gescheitert. 39

Bislang wurden das »**Ob**«, also Fragen zur Anordnung der Untersuchungshaft, und das »**Wie**«, also Fragen der Ausgestaltung der Untersuchungshaft, in der StPO und der sie vormals konkretisierenden UVollzO (ausf. hierzu *Herrmann* Untersuchungshaft, Rn. 288) bundeseinheitlich geregelt. Die verfassungsrechtlich veränderte Kompetenzlage machte dann aber eine Trennung beider Bereiche erforderlich (*Herrmann* StRR 2010, 4 ff.; *Tsambikakis* ZIS 2009, 503). 40

Der **Bund** hat weiterhin die Gesetzgebungszuständigkeit für die Anordnung der Untersuchungshaft sowie deren Voraussetzungen und Dauer. Außerdem kann er auch solche Regelungen treffen, die zur Abwehr von Flucht-, Verdunkelungs- und Wiederholungsgefahr erforderlich sind, z.B. Kontaktverbote.

Den **Bundesländern** steht die Regelungskompetenz für den Vollzug der Untersuchungshaft zu. Dazu gehören u.a. Vorschriften über die Ausstattung des Haftraums (ein Haftraum mit eine Größe von 7,6 m² für zwei Untersuchungshaftgefangene ist menschenunwürdig, eine dagegen gerichtete Amtshaftungsklage erscheint erfolgversprechend, PKH ist zu bewilligen: BVerfG StV 2017, 820 ff.; ein Haftraum mit 5,25 m² Bodenfläche und räumlich nicht abgetrennter Toilette ist menschenunwürdig: VerfGH Berlin StraFo 2010, 65 = StV 2010, 374 f. [dort aber zur Strafhaft]), Verpflegung und Arbeit der Gefangenen während der Haft, aber auch Bestimmungen, um die Sicherheit und Ordnung in der Anstalt zu gewährleisten, z.B. die Anordnung von Einzelhaft.

41 **III. Reform des Rechts des Vollzuges der Untersuchungshaft vom 01.01.2010 im Einzelnen. 1. Allgemeines.** Sowohl die Änderung des GG als auch die gebotene Umsetzung der aktuelleren sowie der älteren höchstrichterlichen Rspr. machten eine Neuregelung des Rechts der Untersuchungshaft unumgänglich (s.o. Rdn. 39). Am 29.07.2009 wurde dem Gebot der konkurrierenden Gesetzgebung folgend das Gesetz zur Änderung des Untersuchungshaftrechts (BGBl. I, S. 2274) verabschiedet (s. BT-Drs. 16/11444 = BR-Drucks. 829/08). Es trat zum 01.01.2010 in Kraft.

42 Die Umsetzung der durch die Föderalismusreform erforderlichen Änderungen führt zu erheblichen Schwierigkeiten, wenn es darum geht, ob eine Rechtsfrage mithilfe des Bundesrechts oder des Landesrechts zu beantworten ist (ausf. zum interlokalen Untersuchungshaftvollzugsgesetz sogleich, Rdn. 45). Unabhängig davon hat der Bundesgesetzgeber die Rspr. des BVerfG und des EGMR nur unzureichend in das Gesetz eingearbeitet (auch hierzu ausf. hierzu sogleich).

43 Die Änderungen der StPO in den §§ 114a, 114b, 114c, 114d, 114e, 115, 115a, 116b, 119, 119a, 126, 140 Abs. 1 Nr. 4 i.V.m. §§ 141 Abs. 3 Satz 4 und 147 Abs. 2 sollten den Rechtsschutz des verhafteten Beschuldigten verbessern (BT-Drs. 16/11644 = BR-Drucks. 829/08). In diesem Zusammenhang wurde auch teilweise die europarechtliche Rspr. des EGMR zum Recht der Untersuchungshaft in nationales Recht umgesetzt (zur Bindungswirkung europarechtlicher Entscheidungen des EGMR für die nationale Rspr. allgemein s. *Ambos* ZStW 115 [2003], S. 583 ff.; *Eisele* JA 2005, 390 ff.; *Gaede* StV 2004, 46, 50 f.; *J. Herrmann/D. Herrmann* in der Anm. zu EGMR Urt. v. 13.12.2007, StRR 2008, 98 ff. [Mooren v. Deutschland I]; *Morgenstern* ZIS 2011, 240 ff.; *Weigend* StV 2000, 384 ff.).

44 Fragen zum Vollzug der Untersuchungshaft werden seither in den jeweiligen landesgesetzlichen Regelungen beantwortet (zur teils unzureichenden Umsetzung im interlokalen Untersuchungshaftvollzugsgesetz ausf. unten Rdn. 45).

45 **2. Zu den landesrechtlichen Untersuchungshaftvollzugsgesetzen – allgemein.** In sämtlichen Bundesländern wurden landesrechtliche Gesetze zur Regelung des Vollzuges der Untersuchungshaft in Kraft gesetzt (ausführlich: AnwK-Uhaft/*König*; s.a. *Brune/Müller* ZRP 2009, 143 ff.; *Herrmann* StRR 2010, 4 ff.; AnwK-Uhaft/*König* § 119 StPO Rn. 3 ff.; *Marhöfer* FS Mehle, S. 373 ff.; *Piel/Püschel/Tsambikakis/Wallau* ZRP 2009, 33; [allerdings jeweils zur vorläufigen Situation, in der noch nicht alle Bundesländer ihre Gesetzesvorhaben umgesetzt hatten]; s. zum Ganzen auch Schlothauer/Weider/Nobis Untersuchungshaft, Rn. 1029 ff.).

46 Sämtliche Bundesländer haben landesrechtliche Regelungen ratifiziert: Baden-Württemberg (JVollzGBW), Berlin (UVolzGBln), Brandenburg (BbgUVollzG), Bremen (BremUVollzG), Hamburg (HmbgUVollzG), Hessen (HUVollzG), Mecklenburg-Vorpommern (UVollzG M-V), Niedersachsen (NJVollzG), Nordrhein-Westfalen (GVUVS NRW), Rheinland-Pfalz (LUVollzG), Saarland (SUVollzG), Sachsen (VwVUVollzO in Ergänzung zur bestehenden UVollzO), Sachsen-Anhalt (UVollzG LSA), Schleswig-Holstein (SH UVollzG) und Thüringen (ThürUVollzG). In Bayern fiel ein weitgehend fertiggestellter Entwurf eines Untersuchungshaftvollzugsgesetzes zunächst der Diskontinuität und dann den wider alle Erwartungen veränderten Mehrheitsverhältnissen im Landtag zum Opfer. Eine Ratifizierung erfolgte (als letzte landesrechtliche Regelung) am 14.12.2011 (s. hierzu auch SK-StPO/*Paeffgen* § 119 Rn. 3d). Eine Synopse der voneinander abweichenden Ländergesetze findet sich bei AnwK-Uhaft/*Harrendorf* Anhang, S. 565 ff. (zum damals aktuellen Rechtsstand Herbst 2010; nicht vollständig).

47 Eine Vereinfachung in der landesrechtlichen Gesetzgebung brachte die Entscheidung der Bundesländer Berlin, Bremen, Hamburg, Mecklenburg-Vorpommern, Rheinland-Pfalz, Saarland, Sachsen, Sachsen-Anhalt, Schleswig-Holstein und Thüringen, inhaltlich übereinstimmende Untersuchungshaftvollzugsgesetze zu erlassen. Damit wurde immerhin dort eine einheitliche Gesetzesgrundlage geschaffen (s. hierzu auch *Brune/Müller* ZRP 2009, 143 ff.; *Herrmann* StRR 2010, 4 ff.).

48 Eine **Übersicht über die vorhandenen gesetzlichen Regelungen** findet sich bei www.strafrecht-online.de/Online-Bibliothek/Rechtsnormen, bei www.beck-online.de/Untersuchungshaftvollzugsgesetze sowie bei www.cfmueller.de/u-haft/Produktservice = www.hjr-verlag.de/u-haft/Produktservice. Eine Kommentierung des

Musterentwurfes zum Untersuchungshaftvollzugsgesetz (ME UVollzG) nebst Hinweisen zu den bis dahin ratifizierten abweichenden landesrechtlichen Regelungen [nicht vollständig] findet sich bei: AnwK-Uhaft/*König*.

In denjenigen Bundesländern, die zunächst kein Gesetz erlassen hatten, galt bis zum 31.12.2011 die **Übergangsregelung** des **§ 13 EGStPO**. Nachdem sämtliche Bundesländer Gesetze zur Ausgestaltung der Untersuchungshaft ratifiziert haben, hat diese Übergangsregelung aber keine Bedeutung mehr. 49

Solange es keine landesrechtliche Regelung gab, galt hinsichtlich der Ausgestaltung der Untersuchungshaft weiterhin § 119 in seiner alten Fassung. Dort bedurfte es zu einer Konkretisierung der Ausgestaltung der Untersuchungshaft eines Rückgriffes auf die UVollzO. Dies wurde in der Praxis oftmals übersehen. Regelmäßig fand bereits die Neuregelung Anwendung. Teils entwickelten sich auch ebenso unüberschaubare wie undurchsichtige Sonderregeln in jeder JVA, die je nach Selbstbewusstsein der Anstaltsleitung und des Wachpersonals den Gefangenen zusätzlich einschränkten (vgl. hierzu auch die Kommentierung bei § 119 Rdn. 3 ff.). 50

Die Übergangsregelung trat gem. Art. 8 des Gesetzes zur Änderung des Untersuchungshaftrechts am 01.01.2012 außer Kraft.

Während die Aufrechterhaltung der Ordnung in den Justizvollzugsanstalten differenziert geregelt ist, galt für Anordnungen, die dem **Zweck der Untersuchungshaft** dienen, nach dem Wortlaut von § 13 EGStPO hingegen § 119 n.F. (vgl. hierzu auch Beschlussempfehlung und Bericht des Rechtsausschusses v. 20.05.2009 [BT-Drs. 16/13097, S. 19 ff.]; ebenso OLG Frankfurt NStZ-RR 2010, 294). Inzwischen ist diese Divergenz hinfällig. Alle Bundesländer haben Landesgesetze zur Ausgestaltung der Untersuchungshaft erlassen (s.o. Rdn. 32). 51

Für sämtliche Anordnungen zum **Vollzug der Untersuchungshaft**, also zur Aufrechterhaltung der Ordnung, kommt es also nunmehr auf die gesetzlichen Bestimmungen des jeweiligen Bundeslandes an, in dem der Beschuldigte sich in Untersuchungshaft befindet. Viele landesrechtliche Regelungen sind aber unzureichend; teilweise bleiben sie sogar hinter den zum Zeitpunkt der Neuregelung aktuellen Vorgaben der höchstrichterlichen Rspr. zurück: 52

- Obwohl bspw. das BVerfG bereits im Jahr 2009 entschieden hat (BVerfG AnwBl. 2009, 303 ff. = NJ 2009, 215 f. = StRR 2009, 198 [m.Anm. *Herrmann*] = StV 2009, 253 ff.; ebenso BVerfG NStZ-RR 2019, 261; s. hierzu auch *Paeffgen* NStZ 2010, 200, 206), dass eine allgemein durch die Justizvollzugsanstalt angeordnete und standardisiert durchgeführte körperliche Durchsuchung des Untersuchungsgefangenen bei Aufnahme in die Untersuchungshaftanstalt mit Entkleiden und Inspizieren des Anus ohne einen konkreten Verdacht, dass dort etwas zu finden sein könnte, unverhältnismäßig ist und eine Verletzung des Persönlichkeitsrechts aus Art. 2 Abs. 1 i.V.m. Art. 1 Abs. 1 GG bedeutet, wurden – soweit ersichtlich – keine die Rechte des Beschuldigten schützenden Regelungen in die in zeitlichem Zusammenhang mit dem Erlass und der Veröffentlichung dieser verfassungsgerichtlichen Entscheidung entwickelten Landesgesetze aufgenommen. Auch heute noch wird gern der Anus des Gefangenen inspiziert oder mehr oder weniger unverhohlen damit gedroht, dies zu tun. Selbst nach Verteidigerbesuchen ist dies in manchen Haftanstalten ggü. unliebsamen Gefangenen eine beliebte Drohung. All das ist natürlich verfassungswidrig.
- Auch finden sich von Land zu Land unterschiedliche Regelungen, die eine wesentliche Ungleichbehandlung von wesentlich Gleichem bedeuten: Während bspw. in § 33 Abs. 1 Satz 2 ME UVollzG für die meisten Bundesländer eine regelmäßige Besuchsdauer von mindestens 2 Std. im Monat vorgesehen ist, geben die Gesetze in Baden-Württemberg (vgl. § 12 Abs. 2 UVollzGBW), Hessen (vgl. § 26 Abs. 1 Satz 2 HUVollzG) und Niedersachsen (vgl. §§ 143 Abs. 1 i.V.m. 25 Abs. 1 Satz 2 NJVollzG) lediglich eine Gesamtbesuchsdauer von mindestens einer Stunde pro Monat vor. Derartige Unterschiede sind schon wegen Art. 3 GG nicht hinnehmbar und schlicht skandalös (ebenso AnwK-Uhaft/*Pollähne* § 33 ME UVollzG Rn. 39 f.).
- Beschämend restriktiv erfolgt aber auch die Umsetzung der Reform in der Rspr. (vgl. nur OLG Brandenburg Beschl. v. 03.11.2008 – 1 Ws 205/08 [Versagung einer Besuchsverlängerung wegen angeblich fehlender Kapazitäten und aus Gründen der Gleichbehandlung beim Kleinkind], zit. bei *Paeffgen* NStZ 2010, 200, 206; ausf. hierzu s.a. § 119 Rdn. 26).

Warum solche Unterschiede normiert wurden, ist unerfindlich. Denn bei der Abfassung der neuen Gesetze hätten die Landesgesetzgeber zumindest auf die alte UVollzO zurückgreifen und diese zur Grundlage der landesrechtlichen Ausgestaltungen machen können. Die Hauptkritikpunkte waren längst bekannt. I.Ü. fand auch eine rege Diskussion und gemeinsame Ausarbeitung eines Musterentwurfes statt (s.o. Rdn. 36 ff.). Ob entstandene Defizite auf landesrechtliches Partikulardenken oder schlicht handwerklich schlechte Gesetzgebungsarbeit zurückzuführen sind, bleibt offen. Die noch in der 1. Auflage gehegte Hoffnung auf zukünftig angemessene Lösungen war verfrüht und geht ins Leere (s. hierzu auch § 119 Rdn. 25 f.). 53

54 Bei Allem darf nicht übersehen werden, dass die jetzt bestehende Konkurrenz von Bundes- und Landesrecht bei der Umsetzung in der Praxis zu Schwierigkeiten, v.a. zu Kompetenzstreitigkeiten führt, die weitere gesetzliche Regelungen erforderlich machen (s. *Herrmann* StRR 2010, 4 ff.; *Tsambikakis* ZIS 2009, 503 f.). Bisher blieb der Gesetzgeber insofern aber untätig.

55 **3. Kritik an der Reform.** Die Neuregelungen setzen zwar in vielen Punkten die seit Jahren gefestigte Rspr. von BVerfG und EGMR um. Dies geschah aber teilweise nur am untersten Rand der Mindeststandards, die durch die Rspr. entwickelt wurden. Man könnte fast meinen, dass die engagiert geführten Diskussionen der letzten Jahre bewusst ignoriert wurden. Exemplarisch sind hier einige besonders gravierende Mängel der reformbedingten Regelungen in der StPO zu nennen (grds. krit. auch *Bittmann* NStZ 2010, 13 ff. [er allerdings vornehmlich justizfreundlich denkend und die Rechte des Beschuldigten als eher hinderlich betrachtend; die Beschuldigtenrechte würden die Effektivität der Justiz behindern; soweit ersichtlich ein Ausreißer]; *BRAK*, Stellungnahme zum RefE des BMJ »Gesetz zur Überarbeitung des Untersuchungshaftrechts« [www.brak.de]; *Brocke/Heller* StraFo 2011, 1 ff. [ebenfalls eher justizfreundlich, aber differenziert]; *Brune/Müller* ZRP 2009, 143 ff.; *Deckers* StraFo 2009, 441 ff.; *Herrmann* StRR 2010, 4 ff.; *Kazele* NJ 2010, 1 ff.; *König* AnwBl. 2010, 50 f. [entgegen allgemeiner Kritik aus der Anwaltschaft scheint er erstaunlich reformbegeistert]; *ders.* NStZ 2010, 185 ff. [zu den Zuständigkeiten in § 119 StPO]; *Michalke* NJW 2010, 17 ff.; *Paeffgen* StV 2009, 46 ff.; *ders.* GA 2009, 450 ff. [zur Reform des § 119]; *Piel/Püschel/Tsambikakis/Wallau* ZRP 2009, 33 ff.; *Seebode* HRRS 2008, 236 ff.; *Tsambikakis* ZIS 2009, 503 ff.; ausf. und krit. auch *Weider* StV 2010, 102 ff.).

56 **a) Belehrungspflichten gem. § 114b.** Die geradezu überbordend formalisiert durchzuführenden Belehrungspflichten in § 114b sind inzwischen soweit ersichtlich vollständig. *Roxin/Schünemann* sehen hierin eine »betuliche Regelung von Quisquilien« (*dies.*, Strafverfahrensrecht, § 30 Rn. 22, S. 223). Eine ausführliche Kommentierung findet sich bei § 114b. An dieser Stelle ist in Bezug auf die Reform zum 01.01.2010 Folgendes zu bemerken: Kritik kann man nach verschiedenen Änderungen und Anpassungen (hierzu sogleich) noch daran festmachen, dass die Belehrung über das Verteidigerkonsultationsrecht entsprechend § 136 Abs. 1 Satz 2 erst nach der Belehrung über das Recht, einzelne Beweiserhebungen beantragen zu können, erfolgt. Denn ob dies so sinnvoll ist und der Beschuldigte damit umzugehen weiß, kann zumindest diskutiert werden (ebenso *Michalke* NJW 2010, 17 ff.).

57 Hinzugekommen sind mit Wirkung zum 06.07.2013 in § 114b Abs. 2 Nr. 4a die Pflicht zur Belehrung über das Recht auf Beiordnung eines Pflichtverteidigers in Fällen der notwendigen Verteidigung (ausf. hierzu s. unten Rdn. 64 ff. und § 114b Rdn. 6 ff.; anders noch in der 1. Auflage, in der dieser Mangel kritisiert wurde), in § 114b Abs. 2 Nr. 7 die Belehrung über das dem Beschuldigten originär zustehende Recht auf Auskünfte und Abschriften aus den Akten nach § 147 Abs. 7 (nunmehr § 147 Abs. 4! ausf. hierzu s. § 114b Rdn. 6 ff.; anders noch in der 1. Auflage, in der dieser Mangel kritisiert wurde) sowie in § 114b Abs. 2 Nr. 8 die Belehrung über Rechtsbehelfe (ausf. hierzu s. § 114b Rdn. 6; anders noch in der 1. Auflage, in der dieser Mangel kritisiert wurde). Zur Konsequenz von Verstößen gegen die Belehrungspflichten s. § 114b Rdn. 21.

58 **b) Kontaktaufnahme bzw. Information Angehöriger gem. § 114c.** Unklar bleibt, auf welche Weise die Benachrichtigung Angehöriger oder einer Vertrauensperson gem. § 114c Abs. 2 Satz 1 vom Gericht *»angeordnet«* wird. Es stellt sich die Frage, ob der anwesende Wahlverteidiger oder ein bereits zuvor beigeordneter Pflichtverteidiger (ausf. hierzu sogleich unter Rdn. 64 ff.) zum Handlanger des Gerichts und damit dann Teil der Justiz werden soll, oder ob damit die Geschäftsstelle des Ermittlungsrichters gemeint ist. In der Praxis durchgesetzt hat sich ein Verständnis dahin gehend, dass wohl Letzteres gemeint ist.

59 **c) Informationspflichten gem. §§ 114d und 114e.** Fraglich ist hier, ob die Informationspflichten der §§ 114d und 114e überhaupt in Einklang mit der nunmehr beschränkten Gesetzgebungskompetenz des Bundes stehen. Denn die Benachrichtigungspflichten betreffen nicht nur formal, sondern auch inhaltlich Fragen der Ausgestaltung der Untersuchungshaft. Hierfür ist der Bund aber gar nicht mehr zuständig (s.o. Rdn. 40).

60 Weiter ist offen, ob sie mit dem auch dem Gefangenen zustehenden **Datenschutz** vereinbar sind. Denn die wechselseitigen Informationspflichten führen zu einer Totalbeobachtung des Untersuchungshaftgefangenen. Sein Verhalten ist dann nicht mehr Ausdruck seiner Individualität, sondern wird als wissenschaftliche Erkenntnisquelle – ggf. zulasten des Beschuldigten – verwertet (vgl. zu diesem Aspekt BVerfG NJW 2002, 283 ff.; s.a. die Stellungnahme der *BRAK* zum RefE des BMJ »Gesetz zur Überarbeitung des Untersuchungshaftrechts«, dort S. 7; *Tsambikakis* ZIS 2009, 503, 509).

d) **Ausgestaltung der Untersuchungshaft gem. § 119.** Hinsichtlich der Ausgestaltung der Untersuchungshaft in § 119 bestehen Unklarheiten bei der **Regelungskompetenz.** Sämtliche in § 119 Abs. 1 Nr. 1 bis 5 genannten Beschränkungen der Untersuchungshaft (u.a. der Empfang von Besuchen, die Überwachung von Außenkontakten oder auch eine Trennung) können sowohl aus der Anordnung als auch aus der Ausgestaltung der Untersuchungshaft resultieren. Wären sie aber Letzterer zuzuordnen, dann müsste die gesetzliche Grundlage dem Landesrecht entspringen und nicht der StPO. Dieser Aspekt ist gerade dann problematisch, wenn der Untersuchungshaftgefangene Rechtsschutz sucht und zunächst geklärt werden muss, wer der »richtige Ansprechpartner« hierfür ist (s. hierzu *Brocke/Heller* StraFo 2011, 1 ff.; *König* NStZ 2010, 185 ff.). 61

Der Reformgesetzgeber hat bei der Ausgestaltung der Haftbedingungen auf der Grundlage der höchstrichterlichen Rspr. von BVerfG sowie EGMR und auch der deutlichen Kritik durch den Europarat eine **Einzelfallgerechtigkeit** anstelle der früher normierten Gleichbehandlung angestrebt. Denn Ausfluss der Unschuldsvermutung muss eine Entscheidung nebst Begründung für jeden konkreten Einzelfall sein. Die Praxis zeigt aber, dass die individuellen Besonderheiten für den einzelnen Beschuldigten allenfalls selten, eher gar nicht berücksichtigt werden. Von den Gerichten werden regelmäßig contra legem standardisiert von der StA vorbereitete Beschränkungsbeschlüsse zur Ausgestaltung der Untersuchungshaft abgezeichnet. Dort wird jegliche nur denkbare Beschränkung »angekreuzt« und »abgehakt«, ohne auf die konkreten Umstände des Einzelfalles auch nur ansatzweise einzugehen. Ein krasser Gesetzesverstoß der täglich leichtfertig hingenommen wird. Ärgerlich für den Beschuldigten, aber auch für die ausführenden Organe der Justizvollzugsanstalten ist dies auch deshalb, weil standardisiert und pauschalierend Beschränkungen angeordnet werden, die früher allenfalls selten (im begründeten Einzelfall) vorgegeben wurden. So hat die individuell angeordnete Einzelüberwachung der Besuche – früher die Ausnahme – seit der Reform zum 01.01.2010 geradezu dramatisch zugenommen; sie wird inzwischen teils als die Regel angesehen. All dies, nur weil es jetzt genügt, die Beschränkung in einem formularmäßig vorgehaltenen Beschluss anzukreuzen, sofern nicht auch dies schon von der StA vorgegeben ist. Dass der Begründungszwang hier auf der Strecke bleibt, steht außer Frage (s. hierzu auch die Kommentierung bei § 119 dort Rdn. 4). Der eigentlich verfassungs- und europarechtlich geforderte Begründungszwang jeder einzelnen Anordnung verkehrt sich hier ins Gegenteil – regelmäßig natürlich zulasten des Untersuchungshaftgefangenen. 62

Schließlich darf auch nicht übersehen werden, dass die von Bundesland zu Bundesland unterschiedlichen Gesetze von vornherein, schon vor jeder Prüfung des Einzelfalls, verschiedenartige Regelungen vorsehen. Völlig unverständlich ist bspw. die Regelung der allgemeinen Besuchszeiten, die in den einzelnen Ländern deutlich voneinander abweichen und dann noch von Anstalt zu Anstalt individuell geändert und gehandhabt (»angepasst«) werden (s. hierzu bereits oben unter Rdn. 52 sowie § 119 Rdn. 26). 63

e) **Recht auf Pflichtverteidigung bei Anordnung der Untersuchungshaft gem. § 141 Abs. 2 Nr. 1 i.V.m. § 140 Abs. 1 Nr. 4.** Durch das »Gesetz zur Neuregelung des Rechts der notwendigen Verteidigung« v. 10.12.2019 (BGBl. I, S. 2128), das am 13.12.2019 in Kraft getreten ist, ist das Recht der Pflichtverteidigung neu geregelt worden. Dieses Gesetz hat die EU-RiLi 1916/2020 umgesetzt (s. dazu *Böß* NStZ 2020, 185 ff.; *Galneder/Ruppert* StV 2021, 202 ff.; *Hillenbrand* StRR 3/2020, 5 und 4/2020, 5; s.a. *Spitzer* StV 2020, 418 ff.). 64

Zusammenfassend kann man sagen: § 141 soll sicherstellen, dass der unverteidigte Beschuldigte in Fällen notwendiger Verteidigung nicht nur einen Verteidiger zugewiesen bekommt, sondern dass dies auch rechtzeitig geschieht. In der nun reformierten Fassung setzt § 141 n.F. das Kernanliegen der PKH-Richtlinie 2016/1919 und des zu ihrer Umsetzung verabschiedeten Gesetzes zur Neuregelung des Rechts der notwendigen Verteidigung um. Der Zeitpunkt der Bestellung eines Verteidigers wird nun in Bezug auf die Vorführung vor den Haftrichter nicht mehr an der »Vollstreckung der Untersuchungshaft« festgemacht, sondern endlich unmissverständlich formuliert vorverlegt, sodass der Beschuldigte auch nach dem Wortlaut des Gesetzes vor dem Haftgericht ausnahmslos in Begleitung eines Verteidigers aufzutreten hat. Die Umsetzung bleibt dennoch teils hinter den europarechtlichen Vorgaben zurück.

Die zwingende Pflichtverteidigerbestellung im Fall der »Vorführung vor das Haftgericht« entspricht Art. 4 Abs. 4 a) der EU Richtlinie 2016/1919 (dazu s. *Galneder/Ruppert* StV 2021, 202 ff.):

In Fällen eines bereits erlassenen sog. »**Dezernatshaftbefehls**«, mit welchem der Beschuldigte ergriffen wird (man spricht auch von »Ergreifungshaftbefehl«) ist der Verteidiger bereits mit der Ergreifung zu bestellen, denn nachfolgend ist eine Vorführung gesetzlich vorgeschrieben (vgl. §§ 115 Abs. 1, 115a Abs. 1, 126a Abs. 3 Satz 1, 275a Abs. 6 Satz 4). Der frühere Einwand aus den Reihen der Justiz und auch vieler Ermittlungsbeamten, dass dafür keine Zeit sei, scheint verpufft. Das klappt in der Praxis nun, wo es endlich gesetzlich geregelt ist – soweit ersichtlich – problemlos.

In Fällen der vorläufigen Festnahme mit nachfolgendem Antrag auf Erlass eines Haftbefehls (sog. »**Vorführhaftbefehl**«) ist der Pflichtverteidiger erst zu bestellen, wenn eine Entscheidung über die Vorführung und die Beantragung eines Haftbefehls getroffen worden ist (BT-Drs. 19/13829, S. 37). Auch dann muss aber Sorge dafür getragen werden, dass der Verteidiger rechtzeitig informiert wird und bei der Vorführung dann anwesend ist.

Bei genauer Betrachtung bleibt nach § 141 Abs. 1 Nr. 1 ein Zeitfenster, in welchem eine Vernehmung des Beschuldigten ohne vorherige Bestellung eines Pflichtverteidigers möglich ist (ausf. dazu s. *Böß* NStZ 2020, 185 ff. [189]; *Galneder/Ruppert* StV 2021, 202 ff. [294]). Die Gesetzesbegründung geht davon aus, dass nur für den Fall einer »Entschließung über die Vorführung« auch ein Fall notwendiger Verteidigung anzunehmen sei (vgl. BT-Drs. 19/13829, S. 33 und 37). *Galneder/Ruppert* gehen davon aus, dass etwas Anderes gilt, wenn die vorläufige Festnahme nach § 127 erfolgt, d.h. wenn die Voraussetzungen für den Haftbefehl von den Strafverfolgungsbehörden bejaht werden (*dies.* StV 2021, 202 ff. [205]). Das erscheint fraglich. Denn auch in diesem Fall ist die Vorführung nicht zwangsläufig. Vielmehr ist auch dann offen, ob die Vorführung tatsächlich erfolgt. Sie kann auch weiterhin unterbleiben, wenn die Voraussetzung des Haftbefehls zu Unrecht angenommen wurden oder nachträglich weggefallen sind (KK-StPO/*Schultheis* § 128 Rn. 2). Unabhängig davon vermengt § 141 Abs. 2 Satz 1 Nr. 1 die Frage nach dem Vorliegen notwendiger Verteidigung mit der nach dem Zeitpunkt der Bestellung. Ob ein Fall notwendiger Verteidigung vorliegt, ist aber ausschließlich nach § 140 zu beurteilen. Auch hier bleibt das Gesetz also hinter den Vorgaben der PKH-Richtlinie zurück (zutreffend krit. auch *Galneder/Ruppert* StV 2021, 202 ff. [204 ff.]). Art. 4 Abs. 5 der PKH-Richtlinie (RL 2016/1919) knüpft die Gewährleistung des »**Verteidigers der ersten Stunde**« (auch »**Notverteidiger**« [soweit ersichtlich erstmals von *Schlothauer* so benannt zur Abgrenzung vom Pflichtverteidiger als solchem]) an den Zeitpunkt vor einer Vernehmung durch die Ermittlungsbehörden bzw. das Haftgericht oder an eine Gegenüberstellung (s. dazu *Jahn/Zink* FS Graf-Schlicker, S. 475 [490]; *Schlothauer* StV 2018, 169 ff. [172]). Daneben gewährt Art. 3 Abs. 2 Satz 2 lit. a der EU-Richtlinie 2013/48 den Zugang zu einem Verteidiger schon vor der ersten Befragung durch Polizei oder Strafverfolgungsbehörden. Vorangehende Befragungen sind bei genauer Betrachtung der unterschiedlichen Regelungen also allenfalls für eine Feststellung der Identität oder vergleichbare Vorbefragungen erlaubt (wobei auch da ein hohes Risiko- und Missbrauchspotenzial gesehen werden muss). Eine Befragung zur Sache darf unverteidigt nicht erfolgen (ebenso *Spitzer* StV 2020, 418 ff. [420]). Der Beschuldigte kann zwar unmittelbar nach seiner Festnahme einen Antrag nach § 141 Abs. 1 Satz 1 stellen. Der sofortige oder zumindest unverzügliche Zugang zu einem Verteidiger ist dabei aber nur unzureichend ausgestaltet. Und welcher Beschuldigte wird in dieser Situation die Rechtslage so gut kennen und in der Lage sein, seine Rechte praktisch umzusetzen oder gar die Ermittlungsbehörden entsprechend zu belehren? Rechtsstaatlichkeit funktioniert umgekehrt – der Staat steht in der Verantwortung richtig zu handeln.

Eine Ausnahme von der zwingenden Pflichtverteidigerbestellung bei Vorführung nach § 141 Abs. 2 Nr. 1 findet sich in § 141 Abs. 2 Satz 2. Erfolgt die Vorführung zur Entscheidung über den Erlass eines Haftbefehls zur Sicherung des beschleunigten Verfahrens (§ 127b Abs. 2) oder über die Vollstreckung eines Sicherungshaftbefehls (§ 230 Abs. 2, § 329 Abs. 3), dann wird der Pflichtverteidiger nur auf Antrag des Beschuldigten bestellt. Darüber ist er vorher zu belehren. Diese Regelung war im Gesetzesentwurf zunächst so nicht enthalten. Sie ist erst im Gesetzgebungsverfahren in § 141 Abs. 2 aufgenommen worden. Das Motiv dürften Kosten sein (vgl. BT-Drs. 19/15151, S. 7). Auch hier bleibt das Gesetz hinter Art. 4 Abs. 4 a) der EU-Richtlinie 2016/1919 (PKH-Richtlinie) zurück. Denn dort werden weder der Grund der Vorführung unterschieden noch fiskalische Aspekte in den Vordergrund gerückt. Erneut hat der Gesetzgeber defizitär gearbeitet (s. dazu auch die Ausführungen zum Recht auf Akteneinsicht – Rdn. 88).

65 Zum besseren Verständnis ist eine Herleitung der Reformbestrebungen der letzten Jahre und deren praktische Umsetzung angezeigt:

Das »**Gesetz zur effektiveren und praxistauglicheren Ausgestaltung des Strafverfahrens**« v. 17.08.2017 brachte mit Wirkung ab 24.08.2017 für die Praxis wesentliche Neuregelungen im Recht der notwendigen Verteidigung bei Untersuchungshaft.

Zuvor war gem. **§ 141 Abs. 3 Satz 5 i.V.m. § 140 Abs. 1 Nr. 4 a.F.** dem Beschuldigten »*unverzüglich nach Beginn der Vollstreckung*« der Untersuchungshaft ein Pflichtverteidiger beizuordnen. Hierüber ist war der Beschuldigte nach § 114b Abs. 2 Nr. 4a zu belehren; das gilt auch heute noch (vgl. dazu auch oben, Rdn. 57 und die Kommentierung bei § 114b).

Aufgrund des zum 23.08.2017 neu in das Gesetz eingefügten **§ 141 Abs. 3 Satz 4 n.F.** hatte das Gericht dem Beschuldigten für jede richterliche Vernehmung einen Verteidiger beizuordnen, »*wenn die Staatsanwaltschaft dies beantragt oder wenn die Mitwirkung eines Verteidigers aufgrund der Bedeutung der Vernehmung zur Wahrung der Rechte des Beschuldigten geboten erscheint*«.

Der Hauptanwendungsbereich des § 141 Abs. 3 Satz 4 (a.F.) betraf die Fälle, in denen ein Beschuldigter nach vorläufiger Festnahme oder nach seiner Verhaftung aufgrund eines Haftbefehls zur Entscheidung über den Erlass eines Haftbefehls bzw. dessen Aufrechterhaltung und Invollzugsetzung dem Richter vorzuführen und richterlich zu vernehmen war (§§ 128 Abs. 1, 115 Abs. 2, 115a Abs. 2). Letzteres war nach Wortlaut, teleologischer Auslegung aber auch unter Berücksichtigung der Gesetzessystematik im Rahmen der Haftbefehlseröffnung ausnahmslos anzunehmen. Das entsprach i.Ü. auch dem modernen Verständnis von fair trial. Nur so waren die Rechte des Beschuldigten ausreichend geachtet. Im Zusammenhang mit der haftrichterlichen Vorführung und Vernehmung des Beschuldigten war (und ist) schlechterdings nicht vorstellbar, dass dies ohne Mitwirkung eines Verteidigers vonstattengehen könnte (vgl. hierzu die nachfolgenden Ausführungen ab Rdn. 71 [zur früheren alten Rechtslage, wobei die Argumente auch weiter Gültigkeit beanspruchen]; ausf. zum Ganzen: *Schlothauer* StV 2017 557 ff.; *ders.* StV 2018, 169, 170; ihm folgend *Burhoff* Hdb. für das strafrechtliche Ermittlungsverfahren, Rn. 4863 ff.; *ders.*, StPO 2017, Rn. 114; *ders.* StRR 5/2018, 4 ff.; s. zum Ganzen auch Schlothauer/Weider/Nobis Untersuchungshaft, Rn. 288; Meyer-Goßner/*Schmitt*, StPO, § 141 Rn. 5a; OLG Oldenburg StV 2011, 90 [LS]; LG Dresden StV 2011, 665 [LS]; LG Halle StRR 5/2018, 17; LG Hamburg Besch. v. 31.03.2013 – 619 Qs 20/13; LG Magdeburg RVGReport 2018, 257 [mit Anm. *Burhoff*]; LG Stuttgart StV 2008, 132 [LS]; AG Stuttgart StraFo 2018, 114 f. = StV 2018, 169 [LS]). Das betraf indes zunächst nur die Vorführung des Beschuldigten vor das Haftgericht. Die Beiordnung war beschränkt auf den Zeitraum der richterlichen Vernehmung. 66

Krit. äußerten sich insofern soweit ersichtlich ausschließlich *Tully/Wenske* NStZ 2019, 183 ff. Sie meinen, dass für die Anordnung der Untersuchungshaft gerade keine Beiordnung vorgesehen sei und auch nicht zu erfolgen habe. § 141 Abs. 3 Satz 5 gehe insofern vor. Das wirkt aber wenig überzeugend. Sämtliche dortigen Überlegungen sowohl zum Wortlaut als auch zur Gesetzessystematik und schließlich zum Vorstellungsvermögen des Gesetzgebers erscheinen auch weiterhin konstruiert. Denn das kann man mit denselben Argumenten auch genau anders herum sehen (s.a. unten ab Rdn. 71; vgl. auch bereits *Schlothauer* StV 2017, 557 ff.; *ders.* StV 2018, 169, 170; ihm folgend *Burhoff* Hdb. für das strafrechtliche Ermittlungsverfahren, Rn. 4863 ff.; *ders.* StPO 2017, Rn. 114; *ders.* StRR 5/2018, 4 ff.; s.a. Meyer-Goßner/*Schmitt*, StPO, § 141 Rn. 5a). Und Bedenken dahin gehend, dass die bisherige Rechtslage sich ansonsten bei moderner Interpretation und modernem rechtsstaatlichem Verständnis sowie unter Beachtung der Richtlinie EU 2016/1919 (sog. »PKH- Richtlinie«) ja tiefgreifend ändern würde, zeugen von einem eher überkommenen Verständnis von Rechtsstaatlichkeit. Der Anspruch an die Rechte des Beschuldigten hat sich inzwischen grundlegend geändert. Sie wurden auch an anderer Stelle nachhaltig gestärkt. I.Ü. ist der Gesetzgeber auch nicht immer so schlau und vorausschauend, wie die Beiden glauben, annehmen zu können. Das zeigen u.a. auch die von ihnen in Bezug genommenen Entscheidungen zur Beiordnung eines Pflichtverteidigers zur Wahrnehmung des Rechts auf konfrontative Vernehmung von Belastungszeugen nach Art. 6 Abs. 3 d) EMRK (erstmals BGHSt 46, 93 ff. [Kaiisi] und nachfolgend immer wieder), die erst jetzt – nach fast 18 Jahren! – im Gesetz ihren Niederschlag finden. Gerade hieraus nun herzuleiten, dass der Gesetzgeber aktuell sei und immer modern denke, erscheint wenig nachvollziehbar, wenn nicht gar abseitig.

Insgesamt konnte es schon lange nicht mehr darum gehen, dass einem die Anwesenheit eines Verteidigers im Rahmen der Beschuldigtenvernehmung als solche schlicht missfällt. Denn die Zeiten haben sich geändert. Die Interpretation von *Tully/Wenske* fügt sich in eine Reihe mit *Bittmann* NStZ 2010, 13 ff., der zur Reform des Rechts der Untersuchungshaft zum 01.01.2010 sinngemäß äußerte, dass Rechtsstaatlichkeit aber bitte nicht auf Kosten der Effizienz der Justiz gehen dürfe (auch er soweit ersichtlich ein Ausreißer, s.o. Rdn. 55). Und dass ein Pflichtverteidiger heutzutage nicht rechtzeitig anwesend sein könnte, ist in den Zeiten von Verteidigerlisten und modernen Kommunikationsmitteln schlechterdings nicht vorstellbar. Wenn Richter und Staatsanwälte dies wollen, dann finden sie immer rechtzeitig einen »Notverteidiger« bzw. »Sicherungsverteidiger«. Die Praxis zeichnet hier ein vollkommen anderes Bild (vgl. dazu Rdn. 76).

Die von *Tully/Wenske* dann noch vorgebrachte Kritik an so manch willfährigem Pflichtverteidiger, der als Gerichtshure (das sagen sie so indes nicht) auf den Gängen der Strafgerichte herumschleicht, um als »Notverteidiger« bzw. »Sicherungsverteidiger« beigeordnet zu werden (dazu ausf. bei Rdn. 77), liegt zwar nicht fern und ist Alltag in deutschen Gerichtsgebäuden. Es soll sogar Rechtsanwälte geben, die sich sonntags vormittags ggü. der Löwengrube (Polizeiarrest in München) postieren, um Mandate abzugreifen. Aber: Dieses Problem kann und darf doch nicht als Argument dafür herhalten, dem Beschuldigten sein Recht auf effektive Verteidigung zu beschneiden. Da muss die Justiz sich vielmehr an die eigene Nase fassen und sachgerechte Kriterien für eine angemessene Auswahl des Pflichtverteidigers treffen (vgl. hierzu nur *Burhoff* Hdb. für das strafrechtliche Ermittlungsverfahren, Rn. 3001 ff. sowie die Stellungnahmen der Fachgesellschaften zum RefE sowie zum RegE, abrufbar z.B. auch über die Homepage des BMJV; der Strauda empfiehlt beispielsweise ein rollierendes System nach Liste).

Der untaugliche Interpretationsversuch von *Tully/Wenske* ist nunmehr auch aufgrund des geänderten Wortlautes des Gesetzes widerlegt.

67 Mit der Vorverlagerung der Pflicht zur Bestellung eines Verteidigers auf den Zeitpunkt der Vorführung vor das Haftgericht nahm der Gesetzgeber i.Ü. einen zentralen Aspekt der Richtlinie EU 2016/1919 des Europäischen Parlaments und des Europäischen Rates vom 26.10.2016 über Prozesskostenhilfe für Verdächtige und Beschuldigte in Strafverfahren vorweg (vgl. Abl. L 297 v. 04.11.2016, S. 1 ff., sog. »Legal-Aid-Richtlinie« oder auch »PKH-Richtlinie«; s. dazu wiederum *Schlothauer* StV 2017, 557 ff.; und ausf.: *Schlothauer* StV 2018, 169 ff.).
Der verhaftete Beschuldigte ist über seine Rechte zu belehren (vgl. § 114b Abs. 1). Dazu gehört insb. das Recht auf Beiordnung eines Pflichtverteidigers (vgl. **§ 114b Abs 2 Satz 1 Nr. 4a).**
Zum **Wortlaut von § 114b Abs. 2 Satz 1 Nr. 4a** in der derzeitigen Fassung. die Kommentierung dort (§ 114 Rdn. 9). Zur **PKH-RiLi** bzw. **Legal-Aid-RiLi** s.a. die Kommentierung ab Rdn. 111.

68 In der Praxis erfolgt die Beiordnung allerdings auch heute noch nicht selten erst nach der ersten und damit erfahrungsgemäß entscheidenden (ermittlungs-)richterlichen Vernehmung des Beschuldigten (ausf. hierzu s. die Kommentierung zu § 117 Rdn. 67 ff.).
Nach altem Recht sollte die Beiordnung eines Pflichtverteidigers regelmäßig nicht bereits vor der verantwortlichen Vernehmung des Beschuldigten nach dessen Ergreifung aufgrund eines HB erforderlich sein (BGHSt 60, 38 ff. = JR 2015, 279 = NStZ 2014, 722 ff. [m.Anm. *Knauer*] = StV 2015, 144 ff. [m.Anm. *Eisenberg* StV 2015, 180 ff.]; s. hierzu auch *Beukelmann* NJW-Spezial 2014, 760 f.). Das erschien aber schon früher mit Blick auf Fürsorgepflichten und den Grundsatz des fairen Verfahrens äußerst bedenklich.
Denn schon nach altem Recht ließ eine differenzierte Herleitung der Rechte des Beschuldigten nur eine Alternative zu: die zwingende Beiordnung eines Pflichtverteidigers bereits zu Beginn der Vernehmung vor dem Haftgericht (wie es jetzt Gesetz ist). Die Argumente hierfür erscheinen auch heute noch bedeutsam. Denn es steht zu besorgen, dass trotz der eindeutigen Rechtslage auch weiterhin, ob aus Unwissenheit oder mutwillig kann dahinstehen, eine Beiordnung wie schon früher rechtswidrig nicht erfolgt:

69 Im Fall eines sog. »**Dezernatshaftbefehls**« (auch »Ergreifungshaftbefehl«, d.h. bei Beantragung und Erlass des Haftbefehls vor der Verhaftung des Beschuldigten mit dann nachfolgender Ausschreibung bzw. Fahndung, war die Ablehnung der Beiordnung eines Pflichtverteidigers schon früher dogmatisch falsch. Denn die Vollstreckung der Untersuchungshaft beginnt hier bereits mit der Festnahme des Beschuldigten (so erstmals *Deckers* StraFo 2009, 444, 446; s.a. *Herrmann* StraFo 2011, 133 ff.; ausf. auch Schlothauer/Weider/*Schlothauer* Untersuchungshaft, 4. Aufl. 2010, Rn. 298 [in der neueren 5. Auflage dann nicht mehr ganz so differenzierend dargestellt]; *Schlothauer* FS Samson, 2010, S. 709, 714 ff.; *Weider* StV 2010, 102, 104; s. hierzu auch LR/*Hilgers* 26. Aufl., § 121 Rn. 13; *Jahn* FS Rissing-van Saan, 2011, S. 273, 275 ff. und S. 288 f.; LR/*Lüderssen/Jahn* 26. Aufl., § 141 Rn. 24 f.; Meyer-Goßner/*Schmitt*, § 121 Rn. 4; a.A. *Bittmann* NStZ 2010, 13, 15 [äußerst justizfreundlich; die Rechte des Beschuldigten zurückdrängend, sie stünden der Effizienz im Wege]; *Brocke/Heller* StraFo 2011, 1 ff. [streng formal]; *Heydenreich* StraFo 2011, 263 ff.; *Heydenreich* StRR 2009, 444, 445; Meyer-Goßner/*Schmitt* § 141 Rn. 3a [a.E.]; *Wohlers* StV 2010, 151, 152; s.a. OLG Düsseldorf StV 2010, 350 [alle aber jeweils mit weniger differenziertem Ansatz als *Deckers, Herrmann* und insb. *Schlothauer*]; klar differenzierend aber wiederum Schlothauer/Weider/*Weider* Untersuchungshaft, 4. Aufl. 2010 für den Fall der vorläufigen Festnahme einerseits s. Rn. 300 ff. und für den Fall der Verhaftung aufgrund eines Dezernatshaftbefehls andererseits s. Rn. 332, 333 [in späterer 5. Auflage dann nicht mehr ganz so differenzierend dargestellt]). Sofern der Beschuldigte nicht schon verteidigt ist, bedurfte es zur Sicherung seiner Rechte schon nach altem Recht der Beiordnung eines »**Notverteidigers**« oder auch »**Sicherungsverteidigers**« zumindest für die Eröffnung des Haftbefehls und die erste Vernehmung. Der Beschuldigte konnte und durfte in dieser Situation auch früher nicht unverteidigt sein (s. hierzu auch die Kommentierung bei § 115 Rdn. 31, § 115a Rdn. 9; ausf. erstmals Schlothauer/Weider/*Schlothauer* Untersuchungshaft, 4. Aufl. 2010, nunmehr Schlothauer/Weider/Nobis/*Schlothauer*, Untersuchungshaft, Rn. 319; *ders.* FS Samson, 2010, S. 709, 714 ff.; ihm folgend: *Herrmann* StraFo 2011, 133 ff.; s.a. *Weider* StV 2010, 102, 104). Das findet inzwischen aber seinen Niederschlag im Gesetz (vgl. § 141 Abs. 3 Satz 4 Alt. 2; ausf. s.o. Rdn. 64).

70 Für den Fall der vorläufigen Festnahme mit nachfolgender Vorführanzeige und einem erst dann gestellten Antrag auf Erlass eines Haftbefehls (sog. »**Vorführhaftbefehl**«) musste dies aber auch früher schon ebenso gelten. Zwar beginnt hier die Vollstreckung der Untersuchungshaft nicht wie beim Dezernatshaftbefehl mit der Festnahme. Aber es war (und ist) kein Grund dafür ersichtlich, dass insofern eine Schlechterstellung des Beschuldigten gerechtfertigt sein könnte. Ebenso wie bei der Eröffnung eines Dezernatshaftbefehls ging es auch hier um die für den Beschuldigten existenzielle Frage seiner Inhaftierung. Die prozesspsychologische Situation ist für ihn in beiden Fällen die Gleiche (ausf. *Herrmann* StraFo 2011, 133 ff.). Das findet inzwischen seinen Niederschlag im Gesetz (vgl. § 141 Abs. 3 Satz 4 Alt. 2; ausf. s.o. Rdn. 64).

Im Ergebnis hatte also schon vor der Gesetzesänderung (sei es nun 2017 oder dann 2019) bei sachgerechter Auslegung des Gesetzeswortlautes, erst recht aber unter Beachtung des Verteidigungsrechts des Beschuldigten, zumindest in Haftsachen immer eine sofortige Beiordnung, noch vor der ersten Vernehmung zur Sache, zu erfolgen. Die Frage der Anordnung der Untersuchungshaft durfte seit jeher nicht ohne anwaltlichen Beistand entschieden werden. *Weider* hat das im Rechtsausschuss des Deutschen Bundestages treffend formuliert, als er darauf hinwies, dass bei einer erst nachträglichen Beiordnung »*das Kind bereits in den Brunnen gefallen ist*« (vgl. *Weider* StV 2010, 102, 104; Schlothauer/Weider/Nobis/*Weider* Untersuchungshaft, Rn. 282; s.a. *Herrmann* StraFo 2011, 133 ff.; *Morgenstern* ZIS 2011, 240, 243; *Wohlers* StV 2010, 151, 153; s. hierzu auch BGHSt 60, 38 ff. = JR 2015, 279 = NStZ 2014, 722 ff. [m.Anm. *Knauer*] = StV 2015, 144 ff. [m.Anm. *Eisenberg* StV 2015, 180 ff.]; s. hierzu auch *Beukelmann* NJW-Spezial 2014, 760 f.). 71
Schon die damalige Die Neuregelung in § 141 Abs. 3 Satz 4 bestätigt dies bei richtigem Rechtsverständnis eindrücklich (s. hierzu auch *Schlothauer* StV 2017, 557 ff.; *ders.* StV 2018, 169 ff.; s.a. Rdn. 64). Nunmehr gilt das aufgrund des eindeutigen Wortlautes des Gesetzes »erst recht«

Auch die **Auswahl des Pflichtverteidigers**, seit jeher ein zentraler Kritikpunkt, wurde durch die Reformgesetzgebung (s. hierzu Rdn. 64) unzureichend geregelt. *Tully/Wenske* meinten gerade daraus herleiten zu können, dass in Untersuchungshaftsachen keine Beiordnung zu erfolgen habe (*dies.* NStZ 2019, 183 ff.; krit. dazu s. bereits oben, Rdn. 64). Das erscheint aber nicht plausibel. Um dem Anspruch an eine sachgerechte Auswahl in der Praxis Geltung zu verschaffen, haben die maßgeblichen Zusammenschlüsse von Strafverteidigerinnen und Strafverteidigern schon früher Empfehlungen ausgesprochen. Zu nennen sind: der Deutsche Anwaltverein durch seinen Strafrechtsausschuss (Strauda) und die Arbeitsgemeinschaft Strafrecht im DAV (DAV-Stellungnahme Nr. 55/2009, »Empfehlung des Deutschen Anwaltvereins durch seinen Strafrechtsausschuss und die Arbeitsgemeinschaft Strafrecht des DAV zur Praxis der Beiordnung von Pflichtverteidigerinnen und Pflichtverteidigern nach Inkrafttreten der Neuregelungen in §§ 140 Abs. 1 Nr. 4, 141«, abrufbar z.B. über die Homepage des DAV oder der Arbeitsgemeinschaft Strafrecht im DAV), darüber hinaus die Strafverteidigervereinigungen aus elf Bundesländern gemeinsam mit dem Strafrechtsausschuss des Kölner Anwaltvereins (»Gemeinsame Empfehlungen der Strafverteidigervereinigungen zur Praxis der Beiordnung von notwendigen Verteidigern ab dem 01.01.2010«, abgedruckt z.B. in StV 2010, 109) und auch der Strafrechtsausschuss der Bundesrechtsanwaltskammer (BRAK-Stellungnahme 16/2010, »Thesen zur Praxis der Verteidigerbestellung nach §§ 140 Abs. 1 Nr. 4, 141 Abs. 3 Satz 4 i.d.F. des Gesetzes zur Änderung des Untersuchungshaftrechts v. 29.07.2009«, abgedruckt z.B. in BRAK-Mitt. 2010, 201 ff.). Weitergehende Hinweise finden sich nun auch in den Stellungnahmen der Fachgesellschaften und -gremien zum RefE zur PKH-RiLi (abrufbar z.B. über die Homepage des BMJV), sowie darüber hinaus nun auch die jeweiligen Stellungnahmen zum RefE des BMJV zur Legal-Aid-RiLi bzw. PKH-RiLi. 72

Zusammenfassend lässt sich Folgendes festhalten (ausf. bereits *Herrmann* StraFo 2011, 133 ff.; s.a. *Heydenreich* StV 2011, 700 ff.; Schlothauer/Weider/Nobis Untersuchungshaft, Rn. 288 ff.): Benennt der Beschuldigte auf Anfrage oder von sich aus vor oder während der Anbahnung der Vorführung bei Gericht einen Verteidiger seines Vertrauens, dann ist dieser zu informieren und, sofern keine Hinderungsgründe bestehen, beizuordnen (§ 142). Dem Gericht steht hierbei allenfalls ein sehr enger Ermessensspielraum zu. *Burhoff* spricht unter Bezugnahme auf die Wortwahl in BT-Drs. 16/12098, S. 31 von »eingeschränktem Ermessen« (*ders.* Hdb. für das strafrechtliche Ermittlungsverfahren, Rn. 3282 ff.). *Wohlers* formuliert, dass der Richter bei Benennung eines Verteidigers »kein Ermessen« habe (*ders.* StV 2010, 151, 154), prüft dann aber ebenso wie *Burhoff* denkbare »wichtige Gründe«, die möglicherweise eine Beiordnung hindern. Tatsächlich geht es hier um die Prüfung, ob wichtige Gründe entgegenstehen. Trotz unterschiedlicher Wortwahl meinen beide letztlich wohl doch dasselbe (s. zum Ganzen *Barton* StV 1992, 407; *Herrmann* StraFo 2011, 133 ff.; *Heydenreich* StV 2011, 700 ff.; *Jahn* FS Rissing-van Saan, 2011, S. 273, 282 ff.; Meyer-Goßner/*Schmitt* § 142 Rn. 3; Schlothauer/Weider/Nobis Untersuchungshaft, Rn. 287; *Thielmann* StraFo 2006, 358 ff.; *ders.* HRRS 2009, 452 ff.). Der Beschuldigte hat grds. Anspruch auf Beiordnung des gewünschten Rechtsanwaltes (BVerfG StV 2006, 451 [m.Anm. *Hilger*]; Meyer-Goßner/*Schmitt* § 142 Rn. 9). Das Gericht hat gem. § 142 Abs. 1 Satz 2 nur zu prüfen, ob der Beiordnung ein wichtiger Grund entgegensteht. Hierzu kann im Wesentlichen auf die bisherige Rspr. verwiesen werden (ausf. *Burhoff* Hdb. für das strafrechtliche Ermittlungsverfahren, Rn. 3282 ff.; *Lewitzki/Thielmann/Meier-Göring* DRiZ 2011, 306 f. [pro/contra]; Meyer-Goßner/*Schmitt* § 142 Rn. 3). 73

Ist es dem Beschuldigten nicht möglich, auf Aufforderung unverzüglich einen Verteidiger zu benennen, dann gilt Folgendes: 74
Hat er die Auswahl dem Gericht überlassen, dann muss dieses unverzüglich einen Pflichtverteidiger beiordnen. Äußert sich der Beschuldigte nicht sofort, dann muss ihm eine angemessene Frist zur Wahrung des rechtlichen Gehörs bei Auswahl des Verteidigers seines Vertrauens eingeräumt werden. Die berufsständischen Organisationen halten Fristen von einer bzw. zwei Wochen für angemessen. Entscheidend wird es auf den

Einzelfall ankommen. Sowohl längere als auch kürzere Fristen können angemessen sein. Dem Beschuldigten müssen zur Wahrung seiner Rechte Informationsquellen zugänglich gemacht werden. Die Vorlage nur eines Telefonbuches genügt hierfür nicht (s. hierzu bereits BGHSt 38, 372; BGHSt 42, 15; BGHSt 47, 233; BGH NStZ 2006, 114). Sog. **Verteidigerlisten** sind sinnvoll, problematisch erscheinen aber deren Erstellung und Pflege, die Evaluierung der Verteidiger, sowie die praktische Umsetzung der Beiordnung anhand dieser Listen. Ihre Bedeutung wird in der Praxis allgemein als eher gering angesehen, wohl weil sie bei Gericht zu gerne übersehen oder missachtet werden (ausf. zum Ganzen *Herrmann* StraFo 2011, 133 ff.; *Jahn* FS Rissing-van Saan, 2011, S. 273, 292 f.; *Wenske* NStZ 2010, 479, 480; s.a. nachfolgend unter Rdn. 76). Zur praktischen Umsetzung der Beiordnung s. unten Rdn. 76.
Künftig werden wohl Verteidigerlisten von den Anwaltskammern geführt und von den Gerichten bei der Auswahl zugrundegelegt.
Die früher gesetzlich geregelte **Privilegierung ortsansässiger Verteidiger** ist schon lange nicht mehr zulässig (OLG Naumburg StRR 2009, 106; OLG Oldenburg NStZ-RR 2010, 211 = StRR 2010, 267 = StV 2010, 351; *Burhoff* Hdb. für das strafrechtliche Ermittlungsverfahren, Rn. 3282 ff.).

75 Wenn das Gericht das dem Beschuldigten zustehende Auswahl- und Benennungsrecht aus § 142 Abs. 1 verletzt, weil es bspw. die Wünsche des Beschuldigten oder eine diesem einzuräumende Frist zur Stellungnahme nicht oder nicht ausreichend beachtet bzw. gewährt, dann ist ein **vereinfachter Wechsel** zu ermöglichen (vgl. hierzu die jeweiligen Stellungnahmen der benannten berufsständischen Organisationen, s.o. Rdn. 72). Regelmäßig ist der ursprüngliche Pflichtverteidiger zu entbinden und der später benannte Anwalt des Vertrauens beizuordnen (vgl. KG NStZ 2017, 305 f. [nur, sofern keine Mehrkosten entstehen; zu eng]; OLG Düsseldorf StRR 2010, 222 = StV 2010, 350; OLG Karlsruhe NStZ 2017, 304 ff. [nur, sofern keine Mehrkosten entstehen; zu eng]; LG Bonn StV 2010, 181 = StraFo 2010, 148; LG Frankfurt/Oder StV 2010, 235, LG Krefeld NStZ 2010, 591; zum Verteidigerwechsel s.a. BGH StraFo 2010, 199; s. zum Ganzen auch *Burhoff* Hdb. für das strafrechtliche Ermittlungsverfahren, Rn. 3097 ff. und Rn. 3300 ff.; *Heydenreich* StraFo 2011, 263 ff.; *ders.* StRR 2009, 444, 448; *ders.* StV 2011, 700, 703; *Jahn* FS *Rissing-van Saan*, 2011, S. 273, 285 ff.). Ein vereinfachter Wechsel ist nun gesetzlich geregelt in § 143a.

76 Die Praxis indes zeigt auch weiterhin ein anderes, trauriges Bild: Nach wie vor werden die allseits bekannten **»Amtspflichtverteidiger«** beigeordnet. Gerne verwendete Synonyme sind auch **»ja-sagende Gerichtsnutten«** (s. *Föhrig*, Kleines Strafrichterbrevier, 2008, S. 12), **»Gerichtshuren«**, oder etwas milder, aber nicht weniger krit. distanziert formuliert: **»Geständnisbegleiter«**, **»Robenständer«** oder **»Amtspflichtverteidiger**, denen der Samt auf dem Besatz der Robe wächst« (wobei Rechtsanwälte grds. Roben mit einem Besatz aus Atlasseide tragen; Ausnahmen gelten im Bezirk des OLG Stuttgart [sog. »Stuttgarter Robe« mit Samtbesatz auch für Rechtsanwälte]), mit denen man bei der Justiz »gute Erfahrungen« gemacht hat. An dem bewährten System der Vorauswahl des justiztreuen Wunschanwaltes, der sich im Nachhinein artig bedankt und fragt ob es auch Recht so war, wie er »verteidigt« habe, hat sich trotz zunehmender und nachhaltigerer Kritik auch weiterhin nichts geändert (*Brocke/Heller* StraFo 2011, 1, 9 [mit Hinweis auch auf die Zunahme der »Verteilungskämpfe« unter den Verteidigern]; *Herrmann* StraFo 2011, 133; *Heydenreich* StraFo 2011, 263 ff.; *ders.* StRR 2009, 444, 446; *Jahn* FS *Rissing-van Saan*, 2011, S. 273, 2287; *König* AnwBl. 2010, 50, 51; *Wohlers* StV 2010, 151, 153; s. zum Ganzen auch *Burhoff* Hdb. für das strafrechtliche Ermittlungsverfahren, Rn. 3097 ff. und Rn. 3300 ff.).

77 **f) Recht auf Akteneinsicht gem. § 147 Abs. 2 Satz 2 i.V.m. Satz 1.** Im Recht auf Akteneinsicht gibt es seit 01.01.2018 einige Neuerungen. Diese betreffen aber nicht das Recht auf Akteneinsicht im Zusammenhang mit Untersuchungshaft oder nach vorläufiger Festnahme, wenn Untersuchungshaft beantragt ist (vgl. § 147 Abs. 2 Satz 2). Es geht vielmehr um Grundsätzliches: Nach der Gesetzesänderung zum 01.01.2018 ist das Recht auf Akteneinsicht zweigeteilt:

78 Das **»ob«** der Akteneinsicht und die Zuständigkeit sind nach wie vor in § 147 geregelt. Das **»wie«** der Akteneinsicht wird nunmehr in § 32 f geregelt.

79 **aa) Akteneinsicht bei vollzogenem Haftbefehl.** Befindet sich der Beschuldigte in Untersuchungshaft oder ist diese im Fall der vorläufigen Festnahme beantragt, so sind dem Verteidiger gem. § 147 Abs. 2 Satz 2 unverzüglich – selbstverständlich schon vor Abschluss der Ermittlungen! – die für die Frage der Beurteilung der Rechtmäßigkeit der Freiheitsentziehung wesentlichen Informationen in geeigneter Weise zugänglich zu machen. Es ist **umfassend Akteneinsicht** zu gewähren.

80 Werden danach **neue verfahrensbezogene Ermittlungsergebnisse** bekannt, dann erwächst aus dem Gebot der Verfahrensfairness (Art. 6 MRK i.V.m. § 147 StPO) die Pflicht, den Beschuldigten bzw. Angeklagten und seinen Verteidiger zu unterrichten und Gelegenheit zu geben, sich Kenntnis hiervon zu verschaffen. Der entsprechenden Hinweispflicht sind Staatsanwaltschaft und Gericht auch dann nicht enthoben, wenn sie

selbst die Ergebnisse für nicht entscheidungserheblich halten, denn hierüber müssen der Beschuldigte und sein Verteidiger eigenständig entscheiden können (BGH NJW-Spezial 2017, 474 = NStZ 2017, 549 ff. [mit Anm. *Tully* differenziert, aber justizfreundlich distanziert] = StV 2018, 136 [LS] = AnwBl 2018, 104 [Neue Ermittlungsergebnisse während laufender Hauptverhandlung müssen ohne Aufforderung offengelegt werden]; s.a. BGH NStZ 2006, 115 f.; BGH StV 2001, 4 f. mit Verweis auf BGHSt 36, 305 ff.).

»*In der Regel*« ist »*in geeigneter Weise*« Akteneinsicht zu gewähren (zur Frage der Akteneinsicht beim nächsten Gericht s. § 115a Rdn. 10; zur Akteneinsicht bei rechtlichem Gehör im Rahmen der Haftprüfung s. § 117 Rdn. 18). Dies bedeutet bei genauer Betrachtung Folgendes: 81

In § 147 Abs. 2 Satz 2 wurde endlich die seit vielen Jahren bestehende und vielfach begrüßte **Rspr. des EGMR** auf weitestgehende Akteneinsicht in Haftsachen umgesetzt. Das Recht auf Akteneinsicht resultiere aus dem **Grundsatz der Waffengleichheit** zwischen einerseits Strafverfolgungsorganen und andererseits Beschuldigtem. Aus Art. 6 EMRK ergebe sich der Anspruch auf ein kontradiktorisches Verfahren. Das sei aber nur gewährleistet, wenn sowohl die StA als auch die Verteidigung die Ermittlungen zur Kenntnis nehmen und sich zu den jeweiligen Beweismitteln äußern könnten. Nur dann sei das Verfahren fair (vgl. EGMR Nr. 11364/03, Urteil der 5. Kammer v. 13.12.2007 [Mooren v. Deutschland I] StRR 2008, 98 ff. [m.Anm. D. *Herrmann/J. Herrmann*] = StV 2008, 475 [m.Anm. *Hagmann* und *Pauly*]; s.a. EGMR Nr. 11364/03, Urteil der Großen Kammer v. 09.07.2009 [Mooren v. Deutschland II] StraFo 2010, 63 = StRR 2009, 473 ff. [m.Anm. D. *Herrmann*] = StV 2010, 490 ff. [m.Anm. *Pauly*]; s.a. EGMR EuGRZ 2009, 472 f.; EGMR StV 1993, 283; EGMR StV 2001, 201, 203, 205 [m. zust. Anm. *Kempf* StV 2001, 207] = EGMR NJW 2002, 2013 [Lietzow]; EGMR NJW 2002, 2015 [Schöps]; EGMR NJW 2002, 2018 [Garcia Alva]; BVerfG NJW 1994, 3219 = StV 1994, 465 = NStZ 1994, 551; OLG Hamm StV 2002, 318; LG Leipzig StRR 2008, 387 f. [m.Anm. *Stephan*]; AG Halberstadt StV 2004, 549; AG Magdeburg StraFo 2014, 74 = StV 2016, 448; s.a. *Beulke/Witzigmann* NStZ 2011, 254 ff.; *Burhoff* Hdb. für das strafrechtliche Ermittlungsverfahren, Rn. 206 ff. [speziell zur Untersuchungshaft ab Rn. 295 ff., insb. Rn. 300]; *Deckers* StraFo 2009, 444; *Herrmann*, Untersuchungshaft, Rn. 360 ff.; *ders.* StRR 2010, 4 ff.; *Jahn* in FS I. Roxin, 2012, S. 585 ff.; *Kempf* FS Rieß, S. 217 ff.; Meyer-Goßner/*Schmitt* § 147 Rn. 25a; *Michalke* NJW 2010, 18; *Morgenstern* ZIS 2011, 240, 243; *Münchhalffen/Gatzweiler*, Untersuchungshaft, 3. Aufl. 2009, Rn. 75 ff.; *Park* StV 2009, 276 ff.; *Püschel* StraFo 2009, 134, 135; *Rau* StraFo 2008, 9 ff.; *Schlothauer* StV 2001, 193 ff.; *Walischewski* StV 2001, 243 ff.; *Weider* StV 2010, 102, 105 f.; *Wohlers/Schlegel* NStZ 2010, 486 ff.; s. hierzu auch die Kommentierung bei § 117 Rdn. 79 f.). 82

Neue Ermittlungsergebnisse während laufender Hauptverhandlung müssen ohne Aufforderung offengelegt werden und zugänglich gemacht werden (s.o.; BGH NJW-Spezial 2017, 474 = NStZ 2017, 549 ff. [mit Anm. *Tully* differenziert, aber justizfreundlich distanziert] = StV 2018, 136 [LS] = AnwBl 2018, 104]).

Das **BVerfG** hat sich zum Recht auf Akteneinsicht bei Untersuchungshaft zu lange zurückhaltend geäußert. Es meinte noch 1993, dass der Beschuldigte durch die allgemeinen Hinweispflichten des Gerichts nach den §§ 115 Abs. 1 bis 3 und 115a ausreichend informiert sei und so dem Anspruch auf ein rechtsstaatliches und faires Verfahren genügt sei (BVerfG NJW 1994, 573 = StV 1994, 1 ff.). Ein umfassendes Akteneinsichtsrecht wurde, so deutlich wie vom EGMR bereits längst zugesprochen (s.o.), vom BVerfG gar nicht und dann zunächst nur für Fälle der Anordnung eines dinglichen Arrestes anerkannt (BVerfG NJW 2004, 2443 = StraFo 2004, 309 f. = StV 2004, 411 ff.; NJW 2006, 1048 [m.Anm. *Borggräfe*] = NStZ 2006, 459 ff. = StraFo 2006, 165 ff. = StV 2006, 281 ff.). Wenn dies aber für den Fall eines dinglichen Arrestes zugestanden wird, dann gilt es erst recht für die regelmäßig noch einschneidendere Zwangsmaßnahme der Untersuchungshaft (ebenso *Herrmann*, Untersuchungshaft, Rn. 383; *Püschel* StraFo 2009, 134, 135; s.a. *Weider* StV 2010, 102 ff.). Eine gerichtliche Entscheidung darf nur auf Tatsachen und Beweismittel gestützt werden, die dem Beschuldigten durch Akteneinsicht, zumindest ggü. der Verteidigung, bekannt sind (BVerfG NJW 1994, 3219, 3220 f. = NStZ 1994, 551 ff. = StV 1994, 465 = wistra 1994, 342; AG Magdeburg StraFo 2014, 74 = StV 2016, 448; *Burhoff* Hdb. für das strafrechtliche Ermittlungsverfahren, Rn. 295 ff., insb. 297). 83

Trotz der nunmehr allgemeinen Anerkennung eines Rechts auf Akteneinsicht durch § 147 Abs. 2 Satz 2 besteht mehrfacher **Anlass zu Kritik**. Denn die neue Regelung ist sprachlich undifferenziert und missverständlich. Die konkreten Vorgaben des EGMR wurden nicht wirklich umgesetzt. Nach der europarechtlichen Rspr. steht dem Verteidiger ein umfassendes Recht auf Akteneinsicht zu. StA und Gericht haben kein Ermessen es zu versagen. Vielmehr müssen sie sogar von sich aus Akten vorlegen, und zwar auch dann, wenn neue für die Frage der Anordnung oder Fortdauer der Untersuchungshaft wesentliche Aspekte hinzukommen (*Burhoff* Hdb. für das strafrechtliche Ermittlungsverfahren, Rn. 295 ff.; *Herrmann*, Untersuchungshaft, Rn. 383; vgl. hierzu auch (BGH NJW-Spezial 2017, 474 = NStZ 2017, 549 ff. [mit Anm. *Tully* differenziert, aber justizfreundlich distanziert] = StV 2018, 136 [LS] = AnwBl 2018, 104 [Neue Ermittlungsergebnisse während laufender Hauptverhandlung müssen ohne Aufforderung offengelegt werden]; s.a. BGH NStZ 2006, 115 f.; 84

BGH StV 2001, 4 f. mit Verweis auf BGHSt 36, 305 ff.). All dies ist Ausfluss des Anspruches auf ein faires Verfahren, das kontradiktorisch zu führen ist um »Waffengleichheit« zu gewährleisten. Wenn der Gesetzestext dennoch lediglich vorsieht, dass dem Verteidiger in Haftsachen gerade einmal »*in geeigneter Weise*« die für die Beurteilung der Rechtmäßigkeit der Freiheitsentziehung wesentlichen Informationen »zugänglich« gemacht werden und Akteneinsicht auch nur »*in der Regel*« (vgl. den Wortlaut von § 147 Abs. 2 Satz 2 Hs. 2) zu gewähren ist, dann wird das Akteneinsichtsrecht ganz erheblich (unzulässig) eingeschränkt. Zur effektiven Durchsetzung des von EGMR und BVerfG anerkannten Akteneinsichtsrechts muss deshalb auch weiterhin auf deren Rspr. zurückgegriffen werden. Durch die gesetzliche Neuregelung kann ein solcher Rückgriff insb. auf die Rspr. des EGMR auch nicht ausgeschlossen werden. Denn dessen Vorgaben beanspruchen weiter Geltung bei der Ausgestaltung der Beschuldigtenrechte (ausf. hierzu *Burhoff* Hdb. für das strafrechtliche Ermittlungsverfahren, Rn. 295 ff.; *Herrmann*, Untersuchungshaft, Rn. 360 ff.). Eine auch weiterhin vertretene Beschränkung des Rechts auf Akteneinsicht würde hingegen eine Fortsetzung des überkommenen, einseitig inquisitorischen Strafverfahrens bedeuten.

85 Dies bestätigt ein anderer Blickwinkel: Auf Aktenteile, die dem Beschuldigten sowie dessen Verteidiger unbekannt sind, darf eine Entscheidung über Anordnung oder Fortdauer der Untersuchungshaft nicht gestützt werden. Insoweit hat die Rspr. ein **verfassungsrechtliches Verwertungsverbot** anerkannt (BVerfG NJW 1994, 3219, 3220 f.; OLG Hamm StV 2002, 318; ähnlich OLG Brandenburg OLGSt § 114 StPO Nr. 1; LG Magdeburg StV 2004, 327; AG Halberstadt StV 2004, 549; AG Halle/Saale StV 2013, 166 = StRR 2012, 356 [m.Anm. *Burhoff*]); AG Magdeburg StraFo 2014, 74 = StV 2016, 448; s.a. *Burhoff* Hdb. für das strafrechtliche Ermittlungsverfahren, Rn. 295 ff. und Rn. 4137; *Herrmann*, Untersuchungshaft, Rn. 360 ff.; *Weider* StV 2010, 102, 105 f.). Wird der Verteidigung nicht ausreichend, d.h. umfassend Akteneinsicht gewährt, dann ist der Haftbefehl aufzuheben (s. dazu § 147 Abs. 2 S. 2; BT-Drs. 161/11644, S. 34; so auch schon früher EGMR StV 2008, 475 ff.; OLG Hamm StV 2002, 318 ff.; ähnlich BGH NJW-Spezial 2017, 474 = NStZ 2017, 549 ff. [mit Anm. *Tully* differenziert, aber justizfreundlich distanziert] = StV 2018, 136 [LS] = AnwBl 2018, 104 [Neue Ermittlungsergebnisse während laufender Hauptverhandlung müssen ohne Aufforderung offengelegt werden]; s.a. BGH NStZ 2006, 115 f.; BGH StV 2001, 4 f. [mit Verweis auf BGHSt 36, 305 ff.]; OLG Brandenburg OLGSt § 114 StPO Nr. 1; LG Magdeburg StV 2004, 327 f.; AG Halle/Saale StRR 2012, 356 [m.Anm. *Hunsmann*]; AG Magdeburg StraFo 2014, 74 = StV 2016, 448; s. hierzu auch *Beulke/Witzigmann* NStZ 2011, 254 ff.; *Deckers* StraFo 2009, 441 ff.; *Herrmann* StRR 2010, 4 ff.; *Tsambikakis* ZIS 2009, 503 ff.; *Weider* StV 2010, 102, 105).

Angeblich sollen sich der Beschuldigte und sein Wahlverteidiger im Beschwerdeverfahren den durch die **Akteneinsicht seines Pflichtverteidigers** gewonnenen Erkenntnisstand zurechnen lassen müssen. Unter dem Gesichtspunkt der Waffengleichheit sei es ausreichend, den Wahlverteidiger lediglich darüber informieren zu müssen, dass der Pflichtverteidiger des Beschuldigten bereits Akteneinsicht erhalten hat. Die Aufhebung des Haftbefehls wegen der dem Wahlverteidiger nicht rechtzeitig gewährten Akteneinsicht und eines damit einhergehenden Verstoßes gegen das Recht des Beschuldigten auf ein faires rechtsstaatliches Verfahren sowie seinen Anspruch auf rechtliches Gehör sei dann nicht veranlasst (OLG Stuttgart NStZ 2011, 599 = StRR 2011, 276 [m. deutlich abl. Anm. *Herrmann*]). Das ist schon deshalb äußerst bedenklich, weil viele Richter und Staatsanwälte meinen, dass mehrere Verteidiger eines Beschuldigten untereinander Akten nicht austauschen dürften. So wird gleichsam durch die Hintertüre eine Verweigerung der Akteneinsicht wieder eingeführt. Auch sonst wird den Verteidigern hier eine Verantwortung zuteil, die an anderer Stelle ebenso bewusst wie nachhaltig versagt sein soll. Dieser Ansatz erscheint deshalb zu justizfreundlich und einseitig. Aufgrund der Bedeutung der Untersuchungshaft obliegt die Beweislast für eine Aktenkenntnis dann doch richtigerweise der Staatsanwaltschaft und den Gerichten. Nur so funktioniert ein »checks and balances« in der Praxis zuverlässig.

86 Konsequenterweise dürfen die Ermittlungsbehörden aber auch nicht einseitig bestimmen, was sie zu den Akten nehmen und was sie weglassen oder zunächst sonst vorhalten. Der Akteninhalt muss umfassend sein (vgl. statt Aller bei Rdn. 82 Genannter: *Kempf* StV 2001, 207; s.a. Rdn. 89). Denn dies würde einer subjektiv geprägten einseitigen Aktenführung Tür und Tor öffnen, der inquisitorische Züge nicht abzusprechen wären.

87 Der **Akteninhalt muss der Wahrheit entsprechen**. Die tatsächlichen Zusammenhänge dürfen nicht durch die Darstellung unwahrer Sachverhalte verschleiert werden. Der Beschuldigte darf insb. nicht über die wahren Hintergründe seiner Festnahme getäuscht werden. Andernfalls kann ein Verstoß gegen den Grundsatz des fairen Verfahrens (»fair trial«) angenommen werden (BGH NJW 2010, 2452 = NStZ 2010, 294 = StraFo 2010, 147 f. = StV 2010, 285 ff.).

88 Bei Allem ist auch Folgendes zu beachten: I.R.d. **Aussprache im Bundestag** zum Gesetz zur Reform des Untersuchungshaftrechts am 12.02.2009 wurde MdB *Montag* am Rednerpult mehrfach unterbrochen. Er wurde u.a. von Parl. Staatssekretär *Hartenbach* (SPD) und v.a. von MdB S. *Kauder* (CDU) dahin gehend »belehrt« (zum entlarvenden Unwissen der Belehrenden selbst sogleich), dass mit der Einschränkung »…

in der Regel ...« natürlich nicht die Fälle des verteidigten Beschuldigten gemeint seien, sondern nur die, bei denen der Beschuldigte gar nicht verteidigt sei. In solchen Fällen könne Akteneinsicht aus tatsächlichen Gründen nicht gewährt werden, da zu befürchten stehe, dass der Beschuldigte Aktenteile entnehme. Diese Zwischenrufe offenbaren gröbste Mängel in der eigenen Rechtskenntnis und auch Rechtswahrnehmung sowie im Zusammenspiel der verschiedenen Normen. Denn schon damals lautete sowohl der alte als auch der neue Gesetzestext ganz anders. Er gestand schon damals ausdrücklich auch dem Beschuldigten ein (eigenes) Akteieinsichtsrecht zu (vgl. § 147 Abs. 7 a.F., nunmehr Abs. 4 n.F.!). Ob der Gesetzgeber insofern überhaupt verstanden hat, worüber er befand, muss vor diesem Hintergrund mindestens offenbleiben. Zweifel daran liegen aber nahe! Die nachhaltigen und lautstarken Einwürfe gegen MdB *Montag* zeigen eindrücklich, dass jedenfalls im Parlament keinerlei Zweifel daran bestand, dass dem Verteidiger in Haftsachen nicht nur »*in der Regel*«, sondern vielmehr ausdrücklich und mithin **in jedem Fall ausnahmslos immer Akteneinsicht zu gewähren ist**, weil dies zur angemessenen Verteidigung erforderlich aber auch geboten, somit unumgänglich ist (vgl. hierzu das wörtliche Protokoll der Rede von MdB *Montag* nebst Zwischenrufen von u.a. *Hartenbach* und insb. *Kauder*, abrufbar über www.jerzy-montag.de (Abrufdatum: 16.02.2022; zum Ganzen auch *Herrmann* StRR 2010, 4 ff.).

89 Ferner ist zu kritisieren, dass dem Verteidiger gem. § 147 Abs. 2 Satz 2 lediglich die Informationen zugänglich gemacht werden sollen, die für die Beurteilung der Rechtmäßigkeit der Freiheitsentziehung »**wesentlich**« sind. Diese Einschränkung widerspricht dem Grundsatz der Waffengleichheit. Staatsanwalt und Richter können gar nicht beurteilen, welche Informationen aus Sicht der Verteidigung von Bedeutung sind. Eine zusammenfassende Darstellung ist immer subjektiv geprägt. Die Überprüfung der Rechtmäßigkeit der Untersuchungshaft muss deshalb – wie vom EGMR mehrfach klar und deutlich festgestellt (s.o. Rdn. 82) – umfassend möglich sein. Dies ist nur bei vollständiger Akteneinsicht denkbar (ebenso *Burhoff* Hdb. für das strafrechtliche Ermittlungsverfahren, Rn. 295 ff.; *Borggräfe/Schütt* StraFo 2006, 133 ff. [vornehmlich zum dinglichen Arrest]; *Esser/Gaede/Tsambikakis* NStZ 2011, 78, 82; *Herrmann*, Untersuchungshaft, Rn. 383; *ders.* StRR 2010, 4 ff.; *Jahn* in FS I. Roxin, 2012, S. 585 ff.; *Kempf* StV 2001, 207; *Park* StV 2009, 276, 279; *Weider* StV 2010, 102, 105 f.; enger *Beulke/Witzigmann* NStZ 2011, 254 ff.; *Börner* NStZ 2010, 417, 421; *Strafner* NStZ 2009, 164, 165 f. [Anm. zu EGMR NStZ 2009, 164 f.]). Das sieht der BGH inzwischen ebenso (BGH NJW-Spezial 2017, 474 = NStZ 2017, 549 ff. [mit Anm. *Tully* differenziert, aber justizfreundlich distanziert] = StV 2018, 136 [LS] = AnwBl 2018, 104 [Neue Ermittlungsergebnisse während laufender Hauptverhandlung müssen ohne Aufforderung offengelegt werden]; s.a. BGH NStZ 2006, 115 f.; BGH StV 2001, 4 f. mit Verweis auf BGHSt 36, 305 ff.; s. hierzu auch Rdn. 77).

90 Problematisch bei allem ist, dass die Konkretisierung der Gewährung von Akteneinsicht überhaupt erst im Laufe des Gesetzgebungsverfahrens zur Klarstellung der ursprünglichen Gesetzesbegründung aufgenommen wurde (vgl. BT-Drs. 16/11644, S. 34 und im Nachgang dazu BT-Drs. 16/13097, S. 27). Sie ist aber dennoch fatal missverständlich und völlig missglückt formuliert. Leider ist das kaum einem der Rechtsanwender bekannt und bewusst, seien es nun entweder Staatsanwälte und Haftrichter oder Verteidiger.

91 Im Ergebnis darf die Verteidigung einerseits nicht gezwungen werden, sich mit der Vorlage von Aktenauszügen oder gar einer mündlichen Zusammenfassung des Akteninhalts zufriedenzugeben. Sie darf sich andererseits damit aber auch nicht zufrieden geben und abspeisen lassen. Zusammenfassungen von Akten sind immer subjektiv geprägt und meist unvollständig (s.o. Rdn. 89; s.a. § 115 Rdn. 21). Wenn § 147 Abs. 2 Satz 2 dies gleichwohl zuzulassen scheint, dann kann man nur mit den Worten von MdB *Montag* am 12.02.2009 bei der Beratung des Gesetzes im Bundestag von einer »*Karikatur des Rechts auf Akteneinsicht*« und einer »*Karikatur der unabhängigen Verteidigung*« sprechen (abrufbar über www.jerzy-montag.de; zum Ganzen auch *Burhoff* Hdb. für das strafrechtliche Ermittlungsverfahren, Rn. 295 ff.; *Herrmann* StRR 2010, 4 ff.).

92 **bb) Akteneinsicht bei nicht vollzogenem Haftbefehl.** Die Frage der Gewährung von Akteneinsicht bei nicht vollzogenem Haftbefehl ist nicht abschließend beantwortet (zum dinglichen Arrest s. BVerfG NJW 2006, 1048 ff. = NStZ 2006, 459 f. = StraFo 2006, 165 ff. = StV 2006, 281 ff.; zum noch nicht vollzogenen Durchsuchungsbeschluss s. LG Neubrandenburg NStZ 2008, 655 f.; LG Berlin StV 2010, 352 ff.; ausf. zum Ganzen *Börner* NStZ 2010, 417 ff. und *Park* StV 2009, 276 ff.; zur Rspr. des EGMR im Jahr 2012: *Oerder/Hagmann* StRR 2014, 84, 88).

93 Teilweise wird vertreten, dass bei einem nicht vollzogenen Haftbefehl Akteneinsicht versagt werden könne. Dem Beschuldigten sei zuzumuten, abzuwarten, bis die Ermittlungen so weit gediehen sind, dass ihm bzw. seinem Verteidiger Akteneinsicht gewährt werden kann. Das Ermessen hierfür stehe der Staatsanwaltschaft als Herrin des Ermittlungsverfahrens zu (vgl. BVerfG NStZ-RR 1998, 108; KG StraFo 2012, 15 ff. [m. krit. Anm. *Herrmann*]; OLG München NStZ 2009, 109 f. = StRR 2008, 475 [m. krit. Anm. *Herrmann*] = StV 2009 538 f. [mit krit. Anm. *Wohlers*]; OLG Hamm NStZ-RR 1998, 19; OLG Hamm NStZ-RR 2001,

254; so wohl auch Meyer-Goßner/*Schmitt* § 147 Rn. 25; a.A. OLG Köln StV 1998, 269; LG Aschaffenburg StV 1997, 644; krit. auch *Paeffgen* NStZ 1999, 74; zur Rspr. des EGMR im Jahr 2012: *Oerder/Hagmann* StRR 2014, 84, 88 [differenzierend]). Bis zum Vollzug der Untersuchungshaft überwiege das Geheimhaltungsinteresse der Strafverfolgungsbehörden. Dem Informationsinteresse des Beschuldigten werde danach immer noch ausreichend Rechnung getragen, denn nach seiner Verhaftung werde er gem. § 115 Abs. 3 ja ermittlungsrichterlich vernommen. Das Gericht müsse im Rahmen der Haftbefehlseröffnung nicht nur den Inhalt des Haftbefehls bekannt geben, sondern darüber hinaus auch Gelegenheit geben, zu seinen Gunsten sprechende Tatsachen geltend zu machen.

Nach anderer Ansicht ist bei einem nicht vollzogenen Haftbefehl, von dem der Beschuldigte Kenntnis erlangt hat, in entsprechender Anwendung von § 147 Abs. 2 Satz 2 entweder generell (*Herrmann*, Untersuchungshaft, 2008, Rn. 400 ff.; LR/*Lüderssen/Jahn* § 147 Rn. 77; *Püschel/Bartmeier/Mertens*, Untersuchungshaft in der anwaltlichen Praxis, 2011, S. 75) oder nach Abwägung des Einzelfalls (ausf. hierzu *Beulke/Witzigmann* NStZ 2011, 254 ff.; s.a. *Börner* NStZ 2010, 417 ff.; *Park* StV 2009, 276 ff.; SK-StPO/*Wohlers* § 147 StPO Rn. 66) Akteneinsicht zu gewähren. Dies gelte zumindest für die Fälle, in denen der Haftbefehl allein auf Fluchtgefahr gestützt wird.

Differenziert hat sich hierzu insb. das LG Aschaffenburg (StV 1997, 644 f.) geäußert: Die Frage des Fortbestehens des Haftbefehls dürfe in diesem Fall nicht auf Tatsachen und Beweismittel gestützt werden, die der Beschuldigte infolge verweigerter Akteneinsicht nicht kennt. Es reiche nicht aus, dass der Beschuldigte durch eine negative Beschwerdeentscheidung die konkreten Tatsachen und Beweismittel erfahre, die einen dringenden Tatverdacht begründen. Denn dadurch werde sein Anspruch auf rechtliches Gehör verletzt (vgl. hierzu insb. auch BVerfG NJW 1994, 3219 ff. = NStZ 1994, 551 ff. = StV 1994, 465 ff. = wistra 1994, 342 ff.). Art. 103 Abs. 1 GG gewähre dem Beschuldigten grds. schon vor jeder gerichtlichen Entscheidung rechtliches Gehör. Ihr dürften deshalb nur solche Tatsachen und Beweisergebnisse zugrunde gelegt werden, zu denen der Beschuldigte Stellung nehmen konnte. Nur dort, wo die Sicherung gefährdeter Interessen eine vorherige Anhörung verbietet, beispielsweise um den Beschuldigten nicht zu warnen, könne ausnahmsweise von der Mitteilungspflicht abgesehen werden. Habe der Beschuldigte aber bereits Kenntnis von der Existenz eines Haftbefehls, dann gebiete das Interesse einer effektiven Strafverfolgung nicht mehr, ihm die Tatsachen und Beweismittel, auf die sich der dringende Tatverdacht stützt, vorzuenthalten (LG Aschaffenburg StV 1997, 644, 645; ebenso: OLG Köln StV 1998, 269, 270).

Nach § 33 Abs. 4 kann das rechtliche Gehör bei der Anordnung der Untersuchungshaft, der Beschlagnahme oder anderer (Zwangs-) Maßnahmen zwar versagt werden, wenn die vorherige Anhörung den Zweck der Anordnung gefährden würde. Die Vorschrift ist nach Wortlaut und Intention in ihrer praktischen Umsetzung aber eindeutig erfolgsbezogen zu verstehen. Wenn der Beschuldigte die gegen ihn beabsichtigte Zwangsmaßnahme bereits kennt oder weiß, dass sie droht, dann gibt es ihm ggü. nichts mehr zu verheimlichen. Der Überraschungseffekt verfängt dann nicht mehr. Auch bei der Verweigerung des Rechts auf Akteneinsicht darf nur die Sicherung des Erfolgs der Untersuchungsmaßnahme im Vordergrund stehen.

Zusammenfassend bleibt festzuhalten: Die Grundlagen einer Haftentscheidung müssen dem Beschuldigten immer offengelegt werden. Er muss sich dagegen verteidigen können, auch bereits in Freiheit. Der Beschuldigte muss sich nicht zunächst verhaften lassen um sich erst dann qualifiziert verteidigen zu können. Der entscheidende Aspekt ist hier die Zwangsmaßnahme als solche. Hat der Betroffene also Kenntnis vom Bestehen eines noch nicht vollzogenen Haftbefehls, dann haben sein Anspruch auf rechtliches Gehör sowie sein Freiheitsrecht Vorrang vor dem hiermit konkurrierenden staatlichen Anspruch auf Vermeidung der Gefährdung der Ermittlungen (so wohl auch *Paeffgen* NStZ 1999, 74 ff.; zum Ganzen auch *Burhoff* Hdb. für das strafrechtliche Ermittlungsverfahren, Rn. 310 f.; *Herrmann*, Untersuchungshaft, Rn. 400 ff.). Sollen Zwangsmaßnahmen durchgeführt werden, dann sind die Karten aufzudecken. Nur ein solches Verständnis berücksichtigt die Rechte des Beschuldigten und damit den Grundsatz des fair trial angemessen.

94 **D. Europarechtliche Vorgaben im Recht der Untersuchungshaft.** Die Rechte des Beschuldigten im Zusammenhang mit der Anordnung und dem Vollzug der Untersuchungshaft werden über das nationale Recht hinaus auch auf europarechtlicher Ebene unterstützt. Die zentralen Vorschriften hierzu finden sich in den **Artt. 5 und 6 EMRK**. Eine ausführliche Darstellung kann an dieser Stelle nicht erfolgen. Auf die Kommentierung im unmittelbaren Sachzusammenhang mit dem nationalen Recht wird verwiesen (vgl. z.B. Rdn. 82; zur Bindungswirkung von Entscheidungen des EGMR für das nationale Recht siehe u.a. *Ambos* ZStW 115 [2003], S. 583 ff.; *Eisele* JA 2005, 390 ff.; *Gaede* StV 2004, 46, 50 f.; *J. Herrmann/D. Herrmann* in der Anm. zu EGMR Urt. v. 13.12.2007, StRR 2008, 98 ff. [Mooren v. Deutschland I]; *Morgenstern* ZIS 2011, 240 ff.; *dies.* StV 2013, 529 ff.; *Weigend* StV 2000, 384 ff.).

Ergänzend zu diesen gesetzlichen Vorgaben und deren Umsetzung durch die Rspr. des EGMR sind das Europäische Parlament und der Rat bestrebt, Einfluss auf die nationale Gesetzgebung der Mitgliedstaaten zu nehmen. Am 30.11.2009 hat der Rat der Europäischen Kommission einen »**Fahrplan zur Stärkung der Verfahrensrechte von Verdächtigten oder Beschuldigten in Strafverfahren**« beschlossen (ABl. C 295 v. 04.12.2009, S. 1). Ziel ist es, die Rechte des Beschuldigten im Strafverfahren europaweit zu vereinheitlichen und zu stärken. Dadurch soll insb. das Vertrauen in die Strafgerichtsbarkeit der jeweils anderen Mitgliedstaaten gefördert werden. Das rechtsstaatliche Niveau soll in allen Mitgliedstaaten angeglichen werden. Der Fahrplan sieht sechs Maßnahmen vor, die zur Vereinheitlichung der Rechte beitragen sollen. Zur Umsetzung dieser Vorgaben wurden inzwischen verschiedene Richtlinien ausgearbeitet und teils bereits erlassen. Weitere Richtlinien sind geplant. 95

I. Recht auf Dolmetscherleistungen und Übersetzungen in Strafverfahren. Am 20.10.2010 wurde die Richtlinie des Europäischen Parlaments und des Rates über das »**Recht auf Dolmetscherleistungen und Übersetzungen in Strafverfahren**« erlassen (RL 2010/64/EU). Sie regelt u.a. den unverzüglichen Zugang zu Dolmetscherleistungen (Art. 2) sowie der Übersetzung von Schriftstücken (Art. 3). Dies hat unentgeltlich (Art. 4) und qualifiziert (Art. 5) zu erfolgen. Die Rechte stehen sowohl Beschuldigten zu als auch Personen, die einer Straftat zunächst nur verdächtig sind. Die Richtlinie sichert insb. das Recht auf ein faires Verfahren (EuGH NJW 2016, 303 ff.; BVerfG NJW 2004, 50 ff.; BGHSt 46, 178 ff.; BGH NStZ 2014, 725, BGH NStZ 2017, 63 [Übersetzung der Anklageschrift]; OLG Celle NStZ 2011, 718 ff.; OLG Dresden StRR 2011, 362 [m.Anm. *Burhoff*]; OLG Hamm NStZ-RR 2014, 328 [m.Anm. *Artkämper*]; LG Freiburg NStZ-RR 2012, 292 [zum Schriftwechsel mit dem Verteidiger]; *Burhoff* Hdb. für das strafrechtliche Ermittlungsverfahren, Rn. 5117 ff.; *Kotz* StRR 2012, 124 ff.): 96

Das **nationale Recht der Untersuchungshaft** gewährt dem Beschuldigten, der der deutschen Sprache nicht hinreichend mächtig ist, insofern u.a. folgende Rechte (s. hierzu *Artkämper* StRR 2014, 255 [Anm. zu OLG Hamm]; *Burhoff* Hdb. für das strafrechtliche Ermittlungsverfahren, Rn. 5117 ff. und insb. Rn. 5130 [Wahlverteidiger] sowie Rn. 5131 [Pflichtverteidiger]; Kotz StRR 2012, 124 ff.): Der allgemein in § 187 GVG geregelte Anspruch auf Dolmetscherleistungen wird von den Staatsanwaltschaften und Gerichten gelegentlich zu eng ausgelegt. Der Wortlaut ist offen formuliert! 97

In **§ 114 Satz 1 Hs. 2** ist geregelt, dass der Haftbefehl in eine für den Beschuldigten verständliche Sprache zu übersetzen und ihm eine Abschrift auszuhändigen ist (s.a. Art. 5 Abs. 2 EMRK sowie Nr. 181 Abs. 2 RiStBV; ausf. hierzu s. die Kommentierung bei § 114a dort Rdn. 9). 98

In **§ 114b Abs. 2 Satz 2** ist die Pflicht zur Belehrung über den Anspruch auf unentgeltliche Hinzuziehung eines Dolmetschers geregelt (vgl. hierzu Art. 6 Abs. 3 lit. e) EMRK; s.a. BVerfGE 40, 95, 99 f. = NJW 1975, 1597; BVerfG NJW 2004, 50 f. = NStZ 2004, 261 f. = NStZ-RR 2004, 63 f. = StV 2004, 28 ff.; BGHSt 46, 178 ff. = NJW 2001, 309 ff. = NStZ 2001, 107 ff. = StraFo 2001, 54 ff. = StV 2001, 1 ff. = wistra 2001, 107 ff.; ausf. hierzu s. die Kommentierung bei § 114b dort Rdn. 6 und § 115 Rdn. 32). 99

Die **Kosten für die Hinzuziehung eines Dolmetschers** dürfen dem der deutschen Sprache nicht mächtigen Beschuldigten nicht auferlegt werden. Dies würde einen Verstoß gegen Art. 3 Abs. 3 Satz 1 GG bedeuten. Die Kosten sind von der Staatskasse zu tragen (BVerfG JZ 2003, 543 ff. = NJW 2004, 1095 ff. = NStZ 2004, 274 ff. = NVwZ 2004, 1228 ff. = Rpfleger 2004, 242 ff.; s. hierzu auch *Burhoff* Hdb. für das strafrechtliche Ermittlungsverfahren, Rn. 5117 ff. und insb. Rn. 5130 [Wahlverteidiger] und Rn. 5131 f. [Pflichtverteidiger]; *Herrmann*, Untersuchungshaft, Rn. 319 ff.; KK/*Schultheis* § 119 Rn. 24; Burhoff/*Volpert*, RVG in Straf- und Bußgeldsachen, Teil A, Dolmetscherkosten, Erstattung, Rn. 426 ff.). 100

II. Recht auf Belehrung und Unterrichtung in Strafverfahren. Am 22.05.2012 wurde die Richtlinie des Europäischen Parlaments und des Rates über das »**Recht auf Belehrung und Unterrichtung in Strafverfahren**« erlassen (RL 2012/13/EU). Über den Inhalt war schon auf der Grundlage eines Kommissionsvorschlags verhandelt worden. Im Entwurf v. 20.07.2010 (2010/0215 [COD]) waren Mindeststandards für das Recht auf Belehrung über die Rechte des Betroffenen und über den Tatvorwurf sowie auf Einsicht in die Prozessakte festgelegt werden. Die Richtlinie stützt sich auf die Artt. 5 und 6 EMRK in der Auslegung durch den EGMR. Nun gilt: Eine Person, die verdächtigt oder beschuldigt wird, eine Straftat begangen zu haben, soll zumindest mündlich oder besser schriftlich, z. B. in Form einer Rechtsbelehrung, über ihre elementaren Rechte unterrichtet werden. Darüber hinaus soll diese Person auch unverzüglich Informationen über Art und Grund der gegen sie erhobenen Beschuldigung erhalten. Eine Person, gegen die Anklage erhoben wurde, soll zu gegebener Zeit Anspruch auf die Informationen haben, die für die Vorbereitung ihrer Verteidigung erforderlich sind: Dies darf den ordnungsgemäßen Verlauf des Strafverfahrens aber nicht beeinträchtigen. Das wurde nun umgesetzt. 101

102 Hintergrund für die Richtlinie ist, dass das Recht auf Belehrung in der EMRK nicht ausdrücklich erwähnt wird. Das wurde als Mangel erkannt. Denn es ist allgemein anerkannt, dass ein Verdächtiger oder Beschuldigter seine Rechte kennen und auch verstehen muss. Er muss seine Rechte schon vor einer polizeilichen Vernehmung, und damit erst recht i.R.d. richterlichen Vernehmung im Zusammenhang mit der Überprüfung der Anordnung der Untersuchungshaft, wirksam in Anspruch nehmen können. Dies ist aber nur möglich, wenn er unverzüglich in einer ihm verständlichen Sprache über Art und Grund der gegen ihn erhobenen Tatvorwürfe sowie über die unmittelbar relevanten Rechte informiert wird. In der Praxis werden Verdächtige hingegen sehr unterschiedlich und oft unzureichend über ihre Rechte informiert. Eine Belehrung erfolgt in den meisten Fällen lediglich mündlich und damit wenig wirkungsvoll. Eine solche Form der Belehrung ist i.Ü. nur schwer zu überwachen. Die Mitgliedstaaten müssen deshalb sicherstellen, dass Verdächtige und Beschuldigte schriftlich über ihre relevanten Rechte informiert werden und diese auch verstehen. Es muss gewährleistet sein, dass sie über ihre Rechte Bescheid wissen. In Deutschland geschieht dies inzwischen sehr formalisiert mittels Merkblättern, die in verschiedener Sprache vorgehalten werden (s. hierzu die Kommentierung bei § 114b).

103 Die Mitgliedstaaten haben Sorge dafür zu tragen, dass die zuständigen Beamten in Polizei- und Justizbehörden eine ihren Pflichten entsprechende **Schulung** erhalten (vgl. Art. 9 des Entwurfes). Es wird erwartet, dass schriftliche Belehrungen in sämtlichen in dem betreffenden Ort geläufigen Sprachen vorgehalten werden, die bei Bedarf vorgelegt werden können (»**Formblätter**«).

104 Ergänzend hierzu sind zur angemessenen Vorbereitung der Verteidigung detaillierte Informationen über den Tatvorwurf zur Verfügung zu stellen. Dies geschieht am wirksamsten durch die Gewährung von **Akteneinsicht** (ausf. hierzu, dort insb. auch zur Rspr. des EGMR s. bereits vor § 112 dort Rdn. 77 ff.).

105 Der Europäische Ausschuss zur Verhütung von Folter und unmenschlicher oder erniedrigender Behandlung oder Strafe (kurz: **CPT** – European Comittee for the Prevention of Torture and Inhuman or Degrading Treatment or Punishment) hat hierzu in seinem Bericht an die Deutsche Regierung v. 28.07.2006 u.a. betont, dass das Risiko der Einschüchterung und Misshandlung in dem Zeitraum unmittelbar nach der Freiheitsentziehung am größten sei. Das CPT moniert, dass die Belehrung oft nicht ausreichend und auch nur verzögert erfolge. Es sei unerlässlich, dass Verdächtige oder Beschuldigte unmittelbar, d.h. ohne Verzögerung nach ihrer Festnahme, und möglichst wirksam über ihre Rechte belehrt werden und dies auch verstehen. Die hierfür erforderliche unverzügliche und umfassende Belehrung solle zu Beginn der Freiheitsentziehung mündlich erfolgen und schriftlich bestätigt werden (s. zum Ganzen BT-Drs. 16/11644, S. 13; *Deckers* StraFo 2009, 441 ff.; *Herrmann* StRR 2010, 4, 5; *Morgenstern* StV 2013, 529 ff.; *Münchhalffen/Gatzweiler* Rn. 10 f.; *Tsambikakis* ZIS 2009, 503, 506 ff.).

106 In **Anhang I zur Richtlinie** ist ein Musterbeispiel der Erklärung der Rechte enthalten, das auszuhändigen ist. Dort werden die unmittelbar relevanten Mindeststandards der Richtlinie in einfacher und klar verständlicher Sprache erläutert. Es handelt sich um einen Formulierungsvorschlag.

107 In **Anhang II zur Richtlinie** enthält ein Musterbeispiel der Erklärung der Rechte für Personen, die auf der Grundlage eines Europäischen Haftbefehls festgenommen wurden. Es gelten die gleichen Vorgaben wie bei Anhang I.

108 **III. Recht auf Rechtsbeistand in Strafverfahren und Recht auf Kontaktaufnahme bei der Festnahme.** Am 22.10.2013 wurde die Richtlinie des Europäischen Parlaments und des Rates über das »**Recht auf Zugang zu einem Rechtsbeistand in Strafverfahren und in Verfahren zur Vollstreckung des Europäischen Haftbefehls sowie über das Recht auf Benachrichtigung eines Dritten bei Freiheitsentziehung und das Recht auf Kommunikation mit Dritten und mit Konsularbehörden während des Freiheitsentzuges**« erlassen (RL 2013/48/EU). Sie soll gewährleisten, dass sowohl der Verdächtige als auch der Beschuldigte spätestens ab dem Zeitpunkt ihrer Festnahme – also noch vor einer Vernehmung – bis zum Abschluss des Verfahrens Anspruch auf einen Rechtsbeistand haben. Dieses Recht muss so rechtzeitig gewährt werden, dass der vorläufig Festgenommene oder Inhaftierte seine Verteidigungsrechte wirksam wahrnehmen kann. Der Rechtsbeistand darf bei Vernehmungen anwesend sein, Fragen stellen und Erläuterungen verlangen aber auch abgeben. All dies muss in geeigneter Weise aufgezeichnet werden. Der Rechtsbeistand hat darüber hinaus das Recht, die Haftbedingungen seines Mandanten zu prüfen (s. hierzu auch EGMR Beschl. v. 08.12.2009, Nr. 6190/09 [Dzankovic v. Deutschland]; *Esser/Gaede/Tsambikakis* NStZ 2011, 140, 146 f.).

109 Der Inhalt war teils strittig verhandelt worden. Das Recht auf Rechtsbeistand durch einen Rechtsberater für den Verdächtigen oder Beschuldigten in einem Strafverfahren muss zum frühest möglichen Zeitpunkt des Verfahrens gewährleistet sein. Das ist für eines fairen Verfahrens von grundlegender Bedeutung. Verdächtige und Beschuldigte haben zusätzlich das Recht, ihre Angehörigen, ihren Arbeitgeber und im Ausland ihr Konsulat zu kontaktieren und von der Festnahme zu benachrichtigen.

Diese Rechte sollen nicht nur dem Verdächtigten oder Beschuldigten zustehen. Auch jede andere Person soll Anspruch auf einen Rechtsbeistand haben, wenn sie im Verlauf der Vernehmung oder Verhandlung zu einem einer Straftat Verdächtigten oder Beschuldigten wird. Die Richtlinie schützt also auch das Recht auf Beistand und somit den **Schutz für Zeugen, die in Wirklichkeit schon verdächtigt werden.** 110

IV. Richtlinie EU 2016/1919 zur Neuordnung des Rechts der Pflichtverteidigung. Am 26.10.2016 wurde die Richtlinie des Europäischen Parlaments und des Rates über »**Prozesskostenhilfe für Verdächtige und beschuldigte Personen in Strafverfahren sowie für gesuchte Personen in Verfahren zur Vollstreckung eines europäischen Haftbefehls**« erlassen (RL EU 2016/1919). Sie wird landläufig als »PKH-Richtlinie« oder »Legal-Aid-Richtlinie« bezeichnet. Das Recht auf Prozesskostenhilfe im Strafverfahren soll sicherstellen, dass in der Praxis auch tatsächlich Zugang zum vorgenannten Recht auf Rechtsbeistand besteht und eine kostenlose aber auch qualifizierte Verteidigung gesichert ist (vgl. dazu bereits Rdn. 109 ff.). 111

Durch das Gesetz zur Neuregelung des Rechts der notwendigen Verteidigung v. 10.12.2019 (BGBl. I, S. 2128), das am 13.12.2019 in Kraft getreten ist, wurde das Recht der Pflichtverteidigung neu geregelt. Damit wurde dann auch die entsprechende EU-RiLi umgesetzt (s. dazu *Böß* NStZ 2020, 185 ff.; *Galneder/Ruppert* StV 2021, 202 ff.; *Hillenbrand* StRR 3/2020, 5 u. 4/2020, 5; s.a. *Spitzer* StV 2020, 418 ff.).

Die Richtlinie hätte bis zum 05.05.2019 in nationales Recht umgesetzt werden müssen. Das hat nicht stattgefunden. Das BMJV hatte fristgerecht gerade einmal einen Referentenentwurf zum »**Entwurf eines Gesetzes zur Neuregelung des Rechts der notwendigen Verteidigung**« vorgelegt. Dieser Entwurf wurde im Juni 2019 in einen Regierungsentwurf überführt. 112

Solange die Richtlinie nicht umgesetzt war, mussten die europarechtlichen Vorgaben aus der RL EU 2016/1919 als geltendes Recht antizipiert werden. Die Rechtswirkungen der Richtlinie wurden von den Gerichten im Wege einer europarechtskonformen Auslegung der §§ 140 ff. StPO schon deshalbbeachtete, um Kollisionen zwischen den europarechtlichen Vorgaben und dem innerstaatlichen Recht zu vermeiden. Denn die Regelungen aus der Richtlinie haben grundsätzliche Bedeutung uns müssen als grundlegende Ausgestaltung der verfassungsrechtlichen Rechte des Beschuldigten und Betroffenen angesehen werden (vgl. zu RL EU 2016/1919 und der Kritik an den deutschen Umsetzungsversuchen *Beukelmann* NJW-Spezial 2018, 760 ff.; *Meyer-Mews* ZRP 2019, 5 ff.; *Schlothauer* StV 2018, 169 ff.; *Schlothauer/Neuhaus/Matt/Brodowski* HRRS 2018, 55 ff.; *Schoeller* StV 2019, 190 ff., sowie die Stellungnahmen der Fachgremien und Fachgesellschaften, abrufbar über die Homepage des BMJV, dort beim entsprechenden RefE bzw. RegE).

Der BGH sah dies anders. Im Beschl. vom 04.06.2019 – 1 BGs 170/19 hat er eine »automatische Geltung« europarechtlicher Vorgaben verneint. Für eine unmittelbare Anwendung der Bestimmungen der PKH-Richtlinie i.V.m. § 141 Abs. 3 sei rechtlich kein Raum (vgl. dazu auch *Burhoff* StRR 7/2019, 5 ff.). Erforderlich für eine unmittelbare Wirkung einzelner Bestimmungen aus der Richtlinie sei neben dem Ablauf der Umsetzungsfrist vielmehr auch, dass diese inhaltlich unbedingt und hinreichend genau gefasst seien (vgl. dazu bereits EuGH, Urt. v. 19.01.1982 – Rs 8/81; *Becker* NJW 1982, 499, 500). Das hat der BGH für den hier vorliegenden Fall verneint. Den Mitgliedsstaaten werde nämlich ein nicht unerheblicher Gestaltungsspielraum eingeräumt. Sie könnten die Bewilligung von Prozesskostenhilfe im Strafverfahren an eine »Bedürftigkeitsprüfung« (s. Art. 4. Abs. 3 PKH-RL), eine »Prüfung materieller Kriterien« (s. Art. 4 Abs. 4 PKH-RL) oder an »beides« (vgl. Art. 4 Abs. 2 PKH-RL) knüpfen.

Damit blieb während der Übergangsphase nur die Möglichkeit der Anwendung der RiLi über die Grundsätze der sog. richtlinienkonformen Auslegung in nationales Recht, wonach alle Organe der Mitgliedstaaten verpflichtet sind, bei der Auslegung nationaler Rechtsvorschriften eine Konformität zum Unionsrecht herzustellen. Auch dazu äußerte sich der BGH abl. (s. Beschl. v. 04.06.2019 – 1 BGs 170/19). Grenze dieser Verpflichtung ist das Verbot der Auslegung *contra-legem*, welches bei Fehlen eines auslegungsfähigen nationalen Rechtssatzes bzw. Überschreitung gültiger Auslegungstopoi eingreift (zu allem *Burhoff* StRR 7/2019, 5 ff.; *Kaniess* HRRS 2019, 201 f. m.w.N.; *Jahn/Zink* StraFo 2019, 318 ff.).

Verschiedene Untergerichte haben indes trotz der Bedenken und der Ablehnung des BGH eine Umsetzung entsprechend dem oben dargestellten Rechtsverständnis vorgenommen. Exemplarisch sind zu nennen: KG, Beschl. v. 04.07.2019 – 4 Ws 62/19 – 161 AR 138/19, StRR 10/2019, 17; LG Chemnitz, Beschl. v. 30.07.2019 (5 Qs 316/19, StRR 8/2019, 18 f.; AG Freiburg, Beschl. v. 05.08.2019 – JSch 19 Ge 64/19 jug, StRR 9/19, 13. Diese Gerichte haben insb. eine individuelle Umsetzung der Richtlinie anerkannt und teils nachträglich Pflichtverteidiger beigeordnet.

Nunmehr gilt (zum bisherigen Recht *Burhoff* Hdb. für das strafrechtliche Ermittlungsverfahren, Rn 2990 ff.): 113

– Ein Fall notwendiger Verteidigung liegt nicht mehr erst mit der Vollstreckung von Untersuchungshaft oder vorläufiger Unterbringung vor, sondern bereits mit der Vorführung vor einen Richter.

- Ein Fall notwendiger Verteidigung soll in Zukunft auch beim Schöffengericht und allgemein ab einer Straferwartung von mindestens einem Jahr Freiheitsstrafe gegeben sein.
- Der Beschuldigte erhält ein eigenes Antragsrecht auf kostenlose Beiordnung eines Pflichtverteidigers schon im Ermittlungsverfahren. Darüber ist er zu belehren (für Fälle der Untersuchungshaft s. § 114b).
- Entscheidungen über die Pflichtverteidigerbestellung sind mit der sofortigen Beschwerde überprüfbar (§ 142 Abs. 7).
- Hinsichtlich der Personen, die zu Pflichtverteidigern bestellt werden können, wurde u.a. geregelt werden, dass bei einer gerichtlichen Auswahlentscheidung grds. nur Fachanwältinnen oder Fachanwälte für Strafrecht oder aber solche Rechtsanwältinnen oder Rechtsanwälte bestellt werden, die ggü. der Rechtsanwaltskammer ihr Interesse an der Übernahme von Pflichtverteidigungen bekundet haben.
- Das Recht des Beschuldigten auf Verteidigerwechsel wurde umfassend geregelt in § 143a. Dabei wurde die Rspr. zum Verteidigerwechsel aufgegriffen. Vorgesehen ist auch ein Recht auf Verteidigerwechsel in den Fällen, in denen dem Beschuldigten bei der Bestellung eines »Notverteidigers« bzw. »Sicherungsverteidiger« aufgrund der besonderen Eilbedürftigkeit nur eine kurze Bedenkzeit eingeräumt werden konnte, um einen Verteidiger seiner Wahl zu benennen.

114 Der Referentenentwurf und damit einhergehend der Regierungsentwurf blieben weit hinter den Anforderungen der RL EU 2016/1919 zurück. Sie sind halbherzig (*Meyer-Mews* ZRP 2019, 5, 8 [zum RefE, der RegE lag zu dieser Zeit noch nicht vor). Defizite und Mängel in der Umsetzung in nationales Recht müssen anhand der europarechtlichen Vorgaben moniert werden. Wird zugleich gegen die EMRK verstoßen (z.B. bei der Straferwartung als Voraussetzung einer Beiordnung), dann ist das einer Überprüfung durch den EGMR zugänglich. Ansonsten sind streitige Rechtsfragen dem EuGH zur Vorabentscheidung vorzulegen (Art. 267 AEUV). Wenn nicht spätestens das letztinstanzlich angerufene Gericht die zu klärende Rechtsfrage dem EuGH zur Vorabentscheidung vorlegt, dann ist der Beschuldigte seinem gesetzlichen Richter entzogen (ebenso schon *Meyer-Mews* ZRP 2019, 5, 8).

115 **V. Richtlinie EU 2016/800 über besondere Garantien für besonders schutzbedürftige Beschuldigte.** Am 11.05.2016 wurde die Richtlinie des Europäischen Parlaments und des Rates über »**Verfahrensgarantien in Strafverfahren für Kinder, die Verdächtige oder beschuldigte Personen in Strafverfahren sind**« erlassen (RL EU 2016/800). Um ein faires Verfahren zu gewährleisten, müssen Verdächtige oder Beschuldigte, die z. B. aufgrund ihres Alters (Kinder als unter 18 Jahren), ihres geistigen oder ihres körperlichen Zustands nicht in der Lage sind, den Inhalt oder die Bedeutung des Verfahrens zu verstehen oder diesem zu folgen, eine besondere Aufmerksamkeit zuteilwerden. Eine Umsetzung hat bis zum 11.06.2019 zu erfolgen. Teilweise finden sich Ansätze für eine Umsetzung im Referentenentwurf des BMJV zum »**Entwurf eines Gesetzes zur Neuregelung des Rechts der notwendigen Verteidigung**« (s. dazu Rdn. 117). Auch insofern bleiben aber die Umsetzungsvorschläge hinter den Vorgaben der Richtlinie zurück (vgl. zum Ganzen *Nixdorf* NK 2018, 355 ff.; s.a. *Beukelmann* NJW-Spezial 2018, 760 ff.).

116 **VI. Sonstiges.** Die bereits erlassenen sowie die vorgeschlagenen Richtlinien (s.o.) setzen die teilweise bekannte Rspr. des EGMR um. Auf die jeweiligen Hinweise im Sachzusammenhang mit der Kommentierung der nationalen Vorschriften wird verwiesen.

117 In seiner Entschließung über einen »**Fahrplan zur Stärkung der Verfahrensrechte von Verdächtigten oder Beschuldigten in Strafverfahren**« stellt der Rat fest, dass die Häufigkeit sowie die Dauer der Untersuchungshaft innerhalb der Mitgliedstaaten der EU sehr unterschiedlich gehandhabt werden. Wörtlich heißt es dort: »*Übermäßig lange Zeiten der Untersuchungshaft sind nachteilig für die betreffende Person, können die justizielle Zusammenarbeit zwischen den Mitgliedstaaten beeinträchtigen und entsprechen nicht den Werten, für die die Europäische Union steht.*«

118 Die Dauer der Untersuchungshaft vor und während einer Gerichtsverhandlung variiert zwischen den Mitgliedstaaten erheblich. Vor dem Hintergrund der vorangehenden allgemeinen Feststellung und Kritik der EU (vgl. das Zitat in der vorangehenden Rdn. 92) sollte in einem Grünbuch eingegangen werden. Die Kommission wurde vom Rat aufgefordert, ein **Grünbuch zur Untersuchungshaft** vorzulegen. Dieser Verpflichtung ist sie am 14.06.2011 nachgekommen (vgl. »Stärkung des gegenseitigen Vertrauens im europäischen Rechtsraum – Grünbuch zur Anwendung der EU-Strafrechtsvorschriften im Bereich des Freiheitsentzugs«, KOM[2011] 327, v. 14.06.2001 [endgültig]). Das Grünbuch befasst sich u.a. mit Fragen zu Anordnung und Durchführung sowie der Dauer und der periodischen Überprüfung der Rechtmäßigkeit der Untersuchungshaft in den einzelnen Mitgliedstaaten. Es bietet die Möglichkeit zur Diskussion anhand verschiedener Fragen, zu denen bis zum 30.11.2011 ggü. der Europäischen Kommission Stellung genommen werden kann.

Ergebnisse, daraus gezogene Schlüsse sowie Konsequenzen hieraus bleiben auch weiterhin abzuwarten. Solange die Umsetzung von längst erlassenen Richtlinien weder zeitgerecht noch inhaltlich angemessen erfolgt, ist zu besorgen, dass auch weiterhin die Rechte der Beschuldigten im Bereich der Untersuchungshaft hintanstehen. Die Untersuchungshaft bleibt auch weiterhin das »**trostloseste Kapitel der Strafverteidigung**« (so schon *Dahs*, Hdb. des Strafverteidigers, Rn. 306). 119

E. Untersuchungshaft in Zeiten von Corona. I. Einleitung. Seit Anfang des Jahres 2020 wird die Weltbevölkerung durch die pandemische Ausbreitung des Virus *SARS-CoV-2* und die durch das Virus ausgelöste Lungenkrankheit *Covid-19* massiv belastet. Das Zusammenleben wurde und wird in allen Bereichen nachhaltig beeinträchtigt. Verschiedene Länder verfolgen unterschiedliche Wege. Welcher der »richtige Weg« war oder ist, wird sich erst zeigen. Die Bundesregierung der Bundesrepublik Deutschland und die Landesregierungen der jeweiligen Bundesländer haben sich in nahezu einmütigem Schulterschluss zu einer massiven Beschränkung Freiheitsrechte ihrer Bürger und des öffentlichen Lebens entschieden. Die »Epidemische Lage von nationaler Tragweite« (vgl. § 5 Abs. 1 Satz 4 InfSchG) hat das bisherige Grundrechtsverständnis ins Wanken gebracht. 120

Sowohl die Justiz, also die Gerichte und die Staatsanwaltschaften, als auch die Anwaltschaft als selbstständiges Organ der Rechtspflege sind betroffen. Sie beugen sich den Hygienevorgaben teils gerne, gelegentlich auch überobligatorisch, nicht selten aber auch desinteressiert, ganz selten krit. und distanziert. Fälle, in denen Verteidiger mit dem Meterstab in der Hand Abstände der Sitzplätze im Sitzungssaal als zu klein entlarven und dadurch Hauptverhandlungen in Umfangsverfahren mit vielen Beteiligten (mehreren überwiegend älteren, teils betagten gesundheitlich angeschlagenen Angeklagten) beenden (so geschehen vor der 7. Strafkammer beim LG Augsburg im Fall des sog. »Busfahrerkartell«), sind selten. Eher schon muten sich sämtliche Verfahrensbeteiligte ständige den Verhandlungsgang unterbrechende Lüftungspausen (mit und ohne geöffnete Fenster) zu oder verhandeln in (ausweislich der Ladung ausdrücklich erbetener) witterungsgeeigneter (Winter-) Kleidung bei durchgehend offenen Fenstern. Insgesamt erscheint eine problembewusste Sicht, einhergehend damit aber auch Verständnis für die aktuellen Umstände, angezeigt – bei allen Organen der Rechtspflege und auch den weiteren Beteiligten. Was aber nicht heißen soll, dass Vorsicht und Rücksichtnahme natürlich an oberster Stelle stehen müssen. 121

Zu den Auswirkungen in Straf- und Ordnungswidrigkeitenrecht s.a. *Deutscher* in StRR 4/2020, 5 ff. (zum materiellen Recht) und StRR 6/2020, 5 ff. (zum Verfahrensrecht).

II. Pandemie und Untersuchungshaft. Hier nun sollen ausschließlich Auswirkungen auf die Untersuchungshaft betrachtet werden. Dabei sind zum einen Fälle der Untersuchungshaft, insb. unter dem Blickwinkel des Beschleunigungsgebotes in Haftsachen, sei es bei anstehender oder laufender Hauptverhandlung, zu betrachten. Zum anderen sind aber auch Auswirkungen im Vollzug der Untersuchungshaft selbst zu verzeichnen, die nicht unbeachtet bleiben dürfen. 122

1. Pandemie und Beschleunigungsgebot in Haftsachen. Besonders *virulent* (zur treffenden Wortwahl s. schon *Deutscher* StRR 4/2020, 5 ff., 11) werden die beschriebenen, pandemiebedingten Schwierigkeiten bei laufender Untersuchungshaft und dem Beschleunigungsgebot in Haftsachen (s. hierzu auch *Deutscher* StRR 5/2020, 5 ff., 11 f.; *ders.* NStZ 2020, 317 ff., 318 f.; *Grote/Niehoff* JA 2020, 537 ff.; *Kaltenbach* COVuR 2020, 230). 123

Die Frage der Angemessenheit und Verhältnismäßigkeit von Beeinträchtigungen macht sich dabei fest an der Prüfung, ob die Pandemie und ihre Auswirkungen einen **wichtigen Grund für die Fortdauer der Untersuchungshaft über sechs Monate** hinaus darstellen können (vgl. § 121 Abs. 1).

Dazu wurden inzwischen folgende **Grundsätze** in verschiedenen Judikaten aufgestellt (die Übersicht ist nicht vollständig): 124

– Das BVerfG (Beschl. v. 16.11.2020 – BvQ 87/20, abgedr. in NStZ-RR 2021, 19 ff.) hat ganz allgemein (nicht bezogen auf Fälle der Untersuchungshaft, sondern vielmehr der Durchführung der Hauptverhandlung) entschieden, dass den Strafgerichten bei der Erfüllung ihrer Schutzpflichten aus Art. 2 Abs. 2 Satz 1 GG ein erheblicher Einschätzungs-, Wertungs- und Gestaltungsspielraum zukomme. Das gelte auch bei der Überprüfung von Maßnahmen zur Verhinderung einer Ansteckung mit dem neuartigen Coronavirus. Ein Gericht, das über die Anberaumung und Durchführung von Hauptverhandlungsterminen entscheide, werde seiner Pflicht, zwischen dem Risiko einer Infektion mit potenziell gefährlichem Verlauf (hier: Covid-19) einerseits und dem Interesse des Staates an einer effektiven Strafverfolgung andererseits abzuwägen, regelmäßig dadurch gerecht, dass es – sachverständig beraten – geeignete Maßnahmen zur Minimierung der Ansteckungsgefahr durch ein an den Empfehlungen des Robert-Koch-Instituts orientiertes Hygienekonzept treffe.

- Der **BGH** sieht dies ebenso (BGH Beschl. v. 23.01.2020 – StB 1/20). Obergerichtlich wurde entschieden: Die aktuelle Covid-19-Pandemie kann die Aussetzung einer begonnenen Hauptverhandlung in einer Haftsache rechtfertigen (OLG Karlsruhe NStZ 2020, 375 m. ausführl. Bespr. *Deutscher* NStZ 2020, 317 ff. = StRR 5/2020, 32 mit Anm. *Burhoff*; s. dazu auch *Beukelmann* NJW-Spezial 2020, 281; *Grote/Niehoff* JA 2020, 537 ff.). Das Gebot der Verfahrensbeschleunigung sei trotz Aussetzung des Verfahrens – die Vorschrift des § 10 Abs. 1 EGStPO war zum Zeitpunkt der Aussetzungsentscheidung des Schwurgerichts noch nicht in Kraft getreten – gewahrt. Die Aussetzung beruhe auf außergewöhnlichen und von niemanden zu vertretenden Umständen. Die hohe Ansteckungsgefahr i.V.m. einer vermutlich hohen Dunkelziffer an Infizierten sowie des nicht abschätzbaren Ausmaßes schwerer Krankheitsverläufe könnten einen wichtigen Grund i.S.d. § 121 Abs. 1 darstellen, der die Dauer der Untersuchungshaft rechtfertige. Dem zuständigen Spruchkörper käme ein Beurteilungsspielraum hinsichtlich des Ob und Wie möglicher Maßnahmen zur Vermeidung von Infizierungen zu. Allerdings müsse in überschaubarer Zeit (hier: zwei Monate) eine Lösung gefunden werden, wie dem Verfahren Fortgang gegeben werden könne.
- Eine Terminverschiebung aufgrund der aktuellen pandemiebedingten Gefahrenabwehrmaßnahmen im Gesundheitssektor stelle einen wichtigen Grund i.S.d. § 121 Abs. 1 dar, der die Fortdauer der Untersuchungshaft rechtfertige (OLG Jena BeckRS 2020, 5953 unter Bezugnahme auf OLG Karlsruhe und des BVerfG).
- Die Verlängerung der Untersuchungshaft sei als ein außerhalb der Sphäre der Justiz liegendes schicksalhaftes Ereignis von den Betroffenen in gewissen Grenzen hinzunehmen (OLG Jena ebenda).
- Die Verschiebung einer Hauptverhandlung zum Schutz der Verfahrensbeteiligten vor den Auswirkungen der Covid-19-Pandemie stelle unter Beachtung des Grundsatzes der Verhältnismäßigkeit, jedenfalls in dem in § 10 EGStPO vorgesehenen Zeitraum der dort genannten Hemmungsfristen, keinen Verstoß gegen das in Haftsachen geltende Beschleunigungsgebot dar (OLG Naumburg COVuR 2020, 329).
- Ein anderer wichtiger Grund i.S.d. § 121 Abs. 1 ist zu bejahen, wenn nicht behebbare unabwendbare Schwierigkeiten oder unvorhersehbare Zufälle und schicksalhafte Ereignisse, wie etwa die krankheitsbedingte, zur Aussetzung der Hauptverhandlung zwingende Verhinderung unentbehrlicher Verfahrensbeteiligter (hier des Kammervorsitzenden aus gesundheitlichen Gründen), vorliegen (OLG Stuttgart COVuR 2020, 219 ff. = NStZ-RR 2020, 218 ff. [mit Anm. *Metz*] = StV 2020, 476 [LS] = Die Justiz 2021, 179 ff. [COVID-19-Pandemie]).Entscheidend komme es darauf an, ob das Gericht zur Vermeidung der mit einer Aussetzung (§ 228) oder Unterbrechung (§ 229 Abs. 2, ggf. i.V.m. § 10 EGStPO) der Hauptverhandlung notwendig verbundenen Verfahrensverzögerung seinerseits alle zumutbaren Maßnahmen getroffen habe, das Verfahren so schnell wie möglich abzuschließen (OLG Stuttgart NStZ-RR 2020, 218 = StRR 5/2020, 35 [mit Anm. *Burhoff*]).
- Die Aussetzung einer Hauptverhandlung in einer Haftsache zum Schutz vor der Ausbreitung des Corona-Virus sei nicht gerechtfertigt, wenn sie ohne jegliche Begründung ergeht und der erneute Verhandlungsbeginn ungewiss ist (OLG Braunschweig COVuR 2020, 115 ff.).
- Die Aussetzung einer Hauptverhandlung in einer Haftsache zum Schutz vor der Ausbreitung des Corona-Virus sei nicht gerechtfertigt, wenn sie ohne jegliche Begründung ergeht und der erneute Verhandlungsbeginn ungewiss ist (OLG Celle StraFo 2020, 195 ff.; so schon OLG Braunschweig, s. d. vorangehende Fundstelle). Habe es im Ermittlungsverfahren keine Verzögerungen gegeben und habe der Beginn der verlegten Hauptverhandlung innerhalb von zwei Monaten nach Eingang der Anklageschrift erfolgen sollen, dann ist es zur Begründung der Verlegung nach Maßgabe der allgemeinen Ausführungen (s.o.) zum Ermessensspielraum ausreichend, sich auf die geltende Erlasslage zur Eindämmung der Gefahren der Covid-19-Pandemie zu berufen. Bei längeren Verzögerungen seien hingegen Ausführungen zur Undurchführbarkeit der Hauptverhandlung auch bei Ergreifen geeigneter Schutzmaßnahmen erforderlich (OLG Celle StraFo 2020, 195 ff.).
- Bei einer über zwei Jahre andauernden Untersuchungshaft vermag ein bevorstehender Wechsel des Kammervorsitzes infolge der Verhinderung des bisherigen Vorsitzenden wegen besonderer gesundheitlicher Risiken (Corona-Pandemie) eine weitere Verzögerungen des Verfahrens nicht zu rechtfertigen, wenn die umgehende Durchführung der Hauptverhandlung nach Maßgabe der Vertretungsregelungen unter dem Vorsitz der mit dem Verfahrensgegenstand vertrauten stellvertretenden Vorsitzenden möglich ist (OLG Hamm, Beschl. v. 23.07.2020 – III-1 Ws 279/20, zit. nach *Deutscher* StRR 6/2020, 5 ff. [11 f.]).

125 **2. Pandemie und Vollzug der Untersuchungshaft.** Der Vollzug der Untersuchungshaft ist seit jeher durch massive Einschränkungen im Haftalltag geprägt (vgl. dazu die Kommentierung bei § 119 Rdn. 17 ff.). Die Beschränkungen durch die Corona-Pandemie verschärfen das Problem zusätzlich massiv.

Besuche sind überwiegend gar nicht oder – wenn überhaupt – allenfalls unter zusätzlichen erheblichen Einschränkungen möglich (Pflicht zum dauerhaften Tragen einer Maske, Trennscheibe, verkürzte Besuchszeiten, reduzierte Besuchsmöglichkeiten). Sie werden aufgrund des zusätzlichen Mehraufwandes (immer unter dem Blickwinkel von Sicherheit und Ordnung der Anstalt!) nur reduziert angeboten und möglich gemacht. Die teilweise als Alternative gedachten Kontakte mittels Internet- bzw. Bildtelefonie (skype, zoom etc.) oder mittels einfachem Fernsprecher kompensieren die Defizite in der sozialen Anbindung (soziale Nähe!) nicht annäherungsweise. Beschränkungen werden meist mit der Begründung fehlender technischer Voraussetzungen im erforderlichen Umfang nur äußerst limitiert angeboten und umgesetzt. Die zunehmende Vereinsamung der Gefangenen ist insb. von Verteidigern deutlich wahrnehmbar. Auch Anstaltsärzte bemerken eine signifikante Häufung von psychischen Auffälligkeiten bei den Gefangenen. Dass Alle hier eine zusätzliche Verantwortung tragen, macht das Problem nicht einfacher und löst es nicht.
Von zentraler Bedeutung sind eventuelle oder bereits manifeste **gesundheitliche Beeinträchtigungen** der Inhaftierten. Das OLG Hamm hat hierzu entschieden (COVuR 2020, 433 ff. = StV 2020, 633 f.): Der Gesundheitszustand eines inhaftierten Angeklagten kann in entsprechender Anwendung von § 455 (»**Vollzugsuntauglichkeit**«) dem Vollzug der Untersuchungshaft entgegenstehen. Muss der Angeklagte für den Fall der Fortdauer der Untersuchungshaft mit beachtlicher Wahrscheinlichkeit mit irreversiblen und schwerwiegenden Schäden an seiner Gesundheit oder gar dem Tod rechnen, dann verletzt die Fortsetzung der Haft sein Freiheitsgrundrecht gem. Art. 2 Abs. 2 GG. Allerdings ging das OLG Hamm weiter davon aus, dass jedenfalls damals (Stand: 07.05.2020) keine Anhaltspunkte dafür vorlägen, dass Gefangene in nordrhein-westfälischen Justizvollzugsanstalten einem ggü. der Durchschnittsbevölkerung in Deutschland erhöhten Infektionsrisiko ausgesetzt seien. Die Voraussetzungen der Außervollzugsetzung eines Haftbefehls lägen pandemiebedingt bei einem 60-jährigen, an Asthma leidenden Häftling vor, wenn der Fluchtgefahr mit entsprechenden Auflagen (Wohnsitznahme unter einer bestimmten Anschrift, Meldeauflage, Sicherheitsleistung) unter Beachtung auch der coronabedingt ohnehin eingeschränkten Mobilität hinreichend begegnet werden könne. Wie schon bisher kommt es auf den Einzelfall an.
Das LG Gießen hat eine Haftverschonung angeordnet bei einem 60-jährigen Untersuchungshaftgefangenen aus der absoluten Hochrisikogruppe (Diabeteserkrankung, zwei stattgehabte Herzinfarkte, Schlaganfallpatient). Als milderes Mittel reiche eine elektronische Fußfessel aus, um der Fluchtgefahr zu begegnen (LG Gießen StV 2021, 57).
Das scheinen aber seltene Ausnahmen. Die Praxis zeigt, dass pandemiebedingte Einschränkungen von den Staatsanwaltschaften und Gerichten eher als allgemeine Beeinträchtigungen (»Epidemische Lage von nationaler Tragweite«!) angesehen werden, die von der Gesellschaft insgesamt ein Sonderopfer verlangen. Haftverschonungen aufgrund der Pandemie scheinen jedenfalls nach derzeitiger subjektiver Wahrnehmung nicht eben Überhand zu nehmen. Eine objektivierbare statistische Auswertung (möglichst nicht an dem Wert der »Inzidenz«) bleibt abzuwarten. Immerhin hier erscheint fernliegend, dass statistisches Zahlenmaterial Interpretationen zulässt.

§ 112 Voraussetzungen der Untersuchungshaft; Haftgründe

(1) [1]Die Untersuchungshaft darf gegen den Beschuldigten angeordnet werden, wenn er der Tat dringend verdächtig ist und ein Haftgrund besteht. [2]Sie darf nicht angeordnet werden, wenn sie zu der Bedeutung der Sache und der zu erwartenden Strafe oder Maßregel der Besserung und Sicherung außer Verhältnis steht.

(2) Ein Haftgrund besteht, wenn auf Grund bestimmter Tatsachen

1. **festgestellt wird, daß der Beschuldigte flüchtig ist oder sich verborgen hält,**
2. **bei Würdigung der Umstände des Einzelfalles die Gefahr besteht, daß der Beschuldigte sich dem Strafverfahren entziehen werde (Fluchtgefahr), oder**
3. **das Verhalten des Beschuldigten den dringenden Verdacht begründet, er werde**
   a) **Beweismittel vernichten, verändern, beiseite schaffen, unterdrücken oder fälschen oder**
   b) **auf Mitbeschuldigte, Zeugen oder Sachverständige in unlauterer Weise einwirken oder**
   c) **andere zu solchem Verhalten veranlassen,**

und wenn deshalb die Gefahr droht, daß die Ermittlung der Wahrheit erschwert werde (Verdunkelungsgefahr).

(3) Gegen den Beschuldigten, der einer Straftat nach § 6 Absatz 1 Nummer 1 oder § 13 Absatz 1 des Völkerstrafgesetzbuches oder § 129a Abs. 1 oder Abs. 2, auch in Verbindung mit § 129b Abs. 1, oder nach den §§ 176c, 176d, 211, 212, 226, 306b oder 306c des Strafgesetzbuches oder, soweit durch die Tat Leib oder Leben eines anderen gefährdet worden ist, nach § 308 Abs. 1 bis 3 des Strafgesetzbuches dringend

verdächtig ist, darf die Untersuchungshaft auch angeordnet werden, wenn ein Haftgrund nach Absatz 2 nicht besteht.

Übersicht

1 **A. Allgemeines/Die materiellen Voraussetzungen der Untersuchungshaft.** Die materiellen Voraussetzungen der Untersuchungshaft sind in den §§ 112, 112a, 113 und 127b Abs. 2 geregelt. In Jugendstrafsachen sind zusätzlich die §§ 72 und 72a JGG zu beachten. Untersuchungshaft nach dem JGG ist gerechtfertigt, wenn die anderen vorgesehenen Maßnahmen nicht ausreichen (OLG Köln Beschl. v. 10.05.2007 – 2 Ws 226/07, zitiert nach *Paeffgen* NStZ 2008, 135 f.).

2 Der Haftbefehl gründet sich auf drei Säulen: Es bedarf eines **dringenden Tatverdachts** (§ 112 Abs. 1) sowie des Vorliegens mindestens eines der gesetzlich normierten **Haftgründe** (§§ 112 Abs. 2, Abs. 3 und § 112a), darüber hinaus darf die Untersuchungshaft **nicht unverhältnismäßig** sein (§ 112 Abs. 1 Satz 2). Ein Sonderfall gilt für die in § 112 Abs. 3 geregelten Fälle der Schwerkriminalität. Dort bedarf es keines Haftgrundes nach § 112 Abs. 2; Untersuchungshaft kann insofern schon aufgrund der Umstände des Falles selbst angeordnet werden. Bei der Prüfung der Voraussetzungen der Untersuchungshaft ist nicht danach zu fragen, ob diese angeordnet werden kann, sondern vielmehr, ob ihre Verhängung – als *ultima ratio* – wegen überwiegender Belange des Gemeinwohls zwingend geboten ist, also ob sie angeordnet werden muss (KG, Beschl. v. 07.03.2013 – 4 Ws 35/13, StRR 2013, 243 [Kurzmitteilung] = StRR 2013, 356 f. [m.Anm. *Burhoff*] = StraFo 2013, 375 ff. = StV 2014, 26 f.).

3 Die §§ 112, 112a enthalten eine abschließende Regelung. Insb. auf andere als die gesetzlich genannten Haftgründe darf ein Haftbefehl nicht gestützt werden (OLG Karlsruhe StV 2010, 30). In der Praxis werden dennoch immer wieder sog. **»apokryphe Haftgründe«** herangezogen, um die Untersuchungshaft zu rechtfertigen. Dies ist absolut unzulässig (ausführlich s.u. Rdn. 19 ff.).

4 Der Erlass eines Haftbefehls ist in jedem Abschnitt des Strafverfahrens zulässig. Er kann sowohl vor als auch noch nach Rechtskraft des Urteils beantragt und verkündet werden. Das Gericht hat i.R.d. gesetzlichen Vorgaben nach pflichtgemäßem Ermessen zu entscheiden (BVerfGE 19, 342, 349 = NJW 1966, 243, 244; Meyer-Goßner/*Schmitt* § 112 Rn. 1). Maßgeblich sind jeweils die tatsächlichen Umstände des Einzelfalles.

Freies Geleit und der Erlass eines Haftbefehls widersprechen sich nicht. Der Haftbefehl ist dann nur nicht zu vollstrecken (OLG Köln NStZ-RR 2007, 243 = StraFo 2007, 294 f.; s. hierzu auch *Paeffgen* NStZ 2008, 135). 5

B. Dringender Tatverdacht, § 112 Abs. 1 Satz 1 StPO. Voraussetzung für den Erlass eines Haftbefehls ist die Annahme eines dringenden Tatverdachts gem. § 112 Abs. 1 Satz 1. 6

I. Allgemeines. Eine Legaldefinition für den dringenden Tatverdacht existiert nicht. Von einem dringenden Tatverdacht ist nach allgemeiner Ansicht dann auszugehen, wenn nach dem bisher vorliegenden Ermittlungsergebnis in seiner Gesamtheit eine erhebliche, hohe oder große Wahrscheinlichkeit besteht, dass der Beschuldigte Täter oder Teilnehmer einer Straftat ist (s. z.B. BVerfG NJW 1996, 1049 f.; BGH JZ 1992, 976 [m.Anm. *Schroeder*] = NJW 1992, 1975 ff. = NStZ 1992, 449 [m.Anm. *Baumann*]; OLG Bremen StV 2010, 581 ff.; KK/*Graf* § 112 Rn. 3 ff.; *Herrmann*, Untersuchungshaft, Rn. 581 ff.; LR/*Hilger* § 112 Rn. 16 f.; AnwK-Uhaft/*König* § 112 StPO Rn. 5; Meyer-Goßner/*Schmitt* § 112 Rn. 5; *Schlothauer/Weider/Nobis* Untersuchungshaft, Rn. 414 ff.; MAH Strafverteidigung/ *Widmaier/König* § 4 Rn. 2). Die Entscheidung, ob dies der Fall ist, hängt vom jeweiligen Stand der Ermittlungen und auch des Verfahrens ab. Der Tatverdacht oszilliert sozusagen um das Ermittlungsergebnis (*Meinen* HbStrVf Rn. IV 33). Während etwa zu Beginn eines Ermittlungsverfahrens Indizien vorhanden sein können, die einen dringenden Tatverdacht begründen, kann er später wegfallen, wenn Lücken in der Indizienkette auftreten, sodass keine hohe Wahrscheinlichkeit mehr dafür besteht, dass der Beschuldigte in einer Hauptverhandlung überführt werden kann (OLG Brandenburg StV 1996, 157; LR/*Hilger* § 112 Rn. 19). Dies gilt auch dann, wenn das Ermittlungsergebnis trotz einer nicht unerheblichen Verdachtslage lückenhaft ist, weil die Strafverfolgungsbehörden gebotene Untersuchungen unterlassen haben (OLG Celle StV 1986, 392 f.; OLG Karlsruhe StV 2004, 325 ff. = wistra 2004, 276 ff.). 7

Die Anordnung der Untersuchungshaft basiert in der Praxis nicht selten auf einer bedenklich weiten Ausdehnung des Begriffs des dringenden Tatverdachts. Es kommt vor, dass der zunächst nicht vorliegende dringende Tatverdacht sich erst aus einem aufgrund der Verhaftung abgelegten Geständnis des Beschuldigten ergibt. Eine solche Praxis ist rechtlich nicht zulässig. Das Strafverfahren kennt keinen Geständniszwang (BGHSt 49, 56 ff. = NStZ 2004, 392 ff. = NStZ-RR 2004, 357 = StV 2004, 358 ff.; BGH StraFo 2011, 60 f.). Weder Anordnung noch Fortdauer der Untersuchungshaft dürfen davon abhängig gemacht werden, dass der Beschuldigte ein Geständnis ablegt. Die objektiv rechtswidrige Anordnung des Vollzuges der Untersuchungshaft begründet deshalb ein **Verwertungsverbot** der Angaben des Beschuldigten, die dieser dann in der Untersuchungshaft gemacht hat (LG Bad Kreuznach StV 1993, 629 ff. [»Glykol-Skandal«]). 8

Dieses Urteil wurde allerdings vom BGH in der Revision aufgehoben und an das LG Koblenz zurückverwiesen; Voraussetzung für ein Verwertungsverbot sei nach Ansicht des Senates, dass die Untersuchungshaft absichtlich (»gezielt«) als Mittel zur Erlangung einer Aussage angewandt worden sei (BGH NJW 1995, 2933 ff. = NStZ 1995, 605 ff. = StV 1996, 73 [m. krit. Anm. *Fezer* StV 1996, 77 ff. und Anm. *Samson* StV 1996, 93 ff.] = wistra 1996, 21). 9

Für den dringenden Tatverdacht genügt, dass eine **Verurteilung möglich** ist, eine Wahrscheinlichkeit hierfür ist nicht erforderlich (BGH NStZ 81, 94; Meyer-Goßner/*Schmitt* § 112 Rn. 5; *Schlothauer/Weider/Nobis*, Untersuchungshaft, Rn. 414 ff., 418, 420; a.A. OLG Bremen StV 2010, 581 ff. [Verurteilung mit großer Wahrscheinlichkeit zu erwarten]). Der dringende Tatverdacht muss aber auf **bestimmten Tatsachen** beruhen. Auf bloße Vermutungen darf er nicht gestützt werden (KG StRR 2010, 354; LG Dresden StV 2013, 163). Auch mögliche erst künftig erwartete Ermittlungsergebnisse können ihn nicht begründen (LG Frankfurt a.M. StV 2009, 477). Der dringende Tatverdacht kann nicht auf eine voraussichtlich unverwertbare Aussage gestützt werden (OLG Dresden StraFo 2012, 185). 10

I.R.d. Fortgangs des Verfahrens ist hinsichtlich des dringenden Tatverdachts Folgendes zu berücksichtigen (s.a. *Herrmann*, Untersuchungshaft, Rn. 586; MAH Strafverteidigung/ *Widmaier/König* § 4 Rn. 4): 11

Während des **Ermittlungsverfahrens** kommt es auf das Ermittlungsergebnis und den Inhalt der Ermittlungsakten an. In der Hauptverhandlung ist ergänzend das jeweilige (Zwischen-) Ergebnis der Beweisaufnahme zu berücksichtigen (OLG Frankfurt a.M. StV 2000, 374, 375; OLG Koblenz StV 1994, 316).

Während **laufender Hauptverhandlung** ist der vom Tatgericht angenommene dringende Tatverdacht aufgrund der hier besseren Erkenntnisquellen vom Beschwerdegericht nur eingeschränkt überprüfbar (BGH StV 2014, 227 f.)

Nach Erlass eines Urteils, das noch nicht in Rechtskraft erwachsen ist, richtet sich der dringende Tatverdacht grds. nach dem im Urteil festgestellten Sachverhalt. Dann bedarf es für die Frage der Haftfortdauer keines gesonderten Eingehens auf den dringenden Tatverdacht.

Anders verhält sich dies, wenn die Verurteilung abweichend vom Tatvorwurf im Haftbefehl erfolgt, dann bedarf es einer entsprechenden Begründung (OLG Jena NStZ-RR 2009, 123).

Das Urteil kann aber auch hinsichtlich der Frage der Untersuchungshaft auf Fehler, insb. Darstellungsfehler und Aufklärungsmängel, hin überprüft werden (OLG Brandenburg StraFo 2000, 318).
Auch i.R.d. **Rechtsmittelverfahrens** sind neue Beweise darauf hin zu überprüfen, ob sie zu einer anderen Beurteilung des dringenden Tatverdachts führen. Im Revisionsverfahren soll allerdings einem neuen Beweis aus Rechtsgründen nur eine eingeschränkte Bedeutung für die Beurteilung des dringenden Tatverdachts zukommen (BGH StraFo 2004, 142 f.).

12 Der dringende Tatverdacht muss deutlich stärker sein als der Anfangsverdacht i.S.d. § 152. Auch muss er stärker sein als der hinreichende Tatverdacht, von dessen Vorliegen nach § 203 die Eröffnung des Hauptverfahrens abhängt. Nur so lässt sich der gravierende Eingriff in die Freiheitsrechte des Betroffenen – unter Umständen schon in einem frühen Verfahrensabschnitt – rechtfertigen. Dringender und hinreichender Tatverdacht sind nicht in einem schematischen Über- und Unterordnungsverhältnis zu sehen. Zu Beginn eines Ermittlungsverfahrens kann dringender Tatverdacht bejaht werden, obwohl noch offen ist, ob das Hauptverfahren eröffnet werden kann (BGH NStZ 1981, 94). Man muss unterscheiden zwischen der **retrospektiven Prognose** der Täterschaft oder Teilnahme am Delikt und der **prospektiven Prognose** einer Verurteilung (BGHSt 38, 276 ff.; *Deckers* StV 2001, 115 ff.; *Herrmann*, Untersuchungshaft, Rn. 584; *Meinen* HbStrVf Rn. IV 35 ff.).

13 Bei der Überprüfung des dringenden Tatverdachts ist zwischen **Tatfragen** und **Rechtsfragen** zu unterscheiden. Tatsächliche Feststellungen unterliegen einer Plausibilitätskontrolle. Rechtsfragen müssen dagegen vom Richter immer eindeutig entschieden werden. Hier kann eine hohe Wahrscheinlichkeit, dass eine bestimmte Auslegung geboten ist, nicht ausreichen. (KK/*Graf* § 112 Rn. 5; *Herrmann*, Untersuchungshaft, Rn. 589; LR/*Hilger* § 112 Rn. 18; AnwK-Uhaft/*König* § 112 StPO Rn. 6; Meyer-Goßner/*Schmitt* § 112 Rn. 5; SK-StPO/*Paeffgen* § 121 Rn. 6; *Schlothauer* StV 1996, 391 ff.; MAH Strafverteidigung/*Widmaier*/*König* § 4, Rn. 2 a.E.).

14 Offene Fragen zum dringenden Tatverdacht lassen sich sinnvollerweise nur bei genauer Kenntnis der Ermittlungsakte und der dort enthaltenen Ergebnisse klären. Über eine allgemeine Diskussion mit den Ermittlungsbehörden oder dem Gericht hinaus besteht ein Anspruch auf Beweiserhebungen gem. **§ 166 Abs. 1**, wenn entweder der Verlust des Entlastungsbeweises zu besorgen ist oder die Beweiserhebung die Freilassung des Beschuldigten begründen kann.

15 **II. Besonderheiten bei der Begründung des dringenden Tatverdachts.** In der Praxis wird der dringende Tatverdacht i.S.d. § 112 Abs. 1 Satz 1 regelmäßig anhand vordergründig überzeugender Indizien angenommen. Eine genauere Betrachtung zeigt aber, dass dies so ohne Weiteres nicht möglich ist. Zu nennen sind bspw.:

- Aus dem umfassenden **Schweigen** des Beschuldigten dürfen keine negativen Schlüsse gezogen werden.
- Bei »**Aussage gegen Aussage**« kommt es entscheidend auf die Richtigkeit der einen oder anderen Aussage an (OLG Koblenz StV 2002, 313 ff.; OLG Köln StV 1991, 304 ff.; LG Hamburg StV 1994, 317 ff.). Belastende Aussagen sind hinsichtlich ihres Zustandekommens und Inhaltes zu hinterfragen (BGH StV 1997, 196, 197 ff.; OLG Bremen StV 1992, 383 ff.; LG Düsseldorf StV 2014, 228 f.; LG Frankfurt a.M. StV 1985, 331 f.; LG Frankfurt a.M. StV 1998, 271 ff. = NJW 1998, 3727 ff.; LG Hamburg StV 1994, 317 ff.).
- **Lichtbildvorlagen** müssen regelrecht zustande gekommen sein (OLG Bremen StV 1992, 383 ff.; LG Essen StV 2000, 32 ff.; LG Frankfurt a.M. StV 1986, 13 ff.).
- Bei einem Verstoß gegen das **Recht auf konfrontative Befragung von Belastungszeugen** gem. Art. 6 Abs. 3 lit. d EMRK kommt der zu berücksichtigenden Aussage auf der Grundlage der vom BGH angenommenen Beweiswürdigungslösung ein nur reduzierter Beweiswert zu (vgl. hierzu BGHSt 46, 93 ff. = NJW 2000, 3503 ff. = NStZ 2001, 212 ff. = StV 2000, 593 ff. = StraFo 2000, 12 ff. = wistra 2000, 466 ff. [Fall »Kaiisi«]; BGH NStZ-RR 2006, 43 ff. = StV 2005, 533 f. = StraFo 2005, 425 f. [Fall »Ingolstädter Verteidiger verzichten auf Anwesenheit«], mit zu Recht kritischer Anm. *Wohlers* StV 2005, 534 f. [zu interpretieren *»entweder als fahrlässigen Ausreißer oder aber als vorsätzliche Abwendung von der in der Literatur teilweise euphorisch begrüßten verstärkten Berücksichtigung der Rechtsprechung des EGMR«*]; BGHSt 51, 150 ff. = HRRS 2007, Nr. 39 = NJW 2007, 237 ff. = StV 2006, 66 ff. = StraFo 2007, 111 ff. [Fall »Münchner Straßenbahn«]; s. hierzu auch BGHSt 55, 70 ff. = JR 2011, 170 ff. = JZ 2010, 382 = NJW 2010, 2224 ff. = NJW-Spezial 2010, 344 = NStZ 2010, 410 ff. = StraFo 2010, 281 ff. [m. krit. Anm. *Sommer*] = StV 2010, 342 ff. = wistra 2010, 272 ff.; ausführlich zum Ganzen: *Herrmann*, Untersuchungshaft, Rn. 75 ff.; s.a. *Wohlers* StV 2010, 151; s. hierzu auch § 118a Rdn. 5). Es bedarf dann besonderer Anforderungen an die Beweiswürdigung und auch der Begründung des erzielten Beweisergebnisses (»**Beweiswürdigungsregel**«). Dies bedeutet aber, dass der Tatverdacht in derart gelagerten Fällen ggf. nicht mit der für den Erlass eines Haftbefehls gebotenen Dringlichkeit i.S.d. § 112 Abs. 1 Satz 1 angenommen werden kann. Mangels dringendem Tatverdacht darf der Haftbefehl dann nicht erlassen

werden oder in Vollzug bleiben (vgl. zum Ganzen: *Burhoff* Hdb. für das strafrechtliche Ermittlungsverfahren, Rn. 4140 ff.; *Herrmann*, Untersuchungshaft, Rn. 602 ff.).

Hassemer (StV 1984, 38, 40) spricht im Zusammenhang mit Fragen der Begründung des dringenden Tatverdachts davon, dass die Untersuchungshaft Freiheitsberaubung ggü. einem Unschuldigen sei. Hieran muss sich gerade auch der dringende Tatverdacht messen lassen (zum Ganzen: *Herrmann*, Untersuchungshaft, Rn. 581 ff.; zur Unschuldsvermutung s. auch *Herrmann* StraFo 2016, 89 ff.). 16

C. Haftgründe des § 112 Abs. 2 und Abs. 3. I. Allgemeines. Von den fünf gesetzlich vorgegebenen Haftgründen (Flucht, Fluchtgefahr, Verdunkelungsgefahr, »Tatschwere« und Wiederholungsgefahr) macht die Praxis sehr unterschiedlich Gebrauch. Statistische Angaben zur Häufigkeit der Untersuchungshaft und zu den Haftgründen finden sich in den Tabellen des Statistischen Bundesamtes, Fachserie 10, Reihe 3, S. 370 (www.destatis.de). Hieraus ergibt sich, dass etwa 92,5 % der Haftbefehle den Haftgrund der Fluchtgefahr nennen (Zahlen für 2013; s.a. *Schlothauer/Weider/Nobis*, Untersuchungshaft, Rn. 7 [dort ebenfalls Zahlen für 2013]; *Ostendorf* NK 2009, 125, 127; *Radtke/Hohmann/Tsambikakis*, StPO, § 112 Rn. 34). Die weiteren Haftgründe spielen in der Praxis eine untergeordnete Rolle. Der Haftgrund der Wiederholungsgefahr wurde in den letzten Jahren in Haftbefehlen zwar deutlich häufiger genannt als früher, erreichte aber – soweit ersichtlich – auch heute nur Zahlen in der Größenordnung von nicht ganz bis zu 8 %. Die Haftgründe der Verdunkelungsgefahr und der Schwere der Tat werden hingegen in unter 5 % der Haftbefehle genannt (vgl. die Tabellen des Statistischen Bundesamtes, Fachserie 10, Reihe 3, S. 370 ff. [www.destatis.de]; ebenso *Dessecker* HRRS 2007, 112, 114 ff.; *Püschel* StraFo 2009, 134 ff.). 17

Die signifikant hohe Annahme des Haftgrundes der Flucht und vornehmlich der Fluchtgefahr befremdet. Denn tatsächlich versucht nur eine verschwindend geringe Anzahl von Beschuldigten zu fliehen. Und nur in etwa der Hälfte der Verfahren, in denen sich der Beschuldigte in Untersuchungshaft befand, folgt dann eine Verurteilung zu einer Freiheitsstrafe ohne Bewährung (*Püschel* StraFo 2009, 134 ff.; *Weider* StraFo 1995, 5, 12; *Wolf*, Die Fluchtprognose im Untersuchungshaftrecht). 18

II. »Apokryphe Haftgründe«. Neben den fünf im Gesetz genannten Haftgründen gibt es sog. **»apokryphe Haftgründe«**. Hierbei handelt es sich um Haftgründe, die gesetzlich nicht vorgesehen, aber in der Praxis regelmäßig tatsächlich ausschlaggebend für die Anordnung und den Fortbestand der Untersuchungshaft sind. Untersuchungshaft auf dieser Grundlage ist rechtswidrig. 19

Die »**apokryphen Haftgründe**« spielen in der Praxis eine verbreitete, geradezu Besorgnis erregende Rolle (so bereits *Alsberg* JW 1925, 1433 ff.; s. auch *Burhoff* Hdb. für das strafrechtliche Ermittlungsverfahren, Rn. 4149; *Dahs* FS Dünnebier, 1982, S. 227 f.; *Eidam* HRRS 2013, 292 ff.; *Herrmann*, Untersuchungshaft, Rn. 638 ff.; LR/*Hilger* § 112 Rn. 54; *Münchhalffen* StraFo 1999, 332 ff.; SK-StPO/*Paeffgen* § 112 Rn. 21; *Parigger* NStZ 1986, 211 ff.; *Schlothauer/Weider/Nobis*, Untersuchungshaft, Rn. 680 ff.; *Theile* wistra 2005, 327 ff.; *Weider* StraFo 1995, 11 ff.; MAH Strafverteidigung/*Widmaier/König* § 4 Rn. 48 sowie Rn. 174 f.). Inzwischen wird im Schrifttum nicht mehr ernstlich bestritten, dass es diese »apokryphen Haftgründe« gibt (abweichend, soweit ersichtlich, nur noch *Lemme* wistra 2004, 288 ff. [aus staatsanwaltschaftlicher Sicht vehement bestreitend; mit der allseits anerkannten Praxis steht dies nicht ansatzweise im Einklang]). Eine zahlenmäßig genaue Erfassung der apokryphen Haftgründe ist, gerade weil sie nicht offengelegt werden, allerdings nicht möglich. 20

In Fällen, in denen apokryphe Haftgründe der eigentliche Grund für die Anordnung von Untersuchungshaft sind, werden sie regelmäßig nicht genannt, sondern hinter den gesetzlich vorgesehenen Haftgründen versteckt, um so den Haftbefehl im Einklang mit dem Gesetz erscheinen zu lassen. In diesen Fällen werden die gesetzlichen Haftgründe dann aber oft nur floskelhaft oder »pseudoempirisch« begründet. Die Anordnung der Untersuchungshaft unter Zugrundelegung entsprechender Haftgründe bedeutet im Ergebnis nichts anderes als einen **Etikettenschwindel** (*Herrmann*, Untersuchungshaft, Rn. 658; *Schlothauer/Weider/Nobis*, Untersuchungshaft, Rn. 681). 21

Als typische »apokryphe Haftgründe« können die folgenden genannt werden (vgl. hierzu *Alsberg* JW 1925, 1433 ff.; *Cornell* StV 1994 202, 207 f.; *Dahs* FS Dünnebier, 1982, 227 ff.; *Deckers* AnwBl. 1983 422; *Dünkel* StV 1994, 610, 617 f.; *Eidam* HRRS 2008, 242 ff.; *Herrmann*, Untersuchungshaft, Rn. 638 ff.; LR/*Hilger* § 112 Rn. 54; SK-StPO/*Paeffgen* § 112 Rn. 21, 27; *Paeffgen* NJW 1990, 537 ff.; *ders.* NStZ 1995, 21 ff.; *Parigger* NStZ 1986, 211 ff.; *Schlothauer/Weider/Nobis*, Untersuchungshaft, Rn. 680 ff.; *Seebode* StV 1989, 118, 119): 22

– **Druck der öffentlichen Meinung**. Immer wieder erfolgt die Inhaftierung unter dem Deckmantel einer angeblichen Fluchtgefahr, obwohl es einzig darum geht, dass der Beschuldigte aus Sicht der Öffentlichkeit »hinter Schloss und Riegel gehört«. Dieses Phänomen ist v.a. zu beobachten bei Sexualstraftaten, wenn der Opferschutz in den Vordergrund rückt, bei spektakulären Sachverhalten, z.B. Wirtschaftsstraftaten mit hohem Vermögensschaden, wenn Ermittlungsbehörden unter erheblichem Erfolgsdruck stehen, oder auch wenn der Beschuldigte einen gewissen Bekanntheitsgrad hat. Regelmäßig spielt hierbei auch die Berichterstattung in den Medien eine wesentliche Rolle.

- **Erleichterung der Ermittlungen.** Nicht selten erfolgt eine Inhaftierung zu einem Zeitpunkt, in dem die Ermittlungen allenfalls einen »einfachen« aber noch keinen »dringenden« Tatverdacht i.S.d. § 112 Abs. 1 Satz 1 begründen. Zweck der Untersuchungshaft ist hier, den Sachverhalt zunächst in Ruhe auszuermitteln. In manchen Fällen erhoffen sich die Ermittlungsbehörden ergänzende Informationen vom Beschuldigten selbst (zur Förderung der Geständnisbereitschaft durch Haft sogleich ausführlich); in anderen Fällen wollen sie davon unabhängige Ermittlungen »ungestört« anstellen können.
- **Förderung der Geständnisbereitschaft.** In vielen Fällen erfolgt eine Inhaftierung aufgrund der angeblich hohen Straferwartung, verbunden mit dem Hinweis, dass diese durch ein Geständnis – erheblich – reduziert werden könne. Hat der Beschuldigte ein Geständnis abgelegt, kann es zu einer Haftverschonung kommen. Zu beobachten ist eine solche Vorgehensweise bei nahezu sämtlichen Deliktsgruppen, die eine Untersuchungshaft im weitesten Sinn rechtfertigen könnten. Umgangssprachlich wird vom »Abkochen« des Beschuldigten gesprochen. Denn mit zunehmender Dauer der Inhaftierung steigt die Bereitschaft des Beschuldigten, von den Ermittlungsbehörden erhoffte oder gar erwünschte Erklärungen abzugeben, nur um die Freiheit zurückzuerlangen. Neben falschen Geständnissen besteht hier insb. auch die Gefahr falscher Belastungen Dritter (s. hierzu schon *Peters*, Fehlerquellen im Strafprozess, Bd. II, 1972, S. 21; ebenso *Dauner* FS Stutte, 1979, S. 3; *Herrmann*, Untersuchungshaft, Rn. 641; *Lange*, Fehlerquellen im Ermittlungsverfahren, 1980, S. 90; *Schlothauer/Weider/Nobis*, Untersuchungshaft, Rn. 5; *Seebode*, Untersuchungshaft, S. 70 und S. 189; aus der Rspr. s.z.B. VerfGH Berlin, Beschl. v. 25.04.2008 – 164/07 [zitiert bei *Paeffgen* NStZ 2010, 200, 201], wo u.a. darauf Bezug genommen wurde, dass der Beschuldigte es sich mangels Kooperation und verfahrensbeendender Absprache selbst zuzuschreiben habe, wenn das Verfahren länger andauere).

23 Nach zutreffender Ansicht des LG Bad Kreuznach begründet die objektiv rechtswidrige Anordnung des Vollzuges der Untersuchungshaft, gerade wenn sie der Förderung der Geständnisbereitschaft dient, aber ein **Verwertungsverbot** hinsichtlich der Angaben des Beschuldigten, die dieser während der Untersuchungshaft gemacht hat. Dies gilt insb. dann, wenn die Anordnung der Haft offensichtlich der Erlangung eines Geständnisses oder anderer belastender Angaben des Beschuldigten diente, die dann zur Basis einer Verurteilung gemacht werden sollten (LG Bad Kreuznach StV 1993, 629 ff. [»Glykol-Skandal«]). Das Urteil und die Kritik an der Staatsanwaltschaft wurden in der Revision allerdings aufgehoben und die Sache an das LG Koblenz (!) zurückverwiesen; Voraussetzung für ein Verwertungsverbot sei, dass die Untersuchungshaft absichtlich (»gezielt«) als Mittel zur Erlangung einer Aussage angewandt worden sei, was vorliegend angeblich nicht der Fall sei (BGH NJW 1995, 2933 ff. = NStZ 1995, 605 ff. = StV 1996, 73 [m. krit. Anm. *Fezer* StV 1996, 77 ff. und Anm. *Samson* StV 1996, 93 ff.] = wistra 1996, 21).

Weitere apokryphe Haftgründe sind:

- **Förderung der Kooperationsbereitschaft** mit den Ermittlungsbehörden. Anders als bei der Förderung der Geständnisbereitschaft (s.o.) geht es hier um die Erlangung von Aussagen des Beschuldigten zu Mittätern oder zu weiteren vermuteten aber noch nicht aufgeklärten Straftaten, die das eigentliche Ermittlungsverfahren nicht unmittelbar betreffen. Von den Ermittlungsbehörden wird in solchen Fällen vom Beschuldigten eine »überschießende Aufklärungshilfe« regelrecht erwartet.
- **Förderung der Therapie- und Behandlungsbereitschaft.** Im Bereich der Drogenkriminalität und auch im Zusammenhang mit Alkoholmissbrauch steht bisweilen als verdeckter, aber eigentlicher Anlass für Untersuchungshaft die therapeutische Einflussnahme auf den Beschuldigten im Vordergrund. Neben der Aufrechterhaltung der Verhandlungsfähigkeit bei Drogenabhängigen geht es in diesen Fällen auch um eine Entgiftung bzw. einen »kalten Entzug« sowie die Lösung des Beschuldigten aus dem Umfeld der Drogenabhängigen.
- **Krisenintervention bei Jugendlichen und Heranwachsenden.** Nicht selten soll bei Jugendlichen und Heranwachsenden der Untersuchungshaft eine erzieherische Bedeutung zukommen, sie wird als »Warnschuss« verstanden (vgl. AnwK-StPO/*Lammer* § 112 Rn. 3). Mit der Haft wird dann in Wahrheit versucht, die jugendlichen Beschuldigten aus ihrem Umfeld zu lösen und auf deren künftige Entwicklung einzuwirken. Dieser Aspekt soll sogar gesetzlich verankert werden, jedenfalls wird dies diskutiert.
- **Erleichterung ausländerrechtlicher Maßnahmen.** Bei ausländischen Beschuldigten wird die Untersuchungshaft unzulässigerweise angeordnet, um eine Abschiebung oder andere verwaltungsrechtliche Maßnahmen vorzubereiten (a.A. BGH StraFo 2017, 190 [Untersuchungshaft zulässig, obwohl die Durchführung des Verfahrens unwahrscheinlich geworden ist; dem steht die drohende Abschiebung nicht ent-

gegen, denn wenn die Abschiebung scheitert, müsse das Verfahren fortgesetzt werden]; das erscheint dogmatisch bedenklich).

– **Vorwegnahme der (abzusehenden) Strafhaft.** Beschuldigte werden in Untersuchungshaft genommen und verbleiben dort, weil sie »sowieso« mit einer nicht mehr zur Bewährung auszusetzenden Freiheitsstrafe rechnen müssen. Diese könnten sie dann auch schon vorab absitzen. Die Untersuchungshaft bedeutet hier nichts anderes als eine vorweggenommene Vollstreckung der Strafhaft. Dass dies Sinn und Zweck der Untersuchungshaft widerspricht, liegt auf der Hand. Es kommt noch hinzu, dass eine vollzogene Untersuchungshaft, wie die Praxis zeigt, eine präjudizielle Wirkung auf das weitere Verfahren hat. Es ist ein bekanntes Übel, dass Urteile nachträglich immer wieder die erlittene Untersuchungshaft rechtfertigen und entsprechend an die Dauer der verbüßten Haftzeit »angepasste« Haftstrafen ausgesprochen werden (ebenso AnwK-StPO/*Lammer* § 112 Rn. 6; *Schlothauer/Weider/Nobis*, Untersuchungshaft, Rn. 701 ff. [mit weiterführenden Überlegungen auch zur Aquisition finanzieller Mittel]). Hierbei ist auch zu beachten, dass nur in etwa der Hälfte der Fälle von Untersuchungshaft eine Verurteilung zu einer Freiheitsstrafe ohne Bewährung erfolgt (s.o.; s.a. *Püschel* StraFo 2009, 134 ff.; s.a. *Seebode* in: Breyer/Endler/Thurn Anwalt-Formulare Strafrecht, 1. Aufl. 2006, § 3 Rn. 2; *Weider* StraFo 1995, 5, 12; *Wolf*, Die Fluchtprognose im Untersuchungshaftrecht, Diss. 2017).

Es gibt weitere »apokrypher Haftgründe«, mit denen Haftbefehle begründet und aufrechterhalten werden, 24 ohne dass hierfür eine gesetzliche Grundlage ersichtlich ist. In der Praxis legen nicht selten verschiedene Indizien die eine Annahme »apokrypher Haftgründe« nahe. Vermeintliche Begründungen im Text von Haftbefehlen, die einer Überprüfung nicht ansatzweise standhalten und die mit den gesetzlichen Vorgaben nicht in Einklang zu bringen sind, belegen gesetzesfremde Ziele und Zwecke. So werden regelmäßig Haftbefehle wegen angeblicher Fluchtgefahr lapidar einzig mit der »Höhe der zu erwartenden Strafe« begründet. Dies stimmt schon deshalb bedenklich, weil statistisch erwiesen ist, dass zwar 92,5 % der Haftbefehle den Haftgrund der Fluchtgefahr nennen, aber überhaupt nur in 52 % der Fälle, in denen Untersuchungshaft angeordnet wurde, eine Freiheitsstrafe ohne Bewährung verhängt wurde (s.o.; s. *Schlothauer/Weider/Nobis*, Untersuchungshaft, Rn. 7; s.a. *Ostendorf* NK 2009, 125, 127). Auch werden in Haftbefehlen angeführt die angeblich »völlige Gleichgültigkeit gegenüber der Rechtsordnung«, die »besonders rücksichtslose Vorgehensweise und die sich daraus ergebende negative Einstellung zur Rechtsordnung« oder ähnliche Leerfloskeln. Bisweilen wird eine Flucht- oder Verdunkelungsgefahr schon allein aufgrund der »Natur der Straftat« vermutet, etwa bei Wirtschafts- oder Betäubungsmittelstraftaten. In der Praxis zu beobachten ist auch die Anordnung von Untersuchungshaft bei nur relativ geringer Straferwartung, wenn der Beschuldigte einer sozialen Randgruppe angehört, die keine oder nur wenig Akzeptanz in der Öffentlichkeit findet, wie es etwa bei Hausbesetzern, Obdachlosen, Rockern, Sinti und Roma oder auch Zuhältern der Fall ist (vgl. hierzu LR/*Hilger* § 112 Rn. 54). Mit den gesetzlichen Vorgaben steht all dies nicht in Einklang.

III. Haftgrund der Flucht, § 112 Abs. 2 Nr. 1. 1. Allgemeines. Der Haftgrund der Flucht ist gegeben, 25 wenn der Beschuldigte flüchtig ist oder sich verborgen hält.

Flüchtig ist, wer sich dem Zugriff der Ermittlungsbehörden oder des Gerichts dauernd oder für längere Zeit 26 entzieht, indem er z.B. im unmittelbaren Zusammenhang mit der Tatbegehung seine Wohnung aufgibt und keine neue bezieht oder sich ins Ausland absetzt, um dort unerreichbar zu sein (*Burhoff* Hdb. für das strafrechtliche Ermittlungsverfahren, Rn. 4161; KK/*Graf* § 112 Rn. 10 f.; *Herrmann*, Untersuchungshaft, Rn. 662; Meyer-Goßner/*Schmitt* § 112 Rn. 13).

Verborgen hält sich, wer seinen Aufenthalt verschleiert, insb. unangemeldet oder unter falschem Namen 27 oder an einem unbekannten Ort lebt und dadurch dauernd oder für längere Zeit unauffindbar ist (*Burhoff* Hdb. für das strafrechtliche Ermittlungsverfahren, Rn. 4162; KK/*Graf* § 112 Rn. 10, 12; *Herrmann*, Untersuchungshaft, Rn. 662; Meyer-Goßner/*Schmitt* § 112 Rn. 14).

Beide Alternativen können zusammentreffen. Der Beschuldigte kann sowohl flüchtig sein als auch sich ver- 28 borgen halten (KK/*Graf* § 112 Rn. 10; *Herrmann*, Untersuchungshaft, Rn. 662; Meyer-Goßner/*Schmitt* § 112 Rn. 12).

Beide Alternativen der Flucht (»flüchtig sein« und »verborgen halten«) haben sowohl eine **objektive** als auch 29 eine **subjektive Komponente**. Flucht verlangt ein aktives und zweckgerichtetes »sich Entziehen«. Ein rein passives Verhalten und selbst die mangelnde Beachtung von Ladungen genügen nicht (KG StraFo 2015, 201 ff. = StV 2015, 646; OLG Brandenburg StV 1996, 381; OLG Bremen StV 1997, 533; OLG Celle NStZ-RR 2008, 78 = StRR 2008, 43 [LS]; OLG Frankfurt a.M. StraFo 2015, 112 f. = StV 2016, 163 [Ungehorsam gegenüber Ladungen genügt nicht, dann greift allenfalls § 230 StPO; ergangen zu § 112 Abs. 2 Nr. 2]; OLG Frankfurt a.M. StV 1994, 581 ff.; OLG Karlsruhe StV 2005, 34 f.; OLG Hamm StV

2005, 35 f.; OLG Stuttgart NStZ 1998, 437 ff.; *Böhm* NStZ 2001, 633, 636; *Dahs/Riedel* StV 2003, 416, 417 f.; *Hilger* StV 2005, 36 ff.).

30 Die Flucht muss sich aus **bestimmten Tatsachen** ergeben. Es reicht aus, dass angesichts der Umstände des konkreten Falles Flucht oder Verbergen als Grund für die Unerreichbarkeit des Beschuldigten wahrscheinlicher sind als ein anderer Grund der Unerreichbarkeit. Zur Begründung kann auch ein vor Tatbeginn liegendes Verhalten des Beschuldigten herangezogen werden (OLG Koblenz NStZ 1985, 88; KK/*Graf* § 112 Rn. 13; LR/*Hilger* § 112 Rn. 20; Meyer-Goßner/*Schmitt* § 112 Rn. 15).

31 **2. Sonderfälle.** Von einem **Wohnsitz im Ausland** kann bei einem Deutschen nicht zwingend auf den Willen geschlossen werden, sich dem Verfahren zu entziehen, wenn er dort zumindest postalisch oder sonst erreichbar ist (BGH StraFo 2017, 189 f.; OLG; OLG Celle StraFo 2009, 204; Oldenburg StV 2010, 29 [LS]; OLG Saarbrücken StV 2000, 208; OLG Stuttgart NStZ 1998, 427). Etwas anderes kann nur angenommen werden, wenn der Beschuldigte sich gerade wegen des Verfahrens gezielt ins Ausland abgesetzt hat (LG Verden StV 1986, 256).

32 Bei einem **ausländischen Beschuldigten** kann nicht sicher auf ein »sich Entziehen« geschlossen werden, wenn er sich in sein Heimatland oder zu seinem im Ausland gelegenen Wohnsitz begibt, ohne dass sicher angenommen werden kann, er entziehe sich dem Verfahren (OLG Brandenburg StV 1996, 381; OLG Bremen NStZ-RR 1997, 334; OLG Celle StraFo 2009, 204; OLG Frankfurt a.M. StV 1994, 581, 582; OLG Naumburg wistra 1997, 80; OLG Oldenburg StV 2010, 29 [LS]; OLG Saarbrücken StV 2000, 208; OLG Stuttgart StV 1999, 33, 34 [m.Anm. *Lagodny*]; LG Neuruppin StV 2009, 652; LG Oldenburg StV 2011, 34; s.a. KK/*Graf* § 112 Rn. 11; *Paeffgen* NStZ 1990, 437 ff.; *ders.* NStZ 1992, 481 ff.). Ernsthafte Rückkehrbemühungen stehen der Annahme entgegen, der ausländische Beschuldigte verbleibe im Ausland, um sich dem Zugriff der deutschen Justiz zu entziehen. Sie sprechen gegen das Vorliegen des für die Annahme einer Flucht erforderlichen subjektiven Elements, des **Fluchtwillens** (KG StRR 2013, 163 = StV 2013. 516 ff.; vgl. auch KG StRR 2010, 354).

33 Ist gegen einen **ausländischen Staatsangehörigen** ein Ermittlungsverfahren anhängig und wird dieser in sein Heimatland abgeschoben, dann begründet dies nicht den Haftgrund der Flucht. Denn Flucht kommt bei einer zwangsweisen Aufgabe der bisherigen Wohnung bzw. des bisherigen Lebensmittelpunktes nicht in Betracht. Sind sonst keine konkreten Umstände ersichtlich, aus denen auf eine Flucht geschlossen werden kann, dann ist der Haftgrund der Flucht auch dann nicht gegeben, wenn der Verdacht besteht, der Beschuldigte könne – ggf. mit einem gefälschten Pass – in die Bundesrepublik zurückkehren (AG Bremerhaven StV 1993, 426).

34 **Nichtsesshafte** und **Obdachlose** sind trotz ihrer Lebensumstände oft über eine soziale Einrichtung erreichbar, zu der sie Kontakt haben. Allein weil sie schwieriger aufzufinden sind, kann man nicht davon ausgehen, dass sie flüchtig sind oder sich verborgen halten (LG Zweibrücken NJW 2004, 1679 f.; *Blankenheim* MDR 1992, 926 ff.; AnwK-Uhaft/*König* § 112 StPO Rn. 9; Meyer-Goßner/*Schmitt* § 112 Rn. 13). Umgekehrt kann aber der teilweise wahrnehmbaren Steigerung der Verhaftung und Inhaftierung dieser Beschuldigten in der kalten Jahreszeit und über die Wintermonate hinweg eine gewisse Fürsorge des Gerichts nicht abgesprochen werden (ausführlich zu den gesetzwidrigen »apokryphen Haftgründen« s.o.).

35 **3. Sonstiges.** Hat der Beschuldigte erklärt, sich in einer Hauptverhandlung den gegen ihn erhobenen Vorwürfen zu stellen, und einen Verteidiger zur Entgegennahme von Zustellungen, insb. Ladungen bevollmächtigt (§ 145a Abs. 2), dann kann trotz unbekannten Aufenthaltes nicht der Haftgrund der Flucht (und auch nicht der Fluchtgefahr) angenommen werden (KG StraFo 2015, 201 ff. = StV 2015, 646; OLG Dresden StV 2007, 587; LG Fulda StV 2017, 454 f.; s.a. *Paeffgen* NStZ 2008, 134, 135).

36 Wird der Beschuldigte ergriffen, dann entfällt der Haftgrund der Flucht schon aus tatsächlichen Gründen. Allerdings legt eine vorangegangene Flucht nahe, dass dann Fluchtgefahr besteht (s. dort, Rdn. 37 ff.).

37 **IV. Haftgrund der Fluchtgefahr, § 112 Abs. 2 Nr. 2. 1. Allgemeines.** Der Haftgrund der Fluchtgefahr ist anzunehmen, wenn bei Abwägung aller Umstände des Einzelfalles die überwiegende Wahrscheinlichkeit besteht, dass der Beschuldigte sich dem Verfahren entziehen werde (KG StRR 2012, 155 f. [mit Anm. *Burhoff*] = StV 2012, 350 ff.; OLG Karlsruhe StV 2001, 118, 119; OLG Koblenz ZJJ 2005, 466; StV 2002, 313, 314 f.; OLG Köln StV 1997, 642; *Burhoff* Hdb. für das strafrechtliche Ermittlungsverfahren, Rn. 4150 ff.; KK/*Graf*, § 112 Rn. 15; *Herrmann*, Untersuchungshaft, Rn. 683; Meyer-Goßner/*Schmitt* § 112 Rn. 17). Aufgabe der Untersuchungshaft ist es einzig, die Durchführung des Verfahrens zu sichern.

38 Fluchtgefahr darf nur auf der Grundlage bestimmter Tatsachen angenommen werden. Bloße Mutmaßungen und Befürchtungen genügen hier nicht. Es bedarf der beweiskräftigen Feststellung der Anhaltspunkte

für eine drohende Flucht (KG PStR 2016, 317). Diese können aber im Wege des Freibeweisverfahrens festgestellt werden.

Bei der Beurteilung, ob Fluchtgefahr vorliegt, ist neben objektiven Anhaltspunkten auch auf die subjektive Einstellung des Beschuldigten und dessen Erwartung an den möglichen Verfahrensausgang abzustellen (OLG Köln StV 1996, 389, ausführlich hierzu s.u.). Eine schematische Betrachtung anhand genereller Betrachtung scheidet aus (KG StV 2016, 451). 39

Die Praxis zeichnet aber immer wieder ein (erschreckend) anderes Bild. Immer wieder werden pauschal Mutmaßungen und eigene Vorstellungen herangezogen und ersetzen leichtfertig diejenigen des Beschuldigten. 40

Für eine Fluchtgefahr sprechen in der Regel Verhaltensweisen, die nach allgemeinen Vorstellungen mit einer geregelten und geordneten Lebensgestaltung nicht in Einklang stehen. Indizien hierfür sind das Fehlen sozialer, insb. familiärer, sowie beruflicher und wirtschaftlicher Bindungen, das Fehlen einer festen Wohnung, ein auffälliger – nicht nachvollziehbar zu erklärender – Wohnungs- und/oder Arbeitsplatzwechsel, die Verwendung falscher Namen oder gefälschter Papiere, bestimmte Fälle psychischer Labilität, z.B. aufgrund von Drogenkonsum, oder auch eine schon einmal erfolgte Flucht (*Burhoff* Hdb. für das strafrechtliche Ermittlungsverfahren, Rn. 41503 ff.; Meyer-Goßner/*Schmitt* § 112 Rn. 20). Auch andere Verhaltensweisen können als Fluchtvorbereitung verstanden werden, z.B. die Lösung von örtlichen und beruflichen Bindungen, die Veräußerung von Vermögenswerten oder die Buchung eines Flugtickets ohne Rückflug (zum Ganzen: *Herrmann*, Untersuchungshaft, Rn. 686; *Schlothauer/Weider/Nobis*, Untersuchungshaft, Rn. 517 ff.). 41

Es gibt aber auch zahlreiche Indizien, die **gegen eine Fluchtgefahr** sprechen können: Hierzu zählen bspw. starke oder gefestigte familiäre Bindungen, ein fester Wohnsitz (Abwesenheit bei einer Durchsuchung genügt nicht für die Annahme der Fluchtgefahr, KG StraFo 2015, 201 ff.; LG Darmstadt StRR 2009, 363), Immobilienvermögen das nicht ohne Weiteres veräußert werden kann, berufliche Bindungen (OLG Hamm StV 2003, 509; OLG Frankfurt a.M. StV 2000, 151), ein schlechter Gesundheitszustand, der ständiger qualifizierter ärztlicher Betreuung bedarf (OLG Karlsruhe StV 2006, 312), hohes Alter (OLG Hamm StV 2003, 509; s. hierzu auch *Nobis* NStZ 2006, 489 ff.), soziale Bindungen in Form von deutschem Führerschein, Kontokarten deutscher Banken, Kreditkarten, Gesundheitskarte einer deutschen Krankenversicherung (KG StraFo 2015, 201 ff.) oder auch ein Verhalten des Beschuldigten, das zeigt, dass er sich bislang für das Verfahren zur Verfügung gehalten hat (OLG Hamm StV 2000, 320; OLG Koblenz StRR 2011, 127 = StV 2011, 290 f.). Verfestigt der Beschuldigte seine örtlichen, sozialen und beruflichen Bindungen, dann spricht das gegen eine Fluchtgefahr (AG Hamburg StV 2016, 175 [LS]). Wenn der Beschuldigte erklärt, er werde sich den gegen ihn erhobenen Vorwürfen in einer Hauptverhandlung stellen und er darüber hinaus einen Verteidiger zur Entgegennahme von Zustellungen, insb. Ladungen bevollmächtigt hat (§ 145a Abs. 2), dann kann trotz unbekannten Aufenthaltes nicht der Haftgrund der Fluchtgefahr angenommen werden (OLG Dresden StV 2007, 587; *Paeffgen* NStZ 2008, 134, 135 ebenso für die Annahme des Haftgrundes der Flucht s. bereits oben unter Rdn. 35 ff.). Hat der Angeklagte Kenntnis davon, dass gegen ihn ermittelt wird und ist er einer Vorladung zur Vernehmung bei der Polizei gefolgt und hat keine aktenkundigen Schritte unternommen, um sich dem Verfahren zu entziehen, dann ist Fluchtgefahr i.S.d. § 112 Abs. 2 Nr. 2 StPO zu verneinen (LG Braunschweig StV 2016, 165).

Darüber hinaus spielen auch die derzeitigen Lebensverhältnisse, insb. die familiären und persönlichen Beziehungen, eine Ortsverbundenheit, berufliche Tätigkeiten, die Dauer eines bestehenden Arbeitsverhältnisses (OLG Hamm StV 2003, 509; OLG Frankfurt a.M. StV 2000, 151), die finanziellen und wirtschaftlichen Verhältnisse, auch eventuelles Auslandsvermögen, das Alter, die Gesundheit, das Vorleben und auch das Vor- und Nachtatverhalten ein Rolle (eindrücklich hierzu bei einem jugendlichem Beschuldigten für den trotz sozialer Bindungen und problematischer Beweislage Untersuchungshaft dennoch aufrechterhalten wurde: LG Berlin StraFo 2010, 420 [m. abl. Anm. *Eisenberg*]; a.A. hierzu OLG Karlsruhe StraFo 2010, 206 = StRR 2010, 235 [m.Anm. *Helling*]). 42

Neben diesen äußeren Kriterien muss auch die **Persönlichkeit des Beschuldigten** berücksichtigt werden (OLG Hamm StV 1999, 215; StraFo 1999, 248; NStZ-RR 2000, 188 = StraFo 2000, 203; StV 2001, 685 = StraFo 2002, 23). 43

Die einzelnen Aspekte überschneiden sich teilweise. Einer klaren Differenzierung bedarf es nicht. Entscheidend kommt es auf eine **Gesamtschau** an. 44

2. Einzelfälle. Die Kasuistik zum Haftgrund der Fluchtgefahr ist nahezu unerschöpflich. Exemplarisch seien nur einige in der Praxis besonders bedeutsame Fallgruppen erwähnt: 45

a) Fehlende finanzielle und sprachliche Möglichkeiten zur Flucht. Wenngleich in der Praxis noch nicht durchweg beachtet, gewinnt zunehmend die Frage an Bedeutung, ob der Beschuldigte finanziell überhaupt in der Lage ist, zu fliehen. Fehlen ihm die für eine Flucht erforderlichen wirtschaftlichen Mittel und darüber 46 hinaus auch die sprachlichen Fähigkeiten, sich im Ausland zu Recht zu finden, dann liegt eine Fluchtgefahr eher fern. Eine Flucht ohne Geld ist gleichsam schwieriger als mit (OLG Hamm StV 1999, 215; OLG Köln StV 1995, 475; OLG München StraFo 2016, 291 = StRR 2016, 2 = StV 2016, 816 [LS]; *Herrmann*, Untersuchungshaft, Rn. 697 ff.; a.A. AG Leipzig NStZ-RR 1997, 305).

47 b) **Fluchtgefahr durch selbst verschuldet herbeigeführte Verhandlungsunfähigkeit.** Bisweilen versucht der Beschuldigte, sich dem Verfahren dadurch zu entziehen, dass er seine Verhandlungsfähigkeit beeinträchtigt. Dies kann **aktiv**, etwa durch die Einnahme von Drogen (Fluchtgefahr angenommen: KG JR 1974, 165 [m.Anm. *Kohlhaar*]) oder **passiv**, bspw. durch eigenmächtiges Absetzen von dringend erforderlichen Medikamenten, geschehen (Fluchtgefahr angenommen: OLG Oldenburg StV 1990, 165 f. [m. zust. Anm. *Wendisch* StV 1990, 166, und kritischer Anm. *Oswald* StV 1990, 500 f.]). Auch andere Gerichte haben in solchen Fällen ein »sich Entziehen« i.S.e. Fluchtgefahr angenommen (OLG Hamm NStZ-RR 2015, 283 [LS] = StRR 2015, 277 – »Hungerstreik« durch Entzug von Flüssigkeit und Nahrung]; OLG Hamm, Beschl. v. 22.05.2001, 5 Ws 204/01, BeckRS 2001 30182227 = WKRS 2001, 17488 [zur Einnahme einer Überdosis Tramal]; zum Ganzen auch: KK/*Graf* § 112 Rn. 18; Meyer-Goßner/*Schmitt* § 112 Rn. 18; *Münchhalffen/Gatzweiler*, Das Recht der Untersuchungshaft, Rn. 64; krit.: *Herrmann*, Untersuchungshaft, Rn. 701 f.; *Paeffgen* NStZ 1990, 431; differenzierend: LR/*Hilger* § 112 Rn. 38; LG Lüneburg NStZ-RR 2010, 211 [mit weiterführenden Überlegungen zur Interessenabwägung bei § 231a StPO]).

Täuscht der Beschuldigte durch Manipulationen tatsächlicher Art (z.B. durch Vorlage erschlichener bzw. falscher ärztlicher Atteste) einen Zustand der Verhandlungs- bzw. Vollstreckungsunfähigkeit vor, dann entzieht er sich damit dem Verfahren i.S.v. § 112 Abs. 2 Nr. 2 StPO (OLG Hamm, Beschl. v. 22.02.2011 – III-4 Ws 54/11, WKRS 2011, 34267). Ungehorsam gegenüber Ladungen genügt aber nicht, wenn das Gericht die Hauptverhandlungstermine jeweils absetzt. Dann greift allenfalls § 230 StPO. Voraussetzung dafür ist aber, dass der Angeklagte bei Aufruf nicht erschienen ist eine vorherige Terminabsetzung verhindert das (OLG Frankfurt a.M. StraFo 2015, 112 f. = StV 2016, 163).

48 Ob die **Gefahr eines Selbstmordes** des Beschuldigten die Anordnung der Untersuchungshaft rechtfertigt, ist strittig. Nach Ansicht des OLG Hamburg (JR 1995, 72 f. = NStZ 1995, 21 [m. krit. Anm. *Paeffgen*] = StV 1994, 142 ff. [m. krit. Anm. *Schlothauer*]) kann ein Freitodversuch ein Indiz dafür sein, dass der Beschuldigte ungefestigt ist und sich dem Strafverfahren entziehen werde. Die gegenteilige, bei Weitem überwiegende Ansicht sieht im Selbstmordversuch jedoch kein Indiz für eine Fluchtgefahr (KK/*Graf* § 112 Rn. 18; *Herrmann*, Untersuchungshaft, Rn. 701 f.; LR/*Hilger* § 112 Rn. 37; Meyer-Goßner/*Schmitt* § 112 Rn. 18; *Paeffgen* NStZ 1995, 21 ff.; *Schlothauer/Weider/Nobis*, Untersuchungshaft, Rn. 517 ff.; s.a. OLG Köln StraFo 1998, 102 [m.Anm. *Münchhalffen* [ebenda] und Anm. *Paeffgen* NStZ 1999, 71 f.]). Zum Verfahrensabschluss nach Tod des Beschuldigten s. auch BGHSt 45, 108 ff. = DAR 1999, 461 ff. = MDR 1999, 1282 f. = NJW 1999, 3644 ff. = NZV 1999, 519 f. = Rpfleger 1999, 564 f. = wistra 1999, 387 ff.

49 c) **Fluchtgefahr bei Auslandskontakten.** Sowohl bei ausländischen als auch bei deutschen Beschuldigten kann es für die Fluchtgefahr von Bedeutung sein, wenn sie Auslandskontakte haben. In der Vergangenheit ließ es die Rspr. oft genügen, dass der Beschuldigte private Beziehungen (Kontakte) ins Ausland oder Vermögen, bspw. eine Ferienwohnung, im Ausland hatte. Als Indiz für Fluchtgefahr wurde schon angesehen, dass der Beschuldigte über (gute) Fremdsprachenkenntnisse verfügt.

50 Solch pauschale Annahmen werden heute nicht mehr als ausreichend angesehen. Sie lassen gesellschaftspolitische Entwicklungen, insb. die zunehmende allgemeine Mobilität und die wachsende Internationalität des Geschäftsverkehrs, ebenso unbeachtet wie die Möglichkeit von billigen Ferienaufenthalten im Ausland. Deshalb können Auslandskontakte im Einzelfall nicht mehr ohne Weiteres als Indiz für Fluchtgefahr angesehen werden.

51 Insb. kann Fluchtgefahr heute nicht mehr allein darauf gestützt werden, dass der (deutsche oder ausländische) Beschuldigte seinen **Wohnsitz im Ausland** hat (OLG Brandenburg StRR 2007, 276; OLG Celle NStZ-RR 2008, 78; OLG Dresden StV 2005, 224; OLG Frankfurt/Oder StV 2015, 302; OLG Karlsruhe StV 1999, 36; StV 2005, 33; OLG Köln StV 2006, 25; OLG Naumburg StV 1997, 138; LG Frankfurt an der Oder StV 2005, 225; LG Offenburg StV 2004, 326). Für die Annahme, dass ein Beschuldigter sich tatsächlich im Ausland dem Strafverfahren entziehen will, bedarf es vielmehr konkreter Anhaltspunkte, die auf ein gezieltes Untertauchen hindeuten (zum Ganzen: *Bleckmann* StV 1995, 552 ff.; *Böhm* NStZ 2001, 633 ff.; *Burhoff* StraFo 2000, 112 ff.).

52 Im Hinblick auf einen **Wohnsitz im europäischen Ausland** ist zusätzlich Folgendes zu beachten: Angesichts der Niederlassungsfreiheit innerhalb Europas und der (seit Inkrafttreten des Schengener Durchführungsübereinkommens – SDÜ) erleichterten Verfolgung von Strafsachen innerhalb Europas kann ein Wohnsitz in einem der Länder der EU ohne Hinzutreten weiterer Aspekte nicht mehr die Annahme rechtfertigen,

dass der Beschuldigte sich einem Strafverfahren entziehen will. Denn dann ist die Auslieferung an Deutschland ohne größere Probleme möglich (LG Offenburg StV 2004, 326, [Frankreich]; ähnlich OLG Köln StV 2003, 510 [Mallorca]; s. auch *Burhoff* Hdb. für das strafrechtliche Ermittlungsverfahren, Rn. 4155 ff.). Zum Europäischen Haftbefehl s. die Kommentierung vor § 112 Rdn. 21 ff.

Auch **Auslandsvermögen** kann für sich genommen keine Fluchtgefahr rechtfertigen (OLG Saarbrücken StV 2002, 489; s. aber OLG Stuttgart, Beschl. v. 03.11.2006 – 1 Ws 314/06 [zu Auswanderungsplänen in die USA, wenn dort auch Vermögen vorhanden ist]; OLG Stuttgart NStZ 1997, 288 [undurchsichtige Vermögensverhältnisse]). 53

d) **Fluchtgefahr bei Ausländern.** Die bei Ausländern regelmäßig bestehenden Auslandsverbindungen spielen bei der Beurteilung der Fluchtgefahr eine wichtige Rolle (vgl. *Bleckmann* StV 1995, 552 ff.; *Böhm* NStZ 2001, 633 ff.; *Burhoff* Hdb. für das strafrechtliche Ermittlungsverfahren, Rn. 4153 und dann Rn. 4155; *ders.* StraFo 2000, 109, 112 ff.; *Gercke* StV 2004, 675 ff.; KK/*Graf* § 112 Rn. 20). Gerichte neigen dazu, Untersuchungshaft gegen Ausländer (vor-)schnell anzuordnen. Dies geschieht selbst dann, wenn der Beschuldigte Angehöriger eines anderen Mitgliedsstaates der EU ist (hierzu s. bereits oben). Die Gerichte gehen regelmäßig davon aus, dass die Fluchtgefahr von Ausländern allgemein relativ groß und im Einzelfall nur schwer auszuschließen sei. Selbst ein langjähriger Aufenthalt in Deutschland, die enge Bindung an die hier lebende Familie, die Tatsache, dass der Ausländer nur in Deutschland, nicht aber in seinem Heimatland, über eine Existenzgrundlage verfügt, oder dass er in Deutschland geboren und hier aufgewachsen ist und möglicherweise bis auf entfernte Verwandte über keine Verbindungen ins Ausland verfügt, werden regelmäßig als nicht ausreichend angesehen, um die Annahme einer Fluchtgefahr zu widerlegen. Ein Rückschluss von vermeintlich allgemeinen Erfahrungssätzen auf den konkreten Einzelfall ist aber nicht zulässig. Es bedarf konkreter Anhaltspunkte für die Annahme der Fluchtgefahr (s.o.). 54

Es gibt aber auch Entscheidungen, die die Frage, ob Fluchtgefahr vorliegt, zutreffend weniger pauschal, sondern unter stärkerer Berücksichtigung der Umstände des Einzelfalles beurteilt haben. Verschiedene Gerichte haben festgestellt, dass allein ein **Wohnsitz des Beschuldigten im Ausland** für die Annahme von Fluchtgefahr nicht ausreicht (s.o.; KG StRR 2013, 243; OLG Brandenburg StV 1996, 381; OLG Karlsruhe StV 2005, 33; OLG Naumburg StV 1997, 138; OLG Oldenburg StV 2010, 29 [LS]; StV 2011, 34 f.; LG Aurich NStZ-RR 2011, 124 = NStZ-RR 2011, 219 = StV 2011, 290 f. [die Entscheidung 12 Qs 51/10 ist in NStZ-RR zweimal abgedruckt]). Anders wurde dies aber im Fall eines in Deutschland inhaftierten, holländischen Drogendelinquenten beurteilt. Die holländischen Strafverfolgungsbehörden hatten dessen Auslieferung davon abhängig gemacht, dass die Vollstreckung einer von einem deutschen Gericht ausgesprochenen Strafe im Heimatstaat erfolgt. Dort wäre die Strafe im Wege der Umwandlung so drastisch reduziert worden, dass von der Vollstreckung einer Strafe nicht mehr ernsthaft hätte gesprochen werden können. (OLG Oldenburg StV 2010, 254 = StRR 2009, 443 [LS]; ebenso OLG Oldenburg NStZ-RR 2010, 177 f. = StV 2010, 255; s. zu diesen beiden Entscheidungen aber auch die zu Recht sehr kritische Anm. von *Kirsch* StV 2010, 258 ff.). Hier geht es offensichtlich gar nicht um die Fluchtgefahr sondern vielmehr die Sicherung der Strafvollstreckung anhand der Vorstellungen von deutscher Rechtspolitik. 55

Bei einem ausländischen Beschuldigten wurde Fluchtgefahr durch Untertauchen im Ausland verneint, weil er in Deutschland **sozial und beruflich fest verwurzelt** war (OLG Köln StV 1997, 642 f.; StV 2000, 508 [LS]). Fluchtgefahr wurde ferner in einem Fall verneint, in dem **familiäre Bindungen in Deutschland** bestanden und von der noch nicht rechtskräftigen mehrjährigen Haftstrafe bereits ein erheblicher Teil durch die anzurechnende Untersuchungshaft verbüßt ist (OLG Hamm StraFo 2002, 177 = StV 2002, 492; StV 2005, 672; s.a. LG Aurich NStZ-RR 2011, 219 = StV 2011, 290; LG Neuruppin StV 2009, 652; ähnlich LG Oldenburg StV 2011, 34). In einem anderen Fall hat ein Gericht die **soziale Integration** in einem Mitgliedstaat der EU mit der sozialen Integration im Inland gleichgestellt. Das Gericht hat Fluchtgefahr abgelehnt, nachdem der Beschuldigte, gegen den in seinem Heimatland ein Auslieferungsverfahren anhängig war, während einer mehrmonatigen Haftverschonung keine Anstalten zur Flucht getroffen hatte (OLG Düsseldorf StraFo 2006, 24). Auch wenn ein Beschuldigter als Asylbewerber keine tragfähigen sozialen Bindungen im Inland aufzuweisen hat, spricht gegen den Haftgrund der Fluchtgefahr, dass die ordnungsgemäße Durchführung des Asylverfahrens seine einzige »Bleibechance« ist. Dies gilt insb., wenn er als Diabetiker auf eine regelmäßige ärztliche Versorgung angewiesen ist (StV 2016, 815 f.). 56

Anders verhält sich das aber, wenn ein Asylsuchender für die zuständigen Stellen des Bundesamtes für Migration und Flüchtlinge bzw. die Ausländerbehörden unerreichbar ist und damit zeigt, dass er seinen Mitwirkungspflichten (vgl. § 82 AuslG) ignoriert (OLG Hamburg NStZ 2016, 433).

Der Haftbefehl gegen einen ausländischen Beschuldigten unbekannten Aufenthalts soll ggf. auch deshalb verhältnismäßig sein, weil die Durchführung des Strafbefehlsverfahrens unter Zuhilfenahme einer unterzeichneten Zustellungsvollmacht als milderes Mittel aufgrund der Rspr. des EuGH zur Effizienz und Rechtsstaatlichkeit bei der Ausübung von Rechtsbehelfen ausscheide (LG Landshut StV 2016, 813 f. unter Bezugnahme auf die »*Cavaci-Entscheidung*« des EuGH [mit zu Recht kritischer Anm. *Kuhlhanek*]). Das verkennt aber den Sinngehalt der in Bezug genommenen Rspr. des EuGH (JR 2016, 207 ff. [m.Anm. *Kulhanek*] = NJW 2016, 303 ff. [m.Anm. *Böhm*] = StV 2016 205 [m.Anm. *Brodowski*]).

57 Eine offensichtlich bereits vor der Einleitung eines Ermittlungsverfahrens erfolgte **Übersiedlung des Beschuldigten ins Ausland** genügt für die Annahme von Fluchtgefahr nicht, wenn damit nicht der Zweck verfolgt wird, sich vorsorglich dem Verfahren zu entziehen. Die Einleitung eines Ermittlungsverfahrens begründet keine allgemeine Verpflichtung, einen Wohnsitz im Inland beizubehalten (OLG Köln StV 2005, 393 f. = JMBl NW 2005, 94; s.a. OLG Stuttgart, Beschl. v. 03.11.2006 – 1 Ws 314/06).

58 Ergänzend ist innerhalb der EU zu beachten, dass die Annahme einer Fluchtgefahr alleine wegen des **Wohnsitzes eines EU-Ausländers im Ausland** gegen das europarechtliche Diskriminierungsverbot verstoßen würde. Jeder Unionsbürger ist in jedem Mitgliedsstaat grds. so zu behandeln, wie ein Inlandsbürger (s. hierzu: OLG Oldenburg StV 2007, 590; OLG Saarbrücken StV 2002, 489 f.; differenzierend: LG Kleve NStZ-RR 2011, 342 f. [kein Verstoß, wenn weitere Aspekte die Annahme einer Fluchtgefahr begründen]; zum Ganzen auch: *Bleckmann* StV 1995, 552 ff.; *Gercke* StV 2004, 675, 676; *Dahs/Riedel* StV 2003, 416 ff.; *Grau* NStZ 2007, 10 ff.; *Herrmann*, Untersuchungshaft, Rn. 719 f.; LR/*Hilger* § 112 Rn. 36; *ders.* StV 2005, 36; Meyer-Goßner/*Schmitt* § 112 Rn. 20a; *Püschel* StraFo 2009, 136, 140; *Strate* FS AG Strafrecht des DAV, 2009, S. 1048; SK-StPO/*Paeffgen* § 112 Rn. 26, 27; *Schmidt* MDR 1992, 547 ff.; a.A. KK/*Graf* § 112 Rn. 22).

59 **e) »Gestellungspflicht« des im Ausland befindlichen Beschuldigten und daraus resultierende Fluchtgefahr.** Befindet sich der Beschuldigte im Ausland, dann ist strittig, ob er sich der deutschen Justiz zur Durchführung des Verfahrens stellen muss (vgl. hierzu *Burhoff* Hdb. für das strafrechtliche Ermittlungsverfahren, Rn. 4156 a.E.; *Dahs/Riedel* StV 2003, 416 ff.; *Herrmann*, Untersuchungshaft, Rn. 725 ff.).

60 Einige Gerichte **bejahen eine Gestellungspflicht** und nehmen bei deren Nichterfüllung Fluchtgefahr an (OLG Köln NStZ-RR 2006, 22 f. [2. Strafsenat]; NStZ 2003, 219 [2. Strafsenat]; OLG Stuttgart StV 1995, 258 f. [1. Strafsenat]; StV 1999, 33 ff. [1. Strafsenat; m. abl. Anm. *Lagodny* StV 1999, 35 f.], OLG Hamm StV 2005, 35 = PStR 2004, 154 = NStZ-RR 2004, 278, [m. abl. Anm. *Hilger* StV 2005, 36]; LG Hamburg StV 2002, 205).

61 Die wohl überwiegende Ansicht der (ober-)gerichtlichen Rspr. hingegen **verneint eine Gestellungspflicht** des Beschuldigten (KG StV 2013, 516 [ernsthafter Rückkehrwille]; OLG Brandenburg StV 1996, 381 f.; OLG Dresden StV 2005, 224 f.; OLG Karlsruhe StV 1999, 36; StraFo 2004, 240 = StV 2005, 33 [m. zust. Anm. *Hilger* StV 2005, 36], OLG Köln StV 2006, 25 [allerdings nicht bei lediglich passivem Verhalten des Beschuldigten]; OLG Naumburg StV 1997, 138; LG Frankfurt an der Oder StV 2015, 302 f.; LG Frankfurt an der Oder StV 2005, 225; LG Offenburg StV 2004, 326).

62 Allein die allgemeine Besorgnis, der Beschuldigte werde sich im Fall seiner künftigen Verurteilung der Vollstreckung einer Freiheitsstrafe entziehen, trägt die Annahme von Fluchtgefahr nicht, denn im Strafverfahren gibt es grds. **keine Pflicht zur aktiven Mitwirkung** (BGHSt 49, 56 ff. = NStZ 2004, 392 ff. = NStZ-RR 2004, 357 = StV 2004, 358 ff.; s.a. *Burhoff* Hdb. für das strafrechtliche Ermittlungsverfahren, Rn. 4156 a.E.; *Hilger* StV 2005, 36; *Lagodny* StV 1999, 35 f.). Erscheint der Beschuldigte trotz ordnungsgemäßer Ladung nicht zur Hauptverhandlung und ist sein Ausbleiben nicht genügend entschuldigt, dann besteht allenfalls die Möglichkeit eines Vorführhaftbefehls gem. § 230 Abs. 2 (vgl. hierzu OLG Saarbrücken NJW 2010, 547 = NStZ-RR 2010, 49 f.; s.a. OLG Brandenburg StRR 2007, 276 ff. [m.Anm. *Herrmann*] = StV 2009, 348; OLG Rostock StRR 2008, 310 [m.Anm. *Stephan*]).
Hat sich der Beschuldigte dem Verfahren immer gestellt, lässt sich mit einem Verteidigerwechsel Fluchtgefahr nicht begründen (OLG München StraFo 2013, 114).

63 **f) Fluchtgefahr aufgrund hoher Straferwartung.** Allein eine »hohe Straferwartung« kann für die Annahme von Fluchtgefahr nicht als ausreichend angesehen werden. Gleichwohl ist sie in der Praxis einer der beliebtesten und am häufigsten angewandten apokryphen Haftgründe (*Schlothauer/Weider/Nobis*, Untersuchungshaft, Rn. 568 ff.). Ein Zusammenhang von hoher Straferwartung und Fluchtgefahr wird meist pauschal angenommen, ohne dass Ermittlungsbehörden und Gerichte sich näher mit den Umständen des Einzelfalles auseinandersetzen. Die **Leerfloskel vom Fluchtanreiz wegen angeblich hoher Straferwartung** scheint nicht ausrottbar (ebenso: LG München I StV 2005, 38 f.). Eine solch simple Verknüpfung ist schlicht gesetzwidrig, soweit die Fluchtgefahr nicht zusätzlich auf weitere konkrete Umstände gestützt wird (aus der Fülle der Lit. s. nur: *Adick* HRRS 2010, 247 ff.; *Burhoff* Hdb. für das strafrechtliche Ermittlungsverfahren, Rn. 4157 ff.; *ders.* StraFo 2006, 51, 53; *Fröhlich* NStZ 1999, 331; *Herrmann*, Untersuchungshaft, Rn. 729 ff.; Meyer-Goßner/*Schmitt* § 112 Rn. 24; *Naujok* StraFo 2000, 79 ff.; *Schlothauer/Weider/Nobis*, Untersuchungs-

haft, Rn. 568 ff.; aus der Rspr.: BVerfG NJW-Spezial 2018, 505 = StRR 2018, 21 [m.Anm. *Burhoff*]; KG StV 2017, 451 ff.; KG StV 2017, 453 [LS]; KG StraFo 2015, 201 ff. = StV 2015, 646; KG StRR 2010, 354; KG StV 1998, 207; OLG Bremen StV 1995, 85; OLG Düsseldorf StV 1991, 305; OLG Hamm StV 1999, 36; StV 1999, 215 [m.Anm. *Hohmann*]; StV 2003, 170; NStZ-RR 2010, 158 [differenzierend]; OLG Karlsruhe StV 2010, 25; StV 2010, 31; OLG Koblenz, Beschl. v. 13.06.2005 – 1 Ws 401/05, WKRS 2005, 17100; OLG Köln StV 1997, 642; OLG Köln StV 2006, 313; LG Hannover StV 2015, 648: LG Koblenz StV 1993, 372; LG München I StV 2005, 38; LG Zweibrücken StV 1997, 534; AG Backnang StRR 2013, 360 [m.Anm. *Burhoff*]). Einer Konkretisierung der Straferwartung durch Hinweise des Gerichts, insb. eine sog. Transparenzmitteilung oder im Rahmen von Verständigungsgesprächen i.S.v. § 257c StPO kommt große Bedeutung zu (KG StV 2017, 451 ff.; KG StraFo 2015, 201 ff. = StV 2015, 646).

Die schematische Annahme einer Fluchtgefahr ab einer bestimmten Strafhöhe ist unzulässig (KG StV 2017, 451 ff.; KG StV 2017, 453 [LS]; Meyer-Goßner/*Schmitt* § 112 Rn. 23 ff.). Allgemeine Regeln dafür, ab wann eine Straferwartung so hoch ist, dass sie die konkrete Annahme einer Fluchtgefahr rechtfertigt, gibt es nicht. Grds. kommt es auf die sog. »**Netto-Straferwartung**« an. Diese erklärt sich folgendermaßen: Hat der Beschuldigte sich noch nicht zur Sache eingelassen, dann stellen die im Haftbefehl genannten Tatsachen die Basis der (fiktiven) Strafzumessung dar. Die Erwartung des Beschuldigten selbst kann hierbei nur teilweise berücksichtigt werden. Denn würde man allein auf die Erwartung des Beschuldigten abstellen, dann müsste man akzeptieren, dass ein bestreitender Beschuldigter einen Freispruch erwartet und deshalb ein Haftbefehl nie erlassen werden dürfte. Wer nicht mit einer Strafe rechnet, hat keinen Grund zu fliehen (OLG Köln StV 1996, 385; OLG Koblenz StV 1993, 372; a.A. *Münchhalffen* StraFo 1999, 332, 334 [die vornehmlich auf das subjektive Element abstellt]). Neben der subjektiven Einschätzung des Beschuldigten muss es auch auf die Straferwartung aus der mehr objektiven Sicht des (Haft-) Richters ankommen. I.Ü. wird die subjektive Einschätzung des Beschuldigten immer auch davon geprägt, was ihm zur Straferwartung mitgeteilt wurde. Wenn er nach einem frühzeitigen, möglichst schriftlich dokumentierten und damit belastbar nachgewiesenen **Hinweis seines Verteidigers** auf eine verhältnismäßig hohe zu erwartende Strafe nicht geflohen ist, dann kann der Straferwartung bei einer Entscheidung über die Fluchtgefahr nur eine geringe Rolle beigemessen werden (OLG Frankfurt a.M. StraFo 2014, 73; OLG Hamm StRR 2013, 396 f. [m.Anm. *Hillenbrand*]; s. zum Ganzen auch *Herrmann*, Untersuchungshaft, Rn. 745 ff.). Gab es einen **Verständigungsvorschlag** des Gerichts, dann ist dieser bei der Bemessung der Straferwartung zugrundezulegen. Kommt eine Verständigung nicht zustande, dann darf ein nur maßvoller Aufschlag berücksichtigt werden (KG StraFo 2015, 201 ff. = StV 2015, 646). 64

Bei der Beurteilung, ob angesichts der Straferwartung Fluchtgefahr anzunehmen ist, kann **zugunsten des Beschuldigten** gewertet werden: die Annahme eines minderschweren Falles; eine Strafrahmenverschiebung gem. § 49 StGB bei Versuch statt Vollendung oder Teilnahme statt Täterschaft; eine zu erwartende positive Strafrestentscheidung nach § 57 StGB (KG StV 2017, 451 ff.; OLG Celle StraFo 2009, 515; OLG Hamm StV 2003, 170), sofern nicht ohnehin eine Bewährung in Betracht kommt; die Anrechnung der bereits verbüßten Untersuchungshaft (OLG Hamm StV 2006, 191); auch die Anrechnung einer im Ausland erlittenen Untersuchungshaft. Die denkbare Anwendung von Jugendstrafrecht spricht gegen eine hohe Straferwartung (KG StV 2016, 715 f.; KG StraFo 2015, 108 ff.; s. dazu auch LG Hannover StV 2015, 648 = StRR 2015, 163 [LS]). Auch die Möglichkeit der Abschiebung nach Verbüßung der Hälfte der Haftstrafe ist zu beachten (LG Bonn StraFo 2016, 106 = StV 2015, 646 [LS]). 65

Andererseits können bei der Frage, ob Fluchtgefahr vorliegt, folgende Umstände **zulasten des Beschuldigten** berücksichtigt werden: Die strafverschärfende Wirkung verjährter oder eingestellter Tatvorwürfe, die zwar nicht mehr Gegenstand einer Verurteilung sein, aber i.R.d. Strafzumessung berücksichtigt werden können (BGH StraFo 2002, 98 [m. abl. Anm. *Gaede*]; allgemein hierzu: Meyer-Goßner/*Schmitt* § 154a, Rn. 2); der zu erwartende Widerruf einer Strafaussetzung zur Bewährung in einem anderen Verfahren (KG StV 1996, 383 ff. [m. abl. Anm. *Wattenberg*]; a.A. OLG Oldenburg StV 1987, 110; s.a. *Burhoff* Hdb. für das strafrechtliche Ermittlungsverfahren, 7. Aufl. 2015, Rn. 3721; KK/*Graf* § 112 Rn. 18; *Herrmann*, Untersuchungshaft, Rn. 745 ff.; Meyer-Goßner/*Schmitt* § 112 Rn. 23). Hierbei kann es aber nicht allein auf die Möglichkeit eines Widerrufs ankommen. Es müssen vielmehr konkrete Anhaltspunkte dafür gegeben sein, dass dieser droht. Eine (weitere) zu verbüßende Haftstrafe oder zumindest deren (Straf-) Rest muss in die Bewertung der Netto-Straferwartung ebenfalls einfließen. 66

Selbst wenn von einer hohen Straferwartung und insofern von einem erheblichen Fluchtanreiz auszugehen sein sollte, muss stets gefragt werden, ob es im konkreten Fall Umstände gibt, die einer Fluchtgefahr entgegenstehen. Hierzu gehören auch, wie bereits erwähnt, Bindungen an Familie und Freunde, ein fester Wohnort, ein sicheres Beschäftigungsverhältnis sowie fehlende finanzielle Mittel oder die Dauer der bereits erlittenen 67

Untersuchungshaft. Darüber hinaus ist auch das vorangegangene Verhalten des Beschuldigten zu beachten (ausführlich hierzu s.o.; vgl. auch die Übersicht bei MAH Strafverteidigung/ *Widmaier/König* § 4, Rn. 157 ff.).

68 Die Verurteilung zu einer Freiheitsstrafe auf Bewährung bei gleichzeitiger Anordnung der Fortdauer der Untersuchungshaft wegen Fluchtgefahr, um dadurch Raum für Gespräche über einen eventuellen Rechtsmittelverzicht zu schaffen (vgl. die Sachverhaltsdarstellung bei OLG München StV 2007, 459 [m. abl. Anm. *König*]), erscheint ebenso widersprüchlich wie bedenklich und im Ergebnis unzulässig (s. hierzu auch KK/ *Schultheis* § 120 Rn. 7).

69 Die dargestellte »Netto-Straferwartung« spielt darüber hinaus auch bei der Frage der **Verhältnismäßigkeit der Untersuchungshaft** eine entscheidende Rolle. Es ist grds. nicht gerechtfertigt, den Beschuldigten bis zum Zeitpunkt der vollständigen Verbüßung der ausgesprochenen Strafe in Untersuchungshaft zu belassen. Dem steht schon der Resozialisierungsgedanke der Strafhaft entgegen, der ansonsten nicht realisiert werden könnte (BVerfG NJW 2006, 677, 680 [m.Anm. *Jahn* NJW 2006, 652] = NStZ 2006, 295 ff. = StV 2006, 81, 86; OLG Nürnberg StRR 2009, 396 [m.Anm. *Herrmann*]). Darüber hinaus ist auch eine eventuelle vorzeitige Haftentlassung gem. § 57 StGB zu beachten (BVerfG StV 2008, 421 ff.; ähnlich BVerfG StV 2007, 644; OLG Celle StraFo 2009, 515; s.a. *Herrmann*, Untersuchungshaft, Rn. 745, 748; *Paeffgen* NStZ 2009, 134). Ist nur mit der Verhängung einer Geldstrafe im unteren Bereich zu rechnen, so ist der Erlass eines Haftbefehls in jedem Fall unverhältnismäßig, auf den dringenden Tatverdacht oder einen Haftgrund kommt es insofern nicht an (AG Kerpen StV 2019, 113 [LS]).

70 In der **Rspr.** wurden folgende **Strafhöhen** zwar als hoch, aber ohne Hinzukommen weiterer Umstände als für die Annahme von Fluchtgefahr nicht ausreichend angesehen. Die Haftbefehle wurden deshalb in den folgenden (Beispiels-) Fällen außer Vollzug gesetzt: Der zu verbüßende Strafrest belief sich auf fünf Jahre und zwei Monate (KG NJW 1994, 601; wohl ein Ausnahmefall aus den »Politbürofällen«); Verurteilung zu fünf Jahren wegen sexuellen Missbrauchs eines Kindes, wenn der Angeklagte sich in Kenntnis der gegen ihn erhobenen Vorwürfe dem Strafverfahren gestellt hat (OLG Köln StV 1993, 371); Verurteilung zu fünf Jahren Freiheitsstrafe, wenn der ehemals ausländische Angeklagte die deutsche Staatsbürgerschaft angenommen hat, soziale Bindungen vorweisen kann und für den Fall seiner Flucht in seine frühere Heimat mit der Auslieferung rechnen muss (OLG Köln StV 1997, 139); Verurteilung zu vier Jahren Freiheitsstrafe (OLG Köln StV 1995, 419; LG Zweibrücken StV 1997, 534); Bei Verbindung von zwei Verfahren mit jeweils einer Verurteilung zu zwei Jahren Freiheitsstrafe in der Berufungsinstanz (OLG Karlsruhe StraFo 2010, 25); Verurteilung zu einer noch nicht rechtskräftigen Freiheitsstrafe von drei Jahren und acht Monaten trotz Zweitwohnsitzes auf Mallorca, da von Spanien eine Auslieferung drohen würde (OLG Köln StV 2003, 510); noch nicht rechtskräftiger Freiheitsstrafe von drei Jahren und sechs Monaten bei der nach Anrechnung der Untersuchungshaft und Berücksichtigung einer positiven Strafrestentscheidung allenfalls noch 22 Monate zu verbüßen wären (OLG Hamm StV 2003, 170); bei der Erwartung einer Gesamtfreiheitsstrafe, die drei Jahre übersteigen wird, sei zwar die Grenze überschritten ab der eine hohe Straferwartung anzunehmen ist; aber dennoch wurde trotz Vorstrafen und beruflich bedingter Auslandskontakte der Haftbefehl gegen Auflagen außer Vollzug gesetzt (OLG Hamm StV 2001, 115 [m.Anm. *Deckers*]); bei noch nicht rechtskräftig verhängter Freiheitsstrafe von drei Jahren trotz eines weiteren offenen Verfahrens kein Fluchtanreiz, wenn familiäre Bindungen bestehen und keine weiteren Anhaltspunkte für eine Fluchtgefahr vorliegen (OLG Hamm StV 1999, 37); Freiheitsstrafe von drei Jahren, die schon grds. die Frage aufwerfe, ob sie überhaupt als »hoch« angesehen werden könne (OLG Hamm StV 1999, 215).

71 **3. Sonstiges.** Der Annahme einer Fluchtgefahr (Prognose!) kann entgegen gewirkt werden durch bspw. die Stellung einer **Sicherheit gem. § 116 Abs. 1** (OLG Hamm StV 1997, 643; OLG Köln StraFo 1997, 93; OLG Köln StraFo 1998, 103; *Herrmann*, Untersuchungshaft, Rn. 689). Denkbar ist auch die **Selbststellung bei Kenntnis des Vorliegens eines Haftbefehls.** Wer sich in Kenntnis seiner Verhaftung stellt und ggf. sogar noch Angaben zur Sache macht (was aber nicht Bedingung einer Haftverschonung sein darf, s.o.), der schafft Vertrauen (ausführlich hierzu s. die Kommentierung zu § 116 Rdn. 15).

72 **§ 113 Abs. 2** ist eine besondere Ausgestaltung des Verhältnismäßigkeitsgrundsatzes. Bei »leichteren Taten«, die mit Freiheitsstrafe von bis zu sechs Monaten oder mit Geldstrafe bis zu 180 Tagessätzen bedroht sind, darf Untersuchungshaft wegen des Haftgrundes der Fluchtgefahr nur unter den dort genannten engeren Voraussetzungen angeordnet werden (*Herrmann*, Untersuchungshaft, Rn. 759; Meyer-Goßner/*Schmitt* § 113, Rn. 4). Erforderlich ist eine qualifizierte »**besondere Fluchtgefahr**« (§ 113 Abs. 2 Nr. 1), **Wohnungslosigkeit** (§ 113 Abs. 2 Nr. 2) oder **Ausweislosigkeit** (§ 113 Abs. 2 Nr. 3). In diesen Fällen ist i.Ü. ergänzend von einer besonderen Beschleunigungsbedürftigkeit auszugehen (KK/*Graf* § 113, Rn. 6 f.; *Herrmann*, Untersuchungshaft, Rn. 759 ff.; Meyer-Goßner/*Schmitt* § 113, Rn. 5 ff.).

V. Haftgrund der Verdunkelungsgefahr, § 112 Abs. 2 Nr. 3. Verdunklungsgefahr ist anzunehmen, wenn der **dringende Verdacht** begründet ist, dass der Beschuldigte durch **bestimmte Handlungen** auf noch nicht ausreichend gesicherte Beweismittel einwirkt und dadurch die Wahrheitsermittlung erschwert wird (OLG Frankfurt a.M. StV 2000, 151; OLG Hamm StV 2002, 205; OLG Hamm StraFo 2004, 134; OLG Hamm wistra 2006, 278; OLG Köln StV 2018, 164; OLG Köln StV 1997, 27; *Burhoff* Hdb. für das strafrechtliche Ermittlungsverfahren, Rn. 4163 ff.; KK/*Graf* § 112 Rn. 23; *Herrmann*, Untersuchungshaft, Rn. 761 ff.; *Krekeler* wistra 1982, 8 f.; Meyer-Goßner/*Schmitt* § 112 Rn. 26; *Nix* StV 1992, 445 ff.; *Schlothauer/Weider/Nobis*, Untersuchungshaft, Rn. 634 ff.; MAH Strafverteidigung/*Widmaier/König* § 4 Rn. 166 ff.). 73

1. Allgemeines. In § 112 Abs. 2 Nr. 3a) bis c) sind die möglichen **Verdunkelungshandlungen abschließend aufgeführt.** Sie können darin liegen, dass entweder auf sachliche oder persönliche Beweismittel eingewirkt wird, oder dass Dritte zu solchem Verhalten veranlasst werden (sehr krit. hierzu *Weigend* FS Müller, 2008, S. 744, 749, der hervorhebt, dass der Haftgrund ein unverhältnismäßiges Instrument sei, das tendenziell die Freiheitsrechte des Art. 2 Abs. 2 Satz 2 GG und die Unschuldsvermutung verletzt; zur Unschuldsvermutung s. auch *Herrmann* StraFo 2016, 89 ff.). 74

2. Verdunkelungshandlungen im Einzelnen. Das **Einwirken auf sachliche Beweismittel** (vgl. § 112 Abs. 2 Nr. 3 lit. a) kann dadurch erfolgen, dass sie vernichtet, verändert, beiseitegeschafft, unterdrückt, verfälscht oder gefälscht werden. 75

Das **Einwirken auf persönliche Beweismittel** (vgl. § 112 Abs. 2 Nr. 3 lit. b) ist die mit unlauteren Mitteln oder zu unlauteren Zwecken vorgenommene Einwirkung auf Mitbeschuldigte, Zeugen oder Sachverständige. Die unmittelbare oder mittelbare psychische Beeinflussung muss dazu geeignet sein, die Beweislage zulasten der Wahrheit zu beeinträchtigen. Es genügt, dass der Beschuldigte mit einer Beteiligung der Beweisperson am Verfahren rechnet, auf deren tatsächliche Beteiligung kommt es nicht an (KK/*Graf* § 112 Rn. 34; *Herrmann*, Untersuchungshaft, Rn. 764; LR/*Hilger* § 112 Rn. 48; Meyer-Goßner/*Schmitt* § 112 Rn. 33; *Schlothauer/Weider/Nobis*, Untersuchungshaft, Rn. 637; a.A. hinsichtlich einer nicht subjektiv, sondern objektiv zu fordernden Beteiligung des Dritten am Verfahren *Nix* StV 1992, 445, 446 f.). 76

Bei der **Veranlassung Dritter zu einem verdunkelnden Verhalten** (vgl. § 112 Abs. 2 Nr. 3 lit. c) muss der Beschuldigte vorsätzlich handeln. Dass der Dritte durchschaut, worauf der Beschuldigte hinaus will, ist nicht erforderlich (KK/*Boujong* § 112 Rn. 36; *Herrmann*, Untersuchungshaft, Rn. 765; LR/*Hilger* § 112 Rn. 49; Meyer-Goßner/*Schmitt* § 112 Rn. 34; *Schlothauer/Weider/Nobis*, Untersuchungshaft, Rn. 641; krit. *Nix* StV 1992, 445, 447). 77

Der Beschuldigte muss **unlauter oder prozessordnungswidrig** handeln (*Burhoff* Hdb. für das strafrechtliche Ermittlungsverfahren, Rn. 4163 ff.; KK/*Graf* § 112 Rn. 35; *Herrmann*, Untersuchungshaft, Rn. 766; LR/*Hilger* § 112 Rn. 45; Meyer-Goßner/*Schmitt* § 112 Rn. 29; OLG Karlsruhe StV 2001, 686). Das kann selbst dann der Fall sein, wenn er zivilrechtlich berechtigt ist, über das Beweismittel zu verfügen (KK/*Graf* § 112 Rn. 25; *Herrmann*, Untersuchungshaft, Rn. 763; LR/*Hilger* § 112 Rn. 46; Meyer-Goßner/*Schmitt* § 112 Rn. 32; *Schlothauer/Weider/Nobis*, Untersuchungshaft, Rn. 636; a.A. hinsichtlich der Unlauterkeit des Einwirkens *Nix* StV 1992, 445, 446 f.). 78

Erlaubtes Verhalten kann eine Verdunkelungsgefahr nicht begründen: 79

- **Besprechungen des Beschuldigten mit Zeugen** sind regelmäßig nicht geeignet, eine Verdunkelungsgefahr zu begründen, sofern die Zeugen nicht unter Druck gesetzt werden und ihnen keine falsche Erinnerung suggeriert wird (OLG Karlsruhe StraFo 2001, 305 = StV 2001, 686; OLG Hamm wistra 2006, 279).
- Solange der Beschuldigte keinen Druck ausübt, darf er Zeugen darauf hinweisen, dass ihnen ein **Zeugnisverweigerungsrecht zusteht** und sie bitten, davon Gebrauch zu machen (OLG Frankfurt a.M. StV 2010, 583 ff.; OLG Karlsruhe StraFo 2001, 305 = StV 2001, 686; s.a. OLG Hamm wistra 2006, 279; s. hierzu auch *Burhoff* Hdb. für das strafrechtliche Ermittlungsverfahren, Rn. 4164).
- Auch kann nicht von vornherein als verwerflich angesehen werden, **Mitbeschuldigte darum zu bitten, zu schweigen** (OLG Frankfurt a.M. StV 2010, 583 ff.).
- Die **Benennung von Entlastungszeugen** kann eine Verdunkelungsgefahr nicht begründen, selbst wenn es sich bei den benannten Zeugen um persönlich oder wirtschaftlich vom Beschuldigten abhängige Personen handelt (OLG Saarbrücken StV 2002, 489 f.).
- Der Versuch, die **Entdeckung einer Straftat zu erschweren** oder zu vereiteln – bspw. durch Wegwerfen von Drogen bei einer Polizeikontrolle – hat als spontanes Verhalten keinen für eine Verdunklungsabsicht sprechenden Indizwert, weil daraus nicht auf ein geplantes, unlauteres Beeinflussen von Zeugen und Mitbeschuldigten geschlossen werden kann (LG Aachen StV 1997, 535; s. hierzu auch *Burhoff* Hdb. für das strafrechtliche Ermittlungsverfahren, Rn. 4164).

- Ferner kann ein **situationsbedingt einmaliges Fehlverhalten** des zunächst unverteidigten Beschuldigten im ersten Moment der Konfrontation mit den Tatvorwürfen, das dann unverzüglich aufgegeben wird, eine Verdunkelungsgefahr nicht mit der hierfür gebotenen Wahrscheinlichkeit begründen (OLG Karlsruhe NStZ 2001, 118; s.a. MAH Strafverteidigung/*Widmaier/König* § 4 Rn. 167).
- Als verdunkelndes Verhalten kann auch nicht angesehen werden, wenn der Beschuldigte von seinem **Recht zu schweigen** Gebrauch macht. Er ist auch nicht verpflichtet, das Versteck der Beute preiszugeben (OLG Frankfurt a.M. StV 2009, 652).

80 Auch aus **erlaubtem Verteidigungsverhalten** kann keine Verdunkelungsgefahr konstruiert werden (OLG Frankfurt a.M. NStZ 1981, 144 f. [Erörterung der Einlassung mit Mitbeschuldigten]; LG Frankfurt a.M. NStZ-RR 2008, 205 [dort LS 2; zur zulässigen Abstimmung des Verteidigungsverhaltens]). Innerhalb dieser Grenzen sind insb. auch eigene Ermittlungen zulässig (*Burhoff* Hdb. für das strafrechtliche Ermittlungsverfahren, Rn. 4164; *Leipold* NJW-spezial 2008, 728 f.).

81 Untersuchungshaft darf weder Prozessstrafe sein noch Beugehaft (LG Verden StV 1982, 374).

82 **3. Bestimmte Tatsachen als Basis der Prognoseentscheidung.** Die angenommenen drohenden Verdunklungshandlungen müssen sich aus **bestimmten Tatsachen** ergeben. In Betracht kommen hier namentlich das Verhalten, die Lebensumstände oder die persönlichen Verhältnisse des Beschuldigten. Das Gericht muss nicht voll überzeugt sein, dass die Tatsachen gegeben sind (*Burhoff* Hdb. für das strafrechtliche Ermittlungsverfahren, Rn. 4165; KK/*Graf* § 112 Rn. 25 f.; Meyer-Goßner/*Schmitt* § 112 Rn. 28). Allerdings genügt eine bloße Vermutung oder die Möglichkeit verdunkelnder Handlungen nicht. Es muss vielmehr im Rahmen einer **Prognoseentscheidung** mit großer Wahrscheinlichkeit zu erwarten sein, dass der nicht in Haft genommene Beschuldigte aktiv Verdunkelungshandlungen vornehmen wird oder vornehmen lässt (OLG Köln StV 1997, 27; OLG Hamm StraFo 2004, 134; OLG Hamm StV 2002, 205; s.a. *Burhoff* StraFo 2000, 109, 114; *Münchhalffen* StraFo 1999, 332, 335). Lediglich die **Absicht** hierzu genügt nicht (*Hermann*, Untersuchungshaft, Rn. 773; Meyer-Goßner/*Schmitt* § 112 Rn. 35; MAH Strafverteidigung/*Widmaier/König* § 4 Rn. 167).

83 Die nahezu immer gegebene **abstrakte Gefahr möglicher Verdunklungshandlungen** reicht nicht zur Anordnung der Untersuchungshaft wegen Verdunkelungsgefahr aus (OLG Köln StV 2006, 25 f.; OLG Köln StV 1992, 383; OLG Hamm StV 1985, 114). Eine Verdunkelungsgefahr kann auch nicht damit begründet werden, dass die Ermittlungen noch nicht abgeschlossen sind (KK/*Graf* § 112 Rn. 26; Meyer-Goßner/*Schmitt* § 112 Rn. 28 [beide unter Verweis auf *Dahs sen.* NJW 1959, 505, 508]; s.a. *ders.* 1965, 890 ff.), dass Mittäter flüchtig oder noch nicht bekannt sind (KK/*Graf* § 112 Rn. 26; Meyer-Goßner/*Schmitt* § 112 Rn. 28; MAH Strafverteidigung/*Widmaier/König* § 4 Rn. 166.), dass der Beschuldigte zu den Vorwürfen schweigt (OLG Köln StV 1992, 383), dass der Beschuldigte die Tat bestreitet oder sich weigert, Mittäter zu benennen (OLG Hamm StV 1985, 114), oder dass der Beschuldigte sich früher von einem Mitbeschuldigten in seinem Aussageverhalten hat beeinflussen lassen (OLG Köln StV 1997, 27). Selbst nachgewiesen unkontrollierte Kontakte aus der Haftanstalt heraus begründen nicht zwingend eine Verdunkelungsgefahr, wenn sie nicht auf eine Beweisvereitelung i.S.d. § 112 Abs. 2 Nr. 3a) bis c) abzielen (KG StraFo 2009, 21 [Anrufe mittels Mobiltelefon und heimliche Briefe an die Lebensgefährtin]).

84 Die **bestimmten Tatsachen**, aus denen sich die Verdunklungsgefahr ergeben soll, können auch nicht allein mit den dem Beschuldigten vorgeworfenen Delikten selbst begründet werden. Weder aus dem Tatvorwurf der Steuerhinterziehung (OLG Hamm StV 2002, 205 ff. = wistra 2002, 236), noch aus Straftaten im Amt i.S.d. §§ 331 ff. StGB (OLG Frankfurt a.M. StV 2000, 151; OLG Köln StraFo 2000, 135), noch aus einem professionellen Betrugssystem (OLG Karlsruhe StraFo 2002, 147) kann auf eine Verdunkelungsgefahr geschlossen werden. Verdunkelungsgefahr kann sich nicht aus der »Natur der Straftat« oder »deliktsspezifisch« erklären, sondern nur aus den konkreten Umständen der Tat, aus dem Verhalten des Beschuldigten nach der Tat sowie dessen Lebensumständen und persönlichen Verhältnissen ergeben. Anders sieht dies das OLG Bamberg (B. v. 07.01.2016 – 1 Ws 70015), was aber dogmatisch nicht sauber durchdacht ist (s.o.).

85 Die Tatsachen, die für eine Verdunkelungsgefahr sprechen, sind im Wege des **Freibeweises** zur Überzeugung des Gerichts festzustellen (KK/*Graf* § 112 Rn. 27; *Herrmann*, Untersuchungshaft, Rn. 776; *Krekeler* wistra 1982, 8 f.; MAH Strafverteidigung/*Widmaier/König* § 4 Rn. 166 ff.; a.A. wohl Meyer-Goßner/*Schmitt* § 112 Rn. 28 [mit Verweis auf dort Rn. 22, der – allerdings ohne Begründung – davon ausgeht, dass eine hohe Wahrscheinlichkeit ausreiche – »nicht zur vollen Überzeugung des Gerichts«]).

86 Verdunkelungsgefahr kann i.Ü. nur dann angenommen werden, wenn noch eine **Möglichkeit zur prozessordnungswidrigen Einflussnahme** auf Beweismittel besteht. Sind die Beweise in einer strafverfahrensrechtlich verwertbaren Art und Weise gesichert und ist der Sachverhalt insb. vollständig aufgeklärt, dann entfällt eine Verdunkelungsgefahr. Dies ist v.a. auch bei einem verwertbaren Geständnis des Beschuldigten der Fall (OLG Stuttgart StV 2005, 225; zum Ganzen: *Burhoff* Hdb. für das strafrechtliche Ermittlungsverfahren,

Rn. 4167; *ders.* StraFo 2000, 109, 114; *Herrmann*, Untersuchungshaft, Rn. 777; Meyer-Goßner/*Schmitt* § 112 Rn. 35; *Schlothauer/Weider/Nobis*, Untersuchungshaft, Rn. 654) oder wenn der Sachverhalt sonst in vollem Umfang aufgeklärt ist und Beweise so gesichert sind, dass der Beschuldigte die Ermittlung der Wahrheit nicht mehr behindern kann (KG B. v. 10.08.2016 – 121 HEs 8/16, zit. nach *Schultheis* NStZ 2018, 262, 264).

Verdunkelungsgefahr scheidet aus, wenn der Beschuldigte sein Ziel der **Beweisvereitelung objektiv nicht mehr erreichen** kann. Je weiter das Strafverfahren fortgeschritten ist und je umfangreichere Ergebnisse die Ermittlungen gebracht haben, desto unwahrscheinlicher ist die Gefahr einer Verdunklung. Eine Verdunkelungsgefahr entfällt somit, wenn die Sache in vollem Umfang aufgeklärt ist oder die Beweise so weit gesichert sind, dass der Beschuldigte die Wahrheitsermittlung nicht mehr erfolgreich stören kann (LG Oldenburg StV 1983, 248, 249). Von einer ausreichenden Sicherung der Beweise wird stets auszugehen sein, 87

- wenn ein **glaubhaftes Geständnis richterlich protokolliert** ist (OLG Dresden StRR 2015, 193 f. [m.Anm. *Hübner*]); OLG Düsseldorf StV 1984, 339; OLG Stuttgart StV 2005, 225). Die Beschränkung der Berufung auf den Rechtsfolgenausspruch bestätigt ein solches Geständnis und hat die gleiche Bedeutung (OLG Stuttgart StV 2005, 225). Zum »Geständniszwang in der Untersuchungshaft« s. aber LG Bad Kreuznach (StV 1993, 629 ff. und im Nachgang dazu BGH NJW 1995, 2933 ff. = NStZ 1995, 605 ff. = StV 1996, 73 [m. krit. Anm. *Fezer* StV 1996, 77 ff. und Anm. *Samson* StV 1996, 93 ff.] = wistra 1996, 21; ausführlich zu LG Bad Kreuznach s.o. – Rdn. 23);
- wenn **richterlich protokollierte Aussagen von unbeeinflussten Zeugen oder Mitbeschuldigten** vorliegen, aus denen sich die Schuld des Beschuldigten ergibt (OLG Karlsruhe NJW 1993, 1148; OLG Frankfurt a.M. StV 1994, 583, 584; LG Braunschweig StV 2015, 311 [LS]; LG Hamburg StV 2000, 373 [m.Anm. *Jes Meyer*]; LG Zweibrücken StV 2002, 147; einschränkend OLG Braunschweig B. v. 16.04.2015 – 1 Ws 90/15, NdsRpfl 2015, 179 [es komme auf den Einzelfall an], insofern nicht abgedruckt in StV 2016, 102).
- Ebenso verhält es sich, wenn die **Ermittlungen abgeschlossen** sind (vgl. § 169a StPO) und die Anklageerhebung möglich ist (OLG Frankfurt a.M. StV 1994, 583; OLG Köln StV 1994, 582, 583; OLG Köln StV 1991, 472; s.a. *Krekeler* wistra 1982, 8, 10; einschränkend Meyer-Goßner/*Schmitt* § 112 Rn. 35).
- Nach Abschluss der letzten Tatsacheninstanz kann der Haftgrund der Verdunkelungsgefahr nicht fortbestehen, wenn der Beweiswert der vernommenen Zeugenaussagen nicht infrage gestellt ist, weil der Inhalt von deren Aussagen jederzeit durch Erklärungen der am Verfahren beteiligten Richter und Staatsanwälte bestätigt werden kann (OLG Naumburg StV 1995, 259 [LS]; Meyer-Goßner/*Schmitt* § 112 Rn. 35).
- Ein wegen Verdunkelungsgefahr erlassener Haftbefehl ist nach Durchführung der Hauptverhandlung in der letzten Tatsacheninstanz ungeachtet der Möglichkeit einer Aufhebung des Urteils durch das Revisionsgericht regelmäßig aufzuheben. Allein die Möglichkeit, dass ein Angeklagter für den Fall der Aufhebung des Urteils und Zurückverweisung der Sache zu erneuter Verhandlung und Entscheidung noch einmal die Möglichkeit bekommen könnte, Verdunkelungshandlungen zu begehen, reicht nicht für die Annahme des Haftgrundes (OLG Bremen StV 2017, 455 [LS]).

Die bloße **Fortwirkung einer früheren Verdunkelungshandlung** des Beschuldigten, die nicht hinreichend aufgeklärt werden konnte, reicht für die Annahme einer aktuell oder auch für die Zukunft bestehenden Verdunkelungsgefahr nicht aus (OLG Naumburg StraFo 2010, 112 f. = StRR 2010, 3 [LS]; s.a. Meyer-Goßner/*Schmitt* § 112 Rn. 35). 88

4. Kritik am Haftgrund der Verdunkelungsgefahr und der Umsetzung in der Praxis. Die Kritik am Haftgrund der Verdunkelungsgefahr und dessen praktischen Umsetzung ist vielfältig (vgl. nur *Schlothauer/Weider/Nobis*, Untersuchungshaft, Rn. 647 ff.; *Weigend* in: FS-Müller, 2008, 744 ff.). Obwohl oder vielleicht gerade weil der Haftgrund der Verdunkelungsgefahr im Gesetz sehr differenziert ausformuliert ist und konkrete Vorgaben enthält, unterliegt er am ehesten der Gefahr, missbraucht zu werden (*Herrmann*, Untersuchungshaft, Rn. 781 ff.; LR/*Hilger* § 112 Rn. 42; *Nix* StV 1992, 445; *Schlothauer/Weider/Nobis*, Untersuchungshaft, Rn. 647; *Weigend* in: FS-Müller, 2008, 744 ff.; MAH Strafverteidigung/*Widmaier/König* § 4, Rn. 166.). Ganz allgemein kann gesagt werden, dass Begründungen von Haftbefehlen, die sich in einer Wiederholung des Gesetzeswortlautes erschöpfen und keine tatsächlichen Anhaltspunkte für eine Verdunkelungsgefahr aufzeigen, gegen den Begründungszwang des § 114 Abs. 2 Nr. 4 verstoßen. Sie sind deshalb nicht geeignet, einen Haftbefehl oder die Untersuchungshaft zu rechtfertigen (OLG Oldenburg StraFo 2005, 111 = StV 2005, 394). Es bedarf einer schlüssigen und nachvollziehbaren Auseinandersetzung mit sämtlichen Abwägungskriterien (BVerfG NStZ 2009, 134 f. = StRR 2008, 355 f. [m.Anm. *Herrmann*] = StV 2008, 421 ff.; s. hierzu auch *Mayer/Hunsmann* NStZ 2015, 325 ff.). 89

Der Haftgrund der Verdunkelungsgefahr darf nicht dazu missbraucht werden, an sich prozessordnungsgemäßes Verhalten zu sanktionieren. Untersuchungshaft wegen Verdunkelungsgefahr darf weder Prozessstrafe 90 noch Beugehaft sein (LG Verden StV 1982, 374; s.a. OLG Frankfurt a.M. StV 2009, 652; bereits oben zitiert: LG Bad Kreuznach StV 1993, 629 ff. [aufgehoben], im Nachgang dazu dann allerdings BGH NJW 1995, 2933 ff. = NStZ 1995, 605 ff. = StV 1996, 73 [m. krit. Anm. *Fezer* StV 1996, 77 ff. und Anm. *Samson* StV 1996, 93 ff.] = wistra 1996, 21; s. hierzu bei Rdn. 23).

91 **5. Sonstiges.** Im Hinblick auf die Verdunkelungsgefahr darf die **Sonderregel des § 113 Abs. 1** nicht übersehen werden (»besondere Verhältnismäßigkeitsregel«). In Fällen von »leichteren Taten« aus dem Bereich der kleineren Kriminalität, die nur mit Freiheitsstrafe bis zu sechs Monaten oder mit Geldstrafe bis zu 180 Tagessätzen bedroht sind, darf die Untersuchungshaft wegen Verdunkelungsgefahr nicht angeordnet werden (KK/*Graf* § 113, Rn. 5 und Rn. 7; *Herrmann*, Untersuchungshaft, Rn. 789; Meyer-Goßner/*Schmitt* § 113, Rn. 3 und Rn. 8).

92 **VI. Haftgrund der Tatschwere, § 112 Abs. 3. 1. Allgemeines.** Bei bestimmten Straftaten der Schwerkriminalität ist nach § 112 Abs. 3 die Untersuchungshaft auch zulässig, wenn keiner der in § 112 Abs. 2 genannten Haftgründe gegeben ist.

93 Der Haftgrund der Tatschwere setzt voraus, dass eine der im **Katalog von § 112 Abs. 3** genannten Taten verwirklicht ist. Die Aufzählung im Gesetz ist abschließend. Allerdings wurde Abs. 3 durch zahlreiche Gesetzesänderungen zunehmend erweitert, sodass den im Katalog genannten Straftaten keineswegs mehr gleiches Gewicht zukommt (ausführlich: *Schlothauer/Weider/Nobis*, Untersuchungshaft, Rn. 658 ff.).

94 Der Haftgrund der Tatschwere wird sowohl in der Rspr. als auch in der Literatur teilweise als offensichtlicher **Verstoß gegen den Verhältnismäßigkeitsgrundsatz** angesehen (s. hierzu KK/*Graf* § 112 Rn. 40; Meyer-Goßner/*Schmitt* § 112 Rn. 37; *Roxin/Schünemann*, Strafverfahrensrecht, 26. Aufl. 2009, § 30 Rn. 10; *Weigend* FS Müller, 2008, S. 744, 751). Das BVerfG fordert als Korrektiv eine Einschränkung des Haftgrundes mithilfe einer verfassungskonformen Auslegung (BVerfG 19, 342, 346, 350 = NJW 1966, 243, 244; BVerfG NJW 1991, 2821 ff.; ihm folgend auch BGH NJW 2017, 341). Dies erscheint zwar fraglos geboten, ist aber dennoch problematisch. Denn vom Gesetzgeber kann eine solche auslegungsbedürftige Interpretation eines Haftgrundes und die damit verbundene Unschärfe kaum gewollt gewesen sein. Sie fügt sich nicht in das System des Untersuchungshaftrechts, insb. der Haftgründe ein (LR/*Hilger* § 112 Rn. 53).

95 Um den Haftgrund der Tatschwere verfassungskonform zu gestalten, werden verschiedene Wege eingeschlagen. Teils nimmt man eine **widerlegbare Vermutung einer Flucht- oder Verdunkelungsgefahr** an (vgl. OLG Düsseldorf StraFo 2000, 67; OLG Hamburg StV 2002, 490 f. [m.Anm. *Jes Meyer*]; AnwK-StPO/*Deckers* § 112 Rn. 29; *Schlothauer/Weider/Nobis*, Untersuchungshaft, Rn. 658). Nach a.A. ist von **vereinfachten Begründungsanforderungen** auszugehen (vgl. KK/*Graf* § 112 Rn. 40; Meyer-Goßner/*Schmitt* § 112 Rn. 38).

96 Vor dem Hintergrund dieser um eine Einschränkung des Haftgrundes bemühten Überlegungen ist die in der Praxis immer wieder festzustellende »**automatische Annahme der Tatschwere**« bei entsprechenden Delikten der Schwerkriminalität unter Außerachtlassung der Besonderheiten des Einzelfalles verfehlt (*Schlothauer/Weider/Nobis*, Untersuchungshaft, Rn. 659).

97 **2. Die Anforderungen an den Haftgrund der Tatschwere im Einzelnen.** Auf der Grundlage der verfassungskonformen Korrektur verlangt § 112 Abs. 3 für die Anordnung der Untersuchungshaft, dass die alsbaldige Aufklärung und Ahndung der Tat ohne Festnahme des Beschuldigten gefährdet wäre. Das Gericht muss deshalb auf einen der in § 112 Abs. 2 genannten Haftgründe zurückgreifen. An den Nachweis der Flucht- oder Verdunkelungsgefahr sind aber weniger strenge Anforderungen zu stellen als in Abs. 2. Anstelle des Nachweises, dass bestimmte Tatsachen für eine Flucht- oder Verdunkelungsgefahr sprechen, genügt es, dass eine solche Gefahr aufgrund der Umstände des Einzelfalles nicht auszuschließen ist (OLG Karlsruhe StV 2010, 30; OLG Düsseldorf StraFo 2000, 67; allgemein hierzu BVerfG, NJW 1966, 723; s.a. *Burhoff* Hdb. für das strafrechtliche Ermittlungsverfahren, Rn. 4168 ff.; *Herrmann*, Untersuchungshaft, Rn. 794; Meyer-Goßner/*Schmitt* § 112 Rn. 37).

98 Angesichts dieser Umgestaltung des § 112 Abs. 3 ist es nicht zulässig, den Haftgrund der Tatschwere zu bejahen, wenn eine **Flucht oder eine Verdunkelungshandlung völlig fernliegt** und – im Hinblick auf § 112a – eine **Wiederholung der Tat ausgeschlossen** erscheint.

99 Auch beim Haftgrund der Tatschwere ist der **Grundsatz der Verhältnismäßigkeit** zu beachten. Kann einer Flucht-, Verdunkelungs- oder Wiederholungsgefahr durch mildere Maßnahmen begegnet werden, dann muss ein Haftbefehl außer Vollzug gesetzt werden (OLG Düsseldorf StraFo 2000, 67 [mit allerdings missverständlicher Wortwahl, denn die Feststellung bestimmter Tatsachen ist natürlich nicht »*erlassen*«, sie orientiert sich an einem milderen Maßstab, s.o.]). Allgemein zur Verhältnismäßigkeit und zur Verfassungskonformen Auslegung s. bereits oben Rdn. 94.

Von Gerichten wurde bspw. in folgenden Fällen, in denen sie eine Tatschwere nach § 112 Abs. 3 bejaht haben, Haftverschonung angeordnet: 100
- bei einer bereits erlittenen Freiheitsentziehung von mehr als fünf Jahren bei Verurteilung zu lebenslanger Freiheitsstrafe (OLG Celle StV 2005, 620 f.);
- beim Tatvorwurf des versuchten Totschlags ggü. einem schwerbehinderten 60-jährigen verheirateten Rentner, auch wenn dieser in das Tatumfeld zurückkehrte, weil dem verbleibenden Restrisiko durch Auflagen i.R.d. Haftverschonung begegnet werden konnte (OLG Köln NJW 1996, 1686 = NStZ 1996, 403 = StV 1996, 386);
- beim Vorwurf des versuchten Mordes ggü. einem türkischen Angeklagten, der sich gestellt und zur Sache eingelassen hatte, einen Auslandsaufenthalt nicht dazu genutzt hatte, sich abzusetzen und zudem erhebliche Mühe darauf verwandt hatte, seine verlorenen Ausweispapiere zu ersetzen, um nach Deutschland zurückzukehren und sich dem Verfahren zu stellen (LG Kiel StraFo 2001, 360 f.);
- beim Totschlag der Ehefrau und der eigenen Tochter, wenn weder eine Verdunkelungsgefahr noch eine Fluchtgefahr auch nur entfernt angenommen werden konnte, selbst wenn beim psychisch gebrochenen Beschuldigten die Gefahr eines Selbstmordes bestand (OLG Köln StraFo 1998, 102 f. [m.Anm. *Münchhalffen*]; zur Frage des Entziehens vom Verfahren durch Selbstmord s.o. bei Rdn. 48);
- beim Tatvorwurf des Totschlags ggü. einem 80-jährigen Beschuldigten, der nach einem Geständnis im Wohnheim eines Hafthilfeprojekts lebte (*Schlothauer/Weider/Nobis*, Untersuchungshaft, Rn. 660, dort Fn. 765).

Auffallend bei diesen Fällen ist, dass es sich jeweils um **außergewöhnliche Sachverhalte** handelte. Nicht selten war das unmittelbare familiäre Umfeld betroffen und die Taten wurden durch geradezu dramatische Umstände ausgelöst. Die genannten Entscheidungen können deshalb sicher nicht Allgemeingültigkeit beanspruchen. 101

3. Sonstiges. Der Haftgrund der Tatschwere stellt **keine Sondervorschrift** ggü. den anderen im Gesetz genannten Haftgründen der Flucht, Fluchtgefahr, Wiederholungs- und der Verdunkelungsgefahr dar. Er kann im Haftbefehl neben diesen zur Rechtfertigung der Untersuchungshaft herangezogen werden (KK/*Graf* § 112 Rn. 41; *Herrmann*, Untersuchungshaft, Rn. 799; Meyer-Goßner/*Schmitt* § 112 Rn. 39; SK-StPO/*Paeffgen* § 112 Rn. 44). 102

Untersuchungshaft wegen Tatschwere kann auch dann angeordnet werden, wenn lediglich von **Versuch** (abl. OLG Karlsruhe StV 2010, 30; einschränkend auch LG Kiel StV 2001, 687; s. aber auch: BGHSt 28, 355), **Anstiftung, Beihilfe** (s. OLG Hamm NJW 1965, 2118 f.); oder dem **Versuch der Beteiligung** auszugehen ist (zum Ganzen: KK/*Graf* § 112 Rn. 41; *Herrmann*, Untersuchungshaft, Rn. 792 ff.; LR/*Hilger* § 112 Rn. 52; Meyer-Goßner/*Schmitt* § 112 Rn. 36; SK-StPO/*Paeffgen* § 112 Rn. 42a). Es erscheint indes fraglich, ob dies in jedem Fall der Intention des Gesetzgebers entspricht (hierzu schon *Kanka* NJW 1966, 428). Denn in Fällen der Beihilfe und der versuchten Beteiligung ist eine Milderung des Strafrahmens obligatorisch vorgesehen (vgl. § 27 Abs. 2 Satz 2 bzw. § 30 Abs. 1 Satz 2 jeweils i.V.m. § 49 Abs. 1 StGB). Dies rechtfertigt nicht ohne Weiteres die Inhaftierung wegen des Vorwurfes der Tatschwere (vgl. hierzu: *Münchhalffen/Gatzweiler*, Untersuchungshaft Rn. 227; *Schlothauer* StV 1996, 391, 394; *Schlothauer/Weider/Nobis*, Untersuchungshaft, Rn. 662). 103

Weil die Aufzählung der in § 112 Abs. 3 genannten **Katalogtaten abschließend** ist, kann sie nicht auf Fälle der § 213 StGB (OLG Frankfurt a.M. StV 2001, 687), § 216 StGB, § 323a StGB (Rauschtat) und der Strafvereitelung oder Begünstigung (§§ 257, 258 StGB) in Zusammenhang mit entsprechend schweren Taten ausgedehnt werden (KK/*Graf* § 112 Rn. 39; *Herrmann*, Untersuchungshaft, Rn. 802; Meyer-Goßner/*Schmitt* § 112 Rn. 36; *Schlothauer/Weider/Nobis*, Untersuchungshaft, Rn. 661). 104

Auch bei Annahme des Haftgrundes der Tatschwere kommt eine **Außervollzugsetzung des Haftbefehls gegen Auflagen** in Betracht. Zwar ist der Haftgrund des § 112 Abs. 3 in § 116 nicht genannt. Aber dennoch ist eine entsprechende Anwendung angezeigt. Dies folgt schon aus dem Grundsatz der Verhältnismäßigkeit (BVerfGE 19, 342, 351 ff. = NJW 1966, 243, 244 f.; OLG Frankfurt a.M. StV 2000, 374, 375 [Fall Weimar]; s.a. KK/*Graf* § 116 Rn. 3; *Neuhaus* StV 1999, 340 f.; *Schlothauer/Weider/Nobis*, Untersuchungshaft, Rn. 660). 105

D. Die Verhältnismäßigkeit, § 112 Abs. 1 Satz 2. Die Untersuchungshaft darf nur angeordnet werden, wenn sie zur Bedeutung der Sache und der zu erwartenden Strafe oder Maßregel der Besserung und Sicherung **nicht außer Verhältnis** steht. Der Grundsatz der Verhältnismäßigkeit ergibt sich aus dem Rechtsstaatsprinzip sowie den Freiheitsgrundrechten der Art. 2 Abs. 2 und 104 GG. Er folgt nicht zuletzt auch aus der Unschuldsvermutung (vgl. OLG Karlsruhe StV 2010, 30; s.a. BVerfG NStZ 2009, 134 f. = StRR 2008, 355 f. [m.Anm. *Herrmann*] = StV 2008, 421 ff.; s. auch *Herrmann* StraFo 2016, 89 ff.; s. hierzu auch Rdn. 2 und 109). 106

Dem Wortlaut des Gesetzes wird allgemein entnommen, dass die Verhältnismäßigkeit nicht eine positive Voraussetzung der Untersuchungshaft ist. Vielmehr wird umgekehrt die **Unverhältnismäßigkeit als Haft-** 107

ausschließungsgrund angesehen, die im Einzelfall festgestellt werden muss. Der Grundsatz »in dubio pro reo« soll hier nicht gelten (KK/*Graf* § 112 Rn. 44; Meyer-Goßner/*Schmitt* § 112 Rn. 8; s.a. OLG Düsseldorf NStZ 1993, 554). Ein solches, allein am Wortlaut des Gesetzes orientiertes Verständnis wird jedoch der Bedeutung des Verhältnismäßigkeitsgrundsatzes nicht gerecht. Dem Grundsatz kommt Verfassungsrang zu, er kann deshalb durch einfaches Gesetz nicht eingeschränkt werden. Die Verhältnismäßigkeit muss deshalb in jedem Fall zweifelsfrei positiv festgestellt werden (LR/*Hilger* § 112 Rn. 61; *Herrmann*, Untersuchungshaft, Rn. 837 ff.; SK-StPO/*Paeffgen* § 112 Rn. 10; MAH Strafverteidigung/*Widmaier/König* § 4 Rn. 50). In diesem Sinn ist der Verhältnismäßigkeitsgrundsatz zu befolgen beim Erlass ebenso wie beim Vollzug des Haftbefehls. Dies gilt darüber hinaus auch, wenn der Haftbefehl nicht vollzogen wird (BVerfG StV 1996, 156; s.a. KK/*Graf* § 112 Rn. 42; *Burhoff* Hdb. für das strafrechtliche Ermittlungsverfahren, Rn. 4181 ff.). § 120 Abs. 1 Satz 1 weist ausdrücklich darauf hin, dass der Grundsatz auch zu beachten ist, wenn über die Aufhebung eines Haftbefehls entschieden wird (OLG Brandenburg StraFo 2002, 243).

108 **I. Allgemeines.** I.R.d. Abwägung der Verhältnismäßigkeit müssen sämtliche Umstände des Einzelfalles berücksichtigt werden. Es dürfen nur solche Tatvorwürfe zugrunde gelegt werden, die im Haftbefehl genannt werden und die die Anordnung der Untersuchungshaft begründen (BVerfG NStZ 2009, 134 f. = StRR 2008, 355 f. [m.Anm. *Herrmann*] = StV 2008, 421 ff.; OLG Hamm StV 1998, 553; OLG Hamm NStZ 2003, 386; OLG Naumburg NStZ-RR 2011, 123 f.; s. auch *Mayer/Hunsmann* NStZ 2015, 325 ff.). Wird ein Haftbefehl vollzogen, so bedarf es einer ständigen Überprüfung, ob die Voraussetzungen der Untersuchungshaft auch weiterhin vorliegen (vgl. *Burhoff* Hdb. für das strafrechtliche Ermittlungsverfahren, Rn. 4181 ff.; *Welp* FS Richter II, 2006, S. 572, 573).

109 Die Untersuchungshaft wird nur dann als zulässig angesehen, wenn die umfassende Aufklärung der Tat sowie die zügige Durchführung des Verfahrens einschließlich der Verurteilung und der Vollstreckung des Urteils **nicht anders gesichert werden können** (BVerfGE 20, 144, 147 = NJW 1966, 1703; KK/*Graf* vor § 112 Rn. 7; Meyer-Goßner/*Schmitt* § 112 Rn. 9 sowie vor § 112 Rn. 2; MAH Strafverteidigung/*Widmaier/König* § 4 Rn. 51). Sie ist auf streng begrenzte Ausnahmefälle zu beschränken. Bei der Abwägung sind stets der individuelle Freiheitsanspruch des als unschuldig geltenden Beschuldigten mit dem Interesse des Staates an einer wirksamen, eine vorläufige Inhaftierung gebietenden Strafverfolgung, gegeneinanderzustellen (BVerfGE 19, 342, 347 = NJW 1966, 243, 244; BVerfGE 20, 45, 49 = NJW 1966, 1259; BVerfGE 53, 152, 158 = NJW 1980, 1448; KG, Beschl. v. 07.03.2013 – 4 Ws 35/13; StRR 2013, 243; Meyer-Goßner/*Schmitt* vor § 112 Rn. 2; MAH Strafverteidigung/*Widmaier/König* § 4 Rn. 53; zur Unschuldsvermutung s. auch *Herrmann* StraFo 2016, 89 ff.). Bei der Prüfung der Voraussetzungen der Untersuchungshaft ist nicht danach zu fragen, ob diese angeordnet werden kann, sondern vielmehr, ob ihre Verhängung – als *ultima ratio* – wegen überwiegender Belange des Gemeinwohls zwingend geboten ist (KG, Beschl. v. 07.03.2013 – 4 Ws 35/13, StRR 2013, 243 [Kurzmitteilung] = StRR 2013, 356 f. [m.Anm. *Burhoff*] = StraFo 2013, 375 ff. = StV 2014, 26 f.; ebenso bereits oben, Rdn. 2). Kann das mit der Inhaftierung verfolgte Ziel auch mit milderen Mitteln, bspw. einem Suchvermerk im Bundeszentralregister (vgl. hierzu OLG Rostock StV 2006, 311 f.; Meyer-Goßner/*Schmitt* § 112 Rn. 9 a.E.), erreicht werden, dann ist die Untersuchungshaft unverhältnismäßig und der Antrag auf Erlass eines Haftbefehls zurückzuweisen. Ein bereits erlassener Haftbefehl ist aufzuheben, es genügt in diesem Fall nicht, ihn lediglich nicht zu vollziehen.

110 Die Entscheidung über die Verhältnismäßigkeit der Untersuchungshaft ist, auch wenn dies allgemein nur selten eingestanden wird, immer auch eine **»Entscheidung aus dem Bauch heraus«**. Es macht aber keinen Sinn Realität und Rechtswirklichkeit zu leugnen. Entscheidend ist hierbei, dass der Richter seine subjektive Beurteilung des Sachverhaltes anhand der Fakten des konkreten Einzelfalles für die Beteiligten nachvollziehbar begründet und darüber hinaus auch eine Diskussion der soeben dargestellten Wirklichkeit (»Bauchentscheidung«) zulässt. Nur dann kann Erfolg sinnvoll argumentiert werden. Andernfalls bieten weder wissenschaftliche Erkenntnisse noch pragmatische Lösungsvorschläge Erfolg.

111 Bei der Entscheidung über die Verhältnismäßigkeit dürfen nur die Tatumstände zugrunde gelegt werden, die Gegenstand des Haftbefehls sind (OLG Hamm NStZ 2003, 386; OLG Naumburg NStZ-RR 2011, 123 f.; *Burhoff* Hdb. für das strafrechtliche Ermittlungsverfahren, Rn. 4181). Von Bedeutung können v.a. die folgenden Umstände sein: der Deliktstypus der begangenen Straftat, der individuelle Tatvorwurf, Besonderheiten bei der Tatausführung, der gesetzlich vorgesehene Strafrahmen, die im konkreten Fall zu erwartende Strafe, die Persönlichkeit des Beschuldigten, seine soziale Situation, insb. seine Lebensumstände, Auswirkungen auf dessen Familie, Angehörige und ihm sonst nahestehende Personen, Auswirkungen auf das Arbeitsverhältnis des Beschuldigten, Folgen für dessen Unternehmen und die dort tätigen Arbeitnehmer, der entstandene Schaden, eine eventuelle Wiedergutmachung des Schadens, die Interessen des Opfers, schließlich auch der Verlauf des Verfahrens und auch eventuelle Verfahrensverzögerungen (s. *Burhoff* Hdb. für das strafrechtliche

Ermittlungsverfahren, Rn. 4181; *Herrmann*, Untersuchungshaft, Rn. 845 ff.; *Schlothauer/Weider/Nobis*, Untersuchungshaft, Rn. 488; MAH Strafverteidigung/ *Widmaier/König* § 4 Rn. 54). Ein eventueller Bewährungswiderruf in anderer Sache ist nicht zu berücksichtigen (OLG Hamm NStZ 2000, 80 = StV 1998, 553; OLG Naumburg NStZ-RR 2011, 123 f.).

II. Einzelne Abwägungskriterien. 1. Zur Person des Beschuldigten. a) Allgemeine Lebensumstände des Beschuldigten. Bei der Abwägung innerhalb der Verhältnismäßigkeit kommt es entscheidend auf die **Lebensumstände des Beschuldigten** an. V.a. auch außergewöhnliche Umstände müssen in den Abwägungsprozess einfließen. So kann die Inhaftierung einer stillenden Mutter grds. zwar problematisch sein. Eine Ausnahme wird man aber machen müssen, wenn Mutter und Kind gemeinsam in einer Anstalt untergebracht werden und die Mutter das Kind adäquat versorgen kann (VerfGH Berlin NJW 2001, 3181 f.). 112

Der Beschuldigte kann auch aktiv **Einfluss auf seine Lebensumstände** nehmen und damit die Haftfrage zu seinen Gunsten beeinflussen. Unterwirft sich der Beschuldigte freiwilligen Beschränkungen, etwa durch den Aufenthalt in einer Drogenentzugsanstalt, dann kann dies die Verhältnismäßigkeit der Untersuchungshaft entfallen lassen (Meyer-Goßner/*Schmitt* § 112 Rn. 10; MAH Strafverteidigung/ *Widmaier/König* § 4 Rn. 52). Hier kommen sämtliche Möglichkeiten in Betracht, die bei der Außervollzugsetzung des Haftbefehls als Auflage denkbar sind (vgl. hierzu auch die Kommentierung zu § 116 Rdn. 12 ff.). 113

b) Haftfähigkeit des Beschuldigten. Bei der Beurteilung der Verhältnismäßigkeit kommt der Frage der **Haftfähigkeit des Beschuldigten** besondere Bedeutung zu. 114

Der Begriff der Haftfähigkeit wird im Gesetz nicht verwendet. In § 455 sind aber – negativ formuliert – Fragen der **Vollzugsuntauglichkeit** geregelt, auf die im Zusammenhang mit der Untersuchungshaft zurückgegriffen werden kann (KK/*Graf* § 112 Rn. 52; *Gatzweiler* StV 1996, 283, 284; *Münchhalffen/Gatzweiler*, Das Recht der Untersuchungshaft, Rn. 273; MAH Strafverteidigung/ *Widmaier/König* § 4 Rn. 176). Danach ist der Vollzug von Strafhaft – und somit dann auch von Untersuchungshaft – nur erlaubt, wenn der **psychische** und der **physische Zustand des Inhaftierten** dies zulassen und wenn darüber hinaus dem gesundheitlichen Zustand während der Dauer des Freiheitsentzuges ausreichend Rechnung getragen werden kann. Eine notwendige medizinische Betreuung des Beschuldigten kann ggf. auch in der Haft erfolgen, notfalls in einem Vollzugskrankenhaus oder in einem öffentlichen Krankenhaus mit entsprechend überwachter Unterbringung (OLG Nürnberg StV 2006, 324 [m.Anm. *Gatzweiler*]; krit.: *Gatzweiler* StV 1996, 283, 284; s.a. *Münchhalffen/Gatzweiler*, Das Recht der Untersuchungshaft, Rn. 273). 115

Entscheidungen über Haftfähigkeit und Vollzugstauglichkeit verlangen regelmäßig qualifizierten medizinischen Sachverstand. Der bisweilen bei Richtern und Staatsanwälten aber auch Verteidigern zu beobachtenden **medizinischen Unkenntnis und Konzeptionslosigkeit** (ebenso schon *Gatzweiler* StV 1996, 283, 284) kann sachgerecht nur durch fachliche Stellungnahmen oder Gutachten bereits behandelnder oder neu hinzugezogener Ärzte begegnet werden. 116

Besteht die naheliegende Gefahr, dass der Beschuldigte durch den Vollzug der Untersuchungshaft **schwerwiegenden Schaden an seiner Gesundheit** nimmt, dann ist regelmäßig von einer Haftunfähigkeit auszugehen. Das die Haftunfähigkeit begründende Krankheitsbild muss hinsichtlich Anamnese, Diagnostik und Verlauf aber auch Therapie abgewogen und in einen Kontext gestellt werden mit den regelmäßig nur sehr allgemein gehaltenen **Behandlungsmöglichkeiten in der Justizvollzugsanstalt**. Die medizinische Versorgung entspricht dort oft nicht dem Facharztstandard. Eine Haftunfähigkeit des Beschuldigten muss insb. auch dann angenommen werden, wenn die erforderliche fachärztliche oder auch intensivmedizinische Behandlung in der Haft nicht gewährleistet sind, sei dies auch nur über hinzugezogene Ärzte (s. hierzu auch *Herrmann*, Untersuchungshaft, Rn. 868 ff.). 117

Eine **schwere unheilbare Krankheit**, die mit Sicherheit noch vor Abschluss des Verfahrens zum Tod des Beschuldigten führen wird, steht der Anordnung und damit auch dem Vollzug der Untersuchungshaft entgegen. Die Garantie der Menschenwürde gebietet, dass der Mensch nicht zum bloßen Objekt staatlicher Maßnahmen wird. Das Strafverfahren hat in einem solchen Fall dann seinen Sinn verloren (VerfGH Berlin NJW 1993, 515 ff. = NStZ 1993, 298 ff. [Fall »Honecker«]; ähnlich VerfGH Berlin JR 1994, 382 ff. = NJW 1994, 436 ff. [Fall »Mielke«]; a.A. LG Kleve StRR 2015, 35 f. [m.Anm. *Burhoff*] bei Lebenserwartung von noch sechs Monaten [wohl menschenverachtend, da in diesem Stadium Haftgründe nicht mehr verfangen und die Verhandlungsunfähigkeit absehbar bevorsteht]; KK/*Graf* § 112 Rn. 52 sowie Meyer-Goßner/ *Schmitt* § 112 Rn. 11a [jeweils mit kritischen Anm. und Nachweisen]). Dass der weitere Verlauf des Verfahrens im Fall Honecker ein völlig anderes Bild von dessen Gesundheitszustand ergab, darf nicht darüber hinwegtäuschen, dass ursprünglich nur eine medizinisch mehr oder weniger fundierte Prognoseentscheidung getroffen werden konnte. 118

119 Auch bei sicher anzunehmender **andauernder Verhandlungsunfähigkeit** ist der Haftbefehl aufzuheben, denn der Zweck der Untersuchungshaft, hier die Durchführung der Hauptverhandlung zu sichern, kann in diesem Fall nicht erreicht werden (KG StV 1997, 644 [Schizophrenie]; Meyer-Goßner/*Schmitt* § 112 Rn. 11a a.E.). Eine Zwangsmedikation in der Untersuchungshaft (vorliegend mit Neuroleptika wegen fremdaggressiven Verhaltens), um die Verhandlungsfähigkeit zu erhalten, bedarf einer ausreichenden gesetzlichen Grundlage. Nach § 28 UVollzG NRW als Eingriffsnorm ist sie nicht erlaubt. Denn dort finden sich keine ausreichend klaren Vorgaben, um einen solch schwerwiegenden Eingriff zu rechtfertigen (OLG Hamm medstra 2016, 304 = RuP 2016, 200; LG Arnsberg RuP 2016, 141 f. = StV 2016, 444 f.; beide unter Bezugnahme auf BVerfG 128, 282 ff. = NJW 2011, 2113 f.).

120 Ein Sonderfall der Haftunfähigkeit ist die **absolute Verhandlungsunfähigkeit** des Beschuldigten. Diese stellt letztlich ein Verfahrenshindernis dar (KG StV 1997, 644; *Herrmann*, Untersuchungshaft, Rn. 871; Meyer-Goßner/*Schmitt* § 112 Rn. 11a a.E.; MAH Strafverteidigung/*Widmaier/König* § 4 Rn. 176). Denn in einem solchen Fall kann der Zweck der Untersuchungshaft nicht mehr erreicht werden. Hier sind Anordnung und Aufrechterhaltung der Untersuchungshaft ausgeschlossen (a.A. LG Kleve StRR 2015, 35 f. [m.Anm. *Burhoff*] bei Lebenserwartung von noch sechs Monaten, s. hierzu bereits Rdn. 118).

121 Eine **Haftunfähigkeit des Beschuldigten** hindert den Erlass des Haftbefehls aber nicht in jedem Fall. Häufig genügt es, einen Haftbefehl zu erlassen und diesen dann unverzüglich, ggf. gegen geeignete Auflagen, außer Vollzug zu setzen (KK/*Graf* § 112 Rn. 52; *Gatzweiler* StV 1996, 283, 284; *Münchhalffen/Gatzweiler*, Das Recht der Untersuchungshaft, Rn. 49 und Rn. 273; Meyer-Goßner/*Schmitt* § 112 Rn. 3 und Rn. 11a a.E.; *Schlothauer/Weider/Nobis*, Untersuchungshaft, Rn. 483; MAH Strafverteidigung/*Widmaier/König* § 4 Rn. 176; krit.: *Neuhaus* StraFo 2000, 14 ff.).

122 In Fällen der **Schuldunfähigkeit gem. § 20 StGB** kann der Haftunfähigkeit bzw. mangelnden Vollzugstauglichkeit durch eine einstweilige Unterbringung gem. § 126a in einem psychiatrischen Krankenhaus oder einer Entziehungsanstalt Rechnung getragen werden. Die Inhaftierung erfolgt dann nicht auf der Basis eines Haftbefehls nach den §§ 112 ff. sondern eines Unterbringungsbefehls.

123 In Fällen der **verminderten Schuldfähigkeit nach § 21 StGB** kann Untersuchungshaft angeordnet werden. Hier hat eine Abwägung stattzufinden, ob entweder Untersuchungshaft oder einstweilige Unterbringung die angemessenere Maßnahme ist. Dabei ist zu beachten, dass die Unterbringung eine ärztliche Intervention zu einem früheren Zeitpunkt ermöglicht. Unterbringungsbefehl und Haftbefehl können nicht nebeneinander angeordnet werden, ein Vollzug beider freiheitsentziehender Maßnahmen nebeneinander ist nicht erlaubt (KK/*Graf* § 126a Rn. 2; Meyer-Goßner/*Schmitt* § 126a Rn. 2; *Münchhalffen/Gatzweiler*, Das Recht der Untersuchungshaft, Rn. 354).

124 Nach **§ 126a Abs. 2 Satz 2** ist nunmehr auch für den Fall der einstweiligen Unterbringung eine besondere Prüfung durch das OLG vorgesehen. Die §§ 121, 122 gelten hier entsprechend, allerdings mit der Maßgabe, dass das OLG prüft, ob die Voraussetzungen der einstweiligen Unterbringung weiterhin vorliegen (ausführlich hierzu s. die Kommentierung bei § 126a).

125 **2. Die Dauer der Inhaftierung.** Die Frage der Verhältnismäßigkeit spielt auch bei der **Dauer der Inhaftierung** eine Rolle. Je mehr von der zu erwartenden Strafe durch die erlittene Untersuchungshaft »verbüßt« ist, desto stärker reduziert sich der staatliche Anspruch auf eine weitere Vollstreckung (BVerfG NStZ 2009, 134 f. = StRR 2008, 355 f. [m.Anm. *Herrmann*] = StV 2008, 421 ff.). Bei Auslieferungshaft wird ergänzend zu berücksichtigen sein, dass diese aufgrund der besonderen Belastungen im Ausland gegebenenfalls mit einem Umrechnungsfaktor anzurechnen sein wird (vgl. § 51 StGB). Insofern soll aber auch zu beachten sein, dass der Beschuldigte sich die Belastungen der Auslieferungshaft meist selbst zuzuschreiben hat, indem er das Verfahren verzögerte und darüber hinaus eine erhebliche Mitverantwortung trägt, da er sich ja zunächst durch Flucht ins Ausland begeben habe (so zumindest OLG Hamburg B. v. 07.05.2015 – 2 Ws 108/15 [insoweit nicht abgedruckt in StV 2015, 653 – LS]). Das erscheint aber rechtsstaatlich äußerst bedenklich. Denn dann würde dem Beschuldigten ja angelastet, dass er die ihm zustehenden Rechtsmittel ergreift. Das darf aber nicht zu seinem Nachteil gereichen.

126 Zugleich wird auch die **Fluchtgefahr** geringer. Denn je kürzer die noch zu verbüßende Strafe sein wird, desto weniger wahrscheinlich dürfte es sein, dass der Beschuldigte sich dem Verfahren durch Flucht entzieht (KK/*Graf* § 112 Rn. 4; *Herrmann*, Untersuchungshaft, Rn. 848; LR/*Hilger* § 112 Rn. 62; Meyer-Goßner/*Schmitt* § 112 Rn. 9 a.E.).

127 Natürlich darf sich die Dauer der Untersuchungshaft nicht unmittelbar an der zu erwartenden Freiheitsstrafe orientieren. Denn sie dient gerade **nicht** der **Vorwegnahme der Strafvollstreckung** (zu dem – unzulässigen – »apokryphen Haftgrund« der »Vorwegnahme der Strafvollstreckung« ausführlich bereits oben unter s. Rdn. 23, dort 5. Unterpunkt). Der Grundsatz der Verhältnismäßigkeit verlangt vielmehr die Berücksichtigung sämt-

licher Umstände des konkreten Einzelfalles (s.o. Rdn. 108 ff.; s.a. BVerfG NStZ 2009, 134 f. = StRR 2008, 355 f. [m.Anm. *Herrmann*] = StV 2008, 421 ff.).

In der Praxis spielt das Verhältnis von vollzogener Untersuchungshaft und zu erwartender Freiheitsstrafe dennoch eine entscheidende Rolle. Grds. kann man davon ausgehen, dass die Fortsetzung der Untersuchungshaft spätestens dann unverhältnismäßig ist, wenn die Dauer der Inhaftierung nahezu den Zeitpunkt erreicht hat, zu dem bei Verbüßung einer zu erwartenden Freiheitsstrafe fiktiv eine Haftentlassung oder auch der Abschiebung anzunehmen wäre. Hier kommt es auf die **»Netto-Straferwartung«** des konkreten Einzelfalles an (ausführlich hierzu bereits oben unter Rdn. 64; s.a. BVerfG NStZ 2009, 134 f. = StRR 2008, 355 f. [m.Anm. *Herrmann*] = StV 2008, 421 ff. [allerdings im Zusammenhang mit dem Haftgrund der Verdunkelungsgefahr]; OLG Frankfurt a.M. StraFo 2014, 73; OLG Hamm StRR 2013, 396 f. [m.Anm. *Hillenbrand*] OLG Hamm NStZ-RR 2004, 152 f.; OLG Nürnberg StRR 2009, 396 [m.Anm. *Herrmann*]; LG Bonn StraFo 2016, 106 = StV 2015, 646 [LS]; s.a. *Burhoff* Hdb. für das strafrechtliche Ermittlungsverfahren, Rn. 4181; *Herrmann*, Untersuchungshaft, Rn. 745, 748 f.; Meyer-Goßner/*Schmitt* § 120 Rn. 4; a.A. offensichtlich KG NStZ-RR 2008, 157). Allerdings handelt es sich hier nur um die absolute Obergrenze einer noch als verhältnismäßig hinzunehmenden Untersuchungshaft. 128

Ganz allgemein ist zunächst der gesetzlich vorgegebene Strafrahmen zu konkretisieren. Je niedriger die sich hieraus ergebende **abstrakte Strafprognose** ist, umso eher ist von einer Unverhältnismäßigkeit der Untersuchungshaft auszugehen. Zusätzlich ist auch die **konkrete Strafprognose** zu beachten. Gerichte haben z.B. festgestellt, dass die Dauer der Untersuchungshaft nicht mehr verhältnismäßig ist, wenn von einer inzwischen verhängten Freiheitsstrafe von zwei Jahren bereits fünf Monate (OLG Oldenburg StV 1996, 388) oder wenn von einer noch nicht rechtskräftigen Freiheitsstrafe i.H.v. einem Jahr inzwischen mehr als neun Monate »verbüßt« sind und eine alsbaldige Entscheidung über die eingelegte Revision nicht zu erwarten ist (OLG Hamm StV 1998, 553; ähnlich OLG Hamm StraFo 2001, 179 = NStZ-RR 2001, 123; LG Köln StraFo 1998, 351). Eine noch nicht rechtskräftige Freiheitsstrafe kann für die Frage, ob die Dauer der Untersuchungshaft noch verhältnismäßig ist, regelmäßig nur als ein Indiz für die Schwere der verfolgten Straftat angesehen werden. Eine zu erwartende oder noch nicht rechtskräftig festgestellte Strafhöhe kann nicht ohne Weiteres als Maßstab für die zulässige Dauer der Untersuchungshaft dienen. Untersuchungshaft ist etwas anderes als Freiheitsstrafe, denn die dort angestrebten resozialisierenden Maßnahmen können während der Untersuchungshaft nicht oder nur in geringem Ausmaß zur Anwendung kommen (BVerfG NJW 2006, 677, 680 [m.Anm. *Jahn* NJW 2006, 652] = NStZ 2006, 295 ff. = StV 2006, 81, 86; OLG Nürnberg StRR 2009, 396 [m.Anm. *Herrmann*]). 129

Untersuchungshaft ist nicht ausgeschlossen, wenn nur eine **Geldstrafe** oder die **Strafaussetzung einer Freiheitsstrafe zur Bewährung** zu erwarten ist. In diesen Fällen müssen jedoch zusätzliche gewichtige Gründe gegeben sein, die den Zweck der Untersuchungshaft rechtfertigen und diese als verhältnismäßig erscheinen lassen (*Burhoff* Hdb. für das strafrechtliche Ermittlungsverfahren, Rn. 4181; KK/*Graf* § 112 Rn. 48; *Herrmann*, Untersuchungshaft, Rn. 848, 852; LR/*Hilger* § 112 Rn. 63; Meyer-Goßner/*Schmitt* § 112 Rn. 11; *Schlothauer/Weider/Nobis*, Untersuchungshaft, Rn. 490; MAH Strafverteidigung/*Widmaier/König* § 4 Rn. 56 f.). Dieser Gedanke findet eine gesetzliche Grundlage in **§ 113**. Aufgrund dieser Bestimmung darf bei **leichteren Taten**, die nur mit einer Freiheitsstrafe von bis zu sechs Monaten oder Geldstrafe bis zu 180 Tagessätzen bedroht sind, Untersuchungshaft wegen Verdunkelungsgefahr überhaupt nicht (§ 113 Abs. 1) und wegen Fluchtgefahr nur unter den dort genannten engen Voraussetzungen (§ 113 Abs. 2) angeordnet werden. 130

Umgekehrt kann die Erwartung einer hohen Strafe wegen **schwerer Schuld** eine **Fortsetzung der Untersuchungshaft** über einen ansonsten zeitlich kritischen Punkt hinaus rechtfertigen. Muss der Beschuldigte bspw. nach erstinstanzlicher Verurteilung auf die erfolgreiche Revision der StA hin damit rechnen, dass die ursprüngliche Verurteilung wegen Beihilfe zum versuchten Mord aufgehoben und er wegen täterschaftlich begangenen versuchten Mordes zu einer deutlich höheren Strafe verurteilt wird, dann rechtfertigt dies eine Fortsetzung der Untersuchungshaft über den Zeitpunkt der zunächst vorläufig errechneten Haftentlassung hinaus (LG Gera NJW 1996, 2586 f. [dort allerdings wohl unter Außerachtlassung des Gebotes der Beschleunigung in Haftsachen]; KK/*Schultheis* § 120 Rn. 7). Gleiches soll gelten, wenn das Berufungsgericht die Berufung der StA gegen eine Strafaussetzung zur Bewährung für aussichtsreich hält (Meyer-Goßner/*Schmitt* § 112 Rn. 23; einschränkend: KK/*Schultheis* § 120 Rn. 7). Dies erscheint nicht unproblematisch, denn die Prognose über eine zu erwartende Strafe ist immer mit gewissen Unsicherheiten verbunden und somit vage (KK/*Schultheis* § 120 Rn. 7; ihm folgend: *Herrmann*, Untersuchungshaft, Rn. 856). 131

3. Das Beschleunigungsgebot in Haftsachen. Eine besondere Ausprägung erfährt der Grundsatz der Verhältnismäßigkeit durch das **Beschleunigungsgebot in Haftsachen**. Es ergibt sich aus dem Freiheitsanspruch des Beschuldigten (Art. 2 Abs. 2, 104 GG) sowie der Unschuldsvermutung (zur Unschuldsvermutung s. auch *Herrmann* StraFo 2016, 89 ff.). Im Europarecht ist das Beschleunigungsgebot in Art. 5 Abs. 3 Satz 1 Hs. 2 132 und Art. 6 Abs. 1 Satz 1 EMRK geregelt. Aufgrund dieses Gebots hat der verhaftete Beschuldigte Anspruch auf Aburteilung innerhalb einer angemessen Frist oder andernfalls auf Haftentlassung (vgl. EGMR StV 2005, 136; BVerfG NJW 2005, 2612 [LS]; NJW 2005, 3845; NJW 2006, 668; NJW 2006, 672 ff. [mit Anm. *Jahn* NJW 2006, 652 ff.] = NStZ 2006, 313 ff. [mit Anm. *Schmidt*] = NStZ 2007, 142 f. = StraFo 2006, 68 = StV 2006, 73 ff.; BVerfG NJW 2006, 1336; StV 2006, 645 [LS]; 2008, 421; OLG Frankfurt a.M. StV 2006, 195; OLG Hamm StV 2006, 191; zum Ganzen auch: *Broß* StraFo 2009, 10 ff.; *Demko* HRRS 2007, 285 ff.; *Gaede* HRRS 2006, 409 ff.; *Jahn* NJW 2006, 625 ff.; *Knauer* StraFo 2007, 309 ff.; *Pieroth/Hartmann* StV 2008, 276 ff.; krit. *Schmidt* NStZ 2006, 313 ff.). Untersuchungshaftsachen sind mit größtmöglicher Beschleunigung zu erledigen. Sie haben grds. Vorrang vor der Erledigung anderer Strafverfahren (OLG Frankfurt a.M. StV 2006, 197; OLG Hamm StV 2006, 319; StV 2007, 363; s.a. *Burhoff* Hdb. für das strafrechtliche Ermittlungsverfahren, Rn. 4181 unter Verweis auf Rn. 2337 ff. [dort ausführlich]). Die Schwere des Tatvorwurfs und die Höhe der zu erwartenden Strafe spielen hierbei keine Rolle. Die zulässige Dauer der Untersuchungshaft bestimmt sich insofern allein anhand der Schwierigkeit des Verfahrens und der sich daraus ergebenden unvermeidbaren Verzögerungen (BVerfG NJW 2005, 2612 [LS]; NJW 2006, 672 ff. [mit Anm. *Jahn* NJW 2006, 652 ff.] = NStZ 2006, 313 ff. [mit Anm. *Schmidt*] = NStZ 2007, 142 f. = StraFo 2006, 68 = StV 2006, 73 ff.). Das Beschleunigungsgebot dient im Speziellen ebenso wie der Grundsatz der Verhältnismäßigkeit im Allgemeinen der Vermeidung überlanger Untersuchungshaft (zur verfassungsrechtlich gebotenen Begründungstiefe s. *Mayer/Hunsmann* NStZ 2015, 325 ff.; so nun auch BVerfG StV 2019, 111 [LS]).

133 Das Beschleunigungsgebot gilt in Haftsachen **für das gesamte Verfahren** (BVerfG StraFo 2010, 461 f. = StV 2011, 31 ff.). Im Einzelnen ist (hier lediglich zusammengefasst und kurz dargestellt, ausführlich hierzu s. die Kommentierung bei § 121 dort Rdn. 8 ff.) Folgendes zu beachten:

– Schon der **Erlass eines Haftbefehls** darf nicht außergewöhnlich lange dauern (BVerfG StRR 2008, 438 [m.Anm. *Herrmann*]).
– Ein erlassener Haftbefehl ist **zügig zu vollstrecken**, andernfalls ist er unverhältnismäßig (OLG Köln NStZ-RR 2009, 87 = StraFo 2008, 468).
– Das **Ermittlungsverfahren** muss vorausschauend und zügig betrieben werden. So müssen bspw. Zweit- oder Doppelakten angelegt werden (BVerfG StV 1999, 162; s. hierzu auch OLG Düsseldorf StV 2001, 695; Meyer-Goßner/*Schmitt* § 121 Rn. 23). Auch ist an eine sinnvoll organisierte und damit zügige Übersendung der Akten an verschiedene Verteidiger im »Umlaufverfahren« und nicht jeweils einzeln mit Rücklauf zur Justiz und erneuter Versendung zu denken. Sachverständigengutachten sind unverzüglich in Auftrag zu geben, auf eine zeitnahe Erstellung unter Hinweis auf die Haftsituation zu drängen, ihre Bearbeitung und Erledigung sind fortwährend zu überwachen (BVerfG StRR 2007, 196 f.; OLG Jena StV 2011, 39; OLG Karlsruhe NStZ-RR 2015, 379 [LS; verzögerte Beauftragung eines Sachverständigen]; OLG Karlsruhe StraFo 2010, 113 [zu § 126a]; OLG Saarbrücken B. v. 22.04.2015 – 1 Ws 7/15 [verzögerte Beauftragung eines Sachverständigen]). Die Vorlage des Gutachtens muss nicht zwingend abgewartet werden, wenn das Ergebnis auch vorläufig berücksichtigt werden kann, zur Beschleunigung genügt dann die Nachreichung des Gutachtens (*ebenda*; für eine offenkundig anzunehmende verminderte Schuldfähigkeit). Auch die Übersendung der Anklageschrift nebst Akten an das Gericht darf sich nicht verzögern (zum Ganzen s. auch *Burhoff* Hdb. für das strafrechtliche Ermittlungsverfahren, Rn. 2342).
– Das **Zwischenverfahren** ist stringent zu strukturieren. Die Eröffnung und Terminierung der Sache soll zügig erfolgen, regelmäßig sollen drei Monate vom Eingang der Anklage bei Gericht bis zur Hauptverhandlung angemessen sein (BVerfG NJW 2005, 672; NStZ-RR 2007, 311 = StV 2007, 366 = StraFo 2007, 152; StV 2008, 421; KG StraFo 2010, 26 f.; OLG Bremen StV 2016, 824 ff. [sechs Monate bis zur Eröffnung trotz Beanstandungen und Neufassung der Anklageschrift zu lang]; OLG Naumburg StV 2008, 589 [fünf Monate zu lang]; OLG Nürnberg StV 2009, 367 [in der Regel drei Monate]; s. *Burhoff* Hdb. für das strafrechtliche Ermittlungsverfahren, Rn. 2343). Hinsichtlich der Einholung bzw. Nachreichung von Sachverständigengutachten gilt dasselbe wie im Ermittlungsverfahren (s.o.). Ein Verstoß gegen den Beschleunigungsgrundsatz hat sich hier an der Eröffnungsreife zu orientieren und nicht an der Zeit bis zum Erlass des Eröffnungsbeschlusses (OLG Nürnberg StV 2011, 39 ff.; OLG Nürnberg StV 2009, 367). Auch widerspricht es regelmäßig dem Beschleunigungsgrundsatz, wenn eine bereits erhobene Anklage zurückgenommen wird, um ein weiteres Verfahren hinzu zu verbinden und dann erneut Anklage zu erheben (OLG Nürnberg B. v. 30.03.2016 – 1 Ws 109/16).
– Die Planung und **Terminierung der Hauptverhandlung** hat vorausschauend zu erfolgen (vgl. *Burhoff Hdb. für das strafrechtliche Ermittlungsverfahren*, Rn. 2344 und insb. auch Rn. 2345; *Keller/Meyer-Mews* StraFo 2005, 353 ff.; *Pieroth/Hartmann* StV 2008, 276, 279 f.; *Schmidt* NStZ 2006, 313 ff.). Eine nur sukzessive Fortführung der Hauptverhandlung genügt grds. nicht (OLG Koblenz StV 2011, 167 ff.),

Ausnahmen sind aber denkbar (s. hierzu BGH StV 2016, 823 f. [Sonderfall!]). Die obergerichtliche Rspr. geht allgemein davon aus, dass in umfangreicheren Verfahren an mindestens vier Tagen im Monat Hauptverhandlungstermine stattzufinden haben (vgl. EGMR NJW 2005, 3125; BVerfG NJW 2006, 672 ff. [mit Anm. *Jahn* NJW 2006, 652 ff.] = NStZ 2006, 313 ff. [mit Anm. *Schmidt*] = NStZ 2007, 142 f. = StraFo 2006, 68 = StV 2006, 73 ff.; OLG Frankfurt a.M. StV 2006, 195; OLG Hamm StV 2006, 191; OLG Oldenburg StraFo 2008, 26 f.; LG München II StV 2009, 253). Teilweise wird auch eine engere Hauptverhandlungsdichte gefordert (BVerfG StraFo 2010, 461 f. = StV 2011, 31 ff.; StV 2006, 318 ff. [mindestens 2 Verhandlungstage pro Woche]; EuGRZ 2007, 591 ff. [mehr als ein Tag pro Woche]). Die Hauptverhandlung ist effizient und straff zu führen (BVerfG NJW 2006, 668 ff. = StV 2006, 87 [»44 mehr oder weniger nutzlos verstrichenen Hauptverhandlungstage im Laufe eines Jahres« – »Buckelwalbeschluss«]; s. hierzu auch *Paeffgen* StraFo 2007, 442, 448 [dort Fn. 3] sowie *ders.* NStZ 2007, 79, 83 [dort Fn. 11] und dann erneut *ders.* NStZ 2008, 135, 143 [dort insb. Fn. 47]). An Hauptverhandlungstagen muss auch ausreichend lang verhandelt werden (BVerfG NJW 2006, 672 ff. [mit Anm. *Jahn* NJW 2006, 652 ff.] = NStZ 2006, 313 ff. [mit Anm. *Schmidt*] = NStZ 2007, 142 f. = StraFo 2006, 68 = StV 2006, 73 ff. [Verhandlungsdauer pro Tag mehr als regelmäßig lediglich ein oder 2 Std.]). Anders mag dies sein bei relativ gesehen wenigen Hauptverhandlungstagen (OLG Stuttgart StV 2014, 752 ff. [m. ausf. Anm. *Herrmann* – dort ging es um insgesamt nur 10 Verhandlungstage, allerdings in einer beschleunigt zu bearbeitenden Jugendstrafsache]). Eine schematische Betrachtung soll nicht angezeigt sein, es komme immer auf den konkreten Einzelfall an. In sog. **Umfangsverfahrens** hänge der Verfahrensverlauf von einer Vielzahl verschiedener Parameter ab, die bei der Bewertung der Beschleunigung des Verfahrens zu berücksichtigen seien. So könne es geboten sein, zu Beginn eines Verfahrens weiträumiger zu terminieren, weil etwa der Verlauf angekündigter Verständigungsgespräche oder die Entwicklung der Verteidigungsstrategie mehrerer Verteidiger und das Einlassungsverhalten der Angeklagten nicht absehbar sind. Auch könne nach Durchführung komprimierter Hauptverhandlungssequenzen ein Zeitraum erforderlich werden, um im Rück- und Ausblick den Fortgang des Verfahrens zu überprüfen und die weitere Gestaltung zu planen, etwa auch um Fristen für weitere Beweisanträge zu setzen. Relevant sei auch die Auslastung des Gerichts durch – insb. bereits laufende – Haftverfahren. Andererseits könne es auch geboten sein, im Laufe des Verfahrens eine ursprünglich weitläufigere Terminierung zu verdichten. Das Haftgericht sei daher gehalten, während laufender Hauptverhandlung die Verfahrensentwicklung kontrollierend im Auge zu behalten und die **Terminierungsdichte** laufend dynamisch an die aktuelle Prozesslage anzupassen – all das unter Beachtung der Dauer der bereits vollzogenen Untersuchungshaft (OLG Koblenz StRR 2014, 282 [LS]; OLG Nürnberg StraFo 2015, 288).

– Bei Planung und Durchführung der Termine ist auf die **Verfügbarkeit der Verteidiger** und deren Terminkalender Rücksicht zu nehmen (BVerfG StRR 2008, 156 [mit Anm. *Herrmann*] = StV 2008 198). Dies kann aber andererseits nicht eine unangemessene Verlängerung der Untersuchungshaft rechtfertigen. Deshalb ist ggf. ein verfahrenssichernder Pflichtverteidiger zu bestellen (OLG Köln StV 2006, 143; 2006, 145; OLG Naumburg StV 2008, 365; s. hierzu auch OLG Oldenburg StraFo 2008, 26 f. sowie die Anm. von *Paeffgen* NStZ 2010, 200, 201 f.). Kann nicht davon ausgegangen werden, dass es zu einer verfahrensabkürzenden Verständigung kommt, dann muss die Terminierung ausreichend große Zeiträume erfassen, um zügig und umfassend verhandeln zu können (OLG Koblenz StV 2011, 167 ff.).

– Auch nach **Beendigung der Hauptverhandlung** wirkt das Beschleunigungsgebot fort (KG StV 2007, 644; OLG Frankfurt a.M. StV 2006, 648; OLG Saarbrücken NStZ 2007, 420 [LS]). Es ist nicht nachvollziehbar, wenn die Frist zum Erlass des Urteils gem. § 275 StPO vollständig ausgeschöpft wird. Denn gerade in Umfangsverfahren ist denkbar, dass diese Frist mehrere Monate beträgt. In diesen Fällen kann nicht hingenommen werden, dass die Obergrenze der Frist ausgeschöpft wird, es sei denn, dass dies aus zwingenden Gründen nachvollziehbar und plausibel ist. Die regelmäßig zu beobachtende Urteilsabsetzung erst zum Ablauf der gesetzlich vorgesehenen Höchstfrist stellt dann aber einen Verstoß gegen das Beschleunigungsgebot dar (ebenso *Keller/Meyer-Mews* StraFo 2005, 353, 357 f.). Ein einmal schriftlich fertiggestelltes Urteil muss ausgefertigt und zugestellt werden und darf nicht als Entwurf vorgehalten werden. Wird diese Frist zur Urteilsabsetzung überschritten, sodass dem absoluten Revisionsgrund des § 338 Nr. 7 2. Alternative StPO mit an Sicherheit grenzender Wahrscheinlichkeit Erfolg beschieden ist, dann liegt in der dadurch bedingten weiteren Verzögerung der Sache eine unverhältnismäßige Verzögerung im Hinblick auf die Revision, der Haftbefehl ist dann aufzuheben (LG Koblenz StraFo 2006, 453 f. [Frist zur Unterzeichnung des Urteils wegen Krankheit nicht eingehalten]. Die Fertigstellung des Hauptverhandlungsprotokolls kann parallel zur Urteilsabsetzung erfolgen, Verzögerungen sind unvereinbar mit dem Grundsatz der Beschleunigung in Haftsachen (OLG Hamburg StV 2016, 824). Die Fortdauer der Untersuchungshaft ist unverhältnismäßig, wenn für die Fertigstellung der Sitzungsniederschrift

3 Wochen vergehen weil Korrekturen mit nicht weniger als 17 von 20 (!) verschiedene Urkundsbeamten abgeglichen werden müssen (OLG Hamburg StV 2015, 309 f. [der Justiz zuzurechnende Verzögerung durch Personalknappheit]; ähnlich OLG Hamburg StV 2015, 653 [LS; dort auch verzögerte Bearbeitung und Weiterleitung der Akten]).

- Im **Rechtsmittelverfahren** soll die Zurückverweisung der Sache durch das Beschwerdegericht durch die damit einhergehende Verzögerung regelmäßig nicht in Betracht kommen (KG StraFo 2015, 419 = StV 2016, 171).
- Eine Verfahrensverzögerung durch die zwangsweise Anordnung einer Bronchoskopie zur **Klärung der Verhandlungsfähigkeit** des wahrscheinlich an offener Tuberkulose erkrankten Angeklagten kann im Einzelfall mit dem Beschleunigungsgrundsatz in Haftsachen vereinbar sein und die weitere Vollstreckung der Untersuchungshaft auch über sechs Monate hinaus rechtfertigen. Bei der Anordnung einer solchen körperlichen Untersuchung zum Zwecke der Feststellung der Verhandlungsfähigkeit eines Angeklagten steht dem Tatgericht ein Beurteilungsspielraum zur Verfügung. Im Rahmen der Haftprüfung nach § 121 StPO ist deshalb nur zu prüfen, ob das Tatgericht die rechtlichen Grenzen dieses Beurteilungsspielraums überschritten hat (OLG Hamburg, B. v. 20.11.2015 – 1 Ws 148/15).

134 Hierbei ist auch zu beachten: Die **Überlastung des Gerichts** rechtfertigt als wichtiger Grund i.S.d. § 121 Abs. 1 StPO die Aufrechterhaltung der Untersuchungshaft nur dann, wenn sie kurzfristig eingetreten ist und weder vorhersehbar noch vermeidbar war. Dies setzt notwendigerweise voraus, dass der Staat seine in der Verfassung verankerte Pflicht vorausschauend erfüllt, die Gerichte so mit Personal auszustatten, dass sie auch tatsächlich in der Lage sind, dem Gebot der Beschleunigung von Strafsachen durch eine zeitnahe Verhandlung und eine ausreichend hohe Verhandlungsdichte nachzukommen. Die Ausstattung von Gerichten mit Personal genügt den verfassungsrechtlichen Vorgaben nicht, wenn sie sich ausschließlich an statistischen Kennzahlen orientiert, ohne die tatsächliche Belastung der Gerichte in den Blick zu nehmen. Einen wichtigen Anhaltspunkt dafür bieten die anhängigen Verfahren. Bleiben sie längere Zeit oder gar Jahre unbearbeitet, ist die personelle Ausstattung offensichtlich unzureichend (BVerfG NJW 2018, 2948 ff. = StV 2019, 110 f. [LS]; BVerfG AnwBl 2018, 302 ff. = StV 2019, 111 [LS]; OLG Bremen StV 2016, 824 ff.).

135 Das Beschleunigungsgebot gilt auch, wenn der **Haftbefehl außer Vollzug gesetzt** ist oder aus anderen Gründen nicht vollzogen wird, bspw. weil Überhaft notiert ist (BVerfG NJW 2006, 668 ff. = NJW-Spezial 2006, 136 f. = NStZ 2006, 313 ff. [m.Anm. *Schmidt*] = NStZ-RR 2006, 188 f. = StraFo 2006, 67 [LS] = StV 2006, 87 ff.; StV 2006, 251; OLG Jena B. v. 28.05.2015 – 1 Ws 179/15; OLG Karlsruhe StV 2015, 653 [LS]; LG Ravensburg StV 2015, 319; *Burhoff* Hdb. für das strafrechtliche Ermittlungsverfahren, Rn. 2349; *Schlothauer/Weider/Nobis*, Untersuchungshaft, Rn. 896 ff.).

136 Eine besondere Ausprägung hat das Beschleunigungsgebot in den §§ 121, 122 gefunden. Die **Fortdauer der Untersuchungshaft über sechs Monate hinaus** ist vom OLG i.R.d. besonderen Haftprüfung von Amts wegen zu überprüfen (s. hierzu Rdn. 12 ff., § 122 Rdn. 27 ff.).

137 Eine **Kompensation von konventionswidrigen Verzögerungen** (der Begriff »rechtsstaatswidrig« wird von der Justiz ungern verwendet) in einzelnen Verfahrensabschnitten durch eine besonders zügige oder effiziente Bearbeitung in anderen Teilen des Verfahrens ist nicht möglich (BVerfG NJW 2006, 672 ff. [mit Anm. *Jahn* NJW 2006, 652 ff.] = NStZ 2006, 313 ff. [mit Anm. *Schmidt*] = NStZ 2007, 142 f. = StraFo 2006, 68 = StV 2006, 73 ff.; OLG Hamm StV 2006, 191 ff.; OLG Naumburg StV 2008, 589 ff.; StraFo 2007, 506 ff.; zweifelnd OLG München StraFo 2007, 465; zum Ganzen auch Meyer-Goßner/*Schmitt* § 121 Rn. 26). Sowohl die Ermittlungsbehörden als auch die Gerichte müssen sich eventuelle Verzögerungen bei der Sachbearbeitung i.R.d. Überprüfung der Rechtmäßigkeit der Fortdauer der Untersuchungshaft entgegen halten lassen, sofern sie diese zu verantworten haben (OLG Frankfurt a.M. StV 2007, 449 ff.; OLG Hamm StraFo 1998, 283 = NStZ-RR 1998, 307; allgemein hierzu schon BVerfG StV 1997, 535 f. [m.Anm. *Herrmann*]).

138 Neben der Kompensation für konventionswidrige Verfahrensverzögerungen kann dem Beschuldigten bei einem Verstoß gegen das Beschleunigungsgebot in Haftsachen grds. auch ein **Entschädigungsanspruch** gem. § 2 Abs. 1 StrEG zustehen (vgl. *Broß* StraFo 2009, 10 ff.; *Burhoff* Hdb. für das strafrechtliche Ermittlungsverfahren, Rn. 4182; *Killinger*, Staatshaftung für rechtswidrige Untersuchungshaft in Deutschland und Österreich im Lichte von Art. 5 Abs. 5 EMRK, Diss. 2015, S, 29 ff.; *Widmaier/Kotz* MAH Strafverteidigung; § 25 Rn. 13; zum Ersatz eines Einkommensausfalles auch für die Zukunft s. LG München StRR 2008, 114 [m.Anm. *Herrmann*]). Auch bei einer Verurteilung kann dem Betroffenen ein Anspruch auf Entschädigung für dennoch zu Unrecht erlittene Untersuchungshaft zustehen (vgl. *Park/Schlothauer* FS Widmaier, 2008, S. 387, 404 ff.). Umgekehrt ist eine Entschädigung für zu Unrecht erlittene Untersuchungshaft aber ausgeschlossen, wenn und soweit der Beschuldigte die Strafverfolgungsmaßnahme vorsätzlich oder grob fahrlässig verursacht hat (§ 5 Abs. 2 Satz 1 StrEG; OLG Köln B. v. 03.05.2017 – 2 Ws 237/17 [Selbstbezichtigung gegenüber einem Zeugen]). Neben Ansprüchen aus dem StrEG regelt Art. 5 Abs. 5 EMRK für Fälle der

rechtswidrigen Festnahme oder Freiheitsentziehung einen verschuldensunabhängigen Schadensersatzanspruch gegen den Staat (s. EGMR Nr. 11364/03, Urteil der 5. Kammer v. 13.12.2007 [Mooren v. Deutschland I] StRR 2008, 98 ff. [m.Anm. *D. Herrmann/J. Herrmann*] = StV 2008, 475; s.a. EGMR Nr. 11364/03, Urteil der Großen Kammer v. 09.07.2009 [Mooren v. Deutschland II] StraFo 2010, 63 = StRR 2009, 473 ff. [m.Anm. D. *Herrmann*] = StV 2010, 490 ff. [m.Anm. *Pauly*]; zum Ganzen auch: *Brockhaus/Ullrich* StV 2016, 678 ff.; *Broß* StraFo 2009, 10 ff.; *Killinger*, Staatshaftung für rechtswidrige Untersuchungshaft in Deutschland und Österreich im Lichte von Art. 5 Abs. 5 EMRK, 2015; *Strafner* StV 2010, 275 ff.; LR/*Esser*, Erl. zu Art. 5 EMRK; vgl. dort auch Art. 5 EMRK Rdn. 68 ff.).
Zu Entschädigungsansprüchen bei Untersuchungshaft s. auch die dort ausführlichere Kommentierung vor § 112 Rdn. 4 ff.

Das Beschleunigungsgebot unterliegt aber zumindest in gewissem Umfang der **Dispositionsfreiheit** des 139
Beschuldigten und seines Verteidigers. In der Praxis kommt es gelegentlich auch durch die Verhinderung des (Wahl-) Verteidigers zu Verzögerungen (s. hierzu: BVerfG NStZ 2006, 460 f. = StV 2006, 451 ff. [m.Anm. *Hilger* StV 2006, 451 f.]; StRR 2007, 36 f. [m.Anm. *Burhoff*]; OLG Hamm StraFo 2006, 323 f. = StV 2006, 482 ff.; OLG Hamburg JZ 2006, 485 [LS] = NJW 2006, 2792 ff. = NStZ 2007, 79 ff. = StraFo 2006, 372 f. = StV 2006, 533 f.; OLG Köln StV 2006, 145 f. = StraFo 2006, 111; ausführlich zur Beachtung des Beschleunigungsgebotes auch durch die Verteidigung *Herrmann*, Untersuchungshaft, Rn. 961 ff.). Zur Vermeidung von Verzögerungen insb. bei der straffen Terminierung der Sache (hierzu BVerfG NJW 2006, 672 ff. [mit Anm. *Jahn* NJW 2006, 652 ff.] = NStZ 2006, 313 ff. [mit Anm. *Schmidt*] = NStZ 2007, 142 f. = StraFo 2006, 68 = StV 2006, 73 ff.) soll es zulässig sein, einen (weiteren) Pflichtverteidiger beizuordnen (BVerfG NStZ 2006, 460; BGH NStZ 2007, 163; NStZ 2007, 169; BGH NStZ 2006, 463; NStZ 2006, 145; OLG Hamm StV 2006, 481; NJW 2006, 2788; OLG Jena NStZ-RR 2009, 114 [LS]; OLG Köln StV 2006, 143; StV 2006, 145; StV 2006, 463). Das Gericht muss aber auf Wünsche des Beschuldigten Rücksicht nehmen, wenn dieser verlangt, vom Anwalt seines Vertrauens verteidigt zu werden (OLG Hamm StV 2006, 481 [m.Anm. *Hilger* StV 2006, 451 ff.]; NJW 2006, 2788 ff.; OLG Naumburg StraFo 2008, 205 f.; einschränkend aber: OLG Naumburg StRR 2009, 106; Meyer-Goßner/*Schmitt* § 142 Rn. 9a). Es kann also nicht ausgeschlossen werden, dass es zu Verzögerungen kommt, die dem Beschleunigungsgebot zuwiderlaufen, weil dem Beschuldigten das Vertrauen zu seinem Verteidiger wichtiger ist als eine zügige Verhandlung, an der dieser nicht teilnehmen kann. Der Anspruch des Beschuldigten auf eine rasche Erledigung seines Verfahrens tritt zurück, wenn er sonst durch einen von ihm nicht gewollten, vom Gericht aufoktroyierten Pflichtverteidiger vertreten würde (s. hierzu: BGH NStZ 2008, 351; zum Ganzen: *Herrmann*, Untersuchungshaft, Rn. 968 ff.). Ihm steht hier ein Mitspracherecht zu, auf das angemessen Rücksicht genommen werden muss. Zwar handelt es sich beim Beschleunigungsgebot in Haftsachen um einen objektiven Verfahrensgrundsatz. Dieser ist aber Ausfluss des persönlichen Rechts des Beschuldigten auf eine zügige Verhandlung und Aburteilung. Es geht um dessen individuellen Freiheitsanspruch. Trotz der strengen Vorgaben zum Beschleunigungsgebot in Haftsachen ist nicht einzusehen, warum dem Beschuldigten nicht trotzdem das Recht auf den Verteidiger seiner Wahl zustehen soll. Das Beschleunigungsgebot ist nur einer von mehreren zu beachtenden Verfahrensgrundsätze. Es stößt an seine Grenzen, wenn es in Widerstreit mit den weiteren Grundsätzen auf ein faires Verfahren gerät. Das Recht auf Auswahl eines Verteidigers des Vertrauens ist ein solcher Grundsatz. Er ist ebenso zu berücksichtigen. Zumindest in gewissem Umfang ist deshalb Rücksicht auf die Wünsche des Beschuldigten zu nehmen. Bei **mehreren Beschuldigten** sind aber wiederum deren Rechte auf beschleunigte Verhandlung und Aburteilung vorrangig zum individuellen Recht des Einzelnen zu beachten (BGH NStZ 2007, 163; [OLG Bremen StV 2016, 508 ff.; OLG Jena NStZ-RR 2009, 114 [LS]]. In solchen Fällen muss das Gericht einen Ausgleich finden zwischen einerseits dem Grundsatz der Beschleunigung in Haftsachen und andererseits dem Verteidigungsrecht des Beschuldigten, indem es z.B. die Hauptverhandlung langfristig, schon mit Zustellung der Anklageschrift, terminiert und bei Terminschwierigkeiten der Verteidiger Verhandlungstermine frühzeitig mit diesen abstimmt. Terminsnöte von kompromissbereiten Verteidigern dürfen nicht ohne Weiteres [LS]; OLG Jena NStZ-RR 2009, 114 [LS]; BGH NStZ 2009, 650 f. = NStZ-RR 2010, 137 = StraFo 2009, 383 f. = StRR 2009, 383 f. [m.Anm. *Stephan*] = StV 2009, 565 f.; s.a. *Burhoff* Hdb. für das strafrechtliche Ermittlungsverfahren, Rn. 4181 und insb. auch Rn. 2343 a.E.).
Angekündigte Einlassungen des Beschuldigten sind abzuwarten, sofern dies im strafprozessual vorgesehenen Rahmen geschieht. Mögliche Verzögerungen des Verfahrens aufgrund der Wahrnehmung prozessualer Verteidigungsrechte, die ihre Ursache allein im Verantwortungsbereich des Beschuldigten haben, begründen einen Verstoß gegen das Beschleunigungsgebot und rechtfertigen eine Beendigung der Untersuchungshaft nur dann, wenn Staatsanwaltschaft und Gericht ihrerseits hierauf nicht sachgerecht reagiert haben. Nur dann verlagert sich die Ursächlichkeit für die Verfahrensverzögerung wieder in den Verantwortungsbereich der Justiz zurück (OLG Nürnberg wistra 2011, 478 ff.)

140 Zum Beschleunigungsgebot s.a. die Kommentierung bei § 120 Rdn. 17 ff. und § 121 Rdn. 8 ff. sowie Rdn. 35.

§ 112a Haftgrund der Wiederholungsgefahr

(1) [1]Ein Haftgrund besteht auch, wenn der Beschuldigte dringend verdächtig ist,

1. eine Straftat nach den §§ 174, 174a, 176 bis 176d, 177, 178, 184b Absatz 2 oder nach § 238 Abs. 2 und 3 des Strafgesetzbuches oder

2. wiederholt oder fortgesetzt eine die Rechtsordnung schwerwiegend beeinträchtigende Straftat nach § 89a, nach § 125a, nach den §§ 224 bis 227, nach den §§ 243, 244, 249 bis 255, 260, nach § 263, nach den §§ 306 bis 306c oder § 316a des Strafgesetzbuches oder nach § 29 Absatz Satz 1 Nummer 1, 10 oder Abs. 3, § 29a Abs. 1, § 30 Abs. 1, § 30a Abs. 1 des Betäubungsmittelgesetzes oder nach § 4 Absatz 3 Nummer 1 Buchstabe a des Neue-psychoaktive-Stoffe-Gesetzes

begangen zu haben, und bestimmte Tatsachen die Gefahr begründen, daß er vor rechtskräftiger Aburteilung weitere erhebliche Straftaten gleicher Art begehen oder die Straftat fortsetzen werde, die Haft zur Abwendung der drohenden Gefahr erforderlich und in den Fällen der Nummer 2 eine Freiheitsstrafe von mehr als einem Jahr zu erwarten ist. [2]In die Beurteilung des dringenden Verdachts einer Tatbegehung im Sinne des Satzes 1 Nummer 2 sind auch solche Taten einzubeziehen, die Gegenstand anderer, auch rechtskräftig abgeschlossener, Verfahren sind oder waren.

(2) Absatz 1 findet keine Anwendung, wenn die Voraussetzungen für den Erlaß eines Haftbefehls nach § 112 vorliegen und die Voraussetzungen für die Aussetzung des Vollzugs des Haftbefehls nach § 116 Abs. 1, 2 nicht gegeben sind.

Übersicht

1 **A. Allgemeines.** Der Haftgrund der Wiederholungsgefahr erlaubt die Inhaftierung des Beschuldigten als vorbeugende Maßnahme zur Verhinderung weiterer erheblicher Straftaten besonders gefährlicher Täter (**Sicherungshaft**). Die Vorschrift hat präventiv-polizeilichen Charakter. Sie ist dennoch mit dem GG vereinbar (BVerfGE 19, 342, 349 ff. = NJW 1966, 243, 244; BVerfGE 35, 185 = NJW 1973, 1363 f.; krit.: OLG Jena StraFo 2009, 21 f.; krit. auch: *Humberg* Jura 2005, 376, 377 f.; *Rentzel-Rothe* StV 2013, 786 ff.; *Roxin/Schünemann*, Strafverfahrensrecht, 27. Aufl. 2012, S. 241; SK-StPO/*Paeffgen* § 112a Rn. 3). Der Haftgrund der Wiederholungsgefahr ist auch in Art. 5 Abs. 1 Satz 2 lit. c) EMRK ausdrücklich vorgesehen, er verstößt nicht gegen die Unschuldsvermutung des Art. 6 Abs. 2 EMRK (zur Rspr. des EGMR: *Kühne* StV 2002, 386; s.a. Meyer-Goßner/*Schmitt* § 112a Rn. 1; *Nerée* StV 1993, 212 ff.; a.A. SK-StPO/*Paeffgen* § 112a Rn. 5; *Wolter* ZStW 93, 485).

2 Obwohl die Sicherungshaft nicht als verfahrenssichernde Haft i.S.d. § 112 verstanden werden kann, sondern vorbeugende Verwahrung ist (Meyer-Goßner/*Schmitt* § 112a Rn. 1; aus der Rspr: KG Beschl. v. 28.02.2012, 4 Ws 18/12), erfolgt deren Regelung wegen des Sachzusammenhangs sinnvollerweise als strafprozessualer Eingriff in der StPO und nicht als präventive Maßnahme i.R.d. Polizeigesetze der Länder (KK/*Graf* § 112a Rn. 5; Meyer-Goßner/*Schmitt* § 112a Rn. 1; a.A. *Paeffgen*, Vorüberlegungen zu einer Dogmatik des Untersuchungshaftrechts, 1986, S. 156; *Weigend* FS Müller, 2008, S. 744).

3 Der Regelungsumfang des § 112a ist immer wieder ausgedehnt worden, zuletzt durch das am 31.03.2007 in Kraft getretene Gesetz zur Strafbarkeit beharrlicher Nachstellungen (**»Stalking-Bekämpfungsgesetz«**). Nach diesem Gesetz ist die Anordnung von Untersuchungshaft wegen Wiederholungsgefahr auch in qualifizierten Fällen der Nachstellung gem. § 238 Abs. 2 u. 3 StGB vorgesehen. Untersuchungshaft wegen Wiederholungsgefahr wird in diesen Fällen als **»Deeskalationshaft«** angesehen. Opfern von Stalking-Angriffen soll durch eine Unterbrechung des gegen sie gerichteten Psychoterrors geholfen werden. In gravierenden Fällen scheint dies nur durch eine Inhaftierung des Täters möglich. Regelmäßig liegen hier die Voraussetzungen des § 112 (Flucht, Fluchtgefahr oder Verdunkelungsgefahr) aber nicht vor, da die Täter bisher strafrechtlich nicht in Erscheinung getreten sind und in geordneten sozialen Verhältnissen leben (aus der Rspr.: OLG Karlsruhe StRR 2008, 243 [LS]; LG Lübeck JuS 2008, 553 ff. [m.Anm. *Jahn*]; zum Ganzen: *Junker/Veh* StRR 2007, 164 ff.; *Kinzig* ZRP 2006, 255 ff.; *Knauer/Reinbacher* StV 2008, 377; *Krüger* NJ 2008, 150 ff.; *ders.* NStZ

2010, 546 ff. [mit Rechtsprechungsnachweisen]; *Mitsch* NJW 2007, 1237 ff.; *Pollähne* StraFo 2006, 398 ff.; *Sering* NJW-Spezial 2007, 375 f.; *Valerius* JuS 2007, 319 ff.; *Weber-Hassemer* ZRP 2006, 69 ff.).

Dieser Ansatz erscheint problematisch, denn hier wird noch konsequenter als bisher mit der Wiederholungsgefahr ein polizeiliches Element in die Strafprozessordnung eingefügt. Anstelle von Verfahrenssicherung (zum Zweck der Untersuchungshaft s. vor § 112 Rdn. 7) steht hier die Deeskalation von Streitigkeiten im privaten Lebensbereich im Vordergrund. Es liegt auf der Hand, dass in diesen Fällen die Frage der Verhältnismäßigkeit der Haft besonders sorgfältig geprüft werden muss. Im Ergebnis ist der gesetzlich geregelte Systembruch nur mit dem in der letzten Zeit zu beobachtenden, politisch gewünschten Interesse an verstärktem Opferschutz zu erklären (ebenfalls krit.: *Gazeas* KJ 2006, 247, 265; *Krüger* NJ 2008, 150 ff.; *ders.* NStZ 2010, 546 ff.; *Mitsch* NJW 2007, 1237, 1341 f.; *Steinberg* JZ 2006, 30 ff.; *Vander* KritVjschr 2006, 81, 92). 4

Eine weitere Verschärfung des Haftgrundes des § 112a war im **Entwurf eines Gesetzes zur Effektivierung des Haftgrundes der Wiederholungsgefahr** der freien Hansestadt Hamburg vorgesehen (BR-Drucks. 24/11 v. 18.01.2011). Danach sollte neben den bereits bisher genannten qualifizierten Körperverletzungsdelikten (§§ 224–227 StGB) auch die einfache Körperverletzung (§ 223 StGB) in den Katalog der schwerwiegenden Anlasstaten aufgenommen werden. Einer Vortat sollte es dann nicht mehr bedürfen. Bereits von der Anlasstat sollte auf die wiederholte Begehung gleichartiger Straftaten geschlossen werden können. Das Bestreben nach Sicherheit und Schutz der Bevölkerung gebiete eine solche Ausweitung des Haftgrundes. Sollte dieser Vorschlag Gesetz werden, dann genügt bereits eine einfache Körperverletzung gem. § 223 StGB zur Rechtfertigung der Untersuchungshaft, einer qualifizierten Begehung oder entsprechender Tatfolgen wäre nicht mehr erforderlich. Eine solche als »Effektivierung« bezeichnete Ausweitung des Haftgrundes der Wiederholungsgefahr verschöbe Sinn und Zweck der Untersuchungshaft noch weiter in Richtung einer »Schutzhaft« zur Deeskalation. Sie gestaltet das Haftrecht aber nicht effektiver sondern verschärft es nur zusätzlich. Präventive Aspekte treten dann noch weiter in den Vordergrund, um kriminalpolitische Ziele zu verwirklichen. Ein solcher Rechtsopportunismus mag dem Schutzbedürfnis der Öffentlichkeit und der reißerischen Berichterstattung entsprechender Fälle in der Öffentlichkeit geschuldet sein, mit Sinn und Zweck der Untersuchungshaft steht er nicht ansatzweise in Einklang. Der Gesetzesentwurf konnte sich (soweit ersichtlich) nicht durchsetzen. 5

Der Haftgrund der Wiederholungsgefahr findet auch im **Jugendstrafverfahren** Anwendung. Das aufgrund der gesetzlichen Regelungen des JGG bestehende Konkurrenzverhältnis zwischen Untersuchungshaft und vorläufigen Anordnungen zur Erziehung gem. § 71 Abs. 2 JGG ist dadurch aufzulösen, dass anstelle der Untersuchungshaft die weniger einschneidende Maßnahme der einstweiligen Unterbringung zu wählen ist, wenn dadurch der Wiederholungsgefahr ausreichend begegnet werden kann (KG StV 2009, 83; OLG Braunschweig StV 2009, 84; OLG Bremen StV 2013, 773 ff. [m.Anm. *Rentzel-Rothe* StV 2013, 786 ff.]; OLG Hamm StV 2002, 432 f. = NStZ-RR 2002, 120 [LS]; LG Kiel StV 2002, 433; KK/*Graf* § 112a Rn. 4; *Eisenberg* NStZ 1999, 281, 283; Meyer-Goßner/*Schmitt* § 112a Rn. 1 a.E.; *Nerée* StV 1993, 212 ff.; ausführlich zum Ganzen: *Rentzel-Rothe* StV 2013, 786 ff.). Wegen der in § 72 JGG vorgesehenen Subsidiarität der Untersuchungshaft in Jugendstrafsachen zu anderen sich bietenden Alternativen, bspw. der einstweilige Unterbringung in einem geeigneten Heim der Jugendhilfe, sind im Haftbefehl konkrete Gründe zu nennen, aus denen sich ergibt, dass andere (mildere) Maßnahmen nicht ausreichend sind und die Untersuchungshaft auch sonst nicht unverhältnismäßig ist (OLG Bremen StV 2013, 773 ff. [m.Anm. *Rentzel-Rothe* StV 2013, 786 ff.]; OLG Karlsruhe StV 2011, 596; OLG Köln StRR 2008, 35 ff. [m.Anm. *Mertens*]). 6

Durch Gesetz vom wurde ein ergänzender Hinweis zu dem bereits im Gesetzestext enthaltenen Verweis auf das BtmG, nun auch auf das des Neue-psychoaktive-Stoffe-Gesetz in den Gesetzestext eingefügt. 7

B. Voraussetzungen der Sicherungshaft gem. § 112a Abs. 1. Sicherungshaft bei Wiederholungsgefahr kann angeordnet werden, wenn der Beschuldigte entweder einer Straftat gegen die sexuelle Selbstbestimmung oder einer »Nachstellung« i.S.d. § 112a Abs. 1 Nr. 1 dringend verdächtig ist oder wenn der dringende Tatverdacht besteht, der Beschuldigte habe **wiederholt oder fortgesetzt** eine der in § 112a Abs. 1 Nr. 2 aufgezählten strafbaren Handlung begangen. Darüber hinaus müssen bestimmte Tatsachen die Prognose rechtfertigen, der Beschuldigte werde **erneut erhebliche Taten gleicher Art** begehen (vgl. OLG Frankfurt StraFo 2008, 240 f. = StV 2008, 364 f.; OLG Frankfurt StRR 2008, 395; OLG Hamm StV 1997, 310; Meyer-Goßner/*Schmitt* § 112a Rn. 2 ff.). 8

I. Dringender Verdacht einer Anlasstat. Voraussetzung für die Annahme des Haftgrundes der Wiederholungsgefahr ist ein **dringender Verdacht** dafür, dass die ernsthafte oder auch dringende Gefahr besteht, der Beschuldigte werde vor rechtskräftiger Aburteilung weitere erhebliche Straftaten gleicher Art begehen (OLG Frankfurt StV 2000, 209 f.; *Burhoff* Hdb. für das strafrechtliche Ermittlungsverfahren, Rn. 4169 ff.; Meyer-Goßner/*Schmitt* § 112a Rn. 3; *Schlothauer/Weider/Nobis*, Untersuchungshaft, Rn. 663 ff.). Diese 9 durch bestimmte Tatsachen begründete Gefahr, der Beschuldigte werde weitere erhebliche Taten gleicher Art begehen, darf aber nicht mit dem dringenden Tatverdacht selbst verwechselt werden (ausführlich zum dringenden Tatverdacht s.o. § 112 Rdn. 6 ff.).

10 **II. Anlasstat gem. § 112a Abs. 1 Nr. 1 und 2. 1. Anlasstat gem. § 112a Abs. 1 Nr. 1.** Anlasstaten nach § 112a Abs. 1 Nr. 1 sind Straftaten gegen die **sexuelle Selbstbestimmung**, konkret die §§ 174, 174a, 176 bis 179 StGB, sowie qualifizierte Formen der **Nachstellung** des § 238 Abs. 2 und 3 StGB.

11 Bei den von Nr. 1 erfassten Straftaten genügt für die Annahme einer Wiederholungsgefahr der dringende Verdacht einer einmaligen Begehung. Hier soll der besondere Personenkreis der Bevölkerung, der von derartigen Straftaten betroffen ist, geschützt werden. Bereits eine einmalige Verfehlung soll auf entsprechende Mängel in der Persönlichkeit des Beschuldigten schließen lassen, sodass eine Inhaftierung gerechtfertigt sein kann (s.o.). § 238 Abs. 1 StGB verlangt allerdings schon auf Tatbestandsebene für die Nachstellung ein »beharrliches« Vorgehen, also im Ergebnis eine mindestens wiederholte Begehung (BGHSt 54, 189, 195 = NJW 2010, 1680, 1682 [m. zust. Anm. *Gazeas*] = NStZ 2010, 277 ff. = StraFo 2010, 166 f. = StRR 2010, 229 f. [m.Anm. *Klaws*] = StV 2010, 307; OLG Koblenz StV 2014, 550 [Wiederholungsgefahr abgelehnt bei 6 Jahre zurückliegender Anlasstat]; OLG Zweibrücken NStZ-RR 2010, 145 f. = StRR 2010, 234 f. [m.Anm. *Klaws*]; s.a. *Fischer*, StGB, § 238 Rn. 18 a.E.; *Krüger* NStZ 2010, 546, 550 f.; *Seher* JZ 2010, 582; SSW-StGB/*Schluckebier* § 238 Rn. 13). Hier findet der Grundsatz der Verhältnismäßigkeit faktisch also bereits auf der Ebene des materiellen Rechts, unmittelbar beim Tatvorwurf des § 238 StGB, Beachtung. Die gesetzliche Intention des neuen § 112a Abs. 1 Nr. 1 läuft dem zuwider.

12 **2. Anlasstat gem. § 112a Abs. 1 Nr. 2.** Anlasstaten nach § 112a Abs. 1 Nr. 2 sind Straftaten, die erfahrungsgemäß oft als Serienstraftaten begangen werden. Diese Taten müssen – anders als die in Nr. 1 genannten Taten – wiederholt oder fortgesetzt begangen worden sein. und zusätzlich die Rechtsordnung schwerwiegend beeinträchtigt haben (KK/*Graf* § 112a Rn. 12 ff.; *Herrmann*, Untersuchungshaft, Rn. 811; LR/*Hilger* § 112a Rn. 8; Meyer-Goßner/*Schmitt* § 112a Rn. 7 ff.). Da die Katalogtaten des § 112a Abs. 1 Satz 1 Nr. 2 StPO schon generell schwerwiegender Natur sind, kann das Merkmal »die Rechtsordnung schwerwiegend beeinträchtigend« vom Gesetzgeber nur als weitere Einschränkung des Haftgrundes gemeint sein (OLG Frankfurt StV 2017, 816 f.).

13 Da die in Nr. 2 genannten Anlasstaten schon allgemein als schwerwiegend angesehen werden können, müssen sie, um als Haftgrund zu genügen, einen **über dem Durchschnitt liegenden Schweregrad** oder Unrechtsgehalt aufweisen (OLG Bremen StV 2013, 773 ff. [m.Anm. *Rentzel-Rothe* StV 2013, 786 ff. – zum JGG]; OLG Frankfurt StV 2000, 209; KG StV 2010, 585; OLG Oldenburg NStZ-RR 2010, 159 = StRR 2010, 196 [m.Anm. *Burhoff*] = StV 2010, 140; LG Bonn StV 1988, 439). Jede einzelne Tat muss mindestens »in der oberen Hälfte der mittelschweren Straftaten« liegen (OLG Hamm StRR 2015, 194 f. [m.Anm. *Burhoff*]; OLG Jena StV 2009, 251, 252; LG Regensburg StV 2015, 303 f.). Dabei sind auch Art und Umfang des angerichteten Schadens zu berücksichtigen (OLG Frankfurt a. M. StV 2016, 816 [gewerbsmäßige Hehlerei mit schaden von jeweils unter 1.000 €]; OLG Hamm StRR 2015, 194 f. [m.Anm. *Burhoff* – dort mit einer Übersicht zu bereits entschiedenen Schadensbeträgen] = NStZ-RR 2015, 115; OLG Hamm NStZ-RR 2011, 124 = StV 2011, 291 ff. = NStZ-RR 2011, 124 [verneint für Betrugsschäden zwischen 1.000 € und 1.905 €]; OLG Karlsruhe StV 2017, 456 f. [verneint für Einbruchschaden unter 1.000 €]; OLG Jena StV 2009, 251 f. [verneint für Diebstahl von älteren Kfz im Wert von jeweils allenfalls 1.000 €]); LG Berlin NStZ 2010, 203 = StV 2009, 652 f.; LG Regensburg StV 2015, 303 f.). Allerdings genügt es nicht, die Tatschwere allein nach dem Gesamtschaden zu bemessen (OLG Frankfurt StV 2000, 209 f.; OLG Oldenburg StV 2005, 618 [für Betrugstaten]). Nur mit jugendgerichtlichen Zuchtmitteln geahndete Vortaten sind regelmäßig keine Straftaten, die die Rechtsordnung schwerwiegend beeinträchtigen (OLG Bremen StV 2013, 773 ff. [m.Anm. *Rentzel-Rothe* StV 2013, 786 ff.]; OLG Oldenburg NStZ-RR 2010, 159 = StRR 2010, 196 [m.Anm. *Burhoff*] = StV 2010, 140). Hinsichtlich der bei der Beurteilung des dringenden Tatverdachts einzubeziehenden Vortaten sind neben dem Schweregrad die Tatzeiten (KG StV 2010, 585; differenzierter hierzu sogleich, s.u.) und auch eine tatmehrheitliche Begehung zu beachten (LG Freiburg StV 2015, 648 [fünf Ladendiebstahle mit einem Schaden von zwischen 180 € und 330 € genügen]; ebenso LG Braunschweig StV 2016, 165 [LS], allerdings mit dem Zusatz, dass eine Katalogtat als Anlasstat in der Regel ausscheide, wenn der Einzeltat nicht mindestens eine Straferwartung von einem Jahr zukomme; vgl. hierzu Rdn. 14).

14 Bei den Anlasstaten nach Nr. 2 muss zusätzlich eine **Freiheitsstrafe von mehr als einem Jahr** zu erwarten sein (s. § 112a Abs. 1 Satz 1 a.E.). Hierbei genügt auch eine gem. § 56 StGB zur Bewährung ausgesetzte Strafe (*Meyer-Goßner*/*Schmitt* § 112a Rn. 10; LG Braunschweig StV 2016, 165 [LS]).

III. Wiederholungsgefahr. Die Wiederholungsgefahr erfordert schon begrifflich die Gefahr der Begehung weiterer erheblicher Straftaten. Diese Gefahr muss aufgrund **bestimmter Tatsachen** anzunehmen sein (OLG Bremen StraFo 2007, 26; OLG Dresden StV 2006, 534). Anhaltspunkte hierfür sind v.a. die äußeren Umstände der Tatbegehung, die Persönlichkeit des Beschuldigten sowie das soziale Umfeld z.Zt. der Tatbegehung (OLG Bremen NStZ-RR 2001, 220; *Herrmann*, Untersuchungshaft, Rn. 813 f.; LR/*Hilger* § 112a Rn. 33 ff.; Meyer-Goßner/*Schmitt* § 112a Rn. 14). Besondere Bedeutung kommt auch einschlägigen Vorstrafen des Beschuldigten und deren zeitlicher Abfolge zu (OLG Karlsruhe NJW 2006, 2424 [zwei Anlasstaten genügen]; LG Zweibrücken StV 2006, 313). Bei einer einmaligen früheren Tatbegehung muss Wiederholungsgefahr jedoch ebenso verneint werden (vgl. hierzu: OLG Köln, StraFo 2002, 366 = StV 2003, 169 ff. = StV 2003, 517 ff. [die Entscheidung wurde im StV zweimal veröffentlicht]), wie bei lange zurückliegenden Taten (vgl. hierzu: OLG Jena StraFo 2009, 21; OLG Koblenz StV 2014, 550 [6 Jahre zurückliegende Anlasstat]; OLG Oldenburg StV 2005, 618 [ein Jahr]; LG Bremen StV 2005, 618 [sieben Jahre]). Diese Tatsachen müssen beim Beschuldigten eine so starke Bereitschaft zur Begehung weiterer einschlägiger Straftaten erkennen lassen, dass zu besorgen ist, er werde die Taten noch vor einer Verurteilung wegen der Anlasstat fortsetzen (OLG Frankfurt, Beschl. v. 08.08.2007 – 1 Ws 89/07, WKRS 2007, 41188). Ist infolge der Inhaftierung weiterer Beschuldigter eine bandenmäßige Einfuhr von BtmG nicht mehr möglich, dann entfällt eine entsprechende Wiederholungsgefahr (OLG Düsseldorf StV 2010, 585). 15

Die Haft muss zur Abwendung der drohenden Wiederholungsgefahr **erforderlich** sein (KK/*Graf* § 112a Rn. 7 ff.; *Herrmann*, Untersuchungshaft, Rn. 810; LR/*Hilger* § 112a Rn. 8 und Rn. 17; Meyer-Goßner/*Schmitt* § 112a Rn. 6). Kann die Gefahr durch weniger einschneidende Maßnahmen abgewendet werden, dann darf Untersuchungshaft nicht angeordnet werden (OLG Frankfurt StV 1992, 425 [Drogentherapie]). 16

Bis zur Reform des Untersuchungshaftrechts durch das **2. OpferRRG v. 29.07.2009** (BGBl. I, S. 2280) war umstritten, welche Taten zur Begründung des Haftgrundes der Wiederholungsgefahr bei § 112a Abs. 1 Nr. 2 herangezogen werden dürfen. Nach Auffassung des OLG Frankfurt (zuletzt StV 2008, 364; StRR 2008, 395) mussten die Taten, deren wiederholter Begehung der Beschuldigte zur Erfüllung der Voraussetzungen des Haftgrundes der Wiederholungsgefahr dringend verdächtig sein muss, Gegenstand desselben Ermittlungsverfahrens sein. Frühere Verurteilungen des Beschuldigten durften zur Begründung der Wiederholungsgefahr nicht herangezogen werden. Die wohl herrschende Meinung der Obergerichte war a.A. (vgl. OLG Karlsruhe NJW 2006, 2424; OLG Hamm StV 1997, 210; OLG Stuttgart NStZ 1988, 326; OLG Hamburg NJW 1980, 2367; zum Ganzen auch: *Herrmann*, Untersuchungshaft, Rn. 817). Diese Streitfrage ist nunmehr durch die Einfügung des neuen § 112a Abs. 1 Satz 2 entschieden: In die Beurteilung des dringenden Verdachts i.S.d. § 112a Abs. 1 Nr. 2 sind auch solche Taten einzubeziehen, die Gegenstand anderer, auch schon bereits rechtskräftig abgeschlossener Verfahren sind oder waren (vgl. auch BT-Drs. 16/12098, S. 19 f.). 17

Die gesetzliche Neuregelung bedeutet eine zusätzliche Verschärfung. Ein konkreter zeitlicher oder sachlicher Bezug zwischen früheren Taten und Anlasstat ist nicht mehr erforderlich (einschränkend s. unter Rdn. 15). Dies widerspricht der ursprünglichen Intention des Gesetzgebers. Denn die Sicherungshaft sollte nur einer aktuellen Gefahrenlage Rechnung tragen und nur für diese Fälle eine Untersuchungshaft rechtfertigen (*Herrmann*, Untersuchungshaft, Rn. 817; *Schlothauer/Weider/Nobis*, Untersuchungshaft, Rn. 663 ff., 671). Die mit der Änderung des Gesetzes einhergehende Ausweitung des Haftgrundes der Wiederholungsgefahr ist offensichtlich dem Sicherheitsbedürfnis der Allgemeinheit geschuldet. 18

Wenn aber der Haftgrund der Wiederholungsgefahr präventiv-polizeilich zu verstehen ist und einer aktuellen Gefahrenlage Rechnung trägt, dann verlieren Vortaten auch weiterhin umso mehr an Bedeutung, je weiter sie zurückliegen (s. hierzu bereits unter Rdn. 15). Denn § 112a Abs. 1 Satz 2 sieht nur vor, dass diese Vortaten in die Beurteilung einzubeziehen sind, mehr aber auch nicht (OLG Jena StraFo 2009, 21 f.; OLG Oldenburg NStZ-RR 2010, 159 = StRR 2010, 196 [m.Anm. *Burhoff*] = StV 2010, 140; OLG Oldenburg NStZ 2006, 140 = StV 2005, 618 f.; s.a. *Schlothauer/Weider/Nobis*, Untersuchungshaft, Rn. 663 ff., 674). 19

Bei allem ist auch **§ 51 BZRG** zu beachten. Ist eine Eintragung im BZR getilgt worden oder ist sie zu tilgen, dann dürfen die Tat und die Verurteilung dem Beschuldigten nicht vorgehalten und nicht zu seinem Nachteil verwertet werden. Die in § 52 BZRG geregelten Ausnahmen hierzu betreffen Sachverhalte die nichts mit der Untersuchungshaft zu tun haben. 20

C. Subsidiarität der Sicherungshaft. Nach § 112a Abs. 2 ist die Sicherungshaft subsidiär zu den anderen gesetzlichen Haftgründen (OLG Köln StV 2003, 169; s.a. OLG Dresden StV 2006, 534). Die Haftgründe des § 112 StPO haben Vorrang. Der Haftbefehl darf auch nicht neben einem der in § 112 genannten Haftgründe hilfsweise auf den der Wiederholungsgefahr gestützt werden (Meyer-Goßner/*Schmitt* § 112a Rn. 17). Dies wird in der Praxis häufig verkannt. 21

22 Der Haftgrund der Wiederholungsgefahr darf bei einem auf den Haftgründen des § 112 basierenden Haftbefehl erst dann angenommen werden, wenn hinsichtlich der dort vorgesehenen Haftgründe der Haftbefehl gem. § 116 Abs. 1 oder 2 außer Vollzug gesetzt werden müsste.

23 Der Haftgrund der Wiederholungsgefahr unterliegt damit einer »**doppelten Subsidiarität**«. Zunächst kann die Untersuchungshaft aufgrund von § 112a nur angeordnet werden, wenn nicht schon ein Haftgrund der Flucht, der Fluchtgefahr oder der Verdunkelungsgefahr i.S.d. § 112 vorliegt und ein entsprechender Haftbefehl ergehen könnte (vgl. § 112a Abs. 2). Danach ist vorrangig zu prüfen, ob nicht eine Außervollzugsetzung des aufgrund von § 112 ergangenen Haftbefehls auf der Basis von § 116 Abs. 1 und 2 erfolgen kann. Erst wenn dies anzunehmen ist, stellt sich die Frage, ob Untersuchungshaft wegen Wiederholungsgefahr angeordnet werden kann. Insofern ist dann aber noch eine mögliche Haftverschonung nach § 116 Abs. 3 zu beachten (KK/*Graf* § 112a Rn. 24; *Herrmann*, Untersuchungshaft, Rn. 825; LR/*Hilger* § 112a Rn. 47 ff.; Meyer-Goßner/*Schmitt* § 112a Rn. 17; s.a. *Burhoff* Hdb. für das strafrechtliche Ermittlungsverfahren, Rn. 4171). Eine hilfsweise Heranziehung des Haftgrundes der Wiederholungsgefahr für den Fall, dass andere Haftgründe sich nicht ausreichend tief begründen lassen kommt nicht in Betracht. Das widerspräche dem Grundsatz, dass sämtliche Haftgründe genannt werden müssen und wäre auch mit einer einheitlichen Beurteilung der Verhältnismäßigkeit nicht vereinbar. Wenn Untersuchungshaft unverhältnismäßig ist, dann ist sie das insgesamt (*Burhoff* Hdb. für das strafrechtliche Ermittlungsverfahren, Rn. 4171; ebenso *Tsambikakis* StV 2011, 738 ff. [Anm. zu OLG Jena]; a.A. OLG Jena StV 2011, 735 ff.).

24 **D. Sonstiges.** Die Sicherungshaft wegen Wiederholungsgefahr darf wegen derselben Tat, nicht länger als ein Jahr dauern. In § 122a ist ausnahmsweise eine **absolute Höchstgrenze für die Dauer der Untersuchungshaft** normiert. Es handelt sich um eine Sonderregel zu den §§ 121 Abs. 1 und 122 Abs. 4 Satz 2. Bei der Berechnung der Haftdauer sind nur die Zeiten zu berücksichtigen, in denen sich der Beschuldigte wegen des konkreten Haftgrundes der Wiederholungsgefahr in Haft befunden hat. Schon vor Ablauf der Jahresfrist ist der Grundsatz der Verhältnismäßigkeit zu beachten. Nach Fristablauf ist der Haftbefehl zwingend aufzuheben. Eine Außervollzugsetzung genügt nicht den gesetzlichen Vorgaben. Dies kann dazu führen, dass das OLG oder bei entsprechender Zuständigkeit der BGH bei der zweiten Haftprüfung nach §§ 121, 122 den Zeitpunkt für eine Entlassung festsetzen müssen, was zulässig ist. Während der Dauer der Hauptverhandlung ruht der Fristlauf (vgl. § 121 Abs. 3 Satz 2 und 3).

§ 113 Untersuchungshaft bei leichteren Taten

(1) Ist die Tat nur mit Freiheitsstrafe bis zu sechs Monaten oder mit Geldstrafe bis zu einhundertachtzig Tagessätzen bedroht, so darf die Untersuchungshaft wegen Verdunkelungsgefahr nicht angeordnet werden.

(2) In diesen Fällen darf die Untersuchungshaft wegen Fluchtgefahr nur angeordnet werden, wenn der Beschuldigte

1. sich dem Verfahren bereits einmal entzogen hatte oder Anstalten zur Flucht getroffen hat,
2. im Geltungsbereich dieses Gesetzes keinen festen Wohnsitz oder Aufenthalt hat oder
3. sich über seine Person nicht ausweisen kann.

Übersicht

1 **A. Allgemeines.** Grds. kann auch in Fällen der Kleinkriminalität Untersuchungshaft angeordnet werden (OLG Düsseldorf NJW 1997, 2965; Meyer-Goßner/*Schmitt* § 113 Rn. 1; AnwK-Uhaft/*König*, § 113 StPO Rn. 1). Hierbei ist schon ganz allgemein der **Grundsatz der Verhältnismäßigkeit** i.S.d. § 112 Abs. 1 Satz 2 zu beachten. § 113 bedeutet darüber hinaus eine weitere (zusätzliche) Konkretisierung der Verhältnismäßigkeit. Die Anordnung der Untersuchungshaft wird hier ergänzend eingeschränkt.

§ 113 regelt, dass bei Straftaten mit geringer Strafandrohung trotz Vorliegens der allgemeinen Voraussetzungen entsprechend § 112 (dringender Tatverdacht, Haftgrund, Verhältnismäßigkeit) entweder die Untersuchungshaft gar nicht angeordnet werden darf oder zusätzlich weitere Voraussetzungen für deren Rechtfertigung erfüllt sein müssen.

Für die Annahme einer Freiheitsstrafe bis zu 6 Monaten oder einer Geldstrafe bis zu 180 Tagessätzen entsprechend § 113 Abs. 1 genügt die **abstrakte Strafandrohung.** Auf die konkret zu erwartende Strafe kommt es regelmäßig nicht an. Als Freiheitsstrafe gilt hier neben den im besonderen Teil des StGB genannten Fällen auch der Strafarrest nach § 9 WStG, allerdings nicht der Jugendarrest nach § 16 JGG. Sonstige Rechtsfolgen (Nebenstrafen etc.) bleiben außer Betracht (vgl. zum Ganzen: KK/*Graf* § 113 Rn. 3; LR/*Hilger* § 113 Rn. 3; Meyer-Goßner/*Schmitt* § 113 Rn. 2; KMR/*Wankel*, StPO, § 113 Rn. 3). 2

Auf Haftbefehle wegen **Ungehorsams ggü. dem Gericht** gem. § 230 Abs. 2, § 236 oder § 329 Abs. 4 Satz 1 findet § 113 keine Anwendung. Die Intention der Inhaftierung ist dort eine andere. 3

In den Fällen der §§ 112 Abs. 3 (Schwere der Tat) und § 112a (Wiederholungsgefahr) kommt wegen der dort schon grds. anzunehmenden hohen Strafandrohung der genannten Katalogtaten eine Anwendung von § 113 nicht in Betracht (KK/*Graf* § 113 Rn. 4). Überschneidungen erscheinen hier aus tatsächlichen Gründen unwahrscheinlich. 4

B. Besonderheiten beim Haftgrund der Verdunkelungsgefahr und der Fluchtgefahr. I. Verdunkelungsgefahr gem. § 112 Abs. 2 Nr. 3. Bei der Annahme von **»leichteren Taten«** aus dem Bereich der Kleinkriminalität, die nur mit Freiheitsstrafe bis zu sechs Monaten oder mit Geldstrafe bis zu 180 Tagessätzen bedroht sind, darf die Untersuchungshaft wegen des Haftgrundes der **Verdunkelungsgefahr gem. § 112 Abs. 2 Nr. 3** niemals angeordnet werden. Der Wortlaut von § 113 Abs. 1 ist eindeutig (s.a. *Burhoff*, Handbuch für das strafrechtliche Ermittlungsverfahren, Rn. 4163 a.E.). 5

II. Fluchtgefahr gem. § 112 Abs. 2 Nr. 2. Fluchtgefahr gem. § 112 Abs. 2 Nr. 2 darf bei »leichteren Taten« i.S.d. § 113 nur angenommen werden, wenn über die allgemeinen Voraussetzungen des § 112 Abs. 2 Nr. 2 hinaus auch die besonderen qualifizierten Voraussetzungen des § 113 Abs. 2 Nr. 1 bis 3 gegeben sind (LR/*Hilger* § 113 Rn. 7; Meyer-Goßner/*Schmitt* § 113 Rn. 4). Es muss also entweder eine qualifizierte **»besondere Fluchtgefahr«** (§ 113 Abs. 2 Nr. 1), eine **»Wohnungslosigkeit«** (§ 113 Abs. 2 Nr. 2) oder eine sog. **»Ausweislosigkeit«** (§ 113 Abs. 2 Nr. 3) vorliegen (KK/*Graf* § 113 Rn. 5 f.; LR/*Hilger* § 113 Rn. 4; Meyer-Goßner/*Schmitt* § 113 Rn. 5 ff.). 6

1. Zur qualifizierten »Fluchtgefahr« i.S.d. § 113 Abs. 2 Nr. 1. Eine **»besondere (qualifizierte) Fluchtgefahr«** i.S.d. § 113 Abs. 2 Nr. 1 ist anzunehmen, wenn der Beschuldigte sich im betreffenden Verfahren entweder schon zumindest einmal durch Flucht (flüchtig oder verborgen halten) entzogen hat oder konkrete Anstalten zur Flucht getroffen hat, diese vorbereitet. Dies ist grds. anzunehmen bei Verhaltensweisen, die regelmäßig nicht anders zu erklären sind, als mit einer Fluchtvorbereitung. Zu denken ist grds. an die Veräußerung von Vermögenswerten, die Auflösung des Arbeitsverhältnisses, die Beendigung eines Mietverhältnisses, die sonstige Lösung sozialer Bindungen, die Beantragung eines (neuen) Passes, die Buchung nur eines Fluges ins Ausland ohne Rückflug. Derartige Verhaltensweisen können aber auch andere Gründe haben, insb. wenn sie nicht im Verborgenen geschehen. Es bedarf einer differenzierten Abwägung (zum Ganzen KK/*Graf* § 113 Rn. 6; LR/*Hilger* § 113 Rn. 4 ff.; Meyer-Goßner/*Schmitt* § 113 Rn. 5 ff.; s.a. die Kommentierung bei § 112 Rdn. 25 ff. und Rdn. 37 ff.). 7

2. Zur »Wohnungslosigkeit« bzw. einem fehlenden »festen Aufenthalt« i.S.d. § 113 Abs. 2 Nr. 2. Eine **»Wohnungslosigkeit«** bzw. ein fehlender **»fester Aufenthalt«** i.S.d. § 113 Abs. 2 Nr. 2 ist anzunehmen, wenn eine zumindest auf eine gewisse Dauer angelegte tatsächliche Niederlassung nicht vorhanden ist oder ein Ort, an dem der Beschuldigte zumindest für eine gewisse Zeitdauer erreichbar ist, fehlt (zum Wohnsitz vgl. §§ 7 ff. BGB). Auf die polizeiliche Meldung kommt es insofern nicht an. **Nichtsesshafte** und **Obdachlose** sind trotz ihrer Lebensumstände oft über eine soziale Einrichtung erreichbar, zu der sie Kontakt haben (s. hierzu bereits die Kommentierung bei § 112 a.E., dort Rdn. 34; zum Ganzen KK/*Graf* § 113 Rn. 6; LR/*Hilger* § 113 Rn. 4 ff.; Meyer-Goßner/*Schmitt* § 113 Rn. 6). 8

3. Zur »Ausweislosigkeit« i.S.d. § 113 Abs. 2 Nr. 3. Eine **»Ausweislosigkeit«** i.S.d. § 113 Abs. 2 Nr. 3 liegt vor, wenn der Beschuldigte sich nicht ausweisen kann und seine Personalien auch sonst nicht sicher festgestellt werden können. Auf den Grund kommt es nicht an. Eine Ausweislosigkeit kann **objektiv** (Verlust oder schlicht fehlende Ausweispapiere) oder **subjektiv** (mangelnde Bereitschaft sich auszuweisen oder Angabe falscher Personalien) begründet sein. Hier gilt aber kein formaler Ansatz: Ist der Beschuldigte von Person (»von Amts wegen«) bekannt, dann verfängt Nr. 3 nicht (KK/*Graf* § 113 Rn. 6; Meyer-Goßner/*Schmitt* § 113 Rn. 7; ihm folgend: AnwK-Uhaft/*König*, § 113 StPO Rn. 5). 9

10 **C. Besonderheiten bei der Verhältnismäßigkeit.** Ist der Haftbefehl nach § 113 ergangen, dann kommt dem Grundsatz der Verhältnismäßigkeit über § 112 Abs. 1 Satz 2 hinaus eine weitere ganz besondere Bedeutung zu: In diesen Fällen ist im Hinblick auf die zu erwartende (niedrige) Strafe regelmäßig zusätzlich von einer besonderen Beschleunigungsbedürftigkeit auszugehen. Sinnvollerweise bietet sich eine Behandlung im Strafbefehlsverfahren (§§ 407 ff.) oder im beschleunigten Verfahren (§§ 417 ff.) an. Ist eine Geldstrafe zu erwarten, dann muss sich die Dauer der Untersuchungshaft an der Dauer einer fiktiven Ersatzfreiheitsstrafe (§ 43 StGB) orientieren, sie darf diese allenfalls ausnahmsweise überschreiten (OLG Frankfurt StV 1993, 594; KK/*Graf* § 113 Rn. 7; Meyer-Goßner/*Schmitt* § 113 Rn. 8; *Seetzen* NJW 1973, 2001, 2003; *Wagner* NJW 1978, 2002, 2005).

Ganz allgemein gilt darüber hinaus: Ist nur mit der Verhängung einer Geldstrafe im unteren Bereich zu rechnen, so ist der Erlass eines HB in jedem Fall unverhältnismäßig, auf den dringenden Tatverdacht oder einen Haftgrund kommt es insofern nicht an (AG Kerpen StV 2019, 113 [LS]).

11 **D. Sonstiges.** Der Gesetzgeber nimmt in **Fällen der Kleinkriminalität** die Gefahr einer Verdunkelung offenbar hin, wohingegen er in Fällen der (qualifizierten) Fluchtgefahr des Beschuldigten die Untersuchungshaft dennoch für gerechtfertigt hält (vgl. AnwK-StPO/*Lammer*, § 113 Rn. 5; ihm folgend AnwK-Uhaft/*König*, § 113 StPO Rn. 1). Allerdings kann nicht ernstlich angenommen werden, dass in Fällen der Kleinkriminalität der Beschuldigte eher flieht, als Beweise zu verdunkeln. Ob die Untersuchungshaft gerechtfertigt ist, entscheidet sich vorliegend nicht danach, welche konkreten Anhaltspunkte für die Annahme des Haftgrundes (Verdunkelungsgefahr oder Fluchtgefahr) sprechen, sondern dies ist eine Frage der Verhältnismäßigkeit, gleichgültig ob konkrete Verdunkelungshandlungen angenommen werden können (dann dennoch keine Untersuchungshaft, vgl. § 113 Abs. 1) oder eine konkrete Fluchtgefahr besteht (dann Untersuchungshaft unter Beachtung von § 113 Abs. 2).

12 Welche Beweggründe eine solche inkonsequente Beurteilung rechtfertigen, ist nicht ersichtlich. Denn es liegt nahe, dass gerade auch bei Fällen der Kleinkriminalität der Anreiz zur Flucht wegen der geringen zu erwartenden Strafe eher niedrig ist. Es sei denn, die gesetzliche Regelung soll einer anderen Intention dienen: Nichtsesshafte und Obdachlose sowie Drogenabhängige, die erfahrungsgemäß häufiger Delikte aus dem Bereich der Kleinkriminalität begehen, aber eben selten etwas zu verdunkeln haben, sollen in Untersuchungshaft genommen werden können. Bei diesen ist aber aufgrund der meist einfach gelagerten Deliktsstruktur der verwirklichten Straftaten naheliegenderweise eine eventuelle Gefahr von Verdunkelungshandlungen nicht anzunehmen wohingegen mangels sozialer Bindungen von Fluchtgefahr auszugehen sein soll. Die gesetzlichen Vorgaben sind hier unstimmig.

§ 114 Haftbefehl

(1) Die Untersuchungshaft wird durch schriftlichen Haftbefehl des Richters angeordnet.

(2) In dem Haftbefehl sind anzuführen

1. der Beschuldigte,

2. die Tat, deren er dringend verdächtig ist, Zeit und Ort ihrer Begehung, die gesetzlichen Merkmale der Straftat und die anzuwendenden Strafvorschriften,

3. der Haftgrund sowie

4. die Tatsachen, aus denen sich der dringende Tatverdacht und der Haftgrund ergibt, soweit nicht dadurch die Staatssicherheit gefährdet wird.

(3) Wenn die Anwendung des § 112 Abs. 1 Satz 2 naheliegt oder der Beschuldigte sich auf diese Vorschrift beruft, sind die Gründe dafür anzugeben, daß sie nicht angewandt wurde.

Übersicht Rdn.

A. Allgemeines. Der Erlass des Haftbefehls ist gem. Art. 104 Abs. 2 Satz 1, Abs. 3 Satz 2 GG dem Richter vorbehalten (sog. **Richtervorbehalt**). Er muss von dem hierfür zuständigen Richter erlassen werden. Eine Verweisung an das zuständige Gericht kommt nicht in Betracht (zur Aufhebung eines Haftbefehls wegen fehlender örtlicher Zuständigkeit nach § 8 StPO s. KG StV 1998, 384; AG Tiergarten StV 2016, 815). Der Haftbefehl ist notwendige Rechtsgrundlage für seine Vollstreckung und auch Fahndungsmaßnahmen (OLG Celle StV 1998, 385; KK/*Graf* § 114 Rn. 1). Die formellen Anforderungen an den Haftbefehl ergeben sich insb. aus § 114, dieser konkretisiert die verfassungsrechtlichen Vorgaben. 1

Ein Haftbefehl soll nicht durch **Zeitablauf seine Geltung verlieren.** Anders als beim Durchsuchungsbeschluss (s. dazu BVerfGE 96, 44 [53]; BVerfG, NJW 1997, 2165 ff.; LG Berlin StV 1999, 520 ff.; *Burhoff*, Handbuch für das strafrechtliche Ermittlungsverfahren, Rn. 1639 und insb. 1707; *Dauster* StraFo 1998, 1409 ff.) finde beim Haftbefehl im Zusammenhang mit der Vorführung des Beschuldigten vor den Richter gem. § 115 eine richterliche Kontrolle statt. Das genüge für eine effektive Wahrung der grundgesetzlich geschützten Rechtspositionen des Beschuldigten (so OLG Hamm NStZ 2016, 304). Das erscheint bedenklich. Denn dann muss der Beschuldigte sich zunächst verhaften lassen und wird in unter 48 Stunden dem zuständigen Richter (§ 115) oder gegebenenfalls auch nur dem Richter des nächsten Amtsgerichts (§ 115a) vorgeführt. Bereits diese Beeinträchtigung des Freiheitsrechtes des Beschuldigten legt eine zeitliche Limitierung der Gültigkeit eines Haftbefehls nahe. I.Ü. steht es der StA und dem Gericht frei, die Fortdauer des Haftbefehls zu prüfen und darüber jeweils auf der Grundlage des aktuellen und möglicherweise ja geänderten Verfahrensstandes neu zu entscheiden.

In der Praxis kommt es nicht selten vor, dass die Staatsanwaltschaften, teils unter **Verwendung der Briefköpfe des zuständigen Gerichts** (vgl. hierzu §§ 125, 126), Haftbefehlsanträge aus Effizienzgesichtspunkten vorformulieren. Die inhaltliche Kontrollfunktion des Gerichts tritt dann schon aufgrund dieser Vereinfachung zurück. Ein solches Vorgehen erscheint bedenklich (krit. hierzu auch: AnwK-StPO/*Lammer*, § 114 Rn. 5). Erfolgt keine eigenständige Prüfung der Haftanordnung durch das Gericht, dann ist dies zumindest pflichtwidrig (BVerfG NStZ-RR 2006, 110 [zur Anordnung einer Durchsuchung]; OLG Brandenburg NStZ-RR 1997; s.a. *Jahn* NStZ 2007, 255 ff.). 2

B. Zum Inhalt des Haftbefehls. I. Schriftformerfordernis des Haftbefehls, § 114 Abs. 1. Die Untersuchungshaft wird gem. § 114 Abs. 1 durch einen **schriftlichen Haftbefehl des Richters** angeordnet (OLG Oldenburg NStZ 2007, 82 = StraFo 2006, 282 f. = StV 2006, 535 f.; LG Zweibrücken VRS 2000, 445 [Bd. 99]; s.a. *Burhoff*, Handbuch für das strafrechtliche Ermittlungsverfahren, Rn. 4145; Meyer-Goßner/*Schmitt* § 114 Rn. 2). Der Haftbefehl muss nicht zwingend eine eigene Urkunde darstellen. Die Schriftform ist auch gewahrt, wenn der Haftbefehl in ein schriftliches Protokoll eines Verhandlungstermins aufgenommen wird, bspw. das Protokoll einer Hauptverhandlung oder auch das einer Vorführung (OLG Celle StraFo 1998, 171 ff.). 3

Der Haftbefehl muss bei der Verkündung zwar nicht bereits vollständig abgefasst sein. Er muss aber, sofern nicht schon eine schriftliche Ausfertigung vorliegt, vollständig zu Protokoll genommen werden (OLG Oldenburg NStZ 2007, 82 = StraFo 2006, 282 f. = StV 2006, 535 f.). Eine Bezugnahme auf andere Aktenteile ist allenfalls in ganz engen Grenzen und nur dann zulässig, wenn diese als Anlage zu Protokoll und somit zum Haftbefehl selbst genommen werden (KG StV 2017, 457 [LS3]; OLG Celle StraFo 2015, 113 = StRR 2015, 43 = StV 2015, 304 f.; OLG Celle StraFo 1998, 171 ff.; OLG Stuttgart NJW 1982, 1296 ff.; *Burhoff*, Handbuch für das strafrechtliche Ermittlungsverfahren, Rn. 4145; KK/*Graf* § 114 Rn. 2; Meyer-Goßner/*Schmitt* § 114 Rn. 2). 4

Der Haftbefehl muss **vom Richter unterzeichnet** sein. Wird er in der Hauptverhandlung eines Kollegialgerichts zu Protokoll genommen, dann bedarf es der Unterschrift sämtlicher beteiligter Richter (OLG Celle StraFo 1998, 171 ff.; KK/*Graf* § 114 StPO, Rn. 2; AnwK-Uhaft/*König*, § 114 StPO Rn. 3). 5

II. Notwendiger Inhalt des Haftbefehls, § 114 Abs. 2 StPO. Entsprechend § 114 Abs. 2 Nr. 1 bis 4 sind im Haftbefehl zu nennen: die persönlichen Daten des Beschuldigten, Angaben zur Tat, derer er dringend verdächtig ist, Zeit und Ort ihrer Begehung, die gesetzlichen Merkmale des Straftatbestandes und die anzuwendenden Strafvorschriften, der Haftgrund sowie die Tatsachen, aus denen sich der dringende Tatverdacht ergibt (BVerfG NStZ 2002, 157 f. = StV 2001, 691 ff. [dargestellt auch bei *Paeffgen* NStZ 2003, 76, 83]; OLG Oldenburg NStZ 2007, 82 = StraFo 2006, 282 f. = StV 2006, 535 f.; OLG Oldenburg NStZ 2005, 342 f.). 6

Eine Ausnahme für die beiden zuletzt genannten Anforderungen gilt entsprechend § 114 Abs. 2 Nr. 4 a.E. für Fälle, in denen durch die erforderliche Darstellung die Staatssicherheit gefährdet wäre. 7

8 Die Untersuchungshaft bedarf der **ausdrücklichen Anordnung.** Die Bezeichnung als Haftbefehl ersetzt sie nicht. Fehlt ein anordnender Satz, dann liegt kein Haftbefehl vor (OLG Oldenburg NStZ 2007, 82 = StraFo 2006, 282, 283 = StV 2006, 535, 536; s.a. KK/*Graf* § 114 Rn. 3; LR/*Hilger* § 114 Rn. 4.).

9 Die massenhafte Verwendung einheitlicher Haftbefehle wurde für den Vorwurf gleichartiger Begehungsweisen durch viele Beschuldigte für zulässig erachtet (BVerfG NJW 1982, 29; BayVerfGH NJW 1984, 1874 [»KOMM-Verfahren« in Nürnberg], s. hierzu auch KK/*Graf* § 114, Rn. 2 a.E.). Dies erscheint äußerst bedenklich, weil verfassungswidrig. Bei realistischer Betrachtung findet die gebotene Einzelfallprüfung hier nicht statt. Der Haftrichter wird zum bloßen Urkundsbeamten der StA herabgewürdigt (ebenso *Roxin/Schünemann*, Strafverfahrensrecht, 26. Aufl. 2009, § 30 Rn. 18, S. 222). Dafür darf er sich nicht hergeben.

10 Nur **geringfügige Verstöße gegen die Formvorschriften** sollen behebbar sein. Fehlen aber wesentliche Angaben, bspw. die Bezeichnung der Tat, die gesetzlichen Merkmale des Straftatbestandes oder die anzuwendende Strafvorschrift sowie Angaben zu denjenigen Tatsachen, aus denen sich der dringende Tatverdacht und der Haftgrund ergeben, dann darf der Haftbefehl nicht erlassen werden bzw. er ist aufzuheben. Eine Behebung derart gravierender Mängel durch das Beschwerdegericht kommt nicht in Betracht (BVerfG NStZ 2002, 157 f. = StV 2001, 691 ff. [dargestellt auch bei *Paeffgen* NStZ 2003, 76, 83]; OLG Celle StV 1998, 385 f.; OLG Oldenburg NStZ 2007, 82 = StraFo 2006, 282 f. = StV 2006, 535 f.; s.a. KK/*Graf* § 114 Rn. 3).

11 Die **Begründungspflicht** dient der Selbstkontrolle des Gerichts und der Unterrichtung und Information des Beschuldigten sowie seines Verteidigers. Auch muss dem Beschwerdegericht die Möglichkeit einer sachgerechten Überprüfung eröffnet werden. All das ist Ausfluss des Anspruches auf rechtliches Gehör (vgl. OLG Brandenburg StV 1997, 140; OLG Karlsruhe StV 2002, 147, 148; OLG Hamm StV 2000, 153, 154; OLG Hamm NStZ-RR 2002, 335). Nur so wird darüber hinaus eine sachgerechte Überprüfung durch das Beschwerdegericht ermöglicht (OLG Celle StV 1998, 385; OLG Hamm NStZ-RR 2010, 55 [für den Fall eines Haftfortdauerbeschlusses]; OLG Karlsruhe NStZ 1986, 134; KK/*Graf* § 114 Rn. 4; zur verfassungsgerichtlich gebotenen Begründungstiefe s. *Mayer/Hunsmann* NStZ 2015, 325 ff.). Der Begründungszwang nach § 114 Abs. 2 ist **lex specialis zu § 34** (KG StV 2017, 457 [LS]).

12 **1. Angaben zum Beschuldigten, § 114 Abs. 2 Nr. 1 StPO.** Nach § 114 Abs. 2 Nr. 1 hat der Haftbefehl den Beschuldigten zu benennen. Die Angaben hierzu müssen eine Verwechslung ausschließen. An der Identität dürfen keine Zweifel bestehen. Grds. genügen die Personalien des Beschuldigten, insb. dessen vollständiger Name nebst eventueller Alias-Namen, Geburtsdatum, Geburtsort, Nationalität sowie der letzte bekannte Wohn- oder Aufenthaltsort. Oft werden auch Familienstand und Beruf genannt. Zur Identifikation ist entsprechend § 131 Abs. 4 eine Beschreibung der Person nebst besonderer Merkmale oder die Einfügung eines Lichtbildes oder dessen Beinahme als Anlage zum Haftbefehl erlaubt (KK/*Graf* § 114 Rn. 5; Meyer-Goßner/*Schmitt* § 114 Rn. 5; *Senge* NStZ 1997, 346, 348 [zur Einfügung von Lichtbildern in den Haftbefehl bei nur mit Decknamen benannten Personen]).

13 Die von Graf (KK/Graf § 114 Rn. 5) und Meyer-Goßner/*Schmitt* (StPO, § 114 Rn. 5) jeweils wechselseitig bestätigte, unter Verweis auf Senge (NStZ 1997, 346, 348) für zulässig erachtete Möglichkeit der Bezugnahme auf ein lediglich in den Akten befindliches Lichtbild kann nicht genügen. Andere Aktenteile müssen zumindest als Anlage zum Haftbefehl genommen werden (s.o. Rdn. 4; vgl. OLG Celle StraFo 1998, 171 ff.; OLG Stuttgart NJW 1982, 1296 ff.; *Burhoff*, Handbuch für das strafrechtliche Ermittlungsverfahren, Rn. 4146). Dies sehen Graf (KK/Graf § 114 Rn. 2) und Meyer-Goßner/*Schmitt* (§ 114 Rn. 2) insofern dort zunächst auch ebenso. Senge schildert i.Ü. dann aber ebenfalls nur den Fall der Aufnahme eines Lichtbildes in den Haftbefehl, er bestätigt aber gerade nicht eine angebliche Bezugnahme auf Aktenteile, wie von Meyer-Goßner/*Schmitt* und *Graf* dann nachträglich unter entsprechender Bezugnahme behauptet (*ders.* NStZ 1997, 346, 348).

14 **2. Angaben zum strafrechtlichen Tatvorwurf, § 114 Abs. 2 Nr. 2.** Der Haftbefehl hat nach § 114 Abs. 2 Nr. 2 den gegen den Beschuldigten erhobenen strafrechtlichen Tatvorwurf anzugeben. Dies soll in einer einem Anklagesatz angenäherten Art und Weise geschehen (vgl. hierzu § 200). Dieser **vertiefte Begründungszwang** dient der Selbstkontrolle des den Haftbefehl erlassenden Gerichts. Unabhängig davon kann der Beschuldigte nur so ordnungsgemäß unterrichtet werden (s. hierzu insb. auch *Mayer/Hunsmann* NStZ 2015, 325 ff.).

15 Der Haftbefehl muss aus sich selbst heraus verständlich sein. Hierdurch soll insb. auch eine Überprüfung des Haftbefehls durch das Beschwerdegericht ermöglicht werden (KK/*Graf* § 114 Rn. 6; *Burhoff*, Handbuch für das strafrechtliche Ermittlungsverfahren, Rn. 4146; *Herrmann*, Untersuchungshaft, Rn. 500; Meyer-Goßner/*Schmitt* § 114 Rn. 4 und Rn. 7; SK-StPO/*Paeffgen* § 114 Rn. 6; *Schlothauer/Weider/Nobis*, Untersuchungshaft, Rn. 275 ff.; *Widmaier/König*, MAH Strafverteidigung, § 4 Rn. 70).

16 Die Tat muss im verfahrensrechtlichen Sinn (§ 264) als historischer Vorgang so genau beschrieben sein, dass der Beschuldigte den gegen ihn erhobenen Vorwurf nach Umfang und Tragweite eindeutig erkennen

kann. Grds. genügt eine knappe, den Sachverhalt zusammenfassende Darstellung. Die dem Betroffenen vorgeworfene Tat muss nach Zeit und Ort sowie Art der Durchführung, Person des Verletzten etc. so genau bezeichnet werden, dass ein bestimmter Lebensvorgang erkennbar ist; stets müssen die gesetzlichen Tatbestandsmerkmale erkennbar sein (BVerfG NStZ 2002, 157; BGH StV 2018, 107 ff. [m.Anm. *Rühlmann*] = StRR 10/2017, 24; BGH StV 2018, 103 ff.; KG StV 2017, 457 [LS2]; OLG Celle StV 2005, 513; OLG Karlsruhe StV 2002, 149; OLG Hamm StV 2000, 153; OLG Koblenz NStZ-RR 2006, 143 [LS]; OLG Oldenburg StraFo 2006, 282 f.; OLG Oldenburg NStZ 2005, 342; *Burhoff*, Handbuch für das strafrechtliche Ermittlungsverfahren, Rn. 4146; *Herrmann*, Untersuchungshaft, Rn. 500; LR/*Hilger* § 114 Rn. 9; Meyer-Goßner/*Schmitt* § 114 Rn. 7; *Schlothauer/Weider/Nobis*, Untersuchungshaft Rn. 275). Untersuchungshaft

Diesen Anforderungen wird die Praxis nicht immer gerecht: 17

- Der lediglich pauschal erhobene Vorwurf des Betruges und der jeweils tateinheitlich begangenen Beihilfe zur Untreue sowie der Konkursverschleppung ohne konkrete Darstellung einer Täuschungshandlung und ohne Differenzierung, ob eine oder mehrere Tat(en) i.S.d. § 264 anzunehmen sind, genügt den Anforderungen an eine Konkretisierung nicht (OLG Brandenburg StV 1997, 140 [»in mindestens 37 Fällen«]).
- Fehlende Angaben zur Zahl der Geschädigten sowie dem Schaden genügen zur Begründung des Tatvorwurfes des Betruges nicht (OLG Karlsruhe StV 2002, 147 = StraFo 2002, 25 f. [*»Vielzahl von Konzertbesuchern«*]).
- Nicht ausreichend ist eine allgemein gehaltene, pauschale und generalisierende Darstellung des Tatvorwurfes des Zigarettenschmuggels (OLG Celle StV 2005, 513 f.).
- Die lediglich pauschale Darstellung des Tatvorwurfes der gemeinschaftlichen gewerbsmäßigen Hehlerei in 248 Fällen reicht nicht aus (OLG Düsseldorf, StV 1996, 440 [m.Anm. *Weider*]).
- Unzureichend ist die Darstellung des Tatvorwurfes des Verstoßes gegen das Markengesetz, wenn lediglich *»Warenfalsifikate vorgefunden wurden«* (OLG Hamm StV 2000, 153 f. = StraFo 2000, 30).
- Nicht ausreichend ist die Annahme, dass *»in einer Vielzahl weiterer Fälle entsprechend verfahren wurde«* und deshalb ein dringender Tatverdacht bejaht werde (LG Bochum StV 1996, 551 f.).
- Im Bereich der Drogenkriminalität bedürfen insb. die Tatbestandsmerkmale des Handeltreibens und der Einfuhr bzw. Ausfuhr von Drogen einer Konkretisierung (OLG Köln StV 1999, 156 f.).

Mit Fortdauer der Ermittlungen steigen die Anforderungen an die Konkretisierung der Darstellung des Tatvorwurfs. Sie nähern sich zunehmend den Anforderungen an eine Anklageschrift nach § 200 Abs. 1 (OLG Brandenburg StV 1997, 140; OLG Celle StV 2005, 513; OLG Karlsruhe StV 2002, 147, 148 = StraFo 2002, 25 f.; OLG Koblenz StV 2006, 143; OLG Oldenburg NStZ 2005, 342 = StraFo 2005, 112 = StV 2005, 226; a.A. offensichtlich OLG Stuttgart StRR 2007, 38 [m. krit. Anm. *Herrmann*]). 18

Oft wird im Zusammenhang mit der Anklageerhebung der Haftbefehl angepasst (vgl. § 207 Abs. 4) und entspricht dann dem Inhalt der Anklageschrift selbst. Das macht Sinn und dient der Selbstkontrolle.

Die Vollziehung des Beschlusses kann befristet ausgesetzt werden, um der StA Gelegenheit zu geben, einen neuen, dem aktuellen Ermittlungsstand angepassten Haftbefehl zu beantragen. 19

Nach Erlass eines Urteils kann ein dann verkündeter Haftbefehl nicht lediglich mit einer Bezugnahme auf das soeben verkündete Urteil begründet werden. Denn hier fehlt es an der Benennung der gesetzlichen Merkmale der Straftat (BVerfG NStZ 2002, 157 ff.; OLG Celle StraFo 1998, 171; OLG Koblenz B. v. 08.01.2016 2 Ws 742/15; OLG Oldenburg NStZ 2007, 82 = StraFo 2006, 282 f. = StV 2006, 535 f.; s.a. Meyer-Goßner/*Schmitt* § 114 Rn. 8). 20

3. Angaben zum Haftgrund, § 114 Abs. 2 Nr. 3 StPO. Nach § 114 Abs. 2 Nr. 3 ist im Haftbefehl der Haftgrund anzuführen. Eine stichwortartige Bezeichnung i.S.d. §§ 112, 112a genügt. In Fällen der Bagatellkriminalität i.S.d. § 113 Abs. 2 muss aber die konkret angenommene einschränkende Alternative des Straftatbestandes zur Begründung der Haft genau bezeichnet werden (Meyer-Goßner/*Schmitt* § 114 Rn. 13; OLG Saarbrücken StV 2016, 433). 21

Teilweise wird vertreten, dass es genügt, wenn nur einer von mehreren anzunehmenden Haftgründen genannt wird. Ein gesetzlicher Zwang zu umfassender Darstellung sei nicht anzunehmen. Eine sachliche Begründung hierfür wird nicht genannt (vgl. KK/*Graf* § 114 Rn. 9; LR/*Hilger* § 114 Rn. 13; einschränkend Meyer-Goßner/*Schmitt* § 114 Rn. 14). Eine Rechtfertigung für eine solche **Vorratshaltung von Haftgründen** ist nicht ersichtlich. Sie überzeugt nicht. Der Beschuldigte muss die Möglichkeit haben, sich von vornherein gegen sämtliche gegen ihn erhobenen Tatvorwürfe und die von den Ermittlungsbehörden angenommenen Haftgründe zu verteidigen. Er muss nicht damit rechnen müssen, dass er sich gegen einen benannten Haftgrund erfolgreich verteidigt, um dann mit einem anderen Haftgrund konfrontiert zu werden, dieser gleichsam als 22

Reserve (gar heimlich?) vorgehalten und nachgeschoben wird. Dies gebietet schon der Grundsatz des fairen Verfahrens. Der Beschuldigte hat einen umfassenden Anspruch auf rechtliches Gehör (OLG Dresden NJW 2010, 952 f. = NStZ 2010, 258 f. = StV 2009, 366 = StV 2009, 537 [die Entscheidung 2 AK 6/09 ist in StV zweimal abgedruckt] = OLG Dresden ZIS 2009, 452 ff. [m.Anm. *Fahl*]; OLG Jena NStZ-RR 1999, 347 f. = StV 1999, 329 f. [m.Anm. *Schlothauer*]; OLG Karlsruhe StV 2000, 513 = StraFo 2000, 276 f.; OLG Jena OLG Koblenz StV 2001, 297 f. = NStZ-RR 2001, 124 f.; s.a. *Herrmann*, Untersuchungshaft, Rn. 513; AnwK/UHaft-*König*, § 114 StPO Rn. 7; *Lange* NStZ 1998, 606 ff.; AnwK-StPO/*Lammer*, § 114 Rn. 9; SK-StPO/*Paeffgen* § 114, Rn. 8; *Schlothauer/Weider/Nobis*, Untersuchungshaft, Rn. 278 ff.; *Widmaier/König*, MAH Strafverteidigung, § 4 Rn. 70; ausführlich zum Ganzen auch *Paeffgen* StV 1998, 38 ff. [in seiner ablehnenden Anm. zu OLG Hamm StV 1998, 35; dort allerdings zur Frage der Ausgestaltung der Untersuchungshaft auf der Grundlage der benannten Haftgründe, vom Ansatz her diskutiert er also mittelbar über § 119 StPO]).

23 Meyer-Goßner/*Schmitt* wollen diese Überlegungen nur für den Fall gelten lassen, dass neben dem Haftgrund der Fluchtgefahr auch derjenige der Verdunkelungsgefahr angenommen werde. *Meyer-Goßner* verweist insofern auf BGHSt 34, 34, 36 = StV 1987, 338 (*ders.* Bei § 114 Rn. 14). Dort wurde diese Frage aber ausdrücklich offengelassen. Der Verweis ist also verfehlt. I.Ü. ging es dort um den Sonderfall der Beschwerde gegen einen Beschluss des BGH nach § 304 Abs. 4 Satz 2 Nr. 1. Dieser Sachverhalt ist nicht wirklich vergleichbar mit dem hier diskutierten Problem.

24 Schließlich muss auch hier berücksichtigt werden, dass sich eventuelle Beschränkungen bei der Ausgestaltung der Untersuchungshaft nach § 119 nur an den angenommenen Haftgründen orientieren dürfen (ausführlich hierzu s. die Kommentierung bei § 119). Werden diese nicht offengelegt, dann ist eine sachgerechte Entscheidung auch dort nicht möglich.

25 **4. Angaben zu den Tatsachen aus denen sich der dringende Tatverdacht sowie der Haftgrund ergeben, § 114 Abs. 2 Nr. 4.** Der Haftbefehl muss gem. § 114 Abs. 2 Nr. 4 die Tatsachen nennen, aus denen sich der dringende Tatverdacht sowie der/die Haftgrund/Haftgründe ergeben, sofern dadurch nicht die Staatssicherheit gefährdet wird.

26 Die Vorschrift stellt eine Sonderregel zu § 34 dar (lex specialis). Die Benennung der Tatsachen hat so ausführlich zu erfolgen, dass der Betroffene sich dagegen sinnvoll verteidigen kann. Sämtliche erhobenen Tatvorwürfe und Haftgründe sind nachvollziehbar zu nennen. Lediglich teilweise Angaben genügen nicht (KG StV 2017, 457 [LS1]; *Kempf* FS Rieß, 2002, S. 219 ff.; s. zum Ganzen auch: KK/*Graf* § 114 Rn. 13; KK/*Maul* § 33 Rn. 9; SK-StPO/*Paeffgen* § 114 Rn. 8; *Schlothauer* in Anm. zu OLG Düsseldorf, StV 1991, 522 ff.; *Schlothauer/Weider/Nobis*, Untersuchungshaft, Rn. 279 f.; LR/*Hilger* § 114, Rn. 15; *Widmaier/König*, MAH Strafverteidigung, § 4 Rn. 70). Eine Bezugnahme auf andere Aktenteile ist allenfalls in ganz engen Grenzen und nur dann zulässig, wenn diese als Anlage zu Protokoll und somit zum Haftbefehl selbst genommen werden (KG StV 2017, 457 [LS3]; OLG Celle StraFo 2015, 113 = StRR 2015, 43 = StV 2015, 304 f.; OLG Celle StraFo 1998, 171 ff.; OLG Stuttgart NJW 1982, 1296 ff.; *Burhoff*, Handbuch für das strafrechtliche Ermittlungsverfahren, Rn. 4146 f.; KK/*Graf* § 114 Rn. 2; Meyer-Goßner/*Schmitt* § 114 Rn. 2; *Schlothauer/Weider/Nobis*, Untersuchungshaft, Rn. 275).

27 In der Praxis werden Haftbefehle oft nur floskelhaft begründet: Die regelmäßig zu lesende Behauptung, der Beschuldigte sei *»der Tat dringend verdächtig aufgrund der bisherigen Feststellungen und/oder der bisherigen (polizeilichen) Ermittlungsergebnisse«*, genügt nicht ansatzweise den gesetzlichen Anforderungen (ausführlich hierzu mit weiteren Beispielen unzureichender Angaben: *Schlothauer* StV 1996, 391 ff.; s.a. *Volk*, Haftbefehle und ihre Begründungen: gesetzliche Anforderungen und ihre praktische Umsetzung, S. 114 f.). Inhaltslose Leerformeln, die eine Selbstverständlichkeit wiedergeben ermöglichen es dem Beschuldigten nicht, sich sinnvoll zu verteidigen (OLG Bremen StV 2019, 111 f. [LS 5]; OLG Hamm NStZ-RR 2002, 335; KG StV 1994, 318 f.; *Herrmann*, Untersuchungshaft, Rn. 516 ff.; *Mayer/Hunsmann* NStZ 2015, 325 ff.; *Widmaier/König*, MAH Strafverteidigung, § 4 Rn. 70).

28 Der Inhalt von Zeugenaussagen und Urkunden, Ergebnisse von Sachverständigengutachten oder eines Augenscheins oder auch Angaben des Beschuldigten selbst sind zu benennen. Sämtliche Tatsachen sind nach Inhalt und Beweismittel konkret zu bezeichnen. Im Einzelnen sind im Haftbefehl insb. anzugeben:

– Bei einer **Zeugenaussage** sind sowohl der Zeuge selbst als auch der wesentliche Inhalt seiner Aussage mitzuteilen. Denn sowohl aus der Person des Zeugen als auch den Angaben zur Sache können sich Anhaltspunkte für die Beurteilung der (belastenden) Aussage ergeben. Nur so lassen sich auch eventuelle Auskunfts- oder Zeugnisverweigerungsrechte i.S.d. §§ 52 ff. prüfen.
– **Urkunden** sind exakt zu bezeichnen. Dies gilt sowohl für das Dokument selbst als auch für dessen Inhalt. Denn nur so ist der Betroffene in der Lage zu prüfen, ob es sich bei dem Schriftstück möglicherweise

um eine Fälschung handelt oder die Urkunde einen völlig anderen Sachverhalt betrifft, der mit der vorgeworfenen Straftat nichts zu tun hat. Auch die Frage, ob die Urkunde einem Beschlagnahme- und somit Beweisverwertungsverbot gem. § 97 unterliegt, lässt sich nur so beantworten.

- Ein **Augenschein**, bspw. des Tatortes oder der Tatwaffe, muss im Haftbefehl so nachvollziehbar dargelegt werden, dass der Beschuldigte sich hierzu ggf. qualifiziert äußern kann.
- Wird auf **Sachverständigengutachten** Bezug genommen, dann müssen der Sachverständige und das Datum des Gutachtens mitgeteilt werden. Eine Darstellung des Inhaltes ist nicht erforderlich. Denn die Verteidigung hat einen (gesonderten) Anspruch auf Einsicht in ein Sachverständigengutachten, der keinesfalls verwehrt werden darf (vgl. § 147 Abs. 3, 2. Alt.). Ein in Bezug genommenes Gutachten ist aber zumindest als Anlage zum Haftbefehl bekannt zu machen.
- Gründet der Tatverdacht allein oder zumindest überwiegend auf **Indizien**, dann sind diese anzugeben (OLG Hamm NStZ-RR 2002, 335 f.; s.a. KK/*Graf* § 114 Rn. 13).
- Mögliche **Angaben des Beschuldigten** aus früheren Vernehmungen sind mittels Einsicht in entsprechende Protokolle mitzuteilen (vgl. § 147 Abs. 3, 1. Alt.).

Es ist umstritten, ob der Haftbefehl **Ausführungen zur Beweiswürdigung** enthalten muss (dagegen: OLG Düsseldorf StV 1991 521 [m. krit. Anm. *Schlothauer*]; OLG Düsseldorf StV 1988 534 [m. krit. Anm. *Rudolphi*]; LR/*Hilger* § 114 Rn. 15; Meyer-Goßner/*Schmitt* § 114 Rn. 11; vermittelnd: KK/*Graf* § 114 Rn. 13; dafür: OLG Jena NStZ 2009, 123; OLG Hamm NStZ 2008, 649; *Kempf* FS Rieß, S. 219, 221; SK-StPO/*Paeffgen* § 114 Rn. 9; *Paeffgen* NStZ 1992, 482; s.a. *Pfeiffer/Fischer*, StPO, § 114 Rn. 6.). Zumindest in einfach gelagerten Fällen soll dies zulässig sein. Das ist nicht akzeptabel. Denn nur wenn der Beschuldigte über den Tatvorwurf hinaus weiß, was ihn der Tat dringend verdächtig macht, kann er sich adäquat verteidigen. Dies muss allgemein und nicht lediglich für Fälle mit unklarer Beweislage gelten (so aber LR/*Hilger* § 114 Rn. 15). Die Pflicht zur Darlegung der Beweiswürdigung ggü. dem Beschuldigten ergibt sich auch aus Art. 103 Abs. 1 GG. Danach besteht die Pflicht zur sachgerechten und damit auch für den Beschuldigten verständlichen (nachvollziehbaren) Information. Hierzu gehören aber sämtliche für die Verteidigung erforderlichen Informationen. Einzig ein solches Verständnis steht auch in Einklang mit den nunmehr erweiterten Fürsorgepflichten der Justiz ggü. dem Beschuldigten, insb. auch im Zusammenhang mit der Bekanntgabe des Haftbefehls. 29

5. Verhältnismäßigkeit, § 114 Abs. 3. Ist die Verhältnismäßigkeit der Untersuchungshaft zweifelhaft, dann muss der Haftbefehl sich hierzu äußern (OLG Saarbrücken StV 2016, 433). Eine eigene Sachentscheidung des Beschwerdegerichts soll insofern in engen Grenzen möglich sein (OLG Saarbrücken StV 2016, 433 [wenn das Beschwerdegericht durch den Nichtabhilfebeschluss oder das schriftlich abgesetzte Urteil in die Lage versetzt ist, eine eigene Entscheidung treffen und begründen zu können]). Eine standardisierte Verwendung von Leerfloskeln genügt auch hier nicht (zu den verfassungsgerichtlichen Vorgaben an den vertieften Begründungszwang s. *Mayer/Hunsmann* NStZ 2015, 325 ff.). 30

III. Konsequenzen eines Verstoßes gegen die Begründungspflicht. Die Inhaftierung des Beschuldigten aufgrund eines fehlerhaften Haftbefehls ist grds. rechtswidrig. Ein entsprechender Antrag auf Erlass eines solchen Haftbefehls ist vom Haftgericht abzulehnen. Die Zurückweisung bedarf der Begründung (*Münchhalffen/Gatzweiler*, Das Recht der Untersuchungshaft, Rn. 167; KK/*Graf* § 114 Rn. 17). Ggf. kommt aber, bei Vorliegen der Voraussetzungen des § 127 StPO, eine vorläufige Festnahme aufgrund von Gefahr in Verzug in Betracht (KK/*Graf* § 114 Rn. 3; LR/*Hilger* § 114 Rn. 4). 31

Ein nur geringfügiger Verstoß gegen die Begründungspflicht des § 114 Abs. 2 Nr. 1 bis 4 soll behebbar sein. Dies soll auch noch in der Beschwerdeinstanz möglich sein (OLG Koblenz NStZ-RR 2006, 143; KG StV 1994, 318 [m. abl. Anm. *Schlothauer* StV 1994, 320 f.]). 32

Bei einem gravierenden oder mehreren (einfachen) Verstößen gegen die Begründungspflicht kommt eine Heilung nicht in Betracht: Fehlen die Bezeichnung der Tat sowie deren gesetzliche Merkmale und Angaben zu den angewandten Strafvorschriften oder auch die Angabe der Tatsachen, aus denen sich Tatverdacht und Haftgrund ergeben, dann ist der Haftbefehl aufzuheben. Eine Behebung derart grundlegender Mängel durch das Beschwerdegericht kommt aufgrund der Schwere der Fehler nicht in Betracht (OLG Oldenburg NStZ 2007, 82 = StraFo 2006, 282, 283 = StV 2006, 535, 536; OLG Stuttgart, StRR 2007, 38 [m. ansonsten krit. Anm. *Herrmann*]; s. zum Ganzen auch: KK/*Graf* § 114 Rn. 3).

In der Praxis erhält die StA regelmäßig die Möglichkeit zur Nachbesserung der Begründung eines unzureichenden Haftbefehlsantrages (LR/*Hilger* § 114 Rn. 21; SK-StPO/*Paeffgen* § 114 Rn. 11; *Schlothauer* StV 1994, 320 f. [Anm. zu KG StV 1994, 318]; *Widmaier/König*, MAH Strafverteidigung, § 4, Rn. 70 a.E.). Ist dies nicht unverzüglich möglich, dann darf der Haftbefehl nicht erlassen werden. Das gilt gleichermaßen für einen Vorführhaftbefehl wie auch für einen Dezernatshaftbefehl. Letztere sollen in der Praxis 33 wohl öfter einmal nachzubessern sein, was mangels Zeitdruckes und Prüfung ausschließlich der Aktenlage leichter möglich erscheint.

34 **C. Rechtsmittel.** Gegen den Haftbefehl kann der Beschuldigte verschiedene Rechtsbehelfe ergreifen. In Betracht kommen ein Antrag auf schriftliche oder auch mündliche **Haftprüfung** gem. § 117 Abs. 1 bzw. § 118 Abs. 1 i.V.m. § 117 Abs. 1 oder die **(Haft-) Beschwerde** gem. § 304 Abs. 1 sowie dann die **weitere Beschwerde** gem. § 310. Hierüber ist der Beschuldigte zu belehren (§ 115 Abs. 4). Die StA kann ebenfalls Beschwerde einlegen (vgl. § 304 Abs. 1 und § 310 Abs. 1 Nr. 1). Dem Nebenkläger steht kein Rechtsbehelf zu (OLG München StV 2014, 28).

35 Eine ausführliche Kommentierung zu den ordentlichen und auch außerordentlichen Rechtsbehelfen findet sich bei § 117 und § 118; s.a. § 115 Rdn. 41 f. und dort Rdn. 44 ff.

§ 114a Aushändigung des Haftbefehls; Übersetzung

[1]Dem Beschuldigten ist bei der Verhaftung eine Abschrift des Haftbefehls auszuhändigen; beherrscht er die deutsche Sprache nicht hinreichend, erhält er zudem eine Übersetzung in einer für ihn verständlichen Sprache. [2]Ist die Aushändigung einer Abschrift und einer etwaigen Übersetzung nicht möglich, ist ihm unverzüglich in einer für ihn verständlichen Sprache mitzuteilen, welches die Gründe für die Verhaftung sind und welche Beschuldigungen gegen ihn erhoben werden. [3]In diesem Fall ist die Aushändigung der Abschrift des Haftbefehls sowie einer etwaigen Übersetzung unverzüglich nachzuholen.

Übersicht

1 **A. Allgemeines/Geltungsbereich.** Nach Art. 5 Abs. 2 EMRK müssen jeder festgenommenen Person innerhalb möglichst kurzer Frist in einer ihr verständlichen Sprache die Gründe der Festnahme und die gegen sie erhobene Beschuldigung mitgeteilt werden. Diese Pflicht gilt für alle Arten der Freiheitsentziehung (LR/*Gollwitzer* Art. 5 EMRK Rn. 90; KK/*Schädler* Art. 5 EMRK Rn. 20). § 114a gilt deshalb nicht nur für Verhaftungen nach den §§ 112 ff., sondern auch für Haftbefehle nach §§ 230 Abs. 2, 236, 329 Abs. 4 Satz 1 und § 412. Darüber hinaus ist § 114a auch auf Fälle der vorläufigen Festnahme nach §§ 127 und 127b sowie das Festhalten von Personen zur Feststellung der Identität nach § 163b und § 163c anzuwenden (vgl. §§ 127 Abs. 4, 127b Abs. 1 Satz 2, 163c Abs. 1 Satz 3). Die Anforderungen an eine ordnungsgemäße Bekanntmachung gelten auch für Beschlüsse, die einen Haftbefehl ändern oder ergänzen (vgl. zum Ganzen Graf/*Krauß*, StPO, § 114a Rn. 1; AnwK-Uhaft/*König*, § 114a Rn. 4; AnwK-StPO/*Lammer*, § 114a Rn. 2; Meyer-Goßner/*Schmitt* § 114a Rn. 6).

2 Die seit 01.01.2010 gültige Neuregelung des § 114a hat klarstellenden Charakter (zur Reform des Rechts der Untersuchungshaft s. vor § 112 dort Rdn. 22 ff.). Sie setzt über die obigen Ausführungen hinaus die höchstrichterliche Rspr. zu den Informationspflichten um (vgl. hierzu u.a. BGHSt 46, 178 ff. = NJW 2001, 309 ff. = NStZ 2001, 107 ff. = StraFo 2001, 47 ff. = StV 2001, 1 ff. [m.Anm. *Staudinger* StV 2002, 327 ff.] = wistra 2001, 98 ff.; s.a. *Tag* JR 2002, 124 ff.; *Sommer* StraFo 1995, 47 ff.; *Weider* StV 2010, 102 ff.).

3 **B. Form der Bekanntmachung.** § 114a regelte in Satz 1 i.d.F. bis 31.12.2009 die Bekanntgabe des Haftbefehls. Die Neufassung des Gesetzestextes äußert sich hierzu nicht mehr explizit. Deshalb ist auf die allgemeinen Regeln zurückzugreifen: Entscheidungen sind im Wortlaut bekannt zu machen (vgl. § 35).

4 Die Verkündung erfolgt bei **Anwesenheit der betroffenen Person** mündlich in einem Gerichtstermin (§ 35 Abs. 1 Satz 1). Ein solches Vorgehen ist regelmäßig der Fall bei vorläufiger Festnahme des Beschuldigten mit nachfolgender Vorführanzeige (vgl. § 128), bei der Anpassung des Haftbefehls i.R.d. Eröffnung des Hauptverfahrens nach § 207 Abs. 4 (OLG Hamburg NStZ-RR 2003, 346 f.; s. hierzu auch *Paeffgen* NStZ 2005, 75, 78), oder auch der Verkündung des Haftbefehls in der Hauptverhandlung. Zusätzlich zur mündlichen Bekanntgabe ist eine Abschrift des Haftbefehls auszuhändigen (§ 114a Satz 1 Hs. 1). Die Entscheidung kann bei **Abwesenheit der betroffenen Person** nach ihrem Erlass auch nachträglich durch Zustellung oder formlose Übergabe mitgeteilt werden (§ 35 Abs. 2).

5 Ist der Haftbefehl im Dezernatsweg erlassen worden, dann genügt die formlose Mitteilung ggü. dem Betroffenen. Einer förmlichen Zustellung bedarf es nicht, da keine Fristen in Lauf gesetzt werden (§ 35 Abs. 2 Satz 2). Dem Beschuldigten wird hier bei der Verhaftung, d.h. bei seiner Ergreifung, eine Abschrift des gegen ihn bestehenden Haftbefehls übergeben. Damit ist § 114a Satz 1 Hs. 1 StPO genügt (zum Ganzen auch KK/*Graf* § 114a Rn. 2 ff. [zum alten Recht]; Meyer-Goßner/*Schmitt* § 114a Rn. 1 ff.).

C. Zeitpunkt der Bekanntmachung. Grds. ist der betroffenen Person eine Entscheidung noch vor deren Vollstreckung bekannt zu machen (§ 33 Abs. 1). Einer solchen Wahrung des rechtlichen Gehörs durch eine vorangehende Anhörung bedarf es in Fällen der Verhaftung naheliegender Weise nicht, da ansonsten der Zweck der Maßnahme, die überraschende Festnahme, gefährdet wäre (vgl. § 33 Abs. 4). § 114a Satz 1 Hs. 1 (»*bei der Verhaftung*«) ist eine Ausnahmeregel vom Grundsatz der vorherigen Bekanntgabe von Entscheidungen (ebenso Meyer-Goßner/*Schmitt* § 114a Rn. 1). Der Anspruch auf rechtliches Gehör ist dann nachträglich zu wahren. Dies geschieht i.R.d. richterlichen Vernehmung und der Anhörung des Beschuldigten (vgl. §§ 115, 115a). 6

D. Aushändigung des Haftbefehls. Unabhängig von Form und Zeitpunkt der Bekanntgabe ist dem Beschuldigten unverzüglich nach der Verhaftung eine beglaubigte Abschrift oder Ausfertigung (vgl. hierzu LR/*Hilger* § 114a Rn. 5) des Haftbefehls auszuhändigen. Unverzüglich bedeutet ohne schuldhaftes Zögern (s. § 121 BGB; vgl. hierzu Palandt/*Ellenberger*, BGB, § 121 Rn. 3). Nur so kann der Beschuldigte sich sinnvoll verteidigen. Dieses Recht ist ihm so frühzeitig wie möglich einzuräumen. 7

Ausnahmsweise kann der Haftbefehl zunächst nur mündlich mitgeteilt werden. Er muss dann aber, sofern nicht inzwischen eine schriftliche Ausfertigung vorgelegt werden kann, vollständig zu Protokoll genommen werden (OLG Oldenburg NStZ 2007, 82 = StraFo 2006, 282 f. = StV 2006, 535 f.). Eine Bezugnahme auf andere Aktenteile ist allenfalls dann zulässig, wenn diese als Anlage zu Protokoll und somit zum Haftbefehl selbst genommen werden (ausführlich hierzu s. die Kommentierung bei § 114 Rdn. 13; s.a. OLG Celle StraFo 1998, 171 ff.; OLG Stuttgart NJW 1982, 1296 ff.; *Burhoff*, Handbuch für das strafrechtliche Ermittlungsverfahren, Rn. 4146; KK/*Graf* § 114 Rn. 2; Meyer-Goßner/*Schmitt* § 114 Rn. 2). Eine schriftliche Ausfertigung ist dann unverzüglich nachzureichen. 8

Ist der Beschuldigte der deutschen Sprache nicht hinreichend mächtig, dann muss ihm der Haftbefehl in einer für ihn verständlichen Sprache übersetzt ausgehändigt werden (§ 114 Satz 1 Hs. 2; s.a. Art. 5 Abs. 2 EMRK sowie Nr. 181 Abs. 2 RiStBV). Die Übersetzung muss aber nicht zwingend in die Muttersprache des Beschuldigten erfolgen. Haftgericht und StA haben die Pflicht, so frühzeitig wie möglich Übersetzungen eines Haftbefehls zu veranlassen oder zumindest einen Dolmetscher bei der Eröffnung des Haftbefehls vorzuhalten (s. hierzu auch *Brocke/Heller* StraFo 2011, 1 ff.; zu den entsprechenden europarechtlichen Vorgaben s. vor § 112 dort Rdn. 72 ff.). 9

Der Beschuldigte soll nach allgemeiner Ansicht auf die Aushändigung einer Ausfertigung oder Abschrift des Haftbefehls verzichten können (vgl. KK/*Graf* § 114 Rn. 6; LR/*Hilger* § 114 Rn. 5; AnwK-Uhaft/*König*, § 114a StPO Rn. 2; AnwK-StPO/*Lammer*, § 114a Rn. 2; Meyer-Goßner/*Schmitt* § 114 Rn. 4; s.a. OLG Hamburg NStZ-RR 2003, 346, 347: »*kann der Beschuldigte sogar verzichten*«). Die Annahme einer solchen Dispositionsfreiheit ist nicht mehr zeitgemäß und verstößt gegen die inzwischen bis ins letzte Detail formalisierte Fürsorgepflicht des Staates gegenüber dem Beschuldigten. § 114b sieht in der seit 01.01.2010 gültigen Fassung eine umfassende Pflicht zur Belehrung vor. Diese hat schriftlich in einer für den Beschuldigten verständlichen Sprache zu erfolgen (§ 114b Abs. 1 Satz 1), soll ggf. mündlich ergänzt werden (§ 114b Abs. 1 Satz 2) und all dies soll dokumentiert werden (§ 114b Abs. 1 Satz 4). Wenn aber die Fürsorge des Gerichts derart weit geht, dann ist nicht nachvollziehbar, warum bei der Bekanntgabe des Haftbefehls auf eine Aushändigung in Schriftform verzichtet werden können soll. Dies widerspricht dem durch die Reform des Rechts der Untersuchungshaft im Gesetz implementierten Schutz individueller Interessen des Beschuldigten. Er befindet sich i.Ü. regelmäßig in einer Ausnahmesituation und ist möglicherweise zunächst gar nicht in der Lage, die Reichweite eines entsprechenden Verzichts zu erfassen. Konsequenterweise muss dem Beschuldigten der Haftbefehl in jedem Fall ausgehändigt werden, zumindest nachträglich ohne schuldhaftes Zögern. 10

§ 114b Belehrung des verhafteten Beschuldigten

(1) [1]Der verhaftete Beschuldigte ist unverzüglich und schriftlich in einer für ihn verständlichen Sprache über seine Rechte zu belehren. [2]Ist eine schriftliche Belehrung erkennbar nicht ausreichend, hat zudem eine mündliche Belehrung zu erfolgen. [3]Entsprechend ist zu verfahren, wenn eine schriftliche Belehrung nicht möglich ist; sie soll jedoch nachgeholt werden, sofern dies in zumutbarer Weise möglich ist. [4]Der Beschuldigte soll schriftlich bestätigen, dass er belehrt wurde; falls er sich weigert, ist dies zu dokumentieren.

(2) [1]In der Belehrung nach Absatz 1 ist der Beschuldigte darauf hinzuweisen, dass er

1. **unverzüglich, spätestens am Tag nach der Ergreifung, dem Gericht vorzuführen ist, das ihn zu vernehmen und über seine weitere Inhaftierung zu entscheiden hat,**
2. **das Recht hat, sich zur Beschuldigung zu äußern oder nicht zur Sache auszusagen,**
3. **zu seiner Entlastung einzelne Beweiserhebungen beantragen kann,**

4. jederzeit, auch schon vor seiner Vernehmung, einen von ihm zu wählenden Verteidiger befragen kann; dabei sind ihm Informationen zur Verfügung zu stellen, die es ihm erleichtern, einen Verteidiger zu kontaktieren; auf bestehende anwaltliche Notdienste ist dabei hinzuweisen,

4a. in den Fällen des § 140 Absatz 1 und 2 die Bestellung eines Pflichtvererteidigers nach Maßgabe des § 141 Absatz 1 und 3 beanspruchen kann; dabei ist auf die mögliche Kostenfolge des § 465 hinzuweisen,

5. das Recht hat, die Untersuchung durch einen Arzt oder eine Ärztin seiner Wahl zu verlangen

6. einen Angehörigen oder eine Person seines Vertrauens benachrichtigen kann, soweit der Zweck der Untersuchung dadurch nicht erheblich gefährdet wird.

7. nach Maßgabe des § 147 Absatz 4 beantragen kann, die Akten einzusehen und unter Aufsicht amtlich verwahrte Beweisstücke zu besichtigen, soweit er keinen Verteidiger hat, und

8. bei Aufrechterhaltung der Untersuchungshaft nach Vorführung vor den zuständigen Richter

a) eine Beschwerde gegen den Haftbefehl einlegen oder eine Haftprüfung (§ 117 Absatz 1 und 2) und eine mündliche Verhandlung (§ 118 Absatz 1 und 2) beantragen kann,

b) bei Unstatthaftigkeit der Beschwerde eine gerichtliche Entscheidung nach § 119 Absatz 5 beantragen kann und

c) gegen behördliche Entscheidungen und Maßnahmen im Untersuchungshaftvollzug eine gerichtliche Entscheidung nach § 119a Absatz 1 beantragen kann.

[2]Der Beschuldigte ist auf das Akteneinsichtsrecht des Verteidigers nach § 147 hinzuweisen. [3]Ein Beschuldigter, der der deutschen Sprache nicht hinreichend mächtig ist, ist in einer ihm verständlichen Sprache darauf hinzuweisen, dass er nach Maßgabe des § 187 Absatz 1 bis 3 des Gerichtsverfassungsgesetzes für das gesamte Strafverfahren die unentgeltliche Hinzuziehung eines Dolmetschers oder Übersetzers beanspruchen kann; ein hör- oder sprachbehinderter Beschuldigter ist auf sein Wahlrecht nach § 186 Absatz 1 und 2 des Gerichtsverfassungsgesetzes hinzuweisen. [4]Ein ausländischer Staatsangehöriger ist darüber zu belehren, dass er die Unterrichtung der konsularischen Vertretung seines Heimatstaates verlangen und dieser Mitteilungen zukommen lassen kann.

Übersicht

1 **A. Allgemeines.** Früher, nach altem Recht, musste ein Beschuldigter erst zu Beginn der (ersten) Vernehmung über seine Rechte belehrt werden. Und Inhalt und Umfang der Belehrungspflichten waren auch nur beschränkt ausgestaltet. Das war nicht mehr zeitgemäß. Der Europäische Ausschuss zur Verhütung von Folter und unmenschlicher oder erniedrigender Behandlung oder Strafe (kurz: CPT – European Comittee for the Prevention of Torture and Inhuman or Degrading Treatment or Punishment) hat in seinem Bericht an die Regierung der Bundesrepublik Deutschland v. 28.07.2006 u.a. ausgeführt, dass das Risiko der Einschüchterung und Misshandlung in dem Zeitraum unmittelbar nach der Freiheitsentziehung am größten sei. Das CPT monierte, dass die Belehrung oft nicht ausreichend sei und auch nur verzögert erfolge. Entscheidend komme es auf eine unverzügliche und umfassende Belehrung an. Diese solle zu Beginn der Freiheitsentziehung mündlich erfolgen und schriftlich bestätigt werden (s. zum Ganzen BT-Drs. 16/11644, S. 13; *Deckers* StraFo 2009, 441 ff.; *Herrmann* StRR 2010, 4, 5; *Morgenstern* StV 2013, 529 ff.; *Münchhalffen/Gatzweiler* Rn. 10 f.; *Tsambikakis* ZIS 2009, 503, 506 ff.). Danach hat es verschiedene Anpassungen und Ergänzungen gegeben. Die Belehrungspflichten wurden zusätzlich und auch differenzierter normiert, zuletzt durch das Gesetz zur Fortentwicklung der StPO und zur Änderung weiterer Vorschriften v. 25.06.2021 (BGBl. I, S. 2099), in Kraft getreten am 01.07.2021.

2 Die jetzige Regelung führt zu einer Vereinheitlichung sowie einer Klarstellung, darüber hinaus aber auch einer Vorverlagerung der Belehrungspflichten entsprechend § 136 und § 163a. Geregelt sind diese nunmehr in den §§ 114a, 114b und 114c. Die n.F. von § 114b orientiert sich dabei an § 136 Abs. 1 Satz 2 und 3 und nunmehr auch Satz 4 und den dortigen Hinweispflichten; sie stellt einen Gleichklang her.

3 Der verhaftete Beschuldigte ist über seine Rechte zu belehren (vgl. § 114 Abs. 1). Dazu gehört insb. das Recht auf Beiordnung eines Pflichtverteidigers (vgl. **§ 114b Abs. 2 Satz. 1 Nr. 4a**). Eine ausführliche Kommentierung hierzu findet sich in der Einleitung Vor §§ 112 ff. Rdn. 57, 65 ff. und insb. 80a ff.

B. Regelungsgehalt. I. Belehrungspflicht, § 114b Abs. 1. Festgenommene Personen sind unverzüglich, d.h. ohne schuldhaftes Zögern (§ 121 BGB; s. hierzu Grüneberg/*Ellenberger*, BGB, § 121 Rn. 3) so frühzeitig wie möglich, regelmäßig schon im Moment der Festnahme, über die in § 114b Abs. 2 näher genannten Rechte zu belehren. Die Belehrung hat schriftlich in einer für den Beschuldigten verständlichen Sprache zu erfolgen. Dies geschieht sinnvollerweise durch von der Justiz vorgehaltene Merkblätter in den gängigsten Sprachen (z.B. Belehrungsformular des BMJV, abrufbar über BMJV/Strafrechtspflege/Belehrungsformulare). Reicht die schriftliche Belehrung ersichtlich nicht aus, dann soll sie mündlich ergänzt werden. Ersichtlich bedeutet, für den Intellekt des Betroffenen deutlich erkennbar. Es kommt also in gewissem Umfang auf die subjektive Wahrnehmung im Einzelfall an. Eine ergänzende mündliche Belehrung erscheint angezeigt, wenn der Beschuldigte Analphabet ist oder sonst offenbar wird, dass er die schriftliche Belehrung nicht verstanden hat. Eine zunächst nur mündlich mögliche Belehrung soll schriftlich nachgeholt werden (zu den entsprechenden europarechtlichen Vorgaben bei der Belehrung s. Vor §§ 112 ff. dort Rdn. 99 ff.). 4

Die schriftliche oder auch (ergänzende) mündliche Belehrung soll vom Beschuldigten schriftlich bestätigt werden. Eine eventuelle Weigerung soll dokumentiert werden. Dies dient Beweiszwecken. Der Einwand einer nicht ordnungsgemäßen Belehrung mit der Folge eines Beweisverwertungsverbotes wird damit drastisch erschwert, wenn nicht faktisch unmöglich gemacht. Deswegen müssen aber Zeitpunkt und Inhalt sowie Art und Umfang der Belehrung exakt dokumentiert sein (grundlegend bereits BGHSt 38, 214, 225 f. = JR 1992, 381 ff. [m.Anm. *Fezer*] = JZ 1992, 918 ff. [m.Anm. *Roxin*] = NJW 1992, 1463 ff. = NStZ 1992, 294 ff. [m.Anm. *Bohlander* NStZ 1992, 504 f.] = StV 1992, 212 ff.; zum Recht auf Verteidigerkonsultation s. insb. BGHSt 38, 372 ff. = JR 1993, 334 ff. [m.Anm. *Rieß*] = JZ 1993, 426 ff. [m.Anm. *Roxin*] = NJW 1993, 338 ff. = StV 1993, 1 ff.; BGH JR 2007, 125 m.Anm. *Wohlers*; BGHSt 42, 15 ff.; BGHSt 47, 172 ff. = NJW 2002, 975 ff. = StraFo 2002, 127 ff. = StV 2002, 117 ff.; BGH NStZ 1997, 502 ff.; ebenso OLG Hamm NStZ-RR 2006, 42 f.; s. hierzu auch *J. Herrmann* NStZ 1997, 212 ff.; Meyer-Goßner/*Schmitt* § 136 Rn. 20). 5

II. Inhalt der Belehrung, § 114b Abs. 2. Nach **§ 114b Abs. 2 Satz 1 Nr. 1** ist der Beschuldigte darauf hinzuweisen, dass er entsprechend den §§ 115 und 115a unverzüglich, spätestens am Tag nach seiner Ergreifung, dem Gericht vorzuführen ist. Dieses hat ihn zu vernehmen und über die weitere Inhaftierung zu entscheiden. Der Beschuldigte soll wissen, dass in engem zeitlichem Rahmen zur Verhaftung bzw. zur vorläufigen Festnahme eine Haftentscheidung durch das Haftgericht zu treffen ist und ein Richter über die Anordnung und Fortdauer der Untersuchungshaft zu entscheiden hat. 6

In **§ 114b Abs. 2 Satz 1 Nr. 2 bis 4** ist die Belehrung des Beschuldigten entsprechend den allgemeinen Regeln in § 136 Abs. 1 Satz 2, 3 und 4, § 163a Abs. 3 Satz 2, Abs. 4 normiert. Der Beschuldigte ist auf sein Aussageverweigerungsrecht, das ihm zustehende Beweisantragsrecht sowie das Recht zur Verteidigerkonsultation hinzuweisen (s.a. EGMR StRR 2009, 97 [Saduz]; ausführlich hierzu s. die Kommentierung bei § 136 Rdn. 43 ff.) und der Zugang zu einem Verteidiger zu erleichtern. Der Hinweis auf das Recht, einen Verteidiger hinzuzuziehen verpflichtet nicht zur Kostenübernahme (BR-Drucks. 829/089, S. 20; ebenso Meyer-Goßner/*Schmitt* § 114b Rn. 5). Allerdings ist seit 01.07.2021 auch auf die Kostenfolge des § 456 hinzuweisen. 7

Will der unverteidigte Beschuldigte einen Verteidiger konsultieren, dann ist ihm hierzu Gelegenheit zu geben und eine Kontaktaufnahme nicht nur zu ermöglichen, sondern auch zu erleichtern (siehe den Gesetzeswortlaut ab 01.07.2021). Die Vorführung vor das Gericht muss ggf. unterbrochen werden. Dabei sind die zeitlichen Grenzen der §§ 128 Abs. 1, 155 Abs. 2 zu beachten (VerfGH Rheinland-Pfalz StraFo 2006, 199 f. = StV 2006, 315 f.; VerfGH Rheinland-Pfalz NJW 2006, 3341 ff.; *Jahn* FS *Rissing-van Saan*, 2011, S. 273, 291; Meyer-Goßner/*Schmitt* § 115 Rn. 8). Der Beschuldigte ist insb. auf den **Strafverteidigernotdienst** hinzuweisen, eine Kontaktaufnahme ist nicht nur zu ermöglichen, sondern auch zu erleichtern (seit 01.07.2021 so auch gesetzlich normiert; zuvor war das längst höchstrichterlich zugestanden und h.M.: vgl. nur BGHSt 42, 20 [Hamburg]; BGH NStZ 2004, 389 [Hamburg]; BGHSt 47, 234 [Berlin]; BGH NStZ 2006, 115 [Dresden]; BGH NStZ-RR 2006, 182 [München]; BGH NStZ 2006, 237 [Regensburg]; s. zum Ganzen auch *Beulke* NStZ 1996, 260 ff.; *Burhoff*, Hdb. für das strafrechtliche Ermittlungsverfahren, Rn. 4871 ff.; *Corell* StraFo 2011, 34 ff.; *J. Herrmann* NStZ 1997, 212 ff.; *Müller* StV 1996, 360 ff.; *Mehle* NJW 2007, 973 ff.; *Thielmann* HRRS 2013, 283 ff.). 8

Die gesetzlichen Vorgaben gelten ausdrücklich auch im Sachzusammenhang mit der Festnahme, d.h. der Ergreifung selbst. Der Beschuldigte soll sich so frühzeitig wie möglich und angemessen auf die erste Vernehmung vorbereiten können (BT-Drs. 16/11644, S. 17).

Nachträglich hinzugekommen durch das Gesetz zur Stärkung der Verfahrensrechte Beschuldigter im Strafverfahren vom 02.07.2013 ist **§ 114b Abs. 2 Satz 1 Nr. 4a** (s. hierzu auch Art. 4 II der Richtlinie 2012/13/EU). Die Belehrungspflicht erstreckt sich seither auch darauf, dass dem Beschuldigten in Fällen der notwendigen Verteidigung i.S.v. § 140 Abs. 1 und 2 ein Anspruch auf unentgeltlichen rechtlichen Beistand zusteht. Dies 9 ist in Fällen der Anordnung der Untersuchungshaft aber ausnahmslos anzunehmen. Seit 01.07.2021 ist der Beschuldigte auch auf die Kostenfolge des § 456 hinzuweisen (zur Kritik s.u.).

Über die Pflicht zur Belehrung hinaus ist dem Beschuldigten entsprechend **§ 140 Abs. 1 Nr. 4, Abs. 2 i.V.m. § 141 Abs. 3 Satz 4 a.F.** (nunmehr **Satz 5 n.F.**) unverzüglich ein Verteidiger zu bestellen. Das ist aber schief. Und das wurde in der Praxis von StAen und Haftgerichten gerne dahin gehend missverstanden, auch weiterhin erst nach der Invollzugsetzung des Haftbefehls einen Verteidiger beizuordnen. Das war aber schon nach altem Recht zu spät. Bei richtiger Auslegung war schon früher vorab ein Pflichtverteidiger hinzuzuziehen. Das galt sowohl für die Verhaftung aufgrund eines Dezernatshaftbefehls als auch für den Fall der vorläufigen Festnahme mit nachfolgender Vorführanzeige (*Herrmann* StraFo 2011, 133 ff.). Über die Anordnung der Untersuchungshaft darf nicht ohne anwaltlichen Beistand entschieden werden (vgl. zum Ganzen die Kommentierung Vor §§ 112 ff. Rdn. 64 ff.).Aufgrund des zum 23.08.2017 neu in das Gesetz eingefügten **§ 141 Abs. 3 Satz 4 n.F.** hat das Gericht dem Beschuldigten nunmehr für jede richterliche Vernehmung einen Verteidiger beizuordnen, *»wenn die Staatsanwaltschaft dies beantragt oder wenn die Mitwirkung eines Verteidigers aufgrund der Bedeutung der Vernehmung zur Wahrung der Rechte des Beschuldigten geboten erscheint«*. Der Hauptanwendungsbereich des § 141 Abs. 3 S. 4 n.F. betrifft die Fälle, in denen ein Beschuldigter nach vorläufiger Festnahme oder nach seiner Verhaftung aufgrund eines Haftbefehls zur Entscheidung über den Erlass eines Haftbefehls bzw. dessen Aufrechterhaltung und Invollzugsetzung richterlich zu vernehmen ist (§§ 128 Abs. 1, 115 Abs. 2, 115a Abs. 2). Letzteres wird nach Wortlaut, teleologischer Auslegung aber auch unter Berücksichtigung der Gesetzessystematik im Rahmen der Haftbefehlseröffnung ausnahmslos anzunehmen sein. Das entspricht i.Ü. auch dem modernen Verständnis von fair trial. Nur so sind die Rechte des Beschuldigten ausreichend beachtet. Im Zusammenhang mit der haftrichterlichen Vernehmung des Beschuldigten ist schlechterdings nicht vorstellbar, dass dies ohne Mitwirkung eines Verteidigers vonstattengehen könnte (ausführlich hierzu s. die Ausführungen in der Einleitung Vor §§ 112 ff. ab Rdn. 64 ff.; s. zum Ganzen auch: *Schlothauer* StV 2017 557 ff.; *ders.* StV 2018, 169, 170; ihm folgend *Burhoff*, Hdb. für das strafrechtliche Ermittlungsverfahren, Rn. 3116 ff.; *ders.* StPO 2017, Rn. 114; *ders.* StRR 5/2018, 4 ff.; s. auch *Schlothauer/Weider/Nobis*, Untersuchungshaft, Rn. 288; Meyer-Goßner/*Schmitt*, StPO, § 141 Rn. 5a; OLG Oldenburg StV 2011, 90 [LS]; LG Dresden StV 2011, 665 [LS]; LG Halle StRR 5/2018, 17; LG Hamburg Besch. v. 31.03.2013 – 619 Qs 20/13; LG Magdeburg RVGReport 2018, 257 [mit Anm. *Burhoff*]; LG Stuttgart StV 2008, 132 [LS]; AG Stuttgart StraFo 2018, 114 f. = StV 2018, 169 [LS]; a.A. nur *Tully/Wenske* NStZ 2019, 183 ff. [soweit ersichtlich ein singulärer Ausreißer]; s. hierzu s. die Kommentierung Vor §§ 112 ff. Rdn. 66 ff.).

Die Pflicht zur Belehrung über das Recht auf Beiordnung eines Pflichtverteidigers entsprechend **§ 114b Abs. 2 Satz. 1 Nr. 4a** ergibt sich gleichermaßen nach dem neuen (gültigen) Recht wie auch aufgrund der (noch nicht umgesetzten) Richtlinie 2016/1919 (Legal-Aid-RiLi oder PKH-RiLi). S hierzu auch die Kommentierung bei Vor §§ 112 ff. Rdn. 67 ff.

Der **Wortlaut von § 114b Abs. 2 Satz 1 Nr. 4a** wurde zum 01.07.2021 dahin gehend geändert, dass der Beschuldigte *»in den Fällen des § 140 die Bestellung eines Pflichtverteidigers nach Maßgabe des § 141 Absatz 1 und des § 142 Absatz 1 beantragen kann«*. Dann stellt sich aber weiterhin die Frage, ob damit den Anforderungen der europarechtlichen Vorgaben genügt wird (vgl. dazu *Meyer-Mews* ZRP 2019, 5 ff.). Ausführlich hierzu s. die Ausführungen in der Einleitung Vor §§ 112 ff. ab Rdn. 64 ff. und bei Rdn. 110 ff.

Der **Wortlaut von § 114b Abs. 2 Satz 1 Nr. 4a** wurde zum 01.07.2021 dahin gehend ergänzt, dass der Beschuldigte auch auf die »Kostenfolge des § 456« hinzuweisen ist. Die Regelung erscheint nicht »ungefährlich«. Es kann nicht ausgeschlossen werden, dass der Beschuldigte wegen der möglicherweise drohenden Kostenfolge zu seinen Lasten auf das ihm zustehende Recht auf Hinzuziehung eines (Pflicht) Verteidigers verzichtet (s.a. *Burhoff* Hdb. für das strafrechtliche Ermittlungsverfahren, Rn. 3423; Stellungnahme des DAV v. 11/2020, S. 4: [»irreführend«]; s.a. *Conen* in der Sachverständigenanhörung im Bundestag am 14.04.2021, abrufbar unter https://www.bundestag.de/dokumente/textarchiv/2021/kw15-pa-recht-strafprozessordnung-831800, Abrufdatum: 21.02.2022).

10 Nach **§ 114b Abs. 2 Satz 1 Nr. 5** ist der Beschuldigte darüber zu belehren, dass er die Untersuchung durch einen Arzt oder eine Ärztin seiner Wahl verlangen kann. Diese soll aber nicht kostenfrei sein (BT-Drs. 16/11644, S. 17; BT-Drs. 16/13097, S. 26; ebenso Meyer-Goßner/*Schmitt* § 114b Rn. 6).

11 **§ 114b Abs. 2 Satz 1 Nr. 6** regelt die Belehrung, dass ein Angehöriger oder eine Person des Vertrauens benachrichtigt werden kann, soweit dies den Zweck der Untersuchung nicht gefährdet (krit. zu dieser Einschränkung SK-StPO/*Paeffgen* § 114b Rn. 4a; *Paeffgen* GA 2009, 454 ff.; *Tsambikakis* ZIS 2009, 503, 508). Die praktische Umsetzung des Rechts zur Benachrichtigung erfolgt nach § 114c (ausführlich s. dort Rdn. 6).

12 Nachträglich hinzugekommen ist auch **§ 114b Abs. 2 Satz 1 Nr. 7**. Der Beschuldigte ist nun auch darüber zu belehren, dass er nach § 147 Abs. 4 (seit 01.01.2018 – vormals geregelt in § 147 Abs. 7) das Recht hat

Auskünfte und Abschriften aus den Akten zu erhalten, soweit er keinen Verteidiger hat. Davon erfasst ist der Zeitraum zwischen der Verhaftung und der beim Vollzug der Untersuchungshaft zwingend erforderlichen Beiordnung eines Pflichtverteidigers (ausführlich dazu s. Vor §§ 112 ff. Rdn. 64 ff.). Die umfassende Belehrungspflicht mag löblich erscheinen und die *»betuliche Regelung von Quisquilien«* (so *Roxin/Schünemann*, Strafverfahrensrecht, § 30 Rn. 22, S. 223; vgl. dazu auch Vor §§ 112 ff. Rdn. 14) abrunden. Sie beruht auf Art. 4 IIa der Richtlinie 2012/13/EU. Die bisherige Kritik an der vom Gesetzgeber nur partiellen und unvollständigen Regelung ist damit hinfällig. Ob damit aber eine wirklich sinnvolle und praktisch umsetzbare Stärkung der Beschuldigtenrechte einhergeht, erscheint eher fraglich. Kaum ein Richter wird sich der Mühe unterziehen und dem Beschuldigten Teile der Akten entsprechend § 147 Abs. 4 zur Verfügung stellen. Zur Konsequenz von Verstößen s. unten, Rdn. 20.

In **§ 114b Abs. 2 Satz 1 Nr. 8** ist geregelt, dass der Beschuldigte bei der Vorführung vor den zuständigen 13
Richter umfassend über die ihm zustehenden Rechtsbehelfe zu informieren ist. das beruht auf Art. 4 III der Richtlinie 2012/13/EU. Die Pflicht zur Belehrung wird (vgl. auch § 115 Abs. 4) auf den Zeitpunkt der vorläufigen Festnahme vorverlagert. Sie besteht unabhängig davon, ob ein Antrag nach § 115a Abs. 3 gestellt ist (BT-Drs. 17/12578, S. 17). Das ist sinnvoll und war erforderlich. Zur Konsequenz von Verstößen s. unten, Rdn. 20.

Nach **§ 114b Abs. 2 Satz 2** ist der (noch) nicht verteidigte Beschuldigte auf das seinem (künftigen) Verteidiger 14
zustehende Recht auf Akteneinsicht hinzuweisen. Er muss darüber informiert werden, dass eine Prüfung der Sache anhand des Akteninhaltes demnächst möglich sein wird. Das erscheint bedeutsam, muss aber natürlich im Kontext mit der ggf. gebotenen Beiordnung eines Pflichtverteidigers stehen (ausführlich dazu s. Vor §§ 112 ff. Rdn. 64 ff.). Die Ergänzung beruht auf Art. 4 III der Richtlinie 2012/13/EU.
Der Gesetzestext verkennt insofern die aktuelle Anpassung der Belehrungs- und Beiordnungspflichten. Denn tatsächlich kann und darf es gar keinen Fall mehr geben, in welchem erst nachträglich ein Pflichtverteidiger beizuordnen ist. Das muss schon vorab geschehen (s.o. und Vor §§ 112 ff. Rdn. 64 ff.). Gemeint sein können insofern nur noch diejenigen Fälle, in denen der »Notverteidiger« bzw. »Sicherungsverteidiger« für die Zeit der richterlichen Vernehmung nicht auch derjenige Verteidiger ist, der später als Verteidiger entsprechende Rechte hat.

Nach **§ 114b Abs. 2 Satz 3** HS 1 ist ein Beschuldigter, der der deutschen Sprache nicht hinreichend mächtig 15
ist, darüber zu belehren, dass er im Verfahren die unentgeltliche Hinzuziehung eines Dolmetschers verlangen kann. Die Regelung ist Ausfluss von Art. 6 Abs. 3 lit. e) EMRK (vgl. BVerfGE 40, 95, 99 f. = NJW 1975, 1597; BVerfG NJW 2004, 50 f. = NStZ 2004, 261 f. = NStZ-RR 2004, 63 f. = StV 2004, 28 ff.; BGHSt 46, 178 ff. = NJW 2001, 309 ff. = NStZ 2001, 107 ff. = StraFo 2001, 54 ff. = StV 2001, 1 ff. = wistra 2001, 107 ff.); s. hierzu auch § 187 Abs. 1 und 3 GVG. Das Recht gilt für das gesamte Strafverfahren, allerdings nur für verfahrensbezogene Gespräche, bspw. Vernehmungen oder Informationsgespräche mit dem Verteidiger (BT-Drs. 16/11644, S. 17; s.a. *Burhoff*, Hdb. für das strafrechtliche Ermittlungsverfahren, Rn. 5130 [für den Wahlverteidiger] und Rn. 5131 [für den Pflichtverteidiger]; Meyer-Goßner/*Schmitt* § 114b Rn. 8; zu den entsprechenden europarechtlichen Vorgaben s. Vor §§ 112 ff. dort Rdn. 99 ff.).

Nach **§ 114b Abs. 2 Satz 3** Hs. 2 ist ein Beschuldigter, der hör- oder sprachbehindert ist, über seine Rechte 16
nach § 187 GVG zu belehren. Er hat dann das Wahlrecht, sich mündlich oder schriftlich oder mithilfe einer die Verständigung ermöglichenden Person zu verständigen. Dem insofern behinderten bzw. beeinträchtigten Beschuldigten steht eine Dispositionsbefugnis über die Form der Verständigungsart zu. Erfasst werden davon Hörbehinderte, Sprachbehinderte, Taube und Stumme. Wenn der hör- oder sprachbehinderte Beschuldigte von seinem Wahlrecht keinen Gebrauch macht oder eine ausreichende Verständigung in der gewählten Form nicht oder nur mit unverhältnismäßigem Aufwand möglich ist, dann kann das Gericht eine schriftliche Verständigung verlangen oder die Hinzuziehung einer Person als Dolmetscher anordnen (§ 186 Abs. 2 GVG).

Ausländer sind gem. **§ 114b Abs. 2 Satz 4** i.V.m. **Art. 36 Abs. 1 lit. b WÜK** darüber zu belehren, dass sie 17
die Unterrichtung der konsularischen Vertretung ihres Heimatstaates verlangen und dieser Mitteilungen zukommen lassen können (vgl. BVerfG JR 2007, 117 ff. = NJW 2007, 499 ff. = NStZ 2007, 159 ff. = StV 2008, 1 ff.; BGHSt 52, 38 ff. = JR 2008, 293 ff. = NJW 2007, 3587 ff. = NStZ 2008, 55 f. = NStZ-RR 2008, 38 = StraFo 2008, 77 f. = StRR 2008, 22 [m.Anm. *Junker*] = StV 2008, 8 f.; BGHSt 52, 110 ff. = JR 2008, 297 ff. = NJW 2008, 1090 ff. = NStZ 2008, 356 f. = StRR 2008, 179 ff. [m.Anm. *Burhoff*] = StV 2008, 172 ff. = wistra 2008, 274 ff.; s.a. *Esser* JR 2008, 271 ff.). Es gilt ein formalisierter Ansatz: Ausländer ist, wer nicht die deutsche Staatsbürgerschaft besitzt. Das Recht steht auch Ausländern zu, die ihren Lebensmittelpunkt in Deutschland haben. Auf eine eventuelle Hilfsbedürftigkeit kommt es nicht an (BVerfG JR 2007, 117 ff. = NJW 2007, 499 ff. = NStZ 2007, 159 ff. = StV 2008, 1 ff.; BGH NJW 2008, 307 ff. = NStZ 2008, 168 ff. = StV 2008, 5; s. hierzu auch *Gless/Peters* StV 2011, 369 ff. [differenzierend]; *Weigend* StV 2008, 39, 40, dort Fn. 15). Besitzt der Beschuldigte neben der ausländischen auch die deutsche Staats-

angehörigkeit, dann muss er nicht belehrt werden (*Hillgruber* JZ 2002, 95; *Kreß* GA 1007, 296, 301, dort Fn. 28; Meyer-Goßner/*Schmitt* § 114b Rn. 9).
Eine weitergehende inhaltliche Ausgestaltung des Rechts auf Unterrichtung der konsularischen Vertretung ist nicht vorgesehen. Insb. die Herstellung eines Kontaktes kann nicht verlangt werden (IGH HRRS 2004, Nr. 342; BVerfG JR 2007, 117 ff. = NJW 2007, 499 ff. = NStZ 2007, 159 ff. = StV 2008, 1 ff.; s.a. *Burhoff*, Hdb. für das strafrechtliche Ermittlungsverfahren, Rn. 4863 ff. [4878 a.E.]; Graf/*Krauß*, StPO, § 114b Rn. 9; *Weigend* StV 2008, 29, 40; a.A. *Walter* JR 2007, 99, 101; differenzierend *Gless/Peters* StV 2011, 369 ff.).
Eventuelle Sprachschwierigkeiten mit Ausländern regeln sich über § 114b Abs. 2 Satz 2.

18 Ob bei einer unterlassenen Belehrung nach Art. 36 Abs. 1 lit. b) WÜK ein **Beweisverwertungsverbot** angenommen werden kann, ist fraglich. Der BGH hat dies früher abgelehnt (BGH NStZ 2002, 168 = StV 2003, 57 = wistra 2002, 68 f.; a.A. *Paulus* StV 2003, 57; *Walther* HRRS 2004, 126; differenzierend *Gless/Peters* StV 2011, 369 ff.). Das BVerfG hat diese Rspr. aufgehoben und nimmt einen revisiblen Verfahrensverstoß an (BVerfG JR 2007, 117 ff. = NJW 2007, 499 ff. = NStZ 2007, 159 ff. = StV 2008, 1 ff. [unter Aufhebung von BGH NStZ-RR 2003, 375 ff. und StV 2003, 57 f.]; s.a. *Paulus/Müller* StV 2009, 495 f.). Danach hat der BGH sich uneinheitlich geäußert: Teils wird ein Beweisverwertungsverbot abgelehnt (BGHSt 52, 48 [5. Strafsenat]; BGHSt 52, 110 [3. Strafsenat]), teils wird ein Widerspruch gegen die Verwertung bei fehlender Belehrung gefordert und damit zumindest inzident ein Beweisverwertungsverbot anerkannt (BGHSt 52, 38 [1. Strafsenat]; abl. Meyer-Goßner/*Schmitt* § 114b Rn. 9; zum Ganzen s.a. *Burhoff*, Hdb. für das strafrechtliche Ermittlungsverfahren, Rn. 3441; *Gaede* HRRS 2007, 402, 405; *Müller/Paulus* StV 2009, 495, 498 f.; *Schomburg/Schuster* NStZ 2008, 593; *Strate* HRRS 2008, 76 ff.; *Weider* StV 2010, 102; *Weigend* StV 2008, 39, 43). Der 5. Strafsenat des BGH geht davon aus, dass ein Verstoß gegen die völkerrechtliche verankerte Unterrichtungspflicht ebenso wie bei einer Verfahrensverzögerung kompensiert werden muss (»Strafabschlagslösung«, vgl. BGHSt 52, 48; s.a. *Schomburg/Schuster* NStZ 2008, 593, 596). Der 3. Strafsenat des BGH lehnt dies ab (BGHSt 52, 110, ebenso *Müller/Paulus* StV 2009, 495, 500). Die zum 01.07.2021 vorgenommene Gesetzesänderung und die damit einhergehende Anpassung zu § 136 Abs. 1 Satz 3 und 4 legt mehr als nahe, dass die dortigen Vorgaben zu Beweisverwertungsverboten nun auch hier (ebenso) gelten sollen. Das ist nur konsequent und stünde im Einklang mit dem modernen Rechtsverständnis in Bezug auf die Beschuldigtenrechte. Aufgrund der noch uneinheitlichen Rspr. (diese allerdings zum alten Recht; sie wird sich nunmehr an den neuen gesetzlichen Vorgaben orientieren müssen, sofern sie das nicht längst getan hat), insb. aber auch aufgrund des Gleichklangs mit den Vorgaben des § 136 und den dort bereits bekannten Konsequenzen, ist auch hier bei eventuellen Gesetzesverstößen ein Beweisverwertungsverbot anzunehmen (s. dazu auch unten bei Rdn. 21). Deshalb sollte vorsorglich Widerspruch gegen die Verwertung von Angaben erhoben werden, die ohne entsprechende Belehrung nach § 114b Abs. 2 StPO gemacht wurden und eine Kompensation gefordert werden (BVerfG JR 2007, 117 ff. = NJW 2007, 499 ff. = NStZ 2007, 159 ff. = StV 2008, 1 ff.; BGHSt 52, 48; zum Ganzen auch *Burhoff*, Hdb. für das strafrechtliche Ermittlungsverfahren, Rn. 3441 a.E.).

19 **III. Kritik an den Belehrungsvorschriften.** Die Belehrung hat unverzüglich zu erfolgen (s.o., Rdn. 3). Ihr Inhalt scheint nun umfassend fixiert. Dies bedeutet eine Stärkung der Rechte des Beschuldigten. Denn bisher war keine derart strenge und auch zeitliche Vorgabe normiert (ebenso *Schlothauer/Weider/Nobis*, Untersuchungshaft, Rn. 285 [für den Vorführhaftbefehl] und Rn. 335 [für den bereits erlassenen Dezernatshaftbefehl]).

20 Die geradezu überbordend formalisiert durchzuführenden Belehrungspflichten in § 114b sind aber chronologisch nicht immer sinnvoll, normiert. So erfolgt bspw. die Belehrung über das **Verteidigerkonsultationsrecht** entsprechend § 136 Abs. 1 Satz 2 erst nach der Belehrung über das Recht einzelne Beweiserhebungen beantragen zu können. Ob dies so sinnvoll ist, kann zumindest diskutiert werden (ebenso *Michalke* NJW 2010, 17 ff.). Kritisiert wird auch, dass die seit 01.07.2021 geltende Hinweispflicht auf die Kostenfolge des § 465 (»Übernahme der Kosten der Pflichtverteidigung«) möglicherweise abschreckend wirken könnte und der Beschuldigte deshalb auf einen Pflichtverteidiger verzichtet. Dem stünde aber wiederum entgegen, dass ihm ein solcher ja für den Fall der Verhaftung dennoch zur Seite zu stellen ist.

21 Die Belehrungspflichten des § 114b sind zwar sehr detailliert, in verschiedenen Punkten kaprizieren sie sich aber auf die *»betuliche Regelung von Quisquilien«* (*Roxin/Schünemann*, Strafverfahrensrecht, § 30 Rn. 22, S. 223). Dabei darf aber nicht verkannt werden, dass das offenbar auch heute noch geboten erscheint. Ohne diese bis ins Detail normierten streng formalen Vorgaben werden die Rechte des Beschuldigten in der Praxis von den Ermittlungsbehörden offenbar auch weiterhin teils großzügig übergangen und mehr oder weniger versehentlich verkannt. Diese können sich nun immerhin nicht mehr darauf berufen, das Gesetz »missverstanden« oder »anders ausgelegt« zu haben.

Im Umfang der gesetzlichen Regelung verpflichten sie die Justiz bis hin zur schriftlichen Dokumentation einer ordnungsgemäßen Belehrung, um so die Beweisführung – naheliegender Weise gegen den Beschuldigten – zu erleichtern. Dies spricht dafür, dass umgekehrt Verstöße gegen die Belehrungspflichten verfahrensrechtliche Konsequenzen haben müssen (ebenso *Tsambikakis* ZIS 2009, 503, 507). Dafür spricht nunmehr auch zusätzlich der inzwischen (zum 01.07.2021) hergestellte Gleichklang mit § 136 (s.o.; a.A. insofern Meyer-Goßner/*Schmitt* § 114b Rn. 9, nun aber erst recht nicht mehr überzeugend, da durch die Neufassung des Gesetzes zum 01.07.2021 ja gerade der dort monierte Unterschied bewusst aufgehoben wurde). Eine Differenzierung nach absichtlichen und versehentlichen Verstößen, wobei Letztere unschädlich sein sollen (*Bittmann* NStZ 2010, 13; ihm folgend *Brocke/Heller* StraFo 2011, 1, 2) orientiert sich am vollkommen falschen Maßstab und ist absolut unzeitgemäß. Wo beginnt die Rechtfertigung, was versehentlich war und was nicht, und wo endet das Verständnis für sie? Unter Zugrundelegung der bisherigen Rspr. und nunmehr auch der seit 01.07.2021 geltenden gesetzlichen Regelung sind **umfassende Beweisverwertungsverbote** anzunehmen (jedenfalls für das Schweigerecht und das Recht auf Verteidigerkonsultation ebenso *Weider* StV 2010, 102, 103). Denn wenn der Gesetzgeber hier schon ebenso differenzierte wie strenge Vorgaben macht, dann müssen Verstöße entsprechend nachhaltige Konsequenzen haben. Alles andere wäre eine Benachteiligung des Beschuldigten einerseits und eine Privilegierung der Justizorgane andererseits, die sich »versehentlich« nicht an Recht und Gesetz gehalten haben. Das wurde so hier schon vor dem 01.07.2021 vertreten! 22

§ 114c Benachrichtigung von Angehörigen

(1) Einem verhafteten Beschuldigten ist unverzüglich Gelegenheit zu geben, einen Angehörigen oder eine Person seines Vertrauens zu benachrichtigen, sofern der Zweck der Untersuchung dadurch nicht erheblich gefährdet wird.

(2) [1]Wird gegen einen verhafteten Beschuldigten nach der Vorführung vor das Gericht Haft vollzogen, hat das Gericht die unverzügliche Benachrichtigung eines seiner Angehörigen oder einer Person seines Vertrauens anzuordnen. [2]Die gleiche Pflicht besteht bei jeder weiteren Entscheidung über die Fortdauer der Haft.

Übersicht

A. Allgemeines. In § 114c sind die **Benachrichtigungsrechte und -pflichten des Verhafteten und des Gerichts** geregelt. Diese Verpflichtung ist verfassungsrechtlich vorgegeben in Art. 104 Abs. 4 GG. Es soll insb. verhindert werden, dass Bürger ohne Kenntnis Dritter durch heimliche Verhaftungen spurlos aus der Öffentlichkeit verschwinden (allgem. Meinung: KK/*Graf* § 114b Rn. 1; LR/*Hilger* § 114b Rn. 1; Graf/*Krauß* StPO § 114c Rn. vor 1; Meyer-Goßner/*Schmitt* § 114c Rn. 3; *Michalke* NJW 2007, 17, 19; SK-StPO/*Paeffgen* § 114b Rn. 4; *Tsambikakis* ZIS 2009, 503, 508). Die Vorschrift dient auch dem Vertrauensschutz sowohl des Einzelnen als auch der Allgemeinheit ggü. dem Staat und der Strafrechtspflege (sog »lex Höfle«, nach dem damaligen Reichspostminister, der 1925 in Untersuchungshaft genommen wurde und dort unter ungeklärten Umständen [er soll sich vergiftet haben] verstarb, ohne, dass Angehörige oder sonstige Dritte über sein Verschwinden informiert waren). 1

B. Regelungsgehalt. I. Allgemeines. Verhaftung i.S.d. § 114c Abs. 1 meint die Festnahme aufgrund eines Haftbefehls nach den §§ 112 ff., aber auch nach §§ 230 Abs. 2, 236, 329 Abs. 4 Satz 1, 412 Satz 1 sowie nach § 127b Abs. 2. Die Benachrichtigungspflichten gelten auch ggü. nur vorläufig Festgenommenen oder festgehaltenen Personen (vgl. §§ 127 Abs. 4, 127b Abs. 1 Satz 2, 163c Abs. 1 Satz 2 sowie § 453c Abs. 2 Satz 2). Für Ordnungshaft (§§ 177, 178 GVG) und Beuge- bzw. Erzwingungshaft (§ 70) soll § 114c nicht gelten (statt Aller: Meyer-Goßner/*Schmitt* § 114a Rn. 6). 2

Hier besteht ein Wertungswiderspruch. Denn die Freiheitsentziehung zur Identitätsfeststellung ist auf die Dauer von insgesamt 12 Std. beschränkt (§ 163c Abs. 2 StPO), die vorläufige Festnahme auf höchstens unter 48 Std. (§ 128 Abs. 1 Satz 1). Ordnungs- und Beuge- bzw. Erzwingungshaft können aber länger dauern. Warum der Verhaftete dort keine Benachrichtigungsrechte und das Gericht keine entsprechenden Pflichten haben soll, erschließt sich nicht (zu Recht krit. schon *Michalke* NJW 2007, 17, 19).

Der Kreis der **Adressaten der Benachrichtigung** ist weit zu verstehen. Der Begriff **Angehörige** orientiert sich nicht an der Legaldefinition des § 11 Abs. 1 Nr. 1 StGB (s.a. § 52 Abs. 1). Er erfasst vielmehr auch entfernte Verwandte. Die Nennung der Angehörigen im Zusammenhang mit dem Begriff der **Personen** 3

des Vertrauens intendiert ebenfalls ein weites Verständnis (ebenso KK/*Graf* § 114b Rn. 4; Meyer-Goßner/*Schmitt* § 114c Rn. 2). Werden bei der Benachrichtigungspflicht nach § 114c weder ein Angehöriger noch ein Vertrauter benannt, dann hat das Gericht keine Pflicht nachzuforschen. In diesen Fällen unterbleibt eine Benachrichtigung (Meyer-Goßner/*Schmitt* § 114c Rn. 4; a.A. SK-StPO/*Paeffgen* § 114b Rn. 4). Dies erscheint angemessen, da dann zumindest über die inzwischen gebotene (zwingende) Beiordnung eines (Pflicht-) Verteidigers (vgl. § 141 Abs. 3 Satz 4 für die richterliche Vernehmung [z.B. zur Haftbefehlseröffnung] bzw. § 141 Abs. 3 S. 5 i.V.m. § 140 Abs. 1 Nr. 4 [mit Beginn der Vollstreckung der Untersuchungshaft] – s. dazu die Kommentierung vor § 112 Rdn. 64 ff. Abs. 2) dem Schutz des Einzelnen vor heimlichem Verschwinden Rechnung getragen wird. Fraglich ist aber, ob der beigeordnete Verteidiger selbst eine solche Vertrauensperson sein kann, da der Verhaftete ihn oft noch gar nicht kennt (krit. hierzu, insb. wenn sich Zweifel an der Vertrauensbeziehung aufdrängen: VerfGH Brandenburg NJ 2000, 312 [LS] = NStZ-RR 2000, 185 ff.). Zum Schutz des Beschuldigten sollte hier keine Verquickung unterschiedlicher Interessen erfolgen, sondern letztlich auch einer Kontrolle der Verteidigung über Dritte der Vorzug gegeben werden.

4 Der verhaftete Beschuldigte ist über sein Recht **zu belehren** (vgl. § 114b Abs. 2 Nr. 6, ausführlich hierzu s. dort Rdn. 5). Die Belehrung und die Benachrichtigung haben **unverzüglich**, d.h. unmittelbar nach der Festnahme (Abs. 1) und dann – erneut – bei der Vorführung vor das Gericht (Abs. 2) zu erfolgen. Zum Begriff »unverzüglich« s. bereits die Kommentierung bei § 114b Rdn. 4; s.a. BVerfG 38, 32 ff.).

5 Inhaltlich ist der Empfänger über die Verhaftung als solche und ggf. auch die gerichtliche Entscheidung über die Haft zu informieren. Darüber hinaus ist bei Anordnung der Haft die Justizvollzugsanstalt zu nennen, in die der Beschuldigte überführt wird. Zweckmäßig ist auch die Nennung der Aktenzeichen von StA und Gericht, um dadurch eine Kontaktaufnahme zu ermöglichen und zu vereinfachen. Tatvorwurf und Haftgründe müssen nicht offengelegt werden (vgl. KK/*Graf* § 114b Rn. 6). Letzteres widerspräche dem Persönlichkeitsschutz des Verhafteten und wird vom Gesetz auch nicht gefordert. Die zusätzliche Benennung der Kontaktdaten eines bereits beigeordneten notwendigen Verteidigers erscheint nicht nur sinnvoll, sondern als Ausfluss des Rechtsstaatsprinzips und des fair trial geboten.

6 **II. Recht zur Benachrichtigung, § 114c Abs. 1.** § 114c Abs. 1 gewährt ein eigenes, von der amtlichen Benachrichtigungspflicht des § 114c Abs. 2 unabhängiges subjektives **Recht des verhafteten Beschuldigten**, einen Angehörigen oder eine Person seines Vertrauens von der Verhaftung zu benachrichtigen. Die Belehrung und die Möglichkeit zur Benachrichtigung haben unverzüglich, d.h. ohne schuldhaftes Zögern (vgl. hierzu bereits § 114b dort Rdn. 4), also unmittelbar nach der Festnahme, nicht erst bei der Vorführung vor das Gericht, zu erfolgen.

7 Dem Verhafteten ist Gelegenheit zu geben, von seinem Recht Gebrauch zu machen (BT-Drs. 16/11644, S. 18). Gesetzliche Vorgaben zur **Form der Benachrichtigung** existieren nicht. Regelmäßig soll dies schriftlich durch einen sog. »Zugangsbrief« an den zu Benachrichtigenden geschehen (KK/*Graf* § 114b Rn. 9; Meyer-Goßner/*Schmitt* § 114c Rn. 1). Darüber hinaus müssten aber auch die modernen Möglichkeiten der Kommunikation zur Verfügung gestellt werden. Neben Brief, Telefax und E-Mail muss auch eine telefonische Benachrichtigung ermöglicht werden. Die in der Praxis regelmäßig zu beobachtende Beschränkung auf Brief und Post ist weder zeitgemäß noch der Bedeutung der Sache, insb. unter Beachtung der Eilbedürftigkeit, angemessen (ähnlich: *Michalke* NJW 2007, 17, 19). Eine verzögerte Benachrichtigung aufgrund des Postlaufes widerspricht i.Ü. dem Zweck der Regelung (s.o. Rdn. 4).

8 Die **Übernahme der Benachrichtigung** durch den Verteidiger (zur Beiordnung ausführlich bei vor § 112 Rdn. 64) erscheint sinnvoll und sollte für den RA auch eine Selbstverständlichkeit sein. Oft wird das Problem dadurch aber nur verlagert. Denn nicht selten erfolgt auch die Beiordnung des Pflichtverteidigers contra legem im Schriftweg und erst verzögert (allgemein hierzu die Kommentierung vor § 112 Rdn. 64 ff.). Darüber hinaus ist nicht gewährleistet, dass der beigeordnete Verteidiger unverzüglich tätig wird. Zwar soll in derartigen Fällen der zögerlichen Sachbearbeitung ein flexibler **Wechsel des Pflichtverteidigers** möglich sein (vgl. BGH NStZ 2008, 418 f. = StraFo 2008, 243 = StV 2009, 5 ff.; BGH NStZ 2004, 632 f. = StV 2004, 302 f.; OLG Köln StraFo 2007, 157 [keine ausreichenden Besuche, dort allerdings vom Mandanten verweigert]; LG Aachen StV 2005, 439 [keine ausreichenden »menschlich gebotenen« Haftbesuche]; LG Osnabrück StRR 2010, 270 = StV 2010, 563 f. [Pflichtverteidigerwechsel, wenn 14 Tage nach Inhaftierung noch keine Kontaktaufnahme erfolgte]; zur Entpflichtung des Pflichtverteidigers aus wichtigem Grund [Fehlverhalten des Verteidigers] umfassend s. *Burhoff*, Handbuch für das strafrechtliche Ermittlungsverfahren, Rn. 2196 ff.). Weitere zeitliche Verzögerungen liegen auch aus anderen Gründen (Ausfertigung der Beiordnung, Aktenübersendung, verzögerter Postlauf etc.) nicht völlig fern. Dies ist nicht akzeptabel.

9 Den **Empfänger der Benachrichtigung** bestimmt nach überwiegender Ansicht der Richter. Er soll Vorschläge des Festgenommenen möglichst berücksichtigen, an diese aber nicht gebunden sein (KK/*Graf* § 114b Rn. 8

a.E.; LR/*Hilger* § 114b Rn. 22; AnwK-Uhaft/*König*, § 114c StPO Rn. 3; Meyer-Goßner/*Schmitt* § 114c Rn. 2 a.E.). Dies scheint zu undifferenziert und allenfalls bei einer ansonsten drohenden Gefährdung des Zwecks der Untersuchungshaft angemessen (ausführlich hierzu sogleich). Grds. muss es dem Beschuldigten selbst überlassen bleiben, wen er benachrichtigen möchte. Denn Inhalt der Information der Benachrichtigung sind lediglich die Tatsache der Verhaftung und verschiedene eng umgrenzte Kontaktdaten. Dann muss aber dem Festgenommenen zugestanden werden, dass er selbst eine Auswahl trifft, wen er informieren will. Der verfassungsrechtliche Schutz vor heimlichem Verschwinden (»lex Höfle«, s.o., Rdn. 1) überwiegt hier bei Weitem (ebenso *Tsambikakis* ZIS 2009, 503, 508). Der individuelle Vertrauensschutz geht vor, das Ermessen des Gerichts ist somit eingeschränkt. Bestätigt wird dies durch die im Gesetz nachfolgend geregelte **Pflicht zur Benachrichtigung** in § 114c Abs. 2. Folgt auf die Verhaftung die Anordnung des Vollzuges der Untersuchungshaft, dann muss in jedem Fall eine Benachrichtigung von Amts wegen erfolgen. In dem überschaubaren Zeitraum zwischen Festnahme und Vollzug der Untersuchungshaft ist eine weitere Einschränkung der Rechte des Beschuldigten nicht hinnehmbar (ebenso: SK-StPO/*Paeffgen* § 114b Rn. 4a; *Paeffgen* GA 2009, 454 ff.; *Tsambikakis* ZIS 2009, 503, 508).

Das Recht steht unter dem Vorbehalt, dass der **Untersuchungszweck durch die Benachrichtigung nicht** 10
erheblich gefährdet wird.

Bis 04.09.2017 ging das Gesetz von einer (einfachen) Gefährdung aus. Durch das Zweite Gesetz zur Stärkung der Verfahrensrechte von Beschuldigten im Strafverfahren und zur Änderung des Schöffenrechts vom 27.08.2017 wurde nunmehr eine qualifizierte Gefährdung eingefügt, sie muss »erheblich« sein.

Fraglich ist, was eine »erhebliche« Gefährdung bedeutet. Immerhin hat der Gesetzgeber hier einen strengeren Maßstab vorgegeben und damit die Möglichkeiten der Beschränkung der Rechte des Beschuldigten eingeschränkt. Nur dann sollen Art und Weise der Benachrichtigung eingeschränkt werden dürfen und der Empfängerkreis beschränkt werden können (krit. hierzu s.o. Rdn. 9). Das Recht zur Information über die Verhaftung kann dem Verhafteten aber nicht gänzlich genommen werden. Ansonsten würden Sinn und Zweck der Vorschrift verfehlt. I.Ü. sind kaum Fälle denkbar, in denen die Benachrichtigung über die Verhaftung, die ja schon durch das »Verschwinden« des Verhafteten als solches nahe liegt, den Zweck der Untersuchung gefährdet. Gemeint sind hier wohl die Fälle, in denen der Verhaftete ausgerechnet seine Mittäter informiert wissen möchte; da erscheint eine Beschränkung angemessen (zum Ganzen: SK-StPO/*Paeffgen* § 114b Rn. 4a; *Paeffgen* GA 2009, 454 ff.; *Tsambikakis* ZIS 2009, 503, 508; a.A. [enger]: KK/*Graf* § 114b Rn. 9; LR/*Hilger* § 114b Rn. 22; Meyer-Goßner/*Schmitt* § 114c Rn. 1, 2).

III. Pflicht zur Benachrichtigung, § 114c Abs. 2. § 114c Abs. 2 regelt eine **Pflicht des Gerichts** zur 11
Benachrichtigung von Angehörigen oder Vertrauten, wenn nach der Vorführung des verhafteten Beschuldigten die Haft vollzogen wird. Das Gericht ist zur Benachrichtigung verpflichtet (Art. 104 Abs. 4 GG, ausführlich s.o. Rdn. 2 ff.).

Die Fortdauer der Haft anordnende Entscheidungen ergehen im Zusammenhang mit der Vorführung vor das 12
Gericht (§ 115 Abs. 4), i.R.d. Haftprüfung (§§ 117, 118 Abs. 1, 118a Abs. 4, 122), der Beschwerde (§ 304 Abs. 1), der weiteren Beschwerde (§ 310 Abs. 1), aber auch der Eröffnung des Hauptverfahrens (§ 207 Abs. 4) und der Urteilsfällung (§ 268b). Bei Aufhebung oder Außervollzugsetzung des Haftbefehls muss nach Sinn und Zweck des Gesetzes keine Benachrichtigung erfolgen, der Beschuldigte kommt hier ja frei (KK/*Graf* § 114b Rn. 3; LR/*Hilger* § 114b Rn. 9; Meyer-Goßner/*Schmitt* § 114c Rn. 7).

Zuständig ist in Fällen der Verhaftung der Richter, dem der verhaftete Beschuldigte vorgeführt wird (vgl. 13
§§ 115, 115a, 128), i.Ü. der Richter, der die Haftentscheidung getroffen hat (vgl. §§ 125, 126; s. zum Ganzen: KK/*Graf* § 114b Rn. 7; Meyer-Goßner/*Schmitt* § 114c Rn. 8).

Auch hier ist keine bestimmte **Form der Benachrichtigung** vorgeschrieben (ausführlich hierzu s.o. Rdn. 7; s. 14
ergänzend hierzu die nachfolgenden Ausführungen). Die Benachrichtigung hat aber unverzüglich zu erfolgen. Die gesetzlichen Vorgaben sind zwingend. Ausnahmen sind hier nicht zulässig (s.o.).

Ein **Verzicht** oder **Widerspruch des Festgenommenen** verfangen nicht (AnwK-StPO/*Deckers*, § 114b Rn. 1, 15
2; KK/*Graf* § 114b Rn. 5; LR/*Hilger* § 114b Rn. 12; Meyer-Goßner/*Schmitt* § 114c Rn. 6; SK-StPO/*Paeffgen* § 114b Rn. 4). Teilweise wird vertreten, dass bei einer schwerwiegenden Gefahr für Angehörige oder Dritte oder der Gefährdung der Sicherheit des Staates (LR/*Hilger* § 114b Rn. 14 ff.; Meyer-Goßner/*Schmitt* § 114c Rn. 6 a.E.) oder bei notstandsähnlichen Situationen (SK-StPO/*Paeffgen* § 114b Rn. 4) auf eine Benachrichtigung verzichtet werden könne. Dagegen spricht aber der verfassungsrechtliche Schutz gem. Art. 104 Abs. 4 GG. Die Benachrichtigung darf auch nicht zurückgestellt werden oder unterbleiben, weil der Zweck der Untersuchung ansonsten erheblich gefährdet würde. Eine entsprechende Einschränkung wie in § 114c Abs. 1 gibt es in § 114c Abs. 2 nicht.

16 Die unverzügliche Benachrichtigung ist vom Gericht gesondert vorzunehmen. Auf den üblichen Geschäftsgang darf der Richter sich nicht verlassen (BVerfGE 38, 32, 34; s.a. BVerfGE 16, 119, 123; VerfGH Brandenburg NJ 2000, 312 [LS] = NStZ-RR 2000, 185, 187; zum Ganzen auch *Tsambikakis* ZIS 2009, 503, 508).

17 Eine durch die Ermittlungsbehörden bereits vorgenommene Benachrichtigung soll durch das Gericht nicht zu wiederholen sein (Meyer-Goßner/*Schmitt* § 114c Rn. 8; Graf/*Krauß* StPO § 114c Rn. 7; jeweils mit Verweis auf *Maunz/Dürig*, GG, Art. 104 Rn. 43). Dies erscheint allenfalls dann akzeptabel, wenn eine korrekte Benachrichtigung dem Gericht bestätigt oder sicher nachgewiesen ist. Das Gericht hat zum einen eine eigene Fürsorgepflicht wahrzunehmen, zum anderen trifft es eine (neue) Haftentscheidung mit entsprechend weitreichenden, die Freiheit beschränkenden Konsequenzen. Da erscheint eine jeweils aktualisierte Benachrichtigung (und einhergehend damit die Verpflichtung dazu) unumgänglich.

18 **C. Sonstiges.** Die chronologische Reihenfolge der gesetzlichen Regelung, zunächst dem Verhafteten das Recht zur Benachrichtigung einzuräumen (Abs. 1) und dann den Strafverfolgungsbehörden eine Pflicht zur Benachrichtigung aufzuerlegen (Abs. 2), unterstreicht die Wichtigkeit der Rechte des Beschuldigten (ebenso *Michalke* NJW 2007, 17, 19).

19 Die gesetzliche Regelung sieht vor, dass eine unbedingte Pflicht zur Benachrichtigung erst nach der Vorführung vor das Gericht und dort erst nach dem Vollzug der Untersuchungshaft besteht (s.o.). Bis dahin soll dem Verhafteten zwar das Recht zur Benachrichtigung zustehen, dessen Ausübung soll aber dispositiv sein (s.o.). Zwischen Festnahme und Vorführung besteht also eine Phase, in der ggf. keine Benachrichtigung Dritter erfolgt. Einerseits erscheint es schwer hinnehmbar, dass in dem fraglichen Zeitraum (bis zu 48 Std., vgl. § 128 Abs. 1 Satz 1), eine Verhaftung erfolgen kann, von der niemand etwas erfährt (krit.: *Tsambikakis* ZIS 2009, 503, 508). Andererseits sind Fälle denkbar, in denen der Festgenommene bewusst niemanden über die vorläufige Festnahme informieren und seine Dispositionsfreiheit ausschöpfen will (Art. 2 Abs. 1 GG). Spätestens mit der Anordnung der Untersuchungshaft muss aber eine Benachrichtigung zwingend erfolgen (differenzierend insofern auch KK/*Graf* § 114 Rn. 5 a.E.).

20 Das Gericht hat die Benachrichtigung **anzuordnen** (§ 114c Abs. 2 Satz 1 a.E.). Der Begriff ist missverständlich. Eine Anordnung erfolgt weder ggü. der Geschäftsstelle noch ggü. den Ermittlungsbehörden oder womöglich dem (beigeordneten) Verteidiger. Der Richter hat selbst eine originäre Pflicht zur Benachrichtigung. Zur Form der Benachrichtigung s. bereits oben. Lediglich die praktische Ausführung kann der Geschäftsstelle oder (einvernehmlich) Dritten übertragen und gegenüber diesen angeordnet werden.

21 Gegen die Unterlassung der Benachrichtigung haben der Beschuldigte und die StA das Recht der **Beschwerde** (§ 304). Hat der Beschuldigte Dritte nach Abs. 1 informiert, dann steht ihm dennoch ein Beschwerderecht zu (KK/*Graf* § 114b Rn. 11; LR/*Hilger* § 114b Rn. 34; Meyer-Goßner/*Schmitt* § 114c Rn. 9 [anders noch 52. Aufl. 2009, dort § 114b Rn. 10]; SK-StPO/*Paeffgen* § 114b Rn. 10). Angehörige oder Vertraute sind aber nicht beschwerdeberechtigt.

Die **weitere Beschwerde** soll ausgeschlossen sein, weil die Entscheidung nicht die Verhaftung selbst betrifft. Das erscheint verfehlt, denn die Entscheidung steht in engem Zusammenhang mit der Haft selbst (str.! ebenso AnwK-Uhaft/*König*, § 114c StPO Rn. 9; LR/*Hilger* § 114b Rn. 34; SK-StPO/*Paeffgen* § 114b Rn. 10; a.A. KK/*Graf* § 114b Rn. 11; Meyer-Goßner/*Schmitt* § 114c Rn. 9).

Art. 104 Abs. 4 GG gewährt darüber hinaus ein individuelles subjektives von der Verfassung geschütztes Recht. Ein Verstoß kann mit der **Verfassungsbeschwerde** verfolgt werden (BVerfGE 16, 119, 122; BVerfGE 16, 119, 123; BVerfGE 38, 32, 34; VerfGH Brandenburg NJ 2000, 312 [LS] = NStZ-RR 2000, 185, 187; KK/*Graf* § 114b Rn. 1 und 12).

§ 114d Mitteilungen an die Vollzugsanstalt

(1) [1]Das Gericht übermittelt der für den Beschuldigten zuständigen Vollzugsanstalt mit dem Aufnahmeersuchen eine Abschrift des Haftbefehls. [2]Darüber hinaus teilt es ihr mit

1. **die das Verfahren führende Staatsanwaltschaft und das nach § 126 zuständige Gericht,**
2. **die Personen, die nach § 114c benachrichtigt worden sind,**
3. **Entscheidungen und sonstige Maßnahmen nach § 119 Abs. 1 und 2,**
4. **weitere im Verfahren ergehende Entscheidungen, soweit dies für die Erfüllung der Aufgaben der Vollzugsanstalt erforderlich ist,**
5. **Hauptverhandlungstermine und sich aus ihnen ergebende Erkenntnisse, die für die Erfüllung der Aufgaben der Vollzugsanstalt erforderlich sind,**
6. **den Zeitpunkt der Rechtskraft des Urteils sowie**

7. **andere Daten zur Person des Beschuldigten, die für die Erfüllung der Aufgaben der Vollzugsanstalt erforderlich sind, insbesondere solche über seine Persönlichkeit und weitere relevante Strafverfahren.**

[3]Die Sätze 1 und 2 gelten bei Änderungen der mitgeteilten Tatsachen entsprechend. [4]Mitteilungen unterbleiben, soweit die Tatsachen der Vollzugsanstalt bereits anderweitig bekannt geworden sind.

(2) [1]Die Staatsanwaltschaft unterstützt das Gericht bei der Erfüllung seiner Aufgaben nach Absatz 1 und teilt der Vollzugsanstalt von Amts wegen insbesondere Daten nach Absatz 1 Satz 2 Nr. 7 sowie von ihr getroffene Entscheidungen und sonstige Maßnahmen nach § 119 Abs. 1 und 2 mit. [2]Zudem übermittelt die Staatsanwaltschaft der Vollzugsanstalt eine Abschrift der Anklageschrift und teilt dem nach § 126 Abs. 1 zuständigen Gericht die Anklageerhebung mit.

Übersicht

A. Allgemeines. Die §§ 114d und 114e koordinieren das Zusammenspiel zwischen einerseits Gericht und StA und andererseits Justizvollzugsanstalt i.R.d. Organisation der Untersuchungshaft. § 114d regelt die Informationspflichten von Gericht (Abs. 1) und StA (Abs. 2) ggü. der für den Beschuldigten zuständigen Haftanstalt. § 114e erfasst im Gegenzug Informationspflichten der Vollzugsanstalt ggü. den Ermittlungsbehörden und dem Gericht. Die Vorschriften greifen ineinander. 1

§ 114d beinhaltet sowohl **formelle** als auch **materielle Informationspflichten.** § 114d Abs. 1 Nr. 1 bis 7 normiert im Wesentlichen die bisher in den Nr. 7 und 15 UVollzO genannten wechselseitigen Vorgaben zur Information (vgl. dort). § 114d Abs. 2 ergänzt die Informationspflichten durch die StA. 2

Mitzuteilen sind nur tatsächlich vorhandene Daten, eine weitergehende Ermittlungspflicht besteht nicht und ist auch nicht vorgesehen (BT-Drs. 16/11644, S. 20). 3

B. Die Regelungen im Einzelnen. I. Mitteilungen des Gerichts an die zuständige Vollzugsanstalt, § 114 Abs. 1. Nach § 114d Abs. 1 Satz 1 übermittelt das Gericht der zuständigen Vollzugsanstalt das **Aufnahmeersuchen** sowie eine **Abschrift des Haftbefehls.** 4

Das Aufnahmeersuchen ist nicht Voraussetzung für den Vollzug der Untersuchungshaft. Diese erfolgt ausschließlich aufgrund des Haftbefehls und der dortigen Anordnung der Verhaftung (zum Inhalt des Haftbefehls vgl. § 114, dort Rdn. 6 ff.). 5

Der **Inhalt des Aufnahmeersuchens** ist gesetzlich nicht geregelt (Graf/*Krauß* StPO § 114d Rn. 1; Meyer-Goßner/*Schmitt* § 114d Rn. 2). Der Wortlaut von § 114d Abs. 1 Satz 2 (»*Darüber hinaus …*«) intendiert, dass das Aufnahmeersuchen über die Personalien des Gefangenen hinaus über Umstände unterrichtet, die auf einen besonderen Fluchtverdacht, auf die Gefahr gewalttätigen Verhaltens, des Selbstmordes oder der Selbstschädigung, auf gleichgeschlechtliche Neigungen oder auf seelische oder geistige Abartigkeiten oder sonstige Besonderheiten hindeuten. Auch auf ansteckende Krankheiten soll, sofern bekannt, hingewiesen werden (vgl. hierzu schon Nr. 7 UVollzO). Gesondert mitzuteilen und deshalb nicht vom Aufnahmeersuchen erfasst (vgl. § 114d Abs. 1 Satz 2 Nr. 1, 3, 4, 5 und 7) sind Hinweise auf die dem Beschuldigten zur Last gelegte Tat, den Grund der Verhaftung sowie besondere Anordnungen des Richters. Dennoch erscheint es sinnvoll, auch diese weitergehenden Informationen bereits mit dem Aufnahmeersuchen bekannt zu machen und der Vollzugsanstalt einen zusammenfassenden Überblick über die wesentlichen Informationen zum Gefangenen zu geben (s.a. BT-Drs. 16/11644, S. 8). 6

Nach **§ 114d Abs. 1 Satz 2 Nr. 1** sind die das Verfahren führende StA und das nach den §§ 125, 126 zuständige Gericht mitzuteilen. Dadurch wird eine wechselseitige Kontaktaufnahme erleichtert und der Vollzugsanstalt ermöglicht, den ihr obliegenden Informationspflichten aus § 114e nachkommen. 7

Nach **§ 114d Abs. 1 Satz 2 Nr. 2** sind die Personen zu benennen, die gem. § 114c vom Beschuldigten (dort Abs. 1) oder dem Gericht (dort Abs. 2) von der Verhaftung benachrichtigt wurden (s. hierzu schon Nr. 15 Abs. 2 UVollzO). So weiß die Vollzugsanstalt, wen sie ggf. (in Notfällen) informieren kann. Im Gegenzug ermöglicht dies zu prüfen, welche Vertrauenspersonen vom Beschuldigten benannt wurden, um auch so den Briefverkehr und Besuche zügig zu koordinieren. 8

Nach **§ 114d Abs. 1 Satz 2 Nr. 3** sind Beschränkungen durch das Gericht oder die StA beim Vollzug der Untersuchungshaft gem. § 119 Abs. 1 und 2 mitzuteilen. Dies dient sowohl der Umsetzung entsprechender Anordnungen (vgl. § 119 Abs. 2 Satz 2) als auch der Koordinierung entsprechender Beschränkungen, die 9 von der Vollzugsanstalt unmittelbar zu beachten sind oder darüber hinaus zu ergänzenden Beschränkungen führen können.

10 Nach **§ 114d Abs. 1 Satz 2 Nr. 4** sind weitere im Verfahrensfortgang ergehende Entscheidungen mitzuteilen, soweit dies für die Erfüllung der Aufgaben der Vollzugsanstalt erforderlich ist. Hiervon sind alle Entscheidungen erfasst, die das »Ob« und das »Wie« der Anordnung der Untersuchungshaft im weitesten Sinn erfassen. Eine klare Trennung zur weiter gefassten Nr. 7 (ausführlich dazu s.u. Rdn. 13) erscheint nicht möglich, aber auch nicht erforderlich. Die Regelungen überschneiden und ergänzen sich.

11 Nach **§ 114d Abs. 1 Satz 2 Nr. 5** sind Hauptverhandlungstermine und sich aus ihnen ergebende Erkenntnisse mitzuteilen. Die Informationen dienen der Organisation der Vorführung des Beschuldigten. Kann ein Haftprüfungstermin nicht durchgeführt werden, weil die Vorführung des Beschuldigten aus justizorganisatorischen Gründen nicht möglich ist, dann ist der Haftbefehl außer Vollzug zu setzen (zum »fehlenden Vorführdienst« s. AG Hamburg-Harburg StraFo 2005, 198 = StV 2005, 395 [m.Anm. *Meyer-Lohkamp*]). Die Informationspflichten sollen aber auch eine besondere Rücksichtnahme oder Vorsicht nach einer Verurteilung ermöglichen. Denkbar sind aggressives Verhalten des Beschuldigten oder depressive Verstimmung bis hin zur Selbstmordgefahr (ebenso: Graf/*Krauß* StPO § 114d Rn. 6; Meyer-Goßner/*Schmitt* § 114d Rn. 7; s.a. BR-Drucks. 829/08, S. 24).

12 Nach **§ 114d Abs. 1 Satz 2 Nr. 6** ist unverzüglich der Zeitpunkt der Rechtskraft des Urteils mitzuteilen. Nach herrschender Meinung wird ein in Vollzug befindlicher Haftbefehl nach Verurteilung zu einer unbedingten Freiheitsstrafe gegenstandslos, die Untersuchungshaft geht dann ohne Weiteres in Strafhaft über (ausführlich unter § 120 dort Rdn. 31 ff. [für den in Vollzug befindlichen Haftbefehl] und dort Rdn. 37 ff. [für den außer Vollzug befindlichen Haftbefehl]; s. auch BGHSt 38, 63 ff.; BGH NStZ 1993, 31; OLG Düsseldorf StV 1999, 609, 610; OLG Düsseldorf, StraFo 2002, 100; a.A. [differenzierend für einen außer Vollzug befindlichen Haftbefehl]: LG Stuttgart StRR 2009, 118 f. [m.Anm. *Herrmann*]; s. hierzu auch: *Herrmann*, Untersuchungshaft, Rn. 1273 ff.; *Schlothauer/Weider/Nobis*, Untersuchungshaft, Rn. 332 [dort recht knapp]; zur Organisationshaft s. vor § 112 dort Rdn. 16; s. dazu auch BVerfG NJW 2006, 427 ff.; NStZ 1998, 77 ff. [m.Anm. *Lemke*]; s.a. OLG Brandenburg NStZ 2000, 500 [m.Anm. *Rautenberg*]; OLG Celle StV 2003, 32; OLG Hamm NStZ 2009, 655 [Übergang in Strafhaft auch bei nur Teilrechtskraft des Urteils]; OLG Hamm StraFo 2004, 105; zu Recht krit. *Bartmeier* NStZ 2006, 544 ff.; *Morgenstern* StV 2007, 441 ff.; *Paeffgen* FS Fezer, 2008, S. 43 ff.; *Trennhaus* StV 1999, 511 ff.; s.a. *Schweckendieck* NStZ 2011, 10 ff. [auch zur Außervollzugsetzung des Haftbefehls nach § 116 nach Rechtskraft). Dies ist hier gerade auch für eine Verlegung aufgrund des Vollzugsplanes bedeutsam.

13 Nach **§ 114d Abs. 1 Satz 2 Nr.** 7 sind sonstige Daten zur Person des Beschuldigten mitzuteilen, die für die Erfüllung der Aufgaben der Vollzugsanstalt erforderlich sind. Die Klausel ist bewusst weit als Auffangtatbestand formuliert. Sie erfasst sämtliche Informationen die auch künftig bedeutsam werden können. Gemeint sind hier u.a. Überhaft, Vorstrafen und weitere schwebende Strafverfahren, ein besonderer Fluchtverdacht, die Gefahr gewalttätigen Verhaltens, des Selbstmordes oder der Selbstbeschädigung, gleichgeschlechtliche Neigungen oder seelische oder geistige Abartigkeiten (vgl. schon Nr. 7 Abs. 1 UVollzO). Auch auf ansteckende Krankheiten soll hingewiesen werden, soweit diese bekannt sind (s. hierzu auch die Ausführungen zum Aufnahmeersuchen, oben Rdn. 6). Darüber hinaus ist auch wesentlich, ob eine Gefahr von Mitgefangenen oder sonstigen Dritten ausgeht und eine Bedrohung, Erpressung oder Rache zu befürchten sind (vgl. BT-Drs. 16/11644, S. 19; ebenso Graf/*Krauß* StPO § 114d Rn. 8; Meyer-Goßner/*Schmitt* § 114d Rn. 9). Was erforderlich ist, ergibt sich aus dem konkreten Einzelfall. Es genügt, wenn die Erfüllung der Aufgaben nicht nur unwesentlich erleichtert wird (BT-Drs. 16/11644, S. 19; s.a. AnwK-Uhaft/*König*, § 114d StPO Rn. 4 und 6; Graf/*Krauß* StPO § 114d Rn. 8).

14 Nach **§ 114d Abs. 1 Satz 3 und** 4 sind auch Änderungen der vorgenannten Informationen mitzuteilen, sofern die Vollzugsanstalt nicht bereits anderweitig Kenntnis erlangt hat.

15 **II. Mitteilungen der StA an die zuständige Vollzugsanstalt, § 114 Abs. 2.** Die StA ist zur **Unterstützung des Gerichts** verpflichtet, die in Abs. 1 näher bezeichneten Informationen weiterzuleiten, sofern sie über diese verfügt. Meyer-Goßner/*Schmitt* spricht von der Befugnis zur Unterstützung (*ders.* § 114d Rn. 11). Sowohl Wortlaut als auch Sinn und Zweck der Regelung fordern die StA aber ausdrücklich zur Mitteilung auf (s.a. AnwK-Uhaft/*König*, § 114d StPO Rn. 8; Graf/*Krauß* StPO § 114d Rn. 12). Sie ist hierzu verpflichtet.

16 Eine Mitteilung durch die StA kann einfacher und effizienter sein als durch das Gericht. Dies ist insb. dann der Fall, wenn die Ausführung von Anordnungen gem. § 119 Abs. 2 Satz 2 auf die StA delegiert oder von dieser auf Ermittlungspersonen übertragen wurde, z.B. eine Besuchsüberwachung.

17 Nach § 114d Abs. 2 Satz 2 übermittelt die StA der Vollzugsanstalt eine Abschrift (bis 31.12.2017 »Ausfertigung«; vgl. dazu Gesetz zur Einführung der elektronischen Akte in der Justiz und zur weiteren Förderung

des elektronischen Rechtsverkehrs, BGBl. I, S. 2208) der Anklageschrift. Auch hieraus ergeben sich bedeutsame Informationen für den Vollzug der Untersuchungshaft, u.a. einen Wechsel der Zuständigkeit oder auch der tatsächlichen und rechtlichen Bewertung des Tatvorwurfes.

Nach § 114d Abs. 2 Satz 2 hat die StA darüber hinaus die Pflicht, ggü. dem Ermittlungsrichter als zuständigem Haftgericht nach § 126 Abs. 1 die Anklageerhebung mitzuteilen. Dies mag wegen des damit einhergehenden Zuständigkeitswechsels (vgl. § 126 Abs. 2 Satz 1, s. hierzu auch Meyer-Goßner/*Schmitt* § 114d Rn. 12) grds. sinnvoll sein, ist an dieser Stelle aber dogmatisch verfehlt geregelt. Denn hier geht es um die Informationspflichten ggü. der Vollzugsanstalt und nicht das Zusammenspiel von StA und Gericht i.R.d. Fortgangs des Verfahrens. Die Anklageerhebung zum zuständigen Gericht ist in § 170 Abs. 1 geregelt, eine Mitteilungspflicht an den Ermittlungsrichter als Haftgericht wäre richtigerweise dort zu regeln. 18

C. Kritik an den Informationspflichten der §§ 114d und 114e. Gegen die Regelung in § 114d bestehen verschiedene Bedenken (vgl. *Herrmann* StRR 2010, 4, 6; SK-StPO/*Paeffgen* § 114e Rn. 5; *Schlothauer/Weider/Nobis*, Untersuchungshaft, Rn. 1169 ff.; *Tsambikakis* ZIS 2009, 503, 509). 19

Problematisch erscheint schon die Frage der **Gesetzgebungskompetenz des Bundes**. Die Benachrichtigungspflichten, bisher geregelt in der UVollzO (dort insb. Nr. 7 und 15), betreffen nicht nur formal, sondern auch inhaltlich Fragen der Ausgestaltung der Untersuchungshaft, also das »**Wie**« der Untersuchungshaft. Hierfür ist der Bund aber gar nicht mehr zuständig (zur Reform des Rechts der Untersuchungshaft ausführlich vor § 112). 20

Die Regelungen der §§ 114d und 114e genügen nicht den Mindeststandards des auch für den Gefangenen geltenden Datenschutzes. Gericht und StA informieren die Vollzugsanstalten teils über Dinge, die gar nicht den Vollzug der Untersuchungshaft betreffen und für diesen auch sonst nicht bedeutsam sind. Vollzugsbedienstete werden aufgrund der ihnen obliegenden Mitteilungspflichten in die Rolle von Spitzeln gedrängt (vgl. AnwK-StPO/*Lammer*, § 114e Rn. 3; s.a. AnwK-Uhaft/*König*, § 114e StPO Rn. 1). Es steht zu befürchten, dass die wechselseitigen Informationspflichten zu einer »Totalbeobachtung« des Beschuldigten führen (vgl. auch die Stellungnahme des Strafrechtsausschusses der BRAK Nr. 37/2008 zum RefE des BMJ »Gesetz zur Überarbeitung des Untersuchungshaftrechts«, S. 7 [Stand 09.07.2008]). Der Beschuldigte wird durch die umfassende Überwachung auf dem Weg zur (vermeintlichen) »Wahrheitsfindung« zum bloßen Objekt im Verfahren. Sein Verhalten im Alltag ist dann nicht mehr Ausdruck seiner Individualität, sondern wird als wissenschaftliche Erkenntnisquelle verwertet (vgl. BVerfG NJW 2002, 283 ff. [zur Verlegung in eine andere Vollzugsanstalt zum Zweck der psychiatrischen Überwachung]; krit. auch: *Herrmann* StRR 2010, 4, 6; SK-StPO/*Paeffgen* § 114e Rn. 5; *Schlothauer/Weider/Nobis*, Untersuchungshaft, Rn. 1170; *Tsambikakis* ZIS 2009, 503, 509; *Radtke/Hohmann/Tsambikakis*, StPO, §§ 114d, 114e Rn. 4; s.a. AnwK-Uhaft/*König*, § 114e StPO Rn. 1). Hier ist der unantastbare Kernbereich des Persönlichkeitsrechts betroffen. Verstöße gegen das Recht auf informationelle Selbstbestimmung liegen auf der Hand. Eine solche Gefahr ist auch deshalb gegeben, weil § 114e den Vollzugsbeamten hinsichtlich der mitzuteilenden Informationen ein Ermessen einräumt, was bedeutsam sein soll oder nicht (ausführlich s. dort, § 114e Rdn. 2). 21

§ 114e Übermittlung von Erkenntnissen durch die Vollzugsanstalt

[1]Die Vollzugsanstalt übermittelt dem Gericht und der Staatsanwaltschaft von Amts wegen beim Vollzug der Untersuchungshaft erlangte Erkenntnisse, soweit diese aus Sicht der Vollzugsanstalt für die Erfüllung der Aufgaben der Empfänger von Bedeutung sind und diesen nicht bereits anderweitig bekannt geworden sind. [2]Sonstige Befugnisse der Vollzugsanstalt, dem Gericht und der Staatsanwaltschaft Erkenntnisse mitzuteilen, bleiben unberührt.

§ 114e regelt spiegelbildlich zu § 114d die Mitteilungspflichten der Justizvollzugsanstalt ggü. den Gerichten und der StA (s. hierzu auch die Kommentierung zu § 114d). 1

Nach **§ 114e Satz 1** teilt die Justizvollzugsanstalt Erkenntnisse mit, die sich aus dem Vollzug der Untersuchungshaft ergeben die für die Erfüllung der Aufgaben von Gericht und StA bei der Durchführung des Verfahrens bedeutsam sind. Erfasst werden sämtliche Wahrnehmungen und anderen wichtigen Umstände, die den Gefangenen betreffen. Anders als bei § 114d Abs. 1 Nr. 4, 5 und 7 müssen die Informationen für den Vollzug der Untersuchungshaft nicht erforderlich sein. Entscheidend kommt es auf die subjektive Sicht der Vollzugsbediensteten an. Ihnen steht ein Ermessensspielraum zu, ob die Informationen für den Empfänger bedeutsam sind oder nicht. Dies birgt die Gefahr einer Totalüberwachung des Gefangenen (krit. hierzu s. bereits § 114d dort Rdn. 19 ff.; s.a. *Herrmann* StRR 2010, 4, 6; SK-StPO/*Paeffgen* § 114e Rn. 5; *Schlothauer/Weider/Nobis*, Untersuchungshaft, Rn. 1171; *Tsambikakis* ZIS 2009, 503, 509; ebenso AnwK-Uhaft/*König*, § 114e StPO Rn. 1). 2

3 Vorsorglich sind sowohl die StA als auch das Gericht (*»und«*) zu informieren (ebenso Meyer-Goßner/*Schmitt* § 114e Rn. 1). Das dient der Sicherheit.

4 Nach **§ 114e Satz 2** bleiben anderweitige Mitteilungspflichten nach den landesrechtlichen Regelungen zum Vollzug der Untersuchungshaft unberührt (ausführlich zu den landesrechtlich geregelten Mitteilungspflichten: AnwK-Uhaft/*Meinen*, § 3 ME UVollzG Rn. 1 ff.).

5 Die **Regelungskompetenz des Bundes** soll sich daraus ergeben, dass es hier um Fragen geht, die für das Verfahren bedeutsam sind. Dies sei dem Bundesrecht zuzuschreiben (so AnwK-Uhaft/*König*, § 114e StPO Rn. 1 a.E.). Dennoch sind verfassungsrechtliche Bedenken angezeigt. Denn der Bundesgesetzgeber kann nicht JVA-Bediensteten eines Landes eigenmächtig Dienstpflichten auferlegen (vgl. SK-StPO/*Paeffgen* § 114e Rn. 2 ff.; s.a. *Tsambikakis* ZIS 2009, 503, 509; *Schlothauer/Weider/Nobis*, Untersuchungshaft, Rn. 1170 ff.). Krit. zu den Informationspflichten s. schon § 114d Rdn. 19 ff. Zur Reform des Rechts der Untersuchungshaft ausführlich vor § 112 dort Rdn. 22 ff.

6 Gegen unberechtigte Mitteilungen an Gericht und StA besteht die Möglichkeit des Rechtsschutzes über einen **Antrag auf gerichtliche Entscheidung** nach § 119a Abs. 1 Satz 1 auf Feststellung der Rechtswidrigkeit. Erfolgt die Datenübermittlung unberechtigt, dann können hieraus Verwertungsverbote resultieren (*Schlothauer/Weider/Nobis*, Untersuchungshaft, Rn. 1172).

7 Zur Kritik an den Informationspflichten nach § 114e s. die Kommentierung bei § 114d Rdn. 19 ff.

§ 115 Vorführung vor den zuständigen Richter

(1) Wird der Beschuldigte auf Grund des Haftbefehls ergriffen, so ist er unverzüglich dem zuständigen Gericht vorzuführen.

(2) Das Gericht hat den Beschuldigten unverzüglich nach der Vorführung, spätestens am nächsten Tage, über den Gegenstand der Beschuldigung zu vernehmen.

(3) [1]Bei der Vernehmung ist der Beschuldigte auf die ihn belastenden Umstände und sein Recht hinzuweisen, sich zur Beschuldigung zu äußern oder nicht zur Sache auszusagen. [2]Ihm ist Gelegenheit zu geben, die Verdachts- und Haftgründe zu entkräften und die Tatsachen geltend zu machen, die zu seinen Gunsten sprechen.

(4) [1]Wird die Haft aufrechterhalten, so ist der Beschuldigte über das Recht der Beschwerde und die anderen Rechtsbehelfe (§ 117 Abs. 1, 2, § 118 Abs. 1, 2, § 119 Abs. 5, § 119a Abs. 1) zu belehren. [2] § 304 Abs. 4 und 5 bleibt unberührt.

Übersicht — Rdn.

1 **A. Allgemeines.** Jeder Beschuldigte ist unverzüglich nach seiner Festnahme aufgrund eines bestehenden Haftbefehls dem zuständigen Gericht vorzuführen. Diese verfassungsrechtliche Verfahrensgarantie (vgl. Art. 104 Abs. 2 Satz 1 und 2 GG bzw. Art. 104 Abs. 2 Satz 1, Abs. 3 GG sowie Art. 5 Abs. 3 Satz 1 EMRK, Art. 6 Abs. 3 lit. a) EMRK) findet ihre einfachrechtliche Ausgestaltung für den im Dezernatsweg vor der Festnahme **bereits erlassenen Haftbefehl** in § 115 Abs. 1. Für den Fall der **vorläufigen Festnahme** gem. § 127 mit ggf. nachfolgendem Antrag auf Erlass eines Haftbefehls ergibt sich dies aus § 128, der auf § 115 Abs. 3 und 4 verweist.

2 Die Pflicht zur Vorführung gilt für alle Haftbefehle nach §§ 114, 230 Abs. 2, 236, 329 Abs. 4 Satz 1 und § 412. Für den Sicherungshaftbefehl ergibt sich dies aus der Verweisung in § 453c Abs. 2 Satz 2. Paragraf 115 gilt aber nicht für den Vollstreckungshaftbefehl (§ 457), denn dort geht es nicht um die Sicherung des Verfahrens (vgl. LR/*Hilger* § 115 Rn. 3; Meyer-Goßner/*Schmitt* § 115 Rn. 1; SK-StPO/*Paeffgen* § 115 Rn. 3; zum Zweck der Untersuchungshaft ausführlich vor § 112 dort Rdn. 7 ff.).

Eine Vorführung hat auch zu erfolgen, wenn der Haftbefehl inhaltlich **geändert**, **erweitert** oder nach Aufhebung oder Außervollzugsetzung **erneut erlassen** bzw. **in Vollzug gesetzt** wird, da er dann insofern neu ist oder jedenfalls neue Tatsachen vom Gericht zu prüfen sind (BVerfG NStZ 2002, 157 f. = StV 2001, 691 ff.; OLG Celle StraFo 2017, 67 f.; OLG Oldenburg NStZ-RR 2007, 263 f. = StraFo 2006, 410; OLG Stuttgart NStZ 2006, 588 f. = StraFo 2005, 377 f.; Meyer-Goßner/*Schmitt* § 115 Rn. 12). Das gilt auch für die Neufassung und Anpassung des Haftbefehls nach Urteilsverkündung (OLG Celle StraFo 2017, 67 f.). § 115 StPO findet entsprechende Anwendung, wenn der Beschuldigte bereits inhaftiert ist. 3

Ein Haftbefehl soll nicht durch **Zeitablauf seine Geltung verlieren**. Anders als beim Durchsuchungsbeschluss (s. dazu BVerfGE 96, 44 [53]; BVerfG, NJW 1997, 2165 ff.; LG Berlin StV 1999, 520 ff.; *Burhoff*, Handbuch für das strafrechtliche Ermittlungsverfahren, Rn. 1760 und insb. 1707; *Dauster* StraFo 1998, 1409 ff.) finde beim Haftbefehl im Zusammenhang mit der Vorführung des Beschuldigten vor den Richter gem. § 115 eine richterliche Kontrolle statt. Das genüge für eine effektive Wahrung der grundgesetzlich geschützten Rechtspositionen des Beschuldigten (so OLG Hamm NStZ 2016, 304). Das erscheint bedenklich. Denn dann muss der Beschuldigte sich zunächst verhaften lassen und wird in unter 48 Stunden dem zuständigen Haftrichter (§ 115) oder gegebenenfalls auch nur dem Richter des nächsten Amtsgerichts (§ 115a) vorgeführt. Bereits diese Beeinträchtigung des Freiheitsrechtes des Beschuldigten legt eine zeitliche Limitierung der Gültigkeit eines Haftbefehls nahe. I.Ü. steht es der StA und dem Haftgericht frei, die Fortdauer eines Haftbefehls zu prüfen und darüber jeweils auf der Grundlage des aktuellen und möglicherweise ja geänderten Verfahrensstandes (dringender Tatverdacht, Haftgrund, Verhältnismäßigkeit) neu zu entscheiden.

Der Beschuldigte soll über die reine Bekanntgabe des Haftbefehls gem. § 114a hinaus möglichst bald von dem mit der Sache vertrauten Richter über die Grundlagen des Haftbefehls informiert werden. Er muss sich verteidigen können, ihm ist (nachträglich) **rechtliches Gehör** zu gewähren (BVerfG NJW 1994, 3219 ff. = NStZ 1994, 551 ff. = StV 1994, 465 = wistra 1994, 342). 4

Die Pflicht zur Verkündung eines (geänderten) Haftbefehls gilt unabhängig davon, ob der ursprüngliche Haftbefehl lediglich durch einen ergänzenden Beschluss geändert (erweitert) wurde oder ob der alte Haftbefehl aufgehoben wurde und durch einen neuen Haftbefehl ersetzt wird (OLG Koblenz NStZ-RR 2012, 93). 5

Fehlt es an einer ordnungsgemäßen Verkündung des Haftbefehls gem. § 115, dann darf der Haftbefehl in einem Haftfortdauerbeschluss gem. §§ 121, 122 nicht berücksichtigt werden (BVerfG NStZ 2002, 157 f. = StV 2001, 691 ff.; s.a. *Kütterer-Lang* StV 2020, 66 ff.; SK-StPO/*Paeffgen* § 115 Rn. 2 a.E.; *Paeffgen* NStZ 2003, 76, 83). Gleiches gilt für eine unzureichende Begründung des Haftfortdauerbeschlusses. Aus der Begründung muss sich ergeben, welcher Taten der Beschuldigte dringend verdächtig ist und worauf die richterliche Überzeugungsbildung beruht. Der bloße Verweis auf einen früheren Haftbefehl reicht hier regelmäßig nicht (OLG Hamm NStZ-RR 2010, 55). 6

Die Vorführung vor das zuständige Gericht ist eine **wesentliche Verfahrensgarantie** (s.o.). Sie ist nicht disponibel, der Beschuldigte kann auf das Recht der Vorführung nicht verzichten (KK/*Graf* § 115 Rn. 5; Meyer-Goßner/*Schmitt* § 115 Rn. 1, 4; SK-StPO/*Paeffgen* § 115 Rn. 6 a.E.). 7

B. Regelungszweck. I. Ergreifen, Vorführen und Vernehmen i.S.d. § 115 Abs. 1 und 2. § 115 regelt, dass der Beschuldigte nach seiner Ergreifung unverzüglich dem zuständigen Gericht (vgl. hierzu die §§ 125, 126) vorzuführen ist (Abs. 1), dieses hat ihn unverzüglich, spätestens am nächsten Tag zu vernehmen (Abs. 2). 8

1. Begriffsbestimmung. Ergreifen ist die Festnahme des Beschuldigten zur Vollstreckung des Haftbefehls (KK/*Graf* § 115 Rn. 2; Meyer-Goßner/*Schmitt* § 115 Rn. 2; SK-StPO/*Paeffgen* § 115 Rn. 4). 9

Vorführen bedeutet nach herrschender Meinung, dass der Beschuldigte in den unmittelbaren räumlichen Machtbereich entweder des zuständigen Richters oder, sofern die Voraussetzungen für eine entsprechende Vorführung gegeben sind, des Richters des nächsten AG (vgl. § 115a) gelangt, sodass alsbald eine Gegenüberstellung und eine richterliche Vernehmung möglich ist (**»institutionelle Vorführung«**; vgl. KK/*Graf* § 115 Rn. 2; LR/*Hilger* § 115 Rn. 5 f.; Meyer-Goßner/*Schmitt* § 115 Rn. 2; krit. hierzu: SK-StPO/*Paeffgen* § 115 Rn. 4). Einhergehend mit der Vorführung muss die Vorlage der zur Verfügung stehenden Unterlagen erfolgen. Nur so kann das Gericht den Sachverhalt prüfen und die Anhörung und Vernehmung des Beschuldigten qualifiziert vorbereiten. Die StA ist zur Herbeischaffung der Ermittlungsakten verpflichtet. Ist dies nicht möglich, dann darf der Haftbefehl nicht erlassen werden, ein bereits erlassener Haftbefehl ist aufzuheben (*Schramm/Bernsmann* StV 2006, 442, 443). 10

Vernehmen nach Abs. 2 bedeutet die qualifizierte Anhörung des Beschuldigten i.R.d. persönlichen Gegenüberstellung. Auch die Vernehmung hat unverzüglich zu erfolgen, spätestens am Tag nach der Vorführung. Die Frist ist in jeder Lage des Verfahrens zu beachten (Graf/*Krauß*, StPO, § 115 Rn. 4). 11

Der Richter ist von Verfassungs wegen verpflichtet, dem Beschuldigten das gesamte gegen ihn zusammengetragene Belastungsmaterial sowie die aus den Akten ersichtlichen entlastenden Umstände mitzuteilen. 12

Ein Haftbefehl und die ihn bestätigenden gerichtlichen Entscheidungen dürfen nur auf solche Beweismittel gestützt werden, die dem Beschuldigten vorher bekannt waren und zu denen er sich äußern konnte (ebenso BVerfG NJW 1994, 3219, 3220 f.; OLG Hamm StV 2002, 318; ähnlich OLG Brandenburg OLGSt § 114 StPO Nr. 1; LG Magdeburg StV 2004, 327; AG Halberstadt StV 2004, 549; AG Magdeburg StraFo 2014, 74; s.a. *Burhoff*, Handbuch für das strafrechtliche Ermittlungsverfahren, Rn. 4868 [Verhaftung und Rn. 4928 [vorläufige Festnahme]; KK/*Graf* § 115 Rn. 9; *Herrmann*, Untersuchungshaft, Rn. 360 ff.; LR/*Hilger* § 115 Rn. 15; Meyer-Goßner/*Schmitt* § 115 Rn. 8; *Schramm/Bernsmann* StV 2006, 442, 443; *Weider* StV 2010, 102, 105 f.; ausführlich s.u. Rdn. 24 f.).

13 **2. Die unverzügliche Vorführung und Vernehmung.** Die Pflicht zur **unverzüglichen Vorführung** und **Vernehmung** bedeutet, dass der Betroffene ohne schuldhaftes Zögern (vgl. § 121 BGB) dem Richter zugeführt und von diesem vernommen werden muss. Eine angemessene Vorbereitungs- und Bearbeitungszeit ist ihm zuzugestehen (KK/*Graf* § 115 Rn. 4). Die richterliche Entscheidung über die Anordnung oder Fortdauer der Untersuchungshaft darf aber nicht verzögert werden. Bei der Berechnung der Frist zählt jeder Kalendertag, zu beachten sind auch Samstage, Sonntage und Feiertage. Eine zügige Sachbearbeitung ist somit auch an den Wochenenden und an Feiertagen zu gewährleisten.

14 Allgemein sind **richterliche Bereitschaftsdienste** eingerichtet (vgl. § 22c GVG; s. hierzu LG Hamburg StV 2009, 485 f. = StraFo 2009, 283; zur Organisation s. *Falk* DRiZ 2007, 151 ff.). Tagsüber muss der Ermittlungsrichter uneingeschränkt erreichbar sein. Nachts und an den Wochenenden sowie Feiertagen soll ein solcher Bereitschaftsdienst erst erforderlich sein, wenn hierfür ein praktischer Bedarf besteht (vgl. BVerfG NJW 2001, 1121; NJW 2004, 1442; NJW 2005, 1637; BVerfG NJW 2006, 3267; s.a. *Krehl* wistra 2002, 294, 296; *Herrmann* DRiZ 2004, 316; a.A. *Bittmann* wistra 2002, 451). In Großstädten ist hiervon regelmäßig auszugehen (BVerfG NJW 2007, 1444 [für München]; BGH NJW 2007, 2567 [für Augsburg am ersten Weihnachtsfeiertag]). Sinnvoll erscheinen Sonderreferate (ggf. unter Anrechnung des Mehraufwandes für die Bereitschaft), in denen Richter spezialisiert tätig sind. Das System des »Jour-Richters«, bei dem fachfremde oder gar in Haftsachen völlig unerfahrende Richter im Turnus Dienst tun müssen, ist nicht mehr zeitgemäß und widerspricht dem eigenen Anspruch der Justiz an Qualität und Niveau.

15 Eine Verzögerung der Vorführung und Vernehmung ist insb. nicht zulässig, um weitere **polizeiliche Ermittlungen** durchzuführen.

Der aufgrund eines Dezernatshaftbefehls Verhaftete ist unverzüglich dem Haftgericht vorzuführen. Weitere Ermittlungen sind nicht erlaubt und bedingen ein Verwertungsverbot. Der in der Praxis immer wieder festzustellende Jagdeifer der Ermittlungsbehörden, den Beschuldigten nach der Verhaftung im Arrest zu »parken« (Insider sprechen von »abkochen«) und erst noch selbst zu vernehmen um das Geständnis dem Haftgericht dann protokolliert als eigenen Erfolg präsentieren zu können und dem Richter Zeit zu sparen, mag zwar aus dem Blickwinkel der rechtsstaatlich eher fragwürdigen Effizienz der Ermittlungen (a.A. insofern wohl einzig *Bittmann* NStZ 2010, 13 ff.) erstrebenswert wirken. Das widerspricht aber den ebenso klaren wie eindeutigen gesetzlichen Vorgaben. Allerdings muss die Verteidigung Verwertungsverbote eigenständig zielgerichtet geltend machen, sowohl bei den Haftfragen, insb. dem dringenden Tatverdacht, als auch bei der Verteidigung in der Hauptverhandlung (BGHSt 60, 38 ff. = JR 2015, 279 ff. = NJW 2015, 265 ff. = NStZ 2014, 722 ff. [m.Anm. *Knauer*, der den Verstoß gegen § 115 aber lediglich am Rande anspricht] = StV 2015, 144 ff. [m.Anm. *Eisenberg* StV 2015, 180 ff., der den Verstoß gegen § 115 aber lediglich am Rande anspricht]; s. hierzu auch *Beukelmann* NJW-Spezial 2014, 760 f.; dort war dem Verfahrensfehler allerdings aufgrund »anderer Stoßrichtung der erhobenen Revisionsrügen« der Erfolg trotz ebenso klarem wie eindeutigem Rechtsverstoß dennoch versagt worden!; s. auch BGH StV 1995, 283 ff.; BGH NStZ 1990, 195 ff. = JR 1991, 84 [m.Anm. *Fezer*]; s.a. *Burhoff*, Handbuch für das strafrechtliche Ermittlungsverfahren, Rn. 4877; *Deckers* NJW 1991, 1151 ff.; *Nelles* StV 1992, 385, 387 f.; Meyer-Goßner/*Schmitt* § 115 Rn. 4; *Schlothauer/Weider/Nobis*, Untersuchungshaft, Rn. 339 und Rn. 368).

Das soll ausdrücklich nicht gelten, wenn der Beschuldigte vorläufig festgenommen werde und noch kein Haftbefehl existiert, sondern erst zu prüfen ist, ob Antrag auf Erlass eines Haftbefehls zu stellen ist. Dann dürften umfangreiche Vernehmungen stattfinden und Vorhalte gemacht werden (BGH NStZ-RR 2018, 166 [bei *Cierniak*] = ZJJ 2017, 185 [insoweit nicht abgedruckt in NStZ 2017, 342]; zit. auch nach *Schultheis* NStZ 2018, 262 [265]; Meyer-Goßner/*Schmitt* § 128 StPO, Rn. 6 a.E. [insofern nur für den Fall der vorläufigen Festnahme]).).

Es soll zulässig sein, dem Richter **umfangreiches Aktenstudium** zu ermöglichen (so OLG Frankfurt NJW 2000, 2037 ff. = NStZ 2001, 253 [LS]; zu Recht abl.: *Gubitz* NStZ 2001, 253 ff.; s.a. Meyer-Goßner/*Schmitt* § 128 Rn. 13; *Paeffgen* NStZ 2001, 81 ff.; *Schaefer* NJW 2000, 1996 ff.; *Schramm/Bernsmann* StV 2006, 442 ff.).

Auch sonstige organisatorische Defizite innerhalb der Justiz bei der Vorführung des Beschuldigten sind nicht hinnehmbar (s. AG Hamburg-Harburg StraFo 2005, 198 = StV 2005, 395 [m.Anm. *Meyer-Lohkamp*], zur Haftentlassung wegen eines nicht funktionierenden Vorführdienstes, weil der Angeklagte aus Freiheit zuverlässiger bei Gericht erscheinen wird, als mittels Vorführdienst).
Ermittlungsbeamte, die den Beschuldigten nicht unverzüglich vorführen, können ggf. wegen Freiheitsberaubung im Amt durch Unterlassen belangt werden (BGHSt 59, 292 ff.). Ordnet der diensthabende Richter an, den Beschuldigten nicht unverzüglich vorzuführen, sondern über Nacht im Polizeiarrest zu belassen und erst dann vorzuführen, dann begeht er zumindest ein Dienstvergehen (LG Saarbrücken StRR 2008, 322; s. zum Ganzen auch *Burhoff*, Handbuch für das strafrechtliche Ermittlungsverfahren, Rn. 4877 a.E.).

Die **Höchstdauer bis zur Vernehmung** durch das Gericht von max. unter 48 Std. darf ohne sachlichen Grund nicht ausgeschöpft werden (BVerfG NJW 2002, 3161 ff.; LG Hamburg StV 2009, 485 f. = StraFo 2009, 283 [zum richterlichen Bereitschaftsdienst]; *Burhoff*, Handbuch für das strafrechtliche Ermittlungsverfahren, Rn. 4877; *Schlothauer/Weider/Nobis*, Untersuchungshaft, Rn. 339). Die Frist kann nicht verlängert werden. 16

Der praktische Ablauf ist nicht selten anders: Der Beschuldigte wird im Polizeiarrest verwahrt und teils auch verhört, bis andere Angelegenheiten bearbeitet sind oder der Sachverhalt weiter aufgeklärt werden konnte, insb. (weiteres) belastendes Material ausgewertet oder auch erst gefunden wurde und die Ermittlungsbeamten Zeit für die Vorführung oder das Gericht Zeit für die Vernehmung haben. Eine Nacht in der Vorführzelle erhöht hierbei die Einlassungs- und auch **Geständnisbereitschaft** signifikant (ebenso *Schlothauer/Weider/Nobis*, Untersuchungshaft, Rn. 232; s. dazu auch die Anm. unter Rdn. 15 zu BGHSt 60, 38 ff. = BGH JR 2015, 279 = NJW 2015, 265 ff. = NStZ 2014, 722 ff. [m.Anm. *Knauer*, der den Verstoß gegen § 115 aber lediglich am Rande anspricht] = StV 2015, 144 ff. [m.Anm. *Eisenberg* StV 2015, 180 ff., der den Verstoß gegen § 115 aber lediglich am Rande anspricht]). 17

Wird die Frist zur unverzüglichen Vorführung und Vernehmung spätestens am Tag nach dem Ergreifen bzw. der Festnahme überschritten, dann ist der Beschuldigte unverzüglich freizulassen (*Burhoff*, Handbuch für das strafrechtliche Ermittlungsverfahren, Rn. 4877 [a.E.]; Meyer-Goßner/*Schmitt* § 128 Rn. 2 [für den Fall der vorläufigen Festnahme]; *Schlothauer/Weider/Nobis*, Untersuchungshaft, Rn. 233 ff.; BVerfG NJW 2002, 2161; BVerfG StV 2001, 691 [m.Anm. *Hagmann*]; a.A. soweit ersichtlich einzig OLG Frankfurt NJW 2000, 2037 [bei einer Vorführung wegen umfangreichen Aktenstudiums erst am übernächsten Tag scheide ein hinreichender Tatverdacht wegen Rechtsbeugung aus] – schon wegen des Wortlautes des Gesetzes darüber hinaus aber auch verfassungsrechtlicher Bedenken ist eine solche Sicht durch nichts zu rechtfertigen und strikt abzulehnen!). Ordnet der Bereitschaftsrichter anstatt der unverzüglichen Vorführung eine Verbringung in den Polizeiarrest an, um die Vernehmung erst am nächsten Tag durchzuführen, dann begeht er ein **Dienstvergehen** (LG Saarbrücken StRR 2008, 322 [LS]; dort erschien der Jour-Richterin eine unverzügliche Vorführung am Pfingstsonntag nicht geboten, da sie als alleinerziehende Mutter bereits zu Hause war und die Rückkehr ins Gericht zu aufwendig erschien; die beamtenrechtliche Ahndung bestand gerade mal in einem Verweis). Bereits die Ausschöpfung der Frist bedeutet aber dann eine **rechtswidrige Freiheitsberaubung**, wenn die Vorführung innerhalb dieses zeitlichen Rahmens eben nicht unverzüglich erfolgt (OLG Frankfurt SJZ 1950, 53; SK-StPO/*Paeffgen* § 115 Rn. 7 a.E.). Der Vorführende darf die Frist also nicht ohne Weiteres voll ausschöpfen oder gar (bewusst) ausnutzen (ebenso: LR/*Hilger* § 115 Rn. 9). 18

3. Sonstiges. Die in § 115 Abs. 1 und Abs. 2 enthaltene sprachliche Differenzierung zwischen einerseits unverzüglicher **Vorführung** (Abs. 1) und andererseits unverzüglicher **Vernehmung**, die spätestens am nächsten Tag nach der Ergreifung zu erfolgen hat (Abs. 2), ist missverständlich. Ihr kann kein gesteigerter Aussagewert beigemessen werden. Der Beschuldigte hat Anspruch auf **unverzügliche Vorführung** vor – und **Vernehmung** durch das zuständige Gericht. Eine nur am Wortlaut orientierte Auslegung und eine damit einhergehende verzögerte Vorführung und/oder Vernehmung ist abzulehnen. Entscheidend ist die zügige **persönliche Gegenüberstellung** des Beschuldigten mit dem Richter (ebenso: SK-StPO/*Paeffgen* § 115 Rn. 4 a.E.; *Rüping* FS *Hirsch*, 1999, S. 959, 970). Nur so wird auch dem Anspruch auf rechtliches Gehör vor Gericht gem. Art. 103 Abs. 1 GG genügt. 19

II. Die Vernehmung vor dem zuständigen Gericht, § 115 Abs. 3. Die Vernehmung über den Gegenstand der Beschuldigung erfolgt durch das nach den §§ 125, 126 zuständige Gericht. Grds. ist das der Richter, der den Haftbefehl erlassen hat, hilfsweise der zuständige Richter am nächsten Gericht gem. § 115a (ausführlich hierzu s. die Kommentierung bei § 115a; zur Verkündung des Haftbefehls durch einen unzuständigen Richter s. *Kütterer-Lang* StV 2020, 66 ff.). 20

Eine Verkündung des Haftbefehls durch den **beauftragten Richter** soll genügen (OLG Köln NStZ 2008, 175; Meyer-Goßner/*Schmitt* § 115 Rn. 1; krit. SK-StPO/*Paeffgen* § 115 Rn. 8). Das erscheint bedenklich. Es muss immer das Gericht entscheiden, das mit der Sache unmittelbar befasst ist. Der beauftragte Richter kennt den 21

Sachverhalt möglicherweise gar nicht ausreichend. Wird der Haftbefehl von einem Kollegialgericht erlassen, dann muss sich dieses auch in seiner Gesamtheit mit der Frage der Haft bzw. deren Fortdauer auseinandersetzen und nicht lediglich einer der Richter (»Berichterstatter«) entscheiden (ebenso KMR-*Wankel* StPO § 115 Rn. 12; a.A. Meyer-Goßner/*Schmitt* § 115 Rn. 9). Eine Berichterstattung des beauftragten Richters ggü. dem dann berufenen (Kollegial-) Gericht kann nicht zulässig sein. Denn ansonsten steht zu befürchten, dass der beauftragte Richter lediglich seine eigene subjektiv geprägte Meinung gar noch verkürzt wiedergibt (zu diesem Problem s. bereits die Ausführungen im Zusammenhang mit dem Recht auf umfassende Akteneinsicht, vor § 112 Rdn. 59 ff.). Pragmatische Lösungen bei Gericht sind trotz hoher Geschäftsbelastung oder auch aus sonstigen Effizienzgründen nicht akzeptabel. Es geht um die drohende Freiheitsberaubung ggü. einem Unschuldigen (*Hassemer* StV 1984, 38, 40).

22 Ist der Beschuldigte **nicht vernehmungsfähig**, dann ist die Vernehmung nachzuholen sobald dies möglich ist. Ggf. hat sie am Ort der Verwahrung (z.B. im Krankenhaus) zu erfolgen (KK/*Graf* § 115 Rn. 8; Meyer-Goßner/*Schmitt* § 115 Rn. 7; SK-StPO/*Paeffgen* § 115 Rn. 8; zur sog. »**symbolischen Vorführung**« s.a. Nr. 51 RiStBV). Bleibt der Beschuldigte längere Zeit vernehmungsunfähig, dann ist ihm auch aus diesem Grund ein Pflichtverteidiger beizuordnen, sofern er nicht schon einen (Wahl-) Verteidiger hat. Nur so können seine Grundrechte aus Art. 2 Abs. 2 GG und Art. 104 GG gewahrt werden (KK/*Graf* StPO § 115 Rn. 8; LR/*Hilger* § 115 Rn. 13; SK-StPO/*Paeffgen* § 115 Rn. 8). Dies entspricht inzwischen auch der geänderten Rechtslage entsprechend den §§ 140 Abs. 1 Nr. 4, 141 Abs. 3 Satz 4 n.F. bzw. § 141 Abs. 3 S. 5 n.F. (zum Anspruch auf unverzügliche Beiordnung eines Pflichtverteidigers nach neuem Recht s.a. Vor §§ 112 ff. dort Rdn. 50 ff.).

23 Der **Ablauf der Vernehmung** richtet sich nach § 115 Abs. 3: Über die richterliche Vernehmung ist ein Protokoll zu fertigen. Grds. ist ein Urkundsbeamter hinzuzuziehen (§ 168).

24 Der **Inhalt der Vernehmung** orientiert sich an der im Haftbefehl erhobenen Beschuldigung und hat sämtliche formellen sowie materiellen Voraussetzungen, die für den Erlass des Haftbefehls von Bedeutung sind, zu erfassen (vgl. § 168a). Der Beschuldigte ist auf sämtliche ihn be- aber auch entlastenden Umstände geschlossen und in hinreichend substanziierter Form hinzuweisen (BVerfG NJW 1994, 573 = StV 1994, 1 ff. [m. krit. Anm. *Lammer*]; BVerfG NJW 1994, 3219; BVerfG NStZ 1994, 551 = StV 1994, 465; KG StV 1994, 318 [m. zust. Anm. *Schlothauer*]; OLG Hamm StV 1995, 200; krit.: *Bohnert* GA 1995, 468 ff.; s.a. *Burhoff*, Handbuch für das strafrechtliche Ermittlungsverfahren, Rn. 4868 ff.; *Köllner* StraFo 1996, 26 ff.; SK-StPO/*Paeffgen* § 115 Rn. 8 a.E.). Er muss verstehen »worum es geht«. Er ist auf sein Recht hinzuweisen, dass es ihm freisteht, sich zur Beschuldigung zu äußern oder nicht zur Sache auszusagen (§ 115 Abs. 3 Satz 1). Ergänzend hierzu ist er entsprechend § 114b zu belehren (ausführlich hierzu s. § 114b Rdn. 6 ff.). Ein Verweis auf § 136 ist wegen der Sonderregel des **§ 114b (lex specialis)** nicht mehr angezeigt. Da es sich regelmäßig um die erste richterliche Vernehmung handelt, sind die Belehrungspflichten besonders ausführlich und sorgfältig wahrzunehmen (*Burhoff*, Handbuch für das strafrechtliche Ermittlungsverfahren, Rn. 4868 ff.). Dem Beschuldigten ist Gelegenheit zu geben, sämtliche Verdachts- und Haftgründe zu entkräften und Tatsachen vorzubringen, die zu seinen Gunsten sprechen (§ 115 Abs. 3 Satz 2).

25 Dies ist aber nur dann sinnvoll möglich, wenn dem Beschuldigten bzw. seinem Verteidiger **umfassend Akteneinsicht** gewährt wurde (zum Recht auf Akteneinsicht ausführlich bereits vor § 112 dort Rdn. 59 ff.). Denn nur durch vollständige Einsicht in die Ermittlungsakte werden der Beschuldigte und sein Verteidiger in die Lage versetzt, die erhobenen Vorwürfe zu prüfen und ggf. zu widerlegen. In der Praxis wird von Haftgerichten und auch Staatsanwälten auch heute noch gelegentlich problematisiert, dass die Hinweispflicht nach Abs. 3 zwar das Gericht treffe, die Akteneinsicht während des Ermittlungsverfahrens aber nur die StA gewähren könne (vgl. § 147 Abs. 2). Eine solche schematische Sicht entspricht zwar den gesetzlichen Vorgaben, sie ist in ihrer praktischen Umsetzung aber Förmelei und verstößt gegen das Gebot des fair trial. Denn wenn die StA den Erlass eines Haftbefehls beantragt (sog. »Vorführhaftbefehl«) oder bereits erreicht hat (sog. »Dezernatshaftbefehl«), dann muss sie Akteneinsicht von sich aus ohne Aufforderung gewähren (ausführlich bereits vor § 112 dort Rdn. 59, 69). Andernfalls darf der Richter den Haftbefehl nicht erlassen oder in Vollzug setzen oder belassen. Auf Aktenteile, die dem Beschuldigten und dessen Verteidiger unbekannt sind, darf eine Haftentscheidung nicht gestützt werden (s.o.; BVerfG NJW 1994, 3219, 3220 f.; OLG Hamm StV 2002, 318; ähnlich OLG Brandenburg OLGSt § 114 StPO Nr. 1; LG Magdeburg StV 2004, 327; AG Halberstadt StV 2004, 549; s.a. *Burhoff*, Handbuch für das strafrechtliche Ermittlungsverfahren, Rn. 295 ff. und Rn. 4137; *Herrmann*, Untersuchungshaft, Rn. 360 ff.; *Schramm/Bernsmann* StV 2006, 442, 444; *Weider* StV 2010, 102, 105 f.).

26 Wird der Haftbefehl in Vollzug gesetzt, ist der Beschuldigte über das Recht der Haftprüfung (§ 117), der Haftbeschwerde (§ 117 Abs. 2 i.V.m. §§ 304 ff.) und die weiteren möglichen Rechtsbehelfe (vgl. hierzu § 118 Abs. 1 und 2) zu belehren (vgl. § 115 Abs. 3).

Der **Vertreter der StA** hat bei der Vernehmung ein Anwesenheitsrecht (§ 168c Abs. 1). Erscheint er nicht, dann bedarf es aber nicht seiner vorherigen Anhörung gem. § 33 Abs. 2. Zum einen hat er den Erlass des Haftbefehls und dessen Vollzug beantragt. Zum anderen ist die Sache eilbedürftig. 27

Auch der bereits **mandatierte Verteidiger** des Beschuldigten hat ein Anwesenheitsrecht bei der Vernehmung (§ 168c Abs. 1; s.a. BGHSt 26, 332, 335; BGH NStZ 1989, 282 f. [m. zust., aber differenzierender Anm. *Hilger*]; zu den Konsequenzen eines Verstoßes sogleich). Äußert der Haftrichter bereits vor der Vorführung gegenüber dem Verteidiger, dass der Haftbefehl unabhängig von dessen Anwesenheit sowieso vollzogen werde, dann vermittelt er den Eindruck, sich schon vor der Anhörung festgelegt zu haben und macht sich befangen (AG Ingolstadt StV 2020, 404). 28

Beide, **Staatsanwalt und Verteidiger**, sind vom Vorführtermin vorab zu benachrichtigen (§ 168c Abs. 5). Der Verteidiger ist so rechtzeitig zu informieren, dass er zu dem Termin auch tatsächlich erscheinen kann. Ein Verstoß gegen das Anwesenheitsrecht birgt das Risiko eines **Beweisverwertungsverbotes** hinsichtlich eventueller Angaben des Beschuldigten, die dieser ohne seinen Verteidiger macht (BVerfG StV 2006, 72, 77; BGH NJW 2007, 237, 239; BGH NJW 2003, 3142 ff.; BGH NStZ 1989, 282 f. [m. zust., aber differenzierender Anm. *Hilger*]; *Burhoff*, Handbuch für das strafrechtliche Ermittlungsverfahren, Rn. 4874; Meyer-Goßner/*Schmitt* § 168c Rn. 6). Ggf. ist die Vorführung unter Beachtung der zeitlichen Grenzen der §§ 128 Abs. 1, 155 Abs. 2 zu unterbrechen, um dem Verteidiger das (bereits angekündigte) Erscheinen zu ermöglichen (VerfGH Brandenburg NJW 2003, 2009 ff. = NStZ 2003, 285 f. = StV 2003, 511 f.; VerfGH Rheinland-Pfalz StraFo 2006, 199 f. = StV 2006, 315 f. [m.Anm. *Kühne/Hauß-Brusberg*]; VerfGH Rheinland-Pfalz JuS 2007, 75 ff. = NJW 2006, 3341 ff. = PA 2006, 199 f.; s.a. *Burhoff*, Handbuch für das strafrechtliche Ermittlungsverfahren, Rn. 4874; Meyer-Goßner/*Schmitt* § 115 Rn. 8; SK-StPO/*Paeffgen* § 115 Rn. 9). Ein **Anspruch auf Verlegung des Termins** besteht nicht (vgl. § 168c Abs. 5 Satz 3). Eine Absprache zwischen den Verfahrensbeteiligten erscheint i.R.d. Grundsatzes des fairen Verfahrens aber zwingend geboten. Denkbar und teilweise bereits in der Praxis auch üblich ist eine Teilnahme des Verteidigers mittels **Telefonkonferenz**. Dadurch werden die Rechte des Beschuldigten jedenfalls eher gewahrt, als wenn aufgrund großer Entfernung zum Gerichtsort oder anderweitiger Verhinderung ganz auf die Anwesenheit seines Verteidigers ganz verzichtet wird. Pragmatischen Lösungen ist der Vorzug zu geben. 29

In diesem Zusammenhang lohnt auch ein Blick auf § 118a Abs. 2 S. 2. Danach kann das Haftgericht anordnen, dass unter den Voraussetzungen von § 118a Abs. 2 S. 1 die **mündliche Verhandlung audiovisuell** stattfindet vgl. dazu *Schlothauer* StV 2014, 55 ff.; s. auch *Burhoff*, Handbuch für das strafrechtliche Ermittlungsverfahren, Rn. 2854 [für die mündliche Haftprüfung] und insb. Rn. 4778 [allgemein]). Wenn das schon dort vorgesehen ist, dann kann das auch hier Anwendung finden.

Will der unverteidigte Beschuldigte einen **Verteidiger konsultieren**, dann muss die Vorführung unterbrochen werden. Ihm ist Gelegenheit zur Kontaktaufnahme zu geben und eine solche aktiv zu ermöglichen (VerfGH Rheinland-Pfalz StraFo 2006, 199 f. = StV 2006, 315 f.; VerfGH Rheinland-Pfalz JuS 2007, 75 ff. = NJW 2006, 3341 ff. = PA 2006, 199 f.; s.a. *Burhoff*, Handbuch für das strafrechtliche Ermittlungsverfahren, Rn. 4874; Meyer-Goßner/*Schmitt* § 115 Rn. 8; SK-StPO/*Paeffgen* § 115 Rn. 9; *Paeffgen* FS *Seebode*, 2008, S. 247, 256 f.). Dies ergibt sich nicht aus § 168c Abs. 5, denn hier erfolgt die Benachrichtigung nicht »vorher«, aber eben aus § 114b Abs. 2 Satz 1 Nr. 4. 30

Sofern der Beschuldigte noch keinen Wahlverteidiger hat und nach entsprechender Belehrung von seinem Recht auf Konsultation eines Verteidigers keinen Gebrauch macht, ist ihm ein Pflichtverteidiger beizuordnen, sobald er einem Gericht zur Entscheidung über die Haft vorgeführt werden soll (vgl. §§ 140 Abs. 1 Nr. 4 i.V.m. 141 Abs. 2 Ziffer 1). Eine Beiordnung ist inzwischen nicht mehr nur nach Sinn und Zweck der Regelung sondern auch nach dem seit 13.12.2019 geltenden Wortlaut schon für die (erste) richterliche Vernehmung nach § 115 geboten. Es bedarf zumindest eines »**Notverteidigers**« bzw. »Sicherungsverteidigers« (ausführlich hierzu vor § 112 dort Rdn. 50 ff.; s.a. *Deckers* StraFo 2009, 444, 446; *Herrmann* StraFo 2011, 133 ff.; ausführlich: *Schlothauer* in: *Schlothauer/Weider*, Untersuchungshaft, 4. Aufl. 2010, Rn. 298; *ders.*, FS Samson, 2010, S. 709, 714 ff.; *Weider* StV 2010, 102, 104). Letztlich sind keine Fälle denkbar, in denen der Beschuldigte unverteidigt vom Gericht gem. § 115 Abs. 2 vernommen wird und dieses über die Frage der Inhaftierung (oder deren Fortdauer) entscheidet. Die gerichtliche Praxis zeichnet hingegen – oft aus Unkenntnis, teils aus Ignoranz – ein völlig anderes (trauriges) Bild. Die Beiordnung eines Pflichtverteidigers sollte früher regelmäßig nicht bereits vor der verantwortlichen Vernehmung des Beschuldigten nach dessen Ergreifung aufgrund eines HB erforderlich sein (BGHSt 60, 38 ff. = JR 2015, 279 = NJW 2015, 265 ff. = NStZ 2014, 722 ff. [m.Anm. *Knauer*] = StV 2015, 144 ff. [m.Anm. *Eisenberg* StV 2015, 180 ff.]; s. hierzu auch *Beukelmann* NJW-Spezial 2014, 760 f.). Das erscheint mit Blick auf Fürsorgepflichten und den Grundsatz des fairen Verfahrens problematisch. Dagegen spricht inzwischen auch der ebenso klare wie unmissverständliche Wortlaut des Gesetzes. 31

32 Ist der Beschuldigte der Deutschen Sprache nicht ausreichend mächtig, d.h. kann er der Verhandlung nicht folgen und selbst nicht das Vorbringen, was er vortragen will, dann ist ein **Dolmetscher** hinzuzuziehen (vgl. Art. 6 Abs. 3 lit. e) EMRK; s.a. § 114b Abs. 1, § 185 GVG [»Verhandlung«]; zum Ganzen: BVerfGE 64, 135, 146 = NJW 1983, 2762 f.; BVerfG NJW 2004, 50 f.; BGHSt 46, 178 ff.; zu den europarechtlichen Vorgaben s.a. vor § 112 Rdn. 72). Bei Ausländern kann auch aus diesen Gründen ein Recht auf Beiordnung eines Pflichtverteidigers bestehen (vgl. *Burhoff*, Handbuch für das strafrechtliche Ermittlungsverfahren, Rn. 4871; KK/*Graf* § 115 Rn. 8; LR/*Hilger* § 115 Rn. 13; SK-StPO/*Paeffgen* § 115 Rn. 8).

33 Über den Termin ist ein **Protokoll zu fertigen** (§ 118a Abs. 3 Satz 3 als lex specialis zu § 168 S. 2 HS. 2; s. hierzu auch die Kommentierung bei § 118a Rdn. 8 f. [8]; missverständlich insofern KK/Graf § 118a Rn. 5b: zunächst »... *ist eine Niederschrift aufzunehmen* ...«, dann aber »... *vgl. aber auch § 168 und § 226 Abs. 2* ...«). Auf die Hinzuziehung eines Protokollführers kann nicht verzichtet werden (vgl. §§ 274 ff.; s. auch *Schlothauer/Weider/Nobis*, Untersuchungshaft, Rn. 797; a.A. BGH StV 1996, 131 = BGHR StPO § 254 Abs. 1 – Vernehmung richterlich 5 [Verwertung eines ohne Hinzuziehung eines Protokollführers notierten Geständnisses, da vom Beschuldigten selbst unterzeichnet]; das erscheint aber zum einen ein Ausnahmefall und zum anderen dogmatisch unsauber und schief).

34 Es stellt keine Versagung rechtlichen Gehörs dar, wenn die Protokollführerin der Verhandlungssprache des Gerichts mit dem Beschuldigten nicht mächtig ist (OLG Düsseldorf VRS 1993, 430 [Kommunikation zwischen Richter und Beschuldigtem auf Englisch]).

35 Die Vernehmung des Beschuldigten erfolgt in **nicht öffentlicher Verhandlung.** Nebenkläger, Mitbeschuldigte und deren anwaltliche Vertreter haben kein Teilnahmerecht (OLG Karlsruhe NStZ 1996, 151 [zu § 118a StPO]; *Burhoff*, Handbuch für das strafrechtliche Ermittlungsverfahren, Rn. 4878; Meyer-Goßner/*Schmitt* § 118a Rn. 1). Der Verteidiger trägt dabei keine Amtstracht/Robe (Allgemeinwissen, spätestens seit *v. Schirach,* Schuld 2011, S. 15).

36 Das Gericht trifft seine **Entscheidung** nach der Vernehmung des Beschuldigten und möglicherweise erhobener Beweise (vgl. § 166 Abs. 1) auf der Basis der gewonnenen Erkenntnisse zur Sach- und Rechtslage. Ein bereits erlassener Haftbefehl kann aufrechterhalten bleiben und entweder in Vollzug oder außer Vollzug gesetzt (vgl. § 116) oder aufgehoben werden (vgl. § 120 Abs. 1). Der Haftbefehl kann auch angepasst, insb. ergänzt oder erweitert werden. Die Entscheidung ergeht durch Beschluss, der bekannt zu machen ist (§ 35).

37 Wird der Haftbefehl inhaltlich abgeändert, bspw. hinsichtlich der rechtlichen Würdigung oder der Haftgründe ergänzt, dann ist der Beschuldigte hierzu gesondert zu hören. Fehlt es an einer ordnungsgemäßen Verkündung eines (erweiterten) Haftbefehls gem. § 115 und konnte der Beschuldigte sich hierzu nicht äußern, dann darf dieser Haftbefehl in einem Haftfortdauerbeschluss nach den §§ 121, 122 nicht berücksichtigt werden (BVerfG StV 2001, 691 ff. [m.Anm. *Hagmann*]; s. zum Ganzen auch EGMR Nr. 11364/03, Urteil der Großen Kammer v. 09.07.2009 [Mooren v. Deutschland II] StraFo 2010, 63 = StRR 2009, 473 ff. [m.Anm. D. *Herrmann*] = StV 2010, 490 ff. [m.Anm. *Pauly*]; s. auch *Kütterer-Lang* StV 2020, 66 ff.).

38 Die Ausführungen gelten entsprechend, wenn der Beschuldigte nicht aufgrund eines Haftbefehls ergriffen und vorgeführt wird (sog. Dezernatshaftbefehl), sondern wenn er zunächst vorläufig festgenommen wird und erst dann eine Vorführanzeige mit Antrag auf Erlass eines Haftbefehls folgen (sog. Vorführhaftbefehl; vgl. § 128).

39 Ein **Verstoß gegen Formvorschriften** bei der Vernehmung des Beschuldigten soll die Haftentscheidung als solche grds. nicht beeinflussen, sofern davon nicht das Recht auf Gehör betroffen ist (vgl. KK/*Graf* § 115 Rn. 13; LR/*Hilger* § 115 Rn. 16; Meyer-Goßner/*Schmitt* § 115 Rn. 11; SK-StPO/*Paeffgen* § 115 Rn. 10). Dies erscheint im Kontext der gesetzlichen Neuregelungen nicht mehr zeitgemäß und unangemessen. Denn insb. die Belehrung nach § 114b verpflichtet die Justiz sogar zur schriftlichen Dokumentation der (ordnungsgemäßen) Belehrung, um so die Beweisführung gegen den Beschuldigten (der behauptet, nicht belehrt worden zu sein) zu erleichtern. Eine solche Formalisierung spricht im Gegenzug aber dafür, dass Verstöße gegen Formvorschriften verfahrensrechtliche Konsequenzen haben müssen. Unter Zugrundelegung der bisherigen Rspr. und des modernen Verständnisses von Rechtsstaatlichkeit sind deshalb **Beweisverwertungsverbote** anzunehmen. Dies gilt erst recht, und wird einhellig anerkannt, wenn mit dem Verstoß eine Verletzung wesentlicher Verfahrensgarantien einhergeht, bspw. rechtliches Gehör nicht gewährt wurde (vgl. Art. 103 Abs. 1 GG). Dann ist der Haftbefehl aufzuheben (BVerfG StV 1994, 465; OLG Köln StV 1998, 269 f.; SK-StPO/*Paeffgen* § 115 Rn. 11; s. zum Ganzen auch EGMR Nr. 11364/03, Urteil der Großen Kammer v. 09.07.2009 [Mooren v. Deutschland II] StraFo 2010, 63 = StRR 2009, 473 ff. [m.Anm. D. *Herrmann*] = StV 2010, 490 ff. [m.Anm. *Pauly*]). I.Ü. muss die Anordnung der Untersuchungshaft durch den unzuständigen Richter als **Freiheitsberaubung** angesehen werden, mit der Folge der Verpflichtung zur sofortigen Haftentlassung (vgl. *Kütterer-Lang* StV 2020, 65 ff., 67), wobei dem allerdings durch ein regelrechtes Vorgehen und die Nachholung der Verkündung durch den zuständigen Richter begegnet werden kann (ebenda).

Wird der Beschuldigte **verspätet vorgeführt**, dann ist er umgehend freizulassen. Er befindet sich ansonsten zu Unrecht in Haft. Lässt er sich danach zur Sache ein, dann sind diese Angaben nicht verwertbar (s.o.). Wird der Beschuldigte **verspätet vernommen**, dann sind diese Angaben nicht verwertbar. Eine Haftentscheidung zulasten des Beschuldigten darf auf dieser Basis nicht getroffen werden (BGHSt 60, 38 ff. = JR 2015, 279 = NJW 2015, 265 ff. = NStZ 2014, 722 ff. [m.Anm. *Knauer*] = StV 2015, 144 ff. [m.Anm. *Eisenberg* StV 2015, 180 ff.]; s. hierzu auch *Beukelmann* NJW-Spezial 2014, 760 f.; dort war dieser Einwand von der Revision allerdings nicht erhoben worden, die »Stoßrichtung« der Revision war eine andere, s.o.). Vor diesem Hintergrund ist insb. auch die **Verwertbarkeit des Protokolls über die Eröffnung des Haftbefehls** nebst Haftentscheidung in einer Hauptverhandlung gesondert zu prüfen. 40

III. Die Rechtsbehelfsbelehrung, § 115 Abs. 4. Bleibt die Untersuchungshaft aufrechterhalten, dann ist der Beschuldigte nach § 115 Abs. 4 zu belehren. Er ist auf das Recht der Beschwerde nach § 304 Abs. 1, Abs. 4 Satz 2 Nr. 1, Abs. 5 und die Rechtsbehelfe der schriftlichen sowie mündlichen Haftprüfung nach den §§ 117 und 118 hinzuweisen. Die Pflicht zur Belehrung betrifft die gerichtliche Anordnung als solche, also das »Ob« der Untersuchungshaft, sowie darüber hinaus deren Ausgestaltung der Untersuchungshaft gem. § 119 Abs. 1 und 2, also deren »Wie«. Sie erfasst damit auch den Hinweis, mittels gerichtlicher Entscheidung gegen Beschränkungsbeschlüsse vorgehen zu können (vgl. § 119 Abs. 5) und Beschränkungen des Vollzuges der Untersuchungshaft durch die Anstalt überprüfen zu lassen (vgl. § 119a). 41

Für den Fall der vorläufigen Festnahme gilt die Belehrungspflicht gem. § 115 Abs. 4 über § 128 Abs. 2 Satz 3 entsprechend. 42

Der nächste Richter (vgl. dazu § 115a) hat den Beschuldigten gem. § 115a Abs. 3 Satz 2 selbstständig über Rechtsbehelfsmöglichkeiten zu belehren (s. hierzu § 115a, Rdn. 4 und 26). 43

C. Rechtsbehelfe. Gegen den Haftbefehl oder die zuletzt ergangene Haftentscheidung kann der Beschuldigte **ordentliche Rechtsbehelfe** ergreifen. Ihm stehen der Antrag auf schriftliche oder auch mündliche Haftprüfung gem. § 117 Abs. 1 bzw. § 118 Abs. 1 i.V.m. § 117 Abs. 1 sowie die Beschwerde gem. § 304 Abs. 1 und nachfolgend dann die weitere Beschwerde gem. § 310 zu. Darüber hinaus stehen dem Beschuldigten auch **außerordentliche Rechtsbehelfe** zur Verfügung. Er hat die Möglichkeit zur Verfassungsbeschwerde gem. Art. 93 Abs. 1 Nr. 4a GG, §§ 90 ff. BVerfGG und zur Individualbeschwerde zum EGMR gem. Art. 34 EMRK. 44

Auch **nach Aufhebung des Haftbefehls** besteht für den Beschuldigten im Hinblick auf den mit der Inhaftierung verbundenen erheblichen Grundrechtseingriff ein Rechtsschutzinteresse, die Rechtswidrigkeit des Erlasses des Haftbefehls feststellen zu lassen (OLG München StV 2006, 317 f. [m.Anm. *Kirchner*]; SK-StPO/*Paeffgen* § 117 Rn. 15). 45

Selbst im Fall einer Verurteilung kann dem Betroffenen ein Anspruch auf Entschädigung für dennoch zu Unrecht erlittene Untersuchungshaft zustehen (vgl. *Park/Schlothauer* FS *Widmaier*, 2008, S. 387, 404 ff.). Umgekehrt ist eine Entschädigung für zu Unrecht erlittene Untersuchungshaft aber ausgeschlossen, wenn und soweit der Beschuldigte die Strafverfolgungsmaßnahme vorsätzlich oder grob fahrlässig verursacht hat (§ 5 Abs. 2 Satz 1 StrEG; OLG Köln B. v. 0305.2017 – 2 Ws 237/17 [Selbstbezichtigung gegenüber einem Zeugen]). Neben einfachrechtlichen Ansprüchen aus dem StrEG regelt Art. 5 Abs. 5 EMRK für Fälle der rechtswidrigen Festnahme oder Freiheitsentziehung einen verschuldensunabhängigen Schadensersatzanspruch gegen den Staat (s. EGMR Nr. 11364/03, Urteil der 5. Kammer v. 13.12.2007 [Mooren v. Deutschland I] StRR 2008, 98 ff. [m.Anm. *D. Herrmann/J. Herrmann*] = StV 2008, 475; s.a. EGMR Nr. 11364/03, Urteil der Großen Kammer v. 09.07.2009 [Mooren v. Deutschland II] StraFo 2010, 63 = StRR 2009, 473 ff. [m.Anm. D. *Herrmann*] = StV 2010, 490 ff. [m.Anm. *Pauly*]; zum Ganzen auch: *Brockhaus/Ullrich* StV 2016, 678 ff.; *Broß* StraFo 2009, 10 ff.; *Killinger*, Staatshaftung für rechtswidrige Untersuchungshaft in Deutschland und Österreich im Lichte von Art. 5 Abs. 5 EMRK, 2015; *Strafner* StV 2010, 275 ff.; LR/*Esser*, Erl. zu Art. 5 EMRK; vgl. dort auch Art. 5 EMRK Rdn. 68 ff.). Ausführlich hierzu s. die Kommentierung vor § 112 Rdn. 4 ff. 46

I. Haftprüfung. Der Beschuldigte hat das Recht auf schriftliche oder auch mündliche Haftprüfung gem. § 117 Abs. 1 bzw. § 117 Abs. 1 i.V.m. § 118 Abs. 1. Eine ausführliche Kommentierung findet sich bei § 117 dort Rdn. 9 ff. und Rdn. 26 ff. sowie § 118, dort Rdn. 1 ff. 47

II. Haftbeschwerde, §§ 304 ff.. Der Beschuldigte hat neben der schriftlichen und mündlichen Haftprüfung auch das Recht zur Haftbeschwerde. Neben dem Antrag auf Haftprüfung ist die Haftbeschwerde unzulässig (§ 117 Abs. 2 Satz 1). Die Haftbeschwerde wird im Sachzusammenhang mit den ordentlichen Rechtsbehelfen ausführlich kommentiert bei § 117 dort Rdn. 33 ff. 48

49 **III. Weitere Beschwerde.** In Haftsachen ist nach der Beschwerde die weitere Beschwerde zulässig (§ 310 Abs. 1 Nr. 1). Eine ausführliche Kommentierung findet sich nach den Ausführungen zur Beschwerde bei § 117 dort Rdn. 53 ff.

50 **IV. Verfassungsbeschwerde, Art. 93 Abs. 1 Nr. 4a GG.** Als weiterer (außerordentlicher) Rechtsbehelf ist gegen Haftentscheidungen auch die Möglichkeit der **Verfassungsbeschwerde** gegeben. Konsequenterweise erfolgt eine Darstellung im Sachzusammenhang mit den ordentlichen Rechtsbehelfen bei § 117 dort Rdn. 74 ff.

51 **V. Individualrechtsbeschwerde, Art. 34 EMRK.** Schließlich können Konventionsverstöße gegen die EMRK mittels **Individualrechtsbeschwerde** verfolgt werden. Konsequenterweise erfolgt eine Darstellung im Sachzusammenhang mit den ordentlichen Rechtsbehelfen bei § 117 dort Rdn. 78 ff.

§ 115a Vorführung vor den Richter des nächsten Amtsgerichts

(1) Kann der Beschuldigte nicht spätestens am Tag nach der Ergreifung dem zuständigen Gericht vorgeführt werden, so ist er unverzüglich, spätestens am Tage nach der Ergreifung, dem nächsten Amtsgericht vorzuführen.

(2) [1]Das Gericht hat den Beschuldigten unverzüglich nach der Vorführung, spätestens am nächsten Tage, zu vernehmen. [2]Bei der Vernehmung wird, soweit möglich, § 115 Abs. 3 angewandt. [3]Ergibt sich bei der Vernehmung, dass der Haftbefehl aufgehoben, seine Aufhebung durch die Staatsanwaltschaft beantragt (§ 120 Abs. 3) oder der Ergriffene nicht die in dem Haftbefehl bezeichnete Person ist, so ist der Ergriffene freizulassen. [4]Erhebt dieser sonst gegen den Haftbefehl oder dessen Vollzug Einwendungen, die nicht offensichtlich unbegründet sind, oder hat das Gericht Bedenken gegen die Aufrechterhaltung der Haft, so teilt es diese dem zuständigen Gericht und der zuständigen Staatsanwaltschaft unverzüglich und auf dem nach den Umständen angezeigten schnellsten Wege mit; das zuständige Gericht prüft unverzüglich, ob der Haftbefehl aufzuheben oder außer Vollzug zu setzen ist.

(3) [1]Wird der Beschuldigte nicht freigelassen, so ist er auf sein Verlangen dem zuständigen Gericht zur Vernehmung nach § 115 vorzuführen. [2]Der Beschuldigte ist auf dieses Recht hinzuweisen und gemäß § 115 Abs. 4 zu belehren.

Übersicht

1 **A. Normzweck, Subsidiarität.** § 115a enthält eine **subsidiäre Zuständigkeitsregelung** zu § 115 (s. OLG Celle NdsRpfl 2005, 287; OLG Frankfurt NStZ 1988, 471; KK/*Graf* § 115a Rn. 1; Graf/*Krauß*, StPO § 115a vor Rn. 1; zum Ganzen auch unten, Rdn. 30).

2 Kann der Beschuldigte nach seiner Ergreifung nicht innerhalb der Frist des § 115 Abs. 2 dem Richter vorgeführt werden, der den Haftbefehl erlassen hat, dann ist er unverzüglich, spätestens am Tage nach seiner Ergreifung, dem **Richter des nächsten AG** vorzuführen (§ 115a Abs. 1). Das nächste AG ist regelmäßig dasjenige, in dessen Bezirk der Beschuldigte ergriffen wurde, gelegentlich auch das verkehrstechnisch am günstigsten zu erreichende Gericht (KK/*Graf* § 115a Rn. 1; Meyer-Goßner/*Schmitt* § 115a Rn. 2; *Schlothauer/Weider/Nobis*, Untersuchungshaft, Rn. 350 ff.). Sind Haftsachen aus mehreren Gerichtsbezirken einem gemeinsamen Gericht zugewiesen (vgl. § 58 GVG), dann ist dieses AG berufen.

3 In der Praxis erfolgt eine Vorführung vor das nächste AG häufig. Sie kommt in Betracht, wenn eine Verbringung zum zuständigen Gericht wegen zu großer Entfernung nicht rechtzeitig erfolgen kann oder der Beschuldigte aus sonstigen Gründen nicht transportiert werden kann, bspw. weil er erkrankt ist. Kann der Beschuldigte dem zuständigen Gericht gem. § 115 aber unter Ausnutzung technischer und personeller Möglichkeiten rechtzeitig vorgeführt werden, dann hat dies vorrangig zu erfolgen. Dies sollte heutzutage

trotz hohen Verkehrsaufkommens und mittels Einzeltransport möglich und somit eigentlich die Regel sein, ist in der Praxis aber die Ausnahme. Eine Wahlmöglichkeit hinsichtlich der Zuständigkeit des berufenen Gerichts besteht insofern nicht. Insb. Vereinfachungs- oder Effizienzgründe dürfen nicht dazu führen, dass der Beschuldigte nicht dem mit der Sache unmittelbar befassten Richter nach § 115 vorgeführt wird, sondern an den nur nächsten Richter gem. § 115a verwiesen wird. Der nächste Richter kennt regelmäßig den Fall nicht und hat den Haftbefehl auch nicht erlassen. Er kann sich meist nur mittelbar telefonisch, per Telefax oder E-Mail informieren und sich ggf. Akten in elektronischer Form zusenden lassen und so versuchen, sich mit dem Sachverhalt vertraut zu machen. Da dem zuständigen Gericht i.Ü. aber umfangreichere Kompetenzen zustehen (Aufhebung oder Außervollzugsetzung des Haftbefehls, Vermittlung von Akteneinsicht durch die StA, Beiordnung eines Pflichtverteidigers, ausführlich hierzu sogleich), muss die Vorführung vor das nächste Gericht auf die aus tatsächlichen Gründen zwingend gebotenen **Ausnahmefälle** beschränkt bleiben. Es gilt ein strenger Maßstab (AK-StPO/*Deckers*, § 115a Rn. 1; KK/*Graf* § 115a Rn. 1; *Herrmann*, Untersuchungshaft, Rn. 567 ff.; LR/*Hilger* § 115a Rn. 3 und § 115 Rn. 10; *Koch* NStZ 1995, 71 ff.; Meyer-Goßner/*Schmitt* § 115a Rn. 1; SK-StPO/*Paeffgen* § 115a Rn. 2; *Schlothauer/Weider/Nobis*, Untersuchungshaft, Rn. 350 und dann Rn. 364 ff. [dort zur subsidiären Kompetenz des nächsten Richters]; a.A. *F. Fischer* NStZ 1994, 321 [mit allerdings sprachlich unklarer Differenzierung, der nächste Richter sei eigentlich der »auch zuständige – «, was aber so nicht ganz richtig ist und nur subsidiär gilt, s.o.]).

B. Vernehmung durch den nächsten Richter, § 115a Abs. 2 Satz 1 und 2. I. Allgemeines. Die Vorführung des Beschuldigten vor das nächste Gericht hat, ebenso wie bei § 115, unverzüglich zu erfolgen (ausführlich s. dort, § 115 Rdn. 13 ff.). Der Beschuldigte ist vom nächsten Richter zu belehren, der Ablauf der Vernehmung orientiert sich an § 115 Abs. 3, dieser ist so weit wie möglich anzuwenden (ausführlich s. § 115 Rdn. 20 ff.). 4

Ein bereits gewählter **Verteidiger** hat auch beim nächsten Richter ein Anwesenheitsrecht (§ 168c Abs. 1). Er ist vom Termin zur Vernehmung zu benachrichtigen. Ihm muss innerhalb der zeitlichen Vorgaben des Gesetzes die Möglichkeit zur Anwesenheit eingeräumt werden. Er kann zumindest mittels Telefonkonferenz an der Vernehmung teilnehmen (ausführlich hierzu s. § 115 dort Rdn. 29). Ein Verstoß gegen das Anwesenheitsrecht birgt ein Verwertungsverbot hinsichtlich der Angaben des Beschuldigten (Meyer-Goßner/*Schmitt* § 168c Rn. 6; *Schlothauer/Weider/Nobis*, Untersuchungshaft, Rn. 358; ausführlich zum Ganzen s. § 115 Rdn. 29). 5

II. Die Beiordnung eines Pflichtverteidigers vor dem nächsten AG. Ein Sonderproblem stellt die Beiordnung eines Pflichtverteidigers i.R.d. Vorführung vor den nächsten Richter dar: Der Beschuldigte wird aufgrund eines bestehenden Dezernatshaftbefehls festgenommen, Untersuchungshaft wird dann bereits vollzogen (ausführlich hierzu s. vor § 112 dort Rdn. 50 ff.). 6

Damit liegt ein **Fall notwendiger Verteidigung** vor.

Nach **altem Recht** ergab sich das aus § 140 Abs. 1 Nr. 4 a.F. Die Beiordnung eines »Notverteidigers« bzw. »Sicherungsverteidigers« hatte unverzüglich zu erfolgen (§ 141 Abs. 3 Satz 4 a.F., jetzt neu S. 5). Sie musste spätestens zu Beginn der Vernehmung nach § 115a Abs. 2 Satz 1 geklärt sein (ausführlich hierzu s. bereits die Kommentierung Vor §§ 112 ff. Rdn. 50 ff., 53).

Nach **neuem Recht** gilt das ebenso. Aufgrund des zum 23.08.2017 neu in das Gesetz eingefügten **§ 141 Abs. 3 Satz 4 n.F.** hat das Gericht dem Beschuldigten für jede richterliche Vernehmung einen Verteidiger beizuordnen, *»wenn die Staatsanwaltschaft dies beantragt oder wenn die Mitwirkung eines Verteidigers aufgrund der Bedeutung der Vernehmung zur Wahrung der Rechte des Beschuldigten geboten erscheint«*. Der Hauptanwendungsbereich des § 141 Abs. 3 S. 4 (n.F.) betrifft die Fälle, in denen ein Beschuldigter entweder nach vorläufiger Festnahme zur Entscheidung über den Erlass eines Haftbefehls (dann liegt allerdings natürlich kein Fall des nächsten Richters i.S.v. § 115a vor) oder nach seiner Verhaftung aufgrund eines Haftbefehls hinsichtlich dessen Aufrechterhaltung und Invollzugsetzung dem (nächsten) Richter vorzuführen und richterlich zu vernehmen ist (§§ 128 Abs. 1, 115 Abs. 2, 115a Abs. 2). Letzteres wird nach Wortlaut, teleologischer Auslegung aber auch unter Berücksichtigung der Gesetzessystematik im Rahmen der Haftbefehlseröffnung ausnahmslos anzunehmen sein. Im Zusammenhang mit der haftrichterlichen Vorführung und Vernehmung des Beschuldigten ist schlechterdings nicht vorstellbar, dass dies ohne Mitwirkung eines Verteidigers vonstattengehen könnte (ausführlich hierzu s. bereits die Kommentierung Vor §§ 112 ff. Rdn. 50 ff.; s auch: *Schlothauer* StV 2017 557 ff.; *ders.* StV 2018, 169, 170; ihm folgend *Burhoff*, Handbuch für das strafrechtliche Ermittlungsverfahren, Rn. 4863 ff.; *ders.*, StPO 2017, Rn. 114; *ders.* StRR 5/2018, 4 ff.; s. zum Ganzen auch *Schlothauer/Weider/Nobis*, Untersuchungshaft, Rn. 288; Meyer-Goßner/*Schmitt*, StPO, § 141 Rn. 5a; OLG Oldenburg StV 2011, 90 [LS]; LG Dresden StV 2011, 665 [LS]; LG Halle StRR 5/2018, 17; LG Hamburg Besch. v. 31.03.2013 – 619 Qs 20/13; LG Magdeburg RVGReport 2018, 257 [mit Anm. *Burhoff*]; LG Stuttgart StV 2008, 132 [LS]; AG Stuttgart StraFo 2018, 114 f. = StV 2018, 169 [LS]). Das betrifft indes zunächst nur die Vorführung des Beschuldigten vor das Haftgericht. Die Beiordnung ist beschränkt auf den Zeitraum der richterlichen Vernehmung.

Der Beschuldigte ist **hierüber zu belehren**. Ihm ist sein Vorschlagsrecht nach § 142 Abs. 1 darzulegen und auch bei der Auswahl eines Verteidigers zu helfen. Der Beschuldigte kann auf die Beiordnung eines Verteidigers nicht verzichten (s. zum Ganzen auch die Begründung der Beschlussempfehlung des Rechtsausschusses des Deutschen Bundestages, BT-Drs. 16/13097 zu Nr. 9b [§ 141 StPO]; *Herrmann* StraFo 2011, 133 ff.; *Schlothauer/Weider/Nobis*, Untersuchungshaft, Rn. 353 ff.; ausführlich zur Pflichtverteidigerbestellung s. Vor §§ 112 ff. dort Rdn. 50 ff.).

Die Beiordnung eines Pflichtverteidigers soll aber nicht bereits vor der verantwortlichen Vernehmung des Beschuldigten durch den Richter nach dessen Ergreifung aufgrund eines HB angezeigt sein (BGHSt 60, 38 ff. = JR 2015, 279 = NStZ 2014, 722 ff. [m.Anm. *Knauer*] = StV 2015, 144 ff. [m.Anm. *Eisenberg* StV 2015, 180 ff.]; s. hierzu auch *Beukelmann* NJW-Spezial 2014, 760 f.). Das erscheint mit Blick auf Fürsorgepflichten und den Grundsatz des fairen Verfahrens äußerst problematisch. Eine Verzögerung der Vorführung und Vernehmung ist insb. nicht zulässig, um weitere polizeiliche Ermittlungen durchzuführen (ausführlich dazu s. § 115 Rdn. 15).

7 Die Beiordnung eines Verteidigers ist auch deshalb von zentraler Bedeutung, weil das nächste Gericht verpflichtet ist, Einwände gegen den Haftbefehl, die nicht offensichtlich unbegründet sind sowie sonstige Bedenken gegen die Inhaftierung dem zuständigen Gericht mitzuteilen (§ 115a Abs. 2 Satz 4). Dies lässt sich regelmäßig aber eher von einem Verteidiger qualifiziert vorbringen als vom (rechts-)unkundigen Beschuldigten.

8 Problematisch hierbei ist aber, dass jedenfalls im Ermittlungsverfahren die Beiordnung eines Pflichtverteidigers formal betrachtet durch den Richter zu erfolgen hat, der den Haftbefehl erlassen hat (vgl. §§ 125, 126 Abs. 1 Satz 1). Der nächste Richter muss also eigentlich eine Beiordnung durch den zuständigen Richter vermitteln. Dass dies zwingend zu erfolgen hat wurde bereits oben ausgeführt (s. Rdn. 6). Dem (Pflicht-)Verteidiger muss dann die Möglichkeit zur Anwesenheit bei der Vernehmung eingeräumt werden. Andernfalls drohen Verwertungsverbote (Meyer-Goßner/*Schmitt* § 168c Rn. 6; ausführlich s. Vor §§ 112 ff. dort Rdn. 50 ff.; s.a. § 115 Rdn. 31 ff.).

9 Aufgrund der meist räumlichen Distanz zwischen dem nächsten AG i.S.d. § 115a und dem zuständigen Gericht gem. § 115 muss auch hier die Beiordnung eines sog. »**Notverteidigers**« bzw. »**Sicherungsverteidigers**« zumindest für die Eröffnung des Haftbefehls und die erste Vernehmung stattfinden. Der Beschuldigte kann und darf in dieser Situation nicht unverteidigt sein (s. hierzu auch die Kommentierung bei § 115 Rdn. 31, § 115a Rdn. 9; ausführlich erstmals *Schlothauer in: Schlothauer/Weider/Nobis*, Untersuchungshaft, Rn. 319; *ders.* FS *Samson*, 2010, S. 709, 714 ff.; ihm folgend: *Herrmann* StraFo 2011, 133 ff.; s. auch *Weider* StV 2010, 102, 104; zum Ganzen ausführlich Vor §§ 112 ff. Rdn. 50 ff.).

10 **III. Das Recht auf Akteneinsicht beim Richter des nächsten AG.** Problematisch ist auch die **Gewährung von Akteneinsicht** beim nächsten AG. Dem Verteidiger sind gem. § 147 Abs. 2 Satz 2 die für die Frage der Beurteilung der Rechtmäßigkeit der Freiheitsentziehung wesentlichen Informationen in geeigneter Weise zugänglich zu machen. In der Regel ist Akteneinsicht zu gewähren. In Haftsachen ist ausnahmslos immer umfassend Akteneinsicht zu gewähren (ausführlich zum Recht auf Akteneinsicht s. Vor §§ 112 ff. dort Rdn. 59 ff.). Hierüber entscheidet im Ermittlungsverfahren die StA (§ 147 Abs. 5 Satz 1). Eine eventuelle räumliche Distanz zum nächsten AG i.S.d. § 115a oder der StA darf nicht zur Verhinderung der Akteneinsicht führen. Dieses Gericht und auch die StA sind verpflichtet, die Akteneinsicht so rechtzeitig zu vermitteln, dass eine sachgerechte Überprüfung durch den nächsten Richter und auch Verteidigung stattfinden kann. Nur so können nicht offensichtlich unbegründete Einwendungen gegen den Haftbefehl oder dessen Vollzug (vgl. § 115a Abs. 2 Satz 4) geprüft und vorgetragen werden. (ebenso *Schlothauer/Weider/Nobis*, Untersuchungshaft, Rn. 362 f.).

11 **C. Die Befugnisse des nächsten Richters, § 115a Abs. 2 Satz 3 und 4. I. Prüfkompetenz des Richters am nächsten AG.** Früher war strittig, in welchem Umfang dem nächsten Richter i.S.d. § 115a eine (eigene) **Prüfkompetenz** zusteht (ausführlich: *Herrmann*, Untersuchungshaft Rn. 567 ff.):

12 Teilweise wurde und wird noch heute vertreten, dass der nächste Richter den zuständigen Richter nur von der Verhaftung, Vorführung und Vernehmung unterrichten muss. Eine Haftentlassung sei nur unter den (engen) Voraussetzungen des § 115a Abs. 2 möglich (vgl. KK/*Graf* § 115a Rn. 4; Meyer-Goßner/*Schmitt* § 115a Rn. 5 f.).

13 Nach a.A., die sich im Vordringen befindet und inzwischen wohl als überwiegend vertretene Meinung angesehen werden kann und muss, steht dem nächsten Richter eine erweiterte Prüfkompetenz zu, die er aber auch wahrnehmen muss (*Heinrich* StV 1995, 660 ff.; *Herrmann*, Untersuchungshaft Rn. 568 f.; LR/

Hilger § 115a Rn. 12; SK-StPO/*Paeffgen* § 115a Rn. 5a; *Christian Schröder* StV 2005, 241 ff.; *Schlothauer/Weider/Nobis*, Untersuchungshaft, Rn. 364; *Schmitz* NStZ 1998, 165 ff.; *Wankel*, Zuständigkeitsfragen im Haftrecht, 2002, S. 45 ff.; *Ziegert* StV 1997, 439 ff.; s. zum Ganzen auch *Diehm* StraFo 2007, 231 ff. [der aber die »überwiegende Ansicht« und »einige Stimmen« in der Literatur schon quantitativ verwechselt; so deshalb nicht recht nachvollziehbar]). Der nächste Richter ist gehalten, gem. § 115a Abs. 2 Satz 4 mit dem zuständigen Richter aber auch der StA, bei der sich im Ermittlungsverfahren regelmäßig die Akten befinden, Rücksprache zu halten. Er hat eine unverzügliche Entscheidung herbeizuführen.

Eine streng am Wortlaut orientierte Auslegung von § 115a Abs. 2 Satz 3 und 4, dass allenfalls eine Mitteilungspflicht aber keine Entscheidungsbefugnis bestünde, verstößt gegen verfassungs- und konventionsrechtliche Vorgaben (vgl. [teils zum alten Recht]: BGHSt 42, 343, 350 und 353 = JR 1997, 471, 473 [m.Anm. *Seebode*] = JuS 1997, 856 f. = NJ 1997, 223 = NJW 1997, 1452 ff. [m.Anm. *Schmittmann* NJW 1997, 1426 f. – auch zum Vorwurf der Rechtsbeugung] = NStZ 1997, 439 [m.Anm. *Volk* NStZ 1997, 412 ff. und Anm. *Krehl* NStZ 1998, 409 f. – jeweils zum Vorwurf der Rechtsbeugung] = StV 1997, 418 ff. = wistra 1997, 182 ff.; *Diehm* StraFo 2007, 231, 235 f.; AnwK-Uhaft/*König*, § 115a StPO Rn. 8; KMR-*Wankel*, StPO, § 115a Rn. 4a f.; *Ziegert* StV 1997, 439 ff.). 14

In § 115a Abs. 2 Satz 4 ist nunmehr nicht mehr nur die **Prüfkompetenz** sondern darüber hinaus auch die **Prüfpflicht** des nächsten Richters konkretisiert. Der nächste Richter ist damit nicht mehr nur »ausführender Geschäftsstellenbeamter« des zuständigen Richters ohne jegliche Prüfkompetenz (s. hierzu *Ziegert* StV 1997, 439 ff.). 15

II. Entscheidungskompetenz des Richters am nächsten AG. Die **Entscheidungsbefugnis** des nächsten Richters ist indes nach wie vor eingeschränkt. Er kennt den Fall nicht, ihm stehen regelmäßig die Akten nicht zur Verfügung und er hat den Haftbefehl auch nicht erlassen. Dennoch kann und muss er, zumindest in gewissem Rahmen, eine Entscheidung in der Sache treffen. 16

Ergibt sich bei der Vernehmung des Beschuldigten durch den nächsten Richter, dass er **nicht die im Haftbefehl genannte Person** ist, oder der Haftbefehl aufzuheben ist, oder auch, wenn die StA dies beantragt hat (vgl. § 120 Abs. 3), dann ist der Ergriffene freizulassen (§ 115a Abs. 2 Satz 3). Nicht zuletzt auch über die Einhaltung von Grundrechten (z.B. Art. 104 GG) hat der nächste Richter eigenständig zu entscheiden. Bei krankheitsbedingter Haftunfähigkeit des Untersuchungsgefangenen (zur Vollzugsuntauglichkeit ausführlich § 112 dort Rdn. 114 ff.) hat er dessen Freilassung anzuordnen (LG Frankfurt a.M. StV 1985, 464). 17

Erhebt der Beschuldigte sonst **Einwendungen die nicht offensichtlich unbegründet sind**, oder hat der nächste Richter sonst Bedenken gegen den Fortbestand des Haftbefehls, dann unterrichtet er unverzüglich das zuständige Gericht und die StA. Dies hat auf dem nach den Umständen schnellsten Weg zu geschehen. Die Nutzung jeglicher moderner Kommunikationsmöglichkeiten (Telefon, Telefax, E-Mail) verstehen sich von selbst. Das **zuständige Gericht** prüft dann unverzüglich selbst in eigener Zuständigkeit, ob der Haftbefehl aufzuheben oder außer Vollzug zu setzen ist. Der nächste Richter hat unter Einbeziehung der StA zügig eine Entscheidung durch das zuständige Gericht herbei- und dann auszuführen. 18

Die Praxis zeichnet nicht selten ein völlig anderes Bild: Dem nächsten Richter liegt regelmäßig nur eine Kopie des Haftbefehls vor und dem zuständigen Richter, der den Haftbefehl im Dezernatsweg erlassen hat, liegen – wenn überhaupt eine Kontaktaufnahme erfolgt – die Akten nicht mehr vor; sie befinden sich längst wieder bei der Staatsanwaltschaft. Der zuständige Staatsanwalt ist nicht erreichbar und der ggf. bereits mandatierte Verteidiger nimmt all dies hin. Der nächste Richter begnügt sich dann mit der Eröffnung und Verkündung des Haftbefehls und ordnet die oft langwierige und immer belastende Verschubung des Beschuldigten an (ausführlich hierzu s.u. Rdn. 29). Eine unverzügliche Entscheidung in der Sache, die ihrem Namen gerecht wird und die verfassungsrechtlich geschützten Rechte des Beschuldigten wahrt, wird nicht getroffen. 19

Ein solches Vorgehen widerspricht klar und eindeutig dem Grundsatz, dass jede Person, der die Freiheit durch Festnahme oder Haft entzogen wird, unverzüglich einem Gericht gegenüberzustellen ist, das über die Rechtmäßigkeit der Freiheitsentziehung entscheidet und eine Entlassung anordnen kann, falls die Freiheitsentziehung nicht rechtmäßig ist. Diese Verpflichtung ist nur dann erfüllt, wenn über die Rechtmäßigkeit des Haftbefehls ohne jede schuldhafte Verzögerung tatsächlich eine qualifizierte **Sachentscheidung** getroffen wird. Andernfalls liegt ein Verstoß gegen Art. 5 Abs. 3 Satz 1 und Art. 6 Abs. 1 Satz 1 EMRK vor (EGMR [Aquilina v. Malta] NJW 2001, 51 ff. = JuS 2001, 594; s.a. BGHSt 42, 343, 350 und 353 = JR 1997, 471, 473 [m.Anm. *Seebode*] = JuS 1997, 856 f. = NJ 1997, 223 = NJW 1997, 1452 ff. [m.Anm. *Schmittmann* NJW 1997, 1426 f. – zum Vorwurf der Rechtsbeugung] = NStZ 1997, 439 [m.Anm. *Volk* NStZ 1997, 412 ff. und Anm. *Krehl* NStZ 1998, 409 f. – jeweils zum Vorwurf der Rechtsbeugung] = StV 1997, 418 ff. = wistra 1997, 182 ff.; *Nibbeling* ZRP 1998, 342 ff.; *Schmitz* NStZ 1998, 170 ff.). 20

21 Zwischen dem nächsten und dem zuständigen Richter muss deshalb eine **Absprache bzw. Abstimmung** stattfinden. Zumindest der unzumutbare frühere Zustand, dass es dem Verteidiger überlassen blieb, überhaupt erst einen Kontakt der Beteiligten herzustellen, ist inzwischen gesetzlich überwunden (vgl. zur Situation vor der Reform des Rechts der Untersuchungshaft: *Ziegert* StV 1997, 439 ff. [der nächste Richter als »Urkundsbeamter« bzw. »ausführender Geschäftsstellenbeamter« des zuständigen Richters ohne jegliche Prüfkompetenz] und *Nibbeling* ZRP 1998, 342 ff. [»unwürdige Farce«]).

Die bereits früher geäußerte weitergehende Kritik (s.o.) blieb bei der Reform des Rechts der Untersuchungshaft aber weiter unbeachtet. Bei allem darf auch nicht übersehen werden, dass es sich hier nicht lediglich um den Mindeststandard einer Rechtspflicht handelt, sondern eine gemeinsame Entscheidung auch der Sache selbst geschuldet ist. Es geht um die Freiheit eines als unschuldig geltenden Inhaftierten (vgl. hierzu auch BGHSt 42, 343, 350 und 353 = JR 1997, 471, 473 [m.Anm. *Seebode*] = JuS 1997, 856 f. = NJ 1997, 223 = NJW 1997, 1452 ff. [m.Anm. *Schmittmann* NJW 1997, 1426 f. – zum Vorwurf der Rechtsbeugung] = NStZ 1997, 439 [m.Anm. Volk NStZ 1997, 412 ff. und Anm. *Krehl* NStZ 1998, 409 f. – jeweils zum Vorwurf der Rechtsbeugung] = StV 1997, 418 ff. = wistra 1997, 182 ff.; AnwK-Uhaft/*König*, § 115a StPO Rn. 7 f.).

22 Ist eine Benachrichtigung des zuständigen Richters am Tag der Vorführung nicht möglich und erscheint der Vollzug der Untersuchungshaft nicht vertretbar, dann ist der nächste Richter ausnahmsweise berechtigt aber auch verpflichtet, den Haftbefehl außer Vollzug zu setzen (analog § 116 StPO; vgl. AnwK-Uhaft/*König*, § 115a StPO Rn. 8 a.E.; Meyer-Goßner/*Schmitt* § 115a Rn. 6; *Christian Schröder* StV 2005, 241 ff.).

23 **III. Zuständigkeiten bei Beschwerde.** Trifft der Richter des nächsten AG selbstständig eine Entscheidung und richtet sich die Beschwerde unmittelbar hiergegen, dann ist das dortige (Beschwerde-) Gericht zuständig. Andernfalls regelt sich der Instanzenzug nach der Situation am zuständigen Gericht (KG JR 1976, 253 f.; LG Frankfurt a.M. StV 1985, 464 ff.; Meyer-Goßner/*Schmitt* § 115a Rn. 7). Richtet sich die Beschwerde gegen die Aufrechterhaltung der Untersuchungshaft durch den nächsten Richter, dann können zwei Beschwerderechtszüge eröffnet sein, sowohl zu dem übergeordneten Beschwerdegericht beim »nächsten Richter« als auch zu dem beim »zuständigen Richter« (OLG München StRR 2010, 203 [LS] = StV 2010, 585 [LS]). Wendet sich die Beschwerde gegen den dringenden Tatverdacht, dann ist wegen der beim nächsten Gericht nur eingeschränkten Prüfkompetenz das dem zuständigen Richter übergeordnete Beschwerdegericht örtlich zuständig. Dies dient der Verfahrensbeschleunigung und dem effektiven Grundrechtsschutz (vgl. OLG München StRR 2010, 203 [LS 2] = StV 2010, 585 [LS 2]).

24 Die Zuständigkeit des Staatsanwaltes geht aber nicht auf diejenige beim nächsten Gericht über (KK/*Graf* § 115a Rn. 4 a.E.; SK-StPO/*Paeffgen* § 115a Rn. 6a).

25 **IV. Kritik an der Neuregelung.** Die Neuregelung durch das Gesetz zur Reform des Untersuchungshaftrechts (BGBl. I, S. 2274, ausführlich hierzu vor § 112 Rdn. 25 f. und Rdn. 27 ff.) hat wenig Klarheit geschaffen und keine wesentliche Änderung zum unbefriedigenden früheren Rechtszustand gebracht. Es wurde lediglich versucht, das Zusammenspiel von nächstem und zuständigem Gericht zu »optimieren« (BT-Drs. 16/13097 S. 27). Tatsächlich ist dies nicht gelungen (ebenso: AnwK-Uhaft/*König*, § 115a StPO Rn. 7). Der Anspruch des Beschuldigten auf rechtliches Gehör ist nicht gewahrt, **wenn der nächste Richter ihm lediglich zu**hört, **ihn aber nicht an**hört. Auch verstößt es gegen Art. 5 EMRK, wenn der Beschuldigte zwar einem Richter vorgeführt wird, dieser aber gar keine eigene Sachentscheidungskompetenz hat. Zur weitergehenden Kritik s. bereits oben (Rdn. 11 ff. bzw. 16 ff.).

26 **D. Recht auf weitere Vorführung, § 115a Abs. 3.** Der Untersuchungsgefangene kann verlangen, dem zuständigen Richter zur Vernehmung vorgeführt zu werden. Hierüber ist er zu belehren (§ 115a Abs. 3). Die Vorführung hat wegen des Beschleunigungsgebots in Haftsachen unverzüglich zu erfolgen. Auch ohne Antrag ist er deshalb zügig in den Zuständigkeitsbereich des nach § 115 zuständigen Gerichts zu verbringen (SK-StPO/*Paeffgen* § 115a Rn. 8).

27 Ein **Antrag auf Vorführung** steht einem solchen auf Haftprüfung gleich. Nach § 117 Abs. 2 Satz 1 ist daneben die Haftbeschwerde unzulässig (OLG Hamburg NStZ-RR 2002, 381 f. = wistra 2002, 199).

28 Der zuständige Richter kann seine Vernehmungsaufgabe nicht auf einen anderen Richter übertragen (vgl. LR/*Hilger* § 115 Rn. 14, *Kissel/Mayer*, GVG, 6. Aufl. 2010, § 158 Rn. 10, OLG Frankfurt NStZ 1988, 441 f.; a.A. für den erweiterten Haftbefehl OLG Karlsruhe Justiz 1997, 140 f.).

29 **E. Transport zum zuständigen Gericht, § 115a Abs. 3.** Der Transport des Beschuldigten in den Einzugsbereich des zuständigen Gerichts erfolgt regelmäßig mittels sog. **Verschubung**. Der Beschuldigte wird in einem Sammelbus nach Schubplan transportiert. Dies geschieht auf vorgegebenen Routen und kann mehrere Tage bis zu Wochen dauern. Der Reihe nach werden verschiedene Justizvollzugsanstalten angefahren. Eine Unterbringung erfolgt dort meist in Sammelzellen. Nicht selten befinden sich diese im Keller der Haftanstalt. Ein-

kauf und Wäsche waschen sind selten oder gar nicht möglich. Körperliche Pflege, insb. waschen oder duschen, ist erschwert wenn nicht gar unmöglich. Aufschluss und Hofgang werden üblicherweise verpasst oder nicht gewährt. Besuch kann während dieser Zeit nur in ganz seltenen Ausnahmefällen und dann auch nur unter erschwerten Bedingungen empfangen werden. Der Transport mittels Schub ist eine ungeheure psychische und physische Belastung für den Betroffenen. Dem kann allenfalls durch einen **Einzeltransport** begegnet werden, der den direkten Weg ohne Unterbrechung wählt. Ein solches Vorgehen ist regelmäßig allerdings nur mit vorheriger Zustimmung durch das Gericht auf eigene Kosten des Untersuchungsgefangenen möglich. Nur in seltenen Fällen engagieren sich dabei die Gerichte. Meist bleibt es dem Bemühen der Verteidigung überlassen, hier etwas zu bewirken. Dass wirtschaftliche Zwänge menschenunwürdige Zustände rechtfertigen sollen, bleibt auch weiterhin inakzeptabel (vgl. zum Ganzen die eindrückliche Schilderung von *Mroß* StV 2008, 611 ff.; s.a. *Herrmann*, Untersuchungshaft, Rn. 572 ff.; LR/*Hilger* § 115a Rn. 18; *Koch* NStZ 1995, 71 ff.; *Kropp* NJ 2000, 238 ff.; *ders.* ZRP 2005, 96 ff.; *Schmitz* NStZ 1998, 165 ff.; *Christian Schröder* StV 2005, 241, 244; s.a. LG Frankfurt a.M. StV 1999, 321 [m.Anm. *Seebode*]).

Kann die Vorführung des Beschuldigten, bspw. mittels Einzeltransport, rechtzeitig i.S.d. §§ 115, 115a Abs. 1 30
Satz 1 zum **zuständigen Gericht** erfolgen, dann ist eine solche Vorgehensweise vorrangig zur Vorführung vor das nächste Gericht durchzuführen (AnwK-StPO/*Deckers*, § 115a Rn. 1; KK/*Graf* § 115 Rn. 5; LR/*Hilger* § 115a Rn. 3 mit Verweis auf § 115 Rn. 10; *Koch* NStZ 1995, 71 ff.; *Kropp* NJ 2000, 238 ff.; *ders.* ZRP 2005, 96 ff.; *Schmitz* NStZ 1998, 165 ff.; *Christian Schröder* StV 2005, 241, 244; a.A. soweit ersichtlich nur: *F. Fischer* NStZ 1994, 321 ff. [grds. Vorführung beim nächsten – und dann Sammeltransport zum zuständigen Richter]; ausführlich zur Subsidiarität von § 115a s.o., Rdn. 1). In der Praxis müsste dies dazu führen, dass Einzeltransporte die Regel und Sammeltransporte die Ausnahme sind. Dem ist aber nicht so.

§ 116 Aussetzung des Vollzugs des Haftbefehls

(1) [1]Der Richter setzt den Vollzug eines Haftbefehls, der lediglich wegen Fluchtgefahr gerechtfertigt ist, aus, wenn weniger einschneidende Maßnahmen die Erwartung hinreichend begründen, daß der Zweck der Untersuchungshaft auch durch sie erreicht werden kann. [2]In Betracht kommen namentlich

1. die Anweisung, sich zu bestimmten Zeiten bei dem Richter, der Strafverfolgungsbehörde oder einer von ihnen bestimmten Dienststelle zu melden,

2. die Anweisung, den Wohn- oder Aufenthaltsort oder einen bestimmten Bereich nicht ohne Erlaubnis des Richters oder der Strafverfolgungsbehörde zu verlassen,

3. die Anweisung, die Wohnung nur unter Aufsicht einer bestimmten Person zu verlassen,

4. die Leistung einer angemessenen Sicherheit durch den Beschuldigten oder einen anderen.

(2) [1]Der Richter kann auch den Vollzug eines Haftbefehls, der wegen Verdunkelungsgefahr gerechtfertigt ist, aussetzen, wenn weniger einschneidende Maßnahmen die Erwartung hinreichend begründen, daß sie die Verdunkelungsgefahr erheblich vermindern werden. [2]In Betracht kommt namentlich die Anweisung, mit Mitbeschuldigten, Zeugen oder Sachverständigen keine Verbindung aufzunehmen.

(3) Der Richter kann den Vollzug eines Haftbefehls, der nach § 112a erlassen worden ist, aussetzen, wenn die Erwartung hinreichend begründet ist, daß der Beschuldigte bestimmte Anweisungen befolgen und daß dadurch der Zweck der Haft erreicht wird.

(4) Der Richter ordnet in den Fällen der Absätze 1 bis 3 den Vollzug des Haftbefehls an, wenn

1. der Beschuldigte den ihm auferlegten Pflichten oder Beschränkungen gröblich zuwiderhandelt,

2. der Beschuldigte Anstalten zur Flucht trifft, auf ordnungsgemäße Ladung ohne genügende Entschuldigung ausbleibt oder sich auf andere Weise zeigt, daß das in ihn gesetzte Vertrauen nicht gerechtfertigt war, oder

3. neu hervorgetretene Umstände die Verhaftung erforderlich machen.

Übersicht

1 **A. Allgemeines.** Ein Haftbefehl kann grds. immer unter Auflagen außer Vollzug gesetzt werden. Ein System, das bei bestimmten Tatvorwürfen die Möglichkeit einer Haftverschonung bzw. die Aussetzung der Untersuchungshaft gegen eine Sicherheit generell ausschließt, verstößt gegen Art. 5 Abs. 3 EMRK. § 116 regelt somit eine **besondere Ausprägung des Verhältnismäßigkeitsgrundsatzes** auf einfachrechtlicher Ebene. Auch eine Umkehr der Beweislast mit der Folge, dass der Beschuldigte die Untersuchungshaft nur bei Vorliegen außergewöhnlicher Umstände abwenden kann, wäre unzulässig. Genügen deshalb weniger einschneidende Maßnahmen, um den Zweck der Untersuchungshaft zu erreichen, dann muss der Vollzug des Haftbefehls ausgesetzt werden (BVerfGE 19, 342, 347 ff. = NJW 1966, 243, 244; OLG Karlsruhe StV 2015, 652 f. [Beschleunigungsgebot auch nach Haftverschonung]; LG München I StV 2014, 628 ff. [nicht lediglich Haftverschonung bei Wegfall des dringenden Tatverdachts]; AG Hamburg StV 2016, 175 [LS; Aufhebung eines außer Vollzug gesetzten Haftbefehl bei Wegfall Fluchtgefahr]; s.a. *Burhoff*, Handbuch für das strafrechtliche Ermittlungsverfahren, Rn. 790 ff.; *Herrmann*, Untersuchungshaft, Rn. 1193 ff.; Meyer-Goßner/*Schmitt* § 116 Rn. 1; *Neuhaus* StV 1999, 340, 341).
Ergänzend hierzu regelt § 116 Abs. 4 abschließend, unter welchen Voraussetzungen ein Haftbefehl wieder in Vollzug gesetzt werden kann.

2 Die Möglichkeit der Aussetzung des Vollzuges eines Haftbefehls entsprechend § 116 gilt für Haftbefehle nach den §§ 112 und 112a, § 127b, § 230 Abs. 2 (vgl. hierzu OLG Frankfurt StV 2005, 432 f.), § 329 Abs. 4 Satz 1 sowie § 412 Satz 1.

3 Innerhalb der Grenzen der EU soll eine **grenzüberschreitende Überwachung von Auflagen** i.R.d. Haftverschonung erfolgen. Dadurch kann Untersuchungshaft bei EU-Ausländern häufiger als bisher vermieden werden. Die praktische Umsetzung soll durch Formblätter erfolgen, mit denen der ersuchende Staat bei demjenigen Staat, in dem sich der Beschuldigte aufhält, um Überwachung nachsucht. Die Überwachung selbst orientiert sich dann an den dortigen Vorgaben. Eine praktische Umsetzung erfolgt indes allenfalls zurückhaltend (s. hierzu auch den Rahmenbeschlusses des Rates der EU v. 27.11.2008 – 2008/909/JI, Amtsblatt der EU L 327/27 [RB-Freiheitsstrafen]); s. zum Ganzen EuGH NJW 2017, 457 ff. [mit Anm. *Böhm*]; OLG Karlsruhe NStZ-RR 2017, 230 f.; s. zum Ganzen auch *Radtke/Hohmann/Tsambikakis*, StPO, § 116 Rn. 33; zur Untersuchungshaft bei EU-Ausländern s. bereits OLG Dresden StV 2005, 224 [keine Fluchtgefahr bei polnischem Beschuldigten]; LG Frankfurt an der Oder StV 2005, 225 [LS]; sowie ausführlich § 112 dort Rdn. 54 ff.).

4 **B. Außervollzugsetzung des Haftbefehls, § 116 Abs. 1 bis 3. I. Allgemeines.** Die Außervollzugsetzung eines Haftbefehls kommt **während des gesamten Verfahrens** in Betracht. Schon bei seinem Erlass kann eine Haftverschonung erfolgen (*Burhoff*, Handbuch für das strafrechtliche Ermittlungsverfahren, Rn. 793; Meyer-Goßner/*Schmitt* § 116 Rn. 1). Auch das OLG kann i.R.d. besonderen Haftprüfung nach den §§ 121, 122 StPO eine Außervollzugsetzung beschließen (OLG Hamm StV 2000, 631 f.). Zur Problematik der Außervollzugsetzung des Haftbefehls nach § 116 StPO nach Rechtskraft s. *Schweckendieck* NStZ 2011, 10 ff.

5 Das Vorliegen der Voraussetzungen des § 116 ist bei jeder Haftentscheidung jeweils gesondert zu prüfen. Hierbei gilt: Da der Vollzug der Untersuchungshaft die ultima ratio ist, müssen immer auch sämtliche denkbaren milderen Möglichkeiten zur Erreichung des Zwecks in Erwägung gezogen werden. Der **Grundsatz der Verhältnismäßigkeit** ist unmittelbar umzusetzen. Das müssen die StA und die Haftgerichte immer schon selbst beachten. Selbst wenn die Haftverschonung das mildere Mittel zum Vollzug der Untersuchungshaft ist, können die Auflagen dennoch eine so erhebliche Beeinträchtigung der persönlichen Freiheit des Beschuldigten

bedeuten, sodass der Fortbestand des Haftbefehls unverhältnismäßig wäre und deshalb eine Anpassung auch der Auflagen bis hin zur Aufhebung des Haftbefehls angezeigt ist (BVerfGE 53, 152 ff. = NJW 1980, 1448 ff.; OLG Düsseldorf StraFo 2003, 378 f. = StV 2004, 82 f.; LG München StraFo 2009, 468 f. [zur Außervollzugsetzung eines europäischen Haftbefehls, wenn die Auslieferungshaft die Dauer der zu erwartenden Strafhaft nahezu erreicht]; LG München I StV 2014, 628 ff. [nicht lediglich Haftverschonung bei Wegfall des dringenden Tatverdachts]; AG Hamburg StV 2016, 175 [LS; Aufhebung eines außer Vollzug gesetzten Haftbefehl bei Wegfall Fluchtgefahr]; s.a. *Burhoff*, Handbuch für das strafrechtliche Ermittlungsverfahren, Rn. 794 ff.; Meyer-Goßner/*Schmitt* § 116 Rn. 1). Eine Haftverschonung kommt auch dann in Betracht, wenn ansonsten die aufgrund eines beanstandungsfreien Verhaltens im Vollzug erwachsenden Vergünstigungen in Form von Lockerungen verloren gehen würden und trotz der Bewährung in den Lockerungen über Jahre hinweg die bereits konkreten Planungen für den Übergang in den offenen Vollzug Makulatur würden (OLG Celle StV 2005, 620 f. [beim Vorwurf des gemeinschaftlich begangenen Mordes]).

Nach überwiegender Meinung soll auch eine nur **befristete Außervollzugsetzung** des Haftbefehls statthaft sein (AG Krefeld NStZ 2002, 559 [m.Anm. *Neuhaus*]); *Burhoff*, Handbuch für das strafrechtliche Ermittlungsverfahren, Rn. 795 [str.!]; AnwK-StPO/*Deckers*, § 116 Rn. 6; LR/*Hilger* § 116 Rn. 9; *Neuhaus* StraFo 2000, 13, 15 f.; *ders.* NStZ 2002, 559 [in der Anm. zu AG Krefeld, ebenda]; *Schlothauer/Weider/Nobis*, Untersuchungshaft, Rn. 591; differenzierend: SK-StPO/*Paeffgen* § 116 Rn. 7; a.A. KK/*Graf* § 116 Rn. 6; Meyer-Goßner/*Schmitt* § 116 Rn. 2). Es stellt sich aber die Frage, ob hier nicht eher ein Fall von **Vollzugslockerungen** angenommen werden muss, die an der Haftentscheidung als solcher nicht ändern, sondern vielmehr i.R.d. Ausgestaltung der Untersuchungshaft zu gewähren sind (vgl. hierzu z.B. OLG Köln StV 1984, 342 f. und OLG Köln StV 1982, 374 f. [Unterbrechung zur Vorstellung bei einer Suchtberatungsstelle]; OLG Stuttgart MDR 1980, 423 [Unterbrechung für Teilnahme an Beerdigung naher Angehöriger]; OLG Zweibrücken MDR 1979, 517 [Unterbrechung für stationären Krankenhausaufenthalt]; LG Verden StV 1996, 387 [Unterbrechung für 10 Tage während akuter Erkrankung des Sohnes]; s.a. LR/*Hilger* § 116 Rn. 9 [Unterbrechung für geschäftliche Besprechung]). Zur Ausführung aus der Untersuchungshaft (sog. »**Ausantwortung**«) s.a. § 9 UVollzG-ME bzw. die jeweiligen landesrechtlichen Regelungen. 6

Eine nur vorübergehende Außervollzugsetzung oder eine vorübergehende Vollzugslockerung können auch der **Erprobung** dienen und Vertrauen schaffen, um den Beschuldigten dann dauerhaft von der Untersuchungshaft zu verschonen. Dazu scheint die Praxis indes noch immer nicht bereit.

Auch bei einem **außer Vollzug gesetzten Haftbefehl** ist das **Beschleunigungsgebot in Haftsachen** zu beachten. Ist die Verzögerung unverhältnismäßig, dann ist der Haftbefehl über die Außervollzugsetzung hinaus aufzuheben. Die erforderliche Aufhebung des Haftbefehls darf nicht durch die bloße Außervollzugsetzung umgangen werden (st. Rspr. BVerfG NJW 2009, 1734 ff.; OLG Dresden StV 2014, 235 [LS; 17 Monate Haftverschonung ohne Hauptverhandlung]; OLG Düsseldorf StV 2004, 82; OLG Karlsruhe StV 2015, 652 f.; OLG Köln StV 2007, 371; OLG Köln StraFo 2004, 137; OLG Stuttgart NStZ-RR 2003, 29; LG Dresden StRR 2014, 323 [LS]; *Burhoff*, Handbuch für das strafrechtliche Ermittlungsverfahren, Rn. 793; *Herrmann*, Untersuchungshaft, Rn. 1198). 7

II. Voraussetzungen für die Außervollzugsetzung des Haftbefehls. Bei der Außervollzugsetzung des Haftbefehls geht es ganz allgemein um die Anordnung **weniger einschneidender Maßnahmen** als des Vollzuges der Untersuchungshaft. Dem Beschuldigten dürfen keine unzumutbaren Auflagen gemacht werden. Die Grenze verläuft dort, wo die Menschenwürde des Beschuldigten betroffen ist und die Durchsetzung von Auflagen einen sonstigen Grundrechtsverstoß bedeuten würde oder gegen das Übermaßverbot verstößt. 8

Der **Katalog** der im Gesetz genannten Möglichkeiten von Auflagen (§ 116 Abs. 1 S. 2 Nr. 1 bis 4) ist **nicht abschließend**. Es kommen je nach Einzelfall weitere geeignete Anordnungen in Betracht. Diese haben sich aber an dem bereits oben dargestellten verfassungsrechtlichen Maßstab zu orientieren (ausführlich: *Neuhaus* StV 1999, 340, 342 ff. [mit einer Darstellung vieler weiterer Auflagen, die in der Praxis bereits erfolgreich umgesetzt wurden]). 9

Als **unzulässig** angesehen wurden u.a. die Verpflichtung des Beschuldigten zur Arbeitsaufnahme, zur Rückkehr zur getrennt lebenden Ehefrau (wenn beide dies nicht wollen), zum Kontaktverbot mit Personen die in häuslicher Gemeinschaft leben, die Verpflichtung, in künftigen Vernehmungen Angaben machen zu müssen, polizeilichen Ladungen Folge leisten zu müssen (LG Dortmund StV 1999, 607; s. hierzu auch unten, Rdn. 64), Ladungen der Ausländerbehörde zu befolgen (OLG Frankfurt StV 1995, 476), der Ladung eines Sachverständigen Folge zu leisten oder gar aktiv an einer psychiatrischen Exploration teilnehmen zu müssen (OLG Celle StV 1988, 207), den behandelnden Arzt von der diesem obliegenden Verschwiegenheitsverpflichtung zu entbinden, private Tagebücher vorzulegen, sich öffentlich zu entschuldigen, oder den Kontakt zum Verteidiger zu unterlassen (umfassend: *Neuhaus* StV 1999, 340 ff.). Eine mit der Auflage verbundene 10

Einschränkung der Berufsausübungsfreiheit macht die Maßnahme nicht unwirksam. Ein Berufsverbot ist aber nur unter den Voraussetzungen des § 132a zulässig. Die Verhängung eines vorläufigen Berufsverbotes kommt nur dann in Betracht, wenn neben den in § 132a StPO genannten Voraussetzungen zusätzlich festgestellt ist, dass das Verbot schon vor dem rechtskräftigen Abschluss des Hauptverfahrens als Präventivmaßnahme zur Abwehr konkreter Gefahren für wichtige Gemeinschaftsgüter erforderlich ist (OLG Hamm StraFo 2002, 178 f. = StV 2002, 315 ff.; Meyer-Goßner/*Schmitt* § 116 Rn. 5 a.E.; *Neuhaus* StV 1999, 340, 342 f.). Unzulässig ist auch die Forderung nach Eigenhinterlegung einer Sicherheitsleistung wenn der Beschuldigte insolvent ist (Verstoß gegen §§ 80, 81 InsO; vgl. BVerfG StV 2013, 96 ff. = wistra 2013, 59 ff. = StRR 2013, 33 ff. [mit Anm. *Buhlmann*]; ausführlich hierzu *Herrmann* StRR 2013, 12 ff.).

11 Zur Beschränkung der **Verwendung einer Kaution** gem. § 116 Abs. 1 Satz 2 Nr. 4 s. unter Rdn. 26 f.

12 **III. Die Außervollzugsetzung des Haftbefehls im Einzelnen.** Paragraf 116 differenziert bei der Nennung der Voraussetzungen für eine Außervollzugsetzung des Haftbefehls nach den im Gesetz genannten Haftgründen. Korrespondierend hierzu werden einige geeignete Maßnahmen genannt, die eine Haftverschonung ermöglichen sollen. Dieser Katalog ist nicht abschließend (s.o. Rdn. 9).

13 Sind im Haftbefehl **mehrere Haftgründe** genannt, dann müssen die jeweiligen Voraussetzungen erfüllt sein, um eine Außervollzugsetzung zu rechtfertigen.

14 **1. Außervollzugsetzung bei Flucht, § 116 (analog).** Beim Haftgrund der Flucht gem. § 112 Abs. 2 Nr. 1 ist eine Außervollzugsetzung des Haftbefehls im Gesetz nicht ausdrücklich vorgesehen. Nach überwiegender Meinung ist sie aber dennoch auch hier möglich (OLG Stuttgart NStZ 1999, 247; AnwK-StPO/*Deckers*, § 116, Rn. 3; LR/*Hilger* § 116 Rn. 2; AnwK-Uhaft/*König*, § 116 StPO Rn. 3; Meyer-Goßner/*Schmitt* § 116 Rn. 4; *Neuhaus* StV 1999, 340, 341; *Schlothauer/Weider/Nobis*, Untersuchungshaft, Rn. 513, 514, 516 [unter jeweiliger Anpassung des Haftgrundes in Fluchtgefahr]; a.A. KK/*Graf* § 116 Rn. 3; SK-StPO/*Paeffgen* § 116 Rn. 3 und 5; *Pfeiffer*, StPO, § 116 Rn. 2). Dem ist grds. zuzustimmen. Dogmatische Bedenken, dass hier keine bewusste Regelungslücke angenommen werden könne (s. dazu SK-StPO/*Paeffgen* § 116 Rn. 3), überzeugen nicht. Denn die Reform des Untersuchungshaftrechts erfolgte auch in anderen Bereichen unzureichend und lückenhaft (ausführlich hierzu vor § 112 dort Rdn. 72).

15 Gleichgültig welche Meinung man vertritt, in der Praxis liegt die Lösung wohl darin, dass der Haftgrund der Flucht bei der Ergreifung des Beschuldigten oder dessen Selbststellung entfällt, dann aber der Haftgrund der Fluchtgefahr nach § 112 Abs. 2 Nr. 2 zu prüfen ist. Wenn der Beschuldigte aber flüchtig ist und sich freiwillig stellt, dann schafft dies Vertrauen. Dann kommt eine Haftverschonung in Betracht, für diese gilt § 116 Abs. 1. In der Praxis werden in solchen Fällen meist Gesamtlösungen angestrebt und ergänzend verfahrensbeendende Absprachen getroffen. Die Außervollzugsetzung des Haftbefehls wegen Flucht noch vor Ergreifung des Beschuldigten orientiert sich vornehmlich an der Verhältnismäßigkeit.

16 **2. Außervollzugsetzung bei Fluchtgefahr, § 116 Abs. 1.** Die Außervollzugsetzung des Haftbefehls bei Fluchtgefahr gem. § 112 Abs. 2 Nr. 2 ist in § 116 Abs. 1 geregelt. In dem unter Nr. 1 bis 4 genannten Katalog werden verschiedene Maßnahmen genannt, die eine Außervollzugsetzung rechtfertigen können, weil auch durch deren Erfüllung der Zweck der Untersuchungshaft erreicht werden kann. Im Einzelnen kommen in Betracht:

17 **a) Meldeauflage, § 116 Abs. 1 Satz 2 Nr. 1.** Gem. § 116 Abs. 1 Satz 2 Nr. 1 kann eine Meldeauflage bestimmt werden. Der Beschuldigte wird verpflichtet, sich an bestimmten Tagen, ggf. zu bestimmten Zeiten oder jedenfalls innerhalb bestimmter Zeiträume bei Gericht, StA oder (der Regelfall) bei der für ihn zuständigen Polizeidienststelle oder einer anderen öffentlichen Stelle zu melden. Eine Meldeauflage bei privaten Einrichtungen (z.B. beim Arbeitgeber oder einer sozialen Einrichtung [Obdachlose!]) wird hier nicht erfasst, sie fällt unter sonstige Auflagen (s.u.). Die Frequenz der Meldeauflage hängt vom konkreten Einzelfall ab, sie muss verhältnismäßig sein. Die zuständige Stelle ist zu informieren, sie muss mit der Übernahme der Kontrollpflicht einverstanden sein und Verstöße selbstständig unverzüglich mitteilen. Eine Meldeauflage kann vorübergehend ausgesetzt oder räumlich und zeitlich verlegt werden (OLG Hamm StraFo 1998, 423 = StV 1999, 38 f.), ggf. ist sie dauerhaft anzupassen (s.o.). Im Fortgang länger andauernder Verfahren liegt nahe, die Meldefrequenz zu reduzieren bzw. abzumildern. Eine beharrliche Meldeauflage ohne Prüfung der Verhältnismäßigkeit kann ggf. zu entsprechend hohen Entschädigungen nach StrEG oder auch Schadensersatz führen (ausführlich dazu s. vor § 112 Rdn. 4 ff.).

18 **b) Aufenthaltsbeschränkungen, § 116 Abs. 1 Satz 2 Nr. 2.** Gem. § 116 Abs. 1 Satz 2 Nr. 2 kann der Beschuldigte verpflichtet werden, seinen Wohn- oder Aufenthaltsort oder einen bestimmten (räumlich näher zu bezeichnenden) Bereich nicht ohne Erlaubnis des Gerichts oder der StA zu verlassen. Für eine solche Ent-

lassung auf Ehrenwort bedarf es eines besonderen Vertrauens (OLG Celle StV 1991, 473; OLG Karlsruhe StV 2010, 30, 31 a.E.; *Burhoff*, Handbuch für das strafrechtliche Ermittlungsverfahren, Rn. 797; LR/*Hilger* § 116 Rn. 20; Meyer-Goßner/*Schmitt* § 116 Rn. 8).

In der Praxis wird regelmäßig die Auflage erteilt, nicht ohne vorherige Zustimmung ins Ausland reisen zu dürfen. Ergänzend hierzu sind die Ausweisdokumente zu hinterlegen (ausführlich dazu s.u. Rdn. 30). 19

Die Überwachung einer solchen Anordnung jedenfalls für den häuslichen Bereich erscheint problematisch, wenn sie nicht mittels elektronischer Fußfessel oder elektronisch überwachtem Hausarrest (hierzu *Hochmayr* NStZ 2013, 13 ff.; aus der Rspr. s. AG Wiesbaden StV 2016, 817 [LS] und auch LG Wiesbaden StV 2016, 817 [LS]) erfolgt. Technisch durchführbar wäre sie längst (ausführlich hierzu s.u. Rdn. 22). 20

c) **Weisung, die Wohnung nur unter Aufsicht zu verlassen, § 116 Abs. 1 Satz 2 Nr. 3.** Gem. § 116 Abs. 1 Satz 2 Nr. 3 kann der Beschuldigte angewiesen werden, seine Wohnung nur unter Aufsicht zu verlassen. Ein solcher **Hausarrest** hat sich in anderen Ländern als probates Mittel bewährt, findet in Deutschland aber – soweit ersichtlich – kaum oder gar keine Anwendung (ausführlich hierzu *Seebode*, Der Vollzug der Untersuchungshaft, 1985, S. 56 ff.; s.a. SK-StPO/*Paeffgen* § 116 Rn. 13). Mit Einverständnis des Beschuldigten könnte auch hier die elektronische Fußfessel oder elektronisch überwachter Hausarrest genutzt werden (ausführlich s.u. Rdn. 22). Bisher kommt eine solche Auflage aber in Deutschland wohl allenfalls bei Jugendlichen in Betracht, bei denen die Eltern oder sonstige Erziehungsberechtigte vertrauenswürdig sind oder die sich in einer Therapieeinrichtung oder ambulanten Hafthilfeprojekten befinden. Die Verantwortung der Einhaltung obliegt dort Bewährungshelfern oder Sozialarbeitern. Die betreffende Person muss mit der Übernahme der Kontrollpflicht einverstanden sein und Verstöße unverzüglich mitteilen. Die Auflage erscheint sinnvoll, um die persönliche Situation des Beschuldigten, insb. dessen Lebensverhältnisse, zu stabilisieren (ausführlich zum Ganzen: *Schlothauer/Weider/Nobis*, Untersuchungshaft, Rn. 601; s.a. *Münchhalffen/Gatzweiler*, Das Recht der Untersuchungshaft, Rn. 306). 21

Zunehmend dringlicher sind an dieser Stelle als Auflage die **elektronische Fußfessel** oder der **elektronisch überwachte Hausarrest** zu diskutieren. Beide sind Formen der elektronischen Aufsicht zur Aufenthaltsüberwachung (EAÜ). Die Zeit ist längst reif für fortschrittliche Alternativen der Haftverschonung. Soweit ersichtlich wird bisher jedoch nur in Hessen (dort seit 2007) und in Nordrhein-Westfalen die elektronische Fußfessel i.R.d. Haftverschonung nach § 116 genutzt. Eine solche Zurückhaltung ist unverständlich. Denn in der Praxis umsetzbar wären sie zweifellos, wie insb. auch entsprechende Maßnahmen im Strafvollzug belegen (s. auch § 68b Abs. 1 Satz 1 Nr. 12 StGB; dazu OLG Hamburg StraFo 2011, 525). Hohe Kosten können ebenfalls nicht als Argument gegen eine Einführung herhalten, denn schließlich würden Haftplätze frei (zum Ganzen: *Burhoff*, Handbuch für das strafrechtliche Ermittlungsverfahren, Rn. 797; *Albrecht/Schädler* ZRP 2000, 466 ff.; *Banzer/Scherzberg* ZRP 2009, 31; *Dahs* NJW 1999, 3469 ff.; *Fünfsinn* FS Eisenberg, 2009, S. 691 ff.; *Fünfsinn/Kolz* StV 2016, 191 ff.; LR/*Hilger* § 119 Rn. 23; *Hochmayr* NStZ 2013, 13 ff.; *Hudy*, Elektronisch überwachter Hausarrest, 1999; *Krahl* NStZ 1997, 457 ff.; Kinzig/Bräuchl in: Strafverteidigervereinigungen [Hrsg.], 39. Strafverteidigertag, 2015, S. 267, 286; *Kuntze* Forum Strafvollzug 2008, 33; Meyer-Goßner/*Schmitt* vor § 112 Rn. 2 und § 116 Rn. 9; *Münchhalffen/Gatzweiler*, Das Recht der Untersuchungshaft, Rn. 308; *Neuhaus* StV 1999, 340, 342 f.; SK-StPO/*Paeffgen* § 116 Rn. 15b; *Püschel* StraFo 2009, 134, 140; *Schlothauer/Weider/Nobis*, Untersuchungshaft, Rn. 602 und 1311; *Schünemann* GA 2008, 332 ff.; *Seebode* StV 1999, 325, 327 f. [Anm. zu LG Frankfurt a.M. StV 1999, 324 f.]; *Weichert* StV 2000, 335 ff.). 22

Die Umsetzung des Grundrechts auf Freiheit hat sich nicht nur daran zu orientieren, was an Verwaltungseinrichtungen üblicherweise vorhanden oder an Verwaltungsbrauch vorgegeben ist. Es muss vielmehr Aufgabe des Staates sein, i.R.d. Zumutbaren sämtliche geeigneten Maßnahmen umzusetzen, um eine Verkürzung der Rechte der Untersuchungsgefangenen zu vermeiden (BVerfG NStZ 2008, 521 = StV 2008, 592 ff.). In der Praxis sind erste Erfolge zu verzeichnen (AG Wiesbaden StV 2016, 817 [LS; Haftverschonung mittels Fußfessel bei Wiederholungsgefahr]).

Seit 01.01.2012 existiert ein Staatsvertrag zwischen Hessen, Bayern, Baden-Württemberg und Nordrhein-Westfalen über die Einrichtung eines Gemeinsamen elektronischen Überwachungsstelle der Länder (GÜL). Alle anderen Bundesländer sind beigetreten. Eine Überwachungsstelle wird zentral für sämtliche beteiligten Bundesländer in Bad Vilbel betrieben. Ausweislich Ziffer II. der Präambel gilt der Vertrag auch für die Aufenthaltsüberwachung bei Außervollzugsetzung eines Haftbefehls (s. hierzu auch *Burhoff*, Handbuch für das strafrechtliche Ermittlungsverfahren, Rn. 797).

Die Nutzung einer elektronischen Fußfessel stellt keine haftgleiche Freiheitsentziehung dar, sondern bedeutet nur eine Freiheitsbeschränkung. Sie ist als allgemeiner Strafzumessungsgrund zugunsten des Angeklagten zu berücksichtigen (BGH NStZ 2009, 639 = NJW 2009, 2546 = StraFo 2009, 424 = StV 2009, 647, 648 = wistra 2009, 398; s.a. LG Frankfurt a.M. NJW 2001, 697). 23

24 **d) Hinterlegung einer Sicherheitsleistung, § 116 Abs. 1 Satz 2 Nr. 4.** Gem. § 116 Abs. 1 Satz 2 Nr. 4 kann eine Sicherheitsleistung durch den Beschuldigten oder einen Dritten hinterlegt werden. Dieses Recht ergibt sich ausdrücklich auch aus Art. 5 Abs. 3 Satz 2 EMRK (EGMR NJW 2007, 3699 [McKay v. Großbritannien]). Die Möglichkeit der Hinterlegung einer Kaution verstößt auch nicht gegen den Gleichheitsgrundsatz des Art. 3 Abs. 1 GG. Zwar wird eingewandt, dass wohlhabende Beschuldigte hier privilegiert würden. Das ist so aber nicht richtig. Denn ein Ausgleich findet über die Höhe der zu hinterlegenden Summe statt (s.a. *Amendt*, Die Verfassungsmäßigkeit der strafprozessualen Sicherheitsleistungsvorschriften, 1986, S. 24 und S. 41 ff. [mit umfangreichem statistischem Zahlenmaterial]; *KK/Graf* § 116 Rn. 18; Meyer-Goßner/*Schmitt* § 116 Rn. 10; SK-StPO/*Paeffgen* § 116 Rn. 14; *Püschel* StraFo 2009, 134, 138 f.; *Schlothauer/Weider/Nobis*, Untersuchungshaft, Rn. 604 ff.; a.A. [soweit ersichtlich einzig] KMR-Wankel, StPO, § 116 Rn. 3; s. hierzu auch die nachfolgenden Ausführungen).

25 Die Anordnung einer entsprechenden Auflage ist formal nicht vom **Einverständnis des Beschuldigten** abhängig, ohne dieses aber sinnlos (SK-StPO/*Paeffgen* § 116 Rn. 14; s.a. BGH NStZ 1992, 286 [zur Weigerung des entlassungsunwilligen Beschuldigten, eine Kaution zu stellen]).

26 Durch die Hinterlegung eines Geldbetrages wird die Durchführung des Verfahrens bis hin zur Vollstreckung der Strafe gesichert und damit der Zweck der Untersuchungshaft mit milderen Mitteln erreicht. Denn bei einem Verstoß gegen Auflagen droht der **Verfall der Sicherheit** (§ 124). Der auf dem Beschuldigten lastende wirtschaftliche Druck hält ihn von der Flucht ab. Die Hinterlegung durch nahestehende Dritte (Familienangehörige, Arbeitgeber etc.) wirkt grds. zusätzlich stabilisierend (OLG Hamm StraFo 2002, 338; OLG Zweibrücken StV 2011, 164 f. [LS]). Dies wird von Gerichten und Staatsanwälten nicht selten anders gesehen, teils verkannt.

27 Die Sicherheitsleistung dient ausschließlich der **Erfüllung des Zwecks der Untersuchungshaft**, dass der Beschuldigte sich dem weiteren Verfahren stellt. Eine Verrechnung der Kaution mit einer evtl. später ausgesprochenen oder gar anderweitigen Geldstrafe oder den Verfahrenskosten ist unzulässig (OLG Frankfurt StV 2000, 509; LG München II StV 1998, 554 [m. zust. Anm. *Eckstein*]). Eine gegenteilige Erklärung i.S. einer Zustimmung oder gar Genehmigung darf vom Beschuldigten nicht verlangt werden (LG München I StraFo 2003, 92 [m. zust. Anm. *Eckstein*]; LG München II StV 1998, 554 [m. zust. Anm. *Eckstein*]; s.a. *Paeffgen* NStZ 2000, 135 ff.). Auch das Verbot, den Freigabeanspruch auf Rückzahlung der Kaution an Dritte abzutreten, ist unzulässig, eine entsprechende Auflage ist unwirksam (LG München I StraFo 2003, 92 [m. zust. Anm. *Eckstein*]; ausführlich: *Püschel* StraFo 2009, 134, 139 f.; *Schlothauer* FS AG Strafrecht des DAV, 2009, S. 1039, 1043; s.a. *Schlothauer/Weider/Nobis*, Untersuchungshaft, Rn. 604 ff.; a.A. AG Hamburg StV 2000, 512 [m. abl. Anm. *Schlothauer*]; LG Gießen StraFo 2006, 324 = StV 2006, 643, 645). Vereinzelt wird dennoch ein gesetzliches Abtretungsverbot angenommen (OLG München StV 2000, 509 [m. abl. Anm. *Sättle*] sowie OLG Hamm StRR 2009, 271 [m. abl. Anm. *Bleicher*]). Das ist nicht haltbar (ausführlich hierzu *Schlothauer* FS AG Strafrecht des DAV, 2009, S. 1039, 1043; s.a. BGH BRAK-Mitt. 2004, 261 = MDR 2005, 58 ff. = NJW 2004, 3630 ff. = StV 2004, 661 ff. = WM 2004, 1825 ff.).

Eine **Sicherung von Ansprüchen Dritter** durch die Ermittlungsbehörden hat ggf. über eine Vermögensabschöpfung (vgl. §§ 73 ff. StGB) zu erfolgen. Die Regelungen zur Untersuchungshaft dürfen dafür nicht herhalten. Der Zweck der Untersuchungshaft ist ein anderer.

Ist in einem Außervollzugsetzungsbeschluss für einen Haftbefehl bestimmt, dass der Beschuldigte eine Sicherheit als »**Eigenhinterleger**« zu leisten habe, dann steht dies weder der Aufnahme eines Darlehens durch den Beschuldigte zum Zwecke der Aufbringung der Kaution noch der Abtretung des künftigen Rückzahlungsanspruches gegen die Hinterlegungsstelle an den Darlehensgeber entgegen (BGH NJW 2016, 1451 = NStZ 2016, 620 = StraFo 2016, 2016, 249 = StV 2017, 817 ff. = MDR 2016, 794 = WM 2016, 757 [BGH B. v. 17.03.2016 – IX ZR 303/14 – Eine Entscheidung in Zivilsachen!). Eine Eigenhinterlegung darf indes nicht angeordnet werden, wenn der Beschuldigte sich in **Privatinsolvenz** befindet. Denn das widerspricht § 88 InsO (BVerfG StV 2013, 96 = wistra 2013, 59 = StRR 2013, 33 [m.Anm. *Buhlmann*]).

In der Praxis wird eine Sicherheitsleistung aus Gründen der Praktikabilität und vor allem, weil meist Eile geboten ist, regelmäßig in bar geleistet und dann hinterlegt. Bei **Bargeldbeträgen ab 15.000 €** sind die Vorgaben des GWG zu beachten (s. *Burhoff* Handbuch für das strafrechtliche Ermittlungsverfahren, Rn. 800; s. auch die Kommentierung bei § 116a, Rdn. 16).

28 Weitere Einzelheiten zur Frage der Hinterlegung einer Sicherheitsleistung, insb. ihrer Art und Höhe, sind in § 116a geregelt (ausführlich hierzu s. die Kommentierung bei § 116a).

29 Wohnt der Beschuldigte nicht im Geltungsbereich der BRD oder hält er sich länger im Ausland auf, dann kann die Aussetzung des Vollzuges des Haftbefehls gegen Sicherheitsleistung nach § 116 Abs. 1 Satz 2 Nr. 4 nur nach Benennung eines Zustellungsbevollmächtigten erfolgen (§ 116a Abs. 3; ausführlich hierzu s. § 116a Rdn. 22 ff.).

e) Weitere Auflagen. Über die in § 116 Abs. 1 Nr. 1 bis 4 genannten Auflagen hinaus kommt **jede sonst denkbare Maßnahme als Auflage** in Betracht, die als Ersatz für den Vollzug der Untersuchungshaft geeignet erscheint (statt Aller: Meyer-Goßner/*Schmitt* § 116 Rn. 11). Als weitere praktisch bedeutsame Beispiele können (ohne Anspruch auf Vollständigkeit) genannt werden: 30

- Die in der Praxis am häufigsten erteilte weitere Auflage an den Beschuldigten besteht darin, jeden **Wohnungswechsel mitzuteilen.** Sofern noch kein Wohnsitz vorhanden ist, kann zur Auflage gemacht werden, einen solchen zu nehmen und dies nachzuweisen. Nicht selten wird der Ort der Wohnung konkret bezeichnet, bspw. zu Hause oder bei den Eltern (als zusätzliche vertrauensbildende Maßnahme). Dies ist aber nur mit Einverständnis der Beteiligten möglich. Durch diese Auflage lässt sich der gewöhnliche Aufenthalt überwachen. Darüber hinaus können Schriftstücke (Anklageschrift, Strafbefehl, Ladungen etc.) zugestellt werden. Hierdurch wird die Durchführung des Verfahrens auch formal gesichert.
- Häufig erfolgt auch die Anordnung der **Hinterlegung sämtlicher Ausweisdokumente** (OLG Celle StV 1991, 473 [Personalausweis]; OLG Saarbrücken NJW 1978, 2460 [Reisepass]). Gelegentlich ist auch der Führerschein zu hinterlegen, sofern dies sinnvoll oder auch geboten erscheint. Die Dokumente werden zur Akte genommen. Hierfür ist eine gesonderte Auflage erforderlich, weil der Haftbefehl nicht automatisch zur Sicherstellung und Beschlagnahme der Ausweispapiere berechtigt (Meyer-Goßner/*Schmitt* § 116 Rn. 12; *Paeffgen* NStZ 2001, 74; a.A. LG Offenburg NStZ 1999, 530 = StV 2000, 32 [m. abl. Anm. *Wohlers*]). Der Beschuldigte erhält eine Bescheinigung um sich ausweisen zu können (vgl. §§ 1 Abs. 1, 32 Abs. 1 Nr. 2 PAuswG; für Ausländer s. § 3 AufenthaltsG; zum Ganzen: KK/*Graf* § 116 Rn. 13; LR/*Hilger* § 116 Rn. 26; Meyer-Goßner/*Schmitt* § 116 Rn. 12; *Schlothauer/Weider/Nobis*, Untersuchungshaft Rn. 598).
- Mit dieser Auflage geht regelmäßig eine **Aufenthaltsbestimmung** nach § 116 Abs. 1 Satz 2 Nr. 2 einher, das Bundesgebiet oder auch gelegentlich eine bestimmte Region (s. hierzu OLG Karlsruhe StV 2010, 30, 31 a.E.) ohne vorherige Zustimmung des Gerichts nicht verlassen zu dürfen.
- Regelmäßig wird auch angeordnet, dass der Beschuldigte eine **bestimmte Wohnung** zu nehmen hat. Bei Jugendlichen und Heranwachsenden wird oft die Wohnung der Eltern genannt, um so den erzieherischen Einfluss zu vergrößern. Dies ist aber nur mit Zustimmung der Beteiligten möglich (s.o.).
- Im Zusammenhang mit Auflagen nach § 116 Abs. 1 Nr. 2 kann der Beschuldigte angewiesen werden, eine stationäre **Drogentherapie** anzutreten und jeden Wechsel der Einrichtung oder den Abbruch der Therapie anzuzeigen (OLG Frankfurt StV 1991, 27; OLG Hamm NStZ 2001, 77). Hiermit werden regelmäßig aber auch apokryphe Gründe verfolgt, was eigentlich verboten ist (ausführlich hierzu § 112 Rdn. 23).
- Denkbar ist auch die Sperrung eines **Bankkontos oder Sparbuches** um dadurch den Fluchtanreiz zu mindern (KK/*Graf* § 116 Rn. 12; Meyer-Goßner/*Schmitt* § 116 Rn. 12; *Schlothauer/Weider/Nobis*, Untersuchungshaft Rn. 599).

Bei allen sich bietenden Auflagen müssen aber immer Sinn und Zweck der Untersuchungshaft und der Haftverschonung beachtet werden. Sachfremde Ziele dürfen nicht angestrebt oder verfolgt werden. 31
Eine **Kombination verschiedener Auflagen** ist möglich und in der Praxis auch üblich. Oft bietet erst eine Kumulation von Auflagen eine ausreichende Gewähr für die Annahme, der Beschuldigte werde sich dem Verfahren nicht durch Flucht entziehen.

f) Sonstiges. I.R.d. Haftverschonung muss die **Freilassung des Beschuldigten** ausdrücklich angeordnet werden. Dies kann bereits vorab geschehen und ist nicht erst im Anschluss an die Hinterlegung der Sicherheit möglich (so aber wohl SK-StPO/*Paeffgen* § 116 Rn. 14 a.E.). Denkbar und praktisch sinnvoll ist, die Haftverschonung schon unter die Bedingung der Erfüllung der Auflage zu stellen. Wird dann der Nachweis der Einzahlung bzw. Hinterlegung der Kaution erbracht, erfolgt unverzüglich die Entlassung aus der Untersuchungshaft. 32

Eine Entlassung aus der Untersuchungshaft kann sowohl von der StA als auch von dem Haftgericht angeordnet werden, je nachdem wer (schneller) erreichbar ist oder zügiger handelt 33

Einmal beschlossene Auflagen können jederzeit, auch nur vorübergehend, auf Absprache oder Antrag eines der Verfahrensbeteiligten **ausgesetzt oder geändert** werden. Sie können auch sonst angepasst werden, bspw. kann eine Meldeauflage an einen anderen Aufenthaltsort verlegt oder reduziert werden (s. bereits unter Rdn. 17). 34

Im weiteren Verlauf des Verfahrens ist eine **Anpassung der Auflagen** zu prüfen. In Betracht kommen eine Reduzierung der Höhe der Geldauflage, der Frequenz bei Meldeauflagen, eine vorab erlaubte vereinfachte Herausgabe der Personaldokumente über die Geschäftsstelle der StA oder bei Gericht, ohne dass es einer ausdrücklichen richterlichen Genehmigung im Einzelfall bedarf. 35
Oft erscheint dies schon wegen des sich mit zunehmender Dauer des Verfahrens bestätigenden Vertrauens gerechtfertigt. Ergänzend hierzu wird dadurch auch dem Verhältnismäßigkeitsgrundsatz Rechnung getragen.

36 **3. Außervollzugsetzung bei Verdunkelungsgefahr, § 116 Abs. 2.** Die Außervollzugsetzung des Haftbefehls bei Verdunkelungsgefahr gem. § 112 Abs. 2 Nr. 3 richtet sich nach § 116 Abs. 2. Sie ist geboten, wenn weniger einschneidende Maßnahmen die Erwartung hinreichend begründen, dass sich die Verdunkelungsgefahr erheblich vermindern werde. Die Gefahr möglicher weiterer Verdunkelungshandlungen muss nicht vollständig beseitigt sein (Meyer-Goßner/*Schmitt* § 116 Rn. 14 [»braucht nicht restlos beseitigt zu sein«]). Es genügt mithin eine Annäherung an die Erreichung des Haftzweckes. Konkrete Beispiele wie bei § 116 Abs. 1 nennt das Gesetz hier aber nicht.

37 § 116 Abs. 2 ist als »**Kann-Vorschrift**« formuliert. Auch hier hat das Gericht aber Haftverschonung anzuordnen, wenn die entsprechenden Voraussetzungen vorliegen.

38 In § 116 Abs. 2 Satz 2 ist namentlich genannt ein **Kontaktaufnahmeverbot** (s. hierzu KK/*Graf* § 116 Rn. 21; *Burhoff*, Handbuch für das strafrechtliche Ermittlungsverfahren, Rn. 804; *Dahs*, Handbuch des Strafverteidigers, Rn. 316; Meyer-Goßner/*Schmitt* § 116 Rn. 15; *Widmaier/König*, MAH Strafverteidigung, § 4 Rn. 170; s. hierzu auch Rdn. 47). Es kann ausgesprochen werden ggü. Mitbeschuldigten, Zeugen, Sachverständigen aber auch sonstigen Dritten. Eine Verbindungsaufnahme darf dann weder unmittelbar noch mittelbar erfolgen. Die betreffenden Personen, zu denen kein Kontakt aufgenommen werden darf, sind konkret zu benennen, sie müssen identifizierbar sein. Der Kontakt zu einer in häuslicher Gemeinschaft lebenden Person darf nicht unterbunden werden (*Amelung* StraFo 1997, 15 ff.; LR/*Hilger* § 116 Rn. 26).

39 Hat der Beschuldigte keinen Verteidiger, dann kann ihm auf Antrag gestattet werden, zur Vorbereitung seiner Verteidigung Erkundigungen auch bei solchen Personen anzustellen, die unter das Kontaktverbot fallen würden (vgl. KK/*Graf* § 116 Rn. 21; LR/*Hilger* § 116 Rn. 27; Meyer-Goßner/*Schmitt* § 116 Rn. 15 a.E.). Ein solcher Fall erscheint nach der Änderung des Untersuchungshaftrechts praktisch kaum mehr denkbar, da mit dem Vollzug der Untersuchungshaft die unverzügliche Beiordnung eines Pflichtverteidigers geboten ist (vgl. §§ 140 Abs. 1 Nr. 4 i.V.m. 141 Abs. 3 Satz 4 bzw. § 141 Abs. 3 S. 5; ausführlich hierzu s. die Kommentierung vor § 112 Rdn. 50).

40 Das Kontaktverbot darf keinesfalls den **Verteidiger** erfassen (vgl. § 148). Bei einem entsprechenden Verdacht kann dieser allenfalls aus dem Verfahren ausgeschlossen werden (§ 138a StPO; vgl. LR/*Hilger* § 116 Rn. 27; *Widmaier/König*, MAH Strafverteidigung, § 4 Rn. 170). Das Gebot einer vorherigen Zustimmung durch die StA für bestimmte Handlungen bedeutet, sofern es den Verteidiger erfasst, eine Beeinträchtigung der Verteidigung und ist unzulässig (a.A. LG München I StraFo 1998, 209 [m. krit. Anm. *Wüllrich*]).

41 Auch bei Verdunkelungsgefahr ist eine **Haftverschonung gegen Sicherheitsleistung** möglich. Zwar wird vereinzelt unter Bezugnahme auf den Wortlaut des § 116 Abs. 2 die Möglichkeit der Außervollzugsetzung des Haftbefehls gegen Stellung einer Kaution verneint (OLG Frankfurt NJW 1978, 838; OLG Hamm StV 2001, 688; KG JR 1990, 34; OLG Nürnberg StraFo 2003, 89; LG Köln StV 1999, 609; ebenso wohl auch Meyer-Goßner/*Schmitt* § 116 Rn. 16 [»idR auch keine geeignete Maßnahme«]; SK-StPO/*Paeffgen* § 116 Rn. 18; *ders.* NStZ 1992, 482 [geeignet, aber wegen des Wortlautes nicht zulässig]). Schon ein Teil der früheren, jedenfalls aber die gesamte neuere Rspr. und die deutlich überwiegende Meinung in der Literatur bejahen aber die Möglichkeit einer Außervollzugsetzung gegen Sicherheitsleistung auch hier (älter: OLG Hamburg NJW 1966, 1329; OLG Hamburg MDR 1974, 595; OLG Köln StraFo 1997, 16; LG Bochum StV 1998, 207; neuer: OLG Hamm StraFo 2001, 397 = StV 2001, 688; OLG Nürnberg StraFo 2003, 89; LG Bochum StV 1998, 207; LG München I StraFo 1998, 209; aus der Literatur: *Amelung* StraFo 1997, 300 ff.; *Burhoff*, Handbuch für das strafrechtliche Ermittlungsverfahren, Rn. 804; *ders.* StraFo 2000, 109, 119; AnwK-StPO/*Deckers*, § 112 Rn. 25 und § 116 Rn. 7; KK/*Graf* § 116 Rn. 19; *Herrmann*, Untersuchungshaft, Rn. 1219; LR/*Hilger* § 116 Rn. 18; *Hohlweck* NStZ 1998, 600 ff.; *Münchhalffen/Gatzweiler*, Das Recht der Untersuchungshaft, Rn. 314; *Park* wistra 2001, 247, 251; *Püschel* StraFo 2009, 134, 138; *Schlothauer/Weider/Nobis*, Untersuchungshaft Rn. 655, 656; *Widmaier/König*, MAH Strafverteidigung, § 4 Rn. 170). Eine Sicherheitsleistung kann insb. nicht damit abgelehnt werden, dass die Voraussetzungen für einen Verfall nicht klar bestimmbar seien. Es gilt derselbe Maßstab wie bei § 116 Abs. 4 Nr. 1 (vgl. *Schlothauer/Weider/Nobis*, Untersuchungshaft Rn. 655, 656). Der wirtschaftliche Druck des drohenden Verfalls der hinterlegten Sicherheitsleistung bei einem eventuellen Verstoß gegen Auflagen (vgl. § 124) und die drohende Gefahr einer erneuten Inhaftierung (vgl. § 116 Abs. 4) werden zusätzlich verstärkt, weil der Beschuldigte immer damit rechnen muss, dass mögliche Verdunkelungshandlungen selbst noch nachträglich bekannt werden. Er kann nie ausschließen, dass Dritte sich eben doch offenbaren.

42 Ist eine Beweisvereitelung objektiv nicht mehr möglich, dann muss eine Anpassung der Auflagen, wenn nicht gar die Aufhebung des Haftbefehls geprüft werden (ausführlich hierzu s. § 112 dort Rdn. 87).

43 Auch bei der Verdunkelungsgefahr ist eine **Kombination mehrerer Auflagen** denkbar (s.o., Rdn. 31).

4. Außervollzugsetzung bei Wiederholungsgefahr, § 116 Abs. 3. Die Außervollzugsetzung des Haftbefehls wegen Wiederholungsgefahr gem. § 112a ist in § 116 Abs. 3 geregelt. Es kommt darauf an, dass die Erwartung hinreichend begründet ist, der Beschuldigte werde bestimmte Anweisungen befolgen und dadurch der Zweck der Untersuchungshaft auch ohne deren Vollzug erreicht wird. Konkrete Beispiele wie bei § 116 Abs. 1 nennt das Gesetz hier nicht. 44

Neben den bereits dargestellten Auflagen kommt insb. in Betracht eine **ärztliche oder psychiatrische bzw. psychotherapeutische Behandlung**. Denkbar ist die Behandlung in der offenen oder geschlossenen Abteilung eines Krankenhauses oder der Beginn einer Drogentherapie (OLG Frankfurt StV 1992, 425; OLG Hamm StV 1984, 123; s.a. LR/*Hilger* § 112a Rn. 45, Meyer-Goßner/*Schmitt* § 116 Rn. 17). Auch hier darf aber nicht übersehen werden, dass damit regelmäßig zumindest auch apokryphe Interessen verfolgt werden. Gerade im Bereich der Drogendelinquenz erscheint dies aber meist sinnvoll (*Püschel* StraFo 2009, 134, 136). Eine kritische Sicht ist hier angezeigt. 45

Auch eine **Ausgangssperre** oder das **Verbot des Führens von Kfz** können nach den Umständen des Einzelfalles als Auflage angeordnet werden, um so einer Wiederholungsgefahr entgegen zu wirken (OLG Köln StV 2010, 29 [Ausgangssperre nachts von 20.00 Uhr bis 6.00 Uhr, um so bei hohem Aggressionspotenzial der Möglichkeit einer Konfrontation zu neuralgischen Zeiten zu begegnen]; s. hierzu auch *Schlothauer/Weider/Nobis,* Untersuchungshaft Rn. 677 und insb. Rn. 600 f. [dort diskutiert bei § 116 Abs. 1, weil Fluchtgefahr ebenfalls anzunehmen war]). 46

Weiter können **Kontaktverbote** zu Betroffenen oder Opfern bzw. den sog. Opferkreisen (»Kindergärten und Schulen«) angeordnet werden. Sie müssen aber so exakt wie möglich formuliert werden, um Missverständnissen zu begegnen (OLG Celle StV 1995, 644, 645; LR/*Hilger* § 112a Rn. 45; Meyer-Goßner/*Schmitt* § 116 Rn. 17; ausführlich hierzu s. bereits oben Rdn. 38). Die Überwachung der Auflage kann durch eine elektronische Fußfessel (EAÜ) gewährleistet werden (dazu s. oben Rdn. 22; AG Wiesbaden StV 2016, 817 [LS]). 47

Denkbar ist auch eine **räumliche Trennung** zwischen Täter und Opfer. Gerade bei Sexualstraftaten im engsten Familienkreis bietet sich an, dass der beschuldigte Vater auszieht und getrennt von der (mutmaßlich) missbrauchten Tochter lebt, um insb. auch weiter arbeiten zu können und die Familie zu ernähren. 48

Schließlich ist die **Stellung einer Sicherheitsleistung** möglich. Bereits die Gefahr des Verlustes der Kaution kann den Beschuldigten motivieren, von der Wiederholung einer Straftat abzusehen (OLG Köln StraFo 1997, 150; *Burhoff,* Handbuch für das strafrechtliche Ermittlungsverfahren, Rn. 806; KK/*Graf* § 116 Rn. 19; a.A. Meyer-Goßner/*Schmitt* § 116 Rn. 17 a.E. [»ebenso unzulässig wie bei Verdunkelungsgefahr«]; unklar weil hier indifferent: LR/*Hilger* § 116 Rn. 28 [»Sicherheitsleistung aber wohl nur ganz selten«]; krit. auch SK-StPO/*Paeffgen* § 116 Rn. 18). 49

Die (neben verschiedenen anderen erteilte) Auflage, »allen Ladungen Folge zu leisten«, ist nicht geeignet, den Zweck der Haft bei Annahme der Wiederholungsgefahr zu erreichen. Damit kann nicht der Gefahr der Begehung weiterer Straftaten begegnet werden. Auf einen Verstoß gegen diese Auflage kann der Widerruf der Haftverschonung nicht gestützt werden (LG Wiesbaden StV 2016, 817 [LS]; s. hierzu auch AG Wiesbaden StV 2016, 817 [LS]). 50

5. Außervollzugsetzung beim Haftgrund der »Tatschwere« nach § 112 Abs. 3 StPO, § 116 analog. Auch beim Haftgrund der Tatschwere gem. § 112 Abs. 3 muss eine Außervollzugsetzung des Haftbefehls in Betracht kommen. Gesetzliche Vorgaben hierzu finden sich nicht. Dennoch ergibt sich dies aus dem allgemeinen Grundsatz der Verhältnismäßigkeit und einer entsprechend gebotenen verfassungskonformen Auslegung. Die Untersuchungshaft darf als *ultima ratio* nur dann vollstreckt werden, wenn nicht bereits mildere Mittel den Zweck, die Sicherung des Verfahrens, erfüllen. Der Vollzug kann hier entsprechend § 116 Abs. 1 und 2 ausgesetzt werden (BVerfGE 19, 342, 351 ff. = NJW 1966, 243, 244 f.; OLG Celle StV 2005, 620 f.; OLG Frankfurt StV 2000, 374, 375 [Fall Weimar; s. dazu *Maeffert* StV 2000, 398 ff.]; OLG Oldenburg StraFo 2008, 27 = StV 2008, 84 f.; KK/*Graf* § 116 Rn. 3 und 23; Meyer-Goßner/*Schmitt* § 116 Rn. 18; *Neuhaus* StV 1999, 340 f.; *Schlothauer/Weider/Nobis,* Untersuchungshaft Rn. 660). Hier spielt insb. auch eine (lange) Verfahrensdauer eine Rolle. 51

C. Die erneute Invollzugsetzung des Haftbefehls, § 116 Abs. 4. I. Allgemeines. Wurde ein Haftbefehl von der StA unangefochten außer Vollzug gesetzt, dann ist jede neue haftrechtliche Entscheidung, mit der die Haftverschonung aufgehoben oder geändert wird, nur unter den einschränkenden Voraussetzungen des § 116 Abs. 4 zulässig. Der Beschuldigte genießt hinsichtlich der Vergünstigung einer Haftverschonung Vertrauensschutz (BVerfG Kriminalistik 2008, 257 ff. [m.Anm. *Fehn*] = NStZ 2008, 138 = NStZ-RR 2007, 379 ff. = StRR 2007, 275 f. [m.Anm. *Burhoff*] = StV 2008, 25 f. = wistra 2007, 417 ff.; BVerfG StraFo 2007, 19 ff. = StV 2007, 84 ff. = wistra 2007, 96 ff.; BVerfG NStZ 2007, 83 f. = StraFo 2005, 502 f. = StV 2006, 26 ff. = wistra 2006, 57 ff.; KG StraFo 1997, 27 f.; OLG Dresden StV 2010, 29 f.; OLG Düsseldorf 52

NStZ-RR 2002, 125 = StraFo 2002, 142 = StV 2002, 207; OLG München NStZ 2020, 627 ff. [m.Anm. *Eisenberg*]; s. auch *Burhoff*, Handbuch für das strafrechtliche Ermittlungsverfahren, Rn. 812; KK/*Graf* § 116 Rn. 24; *Herrmann*, Untersuchungshaft, Rn. 1225 ff.; *ders.* StRR 2013, 12 ff.; Meyer-Goßner/*Schmitt* § 116 Rn. 22; *Schlothauer/Weider/Nobis*, Untersuchungshaft Rn. 1277 ff.).

53 Gleiches gilt bei der **Anordnung zusätzlicher Auflagen** bei einem außer Vollzug gesetzten Haftbefehl, wenn diese mit einer erneuten Invollzugsetzung faktisch gleichzusetzen sind. Denn hierin liegt sachlich eine Entscheidung nach § 116 Abs. 4 (OLG Frankfurt StV 2010, 586 [zusätzliche Sicherheitsleistung i.H.v. 250.000,00 €]; ausführlich hierzu *Herrmann* StRR 2013, 12 ff.).

54 Das gilt auch für den Fall, dass ein außer Vollzug gesetzter Haftbefehl aufgehoben und **durch einen neuen Haftbefehl ersetzt** wird. Denn dann liegt sachlich eine Anordnung nach § 116 Abs. 4 vor, die nur unter den dort genannten engen Voraussetzungen zulässig ist. Die Widerrufsvoraussetzungen einer Haftverschonungsentscheidung können nicht dadurch umgangen werden, dass kurzerhand ein neuer Haftbefehl erlassen wird. Ein solches Vorgehen verletzt das Freiheitsrecht des Beschuldigten aus Art. 2 Abs. 2 Satz 2 GG (BVerfG StraFo 2007, 19 ff. = StV 2007, 84, 85 = wistra 2007, 96 ff.; OLG Dresden StV 2009, 521, 522; OLG Düsseldorf StV 1993, 480 f.; OLG Karlsruhe wistra 2005, 316 f.; OLG Köln StV 2008, 258 ff.). Eine Umgehung von § 116 Abs. 4 ist unzulässig (zum Ganzen *Herrmann* StRR 2013, 12 ff.).

55 Der erneute Vollzug des Haftbefehls oder der Erlass eines neuen Haftbefehls können nur angeordnet werden, wenn der Beschuldigte
- gegen die ihm auferlegten Pflichten oder Beschränkungen verstößt, diesen gröblich zuwiderhandelt (§ 116 Abs. 4 Nr. 1),
- Anstalten zur Flucht trifft oder auf ordnungsgemäße Ladungen ohne Entschuldigung ausbleibt oder sich auf andere Weise zeigt, dass das in ihn gesetzte Vertrauen nicht gerechtfertigt war (§ 116 Abs. 4 Nr. 2),
- oder neu hervorgetretene Umstände die Verhaftung erforderlich machen (§ 116 Abs. 4 Nr. 3).

56 Zunächst ist wegen des **Grundsatzes der Verhältnismäßigkeit** stets zu prüfen, ob mildere Mittel der Verfahrenssicherung in Betracht kommen. Zu denken ist insb. an eine Verschärfung der bereits angeordneten Auflagen (BVerfG Kriminalistik 2008, 257 ff. [m.Anm. *Fehn*] = NStZ 2008, 138 = NStZ-RR 2007, 379 ff. = StRR 2007, 275 f. [m.Anm. *Burhoff*] = StV 2008, 25 f. = wistra 2007, 417 ff.; BVerfG StraFo 2007, 19 ff. = StV 2007, 84 f. = wistra 2007, 96 ff.; BVerfG NJW 2006, 1787 [LS] = NStZ 2007, 84 f. [bei *Paeffgen*] = StraFo 2006, 108 ff. = StV 2006, 139 ff.).

57 Der Widerruf der Aussetzung kann sich nur aus den Haftgründen selbst rechtfertigen. Neu hervorgetretene Umstände können sich insb. nicht auf den dringenden Tatverdacht beziehen. Denn dieser ist bereits Grundvoraussetzung für Erlass und Aufrechterhaltung des Haftbefehls selbst. Für die Frage der erneuten Invollzugsetzung ist es somit ohne Bedeutung, dass der dem Haftbefehl oder der Anklage zugrunde gelegte dringende Tatverdacht sich aufgrund der Beweisaufnahme in der Hauptverhandlung bestätigt hat oder sogar »noch dringender« geworden ist (BVerfG NJW 2006, 1787 [LS] = NStZ 2007, 84 f. [bei *Paeffgen*] = StraFo 2006, 108 ff. = StV 2006, 139 ff.; s. hierzu auch BGH NStZ 2006, 297 = StraFo 2004, 417 f. = StV 2005, 201; OLG Braunschweig StraFo 2016, 509 = StV 2017, 456 [LS3]; OLG Hamm NStZ-RR 2015, 283 [LS; m.Anm. *Lorenz* StRR 2015, 277]; OLG Nürnberg StV 2013, 519).

Der Widerruf einer Haftverschonung ist auch dann nicht gerechtfertigt, wenn sich der bei Erlass des Haftverschonungsbeschlusses bereits bestehende (allgemeine) Verdacht einer weiteren Tat zum dringenden Tatverdacht verdichtet. Dies erlaubt lediglich die Erweiterung der bereits bestehenden Haftgrundlage (OLG Karlsruhe StV 2005, 445).

58 Eine lediglich andere Beurteilung bei i.Ü. gleichbleibenden Umständen kann einen Widerruf ebenfalls nicht rechtfertigen (BVerfG NStZ 2007, 83 f. [bei *Paeffgen*] = StraFo 2005, 502 ff. = StV 2006, 26 ff. = wistra 2006, 57; OLG Frankfurt StV 2004, 493; LR/*Hilger* § 116 Rn. 44).

59 Ergreift der Beschuldigte ihm von Gesetzes wegen zustehende Rechtsmittel, dann darf das nicht gegen ihn verwendet werden. Ein außer Vollzug gesetzte Haftbefehl darf allein deshalb nicht wieder in Vollzug gesetzt werden. Ein solches Vorgehen weist auf ein rechtsfehlerhaftes Verständnis des gesetzlichen Rechtsmittelsystems hin. Denn es ist das verfassungsrechtlich verbürgte Recht, eine Überprüfung der Haftentscheidung in ihrer Gesamtheit durch bspw. eine Beschwerde anzustreben. Die bloße Wahrnehmung dieses Rechts darf dem Betroffenen nicht zum Nachteil gereichen (OLG Braunschweig StV 2017, 456 [LS4]; OLG Karlsruhe StRR 2015, 123 [LS]).

Ist die Fortdauer der Untersuchungshaft aufgrund eines Verstoßes gegen den **Grundsatz der Beschleunigung** in Haftsachen nicht mehr gerechtfertigt, dann darf schon aus diesem Grund ein noch bestehender aber außer Vollzug gesetzter Haftbefehl nicht wieder in Vollzug gesetzt werden. Vielmehr müsse dieser aufgehoben werden. Der in der Hauptverhandlung säumige Angeklagte könne dann allenfalls mit einem Haftbefehl nach § 230 Abs. 2 StPO vorgeführt werden. Das bedeute aber eine qualitativ andere Haftanordnung als ein Haftbefehl nach den §§ 112 ff. (OLG Karlsruhe B. v. 13.04.2015 – 2 Ws 126/15, StV 2015, 652 [dort insofern aber nur teilweise abgedruckt] = StRR 2015, 163 [LS]).

II. Die Voraussetzungen der erneuten Invollzugsetzung im Einzelnen, § 116 Abs. 4 Nr. 1 bis 3. Die Voraussetzungen von § 116 Abs. 4 Nr. 1 und 2 sind vom Wortlaut her klar umrissen (zur Generalklausel des »nicht erfüllten Vertrauens« s. BVerfG StraFo 2005, 502 ff.), § 116 Abs. 4 Nr. 3 hingegen ist als Generalklausel auslegungsbedürftig (KK/*Graf* § 116 Rn. 28 ff.; Meyer-Goßner/*Schmitt* § 116 Rn. 23 ff.). 60

Entscheidender Grund für den Widerruf der Haftverschonung ist der **Verlust der Vertrauensgrundlage**, die vormals eine Haftverschonung gerechtfertigt hat. Teils wird auch von einem »Wegfall der Geschäftsgrundlage« gesprochen (vgl. *Paeffgen* NStZ 2007, 79, 84 [dort Fn. 12 a.E.]). 61

1. Gröblicher Pflichtenverstoß, § 116 Abs. 4 Nr. 1. Ein gröblicher Pflichtenverstoß gem. § 116 Abs. 4 Nr. 1 ist anzunehmen, wenn der Beschuldigte den ihm auferlegten Pflichten und Beschränkungen gröblich zuwiderhandelt. Dies ist eine Frage des Einzelfalles. **Absichtliches Handeln** ist nicht erforderlich, umgekehrt genügen aber bloße **Nachlässigkeiten des Beschuldigten** nicht (KG NStZ 2004, 80). Selbst wenn der Angeklagte zu zwei aufeinanderfolgenden Hauptverhandlungsterminen mit einer Verspätung von 55 bzw. 45 Minuten erscheint, ist auch weiterhin eine Haftverschonung angezeigt, denn er ist ja erschienen und stellt sich dem Verfahren (KG StV 2002, 607; s. hierzu auch § 116 Abs. 4 Nr. 2, 2. Alt., s.u. Rdn. 64). Auch die eigenmächtige Abänderung der Tage einer Meldeauflage bei der Polizei bei dann aber konsequenter Einhaltung genügt nicht (LG Hamburg StV 2016, 649 [dort auch zur willkürlichen und somit rechtswidrigen Wiederinvollzugsetzung des Haftbefehls nach saloppe Randbemerkung des Angeklagten bei bekanntem »Verstoß« gegen die Meldeauflage; sachwidrige Gründe zur Disziplinierung des Angeklagten oder gar um ein Geständnis zu erlangen]). Entscheidend kommt es darauf an, ob die **Sicherungswirkung der Auflagen** sich abgeschwächt hat oder aufgehoben wurde und die den Haftgrund rechtfertigende Gefahrenlage sich wieder verstärkt (OLG Frankfurt StV 1995, 476; OLG Karlsruhe StRR 2008, 243 [zum Verstoß gegen Kontaktverbot im Rahmen von § 238 Abs. 2 StGB]; s. zum Ganzen auch KK/*Graf* § 116 Rn. 29; Meyer-Goßner/*Schmitt* § 116 Rn. 23). 62

2. Konkretes oder allgemeines Entfallen der Vertrauensgrundlage, § 116 Abs. 4 Nr. 2. Die Haftverschonung kann widerrufen werden, wenn der Beschuldigte das in ihn gesetzte Vertrauen durch **Fluchtvorbereitungen** (§ 116 Abs. 4 Nr. 2, 1. Alt.) erheblich beeinträchtigt oder gar zerstört. Dies gilt über den Wortlaut hinaus auch dann, wenn er bereits geflohen ist. Vorbereitungen zur Flucht sind sämtliche Handlungen die darauf ausgerichtet sind, sich dem Verfahren zu entziehen. Der Beschuldigte muss sich das ihm bekannte und von ihm gebilligte Verhalten Dritter zurechnen lassen (KMR-*Wankel*, StPO, § 116 Rn. 9; ihm folgend: KK/*Graf* § 116 Rn. 30; Meyer-Goßner/*Schmitt* § 116 Rn. 25). Beruhte der Haftbefehl bisher nicht auf dem Haftgrund der Fluchtgefahr (§ 112 Abs. 2 Nr. 2), dann ist er bei der Annahme von Fluchtvorbereitungen entsprechend zu ergänzen (ausführlich hierzu s. § 114 Rdn. 22 und Rdn. 31 ff.). 63

Das **Ausbleiben des Beschuldigten auf Ladungen** (§ 116 Abs. 4 Nr. 2, 2. Alt.) betrifft nur Fälle ordnungsgemäßer Ladungen, bei denen er zum Erscheinen verpflichtet war. Dies gilt grds. für Ladungen des Gerichts und der StA (§§ 133, 163a Abs. 3, 230 Abs. 2, 236), nicht aber der Polizei, es sei denn, dies war im Auflagenbeschluss ausdrücklich so angeordnet (s. hierzu aber LG Dortmund StV 1999, 607 [Anordnung unzulässig]; ausführlich hierzu s.o. Rdn. 10). Die Ladung über einen Zustellungsbevollmächtigten genügt (vgl. hierzu auch § 116a Abs. 3). Eine Entschuldigung ist denkbar, allerdings kommt es auf eine objektive Beurteilung an. Mehrfach verspätetes Erscheinen zur Hauptverhandlung bedingt nicht zwingend eine Invollzugsetzung des Haftbefehls, denn der Beschuldigte stellt sich ja dem Verfahren (KG StV 2002, 607; s.o. bei »Nachlässigkeiten des Beschuldigten« als gröblicher Pflichtenverstoß, Rdn. 62). 64

Der dem Beschuldigten vorwerfbare **Vertrauensverlust** (§ 116 Abs. 4 Nr. 2, 3. Alt.) ist als Generalklausel ausformuliert (vgl. hierzu BVerfG StraFo 2005, 502 ff.). Es handelt sich um einen Auffangtatbestand. Ergibt sich durch nachträglich neu bekannt gewordene (alte oder neue) Tatsachen, dass das in den Beschuldigten gesetzte Vertrauen sich nicht bestätigt, dann kann die Außervollzugsetzung widerrufen werden. Es kommt entscheidend auf das Verhalten des Beschuldigten im Einzelfall an (KK/*Graf* § 116 Rn. 32; Meyer-Goßner/*Schmitt* § 116 Rn. 27). Auch hier bedarf es eines schwerwiegenden, dem Beschuldigten zurechenbaren Verstoß voraus, der das Vertrauen des Gerichts nachhaltig erschüttert (OLG Hamm NStZ-RR 2015–283 [LS] = StRR 2015, 277 [bei drohendem Herbeiführen der Verhandlungsunfähigkeit durch Absetzen von Medikamenten und Hungerstreik als Haftgrund der Fluchtgefahr]] – s. hierzu auch § 112 Rdn. 47]). Der Wechsel der bisherigen Verteidigungsverhaltens von zunächst einem umfassenden Geständnis zu dann einer bestreitenden Einlassung in der Sache (»Widerruf des Geständnisses«), stellt keinen Fall des § 116 Abs. 4 Nr. 2 Alt. 3 dar. Denn es ist das *»ureigenste Recht des Angeklagten«*, seine Prozessstrategie zu ändern. Darin 65 kann und darf kein Vertrauensverlust gesehen werden (OLG München NStZ 2020, 627 ff. [mit Anm. *Eisenberg;* dort umfassend aufgearbeitet!]).

66 **3. Veränderte Umstände, § 116 Abs. 4 Nr. 3.** Nach § 116 Abs. 4 Nr. 3 dürfe die Aussetzung des Vollzugs eines Haftbefehls nur dann widerrufen werden, wenn sich die Umstände im Vergleich zu der Beurteilungsgrundlage seit der Gewährung der Haftverschonung geändert haben. Dies ist anzunehmen, wenn die Begründung der Haftverschonung **in einem wesentlichen Punkt erschüttert** wurde und der Richter, sofern ihm dieser Umstand bei seiner ursprünglichen Entscheidung schon bekannt gewesen wäre, eine Haftverschonung nicht gewährt hätte (OLG Düsseldorf StV 2000, 211 f. [m.Anm. *Hagmann*]; OLG Karlsruhe StV 2005, 445 f.; OLG München NStZ 2020, 627 ff. [mit Anm. *Eisenberg*]; OLG Stuttgart StraFo 2009, 104 [m.Anm. *Schlothauer*]; OLG Stuttgart StV 1999, 607 f.). Ein Widerruf kann aber nicht damit gerechtfertigt werden, dass der Richter bei gleich bleibenden Umständen lediglich eine andere Beurteilung vornimmt (BVerfG NJOZ 2008, 706 = StraFo 2007, 19 ff. = StV 2007, 84 ff. = wistra 2007, 96 ff.; BVerfG NJW 2006, 1787 [LS] = NStZ 2007, 84 f. [bei *Paeffgen*] = StraFo 2006, 108 ff. = StV 2006, 139 ff.; BVerfG NStZ 2007, 83 f. = StraFo 2005, 502 f. = StV 2006, 26 f. = wistra 2006, 57; OLG Düsseldorf NStZ-RR 2002, 125 = StraFo 2002, 142 = StV 2002, 207 f.). Es bedarf einer restriktiven Auslegung (BVerfG NStZ-RR 2007, 379; OLG Frankfurt StV 2004, 493). Die Schwelle zum Widerruf der Haftverschonung ist insgesamt hoch anzusetzen (Meyer-Goßner/*Schmitt* § 116 Rn. 28).

67 Zu berücksichtigen sind **sämtliche Umstände** des konkreten Einzelfalles (BVerfG NJOZ 2008, 706 = StraFo 2007, 19 ff. = StV 2007, 84 ff. = wistra 2007, 96 ff.; BVerfG NJW 2006, 1787 [LS]; BVerfG NStZ 2007, 84 f. = StraFo 2006, 108 ff. = StV 2006, 139 ff.; BVerfG NStZ 2007, 83 f. = StraFo 2005, 502 = StV 2006, 26 ff. = wistra 2006, 57; BGH NJW-Spezial 2005, 234 = NStZ 2005, 279 f. = StraFo 2004, 417 ff. = StV 2004, 636 ff. = wistra 2004, 472 ff.; OLG Düsseldorf StraFo 2002, 142; OLG Hamm StV 2003, 512; OLG Frankfurt StV 2004, 493; OLG München NStZ 2020, 627 ff. [mit Anm. *Eisenberg*]).

68 **Neu hervorgetretene Umstände** sind z.B. weitere Straftaten (OLG Stuttgart StV 1998, 553 f.) oder auch die massive Bedrohung eines Zeugen (OLG Hamm wistra 1998, 364). Das Einwirken auf einen Zeugen soll aber nicht genügen, wenn es für das Verfahren bedeutungslos ist (OLG Düsseldorf StV 1984, 339; a.A. OLG Hamm StV 2003, 512 f.). Die Anklageerhebung als solche reicht nicht aus (OLG Stuttgart StraFo 2009, 104 [m.Anm. *Schlothauer*]). Zu beachten ist auch, dass der Beschuldigte die Außervollzugsetzung nicht zur Flucht genutzt hat (OLG Hamm StV 2003, 512 f.). Nicht ausreichend ist ein vermeintlich respektloses Verhalten gegenüber dem Gericht (LG Hamburg StV 2016, 649 [grds. zu § 116 Abs. 4 Nr. 1, insofern aber auch zur willkürlichen und somit rechtswidrigen Wiederinvollzugsetzung des Haftbefehls aufgrund sachwidriger Gründe zur Disziplinierung des Angeklagten oder gar um ein Geständnis zu erlangen, nach einer saloppen Bemerkung des Angeklagten bei ansonsten längst bekanntem »Verstoß« gegen die Meldeauflage durch eigenmächtige Änderung der Meldetage). Auch der Wechsel der bisherigen Verteidigungsverhaltens von zunächst einem umfassenden Geständnis zu dann einer bestreitenden Einlassung in der Sache (»Widerruf des Geständnisses«), stellt keine neu hervorgetretenen Umstände dar. Denn es ist das *»ureigenste Recht des Angeklagten«*, seine Prozessstrategie zu ändern (OLG München NStZ 2020, 627 ff. [mit Anm. *Eisenberg;* dort umfassend aufgearbeitet!]).

69 Der gegen den Angeklagten **im Urteil verhängten Strafe** kommt für die Frage einer erneuten Invollzugsetzung des Haftbefehls erhebliche Bedeutung zu. Die Verurteilung als solche genügt noch nicht für einen Widerruf der Haftverschonung (BGH NJW-Spezial 2005, 234 = NStZ 2005, 279 f. = StraFo 2004, 417 ff. = StV 2004, 636 ff. = wistra 2004, 472 ff.). Ein nach der Haftverschonung ergangenes (nicht zwingend rechtskräftiges) Urteil oder ein hoher Strafantrag der StA können zwar grds. geeignet sein, den Widerruf einer Haftverschonung und die Invollzugsetzung eines Haftbefehls zu rechtfertigen. Dies setzt aber voraus, dass die Prognose des Haftrichters zur Straferwartung einerseits und der Rechtsfolgenausspruch des Tatrichters oder die von der StA beantragte Strafe andererseits so erheblich zum Nachteil des Angeklagten abweichen, dass sich dadurch die Fluchtgefahr ganz wesentlich erhöht und das Vertrauen in den Beschuldigten nicht mehr gerechtfertigt ist (BVerfG Kriminalistik 2008, 257 ff. [m.Anm. *Fehn*] = NStZ 2008, 138 = NStZ-RR 2007, 379 ff. = StRR 2007, 275 f. [m.Anm. *Burhoff*] = StV 2008, 25 f. = wistra 2007, 417 ff.; BVerfG NJW 2006, 1787 [LS] = NStZ 2007, 84 f. = StraFo 2006, 108 ff. = StV 2006, 139 ff.; KG StV 2012, 609 [Angeklagter stellt sich dem weiteren Verfahren trotz ungünstiger Beweisaufnahme]; OLG Oldenburg StV 2009, 141; OLG Dresden StV 2009, 477). Entscheidend kommt es darauf an, dass der Beschuldigte zu einer **deutlich höheren Strafe** verurteilt wurde als zuvor erwartet (BVerfG NJOZ 2008, 706 = StraFo 2007, 19 ff. = StV 2007, 84 ff. = wistra 2007, 96 ff.; OLG Bamberg StraFo 2005, 421; OLG Brandenburg StraFo 2001, 31; OLG Düsseldorf StV 2000, 211 f. [m.Anm. *Hagmann*]; OLG Koblenz StraFo 1999, 322; s. auch OLG München NStZ 2020, 627 ff. [mit Anm. *Eisenberg*]). War dagegen zum Zeitpunkt der Außervollzugsetzung des

Haftbefehls mit der später ausgesprochenen – auch höheren – Strafe zu rechnen und hat der Beschuldigte die ihm erteilten Auflagen gleichwohl korrekt befolgt, dann darf die Haftverschonung insofern nicht widerrufen werden (BGH NJW-Spezial 2005, 234 = NStZ 2005, 279 f. = StraFo 2004, 417 ff. = StV 2004, 636 ff. = wistra 2004, 472 ff.; OLG Bamberg StraFo 2005, 421 f. = wistra 2005, 437; OLG Düsseldorf StV 2000, 211; OLG Düsseldorf StV 1988, 207 f. [bei Verurteilung zu lebenslanger Freiheitsstrafe]; OLG Frankfurt StV 2004, 493; OLG Frankfurt StraFo 2001, 144; OLG Hamm StV 2008, 29 [m.Anm. *Marquardt/Petri*]; OLG Hamm StV 2003, 512; OLG Köln StraFo 2008, 241; OLG Oldenburg StraFo 2008, 468; LG Hamburg NStZ-RR 2007, 207).

Die **Erwartungshaltung des Beschuldigten** wird naturgemäß auch geprägt von einer (realistischen) Einschätzung der Sachlage durch die Verteidigung. Wurde der Beschuldigte objektiv beraten und wusste er, welche Strafe ihn erwartet, dann können weder ein entsprechend hoher Strafantrag der StA noch das Urteil selbst als neu hervorgetretene Umstände angesehen werden. Die erneute Invollzugsetzung des Haftbefehls und insb. Eine in solchen Fällen von manchen Gerichten veranlasste **Saalverhaftung**, d.h. die Festnahme im Sitzungssaal unmittelbar nach Urteilsverkündung, sind auf der Basis dieser Ausführungen unzulässig.

Neu i.S.d. § 116 Abs. 4 Nr. 3 sind nachträglich eingetretene oder nach dem Haftverschonungsbeschluss 70 bekannt gewordene Umstände nur, wenn sie die Gründe der Haftverschonung in einem so wesentlichen Punkt erschüttern, dass eine Aussetzung nicht bewilligt worden wäre, wenn dies bei der Entscheidung bereits bekannt gewesen wäre und der Beschuldigte damit dann auch neu konfrontiert wird (BVerfG Kriminalistik 2008, 257 ff. [m.Anm. *Fehn*] = NStZ 2008, 138 = NStZ-RR 2007, 379 ff. = StRR 2007, 275 f. [m.Anm. *Burhoff*] = StV 2008, 25 ff. = wistra 2007, 417 ff.; BVerfG StV 2005, 25, 26; s.a. BGH NJW-Spezial 2005, 234 = NStZ 2005, 279 f. = StraFo 2004, 417 ff. = StV 2004, 636 ff. = wistra 2004, 472 ff.; OLG Düsseldorf StV 2000, 211; OLG Düsseldorf NStZ-RR 2002, 125 = StraFo 2002, 142 = StV 2002, 207; OLG Frankfurt StraFo 2001, 144; OLG Frankfurt StV 2004, 493; OLG Hamm StV 2003, 512; OLG München NStZ 2020, 627 ff. [mit Anm. *Eisenberg*]; vgl. auch *Burhoff*, Handbuch für das strafrechtliche Ermittlungsverfahren, Rn. 811).

Insgesamt setzt sich i.R.d. vorzunehmenden Abwägung der vom Angeklagten auf der Grundlage des Haft- 71 verschonungsbeschlusses bestätigte Vertrauenstatbestand als Ausprägung der wertsetzenden Bedeutung des Grundrechts der persönlichen Freiheit vorrangig durch (BVerfG Kriminalistik 2008, 257 ff. [m.Anm. *Fehn*] = NStZ 2008, 138 = NStZ-RR 2007, 379 ff. = StRR 2007, 275 f. [m.Anm. *Burhoff*] = StV 2008, 25 f. = wistra 2007, 417 ff.; s. auch KG StV 2012, 609).

D. Verfahren bei Außervollzugsetzung und erneuter Invollzugsetzung des Haftbefehls. Die Außervollzug- 72 setzung des Haftbefehls sowie der Widerruf der Aussetzung und damit einhergehend dessen erneute Invollzugsetzung erfolgen jeweils durch **Beschluss des zuständigen Richters** (vgl. § 126 Abs. 1 und Abs. 2). Sie finden von Amts wegen oder auf Antrag der StA oder des Beschuldigten (insofern natürlich naheliegenderweise nur die Außervollzugsetzung) statt. Wird über den Haftbefehl entschieden, dann ist inzident auch über einen eventuellen Haftverschonungsbeschluss zu befinden (BVerfG StV 2006, 251, 252; BGHSt 39, 233, 236; KK/*Graf* § 116 Rn. 7; LR/*Hilger* § 116 Rn. 6).

Es gelten die allgemeinen Regeln: Die StA ist zu hören (vgl. § 33 Abs. 2), sofern sie nicht selbst den Antrag 73 gestellt hat. Der Beschuldigte ist nicht zwingend zu hören (vgl. § 33 Abs. 4), ihm ist aber nachträglich rechtliches Gehör zu gewähren. Der Beschluss ist zu begründen (§ 34) und formlos bekannt zu machen (§ 35 StPO). Die Haftverschonung kann jederzeit, bereits im Haftbefehl oder unmittelbar mit seinem Erlass oder auch später gewährt werden (KK/*Graf* § 116 Rn. 24; Meyer-Goßner/*Schmitt* § 116 Rn. 20).

Die **Anordnung von Auflagen** ist dem Richter vorbehalten. Die Pflichten sind so genau wie möglich zu 74 formulieren. Der Beschuldigte muss wissen, was er darf und was nicht. Ihm ist vor Augen zu führen, dass ein Verstoß gegen Auflagen den Widerruf der Haftverschonung und die erneute Invollzugsetzung des Haftbefehls entsprechend den Vorgaben des § 116 Abs. 4 nach sich ziehen kann (KK/*Graf* § 116 Rn. 24; Meyer-Goßner/*Schmitt* § 116 Rn. 20). Die **Überwachung der Auflagen** kann auf Dritte übertragen werden (s.o.; vgl. auch KK/*Graf* § 116 Rn. 24; Meyer-Goßner/*Schmitt* § 116 Rn. 7 a.E.; *Neuhaus* StV 1999, 340, 342).

Wird der Beschuldigte nach einem Widerruf der Haftverschonung erneut festgenommen, dann gelten die 75 §§ 115, 115a. Es hat eine Vorführung vor den zuständigen oder nächsten Richter zu erfolgen. Dort gelten die allgemeinen Regeln. Auf die Kommentierung bei § 115 und § 115a wird verwiesen.

Ein erneut in Vollzug gesetzter Haftbefehl kann jederzeit wieder außer Vollzug gesetzt werden. Hierbei ist 76 insb. der Grundsatz der Verhältnismäßigkeit zu beachten. Die erneute Invollzugsetzung kann insofern als Warnhinweis angesehen werden (OLG Hamm StV 1999, 161).

Den Verfahrensbeteiligten stehen die Rechtsbehelfe der **Beschwerde** (§ 304) zu. Da Entscheidungen über 77 den Vollzug der Untersuchungshaft Fragen der Verhaftung betreffen ist auch die **weitere Beschwerde** (§ 310) eröffnet (vgl. § 305 Satz 2). Ist der Vollzug der Untersuchungshaft ausgesetzt, dann ist die StA beschwert. Wurde der Antrag auf Haftverschonung abgelehnt oder der Haftbefehl auf der Grundlage von § 116 Abs. 4 erneut in Vollzug gesetzt, dann ist der Beschuldigte beschwert. Dem Nebenkläger steht kein Beschwerderecht zu.

78 Mit der **weiteren Beschwerde** (§ 310) kann auch der Bestand eines außer Vollzug befindlichen Haftbefehls angegriffen werden. Das Rechtsmittelgericht darf aber die gewährte Haftverschonung nur widerrufen, wenn sich die konkreten Umstände des Einzelfalles grundlegend geändert haben. Ist ein Haftbefehl einmal (unangefochten) außer Vollzug gesetzt worden, dann ist der Wegfall der Haftverschonung auch im Beschwerdeverfahren nur unter den einschränkenden Voraussetzungen des § 116 Abs. 4 zulässig. Das Rechtsmittelgericht ist an die Beurteilung zur Außervollzugsetzung durch das Ausgangsgericht gebunden, es kann seine Bewertung nicht an die Stelle des sachnäheren Ausgangsgerichts setzen. Andernfalls liegt ein Verstoß gegen den Grundsatz des fairen Verfahrens vor (BVerfG NStZ 2007, 83 f. = StraFo 2005, 502 = StV 2006, 26 ff. = wistra 2006, 57; s. zum Ganzen auch *Burhoff*, Handbuch für das strafrechtliche Ermittlungsverfahren, Rn. 812; KK/*Graf* § 116 Rn. 24 ff. und 34 ff.; *Herrmann*, Untersuchungshaft, Rn. 1236 ff.; Meyer-Goßner/*Schmitt* § 116 Rn. 29 ff.).

§ 116a Aussetzung gegen Sicherheitsleistung

(1) [1]Die Sicherheit ist durch Hinterlegung in barem Geld, in Wertpapieren, durch Pfandbestellung oder durch Bürgschaft geeigneter Personen zu leisten. [2]Davon abweichende Regelungen in einer auf Grund des Gesetzes über den Zahlungsverkehr mit Gerichten und Justizbehörden erlassenen Rechtsverordnung bleiben unberührt.

(2) Der Richter setzt Höhe und Art der Sicherheit nach freiem Ermessen fest.

(3) Der Beschuldigte, der die Aussetzung des Vollzugs des Haftbefehls gegen Sicherheitsleistung beantragt und nicht im Geltungsbereich dieses Gesetzes wohnt, ist verpflichtet, eine im Bezirk des zuständigen Gerichts wohnende Person zum Empfang von Zustellungen zu bevollmächtigen.

Übersicht

1 **A. Art der Sicherheitsleistung, § 116a Abs. 1.** § 116a regelt die Einzelheiten der Haftverschonung gegen Sicherheitsleistung nach § 116 Abs. 1 Nr. 4. In Abs. 1 sind die zulässigen **Arten der Sicherheitsleitung** genannt. Es ist strittig, ob die Aufzählung im Gesetz abschließend ist (dafür: KK/*Graf* § 116a Rn. 1; Meyer-Goßner/*Schmitt* § 116a Rn. 1; dagegen: AnwK-Uhaft/*König*, § 116a StPO Rn. 2; KMR-*Wankel* § 116a Rn. 2). Der BGH hält die Hinterlegung einer Sicherheit durch einen Verrechnungsscheck aufgrund des »abschließenden Katalogs geeigneter Sicherheiten« in § 116a Abs. 1 für nicht möglich, geht aber dennoch nur von einer »Ordnungsvorschrift« aus (BGHSt 42, 343, 350 und 353 = JR 1997, 471, 473 [m.Anm. *Seebode*] = JuS 1997, 856 f. = NJ 1997, 223 = NJW 1997, 1452 ff. [m.Anm. *Schmittmann* NJW 1997, 1426 f. – zum Vorwurf der Rechtsbeugung, nicht auch zu § 116a] = NStZ 1997, 439 [m.Anm. *Volk* NStZ 1997, 412 ff. und Anm. *Krehl* NStZ 1998, 409 f. – jeweils zum Vorwurf der Rechtsbeugung, nicht auch zu § 116a] = StV 1997, 418 ff. = wistra 1997, 182 ff.).

Aufgrund von Sinn und Zweck der Vorschrift, darüber hinaus aber auch wegen des Grundsatzes der Verhältnismäßigkeit, sollten sämtliche sich praktisch bietenden Möglichkeiten zur Leistung der Sicherheit, die ihren Zweck erfüllen, akzeptiert werden.

2 Die Sicherheit kann nach § 116a Abs. 1 Satz 1 durch Hinterlegung in barem Geld, in Wertpapieren, durch Pfandbestellung oder durch Bürgschaft geeigneter Personen oder Institutionen erbracht werden (zum Ganzen: *Amelung* StraFo 1997, 300 ff.; *Burhoff*, Handbuch für das strafrechtliche Ermittlungsverfahren, Rn. 799; *Dahs*, Handbuch des Strafverteidigers, Rn. 354; *Herrmann*, Untersuchungshaft, Rn. 1245 ff.; Meyer-Goßner/*Schmitt* § 116a Rn. 1 ff.; *Schlothauer/Weider/Nobis*, Untersuchungshaft, Rn. 604 ff., 609). Bei Geldbeträgen über 15.000,00 € in bar sind die Vorgaben des GWG zu beachten (s. dazu auch unten Rdn. 16).

3 Nach § 116a Abs. 1 Satz 2 kann die Möglichkeit zur **unbaren Leistung einer Sicherheit** durch Rechtsverordnung nach dem ZahlVGJG v. 22.12.2006 (BGBl. I, S. 3416) eröffnet werden. Die Leistung einer Sicher-

heit mittels EC-Karte oder Kreditkarte findet in der Praxis bisher aber – soweit ersichtlich – nicht statt. Eine Anpassung an die ansonsten längst üblichen Zahlungsgepflogenheiten und die angestrebte Rationalisierung lassen weiter auf sich warten. Entscheidend wird es bei unbaren Zahlungen darauf ankommen, wann die Leistung des Geldbetrages als »sicher zugegangen« anzusehen ist (vgl. KK/*Graf* § 116a Rn. 2; Meyer-Goßner/*Schmitt* § 116a Rn. 4a).

I. Hinterlegung durch Bargeld oder Wertpapiere, § 116a Abs. 1 Satz 1, Var. 1 und 2. Die Hinterlegung von Bargeld und Wertpapieren richtet sich vornehmlich nach den Hinterlegungsgesetzen der Länder. Zunächst bedarf es eines **Hinterlegungsscheins der Hinterlegungsstelle.** Die Einzahlung von Geld erfolgt regelmäßig bei der **Gerichtskasse** oder auch der Kasse der Justizvollzugsanstalt. Sie kann aber auch bei einem **Treuhänder** vorgenommen werden (Meyer-Goßner/*Schmitt* § 116a Rn. 2). Der Geldbetrag kann also auch dem Haftrichter oder einem sonst bestimmten Treuhänder (Verteidiger, StA) bar übergeben werden (*Herrmann*, Untersuchungshaft, Rn. 1250; *Schlothauer/Weider/Nobis*, Untersuchungshaft, Rn. 609 ff., 615). Ist das Gericht zu einer Annahme nicht bereit, dann kann der Verteidiger bei entsprechender Anpassung der Auflage im Außervollzugsetzungsbeschluss eine Eigenbürgschaft zu den Akten reichen und die Kautionssumme verwahren, bis eine Hinterlegung (zu den üblichen Geschäftszeiten) möglich ist; sinnvollerweise geschieht dies aber nur Zug um Zug gegen Freigabe der Bürgschaft. Bedenken dagegen, dass der Verteidiger »geeignete Person« i.S.d. § 116a Abs. 1 ist, sind grds. unangebracht (s. dazu auch unten, Rdn. 11). 4

Die Hinterlegung muss nicht zwingend beim anordnenden Gericht erfolgen, sie kann bspw. auch beim räumlich **nächsten Gericht** vorgenommen werden. Der Nachweis der Hinterlegung kann auch länderübergreifend erfolgen.

Die Kaution wurde in den alten Bundesländern entsprechend § 8 HinterlO verzinst. In den neuen Bundesländern fehlt eine gesetzliche Regelung hierzu. Nach OLG Dresden, Urt. v. 10.05.2006 – 6 U 2325/05 (soweit ersichtlich n.v.) soll dies sachlich gerechtfertigt und verfassungsgemäß sein (zitiert nach AnwK-Uhaft/*König*, § 116a StPO Rn. 3, dort insb. Fn. 4). Das erscheint unter verfassungsrechtlichen Gesichtspunkten (Art. 3 GG) mehr als bedenklich. 5

Inzwischen gelten allerdings auch in den alten Bundesländern **Hinterlegungsgesetze.** Grundsätzlich findet nun auch dort keine Verzinsung mehr statt.

Erfolgt nach Abschluss des Verfahrens eine **Freigabe der Sicherheit** entsprechend § 123 und ist dem Beschuldigten ein (Zins-) Schaden entstanden, dann kann er, sofern er freigesprochen oder das gegen ihn geführte Verfahren eingestellt wurde, gem. **§ 2 Abs. 2 Nr. 3 StrEG** eine entsprechende Entschädigung geltend machen (*Burhoff*, Handbuch für das strafrechtliche Ermittlungsverfahren, Rn. 798 und Rn. 4182; *Burhoff/Kotz-Kotz*, Handbuch für die strafrechtliche Nachsorge, Teil I, Rn. 280 ff.; *Herrmann*, Untersuchungshaft, Rn. 1255; Meyer-Goßner/*Schmitt* Anh 5, StrEG, § 2 Rn. 1 ff.; allgemein zum Entschädigungsanspruch s.a. LG München StRR 2008, 114 [m.Anm. *Herrmann*]; *Widmaier/Kotz* MAH Strafverteidigung; § 25 Rn. 13). 6

Die **Auszahlung der Sicherheitsleistung** in Geld erfolgt grundsätzlich an den Hinterleger. Soll dies an den Verteidiger geschehen, dann ist regelmäßig die Vorlage einer Abtretungsvereinbarung oder einer Vollmacht im Original erforderlich (vgl. hierzu die landesrechtlichen Regelungen in den jeweiligen HintG). 7

II. Sicherheitsleistung durch Pfandbestellung, § 116a Abs. 1 Satz 1, Var. 3 StPO. Eine Sicherheitsleistung kann auch durch Pfandbestellung erfolgen. Der Begriff der Pfandbestellung ist hier weit zu verstehen. Er geht über die Vorgaben des BGB hinaus und erfasst sämtliche Arten der Sicherheit an beweglichen und unbeweglichen Sachen sowie Forderungen (vgl. hierzu OLG Karlsruhe NStZ 1992, 204 f.). 8

III. Sicherheitsleistung durch Bürgschaft, § 116a Abs. 1 Satz 1, Var. 4 StPO. Eine Sicherheitsleistung kann schließlich durch Bürgschaft einer geeigneten Person erfolgen. Der Begriff der Bürgschaft entspricht nicht den zivilrechtlichen Vorgaben der §§ 765 ff. BGB. Entscheidend kommt es auf das Schuldversprechen eines Dritten an, der beim Widerruf der Haftverschonung gem. § 116 Abs. 4 auf erstes Anfordern und ohne die Einrede der Vorausklage zur Zahlung verpflichtet ist (OLG Karlsruhe NStZ-RR 2000, 375, 376 = StraFo 2000, 394 = StV 2001, 120 ff.; KK/*Graf* § 116a Rn. 1; Meyer-Goßner/*Schmitt* § 116a Rn. 4). Dies kann durch aufschiebend bedingtes Zahlungsversprechen oder Hinterlegung der Sicherheit ggü. Dritten erfolgen (LR/*Hilger* § 116a Rn. 5 ff.). Die Bürgschaft kann insb. von einer Bank geleistet werden (*Amelung* StraFo 1997, 300, 301; *Rixen* NStZ 1999, 329). 9

Die Bürgschaftserklärung ist hier als **aufschiebend bedingtes Zahlungsversprechen eines Dritten** zu verstehen. Vom Bestehen einer Hauptschuld i.S.d. § 765 BGB ist sie unabhängig. Sie bedarf, anders als bei § 766 BGB, nicht der Schriftform. Zu Beweiszwecken wird sie aber sinnvollerweise schriftlich abgefasst (OLG Karlsruhe StraFo 2000, 394; KK/*Graf* § 116a Rn. 1 a.E.; Meyer-Goßner/*Schmitt* § 116a Rn. 4). 10

11 Wer »**geeignete Person**« i.S.d. § 116a Abs. 1 ist, hängt vom Einzelfall ab. Auch Verteidiger sind regelmäßig als »geeignet« anzusehen (s.o. Rdn. 4).

12 **IV. Sonstiges.** Die Stellung der Sicherheit erfolgt regelmäßig durch den Beschuldigten als **Eigen- oder Selbsthinterleger**. Sie enthält ein Moment der »personalen Verpflichtetheit« (OLG Karlsruhe NStZ-RR 2000, 375 f. = StraFo 2000, 394 ff. = StV 2001, 120 ff.; OLG Hamm StraFo 2002, 338 f.; OLG Köln StraFo 1997, 93 f.; OLG München StV 2000, 509 [m. abl. Anm. *Sättle*]; KK/*Graf* § 116a Rn. 3; LR/*Hilger* § 116a Rn. 10 f.; SK-StPO/*Paeffgen*, § 116a Rn. 2a). Allerdings gilt: Ist in einem Außervollzugsetzungsbeschluss zu einem Haftbefehl bestimmt, dass der Beschuldigte eine Sicherheit als »Eigenhinterleger« zu leisten habe, dann steht dies weder der Aufnahme eines Darlehens durch den Beschuldigten zum Zwecke der Aufbringung der Kaution noch der Abtretung des künftigen Rückzahlungsanspruchs gegen die Hinterlegungsstelle an den Darlehensgeber entgegen. Die Anforderung, die Kaution als Eigenhinterleger zu stellen, bedeutet nicht, dass die Mittel aus dem eigenen Vermögen stammen müssen (so richtig der IX. Zivilsenat [!] des BGH NJW 2016, 1451 ff. = NJW-Spezial 2016, 314 = NStZ 2016, 620 ff. [m.Anm. *Bittmann*; insofern mit berechtigtem und richtigem Hinweis, dass das falsche Gericht [IX. Zivilsenat des BGH] die richtige Entscheidung getroffen habe; in der Sache selbst s. aber unten krit.] = wistra 2016, 240 ff. = WM 2016, 757 ff.; s. hierzu auch BVerfG NJW 2013, 40). Indes soll eine Hinterlegung in »nicht abtretbarer Weise« gefordert werden können, dem Haftgericht stehe insofern ein Wahlrecht zu (vgl. BGH *ebenda*). Das wiederum scheint bedenklich, wenn es wie vom IX. Zivilsenat intendiert Begehrlichkeiten hinsichtlich einer Vermögensabschöpfung und dergleichen bei der Justiz wecken soll. Denn da gilt dann der allgemeine Grundsatz, dass sachfremde Zweck hier nichts zu suchen haben (s. dazu auch unten Rdn. 13 sowie die Kommentierung bei § 116 Rdn. 24; insofern a.A.: *Bittmann*, der sich hier über eine streng justizfreundliche Sicht auch hier ersichtlich freut).
Ist eine Eigenhinterlegung im Haftverschonungsbeschluss nicht ausdrücklich geregelt, dann ist auch eine **Fremd-** bzw. **Dritthinterlegung** erlaubt (OLG Hamm StraFo 2002, 338; OLG Hamm JMBlNW 1991, 58; OLG Köln StraFo 1997, 93; Meyer-Goßner/*Schmitt* § 116a Rn. 2; a.A. OLG Düsseldorf NStZ 1990, 97 [dort hieß es allerdings »Der Angeklagte hinterlegt ...«; das kann missverstanden werden]). Weist das Gericht die abweichend vom Wortlaut des Haftverschonungsbeschlusses von einem Dritten erbrachte Sicherheit nicht zurück, sondern veranlasst es vielmehr dennoch die Freilassung des Beschuldigten, dann ist darin zumindest eine den ursprünglichen Beschluss abändernde Erklärung zu sehen, auf die die Beteiligten vertrauen dürfen (OLG Karlsruhe NStZ-RR 2000, 375).
Die Möglichkeit der **Zahlung einer Kaution durch Dritte** sollte vorsorglich ausdrücklich zugelassen werden (vgl. § 116 Abs. 1 Nr. 4 i.V.m. § 116a Abs. 1 und 2). Nach wie vor wird von Gerichten und Staatsanwälten regelmäßig verkannt, dass die Hinterlegung durch nahestehende Dritte, insb. Familienangehörige oder auch den Arbeitgeber, zusätzlich vertrauensbildend wirkt und Druck auf den Betroffenen ausübt (vgl. hierzu OLG Hamm StraFo 2002, 338 [»soziale Kontrolle«]; OLG Zweibrücken StV 2012, 164 [LS]; zum Sicherungsbürgen s. auch § 123 Rdn. 14; s. auch Burhoff, Handbuch für das strafrechtliche Ermittlungsverfahren, Rn. 799).

13 Eine **Verrechnung der hinterlegten Kaution** mit einer späteren Geldstrafe oder den Kosten des Verfahrens ist unzulässig (s. hierzu bereits die Kommentierung bei § 116 Rdn. 24; s.a. OLG Frankfurt StV 2000, 509; LG München II StV 1998, 554 [m. zust. Anm. *Eckstein*]; LG München I StraFo 2003, 92 [m. zust. Anm. *Eckstein*]; *Amelung* StraFo 1997, 300, 301; *Burhoff*, Handbuch für das strafrechtliche Ermittlungsverfahren, Rn. 799 a.E.; *Schlothauer/Weider/Nobis*, Untersuchungshaft, Rn. 604 ff.). Auch die **Aufrechnung** einer Steuerforderung mit einem Anspruch auf Rückzahlung einer zur Abwendung des Haftbefehlsvollzugs bar hinterlegten Sicherheit durch den Fiskus ist unzulässig. Gleiches gilt für den Fall der **Abtretung** des Rückzahlungsanspruchs an eine Bank (BGHZ 95, 109 ff. = DB 1985, 250 = NJW 1085, 2820 f. = NStZ 1985, 560 f. = StV 1986, 23 f.).
Eine **Ausnahme** hiervon gilt nach **§ 127a Abs. 1 Nr. 2.** Wurde eine angemessene Sicherheit gerade deshalb angeordnet und geleistet um (als milderes Mittel) das verfahren und die Kosten auch ohne Untersuchungshaft zu sichern, dann darf eine Verrechnung stattfinden.

14 Grds. ist die **Pfändung des Rückzahlungsanspruches** ggü. der Hinterlegungsstelle durch Gläubiger möglich. Hierüber muss der Verteidiger seinen Mandanten und den Dritten, der die Kaution stellt, aufklären. Andernfalls macht er sich schadensersatzpflichtig (s. zum Ganzen BGH NJW 2016, 1451 ff.; BGH AnwBl. 2009, 382 ff. = BGHReport 2009, 429 f. = BRAK-Mitt 2009, 88 ff. = DB 2009, 676 f. = MDR 2009, 473 = NJW 2009, 840 ff. = NJW-Spezial 2009, 191 [Kurzinformation] = VersR 2009, 1228 f. = WM 2009, 327 ff.; s.a. BGH StV 2008, 423 ff.; BGH NJW 2004, 3630 f. = StV 2004, 661 ff.; s.a. *Burhoff*, Handbuch für das strafrechtliche Ermittlungsverfahren, Rn. 801 ff. und speziell zur Haftung des Verteidigers unter Rn. 4557 ff.; *Herrmann*, Untersuchungshaft, Rn. 1252; *Püschel* StraFo 2009, 134, 138; *Schlothauer/Weider/*

Nobis, Untersuchungshaft Rn. 609; *Widmaier/König,* MAH Strafverteidigung, § 4 Rn. 162 a.E.). Einem solchen Risiko kann dadurch begegnet werden, dass der Beschuldigte den entsprechenden Rückzahlungsanspruch an den die Sicherheit Leistenden oder an den Verteidiger zur Sicherung von Vergütungsansprüchen abtritt (AG Hamburg StV 2000, 512 [m.Anm. *Schlothauer*]; *Burhoff,* Handbuch für das strafrechtliche Ermittlungsverfahren, Rn. 801, und zur Haftung des Verteidigers unter Rn. 4557 ff.; krit.: OLG München StV 2000, 509 [m. abl. Anm. *Bleicher*]; LG Gießen StraFo 2006, 324 ff. = StV 2006, 643; s.a. OLG Hamm StRR 2009, 271 f. [m.Anm. *Bleicher*]). Möglicherweise muss dann aber mit einem Widerruf der Haftverschonung wegen eines angeblichen Verstoßes gegen Auflagen gerechnet werden, weil die Sicherheit in diesen Fällen nicht mehr ihren Zweck erfüllt (offengelassen bei LG Hagen StraFo 2001, 433 = StV 2001, 688; ausführlich zum Ganzen: *Püschel* StraFo 2009, 134, 138; *Schlothauer* FS AG Strafrecht des DAV, 2009, S. 1039, 1042 f.; *Schlothauer/Weider/Nobis,* Untersuchungshaft Rn. 609 und Rn. 1282). Ein solches Vorgehen der Gerichte ist aber unzulässig. Denn damit werden sachfremde Zwecke verfolgt. Festzuhalten bleibt, ein gesetzliches Abtretungsverbot ist nicht anzunehmen, eine entsprechende Auflage würde die gesetzlichen Vorgaben sowie Sinn und Zweck der Untersuchungshaft unterlaufen.

Ab einer **Summe von 15.000,00 €** sind gem. den §§ 2, 3 und 9 GWG Identifikations-, Aufzeichnungs- und Aufbewahrungspflichten vom Verteidiger einzuhalten. Ggf. müssen Sorgfaltspflichten gem. § 10 GWG und Anzeigepflichten gem. § 11 GWG wahrgenommen werden. Auf die **»Verhaltensempfehlungen der Bundesrechtsanwaltskammer für Rechtsanwälte im Hinblick auf die Vorschriften des GWG«** wird verwiesen (abgedruckt z.B. bei *Widmaier/Leitner,* MAH Strafverteidigung, § 41 Rn. 61; s.a. *Burhoff,* Handbuch für das strafrechtliche Ermittlungsverfahren, Rn. 800 a.E.; *Herrmann,* Untersuchungshaft, Rn. 275 ff.). Ein Strafverteidiger, der eine aus einer Katalogtat i.S.v. § 261 Abs. 1 StGB stammende Kautionszahlung in eigenem Namen hinterlegt, kann sich wegen Geldwäsche, Begünstigung, Beihilfe zum Vereiteln der Zwangsvollstreckung und Betrugs strafbar machen (OLG Frankfurt StV 2007, 533 ff.). 15

Entzieht sich der Beschuldigte dem Verfahren, dann verfällt die hinterlegte Sicherheitsleistung (ausführlich hierzu s. bei § 124). Dies gilt auch, wenn der Beschuldigte sich zu einem späteren Zeitpunkt dem Verfahren freiwillig wieder stellt (OLG Frankfurt NStZ-RR 2001, 381 ff.; OLG Hamm NJW 1996, 736 f. [zum Begriff des sich Entziehens eines Ausländers, der von der Ausländerbehörde zur Ausreise aufgefordert wurde]; *Burhoff,* Handbuch für das strafrechtliche Ermittlungsverfahren, Rn. 801; Meyer-Goßner/*Schmitt* § 124 Rn. 1). 16

B. Festsetzung von Art und Höhe der Sicherheit, § 116a Abs. 2. Gem. § 116a Abs. 2 setzt der Richter (konsequenterweise müsste es »das Gericht« heißen; ausführlich zu diesen Ungenauigkeiten und den Pflichten des Genderbeauftragten schon SK-StPO/*Paeffgen* § 116a Rn. 1) Art und Höhe der Sicherheit **nach freiem Ermessen** fest. Sie ist so zu bemessen, dass der Beschuldigte den psychischen Zwang unterliegt, eher am Verfahren teilzunehmen und sich der Strafvollstreckung zu stellen, als den Verlust der Vermögenswerte zu riskieren (KK/*Graf* § 116a Rn. 4; LR/*Hilger* § 116a Rn. 9; Meyer-Goßner/*Schmitt* § 116a Rn. 1; *Schlothauer/Weider/Nobis,* Untersuchungshaft, Rn. 607). Hierbei spielen namentlich die Bedeutung der Sache und die Stärke des Fluchtanreizes aber auch die wirtschaftlichen Verhältnisse des Beschuldigten eine Rolle. Bei völlig vermögenslosen Beschuldigten entfällt die Möglichkeit, ansonsten sind Beträge von unter 1.000,00 € bis hin zu 100.000.000,00 € denkbar (*Radtke/Hohmann/Tsambikakis,* StPO, § 116a Rn. 16). 17

Die Sicherheitsleistung darf keinen Strafcharakter haben, der Zweck der Untersuchungshaft ist ein anderer (BVerfG NJW 1991, 1043 = NStZ 1991, 142 f.; *Schlothauer* FS AG Strafrecht des DAV, 2009, S. 1039, 1043). Sie darf auch sonst keine sachfremden Zwecke verfolgen. Die Höhe einer für die vorläufige Freilassung des Tatverdächtigen als Sicherheit geforderten Geldleistung darf bei einem auf Vermögensdelikte gestützten Tatverdacht auch nicht vom Umfang der Vermögensschäden abhängig gemacht werden (*Schlothauer/Weider/Nobis,* Untersuchungshaft, Rn. 605). Eine Sicherung von Ansprüchen Dritter hat ggf. über eine Vermögensabschöpfung zu erfolgen (s. hierzu bereits § 116 dort Rdn. 27 [dort a.E.]). 18

Die Festsetzung von Art und Höhe der Sicherheit kann sowohl auf **Antrag des Beschuldigten** als auch **von Amts wegen** erfolgen (vgl. Art. 5 Abs. 3 Satz 3 EMRK). 19

Zuständig für die Entscheidung ist während des Ermittlungsverfahrens das Haftgericht (§ 126 Abs. 1). Nach Anklageerhebung ist der Vorsitzende des angerufenen Gerichts berufen (§ 126 Abs. 2 Satz 3). 20

Mehrere **verschiedene Sicherheiten** können nebeneinander angeordnet werden. Das Gericht kann insb. auch Sicherheiten vom Beschuldigten und Dritten nebeneinander fordern (LR/*Hilger* § 116a Rn. 8). 21

C. Bestellung eines Zustellungsbevollmächtigten, § 116a Abs. 3. Wohnt der Beschuldigte nicht im Geltungsbereich der BRD, dann kann die Aussetzung des Vollzuges des Haftbefehls gegen Sicherheitsleistung nach § 116 Abs. 1 Nr. 4 nur nach Benennung eines Zustellungsbevollmächtigten erfolgen (§ 116a Abs. 3). Es kommt nicht entscheidend auf den Wohnsitz des Beschuldigten an, sondern ob er für eine gewisse 22

Dauer seinen Aufenthalt außerhalb des Geltungsbereiches der Strafprozessordnung hat (vgl. LR/*Hilger* § 116a Rn. 13; Meyer-Goßner/*Schmitt* § 116a Rn. 5).

23 Die Erteilung einer wirksamen Zustellungsvollmacht setzt voraus, dass die betreffende Person mit der Bevollmächtigung einverstanden ist und zur Entgegennahme von Zustellungen bereit ist. Sie ist aktenkundig zu machen. Fehlt es daran, dann kann basierend hierauf eine ordnungsgemäße Zustellung einer Ladung nicht angenommen werden. Ein Sicherungshaftbefehl nach § 230 Abs. 2 StPO darf dann nicht ergehen (OLG Karlsruhe StV 2007, 571).

24 Entgegen dem Wortlaut des Gesetzes muss der **Zustellungsbevollmächtigte** nicht zwingend im Bezirk des zuständigen Gerichts wohnen (h.M.; vgl. KK/*Graf* § 116a Rn. 7; LR/*Hilger* § 116a Rn. 15; SK-StPO/*Paeffgen* § 116a Rn. 6; a.A. *Büttner* DRiZ 2007, 188 ff.; Meyer-Goßner/*Schmitt* § 116a Rn. 5). Das Gericht kann auch andere Bevollmächtigte akzeptieren. Ein Anspruch hierauf besteht aber nicht. Der Bevollmächtigte ist konkret (namentlich) zu benennen. In der Regel erfolgt die Benennung eines RA, es können aber auch andere zuverlässige Personen gewählt werden. Sie müssen mit der Wahrnehmung der übertragenen Aufgabe einverstanden sein. Dies hat der Beschuldigte nachzuweisen (OLG Köln NJW 2000, 3511 f. = StraFo 2001, 200 = VRS 2000, 431 [Bd. 99]; Meyer-Goßner/*Schmitt* § 116a Rn. 5). Eine Übertragung auf den **»zuständigen Geschäftsstellenbeamten«** ist aber nicht erlaubt, es bedarf einer mit einfachen Mitteln möglichen Individualisierung. Dies ist anzunehmen, wenn sich bspw. aus dem Geschäftsverteilungsplan des Gerichts oder der StA ergibt, welcher namentlich aufgeführte Bedienstete der zur Entgegennahme von Zustellungen bereite Beamte i.S.v. Nr. 60 I 2 RiStBV ist (LG Baden-Baden NStZ-RR 2000, 372, 373; *Greßmann* NStZ 1991, 216, 217).

25 Das **Einverständnis des Zustellungsbevollmächtigten** muss in geeigneter Weise festgestellt und aktenkundig gemacht werden. Nur so ist gewährleistet, dass Schriftstücke dem Empfänger tatsächlich zugehen und der Zugang nachgewiesen werden kann.

26 Benennt der Beschuldigte keinen Zustellungsbevollmächtigten, dann kann die Haftverschonung unter der Bedingung erfolgen, dass dies nachgeholt wird. Der Antrag kann aber auch abgelehnt werden. Eine Zurückweisung der Außervollzugsetzung als unzulässig erscheint aber zu formalistisch und unverhältnismäßig (zum Ganzen: KK/*Graf* § 116a Rn. 6; LR/*Hilger* § 116a Rn. 12; SK-StPO/*Paeffgen* § 116a Rn. 5).

27 Die Zustellungsvollmacht erfolgt umfassend für sämtliche Zustellungen (OLG Koblenz NStZ-RR 2004, 373 ff.). Sie wirkt für die Dauer der Außervollzugsetzung des Haftbefehls, bis die Sicherheit entweder frei wird (vgl. § 123 Abs. 2), oder verfällt (vgl. § 124) oder das Strafverfahren sonst endet.

28 Die Zustellungsvollmacht ist **unwiderruflich**. Sie kann vor Abschluss des Verfahrens nicht durch einseitige Verzichtserklärung des Bevollmächtigten erlöschen. Ein Austausch des benannten Zustellungsbevollmächtigten ist mit Zustimmung des Gerichts aber möglich (LG Baden-Baden NStZ-RR 2000, 372, 373; KK/*Graf* § 116a Rn. 8; Meyer-Goßner/*Schmitt* § 116a Rn. 6; SK-StPO/*Paeffgen* § 116a Rn. 7). Die Beschränkung des § 145a Abs. 2 Satz 1 gilt hier nicht (vgl. § 145a Abs. 2 Satz 2; s. hierzu auch *Greßmann* NStZ 1991, 216, 218).

§ 116b Verhältnis von Untersuchungshaft zu anderen freiheitsentziehenden Maßnahmen

[1]Die Vollstreckung der Untersuchungshaft geht der Vollstreckung der Auslieferungshaft, der vorläufigen Auslieferungshaft, der Abschiebungshaft und der Zurückweisungshaft vor. [2]Die Vollstreckung anderer freiheitsentziehender Maßnahmen geht der Vollstreckung von Untersuchungshaft vor, es sei denn, das Gericht trifft eine abweichende Entscheidung, weil der Zweck der Untersuchungshaft dies erfordert.

Übersicht

1 **A. Allgemeines.** Das Verhältnis von Untersuchungshaft zu anderen freiheitsentziehenden Maßnahmen war früher nur unzureichend geregelt. Bei bereits vollzogener Strafhaft normierte § 122 StVollzG als Regel deren Fortsetzung mit der Möglichkeit weitergehender Beschränkungen, um so dem Zweck der Untersuchungshaft gerecht zu werden. Im Rahmen bereits vollzogener Untersuchungshaft konnte diese nach der damals gültigen Nr. 92 Abs. 1 und 5 UVollzO unterbrochen werden, um die Strafhaft oder eine mit Freiheitsentziehung verbundenen Maßregel der Besserung und Sicherung zu vollstrecken. Sinnvollerweise bedurfte es einer umfassenden Regelung zur Klärung der Hierarchie der verschiedenen Arten des Freiheitsentzuges. Diese hatte auf bundesrechtlicher Ebene zu geschehen, da es um die Anordnung, das »Ob« der Untersuchungshaft

geht (BT-Drs. 16/11644, S. 21 f.; s.a. SK-StPO/*Paeffgen* § 116b Rn. 2 f.; ausführlich zur Föderalismusreform s. die Kommentierung vor § 112 dort Rdn. 25 f.). Die Klarstellung erfolgte durch das Gesetz zur Änderung des Untersuchungshaftrechts (BGBl. I, S. 2274, 2275). Zusammenfassend gilt: Untersuchungshaft soll nur dann vollstreckt werden, wenn dies unabdingbar ist. Dies ist nun einheitlich in § 116b geregelt.

Als Untersuchungshaft i.S.d. § 116b gelten sämtliche Fälle der Freiheitsentziehung nach den §§ 112, 112a, nach § 127b (Hauptverhandlungshaft), sowie nach § 230 Abs. 2, § 236, § 329 Abs. 4 S. 1 und § 412 S. 1 (BT-Drs. 16/11644, S. 22; s. hierzu auch Meyer-Goßner/*Schmitt* § 116b Rn. 2; SK-StPO/*Paeffgen* § 116b Rn. 5). 2

B. Regelungsgehalt. I. Vorrang der Untersuchungshaft, § 116b S. 1. Nach § 116b S. 1 geht die Untersuchungshaft der (vorläufigen) Auslieferungshaft (§§ 15, 16 IRG), der Abschiebungshaft (§ 62 AufenthG), der Zurückschiebungshaft (§ 57 Abs. 3 i.V.m. § 62 AufenthG) und der Zurückweisungshaft (§ 15 Abs. 5 AufenthG) vor. Die Sicherstellung innerstaatlicher Strafverfolgung ist hier grds. vorrangig (vgl. Meyer-Goßner/*Schmitt* § 116b Rn. 3). 3

II. Vorrang anderer Formen der Freiheitsentziehung, § 116b S. 2. I.Ü. gehen nach § 116b S. 2 sonstige Formen der Freiheitsentziehung der Untersuchungshaft vor. Der Vollzug der Untersuchungshaft tritt zurück ggü. Freiheitsstrafe (§ 38 StGB), Ersatzfreiheitsstrafe (§ 43 StGB), Jugendstrafe (§ 17 JGG), Jugendarrest (§ 16 JGG), Unterbringung in einem psychiatrischen Krankenhaus (§ 63 StGB) oder in einer Entziehungsanstalt (§ 64 StGB), Sicherungsverwahrung (§ 66 StGB), Ordnungshaft (z.B. § 51 Abs. 1 S. 2, § 70 Abs. 1 S. 2, s.a. §§ 177, 178 GVG), strafrechtlicher Erzwingungshaft (§ 70 Abs. 2, § 96 OWiG), strafrechtlicher Sicherungshaft (§ 453c StGB), zivilrechtlicher Erzwingungshaft (§ 901 ZPO), zivilrechtlicher Sicherungshaft (§ 918 ZPO), Unterbringung zur Beobachtung (§ 81), einstweilige Unterbringung (§ 126a), Unterbringung bei zu erwartender Sicherungsverwahrung (§ 275a Abs. 5) sowie Haft aufgrund einer Anordnung nach § 4 ÜAG (ebenso: Meyer-Goßner/*Schmitt* § 116b Rn. 4; SK-StPO/*Paeffgen* § 116b Rn. 7). 4

Der Vorrang der Strafhaft tritt bei einem bereits in Untersuchungshaft befindlichen Verurteilten nicht erst mit dem Eingang des Aufnahmeersuchens in der JVA ein, sondern bereits dann, wenn die Staatsanwaltschaft unmissverständlich zum Ausdruck bringt, dass die Vollstreckung einer Freiheitsstrafe nunmehr ansteht (KG StRR 2011, 237 [mit Anm. *Herrmann*] = StraFo 2011, 108 ff.). Auch kommt es für den Vorrang der Strafhaft nicht erst auf das förmliche Aufnahmeersuchen in der JVA an, sondern entscheidend ist die Kenntnis der Staatsanwaltschaft von der Rechtskraft eines Strafurteils; bereits dann ist die Vollstreckung von Strafhaft vorrangig zu berücksichtigen (OLG Karlsruhe NStZ-RR 2021, 62 f.).

Grund hierfür ist die für den Untersuchungshaftgefangenen geltende Unschuldsvermutung (BT-Drs. 16/11644, S. 22; zur Unschuldsvermutung bei Untersuchungshaft s. auch *Herrmann* StraFo 2016, 89 ff.). Diese gilt aber für den in Abschiebehaft oder in vorläufiger Unterbringung Einsitzenden gleichfalls (ebenso krit.: SK-StPO/*Paeffgen* § 116b Rn. 7). I.Ü. ist nicht sicher, ob es überhaupt zur Anordnung einer freiheitsentziehenden Maßnahme kommt (BT-Drs. 16/11644, S. 22). Diese Bedenken sind in der Tat berechtigt. Denn nur in etwa der Hälfte der Verfahren, in denen sich der Beschuldigte in Untersuchungshaft befindet, folgt eine Verurteilung zu einer Freiheitsstrafe ohne Bewährung (vgl. *Püschel* StraFo 2009, 134 ff.; *Schlothauer/Weider/Nobis*, Untersuchungshaft Rn. 6; s.a. *Seebode*, in: *Breyer/Endler/Thurn* [Hrsg.], Strafrecht, 2006, § 3 Rn. 2; *Weider* StraFo 1995, 5, 12). Schließlich ist die Dauer der vorrangig zu vollstreckenden Freiheitsentziehung ggü. der Untersuchungshaft regelmäßig konkret berechenbar (BT-Drs. 16/11644, S. 22). 5

Die **Reihenfolge der Vollstreckung** ist vom Gesetz vorgegeben. Eine abweichende Regelung ist ausnahmsweise zulässig, wenn der Zweck der Untersuchungshaft dies erfordert. Eine solche Änderung ist angezeigt, wenn die Abwehr der die Anordnung der Untersuchungshaft begründenden Gefahren anders nicht möglich ist (vgl. BR-Drucks. 829/08, S. 30). In der Praxis mag das vornehmlich bei Verdunkelungsgefahr anzunehmen sein. Dann ist aber zunächst vorrangig zu prüfen, ob die Justizvollzugsanstalt, in der der Beschuldigte einsitzt, dem nicht mit organisatorischen Mitteln, bspw. der Verlegung in eine andere Abteilung oder eine andere Anstalt, begegnen kann (KG NStZ-RR 2011, 189 f.; AnwK-Uhaft/*König*, § 116b StPO Rn. 6; Meyer-Goßner/*Schmitt* § 116b Rn. 5; SK-StPO/*Paeffgen* § 116b Rn. 8). Dies kann bspw. durch die in der Untersuchungshaft mögliche Trennung zu Mitbeschuldigten begründet sein. Eine Unterbrechung der Strafhaft kann im Interesse des Beschuldigten liegen, wenn die Verlegung von einer entfernten Strafvollzugsanstalt in eine zum Gerichtsort oder Verteidiger nähere Untersuchungshaftvollzugsanstalt sinnvoll erscheint; dies kann aber nur gelten, wenn eine Vollzugsstrafe sicher zu erwarten ist und die Untersuchungshaft hierauf angerechnet werden muss (ebenso: *Schlothauer/Weider/Nobis*, Untersuchungshaft, Rn. 738 ff. [740]; *Seebode*, Der Vollzug der Untersuchungshaft, 1985, S. 93). 6

Die **Änderung oder Umkehr der Reihenfolge der Vollstreckung** bedarf der Entscheidung durch das Gericht. Die Zuständigkeit ergibt sich aus § 126 Abs. 1 S. 1 bzw. Abs. 2 S. 1. Entscheidungen des Haftgerichts sind mit der Beschwerde und der weiteren Beschwerde anfechtbar (§§ 119 Abs. 5, 119a; s. hierzu auch KK/ 7

Graf vor § 112 Rn. 18; Meyer-Goßner/*Schmitt* § 116a Rn. 6; *Schlothauer/Weider/Nobis*, Untersuchungshaft, Rn. 738 ff.). Die gilt insb. für die Ablehnung der Genehmigung (OLG Hamburg StV 1992, 237 f. = NStZ 1992, 206 ff.). Die Verfahrensbeteiligten sind anzuhören (KG NStZ-RR 2011, 189 f.).

8 Grds. hat der Verurteilte aber **keinen Anspruch auf Anhörung vor Einleitung der Vollstreckung** einer rechtskräftigen Freiheitsstrafe. Paragraf 116b S. 2 gibt die Reihenfolge der Vollstreckung von Gesetzes wegen vor, die Folge tritt automatisch mit Eingang des Aufnahmeersuchens in der Justizvollzugsanstalt oder Erlass eines Vollstreckungshaftbefehls ein. Entscheidend kommt es darauf an, dass die Vollstreckungsbehörde unmissverständlich zum Ausdruck bringt, dass die Vollstreckung einer Freiheitsstrafe nunmehr ansteht (KG NStZ-RR 2011, 189 f. = StraFo 2011, 108 ff. = StRR 2011, 237 f. [m.Anm. *Herrmann*]).

9 Auch gegen eine Genehmigung der Unterbrechung des Vollzuges der anderen freiheitsentziehenden Maßnahme und den vorrangigen Vollzug der Untersuchungshaft kann vom Beschuldigten **Beschwerde** erhoben werden (ebenso schon zum alten Recht: OLG Hamm StV 1999, 332 = StraFo 1999, 174 [für die Unterbrechung der Untersuchungshaft zur Vollstreckung von Erzwingungshaft nach den §§ 96, 97 OWiG]; a.A. zum alten Recht OLG Düsseldorf NStZ 1984, 236; OLG Jena NStZ 1997, 510; s. zum Ganzen auch *Burhoff*, Handbuch für das strafrechtliche Ermittlungsverfahren, Rn. 2315; KK/*Graf* vor § 112 Rn. 18). Die Beschwer des Beschuldigten liegt hier darin, dass die Zeit der Unterbrechung der Untersuchungshaft bei der Anrechnung auf die spätere Freiheitsstrafe (§ 51 StGB) unberücksichtigt bleibt, ihm ggf. also ein Nachteil entsteht (OLG Hamm StV 1999, 332 = StraFo 1999, 174). Unabhängig davon sieht § 116b S. 2 StPO nunmehr als Regel die vorrangige Vollstreckung anderer freiheitsentziehende r Maßnahmen vor. Wenn von dieser Regel nach § 116b S. 2 HS. 2 eine Ausnahme gemacht wird und der Vollzug der Untersuchungshaft doch vorgehen soll, weil deren Zweck dies gebietet, dann muss ein solches Vorgehen aber rechtsmittelfähig sein (ebenso: *Burhoff*, Handbuch für das strafrechtliche Ermittlungsverfahren, Rn. 2315 und Rn. 1054 ff.; s. auch BT-Drs. 16/11644, S. 23). Die zitierten Entscheidungen betreffen i.Ü. altes Recht vor der Reform des Rechts der Untersuchungshaft. Künftige Entscheidungen werden sich an der neuen Rechtslage orientieren müssen.

10 Zwischen der **Unterbrechung der Untersuchungshaft** einerseits und der **Anordnung der anderen freiheitsentziehenden Maßnahme** andererseits ist zu differenzieren, beide sind gesondert angreifbar.

11 **C. Sonstiges.** § 116b ist lex specialis zur Möglichkeit des Aufschubs oder der Unterbrechung der Vollstreckung einer Freiheitsstrafe nach § 455a StPO (Meyer-Goßner/*Schmitt* § 116b Rn. 1 a.E.; SK-StPO/*Paeffgen* § 116b Rn. 9 a.E.).

12 Wird die Untersuchungshaft selbst nicht vollstreckt, weil der Vollzug der anderen Freiheitsentziehung vorgeht, dann wird hinsichtlich des fortbestehenden Haftbefehls **Überhaft** notiert. Dies führt insb. bei der Ausgestaltung des Strafvollzuges regelmäßig zu Nachteilen, weil z.B. Vollzugslockerungen verhindert werden (KG NStZ 2006, 695; s. zum Ganzen auch: LR/*Hilger* vor § 112 Rn. 54; ausführlich: *Schlothauer/Weider/Nobis*, Untersuchungshaft, Rn. 738 ff.)

§ 117 Haftprüfung

(1) Solange der Beschuldigte in Untersuchungshaft ist, kann er jederzeit die gerichtliche Prüfung beantragen, ob der Haftbefehl aufzuheben oder dessen Vollzug nach § 116 auszusetzen ist (Haftprüfung).

(2) [1]Neben dem Antrag auf Haftprüfung ist die Beschwerde unzulässig. [2]Das Recht der Beschwerde gegen die Entscheidung, die auf den Antrag ergeht, wird dadurch nicht berührt.

(3) Der Richter kann einzelne Ermittlungen anordnen, die für die künftige Entscheidung über die Aufrechterhaltung der Untersuchungshaft von Bedeutung sind, und nach Durchführung dieser Ermittlungen eine neue Prüfung vornehmen.

Übersicht

A. Allgemeines. I. Rechtsschutz im Rahmen von Anordnung und Vollzug der Untersuchungshaft. Die gesetzlichen Möglichkeiten zur Überprüfung der Rechtmäßigkeit der Anordnung und des Vollzuges der Untersuchungshaft sind vielfältig (ausführlich hierzu: *Herrmann*, Untersuchungshaft, Rn. 985 ff.; MAH Strafverteidigung/*Widmaier*/*Eschelbach* § 4 Rn. 194; *Schlothauer*/*Weider*/*Nobis*, Untersuchungshaft, Rn. 747 ff.; *Welp* FS Richter II, 2006, S. 572, 573 ff., 581 ff.). 1

Neben der grundsätzlichen Pflicht der Justiz zur Überprüfung der Anordnung und Fortführung der Haft besteht für die Verteidigung die Möglichkeit entweder **informell** das Gespräch mit den Ermittlungsbehörden und dem Gericht zu suchen um eine »einvernehmliche Haftverschonung« oder auch die Aufhebung des Haftbefehls zu erreichen oder **förmliche Rechtsbehelfe** zu ergreifen. Sie kann in diesem Zusammenhang einen Antrag auf Haftprüfung stellen (§ 117 Abs. 1), Haftbeschwerde erheben (§ 304) oder gegen eine Entscheidung über die Haftbeschwerde die weitere Beschwerde einlegen (§ 310). Neben diesen ordentlichen Rechtsbehelfen gibt es darüber hinaus die **außerordentlichen Rechtsbehelfe** der Verfassungsbeschwerde (§ 93 Abs. 1 Nr. 4a GG, §§ 90 ff. BVerfGG) und der Individualbeschwerde zum EGMR (Art. 34 lit. f) EMRK). 2

Auch Anordnungen i.R.d. **Vollzuges der Untersuchungshaft** können einer gerichtlichen Überprüfung zugeführt oder mit der Beschwerde angegriffen werden (§§ 119 Abs. 5, 119a). 3

Sämtliche Rechtsbehelfe haben **keinen Suspensiveffekt** (vgl. § 119 Abs. 5 Satz 2; § 119a Abs. 2 Satz 1; § 307 Abs. 1; s. *Schlicht*/*Leipold* StraFo 2005, 90 ff.). 4

In der Vielzahl unterschiedlicher Rechtbehelfe gegen die Anordnung und den Vollzug der Untersuchungshaft zeigt sich der hohe Stellenwert, der dem Grundrecht auf Freiheit der Person und damit einhergehend der Unschuldsvermutung beigemessen wird. Trotz der Fülle an Rechtsschutzmöglichkeiten handelt es sich aber um »**stumpfe Waffen**« (*Dahs*, Handbuch des Strafverteidigers, Rn. 346; ihm folgend [chronologisch] u.a.: *Schlothauer*/*Weider*/*Nobis*, Untersuchungshaft, Rn. 748; *Burhoff*, Handbuch für das strafrechtliche Ermittlungsverfahren, Rn. 4185 [»stumpfes Schwert«]; *Herrmann*, Untersuchungshaft, Rn. 988; *Radtke*/*Hohmann*/*Tsambikakis*, StPO, § 117 Rn. 1). Den Rechtsbehelfen kommt regelmäßig nur beschränkte prozessuale Wirkung zu, sie haben relativ gesehen erstaunlich selten Erfolg. Statistisch sind über 50 % der ersten Anträge auf Haftprüfung und nahezu 90 % der Haftbeschwerden erfolglos (*Gebauer*, Die Rechtswirklichkeit der Untersuchungshaft in der BRD, 1987, S. 286; ebenfalls krit.: SK-StPO/*Paeffgen* § 117 Rn. 2; *Schlothauer*/*Weider*/*Nobis*, Untersuchungshaft, Rn. 748). 5

II. »Informelle« Überprüfung der Untersuchungshaft durch StA und Gericht. Die StA und das Gericht haben in jeder Lage des Verfahrens **von Amts wegen** zu prüfen, ob die Voraussetzungen zur Anordnung und Durchführung der Untersuchungshaft auch weiterhin bestehen, insb. ob der Haftbefehl aufzuheben ist (vgl. § 120) oder außer Vollzug gesetzt werden kann oder muss (vgl. § 116; für Jugendliche und Heranwachsende s.a. § 72 Abs. 1 JGG). Zu der »informellen« Pflicht zur Überprüfung der Untersuchungshaft s.a. Nr. 54 Abs. 1 RiStBV (zum Ganzen vgl. KK/*Graf* § 117 Rn. 1; LR/*Hilger* § 117 Rn. 1; AnwK-Uhaft/*König* § 117 StPO Rn. 1; SK-StPO/*Paeffgen* § 117 Rn. 2). 6

Allerdings ist unklar, wie das Haftgericht eine solche Prüfung selbstständig vornehmen soll. Denn **Herrin des Ermittlungsverfahrens** ist die StA. Vor Anklageerhebung befinden sich die Ermittlungsakten regelmäßig dort; von da aus werden die weiteren Ermittlungen geführt. Meist wird darüber hinaus die Kontrolle des Vollzugs der Untersuchungshaft vom Gericht auf die StA übertragen (vgl. § 119 Abs. 2 Satz 2). Eine Haftkontrolle findet vor diesem Hintergrund im Ermittlungsverfahren außerhalb der gesetzlich vorgegebenen Fristen (vgl. §§ 120, 121) durch das Gericht nicht statt (ebenso: AnwK-Uhaft/*König* § 117 StPO Rn. 1). Eine Überprüfung durch das Gericht kann somit allenfalls auf konkreten Hinweis hin oder im Rahmen turnusgemäßer Wiedervorlagen erfolgen. 7

Erst **nach Erhebung der Anklage** ist das mit der Hauptsache befasste Gericht zuständig. Es hat einhergehend mit der Entscheidung über die Eröffnung des Verfahrens und die Zulassung der Anklage auch über die Fortdauer der Untersuchungshaft zu entscheiden (§ 207 Abs. 4). Dies geschieht allerdings meist nur formelhaft durch die Kopie des Textes der Anklage in den neuen Haftbefehl. Dieser darf aber erst nach Anhörung des Beschuldigten erlassen werden. In der Praxis wird der Haftbefehl oft gar nicht angepasst, sondern die Sache wird terminiert und verhandelt. Die gesetzlichen Vorgaben werden dadurch bewusst missachtet. Der Inhaftierte und sein Verteidiger müssen insofern aber nicht auf eine ordnungsgemäße Verkündung eines geänderten (neuen) Haftbefehls hinwirken. Dies ist und bleibt Aufgabe der jeweils zuständigen Stellen der

Justiz (BVerfG NStZ 2002, 157 f. = StV 2001, 691 [m.Anm. *Hagmann*]; s.a. bei *Paeffgen* NStZ 2003, 76, 83). In der Praxis findet die gesetzlich vorgesehene Selbstkontrolle durch StA und Gericht vielfach nicht statt.

8 Das Ergebnis einer eventuellen Prüfung muss nicht aktenkundig gemacht werden. Es handelt sich hierbei um kein förmliches Verfahren (Meyer-Goßner/*Schmitt* § 117 Rn. 2). Aus Gründen der Transparenz und insb. auch im Hinblick auf den Grundsatz der Beschleunigung in Haftsachen böte sich allerdings eine **Dokumentation** an. Dadurch könnten StA und Gericht belegen, dass sie tatsächlich »in jeder Lage des Verfahrens« (s.o.) die Haftfrage prüfen. Im Hinblick auf die Schwere des Eingriffes wäre hier eine andere Sicht dringend angezeigt. Das würde i.Ü. den von vielen Richtern gerne übersehenen oder mit Leerfloskeln ausgefüllten Begründungszwang hinsichtlich der Entscheidung fördern. Auch hier bedarf es einer schlüssigen und nachvollziehbaren Auseinandersetzung mit sämtlichen Abwägungskriterien (BVerfG NStZ 2009, 134 f. = StRR 2008, 355 f. [m.Anm. *Herrmann*] = StV 2008, 421 ff.; s. hierzu auch *Mayer/Hunsmann* NStZ 2015, 325 ff.).

9 **B. Antrag auf schriftliche Haftprüfung, § 117 Abs. 1.** Der Beschuldigte (vgl. hierzu § 118b) kann ggü. dem Gericht einen Antrag auf **schriftliche Haftprüfung** stellen (§ 117 Abs. 1). Das Recht steht auch seinem Verteidiger, diesem allerdings nicht gegen den Willen seines Mandanten (vgl. § 118b i.V.m. § 297) zu. Gleiches gilt für einen Jugendlichen, dessen gesetzlichen Vertreter und den Erziehungsberechtigten, diesen jeweils aber auch gegen den Willen des Beschuldigten (vgl. § 118b i.V.m. § 298 bzw. § 67 Abs. 1 JGG). Der Beschuldigte ist über sein Antragsrecht zu belehren (§ 115 Abs. 4).

10 Die schriftliche Haftprüfung ist auch für Haftbefehle nach §§ 230 Abs. 2, 236 und § 329 Abs. 4 Satz 1 statthaft (OLG Stuttgart MDR 1990, 75; s.a. KK/*Graf* § 117 Rn. 2; Meyer-Goßner/*Schmitt* § 117 Rn. 2; *Scharf/Kropp* NStZ 2000, 297 ff.), nicht aber für den Sicherungshaftbefehl (§ 453c Abs. 2 Satz 2; vgl. LG Freiburg NStZ 1989, 387 [m.Anm. *Fuchs* NStZ 1989, 388 f. und Anm. *Fischer* NStZ 1990, 52]).

11 StA und Nebenkläger sind nicht antragsberechtigt (KK/*Graf* § 117 Rn. 2; LR/*Hilger* § 117 Rn. 12).

12 Der Antrag ist darauf gerichtet, den Haftbefehl nach § 120 aufzuheben oder entsprechend § 116 außer Vollzug zu setzen.

13 Der Antrag kann jederzeit zurückgenommen werden. Der Verteidiger bedarf zur Rücknahme aber der ausdrücklichen Ermächtigung (vgl. §§ 118b i.V.m. 302 Abs. 2). Ein Antrag auf Haftprüfung kann beliebig oft gestellt werden (ebenso: SK-StPO/*Paeffgen* § 117 Rn. 5; zur Einschränkung des Anspruches auf mündliche Verhandlung gem. § 118 Abs. 3 s. dort Rdn. 7 ff.).

14 Eine Überprüfung i.R.d. Haftprüfung ist während der gesamten Dauer des Verfahrens möglich. Der Haftbefehl muss sich aber in Vollzug befinden (OLG Frankfurt NStZ-RR 1996, 302 f.; *Burhoff*, Handbuch für das strafrechtliche Ermittlungsverfahren, 7. Aufl. 2015, Rn. 3759 ff.; KK/*Graf* § 117 Rn. 2; LR/*Hilger* § 117 Rn. 6; *Hohmann* NJW 1990, 1649 ff.; Meyer-Goßner/*Schmitt* § 117 Rn. 4; SK-StPO/*Paeffgen* § 117 Rn. 5 a.E.; *Schlothauer/Weider/Nobis*, Untersuchungshaft, Rn. 757). Andernfalls ist die Haftprüfung regelmäßig unzulässig Allerdings kann auch die Aufhebung eines außer Vollzug befindlichen Haftbefehls begehrt werden (OLG Karlsruhe Justiz 1986, 144 f.; KK/*Graf* § 117 Rn. 2). Eine weitere Ausnahme ist anzunehmen, wenn der Vollzug des Haftbefehls unmittelbar bevorsteht, weil bspw. Überhaft notiert ist und die zu vollstreckende Strafhaft endet. Dann muss dem Beschuldigten bereits präventiv die Möglichkeit zu effektivem Rechtsschutz zur Verfügung stehen (OLG Hamburg MDR 1974, 861; LG Saarbrücken NJW 1990, 1679; LG Stuttgart Justiz 1989, 437 = NJW 1990, 1679; s.a. KK/*Graf* § 117 Rn. 2; LR/*Hilger* § 117 Rn. 8; Meyer-Goßner/*Schmitt* § 117 Rn. 4).

15 **Adressat des Antrages** ist vor Erhebung der Anklage das Gericht, das den Haftbefehl erlassen hat, danach das mit der Strafsache befasste Tatgericht (§ 126 Abs. 1 und 2). Der Antrag kann auch bei dem Gericht gestellt werden, in dessen Bezirk die Haftanstalt liegt, in der der Beschuldigte einsitzt (vgl. § 118b i.V.m. § 299 Abs. 1). Die **Zuständigkeit des Gerichts** für weitere Entscheidungen nach Erlass des Haftbefehls ergibt sich aus § 126. Auf die dortige Kommentierung wird verwiesen (s. § 126 Rdn. 4 ff.).

16 Der Antrag ist an **keine Form oder Frist** gebunden. Er kann schriftlich oder auch mündlich zu Protokoll des Urkundsbeamten der Geschäftsstelle des Gerichts gestellt werden (KK/*Graf* § 117 Rn. 4; Meyer-Goßner/*Schmitt* § 117 Rn. 5). Dies ist auch im Zusammenhang mit der Vorführung vor das zuständige Gericht (§ 115 Abs. 4; s. hierzu auch AG Halberstadt StV 2004, 549) oder den nächsten Richter (§ 115a Abs. 2) möglich. Ausschlussfristen sind hier, anders als für die mündliche Haftprüfung (vgl. hierzu § 118 Abs. 3 und 4), nicht zu beachten.

17 Ein unzulässiger Antrag auf Haftprüfung kann umgedeutet werden in eine Haftbeschwerde (*Hohmann* NJW 1990, 1649 ff.; Meyer-Goßner/*Schmitt* § 117 Rn. 4).

18 Das Gericht entscheidet nach **Gewährung rechtlichen Gehörs.** Der Haftrichter muss den Beschuldigten über die Grundlagen der Entscheidung informieren. Der Beschuldigte ist insb. zu hören, bevor zu seinem Nachteil Tatsachen oder Beweisergebnisse verwertet werden (vgl. § 33 Abs. 3). Dies soll mündlich oder auch

schriftlich, bspw. durch Übersendung von Vernehmungsprotokollen, möglich sein. Eine solche Information muss sinnvollerweise auch ggü. dem zwingend vorhandenen (Pflicht-) Verteidiger (vgl. §§ 141 Abs. 3 S. 4 bzw. § 141 Abs. 3 S. 5 i.V.m. 140 Abs. 1 Nr. 4) geschehen. Der Verteidigung ist zur Wahrung des rechtlichen Gehörs umfassend Akteneinsicht zu gewähren, über aktuelle Ermittlungsergebnisse ist er ohne Aufforderung zu informieren (ausführlich hierzu s. vor § 112 dort Rdn. 59 ff.). Vom Anspruch auf rechtliches Gehör kann nicht abgesehen werden. Die Einschränkung des § 33 Abs. 4 verfängt hier nicht. Sie gilt nicht für die Aufrechterhaltung der Untersuchungshaft, der Beschuldigte befindet sich ja bereits in Haft. Eine Gefährdung des Zwecks der Anordnung steht somit nicht zu befürchten (zum Ganzen KK/*Graf* § 117 Rn. 10; *Herrmann*, Untersuchungshaft, Rn. 1033; *Schlothauer/Weider/Nobis*, Untersuchungshaft, Rn. 792 [für die mündliche Haftprüfung] und Rn. 806 [für die schriftliche Haftprüfung]; SK-StPO/*Paeffgen* § 117 Rn. 9).

Das Gesetz sieht i.R.d. schriftlichen Haftprüfung **keine gesonderte Information des Verteidigers** durch das Gericht vor (LR/*Hilger* § 117 Rn. 24; *Schlothauer/Weider/Nobis*, Untersuchungshaft, Rn. 807). Insb. § 168c Abs. 1 greift nicht, denn hier findet keine mündliche Anhörung statt. Die Verteidigung muss aber dennoch darauf hinwirken, die Rechte des Beschuldigten wahrzunehmen und bspw. (nochmals) Akteneinsicht beantragen, die Übersendung von Stellungnahmen der StA erbitten und auch Beweiserhebungen anregen (*Herrmann*, Untersuchungshaft, Rn. 1033 ff.; *Schlothauer/Weider/Nobis*, Untersuchungshaft, Rn. 806 f.). 19

Ist eine Information und einhergehend damit eine Entscheidung im schriftlichen Haftprüfungsverfahren anders nicht möglich, dann ist ein **Übergang zur mündlichen Haftprüfung** geboten (vgl. § 118 Abs. 1 Satz 1, Alt. 2). Ein solches Vorgehen steht im pflichtgemäßen Ermessen des Gerichts. 20

Prüfungsmaßstab für die schriftliche Haftprüfung sind das Vorliegen der im Haftbefehl genannten Haftgründe, des dringenden Tatverdachts sowie der Verhältnismäßigkeit der Haftfortdauer der Untersuchungshaft. Darüber hinaus ist der gesamte Inhalt der Ermittlungsakte zum Gegenstand der Überprüfung zu machen. Das Gericht hat stets eine neue, selbstständige Prüfung vorzunehmen (OLG Jena StV 2007, 588). 21

Dem Richter steht eine umfassende **Entscheidungskompetenz** zu. Er kann den Haftbefehl aufrechterhalten, gem. § 120 aufheben oder entsprechend § 116 StPO außer Vollzug setzen. Er kann ihn auch inhaltlich ändern oder anpassen (KK/*Graf* § 117 Rn. 11; LR/*Hilger* § 117 Rn. 28; Meyer-Goßner/*Schmitt* § 117 Rn. 6; sinngemäß ebenso: *Schlothauer/Weider/Nobis*, Untersuchungshaft, Rn. 808). 22

Eine **Frist zur Entscheidung** über die schriftliche Haftprüfung existiert, anders als für die mündliche Haftprüfung (vgl. hierzu § 118 Abs. 5 bzw. § 118a Abs. 4), nicht. Dennoch muss natürlich unter Beachtung des Beschleunigungsgebotes in Haftsachen zügig entschieden werden (zum Ganzen: KK/*Graf* § 117 Rn. 10; *Herrmann*, Untersuchungshaft, Rn. 1032; LR/*Hilger* § 117 Rn. 23; *Schlothauer/Weider/Nobis*, Untersuchungshaft, Rn. 808). 23

Hat der Richter **Ermittlungen veranlasst**, dann kann deren Ergebnis ggf. abgewartet werden. Dies darf aber nur zu einer unwesentlichen Verzögerung führen. Andernfalls ist unverzüglich zu entscheiden. Später zu erwartende Ermittlungsergebnisse können nach ihrem Eingang im Rahmen einer dann möglicherweise neu anstehenden (auch eigenverantwortlich durch das Gericht vorzunehmenden – s.o.) Haftentscheidung berücksichtigt werden (KK/*Graf* § 117 Rn. 12 f.; LR/*Hilger* § 117 Rn. 26; Meyer-Goßner/*Schmitt* § 117 Rn. 15 f.; sinngemäß ebenso *Schlothauer/Weider/Nobis*, Untersuchungshaft, Rn. 808).

Die **Entscheidung** des Gerichts ergeht mittels Beschluss. Er ist zu begründen (§ 34) und formlos bekannt zu machen (§ 35 Abs. 2 Satz 2). Die Gründe müssen u.a. eine weitergehende Überprüfung i.R.d. Haftbeschwerde ermöglichen. Eine Bezugnahme auf den Haftbefehl und frühere Entscheidungen soll zulässig sein (Meyer-Goßner/*Schmitt* § 117 Rn. 7) und ist in der Praxis häufig der Fall. Ein solches Vorgehen trägt aber meist wenig dazu bei, die Entscheidung für den Beschuldigten nachvollziehbar und verständlich zu machen. Der Grundsatz des fair trial erlaubt es dem Beschuldigten, eine nachvollziehbare Auseinandersetzung des Gerichts mit vorgebrachten Argumenten erwarten zu dürfen. 24

Richtet sich der **Antrag an eine Strafkammer** bzw. das **Schöffengericht**, dann ist strittig, wie das Gericht für die Entscheidung besetzt sein muss: 25

Die **Rspr.** geht nahezu einhellig davon aus, dass insb. aus Gründen der Beschleunigung des Verfahrens immer in der Besetzung außerhalb der Hauptverhandlung, also ohne Schöffenrichter, zu entscheiden sei (BGH JR 2011, 262 ff. [mit Anm. *Börner]* = NStZ 2011, 356 ff. [mit Anm. *Krüger* NStZ 2012, 341 ff.]; KG StraFo 2015, 110 ff. [3. Strafsenat]; OLG Hamburg StraFo 2010, 383 f.; OLG Hamburg NJW 1998, 2988 ff.; OLG Hamm StV 1998, 388; OLG Jena StraFo 1999, 212 f.; OLG Jena StV 2010, 34 [LS]; OLG Köln NJW 2009, 3113 ff.; OLG München StRR 2007, 83 [LS]; OLG Naumburg NStZ-RR 2001, 347 f.; LG München StraFo 2010, 383 f.; s. auch KK-*Graf*, § 118a Rn. 4 und § 126 Rn. 10).

Eine Ausnahme soll in den Fällen der §§ 268b, 120 Abs. 1 gelten (vgl. z.B. OLG Jena, StV 2010, 34 [LS]; KK-*Graf*, § 118a Rn. 4 und § 126 Rn. 10).

In der **Lit.** wird dagegen überwiegend vertreten, dass die Entscheidung grds. unter Mitwirkung der Schöffen zu treffen ist (vgl. u.a. *Bertram* NJW 1998, 2934 ff.; *Dehn* NStZ 1997, 608 ff. und *Foth* NStZ 1998, 262 ff., jew. in den Anm. zu OLG Köln NJW 1998, 2989 ff.; *Katholnigg* JR 1998, 170 ff. und *Schlothauer* StV 1998, 144 ff., jew. in der Anm. zu OLG Hamburg NJW 1998, 2988 ff.; s. auch *Paeffgen* NStZ 1999, 78; ausführlich zum Ganzen *Sowada* NStZ 2001, 169 ff.; *ders.* in Anm. zu OLG Koblenz StV 2010, 37 ff.; *Krüger* NStZ 2009, 590 ff. in der Anm. zu OLG Köln, NJW 2009, 3113 ff.; differenzierend Meyer-Goßner/*Schmitt*, § 126 Rn. 8; Aus der Rspr. s. insofern auch KG StV 2016, 171 = StraFo 2015, 419 und StraFo 2016, 292 [4. Strafsenat]; OLG Koblenz StV 2010, 36 f. [1. Strafsenat]; OLG Koblenz 2010, 37 ff. [2. Strafsenat]). Teilweise werden zusätzlich differenzierende Auffassungen vertreten (vgl. u.a. *Gittermann* DRiZ 2012, 12; *Börner* JA 2011, 481; zur Besetzung des erstinstanzlichen OLG-Senats s. BGHSt 43, 91 [»Fünfer-Besetzung«]). Nach *Burhoff*, Handbuch für die strafrechtliche Hauptverhandlung, Rn. 4192) ist über einen in oder während der Hauptverhandlung gestellten Antrag gemeinsam mit den Schöffen zu entscheiden. Aus dem Gesetz ergeben sich keine Anhaltspunkte für eine andere Besetzung (s. auch OLG Koblenz StV 2010, 36 f. [1. Strafsenat]; OLG Koblenz 2010, 37 ff. [2. Strafsenat]; Meyer-Goßner/*Schmitt*, § 126 Rn. 8; *Sowada* StV 2010, 37). Rechtsstaatlichkeit muss hier vor Effizienz gehen. Über einen außerhalb der Hauptverhandlung gestellten Antrag ist ohne Schöffen zu entscheiden (vgl. Meyer-Goßner/*Schmitt*, § 126 Rn. 8; § 30 GVG Rn. 3; s. zum Ganzen auch BVerfG NJW 1998, 2962 ff.). Dies gilt i.Ü. ja auch für andere Anträge, über die ohne mündliche Verhandlung entschieden werden kann.

Ein Antrag, der während einer Unterbrechung der Hauptverhandlung gestellt wurde, ist formal nicht in der Hauptverhandlung gestellt, während derer eine Präsenz von bestimmten Verfahrensbeteiligten geboten ist (vgl. § 226; s. hierzu *Bertram* NJW 1998, 2936 ff.; a.A. *Schlothauer* StV 1998, 144, 145 in der Anm. zu OLG Hamburg NJW 1998, 2988 ff.; Meyer-Goßner/*Schmitt*, § 126 Rn. 8). Über einen solchen Antrag ist deshalb ohne Schöffen zu entscheiden (Meyer-Goßner/*Schmitt*, § 126 Rn. 8).

Etwas anderes muss aber wohl bei einer nur kurzfristigen Unterbrechung der Hauptverhandlung, bspw. Pausen, gelten (Meyer-Goßner/*Schmitt*, § 126 Rn. 8; OLG Hamm StV 1998, 388 f.). Dann kommt es auf den Sachzusammenhang an. Ein entsprechender Antrag ist je nach Prozesssituation außerhalb oder eben während der Hauptverhandlung gestellt/wiederholt.

Klarheit wird nur der Gesetzgeber schaffen können (ebenso schon *Sowada* StV 2010, 37). Dies gilt gleichermaßen auch für die Haftbeschwerde. Ausführlich hierzu s. auch § 126 Rdn. 9 ff.

26 **C. Antrag auf mündliche Haftprüfung, §§ 117 Abs. 1, 118 Abs. 1.** Die Haftprüfung kann auch mündlich erfolgen. Ergänzend zu den obigen Ausführungen zur schriftlichen Haftprüfung (s. Rdn. 9 ff.) ist für die mündliche Haftprüfung Folgendes zu beachten:

27 Der in der Praxis am häufigsten genutzte Rechtsbehelf ist der Antrag auf mündliche Haftprüfung gem. § 117 Abs. 1 i.V.m. § 118 Abs. 1 (ausführlich zum Ganzen *Burhoff*, Handbuch für das strafrechtliche Ermittlungsverfahren, Rn. 4186 ff. [allgemein] und Rn. 2838 ff. [speziell zur mündlichen Haftprüfung]; *Herrmann*, Untersuchungshaft, Rn. 1043 ff.; *Schlothauer/Weider/Nobis*, Untersuchungshaft, Rn. 757 ff.).

28 Der **Antrag** auf mündliche Haftprüfung muss erkennen lassen, dass eine mündliche Verhandlung angestrebt wird (vgl. § 118 Abs. 1; s. zum Ganzen *Burhoff*, Handbuch für das strafrechtliche Ermittlungsverfahren, Rn. 2838 ff. [2840]; *Herrmann*, Untersuchungshaft, Rn. 1060; LR/*Hilger* § 117 Rn. 15; *Schlothauer/Weider/Nobis*, Untersuchungshaft, Rn. 770, 771). Der zunächst gestellte Antrag ist nicht bindend. Ergibt sich während der mündlichen Verhandlung eine andere Einschätzung der Sachlage, dann kann er bis zum Schluss der mündlichen Verhandlung geändert und angepasst werden.

29 Schon i.R.d. Antragsstellung, also noch vor der eigentlichen Haftprüfung, können **Beweisanträge** gestellt werden. Das Gericht braucht diesen aber nicht nachzugehen. Denn es handelt sich lediglich um Anregungen zur Beweiserhebung, die keiner förmlichen Bescheidung nach § 244 StPO bedürfen (*Burhoff*, Handbuch für das strafrechtliche Ermittlungsverfahren, Rn. 2844; Meyer-Goßner/*Schmitt* § 118a Rn. 4). Werden entsprechende Anträge im Haftprüfungstermin selbst gestellt, dann ist das Gericht aber zur Beweiserhebung verpflichtet, sofern entweder der **Verlust des Beweises** zu besorgen ist oder die Beweiserhebung die **Freilassung des Beschuldigten** begründen kann. Nachdem dies in den meisten Fällen zumindest theoretisch anzunehmen sein wird, ist dem Beweisantrag nachzugehen (vgl. § 166 Abs. 1; s.a. *Burhoff*, Handbuch für das strafrechtliche Ermittlungsverfahren, Rn. 2844; *Herrmann*, Untersuchungshaft, Rn. 1064; *Schlothauer/Weider/Nobis*, Untersuchungshaft, Rn. 776 und Rn. 796; *Schlothauer* StV 1995, 158 ff.). Vereinzelt wird vertreten, dass § 166 nur im Ermittlungsverfahren gelte, nicht auch nach Erlass eines Urteils. Dann gebietet aber zumindest der **Anspruch auf rechtliches Gehör** nach Art. 103 Abs. 1 GG, die angebotenen Beweise zu prüfen. Ein Anspruch des Beschuldigten auf Beweiserhebungen im Haftverfahren ergibt sich insb. auch aus der grds. denkbaren Möglichkeit einer dann gebotenen Freilassung (vgl. OLG Hamm StraFo 2002, 100

[mit differenzierter Anm. *Nobis* StraFo 2002, 101 ff.] = StV 2002, 209; s.a. *Schlothauer/Weider/Nobis*, Untersuchungshaft, Rn. 776 und Rn. 796)

Die **mündliche Verhandlung** ist gem. § 118 Abs. 5 Hs. 2 unverzüglich, d.h. ohne vermeidbare Verzögerungen, durchzuführen. Dies kann schon in unmittelbarem Anschluss an die Haftbefehlseröffnung selbst sein (vgl. zu diesem Gedanken der »logischen Sekunde« zwischen Haftbefehlseröffnung und der sich daran anschließenden Rechtsmittelsituation: AG Halberstadt StV 2004, 549 ff.). Der Termin hat unverzüglich, spätestens innerhalb von **zwei Wochen nach Antragstellung** stattzufinden. Eine Fristüberschreitung ist nicht hinnehmbar. Mit Zustimmung des Beschuldigten kann aber eine spätere Terminierung erfolgen (ausführlich zum Ganzen s. die Kommentierung bei § 118 Rdn. 18 ff.). 30

Der **Ablauf der mündlichen Verhandlung** ist geregelt in § 118a. Der Beschuldigte und der Verteidiger sowie die StA sind über Ort und Zeit der mündlichen Verhandlung zu benachrichtigen (ausführlich hierzu s. die Kommentierung bei § 118a Rdn. 3). 31

Hat der Verteidiger mitgeteilt, an dem Termin teilnehmen zu wollen und verzögert sich sein Erscheinen, dann hat das Gericht angemessen zu warten (VerfGH Rheinland-Pfalz StV 2006, 315 ff. [m.Anm. *Kühne/Haufs-Brusberg*] = StraFo 2006, 199 f.; VerfGH Brandenburg NJW 2003, 2009 ff.; *Burhoff*, Handbuch für das strafrechtliche Ermittlungsverfahren, Rn. 4874; s. hierzu bereits die Kommentierung bei § 115 Rdn. 29). Der Verteidiger eines Mitbeschuldigten hat kein Anwesenheitsrecht bei Vernehmungen eines anderen Beschuldigten im Haftprüfungsverfahren (OLG Köln NStZ 2012, 174 = StRR 2011, 446 [LS] = NJW 2012, 1240 [LS]).

Gegen eine ablehnende Entscheidung kann Haftbeschwerde eingelegt werden. 32

D. Haftbeschwerde, § 304. I. Allgemeines. Gegen die zuletzt ergangene (negative) Haftentscheidung kann jederzeit **Haftbeschwerde gem. § 304 Abs. 1** erhoben werden. Sie ist zulässig gegen jede im Zusammenhang mit der Untersuchungshaft ergangene (Haft-) Entscheidung, insb. gegen den Haftbefehl aber auch die Zurückweisung des Antrages auf dessen Erlass, seine Aufhebung (§ 120) oder Außervollzugsetzung (§ 116), die Entscheidung über eine schriftliche oder mündliche Haftprüfung, die Anordnung von Auflagen und Weisungen im Zusammenhang mit dem Vollzug der Untersuchungshaft oder der Außervollzugsetzung des Haftbefehls, die vorrangige Vollstreckung von Erzwingungshaft oder Untersuchungshaft vor anderen freiheitsentziehenden Maßnahmen gem. § 116b Satz 2 aber auch eine Ablehnung der Benachrichtigung über die Untersuchungshaft oder des Rechts auf Versendung eines Zugangsbriefes gem. § 114b (vgl. KK/*Graf* § 115 Rn. 18 ff.; *Burhoff*, Handbuch für das strafrechtliche Ermittlungsverfahren, Rn. 2312 ff.; *Herrmann*, Untersuchungshaft, Rn. 1086 ff.; *Kruse* JA 2000, 210 ff.; Meyer-Goßner/*Schmitt* § 117 Rn. 8; SK-StPO/*Paeffgen* § 115 Rn. 13 f.; *Schlothauer/Weider/Nobis*, Untersuchungshaft, Rn. 812 ff.). 33

Bereits der Erlass des Haftbefehls kann angegriffen werden, er muss nicht erst vollstreckt werden (OLG Hamm NStZ-RR 2001, 254).

Der Beschuldigte oder die StA müssen **beschwert** sein (vgl. §§ 296 ff.). Dies kann auch nach Erledigung der hoheitlichen Maßnahme der Fall sein. Eine gerichtliche Überprüfung ist wegen des besonderen Feststellungsinteresses auch möglich, wenn der Eingriff inzwischen beendet ist (BVerfG JZ 2005, 629 ff. = NStZ 2007, 147 = StraFo 2006, 20 ff. = wistra 2006, 59 ff.; s.a. BVerfG NStZ 2007, 413 f. = NVwZ 2007, 807 f. = StV 2007, 589 [LS]; BVerfG NStZ 2000, 153 f. = StV 2000, 322 f.; BVerfG NStZ 2002, 157 ff. = StV 2001, 691 f.; OLG München StV 2006, 317 f. [m.Anm. *Kirchner*]; a.A. OLG Koblenz StV 2007, 589 [LS]; s. zum Ganzen auch SK-StPO/*Paeffgen* § 117 Rn. 15; *Park/Schlothauer* FS *Widmaier*, 2008, S. 387 ff.). Auch der flüchtige Beschuldigte ist beschwerdeberechtigt (OLG Stuttgart NStZ 1990, 247). Ein Beschwerderecht steht auch dem von den angeordneten Auflagen betroffenen Dritten zu (BGHSt 27, 175 ff. = JR 1978, 83 f. [mit ablehnender Anm. *Peters*] = MDR 1977, 681 f. [zum Besuchsrecht]). 34

Eine **Untätigkeitsbeschwerde** als solche ist nicht vorgesehen (*Burhoff*, Handbuch für das strafrechtliche Ermittlungsverfahren, Rn. 2314 ff.; *Schlothauer/Weider/Nobis*, Untersuchungshaft, Rn. 812). Die Beschwerde kann aber bei Untätigkeit gegen die Unterlassung einer rechtlich gebotenen Entscheidung erhoben werden, wenn diese selbst mit der Beschwerde angreifbar wäre. Für das Haftverfahren ist dies für zulässig erachtet worden, wenn die Frist von zwei Wochen zur Durchführung der mündlichen Haftprüfung gem. § 118 Abs. 5 Hs. 2 überschritten wurde (OLG Braunschweig StraFo 2005, 26 f. = StV 2005, 39; OLG Hamm NStZ-RR 2006, 17). 35

II. Zulässigkeitsvoraussetzungen. Die Haftbeschwerde ist beim **judex a quo**, d.h. dem Gericht zu erheben, dessen Entscheidung angegriffen wird (§ 306 Abs. 1). Sie ist an keine **Frist** und auch keine **Form** gebunden. Sie kann in demselben Verfahren mehrfach erhoben werden. 36

Richtet sich die Beschwerde gegen eine bereits einmal angegriffene Entscheidung, dann ist der Rechtsweg erschöpft, und die Haftbeschwerde wird in einen Antrag auf Haftprüfung umgedeutet (OLG Düsseldorf StV 37

1992, 237 [LS]; OLG Hamm StV 1997, 197 = wistra 1996, 321; KK/*Graf* § 115 Rn. 24; *Burhoff*, Handbuch für das strafrechtliche Ermittlungsverfahren, Rn. 2328; Meyer-Goßner/*Schmitt* § 117 Rn. 12; *Schlothauer/wieder/Nobis*, Untersuchungshaft, Rn. 814).

38 Die Beschwerde ist neben einem Antrag auf schriftliche oder mündliche Haftprüfung unzulässig (§ 117 Abs. 2 Satz 1). Dies gilt auch für einen Antrag auf Vorführung vor das zuständige Gericht (§ 115). Ein solcher Antrag kann aber jederzeit zurückgenommen werden, um dann Haftbeschwerde gem. § 304 einlegen zu können. Wird der Antrag erst nach Erhebung der Haftbeschwerde zurückgenommen, dann bleibt diese unzulässig (OLG Stuttgart Justiz 2005, 334; ausführlich Meyer-Goßner/*Schmitt* § 117 Rn. 14).

39 Die Haftbeschwerde wird **gegenstandslos**, wenn über sie bei Erlass der Entscheidung des OLG nach § 122 oder nach Eintritt der Urteilsrechtskraft noch nicht entschieden ist (OLG Hamm NStZ 2008, 582 ff. = NStZ 2010, 202 [bei *Paeffgen*]; Meyer-Goßner/*Schmitt* § 117 Rn. 13).

40 **III. Zuständigkeitswechsel nach Einlegung der Beschwerde.** Wechselt nach Einlegung der Beschwerde die gerichtliche Zuständigkeit, dann gilt nach allgemeiner Meinung Folgendes:
Nach Erhebung der Anklage ist eine noch nicht erledigte Beschwerde gegen die Haftentscheidung in einen Antrag auf Haftprüfung nach § 117 Abs. 1 **umzudeuten** (OLG Naumburg NStZ-RR 1997, 307 = StraFo 1997, 250; LG Mannheim NStZ 2006, 592; *Burhoff*, Handbuch für das strafrechtliche Ermittlungsverfahren, Rn. 2328; Meyer-Goßner/*Schmitt* § 117 Rn. 8; *Herrmann*, Untersuchungshaft, Rn. 1099; *Schlothauer/Weider/Nobis*, Untersuchungshaft, Rn. 816, 817; krit.: *Paeffgen* NStZ 1999, 75 [dort insb. Fn. 9]; *Rostek* StV 2002, 225 ff.). Dann ist das mit der Sache befasste Gericht zuständig (OLG Karlsruhe StV 2002, 225; OLG Stuttgart Justiz 2004, 166; OLG Frankfurt NJW 1985, 1233; OLG Düsseldorf StV 1992, OLG Düsseldorf StV 428; OLG Düsseldorf StV 1993, 482). Erst gegen die von diesem Gericht erlassene Haftentscheidung ist dann Haftbeschwerde möglich.

41 Dies gilt auch für den Fall, dass vor einer Entscheidung über die weitere Beschwerde gem. § 310 Anklage erhoben wurde (OLG Düsseldorf StV 1992, 428), auch wenn über die Beschwerde selbst zuvor bereits entschieden worden ist (OLG Düsseldorf wistra 1999, 318; OLG Hamm wistra 1996, 321; s.a. Meyer-Goßner/*Schmitt* § 117 Rn. 12; KK/*Schultheis* § 126 Rn. 8).

42 Nach Eingang der Akten beim Berufungsgericht nach § 321 Satz 2 wird die Beschwerde gegen eine Haftentscheidung des erstinstanzlichen Gerichts als Antrag auf Haftprüfung nach § 117 Abs. 1 durch das Berufungsgericht behandelt. Hierbei spielt es keine Rolle, ob das LG schon vorher eine Beschwerdeentscheidung getroffen hat (OLG Düsseldorf StV 1993, 482).

43 Die Umdeutung der Haftbeschwerde in einen Antrag auf Haftprüfung erscheint **bedenklich**. Sie ist gesetzlich nicht vorgesehen. Sie wurde entwickelt, um im Fall einer Anklage zum LG keine Divergenz der Entscheidung des Beschwerdegerichts zu provozieren. Der Beschuldigte hat aber ein Wahlrecht, ob er Haftprüfung beantragen oder Haftbeschwerde einlegen will. Ihm steht die **Rechtsmittelautonomie** zu (*Rostek* StV 2002, 225, 226; s.a. OLG München StV 2006, 317 f. [m.Anm. *Kirchner*]). Und in der Praxis kommt es immer wieder zu Fallgestaltungen, auf die der grundsätzliche Wechsel der Zuständigkeit nicht passt (s. OLG Hamm NStZ-RR 2010, 358 [LS]; OLG Düsseldorf StV 1993, 592).
Eine schematische Betrachtung beschränkt den Beschuldigten in dessen Rechten. Hier sind individuelle Lösungen anhand des Einzelfalles angezeigt.

44 **IV. Antrag und Begründung der Haftbeschwerde.** Die Beschwerde ist bei dem Gericht anzubringen, dessen Entscheidung angefochten wird (§ 306 Abs. 1). Sie ist zu Protokoll der Geschäftsstelle oder schriftlich zu erheben. Die Beschwerde muss nicht, sie sollte aber begründet werden. Es empfiehlt sich, einen **konkreten Antrag** zu stellen um das Ziel der Beschwerde darzulegen. Ergänzend können Beweiserhebungen angeregt bzw. beantragt werden (vgl. § 308 Abs. 2). Hieran ist das Beschwerdegericht aber nicht gebunden.

45 **V. Beschwerdeverfahren.** Das Beschwerdeverfahren richtet sich nach den allgemeinen Vorgaben entsprechend den §§ 306 ff. (*Burhoff*, Handbuch für das strafrechtliche Ermittlungsverfahren, Rn. 2329 [für die Haftbeschwerde] unter Verweis auf Rn. 1054 ff. [Beschwerde allgemein]; *Gimbel* ZRP 2004, 35 ff.; *Herrmann*, Untersuchungshaft, Rn. 1117 ff.; *Hoffmann* NStZ 2006, 256 ff.; *Schlothauer/Weider/Nobis*, Untersuchungshaft, Rn. 824 ff.).

46 Zunächst hat das Ausgangsgericht die **Möglichkeit zur Abhilfe**. Dies wird dort immer wieder verkannt. Erst wenn das Haftgericht nach (eigenständiger) Prüfung der Sach- und rechtslage unter Beachtung der Begründung der Beschwerde nicht abhilft, soll die Beschwerde vorgelegt werden. Sie muss sofort, entsprechend der **Vorlagefrist** des § 306 Abs. 2 Hs. 2 spätestens vor Ablauf von drei Tagen dem Beschwerdegericht vorgelegt werden. Diese Frist wird regelmäßig nicht eingehalten. Teils wird sie bei Gericht nicht einmal vorgemerkt oder überwacht. Warum Staatsanwälte und Richter sie immer wieder gerne übersehen oder

(schlimmer noch) bewusst missachten, ist unerfindlich. Zwar wird vertreten, dass es sich nur um eine reine **Sollvorschrift** handele, die lediglich »nach Möglichkeit« einzuhalten sei (KK/*Engelhardt* § 306 Rn. 18; LR/*Matt* § 306 Rn. 23; Meyer-Goßner/*Schmitt* § 306 Rn. 11). Eine solche, teils undifferenziert und ungeprüft übernommene Ansicht verkennt aber schon das auch hier zu beachtende Beschleunigungsgebot in Haftsachen (ausdrücklich hierzu OLG Naumburg NStZ-RR 2011, 123 f. = StraFo 2010, 464 f. = StRR 2011, 35 = StV 2011, 39; ebenso bereits früher vgl. OLG Hamm StV 2006, 91; OLG Hamm StV 2002, 492; OLG Hamm StV 2000, 153). Eine Verzögerung kann auch hier nicht hingenommen werden. Ebenso wie bei der Frist des § 118 Abs. 5 Hs. 2 darf die gesetzlich vorgesehene Frist nicht nur zur Formalie mutieren. Konsequenz eines Verstoßes muss deshalb die Aufhebung des Haftbefehls sein (vgl. jeweils zu § 118 Abs. 5: OLG Oldenburg StV 1995, 87; AG Frankfurt a.M. StV 1993, 33; AG Kamen StV 1995, 476; AG Kamen StV 2002, 315; *Ahmed* StV 2016, 799 ff.; *Burhoff*, Handbuch für das strafrechtliche Ermittlungsverfahren, Rn. 21328 [a.E.] und Rn. 2330; *Hagmann* StV 2001, 693 ff. [Anm. zu BVerfG StV 2001, 691 ff.]; *Herrmann*, Untersuchungshaft, Rn. 1109 [zu § 306 Abs. 2 Hs. 2 StPO]; *Schlothauer/Weider/Nobis*, Untersuchungshaft, Rn. 825; a.A. OLG Hamm NStZ-RR 2006, 17; OLG Köln StraFo 2009, 205; KK/*Graf* § 118 Rn. 6; Meyer-Goßner/*Schmitt* § 118 Rn. 4). Eine Zeitspanne von 2 Monaten zwischen Eingang der weiteren Beschwerde und Vorlage der Akten beim Senat ist aber in jedem Fall nicht mehr hinnehmbar (OLG Hamm StraFo 2002, 177 f. = StV 2002, 492 f. [dort war die Verzögerung allerdings vom Verteidiger zu verantworten!]; OLG Hamm StraFo 2000, 30 = StV 2000, 154, 155; AG Halle StV 2018, 168 [m.Anm. *Hillebrand* StRR I/2018, 23]; Ag Magdeburg StraFo 2014, 73; s.a. Meyer-Goßner/*Schmitt* § 306 Rn. 11 a.E.; differenzierend: LR/*Matt* § 306 Rn. 7).

Der Strafrechtsausschuss der Bundesrechtsanwaltskammer (Strauda) schlägt in seiner Denkschrift »**Reform der Verteidigung im Ermittlungsverfahren**« vor, eine gesetzlich bindende Frist von zwei Wochen bis zur Entscheidung des Beschwerdegerichts einzuführen. Diese dürfe nur mit Zustimmung der Verteidigung verlängert werden, wenn bspw. weitere Ermittlungen anstehen, die die Sache verzögern (BRAK Schriftenreihe, Bd. 13, 2004; s. hierzu auch LR/*Matt* § 306 Rn. 23 [dort insb. Fn. 66]). 47

Üblicherweise entscheidet das Beschwerdegericht nach **Anhörung der Verfahrensbeteiligten** (für die StA s. § 33 Abs. 2). Eine mündliche Anhörung findet aber regelmäßig nicht statt (§ 309 Abs. 1). Auf Antrag des Beschuldigten oder von Amts wegen kann aber auch hier zunächst eine mündliche Verhandlung durchgeführt werden (vgl. § 118 Abs. 2). 48

Das Beschwerdegericht kann trotz der ihm zustehenden eigenen **Sachentscheidungskompetenz** die Invollzugsetzung eines außer Vollzug gesetzten Haftbefehls nur unter den engen Voraussetzungen des § 116 Abs. 4 beschließen (OLG Stuttgart StRR 2007, 38 [m. krit. Anm. *Herrmann*]). Legt nur der vom Vollzug der Untersuchungshaft verschonte Beschuldigte Haftbeschwerde ein, um den Haftbefehl über die gewährte Außervollzugsetzung hinaus aufheben zu lassen, dann kommt der Widerruf einer gewährten Haftverschonung allenfalls dann in Betracht, wenn sich die konkreten Umstände ganz wesentlich verändert haben (ausführlich hierzu s. § 116 dort Rdn. 66 ff.). Das Rechtsmittelgericht darf den Vollzug der Untersuchungshaft nicht deshalb anordnen, weil es die Haftfrage als solche anders beurteilt. Es gilt Vertrauensschutz (BVerfG NStZ 2007, 83 f. = StraFo 2005, 502 = StV 2006, 26 ff. = wistra 2006, 57; OLG Düsseldorf StV 1993, 480; ebenso: Meyer-Goßner/*Schmitt* vor § 304 Rn. 5 a.E. [ab der 49. Aufl.]). Bei einer wesentlichen Änderung des Sachverhalts soll dem Beschwerdegericht aber die Befugnis zustehen, den Haftbefehl aufzuheben und einen neuen zu erlassen, wenn der alte Haftbefehl den Anforderungen des § 114 Abs. 1 Satz 1 nicht entspricht und der Beschuldigte sonst auf freien Fuß gesetzt werden müsste (OLG Dresden StV 2006, 700 f. [m. abl. Anm. *Bosbach*]; s.a. OLG Brandenburg StV 1997, 140 f.; OLG Düsseldorf StV 1996, 440 f. [m.Anm. *Weider*]; OLG Hamm StV 2000, 155; OLG Köln StV 1999, 156; zum Ganzen: *Herrmann*, Untersuchungshaft, Rn. 1119 f.; *Schlothauer/Weider/Nobis*, Untersuchungshaft, Rn. 826). 49

Das ist nicht hinnehmbar. Denn damit wird die dem Beschuldigten zugestandene Möglichkeit des Rechtsschutzes ungerechtfertigt eingeschränkt. Schließlich stehen dem Beschuldigten gegen einen im Beschwerdeverfahren neu erlassenen Haftbefehl die vom Gesetz vorgesehenen Rechtsschutzmöglichkeiten nicht mehr zu. Er kann allenfalls noch weitere Beschwerde einlegen, eine Haftprüfung scheint aber im Instanzenzug ebenso wenig möglich wie eine Haftbeschwerde, die ja schon anhängig ist. Dem Beschuldigten ist hier der gesetzliche Richter entzogen, es liegt ein Verstoß gegen Art. 101 Abs. 1 Satz 2 GG vor (ebenso *Bosbach* StV 2006, 701; s.a. *Weider* StV 1996, 441 f. [Anm. zu OLG Düsseldorf StV 1996, 440 f.]).

Die **Prüfkompetenz des Beschwerdegerichts** ist je nach Verfahrensstand eingeschränkt: Während des Laufs der Hauptverhandlung ist neben dem Akteninhalt auch das Ergebnis der bisherigen Beweisaufnahme zu berücksichtigen. Da das Beschwerdegericht an dieser nicht selbst teilnimmt, steht ihm nur ein eingeschränkter Prüfungsmaßstab zu (BGH StraFo 2004, 135 = StV 2004, 143; KG StV 2015, 303 [LS] = NStZ-RR 2015, 115 [für den dringenden Tatverdacht]; OLG Celle StraFo 2015, 113 f. = StV 2015, 305; OLG Hamm wistra 2006, 279 f.). Entscheidend kommt es darauf an, ob der Inhalt der angefochtenen Haftentscheidung grob 50 fehlerhaft ist oder der dringende Tatverdacht aus tatsächlichen und rechtlichen Gründen nicht angenommen werden kann (BGH NStZ-RR 2003, 368 ff.; KG StV 2015, 303 [LS] = NStZ-RR 2015, 115; OLG Brandenburg StraFo 2000, 318 f.; OLG Braunschweig StV 2005, 39 f.; OLG Hamm StV 2006, 191 ff.; OLG Jena StV 2005, 559 ff. [mit Anm. *Deckers/Lederer* StV 2009, 139 ff.]).

51 Im Beschwerdeverfahren gegen Haftverschonungsbeschlüsse gilt das **Verbot der »reformatio in peius«** (Verschlechterungsverbot). Wenn nur der Beschuldigte gegen den Haftbefehl Beschwerde einlegt, dann kommt der Widerruf einer gewährten Haftverschonung allenfalls in Betracht, wenn sich die Umstände erheblich zu seinen Lasten verändert haben (zu den engen Voraussetzungen des Widerrufes einer Haftverschonung s. die Kommentierung zu § 116 dort Rdn. 66 ff.). Eine lediglich andere Bewertung der Ausgangssituation genügt nicht (BVerfG StraFo 2005, 502 = StV 2006, 26 ff. = wistra 2006, 57; OLG Düsseldorf StV 1993, 480; *Herrmann*, Untersuchungshaft, Rn. 1122; Meyer-Goßner/*Schmitt* vor § 304 Rn. 5 a.E. [seit der 49. Aufl.]; *Schlothauer/Weider/Nobis*, Untersuchungshaft, Rn. 826; KMR-*Wankel*, StPO, § 117 Rn. 20).

52 Die Beschwerdeentscheidung ist zu **begründen**. Aus ihr muss hervorgehen, welcher Taten der Angeklagte dringend verdächtigt ist und worauf die richterliche Überzeugungsbildung beruht. Der bloße Verweis auf einen früheren Haftbefehl oder die Wiedergabe des Gesetzestextes zur Begründung genügen regelmäßig nicht (EGMR NJW 2003, 1439 ff.; BVerfG NJW 2006, 1336 ff. = NStZ 2007, 81 f. = StraFo 2006, 196 f. = StV 2006, 248 ff.; BVerfG StV 2006, 251 [teils zu § 121 StPO]; BVerfG NJW 2000, 1401 ff. [insb. zur Begründungstiefe]; BayVGH NStZ-RR 2014, 50 ff. = StRR 2014, 157 [m.Anm. Kotz]; s. aber BGH NJW 2017, 341 ff.; s.a. *Burhoff*, Handbuch für das strafrechtliche Ermittlungsverfahren, Rn. 2332; s. zum Ganzen auch *Mayer/Hunsmann* NStZ 2015, 325 ff.). Ist das Beschwerdegericht an einer eigenen Sachentscheidung mangels hinreichender Tatsachengrundlagen gehindert, dann kann dies i.R.d. Beschwerdeverfahrens nur zur Aufhebung des Haftfortdauerbeschlusses führen. Der für die Untersuchungshaft konstitutive Haftbefehl selbst ist aber nicht auch zwingend aufzuheben (OLG Hamm NStZ-RR 2010, 55).

Die Entscheidung des Beschwerdegerichts in einer Haftsache ist vom Ausgangsgericht dem weiteren Verfahren zugrunde zu legen und bindet dieses, solange sich der zu beurteilende Sachverhalt nicht ändert (OLG Braunschweig StRR 2015, 235 [m.Anm. *Herrmann*] = StV 2016, 102 = Nds.Rpfl 2015, 179).

Die Frage der Besetzung der Strafkammer bzw. des Schöffengerichts bei der Entscheidung ist höchst strittig (ausführlich hierzu s. oben, Rdn. 25 [dort zur Haftprüfung]).

Gegen die Entscheidung im Beschwerdeverfahren ist die **weitere Beschwerde** eröffnet.

53 **E. Weitere Beschwerde.** Als weiterer ordentlicher Rechtsbehelf kann in Haftsachen nach der Haftbeschwerde (ausführlich s.o.) auch die weitere Beschwerde erhoben werden (§ 310 Abs. 1 Nr. 1). Es handelt sich um eine eng auszulegende Ausnahmevorschrift (*Burhoff*, Handbuch für das strafrechtliche Ermittlungsverfahren, Rn. 5002 ff.; *Herrmann*, Untersuchungshaft, Rn. 1125 ff.; Meyer-Goßner/*Schmitt* § 310 Rn. 4; *Schlothauer/Weider/Nobis*, Untersuchungshaft, Rn. 830 ff.; MAH Strafverteidigung/*Widmaier/Eschelbach* § 4 Rn. 222).

Für die Entscheidung über eine im Zeitpunkt des rechtskräftigen Verfahrensabschlusses noch nicht erledigte weitere Haftbeschwerde besteht ein Rechtsschutzinteresse zwecks Feststellung der Rechtmäßigkeit der Anordnung und Fortdauer der Untersuchungshaft fort (KG StV 2017, 455 f. [Fortsetzungsfeststellungsinteresse]; s. hierzu auch *Schlothauer/Weider/Nobis*, Untersuchungshaft, Rn. 879 ff.).

54 Fraglich ist, ob das **Recht zur weiteren Beschwerde** nur dem Beschuldigten und nicht auch zu dessen Lasten der StA zustehen soll. Die (erneute) Ablehnung des Erlasses eines Haftbefehls in der weiteren Beschwerde betrifft nicht die Verhaftung oder einstweilige Unterbringung (vgl. den Wortlaut von § 310 Abs. 1 Nr. 1 und 2) sondern deren Gegenteil. Der Rechtsbehelf ist aber so ausgestaltet, dass nur gravierende Eingriffe in die Freiheitsrechte des Beschuldigten erfasst werden (OLG Braunschweig NJW 1965, 1288; vgl. auch LR/*Matt* § 310 Rn. 18; MAH Strafverteidigung/*Widmaier/Eschelbach* § 4 Rn. 222).

55 Mit **Verhaftung** i.S.d. § 310 Abs. 1 Nr. 1 sind Haftbefehle nach den §§ 112 ff. aber auch § 230 Abs. 2 gemeint. Die Erzwingungshaft (§ 70 Abs. 2) oder die Ordnungshaft (§ 51) sollen nicht erfasst sein. Die einstweilige Unterbringung i.S.d. § 310 Abs. 1 Nr. 2 erfasst die Fälle des § 126a und § 71 Abs. 1 JGG, nicht aber die Unterbringung des Beschuldigten nach § 81 (s. zum Ganzen *Burhoff*, Handbuch für das strafrechtliche Ermittlungsverfahren, Rn. 5008 f.; Meyer-Goßner/*Schmitt* § 310 Rn. 5 f.; a.A. für Erzwingungshaft OLG Frankfurt NStZ-RR 2000, 382O; LG Frankfurt a.M. NStZ-RR 1999, 640).

56 Mit der weiteren Beschwerde kann nur die **zuletzt ergangene Entscheidung zum Bestand und Vollzug des Haft- oder Unterbringungsbefehls** überprüft werden. Ist der Vollzug des Haftbefehls ausgesetzt, dann gehen die meisten OLG davon aus, dass die weitere Beschwerde dennoch zulässig ist. Auch ein nicht vollzogener Haftbefehl bedeutet einen massiven Eingriff in die Persönlichkeits- und Freiheitsrechte des Beschuldigten und muss deshalb überprüfbar sein (so: KG NJW 1979, 2626 [m.Anm. *Kopp*]; OLG Hamburg StV 1994, 323; OLG Hamm StraFo 2002, 140; OLG Koblenz NStZ 1990, 102 [m. zust. Anm. *Hohmann* NStZ 1990, 507];

OLG Köln StV 1994, 321; a.A. OLG Bremen StV 1981, 131 [m.Anm. *Klawitter*]; OLG Düsseldorf NStZ 1990, 248; OLG Düsseldorf StV 1990, 309; OLG Zweibrücken StV 1991, 219 [m. abl. Anm. *Wendisch*]; ausführlich zum Ganzen *Herrmann*, Untersuchungshaft, Rn. 1129; *Matt* NJW 1991, 1801 ff.; *Schlothauer/Weider/Nobis*, Untersuchungshaft, Rn. 830).

Eine darüber hinausgehende **Prüfungskompetenz des Gerichts** i.R.d. weiteren Beschwerde ist umstritten. 57
Für die Anordnung, Änderung oder Aufhebung von Auflagen soll die weitere Beschwerde ausgeschlossen sein (OLG Bremen StV 2001, 689; OLG Celle NStZ-RR 2006, 222; OLG Hamburg StV 1994, 323, 324; zum Ganzen: *Burhoff*, Handbuch für das strafrechtliche Ermittlungsverfahren, Rn. 5010; *Herrmann*, Untersuchungshaft, Rn. 1128; Meyer-Goßner/*Schmitt* § 310 Rn. 7; *Schlothauer/Weider/Nobis*, Untersuchungshaft, Rn. 830 ff.).

Auch für die weitere Beschwerde gilt der **Vorrang des Antrages auf Haftprüfung** gem. § 117 Abs. 2 Satz 1. 58
Insofern gelten deshalb die gleichen Vorgaben wie bei der Haftbeschwerde (s.o. Rdn. 33 ff.).

Die weitere Beschwerde ist ebenso wie die Haftbeschwerde nach § 304 an **keine Frist gebunden.** Die wei- 59
tere Beschwerde ist bei dem Gericht einzulegen, das die Entscheidung erlassen hat. Dieses prüft zunächst selbstständig eine Abhilfe. Eine Begründung des Nichtabhilfebeschlusses ist nicht erforderlich, das Ergebnis der Prüfung ist aber in den Akten zu vermerken. Etwas anderes gilt, wenn der angefochtene Beschluss begründet worden ist und das Beschwerdevorbringen (neue) Tatsachenbehauptungen enthält. Dann muss das Gericht sich hierzu verhalten (zu den verfassungsgerichtlichen Vorgaben an die Begründungstiefe s. *Mayer/Hunsmann* NStZ 2015, 325 ff.).

Zuständig für die Entscheidung über die weitere Beschwerde ist, sofern das Beschwerdegericht nicht selbst 60
abhilft, das übergeordnete OLG gem. § 121 Abs. 1 Nr. 2 GVG oder, sofern Entscheidungen des OLG nach § 120 Abs. 2 GVG betroffen sind, der BGH gem. § 135 Abs. 2 GVG (vgl. BGHSt 34, 392 f. = MDR 1987, 954 = NJW 1988, 1224 f. = NStZ 1987, 519; OLG Hamm StV 1996, 421; LG Potsdam NStZ-RR 2001, 20; Meyer-Goßner/*Schmitt* § 310 Rn. 10).

F. Weitere (neue) Ermittlungen, § 117 Abs. 3. Erscheinen i.R.d. Haftprüfung oder der Haftbeschwerde 61
zunächst weitere Ermittlungen angezeigt, um dann eine sachgerechte Haftentscheidung treffen zu können, dann hat das Gericht diese anzuordnen (vgl. § 117 Abs. 3). Dies kann durch den Haftrichter oder das Beschwerdegericht, darüber hinaus aber auch noch das OLG i.R.d. besonderen Haftprüfung nach § 122 erfolgen. § 117 Abs. 3 ist dort jeweils entsprechend anzuwenden (OLG Hamburg StV 2002, 317 = wistra 2002, 275 ff.).

Erforderliche Beweiserhebungen können vom beauftragten oder ersuchten Richter durchgeführt werden. 62
Darüber hinaus kann das Gericht die StA i.R.d. dieser obliegenden Ermittlungspflicht anweisen, weitere Untersuchungen durchzuführen. Die StA wiederum kann aufgrund des ihr zustehenden Anordnungs- (§ 152 Abs. 1 GVG) und Auftragsrechts (§ 161 Satz 2) die Ermittlungsbehörden verpflichten, entsprechend tätig zu werden (AK-StPO/*Krause* § 117 Rn. 11; KK/*Graf* § 117 Rn. 12; Meyer-Goßner/*Schmitt* § 117 Rn. 15). Nach a.A. sei ein solches Vorgehen zwar »verständlich«, es bestünden aber systematische Bedenken hinsichtlich der Anordnungskompetenzen des Gerichts ggü. den Ermittlungsbehörden; ggü. der StA bleibe deshalb einzig die Möglichkeit der »Anregung«, allenfalls beauftragter und ersuchter Richter seien hier verpflichtet (s. SK-StPO/*Paeffgen* § 117 Rn. 11).

Das **Gericht** kann die Entscheidung vorläufig zurückstellen, insb. eine Haftprüfung unterbrechen, und das 63
Ergebnis der ergänzenden Ermittlungen abwarten. Sinnvollerweise wird schon wegen des Beschleunigungsgebotes in Haftsachen (ausführlich hierzu s. § 112 dort Rdn. 132 ff.) eine Frist zur Erledigung der weiteren Ermittlungen gesetzt. Das Gericht kann die Anordnung mit der Ankündigung verbinden, dass der Haftbefehl aufzuheben oder außer Vollzug zu setzen sein wird, wenn die weiteren Ermittlungen unterbleiben (AnwK-Uhaft/*König* § 117 Rn. 11; KMR-*Wankel*, StPO, § 117 Rn. 26).

Das Beschwerdegericht kann weitere aus seiner Sicht gebotene Ermittlungen dem nach § 126 Abs. 1 64
zuständige Haftgericht zuweisen (OLG Hamburg StV 2002, 317 = wistra 2002, 275 ff.).

Auch die **Verteidigung** kann die Durchführung entlastender Beweiserhebungen beantragen. Dem muss das 65
Gericht aber nur aufgrund der eigenen Aufklärungspflicht nachgehen. Anders als i.R.d. richterlichen Vernehmung bei mündlicher Haftprüfung (s. hierzu bereits unter Rdn. 29) gilt hier § 166 StPO aber nicht. Es besteht also kein Anspruch auf entsprechende Beweiserhebungen (KK/*Graf* § 117 Rn. 12; LR/*Hilger* § 117 Rn. 27; Meyer-Goßner/*Schmitt* § 117 Rn. 15). Der Richter ist aber auch hier in seinem Ermessen gebunden, entlastende Ermittlungsergebnisse sind zugunsten des Beschuldigten zu recherchieren und zu beachten.

Ist denkbar, dass weitere anzuordnende Ermittlungen i.S.d. § 117 Abs. 3 oder künftige Ergebnisse möglicher- 66
weise belastend gegen den Beschuldigten wirken könnten, dann hat dies bei der Entscheidung zunächst keine Rolle zu spielen. Gem. § 120 Abs. 1 Satz 1 ist der Haftbefehl aufzuheben, sobald die Voraussetzungen der

Untersuchungshaft nicht mehr vorliegen. Eine Verzögerung dieser Entscheidung, um abzuwarten, ob nicht doch noch belastende Momente zum Tragen kommen könnten, ist unstatthaft (*Herrmann*, Untersuchungshaft, Rn. 1037; LR/*Hilger* § 117 Rn. 27 a.E.).

67 **G. Beiordnung eines Pflichtverteidigers.** Früher war gem. **§ 117 Abs. 5 a.F.** vorgesehen, dass nach Ablauf von drei Monaten vollzogener Untersuchungshaft eine Haftprüfung von Amts wegen und einhergehend damit die Beiordnung eines Pflichtverteidigers zu erfolgen haben (sog. **»Drei-Monats-Prüfung«**). Diese Regelung ist im Zuge der Reform des Untersuchungshaftrechts entfallen. I.R.d. Änderung des Untersuchungshaftrechts zum 01.01.2010 (ausführlich hierzu s. vor § 112 dort insb. Rdn. 50 ff.) wurde § 140 Abs. 1 Nr. 4 (jetzt Nr. 5) neu in das Gesetz aufgenommen. Dem inhaftierten Beschuldigten ist nunmehr nicht erst nach 3 Monaten in Untersuchungshaft, sondern bereits mit Beginn des Vollzuges der Untersuchungshaft ein Pflichtverteidiger beizuordnen (ausführlich hierzu s. vor § 112 dort insb. Rdn. 50; s.a. die Kommentierung zu den §§ 140 und 141).

68 Eine Haftprüfung nach drei Monaten soll deshalb von Amts wegen nicht mehr geboten sein. Der Fürsorgepflicht und dem Schutz des Beschuldigten wird grds. durch den von Anfang an beizuordnenden (Pflicht-) Verteidiger genügt. Dieser kennt üblicherweise die Rechte und Pflichten in Haftsachen und setzt sich der weit überwiegenden Zahl der Fälle auch für seinen Mandanten ein. Allerdings hört man immer wieder davon, dass Verteidiger ihre Mandanten in der Untersuchungshaft nicht adäquat betreuen und ihrer Verpflichtung nicht gerecht werden. Ob dies an Unerfahrenheit oder Überlastung liegt, kann dahinstehen. Hingenommen werden kann es jedenfalls nicht. In derartigen Fällen sollte ein flexiblerer **Wechsel des Pflichtverteidigers** möglich sein (vgl. BGH NStZ 2008, 418 f. = StraFo 2008, 243 = StV 2009, 5 ff.; BGH NStZ 2004, 632 f. = StV 2004, 302 f.; OLG Köln StraFo 2007, 157 [keine ausreichenden Besuche, dort allerdings vom Mandanten verweigert]; LG Aachen StV 2005, 439 [keine ausreichenden menschlich gebotenen Haftbesuche]; LG Osnabrück StRR 2010, 270 = StV 2010, 563 f. [Pflichtverteidigerwechsel, wenn 14 Tage nach Inhaftierung noch keine Kontaktaufnahme erfolgte]; zum Ganzen auch *Burhoff*, Handbuch für das strafrechtliche Ermittlungsverfahren, Rn. 3187 ff.). Indes: In der Praxis scheuen sich die Gerichte meist aus Kostengründen, einen Pflichtverteidigerwechsel zu vollziehen (zur Frage der Mehrkosten s.a. die kritische Anm. von *Burhoff* zu LG Osnabrück StRR 2010, 270). Mit der den Gerichten nach wie vor obliegenden Fürsorgepflicht ist dies nicht vereinbar.

Der Wegfall der Drei-Monats-Prüfung erscheint vor diesem Hintergrund verfehlt. Vielleicht wäre das die Möglichkeit, im Rahmen der Fürsorgepflicht gegenüber dem Inhaftierten eine Kontrolle der (Un-) Tätigkeit des Pflichtverteidigers vorzunehmen.

69 **H. Sonstiges.** Welcher ordentliche oder außerordentliche Rechtsbehelf sinnvoll und Erfolg versprechend erscheint, hängt vom Einzelfall ab. *König* geht davon aus, dass der Haftprüfung immer der Vorzug zu geben sei (»in dubio pro Haftprüfung«; MAH Strafverteidigung/*König* § 4 Rn. 196; s.a. AnwK-Uhaft/*König* § 117 Rn. 14). Eine solche schematische Vorgehensweise erscheint nicht immer angezeigt. Es bedarf einer individuellen Überprüfung, welcher Rechtsbehelf im konkreten Einzelfall eher Erfolg verspricht (weitergehend sogar noch: *Deckers* NJW 1994, 2261, 2266 [»Kunstfehler, nicht sämtliche Rechtsbehelfe zu ergreifen«]). Die Vorgehensweise hängt neben dem erhobenen Tatvorwurf und den angenommenen Haftgründen auch vom Beschuldigten selbst ab. Ein persönlicher Eindruck kann nur im Rahmen einer mündlichen Verhandlung entstehen. Rechtsfragen lassen sich regelmäßig schriftlich besser ausformulieren und diskutieren. Im direkten (konfrontativen) Gespräch sind Richter da nicht selten überfordert und blockieren. Die Überlegungen greifen ineinander und entfalten grds. auch eine Wechselwirkung (ausführlich hierzu *Herrmann*, Untersuchungshaft, Rn. 1016 ff.; *Schlothauer/Weider/Nobis*, Untersuchungshaft, Rn. 819 ff.).

70 Sind sich die Verfahrensbeteiligten nach Einlegung eines Rechtsbehelfs über den Fortgang der Sache einig und geht es nur noch um die **praktische Umsetzung** der Aufhebung oder Außervollzugsetzung des Haftbefehls, dann kann auf eine zunächst beantragte mündliche Verhandlung nachträglich verzichtet werden und zum schriftlichen Verfahren übergegangen werden. Die Durchführung einer mündlichen Verhandlung ist dann entbehrlich, eine Entscheidung kann einfacher im schriftlichen Verfahren ergehen. Anders verhält sich dies aber, wenn der Beschuldigte noch Erklärungen abgeben soll, bspw. ein Geständnis zu protokollieren ist. Aber auch in einem solchen Fall kann bei entsprechendem Vertrauen eine Einlassung nachträglich schriftlich vorgelegt werden, um eine Haftverschonung nicht weiter zu verzögern.

71 Die **Einreichung von Antrag oder Beschwerde** kann sowohl beim zuständigen Gericht als auch bei der StA – sinnvollerweise verbunden mit der Bitte um unverzügliche Weiterleitung gemeinsam mit den Akten an das zuständige Gericht – erfolgen. Der Fristenlauf bei Gericht (§ 118 Abs. 5 sowie § 306 Satz 2) beginnt erst mit Eingang bei Gericht. Das Haftgericht fordert dann zunächst die StA zur Stellungnahme und Vorlage der Akten auf. Gehen Antrag oder Beschwerde in Abschrift zeitgleich bei der StA ein, dann kann eine

Verzögerung verhindert werden. Vorsorglich sollte jeweils auf das Anschreiben an die anderen Beteiligten hingewiesen werden, um so einer mehrfachen Anhängigkeit und einer Verzögerung der Sache zu begegnen (*Herrmann*, Untersuchungshaft, Rn. 1016 ff.).

Gelegentlich kommt es vor, dass der Eingang von Anträgen und auch Rechtsbehelfen bei Gericht nicht vorgemerkt wird und die StA lediglich formlos zur Vorlage der Akten aufgefordert wird, ohne dass dies überwacht wird. Es bleibt dann den Ermittlungsbehörden überlassen, das Verfahren zu fördern oder nicht. Ein solches Vorgehen ist unprofessionell und widerspricht dem Grundsatz der Beschleunigung in Haftsachen. Da ist es Aufgabe der Verteidiger, Fristen vorzumerken, ggf. nachzufassen und nötigenfalls eine Aufhebung des Haftbefehls zu beantragen (dazu s. bereits oben). 72

I. Außerordentliche Rechtsbehelfe in Haftsachen. Neben den ordentlichen Rechtsbehelfen besteht auch die Möglichkeit außerordentlichen Rechtsschutz zu ergreifen. 73

I. Verfassungsbeschwerde, Art. 93 Abs. 1 Nr. 4a GG. Als außerordentlicher Rechtsbehelf ist gegen Haftentscheidungen auch die Möglichkeit der **Verfassungsbeschwerde** gegeben. 74

Nicht zuletzt wegen der besonderen Bedeutung des Freiheitsgrundrechts erscheint die Erfolgsquote von Verfassungsbeschwerden in Haftsachen im Verhältnis zum allgemeinen Durchschnitt deutlich erhöht. Die Verfassungsbeschwerde muss aber qualifiziert begründet werden (instruktiv für die Verteidigung: BVerfG StRR 2007, 203 ff.; VerfGH Berlin, Beschl. v. 25.04.2008, 164/07 [juris], zit. nach *Paeffgen* NStZ 2010, 200, 201 [der diese »Beweislast« aber auch die dortigen Überlegungen zum Grundsatz der Beschleunigung im Hinblick auf u.a. den Grundsatz des nemo tenetur und auch § 136a sehr krit. würdigt]; ausführlich zur Verfassungsbeschwerde bei Haftfortdauerbeschlüssen *Bleckmann* NJW 1995, 2192 ff.; vgl. auch *Radtke/Hohmann/Tsambikakis*, StPO, § 117 Rn. 17, dort insb. auch Fn. 25). 75

Das BVerfG kann nur eingreifen, wenn die Gerichte Verfassungsrecht verletzt haben. Dies ist nicht schon dann anzunehmen, wenn die angegriffene Entscheidung objektiv fehlerhaft ist. Der Fehler muss vielmehr in der Nichtbeachtung von Grundrechten liegen. Das kann in der Regel erst angenommen werden, wenn eine grds. unrichtige Anschauung von der Bedeutung eines Grundrechts oder eine fehlerhafte Rechtsanwendung bei verständiger Würdigung der das Grundgesetz beherrschenden Gedanken nicht mehr verständlich ist (BVerfGE 95, 96 ff. = JZ 1997, 142 ff. [m.Anm. *Strack* JZ 1997, 142] = MDR 1997, 179 f. = NJ 1997, 19 = NJW 1997, 929 ff. = StV 1997, 14 ff. [m.Anm. *Ambos* StV 1997, 39 ff.]; s.a. *Bleckmann* NJW 1995, 2192 ff.; *Herrmann*, Untersuchungshaft, Rn. 1181 ff.; MAH Strafverteidigung/*Widmaier/Eschelbach* § 28, Rn. 2 (dort insb. Fn. 1). 76

Vorab ist der ordentliche Rechtsweg auszuschöpfen. Dies gilt selbst dann, wenn die Möglichkeit der Einlegung eines Rechtsmittels in Rspr. und Literatur strittig ist: Nach Ansicht des BVerfG bedarf es selbst dann der Einlegung einer weiteren Beschwerde gegen einen aufgehobenen Haftbefehl, wenn dieser durch einen neuen Haftbefehl prozessual überholt ist (BVerfG JZ 2005, 629 ff. = NStZ 2007, 147 = StraFo 2006, 20 ff. = wistra 2006, 59 f.). 77

II. Individualrechtsbeschwerde, Art. 34 EMRK. Konventionsverstöße gegen die EMRK können mittels **Individualrechtsbeschwerde** verfolgt werden. Auch wenn die unmittelbare Wirkung der Rspr. des EGMR als gering angesehen wird (MAH Strafverteidigung/*Widmaier/Eschelbach* § 29, Rn. 7), dann dürfen dennoch die Orientierungswirkung sowie die normative Leitfunktion entsprechender Judikate bei der Auslegung innerstaatlichen Rechts nicht verkannt werden (LR/*Gollwitzer*, EMRK, Verfahren, Rn. 77d; *Esser* StV 2005, 348, 352; *Vogel/Matt* StV 2007, 206 ff.; MAH Strafverteidigung/*Widmaier/Eschelbach* § 29 Rn. 7). 78

Die im Zusammenhang mit dem **Recht auf Akteneinsicht** gem. § 147 Abs. 2 Satz 2 StPO ergangenen Entscheidungen des EGMR sind wegweisend für die Entwicklung der nationalen Rspr. und haben die Gesetzgebung i.R.d. Reform des Rechts der Untersuchungshaft wesentlich beeinflusst (vgl. nur EGMR Nr. 11364/03, Urt. der 5. Kammer v. 13.12.2007 [Mooren v. Deutschland I] StRR 2008, 98 ff. [m.Anm. J. *Herrmann*/D. *Herrmann*] = StV 2008, 475 [m.Anm. *Hagmann* und *Pauly*]; s.a. EGMR Nr. 11364/03, Urt. der Großen Kammer v. 09.07.2009 [Mooren v. Deutschland II] StraFo 2010, 63 = StRR 2009, 473 ff. [m.Anm. D. *Herrmann*] = StV 2010, 490 ff. [m.Anm. *Pauly*]; s.a. EGMR StV 1993, 283; EGMR StV 2001, 201, 203, 205 m. zust. Anm. *Kempf*, StV 2001, 207 = EGMR NJW 2002, 2013 [Lietzow]; EGMR NJW 2002, 2015 [Schöps]; EGMR NJW 2002, 2018 [Garcia Alva]; zum Ganzen auch: *Burhoff*, Handbuch für das strafrechtliche Ermittlungsverfahren, Rn. 296 ff.; *Deckers* StraFo 2009, 444; *Herrmann*, Untersuchungshaft, Rn. 360 ff.; *Kempf* FS Rieß, S. 217 ff.; Meyer-Goßner/*Schmitt* § 147 Rn. 25a; *Michalke* NJW 2010, 18; *Park* StV 2009, 276 ff.; *Püschel* StraFo 2009, 134, 135; *Schlothauer* StV 2001, 193 ff.; *Weider* StV 2010, 102 ff.; ausführlich hierzu s. vor § 112 dort Rdn. 59 ff.). 79

80 Auch die Urteile des EGMR zu Fragen der **Beschleunigung in Haftsachen** gem. Art. 5 Abs. 3 Satz 1 Hs. 2 EMRK und Art. 6 Abs. 1 Satz 1 EMRK bestätigen deren Bedeutung für das nationale Recht. Der verhaftete Beschuldigte hat Anspruch auf Aburteilung innerhalb angemessener Frist oder auf Haftentlassung (vgl. EGMR StV 2005, 136 f.; s.a. *Kühne* StV 2002, 383 ff.; ausführlich hierzu s. § 112 Rdn. 132 ff.).

81 Schließlich sind europarechtlich für Fälle der rechtswidrigen Festnahme oder Freiheitsentziehung **Entschädigungsansprüche** nach Art. 5 Abs. 5 EMRK denkbar, der einen verschuldensunabhängigen Schadensersatzanspruch gegen den Staat ermöglicht (s. EGMR Nr. 11364/03, Urt. der 5. Kammer v. 13.12.2007 [Mooren v. Deutschland I] StRR 2008, 98 ff. [m.Anm. *J. Herrmann/D. Herrmann*] = StV 2008, 475; und insb. EGMR Nr. 11364/03, Urt. der Großen Kammer v. 09.07.2009 [Mooren v. Deutschland II] StraFo 2010, 63 = StRR 2009, 473 ff. [m.Anm. D. *Herrmann*] = StV 2010, 490 ff. [m.Anm. *Pauly*]; zum Ganzen auch: *Brockhaus/Ullrich* StV 2016, 678 ff.; *Broß* StraFo 2009, 10 ff.; *Killinger*, Staatshaftung für rechtswidrige Untersuchungshaft in Deutschland und Österreich im Lichte von Art. 5 Abs. 5 EMRK, 2015; *Strafner* StV 2010, 275 ff.; LR/*Esser*, Erl. zu Art. 5 EMRK; vgl. dort auch Art. 5 EMRK Rdn. 68 ff.). Ausführlich hierzu s. die Kommentierung vor § 112 Rdn. 5 ff.

82 Entscheidungen des EGMR dienen in erster Linie der **Durchsetzung von Konventionsgarantien**. Sie wollen einen Ausgleich und auch eine gütliche Einigung zwischen den Verfahrensbeteiligten herbeiführen. Es handelt sich um einen völkerrechtlichen Rechtsbehelf eigener Art (EGMR NJW 2004, 3407, 3409 f.; LR/*Gollwitzer*, EMRK, Verfahren, Rn. 76; ausführlich zum Ganzen: MAH Strafverteidigung/*Widmaier/Eschelbach* § 29 Rn. 5 und Rn. 43; *Vogel/Matt* StV 2007, 206, 211). Die Individualbeschwerde ist erst zulässig, wenn sämtliche innerstaatlichen Rechtsbehelfe erschöpft sind, sie ist subsidiär (vgl. Art. 35 Abs. 1 EMRK).

83 Die konkreten Vorgaben einer Individualbeschwerde, insb. formelle Anforderungen und entsprechende Formularvorgaben sowie Fristen, Form und Inhalt, insb. Begründungsanforderungen und schließlich auch der Verfahrensablauf sind ausführlich dargestellt bei MAH Strafverteidigung/*Widmaier/Eschelbach* § 29 Rn. 16 ff.

§ 118 Verfahren bei der Haftprüfung

(1) Bei der Haftprüfung wird auf Antrag des Beschuldigten oder nach dem Ermessen des Gerichts von Amts wegen nach mündlicher Verhandlung entschieden.

(2) Ist gegen den Haftbefehl Beschwerde eingelegt, so kann auch im Beschwerdeverfahren auf Antrag des Beschuldigten oder von Amts wegen nach mündlicher Verhandlung entschieden werden.

(3) Ist die Untersuchungshaft nach mündlicher Verhandlung aufrechterhalten worden, so hat der Beschuldigte einen Anspruch auf eine weitere mündliche Verhandlung nur, wenn die Untersuchungshaft mindestens drei Monate und seit der letzten mündlichen Verhandlung mindestens zwei Monate gedauert hat.

(4) Ein Anspruch auf mündliche Verhandlung besteht nicht, solange die Hauptverhandlung andauert oder wenn ein Urteil ergangen ist, das auf eine Freiheitsstrafe oder eine freiheitsentziehende Maßregel der Besserung und Sicherung erkennt.

(5) Die mündliche Verhandlung ist unverzüglich durchzuführen; sie darf ohne Zustimmung des Beschuldigten nicht über zwei Wochen nach dem Eingang des Antrags anberaumt werden.

Übersicht

1 **A. Allgemeines.** Das Ermittlungsverfahren wird weitgehend schriftlich geführt. Sowohl im Haftprüfungsverfahren (§ 117 Abs. 1) als auch in der Haftbeschwerde (§ 117 Abs. 2 i.V.m. §§ 304 ff.) kann aber auch mündlich verhandelt werden, bevor eine Entscheidung ergeht. Ein solches Vorgehen bietet die Möglichkeit, den Sachverhalt weiter aufzuklären, um Haftfragen sachgerecht entscheiden zu können. Paragraf 118 Abs. 1 regelt eine **besondere Form der Haftprüfung** und eine **Ausnahme im Beschwerdeverfahren** (vgl. § 309 Abs. 1).

2 Im **Haftprüfungsverfahren** muss auf Antrag des Beschuldigten eine mündliche Verhandlung stattfinden, ohne einen solchen Antrag kann sie nach dem Ermessen des Gerichts durchgeführt werden (vgl. § 118 Abs. 1).

3 Im **Haftbeschwerdeverfahren** steht eine mündliche Verhandlung grds. im Ermessen des Gerichts, auch nach einem Antrag des Beschuldigten (vgl. § 118 Abs. 2– »kann«). Ausnahmen bzw. Einschränkungen sind in § 118 Abs. 3 und 4 geregelt (ausführlich zu den drei gesetzlich vorgesehenen Sperrgründen s.u. Rdn. 6 ff.).

Den Antrag auf mündliche Verhandlung können der Beschuldigte (vgl. § 118b) und sein Verteidiger, dieser allerdings nicht gegen den Willen seines Mandanten (vgl. § 118b i.V.m. § 297), sowie der gesetzliche Vertreter (vgl. § 118b i.V.m. § 298) und der Erziehungsberechtigte (vgl. § 67 Abs. 1 JGG) stellen. 4
Der Antrag kann jederzeit zurückgenommen werden.
Die StA hat kein eigenes Antragsrecht, sie kann eine mündliche Verhandlung allenfalls anregen. Auf ihren entsprechenden Antrag hin ist der Haftbefehl aber ggf. aufzuheben (vgl. § 120 Abs. 3 Satz 1).
In der Praxis ist die mündliche Haftprüfung die Regel, die mündliche Verhandlung i.R.d. Haftbeschwerde die Ausnahme. 5

B. Zur Sperrwirkung in § 118 Abs. 3 und Abs. 4, Alt. 1 und 2. Das Gesetz regelt drei unterschiedliche Sachverhalte, in denen die grds. mögliche mündliche Verhandlung nicht stattfindet. 6

I. Zur Sperrfrist in § 118 Abs. 3. Nach § 118 Abs. 3 hat der Beschuldigte nach einer negativen Haftentscheidung nur dann einen Anspruch auf eine erneute mündliche Verhandlung, wenn die Untersuchungshaft seit mindestens drei Monaten andauert und darüber hinaus seit der letzten mündlichen Verhandlung mindestens zwei Monate vergangen sind. 7
Für die Fristberechnung ist es unerheblich, ob die frühere mündliche Verhandlung auf Antrag oder von Amts wegen stattgefunden hat (OLG Köln NStZ 2007, 608; Meyer-Goßner/*Schmitt* § 118 Rn. 2). 8
Das Gericht soll unabhängig davon jederzeit, auch schon vor Ablauf der Frist, eine mündliche Verhandlung terminieren dürfen, wenn dies geboten erscheint. Denn das Gericht hat in jeder Lage des Verfahrens von Amts wegen über die Anordnung und Fortdauer der Untersuchungshaft zu entscheiden. Die Rechte des Beschuldigten würden hier dadurch gewahrt, dass eine mündliche Verhandlung ohne entsprechenden Antrag allein aufgrund des Ermessens des Gerichts keine Sperrwirkung i.S.d. § 118 Abs. 3 entfalte (so *Schröder* NStZ 1998, 69 f.; a.A. die h.M., vgl. u.a.: *Burhoff*, Hdb. für das strafrechtliche Ermittlungsverfahren, Rn. 2841; LR/*Hilger* § 117 Rn. 10; Meyer-Goßner/*Schmitt* § 118 Rn. 2). 9
Der Beschuldigte muss sich nicht ununterbrochen in Untersuchungshaft befunden haben (allgemeine Meinung, vgl. nur *Burhoff*, Hdb. für das strafrechtliche Ermittlungsverfahren, Rn. 2841; KK/*Graf* § 117 Rn. 18; Meyer-Goßner/*Schmitt* § 118 Rn. 2). Für die Berechnung der Frist sind sämtliche in derselben Sache erlittenen Haftzeiten zusammenzurechnen. 10
Die Sperrwirkung des § 118 Abs. 3 greift nur bei angeordneter Haftfortdauer. Ist der Haftbefehl aufgehoben (vgl. § 120) oder außer Vollzug gesetzt (vgl. § 116) worden und wird später ein neuer Haftbefehl erlassen oder ein früherer wieder in Vollzug gesetzt, dann verfängt § 118 Abs. 3 nicht. Denn in der vorhergehenden mündlichen Verhandlung zur Anwendbarkeit dieser Vorschrift muss nach dem Wortlaut der Norm die Untersuchungshaft *»aufrechterhalten«* worden sein. Ist dies nicht der Fall, dann sind die § 114a ff. anzuwenden, es bedarf dann einer Haftbefehlseröffnung (OLG Köln JMBl. NRW 2008, 64 f. = NStZ 2007, 608 [wiedergegeben auch bei *Paeffgen* NStZ 2008, 135, 138 f.]; KK/*Graf* § 118 Rn. 3; Meyer-Goßner/*Schmitt* § 118 Rn. 2; SK-StPO/*Paeffgen* § 118 Rn. 4). 11
Ist der Haftbefehl außerhalb einer mündlichen Verhandlung aufgehoben oder außer Vollzug gesetzt worden und ist er in der Folgezeit nach § 116 Abs. 4 wieder in Vollzug gesetzt worden, dann erfolgt keine Beschränkung nach § 118 Abs. 3, wenn die Untersuchungshaft in einer mündlichen Verhandlung aufrechterhalten worden war (Meyer-Goßner/*Schmitt* § 118 Rn. 2; SK-StPO/*Paeffgen* § 118 Rn. 4). 12
Die Sperrfrist des § 118 Abs. 3 kann durch **Rücknahme des Antrages**, der noch in der mündlichen Verhandlung möglich ist, umgangen werden. Zeichnet sich nach Anhörung des Beschuldigten sowie eventueller Zeugen (vgl. § 118a Abs. 3) keine positive Haftentscheidung ab, dann führt die Rücknahme des Antrags auf Haftprüfung noch vor einer zu erwartenden negativen Haftentscheidung zur Haftfortdauer ohne die Folge der Sperrwirkung des § 118 Abs. 3 (a.A. OLG Köln JMBl. NRW 2008, 64 f. = NStZ 2007, 608 [im Termin sei alles geschehen, was der Angekl. durch seinen Antrag erreichen konnte]; s. hierzu auch die Darstellung bei *Paeffgen* NStZ 2008, 135, 138 f.; Meyer-Goßner/*Schmitt* § 118 Rn. 2 a.E.). Der Beschuldigte mag es insofern in der Hand haben, die Fristen des § 118 Abs. 3 erneut zu nutzen. Die Praxis kann mit einer solchen weitestgehend anerkannten Verfahrensweise gut leben. Das Recht auf Freiheit und die gebotenen Möglichkeiten einer Überprüfung überwiegen Bedenken zu eventuellem Missbrauch bei Weitem. Rechtsmittelautonomie und Dispositionsbefugnis des Beschuldigten gehen hier vor (s.a. AnwK-Uhaft/*König*, § 118 Rn. 2; MAH Strafverteidigung/*Widmaier/König* § 4 Rn. 212; *Radtke/Hohmann/Tsambikakis* StPO § 118 Rn. 3 a.E.). 13

II. Zur Sperrfrist in § 118 Abs. 4, Alt. 1 und 2. Nach § 118 Abs. 4 besteht während laufender Hauptverhandlung (Alt. 1) oder nach Abschluss der Instanz durch die nicht zwingend rechtskräftige Verurteilung zu einer Freiheitsstrafe oder einer freiheitsentziehenden Maßregel der Besserung und Sicherung (Alt. 2) kein Anspruch auf mündliche Verhandlung über die Haftprüfung. 14

15 Grds. geht man davon aus, dass das Gericht aufgrund des Verfahrensganges über bessere Erkenntnisse verfüge, als dies im Rahmen einer (weiteren) mündlichen Verhandlung denkbar wäre bzw. sich im Fall einer Verurteilung auf dieser Basis bereits entschieden habe (vgl. § 268b). Dennoch kann das Gericht nach seinem Ermessen jederzeit eine mündliche Verhandlung durchführen (KK/*Graf* § 118 Rn. 4; AK-StPO/*Krause*, § 118 Rn. 5; SK-StPO/*Paeffgen* § 118 Rn. 5).

16 In der Hauptverhandlung können Haftfragen jederzeit mündlich erörtert werden. Sie muss aber andauern. Davon ist nicht auszugehen, wenn sie längere Zeit unterbrochen wird. In den Fällen des § 229 Abs. 2 wird allgemein von einer solchen länger andauernden Unterbrechung ausgegangen (vgl. KK/*Graf* § 118 Rn. 4; LR/*Hilger* § 118 Rn. 11; AnwK-Uhaft/*König* § 118 StPO Rn. 5; Meyer-Goßner/*Schmitt* § 118 Rn. 3; SK-StPO/*Paeffgen* § 118 Rn. 5). Dies soll aber auch in den Fällen des § 229 Abs. 1 und Abs. 3 gelten. Entscheidend kommt es auf den Zeitablauf der in § 118 Abs. 5 StPO genannten Frist von max. zwei Wochen an. Droht diese seit Antragstellung zu verfristen, dann verzögert sich die Überprüfung unzumutbar. Dann hat der Beschuldigte Anspruch auf eine »unverzügliche« mündliche Verhandlung über die Haftfragen. Dem Beschuldigten muss die Möglichkeit zu einer gerichtlichen Überprüfung allgemein zeitnah zustehen. (ebenso: AnwK-StPO/*Lammer*, § 118 Rn. 4; AnwK-Uhaft/*König* § 118 StPO Rn. 5; differenzierend nach der zeitlichen Nähe zum letzten Hauptverhandlungstermin und dem Inhalt des gestellten Antrages: OLG Celle NStZ-RR 1996, 171 = StV 1996, 387 f.).

17 Die Frage der Besetzung der Strafkammer bzw. des Schöffengerichts bei der Entscheidung ist strittig! Eine ausführliche Darstellung des Meinungsstandes findet sich bei § 117 Rdn. 25 bzw. bei § 126 Rdn. 9 ff.

18 **C. Zur unverzüglichen Terminanberaumung, § 118 Abs. 5.** Die **mündliche Verhandlung** ist gem. § 118 Abs. 5 Hs. 2 unverzüglich, d.h. ohne vermeidbare Verzögerungen, durchzuführen. Dies kann auch unmittelbar in Anschluss an die Haftbefehlseröffnung sein (vgl. zu diesem Gedanken der »logischen Sekunde« zwischen Haftbefehlseröffnung und der sich unverzüglich daran anschließenden Rechtsmittelsituation: AG Halberstadt StV 2004, 549 ff.). Der Termin hat spätestens innerhalb von 2 Wochen nach Antragstellung stattzufinden. Mit Zustimmung des Beschuldigten kann eine verzögerte Terminierung oder auch eine Verschiebung des Termins erfolgen, bspw. wenn weitere Ermittlungen durchzuführen sind oder auch die Verteidigung verhindert ist. Hierin kann auch die Rücknahme des ursprünglichen Antrages nebst Stellung eines neuen gesehen werden. Ansonsten ist ein solches Vorgehen unzulässig (zu den Konsequenzen s.u., Rdn. 20 f.).

19 Die **Berechnung der Frist** richtet sich nach § 43. Sie beginnt mit Eingang des Antrages beim zuständigen Gericht oder entsprechender Antragstellung zu Protokoll der Geschäftsstelle des Gerichts des Verwahrungsortes (vgl. § 299 StPO; ebenso KK/*Graf* § 118 Rn. 6; Meyer-Goßner/*Schmitt* § 118 Rn. 4; *Schlothauer/Weider/Nobis*, Untersuchungshaft, Rn. 769 a.E.; a.A. LR/*Hilger* § 118 Rn. 19). Der Eingang des Antrages bei der StA genügt hierfür nicht. Ein Wechsel in der Zuständigkeit des Gerichts, bspw. durch Anklageerhebung (vgl. § 126), führt nicht dazu, dass die Frist erneut zu laufen beginnt. Der Wortlaut des § 118 Abs. 5 ist eindeutig. I.Ü. widerspricht dies dem Schutz des Untersuchungshäftlings (BerlVerfG StRR 2015, 276 ff. [m.Anm. *Herrmann*]). Hierbei ist auch zu beachten, dass ja das zunächst zuständige Gericht bereits die Möglichkeit zur (unverzüglichen!) Haftprüfung hatte, bevor es dann zum Wechsel der Zuständigkeit kam (ebenda).

20 Teilweise wird vertreten, dass ein **Verstoß gegen die Zwei-Wochen-Frist** nicht automatisch zu einer Haftentlassung führt (OLG Köln StraFo 2009, 205 = StV 2009, 653 [m. abl. Anm. *Kühne*]; OLG Hamm NStZ-RR 2006, 17 [m. abl. Anm. *Paeffgen* NStZ 2007, 85]; KK/*Graf* § 118 Rn. 6; LR/*Hilger*, 26. Aufl., § 118 Rn. 20; Meyer-Goßner/*Schmitt* § 118 Rn. 4; *Münchhalffen/Gatzweiler*, Untersuchungshaft, Rn. 399). Dies mag zwar in der gerichtlichen Praxis die Regel sein, unter Berücksichtigung der verfassungsrechtlichen Rspr. ist ein solches Vorgehen aber nicht akzeptabel. Gem. Art. 104 Abs. 1 Satz 1 GG darf in die Freiheit der Person nur aufgrund eines förmlichen Gesetzes eingegriffen werden. Verstöße gegen die durch Art. 104 GG gewährleisteten Voraussetzungen und Formen freiheitsbeschränkender Gesetze stellen stets auch eine Verletzung der Freiheit der Person dar (BVerfGE 58, 208, 220; BVerfG StV 2001, 691, 692 [m.Anm. *Hagmann*]; ähnlich BVerfG NJW 2001, 1121 [zur Frage der »Gefahr in Verzug«] und BVerfG, NJW 2002, 3161 [zum »Richtervorbehalt bei Freiheitsentziehung«]; BerlVerfG StRR 2015, 276 ff. [m.Anm. *Herrmann*]; ausführlich hierzu: *Broß* StraFo 2009, 10 ff.; *Burhoff*, Hdb. für das strafrechtliche Ermittlungsverfahren, Rn. 2848 ff.; *Herrmann*, Untersuchungshaft, Rn. 1068 ff.; *Paeffgen* NStZ 2010, 206, dort insb. Fn. 31; *Schlothauer/Weider/Nobis*, Untersuchungshaft, Rn. 783). Die gesetzlich vorgegebene Frist darf deshalb nicht zur Formalie mutieren. Konsequenz eines Verstoßes muss deshalb die **Aufhebung des Haftbefehls** sein (vgl. [jeweils zu § 118 Abs. 5 StPO]: OLG Oldenburg StV 1995, 87; AG Frankfurt a.M. StV 1993, 33; AG Frankfurt a.M. StV 1993, 33; AG Hamburg-Harburg StraFo 2005, 198 = StV 2005, 395 [m. zust. Anm. *Meyer-Lohkamp*]; AG Kamen StV 1995, 476; AG Kamen StV 2002, 315; *Hagmann* StV 2001, 693 ff. [Anm. zu BVerfG StV 2001, 691 ff.]); *Herrmann*, Untersuchungshaft, Rn. 1068 [zu § 118 Abs. 5 StPO] und Rn. 1109 [zu § 306

Abs. 2 Hs. 2 StPO]; *Schlothauer/Weider/Nobis*, Untersuchungshaft, Rn. 783; a.A. VerfGH Berlin StRR 2015, 276 ff. [m.Anm. *Herrmann*; Frist verbindlich und Verstoß zu sanktionieren; Aufhebung des Haftbefehls aber nur wenn nicht nachfolgend durch eine Haftfortdauerentscheidung legitimiert]).

Gelegentlich kann eine **einvernehmlich abgestimmte Fristüberschreitung** Sinn machen, beispielsweise wenn aus Sicht der Verteidigung noch Ermittlungen anstehen, die das Ergebnis positiv beeinflussen können. Das ist aber nur mit Zustimmung des Beschuldigten möglich (*Schlothauer/Weider/Nobis*, Untersuchungshaft, Rn. 784). 21

Unabhängig davon besteht für den Fall eines Fristverstoßes die Möglichkeit zur **Untätigkeitsbeschwerde** bzw. zur **Dienstaufsichtsbeschwerde** (*Herrmann*, Untersuchungshaft, Rn. 1068 ff.; *Münchhalffen/Gatzweiler*, Das Recht der Untersuchungshaft, Rn. 399; *Schlothauer/Weider/Nobis*, Untersuchungshaft, Rn. 783). Eine verzögerte Vorlage der Akten kann darüber hinaus die **Besorgnis der Befangenheit** begründen (ebenso OLG Hamm NStZ 2007, 85 = NStZ-RR 2006, 17 f.; *Burhoff*, Hdb. für das strafrechtliche Ermittlungsverfahren, Rn. 2848 [2849 a.E.]; KK/*Graf* § 118 Rn. 6; *Herrmann*, Untersuchungshaft, Rn. 1068 ff.; SK-StPO/*Paeffgen* § 118 Rn. 6; *Schlothauer/Weider/Nobis*, Untersuchungshaft, Rn. 783). Teils wird auch ein Recht zur **Untätigkeitsbeschwerde** anerkannt (OLG Braunschweig StraFo 2005, 26 f. = StV 2005, 39; OLG Hamm NStZ 2007, 85 = NStZ-RR 2006, 17 f.; OLG Köln NStZ 2009, 656 = StraFo 2009, 205 = StV 2009, 653; KK/*Graf* § 118 Rn. 6; SK-StPO/*Paeffgen* § 118 Rn. 6; s. zum Ganzen auch: *Burhoff*, Hdb. für das strafrechtliche Ermittlungsverfahren, Rn. 2849 a.E.). 22

§ 118a Mündliche Verhandlung bei der Haftprüfung

(1) Von Ort und Zeit der mündlichen Verhandlung sind die Staatsanwaltschaft sowie der Beschuldigte und der Verteidiger zu benachrichtigen.

(2) [1]Der Beschuldigte ist zu der Verhandlung vorzuführen, es sei denn, daß er auf die Anwesenheit in der Verhandlung verzichtet hat oder daß der Vorführung weite Entfernung oder Krankheit des Beschuldigten oder andere nicht zu beseitigende Hindernisse entgegenstehen. [2]Das Gericht kann anordnen, dass unter den Voraussetzungen des Satzes 1 die mündliche Verhandlung in der Weise erfolgt, dass sich der Beschuldigte an einem anderen Ort als das Gericht aufhält und die Verhandlung zeitgleich in Bild und Ton an den Ort, an dem sich der Beschuldigte aufhält, und in das Sitzungszimmer übertragen wird. [3]Wird der Beschuldigte zur mündlichen Verhandlung nicht vorgeführt, so muß ein Verteidiger seine Rechte in der Verhandlung wahrnehmen.

(3) [1]In der mündlichen Verhandlung sind die anwesenden Beteiligten zu hören. [2]Art und Umfang der Beweisaufnahme bestimmt das Gericht. [3]Über die Verhandlung ist ein Protokoll aufzunehmen; die §§ 271 bis 273 gelten entsprechend.

(4) [1]Die Entscheidung ist am Schluß der mündlichen Verhandlung zu verkünden. [2]Ist dies nicht möglich, so ist die Entscheidung spätestens binnen einer Woche zu erlassen.

Übersicht

A. Allgemeines. In § 118a ist die Durchführung der mündlichen Verhandlung bei der Haftprüfung nach § 118 geregelt. Teils wird vom *»persönlichen Auftritt«* des Beschuldigten und seinem Verteidiger gesprochen (*Radtke/Hohmann*/Tsambikakis StPO § 118a Rn. 1). Die Wirkung wird unterschiedlich bewertet, es kommt auf den Einzelfall an. 1

B. Verfahren. Der Verfahrensablauf folgt strengen formellen Vorgaben. Diese betreffen aber nur den äußeren Rahmen der Verhandlung. Inhaltlich ist der Haftrichter weitgehend frei. In der Praxis findet eine umfangreiche Beweisaufnahme selten statt. In den allermeisten Fällen wird lediglich der Beschuldigte angehört. Die frühere Vorstellung, dass der mündlichen Haftprüfung zentrale Bedeutung zukomme und damit das zentrale Instrument geschaffen sei, eine Haftverschonung zu erreichen (exemplarisch: *Alsberg* JW 1925, 1433 ff.; *Brandt* JW 1925, 1439; *Kohlrausch* JW 1925, 1440; *v. Pestalozza* JW 1925, 1442; *Beringer* JW 1925, 1444; *Rosenberg* JW 1925, 1446, *v. Lilienthal* JW 1925, 1448; *Klefisch* JW 1925, 1449; *Straßmann* JW 1925, 1453; *Ebermayer* JW 1925, 1454; *Heine* JW 1925, 1455; *Bednix* JW 1925, 1456; zit. nach *Sarstedt*, Reform der Untersuchungshaft (1963), abgedruckt in *Hamm et al.* (Hrsg.), Rechtsstaat als Aufgabe: Ausgewählte Schriften und Vorträge 1952 bis 1985, S. 120, 121 ff.) hat sich nicht ansatzweise realisiert. Die Rechtswirklichkeit ist desillusionierend. 2

3 Nach **§ 118a Abs. 1** sind der Beschuldigte, sein Verteidiger, die StA und, sofern nicht personengleich (s. hierzu bereits die Kommentierung bei § 118, dort Rdn. 4) der Antragsteller über Ort und Zeit der mündlichen Verhandlung zu benachrichtigen. Dies kann formlos geschehen. In der Praxis findet inzwischen regelmäßig eine telefonische Absprache des Termins statt (ebenso fortschrittlich schon früh OLG Hamm Rpfleger 1949, 518; s. hierzu auch die Kommentierung zu § 115 dort Rdn. 29). **Mitbeschuldigte** haben kein Benachrichtigungs- und Anwesenheitsrecht, § 168c Abs. 2 findet keine entsprechende Anwendung (BGHSt 42, 391 ff. = JZ 1997, 1016 [m.Anm. *Fezer*] = NStZ 1997, 351 ff. [m.Anm. *Rieß*] = StV 1997, 234; OLG Karlsruhe StV 1996, 302 [m.Anm. *Rieß*] = JR 1996 434 [m.Anm. *Theisen*]; OLG Köln NStZ 2012, 174 = StRR 2011, 446 [LS] = NJW 2012, 1240 [LS]; KK/*Graf* § 118a Rn. 4; Meyer-Goßner/*Schmitt* § 118a Rn. 1; SK-StPO/*Paeffgen* § 118a Rn. 6a; *Schlothauer/Weider/Nobis*, Untersuchungshaft, Rn. 791; a.A. *Schulz* StraFo 2007, 294, 296). Gleiches gilt für den **Nebenkläger**, der ebenfalls nicht Beteiligter im Haftprüfungs- oder Haftbeschwerdeverfahren ist (OLG Hamm NStZ-RR 2008, 219; KK/*Graf* § 118a Rn. 1 und 4; AnwK-StPO/*Krause*, § 118a Rn. 2; *Meinen* HbStrVf IV Rn. 185; Meyer-Goßner/*Schmitt* § 118a Rn. 1; *Schlothauer/Weider/Nobis*, Untersuchungshaft, Rn. 791; a.A. LR/*Hilger* § 118a Rn. 10; SK-StPO/*Paeffgen* § 118a Rn. 2).

4 Nach **§ 118a Abs. 2** ist der Beschuldigte zur mündlichen Verhandlung vorzuführen. Dies gilt nicht, wenn er auf die Anwesenheit verzichtet hat oder die Vorführung aufgrund der weiten Entfernung zum Gerichtsort oder wegen Krankheit des Beschuldigten oder anderer nicht zu beseitigender Hindernisse nicht möglich ist. Der Verzicht auf die Teilnahme an der Verhandlung kann bis zum Beginn des angesetzten Termins jederzeit widerrufen werden (Meyer-Goßner/*Schmitt* § 118a Rn. 2). Die persönliche Vorsprache muss dann ermöglicht werden. Das Haftgericht ist an den Verzicht nicht gebunden. Hält es die Anwesenheit des Beschuldigten für erforderlich, dann kann es die Vorführung anordnen.

Von der Vorführung kann abgesehen werden, wegen zu großer Entfernung zum Gericht, wegen Krankheit des Beschuldigten oder wegen anderer, nicht zu beseitigender Hindernisse. Die Ausnahmen sind eng auszulegen. Das Haftgericht muss prüfen, ob die mündliche Haftprüfung bspw. in der Justizvollzugsanstalt stattfinden kann.

5 Wird der **Beschuldigte zur mündlichen Verhandlung nicht vorgeführt**, dann muss ein Verteidiger seine Rechte in der Verhandlung wahrnehmen. In diesem Fall ist dem Beschuldigten, sofern er noch keinen hat, für die mündliche Verhandlung ein Verteidiger zu bestellen (vgl. § 118a Abs. 2 Satz 3 und 4). Dieser Fall ist wegen des seit 01.01.2010 geltenden § 140 Abs. 1 Nr. 4 und der Neugestaltung von § 141 Abs. 3 heutzutage in Haftsachen kaum mehr denkbar. Der inhaftierte Beschuldigte ist von Beginn der Vollstreckung der Untersuchungshaft an verteidigt (ausführlich hierzu die Kommentierung vor § 112, dort Rdn. 50). Wichtig ist dieser Aspekt aber darüber hinaus auch bei der Wahrnehmung des Rechts auf konfrontative Vernehmung von Belastungszeugen (ausführlich hierzu die Kommentierung zu § 112, dort Rdn. 15).

6 Das Gericht kann gem. § 118a Abs. 2 Satz 2 anordnen, dass unter den Voraussetzungen des Satzes 1 die mündliche Verhandlung **audiovisuell** stattfindet (vgl. *Schlothauer* StV 2014, 55 ff.; s.a. *Burhoff*, Hdb. für das strafrechtliche Ermittlungsverfahren, Rn. 2854 [mündliche Haftprüfung] und insb. Rn. 4778 [Videovernehmung im Ermittlungsverfahren – allgemein; nicht einschlägig aber mit weiterführenden Hinweisen]). Der Verteidiger kann wählen, ob er im Sitzungszimmer oder bei seinem Mandanten sitzen will (s. *Schlothauer* StV 2014, 55 ff; Meyer-Goßner/*Schmitt* § 118a Rn. 2). Seit den Zeiten der pandemiebedingten Kontaktbeschränkungen Inhaftierter hat sich die Möglichkeit der Videokonferenz etabliert. Viele Haftanstalten verfügen über entsprechend ausgestattete Vernehmungsräume. Die Haftrichter scheinen dankbar und nutzen diese Möglichkeit gerne.

7 Kann der Haftprüfungstermin nicht durchgeführt werden, weil eine Vorführung des Beschuldigten aus justizorganisatorischen Gründen nicht rechtzeitig erfolgt, dann ist der Haftbefehl aufgrund rechtsstaatlicher Erwägungen zumindest außer Vollzug zu setzen (AG Hamburg-Harburg StraFo 2005, 198 = StV 2005, 395 [m.Anm. *Meyer-Lohkamp*]; bei »Versagen des Vorführdienstes«).

8 Die mündliche Verhandlung findet **nicht öffentlich** statt (*Burhoff*, Hdb. für das strafrechtliche Ermittlungsverfahren, Rn. 2853; Meyer-Goßner/*Schmitt* § 118a Rn. 3; *Schlothauer/Weider/Nobis*, Untersuchungshaft, Rn. 788 ff.).

Der Anwalt trägt **keine Amtstracht/Robe** (Allgemeinwissen, spätestens seit *v. Schirach*, Schuld 2011, S. 15). Mitbeschuldigte und deren Verteidiger sowie Nebenkläger und deren Vertreter haben kein Anwesenheitsrecht (s.o. Rdn. 3 m.w.N.).

Der Haftrichter erörtert mit den Beteiligten die wesentlichen Ergebnisse der Ermittlungen, wie sie sich nach dem letzten Stand des Verfahrens darstellen. Über aktuelle Ermittlungsergebnisse hat er unaufgefordert zu informieren (BGH B. v. 10.05.2017 – 1 StR 147/17).

Um keine Überraschungen zu erleben, sollte vorab zeitnah Akteneinsicht in die Ermittlungsakten genommen werden. Dies kann auch unmittelbar vor dem Termin geschehen, sofern der Richter nicht selbst – was leider oft zu beobachten ist – die Akten eben erst erhalten hat und sich zunächst selbst einlesen muss. Für diesen Fall bietet sich eine Terminverschiebung an, um die Akten zu prüfen.

In § 118a Abs. 2 steht eine **Gesetzesänderung** an. Nach dem RegE zur PKH-RiLi bzw. legal-Aid-RiLi sollen die Sätze 4 und 5 aufgehoben werden. Ausführlich hierzu s. die Kommentierung Vor § 112 ab Rdn. 111 ff.

Art und Umfang der Beweisaufnahme werden vom Gericht bestimmt (vgl. § 118a Abs. 3 Satz 2). Die §§ 244 und 245 gelten nicht, § 166 ist aber zu beachten (s. hierzu bereits die Kommentierung bei § 117 dort Rdn. 29). Es gelten die Regeln des Freibeweises, nicht des Strengbeweises (BGHSt 28, 116, 118 = JZ 1978, 728 f. = MDR 1978, 1037 = NJW 1979, 115, 116; OLG Köln NStZ-RR 2009, 123; KK/*Graf* § 118a Rn. 5; *Burhoff*, Hdb. für das strafrechtliche Ermittlungsverfahren, Rn. 2857 f.; Meyer-Goßner/*Schmitt* § 118a Rn. 4; SK-StPO/*Paeffgen* § 118a Rn. 5; *Schlothauer/Weider/Nobis*, Untersuchungshaft, Rn. 796). Der Haftrichter kann vor der Entscheidung einzelne Beweiserhebungen vornehmen, wenn dies ohne wesentlichen Zeitverlust möglich ist (KK/*Graf* § 117 Rn. 10; Meyer-Goßner/*Schmitt* § 117 Rn. 6). Denkbar sind hier insb. die Vorlage von Urkunden oder die Anhörung von Zeugen. Ein Anspruch auf die Vernehmung von vom Beschuldigten geladenen Zeugen soll nach herrschender Meinung nicht bestehen (OLG Köln NStZ-RR 2009, 123; KK/*Graf* § 118a Rn. 5; LR/*Hilger* § 118a Rn. 9; LR/*Rieß* § 166 Rn. 3a; AnwK-StPO/*Krause*, § 117 Rn. 11 a.E.; Meyer-Goßner/*Schmitt* § 117 Rn. 4 a.E.; *Nelles* StV 1986, 74, 78; SK-StPO/*Paeffgen* § 118a Rn. 5; *Schlothauer/Weider/Nobis*, Untersuchungshaft, Rn. 796). Meist gebieten ein solches Vorgehen aber bereits die Aufklärungs- sowie die Fürsorgepflicht ggü. dem Beschuldigten. Denn die Möglichkeit der Freilassung kann wohl nur selten ganz ausgeschlossen werden; dann gilt aber § 166 StPO. Das Ermessen des Gerichts reduziert sich insofern auf Null (ebenso: SK-StPO/*Paeffgen* § 118a Rn. 5). Das Gericht hat stets eine eigenständige Prüfung des dringenden Tatverdachts, der Haftgründe und der Verhältnismäßigkeit der Haftfortdauer vorzunehmen (OLG Jena StV 2007, 588 [für sowohl § 117 als auch § 268b]). Aussagen des Beschuldigten zu Protokoll können gem. § 254 in einer späteren Hauptverhandlung verlesen und verwertet werden (BGH StV 1996, 131 = BGHR StPO § 254 Abs. 1 – Vernehmung richterlich 5).

Über den Termin ist ein **Protokoll zu fertigen** (§ 118a Abs. 3 Satz 3 als *lex specialis* zu § 168 S. 2 HS. 2; missverständlich insofern KK/*Graf* § 118a Rn. 5b: zunächst *»... ist eine Niederschrift aufzunehmen ...«, dann aber »... vgl. aber auch § 168 und § 226 Abs. 2 ...«*; insofern inkonsequent). Auf die Hinzuziehung eines Protokollführers kann nicht verzichtet werden (vgl. §§ 274 ff.; s.a. *Schlothauer/Weider/Nobis*, Untersuchungshaft, Rn. 797; a.A. BGH StV 1996, 131 = BGHR StPO § 254 Abs. 1 – Vernehmung richterlich 5 [Verwertung eines ohne Hinzuziehung eines Protokollführers notierten Geständnisses, da vom Beschuldigten selbst unterzeichnet]; das erscheint aber zum einen ein Ausnahmefall und zum anderen dogmatisch unsauber und schief). Es stellt keine Versagung rechtlichen Gehörs dar, wenn die Protokollführerin der Verhandlungssprache des Gerichts mit dem Beschuldigten nicht mächtig ist (OLG Düsseldorf VRS 1993, 430 [Kommunikation zwischen Richter und Beschuldigtem auf Englisch]). 9

Die **Entscheidung** ist am Schluss der mündlichen Verhandlung zu verkünden (§ 118a Abs. 4 Satz 1). Ist dies nicht möglich, dann ist die Entscheidung spätestens binnen einer Woche schriftlich zu erlassen (§ 118a Abs. 4 Satz 2). Der Beschluss ist zu begründen und formlos bekannt zu machen (vgl. § 35 Abs. 3 Satz 2). Werden nach Ablauf der mündlichen Verhandlung aber noch vor Erlass der Entscheidung neue Tatsachen bekannt, dann ist den Beteiligten erneut rechtliches Gehör zu gewähren. 10

Wird der Haftbefehl aufgehoben oder nach Erfüllung evtl. beschlossener Auflagen außer Vollzug gesetzt und verfügt der Richter die Haftentlassung, dann ist der Beschuldigte unverzüglich freizulassen, wenn nicht Überhaft notiert ist. Der Beschuldigte darf gegen seinen Willen nicht nochmals in die Justizvollzugsanstalt verbracht werden (LG Berlin NStZ 2002, 497 = StraFo 2002, 273 = StV 2001, 690; *Burhoff*, Hdb. für das strafrechtliche Ermittlungsverfahren, Rn. 2858; *Herrmann*, Untersuchungshaft, Rn. 1084; Meyer-Goßner/*Schmitt* § 120 Rn. 9; *Schlothauer/Weider/Nobis*, Untersuchungshaft, Rn. 803; *Stahl* StraFo 2001, 261). Aus organisatorischen Gründen mag dies aber manchmal dennoch sinnvoll sein, bspw. um die Habe oder Papiere abzuholen oder dergleichen. Gelegentlich kommt allerdings der Einwand, das sei aus versicherungstechnischen Gründen nicht möglich, je nach Tagesform und manchmal Lust und Laune. 11

Die Entscheidung kann von den zur Teilnahme an der Verhandlung Berechtigten mit der **Beschwerde** und der **weiteren Beschwerde** angefochten werden (ausführlich dazu s. die Kommentierung bei § 117). 12

Beruht die angefochtene Entscheidung auf einem Verfahrensfehler, dann kann vom Beschwerdegericht entweder die Anhörung nachgeholt werden, um dann selbst zu entscheiden oder die Sache muss aufgehoben und zurückverwiesen werden (so die h.M. in der Lit., s. KK/*Graf* § 118a Rn. 7; LR/*Hilger* § 118a Rn. 33; Meyer-Goßner/*Schmitt* § 117 Rn. 7; differenzierend: SK-StPO/*Paeffgen* § 118a Rn. 8 f.). Nach a.A. hat zwingend eine Zurückverweisung zu erfolgen (vgl. OLG Hamm Rpfleger 1949, 518, 519; BayOBLGSt 1953, 202 ff. = NJW 1954, 204 ff.; differenzierend: SK-StPO/*Paeffgen* § 118a Rn. 8 f.).

Der an anderer Stelle formulierte Gedanke, dass eine Zurückverweisung der Sache im Rahmen der Beschwerde durch das Beschwerdegericht an das Ausgangsgericht wegen der damit einhergehenden Verzögerung regelmäßig nicht in Betracht kommen soll (so KG StraFo 2015, 419 = StV 2016, 171) erscheint fraglich. Das hängt aber sicher eher vom Einzelfall ab, Effizienz darf nicht vor Sachlichkeit gehen.

§ 118b Anwendung von Rechtsmittelvorschriften

Für den Antrag auf Haftprüfung (§ 117 Abs. 1) und den Antrag auf mündliche Verhandlung gelten die §§ 297 bis 300 und 302 Abs. 2 entsprechend.

1 Für den Antrag auf Haftprüfung (§ 117 Abs. 1) sowie den Antrag auf mündliche Verhandlung über die Haftprüfung (§ 118 Abs. 1) gelten ergänzend die allgemeinen Vorschriften zu den Rechtsmitteln. Die Antragsbefugnis wird erweitert (vgl. §§ 297, 298; ausführlich hierzu s. bereits die Kommentierung bei § 117 Rdn. 9). Unabhängig davon gelten besondere Möglichkeiten für die Antragstellung für den verwahrten Beschuldigten (§ 299). Eine falsche Bezeichnung des Rechtsmittels ist unschädlich (§ 300). Der Verteidiger bedarf zur Rücknahme des Antrages einer besonderen Ermächtigung (§ 302 Abs. 2). Mit diesem verweis auf die allgemeinen Regelungen werden die besonderen Verfahrensvorschriften zur Untersuchungshaft abgerundet.

§ 119 Haftgrundbezogene Beschränkungen während der Untersuchungshaft

(1) [1]Soweit dies zur Abwehr einer Flucht-, Verdunkelungs- oder Wiederholungsgefahr (§§ 112, 112a) erforderlich ist, können einem inhaftierten Beschuldigten Beschränkungen auferlegt werden. [2]Insbesondere kann angeordnet werden, dass

1. der Empfang von Besuchen und die Telekommunikation der Erlaubnis bedürfen,
2. Besuche, Telekommunikation sowie der Schrift- und Paketverkehr zu überwachen sind,
3. die Übergabe von Gegenständen bei Besuchen der Erlaubnis bedarf,
4. der Beschuldigte von einzelnen oder allen anderen Inhaftierten getrennt wird,
5. die gemeinsame Unterbringung und der gemeinsame Aufenthalt mit anderen Inhaftierten eingeschränkt oder ausgeschlossen werden.

[3]Die Anordnungen trifft das Gericht. [4]Kann dessen Anordnung nicht rechtzeitig herbeigeführt werden, kann die Staatsanwaltschaft oder die Vollzugsanstalt eine vorläufige Anordnung treffen. [5]Die Anordnung ist dem Gericht binnen drei Werktagen zur Genehmigung vorzulegen, es sei denn, sie hat sich zwischenzeitlich erledigt. [6]Der Beschuldigte ist über Anordnungen in Kenntnis zu setzen. [7]Die Anordnung nach Satz 2 Nr. 2 schließt die Ermächtigung ein, Besuche und Telekommunikation abzubrechen sowie Schreiben und Pakete anzuhalten.

(2) [1]Die Ausführung der Anordnungen obliegt der anordnenden Stelle. [2]Das Gericht kann die Ausführung von Anordnungen widerruflich auf die Staatsanwaltschaft übertragen, die sich bei der Ausführung der Hilfe durch ihre Ermittlungspersonen und die Vollzugsanstalt bedienen kann. [3]Die Übertragung ist unanfechtbar.

(3) [1]Ist die Überwachung der Telekommunikation nach Absatz 1 Satz 2 Nr. 2 angeordnet, ist die beabsichtigte Überwachung den Gesprächspartnern des Beschuldigten unmittelbar nach Herstellung der Verbindung mitzuteilen. [2]Die Mitteilung kann durch den Beschuldigten selbst erfolgen. [3]Der Beschuldigte ist rechtzeitig vor Beginn der Telekommunikation über die Mitteilungspflicht zu unterrichten.

(4) [1]Die §§ 148, 148a bleiben unberührt. [2]Sie gelten entsprechend für den Verkehr des Beschuldigten mit

1. der für ihn zuständigen Bewährungshilfe,
2. der für ihn zuständigen Führungsaufsichtsstelle,
3. der für ihn zuständigen Gerichtshilfe,
4. den Volksvertretungen des Bundes und der Länder,
5. dem Bundesverfassungsgericht und dem für ihn zuständigen Landesverfassungsgericht,
6. dem für ihn zuständigen Bürgerbeauftragten eines Landes,
7. dem oder der Bundesbeauftragten für den Datenschutz und die Informationsfreiheit, den für die Kontrolle der Einhaltung der Vorschriften über den Datenschutz in den Ländern zuständigen Stellen der Länder und den Aufsichtsbehörden nach § 40 des Bundesdatenschutzgesetzes,
8. dem Europäischen Parlament,
9. dem Europäischen Gerichtshof für Menschenrechte,
10. dem Europäischen Gerichtshof,
11. dem Europäischen Datenschutzbeauftragten,
12. dem Europäischen Bürgerbeauftragten,

13. dem Europäischen Ausschuss zur Verhütung von Folter und unmenschlicher oder erniedrigender Behandlung oder Strafe,
14. der Europäischen Kommission gegen Rassismus und Intoleranz,
15. dem Menschenrechtsausschuss der Vereinten Nationen,
16. den Ausschüssen der Vereinten Nationen für die Beseitigung der Rassendiskriminierung und für die Beseitigung der Diskriminierung der Frau,
17. dem Ausschuss der Vereinten Nationen gegen Folter, dem zugehörigen Unterausschuss zur Verhütung von Folter und den entsprechenden Nationalen Präventionsmechanismen,
18. den in § 53 Abs. 1 Satz 1 Nr. 1 und 4 genannten Personen in Bezug auf die dort bezeichneten Inhalte,
19. soweit das Gericht nichts anderes anordnet,
a) den Beiräten bei den Justizvollzugsanstalten und
b) der konsularischen Vertretung seines Heimatstaates.

[3]Die Maßnahmen, die erforderlich sind, um das Vorliegen der Voraussetzungen nach den Sätzen 1 und 2 festzustellen, trifft die nach Absatz 2 zuständige Stelle.

(5) [1]Gegen nach dieser Vorschrift ergangene Entscheidungen oder sonstige Maßnahmen kann gerichtliche Entscheidung beantragt werden, soweit nicht das Rechtsmittel der Beschwerde statthaft ist. [2]Der Antrag hat keine aufschiebende Wirkung. [3]Das Gericht kann jedoch vorläufige Anordnungen treffen.

(6) [1]Die Absätze 1 bis 5 gelten auch, wenn gegen einen Beschuldigten, gegen den Untersuchungshaft angeordnet ist, eine andere freiheitsentziehende Maßnahme vollstreckt wird (§ 116b). [2]Die Zuständigkeit des Gerichts bestimmt sich auch in diesem Fall nach § 126.

Übersicht Rdn.

A. Allgemeines. I.R.d. allgemeinen Reformbestrebungen zum Recht der Untersuchungshaft war insb. auch 1
gefordert worden, den Vollzug und die Ausgestaltung der Untersuchungshaft umfassend neu zu regeln. Die Föderalismusreform (Gesetz zur Änderung des GG v. 28.08.2006, BGBl. I 2006 S. 2863 ff.) machte eine Änderung der gesetzlichen Vorgaben dann unumgänglich. Die konkurrierende Gesetzgebung erstreckt sich seither auf das »*gerichtliche Verfahren (ohne das Recht des Untersuchungshaftvollzugs)*« (vgl. Art. 74 Abs. 1 Nr. 1 GG). Die Regelung des Vollzuges der Untersuchungshaft wurde somit Ländersache. Am 29.07.2009 wurde dem Gebot der konkurrierenden Gesetzgebung folgend das Gesetz zur Änderung des Untersuchungshaftrechts (BGBl. I, S. 2274) verabschiedet (s. BT-Drs. 16/11444 = BR-Drucks. 829/08). Es trat zum 01.01.2010 in Kraft. Anordnung und Vollzug der Untersuchungshaft sind nunmehr teilweise getrennt geregelt (ausführlich hierzu und zum interlokalen Untersuchungshaftvollzugsrecht s. bereits die Kommentierung Vor §§ 112 ff. Rdn. 25 f.; s.a. *Cornell* ZfStrVo 2005, 48 ff.; *Herrmann* StRR 2010, 4 ff.; *Köhne* ZRP 2006, 195 f.; *Morgen-*

stern StV 2013, 529 ff.; *Müller-Dietz* ZfStrV 2005, 38 ff.; *ders.* ZRP 2005, 156 ff.; *Seebode* HRRS 2008, 236 ff.; *Tsambikakis* ZIS 2009, 503 ff.).

2 Der **Bund** hat weiterhin die Gesetzgebungszuständigkeit für das »Ob« der Untersuchungshaft, d.h. die Anordnung der Untersuchungshaft sowie deren Voraussetzungen und Dauer. Außerdem kann er auch solche Regelungen treffen, die zur Abwehr von Flucht-, Verdunkelungs- und Wiederholungsgefahr erforderlich sind. Den **Bundesländern** steht die Regelungskompetenz für das »Wie« der Untersuchungshaft, d.h. deren Vollzug zu. Dazu gehören u.a. Vorschriften mit dem Ziel, die Sicherheit und Ordnung in der Anstalt zu gewährleisten aber auch Bestimmungen über die Ausstattung des Haftraums, die Verpflegung der Gefangenen sowie die Möglichkeit der Arbeit in der Haft (ausführlich hierzu s. Vor §§ 112 ff. Rdn. 25 und Rdn. 41 ff.). Aufgrund der verfassungsrechtlich vorgegebenen Partikulargesetzgebung (*Seebode* HRRS 2008, 236) wuchert nunmehr ein nahezu undurchdringliches normatives Dickicht (krit. hierzu allgemein BVerfG StV 2013, 521 ff. [m.Anm. *Morgenstern* StV 2013, 529 ff.]).

3 Die Bundesländer hatten bis zum 31.12.2011 Zeit, um eigene landesrechtliche Untersuchungshaftvollzugsgesetze zu ratifizieren. Während dieser Übergangsphase galt Folgendes: In den Bundesländern, die noch keine landesrechtliche Regelung erlassen hatten, galt gem. § 13 EGStPO auf den ersten Blick § 119 in seiner alten Fassung fort. Hier bedurfte es aber einer differenzierten Betrachtung: Nach dem Wortlaut von § 13 EGStPO galt dies nur hinsichtlich des Vollzuges der Untersuchungshaft, nicht aber auch für deren Anordnung. Geht es mithin um die **Aufrechterhaltung der Ordnung der Anstalt**, dann richteten sich Beschränkungen nach § 119 a.F. Zur Konkretisierung der Ausgestaltung der Untersuchungshaft bedurfte es eines Rückgriffes auf die UVollzO. Für Anordnungen, die den **Zweck der Untersuchungshaft** regeln, galt auch ohne besondere landesrechtliche Ausgestaltung § 119 n.F. (vgl. hierzu auch Beschlussempfehlung und Bericht des Rechtsausschusses v. 20.05.2009 [BT-Drs. 16/13097, S. 19 ff.]; ebenso BVerfG StV 2011, 35 [inzident]; OLG Frankfurt NStZ-RR 2010, 294). Die Übergangsregelung trat gem. Art. 8 des Gesetzes zur Änderung des Untersuchungshaftrechts am 01.01.2012 außer Kraft. Inzwischen haben sämtliche Bundesländer eigene Landesgesetze zur Regelung des Vollzuges der Untersuchungshaft ratifiziert (ausführlich hierzu Vor §§ 112 ff.Rdn. 31 ff.).

4 In der Praxis fand schon während der Übergangszeit regelmäßig standardisiert und pauschal die Neuregelung des § 119 Anwendung, gleichgültig ob § 13 EGStPO dies vorsah oder nicht (s.o.). Von den Staatsanwaltschaften wurden schon früh standardisiert vorbereitete **Beschränkungsbeschlüsse**, in denen nahezu immer die gleichen umfassenden Beschränkungen hinsichtlich der Untersuchungshaft pauschaliert angeordnet werden, vorgelegt und vom Haftgericht ungeprüft erlassen, ohne dass auf den individuellen Einzelfall eingegangen wurde. Denn es fiel und fällt natürlich leichter, in formularmäßig vorgelegten Entwürfen Kreuze zu setzen oder diese gar nur mittels Unterschrift zu bestätigen, als eine individuelle Überprüfung jeder beschränkenden Anordnung anhand des Einzelfalles vorzunehmen und dies auch noch begründen zu müssen. Für den Beschuldigten aber auch die ausführenden Organe der Justizvollzugsanstalten war und ist dies gleichermaßen ärgerlich. Für Ersteren verkehrt sich die Intention des Gesetzgebers ins Gegenteil, für Letztere wird es als zunehmend belastend empfunden, nunmehr standardisiert pauschale Beschränkungen umsetzen zu müssen, die früher allenfalls selten (im begründeten Einzelfall) angeordnet wurden. So hat bspw. die individuelle Einzelüberwachung der Besuche in der Haftanstalt – früher die Ausnahme – seit der Reform des Untersuchungshaftrechts deutlich zugenommen; sie wird teils schon als die Regel angesehen. Sämtliche Beteiligte werden dadurch über Gebühr belastet. Dass in diesem Zusammenhang auch der Begründungszwang auf der Strecke bleibt, liegt auf der Hand. Ein solches Vorgehen ist sowohl für die Vergangenheit als auch für die Zukunft nicht hinnehmbar. Ausfluss der Unschuldsvermutung bleibt auch weiterhin eine individuelle Entscheidung über jede einzelne Anordnung nebst Begründung (BVerfG NStZ-RR 2015, 79 f. = StraFo 2015, 59 ff.; s. hierzu auch *Mayer/Hunsmann* NStZ 2015, 325 ff.; a.A. soweit ersichtlich nur *Bittmann* NStZ 2010, 13, 16, der in diesem Gebot der Rechtsstaatlichkeit offenbar eine überflüssige Behinderung der Effizienz der Justiz sieht; zur Unschuldsvermutung s. auch *Herrmann* StraFo 2016, 89 ff.). All das ist gesetzwidrig. Die Nichtanordnung haftgrundbezogener Beschränkungen nach § 119 Abs. 1 StPO ist der Regelfall, die Beschränkung die Ausnahme (LG Magdeburg StV 2016, 822 [LS 1]).

5 **I. Regelungsgehalt von § 119 a.F.**. Die früheren gesetzlichen Vorgaben in der StPO waren unzureichend. § 119 Abs. 3 und 4 a.F. enthielten lediglich Generalklauseln. Konkret geregelt waren nur die räumliche Unterbringung (§ 119 Abs. 1 und 2 a.F.) sowie die Zulässigkeit der Fesselung (§ 119 Abs. 5 a.F.). Einzelheiten zur Ausgestaltung der Untersuchungshaft ergaben sich vornehmlich aus der von den Bundesländern einheitlich in Kraft gesetzten Untersuchungshaftvollzugsordnung (UVollzO v. 12.02.1953 i.d.F.v. 15.12.1976), die von den Landesjustizverwaltungen in Kraft gesetzt worden war (ausführlich hierzu *Herrmann*, Untersuchungshaft, Rn. 288; SK-StPO/*Paeffgen* § 119 Rn. 3e f.). Bei der UVollzO handelt es sich aber nur um eine allgemeine Verwaltungsanordnung, die mangels Rechtsnormqualität für den Haftrichter nicht bindend war

bzw. ist, sondern allenfalls unverbindliche Vorschläge enthielt (BVerfGE 34, 369, 379 = JZ 1974, 93 ff. = MDR 1973, 827 f. = NJW 1973, 1451 ff.; BVerfGE 15, 288, 293 = DVBl. 1963, 363 ff. = JZ 1964, 286 = NJW 1963, 755 f.; s. hierzu auch *Herrmann*, Untersuchungshaft, Rn. 288 ff.; LR/*Hilger* § 119 Rn. 5; SK-StPO/*Paeffgen* § 119 Rn. 3e f.).

6 Beschränkungen der Untersuchungshaft durften nach altem Recht nur auferlegt werden, wenn der **Zweck der Untersuchungshaft** oder die **Ordnung der Anstalt** dies erforderten (vgl. § 119 Abs. 3 a.F.). I.R.d. Vollzuges der Untersuchungshaft wurden deren Vorgaben vom Haftrichter regelmäßig als allgemein verbindlich angeordnet, teils wurde auch angenommen, dass die UVollzO konkludent gelte (zum Ganzen KK/*Graf* § 119 Rn. 2; LR/*Hilger* § 119 Rn. 5 ff.; AnwK-Uhaft/*König*, § 119 StPO Rn. 2; SK-StPO/*Paeffgen* § 119 Rn. 3e f). Eine **Gleichbehandlung der Inhaftierten war die Regel**, individuelle Ausnahmen selten.

7 **II. Regelungsgehalt von § 119 n.F.** I.R.d. Novellierung des Rechts der Untersuchungshaft zum 01.01.2010 wurde § 119 völlig neu gefasst. Die Bestimmung sieht nun in § 119 Abs. 1 Satz 1 vor, dass bei der **Anordnung der Untersuchungshaft** nur solche Beschränkungen erlaubt sind, die zur Abwehr von Flucht-, Verdunkelungs- und Wiederholungsgefahr erforderlich sind. Innerhalb dieser Vorgaben kann eine Überwachung der Außenkontakte, d.h. der Besuche, der Telekommunikation der Übergabe von Gegenständen und des Briefverkehrs sowie die Trennung von anderen Gefangenen, die an der Tat beteiligt waren, erfolgen (vgl. im Einzelnen § 119 Abs. 1 Satz 2 Nr. 1 bis 5; ausführlich hierzu sogleich Rdn. 29 ff.). Der **Vollzug der Untersuchungshaft** ist dagegen ausschließlich Sache der Länder. Diese haben inzwischen allesamt Untersuchungshaftvollzugsgesetze erlassen (ausführlich hierzu Vor §§ 112 ff. Rdn. 31; s.a. *Brune/Müller* ZRP 2009, 143 ff.; *Herrmann* StRR 2010, 4 ff.; AnwK-Uhaft/*König*, § 119 StPO Rn. 3 ff.; *Marhöfer* in: FS Mehle, S. 373 ff.; *Piel/Püschel/Tsambikakis/Wallau* ZRP 2009, 33; *Schlothauer/Weider/Nobis*, Untersuchungshaft, Rn. 1024 ff.). Eine Synopse der jeweiligen Landesgesetze findet sich bei AnwK-Uhaft/*Harrendorf*, Anhang, S. 565 ff. sowie bei *Schlothauer/Weider/Nobis*, Untersuchungshaft, Rn. 1375.

8 Teils wird eine weite Auslegung des Begriffs »**Vollzug der Untersuchungshaft**« vertreten; dann wären die Länder für sämtliche Entscheidungen und sonstige Maßnahmen zuständig, die nicht nur die Anordnung und Fortdauer der Untersuchungshaft, sondern zumindest auch deren »Wie« betreffen (s. hierzu *Oppenborn/Schäferskuüpper* ZfStrVO 2009, 21 ff.; *Seebode* HRRS 2008, 236, 241; *ders.* ZfStrVo 2009, 7 ff.; *Winzer/Hupka* DRiZ 2008, 146 ff.). Folgt man dagegen einer engen Auslegung des Begriffs, dann ist der Bundesgesetzgeber auch weiterhin befugt, Regelungen zum Zweck der Untersuchungshaft zu treffen, soweit diese der Abwehr von Flucht, Verdunkelungs- und Wiederholungsgefahren dienen (BVerfG NStZ-RR 2015, 79 f. = StraFo 2015, 59 ff.; BGH NJW 2012, 1158 ff. m.w.N.; *Bittmann* NStZ 2010, 13 ff.; *Harms* ZfStrVO 2009, 13 ff.; 15; *Kirschke/Brune* ZfStrVo 2009, 18 ff.; *Michalke* NJW 2010, 17 ff.; *Paeffgen* StV 2009, 46, 47 f.).

9 Die Konkurrenz von Bundes- und Landesrecht führt in der Praxis zu Schwierigkeiten, v.a. Kompetenzstreitigkeiten (s. allgemein hierzu *Herrmann* StRR 2010, 4 ff.; *König* NStZ 2010, 185 ff.; *Michalke* NJW 2010, 17 ff.; *Paeffgen* StV 2009, 46 ff.; *Seebode* HRRS 2008, 236 ff.; *Tsambikakis* ZIS 2009, 503 ff.; *Radtke/Hohmann/Tsambikakis*, StPO, § 119 Rn. 4; *Schlothauer/Weider/Nobis*, Untersuchungshaft, Rn. 1024). Dies findet bereits seinen Niederschlag in divergierenden obergerichtlichen Entscheidungen:

10 – Das **OLG Oldenburg** geht davon aus, dass die in § 146 Abs. 3 und § 134 Abs. 2 NJVollzG enthaltene Zuständigkeitsverteilung für die Überprüfung des Schriftwechsels von Untersuchungsgefangenen als (reine) Ländersache verfassungswidrig sei, mit der Folge einer dort dann anzunehmenden nahezu vollständigen Aushebelung von § 119 StPO. Es hat die Sache gem. Art. 100 Abs. 2 GG dem BVerfG zur Prüfung vorgelegt (DRiZ 2008, 152 ff. = StV 2008, 195 ff.). Die Vorlage wurde als unzulässig zurückgewiesen (BVerfG StV 2008, 426). Die erhoffte Rechtsklarheit kam dadurch nicht zustande (s. hierzu auch *Barkemeyer* ZfStrVO 2009, 27; *Oppenborn/Schäferskküpper* ZfStrVo 2009, 21 ff.; *Paeffgen* StV 2009, 46, 48 f.).

– Das **OLG Celle** vertrat die Ansicht, dass § 119 in Niedersachsen keine Anwendung finde. Die Anordnung von Beschränkungen der Untersuchungshaft richte sich dort alleine nach den §§ 135 ff. NJVollzG (OLG Celle StV 2010, 194 ff. [m. krit. Anm. *Kazele* StV 2010, 258 ff.] = ZfStrVo 2010, 300 ff.; OLG Celle NStZ-RR 2010, 159 ff. = StRR 2010, 83 [LS]). Niedersachsen habe von der ihm nach Art. 74 Abs. 1 Nr. 1 GG zustehenden Gesetzgebungskompetenz in zulässigerweise Gebrauch gemacht. Landesrechtliche Regelungen könnten durch die dann folgende Neufassung des § 119 nicht verdrängt werden, dieser sei (konsequenterweise) unanwendbar. Vom »Untersuchungshaftvollzug« seien alle Eingriffsmaßnahmen erfasst, die einen Verdächtigen wegen seiner Inhaftierung treffen können. Dies betreffe auch Beschränkungen, die dem Zweck der Untersuchungshaft dienen, wie z.B. Besuchseinschränkungen und -überwachungen, Briefkontrolle oder Beschränkungen im Zusammenhang mit Telekommunikation.

– Eine solche Ansicht provoziert geradezu eine Rechtszersplitterung. Sie ist streng dogmatisch gesehen zwar vertretbar, aber nach Sinn und Zweck nicht mit Art. 74 Abs. 1 Nr. 1 GG vereinbar (ausführlich hierzu und ebenso krit. *Brocke/Heller* StraFo 2011, 1, 3; *Kazele* StV 2010, 258 ff.; AnwK-Uhaft/*König*, § 119 StPO Rn. 8; AnwK-Uhaft/*Meinen* § 3 ME Rn. 24 f. [in ihren Folgen zwar konsequente aber *»groteske Auffassung«*]; *Nestler* HRRS 2010, 546 ff.; *Schlothauer/Weider/Nobis*, Untersuchungshaft, Rn. 1024 und Rn. 1028; *Radtke/Hohmann/Tsambikakis*, StPO, § 119 Rn. 2 und 4). Aufgrund der allseitigen Kritik scheint unwahrscheinlich, dass sich die Ansicht des OLG Celle durchsetzt. Die Diskussion befruchtet sie aber allemal und die teils gravierenden Mängel in der Gesetzgebung werden hier besonders deutlich aufgezeigt.

– **Andere OLG** erkennen die vom Gesetzgeber gewollte Überschneidung von Bundes- und Landesrecht an. Sie sehen § 119 als Rechtsgrundlage für die Anordnung von Beschränkungen zur Sicherung des Zwecks der Untersuchungshaft, wohingegen Regelungen in den landesrechtlichen Untersuchungshaftvollzugsgesetzen zur Aufrechterhaltung der Sicherheit und Ordnung der Anstalt zulässig seien. Anordnungen, die anstaltsinterne Zuständigkeiten, Organisationsabläufe und Informationspflichten beträfen, stellen keine Beschränkungen nach § 119 Abs. 1 dar und fallen nicht unter die Regelungskompetenz des Haftgerichts (vgl. KG StV 2010, 370 ff.; OLG Frankfurt NStZ-RR 2010, 294 f.; OLG Hamm [3. Strafsenat] NStZ-RR 2010, 221 f. = StRR 2010, 194 f. [m.Anm. *Herrmann*] = StV 2010, 368 ff.; OLG Hamm NStZ-RR 2010, 292 [2. Strafsenat]; OLG Karlsruhe StV 2010, 198 ff.; OLG Köln NStZ 2011, 55; OLG Rostock NStZ 2010, 350 f. = StRR 2010, 123 [LS] = StV 2010, 197 f.; s. hierzu auch Besch. des Ermittlungsrichters beim BGH v. 09.02.2012 – 3 BGs 82/12; zum Ganzen auch *König* NStZ 2010, 185 ff.; *Schlothauer/Weider/Nobis*, Untersuchungshaft, Rn. 1024, dort insb. auch Fn. 1).

11 Zwei Beispielsfälle aus der täglichen Praxis verdeutlichen das Problem zusätzlich:

– Die **Nutzung eines Computers** kann für die Verteidigung unumgänglich sein, auch weil die Ermittlungsakten auf einem Datenträger (CD-ROM oder DVD) vorliegen, und der Haftrichter eine entsprechende Erlaubnis im Einzelfall erteilen muss. Dennoch versagt die Anstalt eine solche Nutzung, weil dies gegen deren allgemeine Ordnung oder auch die Sicherheit der Anstalt verstößt (zum Recht auf Nutzung eines Computers in der Untersuchungshaft s. allgemein BGH StV 2010, 228 ff. [m.Anm. *Stuckenberg*; dort waren 82.500 Gesprächsdateien anzuhören]; OLG Hamm StV 1997, 197 ff. und 199 ff. [jeweils 3. Senat; m. abl. Anm. *Nibbeling*]; a.A: OLG Hamm NStZ 1997, 566 [1. Senat; m. zust. Anm. *Böttger*]; OLG Koblenz StV 1995, 86 ff. [m. abl. Anm. *Nibbeling*, ebenda und abl. Anm. *Paeffgen* NStZ 1998, 72, 73]; OLG Rostock StV 2016, 168; OLG Stuttgart Justiz 2004, 125 f. = NStZ-RR 2003, 347 f.; *Berndt* NStZ 1996, 115 ff.; SK-StPO/*Paeffgen* § 119 Rn. 10 [dort insb. Fn. 74]; *Schlothauer/Weider/Nobis*, Untersuchungshaft, Rn. 1124 ff.; KK/*Schultheis* § 119 Rn. 62; *Winkelmann/Engsterhold* NStZ 1993, 112 ff.). Das Recht auf effektive Verteidigung wird hier durch die von der Anstalt allgemein für erforderlich gehaltenen oder sogar standardisiert gezogenen Grenzen des Alltags im Vollzug der Untersuchungshaft oder auch eine völlig unzulängliche technische Ausstattung [ein Rechner für sämtliche Gefangenen; Zugang nur stundenweise; veraltete Software, die sinnvolles Arbeiten erschwert oder unmöglich macht] unzulässig eingeschränkt (das Beispiel findet sich schon bei SK-StPO/*Paeffgen* § 119 Rn. 10 und bei *Radtke/Hohmann/Tsambikakis* StPO § 119 Rn. 4, es ist aber wegen seiner besonderen Deutlichkeit in aller Munde). Letztlich entscheidet über die Nutzung eines Computers das Haftgericht unter Beachtung von einerseits den Rechten des Gefangenen und andererseits den Belangen der JVA (OLG Rostock StV 2016, 168).

– Der **Inhalt von Druckerzeugnissen** kann die Haftzwecke oder die Sicherheit und Ordnung der Anstalt gefährden. Je nachdem, welcher Aspekt betroffen ist, richtet sich die Zuständigkeit für die Erlaubnis oder Versagung des Bezuges nach Bundes- oder Landesrecht (ebenso schon SK-StPO/*Paeffgen* § 119 Rn. 53).

12 Die Diskussion zeigt, welche Schwierigkeiten die vom Bundesgesetzgeber provozierte Überschneidung der Zuständigkeit schon dogmatisch mit sich bringt. In der Praxis birgt die **Doppelzuständigkeit** zusätzliche Probleme (s.o.). Die verschiedenen Bereiche lassen sich nicht sicher voneinander abgrenzen (so schon *Seebode* HRRS 2008, 236 ff.). In der Praxis zeigt sich ein teils überschießendes Selbstbewusstsein der Haftanstalten, die oft meinen, alles regeln zu dürfen, worüber nicht ausdrücklich von den Gerichten entschieden wurde. Richterliche Anordnungen werden gelegentlich nicht ernst genommen und nicht selten entweder ignoriert oder konterkariert. Meist geschieht dies zulasten des Inhaftierten. Eine klare Trennung zwischen Verfahrens- und Vollzugsrecht ist oft aber auch nicht möglich. Wertungswidersprüche sind unumgänglich. Die Lösung kann nur in einer differenzierten Betrachtung liegen. Dabei bedarf es immer einer verfassungskonformen Auslegung. Der Haftrichter ist zuständig für verfahrenssichernde Anordnungen, also die Anordnung, den Vollzug und die Aufhebung der Untersuchungshaft. Fragen des Vollzuges regelt die Anstalt nach Landesrecht; worüber eine gerichtliche Entscheidung herbeigeführt werden kann (vgl. § 119a). Beide sind in Einklang zu bringen und dürfen den Inhaftierten nicht unzulässig in seinen Rechten beeinträchtigen. Festzuhalten bleibt aber, dass eine saubere Trennung nicht möglich ist. Eine Lösung des Dilemmas kann wohl nur durch die höchstrichterliche Rspr. erfolgen (vgl. hierzu aber BVerfG StV 2008, 426 [Zurückweisung der Vorlage nach

Art. 100 Abs. 1 GG des OLG Oldenburg zur Zuständigkeitsregelung im NJVollzG]; s. auch BVerfG NStZ-RR 2015, 79 f. = StraFo 2015, 59 ff.) oder den (Bundes-) Gesetzgeber erwartet werden (vgl. zum Ganzen auch *Herrmann* StRR 2010, 4 ff.; AnwK-Uhaft/*König*, § 119 StPO Rn. 9; *König* NStZ 2010, 185 ff.; *Nestler* HRRS 2010, 546 ff.; *Paeffgen* StV 2009, 46 ff.; *Seebode* HRRS 2008, 236 ff.; *Tsambikakis* ZIS 2009, 503 ff.; *Radtke/Hohmann/Tsambikakis*, StPO, § 119 Rn. 4; *Schlothauer/Weider/Nobis*, Untersuchungshaft, Rn. 1024 und Rn. 1028, s. auch *ebenda* Rn. 1073 und Rn. 1208).

Innerhalb des Vollzuges der Untersuchungshaft, sozusagen im Nachgang zur Anordnung, steht dem Bundes- 13 gesetzgeber dann aber doch wieder die Gesetzgebungskompetenz zum **Rechtsweg gegen Entscheidungen der Justizvollzugsanstalt** zu, da dies das gerichtliche Verfahren betrifft (BT-Drs. 16/11644, S. 31). Die entsprechende Regelung hierzu findet sich in § 119a.

B. Anwendungsbereich von § 119. Beschränkungen nach § 119 gelten für die Untersuchungshaft nach den 14 §§ 112, 112a, die Hauptverhandlungshaft nach § 127b, sowie für die Inhaftierung aufgrund von Haftbefehlen nach § 230 Abs. 2, § 236, § 329 Abs. 4 Satz 1 und § 412. Bei der vorläufigen Unterbringung ist § 119 über § 126a Abs. 2 Satz 1 anwendbar. Gleiches gilt für Sicherungshaft (vgl. § 453c Abs. 2 Satz 2) sowie Haft bei im Urteil vorbehaltener oder nachträglicher (zu erwartender) Sicherungsverwahrung gem. § 275a Abs. 5 Satz 4.

Für die **Vollstreckung der Untersuchungshaft an Jugendlichen** finden sich Sonderregeln in § 89c JGG. 15 Die Untersuchungshaft wird dort nach den Vorschriften für den Vollzug der Untersuchungshaft an jungen Gefangenen und nach Möglichkeit in den für junge Gefangene vorgesehenen Einrichtungen vollzogen. Ist die betroffene Person bei Vollstreckung des Haftbefehls 21 aber noch nicht 24 Jahre alt, dann kann die Untersuchungshaft nach diesen Vorschriften und in diesen Einrichtungen vollzogen werden. Die Entscheidung hierüber trifft das Gericht. Die für die Aufnahme vorgesehene Einrichtung ist vor der Entscheidung zu hören. Da es hier nicht lediglich um das »Wie«, sondern vielmehr auch um die Art des Vollzuges als solche und damit das »Ob« der Untersuchungshaft geht, soll die Regelungskompetenz dem Bund zustehen (BT-Drs. 16/11644, S. 36). Für die **Vollstreckung von Untersuchungshaft an Heranwachsenden** gilt § 89c JGG entsprechend (vgl. § 110 Abs. 2 JGG).

Der Erlass eines Beschränkungsbeschlusses nach § 119 Abs. 1 setzt die **Inhaftierung des Beschuldigten** vor- 16 aus, der Wortlaut spricht von »einem inhaftierten Beschuldigten« (LG Berlin, Beschl. v. 16.03.2010 – 519 Qs 4/10 [zitiert nach *Brocke/Heller* StraFo 2011, 1 ff., dort Fn. 13]; a.A. OLG Köln NStZ 2011, 359 f.). Es fehlt am Rechtsschutzbedürfnis (a.A. OLG Köln NStZ 2011, 359 f.). Die Gefahr, dass Beschränkungen nach der Ergreifung zu spät angeordnet würden und der Beschuldigte zwischen Festnahme und Erlass des Beschlusses bspw. eine Absprache mit Mittätern trifft, ist weder rechtlich noch tatsächlich gegeben. Denn der Verhaftete ist unverzüglich dem Gericht vorzuführen (vgl. §§ 115, 115a). Während dieser Zeit befindet er sich nicht im allgemeinen Untersuchungshaftvollzug, sondern im Polizeiarrest oder sonst getrennt von anderen Häftlingen. Die Aufnahme in eine Untersuchungshaftanstalt wird vom Gericht erst gesondert angeordnet. Sowohl der zuständige als auch der nächste Richter können somit rechtzeitig Anordnungen treffen, die auf den konkreten Einzelfall und nach Anhörung des Beschuldigten ergehen. Ein Beschränkungsbeschluss noch vor der Verhaftung ergeht, selbst unter Berücksichtigung der Aktenlage, immer auch ins Blaue hinein. Dies ist so nicht vorgesehen. Vor der Entscheidung über die Invollzugsetzung des Haftbefehls ist für eine verfahrenssichernde Anordnung kein Raum. Eine dennoch ergangene Anordnung ist gegenstandslos (ebenso *Brocke/Heller* StraFo 2011, 1, 5).

C. Beschränkung der Haftbedingungen nach § 119 Abs. 1. I. Allgemeines. Der Vollzug der Unter- 17 suchungshaft ist auch weiterhin teilweise menschenunwürdig. Hafträume der Größe von 7,6 m^2 für zwei Untersuchungshaftgefangene (menschenunwürdig, Amtshaftungsklage erfolgversprechend; BVerfG StV 2017, 820 ff.; s. hierzu VerfGH Berlin StraFo 2010, 65 = StV 2010, 374 f. [Haftraum mit 5,25 m^2 Bodenfläche und räumlich nicht abgetrennter Toilette]), Einschlusszeiten von über 21,5 Stunden pro Tag und auch sonst unvorstellbar restriktive Einschränkungen des Tagesablaufes machen betroffen. Sie sind im europarechtlichen Vergleich nicht akzeptabel (vgl. hierzu BVerfG StV 2013, 521 ff. [m.Anm. *Morgenstern* StV 2013, 529 ff.]). Auch ist nicht hinnehmbar, dass Untersuchungsgefangene bspw. oft nur einmal wöchentlich duschen können, einen zweiten Waschlappen erst erhalten, nachdem gerichtlich festgestellt wird, dass es den hygienischen Grundvorstellungen im zivilisierten Mitteleuropa entspricht, nicht ein und denselben Waschlappen für Gesicht und Hintern zu benutzen (was die JVA offenbar zunächst anders sah und die Wachtmeister wohl selbst auch anders handhaben?), auf Metalltoiletten ohne Klodeckel und teils ohne Sichtschutz zu Mitgefangenen in der Zelle benutzen müssen (s. hierzu VerfGH Berlin StraFo 2010, 65 = StV 2010, 374 f.), Gefangene keine zweite Decke erhalten, obwohl sie nachts bei zerbrochener Einfachverglasung vor Kälte bibbernd mit Schmerzen aufwachen und ein Wasserglas auf dem Tisch durchgefroren ist (JVA München/Stadelheim im März 2018 bei außen minus 18 Grad), Bücher und Zeitschriften nicht frei beziehen können, nicht selten längere Zeiträume ohne ergänzenden Einkauf überstehen müssen und bei der Verschubung in Sammeltransporten viele Tage oder sogar Wochen ohne adäquate Waschmöglichkeit (mehr als drei Wochen auf Schub keine Duschmöglichkeit und Waschen teils nur mit dem Wasser der Trinkflasche möglich), und ohne Kontakt zur Außenwelt unterwegs sind.

Man könnte fast den Eindruck gewinnen, dass manche Haftanstalten im Wettbewerb stehen, wer noch schäbiger mit seinen Gefangenen umgeht. Solche Missstände lassen sich weder durch fiskalische Argumente noch den Hinweis auf einen hohen Vollzugsaufwand rechtfertigen. Die neuen gesetzlichen Regelungen tragen kaum dazu bei, diese Mängel zu beseitigen.

Dass dieser **Wettbewerb der Schäbigkeit** nicht auf die Untersuchungshaftvollzugsanstalten beschränkt ist, sondern auch manche Gerichte herausfordert, zeigt das Beispiel des Rebellenführers Dr. M. bei § 121 Rdn. 1.

18 Dabei darf nicht übersehen werden: Der Gefangene hat in der Haft auch Anspruch auf Schutz gegenüber Dritten. Die Bediensteten einer JVA haben eine **Amtspflicht zum Schutz des Lebens und der körperlichen Unversehrtheit der Gefangenen** (vgl. Art. 2 Abs. 2 GG). Diese Pflicht umfasst auch die Verhütung von drohenden Schäden der Häftlinge durch Mitgefangene. Absehbaren Risiken aufgrund der Gefährlichkeit eines möglichen Schädigers muss durch Trennung der Gefangenen, eine engmaschige Aufsicht oder auch die Verwehrung des freien Zugangs zu gefährlichen Werkzeugen begegnet werden. Hierbei kommt es nicht allein darauf an, ob eine die Eigen- und Fremdgefährdung verneinende psychiatrische Prognoseentscheidung methodisch richtig getroffen worden sein mag, sondern auch darauf, ob im Alltag einer Anstalt unter Berücksichtigung des bisherigen Verhaltens des späteren Schädigers besondere Vorkehrungen geboten sind. Muss den Bediensteten einer JVA angesichts der besonderen Umstände auch ohne psychologische Vorbildung allein aufgrund ihrer dienstlichen Erfahrung die Gefahr bewusst sein, dann stellt die Verneinung einer Amtspflicht zum Schutz des Gefangenen eine nicht mehr vertretbare (willkürliche) Handhabung von § 839 BGB i.V.m. Art. 34 GG dar. Davon ist insb. auszugehen, wenn entgegen der Regel psychisch auffällige Gefangene mit normalen Gefangenen über einen längeren Zeitraum und bei freiem Zugang zu gefährlichen Werkzeugen alleingelassen werden. Dem geschädigten Gefangenen steht dann Schadensersatz aus Amtspflichtverletzung zu (BVerfG NJW 2016, 1081 ff. = StV 2016, 175 ff.; BGH NJW 2003, 3698 ff.; BGH NJW 1956, 1399 ff.; s. hierzu auch Vor §§ 112 ff. Rdn. 7).

19 **II. § 119 Abs. 1 Satz 1.** Nach § 119 Abs. 1 Satz 1 können dem inhaftierten Beschuldigten Beschränkungen auferlegt werden, soweit dies zur **Abwehr einer Flucht-, Verdunkelungs- oder Wiederholungsgefahr** i.S.d. §§ 112, 112a erforderlich ist.

20 Die Grundrechte eines Untersuchungsgefangenen auf Schutz der Privatsphäre und auf Wahrung des Brief-, Post- und Fernmeldegeheimnisses sind verletzt, wenn das Gericht die Erforderlichkeit von Überwachungsanordnungen nach § 119 Abs. 1 allein aus den für die Anordnung der Untersuchungshaft maßgeblichen Erwägungen ableitet, ohne darüber hinaus zu prüfen, ob der Flucht-, Verdunklungs- oder Wiederholungsgefahr bereits durch die Inhaftierung des Beschuldigten selbst ausreichend begegnet wird (BVerfG NStZ-RR 2015, 79 f. = StraFo 2015, 59 ff.; VerfGH Berlin NStZ-RR 2011, 94 f. = StraFo 2011, 41 ff.).

21 **1. Grundsatz der Beschränkung anhand der Haftgründe der Flucht-, Verdunkelungs- oder Wiederholungsgefahr.** Das Gesetz nennt als **Haftzwecke** die Abwehr einer Flucht-, Verdunkelungs- oder Wiederholungsgefahr. Die Legitimation von Beschränkungen auf Bundesebene muss sich also hieraus ergeben.

22 Jede Beschränkung ist anhand des **konkreten Einzelfalls** zu prüfen und zu begründen. Die Nichtanordnung haftgrundbezogener Beschränkungen nach § 119 Abs. 1 StPO ist der Regelfall, die Beschränkung die Ausnahme (LG Magdeburg StV 2016, 822 [LS 1]). Eine früher übliche standardisierte Vorgehensweise ist nicht mehr erlaubt. *Brocke/Heller* sprechen hier von einem *»Paradigmenwechsel«* (*dies.* StraFo 2011, 1, 5). In § 119 Abs. 1 Satz 1 ist nunmehr klargestellt, dass für die inhaftierten Beschuldigten keine standardmäßigen Beschränkungen gelten, sondern dass jede Beschränkung ausdrücklich festgelegt werden muss. Sie muss vom Haftrichter darauf hin überprüft werden, ob sie tatsächlich erforderlich ist. Dies ist zu begründen (§ 34 StPO), eine Bezugnahme auf die Natur des Tatvorwurfes genügt nicht (BVerfG StraFo 2015, 59; s. zum verfassungsgerichtlichen Gebot der Begründungstiefe auch *Mayer/Hunsmann* NStZ 2015, 325 ff.). Dadurch wird der Unschuldsvermutung Rechnung getragen (zur Unschuldsvermutung *Herrmann* StraFo 2016, 89 ff.). Darüber hinaus wird berücksichtigt, dass die in Betracht kommende Beschränkung mit teils erheblichen Einschränkungen der Grundrechte des Beschuldigten verbunden sein kann (vgl. BT-Drs. 16/11644, S. 23; s.a. BVerfG NStZ-RR 2015, 79 f. = StraFo 2015, 59 ff.; KG StV 2010, 270 ff.; OLG Hamm NStZ-RR 2010, 221 f. = StRR 2010, 194 f. [m.Anm. *Herrmann*] = StV 2010, 368 ff.). Die Begründung muss den Anfechtungsberechtigten in die Lage versetzen, eine sachgerechte Entscheidung über die Einlegung eines Rechtsmittels zu treffen.

Beschränkungen sind am **Maßstab des jeweils eingeschränkten Grundrechts** aber auch der **Verhältnismäßigkeit** zu messen. Eingriffen sind enge Grenzen gesetzt. Die Menschenwürde, die allgemeine Handlungsfreiheit sowie der Kernbereich privater Lebensgestaltung sind zu respektieren. Die Grundrechte bestehen nicht nur nach Maßgabe dessen, was an Verwaltungseinrichtungen üblicherweise vorhanden oder an geübtem Verwaltungsbrauch vorgegeben oder vorgesehen ist. Vielmehr ist es Sache des Staates, i.R.d. Zumutbaren alle Maßnahmen zu treffen, die geeignet und erforderlich sind, um Verkürzungen der Rechte von Untersuchungsgefangenen zu vermeiden. Die dafür erforderlichen sächlichen und personellen Mittel sind aufzubringen, bereitzustellen und einzusetzen (BVerfG StV 2013, 521 ff. [m.Anm. *Morgenstern* StV 2013, 529 ff.]; BVerfGE 35, 307, 310 = MDR 1974, 204 f.; BVerfGE 34, 369, 380 f. = JZ 1974, 93 ff. = MDR 1973, 827 f. = NJW 1973, 1451 ff.; BVerfGE 15, 288, 296 = JZ 1964, 286 = NJW 1963, 755 f.). Beschränkungen sind nur insoweit erlaubt, als es um eine strikt auf die **Abwehr von Gefahren** für die Haftzwecke oder die Sicherheit und Ordnung der Anstalt geht. Solche Anordnungen sind aufgrund der Unschuldsvermutung in ganz besonderem Maße dem Grundsatz der Verhältnismäßigkeit verpflichtet (s.o.). Für darüber hinausgehende Eingriffe, bspw. aufgrund lediglich vollzugspolitischer Zweckmäßigkeitserwägungen, die nicht der Gefahrenabwehr dienen, ist kein Raum. Eine standardisierte körperliche Untersuchung auch sämtlicher Körperöffnungen ist nur bei einem konkreten Verdacht der Gefährdung der Haftzwecke oder der Ordnung der Anstalt erlaubt (vgl. BVerfG NStZ-RR 2015, 79 f. = StraFo 2015, 59 ff.; BVerfG AnwBl. 2009, 303 ff. = NJ 2009, 253 ff. [m.Anm. *Meyer-Mews*] = NStZ 2010, 206 f. = StRR 2009, 198 [m.Anm. *Herrmann*] = StV 2009, 253 ff. [Inspektion des Anus eines Steuerberaters bei Aufnahme in der Haftanstalt ohne jeglichen Hinweis auf Drogentransport o.ä.]). Eine Urinprobe kann nur bei konkretem Anlass gefordert werden, sonst nicht (BVerfG NStZ 2008, 292 f. = StRR 2008, 75 f. [m.Anm. *Herrmann*]; KG StV 2015, 306 f.; OLG Saarbrücken NStZ 1992, 350 [fehlende Rechtsgrundlage]; OLG Oldenburg StV 2007, 88 ff. [m. krit. Anm. *Pollähne*]; LG Koblenz StraFo 2008, 119; LG Traunstein StV 2004, 144 [fehlende Rechtsgrundlage]; s.a. *Paeffgen* NStZ 2008, 135, 139 f.). Das Anhalten und die Beschlagnahme eines Briefes des Gefangenen an Dritte, mit dem Generalvollmacht für Konten erteilt wird, um so einer Vereitelung von vermögensabschöpfenden Maßnahmen zu begegnen und den staatlichen Anspruch auf verfall und Wertersatz zu sichern, ist unzulässig. Denn das dient nicht der Abwehr einer realen Gefahr für die Untersuchungshaft i.S.d. § 119 Abs. 1 S. 1. Hier müsse ein Antrag nach §§ 111b Abs. 2, 111d, 111e Abs. 1 StPO i.V.m. §§ 73 Abs. 1, 73a StGB gestellt werden (LG Hof B. v. 02.12.2015 – 4 Qs 151/15). Gleiches gilt für das Anhalten eines Briefes, in dem der Tatvorwurf pauschal bestritten wird. Daraus dürfen keine für den Beschuldigten nachteiligen Schlüsse gezogen werden (LG Hof B. v. 02.12.2015 – 4 Qs 150/15). Die Beschränkungen der Uhaft dürfen nicht sachfremden Zwecken dienen. Es ist Aufgabe des Staates eine Verkürzung der Rechte der Untersuchungsgefangenen zu vermeiden (BVerfG StV 2009, 255 ff.; NStZ 2008, 521 = StV 2008, 259 ff. [nächtliche Stromabschaltung in der Untersuchungshaft]). Der Untersuchungsgefangene darf nur den absolut unvermeidlichen Haftbeschränkungen unterworfen werden. Beschränkungen nach § 119 StPO sind mithin nur dann zulässig, wenn im Einzelfall aufgrund konkreter Anhaltspunkte durch den unkontrollierten Kontakt des Untersuchungsgefangenen mit der Außenwelt eine reale Gefahr für den jeweils genannten Haftzweck besteht; die bloße Möglichkeit, dass ein Untersuchungsgefangener seine Freiheiten missbrauchen könnte, genügt insoweit nicht (LG Magdeburg StV 2016, 822 [LS 2]). 23

Teilweise wird vertreten, dass Beschränkungen sich nicht nur an den im Haftbefehl genannten Haftgründen orientieren müssen. Es soll genügen, dass die Beschränkung mit den allgemein im Gesetz genannten Haftzwecken begründet werden könne (KG StV 2015, 306 f.; KG StV 2010, 370 ff.; OLG Hamm NStZ-RR 2010, 291 ff. = StV 2010, 585 f.; OLG Karlsruhe StV 2010, 198 f.; OLG Koblenz JBlRP 2010, 105, 106; zum Ganzen auch *Brocke/Heller* StraFo 2011, 1, 5; Meyer-Goßner/*Schmitt* § 119 Rn. 5; s. zum alten Recht: OLG Hamm StV 1998, 35 [m. abl. Anm. *Paeffgen*]; KK/*Schultheis* § 119 Rn. 12). Dies soll sich insb. auch aus der Formulierung des Gesetzes ergeben (BT-Drs. 16/11644, S. 24). Eine Rechtfertigung für eine solche Ausweitung der Möglichkeiten zur Beschränkung der Untersuchungshaft ist nicht ersichtlich. Sie mag zwar hinsichtlich der an anderer Stelle (vgl. § 114) vertretenen Zulässigkeit einer **Vorratshaltung von Haftgründen** zum Haftbefehl konsequent sein. Dies überzeugt aber schon dort nicht (vgl. hierzu die Kommentierung bei § 114 Rdn. 22 ff.). Zum einen muss der Beschuldigte – und dies gilt auch hier – die Möglichkeit haben, sich von vornherein gegen sämtliche Vorwürfe und denkbaren Beschränkungen zu wehren. Ebenso wie bei der Nennung der Haftgründe im Haftbefehl muss er auch hier nicht damit rechnen müssen, erweiterten Beschränkungen unterworfen zu werden, deren Gründe zunächst nicht offengelegt wurden. Dies gebietet schon der Grundsatz des fairen Verfahrens. Zum anderen obliegt es dem Haftrichter, die Zwecke der Untersuchungshaft entsprechend § 119 Abs. 1 zu konkretisieren. Für den Fall der Übertragung der Ausführungen auf Dritte gem. § 119 Abs. 3 Satz 2 bestünde sonst die Gefahr der Rechtsunsicherheit, wenn nicht von vornherein klare Vorgaben richterlich definiert wären. Schließlich darf nicht übersehen werden, dass es für die 24

Anordnung und Aufrechterhaltung der Untersuchungshaft nicht ausreicht, wenn ein Haftgrund nur möglich erscheint. Bestehen Zweifel, dann darf er nicht angenommen werden, die Untersuchungshaft kann und darf auf dieser Basis nicht angeordnet werden. Dies muss konsequenterweise auch für eventuelle Beschränkungen innerhalb der Untersuchungshaft gelten. Alles andere würde einen Zweckopportunismus bedeuten, der sich auch dogmatisch nicht rechtfertigen lässt. Dies übersieht der Gesetzgeber (vgl. hierzu BT-Drs. 16/11644, S. 24). I.Ü. besteht die Gefahr, dass eine Ausweitung der Möglichkeit von Beschränkungen anhand von nur Mutmaßungen das Gegenteil dessen bewirkt, was eigentlich erreicht werden soll: Nach neuem Recht soll der konkrete Einzelfall individuell beurteilt werden und nicht – wie bisher – der Vollzug der Untersuchungshaft pauschal und undifferenziert beschränkt werden. Auf Allgemeinplätze oder mutmaßliche Erfahrungswerte darf nicht ausgewichen werden. Zusammenfassend dürfen für die Auferlegung von Beschränkungen i.R.d. Untersuchungshaft nur diejenigen Haftgründe herangezogen werden, die offengelegt wurden und zu denen sich der Inhaftierte auch äußern konnte (zum Ganzen: OLG Rostock NStZ 2010, 350 f. = StRR 2010, 123 [LS] = StV 2010, 197 f.; *Brocke/Heller* StraFo 2011, 1, 5; *König* NStZ 2010, 185, 187; *Paeffgen* StV 1998, 38 ff. [in seiner ablehnenden Anm. zu OLG Hamm StV 1998, 35]; SK-StPO/*Paeffgen* § 119 Rn. 6; *Radtke/Hohmann/Tsambikakis*, StPO, § 119 Rn. 6 f.; *Schlothauer/Weider/Nobis*, Untersuchungshaft, Rn. 1059 [unter Verweis auf Rn. 278]).

25 **2. Exkurs: Beschränkungen aufgrund der Sicherheit und Ordnung der Anstalt.** Beschränkungen aufgrund der **Sicherheit und Ordnung der Anstalt** waren früher über § 119 Abs. 3 a.F. möglich. Nunmehr richten diese sich ausschließlich nach den UVollzG der Länder und nicht mehr nach § 119 n.F. (zur Föderalismusreform und der Trennung von Untersuchungshaftrecht und Untersuchungshaftvollzugsrecht ausführlich Rdn. 1 ff. sowie Vor §§ 112 ff. Rdn. 22 ff.).

26 Die Sicherheit und Ordnung ist ein **Blankettbegriff**, er ist ausfüllungsbedürftig. Dies ist nur schwer möglich (ausführlich: LR/*Hilger* § 119 Rn. 32 f.; s.a. *Paeffgen* GA 2009, 450, 465 ff.; *Schlothauer/Weider/Nobis*, Untersuchungshaft, Rn. 1060 ff.). Innerhalb der Justizvollzugsanstalt, in der die Untersuchungshaft vollzogen wird, konkretisiert sich die **Sicherheit und Ordnung** an den Vorgaben eines sachgerechten Ablaufes des Betriebes der Haftanstalt. Insgesamt sind weder ein Mindest- noch ein Übermaß an Ordnung gemeint, sondern ein Normalmaß (BVerfG NStZ 1999, 536; BVerfGE 35, 311 ff. = NJW 1974, 26). Voraussetzung ist aber auch hier eine konkrete Anordnung der Anstalt im Einzelfall (OLG Rostock NStZ 2010, 350 f. = StRR 2010, 123 [LS] = StV 2010, 197 f.; *Radtke/Hohmann/Tsambikakis*, StPO, § 119 Rn. 9). Das Problem von Wertungswidersprüchen und divergierenden Entscheidungen wurde bereits oben dargestellt (s. Rdn. 9). Exemplarisch ist hier die **unterschiedliche Ausgestaltung der Besuchsregelungen** zu kritisieren: Dadurch findet in vielen Justizvollzugsanstalten eine weitere Verschärfung der dort geübten Verselbstständigung der gesetzlichen Vorgaben statt. Unter Bezugnahme auf teils normierte Öffnungsklauseln im Gesetz (»*Sicherheit und Ordnung der Anstalt*«) werden die landesrechtlich normierten (unterschiedlichen) Besuchszeiten reduziert, weil angeblich keine ausreichenden Kapazitäten zur Organisation der Besuche vorhanden wären. Andere Anstalten verlängern die Besuchsdauer großzügig. Es herrscht ein teils wildes Durcheinander. Der Begriff der Sicherheit und Ordnung der Anstalt wird sehr unterschiedlich ausgelegt. Über diese landesrechtlichen Unterschiede hinaus sind dann auch noch viele Haftanstalten zügig dazu übergegangen, die individuelle Einzelfallgerechtigkeit ins Gegenteil zu verkehren. Von Gerichten zugesprochene Ausnahmeregelungen (Besuch; Nutzung eines Computers etc.) werden nicht selten eigenmächtig eingeschränkt, behindert oder teils sogar ignoriert, weil angeblich die Ordnung der Anstalt unterschiedliche Regelungen oder Besonderheiten nicht zulasse. Die Intention des Gesetzgebers, immerhin fußend auf der europa- und verfassungsrechtlichen Rspr. (vgl. Rdn. 4), wird damit konterkariert und ad absurdum geführt.

27 **3. Erforderlichkeit der Maßnahme zur Abwehr einer realen Gefahr.** Voraussetzung für die Anordnung von Beschränkungen in der Untersuchungshaft, die über die reine Freiheitsentziehung hinausgehen, ist, dass die Maßnahme **erforderlich** sein muss. Es reicht nicht aus, die die Anordnung rechtfertigende Flucht-, Verdunkelungs- oder Wiederholungsgefahr ausschließlich auf die Würdigung zu stützen, die schon der Anordnung der Untersuchungshaft selbst zugrunde liegt. Es bedarf zusätzlich einer gesonderten Prüfung der jeweiligen Beschränkung unter Beachtung auch der Verhältnismäßigkeit.

28 Es muss eine **reale Gefahr** für den Zweck der Untersuchungshaft oder die Sicherheit oder Ordnung der Anstalt bestehen. Dies muss durch konkrete Tatsachen belegbar sein. Nur die Möglichkeit eines Missbrauches genügt nicht. Allerdings muss sie auch nicht mit an Sicherheit grenzender Wahrscheinlichkeit angenommen werden (st. Rspr., s. nur: BVerfG AnwBl. 2009, 303 ff. = NJ 2009, 253 ff. [m.Anm. *Meyer-Mews*] = NStZ 2010, 206 f. = StRR 2009, 198 [m.Anm. *Herrmann*] = StV 2009, 253 ff.; VerfGH Berlin StV 2011, 165 f.; KG StV 2015, 306 f.; KG StV 2010, 370; OLG Hamm NStZ-RR 2010, 292 ff.; OLG Köln Beschl. v. 10.02.2010 – 2 Ws 77/10, WKRS 2010, 16266 [»konkrete Befürchtung«]; OLG Rostock NStZ 2010, 350 f. = StRR 2010,

123 [LS] = StV 2010, 197 f. [»tatsächliche Anhaltspunkte«]; AnwK-Uhaft/*König*, § 119 StPO Rn. 15; *König* NStZ 2010, 185, 187; Meyer-Goßner/*Schmitt* § 119 Rn. 6; *Michalke* NJW 2010, 17, 19; SK-StPO/*Paeffgen* § 119 Rn. 7; *Schlothauer/Weider/Nobis*, Untersuchungshaft, Rn. 1059; KK/*Schultheis* § 119 Rn. 10). Dem wird insb. auch dadurch Rechnung getragen, dass jeweils eine individuelle Einzelfallprüfung erforderlich ist (vgl. BT-Drs. 16/11644, S. 24).

Zu der entsprechenden Gefahr für alle durch die seit Anfang 2020 grassierende Corona-Pandemie s. die Kommentierung Vor §§ 112 ff. Rdn. 120 ff.

III. Individuelle Beschränkungen im Einzelnen, § 119 Abs. 1 Satz 2 Nr. 1 bis 5. In § 119 Abs. 1 Satz 2 Nr. 1 bis 5 ist ein Katalog von möglichen Beschränkungen genannt. Die Aufzählung ist nicht abschließend (»insbesondere«). Sie nennt die in der Praxis häufigsten Sachverhalte, die üblicherweise einer Beschränkung unterworfen werden. Durch die offene Formulierung im Gesetz soll ermöglicht werden, individuell auf den konkreten Einzelfall einzugehen. Das Gesetz enthält bewusst keine standardisiert vorgegebenen Beschränkungen. Der Gesetzgeber hat hierauf ausdrücklich verzichtet, um so der individuellen Einzelfallregelung breiteren Raum zu geben (BT-Drs. 16/11644, S. 24 f.). 29

1. Erlaubnis zum Empfang von Besuchen und der Telekommunikation, § 119 Abs. 1 Satz 2 Nr. 1. Nach § 119 Abs. 1 Satz 2 Nr. 1 kann angeordnet werden, dass der Empfang von Besuchen und die Telekommunikation der Erlaubnis bedürfen. In der Praxis kommt eine solche Anordnung häufig vor. Hierbei ist zu differenzieren. 30

Zu der entsprechenden Gefahr durch die seit Anfang 2020 grassierende Corona-Pandemie s. die Kommentierung Vor §§ 112 ff. Rdn. 120 ff.

a) **Besuch von Dritten.** Der Untersuchungsgefangene darf grds. Besuch von Dritten empfangen. Die hierfür erforderlichen Voraussetzungen sind zu schaffen (BVerfG StV 2008, 424 f. = StV 2009, 196 ff. [die Entscheidung ist in StV zweimal abgedruckt]). Beschränkungen sind davon abhängig zu machen, ob konkrete Anhaltspunkte vorliegen, dass durch den Besuch eine Gefährdung des Zwecks der Untersuchungshaft zu befürchten ist. Dies ist bei Anhaltspunkten für Fluchtvorbereitungen oder Verdunkelungshandlungen anzunehmen. Selbst dann kann aber eine akustische Überwachung als milderes Mittel angezeigt sein (s. hierzu § 119 Abs. 1 Satz 2 Nr. 2 StPO). Kann eine Gefährdung ausgeschlossen werden, dann ist der Besuch zu erlauben. Eine **generelle Besuchssperre** ist unzulässig (BVerfG NStZ-RR 2015, 79 f. = StraFo 2015, 59 ff.; BVerfG FamRZ 1994, 1381 f. = NJW 1995, 1478 ff. = NStZ 1994, 604 ff. = StV 1994, 585; OLG Hamm StRR 2015, 153 [m.Anm. *G. Herrmann*]; OLG Hamm StV 1997, 260; OLG Düsseldorf StV 1994, 324; s.a. um Ganzen auch Meyer-Goßner/*Schmitt* § 119 Rn. 9; SK-StPO/*Paeffgen* § 119 Rn. 15). 31

Die Ablehnung einer Besuchserlaubnis für **Familienangehörige** ist nur unter besonders strengen Voraussetzungen zulässig. Allein die beabsichtigte Vernehmung eines Familienangehörigen als Zeuge in der Hauptverhandlung reicht nicht als Ablehnungsgrund aus (OLG Hamm StV 1996, 325 f.). Auch der hohe Personalaufwand bei der Besuchsüberwachung durch eingearbeitete Ermittlungsbeamte rechtfertige die Versagung von Besuchen mitbeschuldigter Ehepartner nicht (OLG Karlsruhe StraFo 2016, 71 [bei Haftdauer über vier Monate]). Selbst die Versagung eines Besuches der durch eine Gewalttat geschädigten Ehefrau beim inhaftierten Ehemann, weil eine visuelle und akustische Überwachung aufgrund der langjährigen Partnerschaft und der damit verbundenen Möglichkeit der nonverbalen Kommunikation nicht ausreichend und Letztere nicht verhindert werden könne, verstößt gegen das Privileg der Ehe (OLG Celle NdsRPfl 2016, 314 [bei fehlender Verdunkelungsgefahr wegen richterlicher Vernehmung der Ehefrau als Zeugin]). Der verfassungsrechtlich gesicherte besondere Schutz von Ehe und Familie gem. Art. 6 GG geht hier jeweils vor (s. auch BVerfG NStZ-RR 2015, 79 f. = StraFo 2015, 59 ff.; BVerfG FamRZ 1993, 1296 ff. = NJW 1993, 3059 ff.; NStZ 1994, 604 ff. [m.Anm. *Rotthaus*]; OLG Düsseldorf StV 2016, 165; StV 2001, 122 ff.; StV 1996, 323 ff. [m.Anm. *Nibbeling*]; KK/*Graf* § 119 Rn. 21, 23; Meyer-Goßner/*Schmitt* § 119 Rn. 10). Dies gilt auch für **Kleinkinder**, die aufgrund ihrer frühkindlichen Entwicklung eine besondere Bindung zu Bezugspersonen überhaupt erst aufbauen müssen (BVerfG FamRZ 2006, 1822 ff. = NStZ 2009, 138 = StraFo 2006, 490 ff. = StV 2008, 30 ff.). 32

Auch ein **Besuch Inhaftierter untereinander** ist grds. zuzulassen und zu ermöglichen (OLG Düsseldorf NStZ 1989, 549 [jeweils inhaftierte Ehegatten]; OLG Stuttgart StV 2003, 628 [jeweils inhaftierte Ehegatten]). **Intimkontakte** sind in der Untersuchungshaft untersagt, allerdings vornehmlich aus Gründen der Ordnung der Anstalt und nicht wegen der getrennt hiervon zu beachtenden Haftzwecke (OLG Düsseldorf NStZ 1991, 405; OLG Jena NStZ 1995, 256 [m. abl. Anm. *Paeffgen* NStZ 1996, 72, 73]). Gleiches gilt für eine homologe Insemination. Auch diese ist in der Untersuchungshaft regelmäßig nicht erlaubt, nicht zuletzt wegen der 33

Gefahr gleicher Anträge anderer Gefangener (OLG Frankfurt NStZ 1991, 405). Ob all dies im Vergleich zu anderen Ländern noch zeitgemäß ist, erscheint fraglich (*Paeffgen* NStZ 1996, 72, 73).

34 Die **Ausgestaltung der Besuche** richtet sich nach den UVollzG der Länder. Die gesetzlichen Vorgaben weichen teils stark voneinander ab. Derartige Unterschiede sind schon wegen Art. 3 GG nicht hinnehmbar und schlicht skandalös (s. hierzu schon oben Rdn. 26 und vor § 112 Rdn. 38; ebenso hinsichtlich der Besuchsregeln: AnwK-Uhaft/*Pollähne*, § 33 ME UVollzG Rn. 39 f.; *Paeffgen* NStZ 2010, 200, 206).
Zu der entsprechenden Gefahr durch die seit Anfang 2020 grassierende Corona-Pandemie s. die Kommentierung Vor §§ 112 ff. Rdn. 120 ff.

35 b) **Besuche vom RA.** Für Besuche durch den **mandatierten Verteidiger** gilt § 148. Nach § 119 Abs. 4 Satz 1 bleiben die §§ 148 und 148a unberührt. Beschränkungen sind deshalb über den Sonderfall des § 148 Abs. 2 i.V.m. § 148a hinaus nicht zulässig. Es besteht ein absoluter Schutz des Mandatsverhältnisses. Der Verteidiger kann allenfalls, bei Vorliegen entsprechender Gründe, aus dem Verfahren ausgeschlossen werden (§§ 138a ff.). Der Verteidiger soll seine Bevollmächtigung hier nachweisen müssen (h.M., vgl. AnwK-StPO/*Krekeler/Werner* § 148 Rn 9; LR/*Lüderssen/Jahn* § 148 Rn 11; Meyer-Goßner/*Schmitt* § 119 Rn. 12 und § 148 Rn. 11). Dies ist vom Gesetzeswortlaut zwar nicht gedeckt, mag aber zur Verhinderung von Missbrauch sinnvoll sein (differenzierend und krit. hierzu *Herrmann*, Untersuchungshaft, Rn. 134 ff. sowie *Meyer-Lohkamp/Venn* StraFo 2009, 265, 269 [jeweils zur früheren Rechtslage und dort insb. auch Nr. 36 Abs. 2 und 3 UVollzO]; s. zum Ganzen auch *Radtke/Hohmann/Reinhart*, StPO, § 148 Rn. 1 und 3).

36 Für Besuche zur Anbahnung eines Mandatsverhältnisses durch den **potenziellen Verteidiger** stellt sich dies anders dar. Dort verfängt § 148 zunächst nicht. Hier ist zu unterscheiden, ob es sich um ein »Anbahnungsgespräch« handelt, das auf Initiative des inhaftierten Beschuldigten zustande kommen soll, oder ein »Angebots-« oder gar »Anbiederungsgespräch«, das auf Initiative Dritter (Freunde oder Familie oder auch Mitbeschuldigter) stattfinden soll, oder – auch das soll es geben! – vom Anwalt selbst initiiert wird. Laut OLG Hamm (NStZ 2010, 471) liegt bei einer Beauftragung durch Dritte kein Anbahnungsfall vor. Unabhängig von diesen Definitionsfragen gilt:
Im ersteren Fall, wenn also der Kontakt direkt durch den Beschuldigten zustande kommt, ist der Verteidiger schutzwürdig, ansonsten zunächst nicht. Dies darf aber nicht zur Folge haben, dass sämtliche Kontaktaufnahmeversuche durch Verteidiger der richterlichen Erlaubnis bedürfen. Die Praxis bei den Staatsanwaltschaften und Gerichten behilft sich inzwischen mit einer differenzierten Vorgehensweise: Wünscht der Beschuldigte den Besuch eines RA, dann ist dieser zu gestatten. Ein solches Verfahren wird in vielen Vollzugsanstalten inzwischen durch die Verwendung standardisierter Formularschreiben (»**Verteidigerbesuchskarte**«) vereinfacht.
Wird der **Besuchswunsch von dritter Seite** geäußert, dann soll zunächst mit dem Beschuldigten zu klären sein, ob er tatsächlich besucht werden will. Danach richte sich dann die weitere Vorgehensweise (vgl. zum Ganzen KG StV 1991, 307; OLG Hamm NJW-Spezial 2010, 122 = NStZ 2010, 471 = StRR 2010, 193 f. [m. krit. Anm. *Barton*] = StV 2010, 586 f. [m. abl. Anm. *Bung*]; OLG Stuttgart StV 1993, 255 [m. krit. Anm. *Fezer*; allerdings zum Sonderfall der Kontaktaufnahme zu einem mutmaßlichen Mitglied der RAF]; LG Darmstadt StV 2003, 628; s.a. *Burhoff*, Handbuch für das strafrechtliche Ermittlungsverfahren, Rn. 2571 ff.; *Fezer* StV 1993, 255 f.; *Grube* JR 2009, 363 ff.; *Hassemer* StV 1985, 406; AnwK-Uhaft/*König* § 119 StPO Rn. 21 a.E.; LR/*Lüderssen/Jahn* § 148 Rn. 7; Meyer-Goßner/*Schmitt*, § 148 Rn. 4; *Radtke/Hohmann/Reinhart*, StPO, § 148 Rn. 2 a.E.; *Schmitz* NJW 2009, 40; *Schlothauer/Weider/Nobis*, Untersuchungshaft, Rn. 77; *Wohlers* StV 2010, 154 f.; vgl. zum Ganzen auch die Kommentierung bei § 148 Rdn. 10).
Eine solche zunehmend restriktive Haltung hat sich die Anwaltschaft, auch wegen der »**Gitterschleicher**« in ihren Reihen, teils selbst zuzuschreiben. Sowohl den Gerichten als auch der StA ist deshalb ein gewisses Maß an Fürsorgepflicht zuzugestehen.
Bei Allem darf aber nicht übersehen werden, dass der in Untersuchungshaft befindliche Beschuldigte unverzüglich einen Pflichtverteidiger zumindest beigeordnet bekommen hat (vgl. § 140 Abs. 1 Nr. 4 i.V.m. 141 Abs. 3 Satz 4 bzw. S. 5). In der Regel (auch das ist nicht immer der Fall!) steht dieser kurzfristig zur Verfügung, nimmt die Rechte seines Mandanten auch wahr und kennt darüber hinaus seine Pflichten (zur Beiordnung des Pflichtverteidigers nach neuem Recht s.a. Vor §§ 112 ff. Rdn. 50 ff.). Kommt der Pflichtverteidiger diesem Auftrag nicht nach, dann kann er wegen eines »gestörten Vertrauensverhältnisses nach § 143 StPO entpflichtet werden« (BGH NStZ 2009, 465 [mehrere Monate keinen Kontakt; für Sicherungsverfahren]; NStZ 2008, 418 ff. [nicht genügend informiert]; NStZ 2004, 632 ff. [nicht genügend besucht]; OLG Köln StraFo 2007, 157; LG Aachen StV 2005, 439 [Unterlassen menschlich gebotener Haftbesuche]; LG Köln StraFo 2006, 329 [mehrere Monate keinen Kontakt]; LG Magdeburg StraFo 2008, 428 f. = StV 2008, 630 [längere Zeit keinen Kontakt]; LG Osnabrück StRR 2010, 270 f. [m.Anm. *Burhoff*]; AG Ottweiler ZJJ 2007,

312 [Haftprüfungstermin unentschuldigt ferngeblieben und nach Bestellung 17 Tage keinen Kontakt zum Mandanten aufgenommen]; eine Liste unrühmlichen Verteidigerversagens findet sich bei *Burhoff*, Handbuch für das strafrechtliche Ermittlungsverfahren, 7. Aufl. 2015, Rn. 2919 ff.; s. auch *Widmaier/Richter II/Tsambikakis*, MAH Strafrecht, § 2 Rn. 7; s. hierzu auch die Kommentierung bei § 143).

Wird der Beschuldigte vom Verteidiger oder einem **RA, der nicht Verteidiger ist**, in anderen Angelegenheiten als dem Strafmandat selbst vertreten, dann gilt jedenfalls derzeit kein aus diesem anderen Mandatsverhältnis resultierender umfassender Schutz in Haftsachen. Ggü. Ermittlungsmaßnahmen genoss der sonst tätige RA im Gegensatz zum Strafverteidiger vorübergehend nur relativen Schutz. Das BKA-Gesetz und insb. § 160a i.d.F.v. 01.01.2008 haben die Rechte der Anwaltschaft eingeschränkt. Ein absolutes Erhebungs- und Verwertungsverbot hinsichtlich sämtlicher Ermittlungsmaßnahmen galt insofern nur für Verteidiger (§ 160a Abs. 1 a.F.). Für andere zeugnisverweigerungsberechtigte Berufsgeheimnisträger und somit auch sonst tätige RA galt ein Erhebungs- und Verwertungsverbot nur nach Maßgabe einer Verhältnismäßigkeitsprüfung im Einzelfall (§ 160a Abs. 2 a.F.). Dieser Klassenunterschied beim Vertraulichkeitsschutz wurde wieder abgeschafft. Mit Gesetz zur Stärkung des Schutzes von Vertrauensverhältnissen zu RA im Strafprozessrecht v. 27.12.2010 (BGBl. I, S. 2261; in Kraft getreten am 01.02.2011) wurden Strafverteidiger und sonstige RA hinsichtlich ihrer jeweiligen Privilegierung im Hinblick auf Ermittlungsmaßnahmen wieder gleichgestellt und der absolute Schutz vor strafprozessualen Beweiserhebungs- und Verwertungsmaßnahmen auf alle RA ausgeweitet (vgl. hierzu nun § 160a Abs. 2 Satz 4 n.F.). Nach der neuen Gesetzeslage dürfen sich also keine strafrechtlichen Ermittlungen mehr gegen Anwälte richten, die in einem strafrechtlich relevanten Fall tätig sind, gleichgültig in welchem Zusammenhang. Diese Privilegierung der RA bezieht sich aber – soweit ersichtlich – nicht auf sonstige Tätigkeiten in Haftsachen. Denn § 160a gilt zwar für Ermittlungsmaßnahmen. Und § 119 Abs. 4 Satz 1 regelt zwar, dass die §§ 148 und 148a unberührt bleiben, was nach § 119 Abs. 4 Satz 2 auch für die in den Nr. 1 bis 19 genannten Personen, Organisationen, Institutionen und Gerichte gilt. Aber sonst tätige RA sind dort, wo es um den freien Verkehr und die umfassend geschützte Kommunikation mit dem inhaftierten Beschuldigten in Untersuchungshaft geht, auch weiterhin nicht genannt; auf § 53 Abs. 1 Satz 1 Nr. 3 wird in § 119 Abs. 4 Satz 2. Nr. 18 nicht Bezug genommen. 37

In der Praxis werden dem **sonst tätigen RA** regelmäßig zwar geschützte Besuche in der Haftanstalt erlaubt. Das Postprivileg gilt aber nicht. Schriftsätze, die nicht unmittelbar die Verteidigung selbst betreffen, haben die Postkontrolle zu durchlaufen (BVerfG NJW 2010, 1740 ff. = StRR 2010, 34 ff. [m. krit. Anm. *Herrmann*] = StV 2010, 144 ff. [m. krit. Anm. *Weider*]). Tätigkeiten in anderen Angelegenheiten sind danach ggü. dem Gericht, der StA und der Justizvollzugsanstalt offenzulegen. Die Post ist ggfs. als »vertrauliche Anwaltspost« zu kennzeichnen, nicht aber als »Verteidigerpost« (ausführlich hierzu nachfolgend Rdn. 39). Eine differenzierte Kontrolle darf aber auch dann nur bei einem konkreten Verdacht des Missbrauchs erfolgen. 38

Eine solche streng formale Differenzierung erscheint in mehrfacher Hinsicht verfehlt und auch unangemessen. In der Literatur wird vielfach ein materieller Ansatz vertreten (*Burhoff*, Handbuch für das strafrechtliche Ermittlungsverfahren, Rn. 4662 ff.; *Herrmann*, Untersuchungshaft, Rn. 235 ff.; *Widmaier/König*, MAH Strafrecht, § 4 Rn. 128; LR/*Lüderssen/Jahn* § 148 Rn. 17; *Schlothauer/Weider/Nobis*, Untersuchungshaft, Rn. 119 ff.). Ob der RA auch als Verteidiger tätig ist oder nicht darf keine Rolle spielen. Denn dem Anwalt steht ganz allgemein ein Recht auf Vertraulichkeit zu. Das Vertrauensverhältnis zwischen RA und Mandant ist von Verfassungs wegen geschützt. Beschränkungen bedürfen einer gesetzlichen Grundlage. Strafprozessuale Vorgaben sind – soweit ersichtlich – nicht vorhanden. § 148 gilt zwar nur für den Verteidiger und nicht den »sonst tätigen Anwalt«. Letzterer ist allerdings kraft seiner Funktion sowie als selbstständiges Organ der Rechtspflege privilegiert. Das Mandatsverhältnis verdient auch dort Schutz. Darüber hinaus begegnet die zu erwartende totale Beobachtung und Überwachung des Untersuchungshaftgefangenen schon ganz allgemein erheblichen Bedenken (vgl. hierzu *Herrmann* StRR 2010, 4; s. hier auch die Kommentierung zu den § 114d Rdn. 21 und § 114e Rdn. 2). Neben formalen Unklarheiten steht zu befürchten, dass der Beschuldigte zum bloßen Objekt im Verfahren wird. Und im Bereich der Ausgestaltung der Untersuchungshaft sind Beschränkungen nur dann erlaubt, wenn dies die Haftzwecke oder die Ordnung der Anstalt erfordern. Wie aber Haftzwecke oder die Ordnung der Anstalt durch den Schriftwechsel zwischen Anwalt und Mandant beeinträchtigt sein soll, der legitime Inhalte hat, ist unerfindlich. Eine Beschränkung des Verkehrs mit dem sonst tätigen RA ist letztlich auch deshalb unangemessen, weil häufig nicht klar zwischen einerseits Verteidigung und andererseits den damit in unmittelbarem oder zumindest mittelbarem Zusammenhang stehenden Angelegenheiten (allgemeines Zivilrecht, Mietrecht, Familienrecht, Arbeitsrecht, Sozialrecht etc.) differenziert werden kann. Überschneidungen dürfen nicht zulasten des Vertrauensverhältnisses zwischen Mandant und Anwalt gehen. All dies rechtfertigt keinesfalls eine pauschale Schlechterstellung des sonst tätigen RA ggü. dem Verteidiger. Einzig zulässige Ausnahme hiervon sind Fälle des Missbrauches (vgl. hierzu 39

LG Tübingen NStZ 2008, 653 [vermeintliche Verteidigerpost beim Mitgefangenen deponiert]; OLG Bremen StV 2006, 650 [Verteidigerschreiben einer Sozietät; dort abgelehnt; kein Missbrauch]).

40 c) **Erlaubnis zur Telekommunikation.** Der Inhaftierte kann grds. fernmündliche Gespräche mit Personen außerhalb der Anstalt führen (s.o.; a.A. Meyer-Goßner/*Schmitt* § 119 Rn. 13 [wird in der Regel dem Zweck der U-Haft widerstreiten]).

Bei der vom **Haftgericht** zu erteilenden Erlaubnis sind nur die Haftzwecke zu beachten. Probleme bei der praktischen Umsetzung in der Vollzugsanstalt sind unbeachtlich. Es soll Gerichte geben, die mittels Allgemeinverfügung standardisiert eine gewisse Anzahl von Telefonaten für alle Untersuchungshaftgefangenen erlauben. Auch wenn dies der gebotenen individuellen Überprüfung des Einzelfalles zuwiderläuft, so sind damit die Rechte des Inhaftierten fraglos eher gewahrt, als mit einer jeweils individuellen Versagung von Telefonaten, deren Begründung auf lediglich organisatorischen Schwierigkeiten oder nur Unzulänglichkeiten der Anstalt beruht und damit regelmäßig die vom Gesetzgeber gewollte Kompetenzverteilung zwischen einerseits Gerichten und andererseits Anstalten durchbricht (s. hierzu OLG Rostock NStZ 2010, 350 f. = StRR 2010, 123 [LS] = StV 2010, 197 f.).

Die **Untersuchungshaftanstalt** prüft dann selbstständig, ob bei der Durchführung der Telefonate die Sicherheit und Ordnung entgegenstehen und inwiefern vollzugliche Belange Telefonate ermöglichen. Der Untersuchungshaftgefangene hat insofern keinen originären Anspruch auf Telefonkontakte nach außen, allerdings darf er eine ermessenfehlerfreie Entscheidung der Anstalt erwarten (AnwK-Uhaft/*Pollähne* § 40 ME UVollzG Rn. 1; krit. zu diesem Regel-Ausnahme-Verhältnis: SK-StPO/*Paeffgen* § 119 Rn. 50). Die Beschränkung einer erteilten Telefonerlaubnis dahin gehend, dass die Gespräche nur in deutscher Sprache geführt werden dürfen und zu überwachen sind, ist durch die bloß allgemeine Möglichkeit eines Missbrauchs nicht gerechtfertigt (OLG Frankfurt StraFo 2016, 443 f.).

41 Unüberwindlichen Hindernissen bei der praktischen Umsetzung der gesetzlich eigentlich vorgesehenen Besuchsregeln durch die Corona-Pandemie und entsprechenden Reisebeschränkungen ist durch ausnahmsweise Erteilung einer Telefonerlaubnis zu begegnen (AG Kempten StV 2021, 187). Das ist so zu eng und unverhältnismäßig. Den entsprechenden pandemiebedingten Beschränkungen könnte längst durch angemessene Ausweitung der Telefonerlaubnisse und auch der technischen Möglichkeit dazu begegnet werden. Es ist unverständlich, warum nicht längst zu erweiterten Kommunikationsmöglichkeiten mittels Telefon übergegangen wurde.

42 Die **Doppelzuständigkeit** von einerseits Gericht und andererseits Anstalt wird nicht immer klar voneinander getrennt (s. hierzu OLG Rostock NStZ 2010, 350 f. = StRR 2010, 123 [LS] = StV 2010, 197 f.; krit. hierzu s. bereits oben, Rdn. 12 und 26 [a.E.]).

43 Ganz allgemein sind Telefonate zuzulassen (s.o.). Über die **Anzahl** der zu erlaubenden Telefonate besteht keine Einigkeit. Aus der Rspr. sind bekannt: Telefonate einmal wöchentlich für die Dauer von 10 Minuten (OLG Rostock StraFo 2001, 286 f.), ein Telefonat alle 2 Wochen (AG Cottbus StV 2004, 494 f.), Telefonate einmal monatlich (OLG Düsseldorf StraFo 2001, 287; AG Cottbus StV 2005, 395 f.), Erlaubnis allenfalls im Einzelfall bei Darlegung eines besonderen berechtigten Interesses (OLG Düsseldorf StraFo 1998, 285; OLG Düsseldorf NStZ 1995, 152; OLG Karlsruhe StraFo 2002, 28). Die Genehmigung eines Telefongesprächs mit Angehörigen im Ausland darf bei Vorliegen eines besonderen berechtigten Interesses nicht auf seltene oder dringende Ausnahmefälle beschränkt werden. Verfügt der Gefangene in Deutschland über keinerlei soziale Bindungen und verschärfen Sprachschwierigkeiten die Haftbedingungen, dauert darüber hinaus die Untersuchungshaft bereits länger an, dann sind regelmäßige Telefonate zuzulassen. Bloße Briefkontakte können ein persönliches Gespräch mit nahestehenden Angehörigen nicht ersetzen (OLG Frankfurt StV 1992, 281 f.; OLG Hamm NStZ-RR 1996, 303 f.; OLG Stuttgart StV 1995, 260 f.).

44 Die Erlaubnis von Telefonaten kann mit **Weisungen** verbunden werden, beispielsweise in einer bestimmten (verständlichen und damit überwachbaren) Sprache oder nicht über den Gegenstand des Verfahrens zu sprechen.

45 Gespräche in ausländischer Sprache werden durch einen **Dolmetscher** überwacht. Die Kosten dürfen dem der deutschen Sprache nicht mächtigen Beschuldigten aber nicht auferlegt werden (ausführlich hierzu Burhoff/*Volpert* RVG in Straf- und Bußgeldsachen, Teil A: Auslagen aus der Staatskasse [§ 46 Abs. 1 und 2], Rn. 203 ff.). Andernfalls bedeutet dies einen Verstoß gegen Art. 3 Abs. 3 Satz 1 GG. Die Kosten sind von der Staatskasse zu tragen (BVerfG JZ 2003, 543 ff. = NJW 2004, 1095 ff. = NStZ 2004, 274 ff. = NVwZ 2004, 1228 ff. = Rpfleger 2004, 242 ff.; s. hierzu auch *Burhoff*, Handbuch für das strafrechtliche Ermittlungsverfahren, Rn. 5115 ff.; *Herrmann*, Untersuchungshaft Rn. 319 ff.; a.A. jedoch für die die Kosten der Übersetzung von Telefonprotokollen: BVerfG NJW 2004, 1095, 1096 f. [krit. hierzu *Herrmann*, Untersuchungs-

haft, Rn. 323]). Es empfiehlt sich die Beiordnung des Dolmetschers (KG NStZ 1990, 402 [m.Anm. *Hilger*]). Zum Recht auf kostenlose Dolmetscherleistungen s. auch die Kommentierung vor § 112 Rdn. 74 ff.

Mandant und Verteidiger dürfen ebenfalls grds. telefonisch Kontakt halten (BGHSt 33, 347, 350; *Herrmann*, Untersuchungshaft, Rn. 242 ff.; *Widmaier/König*, MAH Strafverteidigung, § 4, Rn. 133; KK/*Laufhütte* § 148, Rn. 7; *Schlothauer/Weider/Nobis*, Untersuchungshaft, Rn. 115; zum früheren Recht s. Nr. 38 Abs. 1 UVollzO). Ein allgemeiner Anspruch auf eine solche Kontaktaufnahme soll aber nicht bestehen (Meyer-Goßner/*Schmitt* § 148 Rn. 16). Die Überwachung des Gesprächs soll grds. erlaubt sein (BGH NStZ 1999, 471 f. = StV 1999, 39 f. [m. abl. Anm. *Lüderssen* StV 1999, 490 f.]). Dies kann nicht hingenommen werden. Gespräche zwischen Verteidiger und Mandant sind ganz allgemein geschützt. Sie unterliegen insb. keiner akustischen Überwachung. Organisatorische Schwierigkeiten in der JVA dürfen dieses Recht nicht »gleichsam durch die Hintertüre« aushebeln oder einschränken (*Herrmann*, Untersuchungshaft Rn. 242 ff.; *Schlothauer/Weider/Nobis*, Untersuchungshaft, Rn. 95 ff., 96). Ein nicht überwachtes Telefonat mit einem **ausländischen Verteidiger** kann aber versagt werden, wenn eine Gefährdung der Haftzwecke nicht sicher ausgeschlossen werden kann, jedenfalls aber die Sicherheit und Ordnung der Anstalt beeinträchtigt wären und eine schriftliche Kontaktaufnahme ebenso möglich ist (OLG Köln NStZ 2011, 55 = StV 2011, 35 f.; s. hierzu auch OLG Celle StV 2003, 62 f.; LR/*Lüderssen/Jahn*, § 148 Rn. 11). 46

Im Ergebnis ist vom Gericht eine entsprechende **Erlaubnis zu Telekommunikationskontakten zu erteilen**. Dies gilt über die Möglichkeit von Telefonaten hinaus auch für sonstige Möglichkeiten der Telekommunikation (Telefax, E-Mail etc.). In der Praxis scheitert dies aber meist an den technischen Voraussetzungen, die nicht vorhanden sind und wohl künftig auch nicht vorgehalten werden. 47

Zu der dogmatisch zwar nachvollziehbaren, im Ergebnis aber abzulehnenden Ansicht des OLG Celle, dass über den Antrag des Untersuchungshaftgefangenen auf Erteilung einer Telefonerlaubnis jedenfalls in Niedersachsen gem. § 148 Abs. 1 Satz 1 NJVollzG nicht das Gericht entscheidet, sondern die Vollzugsbehörde, die allerdings vorab die Zustimmung des Gerichts einholen muss (vgl. OLG Celle NStZ 2010, 399 f.; s. ausführlich bereits oben, unter Rdn. 10). 48

2. Überwachung von Besuchen, Telekommunikation sowie Schrift- und Paketverkehr, § 119 Abs. 1 Satz 2 Nr. 2. Die nach dieser Vorschrift erlaubten Besuche und Telekommunikationskontakte können überwacht werden. Entsprechende Maßnahmen haben sich nach § 119 Abs. 1 Satz 1 am jeweiligen Haftzweck zu orientieren. Voraussetzung ist aber auch hier eine individuelle Überprüfung anhand des Einzelfalles. Sind Haftzwecke (vornehmlich ist an Flucht- und Verdunkelungsgefahr zu denken) nicht betroffen, dann ist eine Überwachung nicht angezeigt (BVerfG NStZ 1996, 613 f. = NStZ-RR 1997, 7 f. = StV 1997, 257 f.; OLG Hamm StV 1998, 35 ff. [m. krit. Anm. *Paeffgen*]; MDR 1997, 283 = StV 1997, 258 f.; OLG Köln StV 1995, 259 f.; OLG Düsseldorf NStZ-RR 2003, 123 f.). Weitergehende Beschränkungen können sich aber aus den landesrechtlichen Untersuchungshaftvollzugsgesetzen ergeben, sofern die Ordnung der Anstalt betroffen ist. 49

a) **Besuche.** Besuche (s. hierzu bereits oben unter Rdn. 30 ff.) können optisch und akustisch überwacht werden. Eine Beschränkung bedarf wegen des erheblichen Eingriffes in die Persönlichkeitsrechte des Betroffenen einer besonders gründlichen Überprüfung durch den Richter (BVerfG NStZ 1994, 52 = StV 1993, 592; OLG Düsseldorf NStZ-RR 1998, 126 f.; OLG Hamburg StV 1998, 34 f.; OLG Hamm NStZ-RR 2010, 221 f. = StRR 2010, 194 f. [m.Anm. *Herrmann*] = StV 2010, 368 ff.). Ist eine Gefährdung nicht anzunehmen, dann muss der Besuch ohne Überwachung erlaubt werden (OLG Hamm NStZ-RR 2009, 124; MDR 1997, 283 = StV 1997, 258 f.). Auch für eine Überwachung von Gesprächen mit **Familienangehörigen** müssen konkrete Anhaltspunkte vorliegen, dass der Haftzweck gefährdet ist (BVerfG NStZ-RR 2015, 79 f. = StraFo 2015, 59 ff.; BVerfG NStZ 1996, 613 f. = NStZ-RR 1997, 7 f. = StV 1997, 257 f.; OLG Hamm NStZ-RR 2010, 221 f. = StRR 2010, 194 f. [m.Anm. *Herrmann*] = StV 2010, 368 ff.; LG Göttingen NStZ-RR 2004, 28 f.). Eine heimliche Kontrolle verstößt gegen das Gebot des fairen Verfahrens (»fair trial«, Art. 20 Abs. 3 i.V.m. Art. 2 Abs. 1 GG) und birgt ein Verwertungsverbot (BGHSt 53, 294 ff. = JR 2010, 38 ff. = JuS 2009, 861 f. = JZ 2009, 1175 ff. = Kriminalistik 2009, 474 = NJW 2009, 2463 ff. = NJW-Spezial 2009, 521 f. = NStZ 2009, 519 ff. [m.Anm. *Hauck* NStZ 2010, 17 ff.] = StraFo 2009, 371 ff. = StRR 2009, 303 ff. [m.Anm. *Artkämper*] = StV 2010, 458 ff.). Anstatt eines Verbotes des Besuches kommen als mildere Maßnahme die **Überwachung mittels Dolmetscher** oder die Nutzung einer **Trennscheibe** in Betracht (vgl. BGHSt 49, 61 ff. = NJW 2004, 1398 ff. = NStZ 2004, 515 ff. [mit Anm. *Beulke/Swoboda* NStZ 2005, 67 ff.]; OLG Karlsruhe Justiz 2004, 129; OLG Zweibrücken StraFo 2004, 380 f.; s. hierzu aber auch [einschränkend!] OLG Stuttgart NStZ 2006, 142 = StV 2004, 493 f. [keine Beeinträchtigung der Anstaltsordnung bei nur geringfügigen Verstößen, hier der Übergabe eines kleinen Stückchens Haschisch an den Gefangenen]). Eine **Tischbarriere** in Form einer ca. 25 cm hohen Plexiglasscheibe soll bei ansonsten »offenen« Besuchen grds. 50

zulässig sein (KG NStZ-RR 2011, 388 f. [zu § 35 UVollzG Bln; einschränkend aber für Familienangehörige, dazu s. bereits oben]; hierzu auch OLG Frankfurt, NStZ-RR 2007, 62; zum Ganzen s. auch *Schlothauer/Weider/Nobis*, Untersuchungshaft, Rn. 1177 ff.).

51 Verteidigerbesuche sind privilegiert. Sie werden nicht überwacht (vgl. § 148 StPO; s.a. § 35 Abs. 4 und 5 ME UVollzG und – sofern vorhanden – die jeweiligen landesrechtlichen Regelungen). Erfolgt im Rahmen der Anbahnung (»erste Kontaktaufnahme«) eine Überwachung, dann ist diese sofort zu beenden, wenn der Inhaftierte zu verstehen gibt, ein Anbahnungsgespräch führen zu wollen, bspw. durch mündliche oder schriftliche Mandatierung des RA, die jederzeit widerrufen werden kann.

52 b) **Telefongespräche.** Telefongespräche (s. hierzu bereits oben unter Rdn. 40 ff.) werden durch die Vollzugsanstalt organisiert, die anfallenden Kosten sind vorab zu entrichten (vgl. § 40 ME UVollzG). Sie werden grds. überwacht (s. zum Ganzen auch *Herrmann*, Untersuchungshaft Rn. 319 ff.; LR/*Hilger* § 119 Rn. 106 f.; Anwk/Uhaft-*König*, § 119 Rn. 29 und wortgleich hierzu *ders.* NStZ 2010, 185, 189 [krit.]; Meyer-Goßner/*Schmitt* § 119 Rn. 17; *Schlothauer/Weider/Nobis*, Untersuchungshaft, Rn. 1207 ff.; KK/*Schultheis* § 119 Rn. 56 [sehr restriktiv]). Die Überwachung ist den Gesprächspartnern unmittelbar nach Herstellung der Verbindung mitzuteilen (§ 119 Abs. 3 Satz 1 ff. [s. dort auch zu den alternativen Möglichkeiten der Information]). Damit wird dem Recht auf informationelle Selbstbestimmung (Art. 2 Abs. 1 i.V.m. Art. 1 Abs. 1 GG) genügt. Eine Mitteilung hat zu erfolgen, da Rechte Dritter betroffen sind (BT-Drs. 16/11644, 28). Die Aufzeichnung von Gesprächen ist nach dieser Vorschrift nicht zulässig, sie muss sich nach den §§ 110a und 100b richten. Zu den landesrechtlichen Regelungen s. AnwK-Uhaft/*Pollähne*, § 40 ME UVollzG, Rn. 1 ff.

53 c) **Schriftverkehr.** Der Gefangene hat grds. das Recht auf **freien Briefverkehr** (Art. 2 Abs. 1 und 2 sowie Art. 10 Abs. 1 und 2 GG; BVerfG JZ 2003, 543 = NJW 2004, 1095 ff. = NStZ 2004, 274 f. = NVwZ 2004, 1228 f. = Rpfleger 2004, 242 ff.; BVerfGE 35, 35, 39 = MDR 1974, 554 f. = NJW 1973, 1643 f.). Früher fand standardisiert eine Postkontrolle statt (vgl. dazu Nr. 28 ff. UVollzO; OLG Stuttgart Justiz 1999, 114 = NStZ 1999, 216). Aufgrund der gesetzlichen Änderungen ist eine solche heute nur noch dann erlaubt, wenn entsprechend § 119 Abs. 1 Satz 1 eine Gefährdung der Haftzwecke anzunehmen ist (AnwK-Uhaft/*König* § 119 StPO Rn. 38; Meyer-Goßner/*Schmitt* § 119 Rn. 18; *Schlothauer/Weider/Nobis*, Untersuchungshaft, Rn. 1223 ff.). Die frühere Praxis hat sich durch diese gesetzlichen Vorgaben nicht geändert; die Postkontrolle findet allenfalls an anderer Stelle statt. Aus den jeweiligen Landesgesetzen können sich weitere Möglichkeiten der Beschränkung aus Gründen der der Sicherheit und Ordnung der Anstalt ergeben (vgl. § 36 ME UVollzG und die jeweiligen Landesgesetze, s. hierzu *Schlothauer/Weider*, Untersuchungshaft, Rn. 1185 ff. und insb. 1192). Die Doppelzuständigkeit führt auch hier zu Problemen, insb. hinsichtlich der Zuständigkeit zur Prüfung selbst (ausführlich s.o., Rdn. 7 ff. und insb. Rdn. 12).

54 Briefe können **angehalten und beschlagnahmt** werden, wenn sie eine konkrete Gefährdung der Haftzwecke befürchten lassen (OLG Jena NStZ-RR 2012, 28 [Einflussnahme auf Zeugen]), unlesbar oder unverständlich (und damit risikobehaftet) oder auch ohne zwingenden Grund in einer ausländischen Sprache abgefasst sind und der Inhalt der Briefe für das Verfahren von Bedeutung ist, der Brief also als Beweismittel in Betracht kommt. Nicht zu expedieren sind Briefe auch dann, wenn hygienische Gründe entgegenstehen (OLG Düsseldorf NStZ 2001, 224 [blutverschmiertes Schreiben]).
Ein Verstoß gegen die Sicherheit und Ordnung der Anstalt wird in der Praxis oft schon angenommen, wenn eine verzerrte Darstellung der Anstaltsverhältnisse erfolgt oder die Briefe beleidigenden Inhalt haben. Hier bedarf es aber einer differenzierten Betrachtung: Der Grundsatz, dass jedenfalls bei schweren und haltlosen Kränkungen im privaten Bereich der Ehrenschutz regelmäßig den Vorrang vor der Meinungsfreiheit hat, gilt nicht. Dem Untersuchungshaftgefangenen ist ein Raum zu bieten, in dem er ohne Rücksicht auf gesellschaftliche Verhaltenserwartungen und ohne Furcht vor staatlichen Sanktionen verkehren kann (vgl. *BVerfGE* 90, 255 [260]). Wegen des Grundrechtsschutzes ist äußerste Zurückhaltung gegenüber dem Gefangenen geboten. Dies gilt insb. bei Briefen an nahe Angehörige (BVerfG NJW 1995, 1477 f. = JR 1995, 379 ff. [m. abl. Anm. *Kiesel*] = StV 1995, 144 [für Strafgefangenen]; KG NStZ 2005, 79 = StraFo 2004, 168; OLG Düsseldorf StV 1991, 221; OLG München StV 1995, 140 f.). Ein besonderes Näheverhältnis, in dem das zu gewähren ist, muss aber nicht auf den engsten Familienkreis beschränkt sein, es kann auch zwischen Menschen bestehen, die als Mitglieder einer Gruppe Gleichgesinnter mit gemeinsamen Freizeitgewohnheiten (»Clique«) befreundet sind (BVerfG NStZ 2010, 258 f. = StV 2010, 142 f.). Anders sieht das BVerfG dies aber, wenn der Gefangene selbst die Vertraulichkeit aufhebt und die Empfängerin des Briefes, seine Freundin, dazu auffordert, den Brief deren Schwester zu zeigen, zu der er selbst nicht in einer geschützten Vertrauensbeziehung stand (BVerfG StV 2010, 142).
Der Brief eines Gefangenen an Dritte, mit dem Generalvollmacht für Konten erteilt wird, um so einer Vereitelung von vermögensabschöpfenden Maßnahmen zu begegnen und den staatlichen Anspruch auf verfall

und Wertersatz zu sichern, darf nicht angehalten und beschlagnahmt werden. Denn das dient nicht der Abwehr einer realen Gefahr für die Untersuchungshaft i.S.d. § 119 Abs. 1 S. 1. Vielmehr müsse ein Antrag nach §§ 111b Abs. 2, 111d, 111e Abs. 1 StPO i.V.m. §§ 73 Abs. 1, 73a StGB gestellt werden (LG Hof B. v. 02.12.2015 – 4 Qs 151/15). Gleiches gilt für das Anhalten eines Briefes, in dem der Tatvorwurf pauschal bestritten wird. Daraus dürfen keine für den Beschuldigten nachteiligen Schlüsse gezogen werden (LG Hof B. v. 02.12.2015 – 4 Qs 150/15). Die Beschränkungen der Uhaft nach § 119 StPO dürfen nicht sachfremden Zwecken dienen.

Es können **Weisungen** erteilt werden. Wenn zwingende Gründe (Sprachunkenntnis) nicht entgegenstehen, 55 dann kann den Beteiligten aufgegeben werden, in deutscher Sprache zu kommunizieren (OLG Düsseldorf NStZ 1994, 559; OLG Hamm NStZ-RR 2009, 293, 294 = StV 2009, 478 f.; krit. hierzu: *Schlothauer/Weider*, Untersuchungshaft, Rn. 1200). Die pauschale Beschränkung der Anzahl der Briefe in ausländischer Sprache ist aber nicht zulässig (BVerfG JZ 2003, 543 = NJW 2004, 1095 ff. = NStZ 2004, 274 f. = NVwZ 2004, 1228 f. = Rpfleger 2004, 242 ff.; OLG Celle NJW-Spezial 2009, 746 = StraFo 2009, 515 f. = StRR 2009, 363 = StV 2010, 143 [217 Seiten]; LG Berlin StV 1994, 325; s.a. *Kropp* JR 2003, 53 ff.). Denn nach Art. 3 Abs. 3 Satz 1 GG darf niemand wegen seiner Sprache benachteiligt oder bevorzugt werden. Es kann aber dem Zweck der Untersuchungshaft zuwiderlaufen, wenn der Aufwand für Kontrollen unverhältnismäßig ist (vgl. hierzu OLG Brandenburg NStZ-RR 1997, 74; OLG Düsseldorf, NStZ 1994, 559 = StV 1994, 665 [jeweils zu Übersetzungskosten]). Dies orientiert sich am konkreten Einzelfall (Haftgrund der Verdunkelungsgefahr; Adressat Mitbeschuldigter), Stichproben können genügen. Eine Beschränkung wegen Überlastung ist ausgeschlossen, Lästigkeiten durch die Wahrnehmung der Kontrolle sind hinzunehmen. An all dem hat sich durch die gesetzliche Neuregelung nichts geändert (vgl. BR-Drucks. 829/08, S. 13). Generelle Beschränkungen sind aber auch weiterhin unzulässig (*Schlothauer/Weider/Nobis*, Untersuchungshaft, Rn. 1224; KK/*Schultheis* § 119 Rn. 32; s. zum Ganzen auch *Berndt* NStZ 1996, 115 ff. und 155 ff.; Meyer-Goßner/*Schmitt* § 119 Rn. 18).

Die **Überwachung des Postverkehrs** nach § 119 erfolgt durch das Gericht (§ 119 Abs. 1 Satz 3). Es hat die 56 Möglichkeit zur Delegation auf die StA die sich der Mithilfe durch die die Ermittlungsbeamten oder die Mitarbeiter der Vollzugsanstalt bedienen darf. (§ 119 Abs. 2 Satz 2; krit. SK-StPO/*Paeffgen* § 119 Rn. 61 ff.). Dies birgt vielfältige Probleme, insb. das Risiko einer (unzulässigen) Verwertung von Inhalten (ausführlich *Schlothauer/Weider/Nobis*, Untersuchungshaft, Rn. 1224 ff.). Die Postkontrolle dient nicht der Ausweitung von Ermittlungen und der Erlangung weiterer Erkenntnisse zum Verfahren. Sie soll nur einen geregelten Ablauf der Untersuchungshaft gewährleisten. Auf landesrechtlicher Ebene findet eine **Kontrolle durch die Anstalt** statt. Dort geht es aber nur um die Sicherheit und Ordnung der Anstalt (s.o.). Dies führt teilweise zu einer **doppelten Kontrolle**, die nicht nur überflüssig und sinnlos erscheint, sondern auch Aufwand bedeutet und Zeit kostet. In der Praxis zeichnet sich ab, dass die Justizvollzugsanstalten nur eine Sichtkontrolle von außen vornehmen und jede weitergehende, insb. inhaltliche Kontrolle dem Gericht oder der StA überlassen. Dies erscheint sinnvoll und wegen der Bedeutung des Grundrechts angemessen. Wegen des verfassungsrechtlich geschützten Postgeheimnisses (Art. 10 Satz 1 GG) dürfen nur die im Gesetz benannten Personen Kenntnis vom Inhalt der Briefe nehmen. Die in der Praxis teils zu beobachtenden Inhaltskontrollen durch die Anstalt sind absolut unzulässig.

Zuständig für das Anhalten oder Beschlagnahmen von Briefen ist das Gericht. Selbst wenn die Postkontrolle 57 der StA übertragen wurde oder den Aufgabenbereich der Anstalt betrifft, dann bedürfen dennoch derart belastende Maßnahmen der richterlichen Entscheidung (*Herrmann*, Untersuchungshaft, Rn. 330; KK/*Schultheis* § 119 Rn. 41 [mit Verweis auch auf Rn. 95]; LR/*Hilger* § 119, Rn. 87 ff.; Meyer-Goßner/*Schmitt* § 119, Rn. 22; *Schlothauer/Weider/Nobis*, Untersuchungshaft, Rn. 1228).

Angehaltene Briefe werden an den Absender zurückgeleitet, wenn dadurch eine Gefährdung des Haftzweckes 58 nicht zu befürchten steht, andernfalls zur Habe des Inhaftierten genommen. Kommt der Brief als Beweismittel in Betracht, dann unterliegt er ggf. der richterlichen Beschlagnahme (§§ 94, 98). Beschlagnahmte Briefe werden meist im Original, teils in Kopie zur Akte genommen. Hierüber ist der Beschuldigte zu unterrichten. Die Weiterleitung zumindest einer Kopie unterbleibt nur, wenn Haftzwecke gefährdet wären (AnwK-Uhaft/*König*, § 119 StPO Rn. 40; Meyer-Goßner/*Schmitt* § 119, Rn. 19 f.). Nicht gefährdende Teile der Briefe sind weiterzuleiten, ggfs. in ansonsten geschwärzter oder abgedeckter Form (s. zum Ganzen auch *Schlothauer/Weider/Nobis*, Untersuchungshaft, Rn. 1233 ff.).

Der Schriftverkehr zwischen Verteidiger und inhaftiertem Mandant (»**Verteidigerpost**«) unterliegt, mit Aus- 59 nahme der in § 148 Abs. 2 genannten Fälle keinerlei Kontrolle. Eine solche ist absolut unzulässig (*Burhoff*, Handbuch für das strafrechtliche Ermittlungsverfahren, 7. Aufl. 2015, Rn. 3176 und Rn. 3888 ff.; *Herrmann*, Untersuchungshaft, Rn. 223 ff.; *Widmaier/König*, MAH Strafverteidigung, § 4 Rn. 125; LR/*Lüderssen/Jahn* § 148 Rn. 18; Meyer-Goßner/*Schmitt* § 148 Rn. 6; *Schlothauer/Weider/Nobis*, Untersuchungshaft,

Rn. 98 ff.). Allerdings müssen ein Mandatsverhältnis bestehen oder die aus diesem Verhältnis resultierenden Nebenpflichten nach Beendigung des Mandates zumindest nachwirken (hierzu sogleich, s. Rdn. 62). Eine Kontrolle der Post ist allenfalls beschränkt auf die äußeren Merkmale (Vollmacht, Absenderidentität, Kennzeichnung als Verteidigerpost [nach OLG Karlsruhe NJW 2005, 918 ist eine Kennzeichnung als Verteidigerpost nicht geboten, wenn eine Zuordnung sonst möglich ist]) erlaubt. Auch zum Zweck einer solchen Überprüfung darf die Post aber keinesfalls geöffnet werden (OLG Bremen StV 2006, 650 [auch zur Anwaltssozietät als Absender]; OLG Frankfurt StV 2005, 228; OLG Karlsruhe NStZ 1987, 188; OLG Koblenz NStZ 1986, 332, 333; OLG München NStZ 2013, 170 f. [Missbrauch unterliegt der Kontrolle durch die Anwaltskammer]; OLG Stuttgart NJW 1992, 61 ff.; LG München I StV 2006, 28; ausführlich hierzu s.a. die Kommentierung bei § 148 Rdn. 16 ff.).

60 Eine Ausnahme von dem Privileg der geschützten Verteidigerpost soll im **Insolvenzverfahren** gelten. Dort unterliegen sämtliche Briefe, also auch diejenigen zwischen Mandant und Verteidiger, der Postsperre des § 99 InsO. Evtl. aus der Verteidigerpost gewonnene Erkenntnisse sind im Insolvenzverfahren verwertbar, unterliegen dann allerdings nach § 97 Abs. 1 Satz 3 InsO einem Verwertungsverbot im Strafverfahren (BVerfG NJW 2001, 745 f. = NZI 2001, 132 f. = StV 2001, 212 f. [m. krit. Anm. *Marberth-Kubicki* StV 2001, 433 ff.] = WM 2001, 748 f. = ZIP 2000, 2311 ff.; ausführlich hierzu s.a. die Kommentierung bei § 148 Rdn. 21).

61 Der Verteidiger hat selbst einen originären Anspruch auf geschützte »Verteidigerpost«. Hierüber besitzt der Inhaftierte keine Dispositionsbefugnis (OLG Bremen StV 2006, 650; OLG Dresden StV 2006, 654 f.).

62 Das Privileg der Verteidigerpost wirkt über die **Kündigung des Mandates** hinaus fort (AG Koblenz StV 2006, 650 f. m.Anm. *Wilhelm*; s. hierzu auch MüKo-BGB/*Ernst* § 280 Rn. 116 und MüKo-BGB/*Kramer* Einl Rn. 82). Dies ergibt sich i.Ü. auch aus dem Grundsatz des fairen Verfahrens. Denn sonst würden die berechtigten Interessen des Beschuldigten an einer geschützten Abwicklung des Mandates beschnitten (ebenso LR/*Lüderssen*/*Jahn* § 148 Rn. 9; von einem weiter »bestehenden Verteidigungsverhältnis« gehen wohl aus: KK/*Laufhütte* § 148 Rn. 5; Meyer-Goßner/*Schmitt* § 148 Rn. 4; SK-StPO/*Wohlers*, § 148 Rn. 6; differenzierend: *Wilhelm* StV 2006, 651 f. [in seiner Anm. zu AG Koblenz]).

63 d) **Pakete.** Der Untersuchungsgefangene darf Pakete empfangen. Einer ausdrücklichen Erlaubnis durch das Gericht bedarf es nicht, möglichen Risiken kann durch eine Kontrolle ausreichend begegnet werden (KG StV 2010, 370 ff.). Hier sind vornehmlich vollzugliche Aspekte betroffen. Der Paketempfang darf nicht versagt werden, weil dem Inhaftierten Straftaten nach dem BtMG vorgeworfen werden (OLG Zweibrücken StV 1998, 32 [m.Anm. *Seebode* StV 1998, 385]). Beschränkungen ergeben sich aus den jeweiligen UhaftVollzG der Länder (ausführlich: AnwK-Uhaft/*Linkhorst*, § 41 ME UVollzG Rn. 1 ff.; *Schlothauer*/*Weider*/*Nobis*, Untersuchungshaft, Rn. 1242 ff.). Krit. zur Beschränkung von Anzahl und Frequenz von Paketen *Schlothauer*/*Weider*/*Nobis*, Untersuchungshaft, Rn. 1243; *Seebode* StV 2006, 552 ff. (zugleich Anm. zu OLG Köln StV 2006, 537).

64 e) **Mitteilungspflichten ggü. dem inhaftierten Beschuldigten.** Über die getroffenen Anordnungen ist der Beschuldigte **in Kenntnis zu setzen** (§ 119 Abs. 1 Satz 6). Dies ergibt sich schon allgemein aus § 35 Abs. 2 (s. hierzu auch BVerfG NStZ 2008, 292 f. = StRR 2008, 75 f. [m.Anm. *Herrmann*]). Gerichtliche Entscheidungen, durch die keine Frist in Lauf gesetzt wird, müssen dem Betroffenen oder seinem durch Vollmacht ausgewiesenen Verteidiger (vgl. hierzu § 145a Abs. 1) formlos mitgeteilt werden. Der Betroffene soll die Möglichkeit haben, sein weiteres prozessuales Vorgehen abzuwägen und zu prüfen, ob er Rechtsmittel einlegt (BVerfG NStZ 2008, 292 f. = StRR 2008, 75 f. [m.Anm. *Herrmann*]; vgl. auch LR/*Graalmann-Scheerer* § 35 Rn. 1; SK-StPO/*Weßlau*, § 35 Rn. 1). Grds. wird eine Ausfertigung oder Abschrift ausgehändigt (h.M.; vgl. nur Meyer-Goßner/*Schmitt* § 35 Rn. 12). Eine nur mündliche Bekanntgabe der Entscheidung durch das Vollzugspersonal reicht nicht aus (BVerfG NStZ 2008, 292 f. = StRR 2008, 75 f. [m.Anm. *Herrmann*]; LG München I StV 2000, 517, 518).

65 Die beabsichtigte **Überwachung der Telekommunikation** nach § 119 Abs. 1 Satz 2 Nr. 2 ist den beteiligten Gesprächspartnern vorab, spätestens zu Beginn des Gespräches mitzuteilen. Dies kann durch den Beschuldigten geschehen. Er muss über die Mitteilungspflicht vorher unterrichtet werden (§ 119 Abs. 3). Dies dient dem Schutz des Rechts auf informationelle Selbstbestimmung. Das Interesse des Beschuldigten an Geheimhaltung seiner Inhaftierung tritt dabei hinter dem Informationsinteresse des Gesprächspartners zurück (BT-Drs. 11/11644, S. 27 f.; ebenso: AnwK-Uhaft/*König*, § 119 Rn. 37). Die **Aufzeichnung der Gespräche** ist nach § 119 nicht zulässig; sie ist allenfalls nach den §§ 100a und 100b möglich (BT-Drs. 11/11644, S. 25; ebenso: AnwK-Uhaft/*König*, § 119 StPO Rn. 37).

f) **Sonstiges.** Die Anordnung der Überwachung nach § 119 Abs. 1 Satz 2 Nr. 2 schließt die **Ermächtigung** ein, Besuche und Telekommunikation **abzubrechen** sowie Schreiben und Pakete **anzuhalten** (§ 119 Abs. 1 Satz 7). 66

3. Erlaubnis zur Übergabe von Gegenständen bei Besuchen, § 119 Abs. 1 Satz 2 Nr. 3. Das Gericht kann anordnen, dass die Übergabe von Gegenständen bei Besuchen der Erlaubnis bedarf. Darin soll kein Erlaubnisvorbehalt zu sehen sein (AnwK-Uhaft/*König*, § 119 StPO Rn. 43; a.A. wohl soweit ersichtlich Meyer-Goßner/*Schmitt* § 119 Rn. 21; SK-StPO/*Paeffgen* § 119 Rn. 47). Eine solche Anordnung ist in der Praxis die Regel. Ein generelles Verbot der Übergabe von Gegenständen wäre aber unverhältnismäßig und würde der vom Gesetz vorgesehenen Einzelfallprüfung zuwiderlaufen (ebenso *Schlothauer/Weider/Nobis*, Untersuchungshaft, Rn. 1202, 1203). Die Regelung entspricht der alten Nr. 27 Abs. 2 UVollzO. 67

Gemeint ist hier die Übergabe von Gegenständen in unmittelbarem Zusammenhang mit dem Besuch (a.A. SK-StPO/*Paeffgen* § 119 Rn. 47 ff. [weiter, bezogen auch auf die Nutzung von Gegenständen in der JVA allgemein]). Erfasst werden Gegenstände, die eine Beeinträchtigung der Haftzwecke oder der Ordnung der Anstalt (hierzu sogleich) bewirken können. In Betracht kommen bspw. Gegenstände, die eine Flucht ermöglichen könnten oder für Verdunkelungshandlungen sowie zur Begehung sonstiger Straftaten geeignet erscheinen, weil sie unzulässige Außenkontakte (Mobiltelefone etc.) oder Drogenschmuggel in die Haftanstalt zulassen. 68

In den meisten Justizvollzugsanstalten können i.R.d. Besuche allenfalls Getränke und Süßigkeiten, Zigaretten oder auch Obst kontrolliert erworben werden, um sie dann an den Gefangenen zu übergeben. Die Übergabe sonstiger Dinge (Wäsche) regelt sich oft nach dem bisherigen Vorgehen und der jeweiligen Übung der Vollzugsanstalt. 69

Die landesrechtlichen Vorgaben sind hier unterschiedlich, teils enthalten sie ein generelles Verbot (vgl. § 35 Abs. 5 ME UVollzG und die jeweiligen landesrechtlichen Regelungen; s. hierzu auch *Schlothauer/Weider/Nobis*, Untersuchungshaft, Rn. 1203). 70

Verteidigerbesuche sind privilegiert. Hier dürfen Gegenstände übergeben werden, die die Verteidigung als solche betreffen (s. hierzu bereits oben Rdn. 59). Dies ist in den Landesgesetzen teils ausdrücklich hervorgehoben (vgl. § 35 Abs. 4 und 5 ME UVollzG; s. hierzu AnwK-Uhaft/*Pollähne*, § 35 ME UVollzG Rn. 24). Dadurch wird die Bedeutung des Rechts auf geschützte Verteidigung bestätigt. Hinsichtlich sonstiger Gegenstände gelten die allgemeinen Regeln. 71

4. Trennung und Einschränkung oder Verbot der gemeinsamen Unterbringung, § 119 Abs. 1 Satz 2 Nr. 4 und 5. Zur Sicherung der Haftzwecke kann die Trennung von einzelnen oder sämtlichen anderen Gefangenen erfolgen (§ 119 Abs. 1 Satz 2 Nr. 4) oder die gemeinsame Unterbringung oder der Aufenthalt können eingeschränkt oder ausgeschlossen werden (§ 119 Abs. 1 Satz 2 Nr. 5). In der Praxis geht es meist darum, einer Verdunkelungsgefahr, manchmal auch der Fluchtgefahr zu begegnen; Letzterer durch die Verhinderung von Ausbruchsversuchen (BT-Drs. 16/11644, S. 25; BR-Drucks. 629/08, S. 34). Dies betrifft aber nicht den Haftgrund der Fluchtgefahr. Insb. Mittäter werden grds. getrennt, dies erscheint jedenfalls dann gerechtfertigt, wenn sie nicht geständig sind (KG NStZ 2014, 377). 72

Die **Unterbringung als solche** (Haftraum) betrifft nicht die Haftzwecke, sondern die Ordnung der Vollzugsanstalt. Entsprechende Regelungen finden sich in den UHaftVollzG der Länder (vgl. AnwK-Uhaft/*Harrendorf* § 11 ME UhaftVollzG, Rn. 1 ff.) Ein Haftraum mit eine Größe von 7,6 m² für zwei Untersuchungshaftgefangene ist menschenunwürdig, eine dagegen gerichtete Amtshaftungsklage erscheint erfolgversprechend, PKH ist zu bewilligen (BVerfG StV 2017, 820 ff.). Ein Haftraum mit 5,25 m² Bodenfläche und räumlich nicht abgetrennter Toilette ist menschenunwürdig (VerfGH Berlin StraFo 2010, 65 = StV 2010, 374 f. [dort aber zur Strafhaft]). Die Angemessenheit der Haftraumausstattung hat sich nach dem sog. REFA-System sowie individueller Besonderheiten, u.a. auch dem Umfang der Vorbereitung der Verteidigung zu orientieren (OLG Jena StV 2011, 36). 73

5. Sonstige Beschränkungen in der Untersuchungshaft. Der in § 119 Abs. 1 Satz 2 genannte Katalog an Beschränkungen ist nicht abschließend (s.o. Rdn. 29). Deshalb können unter Beachtung der allgemeinen Vorgaben im Einzelfall weitere Beschränkungen angeordnet werden. Zur Mitteilungspflicht entsprechender Vorgehensweisen s. Rdn. 64. In der Praxis spielen u.a. folgende Anordnungen eine Rolle. Hier geht es auch um einen Überblick: 74

Die **Fesselung** des Untersuchungshaftgefangenen insb. beim Transport ist erlaubt, wenn einer besonderen, über das allgemeine Maß der Fluchtneigung hinausgehenden, Fluchtgefahr oder Angriffen auf Vollzugsbeamte oder sonstige Dritte begegnet werden soll. Die Fixierung muss notwendig, der Grund konkretisiert sein (OLG Hamm StRR 2011, 287 [für Strafgefangenen]; OLG Koblenz StV 1989, 209; OLG Oldenburg 75

NJW 1975, 2219; ausführlich zum Ganzen *Hoffmann/Wißmann* StV 2001, 706 ff.; s.a. Meyer-Goßner/*Schmitt* § 119 Rn. 23; *Pohlreich* NStZ 2011, 568; *Schlothauer/Weider/Nobis*, Untersuchungshaft, Rn. 1162).

76 Der Untersuchungshaftgefangene darf grds. **Druck-Erzeugnisse** (Bücher, Zeitungen, Zeitschriften) beziehen. Das Gericht darf aber anordnen, dass dies nur durch Vermittlung der Anstalt zulässig ist. So kann der Gefahr der Übermittlung verschlüsselter Nachrichten begegnet werden. Eine solche Anordnung verstößt nicht gegen das Grundrecht der Informationsfreiheit nach Art. 5 Abs. 1 GG (BVerfGE 34, 384, 402 = JZ 1974, 95, 98 [m.Anm. *Müller-Dietz*]). Für das Anhalten von Druckwerken müssen konkrete Anhaltspunkte vorliegen, dass die Überlassung die Haftzwecke oder die Ordnung der Anstalt gefährdet (BVerfG NStZ 1994, 145). Die Beschränkung auf eine bestimmte Anzahl von Zeitungen und Zeitschriften ist zulässig (BVerfG NStZ 1982, 132). Das generelle Verbot zum Bezug einer bestimmten Zeitschrift ist nur ausnahmsweise erlaubt (KG NJW 1979, 176). Wird eine Druckschrift angehalten, dann muss die beanstandete Stelle nicht im Einzelnen wiedergegeben werden, da der Gefangene sonst auf diese Weise ihren Inhalt erführe. Die partielle Schwärzung nur betroffener Teile ist möglich, kann aber nicht verlangt werden (ausführlich mit einer Vielzahl weiterer Beispiele aus der Praxis: KK/*Schultheis* § 119 Rn. 49; SK-StPO/*Paeffgen*, § 119 Rn. 53 ff.). Eine klare Unterscheidung zwischen bundesrechtlicher und landesrechtlicher Regelungskompetenz ist nicht immer möglich (ausführlich hierzu s. bereits oben, Rdn. 7 ff. und insb. 11; s. zum Ganzen auch *Schlothauer/Weider/Nobis*, Untersuchungshaft, Rn. 1127).

77 Der Untersuchungshaftgefangene hat ein Recht auf ungehinderten **Rundfunk- und Fernsehempfang** (Art. 5 Abs. 1 GG; BVerfG NStZ 1983, 331; BVerfGE 15, 288, 293 = JZ 1964, 286 = NJW 1963, 755 f.). Eine Untersagung kommt nur in Betracht, wenn dies angesichts konkreter Tatsachen geboten erscheint, um einer Gefährdung der Haftzwecke oder der Ordnung der Anstalt zu begegnen (OLG Frankfurt NStZ-RR 2008, 29 [zu § 70 StVollzG]; s.a. KK/*Schultheis* § 119 Rn. 53; *Lübbe-Wolff/Geisler* NStZ 2004, 478, 483). Auch hier ist eine klare Trennung zwischen bundesrechtlicher und landesrechtlicher Regelungskompetenz nicht immer möglich (ausführlich hierzu s. bereits oben, Rdn. 7 ff.). Die Nutzung eines Videorekorders ist grds. nicht erlaubt (OLG Hamm NStZ 1995, 102 [LS]). Über den Kabelempfang der Anstalt hinaus ist ein digitales Empfangsgerät nicht zuzulassen (OLG Düsseldorf NStZ-RR 2006, 284). Für die Betriebskosten hat der Inhaftierte selbst aufzukommen, dies kann mittels Pauschale abgerechnet werden (OLG Frankfurt NStZ 2004, 513). Diese Fragen sind aber der Anstaltsordnung zuzurechnen, allenfalls in seltenen Ausnahmefällen mit den Haftzwecken abzugleichen (s. zum Ganzen auch *Schlothauer/Weider/Nobis*, Untersuchungshaft, Rn. 1122 ff.).

78 Das Recht auf Nutzung eines **Computers** in der Untersuchungshaft wird allgemein restriktiv gesehen. Regelmäßig soll die Nutzung eines Computers oder Notebooks in der Untersuchungshaftanstalt die Haftzwecke oder die Anstaltsordnung beeinträchtigen. Das Recht auf wirksame Verteidigung kann die Benutzung aber rechtfertigen. Nachdem Ermittlungsakten zunehmend auf CD-Rom oder DVD gespeichert und nur so den Verteidiger zugänglich gemacht werden, müssen auch inhaftierte Mandanten die Möglichkeit haben, Einsicht in diese Akten nehmen zu können. Die Praxis zeigt indes völlig unterschiedliche Ausgestaltungen: Teils werden Notebooks in der Zelle erlaubt, teils gibt es nur einen (veralteten) Computer für sämtliche Gefangenen, der allenfalls wenige Stunden am Tag zugänglich ist. Dies ist in der heutigen Zeit so nicht haltbar. Die Möglichkeit zum Datenaustausch, insb. über Internet, ist bei der Nutzung von Computern allerdings zu unterbinden (zum Ganzen BGH StV 2010, 228 ff. [m.Anm. *Stuckenberg*; 82.500 Gesprächsdateien]; OLG Düsseldorf NJW 1989, 2637; OLG Düsseldorf NStZ 1999, 271; OLG Hamm StV 1997, 197 ff. und 199 ff. [jeweils 3. Strafsenat; m. abl. Anm. *Nibbeling*]; a.A. OLG Hamm NStZ 1997, 566 [1. Strafsenat; m. zust. Anm. *Böttger*]; OLG Koblenz StV 1995, 86 ff. [m. abl. Anm. *Nibbeling*, ebenda und ablehnender Anm. *Paeffgen* NStZ 1998, 72, 73]; OLG Stuttgart Justiz 2004, 125 f. = NStZ-RR 2003, 347 f.; OLG Rostock StV 2016, 168; LG Frankfurt a. Main StV 2015, 307 f. [elektronisches Lesegerät bei Umfangsverfahren verhältnismäßig und erforderlich]; ausführlich auch *Berndt* NStZ 1996, 115 ff.; SK-StPO/*Paeffgen* § 119 Rn. 10 [dort insb. Fn. 74]; *Schlothauer/Weider/Nobis*, Untersuchungshaft, Rn. 1124; KK/*Schultheis* § 119 Rn. 62; *Winkelmann/Engsterhold* NStZ 1993, 112 ff.). Letztlich entscheidet über die Nutzung eines Computers das Haftgericht unter Beachtung von einerseits den Rechten des Gefangenen und andererseits den Belangen der JVA (OLG Rostock StV 2016, 168). Hierbei wird schon jetzt zu beachten sein, dass die Einführung der elektronischen Akte in Strafsachen bevorsteht (s. dazu die Kommentierung Vor §§ 32 ff. Rdn. 1 ff.). Eine restriktive Handhabung ist nicht mehr zeitgemäß.

79 Der Besitz und die Nutzung von **sonstigen Gegenständen**, von denen funktionsbedingt keine Gefahren für die Haftzwecke oder die Ordnung der Anstalt ausgehen, können grds. nur bei Vorliegen konkreter Umstände eingeschränkt oder verboten werden. Dies ist anzunehmen, wenn sie gefährdungserhöhend wirken und in der Person des Gefangenen oder der Haftsituation liegen. Es kommt auf den Einzelfall an.

80 Der Untersuchungshaftgefangene hat bei entsprechender Mittellosigkeit aufgrund landesrechtlicher Vorgaben (uneinheitlich!) **Anspruch auf Taschengeld** nach § 27a Abs. 4 S. 1 SGB XII (SG Köln StraFo 2016, 511 f. =

StV 2016, 822 [für NRW in Höhe von grds. 15 % der Regelbedarfsstufe 1 nach Anlage zu § 28 SGB VII]; s. auch AG Tempelhof-Kreuzberg StV 1994, 91 f. [zur Bemessung der Höhe aufgrund der zu beachtenden gesetzlichen Pfändungsfreigrenzen]; s. auch *Schlothauer/Weider/Nobis*, Untersuchungshaft, Rn. 1104). Voraussetzung hierfür ist ein Antrag an den zuständigen Träger (§ 18 Abs. 2 SGV VII).

IV. Richtervorbehalt, § 119 Abs. 1 Satz 3. Die im Einzelfall gebotene Beschränkung muss durch das Gericht angeordnet werden (**Richtervorbehalt**, § 119 Abs. 1 Satz 3). Dies ist bis zur Erhebung der Anklage gem. § 126 Abs. 1 der Haftrichter, danach gem. § 126 Abs. 2 das mit der Sache befasste Gericht. Nach § 126 Abs. 2 Satz 3 ist der Vorsitzende zuständig. Eine Übertragung auf den Berichterstatter ist wegen des eindeutigen Wortlautes des Gesetzes nicht möglich (OLG Hamm NStZ-RR 2010, 292 ff. a.E.; a.A. Meyer-Goßner/*Schmitt* § 119 Rn. 28). Dies gilt ebenso für Entscheidungen durch das Kollegialgericht (a.A. OLG Köln Beschl. v. 10.02.2010 – 2 Ws 77/10, WKRS 2010, 16266; zum Ganzen auch *Brocke/Heller* StraFo 2011, 1, 7). 81

In dringenden Fällen können die StA oder die Vollzugsanstalt eine Anordnung treffen (**Eilkompetenz**, § 119 Abs. 1 Satz 4). Entsprechende Beschränkungen müssen aber nachträglich vom Gericht genehmigt werden (§ 119 Abs. 1 Satz 5). Eine Eilanordnung muss binnen 3 Werktagen dem Gericht zur Genehmigung vorgelegt werden. Der frühere § 119 Abs. 6 Satz 2 a.F. wurde hier zur Wahrung der Rechte des Beschuldigten verschärft. Dies ist nicht geboten, wenn die Anordnung sich inzwischen erledigt hat (§ 119 Abs. 1 Satz 5 a.E.). Ein Rechtsschutzbedürfnis und die Möglichkeit der Überprüfung bestehen wegen des **Fortsetzungsfeststellungsinteresses** aber auch dann (BVerfG JZ 2005, 629 ff. = StraFo 2006, 20 ff. = wistra 2006, 59 ff.; OLG Frankfurt NStZ-RR 2004, 184 [unzulässige Einweisung in mehrfach belegte Zelle; Überprüfung nach Haftentlassung]; OLG München StV 2006, 317 f. [m.Anm. *Kirchner*; zum Erlass des Haftbefehls]; OLG München StV 1995, 140 f. [Beanstandung von Briefen]; a.A. OLG Koblenz StV 2007, 589; OLG Frankfurt NStZ-RR 2007. 349 [für Haftbefehl nach § 230 StPO]; s. zum Ganzen auch *Burhoff*, Handbuch für das strafrechtliche Ermittlungsverfahren, Rn. 2316 a.E.; LR/*Hilger* § 119 Rn. 147; Meyer-Goßner/*Schmitt* § 119 Rn. 26; SK-StPO/*Paeffgen* § 119 Rn. 59c; *Park/Schlothauer* in: FS Widmaier, 2008, S. 387 ff.; KK/*Schoreit* § 23 EGGVG Rn. 31a f.). 82

Das Gericht kann die Ausführung nach § 119 Abs. 2 Satz 2 widerruflich auf die StA delegieren. Die Übertragung ist unanfechtbar (§ 119 Abs. 2 Satz 3). Die StA kann sich – je nach den Erfordernissen des Einzelfalls – der Hilfe der Ermittlungspersonen (vgl. § 152 GVG) oder der Vollzugsanstalt bedienen. Dadurch werden die Gerichte entlastet. Ein solches Vorgehen ist aufgrund der Sachnähe von einerseits StA (Herrin des Ermittlungsverfahrens; Aktenführung etc.) und andererseits Justizvollzugsanstalt (Überwachung des Vollzuges; Besuchsregelung etc.) sinnvoll. Hierfür bedarf es aber jeweils einer konkreten Delegation (ebenso Meyer-Goßner/*Schmitt* § 119 Rn. 28 a.E.). In der Praxis wird von diesem Delegationsrecht häufig Gebrauch gemacht. Die Ausgestaltung der Untersuchungshaft erfolgt faktisch doch wieder über allgemein verbindliche Verfügungen und Anordnungen. 83

Eine Übertragung der Ausführung von Anordnungen vom Gericht unmittelbar auf die Untersuchungshaftvollzugsanstalt sieht das Gesetz nicht vor. Dies wäre in einzelnen Bereichen sachlich sinnvoll gewesen (s.o. Rdn. 82) und hätte eine engere Kontrolle ermöglicht (BR-Drucks. 829/08, S. 4; s. hierzu auch AnwK-Uhaft/*König*, § 119 Rn. 56). 84

V. Rechtsbehelfe in der Vollstreckung der Untersuchungshaft. Die Rechtsbehelfe des Inhaftierten sind nunmehr differenziert geregelt. Soweit nicht das Rechtsmittel der Beschwerde statthaft ist, kann Antrag auf gerichtliche Entscheidung gestellt werden (§ 119 Abs. 5). Zur Zuständigkeit des Gerichts s. die Kommentierung zu § 126 Abs. 1 und 2, insb. Rdn. 4 ff. und Rdn. 8 ff. 85

Zum Rechtsbehelf der **Beschwerde** s. allgemein die Ausführungen bei § 117 Rdn. 33 ff. Ein Beschwerderecht steht auch dem von den angeordneten Auflagen betroffenen **Dritten** zu (BGHSt 27, 175 ff. = JR 1978, 83 f. [m. abl. Anm. *Peters*] = MDR 1977, 681 f. [zum Besuchsrecht]; Meyer-Goßner/*Schmitt* § 119 Rn. 36), nicht aber dem **Anstaltsleiter**, da für diesen § 119a Abs. 3 gilt (AnwK-Uhaft/*König*, § 119 Rn. 63; Meyer-Goßner/*Schmitt* § 119 Rn. 36). Der Justizvollzugsanstalt kommt keine Regelungskompetenz zur Sicherung der Haftzwecke zu (*Schlothauer/Weider/Nobis*, Untersuchungshaft, Rn. 1042 ff.). Handelt es sich um eine Entscheidung des erkennenden Gerichts i.S.v. § 305, dann ist der Begriff der »Verhaftung« weit auszulegen, hierunter fallen sämtliche Entscheidungen im Zusammenhang mit der Untersuchungshaft (OLG Karlsruhe StV 1997, 312 [zur Höhe der Sicherheitsleistung]; AnwK-Uhaft/*König*, § 119 Rn. 62; Meyer-Goßner/*Schmitt* § 119 Rn. 37 [mit Verweis auf § 305 Rn. 7]; *Radtke/Hohmann/Tsambikakis*, StPO, § 119 Rn. 19). 86

Der **Antrag auf gerichtliche Entscheidung** erfasst in erster Linie diejenigen Fälle, in denen die Anordnung nicht vom Gericht getroffen wurde. Da es sich bei Anordnungen zur Beschränkung der Untersuchungshaft letztlich um einen Eingriff in die Grundrechte des Inhaftierten handelt, muss der Rechtsweg gegen diese Maßnahmen der ausführenden Organe eröffnet sein (Art. 19 Abs. 4 Satz 1 GG). Insb. Entscheidungen der StA 87 oder der Anstaltsleitung unterliegen somit einer gerichtlichen Kontrolle. Darüber hinaus sind hiervon aber auch die Fälle erfasst, in denen ein Gericht entschieden hat, ohne dass eine Beschwerdemöglichkeit eröffnet ist. Dies trifft auf Entscheidungen in Haftsachen durch den Ermittlungsrichter beim BGH oder das OLG zu, die nunmehr gerichtlich überprüft werden können (vgl. § 304 Abs. 5; s. hierzu auch BT-Drs. 16/11644, S. 30).

88 Das Recht zum Antrag auf gerichtliche Überprüfung erfasst auch **Entscheidungen im Vollzug der Untersuchungshaft**, auch dort kann ein entsprechender Antrag gestellt werden (§ 119a).

89 Hier besteht ein ganz wesentliches praktisches Problem: Der Bundesgesetzgeber meinte offenbar, sämtliche in § 119 Abs. 3 a.F. geregelten Punkte auch weiterhin in eigener Kompetenz regeln zu dürfen. Denn der Zweck der Untersuchungshaft liege für die Haftgründe der Flucht- oder Verdunkelungsgefahr (§ 112 Abs. 2 Nr. 2 und 3) in der geordneten Durchführung des Strafverfahrens und für den Haftgrund der Wiederholungsgefahr (§ 112a) in der Gefahrenabwehr. Deshalb seien nicht nur die Anordnung sondern auch die damit verbundenen Beschränkungen zur Erreichung der genannten Zwecke Teil des gerichtlichen Verfahrens und damit der dem **Bund zustehenden Gesetzgebung i.S.d. Art. 74 Abs. 1 GG** (BT-Drs. 16/11644, S. 30). Eine klare Trennung dieser Bereiche ist in der Praxis aber nicht möglich. Hier wird mit Überschneidungen zu rechnen sein. (vgl. *Herrmann* StRR 2010, 4 ff.; *Seebode* HRRS 2008, 236, 239; *Paeffgen* StV 2009, 46; *Tsambikakis* ZIS 2009, 503; *Weider* StV 2010, 102 ff.; s. zum Ganzen auch *Schlothauer/Weider/Nobis*, Untersuchungshaft, Rn. 1038 ff.).

90 Entscheidungen, durch die wie hier keine Frist in Lauf gesetzt wird, müssen dem Betroffenen gem. § 35 Abs. 2 Satz 2 formlos mitgeteilt werden. Anordnungen sind schriftlich zu treffen und zu begründen. In der Regel wird eine Ausfertigung oder Abschrift ausgehändigt (h.M.; vgl. nur Meyer-Goßner/*Schmitt* 35 Rn. 12). Eine nur mündliche Bekanntgabe der Entscheidung durch das Vollzugspersonal kann grds. nicht ausreichen (vgl. LG München I StV 2000, 517, 518). Dies ergibt sich regelmäßig zwar nicht aus den jeweiligen Landesgesetzen zum Vollzug der Untersuchungshaft. Aber andernfalls wär eine Überprüfung durch einen Antrag auf gerichtliche Entscheidung nicht möglich (*Schlothauer/Weider/Nobis*, Untersuchungshaft, Rn. 1054). Dem Betroffenen muss die Möglichkeit eröffnet werden, sein weiteres prozessuales Vorgehen abzuwägen und insb. zu prüfen, ob er Rechtsmittel einlegen will (BVerfG NStZ 2008, 292 f. = StRR 2008, 75 f. [m.Anm. *Herrmann*], zur Disziplinarmaßnahme bei Verweigerung einer Urinprobe [dort allerdings nach richterlicher Anordnung ohne Bekanntmachung; zum alten Recht]; OLG Saarbrücken NStZ 1992, 350 [fehlende Rechtsgrundlage]; OLG Oldenburg StV 2007, 88 ff. [m. krit. Anm. *Pollähne*]; LG Koblenz StraFo 2008, 119; LG Traunstein StV 2004, 144 [fehlende Rechtsgrundlage]; s.a. LR/*Graalmann-Scheerer* § 35 Rn. 1; *Paeffgen* NStZ 2008, 135, 139 f.; SK-StPO/*Weßlau* § 35 Rn. 1).

91 Der **Prüfungsumfang** von Beschwerde und Antrag auf gerichtliche Entscheidung ist derselbe. Der Antrag auf gerichtliche Entscheidung hat **keine aufschiebende Wirkung**, das Gericht kann aber vorläufige Anordnungen treffen (vgl. § 119 Abs. 5 Satz 3 und 4).

92 Der Beschuldigte ist i.R.d. Haftbefehlseröffnung und dessen Verkündung über seine Rechte zu belehren. Die gilt sowohl hinsichtlich der Möglichkeit der Haftbeschwerde als auch des Antrages auf gerichtliche Entscheidung (vgl. § 115 Abs. 4).

Zu den sonstigen Rechtsbehelfen s. die Kommentierung bei § 117 ab Rdn. 9 ff.

93 **VI. Vollstreckung anderer freiheitsentziehender Maßnahmen, § 119 Abs. 6.** Die Abs. 1 bis 5 von § 119 gelten auch für andere freiheitsentziehende Maßnahmen (§ 119 Abs. 6). Das Gesetz verweist auf § 116b, wo die grundsätzliche Subsidiarität der Untersuchungshaft ggü. anderen freiheitsbeschränkenden Maßnahmen geregelt ist (ausführlich s. unter § 116b Rdn. 4). Damit ist die Möglichkeit eröffnet, auch in den Fällen, in denen Untersuchungshaft nicht vollstreckt wird, dennoch beschränkende Maßnahmen anzuordnen, sofern dies im konkreten Einzelfall erforderlich ist. Ein solches Vorgehen bietet ein erhöhtes Maß an Flexibilität, insb. wenn i.R.d. Strafvollzuges nichts Entsprechendes vorgesehen ist.

94 Dies gilt auch, wenn **mehrere Haftbefehle** erlassen wurden und die gebotenen (zusätzlichen) Beschränkungen aufgrund des vollstreckten Haftbefehls entweder nicht erforderlich wären oder sich nicht rechtfertigen lassen würden (BT-Drs. 16/11644, S. 30 unter Bezugnahme auf Meyer-Goßner/*Schmitt* § 119 Rn. 41; ebenso AnwK-Uhaft/*König* § 119 StPO Rn. 70).

Zum Problem der Gesetzgebungskompetenz s. bereits oben zu § 119 Abs. 5, Rdn. 88 (s.a. BT-Drs. 16/11644, S. 30).

Der Rechtsweg gegen ein solches Vorgehen ergibt sich aus § 119 Abs. 5 (vgl. zum Ganzen Meyer-Goßner/*Schmitt* § 119 Rn. 40).

§ 119a Gerichtliche Entscheidung über eine Maßnahme der Vollzugsbehörde

(1) [1]Gegen eine behördliche Entscheidung oder Maßnahme im Untersuchungshaftvollzug kann gerichtliche Entscheidung beantragt werden. [2]Eine gerichtliche Entscheidung kann zudem beantragt werden, wenn eine im Untersuchungshaftvollzug beantragte behördliche Entscheidung nicht innerhalb von drei Wochen ergangen ist.

(2) [1]Der Antrag auf gerichtliche Entscheidung hat keine aufschiebende Wirkung. [2]Das Gericht kann jedoch vorläufige Anordnungen treffen.

(3) Gegen die Entscheidung des Gerichts kann auch die für die vollzugliche Entscheidung oder Maßnahme zuständige Stelle Beschwerde erheben.

Übersicht

A. Geltungsbereich von § 119a. § 119a wurde im Zuge des Gesetzes zur Änderung des Untersuchungshaftrechts am 29.07.2009 (BGBl. I, S. 2274) neu in die StPO aufgenommen. Die Vorschrift steht in engem Zusammenhang mit § 119. 1

Seit der Föderalismusreform durch Gesetz zur Änderung des GG v. 28.08.2006 (BGBl. I 2006, S. 2863 ff.) erstreckt sich die konkurrierende Gesetzgebung auf das *»gerichtliche Verfahren (ohne das Recht des Untersuchungshaftvollzugs)«* (vgl. Art. 74 Abs. 1 Nr. 1 GG). Die Regelung des Vollzuges der Untersuchungshaft wurde Ländersache (ausführlich zum interlokalen Untersuchungshaftvollzugsrecht s. die Kommentierung Vor §§ 112 Rdn. 22 ff.). 2

Entscheidungen und Maßnahmen, die die **Haftzwecke** erfassen, fallen unter § 119, die Möglichkeiten ihrer Überprüfung sind in § 119 Abs. 5 geregelt.

Anordnungen zur Beschränkung der Untersuchungshaft, die ihre Rechtfertigung in der **Sicherheit und Ordnung der Anstalt** finden, müssen ebenfalls überprüfbar sein, denn letztlich handelt es sich auch hier um Eingriffe in die Grundrechte des Inhaftierten (s. Art. 19 Abs. 4 Satz 1 GG). Diese Anordnungen unterliegen somit ebenfalls einer gerichtlichen Kontrolle (vgl. OLG Jena StV 2011, 36, 37; s.a. AnwK-Uhaft/*König*, § 119a StPO Rn. 1; Meyer-Goßner/*Schmitt* § 119a Rn. 1; *Radtke/Hohmann/Tsambikakis*, StPO, § 119a Rn. 1). 3

Hierfür war früher (nach altem Recht) der **Rechtsweg nach Nr. 75 Abs. 1 UVollzO** oder den **§§ 23 ff. EGGVG** gegeben. Dort war gem. § 25 EGGVG das OLG zuständig. Dies erschien dem Gesetzgeber, neben Aspekten der Sachnähe, wohl auch in Sorge um eine übermäßige Belastung der Gerichte, unangemessen zur Bedeutung der Sache (BR-Drucks. 829/08, S. 44; s.a. OLG Jena StV 2011, 36, 37). 4

Beschränkungen nach § 119a gelten für die Untersuchungshaft nach den §§ 112, 112a, die Hauptverhandlungshaft nach § 127b, sowie für die Inhaftierung aufgrund von Haftbefehlen nach §§ 230 Abs. 2, 236, 329 Abs. 4 Satz 1 und § 412. Bei der vorläufigen Unterbringung ist § 119 über § 126a Abs. 2 Satz 1 anwendbar. Gleiches gilt für Sicherungshaft (vgl. § 453c Abs. 2 Satz 2) sowie Haft bei im Urteil vorbehaltener oder nachträglicher (zu erwartender) Sicherungsverwahrung gem. § 275a Abs. 5 Satz 4. 5

B. Zuständigkeit. Zuständig für die Entscheidung über Anträge nach § 119a ist vor Erhebung der öffentlichen Klage gem. **§ 126 Abs. 1 Satz 1** das Gericht, das den Haftbefehl erlassen hat. Nach Erhebung der öffentlichen Klage entscheidet gem. **§ 126 Abs. 2** das Gericht, das mit der Sache befasst ist (s.a. OLG Stuttgart Justiz 2011, 184 f.; AnwK-Uhaft/*König*, § 119a StPO Rn. 1; Meyer-Goßner/*Schmitt* § 119a Rn. 2; *Radtke/Hohmann/Tsambikakis*, StPO, § 119a Rn. 4). 6

Liegen Sitz des Gerichts und Ort der Justizvollzugsanstalt in verschiedenen Bundesländern, dann regelt sich die Ausgestaltung der Untersuchungshaft nach dem **Recht des Bundeslandes, in dem die Anstalt ansässig ist** (ausführlich zum interlokalen Untersuchungshaftvollzugsrecht s. Vor §§ 112 ff Rdn. 22 ff.). Dass der Haftrichter hier über Entscheidungen einer Behörde eines anderen Bundeslandes und auch nach dortigem Vollzugsrecht zu entscheiden hat, wurde vom Gesetzgeber bewusst in Kauf genommen. Dies sei eher vertretbar und sachgerechter als eine Übertragung der Zuständigkeit auf das Haftgericht am Sitz der Anstalt (BT- 7

Drs. 16/11644, S. 32; BR-Drucks. 829/08, S. 45; AnwK-Uhaft/*König*, § 119a StPO Rn. 2; Meyer-Goßner/*Schmitt* § 119a Rn. 2 a.E.; *Radtke/Hohmann/Tsambikakis*, StPO, § 119a Rn. 4).

8 **C. Regelungsgehalt von § 119a.** Ein Antrag auf gerichtliche Entscheidung nach § 119a kommt in Betracht gegen behördliche Anordnungen oder Entscheidungen die den Vollzug der Untersuchungshaft betreffen. In der Praxis werden diese meist von der Untersuchungshaftanstalt, gelegentlich auch von der StA angeordnet.

9 **I. Regelungsumfang.** Die Überprüfung kann sich gegen sämtliche **allgemeinen und individuellen Anordnungen** der Justizvollzugsanstalt richten. Die Vorschrift findet Anwendung sofern die Beschränkungen dem Beschuldigten aus Gründen der Sicherheit oder Ordnung der Anstalt durch die jeweilige Haftanstalt bzw. deren Leiter auferlegt wurden (OLG Rostock NStZ 2010, 197 f.; OLG Karlsruhe StV 2013, 164).

10 In der Praxis ist zu beobachten, dass viele Haftanstalten das ihnen zustehende Recht zur Ausgestaltung der Untersuchungshaft weidlich ausnutzen. Unter Berufung auf die vermeintliche Ordnung der Anstalt werden entgegen richterlicher Anordnung oder aus freien Stücken Beschränkungen auferlegt. Die vom Gesetzgeber vorgegebene individuelle Gerechtigkeit im Einzelfall wird dadurch ins Gegenteil verkehrt. Derart eigenmächtiges Handeln führt letztlich zu einer Gleichmacherei, die so nicht hingenommen werden kann und darf (s. hierzu auch Rdn. 13).

Aus der Vielzahl der **Einzelfälle** in der Praxis können genannt werden: die generelle Beschränkung der Gesprächsdauer für Verteidiger (*Schlothauer/Weider*, Untersuchungshaft, Rn. 83), die Versagung eines außerordentlichen Verteidigerbesuches (*Schlothauer/Weider*/Nobis, Untersuchungshaft, Rn. 1056 und Rn. 1060), Eingangskontrollen der Verteidiger, eine unverhältnismäßige Durchsuchung von sowohl Verteidiger als auch Gefangenem, Letzterem insb. bei Aufnahme in die Haftanstalt (*Schlothauer/Weider/Nobis*, Untersuchungshaft, Rn. 1071; zur unverhältnismäßigen Inspektion des Anus eines Steuerberaters bei Aufnahme in der Haftanstalt ohne jeglichen Hinweis auf Drogentransport s. BVerfG AnwBl. 2009, 303 ff. = NJ 2009, 253 ff. [m.Anm. *Meyer-Mews*] = NStZ 2010, 206 f. = StRR 2009, 198 [m.Anm. *Herrmann*] = StV 2009, 253 ff. – [zum alten Recht]), erkennungsdienstliche Behandlung in der JVA, gemeinsame Unterbringung (OLG Frankfurt NStZ-RR 2004, 184, Anordnungen zu Haftraum und Ausstattung, Herausgabe von Gegenständen aus der Habe, Behandlung durch einen Arzt des Vertrauens (*Schlothauer/Weider/Nobis*, Untersuchungshaft, Rn. 1139), Disziplinarmaßnahmen (Meyer-Goßner/*Schmitt* § 119a Rn. 4), Urinprobe (BVerfG NStZ 2008, 292 f. = StRR 2008, 75 f. [m.Anm. *Herrmann*]; OLG Saarbrücken NStZ 1992, 350 [fehlende Rechtsgrundlage]; OLG Oldenburg StV 2007, 88 ff. [m. krit. Anm. *Pollähne*]; LG Koblenz StraFo 2008, 119; LG Traunstein StV 2004, 144 [fehlende Rechtsgrundlage]; s.a. *Paeffgen* NStZ 2008, 135, 139 f.), Beschränkung von Besuchen (*Schlothauer/Weider/Nobis*, Untersuchungshaft, Rn. 1177 ff.), Besuchsüberwachung (*Schlothauer/Weider/Nobis*, Untersuchungshaft, Rn. 1187), Postkontrolle und Beanstandung von Schreiben durch die JVA (*Schlothauer/Weider/Nobis*, Untersuchungshaft, Rn. 1211), die Fesselung des Gefangenen wegen besonderer Fluchtgefahr (OLG Hamm StRR 2011, 287 [für Strafgefangenen]; OLG Koblenz StV 1989, 209; OLG Oldenburg NJW 1975, 2219; ausführlich *Hoffmann/Wißmann* StV 2001, 706 ff.; s.a. Meyer-Goßner/*Schmitt* § 119 Rn. 23), die Übermittlung von Erkenntnissen der JVA an StA und Gericht nach § 114e StPO (s. hierzu auch § 114e Rdn. 2 ff.). Eine ausführliche Darstellung mit weiteren Beispielen findet sich bei SK-StPO/*Paeffgen* § 119a Rn. 23 ff.

11 Der Rechtsbehelf kann auch gegen die **Zurückweisung von Anträgen**, bspw. die Ablehnung von Einzelseelsorge oder einem professionellen Haarschnitt anstatt durch ungelernte Mitgefangene, eingelegt werden (OLG Stuttgart Justiz 2011, 184 f.).

12 **II. Begründetheit und Prüfungsmaßstab.** Die **Begründetheit** eines Antrages auf gerichtliche Entscheidung bemisst sich am Landesrecht. Die Vorgaben ergeben sich aus den jeweiligen Untersuchungshaftvollzugsgesetzen der Länder (zum interlokalen Untersuchungshaftvollzugsrecht unter Vor §§ 112 Rdn. 31 ff.).

13 Der **Prüfungsmaßstab** ist der gleiche wie bei § 119 (s. hierzu unter § 119 Rdn. 23). Es ist Aufgabe des Staates, eine Verkürzung der Rechte der Untersuchungsgefangenen zu vermeiden (BVerfG StV 2009, 255 ff.; NStZ 2008, 521 = StV 2008, 259 ff. [nächtliche Stromabschaltung in der Untersuchungshaft]). Der Untersuchungsgefangene darf nur den absolut unvermeidlichen Haftbeschränkungen unterworfen werden. Der Unschuldsvermutung und der Verhältnismäßigkeit kommen dabei besondere Bedeutung zu (s. hierzu auch Rdn. 10).

14 **III. Sonstiges. 1. Begründung der Anordnung.** Auch hier gilt der schon bei § 119 dargestellte **Begründungszwang** (ausführlich hierzu s. die Kommentierung unter § 119 Rdn. 4 und Rdn. 22). Beschlüsse, mit denen Anträge auf gerichtliche Entscheidung in Untersuchungshaftvollzugssachen beschieden werden, bedürfen eines im Vergleich zu den Anforderungen des § 34 weitergehenden Begründungsaufwandes. Eine fehlerfreie Ermessensausübung muss nachvollziehbar dargelegt sein (OLG Celle StRR 2011, 207 [mit Hin-

weis auf § 167 Abs. 4 NJVollzG, der auf § 115 StVollzG verweist; zum Bezug von Bio- oder Reformkostprodukten in der Untersuchungshaft]).

2. Bekanntgabe der Anordnung. Entscheidungen, durch die wie hier keine Frist in Lauf gesetzt wird, müssen dem Betroffenen oder seinem durch Vollmacht ausgewiesenen Verteidiger (vgl. § 145a Abs. 1) dennoch gem. § 35 Abs. 2 Satz 2 formlos mitgeteilt werden. Anordnungen sind schriftlich zu treffen und zu begründen. In der Regel wird eine Ausfertigung oder Abschrift ausgehändigt (h.M.; vgl. nur Meyer-Goßner/*Schmitt* § 35 Rn. 12). Eine nur mündliche Bekanntgabe der Entscheidung durch das Vollzugspersonal genügt grds. nicht (vgl. LG München I StV 2000, 517, 518). Dies ergibt sich regelmäßig zwar nicht aus den jeweiligen Landesgesetzen zum Vollzug der Untersuchungshaft. Andernfalls wäre eine Überprüfung durch einen Antrag auf gerichtliche Entscheidung nicht möglich (*Schlothauer/Weider/Nobis*, Untersuchungshaft, Rn. 1024 ff.). Dem Betroffenen muss die Möglichkeit eröffnet werden, sein weiteres prozessuales Vorgehen abzuwägen und insb. zu prüfen, ob er Rechtsmittel einlegen will (BVerfG NStZ 2008, 292 f. = StRR 2008, 75 f. [m.Anm. *Herrmann*], zur Disziplinarmaßnahme bei Verweigerung einer Urinprobe [dort allerdings nach richterlicher Anordnung, allerdings ohne korrekte Bekanntmachung; zum alten Recht]; OLG Saarbrücken NStZ 1992, 350 [fehlende Rechtsgrundlage]; OLG Oldenburg StV 2007, 88 ff. [m. krit. Anm. *Pollähne*]; LG Koblenz StraFo 2008, 119; LG Traunstein StV 2004, 144 [fehlende Rechtsgrundlage]; s.a. LR/*Graalmann-Scheerer*, StPO, § 35 Rn. 1; *Paeffgen* NStZ 2008, 135, 139 f.; SK-StPO/*Weßlau*, § 35 Rn. 1). 15

3. Rechtsschutzbedürfnis. Weiter bedarf es eines Rechtsschutzbedürfnisses. Der Antragsteller muss **beschwert** sein. Hat sich die Anordnung inzwischen erledigt, dann besteht wegen des Fortsetzungsfeststellungsinteresses dennoch die Möglichkeit zur Überprüfung (allgemein hierzu: BVerfG JZ 2005, 629 ff. = StraFo 2006, 20 ff. = wistra 2006, 59 ff.; OLG Frankfurt NStZ-RR 2004, 184 [unzulässige Einweisung in mehrfach belegte Zelle; Überprüfung nach Haftentlassung]; OLG München StV 2006, 317 f. [m.Anm. *Kirchner*, zum Erlass des Haftbefehls]; OLG München StV 1995, 140 f. [Beanstandung von Briefen]; a.A. OLG Koblenz StV 2007, 589; OLG Frankfurt NStZ-RR 2007. 349 [für Haftbefehl nach § 230 StPO]; s. zum Ganzen auch LR/*Hilger*, StPO, § 119 Rn. 147; Meyer-Goßner/*Schmitt* § 119a Rn. 8; SK-StPO/*Paeffgen* § 119a Rn. 10; *Park/Schlothauer* in: FS *Widmaier*, 2008, S. 387 ff.; KK-StPO/*Schoreit* § 23 EGGVG Rn. 31a f.; s.a. die Kommentierung bei § 119 Rdn. 81). 16

4. Verbescheidungsfrist, § 119a Abs. 1 Satz 2. Auch bei **Untätigkeit der Behörde** kann ein Antrag auf gerichtlich Entscheidung gestellt werden (§ 119a Abs. 1 Satz 2). Die Behörde muss innerhalb einer **Frist von drei Wochen** über Anträge im Vollzug der Untersuchungshaft entscheiden. Die Unschuldsvermutung und das Gebot der Verhältnismäßigkeit, dort insb. auch der Beschleunigungsgrundsatz, gebieten die Möglichkeit zu angemessenem (zeitnahem) Rechtsschutz. Die Frist ist deshalb u.a. deutlich kürzer als im Strafvollzug bemessen (vgl. § 113 Abs. 1 StVollzG [Vornahmeantrag grds. nicht vor drei Monaten seit Antragstellung]). Laut Gesetzesbegründung soll die Untersuchungshaft i.Ü. dann bereits oftmals bereits beendet sein (BT-Drs. 16/11644, S. 32; BR-Drucks. 829/08, S. 46), eine realitätsferne Wunschvorstellung. Zur Frage der Verfassungswidrigkeit der Vorschrift s. SK-StPO/*Paeffgen* § 119a Rn. 11 f. 17

In Fällen der **Hauptverhandlungshaft** (§ 127b Abs. 2) geht diese Regelung aufgrund der Kürze der dort vorgesehenen Zeit von lediglich einer Woche ins Leere. Dies soll der Betroffene hinnehmen müssen (BT-Drs. 16/11644, s. 32). Dass in dieser Situation kein Rechtsschutz bestehen soll, erscheint bedenklich und befremdet (s. hierzu auch AnwK-Uhaft/*König*, § 119a StPO Rn. 3; SK-StPO/*Paeffgen* § 119a Rn. 12 a.E.) 18

5. Keine aufschiebende Wirkung des Antrages, § 119a Abs. 2. Der Antrag auf gerichtliche Entscheidung hat gem. § 119a Abs. 2 Satz 1 **keine aufschiebende Wirkung**, das Gericht kann aber nach § 119a Abs. 2 Satz 2 vorläufige Anordnungen treffen (ebenso schon § 119 Abs. 5 Satz 3 und 4, s. hierzu § 119 Rdn. 90). 19

6. Beschwerdemöglichkeit durch die Anstalt, § 119a Abs. 3. Gegen die Entscheidung über den Antrag auf gerichtliche Entscheidung steht den Betroffenen das Recht der Beschwerde gem. §§ 304 ff. zu. Nach § 119a Abs. 3 kann ausdrücklich auch die für die vollzugliche Maßnahme oder Entscheidung zuständige Stelle, regelmäßig die Untersuchungshaftvollzugsanstalt, Beschwerde einlegen. 20

Der Beschwerderechtszug muss dem Anspruchsteller erhalten bleiben. Für eine eventuelle Umdeutung der Beschwerde in einen erneuten Antrag auf gerichtliche Entscheidung ist – anders als bei Haftentscheidungen – kein Raum (OLG Hamburg StV 2021, 186 ff.).

Das Recht zur **weiteren Beschwerde** soll nach herrschender Meinung nicht bestehen, da es vorliegend nicht um die Verhaftung als solche gehe, sondern nur um den Vollzug der Untersuchungshaft (Meyer-Goßner/*Schmitt* § 304 Rn. 13 und § 310 Rn. 7; SK-StPO/*Paeffgen* § 119a Rn. 17 [krit., mit ausführlicher Darstellung auch der Gegenmeinung]). 21

22 7. **Belehrung entsprechend § 115 Abs. 4.** Gem. § 115 Abs. 4 ist der Beschuldigte bei Aufrechterhaltung der Untersuchungshaft über die ihm zur Verfügung stehenden Rechtsbehelfe zu belehren. Das erfasst auch die Belehrung nach § 119a. Aufgrund der schwierigen, nicht unproblematischen Rechtslage wird dies ebenso differenziert wie ausführlich zu geschehen haben.

§ 120 Aufhebung des Haftbefehls

(1) [1]Der Haftbefehl ist aufzuheben, sobald die Voraussetzungen der Untersuchungshaft nicht mehr vorliegen oder sich ergibt, daß die weitere Untersuchungshaft zu der Bedeutung der Sache und der zu erwartenden Strafe oder Maßregel der Besserung und Sicherung außer Verhältnis stehen würde. [2]Er ist namentlich aufzuheben, wenn der Beschuldigte freigesprochen oder die Eröffnung des Hauptverfahrens abgelehnt oder das Verfahren nicht bloß vorläufig eingestellt wird.

(2) Durch die Einlegung eines Rechtsmittels darf die Freilassung des Beschuldigten nicht aufgehalten werden.

(3) [1]Der Haftbefehl ist auch aufzuheben, wenn die Staatsanwaltschaft es vor Erhebung der öffentlichen Klage beantragt. [2]Gleichzeitig mit dem Antrag kann die Staatsanwaltschaft die Freilassung des Beschuldigten anordnen.

Übersicht

1 **A. Allgemeines.** In § 120 ist die Aufhebung des Haftbefehls geregelt. Es werden die praktisch wichtigsten Fälle genannt. Die Vorschrift ist Ausfluss des **Verhältnismäßigkeitsprinzips**. Sie wird ergänzt durch die §§ 121 Abs. 2 und 122a.

2 Paragraf 120 gilt für **alle Arten der Untersuchungshaft**, insb. nach den §§ 112 ff. sowie nach §§ 230 Abs. 2, 236, 329 Abs. 4 Satz 1 und § 412, auch wenn der Haftbefehl außer Vollzug gesetzt ist (BGH StV 1991, 157 ff. [dort unter II.]; nicht abgedruckt in den Parallelfundstellen BGHSt 37, 305 = MDR 1991, 458 f. = NStZ 1991, 231 ff.; s.a. SK/StPO-*Paeffgen* § 120 Rn. 3 a.E.). Für die einstweilige Unterbringung findet sich eine nach Sinn und Zweck gleichgeartete Sonderregel in § 126a Abs. 3.

3 StA und Gericht haben die Haftvoraussetzungen **von Amts wegen** zu jeder Zeit des Verfahrens zu prüfen. Eines Antrages oder einer Anregung zur Prüfung bedarf es nicht (BGH StV 1991, 525 [m.Anm. *Weider*]; s. zum Ganzen AnwK-Uhaft/*König*, § 120 Rn. 1; Graf/*Krauß*, StPO, § 120 Rn. 1; Meyer-Goßner/*Schmitt* § 120 Rn. 2; SK/StPO-*Paeffgen* § 120 Rn. 1a f.; KK/*Schultheis* § 120 Rn. 1; vgl. auch Nr. 54 Abs. 1 RiStBV). Sind der dringende Tatverdacht und/oder der Haftgrund weggefallen oder ist die Fortdauer der Untersuchungshaft unverhältnismäßig, dann ist der Haftbefehl unverzüglich aufzuheben.

4 Wird der Haftbefehl aufgehoben, dann ist die **Haftentlassung gesondert anzuordnen**. Der Beschuldigte ist unverzüglich freizulassen, sofern nicht Überhaft notiert ist. Er darf gegen seinen Willen nicht nochmals in die Justizvollzugsanstalt verbracht werden (LG Berlin NStZ 2002, 497 = StraFo 2002, 273; LG Berlin StV 2001, 690; LR/*Hilger*, StPO § 120 Rn. 27; Meyer-Goßner/*Schmitt* § 120 Rn. 9; *Schlothauer/Weider/Nobis*, Untersuchungshaft, Rn. 1000 [mit Verweis auf die jeweiligen landesrechtlichen Regelungen in den entsprechenden UVollzG, s. dort Rn. 7]; *Stahl* StraFo 2001, 261). Eine freiwillige Rückkehr in die Justizvollzugsanstalt gemeinsam mit den Vollzugsbeamten kann aber sinnvoll sein, um u.a. die Habe aus der Kammer zu erhalten (zum Ganzen *Herrmann*, Untersuchungshaft, Rn. 1084).

5 Auf den **Tatvorwurf** als solchen kommt es nicht an (vgl. BVerfG NJW 2006, 672 ff. [m. zust. Anm. *Jahn* NJW 2006, 652 ff.] = NStZ 2006, 313 ff. [m. zust. Anm. *Schmidt*] = StraFo 2006, 68 = StV 2006, 73 ff.

[zur Fortdauer der Untersuchungshaft nach 8 Jahren beim Vorwurf des 6-fachen Mordes]; s. hierzu auch *Paeffgen* NStZ 2007, 142 f.).

Das **Ergebnis der Prüfung** ist in den Fällen der Haftprüfung (§ 117), der besonderen Haftprüfung durch das OLG (§ 122), i.R.d. Entscheidung über die Eröffnung des Hauptverfahrens (§ 207 Abs. 4) sowie nach Urteilserlass (§ 268b) zu begründen. Den Beteiligten muss die Möglichkeit eröffnet werden, das weitere prozessuale Vorgehen abzuwägen und insb. die Einlegung eines Rechtsmittels zu prüfen (s.a. § 34 StPO). Ansonsten soll dies nicht geboten sein (Meyer-Goßner/*Schmitt* § 120 Rn. 2; ihm folgend: AnwK-Uhaft/*König*, § 120 Rn. 1 a.E.). Naturgemäß kann nicht jeder Gedanke zur Fortdauer der Untersuchungshaft dokumentiert werden. Aus Gründen der Rechtssicherheit wäre es aber wünschenswert, dass bei allen wesentlichen Änderungen der Sach- und Rechtslage, die eine Prüfung der Haftfrage gebieten, das Ergebnis der Überlegungen zumindest kurz dokumentiert wird. So wäre nicht nur gewährleistet, sondern auch bewiesen, dass StA und Gericht mit der gebotenen Sorgfalt die Voraussetzungen der Untersuchungshaft entsprechend § 120 Abs. 1 von Amts wegen prüfen. 6

B. Regelungsgehalt von § 120 Abs. 1. Nach § 120 Abs. 1 ist der Haftbefehl aufzuheben, sobald die materiellen Voraussetzungen der Untersuchungshaft nicht mehr vorliegen. Dies ist anzunehmen, wenn der dringende Tatverdacht, die Haftgründe oder auch die Verhältnismäßigkeit nicht bzw. nicht mehr vorliegen. StA und Gericht haben dies umfassend zu prüfen, beide sind gleichermaßen verpflichtet aber auch berechtigt (anders bei § 120 Abs. 3 [Antrag der StA]; ausführlich s. die Kommentierung bei Rdn. 24). 7

I. Wegfall von dringendem Tatverdacht und/oder Haftgründen. Entfallen die im Haftbefehl ursprünglich genannten Haftvoraussetzungen, liegen aber andere vor, dann kann der Haftbefehl ggf. »umgestellt« werden und mit neuer Begründung aufrechterhalten bleiben. Ist er aufzuheben, dann kann auf Basis der geändert Sach- und Rechtslage ein neuer Haftbefehl erlassen werden (h.M., vgl. AnwK-Uhaft/*König*, § 120 StPO Rn. 2; Meyer-Goßner/*Schmitt* § 120 Rn. 2; SK/StPO-*Paeffgen*, § 120 Rn. 4 ff.; KK-StPO/*Schultheis* § 120 Rn. 3). Den Anforderungen an den Begründungszwang muss dabei aber genügt werden (ausführlich s. die Kommentierung bei § 114 Rdn. 11 und Rdn. 31 ff.). 8

Zum **dringenden Tatverdacht**, den **Haftgründen** und der **Verhältnismäßigkeit im Allgemeinen** wird verwiesen auf die jeweilige Kommentierung bei § 112 Rdn. 6 ff. und § 112a Rdn. 8 ff. Ihr Wegfall ergibt sich aus einer Gesamtschau aller tatsächlichen und rechtlichen Aspekte des konkreten Einzelfalles. 9

Der Erlass eines anderen (weiteren) Haftbefehls führt nicht zur Aufhebung des bestehenden. Auch eine anderweitig zu verbüßende Strafhaft soll keinen Anlass zur Aufhebung des Haftbefehls geben. Vielmehr wird in diesen Fällen **Überhaft** notiert. Wenn aber zu erwarten ist, dass die Strafvollstreckung noch einige Zeit andauert bedarf es einer Abwägung, ob die Beschränkungen durch den Haftbefehl den Strafvollzug entweder über Gebühr einschränken oder umgekehrt zur Sicherung der Haftzwecke oder der Sicherheit und Ordnung der Anstalt geboten sind (ausführlich hierzu s. die Kommentierung bei § 119 Rdn. 17, Rdn. 19 ff. und Rdn. 29 ff.; s.a. OLG Karlsruhe StV 2002, 317; LR/*Hilger* § 120 Rn. 9; AnwK-Uhaft/*König*, § 120 StPO Rn. 2; Meyer-Goßner/*Schmitt* § 120 Rn. 2). 10

Der Beschuldigte darf nicht in Untersuchungshaft belassen werden, um die **Aufklärung weiterer Straftaten** zu sichern, wenn für diese weder ein dringender Tatverdacht noch ein Haftbefehl gegen ihn bestehen (BVerfG MDR 1992, 594 = NJW 1992, 1749 f. = StV 1992, 123 f.; OLG Karlsruhe StV 2002, 317 ff.; OLG Oldenburg NJW 2006, 2646 = NStZ-RR 2006, 252; StV 2009, 258; AnwK-Uhaft/*König* § 120 StPO, Rn. 2 a.E.; Meyer-Goßner/*Schmitt* § 120 Rn. 2 a.E.; zu den apokryphen Haftgründen ausführlich in der Kommentierung zu § 112 Rdn. 19 ff.). 11

II. Unverhältnismäßigkeit der Untersuchungshaft. Die Fortdauer der Untersuchungshaft ist unverhältnismäßig, wenn sie zur Bedeutung der Sache und der zu erwartenden Strafe oder Maßregel der Besserung und Sicherung außer Verhältnis stehen würde (§ 120 Abs. 1 Satz 1, 2. Alt.). Dies ist schon in § 112 Abs. 1 Satz 2 als allgemeine Voraussetzung für die Untersuchungshaft so geregelt. 12

1. Grundsätzliches. Bei der **Prüfung** der Verhältnismäßigkeit sind das Gewicht der Straftat, die Höhe der zu erwartenden Strafe sowie eine eventuelle Verfahrensverzögerung und der Grad des die Justiz hieran treffenden Verschuldens gegeneinander abzuwägen (OLG Dresden StraFo 2004, 241 = StV 2004, 495; OLG Düsseldorf NStZ-RR 2000, 250 f.). 13

In **§ 120 Abs. 1 Satz 2** werden **konkrete Fälle der Unverhältnismäßigkeit** der Fortdauer der Untersuchungshaft benannt: Bei Freispruch, Ablehnung der Eröffnung des Hauptverfahrens (vgl. § 204 Abs. 1) oder bei endgültiger Einstellung des Verfahrens (durch Beschluss nach §§ 153 Abs. 2, 153a Abs. 1 oder 2 [wegen der Verhältnismäßigkeit hier aber schon bei vorläufiger, nicht erst endgültiger Einstellung geboten; s. OLG Karlsruhe JZ 1967, 418], §§ 153b Abs. 2, 153e Abs. 2, 154 Abs. 2 [hierzu OLG Koblenz StraFo 2001, 242, 243], 14

§ 154b Abs. 4 Satz 1 [OLG Saarbrücken StV 1988, 110], § 206a Abs. 1; oder durch Urteil nach § 260 Abs. 3; zum Ganzen *Schlothauer/Weider/Nobis*, Untersuchungshaft, Rn. 1003) ist der Haftbefehl aufzuheben. In diesen Fällen ist von einer **unwiderleglichen gesetzlichen Vermutung** auszugehen, dass die Untersuchungshaft unverhältnismäßig ist. Beim Freispruch fehlt es am dringenden Tatverdacht, bei einer Einstellung des Verfahrens regelmäßig zumindest an der Verhältnismäßigkeit. Auf Richtigkeit und Rechtskraft der Entscheidung kommt es nicht an (Meyer-Goßner/*Schmitt* § 120 Rn. 8). Dies gilt auch bei einem offensichtlich fehlerhaften Freispruch (OLG Düsseldorf MDR 1974, 686; *Roxin/Schünemann*, Strafverfahrensrecht, 26. Aufl. 2009, § 30 Rn. 51, S. 229). Ist der Haftbefehl außer Vollzug gesetzt, dann folgt die Entscheidung nach § 116 der Aufhebung des Haftbefehls (vgl. § 123 Abs. 1 Nr. 1; s. OLG Düsseldorf NStZ 1999, 585). Der Haftbefehl soll aber erneut erlassen werden dürfen, wenn die aufhebende Entscheidung kassiert wurde. Dies widerspricht jedoch dem Gesetz (ausführlich SK-StPO/*Paeffgen* § 120 Rn. 11 ff.). Ein solches Vorgehen ist allenfalls dann angezeigt, wenn neue Tatsachen oder Beweise vorliegen, die den Erlass eines neuen Haftbefehls rechtfertigen; eine lediglich andere tatsächliche oder rechtliche Bewertung genügt nicht (KG StV 1986, 539; OLG Karlsruhe NStZ 1981, 192; AnwK-Uhaft/*König* § 120 StPO Rn. 8; *Schlothauer/Weider/Nobis*, Untersuchungshaft, Rn. 1267; KK/*Schultheis* § 120 Rn. 20).

15 All dies soll nicht für die **Einstellung des Verfahrens durch die StA** nach §§ 153 Abs. 1, 153c, 153d, 154 Abs. 1, 170 Abs. 2 oder auch § 37 Abs. 1 BtMG (hierzu LG Hamburg StV 1996, 389) gelten (vgl. *Schlothauer/Weider/Nobis*, Untersuchungshaft, Rn. 1003; KK/*Schultheis* § 120 Rn. 15). In diesen Fällen hat die StA aber nach pflichtgemäßem Ermessen einen Antrag auf Aufhebung des Haftbefehls nach § 120 Abs. 3 zu stellen (ausführlich hierzu s.u.). Tut sie dies nicht, dann hat das Gericht von Amts wegen (s.o.), ggf. auf Antrag oder auch nur Anregung des Beschuldigten den Haftbefehl nach § 120 Abs. 1 Satz 1 aufzuheben (LR/*Hilger* § 120 Rn. 22; *Schlothauer/Weider/Nobis*, Untersuchungshaft, Rn. 1004; KK-StPO/*Schultheis* § 120 Rn. 15; ebenso, aber krit.: SK/StPO-*Paeffgen* § 120 Rn. 11b [systematisch zwar richtig, aber den Beschuldigten begünstigend auszulegen]).

16 Bei der **Abwägung**, ob die weitere Untersuchungshaft zur Bedeutung der Sache außer Verhältnis steht, kommt es nur auf die Taten an, die Gegenstand des Haftbefehls sind. Der Widerruf der Strafaussetzung zur Bewährung in einer anderen Sache ist unbeachtlich (OLG Dresden StraFo 2004, 241 = StV 2004, 495; OLG Hamm NStZ 2003, 386; StV 1998, 553; OLG Naumburg NStZ-RR 2011, 123 f. = StraFo 2010, 464 f. = StRR 2011, 35 = StV 2011, 39).
Ergehen im Lauf des Verfahrens mehrere Haftentscheidungen, dann ist sorgfältig zu prüfen, welche Taten Gegenstand des Haftbefehls sind. Das gilt insb., wenn der Haftbefehl nachträglich erweitert wurde und der geänderte Haftbefehl dem Beschuldigten nicht bzw. noch nicht bekannt gemacht worden ist. Auch dann sind nur die Taten maßgeblich, die Gegenstand des dem Beschuldigten bekannten Haftbefehls sind. Das kann auch im Verfahren der besonderen Haftprüfung durch das OLG nach den §§ 121, 122 Bedeutung erlangen (vgl. *Burhoff*, Handbuch für das strafrechtliche Ermittlungsverfahren, Rn. 2170 ff.).

17 **2. Das besondere Beschleunigungsgebot in Haftsachen.** Von besonderer praktischer Bedeutung ist in diesem Zusammenhang das Beschleunigungsgebot in Haftsachen. Es ist Ausfluss des Verhältnismäßigkeitsgrundsatzes. Die Rspr. hierzu ist in den letzten Jahren schier unerschöpflich angewachsen und kaum mehr zu überblicken. Ausgehend von der garantierten Freiheit der Person hat eine Abwägung stattzufinden mit den aus Sicht einer Strafverfolgung erforderlichen und zweckmäßigen Freiheitsbeschränkungen (instruktiv statt aller: BVerfG NJW 2006, 672 ff. [m. zust. Anm. *Jahn* NJW 2006, 652 ff.] = NStZ 2006, 313 ff. [m. zust. Anm. *Schmidt*] = NStZ 2007, 142 f. = StraFo 2006, 68 = StV 2006, 73 ff.; s. zum Ganzen auch *Broß* StraFo 2009, 10 ff.; *Burhoff*, Handbuch für das strafrechtliche Ermittlungsverfahren, Rn. 2338 ff. und Rn. 4074, Rn. 4129 sowie Rn. 4179; *Demko* HRRS 2007, 285 ff.; *Fezer* in: FS Widmaier, 2008, S. 177 ff.; *Gaede* HRRS 2006, 409 ff.; *Herrmann*, Untersuchungshaft, Rn. 859 ff.; *Jahn* NJW 2006, 652 ff.; *Keller/Meyer-Mews* StraFo 2005, 353 ff.; *Knauer* StraFo 2007, 309 ff.; Meyer-Goßner/*Schmitt* § 120 Rn. 3; SK-StPO/*Paeffgen*, § 120 Rn. 10 ff.; *Pfordte* in: FS Widmaier, 2008, S. 411 ff.; *Pieroth/Hartmann* StV 2008, 276 ff.; *Rahlf* in: FS Widmaier, 2008, S. 447 ff.; *Schlothauer/Weider/Nobis*, Untersuchungshaft, Rn. 888 ff.; krit.: *Schmidt* NStZ 2006, 313; eine zusammenfassende Darstellung findet sich in der Kommentierung zu § 112 dort Rdn. 132 ff. sowie Rdn. 7 ff.).
Ausführlich zur Unverhältnismäßigkeit der Untersuchungshaft s. die Kommentierung bei § 112 Rdn. 106 ff.

18 **III. Aufhebung des Haftbefehls während laufender Hauptverhandlung und im Rechtsmittelverfahren.** Auch während des Laufs der Hauptverhandlung kommt die Aufhebung des Haftbefehls in Betracht. Hier ist neben dem Akteninhalt auch das Ergebnis der bisherigen Beweisaufnahme zu berücksichtigen. Für den Fall eines **Rechtsmittels** gegen die Untersuchungshaft während laufender Hauptverhandlung ist zu beachten: Da das Beschwerdegericht an der Hauptverhandlung nicht selbst teilnimmt, steht ihm nur ein

eingeschränkter Prüfungsmaßstab zu (BGH StraFo 2004, 135 = StV 2004, 143; OLG Hamm wistra 2006, 279 f.). Entscheidend kommt es hier darauf an, ob der Inhalt der angefochtenen Haftentscheidung grob fehlerhaft ist oder der dringende Tatverdacht aus tatsächlichen und rechtlichen Gründen nicht angenommen werden kann (BGH NStZ-RR 2003, 368 ff.; OLG Brandenburg StraFo 2000, 318 f.; OLG Braunschweig StV 2005, 39 f.; OLG Hamm StV 2006, 191 ff.; OLG Jena StV 2005, 559 ff. [m.Anm. *Deckers/Lederer* StV 2009, 139 ff.).

Wurde gegen das Urteil oder den Einstellungsbeschluss **Berufung oder Beschwerde** eingelegt, dann kann 19
schon vor einer Entscheidung durch das Rechtsmittelgericht ein neuer Haftbefehl erlassen werden. Dies kann und darf aber nur aufgrund neuer Tatsachen geschehen die geeignet sind, die gesetzliche Vermutung des § 120 Abs. 1 Satz 2 zu widerlegen (KG JR 1989, 344; StV 1986, 539; OLG Hamm NStZ 1981, 34; OLG Karlsruhe NStZ 1981, 192; *Graf/Krauß*, StPO, § 120 Rn. 17; Meyer-Goßner/*Schmitt* § 120 Rn. 10).

Während des **Revisionsverfahrens** dürfen neue Tatsache und Beweise nicht beachtet werden. Denn während 20
dieses Verfahrensstadiums dürfen neue Tatsachen oder Beweismittel ganz allgemein nicht mehr berücksichtigt werden (OLG Düsseldorf MDR 1974, 686; LR/*Hilger* § 120 Rn. 36 f.; AK/StPO-*Krause*, § 120 Rn. 13; *Graf/Krauß*, StPO, § 120 Rn. 17; Meyer-Goßner/*Schmitt* § 120 Rn. 10; *Schlothauer/Weider/Nobis*, Untersuchungshaft, Rn. 1267; a.A. KK/*Schultheis* § 120 Rn. 20; KMR/*Wankel* § 120 Rn. 5a [für den Fall einer offensichtlich begründeten Revision]; offengelassen von BVerfG NJW 2005, 2612 [LS] = NStZ 2005, 456 f. [m.Anm. *Foth*] = StraFo 2005, 152 f. = StV 2005, 220, 224 [m.Anm. *Krehl*]). Nach Aufhebung von Freispruch oder Aufhebung der verfahrenseinstellenden Entscheidung in der Revision soll die gesetzliche Vermutung, dass kein dringender Tatverdacht und keine Haftgründe mehr vorliegen, entkräftet werden. Die Sperrwirkung des § 120 Abs. 1 Satz 2 soll entfallen, selbst bei unveränderter Beweislage könne ein neuer Haftbefehl erlassen werden (OLG Frankfurt StV 1985, 375 [m. krit. Anm. *Wendisch*]; OLG Hamm StV 1981, 34; OLG Köln StV 1996, 389 [differenzierend]; Meyer-Goßner/*Schmitt* § 120 Rn. 11). Diese lässt außer Acht, dass immerhin eine Hauptverhandlung mit Beweisaufnahme oder zumindest eine differenzierte Überprüfung stattgefunden hat. Wie vor diesem Hintergrund dann ohne neue Tatsachen oder Beweismittel eine diametral andere Sicht angezeigt sein kann, erschließt sich nicht, insb. wenn sie nur auf der Aktenlage beruht. Auch bleibt der dringende Tatverdacht normativ widerlegt (LR/*Hilger* § 120 Rn. 37; SK/StPO-*Paeffgen* § 120 Rn. 11; *Schlothauer/Weider/Nobis*, Untersuchungshaft, Rn. 1268; *Wendisch* StV 1985, 375).

C. Zum Regelungsgehalt von § 120 Abs. 2. Gegen die Entscheidung des Haftgerichts ist Beschwerde 21
nach § 304 Abs. 1 und weitere Beschwerde nach § 310 Abs. 1 möglich. Rechtsmittel gegen den Beschluss haben **keinen Suspensiveffekt**, die Freilassung wird dadurch nicht aufgeschoben. Eine Aussetzung der Vollziehung der Aufhebung des Haftbefehls nach § 307 Abs. 2 scheidet aus. § 120 Abs. 2 geht vor. Der Verweis bei AnwK-Uhaft/*König*, § 120 Rn. 9 auf § 120 Abs. 2 Satz 2 findet im Gesetz keine Grundlage. An die gesetzliche Vermutung bei Freispruch oder Einstellung des Verfahrens, dass es am dringenden Tatverdacht fehlt oder zumindest die Fortdauer der Untersuchungshaft unverhältnismäßig ist, ist das Beschwerdegericht gebunden (KG StV 1986, 539 f.; LG Mannheim StV 1985, 287; LR/*Hilger* § 120 Rn. 33; *Schlothauer/Weider/Nobis*, Untersuchungshaft, Rn. 1262).

Bei einer **Außervollzugsetzung des Haftbefehls** soll dies nicht gelten. Dort sind vorläufige Anordnungen 22
nach § 307 Abs. 2 zulässig (OLG Hamm NStZ 1981, 34; OLG Karlsruhe NStZ 1981, 192; LR/*Hilger* § 120 Rn. 30; AnwK-Uhaft/*König* § 120 StPO Rn. 9 a.E.; Meyer-Goßner/*Schmitt* § 120 Rn. 12 a.E.; KK/*Schultheis* § 120 Rn. 19).

D. Antrag der StA auf Aufhebung des Haftbefehls, § 120 Abs. 3. Nach § 120 Abs. 3 ist bis zur Anklage- 23
erhebung (vgl. § 170 Abs. 1 und § 200) auf Antrag der StA der Haftbefehl aufzuheben. Hierbei handelt es sich um **keinen förmlichen Rechtsbehelf**. Vielmehr hat die StA i.R.d. sie verpflichtenden Selbstkontrolle die Möglichkeit der Einflussnahme auf die vom Gericht zu treffende Haftentscheidung (*Burhoff*, Handbuch für das strafrechtliche Ermittlungsverfahren, Rn. 4197; *Schlothauer/Weider/Nobis*, Untersuchungshaft, Rn. 841). Der Antrag bedarf keiner Begründung (Meyer-Goßner/*Schmitt* § 120 Rn. 13).

An einen Antrag nach § 120 Abs. 3 ist **der Richter gebunden**. Er hat den Haftbefehl auch dann aufzuheben, 24
wenn er die Voraussetzungen der Untersuchungshaft (dringender Tatverdacht, Haftgrund, Verhältnismäßigkeit) als gegeben ansieht. Denn die StA ist Herrin des Ermittlungsverfahrens, sie erhält so die Möglichkeiten, auf den von ihr ursprünglich initiierten Haftbefehl Einfluss zu nehmen (LG Amberg StV 2011, 421; s. zum Ganzen auch: *Burhoff*, Handbuch für das strafrechtliche Ermittlungsverfahren, Rn. 4197; LR/*Hilger* § 120 Rn. 40 f.; Meyer-Goßner/*Schmitt* § 120 Rn. 13; *Schlothauer/Weider/Nobis*, Untersuchungshaft, Rn. 842 f.).

Strittig ist, ob dies auch für einen von der StA gestellten **Antrag auf Außervollzugsetzung des Haftbefehls** gilt. 25
Nach der wohl (noch) herrschenden Meinung soll ein entsprechender Antrag keine Bindungswirkung ggü. dem Gericht entfalten (OLG Düsseldorf NStZ-RR 2001, 122 f. = StV 2001, 462 f. [mit ausführlicher

ablehnender Anm. *Schlothauer* StV 2001, 463 ff.]; AG Stuttgart NStZ 2002, 391; LR/*Hilger* § 120 Rn. 41; *Widmaier/König*, MAH Strafverteidigung, § 4 Rn. 204 a.E. [anders nunmehr aber: AnwK-Uhaft/*König*, § 120 StPO Rn. 11; s.u.]; Meyer-Goßner/*Schmitt* § 120 Rn. 13; *Münchhalffen/Gatzweiler*, Untersuchungshaft, Rn. 358; KK/*Schultheis* § 120 Rn. 23). Teilweise wird dort aber gar nicht erst versucht, die Argumente der Gegenmeinung zu diskutieren. Eine förmliche Betrachtungsweise und eine nur wortgetreue Auslegung des § 120 Abs. 3 erscheinen hier inkonsequent. Denn wenn schon der Antrag auf Aufhebung des Haftbefehls bindend ist, dann muss es der Antrag auf Außervollzugsetzung desselben als »Minus« zu Ersterem erst recht sein. Eine Beschränkung widerspräche auch der Verfahrensstellung der StA als Herrin des Ermittlungsverfahrens (s.o.). Sie könnte einen Haftbefehl dann nur entweder beantragen oder ganz auf ihn verzichten, ohne die weiteren (differenzierten) gesetzlich vorgesehenen Alternativen, konkret eine Außervollzugsetzung, zu nutzen. Es muss in der Verantwortung der Ermittlungsbehörden liegen, bei Zwangsmaßnahmen einen Mittelweg zu beschreiten und diesen ggü. dem für die Haftentscheidung berufenen Gericht durchzusetzen. Nach der Konzeption der Strafprozessordnung obliegt dem Ermittlungsrichter nur die Pflicht zu prüfen, ob unter Richtervorbehalt gestellte Eingriffe der Strafverfolgungsbehörde in die Beschuldigtenrechte nach der aktuellen Sach- und Rechtslage gerechtfertigt sind. Dies gibt dem Richter aber nicht das Recht, von sich aus über gestellte Anträge hinaus oder sogar ohne Antrag elementare Eingriffe in Grundrechte des Beschuldigten zu begründen oder aufrechtzuerhalten (ebenso schon der Ermittlungsrichter beim BGH NJW 2000, 967 = NStZ 2000, 547 f. [m.Anm. *Rino*] = StV 2000, 31 [mit Hinweis auf eine Berichtigung im Text des Beschlusses, abgedruckt in StV 2000, 155] = wistra 2000, 145; ebenso auch *Burhoff*, Handbuch für das strafrechtliche Ermittlungsverfahren, Rn. 4197; *Herrmann*, Untersuchungshaft, Rn. 1012; jetzt auch AnwK-Uhaft/*König*, § 120 StPO Rn. 11; *Nehm* in: FS Meyer-Goßner/Schmitt, 2001, S. 277, 290 f.; SK-StPO/*Paeffgen* § 120 Rn. 13; sehr ausführlich und differenziert: *Schlothauer* StV 2001, 462 ff.; *Schlothauer/Weider/Nobis*, Untersuchungshaft, Rn. 847).

26 Dieser Gedanke findet seinen Niederschlag i.Ü. auch dann, wenn ein außer Vollzug gesetzter Haftbefehl aufgehoben und anstatt nach § 116 Abs. 4 wieder in Vollzug gesetzt, sondern **durch einen neuen Haftbefehl ersetzt** werden soll (unzulässig; vgl. BVerfG StraFo 2007, 19 ff. = StV 2007, 84, 85 = wistra 2007, 96 ff.; OLG Dresden StV 2009, 521, 522; OLG Düsseldorf StV 1993, 480 f.; OLG Karlsruhe wistra 2005, 316 f.; OLG Köln StV 2008, 258 ff.; ausführlich s. die Kommentierung bei § 116 Rdn. 52 ff.).

27 Bei Allem ist auch zu beachten, dass § 120 Abs. 3 den Richter nicht von der ihm obliegenden Pflicht entbindet, jederzeit von Amts wegen selbst zu prüfen, ob die Haftvoraussetzungen noch vorliegen (vgl. § 120 Abs. 1).

28 Beantragt die StA im Ermittlungsverfahren die Aufhebung des Haftbefehls, dann muss sie konsequenterweise auch die **Freilassung des Beschuldigten** anordnen. Entgegen dem Wortlaut des Gesetzes hat sie hier kein Ermessen. Sie darf insb. nicht abwarten, bis das Gericht den Haftbefehl aufgehoben hat. Denn der Antrag der StA hat bindende Wirkung für das Gericht, sie hat als Herrin des Ermittlungsverfahrens die Verfahrensherrschaft (LG Amberg StV 2011, 421; LR/*Hilger* § 120 Rn. 47; Meyer-Goßner/*Schmitt* § 120 Rn. 14; *Radtke/Hohmann/Tsambikakis*, StPO, § 120 Rn. 19).

29 Die **Bindungswirkung des § 120 Abs. 3** gilt nur für das Ermittlungsverfahren. Mit Anklageerhebung verliert die StA ihre Befugnis zur Antragstellung (*Herrmann*, Untersuchungshaft, Rn. 1015; Meyer-Goßner/*Schmitt* § 120 Rn. 13; *Schlothauer/Weider/Nobis*, Untersuchungshaft, Rn. 848; KK/*Schultheis* § 120 Rn. 24; differenzierend LR/*Hilger* § 120 Rn. 42).

30 **E. Beendigung der Untersuchungshaft bei rechtskräftiger Verurteilung.** Mit dem Eintritt der Rechtskraft endet die Untersuchungshaft.

31 **I. Konsequenzen beim in Vollzug befindlichen Haftbefehl.** Nach wohl herrschender Meinung soll ein in Vollzug befindlicher Haftbefehl nach der Verurteilung zu einer unbedingten Freiheitsstrafe **gegenstandslos** werden, ohne dass es einer ausdrücklichen Aufhebung bedarf (BVerfG NJW 2005, 3131 f. [m.Anm. *Mosbacher* NJW 2005, 3110 ff.] = NJW-Spezial 2005, 472 = NStZ 2005, 699 = StraFo 2005, 416 f. = StV 2005, 613 ff. = wistra 2005, 455 ff.; zit. auch bei *Paeffgen* NStZ 2006, 136, 143; KG StraFo 2011, 108; OLG Düsseldorf StV 1988, 110; OLG Hamm StraFo 2008, 582; StraFo 2002, 100 [mit insoweit ablehnender Anm. *Nobis*]; OLG Stuttgart Justiz 1984, 213; LR/*Hilger* vor § 112 Rn. 60 und § 126 Rn. 29; *Graf/Krauß*, StPO § 114d Rn. 7; krit.: *Schlothauer/Weider/Nobis*, Untersuchungshaft, Rn. 1007 ff. 1008). Der Zweck der Untersuchungshaft sei erreicht. Die Vollstreckung der nunmehr rechtskräftigen Freiheitsstrafe sei gesichert, da sich der Verurteilte bereits in staatlichem Gewahrsam befindet. Mit Eintritt der Rechtskraft gehe Untersuchungshaft unmittelbar und ohne, dass es der förmlichen Einleitung der Strafvollstreckung durch die StA bedürfe in Strafhaft über (umfassend zum Ganzen KG NJW-Spezial 2011, 570 = StraFo 2011, 369 ff. = StV 2011, 740 ff.; vgl. auch BGHSt 38, 63 ff. = MDR 1991, 1184 = NJ 1991, 522 = NJW 1992, 518 f. =

NStZ 1991, 605 = Rpfleger 1992, 81 f.; OLG Hamm StV 2002, 209; KG StraFo 2011, 108 [zu § 116b Satz 2 StPO]; **differenzierend:** OLG Düsseldorf StV 1988, 110 und NStZ 1981, 366 [bis zur Einleitung der Strafvollstreckung zunächst Vollstreckungshaft]; **ähnlich:** OLG Celle NJW 1985, 188 und NJW 1963, 2240 [dort aber Annahme einer Ausstrahlungswirkung des Haftbefehls]; **a.A.** OLG Braunschweig NJW 1966, 116 und MDR 1950, 755 [Fortgeltung des Haftbefehls und Fortdauer der Untersuchungshaft bis zur förmlichen Einleitung der Strafvollstreckung]; s. zum Ganzen auch: *Linke* JR 2001, 358, 362; *Schweckendieck* NStZ 2011, 10, 13; *Wankel*, Zuständigkeitsfragen im Haftrecht, S. 95 f.; **wiederum a.A.** *Seebode* StV 1988, 119; SK/StPO-*Paeffgen*, § 120 Rn. 14 ff. [Zwischenhaft generell rechtswidrig]). Damit beginne die Zuständigkeit der Strafvollstreckungskammer nach § 462a Abs. 1 Satz 1 (vgl. BGHSt 38, 63 ff. = MDR 1991, 1184 = NJ 1991, 522 = NJW 1992, 518 f. = NStZ 1991, 605 = Rpfleger 1992, 81 f.; *Kusch* NStZ 1993, 31; KMR/*Wankel* § 120 Rn. 11; **a.A.** OLG Braunschweig MDR 1950, 755; *Linke* JR 2001, 358, 362; *Schweckendieck* NStZ 2011, 10, 13 [Fortbestehen der Zuständigkeit des Prozessgerichts bis zur förmlichen Einleitung der Strafvollstreckung]). Anträge und Rechtsmittel, die auf Aufhebung oder Außervollzugsetzung des (vollzogenen) Haftbefehls gerichtet sind, seien daher ab Eintritt der Rechtskraft unzulässig oder würden, wenn sie bereits früher gestellt bzw. eingelegt wurden, gegenstandslos (vgl. BVerfGE 9, 160 ff. = NJW 1959, 431; OLG Hamm StV 2002, 209; OLG Düsseldorf StV 1988, 110; OLG Celle NJW 1963, 2240; Meyer-Goßner/*Schmitt* § 120 Rn. 16). Ein auf diese Weise gegenstandslos gewordener Haftbefehl könne allerdings bei Durchbrechung der Rechtskraft durch Wiedereinsetzung in den vorigen Stand erneut aufleben (vgl. § 47 Abs. 3 StPO; KK/*Graf* vor § 112 Rn. 20; Meyer-Goßner/*Schmitt* § 47 Rn. 3; die vor Inkrafttreten des Abs. 3 ergangene Entscheidung des BVerfG NJW 2005, 3131 f. [m.Anm. *Mosbacher* NJW 2005, 3110 ff.] = NJW-Spezial 2005, 472 = NStZ 2005, 699 = StraFo 2005, 416 f. = StV 2005, 613 ff. = wistra 2005, 455 ff. ist damit jedenfalls insoweit überholt, vgl. KK/*Schultheis* § 120 Rn. 22; **ausführlich** zum Meinungsstand: *Schweckendieck* NStZ 2011, 10 ff.).

Ein einmal gegenstandslos gewordener Haftbefehl bleibt gegenstandslos. Er kann nicht erneut »aufleben«. 32
Liegen die Voraussetzungen für die Anordnung von Untersuchungshaft vor, dann ist ein neuer Haftbefehl zu erlassen (BVerfG NJW 2011, 3131 f. [zur Rechtskraftdurchbrechung bei Wiedereinsetzung in den vorigen Stand]; s. hierzu auch die Anm. von *Mosbacher* NJW 2011, 3110 ff.).

Vollends undurchschaubar und dogmatisch verworren wird die Diskussion, wenn man berücksichtigt, dass 33
nunmehr in den verschiedenen **Untersuchungshaftvollzugsgesetzen** der Bundesländer in Anlehnung an die frühere Nr. 91 Abs. 1 Nr. 1 UVollzO vorgesehen ist, dass der Gefangene zwischen Rechtskraft der Entscheidung und Einleitung der Strafvollstreckung wie ein Strafgefangener zu behandeln sei (vgl. § 9 Abs. 3 Satz 1 GVUVS NRW; Buch 2 § 7 Abs. 3 Satz 1 JVollzGB BaWü; s. hierzu AnwK-Uhaft/*Rubbert*, § 10 ME UVollzG Rn. 10 und Rn. 15). Derartige landesrechtliche Regelungen zum »Wie« der Behandlung Untersuchungshaftgefangener nach Rechtskraft des Urteils können aber eine bundesrechtlich gebotene Rechtsgrundlage zum »Ob« der Freiheitsentziehung keinesfalls ersetzen (ausführlich *Schlothauer/Weider/Nobis*, Untersuchungshaft, Rn. 1007 ff.).

Schlothauer/Weider/Nobis vertreten zum Ganzen eine differenzierende Ansicht: Sie argumentieren auf der 34
Basis einer **teleologischen Reduktion**: Beim Haftgrund der Flucht und der Fluchtgefahr bleibe der Haftbefehl zur Sicherung der Vollstreckung und der Haftzwecke aufrechterhalten. Bei den anderen Haftgründen erledige sich der Haftbefehl mit Rechtskraft des Urteils von selbst (*dies.*, Untersuchungshaft, Rn. 1007 ff.).

Festzuhalten bleibt: Die sog. **Organisations- oder Zwischenhaft** ist gesetzlich nicht geregelt. Sie gilt als 35
»regelwidrig«, wird aber als verfassungsgemäß angesehen, wenn sie dem Verurteilten nicht zum Nachteil gereicht (BVerfG NJW 2006, 427 ff. [nicht über 3 Monate]; BVerfG NStZ 1998, 77 ff. [m.Anm. *Lemke*]; s.a. OLG Brandenburg NStZ 2000, 500 [m.Anm. *Rautenberg*]; OLG Celle StV 2003, 32; OLG Hamm NStZ 2009, 655 [Übergang in Strafhaft auch bei nur Teilrechtskraft des Urteils]; OLG Hamm StraFo 2004, 105; zu Recht krit.: *Bartmeier* NStZ 2006, 544 ff.; AnwK-Uhaft/*König*, § 120 StPO Rn. 14; *Linke* JR 2001, 358 ff.; *Morgenstern* StV 2007, 441 ff.; *Paeffgen* in: FS Fezer, 2008, S. 43 ff.; *Trennhaus* StV 1999, 511 ff.; s.a. *Schweckendieck* NStZ 2011, 10 ff. [auch zur Außervollzugsetzung des Haftbefehls nach § 116 nach Rechtskraft]; s. zur Organisationshaft auch die Kommentierung bei § 112 Rdn. 15).

Es wäre **wünschenswert**, dass eine eindeutige gesetzliche Regelung getroffen wird, um die seit vielen Jahren 36
umstrittene Frage in Literatur und Rspr. endgültig zu klären.

II. Konsequenzen beim außer Vollzug befindlichen Haftbefehl. Der nicht vollzogene Haftbefehl wird 37
mit dem Eintritt der Rechtskraft des Urteils **nicht gegenstandslos.** Er bildet nach wie vor die Grundlage für die die Strafvollstreckung sichernden Haftverschonungsauflagen (KG NStZ 2012, 230 ff. = StraFo 2011, 369 ff. = StRR 2012, 72 f. [m.Anm. *Hunsmann*] = StV 2011, 740 ff.; KG StraFo 2011, 108 ff. = StRR 2011, 237 f. [m.Anm. *Herrmann*]). Die teilweise vertretene Auffassung, im Fall einer Haftverschonung werde

der Haftbefehl mit Eintritt der Rechtskraft gegenstandslos, während die Auflagen isoliert bestehen blieben (vgl. OLG Frankfurt NStZ-RR 2003, 143 f. [zur Sicherheitsleistung]; OLG Karlsruhe MDR 1980, 598; OLG Hamburg MDR 1977, 949; KK/*Schultheis* § 123 Rn. 3; LR/*Hilger* § 123 Rn. 6 f.; ebenso OLG Düsseldorf Rpfleger 1984, 73 [für den Fall einer Sicherheitsleistung]), vermag nicht zu überzeugen. Die Aufhebung von Maßnahmen nach § 116 Abs. 1 regelt sich nach § 123.

38 Zum Problem der sog. Organisationshaft in einer Vollzugsanstalt vor Überstellung in eine Maßregeleinrichtung s. BVerfG, NJW 2006, 427 ff. = NStZ 2006, 136 ff. = Polizei 2006, 32 f. = Rpfleger 2006, 284 ff. = StraFo 2005, 499 ff. = StV 2006, 420 ff.; OLG Brandenburg NStZ 2000, 500 ff., NStZ 2000, 504 f.

39 **III. Sonstiges.** Der Zeitpunkt der Rechtskraft der Entscheidung ist der Justizvollzugsanstalt nach § 114d Abs. 1 Nr. 6 mitzuteilen (ausführlich hierzu s. die Kommentierung bei § 114d Rdn. 12).

§ 121 Fortdauer der Untersuchungshaft über sechs Monate

(1) Solange kein Urteil ergangen ist, das auf Freiheitsstrafe oder eine freiheitsentziehende Maßregel der Besserung und Sicherung erkennt, darf der Vollzug der Untersuchungshaft wegen derselben Tat über sechs Monate hinaus nur aufrechterhalten werden, wenn die besondere Schwierigkeit oder der besondere Umfang der Ermittlungen oder ein anderer wichtiger Grund das Urteil noch nicht zulassen und die Fortdauer der Haft rechtfertigen.

(2) In den Fällen des Absatzes 1 ist der Haftbefehl nach Ablauf der sechs Monate aufzuheben, wenn nicht der Vollzug des Haftbefehls nach § 116 ausgesetzt wird oder das Oberlandesgericht die Fortdauer der Untersuchungshaft anordnet.

(3) [1]Werden die Akten dem Oberlandesgericht vor Ablauf der in Absatz 2 bezeichneten Frist vorgelegt, so ruht der Fristenlauf bis zu dessen Entscheidung. [2]Hat die Hauptverhandlung begonnen, bevor die Frist abgelaufen ist, so ruht der Fristenlauf auch bis zur Verkündung des Urteils. [3]Wird die Hauptverhandlung ausgesetzt und werden die Akten unverzüglich nach der Aussetzung dem Oberlandesgericht vorgelegt, so ruht der Fristenlauf ebenfalls bis zu dessen Entscheidung.

(4) [1]In den Sachen, in denen eine Strafkammer nach § 74a des Gerichtsverfassungsgesetzes zuständig ist, entscheidet das nach § 120 des Gerichtsverfassungsgesetzes zuständige Oberlandesgericht. [2]In den Sachen, in denen ein Oberlandesgericht nach § 120 des Gerichtsverfassungsgesetzes zuständig ist, tritt an dessen Stelle der Bundesgerichtshof.

1 **A. Allgemeines.** Die StPO kennt **keine zeitliche Obergrenze** für die Dauer der Untersuchungshaft. Einzige Ausnahme hiervon ist die Regelung in § 122a für den Fall der Untersuchungshaft wegen Wiederholungsgefahr (s. hierzu *Widmaier/König*, MAH Strafverteidigung, § 4, Rn. 256; Meyer-Goßner/*Schmitt* § 122a Rn. 1 f.). Ansonsten darf die vorläufige Inhaftierung des Beschuldigten bis zum rechtskräftigen Abschluss des Strafverfahrens andauern, es sei denn die allgemeinen Voraussetzungen der Untersuchungshaft entfallen und der Haftbefehl ist aus diesen Gründen aufzuheben (vgl. § 120 Abs. 1) oder zumindest außer Vollzug zu setzen (vgl. § 116).

Die soweit ersichtlich bisher längste Dauer der Untersuchungshaft in Deutschland musste ein ruandischer Rebellenführer Dr. M. erleiden, der als mutmaßlicher Kriegsverbrecher vom OLG Stuttgart zu 13 Jahren Haft verurteilt wurde, weil er angeblich von Deutschland aus Massaker in Ruanda angeordnet haben soll. Der BGH hob das Urteil auf, weil selbst eine Beihilfe nicht sicher nachgewiesen sei. Dr. M. verbrachte nicht weniger als **3.437 Tage in Untersuchungshaft** (das sind fast neuneinhalb Jahre!), zuletzt in Einzelhaft im

Terrortrakt der JVA Stuttgart/Stammheim mit weitgehender Isolation und auch sonst jeglichen nur denkbaren die Haftsituation verschärfenden Beschränkungen (z.B. Hand- und Fußfesselung bei der Ausantwortung, Einzelhofgang, kein Paketempfang, kein Sport und keine sonstigen Gemeinschaftsveranstaltungen), bevor er zuletzt zunehmend desorientiert und psychisch immer stärker dekompensierend im Frühjahr 2019 mit 55 Jahren verstarb. Etwa zwei Wochen vor seinem Tod, als er dem OLG Stuttgart mitteilte, dass er aufgrund von Wirbelsäulenproblemen nicht mehr Laufen und auch nicht einmal mehr Sitzen könne und um angemessene medizinische Hilfe durch einen Arzt außerhalb der JVA bat (die ihm von der JVA verweigert wurde), gestand das Gericht ihm dann die Teilnahme am Anstaltssport zu (vgl. Der SPIEGEL Nr. 17 vom 20.04.2019, S. 38 ff.). Ob damit der **Wettbewerb der Schäbigkeit** (s. dazu die Kommentierung bei § 119 Rdn. 17) in sowohl Ausgestaltung als auch Dauer der Untersuchungshaft also in gleich zwei Kategorien gewonnen wurde, bleibt abzuwarten (»7 a 1 foi puoco«). Da nützt es auch nichts, dass er unschuldig starb (zur Unschuldsvermutung bei Untersuchungshaft s. auch *Herrmann* StraFo 2016, 89 ff.).

Das Verfahren selbst darf nicht beliebig lang dauern oder gar zögerlich durchgeführt werden. Haftsachen sind vorrangig vor anderen Verfahren durchzuführen. Es gilt das besondere Beschleunigungsgebot (ausführlich hierzu s. die Kommentierung unter Rdn. 8 ff. und Rdn. 13 ff. sowie bei § 112 Rdn. 132 ff.; s.a. OLG Hamm StV 2007, 363; StV 2006, 319; OLG Frankfurt StV 2006, 197; *Burhoff* StraFo 2000, 109 ff.; *Herrmann*, Untersuchungshaft, Rn. 881 ff.; *Knauer* StraFo 2007, 309 ff.; Meyer-Goßner/*Schmitt* § 121 Rn. 1 ff.; *Schlothauer/Weider/Nobis*, Untersuchungshaft, Rn. 888; KK/Schultheis § 121 Rn. 20 ff.). Seine besondere Ausprägung findet der Beschleunigungsgrundsatz in den §§ 121, 122.

Nach § 121 Abs. 1 Satz 1 darf die Untersuchungshaft, solange kein Urteil ergangen ist, das auf Freiheitsstrafe 2
oder eine freiheitsentziehende Maßregel der Besserung und Sicherung lautet, wegen derselben Tat über 6 Monate hinaus nur aufrechterhalten werden, wenn die **besondere Schwierigkeit** oder der **besondere Umfang** der Ermittlungen oder ein **anderer wichtiger Grund** das Urteil noch nicht zugelassen haben und die Fortdauer der Untersuchungshaft rechtfertigen.

Nach sechsmonatiger Dauer der Untersuchungshaft erfolgt **von Amts wegen** eine besondere Haftprüfung. 3
Zuständig hierfür ist regelmäßig das übergeordnete OLG. War dieses erstinstanzlich zuständig, dann ist der BGH für die besondere Haftprüfung berufen (Meyer-Goßner/*Schmitt* § 121 Rn. 1 ff.; KK/*Schultheis*, §§ 121 ff.).

Eine besondere Haftprüfung nach § 121 Abs. 1 erfolgt aber nicht, wenn zu diesem Zeitpunkt der **Haftbefehl** 4
außer Vollzug gesetzt ist oder wenn bis dahin ein **erstinstanzliches Urteil ergangen** ist.

Die zeitliche Begrenzung der Untersuchungshaft bis zur Überprüfung durch das OLG gilt i.Ü. nicht, wenn 5
ein Vorführhaftbefehl gem. § 230 Abs. 2 vorliegt oder bei §§ 236, 329 Abs. 4 Satz 1 (KG NStZ-RR 1997, 75), bei Sicherungshaft nach § 453c Abs. 2 Satz 2, Auslieferungshaft (vgl. § 26 IRG), sowie bei Überhaft. Gleiches gilt, wenn eine einstweilige Unterbringung nach § 126a angeordnet wurde (Meyer-Goßner/*Schmitt* § 121 Rn. 2; **a.A.** *Graf/Krauß* StPO § 121 Rn. 2 [§§ 120, 121 gelten entsprechend]). Nach dem Wortlaut § 126a Abs. 2 Satz 2 kommt es für die Prüfung der Fortdauer der Unterbringung durch das OLG allein darauf an, ob die Voraussetzungen der einstweiligen Unterbringung weiterhin vorliegen. Diese Entscheidung ist nicht an die zusätzlichen Voraussetzungen des § 121 Abs. 1 gebunden, dass die besondere Schwierigkeit oder der besondere Umfang der Ermittlungen oder ein anderer wichtiger Grund das Urteil noch nicht zulassen und die Fortdauer der Haft rechtfertigen.

Das besondere Haftprüfungsverfahren darf nicht dadurch umgegangen werden, dass kurz vor Ablauf der 6
Sechs-Monats-Frist des § 121 Abs. 1 Termin zur Hauptverhandlung anberaumt wird, diese dann aber nicht zügig, sondern unter Ausnutzung der durch das 1. JuMoG verlängerten Unterbrechungsfristen des § 229 durchgeführt wird. Dies kann eine unzulässige **Umgehung des § 121** bedeuten (OLG Hamm StV 2006, 191; StraFo 2006, 25).

Die materiellrechtlichen Vorgaben in § 121 zur Fortdauer der Untersuchungshaft über den Zeitraum von sechs Monaten hinaus werden verfahrensrechtlich ergänzt durch § 122.

Das Haftprüfungsverfahren nach §§ 121, 122 StPO soll nicht gelten für die **Unterbringung Jugendlicher** 7
nach §§ 71 Abs. 2, 72 Abs. 4 JGG. Das ergebe sich aus § 71 Abs. 2 S. 2 JGG, auf den sich auch § 72 Abs. 4 JGG beziehe. Dort würden zwar für die einstweilige Unterbringung von Jugendlichen bestimmte Vorschriften über das Verfahren der U-Haft für sinngemäß anwendbar erklärt, die §§ 121, 122 StPO seien aber nicht genannt. Dies rechtfertige den Schluss, dass der Gesetzgeber das Verfahren über die einstweilige Unterbringung Jugendlicher von dem Haftprüfungsverfahren vor dem OLG habe bewusst ausnehmen wollen. Das entspreche auch Sinn und Zweck der Sondervorschriften des JGG. Denn die vorläufigen Anordnungen über die Erziehung nach den §§ 71, 72 JGG dienten dazu, im Zeitraum zwischen Verfahrensbeginn und Rechtskraft des Urteils die erzieherischen Ziele des Jugendstrafverfahrens zu sichern. Dazu sei aber das Haftprüfungsverfahren vor dem OLG weder geeignet noch bestimmt. Die einstweilige Unterbringung Jugendlicher

sei konzeptionell und in der Praxis als *aliud* zur Untersuchungshaft anzusehen, was auch unter verfassungsrechtlichen Gesichtspunkten eine Gleichbehandlung mit den Vorschriften über die Untersuchungshaft über den vom Gesetzgeber ausdrücklich festgelegten Rahmen hinaus nicht verlange (OLG Bamberg StraFo 2015, 329 ff.). Das mag formal so richtig sein. Es erscheint aber dennoch problematisch. Denn der Grundsatz der Beschleunigung gilt auch in Jugendsachen ganz allgemein (KG StV 2016, 712). Und dieses grundsätzliche verfassungsgemäße Verständnis darf nicht dazu führen, Jugendliche länger inhaftiert zu lassen, weil keine Kontrolle durch das übergeordnete Gericht der besonderen Haftprüfung erfolgt. Das werden Staatsanwaltschaft und Ausgangsgericht zu beachten haben.

8 **B. Das besondere Beschleunigungsgebot in Haftsachen. I. Grundlagen.** Die Untersuchungshaft darf nicht angeordnet werden, wenn sie zur Bedeutung der Sache und der zu erwartenden Maßregel der Besserung und Sicherung außer Verhältnis steht. Dieser **Grundsatz der Verhältnismäßigkeit** (ausführlich hierzu s. die Kommentierung bei § 112 Rdn. 106 ff.) findet seine Ausprägung in den §§ 121, 122. Eine weitere Konkretisierung erfolgt durch das besondere Beschleunigungsgebot in Haftsachen. Es erklärt sich aus dem **Freiheitsanspruch des Beschuldigten** gem. der Art. 2 Abs. 2, Art. 104 GG und der **Unschuldsvermutung** (zur Unschuldsvermutung s. *Herrmann* StraFo 2016, 89 ff.). Der verhaftete Beschuldigte hat Anspruch auf Aburteilung innerhalb angemessener Frist, andernfalls ist er aus der Untersuchungshaft zu entlassen (aus der Rspr. sind u.a. zu nennen: BVerfG NStZ 2010, 258 f. = StraFo 2009, 375 ff. = StRR 2009, 358 f. [m.Anm. *Herrmann*] = StV 2009, 479 ff. [m.Anm. *Hagmann* StV 2009, 592 f.]; StRR 2008, 355 f. [m.Anm. *Herrmann*] = StV 2008, 421 ff.; NStZ-RR 2007, 311 ff. = StraFo 2007, 152 ff. = StRR 2007, 36 f. [m.Anm. *Burhoff*] = StV 2007, 366 ff.; StraFo 2007, 18 ff. = StV 2007, 254 ff.; NJW 2006, 1336 ff. = NStZ 2007, 81 f. = StraFo 2006, 196 f. = StV 2006, 248 ff.; BVerfG NJW 2006, 672 ff. = NStZ 2006, 313 [m.Anm. *Schmidt*] = StraFo 2006, 68 [LS] = StV 2006, 73 ff.; NJW 2006, 668 ff. = StV 2006, 87 [»44 mehr oder weniger nutzlos verstrichenen Hauptverhandlungstage im Laufe eines Jahres« – »Buckelwalbeschluss«]; s. hierzu auch *Paeffgen* StraFo 2007, 442, 448 [dort Fn. 3] sowie *ders.* NStZ 2007, 79, 83 [dort Fn. 11] und dann erneut *ders.* NStZ 2008, 135, 143 [dort insb. Fn. 47] sowie krit. hierzu *Schmidt* NStZ 2006, 313, 314 f. [einzelfallspezifische Besonderheiten]; StV 2006, 703 ff.; StV 2006, 251 f.; NJW 2005, 3485 ff. = NStZ 2006, 47 ff. = NStZ 2006, 143 f. = StraFo 2005, 456 ff. = StV 2005, 615 ff.; NJW 2005, 2612 [LS] = NStZ 2005, 456 ff. [m.Anm. *Foth*] = PA 2005, 142 f. = Polizei 2005, 176 f. = StraFo 2005, 152 ff. = StV 2005, 220 ff. [m.Anm. *Krehl* StV 2005, 561 f.]).

9 Der Beschleunigungsgrundsatz gilt auch, wenn der **Haftbefehl nicht vollzogen** wird (vgl. BVerfG NJW 2009, 1734 ff. [zur Änderung Geschäftsverteilung]; NJW 2006, 668 ff. = StV 2006, 87 f. [Buckelwalbeschluss]; StV 2006, 251 f.; NStZ 2004, 82 f. = StV 2003, 30 f.; KG StV 2009, 483; StraFo 2005, 422; KG StV 2007, 27; OLG Bremen StraFo 2000, 107; OLG Köln StraFo 2004, 137; StV 2005, 396; OLG Hamm StV 2013, 165 = StRR 2012, 236; OLG Naumburg StV 2009, 143; *Schlothauer/Weider/Nobis*, Untersuchungshaft, Rn. 890 sowie Rn. 898 a.E.). Es gilt auch wenn beim Vollzug von Strafhaft in anderer Sache **Überhaft** nicht notiert ist (KG StV 2015, 37 f.; OLG Hamm NStZ-RR 2012 = StRR 2012, 198).

10 Dies gilt auch während der **einstweiligen Unterbringung** nach § 126a StPO (KG StV 2016, 828 f.; OLG Celle Nds.Rpfl. 2002, 369 f.; *Burhoff*, Handbuch für das strafrechtliche Ermittlungsverfahren, Rn. 2339) oder wenn der Beschuldigte sich in **Auslieferungshaft** befindet (OLG Karlsruhe StV 2004, 325).

11 Auch in **Jugendsachen** gilt das Beschleunigungsgebot in Haftsachen. Der dort schon allgemein gültige Grundsatz, dass auf eine möglichst schnelle Aburteilung hinzuwirken ist, hat insofern keinen Vorrang (OLG Köln NJW 1997, 2252; s.a. *Mertens/Murges-Kemper* ZJJ 2008, 356 ff.).

12 Im **Europarecht** ist das Beschleunigungsgebot in Art. 5 Abs. 3 Satz 1 Hs. 2 EMRK und Art. 6 Abs. 1 Satz 1 EMRK geregelt (s.z.B. EGMR StV 2009, 561 ff. [m.Anm. *Krehl*]; EGMR StV 2006, 474 ff. [m.Anm. *Pauly*]; EGMR StV 2005, 136 ff. [m.Anm. *Pauly*]; EGMR NJW 2003, 1439 ff.; EGMR NJW 1990, 3066 ff.; EGMR JR 1968, 463 ff. [m.Anm. *Schultz* JR 1968, 441 ff.]; s.a. *Broß* StraFo 2009, 10 ff.; SK-StPO/*Paeffgen*, Art. 5 EMRK Rn. 60 ff.; *Schlothauer/Weider/Nobis*, Untersuchungshaft, Rn. 890).

13 **II. Ausgestaltung des Beschleunigungsgebotes in Haftsachen.** Die höchstrichterliche Rspr. zum Beschleunigungsgebot in Haftsachen lässt sich zusammenfassend wie folgt darstellen (vgl. dazu auch *Broß* StraFo 2009, 10 ff.; *Burhoff*, Handbuch für das strafrechtliche Ermittlungsverfahren, Rn. 2337 ff. *ders.*, StraFo 2000, 109 ff.; *Demko* HRRS 2007, 285 ff.; *Gaede* HRRS 2006, 409 ff.; *Herrmann*, Untersuchungshaft, Rn. 881 ff.; *Jahn* NJW 2006, 625 ff.; *Knauer* StraFo 2007, 309 ff.; *Pieroth/Hartmann* StV 2008, 276 ff.; *Schlothauer/Weider/Nobis*, Untersuchungshaft, Rn. 888 ff.; *Schmidt* NStZ 2006, 313 ff. [krit.]):

14 Das Beschleunigungsgebot erfasst das **gesamte Strafverfahren** (BVerfG StraFo 2010, 461 ff. = StV 2011, 31 ff.; NStZ 2010, 258 f. = StraFo 2009, 375 ff. = StRR 2009, 358 [m.Anm. *Herrmann*] = StV 2009, 479 ff. [m.Anm. *Hagmann* StV 2009, 592 f.]; OLG Hamm StRR 2012, 236 [m.Anm. *Artkämper*]). Sowohl

Gerichte als auch Strafverfolgungsbehörden (StA und Polizei; vgl. BVerfG JA 2007, 821 [m.Anm. *von Heintschel-Heinegg*] = R&P 2007, 146 ff. = StRR 2007, 196 f. [m.Anm. *Herrmann*] = StV 2007, 644 ff.; s. auch) haben bei der Durchsetzung des staatlichen Strafanspruchs rechtsstaatswidrige Verfahrensverzögerungen zu vermeiden. Der Haftbefehl ist aufzuheben, wenn die Fortdauer der Untersuchungshaft unverhältnismäßig ist (vgl. hierzu bereits § 120 StPO). Dies ist bereits dann anzunehmen, wenn erkennbar ist, dass es zu nicht behebbaren Verzögerungen kommen wird (BVerfG NStZ-RR 2008, 18 ff. = StRR 2007, 117 f. [m.Anm. *Burhoff*] = StV 2007, 369). Dem Beschuldigten kann nicht zugemutet werden, wegen vorhersehbarer Versäumnisse des Staates bei der Ausstattung der Gerichte unverhältnismäßig lange in Untersuchungshaft zu verbleiben (BVerfG StV 2015, 39 ff. [bekannte Überlastung der Jugendkammer – vorhersehbar und weder Zufall noch schicksalhaft]). Das Strafverfahren muss also immer auch vorausschauend gestaltet werden.

Mit **zunehmender Dauer des Verfahrens** verstärkt sich das Gewicht des Freiheitsanspruchs des Untersuchungsgefangenen ggü. dem Strafverfolgungsinteresse des Staates, die Begründungstiefe der Haftentscheidung nimmt zu (BVerfG StRR 2013, 228 [m.Anm. *Herrmann*]; DRiZ 2008, 60 ff. = StRR 2007, 203 [LS]; NJW 2005, 2612 [LS] = NStZ 2005, 456 ff. [m.Anm. *Foth*] = PA 2005, 142 f. = Polizei 2005, 176 f. = StraFo 2005, 152 ff. = StV 2005, 220 ff. [m.Anm. *Krehl* StV 2005, 561 f.]; aus der obergerichtlichen Rspr. s.: OLG Dresden StRR 2015, 114 ff. [m. krit. Anm. *Burhoff*; dort Untersuchungshaft über 1 Jahr]; OLG Frankfurt NStZ 2007, 569 = NStZ-RR 2006, 353 = StraFo 2006, 78 = StV 2006, 191; OLG Hamm StV 2006, 191 ff.; OLG Hamm StV 2006, 319 ff.; OLG Naumburg StV 2009, 482; OLG Naumburg StV 2009, 143; zum verfassungsgerichtlichen Gebot der Begründungstiefe s. auch *Mayer/Hunsmann* NStZ 2015, 325 ff.). 15

I.R.d. **Abwägung** zwischen einerseits Freiheitsanspruch und anderseits Strafverfolgungsinteresse kommt es vornehmlich auf die durch objektive Kriterien bestimmte Angemessenheit der Verfahrensdauer an. Diese wird u.a. bestimmt von der Komplexität der Sache, dem Aufwand der Ermittlungen, eventuellem Auslandsbezug, der Anzahl der Beteiligten oder auch dem Verhalten der Verteidigung (*Burhoff*, Handbuch für das strafrechtliche Ermittlungsverfahren, 7. Aufl. 2015, Rn. 2173 ff.; *Schmidt* NStZ 2006, 313 ff. [krit.]). Die **Schwere der Tat** und die im Raum stehende **Straferwartung** sind hierbei ohne Bedeutung (BVerfG StRR 2011, 320 f. [mit Anm. *Hunsmann*]; BVerfG StraFo 2010, 461 = StV 2011, 31; BVerfG NStZ 2007, 311 ff. = NStZ-RR 2007, 311 ff. = StraFo 2007, 152 ff. = StRR 2007, 36 f. [m.Anm. *Burhoff*] = StV 2007, 366 ff. [a.E.]; BVerfG NJW 2005, 2612 [LS] = NStZ 2005, 456 ff. [m.Anm. *Foth*] = PA 2005, 142 f. = Polizei 2005, 176 f. = StraFo 2005, 152 ff. = StV 2005, 220 ff. [m.Anm. *Krehl* StV 2005, 561 f.]; KG StV 2007, 644; OLG Hamm StV 2006, 191 ff.; a.A. OLG Nürnberg NStZ-RR 2011, 251 f. = StraFo 2011, 150 = StRR 2011, 238 ff. [m. abl. Anm. *Hunsmann*] = StV 2011, 467). 16

Der Verfahrensgang ist anhand des **konkreten Einzelfalles** zu analysieren (BVerfG StRR 2008, 355 f. [m.Anm. *Herrmann*] = StV 2008, 421 ff.; OLG Hamm StRR 2012, 236 [m.Anm. *Artkämper*]). Je länger die Untersuchungshaft andauert desto höher sind die Anforderungen an ihre Rechtfertigung. Das hypothetische Strafende ist hierbei zu berücksichtigen (BVerfG StRR 2013, 228 [m.Anm. *Herrmann*]). 17

III. Verfahrensabschnittsbezogene Prüfung. Die Beachtung des Beschleunigungsgrundsatzes ist **verfahrensabschnittsbezogen** zu prüfen (s. hierzu schon auszugsweise die Kommentierung bei § 112 Rdn. 133). Das Verfahren ist jederzeit zu fördern (BVerfG StV 2015, 39 ff. [Überlastung der Jugendkammer vorhersehbar]; OLG Brandenburg StV 2007, 363 [keinerlei Ermittlungstätigkeit für die Dauer von 3 Monaten]; OLG Dresden StV 2004, 495 [Haftbefehl 2 Jahre außer Vollzug gesetzt, Verfahren über mehr als ein Jahr nicht bearbeitet]; OLG Düsseldorf StV 2004, 82 [mehrfache Aufhebung von Hauptverhandlungsterminen aus vom Angeklagten nicht zu vertretenden Gründen]; OLG Hamm StV 2004, 663 [zweimonatiger Verfahrensstillstand]; OLG Köln StV 2007, 321 ff. [Haftbefehl zunächst fast 6 Monate vollzogen, Anklageerhebung erst 4 Monate nach Außervollzugsetzung]; OLG Köln StV 2005, 396 [zweieinhalb Jahre nach Erlass des Haftbefehls Entscheidung über die Zulassung der Anklage und die Eröffnung des Hauptverfahrens nicht in überschaubarer Zeit zu erwarten]; OLG Naumburg StV 2009, 143 [Verzögerung von 2 Monaten]; OLG Schleswig StV 2005, 140 [keinerlei Verfahrensförderung]; OLG Stuttgart NStZ-RR 2003, 29 f. [Haftbefehl zunächst 9 Monate vollzogen und dann Anklageerhebung erst nach 4 Jahren]; LG Cottbus StV 2005, 141 [keine Verfahrensförderung für zweieinhalb Monate]; LG Frankfurt a.M. StV 2007, 253 [Verfahren längere Zeit nicht gefördert und Terminierung wegen bekannter Überlastung der Kammer ungewiss]; LG Frankfurt an der Oder StV 2003, 31 [Außervollzugsetzung für mehr als 2 Jahre, Durchführung der Hauptverhandlung nicht absehbar]; s. zum Ganzen auch *Burhoff*, Handbuch für das strafrechtliche Ermittlungsverfahren, Rn. 2337 ff.; *Mayer/Hunsmann* NStZ 2015, 325 ff.; *Schlothauer/Weider/Nobis*, Untersuchungshaft, Rn. 904 ff.). 18

Zusätzlich ist aber auch eine **Gesamtschau** angezeigt: Eine vermeidbare Verzögerung des Verfahrens von insgesamt knapp 14 Wochen in verschiedenen Verfahrensstadien ist erheblich, wenn das Verfahren bei sonst 19 gleichem Verfahrensgang deutlich vor Ablauf der Frist des § 121 Abs. 1 mit einem Urteil hätte abgeschlossen werden können (OLG Nürnberg StV 2011, 39).

20 **1. Ermittlungsverfahren.** Schon der **Erlass eines Haftbefehls** darf nicht außergewöhnlich lange dauern (BVerfG StRR 2008, 438 [m.Anm. *Herrmann*]).
Ein erlassener Haftbefehl ist **zügig zu vollstrecken**, andernfalls ist er unverhältnismäßig (OLG Köln NStZ-RR 2009, 87 = StraFo 2008, 468).

21 Das **Ermittlungsverfahren** muss vorausschauend und zügig betrieben werden. So müssen bspw. Zweit- oder Doppelakten angelegt werden (BVerfG StV 1999, 162; OLG Düsseldorf StV 2001, 695; Meyer-Goßner/*Schmitt* § 121 Rn. 23). Auch ist an eine sinnvoll organisierte und damit zügige Übersendung der Akten an verschiedene Verteidiger im »Umlaufverfahren« zu denken. Sachverständigengutachten sind unverzüglich in Auftrag zu geben, deren Erledigung ist zu überwachen (BVerfG StRR 2007, 196 f.; KG StV 2015, 45 f.; OLG Jena StV 2011, 39; OLG Karlsruhe StraFo 2010, 113 [zu § 126a StPO]). Auch die Übersendung der Anklageschrift nebst Akten an das Gericht darf sich nicht verzögern. Bei längerer Flucht ist der Sachverhalt spätestens mit Bekanntwerden der Festnahme zügig vollständig auszuermitteln, nicht erst mit der Überstellung des Beschuldigten (KG StV 2015, 36 f. = StRR 2014, 356 m.Anm. *Herrmann*). s. zum Ganzen auch *Schlothauer/Weider/Nobis*, Untersuchungshaft, Rn. 904 ff.

22 **2. Zwischenverfahren.** Das **Zwischenverfahren** ist stringent zu strukturieren. Die Eröffnung und Terminierung der Sache soll zügig erfolgen. Regelmäßig wird eine Zeit von 3 Monaten vom Eingang der Anklage bei Gericht bis zur Hauptverhandlung für angemessen aber auch ausreichend angesehen (BVerfG StV 2008, 421; BVerfG NStZ 2007, 311 ff. = NStZ-RR 2007, 311 ff. = StraFo 2007, 152 ff. = StRR 2007, 36 f. [m.Anm. *Burhoff*] = StV 2007, 366 ff.; BVerfG NJW 2006, 672 ff. = NStZ 2006, 313 [m.Anm. *Schmidt*] = StraFo 2006, 68 [LS] = StV 2006, 73 ff.). In der obergerichtlichen Rspr. wurden u.a. als zu lang angesehen: OLG Bremen StV 2016, 824 ff. (6 Monate bis zur Eröffnung trotz Beanstandungen und Neufassung der Anklageschrift zu lang) OLG Nürnberg StV 2009, 367 (in der Regel nicht mehr als 3 Monate); KG StraFo 2010, 26 f. (nicht mehr als 4 Monate); OLG Naumburg StV 2008, 589 (fünf Monate zu lang); OLG Jena, StV 2002, 555 (fünf Monate zu lang), OLG Hamm, StV 2000, 515 (mehr als 6 Monate ist zu lang); OLG Frankfurt StV 2006, 195 (mehr als 6 Monate bis zum Eingang der Akten beim Berufungsgericht zu lang); OLG Bremen, NStZ 2001, 77 (mehr als 7 Monate auch in bloßer Überhaftsache unzulässig); OLG Brandenburg, StV 2002, 243 (zehn Monate zu lang); s. zum Ganzen auch *Burhoff*, Handbuch für das strafrechtliche Ermittlungsverfahren, 7. Aufl. 2015, Rn. 2180; *Schlothauer/Weider/Nobis*, Untersuchungshaft, Rn. 906 ff.

23 Ein Verstoß gegen den Beschleunigungsgrundsatz hat sich hier an der **Eröffnungsreife** als solcher zu orientieren und nicht an der Zeit bis zum Erlass des Eröffnungsbeschlusses (BVerfG StRR 2011, 320 f. [mit Anm. *Hunsmann*]; OLG Nürnberg StV 2011, 39 ff.; OLG Nürnberg StV 2009, 367). Allerdings widerspricht es regelmäßig dem Beschleunigungsgrundsatz, wenn eine bereits erhobene Anklage zurückgenommen wird, um ein weiteres Verfahren hinzuzuverbinden und dann erneut Anklage zu erheben (OLG Nürnberg B. v. 30.03.2016 – 1 Ws 109/16).

24 In der Erörterung der Sache mit den Beteiligten vor der Eröffnung des Haupterfahrens gem. § 202a Abs. 1 Hs. 1 kann grds. kein Verstoß gegen das Gebot der Beschleunigung gesehen werden. Sie muss aber effizient und umfassend ausgestaltet sein, danach muss zügig über eine eventuelle Eröffnung des Hauptverfahrens entschieden werden (OLG Nürnberg NJOZ 2012, 273 = StRR 2011, 278 f. [m.Anm. *Hunsmann*] = StV 2011, 750 ff.).

25 Kann nicht davon ausgegangen werden, dass es zu einer **verfahrensabkürzenden Verständigung** kommen könnte (vgl. hierzu § 257c), dann muss die Terminierung ausreichend große Zeiträume erfassen, um zügig und umfassend den gesamten Streitstoff verhandeln zu können (OLG Koblenz StV 2011, 167 ff.).

26 **3. Hauptverfahren.** Die **Überlastung des Gerichts** rechtfertigt als wichtiger Grund i.S.d. § 121 Abs. 1 StPO die Aufrechterhaltung der Untersuchungshaft nur dann, wenn sie kurzfristig eingetreten ist und weder vorhersehbar noch vermeidbar war. Dies setzt notwendigerweise voraus, dass der Staat seine in der Verfassung verankerte Pflicht vorausschauend erfüllt, die Gerichte so mit Personal auszustatten, dass sie auch tatsächlich in der Lage sind, dem Gebot der Beschleunigung von Strafsachen durch eine zeitnahe Verhandlung und eine ausreichend hohe Verhandlungsdichte nachzukommen. Die Ausstattung von Gerichten mit Personal genügt den verfassungsrechtlichen Vorgaben nicht, wenn sie sich ausschließlich an statistischen Kennzahlen orientiert, ohne die tatsächliche Belastung der Gerichte in den Blick zu nehmen. Einen wichtigen Anhaltspunkt dafür bieten die anhängigen Verfahren. Bleiben sie längere Zeit oder gar Jahre unbearbeitet, ist die personelle Ausstattung offensichtlich unzureichend (OLG Bremen StV 2016, 824 ff.).

Die Planung und **Terminierung der Hauptverhandlung** hat vorausschauend zu erfolgen (vgl. *Burhoff*, Handbuch für das strafrechtliche Ermittlungsverfahren, Rn. 2378 ff., 2344 und insb. auch Rn. 4074 ff.; *Keller/Meyer-Mews* StraFo 2005, 353 ff.; *Pieroth/Hartmann* StV 2008, 276, 279 f.; *Schmidt* NStZ 2006, 313 ff.). Eine nur sukzessive Fortführung der Hauptverhandlung genügt grds. nicht (OLG Koblenz StV 2011, 167 ff.). In umfangreicheren Verfahren ist mindestens an 4 Tagen im Monat zu verhandeln (vgl. EGMR NJW 2005, 3125; BVerfG NJW 2006, 672 ff. = NStZ 2006, 313 [m.Anm. *Schmidt*] = StraFo 2006, 68 [LS] = StV 2006, 73 ff.; OLG Frankfurt StV 2006, 195; OLG Hamm StV 2006, 191; OLG Oldenburg StraFo 2008, 26 f.; LG München II StV 2009, 253). Teilweise wird auch eine engere Hauptverhandlungsdichte gefordert (BVerfG StraFo 2010, 461 f. = StV 2011, 31 ff.; BVerfG StV 2006, 318 ff. [mindestens 2 Verhandlungstage pro Woche]; BVerfG EuGRZ 2007, 591 ff. [mehr als ein Tag pro Woche]). Die Hauptverhandlung ist effizient und straff zu führen (BVerfG StRR 2013, 228 [m.Anm. *Herrmann*]; NJW 2006, 668 ff. = StV 2006, 87 [»44 mehr oder weniger nutzlos verstrichenen Hauptverhandlungstage im Laufe eines Jahres«]; zum sog. Buckelwalbeschluss s.a. *Paeffgen* StraFo 2007, 442, 448 [dort Fn. 3] sowie *ders.* NStZ 2007, 79, 83 [dort Fn. 11] und dann erneut *ders.* NStZ 2008, 135, 143 [dort insb. Fn. 47]; krit. hierzu *Schmidt* NStZ 2006, 313, 314 f. [einzelfallspezifische Besonderheiten]). An Hauptverhandlungstagen muss auch ausreichend lang verhandelt werden (BVerfG StRR 2013, 228 [m.Anm. *Herrmann*]; NJW 2006, 672 ff. = NStZ 2006, 313 [m.Anm. *Schmidt*] = StraFo 2006, 68 [LS] = StV 2006, 73 ff. [Verhandlungsdauer pro Tag mehr als regelmäßig lediglich ein oder 2 Std.]). In umfangreicheren Verfahren muss Vorsorge getroffen werden, dass Zeugen erscheinen und Überlegungen zu Alternativen bei eventuellen Verfahrenswendungen getroffen werden. Es muss ein Bemühen erkennbar sein, Zeugen und Sachverständige effizient zu laden und einen straffen Verhandlungsplan festzulegen (BVerfG NJW 2006, 672 ff. = NStZ 2006, 313 [m.Anm. *Schmidt*] = StraFo 2006, 68 [LS] = StV 2006, 73 ff.; OLG Hamm StV 2006, 191 ff.). Die Obergrenzen einer möglichen Unterbrechung der Hauptverhandlung nach § 229 soll nicht ausgeschöpft werden (s. OLG Hamm StraFo 2006, 25 f.; ausführlich zum Ganzen *Burhoff*, Handbuch für das strafrechtliche Ermittlungsverfahren, Rn. 2337 ff.; *Keller/Meyer-Mews* StraFo 2005, 353, 355 f.; *Schlothauer/Weider*, Untersuchungshaft, Rn. 885 ff.; *Sommer* StraFo 2004, 294, 297; ebenso wohl auch Meyer-Goßner/*Schmitt* § 229 Rn. 1).

Bei Planung und Durchführung der Hauptverhandlungstermine ist auf die **Verfügbarkeit der Verteidiger** 27 und deren Terminkalender Rücksicht zu nehmen (BVerfG StRR 2008, 156 [m.Anm. *Herrmann*] = StV 2008, 198). Dies kann aber andererseits nicht eine unangemessene Verlängerung der Untersuchungshaft rechtfertigen. Deshalb ist ggf. ein **verfahrenssichernder Pflichtverteidiger** oder auch **Ergänzungsverteidiger** zu bestellen (OLG Köln StV 2006, 143; OLG Köln 2006, 145; OLG Naumburg StV 2008, 365; s. hierzu auch OLG Oldenburg StraFo 2008, 26 f. sowie die Anm. von *Paeffgen* NStZ 2010, 200, 201 f.).

Verfahrensleitende Schritte sind rechtzeitig in die Wege zu leiten. Verzögern umfangreiche Ermittlungen 28 gegen weitere Beschuldigte den Verfahrensabschluss, dann muss das Verfahren gegen den in Untersuchungshaft befindlichen Beschuldigten abgetrennt und zügig verhandelt werden (OLG Oldenburg StraFo 2010, 198; Meyer-Goßner/*Schmitt* § 121 Rn. 25 a.E.). Beratungszeiten im Zusammenhang mit Anträgen anderer Verfahrensbeteiligter bleiben bei der Gesamtbetrachtung außer Acht (BGH NStZ-RR 2013, 86 f.)

Auch **nach Beendigung der Hauptverhandlung** wirkt das Beschleunigungsgebot fort (KG StV 2007, 644; 29 OLG Frankfurt StV 2006, 648; OLG Saarbrücken NStZ 2007, 420 [LS]).

Der Beschleunigungsgrundsatz gilt insb. auch **nach Erlass des tatrichterlichen Urteils** (vgl. dazu BVerfG NStZ 30 2010, 258 f. = StraFo 2009, 375 ff. = StRR 2009, 358 f. [m.Anm. *Herrmann*] = StV 2009, 479 ff. [m.Anm. *Hagmann* StV 2009, 592 f.]; BVerfG NJW 2006, 1336 ff. = NStZ 2007, 81 f. = StraFo 2006, 196 f. = StV 2006, 248 ff.; BVerfG NJW 2006, 677 ff. = NStZ 2006, 295 ff. = StV 2006, 81 ff.; BVerfG NJW 2005, 2612 [LS] = NStZ 2005, 456 ff. [m.Anm. *Foth*] = PA 2005, 142 f. = Polizei 2005, 176 f. = StraFo 2005, 152 ff. = StV 2005, 220 ff. [m.Anm. *Krehl* StV 2005, 561 f.; s.a. OLG Frankfurt NStZ 2007, 569 = NStZ-RR 2006, 353 = StraFo 2006, 78 = StV 2006, 191; OLG Frankfurt StV 2007, 249; OLG Naumburg StV 2009, 482 [verzögerte Zustellung des Urteils]; OLG Oldenburg StV 2008, 200 [verzögerte Übersendung des Protokolls]; OLG Saarbrücken NStZ 2007, 420 [LS]). Die Fortdauer der Untersuchungshaft ist unverhältnismäßig, wenn für die Fertigstellung der Sitzungsniederschrift drei Wochen vergehen weil Korrekturen mit nicht weniger als 17 von 20 (!) verschiedene Urkundsbeamten abgeglichen werden müssen (OLG Hamburg StV 2015, 309 f. [der Justiz zuzurechnende Verzögerung durch Personalknappheit]; ähnlich OLG Hamburg StV 2015, 653 [LS; dort auch verzögerte Bearbeitung und Weiterleitung der Akten]). Das Vorliegen der schriftlichen Urteilsgründe ersetzt das Erfordernis der Neufassung des Haftbefehls grundsätzlich nicht (OLG Hamm StRR 2012, 317 [mit Anm. *Herrmann*]).

Die **Frist zur Absetzung des Urteils** gem. § 275 muss nicht ausgeschöpft werden. Wird sie überschritten, dann 31 ist dem absoluten Revisionsgrund des § 338 Nr. 7, 2. Alt. mit an Sicherheit grenzender Wahrscheinlichkeit Erfolg beschieden. Hierin liegt darüber hinaus auch eine unverhältnismäßige Verzögerung im Hinblick auf den Haftbefehl vor, er ist aufzuheben (OLG Naumburg StRR 208, 476 f. [m.Anm. *Burhoff*] = StV 2008, 589; OLG Naumburg StV 2008, 201; LG Koblenz StraFo 2006, 453 f.; s. hierzu auch *Burhoff*, Handbuch für das strafrechtliche Ermittlungsverfahren, Rn. 2347; *Herrmann*, Untersuchungshaft, Rn. 948; *Keller/Meyer-Mews* StraFo 2005, 353, 355 f.).

32 4. **Rechtsmittelverfahren.** Auch in den jeweiligen Rechtsmittelverfahren gilt der Grundsatz der Beschleunigung. Eine sorgfältige und zügige Bearbeitung ist auch dort angezeigt (KG StRR 2016, Nr. 1 und 2; OLG Frankfurt StraFo 2016, 105). Die Vorlage der Akten beim Rechtsmittelgericht darf nicht verzögert werden (KG StV 2007, 644; OLG Hamburg StV 2015, 653 [LS; dort auch verzögerte Bearbeitung und Weiterleitung der Akten]; OLG Oldenburg StraFo 2008, 118 f. = StRR 2008, 82 = StV 2008, 200 f.). Auch der weitere Verfahrensgang und die zeitlichen Abläufe dürfen nicht außer Acht bleiben (OLG Köln StraFo 2015, 353 ff. [Aufhebung des Haftbefehls bei Tatverdacht des Mordes nach 5 Jahren und 9 Monaten Untersuchungshaft bei nun erneutem Rücklauf aus der Revisionsinstanz, die über 14 Monate gedauert hat und eine Terminierung erst in über einem Jahr möglich sein wird]). Zum Ganzen s. auch *Schlothauer/Weider/Nobis*, Untersuchungshaft, Rn. 982 ff.

Für das Beschwerdeverfahren gilt: Die Vorlagefrist von drei Tagen im Rahmen der Haftbeschwerde nach § 306 ist zu beachten (OLG Naumburg NStZ-RR 2011, 123 = StraFo 2011, 464 = StRR 2011, 35 = StV 2011, 39). Eine Zurückverweisung der Sache durch das Beschwerdegericht soll wegen der damit einhergehenden Verzögerung regelmäßig nicht in Betracht kommen (KG StraFo 2015, 419 = StV 2016, 171). Das hängt aber sicher eher vom Einzelfall ab, denn Effizienz darf nicht vor Sachlichkeit gehen.

33 Eine rechtsstaatswidrige Verfahrensverzögerung kann sich auch aus dem **Rechtsmittelverfahren selbst** ergeben. Eine zögerliche Bearbeitung kann auch dort nicht hingenommen werden (BVerfG NStZ 2010, 258 f. = StraFo 2009, 375 ff. = StRR 2009, 358 [m.Anm. *Herrmann*] = StV 2009, 479 ff. [m.Anm. *Hagmann* StV 2009, 592 f.]); BVerfG NJW 2006, 1336 ff. = NStZ 2007, 81 f. = PA 2006, 108 f. = StraFo 2006, 196 f. = StV 2006, 248 ff.; s.a. BVerfG, JZ 2003, 999 ff. = NJW 2003, 2897 ff. = NStZ 2004, 335 ff. = wistra 2004, 15 ff.; BGH, NStZ 2001, 106 ff. = wistra 2000, 462 ff.; zur Erheblichkeit der Verzögerung s. *Pieroth/Hartmann* StV 2008, 276 ff.).

Der **2. und der 3. Strafsenat beim BGH** lehnen dies ab (BGH JZ 2006, 221 ff. = NJW 2006, 1529 ff. = NJW 2006, 1480 ff. = NStZ 2006, 346 ff. = StV 2006, 237 ff. [m.Anm. *Krehl* StV 2006, 407 ff.]; BGH NStZ-RR 2006, 177 f. = StV 2006, 241 f. = wistra 2006, 339 ff.). Die beiden Strafsenate widersprechen der Rspr. des BVerfG in der Sache selbst und meinen darüber hinaus, dass diese Rspr. die Strafsenate beim BGH nicht binde. Es liege keine hierfür erforderliche Senatsrechtsprechung vor (vgl. hierzu § 31 Abs. 1 BVerfGG; s. zum Ganzen *Gaede* HRRS 2005, 409 ff.; *Herrmann*, Untersuchungshaft, Rn. 957 ff.; *Strate* NJW 2006, 1480 ff.).

Der **2. Strafsenat beim BGH** nimmt zwar eine rechtsstaatswidrige Verfahrensverzögerung an, differenziert aber danach, ob der Verfahrensverstoß hinzunehmen sei oder im Licht der rechtsstaatlichen Gesamtverfahrensordnung schlechterdings nicht nachvollziehbar und als unvertretbarer Akt objektiver Willkür erscheine (BGH NStZ-RR 2006, 177 f. = StV 2006, 241 f. [m.Anm. *Krehl* StV 2006, 407 ff.] = wistra 2006, 339 ff.). Die Grenze zwischen einerseits noch vertretbaren und andererseits rechtsfehlerhaften Verfahrensentscheidungen sei selbst bei absoluten Revisionsgründen oft nicht leicht zu bestimmen und von einer Vielzahl tatsächlicher Umstände und wertenden Beurteilungen abhängig.

Bei dieser Diskussion darf nicht verkannt werden, dass die Rspr. des BVerfG in Einklang mit derjenigen des EGMR steht (zum Ganzen ausführlich *Strate* NJW 2006, 1480 ff.).

34 Eine Verzögerung kann auch angenommen werden, wenn sie darauf beruht, dass ein **Urteil wegen eines Verfahrensfehlers aufgehoben** werden musste (BVerfG NJW 2006, 672 ff. = NStZ 2006, 313 [m.Anm. *Schmidt*] = StraFo 2006, 68 [LS] = StV 2006, 73 ff.; a.A. BGH NJW 2006, 1529 ff. = NStZ 2006, 346 ff. = PA 2006, 87 f. = StV 2006, 237 ff. = ZIS 2006, 185 ff.; zum Ganzen auch *Krehl* StV 2006, 408 [abl.]); *Niemöller* DRiZ 2006, 229 ff. [krit.]; *Peglau* JuS 2006, 704 ff.; *Strate* NJW 2006, 1480 ff. [differenzierend]; s.a. OLG Koblenz StV 2006, 645). Maßgebend soll allein sein, ob der Rechts- oder Verfahrensfehler der Justiz oder dem Beschuldigten zuzurechnen ist, also in wessen Sphäre er liegt.

35 5. **Weitere verfahrensbezogene Aspekte.** Die Bearbeitung von **Kostenfestsetzungsanträgen** in Haftsachen ist entweder bis zur Entscheidung des Revisionsgerichts zurückzustellen oder sie hat in einem separaten Kostenheft zu erfolgen (OLG Saarbrücken NStZ 2007, 420 [LS] = StRR 2007, 45 [LS] = StV 2007, 365 f.). **Zustellungen** haben zügig und formal korrekt zu erfolgen.

36 6. **Verfahrensverzögerung und Verteidigung.** Das Recht eines Angeklagten, sich von einem Anwalt seiner Wahl und seines Vertrauens vertreten zu lassen, soll durch das Beschleunigungsgebot in Haftsachen begrenzt sein. Bei der Terminierung könne nicht jede Verhinderung eines Verteidigers berücksichtigt wer-

den. Die terminlichen Verhinderungen des Verteidigers können angesichts der wertsetzenden Bedeutung des Grundrechts der persönlichen Freiheit (Art. 2 Abs. 2 S. 2 GG) nur insoweit berücksichtigt werden, als dies nicht zu einer erheblichen Verzögerung des Verfahrens führt (OLG Bremen StV 2016, 508 ff.). Das kann aber wohl vornehmlich nur dann gelten, wenn weitere Beschuldigte (mit-)betroffen sind. Denn das Beschleunigungsgebot unterliegt in gewissem Umfang der **Dispositionsfreiheit des Beschuldigten** und seines Verteidigers (ausführlich hierzu mit vielen Nachweisen s. die Kommentierung unter § 112 Rdn. 140 [dort auch zur terminlichen Verhinderung des Wahlverteidigers]). Angekündigte Einlassungen des Beschuldigten sind abzuwarten, sofern dies im strafprozessual vorgesehenen Rahmen geschieht. Mögliche Verzögerungen des Verfahrens aufgrund der Wahrnehmung prozessualer Verteidigungsrechte, die ihre Ursache allein im Verantwortungsbereich des Beschuldigten haben, begründen einen Verstoß gegen das Beschleunigungsgebot und rechtfertigen eine Beendigung der Untersuchungshaft nur dann, wenn StA und Gericht ihrerseits hierauf nicht sachgerecht reagiert haben. Dann verlagert sich die Verantwortlichkeit für die Verfahrensverzögerung wieder in den Verantwortungsbereich der Justiz zurück (OLG Nürnberg StRR 2012, 113 f. [mit krit. Anm. *Lind*] = StV 2012, 422 = wistra 2011, 478 ff. [zu weitgehend und die extensive Verzögerung durch die Verteidigung nicht fürsorglich beschränkend!]).

7. **Kompensation von Verzögerungen.** Eine **Kompensation** zwischen einerseits verzögerten und andererseits beschleunigt geführten Verfahrensabschnitten findet nicht statt. Eine einmal eingetretene Verfahrensverzögerung kann nicht durch besonders schnelle Bearbeitung in anderen Bereichen beseitigt werden (ebenso: *Burhoff* Handbuch für das strafrechtliche Ermittlungsverfahren, Rn. 2346; *ders.* StraFo 2000, 109, 118 f.; *Herrmann*, Untersuchungshaft, Rn. 943 ff.; *ders.* in Anm. zu KG StRR 2014, 356 ff.; *Paeffgen* NJW 1990, 537 ff.; SK-StPO/*Paeffgen* § 121 Rn. 18; *Seebode* StV 1989, 118, 121; aus der Rspr.: BVerfG NJW 2006, 672 ff. = NStZ 2006, 313 [m.Anm. *Schmidt*] = StraFo 2006, 68 [LS] = StV 2006, 73 ff.; BVerfG NStZ 1995, 459; OLG Frankfurt NStZ-RR 1996, 268; OLG Hamm StV 2006, 191; StV 2000, 90; OLG München StraFo 2007, 465; OLG Naumburg StV 2008, 589; StraFo 2007, 506; a.A. und für eine Kompensation: KK/*Schultheis*, § 121 Rn. 22a; inzwischen umgeschwenkt: Meyer-Goßner/*Schmitt* § 121 Rn. 26 [der früher a.A. war, allerdings selbst schon zweifelte und davon ausging, dass diese Ansicht aufgrund der damaligen Rspr. des BVerfG »nicht mehr aufrecht zu erhalten sein« wird – 2017; nunmehr ebenfalls gegen Kompensation, 2019]; aus der Rspr.: BGH NStZ 2003, 384; OLG Brandenburg StraFo 2007, 199 f.; KG StV 2015, 36 ff. = StRR 2014, 3356 ff. [m.Anm. *Herrmann*]; OLG Jena NStZ 1997, 452; OLG Stuttgart Justiz 2001, 196). Der aus Art. 2 Abs. 2 Satz 2 GG resultierende und in Art. 5 Abs. 3 Satz 1 Hs. 2 EMRK ausdrücklich normierte Freiheitsanspruch des noch nicht verurteilten Beschuldigten ist nicht teilbar. Dies gilt auch für das darauf beruhende Beschleunigungsgebot. Eine a.A. wäre mit dem Wortlaut von § 121 und dem Sinn und Zweck der besonderen Haftprüfung durch das OLG nicht vereinbar (*Burhoff*, Handbuch für das strafrechtliche Ermittlungsverfahren, Rn. 2346; *ders.* StraFo 2000, 109, 118 f.; *Herrmann*, Untersuchungshaft, Rn. 943 ff., *ders.* in Anm. zu KG StRR 2014, 356 ff.). Dies bestätigt § 121 Abs. 1 StPO. Weder mit dessen Wortlaut noch mit Sinn und Zweck der besonderen Haftprüfung durch das OLG wäre eine Kompensation vereinbar (ebenso *Burhoff*, Handbuch für das strafrechtliche Ermittlungsverfahren, 2346; *ders.* StraFo 2000, 109, 118 f., *Herrmann*, Untersuchungshaft, Rn. 943 ff.; eine zusammenfassende Darstellung zum Meinungsstand findet sich bei *Herrmann* in Anm. zu KG StRR 2014, 356 ff.). 37

Die Lösung muss wohl in folgender Überlegung gesehen werden: Der aus Art. 2 Abs. 2 Satz 2 GG resultierende und in Art. 5 Abs. 3 Satz 1 Hs. 2 EMRK ausdrücklich normierte Freiheitsanspruch des noch nicht verurteilten Beschuldigten ist nicht teilbar. Dies gilt auch für das darauf beruhende Beschleunigungsgebot. Weder mit dem Wortlaut von § 121 Abs. 1 StPO noch mit Sinn und Zweck der besonderen Haftprüfung durch das OLG wäre eine Kompensation vereinbar (vgl. *Burhoff*, Handbuch für das strafrechtliche Ermittlungsverfahren, Rn. 2346 u. 2348; *ders.* StraFo 2000, 109, 118 f.; *Herrmann*, Untersuchungshaft, Rn. 943 ff.; *ders.* in Anm. zu KG StRR 2014, 356 ff.).

Die Rspr. des EGMR (vgl. hierzu nur EGMR Nr. 11364/03, Urteil der 5. Kammer v. 13.12.2007 [Mooren 38
v. Deutschland I] StRR 2008, 98 ff. [m.Anm. *D. Herrmann/J. Herrmann*] = StV 2008, 475; s.a. EGMR Nr. 11364/03, Urteil der Großen Kammer v. 09.07.2009 [Mooren v. Deutschland II] StraFo 2010, 63 = StRR 2009, 473 ff. [m.Anm. D. *Herrmann*] = StV 2010, 490 ff. [m.Anm. *Pauly*]) gebietet es, neben einem **Verstoß gegen das allgemeine Beschleunigungsgebot** nach Art. 6 Abs. 1 EMRK zusätzlich immer auch eine **Rechtsverletzung wegen überlanger Untersuchungshaft** nach Art. 5 Abs. 3 Satz 1 Hs. 2 EMRK zu erwägen. Bei konventionswidrigen Verfahrensverzögerungen ist eine einheitliche Kompensation auszusprechen. Sie muss eindeutig und messbar sein. Die praktische Umsetzung erfolgt über die **Vollstreckungslösung** (s. hierzu BGHSt 52, 124, 146 f. = EuGRZ 2008, 85 ff. = JA 2008, 474 f. = JR 2008, 212 ff. [m.Anm. *Kraatz* JR 2008, 189 ff.] = JZ 2008, 416 ff. = NJW 2008, 860 ff. [m.Anm. *Ignor/Bertheau* NJW 2008, 2209 ff.] =

NStZ 2008, 234 ff. [m.Anm. Bußmann] = PStR 2008, 75 ff. = RÜ 2008, 232 ff. = StraFo 2008, 106 ff. = StRR 2008, 107 [m.Anm. *Artkämper*] = StV 2008, 133 ff. = wistra 2008, 137 ff.; s.a. *Reichenbach* NStZ 2009, 120 ff.). Die Strafminderung ist nach § 51 Abs. 1 Satz 1 StGB grds. anzurechnen Ausnahmen sind in engen Grenzen denkbar.
Bei einer wegen schädlichen Neigungen verhängten Jugendstrafe darf eine Anrechnung bspw. nur erfolgen, wenn die Unterschreitung der zur Erziehung des Jugendlichen erforderlichen Strafdauer den Strafzweck als solchen nicht gefährdet (OLG Düsseldorf NStZ 2011, 525 ff.).

39 Eine Wiedergutmachung hat aber über die Minderung der Strafe hinaus zu erfolgen. Zivilrechtlich durchsetzbare Schadensersatzansprüche werden nicht berührt (BGH NStZ 2010, 229 f. = StV 2009, 692 f.; s. hierzu auch *Paeffgen* NStZ 2010, 257, 260).

40 Zur Kompensation konventionswidriger Verfahrensverzögerungen sowie der Vollstreckungslösung des Großen Senates in Strafsachen s.a. Einl. Rdn. 69 f. und Art. 6 EMRK Rdn. 94 ff.

41 **IV. Sonstiges.** Wird das Verfahren nicht beschleunigt betrieben, dann **muss der Haftbefehl aufgehoben werden** (BVerfG NJW 2006, 668 ff. = StV 2006, 87 [»44 mehr oder weniger nutzlos verstrichenen Hauptverhandlungstage im Laufe eines Jahres, Verfahrensabschluss völlig ungewiss«]; zum sog. Buckelwalbeschluss s.a. *Paeffgen* StraFo 2007, 442, 448 [dort Fn. 3] sowie *ders.* NStZ 2007, 79, 83 [dort Fn. 11] und dann erneut *ders.* NStZ 2008, 135, 143 [dort insb. Fn. 47] sowie krit. hierzu *Schmidt* NStZ 2006, 313, 314 f. [einzelfallspezifische Besonderheiten]).

42 Der **Verfahrensablauf der besonderen Haftprüfung** ist in § 122 geregelt. Das OLG prüft die allgemeinen Voraussetzungen der Untersuchungshaft (dringender Tatverdacht, Haftgründe, Verhältnismäßigkeit) von Amts wegen. Der Prüfkompetenz des OLG unterfällt z.B. auch die in § 72 Abs. 1 JGG geregelte Subsidiarität der Untersuchungshaft für Jugendliche (vgl. OLG Hamm NStZ 2010, 281 f. = StRR 2009, 235 [m.Anm. *Artkämper*]; OLG Zweibrücken StV 2002, 433; OLG Zweibrücken NStZ-RR 2001, 55 = StV 2001, 182 f.; s.a. Meyer-Goßner/*Schmitt* § 122 Rn. 13). Der Haftbefehl kann aufgehoben werden (vgl. hierzu § 120) oder ggf. außer Vollzug gesetzt werden (vgl. hierzu § 116). Das OLG kann eigene Ermittlungen anstellen, es gelten die Regeln des Freibeweisverfahrens (ebenso *Radtke/Hohmann/Tsambikakis*, StPO, § 121 Rn. 26).

43 **C. Berechnung der Sechs-Monats-Frist.** Der Lauf der **Frist beginnt** mit Erlass des Haftbefehls nach § 128 Abs. 2 Satz 2. Hierbei ist zu unterscheiden, ob der Beschuldigte aufgrund eines bestehenden Haftbefehls ergriffen oder nach vorläufiger Festnahme dem Gericht vorgeführt wurde und dieses dann einen Haftbefehl erlassen hat. Erfolgt die Festnahme auf der Basis eines bereits im Dezernatsweg erlassenen Haftbefehls, dann beginnt der Lauf der Frist mit dem Zeitpunkt der Festnahme. Die Zeit der vorläufigen Festnahme gem. § 127 soll hingegen unberücksichtigt bleiben. Dort wird erst der Tag des Beginns der Untersuchungshaft, also der richterlichen Anordnung, eingerechnet (*Burhoff*, Handbuch für das strafrechtliche Ermittlungsverfahren, Rn. Rn. 2359; Meyer-Goßner/*Schmitt* § 121 Rn. 4; *Schlothauer/Weider/Nobis*, Untersuchungshaft, Rn. 927 ff.; *Widmaier/König*, MAH Strafverteidigung, § 4 Rn. 239). Diese Unterscheidung ist inkonsequent (krit. hierzu schon *Deckers* StraFo 2009, 444, 446; *Herrmann* StraFo 2011, 133 ff.; ausführlich auch: *Schlothauer*, FS *Samson*, 2010, S. 709, 714 ff.; *Weider* StV 2010, 102, 104; s. hierzu auch LR/*Hilgers*, StPO, § 121 Rn. 13; *Jahn* in: FS *Rissing-van Saan*, 2011, S. 273, 275 ff. und S. 288 f.; LR/*Lüderssen*/*Jahn*, StPO, § 141 Rn. 24 f.; Meyer-Goßner/*Schmitt*, § 121 Rn. 4; s. hierzu bereits die Kommentierung zur unverzüglichen Beiordnung eines Pflichtverteidigers nach § 141 Abs. 3 Satz 4 i.V.m. § 140 Abs. 1 Nr. 4 StPO s. auch die Kommentierung Vor §§ 112 ff. Rdn. 50).

44 Bei der Berechnung der Sechs-Monats-Frist werden nur diejenigen Zeiten berücksichtigt, in denen sich der Beschuldigte aufgrund des Haftbefehls ständig **in Deutschland in Untersuchungshaft** befunden hat. Im Ausland vollzogene Auslieferungshaft ist unbeachtlich (*Burhoff*, Handbuch für das strafrechtliche Ermittlungsverfahren, Rn. 2360; *Herrmann*, Untersuchungshaft, Rn. 1145 ff.; Meyer-Goßner/*Schmitt* § 121 Rn. 5; *Schlothauer/Weider/Nobis*, Untersuchungshaft, Rn. 930 ff.; *Widmaier/König*, MAH Strafverteidigung, § 4, Rn. 239). Sie kann aber später auf eine Vollzugsstrafe angerechnet werden (vgl. § 51 Abs. 1 Satz 1 StGB bzw. § 450a; zum Verhältnis der beiden Normen zueinander s. *Fischer*, StGB, § 51 Rn. 8).

45 Wird während der Unterbrechung der Untersuchungshaft **Strafhaft** gem. § 122 StVollzG verbüßt und bleibt der Haftbefehl in Form von **Überhaft** bestehen, dann wird diese Zeit der Strafverbüßung nicht bei der Ermittlung der 6-Monats-Frist berücksichtigt. Auch Überhaft, die wegen eines vollzogenen Haftbefehls nach § 230 Abs. 2 in einem anderen Verfahren notiert ist, wird nicht berücksichtigt (KG NStZ-RR 1997, 75; zum Ganzen *Burhoff*, Handbuch für das strafrechtliche Ermittlungsverfahren, Rn. 2361; *Herrmann*, Untersuchungshaft, Rn. 1145 ff.; Meyer-Goßner/*Schmitt* § 121 Rn. 5 f.; *Widmaier/König*, MAH Strafverteidigung, § 4 Rn. 239). Dennoch gilt auch hier das **Beschleunigungsgebot in Haftsachen** (BVerfG StV 2006, 251; KG StV 2015, 37 f.; KG StraFo 2005, 422; OLG Frankfurt NStZ 1988, 90; OLG Hamm NStZ-RR

2012 = StRR 2012, 198 [auch wenn Überhaft nicht notiert wurde]; s. hierzu auch *Burhoff*, Handbuch für das strafrechtliche Ermittlungsverfahren, Rn. 2361).

Die Zeit, in der sich ein vom Vollzug der Untersuchungshaft verschonter **Heranwachsender in einer nicht geschlossenen Einrichtung** zur Haftvermeidung aufgehalten hat, ist nicht in die Sechs-Monats-Frist einzurechnen (OLG Köln NStZ-RR 2011, 121 f.). 46

Strittig ist die Frage der Berücksichtigung der Zeit einer **einstweiligen Unterbringung** entsprechend § 126a. Teilweise wird vertreten, dass deren Dauer auf die Sechs-Monats-Frist nach § 121 Abs. 1 nicht anzurechnen sei (OLG München NStZ-RR 2003, 366 f.; OLG Schleswig NStZ 2002, 220; ausführlich *Schlothauer/Weider/Nobis*, Untersuchungshaft, Rn. 934 f.), teilweise soll eine Anrechnung stattfinden (OLG Düsseldorf MDR 1994, 192 f.; OLG Nürnberg StV 1997, 537; Meyer-Goßner/*Schmitt* § 121 Rn. 6; s.a. *Schlothauer/Weider/Nobis*, Untersuchungshaft, Rn. 934 ff.). War der Beschuldigte nach § 10 Abs. 1 PsychKG NW in einem psychiatrischen Krankenhaus untergebracht und konnte der Haftbefehl deswegen nicht vollzogen werden, dann bleibt dieser Zeitraum bei der Berechnung der 6-Monats-Frist ebenfalls unberücksichtigt (OLG Düsseldorf NStZ 1996, 553; OLG Koblenz NStZ-RR 1998, 21). Dies gilt auch für eine Unterbringung nach § 81, wenn es sich nicht um eine Haftverschonung, sondern nur um eine Änderung des Verwahrungsortes handelt. Andernfalls erfolgt eine Anrechnung der dort verbrachten Zeiten (OLG Dresden StV 2002, 149 f.; ähnlich KG NStZ 1997, 148 f.; a.A. Meyer-Goßner/*Schmitt* § 121 Rn. 4; zum Ganzen auch *Burhoff*, Handbuch für das strafrechtliche Ermittlungsverfahren, 7. Aufl. 2015, Rn. 2195 f.; *Schlothauer/Weider/Nobis*, Untersuchungshaft, Rn. 934 ff.; *Widmaier/König*, MAH Strafverteidigung, § 4 Rn. 239). 47

Die **6-Monats-Frist endet** nach § 121 Abs. 3 mit der Vorlage der Akten beim zuständigen OLG. Zur Berechnung der Monatsfrist allgemein s. § 43 StPO.

Eine **verspätete Vorlage der Akten** soll kein Grund sein, den Haftbefehl aufzuheben (h.M.: OLG Hamm NJW 2007, 3220 f. = StRR 2007, 317 f. [m.Anm. *Burhoff*] – zur einstweiligen Unterbringung nach § 126a; NStZ-RR 2003, 143 f.; OLG Karlsruhe StraFo 2000, 276 = StV 2000, 513 ff.; LR/*Hilger*, StPO, § 121 Rn. 45; Meyer-Goßner/*Schmitt* § 121 Rn. 28; *Widmaier/König*, MAH Strafverteidigung, § 4 Rn. 240). Dies erscheint im Hinblick auf die verfassungsrechtliche Rspr. unangemessen. Denn der Beschuldigte hat die Verzögerung nicht zu vertreten (*Herrmann*, Untersuchungshaft, Rn. 1151; *Schlothauer/Weider/Nobis*, Untersuchungshaft, Rn. 928; krit. auch *Burhoff*, Handbuch für das strafrechtliche Ermittlungsverfahren, 7. Aufl. 2015, Rn. 2199). Gem. Art. 104 Abs. 1 Satz 1 GG darf die Freiheit der Person nur aufgrund eines förmlichen Gesetzes und nur unter Beachtung der darin vorgeschriebenen Form beschränkt werden. Verstöße gegen die Formen freiheitsbeschränkender Gesetze stellen stets auch eine Verletzung der Freiheit der Person selbst dar (BVerfG NStZ 2002, 157 ff. = StV 2001, 691 ff.; BVerfG NJW 2002, 3161 f.). Die verspätete Vorlage der Akten beim OLG betrifft nicht lediglich eine Formalie, sie muss konsequenterweise zur Aufhebung des Haftbefehls führen (*Hagmann* StV 2001, 693 [Anm. zu BVerfG StV 2001, 691 f.]). Folgt man dennoch der herrschenden Meinung, dann sind aber zumindest **erhöhte Anforderungen an die Prüfung der materiellen Voraussetzungen** der Haftfortdauer zu stellen (OLG Hamm StRR 2012, 317 ff. [m.Anm. *Herrmann*]; OLG Hamm NStZ-RR 2003, 143 f.; OLG Karlsruhe StV 2000, 513; ebenso Meyer-Goßner/*Schmitt* § 121 Rn. 28 a.E.). 48

Die 6-Monats-Frist bezieht sich auf **»dieselbe Tat«** i.S.d. § 264 (*Burhoff*, Handbuch für das strafrechtliche Ermittlungsverfahren, 7. Aufl. 2015, Rn. 2200 ff.; *Herrmann*, Untersuchungshaft, Rn. 1153 ff.; Meyer-Goßner/*Schmitt* § 121 Rn. 11; *Summa* NStZ 2002, 69 ff.; *Widmaier/König*, MAH Strafverteidigung, § 4 Rn. 241). Der Begriff der **Tatidentität** ist weit auszulegen. Berücksichtigungsfähig sind aber nur die im Haftbefehl genannten Taten (OLG Celle StraFo 2012, 138 f. = StRR 2012, 276 f. [m.Anm. *Herrmann*] = StV 2012, 421 f.; OLG Karlsruhe, StV 2004, 325; OLG München StraFo 2011, 394; *Burhoff*, Handbuch für das strafrechtliche Ermittlungsverfahren, 7. Aufl. 2015, Rn. 2200 ff.; Meyer-Goßner/*Schmitt* § 121 Rn. 11; *Schlothauer/Weider/Nobis*, Untersuchungshaft, Rn. 938 ff.). Hier ist von einem **erweiterten Tatbegriff** auszugehen. Der Tatbegriff bei § 121 StPO ist weiter zu fassen als die Tat i.S.v. § 264 StPO. Der Normzweck der Begrenzung der Untersuchungshaft wird dadurch effektiv gewährleistet, dass zum Tatbegriff alle Taten rechnen, die zum Zeitpunkt des Erlasses des vollzogenen Haftbefehls bekannt waren. Dadurch soll insb. auch eine Reservehaltung von Haftgründen oder Haftbefehlen zum Unterlaufen der Frist der besonderen Haftprüfung ausgeschlossen werden. Umfasst sind alle Taten von dem Zeitpunkt an, in dem sie als tatsächlich bekannt in den Haftbefehl hätten aufgenommen werden können (OLG Celle StraFo 2012, 138 f. = StRR 2012, 276 f. [m.Anm. *Herrmann*] = StV 2012, 421 f.; OLG Dresden StV 2009, 366; OLG Düsseldorf StV 2004, 496 ff.; OLG Hamburg StraFo 1998, 390 f.; OLG Hamm NStZ-RR 2002, 382; OLG Karlsruhe StV 2003, 517; OLG München StraFo 2011, 394; OLG Naumburg StraFo 2009, 148; OLG Nürnberg StV 2017, 457 f.; OLG Stuttgart StV 2008, 85; OLG Zweibrücken StV 1998, 556; LG Berlin StV 2008, 588; kontrovers zum Ganzen: OLG Koblenz NStZ-RR 2001, 152 = StV 2001, 298 ff. [weit] und OLG Koblenz NStZ 49

2002, 82 = NStZ-RR 2001, 124 = StV 2001, 297 f. [eng]; einschränkend *Schlothauer* StV 1999, 330 [Anm. zu OLG Jena StV 1999, 329 f.]; s. zum Ganzen auch *Burhoff*, Handbuch für das strafrechtliche Ermittlungsverfahren, 7. Aufl. 2015, Rn. 2194, 2195 ff.; Meyer-Goßner/*Schmitt* § 121 Rn. 11 ff.).

50 **Nach Erlass des Haftbefehls** bekannt gewordene Taten, die Gegenstand eines neuen oder eines erweiterten Haftbefehls werden, setzen keine neue 6-Monats-Frist in Lauf (OLG Düsseldorf StV 2004, 496 ff.; OLG Karlsruhe StV 2011, 293 f.; OLG Karlsruhe StV 2004, 325; OLG Saarbrücken StV 2016, 443 [LS]; s. hierzu auch Meyer-Goßner/*Schmitt* § 121 Rn. 11; *Schlothauer/Weider/Nobis*, Untersuchungshaft, Rn. 940).

51 Untersuchungshaft wegen **»derselben Tat«** i.S.d. § 121 Abs. 1 liegt nicht vor, wenn der Beschuldigte nach Außervollzugsetzung oder Aufhebung eines Haftbefehls wegen des Verdacht einer nach Entlassung aus der Untersuchungshaft begangenen (neuen) Straftat aufgrund eines (anderen) Haftbefehls in Untersuchungshaft genommen wird (OLG Celle StraFo 2012, 138 f. = StRR 2012, 276 f. [m.Anm. *Herrmann*] = StV 2012, 421 f.; OLG Naumburg NStZ 2005, 585). Haftzeiten aus verschiedenen Haftbefehlen werden, auch wenn eine Verbindung der Verfahren möglich ist, nicht zusammengerechnet (OLG Köln NStZ-RR 2001, 123; a.A. OLG Celle NStZ 1989, 243; OLG Schleswig StV 1983, 466; zum Ganzen auch *Burhoff*, Handbuch für das strafrechtliche Ermittlungsverfahren, 7. Aufl. 2015, Rn. 2200; Meyer-Goßner/*Schmitt* § 121 Rn. 11 ff.; *Schlothauer/Weider*, Untersuchungshaft, Rn. 917).

52 Umstritten ist, wie zu verfahren ist, wenn **Untersuchungshaft wegen mehrerer Taten vollzogen** wird und wegen einer davon ein Urteil ergeht (OLG Hamm NStZ 1985, 425; NStZ-RR 2002, 382; OLG Koblenz NStZ 1982, 343; OLG München NStZ 1986, 423; differenzierend OLG Saarbrücken NStZ 2004, 644; ausführlich hierzu *Burhoff* StraFo 2006, 56; s.a. *Schlothauer/Weider/Nobis*, Untersuchungshaft, Rn. 939).

53 Eine **Reserve-** oder **Vorratshaltung von Tatvorwürfen**, die den Erlass eines weiteren Haftbefehls ermöglichen könnten, ist unzulässig (OLG Dresden NJW 2010, 952 f. = NStZ 2010, 258 f. = StV 2009, 366 f. = StV 2009, 537 f. [die Entscheidung ist in StV zweimal abgedruckt]; OLG Düsseldorf StV 1996, 553; OLG Naumburg StraFo 2009, 148; s. zum Ganzen *Burhoff*, Handbuch für das strafrechtliche Ermittlungsverfahren, 7. Aufl. 2015, Rn. 2203; *ders.* StraFo 2000, 109, 116; *Fahl* ZIS 2009, 452 ff. [Anm. zu OLG Dresden, s.o.]; Meyer-Goßner/*Schmitt* § 121 Rn. 12; *Schlothauer/Weider/Nobis*, Untersuchungshaft, Rn. 940 ff.).

54 **Beginnt die Hauptverhandlung** vor Ablauf der Vorlagefrist beim OLG, dann ruht der Fristenlauf (OLG Dresden NStZ 2004, 644 [m. abl. Anm. *Wilhelm*]; OLG Hamburg StV 1994, 142 [m. abl. Anm. *Schlothauer*]; OLG Rostock NStZ-RR 2009, 20 [LS] = StRR 2008, 443 [LS]; Meyer-Goßner/*Schmitt* § 121 Rn. 31 f.; *Schlothauer/Weider/Nobis*, Untersuchungshaft, Rn. 946).

55 Werden die **Akten dem OLG vor Ablauf der Frist vorgelegt**, dann ruht der Fristenlauf (§ 121 Abs. 3 Satz 1). Dies gilt auch, wenn der Hauptverhandlung begonnen hat, bevor die Frist abgelaufen ist (§ 121 Abs. 3 Satz 2). Allerdings soll dies nicht gelten in Fällen unsachgemäßer oder zögerlicher Durchführung einer Hauptverhandlung, bei erkennbarer Verfahrensverschleppung oder bei willkürlicher Aussetzung der Hauptverhandlung (OLG Rostock NStZ-RR 2009, 20 [LS] = StRR 2008, 443 [LS]). Wird die Hauptverhandlung nachträglich ausgesetzt, dann entfällt die Ruhenswirkung. Die Akten sind dann unverzüglich dem OLG vorzulegen (§ 121 Abs. 3 Satz 3, s. hierzu OLG Rostock NStZ-RR 2009, 20 [LS] = StRR 2008, 443 [LS]).

56 Ist gegen den Angeklagten ein auf Freiheitsstrafe erkennendes **Urteil erster Instanz ergangen**, dann findet die besondere Haftprüfung durch das OLG nach § 121 auch dann nicht statt, wenn die erstinstanzliche Entscheidung durch das Berufungsgericht wegen fehlender örtlicher Zuständigkeit aufgehoben und die Sache an das zuständige Gericht zurückverwiesen worden ist (OLG Zweibrücken NStZ-RR 2010, 325 [LS]).

57 **D. »Wichtige Gründe« für die Fortdauer der Untersuchungshaft.** Die Fortdauer der Untersuchungshaft über 6 Monate hinaus ist nur zulässig, wenn die **besondere Schwierigkeit** oder der **besondere Umfang der Ermittlungen** oder ein **anderer wichtiger Grund** den Erlass eines Urteils noch nicht zulassen **und dies die Haftfortdauer rechtfertigt.** § 121 Abs. 1 ist ein Ausnahmetatbestand der eng auszulegen ist (BVerfG StRR 2008, 355 f. [m.Anm. *Herrmann*] = StV 2008, 421 ff.; NJW 2006, 672 ff. = NStZ 2006, 313 [m.Anm. *Schmidt*] = StraFo 2006, 68 [LS] = StV 2006, 73 ff.; Meyer-Goßner/*Schmitt* § 121 Rn. 17 ff.; *Schlothauer/Weider/Nobis*, Untersuchungshaft, Rn. 947 ff.).

58 Angesichts der in Art. 5 Abs. 3 Satz 2 MRK garantierten Beschleunigung des Verfahrens muss die Untersuchungshaft so kurz wie möglich gehalten werden (s.o.). Die Beschränkung der Freiheit des Beschuldigten durch die Haft darf nur restriktiv geschehen (BVerfGE 36, 264, 271 = DÖV 1974, 311 ff. = JZ 1974, 582 ff. = MDR 1974, 465 ff. = NJW 1974, 307 ff.; BVerfG NJW 2006, 672 ff. = NStZ 2006, 313 [m.Anm. *Schmidt*] = StraFo 2006, 68 [LS] = StV 2006, 73 ff.; *Burhoff*, Handbuch für das strafrechtliche Ermittlungsverfahren, 7. Aufl. 2015, Rn. 2206; Meyer-Goßner/*Schmitt* § 121 Rn. 17 ff.). Mit zunehmender Dauer des Verfahrens gewinnt der Beschleunigungsgrundsatz als Ausprägung des allgemeinen Verhältnismäßigkeitsgrundsatzes immer mehr an Gewicht (BVerfG NJW 2006, 672 ff. = NStZ 2006, 313 [m.Anm. *Schmidt*] =

StraFo 2006, 68 [LS] = StV 2006, 73 ff.; NJW 2005, 2612 [LS] = NStZ 2005, 456 ff.; OLG Düsseldorf StraFo 2003, 93; OLG Frankfurt StV 2006, 195; OLG Hamm StV 2006, 191; OLG Karlsruhe, NStZ 2001, 79). Damit einhergehend nimmt auch der Begründungszwang zu (zum verfassungsgerichtlichen Gebot der Begründungstiefe s. *Mayer/Hunsmann* NStZ 2015, 325 ff.).

Der **Gegenstand der Beurteilung**, ob besondere Schwierigkeiten oder der besondere Umfang der Ermittlungen 59 oder ein sonstiger wichtiger Grund i.S.d. § 121 StPO, sind nur diejenigen Taten, die im Haftbefehl aufgeführt sind und derentwegen die Untersuchungshaft vollzogen wird. Der mit den Akten vorgelegte Haftbefehl bleibt nach § 122 Abs. 1 StPO insb. auch dann alleiniger Prüfungsgegenstand, wenn der Haftbefehl auf weitere Taten hätte erweitert werden können, aber nicht erweitert worden ist (KG StV 2017, 458 f. [LS 3]).

Der **Maßstab für die Beurteilung** ist ein durchschnittliches Ermittlungsverfahren das üblicherweise unter Beachtung des Beschleunigungsgebotes im zeitlichen Rahmen von 6 Monaten durch ein Urteil erster Instanz abgeschlossen werden kann (AnwK-Uhaft/*König*, § 121 Rn. 10; Meyer-Goßner/*Schmitt* § 121 Rn. 17; KK/*Schultheis*, § 121 Rn. 14; *Schlothauer/Weider/Nobis*, Untersuchungshaft, Rn. 949). Ergänzend gelten auch hier die Überlegungen zum Beschleunigungsgebot in Haftsachen (s.o. die Kommentierung bei Rdn. 13 ff.).

Kumulativ zu den Aspekten der besonderen Schwierigkeit oder dem besonderen Umfang der Ermittlungen 60 oder einem anderen wichtigen Grund die den Erlass eines Urteils noch nicht zulassen muss dies zusätzlich die Haftfortdauer auch rechtfertigt. Es bedarf einer **doppelten Prüfung** in zwei Schritten: Zunächst sind auf der ersten Ebene Feststellungen zur besonderen Schwierigkeit und dem besonderen Umfang der Ermittlungen oder einem sonstigen wichtigen Grund für die Fortdauer der Untersuchungshaft zu prüfen. Dann ist in einem zweiten Schritt festzustellen, ob diese Gründe die Fortdauer der Untersuchungshaft im eigentlichen Sinn rechtfertigen (BVerfG NStZ-RR 2008, 18 ff. = StRR 2007, 117 f. [m.Anm. *Burhoff*] = StV 2007, 369, 370; NStZ-RR 2007, 311 f. = StraFo 2007, 152, 154 = StRR 2007, 36 f. [m.Anm. *Burhoff*] = StV 2007, 366, 368; StraFo 2006, 494, 495 = StV 2006, 703, 705; AnwK-Uhaft/*König*, § 121 StPO Rn. 9; *Schlothauer/Weider/Nobis*, Untersuchungshaft, Rn. 948).

Eine ausführliche Darstellung und umfangreiche Kommentierung zur Frage der **»besonderen Schwierigkeit«**, 61 dem **»besonderen Umfang«** sowie einem **»wichtigen Grundes«** sowie der Rechtfertigung Untersuchungshaft i.S.d. § 121 findet sich bei *Burhoff*, Handbuch für das strafrechtliche Ermittlungsverfahren, 7. Aufl. 2015, Rn. 2207 ff.; *Schlothauer/Weider/Nobis*, Untersuchungshaft, Rn. 947 ff. (mit einer Vielzahl praktischer Beispiele); *Widmaier/König*, MAH Strafverteidigung, § 4, Rn. 242 ff. An dieser Stelle ist zusammenfassend auf Folgendes hinzuweisen:

I. Besondere Schwierigkeit. Besondere Schwierigkeiten der Ermittlungen können sowohl in **tatsächlicher** als 62 auch in **rechtlicher Hinsicht** vorliegen. Oft stehen beide Aspekte in Beziehung zueinander. Ermittlungen sind bspw. besonders schwierig, wenn eine Vielzahl von Zeugen zu vernehmen ist, zeitaufwendige Ermittlungen im Ausland erforderlich sind oder zeitaufwendige Gutachten geholt werden müssen. Prozessual zulässiges Verhalten des Beschuldigten kann für die Beurteilung aber nicht herangezogen werden. Weder das Recht zu Schweigen (§ 136 Abs. 1 Satz 2) noch das Ergreifen von gesetzlich vorgesehenen Rechtsbehelfen machen die Ermittlungen umfangreich und schwierig. Andernfalls würde ein Beschuldigter, der auf den Nemo-tenetur-Grundsatz rekurriert oder seine Rechte sonst wahrnimmt, sich der Gefahr begeben, dafür länger inhaftiert zu sein. Ein gesetzlich zulässiges Verhalten kann und darf keine besondere Schwierigkeit der Sache begründen. Auch das sonstige **Prozessverhalten des Beschuldigten**, selbst wenn es rechtsmissbräuchlich sein sollte, stellt keine besondere Schwierigkeit i.S.d. § 121 dar (ebenso *Knauer* StraFo 2007, 309, 313; s.a. *Schlothauer/Weider/Nobis*, Untersuchungshaft, Rn. 967; a.A. Meyer-Goßner/*Schmitt* § 121 Rn. 17 und Rn. 21; *Widmaier/König*, MAH Strafverteidigung, § 4 Rn. 243; s.a. BVerfG NJW 2006, 677 ff. = NStZ 2006, 295 ff. = StV 2006, 81 ff.). Entscheidend kommt es darauf an, ob StA und Gericht alles Zumutbare getan haben, um unter Ausschöpfung der zur Verfügung stehenden Ressourcen das Verfahren zügig abzuschließen.

Besondere Schwierigkeiten der Ermittlungen wurden **verneint**: wenn andere Straftaten aufgeklärt werden 63 sollen, für die weder dringender Tatverdacht noch ein Haftbefehl besteht (OLG Frankfurt NStZ-RR 1996, 268), wenn ein Sachverständigengutachten nicht unverzüglich in Auftrag gegeben worden ist (OLG Hamm StV 1993, 205; OLG Jena StV 1998, 560), wenn die Einholung oder das Abwarten des Ergebnisses eines Gutachtens nicht zwingend notwendig war (OLG Oldenburg StV 1993, 429), wenn dem Gutachter keine Frist zur Erstattung seines Gutachtens gesetzt wurde (OLG Bremen StV 1997, 143), wenn ein überlasteter Sachverständige beauftragt wurde (SächsVerfGH StraFo 2004, 54; OLG Düsseldorf StV 1992, 484; OLG Stuttgart StV 2004, 498), wenn eine zügige Gutachtenerstellung nicht überwacht wurde (OLG Düsseldorf NJW 1996, 2588; OLG Zweibrücken NStZ 1994, 202).

64 **II. Besonderer Umfang der Ermittlungen.** Der **besondere Umfang der Ermittlungen** erklärt sich aus den tatsächlichen Gegebenheiten des jeweiligen Einzelfalles. Kann einer Verzögerung unter Ausschöpfung sämtlicher Ressourcen nicht begegnet werden, dann muss ggf. eine **Beschränkung** oder **Trennung des Verfahrens** erfolgen (KG StraFo 2009, 514; LR/*Hilger*, StPO, § 121 Rn. 30 f.; *Schlothauer/Weider/Nobis*, Untersuchungshaft, Rn. 958).

65 Der besondere Umfang der Ermittlungen wurde **verneint**: wenn dem durch den besonderen Umfang entstandenen Ermittlungsaufwand nicht rechtzeitig durch geeignete Maßnahmen begegnet wurde (vgl. *Burhoff*, Handbuch für das strafrechtliche Ermittlungsverfahren, 7. Aufl. 2015, Rn. 2213), bspw. durch vermehrten Personaleinsatz (BGHSt 38, 43 ff. = StV 1991, 475 [m.Anm. *Weider*]; KG StV 1992, 523; OLG Celle StV 2002, 150; OLG Düsseldorf StV 1990, 503; OLG Nürnberg StraFo 2008, 469), durch eine Beschränkung oder Trennung des Verfahrens (OLG Frankfurt StV 1995, 423; OLG Hamm StV 2000, 90).

66 **III. Anderer wichtiger Grund.** Ein **anderer wichtiger Grund für die Haftfortdauer** liegt vor, wenn er seiner Struktur nach mit der besonderen Schwierigkeit oder dem besonderen Umfang der Ermittlungen vergleichbar ist. Letztere sind Beispielsfälle eines wichtigen Grundes. Es handelt sich um eine Generalklausel die auslegungsbedürftig ist (*Schlothauer/Weider/Nobis*, Untersuchungshaft, Rn. 959 ff.). Entscheidend kommt es darauf an, dass sämtliche zumutbaren und möglichen Anstrengungen unternommen wurden, um das Verfahren innerhalb von 6 Monaten mit einem erstinstanzlichen Urteil abzuschließen. Dabei ist eine vorausschauende Planung geboten. Ein anderer wichtiger Grund liegt nur dann vor, wenn das Verfahren durch Umstände verzögert wird, denen die Strafverfolgungsbehörden und Gerichte durch geeignete Maßnahmen nicht haben entgegenwirken können (KG StV 2017, 458 f. [LS 1]).

67 Ein anderer wichtiger Grund wurde **verneint**: wenn Nachermittlungen in Form von Vernehmungen zahlreicher tatferner Zeugen nicht erforderlich waren, da der Beschuldigte bereits zu Beginn des Ermittlungsverfahrens ein glaubhaftes Geständnis abgelegt hatte (OLG Jena StV 1998, 141), wenn Nachermittlungen im Hinblick auf den hinreichenden Tatverdacht nicht durchgeführt wurden, sondern vornehmlich der zügigen Durchführung der Hauptverhandlung dienen sollten (OLG Hamburg StV 1996, 495), wenn zwischen dem Antrag der StA auf Vornahme einer Ermittlungshandlung (hier: richterliche Vernehmung) und deren Durchführung fast 6 Wochen liegen (OLG Hamm NJW 2004, 2540), wenn der Angeklagte weitere Taten zugegeben hat und insoweit Ermittlungen getätigt wurden, die vom Haftbefehl nicht umfasst waren (OLG Bamberg StraFo 2002, 396), wenn verzögert Anklage erhoben wurde (OLG Bremen StV 1992, 182; OLG Frankfurt StV 1995, 141; OLG Hamm StV 2000, 631), bei unterlassener Übersetzung der Anklageschrift (OLG Düsseldorf StV 1991, 222), bei Nichtzustellung der Anklageschrift und Nichteinhaltung der Ladungsfrist (OLG Oldenburg StV 2004, 498), wenn das Hauptverfahren verspätet eröffnet wurde (KG StV 1994, 90 [innerhalb eines Monats nach Anklageerhebung]; OLG Hamburg StV 1996, 495, 90 [innerhalb eines Monats nach Anklageerhebung]; OLG Hamm StV 2000, 90; OLG Koblenz StV 2003, 519, 90 [innerhalb von 4 Monaten nach Anklageerhebung]), wenn aufgrund eines Ladungsfehlers die Aussetzung der Hauptverhandlung erfolgt (OLG Bremen StV 2005, 445), bei einem Wechsel des Berichterstatters bzw. der gesamten Kammer, wenn der Verzögerung nicht durch zumutbare Maßnahmen entgegengewirkt worden ist (BVerfG NJW 1999, 2280 ff.).

68 **E. Weitergehende Überlegungen.** Die Anordnung der Fortdauer der Untersuchungshaft über die Dauer von 6 Monaten hinaus darf nur das OLG treffen (§ 121 Abs. 2 StPO). Das Verfahren richtet sich nach § 122.

69 **Grundlage der besonderen Haftprüfung** durch das OLG ist die zuletzt ergangene und prozessordnungsgemäß bekannt gemachte Haftentscheidung (vgl. OLG Koblenz NStZ 2009, 140 = NStZ-RR 2008, 92; OLG Koblenz NStZ-RR 2006, 143). Der Haftbefehl muss gem. § 115 StPO verkündet worden sein. Der Beschuldigte muss die Möglichkeit gehabt haben, sich zu den gegen ihn erhobenen Vorwürfen zu äußern (BVerfG NStZ 2002, 157 ff. = StV 2001, 691 ff.; s.a. *Schramm/Bernsmann* StV 2006, 442 ff. [keine ordnungsgemäße Verkündung durch den »Haftrichter ohne Akten« möglich]). Dies gilt ebenso, wenn der ursprüngliche Haftbefehl **erweitert** wurde (OLG Hamm StV 1998, 555; StV 1998, 273; OLG Oldenburg StraFo 2006, 410; OLG Stuttgart NStZ 2006, 588). Es bedarf einer **richterlichen Vernehmung** bzw. Anhörung des Beschuldigten. Die Übersendung der Haftentscheidung genügt nicht (Meyer-Goßner/*Schmitt* § 115 Rn. 11). Dies gilt auch bei Anklageerhebung, wenn der ursprüngliche Haftbefehl gem. § 207 Abs. 4 anzupassen ist, selbst wenn diese Anpassung nicht erfolgt (zum Ganzen *Burhoff* Handbuch für das strafrechtliche Ermittlungsverfahren, 7. Aufl. 2015, Rn. 2191).

70 Auf **Tatsachen**, die dem Beschuldigten oder dessen Verteidiger **unbekannt** sind, darf eine Entscheidung über Anordnung oder Fortdauer der Untersuchungshaft nicht gestützt werden (BT-Drs. 16/11644, S. 34). Insoweit ist ein verfassungsrechtliches Verwertungsverbot anerkannt (BVerfG NJW 1994, 3219, 3220 f.; ähnlich OLG Brandenburg OLGSt § 114 StPO Nr. 1; OLG Hamm StV 2002, 318 [2. Strafsenat; m. zust. Anm.

Deckers]; a.A. OLG Hamm wistra 2008, 195 [3. Strafsenat; nach der Änderung von § 147 Abs. 2 Satz 2 aber so nicht mehr haltbar]; LG Magdeburg StV 2004, 327; AG Halberstadt StV 2004, 549; s. zum Ganzen auch *Burhoff*, Handbuch für das strafrechtliche Ermittlungsverfahren, 7. Aufl. 2015, Rn. 3704 f.; *ders.* StRR 2013, 328, 332; *Herrmann*, Untersuchungshaft, Rn. 360 ff.; Meyer-Goßner/*Schmitt* § 147 Rn. 25a; *Schlothauer* StV 2001, 195 f.; *Weider* StV 2010, 102, 105 f.).

Das OLG prüft auch die formellen Voraussetzungen der Untersuchungshaft, der Haftbefehl muss den Anforderungen des § 114 entsprechen. Ist dies nicht der Fall, dann ist der Haftbefehl aufzuheben. Eine **Kompetenz zur Nachbesserung** steht dem OLG nicht zu (OLG Celle StV 2005, 513 f.; OLG Koblenz NStZ-RR 2008, 92 [LS]; OLG Oldenburg StraFo 2006, 410; OLG Oldenburg NStZ 2005, 342; s.a. *Burhoff* StraFo 2000, 110; Meyer-Goßner/*Schmitt* § 122 Rn. 13 und § 125 Rn. 2; a.A. Kaiser NJW 1966, 436 ff.; *Schnarr* MDR 1990, 93 ff.). **Strittig** ist, ob bei Mängeln nach § 114 der Haftbefehl aufzuheben ist (so OLG Celle StV 2005, 513 f.; OLG Oldenburg NStZ 2005, 342 ff. = StV 2005, 226) oder an das zuständige Ausgangsgericht zurückzuverweisen ist (so OLG Stuttgart Justiz 2002, 248; s. hierzu auch die Kommentierung bei § 122 Rdn. 20). 71

Hat das OLG den Haftbefehl wegen des Fehlens eines wichtigen Grundes aufgehoben, dann darf vor Erlass eines Urteils **kein neuer Haftbefehl wegen derselben Tat** gegen den Beschuldigten erlassen werden (OLG Düsseldorf StV 1996, 493; StV 1993, 376; OLG Hamm, StV 1996, 159; OLG München, StV 1996, 676). Dies gilt auch dann, wenn neue Tatsachen die Annahme bestätigen, der Beschuldigte wirke nach seiner Haftentlassung unlauter auf Zeugen ein, um die Tataufklärung zu erschweren (OLG Zweibrücken, NJW 1996, 3222). 72

Das OLG ist **schon vor Ablauf der weiteren Prüfungsfrist** nach § 122 Abs. 4 Satz 2 befugt, einen Haftbefehl wegen Verstoßes gegen das Beschleunigungsgebot aufzuheben, wenn die Voraussetzungen des § 121 Abs. 1 bereits mit Vorlage der Akten nicht mehr vorliegen (OLG Nürnberg StRR 2010, 443 [LS] = StV 2011, 294 f.). 73

Für **Staatsschutzsachen** gem. § 74a GVG enthält § 121 Abs. 4 besondere Zuständigkeitsregeln. Es kommt auf den Gegenstand des Verfahrens an, nicht auf den im Haftbefehl angenommenen Tatverdacht (BGHSt 28, 355 ff. = NJW 1979, 1419 ff.; Meyer-Goßner/*Schmitt* § 122 Rn. 33). 74

§ 122 Besondere Haftprüfung durch das Oberlandesgericht

(1) In den Fällen des § 121 legt das zuständige Gericht die Akten durch Vermittlung der Staatsanwaltschaft dem Oberlandesgericht zur Entscheidung vor, wenn es die Fortdauer der Untersuchungshaft für erforderlich hält oder die Staatsanwaltschaft es beantragt.

(2) [1]Vor der Entscheidung sind der Beschuldigte und der Verteidiger zu hören. [2]Das Oberlandesgericht kann über die Fortdauer der Untersuchungshaft nach mündlicher Verhandlung entscheiden; geschieht dies, so gilt § 118a entsprechend.

(3) [1]Ordnet das Oberlandesgericht die Fortdauer der Untersuchungshaft an, so gilt § 114 Abs. 2 Nr. 4 entsprechend. [2]Für die weitere Haftprüfung (§ 117 Abs. 1) ist das Oberlandesgericht zuständig, bis ein Urteil ergeht, das auf Freiheitsstrafe oder eine freiheitsentziehende Maßregel der Besserung und Sicherung erkennt. [3]Es kann die Haftprüfung dem Gericht, das nach den allgemeinen Vorschriften dafür zuständig ist, für die Zeit von jeweils höchstens drei Monaten übertragen. [4]In den Fällen des § 118 Abs. 1 entscheidet das Oberlandesgericht über einen Antrag auf mündliche Verhandlung nach seinem Ermessen.

(4) [1]Die Prüfung der Voraussetzungen nach § 121 Abs. 1 ist auch im weiteren Verfahren dem Oberlandesgericht vorbehalten. [2]Die Prüfung muß jeweils spätestens nach drei Monaten wiederholt werden.

(5) Das Oberlandesgericht kann den Vollzug des Haftbefehls nach § 116 aussetzen.

(6) Sind in derselben Sache mehrere Beschuldigte in Untersuchungshaft, so kann das Oberlandesgericht über die Fortdauer der Untersuchungshaft auch solcher Beschuldigter entscheiden, für die es nach § 121 und den vorstehenden Vorschriften noch nicht zuständig wäre.

(7) Ist der Bundesgerichtshof zur Entscheidung zuständig, so tritt dieser an die Stelle des Oberlandesgerichts.

Übersicht

1 **A. Allgemeines.** In § 122 sind die verfahrensrechtlichen Vorgaben der besonderen Haftprüfung nach § 121 geregelt. Die Norm ist das Pendant zu § 121 (AnwK-Uhaft/*König*, § 122 Rn. 1).

2 Das besondere *Haftprüfungsverfahren* nach den §§ 121, 122 setzt voraus, dass sich der **Haftbefehl in Vollzug** befindet. Wird die Untersuchungshaft zum Zwecke der Strafvollstreckung unterbrochen oder kann sie sonst nicht vollstreckt werden, dann finden die §§ 121, 122 keine Anwendung (AnwK-StPO/*Krause*, § 122 Rn 2; Meyer-Goßner/*Schmitt* § 122 Rn. 2; KK/*Schultheis*, § 122 Rn. 1). Eine Prüfung durch das OLG kommt ausnahmsweise auch dann in Betracht, wenn auf Haftbeschwerde der StA hin die erneute Invollzugsetzung des Haftbefehls in Erwägung gezogen wird (OLG Schleswig MDR 1983, 71) oder unmittelbar bevorsteht (OLG Karlsruhe Justiz 1978, 475; zum Ganzen s.a. Meyer-Goßner/*Schmitt* § 122 Rn. 2; SK-StPO/*Paeffgen* § 122 Rn. 1; KK/*Schultheis*, § 122 Rn. 1 a.E.).

3 Der **Gegenstand der Beurteilung**, ob besondere Schwierigkeiten oder der besondere Umfang der Ermittlungen oder ein sonstiger wichtiger Grund i.S.d. § 121 StPO, sind nur diejenigen Taten, die im Haftbefehl aufgeführt sind und derentwegen die Untersuchungshaft vollzogen wird. Der mit den Akten vorgelegte Haftbefehl bleibt nach § 122 Abs. 1 StPO insb. auch dann alleiniger Prüfungsgegenstand, wenn der Haftbefehl auf weitere Taten hätte erweitert werden können, aber nicht erweitert worden ist (KG StV 2017, 458 f. [LS 3]). Zuständig für die Vorlage der Akten ist das Haftgericht gem. § 126. Teilweise wird vertreten, dass auch das Beschwerdegericht zur Vorlage verpflichtet ist, sofern zum Zeitpunkt der Sechs-Monats-Prüfung eine Haftbeschwerde anhängig ist (AnwK-Uhaft/*König*, § 122 StPO Rn. 1; LR/*Hilger* § 122 Rn. 6). Nach a.A. soll das Haftgericht im zeitlich engen Zusammenhang mit der besonderen Haftprüfung nach § 121 die Akten nicht dem Beschwerdegericht zur Prüfung der Haftbeschwerde, sondern unmittelbar dem OLG zur Durchführung der besonderen Haftprüfung vorzulegen haben (Meyer-Goßner/*Schmitt* § 122 Rn. 3).

4 **B. Regelungsgehalt und Verfahrensgang. I. Vorgeschaltete Prüfung durch das Haftgericht.** Die **Rechte und Pflichten des zur Vorlage verpflichteten Gerichts** sind umstritten. Es soll dazu berechtigt sein zu prüfen, ob der Haftbefehl gem. § 120 aufgehoben oder gem. § 116 außer Vollzug zu setzen ist (LR/*Hilger* § 122 Rn. 15; AnwK-Uhaft/*König*, § 122 StPO Rn. 2; Meyer-Goßner/*Schmitt* § 122 Rn. 27; KK/*Schultheis*, § 122 Rn. 2). Hilft das Ausgangsgericht nicht ab, dann sind die Akten dem zuständigen Strafsenat beim OLG vorzulegen. Das Haftgericht hat hier eine **negative Entscheidungskompetenz.** Kommt es bereits selbst zu dem Ergebnis, dass weder die besondere Schwierigkeit oder der besondere Umfang der Ermittlungen noch ein anderer wichtiger Grund die Fortdauer der Untersuchungshaft rechtfertigen und wird der Beschuldigte deshalb haftverschont, dann bedarf es keiner Vorlage der Akten mehr. Nach **a.A.** steht dem OLG das alleinige Entscheidungsrecht zu. Die Akten sind dann in jedem Fall vorlegen. Dies soll sich aus dem Wortlaut des § 122 Abs. 4 ergeben; »*auch*« dort soll die Prüfung ausschließlich dem OLG vorbehalten sein (zum Ganzen: LR/*Hilger* § 122 Rn. 56; *Klein* HRRS 2006, 71 ff.; SK-StPO/*Paeffgen*, § 122 Rn. 2 sowie § 121 Rn. 21; *Schnarr* MDR 1990, 92 f. [Anm. zu OLG Köln JMBl NW 1986, 22]; KK/*Schultheis*, § 122 Rn. 2).

5 Aus **Sinn und Zweck der besonderen Haftprüfung** ergibt sich, dass bereits dem Haftgericht das Recht zur Entscheidung zusteht. Der Verhältnismäßigkeitsgrundsatz und einhergehend damit auch das Beschleunigungsgebot in Haftsachen sind während des gesamten Verfahrens von Amts wegen zu beachten. Diese Verpflichtung trifft die StA und das jeweilige Haft- oder auch Beschwerdegericht. Das OLG soll dann, nach Ablauf von 6 Monaten, eine zusätzliche kritische Prüfung vornehmen. Die weitere Anordnung der Untersuchungshaft hat dann das übergeordnete Gericht zu entscheiden. Die Einschaltung des OLG soll nur einen ungerechtfertigt langen Vollzug unterbinden, sodass der zuständige Haftrichter weiter befugt bleibt, Maßnahmen zu treffen, die den Vollzug der Untersuchungshaft beenden. Für eine negative Entscheidungskompetenz des Haft- oder Beschwerdegerichts spricht auch eine teleologische Auslegung. Nach § 121 Abs. 2 ist der Haftbefehl aufzuheben, wenn er nicht außer Vollzug gesetzt wird oder das OLG die Fortdauer der Untersuchungshaft anordnet. § 122 Abs. 1 ordnet eine Vorlage der Akten aber nur an, wenn das Haftgericht in den Fällen des § 121 Abs. 1 die Untersuchungshaft für erforderlich hält. Es hat also zunächst diese besonderen Voraussetzungen selbst zu prüfen (ausführlich zum Ganzen *Klein* HRRS 2006, 71 ff.). Eine zwingende Vorlage der Akten an das OLG würde i.Ü. auch das Risiko einer unnötigen Verlängerung der Untersuchungshaft bergen.

Denn die Vorlegung dauert in der Praxis regelmäßig etwa zwischen 2 und 4 Wochen (zur Vermittlung der Vorlage ausführlich s.u., Rdn. 8 ff.).

Beantragt die StA die Vorlage der Akten beim OLG, dann muss das Haftgericht die Akte vorlegen (vgl. § 122 Abs. 1 a.E.). Zum umgekehrten Fall eines Antrages auf Aufhebung des Haftbefehls nach § 120 Abs. 3 s. die Kommentierung bei § 120 Rdn. 23 ff. 6

Das OLG kann über die Fortdauer der Untersuchungshaft auch entscheiden, wenn die Akten aus einem anderen Grund vorgelegt werden. Die Wirkungen der Untersuchungshaft sind derart einschneidend, dass jederzeit eine Überprüfung und Änderung der Entscheidung möglich sein muss (OLG Düsseldorf StV 1991, 222; OLG Naumburg StraFo 2009, 148, Meyer-Goßner/*Schmitt* § 122 Rn. 1; *Radtke/Hohmann/Tsambikakis*, StPO, § 122 Rn. 2). 7

II. Aktenvorlage nach § 122 Abs. 1 StPO. I.R.d. besonderen Haftprüfung nach § 121 werden die Akten vom zuständigen Gericht durch Vermittlung der StA über die Generalstaatsanwaltschaft dem zuständigen Strafsenat beim OLG vorgelegt (§ 122 Abs. 1). Lässt sich die Frist zur Vorlage nicht anders einhalten, dann kann die Vorlage der Akten auch direkt an das OLG erfolgen (AnwK-Uhaft/*König*, § 122 StPO Rn. 3 a.E.; Meyer-Goßner/*Schmitt* § 122 Rn. 6). 8

Die Akten sind **unverzüglich vorzulegen**. Die Vorlage muss rechtzeitig vor Ablauf der Frist des § 121 Abs. 1 erfolgen. Sie soll aber auch nicht zu früh veranlasst werden, das Ermittlungsverfahren ist weiter zu betreiben (vgl. hierzu die Richtlinien und Hinweise für die Bearbeitung von Haftsachen bei der StA Brandenburg, Rundverfügung des Generalstaatsanwaltes des Landes Brandenburg v. 05.03.1997 [422–2], StV 1997, 553 f.; s.a. Nr. 53 Abs. 1 RiStBV). Andernfalls ruht der Fristenlauf nicht. 9

Die Vorlage lediglich eines **Haftbandes** soll genügen, wenn dadurch die Prüfung durch das OLG ermöglicht wird (Meyer-Goßner/*Schmitt* § 122 Rn. 4). Das erscheint bedenklich. Ebenso wie beim umfassenden Recht auf Akteneinsicht (ausführlich hierzu Vor §§ 112 ff. Rdn. 59 ff.) muss auch hier eine uneingeschränkte Prüfung ermöglicht werden. Weder die Ermittlungsbehörden noch das Haftgericht dürfen einseitig bestimmen, was sie zu den (Haft-) Akten nehmen und was sie weglassen. Über aktuelle Ermittlungsergebnisse sind der Beschuldigte und die Verteidigung unaufgefordert zu informieren (BGH B. v. 10.05.2017 – 1 StR 147/17). Das muss ebenso auch gegenüber dem OLG gelten. Andernfalls würde immer nur eine zusammenfassende Darstellung nebst Schlussfolgerungen zur Verfügung gestellt. Dies würde einer subjektiv geprägten einseitigen Aktenführung Tür und Tor öffnen und die Pflicht zur Aktenvorlage unzulässig verkürzen. Einem solchen Vorgehen könnten inquisitorische Züge nicht völlig abgesprochen werden. Nur eine umfassende Aktenvorlage eröffnet dem OLG die Möglichkeit, die Haftfrage umfassend zu prüfen und richtig zu entscheiden. Zweit- oder Doppelakten sind sowieso vorzuhalten. Warum deshalb die Vorlage von Aktenauszügen genügen soll, erschließt sich nicht (vgl. hierzu BVerfG StV 1999, 162; OLG Düsseldorf StV 2001, 695; Meyer-Goßner/*Schmitt* § 121 Rn. 23; s.a. die Kommentierung bei § 121 Rdn. 21). 10

Da das OLG im Verfahren nach den §§ 121, 122 nicht berechtigt ist, den Haftbefehl von sich aus zu ergänzen oder umzustellen, hat die StA im Vorgriff auf die Vorlage der Akten rechtzeitig darauf hinzuwirken, dass der Haftbefehl den ggf. veränderten Ermittlungsergebnissen angepasst wird. Nach Eröffnung des Hauptverfahrens erfolgt dies ebenfalls, durch das Haftgericht (vgl. auch § 207 Abs. 4). 11

Der **Vorlagebericht der StA** soll den Sachverhalt zusammenfassend darstellen. Er muss die Förderung der Ermittlungen erkennen lassen. Der Verteidiger hat Anspruch auf Kenntnis von eingeholten dienstlichen Stellungnahmen, bspw. zu Besetzungsfragen, zu Entlastungsmaßnahmen oder auch zur Auslastung der zuständigen Strafkammer (AnwK-Uhaft/*König*, § 122 StPO Rn. 5). Er sollte hierzu auch selbst recherchieren. Die Generalstaatsanwaltschaft hat ein Anhörungsrecht (vgl. § 33 Abs. 2), meist gibt sie mit der Vorlage der Akten eine eigene Stellungnahme ab, oft unter Bezugnahme auf den Bericht der StA. 12

III. Anhörung des Beschuldigten und seines Verteidigers, § 122 Abs. 2 Satz 1. Vor einer Entscheidung durch das OLG sind dem **Beschuldigten und seinem Verteidiger rechtliches Gehör** zu gewähren (§ 122 Abs. 2). Das Anhörungsrecht ist hier umfassender ausgestaltet als bei § 33 Abs. 3 (LR/*Hilger* § 122 Rn. 21 [Sonderregel]; *Schlothauer/Weider/Nobis*, Untersuchungshaft, Rn. 972). Verteidiger und Beschuldigter müssen sich nicht lediglich zu den Tatsachen und Beweisergebnissen äußern können, sondern auch zu den im Gesetz genannten wertenden Erwägungen, von denen die Haftentscheidung abhängt. Krit. zu würdigen sind die »besondere Schwierigkeit«, der »besondere Umfang der Ermittlungen«, ein »anderer wichtiger Grund« sowie die Frage der »Rechtfertigung der Fortdauer der Untersuchungshaft« (vgl. LR/*Hilger* § 122 Rn. 21; *Schlothauer/Weider/Nobis*, Untersuchungshaft, Rn. 972). 13

Dem Verteidiger sind die **Stellungnahmen der StA** und der **Generalstaatsanwaltschaft** zuzuleiten. Ihm wird eine Frist zur Erwiderung eingeräumt. Dies geschieht wegen der Eilbedürftigkeit regelmäßig durch die Generalstaatsanwaltschaft, einhergehend mit der Vorlage der Akten; dies kann aber auch durch den Straf- 14 senat veranlasst werden. Die Frist ist meist kurz bemessen, kann aber auf Antrag verlängert werden. Das Beschleunigungsgebot in Haftsachen gilt auch hier.

15 Teilweise wird vertreten, dass eine Stellungnahme der Generalstaatsanwaltschaft dem Beschuldigten und seinem Verteidiger nur dann mitgeteilt werden müsse, wenn neue Tatsachen oder Beweismittel geltend gemacht werden und das Gericht sie zum Nachteil des Beschuldigten verwerten will (AnwK-Uhaft/*König*, § 122 StPO Rn. 5; Meyer-Goßner/*Schmitt* § 122 Rn. 9; *Münchhalffen/Gatzweiler*, Untersuchungshaft, Rn. 507; KK/*Schultheis*, § 122 Rn. 7; **a.A.** *Burhoff*, Handbuch für das strafrechtliche Ermittlungsverfahren, 7. Aufl. 2015, Rn. 2189; *Herrmann*, Untersuchungshaft, Rn. 1168; LR/*Hilger* § 121 Rn. 22; *Schlothauer/Weider/Nobis*, Untersuchungshaft, Rn. 971). Eine solche Ansicht überzeugt nicht (ebenso AnwK-Uhaft/*König*, § 122 StPO Rn. 5 a.E.). Denn dies bedeutet eine Beschränkung der Verteidigungsrechte des Beschuldigten und kann so nicht hingenommen werden. Ob die Stellungnahme bedeutsam ist und hierauf repliziert werden soll, müssen der Beschuldigte und sein Verteidiger entscheiden. Dies ist aber nur möglich, wenn sie davon Kenntnis erlangen (ebenso *Burhoff*, Handbuch für das strafrechtliche Ermittlungsverfahren, 7. Aufl. 2015, Rn. 3713; LR/*Hilger* § 121 Rn. 22; *Schlothauer/Weider/Nobis*, Untersuchungshaft, Rn. 972). Der Grundsatz des fair trial gebietet eine umfassende Bekanntgabe sämtlicher Stellungnahmen.

16 Bei **Fristversäumung** besteht keine Möglichkeit der Wiedereinsetzung in den vorherigen Stand. Eine Nachholung rechtlichen Gehörs kann aber über § 33a erfolgen (*Herrmann*, Untersuchungshaft, Rn. 1170 a.E.; *Schlothauer/Weider/Nobis*, Untersuchungshaft, Rn. 971). Hierbei kann aber nicht übersehen werden, dass der Fristablauf des § 121 für sämtliche Verfahrensbeteiligten nicht überraschend kommt, sondern lang vorher absehbar war (*Herrmann*, Untersuchungshaft, Rn. 1170).

17 **IV. Entscheidung nach mündlicher Verhandlung, § 122 Abs. 2 Satz 2 StPO.** Auf Antrag eines Verfahrensbeteiligten kann über die Haftfortdauer nach **mündlicher Verhandlung** entschieden werden. Ein Anspruch hierauf besteht nicht. Das OLG hat die Möglichkeit einer mündlichen Erörterung nach pflichtgemäßem Ermessen zu beurteilen. Findet eine mündliche Verhandlung statt, dann richtet sich diese nach § 118a (vgl. § 122 Abs. 2 Satz 2; s. hierzu auch die Kommentierung bei § 118a Rdn. 2 ff.).

18 **V. Prüfung und Entscheidung durch das OLG, § 122 Abs. 3 Satz 1, Abs. 5.** Das OLG hat das Vorliegen sämtlicher **formeller** (OLG Stuttgart Justiz 2002, 248) und **materieller Voraussetzungen** des Haftbefehls zu prüfen.

19 **1. Eigene Ermittlungen durch das OLG.** Der Strafsenat kann **eigene Ermittlungen** durchführen. Von Interesse sind insb. Fragen des Verfahrensfortganges, bspw. warum das Urteil bisher noch nicht verkündet werden konnte, welche Verfahrensverzögerungen festzustellen und welche künftig noch zu erwarten sind. Eigene Feststellungen sind aber nicht auf Fragen zur Beschleunigung des Verfahrens beschränkt, es kann umfassend recherchiert werden. Es gilt das **Freibeweisverfahren**. In der Praxis sind Anfragen bei den mit der Sache befassten Verfahrensbeteiligten aber auch dem jeweiligen Gerichtspräsidenten oder Abteilungs- oder Behördenleiter möglich (s.a. *Schlothauer/Weider/Nobis*, Untersuchungshaft, Rn. 972). Zur Gewährung rechtlichen Gehörs s.o., Rdn. 13.

20 **2. Prüfkompetenz des OLG.** Die Fortdauer der Untersuchungshaft darf nur angeordnet werden, wenn sämtliche allgemeinen Voraussetzungen (dringender Tatverdacht, Haftgrund, Verhältnismäßigkeit) bestehen und sich auch sonst nicht ergibt, dass die weitere Untersuchungshaft zu der Bedeutung der Sache und zu der zu erwartenden Strafe oder Maßregel der Besserung und Sicherung außer Verhältnis steht. I.R.d. **formellen Prüfung** sind bspw. Begründungsmängel i.S.v. § 114 zu prüfen (BVerfG NStZ 2002, 157; OLG Celle StV 2005, 513 f.; OLG Karlsruhe StV 2002, 149; OLG Hamm StV 2000, 153; OLG Koblenz NStZ-RR 2006, 143 [LS]; OLG Oldenburg StraFo 2006, 282 f.; NStZ 2005, 342 = StraFo 2005, 112 [LS] = StV 2005, 226; s.a. OLG Koblenz bei *Paeffgen* NStZ 2007, 144; zum Ganzen auch LR/*Hilger* § 122 Rn. 25; *Mayer/Hunsmann* NStZ 2015, 325 ff.). Ein **Nachbesserungsrecht** steht dem OLG hier nicht zu. Die Akten können auch nicht an das zuständige Haftgericht zur Nachbesserung des Haftbefehls zurückgeben werden (a.A. OLG Stuttgart Justiz 2002, 248). Das OLG muss selbst nach den §§ 121, 122 entscheiden (s. zum Ganzen OLG Celle StV 2005, 513 f.; OLG Koblenz NStZ-RR 2008, 92 [LS]; OLG Oldenburg StraFo 2006, 410; NStZ 2005, 342; s.a. *Burhoff* StraFo 2000, 110; Meyer-Goßner/*Schmitt* § 122 Rn. 13 und § 125 Rn. 2; a.A. *Kaiser* NJW 1966, 436 ff.; *Schnarr* MDR 1990, 93 ff.; s. hierzu auch § 121 Rdn. 71). Kommt das OLG i.R.d. **materiellen Prüfung** zu dem Ergebnis, dass nach § 120 Abs. 1 Satz 1 zu verfahren ist, dann hebt es den Haftbefehl unmittelbar auf (ausführlich hierzu § 120 Rdn. 7 ff.). Dann bedarf es keines förmlichen Verfahrens mehr nach § 122 Abs. 2. Liegen die Voraussetzungen des § 121 Abs. 1 vor, dann kann das OLG den Haftbefehl auch selbst außer Vollzug setzen (OLG Hamm StV 2000, 631; OLG Karlsruhe NStZ 2001, 79). Es bedarf einer **doppelten Prüfung**, zum einen hinsichtlich der Feststellung zu besonderer Schwierig-

keit und besonderem Umfang des Verfahrens und zum anderen dann hinsichtlich der Rechtfertigung der Fortdauer der Untersuchungshaft im eigentlichen Sinn (s. hierzu bereits § 121 Rdn. 60; s.a. BVerfG NStZ-RR 2008, 18 ff. = StRR 2007, 117 f. [m.Anm. *Burhoff*] = StV 2007, 369, 370; NStZ-RR 2007, 311 f. = StraFo 2007, 152, 154 = StRR 2007, 36 f. [m.Anm. *Burhoff*] = StV 2007, 366, 368; BVerfG StraFo 2006, 494, 495 = StV 2006, 703, 705; AnwK-Uhaft/*König*, § 121 StPO Rn. 9; *Schlothauer/Weider/Nobis*, Untersuchungshaft, Rn. 948).

3. Entscheidung durch Beschluss. Das OLG entscheidet durch Beschluss. Dieser ist zu begründen (zum verfassungsgerichtlichen Gebot der Begründungstiefe s. *Mayer/Hunsmann* NStZ 2015, 325 ff.). Eine bloße Bezugnahme auf frühere Entscheidungen oder floskelhafte Leerformeln genügt aber nicht (BVerfG NStZ 2009, 134 f. = StRR 2008, 355 f. [m.Anm. *Herrmann*] = StV 2008, 421 ff.; BVerfG NStZ-RR 2008, 18 ff. = StRR 2007, 117 f. [m.Anm. *Burhoff*] = StV 2007, 369 f.; BVerfG StV 2006, 251, 252; BVerfG NStZ 2004, 82 f. = StV 2003, 30 f.; BVerfG NStZ 2002, 100 = StV 2001, 694 f. [»beim gegenwärtigen Ermittlungsstand« unzureichend]; BVerfG NJW 2000, 1401 f. = StV 2000, 321 f.; BVerfG NStZ-RR 1999, 12 ff.; SächsVerfGH StraFo 2004, 54; SächsVerfGH StraFo 2003, 238 f.; s. auch *Mayer/Hunsmann* NStZ 2015, 325 ff.; **a.A.** Meyer-Goßner/*Schmitt* § 122 Rn. 16 [Bezugnahme auf Anklageschrift oder Haftbefehl zulässig]). Die Voraussetzungen des § 121 sind darzustellen. An die Begründung sind höhere Anforderungen als an eine den Rechtsweg abschließende Entscheidung zu stellen. Denn das OLG nimmt i.R.d. besonderen Haftprüfung nach den §§ 121, 122 eine nur ihm vorbehaltene eigene Sachprüfung vor und entscheidet zugleich erst- und letztinstanzlich. Die Begründung muss sich deshalb insb. auch mit dem dringenden Tatverdacht sowie den Haftgründen auseinandersetzen (BVerfG NStZ 2002, 100 = StV 2002, 694 f.; *Mayer/Hunsmann* NStZ 2015, 325 ff.; *Widmaier/König*, MAH Strafverteidigung, § 4 Rn. 251; *Paeffgen* NStZ 2003, 76, 82). Darüber hinaus sind Ausführungen zu den Voraussetzungen des § 121 Abs. 1, eine Abwägung zwischen einerseits dem Freiheitsgrundrecht des Beschuldigten und andererseits dem Strafverfolgungsinteresse sowie zur Frage der Verhältnismäßigkeit geboten. Die Begründung hat sich jeweils an der aktuellen Sach- und Rechtslage zu orientieren. Denn die maßgeblichen Umstände können sich seit der letzten Haftentscheidung geändert oder jedenfalls ihre Wertigkeit verschoben haben (EGMR NJW 2003, 1439 ff. [Erdem v. BRD]; BVerfG StRR 2008, 355 f. [m.Anm. *Herrmann*] = StV 2008, 421 ff.; BVerfG NStZ-RR 2008, 18 ff. = StRR 2007, 117 f. [m.Anm. *Burhoff*] = StV 2007, 369 ff.; BVerfG StraFo 2007, 18 ff. = StV 2007, 254 ff.; BVerfG NJW 2006, 1336 ff. = NStZ 2007, 81 f. = StraFo 2006, 196 f. = StV 2006, 248 ff.; BVerfG StV 2006, 251 ff.; BVerfG NJW 2000, 1401 f. = StV 2000, 321 f.; SächsVerfGH StraFo 2003, 238 f.; s.a. *Burhoff*, Handbuch für das strafrechtliche Ermittlungsverfahren, 7. Aufl. 2015, Rn. 3713 a.E.). Der Beschluss ist formlos bekannt zu machen (§ 35 Abs. 2 Satz 2 StPO). 21

4. Zeitpunkt der Entscheidung. Der Zeitpunkt der Entscheidung muss nicht exakt mit dem Ablauf der Sechs-Monats-Frist zusammenfallen. Das OLG kann die Haftfortdauer oder die Aufhebung oder Außervollzugsetzung des Haftbefehls bereits vor Ablauf der Frist anordnen (KG StraFo 2006, 283 = StV 2006, 253, 256 a.E. [zwei Tage vor Fristablauf]; OLG Hamburg NJW 1968, 1535 [drei Wochen vor Fristablauf]; AnwK-StPO/*Krause*, § 122 Rn. 9; LR/*Hilger* § 122 Rn. 29 f. [einige Tage vor Fristende]; KK/*Schultheis*, § 121 Rn. 27 [kurz vor Ablauf der Sechsmonatsfrist]; Meyer-Goßner/*Schmitt* § 122 Rn. 14 [einige Tage vor Ablauf der Frist]). Problematisch ist aber, wie lang vorher eine solche Entscheidung ergehen darf. Der Ausnahmecharakter von § 121 und der besondere Prüfumfang legen nahe, dass die Entscheidung i.R.d. besonderen Haftprüfung nur zeitnah zum Fristende ergehen kann. Allerdings kann das OLG grds. auch schon vorher berufen sein, dann aber als Gericht der weiteren Beschwerde, sofern der Weg der Haftbeschwerde gewählt wurde. Für eine strikte Beachtung der jeweiligen Verfahrenssituation und damit eine enge Auslegung sprechen dogmatische Überlegungen. Ohne weitere Haftbeschwerde wäre dann nur das Haftgericht ermächtigt, schon vorher eine Entscheidung zu treffen. Für eine weite Auslegung hingegen sprechen Effizienzgesichtspunkte. Kann das OLG i.R.d. zu treffenden Prognose absolut sicher entscheiden, dass die Untersuchungshaft nach Ablauf der Sechs-Monats-Frist entweder weiter gerechtfertigt und auch erforderlich ist oder dies eben nicht ist, dann wird man ihm i.R.d. §§ 121, 122 die Entscheidung schon früher hinzunehmen haben. Der Instanzenzug der Haftbeschwerde darf hierbei aber nicht verloren gehen. Entscheidend kommt es auf den Einzelfall an (s. hierzu auch LR/*Hilger* § 122 Rn. 29 f. [insgesamt jedoch enger]). 22

5. Rechtschutz gegen den Beschluss des OLG. Gegen den Beschluss des OLG ist ein **ordentlicher Rechtsbehelf ausgeschlossen** (§ 304 Abs. 4 Satz 2 Hs. 1). Gegen einen Haftfortdauerbeschluss besteht aber die Möglichkeit der Verfassungsbeschwerde (BVerfG NJW 2000, 1401 f. = StV 2000, 321 f. [dort ausführlich zum Fortsetzungsfeststellungsinteresse sowie zur Verpflichtung einer qualifizierten Begründung]; ausführlich zur Verfassungsbeschwerde gegen Haftfortdauerbeschlüsse *Bleckmann* NJW 1995, 2192 ff.). Die Erfolgs- 23 aussichten scheinen je nach Einzelfall aussichtsreich (*Herrmann*, Untersuchungshaft, Rn. 1172; *Schlothauer/Weider/Nobis*, Untersuchungshaft, Rn. 978 [mit Verweis auf Rn. 838 ff.]). Insb. das Beschleunigungsgebot in Haftsachen hat eine Vielzahl von höchstrichterlichen Entscheidungen gebracht (ausführlich hierzu die Kommentierung bei § 120 Rdn. 17 ff.).

24 **6. Sonstiges.** Durch die Entscheidung des OLG werden eine Haftbeschwerde oder ein Haftprüfungsantrag gegenstandslos. Sie sind zur Klarstellung für erledigt zu erklären (*Burhoff*, Handbuch für das strafrechtliche Ermittlungsverfahren, Rn. 2390 a.E.; Meyer-Goßner/*Schmitt* § 122 Rn. 18).

Der **Umfang der Bindungswirkung einer Entscheidung** des OLG ist differenziert zu sehen:

– Die Änderung der einmal getroffenen **Entscheidung nach den §§ 121, 122 selbst** ist nicht möglich. Wurde die Untersuchungshaft für unzulässig erklärt, und der Haftbefehl aufgehoben, dann ist diese Entscheidung bindend. Dies gilt selbst dann, wenn ein neuer Haftgrund eintritt. Denn Sinn und Zweck des Haftprüfungsverfahrens durch das OLG wären konterkariert, wenn der wegen eines Verstoßes gegen das Beschleunigungsgebot aufgehobene Haftbefehl aufgrund nachträglich zusätzlich eingetretener oder verstärkter Haftgründe ersetzt werden könnte (OLG Celle StV 2002, 556; OLG Düsseldorf StV 1996, 493; OLG Düsseldorf StV 1993, 376; OLG Hamm StV 1996, 159; OLG München StV 1996, 676; OLG Zweibrücken StV 1996, 494). Teilweise wird aber vertreten, dass die Sperrwirkung nicht greife und ein neuer Haftbefehl wegen derselben Tat ausnahmsweise doch zulässig sein soll, wenn sich die Verfahrenslage geändert hat und zusätzliche Tatsachen eine besonders schwerwiegende Gefährdung des öffentlichen Interesses an der vollständigen Aufklärung der Tat und der raschen Bestrafung der Täter begründen. Dies sei vom Einzelfall abhängig (vgl. BVerfG MDR 1967, 463; OLG Celle NJW 1973, 1988; OLG Frankfurt StV 1985, 196 [m. abl. Anm. *Wendisch*]; OLG Hamburg MDR 1994, 84 = JR 1995, 72 ff. [m. abl. Anm. *Paeffgen*] = StV 1994, 142 ff. [m. abl. Anm. *Schlothauer*]; KK/*Schultheis*, § 121 Rn. 131). Eine solche Ansicht ist formal und dogmatisch abzulehnen (ausführlich *Schlothauer* StV 1994, 142 ff. [Anm. zu OLG Hamburg]). Die besondere Entscheidungskompetenz des OLG ist bindend (vgl. LR/*Hilger* § 121 Rn. 47 und § 122 Rn. 38 f.; Meyer-Goßner/*Schmitt* § 122 Rn. 19; KK/*Schultheis*, § 122 Rn. 31).
– Wurde der Haftbefehl hingegen nach den **allgemeinen Regeln aufgehoben oder außer Vollzug gesetzt** (vgl. § 120 Abs. 1 Satz 1), dann ist das jeweils zuständige Haftgericht nach den §§ 125, 126 an die Entscheidung des OLG nicht gebunden (vgl. LR/*Hilger* § 121 Rn. 47 und § 122 Rn. 38 f.; Meyer-Goßner/*Schmitt* § 122 Rn. 19; *Schlothauer/Weider/Nobis*, Untersuchungshaft, Rn. 1269; KK/*Schultheis*, § 122 Rn. 31).
– Die **erneute Invollzugsetzung eines einmal außer Vollzug gesetzten Haftbefehls** ist nur unter den (engen) Voraussetzungen des § 116 Abs. 4 möglich (ausführlich hierzu § 116 Rdn. 52 ff.; BVerfG Kriminalistik 2008, 257 ff. [m.Anm. *Fehn*] = NStZ 2008, 138 = NStZ-RR 2007, 379 ff. = StRR 2007, 275 f. [m.Anm. *Burhoff*] = StV 2008, 25 f. = wistra 2007, 417 ff.; NStZ 2007, 83 f. = StraFo 2005, 502 f. = StV 2006, 26 ff. = wistra 2006, 57 ff.; KG StraFo 1997, 27 f.; OLG Dresden StV 2010, 29 f.; OLG Düsseldorf NStZ-RR 2002, 125 = StraFo 2002, 142 = StV 2002, 207; s.a. KK/*Schultheis*, § 122 Rn. 31; Meyer-Goßner/*Schmitt* § 122 Rn. 19; LR/*Hilger* § 121 Rn. 47 und § 122 Rn. 38 f.).

25 Für einen **Haftbefehl nach § 230 Abs. 2** gelten diese Überlegungen nicht. Die Entscheidung basiert dort nicht auf den Voraussetzungen der §§ 112 ff., sondern sie ergeht wegen des Ungehorsams des Angeklagten (KG StV 1983, 111, 112 [a.E.]; KK/*Schultheis*, § 122 Rn. 31; Meyer-Goßner/*Schmitt* § 122 Rn. 20).

26 Nach **Erlass eines Urteils** entfällt die formelle Sperrwirkung der Haftentscheidung des OLG nach den §§ 121, 122 (OLG Düsseldorf StV 1994, 147). Die besondere Haftprüfung durch das OLG nach den §§ 121, 122 bezieht sich nur auf den Verfahrensabschnitt bis zum Zeitpunkt des Erlasses eines auf Freiheitsstrafe oder eine andere freiheitsentziehende Maßregel der Besserung und Sicherung erkennenden Urteils. Der Wortlaut des § 121 Abs. 1 Hs. 1 ist eindeutig, er steht i.Ü. in Einklang mit Art. 5 Abs. 3 Satz 2 EMRK (OLG Düsseldorf StV 1993, 376; LR/*Hilger* § 122 Rn. 40; *Schlothauer/Weider/Nobis*, Untersuchungshaft, Rn. 1272).

Zur Frage der Ablehnung eines Richters wegen der **Besorgnis der Befangenheit** bei Vorbefassung im Hauptverfahren s. OLG Bremen NStZ 1990, 96 f.

27 **VI. Fortdauer der Untersuchungshaft nach Ablauf von 6 Monaten, § 122 Abs. 3 und 4.** Ordnet das OLG die Haftfortdauer an, dann obliegt ihm entsprechend § 122 Abs. 3 Satz 2 die **weitere Haftprüfung nach § 117 Abs. 1** bis ein auf Freiheitsstrafe oder eine andere freiheitsentziehende Maßregel der Besserung und Sicherung erkennendes Urteil ergeht. Sie hat alle 3 Monate stattzufinden. Die Frist beginnt mit dem Erlass des Beschlusses in der jeweils vorangehenden Haftprüfung, vorher ruht der dortige Fristenlauf (vgl. § 121 Abs. 3 Satz 1). Der Fristenlauf ruht auch während der Hauptverhandlung (§ 121 Abs. 3 Satz 2; s. hierzu OLG Düsseldorf NStZ 1992, 402 f.). Über einen Antrag auf mündliche Haftprüfung entscheidet das OLG nach seinem Ermessen (§ 122 Abs. 3 Satz 4). Die Prüfung findet hier nicht von Amts wegen statt, sondern

erst nach Vorlage durch das Haftgericht. Die Haftprüfung kann für die Dauer von drei Monaten dem nach den allgemeinen Regeln (§§ 125, 126) zuständigen Haftgericht übertragen (§ 122 Abs. 3 Satz 3). Eine solche Delegation ist in der Praxis die Regel. Das Haftgericht hat die Voraussetzungen des § 121 Abs. 1 aber nicht zu prüfen (§ 122 Abs. 4 Satz 1), i.Ü. kann es aber nach den allgemeinen Regeln frei entscheiden und den Haftbefehl nach § 120 Abs. 1 aufheben oder nach § 116 außer Vollzug setzen (s. zum Ganzen AnwK-Uhaft/*König*, § 122 StPO Rn. 15; Meyer-Goßner/*Schmitt* § 122 Rn. 21 ff.).

Die Prüfung durch das OLG muss spätestens nach **Ablauf von drei weiteren Monaten** wiederholt werden (§ 122 Abs. 4 Satz 2). Für diese Haftprüfungen gelten die vorangehenden Ausführungen entsprechend. Hierbei ist aber zu berücksichtigen, dass an die wichtigen Gründe für die Fortdauer der Untersuchungshaft umso strengere Anforderungen zu stellen sind je länger die Untersuchungshaft bereits andauert (BVerfG NJW 2006, 672 ff. = NStZ 2006, 313 [m.Anm. *Schmidt*] = StraFo 2006, 68 [LS] = StV 2006, 73 ff.; BVerfG NJW 2005, 3485 ff. = NStZ 2006, 47 ff. = NStZ 2006, 143 f. = StraFo 2005, 456 ff. = StV 2005, 615 ff.; NJW 2005, 2612 [LS] = NStZ 2005, 456 ff. [m.Anm. *Foth*] = PA 2005, 142 f. = Polizei 2005, 176 f. = StraFo 2005, 152 ff. = StV 2005, 220 ff. [m.Anm. *Krehl* StV 2005, 561 f.]; NJW 2000, 1401 f. = StV 2000, 321 f.; KG bei *Paeffgen* NStZ 2001, 71, 77 f.; OLG Brandenburg StV 2000, 37 f.; OLG Hamm, StV 2006, 191; s.a. LR/*Hilger* § 121 Rn. 29; *Schlothauer/Weider/Nobis*, Untersuchungshaft, Rn. 976). I.Ü. sind auch hier die Vorgaben des Beschleunigungsgebotes in Haftsachen zu beachten (ausführlich hierzu s. die Kommentierung bei § 120 Rdn. 17). 28

VII. Besondere Haftprüfung bei mehreren Beschuldigten, § 122 Abs. 6. Sind in einem Verfahren **mehrere Beschuldigte in Untersuchungshaft**, dann kann das OLG über die Fortdauer der Untersuchungshaft einheitlich entscheiden, auch wenn die Sechs-Monats-Frist noch nicht für alle eine besondere Haftprüfung vorschreibt. Der Fristenlauf soll vereinheitlicht und das Verfahren effizienter gestaltet werden (AnwK-Uhaft/*König*, § 122 StPO Rn. 16; Meyer-Goßner/*Schmitt* § 122 Rn. 24). Zur Entscheidungskompetenz vor Fristablauf s.o. Rdn. 20 (s. hierzu auch LR/*Hilger* § 122 Rn. 42, 43 f.). Zum Zeitpunkt der einheitlichen Entscheidung muss aber bereits beurteilt werden können, ob für den jeweiligen Mitbeschuldigten die Voraussetzungen einer Verlängerung der Untersuchungshaft im Zeitpunkt des dortigen Fristablaufes vorliegen werden. 29

VIII. Zuständigkeit des BGH, § 122 Abs. 7. Ist die Sache gem. § 120 GVG in erster Instanz beim OLG anhängig (Staatsschutzsachen), dann entscheidet über die besondere Haftprüfung der BGH (§ 122 Abs. 7 i.V.m. § 121 Abs. 4 Satz 2). Die Wortwahl »zuständig« ist missverständlich und i.S.v. »berufen« zu verstehen (LR/*Hilger* § 122 Rn. 46). 30

§ 122a Höchstdauer der Untersuchungshaft bei Wiederholungsgefahr

In den Fällen des § 121 Abs. 1 darf der Vollzug der Haft nicht länger als ein Jahr aufrechterhalten werden, wenn sie auf den Haftgrund des § 112a gestützt ist.

§ 122a stellt eine **Sonderregel** zu den §§ 121 Abs. 1 und 122 Abs. 4 Satz 2 dar (vgl. hierzu die Kommentierung bei § 112a Rdn. 24; LR/*Hilger* § 122a Rn. 2 [Modifikation]). Abweichend von den dortigen Vorgaben darf Untersuchungshaft bei der ausschließlichen Annahme des Haftgrundes der Wiederholungsgefahr nach § 112a bei derselben Tat (vgl. hierzu die Kommentierung bei § 121 Rdn. 49) **nicht länger als ein Jahr** dauern. 1

Es handelt sich um die einzige Vorschrift in der StPO, die eine konkrete Höchstdauer der Untersuchungshaft nennt. **Sinn und Zweck** der Regelung sind die Begrenzung der Untersuchungshaft auf eine absolute Obergrenze. Aus der Gesetzesbegründung ist zu entnehmen, dass hier schnellstmöglich eine Klärung des die Untersuchungshaft auslösenden dringenden Tatverdachts angezeigt sei (BT-Drs. VI. 3248, S. 4; ausführlich hierzu LR/*Hilger* § 122a Rn. 4). Dies gilt aber wohl für sämtliche Untersuchungshaftsachen. Diskutiert wird auch, ob im Gesetzgebungsverfahren den Kritikern der Vorschrift des § 112a entgegengekommen werden sollte und deshalb eine zeitliche Obergrenze normiert wurde, wobei aber auch die Jahresfrist als *»zu großzügig bemessen«* abgelehnt wurde (BT-Drs. VI. 3248, S. 7; s.a. LR/*Hilger* § 122a Rn. 5; SK-StPO/*Paeffgen*, § 122a Rn. 1). 2

Schon vor Ablauf der Jahresfrist ist der Grundsatz der Verhältnismäßigkeit zu beachten. Der Haftbefehl kann jederzeit entsprechend § 120 Abs. 1 aufgehoben oder nach § 116 Abs. 1 bis 3 außer Vollzug gesetzt werden. Nach Fristablauf verliert er automatisch seine Wirkung. Der **Haftbefehl ist zwingend aufzuheben**. Die gesetzlichen Vorgaben sind eindeutig und einer Auslegung nicht zugänglich; anders als bei § 121 bedarf es keiner wertenden Betrachtung. Eine Außervollzugsetzung des Haftbefehls genügt nicht den gesetzlichen Vorgaben und ist nach Ablauf der Jahresfrist unzulässig (Meyer-Goßner/*Schmitt* § 122a Rn. 1; *Schlothauer/Weider/Nobis*, Untersuchungshaft, Rn. 997 a.E.). Der entsprechende Beschluss hat nur deklaratorische Bedeutung. 3

Er ist nicht Voraussetzung für eine Haftentlassung. Liegt keine Anordnung durch das OLG vor, dann hat das zuständige Haftgericht zu entscheiden.

4 Während der Dauer der Hauptverhandlung ruht der Fristlauf (vgl. § 121 Abs. 3 Satz 2 und 3; s. hierzu LR/*Hilger* § 122a Rn. 10; Meyer-Goßner/*Schmitt* § 122a Rn. 2; SK-StPO/*Paeffgen*, § 122a Rn. 3; KK-*Schultheis*, StPO, § 122a Rn. 3).

5 Das Gericht der besonderen Haftprüfung soll spätestens bei der zweiten besonderen Haftprüfung, also nach neun Monaten, gem. den §§ 121, 122 den **Zeitpunkt für eine Entlassung aus der Untersuchungshaft festsetzen.** Ein solches Vorgehen ist zulässig.

6 Von der Aufhebung des Haftbefehls soll nur abgesehen werden können, wenn der Haftbefehl auf **einen anderen Haftgrund umgestellt** wird (Meyer-Goßner/*Schmitt* § 122a Rn. 1). Ein solches Vorgehen ist wegen des Ausnahmecharakters der Sonderregel des § 122a zwar konsequent, erscheint ansonsten aber bedenklich. Denn grds. müssen schon von vornherein sämtliche Haftgründe im Haftbefehl genannt werden (s. hierzu bereits § 114 Rdn. 22 ff.). Deshalb ist zu prüfen, ob der neue bzw. angepasste Haftbefehl überhaupt Bestand haben kann oder wegen eines Verstoßes gegen § 114 Abs. 2 Nr. 3 aufzuheben ist. Praktisch relevant werden kann dieser Fall unter Beachtung der gesetzlichen Vorgaben wohl nur bei einer Flucht aus der Untersuchungshaft und der dann denkbaren Umstellung des Haftbefehls wegen Wiederholungsgefahr auf den Haftgrund der Flucht nach § 112 Abs. 2 Nr. 1. Denn andernfalls, d.h. aus einem anderen Grund, hätte der Haftbefehl gar nicht erlassen werden dürfen. Wurde der Haftbefehl unter Verstoß gegen die Subsidiarität nach § 112a Abs. 2 dennoch auch auf einen anderen Haftgrund gestützt, dann findet § 122a keine Anwendung (Meyer-Goßner/*Schmitt* § 122a Rn. 1; KK-*Schultheis*, § 122a Rn. 2).

7 Die **Frist berechnet** sich anhand der tatsächlich wegen des Haftgrundes der Wiederholungsgefahr vollzogenen Untersuchungshaft in derselben Sache. Sämtliche Haftzeiten vor und nach einer eventuellen Unterbrechung der Untersuchungshaft werden zusammengerechnet. Auf den Grund der Haftunterbrechung kommt es nicht an (LR/*Hilger* § 122a Rn. 9).

8 Bestehen mehrere Haftbefehle aufgrund von Wiederholungsgefahr nach § 112a wegen **verschiedener Taten**, dann gilt die Jahresfrist für jeden Fall jeweils gesondert und ist individuell zu berechnen.
Das **Verfahren** der besonderen Haftprüfung richtet sich auch hier nach § 122. Die Sonderregel des § 122a ist ergänzend zu beachten.
Ausführlich zur Sicherungshaft selbst s. die Kommentierung bei § 112a.

§ 123 Aufhebung der Vollzugsaussetzung dienender Maßnahmen

(1) Eine Maßnahme, die der Aussetzung des Haftvollzugs dient (§ 116), ist aufzuheben, wenn
1. der Haftbefehl aufgehoben wird oder
2. die Untersuchungshaft oder die erkannte Freiheitsstrafe oder freiheitsentziehende Maßregel der Besserung und Sicherung vollzogen wird.
(2) Unter denselben Voraussetzungen wird eine noch nicht verfallene Sicherheit frei.
(3) Wer für den Beschuldigten Sicherheit geleistet hat, kann deren Freigabe dadurch erlangen, daß er entweder binnen einer vom Gericht zu bestimmenden Frist die Gestellung des Beschuldigten bewirkt oder die Tatsachen, die den Verdacht einer vom Beschuldigten beabsichtigten Flucht begründen, so rechtzeitig mitteilt, daß der Beschuldigte verhaftet werden kann.

Übersicht

1 **A. Allgemeines.** Nach Abschluss der Untersuchungshaft sind Sicherungsmaßnahmen, die nach § 116 Abs. 1 bis 3 angeordnet wurden, aufzuheben und evtl. hinterlegte Sicherheiten freizugeben. Dies geschieht nicht von selbst, wenn der Rechtsgrund hierfür entfällt. Vielmehr bedarf es eines Beschlusses durch das zuständige Haftgericht (vgl. § 126). Er kann von Amts wegen oder auf Antrag eines Verfahrensbeteiligten ergehen.

§ 123 Abs. 1 und 2 regeln die formalen Vorgaben im Allgemeinen, Abs. 3 enthält seine Sonderregel für den Sicherungsgeber, sofern dieser nicht Beschuldigter, sondern Dritter ist (Sicherungsbürge). 2

B. Aufhebung von Haftverschonungsmaßnahmen, § 123 Abs. 1. Bei der Aufhebung von Haftverschonungsmaßnahmen sind zwei verschiedene vom Gesetz geregelte Anlässe zu unterscheiden, die zur Aufhebung von Haftverschonungsmaßnahmen nach § 123 Abs. 1 führen. 3

I. Aufhebung des Haftbefehls, § 123 Abs. 1 Nr. 1. Sobald die Voraussetzungen für ihn nicht mehr bestehen, ist der **Haftbefehl** aufzuheben. Diese gesetzliche Anordnung ist unbedingt (vgl. § 120 Abs. 1 Satz 1). Sie gilt auch dann, wenn der Vollzug des Haftbefehls nach § 116 ausgesetzt ist. In der Aufhebung des Haftbefehls liegt die gesetzliche Vermutung, dass die Haftvoraussetzungen entfallen sind. Dies gilt dann konsequenterweise auch für den **Haftverschonungsbeschluss**. Belastende Maßnahmen, Anweisungen, Bedingungen, Pflichten oder Beschränkungen ggü. dem Beschuldigten, die i.R.d. Haftverschonung nach § 116 Abs. 1 bis 3 angeordnet wurden, sind dann gegenstandslos. Wird über den Haftbefehl entschieden, dann ist inzident auch über einen eventuellen Haftverschonungsbeschluss zu befinden (BVerfG StV 2006, 251, 252; BGHSt 39, 233, 236 = MDR 1993, 782 f. = NJW 1993, 2692 = NStZ 1993, 493 = StV 1993, 522 [LS] = wistra 1993, 223; KK/*Graf* § 116 Rn. 7; LR/*Hilger* § 116 Rn. 6). Zwischen Haftbefehl und Haftverschonungsbeschluss besteht insofern eine **Akzessorietät**, isoliert ohne Haftbefehl kann ein Haftverschonungsbeschluss nicht bestehen (s. hierzu auch OLG Düsseldorf NStZ 1999, 585 = StraFo 1999, 357 = StV 1999, 607 [mit weiterführenden Hinweisen auch zum Fall des Freispruches und § 120 Abs. 1 Satz 2 StPO]; *Schweckendieck* NStZ 2011, 10, 13). 4

Es bedarf eines **förmlichen Beschlusses** sowohl hinsichtlich des Haftbefehls selbst als auch nach § 123 Abs. 1 Nr. 1. Der Beschluss ist für die praktische Umsetzung der Aufhebung und Freigabe sichernden Maßnahmen, insb. Sicherheitsleistungen, erforderlich (LR/*Hilger* § 123 Rn. 2; Meyer-Goßner/*Schmitt* § 123 Rn. 1; *Schlothauer/Weider/Nobis*, Untersuchungshaft, Rn. 1298). Selbst wenn der Haftbefehl aufgehoben werden muss, bewirkt erst die Aufhebung als solche das Freiwerden der Sicherheit. Auch eine verfehlte Sachbehandlung ändert hieran nichts. Eine Sicherheitsleistung dient ausschließlich der Sicherung des Verfahrens. Die Möglichkeit des Verfalls bietet die Gewähr dafür, dass ihr verfahrensrechtlich Bedeutung zukommt. Sie stellt das Gegengewicht zum Fluchtanreizen dar (vgl. *OLG München* NStZ 1990, 249). Könnte eine Kaution nicht mehr verfallen, dann hätte sie keinen Sicherungszweck und wäre kein geeignetes milderes Mittel zum Vollzug der Untersuchungshaft. Verschonungsmaßnahmen verlieren nach dem Gesetzeswortlaut des § 123 Abs. 1 und 2 erst mit der formellen Aufhebung des Haftbefehls ihre Bedeutung (OLG Frankfurt NStZ-RR 2001, 381 ff.; a.A. LG Lüneburg StV 1987, 111; s.a. LR/*Hilger* § 123 Rn. 5). 5

Für den Fall der **rechtskräftigen Verurteilung zu einer unbedingten Freiheitsstrafe** gilt eine Besonderheit. Nach wohl herrschender Meinung wird hier ein in Vollzug befindlicher Haftbefehl gegenstandslos. Einer ausdrücklichen Aufhebung bedarf es dann nicht (ausführlich hierzu s. die Kommentierung bei § 120 Rdn. 31 ff.; s.a. *Schweckendieck* NStZ 2011, 10 ff.). Dann ist eine Ausnahme von der Akzessorietät zwischen Haftbefehl und Haftverschonungsbeschluss anzunehmen: Die verfahrenssichernden Maßnahmen nach § 116 Abs. 1 bis 3 gelten fort. Sie sichern die Vollstreckung, bis sie förmlich durch Beschluss aufgehoben werden. Dem Beschluss kommt insofern konstitutive Wirkung zu. Die Aufhebung des Haftverschonungsbeschlusses soll sich dann aber nach § 123 Abs. 1 Nr. 2 richten (AnwK-Uhaft/*König*, § 123 StPO Rn. 3; Meyer-Goßner/*Schmitt* § 123 Rn. 2; *Schweckendieck* NStZ 2011, 10, 13). Ein einmal gegenstandslos gewordener Haftbefehl kann nicht erneut »aufleben« (BVerfG NJW 2011, 3131 f. [zur Rechtskraftdurchbrechung bei Wiedereinsetzung in den vorigen Stand]; s. hierzu auch die Anm. von *Mosbacher* NJW 2011, 3110 ff.). Darauf basierende Beschränkungen zur Haftverschonung bestehen deshalb nicht fort (s. hierzu auch *Schweckendieck* NStZ 2011, 10, 13). 6

II. Vollzug von Untersuchungshaft, Strafhaft oder eine Maßregel der Besserung und Sicherung, § 123 Abs. 1 Nr. 2. Werden Untersuchungshaft, Strafhaft oder eine Maßregel der Besserung und Sicherung vollzogen, dann entfällt der Anlass zu verfahrenssichernden Maßnahmen. Diese müssen auch hier **aufgehoben** werden (s.o., Rdn. 1, 4 f.). 7

Der entscheidende **Zeitpunkt** richtet sich nach dem jeweiligen Vollzug der Freiheitsbeschränkung. Der Vollzug von Untersuchungshaft, Freiheitsstrafe oder Maßregel beginnt nach Sinn und Zweck der Norm mit der Einlieferung oder dem Strafantritt in der Haftanstalt bzw. der Einrichtung. Entscheidend kommt es darauf an, dass der Beschuldigte sich dem Verfahren, hier der Vollstreckung, nicht mehr entziehen kann. Erst dann ist die Sicherung der Haftverschonung aufzuheben (ausführlich LR/*Hilger* § 123 Rn. 9; KK/*Schultheis* § 123 Rn. 4; s.a. *Schweckendieck* NStZ 2011, 10 ff.). Auf den Widerruf der Haftverschonung nach § 116 Abs. 4 8 kommt es nicht an (so aber OLG Jena wistra 2009, 324 ff.). Auch die Verhaftung des Verurteilten als solche genügt noch nicht (OLG Frankfurt NStZ-RR 2003, 143, 144).

9 **C. Freigabe der Sicherheit, § 123 Abs. 2.** Unter denselben Voraussetzungen, unter denen haftverschonende Maßnahmen nach § 123 Abs. 1 aufzuheben sind, wird auch eine **Sicherheit frei** (§ 123 Abs. 2), wenn sie nicht schon vorher verfallen war (vgl. hierzu § 124). Die Sicherheit wird kraft Gesetzes frei, wenn der HB aufgehoben wird. Der Beschluss hat insofern zwar nur deklaratorische Bedeutung. Er ist für die praktische Umsetzung der Auszahlung aber erforderlich. Denn nur so erhält der Hinterlegende einen durchsetzbaren Herausgabeanspruch gegen die Hinterlegungsstelle (s. zum Ganzen BGH B. v. 02.06.2016 – III ZR 334/14, MDR 2016, 1232 = WM 2016, 1235 [3. Zivilsenat!]; s. auch OLG Celle NStZ-RR 1999, 178; LR/*Hilger* § 123 Rn. 25; *Schlothauer/Weider/Nobis*, Untersuchungshaft, Rn. 1300).

10 Wer die Sicherheit hinterlegt hat, ob es der Beschuldigte oder ein Dritter war, spielt hier keine Rolle (anders bei § 123 Abs. 3, s.u. Rdn. 13 ff.). Ausführlich zur Hinterlegung einer Eigen- oder Fremdsicherheit s. die Kommentierung bei § 116 Rdn. 24 ff.

11 Auch die Freigabe der Sicherheit bedarf einer **förmlichen Aufhebung der Beschränkung nebst Freigabeerklärung**. An wen die Auszahlung zu erfolgen hat, ob an den Hinterleger oder einen Dritten, ist nicht anzuordnen. Denn das Herausgabeverfahren richtet sich, da Geld als Sicherheit hinterlegt worden ist, nach den Vorschriften der **Hinterlegungsordnung**. Nach § 12 HinterlO bedarf die Herausgabe der Sicherheitsleistung einer Verfügung der Hinterlegungsstelle. Sie ergeht auf Antrag gem. § 13 HinterlO oder auf Ersuchen der zuständigen Behörde entspr. § 15 HinterlO. Das Vorliegen der Voraussetzungen der Herausgabeverfügung ist von der Hinterlegungsstelle selbstständig zu prüfen. Diese Prüfung fällt nicht in den Zuständigkeitsbereich des Gerichts (LG Berlin NStZ 2002, 278 f.; AnwK-Uhaft/*König*, § 123 Rn. 7; Meyer-Goßner/*Schmitt* § 123 Rn. 5; *Schlothauer/Weider/Nobis*, Untersuchungshaft, Rn. 1300 a.E.; KK/*Schultheis* § 123 Rn. 7).

12 Mit der Festnahme eines Beschuldigten nach erneuter Invollzugsetzung des Haftbefehls wird i.S.d. § 123 Abs. 1 Nr. 2 »Untersuchungshaft vollzogen«. Die von einem Dritten nach § 116 Abs. 1 Nr. 4 geleistete Sicherheit wird daher gem. § 123 Abs. 1 Nr. 2, Abs. 2 mit der Festnahme auch dann frei, wenn dem Beschuldigten unmittelbar danach (erneut) die Flucht gelingt (OLG Jena wistra 2009, 324 ff.).

13 **D. Freigabe an den Sicherungsbürgen, § 123 Abs. 3.** Nach § 123 Abs. 3 kann der Sicherungsbürge die Freigabe seiner Sicherheit erreichen, wenn er binnen einer vom Gericht bestimmten Frist die **Gestellung des Beschuldigten** bewirkt oder eine **Fluchtabsicht des Beschuldigten** so rechtzeitig mitteilt, dass dieser verhaftet werden kann.

14 **Sicherungsbürge** ist derjenige, der nach § 116a Abs. 1 als Dritthinterleger Sicherheit für den Beschuldigten geleistet hat (s. hierzu bereits die Kommentierung bei § 116a Rdn. 12). Er kann die von ihm geleistete Sicherheit nicht eigenmächtig zurückverlangen.

15 Einer Fristsetzung durch das Gericht bedarf es nicht zwingend (Meyer-Goßner/*Schmitt* § 123 Rn. 7). Erfolgte die **Fluchtanzeige rechtzeitig**, dann wird die Sicherheit auch dann frei, wenn der Beschuldigte flieht (OLG Düsseldorf NStZ 1985, 38). Hierfür bedarf es hinreichend konkreter Angaben. Eine zwangsweise Vorführung durch den Dritten oder auf dessen Veranlassung durch die Ermittlungsbehörden ist aber nicht gemeint, dafür fehlt es an einer Eingriffsgrundlage (Meyer-Goßner/*Schmitt* § 123 Rn. 7; KK/*Schultheis* § 123 Rn. 9).

16 Eine Freigabe der Sicherheit ist auch noch möglich, wenn sie bereits nach § 124 Abs. 1 verfallen war, wenn der Sicherungsbürge die Gestellung des Beschuldigten doch noch bewirkt (LR/*Hilger* § 123 Rn. 19; Meyer-Goßner/*Schmitt* § 123 Rn. 9). Dies gilt aber nicht, wenn der Beschuldigte sich selbst oder auf Veranlassung sonstiger (anderer Dritter) stellt oder von der Polizei festgenommen wird.

17 **E. Sonstiges.** Für den Fall der **Verurteilung zu einer Geldstrafe** ist der Haftbefehl aufzuheben und einhergehend damit nach § 123 Abs. 2 eine evtl. hinterlegte Sicherheit freizugeben. Die Sicherheit haftet nicht für die Geldstrafe oder Verfahrenskosten, der Zweck der Haftverschonung nach § 116 ist ein anderer (s. hierzu bereits die Kommentierung bei § 116 Rdn. 27; zum Ganzen auch BGHZ 95, 109 ff. = DB 1985, 250 ff. = NJW 1085, 2820 ff. = NStZ 1985, 560 f. = StV 1986, 23 f.; OLG Frankfurt StV 2000, 509; LG München II StV 1998, 554 [m. zust. Anm. *Eckstein*]; LG München I StraFo 2003, 92 [m. zust. Anm. *Eckstein*]; *Amelung* StraFo 1997, 300, 301; AnwK-Uhaft/*König*, § 123 StPO Rn. 6; *Schlothauer/Weider/Nobis*, Untersuchungshaft, Rn. 1299 f.; KK/*Schultheis* § 123 Rn. 6). Auch die **Aufrechnung** einer Steuerforderung mit einem Anspruch auf Rückzahlung einer hinterlegten Sicherheit durch den Fiskus ist unzulässig. Gleiches gilt für den Fall der **Abtretung** des Rückzahlungsanspruchs an eine Bank (BGHZ 95, 109 ff. = DB 1985, 250 = NJW 1085, 2820 f. = NStZ 1985, 560 f. = StV 1986, 23 f.). Grds. ist die **Pfändung des Rückzahlungsanspruches** ggü. der Hinterlegungsstelle durch Gläubiger möglich (ausführlich hierzu s. die Kommentierung bei § 116a Rdn. 14).

Der Vollzug von **Strafhaft in anderer Sache** führt nicht zur Aufhebung von Sicherungsmaßnahmen. Denn das hier zuständige Haftgericht hat keinen Einfluss auf das Ende des dortigen Vollzuges. Dauert die Strafhaft aber länger an, dann ist zu prüfen, ob der Haftbefehl und damit inzident auch der Haftverschonungsbeschluss nicht doch aufzuheben sind (vgl. § 120 Abs. 1) und die Sicherheit frei wird (LR/*Hilger* § 123 Rn. 13). 18

Der Beschuldigte kann eine Freigabe der evtl. anderweitig benötigten Sicherheitsleistung bewirken, indem er sich **freiwillig in Untersuchungshaft** begibt oder den Vollzug der Freiheitsstrafe oder Maßregel forciert. Das Privileg der Haftverschonung ist dispositiv (AnwK-Uhaft/*König* § 123 StPO Rn. 7; AnwK-StPO/*Lammer*, § 123 StPO 5; KK/*Schultheis* § 123 Rn. 7). 19

F. **Rechtsmittel.** Gegen die gerichtliche Entscheidung steht dem jeweils Betroffenen die **Beschwerde nach § 304 Abs. 1** zu (OLG Celle NStZ-RR 1999, 178 f. = StraFo 1999, 163 f.). Gegen die Aufhebung einer Maßnahme oder die Freigabe einer Sicherheit kann die StA vorgehen, gegen eine ablehnende Entscheidung der Beschuldigte und ggf. der Sicherungsbürge. Dem Nebenkläger steht ein Recht zur Beschwerde nicht zu. 20

Hat die StA beantragt, eine Sicherheit für verfallen zu erklären, oder hat das Gericht den Ausspruch des Verfalls erwogen, so richten sich das Verfahren und die (sofortige) Beschwerde nach § 124 Abs. 2. 21

Die **weitere Beschwerde nach § 310 Abs. 1** soll nach herrschender Meinung unstatthaft sein, weil es hier nicht um die Verhaftung bzw. die Freiheitsentziehung selbst geht (Meyer-Goßner/*Schmitt* § 123 Rn. 11; KK/*Schultheis* § 123 Rn. 12; krit.: LR/*Hilger* § 123 Rn. 30; **a.A.** SK-StPO/*Paeffgen*, § 123 Rn. 13; *Radtke/Hohmann/Tsambikakis*, StPO, § 123 Rn. 7). 22

§ 124 Verfall der geleisteten Sicherheit

(1) Eine noch nicht frei gewordene Sicherheit verfällt der Staatskasse, wenn der Beschuldigte sich der Untersuchung oder dem Antritt der erkannten Freiheitsstrafe oder freiheitsentziehenden Maßregel der Besserung und Sicherung entzieht.

(2) [1]Vor der Entscheidung sind der Beschuldigte sowie derjenige, welcher für den Beschuldigten Sicherheit geleistet hat, zu einer Erklärung aufzufordern. [2]Gegen die Entscheidung steht ihnen nur die sofortige Beschwerde zu. [3]Vor der Entscheidung über die Beschwerde ist ihnen und der Staatsanwaltschaft Gelegenheit zur mündlichen Begründung ihrer Anträge sowie zur Erörterung über durchgeführte Ermittlungen zu geben.

(3) Die den Verfall aussprechende Entscheidung hat gegen denjenigen, welcher für den Beschuldigten Sicherheit geleistet hat, die Wirkungen eines von dem Zivilrichter erlassenen, für vorläufig vollstreckbar erklärten Endurteils und nach Ablauf der Beschwerdefrist die Wirkungen eines rechtskräftigen Zivilendurteils.

Übersicht

A. **Allgemeines.** In § 124 sind die **Voraussetzungen**, das **Verfahren** sowie die **Wirkungen** des Verfalls einer Sicherheit geregelt. 1

Die Leistung einer Kaution sowie deren Verfall sind **keine Strafe** und auch **keine strafähnliche Maßnahme.** Weder § 116 noch § 124 enthalten ein sozialethisches Werturteil. Grund für einen Verfall der Sicherheit ist nicht der Ungehorsam des Beschuldigten ggü. einem staatlichen Ge- oder Verbot. Er ist vielmehr Folge eines Verstoßes gegen den Sicherungszweck als solchen. Die Verfolgung anderer Zwecke ist ausgeschlossen. Der Rechtsgüterschutz selbst erfolgt ausschließlich über das materielle Strafrecht, er darf nicht vorweggenommen oder verlagert werden. Gesichtspunkte der materiell-rechtlichen Gerechtigkeit bleiben somit außer Betracht (OLG Frankfurt NStZ-RR 2001, 381 f.; OLG München MDR 1990, 567 f. = NStZ 1990, 249). 2

Auch auf eine **strafrechtliche Vorwerfbarkeit**, also Schuld i.S.d. §§ 20, 21 StGB, als Voraussetzung für den Verfall soll es nicht ankommen (BVerfG NJW 1991, 1043 = NStZ 1991, 142 f.; OLG München NStZ 1990, 249 [m.Anm. *Paeffgen* NStZ 1991, 422, 424 f. [krit.]). Die Sicherheitsleistung ist aber nur Surrogat 3 für den Freiheitsentzug durch Untersuchungshaft. Wäre ihr Verfall unabhängig von einer Verantwortlichkeit möglich, dann würde er als Reaktion auf prozessordnungswidriges Verhalten eine Sanktion bedeuten, ohne dass der Beschuldigte die dafür erforderliche Einsichtsfähigkeit hat (ähnlich *Paeffgen* NStZ 1991, 422, 425). Dies decken Sinn und Zweck der Sicherheit nach § 116 aber gerade nicht. Der Beschuldigte muss also die Konsequenzen seines Handelns zumindest überblicken (ähnlich: AnwK-StPO/*Lammer*, § 124 Rn. 3). Ansonsten kann eine Lösung zumindest nachträglich über Entschädigungsansprüche nach StrEG oder im Gnadenweg erfolgen (vgl. OLG München NStZ 1990, 249 a.E. [dort hatte der Beschuldigte den Verfall sehenden Auges in Kauf genommen]).

4 Die Regelung des § 124 ist verfassungsrechtlich unbedenklich. In ihr kann weder eine Verletzung der Menschenwürde (Art. 1 Abs. 1 GG) noch eine unzulässige Beschränkung der allgemeinen Betätigungsfreiheit (Art. 2 Abs. 1 GG) oder eine Verletzung der Eigentumsgarantie (Art. 14 GG) gesehen werden (vgl. BVerfG NJW 1991, 1043 = NStZ 1991, 142 f.; BVerfGE 58, 159, 162 f. = JZ 1981, 701 = MDR 1981, 905 = NJW 1981, 2457; BVerfGE 20, 323, 331 ff. = NJW 1967, 195; krit. *Gropp* JR 1991, 804, 810 [mit Verweis auf die Unschuldsvermutung]; zur Unschuldsvermutung s. *Herrmann* StraFo 2016, 89 ff.).

5 **B. Voraussetzung des Verfalls einer Sicherheit, § 124 Abs. 1.** Voraussetzung für den Verfall der Sicherheit ist, dass diese **ordnungsgemäß (rechtswirksam) bestellt** wurde (OLG Karlsruhe NStZ-RR 2000, 375 f. = StraFo 2000, 394 = StV 2001, 120 ff.; LR/*Hilger* § 124 Rn. 28) und **nicht bereits nach § 123 Abs. 2 frei** geworden ist (vgl. Meyer-Goßner/*Schmitt* § 124 Rn. 1; *Radtke/Hohmann/Tsambikakis*, StPO, § 123 Rn. 1; ausführlich hierzu s. die Kommentierung unter § 123 Rdn. 9 ff.).

6 Eine **abweichend vom Haftverschonungsbeschluss geleistete Sicherheit** durch einen Dritten stellt, auch wenn dieser Umstand dem zuständigen Gericht unbekannt geblieben ist, keine ordnungsgemäß bestellte Sicherheit dar. Hier kann nicht davon ausgegangen werden, das Gericht habe mit Erteilung der Freilassungsweisung eine nachträgliche Abänderung seines Haftverschonungsbeschlusses vorgenommen. Eine solche Zahlung kann nicht verfallen (OLG Karlsruhe NStZ-RR 2000, 375 f. = StraFo 2000, 394 = StV 2001, 120 ff. [Bürgschaft für Dritthinterleger, vom Haftgericht nicht erkannt]; anders: OLG Karlsruhe Justiz 1993, 91 f. [Dritthinterlegung konkludent akzeptiert]).

7 Die Reichweite des § 124 hat sich an dem Zweck der Verfahrenssicherung und deren möglicher Beeinträchtigung zu orientieren. Der Beschuldigte muss sich der Untersuchung oder dem Antritt der gegen ihn erkannten Freiheitsstrafe oder freiheitsentziehenden Maßregel der Besserung und Sicherung entzogen haben.

8 **I. Der Untersuchung entziehen, § 124 Abs. 1, 1. Alt..** Der Begriff der **Untersuchung** umfasst das gesamte Strafverfahren einschließlich sämtlicher notwendiger verfahrensrechtlicher Maßnahmen. Die Untersuchung **beginnt** mit der Einleitung des Ermittlungsverfahrens durch Anzeige oder Strafantrag nach § 158 Abs. 1 oder die Einleitung polizeilicher Ermittlungen auf anderem Weg nach § 160 Abs. 1. Sie **endet** mit Abschluss des Verfahrens. Dies kann durch staatsanwaltschaftliche Einstellung nach den §§ 153 ff., 170 Abs. 2 oder die Nichteröffnung des Hauptverfahrens nach § 204 oder die gerichtliche Einstellung nach den §§ 206a, 206b (mittels Beschlusses) oder § 260 Abs. 3 (mittels Urteils), oder ggf. auch erst nach Durchführung eines Rechtsmittelverfahrens, ein rechtskräftiges Urteil sein (ausführlich LR/*Hilger* § 124 Rn. 4 ff.). Der Widerruf der Haftverschonung und der (erneute) Vollzug des Haftbefehls zur Sicherung des weiteren Verfahrens sind davon mitertasst.

9 Ein **Entziehen** ist anzunehmen, wenn der Beschuldigte **subjektiv** darauf abzielt oder zumindest bewusst in Kauf nimmt (krit. hierzu *Paeffgen* NStZ 1990, 535; *ders.* NStZ 1989, 529), den Fortgang des Verfahrens zu verhindern und sein Verhalten **objektiv** zumindest zeitweise zur Folge hat, dass er für erforderliche staatsanwaltliche oder gerichtliche Verfahrensakte nicht zur Verfügung steht (vgl. OLG Düsseldorf NStZ 1990, 97; OLG Frankfurt NStZ-RR 2003, 143, 144; NStZ-RR 2001, 381; OLG Hamm NJW 1996, 736; OLG Karlsruhe NStZ 1992, 204; LR/*Hilger* § 124 Rn. 16, 18; Meyer-Goßner/*Schmitt* § 124 Rn. 4; KK/*Schultheis* § 124 Rn. 3 [enger]; s.a. *Tiedemann* NJW 1977, 1977). Es genügt, dass diese Wirkung nur vorübergehend eintritt. Dabei spielt keine Rolle, ob der Beschuldigte tatsächlich im Verfahren benötigt wird. Entscheidend kommt es darauf an, dass Maßnahmen ergriffen werden müssen, um seiner habhaft zu werden. Ein sich Entziehen ist bspw. anzunehmen, wenn der Beschuldigte in Kenntnis des laufenden Strafverfahrens unter Nichtbeachtung bestehender Meldeauflagen für eine gewisse Dauer von seinem Wohnsitz abwesend ist, ohne eine Anschrift zu hinterlassen, oder sich ins Ausland absetzt oder sich verborgen hält und es dadurch unmöglich wird, seine Gestellung zu erzwingen, weil er nicht erreichbar ist. Wenn sein Aufenthalt aber bekannt ist oder er seine neue Wohnadresse mitgeteilt hat, entzieht er sich nicht dem Verfahren (OLG München NJW 1947/1948, 704; vgl. zum Ganzen auch die Ausführungen zum Haftgrund der Flucht in der Kommentierung unter § 112 Rdn. 25 ff.).

Entzieht sich der Beschuldigte dem Verfahren, dann verfällt die hinterlegte Sicherheitsleistung (ausführlich hierzu s. bei § 116 Rdn. 16). Dies gilt auch, wenn der Beschuldigte sich zu einem späteren Zeitpunkt dem Verfahren freiwillig wieder stellt (OLG Frankfurt NStZ-RR 2001, 381 ff.; OLG Hamm NJW 1996, 736 f. [zum Begriff des sich Entziehens eines Ausländers, der von der Ausländerbehörde zur Ausreise aufgefordert wurde]; Burhoff, Handbuch für das strafrechtliche Ermittlungsverfahren, Rn. 801; Meyer-Goßner/*Schmitt* § 124 Rn. 1).

Verstöße gegen Haftverschonungsauflagen, die deren Widerruf rechtfertigen (vgl. § 116 Abs. 4), führen nur dann zum Verfall der Sicherheit, wenn sie die Unmöglichkeit einer zwangsweisen Gestellung des Beschuldigten zur Folge haben. Allein der Widerruf der Haftverschonung genügt für den Verfall noch nicht. § 116 Abs. 4 ist weiter gefasst als § 124 Abs. 1, bei Letzterem sind weitergehende Verfolgungsmaßnahmen erforderlich. 10

Die bloße **Vorbereitung** und der **Versuch** des sich Entziehens reichen für den Verfall der Sicherheit nicht aus (OLG Frankfurt NStZ-RR 2003, 143, 144; NJW 1977, 1975 ff.; LR/*Hilger* § 124 Rn. 16; Meyer-Goßner/*Schmitt* § 124 Rn. 4; KK/*Schultheis* § 124 Rn. 3). 11

Bloßer Ungehorsam oder **Verstöße gegen Haftverschonungsauflagen nach § 116 Abs. 1** genügen nicht (OLG Düsseldorf NStZ 1990, 97; LR/*Hilger* § 124 Rn. 17; KK/*Schultheis* § 124 Rn. 3). Die nur unterlassene Mitwirkung des Verurteilten bei der Strafvollstreckung, insb. die Nichtbefolgung der Ladung zum Strafantritt, reicht nicht für einen Verfall nach § 124 (OLG Düsseldorf NStZ 1996, 404; OLG Frankfurt NStZ-RR 2003, 143; OLG Frankfurt NStZ-RR 2001, 381). 12

Ob das **Verfahren auch ohne den Beschuldigten** fortgeführt werden kann (z.B. § 231 Abs. 2) spielt keine Rolle (OLG Celle NJW 1957, 1203; LR/*Hilger* § 124 Rn. 19; Meyer-Goßner/*Schmitt* § 124 Rn. 5; KK/*Schultheis* § 124 Rn. 4). 13

Bei **Selbstmord** kommt ein Verfall der Sicherheit nicht in Betracht. Denn eine Suizidgefahr ist schon kein Grund für Untersuchungshaft (s. hierzu die Kommentierung unter § 112 Rdn. 47; s.a. LR/*Hilger* § 124 Rn. 20 [ausführlich]; Meyer-Goßner/*Schmitt* § 124 Rn. 5 a.E.; KK/*Schultheis* § 124 Rn. 4). Hier fallen Entziehungshandlung und Beendigung des Verfahrens zusammen, ein Verfall tritt nicht mehr ein (zum **Verfahrensabschluss nach Tod des Beschuldigten** ausführlich: BGHSt 45, 108, 116 = DAR 1999, 461 ff. = MDR 1999, 1282 f. = NJW 1999, 3644 ff. = NZV 1999, 519 f. = Rpfleger 1999, 564 f. = wistra 1999, 387 ff.). 14

II. Dem Antritt der erkannten Freiheitsstrafe oder freiheitsentziehenden Maßregel der Besserung und Sicherung entziehen, § 124 Abs. 1, 2. Alt.. Die Sicherheit verfällt auch, wenn der Beschuldigte sich dem Antritt der gegen ihn erkannten Freiheitsstrafe oder Maßregel der Besserung und Sicherung entzieht. 15

Der Begriff der Freiheitsstrafe erfasst neben der allgemeinen Freiheitsstrafe (§§ 38, 39 StGB), Jugendstrafe (§ 17 JGG) und Strafarrest (§ 9 WStG). **Jugendarrest**, auch in der Form des Dauerarrests (§ 16 JGG), ist zwar Zuchtmittel i.S.d. JGG und keine Strafe (vgl. § 13 Abs. 2 JGG). Dies hindert vorliegend aber nicht den Verfall einer Sicherheit. Denn wenn im Vorgriff auf die Verurteilung eine Haftverschonung gegen Sicherheit ermöglicht wurde, dann müssen hieraus auch die Konsequenzen gezogen werden. Eine Privilegierung des Jugendlichen oder Heranwachsenden wegen der nachträglich verhängten Art der Ahndung erscheint nicht gerechtfertigt (ebenso LR/*Hilger* § 124 Rn. 10; **a.A.** Meyer-Goßner/*Schmitt* § 124 Rn. 3; ihm folgend: AnwK-Uhaft/*König* § 124 StPO Rn. 3 a.E.). Die Ersatzfreiheitsstrafe ist hiervon aber nicht erfasst (LR/*Hilger* § 124 Rn. 11: Meyer-Goßner/*Schmitt* § 124 Rn. 3; *Münchhalffen/Gatzweiler*, Untersuchungshaft, Rn. 259; KK/*Schultheis* § 124 Rn. 2). 16

Die Sicherheit haftet nicht für eine **Geldstrafe** oder die **Gerichtskosten** (s. hierzu die Kommentierung unter § 123 Rdn. 17). Sie kann schon aus diesem Grund nicht verfallen, wenn die Strafe nicht bezahlt wird. Der Wortlaut des Gesetzes spricht i.Ü. ausdrücklich von Freiheitsstrafe (ausführlich LR/*Hilger* § 124 Rn. 13). 17

Freiheitsentziehende Maßregeln der Besserung und Sicherung sind entsprechend § 61 Nr. 1 bis 3 StGB die Unterbringung in einem psychiatrischen Krankenhaus (§ 63 StGB), in einer Entziehungsanstalt (§ 64 StGB) oder in der Sicherungsverwahrung (§ 66 StGB). 18

III. Weitergehende Auslegung bei anderen Haftgründen. Eine Haftverschonung gegen Sicherheitsleistung ist nicht nur bei Fluchtgefahr (§ 116 Abs. 1 Satz 2 Nr. 4), sondern auch in den anderen im Gesetz genannten Haftgründen angezeigt (zum Haftgrund der Flucht s. die Kommentierung bei § 116; zur Verdunkelungsgefahr s. bei § 116 Rdn. 14; zur Wiederholungsgefahr s. bei § 116 Rdn. 36 ff.; zur »Tatschwere« s. bei § 116 Rdn. 51). Konsequenterweise muss § 124 in **erweiternder Auslegung** auch in diesen Fällen anzuwenden sein. Auch dort ist ein Verfall der Sicherheit möglich. 19

C. Verfahren, § 124 Abs. 2. I. Materiell-rechtliche Wirkungen des Verfalls. Der Verfall tritt bei Vorliegen eines der genannten Verfallgründe **kraft Gesetzes** automatisch ein. Er ist endgültig. Die Sicherheit verfällt von Rechts wegen. Die Entscheidung nach § 124 Abs. 2 StPO stellt den Verfall nur fest, sie hat ledig- 20 lich deklaratorische Bedeutung (s. hierzu auch BGHSt 45, 108, 116 = DAR 1999, 461 ff. = MDR 1999, 1282 f. = NJW 1999, 3644 ff. = NZV 1999, 519 f. = Rpfleger 1999, 564 f. = wistra 1999, 387 ff. [jeweils a.E.]; OLG Köln, Beschl. v. 06.01.2010 – 2 Ws 613/09, WKRS 2010, 16261). Dennoch bedarf es aber einer gerichtlichen Entscheidung (OLG Karlsruhe NStZ 1992, 204; Meyer-Goßner/*Schmitt* § 124 Rn. 1; KK/*Schultheis* § 124 Rn. 6).

21 Mit dem Verfall geht das **Eigentum an der geleisteten Sicherheit auf den jeweiligen Fiskus des Landes über, das zuletzt die Herrschaft über das Verfahren hatte** (LR/*Hilger* § 124 Rn. 23 f.; Meyer-Goßner/*Schmitt* § 124 Rn. 14; KK/*Schultheis* § 124 Rn. 7). Dieser wird Eigentümer hinterlegter Gegenstände bzw. Gläubiger einer verpfändeten Forderung. Eine Bürgschaft nach § 116a Abs. 1 wird fällig (OLG Karlsruhe NStZ-RR 2000, 375, 376 = StraFo 2000, 394 = StV 2001, 120 ff.). Die Wirkung eines aufschiebend bedingten selbstschuldnerischen Zahlungsversprechens tritt ein. Alles Weitere regelt sich nach den schuld- und sachenrechtlichen Vorgaben des BGB. Die Voraussetzungen für eine zwangsweise Durchsetzung ergeben sich aus § 124 Abs. 3 StPO (ausführlich s. die Kommentierung bei Rdn. 33 ff.).

22 Der **Verfall** der Sicherheit ist **endgültig**. Er bleibt auch dann bestehen, wenn der Beschuldigte sich später stellt oder (wieder) verhaftet, freigesprochen oder auch nur zu einer Geldstrafe verurteilt oder das Verfahren eingestellt wird. Eine Ausnahme hiervon gilt nur, wenn nach dem bereits festgestellten Verfall wegen der vom Sicherungsbürgen nachträglich bewirkten Gestellung des Beschuldigten eine Freigabe zu erfolgen hat (vgl. § 123 Abs. 3 StPO; s. hierzu die Kommentierung unter § 123 Rdn. 16). In **besonders gelagerten Ausnahmefällen** ist aber denkbar, dass die verfallene Geldsumme zumindest anteilig erstattet wird. Stellt sich der Beschuldigte freiwillig und kann das Verfahren ohne Beweisverlust oder sonst wesentliche Beeinträchtigungen abgeschlossen werden, dann kann es angezeigt erscheinen, die Motivlage des Beschuldigten (Notlage der Familie im Ausland; Beerdigung eines nahen Familienangehörigen; nur kurzfristige Abwesenheit zur Klärung familiärer oder ausländerrechtlicher Angelegenheiten), stärker in die Abwägung einfließen zu lassen und im Rahmen einer Billigkeitsentscheidung zu honorieren. Zuständig hierfür ist die oberste Behörde der Landesjustizverwaltung. Die praktische Umsetzung erfolgt sinnvollerweise über den (Teil-) Erlass des Verfalls im Wege einer Gnadenentscheidung (ausführlich LR/*Hilger* § 124 Rn. 26 f.).

23 **II. Formelle Entscheidung über den Verfall.** Das **zuständige Gericht** (vgl. § 126) entscheidet über die Frage des Verfalls durch **Beschluss**. Dieser ist zu begründen (vgl. § 34) und dem Beschuldigten mittels Zustellung bekannt zu machen (§ 35 Abs. 2 Satz 1). Nach Rechtskraft des Urteils ist der zuletzt berufene Tatrichter zuständig, da keine Fragen der Strafvollstreckung entschieden werden (OLG Düsseldorf Rpfleger 1984, 73; OLG Stuttgart Justiz 1984, 213 [für § 329 Abs. 1 StPO]; LR/*Hilger* § 124 Rn. 31). Die Entscheidung ergeht im schriftlichen Verfahren, eine mündliche Anhörung ist zulässig. Der Tag des Verfalls soll sinnvollerweise angegeben werden. Eine nachträgliche Änderung des Beschlusses ist nicht möglich, er erwächst in materieller Rechtskraft (vgl. zum Ganzen: LR/*Hilger* § 124 Rn. 38).

24 Vor der Entscheidung ist dem Beschuldigten und einem eventuellen Sicherungsbürgen **rechtliches Gehör** einzuräumen. Nach § 124 Abs. 2 Satz 1 sind sie aufzufordern, sich zu erklären. Sinnvollerweise wird eine Frist zur Stellungnahme gesetzt. Die Aufforderung ist zuzustellen (§ 35 Abs. 2 Satz 1), bei ausländischen Beschuldigten ggf. an den Zustellungsbevollmächtigten (vgl. § 116a Abs. 3, s. hierzu die Kommentierung unter § 116a Rdn. 22 ff.). Ist der Aufenthalt des Beschuldigten nicht bekannt, dann kann die Zustellung öffentlich bewirkt werden (vgl. § 40). Der Sicherungsbürge ist am Verfahren nur zu beteiligen, wenn er in eigenem Namen als Dritthinterleger auftritt (OLG Düsseldorf NStZ 1990, 97; OLG Karlsruhe NStZ-RR 2000, 375 f. = StraFo 2000, 394 = StV 2001, 120 ff.; zum Ganzen auch Meyer-Goßner/*Schmitt* § 124 Rn. 7). Die StA ist, sofern sie nicht schon den Verfall beantragt hat, nach § 33 Abs. 2 zu hören.

25 Wurde die Anhörung versäumt, dann entscheidet das Gericht der sofortigen Beschwerde nicht selbst nach § 309, sondern verweist die Sache an das Ausgangsgericht zurück. Ein Instanzenverlust ist nicht hinnehmbar (vgl. OLG Celle NStZ-RR 1999, 178; OLG Düsseldorf NStZ 1996, 404; OLG Hamm MDR 1995, 1161 = StV 1995, 594 f.; Meyer-Goßner/*Schmitt* § 124 Rn. 9; *Paeffgen* NStZ 1997, 115, 118; **a.A.** OLG Frankfurt NStZ-RR 1997, 272 [LS]; KMR/*Wankel* § 124 Rn. 10).

26 **III. Rechtsbehelf gegen den Verfall, sofortige Beschwerde.** Gegen den Beschluss steht den Beteiligten die sofortige Beschwerde zu. Beteiligte sind nach § 124 Abs. 2 Satz 1 der Beschuldigte und der Sicherungsgeber (OLG Jena wistra 2009, 324 ff.). Die StA ist entsprechend rechtsmittelberechtigt nach § 296 Abs. 1 StPO (OLG Celle NStZ-RR 1999, 178; OLG Stuttgart Justiz 1984, 213; LR/*Hilger* § 124 Rn. 40; Meyer-Goßner/*Schmitt* § 124 Rn. 9; SK-StPO/*Paeffgen*, § 124 Rn. 11; KK/*Schultheis* § 124 Rn. 11). Dritte sind nicht beschwerdeberechtigt.

27 Die **Fristversäumnis durch den Verteidiger** soll sich der Beschuldigte hier ausnahmsweise zurechnen lassen müssen (OLG Stuttgart Justiz 1980, 285; AnwK-Uhaft/*König* § 124 StPO Rn. 7; Meyer-Goßner/*Schmitt*

§ 124 Rn. 9 und § 44 Rn. 18). Dies erscheint bedenklich. Dadurch haftet der Beschuldigte für die Qualität und Sorgfalt seines (Pflicht-) Verteidigers. Dieser Gedanke verfängt im Strafverfahren grds. aber nicht (BVerfG NJW 1994, 1856; BVerfG NJW 1991, 351; BGHSt 14, 306, 308; Meyer-Goßner/*Schmitt* § 44 Rn. 18; s.a. die Kommentierung unter § 44).

Nach § 124 Abs. 2 Satz 3 sind die Beteiligten vor einer Entscheidung **mündlich anzuhören**. Entscheidend kommt es auf die gemeinsame Erörterung der Sach- und Rechtslage an. Konkrete Vorschriften zum Verfahrensablauf fehlen, er soll sich an den Vorgaben des § 118a orientieren. Das Gericht kann selbst ermitteln, es gilt das Freibeweisverfahren. Auf die mündliche Anhörung kann **verzichtet** werden (Meyer-Goßner/*Schmitt* § 124 Rn. 10; KK/*Schultheis* § 124 Rn. 12). Die Verhandlung ist nicht öffentlich. Das persönliche Erscheinen kann nicht erzwungen werden. Befindet der Beschuldigte sich nicht auf freiem Fuß, dann ist er vorzuführen (LR/*Hilger* § 124 Rn. 45; **a.A.** Meyer-Goßner/*Schmitt* § 124 Rn. 10 [»kann«]; KK/*Schultheis* § 124 Rn. 12 [Anhörung auch durch den ersuchten oder beauftragten Richter möglich]). 28

Teilweise wird vertreten, dass die **mündliche Verhandlung entbehrlich** ist, wenn eine Beeinflussung der Entscheidung von vornherein ausgeschlossen »erscheine« (OLG Hamm NStZ-RR 1996, 270, 271 [a.E.]; OLG Hamm NJW 1996, 736 ff.; OLG Stuttgart MDR 1987, 687; Meyer-Goßner/*Schmitt* § 124 Rn. 10; KK/*Schultheis* § 124 Rn. 12). Dem ist zu widersprechen. Der Wortlaut ist eindeutig, den Beteiligten »ist« Gelegenheit zur mündlichen Begründung der Anträge zu geben. Und ob die Anhörung tatsächlich »zur Formalie mutiert« (so das OLG Hamm), ergibt sich erst im Laufe der Anhörung selbst. Das kann und darf nicht antizipiert werden. Der mündliche Austausch von schriftlich vorgebrachten Argumenten kann immer Neues bringen, alles andere ist Spekulation (ebenso krit. *Paeffgen* NStZ 1997, 115, 118 f.; s.a. AnwK-StPO/*Lammer*, § 124 Rn. 7; AnwK-Uhaft/*König* § 124 StPO Rn. 7). Etwas anderes kann allenfalls dann gelten, wenn die StA auf eine Anhörung verzichtet und der Beschuldigte sowie die Sicherungsbürgen mit ihren sofortigen Beschwerden durchdringen, also nicht beschwert sind (vgl. hierzu OLG Jena wistra 2009, 324 ff.). Ansonsten dürfen Effizienzgedanken bei der Justiz einen rechtsförmigen Verfahrensgang nicht beeinträchtigen oder gar verhindern. 29

Die Regeln über die Gewährung von **PKH** nach §§ 114 ff. ZPO gelten entsprechend (OLG Düsseldorf NStZ 1996, 404; Meyer-Goßner/*Schmitt* § 124 Rn. 10; AnwK-Uhaft/*König* § 124 StPO Rn. 7 und 14 [für § 124 Abs. 3 StPO]). 30

Die **weitere Beschwerde nach § 310 Abs. 1** soll nach herrschender Meinung unstatthaft sein, da die Entscheidung vorliegend nicht die Verhaftung und damit die Entziehung der persönlichen Freiheit i.S.d. § 310 Abs. 1 Nr. 1 StPO selbst betreffe (OLG Hamm NJW 1963, 1264; AnwK-Uhaft/*König* § 124 StPO Rn. 7 [a.E.]; Meyer-Goßner/*Schmitt* § 124 Rn. 11; KK/*Schultheis* § 124 Rn. 13; **a.A.** SK/StPO-*Paeffgen*, § 124 Rn. 13). 31

Wurde der Anspruch eines Beteiligten auf rechtliches Gehör verletzt, dann ist eine Wiedereinsetzung in den vorigen Stand nach § 33a denkbar (OLG Brandenburg StraFo 1998, 212). 32

D. Wirkung des Verfalls gegenüber Dritten, § 124 Abs. 3. Der Beschluss, mit dem die Sicherheit für verfallen erklärt wird, hat nach Unanfechtbarkeit oder erfolgloser Anfechtung gem. § 124 Abs. 3 bindende Wirkung eines rechtskräftigen Zivilurteils ggü. dem Sicherungsbürgen. Solange die Entscheidung noch anfechtbar ist, entspricht sie einem für vorläufig vollstreckbar erklärten Zivilurteil. Damit ist das **Rechtsverhältnis zwischen Staat (Fiskus) und Bürgen** geklärt und einem Zivilrechtsstreit nicht zugänglich. Amtshaftungsklagen nach § 839 BGB sind davon aber nicht erfasst (vgl. zum Ganzen: LR/*Hilger* § 124 Rn. 48 ff.; Meyer-Goßner/*Schmitt*, § 124 Rn. 13; KK/*Schultheis* § 124 Rn. 14). 33

Entgegen dem Wortlaut gilt § 124 Abs. 3 auch zwischen **Staat und Beschuldigtem**, der Sicherheit geleistet hat, sofern dieser von den Wirkungen der Entscheidung betroffen ist. Eine Beschränkung dieser Wirkungen nur auf den Bürgen ist sachlich nicht gerechtfertigt (LR/*Hilger* § 124 Rn. 50; KK/*Schultheis* § 124 Rn. 14). 34

Das Verhältnis zwischen **Beschuldigtem und Dritten** ist von § 124 Abs. 3 nicht erfasst. Es regelt sich privatrechtlich (vgl. zum Ganzen: LR/*Hilger* § 124 Rn. 48 ff.; Meyer-Goßner/*Schmitt* § 124 Rn. 13; KK/*Schultheis* § 124 Rn. 14). 35

Zu den materiell-rechtlichen Wirkungen des Verfalls s. die Kommentierung unter Rdn. 20 ff.).

§ 125 Zuständigkeit für den Erlass des Haftbefehls

(1) Vor Erhebung der öffentlichen Klage erläßt der Richter bei dem Amtsgericht, in dessen Bezirk ein Gerichtsstand begründet ist oder der Beschuldigte sich aufhält, auf Antrag der Staatsanwaltschaft oder, wenn ein Staatsanwalt nicht erreichbar und Gefahr im Verzug ist, von Amts wegen den Haftbefehl.

(2) [1]Nach Erhebung der öffentlichen Klage erläßt den Haftbefehl das Gericht, das mit der Sache befaßt ist, und, wenn Revision eingelegt ist, das Gericht, dessen Urteil angefochten ist. [2]In dringenden Fällen kann auch der Vorsitzende den Haftbefehl erlassen.

Übersicht

1 **A. Allgemeines.** In § 125 sind die Zuständigkeiten für den **Erlass des Haftbefehls** sowie die **Ablehnung des Antrages auf Erlass** eines Haftbefehls normiert. § 126 regelt die Zuständigkeit für **weitere gerichtliche Entscheidungen** in Haftsachen. Dort geht es um den Vollzug und die sonstigen Aspekte der Ausgestaltung der Untersuchungshaft bis hin zur Haftverschonung und Aufhebung des Haftbefehls. Die Zuständigkeit des **Haftgerichts, dem der Beschuldigte vorzuführen ist**, ergibt sich für den Fall eines Dezernatshaftbefehls aus den §§ 115, 115a und für den Fall der vorläufigen Festnahme aus den §§ 128, 129. Weitere **besondere Zuständigkeitsregen** enthalten § 391 AO, § 13 Abs. 1 WiStG 1954, § 38 Abs. 1 AWG und § 38 Abs. 1 MOG (ebenso schon KK/*Schultheis* § 125 Rn. 1 a.E.).

2 Die besondere **örtliche Zuständigkeit** in § 125 weicht von den allgemeinen Vorgaben in § 162 Abs. 1 Satz 1 ab. Sie verdrängt diese aber nicht, sondern besteht neben ihnen. Das stellt der Wortlaut von § 162 Abs. 1 Satz 2 in seiner nunmehr geltenden Fassung ausdrücklich klar (s. hierzu OLG Düsseldorf JMBl NW 2008, 65; OLG Stuttgart StraFo 2004, 97; OLG Stuttgart NStZ 1991, 291; *Steinmetz* SchlHA 2005, 147 ff.; **a.A.** LG Zweibrücken StraFo 2009, 243 [LS] und LG Zweibrücken NStZ-RR 2004, 304 ff. = StraFo 2004, 277 ff. = StV 2004, 499 ff. [noch zum alten Recht: lex specialis; zum Fall der Ersetzung der StA durch eine andere nach § 145 Abs. 1 GVG]).

3 Durch eine funktionale Änderung der Zuständigkeit in Wirtschaftsstrafsachen nach **§ 74c Abs. 3 GVG** ändert sich die Zuständigkeit des Haftgerichts nach § 125 Abs. 1 StPO nicht (OLG Nürnberg StV 2000, 38 = wistra 1999, 280).
Ergeht ein Haftbefehl in einem für mehrere AG gemeinsam organisierten Bereitschaftsdienst (§ 22c GVG), dann soll der jeweilige Bereitschaftsdienstrichter als Vertreter des Ermittlungsrichters fungieren. Außerhalb des Bereitschaftsdienstes ist dann der zuständige Richter berufen (LG Arnsberg StraFo 2015, 66).

4 **B. Regelungsgehalt. I. Vor Erhebung der öffentlichen Klage, § 125 Abs. 1. 1. Sachliche Zuständigkeit des Gerichts.** Sachlich zuständig für den Erlass des Haftbefehls ist vor Erhebung der öffentlichen Klage das AG. Liegen verschiedene Gerichtsstände vor, dann können mehrere Richter unterschiedlicher örtlich zuständiger AG berufen sein. Eine gleichrangige Zuständigkeit aller Richter wäre aber mit Art. 101 Abs. 1 Satz 2 GG unvereinbar. Der im Einzelfall nach § 125 konkret zuständige Richter ergibt sich aus den ergänzenden Bestimmungen der jeweiligen Geschäftsverteilung (vgl. BVerfGE 25, 336, 346 = DRiZ 1969, 194 f. = JZ 1969, 599 ff. = MDR 1969, 545 = NJW 1969, 1104 ff.; ausführlich zur Geschäftsverteilung: Meyer-Goßner/*Schmitt* § 21e GVG Rn. 1; s.a. *Schramm/Bernsmann* StV 2006, 442 ff.; die Kommentierung unter § 21e GVG). Durch dieses Vorgehen ist gewährleistet, dass der konkret zuständige Richter generell vorbestimmt ist. Eine Benennung ad hoc oder ad personam ist unzulässig (BGH NJW 2010, 3045 ff. = NStZ 2011, 52 f. = StraFo 2010, 466 ff. = StV 2011, 463 ff. = wistra 2011, 32 ff. [Rechtsbeugung bei Verhandlung nach der HPO {»Hüttenstädter Prozessordnung« und selbst generierter Zuständigkeit des Gerichts]). Dabei ist das Willkürverbot zu beachten.

5 In **Staatsschutzsachen** nach § 120 GVG ergibt sich neben § 125 eine besondere sachliche Zuständigkeit des Ermittlungsrichters beim OLG oder beim BGH gem. § 169 (vgl. LR/*Hilger* § 125 Rn. 3 und 6).

6 In **Jugendstrafsachen** ist der Jugendrichter zuständig (vgl. § 34 Abs. 1 JGG; BVerfG NStZ 2005, 643 [m.Anm. *Reichenbach* NStZ 2005, 617 ff.] = NStZ-RR 2005, 279 ff. = ZJJ 2005, 320 f.; LG Berlin NStZ 2006, 525 f.; Meyer-Goßner/*Schmitt* § 125 Rn. 2; KK/*Schultheis* § 125 Rn. 3).

7 **2. Örtliche Zuständigkeit des Gerichts.** Örtlich zuständig für den Erlass eines Haftbefehls ist dasjenige AG, in dessen Bezirk ein **Gerichtsstand** begründet ist oder der Beschuldigte sich aufhält. Ein Gerichtsstand ist nach den §§ 7 bis 13a, 15 im Bezirk eines AG begründet, wenn dieses für die Sache zuständig ist oder bei sachlicher Zuständigkeit eines Gerichts höherer Ordnung, das in dem AG-Bezirk liegt (Meyer-Goßner/*Schmitt* § 125 Rn. 3 und 4). Zur Begründung der Zuständigkeit genügt der nur kurzfristige Aufenthalt am

Gerichtsort oder auch die Durchreise (LR/*Hilger* § 125 Rn. 7; KK/*Schultheis* § 125 Rn. 2). Der Aufenthalt muss nicht freiwillig sein; auch der Haftort kann zuständigkeitsbegründend sein (AnwK-Uhaft/*König*, § 125 StPO Rn. 2 a.E.; SK/StPO-*Paeffgen*, § 125 Rn. 3; KK/*Schultheis* § 125 Rn. 2).

Bei **Straftaten in der Sitzung** ermöglicht § 183 Satz 2 GVG die vorläufige Festnahme des Beschuldigten. 8
Zuständig für den Erlass des Haftbefehls ist hier aber nicht das Tatgericht, sondern das AG (s.o.). Verhandelt der Strafrichter, dann kann er ggf. berufen sein, einen Haftbefehl zu erlassen (s. aber BGH NJW 2010, 3045 ff. = NStZ 2011, 52 f. = StraFo 2010, 466 ff. = StV 2011, 463 ff. = wistra 2011, 32 ff.).

Wird der Haftbefehl von einem **örtlich unzuständigen Gericht erlassen**, dann ist er aufzuheben. Eine Abgabe 9
an das örtlich zuständige Gericht ist unzulässig (KG StV 1998, 384 = NStZ 1999, 585 [LS]); AG Tiergarten StV 2016, 815 [LS]). Wird der Beschuldigte beim **örtlich unzuständigen Gericht vorgeführt**, dann hält er sich dort nicht auf. Unrichtiges staatliches Handeln kann eine Zuständigkeit nicht erzwingen (ebenso: LR/*Hilger* § 125 Rn. 7 [unter Aufgabe der früher anderen Ansicht]; SK/StPO-*Paeffgen*, § 125 Rn. 3; KMR-*Wankel* § 125 Rn. 3; **a.A.** Meyer-Goßner/*Schmitt* § 125 Rn. 5; KK/*Schultheis* § 125 Rn. 2).

3. **Funktionale Zuständigkeit des Gerichts.** Der Strafprozessordnung ist ebenso wie dem Gerichtsver- 10
fassungsgesetz der Begriff und damit eine eigenständige regelungsbedürftige **funktionale Zuständigkeit** des »Haftrichters« fremd. Der Begriff wird dennoch häufig verwendet. Zuständig ist der Ermittlungsrichter. Er entscheidet über sämtliche amtsgerichtlichen Angelegenheiten im Verfahren zur Vorbereitung der öffentlichen Klage (Ermittlungsverfahren). Somit ist er auch zuständig für die Anordnung der Untersuchungshaft nach § 125 Abs. 1, sofern keine abweichende Regelung im Geschäftsverteilungsplan getroffen worden ist (BGH NJW 2010, 3045 ff. = NStZ 2011, 52 f. = StraFo 2010, 466 ff. = StV 2011, 463 ff. = wistra 2011, 32 ff.; s.a. *Hilger* in: FS Meyer, 1990, S. 209, 213; Meyer-Goßner/*Schmitt* § 125 Rn. 2 und § 162 Rn. 13; LR/*Erb* § 162 Rn. 16). Eine konkrete Ausgestaltung des Zuständigkeitsbereiches des Haftrichters ist regelmäßig entbehrlich, als Sonder- oder Spezialzuweisung aber möglich.

Die **Zuständigkeitskonzentration nach § 162** hat ihre wesentliche Bedeutung in Fällen der überörtlichen 11
Kriminalität. Damit soll eine Beschleunigung des Ermittlungsverfahrens bei einem Haftgericht bewirkt werden. Der mit der Sache besonders vertraute Richter soll die meist komplexe Angelegenheit mit mehreren Beschuldigten umfassend bearbeiten und sämtliche im Ermittlungsverfahren notwendigen gerichtlichen Entscheidungen »einheitlich« treffen.

Nach **§ 58 Abs. 1 Satz 1 GVG** kann mittels Rechtsverordnung die Zuständigkeit für Haftsachen mehrerer 12
Gerichtssprengel einem AG zugewiesen werden (s. hierzu BGH NStZ 1989, 81; BayObLG NStZ 1989, 34 f.; OLG Nürnberg NStZ 1987, 37 f.). Dies mag in kleineren Gerichtsbezirken sinnvoll sein oder ist zur Regelung des Jourdienstes am Wochenende denkbar. Der jeweilige Richter wird dann als Vertreter des nach § 125 örtlich zuständigen Ermittlungsrichters tätig (LG Arnsberg StraFo 2015, 66 f.).

4. **Antrag der StA und Eilkompetenz des Gerichts.** Vor Anklageerhebung darf ein Haftbefehl grds. nur 13
auf Antrag der StA ergehen. Diese ist **Herrin des Ermittlungsverfahrens**, sie hat die alleinige Entscheidungskompetenz, wie sie die Ermittlungen führt. I.Ü. könnte sie auch jederzeit nach § 120 Abs. 3 einen Haftbefehl aufheben lassen.

Über den Antrag der StA hinaus darf der Haftbefehl nicht auf **weitere Taten i.S.d. § 264 StPO** erstreckt wer- 14
den (OLG Frankfurt StV 1995, 424; LR/*Hilger* § 125 Rn. 10; Meyer-Goßner/*Schmitt* § 125 Rn. 8; *Nehm* in: FS *Meyer-Goßner*, 2001, S. 277, 289; *Schnarr* MDR 1990, 89 ff.; KK/*Schultheis* § 125 Rn. 6).

Die **Zuständigkeit der StA** ergibt sich aus den §§ 142 ff. GVG. Auch ein unzuständiger Staatsanwalt kann 15
den Erlass eines Haftbefehls beantragen (allgemeine Meinung: LR/*Hilger* § 125 Rn. 10; *Loh* MDR 1970, 812 ff.; Meyer-Goßner/*Schmitt* § 125 Rn. 8 a.E.; KK/*Schultheis* § 125 Rn. 6 a.E.).

Hat der Amtsrichter den Erlass des Haftbefehls abgelehnt, dann geht die Zuständigkeit für dessen Erlass mit 16
der Beschwerde und dann der weiteren Beschwerde auf die jeweils angerufenen Gerichte über. Diese können den Haftbefehl dann in eigener Entscheidungskompetenz erlassen (vgl. §§ 309 Abs. 2, 310).

Ausnahmsweise kann das zuständige Gericht auch **ohne Antrag der StA** einen Haftbefehl erlassen. Voraus- 17
setzung hierfür ist, dass der Staatsanwalt nicht erreichbar und Gefahr in Verzug ist. Hiermit korrespondierende Regelungen für richterliche Nothandlungen finden sich in § 128 Abs. 2 und in § 165. Gefahr in Verzug ist anzunehmen, wenn ohne sofortigen Erlass des Haftbefehls die Gefahr besteht, dass die Verhaftung des Beschuldigten nicht mehr möglich sein wird oder eine unverzügliche Vorführung des vorläufig Festgenommenen spätestens am Tag nach der Festnahme entsprechend § 128 Abs. 1 StPO unmöglich ist (vgl. statt Aller: Meyer-Goßner/*Schmitt* § 125 Rn. 9; LR/*Hilger* § 125 Rn. 11). Ein solcher Fall scheint heutzutage unter Beachtung moderner Kommunikationsmöglichkeiten, allgemein üblichen Vertretungsregelungen und auch des Einsatzes von Jour-Staatsanwälten am Wochenende aber praktisch undenkbar.

18 Die Unerreichbarkeit des Staatsanwaltes oder Gefahr in Verzug können aber **nicht** angenommen werden, wenn der Staatsanwalt bewusst keinen Antrag auf Erlass eines Haftbefehls stellt, weil er die Sach- und Rechtslage anders einschätzt als das Gericht (LR/*Hilger* § 125 Rn. 11). Zur Entscheidungskompetenz s.o., Rdn. 10 und insb. Rdn. 13.

19 **II. Nach Erhebung der öffentlichen Klage, § 125 Abs. 2.** Nach Erhebung der öffentlichen Klage (vgl. hierzu § 170 Abs. 1) erlässt den Haftbefehl das Gericht, das mit der Sache befasst ist. Die Zuständigkeit wechselt vom **Haftgericht** zum **Tatgericht**, zu dem Anklage erhoben wurde. Dies kann, muss aber nicht das AG sein. Die Geschäftsverteilung ist zu beachten. Im Fall der Einlegung der Berufung ist nach Vorlage der Akten entsprechend § 321 Satz 1 das Berufungsgericht zuständig. Ist Revision gegen das Urteil eingelegt, dann verbleibt die Zuständigkeit bei dem Gericht, dessen Urteil angefochten wird. Mit der Einreichung der Anklage endet die Zuständigkeit des Ermittlungsrichters sowie des jeweiligen Beschwerdegerichts (OLG Düsseldorf wistra 1999, 318, 319; OLG Karlsruhe wistra 1998, 96; OLG Naumburg NStZ-RR 1997, 307; KK/*Schultheis* § 125 Rn. 8).

20 Ein **Antrag der StA** auf Erlass eines Haftbefehls ist hier nicht mehr erforderlich. Sie hat nicht mehr die alleinige Entscheidungskompetenz. Sie ist aber zu hören. Während des Laufes der Hauptverhandlung ergibt sich dies aus § 33 Abs. 1, außerhalb der Hauptverhandlung aus § 33 Abs. 2.

21 Das Gericht entscheidet grds. in seiner **berufsrichterlichen Besetzung** (vgl. für die Zuständigkeit der Strafkammern beim LG § 76 Abs. 1 Satz 2 GVG). Bei Haftentscheidungen, die während laufender Hauptverhandlung zu treffen sind, entscheidet – sofern es als Tatgericht angerufen ist – das Kollegialgericht. Die Schöffen sind dann an der Entscheidung zu beteiligen (str.! dafür: OLG Düsseldorf StV 1984, 159; OLG Köln NStZ 1998, 419; KK/*Graf* § 126 Rn. 10; dagegen: OLG Hamburg MDR 1973, 69; OLG Köln NStZ 1998, 419 [m. abl. Anm. *Foth* und zustimmender Anm. *Siegert*]; zum gesetzlichen Richter s.a. BGHSt 43, 91 ff. = NJW 1997, 2531 f. = NStZ 1997, 606 f. [m.Anm. *Dehn*, ebenda und Anm. *Foth* NStZ 1998, 262; der LS ist dann nochmals abgedruckt in NStZ 1998, 419]; s. zum Ganzen: *Herrmann*, Untersuchungshaft, Rn. 1049 f.; Meyer-Goßner/*Schmitt* § 126 Rn. 8).

22 In **dringenden Fällen** kann der Vorsitzende des Gerichts den Haftbefehl alleine erlassen (vgl. § 125 Abs. 2 Satz 2). Er muss nicht abwarten, bis das Kollegialgericht zusammentritt. Ein solcher Fall ist anzunehmen, wenn der Haftbefehl bei weiterem Zuwarten zu spät käme (LR/*Hilger* § 125 Rn. 17; KK/*Schultheis* § 125 Rn. 9). Während des Laufs der Hauptverhandlung kann hiervon nicht ausgegangen werden, dort wird immer das Kollegialgericht entscheiden müssen (s.a. BGHSt 43, 91 ff. = JR 1998, 33 ff. = JuS 1998, 86 f. = NJW 1997, 2531 f. = NStZ 1997, 606 ff. [m.Anm. *Dehn*, ebenda und Anm. *Foth* NStZ 1998, 262] = StV 1997, 538 ff. = wistra 1997, 353; OLG Hamburg JR 1998, 169 [m.Anm. *Katholnigg*] = NStZ 1998, 419 = NJW 1998, 2988 = StV 1998, 143 ff. [m.Anm. *Schlothauer*]; ausführlich zum Ganzen: *Swoboda* NStZ 2001, 169 ff.). Der Vorsitzende entscheidet nach pflichtgemäßem Ermessen, er hat dabei Sinn und Zweck der Untersuchungshaft zu beachten (gebundenes Ermessen). Über die Zurückweisung eines Antrages der StA auf Erlass eines Haftbefehls entscheidet der Vorsitzende nicht alleine, eine Dringlichkeit kann hier nicht angenommen werden (s.a. LR/*Hilger* § 125 Rn. 19; KK/*Schultheis* § 125 Rn. 9). Zum Fall der Aufhebung eines Haftbefehls in dringenden Fällen s. die Kommentierung bei § 126 Rdn. 18.

23 **C. Verstoß gegen die Zuständigkeitsregeln.** Grds. ist ein Verstoß gegen das Recht auf den gesetzlichen Richter nach Art. 101 Abs. 1 Satz 2 GG anzunehmen, der nicht hingenommen werden kann. Ist ein Haftbefehl durch ein unzuständiges Gericht erlassen worden, dann ist er auf die Beschwerde des Beschuldigten hin aufzuheben und durch Beschluss eine Sachentscheidung abzulehnen, sofern das zuständige Gericht nicht zu dem Bezirk des angerufenen Beschwerdegerichts gehört, was aber ebenfalls krit. zu diskutieren ist. Eine Verweisung der Sache an das zuständige Gericht kommt jedenfalls nicht in Betracht (BGHSt 23, 79, 82; KG NStZ 1999, 585 f. [m. krit. Anm. *Fröhlich*] = StV 1998, 384; OLG Hamburg NStZ 1991, 356 f.; s. hierzu auch *Paeffgen* NStZ 1999, 71, 73; zum Ganzen auch KK/*Engelhardt* § 309 Rn. 10; Meyer-Goßner/*Schmitt* § 16 Rn. 5 und § 309 Rn. 6; KK/*Schultheis* § 125 Rn. 1 a.E.; LR/*Erb* § 16, Rn. 9; **a.A.** LR/*Hilger* § 125 Rn. 20, der eine Heilung durch Abgabe an das zuständige Gericht möglich hält und dies nur bei einem Verstoß gegen das **Willkürverbot** anders sieht; hierzu s. BGH NJW 2010, 3045 ff. = NStZ 2011, 52 f. = StraFo 2010, 466 ff. = StV 2011, 463 ff. = wistra 2011, 32 ff. [»eigenmächtige Zuständigkeit über die Osterfeiertage«] und BGHSt 42, 343, 350 und 353 = JR 1997, 471, 473 [m.Anm. *Seebode*] = JuS 1997, 856 f. = NJ 1997, 223 = NJW 1997, 1452 ff. [m.Anm. *Schmittmann* NJW 1997, 1426 f.] = NStZ 1997, 439 [m.Anm. *Volk* NStZ 1997, 412 ff. und Anm. *Krehl* NStZ 1998, 409 f.] = StV 1997, 418 ff. = wistra 1997, 182 ff. [»Verhandlung nach der HPO« – s.o.).

24 Fällt die ursprünglich gegebene Zuständigkeit später weg oder ändert sie sich, dann kann der den Haftbefehl erlassende Richter auf Antrag der StA die Zuständigkeit auf denjenigen Richter übertragen, in dessen

Zuständigkeitsbereich das Ermittlungsverfahren (nunmehr) geführt wird (vgl. *Widmaier/König*, MAH Strafverteidigung, § 4 Rn. 65 a.E.).

§ 126 Zuständigkeit für weitere gerichtliche Entscheidungen

(1) [1]Vor Erhebung der öffentlichen Klage ist für die weiteren gerichtlichen Entscheidungen und Maßnahmen, die sich auf die Untersuchungshaft, die Aussetzung ihres Vollzugs (§ 116), ihre Vollstreckung (§ 116b) sowie auf Anträge nach § 119a beziehen, das Gericht zuständig, das den Haftbefehl erlassen hat. [2]Hat das Beschwerdegericht den Haftbefehl erlassen, so ist das Gericht zuständig, das die vorangegangene Entscheidung getroffen hat. [3]Wird das vorbereitende Verfahren an einem anderen Ort geführt oder die Untersuchungshaft an einem anderen Ort vollzogen, so kann das Gericht seine Zuständigkeit auf Antrag der Staatsanwaltschaft auf das für diesen Ort zuständige Amtsgericht übertragen. [4]Ist der Ort in mehrere Gerichtsbezirke geteilt, so bestimmt die Landesregierung durch Rechtsverordnung das zuständige Amtsgericht. [5]Die Landesregierung kann diese Ermächtigung auf die Landesjustizverwaltung übertragen.

(2) [1]Nach Erhebung der öffentlichen Klage ist das Gericht zuständig, das mit der Sache befaßt ist. [2]Während des Revisionsverfahrens ist das Gericht zuständig, dessen Urteil angefochten ist. [3]Einzelne Maßnahmen, insbesondere nach § 119, ordnet der Vorsitzende an. [4]In dringenden Fällen kann er auch den Haftbefehl aufheben oder den Vollzug aussetzen (§ 116), wenn die Staatsanwaltschaft zustimmt; andernfalls ist unverzüglich die Entscheidung des Gerichts herbeizuführen.

(3) Das Revisionsgericht kann den Haftbefehl aufheben, wenn es das angefochtene Urteil aufhebt und sich bei dieser Entscheidung ohne weiteres ergibt, daß die Voraussetzungen des § 120 Abs. 1 vorliegen.

(4) Die §§ 121 und 122 bleiben unberührt.

(5) [1]Soweit nach den Gesetzen der Länder über den Vollzug der Untersuchungshaft eine Maßnahme der vorherigen gerichtlichen Anordnung oder der gerichtlichen Genehmigung bedarf, ist das Amtsgericht zuständig, in dessen Bezirk die Maßnahme durchgeführt wird. [2]Unterhält ein Land für den Vollzug der Untersuchungshaft eine Einrichtung auf dem Gebiet eines anderen Landes, können die beteiligten Länder vereinbaren, dass das Amtsgericht zuständig ist, in dessen Bezirk die für die Einrichtung zuständige Aufsichtsbehörde ihren Sitz hat. [3]Für das Verfahren gilt § 121b des Strafvollzugsgesetzes entsprechend.

Übersicht

A. Allgemeines. Während § 125 die Zuständigkeiten für den Erlass des Haftbefehls sowie die Ablehnung des Antrages auf Erlass eines Haftbefehls regelt, ist in § 126 die Zuständigkeit für **weitere gerichtliche Entscheidungen** in Haftsachen normiert. Hier geht es um den Vollzug und die Ausgestaltung der Untersuchungshaft bis hin zur Haftverschonung und Aufhebung des Haftbefehls. 1

§ 126 findet auch bei **Ungehorsamshaft** nach § 230 Abs. 2 bzw. § 236 Anwendung. Für das Verfahren bei **vorläufiger Festnahme** nach § 127 enthält § 128 ergänzende Vorschriften. An der Zuständigkeit nach § 126 ändert sich dadurch aber nichts (LR/*Hilger* § 126 Rn. 5). 2

B. Folgeentscheidungen i.S.d. § 126. Weitere gerichtliche Entscheidungen und Maßnahmen, sog. Folgeentscheidungen, für die sich die Zuständigkeit nach § 126 richtet, sind insb. (in der Reihenfolge des Gesetzestextes): die unverzügliche (richterliche) Belehrung des Verhafteten (**§ 114b**), die Ermöglichung der Benachrichtigung von Angehörigen über die Verhaftung (**§ 114c**), die Wahrnehmung der Informationspflichten ggü. der Vollzugsanstalt (**§ 114d**), die unverzügliche richterliche Vernehmung nach Ergreifung und Vorführung (**§ 115 Abs. 2**), ggf. durch den Richter des nächsten AG (**§ 115a**), die Aussetzung des Vollzugs des Haftbefehls und die Anordnung von Maßnahmen, die erwarten lassen, dass auch durch sie der Zweck der Untersuchungshaft erreicht werden kann (**§ 116 Abs. 1 bis 3**), Entscheidungen über die Anpassung oder Abänderung von Haftverschonungsmaßnahmen nach § 116, insb. über die Angemessenheit der Sicherheitsleistung (**§ 116 Abs. 1 Nr. 4**), über die Höhe der Sicherheitsleistung (**§ 116a Abs. 2**), die 3

Anordnung des erneuten Vollzugs des Haftbefehls (**§ 116 Abs.** 4), abweichende Entscheidungen zum Vorrang der Vollstreckung von Untersuchungshaft (**§ 116b Satz 2**), Entscheidungen über den Antrag auf Haftprüfung (**§ 117 Abs. 1**), die Anordnung von Ermittlungen im Haftprüfungsverfahren (**§ 117 Abs. 3**), die Entscheidung im Haftprüfungsverfahren von Amts wegen (**§ 117 Abs. 5**), die Entscheidung nach mündlicher Verhandlung im Haftprüfungsverfahren (**§ 118a Abs. 4**), die mündliche Verhandlung bei der Haftprüfung (**§ 118a Abs. 3**), Anordnungen über die Ausgestaltung der Untersuchungshaft (**§ 119**), gerichtliche Entscheidungen über die Anordnungen zur Ausgestaltung der Untersuchungshaft (**§ 119 Abs. 5 Satz 1, § 119a**), vorläufige Anordnungen zur Ausgestaltung der Untersuchungshaft (**§ 119a Abs. 2 Satz 2**), die Aufhebung des Haftbefehls (**§ 120 Abs. 1 und 3**), die Vorlage der Akten i.R.d. besonderen Haftprüfung durch Vermittlung der StA (**§ 122 Abs. 1**), die Aufhebung oder Änderung von Haftverschonungsmaßnahmen nach § 116 (**§ 123 Abs. 1**), Entscheidungen über den Verfall einer Sicherheit (**§ 124 Abs. 2 und 3**), die Ausschreibung zur Festnahme (**§ 131**), die Bestellung eines Pflichtverteidigers (**§ 141 Abs. 3 Sätze 3 und 4** bzw. **§ 141 Abs. 3 Satz 5 i.V.m. § 140 Abs. 1 Nr. 4**; vgl. hierzu die Kommentierung unter Vor §§ 112 ff. Rdn. 50 ff.), die Vermittlung der Gewährung von zwingend zu gewährender Akteneinsicht (**§ 147 Abs. 2**; vgl. hierzu die Kommentierung unter Vor §§ 112 ff. Rdn. 59 ff.). Auf die jeweiligen Kommentierungen wird ergänzend verwiesen.

4 **C. Regelungsgehalt. I. Vor Erhebung der öffentlichen Klage, § 126 Abs. 1.** Nach § 126 Abs. 1 Satz 1 ist über den Erlass des Haftbefehls hinaus für **weitere Fragen der Untersuchungshaft** bis zur Erhebung der öffentlichen Klage (vgl. hierzu § 170 Abs. 1) grds. das Gericht zuständig, das den Haftbefehl erlassen hat. Die Zuständigkeit des § 125 Abs. 1 wirkt fort. Auch hier erfolgt aber die konkrete Zuordnung des individuellen Richters über die Geschäftsverteilung (vgl. hierzu § 125 dort Rdn. 4 ff.; s.a. Meyer-Goßner/*Schmitt* § 126 Rn. 2; *Schramm/Bernsmann* StV 2006, 442 ff.). Für Folgeentscheidungen kann also ein anderer Richter zuständig sein als für den Erlass des Haftbefehls.

5 Eine Ausnahme von der Regel des § 126 Abs. 1 Satz 1 ist vorgesehen, wenn das Beschwerdegericht den Haftbefehl erlassen hat. Dann ist nach **§ 126 Abs. 1 Satz 2** das Ausgangsgericht zuständig. Diesem wird eine größere Sachnähe zugestanden.

6 Nach § 126 Abs. 1 Satz 3 ist auf Antrag der StA eine **Übertragung der Zuständigkeit auf ein anderes Gericht** möglich, wenn die weitere Sachbearbeitung der StA an einem anderen Ort übertragen oder die Untersuchungshaft an einem anderen Ort vollzogen wird. Eine solche Übertragung erscheint nicht unproblematisch. Der den Haftbefehl erlassende Ermittlungsrichter hat den Beschuldigten vernommen und einen persönlichen Eindruck gewonnen. Er verfügt über weitergehende Sachkenntnis als nur aus dem Akteninhalt ersichtlich. Auch kann es durch die Aktenversendung zeitlichen Verzögerungen kommen. Dies widerspräche dem Beschleunigungsgrundsatz (vgl. nur § 306 Abs. 2 Hs. 2 und Abs. 3 [»Vorlage binnen 3 Tagen«]; § 118 Abs. 5 [»unverzüglich«]). Bei unterschiedlichem Sitz von StA und Haftgericht sind ebenfalls Verzögerungen zu besorgen (ausführlich hierzu *Weider* StV 2010, 102, 107). Für den Fall einer Übertragung der Zuständigkeit sollte die Anhörung des (Pflicht-) Verteidigers erfolgen; es geht um einen Wechsel des gesetzlichen Richters, der wegweisende Entscheidungen zu treffen hat. Mit Erlass des Übertragungsbeschlusses werden das dortige AG und das diesem übergeordnete Land- bzw. OLG zuständig (BGHSt 14, 180, 185 = JZ 1960, 578 ff. = MDR 1960, 600 = NJW 1960, 1069 f.; OLG Koblenz JBl RP 2005, 140; a.A. KG JR 1985, 256). Der Übertragungsbeschluss ist für das angerufene Gericht grds. bindend. Eine weitere Übertragung an ein anderes Gericht unter Beachtung der Vorgaben des § 126 Abs. 1 Satz 3 ist auf Antrag möglich (LR/*Hilger* § 126 Rn. 14; Meyer-Goßner/*Schmitt* § 126 Rn. 3; KK/*Schultheis* § 126 Rn. 4). Der entsprechende Beschluss ist mit der Beschwerde anfechtbar (ebenso schon *Weider* StV 2010, 102, 107).

7 Im **Jugendstrafverfahren** ist eine solche Übertragung der Zuständigkeit, wie sie § 126 Abs. 1 Satz 3 eröffnet, vereinfacht möglich: Der zuständige Jugendrichter kann aus wichtigen Gründen Entscheidungen zur Untersuchungshaft ganz oder z.T. einem anderen Jugendrichter übertragen (§ 72 Abs. 6 JGG). Dies macht Sinn, wenn der Jugendliche in einer entfernt liegenden Jugendjustizvollzugsanstalt einsitzt. Dann ist der Richter näher beim Beschuldigten. Insgesamt verfangen aber dieselben Bedenken wie bei § 126 Abs. 1 Satz 3 (s.o.).

8 **II. Nach Erhebung der öffentlichen Klage, § 126 Abs. 2. 1. Das mit der Sache befasste Gericht, § 126 Abs: 2 Satz 1.** Nach Anklageerhebung entscheidet gem. § 126 Abs. 2 Satz 1 grds. das in der Hauptsache zuständige und **mit der Sache befasste** Gericht. Werden bei mehreren Tatkomplexen nur einige von einer (Teil-) Anklage erfasst, dann verbleibt es hinsichtlich der Entscheidungen zur Untersuchungshaft bei der Zuständigkeit des ursprünglichen Haftrichters (LG Mannheim NStZ 2006, 592 = StraFo 2005, 379; s. hierzu auch KK/*Schultheis* § 126 Rn. 8; *Schlothauer/Weider/Nobis*, Untersuchungshaft, Rn. 849 dort Fn. 239). Wird eine Hilfsstrafkammer aufgelöst, dann fällt die Zuständigkeit zurück an die ursprünglich zuständige Strafkammer (OLG Rostock OLGSt StPO § 25 Nr. 2, zit. nach *Schultheis* NStZ 2018, 323 [326]). Im Rechtsmittelverfahren wird das Berufungsgericht mit Zugang der Akten zuständig (vgl. § 126 Abs. 2 Satz 1 i.V.m.

§ 321 Satz 2). Bei Einlegung der Revision bleibt das Gericht zuständig, dessen Urteil angefochten ist (vgl. § 126 Abs. 2 Satz 2). Die Regelungen dienen einer zweckmäßigen Behandlung durch das sachnächste Gericht.

2. **Besetzung des Gerichts.** Streit besteht darüber, in welcher **Gerichtsbesetzung außerhalb der Hauptverhandlung** über Haftfragen zu entscheiden ist. Hierfür existiert keine gesetzliche Regelung. 9

Die Garantie des gesetzlichen Richters ist von elementarer Bedeutung. Art. 101 Abs. 1 Satz 2 GG soll insb. der Gefahr begegnen, dass die Justiz durch eine Manipulation der rechtsprechenden Organe sachfremden Einflüssen ausgesetzt wird.

Der 3. Strafsenat des KG geht davon aus, dass Haftentscheidungen während laufender Hauptverhandlung eines Amts- oder Landgerichtes stets in der Besetzung außerhalb der Hauptverhandlung zu treffen seien; zur Entscheidung berufen sind danach diejenigen Berufsrichter, die an der Hauptverhandlung teilnehmen (StraFo 2015, 110 ff. [3. Strafsenat]). Dem hat der 4. Strafsenat des KG widersprochen. Außerhalb der Hauptverhandlung sei in der Stammbesetzung der Kammer, also in der im Geschäftsverteilungsplan ursprünglich vorgesehenen Besetzung zu entscheiden. Dabei könne der Fall eintreten, dass keiner der über die Haftfrage entscheidenden Berufsrichter an der Hauptverhandlung teilnehme – was quer stehe zur Figur der eingeschränkten Überprüfbarkeit des Haftbefehls während laufender Hauptverhandlung (KG StraFo 2015, 423 ff. [mit Anm. *Herrmann*] = StV 2016, 171 ff. [4. Strafsenat]; s. hierzu auch schon KG StV 2013, 526 ff. = NStZ-RR 2013, 284 ff. [4. Strafsenat]).

Einerseits geht es um die **Beteiligung der Schöffen** (vgl. dazu § 126 Rdn. 9). In Streit steht ob Schöffen bei Haftentscheidungen während laufender Hauptverhandlung außerhalb der Verhandlung selbst zu beteiligen sind oder nicht. 10

- **Gegen eine Beteiligung der Schöffen** sprechen sich aus: BGH StV 2011, 295 f. = NStZ 2011, 356 [schematisch]; KG StraFo 2015, 110 ff. [3. Strafsenat]; OLG Hamburg StraFo 2010, 383; OLG Hamburg StV 1998, 143 [m. abl. Anm. *Schlothauer*]; OLG Hamburg MDR 1973, 69; OLG Jena StV 1999, 101 [allerdings mit verfehlter Auslegung von BVerfG NJW 1998, 2962; »verfassungswidrig«]; OLG Köln NJW 2009, 3113 f. = NStZ 2009, 589 f. [m. zust. Anm. *Krüger*] = NStZ 2010, 259 = StraFo 2009, 205 = StV 2010, 34 f. [m.Anm. *Swoboda*]; NStZ 1998, 419 [m. abl. Anm. *Foth* und zustimmender Anm. *Siegert*]; OLG Naumburg NStZ-RR 2001, 347. Dies hat das BVerfG für unbedenklich erachtet, der Anspruch auf den gesetzlichen Richter ist nicht verletzt (BVerfG NJW 1998, 2962). Dagegen spricht aber § 30 GVG (zum gesetzlichen Richter s.a. BGHSt 43, 91 ff. = JR 1998, 33 ff. [m. abl. Anm. *Katholnigg*] = NJW 1997, 2531 f. = NStZ 1997, 606 f. [m.Anm. *Dehn*, ebenda und abl. Anm. *Foth* NStZ 1998, 262; der LS ist dann nochmals abgedruckt in NStZ 1998, 419, dort ohne weitere Anm.]).
- **Für eine Beteiligung der Schöffen** haben sich ausgesprochen: OLG Düsseldorf StV 1984, 159; OLG Koblenz StV 2010, 36, 37 (mit Anm. *Sowada*); vormals ebenso OLG Köln (2. Strafsenat) NStZ 1998, 419 (mit Anm. *Siegert*); soweit ersichtlich nun aber aufgegeben; s. jetzt OLG Köln (ebenfalls 2. Strafsenat) NJW 2009, 3113 = NStZ 2009, 589 = NStZ 2010, 259 = StV 2010, 34 (s. zum Ganzen auch *Hilger* in LR, StPO, 26. Aufl., § 125 Rn. 16a; *Paeffgen* in SK, StPO, 4. Aufl., § 126 Rn. 7). Ein Sonderfall betraf KG StV 2016, 171 = StraFo 2015, 419 und StraFo 2016, 292 [4. Strafsenat]: Aufgrund besonderer Zuständigkeitsregelungen waren die Richter der HV und die außerhalb der HV für Haftfragen berufenen Richter verschieden. Das spricht für eine Entscheidung in der Besetzung der HV.
- Eine **differenzierte Betrachtung** danach, ob die Entscheidung eilbedürftig ist oder nicht (*Katholnigg* JR 1998, 172) überzeugt nicht. Denn in dringenden Fällen hat der Vorsitzende ohnehin selbst zu entscheiden (vgl. § 126 Abs. 2 Satz 4). I.Ü. sind Haftentscheidungen grundsätzlich eilbedürftig und es stünde gegebenenfalls sogar ein Ermessensmissbrauch als weiteres Problem im Raum, wenn nicht zügig entschieden würde.
- Andere **vermittelnde Vorschläge** (hierzu *Börner* JR 2010, 481) diskutieren eine Zwischenberatung mit Schöffen, um dann aber durch die Berufsrichter unter Bindung an die Vorberatung zu entscheiden. Das erscheint wenig praktikabel und lässt sich kaum sinnvoll umsetzen.

Ein weiteres Problem ergibt sich in diesem Zusammenhang aus **§ 126 Abs. 2 Satz 4**. Sind die Schöffen nicht erreichbar, dann kann der Vorsitzende aufgrund der derzeit geltenden Gesetzeslage eine Eilentscheidung selbst treffen (s.o.). Das bedeutet dann aber, dass die weiteren Berufsrichter mit der Sache nicht zu befassen wären (vgl. zum Ganzen *Gittermann* DRiZ 2012, 12 ff.; *Herrmann*, Untersuchungshaft, Rn. 1049 f.; AnwK-Uhaft/*König*, § 126 Rn. 9; sehr ausführlich: Meyer-Goßner/*Schmitt* § 126 Rn. 8; *Schlothauer StV 1998, 144 ff.*; *Schlothauer/Weider/Nobis*, Untersuchungshaft, Rn. 766 ff.; KK/*Schultheis* § 126 Rn. 10; *Sowada* NStZ 2001, 174 f.; *ders.* StV 2010, 37 ff. (Anm. zu OLG Koblenz StV 2010, 36 f.; dort umfassend zum Meinungsstand). 11

Lediglich zur Abrundung und um zu zeigen, wie verworren die momentane Rechtslage ist, darf dann noch bemerkt werden: Das **OLG** entscheidet als Tatgericht immer in der vorgesehenen Besetzung (vgl. § 122 Abs. 2 12

Satz 2 GVG). Dies soll sich aus den §§ 30 Abs. 1, 76 Abs. 1 GVG ergeben (s. hierzu BGHSt 43, 91 ff. = JR 1998, 33 ff. [mit ablehnender Anm. *Katholnigg*] = NJW 1997, 2531 f. = NStZ 1997, 606 f. *[ebenda*, mit zustimmender Anm. *Dehn [zur Anwendbarkeit auch auf Strafkammern und Schöffengerichte]* und ablehnender Anm. *Foth* NStZ 1998, 262]; zustimmend insofern aber *Sowada* NStZ 2001, 173). Da § 126 Abs. 2 StPO von dem mit der Sache befassten Gericht spricht und der Strafsenat des OLG vor Anklageerhebung gerade noch nicht damit beschäftigt ist, spricht vieles dafür, dass der dort zuständige Ermittlungsrichter selbst zu entscheiden hat. Das gelte jedenfalls für den Ermittlungsrichter beim BGH (BGH StV 2012, 419), scheint aber gleichermaßen aber auch für das OLG anzunehmen zu sein.

Die Lösung liegt insgesamt wohl in § 126 Abs. 2 Satz 4. Sind die Schöffen nicht erreichbar, dann kann der Vorsitzende eine Eilentscheidung selbst treffen (vgl. zum Ganzen *Gittermann* DRiZ 2012, 12 ff.; *Herrmann*, Untersuchungshaft, Rn. 1049 f.; AnwK-Uhaft/*König*, § 126 Rn. 9; sehr ausführlich: Meyer-Goßner/*Schmitt* § 126 Rn. 8; *Schlothauer/Weider/Nobis*, Untersuchungshaft, Rn. 766 ff.; KK/*Schultheis* § 126 Rn. 10; *Sowada* NStZ 2001, 174 f.; *ders.* StV 2010, 37 ff. [Anm. zu OLG Koblenz StV 2010, 36 f.; umfassend zum Meinungsstand]). Das OLG entscheidet als Tatgericht immer in der vorgesehenen Besetzung (vgl. § 122 Abs. 2 Satz 2 GVG; s. hierzu BGHSt 43, 91 ff. = JR 1998, 33 ff. [m. abl. Anm. *Katholnigg*] = NJW 1997, 2531 f. = NStZ 1997, 606 f. [m.Anm. *Dehn*, ebenda und abl. Anm. *Foth* NStZ 1998, 262]; zustimmend insofern aber *Sowada* NStZ 2001, 173).

13 Andererseits bietet aber auch die **Besetzung des Spruchkörpers mit Berufsrichtern** Anlass zur Diskussion. Denn wie ist zu verfahren, wenn die nach der Geschäftsverteilung eigentlich zuständigen Berufsrichter in ihrer »Stammbesetzung« an der Hauptverhandlung gar nicht teilnehmen? Vertretungsfälle (beispielsweise wegen Erkrankung, Mutterschutz; sonstige Verhinderung etc.) kommen in der Praxis häufig vor. Immer wieder sind dann Richter zur Verhandlung berufen, die gar nicht der originär vorgesehenen Stammbesetzung der Kammer angehören. Denkbar ist auch, dass die Hauptverhandlung nur in sog. »kleiner Besetzung«, also nur mit zwei Berufsrichtern, stattfindet. Dann kann der Fall eintreten, dass von der eigentlichen Stammbesetzung der Kammer nur ein Teil der für die Haftfrage berufenen Richter oder niemand davon an der Hauptverhandlung teilgenommen hat. Dann müssten bei formaler Betrachtung genau genommen »sachferne« oder gar »sachfremde« Richter über die Haft entscheiden. Die nicht an der Hauptverhandlung teilnehmenden Berufsrichter müssten ihre Entscheidung in diesen Fällen faktisch auf der Basis des von den Kollegen vermittelten Wissens treffen, sie wären auf den subjektiven und nur mittelbaren Eindruck der in der Hauptverhandlung anwesenden Kollegen angewiesen. Zu befürchten stünde insb., dass nur eine auszugsweise Weitergabe der erforderlichen Informationen erfolgt, auszuschließen wäre das jedenfalls nicht.

Der 4. Strafsenat beim KG setzt sich mit dem ganzen Dilemma in seinem Beschluss vom 24.04.2015 intensiv auseinander. Er positioniert sich klar und eindeutig. Er führt aus, dass es eine Besetzung für die Hauptverhandlung gebe und eine Besetzung außerhalb der Hauptverhandlung. Eine Besetzung für Haftfragen (erkennende Richter ohne Schöffen) gebe es hingegen von Gesetzes wegen nicht. Deshalb könne der 3. Strafsenat nur dahin verstanden werden, dass in Haftfragen die Stammbesetzung der Berufsrichter zusammentreten und beraten müsse.

Dann bleibt aber das Problem, dass Richter über Haftfragen entscheiden, die womöglich gar keine eigenen Erkenntnisse über die Sache haben. Das kann so nicht gewollt sein. Auch hier könnte man auf §§ 125 Abs. 2 Satz 2, 126 Abs. 2 Satz 3 und 4 verweisen. Es erscheint allerdings fraglich, ob es der richtige Weg wäre, dass der Vorsitzende aufgrund des Beschleunigungsgebotes in Haftsachen außerhalb der Hauptverhandlung immer alleine entscheidet. So war das vom Gesetzgeber nicht gewollt.

14 Zusammenfassend bleibt zweierlei festzuhalten: Innerhalb des KG gibt es zwischen einerseits dem 3. und andererseits dem 4. Strafsenat eine echte Innendivergenz. Der Streit ist nicht beigelegt. Unabhängig davon stellt sich die Frage, ob der Gesetzgeber den Streit zum Anlass nimmt, endlich Klarheit zu schaffen. Dies scheint aber eher fraglich. Dafür schwelt der Streit schon zu lange, und die Argumente sind hinlänglich bekannt, ohne dass etwas passiert ist.

15 **3. Zuständigkeit des Vorsitzenden, § 126 Abs. 2 Satz 3.** Über einzelne Maßnahmen entscheidet der Vorsitzende (§ 126 Abs. 2 Satz 3). Er trifft »insbesondere« belastende oder begünstigende Anordnungen zur Ausgestaltung und dem Vollzug der Untersuchungshaft nach § 119 oder entscheidet über deren Ablehnung. Die Außervollzugsetzung des Haftbefehls nach § 116 Abs. 1 Nr. 1 bis 3 ist keine solche Maßnahme. Die Änderung einer im Zusammenhang mit der Aussetzung des Vollzuges der Untersuchungshaft ergangenen Anordnung ist dann aber wiederum Aufgabe des Vorsitzenden.

16 Gegen Entscheidungen des Vorsitzenden kann grds. das Kollegialgericht nicht angerufen werden; es sei denn die Maßnahme betrifft die Sachleitung nach § 238 Abs. 2 (BGHSt 44, 82 ff. = NJW 1998, 2296 ff. = NStZ 1998, 584 ff. = StV 1999, 134 ff.; Meyer-Goßner/*Schmitt* § 126 Rn. 11 und § 176 GVG Rn. 16; KK/*Diemer* § 176 GVG Rn. 7).

Der Vorsitzende ist der **alleinige gesetzliche Richter**. Seine Zuständigkeit dient nicht lediglich der Beschleunigung. Der Spruchkörper bietet keine höhere Gewähr für die Richtigkeit einer Entscheidung. Der Vorsitzende kann seine Entscheidungsbefugnis **nicht auf das Gericht übertragen**, dieses darf nicht entscheiden (OLG München StV 1995, 140; OLG Rostock abgedr. bei *Paeffgen* NStZ 2006, 136, 142; Meyer-Goßner/*Schmitt* § 126 Rn. 10; SK-StPO/*Paeffgen* § 126 Rn. 8; a.A. OLG Dresden NStZ 2007, 479 f.; OLG Düsseldorf StV 1998, 41 f. [dort nur aus den Gründen rückzuschließen]). Auch eine Zuständigkeit des Kollegialgerichts i.S.e. Auffangkompetenz besteht nicht (s.a. BVerfG NZV 2010, 148 f. = OLGReport Berlin 2009, 809 ff.; ausführlich zum Ganzen LR/*Hilger* § 126 Rn. 19). 17

In **dringenden Fällen** kann der Vorsitzende mit Zustimmung der StA den Haftbefehl nach § 126 Abs. 2 Satz 4 aufheben oder dessen Vollzug aussetzen. Andernfalls ist unverzüglich die Entscheidung des Kollegialgerichts herbeizuführen (vgl. hierzu Meyer-Goßner/*Schmitt* § 125 Rn. 7; s.a. § 125 dort Rdn. 22). 18

4. Sonstiges. Nach Erhebung der Anklage ist eine **noch anhängige Haftbeschwerde** in einen Antrag auf Haftprüfung nach § 117 Abs. 1 umzudeuten (KG NStZ 2000, 444; OLG Düsseldorf wistra 1999, 318; OLG Frankfurt NStZ-RR 1996, 302; OLG Naumburg NStZ-RR 1997, 307 = StraFo 1997, 250; LG Mannheim NStZ 2006, 592; Meyer-Goßner/*Schmitt* § 117 Rn. 8; *Herrmann*, Untersuchungshaft, Rn. 1099; *Schlothauer/Weider/Nobis*, Untersuchungshaft, Rn. 817; krit.: *Paeffgen* NStZ 1999, 75 [dort insb. Fn. 9]; *Rostek* StV 2002, 225 ff.). Dann ist das mit der Sache befasste Gericht zuständig (OLG Karlsruhe StV 2002, 225; OLG Stuttgart Justiz 2004, 166; OLG Frankfurt NJW 1985, 1233; OLG Düsseldorf StV 1992, 428; StV 1993, 482). Erst gegen die von diesem Gericht erlassene Haftentscheidung ist dann Haftbeschwerde möglich (s. § 117 Rdn. 40). Dies gilt auch für den Fall, dass vor einer Entscheidung über die **weitere Beschwerde** gem. § 310 Anklage erhoben wurde (OLG Düsseldorf, StV 1992, 428), auch wenn über die Beschwerde selbst zuvor bereits entschieden worden ist (OLG Düsseldorf wistra 1999, 318; OLG Hamm wistra 1996, 321; s.a. Meyer-Goßner/*Schmitt* § 117 Rn. 12; KK/*Schultheis* § 126 Rn 8). Nach **Eingang der Akten beim Berufungsgericht** gem. § 321 Satz 2 wird die Beschwerde gegen eine Haftentscheidung des erstinstanzlichen Gerichts als Antrag auf Haftprüfung nach § 117 Abs. 1 durch das Berufungsgericht behandelt. Hierbei spielt es keine Rolle, ob das LG schon vorher eine Beschwerdeentscheidung getroffen hat (OLG Düsseldorf StV 1993, 482). Eine solche **Umdeutung** der Haftbeschwerde in einen Antrag auf Haftprüfung erscheint insb. wegen der dem Angeschuldigten zustehenden Rechtsmittelautonomie aber **bedenklich** (vgl. hierzu *Rostek* StV 2002, 225, 226; OLG Düsseldorf StV 1993, 592; OLG Hamm NStZ-RR 2010, 358 [LS]; OLG München StV 2006, 317 f. [m.Anm. *Kirchner*]; ausführlich zur Kritik s. § 117 Rdn. 43). 19

Während der **besonderen Haftprüfung** durch das OLG nach §§ 121, 122 soll ein Antrag auf Haftprüfung, über den noch nicht abschließend entschieden wurde, mit Vorlage der Akten beim OLG gegenstandslos werden (OLG Düsseldorf MDR 1991, 79; OLG Hamm NStZ 2008, 582 ff. = NStZ 2010, 202 [bei *Paeffgen*]; Meyer-Goßner/*Schmitt* § 117 Rn. 13; *Schnarr* MDR 1990, 89, 94). Das erscheint, insb. beim Antrag auf schriftliche Haftprüfung mit nachfolgender mündlicher Verhandlung (§ 118 Abs. 1 Satz 1, 2. Alt.) sowie beim Antrag auf mündliche Haftprüfung (§ 118 Abs. 1 Satz 1, 1. Alt.) wenig sinnvoll. Denn das OLG entscheidet nach Aktenlage. Eine mündliche Verhandlung bietet hingegen andere Erkenntnismöglichkeiten (ebenso: *Schlothauer/Weider/Nobis*, Untersuchungshaft, Rn. 767). 20

III. Nach Einlegung der Revision, § 126 Abs. 3. Nach Einlegung der Revision entscheidet über Haftfragen grds. das zuletzt befasste Tatgericht (vgl. § 126 Abs. 2 Satz 2). Hebt das Revisionsgericht das angefochtene Urteil zumindest teilweise auf, dann kann es unter den Voraussetzungen des § 120 Abs. 1 auch den Haftbefehl aufheben (§ 126 Abs. 3; krit. hierzu LR/*Hilger* § 126 Rn. 25). Bei Vorliegen der Voraussetzungen des § 120 Abs. 1 Satz 2 hat es den Haftbefehl aufzuheben. Die Außervollzugsetzung des Haftbefehls nach § 116 kann es aber nicht anordnen (vgl. Meyer-Goßner/*Schmitt* § 126 Rn. 9; ihm ebenfalls folgend: AnwK-Uhaft/*König*, § 126 StPO, Rn. 10; *Schlothauer/Weider/Nobis*, Untersuchungshaft, Rn. 875; KMR/*Wankel* § 126 Rn. 9). 21

IV. Zuständigkeit des OLG i.R.d. besonderen Haftprüfung, § 126 Abs. 4. I.R.d. besonderen Haftprüfung nach den §§ 121, 122 ist das OLG für die Entscheidung über die Haftfortdauer alleine zuständig. Das nach § 126 zuständige Gericht bleibt aber in gewissem Rahmen »mitzuständig« (LR/*Hilger* § 126 Rn. 28). 22

V. Richtervorbehalt bei Fixierungen im Rahmen der Freiheitsentziehung. Abs. 5 wurde mit Wirkung ab 28.06.2019 neu eingefügt durch das Gesetz zur Stärkung der Rechte von Betroffenen bei der Fixierung im Rahmen von Freiheitsentziehungen vom 19.06.2019 (BGBl. I, S. 840). Dadurch soll dem Urteil des BVerfG vom 24.07.2018 (2 BvR 309/15 und 2 BvR 502/16) zu den verfassungsmäßigen Vorgaben der gerichtlich angeordneten Ordnungs-, Sicherungs-, Zwangs- und Erzwingungshaft (Zivilhaft) Rechnung getragen werden (vgl. hierzu BVerfGE 149, 293 ff. = AnwBl 2018, 463 [Kurzmitteilung] = FamRZ 2018, 1442 ff. = JuS 2019, 86 [m.Anm. Sachs] = MedR 2019, 45 ff. [m.Anm. Nenadic, Schmidt-Recla] = NJW 2018, 2619 ff. 23

[Volltext] = NVwZ 2018, 1733 ff.): Sowohl die 5-Punkt- als auch die 7-Punkt-Fixierung von nicht nur kurzfristiger Dauer stellen eine Freiheitsentziehung von besonderer Eingriffsintensität im Sinne der Art. 2 Abs. 2 i.V.m. Art. 104 Abs. 2 GG dar. Diese ist von der zugrunde liegenden (allgemeinen) Entscheidung über die Freiheitsentziehung als solche nicht gedeckt. Sie löst deshalb einen **zusätzlichen (gesonderten) Richtervorbehalt** aus. Darüber muss individuell entschieden werden.
Um Klarheit zu schaffen waren Rechtsgrundlagen erforderlich, die diesen besonderen Richtervorbehalt ausdrücklich und gesondert vorsehen und die Überprüfung funktional zuweisen. Aufgrund der allgemeinen Zuständigkeitsregelungen sind dazu zunächst einmal die Länder berufen. Der Anwendungsbereich der bundesgesetzlichen Ermächtigung beschränkt sich insofern nur auf die nach der Föderalismusreform im Jahr 2006 weiterhin in die Kompetenz des Bundes fallenden Gefangenen der Zivilhaft (BVerfG ebenda).
Um den unterschiedlichen Anwendungszusammenhängen auch im Bereich der Untersuchungshaft gerecht zu werden, bedurfte es indes einer Ergänzung in § 126. Diese findet sich nun im neuen Abs. 5.
Zuständig für eine entsprechende richterliche Überprüfung während der Untersuchungshaft ist nun der räumlich nächste Richter, in dessen Bezirk die Maßnahme durchgeführt wird.
Um den Schutz des von einer freiheitsentziehenden Fixierung Betroffenen ausreichend sicherzustellen bedarf es laut BVerfG i.Ü. auch organisatorischer Vorhaltungen in Form eines richterlichen Bereitschaftsdienstes, der täglich den Zeitraum von 6 bis 21 Uhr abdeckt (BVerfG ebenda).

§ 126a Einstweilige Unterbringung

(1) Sind dringende Gründe für die Annahme vorhanden, daß jemand eine rechtswidrige Tat im Zustand der Schuldunfähigkeit oder verminderten Schuldfähigkeit (§§ 20, 21 des Strafgesetzbuches) begangen hat und daß seine Unterbringung in einem psychiatrischen Krankenhaus oder einer Entziehungsanstalt angeordnet werden wird, so kann das Gericht durch Unterbringungsbefehl die einstweilige Unterbringung in einer dieser Anstalten anordnen, wenn die öffentliche Sicherheit es erfordert.
(2) [1]Für die einstweilige Unterbringung gelten die §§ 114 bis 115a, 116 Abs. 3 und 4, §§ 117 bis 119a, 123, 125 und 126 entsprechend. [2]Die §§ 121, 122 gelten entsprechend mit der Maßgabe, dass das Oberlandesgericht prüft, ob die Voraussetzungen der einstweiligen Unterbringung weiterhin vorliegen.
(3) [1]Der Unterbringungsbefehl ist aufzuheben, wenn die Voraussetzungen der einstweiligen Unterbringung nicht mehr vorliegen oder wenn das Gericht im Urteil die Unterbringung in einem psychiatrischen Krankenhaus oder einer Entziehungsanstalt nicht anordnet. [2]Durch die Einlegung eines Rechtsmittels darf die Freilassung nicht aufgehalten werden. [3] § 120 Abs. 3 gilt entsprechend.
(4) Hat der Untergebrachte einen gesetzlichen Vertreter oder einen Bevollmächtigten im Sinne des § 1906 Abs. 5 des Bürgerlichen Gesetzbuches, so sind Entscheidungen nach Absatz 1 bis 3 auch diesem bekannt zu geben.

Übersicht

1 **A. Allgemeines.** Nach § 126a kommt eine einstweilige Unterbringung in Betracht, wenn dringende Gründe für die Annahme vorhanden sind, dass der Beschuldigte eine rechtswidrige Tat im Zustand der Schuldunfähigkeit nach § 20 StGB oder der verminderten Schuldfähigkeit nach § 21 StGB begangen hat und voraussichtlich die Unterbringung in einem psychiatrischen Krankenhaus oder einer Erziehungsanstalt nach den §§ 63, 64 StGB angeordnet werden wird, weil die öffentliche Sicherheit dies erfordert.

Die Vorschrift dient dem Schutz der Allgemeinheit vor gemeingefährlichen Rechtsbrechern (Meyer-Goßner/*Schmitt* § 126a Rn. 1; ausführlich *Pollähne* R&P 2002, 229 ff.). Die einstweilige Unterbringung soll aber, anders als die Untersuchungshaft, nicht ausschließlich die Durchführung des Strafverfahrens sichern. Vielmehr handelt es sich um eine Freiheitsentziehung eigener Prägung zur **Gefahrenabwehr als vorbeugende Maßnahme**. Sie greift einer eventuellen späteren Unterbringung nach den §§ 63, 64 StGB vor (OLG Frankfurt NStZ 1985, 284, 285; s.a. AnwK-Uhaft/*König* § 126a StPO Rn. 1; SK-StPO/*Paeffgen* § 126a Rn. 1; KK-*Schultheis* § 126a Rn. 1; **a.A.** LR/*Hilger* § 126a Rn. 1 [ausschließlich Gefahrenabwehr; Verfahrenssicherung allenfalls als mittelbare Folge]). Sie ist aufgrund dieses **präventiv-polizeilichen Charakters** nicht unumstritten (vgl. hierzu LR/*Hilger* § 126a Rn. 1 [systematisch falsch; gehört in bereichsspezifische Präventivgesetze]; SK-StPO/*Paeffgen* § 126a Rn. 1 [krit. auch hinsichtlich der Gesetzgebungskompetenz]; *Pollähne* R&P 2002, 229, 230). 2

Die Frage der Zulässigkeit einer **Unterbringung von Jugendlichen** als Maßregel der Besserung und Sicherung bei fehlender strafrechtlicher Verantwortlichkeit i.S.d. § 3 Satz 1 JGG und gleichzeitig vorliegender Schuldunfähigkeit i.S.d. § 20 StGB oder verminderter Schuldfähigkeit i.S.d. § 21 StGB ist strittig; sie wird unterschiedlich beantwortet (**dafür:** BGHSt 26, 67, 68 = JR 1976, 136 ff. [m.Anm. *Brunner*] = NJW 1975, 1469 [für § 21 StGB]; OLG Jena NStZ-RR 2007, 217 ff. [zustimmend auch für § 21 StGB]; *Brunner/Dölling* JGG § 3 Rn. 10; *Diemer/Schoreit/Sonnen* JGG § 3 Rn. 28; **dagegen:** OLG Karlsruhe NStZ 2000, 485, 486 [für § 20 StGB]; *Eisenberg* JGG § 3 Rn. 39; *Ostendorf* JGG § 3 Rn. 4 [für § 20 StGB]). Auch hier bedarf es einer genauen Prüfung aller Gesichtspunkte. Die Auswirkungen einer längeren Unterbringung im Maßregelvollzug sind besonders nachteilig. Das vom Erziehungsgedanken geprägte Jugendstrafrecht verfolgt hingegen den Schutz sowie die Integration von Jugendlichen (ausführlich zum Ganzen OLG Jena NStZ-RR 2007, 217 ff. [mit umfangreicher Darstellung des Meinungsstandes]). 3

Die **Unterbringung psychisch Kranker nach landesrechtlichen Vorschriften** ist subsidiär zu der nach § 126a (KK-*Schultheis* § 126a Rn. 1a; differenzierend *Pollähne* R&P 2002, 229 ff.). 4

Neben § 126a gibt es weitere Rechtsgrundlagen nach denen eine einstweilige Unterbringung angeordnet werden kann. Zu nennen sind insb.: die **Sicherungsunterbringung nach den §§ 463, 453c** (vgl. hierzu AnwK-Uhaft/*König*, Vorbem. zu § 126a StPO Rn. 3 ff.; NK-*Pollähne/Böllinger*, StGB, Vor § 67 Rn. 45; OLG Frankfurt R&P 2007, 152; AG Bremen StraFo 2008, 41), die **einstweilige (nachträgliche) Sicherungsverwahrung nach § 275a Abs. 5 Satz 1** (ausführlich hierzu BGH JR 2010, 307 ff. [m.Anm. *Eisenberg*] = JZ 2010, 683 ff. [m.Anm. *Kinzig*] = NJW 2010, 1539 ff. = NStZ 2010, 381 ff. [m.Anm. *Renzikowski*] = NStZ 2010, 506 ff. = StV 2010, 515 ff. [m.Anm. *Bartsch* StV 2010, 521 ff.]; vgl. hierzu *Ahmed* StV 2010, 574 ff.; *Burhoff*, Handbuch für das strafrechtliche Ermittlungsverfahren, Rn. 2007 ff.; AnwK-Uhaft/*König*, Vorbem. zu § 126a StPO Rn. 9; *Müller* StV 2010, 207 ff.), die **einstweilige Unterbringung Jugendlicher nach § 71 Abs. 2 JGG** (AnwK-Uhaft/*König*, Vorbem. zu § 126a StPO Rn. 10; Ostendorf JGG § 71 Rn. 7 ff.). Als verwandte Formen der Freiheitsentziehung sind zu nennen die **Unterbringung zur psychiatrischen Beobachtung nach § 81** (BVerfG R&P 2002, 120 ff. [m.Anm. *Rzepka*]; OLG Oldenburg R&P 2006, 212 ff. [m.Anm. *Pollähne*]; LG Hagen StraFo 2008, 157; s.a. AnwK-Uhaft/*König*, Vorbem. zu § 126a StPO Rn. 11; Meyer-Goßner/*Schmitt* § 81 Rn. 20; *Pollähne* R&P 2002, 235 ff.), die **Unterbringung zur jugendpsychiatrischen Beobachtung nach § 73 JGG** (AnwK-Uhaft/*König*, Vorbem. zu § 126a StPO Rn. 13; *Ostendorf*, JGG § 73 Rn. 1 ff.). 5

B. Verhältnis zwischen Untersuchungshaft und einstweiliger Unterbringung. Anders als bei der Untersuchungshaft nach den §§ 112 und 112a ist bei der einstweiligen Unterbringung nach § 126a ein **Haftgrund nicht erforderlich.** 6

Untersuchungshaft und einstweilige Unterbringung können **nicht gleichzeitig bzw. nebeneinander** vollzogen werden (KG JR 1989, 476; LR/*Hilger* § 126a Rn. 4; Meyer-Goßner/*Schmitt* § 126a Rn. 2; SK-StPO/*Paeffgen* § 126a Rn. 3; KK-*Schultheis* § 126a Rn. 2; **a.A.** *Bohnert* JR 2001, 402 ff. [der die Regeln der Überhaft anwenden will]). 7

Bei sicher oder mit hoher Wahrscheinlichkeit anzunehmender **Schuldunfähigkeit i.S.d. § 20 StGB** fehlt es am dringenden Tatverdacht hinsichtlich einer schuldhaft begangenen Straftat i.S.d. §§ 112, 112a. Ein Haftbefehl kann deshalb nicht ergehen. 8

Anders ist dies im Fall **verminderter Schuldfähigkeit nach § 21 StGB**. Dort ist ein dringender Tatverdacht möglich, es kann unter den jeweiligen Voraussetzungen entweder ein Haftbefehl oder ein Unterbringungsbefehl erlassen werden (s.o.; **a.A.** *Bohnert* JR 2001, 402 ff.; LR/*Hilger* § 126a Rn. 5 [nur für den Fall der Verdunkelung zur Erreichung des Zweckes der Untersuchungshaft]). Die einstweilige Unterbringung wird bei Annahme einer zumindest eingeschränkten Einsichtsfähigkeit regelmäßig der angemessenere Weg sein, denn dort ist eine bessere ärztliche Betreuung des Probanden gewährleistet. Einer Flucht- oder Verdunkelungsgefahr 9 kann dann durch entsprechende Beschränkungen in der Ausgestaltung der Unterbringung begegnet werden (KG JR 1989, 476; Meyer-Goßner/*Schmitt* § 126a Rn. 2; KK-*Schultheis* § 126a Rn. 2).

10 **C. Voraussetzungen und Verfahren der einstweiligen Unterbringung.** In § 126a Abs. 1 sind die Anordnungsvoraussetzungen normiert, in § 126a Abs. 2 finden sich Verfahrensregeln zur Anordnung der einstweiligen Unterbringung.

11 **I. Materielle Voraussetzungen der einstweiligen Unterbringung, § 126a Abs. 1.** Bei der einstweiligen Unterbringung handelt es sich, ebenso wie bei der Untersuchungshaft, immer um die **ultima ratio**. Es bedarf auch hier einer eingehenden Überprüfung.

12 Der Erlass eines Unterbringungsbefehls nach § 126a ist an verschiedene Voraussetzungen gebunden die zum einen eine **retrospektive** und zum anderen verschiedene **prospektive Einschätzungen** fordern:

13 Zunächst müssen rückblickend **dringende Gründe** für die Annahme vorliegen, dass der Beschuldigte eine rechtswidrige Tat i.S.d. § 11 Abs. 1 Nr. 5 StGB im Zustand der Schuldunfähigkeit nach § 20 StGB oder der verminderten Schuldfähigkeit nach § 21 StGB begangen hat. Damit ist nichts anderes als der dringende Tatverdacht i.S.d. § 112 Abs. 1 Satz 1 StPO gemeint (OLG Bremen NStZ 2008, 650 f.; OLG Hamm WKRS 2008, 16753; LR/*Hilger* § 126a Rn. 6; Meyer-Goßner/*Schmitt* § 126a; KK-*Schultheis* § 126a Rn. 3; ausführlich hierzu s. die Kommentierung unter § 112 Rdn. 6 ff.). Im Hinblick auf die §§ 20 und 21 StGB muss eine Schuldfähigkeit oder eingeschränkte Einsichtsfähigkeit nicht sicher vorliegen. Hierbei handelt es sich um eine medizinische Frage die sachverständig zu beantworten ist. Spätestens mit der vorläufigen Anordnung oder zumindest dann unverzüglich danach ist eine Begutachtung zu veranlassen (KG StV 2010, 372 ff. = StRR 2010, 109 f. [m.Anm. *Fürst*]; OLG Karlsruhe StraFo 2010, 113 f.; SK-StPO/*Paeffgen* § 126a Rn. 5b [unabweisbar]; ausführlich hierzu s.u., Rdn. 14).

14 Dann bedarf es einer Prognose, dass voraussichtlich eine **Unterbringung des Beschuldigten** in einem psychiatrischen Krankenhaus entsprechend § 63 StGB oder einer Erziehungsanstalt entsprechend § 64 StGB angeordnet werden wird. Es müssen prospektiv betrachtet dringende Gründe für diese Annahme bestehen. Die jeweiligen Anordnungsvoraussetzungen der §§ 63 und 64 StGB sind zu prüfen. Auch dies bedarf einer sachverständigen Beurteilung (s. hierzu bereits Rdn. 13 a.E.).

15 Schließlich muss die **öffentliche Sicherheit** die Anordnung der vorläufigen Maßregel erfordern. Der Begriff deckt sich im Wesentlichen mit dem des Schutzes der Allgemeinheit i.S.d. §§ 62 ff. StGB. Prospektiv beurteilt muss eine gewisse Wahrscheinlichkeit dafür sprechen, dass der Beschuldigte weitere rechtswidrige Taten von erheblichem Gewicht begehen wird, sodass der Schutz der Allgemeinheit die einstweilige Unterbringung gebietet. Das ist anzunehmen, wenn für die Zukunft weitere gegen die Rechtsordnung gerichtete Handlungen zu erwarten sind und dadurch der Bestand der Rechtsordnung unmittelbar und erheblich bedroht ist und wegen der Bedeutsamkeit dieser Bedrohung sofortige Abhilfe geboten ist. Anlasstat und die zu erwartenden weiteren Straftaten müssen nicht zum selben Deliktstyp gehören. Die Taten müssen von einigem Gewicht sein, lediglich Bagatelldelikte oder Vergehen am unteren Rand der Kriminalität genügen nicht, selbst wenn sie wiederholt begangen werden. Es bedarf einer Gesamtschau von zugrunde liegender Straftat als solcher, Persönlichkeit des Beschuldigten, insb. dessen Erkrankungen und Vorleben, sowie der Verhältnisse, in denen er lebt. Das Ziel, der Schutz der Allgemeinheit, darf auf keine andere Art und Weise als durch die (vorläufige) Unterbringung zu erreichen sein. Der Begriff der öffentlichen Sicherheit ist vergleichbar mit dem des Schutzes der Allgemeinheit in den §§ 62 ff. StGB (LR/*Hilger* § 126a Rn. 8 f.; AnwK-Uhaft/*König* § 126a StPO Rn. 9; SK-StPO/*Paeffgen* § 126a Rn. 5d; *Pollähne* R&P 2002, 240).

16 Neben der zunächst anstehenden Zukunftsprognose, ob die Anordnung der Unterbringung zu erwarten ist, muss dann die Frage beantwortet werden, ob die Gefährlichkeit des Beschuldigten und damit die öffentliche Sicherheit eine Unterbringung tatsächlich erfordern (zu dieser differenzierten Sicht s. LR/*Hilger* § 126a Rn. 10; SK-StPO/*Paeffgen* § 126a Rn. 5d).

17 Die Gefährlichkeitsprognose ist zum Zeitpunkt der Entscheidung über die Anordnung oder Zurückweisung der (vorläufigen) Unterbringung zu erstellen.

18 Die Voraussetzungen der einstweiligen Unterbringung sind von StA und Gericht **fortlaufend zu prüfen**. Von Bedeutung ist dies auch deshalb, weil Krankheitsbilder, die eine einstweilige Unterbringung erforderlich machen, schubweise verlaufen können. Für eine sachgerechte Beurteilung bedarf es einer qualifizierten medizinischen Einschätzung. Sowohl der Gutachter als auch die behandelnden Ärzte sind zu befragen, auch bereits hinsichtlich einer vorläufigen Einschätzung und des jeweils aktuellen Zustandes des Probanden (vgl. auch LR/*Hilger* § 126a Rn. 17).

19 Auch hier gilt der **Grundsatz der Verhältnismäßigkeit** (*Bohnert* JR 2001, 402; Meyer-Goßner/*Schmitt* § 126a Rn. 5; KK-*Schultheis* § 126a Rn. 3 und 8; *Radtke/Hohmann/Tsambikakis* StPO § 126a Rn. 2 a.E.). Es müssen **erhebliche** rechtswidrige Taten zu befürchten sein. Leichtere Taten scheiden hier ebenso aus wie eine Selbst-

gefährdung. Darüber hinaus muss die **öffentliche Sicherheit** beeinträchtigt sein. Neben der Unschuldsvermutung gilt für den Beschuldigten auch zunächst einmal die **Vermutung der Ungefährlichkeit** (AnwK-Uhaft/*König* § 126a StPO Rn. 5 a.E.; SK-StPO/*Paeffgen* Vor § 126a Rn. 1 a.E.; **a.A.** Wolter ZStW 93 [1981], 452, 488; AK/StPO-*Krause* § 126a Rn. 1). Schließlich ist immer auch zu prüfen, ob mildere Maßnahmen ausreichen. Auch hier ist eine **Verschonung gegen Auflagen** i.S.d. § 116 Abs. 3 möglich (vgl. § 126a Abs. 2 Satz 1).

Über die Verhältnismäßigkeit hinaus bedarf es weiter einer Prüfung der **Erforderlichkeit der einstweiligen Unterbringung**. Die öffentliche Sicherheit muss die Anordnung gebieten. Als mildere Maßnahmen kommen eine ambulante oder teilstationäre Intervention in Betracht (ebenso AnwK-Uhaft/*König* § 126a StPO Rn. 10). 20

Eine **endgültige Unterbringung** ist, nach entsprechend qualifizierter Prüfung der sonstigen Voraussetzungen, hingegen bereits dann zulässig, wenn vom Täter erhebliche rechtswidrige Taten zu erwarten sind. Bei der Unterbringung in einem psychiatrischen Krankenhaus nach § 63 StGB ist darüber hinaus von Bedeutung, ob der Täter für die Allgemeinheit gefährlich ist. Auf die öffentliche Sicherheit kommt es hier nicht mehr an (LR/*Hilger* § 126a Rn. 9). 21

II. Das Verfahren der einstweiligen Unterbringung, § 126a Abs. 2. 1. Zuständigkeit für die Anordnung, § 126a Abs. 2 Satz 1. Die Anordnung der einstweiligen Unterbringung erfolgt mittels **Unterbringungsbefehl.** Diesen erlässt das nach den §§ 125 und 126 zuständige Gericht (vgl. § 126a Abs. 2 Satz 1). 22

2. Erlass und Inhalt des Unterbringungsbefehls, § 126a Abs. 2 Satz 1. Für Erlass und Inhalt des Unterbringungsbefehls gelten nach § 126a Abs. 2 die allgemeinen Regeln zur Untersuchungshaft, auf die §§ 114 bis 115a, 116 Abs. 3 und 4, 117 bis 119, 123, 125 und 126 wird ausdrücklich verwiesen (Meyer-Goßner/*Schmitt* § 126a Rn. 6 f.). 23

Im Unterbringungsbefehl ist neben der **Art der Anstalt** anzugeben. Die **Einrichtung** selbst ergibt sich aus dem Einweisungsplan der Landesjustizverwaltung. Sie soll vom Gericht konkret benannt werden (AnwK-Uhaft/*König* § 126a StPO Rn. 13; Meyer-Goßner/*Schmitt* § 126a Rn. 7; KK-Schultheis § 126a Rn. 6; SK-StPO/*Paeffgen* § 126a Rn. 9). Die einstweilige Unterbringung ist grds. in einem psychiatrischen Krankenhaus zu vollziehen. Es ist streitig, ob sie auch in einer Untersuchungshaftvollzugsanstalt mit angegliederter psychiatrischer Abteilung vollzogen werden darf oder nicht (**bejahend**: OLG Hamm NStZ-RR 2006, 29; OLG Hamm StV 2005, 446; LR/Hilger § 126a Rn. 15; KMR/*Wankel* § 126a Rn. 7; **verneinend**: KK-*Schultheis* § 126a Rn. 6; Meyer-Goßner/*Schmitt* § 126a Rn. 9 [Vollzug in Haftanstalt unzulässig]; SK-StPO/*Paeffgen* § 126a Rn. 9 f.; *Pollähne* R&P 2003, 58). Die Unterbringung in einer Justizvollzugsanstalt soll nur ausnahmsweise und dann auch nur kurzfristig zulässig sein, wenn eine sofortige Überführung in ein psychiatrisches Krankenhaus nicht möglich ist (vgl. hierzu die frühere Regelung in Nr. 89 UVollzO [»für die Dauer von 24 Stunden«]). Sofern die ordnungsgemäße Durchführung der Hauptverhandlung dies erfordert, kann eine kurzzeitige Überstellung eines vorläufig Untergebrachten in eine Justizvollzugsanstalt erfolgen. Um Beeinträchtigungen so gering wie möglich zu halten und Verzögerungen zu vermeiden ist dann aber zumindest ein Einzeltransport angezeigt. Grds. geht der Vollzug in einem Krankenhaus schon wegen der dort besseren medizinischen Versorgung vor (vgl. OLG Hamm NStZ-RR 2006, 29; OLG Hamm StV 2005, 446). 24

Für das Unterbringungsverfahren gelten nach § 126a Abs. 2 Satz 1 die **§§ 114 bis 115a entsprechend**. Auf die dortigen Ausführungen wird verwiesen. Im Unterbringungsbefehl sind neben der rechtswidrigen Tat die dringenden Gründe für die Annahme der Begehung der rechtswidrigen Tat anzugeben. Anstatt der Haftgründe sind die dringenden Gründe darzulegen, die eine einstweilige Unterbringung im Hinblick auf die öffentliche Sicherheit erforderlich erscheinen lassen. Auch Ausführungen zur Verhältnismäßigkeit (vgl. hierzu § 114 Abs. 3) sind angezeigt. Zwar ist § 112 Abs. 1 Satz 2 in § 126a Abs. 2 Satz 1 nicht ausdrücklich genannt, aber das Verhältnismäßigkeitsprinzip ist dennoch »sowieso« anzuwenden. Nach § 116 Abs. 3 ist i.Ü. die Möglichkeit einer Verschonung der Unterbringung eröffnet (ebenso: LR/*Hilger* § 126a Rn. 12; AnwK-Uhaft/*König* § 126a StPO Rn. 15 [§ 114 Abs. 3 analog]; Meyer-Goßner/*Schmitt* § 126a Rn. 7; KK-*Schultheis* § 126a Rn. 3 f.; **a.A.** wohl KMR/*Wankel* StPO § 126a Rn. 7). 25

Dem Gericht steht bei der Entscheidung über die Anordnung der einstweiligen Unterbringung ein **Ermessen** zu. Im Hinblick auf den Grundsatz der Verhältnismäßigkeit (s.o.) betrifft dieses in erster Linie die Prognose der Gefährlichkeit. 26

Die Ausgestaltung der Unterbringung richtet sich nach den **§§ 119 und 119a.** Sie sind entsprechend anzuwenden. Problematisch hieran erscheint, dass die einstweilige Unterbringung andere Voraussetzungen hat und andere Zwecke verfolgt als der Vollzug der Untersuchungshaft. Anordnungen zur Erreichung des Unterbringungszweckes nach **§ 119 Abs. 1 Satz 1** (ausführlich zu den Haftzwecken s. die Kommentierung unter § 119 Rdn. 19 ff.) sind nach Sinn und Zweck der einstweiligen Unterbringung entsprechend § 126a dahin gehend auszulegen, dass sie für die Abwehr einer Gefährdung der öffentlichen Sicherheit erforderlich sein 27 müssen. Anordnungen nach **§ 119 Abs. 1 Satz 2** bedürfen deshalb einer besonders kritischen Prüfung. Beschränkungen, die der Beobachtung oder Begutachtung des Probanden dienen, sind nicht nach § 119 Abs. 1 Satz 1, sondern nach § 81 anzuordnen (ausführlich zum Ganzen LR/*Hilger* § 126a Rn. 16; AnwK-Uhaft/*König* § 126a StPO Rn. 26). Auf die Ausführungen bei § 119 wird verwiesen (s. ergänzend hierzu auch hier unter Rdn. 39 f.).

28 Nach § 126a Abs. 3 Satz 1 ist der **Unterbringungsbefehl aufzuheben**, wenn die Voraussetzungen für die einstweilige Unterbringung nicht mehr vorliegen oder das Gericht im Urteil die Unterbringung nicht anordnet. Es gelten die allgemeinen Hinweise zu § 120.

29 Stellt sich heraus, dass die Voraussetzungen des § 126a nicht (mehr) vorliegen, dann kann der **Unterbringungsbefehl** in einen **Haftbefehl** umgewandelt werden. Eine solche Umstellung kann bei geänderter Beurteilung der Zurechnung auch umgekehrt erfolgen (LR/*Hilger* § 126a Rn. 19; Meyer-Goßner/*Schmitt* § 126a Rn. 12; KK-*Schultheis* § 126a Rn. 9). Hierzu muss der Beschuldigte jedoch vorab gehört werden, es handelt sich um unterschiedliche Formen der Freiheitsentziehung (KG JR 1989, 476).

30 Ergänzend zu den allgemeinen Mitteilungspflichten nach § 114c ist – sofern vorhanden – nach § 126a Abs. 4 ein **gesetzlicher Vertreter** oder **Bevollmächtigter i.S.d. § 1906 Abs. 5 BGB** zu benachrichtigen. Ihm sind die nach § 126a Abs. 1 bis 3 ergangenen Entscheidungen bekannt zu geben.

31 Weitergehende Hinweise finden sich unter 37 ff.

32 **3. Außervollzugsetzung des Unterbringungsbefehls, § 126a Abs. 2 Satz 1.** Sowohl eine **Außervollzugsetzung** als auch eine **erneute Invollzugsetzung** des Unterbringungsbefehls sind durch den Verweis in § 126a Abs. 2 Satz 1 auf die entsprechend anwendbaren § 116 Abs. 3 und 4 möglich (s. hierzu auch das UnterbringungssicherungsG v. 16.07.2007, BGBl. I, S. 1327; s. hierzu allgemein *Schneider* NStZ 2008, 68 ff.; *Spiess* StV 2008, 160, 163).

33 Dies wurde teils schon nach altem Recht angenommen (OLG Celle NStZ 1987, 524 = StV 1987, 445; LG Hildesheim StV 2001, 521; LG Kiel StV 2003, 513 [m.Anm. *Gubitz* HRRS 2003, 91 ff.]; *Pollähne* R&P 2003, 57, 59). Allerdings war dies strittig (**a.A.** LG Zweibrücken NStZ-RR 2004, 348 = VRS 106 [2004], 298; Meyer-Goßner/*Schmitt* § 126a Rn. 10).

34 Da § 116 Abs. 3 und 4 nur »entsprechend« anwendbar ist, müssen die Voraussetzungen des dort in Bezug genommenen § 112a nicht vorliegen (BT-Drs. 16/5137, S. 28; Meyer-Goßner/*Schmitt* § 126a Rn. 10; KK-*Schultheis* § 126a Rn. 5).

35 Eine Aussetzung des Vollzuges nach § 116 Abs. 1 und 2 ist ausdrücklich nicht zugelassen. Dennoch soll sie gegen Sicherheitsleistung nicht ausgeschlossen sein (LR/*Hilger* § 126a Rn. 13a; AnwK-Uhaft/*König* § 126a StPO Rn. 15 [dort auch Fn. 43]). Das ist schon aus Gründen der Verhältnismäßigkeit sinnvoll. In Betracht kommen die Aufnahme in einer therapeutischen Wohngruppe oder auch eine zuverlässig gesicherte ambulante Behandlung (ebenso KK-*Schultheis* § 126a Rn. 5).

36 Eine erneute Invollzugsetzung des Unterbringungsbefehls richtet sich nach § 116 Abs. 4. Sie kommt insb. dann in Betracht, wenn neu hervorgetretene Umstände eine sofortige Unterbringung in einem geschlossenen bzw. geschützten Umfeld notwendig machen und die öffentliche Sicherheit dies erfordert.

37 **4. Sonstiges. a) Notwendige Verteidigung bei der einstweiligen Unterbringung.** Wird der Unterbringungsbefehl vollstreckt, dann ist dem Beschuldigten nach § 140 Abs. 1 Nr. 4 unverzüglich ein **Pflichtverteidiger** beizuordnen (*Burhoff*, Handbuch für das strafrechtliche Ermittlungsverfahren, 7. Aufl. 2015, Rn. 1863 mit Verweis auf Rn. 2848 ff.; ausführlich zur Beiordnung eines Pflichtverteidigers s. die Kommentierung unter Vor §§ 112 ff. Rdn. 50). Entsprechende Regelungen finden sich in den meisten Landesgesetzen zur Unterbringung (ausführlich hierzu SK-StPO/*Paeffgen* § 126a Rn. 6).

38 **b) Beschleunigungsgebot und einstweilige Unterbringung.** Auch i.R.d. einstweiligen Unterbringung nach § 126a ist das **Beschleunigungsgebot** zu beachten. StA und Gericht sind insb. gehalten, frühzeitig einen Sachverständigen zu beauftragen, Fristen für die Erstellung des Gutachtens zu setzen und deren Einhaltung, nötigenfalls durch Androhung und Festsetzung von Ordnungsgeldern, zu kontrollieren (KG StV 2010, 372 ff. = StRR 2010, 109 f. [m.Anm. *Fürst*]; OLG Karlsruhe StraFo 2010, 113 f.). Ergänzend hierzu kann auf die allgemeinen Ausführungen zum Beschleunigungsgebot in Haftsachen verwiesen werden (ausführlich s. die Kommentierung unter § 112 Rdn. 132 ff. sowie unter § 121 Rdn. 8 ff.; aus der Rspr. zum Beschleunigungsgebot bei einstweiliger Unterbringung: OLG Bremen NStZ 2008, 650 ff.; OLG Celle NStZ 2008, 144 = R&P 2008, 167 ff. = StraFo 2007, 372 ff. = StV 2009, 701 f.; OLG Celle Nds.Rpfl 2002, 369 f.; OLG Düsseldorf NJW 2008, 867 f. = NStZ 2008, 529 f. = StraFo 2008, 74 = StV 2009, 702 f.; OLG Hamm R&P 2008, 175 = StRR 2007, 317 [m.Anm. *Burhoff*] = StV 2009, 703 ff.; OLG Hamm NJW 2007, 3220 ff. = StRR

2007, 317 [m.Anm. *Burhoff*]; OLG Karlsruhe StraFo 2010, 113 f.; OLG Koblenz NStZ-RR 2007, 207 = StV 2007, 418 ff.; OLG Koblenz StraFo 2006, 326 = StV 2006, 653 f.).

c) Ärztliche Schweigepflicht und medizinische Behandlung bei der einstweiligen Unterbringung. Besonders zu beachten ist die **ärztliche Schweigepflicht**. Weder die Pflicht zur Übermittlung von Erkenntnissen nach § 114e noch sonstige Anordnungen nach § 126a i.R.d. Vollzuges der Unterbringung (vgl. §§ 119, 119a) oder gar die Pflicht zur Sachaufklärung sind geeignet, dieses fundamentale Recht des Untergebrachten auf Schutz der Persönlichkeit zu durchbrechen. Die Anhörung des behandelnden Arztes als sachverständiger Zeuge oder Sachverständiger ist strikt abzulehnen. Behandler sind keine Gutachter (ausführlich *Tondorf* StV 2000, 171 ff.). Der 1. Strafsenat beim BGH sieht dies anders. Dem behandelnden Arzt waren i.R.d. Behandlung Geheimnisse anvertraut worden, später wurde er zum Sachverständigen bestimmt und vor Gericht zu Fragen der Schuldunfähigkeit nach § 20 StGB und der zu treffenden Prognose nach § 67b StGB befragt. Ein (Zeugnis-) Verweigerungsrecht habe er insofern nicht. Bei der einstweiligen Unterbringung nach § 126a liege ein von der StPO vorgesehener Ausnahmefall vor (vgl. §§ 81 ff.), in dem die sonst erforderliche Zustimmung zur Preisgabe der Geheimnisse aufgrund einer gesetzlichen Duldungspflicht ersetzt werde, weil hier das staatliche Interesse an der Aufklärung des Sachverhalts vorgehe (BGH ArztR 2002, 331 f. = MedR 2002, 309 f. = NStZ 2007, 214 f. = R&P 2002, 182 ff. [m. krit. Anm. *Lesting*] = StV 2002, 633 ff. [m. krit. Anm. *Bosch*]). Ein solcher formaler Ansatz verfängt nicht. Die Anordnung der Beobachtung darf nicht erfolgen, wenn ein Erkenntnisgewinn aufgrund der Mitwirkungsverweigerung des Beschuldigten nur aufgrund verbotener Vernehmungsmethoden oder einer sonstigen Einflussnahme auf die Aussagefreiheit des Beschuldigten zu erwarten ist (BVerfG NJW 2002, 283 ff. = NStZ 2002, 98 f. = R&P 2002, 120 ff. = StV 2001, 657 ff., = wistra 2001, 459 ff. [zu § 81 StPO]; ausführlich zum Problem der »Totalbeobachtung« s. die Kommentierung Vor §§ 112 ff. Rdn. 45 f. sowie unter § 114d Rdn. 21 ff.). 39

Eine **zwangsweise medizinische Behandlung** während des Vollzuges der einstweiligen Unterbringung widerspricht der Unschuldsvermutung und der Ungefährlichkeitsvermutung. Eine Rechtfertigung kann nicht durch Anordnungen nach § 119 oder den Regeln des Maßregelvollzuges erfolgen. Alles andere wäre rechtsstaatlich bedenklich (vgl. OLG Hamm R&P 2002, 188 [m.Anm. *Wagner*]; *Baumann* NJW 1980, 1873 ff.; AnwK-Uhaft/*König* § 126a StPO Rn. 37; *Pollähne* R&P 2003, 71 ff.; KK-*Schultheis* § 126a Rn. 7; **a.A.** LR/*Hilger* § 126a Rn. 16 [indifferent]; *Münchhalffen/Gatzweiler*, Untersuchungshaft, Rn. 436 a.E. [nach §§ 178, 101 StVollzG zulässig]). Eine Zwangsmedikation (vorliegend mit Neuroleptika wegen fremdaggressiven Verhaltens), um die Verhandlungsfähigkeit zu erhalten, bedarf einer ausreichenden gesetzlichen Grundlage. Nach § 28 UVollzG NRW als Eingriffsnorm ist sie nicht erlaubt. Denn dort finden sich keine ausreichend klaren Vorgaben, um einen solch schwerwiegenden Eingriff zu rechtfertigen (dort allerdings zur Uhaft! Vgl. OLG Hamm medstra 2016, 304 = RuP 2016, 200; LG Arnsberg RuP 2016, 141 f. = StV 2016, 444 f.; beide unter Bezugnahme auf BVerfG 128, 282 ff. = NJW 2011, 2113 f.). 40

Zuständig für eine gerichtliche Genehmigung der zwangsweisen Medikation soll sein das Haftgericht, nicht die Strafvollstreckungskammer (BGH medstra 2017, 290 = RuP 2017, 167; OLG München RuP 2017, 103; OLG Nürnberg, B. v. 24.08.2016 – 2 Ws 449/16, zit. nach *Schultheis* NStZ 2018, 323 [326 f.]; **a.A.** OLG Karlsruhe Justiz 2017, 217 = medstra 2016, 307 = RuP 2016, 202; LG Offenburg RuP 2016, 138, s. dazu auch *Schultheis* NStZ 2017, 396 [399]). Festzuhalten bleibt, dass gleichgültig welcher Ansicht man folgt, dem Beschuldigten umfassender Rechtsschutz zustehen muss, die Beschwerde geht insofern weiter als die Rechtsbeschwerde nach den §§ 116, 118 StVollzG (besondere Zulässigkeitsvoraussetzungen). Zum Ganzen s. *Schultheis* NStZ 2018, 323 (326 f.).

d) Vollzug der Maßregel nach anderen Rechtsvorschriften. Beim auch vorläufigen **Vollzug der Maßregel** ist zu unterscheiden, nach welchem Vollzugsrecht sich der Eingriff zu richten hat und welche gesetzlichen Vorgaben heranzuziehen sind. Das Recht des Untersuchungshaftvollzuges nach den §§ 119, 119a und den jeweiligen Landesgesetzen zum Untersuchungshaftvollzug (ausführlich hierzu s. die Kommentierung unter Vor §§ 112 ff. Rdn. 31 ff.) verfängt nur in den Fällen der Untersuchungshaft nach den §§ 112, 112a. I.R.d. einstweiligen Unterbringung sind die §§ 119 und 119a allenfalls entsprechend anwendbar (§ 126a Abs. 2 Satz 1). Das Recht des Maßregelvollzuges findet grds. Berücksichtigung, wenn eine Maßregel nach den §§ 63 und 64 StGB vollstreckt bzw. wieder vollzogen wird. Gem. § 463 Abs. 1 sind für den Maßregelvollzug ergänzend die Vorschriften der Strafvollstreckung sinngemäß heranzuziehen. Dort wiederum sind nach § 453c Abs. 2 Satz 2 für vorläufige Maßnahmen in der Strafvollstreckung die §§ 119 und 119a sinngemäß anwendbar. Über diesen **doppelten Verweis** (»doppelt entsprechend«, vgl. AnwK-Uhaft/*König*, Vorbem. zu § 126a StPO Rn. 4) können also die Reglungen zur Ausgestaltung der Untersuchungshaft auch für den vorläufigen Maßregelvollzug genutzt werden. Dies mag sinnvoll sein. Allerdings spricht auch nichts gegen eine 41

Anwendung des Maßregelvollzugsrechts der Länder selbst (zum Ganzen AnwK-Uhaft/*König*, Vorbem. zu § 126a StPO Rn. 4 f., 8 und 18). Die jeweiligen landesrechtlichen Vorgaben sind zu beachten.

42 **5. Rechtsbehelfe.** Gegen den Unterbringungsbefehl bzw. dessen Ablehnung stehen die allgemeinen Rechtsbehelfe zur Verfügung.

43 Die **Haftprüfung** richtet sich bei der einstweiligen Unterbringung nach § 126 Abs. 2 Satz 1 entsprechend den §§ 117 bis 118b. Eine ausführliche Kommentierung findet sich bei § 117 Rdn. 9 ff., 26 ff. und § 118 Rdn. 1 ff.

44 Weiter sind die **Haftbeschwerde** nach § 304 und die **weitere Beschwerde** nach § 310 möglich. Es gelten die allgemeinen Vorgaben. Eine ausführliche Kommentierung findet sich bei § 117 Rdn. 33 ff.

45 Rechtsbehelfe gegen **Maßnahmen des Vollzuges** der einstweiligen Unterbringung richten sich nach den §§ 119 und 119a. Eine ausführliche Kommentierung findet sich bei § 119 Rdn. 84 ff. und bei § 119a Rdn. 20 f. Für die Zwangsmedikation s. Rdn. 40.

46 Auch die **Umstellung** zwischen Unterbringungsbefehl und Haftbefehl ist rechtsmittelfähig. Es handelt sich um unterschiedliche Formen der Freiheitsentziehung (Meyer-Goßner/*Schmitt* § 126a Rn. 12; KK-*Schultheis* § 126a Rn. 10). Der Beschuldigte und die StA sind vorab zu hören.

47 **6. Besondere Haftprüfung durch das OLG nach den §§ 121, 122, 126a Abs. 2 Satz 2.** Durch den später hinzugefügten § 126a Abs. 2 Satz 2 ist auch für den Fall der einstweiligen Unterbringung eine **besondere Prüfung durch das OLG** vorgesehen. Die §§ 121, 122 gelten hier entsprechend (vgl. UnterbringungssicherungsG v. 16.07.2007, BGBl. I, S. 1327; zur Reform allgemein *Schneider* NStZ 2008, 68 ff.). Allerdings soll das OLG nur prüfen, ob die Voraussetzungen der einstweiligen Unterbringung weiter vorliegen. Vermeidbare Verfahrensverzögerungen, die besondere Schwierigkeit, der besondere Umfang der Ermittlungen oder ob ein anderer wichtiger Grund das Urteil noch nicht zugelassen haben, ist nicht schon vorab gesondert, sondern erst i.R.d. **Verhältnismäßigkeit** zu prüfen (OLG Bremen NStZ 2008, 650 ff.; OLG Celle NStZ 2008, 144 = R&P 2008, 167 ff. = StraFo 2007, 372 ff. = StV 2009, 701 f.; OLG Düsseldorf NJW 2008, 867 f. = NStZ 2008, 529 f. = StraFo 2008, 74 = StV 2009, 702 f.; OLG Hamm R&P 2008, 175 = StRR 2007, 317 [m.Anm. *Burhoff*] = StV 2009, 703 ff.; OLG Hamm NJW 2007, 3220 ff. = StRR 2007, 317 [m.Anm. *Burhoff*]) oder auch beim **allgemeinen Beschleunigungsgebot** in Haftsachen zu beachten (s. hierzu ergänzend zu den bereits genannten Fundstellen KG StV 2010, 372 ff. = StRR 2010, 109 f. [m.Anm. *Fürst*]; OLG Karlsruhe StraFo 2010, 113 f.; und aus der früheren Rspr.: OLG Celle Nds.Rpfl 2002, 369 f.; OLG Koblenz NStZ-RR 2007, 207 = StV 2007, 418 ff.; OLG Koblenz StraFo 2006, 326 = StV 2006, 653 f.). Bei der Prüfung der Verhältnismäßigkeit der Fortdauer der einstweiligen Unterbringung ist von besonderer Bedeutung, dass sie dem Schutz der Allgemeinheit vor gefährlichen Straftätern dient (vgl. BT-Drs. 16/1110, S. 18). Das kann dazu führen, dass die Fortdauer der Unterbringung trotz vermeidbarer Verfahrensverzögerungen dennoch nicht als unverhältnismäßig angesehen wird (krit. hierzu SK-StPO/*Paeffgen* § 126a Rn. 8; ausführlich *Pollähne/Ernst* StV 2009. 705 ff.; s.a. *Pollähne* KritV 2007, 400 f.).

48 In die Berechnung der maßgeblichen 6-Monats-Frist ist zuvor vollzogene Untersuchungshaft einzubeziehen (OLG Düsseldorf NJW 2008, 867; OLG Hamm StRR 2007, 282 [amtl. LS] = StRR 2007, 322 [red. LS]).

49 In den Fällen der **Unterbringung nach** § **275a Abs. 5** findet eine besondere Haftprüfung auch weiterhin nicht statt. Die §§ 121, 122 sind in § 275a Abs. 5 Satz 4 nicht genannt (OLG München NStZ-RR 2009, 20).

§ 127 Vorläufige Festnahme

(1) [1]Wird jemand auf frischer Tat betroffen oder verfolgt, so ist, wenn er der Flucht verdächtig ist oder seine Identität nicht sofort festgestellt werden kann, jedermann befugt, ihn auch ohne richterliche Anordnung vorläufig festzunehmen. [2]Die Feststellung der Identität einer Person durch die Staatsanwaltschaft oder die Beamten des Polizeidienstes bestimmt sich nach § 163b Abs. 1.

(2) Die Staatsanwaltschaft und die Beamten des Polizeidienstes sind bei Gefahr im Verzug auch dann zur vorläufigen Festnahme befugt, wenn die Voraussetzungen eines Haftbefehls oder eines Unterbringungsbefehls vorliegen.

(3) [1]Ist eine Straftat nur auf Antrag verfolgbar, so ist die vorläufige Festnahme auch dann zulässig, wenn ein Antrag noch nicht gestellt ist. [2]Dies gilt entsprechend, wenn eine Straftat nur mit Ermächtigung oder auf Strafverlangen verfolgbar ist.

(4) Für die vorläufige Festnahme durch die Staatsanwaltschaft und die Beamten des Polizeidienstes gelten die §§ 114a bis 114c entsprechend.

Übersicht

A. Allgemeines. In den meisten Fällen geht dem Erlass eines Haftbefehls die vorläufige Festnahme des Beschuldigten voraus (*Burhoff*, Handbuch für das strafrechtliche Ermittlungsverfahren, Rn. 4928 ff.; *Kargl* NStZ 2000, 8 ff.; AnwK-Uhaft/*König*, § 127 StPO Rn. 1; Meyer-Goßner/*Schmitt* § 127 Rn. 1; KK-*Schultheis* § 127 Rn. 1). Das Gesetz eröffnet in § 127 **drei Möglichkeiten** für ein solches Vorgehen: 1

- Die vorläufige Festnahme kann nach § 127 Abs. 1 Satz 1 unter engen Voraussetzungen durch **Jedermann** erfolgen, um entweder die Identitätsfeststellung oder die Anwesenheit des Verdächtigen zu sichern. 2
- Die vorläufige Festnahme kann nach § 127 Abs. 2 durch die **Ermittlungsbehörden** (StA und Polizei) bei Gefahr in Verzug vorgenommen werden, wenn die Voraussetzungen eines Haft- oder Unterbringungsbefehls vorliegen. 3
- Die vorläufige Festnahme kann nach § 127 Abs. 1 Satz 2 zur **Sicherung der Identität** durch die Ermittlungsbehörden (StA und Polizei) erfolgen; das Nähere regeln die §§ 163b und 163c. Hierbei handelt es sich um einen Sonderfall zu § 127 Abs. 2. 4

Das Recht zur vorläufigen Festnahme besteht unabhängig von einer richterlichen Anordnung. Wegen des **Richtervorbehaltes in Art. 104 Abs. 2 und 3 GG** kann und darf es sich hier aber nur um eine vorläufige und zeitlich begrenzte Maßnahme handeln. Die Vorführung vor den Richter hat so früh wie möglich, spätestens aber bis zum Ende des Tages nach der Festnahme zu erfolgen, sofern der Verdächtige nicht freigelassen wird (vgl. § 128 Abs. 1 Satz 1; ausführlich s. dort). 5

Für **Bagatelldelikte** ist in § 127a die Möglichkeit einer Verschonung von der Fortdauer der vorläufigen Festnahme geregelt. 6

Das **weitere Verfahren** nach vorläufiger Festnahme geben die §§ 128 und 129 vor. 7

Zusätzliche Fälle der vorläufigen Festnahme sind geregelt in § 127b (vorläufige Festnahme zur Anordnung der Hauptverhandlungshaft) und in § 183 Satz 2 GVG (vorläufige Festnahme bei Straftaten in der Sitzung) sowie in § 164 (Festhalten von Störern), dort aber zu anderen Zwecken. 8

Innerhalb der Grenzen des Rechts zur vorläufigen Festnahme handelt der Festnehmende rechtmäßig. 9

B. Vorläufige Festnahme auf frischer Tat durch Jedermann, § 127 Abs. 1. I. Voraussetzungen für das Recht zur vorläufigen Festnahme. Nach § 127 Abs. 1 Satz 1 hat Jedermann das Recht zur vorläufigen Festnahme eines auf frischer Tat angetroffenen oder verfolgten Verdächtigen. Dem Bürger wird hier eine öffentliche Aufgabe übertragen (Meyer-Goßner/*Schmitt* § 127 Rn. 1; KK-*Schultheis* § 127 Rn. 6; *Roxin/Schünemann*, Strafverfahrensrecht, § 31 Rn. 4). Dadurch soll in erster Linie eine Strafverfolgung gesichert werden (ausführlich LR/*Hilger* § 127 Rn. 3). Eine Rechtspflicht zum Handeln wird aber nicht begründet (Meyer-Goßner/*Schmitt* § 127 Rn. 1; KK-*Schultheis* § 127 Rn. 6). Das Festnahmerecht endet mit dem Eintreffen der Polizei als Repräsentanten staatlicher Gewalt. 10

II. Festnahmeberechtigte – »Jedermann«. Das Recht steht **Jedermann** zu. Auf Betroffenheit in der Sache, Alter, Wohnsitz, Nationalität etc. kommt es nicht an (RGSt 12, 194, 195 [Jagdaufseher nimmt Wilderer in fremdem Revier fest]; LR/*Hilger* § 127 Rn. 26; AnwK-Uhaft/*König*, § 127 StPO Rn. 3; Meyer-Goßner/*Schmitt* § 127 Rn. 7; KK-*Schultheis* § 127 Rn. 20). Mehrere Personen dürfen, egal ob koordiniert oder nicht, zusammenwirken. Entscheidend geht es um den Schutz der Rechtsordnung. 11

Auch Beamte von StA und Polizei können sich auf § 127 Abs. 1 Satz 1 berufen, nicht nur wenn sie außerhalb ihres Wirkungskreises oder privat tätig sind (s. *Kramer* MDR 1993, 11 ff.; LR/*Hilger* § 127 Rn. 26; Meyer-Goßner/*Schmitt* § 127 Rn. 7). Das gilt wegen der Sonderregel in § 127 Abs. 1 Satz 2 aber nicht zur Identitätsfeststellung, für die sich die Ermittlungsbehörden alleine auf die §§ 163b Abs. 1, 163c berufen können (vgl. *Benfer* MDR 1993, 828 ff.; ebenso AnwK-Uhaft/*König*, § 127 StPO Rn. 3). 12

13 Bei Anwesenheit der Ermittlungsbehörden (s.o.) bedarf es deren Zustimmung zur Wahrnehmung der Festnahmerechte. Ohne diese darf das Festnahmerecht nicht fortgesetzt ausgeübt werden (*Bülte* ZStW 121 [2009], 377, 413; AnwK-Uhaft/*König*, § 127 StPO Rn. 3; Meyer-Goßner/*Schmitt* § 127 Rn. 7).

14 **III. Zur Festnahme berechtigende »frische Tat«.** Unter der zur Festnahme berechtigenden »**Tat**« i.S.d. § 127 Abs. 1 ist, abstrakt formuliert, jedes Verhalten zu verstehen, das strafrechtliche Folgen nach sich ziehen kann.

15 Der Begriff der Tat erfasst einerseits jede rechtswidrige, vom Täter schuldhaft begangene Tat, die den Tatbestand eines Strafgesetzes verwirklicht, so wie dies bei der Untersuchungshaft nach den §§ 112 ff. gemeint ist, und andererseits jede rechtswidrige Tat, die der Verdächtige im Zustand der Schuldunfähigkeit nach § 20 StGB oder der verminderten Schuldfähigkeit nach § 21 StGB begangen hat, so wie dies bei der einstweiligen Unterbringung nach § 126a der Fall ist (vgl. hierzu § 11 Abs. 1 Nr. 5 StGB; ebenso: LR/*Hilger* § 127 Rn. 8; AnwK-Uhaft/*König*, § 127 StPO Rn. 4; weiter: KK-*Schultheis* § 127 Rn. 7).

16 Auf den Wert der Beute kommt es nicht an. Auch ob Täterschaft oder Teilnahme anzunehmen sind, spielt keine Rolle. Die Tat muss nicht vollendet sein. Es genügt, dass sie versucht wurde (vgl. § 22 StGB; BGH NJW 1981, 745 f. = VersR 1981, 376), sofern der Versuch strafbar ist. Eine straflose Vorbereitungshandlung reicht nicht aus, es bedarf zumindest eines unmittelbaren Ansetzens zur Tat. Die Schwere der Tat ist regelmäßig nicht entscheidend. § 127 Abs. 1 Satz 1 gilt für alle Verbrechen oder Vergehen (vgl. RGSt 17, 127; BayObLGSt 1986, 52, 55; *Borchert*, JA 1982, 338, 344; AK/StPO-*Krause*, § 127 Rn. 11; **a.A.** LR/*Hilger* § 127 Rn. 19 [einschränkend unter Beachtung der Verhältnismäßigkeit]). Das Gesetz orientiert sich einzig daran, dass die Tat »frisch begangen« worden sein muss (vgl. *Kargl* NStZ 2000, 8, 14; *Schröder* Jura 1999, 10, 11; vgl. auch § 127 Abs. 3 StPO [Antragserfordernis]). Problematisch ist aber die Einordnung von offenkundigen Bagatellfällen (vgl. *Schröder* Jura 1999, 10, 12; zur Verhältnismäßigkeit s.a. unten, Rdn. 34 ff.).

17 Bei **Ordnungswidrigkeiten** ist eine vorläufige Festnahme unzulässig (vgl. § 46 Abs. 3 Satz 1 OWiG).

18 Eine vorläufige Festnahme von **Kindern unter 14 Jahren** ist nach herrschender Meinung nicht erlaubt. Sie sind strafunmündig (vgl. § 19 StGB, § 3 Abs. 1 JGG). Gegen sie kann weder eine Strafe noch eine Maßregel der Besserung und Sicherung verhängt werden. Somit lasse sich der Zweck der vorläufigen Festnahme, die Sicherung der Strafverfolgung, von vornherein nicht erreichen (vgl. nur *Ellbogen/Wichmann* JuS 2007, 114, 117; LR/*Hilger* § 127 Rn. 8; *Kintzi* DRiZ 1997, 34; AnwK-Uhaft/*König*, § 127 StPO Rn. 4; AnwK-StPO/*Lammer*, § 127 Rn. 3; Meyer-Goßner/*Schmitt* § 127 Rn. 3a; **a.A.** KG JR 1971, 30 [Festnahme zur Feststellung der Personalien des Aufsichtspflichtigen erlaubt]; *Krause* FS Geerds, 1995, S. 489 ff. [Festnahme zur Feststellung der Identität des Kindes]; ausführlich zum Ganzen *Verell* NStZ 2001, 284, 286 f.). Dies ist für eine Festnahme von Strafunmündigen wegen Fluchtgefahr oder der Sicherung der Untersuchungshaft nach § 127 Abs. 2 selbstverständlich. Für § 127 Abs. 1 scheint aber eine differenzierte Betrachtung angezeigt (vgl. hierzu ausführlich *Verell* NStZ 2001, 284, 286 f.): Die herrschende Meinung geht von einer vornehmlich retrospektiv geprägten Betrachtung aus. Diese ist aber in der Praxis ex ante oft nicht möglich. Das Gesetz differenziert i.Ü. auch nicht danach, ob die Person bereits als Verdächtiger oder Beschuldigter angesehen werden kann. Vielmehr wird lediglich verlangt, dass »Jemand« auf frischer Tat betroffen wird. Im Anfangsstadium der Aufklärung einer Straftat geht es vornehmlich darum, Klarheit über die Tat und die daran Beteiligten zu erhalten. Würde man das Verbot, den primär Tatverdächtigen zur Feststellung seiner Identität vorläufig festzunehmen, bei Kindern streng schematisch anwenden, dann könnte sich dies besonders nachteilig auswirken. Ermittlungen zur Bestrafung eines strafunmündigen Kindes sind, daran besteht kein Zweifel, sinnlos. Sie sind abzulehnen (s.o.). Aber im frühen Stadium des »ersten Zugriffes« ist stets auch die Möglichkeit zu erwägen, dass andere (strafmündige) Personen beteiligt sein könnten. Dies aufzuklären wäre erheblich erschwert, wenn nicht gar unmöglich gemacht, wenn Kinder von vornherein dem vorübergehenden Zugriff entzogen wären. Selbst wenn das Kind alleiniger Tatverdächtiger sein sollte, erlischt damit nicht automatisch jedes strafprozessuale Erkenntnisinteresse. Eine kurzfristige vorläufige Festnahme, gerade bei Kindern an der Grenze zur Strafmündigkeit, kann vor diesem Hintergrund in engen Grenzen angezeigt erscheinen. Andernfalls verbleibt für Privatleute die Möglichkeit der Feststellung der Identität des Kindes nach **§ 229 BGB**, um so möglicherweise zivilrechtliche Schadensersatzansprüche durchzusetzen (vgl. *Ellbogen/Wichmann* JuS 2007, 114, 117; KK-*Schultheis* § 127 Rn. 8 a.E.).

19 Welchen Verdachtsgrad die angenommene Tat im Fall der vorläufigen Festnahme durch Private nach § 127 Abs. 1 erfüllen muss, ist höchst streitig. Eine Meinung geht davon aus, dass die angenommene **Straftat in objektiver Hinsicht tatsächlich begangen** worden sein muss (vgl. u.a. KG JR 1971, 30 = VRS 45, 35 ff.; OLG Hamm NJW 1972, 1826; Meyer-Goßner/*Schmitt* § 127 Rn. 4; sowie die Vielzahl weiterer Nachweise bei SK-StPO/*Paeffgen*, § 127 Rn. 7 [dort Fn. 20]). Nach a.A. genügt ein **(qualifizierter) dringender Tatverdacht** (vgl. u.a. BGH NJW 1981, 745 f. [Zivilurteil!]; BayObLG JR 1987, 344 [m. zust. Anm. *Schlüchter* JR 1987, 309]; OLG Hamm NStZ 1998, 370; OLG Koblenz DVBl. 2008, 1070; KK-*Schultheis* § 127 Rn. 9;

LR/*Hilger* § 127 Rn. 9; sowie die Vielzahl weiterer Nachweise bei SK-StPO/*Paeffgen*, § 127 Rn. 8 [dort Fn. 22]; ausführlich zum Ganzen auch *Kargl* NStZ 2000, 8, 10 ff.). Im Wesentlichen geht es hier darum, ob das Schwergewicht auf der Ermittlung eventueller Straftaten liegt, oder ob die Rechtsposition des vermeintlich Verdächtigen schwerer wiegt. Besonders bedeutsam wird das Problem bei der vorläufigen Festnahme, wenn sich der Festgenommene – entweder tatsächlich oder vermeintlich zu Recht oder zu Unrecht – wehrt. Es gehe nicht an, einem Unschuldigen dessen **Notwehrrecht** gegen freiheitsbeschränkende Eingriffe Privater zu nehmen (vgl. Meyer-Goßner/*Schmitt* § 127 Rn. 4; s. hierzu auch unter F., dort Rdn. 53) und umgekehrt den in gutem Glauben handelnden Festnehmenden zur Duldung eventueller Verteidigungshandlungen zu verpflichten (vgl. nur AnwK-Uhaft/*König*, § 127 StPO Rn. 6). Eine praktikable Lösung wird mit Sinn und Zweck des § 127 Abs. 1 argumentieren müssen: Wenn Privatpersonen das Recht zur Wahrnehmung öffentlicher Aufgaben eröffnet wird, dann dürfen sie nicht gleichzeitig mit dem Risiko einer Fehleinschätzung belastet werden, wenn sich nachträglich herausstellen sollte, dass keine rechtswidrige Straftat anzunehmen ist. Diese Ansicht bedarf aber einer Einschränkung: Sie gilt nur dann, wenn der Festnehmende im Zeitpunkt der vorläufigen Festnahme (ex ante) eine umfassende und sorgfältige Abwägung vorgenommen hat. Leichtfertige Fehleinschätzungen gehen zu seinen Lasten (zum Ganzen *Bülte* ZStW 121 [2009], 377, 399 ff.; LR/*Hilger* § 127 Rn. 9; AnwK-Uhaft/*König*, § 127 StPO Rn. 6; SK-StPO/*Paeffgen*, § 127 Rn. 10). Nach Allem reicht es deshalb aus, wenn die Zusammenschau aller erkennbaren äußeren Umstände im Tatzeitpunkt nach der Lebenserfahrung im Urteil des Festnehmenden ohne vernünftige Zweifel den Schluss auf eine rechtswidrige Tat zulässt.

Auf **frischer Tat betroffen** ist, wer unmittelbar bei Begehung einer rechtswidrigen Tat oder unmittelbar danach am Tatort oder in dessen unmittelbarer Nähe angetroffen und gestellt wird (statt Aller: Meyer-Goßner/*Schmitt* § 127 Rn. 5; s.a. *Bülte* ZStW 121 [2009], 377, 401). 20

Auf **frischer Tat verfolgt** ist, wer zwar nicht mehr am Tatort betroffen wird, weil er sich bereits entfernt hat, der aber anhand von Tatspuren oder sonstiger sicherer Anhaltspunkte als Täter ausgemacht werden kann und seine Verfolgung zur Ergreifung aufgenommen wird (OLG Hamburg GA 1964, 341, 342; LR/*Hilger* § 127 Rn. 15; AnwK-Uhaft/*König*, § 127 StPO Rn. 7; Meyer-Goßner/*Schmitt* § 127 Rn. 6). Die Verfolgung erfasst sämtliche Maßnahmen, um den Täter zu ergreifen, dies zumindest zu ermöglichen, zu erleichtern oder zu sichern (RGSt 30, 388 ff.). Die Verfolgung muss sich nicht unmittelbar an die Entdeckung anschließen. Der Verfolgende kann sich zunächst vorbereiten, bspw. Hilfskräfte hinzuziehen oder Hilfsmittel (Fahrzeug etc.) beschaffen. Eine Verfolgung auf Sicht und Gehör ist nicht erforderlich (Meyer-Goßner/*Schmitt* § 127 Rn. 6). Der Verfolgende kann dem Verfolgten vorauseilen und Wege besetzen (RGSt 30, 388 ff.). Eine Rast ändert nichts am Charakter der Verfolgung (RGSt 58, 226 ff.). Eine zeitliche Grenze ist nicht anzunehmen (zum Ganzen: LR/*Hilger* § 127 Rn. 15; Meyer-Goßner/*Schmitt* § 127 Rn. 6). 21

IV. Zweck der Festnahme. Der Zweck der vorläufigen Festnahme darf einzig darin bestehen, den auf frischer Tat betroffenen oder flüchtigen Täter der **Strafverfolgung** zuzuführen. § 127 Abs. 1 ist keine Eingriffsbefugnis für präventiv-polizeiliche Zwecke (LR/*Hilger* § 127 Rn. 3). Eine Festnahme zu anderen Zwecken rechtfertigt sich allenfalls aus anderen Normen, z.B. § 229 BGB (BayObLGSt 90, 113 = JR 1991, 518 [m.Anm. *Laubenthal*]; OLG Düsseldorf NJW 1991, 2716 = NStZ 1991, 599 [m. krit. Anm. *Paeffgen* NStZ 1992, 530, 532]; **a.A.** wohl AG Grevenbroich NJW 2000, 1060 [mit umfangreicher auch zivilrechtlicher Würdigung des Sachverhaltes]). Eine Verhinderung weiterer Straftaten oder auch eine sonst erziehende oder belehrende Einflussnahme auf Dritte sind nicht von § 127 gedeckt (BGH VRS 40, 104, 106 [Versuch der Verhinderung einer Trunkenheitsfahrt]; OLG Hamm VRS 9, 215, 218; OLG Hamm VRS 4, 446; ebenso Meyer-Goßner/*Schmitt* § 127 Rn. 6). 22

V. Grund der Festnahme. § 127 Abs. 1 Satz 1 nennt als zulässige Festnahmegründe den Fluchtverdacht sowie die sofortige Identitätsfeststellung. Andere Gründe, wie z.B. Verdunkelungsgefahr oder Wiederholungsgefahr oder auch Ungehorsam gegen Ladungen, begründen kein Festnahmerecht (KK-*Schultheis* § 127 Rn. 15). 23

Ein **Fluchtverdacht** ist nach herrschender Meinung nicht gleichzusetzen mit Fluchtgefahr (differenzierend LR/*Hilger* § 127 Rn. 21). Es ist nicht auf eine objektiv vorliegende Fluchtgefahr i.S.d. § 112 Abs. 2 Nr. 2 abzustellen (ausführlich dazu s. die Kommentierung unter § 112 Rdn. 37 ff.). Sondern ein Fluchtverdacht ist anzunehmen, wenn der Festnehmende nach den erkennbaren Umständen des Falles, insb. dem Verhalten des Täters, vernünftigerweise davon ausgehen darf, dieser habe eine Tat begangen und werde sich dem Strafverfahren durch Flucht entziehen, sollte er nicht alsbald festgehalten werden (**objektive Komponente**). Zusätzlich muss der Festnehmende davon überzeugt sein, dass die Gefahr besteht, der Verdächtige werde flüchten (**subjektive Komponente**). Problematisch hierbei ist, dass der Festnehmende regelmäßig schnell eine Entscheidung treffen muss (zum Ganzen BGH MDR 1970, 196, 197; BGH bei *Kusch* NStZ 1992, 27; 24

BayObLG NStZ-RR 2002, 336; LR/*Hilger* § 127 Rn. 21; AnwK-Uhaft/*König*, § 127 StPO Rn. 9; Meyer-Goßner/*Schmitt* § 127 Rn. 10; SK-StPO/*Paeffgen* § 127 Rn. 15; KK-*Schultheis* § 127 Rn. 16).

25 Zur **Feststellung der Identität** ist die vorläufige Festnahme erlaubt, wenn der Betroffene Angaben zur Person verweigert (RGSt 21, 10) oder keine gültigen Ausweispapiere vorweisen kann, eine Identifikation also nicht ohne Vernehmung oder sonstige weitergehende Nachforschungen möglich ist. Die Feststellung der Personalien muss sofort, d.h. augenblicklich und an Ort und Stelle, möglich sein. Die Angabe der Personalien kann ungenügend sein, wenn Zweifel vorhanden sind und keine Möglichkeit besteht, dies nachzuprüfen (RGSt 27, 198, 199). Aus vorgelegten Ausweispapieren müssen sich sämtliche relevanten Daten, insb. der aktuelle Wohnsitz oder Aufenthaltsort, ergeben (BayObLG NStZ-RR 2002, 336 [älterer Führerschein unzureichend]; fraglich **a.A.** AG Hannover StV 2006, 321 [Führerschein nicht unzureichend, allerdings bei polizeilicher Identitätsfeststellung, also weitergehenden Recherchemöglichkeiten]). Ist der Name des Verdächtigen sicher bekannt, dann ist eine Festnahme nach § 127 Abs. 1 in der Regel unzulässig. Die Identifizierung über einen Dritten genügt aber nicht, selbst wenn dieser sich ausweist, da weiterhin Zweifel am eigentlichen Betroffenen bestehen können. Kennzeichen von Kfz lassen zwar eine Feststellung des Halters zu; damit ist aber der Fahrer nicht sicher identifiziert (KG VRS 16, 112, 113; OLG Oldenburg VRS 32, 274; OLG Schleswig NJW 1984, 1470 f.; *Krüger* NZV 2003, 218, 220). Etwas anderes soll gelten, wenn eine Identifikation dennoch sicher möglich ist und die Verhältnismäßigkeit eine persönliche Überprüfung nicht angezeigt erscheinen lässt (öffentliche Verkehrsmittel; dazu LR/*Hilger* § 127 Rn. 24; **a.A.** OLG Hamm VRS 9, 215; zum Ganzen s.a. LR/*Hilger* § 127 Rn. 22 ff.; AnwK-Uhaft/*König*, § 127 StPO Rn. 9; Meyer-Goßner/*Schmitt* § 127 Rn. 11; SK-StPO/*Paeffgen*, § 127 Rn. 17c f.; KK-*Schultheis* § 127 Rn. 17).

26 Im weiteren Verlauf **nach Feststellung der Identität** sind ebenfalls strenge Vorgaben einzuhalten: Ein stundenlanges Festhalten nach sicherer Identifikation der Person nach § 127 zur erkennungsdienstlichen Behandlung (vgl. **§ 81b** und **§ 163b** s.i.Ü. dort) ist unverhältnismäßig. Der Beschuldigte darf nur zur Polizeidienststelle verbracht werden, wenn die Fertigung von Lichtbildern vor Ort nicht möglich ist. Er ist umgehend zu behandeln. Über organisatorisch nicht vermeidbare mäßige Wartezeit hinaus darf er nicht stundenlang festgehalten und eingesperrt werden. Auch Praktikabilitätserwägungen (größere Gruppe von Personen) rechtfertigen ein solches Festhalten und Einsperren nicht (BVerfG DVBl. 2011, 623 ff. = Kriminalistik 2011, 331 = NJW 2011, 2499 = NStZ 2011, 529 ff. = NVwZ 2011, 743 ff. = StraFo 2011, 177 ff. = StRR 2011, 261 f. [m.Anm. *Lorenz*] = StV 2011, 389 ff.).

27 **VI. Festnahme.** Die Festnahme selbst ist **Realakt**. Sie bedarf weder einer Anordnung noch einer Begründung. Eine bestimmte Form ist nicht vorgegeben. Die vorläufige Festnahme muss nicht als solche bezeichnet werden. Entscheidend kommt es auf ihren Grund an. Sie ist jederzeit, auch nachts erlaubt. Einer Ankündigung der Festnahmehandlung bedarf es nicht, wenn dies nicht zweckmäßig erscheint. Auch von Privatpersonen darf Gewalt angewendet werden (OLG Karlsruhe NJW 1974, 806; OLG Stuttgart NJW 1984, 1694).

28 Der Festnehmende ist berechtigt, Handlungen vorzunehmen, die ohne die Rechtfertigung nach § 127 als **Nötigung**, **Körperverletzung** oder **Freiheitsberaubung** angesehen werden könnten (KK-*Schultheis* § 127 Rn. 27; zur Verhältnismäßigkeit ausführlich sogleich, Rdn. 34 ff.).

29 Die Handlung muss aber für den Verdächtigen **als Festnahme erkennbar** sein (KG StV 2001, 260, 261; BayObLGSt 1964, 34 = VRS 27, 189; BayObLGSt 1960, 66 = NJW 1960, 1583; OLG Oldenburg NJW 1966, 1764; LR/*Hilger* § 127 Rn. 33; AnwK-Uhaft/*König*, § 127 StPO Rn. 10; Meyer-Goßner/*Schmitt* § 127 Rn. 12; SK-StPO/*Paeffgen*, § 127 Rn. 19; KK-*Schultheis* § 127 Rn. 24 ff.).

30 Die Festnahme erfolgt entweder mit der **Aufforderung**, zur nächsten Polizeidienststelle mitzukommen oder der Beschuldigte wird festgehalten bis die Polizei kommt. Ein kurzfristiges Einsperren ist erlaubt (KG JR 1971, 30). Denkbar, wenn auch praktisch eher selten, ist die Vorführung vor das zuständige Gericht (vgl. § 128 StPO).

31 Eine **Durchsuchung der Person** ist von § 127 nicht gedeckt. Dafür gelten die §§ 102 ff. StPO. Sie gewähren entsprechende Rechte aber nicht Privatpersonen (vgl. § 105 StPO; s.a. LR/*Hilger* § 127 Rn. 34).

32 Das **Betreten der Wohnung** zum Zwecke der Festnahme bedeutet ebenfalls eine Durchsuchung. Es gelten die vorangehenden Ausführungen (RGSt 31, 308; **a.A.** RGSt 40, 67; s. hierzu auch LR/*Hilger* § 127 Rn. 34; SK-StPO/*Paeffgen*, § 127 Rn. 22).

33 Eine **Beeinträchtigung Dritter** ist differenziert zu sehen: Eine Gefährdung durch Verfolgungsjagden ist nicht erlaubt (OLG Celle MDR 1958, 443; OLG Hamm VRS 32, 452; OLG Oldenburg VRS 32, 274; LR/*Hilger* § 127 Rn. 29; AnwK-StPO/*Lammer*, § 127 Rn. 11; Meyer-Goßner/*Schmitt* § 127 Rn. 16). Belästigungen und auch Behinderungen sind aber hinzunehmen (AnwK-Uhaft/*König*, § 127 StPO Rn. 11).

VII. Grundsatz der Verhältnismäßigkeit. Eine Festnahmehandlung nach § 127 unterliegt immer dem Grundsatz der Verhältnismäßigkeit. Dies gilt insb. auch für § 127 Abs. 1 Satz 1 ggü. Privaten, da sie eine öffentliche Aufgabe wahrnehmen (s.o.). 34

Mittel und Zweck müssen in einem angemessenen Verhältnis zueinander stehen. Sie müssen geeignet und erforderlich sein, um das Ziel zu erreichen (BGHSt 45, 378 ff. = JA 2000, 630 f. = JurBüro 2000, 332 = JuS 2000, 717 f. [m.Anm. *Mitsch* JuS 2000, 848 ff.] = NJW 2000, 1348 ff. = NStZ 2000, 603 f. [m.Anm. *Kargl/Kirsch*] = StraFo 2000, 166 ff. = StV 2001, 258 ff. [von hinten Anspringen; am Boden fixieren; Würgegriff]). Es ist regelmäßig unzulässig, die Flucht eines Täters durch Handlungen zu verhindern, die eine ernsthafte Gesundheitsschädigung oder gar eine unmittelbare Gefährdung des Lebens bedeuten (BGH NStZ-RR 2007, 303 f. = R&P 2007, 211). 35

Der **Gebrauch einer Schusswaffe** ist selbst bei schwerwiegenden Taten über die Androhung und einen Warnschuss hinaus nicht gerechtfertigt. Gezielte Schüsse auf den Fliehenden sind keinesfalls erlaubt (vgl. BGH NStZ-RR 1998, 50; BGHR StGB § 32 Abs. 1, Putativnotwehr 1; *Schroeder* JuS 1980, 336, 337; *Kargl* NStZ 2000, 8, 14 f.; ausführlich zum Schusswaffengebrauch LR/*Hilger* § 127 Rn. 29; Meyer-Goßner/*Schmitt* § 127 Rn. 15; KK-*Schultheis* § 127 Rn. 28). Für **Beamte des Polizeidienstes** können sich weitergehende Rechte nach Polizeirecht oder den Gesetzen über die Anwendung unmittelbaren Zwangs ergeben (RGSt 72, 305, 306 ff.; LR/*Hilger* § 127 Rn. 32; KK-*Schultheis* § 127 Rn. 33; zum polizeilichen Schusswaffengebrauch: BGHSt 26, 99 ff. = NJW 1975, 1231 ff. OLG Karlsruhe NJW 1974, 806, 807; s. hierzu auch unten zu § 127 Abs. 2, Rdn. 44).

Es bedarf einer **Abwägung:** Der durch § 127 geschützte staatliche Strafanspruch hat grds. hinter der Gesundheit des Täters zurückzutreten. Weiter gehende Befugnisse lassen sich aus § 127 nicht entnehmen. Dies ist auch nicht geboten. Denn wenn sich der Festzunehmende dem Einsatz zulässiger Mittel mit Gewalt widersetzt, dann steht dem Festnehmenden ein Notwehrrecht mit weitreichenden Befugnissen zur Verfügung (vgl. § 32 StGB; s. hierzu *Arzt* FS Kleinknecht, 1985, S. 1, 10, 12; *Borchert* JA 1982, 338; Meyer-Goßner/*Schmitt* § 127 Rn. 17; *Schröder* Jura 1999, 10, 12; KK-*Schultheis* § 127 Rn. 28). Das Umschlagen der Festnahmebefugnis nach § 127 Abs. 1 in ein Notwehrrecht des Festnehmenden nach § 32 StGB führt aber nicht zu einer Kompetenzausweitung in Bezug auf die Sicherung der Festnahme. Dass das private Festnahmerecht dann möglicherweise nicht durchzusetzen ist, muss ggf. in Kauf genommen werden. Der staatliche Strafanspruch muss hier ggü. der Inkaufnahme potenziell lebensgefährlicher Eskalationen unter Privaten zurückstehen. Andernfalls stünde zu befürchten, dass das Festnahmerecht sich durch seine möglichen Folgen selbst zerstört (so schon *Kargl/Kirsch* in Anm. zu BGH NStZ 2000, 604 ff.). 36

C. Vorläufige Festnahme bei Gefahr in Verzug, § 127 Abs. 2 StPO. Die **StA** und die **Beamten des Polizeidienstes** sind über das allgemeine Recht zur vorläufigen Festnahme nach § 127 Abs. 1 hinaus berechtigt, bei Gefahr in Verzug auch dann eine vorläufige Festnahme vorzunehmen, wenn die Voraussetzungen eines Haftbefehls oder eines Unterbringungsbefehls vorliegen (§ 127 Abs. 2 StPO). 37

I. Festnahmeberechtigte. Zur Festnahme berechtigt sind neben **Staatsanwälten** auch Amtsanwälte (§ 142 Abs. 1 Nr. 3 GVG), sofern die Sache der Zuständigkeit des AG zuzuordnen ist (§ 24 GVG) oder ihnen sonst zugewiesen wurde. Auch die der StA zugewiesenen Rechtsreferendare sind entsprechend § 142 Abs. 3 GVG berechtigt (vgl. LR/*Hilger* § 127 Rn. 40; KK-*Schultheis* § 127 Rn. 38). **Beamte des Polizeidienstes** sind alle mit der Strafverfolgung betrauten Polizisten, nicht nur Ermittlungspersonen i.S.d. § 152 GVG (vgl. LR/*Hilger* § 127 Rn. 41; KK-*Schultheis* § 127 Rn. 39). Den Finanzbehörden (**Steuer- und Zollfahndung**) werden in Steuerstrafverfahren die Rechte der Ermittlungsbehörden zur vorläufigen Festnahme über die §§ 399 Abs. 1, 402 Abs. 1 und 404 Satz 1 AO eingeräumt. 38

II. Voraussetzungen der Festnahme nach § 127 Abs. 2 StPO. Die vorläufige Festnahme nach § 127 Abs. 2 ist eine vorläufige Eilmaßnahme. Sie dient der Sicherung der Anordnung der Untersuchungshaft nach den §§ 112 ff. oder der einstweiligen Unterbringung nach § 126a StPO. 39

Bei der vorläufigen Festnahme nach § 127 Abs. 2 handelt es sich nicht um eine Verhaftung i.S.d. § 310 Abs. 1 StPO. Eine weitere Beschwerde steht dem Betroffenen nicht zu (OLG Frankfurt NStZ-RR 2010, 22; SK-StPO/*Frisch*, § 310 Rn. 24; s.a. die Kommentierung unter § 310). 40

1. Gefahr in Verzug. Von Gefahr in Verzug ist auszugehen, wenn eine Verzögerung die Festnahme gefährden würde und nicht abgewartet werden kann, bis eine richterliche Anordnung in Form eines Haft- oder Unterbringungsbefehls vorliegt. Die Einschätzung hat als **Gesamtschau** aller bekannter Aspekte des konkreten Einzelfalles zu erfolgen, soweit sie zum Zeitpunkt des Einschreitens vorliegen (BGHSt 3, 241, 243). Sie muss nach pflichtgemäßem Ermessen vorgenommen werden. Es genügt eine subjektive Einschätzung der 41

Gefährdungslage (RGSt 38, 373, 375; AG Tiergarten wistra 2007, 199; LR/*Hilger* § 127 Rn. 35; KK-*Schultheis* § 127 Rn. 35). Die Entscheidung unterliegt der unbeschränkten gerichtlichen Kontrolle.

42 Der Begriff der Gefahr in Verzug ist **eng auszulegen** (vgl. grundlegend [zur Durchsuchung] BVerfGE 103, 142 ff. = JZ 2001, 1029 ff. [m.Anm. *Gusy*] = NJW 2001, 1121 ff. [m.Anm. *Möllers* NJW 2001, 1397 ff.] = NStZ 2001, 382 ff. [m.Anm. *Beichel/Kieninger* NStZ 2003, 10 ff.] = StraFo 2001, 154 ff. [m.Anm. *Park*] = StraFo 2001, 193 ff. [m.Anm. *Rabe v. Kühlewein*] = StV 2001, 207 ff. [m.Anm. *Asbrock* StV 2001, 322 ff.] = wistra 2001, 137 ff.). Die **richterliche Anordnung** ist die **Regel** (vgl. hierzu *Amelung* NStZ 2001, 337 ff.; *ders.* StV 2002, 161 ff.; *Asbrock* StV 2001, 322 ff.; *Burhoff* StraFo 2005, 140 ff.; *Gusy* StV 2002, 156 ff.). Grds. müssen die Ermittlungsbehörden zunächst immer versuchen, eine richterliche Anordnung zu erlangen. Eine **Ausnahme** kann nur dann angenommen werden, wenn schon durch einen solchen Versuch ein Beweismittelverlust eintreten könnte (BVerfGE 103, 142 ff.; BayObLG VRS 104, 294 ff.; OLG Koblenz NStZ 2002, 660; *Burhoff* StraFo 2005, 140, 141; *Krehl* JR 2003, 300 ff.). Die bloße Möglichkeit eines Beweismittelverlustes oder lediglich Vermutungen genügen nicht (BVerfG NJW 2003, 2303 ff. = NStZ 2003, 319 = StV 2003, 205 ff.; AG Essen StraFo 2008, 199). Ist ausreichend Zeit zur Erlangung eines richterlichen Durchsuchungsbeschlusses vorhanden, dann kann Gefahr im Verzug nicht angenommen werden. Wurde gar nicht erst versucht, eine richterliche Anordnung zu bekommen und ist nicht ersichtlich, warum die Durchsuchung nicht auch nach richterlicher Anordnung hätte durchgeführt werden können, dann ist sie rechtswidrig (vgl. z.B. BVerfG NJW 2005, 1637 ff. = NStZ 2005, 337 ff. = StraFo 2005, 156 ff. = StV 2005, 483 ff. [m.Anm. *Weygand* StV 2005, 520 ff.] = wistra 2005, 219 ff. [2 Std.]; LG Cottbus StV 2002, 535 [drei Stunden]; OLG Koblenz NStZ 2002, 660 [1 1/2 Std. reichen gerade noch]). Auch der **Zeitpunkt der vorläufigen Festnahme** ist für die Beurteilung bedeutsam. Richter stehen inzwischen regelmäßig auch nachts und am Wochenende zur Verfügung. Auch darf nicht abgewartet werden, bis Gefahr im Verzug eingetreten ist (BGHSt 51, 285, 288 = JR 2007, 432 ff. = NJW 2007, 2269 ff. [m.Anm. *Mosbacher* NJW 2007, 3686 ff.] = NStZ 2007, 601 ff. [m.Anm. *Roxin* NStZ 2007, 616 ff.] = StRR 2007, 145 ff. [m.Anm. *Höfler*] = StV 2007, 337 ff. = wistra 2007, 312 ff.; AG Tiergarten wistra 2007, 199; s.a. *Brüning* HRRS 2007, 254). StA oder Polizei müssen wenigstens den Versuch unternommen haben, das Gericht zu erreichen (BdgVerfG NJW 2003, 2305 f. = NStZ 2003, 3003 f. = StV 2003, 207 f.; OLG Düsseldorf StraFo 2009, 280 [trotz dreistündiger Abwesenheit des Beschuldigten keine richterliche Anordnung eingeholt]; LG Berlin StV 2008, 244 [wenige Minuten Aufwand für telefonische Kontaktaufnahme zum Gericht zumutbar]). Andernfalls kann Gefahr in Verzug nicht mehr angenommen werden.

43 Ausführlich zum Begriff »Gefahr in Verzug« s.a. die Kommentierung unter § 98 Rdn. 13 ff.

44 **2. Durchführung der vorläufigen Festnahme.** Hinsichtlich der Durchführung der vorläufigen Festnahme kann hier auf die obigen Ausführungen verwiesen werden. Umfang und Grenzen des polizeilichen Vorgehens orientieren sich nach herrschender Meinung am jeweiligen Polizeirecht, für Bundesbeamte nach dem UZwG und für Landesbeamte nach den Landesgesetzen zur Anwendung unmittelbaren Zwangs (RGSt 72, 305, 306 ff.; BayObLGSt 88, 72 ff. = NStZ 1988, 519 [m.Anm. *Moltekin* NStZ 1989, 488]; LR/*Hilger* § 127 Rn. 32; KK-*Schultheis* § 127 Rn. 33; zum polizeilichen Schusswaffengebrauch s.a. BGHSt 26, 99 ff. = NJW 1975, 1231 ff. OLG Karlsruhe NJW 1974, 806, 807; **a.A.**, ausführlich und krit. unter Ablehnung der h.M. SK-StPO/*Paeffgen*, § 127 Rn. 28 ff.).

45 Nach Zurückweisung eines in der Sache beantragten Haftbefehls ist eine vorläufige Festnahme nach § 127 Abs. 2 wegen derselben Straftat ausgeschlossen, es sei denn die früheren Ablehnungsgründe sind durch neue Umstände ausgeräumt (LG Frankfurt a.M. NJW 2008, 2201 = NStZ 2008, 591 f. = StV 2008, 294 f.).

46 **D. Vorläufige Festnahme bei Antragsdelikten, § 127 Abs. 3.** Bei **Antragsdelikten** (ausführlich hierzu LR/*Hilger* § 127 Rn. 50) sowie Straftaten, die nur mit **Ermächtigung** (§ 90 Abs. 4 StGB; § 90b Abs. 2 StGB; § 97 Abs. 3 StGB; § 104a StGB; § 194 Abs. 4 StGB; § 353a Abs. 2 StGB; § 353b Abs. 4 StGB) oder auf **Strafverlangen** (§ 104a StGB) verfolgt werden können (vgl. hierzu § 77e StGB), ist eine vorläufige Festnahme unter Beachtung der obigen Ausführungen zulässig, selbst wenn noch kein Antrag gestellt oder ein Verlangen oder eine Ermächtigung nicht vorliegen. Ist aber die Antragsfrist abgelaufen oder wurde auf einen Antrag verzichtet oder wurde dieser zurückgenommen, dann ist von einem Prozesshindernis auszugehen. Dann darf eine vorläufige Festnahme nicht erfolgen. Dies gilt auch, wenn unwahrscheinlich ist (LR/*Hilger* § 127 Rn. 49 [sehr unwahrscheinlich]), dass ein solches Verfahrenshindernis beseitig wird (Meyer-Goßner/*Schmitt* § 127 Rn. 21).

47 Bei **Privatklagedelikten** ist eine vorläufige Festnahme sowohl zur Feststellung der Identität als auch wegen des Verdachts der Flucht erlaubt (AnwK-Uhaft/*König*, § 127 StPO Rn. 5; Meyer-Goßner/*Schmitt* § 127 Rn. 22; KK-*Schultheis* § 127 Rn. 47; **a.A.** LR/*Hilger* § 127 Rn. 8; SK-StPO/*Paeffgen* § 127 Rn. 35).

E. Bekanntgabe, Belehrung und Benachrichtigung nach §§ 114a bis 114c, § 127 Abs. 4. Erfolgt die vorläufige Festnahme durch die StA oder die Polizei, dann sind schon hier die Pflicht zur Information über den Grund der vorläufigen Festnahme (§ 114a), zur Belehrung (§ 114b) sowie zur Benachrichtigung Angehöriger (§ 114c) entsprechend zu beachten (vgl. § 127 Abs. 4). Auf die Kommentierungen unter den jeweiligen Paragrafen wird verwiesen. 48

Bei der vorläufigen Festnahme nach § 127 liegen regelmäßig noch keine Schriftstücke vor, aus denen sich der erhobene Vorwurf ergibt. Die Unterrichtung hat deshalb zunächst mündlich zu erfolgen. Damit darf aber nicht bis zur Verbringung auf die Polizeidienststelle gewartet werden. Der Verdächtige ist in unmittelbarem Zusammenhang mit der Festnahme zu belehren, sofern er aufnahmefähig und -willig ist (ebenso *Weider* StV 2010, 102). 49

Eine solche unverzügliche Belehrung nach der Festnahme war bisher nicht vorgesehen; damit wird eine Lücke in der bisherigen StPO geschlossen (BT-Drs. 16/11644, S. 15 [zu § 114a StPO] und S. 16 [zu § 114b StPO]; s.a. *Herrmann* StRR 2010, 4, 5 f.; ausführlich *Weider* StV 2010, 102 ff.). 50

F. Sonstiges. Die **Anfechtung einer vorläufigen Festnahme** ist, wenn diese noch andauert, über § 128 möglich. Wird der Beschuldigte bereits vor der Vorführung vor das Gericht freigelassen, dann entscheidet bei entsprechendem Rechtsschutzbedürfnis analog § 98 Abs. 2 Satz 2 der mit der Sache befasste Richter (BGHSt 44, 171 ff. = NJW 1998, 3653 = StV 1998, 579 f. = wistra 1998, 325). Dies wird auch gelten müssen, wenn es um die Art und Weise der vorläufigen Festnahme geht (LR/*Hilger* § 127 Rn. 47; Meyer-Goßner/*Schmitt* § 127 Rn. 23). 51

Die Festnahmemöglichkeiten nach § 127 stellen **strafrechtliche Rechtfertigungsgründe** dar. Das Recht der Notwehr (§ 32 StGB), der Nothilfe (§ 34 StGB) sowie des rechtfertigenden und entschuldigenden Notstandes (§§ 34, 35 Abs. 1 StGB bzw. §§ 228, 904 BGB) bleiben unberührt. 52

Der Festgenommene selbst hat kein **Recht zur Notwehr** gegen eine gerechtfertigte vorläufige Festnahme. Der Festnehmende hingegen ist zur Notwehr berechtigt, wenn der Festgenommene sich wehrt (BGHSt 45, 378 ff. = JA 2000, 630 f. = JurBüro 2000, 332 = JuS 2000, 717 f. [m.Anm. *Mitsch* JuS 2000, 848 ff.] = NJW 2000, 1348 ff. = NStZ 2000, 603 f. [m.Anm. *Kargl/Kirsch*] = StraFo 2000, 166 ff. = StV 2001, 258 ff. [von hinten Anspringen; am Boden fixieren; Würgegriff]). 53

Für **Abgeordnete** gilt die Sonderregel des Art. 46 Abs. 2 GG. Sie genießen grds. Immunität. Die vorläufige Festnahme steht der Verhaftung i.S.d. Art. 46 Abs. 2 GG gleich. Zur Feststellung der Identität ist sie aber uneingeschränkt möglich (**a.A.** RGSt 59, 113; LR/*Hilger* § 127 Rn. 4). Ansonsten ist sie ohne Genehmigung des Parlaments nur zulässig, wenn der Abgeordnete auf frischer Tat betroffen wird oder wenn die Festnahme noch im Laufe des folgenden Tages nach der Tat erfolgt (vgl. Meyer-Goßner/*Schmitt* § 127 Rn. 24). 54

§ 127a Absehen von der Anordnung oder Aufrechterhaltung der vorläufigen Festnahme

(1) Hat der Beschuldigte im Geltungsbereich dieses Gesetzes keinen festen Wohnsitz oder Aufenthalt und liegen die Voraussetzungen eines Haftbefehls nur wegen Fluchtgefahr vor, so kann davon abgesehen werden, seine Festnahme anzuordnen oder aufrechtzuerhalten, wenn

1. **nicht damit zu rechnen ist, daß wegen der Tat eine Freiheitsstrafe verhängt oder eine freiheitsentziehende Maßregel der Besserung und Sicherung angeordnet wird und**
2. **der Beschuldigte eine angemessene Sicherheit für die zu erwartende Geldstrafe und die Kosten des Verfahrens leistet.**

(2) § 116a Abs. 1 und 3 gilt entsprechend.

Übersicht

A. Allgemeines. Die Vorschrift ist eine **besondere Ausprägung des Verhältnismäßigkeitsgrundsatzes** in § 112 Abs. 1 Satz 1 (BT-Drs. V 2600, 2601; BayObLG Rpfleger 1996, 41; LR/*Hilger* § 127a Rn. 1; Meyer-Goßner/*Schmitt* § 127a Rn. 1; KK-*Schultheis* § 127a Rn. 1; krit. *Gropp* JR 1991, 804, 810 [mit Verweis auf 1 die Unschuldsvermutung]); s.a. *Wolter* ZStW 93 (1981), 471). Es handelt sich um eine Ergänzung zu § 127 Abs. 2. Sie wird ihrerseits wiederum durch § 132 (Anordnung sonstiger Maßnahmen zur Sicherung des Verfahrens durch insb. Sicherheitsleistung und Zustellungsbevollmächtigten) ergänzt. Die Norm stellt ein Surrogat zur Untersuchungshaft dar, nicht zur vorläufigen Festnahme (LR/*Hilger* § 127a Rn. 1).

2 Dem Beschuldigten soll die Möglichkeit eröffnet werden, beim Vorwurf einer geringfügigen Straftat die Festnahme und nachfolgende Untersuchungshaft frühzeitig abzuwenden.

3 **B. Anwendungsbereich. I. Persönlicher Anwendungsbereich.** Teilweise wird vertreten, dass § 127a nur für **Ausländer**, nicht auch für nicht sesshafte Deutsche gelte (LR/*Hilger* § 127a Rn. 3; Meyer-Goßner/*Schmitt* § 127a Rn. 2; SK-StPO/*Paeffgen* § 127a Rn. 2 [auch Deutsche mit Auslandswohnsitz]; s.a. LG Magdeburg NStZ 2007, 544 [zu § 132 StPO]). Nach ihrem Wortlaut verfängt die Norm aber grds. immer dann, wenn ein Beschuldigter in Deutschland ohne Wohnsitz oder festen Aufenthalt ist. Deshalb ist nicht ersichtlich, warum sie nicht auch für Deutsche mit Lebensmittelpunkt im Ausland und darüber hinaus **vagabundierende Inländer** gelten soll (ebenso: AnwK-StPO/*Lammer*, § 127a Rn. 1; *Plonka* Polizei 1973, 145, 148; *Schlothauer/Weider/Nobis*, Untersuchungshaft, Rn. 509; KK-*Schultheis* § 127a Rn. 2; *Seetzen* NJW 1973, 2001, 2004; *Radtke/Hohmann/Tsambikakis* StPO, § 127a Rn. 1). Neben dem Wortlaut sprechen auch Sinn und Zweck der Regelung gegen eine Einengung des Anwendungsbereiches. I.Ü. ist der Gleichheitsgrundsatz des Art. 3 Abs. 1 GG zu beachten (ausführlich hierzu KK-*Schultheis* § 127a Rn. 2).

4 Die Begriffe »**Wohnsitz**« und »**Aufenthalt**« richten sich nach den zivilrechtlichen Regeln (vgl. §§ 7 ff. BGB). Sie setzen die Niederlassung oder das Verweilen für eine gewisse Dauer oder auch Regelmäßigkeit voraus. Nur vorübergehende Besuche, gleichgültig aus welchem Grund (Urlaubs-, Geschäftsreise), genügen nicht, selbst wenn sie mehrere Tage andauern. Wohnungslosigkeit ist auch anzunehmen, wenn der Beschuldigte nicht erreichbar ist (vgl. Meyer-Goßner/*Schmitt* § 132 Rn. 4 i.V.m. § 127a Rn. 2 i.V.m. § 8 Rn. 1; KK-*Schultheis* § 127a Rn. 2; s.a. § 113 Rdn. 8).

5 **II. Voraussetzungen für den Erlass eines Haftbefehls nur wegen Fluchtgefahr.** Gegen den Beschuldigten müssen die Voraussetzungen für den Erlass eines Haftbefehls vorliegen (zu dringendem Tatverdacht, Haftgrund und Verhältnismäßigkeit ausführlich unter § 112 Rdn. 7 ff., Rdn. 17 ff. und Rdn. 106 ff.). Tauglicher Haftgrund ist hier aber einzig die Fluchtgefahr gem. § 112 Abs. 2 Nr. 2. Ist nur oder auch Verdunkelungsgefahr anzunehmen, dann verfängt § 127a nicht (Meyer-Goßner/*Schmitt* § 132 Rn. 4; KK-*Schultheis* § 127a Rn. 3). Das gilt ebenso für die einstweilige Unterbringung nach § 126a. Dann kann aber § 132 eingreifen (KK-*Schultheis* § 127a Rn. 3 a.E.).

6 **III. Relativ geringe zu erwartende Strafe, § 127a Abs. 1 Nr. 1.** Von der Festnahme kann abgesehen werden, wenn die **zu erwartende Strafe relativ gering** sein wird (§ 127a Abs. 1 Nr. 1). Es darf nicht damit zu rechnen sein, dass eine Freiheitsstrafe verhängt oder eine Maßregel der Besserung und Sicherung angeordnet wird. Dies ist anzunehmen, wenn Geldstrafe (§ 40 StGB), Nebenstrafe (z.B. Fahrverbot, § 44 StGB), Entziehung der Fahrerlaubnis (§ 69 StGB) oder Verfall und Einziehung (§§ 73 f. bzw. §§ 74 ff. StGB) zu erwarten sind (vgl. LR/*Hilger* § 127a Rn. 6; Meyer-Goßner/*Schmitt* § 127a Rn. 5; KK-*Schultheis* § 127a Rn. 4 a.E.). Für den **Jugendarrest** ist dies strittig, weil es sich um ein Zuchtmittel und nicht um Strafe handelt (vgl. §§ 13 Abs. 2 Nr. 3, 16 JGG; s. hierzu einerseits: LR/*Hilger* § 127a Rn. 6 [§ 127a StPO könnte Anwendung finden]; Meyer-Goßner/*Schmitt* § 127a Rn. 5 [bejahend]; andererseits: AnwK-Uhaft/*König*, § 127a StPO Rn. 3, 8 [verneinend]; insgesamt von eher geringer praktischer Relevanz [nach einschränkender Ansicht Einwirkung nur auf ausländische Jugendliche]). Die zu erwartende Strafe ist regelmäßig gering, wenn es sich um eine **überschaubare Geldstrafe** handelt.

7 **IV. Angemessene Sicherheit, § 127a Abs. 1 Nr. 2, § 127a Abs. 2.** Der Beschuldigte muss zur Verschonung von Festnahme und Verhaftung eine **angemessene Sicherheit** leisten (§ 127a Abs. 1 Nr. 2). Für die Art der Sicherheit gelten § 116a Abs. 1 und 3 entsprechend (§ 127a Abs. 2). Auf die dortigen Vorgaben kann verwiesen werden. Die Sicherheit kann bar oder unbar, selbst oder auch mittels Fremd- oder Dritthinterlegung geleistet werden (ausführlich zum Ganzen s. die Kommentierung unter § 116a Rdn. 1 ff. und Rdn. 17 ff.). **Angemessen** ist die Sicherheit, wenn sie die zu erwartende Geldstrafe und die Kosten des Verfahrens deckt. Die Geldstrafe orientiert sich an der Strafzumessungspraxis der Gerichte, sie wird geschätzt (Meyer-Goßner/*Schmitt* § 127a Rn. 6; KK-*Schultheis* § 127a Rn. 5 a.E.). Die Kosten des Verfahrens ergeben sich aus § 464a Abs. 1 (Gebühren und Auslagen der Staatskasse; sonstige Kosten des Verfahrens; s. hierzu LR/*Hilger* § 127a Rn. 8).

V. Bestellung eines Zustellungsbevollmächtigten, § 127a Abs. 2 i.V.m. § 116a Abs. 3. Der Beschuldigte muss gem. § 127a Abs. 2 i.V.m. § 116a Abs. 3 einen Zustellungsbevollmächtigten bestellen. Die Erteilung einer wirksamen Zustellungsvollmacht setzt voraus, dass der zu Bevollmächtigende hiermit einverstanden und zur Entgegennahme von Zustellungen bereit ist. Die Zustellungsvollmacht ist aktenkundig zu machen (OLG Karlsruhe StV 2007, 571). Eine schriftliche Zustellungsvollmacht muss sich nicht bei den Akten befinden (BayObLGSt 1988, 134 = JR 1990, 36 [m.Anm. *Wendisch*]; KK-*Schultheis* § 127a Rn. 6; **a.A.** Meyer-Goßner/*Schmitt* § 127a Rn. 8). Zu Beweiszwecken erscheint die Dokumentation der Vollmacht sinnvoll (ausführlich zum Ganzen s.a. die Kommentierung unter § 116a Rdn. 22 ff.; vgl. auch LR/*Hilger* § 127a Rn. 9; AnwK-Uhaft/*König*, § 127a Rn. 4; Meyer-Goßner/*Schmitt* § 127a Rn. 7; KK-*Schultheis* § 127a Rn. 6). 8

VI. Absehen von Anordnung und Aufrechterhaltung der Festnahme. Sind die vorgenannten Voraussetzungen erfüllt, dann kann von der Anordnung oder Aufrechterhaltung der Festnahme abgesehen werden. Eine Verschonung findet aber erst statt, wenn die **Sicherheit geleistet** und ein **Zustellungsbevollmächtigter bestellt** sind. Der Beschuldigte wird dann frei gelassen. Er kann sich frei bewegen, insb. das Gebiet der BRD verlassen. 9

Eine Sicherheitsleistung kann nicht zwangsweise eingefordert werden. Es steht dem Beschuldigten frei, sie zu leisten. Tut er dies nicht, dann ist er unverzüglich dem Gericht vorzuführen (vgl. hierzu § 128). Das konkrete Vorgehen muss spätestens bis zum Ablauf der Vorführungsfrist des § 128 Abs. 1 Satz 1 geklärt werden. Nach Ablauf der Frist darf der Beschuldigte nicht weiter im Polizeiarrest festgehalten werden (zum Ganzen LR/*Hilger* § 127a Rn. 13; SK-StPO/*Paeffgen* § 127a Rn. 7; KK-*Schultheis* § 127a Rn. 7). 10

Ob von der Festnahme abgesehen werden kann entscheidet zunächst der **Polizeibeamte**, der entsprechend § 127 Abs. 1 oder 2 den Beschuldigten vorläufig festgenommen hat oder hätte festnehmen können. Er muss nicht Ermittlungsperson der StA sein. Darüber hinaus können auch der **Staatsanwalt** oder dann noch der **Richter** entscheiden. Zur Vorführung vor den Richter s. § 128 (LR/*Hilger* § 127a Rn. 11). 11

Die Entscheidung, den Fluchtverdächtigen entweder (vorläufig) festzunehmen oder gegen Sicherheitsleistung davon abzusehen, ist Prozesshandlung. Ein förmlicher Rechtsbehelf hiergegen ist aber nicht gegeben. Wird die Untersuchungshaft angeordnet, dann besteht hiergegen die Möglichkeit der Haftprüfung und der Haftbeschwerde (ebenso LR/*Hilger* § 127a Rn. 12). 12

C. Verfahren. Sind die Voraussetzungen zur Abwendung der Festnahme erfüllt, d.h. hat der Beschuldigte insb. die geforderte Sicherheit hinterlegt (oben Rdn. 7) und einen Zustellungsbevollmächtigten bestellt (oben Rdn. 8), dann wird die vorläufige Festnahme nicht angeordnet oder nicht weiter aufrechterhalten. 13

Die **Zustellung einer Ladung** oder eines **Strafbefehls** erfolgt an den Zustellungsbevollmächtigten (§ 145a Abs. 2 Satz 2). 14

Die **hinterlegte Sicherheitsleistung** wird als Vorschuss auf die zu erwartende Geldstrafe und die Verfahrenskosten behandelt. Nach Rechtskraft der Entscheidung erfolgt eine Verrechnung. War Sicherheit mittels Bürgschaft geleistet worden, dann wird der Bürge zur Zahlung aufgefordert. 15

Eine Aufhebung der Sicherung entsprechend des § 123 Abs. 2 und 3 oder ein Verfall nach § 124 kommen nicht in Betracht (vgl. LR/*Hilger* § 127a Rn. 14; AnwK-Uhaft/*König*, § 127a Rn. 6 a.E.; Meyer-Goßner/*Schmitt* § 127a Rn. 9). 16

Ein eventueller **Überschuss** ist zurückzuerstatten; ggf. geschieht dies an den Zustellungsbevollmächtigten, sofern dieser über eine Geldempfangsvollmacht verfügt (vgl. LR/*Hilger* § 127a Rn. 14; AnwK-Uhaft/*König*, § 127a Rn. 6 a.E.; Meyer-Goßner/*Schmitt* § 127a Rn. 9). 17

Liegen die Voraussetzungen des § 127a vor, dann greift § 127b nicht ein (*Schlothauer/Weider/Nobis*, Untersuchungshaft, Rn. 188). 18

§ 127b Vorläufige Festnahme und Haftbefehl bei beschleunigtem Verfahren

(1) [1]Die Staatsanwaltschaft und die Beamten des Polizeidienstes sind zur vorläufigen Festnahme eines auf frischer Tat Betroffenen oder Verfolgten auch dann befugt, wenn

1. eine unverzügliche Entscheidung im beschleunigten Verfahren wahrscheinlich ist und

2. auf Grund bestimmter Tatsachen zu befürchten ist, daß der Festgenommene der Hauptverhandlung fernbleiben wird.

[2]Die §§ 114a bis 114c gelten entsprechend.

(2) [1]Ein Haftbefehl (§ 128 Abs. 2 Satz 2) darf aus den Gründen des Absatzes 1 gegen den der Tat dringend Verdächtigen nur ergehen, wenn die Durchführung der Hauptverhandlung binnen einer Woche nach der Festnahme zu erwarten ist. [2]Der Haftbefehl ist auf höchstens eine Woche ab dem Tage der Festnahme zu befristen.

(3) Über den Erlaß des Haftbefehls soll der für die Durchführung des beschleunigten Verfahrens zuständige Richter entscheiden.

Übersicht

1 **A. Allgemeines.** Die Vorschrift erlaubt die Festnahme (Abs. 1) und darüber hinaus die kurzfristige Verhaftung (Abs. 2) des Beschuldigten zur Durchführung der Hauptverhandlung im **beschleunigten Verfahren**. Dies ist beides auch dann möglich, wenn die Voraussetzungen des § 127 Abs. 1 und 2 nicht vorliegen und Untersuchungshaft nach den allgemeinen Vorgaben der §§ 112 ff. nicht gerechtfertigt wäre. Hier soll – gleichsam präventiv – ein zeitlich befristeter Haftbefehl erlassen werden können. Nach der Intention des Gesetzgebers sollen sich insb. **»reisende Straftäter«**, **Wohnungslose** und **Ausländer** in Fällen der Kleinkriminalität nicht dem Verfahren entziehen können (BT-Drs. 13/2576, S. 3; s. hierzu auch Nr. 3.2 der Richtlinien zur Anwendung des beschleunigten Verfahrens nach den §§ 417 ff. StPO des Landes NRW, MinBl. NW 2002, S. 861). Die Strafe soll »auf dem Fuße folgen«.

2 Die Regelung wurde 1997 in das Gesetz aufgenommen, um die Nutzung des beschleunigten Verfahrens nach den §§ 417 ff. zu fördern (BGBl. I, S. 1822). In der vorangehenden Legislaturperiode war ein früherer Entwurf wegen der heftigen Kritik während des Gesetzgebungsverfahrens im Vermittlungsausschuss nicht konsensfähig (BT-Drs. 12/6853 Art. 4 Nr. 5; BR-Drucks. 872/94 Nr. 8; *Dahs* NJW 1995, 553, 555 [dort Fn. 29]; s.a. die sehr kritische Stellungnahme des *DAV* StV 1994 153, 156 ff.; zur Entstehungsgeschichte u.a. *Hellmann* NJW 1997, 2145 ff.). Der Gesetzgeber wollte Handlungsfähigkeit auch für Fälle der Kleinkriminalität demonstrieren (vgl. nur *Schlothauer/Weider/Nobis*, Untersuchungshaft, Rn. 150).

3 Die Norm ist **rechtspolitisch umstritten** und unterliegt **heftiger Kritik** (s. dazu u.a. *Asbrock* StV 1997, 43 ff.; *Burhoff*, Handbuch für das strafrechtliche Ermittlungsverfahren, 7. Aufl. 2015, Rn. 2249 ff.; *Grasberger* GA 1998, 530 ff.; *Hartenbach* ZRP 1997, 227 ff.; *Hellmann* NJW 1997, 2145 ff.; *Herzog* StV 1997, 569 ff.; LR/*Hilger* § 127b Rn. 7; AnwK-Uhaft/*König* § 127b StPO Rn. 2; Meyer-Goßner/*Schmitt* § 127b Rn. 2 und insb. auch vor § 417 Rn. 3 ff.; *ders.*, ZRP 2000, 348 ff.; *Schlothauer/Weider/Nobis*, Untersuchungshaft, Rn. 149 ff. und insb. Rn. 212 ff.; *Stintzing/Hecker* NStZ 1997, 569 ff.; SK-StPO/*Paeffgen* § 127b Rn. 8 ff.; *Waechtler* StV 1994, 160 ff.; zur praktischen Anwendung s. *Wenske* NStZ 2009, 63 ff.; mehr oder weniger zustimmend hingegen: *Fülber*, Die Hauptverhandlungshaft, 2000, S. 143 f.; HK/StPO-*Lemke* § 127b Rn. 3, 7; *Pofalla* AnwBl. 1996, 466 ff.; KK-*Schultheis* § 127b Rn. 2). Zunächst bestehen dieselben rechtlichen Bedenken wie gegen das beschleunigte Verfahren im Allgemeinen. Auch lässt sich verfassungsrechtlich nicht rechtfertigen, dass über die Verhaftung von Kleinkriminellen mittelbar Einfluss auf eine vermehrte Anwendung des beschleunigten Verfahrens durch Staatsanwaltschaften und Gerichte genommen werden soll. Der Beschuldigte verliert seinen Status als Subjekt im Verfahren und wird zum bloßen Objekt staatlicher Interessen. Zweck der Untersuchungshaft ist i.Ü. nur die Sicherung des Verfahrens (ausführlich hierzu s. die Kommentierung Vor §§ 112 ff. Rdn. 7). Generalpräventive Ziele und damit einhergehend eine repressive Kriminalpolitik lassen sich damit nicht ansatzweise in Einklang bringen. Schließlich soll für die Hauptverhandlungshaft schon die Befürchtung genügen, dass der Festgenommene der Hauptverhandlung fernbleiben werde. Eine Verhaftung ist nach dem Gesetzeswortlaut ohne das Vorliegen von Haftgründen i.S.d. §§ 112 ff. möglich. Maßstab für die Inhaftierung sind hier also vornehmlich Zweckmäßigkeitsüberlegungen. Die Auslegungskriterien sind indifferent. Sowohl der Grundsatz der Verhältnismäßigkeit als auch der Gleichheitsgrundsatz werden schlicht missachtet (*Stintzing/Hecker* NStZ 1997, 569, 573). Schließlich erscheint eine tatsachenbasierte Prognose, dass der Beschuldigte sich zwar dem Verfahren nicht entziehen werde (das wäre ein Fall des § 112 Abs. 2 Nr. 2) aber der Hauptverhandlung dennoch fernbleiben werde, kaum realistisch möglich (ebenso: LR/*Hilger* § 127b Rn. 7; AnwK-Uhaft/*König* § 127b Rn. 2 a.E.; AnwK-StPO/*Lammer* § 127b Rn. 2). Die Regelung ist insgesamt nicht praktikabel (ausführlich zur Kritik statt Aller: Meyer-Goßner/*Schmitt*, StPO § 127b Rn. 3; *Schlothauer/Weider/Nobis*, Untersuchungshaft, Rn. 149 ff.; *Wenske* NStZ

2009, 63 ff.). *Giering* fordert »*eine umgehende und ersatzlose Streichung*« der Vorschrift (*ders.* Haft und Festnahme gem. § 127b StPO im Spannungsfeld von Effektivität und Rechtsstaatlichkeit, 2005, S. 434). Dem ist zuzustimmen (ebenso AnwK-Uhaft/*König* § 127b Rn. 2 a.E.; Meyer-Goßner/*Schmitt* § 127b Rn. 2 a.E. [»zu Recht«]; *Schlothauer/Weider/Nobis*, Untersuchungshaft, Rn. 149 und noch deutlicher Rn. 212 ff.; zum Ganzen auch *Wenske* NStZ 2009, 63, 67 f.; s. zum Ganzen auch die Kommentierung zu § 417 Rdn. 1 ff.).

Nicht nur wegen dieser Kritik bleibt die Vorschrift **in der Praxis im Wesentlichen bedeutungslos** (vgl. *Bürgle* 4
StV 1998, 514, 515; AnwK-Uhaft/*König* § 127b Rn. 3 [a.E.]; *Wenske* NStZ 2009, 63, 64 [mit einer Auswertung statistischen Materials]). Rspr. ist fast nicht vorhanden.

Eine statistische Auswertung von *König* ergibt, dass die Hauptverhandlungshaft im Jahr 2009 (insgesamt 5
1.307 Fälle der Vorführung aus der Haft bei Vorgehen nach § 417 StPO) nahezu ausnahmslos im Bezirk des KG (45 %, d.h. 589 Fälle), OLG Köln (23 %, d.h. 298 Fälle) und OLG München (18 %, d.h. 231 Fälle) angewandt wurde. Die restlichen 14 %, d.h. 189 Fälle, verteilen sich auf das verbleibende Bundesgebiet (AnwK-Uhaft/*König* § 127b Rn. 3 [a.E.] mit Verweis auf: Statistisches Bundesamt [Hrsg.], Strafgerichte 2009, 2010, Tab. 2.1; Zahlen für die Jahre 2002 bis 2005 finden sich auch bei *Wenske* NStZ 2009, 63, 64 f.).

B. Regelungsgehalt. I. Recht zur vorläufigen Festnahme gem. § 127b Abs. 1. Die Vorschrift des § 127b 6
Abs. 1 räumt der **StA** und den **Beamten des Polizeidienstes**, die nicht Ermittlungspersonen der StA sein müssen, ein vorläufiges Festnahmerecht ein.

Eine Festnahme darf aber nur bei **Erwachsenen** oder **Heranwachsenden** erfolgen. Auf Jugendliche findet 7
§ 127b keine Anwendung (vgl. § 72 JGG; beschleunigtes Verfahren dort unzulässig).

Die zu erwartende Strafe für die Straftat darf nicht höher als **Geldstrafe** oder **Freiheitsstrafe bis zu einem** 8
Jahr sein. Die Verhängung einer Maßregel der Besserung und Sicherung darf nicht in Betracht kommen, sie ist im beschleunigten Verfahren nicht zu verhängen (vgl. § 419 Abs. 1 Satz 2).

Der Täter muss **auf frischer Tat** betroffen oder verfolgt sein. Er muss also unmittelbar bei Begehung einer 9
rechtswidrigen Tat oder unmittelbar danach am Tatort oder in dessen unmittelbarer Nähe angetroffen und gestellt werden (s. hierzu bereits die Kommentierung bei § 127 Rdn. 21; s.a. Meyer-Goßner/*Schmitt* § 127 Rn. 5; s.a. *Bülte* ZStW 121 [2009], 377, 401).

Auch bei der vorläufigen Festnahme nach § 127b Abs. 1 gelten die **§§ 114a bis 114c** entsprechend (§ 127b 10
Abs. 1 Satz 2). Der Beschuldigte ist qualifiziert zu belehren (ausführlich hierzu s. die Kommentierung unter § 114a, § 114b und § 114c).

Die in § 127b Abs. 1 Nr. 1 und 2 genannten Festnahmegründe müssen **kumulativ** vorliegen (Meyer-Goß- 11
ner/*Schmitt* § 127b Rn. 6):

Nach § 127b Abs. 1 Nr. 1 muss eine unverzügliche Entscheidung in der Hauptsache im beschleunigten Ver- 12
fahren wahrscheinlich sein. Die Hauptverhandlung soll binnen einer Woche stattfinden (Meyer-Goßner/*Schmitt* § 127b Rn. 9; KK/*Schultheis* § 127b Rn. 8).

Nach § 127b Abs. 1 Nr. 2 muss darüber hinaus die Befürchtung bestehen, dass der Festgenommene der 13
Hauptverhandlung fernbleiben wird. Für eine solche Beurteilung werden **bestimmte Tatsachen** verlangt. Teilweise wird vertreten, dass ein geringerer Grad an Wahrscheinlichkeit genügen soll als bei Fluchtgefahr i.S.v. § 112 Abs. 2 Nr. 2. Die Möglichkeit, dass der Betroffene der Hauptverhandlung fernbleibt, müsse aber ernsthaft in Betracht kommen (so: *Hellmann* NJW 1997, 2145, 2147; KK-*Schultheis* § 127b Rn. 11; *Schlothauer/Weider/Nobis*, Untersuchungshaft, Rn. 158 [»zu befürchten«]). Nach engerer Auslegung bedarf es einer hohen Wahrscheinlichkeit (so: LR/*Hilger* § 127b Rn. 13 [»Gefahr«, ähnlich wie bei § 112 StPO]; AnwK-StPO/Lammer, § 127b Rn. 5; AnwK-Uhaft/*König*, § 127b Rn. 7; SK-StPO/*Paeffgen*, § 127b Rn. 21). Aus früherem Fernbleiben kann auf die aktuelle Befürchtung geschlossen werden. I.Ü. soll den bereits oben genannten Aspekten (reisende Straftäter, Wohnungslose und Ausländer) zentrale Bedeutung zukommen (Meyer-Goßner/*Schmitt* § 127b Rn. 10; *Schlothauer/Weider/Nobis*, Untersuchungshaft, Rn. 223). Der Beschuldigte muss den Fortgang des Verfahrens nicht aktiv erschweren oder gar vereiteln. Es genügt die Erwartung, dass er der Hauptverhandlung fernbleiben werde. Damit ist in § 127b Abs. 1 Nr. 2 genau genommen ein **weiterer (neuer) Haftgrund** kreiert worden. Denn Fluchtgefahr kann nicht damit begründet werden, dass der Betroffene ggf. der Hauptverhandlung fernbleiben wolle (*Hellmann* NJW 1997, 2145 ff.; ausführlich hierzu s.a. § 112 Rdn. 37 ff. und Rdn. 41). Hier ist ein **gefährliches Einfallstor für weitere apokryphe Haftgründe** gegeben (*Schlothauer/Weider/Nobis*, Untersuchungshaft, Rn. 226; LR/*Hilger* § 127b Rn. 7; ausführlich zu den sog. apokryphen Haftgründen s. bereits § 112 Rdn. 19 ff.).

Der Festgenommene ist **unverzüglich dem Richter vorzuführen** (vgl. § 128). Nach § 127b Abs. 3 soll wegen 14
der Eilbedürftigkeit sowie der Sachnähe der Richter berufen sein, der für die Hauptverhandlung zuständig sein wird. Hiervon soll allenfalls in »begründeten Ausnahmefällen« abgesehen werden dürfen (BT-Drs. 13/2576,

S. 3; LR/*Hilger* § 127b Rn. 28; Meyer-Goßner/*Schmitt* § 127b Rn. 14; KK-Schultheis § 127b Rn. 22; krit. hierzu HK-StPO/*Lemke*, § 127b Rn. 16 ff.).

15 Die **Beiordnung eines Pflichtverteidigers** richtet sich hier nicht nach § 140 Abs. 1 Nr. 4. Die Vorschrift ist auf die Hauptverhandlungshaft nicht anwendbar, da es sich nicht um »Untersuchungshaft« im eigentlichen Sinn handelt (s.o.; zur Pflichtverteidigung bei Hauptverhandlungshaft s.a. die Kommentierung unter Rdn. 25 ff.).

16 **II. Erlass eines Haftbefehls gem. § 127 Abs. 2.** Gegen den Festgenommenen darf nach § 127b Abs. 2 ein Haftbefehl erlassen werden, wenn er der Tat **dringend verdächtig** ist und die **Hauptverhandlung binnen einer Woche nach der Festnahme** zu erwarten ist. Wurde der Beschuldigte nach vorläufiger Festnahme zunächst freigelassen, dann ist eine nachträgliche Anordnung der Hauptverhandlungshaft zur Sicherung des Verfahrens nicht erlaubt (AG Erfurt NStZ-RR 2000, 46, 47).

17 Systematisch ist Hauptverhandlungshaft trotz der grundsätzlichen und berechtigten Kritik an der Vorschrift (ausführlich hierzu s.o.) als Untersuchungshaft anzusehen (LR/*Hilger* § 127b Rn. 1; KK-*Schultheis* § 127b Rn. 4; *Schlothauer/Weider/Nobis*, Untersuchungshaft, Rn. 209; s.a. *Stinzing/Hecker* NStZ 1997, 571, 572; a.A. *Asbrock* BT Rechtsausschuss Prot. Nr. 50, S. 3, 11).

18 **1. Dringender Tatverdacht und Wochenfrist.** Zum dringenden Tatverdacht s. die Kommentierung bei § 112 Rdn. 7 ff.

19 Der Haftbefehl ist auf 1 Woche Dauer zu befristen. Die **Wochenfrist** des § 127 Abs. 2 Satz 1 berechnet sich ab dem Tag der Festnahme und nicht erst dem des Erlasses des Haftbefehls. Die weitere Berechnung ist unklar. Teilweise wird vertreten, dass die Fristberechnung sich nach § 43 Abs. 1 richtet (so: AnwK-Uhaft/*König* § 127b Rn. 11; Meyer-Goßner/*Schmitt* § 127b Rn. 18; KK-*Schultheis* § 127b Rn. 17; die dann aber [inkonsequent] § 43 Abs. 2 StPO nicht anwenden wollen – hierzu sogleich). Nach a.A. soll aus der Wortwahl des Gesetzes (»*binnen einer Woche*«) sowie der Intention des Gesetzgebers ersichtlich sein, dass hier eine Berechnung ebenso wie in § 121 Abs. 1 angezeigt ist (vgl. *Giering*, Haft und Festnahme gem. § 127b StPO im Spannungsfeld von Effektivität und Rechtsstaatlichkeit, 2005, S. 133; LR/*Hilger* § 127b Rn. 11; HK-StPO/*Lemke* § 127b Rn. 16; *Münchhalffen/Gatzweiler*, Das Recht der Untersuchungshaft; Rn. 460; SK-StPO/*Paeffgen* § 127b Rn. 18; *Schlothauer/Weider/Nobis*, Untersuchungshaft, Rn. 174 ff.). Dem ist zuzustimmen. Alles andere wäre willkürlich und stünde nicht in Einklang mit dem Verhältnismäßigkeitsgrundsatz. Es bedarf einer restriktiven Auslegung des § 127b (ausführlich *Schlothauer/Weider/Nobis*, Untersuchungshaft, Rn. 174 ff.).

20 Aus dem Grundsatz der Verhältnismäßigkeit folgt aber, dass die Frist kürzer zu bemessen ist, wenn schon vorher eine Hauptverhandlung möglich ist. Der **nächstmögliche Hauptverhandlungstermin** ist anzustreben (ausführlich *Schlothauer/Weider/Nobis*, Untersuchungshaft, Rn. 193). Kann die Hauptverhandlung erst später stattfinden oder verzögert sich ihr Abschluss, dann wird der Haftbefehl gegenstandslos. Der Inhaftierte ist freizulassen. Erscheint der Beschuldigte nicht zur Hauptverhandlung, dann kommt eine erneute Invollzugsetzung des Haftbefehls nur in Betracht, wenn die Wochenfrist noch nicht abgelaufen ist und innerhalb des verbleibenden Restes der bereits laufenden Frist eine erneute Ansetzung und Durchführung der Hauptverhandlung möglich ist.

21 Die Anordnung der Hauptverhandlungshaft nach vorläufiger Festnahme und dann nachfolgend vorübergehender Freilassung widerspricht dem Gedanken des § 127b Abs. 2 (AG Erfurt NStZ-RR 2000, 46, 47 [Antragstellung 2 Wochen nach Freilassung, um dann im beschleunigten Verfahren zu verhandeln]).

22 **2. Keine weiteren Voraussetzungen für den Erlass eines Haftbefehls nach § 127b Abs. 2.** Für den Erlass des Haftbefehls nach § 127b Abs. 2 müssen **keine weiteren Voraussetzungen** erfüllt sein. Insb. das Vorliegen eines Haftgrundes nach den §§ 112 ff. ist nicht erforderlich. Allerdings ist das Verhältnismäßigkeitsgebot nach § 112 Abs. 1 Satz 2 zu beachten. Schon nach der Vorstellung des Gesetzgebers gilt ein strenger Maßstab. Ein Haftbefehl nach § 127b Abs. 2 ist deshalb unzulässig, wenn selbst eine nur wenige Tage dauernde Haft unangemessen wäre, weil bspw. nur eine geringfügige Geldstrafe zu erwarten ist (Meyer-Goßner/*Schmitt* § 127b Rn. 16). Darüber hinaus ist ein Haftbefehl dann unverhältnismäßig, wenn die Anwesenheit in der Hauptverhandlung mit anderen (milderen) Mitteln als der Inhaftierung, also z.B. der zwangsweisen Vorführung, sichergestellt werden kann (*Hellmann* NJW 1997, 2145, 2148). Das ist richtig, denn die Vorführung hat schon im allgemeinen (»normalen«) Verfahren Vorrang vor einem Vorführhaftbefehl nach § 230 (*Grasberger* GA 1998, 532 ff.; Meyer-Goßner/*Schmitt* § 230 Rn. 19; KK-*Schultheis* § 127b Rn. 16; *Schlothauer/Weider/Nobis*, Untersuchungshaft, Rn. 185 ff.). Insb. die Möglichkeiten, nach § 127a StPO eine Sicherheit zu stellen oder das Verfahren durch Strafbefehl zu erledigen, schließen den Erlass eines Hauptverhandlungshaftbefehls nach § 127b aus (*Burhoff*, Handbuch für das strafrechtliche Ermittlungsverfahren, Rn. 2395; Meyer-Goßner/*Schmitt* § 127b Rn. 10; *Schlothauer/Weider/Nobis*, Untersuchungshaft, Rn. 185 ff.).

3. Außervollzugsetzung eines Haftbefehls nach § 127b Abs. 2. Auch beim Haftbefehl nach § 127b Abs. 2 kommt eine **Außervollzugsetzung gegen Auflagen** in Betracht (entsprechend § 116), wenn durch geeignete Maßnahmen das Erscheinen des Festgenommenen in der Hauptverhandlung sichergestellt werden kann (BT-Drs. 13/2576, S. 3; LR/*Hilger* § 127b Rn. 24; Meyer-Goßner/*Schmitt* § 127b Rn. 19; *Schlothauer/Weider/Nobis*, Untersuchungshaft, Rn. 194; KK-*Schultheis* § 127b Rn. 19; ausführlich zur Außervollzugsetzung gegen Auflagen s. die Kommentierung bei § 116 Rdn. 1 ff., 9 ff.). 23

Wird der Haftbefehl außer Vollzug gesetzt, dann muss die **Hauptverhandlung dennoch binnen einer Woche** durchgeführt werden. Ist dies nicht möglich, dann wird der Haftbefehl gegenstandslos (s.o.), eine gestellte Sicherheit (»Kaution«) wird frei. 24

4. Pflichtverteidigung bei Hauptverhandlungshaft. Hauptverhandlungshaft ist der Sache nach Untersuchungshaft (s.o.). Dennoch hat der Gesetzgeber – ob bewusst oder nicht, bleibt offen – den Fall der Hauptverhandlungshaft in § 140 Abs. 1 Nr. 4 nicht geregelt. Aufgrund der allgemeinen Überlegungen zur Beiordnung eines Pflichtverteidigers in Haftsachen (ausführlich dazu s. die Kommentierung Vor §§ 112 ff. Rdn. 50 ff.), darüber hinaus aber insb. auch der Besonderheiten im beschleunigten Verfahren mit den dort zu beachtenden nur erschwerten und eingeschränkten Möglichkeiten der Verteidigung, ist die obligatorische Beiordnung eines Pflichtverteidigers auch hier geboten (ebenso *Schlothauer/Weider/Nobis*, Untersuchungshaft, Rn. 209 ff.; s. auch oben Rdn. 15). Sie orientiert sich anhand der allgemeinen Vorgaben. 25

Dem unverteidigten Beschuldigten ist gem. § 418 Abs. 4 ein Pflichtverteidiger beizuordnen, wenn eine **(Gesamt-) Freiheitsstrafe von mindestens sechs Monaten** zu erwarten ist. Die StA muss bei einem Antrag auf Durchführung des beschleunigten Verfahrens frühzeitig auf eine Beiordnung drängen, das Gericht hat den Anspruch des Beschuldigten von Amts wegen zu beachten (BayObLG NStZ 1998, 372 = StV 1998, 366 ff.). 26

Unabhängig davon ist nach den allgemeinen Vorgaben schon wegen der **schwierigen Sach- und Rechtslage** im beschleunigten Verfahren unter Berücksichtigung der Besonderheiten der Hauptverhandlungshaft immer ein Fall der notwendigen Beiordnung anzunehmen. Denn die oben dargestellten Aspekte der Hauptverhandlungshaft entziehen sich regelmäßig der Kenntnis und auch dem Einflussbereich des Beschuldigten. Der **Grundsatz des fair trial** gebietet deshalb die sofortige Beiordnung eines Pflichtverteidigers (ebenso aber ausführlicher *Schlothauer/Weider/Nobis*, Untersuchungshaft, Rn. 212 ff.). 27

III. Rechtsbehelfe gegen die vorläufige Festnahme und die Hauptverhandlungshaft nach § 127b Abs. 1 und 2. Gegen die vorläufige Festnahme und die Hauptverhandlungshaft bestehen verschiedene Möglichkeiten des Rechtsschutzes (vgl. Meyer-Goßner/*Schmitt* § 127b Rn. 20 ff.; KK-*Schultheis* § 127b Rn. 8; *Schlothauer/Weider/Nobis*, Untersuchungshaft, Rn. 195 ff.): 28

Die **vorläufige** Festnahme selbst kann über § 128 beanstandet werden. Ist die vorläufige Festnahme erledigt, dann kann die Art und Weise ihres Vollzugs im Hinblick auf die Entscheidung des BVerfG v. 30.04.1997 (BVerfGE 96, 27 ff. = EuGRZ 1997, 364 ff. = JR 1997, 382 ff. = JZ 1997, 1059 ff. = NJW 1997, 2163 ff. = NStZ 1997, 447 [LS, m.Anm. *Rabe v. Kühlewein* NStZ 1998, 580 ff.] = StV 1997, 393 ff. = wistra 1997, 219 ff.) gem. § 98 Abs. 1 Satz 2 überprüft werden. Dies hat durch den Richter zu erfolgen (BGHSt 44, 171 ff. = NJW 1998, 3653 f. = StV 1998, 579 ff. = wistra 1998, 355 f.; s.a. Meyer-Goßner/*Schmitt* § 127b Rn. 22; *Schlothauer/Weider/Nobis*, Untersuchungshaft, Rn. 242). 29

Gegen den **Haftbefehl** sind die allgemeinen Rechtsbehelfe möglich. Hierzu zählen – ebenso wie bei der Anordnung der Untersuchungshaft – der **Antrag auf schriftliche bzw. mündliche Haftprüfung** gem. § 117 Abs. 1 bzw. § 117 Abs. 1 i.V.m. § 118 Abs. 1 (ausführlich hierzu s. die Kommentierung bei § 117 Rdn. 9 ff. und § 118 Rdn. 1 ff.) sowie die **Haftbeschwerde** (ausführlich hierzu s. die Kommentierung bei § 117 Rdn. 33 ff.). Wegen der Befristung der Hauptverhandlungshaft ist hier besonders schnelles Handeln geboten. Andernfalls drohen Haftprüfung und -beschwerde durch Fristablauf gegenstandslos zu werden (Meyer-Goßner/*Schmitt* § 127b Rn. 22). Die mündliche Haftprüfung erledigt sich durch die Hauptverhandlung, deren Abschluss den Haftbefehl gegenstandslos macht. Auch hier ist eine nachträgliche Überprüfung der Rechtmäßigkeit der Maßnahme entsprechend den Grundsätzen der Entscheidung des BVerfG v. 30.04.1997 (s.o.) möglich (Meyer-Goßner/*Schmitt* § 127b Rn. 22; *Schlothauer/Weider/Nobis*, Untersuchungshaft, Rn. 196). Die **weitere Beschwerde** (ausführlich hierzu s. die Kommentierung bei § 117 Rdn. 53) ist aufgrund der kurzen Zeit bis zur Hauptverhandlung faktisch ausgeschlossen. 30

Nach § 128 Abs. 2 Satz 3 hat entsprechend § 115 Abs. 4 eine Belehrung des Beschuldigten zu erfolgen (ausführlich hierzu s. dort). 31

C. Zuständigkeit nach § 127b Abs. 3. Nach § 127b Abs. 3 soll wegen der Eilbedürftigkeit sowie der Sachnähe derjenige Richter berufen sein, der nachfolgend für die Hauptverhandlung zuständig sein wird. Dies ergibt sich aus der Geschäftsverteilung. Nicht selten hat der Ermittlungsrichter auch die Aufgaben des 32

Schnellrichters wahrzunehmen, dies allerdings gesondert durch entsprechenden Präsidiumsbeschluss. Allenfalls in »begründeten Ausnahmefällen« soll von dieser besonderen Zuständigkeit abgesehen werden dürfen (BT-Drs. 13/2576, S. 3; s. zum Ganzen: LR/*Hilger* § 127b Rn. 28; Meyer-Goßner/*Schmitt* § 127b Rn. 14; KK-*Schultheis* § 127b Rn. 22; krit. hierzu HK-StPO/*Lemke* § 127b Rn. 16 ff.).

§ 128 Vorführung bei vorläufiger Festnahme

(1) [1]Der Festgenommene ist, sofern er nicht wieder in Freiheit gesetzt wird, unverzüglich, spätestens am Tage nach der Festnahme, dem Richter bei dem Amtsgericht, in dessen Bezirk er festgenommen worden ist, vorzuführen. [2]Der Richter vernimmt den Vorgeführten gemäß § 115 Abs. 3.

(2) [1]Hält der Richter die Festnahme nicht für gerechtfertigt oder ihre Gründe für beseitigt, so ordnet er die Freilassung an. [2]Andernfalls erläßt er auf Antrag der Staatsanwaltschaft oder, wenn ein Staatsanwalt nicht erreichbar ist, von Amts wegen einen Haftbefehl oder einen Unterbringungsbefehl. [3] § 115 Abs. 4 gilt entsprechend.

Übersicht

1 **A. Allgemeines.** Die vorläufige Festnahme darf nicht unbegrenzt andauern. Für die Untersuchungshaft ist dies gesetzlich geregelt; sie ist zu beenden, sobald ihre Voraussetzungen nicht mehr vorliegen oder sich ergibt, dass ihre Fortsetzung unverhältnismäßig wäre (vgl. § 120 Abs. 1 Satz 1). Gleiches muss auch für die vorläufige Festnahme gelten. Dies gebietet schon der **Grundsatz der Verhältnismäßigkeit.** Weitergehende Regelungen finden sich in den §§ 128 und 129 (ausführlich hierzu LR/*Hilger* § 128 Rn. 1).

2 Die §§ 128 und 129 normieren das **weitere Verfahren nach vorläufiger Festnahme** entsprechend § 127 Abs. 1 Satz 1 und Abs. 2. Während § 128 den Fall betrifft, dass Anklage noch nicht erhoben wurde, geht es bei § 129 um die Vorführung des vorläufig Festgenommenen bei bereits vorhandener Anklage. Es handelt sich um die einfachrechtliche Umsetzung von **Art. 5 Abs. 3 EMRK** bzw. **Art. 104 Abs. 2 und 3 GG.**

3 § 128 gilt nicht für die vorläufige Festnahme zur Feststellung der Identität nach § 127 Abs. 1 Satz 2. Auch bei einer Freilassung des Festgenommenen gegen Sicherheitsleistung nach § 127a StPO durch Polizei oder StA bedarf es keiner Vorführung vor den Richter.

4 Voraussetzung für ein Vorgehen nach § 128 ist, dass ein (Dezernats-) Haftbefehl entweder noch nicht existiert oder ein solcher zwar vorhanden ist, dem Festnehmenden bei der Festnahme nach § 127 Abs. 2 aber nicht bekannt war (LR/*Hilger* § 128 Rn. 3 f.; AnwK-Uhaft/*König*, § 128 Rn. 1; Meyer-Goßner/*Schmitt* § 128 Rn. 1). Andernfalls gelten die §§ 115 und 115a (ausführlich hierzu s. die Kommentierung dort).

5 **Zuständig für die Freilassung** sind bis zur Vorführung vor den Richter die Polizei und ihr übergeordnet die StA (AnwK-StPO/*Lammer*, § 128 Rn. 2; Meyer-Goßner/*Schmitt* § 128 Rn. 2). Der Richter wird erst mit der Vorführung sachlich zuständig (AnwK-Uhaft/*König*, § 128 Rn. 2; KK/*Schultheis* § 128 Rn. 1). Ab dann bis zum Erlass eines Haftbefehls kann aber die StA immer noch die Freilassung anordnen, danach greift § 120 Abs. 3.

6 **B. Regelungsgehalt. I. Vorführung vor den Richter und Vernehmung, § 128 Abs. 1 Satz 1.** Die Pflicht zur **unverzüglichen Vorführung** und **Vernehmung** bedeutet, dass der Betroffene ohne schuldhaftes Zögern dem Richter zugeführt und von diesem vernommen werden muss. Bei der Berechnung der Frist zählt jeder Kalendertag, auch Samstage, Sonntage und Feiertage. Eine zügige Sachbearbeitung ist auch an den Wochenenden und an Feiertagen zu gewährleisten (vgl. über die nachfolgenden Ausführungen hinaus auch die Kommentierung unter § 115 Rdn. 12 ff.).

7 **1. Vorführung vor den Richter.** Die **Vorführung** vor den Richter bedeutet, dass der Beschuldigte in den unmittelbaren räumlichen Machtbereich des Richters gelangt. Es müssen alsbald eine Gegenüberstellung und eine richterliche Vernehmung möglich sein (zur sog. »institutionellen Vorführung« s. die Kommentierung bei § 115 Rdn. 9; s.a. KK/*Graf* § 115 Rn. 2; LR/*Hilger* § 115 Rn. 5 f.; Meyer-Goßner/*Schmitt* § 115 Rn. 2; krit. hierzu: SK-StPO/*Paeffgen* § 115 Rn. 4). Kann die vorläufig festgenommene Person, z.B. wegen Krankheit, nicht innerhalb der vorgeschriebenen Frist dem Richter vorgeführt werden, dann sollen diesem zumindest die Akten innerhalb der Frist vorgelegt werden, damit er den Festgenommenen nach Möglichkeit

am Verwahrungsort, z.B. dem Krankenhaus, vernehmen und unverzüglich über die Haftfrage entscheiden kann (sog. **»symbolische Vorführung«**, vgl. Nr. 51 RiStBV; s. hierzu auch KK/*Graf* § 115 Rn. 8; AnwK-Uhaft/*König*, § 128 Rn. 3; Meyer-Goßner/*Schmitt* § 115 Rn. 5 [a.E.] und Rn. 7; SK-StPO/*Paeffgen*, § 115 Rn. 8). Um die gesetzlichen Vorgaben zu erfüllen ist der Richter gehalten, auch persönliche Opfer in Gestalt besonderer Anstrengungen zu erbringen (ebenso *Schaefer* NJW 2000, 1996 [a.E.]). Der Festgenommene kann durchaus auch abends vorgeführt und vernommen oder bspw. auch im Krankenhaus aufgesucht werden.

Die Vorführung erfolgt vor den zuständigen Richter am **AG des Festnahmeortes** (§ 128 Abs. 1 Satz 1 [a.E.]). 8
Diese Klarstellung im Gesetz ist sachlich entbehrlich, die Zuständigkeit ergibt sich bereits aus § 125 Abs. 1, der auch für den Fall der vorläufigen Festnahme gilt (ebenso LR/*Hilger* § 128 Rn. 5). Eine Sonderzuständigkeit kann sich aus § 169 StPO ergeben. In den Fällen des § 127b Abs. 3 StPO ist nicht der für vorläufige Festnahmen berufene (Haft-) Richter zuständig, sondern der (Schnell-) Richter, der für die Hauptverhandlung zuständig sein wird (s. hierzu bereits die Kommentierung zu § 127b Rdn. 32).

2. Frist zur Vorführung. Die **Höchstdauer bis zur Vernehmung** durch das Gericht von max. unter 48 9
Std. darf ohne sachlichen Grund nicht ausgeschöpft werden (BVerfGE 105, 239 ff. = JuS 2003, 193 = Kriminalistik 2003, 290 ff. = NJW 2002, 3161 f. = NVwZ 2002, 1370; BVerfG NStZ 2002, 157 f. = StV 2001, 691 ff. [m.Anm. *Hagmann*]; LG Hamburg StV 2009, 485 f. = StraFo 2009, 283 [zum richterlichen Bereitschaftsdienst]; *Burhoff*, Handbuch für das strafrechtliche Ermittlungsverfahren, 7. Aufl. 2015, Rn. 4280 ff.; *Schlothauer/Weider/Nobis*, Untersuchungshaft, Rn. 232). Der gesetzlich vorgegebene Rahmen gibt die **»äußerste Frist«** vor.

Kann der Festgenommene nicht innerhalb der Frist, d.h. bis spätestens zum Ablauf des auf die Festnahme 10
folgenden Tages, dem Richter vorgeführt werden, dann ist er freizulassen.

Ergibt sich bereits früher, dass die **Festnahmegründe nicht mehr bestehen**, dann ist er unverzüglich freizu- 11
lassen, hiermit darf nicht länger zugewartet werden.

Eine Verzögerung von Vorführung und Vernehmung, um **weitere polizeiliche Ermittlungen durchzuführen**, 12
soll hier – anders als bei § 115 (vgl. dort Rdn. 14) – zulässig sein. Denn anders als bei der Festnahme aufgrund eines bereits vorliegenden Haftbefehls, bei dem die Ermittlungsbeamten den richterlichen Beschluss lediglich vollziehen mit der Folge, dass der Beschuldigte unverzüglich dem zuständigen Richter vorzuführen ist (vgl. dazu die Kommentierung bei § 115 Rdn. 14), ist der Richter bei der vorläufigen Festnahme nach § 127 mit der Sache noch nicht selbst befasst. Deshalb soll den Ermittlungsbehörden ein »gewisser zeitlicher Spielraum« zustehen, in welchem sie Ermittlungsbefugnisse aber auch -pflichten haben, die mögliche Vorführung des Beschuldigten vor den Richter abzuklären (BGH StV 2019, 162 f. mit kritischer Anm. *Meyer-Mews* StV 2020, 223 ff.; s. dazu die Kommentierung bei § 128 Rdn. 12).

Nach **a.A.** ist dies auch hier abzulehnen. Es bedarf vielmehr einer differenzierten Betrachtung: Die Vorschriften regeln verschiedene Sachverhalte und haben in der hier erörterten Frage, wie sich aus dem jeweiligen Wortlaut ergibt, verschiedene Inhalte.

Der **BGH** differenziert nach dem unterschiedlichen Regelungsgehalt der Vorschriften (vgl. BGH StV 2019, 162 f. [mit kritischer Anm. *Meyer-Mews* StV 2020, 223 ff.]; BGH StV 1995, 283 f.; BGH JR 1991, 84 f. [m.Anm. *Fezer*] = Kriminalistik 1990, 388 = MDR 1990, 350 f. = NJW 1990, 1188 f. = NStZ 1990, 195 = StV 1992, 357 f. = wistra 1990, 153 ff.). Im Einzelnen führt er aus:

– Die Vorschrift des **§ 115** betrifft den Fall der Festnahme aufgrund eines bestehenden Haftbefehls durch 13
Beamte, die häufig keine weitergehende Sachverhaltskenntnis haben, sondern letztlich »nur ausführendes Organ« sind. Der Festgenommene ist dort unverzüglich dem Gericht vorzuführen. Allein das Gericht ist (vom Fall des § 120 Abs. 3 abgesehen) zur Entscheidung über die Haftfrage berufen. Die zur Verfügung stehenden Unterlagen müssen vorgelegt werden. Andernfalls kann das Gericht den Sachverhalt nicht prüfen, der Haftbefehl darf dann nicht erlassen werden; ein bereits erlassener Haftbefehl ist aufzuheben (*Schramm/Bernsmann* StV 2006, 442, 443; s. hierzu auch die Kommentierung unter § 115 Rdn. 9 ff.).
– Die Vorschriften der **§ 127 Abs. 2 und § 128 Abs. 1** regeln dagegen in erster Linie das Vorgehen der mit 14
der Aufklärung des Sachverhalts betrauten Ermittlungsbehörden. Dem Beschuldigten muss zunächst einmal Gelegenheit gegeben werden, gegen ihn bestehende Verdachtsgründe zu beseitigen. Polizei und ggf. StA haben hier eigenständig zu prüfen, ob der vorläufig Festgenommene freizulassen oder dem Ermittlungsrichter vorzuführen ist. Für diesen Fall muss dem Gericht dann eine möglichst umfassende Grundlage für die Haftentscheidung vorgelegt werden. Die Ermittlungsbehörde hat je nach Sachlage auch im Stadium zwischen vorläufiger Festnahme und Vorführung vor das Gericht Ermittlungsbefugnisse, weitere Ermittlungen anzustellen. Sie ist hierzu einerseits »sogar« andererseits »aber auch« verpflichtet. Deshalb soll § 128 Abs. 1, anders als § 115, der StA und den Beamten des Polizeidienstes erlauben, die Frist zur Vorführung vor das Gericht auszunutzen. Eine reine Bezugnahme auf die zu § 115 vertretene Auffassung sei missverständlich und lasse die dargestellten Unterschiede außer Acht.

15 Der BGH berücksichtigt hier also verstärkt die Bedürfnisse der Strafverfolger (**zustimmend**: *Fezer* JR 1991, 85 [Anm. zu BGH]; AnwK-StPO/Krause, § 128 Rn. 5; Meyer-Goßner/*Schmitt* § 128 Rn. 6 [a.E.]; **abl.**: *Deckers* NJW 1991, 1151 ff.; *Geppert* Jura 1990, 127 f.; *Meyer-Mews* StV 2020, 223 ff. [Anm. zu BGH StV 2019, 162 f.]; *Nelles* StV 1992, 385, 387 f.; SK-StPO/*Paeffgen*, § 128 Rn. 3; *Paeffgen* NStZ 1992, 533; *Rüping* FS Hirsch, 1999, S. 959, 971; *Schlothauer/Weider/Nobis*, Untersuchungshaft, Rn. 230 ff. [für vorläufige Festnahme] und Rn. 339 ff. [nach Erlass des Haftbefehls], jeweils auch zum Verwertungsverbot für Angaben des Beschuldigten nach Fristüberschreitung; **vermittelnd**: LR/*Hilger* § 128 Rn. 10 f.).

16 Gleiches soll gelten, um dem Richter **umfangreiches Aktenstudium** zu ermöglichen (zu weit allerdings: OLG Frankfurt NJW 2000, 2037 ff. = NStZ 2001, 253 [LS]; zu einem Fall der Vernehmung erst nach Ablauf der äußersten Frist). Ordnet der Bereitschaftsrichter anstatt der unverzüglichen Vorführung eine Verbringung in den Polizeiarrest an, um die Vernehmung erst am nächsten Tag durchzuführen, dann begeht er ein Dienstvergehen (LG Saarbrücken StRR 2008, 322 [LS]; ausführlich hierzu s. unter § 115 Rdn. 12 ff. [B.I. 2. a.E.]).

17 Insgesamt wird man nicht umhinkommen, den Ermittlungsbehörden sowie dem Gericht so, wie eben dargestellt, die Möglichkeit zu weitergehenden Ermittlungen bzw. einer Einarbeitung innerhalb der Frist zu gewähren. Nur ein solches Verständnis wird Sinn und Zweck der Vorschrift gerecht. Sowohl im Hinblick auf den Beschleunigungsgrundsatz als auch wegen des verfassungsrechtlichen Schutzes des Festgenommenen entsprechend Art. 5 Abs. 3 EMRK und ebenso nach Art. 104 Abs. 2 und 3 GG, immerhin geht es um die Freiheit der Person, sind einem solchen Vorgehen aber **ganz enge Grenzen** gesetzt. Verzögerungen bei den Ermittlungen sind strikt zu vermeiden. Die modernen Möglichkeiten der Kommunikation und darüber hinaus allgemein übliche Bereitschaftsdienste auch bei der StA und den Gerichten ermöglichen in dieser Phase des Verfahrens jederzeit ein zügiges Handeln. Eine »lasche Handhabung« bei den Ermittlungen oder gar ein »Abkochen« des Betroffenen über Nacht in der Arrestzelle sind verboten (ebenso *Schlothauer/Weider/Nobis*, Untersuchungshaft, Rn. 232; s. hierzu auch *Herrmann*, Untersuchungshaft, Rn. 641 [dort allerdings zu den sog. »apokryphen Haftgründen«). Verstöße hiergegen rechtfertigen **Verwertungsverbote**. Nur eine enge Auslegung wird sowohl den Anforderungen an effiziente Ermittlungen und auch den Rechten des Festgenommenen gerecht (s. zum Ganzen auch BVerfGE 105, 239 ff. = JuS 2003, 193 = Kriminalistik 2003, 290 ff. = NJW 2002, 3161 f. = NVwZ 2002, 1370; BVerfG NStZ 2002, 157 f. = StV 2001, 691 ff. [m.Anm. *Hagmann*]; *Burhoff*, Handbuch für das strafrechtliche Ermittlungsverfahren, 7. Aufl. 2015, Rn. 4299; *Gubitz* NStZ 2001, 253 ff.; Meyer-Goßner/*Schmitt* § 128 Rn. 13; *Paeffgen* NStZ 2001, 81 ff.; *Schaefer* NJW 2000, 1996; *Schramm/Bernsmann* StV 2006, 442 ff.).

Die ungerechtfertigte Ausschöpfung der Frist bedeutet i.Ü. eine **rechtswidrige Freiheitsberaubung** (OLG Frankfurt SJZ 1950, 53; SK-StPO/*Paeffgen*, § 115 Rn. 7 a.E.). Ein Abwarten und Nachvernehmen der Beschuldigten mit entsprechenden Vorhalten, um dadurch letztlich erst einen dringenden Tatverdacht zu er- und zu begründen, kann unzulässig sein, wenn bei richtiger Betrachtung schon von vornherein ein dringender Tatverdacht vorgelegen haben könnte, der nicht zur vorläufigen Festnahme nach § 127, sondern zum Antrag auf Erlass eines Haftbefehls nach den §§ 112 ff. Anlass gegeben hätte (vgl. BGH StV 2019, 162 f. [mit kritischer Anm. *Meyer-Mews* StV 2020, 223 ff.]; dort soll der Rüge eines fehlerhaften Vorgehens der Ermittlungsbehörden nach Ansicht des 3. Strafsenates indes der Boden entzogen gewesen sein, weil die Revision nicht ausreichend zum dringenden Tatverdacht vorgetragen habe).

18 Aussagen, die **nach Ablauf der Frist** zur Vorführung nach § 128 Abs. 1 Satz 1 gemacht werden, unterliegen gem. § 136a StPO in jedem Fall einem Verwertungsverbot (BGH StV 1995, 283; BGH JR 1991, 84 f. [m.Anm. *Fezer*] = Kriminalistik 1990, 388 = MDR 1990, 350 f. = NJW 1990, 1188 f. = NStZ 1990, 195 = StV 1992, 357 f. = wistra 1990, 153 ff.; BGHSt 34, 365 ff. = MDR 1987, 779 = NJW 1987, 2524 = NStZ 1988, 233 [m.Anm. *Hamm*] = StV 1987, 329 f.; s.a. *Nelles* StV 1992, 385 ff.; *Schlothauer/Weider/Nobis*, Untersuchungshaft, Rn. 235).

19 Die **Frist kann nicht verlängert werden** (**a.A.** [verfehlt!] OLG Frankfurt NJW 2000, 2037 ff. = NStZ 2001, 253 [LS – s. hierzu bereits oben]; zu Recht abl.: *Gubitz* NStZ 2001, 253 ff.; s.a. Meyer-Goßner/*Schmitt* § 128 Rn. 13; *Paeffgen* NStZ 2001, 81 ff.; *Schaefer* NJW 2000, 1996 [starre Frist; unverzichtbar]; *Schramm/Bernsmann* StV 2006, 442 ff.).

20 Die Frist steht nicht zur Disposition der Beteiligten, auf ihre Einhaltung kann nicht verzichtet werden (Meyer-Goßner/*Schmitt* § 115 Rn. 5; *Schlothauer/Weider/Nobis*, Untersuchungshaft, Rn. 233). Es geht um die Einhaltung rechtsstaatlicher Verfahrensgrundsätze.

21 **II. Vernehmung durch den nächsten Richter, § 128 Abs. 1 Satz 2.** Die richterliche Vernehmung orientiert sich an § 115 Abs. 3 (ausführlich s. die Kommentierung unter § 115 Rdn. 19 ff.). Ist das Fehlen von Haftgründen schon aus dem Festnahmebericht offensichtlich oder hat die StA die Freilassung nach § 120 Abs. 3 Satz 1 StPO beantragt, dann ist eine Vernehmung entbehrlich (LR/*Hilger* § 128 Rn. 11; Meyer-Goßner/*Schmitt* § 128 Rn. 7).

Benachrichtigungspflichten ggü. der StA und Verteidigung nach § **168c Abs.** 5 sind zu beachten. Zu beteiligen ist die das Ermittlungsverfahren betreibende, andernfalls die für den Bezirk der Festnahme zuständige StA (ausführlich zum Ganzen s. die Kommentierung unter § 115 Rdn. 28). 22

III. Entscheidung des Gerichts, § 128 Abs. 2. Nach § 128 Abs. 2 hat das Gericht zwei Möglichkeiten zu entscheiden: Entweder es kann den **Festgenommenen freilassen** (§ 128 Abs. 2 Satz 1) oder es kann einen **Haft- oder Unterbringungsbefehl erlassen** (§ 128 Abs. 2 Satz 2). 23

Soll der Festgenommene freigelassen werden, dann ist die StA vorab zu hören (§ 33 Abs. 2). 24

Für den Erlass eines Haft- oder Unterbringungsbefehls ist grds. ein **Antrag der StA** erforderlich. Ausnahmsweise kann der Haftbefehl auch von Amts wegen erlassen werden. Ist die StA (ggf. telefonisch; vgl. KK/*Schultheis* § 128 Rn. 11) erreichbar, dann ist ein gestellter Antrag aktenkundig zu machen. Liegen der StA die Akten nicht vor, dann bedarf es zumindest einer Niederlegung des Antrags in Form eines Vermerks über die Antragstellung des Staatsanwalts durch die Polizei. Ein durch die Polizeibehörde »im Auftrag der Staatsanwaltschaft« gestellter Antrag genügt nicht. Ihr steht kein Antragsrecht zu (OLG Naumburg NStZ-RR 2008, 156 f. = StraFo 2007, 240 f. = StV 2007, 364 f. [jeweils a.E.]). 25

Der Richter kann auch nach § **127a** von der Festnahme gegen Sicherheit oder bei Erlass des Haftbefehls nach § **116** von der Haft verschonen. 26

Die **Rechtmäßigkeit der vorläufigen Festnahme** hat das Gericht nicht zu prüfen. Der Wortlaut des § 128 Abs. 1 Satz 1 ist insofern missverständlich (AnwK-Uhaft/*König*, § 128 Rn. 6; Meyer-Goßner/*Schmitt* § 128 Rn. 12; KK/*Schultheis* § 128 Rn. 9). 27

Die §§ **114a ff.** sind zu beachten (ausführlich hierzu s. die Kommentierung dort). Benachrichtigungspflichten nach § 114c sind nicht aufschiebbar (vgl. dort; ebenso LR/*Hilger* § 128 Rn. 17 [dort allerdings noch bezogen auf das alte Recht mit Verweis auf § 114b StPO]; Meyer-Goßner/*Schmitt* § 128 Rn. 13). 28

Die richterliche Entscheidung muss, ebenso wie die Vorführung, innerhalb der Frist des § 128 Abs. 1 Satz 1 ergehen. Dies ist hier nicht ausdrücklich geregelt, ein Rückschluss aus § 129 Hs. 2, der dies für den parallelen Fall bei Vorliegens eines (Dezernats-) Haftbefehls explizit regelt, lässt aber keine andere Auslegung zu (**h.M.**, vgl. nur: LR/*Hilger* § 128 Rn. 11; AnwK-Uhaft/*König*, § 128 Rn. 8; Meyer-Goßner/*Schmitt* § 128 Rn. 13; *Rüping* FS Hirsch, 1999, S. 959, 970; KK/*Schultheis* § 128 Rn. 7; **a.A.** KMR/*Wankel*, StPO § 128 Rn. 4 [Beginn der Vernehmung reicht aus]; zu weit auch: OLG Frankfurt NJW 2000, 2037 ff. = NStZ 2001, 253 [LS]; dagegen zu Recht: *Gubitz* NStZ 2001, 253 ff.; *Paeffgen* NStZ 2001, 81 ff.; *Schaefer* NJW 2000, 1996; *Schramm/Bernsmann* StV 2006, 442 ff.). 29

Beim Übergang zum Erlass des Haft- oder Unterbringungsbefehls richtet sich die **Belehrung des Beschuldigten** nach § 115 Abs. 4 (vgl. § 128 Abs. 2 Satz 3). 30

§ 129 Vorführung bei vorläufiger Festnahme nach Anklageerhebung

Ist gegen den Festgenommenen bereits die öffentliche Klage erhoben, so ist er entweder sofort oder auf Verfügung des Richters, dem er zunächst vorgeführt worden ist, dem zuständigen Gericht vorzuführen; dieses hat spätestens am Tage nach der Festnahme über Freilassung, Verhaftung oder einstweilige Unterbringung des Festgenommenen zu entscheiden.

Übersicht

A. Allgemeines. Die Vorschrift regelt das Verfahren nach vorläufiger Festnahme für den Fall, dass öffentliche Klage (vgl. hierzu § 170 Abs. 1) bereits erhoben ist. Die Regelung steht in engem sachlichen Zusammenhang mit § 128 und gilt als Ergänzung dazu (AnwK-Uhaft/*König* § 129 Rn. 1). 1

B. Verfahren. Der vorläufig Festgenommene ist, wenn bereits Anklage erhoben ist, entweder von der Polizei bzw. der StA freizulassen oder sofort dem zuständigen Gericht vorzuführen. Ist dies nicht möglich, dann ist er »zunächst« dem nächsten Gericht, d.h. dem nach § **128 Abs. 1 Satz 1** zuständigen AG des Festnahmebezirks oder dem nach § **125 Abs. 1** zuständigen AG vorzuführen. 2

Sofort bedeutet hier unmittelbar durch den Festnehmenden (LR/*Hilger* § 129 Rn. 3; Meyer-Goßner/*Schmitt* § 129 Rn. 1) und hat, wie bei § 128 Abs. 1 Satz 1 StPO spätestens am Tag nach der Ergreifung zu geschehen. Zum Begriff »**Vorführen**« s. ausführlich die Kommentierung unter § 128 Rdn. 7. 3

Zuständig ist vorrangig das mit der Strafsache befasste Gericht (LR/*Hilger* § 129 Rn. 3). Die Vorführung kann nach pflichtgemäßem Ermessen des Vorführenden aber zunächst auch zu dem nach § **128 Abs. 1 Satz 1** 4 zuständigen Richter am AG des Festnahmeortes oder zu dem nach **§ 125 Abs. 1** zuständigen AG erfolgen, wenn der Festgenommene dem mit der Strafsache eigentlich befassten Gericht nicht rechtzeitig vorgeführt werden kann (KK/*Schultheis* § 129 Rn. 2).

5 Das Gericht hat den Angeschuldigten entsprechend § 128 Abs. 1 Satz 2 zu vernehmen (ausführlich hierzu bereits die Kommentierung unter § 115 Rdn. 19 ff.). Die Vernehmung richtet sich nach **§ 115 Abs. 3 StPO.**

6 **C. Entscheidung.** Bei der Frage der **Entscheidungskompetenz** ist zu differenzieren:

7 Das mit der Strafsache selbst befasste **Gericht der Hauptsache** hat umfassende Entscheidungskompetenz. Es kann grds. die Freilassung, auch unter Auflagen, anordnen oder Haft- oder Unterbringungsbefehl erlassen (vgl. hierzu bereits die Kommentierung unter § 128 Rdn. 23). In dringenden Fällen entscheidet der Vorsitzende allein (vgl. hierzu bereits die Kommentierung zu § 125 Abs. 2 Satz 2 und § 126a Abs. 2 Satz 1). Die StA kann in diesem Zusammenhang den Festgenommenen nach der Vorführung nicht mehr eigenständig freilassen bzw. die Aufhebung des Haft- oder Unterbringungsbefehls verlangen, § 120 Abs. 3 gilt nicht. Denn hier ist bereits Anklage erhoben, die Zuständigkeit liegt beim Gericht (ebenso: LR/*Hilger* § 129 Rn. 6; AnwK-Uhaft/*König* § 129 Rn. 2; Meyer-Goßner/*Schmitt* § 129 Rn. 3).

8 Der ggf. **zunächst befasste Richter** des AG, dem der Angeschuldigte nach § 128 Abs. 1 Satz 1 oder nach § 125 Abs. 1 vorgeführt wurde, hat die Befugnis, ihn freizulassen. Dazu ist er nicht nur, wie der nächste Richter entsprechend § 115a (vgl. dort insb. § 115a Abs. 3) befugt, sondern er hat hier in eigener Zuständigkeit zu entscheiden. Denn Untersuchungshaft ist, anders als dort, noch nicht angeordnet (LR/*Hilger* § 129 Rn. 3). Für den Erlass des Haft- oder Unterbringungsbefehls selbst ist das zunächst angerufene Gericht aber nicht zuständig. Wird der Angeschuldigte nicht freigelassen, dann ist er dem zuständigen Gericht vorzuführen (vgl. § 129 Satz 1 Hs. 1 [a.E.]; ebenso: LR/*Hilger* § 129 Rn. 6; AnwK-Uhaft/*König* § 129 Rn. 3; AnwK-StPO/*Lammer* § 129 Rn. 6; Meyer-Goßner/*Schmitt* § 129 Rn. 4; KMR-*Wankel* § 129 Rn. 6; **a.A.** KK/*Schultheis* § 130 Rn. 4 [eigene Entscheidungszuständigkeit in der Sache; warum insofern die hier vertretene Ansicht »widersinnig« sein soll, erschließt sich nicht und wird modernen Gegebenheiten nicht gerecht]). Innerhalb der Frist der § 129 (»spätestens am Tage nach der Festnahme«) kann die Fortdauer der vorläufigen Festnahme angeordnet werden. Ist eine Vorführung vor das mit der Hauptsache befasste Gericht nicht möglich, dann ist der Angeschuldigte freizulassen (ebenso: AnwK-Uhaft/*König* § 129 Rn. 3; LR/*Hilger* § 129 Rn. 7; KMR-*Wankel* § 129 Rn. 6). Bei Nutzung moderner Kommunikationsmöglichkeiten und effizienter (Einzel-) Transporte ist kaum vorstellbar, dass ein Gericht innerhalb der BRD nicht binnen Tagesfrist erreicht werden kann. Nach **a.A.** soll dem zunächst angerufenen Gericht die Anordnung der Fortdauer vorläufigen Festnahme über die Frist des § 129 hinaus erlaubt sein, bis das zuständige Gericht entschieden hat (AnwK-StPO/*Lammer* § 129 Rn. 6; Meyer-Goßner/*Schmitt* § 129 Rn. 4). Dies verstößt aber wohl gegen Art. 104 Abs. 3 Satz 2 GG (vgl. hierzu auch BGHSt 34, 365 ff. = MDR 1987, 779 = NJW 1987, 2524 = NStZ 1988, 233 [m.Anm. *Hamm*] = StV 1987, 329 f.).

9 Ergeht ein Haft- oder Unterbringungsbefehl, dann richtet sich das **weitere Verfahren** nach den §§ 114a ff., die Rechtsmittelbelehrung erfolgt entsprechend § 115 Abs. 4 (ausführlich hierzu s. bereits dort).

§ 130 Haftbefehl vor Stellung eines Strafantrags

[1]Wird wegen Verdachts einer Straftat, die nur auf Antrag verfolgbar ist, ein Haftbefehl erlassen, bevor der Antrag gestellt ist, so ist der Antragsberechtigte, von mehreren wenigstens einer, sofort von dem Erlaß des Haftbefehls in Kenntnis zu setzen und davon zu unterrichten, daß der Haftbefehl aufgehoben werden wird, wenn der Antrag nicht innerhalb einer vom Richter zu bestimmenden Frist, die eine Woche nicht überschreiten soll, gestellt wird. [2]Wird innerhalb der Frist Strafantrag nicht gestellt, so ist der Haftbefehl aufzuheben. [3]Dies gilt entsprechend, wenn eine Straftat nur mit Ermächtigung oder auf Strafverlangen verfolgbar ist. [4] § 120 Abs. 3 ist anzuwenden.

Übersicht

1 **A. Allgemeines.** Bei Antragsdelikten (ausführlich hierzu LR/*Hilger* § 127 Rn. 50) ist nach § 127 Abs. 3 schon *vor* Stellung des Strafantrages die vorläufige Festnahme zulässig (s. hierzu unter § 127 Rdn. 47). Konsequenterweise darf bei Vorliegen der übrigen Voraussetzungen dann auch ein Haftbefehl erlassen wer-

den. Das stellt § 130 klar. Die Vorschrift bestimmt, wie vorzugehen ist, wenn ein Strafantrag bei einem Antragsdelikt noch nicht gestellt ist.

Gleiches gilt für die Fälle der **fehlenden Ermächtigung** und des **fehlenden Strafverlangens** (s. § 130 Satz 3). 2

B. Inhalt der Regelung. Die Regelung geht von der Erwartung aus, dass die dort genannten **behebbaren Prozesshindernisse** (Fehlen eines für die Strafverfolgung erforderlichen Strafantrages, Ermächtigung oder Strafverlangen gem. § 77e StGB) alsbald nachgeholt werden. In diesen Fällen ist der Erlass eines Haftbefehls grds. schon vorab zulässig. Das gilt aber nicht, wenn von vornherein feststeht, dass ein Strafantrag nicht mehr gestellt werden kann oder auch nur unwahrscheinlich ist, dass er noch gestellt werden wird (vgl. zum Ganzen *Geerds* GA 1982, 237, 249 ff.; AnwK-Uhaft/*König* § 130 StPO Rn. 1; Meyer-Goßner/*Schmitt* § 130 Rn. 1; SK-StPO/*Paeffgen* § 130 Rn. 3; KK/*Schultheis* § 130 Rn. 2). 3

§ 130 gilt nach Erlass des Haftbefehls gleichermaßen für den Vollzug als auch die Außervollzugsetzung unter Auflagen entsprechend § 116. 4

Zwischen Erlass des Haftbefehls und Behebung des Prozesshindernisses entsteht ein **Schwebezustand.** Dieser ist baldmöglichst zu beheben (AnwK-Uhaft/*König* § 130 StPO Rn. 1; Meyer-Goßner/*Schmitt* § 130 Rn. 1; SK-StPO/*Paeffgen* § 130 Rn. 3; KK/*Schultheis* § 130 Rn. 2). 5

I. Unterrichtung des Antragsberechtigten nach § 130 Satz 1. Dem Antragsberechtigten (zu mehreren – s.u. Rdn. 10) ist Gelegenheit zu geben, die zur Disposition stehenden Prozessvoraussetzungen zu schaffen. Sie sind zu benachrichtigen. Dies hat **sofort**, d.h. unmittelbar und ohne schuldhaftes Zögern, zu erfolgen. Sie sind nach § 130 Satz 1 vom Erlass des Haftbefehls in Kenntnis zu setzen. 6

Die **Benachrichtigung** muss alle für die zu treffende Entscheidung relevanten Angaben enthalten, um eine sachgerechte Entscheidung treffen zu können (Meyer-Goßner/*Schmitt* § 130 Rn. 2). Zu nennen sind insb. der Beschuldigte, die Tat, derer er dringend verdächtig ist, Zeit und Ort ihrer Begehung sowie ihre gesetzlichen Merkmale und die anzuwendenden Strafvorschriften (vgl. hierzu § 114 Abs. 2 Nr. 1 und 2). Auf die Angabe des Haftgrundes (vgl. § 114 Abs. 2 Nr. 3) kommt es regelmäßig nicht an. Der Antragsberechtigte ist weiter darüber zu unterrichten, dass der **Haftbefehl aufgehoben** wird, wenn der Strafantrag nicht binnen einer vom Gericht zu bestimmenden Frist gestellt wird. 7

Die **Frist** muss angemessen sein und dem Antragsberechtigten die Möglichkeit zur Prüfung, Entscheidung und Mitteilung geben. Sie muss umgekehrt aber auch für den Beschuldigten den Grundrechtsschutz des Art. 2 Abs. 2 Satz 2 GG beachten, die Freiheit der Person ist unverletzlich. Laut Gesetz soll die Frist **eine Woche** nicht überschreiten. In sachlich begründeten Ausnahmefällen soll sie überschritten oder verlängert werden können. Denkbar sei dies bei Abwesenheit oder Erkrankung des Berechtigten oder weil eine Behörde zu entscheiden hat, was angeblich regelmäßig nicht zeitnah möglich sein soll (bedenklich!; so aber Meyer-Goßner/*Schmitt* § 130 Rn. 4; KK/*Schultheis* § 130 Rn. 10). Teils wird ein Zeitraum von **in der Regel unter oder jedenfalls 48 Std.** für sachgerecht gehalten (*Geerds* GA 1982, 237, 250 [dort insb. Fn. 57]; AnwK-Uhaft/*König* § 130 StPO Rn. 3; AnwK-StPO/*Lammer* § 130 Rn. 5; SK-StPO/*Paeffgen* § 130 Rn. 4). Eine solche verkürzte Fristsetzung ist nicht zuletzt deshalb angemessen, weil moderne Kommunikationsmöglichkeiten eine zeitnahe Entscheidung heutzutage vereinfachen. Es geht nach wie vor um die Frage der Freiheitsberaubung ggü. einem Unschuldigen (*Hassemer* StV 1984, 38, 40). Die im Gesetz genannte Wochenfrist erscheint unter Beachtung dieser Überlegungen und auch, weil Antragsdelikte regelmäßig eine relativ gesehen geringere Straferwartung vorsehen als »übliche Haftsachen«, unverhältnismäßig lang. 8

Der Antragsberechtigte ist ausdrücklich auf die **Konsequenz der Aufhebung** des Haftbefehls nach fruchtlosem Fristablauf hinzuweisen. Sinnvollerweise sollte der Berechtigte auch über die richtige Form des Strafantrags (vgl. § 158 Abs. 2) belehrt werden. Zur Vermeidung von Verzögerungen sollte eine Antragstellung möglichst unmittelbar beim Haftgericht erfolgen. 9

Adressat der Benachrichtigung ist der Antragsberechtigte. Sind mehrere Antragsberechtigte vorhanden, dann sollen möglichst alle oder zumindest die sofort erreichbaren benachrichtigt werden. Nach dem Wortlaut des Gesetzes genügt aber bereits die Information eines Einzelnen. Die Auswahl erfolgt durch das Gericht nach pflichtgemäßem Ermessen, es soll möglichst der von der Tat am stärksten Betroffene informiert werden (vgl. zum Ganzen *Geerds* GA 1982, 237, 240; AnwK-Uhaft/*König* § 130 StPO Rn. 3; Meyer-Goßner/*Schmitt* § 130 Rn. 3; SK-StPO/*Paeffgen* § 130 Rn. 3; KK/*Schultheis* § 130 Rn. 3). 10

Zuständig für die Benachrichtigung ist der Richter, der den Haftbefehl erlassen hat, die Geschäftsstelle führt die Anordnung aus. 11

II. Entscheidung des Gerichts nach § 130 Satz 2. Wird innerhalb der vom Gericht gesetzten Frist kein Strafantrag gestellt, dann ist der Haftbefehl aufzuheben (§ 130 Satz 2). Die Frist zur Antragstellung selbst (vgl. § 77b StGB) wird hiervon nicht betroffen, sie wird durch die vom Gericht nach § 130 StPO zu setzende 12

Frist nicht verkürzt. Deshalb ist auch ein verspätet gestellter Strafantrag noch zu berücksichtigen. Geht er vor Aufhebung des Haftbefehls bei Gericht ein, dann bleibt dieser bestehen, andernfalls wird der Haftbefehl ggf. erneut erlassen (AnwK-Uhaft/*König* § 130 StPO Rn. 4; Meyer-Goßner/*Schmitt* § 130 Rn. 5; SK-StPO/*Paeffgen* § 130 Rn. 5 [a.E.]; KK/*Schultheis* § 130 Rn. 7). Voraussetzung hierfür ist aber immer, dass die übrigen Voraussetzungen für den Erlass des Haftbefehls vorliegen.

13 Die Aufhebung des Haftbefehls nach § 120 bleibt hiervon unberührt. Der ausdrückliche Hinweis in § 130 Satz 4 auf § 120 Abs. 3 ist überflüssig (LR/*Hilger* § 130 Rn. 15; Meyer-Goßner/*Schmitt* § 130 Rn. 5; KK/*Schultheis* § 130 Rn. 8) bzw. sinnleer (SK-StPO/*Paeffgen* § 130 Rn. 7).

14 **C. Sonstiges.** Kann der Haftbefehl zusätzlich **auch auf ein Offizialdelikt** gestützt werden, dann soll dem Vorrang eingeräumt werden, um Missverständnissen und Verzögerungen vorzubeugen (Meyer-Goßner/*Schmitt* § 130 Rn. 6; KK/*Schultheis* § 130 Rn. 9). In diesen Fällen ist die Straftat, deren weitere Verfolgung von einem Strafantrag abhängt, ggf. aus dem Haftbefehl auszuscheiden, wenn der entsprechende Antrag nicht gestellt wird. Hierauf soll der Berechtigte hingewiesen werden. Hinsichtlich der Fristsetzung gelten die obigen Ausführungen, wobei sich die Frage der Angemessenheit der Frist relativiert wenn die Untersuchungshaft auch aus anderen Gründen gerechtfertigt ist.

15 Bei **relativen Antragsdelikten** ist § 130 ebenfalls anwendbar, wenn die StA das besondere öffentliche Interesse noch nicht bejaht hat oder verneint (vgl. hierzu LR/*Hilger* § 130 Rn. 1 a.E.).

Abschnitt 9a. Weitere Maßnahmen zur Sicherstellung der Strafverfolgung und Strafvollstreckung

§ 131 Ausschreibung zur Festnahme

(1) Auf Grund eines Haftbefehls oder eines Unterbringungsbefehls können der Richter oder die Staatsanwaltschaft und, wenn Gefahr im Verzug ist, ihre Ermittlungspersonen (§ 152 des Gerichtsverfassungsgesetzes) die Ausschreibung zur Festnahme veranlassen.

(2) [1]Liegen die Voraussetzungen eines Haftbefehls oder Unterbringungsbefehls vor, dessen Erlass nicht ohne Gefährdung des Fahndungserfolges abgewartet werden kann, so können die Staatsanwaltschaft und ihre Ermittlungspersonen (§ 152 des Gerichtsverfassungsgesetzes) Maßnahmen nach Absatz 1 veranlassen, wenn dies zur vorläufigen Festnahme erforderlich ist. [2]Die Entscheidung über den Erlass des Haft- oder Unterbringungsbefehls ist unverzüglich, spätestens binnen einer Woche herbeizuführen.

(3) [1]Bei einer Straftat von erheblicher Bedeutung können in den Fällen der Absätze 1 und 2 der Richter und die Staatsanwaltschaft auch Öffentlichkeitsfahndungen veranlassen, wenn andere Formen der Aufenthaltsermittlung erheblich weniger Erfolg versprechend oder wesentlich erschwert wären. [2]Unter den gleichen Voraussetzungen steht diese Befugnis bei Gefahr im Verzug und wenn der Richter oder die Staatsanwaltschaft nicht rechtzeitig erreichbar ist auch den Ermittlungspersonen der Staatsanwaltschaft (§ 152 des Gerichtsverfassungsgesetzes) zu. [3]In den Fällen des Satzes 2 ist die Entscheidung der Staatsanwaltschaft unverzüglich herbeizuführen. [4]Die Anordnung tritt außer Kraft, wenn diese Bestätigung nicht binnen 24 Stunden erfolgt.

(4) [1]Der Beschuldigte ist möglichst genau zu bezeichnen und soweit erforderlich zu beschreiben; eine Abbildung darf beigefügt werden. [2]Die Tat, derer er verdächtig ist, Ort und Zeit ihrer Begehung sowie Umstände, die für die Ergreifung von Bedeutung sein können, können angegeben werden.

(5) Die §§ 115 und 115a gelten entsprechend.

Übersicht

A. Überblick über die Regelungen des Abschnitts 9a (§§ 131 bis 132). Der Abschnitt 9a, der mit dem Strafverfahrensänderungsgesetz 1999 (StVÄG 1999) v. 02.08.2000 (BGBl. I, S. 1253) in die StPO eingefügt wurde, enthält – nicht abschließende (vgl. daneben etwa §§ 94 ff., 163d, 163e, 163f, 453c Abs. 1, 456a Abs. 2 Satz 3, 457 Abs. 3; s. Meyer-Goßner/Schmitt/*Schmitt* Vor § 131 Rn. 1) – Regelungen zur »Ausschreibung zur Festnahme« (BT-Drs. 14/1484, S. 19). Diese gelten sowohl für die Zwecke der Strafverfolgung als auch für die der Strafvollstreckung (BT-Drs. 14/1484, S. 19; vgl. auch die Überschrift zu Abschnitt 9a). Zuvor war die Öffentlichkeitsfahndung »nur« auf § 131a.F. i.V.m. §§ 161, 163 gestützt worden, was angesichts der Rspr. des BVerfGE (BVerfG 65, 1 – »Volkszählung«) hinsichtlich des Rechts der Betroffenen auf informationelle Selbstbestimmung berechtigterweise kritisiert wurde (vgl. nur SK-StPO/*Paeffgen* § 131 Rn. 1 m.w.N.). Mit der Neuregelung sollten so die vom BVerfG geforderten Rechtsgrundlagen geschaffen werden (s. BT-Drs. 14/1484, Satz 1). Allerdings verbleibt unterhalb der Eingriffsschwelle der §§ 131 ff. und außerhalb deren Anwendungsbereichs Raum für Fahndungsmaßnahmen auf Grundlage der Generalklauseln der §§ 161, 163 Abs. 1 Satz 2 (vgl. LR/*Hilger* Vor § 131 Rn. 12; SK-StPO/*Paeffgen* § 131 Rn. 2; krit. Radtke/Hohmann/*Kretschmer* § 131 Rn. 2). Dies können z.B. Erkundigungen im nahen Umfeld oder Nachforschungen im Internet dahin gehend sein, ob der Einzelne an entsprechenden Kommunikationsplattformen teilnimmt und relevante Informationen preisgibt. Die Nutzung von Daten zu Fahndungszwecken richtet sich nach den §§ 483 ff. Zu datenschutzrechtlichen Fragen, insb. im Zusammenhang mit Onlinefahndungen und Fahndungen in sozialen Netzwerken s. *Gerhold* ZIS 2015, 156 (157 ff.). 1

Die §§ 131, 131a und 131b unterscheiden sich im Hinblick auf die **jeweiligen Fahndungsziele: § 131b** ermächtigt zunächst zur Veröffentlichung von Abbildungen des Beschuldigten/Zeugen, um den tatrelevanten Sachverhalt sowie die Identität und Qualifizierung der beteiligten Personen als Täter, Teilnehmer oder Zeugen ermitteln zu können. **§ 131a** dient dann der Ausschreibung von Beschuldigten und Zeugen, um deren Aufenthalt zu ermitteln; schließlich ermächtigt **§ 131** zur Ausschreibung mit dem Ziel der Festnahme von dringend Tatverdächtigen. 2

§ 131c regelt die Anordnungskompetenz. Ergänzend zu den §§ 131 bis 131c finden sich nähere Ausgestaltungen der Fahndungsmöglichkeiten in Nr. 39 bis 43 RiStBV. Darin sind v.a. die Fahndungshilfsmittel der StA beschrieben (Nr. 40 RiStBV). 3

Die §§ 131 bis 131c regeln v.a. die Befugnisse von Richtern, StA und unter engeren Voraussetzungen auch deren Ermittlungsbeamten (§ 152 GVG) hinsichtlich **Fahndungsmaßnahmen nach Personen** (Beschuldigten oder Zeugen). Ob die StA dabei als Ermittlungs- oder Vollstreckungsbehörde tätig wird, spielt keine Rolle (OLG Karlsruhe Beschl. v. 03.09.2018 – 2 VAs 36/18, s. auch Rdn 26). Eine Überschneidung mit der Sachfahndung ist denkbar, wenn sie im Wesentlichen einem der Fahndungszwecke der §§ 131 ff. dient, in einer der dort bezeichneten Modalitäten erfolgt und Rückschlüsse auf eine Person ermöglicht (*Hilger* FS Rieß, S. 171 [172]; LR/*Hilger* Vor § 131 Rn. 15; SK-StPO/*Paeffgen* § 131 Rn. 2; BeckOK-StPO/*Niesler* § 131 Rn. 4). 4

Die **internationale Fahndung** ist geregelt in Nr. 43 RiStBV und sollte zudem in dessen Anlage F (Richtlinien über die internationale Fahndung nach Personen, einschließlich der Fahndung nach Personen im Schengener Informationssystem) näher bestimmt werden. Letztere wurde durch den Bund jedoch nicht in Kraft gesetzt. Die internationale Fahndung erfolgt in der Regel durch Interpol, das Schengener Informationssystem (SIS) und gezielte Mitfahndungsersuchen an andere Staaten (umfassend zur internationalen Fahndung *Meyer/Hüttemann* ZStW 128 [2016], 394 ff.; vgl. dort [401 ff.] zur Anwendbarkeit des § 131 auf Fahndungen im Ausland). Mit Blick auf die Befugnis und Zuständigkeit für die Ausstellung eines **europäischen Haftbefehls** ist § 131 Abs. 1 von aktueller Relevanz. Seit dem Urteil des EuGH vom 27.05.2019 (EuGH, Urt. v. 27.05.2019, Rs. C- 508/18, C- 82/19 PPU – OG und PI) fungiert er als von der Praxis i. V. m. § 77 IRG regelmäßig herangezogene – und europarechtskonform ausgelegte – Befugnisnorm für die Ausstellung eines Europäischen Haftbefehls, für welche nunmehr **ausschließlich der Richter zuständig** ist (s. OLG Zweibrücken NJW 2019, 2869; OLG Hamm BeckRS 2019, 17146; OLG Frankfurt a. M. NStZ-RR 2019, 356; 2020, 122; 2020, 123; LG Bamberg BeckRS 2019, 17260; anders aber bspw. LG Dortmund 12.06.2019 – 34 Qs 28/19; zuvor AG Dortmund 09.07.2019 – 730 AR 11/19). Der EuGH hatte entschieden, dass die in Deutschland zuvor regelmäßig praktizierte Ausstellung von Europäischen Haftbefehlen durch die Staatsanwaltschaft den Vorgaben des Rahmenbeschlusses zum Europäischen Haftbefehl (»RbEuHb«) nicht genügte (die Befugnis und Zuständigkeit der Staatsanwaltschaft folgte bis dato aus § 74 IRG i. V. m. der »Vereinbarung zwischen der Bundesregierung und den Landesregierungen […] über die Zuständigkeit im Rechtshilfeverkehr mit dem Ausland in strafrechtlichen Angelegenheiten [Zuständigkeitsvereinbarung 2004]« v. 28.04.2004; vgl. auch *Oehmichen/Schmid* StraFo 2019, 397 [399]). Zur Begründung verwies der EuGH auf einen Verstoß gegen Art. 6 Abs. 1 RbEuHb, der die Zuständigkeit zur Ausstellung eines EuHb im Ausstellungsstaat einer »Justizbehörde« (»judicial authority«/»autorité judiciaire«) zuweist. Zwar bestätigte der EuGH die grundsätzliche Zugehörigkeit der Staatsanwaltschaft zum unionsrechtlichen Begriff der »Justizbehörde« (EuGH, 5

Urt. v. 27.05.2019, Rs. C- 508/18, C- 82/19 PPU, Rn. 48 ff. – OG und PI). Da die Staatsanwaltschaft in Deutschland jedoch dem sog. »externen« Weisungsrecht der Exekutive gem. der §§ 146 f. GVG unterliegt, fehlt es laut EuGH an der für die Ausstellung eines EuHb notwendigen Unabhängigkeit (EuGH, Urt. v. 27.05.2019, Rs. C- 508/18, C- 82/19 PPU, Rn. 64 ff. – OG und PI). Die EuGH-Entscheidung hat zu der Frage der künftigen Zuständigkeit für die Ausstellung eines EuHb in Deutschland geführt. Die von der Praxis seitdem regelmäßig herangezogene Lösung über § 131 Abs. 1 i. V. M § 77 IRG ist Gegenstand von Kritik (s. bspw. *Oehmichen/Schmid* StraFo 2019, 397; *Trüg/Ulrich* NJW 2019, 2811; aA bspw. *Böhm* NZWiST 2019, 325). Das BVerfG hat das Vorgehen jedoch immerhin für verfassungsgemäß erklärt (BVerfG NStZ-RR 2020, 386). Bedenkenswert erscheint für die Zukunft dennoch die seit Langem geforderte Reformierung des externen Weisungsrechts i.S.d. § 146 f. GVG, um eine auch nach innerstaatlichen Maßstäben unabhängigen Staatsanwaltschaft zu schaffen (vgl. hierzu m. w. N. *Satzger*, Internat. und Europ. Strafrecht, § 10 Rn. 43). Die Folge wäre dann, dass nicht mehr auf § 131 Abs. 1 zurückgegriffen werden müsste, sondern das bisherige Vorgehen beibehalten werden könnte.

6 **§ 132** tritt – ohne unmittelbaren systematischen Zusammenhang zu den §§ 131 bis 131c – ergänzend neben die §§ 116a Abs. 3 und 127a. Die Vorschrift betrifft die Durchführung von Strafverfolgung und Strafvollstreckung hinsichtlich derjenigen Beschuldigten, die im Geltungsbereich der StPO keinen festen Wohnsitz oder Aufenthalt haben.

7 **B. Inhalt des § 131.** Abs. 1 regelt die Befugnis zur Anordnung einer Ausschreibung zur Festnahme bei Vorliegen eines Haft- oder Unterbringungsbefehls, Abs. 2 betrifft besondere Eilfälle. Hinsichtlich Straftaten von erheblicher Bedeutung enthält Abs. 3 die Befugnis zur Anordnung einer Öffentlichkeitsfahndung. Abs. 4 beschreibt die inhaltlichen Anforderungen an die jeweilige Maßnahme und Abs. 5 regelt das Vorgehen nach der Ergreifung des Beschuldigten.

8 **I. Ausschreibung zur Festnahme auf Grundlage eines vorliegenden Haft- oder Unterbringungsbefehls (Abs. 1).** Mit der Ausschreibung zur Festnahme wird bezweckt, dass bei einer **Personalienabfrage im aktuellen Datenbestand der polizeiinternen Informationssysteme festgestellt wird**, ob eine bestimmte Person festgenommen werden soll. Als Anhaltspunkt für die zulässigen Fahndungshilfsmittel dient Nr. 40 RiStBV (BeckOK-StPO/*Niesler* § 131 Rn. 3); i.Ü. ist bei der Auswahl des Fahndungsmittels wegen der Grundrechtssensibilität der Ausschreibung das Verhältnismäßigkeitsprinzip zu achten (KK-StPO/*Schultheis* § 131 Rn. 9). Eine an einen unbestimmten Personenkreis, notfalls an die Öffentlichkeit gerichtete Fahndung kann nicht als von Abs. 1 gedeckt angesehen werden (anders LR/*Hilger* § 131 Rn. 6), da sonst die spezifischen Voraussetzungen des Abs. 3 umgangen würden.

9 Als **Voraussetzungen** verlangt Abs. 1 entweder einen Unterbringungsbefehl (§ 126a) oder aber einen Haftbefehl (§ 114). Grundlage kann grds. jeder Haftbefehl sein (näher LR/*Hilger* § 131 Rn. 2), unverhältnismäßig wäre eine Ausschreibung zur Festnahme jedoch im Hinblick auf eine bloße Ordnungs- und Beugehaft (§§ 51 Abs. 1 Satz 2 und 70 Abs. 1 Satz 2; s. LR/*Hilger* § 131 Rn. 4). Umstritten ist, ob § 131 Abs. 1 bzgl. der Hauptverhandlungshaft (§ 127b Abs. 2 i.V.m. § 128 Abs. 2 Satz 2) Anwendung findet. Da auch insoweit denkbar ist, dass der gem. § 127b Festgenommene flieht, besteht ein legitimes Bedürfnis für die Heranziehung des § 131 (so auch LR/*Hilger* § 131 Rn. 3; a.A. aber KK-StPO/*Schultheis* § 131 Rn. 8).

10 Die **Anordnungsbefugnis** obliegt gleichrangig dem **Richter und** der **StA**. Im Rahmen der Ausstellung eines EuHb wird Abs. 1 europarechtskonform dahin gehend ausgelegt, dass die Anordnungsbefugnis ausschließlich dem Richter obliegt (s. Rdn. 5). Wer zuständiger Richter ist, ergibt sich aus den §§ 125, 126. Bis zur Anklageerhebung ist dies gem. § 162 respektive § 169 der Ermittlungsrichter bzw. gem. § 34 Abs. 1 JGG der Jugendrichter, anschließend der Strafrichter bzw. der Vorsitzende des Kollegialgerichts, § 126 Abs. 2 Satz 3 (zur konkreten Zuständigkeit für die Ausstellung eines EuHb s. näher BeckOK StPO/*Inhofer* RB [EU] 2002/584/JI Art. 6 Rn. 1 ff.). Bei Gefahr im Verzug besteht ausnahmsweise eine Eilkompetenz der **Ermittlungspersonen der StA** i.S.v. § 152 GVG (krit. *Ranft* StV 2002, 38 [41]; s. hierzu auch BVerfG NVwZ 2009, 1034 [1035] zu § 50 Abs. 7 Satz 1 AufenthG). **Gefahr im Verzug** ist – entsprechend den engen verfassungsgerichtlichen Vorgaben (vgl. BVerfGE 103, 142 ff.) – nur dann gegeben, wenn das Abwarten einer Anordnung durch den Richter oder die StA den Erfolg der Anordnung gefährden würde und daher Sofortmaßnahmen durch die Polizei ergriffen werden müssen. Sie dürfte insb. dann vorliegen, wenn die Polizei von plötzlichen Fluchtvorbereitungen einer mit Haftbefehl gesuchten Person erfährt, sie deswegen sofort handeln muss und ein StA oder Richter kurzfristig nicht zu erreichen ist (BT-Drs. 14/1484, S. 20). Die Anordnung durch die Ermittlungsbeamten bedarf dann keiner nachträglichen Bestätigung. Der StA kann die Anordnung aber beenden, wenn er der Ansicht ist, ihre Voraussetzungen seien nicht (mehr) gegeben.

II. Ausschreibung zur vorläufigen Festnahme im Vorfeld des Erlasses eines Haft- oder Unterbringungsbefehls (Abs. 2). Abs. 2 gilt – im Gegensatz zu Abs. 1 – **im Vorfeld** des Erlasses eines Haft- oder Unterbringungsbefehls. Wie in Abs. 1 geht es aber auch hier allein um eine Ausschreibung innerhalb der polizeiinternen Informationssysteme. 11

Für die Anordnung einer Ausschreibung zur Festnahme nach Abs. 2 ist daher neben den **Voraussetzungen** eines Haft- oder Unterbringungsbefehls erforderlich, dass der Erlass eines entsprechenden Festhaltebefehls nicht ohne die Gefährdung des Fahndungserfolges abgewartet werden kann (**besonderes Eilbedürfnis**). Dies ist etwa der Fall, wenn der beinahe festgenommene Tatverdächtige plötzlich Fluchtmaßnahmen ergreift, sodass überörtliche Fahndungsmaßnahmen zu erfolgen haben und der Haftrichter oder ein StA nicht rechtzeitig erreicht werden können (BT-Drs. 14/1484, S. 20; BeckOK-StPO/*Niesler* § 131 Rn. 2; *Soiné* Kriminalistik 2001, 174). 12

Die Maßnahme muss zudem zur vorläufigen Festnahme **erforderlich** sein. Dies ist ein besonderer Hinweis auf den allgemein bedeutsamen Grundsatz der Verhältnismäßigkeit. Demnach darf die Festnahme insb. nicht durch mildere, gleich wirksame Mittel zu verwirklichen sein, etwa nach § 131a oder im Wege der Erkundigung bei Behörden oder im nahen Umfeld des Betroffenen (vgl. BT-Drs. 14/1484, S. 20). 13

Die **Anordnungsbefugnis** liegt bei der StA und ihren Hilfsbeamten nach § 152 GVG. Für die Anordnung der Ermittlungspersonen bedarf es bis zur – unverzüglich, spätestens aber innerhalb einer Woche einzuholenden – richterlichen Entscheidung (Abs. 2 Satz 2) nicht mehr der nachträglichen Bestätigung durch die StA (HK-StPO/*Ahlbrecht* § 131 Rn. 8). Dies ist rechtsstaatlich bedenklich (krit. auch *Ranft* StV 2002, 38 [41]), da so trotz häufig nur schwer überprüfbarer Voraussetzungen des Abs. 2 seitens der Ermittlungsbeamten grundrechtsrelevante Fakten geschaffen werden können. Daran ändert auch die Tatsache nichts, dass der StA die Maßnahme jederzeit wieder beenden kann. Daher sollte eine Anordnung durch die Hilfsbeamten der StA nur dann zulässig sein, wenn die Voraussetzungen eines Haft- oder Unterbringungsbefehls **eindeutig** vorliegen (*Hilger* NStZ 2000, 561 [562]; HK-StPO/*Ahlbrecht* § 131 Rn. 8; KK-StPO/*Schultheis* § 131 Rn. 12). 14

Die Frist für die Einholung der richterlichen Entscheidung – »unverzüglich, spätestens aber binnen einer Woche« – beginnt mit der Anordnung zu laufen (HK-StPO/*Ahlbrecht* § 131 Rn. 9). Erfolgt eine richterliche Entscheidung nicht oder wird der Festhaltebefehl nicht erlassen, tritt die Anordnung ohne Weiteres außer Kraft; die Ausschreibung nach Abs. 2 und alle mit ihr veranlassten Maßnahmen sind dann aufzuheben (BT-Drs. 14/1484, S. 20; KK-StPO/*Schultheis* § 131 Rn. 13; BeckOK-StPO/*Niesler* § 131 Rn. 9; *Soiné* Kriminalistik 2001, 174). Der Gesetzgeber hat dabei bewusst keine Regelung zu den Folgen des Fehlens der richterlichen Entscheidung in die Vorschrift aufgenommen (BT-Drs. 14/1484, S. 20). Denn er ging davon aus, dass hinsichtlich der Rechtmäßigkeit der Maßnahme nach Abs. 2 nicht deren richterliche Überprüfung erfolgen soll, sondern der Richter zeitnah über den Erlass eines Haft- oder Unterbringungsbefehls zu entscheiden hat. Ergeht dieser, richtet sich das weitere Vorgehen nach Abs. 1. Unterbleibt er, ist die Maßnahme nach Abs. 2 zu beenden. Die Anordnung nach Abs. 2 ist daher grds. nur für den Zeitraum von max. einer Woche zulässig. 15

III. Öffentlichkeitsfahndung (Abs. 3). Unter Öffentlichkeitsfahndung versteht man Maßnahmen, die über eine rein behördeninterne Wirkung hinausgehen und an die Bevölkerung gerichtet sind (s. LR/*Hilger* § 131 Rn. 17). Keine zusätzliche Voraussetzung besteht darin, dass die Maßnahme notwendig an einen nach Individualität (bspw. alle Angehörigen einer Berufsgruppe) oder Zahl unbestimmten Personenkreis gerichtet sein muss (so aber KK-StPO/*Schultheis* § 131 Rn. 15). Denn eine stigmatisierende Wirkung, die nach Abs. 3 vermieden werden soll, kann schon dann eintreten, wenn die Zahl der dem Personenkreis Angehörenden sehr groß ist. Folglich kann die Öffentlichkeitsfahndung auch an einen begrenzten Personenkreis gerichtet sein, solange sie über bloß polizeiinterne Maßnahmen hinaus geht. 16

Unter die Öffentlichkeitsfahndung fällt demnach v.a. die Fahndung durch Einschaltung von Organen, die sich an die breite Allgemeinheit richten, wie z.B. Fernsehen, Rundfunk, Presse, Plakate und Flugblätter, Lautsprecherdurchsagen, Steckbriefe, aber auch elektronische Medien wie das Internet (KK-StPO/*Schultheis* § 131 Rn. 15; BeckOK-StPO/*Niesler* § 131 Rn. 5; eingehend LR/*Hilger* § 131 Rn. 17 und HK-StPO/*Ahlbrecht* § 131 Rn. 10; *Schiffbauer* NJW 2014, 1052; *Baumhöfener* K&R 2015, 625; zur Fahndung in sozialen Netzwerken, insb. in Facebook, s. *Gerhold* ZIS 2015, 156; *Kolmey* DRiZ 2013, 242). Fahndungssendungen im Fernsehen fallen nicht unter § 131 Abs. 3, da sie im Regelfall nicht durch die Ermittlungsbehörden veranlasst werden (HK-StPO/*Ahlbrecht* § 131 Rn. 14). Wenn die Behörden jedoch Informationen an die Fernsehanstalten herausgeben, sind diesbezüglich die Voraussetzungen der §§ 131 ff. zu beachten (BeckOK-StPO/*Niesler* § 131 Rn. 5). 17

Die Öffentlichkeitsfahndung ist an besonders restriktive **Voraussetzungen** geknüpft, da sie sich aufgrund ihrer Breitenwirkung für den Betroffenen besonders negativ auf dessen Ehre und Ansehen auswirken kann. Daher verlangt sie ggü. Abs. 1 und Abs. 2 als zusätzliche Voraussetzung, dass dem Beschuldigten eine **Straftat** 18

von erheblicher Bedeutung vorgeworfen wird sowie dass andere Formen der Aufenthaltsermittlung weniger Erfolg versprechend oder wesentlich erschwert wären (**Subsidiaritätsklausel**).

19 Anders als bspw. die §§ 98a Abs. 1, 100a Abs. 2, 100b Abs. 2, 110a Abs. 1 enthält § 131 Abs. 3 **keinen eigenen Straftatenkatalog**. Die Beurteilung, ob eine erhebliche Straftat vorliegt (allg. dazu *Rieß* GA 2004, 623 ff.), erfordert eine Abwägung im Einzelfall und bestimmt sich danach, ob die Tat so schwer wiegt, dass der Eingriff in das Selbstbestimmungsrecht des Bürgers mittels der Öffentlichkeitsfahndung gerechtfertigt werden kann (vgl. HK-StPO/*Ahlbrecht* § 131 Rn. 11). Maßgebliche Kriterien sind dabei v.a. der Deliktstypus, die Art der Begehung, die Schwere der Schuld und die zu erwartende Rechtsfolge (AG Bonn NStZ-RR 2016, 248; KK-StPO/*Schultheis* § 131 Rn. 16; BeckOK-StPO/*Niesler* § 131 Rn. 6; KMR/*Wankel* § 131b Rn. 2; LG Saarbrücken wistra 2004, 279: Computerbetrug nach Erlangung durch Raub als erhebliche Straftat; AG Hannover, Beschl. v. 23.04.2015 – 174 Gs 434/15, juris, Rn. 6 ff.: Computerbetrug nach einfachem Diebstahl genügt nicht; s. aber auch AG Bonn BeckRS 2008, 18552 erhebliche Straftat bei Diebstahl und Betrug mit einem Schaden von 970 €; für eine Rechtfertigung der Öffentlichkeitsfahndung bereits bei versuchtem Computerbetrug LG Bonn NStZ 2020, 55). Für eine restriktive Auslegung spricht hierbei, dass durch eine allzu häufige Fahndung in den Massenmedien die Bereitschaft der Öffentlichkeit zur Mitwirkung an der Aufklärung erlahmen kann (AG Hannover, Beschl. v. 23.04.2015 – 174 Gs 434/15, juris, Rn. 9; AG Bonn NStZ-RR 2016, 248). Ist nur eine Geldstrafe zu erwarten, ist eine Öffentlichkeitsfahndung grds. unzulässig (*Rieß* GA 2004, 623 [642]).

20 Als eine besondere Ausprägung des allgemeinen Grundsatzes der Verhältnismäßigkeit verlangt die **Subsidiaritätsklausel**, dass die Festnahme ohne Öffentlichkeitsfahndung erheblich weniger Erfolg versprechend oder wesentlich erschwert sein muss. Mildere Maßnahmen sind insb. eine Ausschreibung zur Aufenthaltsermittlung oder Befragungen im bloßen Umfeld des Beschuldigten (vgl. Meyer-Goßner/Schmitt/*Schmitt* § 131 Rn. 3; HK-StPO/*Ahlbrecht* § 131 Rn. 10). Zu beachten ist, dass weniger einschneidende Maßnahmen dann vorzugswürdig sind, wenn sie zwar weniger Erfolg versprechen, sich aber nicht als **wesentlich** weniger Erfolg versprechend darstellen, ebenso, wenn sie den Festnahmeerfolg zwar erschweren, diesen aber nicht **erheblich** erschweren (vgl. LR/Hilger § 131 Rn. 19). I.Ü., insb. für die Auswahl des zulässigen Mittels innerhalb der Öffentlichkeitsfahndung, gilt der allgemeine Grundsatz der Verhältnismäßigkeit. Gerade bei inzwischen gängigen **Onlinefahndungen**, insb. bei Fahndungen in sozialen Netzwerken, müssen im Rahmen der Verhältnismäßigkeitsprüfung die Folgen einer Verbreitung im Internet und damit die erhöhten Gefahren für das allgemeine Persönlichkeitsrecht der Betroffenen besonders berücksichtigt werden (vgl. dazu *Gerhold* ZIS 2015, 156 [171 ff.]; *Schiffbauer* NJW 2014, 1052 [1056 f.]; *Caspar* ZD 2015, 12 [15 f.]; *Baumhöfener* K&R 2015, 625 [628 ff.]; AG Bonn NStZ-RR 2016, 248: Intranet der Polizei und anschließend örtliche Printmedien als milderes Mittel zur Internetfahndung). Es wird daher durch die »Link-Lösung« (vgl. *Gerhold* ZIS 2015, 156 [171 f.]) versucht den Status der Polizei als »Herrin der Daten« zu wahren (*Kolmey* DRiZ 2013, 242 [244]; vgl. aber *Baumhöfener* K&R 2015, 625 [627]).

21 Die **Anordnungsbefugnis** steht dem Richter wie auch dem StA zu (Satz 1). Der Richter kann mit seiner Anordnung sogleich den Haftbefehl erlassen, sofern dieser noch nicht vorliegt (LR/*Hilger* § 131 Rn. 23). Nach Satz 2 steht die Befugnis auch den Ermittlungspersonen der StA zu, wenn Gefahr im Verzug besteht (s. Rdn. 10) und der Richter oder die StA nicht rechtzeitig erreicht werden können. Damit sind nur scheinbar zwei kumulative Voraussetzungen angesprochen; da die Nichterreichbarkeit des Richters und der StA unabdingbare Voraussetzung für das Bejahen der »Gefahr im Verzug« ist (BVerfGE 103, 142 ff.), hat letzteres Kriterium keine eigenständige Bedeutung.

22 Die Anordnungsbefugnis der Hilfsbeamten dürfte jedoch eher einen Ausnahmefall darstellen, etwa wenn ein bereits Festgenommener plötzlich flieht oder sich der Bewachung entzieht (BT-Drs. 14/2595, S. 27). Bei einer Anordnung durch die Ermittlungspersonen ist eine Entscheidung der StA unverzüglich herbeizuführen (Satz 3). Geschieht dies nicht binnen 24 Stunden, tritt die Anordnung außer Kraft (Satz 4; krit. wegen der eingeschränkten Ermittlungskompetenz der Ermittlungsbeamten *Brodersen* NJW 2000, 2538; *Ranft* StV 2002, 38 [41]). Liegt ein Festhaltebefehl noch nicht vor, weil die Öffentlichkeitsfahndung unter den zusätzlichen Voraussetzungen des Abs. 2 ergangen ist, gilt hierfür Abs. 2 Satz 2 (s. dazu oben Rdn. 15).

23 **IV. Inhalt (Abs. 4).** Die inhaltlichen Anforderungen der Maßnahmen nach Abs. 1 bis 3 sind in Abs. 4 geregelt. Der Beschuldigte ist stets möglichst genau zu bezeichnen; genügt die Bezeichnung nicht, um eine Verwechslung auszuschließen, ist er zu beschreiben, und zwar so genau, dass eine Verwechslung und eine Beschwerung Nichtbeschuldigter vermieden wird. Abbildungen sind gem. Abs. 4 Satz 1 Hs. 2 zulässig. Darunter versteht man alle geeigneten Bildmaterialien. Auch Phantombilder können herangezogen werden (BT-Drs. 14/1484, S. 20).

Ein Haftgrund muss für die Ausschreibung nicht angegeben werden (Meyer-Goßner/Schmitt/*Schmitt* § 131 Rn. 5; BeckOK-StPO/*Niesler* § 131 Rn. 8). Die Anforderungen sind diesbezüglich geringer als für den Haft- bzw. Unterbringungsbefehl nach den §§ 114 Abs. 2, 126a Abs. 2 Satz 1 (Meyer-Goßner/Schmitt/*Schmitt* § 131 Rn. 5; so auch LR/*Hilger* § 131 Rn. 27, der lediglich die Angaben nach § 114 Abs. 2 Nr. 1 [ggf. i.V.m. § 126a Abs. 2 Satz 1] für erforderlich erachtet). Die Umstände der Tatbegehung, deren rechtliche Einordnung sowie Umstände, die für die Ergreifung von Bedeutung sein können, können herangezogen werden, wenn dies für den Fahndungserfolg hilfreich ist. Nötig ist dies jedoch nicht (Abs. 4 Satz 2). Dem Verhältnismäßigkeitsgrundsatz ist auch hier stets Rechnung zu tragen. Dies erhält v.a. bei der die Grundrechte des Beschuldigten besonders beschneidenden Veröffentlichung von Abbildungen Relevanz. 24

C. Prozessuales. I. Vorführung (Abs. 5). Wird der Beschuldigte aufgrund einer Ausschreibung nach Abs. 1 festgenommen, ist er gem. §§ 115, 115a unmittelbar dem zuständigen Richter vorzuführen, denn dann erfolgt die Festnahme aufgrund des Haftbefehls bzw. Unterbringungsbefehls. Bei einer Festnahme nach Abs. 2 (ggf. i.V.m. Abs. 3) liegt der Festnahmebefehl noch nicht vor. Abs. 5 regelt dann die entsprechende Anwendbarkeit der §§ 115 f., was bewirkt, dass so zu verfahren ist, als wäre der Festnahmebefehl bereits erlassen worden (Meyer-Goßner/Schmitt/*Schmitt* § 131 Rn. 6; HK-StPO/*Ahlbrecht* § 131 Rn. 15). Der Richter darf den Haftbefehl jedoch nur erlassen, wenn er zugleich zuständiger Richter nach § 125 ist. Das Verfahren nach den §§ 128 ff. ist ausgeschlossen (KK-StPO/*Schultheis* § 131 Rn. 19; HK-StPO/*Ahlbrecht* § 131 Rn. 15; LR/*Hilger* § 131 Rn. 29). 25

II. Rechtsmittel. Gegen die **richterliche** Anordnung ist die **Beschwerde nach § 304 Abs. 1** statthaft, gegen solche der **StA** und deren Ermittlungspersonen der **Antrag nach § 98 Abs. 2 Satz 2 entsprechend** (KK-StPO/*Schultheis* § 131 Rn. 20; Meyer-Goßner/Schmitt/*Schmitt* § 131 Rn. 7; BeckOK-StPO/*Niesler* § 131 Rn. 11; HK-StPO/*Ahlbrecht* § 131 Rn. 16; LR/*Hilger* § 131 Rn. 30; a.A. SK-StPO/*Paeffgen* § 131 Rn. 14: § 23 EGGVG), und zwar vor dem Hintergrund der Rspr. des BVerfG unter den dort genannten Voraussetzungen (vgl. nur BVerfG NJW 1998, 2131; 2005, 1855; 2007, 1117) auch dann, wenn sie **bereits erledigt** ist (BGHSt 44, 171 zu § 127 Abs. 2; LR/*Hilger* § 131 Rn. 30; HK-StPO/*Ahlbrecht* § 131 Rn. 16). Hat die StA als Vollstreckungsbehörde gehandelt, ist der Rechtsweg nach § 23 EGGVG eröffnet (OLG Karlsruhe Beschl. v. 03.09.2018 – 2 VAs 36/18, vgl. Rdn 4). 26

III. Konsequenz von Anordnungsfehlern. Vielfach wird generell verneint, dass Verstöße gegen die §§ 131 ff. ein **Verwertungsverbot** der gewonnenen Ergebnisse begründen können (HK-StPO/*Ahlbrecht* § 131 Rn. 16; BeckOK-StPO/*Niesler* § 131 Rn. 12; KMR/*Wankel* § 131 Rn. 8; KK-StPO/*Schultheis* § 131 Rn. 20; Meyer-Goßner/Schmitt/*Schmitt* § 131 Rn. 7). Jedenfalls bei einer erheblichen Intensität des ungerechtfertigten Eingriffs in die grundrechtliche Position des Beschuldigten darf ein Verwertungsverbot indes nicht von vornherein ausgeschlossen sein. Auf Basis der Abwägungslehre der Rspr. (s. nur BGHSt 52, 110) erscheint es konsequent, im Einzelfall darauf abzustellen, ob das Interesse des Betroffenen an der Wahrung seiner informationellen Selbstbestimmung das Interesse der Allgemeinheit an der Strafverfolgung überwiegt (so zu Recht LR/*Hilger* § 131 Rn. 17; *ders.* FS Rieß, S. 173 ff.). 27

§ 131a Ausschreibung zur Aufenthaltsermittlung

(1) Die Ausschreibung zur Aufenthaltsermittlung eines Beschuldigten oder eines Zeugen darf angeordnet werden, wenn sein Aufenthalt nicht bekannt ist.

(2) Abs. 1 gilt auch für Ausschreibungen des Beschuldigten, soweit sie zur Sicherstellung eines Führerscheins, zur erkennungsdienstlichen Behandlung, zur Anfertigung einer DNA-Analyse oder zur Feststellung seiner Identität erforderlich sind.

(3) Auf Grund einer Ausschreibung zur Aufenthaltsermittlung eines Beschuldigten oder Zeugen darf bei einer Straftat von erheblicher Bedeutung auch eine Öffentlichkeitsfahndung angeordnet werden, wenn der Beschuldigte der Begehung der Straftat dringend verdächtig ist und die Aufenthaltsermittlung auf andere Weise erheblich weniger Erfolg versprechend oder wesentlich erschwert wäre.

(4) [1] § 131 Abs. 4 gilt entsprechend. [2]Bei der Aufenthaltsermittlung eines Zeugen ist erkennbar zu machen, dass die gesuchte Person nicht Beschuldigter ist. [3]Die Öffentlichkeitsfahndung nach einem Zeugen unterbleibt, wenn überwiegende schutzwürdige Interessen des Zeugen entgegenstehen. [4]Abbildungen des Zeugen dürfen nur erfolgen, soweit die Aufenthaltsermittlung auf andere Weise aussichtslos oder wesentlich erschwert wäre.

(5) Ausschreibungen nach den Absätzen 1 und 2 dürfen in allen Fahndungshilfsmitteln der Strafverfolgungsbehörden vorgenommen werden.

Übersicht

1 **A. Überblick.** § 131a regelt die Ausschreibung eines Beschuldigten oder Zeugen zur bloßen Aufenthaltsermittlung (Abs. 1). In Abs. 2 darf die Aufenthaltsermittlung auch den Zweck der Vornahme der dort beschriebenen strafprozessualen Maßnahmen verfolgen. Die Ausschreibung nach Abs. 2 verfolgt mithin einen weitergehenden Zweck als Abs. 1. Sie richtet sich jedoch – anders als Abs. 1 (der auch Zeugen erfasst) – nur an den Beschuldigten. Abs. 3 ermächtigt die Strafbehörden unter den dort genannten weiteren Voraussetzungen auch zur Vornahme einer Öffentlichkeitsfahndung nach einem Beschuldigten oder Zeugen. Abs. 4 verweist hinsichtlich der inhaltlichen Anforderungen auf § 131 Abs. 4. Darüber hinaus enthält er Einschränkungen zum Schutz von Zeugen. Abs. 5 verweist auf mögliche Fahndungshilfsmittel für die Abs. 1 und 2.

2 **B. Ausschreibung zum Zweck der Aufenthaltsermittlung (Abs. 1) bzw. zur Vornahme strafprozessualer Maßnahmen (Abs. 2).** Wie bei § 131 Abs. 1, 2 ermächtigt § 131a Abs. 1, 2 zur Ausschreibung, d.h. zur Aufnahme des Betroffenen in die polizeiinternen Fahndungsregister und -systeme. Hier verfolgt die Ausschreibung jedoch nicht den **Zweck** seiner Festnahme, sondern im Fall des Abs. 1 nur seiner **Aufenthaltsermittlung.** Ihr ist deshalb einzig die Befugnis zu entnehmen, die Wohnanschrift und den Aufenthaltsort der gesuchten Person festzustellen und an die ausschreibende Stelle weiterzuleiten; für sämtliche hierüber hinausgehenden Maßnahmen ist eine gesonderte Eingriffsgrundlage erforderlich (OLG München, Beschl. v. 29.11.2012, 4 VAs 55/12, BeckRS 2012, 24681, Rn. 26 f.). Weitergehend dient die Ausschreibung im Fall des Abs. 2 der Ermöglichung einer der dort genannten **strafprozessualen Maßnahmen.**

3 Sofern es um die bloße Aufenthaltsermittlung geht, kann die Ausschreibung sich daher auch gegen einen Zeugen richten (Abs. 1). **Abs. 5** verweist diesbezüglich klarstellend (LR/*Hilger* § 131a Rn. 9; Meyer-Goßner/Schmitt/*Schmitt* § 131a Rn. 5) – nicht beschränkend – auf alle Fahndungshilfsmittel der Strafverfolgungsbehörden. Diese sind z.T. in Nr. 40 RiStBV erwähnt. Darunter fallen z.B. einfache Behördenauskünfte, aber auch das Bundeszentralregister, das Verkehrszentralregister, EDV-Fahndungssysteme der Polizei, das Bundeskriminalblatt und die Landeskriminalblätter.

4 **Alleinige Voraussetzung** der Abs. 1 und 2 ist die Unkenntnis der Strafbehörden vom Aufenthaltsort des Beschuldigten oder Zeugen. Einfacher Tatverdacht gegen den Beschuldigten genügt (KK-StPO/*Schultheis* § 131a Rn. 2). Unbekannt ist der Aufenthaltsort, wenn er durch die Behörden bis zum Zeitpunkt der Anordnung nicht ermittelt werden konnte (HK-StPO/*Ahlbrecht* § 131a Rn. 2). Der Zweck der Maßnahme muss auf die schlichte Aufenthaltsermittlung des Beschuldigten oder Zeugen gerichtet sein (Abs. 1).

5 Nach Abs. 2 ist die Ausschreibung eines Beschuldigten bei unbekanntem Aufenthaltsort außerdem zulässig, um seinen Führerschein sicherzustellen (§§ 94 Abs. 3, 111b Abs. 1 Satz 2, 463b), um erkennungsdienstliche Maßnahmen durchzuführen (§ 81b), um eine DNA-Analyse anzufertigen (§§ 81c, 81g) sowie um seine Identität festzustellen (§ 163b). Dem Beschuldigten gleichgestellt sind nach § 81g Abs. 4 die Verurteilten und weiteren dort genannten Personen, soweit die Anordnung und Durchführung der DNA-Analyse und der weiteren hierfür notwendigen Maßnahmen zur DNA-Erfassung erfolgt (BT-Drs. 15/5674, S. 12; LR/*Krause* § 81g Rn. 67; KK-StPO/*Schultheis* § 131a Rn. 3). Durch das Einfügen der DNA-Analyse in den Abs. 2, wofür die Ausschreibung in Eilfällen auch durch die Hilfsbeamten der StA nach § 152 GVG angeordnet werden kann (§ 131c Abs. 1 Satz 2), sollte weder die Anordnungskompetenz für eine körperliche Untersuchung nach § 81a Abs. 2 noch der Richtervorbehalt gem. § 81f Abs. 1 Satz 1 berührt werden (BT-Drs. 14/2595, S. 28).

6 Dem Verhältnismäßigkeitsgrundsatz ist auch hier stets Rechnung zu tragen, obwohl die Abs. 1 und 2 keinen ausdrücklichen Hinweis darauf enthalten. Das bedeutet, dass ggü. den Betroffenen weniger belastende Maßnahmen ergriffen werden müssen, wie z.B. Erkundungen bei Meldebehörden oder im nahen Umfeld. Unter Umständen wirkt die Ausschreibung etwa in Form der Aufnahme in die polizeiinternen Fahndungshilfsmittel für den Betroffenen weniger belastend als Erkundigungen in seinem sozialen Nähebereich (BT-Drs. 14/1484, S. 21; HK-StPO/*Ahlbrecht* § 131a Rn. 2).

7 Die **Anordnungsbefugnis** liegt gem. § 131c Abs. 1 Satz 2 grds. bei der StA, deren Tätigwerden sowohl ermittelnd als auch i.R.d. Strafvollstreckung erfolgen kann (BGH Beschl. v. 06.12.2017 – V ZB 30/17). Bei Gefahr im Verzug ist eine Anordnung auch durch deren Ermittlungspersonen (§ 152 GVG; zum restriktiv zu definierenden Begriff der Gefahr im Verzug s.o. § 131 Rdn. 10) möglich. Die Anordnungskompetenz des

Richters wird zwar durch den Wortlaut nicht unbedingt vorgegeben. Sie dürfte jedoch als selbstverständlich anzusehen sein. Die Anordnungen der Ermittlungspersonen der StA müssen binnen einer Woche von der StA bestätigt werden, andernfalls treten sie von sich aus außer Kraft (§ 131c Abs. 2 Satz 2).

C. Öffentlichkeitsfahndung zum Zweck der Aufenthaltsermittlung (Abs. 3). I. Voraussetzungen. Liegen die Voraussetzungen einer Ausschreibung zur Aufenthaltsermittlung nach Abs. 1 vor (der Aufenthaltsort des Betroffenen ist der Behörde unbekannt, vgl. Rdn. 4), ist unter den zwei weiteren **Voraussetzungen des Abs. 3** eine Öffentlichkeitsfahndung (zum Begriff s. § 131 Rdn. 16) zulässig: (1) Der Beschuldigte muss einer Straftat von erheblicher Bedeutung (s. hierzu § 131 Rdn. 18 f.) dringend verdächtig sein (zum Begriff des dringenden Tatverdachts s. § 112 Rdn. 6 ff.) und muss (2) die Aufenthaltsermittlung auf andere Weise erheblich weniger Erfolg versprechend oder wesentlich erschwert sein (Subsidiaritätsklausel, s. hierzu § 131 Rdn. 20). 8

Auch hier tragen die gesteigerten Anforderungen, nämlich das Erfordernis einer Straftat von *erheblicher* Bedeutung, ein diesbezüglicher *dringender*, nicht nur einfacher Tatverdacht und die *Subsidiaritätsklausel* der erheblichen Stigmatisierungswirkung der Öffentlichkeitsfahndung Rechnung. Dem Verhältnismäßigkeitsgrundsatz kommt deshalb eine besondere Bedeutung zu. 9

Bezieht sich die Öffentlichkeitsfahndung auf einen Zeugen, dürfen zudem keine schutzwürdigen Interessen des Zeugen entgegenstehen (Abs. 4 Satz 3). Dies erfordert eine Abwägung zwischen den Belangen des Zeugen einerseits und dem öffentlichen Interesse an der Wahrheitsfindung sowie dem Interesse des Beschuldigten, entlastende Beweismittel aufzutun, andererseits (LR/*Hilger* § 131a Rn. 9). Eine Zeugenausschreibung im Internet ist zulässig (KK-StPO/*Schultheis* § 131a Rn. 4; *Brodersen* NJW 2000, 2536 [2538]; Meyer-Goßner/Schmitt/*Schmitt* § 131a Rn. 2; KMR/*Wankel* § 131a Rn. 5). Wegen der einschneidenden Wirkung kann eine solche jedoch nur unter strenger Berücksichtigung der Verhältnismäßigkeit möglich sein. Stehen schutzwürdige Interessen des Zeugen entgegen, muss die Öffentlichkeitsfahndung unterbleiben und als mildere Maßnahme etwa auf eine Ausschreibung zur Aufenthaltsermittlung oder Befragungen im nahen Umfeld zurückgegriffen werden. 10

II. Anordnungsbefugnis. Zuständig für die Anordnung der Öffentlichkeitsfahndung ist gem. **§ 131c** Abs. 1 Satz 1 primär der Richter (s. hierzu § 131 Rdn. 10), bei Gefahr im Verzug (zum Begriff: § 131 Rdn. 10) können auch die StA und ihre Ermittlungspersonen nach § 152 GVG die Anordnung erlassen. In Anbetracht des gerichtlichen Amtsermittlungsgrundsatzes spielt die in Abs. 1 geregelte Unterscheidung jedoch dann keine Rolle mehr, wenn die Anordnung nach Erhebung der öffentlichen Klage zu erfolgen hat, da die Ermittlungstätigkeit ab diesem Zeitpunkt durch das Gericht wahrgenommen wird; mangels Vollstreckung der Anordnung i.S.e. unmittelbaren, zwangsweisen Durchführung einer Maßnahme greift auch § 36 Abs. 2 Satz 1 nicht ein (LG Oldenburg Beschl. v. 19.03.2018 – 3 Qs 73/17). Hinsichtlich der Notwendigkeit einer nachträglichen richterlichen Bestätigung unterscheidet § 131c Abs. 2: **Anordnungen der StA** bedürfen keiner richterlichen Bestätigung, es sei denn die Öffentlichkeitsfahndung erfolgt durch andauernde Veröffentlichung in elektronischen Medien (Internet) oder wiederholt im Fernsehen oder in periodischen Druckwerken (Zeitung, Zeitschriften). In diesem Fall muss die Anordnung der StA binnen einer Woche durch den Richter bestätigt werden. Liegt die erforderliche Bestätigung nicht vor, tritt die Maßnahme nach Ablauf der Wochenfrist außer Kraft (§ 131c Abs. 2 Satz 1). Die Anordnung sowie die mit ihr verbundenen Maßnahmen sind dann aufzuheben. 11

Wie die staatsanwaltschaftlichen Anordnungen bedürfen auch **Fahndungsanordnungen der Ermittlungspersonen** einer richterlichen Bestätigung binnen Wochenfrist, wenn es sich um eine andauernde Veröffentlichung in elektronischen Medien oder um eine wiederholte Veröffentlichung im Fernsehen oder in periodischen Druckwerken handelt (§ 131c Abs. 2 Satz 1). Sonstige Anordnungen der Ermittlungspersonen müssen ebenfalls binnen einer Woche, allerdings von der StA, bestätigt werden, sonst treten auch sie nach Ablauf der Wochenfrist außer Kraft (§ 131c Abs. 2 Satz 2). 12

»Andauernd« erfolgt die Veröffentlichung, wenn sie nicht nur über einen kurzfristigen Zeitraum stattfindet, **»wiederholt«** geschieht sie bereits ab dem zweiten Mal (so auch LR/*Hilger* § 131c Rn. 5). Öffentlichkeitsfahndungen im Kino (anders, mangels Bildpublikation, der Rundfunk) sind – über den Wortlaut hinaus – dem Fernsehen und elektronischen Medien gleichzusetzen (a.A. LR/*Hilger* § 131c Rn. 6). 13

D. Inhaltliche Anforderungen. Hinsichtlich der **inhaltlichen Anforderungen** ist gem. Abs. 4 die entsprechende Anwendung des § 131 Abs. 4 vorgesehen (s. dort Rdn. 23 f.). Der Hinweis auf den Tatverdacht (§ 131 Abs. 4 Satz 2) ist hinsichtlich der Ausschreibung des Zeugen unsachgemäß, wenn dadurch unnötige Details über den Täter preisgegeben werden, insb. dann, wenn es sich um eine Öffentlichkeitsfahndung handelt. Hinweise auf Ort, Zeit und die Umstände der Tat können helfen, damit sich ein potenzieller Zeuge als solcher erkennt (so auch LR/*Hilger* § 131a Rn. 8). Abbildungen des Zeugen dürfen nur erfolgen, wenn 14 seine Aufenthaltsermittlung auf andere Weise aussichtslos oder wesentlich erschwert wird (Abs. 4 Satz 4). Zudem ist bei der Fahndung nach einem Zeugen deutlich zu machen, dass er als Zeuge und gerade nicht als Beschuldigter gesucht wird (Abs. 4 Satz 2). Diese beiden zusätzlichen Anforderungen – insb. die qualifizierte Subsidiaritätsklausel des Abs. 4 Satz 4 – sollen dem Umstand Rechnung tragen, dass der Zeuge weitaus schutzwürdiger ist als der Beschuldigte und daher sein Selbstbestimmungsrecht in herausragender Weise berücksichtigt werden muss.

15 **E. Rechtsmittel und Konsequenz von Anordnungsfehlern.** Gegen eine von der StA nach Abs. 1 angeordnete Aufenthaltsermittlung ist der Antrag nach § 98 Abs. 2 Satz 2 entsprechend statthaft (OLG Brandenburg NStZ 2007, 54). I.Ü. gelten die Ausführungen zu § 131 (s. dort Rdn. 26 f.) entsprechend.

§ 131b Veröffentlichung von Abbildungen des Beschuldigten oder Zeugen

(1) Die Veröffentlichung von Abbildungen eines Beschuldigten, der einer Straftat von erheblicher Bedeutung verdächtig ist, ist auch zulässig, wenn die Aufklärung einer Straftat, insbesondere die Feststellung der Identität eines unbekannten Täters auf andere Weise erheblich weniger Erfolg versprechend oder wesentlich erschwert wäre.

(2) [1]Die Veröffentlichung von Abbildungen eines Zeugen und Hinweise auf das der Veröffentlichung zugrunde liegende Strafverfahren sind auch zulässig, wenn die Aufklärung einer Straftat von erheblicher Bedeutung, insbesondere die Feststellung der Identität des Zeugen, auf andere Weise aussichtslos oder wesentlich erschwert wäre. [2]Die Veröffentlichung muss erkennbar machen, dass die abgebildete Person nicht Beschuldigter ist.

(3) § 131 Abs. 4 Satz 1 erster Halbsatz und Satz 2 gilt entsprechend.

Übersicht

1 **A. Überblick.** § 131b enthält **über § 131 Abs. 4 und § 131a Abs. 4 Sätze 1, 4 hinaus** in Abs. 1 die Befugnis zur Veröffentlichung von Abbildungen des Beschuldigten und in Abs. 2 unter engeren Voraussetzungen auch solcher eines Zeugen. Es geht in § 131b nicht – wie in § 131 Abs. 4 – um die Veröffentlichung von Abbildungen **zur Festnahme des Tatverdächtigen**, auch geht es nicht – wie in § 131a Abs. 4 – um die Preisgabe von Abbildungen **zum Zwecke der bloßen Aufenthaltsbestimmung** des Beschuldigten und von Zeugen. Vielmehr bezweckt § 131b allgemeiner die **Aufklärungs- und Identitätsfahndung** (BT-Drs. 14/1484, S. 21). Die Vorschrift ist darauf gerichtet, den wahren, zur Tat gehörenden Lebenssachverhalt zu ergründen und Art und Umfang der Beteiligung der an der Tat partizipierenden Personen aufzudecken (KK-StPO/*Schultheis* § 131b Rn. 1; *Hilger* NStZ 2000, 561 [563]; LR/*ders.* § 131b Rn. 2).

2 **B. Voraussetzungen für die Veröffentlichung von Abbildungen eines Beschuldigten (Abs. 1).** Voraussetzung der Veröffentlichung von Abbildungen eines Beschuldigten ist zunächst, dass der Betroffene Beschuldigter im Hinblick auf eine **Straftat von erheblicher Bedeutung** ist (s. hierzu § 131 Rdn. 18 f.). Für das Ordnungswidrigkeitenverfahren findet die Vorschrift keine entsprechende Anwendung gem. § 46 OWiG (LG Bonn NStZ 2005, 528).

3 Ggü. dem Beschuldigten genügt **einfacher Tatverdacht** i.S.e. Anfangsverdachts (vgl. KK-StPO/*Schultheis* § 131b Rn. 2), denn anders als bei § 131 Abs. 1 bis 3 müssen die Voraussetzungen eines Haft- oder Unterbringungsbefehls gerade nicht vorliegen. Die Vorschrift greift auch zur Ermittlung der Identität eines noch unbekannten Tatbeteiligten, weshalb davon auch die Veröffentlichung von Bildmaterial des Betroffenen (z.B. Phantombilder, Bildaufzeichnungen von Überwachungskameras) gedeckt sind (Meyer-Goßner/Schmitt/*Schmitt* § 131b Rn. 1; KK-StPO/*Schultheis* § 131b Rn. 3; vgl. auch LG Bonn NStZ 2005, 528; a.A. aber AG Torgau NStZ-RR 2003, 112: §§ 161, 163 Abs. 1). Die Veröffentlichung ist u.a. darauf gerichtet, das Ob und Wie der Tatbeteiligung zu klären.

4 Ferner verlangt die **Subsidiaritätsklausel** (s. hierzu § 131 Rdn. 20), dass eine Aufklärung der Straftat, insb. die Feststellung der Identität des Opfers, ohne die Veröffentlichung erheblich weniger Erfolg versprechend oder wesentlich erschwert wäre. Auch hier kommen als mildere Maßnahmen etwa solche nach §§ 161, 163

in Betracht, worunter einfache Erkundungen im Umkreis fallen können oder auch eine vorerst behördeninterne Weitergabe von Abbildungen (LR/*Hilger* § 131b Rn. 3).

C. Voraussetzungen der Veröffentlichung von Abbildungen eines Zeugen (Abs. 2). I.R.d. Abs. 2 erlaubt die Vorschrift, Abbildungen eines Zeugen zum Zwecke der weiteren Aufklärung der Straftat zu veröffentlichen, insb. um die Identität von Zeugen zu ermitteln. Auch hier muss es sich um eine **Straftat von erheblicher Bedeutung** (s. § 131 Rdn. 18 f.) handeln, zu deren Aufklärung der Zeuge beitragen soll. 5

Abs. 2 enthält zur Berücksichtigung der größeren Schutzwürdigkeit des Zeugen eine **qualifizierte Subsidiaritätsklausel.** Demnach ist die Maßnahme nur dann zulässig, wenn ohne sie die Aufklärung der Straftat oder der Identität des Zeugen **aussichtslos** oder **wesentlich erschwert** wäre. Die Veröffentlichung von Abbildungen eines Zeugen erhält somit einen ultima-ratio-Charakter. 6

Nach Abs. 2 dürfen zur Aufklärung der Tat und insb. der Identität des Zeugen auch Einzelheiten bzgl. des der Veröffentlichung zugrunde liegenden Strafverfahrens preisgegeben werden. Dies ist sachgerecht, damit etwaige Zeugen die erforderlichen Bezüge zur Tat herstellen können und ihnen ihre Bedeutung für das Verfahren deutlich wird. Ggf. können auch Dritte, die von der Tat erfahren haben, daraufhin wertvolle Hinweise auf die Identität eines Zeugen oder sogar des Täters geben. 7

Dass sich die engere Subsidiaritätsklausel des Abs. 2 auch auf die Zulässigkeit der Veröffentlichung von Hinweisen auf das der Veröffentlichung zugrunde liegende Verfahren bezieht, erscheint verfehlt, da diese nur dem Schutz des Zeugen dienen soll (vgl. auch BT-Drs. 14/1484, S. 21). Die Zulässigkeit derartiger Hinweise unterliegt keiner Subsidiaritätsklausel (für Anwendung der einfachen Subsidiaritätsklausel des Abs. 1 jedoch HK-StPO/*Ahlbrecht* § 131b Rn. 3), sondern bestimmt sich nach allgemeinen Verhältnismäßigkeitsgesichtspunkten. Denn Hinweise auf das Strafverfahren entfalten nicht ohne Weiteres eine kompromittierende Wirkung auf die Persönlichkeitsrechte der Beteiligten. 8

D. Inhalt. Nach Abs. 1 und Abs. 2 dürfen Abbildungen des Beschuldigten und von Zeugen veröffentlicht werden. Erfasst wird auch hier die Verwendung **jeglichen geeigneten Bildmaterials.** Insb. Videoaufnahmen und Phantombilder dürften im Fall eines unbekannten Täters relevant werden. Abs. 3 verweist i.Ü. auf § 131 Abs. 4 Satz 1 Hs. 1 und Satz 2 (vgl. zu den Einzelheiten auch dort Rdn. 23 f.). Sofern eine Abbildung eines Zeugen veröffentlicht wird, muss nach Abs. 2 Satz 2 daraus erkennbar sein, dass er nicht Beschuldigter ist, damit etwaige Ehr- und Rufschädigungen vermieden werden. I.R.d. Verhältnismäßigkeit bedarf es einer besonderen Berücksichtigung der schutzwürdigen Rechte des Zeugen. Dabei muss auch geprüft werden, ob die Schwere des Eingriffs in das Recht des Zeugen auf informationelle Selbstbestimmung zu den Erfolgsaussichten der Veröffentlichung in einem angemessenen Verhältnis steht (SächsVerfGH NJW 2016, 48 [50 f.], s. dort [49 f.] auch zur Gewichtung der Schwere des Eingriffs; zum Eingriff in die informationelle Selbstbestimmung durch Internetfahndung vgl. *Baumhöfener* K&R 2015, 625 [628 ff.]). Insb. wenn es bei dem zugrunde liegenden Strafverfahren um Gewaltdelikte oder bandenmäßig begangene Taten geht, ist zu berücksichtigen, ob die Veröffentlichung der Abbildung des Zeugen unverhältnismäßige Gefahren für seine persönliche Integrität birgt (HK-StPO/*Ahlbrecht* § 131b Rn. 3; SK-StPO/*Paeffgen* § 131b Rn. 5). Auch Veröffentlichungen von Abbildungen über das Internet fallen unter § 131b StPO (*Schiffbauer* NJW 2014, 1052 [1053]). 9

E. Anordnungsbefugnis. Die Anordnungsbefugnis liegt gem. § 131c Abs. 1 Satz 1 beim **Richter** und bei Gefahr im Verzug bei der **StA** und ihren **Ermittlungspersonen.** Im Fall der Eilanordnung durch den StA oder seine Ermittlungsbeamten hat im Fall des § 131c Abs. 2 Satz 1 binnen einer Woche eine Bestätigung durch den Richter zu erfolgen, andernfalls tritt die Maßnahme außer Kraft. I.Ü. gilt § 131c Abs. 2 Satz 2. Zu Einzelheiten s. § 131a Rdn. 11 ff. 10

F. Rechtsmittel und Konsequenz von Anordnungsfehlern. Hier gilt das zu § 131 Ausgeführte entsprechend (s. § 131 Rdn. 26 f.). 11

§ 131c Anordnung und Bestätigung von Fahndungsmaßnahmen

(1) [1]Fahndungen nach § 131a Abs. 3 und § 131b dürfen nur durch den Richter, bei Gefahr im Verzug auch durch die Staatsanwaltschaft und ihre Ermittlungspersonen (§ 152 GVG) angeordnet werden. [2]Fahndungen nach § 131a Abs. 1 und 2 bedürfen der Anordnung durch die Staatsanwaltschaft; bei Gefahr im Verzug dürfen sie auch durch ihre Ermittlungspersonen (§ 152 GVG) angeordnet werden.

(2) [1]In Fällen andauernder Veröffentlichung in elektronischen Medien sowie bei wiederholter Veröffentlichung im Fernsehen oder in periodischen Druckwerken tritt die Anordnung der Staatsanwaltschaft und ihrer Ermittlungspersonen (§ 152 GVG) nach Abs. 1 Satz 1 außer Kraft, wenn sie nicht binnen einer

Woche von dem Richter bestätigt wird. ²Im Übrigen treten Fahndungsanordnungen der Ermittlungspersonen der Staatsanwaltschaft (§ 152 GVG) außer Kraft, wenn sie nicht binnen einer Woche von der Staatsanwaltschaft bestätigt werden.

1 § 131c regelt in Abs. 1 die **Anordnungskompetenzen** für die Maßnahmen nach §§ 131a und 131b sowie in Abs. 2 die Voraussetzungen für das Außerkrafttreten der jeweiligen Maßnahmen, wenn sie in Eilfällen angeordnet und nicht fristgerecht bestätigt wurden.

2 § 131c entfaltet keine Wirkung im Hinblick auf § 131. Diese Vorschrift enthält eigene Regelungen hinsichtlich der Kompetenzen und des Außerkrafttretens. Die Ausführungen zu § 131c erfolgen im Zusammenhang mit den jeweiligen Vorschriften (vgl. § 131a Rdn. 7, 11 ff. sowie § 131b Rdn. 10).

§ 132 Sicherheitsleistung, Zustellungsbevollmächtigter

(1) ¹Hat der Beschuldigte, der einer Straftat dringend verdächtig ist, im Geltungsbereich dieses Gesetzes keinen festen Wohnsitz oder Aufenthalt, liegen aber die Voraussetzungen eines Haftbefehls nicht vor, so kann, um die Durchführung des Strafverfahrens sicherzustellen, angeordnet werden, daß der Beschuldigte

1. **eine angemessene Sicherheit für die zu erwartende Geldstrafe und die Kosten des Verfahrens leistet und**
2. **eine im Bezirk des zuständigen Gerichts wohnende Person zum Empfang von Zustellungen bevollmächtigt.**

²§ 116a Abs. 1 gilt entsprechend.

(2) Die Anordnung dürfen nur der Richter, bei Gefahr im Verzuge auch die Staatsanwaltschaft und ihre Ermittlungspersonen (§ 152 des Gerichtsverfassungsgesetzes) treffen.

(3) ¹Befolgt der Beschuldigte die Anordnung nicht, so können Beförderungsmittel und andere Sachen, die der Beschuldigte mit sich führt und die ihm gehören, beschlagnahmt werden. ²Die §§ 94 und 98 gelten entsprechend.

Übersicht

1 **A. Allgemeines.** Die Norm dient – wie auch § 127a – der Sicherstellung der Strafverfolgung (und -vollstreckung) gegen Personen, die in der Bundesrepublik keinen festen Wohnsitz oder Aufenthalt haben, wenn nur eine Geldstrafe zu erwarten ist (bzw. verhängt wurde). Im Gegensatz zu § 127a setzt § 132 aber voraus, dass abgesehen von einem dringenden Tatverdacht die Voraussetzungen eines Haftbefehls nicht vorliegen. § 132 ermächtigt zunächst zur Festsetzung einer Sicherheitsleistung und zur Bestellung eines Zustellungsbevollmächtigten (eine freiwillige Zustellungsbevollmächtigung ohne Anordnung ist für den Beschuldigten möglich, s. LR/*Graalmann-Scheerer* § 37 Rn. 5; LG Dresden, Beschl. v. 10.01.2017 – 3 Qs 105/16, juris, Rn. 20; in der »freiwilligen« Unterschrift nach einer Anordnung ist jedoch nur die Erfüllung der Anordnung zu sehen LG Offenburg, Beschl. 13.07.2016 – 3 Qs 46/15). Widersetzt sich der Beschuldigte, so kann sodann durch Beschlagnahme seiner mitgeführten Sachen mittelbar seine Mitwirkung erzwungen bzw. im Ergebnis die Vollstreckung gesichert werden. Praktische Anwendung erfährt die Vorschrift insb. bei **Verkehrsverstößen durchreisender Kfz-Führer** (*Pfeiffer* § 132 Rn. 1; Meyer-Goßner/Schmitt/*Schmitt* § 132 Rn. 1) sowie zunehmend bei Einreisen oder Aufenthalt ohne Aufenthaltserlaubnis (*Greßmann* NStZ 1991, 216).

2 Nach LG Erfurt NStZ-RR 1996, 180 verstößt § 132 nicht **gegen EU-Recht** (s.a. Meyer-Goßner/Schmitt/*Schmitt* § 132 Rn. 1), insb. nicht gegen das Diskriminierungsverbot (jetzt **Art. 18 AEUV**). Dies wird man nach dem heutigem Stand des EU-Rechts jedenfalls kritischer betrachten müssen: § 132 liegt eine versteckte Diskriminierung zugrunde, weil durch das Anknüpfen an den fehlenden inländischen Wohnsitz/Aufenthalt typischerweise Staatsangehörige anderer Mitgliedstaaten betroffen sind (z.B. EuGH Slg. 1997, I-300 [Rn. 16] – Pastoors). Die objektive Rechtfertigung der Ungleichbehandlung, die das LG Erfurt noch darauf stützen konnte, dass damals »[i]m Ordnungswidrigkeitenrecht … eine Vollstreckung der Geldbuße in den Mitgliedstaaten, … nicht möglich« sei, stimmt heute – zumindest in dieser Allgemeinheit – nicht mehr. Denn solche finanziellen Sanktionen fallen grds. unter den Rahmenbeschluss 2005/214/JI des Rates vom 24.02.2005 über die Anwendung des Grundsatzes der gegenseitigen Anerkennung von Geldstrafen und Geldbußen (ABl. 2005 L 76/16, zur Umsetzung in Deutschland s. insb. §§ 87 ff. IRG). Soweit auf dieser Grund-

lage nun eine Vollstreckung von Geldstrafen und -bußen im EU-Ausland möglich ist, entfällt eine Rechtfertigung für die diskriminierende Wirkung. Insoweit erscheint § 132 europarechtswidrig und unanwendbar. Der EuGH (NJW 2020, 1873 [Rn. 48] – UY) hat § 132 jedoch anhand Art. 6 der RL 2012/13/EU über das Recht auf Belehrung und Unterrichtung in Strafverfahren (ABl. 2012 L 142, 1) beurteilt und insoweit betont, dass die RL »nicht die Modalitäten der in ihrem Art. 6 vorgesehenen Unterrichtung des Beschuldigten über den Tatvorwurf regelt und dieser Art. daher grundsätzlich nicht dem entgegensteht, dass der Beschuldigte, der nicht im betreffenden Mitgliedstaat wohnt, im Rahmen eines Strafverfahrens verpflichtet ist, für die Zustellung eines Strafbefehls wie des im Ausgangsverfahren in Rede stehenden einen Bevollmächtigten zu benennen«.

Abgesehen hiervon – und insoweit einschränkend verlangt der EuGH –, dass Maßnahmen gem. Abs. 1 europarechtlich fundierte Verteidigungsrechte des Betroffenen nicht beschneiden dürfen und das Verfahren fair und diskriminierungsfrei ausgestaltet sein müsse Dies sei – im vom EuGH entschiedenen Fall eines Strafbefehls – dann nicht gewährleistet, wenn Fristen schon mit der Zustellung an den gem. Abs. 1 Satz 1 Nr. 2 Bevollmächtigten in Lauf gesetzt werden (EuGH NJW 2016, 303 [307] – Covaci.; s.a. EuGH JR 2020, 772 – UY m. krit. Anm. *Kulhanek*); vielmehr muss jeder Beschuldigten über die volle Frist verfügen können, weshalb die Frist nicht durch die Zeitspanne verkürzt werden darf, die vom Zustellungsbevollmächtigten benötigt wird, um die Zustellung an den Beschuldigten weiterzuleiten (EuGH StV 2016, 205 [209] – Covaci; in diese Richtung auch EuGH JR 2020, 772 – UY m. krit. Anm. *Kulhanek*). Hierin liege eine europarechtswidrige Diskriminierung von EU-Ausländern, da nur bei diesen die Frist (bereits) mit Zustellung an einen von diesen zu benennenden Zustellungsbeauftragten zu laufen beginne.

Die Lösung wird daher in einer europarechtskonformen Auslegung zu suchen sein (so auch EuGH NJW 2020, 1873 [1877] – UY). Teilweise wurde vertreten, in Verfahren gegen EU-Ausländer auf § 132 Abs. 1 Satz 1 Nr. 2 zu verzichten (vgl. *Brodowski* StV 2016, 210 [211], der auch auf Praxisberichte hinweist, wonach als Folge auf das EuGH-Urteil vorrangig Untersuchungshaft verwendet werde; vgl. auch *Böhm* NJW 2016, 306 [307]). Jedenfalls darf es nicht als Aufgabe des Beschuldigten betrachtet werden, für die Weiterleitung durch den Zustellungsbevollmächtigten an ihn so sorgen, sodass die Frist bereits dann zu laufen beginne, wenn der Beschuldigte vom Inhalt des Schreibens hätte Kenntnis nehmen können (in diese Richtung noch OLG München NStZ-RR 2016, 249 m. zust. Anm. *Kulhanek*; dagegen *Gietl* StV 2017, 263 [265 f.]). Auf Basis dieser (verfehlten) Rspr. müssten die Beschuldigteninteressen durch eine unionsrechtskonforme weite Auslegung der Wiedereinsetzungsgründe (§§ 44 f.) gewahrt werden.

Mit **Art. 36 Abs. 1 der Rheinschifffahrtsakte** (BGBl. II 1969, S. 597; BGBl. II 1974, S. 1285), welcher eine Prozesskaution für Ausländer aufgrund ihrer Ausländereigenschaft verbietet, ist die Norm vereinbar. Die Maßnahmen nach § 132 knüpfen nämlich nicht an die Nationalität, sondern an das Fehlen eines Wohnsitzes in der Bundesrepublik an (LR/*Hilger* § 132 Rn. 1). 3

Im Bußgeldverfahren findet § 132 entsprechende Anwendung (§ 46 Abs. 1 OWiG). 4

B. Anordnung der Sicherheitsleistung und Bestellung eines Zustellungsbevollmächtigten. I. Voraussetzungen des § 132. Die Anordnungsbefugnis des § 132 setzt erstens voraus, dass gegen den Beschuldigten ein **dringender Tatverdacht** (zu den Verdachtsgraden s. § 81 Rdn. 12 f. und § 112 Rdn. 6 ff.) besteht. 5

Zweitens dürfen die **Voraussetzungen für einen Haftbefehl nicht** vorliegen. Gemeint ist, dass wegen eines fehlenden Haftgrunds oder im Hinblick auf die mangelnde Verhältnismäßigkeit ein Haftbefehl ausscheidet. 6

Drittens darf der Beschuldigte **im Inland weder einen festen Wohnsitz noch einen festen Aufenthalt** haben. Diese Voraussetzungen müssen positiv festgestellt sein; es genügt deshalb nicht, wenn unbekannt ist, ob ein fester Aufenthalt im Inland besteht (LG Dresden, Beschl. v. 23.01.2015 – 3 Qs 7/15, Rn. 11). Nach überwiegender Ansicht ist § 132 darüber hinaus nur einschlägig, solange sich der Beschuldigte **im Inland befindet** (Meyer-Goßner/Schmitt/*Schmitt* § 132 Rn. 1; *Jacoby* StV 1993, 448; SK-StPO/*Paeffgen* § 132 Rn. 2). Diese Ansicht findet jedoch im Wortlaut keine Stütze und ist in dieser Absolutheit auch zu weitgehend. Nach dem Zweck der Norm ist wie folgt zu differenzieren: Eine Anordnung nach Abs. 1 kommt auch dann in Betracht, wenn sich der Beschuldigte im Ausland befindet bzw. wenn sein Aufenthaltsort unbekannt ist, aber in absehbarer Zeit mit seiner Wiedereinreise in das Bundesgebiet und einer Umsetzung des Beschlusses zu rechnen ist (so LG Dresden, Beschl. v. 23.01.2015 – 3 Qs 7/15, Rn. 10; LG Hamburg NStZ 2006, 719; KK-StPO/*Schultheis* § 132 Rn. 1; *Müllenbach* NStZ 2001, 637; s. auch *Mayer* NStZ 2016, 76 [80]). Eine Beschlagnahme nach Abs. 3 erfordert hingegen die Anwesenheit des Beschuldigten. Dies ergibt sich vor dem Hintergrund der Beschränkung der Hoheitsgewalt auf das Staatsgebiet aus dem Wortlaut (»mit sich führt«) und der Form der Beschlagnahme (vgl. § 111c). 7

Schließlich darf nur die Verhängung einer Geldstrafe zu erwarten sein. Maßgeblich ist die zu erwartende Hauptstrafe nach dem bisherigen Ermittlungsstand (SK-StPO/*Paeffgen* § 132 Rn. 3); ist dies zumindest auch 8 eine Freiheitsstrafe oder eine freiheitsentziehende Maßregel, ist eine Anordnung nach § 132 ausgeschlossen (*Dünnebier* NJW 1968, 1752). Ein neben der Geldstrafe zu erwartendes Fahrverbot oder die Entziehung der Fahrerlaubnis stehen einer Anordnung hingegen nicht entgegen (LR/*Hilger* § 132 Rn. 6; Meyer-Goßner/Schmitt/*Schmitt* § 132 Rn. 6; a.A. *Eb. Schmidt* Nachtrag II Rn. 4).

9 Im Hinblick auf die beiden letzten Voraussetzungen stimmt die hier geregelte Konstellation mit der von § 127a erfassten überein (s.a. § 127a Rdn. 6).

10 **II. Reichweite der Anordnungsbefugnis.** Die Befugnis erstreckt sich auf die **Anordnung einer Sicherheitsleistung und Ernennung eines Zustellungsbevollmächtigten.** Ein Festhalterecht besteht nur unter den Voraussetzungen des § 163b Abs. 1 Satz 1 bzw. des § 127 Abs. 1 (KK-StPO/*Schultheis* § 132 Rn. 6; unklar OLG München, Beschl. v. 29.11.2012 – 4 VAs 55/12, Rn. 28). § 127 Abs. 2 kommt nicht in Betracht, weil § 132 ja gerade an die fehlenden Voraussetzungen eines Haftbefehls anknüpft. Die Sicherheitsleistung muss so hoch bemessen werden, dass die zu erwartende Geldstrafe und die Kosten des Verfahrens abgedeckt werden (Abs. 1 Satz 1 Nr. 1). Für die Festsetzung der Art der Sicherheit gilt § 116a Abs. 1 entsprechend (Abs. 1 Satz 2). I.Ü. gelten für die Anordnung der Sicherheit sowie die Ernennung eines Zustellungsbevollmächtigten die gleichen Anforderungen wie bei § 127a (s. § 127a Rdn. 7 f.; gegen eine Zustellungsbevollmächtigung von Bediensteten der Ermittlungsbehörden LG Berlin NStZ 2012, 334 f. m. abl. Anm. *Weiß* NStZ 2012, 305 ff.; dafür etwa Meyer-Goßner/Schmitt/*Schmitt* § 132 Rn. 9; LG Landshut, Beschl. v. 20.08.2013 – 6 Qs 86/13, juris, Rn. 14 ff. m.w.N.; nur subsidiär gegenüber persönlich Vertrauten MüKo-StPO/*Gerhold* § 132 Rn. 9).

11 Die Ausübung der Befugnisse steht in **pflichtgemäßem Ermessen.** Liegen die Voraussetzungen der Befugnisnorm vor, ist regelmäßig hiervon Gebrauch zu machen (Regelermessen). Als Konsequenz bedarf es keiner Begründung für die Anordnung (*Geppert* GA 1979, 299).

12 Nach dem **Verhältnismäßigkeitsgrundsatz** kann eine Anordnung insb. dann ausscheiden, wenn eine Einstellung gem. § 153 möglich ist. Falls nur eine Einstellung nach § 153a gegen Erfüllung einer Auflage in Betracht kommt, sollte der Beschuldigte wegen geringerer Eingriffsintensität vorab befragt werden, ob er hiermit und mit der Verrechnung der Sicherheit gegen eine Geldauflage einverstanden ist (Meyer-Goßner/Schmitt/*Schmitt* § 132 Rn. 11; KK-StPO/*Schultheis* § 132 Rn. 5; krit. SK-StPO/*Paeffgen* § 132 Rn. 3; *Geppert* GA 1979, 281). Bei ausdrücklicher Verweigerung des Einverständnisses darf eine Verrechnung der Sicherheitsleistung mit einer Geldauflage nicht erfolgen. Eine spätere Zustimmung zu einer Geldauflage beinhaltet nicht zugleich dieses Einverständnis; dementsprechend bleibt die Verrechnung unzulässig und § 153a Abs. 1 Satz 6 greift in diesem Fall nicht ein (OLG Celle, Beschl. v. 30.03.2015 – 1 Ws 90/15, Rn. 23). Ein relativ milderes Mittel kann im Einzelfall auch eine Aburteilung im beschleunigten Verfahren (§§ 417 ff.) darstellen (LR/*Hilger* § 132 Rn. 1). Die Zustellung durch internationale Rechtshilfe kann milderes Mittel zur Anordnung gem. § 132 Abs. 1 Satz 1 Nr. 2 sein (AG Kehl, Beschl. v. 21.03.2016 – 3 Cs 206 Js 5241/15, juris, Rn. 6). Liegt ein anderer Haftgrund als die Fluchtgefahr vor, ist die Anordnung einer Sicherheitsleistung in jedem Fall ungeeignet (BeckOK-StPO/*Niesler* § 132 Rn. 5).

13 **III. Zuständigkeit und Prozessuales.** Zuständig ist grds. der **Richter** (§ 132 Abs. 2). Gemeint ist das AG, in dessen Bezirk die Handlung vorzunehmen ist (§ 162 Abs. 1 Satz 1) bzw. (analog § 125 Abs. 1) in dessen Bezirk sich der Beschuldigte aufhält (*Pfeiffer* § 132 Rn. 3; *Dünnebier* NJW 1968, 1752 [1754]). Der Richter entscheidet durch **Beschluss** nach **Anhörung** der StA (§ 33 Abs. 2) und des Beschuldigten (§ 33 Abs. 3; eine Verletzung hiervon führt aufgrund der Wertung des § 33a grundsätzlich nicht zur Unwirksamkeit der Zustellungsvollmacht, LG Offenburg, Beschl. v. 13.07.2016 – 3 Qs 116/15, juris, Rn. 18 f.; anders noch die Vorinstanz AG Kehl NStZ-RR 2016, 17), soweit nicht § 33 Abs. 4 eingreift. Gegen die Entscheidung des Richters ist die **Beschwerde** (§ 304 Abs. 1) statthaft, soweit nicht § 305 Satz 1 eingreift, weil ausnahmsweise das erkennende Gericht entschieden hat. Eine Analogie zu § 305 Satz 2 lehnt die h.M. ab, da es mangels unmittelbarer Vollstreckungsmöglichkeit an der Vergleichbarkeit fehlt (*Geppert* GA 1979, 281; SK-StPO/*Paeffgen* § 132 Rn. 11). Zur Heilung von Gehörsverstößen durch das Beschwerdeverfahren, vgl. *Seifert* StV 2018, 123 (125).

14 Bei Gefahr im Verzug (vgl. § 98 Rdn. 13 f.) sind gem. § 132 Abs. 2 auch die **StA und ihre Ermittlungspersonen** (§ 152 GVG) zuständig. Gefahr im Verzug wird sich bei durchreisenden Ausländern allerdings meist begründen lassen, da in diesen Fällen häufig gerade keine Möglichkeit besteht, den Beschuldigten an der Fortbewegung zu hindern (vgl. OLG Düsseldorf VRS 71, 369 [370]; HK-GS/*Laue* § 132 Rn. 3; KK-StPO/*Schultheis* § 132 Rn. 7; s. aber LG Dresden NStZ-RR 2013, 286). Die Umstände, die Gefahr im Verzug begründen, müssen in den Ermittlungsakten festgehalten werden, wobei ein kurzer Hinweis ausreichend sein soll (LG Offenburg, Beschl. v. 13.07.2016 – 3 Qs 71/15, juris, Rn. 27). Die Anordnung **kann mündlich** ergehen, sollte jedoch aus Beweisgründen schriftlich festgehalten werden (*Dünnebier* NJW 1968, 1752 [1755]).

Nach dem OLG München soll dem Beschuldigten der Rechtsbehelf des § 23 EGGVG offenstehen (Beschl. v. 29.11.2012 – 4 VAs 55/12, juris, Rn. 13 ff.; ebenso SK-StPO/*Paeffgen* § 132 Rn. 7). Demgegenüber hält die h.L. für einen Antrag auf gerichtliche Entscheidung zu Recht § 98 Abs. 2 Satz 2 analog für einschlägig (LR/*Hilger* § 132 Rn. 13; KK-StPO/*Schultheis* § 132 Rn. 8; *Mayer* NStZ 2016, 76 [82]). Über dieses Recht ist der Beschuldigte dann analog § 98 Abs. 2 Satz 5 zu **belehren**. Die gerichtliche Entscheidung kann ihrerseits mit der Beschwerde angegriffen werden (§ 304 Abs. 1). Abgesehen von diesen Rechtsbehelfen kann sich die Rechtswidrigkeit einer Anordnung gem. Abs. 1 Satz 1 Nr. 2 auch unmittelbar auf die Wirksamkeit einer Zustellung an den Bevollmächtigten auswirken (LG Dresden NStZ-RR 2013, 286 f.). 15

Die Sicherheitsleistung wird wie bei § 127a als Vorschuss auf die zu erwartende Geldstrafe sowie die Verfahrenskosten behandelt (vgl. § 127a Rdn. 15). Ein Überschuss ist zurückzuzahlen; nach dem OLG Celle (Beschl. v. 30.03.2015 – 1 Ws 90/15, BeckRS 2015, 07592, Rn. 20) soll es hierfür analog § 123 Abs. 2 eines Gerichtsbeschlusses bedürfen, damit der die Sicherheit Leistende seinen Herausgabeanspruch geltend machen kann (a.A. LR/*Hilger* § 132 Rn. 14 i.V.m. § 127a Rn. 14). 16

C. Beschlagnahme (Abs. 3). Leistet der Beschuldigte der Anordnung Folge, kann er ungehindert weiterfahren, insb. auch den Geltungsbereich der StPO wieder verlassen (*Pfeiffer* § 132 Rn. 9). Das Strafverfahren wird aber fortgesetzt, meist im Strafbefehls- (§§ 407 ff.) oder im Abwesenheitsverfahren gem. § 232 (SK-StPO/*Paeffgen* § 132 Rn. 8). 17

Befolgt er die Anordnung nicht, ist zwar ihre **unmittelbare zwangsweise Vollstreckung nicht möglich**. Abs. 3 sieht dann aber eine Form der mittelbaren Durchsetzbarkeit vor, indem darin die Befugnis enthalten ist, Beförderungsmittel und andere mitgeführte Sachen zu beschlagnahmen, die im **Alleineigentum** des Beschuldigten stehen; die bloße wirtschaftliche Zuordnung zum Vermögen des Beschuldigten genügt allerdings nicht (LR/*Hilger* § 132 Rn. 15; *Pfeiffer* § 132 Rn. 12; a.A. KMR/*Wankel* § 132 Rn. 5). Beschlagnahmefähig ist auch Geld bei Belassung eines angemessenen Unterhaltsbetrages (LR/*Hilger* § 132 Rn. 17). Wegen der Existenz besonderer Vorschriften sind Beweismittel, Sachen, die der Einziehung unterliegen (vgl. § 111b), und Führerscheine (vgl. § 111a) nicht umfasst (s. BeckOK-StPO/*Niesler* § 132 Rn. 13). 18

In jedem Fall ist jedoch das **Verhältnismäßigkeitsprinzip** zu beachten. Die Beschlagnahme verstößt gegen das Übermaßverbot, wenn dem Beschuldigten dadurch faktisch die Ausreise unmöglich gemacht oder der Wert der angeordneten Sicherheit wesentlich überschritten wird (BeckOK-StPO/*Niesler* § 132 Rn. 14; *Pfeiffer* § 132 Rn. 10). 19

Die Beschlagnahme ist bereits dann möglich, wenn zwar die geforderte Sicherheit geleistet, jedoch die Zustellungsperson nicht bestellt wird (LR/*Hilger* § 132 Rn. 15). Wegen des unterschiedlichen Zwecks ist aber **kenntlich zu machen**, ob die Beschlagnahme zur Durchsetzung der Anordnung der Sicherheitsleistung oder der Benennung eines Zustellungsbevollmächtigten dient (LR/*Hilger* § 132 Rn. 15). Für die Beschlagnahme ist – anders als bzgl. der Anordnungen nach § 132 Abs. 1 – die **Anwesenheit des Beschuldigten** erforderlich (s.o. Rdn. 7). Die Befugnis zur Beschlagnahme umfasst auch das Recht, die Person, das Kfz, das Gepäck, die Ladung usw. nach tauglichen Beschlagnahmegegenständen zu **durchsuchen** (*Geppert* GA 1979, 297; MüKo-StPO/*Gerhold* § 132 Rn. 15). 20

Die Beschlagnahme richtet sich **nach den §§ 94, 98** (s. Abs. 3 Satz 2). Dabei scheidet nach dem Wortlaut des § 132 Abs. 3 (»Beschlagnahme«) eine schriftliche Sicherstellung nach § 94 Abs. 1 aus; notwendig ist stets eine Beschlagnahme nach § 94 Abs. 2, deren Form § 111c Abs. 1 entnommen werden kann (SK-StPO/*Paeffgen* § 132 Rn. 9; LR/*Hilger* § 132 Rn. 18). Hierbei empfiehlt sich zur Erreichung des Normzwecks nicht die Beschlagnahme durch Siegel, sondern allein die Verwahrung (LR/*Hilger* § 132 Rn. 18). I.Ü. wird für **Verfahren, Zuständigkeit und Rechtsmittel** auf § 98 verwiesen (s. § 98 Rdn. 23 ff.). 21

Die Beschlagnahme wird **aufgehoben**, wenn der Beschuldigte nachträglich der Anordnung nachkommt oder nach rechtskräftigem Urteil Strafe und Kosten bezahlt (Meyer-Goßner/Schmitt/*Schmitt* § 132 Rn. 17), ebenso wenn auf Freispruch erkannt bzw. das Verfahren eingestellt wird. Nach rechtskräftiger Verurteilung kann wegen der Geldstrafe und der Kosten **in die beschlagnahmten Gegenstände vollstreckt** werden, d.h. die Verwertung erfolgt wie bei einer gepfändeten Sache bzw. durch Verrechnung bei beschlagnahmtem Geld (*Dünnebier* NJW 1968, 1752). 22

Abschnitt 9b. Vorläufiges Berufsverbot

§ 132a Anordnung und Aufhebung eines vorläufigen Berufsverbots

(1) [1]Sind dringende Gründe für die Annahme vorhanden, daß ein Berufsverbot angeordnet werden wird (§ 70 des Strafgesetzbuches), so kann der Richter dem Beschuldigten durch Beschluß die Ausübung des Berufs, Berufszweiges, Gewerbes oder Gewerbezweiges vorläufig verbieten. [2]§ 70 Abs. 3 des Strafgesetzbuches gilt entsprechend.

(2) Das vorläufige Berufsverbot ist aufzuheben, wenn sein Grund weggefallen ist oder wenn das Gericht im Urteil das Berufsverbot nicht anordnet.

Übersicht

1 **A. Grundsätzliches.** Ebenso wie bei der vorläufigen Entziehung der Fahrerlaubnis (§ 111a) und der vorläufigen Unterbringung (§§ 126a, 275a Abs. 6) handelt es sich bei § 132a um eine vorläufige Maßregel (HK-StPO/*Ahlbrecht* § 132a Rn. 1), die im **Vorgriff** auf die zu erwartende Verhängung einer endgültigen Maßregel angeordnet werden kann. Die Norm wurde gleichzeitig mit dem eigentlichen Berufsverbot (§§ 70 ff. StGB) durch das EGStGB v. 02.03.1974 (BGBl. I, S. 469) in der heutigen Fassung in einem eigenen 9b. Abschnitt der StPO eingefügt (krit. zur [un-]systematischen Verortung der vorläufigen Maßregeln LR/*Gleß* Vor § 132a).

2 **B. Normzweck.** Die Norm enthält – obwohl in der StPO angesiedelt – allein eine **vorläufige Maßregel**, dient mithin nicht der Sicherung des Strafverfahrens (SK-StPO/*Paeffgen* § 132a Rn. 3; LR/*Valerius* § 132a Rn. 3; für einen nur vornehmlich präventiven Charakter aber KK-StPO/*Schultheis* § 132a Rn. 1). Sie hat den Zweck, höchstwahrscheinlich **berufsspezifisch gefährlichen** Beschuldigten schon vor dem Urteil die weitere Berufs- bzw. Gewerbeausübung zur Verhütung von Gefahren für die Allgemeinheit zu verbieten (SK-StPO/*Paeffgen* § 132a Rn. 2). Trotz der erheblichen Konsequenzen, die ein Berufsverbot für die Betroffenen haben kann und die im Einzelfall selbst über die Folgen einer (sogar Freiheits-) Strafe hinausgehen können, ist das Berufsverbot bei restriktiver Auslegung **verfassungskonform** (zu § 132a: BVerfG StV 2021, 141; BVerfGK 7, 110; zum Berufsverbot nach StGB: BVerfGE 25, 88, 101; a.A. aufgrund angeblich fehlender Bundeskompetenz SK-StPO/*Paeffgen* § 132a Rn. 3; dagegen zu Recht LR/*Valerius* § 132a Rn. 3 m.w.N.). Da die endgültige und rechtskräftige Anordnung des Berufsverbotes im Urteil ggf. erst nach Jahren möglich ist, ergibt sich das Erfordernis einer vorläufigen Regelung unmittelbar aus dem Zweck der Sicherungsmaßregel (SK-StPO/*Paeffgen* § 132a Rn. 2). Es ist strikt der **Verhältnismäßigkeitsgrundsatz** zu beachten (BVerfGK 7, 110; s.a. BVerfG StV 2021, 141), zumal ein vorläufiges Berufsverbot aufgrund seiner sofortigen Wirkung den Einzelnen noch schwerer treffen kann als das endgültige Berufsverbot, auf dessen Verhängung eine Vorbereitung möglich ist. Das weitere Verfahren ist mit besonderer **Beschleunigung**, ähnlich den Erfordernissen in Haftsachen, zu betreiben (OLG Bremen StV 1997, 9). Die **praktische Bedeutung** der Vorschrift ist weiterhin gering, auch wenn in den letzten Jahren ein deutlicher Anstieg der rechtskräftigen Anordnungen des Berufsverbots im Urteil gem. § 70 StGB zu verzeichnen ist (2016: 44, 2017: 62, 2018: 83, 2019: 114, 2020: 138; Strafverfolgungsstatistik, Tabelle 5.5).

3 **C. Anordnung des vorläufigen Berufsverbotes (Abs. 1). I. Dringende Gründe für die Annahme der Anordnung eines Berufsverbotes.** Möglich sind Berufsverbote in **jedem Gewerbe und Beruf**, sogar in solchen, die eine eigene Berufs- oder Ehrengerichtsbarkeit aufweisen (BSG, Beschl. v. 24.10.2018 – B 6 KA 9/18 B, bei juris; *Fischer* § 70 Rn. 2; MüKo-StGB/*Bockemühl* § 70 Rn. 12). Auch Berufsverbote gegen Journalisten sind unter engen Voraussetzungen möglich (BVerfGE 25, 88; NK/*Pollähne* § 70 Rn. 8); allein Beamte und Notare unterfallen der Regelung nicht (§ 45 StGB; § 49 BNotO; BGH wistra 1987, 60).

4 Voraussetzung für die Verhängung eines vorläufigen Berufsverbotes sind gem. Abs. 1 Satz 1 **dringende Gründe** für die Annahme, dass ein Berufsverbot gem. § 70 StGB im Urteil angeordnet werden wird. Diese Gründe sind im Beschluss, mit dem das vorläufige Berufsverbot angeordnet wird, darzulegen (BVerfG StV

2021, 141, 142). Ähnlich dem dringenden Tatverdacht (dazu LR/*Lind* § 112 Rn. 16 ff. m.w.N.) ist daher eine hohe Wahrscheinlichkeit einer späteren Anordnung eines Berufsverbotes im Urteil Voraussetzung. Notwendig ist danach zum einen eine **hohe Wahrscheinlichkeit** dafür, dass die beschuldigte Person eine **Anlasstat**, nämlich eine rechtswidrige Tat (§ 11 Abs. 1 Nr. 5 StGB) unter Missbrauch ihres Berufs oder Gewerbes oder unter grober Verletzung der mit ihnen verbundenen Pflichten, begangen hat, wegen derer sie verurteilt werden oder nur wegen erwiesener oder nicht auszuschließender Schuldunfähigkeit nicht verurteilt werden wird. Die Anlasstat muss in einem inneren, berufstypischen Zusammenhang zu der beruflichen oder gewerblichen Tätigkeit stehen (BGH StV 2008, 80; LK/*Valerius* § 70 Rn. 29), d.h. in einem **berufsspezifischen Gefahrzusammenhang**. Zu möglichen Anlasstaten ausf. SSW-StGB/*Harrendorf* § 70 Rn. 7 ff. Zum anderen muss sich die hohe Wahrscheinlichkeit darauf beziehen, dass das Gericht aufgrund dieser Tat ein Verbot der Ausübung des Berufs, Berufszweiges, Gewerbes oder Gewerbezweiges für erforderlich halten wird, weil die Gesamtwürdigung des Täters und der Tat die **Gefahr** erkennen lässt, dass er bei weiterer Ausübung des Berufs etc. weitere erhebliche Anlasstaten begehen wird. Namentlich muss es sich bei der Anlasstat um eine **Symptomtat** von solcher Qualität handeln, dass sie die Prognose der weiteren Gefährlichkeit der beschuldigten Person zu tragen vermag (*Fischer* § 70 Rn. 8; BT-Drs. V/4095, S. 38; a.A. Sch/Sch/*Kinzig* § 70 Rn. 16); die **erheblichen** weiteren Anlasstaten müssen mit **hoher Wahrscheinlichkeit** drohen (OLG Frankfurt NStZ-RR 2003, 113, 114; LK/*Valerius* § 70 Rn. 40). Zur Gefahrprognose näher SSW-StGB/*Harrendorf* § 70 Rn. 12 ff. und zum Ermessen bei § 70 StGB SSW-StGB/*Harrendorf* § 70 Rn. 16 ff. Bzgl. des möglichen Wandels der Intensität des Verdachts im **Verfahrensverlauf** vgl. § 111a Rdn. 6.

II. Ermessensentscheidung. § 132a ist eine Ermessensvorschrift. Auch die Anordnung des Berufsverbots im Urteil gem. § 70 StGB steht im Ermessen des Gerichts. Insofern ist bei § 132a das Ermessen gewissermaßen **in doppelter Weise** zu berücksichtigen: zum einen bereits bei der Prognose, ob das Gericht im Urteil ein Berufsverbot aussprechen werde (vgl. Rdn. 4), sodass das vorläufige Berufsverbot zu unterbleiben hat, wenn davon auszugehen ist, dass das erkennende Gericht von der Verhängung des Berufsverbotes gem. § 70 aus Ermessensgründen absehen wird (LR/*Valerius* § 132a Rn. 9; zurückhaltender Meyer-Goßner/*Schmitt* § 132a Rn. 3). Schon deswegen kann die eigenständige Ermessenseinräumung in § 132a nur so gedeutet werden, dass von § 132a noch zurückhaltender Gebrauch zu machen ist als von § 70 StGB. Dies ist auch inhaltlich, nämlich unter Gesichtspunkten der Verhältnismäßigkeit, gerechtfertigt: Wie das BVerfG in BVerfGK 7, 110 und in BVerfG StV 2021, 141, zutreffend klargestellt hat, rechtfertigt allein das Vorliegen der Voraussetzungen des § 70 StGB aufgrund der überragenden Bedeutung des **Art. 12 Abs. 1 GG** nicht die Verhängung eines vorläufigen Berufsverbots; die Anordnung muss vielmehr auch erforderlich sein, um bereits vor rechtskräftigem Abschluss des Hauptverfahrens **Gefahren für wichtige Gemeinschaftsgüter** abzuwehren, die aus einer Berufsausübung durch die beschuldigte Person resultieren können (so auch BVerfGE 44, 105; 48, 292 zu § 150 Abs. 1 BRAO und für § 132a u.a. OLG Nürnberg NStZ-RR 2011, 346; OLG Karlsruhe StV 2002, 147; OLG Düsseldorf NStZ 1984, 379; KMR/*Wankel* § 132a Rn. 2; SK-StPO/*Paeffgen* § 132a Rn. 7; LR/*Valerius* § 132a Rn. 10; Meyer-Goßner/*Schmitt* § 132a Rn. 3; MüKO-StPO/*Gerhold* § 132a Rn. 10; a.A. BGHSt 28, 84, 86). 5

I.R.d. Ermessensausübung hat danach eine strenge Verhältnismäßigkeitsprüfung zu erfolgen; insb. ist die **Erforderlichkeit** des **sofortigen** Berufsverbots zur Abwehr von Gefahren für wichtige Gemeinschaftsgüter (BVerfGE StV 2021, 141, 142; BVerfGE 48, 292) krit. zu überprüfen. Wenn weniger einschneidende Maßnahmen genügen, ist diesen der Vorzug zu geben (SK-StPO/*Paeffgen* § 132a Rn. 7a). Allerdings wird ein vorläufiges Berufsverbot noch nicht dadurch unnötig, dass der Beschuldigte erklärt, er wolle künftig den Beruf ohnehin nicht mehr ausüben (LR/*Valerius* § 132a Rn. 5). Auch **U-Haft** oder sonstige stationäre Maßnahmen sind kein Grund, von § 132a abzusehen, da nicht absehbar ist, ob die beschuldigte Person ggf. aus Gründen, die nicht zugleich die Aufhebung des vorläufigen Berufsverbots gebieten, entlassen wird o.ä (BGHSt 28, 84, 86; KMR/*Wankel* § 132a Rn. 4). Die **Außervollzugsetzung** eines **Haftbefehls** unter Auflagen, die einem (vorläufigen) Berufsverbot gleichkommen, umgeht § 132a und ist daher unzulässig (OLG Hamm StV 2002, 315; SK-StPO/*Paeffgen* § 132a Rn. 7b; a.A. für den Fall von Wiederholungsgefahr OLG Köln, Beschl. v. 10.10.2003 – HEs 117/03, bei juris; KK-StPO/*Schultheis* § 132a Rn. 3); es kann sich nicht um eine ggü. § 132a mildere Maßnahme handeln. Obwohl zutrifft, dass ein Berufsverbot auch verhängt werden kann, soweit konkurrierend der Ausschluss aus dem Berufsstand durch **ehrengerichtliche** Maßnahmen oder der **verwaltungsgerichtliche** Entzug der Approbation etc. in Betracht kommt oder bereits vorgenommen wurde (BGH NJW 1975, 2249; OLG Frankfurt NStZ-RR 2001, 16), ist dies doch i.R.d. Erforderlichkeitsprüfung zu berücksichtigen. Danach kann jedenfalls im Fall bereits erfolgter Maßnahmen außerstrafrechtlicher Art im Einzelfall die Notwendigkeit eines (kumulativen) strafrechtlichen Vorgehens entfallen (LR/*Valerius* § 132a Rn. 6; SK-StPO/*Paeffgen* § 132a Rn. 8; SSW-StGB/*Harrendorf* § 70 Rn. 17; MüKo-StPO/*Gerhold* § 132a 6

Rn. 9; a.A. Meyer-Goßner/*Schmitt* § 132a Rn. 4; KK-StPO/*Schultheis* § 132a Rn. 6); zur umgekehrten Frage der Bindung der Verwaltungsbehörden, Verwaltungs- und Ehrengerichte vgl. SSW-StGB/*Harrendorf* § 70 Rn. 4; speziell zur Bindung bei bloß vorläufigen Maßnahmen § 35 Abs. 3 S. 3 GewO, aber auch (für den Fall eines Approbationsentzugs jegliche Bindungswirkung der Aufhebungsentscheidung nach § 132a Abs. 2 StPO verneinend) OVG Lüneburg, Beschl. v. 28.07.2014 – 8 LA 145/13, bei juris. Bei Meinungsäußerungstaten (näher SSW-StGB/*Harrendorf* § 70 Rn. 6 m.w.N.) ist auch bei der Ermessensausübung **Art. 5 GG** zu beachten (NK/*Pollähne* § 70 Rn. 8). Unter den Voraussetzungen des **§ 456c Abs. 1**, d.h., wenn das sofortige vorläufige Berufsverbot eine erhebliche Härte für die beschuldigte Person bedeuten würde, kann von der Anordnung ebenfalls abgesehen werden (HK-StPO/*Ahlbrecht* § 132a Rn. 4); eine Anordnung mit aufschiebender Wirkung sieht § 132a nicht vor (Meyer-Goßner/*Schmitt* § 132a Rn. 3; MüKo-StPO/*Gerhold* § 132a Rn. 10).

7 Der Grundsatz der Verhältnismäßigkeit gebietet auch, den **Umfang** der Anordnung auf das erforderliche Maß zu beschränken. Danach darf das (vorläufige) Berufsverbot nur den Beruf erfassen, in dem die Anlasstat begangen wurde (vgl. BGHSt 22, 144). Soweit es genügt, bestimmte Tätigkeiten innerhalb des Berufs zu verbieten, ist ein derartig beschränktes Berufsverbot anstelle eines vollständigen anzuordnen (OLG Koblenz wistra 1997, 280; zu § 70 StGB auch BGH, Beschl. v. 08.05.2008 – 3 StR 122/08, bei juris).

8 Da es sich bei § 132a um eine vorläufige Maßregel handelt, die der Abwehr schwerwiegender Gefahren für die Allgemeinheit dient, kann bloßer **Zeitablauf zwischen Anlasstat und Anordnungsentscheidung** die Anordnung nicht unverhältnismäßig machen; diese bleibt bis zur Rechtskraft des Urteils möglich (LR/*Valerius* § 132a Rn. 21). Allerdings kann, insb. bei beanstandungsfreier weiterer beruflicher Betätigung, die Gefahrprognose negativ ausfallen, sodass die tatbestandliche Voraussetzung hoher Wahrscheinlichkeit der Verhängung von § 70 StGB entfällt (vgl. auch § 111a Rdn. 9) oder jedenfalls eine Sofortmaßnahme nicht mehr angezeigt erscheint (OLG Brandenburg StV 2001, 106; Arg. Rdn. 5 a.E.).

9 **III. Zuständigkeit und Verfahren.** Erforderlich ist eine richterliche Anordnung und im Ermittlungsverfahren ein Antrag der StA gem. § 162 Abs. 1 Satz 1 (Ausnahme: § 165). Seit der Neuregelung des § 162 gilt die dortige Zuständigkeitsregelung auch für § 132a (LR/*Valerius* § 132a Rn. 22; Meyer-Goßner/Schmitt/*Köhler* § 162 Rn. 4; a.A. KK-StPO/*Schultheis* § 132a Rn. 7; Meyer-Goßner/*Schmitt* § 132a Rn. 6). **Zuständig** ist danach im Ermittlungsverfahren (außer im Sonderfall des § 169) gem. § 162 Abs. 1 Satz 1 der Ermittlungsrichter bei dem AG, in dessen Bezirk die StA oder ihre den Antrag stellende Zweigstelle ihren Sitz hat. Nach Erhebung der öffentlichen Klage ist das Gericht zuständig, das mit der Sache befasst ist (§ 162 Abs. 3 Satz 1); dies ist das Berufungsgericht ab Aktenvorlegung gem. § 321 Satz 2 (Meyer-Goßner/*Schmitt* § 132a Rn. 6). Während des Revisionsverfahrens ist das Gericht zuständig, dessen Urteil angefochten ist (§ 162 Abs. 3 Satz 2). Es liegt ein Fall **notwendiger Verteidigung** gem. § 140 Abs. 1 Nr. 3 vor und der Antrag der StA gem. § 132a ist gem. § 141 Abs. 3 Satz 2 mit dem Antrag auf Beiordnung eines Pflichtverteidigers zu verbinden (LR/*Valerius* § 132a Rn. 25 m.w.N.). Die vorläufige FEE erfolgt durch **Beschluss**, der zu begründen ist (§ 34). Die beschuldigte Person ist **anzuhören** (§ 33 Abs. 3), ebenso die StA (§ 33 Abs. 2). § 33 Abs. 4 Satz 1 ist angesichts der Eingriffsintensität der Maßnahme unanwendbar, zumal eine derartige Überraschungsentscheidung auch niemals erforderlich sein wird (ähnlich SK-StPO/*Paeffgen* § 132a Rn. 10; LR/*Valerius* § 132a Rn. 24; zurückhaltender OLG Frankfurt StV 2001, 496, 497; Meyer-Goßner/*Schmitt* § 132a Rn. 7). Die Anhörung der beschuldigten Person wird in aller Regel unmittelbar durch das Gericht erfolgen müssen (LR/*Valerius* § 132a Rn. 24). Der Beschluss ist ihr und der StA gem. § 35 Abs. 2 bekannt zu geben. Ergänzend s. § 111a Rdn. 13. **Mitteilungspflichten** bestehen u.a. gem. §§ 12 ff. EGGVG i.V.m. MiStra Nr. 23 Abs. 1 Nr. 2, 24 Abs. 1 Nr. 2, 26 Abs. 1 Nr. 2.

10 **IV. Rechtsfolgen.** Mit der Bekanntgabe des Beschlusses gem. § 35 Abs. 2 wird dieser wirksam (BSG, Beschl. v. 24.10.2018 – B 6 KA 9/18 B, bei juris; vgl. a. BGHZ 38, 86, 87 zu § 111a). Er bewirkt ein Berufsverbot, das gem. **§ 145c StGB** strafbewehrt ist. Im Hinblick darauf ist eine förmliche **Zustellung** unter Belehrung über die rechtlichen Folgen der Entscheidung empfehlenswert (LR/*Valerius* § 132a Rn. 19). Die Reichweite des Berufsverbots wird durch § 132a Abs. 1 Satz 2 i.V.m. § 70 Abs. 3 StGB dahin gehend ausgeweitet, dass der Täter den Beruf etc. auch nicht für einen anderen ausüben oder durch eine von seinen Weisungen abhängige Person für sich ausüben lassen darf; so weit geht auch die Strafbewehrung gem. § 145c StGB. Erbringt ein Vertragsarzt Leistungen unter Verstoß gegen ein Berufsverbot und § 145c StGB, entfällt der Vergütungsanspruch (BSG, Beschl. v. 24.10.2018 – B 6 KA 9/18 B, bei juris m. zust. Anm. *Knispel* NZS 2019, 77). Bei anwaltlicher Tätigkeit, die gegen ein Berufsverbot verstößt, ist ein Vermögensschaden gem. § 263 StGB zulasten des Mandanten hingegen nicht allein deshalb gegeben, weil dieser über das Bestehen einer anwaltlichen Zulassung getäuscht wurde, sofern die Tätigkeit wie gefordert durchgeführt wurde (BGH wistra 2020, 66).

D. Aufhebung des vorläufigen Berufsverbotes (Abs. 2). I. Aufhebungsgründe. Das vorläufige Berufsverbot ist gem. Abs. 2 aufzuheben, wenn sein Grund weggefallen ist oder wenn das Gericht im Urteil das Berufsverbot nicht anordnet. Ein **Wegfall des Grundes** liegt vor, wenn keine dringenden Gründe mehr für die Annahme vorhanden sind, dass im Urteil ein Berufsverbot angeordnet werden wird (dazu Rdn. 4). Gericht und StA haben die weitere Erforderlichkeit des vorläufigen Berufsverbots daher während des gesamten Verfahrens im Blick zu behalten (KK-StPO/*Schultheis* § 132a Rn. 12). § 111a Rdn. 6 und 15 gelten entsprechend. Bloßer **Zeitablauf** rechtfertigt die Aufhebung alleine nicht, es sei denn, dadurch sei nunmehr die hohe Wahrscheinlichkeit der Anordnung des Berufsverbots im Urteil zu verneinen (HK-StPO/*Ahlbrecht* § 132a Rn. 10). Eine Aufhebung allein aufgrund der Verletzung des Beschleunigungsgebotes kann hingegen im Einzelfall ausnahmsweise bei gravierenden Verstößen, verbunden mit erheblichen Verfahrensverzögerungen, in Betracht kommen (MüKo-StPO/*Gerhold* § 132a Rn. 20); es ist jedoch immer eine Abwägung der Beschuldigtenbelange mit den Sicherheitsinteressen der Allgemeinheit vorzunehmen; näher § 111a Rdn. 16. Im **Berufungsverfahren** gilt nichts anderes, auch nicht, wenn die im erstinstanzlichen Urteil verhängte Verbotsfrist bereits abgelaufen ist (Meyer-Goßner/*Schmitt* § 132a Rn. 12; HK-StPO/*Ahlbrecht* § 132a Rn. 10; LR/*Valerius* § 132a Rn. 29; a.A. MüKo-StPO/*Gerhold* § 132a Rn. 21), während im **Revisionsverfahren** die Anordnung aufzuheben ist, sobald die Dauer des vorläufigen Berufsverbotes die im letzten tatrichterlichen Urteil angeordnete Verbotsfrist erreicht (LR/*Valerius* § 132a Rn. 30; MüKo-StPO/*Gerhold* § 132a Rn. 21; a.A. Meyer-Goßner/*Schmitt* § 132a Rn. 12; HK-StPO/*Ahlbrecht* § 132a Rn. 10; siehe zudem § 111a Rdn. 17; beachte aber § 70 Abs. 4 Satz 3 StGB). 11

Daneben ist das vorläufige Berufsverbot aufzuheben, wenn das Gericht **im Urteil kein Berufsverbot verhängt.** Dies hat für rechtskräftige Urteile nur deklaratorische Bedeutung und ist daher namentlich für nicht rechtskräftige Urteile bedeutsam. Bei diesen folgt aus Abs. 2 auch eine **Sperrwirkung**: Das **Berufungsgericht** bleibt an die Würdigung des Tatgerichts im Urteil zunächst gebunden und kann auch bei Einlegung der Berufung zuungunsten der angeklagten Person nur dann ein vorläufiges Berufsverbot anordnen, wenn **neue**, für sie ungünstige **Tatsachen oder Beweismittel** vorliegen (insofern a.A. noch LR/*Hanack* [25. A.], § 132a Rn. 15) oder sobald es **im Berufungsurteil** tatsächlich ein **Berufsverbot verhängt** (Meyer-Goßner/*Schmitt* § 132a Rn. 11; SK-StPO/*Paeffgen* § 132a Rn. 17; LR/*Valerius* § 132a Rn. 32). Nach Aufhebung und Zurückverweisung durch das **Revisionsgericht** tritt eine Sperrwirkung hingegen nicht ein (SK-StPO/*Paeffgen* § 132a Rn. 20). Ergänzend § 111a Rdn. 18. 12

II. Zuständigkeit und Rechtsfolgen. Zur Zuständigkeit gelten Rdn. 9 und § 111a Rdn. 19 entsprechend. Die Aufhebung des vorläufigen Berufsverbots beseitigt mit sofortiger Wirkung die Strafbewehrung gem. § 145c StGB. 13

E. Beschwerde. Gegen das vorläufige Berufsverbot oder seine Nichtanordnung ist gem. §§ 304 Abs. 1, 305 Satz 2 Beschwerde **zulässig**. Der **Ausschluss** jeder Beschwerdemöglichkeit gegen das vorläufige Berufsverbot, wenn es durch das OLG in 1. Instanz (§ 304 Abs. 4 Satz 2) oder durch den Ermittlungsrichter beim BGH oder OLG (§ 304 Abs. 5) erlassen wurde, verstößt gegen Art. 19 Abs. 4 GG (SK-StPO/*Paeffgen* § 132a Rn. 19); es ist in analoger Anwendung der aufgezählten Ausnahmemöglichkeiten angesichts der vergleichbaren Intensität und der Unmöglichkeit späteren Rechtsschutzes gegen diese vorläufige Maßnahme die Beschwerde zuzulassen. **Weitere Beschwerde** ist generell nicht möglich (§ 310 Abs. 2); vgl. allerdings § 111a Rdn. 25 zur Behandlung einer zuvor erhobenen Beschwerde bei Zuständigkeitswechsel. Im **Revisionsverfahren** kann weiterhin Beschwerde eingelegt werden, jedoch dürfen im Beschwerdeverfahren nicht indirekt die tatsächlichen Voraussetzungen des § 70 zur Überprüfung gestellt werden (näher § 111a Rdn. 25). Eine **Aussetzung der Vollziehung** gem. § 307 Abs. 2 kommt nicht in Betracht; zudem muss das Beschwerdegericht eine **eigene Entscheidung** in der Sache treffen; § 309 Abs. 2 (erg. § 111a Rdn. 25). 14

F. Sonstiges. Ein vorläufiges Berufsverbot gegen **Abgeordnete** ist nicht von der allgemeinen Genehmigung zur Durchführung von Ermittlungsverfahren in RiStBV Nr. 192a gedeckt (vgl. dort Abs. 2 Satz 1 lit. e), sondern muss im Einzelfall gem. RiStBV Nr. 192 beantragt werden. 15

Zehnter Abschnitt. Vernehmung des Beschuldigten

§ 133 Ladung

(1) Der Beschuldigte ist zur Vernehmung schriftlich zu laden.

(2) Die Ladung kann unter der Androhung geschehen, dass im Falle des Ausbleibens seine Vorführung erfolgen werde.

S.a. RiStBV Nr. 44

1 **A. Anwendungsbereich.** Die Vorschrift gilt für die **richterliche Vernehmung** des Beschuldigten im **Vor- und Zwischenverfahren.** Die Ladung zur Hauptverhandlung und zu Vernehmungen gem. § 233 Abs. 2 Satz 1 regelt § 216. Für **staatsanwaltschaftliche** Vernehmungen gilt § 133 über § 163a Abs. 3 Satz 2. Die Polizei hingegen verfügt grds. über kein Vorführungsrecht. Etwas anderes gilt nur unter den Voraussetzungen der §§ 127, 163b, 163c (BGH NJW 1962, 1021; *Geppert* Jura 1991, 275; Meyer-Goßner/*Schmitt* § 133 Rn. 1; SK-StPO/*Rogall* § 133 Rn. 2; LR/*Gleß* § 133 Rn. 1) sowie für Zeugen, die gem. § 163 Abs. 3 Satz 1 verpflichtet sind, vor der Polizei zu erscheinen und dort auszusagen. Es ist auch nicht möglich, der Polizei ein grundsätzliches Vorführungsrecht durch die Polizeigesetze der Länder einzuräumen, da die StPO die Materie umfassend regelt (SK-StPO/Rogall § 133 Rn. 2; HK-StPO/*Ahlbrecht* § 133 Rn. 1). Im Bußgeldverfahren gilt § 133 sinngemäß (§ 46 Abs. 1 OWiG).

2 **B. Ladung (Abs. 1).** Für die Ladung ist in Abs. 1 die **Schriftform** vorgesehen. Sie erfolgt durch verschlossenen Brief (vgl. Nr. 44 Abs. 1 Satz 3 RiStBV). Der Schriftform wird durch Telefax oder E-Mail genügt (Radtke/Hohmann/*Kretschmer* § 133 Rn. 3). Von der Ladung per Telefax oder E-Mail sollte aber im Regelfall abgesehen werden (MüKo-StPO/*Schuhr* § 133 Rn. 7), da die Ladung Dritten nicht ohne Willen des Beschuldigten bekannt werden soll. Die förmliche Zustellung ist nicht vorgeschrieben, aber hinsichtlich des erforderlichen Nachweises für Anordnungen von Zwangsmaßnahmen zweckmäßig (Meyer-Goßner/*Schmitt* § 133 Rn. 3; SK-StPO/*Rogall* § 133 Rn. 6); eine mündliche Ladung ist nicht ausgeschlossen (Graf/*Monka* § 133 Rn. 2). Eine Vernehmung ohne Ladung i.S.d. § 133 Abs. 1 ist nach verbreiteter Auffassung möglich, da sie aufgrund mündlicher oder fernmündlicher Aufforderung oder bei unaufgefordertem Erscheinen des Betroffenen stattfinden könnte (HK-StPO/*Ahlbrecht* § 133 Rn. 3). In diesen Fällen ist eine Vorführung ausgeschlossen (AK-StPO/*Gundlach* § 133 Rn. 5; Meyer-Goßner/*Schmitt* § 133 Rn. 3).

3 Als Nachweis des Zugangs bei Ladung auf elektronischem Weg ist ein Ausdruck mit Angabe der Absendezeit ausreichend (HK-StPO/*Ahlbrecht* § 133 Rn. 2). Auch der in Haft befindliche Beschuldigte wird nach Abs. 1 geladen; die Ladung darf dann nur durch den Richter verfügt werden (SK-StPO/*Rogall* § 133 Rn. 8).

4 **Inhaltlich** muss aus der Ladung ersichtlich sein, dass es sich um eine Vernehmung als **Beschuldigter** handelt (LR/*Gleß* § 133 Rn. 3; Meyer-Goßner/*Schmitt* § 133 Rn. 4; vgl. auch Nr. 44 Abs. 1 RiStBV). Der Tatvorwurf sollte kurz bezeichnet werden. Soweit vertreten wird, dies gelte nur, soweit es den Untersuchungszweck nicht gefährde (Meyer-Goßner/*Schmitt* § 133 Rn. 4; LR/*Gleß* § 133 Rn. 3; KMR/*Pauckstadt-Maihold* § 133 Rn. 3; zurückhaltender MüKo-StPO/*Schuhr* § 133 Rn. 9; vgl. Nr. 44 Abs. 1 Satz 2 RiStBV), überzeugt dies nicht – zumal nach einhelliger Ansicht die Beschuldigteneigenschaft herauszustellen ist. Dann muss der Beschuldigte aber auch wissen, weshalb gegen ihn ermittelt wird. Es ist dem Rechtsstaat fremd und mutet *kafkaesk* an, die Tatsache von Ermittlungen gegen einen Bürger zu offenbaren, ohne den Grund hierfür zu benennen.

5 Ferner sind der **Ort** der Vernehmung, der nicht die Gerichtsstelle zu sein braucht, und die **Zeit** der Vernehmung genau anzugeben. Auf die Aussagefreiheit nach § 136 Abs. 1 Satz 2 darf der Beschuldigte selbstverständlich bereits hingewiesen werden (OLG Düsseldorf JZ 1974, 138; LG Mönchengladbach JZ 1970, 192; *Eb. Schmidt* JZ 1968, 354; einschr. KK-StPO/*Diemer* § 133 Rn. 5: zulässig, aber unzweckmäßig).

6 Auch wenn das Gesetz **keine Ladungsfrist** vorsieht, muss dem Beschuldigten eine angemessene Frist bleiben, um sich auf den Vernehmungstermin vorzubereiten. Andernfalls gilt ein Ausbleiben des Beschuldigten als entschuldigt (SK-StPO/*Rogall* § 133 Rn. 7; KK-StPO/*Diemer* § 133 Rn. 4; LR/*Gleß* § 133 Rn. 5).

7 Dem ordnungsgemäß geladenen Beschuldigten obliegt eine **Erscheinenspflicht** unabhängig davon, ob er sich zur Sache nicht äußern möchte oder gar ausdrücklich ankündigt, dies nicht zu tun (LG Hannover NJW 1967, 791; LG Krefeld MDR 1968, 68; LG Mönchengladbach NJW 1968, 1392; LG Magdeburg BeckRS

1996, 12861; LG Nürnberg-Fürth NJW 1967, 2126 ff.; Meyer-Goßner/*Schmitt* § 133 Rn. 5; LR/*Gleß* § 133 Rn. 8; SK-StPO/*Rogall* § 133 Rn. 10; *Lampe* MDR 1974, 538; krit. *Welp* JR 1994, 37). Der Sinn dieser ständigen Rspr. erschließt sich nicht ohne Weiteres. Im Einzelfall kann ein Bestehen auf die Erscheinenspflicht unverhältnismäßig sein, wenn zweifelfrei feststeht, dass sich der Beschuldigte nicht zur Sache äußern wird (vgl. auch LG Krefeld MDR 1968, 68; LG Köln NJW 1967, 1873; LG Hannover NJW 1967, 792; AG Stuttgart NJW 1966, 791).

C. Vorführungsandrohung (Abs. 2). Mit der Ladung kann auch die Androhung der Vorführung erfolgen. Sie steht im **Ermessen** des Gerichts (LG Mönchengladbach JZ 1970, 192; KMR/*Pauckstadt-Maihold* § 133 Rn. 7). Die Vorführungsandrohung sollte nur ergehen, wenn eine Vorführung ggf. auch beabsichtigt ist (Nr. 44 Abs. 2 RiStBV). Im Fall der mündlichen Ladung zur Fortsetzung der Vernehmung wirkt die Androhung fort (LR/*Gleß* § 133 Rn. 10; Meyer-Goßner/*Schmitt* § 133 Rn. 6). 8

Ein **Vorführungsbefehl** darf nur erlassen werden, wenn die Vorführung angedroht wurde, der Zugang der Ladung nachgewiesen und das Ausbleiben des Beschuldigten nicht ausreichend entschuldigt ist (*Kaiser* NJW 1968, 188). Der Erlass steht ebenso wie die Androhung (Rdn. 8) im Ermessen des Gerichts (BayVerfGH MDR 1963, 739). Dass der Verhältnismäßigkeitsgrundsatz der Vorführung niemals entgegenstehen könne (Meyer-Goßner/*Schmitt* § 133 Rn. 7; zumindest grundsätzlich nicht: LR/*Gleß* § 133 Rn. 14), erscheint verfassungsrechtlich bedenklich (vgl. auch LG Krefeld MDR 1968, 68; LG Köln NJW 1967, 1873; LG Hannover NJW 1967, 792; AG Stuttgart NJW 1966, 791). 9

Zu **Form**, **Inhalt**, **Bekanntmachung** und **Vollstreckung** des Vorführungsbefehls vgl. § 134 Rdn. 3 bis 6. 10

D. Abgeordnete. Die Ladung eines Abgeordneten ist nach Maßgabe des Art. 46 Abs. 2, 3 GG und der entsprechenden Vorschriften der einzelnen Landesverfassungen zulässig (SK-StPO/*Rogall* § 133 Rn. 15; KK-StPO/*Diemer* § 133 Rn. 16). Die vom Deutschen Bundestag erteilte generelle Genehmigung (GO-BT Anl. 6; vgl. Nr. 192a Abs. 1, 2 RiStBV) erstreckt sich auf die Ladung und die Vorführungsandrohung. Dagegen bedarf es für die Vorführung selbst als freiheitsbeschränkende Maßnahme im Ermittlungsverfahren einer besonderen Genehmigung (LR/*Gleß* § 133 Rn. 20; Maunz/Dürig/Herzog/*Scholz* Art. 46 GG Rn. 65; Nr. 192a Abs. 2 lit. c RiStBV). 11

E. Rechtsbehelfe. Die richterliche Ladung kann mit der Beschwerde gem. § 304 angegriffen werden (LG Hannover NJW 1967, 791; *Eb. Schmidt* JZ 1968, 362; *Gössel* GA 1976, 62; MüKo-StPO/*Schuhr* § 133 Rn. 23; SK-StPO/*Rogall* § 133 Rn. 17; AK-StPO/*Gundlach* § 133 Rn. 17; nur bei Vorliegen einer Vorführungsandrohung bejahend: KMR/*Pauckstadt-Maihold* § 133 Rn. 10; Meyer-Goßner/*Schmitt* § 133 Rn. 9; Graf/*Monka* § 133 Rn. 6; LR/*Gleß* § 133 Rn. 18; HK-StPO/*Ahlbrecht* § 133 Rn. 9). Auch die Androhung der zwangsweisen Vorführung nach § 133 Abs. 2 unterliegt der gerichtlichen Nachprüfung (BGHSt 39, 96; offenlassend BGH BeckRS 2007, 13007). Verstöße gegen § 133 begründen weder Beweisverwertungsverbote noch die Revision (Radtke/Hohmann/*Kretschmer* § 133 Rn. 6). 12

§ 134 Vorführung

(1) Die sofortige Vorführung des Beschuldigten kann verfügt werden, wenn Gründe vorliegen, die den Erlass eines Haftbefehls rechtfertigen würden.

(2) In dem Vorführungsbefehl ist der Beschuldigte genau zu bezeichnen und die ihm zur Last gelegte Straftat sowie der Grund der Vorführung anzugeben.

Übersicht

A. Anwendungsbereich. Abs. 1 regelt die Vorführung ohne vorausgegangene Ladung mit Vorführungsandrohung. Abs. 2 legt die inhaltlichen Voraussetzungen an einen Vorführungsbefehl für beide Arten der Vorführung fest. 1

Die Vorschrift gilt für die richterlichen Vernehmungen des Beschuldigten bis zur Eröffnung des Hauptverfahrens (KMR/*Pauckstadt-Maihold* § 134 Rn. 1). Darüber hinaus steht die Anordnung der StA (vgl. § 163a Abs. 3 Satz 2), nicht aber der Polizei zu (SK-StPO/*Rogall* § 134 Rn. 2; LR/*Gleß* § 134 Rn. 1).

2 **B. Die sofortige Vorführung (Abs. 1).** Die sofortige Vorführung ist unter den Voraussetzungen der §§ 112, 112a und § 126a zulässig. Es bedarf also eines **dringenden Tatverdachts** und eines **Haftgrundes**; ferner muss der Grundsatz der **Verhältnismäßigkeit** gewahrt sein.

3 **C. Der Vorführungsbefehl (Abs. 2).** Der Vorführungsbefehl wird durch den nach §§ 125, 126, 162, 165, 169 **zuständigen** Richter erlassen (RGSt 56, 234). Eine vorherige **Anhörung unterbleibt** gem. § 33 Abs. 4. Der Vorführungsbefehl ist **schriftlich** zu erlassen (Meyer-Goßner/*Schmitt* § 134 Rn. 2; MüKo-StPO/*Schuhr* § 134 Rn. 5); der Beschuldigte ist dabei so **genau** zu **bezeichnen**, dass eine Verwechslungsgefahr ausgeschlossen ist. Weiter müssen dem Vorführungsbefehl **Vorführungszeit und -ort** und die dem Beschuldigten zur Last gelegte **Straftat** (gesetzliche Bezeichnung genügt) zu entnehmen sein. In einer kurzen Schilderung der Tat ist das Bestehen eines **Tatverdachts** festzustellen und der **Haftgrund** entsprechend § 114 Abs. 2 Nr. 3 zu bezeichnen (SK-StPO/*Rogall* § 134 Rn. 11; LR/*Gleß* § 134 Rn. 6; MüKo-StPO/*Schuhr* § 134 Rn. 5). Die Tatsachen, aus denen sich der dringende Tatverdacht und der Haftgrund ergeben, sind nicht auszuführen (Meyer-Goßner/*Schmitt* § 134 Rn. 3). Sofern der Beschuldigte der deutschen Sprache nicht mächtig ist, muss dem Vorführungsbefehl eine Übersetzung beigefügt werden (Nr. 181 Abs. 2 RiStBV; MüKo-StPO/*Schuhr* § 134 Rn. 8).

4 Der Vorführungsbefehl ist dem Beschuldigten unmittelbar vor Beginn der Vollstreckung **bekannt zu geben** (BGH NStZ 1981, 22). Vor seiner Eröffnung darf kein Zwang ausgeübt werden (BGH NStZ 1981, 22). Auf Verlangen des Beschuldigten ist der Vorführungsbefehl vorzuzeigen (SK-StPO/*Rogall* § 134 Rn. 13; AK-StPO/*Gundlach* § 134 Rn. 6). Ein Anspruch auf Aushändigung einer Abschrift besteht nicht (HK/*Ahlbrecht* § 134 Rn. 5; LR/*Gleß* § 134 Rn. 7; jedenfalls die nachträgliche Aushändigung der Abschrift darf nicht verweigert werden (MüKo-StPO/*Schuhr* § 134 Rn. 8; a.A. Meyer-Goßner/*Schmitt* § 134 Rn. 4). Wird die Vollstreckung des Vorführungsbefehls im Eilfall telefonisch oder durch Fernschreiben veranlasst, so ist dem Beschuldigten entsprechend § 114a Abs. 1 Satz 2 zu eröffnen, dass er auf richterliche Anordnung vorgeführt wird (OLG Stuttgart Justiz 1982, 339).

5 Die **Staatsanwaltschaft vollstreckt** die Vorführung gem. § 36 Abs. 2 Satz 1 (*Wendisch* JR 1978, 447). Befindet sich der Beschuldigte in Haft, gilt § 36 Abs. 2 Satz 2 StVollzG analog (SK-StPO/*Rogall* § 134 Rn. 14).

6 Der Vorführungsbefehl berechtigt **nicht** dazu, die **Wohnung** des Beschuldigten, **oder gar eines Dritten**, zu seiner Ergreifung zu betreten und zu durchsuchen (ausführlich LR/*Tsambikakis* § 105 Rn. 19 ff. m.w.N.; *Ladiges* NStZ 2014, 609, 610 ff.; a.A. *Kaiser* NJW 1964, 759; Meyer-Goßner/*Schmitt* § 134 Rn. 5; LR/*Gleß* § 134 Rn. 8; SK-StPO/*Rogall* § 134 Rn. 14; AK-StPO/*Gundlach* § 134 Rn. 7; MüKo-StPO/*Schuhr* § 134 Rn. 7; KK-StPO/*Diemer* § 134 Rn. 8; differenzierend KMR/*Pauckstadt-Maihold* § 134 Rn. 5). Der Vorführungsbefehl erfüllt nicht die gesetzlichen Voraussetzungen einer Durchsuchungsanordnung (ausführlich LR/*Tsambikakis* § 105 Rn. 22 ff. m.w.N.).

7 Unmittelbarer Zwang darf angewandt werden (BGH NStZ 1981, 22, 23; *Kaiser* NJW 1965, 1217). Der Beschuldigte darf aber nicht nachts vorgeführt werden (HK-StPO/*Ahlbrecht* § 134 Rn. 5; AK-StPO/*Gundlach* § 134 Rn. 8; zur Definition vgl. § 104 Abs. 3).

8 Mit Abschluss der Vernehmung **endet die Wirksamkeit des Vorführungsbefehls** (SK-StPO/*Rogall* § 134 Rn. 15; HK-StPO/*Ahlbrecht* § 134 Rn. 7; KMR/*Pauckstadt-Maihold* § 134 Rn. 6; AK-StPO/*Gundlach* § 134 Rn. 9; a.A. *Enzian* NJW 1957, 451; *Lampe* MDR 1974, 538) und der Beschuldigte ist zu entlassen, soweit kein Haft- oder Unterbringungsbefehl ergeht. Für die erneute Vernehmung bedarf es eines weiteren Vorführungsbefehls (*Enzian* NJW 1957, 451; a.A. *Rasehorn* DRiZ 1956, 269).

9 **D. Vorführung von Abgeordneten.** Die zwangsweise Vorführung, nicht aber ihre bloße Androhung, bedarf der Genehmigung des Bundestages (Anl. 6 Abschn. A Nr. 14 lit. k GO-BT).

10 **E. Rechtsmittel.** Gegen den Vorführungsbefehl ist die Beschwerde nach § 304 Abs. 1 zulässig. Sie hat jedoch keine aufschiebende Wirkung (§ 307 Abs. 1) und ist somit in den meisten Fällen überholt, bevor sie dem Beschwerdegericht zugeht (Meyer-Goßner/*Schmitt* § 134 Rn. 7; zum Fortbestehen der Zulässigkeit trotz prozessualer Überholung nach polizeilicher Vorführung eines Zeugen: LG Duisburg BeckRS 2013, 12046).

§ 135 Sofortige Vernehmung

[1]Der Beschuldigte ist unverzüglich dem Richter vorzuführen und von diesem zu vernehmen. [2]Er darf auf Grund des Vorführungsbefehls nicht länger festgehalten werden als bis zum Ende des Tages, der dem Beginn der Vorführung folgt.

Übersicht

A. Geltungsbereich. Die Vorschrift gilt für die Vorführung nach §§ 133, 134 Abs. 1 und findet in den Fällen der §§ 51 Abs. 1 Satz 3, 163a Abs. 3 Satz 2 und 161a Abs. 2 Satz 1 entsprechend Anwendung. § 135 geht den §§ 115, 115a vor, tritt jedoch hinter §§ 230 Abs. 2, 236 und § 329 Abs. 3 zurück (LR/*Gleß* § 135 Rn. 1; MüKo-StPO/*Schuhr* § 135 Rn. 1; HK-StPO/*Ahlbrecht* § 135 Rn. 1; Meyer-Goßner/*Schmitt* § 135 Rn. 1). 1

B. Beschleunigungsgebot (Satz 1). Der Vorführungsbefehl legitimiert nur eine Freiheitsbeschränkung i.S.d. Art. 104 Abs. 1 Satz 1 GG, nicht aber eine Freiheitsentziehung i.S.d. Art. 104 Abs. 2 bis 4 GG (SK-StPO/*Rogall* § 135 Rn. 2; KK-StPO/*Diemer* § 135 Rn. 2; Meyer-Goßner/*Schmitt* § 135 Rn. 2; *Lampe* MDR 1974, 536; a.A. *Baumann* FS Eb. Schmidt, S. 541; *Moritz* NJW 1977, 796 bezogen auf § 163a Abs. 3). Die Vorführung ist zeitlich an den Vernehmungstermin gekoppelt und darf daher nicht früher erfolgen, als es für die Einhaltung des Vernehmungstermins nötig ist (MüKo-StPO/*Schuhr* § 135 Rn. 4; KMR/*Pauckstadt-Maihold* § 135 Rn. 2; LR/*Gleß* § 135 Rn. 2). Der Beschuldigte muss **unverzüglich** – also ohne jede vermeidbare Säumnis – vernommen werden (MüKo-StPO/*Schuhr* § 135 Rn. 4; KMR/*Pauckstadt-Maihold* § 135 Rn. 3; LR/*Gleß* § 135 Rn. 3). 2

Unter **Vorführung** wird das Verbringen des Beschuldigten in das Gerichtsgebäude verstanden, soweit er der unmittelbaren Verfügungsgewalt des Richters unterstellt wird (Graf/*Monka* § 135 Rn. 2; vgl. Radtke/Hohmann/*Tsambikakis* § 115 Rn. 3). Ggf. darf der Beschuldigte bereits einige Stunden vor der Vorführung bzw. am Vorabend ergriffen werden, wenn sonst die konkrete Gefahr besteht, dass er sich der Vernehmung entzieht (Meyer-Goßner/*Schmitt* § 135 Rn. 4). 3

Der Beschuldigte ist unverzüglich zu **vernehmen**. Verzögerungen, die in der Person des Richters ihre Ursache haben oder sich aufgrund von Verhinderungen des nach § 168c anwesenheitsberechtigten Staatsanwalts oder organisatorischer Probleme des Gerichts ergeben, können Verhältnismäßigkeitsprobleme aufwerfen. Der Richter hat die möglichen und zumutbaren organisatorischen Maßnahmen zur Einhaltung des Abs. 1 zu treffen (Meyer-Goßner/*Schmitt* § 135 Rn. 5; LR/*Gleß* § 135 Rn. 6; MüKo-StPO/*Schuhr* § 135 Rn. 4 f.). 4

C. Zeitliche Grenze für das Festhalten (Satz 2). Die Höchstfrist des Festhalterechts ist nach Satz 2 das Ende des nächsten Tages unabhängig davon, ob einer der Tage ein Sonntag oder ein Feiertag ist. Auch wenn der Beschuldigte noch nicht vernommen werden konnte, ist ein längeres Festhalten unzulässig. 5

D. Art und Weise des Festhaltens. Über das Wie des Festhaltens entscheidet das Gericht unter Beachtung des Verhältnismäßigkeitsgrundsatzes. Immer gewahrt sein müssen die allgemein für Untersuchungsgefangene geltenden Anforderungen (vgl. HK-StPO/*Ahlbrecht* § 135 Rn. 6). 6

E. Die Vorführung zum Zwecke der Auslieferung. Die Vorführung kann auch auf Ersuchen einer ausländischen Behörde erfolgen (SK-StPO/*Rogall* § 135 Rn. 10). Praktische Probleme im Zusammenhang mit Auslieferungsfällen können sich allerdings dann ergeben, wenn die Frist des § 135 Satz 2 aufgrund der notwendigen organisatorischen Vorbereitungen für die Auslieferung nicht eingehalten werden kann, sodass eine bloße Vorführung (§ 77 IRG i.V.m. § 134) als milderes Mittel gegenüber dem Erlass eines Haftbefehls nach § 34 IRG faktisch ausscheidet (OLG Hamm BeckRS 2010, 15753; a.A. OLG Koblenz BeckRS 2001, 30185233; OLG Stuttgart NStZ-RR 2003, 277). 7

§ 136 Erste Vernehmung

(1) [1]Bei Beginn der Vernehmung ist dem Beschuldigten zu eröffnen, welche Tat ihm zu Last gelegt wird und welche Strafvorschriften in Betracht kommen. [2]Er ist darauf hinzuweisen, daß es ihm nach dem Gesetz freistehe, sich zu der Beschuldigung zu äußern oder nicht zur Sache auszusagen und jederzeit, auch schon vor seiner Vernehmung, einen von ihm zu wählenden Verteidiger zu befragen. [3]Möchte der Beschuldigte vor seiner Vernehmung einen Verteidiger befragen, sind ihm Informationen zur Verfügung zu stellen, die es ihm erleichtern, einen Verteidiger zu kontaktieren. [4]Auf bestehende anwaltliche Notdienste ist dabei hinzuweisen. [5]Er ist ferner darüber zu belehren, daß er zu seiner Entlastung einzelne Beweiserhebungen beantragen und unter den Voraussetzungen des § 140 die Bestellung eines Pflichtverteidigers nach Maßgabe des § 141 Absatz 1 und des § 142 Absatz 1 beantragen kann; zu Letzterem ist er dabei auf die Kostenfolge des § 465 hinzuweisen. [6]In geeigneten Fällen soll der Beschuldigte auch darauf, dass er sich schriftlich äußern kann, sowie auf die Möglichkeit eines Täter-Opfer-Ausgleichs hingewiesen werden.

(2) Die Vernehmung soll dem Beschuldigten Gelegenheit geben, die gegen ihn vorliegenden Verdachtsgründe zu beseitigen und die zu seinen Gunsten sprechenden Tatsachen geltend zu machen.
(3) Bei der Vernehmung des Beschuldigten ist zugleich auf die Ermittlung seiner persönlichen Verhältnisse Bedacht zu nehmen.
(4) [1]Die Vernehmung des Beschuldigten kann in Bild und Ton aufgezeichnet werden. [2]Sie ist aufzuzeichnen, wenn
1. dem Verfahren ein vorsätzlich begangenes Tötungsdelikt zugrunde liegt und der Aufzeichnung weder die äußeren Umstände noch die besondere Dringlichkeit der Vernehmung entgegenstehen, oder
2. die schutzwürdigen Interessen des Beschuldigten, insbesondere von
a) Personen unter 18 Jahren oder
b) Personen, die erkennbar unter eingeschränkten geistigen Fähigkeiten oder einer schwerwiegenden seelischen Störung leiden, durch die Aufzeichnung besser gewahrt werden können. § 58a Absatz 2 gilt entsprechend.
[3]§ 58a Absatz 2 gilt entsprechend.
(5) § 58b gilt entsprechend.

Übersicht

A. Allgemeines. I. Regelungszusammenhang und Bedeutung. 1. Äußere systematische Einordnung. Die Vorschrift, die nach § 46 Abs. 1 OWiG im Bußgeldverfahren entsprechend anzuwenden ist (*Hecker* NJW 1997, 1833 ff.), findet sich im zehnten Abschnitt des Ersten Buches. Sie steht nach dieser Einordnung im Rahmen der §§ 133 ff. nicht in einem unmittelbaren Regelungszusammenhang mit den Bestimmungen über die Beweiserhebung im Vorverfahren mithilfe von Zeugen (sechster Abschnitt) oder Sachverständigen und Augenschein (siebenter Abschnitt). Sie ist davon durch die Regeln des Eingriffsrechts im achten Abschnitt und über Verhaftung, vorläufige Festnahme (neunter Abschnitt), weitere Maßnahmen zur Sicherstellung der Strafverfolgung und Strafvollstreckung (Abschnitt 9a) und das vorläufige Berufsverbot (Abschnitt 9b) getrennt. Zudem ist sie den Normen über die Verteidigung (elfter Abschnitt) vorangestellt. Aus dieser Systematik wird deutlich, dass es nicht oder jedenfalls nicht zuvörderst um Beweiserhebung, sondern um die **Verteidigung des Beschuldigten**, die er nicht nur durch einen Verteidiger, sondern auch selbst betreiben kann (Art. 6 Abs. 3 lit. c EMRK; *Gaede* Fairness als Teilhabe, 2007, S. 253 ff.), sowie um seine Stellung **als Subjekt** des Strafverfahrens geht. Ergänzt wird die Regelung im Fall der Verhaftung des Beschuldigten durch § 114b StPO, sowie allgemein durch Art. 6 Abs. 3 EMRK. 1

2. Inhaltskern. Die Vorschrift regelt nicht, was eine Vernehmung ist (*Schumann* Verhör, Vernehmung, Befragung, 2016, Satz 3 ff.). Sie bestimmt nur einen Teil der Aspekte zur **Art und Weise der Durchführung der ersten Beschuldigtenvernehmung durch den Richter** außerhalb der Hauptverhandlung. Eine allererste Beschuldigtenvernehmung, die durch den Richter vorgenommen wird, kommt statistisch selten vor, vor allem im Fall der Vorführung gem. § 135 Satz 1 (Art. 5 Abs. 3 Satz 1 EMRK) nach vorläufiger Festnahme, wofür § 115 Abs. 3 z.T. ähnliche Regeln nennt, welche die vorliegende Vorschrift aber nicht verdrängen. § 136 gilt über den Wortlaut hinaus nicht nur für die erste, sondern auch für weitere Vernehmungen im Vorverfahren, weil dort – jedenfalls vorsorglich – zum Schutz des Beschuldigten vor ungewollter Selbstbelastung vor allem die Belehrungen nach Abs. 1 Satz 2 erneut angebracht werden sollen, sofern nicht sicher ist, dass der Beschuldigte seine Rechte ohnehin kennt (MüKo-StPO/*Schuhr* § 136 Rn. 9 f.). Die Belehrungspflichten sind nach dem Zweck der Norm zu aktualisieren, wenn vor weiteren Beschuldigtenvernehmungen ein anderer oder weitergehender Vorwurf im Raum steht. Über § 163a Abs. 3 Satz 2 gilt die Bestimmung auch bei den häufigeren ersten Beschuldigtenvernehmungen **durch den Staatsanwalt**. Die statistisch im Vordergrund stehenden **polizeilichen Vernehmungen** sind nach § 163a Abs. 4 – mit Ausnahme des Gebots der Mitteilung einschlägiger Strafnormen durch die Verhörperson (krit. *Neuhaus* StV 2013, 488 [489 f.]) – ebenso zu gestalten. 2

3. Praktische Bedeutung. Die große Zahl der polizeilichen Beschuldigtenvernehmungen, die geringfügig schwächere Ausgestaltung der Belehrungsförmlichkeiten hierbei (vgl. § 163a Abs. 4), der größere Erfolgsdruck auf die Polizei und deren stärker ausgebildete taktische Ausrichtung auf eine Beeinflussung des Willensentschlusses des Beschuldigten sowie seines Aussageverhaltens (Eisenberg Beweisrecht der StPO, Rn. 573 f.) lassen im Akzent innerhalb der Abwägungslehren bei der Bewertung prozessualer Rechtsfolgen von Vernehmungsfehlern unter dem Gesichtspunkt einer Disziplinierungsfunktion von Beweisverwertungsverboten (*Singelnstein/Putzer* GA 2015, 564 [575]) unterschiedliche Bewertungen der Fälle nach § 136 Abs. 1, 163a Abs. 3 oder § 163a Abs. 4 zu. Die tatsächliche Disziplinierungswirkung bei der Beachtung der bis 1992 vernachlässigten, aber seit Bekanntwerden der deutschen Parallele zum Urteil des US-amerikanischen Supreme Court in der Sache *Miranda v. Arizona* U.S. 436 (1966) (vgl. *Salditt* GA 1992, 51 ff.; *Wittmann* JZ 2014, 105 ff.; zum Inhalt der »Miranda-warnings« *Lorenz* StV 1996, 172 [174]) durch BGHSt 38, 214 ff. eher respektierten Förmlichkeiten aus § 136 Abs. 1 Satz 2 kann ebenso wenig bestritten werden, wie die tendenzielle Änderung der Prozessstruktur durch die richterrechtlich hinzugefügte Widerspruchslösung für Beweisverwertungsverbote. Abwägungsdoktrin und Widerspruchslösung haben dazu geführt, dass die praktische Geltendmachung und Anerkennung von Beweisverboten zurückgedrängt wurden, sodass in der Praxis erneut vorkommende Fehler wieder meist folgenlos bleiben. Sie werden relativ selten mit der Revision gerügt und 3 noch seltener wird eine Verfahrensrüge für begründet erklärt. Die Hürden aus § 344 Abs. 2 Satz 2 wirken dem bereits entgegen. In der Gesamtschau existiert erneut nur eine symbolische Verfahrenskontrolle, die statistisch gesehen kaum besser erscheint als der Rechtszustand vor 1992, als es bei § 136 Abs. 1 Satz 2 und § 163a Abs. 4 Satz 2 angeblich um »bloße Ordnungsvorschriften« gegangen war. Tatsächlich sind von zahlreichen Verfahrensfehlern, etwa bei umfangreichen »informatorischen Vorgesprächen« ohne Beachtung der Vernehmungsförmlichkeiten (*Schumann* Verhör, Vernehmung, Befragung, 2016, S. 32), essenzielle Rechtspositionen der Beschuldigten betroffen.

4 **4. Binnensystematik. a) Belehrungsregeln (Abs. 1).** § 136 Abs. 1 hat eine **Informationsfunktion.** Er betrifft Belehrungsförmlichkeiten, die an bestimmte **prozessuale Rechtspositionen** des Beschuldigten anknüpfen, welche im Gesetz **vorausgesetzt** und in Bezug genommen, dort aber nicht konstitutiv normiert werden. Es geht um das Recht des Beschuldigten, sich redend oder schweigend verteidigen zu können, sein Recht auf Verteidigerbeistand, sein Recht auf Beweisteilhabe und die Möglichkeiten der schriftlichen Äußerung sowie des Täter-Opfer-Ausgleichs.

5 **b) Zweck (Abs. 2).** § 136 Abs. 2 besagt, dass die erste Vernehmung des Beschuldigten **zum Zweck der Entlastung** des Beschuldigten vom Verdachtsvorwurf dienen »soll« (s.a. § 115 Abs. 3 Satz 2). Ob dies der einzige oder zumindest vorrangige Zweck der Norm ist (*Degener* GA 1992, 443 [462]; *Dencker* StV 1994, 667 [675]; *Weßlau* ZStW 110 [1998], 1 [12]; *Werner* Zur Notwendigkeit der Verteidigeranwesenheit während der polizeilichen Beschuldigtenvernehmung, 2008, S. 85 ff.; SK-StPO/*Wohlers* § 163a Rn. 4), wie es dem Willen des historischen Gesetzgebers der RStPO entspricht (*Beckemper* Durchsetzbarkeit des Verteidigerkonsultationsrechts und die Eigenverantwortlichkeit des Beschuldigten, S. 110 ff.; *T. Müller* Die Täuschung des Beschuldigten, S. 49 ff.), ist heute umstritten. Nach einem Meinungsumschwung, der in bemerkenswerter Weise im Dritten Reich stattfand (*Beckemper* a.a.O., S. 118 f.; *Degener* GA 1992, 443 [460]), wird heute meist als weiterer Zweck der Beschuldigtenvernehmung die **Sachaufklärung** genannt (SK-StPO/*Rogall* § 136 Rn. 17; *Roxin* JZ 1993, 426 [427]). Diese ist in der Praxis längst in den Vordergrund gerückt, eine Perspektive, die der Gesetzgeber in Abs. 4 inzwischen übernommen hat. Aus dem Wortlaut von Abs. 1 und 2 ist das aber nicht zu entnehmen. Die Tatsache, dass die Beschuldigtenvernehmung ursprünglich der Gewährung rechtlichen Gehörs dienen soll und allenfalls als Nebenzweck eine Förderung der Sachaufklärung bewirken sollte, wird bei der Diskussion der Rechtsfolgen einer Verletzung der Belehrungspflichten zunehmend vernachlässigt (*Albrecht* ZStW 131 [2019], 97 [99 ff.]).

6 Eine **dogmatische Begründung** für die Annahme eines Sachaufklärungszwecks der Beschuldigtenvernehmung **fehlt**, soweit nicht Praktikabilität genügen kann. § 136 Abs. 2 und die systematische Einordnung der Vorschrift sprechen dagegen, der neue Abs. 4 eher dafür; dieser beruht aber auf verschiedenen Fehlvorstellungen, insb. von einer Beweisbedeutung des nonverbalen Verhaltens des Beschuldigten bei der frühen Vernehmung (Rdn. 143). Nach dem Ansatz des Gesetzgebers der RStPO war nicht einmal die Vernehmung des Angeklagten in der Hauptverhandlung ein Bestandteil der Beweisaufnahme im Strengbeweisverfahren, weil die Beweisaufnahme erst danach (§ 243 Abs. 5 Satz 2) beginnt (§ 244 Abs. 1). Erst recht war die Beschuldigtenvernehmung im Vorverfahren für die Urteilsfindung irrelevant, weil das Urteil nur auf dem Inbegriff der Hauptverhandlung beruhen darf (§ 261), nicht auf Erkenntnissen im Vorverfahren, und weil die Beweisergebnisse des Vorverfahrens prinzipiell in der Hauptverhandlung keine Rolle spielen sollen. Die heutige Übung, möglichst alle Äußerungen des Beschuldigten aus dem Vorverfahren mithilfe von Sekundärbeweismitteln in die Hauptverhandlung einzuführen und sie dort ebenso wie den Primärbeweis, der dort erstmals im Strengbeweisverfahren erhoben wird, zu verwerten, liegt weit außerhalb des Konzepts der RStPO. Die Praxis beruht auf einer Umgestaltung des Ablaufs und Verhandlungsinhalts (*Greco* GA 2016, 1 [6 ff.]), wodurch die in der Hauptverhandlung reproduzierte Beschuldigtenvernehmung im Vorverfahren zunehmend größere Bedeutung erlangt; der neue Abs. 4 der vorliegenden Vorschrift unterstreicht das. Grundlage der heute herrschenden These, dass die Beschuldigtenvernehmung primär der Sachverhaltsaufklärung diene, ist die **Annahme einer kriminalistischen Notwendigkeit** (krit. *Degener* GA 1992, 443 [466 f.]). Dabei wird zumindest im Akzent übergangen, dass die Beschuldigtenvernehmung eine wesentliche Quelle für Fehler bei der abschließenden Sachverhaltsfeststellung ist (*Neuhaus* StV 2015, 185 [187]) Die polizeiliche Praxis, die mit der Wahrnehmung einer Schutzaufgabe für den Beschuldigten strukturell überfordert wäre, verfolgt nicht selten auch weitergehende Ziele der ökonomischen Herbeiführung von Geständnissen und der Dokumentation von raschen Ermittlungserfolgen gegenüber multimedialem Erfolgsdruck. Genau genommen ist aber schon mit der üblichen Reproduktion früherer Beschuldigtenäußerungen eine **Strukturveränderung des Verfahrens** erfolgt. Der fehlerhafte Ansatz bei der Neubewertung des Zwecks der Beschuldigtenvernehmung hat auch Nebenwirkungen in der Beweisverbotslehre, die zuletzt mit der Einordnung von § 261 als Ermächtigungsnorm für die Beweisverwertung (BVerfGE 130, 1 [29 ff.]) endgültig auf ein falsches Gleis geraten ist. Die

These »Ein generelles Misstrauen gegenüber dem Beweiswert von Polizeiprotokollen ist im Staat des Grundgesetzes nicht gerechtfertigt« (BVerfGE 57, 250 [279]), geht an den rechtstatsächlichen Befunden vorbei. Das sollte spätestens seit Bekanntwerden der polizeilichen Praxis »legendierter Kontrollen« (BGHSt 62, 123 ff.) anerkannt werden (*Lenk* StV 2017, 692 [698]). »Polizeiprotokolle« sollten schließlich nach der Vorstellung des historischen Strafprozessgesetzgebers für das Strengbeweisverfahren keine Rolle spielen. Misstrauen im Hinblick auf Perseveranz-, Inertia- und Ankereffekte ist aussagepsychologisch zur Beachtung der »Nullhypothese« und von Alternativhypothesen zum Verdacht sogar methodisch geboten. Dies hat nur nichts damit zu tun, ob persönliches Misstrauen angezeigt wäre; darum geht es im Strafverfahren nicht.

War die protokollierte Aussage in der Beschuldigtenvernehmung nach der Ursprungsidee der RStPO kein Beweisthema für die Hauptverhandlung und erst recht **keine Beweisgrundlage für das Urteil**, weil nur der Inbegriff der Hauptverhandlung mit seinen originären Beweiserhebungen durch das erkennende Gericht relevant sein sollte (§ 261), so konzentriert sich der heutige Strafprozess besonders auf die **Rekonstruktion des Akteninhalts in der Hauptverhandlung**. Dortige Beweisergebnisse werden durch Fragen und Vorhalte vielfach dem Akteninhalt angepasst; mit der Zeugenvernehmung des Ermittlungsführers in der Hauptverhandlung zu den wesentlichen Ergebnissen der Ermittlungen (*Eschelbach* FS Eisenberg, 2019, S. 409 ff.) erreicht die Praxis den Gipfel der Verfehlung dessen, was § 261 erreichen will. Damit werden **die strukturellen Schwächen der Beschuldigtenvernehmung** mit ihrer in der Vernehmungspraxis einseitig gewordenen Zielrichtung der Herbeiführung selbstbelastender Äußerungen, mit inhaltlichen Vernehmungsdefiziten, ferner mit einer selektiven Wahrnehmung und Dokumentation von Äußerungsinhalten **im Sinne der Verdachtshypothese** aufgrund von kognitiver Dissonanz ignoriert (*Raske* Wie bei polizeilichen Ermittlungen ein falscher Tatverdacht entsteht, 2013, S. 25 ff.), die aber nach der überkommenen Konzeption der StPO durch exklusiv für das Urteil maßgebliche autonome Beweiserhebungen des erkennenden Gerichts austariert werden sollen (§ 261). Inzwischen wird wieder eine Geständnisüberprüfung im Strengbeweisverfahren gefordert, wobei ausdrücklich entgegen der bisherigen Rspr. (BGHSt 50, 40 [49]) ein bloßer Abgleich mit der Aktenlage nicht ausreichend ist (BVerfGE 133, 168 [209]). Das beruht auf der Erkenntnis, dass nicht die Glaubhaftigkeit des Geständnisses am Akteninhalt gemessen, sondern die Richtigkeit des Aktenbefundes anhand der Ergebnisse des Strengbeweisverfahrens überprüft werden soll. 7

Die **Kontrollaufgabe der Hauptverhandlung** ist im derzeitigen Verfahrenstypus, der in einer scheinbaren Erfüllung der Prognose der Richtigkeit der Verdachtshypothese mündet, immer noch relativiert. **Fehlurteile** werden meist nur durch Zufall aufgedeckt (*Neuhaus* StV 2015, 185 ff.). Ihre Dunkelziffer ist nicht ganz unerheblich (*Bock/Eschelbach/Geipel/Hettinger/Röschke/Wille* GA 2013, 328 [329]; *Geipel* ZAP 2011 Nr. 22, S. 1161 [1163 ff.]; *Schwenn* StV 2010, 705 [706]; s. schon *Hirschberg* Das Fehlurteil im Strafprozess, 1960). Eine wiederaufnahmefeindliche Haltung der Rspr. vermeidet deren Erforschung (*Theobald* Barrieren im strafrechtlichen Wiederaufnahmeverfahren, 1998, S. 10), die bisher nur von *Karl Peters* (Fehlerquellen im Strafprozess, 3 Bände, 1970 – 1974) betrieben wurde, aber jedenfalls zu der Erkenntnis führt, dass Fehler bei der ersten Beschuldigtenvernehmung sich im gesamten weiteren Verfahren kaum noch effektiv korrigieren lassen (*Neuhaus* StV 2015, 185 [186]). Daher kommt der **Wahrung schützender Formen** an dieser Stelle **größte Bedeutung** zu. 8

c) **Hervorhebung der Befragung zu den persönlichen Verhältnissen (Abs. 3).** § 136 Abs. 3 betrifft die Hervorhebung eines Teils des Vernehmungsgegenstands, nämlich **die »persönlichen Verhältnisse«**. Ob damit nur eine **Identifizierung der Person** gemeint ist, wie es auch bei § 243 Abs. 2 Satz 2 anzunehmen ist, oder ob an dieser Stelle auch Tatsachen erforscht werden sollen, die über die Identitätsfeststellung hinausgehende Bedeutung als **Indiz oder Rechtsfolgenbemessungsgrund** haben können, erscheint unklar. Der historische Gesetzgeber wollte beides erfassen, die Hintanstellung der Belehrungsförmlichkeiten spricht dagegen. Beweisrelevante Inhalte sind verfahrensrechtlich von der Vernehmung zur Tatfrage nicht zu trennen (LR/*Gleß* § 136 Rn. 14). Insoweit besteht keine Auskunftspflicht des Beschuldigten und die Belehrungen nach § 136 Abs. 1 Satz 2 sind daher diesem Befragungsgegenstand voranzustellen, sodass für die vorherige Befragung zu den persönlichen Verhältnissen nur die Feststellung der Personalien übrig bleibt. Zu den **Personaldaten im Sinne von § 111 OWiG** hat sich der Beschuldigte nach herrschender Ansicht zu seiner Identifizierung zu erklären (BGHSt 25, 13 [17]; BayObLG NJW 1969, 2057 m.Anm. *Seebode*; OLG Düsseldorf NJW 1970, 1888 [1889]; Meyer-Goßner/*Schmitt* § 136 Rn. 5; differenzierend SK-StPO/*Rogall* § 136 Rn. 34 f.; *Verrel* Die Selbstbelastungsfreiheit im Strafverfahren, S. 173 ff.; abl. LR/*Gleß* § 136 Rn. 17; MüKo-StPO/*Schuhr* § 136 Rn. 18). Auch dies kann aber für sich genommen nicht erzwungen werden. Jedoch ist eine Identifizierung zumeist jedenfalls mit den nach § 163b Abs. 1 erzwingbaren erkennungsdienstlichen Maßnahmen möglich. Keine Auskunftspflicht besteht jedenfalls bezüglich solcher Personaldaten, die irgendeine Bedeutung für die Feststellung der Tat oder des Schuldumfangs haben können (MüKo-StPO/*Schuhr* § 136 Rn. 19). 9

10 **II. Normadressaten auf der Ermittlerseite.** Von der vorliegenden Vorschrift angesprochen wird der Richter als Verhörperson. Dies kann der **Ermittlungsrichter** im Vorverfahren sein, wenn ihm der Beschuldigte vorgeführt wird (§ 135 Satz 1) und die Staatsanwaltschaft nach § 162 eine richterliche Vernehmung beantragt, was aber in der Praxis die Ausnahme ist. Auch **beauftragte oder ersuchte Richter** haben bei einer Vernehmung (§ 233 Abs. 2 Satz 1) nach der vorliegenden Vorschrift vorzugehen. Für das erkennende Gericht in der Hauptverhandlung gilt § 243 Abs. 5 als *lex specialis*. Bei staatsanwaltschaftlichen Vernehmungen ist die vorliegende Bestimmung gem. § 163a Abs. 3 Satz 1 auch durch **Staatsanwälte** als Verhörpersonen anzuwenden. Bei polizeilichen Vernehmungen gilt nach § 163a Abs. 4 für die **Ermittlungspersonen** im Wesentlichen dasselbe. Sie müssen mit Rücksicht auf eine Gemengelage sogar bei einer polizeirechtlichen »**Gefährderansprache**« die Belehrungsförmlichkeiten beachten (KG StraFo 2012, 14).

11 Die **Gerichtshilfe** im Sinne von § 160 Abs. 3 Satz 2 StPO oder § 38 JGG hat prinzipiell ebenfalls § 136 Abs. 1 Satz 2 zu berücksichtigen, obwohl sie keine »Vernehmungen« durchführt (Meyer-Goßner/*Schmitt* § 136 Rn. 2; SK-StPO/*Rogall* § 136 Rn. 28). Für **Bewährungshelfer** oder **Sachverständige** gilt § 136 Abs. 1 Satz 2 hingegen nicht (BGH JR 1969, 231 m.Anm. *Peters*; SK-StPO/*Rogall* § 136 Rn. 25 f., 28). Die Exploration des Beschuldigten durch einen psychiatrischen, psychologischen oder kriminologischen Sachverständigen (krit. LR/*Gleß* § 136 Rn. 3) hat eine andere Bedeutung als die Vernehmung durch einen Strafverfolgungsbeamten oder Strafrichter. Der Sachverständige ist seinerseits personelles Beweismittel und nicht Verhörperson (SK-StPO/*Rogall* § 136 Rn. 25). Die Aufgabe, den Beschuldigten auf seine Rechte im Rahmen der Begutachtung hinzuweisen, trifft gegebenenfalls den Auftraggeber, nicht den beauftragten Sachverständigen (*Fincke* ZStW 86 [1974], 657 [664 ff.]). Eine Delegation der Belehrungsaufgabe ist im Gesetz nicht vorgesehen und erscheint auch untunlich, weil der Sachverständige kein Garant für die prozessordnungsgemäße Durchführung des Verfahrens ist.

12 **III. Beschuldigter. 1. Begründung der Prozessrolle.** Adressat der Hinweise und Fragen ist der Beschuldigte als **strafrechtlich verfolgte Person** (SK-StPO/*Rogall* Vor §§ 133 ff. Rn. 15 f. und § 136 Rn. 12). Er ist von einem verdächtigen Zeugen (§§ 55, 60 Nr. 2) einerseits und von einem Sachverständigen (§§ 72 ff.) andererseits zu unterscheiden. Jede Auskunftsperson, die im Strafverfahren zur Informationsbeschaffung in Anspruch genommen wird, hat prinzipiell eine dieser Rollen.

13 Die **Prozessrolle** als Beschuldigter wird nach herrschender Meinung prinzipiell durch einen **Zuschreibungsakt** der Staatsanwaltschaft begründet (formeller Beschuldigtenbegriff). Demnach wird eine Person zum Beschuldigten, wenn gegen sie aufgrund eines Tatverdachts ermittelt wird (BGHSt 10, 8 [12]; 34, 138 [140]; 51, 367 [370]; 64, 89 [98]; SK-StPO/*Rogall* Vor §§ 133 ff. Rn. 16). Die objektive **Existenz des Verdachts** allein (materieller Beschuldigtenbegriff) **genügt** danach im Regelfall **nicht** zur Begründung der Beschuldigtenrolle (BGHSt 53, 112 [114]; 64, 89 [99]; *Klein* Inhalt und Reichweite der Belehrungsvorschrift des § 136 StPO, S. 9; *Roxin* JR 2008, 16), weil das Gesetz auch die Rechtsfigur des verdächtigen Zeugen kennt (§§ 55, 60 Nr. 2; *Gerson* Das Recht auf Beschuldigung, 2016, S. 75 f.). Andererseits ist eine förmliche **Prozesshandlung** zur Begründung der Beschuldigtenrolle nicht erforderlich. Es kann sich, wie es **§ 397 Abs. 1 AO** für das Steuerstrafverfahren vorsieht (BGHSt 38, 214 [228]; 64, 89 [98]; krit. *Roxin* FS Schöch, 2010, S. 823 [824 ff.]), **konkludent** aus den Umständen ergeben, dass **nach dem Willen der Strafverfolgungsbehörde** nun gegen eine bestimmte Person als Beschuldigter ermittelt werden soll (*Eisenberg* Beweisrecht der StPO, Rn. 505; *Roxin* JR 2008, 16 [17]; a.A. *Gerson* a.a.O., S. 791 ff.).

14 Der Praxis wird ein weiter Beurteilungsspielraum eingeräumt (BGH NJW 2019, 2627 [2630]), der meist ausgenutzt wird (abl. *Neuhaus* StV 2015, 185 [187]). Die Inkulpation, die zur Geltung schützender Förmlichkeiten führt, darf aber jedenfalls nicht künstlich hinausgezögert werden (*Eisenberg* Beweisrecht der StPO, Rn. 506a). Eine Beurteilungsgrenze wird erreicht, wenn die Vorgehensweise der Behörde darauf hinweist, dass einerseits Ermittlungsmaßnahmen mit dem Ziel der Inkulpation vorgenommen werden, während zugleich bloß behauptet wird, die involvierte Person sei ein Zeuge (vgl. BGH StV 2015, 337 [338]). Vor allem, wenn bereits ein **starker Tatverdacht** nicht nur »*in rem*«, sondern auch »in personam« vorliegt (BGHSt 53, 112 [114]; BGH StV 2005, 122 [123]; NStZ-RR 2012, 49 f.), geht die Rspr. zur **Vermeidung einer Umgehung von Beschuldigtenrechten** davon aus, dass die Schutzvorschriften zugunsten der Beschuldigten anwendbar sind (BGHSt 51, 367 [371]; BGH NStZ-RR 2004, 368 f.; StV 2015, 337 [338]), sofern andernfalls von **willkürlicher Unterlassung** der nach dem Legalitätsprinzip gebotenen und zur Herbeiführung von Schutzrechten angezeigten Inkulpation gesprochen werden müsste (BGHSt 51, 367 [371 f.]; 53, 112 [114]; BGH NJW 2019, 2627 [2630] *Klein* Inhalt und Reichweite der Belehrungsvorschrift des § 136 StPO, S. 20; krit. *Mikolajczyk* ZIS 2007, 565 [567]; SK-StPO/*Rogall* Vor §§ 133 ff. Rn. 28). Werden Maßnahmen vorgenommen, die nach dem Eingriffsrecht der Strafprozessordnung nur gegen einen Beschuldigten zulässig sind, so ist wegen dieser **Manifestation des Verfolgungswillens** davon auszugehen, dass die betroffene

Person Beschuldigter ist, auch wenn das nicht ausdrücklich gesagt wird (BGHSt 51, 367 [370]; BGH Beschl. v. 06.06.2019 – StB 14/19; LG Köln StV 2020, 859 f.). Wird eine externe Behörde unter Mitteilung von Verdachtsgründen um Unterstützung bei der Vertiefung dieses Verdachts gegen eine bestimmte Person gebeten, liegt der Sache nach eine Inkulpation vor (BGH StV 2015, 337 [338]).

2. Informelle Handlungen. »**Informatorische Befragungen**« zur ersten Sondierung der Lage an einem Tatort, welche die Prozessrolle angetroffener Personen noch offenlassen (BGHSt 38, 214 [227 f.]; OLG Oldenburg NJW 1967, 1096 [1097]; *Beulke* StV 1990, 180 [181]; *ter Veen* StV 1983, 293 ff.), sind nur in einem engen Rahmen der Abklärung des Vorliegens eines Verdachtsfalls zuzulassen (OLG Bamberg StraFo 2019, 111 für das Bußgeldverfahren; *Beckemper* Durchsetzung des Verteidigerkonsultationsrechts und die Eigenverantwortlichkeit des Beschuldigten, S. 80 ff.; *Prasch* Die List in der Vernehmung und Befragung des Beschuldigten, 2002, S. 277 ff.; SK-StPO/*Rogall* Vor §§ 133 ff. Rn. 42; *Roxin* NStZ 1997, 18 [19]). Der Sache nach handelt es sich um Zeugenvernehmungen (*T. Müller* Die Täuschung des Beschuldigten, S. 59), die in eine Behandlung der befragten Person übergehen müssen, sobald die Gefahr besteht, dass es zu selbstbelastenden Äußerungen kommt. Hier muss Ähnliches gelten wie bei einem förmlichen Rollentausch (Rdn. 19). Unbedachte selbstbelastende Äußerungen aufgrund informatorischer Befragungen zwingen zu einer qualifizierten Belehrung über deren Unverwertbarkeit, damit anschließend eine unbeeinträchtigte Beschuldigtenposition wiederhergestellt ist (*Eisenberg* Beweisrecht der StPO, Rn. 509a). Wann ein förmliches Vorgehen unter Beachtung einer Beschuldigtenrolle angezeigt ist, richtet sich nach dem Vorhandensein und der objektiven Stärke des Verdachts sowie der Art und Weise, wie die Ermittlungsperson nach außen in Erscheinung tritt (BGHSt 38, 214 [228]; 51, 367 [373]; 64, 89 [99]; *Roxin* JR 2008, 16 [17]). 15

Die in der Praxis anzutreffende Übung, längere »informatorische **Vorgespräche**« vor Beschuldigtenvernehmungen durchzuführen (*Schaefer* StV 2004, 212 [215]), dabei Vernehmungsregeln außer Acht zu lassen und vorab Informationen zu erlangen oder dem Beschuldigten Tatsachenhinweise zu vermitteln, ohne dass dies aktenkundig wird (*Degener* GA 1992, 443 [445]; *Werner* Zur Notwendigkeit der Verteidigeranwesenheit während der polizeilichen Beschuldigtenvernehmung, 2008, S. 97 ff.), ist rechtsfehlerhaft (LR/*Erb* § 163a Rn. 78) und **gefährdet die Wahrheitserforschung**. So kann eine später zu Unrecht als »Täterwissen« eingestufte Tatsachenkenntnis des Beschuldigten aus Vorhalten in »informatorischen Vorgesprächen« oder anderen falschen Nachinformationen stammen, ohne dass dies nachträglich für das Gericht anhand des Akteninhalts erkennbar wird, da solche Gesprächsinhalte nicht dokumentiert werden. Weil die Sekundärfolgen einer möglicherweise fehlerhaften Beschuldigtenaussage im weiteren Verfahren aufgrund von Anker-, Perseveranz-, Inertia- und Schulterschlusseffekten (*Schünemann* StV 2000, 159 ff.) beinahe unbegrenzt fortwirken, hilft auch der Verteidigung oft das Streben nach **Aufdeckung der Möglichkeit des tatsächlichen Nichtvorliegens einer Verdachtsbestätigung** durch Äußerung von nur scheinbarem »Täterwissen« mehr als der Versuch, ein Beweisverwertungsverbot durchzusetzen, mit dem auch der Weg zu dem Wissen um Ursachen einer Informationsäußerung versperrt würde. Mit Blick auf die Schutzfunktion der Belehrungspflichten ist es geboten, dass **auch vor informatorischen Gesprächen** schon die Förmlichkeiten nach § 136 Abs. 1 Satz 2 gewahrt wurden (LR/*Gleß* § 136 Rn. 9). 16

»**Vorermittlungen**« zur Klärung der Frage, ob ein Verdacht gegen eine Person besteht, sind der Strafprozessordnung fremd. Sie kommen aber in der Praxis vor und sind im Frühstadium des Antreffens einer unklaren Lage kaum zu vermeiden. Belehrungspflichten bestehen hierbei zunächst nicht (SK-StPO/*Rogall* Vor §§ 133 ff. Rn. 46). Zur Verhinderung einer Umgehung von Beschuldigtenrechten ist aber tendenziell von einem weiten Verdachtsbegriff auszugehen und der Betroffene als Beschuldigter zu behandeln, sobald sich bei der Sondierung der Lage auch **Verdachtsgründe in personam** ergeben. Damit geht zwar eine frühe Inkulpation einher, die dem Beschuldigten selbstverständlich auch Nachteile bereitet. Andererseits ist die damit zugleich verbundene Zubilligung von prozessualen Schutzrechten von größerer Bedeutung. 17

Spontanäußerungen (*Gerson* Das Recht auf Beschuldigung, 2016, S. 113 ff.), die – ohne zurechenbare staatliche Veranlassung – bei unverfänglichen Gelegenheiten abgegeben werden, bevor eine **unverzüglich prozessordnungsgemäß** handelnde Ermittlungsperson förmlich nach § 136 Abs. 1 hätte vorgehen können (BGH NStZ 2009, 702 m.Anm. *Ellbogen* NStZ 2010, 464 f.; zu weitgehend BGH StV 1990, 194 f. m. abl. Anm. *Fezer*), sind unbeschadet der Nichteinhaltung der Förmlichkeiten einer Beschuldigtenvernehmung nach herrschender Meinung verwertbar (BGH Beschl. v. 17.07.2019 – 5 StR 195/19; *Beckemper* Durchsetzung des Verteidigerkonsultationsrechts und die Eigenverantwortlichkeit des Beschuldigten, S. 104 ff.; *Eisenberg* Beweisrecht der StPO, Rn. 509b; *Prasch* Die List in der Vernehmung und Befragung des Beschuldigten, 2002, S. 287 ff.; *Verrel* Die Selbstbelastungsfreiheit im Strafverfahren, S. 137 ff.). Eine unsachgemäße Verzögerung der Belehrung führt nicht dazu, dass danach von einer Spontanäußerung des Beschuldigten ohne vorherige Belehrung gesprochen werden könnte. Sobald **selbstbelastende Äußerungen** 18

bewusst von Ermittlungspersonen **herbeigeführt** werden, liegen erst recht keine Spontanäußerungen vor (SK-StPO/*Rogall* Vor §§ 133 ff. Rn. 44).

19 **3. Rollentausch. In Fällen des prozessualen Rollentauschs vom verdächtigen Zeugen** in einem gegen unbekannte oder andere Beteiligte geführten Verfahren **zum späteren Beschuldigten** in derselben Sache (BGHSt 53, 112 ff.; *Prittwitz* NStZ 1981, 463 ff.) ergibt sich eine Gemengelange zwischen den Anwendungsbereichen des § 55 einerseits und § 136 andererseits. Da die Belehrungen nach § 55 Abs. 2 in Bezug auf ein **Auskunftsverweigerungsrecht** nicht ebenso weit reichen, wie diejenigen nach der § 136 Abs. 1 Satz 2 über ein **Aussageverweigerungsrecht** (BGHSt 38, 302 [303]), zumal neben einer näheren Erläuterung des Vorwurfs (§ 136 Abs. 1 Satz 1) auch ein Hinweis auf das Recht auf Verteidigerbeistand gem. § 136 Abs. 1 Satz 1 (BGHSt 58, 301 [303]) bei der anfänglichen Vernehmung des späteren Beschuldigten als verdächtiger Zeuge fehlt, ist ein Schutz der Selbstbelastungsfreiheit anzustreben. Diese kann nur darin bestehen, dass auch hinsichtlich der anfänglichen Vernehmungen als verdächtiger Zeuge nachträglich der Beurteilungsmaßstab zu § 136 Abs. 1 Satz 2 angelegt wird (*Neuhaus* StV 2015, 185 [188]). Wird deshalb angenommen, dass eine Zeugenvernehmung des späteren Beschuldigten mangels nachträglicher Zustimmung einem Verwertungsverbot unterliegt, entfällt das Problem des Beurteilungsspielraums der Verhörperson bei der Begründung des Beschuldigtenstatus (Rdn. 14). Für die später nach Belehrung gem. § 136 Abs. 1 Satz 2 gemachten Äußerungen ergeben sich im Fall des Rollenwechsels für sich genommen zunächst keine Verwertbarkeitsbedenken (BGHSt 53, 112 [115]). Im Hinblick auf die früheren Äußerungen soll aber erst eine **»qualifizierte Belehrung«** über deren Unverwertbarkeit das partielle Belehrungsdefizit kompensieren. Eine Verletzung der Verpflichtung zur »qualifizierten Belehrung« soll nach der Rspr. andererseits nicht ebenso schwer wiegen, wie die Verletzung von § 136 Abs. 1 Satz 2 und deshalb kein Verwertungsverbot auslösen (BGHSt 53, 112 [116]). Das wirkt nicht überzeugend, weil es in beiden Konstellationen um die Selbstbelastungsfreiheit geht (offengelassen von BGH StV 2015, 337 [338]; für eine Gleichbehandlung *Deiters* ZJS 2009, 198, 201 f.; *Ellbogen* NStZ 2010, 464, 465; *Gless/Wennekers* JR 2008, 383, 384; *Kasiske* ZIS 2009, 319, 322 ff.; *Neuhaus* StV 2010, 45, 51; SK-StPO/*Rogall* § 136 Rn. 87; *Roxin* JR 2008, 16, 18 und HRRS 2009, 186, 187).

20 **Mitbeschuldigte**, denen im Rahmen der Verdachtshypothese eine Mittäterschaft oder Teilnahme an der zu untersuchenden Tat vorgeworfen wird, erwähnt die Strafprozessordnung nicht gesondert. Sie sind keine Beweismittelkategorie sui generis (BGHSt 10, 8 [11]). In eigener Sache sind sie Beschuldigte, in fremder Sache im Sinne von Art. 6 Abs. 1, Abs. 3 lit. d EMRK dagegen »Zeugen«. Mitbeschuldigte sind in einem – auch – gegen sie geführten Verfahren selbst dann unter Beachtung der **Schutzbestimmungen** aus § 136 Abs. 1 Satz 2 zu vernehmen, wenn sich eine Vernehmung inhaltlich nur auf Vorwürfe gegen andere Beschuldigte bezieht. Soweit es dagegen um die **Beweisteilhabe** eines anderen Beschuldigten im Hinblick auf dessen **Anwesenheitsrechte** entsprechend § 168c (noch ohne Berücksichtigung des Konfrontationsrechts abl. BGHSt 42, 391 [393 ff.] m.Anm. *Fezer* JZ 1997, 1019 f.; *Rieß* NStZ 1997, 353 ff.; *Schulz* StraFo 1997, 294 ff.; BGH StV 2002, 584 f. m.Anm. *Wohlers*; BGH NStZ 2010, 159), **Frage- und Beweisantragsrechte** geht, ist der Mitbeschuldigte ohne Rücksicht auf Verfahrensverbindung oder Verfahrensabtrennung wie ein Zeuge zu bewerten, weil nur dann die **Konventionsgarantien** aus Art. 6 Abs. 1 und Abs. 3 EMRK zugunsten des anderen Mitbeschuldigten eingelöst werden können. Durch **Abtrennung von Verfahren** nach § 2 Abs. 2, 237 darf nicht gezielt ein Rollenwechsel herbeigeführt werden, um einem ursprünglichen Mitbeschuldigten dadurch prozessuale Nachteile zu bereiten, dass der andere Mitbeschuldigte nun formal zu einem Belastungszeugen wird (*Eisenberg* Beweisrecht der StPO, Rn. 934 ff.; Roxin/*Schünemann* Strafverfahrensrecht § 26 Rn. 5; SK-StPO/*Rogall* Vor §§ 133 ff. Rn. 58). Dies könnte als Verstoß gegen den Fairnessgrundsatz gerügt werden. Auch hier könnte mit einer Willkürgrenze argumentiert werden, wonach eine sachlich begründete Abtrennung von Verfahren beanstandungsfrei bleiben würde, während zumindest eine ohne sonstigen sachlichen Grund, außer der Rollenbeeinflussung mit nachteiligen Folgen für einen Mitbeschuldigten, vorgenommene Verfahrenstrennung angreifbar sein muss. Andererseits ist es in den prozessualen Auswirkungen für den Mitbeschuldigten aus dessen Perspektive unerheblich, ob der Rollenwechsel des anderen Beschuldigten von der Justiz willkürlich oder aus nachvollziehbaren Gründen herbeigeführt wurde. Im Sinne von Art. 6 Abs. 1 lit. d EMRK steht daher der Mitbeschuldigte einem Belastungszeugen gleich, soweit es um dessen Äußerungen mit einem für den anderen Beschuldigten nachteiligen Inhalt geht.

21 **IV. Vernehmungen und vernehmungsähnliche Konstellationen. 1. Art der Beschuldigtenvernehmung.** Die Vorschrift bezieht sich auf die »**erste Vernehmung**« des Beschuldigten (SK-StPO/*Rogall* § 136 Rn. 20) wegen einer konkreten Tat oder einer Mehrzahl von Taten im prozessualen Sinn. Das Gesetz geht davon aus, dass die Hinweise und Belehrungen nach § 136 Abs. 1 ein für alle Mal erteilt werden. Sie gelten prinzipiell in weiteren Vernehmungen fort und müssen nicht immer wieder neu erteilt werden, sofern ihr Inhalt bekannt ist oder es darauf aus sonstigen Gründen später nicht mehr darauf ankommt, etwa wenn

Verteidigerbeistand tatsächlich präsent ist. Insb. bei den Rechten, auf die sich die Belehrungen nach § 136 Abs. 1 Satz 2 beziehen, ist aktuelle Rechtskenntnis des Vernommenen aber nicht garantiert, so vor allem bei zeitlich weit entfernten Folgevernehmungen (vgl. BGHSt 47, 172 [175]). Insoweit empfiehlt es sich jedenfalls, über den unpräzisen Wortlaut des Gesetzes (SK-StPO/*Rogall* § 136 Rn. 4) hinaus, jeder Beschuldigtenvernehmung die Belehrungen nach § 136 Abs. 1 Satz 2 voranzustellen. Die Eröffnung des Tatvorwurfs nach § 136 Abs. 1 Satz 1 ist allerdings nicht schon deshalb immer wieder erneut erforderlich, weil der Vorwurf im Laufe des Verfahrens detaillierter wird. Der ebenfalls im Vergleich mit § 136 Abs. 1 Satz 2 nicht ebenso essenzielle Hinweis auf Beweisantragsmöglichkeiten nach § 136 Abs. 1 Satz 3 verliert bei Folgevernehmungen weiter an Gewicht.

Der Personalbeweis ist **prinzipiell offen** zu erheben (*Dencker* StV 1994, 667 [674]). Unter der Beschuldigten- 22
vernehmung versteht die Rspr. daher die offene Vernehmung (BGHSt 42, 139 [150]; 55, 138 [143]), bei der ein Richter, Staatsanwalt oder Polizeibeamter förmlich in seiner amtlichen Eigenschaft dem Beschuldigten gegenübertritt und ihn in erkennbarer Rolle als Verhörperson zu dem Vorwurf, der den Ermittlungsanlass bildet, befragt (BGHSt 42, 139 [145]; 52, 11 [15]). Eine konsularische Beistandsleistung ist nach der Rspr. keine Vernehmung (BGHSt 55, 314 [317] m. abl. Anm. *Heghmanns* ZJS 2011, 98 [100]).

2. Vernehmungsähnliche Befragungen und Selbstbelastungsprovokationen. Funktional vernehmungsähn- 23
liche Situationen, in denen **Verdeckte Ermittler** oder Privatpersonen als **V-Leute** oder Informanten (BGH NStZ 1995, 557; StV 2012, 129 [130] m.Anm. *Roxin; Gercke* StV 2017, 615 ff.) für Befragungen oder »Hörfallen« (BGHSt 39, 335 [348 f.]) vorgeschoben werden und eine »informelle Ausforschung« betreiben (*Meurer* FS Claus Roxin I, 2001, S. 1281 ff.) oder ein »verdecktes Verhör« (BGHSt 55, 138 [143 ff.]; *Kasiske* HRRS 2010, 343 [346 f.]) und die eine »Selbstbelastungsprovokation« durchführen (*Eschelbach* GA 2015, 545 [546 ff.]; *Kühne* FS Wolter, 2013, S. 1009 ff.; *Wolter* ZIS 2012, 238 ff.), werden von der bisher herrschenden Meinung **nicht der vorliegenden Vorschrift unterworfen**, weil keine Vernehmung vorliege (BGHSt 42, 139 [145 f.]; 52, 11 [15]; *Ellbogen* Die verdeckte Ermittlungstätigkeit der Strafverfolgungsbehörden durch die Zusammenarbeit mit V-Personen und Informanten, 2004, S. 86 f.; *Mahlstedt* Die verdeckte Befragung des Beschuldigten im Auftrag der Polizei, 2011, S. 61 ff.; SK-StPO/*Rogall* § 136 Rn. 14; *T. Müller* Die Täuschung des Beschuldigten, S. 155 ff.; a.A. *Eisenberg* Beweisrecht der StPO, Rn. 571a; LR/*Gleß* § 136 Rn. 12; *Kasiske* StV 2014, 423 ff.; *Klein* Inhalt und Reichweite der Belehrungsvorschrift des § 136 StPO, S. 36 ff.). Dabei werden die verfassungs- und konventionsrechtlichen Prämissen übergangen (*Groth* Unbewusste Äußerungen und das Verbot des Selbstbelastungszwangs, S. 70 ff.; *Schumann* JZ 2012, 265 [266 ff.]) und das Problem der staatlich veranlassten Selbstbelastungsprovokation allenfalls gestreift.

Die Rspr. stand Mitte der 1990er Jahre an einem **Scheideweg** (*Roxin* NStZ 1995, 465 ff.; krit. *Verrel* Die 24
Selbstbelastungsfreiheit im Strafverfahren, S. 165 ff.). Sie hat diese Situation durch ein **Ausweichmanöver** zu umgehen versucht, wird aber durch die Rspr. des EGMR (StV 2003, 257 [259]) wieder damit konfrontiert und muss sich neu positionieren (BGHSt 52, 11 [18] m.Anm. *Engländer* ZIS 2008, 163 ff.), was nach der **korrekturbedürftigen Entscheidung des Großen Senats des Bundesgerichtshofs für Strafsachen** (BGHSt 42, 139 [145 f.]), deren Überprüfung das Bundesverfassungsgericht mit Erfindung neuer verfassungsprozessualer Hindernisse aus §§ 23, 92 BVerfGG (*Eschelbach/Gieg/Schulz* NStZ 2000, 565 ff.) umgangen hat (BVerfG StV 2000, 467 f. m. abl. Anm. *Weßlau*; *Franke* JR 2000, 467; BVerfG NJW 2000, 3556 f.; 2005, 656 [657]), angesichts eines »horror pleni« bisher nicht geschieht. Staatlich inszenierte Gespräche über die Tat oder über Indiztatsachen mit dem Ziel, Informationen gegen den Beschuldigten zu gewinnen und zu verwenden, sind nach zutreffender Erkenntnis keine »Privatgespräche«, sondern der Zielrichtung nach einer Vernehmung ähnliche Eingriffsakte (*Beulke* StV 1990, 180 [181]), soweit das Handeln der Vorderleute dem im Hintergrund bleibenden Staat zuzurechnen ist (*Gaede* StV 2004, 46 [50 ff.]; *Kretschmer* HRRS 2010, 343 [346]; zur Legitimation des Zurechnungsgedankens *Stoffer* Wie viel Privatisierung »verträgt« das strafprozessuale Ermittlungsverfahren?, S. 313 ff.). Die **informelle Ausforschung** hat besondere Eingriffsqualität und ist (*Wolter* ZIS 2012, 238 [240 f.]) – soweit nicht Unverfügbares betroffen ist – jedenfalls illegitim, wenn eine besondere gesetzliche Ermächtigung fehlt (SK-StPO/*Wohlers* § 163a Rn. 45).

Die Annahme, es könne dann nicht von einem »**Informationseingriff**« gesprochen werden (BGHSt 42, 139 25
[154]), kollidiert mit der Rspr. zum Recht auf informationelle Selbstbestimmung (*Stoffer* Wie viel Privatisierung »verträgt« das strafprozessuale Ermittlungsverfahren?, S. 116 ff.), nach der etwa auch eine Zeugenvernehmung einen Eingriff in dieses Informationsbeherrschungsrecht darstellt (BVerfGE 76, 373 [388]) und jede Beschaffung personenbezogener Daten ohne oder gegen den Willen des Betroffenen einer spezialgesetzlichen Ermächtigungsgrundlage bedürfte (*Bernsmann/Jansen* StV 1998, 217 [218]; *Gercke* StV 2017, 615 [622 ff.]). Für die informelle Befragung des Beschuldigten im staatlichen Sachaufklärungsinteresse kann nichts anderes

gelten. Gerade der Beschuldigte hat ein »Informationsbeherrschungsrecht« (*Amelung* StV 1991, 454 [455]), denn er muss wegen der Selbstbelastungsfreiheit sein Wissen um Tat und Täter nicht preisgeben.

26 Der *nemo-tenetur*-Grundsatz schützt die **kommunikative Autonomie des Beschuldigten** in dem gegen ihn gerichteten Strafverfahren (*Groth* Unbewusste Äußerungen und das Verbot des Selbstbelastungszwangs, S. 71 f.). Jede Beschaffung, Aufzeichnung und Verwendung personenbezogener Daten, wie sie zumindest in einer Beschuldigtenaussage, nach den Erkenntnissen der Kommunikationswissenschaft aber auch in informellen Äußerungen und nonverbalem Verhalten oder konkludenten Handlungen, enthalten sind, greift in den Schutzbereich des Rechts auf informationelle Selbstbestimmung ein (*Groth* a.a.O., S. 79; *Singelnstein* FS Eisenberg, 2008, S. 643 [647]). Ferner wird der durch den Fairnessgrundsatz erfasste, verfahrensspezifische Schutz der Autonomie des Beschuldigten als zentrales Prozesssubjekt aufgegeben, wenn heimlich eine formlose Informationsbeschaffung durchgeführt wird. Schließlich wird von Fall zu Fall ein künstlich geschaffenes **Vertrauensverhältnis** oder eine **spezifische Kommunikationsbeziehung** missbraucht, sodass auch insoweit die Fairness des Verfahrens nicht mehr gewahrt ist. Kommunikation ist nicht nur von der Verbalisierung von Informationen, sondern auch von der Beziehung zwischen den Gesprächsteilnehmern abhängig (*Groth* a.a.O., S. 23).

27 Eine Informationsbeschaffung vom Beschuldigten mithilfe von Privatpersonen, die eine »**Selbstbelastungsprovokation**« durchführen, ist **dem Staat** jedenfalls dann **zuzurechnen**, wenn Privatpersonen im behördlichen Auftrag handeln oder sogar für den öffentlichen Dienst besonders verpflichtet sind (vgl. § 11 Abs. 1 Nr. 2 lit. c, Nr. 4 StGB; RiStBV Anlage D; *Eschelbach* GA 2015, 545 [546]; *Gercke* StV 2017, 615 ff.). Sie berührt die Selbstbelastungsfreiheit, wenn der Beschuldigte sich wegen der sich im Bereich des Täuschungsverbots bewegenden »**Legende**« der ihn ausforschenden Person gegenüber zur Sache äußert (einschränkend *Verrel* FS Puppe, 2011, S. 1629 ff.). Ferner ist sie betroffen wegen der konkreten **Ausforschungshandlung**, die eine verfahrensrechtliche Eigenverantwortlichkeit der Beschuldigtenäußerung wegen Unkenntnis vom Gesprächszweck und Ausforschungsziel aufhebt. Dagegen hilft entgegen bisher herrschender Ansicht nur ein Beweisverwertungsverbot (*Prasch* Die List in der Vernehmung und Befragung des Beschuldigten, 2002, S. 277 ff.).

28 § 136 Abs. 1 Satz 2, der ebenso wie § 136a nur Teilaspekte der Regeln über die Selbstbelastungsfreiheit nennt, deutet an, dass die Selbstbelastungsfreiheit durch Belehrungshinweise und die Zubilligung von Verteidigerbeistand auch vor einer ungewollten, aber durch Irrtum verursachten Selbstbelastung geschützt werden soll. Die von der Rspr. praktizierte Reduzierung des Grundsatzes »*nemo tenetur se ipsum accusare*« auf eine Freiheit von Aussagezwang (BVerfG StV 2013, 353 [359]) geht darüber hinweg, dass auch schon mit einem »verdeckten Verhör« in die **Willensfreiheit des Beschuldigten**, aus eigenem Entschluss darüber zu disponieren, welche Informationen er den Ermittlungsbehörden preisgibt, eingegriffen wird (EGMR StV 2003, 257 [259] m.Anm. *Gaede*; *Engländer* ZIS 2008, 163 [166]; *Groth* Unbewusste Äußerungen und das Verbot des Selbstbelastungszwangs, S. 71 ff.). Dies muss dazu führen, dass Beschuldigtenäußerungen außerhalb von Vernehmungen, wenn sie durch aktives Tun des Staates mit dem Ziel, den Beschuldigten zu überführen herbeigeführt werden, unverwertbar sind (*Haas* GA 1995, 234 f.; restriktiver als früher aber *Roxin* FS Rogall, 2018, S. 651 ff.). Ein Entlastungszweck (§ 136 Abs. 2) wird mit solchen Methoden nie verfolgt.

29 Nebenbei geht es bei der informellen Ausforschung nicht nur um die Nichtbeachtung von § 136 Abs. 1 Satz 2, sondern auch um eine Umgehung des speziellen Eingriffsrechts im Sinne der §§ 110a ff., während nach der diese Problematik aussparenden Judikatur jedenfalls ohne **vorherige Aussageverweigerung** des Beschuldigten **keine Umgehung der Vernehmungsregeln** aus §§ 136, 136a vorliegen soll, deren Normzweck auch keine entsprechende Anwendung von § 136 Abs. 1 Satz 2 auf informelle Befragungen gebiete (BGHSt 42, 139 [147]; *Mahlstedt* Die verdeckte Befragung des Beschuldigten im Auftrag der Polizei, 2011, S. 123 ff.; a.A. *Eisenberg* Beweisrecht der StPO, Rn. 571). Damit wird das Thema verfehlt, weil §§ 136, 163a diese Rechtsposition selbst weder definieren noch abschließend regeln, sondern stillschweigend voraussetzen.

30 Unabhängig von der Frage einer **Gesetzesumgehung hinsichtlich der §§ 110a ff.**, 136 ist schließlich zu prüfen, ob **§ 136a Abs. 1 StPO**, unmittelbar geltendes **Verfassungsrecht** (Art. 1 Abs. 1, 2 Abs. 1 und 2 Satz 2 i.V.m. Art. 20 Abs. 3 GG) oder **die Europäische Menschenrechtskonvention** (Art. 6 Abs. 1 Satz 1 EMRK) dieser Art der Informationsbeschaffung unter Vortäuschung eines privaten Charakters der Gespräche entgegenstehen (vgl. BGHSt 55, 138 [144]). Bei den polizeilichen »legendierten Kontrollen« (BGHSt 62, 123 ff. m.Anm. *Albrecht* HRRS 2017, 446 ff.; *Altvater* FS Schlothauer, 2018, 3 ff.; *Brodowski* JZ 2017, 1124 ff.; *Kempf* FS Fischer, 2018, 673 ff.; *Krehl* StraFo 2018, 265 ff.; *Lenk* StV 2017, 692 ff.; *Löffelmann* JR 2017, 596 ff.; *Mitsch* NJW 2017, 3124 ff.; *Schiemann* NStZ 2017, 657 f.) geht es darum, dass der Beschuldigte bewusst nicht über den tatsächlichen Eingriffsanlass informiert und insoweit absichtlich getäuscht wird – ein »Verfahrensverstoß par excellence« (*Lenk* StV 2017, 692 [697]). Den Kernbereich der Selbstbelastungsfreiheit hat die Rspr. auch hier noch nicht genau geprüft und deshalb auch seine Peripherie bisher nicht als solche von einer zweiten (Art. 2 Abs. 1 GG, § 136 StPO) und dritten Sphäre (§§ 161, 163 StPO) abgegrenzt.

Dabei wäre das im Sinne der verfassungsrechtlichen Drei-Sphären-Theorie angezeigt. Wird der Beschuldigte **nicht um seiner selbst willen, sondern** zur Vermeidung einer Beeinträchtigung der Verfolgung **absichtlich getäuscht**, ist von einer Berührung des Kernbereich des Persönlichkeitsrechts auszugehen. Dies gilt entgegen einer Auffassung in der Literatur, welche die Relevanz für die Menschenwürdegarantie mit allgemeinen Überlegungen zur Menschenwürdeverletzung bei Beschuldigtentäuschungen bestreitet (*Schefer*, Die Vortäuschung eines Zufallsfundes im Ermittlungsverfahren. Zur Zulässigkeit sogenannter »legendierter Kontrollen«, 2019, S. 57 ff.), auch deshalb, weil die Täuschung über den Eingriffsanlass und den Umfang des polizeilichen Wissens mit einer **Verfahrensmanipulation** einhergeht (Rdn. 36).

3. Vernehmungen oder Befragungen des Beschuldigten außerhalb des Strafverfahrens. Äußerungen des Beschuldigten **außerhalb des Strafverfahrens**, etwa bei einer Vernehmung im Zivilprozess, werden nicht nach § 136 Abs. 1 Satz 2 beurteilt (*Verrel* NStZ 1997, 361 [362]; zur umgekehrten Lage im Zivilprozess BGHZ 153, 165 [169 ff.] m. abl. Anm. *Deiters* JR 2003, 373 f. und *Katzenmeier* ZZP 116 [2003], 375 ff.). Gleiches gilt bei Angaben **außerhalb eines Gerichtsverfahrens**, etwa gegenüber einem Haftpflichtversicherer (OLG Celle NJW 1995, 640 f.; KG NStZ 1995, 146 f.). Das gilt prinzipiell auch bei **Mitarbeiterbefragungen durch Compliance-Beauftragte** in Unternehmen im Rahmen interner Ermittlungen, auf die anschließend die Strafverfolgungsbehörden zugriefen (*Greco/Caracas* NStZ 2015, 7 ff.; *Greeve* StraFo 2013, 89 ff.; *Kasiske* NZWiSt 2014, 252 ff.; *Momsen* ZIS 2011, 508 ff.; *Stoffer* Wie viel Privatisierung »verträgt« das strafprozessuale Ermittlungsverfahren?, S. 497 ff.; *Wohlers* FS Rogall, 2018, S. 757 ff.; *Zerbes* ZStW 125 [2013], 551 ff.; näher *Buchert*, Die unternehmensinterne Befragung von Mitarbeitern im Zuge repressiver Compliance-Untersuchungen aus strafrechtlicher Sicht, 2016; *Günther* Die Bedeutung von Criminal-Compliance-Maßnahmen für die strafrechtliche und ordnungswidrigkeitenrechtliche Ahndung, 2019; *Leu* Unternehmensinterne Corporate-Compliance-Untersuchungen – der Konflikt zwischen arbeitsrechtlicher Auskunftspflicht und Verteidigungsfreiheit, 2019). Die Äußerungspflicht oder das Bestehen eines Auskunftsverweigerungsrechts wegen einer auf das Zivilrechtsverhältnis übergreifenden Bedeutung der Selbstbelastungsfreiheit für das Strafverfahren richtet sich zunächst nach dem Arbeitsrecht. Die Frage, ob die Resultate der Mitarbeiterbefragungen im Fall eines konsensualen Verhaltens des seinerseits unter Druck stehenden Unternehmens gegenüber den Ermittlungsbehörden gegen die Mitarbeiter als Beschuldigte verwendet werden können, ist nicht abschließend geklärt. Die Situation ähnelt in gewisser Weise den Fällen der Äußerung aufgrund verfahrensrechtlicher Äußerungspflichten außerhalb eines Strafprozesses (BVerfGE 56, 37 [43 ff.] m. Sondervotum *Heußner*); es weist aber auch Unterschiede auf (*Greco/Caracas* NStZ 2015, 7 [11 f.]). Die Drucksituation für Unternehmensmitarbeiter (*Momsen* ZIS 2011, 508 [512]), denen im Fall der Auskunftsverweigerung gegenüber dem Unternehmen neben anderen Nachteilen die Kündigung droht (*Jahn* StV 2009, 41 [42]), kann daher aus Gründen der Rechtsstaatlichkeit des Strafverfahrens und mit Blick auf die Bedeutung der Selbstbelastungsfreiheit ein Beweisverwertungsverbot zur Folge haben (*Knauer/Gaul* NStZ 2013, 192 [193 f.]; *Momsen* ZIS 2011, 508 [515]; *I. Roxin* StV 2012, 116 [120]; a.A. Meyer-Goßner/*Schmitt* § 136 Rn. 7a). Dies gilt zumindest sofern nicht dem § 136 Abs. 1 Satz 2 entsprechende Bedingungen bei der Mitarbeiterbefragung hergestellt worden waren (*Greco/Caracas* NStZ 2015, 7 [12 ff.]). Eine Beweiswürdigungslösung (*Raum* StraFo 2013, 395 [399]) reicht hier ebenso wenig aus wie allein die Zubilligung eines Auskunftsverweigerungsrechts der Mitarbeiter gegenüber den Compliance-Beauftragten (*I. Roxin* StV 2012, 116 [121]). Beides trägt dem teils faktischen, teils kündigungsrechtlichen Äußerungszwang für die Mitarbeiter nicht ausreichend Rechnung (*Greco/Caracas* NStZ 2015, 7 [8 f.]). 31

Inwieweit **Äußerungsverpflichtungen in anderen Verfahrensordnungen** für gerichtliche Verfahren, in denen Informationsinteressen Dritter oder der Allgemeinheit höher gewichtet werden als das Interesse des Betroffenen, sich nicht durch eigene Äußerungen belasten zu müssen, Auswirkungen auf das Strafverfahren haben, ist nicht geklärt (vgl. EGMR JR 2005, 423 [424] m. Sondervotum *Lorenzen/Levits/Hajiyev* und m.Anm. *Gaede*). Der Fairnessgrundsatz gebietet es nach der mehrheitlich vertretenen Ansicht nicht, dass auch in einem solchen strafprozessexternen Rechtsverhältnis oder Verfahren von einem Äußerungszwang abgesehen werden muss, um Nachteile im Strafverfahren zu vermeiden. Es genüge ein Beweisverwertungsverbot hinsichtlich der externen Erkenntnisse nur für das Strafverfahren (vgl. BVerfGE 56, 37 [43 ff.]). Damit werden allerdings Folgen aus dem Rechtsprechungsgrundsatz, dass ein Beweisverwertungsverbot die Verwendung der Informationen als Spurenansatz nicht ausschließe, nicht eliminiert. Erst recht erscheint es fraglich, ob die Verneinung eines Verwertungsverbots für das Strafverfahren in Konstellationen, in denen der Beschuldigte andernorts Äußerungsobliegenheiten befolgt (BGHSt 36, 328 [334 ff.]), gerechtfertigt ist. 32

Sehr weit geht schließlich die Annahme, **im Ausland durchgeführte Vernehmungen** ohne eine dem § 136 Abs. 1 Satz 2 entsprechende Belehrung seien ohne Weiteres im Inland verwertbar (BGH NStZ-RR 2002, 67). Insoweit sollte zumindest eine Beweisverbotsprüfung nach dem Maßstab der Abwägungsdoktrin stattfinden. 33

34 **B. Hinweis auf den Vorwurf (Abs. 1 Satz 1).** Bei Beginn der ersten Vernehmung ist dem Beschuldigten in einer für ihn verständlichen Sprache zu eröffnen, welche Tat ihm zur Last gelegt wird und welche Strafvorschriften in Betracht kommen (BGHSt 62, 123 [140]; *Albrecht* ZStW 131 [2019], 97 [107]; s.a. Art. 5 Abs. 2, 6 Abs. 3 lit. a EMRK, § 114b Abs. 1 StPO). Durch Abs. 1 Satz 1 wird unter anderem ein **Zeitpunkt** benannt, zu dem ein **Tatsachenhinweis** auf die Tat und – abgesehen von der polizeilichen Vernehmung (§ 163a Abs. 4 Satz 1) – ein **Rechtsnormhinweis** auch auf die mutmaßlich anwendbaren Strafnormen zu erteilen ist (MüKo-StPO/*Schuhr* § 136 Rn. 22); lediglich bei polizeilichen Vernehmungen ist die Pflicht zum Rechtsnormhinweis gem. § 163 Abs. 4 Satz 1 reduziert (BGHSt 62, 123 [140]). § 136 Abs. 1 Satz 1 und § 136 Abs. 2, wonach dem Beschuldigten Gelegenheit gegeben werden soll, die gegen ihn vorliegenden Verdachtsgründe zu beseitigen und die zu seinen Gunsten sprechenden Tatsachen geltend zu machen, sind miteinander verknüpft (*Neuhaus* StV 2013, 488 [490]). Die Kenntnis davon, was dem Beschuldigten in tatsächlicher Hinsicht und zumindest mit der konkreten Dimension des Unrechts auch in rechtlicher Hinsicht vorgeworfen wird, kann für seine Entscheidung über die Wahrnehmung der Rechte sich redend oder schweigen zu verteidigen und vor der Vernehmung einen Verteidiger zu konsultieren, ebenso von Bedeutung sein, wie die Kenntnis der prozessualen Rechte selbst. Kennt der Beschuldigte den Inhalt des Vorwurfs aus anderen Gründen, kann ein Defizit des Hinweises zu Beginn der Vernehmung im Einzelfall unerheblich sein (BGH StV 2013, 485 [487] m.Anm. *Neuhaus*). Kennt er den Vorwurf nicht oder nicht in seinem gesamten Umfang, so werden die Belehrungen nach § 136 Abs. 1 Satz 2 dadurch partiell entwertet. Beweisverbotsfolgen müssen dann, weil es in allen Fällen um die Wahrung der Selbstbelastungsfreiheit geht, dieselben sein, wie bei einem Fehler in der Belehrung (SK-StPO/*Wohlers* § 163a Rn. 75; offengelassen von BGHSt 62, 123 [140]). Ermittlungstaktische Interessen rechtfertigen grundsätzlich kein Absehen von der Mitteilung derjenigen Sachverhaltstatsachen und Beweisgrundlagen, deren Kenntnis für die eigenverantwortliche Entscheidung des Beschuldigten darüber, ob er sich redend oder schweigend verteidigen will, von essenzieller Bedeutung sind (MüKo-StPO/*Schuhr* § 136 Rn. 21). Heimliche Ermittlungsmaßnahmen können zwar im Rahmen der §§ 101, 147 zurückgehalten werden. Jedoch ist auch das Täuschungsverbot aus Art. 1 Abs. 1 GG und § 136a Abs. 1 Satz 1 zu beachten (SK-StPO/*Rogall* § 136 Rn. 69).

35 Problematisch erscheint es, wenn dem Beschuldigten nach einer **»legendierten Kontrolle«** seines Fahrzeugs (Rdn. 30) nur der angebliche Zufallsfund von Betäubungsmitteln als unerlaubter Besitz oder Beteiligung am Handeltreiben vorgeworfen wird, während nach den Erkenntnissen in einem gezielt kaschierten Hintergrundverfahren der weitergehende Verdacht der unerlaubten Einfuhr der Betäubungsmittel (*Lenk* StV 2017, 692 [698]) oder des bandenmäßigen Handelns durch eine Mehrzahl von Beteiligten verfolgt wird und Hinterleute nicht vorschnell auf die Ermittlungen aufmerksam gemacht werden sollen (BGHSt 62, 123 [140 f.]). An einer **genügenden Belehrung fehlt** es aus der Perspektive des Schutzes der Selbstbelastungsfreiheit durch § 136 Abs. 1 Satz 2, wenn der wesentliche Inhalt des Verdachts und seiner Grundlagen unvollständig oder falsch dargestellt (MüKo-StPO/*Schuhr* § 136 Rn. 28) und das Geschehen als andersartige Maßnahme mit dem Resultat eines scheinbaren Zufallsfundes dargestellt wird. Das ist besonders, wenn nach der »legendierten Kontrolle« unter **Umgehung des Richtervorbehalts** für die Durchsuchung (*Albrecht* FS Rogall, 2018, S. 435 [437 ff.]; *Gubitz* NStZ 2016, 128; *Lenk* StV 2017, 692 [697]; MünchKommStPO/*Kölbel* § 163 Rn. 28; *Müller/Römer* NStZ 2012, 543 ff.) und anschließende **Täuschung von fremden Justizorganen** an anderer Stelle ein neues Ermittlungsverfahren aufgrund des scheinbaren Zufallsfundes eingeleitet wird, während in Wahrheit an anderer Stelle längst gegen den Beschuldigten ermittelt wird, bedenklich. Mit dem **Verbot der doppelten Strafverfolgung** aus Art. 103 Abs. 3 GG ist das kaum zu vereinbaren, wenn das »Hintergrundverfahren« unerkannt separiert bleibt. Art. 103 Abs. 3 GG bietet schließlich nicht nur Schutz vor Doppelbestrafung, sondern auch vor doppelter Strafverfolgung (BVerfGE 12, 62 [66]; BVerfG StV 2005, 196 [197]). Zudem ist die **Begründung einer neuen örtlichen Gerichtszuständigkeit fragwürdig**, die durch die Entscheidung zur Durchführung der legendierten Kontrolle und der Wahl ihres Zugriffsortes entgegen Art. 101 Abs. 1 Satz 2 GG von der Exekutive gesteuert wird, weil das Hintergrundverfahren mit verdeckten Ermittlungen unerkannt weitergeführt werden soll. Aus der Unvereinbarkeit des neuen Verfahrens mit Art. 101 Abs. 1 Satz 2 und Art. 103 Abs. 3 GG muss aus dieser Perspektive ein Prozesshindernis für das zweite Verfahren aufgrund des angeblichen Zufallsfundes entstehen. Da der Beschuldige nach der »legendierten Kontrolle« nicht umfassend informiert und das Hintergrundverfahren nur deshalb nicht offengelegt wird, um Dritte nicht auf die Ermittlungen aufmerksam zu machen, wird der Beschuldigte außerdem entgegen Art. 1 Abs. 1 GG zum bloßen Objekt des Verfahrens. Die Beweisverbotsfolgen eines solchen Vorgehens richten sich dann im Einzelfall nach § 136a Abs. 1 und 3 (s. § 136a Rn. 31, 33a, 34a, 62).

36 Nur **zu Beginn** und *streng genommen* auch nur bei **der ersten Vernehmung** ist der Hinweis auf den Vorwurf, abstrakt-generell vorgeschrieben. Damit bezeichnet das Gesetz aber lediglich ein Minimum dessen, was in allen Fällen erfüllt sein muss. Ein Mehr ist möglich und im Einzelfall auch angezeigt, so etwa, wenn

erst später weitere oder andere Kriterien bekannt werden, auf die erst nachträglich hingewiesen werden kann, ferner wenn sich später das Tatbild oder die Rechtslage anders darstellen, schließlich wenn zu der anfangs verfolgten Tat nachträglich weitere Taten hinzukommen, die z.B. erst im Verlauf der Beschuldigtenvernehmung bekannt werden. Wie in solchen Konstellationen zu verfahren ist, lässt das Gesetz offen.

Hinweispflichten ab dem Zeitpunkt der Anklageerhebung sind insoweit – freilich nur z.T. – genauer geregelt, 37 indem Anklageschrift (§ 200 Abs. 1), Eröffnungsbeschluss (§ 207) und gerichtliche Hinweise in der Hauptverhandlung (§ 265) immer wieder präzisierte, geänderte oder nachgebesserte Informationen vermitteln können, sobald die laufend zu überprüfende Sach- und Rechtslage zur **Vermeidung einer Überraschung** dazu Anlass bietet (§ 265 Abs. 2 Nr. 3). Dort geht es vor allem um den Anspruch auf rechtliches Gehör zur Sach- und Rechtslage vor dem Strafurteil; hier steht der Anspruch auf Gehör »vor Gericht« noch nicht als Prüfungsmaßstab bereit (BVerfGE 101, 397 [404]), weil es noch nicht unmittelbar um eine Prozesshandlung vor einer gerichtlichen Sachentscheidung geht, sondern um eine Maßnahme im behördlichen Vorverfahren auf dem Weg zur Abschlussverfügung der Staatsanwaltschaft. Soweit Art. 103 Abs. 1 GG nicht eingreift, besteht verfassungsrechtlich kein rechtsfreier Raum, sondern ein Anwendungsbereich des Prozessgrundrechts auf ein faires Verfahren (vgl. BVerfGE 101, 397 [405]); ferner gilt **Art. 6 Abs. 3 lit. a EMRK**, mit dem Recht darauf, »**unverzüglich** in einer für ihn verständlichen Sprache **in allen Einzelheiten** über die Art und den Grund der gegen ihn erhobenen Beschuldigungen in Kenntnis gesetzt zu werden«. Daraus ergeben sich u.U. Hinweispflichten über § 136 Abs. 1 Satz 2 hinaus. So kann beim Vorwurf der Begehung mehrerer Taten anfangs ein Hinweis auf eine Tat ausreichen, der nachträgliche Hinweis auf weitere Vorwürfe aber erforderlich werden, sobald diese erkannt werden. Unmögliches wird von der Verhörperson nicht verlangt, das Realisierbare ist aber »unverzüglich« und vollständig zu leisten (Art. 6 Abs. 3 lit. a EMRK).

Der gebotene Tatsachenhinweis bezieht sich nach dem Gesetzeswortlaut zunächst nur auf die Tat im prozes- 38 sualen Sinn, also den Lebenssachverhalt (LR/*Gleß* § 136 Rn. 25). Ob nur **Sachverhaltstatsachen** oder auch **Indiztatsachen** mitzuteilen sind, regelt das Gesetz hier jedenfalls nicht eindeutig. In § 115 Abs. 3 Satz 1 werden aber auch die belastenden Umstände als Gegenstand der Belehrung bei einer Vernehmung durch den Haftrichter, sofern es nicht die erste Vernehmung ist, genannt. Wenn der Beschuldigte nach § 136 Abs. 2 die **Möglichkeit** erhalten soll, **Verdachtsgründe zu beseitigen**, muss er sie auch bei der ersten Vernehmung und außerhalb einer Vernehmung durch den Haftrichter **kennen** (*Dencker* StV 1994, 667 [676]). Da er in eigener Person zunächst keine Akteneinsicht erhält, muss er bei der Vernehmung grundsätzlich auch auf die Verdachtsgründe hingewiesen werden. Dies gehört zu den Hinweispflichten nach § 136 Abs. 1 S. 1. Die Frage ist nur, wie weit diese Pflichten reichen. Die Rspr. tendiert aufgrund einer ergebnisorientierten Betrachtung dazu, ein **Zurückhalten von Informationen aus heimlichen Ermittlungen** über die vorhandenen Beweise, insb. in Fällen der »legendierten Kontrollen«, hinzunehmen (BGHSt 62, 123 [141]). Dogmatisch bestehen dagegen aber Bedenken, weil der Schutz der Beschuldigtenrechte nicht von der **Effizienz der Verfahrensführung gegen Dritte** abhängig sein sollte.

Art. 6 Abs. 3 lit. a EMRK tendiert zu einem optimalen Hinweis auf alle zur Ermöglichung einer effektiven 39 Verteidigung relevanten Aspekte und zwar in allen Einzelheiten. Dieses Gebot wirkt gut gemeint, andererseits aber nicht zu Ende gedacht. Hinweise an den Beschuldigten als Auskunftsperson sind nämlich nicht nur positiv zu bewerten. Sie können dann, wenn sie zu weit gehen, negative Wirkungen entfalten. Dies ist namentlich der Fall, wenn Tatsachenhinweise der Verhörperson suggestiv auf den Beschuldigten einwirken, insb. wenn sie ihm scheinbares »Täterwissen« durch Informationsvermittlung verschaffen, das später als wichtiges und oft überschätztes (*Wimmer* ZStW 50 [1930], 537, [549 f.]) sowie fehlerhaft festgestelltes Belastungsindiz gegen ihn verwendet wird, wenn die wahre Herkunft dieses Wissens mangels genauer Aufzeichnung auch der Fragen und Vorhalte in Protokollen später nicht mehr erkannt wird. Ein **Zuviel an Hinweisen** auf mögliche Belastungsbeweise kann im Extremfall auch eine »erdrückende Beweislage« andeuten, die zu einem falschen Geständnis (*Drews* Die Königin unter den Beweismitteln? 2013, S. 132 f.; *Eschelbach* FS Rissing-van Saan, 2011, 115 [123 f.]; *Kroll* Wahre und falsche Geständnisse in Vernehmungen, 2012, S. 45 ff.; *Sickor* Das Geständnis, 2014, S. 297 ff.) führen kann. Vor einer Fairnesseuphorie mit der Tendenz, ein Maximum an Hinweisen zu postulieren, ist deshalb auch zu warnen.

Im Prinzip sind **alle für eine sachgerechte Verteidigung erforderlichen Informationen** mit ihrem wesent- 40 lichen Gehalt zu vermitteln, unabhängig davon, ob es sich um Sachverhalts- oder Beweistatsachen handelt. Andererseits ist mehr als das im Einzelfall Wesentliche nicht erforderlich. Die Mitteilung des inkriminierten Sachverhalts in groben Zügen und der wesentlichen Belastungsbeweise reicht aus, soweit dadurch eine sachgemäße Verteidigung ermöglicht wird (LR/*Gleß* § 136 Rn. 22). Das Gesetz zwingt die Verhörperson aber nicht dazu, schon zu Beginn der Beschuldigtenvernehmung alle Verdachtsgrundlagen auszubreiten (BGHSt 62, 123 [141]; *Dencker* StV 1994, 667 [676]; SK-StPO/*Rogall* § 136 Rn. 65); insoweit kann etwas anderes gelten als für die Mitteilung des Verdachtsinhalts (Rdn. 38). Würden dem Beschuldigten vor der Vernehmung sämtliche Verdachtsgründe bekannt gegeben, würde dies den Vernehmungszweck der Sachverhaltsaufklärung infrage stellen (*Mahlstedt* Die verdeckte Befragung des Beschuldigten im Auftrag der Polizei, 2011, S. 55). Insoweit müsste eigentlich Ähnliches gelten, wie für die heute verbreitete vorkommende Desavouierung der Zeugenrolle von »Opfern« durch deren Aktenkenntnis (*Schünemann* FS Hamm, 2008, S. 687 [690 ff.]; *Schroth* NJW 2009, 2916 [2919]). Eine Auskunftsperson, die praktisch über Aktenkenntnis durch deren Lektüre oder durch umfassende Hinweise der Verhörperson verfügt, kann diese Kenntnisse bald nicht mehr von Erinnerungen an selbst erlebtes Geschehen unterscheiden (*Eschelbach* ZAP Fach 22, 781 [786 ff.]). Anstelle der Forderung, »sofort« vor Beginn der Vernehmung zur Sache auf die Tat hinweisen zu müssen, ist eine zeitliche Relativierung auf das Gebot »unverzüglich« zu handeln und gegebenenfalls sukzessive zu informieren, meist der richtige Weg.

41 Eine **sukzessive Erteilung von Hinweisen** ist im Allgemeinen nicht rechtsfehlerhaft (BGHSt 62, 123 [141]), sondern insb. bei Umfangsverfahren sachgerecht (SK-StPO/*Rogall* § 136 Rn. 39; krit. LR/*Gleß* § 136 Rn. 24). Sie darf aber nicht dazu führen, dass die Aussagebereitschaft des Beschuldigten und der Aussageinhalt manipuliert werden. Das gilt auch für die Mitteilung der Dimension des Vorwurfs, die für die Wahrnehmung der prozessualen Rechte von Bedeutung sein kann (*Neuhaus* StV 2013, 488 [489 f.]). Auch darf die Verhörperson den Sachverhalt nicht als feststehend und die Beweisgründe als verbindlich darstellen, weil sonst die Besorgnis der Befangenheit entsteht und die Unschuldsvermutung (vgl. allgemein EGMR NJW 2011, 1789 f.; BVerfG StV 2013, 353 [359]) verletzt werden kann. Wie weiter zu verfahren ist, wenn der Beschuldigte auf **Indizien**, etwa Sachbeweise, hingewiesen wird, die **ihrerseits** im Strafverfahren **unverwertbar** sind, ist noch nicht entschieden. Eine einheitliche Antwort auf diese Frage ist kaum möglich. Sie hängt von der Qualität des Beweisverwertungsverbots für das Indiz ab, das dem Beschuldigten bei der Vernehmung vorgehalten oder auf das er im Rahmen von § 136 Abs. 1 Satz 1 hingewiesen wird. Soll die Vorschrift die Entschließungsfreiheit des Beschuldigten darüber, ob er sich redend oder schweigend verteidigen will, stärken, ist ein Hinweis auf einen unverwertbaren anderen Beweis allenfalls nach einer qualifizierenden Belehrung darüber unbeachtlich, dass dieses Beweismittel unverwertbar ist. Ohne qualifizierte Belehrung wirkt sich der Hinweis auf die Willensfreiheit des Beschuldigten aus, weil er annehmen muss, Schweigen sei zur Verteidigung nicht mehr geeignet. Das Geständnis, das nach einem Hinweis auf die Existenz eines Belastungsbeweises abgelegt wird, der tatsächlich unverwertbar ist, sollte demnach einem Verwertungsverbot unterliegen (vgl. Schweizerisches Bundesgericht, Urt. v. 14.04.2011 – 6B.849/2011, Ls. in Kriminalistik 2011, 725).

42 Die (nur) bei richterlichen oder staatsanwaltschaftlichen Vernehmungen, nicht bei polizeilichen Vernehmungen (§ 163a Abs. 4 Satz 1), gebotenen **Rechtsnormhinweise** beziehen sich auf die möglicherweise anzuwendenden **Straftatbestände** nebst Qualifikationen, im Einzelfall auch auf die wesentlichen **Zurechnungsnormen** nach dem Allgemeinen Teil, namentlich bei einem Unterlassen als Garant (§ 13 StGB), bei mittelbarer Täterschaft (§ 25 Abs. 1, 2. Alt. StGB), bei Mittäterschaft (§ 25 Abs. 2 StGB) oder bei Teilnahme (§§ 26, 27 StGB), ferner bei einem Versuch der Tat (§ 22 StGB) oder einer versuchten Beteiligung an einem Verbrechen (§ 30 StGB). Geringere praktische Bedeutung für Verteidigungszwecke haben komplizierte und im Einzelfall eher fernliegende oder erst künftig genau zu ermittelnde Aspekte, wie diejenigen nach §§ 20, 21 StGB oder zuvörderst strafzumessungsrelevante Aspekte wie besonders schwere oder minder schwere Fälle. Mit welchem genauen Inhalt der Hinweis zu erteilen ist, wird in Abs. 1 Satz 1 nicht festgelegt. Dies hängt von den Umständen des Einzelfalls ab. Vorrangig von Bedeutung ist die **Verständlichkeit** für den Beschuldigten (*Eisenberg* Beweisrecht der StPO, Rn. 542; LR/*Gleß* § 136 Rn. 26), die meist nicht mit der Bezeichnung (nur) der Paragrafen, sondern mit der begrifflichen Umschreibung in verständlicher Sprache zu erzielen ist. Ferner ist die **Bedeutsamkeit für die Verteidigung** im Rahmen der Beschuldigtenvernehmung zu beachten. Es kann nicht der Maßstab angelegt werden, der an die Informationsfunktion einer Anklageschrift gem. § 200 Abs. 1 anzulegen ist. Andererseits muss der Rechtsnormhinweis zumindest im Wesentlichen zutreffend sein; ein falscher Hinweis kann im Einzelfall sogar zur Anwendung von § 136a Abs. 1 und 3 führen, wenn er direkt Einfluss auf die Aussagebereitschaft hat (*Eisenberg* Beweisrecht der StPO, Rn. 547).

43 **C. Belehrung über Essentialia der Verteidigung (Abs. 1 Satz 2).** Nirgends ist die Eigenverantwortlichkeit des Beschuldigten bei offenen strafprozessualen Ermittlungen so wichtig und zugleich so schwach ausgeprägt wie bei der ersten Vernehmung, insb. durch die Polizei. Das Gesetz stellt vor diesem Hintergrund Belehrungspflichten auf und nennt die Rechtspositionen, auf die sich die Belehrungen beziehen, ohne diese positivrechtlich zu regeln. Es geht um die Entschließungsfreiheit des Beschuldigten darüber, sich redend oder schweigend zu verteidigen, und um das Recht auf Verteidigerbeistand vor und/oder während der Vernehmung. Die diesbezüglichen Belehrungen haben **Vorsorglichkeits- und Fürsorgecharakter** (vgl. zu § 243 Abs. 5 BGHSt 25, 325 [330]) und bilden eine **Sicherung der Selbstbelastungsfreiheit** (BGHSt 58, 301 [303 f.] m.Anm. *Wohlers* JR 2014, 132 f.; *Groth* Unbewusste Äußerungen und das Verbot des Selbstbelastungs-

zwangs, S. 87 f.; *Mahlstedt* Die verdeckte Befragung des Beschuldigten im Auftrag der Polizei, 2011, S. 84), sind also Ausprägungen des Grundsatzes *»nemo tenetur se ipsum accusare vel prodere«* (*Roxin* FS Geppert, 2011, S. 549 [556]). § 136 Abs. 1 Satz 2 stellt **mittelbar ein Beweiserhebungsverbot** in der Weise auf, dass er eine Befragung des Beschuldigten zum Tatvorwurf verbietet, wenn dieser nicht zuvor über sein Recht, sich redend oder schweigend zu verteidigen, und sein Recht auf Verteidigerkonsultation unterrichtet wurde. Das Recht – zu schweigen und Verteidigerbeistand in Anspruch zu nehmen – selbst wird durch inhaltlich fehlerhafte Belehrungen oder deren Unterlassung nicht unmittelbar verletzt, aber mittelbar, sofern es mangels Kenntnis des Beschuldigten infolge des Belehrungsdefizits nicht ausgeübt oder durchgesetzt wird. Ist das Recht dagegen **aus anderen Informationsquellen** bereits **bekannt** und auch dem Beschuldigten in der Vernehmungssituation bewusst, dann ist die Belehrung eine Förmlichkeit ohne substanzielle Bedeutung für die Rechtsposition des Beschuldigten (BGHSt 38, 214 [224]). Ein Belehrungsfehler wirkt sich dann nicht aus. Andererseits kann das prozessuale Recht, auf das sich die Belehrung bezieht, auch dann **substanziell verletzt** werden, wenn die Belehrung ordnungsgemäß erfolgt. Dies ist etwa dann der Fall, wenn das dem Beschuldigten bekannte Schweigerecht durch Äußerungszwänge beeinträchtigt wird oder wenn das ihm bekannte Recht auf Verteidigerkonsultation durch Vereitelung der erwünschten Verteidigerkonsultation vor oder während der Vernehmung verkürzt wird. Es ist also von Fall zu Fall vor allem zu prüfen, ob und wie eine zentrale Rechtsposition im Verfahren beeinträchtigt wird, nicht nur, ob und wie die Förmlichkeiten des § 136 Abs. 1 Satz 2 eingehalten oder verletzt wurden. Die **Art und Weise der Belehrung** ist, anders als bei den »Miranda-warnings« in den USA, hier nicht formalisiert und lässt der Verhörperson einen **Spielraum** (krit. *Lorenz* StV 1996, 172 [173]). Maßgebend ist die Verständlichkeit für den Beschuldigten (*Eisenberg* Beweisrecht der StPO, Rn. 564).

I. Belehrung über das Recht, sich zum Vorwurf zu äußern oder nicht zur Sache auszusagen. 1. Selbstbelastungsfreiheit. Die Belehrung über die »nach dem Gesetz« bestehende Freiheit des Beschuldigten, sich zu dem strafrechtlichen Vorwurf zu äußern oder nicht zur Sache auszusagen, betrifft einen zentralen Aspekt der Beschuldigtenrolle und der sich daraus ergebenden Rechtsstellung im Verfahren (BGHSt 58, 301 [304]). Die Selbstbelastungsfreiheit bedeutet im Kontext der Vernehmung, dass der Beschuldigte eigenverantwortlich entscheiden kann, **ob und gegebenenfalls welche Informationen er** den staatlichen Strafverfolgungsorganen **preisgibt** (*Beckemper* Durchsetzung des Verteidigerkonsultationsrechts und die Eigenverantwortlichkeit des Beschuldigten, S. 74 ff.; *Engländer* ZIS 2008, 163 [165]; *Groth* Unbewusste Äußerungen und das Verbot des Selbstbelastungszwangs, S. 70 ff.). Weil der Beschuldigte ein Subjekt des Verfahrens ist, muss sein **eigenverantwortlicher Willensentschluss**, sich redend oder schweigend zu verteidigen, ermöglicht und beachtet werden. Die Selbstbelastungsfreiheit ist zudem eng mit der Unschuldsvermutung des Art. 6 Abs. 2 EMRK verbunden (*Safferling/Hartwig* ZIS 2009, 784 [787]). Es handelt sich um eine Rechtsposition, auf die der Beschuldigte verzichten kann, indem er aus freiem Willensentschluss in Kenntnis seiner rechtlichen Befugnisse auch selbstbelastende Äußerungen macht. Weil die Rechtsposition verzichtbar ist, kann auch auf die Belehrung nach § 136 Abs. 1 Satz 2 verzichtet werden. Ebenfalls kann auf die Geltendmachung prozessualer Rechtsfolgen einer Verletzung von § 136 Abs. 1 Satz 2 in Form eines Beweisverwertungsverbots verzichtet werden, indem seitens des betroffenen Beschuldigten der Verwertung zugestimmt wird. Ob aber auch das Unterlassen eines Widerspruchs gegen die Beweisverwertung wegen einer Verletzung der Belehrungspflichten dieselbe Wirkung entfaltet, wie es richterrechtlich nach der Widerspruchslösung angenommen wird (Rdn. 99 ff.), erscheint streitbar. 44

Die **Freiheit**, sich zu der Beschuldigung zu äußern oder nicht zur Sache auszusagen, wird **in der Verfassung** (Art. 1 Abs. 1, 2 Abs. 1 i.V.m. Art. 20 Abs. 3 GG), und **in der Konvention** (Art. 6 Abs. 1 EMRK; *Esser* JR 2004, 98 [102 f.]; *Gaede* Fairness als Teilhabe, 2007, S. 312 ff.) **sowie im Völkerrecht** (Art. 14 Abs. 3 IPBPR) **anerkannt** (EGMR StV 2003, 257 [259]; BVerfGE 133, 168 [201]; BGHSt 38, 214 [220]; 42, 139 [151 f.]; 52, 11 [17]; 53, 294 [305]; 58, 301 [304]; BGH StV 2018, 767 [768]; LR/*Gleß* § 136 Rn. 27; gegen Verfassungsrang wegen der hingenommenen Folgen der Rechtsausübung *Leitmeier* JR 2014, 372 [376]), obwohl dort, ebenso wie in der Strafprozessordnung, meist zumindest Detailregeln fehlen. Insb. in den §§ 55, 136 Abs. 1, 136a, 243 Abs. 5 Satz 1 wird der Grundsatz der Selbstbelastungsfreiheit stillschweigend vorausgesetzt, aber nicht positiv geregelt (*Kasiske* JuS 2014, 15). Wegen dieses Regelungsdefizits besteht über Einzelheiten keine Klarheit (BGHSt 52, 11 [17]). Die Selbstbelastungsfreiheit betrifft i.Ü. **nicht nur Aussagen**, sondern **alle verbalen und nonverbalen aktiven Handlungen** des Beschuldigten, die eine Selbstbelastung zur Folge haben könnten (BGHSt 49, 56 [58]). § 136 behandelt allerdings nur Äußerungen. 45

Gesichert ist nur, dass jedenfalls ein **Zwang zur Aussage** nicht bestehen darf, weil jedenfalls dadurch der »Kernbereich« der Selbstbelastungsfreiheit angetastet wird (BVerfGE 166, 168 [201]; BGHSt 55, 138 [144]; SK-StPO/*Rogall* § 136 Rn. 16). Auch Art. 14 Abs. 3 lit. g IPBPR verlangt möglicherweise nur, der Ver- 46 folgte dürfe nicht dazu »gezwungen« werden, gegen sich selbst wie ein Zeuge auszusagen oder sich schuldig zu bekennen. Er statuiert das Recht des Verfolgten: »not to be compelled to testify against himself or to confess guilt«. Dabei kann »compelled« zwar einerseits mit »gezwungen« oder »genötigt«, andererseits aber auch mit »angehalten« oder »veranlasst« übersetzt werden. Diese Regelung erlaubt also keinen zwingenden Schluss auf die Beschränkung des *nemo-tenetur*-Grundsatzes auf Freiheit von Zwang. Der IPBPR ist für den innerstaatlichen Bereich auch sonst keine zwingend rechtsbegrenzende Regelung. Die Rechtsnormen im innerstaatlichen Gesetzesrecht enthalten dagegen keine Detailbestimmung. Ob es neben dem Zwang zur Selbstbelastung, den auch § 136a Abs. 1 Satz 2 verbietet, und darüber hinaus im Sinne einer dem Staat zuzurechnenden Veranlassung des Beschuldigten zu einer nicht eigenverantwortlichen Selbstbelastung weitere gewichtige Einflüsse der Ermittlungsorgane auf die Willensfreiheit des Beschuldigten gibt, die jenseits der Grenze des Zulässigen liegen (vgl. *Renzikowski* JZ 1997, 710 [713 ff.]; *Schumann* JZ 2012, 265 [266 f.]), und wo die Grenze verläuft, bleibt unklar.

47 Immerhin sieht auch § 136a Abs. 1 Satz 1 unzulässige Willensbeeinflussungen vor, die sich vom Zwang unterscheiden; er markiert aber mit seinen Beispielsfällen unzulässiger Einwirkungen auf die Willensfreiheit ebenfalls kein einheitliches Belastungsgewicht der hoheitlichen Maßnahmen, das erforderlich wäre, um erst aufgrund einer bestimmten Eingriffsintensität eine Verletzung der Selbstbelastungsfreiheit zu begründen. § 136a wird in seiner Bedeutung überschätzt, wenn er auch außerhalb seines eigentlichen Anwendungsbereichs als Gradmesser für die Bewertung sonstiger Rechtsverletzungen im Hinblick auf Beweisverwertungsverbote herangezogen wird (*Klein* Inhalt und Reichweite der Belehrungsvorschrift des § 136 StPO, S. 36; *Mitsch* NJW 2008, 2295 [2297]). Zwischen irgendeiner dem Staat zuzurechnenden **Veranlassung des Beschuldigten zur** gegebenenfalls **selbstbelastenden Äußerung** (*Roxin* StV 2012, 131 [132 f.]) und staatlichem Aussagezwang ergibt sich eine weite Spanne der Fallgestaltungen, bei denen der *nemo-tenetur*-Grundsatz relevant sein kann. § 136a Abs. 1 und 2 bringt weder Klarheit über den genauen Grenzverlauf zwischen zulässigen und unzulässigen hoheitlichen Handlungen oder Unterlassungen, noch enthält er eine abschließende Regelung. Er bildet vor allem nicht die Grundnorm, von der aus verbindlich die Reichweite des *nemo-tenetur*-Grundsatzes bestimmt werden könnte (*Groth* Unbewusste Äußerungen und das Verbot des Selbstbelastungszwangs, S. 91). Daher ist aus jener Norm keine abschließende Rechtsfolgenregelung für die dort genannten Fälle zu entnehmen und es ist erst recht kein Umkehrschluss darauf zu ziehen, dass Verletzungen von § 136 Abs. 1 Satz 2 keine oder jedenfalls keine ähnliche Rechtsfolge haben (BGHSt 38, 214 [222 f.]). § 136 Abs. 1 Satz 2 steht der Grundnorm des *nemo-tenetur*-Prinzips näher als § 136a. Er regelt allerdings nur eine Fürsorgemaßnahme, die dem Beschuldigten die Rechtsausübung durch Verschaffung von Rechtskenntnis ermöglichen soll. Er besagt nichts über die Folgen einer eventuellen Rechtsverletzung. Die Frage, ob eine erhebliche Rechtsverletzung vorliegt und welche Rechtsfolgen sie auslöst, ist nach der Rspr. von Fall zu Fall zu beantworten (BGHSt 38, 214 [219]).

48 Die bisher herrschende Meinung neigt, von anderen Fällen des § 136a Abs. 1 abgesehen, zur Beschränkung der Selbstbelastungsfreiheit des Beschuldigten auf eine »Freiheit von Zwang« zur Selbstbelastung (BGHSt 42, 139 [152 f.]; 53, 294 [305]; 55, 138 [143 ff.]; *Ellbogen* Die verdeckte Ermittlungstätigkeit der Strafverfolgungsbehörden durch die Zusammenarbeit mit V-Personen und Informanten, 2004, S. 89; *Verrel* NStZ 1997, 415 ff.). **Freiheit von Irrtum** soll dagegen **nicht garantiert** sein (*Ellbogen* a.a.O., S. 90 ff.), obwohl § 136 Abs. 1 Satz 2 den Beschuldigten vor einem Irrtum über eine Aussagepflicht schützen soll und § 136a Abs. 1 ein Täuschungsverbot statuiert. Damit wird der Schutzbereich der Selbstbelastungsfreiheit aus der Sicht der Verfassung (*Renzikowski* JZ 1997, 710 [715 f.]) und der Konvention zu eng definiert (EGMR StV 2003, 257 [259]; BGHSt 52, 11 [18]) und bei konventionskonformer Auslegung des innerstaatlichen Rechts zu restriktiv gehandhabt. Verfassungsrechtlich trifft die Beschränkung des Beweisverbots auf Aussagezwang nicht zu, wenn die Entschlussfreiheit des Beschuldigten über eine Verteidigung durch Reden oder Schweigen sogar ein Bestandteil der Menschenwürdegarantie sein soll (vgl. BGHSt 14, 358 [364 f.]; 58, 301 [304]; OLG Bremen NJW 1967, 2022 [2023]; *Groth* Unbewusste Äußerungen und das Verbot des Selbstbelastungszwangs, S. 70 ff.). Schließlich soll § 136 Abs. 1 Satz 2 den Beschuldigten mit beiden Alternativen, zusätzlich also auch mit der Ermöglichung einer Verteidigerkonsultation, die mittelbar gleichfalls der Klärung der Ausübung des Schweigerechts als Verteidigungsstrategie dient (BGHSt 47, 172 [174]; 58, 301 [303 f.]), vor einer ungewollten Selbstbelastung bewahren (*Roxin* NStZ 1995, 465 [467]; 1997, 18 f.). Das wäre kaum verständlich, wenn ein solcher Irrtum, der auch beim scheinbar vertraulichen Privatgespräch des Beschuldigten mit V-Leuten oder Verdeckten Ermittlern entstehen kann, welches in Wahrheit nur zur Informationsbeschaffung für die Ermittlungsbehörden inszeniert wurde, rechtlich irrelevant wäre. Der mit der *informellen* Ausforschung einher gehende Vertrauensbruch lässt die Rechtsbeeinträchtigung des Beschuldigten sogar gravierender erscheinen als im Fall der bloßen Versäumung der Beschuldigtenbelehrung bei einer offenen Vernehmung.

Demnach ist **jede dem Staat zurechenbare aktive Veranlassung des Beschuldigten** durch Täuschung oder Ausübung von Druck **zu einer selbstbelastenden Äußerung** als Eingriff in dessen Rechtsstellung als Subjekt des Verfahrens anzusehen (vgl. EGMR StV 2003, 257 [259] m.Anm. *Gaede* und *Esser* JR 2004, 98 [105 ff.]; enger EGMR NJW 2010, 213 [215] m.Anm. *Gaede* JR 2009, 493 ff.; *Groth*, Unbewusste Äußerungen und das Verbot des Selbstbelastungszwangs, S. 71 ff.; *Renzikowski* JR 2008, 164 [165 f.]; *Roxin* NStZ 1997, 18 [19]). Die staatliche Gesprächsveranlassung und -wahrnehmung unter Verwendung einer »Legende« mit dem Ziel der Verwertung geht insoweit über die Abschöpfung eigenverantwortlicher Äußerungen des Beschuldigten durch eine TKÜ oder einen Lauschangriff (BGHSt 53, 294 [306 ff.]) oder das nachträglich den Behörden hinterbrachte Privatgespräch mit Freunden oder Bekannten hinaus. Es führt zu einer staatlichen **Instrumentalisierung des Beschuldigten** zur Informationsbeschaffung gegen ihn selbst (*Mahlstedt* Die verdeckte Befragung des Beschuldigten im Auftrag der Polizei, 2011, S. 101 ff.). Der heimlich ausgeforschte Beschuldigte wird dadurch nachhaltig in seiner Verteidigung beeinträchtigt. Die Menschenwürde wird durch das subtile Vorgehen im Ergebnis ebenso schwerwiegend wie bei Anwendung von rohem Zwang angetastet. Die Fairness des Verfahrens im Ganzen muss in beiden Konstellationen infrage gestellt werden (*Wolter* ZIS 2012, 238 ff.). Dies wird bisher in der Rspr. nicht anerkannt, weil auf vertraute Ermittlungsmethoden nicht verzichtet werden soll. Ob der Rechtsstaat aber zwingend darauf angewiesen ist, bleibt ungeklärt. 49

2. **Belehrung vor der Vernehmung zur Sache und Reaktion der Verhörperson auf die Rechtsausübung.** Das Gesetz statuiert für den Fall der ersten Vernehmung eine **generelle Pflicht** der Verhörperson zum Hinweis an den Beschuldigten auf sein Recht, sich zu dem Vorwurf zu äußern oder nicht zur Sache auszusagen, weil es davon ausgeht, dass dieses **Recht nicht allgemein bekannt** ist (BGHSt 38, 214 [221]; LR/*Gleß* § 136 Rn. 28). Das Recht des Beschuldigten, nach freiem, eigenverantwortlichem Entschluss selbst darüber entscheiden zu können, ob er sich redend oder schweigend verteidigt, kann nur sachgemäß ausgeübt werden, wenn es ihm in der Befragungssituation bekannt und bewusst ist. Einen Erfahrungssatz darüber gibt es jedoch nicht (BGHSt 38, 214 [225]). Die Belehrungspflicht hat **Fürsorgecharakter** und sie besteht in allen Fällen der Beschuldigtenvernehmung, selbst dann, wenn Hinweise darauf vorliegen, dass der Beschuldigte das Recht zu schweigen ohnehin kennt, etwa weil er Jurist ist oder weil er als Wiederholungstäter bereits früher Erfahrungen mit Vernehmungssituationen gesammelt hat. Selbst bei genereller Rechtskenntnis kann die konkrete Vernehmungssituation dazu führen, dass das **Bewusstsein der Rechtsposition** aktuell nicht vorhanden ist (BGHSt 38, 214 [224]; 47, 172 [173]). Die Belehrungspflicht soll den Beschuldigten davor bewahren, dass er irrtümlich von einer Aussagepflicht ausgeht (*Renzikowski* JR 2008, 164 [166]), weil er mit einem amtlichen Auskunftsverlangen konfrontiert wird (BGHSt 42, 139 [147]; 55, 138 [143]; BGHR StPO § 136 Belehrung 17; *Linnenbaum* Belehrung und »qualifizierte« Belehrung im Strafverfahren, 2009, S. 79). Rechtskenntnis des Beschuldigten auch ohne Belehrung ist dagegen in der Regel anzunehmen, wenn er z.Zt. der Vernehmung im Verteidigerbeistand ist. Dann ist davon auszugehen, dass die Frage, ob der Beschuldigte sich zu dem Vorwurf äußert oder nicht zur Sache aussagen will, als wesentliches Element der Verteidigungsstrategie bereits geklärt wurde (BGHSt 38, 214 [225]). 50

Erteilt wird die Belehrung nach § 136 Abs. 1 Satz 2 **durch die Verhörperson**. Diese darf die Belehrungsaufgabe nicht auf einen anderen delegieren. Die Belehrung ist **dem Beschuldigten persönlich** zu erteilen und nicht etwa einem Dritten mit dem Auftrag, sie an den Beschuldigten weiterzugeben (LR/*Gleß* § 136 Rn. 32). Bei der Belehrung empfiehlt es sich, die **Formulierung des Gesetzes** zu benutzen, was andererseits nicht zwingend ist und gerade gegenüber Beschuldigten mit starker Mundart verfehlt wirken kann. Entscheidend ist die **Verständlichkeit** der Hinweise für den individuellen Beschuldigten (BGHR StPO § 136 Belehrung 17). Die Belehrung über die Freiheit zur Aussage oder Aussageverweigerung darf nicht dadurch erheblich relativiert werden, dass die Verhörperson Vorteile der Aussage und Nachteile der Aussageverweigerung nennt. Das gilt zwar im Ansatz als zulässig (LR/*Gleß* § 136 Rn. 34; MüKo-StPO/*Schuhr* § 136 Rn. 30), zumal nun auch der Vorzug des Täter-Opfer-Ausgleichs im Rahmen der Hinweise nach § 136 Abs. 1 Satz 4 erwähnt werden kann; diese Folgenbetrachtung darf aber jedenfalls nicht so nachhaltig betrieben werden, dass hierdurch eine erhebliche Einschränkung der Entschließungsfreiheit des Beschuldigten erfolgt. Die Frage, ob und wie der Hinweis erteilt wurde, ist **im Freibeweisverfahren zu klären** (BGHSt 38, 214 [224]; MüKo-StPO/*Schuhr* § 136 Rn. 80). Dabei ist das Vertrauen darauf, dass der zu kontrollierende Vernehmungsbeamte oder Richter zutreffend behauptet, er habe ordnungsgemäß belehrt, oft zu weitgehend (*Ransiek* StV 1994, 343 [346 f.]). Fehlt jeder Hinweis darauf, dass die Belehrung erteilt worden ist, muss, bei polizeilichen oder staatsanwaltschaftlichen Vernehmungen auch mit Blick auf die Nichtbeachtung von **Nr. 45 Abs. 1 RiStBV**, von deren Unterlassen ausgegangen werden (BGH StV 2007, 65 f. m.Anm. *Wohlers* JR 2007, 126 f.; OLG Bremen NJW 1967, 2022). 51

52 Wenig beachtet wird bisher die Frage, wie die Verhörperson zu reagieren hat, wenn der Beschuldigte nach der Belehrung von seinem Recht zu schweigen Gebrauch macht (MüKo-StPO/*Schuhr* § 136 Rn. 30). Nach der Rspr. ist die Verhörperson dann nicht gezwungen weitere Fragen zu unterlassen, solange der Beschuldigte nicht eindeutig signalisiert, dass er in dieser Vernehmung endgültig nicht aussagen will. Andererseits kann es nicht richtig sein, wenn die Verhörperson nach einer erkennbaren Ausübung des Schweigerechts zahlreiche Fragen stellt und Vorhalte macht (vgl. BGH StV 2004, 358). Besonders bedenklich wirkt ein Ratschlag der Verhörperson, dass der Beschuldigte besser aussagen solle (*Eisenberg* Beweisrecht der StPO, Rn. 565; *Neuhaus* StV 2015, 185 [188]). Damit wird die anfängliche Belehrung über die Freiheit zur Entschlussfassung des Beschuldigten, ob er reden oder schweigen will, erheblich konterkariert (*Salditt* FS Beulke, 2015, S. 999 [1001 f.]). Zudem grenzt die gegenläufige Kommunikation unter Umständen an eine Täuschung im Sinne von § 136a Abs. 1 Satz 1, weil die Verhörperson, die auf Überführung des Beschuldigten abzielt, diesem vorspiegelt, es liege nur in seinem Interesse, wenn er Angaben macht.

53 **II. Belehrung über das Recht auf Verteidigerbeistand und diesbezügliche Rechtsdurchsetzung.** Der Beschuldigte ist nach § 136 Abs. 1 Satz 2 zudem auf sein Recht hinzuweisen, jederzeit, auch schon vor seiner Vernehmung, einen von ihm zu wählenden Verteidiger zu befragen (BGHSt 58, 301 [303]). Damit wird eine weitere zentrale Rechtsposition zum Gegenstand der Belehrungen gemacht, die zu Beginn der Beschuldigtenvernehmung zu erteilen sind, nämlich das **Recht auf Verteidigerbeistand** (EGMR NJW 2009, 3707 [3708]; BGHSt 38, 372 [374]), das sich aus der Verfassung und der Konvention (Art. 6 Abs. 3 lit. c EMRK) sowie einfachrechtlich aus § 137 ergibt. Dies wird durch die Neuregelung unterstrichen, wonach der Beschuldigte weiterhin bei Bedarf auch auf den **Verteidigernotdienst** (Abs. 1 Satz 4) und die Möglichkeit der gerichtlichen Verteidigerbestellung (Abs. 1 Satz 5) hinzuweisen ist. Nach § 136 Abs. 1 Satz 3 sind ihm **Informationen über Möglichkeiten zum Kontakt zu einem Verteidiger** zur Verfügung zu stellen. Der unverteidigte Beschuldigte ist in der Vernehmung ohne Verteidigerbeistand strukturell **nicht verteidigungsfähig** (*Neuhaus* StV 2015, 185 [188]). Das Verteidigerkonsultationsrecht und die Belehrung hierüber haben deshalb **kein geringeres Gewicht** als die Selbstbelastungsfreiheit und die Belehrung des Beschuldigten über sein Recht sich redend oder schweigend verteidigen zu dürfen (BGHSt 47, 172 [174]; *Roxin* JZ 1993, 426 [427]); sie stehen vielmehr damit in einem unmittelbaren Zusammenhang. Der EGMR betont zutreffend, dass das Recht auf wirksame Verteidigung durch einen Rechtsanwalt zwar kein absolutes Recht ist, jedoch eines der wesentlichen Elemente eines fairen Verfahrens (EGMR StraFo 2012, 490 [492]).

54 **1. Geltung und Umfang der Belehrungspflicht.** Der Hinweis auf die Möglichkeit des Verteidigerbeistands ist vor der Vernehmung zur Sache anzubringen, weil die Frage der Sacheinlassung einen zentralen Punkt betrifft, der aus der Sicht einer wirksamen Verteidigung im vertraulichen Beratungsgespräch so früh wie möglich geklärt werden muss. Spätere Kurskorrekturen können anfänglich eingetretene Rechtsnachteile seltenwirksam ausräumen, wenn Beweisverwertungsverbote durch Widerspruchserfordernisse, Rügepräklusionen und überhöhte Substanziierungsanforderungen an Verfahrensrügen zur Rechtsdurchsetzung blockiert werden. Die **Belehrung** ist – über den missverständlich gefassten Wortlaut des § 136 Abs. 1 Satz 2 hinaus (»zu wählenden Verteidiger«) – **in jedem Fall** zu erteilen (OLG Hamm NStZ-RR 2006, 47), sogar wenn der Beschuldigte aus eigenem Antrieb erklärt, er wünsche keinen Verteidiger, oder wenn er bereits einen Verteidiger gewählt hat (*Beckemper* Durchsetzung des Verteidigerkonsultationsrechts und die Eigenverantwortlichkeit des Beschuldigten, S. 48) oder wenn ihm bereits ein Verteidiger bestellt wurde (*Geppert* FS Otto, 2007, S. 913 [917]; LR/*Gleß* § 136 Rn. 40). Eine Auslegung anhand des »klaren Wortlauts« der Norm (BGHSt 42, 170 [171]) erscheint zu eng, weil auch Art. 6 Abs. 3 lit. c EMRK ergänzend zu berücksichtigen ist.

55 Die Belehrungspflicht bleibt vom **Bestehen eines Verteidigermandats** unberührt, nur wirkt sich der Belehrungsmangel meist nicht mehr aus, wenn ein Verteidiger konsultiert wurde. Bereits bei **Kenntnis des** noch nicht verteidigten **Beschuldigten** vom Verteidigerkonsultationsrecht bleibt ein Belehrungsmangel folgenlos (BGHR StPO § 136 Belehrung 13). I.Ü. muss ein Belehrungsmangel auch dann bewiesen sein, um Rechtsfolgen auslösen zu können (BGH StV 1999, 354 m.Anm. *Wollweber*).

56 Hat der Beschuldigte aus wirtschaftlichen Gründen keine Möglichkeit, einen Verteidiger seiner Wahl zu beauftragen, so ist er in Fällen notwendiger Verteidigung (§ 140) ferner über die **Möglichkeit der Verteidigerbestellung** durch das Gericht zu informieren (§ 136 Abs. 1 Satz 5 Hs. 2). Dies beruht auf Art. 3 Abs. 1 lit. b RL 2012/13/EU und hängt eng mit dem Recht auf Verteidigerkonsultation zusammen (MüKo-StPO/*Schuhr* § 136 Rn. 38). Nach der Gesetzesfassung aufgrund des Gesetzes zur effektiveren und praxistauglicheren Ausgestaltung des Strafverfahrens (BGBl. 2017 I, S. 3202; RegE BT-Drs. 18/11277) ist auch der Hinweis auf die Pflicht zur Kostentragung im Verurteilungsfall hinzuzufügen (Abs. 1 Satz 6). Das wirkt allerdings verfahrenspsychologisch problematisch. Dieser Hinweis darf jedenfalls nicht dazu genutzt werden,

um den Beschuldigten in der angespannten Vernehmungssituation dazu zu bewegen, von seinem Recht auf Verteidigerkonsultation abzusehen.

Besteht am Vernehmungsort ein **Verteidigernotdienst**, soll auch darauf hingewiesen werden. Zwingend ist das nach einer Ansicht zum bisherigen Recht nicht (MüKo-StPO/*Schuhr* § 136 Rn. 34), nach der Gegenmeinung schon (*Weider* StV 2010, 103), nach vermittelnder Literaturauffassung nur dann nicht, wenn der Beschuldigte ohnehin keinen Verteidigerbeistand wünscht (SK-StPO/*Rogall* § 136 Rn. 50), nach der Rspr. nur, wenn der Beschuldigte zu erkennen gibt, dass er einen Verteidigerbeistand wünscht (BGHSt 47, 233 [234 f.]; Rdn. 61). Die Neuregelung in Abs. 1 Satz 4 hat angeblich nur den bisherigen Rechtsprechungsstand deklaratorisch festgehalten (BGH StraFo 2019, 420 f.). Durch die Neuregelung des Rechts der notwendigen Verteidigung erscheint dieser Standpunkt weitgehend überholt; insb. ist in den Fällen des § 141 schon vor der ersten Vernehmung unverzüglich ein Verteidiger zu bestellen, wovon § 114a nur eine begrenzte Ausnahme gestattet (*Kraft/Girkens* NStZ 2021, 454 ff.). 57

Meldet sich ein Verteidiger bei der Strafverfolgungsbehörde, ist der Beschuldigte auf diese Tatsache hinzuweisen. Die Vernehmung darf auch, wenn der Behörde **ein bestehendes Mandat bekannt** ist, nicht einfach in Abwesenheit des gewählten oder bestellten Verteidigers und ohne dessen vorherige Konsultation durch den Beschuldigten fortgesetzt werden, es sei denn er äußert sich aus freiem Entschluss (BGHSt 58, 301 [305 ff.]). 58

2. Reaktion auf den Wunsch des Beschuldigten nach Verteidigerkonsultation. Umstritten sind die Konsequenzen bei einem nach der Belehrung geäußerten Wunsch des Beschuldigten, das Recht auf Verteidigerbeistand wahrzunehmen (*Klein* Inhalt und Reichweite der Belehrungsvorschrift des § 136 StPO, S. 176 ff.). Erklärt der Beschuldigte nach der Belehrung, er wolle vor der Vernehmung zur Sache einen Verteidiger befragen, darf die **Vernehmung nicht fortgesetzt** werden (BGHSt 38, 372 [373]). Sie muss jedenfalls in Fällen notwendiger Verteidigung unterbrochen werden (BGHSt 42, 15 [19]; 58, 301 [305]; LR/*Erb* § 163a Rn. 81; *Geppert* FS Otto, 2007, S. 913 [917]; LR/*Gleß* § 136 Rn. 43; *Neuhaus* StV 2015, 185 [188]; SK-StPO/*Rogall* § 136 Rn. 53). Das gilt erst recht nach der Novellierung des Rechts der notwendigen Verteidigung (§ 141). Genau genommen bedarf es der Neuterminierung der Vernehmung auf einen zumindest einige Stunden, eher einige Tage späteren Zeitpunkt, um in der Zwischenzeit eine Verteidigerkonsultation durch den Beschuldigten zu ermöglichen (SK-StPO/*Rogall* § 136 Rn. 47). Eine Fortsetzung der Vernehmung ist jedenfalls nicht ohne Weiteres nach einer kurzen »Bedenkzeit« zulässig (so aber BGHSt 42, 170 [174]), sondern nur **nach ernsthaften Bemühungen**, einen Verteidigerkontakt herzustellen (BGH NStZ 2013, 299 f.; LR/*Erb* § 163a Rn. 81b), und auch nach deren erfolgloser Durchführung erst im Anschluss an eine **erneute Belehrung** gem. § 136 Abs. 1 Satz 2 (BGHSt 42, 15 [19]; BGH StraFo 2019, 420 f.; MüKo-StPO/*Schuhr* § 136 Rn. 35). 59

Während Ermittler vor allem daran interessiert sind, möglichst viele Informationen zu erlangen, bevor ein Verteidiger eingreift, besteht das Interesse des Beschuldigten darin, seinen Entschluss durchzusetzen, nicht ohne Verteidigerbeistand auszusagen. Dazu ist er berechtigt, zumal er nicht zur Aussage verpflichtet ist und die Verteidigerbestellung unter den Voraussetzungen des § 141 nun obligatorisch ist und § 141a davon nur eine eng begrenzte Ausnahme vorsieht. Würde der erkennbare Entschluss des Beschuldigen, nur nach Verteidigerkonsultation auszusagen, stets respektiert, ergäben sich in der Praxis keine prozessualen Probleme. Jedoch stehen Ermittlungsbeamte besonders in Fällen der vorläufigen Festnahme des Beschuldigten, wo neue Belehrungspflichten nach § 114b zu beachten sind (*Petzsche* ZStW 133 [2021], 502 [507 ff.]), sowie in spektakulären Fällen unter erheblichem Zeit- und Erwartungsdruck. Sie neigen dazu, drängend nachzufragen, auch wenn der Wunsch des Beschuldigten nach Verteidigerbeistand nicht erfüllt ist. Das ist verständlich, aber wegen möglicher Nichtbeachtung des Willensentschlusses des Beschuldigten stets rechtlich bedenklich (*Neuhaus* StV 2015, 185 [188]). 60

Die Belehrung über ein prozessuales Recht bleibt pure Förmelei, wenn danach die Durchsetzung der erwünschten Rechtswahrnehmung nicht ermöglicht wird (*Ransiek* StV 1994, 343 [345]). Die Vernehmungspersonen sind im Bedarfsfall gehalten, dem Beschuldigten die Konsultation eines Verteidigers durch aktive Unterstützungshandlungen zu ermöglichen. Sie haben ihm auch Gelegenheit einzuräumen, mit einem Verteidiger zu **telefonieren.** Kennt der Beschuldige keinen Verteidiger, muss ihm ein **Telefonverzeichnis** zur Verfügung gestellt werden. In Fällen nächtlicher Vernehmungen ist gegebenenfalls auf einen **anwaltlichen Notdienst** hinzuweisen (Abs. 1 S. 4; vorher bereits BGHSt 42, 15 [20]; *Corell* StraFo 2011, 34 ff.; *Roxin* JZ 1997, 343 [345]; einschränkend noch BGHSt 47, 233 [235 f.] m.Anm. *Franke* GA 2002, 573 ff.; *Klemke* StV 2003, 413 ff. und *Roxin* JZ 2002, 898 ff.). Ein Hinweis auf den anwaltlichen Notdienst ist entbehrlich, wenn der Beschuldigte bereits einen Verteidiger benannt hat und dieser nur nicht sogleich erreichbar ist (BGH StraFo 2019, 420 f.). Dann hängt die Option der sofortigen Vernehmung ohne Verteidigerbeistand von § 141a und der freiwilligen Mitwirkung des Beschuldigten ab. 61

62 **3. Verteidigerbestellung.** Kann der Beschuldigte keinen Wahlverteidiger beauftragen, ist ihm in häufiger gewordenen Fällen der notwendigen Verteidigung schon im Vorverfahren auf Antrag der Staatsanwaltschaft ein Verteidiger zu bestellen (§ 141 Abs. 3 Satz 4 n.F.), sofern er dort des Verteidigerbeistands bedarf (§ 141 Abs. 3 Satz 4 n.F.) und wenn er nach Belehrung darauf besteht (*von Stetten* FS Beulke, 2015, S. 1053 [1054 ff.]; restriktiv sogar nach Ergreifung aufgrund eines Haftbefehls wegen Mordes BGH StV 2015, 144 [145] m.Anm. *Eisenberg* StV 2015, 180 ff. = NStZ 2014, 722 [723] m.Anm. *Knauer*). Darauf ist der Beschuldigte nun aber nach Abs. 1 Satz 5 hinzuweisen. Auf Anregung des Beschuldigten ist ein Bestellungsantrag oder die Ermessensentscheidung des Gerichts nach § 141 Abs. 3 Satz 4 n.F. besonders geboten, wenn es darum geht, die Rechte des Beschuldigten, namentlich gem. Art. 6 Abs. 3 lit. d EMRK, schon im Vorverfahren zu wahren. Der Rollenkonflikt der Ermittler in dieser Lage ist evident. Ihre Neigung zur Umgehung einer Verteidigerkonsultation, welche die Äußerungsbereitschaft des Beschuldigten reduziert, bleibt beträchtlich. Besteht keine Möglichkeit der Herstellung eines Kontakts mit einem Verteidiger, dann ist die Vernehmung aus Rechtsgründen gescheitert, wenn der Beschuldigte auf seinem Recht auf Verteidigerbeistand beharrt. Er darf ebenso wenig dazu gezwungen werden, auf dieses Recht zu verzichten, wie er nicht dazu gezwungen werden darf, gegen seinen Willen zur Sache auszusagen. Umstritten ist nur, wann genau die Grenze zwischen zulässigen Rückfragen und einem unzulässigen Druck zur Herbeiführung eines Verzichts auf das prozessuale Recht (§ 141a) überschritten ist. Tendenziell ist jede die Aussage zur Sache fördernde Frustrierung des Beschuldigten unzulässig (LR/*Gleß* § 136 Rn. 43). Die Fortsetzung der Beschuldigtenvernehmung ohne vorherige Verteidigerkonsultation trotz dahin gehenden Wunsches und Verursachung der Zustimmung durch Ausübung von Druck löst ein Beweisverwertungsverbot aus (*Klein* Inhalt und Reichweite der Belehrungsvorschrift des § 136 StPO, S. 196); denn die Vereitelung der gewünschten Verteidigerkonsultation ist ein gravierender Rechtsfehler (BGHSt 38, 372 [374] m.Anm. *Rieß* JR 1993, 334 f. und *Roxin* JZ 1993, 426 ff.).

63 **4. Anwesenheitsrecht des Verteidigers bei der Beschuldigtenvernehmung.** Bei richterlichen Beschuldigtenvernehmungen hat der Verteidiger nach **§ 168c Abs. 1** ein Anwesenheitsrecht, bei staatsanwaltschaftlichen Vernehmungen nach **§§ 163a Abs. 3 Satz 2, 168c Abs. 1** ebenfalls; **bei polizeilichen Vernehmungen** nach **§ 168a Abs. 4 Satz 2** (BeckOK StPO/*von Häfen* § 163a Rn. 31). Darauf hat der Beschuldigte zur Herstellung der Fairness des Verfahrens einen Anspruch, weil er schließlich »jederzeit« den Verteidiger konsultieren darf. Ferner besteht ein Anspruch des Verteidigers aus eigenem, durch die Berufsausübungsfreiheit gem. Art. 12 Abs. 1 GG unterstütztem Recht, sobald ein Mandat besteht.

64 **5. Benachteiligung des unverteidigten Beschuldigten.** Jedenfalls der nicht verteidigte Beschuldigte ist **gegenüber der polizeilichen Fragetechnik** mit Einleitungsfragen, Kontaktfragen, »Eisbrecherfragen«, stimulierenden Fragen, mehrdeutigen Fragen, Überrumpelungs- oder Fangfragen, Nebenfragen, Ablenkungs- oder Rangierfragen, Kontrollfragen, Lügenfragen oder Suggestivfragen (*Eisenberg* Beweisrecht der StPO, Rn. 589), sowie angesichts der **Vernehmungstaktik** der Sondierungs-, Festlegungs-, Verstrickungs- und Zermürbungsmethoden, der »Beichtvatermethode«, der Überrumpelungsmethode, der Kreuzverhörmethode und der abtastenden Methode (*Degener* GA 1992, 443 [450]; *Eisenberg* StV 2015, 180 [183 f.]; *Werner*, Zur Notwendigkeit der Verteidigeranwesenheit während der polizeilichen Beschuldigtenvernehmung, 2008, S. 101 ff., 110 ff.) **strukturell** zu eigenen Verteidigung **unfähig** (*Beckemper* Durchsetzung des Verteidigerkonsultationsrechts und die Eigenverantwortlichkeit des Beschuldigten, S. 33 ff.). Das wird von der Praxis ausgenutzt.

65 Die Annahme von **Eigenverantwortlichkeit** des bei der polizeilichen Vernehmung unverteidigten Beschuldigten bei der Entscheidung darüber, ob er sich redend oder schweigend verteidigen will (BGH NStZ 2013, 299, 300), bleibt streng genommen **eine Fiktion**, weil der Beschuldigte angesichts der Verhörtechniken und der Vernehmungstaktik nicht einmal ahnt, worauf er sich einlässt. Selbst betroffene Juristen wissen das im Allgemeinen nicht, weil nur Polizeibeamte in Vernehmungstechnik geschult werden, während die Juristenausbildung nichts Vergleichbares vorsieht (*Neuhaus* StV 2015, 185 [186 f.]). Das derzeitige System der Strafrechtspflege »funktioniert« daher am besten, wenn Fehlerquellen ignoriert (*Eschelbach* ZAP Fach 22, 661 ff.), Fehlerquoten nicht eruiert und eine Fehlurteilsforschung nicht ernsthaft betrieben werden, während die Rspr. von dem Glaubensbekenntnis ausgeht, dass das System auch auf einer längst überholten gesetzlichen Grundlage »funktionstüchtig« sei und in diesem Bestand vor Rechtsmittelangriffen oder vor argumentativer Kritik bewahrt werden müsse. Die tatsächlich vorhandenen Fehlerquellen der polizeilichen Vernehmungspraxis werden ebenso ignoriert wie die Bedeutung der strukturellen Voreingenommenheit der Verhörpersonen bei ihrer **Fixierung auf eine Verdachtshypothese** und der Zielsetzung des Verhörs, den Beschuldigten möglichst mit einem Geständnis als scheinbar größtmöglichem Vernehmungserfolg zu überführen, statt ihm hier nur rechtliches Gehör zu gewähren (*Eisenberg* Beweisrecht der StPO, Rn. 594 und StV 2015, 180 [183]; zur kognitiven Dissonanz *Eschelbach* GA 2019, 593 ff. im Strafverfahren allgemein, zu dieser bei der Staatsanwaltschaft *Volkmann/Vogel* StV 2021, 537 ff.). Alle Prämissen des in der Rspr.

betonten Verwertbarkeitsgrundsatzes mit der Einordnung von Beweisverwertungsverboten als extremer Ausnahme (vgl. BVerfGE 130, 1 [28]; krit. Roxin/*Schünemann* Strafverfahrensrecht, § 24 Rn. 30a) basieren auf der unzutreffenden Annahme, die Beschuldigtenvernehmung, soweit dadurch selbstbelastende Äußerungen hervorgerufen werden, produziere in aller Regel nur Äußerungen, welche die materielle Wahrheit widerspiegeln. Dieses Bild ist angesichts der bekannt gewordenen Fälle einer **Verfehlung der materiellen Wahrheit** durch Vernehmungsergebnisse zu korrigieren. Verbesserungen sind zunächst im Bereich der möglichst authentischen Dokumentation von Beschuldigtenvernehmungen angezeigt (*Altenhain* ZIS 2015, 269 ff.; *Neuhaus* StV 2015, 185 [189]), die durch Abs. 4 forciert werden soll.

Ein Beispiel kann pars pro toto stehen (*Eschelbach* ZAP Fach 22, 661 ff.; *Nestler* ZIS 2014, 594 ff.; *Raske* Wie bei polizeilichen Vernehmungen ein falscher Tatverdacht entsteht): Vier unverteidigte Beschuldigte gestanden in der polizeilichen Vernehmung, daran beteiligt gewesen zu sein, das angebliche Tatopfer mit einer Latte niedergeschlagen, dann mit einem Schlag mit einem Zimmermannshammer in den Kopf getötet, die Leiche zerstückelt, Leichenteile Tieren zum Fraß vorgeworfen und das Auto des Opfers in einer Schrottpresse beseitigt zu haben. Jahre später wurde durch Zufall das Fahrzeug mit der Leiche auf dem Fahrersitz auf dem Grund der Donau gefunden. Das Skelett war unversehrt. Die im Kern übereinstimmenden Aussagen der Beschuldigten waren demnach mitsamt den Angaben zum Geständnismotiv, die furchtbaren Tötungsszenen nicht mehr ohne Offenbarung ertragen zu können, allesamt falsch. Der Fehler, der die Grundlage eines Fehlurteils bildete, wurde erst ab der Beschwerdeinstanz im Additionsverfahren aufgegriffen (OLG München Beschl. v. 09.03.2010 – 3 Ws 109 – 112/10). Das Beispiel, dem weitere hinzugefügt werden können (vgl. *Darnstädt* Der Richter und sein Opfer, 2013; *Friedrichsen* Im Zweifel gegen die Angeklagten, 2008; *Hirschberg* Das Fehlurteil im Strafprozess, 1960) zeigt, dass polizeiliche Vernehmungstechnik und Verhörtaktik dazu geeignet ist, sogar in Kapitalstrafsachen **Geständnisse** zu produzieren, **die mit der materiellen Wahrheit nichts gemein haben**. Dies wird ignoriert, wenn der meist unpräzise dokumentierte Aussageninhalt nach polizeilichen Beschuldigtenvernehmungen von der Rspr. mit Hinweis auf die »Effektivität der Strafrechtspflege« gegen ein Verwertungsverbot verteidigt wird, das andernfalls aber von Fall zu Fall auch dem Schutz der materiellen Wahrheit vor Verfälschungen bei kognitiver Dissonanz dienen könnte. Zu beachten ist ferner, dass Aussagen im Rahmen der ersten Vernehmung später kaum noch korrigiert werden, weil **Perseveranz-, Inertia- und Schulterschlusseffekte** (*Schünemann* StV 2000, 159 ff.) dies mit einer im Verlauf des Verfahrens zunehmenden Hartnäckigkeit verhindern. Ist die Beschuldigtenaussage aus der ersten Vernehmung dagegen nicht unverwertbar, dann muss sie zumindest genau dokumentiert, vom Gericht neutral rekonstruiert, möglichst präzise überprüft und mit anderen Beweismitteln abgeglichen werden, wobei auch aussagepsychologische Maßstäbe angelegt werden sollten. Die Praxis neigt dazu, auch in Fällen, in denen »Aussage gegen Aussage« steht, allenfalls einseitig die Angaben eines Belastungszeugen mittels aussagepsychologischer Begutachtung zu überprüfen, aber so gut wie nie die Aussage des Beschuldigten. Auch dies ist mit dem Prinzip der prozessualen Waffengleichheit kaum vereinbar (vgl. *Peters* StV 1986, 375 [376]). 66

III. Rechtsfehler nach Abs. 1 Satz 2 und ihre Folgen. 1. Fehler bei der Belehrung über das Recht zu schweigen und bei der Gewährung dieses Rechts. Die Verletzung von § 136 Abs. 1 Satz 2 Hs. 1 kann jedenfalls zu einem Beweisverwertungsverbot im Strafverfahren führen (BGHSt 38, 214 [220]; *Albrecht* ZStW 131 [2019], 97 [1189]); entsprechendes gilt für das Bußgeldverfahren (OLG Bamberg StraFo 2019, 111). Das hinter der Belehrungspflicht stehende Recht des Beschuldigen zu schweigen kann verletzt werden, wenn es ihm **nicht ohnehin bekannt** und bewusst ist, eine entsprechende **Belehrung versäumt** wird oder die erteilte Belehrung essenzielle Fehler aufweist (BGHR StPO § 136 Belehrung 17) und **deshalb** die Rechtsausübung durch **Aussageverweigerung unterlassen** wird, indem sich der Beschuldigte ungewollt zur Sache äußert und dabei selbst belastet. Auch eine Verletzung des Aussagefreiheit außerhalb einer Vernehmung kann ein Beweisverwertungsverbot zur Folge haben (BGH StV 2018, 767 [768] mit Anm. *Eisenberg*; dazu auch *Dorneck* HRRS 2018, 510 ff.; *Jahn* NJW 2018, 1988 f.; *Vogler* NStZ 2019, 38 ff.; *Wagner* ZJS 2018, 485 ff.). Das Schweigerecht des Beschuldigten würde i.Ü. auch entwertet, wenn aus seinem Schweigen für ihn nachteilige Schlüsse gezogen werden. Daher gilt im Grundsatz ein berechtigtes **Schweigen**, dem i.Ü. kaum Beweiswert zukäme, als **unverwertbar** (BGHSt 20, 281 [282 f.]; BGH StV 2015, 146; NStZ-RR 2018, 286 [287]). Für **Teilschweigen** wird in der Rspr. davon wiederum eine Ausnahme gemacht (BGHSt 20, 298 [300]; 38, 302 [307]; BGH NStZ 2021, 319; *Nack* StV 2002, 510 [515]; a.A. *Richter II* StV 1994, 687 [690 ff.]), die aber weder mit dem Rechtsgrund des Schweigerechts vereinbar erscheint (*Park* StV 2002, 589 [591 f.]), noch mit der aussagepsychologischen Erkenntnis, dass einem (Teil-) Schweigen für sich genommen kein Beweiswert zukommt (*Keiser* StV 2000, 633 [637]). Das Unterlassen einer Belehrung über die Aussagefreiheit bewegt sich außerdem in einem Grenzbereich zur verbotenen Täuschung über eine Aussagepflicht (*Verrel* Die Selbstbelastungsfreiheit im Strafverfahren, S. 119 ff.), die bei bewusster Unterlassung der Belehrung oder bewusst 67 fehlerhafter Belehrung mit dem Ziel der Herbeiführung eines Irrtums über das Bestehen einer Aussagepflicht vorliegen kann (OLG Oldenburg NJW 1967, 1096 [1098 f.]; auch bei unbewussten Verhalten OLG Bremen NJW 1967, 2022 [2023]; *Eisenberg* Beweisrecht der StPO, Rn. 572). Kennt der Beschuldigte sein Recht zu schweigen, bleibt ein Belehrungsdefizit folgenlos (BGHSt 38, 214 [224]; 47, 172 [173]; a.A. MüKo-StPO/*Schuhr* § 136 Rn. 56). Kennt der Beschuldigte das Recht zu schweigen nicht, kann der Belehrungsmangel sich weiter auf die Nichtausübung seines Rechts auswirken. Dies kann zur Unverwertbarkeit derjenigen Aussage des Beschuldigten führen, die er wegen seiner Unkenntnis macht. Bei wechselhaftem Aussageverhalten kann ein Verfahrensfehler u.U. nicht festgestellt werden (BGH NStZ 1995, 353). Ob die Vernehmung durchgeführt werden kann, wenn der Beschuldigte infolge seines psychischen Zustands die erteilte Belehrung nicht versteht, erscheint zweifelhaft (großzügig BGHSt 39, 339 [351]). Richtigerweise sollte die Vernehmung eines Beschuldigten, der die Rechtsposition nicht versteht, wegen Unfähigkeit zur Selbstverteidigung jedenfalls nicht ohne Verteidigerbeistand durchgeführt werden.

68 Ein Belehrungsmangel muss aus der revisionsrechtlichen Perspektive positiv **festgestellt** werden, wenn daraus Rechtsfolgen hergeleitet werden sollen (BGH NStZ 1997, 609 m.Anm. *Kaufmann* NStZ 1998, 474 = StV 1999, 354 m.Anm. *Wollweber*). Die freibeweisliche Sachaufklärung erfolgt in der Praxis regelmäßig anhand der **Dokumentation** des Vernehmungsverlaufs in den Akten oder dienstlicher **Erklärungen der Verhörperson** (krit. *Kaufmann* NStZ 1998, 474 f.), künftig vermehrt auch durch **Sichtung audiovisueller Aufzeichnungen** nach Abs. 4. Wenn damit genügend Klarheit herzustellen ist, kann es dabei sein Bewenden haben. Da aber auch im Freibeweisverfahren die **Aufklärungspflicht** gilt und deshalb »bestmögliche Sachaufklärung« vorgeschrieben ist, soweit Aufklärungsbedarf besteht (in anderem Zusammenhang BVerfGE 70, 297 [309]), können weitere Beweismittel herangezogen werden. Auch die Angaben des Beschuldigten, seines Verteidigers, einer Protokollkraft oder weiterer Personen, die bei der Beschuldigtenvernehmung anwesend waren, können Indizbedeutung haben. Die Beschränkung der Praxis auf Angaben der Verhörpersonen beruht auf einer Beweisantizipation, die von generellem Vertrauen gegenüber Amtsinhabern und generellem Misstrauen gegenüber Beschuldigten und Verteidigern oder Hilfspersonal gespeist wird. In dieser Allgemeinheit sind solche Vorbehalte nicht gerechtfertigt. Die Beschränkung des Freibeweises in der Revisionsinstanz auf den bisherigen Akteninhalt und dienstliche Äußerungen der Verhörpersonen (so im Ergebnis BGH StV 1999, 354) greift zu kurz. Auch die schriftliche Dokumentation in den Akten ist nicht immer zuverlässig (*Neuhaus* StV 2015, 185 [189]), eine audiovisuelle Aufzeichnung (Abs. 4) – Vollständigkeit vorausgesetzt – schon eher. Andererseits gehört die Belehrung heute zur Handlungsroutine der Verhörpersonen, sie wird meist schematisch erfüllt und ihr Vorhandensein oder Fehlen im Einzelfall ist in der Erinnerung bald nicht mehr verankert. Gibt eine bereits längere Zeit aktive Verhörperson an, dass sie immer die Belehrung nach § 136 Abs. 1 Satz 2 erteile und sich an ein Unterlassen nicht erinnern könne, kann die routinemäßige Durchführung der Belehrung angenommen werden, sofern nicht Hinweise auf einen abweichenden Verlauf vorliegen. Liegen andererseits keine verlässlichen Anhaltspunkte für eine erfolgte Belehrung vor, weil Verhörpersonen sich nicht mehr an den Fall erinnern, und kommt hinzu, dass ein **Aktenvermerk** über die Belehrung **entgegen Nr. 45 Abs. 1 RiStBV nicht gefertigt** wurde, so kann indiziell von einem Versäumen der Belehrung ausgegangen werden (BGH StV 2007, 65 f. m.Anm. *Wohlers* JR 2007, 126 f.; MüKo-StPO/*Schuhr* § 136 Rn. 80). Konkrete Zweifel an der Erteilung der Belehrung wirken sich dann im Ergebnis zugunsten des Beschuldigten aus (LR/*Gleß* § 136 Rn. 78).

69 Die hypothetische **Kausalität des Unterlassens der Belehrung** für eine Nichtwahrnehmung des Schweigerechts durch Sachaussage des (gegebenenfalls nicht verteidigten) Beschuldigten infolge von **Rechtsunkenntnis** ist noch schwieriger festzustellen. Die Feststellung bleibt aber revisionsrechtlich erforderlich. Da das Gesetz die Belehrung generell vorschreibt, weil es davon ausgeht, dass ein Beschuldigter das Recht, sich nach seiner freien Wahl redend oder schweigend verteidigen zu dürfen, prinzipiell nicht kennt oder in der Vernehmungssituation nicht ohne Weiteres in der Lage ist **klare Gedanken zu fassen** und das Schweigerecht zu nutzen (BGHSt 38, 214 [224]; 47, 172 [173]; *Ransiek* StV 1994, 343 [344]), kann beim Ausbleiben der Belehrung im Zweifel zugunsten eines Beschuldigten dessen **Rechtsunkenntnis angenommen** werden (BGHSt 38, 214 [225]; LR/*Gleß* § 136 Rn. 79; SK-StPO/*Wohlers* § 163a Rn. 82), sofern nicht aussagekräftige Indizien dagegen sprechen. Allein aus der Tatsache, dass ein juristischer Laie **früher bereits als Beschuldigter vernommen** und dabei belehrt worden war, kann nicht ohne Weiteres auf seine aktuelle Rechtskenntnis geschlossen werden. War jedoch eine andere Vernehmung kurze Zeit vorangegangen oder liegen zahlreiche oder intensive Erfahrungen des Beschuldigen mit Vernehmungen vor (BGH StraFo 1996, 121 m. abl. Anm. *Haizmann*) oder hatte der Beschuldigte früher sein Recht als Beschuldigter zu schweigen nach Belehrung ausgeübt, so können diese Umstände im Einzelfall die Annahme rechtfertigen, er habe auch in der aktuellen Vernehmung sein Recht nicht aussagen zu müssen aktuell gekannt. Stellt der Tatrichter dagegen Rechtsunkenntnis fest, muss er weiterhin die zumindest nicht ausschließbare Kausalität des Belehrungsfehlers für diese Rechtsunkenntnis und für

seine Äußerungen zur Sache überprüfen (*Eisenberg* Beweisrecht der StPO, Rn. 576). Kannte der Beschuldigte wegen des Belehrungsmangels sein Schweigerecht nicht und hat er deshalb ausgesagt, dann ist die Aussage unverwertbar. Kannte er es trotz des Belehrungsdefizits, so ist der Informationsgewinn der Strafverfolgungsorgane rechtmäßig und die Aussage verwertbar, weil das bekannte Recht zu schweigen substanziell nicht verletzt wurde (*Amelung* StV 1991, 454 [455]). Steht das Unterlassen der Belehrung fest, kann im Zweifel von Unkenntnis des Beschuldigten ausgegangen werden. Steht dagegen nachträglich fest, dass der Beschuldigte in jedem Fall aussagen wollte, wirkt sich ein Belehrungsfehler wiederum nicht aus (LR/*Gleß* § 136 Rn. 80).

Hatte der Beschuldigte z.Zt. der Vernehmung **einen Verteidiger**, dann ist im Allgemeinen davon auszugehen, dass auch die Frage des Ob und Wie der Sacheinlassung bereits besprochen worden war; denn dabei handelt es sich um einen elementaren Teil der Verteidigungsstrategie. Auch bei Bestehen eines Verteidigermandats z.Zt. der Vernehmung kann es aber noch von Bedeutung sein, ob der Verteidiger aktuell anwesend ist oder nicht, ferner, ob das Mandat dann bereits längere Zeit Bestand hatte oder erst vor kurzer Zeit begründet worden war. Nur bei aktueller Anwesenheit des Verteidigers und zumindest zeitlich ausreichender Gelegenheit zu einem Beratungsgespräch (vgl. Art. 6 Abs. 3 lit. a EMRK) ist von ausreichender Kenntnis des Einlassungsverweigerungsrechts beim Beschuldigten aufgrund eines Verteidigergesprächs auszugehen, soweit keine Hinweise auf das Gegenteil vorliegen. War nach den Umständen des Einzelfalls keine ausreichende Gelegenheit für ein erstes Mandatsgespräch gegeben, kann dies selbst bei Anwesenheit eines Verteidigers z. Zt. der Vernehmung der Feststellung ausreichender Rechtskenntnis des Beschuldigten entgegenstehen. 70

2. Fehler bei der Belehrung über das Recht zur Verteidigerkonsultation oder bei der Realisierung dieses Rechts. Das Recht zur Verteidigerkonsultation ist ebenso **bedeutsam** wie das Recht des Beschuldigten, sich redend oder schweigend verteidigen zu können (*Geppert* FS Otto, 2007, S. 913 [914]); denn formelle Verteidigung ist **Bestandteil eines Rechts auf Teilhabe am Prozess** als Subjekt, woraus wiederum eine »Legitimation« der Bestrafung »durch Verfahren« abgeleitet wird (*Gaede* Fairness als Teilhabe, 2007, S. 494 ff.). In der verfassungsgerichtlichen Rspr. ist allgemein anerkannt, dass der Beistand eines Verteidigers ein Bestandteil **des Anspruchs auf ein faires Verfahren** ist (BVerfGE 38, 105 [111]; 39, 238 [243]; 46, 202 [210]; 63, 380 [391]; 64, 135 [149]; 65, 171 [174]; 66, 313 [318 f.]; 68, 237 [255]; 70, 297 [322 f.]). Im Grundsatz folgt daher auch aus der Verletzung des Rechts auf Verteidigerkonsultation ein Beweisverwertungsverbot für die Aussage des Beschuldigten, die unter Verletzung dieses Rechts gemacht wurde. 71

Der Beschuldigte darf nach Art. 6 Abs. 3 lit. c EMRK nicht nur sich selbst verteidigen, sondern er kann auch **jederzeit** einen Verteidiger damit beauftragen oder **unentgeltlich** den Beistand eines gerichtlich bestellten Verteidigers erhalten, wenn dies im Interesse der Rechtspflege erforderlich ist. Auch darüber ist der Beschuldigte vor der Vernehmung zu belehren (*Ransiek* StV 1994, 343 f.). Das gilt nach der Novellierung des Rechts der notwendigen Verteidigung erst recht. Die Selbstverteidigung und die Verteidigung durch einen Strafverteidiger sind zwar rechtlich gleichwertig, faktisch bestehen aber besonders wegen der strukturellen Überlegenheit der Verhörpersonen gravierende Defizite, wenn der Beschuldigte sich bei der Vernehmung ohne Verteidigerbestand in eigener Person verteidigen will. Das Verteidigerkonsultationsrecht darf daher nicht mit Hinweis darauf abgewertet werden, dass dem Beschuldigten auch ohne Verteidigerbeistand die Möglichkeit der Verteidigung bleibt (BGHSt 38, 372 [374 f.]); denn der unverteidigte Beschuldigte kann wegen seiner **Betroffenheit** durch das Verfahren, aber auch aus **Unkenntnis** der Vernehmungstechnik und Ermittlungstaktik sowie der Bedeutung seiner Aussage im weiteren Verfahrensgang die Bedeutung und Tragweite seiner Aussage regelmäßig nicht ebenso gut einschätzen wie ein Verteidiger (*Beulke* NStZ 1996, 257 [258]). Selbst ein vom strafrechtlichen Vorwurf betroffener Jurist kann im Fall einer Verletzung seines Verteidigerkonsultationsrechts nicht ohne Weiteres darauf verwiesen werden, er habe sich selbst verteidigen und eigenverantwortlich über sein Aussageverweigerungsrecht entscheiden können; denn ein nicht persönlich betroffener Jurist in der Verteidigerrolle kann anders entscheiden und agieren. 72

Die Verteidigerkonsultation dient nicht zuletzt der Klärung der prozesstaktischen Frage, ob und gegebenenfalls wie sich der Beschuldigte zur Sache äußert. Wird ihm dies nicht ermöglicht, weil er mangels Belehrung und eigener Kenntnis das Recht zur Verteidigerkonsultation nicht ausübt oder weil er unbeschadet einer erfolgten Belehrung an der Durchsetzung dieses Rechts gehindert wird, kann daraus ein **Verwertungsverbot** folgen (BGHSt 58, 301 [307 ff.]; *Beckemper* Durchsetzung des Verteidigerkonsultationsrechts und die Eigenverantwortlichkeit des Beschuldigten, S. 63; *von Stetten* FS Beulke, 2015, S. 1053 [1059 f.]). Dies ist nach der restriktiven Rspr., die zunächst eine Beweiswürdigungslösung bevorzugt hatte (BGHSt 46, 93 [103 ff.]) und den **Zusammenhang zwischen Selbstbelastungsfreiheit und Verteidigerkonsultationsrecht** erst jüngst hervorgehoben hat (BGHSt 58, 301 [304 ff.]), nur der Fall, wenn der Verfahrensfehler so schwer wiegt, dass er das staatliche Aufklärungsinteresse überwiegt (Abwägungslehre), ferner nur, wenn er für die Aussage kausal geworden ist (Beruhensaspekt), außerdem, wenn er nicht im weiteren Verfahrensverlauf durch »qualifizierte 73

Belehrung« und/oder Zustimmung zur weiteren Vernehmung oder nachträgliche Genehmigung, spätestens bei der Verwertung durch strengbeweisliche Beweiserhebung in der Hauptverhandlung korrigiert wurde (Heilungsmöglichkeit), schließlich, wenn ein Verwertungsverbot exklusiv durch form- und fristgerechten Widerspruch gegen die Beweisverwertung aktiviert wurde (Widerspruchslösung). Alle diese Hürden für einen Verteidigungserfolg dienen der Rspr. zur Eindämmung als zu weit gehend empfundener Fehlerfolgen. Dieses Geflecht von Hindernissen hat aber praktisch dazu geführt, dass Verfahrensrügen zur Geltendmachung unselbstständiger Beweisverwertungsverbote in der Revisionsinstanz kaum noch erhoben werden und auch bei ihrer Erhebung nur sehr selten Erfolg haben. Das kollidiert mit der Rechtsschutzgarantie aus Art. 19 Abs. 4 GG oder aus Art. 20 Abs. 3 GG i.V.m. dem Freiheitsrecht.

74 Das Aussageverweigerungsrecht kann der Beschuldigte theoretisch auch allein wahrnehmen, das Recht auf Verteidigerbeistand nicht. Die Verteidigerkonsultation ist zugleich ein **Hilfsmittel zur sachgerechten**, alle prozessualen und materiell-rechtlichen Folgen bedenkenden **Entscheidung über das Recht** des Beschuldigten, **sich redend oder schweigend zu verteidigen**. Die Fehlervarianten sind hier gegenüber der Konstellation der unmittelbaren Verletzung des Rechts, sich redend oder schweigend zu verteidigen, partiell modifiziert, wohingegen sie aber den gleichen Kern berühren.

75 Das Recht auf Verteidigerkonsultation kann durch eine Anzahl von **Handlungen oder Unterlassungen der Ermittlungsorgane** verletzt werden, nun auch im Bereich von § 141a. Dies gilt für die Unterlassung einer für den Beschuldigten in seiner konkreten Situation **verständlichen** (*Geppert* FS Otto, 2007, S. 913 [916]) **Belehrung** über das Verteidigerkonsultationsrecht, darüber hinaus durch die Versäumung einer **Verteidigerbestellung** für den mittellosen Beschuldigten in einem Fall notwendiger Verteidigung (§ 141, Art. 6 Abs. 3 lit. c EMRK), ferner durch die **Unterlassung der Mitteilung** von einer bereits erfolgten Verteidigerbestellung (BGHSt 50, 272 [273 f.]) oder durch die Unterlassung eines Hinweises an den Beschuldigten auf die Option der Verteidigerbestellung (*Geppert* FS Otto, 2007, S. 913 [923]; *Roxin* JZ 2002, 898 [900]; a.A. BGH NStZ 2018, 671 f. mit abl. Anm. *Jäger* = StV 2019, 159 f. mit abl. Anm. *Ransiek*). Außerdem besteht die Möglichkeit der Rechtsverletzung bei einer Vereitelung der **Kontaktaufnahme** oder dem **Unterlassen einer Unterstützung** des Beschuldigten beim Bemühen darum (Abs. 1 Satz 3 und Satz 4). Auch die Vereitelung des bei polizeilichen Vernehmungen früher umstrittenen Rechts auf Anwesenheit des Verteidigers bei der Beschuldigtenvernehmung (Rdn. 63) kann nach Maßstäben, wie sie zu § 168c Abs. 5 entwickelt wurden, zu einem Beweisverwertungsverbot führen (*Schrepfer* Die Anwesenheit des Verteidigers bei der polizeilichen Beschuldigtenvernehmung, 2001, S. 206 ff.). Für **Fehler des Verteidigers**, die eine Kontaktaufnahme oder eine effektive Konsultation verhindern, hat der Staat hingegen grundsätzlich nicht einzustehen. Nur dann, wenn eine grobe Pflichtverletzung des Verteidigers ohne Einblick in das Innenverhältnis des Mandats erkennbar ist, entsteht eine Fürsorgepflicht zum Schutz des Beschuldigten vor Schlechtverteidigung (vgl. EGMR NJW 2003, 1229 [1230]; BGH NStZ-RR 2018, 84; wistra 2021, 160).

76 Kein Verfahrensfehler, der ein Beweisverwertungsverbot begründen könnte, liegt vor, wenn die Vernehmung nach Belehrung ohne Verteidigerbeistand **fortgesetzt** wird, weil der Beschuldigte in Kenntnis seiner Rechte keine Verteidigerkonsultation wünscht oder weil er unbeschadet eines geäußerten Wunsches nach Verteidigerkonsultation der Fortsetzung der Vernehmung nach nochmaliger Belehrung ausdrücklich **zustimmt** (BGHSt 42, 15 [19]) oder jedenfalls konkludent damit einverstanden ist (*Beulke* NStZ 1996, 257 [261]; *Geppert* FS Otto, 2007, S. 913 [922 f.]). Auch eine schlichte **Nachfrage** der Verhörperson, ob dies geschehen kann, nachdem ernsthafte Bemühungen um Herbeiführung eines Kontakts vergeblich geblieben sind, ist noch keine Willensbeeinflussung, welche die Eigenverantwortlichkeit des Beschuldigten aufheben würde. Jedoch ist es unzulässig, wenn der Beschuldigte **hartnäckig bedrängt** wird, auch ohne die erwünschte Verteidigerkonsultation zur Sache auszusagen (BGHSt 58, 301 [305] mit Anm. *Wohlers* JR 2014, 132; SK-StPO/*Rogall* § 136 Rn. 49; *Roxin* JZ 1997, 343 [344 f.]). Gleiches gilt für den Fall einer **Überlistung** des Beschuldigten zur Aussage ohne Verteidigerkonsultation. Schließlich ist im Einzelfall die **Verweigerung einer** ernsthaften **Unterstützung** des Beschuldigten beim Versuch der Herstellung eines erwünschten Kontakts mit dem Recht auf Verteidigerbeistand nicht zu vereinbaren. Der Rechtsfehler liegt dann in einer dem Staat zurechenbaren Beeinträchtigung des freien Willensentschlusses des Beschuldigten, sich nicht ohne vorherige Verteidigerkonsultation zur Sache zu äußern (*Beckemper* Durchsetzbarkeit des Verteidigerkonsultationsrechts und die Eigenverantwortlichkeit des Beschuldigten, S. 180 ff.).

77 Die Belehrung nach § 136 Abs. 1 Satz 2 bleibt pure Förmelei, wenn dem Beschuldigten die Durchsetzung des Rechts nicht ermöglicht wird oder wenn er von seinem eigentlichen Willensentschluss durch Ausübung von Druck oder irreführende Hinweise abgebracht wird. Der Staat hat keinen Anspruch darauf, dass sich der Beschuldigte, dem uneingeschränkt das Recht zu schweigen zusteht, sich zu einem bestimmten Zeitpunkt und in bestimmter Lage zur Sache äußert und damit in unerwünschter Weise selbst belastet. Das Postulat der »Funktionstüchtigkeit der Strafrechtspflege« ändert nichts an diesem rechtsstaatlichen Befund. Will **der**

Beschuldigte erkennbar und ernsthaft von seinem Recht zu schweigen **Gebrauch machen**, solange jedenfalls nicht zuvor eine Verteidigerkonsultation stattgefunden hat, ist die **Vernehmung abzubrechen** (BGHSt 58, 301 [305]). Im Übergehen des im Einzelfall zum Ausdruck gebrachten Willens des Beschuldigten ist eine Verletzung seiner Stellung als Rechtssubjekt zu sehen (*Roxin* JZ 1993, 426 ff.). Eine Fortsetzung der Vernehmung kann dann allenfalls nach erneuter Belehrung gem. § 136 Abs. 1 Satz 2 erfolgen, wenn der Beschuldigte sich hierauf mit der Vernehmung einverstanden erklärt. Die hierzu zunächst divergierende Rspr. (BGHSt 42, 15 [19 ff.]; 42, 170 [171 ff.]; 47, 172 [173 ff.]) hat sich im Laufe der Zeit angenähert und auf die Konstruktion der **Zweitbelehrung** nach gescheitertem Versuch der Kontaktaufnahme mit einem Verteidiger als Heilungsinstrument verständigt.

3. Heilung des Rechtsfehlers. a) Qualifizierte Belehrung. Ein anfänglicher Fehler bei der Belehrung nach 78
§ 136 Abs. 1 Satz 2 kann geheilt werden. Heilung durch schlichte **Wiederholung** der Vernehmung (*Dencker* Verwertungsverbote im Strafprozess, S. 82 ff.; *Rogall* FS Geppert, 2011, S. 519 [530]) reicht aber nicht aus. Selbst die **Nachholung der** gesetzlichen **Belehrung** genügt noch nicht (BGHSt 51, 367 [376]), weil sie nur dazu führt, dass der Beschuldigte ab diesem Zeitpunkt seine Rechte kennt. Vollendete Tatsachen kann er aus seiner Sicht nicht mehr beseitigen und bleibt in seinen Entscheidungsalternativen beschränkt. Er kann der Ansicht sein, dass ihm sein Recht, sich redend oder schweigend zu verteidigen, und sein Recht auf Verteidigerkonsultation vor oder bei der Vernehmung wegen der bereits aktenkundigen früheren Aussage nicht mehr helfen. Daher sind diese Rechte bei nachfolgenden Aussagen zunächst ebenfalls beeinträchtigt und die weiteren Angaben der Sache davon beeinflusst. Der verfahrensrechtliche *status quo ante* kann nach derzeitigem **Richterrecht** (*Rogall* FS Geppert, 2011, S. 519 [523]) mit der Folge einer rechtsfehlerfreien Fortführung der Vernehmungen hergestellt werden, indem der Beschuldigte nicht nur **erneut** über sein Schweige- und Verteidigerkonsultationsrecht **belehrt**, sondern aus Fairnessgründen **auch über die Unverwertbarkeit** seiner anfänglichen Sachaussage **informiert** wird (BGHSt 53, 112 [115] mit Anm. *Deiters* ZJS 2009, 198 ff. und *Kasiske* ZIS 2009, 186 ff.; *Albrecht* ZStW 131 [2019], 97 [119]; *Barthelme*, Die qualifizierte Belehrung bei Verfahrensverstößen im Strafprozess, 2011, S. 127 ff., 159 ff.; *Linnenbaum* Belehrung und »qualifizierte« Belehrung im Strafverfahren, 2009, S. 107, 120 ff.).

Diese Konzeption der Fehlerheilung durch qualifizierte Belehrung bei einer nachfolgenden Vernehmung 79
krankt daran, dass sogar ein Verwertungsverbot für die anfänglichen Äußerungen den *status quo ante* nicht lückenlos wiederherstellt, weil es nach der Rspr. keine Fernwirkungen hat und einem »Spurenansatz« nicht entgegensteht. Prämisse des Konzepts der qualifizierten Belehrung ist zudem die Annahme eines Verwertungsverbots für die anfänglichen Äußerungen. Vernehmungsbeamte, aber auch Ermittlungsrichter, die mit dem Hauptsacheverfahren später nicht mehr befasst werden, sind keine geeigneten Beurteiler der Frage, ob anfängliche Äußerungen unverwertbar waren und deshalb darauf »qualifiziert« hinzuweisen sei. Strukturell ist die qualifizierte Belehrung mit der bisher gültigen Variante der Widerspruchslösung unvereinbar, da diese das Verwertungsverbot erstmals in der Hauptverhandlung aufgrund einer dortigen Bewirkungshandlung der Verteidigung entstehen lässt, während es vorher weder existiert noch vorhersehbar ist (*Barthelme* Die qualifizierte Belehrung bei Verfahrensverstößen im Strafprozess, 2011, S. 105 ff.; krit. *Rogall* FS Geppert, 2011, S. 519 [533 ff.]). Die Verhörperson, die im Vorverfahren qualifiziert belehren soll, kann also hier – anders als im Fall des absoluten Beweisverbots nach § 136a Abs. 3 (zur qualifizierten Belehrung dazu LG Bad Kreuznach StV 1994, 293 [294 f.]) – den Gegenstand dieser Belehrung noch nicht kennen.

Eine **falsche qualifizierte Belehrung** über die Unverwertbarkeit anfänglicher Aussagen, die in verfahrens- 80
fehlerhafter Weise zustande gekommen waren, hätte ggf. die Qualität einer **Täuschung** (*Deiters* ZJS 2009, 198 [201]; MüKo-StPO/*Schuhr* § 136 Rn. 29), wenn später aufgrund der in Grenzfällen unkalkulierbaren Resultate der Abwägungslehre sowie der Gebote der Widerspruchslösung das Entscheidungsergebnis dahin lauten sollte, ein Verwertungsverbot für die Erstaussage sei nicht gegeben. Die vor diesem Hintergrund nur mögliche Belehrung darüber, dass bei ex post-Betrachtung ein künftig entscheidendes Tatgericht und ein Revisionsgericht nach einem in der tatgerichtlichen Hauptverhandlung rechtzeitig und formgerecht erhobenen Widerspruch gegen die Äußerungsverwertung zu dem Ergebnis kommen könnten, die anfängliche Aussage zur Sache sei unverwertbar – so die für die Ermittlungspraxis viel zu komplizierte »ganze Wahrheit« (*Rogall* FS Geppert, 2011, S. 519 [539]) –, erscheint aufs Ganze gesehen eher kontraproduktiv. Andererseits nimmt die Rspr. an, dass eine **Verletzung der Pflicht zur qualifizierten Belehrung** im Einzelfall nicht dasselbe Gewicht habe wie ein unmittelbarer Verstoß gegen § 136 Abs. 1 Satz 2, sodass daraus kein Beweisverwertungsverbot resultieren müsse, sondern nur nach Maßgabe der Abwägungsdoktrin zu beurteilen sei (BGHSt 53, 112 [115 f.]; BGH NStZ 2019, 227, 228 mit Anm. *Arnoldi*; BGH StV 2021, 410 f.). Damit wird die Rechtsfigur der qualifizierten Belehrung wieder entwertet (*Rogall* FS Geppert, 2011, S. 519 [521] und SK-StPO/Rogall § 136 Rn. 87 f.; *Roxin* JR 2008, 16 [18]).

81 b) **Zustimmung des Beschuldigten zur Verwertung früherer Äußerungen.** Der Belehrungsmangel als Anknüpfungspunkt für ein Beweisverwertungsverbot wird nach herrschender Ansicht dadurch **geheilt**, dass der Beschuldigte der Verwertung nach Kenntniserlangung von seinen prozessualen Rechten zustimmt oder sie nachträglich genehmigt (LR/*Gleß* § 136 Rn. 81; *Rogall* FS Geppert, 2011, S. 519 [529]). Der Beschuldigte kann danach im Verbund mit seinem Verteidiger durch Prozesserklärung über die Verwertung seiner früheren Angaben disponieren, zumal er durch weitere Aussagen zur Sache über die Vermittlung von Informationen aus seinem Wissensbereich bestimmen kann. Der Sache nach liegt dann ein **Verzicht** auf die sich aus der Selbstbelastungsfreiheit ergebenden prozessualen Befugnisse vor. Die Zustimmung oder Genehmigung kann ausdrücklich oder konkludent erklärt werden, sie muss aber eindeutig erteilt sein, um als Prozesshandlung eine Verzichtswirkung zu entfalten. Die Zustimmung kann thematisch beschränkt, sie kann aber als eine den Verfahrensgang beeinflussende Prozesshandlung **nicht widerrufen** werden. Andererseits kann die Genehmigung auch noch mit einem erheblichen zeitlichen Abstand zur Beschuldigtenvernehmung erteilt werden.

82 4. **Rechtsfolgen eines ungeheilten Rechtsfehlers.** Ist ein Rechtsfehler bei der Beweiserhebung im Vorverfahren durch Beschuldigtenvernehmung festzustellen und wird dieser Fehler nicht geheilt, stellt sich die Frage nach der Rechtsfolge. Infrage kommen ein Beweisverwertungsverbot oder als weitergehende Rechtsfolge (*Jahn* Gutachten C zum 67. DJT 2008, C 104 f.) ein Verfahrenshindernis, ferner ein Revisionsgrund gegen eine Verurteilung, ein besonderes Beweiswürdigungskriterium (BGHSt 46, 93 [103 ff.] m. abl. Anm. *Gleß* NJW 2001, 3606 f. und *Sowada* NStZ 2005, 1 [6 f.] zur Verletzung des Konfrontationsrechts), ein Strafzumessungskriterium, ein Aspekt, der durch Strafabschlag nach der Vollstreckungslösung zu kompensieren wäre (BGHSt 52, 48 [56 f.]), oder ein Schadensersatzanspruch in Geld wegen Amtspflichtverletzung.

83 a) **Verwertungsverbot als Kompensation eines Fehlers bei der Beweiserhebung.** aa) **Alternativen der Kompensation.** Strafrechtliche oder strafprozessuale Kompensationsformen sind wegen ihrer grundsätzlichen Verschiedenheit vom zivilrechtlichen Schadensersatz zu unterscheiden; die Möglichkeit der Amtshaftung schließt daher eine Rechtsfolge im Strafprozess nicht aus. Aus dem Spektrum der teils verfahrensrechtlichen, teils materiell-rechtlichen Kompensationsmittel im Strafprozess sind zunächst das Verfahrenshindernis als eine hier zu weit gehende Rechtsfolge, sodann die unpassenden Strafzumessungs- oder Vollstreckungsabschlagsmodelle zu eliminieren (Jahn Gutachten C zum 67. DJT 2008, C106 f.). Danach bleiben noch Beweisverwertungsverbots- oder Beweiswürdigungslösungen übrig. Die **Beweiswürdigungslösung** erweist sich als problematisch (*Fezer* FS Gössel, 2002, S. 627 ff.; *Ignor* FS Riess, 2002, S. 185 [189]), weil dadurch in unklarer Weise eine »besonders vorsichtige Beweiswürdigung« gefordert wird. Besondere Vorsicht bei der Beweiswürdigung ist eine generelle Forderung an Strafrichter. Ein Unterschied zwischen der Beweiswürdigung in Normalfällen und derjenigen in Fällen mit Kompensationsbedeutung ist jedenfalls dann nicht verifizierbar, wenn die bemakelte Aussage nicht das einzige Beweismittel ist und diese nur für sich genommen einen Schuldspruch nicht zu tragen vermag. Sonst gilt als Folge der Beweiswürdigungslösung die Regel, dass der bemakelte Beweis eine Verurteilung nicht allein tragen kann, sondern dazu einer Absicherung durch andere Indizien bedarf. Die Freiheit der Beweiswürdigung nach § 261 spricht tendenziell gegen eine solche **richterrechtliche Beweisregel** (BGH StV 2017, 776 [777] mit Anm. *Arnoldi* NStZ 2018, 55 f.; *Gaede* StV 2018, 175 ff.; *Lohse* JR 2018, 183 ff.; *Schumann* HRRS 2017, 354 ff. zur Verletzung des Konfrontationsrechts). Beweiswürdigungs- und Strafzumessungslösungen beruhen jeweils auf Praktikabilitätserwägungen und kompensieren oftmals einen Verfahrensfehler im Ergebnis gar nicht (*Dallmeyer* Beweisführung im Strengbeweisverfahren, 2002, S. 118 ff.). Auch dieses Resultat wirkt unbefriedigend. Bleiben Verfahrensfehler ohne Rechtsfolge, breiten sie sich aus.

84 Die **angemessene prozessuale Rechtsfolge** einer Verletzung der Selbstbelastungsfreiheit oder des Verteidigerkonsultationsrechts bei der Beschuldigtenvernehmung wäre daher **das Beweisverwertungsverbot**. Zwischen der Verletzung der Selbstbelastungsfreiheit und derjenigen des Verteidigerkonsultationsrechts besteht insoweit kein substanzieller Unterschied, weil der Verteidigerbeistand auch dem Schutz der Selbstbelastungsfreiheit dient (BGHSt 58, 301 [304 f.]), sodass die Verletzung des Verteidigerkonsultationsrechts letztlich aus demselben Grund wie bei direkter Verletzung des Schweigerechts ein Beweisverwertungsverbot auslösen kann (*von Stetten* FS Beulke, 2015, S. 1053 [1062 ff.]). Aus dem Fehlen einer positivrechtlichen Regelung eines Beweisverwertungsverbot in der vorliegenden Vorschrift kann nicht abgeleitet werden, dass eine solche Rechtsfolge nicht angenommen werden dürfe (OLG Bremen NJW 1967, 2022); deshalb erscheint der oft wiederholte Hinweis darauf verfehlt, dass die StPO im Vernehmungskontext nur bei § 136a Abs. 3 eine ausdrückliche Beweisverbotsregelung enthält (vgl. BGH NStZ 2019, 227 [228]). Das absolute Beweiserhebungs- und Beweisverwertungsverbot nach § 136a Abs. 3 hat zudem eine andere Qualität als das relative Beweisverwertungsverbot bei Verletzung von § 136. Es wäre ein Wertungswiderspruch zur *ratio legis*, wenn die unter Verstoß gegen die Selbstbelastungsfreiheit oder gegen das Verteidigerkonsultationsrecht erlangte Äußerung im Strafprozess gegen den Angeklagten verwertet würde, sofern er dies nicht aufgrund seiner

Freiheit zur Mitwirkung an der eigenen Überführung oder zu deren Unterlassung wünscht (*Dudel* Das Widerspruchserfordernis bei Beweisverwertungsverboten, 1999, S. 110). Schon die Beweiserhebung in der Hauptverhandlung über eine im Vorverfahren rechtsfehlerhaft erlangte Äußerung des Beschuldigten in der Hauptverhandlung verletzt mittelbar erneut seine Selbstbelastungsfreiheit; darüber geht die Widerspruchslösung der Rspr. hinweg, wenn sie die Prüfung des Beweisverwertungsverbots der Beweiserhebung nachfolgen lässt. **Unselbstständige Beweisverwertungsverbote** wegen Beweiserhebungsfehlern im Vorverfahren wurde vorher herkömmlich auch als **Beweiserhebungsverbote für die Hauptverhandlung** angesehen. Dabei kommt es aus der Perspektive des Angeklagten nicht darauf an, ob der Verfahrensfehler im Vorverfahren schuldhaft verursacht worden war (*Jahn* Gutachten C zum 67. DJT 2008, C73 f.). Die Rspr. handhabt dies im Rahmen der Abwägungsdoktrin vielfach anders. Auch wenn der Beschuldigte **im Ausland vernommen** wird und besteht dort keine Belehrungspflicht hinsichtlich des Schweigerechts besteht, bleibt die dortige Aussage nach der Rspr. im Inland verwertbar; sie muss nur »besonders vorsichtig« gewürdigt werden (BGH StV 1995, 231 f. m. abl. Anm. *Dencker*).

bb) Abwägungsdoktrin zur Bestimmung der Rechtsfolgen einer Verletzung von Abs. 1 Satz 2. Nichts ist 85
in der Dogmatik zum Strafprozessrecht heftiger umstritten als die Frage, wann ein unselbstständiges Beweisverwertungsverbot vorliegt. Die Strafprozessordnung trifft, auch wenn zunehmend gesetzliche Regeln über Beweiserhebungs-, Verwertungs- oder Verwendungsverbote entstehen, wonach gleichwohl Regelungslücken verbleiben, keine abschließende und einheitliche Regelung hierzu; die Kasuistik ist unüberschaubar geworden und ihre Rechtsunklarheit wurde eine **Mitursache für die Urteilsabsprachepraxis** (BVerfGE 133, 168 [172]). Dem Gesetz kann andererseits nicht entnommen werden, dass immer dann, wenn **keine positivrechtliche Regelung** über ein Verwertungsverbot als Folge eines Rechtsfehlers bei der Beweiserhebung besteht, auch kein Verwertungsverbot existieren soll. Andernfalls würden die Beweiserhebungsregeln im Ergebnis mangels Rechtsfolge ihrer Verletzung zu Sollvorschriften degradiert (so schon *Beling* JW 1924, 1721 [1722]). Die Frage, ob ein Rechtsfehler bei der Beweiserhebung ein Verwertungsverbot nach sich zieht, muss nach der Rspr. aber für jede Fallgestaltung gesondert entschieden werden (BGH NStZ 2019, 227 [228]). Die Entscheidung für oder gegen ein Verwertungsverbot ist danach, von Fällen des Eingriffs in den unantastbaren Kernbereich der Persönlichkeitsentfaltung abgesehen (BGHSt 31, 296 [299 f.]; 50, 206 [210]; 51, 1 [4]; 53, 294 [302 f.]; 56, 127 [135]), bei selbstständigen wie bei unselbstständigen Beweisverwertungsverboten gleichermaßen aufgrund einer umfassenden **Abwägung der Bedeutung des Strafverfolgungsinteresses** der Allgemeinheit im Einzelfall **gegen** das **Interesse des Beschuldigten** an der Wahrung seiner prozessualen Rechte zu treffen (BVerfGE 130, 1 [28]; BGHSt 38, 214 [219 f.]; 38, 372 [374]; 47, 172 [179], 52, 48 [54]; 53, 112 [116]; 54, 69 [87]; 56, 138 [145]; 58, 301 [308]; BGH NStZ 2019, 227 [228]; näher *Neuber* Beweisverwertungsverbote im Strafprozess – Rechtsstaatlichkeitsanforderungen an die Abwägungslehre. Ein methodischer Vorschlag zur Konturierung der Abwägung, 2017). Dabei sind aber im Hinblick auf die Folgen einer Verletzung von § 136 Abs. 1 Satz 2 eher normativ abstrakte als fallbezogen konkrete Abwägungen zu verzeichnen, weil der Belehrungsnorm mit Blick auf die dahinterstehende Selbstbelastungsfreiheit auch eine gesetzgeberische Vorabwägung zu Grunde liegt. Dementsprechend hat der BGH in seiner Grundsatzentscheidung überwiegend abstrakte Erwägungen angestellt und das eher geringe Gewicht des dortigen Vorwurfs eines Trunkenheitsverkehrsdelikts nicht einmal erwähnt (BGHSt 38, 214 [220 ff.]). In Entscheidungen zur Verletzung des Verteidigerkonsultationsrechts, die Verfahren über Kapitaldelikte betrafen, wird dagegen die Schwere des Vorwurfs als Abwägungspunkt hervorgehoben (BGHSt 42, 170 [174]). Die Art der Anwendung der Abwägungstheorie wirkt nicht homogen.

Der Abwägungsansatz aus dem Bereich der selbstständigen Beweisverwertungsverbote auf der zweiten Stufe 86
der Dreisphärentheorie ist von der Rspr. undifferenziert auf die unselbstständigen Beweisverwertungsverbote übertragen worden, obwohl diese wegen der unterschiedlichen Ausgangsbasis anderen Prinzipien folgen müssten (*Dencker* Verwertungsverbote im Strafprozess, S. 110; *Strate* HRRS 2008, 76 [80]). Insoweit ist der jeweilige Normzweck der Beweiserhebungsregeln von besonderer Bedeutung. Bei der postulierten Gesamtabwägung aller Umstände fallen nach der Rspr. aber das **Gewicht des Verfahrensverstoßes** im Einzelfall sowie seine Bedeutung für die Sphäre des Betroffenen ebenso in die Waagschale, wie die Erwägung, dass die Wahrheit nicht um jeden Preis erforscht werden muss und das Verwertungsverbot oder die Verwertbarkeit des bemakelten Beweises vor allem vom **Gewicht des** konkreten **strafrechtlichen Vorwurfes** abhängen soll (krit. *Kudlich* HRRS 2011, 114 [116]; *Wohlers* JR 2014, 132 [134]). Das läuft auf eine Missachtung des Grundsatzes hinaus, dass der Zweck nicht jedes Mittel heiligt. Nach der Rspr. soll zu bedenken sein, dass Verwertungsverbote die Möglichkeiten der Wahrheitserforschung beeinträchtigen und der Staat eine funktionstüchtige Strafrechtspflege zu gewährleisten habe (BGH NStZ 2019, 227 [228]). Die Annullierung von Beweisverwertungsverboten wegen des Gewichts des strafrechtlichen Vorwurfs im Einzelfall konterkariert

dabei am Normzweck der verletzten Beweiserhebungsvorschrift orientierte Überlegungen und zugleich die Annahme einer Disziplinierungsfunktion von Verwertungsverboten in dem mittels der Widerspruchslösung bereits partiell adversatorisch ausgestalteten Strafverfahren (*Conen* FS Eisenberg, 2008, S. 459 [471]).

87 Ein Verwertungsverbot soll auch im Bereich der unselbstständigen Beweisverwertungsverbote eine **besonders begründungsbedürftige Ausnahme** vom Grundsatz der Wahrheitserforschung mithilfe aller vorhandenen Beweise darstellen, weil es die Beweismöglichkeiten der Strafverfolgungsbehörden zur Erhärtung (oder Widerlegung) des Verdachts strafbarer Handlungen einschränkt und so die Findung einer materiell richtigen und gerechten Entscheidung beeinträchtige (BVerfGE 130, 1 [28]; BGHSt 54, 69 [87]; 56, 138 [145]; BGH NStZ 2019, 227 [228]; *Radtke* FS Landau, 2016, S. 407 [415 ff.]; a.A. *Singelnstein/Putzer* GA 2015, 564 [576]). **Rechtsgrundlage für die Beweisverwertung sei § 261.** Damit werden allerdings die Relationen zwischen Eingriffsakt und Erlaubnisregeln auf den Kopf gestellt (*Dallmeyer* Beweisführung im Strengbeweisverfahren, 2002, S. 128 ff.). Unselbstständige Beweisverwertungsverbote haben ihre normative Grundlage in den Regeln über die Beweisgewinnung (*Fezer* Grundlagen der Beweisverwertungsverbote, 1995, S. 27). Begründungsbedürftig ist danach eher die Verwertung rechtsfehlerhaft erhobener Beweise (*Mitsch* NJW 2008, 2295 [2296]), für die nach dem Prinzip vom Vorbehalt des Gesetzes gegebenenfalls eine ausreichende Heilungsregelung zur Verfügung gestellt werden müsste (*Jahn* Gutachten C zum 67. DJT 2008, C 50; *Singelnstein* FS Eisenberg, 2008, S. 643 [652]). Das in der früheren Rspr. anfangs gar nicht (BVerfGE 44, 353 [383]), später zumindest weniger rigide postulierte Regel- und Ausnahmeverhältnis von Wahrheitserforschung und unselbstständigen Beweisverwertungsverboten (*K. Peters* Gutachten für den 46. DJT 1966, Bd. I Teil 3 A, S. 93) wird von der Rspr. geändert und die Beweiswürdigungsmethodenregelung des § 261 anstelle des eher infrage kommenden § 244 Abs. 2 (*Jahn* a.a.O., C 68; vgl. auch BVerfGE 57, 250 [277]), in eine Eingriffsermächtigung umgedeutet. Dafür ist die anders konzipierte Norm zu unbestimmt (*Dallmeyer* a.a.O., S. 131 ff.; *Singelnstein* a.a.O., S. 653; a.A. BVerfGE 130, 1 [40]).

88 Wenn unselbstständige **Beweisverwertungsverbote zugleich Beweiserhebungsverbote für die Hauptverhandlung** darstellen (*Fezer* JZ 1994, 686 [687]; *Ufer* Der Verwertungswiderspruch in Theorie und Praxis, S. 156 ff.), darf der bemakelte Beweisstoff eigentlich gar nicht zuerst in den Informationsfundus gelangen, aus dem die tatrichterliche Würdigung bei der Urteilsberatung nach § 261 ihre Beweisgrundlagen zu schöpfen hat (*Tolksdorf* FG Graßhof, 1998, S. 255 [267]). Die nun vom BVerfG ohne Beachtung der Beweislehren aus eigener Machtvollkommenheit geänderte Sicht der Dinge rührt aus dem Gedankengut der Widerspruchslösung her (*Ufer* a.a.O., S. 94). Diese Lösung ist aber weder normativ verankert noch dogmatisch zutreffend. Sie wird zudem durch die Überlegungen zur Neukonzeptionierung konterkariert (*Ruppert* ZStW 133 [2021], 522 [534 ff.]), was auch der verfassungsgerichtlichen Prämisse den Boden entzieht.

89 Dient die Verfahrensvorschrift, die bei der erstmaligen Beweiserhebung verletzt worden ist, nach ihrem **Normzweck** nicht oder nicht in erster Linie dem Schutz des Beschuldigten, so liegt ein Verwertungsverbot fern, so etwa bei Verstoß gegen § 55 Abs. 2. Genau genommen hat der **Gesetzgeber** aber bei § 136 Abs. 1 Satz 2 eine **Vorwertung** getroffen, die eine einzelfallbezogene Abwägung durch die Rspr. entbehrlich macht. Zumindest liegt ein Verwertungsverbot besonders nahe, wenn die verletzte Verfahrensvorschrift dazu bestimmt ist, die **Grundlagen der verfahrensrechtlichen Stellung des Beschuldigten** zu sichern (BGHSt 38, 214 [220]; 38, 372 [374]; 42, 15 [21]). Dies ist bei § 136 Abs. 1 Satz 2 der Fall, der formale Regeln zum Schutz der essenziellen Beschuldigtenrechte auf Selbstbelastungsfreiheit und Verteidigerbeistand aufstellt (*Eisenberg* Beweisrecht der StPO, Rn. 373 f., 568). Besonders bei Verletzung des Verteidigerkonsultationsrechts soll jedoch nach der Rspr. eine Differenzierung nach den Umständen des Einzelfalls vorgenommen werden (BGHSt 42, 15 [21]; andere Perspektive bei BGHSt 42, 170 [174 f.]). Bei klaren Verletzungen der Selbstbelastungsfreiheit oder des Verteidigerkonsultationsrechts kommt auch die Rspr. nicht umhin, ein Beweisverwertungsverbot als angemessene Rechtsfolge zu bezeichnen (BGHSt 58, 301 [304]).

90 Dogmatisch überzeugt die Abwägungslehre im Bereich der unselbstständigen Beweisverwertungsverbote nicht, weil sie das Vorliegen oder Nichtvorliegen eines Verwertungsverbots **von kriminalpolitischen Opportunitätserwägungen abhängig** macht, weil ihr kein dogmatisches Konzept zugrunde legt und weil sie stattdessen Elemente des Grundsatzes der Verhältnismäßigkeit in die Prüfung der Fairness des Verfahrens übernimmt, der dort nichts zu suchen hat (*Rupp* Gutachten für den 46. DJT 1966, Bd. I Teil 3 A 176). Außerdem wird die **Abwägung falsch vorgenommen**, wenn bei schweren Vorwürfen eine Fehlerfolge wegen erhöhten Aufklärungsinteresses dementiert wird, obwohl dabei umgekehrt das Schutzbedürfnis des Beschuldigten gerade am größten ist (*Dencker* Verwertungsverbote im Strafprozess, S. 97; *Jahn* Gutachten C zum 67. DJT 2008, C50, C63). Das Ergebnis der einzelfallbezogenen Abwägung steht angesichts unterschiedlicher Handhabung der Abwägungsfaktoren und möglicher Veränderungen der Bewertung der Schwere des Vorwurfes im Lauf des Prozesses, etwa wenn Vorsatz oder Fahrlässigkeit in Betracht kommen und der dynamisch fortschreitende Beweisgang bisweilen die eine, bisweilen die andere Schuldform betont (*Dencker* a.a.O., S. 96 f.), erst nach

der letzten Instanz fest. **Rechtsunsicherheit** ist die Folge (*Ufer* Der Verwertungswiderspruch in Theorie und Praxis, S. 52), die ihrerseits nicht dem Rechtsstaatsprinzip entspricht. Andererseits ist die Abwägungslehre **nicht ergebnisoffen** (*Jahn* a.a.O., C 49), sondern ergebnisorientiert (*Wohlers* JR 2014, 132 [133]) und gerade dadurch unfair. Der von ihr unterstellte **Antagonismus zwischen Wahrheitserforschung und Verwertungsverboten** existiert tatsächlich **nicht** (*Conen* FS Eisenberg, 2008, S. 459 [467 f.]; *Eisenberg*, Beweisrecht der StPO, Rn. 329), zumal bei formfehlerhaften Vernehmungen keine Garantie für die Richtigkeit der Äußerung, Wahrnehmung und Aufzeichnung von Aussagen zu erlangen ist. Es herrscht daher falsche Maßstab (*Beckemper* Durchsetzung des Verteidigerkonsultationsrechts und die Eigenverantwortlichkeit des Beschuldigten, S. 58; *Dallmeyer* Beweisführung im Strengbeweisverfahren, 2002, S. 162; *Jahn* a.a.O., C 61; *Sowada* NStZ 2005, 1 [6]).

Die Abwägungslehre trägt zur Erosion des rechtsstaatlichen Verfahrensrechts bei, was durch ihre Eigenschaft 91 als Mitursache für Urteilsabsprachen (BVerfGE 133, 168 [172]) besonders deutlich wird. Sie basiert in letzter Konsequenz auf dem strukturellen **Vorurteil**, dass es nur darum gehe, **Hindernisse für eine berechtigte Aburteilung** des Angeklagten zu **eliminieren**. Dabei wird übersehen, dass es selbst nach Geständnissen in polizeilichen Vernehmungen durchaus Fehlurteile zum Nachteil von Angeklagten gibt, die gegebenenfalls mit einem bemakelten Beweis herbeigeführt werden (Beispiel Rdn. 66). Fehler bei der polizeilichen Beschuldigtenvernehmung zu Beginn des Verfahrens wirken sich kontinuierlich im Gesamtverfahren aus und sind aufgrund der bekannten Inertiaeffekte und Dissonanzreduktionen (*Raske*, Wie bei polizeilichen Ermittlungen ein falscher Tatverdacht entsteht, 2013; *Eschelbach* GA 2019, 593 ff.) kaum zu eliminieren (*Neuhaus* StV 2015, 185 ff.).

cc) **Normzwecklehre.** Der Ansatz der **Normzwecklehre** wirkt auch dogmatisch überzeugender als die 92 Abwägungsdoktrin (*Beulke* ZStW 103 [1991], 657 [663 f.]). Sie beurteilt die Frage, ob aus der Verletzung einer Rechtsnorm über die Beweiserhebung ein Verbot der Verwertung des fehlerhaft erhobenen Beweises resultiert, abstrakt-generell anhand des Zwecks der verletzten Rechtsnorm. Auch dieser Ansatz klingt in der Rspr. zwar an (BGHSt 38, 214 [220]). Er ist dort aber nur als Teilelement einer mit divergierenden Akzenten mehr oder weniger weit gehenden Abwägung verschiedener Faktoren anzutreffen. Betreffen die Regeln in § 136 Abs. 1 Satz 2 mit der Selbstbelastungsfreiheit und dem Recht auf Verteidigerbeistand **essenzielle Rechtspositionen**, muss eine **substanzielle Verletzung** einer dieser Positionen nach der Normzwecklehre unabhängig von dem Gewicht des individuellen strafrechtlichen Vorwurfs ein Beweisverwertungsverbot zur Folge haben (*Ransiek* StV 1994, 343).

dd) **Beweisbefugnislehre.** Noch stringenter wirkt die der **Lehre von den Informationsbeherrschungsrechten** 93 (*Amelung* Informationsbeherrschungsrechte im Strafprozess, 1990, S. 24 ff., 30 ff.; *Singelnstein* FS Eisenberg, 2008, S. 643 ff.) ähnliche **Beweisbefugnislehre**, nach der dem Staat die Befugnis zur Informationsverwertung im Ansatz nur zusteht, wenn er unter Einhaltung gesetzlicher Ermächtigungsnormen prozessordnungsgemäß vorgeht (*Dallmeyer* Beweisführung im Strengbeweisverfahren, 2002, S. 123 ff.; *Jahn* Gutachten C zum 67. DJT 2008, C 66 ff.). Alle unter Verletzung von zwingenden gesetzlichen Vorschriften fehlerhaft erhobenen Beweise unterliegen danach prinzipiell einem Verwertungsverbot, soweit keine Heilung des Fehlers erfolgt. Damit werden die Struktur der unselbstständigen Beweisverwertungsverbote und die Bedeutung der verletzten Beweiserhebungsbestimmung als gesetzliche Eingriffsermächtigung folgerichtig beachtet. Was der Rspr. daran missfällt, ist das Resultat. Dabei wird jedoch übersehen, dass gegenüber Beschuldigtenvernehmungen angesichts der zahlreichen Fehlerquellen und Fehlerfolgen (*Neuhaus* StV 2015, 185 ff.) auch im Interesse der Sicherung von Wahrheit und Gerechtigkeit im Strafverfahren eine effektive Kontrolle und Sanktionierung von Verfahrensfehlern bestehen muss und die Ergebnisse des Vorverfahrens nach der Idee des § 261 eigentlich für das Urteil nicht relevant sein sollen.

Ein Beweis, der auf rechtswidrige Weise gewonnen wurde, war schließlich auch nach der anfänglichen Rspr. 94 und Lehre mangels Heilung des Fehlers unzulässig (RGSt 8, 122 [124]; 20, 91 [92]; 20, 186 [187]; 32, 157 [158]; 47, 196; 52, 157 [158]; heute im Ergebnis ebenso *Kühne* Strafprozessrecht, Rn. 907.4; *Rzepka* Zur Fairness im deutschen Strafverfahren, 2000, S. 435). Seine Verwendung im Urteil nach erneuter Rechtsverletzung durch die Anschlussbeweiserhebung in der Hauptverhandlung zwingt, wenn nicht Beweiserhebungsakt und Verwertbarkeitsfrage derart separiert werden, dass sie bereits als unterschiedliche Rechtsinstitute angesehen werden, eigentlich auch aufgrund einer Revision zur Urteilsaufhebung. Die Zurückverweisung der Sache aufgrund einer Verfahrensrüge, welche die Tatsachenfeststellungen für sich genommen nicht direkt infrage gestellt hatte, hat oft die Folge, dass danach andere Feststellungen getroffen werden (*Vogelsang* Die Bedeutung erfolgreicher Verfahrensrügen für das nachfolgende tatrichterliche Urteil, 2001) und das Prozessergebnis deshalb anders ausfällt. Sie ist keineswegs eine überflüssige Übung (*Dallmeyer* Beweisführung im Strengbeweisverfahren, 2002, S. 142 f.).

95 Die vormals der Sache nach auch in Rspr. und Lehre dominierende Beweisverbotslehre ist eine konsequente Ableitung aus dem **Prinzip vom Vorbehalt und vom Vorrang des Gesetzes**, dem heute ausgerechnet das BVerfG eine Absage erteilt, das früher dem überkommenen Ansatz der prinzipiellen Unverwertbarkeit rechtswidrig erlangter Beweise gefolgt war (BVerfGE 44, 353 [383 f.]; BVerfG StV 2004, 169, [175]). Zuerst wurde dies in der Kammerrechtsprechung geleugnet (BVerfG StV 2011, 65 [67]), damit danach der Zweite Senat scheinbar behaupten konnte, die Beweisverbotsfrage sei nie anders bewertet worden (BVerfGE 130, 1 [29 ff.])). Die fragwürdige (*Trüg/Habetha* NStZ 2008, 481 [482]), aber zumindest ihrerseits begründungsbedürftige Behauptung, es gebe keinen Rechtssatz des Inhalts, dass aus einem Fehler bei der Beweiserhebung im Vorverfahren nicht prinzipiell ein Verbot der Beweisverwertung folge, trifft mit Blick auf das Prinzip vom Vorbehalt des Gesetzes nicht zu.

96 Die Nichtbeachtung der limitierten Beweisbefugnisse des Staates widerspricht tendenziell der Judikatur des Ersten Senats des BVerfG zu dem von jedem Beweiserhebungs- und Beweisverwertungsakt betroffenen **Recht auf informationelle Selbstbestimmung**, das nur beschränkt werden darf, soweit das Gesetz es gestattet (*Dallmeyer* Beweisführung im Strengbeweisverfahren, 2002, S. 57, 66 ff.). Danach müssen bei der Beschuldigtenvernehmung auch die Belehrungsförmlichkeiten beachtet sein, um den Äußerungsinhalt verwenden zu dürfen (*Singelnstein* FS Eisenberg, 2008, S. 643 [648]). Die Folgen der Rspr. zum Recht auf informationelle Selbstbestimmung und dessen Schutzbereichsverletzung bei staatlicher Informationsbeschaffung gegen den Willen des Inhabers werden konterkariert, wenn inzwischen sogar die weitergehenden gesetzlichen Informationsverwendungsverbote mithilfe der Abwägungslehre dahin relativiert werden, dass ein Verwendungsverbot nicht mit einem Beweisverwertungsverbot identisch sein soll (BGHSt 54, 69 [88] zu § 100d Abs. 5 Nr. 3). Schließlich wird mit der Separierung des Beweisverwertungsverbots für die Hauptverhandlung vom Eingriffstatbestand bei der Beweiserhebung im Vorverfahren der Akzent verschoben (*Trüg/Habetha* NStZ 2008, 481 [482]) und der rechtswidrige Eingriff im Ergebnis ignoriert.

97 Im Grunde sind unselbstständige Beweisverwertungsverbote eine Art von prozessualer **Folgenbeseitigung** (*Schwaben* Die personelle Reichweite von Beweisverwertungsverboten, S. 153 ff.) oder ein Abwehrrecht gegenüber einer Vertiefung des Eingriffs in das Informationsbeherrschungsrecht durch Verwertung der ab initio fehlerhaft erlangten Informationen (*Singelnstein* FS Eisenberg, 2008, S. 643 [649 ff.]). Voraussetzung für das Eingreifen dieser Rechtsfolgenregel ist auf der Tatbestandsseite die **Verletzung einer Rechtsnorm** über das Beweisverfahren, wie in § 136 Abs. 1 Satz 2, ferner eine damit einhergehende **Verletzung eines subjektiven prozessualen Rechts** und schließlich die zumindest **nicht ausschließbare Sachentscheidungserheblichkeit** des fehlerhaft erlangten Beweisinhalts.

98 **ee) »Heilung« des Rechtsfehlers bei der Beweiserhebung durch Verlaufshypothesen.** Eine Hypothese der alternativ rechtmäßigen Beweiserlangung in Anlehnung an die US-amerikanische »hypothetical clean path doctrine« ist – nach der deutschen Rspr. nur als ein **Faktor im Rahmen der Gesamtabwägung** (*Rogall* NStZ 1988, 385 [391 ff.]) – ein Aspekt, der ein an sich gegebenes Beweisverwertungsverbot aufheben kann (BGH NStZ 1989, 375 m.Anm. *Roxin* ebenda und *Fezer* StV 1989, 289; abl. *Dallmeyer*, Beweisführung im Strengbeweisverfahren, S. 148 ff.; *Dallmeyer/Jahn* NStZ 2005, 297 [303 ff.]; *Jahn* Gutachten C zum 67. DJT 2008, C74 ff.; *Kühne* Strafprozessrecht, Rn. 908.5 und Rn. 909.1; *Wohlers* FS Fezer, 2008, S. 311 [326 ff.]). Eine solche Hypothese kann entsprechend der »inevitable discovery-These« des US-amerikanischen Rechts jedoch allenfalls dann beachtet werden, wenn es hinreichend sicher erscheint, dass der Beschuldigte diese Angaben im konkreten Fall auch ohne den Rechtsfehler gemacht hätte, insb. wenn er verdeutlicht, dass er auf jeden Fall aussagen wollte (*Eisenberg* Beweisrecht der StPO, Rn. 410). Im Anwendungsbereich von § 136 Abs. 1 Satz 2 spielt die Idee der Verlaufshypothesenbildung bisher in der Praxis keine Rolle.

99 **b) »Widerspruchslösung«. aa) Entstehung und Bedeutung.** Erstmals wurde im Jahr 1992 ein Beweisverwertungsverbot wegen Verletzung von § 136 Abs. 1 Satz 2, 163a Abs. 4 dem Grunde nach anerkannt (BGHSt 38, 214 [218 ff.]), nachdem die Rspr. vorher die Verletzung einer »bloßen Ordnungsvorschrift« ohne Rechtsfolge angenommen hatte (BGHSt 22, 170 [173 ff.]; 31, 395 [399]). Weil die Anerkennung eines Beweisverwertungsverbots einerseits revolutionär erschien, **sollte** andererseits **ein Dammbruch verhindert werden** (*Nagel* StraFo 2013, 221 [222]). Das ist der eigentliche Entstehungsgrund der Widerspruchslösung nach der bisher bis zur jüngst angebahnten Neukonzeptionierung in der Rspr. vorhandenen Gestaltung. Polizeiliche Ermittlungsbeamten hatten die Belehrungsregeln (§ 163a Abs. 4) vorher wegen der Folgenlosigkeit ihrer Verletzung meist nicht beachtet (*Werner* Zur Notwendigkeit der Verteidigeranwesenheit während der polizeilichen Beschuldigtenvernehmung, 2008, S. 95). Daher bedurfte es aus der Sicht der Rspr. zur Verhinderung eines Dammbruchs des nunmehr im Ansatz anerkannten Beweisverwertungsverbots einer Begrenzung (*Hamm* StV 2010, 418 [421]; *Ventzke* StV 1997, 543 [547]), wozu die Grundsatzentscheidung die »Widerspruchslösung« für die Verwertungsverbotsfrage als **Richterrecht** erfand (BGHSt 38, 214 [225 ff.];

39, 349 [352]; 42, 15 [22 f.]; 50, 272 [274]; 52, 38 [41]). »Hat ein Verteidiger des Angeklagten in der Hauptverhandlung mitgewirkt und hat der verteidigte Angeklagte ausdrücklich der Verwertung des Inhalts einer ohne Belehrung (§ 136 Abs. 1 Satz 2 StPO) zustande gekommenen Aussage zugestimmt, so besteht kein Verwertungsverbot. Dasselbe gilt, wenn der verteidigte Angeklagte einer solchen Verwertung nicht widersprochen hat. Der Widerspruch kann nur bis zu dem in § 257 StPO genannten Zeitpunkt erklärt werden« (BGHSt 38, 214 [225 f.]). Mit dieser Widerspruchslösung ist in funktional ähnlicher Weise, wie bei dem Mythos der »Miranda warnings« in den Vereinigten Staaten (*Wittmann* JZ 2014, 105 [108 ff.]), auch im deutschen Strafverfahrensrecht die Wirkung des neu kreierten Beweisverbots weitgehend wieder verpufft. Die Widerspruchslösung war z.Zt. ihrer Entstehung auf das Engste mit dem Verwertungsverbot wegen Verletzung von § 136 Abs. 1 Satz 2 verknüpft. Ihre Verselbstständigung im Verlauf der weiteren Entwicklung der Rspr. mit einer Ausdehnung auf andere unselbstständige Beweisverwertungsverbote hat die Wurzel des Richterrechts in Vergessenheit geraten lassen und die Lösung zur eigenständigen Figur gemacht, deren Berechtigung an anderer Stelle jedenfalls nicht mehr dieselbe ist, wie am Ursprungsort. Der Rechtsgrund ist **nicht** mehr, wie es anfangs noch erwogen worden war, bei den Kriterien der **Verwirkung einer Rügemöglichkeit oder des Verzichts** auf die Geltendmachung eines Beweisverwertungsverbots zu suchen (*Heinrich* ZStW 112 [2000], 398 [402 ff.]; *Ruppert* ZStW 133 [2021], 522 [529 ff.]); denn beides würde das Bewusstsein des Bestehens einer prozessualen Rechtsposition im Präklusionszeitpunkt des § 257 und deren konkludente Nichtgeltendmachung voraussetzen, was aber nicht unterstellt werden kann. Auch ist eine Beruhenslösung nicht ohne Neudefinition des Beruhensmaßstabs einführbar (a.A. *Wachter* JR 2019, 437 [444 ff.]).

Es handelt sich um **Richterrecht** (*von der Lippe* Die »Widerspruchslösung« der Rspr., S. 24) mit dem Gehalt einer **Rechtsfortbildung** (*Dudel* Das Widerspruchserfordernis bei Beweisverwertungsverboten, 1999, S. 100), das unbeschadet früherer Einzelfallentscheidungen, die auf Gedanken über einen Rügeverzicht, eine Rügeverwirkung, eine Fehlerheilung oder auf die revisionsrechtliche Annahme fehlenden Beruhens des Urteils auf dem Verfahrensfehler basierten, erstmals auf eine **Dispositionsmacht der Verteidigung** verweist (*Brune* Die ungeschriebenen Rügepräklusionen im Revisionsverfahren, S. 154). Es kommt **ohne tradierte dogmatische Begründung** (*Jahn* Gutachten C zum 67. DJT 2008, C 111; für eine »affirmative Strafrechtsdogmatik« *Mosbacher* NStZ 2011, 606; dagegen *Bauer* NStZ 2012, 191 ff.; krit. *Widmaier* NStZ 2011, 305 ff.) und **ohne Anbindung an geschriebenes Recht** aus. Der Gedanke aus § 295 ZPO kann hier auch nicht sinngemäß angewendet werden, weil die Analogievoraussetzungen fehlen. Für die Verteidigung bildet die Widerspruchslösung wegen Zurechnung eines unterstellten Verteidigerverschuldens auf den Angeklagten eher eine gefährliche Klippe als eine Stärkung der prozessualen Autonomie (*Augustin* Das Recht des Beschuldigten auf effektive Verteidigung, 2013, S. 321; *Meixner* Das Widerspruchserfordernis des BGH bei Beweisverwertungsverboten, 2015, S. 127 ff.). Die wenigsten Rechtsanwälte befassen sich schwerpunktmäßig als Verteidiger mit dem Strafverfahren und die wenigsten Strafverteidiger mit dem komplizierten Revisionsrecht, dessen Anwendung mit der inzwischen als formalisierte Rügeobliegenheit ausgestalteten Widerspruchslösung in die Tatsacheninstanz als quasi innerprozessualer Rechtsweg vorgezogen wird (*Wohlers* JR 2015, 281 [284]). Die Widerspruchslösung bleibt von Verteidigern der Tatsacheninstanzen zum Leidwesen erst später hinzugezogener Revisionsspezialisten oft ungenutzt, ohne dass eine echte Dispositionsentscheidung getroffen wurde. Die Vorverlagerung des Revisionsrügerechts in die Tatsacheninstanz zur Aktivierung eines Beweisverwertungsverbots und zur Verhinderung einer Präklusion entsprechenden Revisionsvorbringens hat dazu beigetragen, dass relative Beweisverwertungsverbote in der Praxis fast keine Rolle mehr spielen. Manche Tatrichter haben sich daran gewohnt, sich mit der Beweisverbotsfrage nicht **von Amts wegen** zu befassen und müssen die inzwischen ohne Divergenzausgleich eingeleitete **Neuausrichtung** der Widerspruchslösung (*Berg* StraFo 2018, 327 ff.; *Mosbacher* NStZ 2011, 606 ff. und JuS 2019, 129; s.a. BGHSt 64, 89 [97 f.]) erst zur Kenntnis nehmen. **100**

Das Richterrecht zur Widerspruchslösung für unselbstständige Beweisverwertungsverbote betont in symbolischer Weise die **Subjektstellung des** verteidigten oder richterlich belehrten **Angeklagten** sowie die Autonomie der Verteidigung (*Ignor* FS Riess, 2002, S. 181 [191 f.]), was aber auch im Fall einer reinen Zustimmungslösung ausreichend der Fall wäre (*Tolksdorf* FG Graßhof, 1998, S. 255 [257]). Die Widerspruchslösung ist dazu nicht erforderlich. Die Behauptung einer verbindlichen Dispositionsentscheidung der Verteidigung, die in den zeitlichen Rahmen der Äußerungsrechte nach § 257 gezwängt wird (dagegen nun BGHSt 61, 266 [272]; *Berg* und *Mosbacher* a.a.O.), liefert lediglich eine Scheinlegitimation, da eine bindende Disposition über Beweisstoff wegen der Deutungshoheit des Gerichts anders als im Fall des § 279 Abs. 3 ZPO für das Strafverfahren nicht besteht. Das Richterrecht zur Widerspruchslösung beruht letztlich nur auf kriminalpolitischen Erwägungen aus der Perspektive der Strafjustiz. Es weicht aber, jedenfalls soweit es der bisherigen Konzeption des aktuell im Umbau befindlichen Richterrechts folgt, von der überkommenen Struktur des Strafverfahrens ab. Damit überschreitet die Widerspruchslösung nach ihrem zwischenzeitlichen **101**

Entwicklungsstand die Grenzen dessen, was Richterrecht bei Beachtung der Gesetzesbindung der Gerichte leisten darf (*Eschelbach* FS Fischer, 2018, 81 [92 ff.]). Nebenbei wird dem Angeklagten in atypischer Weise ein Verteidigerverschulden zugerechnet (krit. *Meixner* Das Widerspruchserfordernis des BGH bei Beweisverwertungsverboten, 2015, S. 127 ff.; *Ruppert* ZStW 133 [2021], 522 [541]; *Ufer* Der Verwertungswiderspruch in Theorie und Praxis, S. 96 ff.).

102 Die **Legitimation** im Sinne der Vermeidung einer Kollision mit dem Prinzip vom Vorbehalt des Gesetzes wurde anfangs daraus hergeleitet, dass der BGH dann, wenn er schon dem Grunde nach ein **Verwertungsverbot** für verfahrensfehlerhaft erhobene Beweise versagen oder **etablieren** kann, auch dazu berechtigt sei, bestimmte **Voraussetzungen für das Wirksamwerden** des Verbots **aufstellen** dürfe (LR/*Gleß* § 136 Rn. 82; *Maul/Eschelbach* StraFo 1996, 66 [67], *Meyer-Goßner/Appl* StraFo 1998, 258 [261]; krit. *Dudel* Das Widerspruchserfordernis bei Beweisverwertungsverboten, 1999, S. 101; *Jahn* Gutachten C zum 67. DJT 2008, C 112 und FS Stöckel, 2010, S. 259 [276]; *Kudlich* HRRS 2011, 114 [115]). Diese Legitimationsbehauptung ist zunächst bereits dadurch brüchig geworden (*Fezer* StV 1997, 57 [58]), dass sich die Widerspruchslösung verselbstständigt hat (*Weßlau* StV 2010, 41 [44]) und auch auf Eingriffsnormen angewendet wird, die nach Gesetzesänderungen, insb. im Bereich der heimlichen Ermittlungsmethoden, wo die Anwendbarkeit der Widerspruchslösung unklar erscheint, weil sie Verwertungs- oder Verwendungsregeln ohne geschriebenes Widerspruchserfordernis enthalten. Auch **§ 630c Abs. 2 Satz 3 BGB** sieht nicht nur an unerwarteter Stelle eine Beweisverbotsregelung für den Strafprozess vor, sondern zugleich eine **Zustimmungslösung** (*Brune* Die ungeschriebenen Rügepräklusionen im Revisionsverfahren, S. 197, 233), die das Widerspruchskonzept konterkariert. Zudem ist **das andauernde Fehlen einer Auseinandersetzung** mit dogmatischer Kritik ein latentes Legitimationsdefizit (*Fezer* JZ 2006, 474; *Meixner* Das Widerspruchserfordernis des BGH bei Beweisverwertungsverboten, 2015, S. 62 ff.). Dem will nun die Idee der **Neukonzeptionierung** der Widerspruchslösung nachgeben (*Berg* NStZ 2018, 327 [331 ff.]), freilich ohne die Widerspruchslösung entfallen zu lassen; diese soll in anderem Gewand als revisionsrechtliche Figur der Rügepräklusion mangels Erschöpfung eines innerprozessualen Rechtswegs beibehalten werden. An § 238 Abs. 2 kann sie dabei allerdings nicht anknüpfen (*Brune* Die ungeschriebenen Rügepräklusionen im Revisionsverfahren, S. 62 ff.; *Ruppert* ZStW 133 [2021], 522 [537 ff.]). Informelle Präklusionen (*Basdorf* StV 1997, 488 ff.) sind mit dem **Anspruch auf Gehör vor Gericht** gem. Art. 103 Abs. 1 GG unvereinbar (*Eschelbach/Geipel/Weiler* StV 2010, 325 [331]), der Gedanke der Subsidiarität der Revision kollidiert mit der **Rechtsschutzgarantie** aus Art. 19 Abs. 4 Satz 1 GG und der bisherige Legitimationsversuch mit der Behauptung, die Rspr., welche die Voraussetzungen ungeschriebener Beweisverwertungsverbote bestimme, dürfe dann auch das Widerspruchserfordernis als Entstehungsbedingung aufstellen, wird durch Negation der Eigenschaft des Widerspruchs als Tatbestandsvoraussetzung des Beweisverwertungsverbots konterkariert (*Ruppert* ZStW 133 [2021], 522 [544]).

103 Die **Verlagerung der Verantwortung** für Verfahrensfehler wegen Zuweisung nicht nur einer Dispositionsmacht, sondern auch einer Dispositionspflicht auf die Verteidigung (BGHSt 38, 214 [226]; *Basdorf* StV 2010, 414 [417]) unterwandert in der zwischenzeitlichen Konzeption der Widerspruchslösung die **Instruktionsmaxime** für das Tatgericht. Nach der Neukonzeptionierung soll das Tatgericht aber Beweisverwertungsverbote wieder von Amts wegen beachten und der an § 238 Abs. 2 angeknüpfte Widerspruch nur zur Vermeidung einer Rügepräklusion in der Revisionsinstanz seine Bedeutung behalten. Die Frage, ob dies ein ausreichend legitimiertes Richterrecht darstellt, ist gesondert revisionsrechtlich zu bewerten und im Ergebnis zu verneinen (*Ruppert* ZStW 133 [2021], 522 [538 ff.]). Die Beschränkung auf eine Rügepräklusion gegenüber der Revisionsinstanz zur Schonung ihrer eigenen Ressourcen kollidiert mit dem Gebot für das Revisionsgericht, eine bestimmte Normauslegung – hier: des § 238 Abs. 2 – nicht aus Gründen der Selbststeuerung seiner Arbeitslast zu wählen (BVerfGE 54, 277 [293]). Die Zurückdrängung der Verfahrensrügen gegen die Nichtbeachtung von Beweisverwertungsverboten hat rechtstatsächlich zur Verschlechterung der Disziplin der Ermittlungsorgane geführt. Die Widerspruchslösung **zwingt die Verteidigung** zumindest in ihrer bisherigen Konzeption **zur Erhebung** von »Präventivwidersprüchen mit Rücknahmemöglichkeit« (*Malek* Verteidigung in der Hauptverhandlung, Rn. 368), welche der von der Rspr. angestrebten Rechtsklarheit nicht förderlich sind (*Ufer* Der Verwertungswiderspruch in Theorie und Praxis, S. 145) und der Idee einer prozessökonomischen Verfahrensregelung zuwiderlaufen.

104 Die richterzentriert argumentierende Rspr. zur Widerspruchslösung hatte zunächst allein den Fall einer Verletzung des § 136 Abs. 1 Satz 2 oder § 163a Abs. 4 Satz 2 im Auge. Ihre Konzeption war darauf zugeschnitten. Sie hat dies aber nicht ausreichend zum Ausdruck gebracht. Überlegungen zur prozessrechtlichen Bedeutung des Widerspruchs als Bewirkungshandlung wurden erst nachträglich bei der Suche nach der Grundlage des ansatzlos etablierten Widerspruchskonzepts (vgl. BGHSt 38, 214 [225 f.]) angestellt (vgl. *Maul/Eschelbach* StraFo 1996, 66 ff.). Inzwischen wird die Eigenschaft des Widerspruchs als Entstehungsvoraussetzung des Beweisverwertungsverbots nun mit gleicher Vehemenz dementiert (BGH NJW 2017, 1828 [1829] m.Anm.

Meyer-Mews; BGH NJW 2019, 2627 [2629]), wie sie früher propagiert worden war (BGHSt 38, 214 [225]: »… besteht kein Verwertungsverbot«; BGHSt 42, 15 [22]: »… kein Verwertungsverbot auslöst«). Nachfolger in der revisionsrichterlichen Rolle der Protagonisten der Widerspruchslösung, haben deren Anwendungsbereich ausgedehnt und sie inhaltlich modifiziert, womit im Detail divergierende Gedanken zu den entwickelt wurden. Ohne einheitliche Gesamtkonzeption wucherndes Richterrecht ändert das Rollenverständnis von **Verteidigung und Anklagebehörde im Strafverfahren in die Richtung eines adversatorischen Verfahrens** (*Bohlander* StV 1999, 562 [567]; *Conen* FS Eisenberg, 2008, S. 459 [464]; *Wohlers* JR 2015, 281 [284]). Die Nichtbeachtung des Systems des gesetzlichen Strafverfahrensrechts kollidiert aber mit der Gesetzesbindung der Gerichte aus Art. 20 Abs. 3 GG (*Eschelbach* FS Fischer, 2018, S. 81 [92 ff.]), die Beschränkung der Rügemöglichkeiten in der Revision mit der Garantie effektiven Rechtsschutzes aus Art. 19 Abs. 4 Satz 1 GG.

Die bisherige Konzeption der Widerspruchslösung, die Verwertbarkeit des Beweisinhalts erst nach der in der Hauptverhandlung erfolgten Beweiserhebung zu annullieren, nimmt dem Beweisverwertungsverbot verfahrenspsychologisch seine Wirkung, weil der Beweisinhalt, auch wenn er förmlich unverwertbar ist, allen Prozessbeteiligten und der Öffentlichkeit inhaltlich bekannt ist. Die Neukonzeptionierung der Widerspruchslösung, die dies tendenziell vermeidet, kann auch einen Ansatz bei § 238 Abs. 2 (abl. *Ruppert* ZStW 133 [2021], 522 [535 ff.]) nicht ohne Divergenzausgleich auf die Fälle der Verletzung von § 136 Abs. 1 Satz 2 und § 163 Abs. 4 übertragen. 105

bb) Ausgestaltung. Die Rspr. zur Widerspruchslösung hat ein neues Institut geschaffen, das nicht mehr mit früheren Rügeverzichts-, Verwirkungs- oder Beruhensüberlegungen übereinstimmt (*Meixner* Das Widerspruchserfordernis des BGH bei Beweisverwertungsverboten, 2015, S. 17 ff.; *Graf von Schlieffen* FS 25 Jahre ARGE Strafrecht des DAV, 2009, S. 801 [803]; *Ufer* Der Verwertungswiderspruch in Theorie und Praxis, S. 86 ff.). Sie fordert, dass **der Verteidiger oder der unverteidigte**, aber **vom Richter belehrte Angeklagte** der Verwertung von Sekundärbeweismitteln, insb. Verhörpersonen als Zeugen, nach bisheriger Konzeption **spätestens bis zu dem in § 257 genannten Zeitpunkt** (BGHSt 42, 15 [23]) **widerspricht**, damit in der Hauptverhandlung ein Verwertungsverbot »**besteht**« (BGHSt 38, 214 [225 f.]). Beim unverteidigten und nicht ausreichend vom Richter belehrten Beschuldigten bleibt alles beim ursprünglichen Konzept der Instruktionsmaxime auch für Beweisverbotsfragen. Dieser Unterschied ist dogmatisch kaum zu erklären, in der Sache unangemessen (*Dornach* NStZ 1995, 57 [62]; *Heinrich* ZStW 112 [2000], 398 [411]; *Maul/Eschelbach* StraFo 1996, 66 [70]; *Meixner* Das Widerspruchserfordernis des BGH bei Beweisverwertungsverboten, 2015, S. 127 ff.; *Meyer-Mews* StraFo 2009, 141 [142]) und nimmt der faktisch auf Fälle der vorhandenen Verteidigung begrenzten Widerspruchslösung die Plausibilität (*Tolksdorf* FG Graßhof, 1998, S. 255 [266]). Der Umbau zu einem reinen Beanstandungsgebot nach § 238 Abs. 2 zur Vermeidung einer Rügepräklusion in der Revisionsinstanz kann jedenfalls nicht ohne Divergenzausgleich auf Fälle der Verletzung von § 136 Abs. 1 Satz 2 übertragen werden, sodass es jedenfalls vorerst hier bei der bisherigen Konzeption bleibt. 106

Der Widerspruch im Sinne des bisherigen Richterrechts ist eine **Prozesserklärung** und wesentliche Förmlichkeit der Hauptverhandlung, weshalb er gegebenenfalls mit den Folgen des § 274 in das Protokoll auszunehmen ist (*Ufer* Der Verwertungswiderspruch in Theorie und Praxis, S. 131; *Maiberg* Zur Widerspruchsabhängigkeit von strafprozessualen Verwertungsverboten, S. 214). Der rechtzeitige Widerspruch ist nach der bisherigen Konzeption eine **Entstehungsvoraussetzung** des Verwertungsverbots (*Hamm* NJW 1996, 2185 [2187]; *Widmaier* NStZ 1992, 519 [521]) und als Prozesserklärung eine **Bewirkungshandlung** (*Maul/Eschelbach* StraFo 1996, 66 [67]; krit. *Fezer* JZ 2006, 474 [475]; näher *Dudel* Das Widerspruchserfordernis bei Beweisverwertungsverboten, 1999, S. 67 ff.; *Meixner* Das Widerspruchserfordernis des BGH bei Beweisverwertungsverboten, 2015, S. 17 ff.). Ohne den Widerspruch und vor seiner Erklärung gibt es nach dieser Rspr. kein Hindernis für die Beweisverwertung im Vor- und Zwischenverfahren. Inzwischen wird dies allerdings dementiert (BGHSt 64, 89 [97]). **Der im Vor- oder Zwischenverfahren erhobene Widerspruch** ist nach der bisherigen Kasuistik auch für die Hauptverhandlung unbeachtlich, weil erst der dort erklärte Widerspruch zur Entstehung des Verwertungsverbots führt (BGH NStZ 1997, 502; *Fezer* StV 1997, 57 [59]; *Jahn* Gutachten C zum 67. DJT 2008, C84 f.; *Kudlich* HRRS 2011, 114 [116]; *Maul/Eschelbach* StraFo 1996, 66 [70]; *Mosbacher* FS Widmaier, 2008, S. 339 [343 f.]; a.A. nun BGHSt 64, 89 [97]). Der Widerspruch ist nach diesem im Umbruch befindlichen Ansatz eine **Tatbestandsvoraussetzung des Verwertungsverbots** (*Meixner* a.a.O., S. 17 ff.; *Dudel* a.a.O., S. 119). Ob er in der Hauptverhandlung erklärt werden wird, ist im Vor- oder Zwischenverfahren kaum prognostizierbar, aber nach neuerer Rspr. unerheblich (BGHSt 64, 89 [97]). Damit wird allerdings die Legitimation der Widerspruchslösung insgesamt aufgehoben (*Ruppert* ZStW 133 [2021], 522 [534 ff.]). 107

Die Widerspruchsbefugnis kann der Beschuldigte nach der Rspr. nur hinsichtlich einer Verletzung in eigenen Rechten geltend machen. **Verfahrensfehler bei der Vernehmung eines Mitbeschuldigten** kann er nicht 108 für sich ausnutzen (BGHSt 47, 233 [234]; BGH NStZ 1994, 595 [596]; NStZ-RR 2016, 377; SK-StPO/*Rogall* § 136 Rn. 82 f.; a.A. *Hamm* NJW 1996, 2185 [2189 f.]; *Jäger* GA 2008, 473 [485 f.] und JA 2017, 74 ff.). Eine »**Überkreuzverwertung**« von Äußerungen durch Mitbeschuldigte gegen jeweils andere Mitangeklagte wird dadurch möglich, wenn alle Beschuldigte jeweils verfahrensfehlerhaft vernommen worden waren, aber jeder für sich genommen keinen zulässigen Verwertungswiderspruch erhebt und damit die Präklusionswirkung auslöst. Die Fairness des Verfahrens steht dadurch jedoch in solchen Fällen infrage (*Dencker* StV 1995, 232 [235 f.]; LR/*Gleß* § 136 Rn. 90; *Jahn* Gutachten C zum 67. DJT 2008, C114 f.; *Ufer* Der Verwertungswiderspruch in Theorie und Praxis, S. 174 ff.; a.A. *von der Lippe* Die »Widerspruchslösung« der Rspr., S. 190 ff.). Die Neukonzeptionierung der Widerspruchslösung (*Berg* StraFo 2018, 327 [333 ff.]) modifiziert dieses Problem im Ergebnis dahin, dass in der Tatsacheninstanz ohnehin ein Beweisverwertungsverbot von Amts wegen zu prüfen ist, in der Revisionsinstanz aber nur für den Beschwerdeführer, der in der Tatsacheninstanz entsprechend § 238 Abs. 2 und in der Revisionsinstanz nach §§ 337, 344, 345 remonstriert hat. Eine Revisionserstreckung auf Nichtrevidenten (§ 357) kommt schließlich nicht in Betracht.

109 Die Rspr. zur Widerspruchslösung in der bisherigen Konzeption hat anfangs angenommen, dass der Widerspruch spätestens unmittelbar **nach jeder Beweiserhebung** in der Hauptverhandlung, welche das Thema der Aussage in der ersten Vernehmung betrifft, jeweils erneut erhoben werden muss, um im Ergebnis alle Sekundärbeweismittel zu erfassen, mit denen der bemakelte Beweisstoff in die Hauptverhandlung transportiert werden kann (BGHSt 39, 349 [352]; abl. LR/*Gleß* § 136 Rn. 84; *von der Lippe* Die »Widerspruchslösung« der Rspr., S. 195 f.). Erneut ohne Divergenzausgleich ist das zuletzt dahin anders bewertet worden, dass jedenfalls ein Sammelwiderspruch gegen alle Beweiserhebungen mit Sekundärbeweismitteln zu dem gleichen Beweisstoff, der im Vorverfahren in fehlerhafter Weise erschlossen worden war, zugelassen wird (BGHSt 60, 38 [39]; 60, 50 [52]).

110 Inhaltlich wurde zuerst mit Blick auf die Belehrungspflicht nach Art. 36 Abs. 1 WÜK ein **Begründungserfordernis** für die Widerspruchserhebung aufgestellt, wonach der Verwertungswiderspruch zumindest die **Angriffsrichtung** der Rüge (vgl. BGHSt 60, 38 [44] = NStZ 2014, 722 [724] mit Anm. *Knauer*, *Eisenberg* StV 2015, 180 [182] und *Wohlers* JR 2015, 281 [284]) klarstellen und den konkret beanstandeten Verfahrensfehler kennzeichnen muss (BGHSt 52, 38 [42]; a.A. *Bauer* StV 2011, 635 ff.; *Brune* Die ungeschriebenen Rügepräklusionen im Revisionsverfahren, S. 181; *von der Lippe* Die »Widerspruchslösung« der Rspr., S. 201 f.; *Ufer* Der Verwertungswiderspruch in Theorie und Praxis, S. 131 ff.). Damit werden ähnliche Substanziierungsanforderungen aufgestellt, wie sie nach § 344 Abs. 2 Satz 2 für eine Verfahrensrüge in der Revisionsinstanz gefordert werden. Die Verletzung von Art. 36 Abs. 1 WÜK löst aber – unabhängig von der Widerspruchsfrage – nach der weiteren Rspr. gar kein Verwertungsverbot aus, sodass die Ausgestaltung des Widerspruchserfordernisses auf der falschen Baustelle erfolgt ist, die zwischenzeitlich geschlossen wurde, während das dort beiläufig erfundene Widerspruchsbegründungspostulat an anderer Stelle vorerst fortgeführt wird. Im Rahmen der Neukonzeptionierung ist der Widerspruch an sich nicht begründungspflichtig, weil § 238 Abs. 2 keine Begründungspflicht kennt.

111 Der rechtzeitig bis zum (bisher angenommenen) Präklusionszeitpunkt des § 257 zu erhebende und zu begründende Widerspruch kann nach überkommener Judikatur einerseits frühestens in der Hauptverhandlung erfolgen, sodass das Verwertungsverbot keine Vorwirkung auf das Vor- und Zwischenverfahren entfaltet (BGH NStZ 1997, 502; a.A. nun BGHSt 64, 89 [97]), andererseits muss der jeweilige Verwertungswiderspruch spätestens im Zeitrahmen für Äußerungen des Angeklagten und/oder Verteidigers zur jeweiligen Beweiserhebung in der Hauptverhandlung gem. **§ 257** erhoben werden (*Basdorf* NStZ 2017, 370; abl. BGHSt 61, 266 [270 ff.]). Später kann er nach dem Richterrecht nicht mehr nachgeholt werden (*Meixner* Das Widerspruchserfordernis des BGH bei Beweisverwertungsverboten, 2015, S. 141 ff.). Wird der Widerspruch bis zu diesem Zeitpunkt unterlassen, so tritt danach eine **Präklusion** ein, die sowohl einen späteren Widerspruch in der Tatsacheninstanz als auch eine Verfahrensrüge in der Revisionsinstanz ausschließt. Das wird angenommen, obwohl eine dem § 295 ZPO ähnelnde Präklusionsregelung in der StPO nicht vorhanden ist (*Eisenberg* Beweisrecht der StPO, Rn. 429) und dort vorhandene Präklusionsnormen, wie §§ 6a, 222b, 338 Nr. 1, hierher nicht übertragen werden können. Eine Hinweispflicht des Gerichts soll andererseits nicht existieren (BGH Beschl. v. 06.08.1997 – 1 StR 402/97) und eine **Wiedereinsetzungsmöglichkeit besteht** selbst dann **nicht** (*von der Lippe* Die »Widerspruchslösung« der Rspr., S. 166 ff.), wenn Umstände, die ein Verwertungsverbot begründen könnten, erst nachträglich bekannt werden (anders noch OLG Celle NZV 1993, 42 [43]). Ferner lebt die Widerspruchsbefugnis nach der bisherigen Rspr. nicht wieder auf, wenn erst nachträglich der Prozessgegenstand im Sinne von § 265 Abs. 1 verändert oder nach §§ 4 Abs. 1, 154a Abs. 3 Satz 1, 266 erweitert oder reduziert wird und damit die »Geschäftsgrundlage« einer zeitlich limitierten Dispositionsentscheidung der Verteidigung entfallen wäre. Das Gericht selbst hat keine Befugnis mehr, ein Verwertungsverbot von Amts wegen aufzuklären und aufgrund besseren Tatsachenwissens selbst zu sanktionieren, weil der Verteidigung eine exklusive Dispositionsmacht zugeschrieben wird. Für diese Präklusionsfolgen fehlt allerdings eine ausreichende Legitimation.

Die einmal verlorene Widerspruchsbefugnis lebt nach der bisherigen Rspr. **in einer neuen tatrichterlichen Hauptverhandlung** nicht wieder auf, gleich, ob diese Neuverhandlung aufgrund einer **Aussetzung** der ersten Hauptverhandlung, auf einer **Berufung** (OLG Stuttgart NStZ 1997, 405 f.) oder **Urteilsaufhebung und Zurückverweisung der Sache** durch das Revisionsgericht beruht (BGHSt 50, 272 [274 f.]). Die fehlende Praktikabilität dieser Ausgestaltung der Widerspruchslösung für die Verteidigung, die in einer Neuverhandlung von einem anderen Verteidiger geführt oder auch sonst neu konzeptioniert werden kann, bleibt danach bisher unbeachtet. Damit wirkt andererseits die anfängliche Behauptung überholt, mit der Widerspruchslösung werde der Verteidigung nicht zu viel zugemutet (BGHSt 38, 214 [226]). Die Bedeutung der Widerspruchslösung für ein Wiederaufnahmeverfahren ist erst recht terra incognita. Unklar bleibt aber, ob neue Prozesstatsachen, aus denen sich ein Beweisverwertungsverbot mit Entscheidungserheblichkeit für ein zulässiges Wiederaufnahmeziel ergeben kann, auch neue Tatsachen im Sinne von § 359 Nr. 5 sein können (vgl. *Bock/Eschelbach/Geipel/Hettinger/Roeschke/Wille* GA 2013, 328 [344]). 112

Übt die Verteidigung ihre Widerspruchsbefugnis aus, **muss das Tatgericht** nach der bisherigen Rspr. **nicht** dazu Stellung beziehen und den Widerspruch auch nicht alsbald durch Beschluss **bescheiden** (BGH NStZ 2007, 719 f.). Jedenfalls tendieren Tatgerichte dazu, die Entscheidung weit zurückzustellen (*Graf von Schlieffen* FS 25 Jahre ARGE Strafrecht des DAV, 2009, S. 801 [813]) und zunächst mit der Erhebung möglicherweise unverwertbarer Beweise fortzufahren (krit. *Meyer-Mews* StraFo 2009, 141 [142]). Ob das mit dem Regelungsgedanken des § 265 Abs. 2 Nr. 3 vereinbar ist, erscheint zweifelhaft. Nach der Neukonzeptionierung der Widerspruchslösung mit einer Anknüpfung an § 238 Abs. 2 wird ein Gerichtsbeschluss erforderlich, der gegebenenfalls Gegenstand einer Revisionsrüge werden kann (*Berg* StraFo 2018, 327 [335]). Ein Zwischenrechtsbehelf nach § 238 Abs. 2 kann bei absoluten Beweisverwertungsverboten nicht gefordert werden (vgl. § 136a Abs. 3); dass er bei relativen Beweisverwertungsverboten zur Vermeidung einer Rügepräklusion erforderlich sein soll, erscheint nicht zwingend. Dies gilt erst recht, wenn die Qualität eines Beweisverwertungsverbots als absolutes wegen Täuschung, etwa bei einer »legendierten Kontrolle« (Rdn. 30), oder als nur relatives wegen eines simplen Belehrungsdefizits von Fall zu Fall streitbar sein kann. 113

Mehrere **Widerspruchserklärungen** müssen nach einem ersten Ansatz in der Rspr. bei einer Mehrzahl von Beweiserhebungsakten in der tatrichterlichen Hauptverhandlung zum gleichen Beweisthema **auf Vorrat** abgegeben werden (BGHSt 39, 349 [353]). Nach zwischenzeitlich geänderter Rspr. kann allerdings auch ein **Sammelwiderspruch** einheitlich vorab erklärt werden (BGHSt 60, 38 [39] m.Anm. *Knauer*, *Eisenberg* JR 2015, 180 [182] und *Wohlers* JR 2015, 281 [284]; BGHSt 60, 50 [52]) Jedoch kann auch danach ein zunächst versäumter Widerspruch bei weiteren Beweiserhebungen in der Hauptverhandlung zum gleichen Thema nicht nachgeholt werden. Umgekehrt kann ein erhobener **Widerspruch zurückgenommen** werden (BGHSt 39, 349 [353]; 42, 15 [23]; *Ufer* Der Verwertungswiderspruch in Theorie und Praxis, S. 136 ff.; *Maiberg* Zur Widerspruchsabhängigkeit von strafprozessualen Verwertungsverboten, S. 214 ff.). Dies führt nach dem Richterrecht gegebenenfalls zum endgültigen Verlust der Widerspruchsbefugnis, nach der Neukonzeptionierung der Widerspruchslösung zum Verlust des Revisionsrügerechts. Ein Widerruf des Widerrufs des Widerspruchs gilt als unzulässig. 114

In der Revisionsinstanz, die für die Rechtsschutzgewährleistung gegenüber Beweiserhebungsfehlern mit der Kompensationsmöglichkeit durch unselbstständige Beweisverwertungsverbote subsidiär geworden ist (*Basdorf* StV 2010, 414 [416 f.]; *Berg* StraFo 2018, 327 [333]; *Mosbacher* FS Rissing-van Saan, 2011, S. 357 [360]), müssen zur Erfüllung der **Substanziierungspflichten aufgrund von § 344 Abs. 2 Satz 2** der Verfahrensfehler aus dem Vorverfahren, etwa bei einer Rüge der Verletzung des Verteidigerkonsultationsrechts, auch das Prozessgeschehen um diesen Aspekt (BGH StV 1999, 194), zum Beispiel auch der Fortgang der Vernehmung nach Erklärung der Inanspruchnahme des Rechts durch den Beschuldigten (BGH NStZ 2010, 97 f.), ferner die rechtzeitige Erfüllung der Widerspruchsobliegenheiten gegenüber dem Tatgericht nach bisherigem Richterrecht und die Entscheidung des Tatgerichts (BGHSt 52, 38 [40 f.]) dargelegt werden. Die tatrichterliche Entscheidung über den Widerspruch kann unter Beruhensgesichtspunkten im Ergebnis folgenlos unterbleiben, wenn das Revisionsgericht aufgrund der vom Revisionsführer mitgeteilten Prozesstatsachen seinerseits durch Abwägung aller festgestellten Umstände ein Verwertungsverbot verneint (krit. *Graf von Schlieffen* FS 25 Jahre ARGE Strafrecht des DAV, 2009, S. 801 [813]). Die Neukonzeptionierung der Widerspruchslösung will die revisionsgerichtliche Prüfung dagegen auf die rechtliche Richtigkeit oder Fehlerhaftigkeit des Beschlusses des Tatgerichts nach § 238 Abs. 2 konzentrieren (*Berg* StraFo 2018, 327 [335]). 115

116 cc) **Kritik.** Die Widerspruchslösung in ihrer bisherigen Konzeption verletzt den Fairnessgrundsatz. Sie ist mit der Struktur des Strafverfahrens unvereinbar (*Eschelbach* FS Fischer, 2018, S. 81 [92 ff.]). Eine gesetzliche oder aus der Gesetzessystematik ableitbare Grundlage dafür besteht nicht (SK-StPO/*Rogall* § 136 Rn. 80; MüKo-StPO/*Schuhr* § 136 Rn. 74). Beweisverwertungsverbote sind an sich **in jeder Lage des Verfahrens von Amts wegen zu prüfen** (so nun auch BGHSt 64, 89 [97]). Das gilt ungeachtet der Widerspruchslösung für relative Beweisverwertungsverbote jedenfalls für absolute Verbote, wie diejenigen aus § 136a Abs. 3 Satz 2, ferner für gesetzliche Beweisverwertungsverbote ohne ein im Gesetz nicht vorgesehenes Widerspruchserfordernis, wie etwa bei § 252 oder § 257c Abs. 4 S. 3. Dass auch gesetzliche geregelte Beweisverbote ohne geschriebenes Widerspruchserfordernis derselben richterrechtlichen Entstehungsvoraussetzung unterliegen sollen, erscheint nicht begründbar. Die Problematik der Ungleichbehandlung zeigt sich bei der Frage der Unverwertbarkeit eines verständigungsbasiserten Geständnisses, die nach § 257c Abs. 4 Satz 3 in der Verständigungsinstanz widerspruchsunabhängig kraft Gesetzes eintritt, aber in der Berufungsinstanz hinsichtlich des erstinstanzlichen Geständnisses von einem Verwertungswiderspruch abhängig sein soll (*Schneider* NZWiSt 2015, 1 [3]). Die Kombination eines von gerichtlicher Abwägung einzelfallbezogener Umstände abhängigen Beweisverwertungsverbots mit dem Erfordernis der Geltendmachung durch eine aktive Prozesshandlung der Verteidigung ist auch im Hinblick auf die **Gesetzesbindung** der Gerichte problematisch (*Eschelbach* FS Fischer, 2018, S. 81 [92 ff.]; *Maiberg* Zur Widerspruchsabhängigkeit von strafprozessualen Verwertungsverboten, S. 101 ff.), weil Richterrecht keine freie Rechtsfortbildung ermöglicht (*Fezer* StV 1997, 57 [58]; *Tolksdorf* FG Graßhof, 1998, S. 255 [267]), wenn es mit Einzelnormen des Gesetzes oder mit der gesetzlichen Struktur des Strafverfahrens unvereinbar ist. Die Grenze ist auch überschritten, wenn mit richterrechtlichen Rechtssätzen eine Strukturveränderung in Richtung auf ein adversatorisches Verfahren einhergeht. Dies ist auch bei der sukzessiven Ausdehnung der Widerspruchslösung geschehen. Aus der Stellung des Verteidigers lässt sich keine Mitwirkungspflicht ableiten (*Maiberg* Zur Widerspruchsabhängigkeit von strafprozessualen Verwertungsverboten, S. 180 ff.; *Nagel* StraFo 2013, 221 [227]; *Tolksdorf* FG Graßhof, 1998, S. 255 [265]).

117 Rechtsbehelfe praeter legem verletzen das **Prinzip der Rechtsmittelklarheit** (vgl. BVerfGE 107, 395 [416]). Das müsste auch für die Widerspruchslösung als hauptverhandlungsinterner Rechtsweg gelten. Die billigende Erwähnung der Widerspruchslösung in der Entscheidung des BVerfG zu den Folgen einer polizeirechtlichen Wohnraumüberwachung (BVerfGE 130, 1 [31]) enthält ihrerseits nur wenige Begründungselemente und keine erschöpfende Prüfung der Vereinbarkeit der Widerspruchslösung mit grundrechtsgleichen Rechten aus Art. 2 Abs. 1 i.V.m. Art. 20 Abs. 3, Art. 19 Abs. 4 und Art. 103 Abs. 1 GG. In jenem Verfahren war schließlich gar keine Grundrechtsrüge gegen die Widerspruchslösung selbst erhoben worden

118 Das überkommene Widerspruchsreglement geht darüber hinweg, dass **Schweigen der Verteidigung keine** einer Zustimmung zur Beweisverwertung gleichkommende **Prozesserklärung** eines Verzichts ist (*Dudel* Das Widerspruchserfordernis bei Beweisverwertungsverboten, 1999, S. 189; LR/*Gleß* § 136 Rn. 83). Tendenziell verstößt die Annahme einer Obliegenheitsverletzung mit prozessual nachteiligen Folgen im Fall des Unterlassens einer Prozesserklärung auch für den Angeklagten selbst gegen den *nemo-tenetur*-Grundsatz, weil dadurch eine Mitwirkungshandlung postuliert wird, obwohl der Angeklagte ein Recht auf Passivität hat (*Chen* forum poenale 2012, 163 [164]). Für den Verteidiger in der Doppelrolle des Fürsprechers seines Mandanten und eines Garanten für ein justizförmiges Verfahren wird beinahe die Grenze zum Parteiverrat erreicht, wenn er mit seinem begründungsbedürftigen Widerspruch den Richter auf einen Verfahrensfehler zum Nachteil des Mandanten aufmerksam machen muss, damit dieser gegebenenfalls doch zu einer prozessordnungsgemäßen Verurteilung gelangen kann (*Meyer-Mews* StraFo 2009, 141 [143]). Das Richterrecht gestaltet den Verwertungswiderspruch zudem als eine revisionsähnlich in die Tatsacheninstanz vorgezogene Verfahrensrüge aus und beweist damit Unverständnis für die **Erfordernisse effektiver Verteidigung.** Diese muss flexibel agieren und kann sich jedenfalls in einer neuen Hauptverhandlung mit einer anders akzentuierten Beweislage, in der möglicherweise andere Verteidiger agieren, vor geänderte Bedingungen gestellt sehen. Die Verteidigungsstrategie kann auch schon in derselben Tatsacheninstanz bei veränderter Sach- oder Rechtslage einen Kurswechsel fordern, zumal der Standpunkt des Gerichts zur Beweislage meist im Unklaren bleibt. Daher ist die Festlegung der Verteidigung auf ein zeitlich begrenztes Widerspruchserfordernis während laufender Hauptverhandlung sachwidrig. Die **Beweisbedeutung** der Aussage des Beschuldigten, um deren Verwertbarkeit oder Unverwertbarkeit gerungen wird, ist zudem oftmals **ambivalent** und kann aus verschiedenen Beurteilungsperspektiven mit allen Facetten unterschiedlich eingeschätzt werden. Dem Angeklagten kann die Beweisverwertung ebenso erwünscht wie unerwünscht sein. Welche Option die Günstigere ist, kann die Verteidigung so lange nicht abschätzen, wie die Beweiswürdigung des Tatgerichts das keine Pflichten im Sinne von § 279 Abs. 3 ZPO hat, unbekannt bleibt. Bei dieser Sachlage der Verteidigung nur eine einmalige und zeitlich begrenzte Gelegenheit zur einseitig irreversiblen Disposition zuzubilligen, wirkt unfair (*Meixner* Das Widerspruchserfordernis des BGH bei Beweisverwertungsverboten, 2015, S. 165 ff.).

Dies gilt erst recht dann, wenn das Tatgericht **von Amts wegen** ein Beweisverwertungsverbot annimmt und die Verteidigung gerade deshalb einen Widerspruch unterlässt, während die nächste Instanz auf ein staatsanwaltschaftliches Rechtsmittel das Verwertungsverbot verneint. Hier soll nach einer Entscheidung in der kasuistischen Konsequenz der bisherigen Judikatur die Widerspruchsbefugnis der Verteidigung in der nachfolgenden Tatsacheninstanz präkludiert sein (OLG Frankfurt NStZ-RR 2011, 46 m. abl. Anm. *Kudlich* HRRS 2011, 114 [117 f.]), was die überkommene Form der Widerspruchslösung jedoch ad absurdum führt. Tatsächlich bestehen gegen die Annahme einer ausschließlichen Dispositionsfreiheit der Verteidigung über den bemakelten Beweis erhebliche Bedenken (*Mosbacher* FS Widmaier, 2008, S. 339 [347]). Die **Parteimaxime** ist kein Grundsatz der Strafprozessordnung (*Dudel* Das Widerspruchserfordernis bei Beweisverwertungsverboten, 1999, S. 82 ff.) und der Verteidiger hat keine Prozessförderungspflicht (*Ufer* Der Verwertungswiderspruch in Theorie und Praxis, S. 107). Ihn zum Garanten für eine verfahrensfehlerfreie Verurteilung des Mandanten zu machen, bleibt paradox (*Meyer-Mews* StraFo 2009, 141 [142]). Die Zurechnung von Verteidigerverschulden zum Nachteil des Angeklagten in Form einer Rügepräklusion ist dem Strafprozessrecht fremd (*Meixner* Das Widerspruchserfordernis des BGH bei Beweisverwertungsverboten, 2015, S. 127 ff.; *Meyer-Mews* StraFo 2009, 141 [144]; *Nagel* StraFo 2013, 221 ff.; MüKo-StPO/*Schuhr* § 136 Rn. 74; *Sommer* StraFo 2017, 107). Außerdem bleibt ungeklärt, wie divergierende Äußerungen oder Nichtäußerungen des Angeklagten einerseits und verschiedener Verteidiger desselben Mandanten andererseits, die alle ein eigenes Äußerungsrecht im Sinne von § 257 haben, ohne dass einer der Stellvertreter des anderen wäre (*Leipold* StraFo 2001, 300 f.), zu bewerten sein sollen. 119

Das Richterrecht hat die Entstehung und Bewirkung des Beweisverwertungsverbots auf die Hauptverhandlung der Tatsacheninstanz konzentriert und **für das Vor- und Zwischenverfahren sowie das Wiederaufnahmeverfahren** zunächst einen **rechtsfreien Raum belassen**, in dem das Beweisverwertungsverbot nach der Maxime seiner Bewirkung erst durch den Widerspruch in der Hauptverhandlung keine Rolle mehr spielen konnte (krit. *Ufer* Der Verwertungswiderspruch in Theorie und Praxis, S. 152 ff.). Davon rückt die Rspr. inzwischen ab (BGH NJW 2019, 2627 [2629]). Dabei setzt sie sich allerdings nicht damit auseinander, dass sie die ursprüngliche Konzeption des Verwertungswiderspruchs als Entstehungsvoraussetzung eines Beweisverbots abändert. Die Anknüpfung einer Präklusion an die Versäumung eines Widerspruchs bis zu dem in § 257 genannten Zeitpunkt funktioniert eine **Schutzvorschrift** zum Nachteil des Beschuldigten in einen Präklusionstatbestand um, wofür eine ausreichende Legitimation fehlt (BGHSt 61, 266 [270 ff.]). 120

Schließlich wird nach der bisherigen Konzeption die **Aufklärungspflicht des Gerichts** zu Unrecht suspendiert (vgl. BGHSt 52, 38 [42]) und damit die Entscheidungsmacht des Gerichts modifiziert (*Bauer* StV 2011, 635 [637]). Dabei liegt die Verantwortung für ein prozessordnungsgemäßes Verfahren und eine lückenlose Sachaufklärung zu Umständen, die zumindest mittelbar für die Beweiswürdigung eine Bedeutung haben können, zuvörderst beim Gericht. Das erkennt die jüngste Rspr., die auf der Neukonzeptionierung der Widerspruchslösung aufbaut, inzwischen an (BGHSt 64, 89 [97]). 121

Eine **Subsidiarität der Revision** gegenüber dem »hauptverhandlungsinternen Rechtsweg« (BGH NJW 2018, 2279; *Mosbacher* JuS 2019, 129) ist im Gegensatz zu der aus § 90 Abs. 2 BVerfGG ableitbaren Subsidiarität der Verfassungsbeschwerde **nicht begründbar** (*Brune* Die ungeschriebenen Rügepräklusionen im Revisionsverfahren, S. 155; zu Ansätzen *Reichart* Revision und Verfassungsbeschwerde in Strafsachen, 2007, S. 59 ff., 224 ff., 322 ff.). Für die Praxis der Strafverteidigung ist das Richterrecht zur Widerspruchslösung allerdings vorerst verbindlich. Angreifbar wäre es nur im Verfassungsbeschwerdeverfahren mit der Rüge einer **Verletzung von Art. 2 Abs. 1 i.V.m. Art. 20 Abs. 3** (*Ufer* Der Verwertungswiderspruch in Theorie und Praxis, S. 81), **Art. 19 Abs. 4 und Art. 103 Abs. 1 GG** (*Salecker* Das Äußerungsrecht des Angeklagten und seines Verteidigers gem. § 257 StPO, S. 123 ff.). Im Ergebnis hätte eine Grundrechtsrüge zum BVerfG gegen die Folgen der Widerspruchslösung allerdings nur dann Aussicht auf Erfolg, wenn jenes Gericht nicht seinerseits derart von Subsidiaritätsgedanken überwältigt wäre, dass es seine Rechtsschutzaufgabe partiell aufgegeben hätte. Es gestattet derzeit neue richterrechtliche Rechtssätze der Fachgerichte, die eigentlich mit der Konzeption des geschriebenen Strafverfahrensrechts unvereinbar sind. Es hat aufgrund begrenzter eigener Vorstellungen vom Strafverfahren und mangels gezielter Grundrechtsrüge gegen die Widerspruchslösung dieses Konzept gebilligt (BVerfGE 130, 1 [31]), was aber nur ein *obiter dictum* war und eine einfachrechtlich Normauslegung, die auf ein Widerspruchserfordernis für unselbstständige Beweisverwertungsverbote verzichtet, nicht hindert (MüKo-StPO/*Schuhr* § 136 Rn. 76). Das BVerfG hat seinerseits den rechtzeitigen Verwertungswiderspruch in der fachgerichtlichen Tatsacheninstanz mit Hinweis aus die Subsidiarität der Verfassungsbeschwerde gefordert (BVerfG StV 2000, 466), womit aber an einen für sich genommen nicht mit der Verfassungsbeschwerde beanstandeten Sonderrechtsbehelf praeter legem angeknüpft wurde. 122

123 c) **Bedeutung des Verwertungsverbots als Belastungsverbot.** Nach neuerer Lehre sind Beweisverwertungsverbote nur dazu geeignet, eine Verwertung zum Nachteil des Beschuldigten zu verhindern. Ihm günstige Folgen der **Verwertung eines Beweismittels oder Beweisinhalts als Entlastungsbeweis** sollen **nicht ausgeschlossen** werden (*Dencker* Verwertungsverbote im Strafprozess, S. 73 ff.; *Erb* GA 2017, 113 ff.; *Jahn* Gutachten C zum 67. DJT 2008, C112 ff.; *Jäger* GA 2008, 473 [498]; *Meixner* Das Widerspruchserfordernis des BGH bei Beweisverwertungsverboten, 2015, S. 219 ff.; *Nack* StraFo 1998, 366 ff.; SK-StPO/*Rogall* § 136 Rn. 81; zur »Mühlenteichtheorie« *Roxin/Schäfer/Widmaier* StV 2006, 655 ff.). Der Strafrichter soll nicht gezwungen sein, sehenden Auges ein Fehlurteil zum Nachteil des Beschuldigten zu fällen. Die Verwertbarkeit oder Unverwertbarkeit wird deshalb von der Lehre der Eigenschaft der Beweisverwertungsverbote als Belastungsverbote dahin gespalten, dass bei Vorliegen der Voraussetzungen eines Beweisverwertungsverbots für entlastende Wirkungen von der Verwertbarkeit, für belastende Wirkungen von der Unverwertbarkeit des Beweisinhalts auszugehen sein soll. Dies ist eine komplizierte Operation, die von der Rspr. bisher auch noch nicht praktiziert wurde. Nach dieser Konzeption könnte der Beweisinhalt eine Beweisgrundlage für den Schuldspruch liefern, zugleich jedoch auf verminderten Schuldumfang hindeuten; dann wäre dieselbe Aussage der Auskunftsperson als Beweismittel nicht dem Schuldspruch, wohl aber dem Strafausspruch zugrunde zu legen. Mit dieser gespaltenen Betrachtung würde dem Praktiker allerdings zu viel verlangt. Verfahrenspsychologisch wirkt eine gespaltene Beweisverwertung und -würdigung verheerend.

124 Zu einem selbstständigen Beweisverwertungsverbot aufgrund eines Eingriffs in den absolut geschützten Kernbereich des Persönlichkeitsrechts hat die Rspr. eine Verwertbarkeit des bemakelten Beweisinhalts zugunsten von Mitangeklagten jedenfalls ausgeschlossen, weil schon die Beweiserhebung in der Hauptverhandlung eine neuerliche Verletzung der Intimsphäre des Betroffenen zur Folge hätte (BGHSt 57, 71 [78] m.Anm. *Mitsch* NJW 2012, 1486 ff.; *Jahn/Geck* JZ 2012, 561 [566]; s.a. schon *K. Peters* Gutachten für den 46. DJT 1966, Bd. I Teil 3 A, S. 96). Daraus könnte andererseits entnommen werden, dass nach dem Maßstab der Abwägungslehre bei relativen Beweisverwertungsverboten auch die Beweisrichtung eine Rolle spielen kann. Ein Beweis, der zur Entlastung des Angeklagten führt, muss dann nicht zwingend unverwertbar sein, weil die Abwägung des Interesses der Allgemeinheit an der (richtigen) Strafverfolgung und des Interesses des Beschuldigten an der Beweisführung mithilfe des bemakelten Beweismittels oder Beweisinhalts in dieselbe Richtung weisen. Ob und inwiefern das allerdings der Fall ist, weiß in allen Fällen, in denen ein Beweismittel oder Beweisinhalt nicht eindeutig in Richtung einer Entlastung des Angeklagten deutet, erst das Gericht am Ende der Urteilsberatung. Wären die Verwertungsverbote nur in die Kategorien der absoluten und relativen Beweisverwertungsverbote zu unterteilen und wären die relativen Verwertungsverbote ausschließlich »Belastungsverbote«, die nur eine Beweisführung gegen den Angeklagten, nie aber eine solche zu seinen Gunsten verhindern, bestünde kein Bedarf für eine Widerspruchslösung (*Meixner* Das Widerspruchserfordernis des BGH bei Beweisverwertungsverboten, 2015, S. 183 ff.; *Roxin/Schäfer/Widmaier* StV 2006, 655 [660]).

125 d) **Reichweite des Verwertungsverbots.** Ebenso umstritten, wie es die Frage der Existenz eines Beweisverwertungsverbots ist, bleibt die Frage nach den **Vor-, Folge-, Dritt- und Fernwirkungen** des Verwertungsverbots, wenn es denn besteht.

126 Nach der bisherigen Rspr. **entsteht** das Beweisverwertungsverbot wegen Verletzung von § 136 Abs. 1 Satz 2 **erst in der Hauptverhandlung** aufgrund des dort form- und fristgerecht erklärten Widerspruchs (BGHSt 50, 272 [274 f.]; BGH NStZ 1997, 502 [503]; OLG Frankfurt NStZ-RR 2011, 45; OLG Hamm NStZ-RR 2010, 272 [274 f.]; krit. *Schlothauer* FS Lüderssen, 2002, S. 761 [767 ff.]). Das sieht die Rspr. nun anders (BGHSt 64, 89 [97]).

127 Die verwertungsfreundliche Rspr. verneint auch **Folgewirkungen** von Verwertungsverboten (*Jahn* Gutachten C zum 67. DJT 2008, C 90). Fehlt es allerdings wegen der komplizierten Entstehungsbedingungen nach der Widerspruchslösung und der komplexen Beurteilung nach der Abwägungsdoktrin an einem Verwertungsverbot überhaupt, dann sind auch keine Folgewirkungen zu diskutieren. Diese könnten sonst zu prüfen sein, wenn nach einer Beschuldigtenvernehmung, bei der § 136 Abs. 1 Satz 2 verletzt wurde, eine weitere Beschuldigtenvernehmung stattfindet, die für sich genommen verfahrensfehlerfrei gestaltet wird. In dieser Konstellation wird nach der **Theorie von der qualifizierten Belehrung** (BGH NStZ 2019, 227 [228 f.] mit Anm. *Arnoldi*; s.a. oben Rdn. 78 ff.) angenommen, dass die erste Vernehmung unverwertbar sein könnte, worauf zur Heilung des Fehlers und Vermeidung einer sekundären Fehlerfolge bei der Anschlussvernehmung hinzuweisen wäre (BGH StV 2007, 450 [452]; 2010, 4 [5]). Das liegt auch bei einem Übergang von der Zeugenvernehmung zur Beschuldigtenvernehmung oder von einer fehlerhaften informatorischen Befragung zur förmlichen Beschuldigtenvernehmung nahe (vgl. den Fall BGH StV 2015, 337 [338]). Da andererseits die Verletzung der – angeblichen – Pflicht zur qualifizierten Belehrung nach der Abwägungslehre in der Rechtsprechungspraxis oft kein Verwertungsverbot für die nachfolgende Vernehmung auslöst, weil der quali-

fizierten Belehrung geringere Bedeutung beigemessen wird als der Belehrung nach § 136 Abs. 1 Satz 2, wird der Konstruktion wieder weitgehend die Bedeutung genommen.

Drittwirkungen der Verwertungsverbote aus dem Bereich von § 136 Abs. 1 Satz 2 werden in der Rspr. mit Hinweis auf die Subjektivität der Dispositionsbefugnis verneint, sodass eine Verletzung von § 136 Abs. 1 Satz 2 gegenüber einem Mitangeklagten oder Zeugen, der in einem anderen Verfahren Beschuldigter war, von einem Dritten nicht mit Erfolg geltend gemacht werden kann (BGHSt 47, 233 [234]; BGH NJW 1994, 3364 [3366]; a.A. MüKo-StPO/*Schuhr* § 136 Rn. 81). Das entspricht im Ergebnis der Rechtskreistheorie und wirkt auf dem Boden der Widerspruchslösung konsequent. Allerdings wird die Fairness des Verfahrens im Ganzen infrage gestellt, insb. wenn verschiedene Mitbeschuldigte jeweils in ihren Rechten verletzt wurden und ihre Aussagen jeweils nicht gegen sie selbst, aber im Wege einer »Überkreuzverwertung« gegen den jeweils anderen Mitangeklagten verwertet werden können (dagegen bei absoluten Verwertungsverboten BGHSt 57, 71 [78]). Das erscheint unangemessen (*Meixner* Das Widerspruchserfordernis des BGH bei Beweisverwertungsverboten, 2015, S. 183 ff.). Die Neukonzeptionierung der Widerspruchslösung gelangt aber zu demselben Resultat, weil sie das individuelle Rügerecht des jeweiligen Angeklagten betont. 128

Schließlich werden **Fernwirkungen** eines Beweisverwertungsverbots jedenfalls unterhalb der Schwelle des § 136a **von der Rspr. im Allgemeinen abgelehnt** (BGHSt 27, 355 [358]; 32, 68 [71]; 34, 362 [364]; 51, 1 [7 f.]; 55, 314 [319]; a.A. *Dencker* Verwertungsverbote im Strafprozess, S. 76 ff.; *Jäger* GA 2008, 473 [494]; MüKo-StPO/*Schuhr* § 136 Rn. 82). Ob das auch in Fällen der Verletzung des § 136 Abs. 1 Satz 2 gilt, ist nicht geklärt (differenzierend OLG Oldenburg StV 1995, 178 f.). Dies liegt aber nahe, wenn selbst absolute Verwertungsverbote im Sinne von § 136a Abs. 3 Satz 2 nach der Rspr. nicht unbedingt Fernwirkungen auslösen (BGHSt 55, 314 [319]). Besteht ein Beweisverwertungsverbot nach form- und fristgerechtem Widerspruch gegen die Verwertung einer Beschuldigtenaussage aus dem Vorverfahren in der Hauptverhandlung, bleibt demnach in aller Regel die Verwertbarkeit solcher Beweise unberührt, die erst aufgrund des Aussageinhalts der Beschuldigtenäußerung erlangt worden waren. Begründet wird diese Aussage vor allem mit dem Topos der **Funktionstüchtigkeit der Strafrechtspflege**, die nicht zu weitgehend beeinträchtigt werden dürfe (BVerfG NJW 2005, 656 f.; dazu EGMR NStZ 2008, 699 ff.), ferner mit einem Blick auf positivrechtlich geregelte Beweisverwertungsverbote, wie in § 136a Abs. 3, die (nur) nach dem Gesetzeswortlaut nicht mit Fernwirkungen ausgestattet sind. Beide Argumente wirken **dogmatisch schwach** (*Jahn* Gutachten C zum 67. DJT 2008, C92 f.); denn die Funktionstüchtigkeit der Strafrechtspflege als Effizienzargument kollidiert laufend mit dem Fairnessgrundsatz und das Fehlen weitergehender Rechtsfolgenhinweise im geschriebenen Recht besagt nicht viel über die Existenz oder Nichtexistenz solcher Rechtsfolgen, an die der historische Gesetzgeber noch nicht gedacht hatte. Die Verneinung von Fernwirkungen beruht auf einer Vernachlässigung der fundamentalen Bedeutung der Selbstbelastungsfreiheit. Konsequenter wirkt daher das US-amerikanische Recht (dazu *Harris* StV 1991, 313 ff.), dem die heute in der deutschen Strafprozessrechtslehre auftretende Beweisbefugnislehre ähnelt. Danach haben Beweisverwertungsverbote grundsätzlich auch Auswirkungen auf die **Früchte vom vergifteten Baum** (»fruits of the poisonous tree doctrine«; s.a. EGMR NStZ 2008, 699 [701]), zumindest soweit nicht davon auszugehen ist, dass sie – sicher – auch ohne die verbotene Beweisquelle erlangt worden wären (»hypothetical clean path doctrine«). Aber diesem stringenteren Weg (*Jäger* GA 2008, 473 [494]; *Neuhaus* NJW 1990, 1221 f.) folgt die deutsche Rspr. bisher nicht. 129

D. Hinweis auf ein Beweisantragsrecht (Abs. 1 Satz 5 Hs. 1). Im Rahmen der Belehrungen vor der Vernehmung zur Sache ist der Beschuldigte auch darauf hinzuweisen, dass er zu seiner Entlastung einzelne Beweiserhebungen beantragen kann. Statt »einzelne« sollte es besser »konkrete« Beweiserhebungen heißen. Eine zahlenmäßige Begrenzung ist mit der gesetzlichen Formulierung nicht gemeint, sondern eine Konkretisierung auf bestimmte Beweisthemen und Beweismittel. Dem Beschuldigten wird ein Beweisantragsrecht zugebilligt, das unabhängig von dem Recht sich redend oder schweigend zu verteidigen und unabhängig von dem Recht auf Verteidigerbeistand besteht. Dem Verteidiger steht daneben ein eigenes Beweisantragsrecht zu (*Eisenberg* Beweisrecht der StPO, Rn. 553). Es handelt sich um eine wenig effektive Rechtsposition, weil für das Freibeweisverfahren kein förmliches Beweisantragsrecht (SK-StPO/*Rogall* § 136 Rn. 57; MüKo-StPO/*Schuhr* § 136 Rn. 36) mit Bescheidungspflichten (§ 244 Abs. 6) sowie mit einem begrenzten Kanon von Ablehnungsgründen (§ 244 Abs. 3–5) besteht. Praktisch handelt es sich hier nur um Anregungen, die im Rahmen des im Vorverfahren herrschenden Freibeweises befolgt werden können, aber nicht befolgt werden müssen. Immerhin kann ein Beweisantrag die Aufklärungspflicht, die schließlich auch im Freibeweisverfahren gilt, aktualisieren. Eine sofortige Entscheidung über den Beweisantrag ist im Gesetz jedoch nicht vorgesehen. Die Zulässigkeit der Vernehmung des Beschuldigten ist davon auch nicht abhängig. Im Allgemeinen folgt aus der Verletzung von § 136 Abs. 1 Satz 3 Hs. 1 kein Beweisverwertungsverbot (*Albrecht* ZStW 131 [2019], 97 [107 f.]; MüKo-StPO/*Schuhr* § 136 Rn. 64). 130

131 **E. Hinweise auf weitere Handlungsoptionen (Abs. 1 Satz 4).** In geeigneten Fällen kann nach § 136 Abs. 1 Satz 4 auf die **Möglichkeit der schriftlichen Äußerung** sowie auf den **Täter-Opfer-Ausgleich** (§ 46a StGB) hingewiesen werden. Die einzige Verbindung zwischen beiden Hinweisgegenständen besteht zunächst darin, dass die diesbezüglichen Hinweise auf undefinierte und je nach den Umständen zu bewertende »geeignete Fällen« bezogen sind, also **nicht obligatorisch** bei jeder Vernehmung angebracht werden müssen. Zudem sind diese Hinweise nicht derart bedeutsam, dass aus ihrer Unterlassung ein Beweisverwertungsverbot folgen würde (*Albrecht* ZStW 131 [2019], 97 [104 f.]; MüKo-StPO/*Schuhr* § 136 Rn. 64). Bezüglich des vertypten Milderungsgrundes nach § 46b StGB (zur Problematik dieser Regelung im materiellen Recht *Jeßberger* FS Beulke, 2015, S. 1153 ff.) und hinsichtlich der Möglichkeit einer Verständigung gem. §§ 160b, 202a, 212, 257b, 257c StPO bestehen bereits keine Hinweisregeln.

132 **I. Möglichkeit der schriftlichen Äußerung des Beschuldigten.** Der Unmittelbarkeitsgrundsatz des Strengbeweisverfahrens, nach dem die unmittelbare Vernehmung der Auskunftsperson beim Personalbeweis prinzipiell Vorrang vor dem Urkundenbeweis hat, gilt im Freibeweisverfahren nicht. Die **Beschuldigtenvernehmung** ist also **nicht formgebunden** und sie kann auch schriftlich erfolgen. Der Beschuldigte hat jederzeit das Recht, sich schriftlich an die Ermittlungsbehörden und Gerichte zu wenden (*Eisenberg* Beweisrecht der StPO, Rn. 519), niemals aber eine Pflicht dazu. Die Einreichung einer Verteidigungsschrift ist oft empfehlenswert, um der Verdachtshypothese zur Vermeidung von späteren Dissonanzreduktionen wegen kognitiver Dissonanz (*Eschelbach* GA 2019, 593 ff.) eine Alternativhypothese entgegenzuhalten. Die staatlichen Strafverfolgungsorgane können ihrerseits anstelle einer Vernehmung auch eine schriftliche Äußerung einholen, soweit der Beschuldigte dazu bereit ist; darauf bezieht sich der Hinweis nach § 136 Abs. 1 S. 4, über dessen Notwendigkeit man streiten kann (SK-StPO/*Rogall* § 136 Rn. 60). Die Abgrenzung zwischen Vernehmung und schriftlicher Anhörung erfolgt insoweit nach dem **Maßstab der Aufklärungspflicht**. Im Grundsatz ist die Vernehmung der schriftlichen Befragung überlegen, insb. weil sie durch Annahme eines geschlossenen Berichts des Beschuldigten und anschließende Anknüpfung von Fragen im Sinne eines Verhörs eine strukturierte Form der Vernehmung gestattet, ferner weil sie sofortige Rückfragen ermöglicht, überdies weil nur hierbei nonverbale Kommunikation stattfindet, die auch Aussagekraft besitzen kann, und schließlich, weil nur die mündliche Vernehmung durch die Interaktion von Verhörs- und Auskunftsperson eine genaue Abklärung von Einzelheiten ermöglicht. Die schriftliche Äußerung ist daher im Wesentlichen nur aus Gründen der Prozessökonomie **bei Bagatelldelikten** oder bei einfach gelagertem Rahmengeschehen **in Punktesachen**, ferner **im wirtschaftlichen oder technischen Bereich** angezeigt, wenn im Rahmen der Aussage auf zahlreiche Unterlagen Bezug genommen werden soll (MüKo-StPO/*Schuhr* § 136 Rn. 40). Am besten erscheint aber auch hier eine mündliche Vernehmung, die durch schriftliche Äußerungen ergänzt werden kann, aber nicht von Anfang an dadurch ersetzt werden sollte. Schließlich ist eine schriftliche Äußerung nach einer Verteidigerkonsultation möglich. Sie kann dann auch **durch den Verteidiger** zur Verwertung im Freibeweisverfahren abgegeben werden (*Eisenberg* Beweisrecht der StPO, Rn. 520), wobei Unklarheiten darüber vermieden werden sollten, wer im Einzelnen welche Äußerung abgibt. Der Verteidiger ist nicht Wissensvertreter des Beschuldigten als Auskunftsperson, sondern auch hier nur ein Sprachrohr (zur Verteidigererklärung als Einlassungssurrogat BGH StV 2021, 150 f.; *Eschelbach* ZAP Fach 22, 711 ff.). Er sollte die Informationen, die aus dem Wissen des Beschuldigten herrühren, gegebenenfalls als solche kennzeichnen, und er kann eigene Kommentare dazu anbringen, die wiederum als solche erkennbar sein sollten.

133 **II. Möglichkeit des Täter-Opfer-Ausgleichs.** Seit dem OpferRRG vom 24.06.2004 ist auch der Hinweis auf die Möglichkeit des Täter-Opfer-Ausgleichs nach § 46a StGB »in geeigneten Fällen« vorgesehen (Abs. 1 S. 5). Geeignet sind zunächst nur Delikte, in denen es überhaupt ein individuelles Tatopfer gibt, ferner nur solche, in denen eine Täter-Opfer-Ausgleich nicht a priori – etwa wegen schwerer Traumatisierung des Opfers – unangebracht erscheint, schließlich nur in Fällen, in denen der Beschuldigte kooperativ wirkt und zumindest andeutungsweise die Bereitschaft zum Täter-Opfer-Ausgleich erkennen lässt (SK-StPO/*Rogall* § 136 Rn. 62). Er soll nicht durch die Art und Weise des Hinweises auf einen möglichen Täter-Opfer-Ausgleich zu einer an sich ungewollten Selbstbelastung gedrängt werden. Daher ist strikt zu beachten, dass der Beschuldigte als unschuldig gilt (Art. 6 Abs. 2 EMRK) und weder zu früh noch zu nachhaltig in die Täterrolle eingeordnet werden darf, auch damit nicht die Besorgnis der Befangenheit der Verhörperson entsteht. Der Hinweis auf die Möglichkeit des Täter-Opfer-Ausgleichs muss vor diesem Hintergrund nicht notwendigerweise zu Beginn der Vernehmung erfolgen. Er kann auch im Verlauf der Vernehmung oder danach angebracht werden. Das Gesetz steht schließlich einem schriftlichen Hinweis außerhalb der Vernehmung nicht entgegen. Die Verletzung der Hinweispflicht führt hier nicht zu einem Beweisverwertungsverbot für eine Einlassung (*Albrecht* ZStW 131 [2019], 97 [107 f.]).

III. Fehlende Hinweisregelung zur Möglichkeit der Aufklärungshilfe. Es fehlt in § 136 eine seinem Abs. 1 Satz 4 entsprechende Regelung eines Hinweises zur Aufklärungshilfe nach § 46b StGB (§ 31 BtMG). Unter dem Gesichtspunkt der prozessualen Gleichbehandlung wäre auf erste Sicht hierzu, mehr noch als hinsichtlich des § 46a StGB, ein Hinweis angezeigt, weil § 46b Abs. 3 StGB sogar eine unter dem Gesichtspunkt des Schuldprinzips und des Gleichbehandlungsgrundsatzes bedenkliche Präklusion des vertypten Milderungsgrundes für den Fall vorsieht, dass die Aufklärungshilfe nicht bis zum Eröffnungsbeschluss geleistet wurde. Bis dahin muss zur materiellen Erfüllung des Vergünstigungstatbestands auch prozessual ein Ermittlungserfolg vorhanden oder jedenfalls ein brauchbarer Ansatz dafür verifiziert sein, worauf der Beschuldigte nur begrenzt Einfluss nehmen kann. Würde im Einzelfall eine rechtzeitige Aufklärungshilfe mangels eines Hinweises der Verhörperson versäumt und ließe sich das belegen, könnte dies möglicherweise unter dem Gesichtspunkt einer Verletzung von Art. 3 Abs. 1 GG beanstandet werden. Jedoch wird beim verteidigten Angeklagten davon auszugehen sein, dass diese Option im Mandatsinnenverhältnis erörtert wurde. Andererseits berührt die Belehrung über eine Kronzeugenbehandlung auch die Selbstbelastungsfreiheit. Dies kann sich dann auswirken, wenn der Beschuldigte wegen des Hinweises eine geständige Aussage macht, danach aber den erhofften Ertrag in Form einer Strafmilderung nicht erlangt. Einzelheiten zur Bedeutung dieser Lage sind noch nicht geklärt. Jedenfalls müsste eine im Einzelfall fehlerhafte Belehrung des Inhalts, dass mit einer Strafmilderung zwingend zu rechnen sei, auch unter dem Blickwinkel der Täuschung im Sinne von § 136a Abs. 1 Satz 1 untersucht werden. 134

IV. Fehlende Hinweisregelung zur Möglichkeit des Rechtsgesprächs nach § 160b. Außerdem fehlt eine dem § 136 Abs. 1 Satz 4 entsprechende Regelung eines Hinweises auf die Möglichkeit von Erörterungen nach § 160b (*Seppi* Absprachen im Strafprozess, 2012, S. 88 f.). Auch insoweit könnte eine Verletzung von Art. 3 Abs. 1 GG bestehen, die aber kaum relevante Folgen habe dürfte, da die Verständigung im Vorverfahren ohnehin nur fakultativ ist und allein nach dem bisher kaum justiziablen Opportunitätsprinzip zu einer Verfahrensbeendigung führt. 135

F. Ergänzende Hinweise nach anderen Regeln. I. Möglichkeit des konsularischen Beistands (Art. 36 Abs. 1 lit. b WÜK, § 114b Abs. 2 Satz 4 StPO). Nach Art. 36 Abs. 1 lit. b WÜK, der durch den Fall *La Grand* bekannt wurde (IGH EuGRZ 2001, 287 ff. = JZ 2002, 91 ff. m.Anm. *Hillgruber*) und in der *Avena*-Entscheidung eine Fortsetzung fand (IGH ILM 43 [2004], 581 ff. m.Anm. *Walther* HRRS 2004, 126 ff.), haben die zuständigen Behörden die konsularische Vertretung auf Verlangen des Beschuldigten unverzüglich zu unterrichten, wenn er als Angehöriger eines ausländischen Staates festgenommen ist (*Pest* JR 2015, 359 ff.). Jede von dem Beschuldigten an die konsularische Vertretung gerichtete Mitteilung hat die im Einzelfall tätige Behörde unverzüglich weiterzuleiten. Sie hat den Beschuldigten auch unverzüglich über seine Rechte aufgrund dieser Bestimmung zu unterrichten. Dies kann auch bei der ersten Vernehmung des Beschuldigten geboten sein. Die Belehrungspflicht nach Art. 36 Abs. 1 lit. b WÜK hat eine andere Bedeutung als die Belehrung nach § 136 Abs. 1 Satz 2 (*Eisenberg* Beweisrecht der StPO Rn. 563a); denn sie hängt nicht unmittelbar mit dem Recht auf Selbstbelastungsfreiheit zusammen, die wiederum mit dem Recht auf Verteidigerkonsultation verknüpft ist. Das Konsulat hat eine Unterstützungsaufgabe für den Beschuldigten, die auch dahin gehen kann, ihm bei der Erlangung von Verteidigerbeistand zu helfen. Insoweit besteht immerhin ein **mittelbarer Zusammenhang mit der Selbstbelastungsfreiheit** des Beschuldigten bei der Vernehmung (*Ambos* Beweisverwertungsverbote, 2010, S. 76 f.). Ist ein Verteidigerbeistand vorhanden, kann damit zugleich der Schutzzweck des Art. 36 WÜK erledigt sein (BVerfG NJW 2014, 532 [534]). Die Tätigkeit eines Konsularbeamten, der als Beistandsleistung mit dem Beschuldigten spricht, bei seiner Zeugenvernehmung im heimatlichen Strafprozess dann aber gegen ihn aussagt, kann sich im Einzelfall als Danaergeschenk auswirken (*Norouzi* NJW 2011, 1525). 136

Die Belehrung über die Möglichkeit des konsularischen Beistands hat nur **im Fall der Freiheitsentziehung**, dann aber **unverzüglich** zu erfolgen, also in der Regel, sobald die Ausländereigenschaft festgestellt wird (BGHSt 52, 110 [112]). Die Belehrungspflicht knüpft zeitlich nicht an den Vernehmungsbeginn, sondern an die Festnahme an (*Ambos* Beweisverwertungsverbote, 2010, S. 76). Sie trifft nicht nur den **Richter** bei der Vorführung, sondern auch die festnehmenden **Polizeibeamten** (BGHSt 52, 48 [51]; 52, 110 [113]; *Paulus* StV 2003, 57 [59 f.]). Die Belehrung ist nur dann rechtsfehlerfrei erfolgt, wenn sie in einer für den Beschuldigten verständlichen Sprache erteilt wurde (§ 114b Abs. 1 Satz 1). Die Belehrung betrifft ausschließlich die Mitteilung, dass das Konsulat benachrichtigt wird, wenn der Beschuldigte dies wünscht, und dass Mitteilungen des Beschuldigten unverzüglich nach dort weitergeleitet werden. Weitere Hinweise auf den Zweck der Regelung, dass das Konsulat dem Beschuldigten bei der Kontaktaufnahme mit einem Verteidiger helfen kann, werden vom Gesetz nicht gefordert. Sie sind aber im Kontext mit der Belehrung über das Verteidigerkonsultationsrecht nach § 136 Abs. 1 Satz 2 sachgerecht und angezeigt, wenn der Beschuldigte erkennen 137 lässt, dass er Verteidigerbeistand wünscht, aber nicht weiß, wie er ihn herbeiführen soll. Andernfalls werden zumindest eigene Unterstützungshandlungen der Ermittlungsbehörde erforderlich. Mitbeschuldigte können sich nach der Rspr. nicht mit Erfolg auf eine Verletzung von Art. 36 Abs. 1 lit. b WÜK zum Nachteil eines anderen Beschuldigten berufen (BGHSt 52, 48 [52]).

138 Wird die **Belehrung nach Art. 36 Abs. 1 lit. b WÜK versäumt**, hat dies nach der Rspr., die der Abwägungslehre folgt (BGHSt 52, 48 [54]; 52, 110 [116]), **nicht zur Folge**, dass eine Aussage, die der Beschuldigte nach Belehrung gem. § 136 Abs. 1 Satz 2 macht, **unverwertbar** wäre. Dies gilt jedenfalls, wenn dem Beschuldigten im weiteren Verfahren daraus kein Nachteil entsteht (BGHSt 52, 48 [54]; 52, 110 [114 ff.]; BGH StV 2011, 603 [605 f.]; *Ambos* Beweisverwertungsverbote, 2010, S. 77; a.A. *Gless/Peters* StV 2011, 369 [376]). Die Fachgerichte haben allerdings die Vorgaben des Internationalen Gerichtshofs zu beachten. Darauf hat das BVerfG hingewiesen (BVerfG StV 2008, 1 [4 f.] m.Anm. *Burchard* JZ 2007, 891 ff.; *Kreß* GA 2007, 296 ff.; *Viellechner* EuGRZ 2011, 203 ff.; *Walter* JR 2007, 99 ff.; BVerfG StV 2011, 329 ff. m.Anm. *Gless* StV 2011, 369 ff.; BVerfG NJW 2014, 532 ff.). Der BGH hat nach Zurückverweisung einer Sache aus anderen Gründen erneut kein Verwertungsverbot angenommen (BGH StV 2011, 603 ff. m.Anm. *Meyer-Mews* StraFo 2012, 7 ff.). Eine Rechtsfolge im Verfahren ist nur geboten, wenn der Belehrungsmangel zu einer tatsächlichen Verschlechterung der prozessualen Lage des Beschuldigten geführt hat; außerdem gilt nach der Rspr. auch insoweit die Abwägungslehre. Zwischenzeitlich wurde eine Kompensation des Verfahrensfehlers nach dem Maßstab der **Vollstreckungslösung** erwogen (BGHSt 52, 48 [55 ff.]), die aber nicht überzeugt (*Ambos* a.a.O., S. 80; *Strate* HRRS 2008, 76 [86]) und nicht wiederholt wurde (BGHSt 52, 110 [118 f.]; BGH StV 2011, 603 [606 f.] m.Anm. *Meyer-Mews* StraFo 2011, 7 ff.), da es um inkommensurable Faktoren geht (BVerfG NJW 2014, 532 [534]; *Weigend* StV 2008, 39 [44]).

139 **II. Benachrichtigung von Erziehungsberechtigten oder gesetzlichen Vertretern (§ 67 JGG) und Elternkonsultationsrecht des minderjährigen Beschuldigten.** Ein »Elternkonsultationsrecht« ist im Gesetz nicht vorgesehen und dementsprechend auch keine Belehrung des minderjährigen Beschuldigten hierüber; jedoch wird dies zum Teil unmittelbar aus Art. 6 Abs. 2 Satz 1 GG hergeleitet (*Güler* StraFo 2019, 191 ff.). Es gehört zu dem von Art. 6 Abs. 2 Satz 1 GG geschützten Verantwortungsbereich der Eltern, die Rechte ihrer Kinder dem Staat oder Dritten gegenüber zu schützen. Daraus folgt die Notwendigkeit einer frühzeitigen Beteiligung von Eltern im Jugendstrafverfahren (BVerfG NJW 2003, 2004 [2005]); ein subjektives Recht des Beschuldigten auf Ermöglichung einer »Elternkonsultation« ist dann aber eine Ausdehnung des Schutzgedankens, die im Strafprozessrecht bisher nicht verankert ist. Nach § 67 Abs. 1 JGG steht dem Erziehungsberechtigten und gesetzlichen Vertreter selbst das **Recht auf Anwesenheit** bei Untersuchungshandlungen ebenso wie dem jugendlichen Beschuldigten zu. Er hat ein **Frage- und Antragsrecht** und wohl auch die Widerspruchsbefugnis. Für den vom Gericht bestellten Beistand folgt dies jedenfalls aus § 69 Abs. 3 Satz 2 JGG (*Meixner* Das Widerspruchserfordernis des BGH bei Beweisverwertungsverboten, 2015, S. 11). Diese Rechte sind schon im Vorverfahren bei Vernehmungen des Minderjährigen als Beschuldigter zu beachten (*Möller* NStZ 2012, 113 [115]). Von Jugendlichen wird das Recht zur eigenverantwortlichen Entscheidung darüber, ob sie sich redend oder schweigend verteidigen, nicht in gleicher Weise ausgeübt wie von Erwachsenen. Daher dient die Hinzuziehung eines Erziehungsberechtigten oder gesetzlichen Vertreters der Stärkung der Subjektstellung. Daraus folgt im Grundsatz auch eine Pflicht der Behörde oder des Gerichts zur **Benachrichtigung des Erziehungsberechtigten oder gesetzlichen Vertreters** darüber, dass eine Beschuldigtenvernehmung vorgesehen ist (*Möller* NStZ 2012, 113 [116]). Dem Anwesenheitsrecht des Erziehungsberechtigten oder gesetzlichen Vertreters korrespondiert ein Recht des jugendlichen Beschuldigten, sich vor oder bei seiner Vernehmung durch diesen darüber **beraten** zu lassen, ob er aussagen oder schweigen soll. Auf dieses »Elternkonsultationsrecht« ist der Jugendliche bei jugendrechtskonformer Auslegung der §§ 136, 163a StPO gem. § 2 JGG hinzuweisen (*Eisenberg* JGG § 67 Rn. 11b; *Möller* NStZ 2012, 113 [116 f.]; SK-StPO/*Rogall* § 136 Rn. 63). Unterbleibt der **Hinweis** und deshalb der Kontakt mit einem Erziehungsberechtigten oder gesetzlichen Vertreter und übt der minderjährige Beschuldigte sein Schweigerecht nicht aus, so kann auch daraus ein **Beweisverwertungsverbot** resultieren (OLG Celle StraFo 2010, 114 f.; LG Saarbrücken NStZ 2012, 167 m.Anm. *Möller* NStZ 2012, 113 ff.; *Güler* StraFo 2019, 191 [193]; MüKo-StPO/*Schuhr* § 136 Rn. 65).

140 **G. Audiovisuelle Vernehmungsaufzeichnung. Abs. 4** enthält eine seit dem 01.01.2020 geltende Bestimmung über die audiovisuelle Aufzeichnung der Beschuldigtenvernehmung (zur Entstehung *Michel* Die audiovisuelle Aufzeichnung von Beschuldigtenvernehmungen, S. 40 ff.). **Abs. 5** ist durch das Gesetz zur Fortentwicklung der Strafprozessordnung und weiterer Gesetze vom 25.06.2021 angefügt worden. Danach kann die Vernehmung auch in der Weise erfolgen, dass der Beschuldigte sich **an einem anderen Ort** als die vernehmende Person aufhält und die Vernehmung zeitgleich in Bild und Ton in beide Richtungen übertragen wird. Die Vorschrift gilt zunächst für (ermittlungs-)richterliche Vernehmungen, über § 163a Abs. 3 Satz 2

und Abs. 4 Satz 2 aber auch für polizeiliche und staatsanwaltschaftliche Vernehmungen. Die Regelung ist unbestimmt, unerprobt (*Wagner* GA 2021, 340 [341]) und sie birgt eine Reihe neuer Probleme. In der Hauptverhandlung kann eine Videoaufzeichnung einer Beschuldigtenvernehmung aus dem Vorverfahren unter den Voraussetzungen des § 254 in **Augenschein** genommen werden (*Michel* Die audiovisuelle Aufzeichnung von Beschuldigtenvernehmungen, S. 288 ff.; *Wagner* GA 2021, 340; *Weigend* StV 2019, 852 [856]), ferner ist sie außerhalb der Hauptverhandlung im Freibeweisverfahren nutzbar. Auch als Mittel des Vorhalts soll die Vorführung verwendet werden dürfen, was aber wegen der besonderen Wirkung der audio-visuellen Wiedergabe problematischer erscheint als ein formloser verbaler Vorhalt von Informationen aus den Akten (*Michel* Die audiovisuelle Aufzeichnung von Beschuldigtenvernehmungen, S. 305 ff.).

Abs. 4 sieht für Fälle des Vorwurfs eines Tötungsverbrechens und Fälle, in denen die Beschuldigtenrechte 141 eines minderbegabten oder seelisch kranken Beschuldigten dadurch besser gewahrt werden können, die im Grundsatz **obligatorische Aufzeichnung von Beschuldigtenvernehmungen** vor. Damit wird die Dokumentation des Ermittlungsverfahrens gegenüber den Defiziten der herkömmlichen Vernehmungsprotokolle oder -berichte (*Michel* Die audiovisuelle Aufzeichnung von Beschuldigtenvernehmungen, S. 106 ff.) prinzipiell verbessert (zu Vorteilen *Michel* a.a.O., S. 110 ff.), was dem Schutz der Wahrheitserforschung dienen soll, ferner dem Schutz des Beschuldigten vor Verfahrensfehlern bei den Vernehmungsförmlichkeiten und umgekehrt dem Schutz von Verhörpersonen vor falschen Vorwürfen (*Wickel* ZIS 2021, 311 f.). In anderen Fällen, als den gesetzlich vorgesehenen Fällen obligatorischer Aufzeichnung ist die technisierte Dokumentation mit Zustimmung des Beschuldigten auch möglich, aber nicht zwingend vorgeschrieben (§ 163a Abs. 1 Satz 2, § 58a). Abs. 4 ist auch vor diesem Hintergrund hier keine besondere Ermächtigungsgrundlage (aA *Wickel* ZIS 2021, 311 [312]), da der Beschuldigte insgesamt nicht zur Aussage verpflichtet ist und demnach auch der Vernehmung unter den Bedingungen einer Videoaufzeichnung nicht Folge leisten muss. Tut er dies gleichwohl, geschieht das ebenso (nolens volens) **freiwillig**, wie bei einer Aussage in der Öffentlichkeit der Hauptverhandlung. Dann liegt kein Grundrechtseingriff vor. Die Entscheidung des Beschuldigten setzt dabei das Wissen um die Aufzeichnung voraus (*Michel* Die audiovisuelle Aufzeichnung von Beschuldigtenvernehmungen, S. 193). **Heimliche Aufzeichnungen** sind eingriffsrelevant, ohne dass Abs. 4 dafür eine ausreichend bestimmte gesetzliche Ermächtigung enthält. Heimliche Aufzeichnungen **sind** daher **unzulässig** (*Weigend* StV 2019, 852 [854]).

Aufzeichnungen nach Abs. 4 sind im Grundsatz zwingend vorgeschrieben, wenn es um ein **Kapitalverbrechen** 142 geht **oder eine besondere Schutzbedürftigkeit des Beschuldigten** die audiovisuelle Aufzeichnung erforderlich macht. Davon gibt es **Ausnahmen für Eilfälle** oder bei technisch-organisatorischer **Unmöglichkeit**. Nicht besonders geregelt ist der **Fall fehlender freiwilliger Mitwirkung** des Beschuldigten (nur) an der audio-visuell aufzuzeichnenden Vernehmung und des Widerspruchs des an sich aussagebereiten Beschuldigten gegen die Aufzeichnung (*Michel* Die audiovisuelle Aufzeichnung von Beschuldigtenvernehmungen, S. 196 ff.). Im Fall des Widerspruchs gegen die Aufzeichnung ist eine Ausnahme von der Aufzeichnungspflicht bei fortbestehender Möglichkeit einer Vernehmung des erst dann aussagebereiten Beschuldigten anzunehmen. Ein gänzlicher Verzicht auf die Beschuldigtenvernehmung in dieser Lage wäre kontraproduktiv.

Allgemein führt eine **Verletzung der Aufzeichnungspflicht** nach der Vorstellung des Gesetzgebers nicht dazu, 143 dass eine Vernehmung ohne solche Dokumentation unverwertbar wäre (BT-Drs. 18/11277, S. 27). Abs. 4 soll eine »**bloße Ordnungsvorschrift**« sein, was aber so nicht nachvollziehbar ist (*Michel* Die audiovisuelle Aufzeichnung von Beschuldigtenvernehmungen, S. 323, *Wagner* GA 2021, 340 [349]; *Weigend* StV 2019, 852 [857]; *Wickel* ZIS 2021, 311 [316]). Handelt es sich um eine im Grundsatz zwingende Regelung, die wegen der besonderen Qualität der Videoaufzeichnung hohe Beweisbedeutung hat und außerdem dem Schutz des Beschuldigten vor Verfahrensfehlern dienen soll, ist das alles andere als eine bloße Ordnungsregel. Zumindest dann, wenn der Beschuldigte substanziiert behauptet, dass (andere) Verfahrensregeln bei der nicht aufgezeichneten Vernehmung und zugleich auch die Aufzeichnungspflicht verletzt worden seien, liegt die **Annahme eines Beweisverwertungsverbots** für die nicht audiovisuell dokumentierten Vernehmungsinhalte nahe (*Michel* Die audiovisuelle Aufzeichnung von Beschuldigtenvernehmungen, S. 318 ff.; *Wickel* ZIS 2021, 311 [317]).

Zweck der audiovisuellen Dokumentation ist nach der gesetzgeberischen Vorstellung zuvörderst die **Verbesserung der Wahrheitserforschung**. Das beruht allerdings auf einer Fehlvorstellung von der Beweis- 144 bedeutung des nonverbalen Verhaltens (*Robra* Kriminalistik 2020, 491 [494]), das durch die Videoaufzeichnung sichtbar dokumentiert werden soll. Die Videoaufzeichnung ist nur hinsichtlich der Dokumentation von Äußerungsinhalten **einem** herkömmlichen schriftlichen **Protokoll der Vernehmung** als Beweismittel **überlegen**, weil sie nicht nur Fragen, Vorhalte und Antworten präziser und zuverlässiger festhält. Je nach Perspektive kann die visuelle Dokumentation auch Wahrnehmungsverzerrungen auf den Betrachter entfalten (*Michel* Die audiovisuelle Aufzeichnung von Beschuldigtenvernehmungen, S. 225; *Wagner* GA 2021, 340

[342 ff.]). Auch kann das Aussageverhalten nachteilig beeinflusst werden. Die audiovisuelle Aufzeichnung ist insoweit für die Wahrheitserforschung nicht ausschließlich vorteilhaft (zu Nachteilen *Michel* Die audiovisuelle Aufzeichnung von Beschuldigtenvernehmungen, S. 116 ff., zur Beweiswürdigung a.a.O., S. 340 ff.). Sie gestattet es aber besser, das **Vorliegen** oder Nichtvorliegen **einer verbotenen Vernehmungsmethode** während der Vernehmung zu **überprüfen** (BT-Drs. 18/11277, S. 24 f.; *Wagner* GA 2021, 340 [344 ff.])). Sie kann Verstöße gegen Verfahrensrecht präventiv verhindern und erfüllt damit eine Disziplinierungsfunktion. Das gilt aber nur, wenn die Aufzeichnung **das gesamte Geschehen der Vernehmung, einschließlich der Vorgespräche und Belehrungen**, lückenlos dokumentiert (*Wagner* GA 2021, 340 [351]). Eine vollständige Dokumentation der »Vernehmung« im Ganzen kann auch aus dem Gesetz abgeleitet werden (BT-Drs. 18/11277, S. 26; *Wickel* ZIS 2021, 311 [315]; a.A. *Michel* Die audiovisuelle Aufzeichnung von Beschuldigtenvernehmungen, S. 154 ff., die ein Regelungsdefizit beklagt), denn informelle Vorgespräche mit potenzieller Beweisrelevanz sind der StPO fremd.

145 Der Gesetzgeber geht davon aus, dass die Anfertigung einer audiovisuellen Aufzeichnung der Vernehmung zusätzlich zu der Befragung des Beschuldigten einen **Eingriff in sein Persönlichkeitsrecht** darstelle, wofür die Regelung eine gesetzliche Ermächtigungsgrundlage zur Verfügung stelle (BT-Drs. 18/11277, S. 25). Auf dieser Grundlage werden auch **Verhältnismäßigkeitserwägungen** angestellt (*Michel* Die audiovisuelle Aufzeichnung von Beschuldigtenvernehmungen, S. 166). Wäre jedoch die Prämisse des Vorliegens eines Grundrechtseingriff uneingeschränkt zutreffend, würde in anderen Fällen als denjenigen des Abs. 4, eine Ermächtigung fehlen. Das trifft jedoch nicht uneingeschränkt zu. Als Ermächtigungsgrundlage ist die Regelung zu unbestimmt und bei Hervorhebung einer besonderen Eingriffsrelevanz erscheint auch die Aufzeichnungspflicht gerade bei Minderjährigen, Minderbegabten oder seelisch gestörten Beschuldigten hochproblematisch. Jedoch liegt meist kein Grundrechtseingriff vor, denn der Beschuldigte muss sich nicht zur Sache äußern und er kann daher eine Äußerung auch von bestimmten Bedingungen, etwa von einem Verteidigerbeistand, abhängig machen. In gleicher Weise ist er nicht gehindert, eine Aussage zur Sache abzulehnen, solange diese aufgezeichnet wird. Wenn er nur **freiwillig** an einer Vernehmung mitwirkt, kann er auch der Art der Aufzeichnung zustimmen oder diese ablehnen; im letzteren Fall greift eine Ausnahme von der Aufzeichnungspflicht wegen entgegenstehender Umstände ein (*Michel* Die audiovisuelle Aufzeichnung von Beschuldigtenvernehmungen, S. 178). Sofern der Beschuldigte der Aufzeichnung **zustimmt** und auch angesichts der Aufzeichnung zur Sache aussagt, wird er nicht in Grundrechten betroffen. Allerdings fehlt in Abs. 4 eine Bestimmung darüber, dass der Beschuldigte auf das Vorhaben der Aufzeichnung und die Freiwilligkeit der Mitwirkung hingewiesen werden muss. Dieses Regelungsdefizit wird partiell dadurch abgemildert, dass es sich um Fälle notwendiger Verteidigung im Vorverfahren handelt (§§ 140, 141).

146 Die audiovisuelle Aufzeichnung der Beschuldigtenvernehmung steht im Allgemeinen im Ermessen des Vernehmenden. Durch Abs. 4 Satz 2 ist das Ermessen zunächst in Fällen aufgehoben oder mit Blick auf die Ausnahmetatbestände eingeschränkt, in denen es um vorsätzliche Tötungsdelikte geht oder in denen die bestmögliche Wahrung der schutzwürdigen Interessen eines minderbegabten oder seelisch kranken Beschuldigten eine audiovisuelle Aufzeichnung gebietet. **Vorsätzlich begangene Tötungsdelikte** sind nach der gesetzgeberischen Vorstellung solche nach §§ 211–221 StGB (*Michel* Die audiovisuelle Aufzeichnung von Beschuldigtenvernehmungen, S. 174 ff.), seien sie **vollendet oder versucht** (*Wickel* ZIS 2021, 311 [313]), durch den Beschuldigten **als Täter oder Beteiligter** begangen (*Weigend* StV 2019, 852 [855]). Einbezogen werden sollen auch die vorsätzliche **durch den Tod des Opfers qualifizierten Delikte** (BT-Drs. 18/11277, S. 27). Dabei fallen Delikte nach §§ 218 – 219b nicht ebenso ins Gewicht wie Mord, Totschlag oder Tötung auf Verlangen. Auch § 221 StGB passt nicht ohne Weiteres in diesen Kontext (*Weigend* StV 2019, 852 [855]). Warum andererseits nach den Materialien die durch den Tod des Opfers qualifizierten Delikte bei nur fahrlässiger Herbeiführung der Todesfolge (§ 18 StGB) ausgeklammert sein sollen, ist mit Blick auf **§ 11 Abs. 2 StGB** unverständlich. Hinzu kommt, dass die Wahrscheinlichkeit von vorsätzlichem oder fahrlässigem Verursachen des Todes im Frühstadium der Ermittlungen nicht zuverlässig unterschieden werden kann. Angesichts der Beweis- und Schutzbedeutung der audiovisuellen Aufzeichnung sollte im Zweifel eine solche bevorzugt werden. Richtigerweise sollten auch, wenn schon eine gegenständliche Beschränkung der Aufzeichnungspflicht geboten sein soll, alle nach der Verdachtslage zur Zeit der Beschuldigtenvernehmung potenziellen **Schwurgerichtssachen** davon umfasst sein (*Wagner* GA 2021, 340 [350]). Warum andere Verdachtsfälle, in denen der frühzeitigen Vernehmung mit audio-visueller Aufzeichnung besondere Beweisbedeutung zukommen kann, namentlich **in Aussage-gegen-Aussage-Fällen**, keine Aufzeichnungspflicht normiert wurde, erschließt sich nicht.

147 Die Aufzeichnungspflicht soll entfallen, wenn **die äußeren Umstände oder die besondere Dringlichkeit** der Vernehmung dieser Form der audiovisuellen Aufzeichnung **entgegenstehen** (*Wickel* ZIS 2021, 311 [314]). Das Dringlichkeitserfordernis dürfte dabei demjenigen des § 141a Satz 1 entsprechen. Es dürfte auch dann praktisch bedeutsam werden, wenn der Einsatz von funktionstüchtiger **Videotechnik nicht zeitnah zur Verfügung steht** oder wegen **Mitwirkungsverweigerung des Beschuldigten** ausscheidet (RA BT-Drs. 18/12785 S. 64). In der zweiten Fallgruppe der Pflicht zur audiovisuellen Aufzeichnung von Beschuldigtenvernehmungen geht es darum, dass **der Beschuldigte minderjährig** ist (Vorgabe aus der Richtlinie 2016/800 des Europäischen Parlaments und des Rates vom 11.05.2016 über Verfahrensgarantien in Strafverfahren für Kinder, die Verdächtige oder Beschuldigte Personen in Strafverfahren sind, ABl. L 132 vom 21.05.2016) oder der Beschuldigte **unter eingeschränkten geistigen Fähigkeiten oder einer schwerwiegenden seelischen Störung leidet** und die Wahrung seiner schutzwürdigen Interessen durch die Aufzeichnung besser gewahrt werden kann. Dann soll insb. nachträglich besser geprüft werden können, ob der Beschuldigte wegen seiner Defizite seine **Rechte ausreichend wahrnehmen** konnte, also vernehmungsfähig war. Ferner sollen **schwierige Vernehmungen genauer dokumentiert** werden. Zudem meint der nicht aussagepsychologisch beratene Gesetzgeber, die **Bewertung der Glaubwürdigkeit** der Person werde durch die audiovisuelle Aufzeichnung der Vernehmung in diesen Fällen **verbessert**. Zudem geht er von einer erhöhten **Suggestibilität** solcher Personen aus; auch dies gebiete besondere Vorkehrungen bei der Dokumentation der Vernehmung (BT-Drs. 18/11277, S. 27 f.). Im Ergebnis dürfte das zutreffend sein. Allerdings ist die gesetzliche Regelung zwangsläufig unbestimmt, soweit es um die Abgrenzung von eingeschränkten intellektuellen Fähigkeiten oder schwerwiegenden seelischen Störungen von einem Normalbefund geht.

Der Gesetzgeber meint, dass die **schriftliche Protokollierung** der Vernehmung im herkömmlichen Sinn 148
künftig **neben die audiovisuelle Aufzeichnung** tritt. Eine **Verschriftung** der audiovisuellen Aufzeichnung soll aber **nicht obligatorisch** sein, sondern nur fakultativ ermöglicht werden. Das schriftliche Protokoll müsse auch danach nicht in der Form des Wortprotokolls dargeboten werden; es genüge insoweit die Form einer zusammenfassenden Darstellung in den Akten (BT-Drs. 18/11277, S. 26). Effizienz und Praktikabilität der oft dilettantisch angefertigten und nicht selten sinnverändernd wirkenden Zusammenfassungen von Aussagen durch Verhörpersonen, wie sie in der Praxis immer noch vorkommen, werden vom Gesetzgeber hierbei kontrafaktisch behauptet. Jedenfalls ist ein lückenloses Wortprotokoll, das auch Fragen, Vorhalte und Antworten aufzeichnet, den in der polizeilichen Vernehmungspraxis vorkommenden Berichtsversionen weit überlegen. Der Hinweis in den Gesetzesmaterialien auf Praxisüblichkeit, Übersichtlichkeit und Zweckmäßigkeit konventioneller Vermerk oder Berichte mit ihrer bekannten Fehleranfälligkeit ist ein bemerkenswertes Symptom der gesetzgeberischen Unkenntnis von Fehlerquellen im Strafprozess.

Abs. 4 Satz 3 i.V.m. mit § 58a Abs. 2 Satz 1 normiert eine Beschränkung der **Datenverwendung** auf die 149
Strafverfolgung, und zwar soweit sie dafür zur **Wahrheitserforschung** erforderlich ist. Nach § 58a Abs. 2 Satz 2 i.V.m. § 101 Abs. 8 Satz 1 sind die Aufzeichnungen unverzüglich zu **löschen**, sobald sie für diese Zwecke **nicht mehr erforderlich** sind. Die Formulierung »zur Strafverfolgung« greift dabei insoweit zu kurz, als in allen Instanzen des Erkenntnisverfahrens und in einem eventuellen Wiederaufnahmeverfahren nach § 359 Nr. 5 ein Rückgriff auf den gesamten Beweisbestand erhalten bleiben muss. Zur Verhinderung einer Verletzung der Rechtsschutzgarantie aus Art. 19 Abs. 4 Satz 1 GG muss das Beweismaterial auch aufbewahrt werden, solange solche Rechtsschutzmöglichkeiten in Betracht kommen; denn auch sie gehören zur Wahrheitserforschung. Die Aufzeichnungen unterliegen auch den allgemeinen Regeln über **Akteneinsichtsrechte** nach §§ 147, 406e (*Michel* Die audiovisuelle Aufzeichnung von Beschuldigtenvernehmungen, S. 247 ff.). **Kopien** dürfen weder vervielfältigt noch weitergegeben werden (§ 58a Abs. 2 Satz 4); sie sind an die Staatsanwaltschaft herauszugeben, sobald kein berechtigtes Interesse an der weiteren Verwendung besteht (§ 58a Abs. 2 S. 5). Dieses Interesse der Verteidigung umfasst aber auch die Nutzung in Rechtsmittel- und Wiederaufnahmeverfahren. Ein **Herunterladen der Aufzeichnungskopie** von einem überlassenden Datenträger durch den Verteidiger auf dessen Rechner sollte zur **Ermöglichung einer sachgemäßen Verteidigung** erlaubt sein und nicht als unzulässige Vervielfältigung gelten. Zur Weitergabe einer Kopie der Aufzeichnung der eigenen Vernehmung durch den Verteidiger an den Beschuldigten fehlt eine ausdrückliche Ausnahmeregelung vom Verbot der Weitergabe, dessen Schutzzweck für den Beschuldigten aber nicht verletzt wird (*Michel* Die audiovisuelle Aufzeichnung von Beschuldigtenvernehmungen, S. 268). Das Verbot betrifft danach nur die Weitergabe an Dritte.

§ 136a Verbotene Vernehmungsmethoden; Beweisverwertungsverbote

(1) [1]Die Freiheit der Willensentschließung und Willensbetätigung des Beschuldigten darf nicht beeinträchtigt werden durch Mißhandlung, durch Ermüdung, durch körperlichen Eingriff, durch Verabreichung von Mitteln, durch Quälerei, durch Täuschung oder durch Hypnose. [2]Zwang darf nur angewandt werden, soweit das Strafverfahrensrecht dies zulässt. [3]Die Drohung mit einer nach seinen Vorschriften unzulässigen Maßnahme und das Versprechen eines gesetzlich nicht vorgesehenen Vorteils sind verboten.

(2) **Maßnahmen, die das Erinnerungsvermögen oder die Einsichtsfähigkeit des Beschuldigten beeinträchtigen, sind nicht gestattet.**
(3) **[1]Das Verbot der Absätze 1 und 2 gilt ohne Rücksicht auf die Einwilligung des Beschuldigten. [2]Aussagen, die unter Verletzung dieses Verbots zustande gekommen sind, dürfen auch dann nicht verwertet werden, wenn der Beschuldigte der Verwertung zustimmt.**

Übersicht

1 **A. Allgemeines. I. Regelungszusammenhang und Bedeutung.** § 136a Abs. 1 stellt ein Verbot der Beeinflussung der **Willensentschließung und Willensbetätigung** des Beschuldigten über das Ob und Wie einer Aussage zur Sache durch bestimmte Methoden bei der Vernehmung auf (BGHSt 17, 364 [367]), § 136a Abs. 2 verbietet vom Willen des Beschuldigten unabhängige Beeinflussungen seines **Erinnerungsvermögens oder** seiner **Einsichtsfähigkeit** (*Erbs* NJW 1951, 386 f.). § 136a Abs. 3 schließlich erklärt die **Einwilligung** des Beschuldigten in die Beweiserhebung für unbeachtlich und betont, dass das – im Text vorausgesetzte – **Beweisverwertungsverbot** für Aussagen, die unter Einflüssen nach Abs. 1 oder 2 zustande gekommen sind, selbst dann gilt, wenn der Beschuldigte der Verwertung **zustimmt**.

2 Diese Bestimmung, die verfassungsrechtlichen Gehalt aufweist, wurde durch das Gesetz zur Wiederherstellung der Rechtseinheit vom 12.09.1950 (BGBl. I, S. 455, 629) eingeführt, in das sie auch erst nachträglich eingestellt wurde. Sie beruht »auf den schmerzlichen Erfahrungen« aus der NS-Zeit (BGHSt 1, 387; s.a. *Gau* Die rechtswidrige Beweiserhebung nach § 136a StPO als Verfahrenshindernis, 2006, S. 50 f.; *Osmer* Der Umfang des Beweisverwertungsverbotes nach § 136a StPO, S. 6; *Stoffer* Wie viel Privatisierung »verträgt« das strafprozessuale Ermittlungsverfahren?S. 223 ff.; *Wodrich* Das Verbot von Vernehmungsmethoden in geschichtlicher Sicht – historische Grundlagen des § 136a StPO, 1961, S. 170 ff.). Die Norm **ergänzt** die Regeln des **§ 136** über die Beschuldigtenvernehmung, sie ist über §§ 69 Abs. 3, 72 auf die Vernehmung von Zeugen und Sachverständigen anwendbar (*Magnus* NStZ 2022, 393 [398]) und sie besitzt auch Bedeutung außerhalb von Vernehmungen. Der darin enthaltene nemo-tenetur-Grundsatz (§ 136 Rdn. 33) schließt die Notwendigkeit jeder aktiven Mitwirkung des Beschuldigten an der Strafverfolgung gegen seinen Willen aus, **auch wenn sie Sachbeweise hervorbringt** (*Groth* Unbewusste Äußerungen und das Verbot des Selbstbelastungszwangs, S. 70 ff.). Die Fassung der Vorschrift wurde vom schwedischen Recht beeinflusst. Die Materialen geben zur Auslegung der Norm aber nichts her (*Achenbach* StV 1989, 515 [517]). Daher greifen

Folgerungen in der Rspr. auf das Fehlen von Beweisverwertungsverboten an anderer Stelle mangels vergleichbaren Eingriffsgewichts eines fehlerhaften Beweisgewinnungsakts latent zu kurz. Nach ihrem Wortlaut betrifft § 136a die Freiheit der Willensentschließung und Willensbetätigung (Abs. 1) sowie die Unberührtheit des Erinnerungsvermögens oder der Einsichtsfähigkeit (Abs. 2), **unabhängig von einer speziellen Vernehmungssituation.** Ein Bezug zu »Aussagen« wird im Normtext erst bei der Rechtsfolge nach Abs. 3 Satz 2 hergestellt. Insoweit geht § 136a bezüglich der geschützten Personen und des betroffenen Beweiserhebungsakts bereits in ihrer Fassung über den von § 136 Abs. 1 intendierten Schutz der Selbstbelastungsfreiheit des Beschuldigten bei dessen richterlicher Vernehmung hinaus, der andererseits inbegriffen ist. Anerkannt ist jedenfalls, dass der **Katalog der verbotenen Methoden und Maßnahmen** in den § 136a Abs. 1 und 2 **nicht abschließend** ist (BGH NJW 2019, 789 [792]), auch wenn dies dem Gesetzeswortlaut wiederum nicht sogleich zu entnehmen ist. **Vernehmungsunfähigkeit**, die nicht von den staatlichen Strafverfolgungsorganen verursacht, auch wenn sie vom Beschuldigten selbst herbeigeführt wurde, schließt als objektiver Befund auch eine zulässige Vernehmung aus (OLG Karlsruhe BA 54 [2017], 35 [37 f.]), ohne dass sich dies allerdings aus dem Wortlaut des § 136a ergibt.

Im Ganzen wirkt die Norm, die in der Praxis **selten angewendet** wird (*Deckers* StV 1986, 140; *Eisenberg* 3 Beweisrecht der StPO, Rn. 626), unbefriedigend. Sie gilt als »prozessuale Grundnorm«, was mangels verbreiteter Anwendung nicht zutrifft (*Groth* Unbewusste Äußerungen und das Verbot des Selbstbelastungszwangs, S. 91). Sie beschreibt nur in kasuistischer Weise Extremsituationen, ohne ihre Basis in der Selbstbelastungsfreiheit zu konkretisieren. § 136 Abs. 1 Satz 2 steht der in der StPO auch sonst nicht formulierten Grundnorm des nemo-tenetur-Prinzips näher. § 136a Abs. 1 wird in der Rspr. vielfach dahin missverstanden, dass Rechtsfehler bei der Beweiserhebung allgemein eine den Methoden nach § 136a Abs. 1 ähnliche **Eingriffsintensität** aufweisen müssten (BGHSt 22, 170 [175]; 31, 395 [399]; 42, 139 [149]), um unselbstständige Beweisverwertungsverbote auslösen zu können. Auch aus diesem Grund wurde die Verletzung von § 136 Abs. 1 Satz 2 jahrzehntelang als folgenlos angesehen (*Sarstedt* Referat für den 46. DJT 1966 Bd. II F 21; gegen den Umkehrschluss *Klug* ebenda F 49). Ferner hat die Rspr. immer wieder postuliert, die verbotenen Methoden gem. § 136a Abs. 1 seien miteinander zu vergleichen, um ihre Relevanz zu prüfen, sodass insb. eine angeblich erlaubte »kriminalistische List« mangels Vergleichbarkeit mit einem Aussagezwang von der angeblich allein verbotenen »Täuschung« zu unterscheiden sei. Verboten sei ausschließlich eine besonders gravierende, aktive und intentionale Täuschung und diese auch nur, soweit das Gesetz nicht die Verwendung einer »Legende« gestatte (§ 110a Abs. 2). Den verbotenen körperlichen Eingriffen, der Quälerei oder dem gesetzlich nicht vorgesehenen Zwang zur Aussage gleichzusetzen sei nur dies, aber nicht die »kriminalistische List«. Dabei handelt es sich um **Fehldeutungen**, die § 136a Abs. 1 überstrapazieren (*Mitsch* NJW 2008, 2295 [2297]) und an der gesetzgeberischen Intention vorbeigehen (*Stoffer* Wie viel Privatisierung »verträgt« das strafprozessuale Ermittlungsverfahren?, S. 227). Der Akzent liegt auf der Beeinträchtigung der Willensentschließung und Willensbetätigung, des Erinnerungsvermögens oder der Einsichtsfähigkeit der Auskunftsperson, also auf dem **Erfolg der verbotenen Methode**, weniger auf einem prozessualen Handlungsunrecht. Die Schwerpunktsetzung bei der Wirkung auf den Beschuldigten resultiert aus dem Normzweck, der vor allem im Schutz der Person als Prozesssubjekt vor jeder Überwindung ihres freien Willens zur Mitwirkung an der Sachaufklärung im Strafverfahren besteht. Abstriche lassen sich davon nur nach einem wieder auf die Erfolgswirkung auf den Beschuldigten zu beziehenden Bagatellprinzip machen, »minima non curat praetor«. Wird die Willensfreiheit nicht spürbar beeinträchtigt, soll die zugrunde liegende Handlung nicht als verbotene Methode angesehen werden. § 136a behandelt eine Aufhebung oder rechtlich erhebliche Minderung der Eigenleistung einer Auskunftsperson, die daher nicht in vollem Umfang hinter der Aussage steht, sodass die Aussage nicht gewollt (Abs. 1) oder nicht gekonnt (Abs. 2) ist (*K. Peters* Gutachten für den 46. DJT 1966, Teil 3 A S. 156 f.). Wie die **Handlung** im Einzelnen aussieht, die diesen Erfolg verursacht, ist aus der Perspektive des geschützten Rechtssubjekts unerheblich, weshalb der Beispielskatalog in den § 136a Abs. 1 und 2 nur exemplarisch Maßnahmen oder Einflussgrößen nennt, bei denen im Zweifel von einer erheblichen Beeinflussung der Willensfreiheit oder Aussagetüchtigkeit auszugehen ist. Diese gesetzliche Regelung wäre eigentlich überflüssig (*Fezer* StV 1996, 77 [78]) und sie hat sich wegen der Interpretationsprobleme, die sie bereitet, sowie der Nebenwirkungen in anderen Bereichen bisher nur als »Danaergeschenk« erwiesen (*Strate* JZ 1989, 176 [177]).

II. Schutzzweck. Es geht bei den Verbotsbestimmungen in den § 136a Abs. 1 und 2 sowie der Rechts- 4 folgenregelung in Abs. 3 vor allem um den **Schutz der Menschenwürde** der Auskunftsperson (BVerfGE 56, 37 [42 f.]; 133, 168 [201]; BGH StV 2018, 767 [768]; NJW 2019, 789 [792]; NStZ-RR 2021, 142 [143]); *Gau* Die rechtswidrige Beweiserhebung nach § 136a StPO als Verfahrenshindernis, 2006, S. 54 ff.; *Osmer* Der Umfang des Beweisverwertungsverbotes nach § 136a StPO, S. 7 f.), wenngleich weitere Zielsetzungen, wie eine Präventivwirkung (BGH NStZ-RR 2021, 142 [143]), die Sicherung der Wahrheitserforschung und der Schutz des Einzelnen vor übermäßiger staatlicher Machtentfaltung, von Fall zu Fall hinzukommen (*Stoffer* Wie viel Privatisierung »verträgt« das strafprozessuale Ermittlungsverfahren?, S. 231 f.). Der Grundsatz **»nemo tenetur se ipsum accusare«** (§ 136 Rdn. 44), dessen Schutz als zentraler Zweck der Norm genannt wird, wurzelt in dem Gebot der Achtung der Menschenwürde (BVerfGE 133, 168 [201]). Der nemo-tenetur-Grundsatz ist kein aliud gegenüber der Menschenwürdegarantie, sondern eine Ausprägung des Art. 1 Abs. 1 GG. § 136a Abs. 1 und 2 regelt nicht nur das Verbot irgendwelcher physischer oder psychischer Beeinträchtigungen, ferner von Täuschungen, verbotenem Zwang, Drohungen oder unlauteren Versprechen gegenüber irgendeinem Bürger, sondern zuvörderst solche **Maßnahmen gegenüber einem beschuldigten Bürger**, der zum Schutz seiner Menschenwürde ein Recht darauf hat, sich aus eigenem Entschluss redend oder schweigend gegen den Vorwurf zu verteidigen und dabei nicht von den Strafverfolgungsorganen beeinflusst zu werden. Von einer ungewollten Selbstbelastung innerhalb des gegen den Beschuldigten geführten Verfahrens um Eingriffe in Freiheit, Eigentum und Persönlichkeitsrecht durch Schuld-, Straf- oder Maßregelaussprüche oder Maßnahmen der Einziehung oder des Verfalls wird deshalb der Menschenwürdegehalt des Grundsatzes »nemo tenetur se ipsum accusare vel prodere« betroffen. Der Beschuldigte ist ein Prozesssubjekt, das nicht zu einem sich aktiv selbst belastenden und auf dieser Grundlage zu einem zu bestrafenden Objekt des Verfahrens degradiert werden darf (BVerfGE 56, 37 [45]; 133, 168 [201]).

5 Über den Katalog des § 136a Abs. 1 und 2 hinaus ist im Ansatz **jede dem Staat zuzurechnende Verursachung einer ungewollten Selbstbelastung** (LR/*Gleß* § 136a Rn. 10) eine Verletzung der Menschenwürde des Beschuldigten. Dies gilt für ungewollte Selbstbelastungen durch beliebige aktive Handlungen (*Haas* NJW 1996, 1120), auch solche, die nicht in einer Aussage im Rahmen einer förmlichen Vernehmung bestehen (BGHSt 34, 39 [46]; 42, 139 [152]; 49, 56 [58]), und für Äußerungen in **funktional vernehmungsähnlichen Situationen** (§ 136 Rdn. 23 ff.; a.A. BGHSt 42, 139 [153]). Die Rspr. zu § 136a hat das bisher nicht durchweg anerkannt. Sie muss sich aber im Gefolge der grenzüberschreitenden Rechtsentwicklung neu positionieren (BGHSt 52, 11 [18] m.Anm. *Duttge* JZ 2008, 261 ff.; *Engländer* ZIS 2008, 163 ff.; *Jahn* StraFo 2011, 117 ff.; *Meyer-Mews* NJW 2007, 3142 f.; *Renzikowski* JR 2008, 164 ff.; *Roxin* NStZ-Sonderheft für Miebach 2009, 41 ff.).

6 Die Tatbestandsmerkmale der Verletzungsbeschreibung in § 136a Abs. 1 und 2 sind nur exemplarisch. Ohne sie würde die Feststellung einer Verletzung von Art. 1 Abs. 1 GG zu demselben rechtlichen Befund führen (*Fezer* StV 1996, 77 [78]). Funktionslos ist § 136a aber nicht, weil er in Abs. 3 kategorische Rechtsfolgen in Form absoluter Beweiserhebungs- und Beweisverwertungsverbote formuliert. Dies **entspricht** qualitativ den erstrangigen unselbstständigen Beweisverwertungsverboten wegen eines Eingriffs in den absolut geschützten **Kernbereich** der Persönlichkeitsentfaltung (BGHSt 57, 71 [78]; dazu *Roxin* FS Wolter, 2013, S. 1057 [1070 ff.]) mitsamt ihren Vor-, Folge-, Dritt- und Fernwirkungen. Geringere Rechtsverletzungen können relative Beweisverwertungsverbote oder andere Rechtsfolgen auslösen (zum mehrstufigen Modell *Wolter* ZIS 2012, 238 [240]). Die allgemeine Frage ist entgegen Ansätzen der Rspr. nicht nur dahin zu stellen, ob eine Rechtsbeeinträchtigung im Verfahren überhaupt ein Beweisverwertungsverbot zur Folge hat, sondern gegebenenfalls auch, welche Qualität es besitzt – absolut oder relativ, mit oder ohne Dritt- und Fernwirkung, als reines Belastungsverbot oder auch hinsichtlich potenziell entlastender Aussageinhalte des Beweismittels, disponibel oder unabhängig von Zustimmung oder Widerspruch der Verteidigung. Dafür kann, soweit es um selbstständige Beweisverwertungsverbote geht, die Frage nach dem Eingriff in den absolut geschützten Kernbereich des Persönlichkeitsrechts (1. Stufe nach der Dreisphärentheorie) oder »nur« in die allgemeine Persönlichkeitssphäre (2. Stufe) von Bedeutung sein, bei den unselbstständigen Beweisverwertungsverboten die Frage, ob Unverfügbares im Sinne von § 136a Abs. 1 und 2 oder nur disponible prozessuale Rechtspositionen, wie in § 136 Abs. 1 Satz 2 oder § 55 Abs. 2, betroffen sind.

7 Mittelbar wird durch die Anwendung verbotener Methoden bisweilen auch die Wahrheitserforschung rangiert. Freilich muss eine erzwungene oder durch Täuschung erschlichene Aussage nicht falsch sein. Der **Schutz** des Strafverfahrens **vor einer Beeinträchtigung der Wahrheitserforschung** ist in den Fällen des § 136a Abs. 1 nicht der eigentliche Zweck der Norm (SK-StPO/*Rogall* § 136a Rn. 5), aber ein sinnvoller Nebeneffekt (weitergehend *Krack* NStZ 2002, 120 [122]; *K. Peters* Strafprozess, 4. Aufl., § 41 II 2 c, S. 335). In den Fällen des § 136a Abs. 2 kommt der Beeinflussung des Beweisinhalts durch die verbotenen Methoden der Drohungen oder Versprechungen stärkere Bedeutung zu. Jedoch hat sich der Gesetzgeber auch an dieser Stelle einer Bewertung des Beweiswerts der Aussagen enthalten.

8 **III. Erweiterungen des personalen Anwendungsbereichs (§§ 69 Abs. 3, 72).** Die §§ 69 Abs. 3, 72 erweitern den Anwendungsbereich auf **alle personalen Beweismittel** des Strengbeweisverfahrens, zu denen noch der Mitbeschuldigte hinzukommt, wenn er mit drittbelastenden Aussagen auch ein Zeuge im Sinne von Art. 6

Abs. 1 und Abs. 3 lit. d EMRK ist. Zur Wahrung der Subjektstellung aller Auskunftspersonen im Strafverfahren ist deren unbeeinflusster Willensentschluss über das Ob und Wie einer Aussage zu beachten und letztlich dem Staat jede Manipulation verboten. Dem stehen **Aussagepflichten von Zeugen und Sachverständigen** nicht entgegen, wonach diese Auskunftspersonen, soweit kein Aussage- oder Auskunftsverweigerungsrecht nach §§ 52 ff. eingreift, gesetzeskonform zur Äußerung gezwungen werden können (§§ 51, 70). Der Schutz nach § 136a gilt im Hinblick auf das Verbot des Äußerungszwangs bei Zeugen und Sachverständigen nur, soweit ausnahmsweise keine dem Gesetz entsprechende und mit gesetzlich vorgesehenen Zwangsmitteln durchsetzbare Aussagepflicht besteht oder kein gesetzlich erlaubtes Zwangsmittel eingesetzt wird. Auch im Umfang ihrer Aussagepflicht dürfen Zeugen und Sachverständige nicht mit anderen verbotenen Methoden beeinflusst werden, zumal nicht nur das **Ob**, sondern auch das **Wie der Aussage** zum Schutzbereich der Norm gehört. Soweit **Verschwiegenheitspflichten** (§ 203 StGB) oder **Zeugnis- bzw. Auskunftsverweigerungsrechte** nach §§ 52 ff. bestehen, dürfen auch Zeugen und Sachverständige überdies keinem sonst nach §§ 51, 70 möglichen Zwang zur Aussage unterworfen werden. Die Umgehung der Zeugnisverweigerungsrechte durch informelle Ausforschung mittels Verdeckter Ermittler oder V-Personen, die im staatlichen Auftrag handeln, begegnet jedenfalls Bedenken (BVerfG StV 2000, 233 [234] m.Anm. *Weßlau* StV 2000, 468 ff.).

IV. Geltung bei Vernehmungen und anderen Situationen mit Selbstbelastungsfolgen. Der Wortlaut der Norm ergibt noch nicht, dass sie nur auf Vernehmungen bezogen ist; dieser Begriff taucht in § 136a Abs. 1 und 2 nicht auf und nur Abs. 3 Satz 2 nennt »Aussagen« als Gegenstand der Rechtsfolge eines Beweisverwertungsverbots (BGHSt 34, 365 [369]). Allenfalls der Abschnittsüberschrift ist in verbalisierter Form zu entnehmen, dass es um Vernehmungen geht (*Lagodny* StV 1996, 167 [168]); was aber auch keinen zwingenden Schluss auf die exklusive Normgeltung nur in diesem Bereich zulässt. Die jüngere Rspr. hat anerkannt, dass eine **Verletzung der Aussagefreiheit auch außerhalb von Vernehmungen** möglich ist und zu einem Beweisverwertungsverbot führen kann (BGH StV 2018, 767 [768]). Ein Bezug zu Vernehmungen kann nur aus der Stellung der Regelung im Anschluss an des für die erste Vernehmung des Beschuldigten geltenden § 136 abgeleitet werden (SK-StPO/*Rogall* § 136a Rn. 22), der nach der überkommenen Rspr. für förmliche Vernehmungen reserviert bleiben soll (BGHSt 42, 139 [147 f.]). Danach ist der Anwendungsbereich der Belehrungsförmlichkeiten **auf Vernehmungen beschränkt** (BGHSt 34, 365 [369]; 55, 314 [317]; tendenziell anders BGHSt 55, 314 [317 f.] m.Anm. *Norouzi* NJW 2011, 1525). Nach dem Normzweck und dem verfassungsrechtlichen Gehalt ist eine derart einschränkende Interpretation jedoch nicht angezeigt. Geht es darum, den Beschuldigten vor jeder dem Staat zurechenbaren Willensbeeinflussung mit der Folge einer ungewollten aktiven Selbstbelastung zu schützen, so gilt dies für alle Äußerungen des Beschuldigten, die dieser unter dem Einfluss einer verbotenen Methode macht und die eine ungewollte Selbstbelastung enthalten. Danach ist eine **informelle Ausforschung** des Beschuldigten oder eines aussageverweigerungsberechtigten Zeugen durch Verdeckte Ermittler oder V-Leute als vernehmungsähnliche Handlung am Maßstab des § 136a zu messen (*Eschelbach* GA 2015, 545 [546 ff.]; *Gaede* StV 2004, 46 ff. und JR 2009, 493 ff.; LR/*Gleß* § 136a Rn. 15, 44; *Kretschmer* HRRS 2010, 343 ff.; *Lagodny* StV 1996, 167 [168 f.]; *Meurer* FS Roxin, 2001, S. 1281 ff.; *Wolter* ZIS 2012, 238 [240 ff.]). 9

Erst recht gilt das Täuschungsverbot aus § 136a Abs. 1 Satz 1 StPO und Art. 1 Abs. 1 GG für einen **Lockspitzeleinsatz**, der nicht nur eine Äußerung zum Tatvorwurf, sondern sogar die zu verfolgende Tat erst hervorruft (LR/*Gleß* § 136a Rn. 4; *Grünwald* StV 1987, 470 [471 f.]), aber nebenbei auch eine »Selbstbelastungsprovokation« darstellt, indem er über die Tatsache der unmittelbaren Tataufdeckung gegenüber der Polizei im vermeintlichen Privatgespräch täuscht (*Zieschang* FS Paeffgen, 2015, S. 423 [432 f.]). Das Vorliegen eines Verstoßes gegen das Täuschungsverbot wurde in der Praxis bis zum Eingreifen des EGMR meist nicht anerkannt, weil sie bei ihrer ergebnisorientierten Rechtsfolgenbetrachtung (BGHSt 32, 345 [350 ff.]; 45, 321 [326 ff.]; 60, 238 f.) die Tatprovokation schon im Ansatz nicht am nemo-tenetur-Prinzip misst, obwohl jede Form der staatlichen Tatprovokation diese Selbstbelastungsfreiheit verletzt (*Tyszkiewitz* Tatprovokation als Ermittlungsmaßnahme, 2014, S. 186). 10

Zur Tatprovokation ist die deutsche Rspr. nach der Rspr. des EGMR zu Art. 6 Abs. 1 EMRK (EGMR StV 2015, 405 ff. m.Anm. *Lochmann* StraFo 2015, 492 ff.; *Pauly* StV 2015, 411 ff.; *Petzsche* JR 2015, 88 ff.; *Sinn/Maly* NStZ 2015, 379 ff.; *Sommer* StraFo 2014, 508 ff.; EGMR EuGRZ 2021, 179 ff. m.Anm. *Esser* StV 2021, 383 ff.; *Hübner* HRRS 2020, 441 ff.; *Ruppert* StraFo 2020, 445 ff.) unhaltbar geworden (*Conen* StV 2019, 358 ff.; 2022, 182 ff.; *Petzsche* JR 2021, 368 ff.; für die **Strafzumessungslösung** bisher BGHSt 60, 238; für eine **Verfahrenshindernislösung** BGHSt 60, 276 [290 ff.] m.Anm. *Meyer/Wohlers* JZ 2015, 761 ff.; BGH Urt. v. 16.12.2021 – 1 StR 197/21; s.a. *Eschelbach* GA 2015, 545 [551 ff.]; *Zerbes* FS Höpfel, 2018, S. 361 ff.; *Zieschang* FS Paeffgen, 2015, S. 423 [434 ff.]; für ein Beweisverbot *Schmidt* ZIS 2017, 56 [59 ff.]). Das BVerfG hat sich aus dem Konflikt mit der fragwürdigen (*Jahn/Kudlich* JR 2016, 54 [58 f.]) 11

Bemerkung, die maßgeblichen Fragen nach dem Fairnessmaßstab seien verfassungsgerichtlich geklärt, durch Nichtannahme einer Verfassungsbeschwerde zur Entscheidung herausgehalten (BVerfG StV 2015, 413 ff. m.Anm. *Eisenberg* StraFo 2015, 102). Bedauerlich ist, dass dabei materielle Grundrechte übergangen wurden. Tatsächlich ist der Beschuldigte, der zur Tatbegehung provoziert wird, um Drogen abschöpfen und Hinterleute dingfest zu machen, wozu er nebenbei selbst bestraft wird, in idealtypischer Weise ein Objekt des Verfahrens (*Meyer-Lohkamp* StraFo 2017, 45 ff.).

12 Die Rspr. zur informellen Ausforschung von Beschuldigten oder zeugnisverweigerungsberechtigten Zeugen durch polizeiliche Vertrauenspersonen befindet sich auf einem langen Entwicklungsweg. Sie hatte zuerst die Zurechnung des Handelns der Privatpersonen zum staatlichen Verfahren verneint (BGHSt 40, 211 [214 ff.]), was später beim V-Mann-Einsatz anders bewertet wurde (BGHSt 45, 321 [330 ff., 336 ff.]). Sodann hatte sie die Eingriffsqualität des Ausforschungsakts bestritten (BGHSt 42, 139 [150 ff.]), obwohl das angesichts des weiten Gegenstands des Rechts auf **informationelle Selbstbestimmung** kaum bestreitbar ist und heute anerkannt wird (BGHSt 52, 11 [20]; 55, 138 [145 ff.]). Die Rspr. zieht sich immer wieder auf formale Argumentationslinien und die begrifflich repetierte **Umschreibung der Selbstbelastungsfreiheit als Freiheit** nur **von Zwang zur selbstbelastenden Aussage** in Vernehmungen zurück. Das kann aber weder dogmatisch überzeugen, noch lässt sich diese Position auf Dauer mit einer Kasuistik aufrechterhalten, die eine neue Grundsatzentscheidung vermeidet. Richtigerweise ist § 136a gleichermaßen auf Vernehmungen und funktional vernehmungsähnliche Situationen anzuwenden (MüKo-StPO/*Schuhr* § 136a Rn. 81). Die Rspr. hat schließlich jüngst anerkannt, dass die Selbstbelastungsfreiheit **auch außerhalb von Vernehmungen** verletzt werden kann (BGH NJW 2018, 1986 [1987 f.] m.Anm. *Jahn*). Die aktive informationelle Ausforschung im Sinne einer dem Staat zuzurechnenden Selbstbelastungsprovokation ist davon nicht zu unterscheiden und führt zu einem absoluten Beweisverwertungsverbot (*Eschelbach* GA 2015, 545 [552]; *Wolter* ZIS 2012, 238 [240 ff.]).

13 Soweit Privatpersonen einen Beschuldigten zur selbstbelastenden Äußerung provozieren, ohne dass dies dem Staat zuzurechnen ist, finden § 136a und Art. 1 Abs. 1 GG hingegen jedenfalls keine direkte Anwendung (BGH NJW 2017, 1828 [1830 f.] m.Anm. *Meyer-Mews*; zur Analogie *Stoffer* Wie viel Privatisierung »verträgt« das strafprozessuale Ermittlungsverfahren?, S. 256 ff.). Beweisverwertungsverbote für das staatliche Strafverfahren nach einem Informationstransfer von der Privatperson zu einem Strafverfolgungsorgan können insoweit nur aus besonders gravierenden Rechtsverletzungen, wie Folterung (*Ambos* StV 2009, 151 ff.), entstehen, weil der Staat aus solchen Methoden auch dann keinen Beweisvorteil schöpfen darf, wenn er nicht selbst in zurechenbarer Weise an der Informationsgewinnung beteiligt war. Ein Verwertungsverbot ergibt sich nämlich auch dann, wenn der nachfolgende staatliche Verwertungsakt eine Verletzung der Menschenwürde enthält (SK-StPO/*Rogall* § 136a Rn. 17). Ein Verbot der Verwertung von durch **Folter** herbeigeführten Aussagen im Strafverfahren besteht auch bei im Ausland **durch Organe anderer Staaten** durch Folter herbeigeführten Aussagen. § 136a ist insoweit entsprechend anwendbar (OLG Hamburg NJW 2005, 2326 [2329]).

14 Auf **Prozesserklärungen**, wie die Zurücknahme eines Beweisantrags, einer Richterablehnung, eines Strafantrags, eines Rechtsmittels (*F. Meyer* Willensmängel beim Rechtsmittelverzicht des Angeklagten im Strafverfahren, S. 91 ff.) oder eine Verzichtserklärung, ist § 136a nicht direkt anwendbar (*Eisenberg* Beweisrecht Rn. 641; LR/*Gleß* § 136a Rn. 17; SK-StPO/*Rogall* § 136a Rn. 34). Sein Sinngehalt gilt aber auch dort (BGHSt 17, 14 [18] m.Anm. *Eb. Schmidt* JR 1962, 290 ff.; im Ergebnis a.A. BGH NJW 2019, 789 [792]), sodass die Wirksamkeit von Prozesserklärungen bei gravierenden Willensmängeln, die in einer den Methoden nach § 136a Abs. 1 und 2 ähnlichen Weise herbeigeführt wurden, zu verneinen ist.

15 **V. Normadressaten.** Die Vorschrift richtet sich zunächst an **Richter** und **Strafverfolgungsbeamte**, welche die verbotenen Methoden weder selbst anwenden, noch durch Dritte anwenden lassen dürfen (LR/*Gleß* § 136a Rn. 6). Sie gilt darüber hinaus für **V-Leute**, die im staatlichen Auftrag handeln (*Kaspar* GA 2013, 206 [219]; SK-StPO/*Rogall* § 136a Rn. 7), soweit kein Exzess vorliegt, der den Zurechnungszusammenhang durchbricht. Dann wäre gegebenenfalls ebenso wie beim autonomen Handeln einer Privatperson die Frage zu stellen, ob der Staat die Ergebnisse einer rechtswidrigen Handlung einer Privatperson in das Strafverfahren übernehmen darf (BGH NJW 2017, 1828 [1831] m.Anm. *Meyer-Mews*) oder aus Gründen der Rechtsstaatlichkeit daran gehindert ist. Ebenso richtet sich die Norm an gerichtlich beauftragte **Sachverständige** (BGHSt 11, 211 [212]; OLG Celle StV 1991, 248; LR/*Gleß* § 136a Rn. 8; *Hilland* Das Beweisgewinnungsverbot des § 136a StPO, 1981, S. 15; a.A. *Eisenberg* Beweisrecht Rn. 629; SK-StPO/*Rogall* § 136a Rn. 8) und **Dolmetscher** (*Schaefer* StV 2004, 212 [215]), weil deren Handeln infolge des Auftrags dem Staat zuzurechnen ist. Nach der Rspr. wird dagegen ein Konsularbeamter, der im Ausland eine Beistandsleistung für einen deutschen Beschuldigten erbringt, nicht im Rahmen einer Vernehmung tätig, weshalb § 136a nicht anwendbar sein soll (BGHSt 55, 314 [317 f.] m.Anm. *Heghmanns* ZJS 2011, 98 [100]).

Keine Normadressaten sind **sonstige Verfahrensbeteiligte**, etwa Verteidiger oder **Privatpersonen** (BGH NJW 2017, 1828 [1831]); OLG Oldenburg NJW 1953, 1237; *Eisenberg* Beweisrecht der StPO, Rn. 630; SK-StPO/*Rogall* § 136a Rn. 9), die keinen staatlichen Auftrag im Verfahren haben. Insoweit sind andere staatliche Maßnahmen zur Kompensation einer Verletzung der Menschenwürde angezeigt. Wirkt ein Prozessbeteiligter im Rahmen einer Vernehmung auf einen Beschuldigten, Zeugen oder Sachverständigen im Sinne von §§ 136a Abs. 1, 69 Abs. 3, 72 ein, hat der Richter die Pflicht, dies zu untersagen. Ein pflichtwidriges **Unterlassen des Eingreifens** kann im Einzelfall auf Umwegen zur Zurechnung der Maßnahme zum staatlichen Strafverfahren führen und damit im Ergebnis zur analogen Anwendung des § 136a (LR/*Gleß* § 136a Rn. 7). Auch ein **bewusstes Ausnutzen** der von einer Privatperson geschaffenen Lage im Sinne von § 136a Abs. 1 oder 2 durch einen Richter oder Ermittlungsbeamten ist rechtsstaatswidrig (LR/*Gleß* § 136a Rn. 13). 16

In Fällen einer Verletzung der Menschenwürde oder des Persönlichkeitsrechts des Beschuldigten durch eine **Privatperson**, deren Handeln nicht unmittelbar dem Staat zuzurechnen ist, entsteht im Allgemeinen kein Beweisverwertungsverbot (BGH StV 2012, 120 [130 f.] m.Anm. *Eisenberg* JR 2011, 409 ff.; *Roxin* StV 2012, 131 f.; *Schumann* JZ 2012, 265 ff.; *Wolter* ZIS 2012, 238 ff.; a.A. *Jahn* Gutachten C zum 68. DJT, 2008, C 102; *Stoffer* Wie viel Privatisierung »verträgt« das strafprozessuale Ermittlungsverfahren?, S. 452 ff.). Nur unter besonderen Umständen besteht eine **Schutz- und Fürsorgepflicht** (SK-StPO/*Rogall* § 136a Rn. 13). Das gilt namentlich im früher so genannten »besonderen Gewaltverhältnis« bei einer Freiheitsentziehung (BGHSt 44, 129 ff. m.Anm. *Hanack* JR 1999, 348 ff.; *Lesch* GA 2000, 355 ff.; *Roxin* NStZ 1999, 149 ff.). Täuscht ein Mitgefangener in der (Untersuchungs-) Haft den Beschuldigten und führt er in einer den Ermittlungsbehörden zurechenbaren Weise eine selbstbelastende Äußerung herbei, so ist demnach ein Beweisverwertungsverbot als Kompensation angezeigt (BGHSt 44, 129 [134 ff.]). I.Ü. wird dann, wenn der ursprüngliche Informationsgewinnungsakt dem Staat nicht zuzurechnen ist, für den Informationstransfer auf die Strafverfolgungsorgane kein eigenständiges Verbot gilt und die Beweisverwertung als solche keine neue Rechtsverletzung darstellt, die Verwertungsmöglichkeit im Strafverfahren zumindest nach dem **Maßstab der Abwägungslehre** (§ 136 Rdn. 85 ff.) überprüft (SK-StPO/*Rogall* § 136a Rn. 15). Hier spielen auch verfassungsrechtliche Gesichtspunkte eine Rolle (SK-StPO/*Rogall* § 136a Rn. 33). Insoweit kann von einem teilselbstständigen Beweisverwertungsverbot gesprochen werden (*Kaspar* GA 2013, 206 [221 ff.]). 17

Bei grenzüberschreitendem Beweistransfer ist ein Verstoß gegen § 136a dann, wenn die **Beweisinitiative in Form eines Rechtshilfeersuchens** den inländischen Strafverfolgungsorganen zuzurechnen ist, direkt nach den Maßstäben des deutschen Rechts zu bewerten. Beim sekundären Transfer müssen autonom im Ausland durchgeführte Vernehmungen anhand des Filters des deutschen **ordre public** darauf untersucht werden, ob der Aussageinhalt ohne Verletzung von elementaren Wertvorstellungen verwertet werden kann (BGHSt 55, 214 [217 ff.] m.Anm. *Bauer* StV 2011, 635 ff.; *Norouzi* NJW 2011, 1525 f.; *Heghmanns* ZJS 2011, 98 ff.). Jedenfalls sind **im Ausland durch Folter** (EGMR EuGRZ 2008, 699 ff.) **erzwungene Angaben** im Inland unverwertbar (*Ambos* StV 2009, 151 ff.; LR/*Gleß* § 136a Rn. 72; *Jahn* JuS 2008, 836 ff.), soweit sie nachweisbar sind (OLG Hamburg NJW 2005, 2326 [2329]). 18

B. Verbotene Mittel und Methoden. Eine Ausschöpfung des Rahmens des Zulässigen ist vielfach, bisweilen auch eine Grenzüberschreitung zu verzeichnen, zumal eine Beweisbarkeit der illegalen Methoden praktisch oft nicht gegeben ist (*Sarstedt* Referat für den 46. DJT 1966, Bd. II, F 21 ff.). Dazu trägt ein immer stärkerer Erfolgs- und Erledigungsdruck bei, der auf den Strafverfolgungsorganen lastet. Zudem tritt Gewöhnung ein, wenn bedenkliche Maßnahmen lange Zeit unbeanstandet bleiben. Das zeigt sich am Phänomen der »legendierten Kontrollen«, die lange heimlich praktiziert und deshalb nicht überprüft wurden, aber von einer ergebnisorientierten Rspr. als zulässige Anwendung von Polizeirecht im Kern hingenommen werden (BGHSt 62, 123 [128 ff.]; BGH NStZ 2018, 296 [297]; krit. *Cerny/Fickentscher* NStZ 2019, 697 ff.; *Krehl* StraFo 2018, 265 ff.; s.a. § 136 Rdn. 30, 36)). Ziel verbotener Methoden und Maßnahmen nach Abs. 1 und 2 ist die Erlangung einer Aussage. Die Methoden nach Abs. 1 richten sich dabei auf Willensbildung und Willensbetätigung zur Aussage, die Maßnahmen nach Abs. 2 auf eine vom Willen des Beschuldigten unabhängige Beeinträchtigung des Erinnerungsvermögens bezüglich aussagerelevanter Tatsachen oder der Einsichtsfähigkeit hinsichtlich der Freiheit zur Entschließung darüber, ob der Beschuldigte sich redend oder schweigend verteidigen und was er gegebenenfalls aussagen will. Einflussnahmen, die nicht auf die Erlangung einer Aussage zielen oder diese bewirken und die sich nicht auf die Freiheit des Beschuldigten auswirken, über das Ob und Wie der Aussage zu entscheiden, sind dagegen nicht unmittelbar das Thema des § 136a. Wird aber eine Methode nach Abs. 1 festgestellt, ist im Grundsatz auch zu vermuten, dass sich diese auch auf eine im Kontext damit gemachte Aussage ausgewirkt hat. Minimaleinflüsse sind unerheblich (LR/*Gleß* § 136a Rn. 18; SK-StPO/*Rogall* § 136a Rn. 36). Wann die Grenze des Zulässigen überschritten ist, bleibt vielfach von den Umständen des Einzelfalls abhängig (*K. Peters* Gutachten für den 46. DJT 1966 Teil 3 A S. 157). Die 19

Bestimmung hat, wie auch die Differenzierung in § 136a Abs. 1 und 2 zeigt, teils stärker nach Umständen des Einzelfalls, teils stärker nach normativen Kriterien zu erfolgen. Eine scharfe Grenzziehung zwischen noch zulässigen und schon rechtswidrigen Handlungen wird auch durch § 136a Abs. 1 und 2 nicht ermöglicht.

20 **I. Maßnahmen zur Beeinflussung von Willensentschließung und Willensbetätigung (Abs. 1).** Die verbotenen Mittel und Methoden nach § 136a Abs. 1 sind hier weder abschließend aufgezählt (BGH NJW 2019, 789 [792]) noch untereinander scharf abzugrenzen (SK-StPO/*Rogall* § 136a Rn. 40). **Mehrere Aspekte**, wie Drohung, Misshandlung und Quälerei, können **kumulativ** zusammenwirken oder fließend ineinander übergehen. Unerlaubter Zwang kann durch einen körperlichen Eingriff ausgeübt werden. Drohungen mit gesetzwidrigen Nachteilen und Versprechung nicht gesetzlich gestatteter Vorteile können sich **abwechseln** oder bei ambivalenten Aspekten zusammentreffen (LR/*Gleß* § 136a Rn. 19). Für die Bewertung maßgeblich ist eine **Gesamtbewertung** der Umstände des Einzelfalls zur Prüfung, ob die Willensbeeinflussung den im Gesetz benannten verbotenen Methoden jedenfalls gleichkommt (BGH NJW 2019, 789 [792]). Der Tatbestand ist erfüllt, wenn ein unerlaubter Einfluss auf den Willen der Auskunftsperson von nicht unerheblicher Stärke ausgeübt wird, der dazu führt, dass die Auskunftsperson ungewollt aussagt, obwohl sie dazu nicht verpflichtet ist.

21 **1. Verbotene Mittel oder Methoden mit der Folge der Beeinträchtigung der Willensfreiheit (Abs. 1 Satz 1).** Misshandlung, Ermüdung, körperlicher Eingriff zur Willensbeeinflussung, Verabreichung von Mitteln zur Willensbeeinflussung, Quälerei, Täuschung und Hypnose sind als Methoden zur Erlangung einer Aussage verboten. Selbst eine gesetzliche Gestattung wäre verfassungswidrig, weil es um Unverfügbares geht (Art. 1 Abs. 1 Satz 1, Art. 20 Abs. 3, Art. 79 Abs. 3 GG).

22 **a) Misshandlung.** Eine Misshandlung ist im Verfahren, ähnlich wie im materiellen Recht nach § 223 Abs. 1 StGB, die unangemessene Behandlung, die zu einer nicht unerheblichen **Beeinträchtigung des körperlichen Wohlbefindens oder der körperlichen Unversehrtheit** führt (*Hilland* Das Beweisgewinnungsverbot des § 136a StPO, 1981, S. 29; MüKo-StPO/*Schuhr* § 136a Rn. 32). Eine unmittelbare Einwirkung auf den Körper ist nicht erforderlich, wohl aber eine körperlich empfundene Auswirkung (SK-StPO/*Rogall* § 136a Rn. 43). Die Misshandlung kann durch aktives **Handeln oder pflichtwidriges Unterlassen** erfolgen (LR/*Gleß* § 136a Rn. 22; SK-StPO/*Rogall* § 136a Rn. 43). Verboten sind Schläge oder Tritte, Elektroschocks, länger andauernder Nahrungs- oder Schlafentzug, das andauernde Einwirken lauter Geräusche, grellen Lichts oder von Kälte oder Hitze (*Erbs* NJW 1951, 386 [387]; MüKo-StPO/*Schuhr* § 136a Rn. 33). Auch Vernehmungen unter erheblichen Entzugserscheinungen des Beschuldigten können als Misshandlung gelten. Ferner ist das Vorenthalten medizinischer Versorgung bei kranken oder verletzten Beschuldigten eine Misshandlung. **Bagatellen** in zeitlicher Ausdehnung oder hinsichtlich der Intensität der Einwirkung bleiben unbeachtlich. Erhebliche und andauernde Misshandlungen sind mit einer Quälerei gleichzusetzen (SK-StPO/*Rogall* § 136a Rn. 43). Neben § 136a greift dann auch das Folterverbot nach Art. 3 EMRK ein (LR/*Gleß* § 136a Rn. 23).

23 **b) Ermüdung.** Ermüdung ist das als gesteigert empfundene Bedürfnis nach Schlaf als Folge von körperlicher Anstrengung, Krankheit, Schlafstörungen, Schlafmangel oder Schlafentzug. Verboten ist eine Vernehmung unter dem Einfluss einer »Ermüdung«, also wenn die Willenskraft des Beschuldigten durch **gesteigertes Schlaf- oder Ruhebedürfnis** so beeinträchtigt ist, dass die **Freiheit der Willensentschließung oder Willensbetätigung ernsthaft gefährdet** ist (BGHSt 13, 60 [61]; 60, 50 [51] m.Anm. *Dettmeyer* Rechtsmedizin 2015, 574 f.; LR/*Gleß* § 136a Rn. 24.). Auf eine Herbeiführung der Ermüdung durch die Verhörpersonen kommt es nicht an (BGHSt 1, 376 [379]; 12, 332 [333]; BGH StV 1992, 451; *Bung* StV 2008, 495 [499]; *Fezer* StV 1996, 77 [79]; a.A. *Erbs* NJW 1951, 386 [387]), dies jedenfalls dann, wenn sich eine Beeinträchtigung der Freiheit der Willensentschließung und Willensbetätigung aufdrängt (BGHSt 60, 50 [51]). Normale Ermüdung schon ohne Hinzutreten pathologischer Befunde, die eine besondere Beurteilung erforderlich machen, tritt aber – als einziger Fall im Sinne von § 136a Abs. 1 – nach dem Gesetzeswortlaut auch ohne Einwirkung von Vernehmungspersonen schon ein, wenn der Beschuldigte aus beliebigen Gründen über längere Zeit keine Ruhephase gehabt hat.

24 Jedoch stellt sich die Frage, ob es für das Merkmal der Ermüdung als verbotener Methode der Vernehmung einer intentionalen Mitwirkung der Verhörperson beim Eintritt des Ermüdungszustands, etwa durch nächtliche Dauervernehmung, bedarf, oder ob die bewusste Ausnutzung einer bestehenden Situation längeren Schlafentzugs oder erhöhter Belastung zu fordern ist, um den Verbotstatbestand eingreifen zu lassen (BGHSt 38, 291 [293]). Der Gesetzeswortlaut zwingt nicht zum Schluss auf eine Mitverursachung der Ermüdung durch die Verhörperson (*Hilland* Das Beweisgewinnungsverbot des § 136a StPO, 1981, S. 35 ff.); die Ausnutzung eines gegebenen Befundes genügt, weil es um den **Schutz des Beschuldigten vor ungewollter Selbstbelastung** geht. Aus gedächtnispsychologischer Perspektive ähnelt der Fall der Übermüdung den Fällen

des Abs. 2; denn Schlaf dient nicht nur der Erholung der physischen Kraft, sondern auch der Sortierung, Speicherung und Verarbeitung von bisherigen Sinneseindrücken unter Entlastung des Arbeitsgedächtnisses. Dieser Befund bleibt unabhängig von den Intentionen der Verhörpersonen. Qualitativer oder quantitativer Schlafmangel oder Überanstrengung führen zu einem Erschöpfungsgefühl und verminderter Konzentrationsfähigkeit, Beeinträchtigung der Wahrnehmungsfähigkeit, Gedächtnislücken, Reizbarkeit, in gravierenden Fällen sogar zu halluzinatorischen oder psychotischen Erscheinungen, ferner zu Augenflimmern, Ohrensausen, Übelkeit und Muskelschmerz. Bei depressiven Erkrankungen gehört massive Ermüdung zur Symptomatik. Ab wann die Fähigkeit des Beschuldigten, seine Entscheidung über das Ob und Wie einer Aussage zur Sache eigenverantwortlich und frei zu treffen, ernsthaft beeinträchtigt ist, kann nicht konturenscharf abgegrenzt werden.

Problematisch ist neben der **Tatsachenfeststellung** (BGHSt 60, 50 [51 f.]; BGH NStZ 2015, 46 [47]; *Erbs* 25
NJW 1951, 386 [387]) auch die **rechtliche Grenzbestimmung** bei der Unterscheidung einer zur Annahme von Vernehmungsfähigkeit noch ausreichenden geistigen Frische von einer Ermüdung, durch die eine rechtlich erhebliche Beeinträchtigung der Willensfreiheit eintritt. Der Tatbestand der Ermüdung hängt von den Umständen des Einzelfalls ab, namentlich von der Kondition des Beschuldigten, vom Zeitablauf seit der letzten Schlaf- oder Ruhephase, sowie von der Vernehmungssituation. Ermüdung kann auch durch eine bestimmte **psychische Disposition**, etwa eine reaktive Überlastungsdepression (»burnout«), oder durch eine körperliche **Schwächung**, z.B. bei latenter Sauerstoffunterversorgung des Gehirns durch Herzmuskelschwäche, verstärkt sein. Die Bemessung allein anhand der Dauer der vorhandenen oder fehlenden Schlaf- und Ruhezeiten (BGHSt 13, 60 f.; SK-StPO/*Rogall* § 136a Rn. 45) zeigt ein Fehlverständnis des psychischen Befundes an. **Schlafstörungen** oder **nächtliche Vernehmungssituationen** (BGHSt 12, 332 [333]; BGH StV 1992, 451 [452]; *Eisenberg* Beweisrecht der StPO, Rn. 647) und ermüdende Befragungssituationen (LR/*Gleß* § 136a Rn. 24) ergeben für sich genommen nicht die Unzulässigkeit der Vernehmung, sofern der Beschuldigte dabei noch über ausreichende Wahrnehmungs- und Entscheidungsfähigkeit verfügt (SK-StPO/*Rogall* § 136a Rn. 46).

Vernehmungsunfähigkeit wegen Ermüdung ist der Verhandlungsunfähigkeit in einer Hauptverhandlung 26
ähnlich. Ausreichende Vernehmungsfähigkeit ist die Regel, eine relevante Übermüdung oder Erschöpfung die **Ausnahme**, weil der gesunde Mensch prinzipiell als genügend leistungsfähig angesehen werden kann, um **eigenverantwortlich** zu handeln. Die Rspr. verhält sich dennoch bei der Prüfung von Ermüdung im Sinne von § 136a Abs. 1 oft zu restriktiv (vgl. BGHSt 60, 50 [51 f.]). Sie neigt zur **Überbetonung kriminalistischer Notwendigkeiten** und geht wegen **Nichtbeachtung der Physiologie** von Wach- und Schlafzuständen sowie differenzierten Gründen für Erschöpfungszustände zu weit mit der Annahme, eine sofortige lange, auch nächtliche Vernehmung, gegebenenfalls trotz längerer Schlaflosigkeit des Beschuldigten, nicht zuletzt in der Erregung über extreme Erlebnisse, sei zulässig und kriminaltaktisch geboten (BGHSt 38, 291 [294]). Insb. **der unverteidigte Beschuldigte** ist gegenüber polizeilicher Vernehmungstaktik und Befragungstechnik per se strukturell verteidigungsunfähig (§ 136 Rdn. 53), was erst recht bei Vernehmungen in besonderen Situationen oder bei komplexen Fällen gilt. Notwendige Verteidigung muss schon bei der Beschuldigtenvernehmung im Vorverfahren, besonders bei polizeilich für erforderlich gehaltenen nächtlichen Beschuldigtenvernehmungen, beachtet werden (§ 141), nachdem die Hauptverhandlungsstruktur, welche nach der Vorstellung des historischen Gesetzgebers der Reichsstrafprozessordnung die Verteidigungsdefizite im Vorverfahren kompensieren sollte, weitgehend aufgegeben ist und Ergebnisse des Vorverfahrens wegen der bekannten Perseveranz-, Inertia- und Schulterschlusseffekte (*Schünemann* StV 2000, 159 ff.) später kaum noch korrigierbar erscheinen. Vor diesem Hintergrund muss auch das Verhörverbot wegen Ermüdung großzügiger gehandhabt werden, zumal der Beschuldigte an Vernehmungen schließlich nicht mitzuwirken braucht. Die Tatsache, dass das Recht des Beschuldigten zu schweigen auch im Rahmen langer, zermürbender und ermüdender Vernehmungen im Ergebnis oft nicht genutzt wird, während Vernehmungen im Verteidigerbeistand wesentlich eher und rascher ein Ende finden, beruht auf struktureller Verteidigungsunfähigkeit.

Die nachträgliche **Rekonstruktion der Befindlichkeit** des Beschuldigten bei der Vernehmung zur Über- 27
prüfung, ob eine »Ermüdung« vorlag, gestaltet sich meist als schwierig, wenn nicht gerade ein Evidenzfall der Überforderung vorliegt (BGHSt 60, 50 [51]). Die Beweisfrage fällt regelmäßig zum Nachteil des Beschuldigten aus, was wegen der fundamentalen Bedeutung der betroffenen Rechtsposition bedenklich erscheint. Die audiovisuelle Vernehmungsaufzeichnung nach Abs. 4 ist auch insoweit von erheblicher Bedeutung (BT-Drs. 18/11277 S. 24 f.). Jedenfalls ohne Mitteilung konkreter psychopathologischer **Anknüpfungstatsachen** für eine Übermüdung oder Erschöpfung mit der Folge einer Beeinträchtigung des Leistungsvermögens lässt sich eine Ermüdung im Sinne von Abs. 1 nachträglich kaum feststellen. Allein äußere Kriterien, wie die Dauer einer Phase ohne Schlaf vor der Vernehmung (BGHSt 38, 291 [292]), besagen im Allgemeinen nicht genug (BGH NStZ 1999, 630). Hat der Beschuldigte **während der Vernehmung nicht**

zu erkennen gegeben, dass er ermüdet ist, spricht dies als Indiz gegen eine rechtlich erhebliche Ermüdung (BGHSt 1, 376 [379]; BGHSt 38, 291 [294]; BGHR StPO § 136a Abs. 1 Ermüdung 2 und 3), kann aber seinerseits durch Ermüdung bedingt gewesen sein (LR/*Gleß* § 136a Rn. 26). Die Fortsetzung der Vernehmung trotz Geltendmachung einer Ermüdung durch den generell schweigeberechtigten Beschuldigten in der Vernehmungssituation erscheint, ähnlich wie die Nichtgewährung von Verteidigerbeistand trotz eines Verlangens, als Verletzung des nemo-tenetur-Grundsatzes.

28 c) **Körperlicher Eingriff.** Als Mittel zur Herbeiführung einer Aussage verboten sind körperliche Eingriffe, also **invasive Maßnahmen am Körper** der Auskunftsperson, auch durch Injektionen (*Erbs* NJW 1951, 386 [387]). Der Begriff der körperlichen Eingriffe ist unabhängig davon, ob die Handlungen Schmerzen bereiten und andauernde Folgen haben. Soweit es sich um ein Mittel zur Herbeiführung einer Äußerung geht, lässt sich ein Eingriff nicht von den Folgen trennen. Der Grenze zu Folter und Misshandlungen, zum Verabreichen von Mitteln oder zu Quälerei ist fließend, ein reiner körperlicher Eingriff zur Herbeiführung einer Aussage allerdings im Rechtsstaat auch kaum vorstellbar. Die Verabreichung von Vomitivmitteln zur Magenausheberung unterliegt, soweit sie überhaupt i.V.m. der vorliegenden Vorschrift gebracht wird (abl. SK-StPO/*Rogall* § 136a Rn. 48) eher dem Verbot der Verabreichung von Mitteln als dem Verbot des körperlichen Eingriffs. Praxisrelevanz hat der Verbotstatbestand gegen körperliche Eingriffe als Vernehmungsmethode bisher nicht erlangt.

29 d) **Verabreichung von Mitteln.** Als Vernehmungsmethode verboten ist die Verabreichung von Mitteln (BGHSt 11, 211 [212]), also die **Zuführung von festen, flüssigen oder gasförmigen Stoffen** in den Körper des Beschuldigten als Methode bei einer Vernehmung, nach einem Vorstellungsbild zur Zeit des kalten Krieges vom geheimdienstlichen Bereich (*Eisenberg* Beweisrecht der StPO, Rn. 649; *Erbs* NJW 1951, 386 [387]; LR/*Gleß* § 136a Rn. 29). In Abgrenzung zum Fall des § 136a Abs. 2 soll darunter nur die nicht die Aussagetüchtigkeit oder Aussagebereitschaft beeinflussende Zufuhr, etwa von Nahrung oder Medikamenten, zu verstehen sein, was im Normkontext wenig Sinn macht. Das **Unterlassen** einer medizinisch indizierten Medikamentenverabreichung wäre wiederum einer Misshandlung oder Quälerei nahe stehend, im Sinne des Verabreichungsverbots steht ein Unterlassen dem aktiven Handeln schon begrifflich nicht gleich (SK-StPO/*Rogall* § 136a Rn. 49). Bei der Verabreichung kommt es nicht darauf an, in welcher Form die Mittel zugeführt werden, sei es durch Ermöglichung des Einatmens, Einspritzen in den Körper oder Einführen in Körperöffnungen. Als **Mittel zur Herbeiführung einer Äußerung** oder zur Beeinflussung des Aussageverhaltens verboten sind insb. die **Verabreichung enthemmender, einschläfernder oder aufputschender Mittel** (*Eisenberg* Beweisrecht der StPO, Rn. 649), zum Beispiel von Alkohol, Drogen oder Medikamenten ohne medizinische Indikation (LR/*Gleß* § 136a Rn. 30 f.).

30 Gedacht war zur Zeit der Entstehung der Norm in der Nachkriegszeit an die **Verabreichung eines Wahrheitsserums**, die nach Erfahrungen mit den grob rechtsstaatswidrigen Maßnahmen der Geheimen Staatspolizei im Dritten Reich kategorisch ausgeschlossen werden sollte (BGHSt 11, 211 [212] zur Verabreichung von Pervitin durch einen Sachverständigen; *Hilland* Das Beweisgewinnungsverbot des § 136a StPO, 1981, S. 69 ff.; *Kieninger* Narkoanalyse – historische und rechtliche Aspekte des Einsatzes von Wahrheitsdrogen, 2011). Die Anwendung der Narkoanalyse gegenüber dem Beschuldigten oder einem Zeugen ist weder zur Belastung noch zur Entlastung des Beschuldigten zulässig (*K. Peters* Strafprozess, 4. Aufl., § 41 II 1, S. 333). Eine Verabreichung von Mitteln, die nur der **Erfrischung** dienen oder von Medikamenten, die **Schmerzen lindern** soll, ist natürlich nicht untersagt (SK-StPO/*Rogall* § 136a Rn. 49 f.). Eine sozialadäquate **»Verabreichung« eines Getränks**, auch mit Coffein, oder **einer Zigarette** ist keine verbotene Vernehmungsmethode (LR/*Gleß* § 136a Rn. 31), soweit die Verabreichung nicht im Übermaß oder die Verweigerung bei einem nikotinsüchtigen Kettenraucher als Mittel der Verhaltenslenkung eingesetzt wird (BGHSt 5, 290 [291]). Unerheblich ist, wer die Verabreichung von Mitteln durchführt, solange sie einem für strafprozessuale Ermittlungen Verantwortlichen zuzurechnen ist. Das Beweiserhebungs- und -verwertungsverbot nach § 136a Abs. 3 gilt dagegen nicht bei **eigenverantwortlicher Einnahme von Mitteln** durch den Beschuldigten oder Zeugen vor oder während der Vernehmung (LR/*Gleß* § 136a Rn. 32; a.A. *Hilland* Das Beweisgewinnungsverbot des § 136a StPO, 1981, S. 82 ff.). **Angetrunkene** Auskunftspersonen können nach herrschender Meinung vernommen werden, solange sie aussagetüchtig sind (krit. LR/*Gleß* § 136a Rn. 33). Die Vernehmung **Betrunkener** verletzt dagegen die Fürsorgepflicht (OLG Köln StV 1989, 520 f.). Die Aussage eines berauschten Drogenkonsumenten kann auch unverwertbar sein (LG Mannheim NJW 1977, 346 f.); i.Ü. ist sie oft nicht beweiskräftig.

31 e) **Quälerei.** Während eine Misshandlung eher vorliegt, wenn dem Betroffenen körperliche Schmerzen zugefügt werden, betrifft Quälerei, deren Begriff der Gesetzgeber hier dem § 1 Abs. 2 TierSchG nachempfunden hat (*Erbs* NJW 1951, 386 [387]), eher das **Zufügen** länger andauernder oder sich wiederholender **seelischer Leiden** (*Eisenberg* Beweisrecht der StPO, Rn. 651; LR/*Gleß* § 136a Rn. 37), kann aber auch

andauernde Zufügung körperlicher Schmerzen bedeuten (SK-StPO/*Rogall* § 136a Rn. 52). Der Unterschied zwischen Misshandlung und Quälerei mag vor allem in der Dauer und der Wiederholung liegen, spielt aber praktisch keine Rolle. Als Beispiele für Quälerei werden **Folter**, dauerndes lautes **Anschreien**, **Anstrahlen** mit starken Lichtquellen, **Drohungen** und **schwere Beleidigungen**, **Dunkelhaft** und die Erzeugung oder Verstärkung von erheblicher **Angst** genannt (*Eisenberg* Beweisrecht der StPO, Rn. 651; LR/*Gleß* § 136a Rn. 37).

32 Eine **bedrängende Situation** in der Vernehmung, die praktisch meist vorliegt, reicht auch bei einem labilen Beschuldigten nicht ohne Weiteres zur Anwendung von § 136a Abs. 1 aus (BGH Urt. v. 18.09.1979 – 1 StR 399/79). Die zutreffende **Prognose** wahrscheinlich **drohender Tatfolgen** bei einer Verurteilung ist **keine Quälerei** (*Erbs* NJW 1951, 386 [388]), was sich aber bei übermäßiger Wiederholung ändern kann. **Lichtbilder von schweren Tatfolgen** können dem Beschuldigten im Allgemeinen vorgelegt werden. Die kurze Demonstration des Aufenthalts in einer Haftzelle durch den Strafrichter gegenüber einem Angeklagten in Unterbrechung der Hauptverhandlung hat der BGH noch nicht als Quälerei angesehen (BGH NJW 2019, 789 [792]). Ein **Hinführen** des Beschuldigten **zur Leiche** des Opfers eines Tötungsdelikts kann aber bei einem Angehörigen oder einer labilen Person, deren **individuelle Empfindlichkeit zu berücksichtigen** ist (*Eisenberg* Beweisrecht der StPO, Rn. 653), als Quälerei anzusehen sein (BGHSt 15, 187 [190]; 17, 364; LR/*Gleß* § 136a Rn. 38; SK-StPO/*Rogall* § 136a Rn. 53) und zwar unabhängig davon, ob § 88 Abs. 2 diese Handlung »zur Anerkennung« angezeigt erscheinen lassen könnte.

33 f) **Täuschung.** Als Vernehmungsmethode verboten ist die – vollendete, nicht nur versuchte (SK-StPO/*Rogall* § 136a Rn. 65) – »Täuschung«, also eine solche, die zu einem für die Aussage relevanten Irrtum geführt hat. Gemeint ist die Täuschung über Tatsachen, die für den Entschluss dazu, ob und wie sich der Beschuldigte zur Sache äußert, relevant sein können. Geboten erscheint ein Täuschungsschutz schon mit Blick auf Art. 1 Abs. 1, Art. 2 Abs. 1 i.V.m. Art. 20 Abs. 3 GG und Art. 6 Abs. 1 Satz 1 EMRK (*T. Müller* Die Täuschung des Beschuldigten, S. 121 ff.; *Tyszkiewitz* Tatprovokation als Ermittlungsmaßnahme, 2014, S. 174 ff.). Umstritten bleibt, was unter Täuschung im Sinne von Abs. 1 zu verstehen sein soll. Der Maßstab des materiellen Rechts in § 263 Abs. 1 StGB geht nach herrschender Meinung hier zu weit. Vielmehr wird aufgrund eines Vergleichs mit den anderen gesetzlichen Beispielen verbotener Vernehmungsmethoden eine **einschränkende Auslegung** des Täuschungsbegriffs für erforderlich gehalten (BGHSt 42, 139 [149]). Dabei wird die Bedeutung der Täuschung vor allem am Eingriffsgewicht im Vergleich mit einem Aussagezwang gemessen (*Ellbogen* Die verdeckte Ermittlungstätigkeit der Strafverfolgungsbehörden durch die Zusammenarbeit mit V-Personen und Informanten, 2004, S. 93 ff.), was aber inkommensurable Kriterien sind. Hintergrund der Fehlbewertung ist die nach der Überwindung des Inquisitionsprozesses mit seinen Urteilsgrundlagen in durch Folter erzwungenen Geständnissen historisch überkommene Vermutung, dass niemand sich als Beschuldigter zu Unrecht selbst belasten werde, wenn er nicht durch körperlich empfundenen Zwang dazu veranlasst wird (*Drews* Die Königin unter den Beweisen?, S. 118). Nach dem Schutzzweck der Norm wäre dagegen im Ansatz, vorbehaltlich einer genauen Prüfung des Grades der Willensbeeinflussung, eine weite Auslegung des Täuschungsbegriffs angezeigt (*Eisenberg* Beweisrecht der StPO, Rn. 655). Eine Täuschung kann durch **ausdrückliche Erklärungen** oder **konkludentes Verhalten** begangen werden (*Eisenberg* a.a.O. Rn. 667; *T. Müller* Die Täuschung des Beschuldigten, S. 83). Eine Täuschung in einem informellen Vorgespräch zur Vernehmung reicht zur Anwendung des § 136a Abs. 1 und 3 aus, wenn sie sich auf die Vernehmung ausgewirkt hat (OLG Frankfurt StV 1998, 121), was bei längeren Vorgesprächen über tatrelevante Umstände regelmäßig anzunehmen ist; denn gedächtnispsychologisch ist geklärt, dass praktisch jede Befassung mit Erinnerungen deren Inhalt beeinflusst. Gefährlich sind vor allem Informationstransfers, die später den Eindruck erwecken, der Beschuldigte besitze »Täterwissen«, während es tatsächlich um Inhalte aus Fragen und Vorhalten des Gesprächspartners im informellen Vorgespräch handelt.

34 Nach herrschender Meinung wird bei einer restriktiven Auslegung des Täuschungsbegriffs nur die aktive, final auf Herbeiführung einer Aussage gerichtete und bewusste Einwirkung auf die Vorstellung des Beschuldigten als Täuschung im Sinn von Abs. 1 interpretiert, die **gezielt einen Irrtum über** erhebliche **Tatsachen oder rechtliche Aspekte herbeiführt**, um diesen **für Vernehmungszwecke** auszunutzen (BGH StV 1989, 515; SK-StPO/*Rogall* § 136a Rn. 59; a.A. *Eisenberg* Beweisrecht der StPO, Rn. 664 ff.; *Erbs* NJW 1951, 386 [390]; *Hilland* Das Beweisgewinnungsverbot des § 136a StPO, 1981, S. 109 ff.). Ein Unterlassen sei keine Täuschung und ein unbewusster Fehlgriff auch nicht. Dafür wird ein Vergleich mit den anderen gravierenden Methodenfehlern nach Abs. 1 bemüht und auf eine praktische Notwendigkeit kriminalistischer List verwiesen. Auf diesem Weg wird nun auch die in der Praxis informell verbreitete Täuschung bei einer »legendierten Kontrolle« übergangen (§ 136 Rdn. 30, 36). Bei näherer Betrachtung wird dort der Beschuldigte über die Existenz des Zweitverfahrens mit eigenen Ermittlungsmaßnahmen, eigenen Erkenntnissen und eigenem

Aktenbestand **durch pflichtwidriges Unterlassen** eines Hinweises nach § 136 Abs. 1 Satz 1 getäuscht (*Schefer* Die Vortäuschung eines Zufallsfundes im Ermittlungsverfahren, 2019, S. 235 ff.).

35 Nicht unter den Täuschungsbegriff fallen vom Standpunkt der herrschenden Meinung aus **unbeabsichtigte Irreführungen** (BGHSt 22, 170 [175]; 31, 395 [400]; 35, 328 [329]; 38, 263 [268]; a.A. *Achenbach* StV 1989, 515 [516]; LR/*Gleß* § 136a Rn. 49 f.; s.a. *T. Müller* Die Täuschung des Beschuldigten, S. 107 ff.) aufgrund von fahrlässig erteilten Fehlinformationen (BGHR StPO § 136a Abs. 1 Täuschung 11) oder irrtümlich fehlerhaften Belehrungen von Beschuldigten oder aussageverweigerungsberechtigten Zeugen (BGH NStZ-RR 2021, 142 [143]). Irrelevant sein soll ferner die **Ausnutzung eines bereits bestehenden Irrtums** durch das **Unterlassen** einer Aufklärung (BGH StV 1988, 419 ff. m.Anm. *Günther*; *Müncheberg* Unzulässige Täuschung durch Organe der Strafverfolgungsbehörden, 2015, S. 116). Ob der verbleibende Anwendungsbereich des Täuschungsverbots ausreicht, um der Subjektstellung des Beschuldigten gerecht zu werden, erscheint aber höchst fragwürdig. Der Schutzzweck der Norm spricht eigentlich gegen diese enge Auslegung der Täuschung (*Eisenberg* Beweisrecht der StPO, Rn. 664a). Wenn das Recht des Beschuldigten, eigenverantwortlich entscheiden zu können, ob er sich im Strafverfahren durch Reden oder Schweigen verteidigen will, berührt ist, und wenn der Beschuldigte deshalb nicht durch Organe des Staates zur unbewussten und ungewollten Selbstbelastung veranlasst werden darf, ist auch »kriminalistische List« untersagt (*Degener* GA 1992, 443 [464]). Die Interpretation des *nemo-tenetur*-Grundsatzes durch Vergleich aller verbotenen Maßnahmen mit dem Verbot der Ausübung von Aussagezwang greift zu kurz, weil der nemo-tenetur-Grundsatz eben weder in § 136a Abs. 1 und 2 noch in § 136 Abs. 1 Satz 2 abschließend geregelt, sondern jeweils vorausgesetzt wird. § 136a ist durch Orientierung an einem außerhalb des geschriebenen Rechts zu ermittelnden nemo-tenetur-Grundsatz auszulegen.

36 Es beruht auf einem Fehlverständnis und einer Überbetonung der kriminalistischen Erfordernisse, wenn überwiegend angenommen wird, **kriminalistische List** sei nicht untersagt (BGHSt 35, 328 [329]; 37, 48 [52]; BGH NJW 2017, 1253 [1255]; *Soiné* NStZ 2010, 596 [597]; a.A. *Groth* Unbewusste Äußerungen und das Verbot des Selbstbelastungszwangs, S. 80 f.; SK-StPO/*Rogall* § 136a Rn. 56; MüKo-StPO/*Schuhr* § 136a Rn. 40).

37 Vor dem Hintergrund der praxisüblichen »legendierten Kontrollen« hat der Blick auf § 110a zu der Behauptung geführt, es gebe streng genommen kein Täuschungsverbot im Strafprozess (*Nowrousian* Heimliches Vorgehen und aktive Täuschung im Ermittlungsverfahren, 2015, S. 39 ff.). Das ist bereits angesichts der Geltung der vorliegenden Vorschrift bedenklich. Aus § 110a kann aber auch keine allgemeine Täuschungserlaubnis entnommen werden, weil dessen Bezugspunkt nicht eine Vernehmung ist und auch eine vernehmungsähnliche Gesprächsführung mit dem Ziel der Selbstbelastungsprovokation dort nicht vorgesehen ist (zum Unterschied zu anderen heimlichen Ermittlungsmethoden *Eschelbach* GA 2015, 545 [553]; *Kühne* FS Wolter, 2013, S. 1009 [1013]). Erst recht kann aus der Duldung nicht spezialgesetzlich geregelter Handlungen durch nicht offen ermittelnde Polizeibeamte (noeP) oder V-Leute durch die Rspr. nicht auf eine allgemeine Täuschungserlaubnis geschlossen werden (a.A. *Nowrousian* NStZ 2015, 625 ff.); denn dem liegt genau genommen seinerseits eine Missachtung des Prinzips vom Vorrang und vom Vorbehalt des Gesetzes zu Grunde (*Tyszkiewitz* Tatprovokation als Ermittlungsmaßnahme, 2014, S. 173).

38 Die gekünstelt wirkende Unterscheidung von angeblich erlaubter List und verbotener Täuschung ist schließlich auch kaum praktikabel (LR/*Gleß* § 136a Rn. 39; SK-StPO/*Rogall* § 136a Rn. 56). Klare Lügen bei der Vernehmung führen zur Unverwertbarkeit einer hierdurch verursachten Beschuldigtenaussage (BGH NJW 2017, 1253 [1255]). Die Grenze wird bei **Fangfragen** erreicht, aber nach der herrschenden Meinung nicht überschritten (*Lesch* ZStW 111 [1999], 643 ff.; MüKo-StPO/*Schuhr* § 136a Rn. 46), eher bei **Suggestivfragen** (*Eisenberg* Beweisrecht der StPO, Rn. 672; *T. Müller* Die Täuschung des Beschuldigten, S. 101 ff.; SK-StPO/*Rogall* § 136a Rn. 65; differenzierend LR/*Gleß* § 136a Rn. 51). Auch das **Vorspiegeln einer freundlichen und hilfsbereiten Haltung**, hinter der sich (hinter-)»listig« der Wille zur Überführung des Beschuldigten mit dessen selbstbelastenden Aussagen verbirgt, gilt nach der Rspr. nicht als verbotene Vernehmungsmethode (BGH NJW 1953, 1114). Nach der Gegenmeinung kann es sich dabei um eine Täuschung handeln, die aber nur dann zu einem Beweisverbot führt, wenn sie tatsächlich einen aussagerelevanten Irrtum der Auskunftsperson zur Folge hat (*Eisenberg* Beweisrecht der StPO, Rn. 674). Infam erscheint die Täuschung durch Mitteilung an sich wahrer Tatsachen, die durch **Doppeldeutigkeiten** in der Formulierung und **vage Andeutungen** sprachlich so geschickt eingesetzt werden, dass sie im Ergebnis zur Herbeiführung eines Irrtums bestimmt und geeignet sind (*Eisenberg* Beweisrecht der StPO, Rn. 666; *Lindner* Täuschungen in der Vernehmung des Beschuldigten, 1988, S. 100 ff.; *Lorentz-Czarnetzki* Das Täuschungsverbot des § 136a StPO, 2001, S. 237 ff.; *Prasch* Die List in der Vernehmung und Befragung des Beschuldigten, 2002, S. 215 ff.).

39 Eine Täuschung kann sich auf Sachverhalts- oder Indiztatsachen oder auf die Rechtslage beziehen (LR/*Gleß* § 136a Rn. 40). Eine Täuschung **über Tatsachen** (*T. Müller* Die Täuschung des Beschuldigten, S. 67 ff.)

liegt etwa dann vor, wenn unzutreffend behauptet wird, die vorhandenen Indizien ergäben eine **erdrückende Beweislage**, angesichts derer nur ein Geständnis die sachgemäße Verteidigung sei (BGHSt 35, 328 ff. m.Anm. *Bloy* JR 1990, 165 f.; *Fezer* JZ 1989, 348 f.; BGH NJW 2017, 1253 [1255]; OLG Frankfurt StV 1998, 119 [120 f.]; SK-StPO/*Rogall* § 136a Rn. 62), die Einlassung des Beschuldigten sei schon widerlegt (OLG Köln MDR 1972, 965 f.) oder es würden aus der Aussage keine nachteiligen Schlüsse gezogen (BGH bei *Dallinger* MDR 1954, 17), was jedoch kaum zu vermeiden und anderen Beurteilern nicht vorzuschreiben ist. Eine Täuschung der Auskunftsperson **über die Rechtslage** kann sich auf **materiell-rechtliche oder prozessuale Aspekte** beziehen. Eine Täuschung über materielles Recht ist zum Beispiel anzunehmen, wenn ein Verhalten, das hinterfragt werden soll, wahrheitswidrig als straflos bezeichnet wird. Eine Täuschung über prozessrechtliche Aspekte kommt in Betracht, wenn dem Beschuldigten gesagt wird, er sei nur Zeuge, oder er sei auch als Beschuldigter zur Aussage verpflichtet und müsse die Wahrheit sagen oder sein Schweigen könne gegen ihn verwertet werden.

Bei »legendierten Kontrollen« (§ 136 Rdn. 30, 36; § 136a Rdn. 37) wird darüber getäuscht, dass ein Zufallsfund vorliege, während in Wahrheit bereits heimliche Ermittlungen gegen den Beschuldigten geführt wurden, die mehr und andere Verdachtsgründe ergeben haben (*Schefer* Die Vortäuschung eines Zufallsfundes im Ermittlungsverfahren, 2019, S. 235 ff.). Das Täuschungsverbot aus Art. 1 Abs. 1 GG steht dem entgegen (MüKo-StPO/*Schuhr* § 136a Rn. 47; nicht erörtert von BGHSt 62, 123 [139 ff.]). Die Befugnisse zur Zurückhaltung von Informationen (§ 101) oder der zeitweiligen Versagung von Akteneinsicht an Verteidiger (§ 147 Abs. 2) beziehen sich nicht auf ein im Hintergrund geführten Strafverfahren. 40

Das Verschweigen von Rechten und Tatsachen gilt nach dem engen Verständnis der Rspr. nicht als Täuschung (BGHSt 39, 335 [348]; 42, 139 [149]), sondern als kriminalistisch notwendige List (krit. LR/*Gleß* § 136a Rn. 40). Diese These bedarf der Präzisierung dahin, dass eine **Täuschung durch Unterlassen** auch dem § 136a Abs. 1 Satz 1 unterfällt, wenn eine **Rechtspflicht zur Aufklärung** besteht und unerfüllt bleibt (*Eisenberg* Beweisrecht der StPO, Rn. 668; *T. Müller* Die Täuschung des Beschuldigten, S. 84 ff.; *Prasch* Die List in der Vernehmung und Befragung des Beschuldigten, 2002, S. 166 ff.). Die Ausnutzung eines bei der Auskunftsperson bestehenden Irrtums ist danach allenfalls zulässig, wenn es sich um einen selbstverursachten Irrtum handelt, nicht um einen solchen, der durch die Vernehmungssituation oder ein bestimmtes Verhalten der Verhörperson bewirkt wurde (*Lorentz-Czarnetzki* Das Täuschungsverbot des § 136a StPO, 2001, S. 302 ff.; *Prasch* a.a.O., S. 177 ff.). Wird eine gesetzlich vorgeschriebene Belehrung (§§ 136 Abs. 1 Satz 2, 52 Abs. 3, 55 Abs. 2) unterlassen, beurteilt sich die Rechtsfolge dieser Pflichtverletzung zumindest nach den zu diesen Belehrungsvorschriften entwickelten Maßstäben (SK-StPO/*Rogall* § 136a Rn. 62), bisweilen aber auch nach § 136a Abs. 3.Nach der Rspr. soll das nicht gelten, wenn eine zwingend erforderliche gesetzliche Belehrung nur irrtümlich versäumt wurde oder fehlerhaft war (BGH NStZ-RR 2021, 142 [143]). Das ist aber fragwürdig, wenn die Rechtslage mit Blick auf die Selbstbelastungsfreiheit des Beschuldigten oder das Aussageverweigerungsrecht des Zeugen aus dessen Perspektive betrachtet wird. Dafür ist es unerheblich, ob die Verhörperson arglistig oder undolos seinen Irrtum herbeigeführt hat. 41

Das Täuschungsverbot gilt auch gegenüber der Überschreitung einer bloßen **Verwendung einer »Legende«** durch Verdeckte Ermittler (OLG Jena StV 2020, 455 [457]), sonstige nichtoffen ermittelnde Polizeibeamte oder im behördlichen Auftrag handelnde V-Leute, wenn sie aktiv handelnd eine informelle Ausforschung des Beschuldigten betreiben und ihn zu selbstbelastenden Äußerungen bewegen oder Angehörige des Beschuldigten (§§ 52 Abs. 1, 69 Abs. 3, 136a Abs. 1) zu diesen belastenden Äußerungen (*Eschelbach* GA 2015, 545 [546 ff.]; Wolter ZIS 2012, 238 [240 ff.]). Dagegen wird von der bisherigen Rspr. angenommen, § 136a sei darauf nicht anwendbar (BGHSt 42, 139 [149 ff.]), weil es erstens nicht um eine Vernehmung gehe, zweitens im Gesetz **keine Hinweispflicht** bestehe, sodass die Ausforschung im scheinbaren Privatgespräch nur ein nicht pflichtwidriges Unterlassen darstelle, drittens die Gesprächsführung **nicht mit den anderen Methoden nach** § 136a **Abs. 1 vergleichbar** sei, und viertens **das Gesetz die Verwendung einer Legende vorsehe** (§ 110a Abs. 2), sodass nicht von einer verbotenen Methode gesprochen werden könne (*Nowrousian* Heimliches Vorgehen und aktive Täuschung im Ermittlungsverfahren, 2015, S. 46 ff.). Das sind ergebnisorientierte Überlegungen, die dogmatisch nicht zutreffen. § 136a ist **nicht nur auf Vernehmungen anwendbar** (BGH StV 2018, 767 [768]), das Verwenden einer Legende zur Herstellung einer Kommunikationsbeziehung und die **Äußerungsprovokation** sind **aktives Handeln**, ein **Eingriff in die Selbstbelastungsfreiheit und das Informationsbeherrschungsrecht** liegt vor, wenn dieser mittels einer mit der Selbstbelastungsfreiheit inkompatiblen **Täuschung über Ziel und Zweck der Gesprächsführung** geschieht (OLG Jena StV 2020, 455 [457]; *Eisenberg* Beweisrecht der StPO, Rn. 659; *Eschelbach* GA 2015, 545 [546 ff.]; *Prasch* Die List in der Vernehmung und Befragung des Beschuldigten, 2002, S. 277 ff.; *Wolter* ZIS 2012, 238 [240 ff.]; a.A. *Lorentz-Czarnetzki* Das Täuschungsverbot des § 136a StPO, 2001, S. 445 ff.) und die **Eingriffsintensität der Handlung spielt** nach Eintritt des Erfolges einer Verletzung des Selbstbestimmungsrechts einerseits 42

keine Rolle und ist andererseits angesichts der (hinter-)listigen Art des Vorgehens nicht weniger gravierend als eine sonstige Täuschung im Sinne von Abs. 1. Die **partielle Gestattung der Legendenverwendung in § 110a Abs. 2 Satz 2 besagt nichts** über die Frage, wie weit die Befugnis des verdeckt ermittelnden Beamten (§ 110c) oder eines dort nicht einmal genannten V-Manns zur Herbeiführung und Ausnutzung einer Vertrauensbeziehung sowie zur Anbahnung eines scheinbaren Privatgesprächs mit der Intention der Herbeiführung einer Selbstbelastung des Beschuldigten geht.

43 Ein sonstiger **Irrtum des Beschuldigten über die** den Strafverfolgungsorganen **bereits vorliegenden Informationen** muss vom Standpunkt der Rspr. zur eingeschränkten Interpretation des Täuschungsverbots aus nicht unbedingt korrigiert werden (BGH StV 1988, 419 [421] m.Anm. *Günther*). Das hängt vom Bestehen oder Nichtbestehen einer Hinweispflicht ab. Andererseits darf ein bestehender Irrtum auch nach der Rspr. nicht bewusst von der Verhörperson ausgeweitet oder vertieft werden. Zumindest auf eine Frage des Beschuldigten oder Zeugen darf die Verhörperson den Vernommenen nicht unnötig im Ungewissen lassen (LR/*Geß* § 136a Rn. 46). Der Übergang vom Zulässigen zum Unzulässigen bleibt fließend.

44 **g) Hypnose.** Als Vernehmungsmethode ist Hypnose generell verboten (SK-StPO/*Rogall* § 136a Rn. 70), in der Praxis derzeit aber nicht relevant. Unter Hypnose versteht man die Einwirkung auf den Beschuldigten, durch die unter Ausschaltung des Willens eine **Einengung des Bewusstseins** auf die von dem Hypnotiseur gewünschte Vorstellungsrichtung erreicht wird. Sie ist ausnahmslos verboten, selbst wenn sie mit Einwilligung des Beschuldigten als letzte Entlastungsmöglichkeit angewendet werden soll. Ob das auch dann über § 69 Abs. 3 sachgerecht ist, wenn ein **Entlastungszeuge**, der seine **Erinnerung verloren** hat, nur, aber immerhin unter Anwendung von Hypnose in der Lage wäre, einen Beschuldigten von einem schwerwiegenden Vorwurf zu entlasten, erscheint fragwürdig (*Svoboda* Kriminalistik 1998, 431 ff.; zur Zeugenhypnose *Fuchs* Kriminalistik 1983, 2 ff.). Insoweit mag das Gesetz zu weit gehen und nach dem Maßstab der »Mühlenteichtheorie« (*Roxin/Schäfer/Widmaier* StV 2006, 655 ff.) korrigiert werden. Als Mittel nur zur **Beseitigung posthypnotischer Hemmungen**, um eine spätere Vernehmung ohne Hypnose zu ermöglichen, gilt die Hypnose als erlaubt (LR/*Geß* § 136a Rn. 53; SK-StPO/*Rogall* § 136a Rn. 70; a.A. *Hilland* Das Beweisgewinnungsverbot des § 136a StPO, 1981, S. 131 f.).

45 **Projektive psychologische Testverfahren**, die auch Informationen aus dem Unterbewusstsein hervorrufen sollen, stehen der Hypnose nicht gleich und sind nicht generell verboten (krit. *Groth* Unbewusste Äußerungen und das Verbot des Selbstbelastungszwangs, S. 133 ff., 142 f.).

46 **2. Unzulässiger Zwang (Abs. 1 Satz 2).** Zwang darf **nur in den gesetzlich vorgesehenen Fällen** (§§ 51, 70, 77, 112 ff., 134, 163a Abs. 3) und nur zu den dort vorgesehenen Zwecken angewendet werden (*Eisenberg* Beweisrecht der StPO, Rn. 691; SK-StPO/*Rogall* § 136a Rn. 84), bei zeugnis- oder auskunftsverweigerungsberechtigten Personen generell nicht als Mittel zur Herbeiführung einer von dieser ungewollten Aussage (*Erbs* NJW 1951, 386 [388]). Unangenehme oder bohrende Fragen stellen keine Zwangsausübung dar. Auch eine rechtmäßige Festnahme, die nicht zur sofortigen Vorführung, sondern zunächst zur polizeilichen Vernehmung führt, hat nicht die Anwendung des § 136a zur Folge (BGH StV 1992, 356 [357] m.Anm. *Nelles* StV 1992, 385 ff.). Die wiederholte Vernehmung eines vorläufig Festgenommenen wird von der Rspr. nicht beanstandet (BGH NStZ 1990, 195). Unzulässiger Zwang kann aber in einer rechtswidrigen Festnahme (LG Bremen StV 1995, 515 ff.) oder rechtsfehlerhafter Anordnung von Untersuchungshaft bestehen. Verbotener Zwang muss nach herrschender Meinung nicht nur **kausal für die Äußerung** (BGHSt 34, 365 [369]), sondern auch **final darauf gerichtet** sein. Glaubt der Beschuldigte nur irrtümlich ohne zurechenbare Veranlassung durch die Verhör- oder Ermittlungspersonen, er befinde sich in einer Zwangslage, ist dies irrelevant, soweit die Verhörperson jedenfalls keine gesetzliche Hinweispflicht trifft (Meyer-Goßner/*Schmitt* § 136a Rn. 17). Ein Beweiserhebungs- und -verwertungsverbot besteht auch i.Ü. nach der herrschenden Auffassung nur, wenn der Zwang **gezielt als Mittel zur Herbeiführung einer Aussage eingesetzt** worden ist, Einfluss auf die Auskunftsperson dahin zu nehmen, ob oder wie sie aussagt (SK-StPO/*Rogall* § 136a Rn. 84).

47 Die Frage, ob schon **objektiv unzulässiger Zwang** das Beweiserhebungs- und -verwertungsverbot auslöst oder erst ein **intentionaler Zwang**, ist im Fall des Verdachts industrieller Weinverfälschung als groß angelegter Betrug thematisiert worden (BGH StV 1996, 73 [76] m.Anm. *Fezer* StV 1997, 57 ff. und *Samson* StV 1996, 93 f.; LG Bad Kreuznach StV 1993, 629 ff.; *Bung* StV 2008, 495 ff.), der ebenso viele wie durchweg von unvollständiger Information geprägte Meinungsäußerungen hervorgebracht hatte. In jenem Fall hatten zahlreiche Ermittler mehrere Jahre lang einen Verdacht nur »*in rem*« verfolgt, zunächst aber nicht »in personam«. Erst nachdem tausende von Aktenbänden gefüllt waren, wurde der Versuch unternommen, einen »Namensträger« des Familienunternehmens als Beschuldigten offeriert zu erhalten, was die Unternehmensführung auch angesichts des drohenden Umfangsverfahrens mit erheblicher Pressepublizität und der wirtschaftlich nachteiligen Folgen überraschend ablehnte. Daraufhin wurden mehrere Jahre nach Beginn der Ermittlungen

Haftbefehle gegen besondere Funktionsträger aus der mittleren Führungsebene (Buchhalter, Kellermeister, Leiter von Einkauf und Vertrieb u.a.) beantragt und erwirkt, die über besonderes Wissen zu verfügen schienen, wozu – von mehr oder weniger apokryphen Haftgründen abgesehen – eine Verdachtsbeschreibung unter Beifügung von Exzerpten des uferlosen Aktenmaterials präsentiert wurden. Haft- und Beschwerderichter konnten nicht in einzelnen Tagen verifizieren, was ein Ermittlerteam über Jahre hinweg zusammengetragen hatte. Daher wurde nach dem äußeren Anschein davon ausgegangen, dass die mit den Haftbefehlsanträgen mitgeteilten Befunde die Spitze eines Eisbergs der Verdachtshypothese darstellten. Spätere Sichtung des zuletzt auf über zehntausend Bände angewachsenen Bestands an Sachakten ergab ein anderes Bild. Der Umschwung in der Haltung der Richter zur Haftfrage begann nach den in der Haft gemachten Beschuldigtenaussagen, die eher entlastend als belastend wirkten, und nach sukzessive voranschreitender richterlicher Sichtung des Gesamtmaterials, dessen Unterschied zum Erscheinungsbild der Exzerpte bei den Haftbefehlsanträgen von einem Ermittlungsbeamten nichtöffentlich mit der Bemerkung, man müsse »ja auch mal bluffen«, kommentiert wurde. Die Strafkammer nahm danach einen Fall der Ausübung von Zwang im Sinne von § 136a Abs. 1 an, stellte andererseits die Ermittlungsbeamten nicht bloß, sondern erklärte den objektiven Befund für ausreichend, um von einem Beweisverwertungsverbot hinsichtlich der in der Haft gemachten Beschuldigtenaussagen auszugehen. Im späteren freisprechenden Urteil wurde bemerkt, dieses Urteil beruhe nicht auf den eher entlastenden Aussagen. Der Bundesgerichtshof beanstandete dies mit Hinweis darauf, dass erstens von Rechts wegen intentionale Anwendung von rechtswidrigem Zwang zur Herbeiführung einer Aussage für die Anwendung der Norm erforderlich sei, zweitens die Haftentscheidungen der Ermittlungs- und Beschwerderichter maßgeblich seien, drittens sich aus den Gründen ihrer Haftentscheidungen nichts für intentionalen Zwang ergebe und viertens die Behauptung der Strafkammer im Urteil, es beruhe nicht auf der Nichtverwertung der Beschuldigtenaussagen in der Haft, nicht ausreichend sei (BGH StV 1996, 73 [76]). Diese Bemerkungen wirken bei Kenntnis des Gesamtsachverhalts zweifelhaft.

Natürlich kommt es auf die **Lage z.Zt. der Anordnung der Zwangsmaßnahme** an. Die erkennenden Richter hätten im Beispielsfall theoretisch im Freibeweisverfahren zu der Ansicht gelangen können, die auf der Grundlage von Aktenexzerpten entscheidenden Ermittlungs- und Beschwerderichter seien im Vorverfahren getäuscht worden. Die erkennenden Richter hätten ergänzende Hinweise auf eine Intention (»bluffen«) zur Nutzung der Untersuchungshaft als Mittel der Herbeiführung von Beschuldigtenaussagen unter Bloßstellung bestimmter Beamter offenlegen können. Die Tatsache, dass sie dies nicht getan haben, aber gleichwohl den Angeklagten daraus keinen Nachteil erwachsen lassen wollten, hätte der Rechtsfrage nach der Erforderlichkeit des Nachweises intentionalen Handelns einen anderen Akzent verleihen können. Die Annahme, der objektive Befund rechtswidriger Zwangsentfaltung genüge für ein Beweisverbot, hat damit auch aus justizieller Sicht den positiven Effekt, dass **nicht notwendigerweise ein Kollege angeschwärzt** werden muss, um dennoch im Sinne eines effektiven Beschuldigtenschutzes richtig entscheiden zu können. Anders als § 123 BGB verlangt § 136a Abs. 1 Satz 1 StPO **keine »arglistige« Täuschung**, sondern nur eine »Täuschung« (*Achenbach* StV 1989, 515 [517]), die im Einklang mit dem Wortsinn des Gesetzes auch als objektiver Befund definierbar ist. 48

Im Ergebnis spricht manches, neben dem **Schutzzweck** der Norm (*Bung* StV 2008, 495 [496]) auch das **Nachweisproblem**, dafür, dass objektiv unzulässiger Zwang für die Anwendung von §§ 136a Abs. 1 Satz 2, Abs. 3, 163a ausreichen sollte. Auf einen Schuldvorwurf kommt es dann nicht an (MüKo-StPO/*Schuhr* § 136a Rn. 26). Das erscheint im Rechtsstaat besser, als der Allgemeinheit vorzuspiegeln, Rechtsverletzungen im Sinne von § 136a Abs. 1 Satz 2 kämen kaum jemals vor (zur »Selbstverständlichkeit« von Rechtsbrüchen bei der U-Haft *Eidam* HRRS 2008, 241 ff.; s.a. *Nobis* StraFo 2012, 45 ff.). 49

3. **Drohung mit unzulässigen Maßnahmen oder Versprechen gesetzwidriger Vorteile (Abs. 1 Satz 3).** Die Drohung mit unzulässigen Maßnahmen und das Versprechen gesetzwidriger Vorteile sind gegenläufige Komponenten, die jeweils wie die Kehrseite der anderen Methode wirken. Daher sind sie in § 136a Abs. 1 Satz 3 gleichgestellt und alternativ als verbotene Vernehmungsmethoden genannt. Sie können im Einzelfall auch kumulativ zusammentreffen oder mit einer Täuschung sowie einer Quälerei im Sinne von § 136a Abs. 1 Satz 1 verbunden sein. 50

a) **Drohung mit einer unzulässigen Maßnahme.** Die Drohung mit einer nach den strafprozessualen Vorschriften unzulässigen Maßnahme ist als Mittel bei der Vernehmung verboten (*Erbs* NJW 1951, 386 [388]). Eine **Drohung** liegt vor, wenn die Verhörperson **ausdrücklich oder konkludent** eine der Auskunftsperson nachteilige Maßnahme in Aussicht stellt, auf deren Anordnung oder Vollziehung der Richter oder Vernehmungsbeamte Einfluss zu haben vorgibt (LR/*Gleß* § 136a Rn. 56; SK-StPO/*Rogall* § 136a Rn. 72), etwa die Festnahme oder vorläufige Unterbringung. Erforderlich ist die Drohung **mit einer unzulässigen Maßnahme**, also einer solchen, die mit dem Strafprozessrecht unvereinbar ist, weil sie entweder ausdrücklich verboten oder als Eingriffsmaßnahme gesetzlich nicht vorgesehen oder wegen Unverhältnismäßigkeit 51 im Einzelfall nicht in rechtmäßiger Weise möglich ist. Zudem ist die **Verknüpfung** einer an sich zulässigen Maßnahme **mit dem Ansinnen**, auf sie im Fall **eines erwünschten Aussageverhaltens** zu verzichten, nicht gestattet (SK-StPO/*Rogall* § 136a Rn. 75). Inwieweit dies durch die Verständigungspraxis zu relativieren ist, bleibt unklar. Eine dabei aufgezeigte Sanktionenschere ist rechtlich zu beanstanden (LR/*Stuckenberg* § 257c Rn. 15, 56); sie führt zu einem Beweisverwertungsverbot für ein daraufhin abgelegtes Geständnis. Eine Beanstandung mit einem Beweisverbot geht aber ins Leere, wenn der Angeklagte der Sanktionenschere widerstanden und die Tat weiter bestritten hat (BGH NStZ 2018, 419 [420]); dann kommt nur eine Richterablehnung als Rechtsschutzmittel infrage.

52 Ferner kann die **Ankündigung einer unangemessen hohen Strafe** eine Drohung sein (BGHSt 43, 195 [204]; BGH StV 2004, 636 [637 f.]; 2005, 201). Inwieweit umgekehrt das Angebot einer nicht mehr der Schuld angemessenen milden Strafe, die unter die Alternative des Vorteilsversprechens zu subsumieren wäre, zugleich die Drohung mit einer unverhältnismäßigen Strafe für den Fall fehlender Kooperationsbereitschaft einschließt, ist Tatfrage. **Warnungen, Belehrungen oder Hinweise** gelten allgemein nicht als Drohungen (LR/*Gleß* § 136a Rn. 57; SK-StPO/*Rogall* § 136a Rn. 73; MüKo-StPO/*Schuhr* § 136a Rn. 60), was richtig ist, solange ihr Bezugspunkt eine gesetzlich zulässige Gestaltung betrifft und das Übermaßverbot nicht evident verletzt ist. Vorhaltungen, welche die Aussagebereitschaft oder das Aussageverhalten nicht beeinflussen können oder gesetzeskonform bleiben, sind nicht verboten (BGHSt 14, 189 [191]). Anders ist es bei Maßnahmen, die im Gesetz nicht oder jedenfalls **nicht als Mittel zur Herbeiführung einer Aussage vorgesehen** sind (*Erbs* NJW 1951, 386 [388]). Auch abstrakt mögliche, im konkreten Fall aber nicht ernsthaft infrage kommende Eingriffsmaßnahmen dürfen nicht angedroht werden (BGH StV 2004, 636 [637 f.]). Gleiches gilt erst für die **Androhung sachfremder Maßnahmen**, wie eines Bewährungswiderrufs gegenüber einem Zeugen für den Fall der Aussageverweigerung (LG Bielefeld StV 1993, 239). Ein Verstoß gegen § 136a Abs. 1 liegt vor, wenn die Entlassung des Beschuldigten aus der Untersuchungshaft für den Fall versprochen wird, dass er ein Geständnis ablegt, wodurch aber im konkreten Fall der Haftgrund nicht ausgeräumt werden kann (OLG Köln StV 2014, 272 [273). **Drohung mit Folter** oder ähnlichen Maßnahmen gegenüber einem Beschuldigten (LG Frankfurt NJW 2005, 692 ff.) ist immer unzulässig. Auf zulässige Maßnahmen, die besonders belastend wirken, wie die vorläufige Festnahme, eine Abschiebung, die Einleitung eines Ermittlungsverfahrens gegen einen Zeugen, darf hingewiesen werden, sofern die Verhörperson jedenfalls zum Ausdruck bringt, dass sie die Entscheidung darüber nur nach sachgemäßen Gesichtspunkten treffen wird.

53 **b) Versprechen eines gesetzlich nicht vorgesehenen Vorteils.** Das Versprechen eines gesetzlich nicht vorgesehenen Vorteils ist als Vernehmungsmethode ebenfalls verboten. Ein solches Versprechen liegt vor, wenn die Verhörperson als Gegenleistung für eine Aussage oder ihren Inhalt eine wegen Widerrechtlichkeit nur scheinbar bindende Zusage (MüKo-StPO/*Schuhr* § 136a Rn. 61) der Gewährung gesetzlich nicht vorgesehener Vorteile macht (BVerfG NJW 1984, 428 f.; BGHSt 14, 189, 191; OLG Hamm StV 1984, 456 f.; LR/*Gleß* § 136a Rn. 58; SK-StPO/*Rogall* § 136a Rn. 76). Das unverbindliche Ankündigen eines Vorteils, ein allgemeiner Hinweis oder eine abstrakte Belehrung genügen nicht (BGHSt 14, 189 [191]; SK-StPO/*Rogall* § 136a Rn. 80). **Vorteil** ist ein vom Versprechensempfänger als günstig angesehener Befund, der hier nicht lediglich unerheblich (SK-StPO/*Rogall* § 136a Rn. 77) oder sozialadäquat sein darf, wie das Angebot einer Tasse Kaffee oder einer Zigarette (LR/*Gleß* § 136a Rn. 59). Er muss **geeignet** sein, **das Aussageverhalten der Auskunftsperson** sachwidrig **zu beeinflussen** (*Eisenberg* Beweisrecht der StPO, Rn. 686). **Gesetzlich nicht vorgesehen** ist der Vorteil, wenn er nach dem Gesetz generell oder jedenfalls im konkreten Fall nicht in Betracht kommt oder vom Versprechenden wegen Kompetenzüberschreitung nicht gewährt werden kann (LR/*Gleß* § 136a Rn. 59 f.; SK-StPO/*Rogall* § 136a Rn. 78). So ist eine Entlohnung polizeilicher V-Leute für ihre drittbelastenden Aussagen zwar üblich, aber nicht gesetzlich geregelt und insoweit mit § 136a Abs. 1 Satz 3 (bei Zeugenaussagen i.V.m. § 69 Abs. 3) kaum zu vereinbaren (*Eschelbach/Wasserburg* FS Wolter, 2013, S. 877 [880]). Dagegen ist ein Vorteilsversprechen, etwa im Rahmen konsensualer Vorgehensweisen, nicht schon allgemein deswegen unzulässig, weil es eine Gegenleistung für ein Aussageverhalten betrifft (SK-StPO/*Rogall* § 136a Rn. 78). Bedenklich bleibt schließlich die verbreitete Praxis, dem Beschuldigten für eine Arbeitsersparnis zugunsten der Justiz einen Strafrabatt zu versprechen, der damit nach allen anerkannten Strafzwecken nichts zu tun hat.

54 **Ankündigungen von verfahrensbezogenen Vorteilen** gelten als zulässig, wenn sie im Wesentlichen nur Hinweise darauf enthalten, welche Änderungen der Verfahrenslage durch die Aussage eintreten werden. So wird es als zulässig angesehen, eine **Einstellung des Verfahrens** nach § 154 zuzusagen (SK-StPO/*Rogall* § 136a Rn. 79), Vergünstigungen nach **§ 31 BtMG oder § 46b StGB** (*Malek* StV 2010, 200 ff.) zu versprechen (BGHR StPO § 136a Abs. 1 Satz 3 Versprechungen 3), einen **Verzicht auf eine Abschiebung** zu erklären oder allgemein auf **Strafmilderungsmöglichkeiten nach einem Geständnis** hinzuweisen (BGH StV 1999,

407). Auch eine konkrete **Strafrahmenzusage** für den Fall des Geständnisses im Verfahren nach § 257c ist im Rahmen dessen, was der Schuld angemessen erscheint, zugelassen, wobei die Grenzen des Akzeptablen im Gesetz unklar bleiben. Die Ankündigung der **Entlassung aus der Untersuchungshaft** ist als Gegenleistung für ein Aussageverhalten unzulässig (BGHSt 20, 268 f.; OLG Köln StV 2014, 272 [273]; MüKo-StPO/*Schuhr* § 136a Rn. 64). Sie kommt allenfalls in Bezug auf den Wegfall einer zugrunde liegenden Verdunkelungsgefahr wegen eines Geständnisses infrage. Zulässig soll die Zusage der **Aufnahme in ein Zeugenschutzprogramm** und eine Alimentierung (§ 8 ZSHG) sein. Auch die Zusage der **Übernahme der Kosten** eines Zeugenbeistands gilt nicht als Versprechen gesetzlich nicht gestatteter Vorteile (BVerfG NJW 1984, 428).

Vorteilsversprechen werden im Rahmen von Verständigungen nach § 257c gestattet (SK-StPO/*Rogall* § 136a Rn. 81). Unzulässig ist das Arbeiten mit einer **Sanktionsschere** (BGH StV 2007, 619 f.; restriktiv BGH NZWiSt 2013, 394 [395] m.Anm. *Gehm*), die das **Versprechen einer der Tatschuld unangemessen milden Strafe** oder sonstigen Rechtsfolge der Tat als Gegenleistung für ein Geständnis bei gleichzeitiger Ankündigung einer Bestrafung nach der »vollen Härte des Gesetzes« für den Fall fehlender Kooperationsbereitschaft umfasst (*Hildebrandt* Gesetzliche Regelung der Verständigung im Strafverfahren, 2010, S. 94 ff.). **Allgemeine Hinweise** auf strafmildernde Wirkungen eines Geständnisses oder gesetzlich erlaubte Vorteile (§§ 46a, 46b StGB, § 153b, §§ 154 ff. StPO) sind ausgenommen. Wann die Grenze des Zulässigen überschritten ist, bleibt unklar, zumal die Strafzumessungsbedeutung des verständigungsbasierten Geständnisses nicht endgültig geklärt ist (*Sickor* Das Geständnis, S. 430 ff.). 55

4. Beeinträchtigung des Erinnerungsvermögens oder der Einsichtsfähigkeit des Beschuldigten (Abs. 2). Das Erinnerungsvermögen wird sowohl durch Maßnahmen beeinflusst, die es verschlechtern, als auch durch solche, die es unsachgemäß verbessern. Gemeint sind nach der Vorstellung des historischen Gesetzgebers die Verabreichung von Drogen, Aufputschmitteln, Wahrheitsseren, was aber zugleich als Verabreichung von Mitteln im Sinne von Abs. 1 Satz 1 erscheint, ferner Hypnose und Suggestion (*Erbs* NJW 1951, 386 [389]). Dies wird meist bereits von den Methodenverboten des § 136a Abs. 1 erfasst, sodass ein eigenständiger Anwendungsbereich des Abs. 2 weitgehend fehlt (LR/*Gleß* § 136a Rn. 65). Während aber die Methoden nach Abs. 1 eine Beeinflussung des Willens betreffen, bezieht sich Abs. 2 auf die Beeinflussung des Wissens in Form von Erinnerungsvermögen, sowie der Einsichtsfähigkeit, also das Beurteilungsvermögen, das auch für die Verteidigungs- und Verhandlungsfähigkeit vorauszusetzen ist. Verwirrende Fragen können in gewisser Weise auch die Erinnerung trüben, sie werden aber von Abs. 2 regelmäßig nicht erfasst (LR/*Gleß* § 136a Rn. 66). Die Einsichtsfähigkeit wird vor allem durch Alkohol, Drogen oder bewusstseinstrübende Medikamente beeinträchtigt. 56

5. Fragen entsprechender Anwendung der vorliegenden Vorschrift. a) Einsatz eines Lügendetektors. Der Einsatz eines Lügendetektors (*Wagner* Polygrafie im Strafverfahren, 2012) bei freiwilliger Mitwirkung des Beschuldigten war **nach anfänglicher Rspr.** in entsprechender Anwendung der vorliegenden Vorschrift **unzulässig** (BGHSt 5, 332 ff.; OLG Frankfurt NStZ 1988, 425 f.; OLG Karlsruhe StV 1998, 530; s.a. *Nestler* JA 2017, 10 [15 f.]) und das Untersuchungsergebnis unverwertbar. Nach neuerer Rspr. **verstößt** der Lügendetektoreinsatz **nicht gegen angewandtes Verfassungsrecht** oder den Grundgedanken des § 136a, weil Zustimmung erforderlich ist (BGHSt 44, 308 ff. m.Anm. *Amelung* JR 1999, 382 ff.; *Fezer* JZ 2007, 665 f.; *Hamm* NJW 1999, 922 f.; *Meyer-Mews* NJW 2000, 916 ff.; zust. MüKo-StPO/*Schuhr* § 136a Rn. 51; a.A. SK-StPO/*Rogall* § 136a Rn. 93). Die polygrafische Untersuchung mittels des »Kontrollfragentests« und – jedenfalls in der Hauptverhandlung – auch hinsichtlich eines »Tatwissenstests« ist danach ein **ungeeignetes Beweismittel** (BGH StV 2011, 518 m.Anm. *Seiterle* StraFo 2014, 58 ff.; krit. SK-StPO/*Rogall* § 136a Rn. 91). Es sei, so führt der BGH aus, nicht möglich, eine gemessene körperliche Reaktion zweifelsfrei auf eine bestimmte Ursache zurückzuführen. Für eine Überprüfung dieser Rechtsmeinung plädieren inzwischen wieder Stimmen in der Literatur (*Putzke/Scheinfeld/Klein/Undeutsch* ZStW 121 [2009], 607 ff.). Der künftige Einsatz »künstlicher Intelligenz« (*Rodenbeck* StV 2020, 479 ff.) wird die Diskussion wiederbeleben. Bisher geht es dem BGH darum, den Polygrafentest aus dem deutschen Strafverfahren zu verbannen (*Groth* Unbewusste Äußerungen und das Verbot des Selbstbelastungszwangs, S. 118). Die Frage, ob der Lügendetektortest als **Verteidigungsmittel zur Entlastung** wenigstens im Ermittlungsverfahren zugelassen werden kann, bleibt aber latent umstritten (dafür *Putzke/Scheinfeld* StraFo 2010, 58; a.A. *Drews* Die Königin unter den Beweismitteln?, S. 247 ff.). 57

b) Phallometrie. Zur Überprüfung der sexuellen Orientierung wurde die Phallometrie als Untersuchungsmethode in Betracht gezogen (LG Hannover NJW 1977, 1110 f. m.Anm. *Jessnitzer* NJW 1977, 2128; zur Entwicklung *Binder* NJW 1972, 321 f.), bei der die Reaktion mit Erektionen auf optische oder akustische Reize gemessen wurde. § 136a ist darauf schon deshalb nicht unmittelbar anwendbar, weil damit **nicht eine** 58

Aussage erlangt werden soll, **sondern eine biomechanische Reaktion** auf Reize. Indes kommt hier ebenso wie beim Lügendetektor einerseits eine entsprechende Anwendung der Norm infrage, ferner bestehen ebenso wie beim Lügendetektortest **Zweifel an der Aussagekraft** der Untersuchungsmethode (*Eisenberg* Beweisrecht der StPO, Rn. 703). In der Praxis spielt sie heute keine Rolle.

59 c) **Brechmitteleinsatz.** Probleme bereiten Fälle, in denen Beschuldigte bei Annäherung von Polizeibeamten durch Verschlucken **Drogenportionen im Magen** mitführen und als Körperschmuggler Kurierdienste leisten. Die inkorporierten Drogenportionen sind einerseits Beweismittel und Einziehungsgegenstände im Strafverfahren, andererseits bilden sie eine Gefahr für das Leben des Betroffenen. Daher wird von Fall zu Fall, bisweilen aus Gründen der Gefahrenabwehr, bisweilen aus strafprozessualen Gründen, eine Magenausheberung durch Brechmitteleinsatz betrieben (*Safferling* Jura 2008, 100 ff.), im Strafverfahren auf der Grundlage von § 81a (zur Körperverletzung mit Todesfolge BGHSt 55, 121 ff. m.Anm. *Eidam* NJW 2010, 2599 f.; *Krüger/Kroke* Jura 2011, 289 ff.; BGH NJW 2012, 2453 ff.). Nach anfänglicher Bejahung der Zulässigkeit (BVerfG StV 2000, 1 m.Anm. *Naucke*; OLG Bremen NStZ-RR 2000, 270; KG StV 2002, 122 ff. m.Anm. *Zaczyk*; a.A. OLG Frankfurt StV 1996, 651 [654]) ist die Rspr. korrigiert worden (EGMR StV 2006, 617 [619 ff.] m.Anm. *Schumann* StV 2006, 661 ff.; *Schuhr* NJW 2005, 3538 ff.). Jedenfalls für strafprozessuale Zwecke der Beweisgewinnung ist die Magenausheberung durch Brechmitteleinsatz gegen den Willen des Beschuldigten **nicht zulässig** (LR/*Gleß* § 136a Rn. 36). Ein Fall der Verabreichung von Mitteln im Sinne des § 136a Abs. 1 Satz 1 liegt zwar nicht vor, da die Maßnahme **nicht im Rahmen einer Vernehmung** erfolgt und auch **keine Aussage** hervorruft, deren Verwertbarkeit infrage zu stellen wäre. Aber der *nemo-tenetur*-Grundsatz ist nicht auf Aussagen beschränkt (*Dallmeyer* StV 1997, 606 [607 f.]), sondern er betrifft jede Form der aktiven Mitwirkung des Beschuldigten an dem gegen ihn betriebenen Strafverfahren (OLG Frankfurt StV 1996, 651 ff. m.Anm. *Benfer* JR 1998, 53 ff.; *Rogall* NStZ 1998, 66 ff.; *Schaefer* NJW 1997, 2437 f.; *Weßlau* StV 1997, 341 ff.).

60 **C. Nachweis des Verfahrensfehlers und Rechtsfolgen (Abs. 3). I. Feststellung der Prozesstatsachen im Freibeweisverfahren.** Das Vorliegen eines Verfahrensfehlers im Sinne von § 136a Abs. 1 und 2 ist in jeder Lage des Erkenntnisverfahrens **von Amts wegen** zu prüfen, wenn sich Hinweise auf dessen Möglichkeit ergeben. Ob doppelrelevante Tatsachen vom Tatgericht mit Bindungswirkung für das Revisionsgericht festgestellt werden, ist in der Rspr. noch offen (mit Neigung zur Bindungswirkung BGHSt 54, 69 [97]; 55, 314 [318]). Art. 1 Abs. 1 Satz 2 GG spricht eher für eine weitergehende Rechtsschutzmöglichkeit. Die »Widerspruchslösung« für unselbstständige Beweisverwertungsverbote, die von der Rspr. für Verletzungen des § 136 Abs. 1 Satz 2 gefunden wurde (§ 136 Rdn. 99 ff.), gilt hier nicht auf der Ebene des Primärverstoßes (BGH StV 2016, 772; MüKo-StPO/*Schuhr* § 136a Rn. 104), allenfalls hinsichtlich möglicher Folgewirkungen (BGH StV 1996, 360 m.Anm. *Fezer* StV 1997, 57 ff.). Zur Aufklärung der Prozesstatsachen, die ein Beweisverwertungsverbot begründen können, gilt das **Freibeweisverfahren** (BGHSt 16, 164 [166]; BGH NStZ-RR 2019, 284; a.A. LR/*Gleß* § 136a Rn. 77). Besondere Bedeutung können hierbei **audiovisuelle Aufzeichnungen von Beschuldigtenvernehmungen** nach § 136 Abs. 4 erlangen (*Wagner* GA 2021, 340 [346]). Das Revisionsgericht hat den Fehler aber nur aufgrund einer in zulässiger Weise erhobenen Verfahrensrüge zu prüfen. Der Grundsatz **»in dubio pro reo« spielt** aus der revisionsgerichtlichen Perspektive für die Fehlerfeststellung **keine Rolle** (Meyer-Goßner/*Schmitt* § 136a Rn. 32). Nur ein positiv festgestellter Rechtsfehler zwingt dort die Rechtskontrollinstanz zum Eingreifen. Übertragen auf die Tatsacheninstanz gilt danach aber auch für diese, dass allein bei positiver Feststellung einer verbotenen Vernehmungsmethode ein kategorisches Beweiserhebungsverbot für die Hauptverhandlung und ein absolutes Beweisverwertungsverbot im Sinne des § 136a Abs. 3 anzunehmen ist. Ist der behauptete Verstoß gegen ein Vernehmungsmethodenverbot hingegen nicht positiv erwiesen, bleibt die Aussage verwertbar (BGHSt 16, 164 [166]; krit. *Eisenberg* Beweisrecht der StPO, Rn. 708 f.; *Jahn* Gutachten C zum 68. DJT, 2008, C 108 f.). Steht dagegen der Verfahrensfehler fest, so genügt für die **Annahme eines Kausalzusammenhangs** zwischen der Anwendung der verbotenen Vernehmungsmethode und der Aussage der Auskunftsperson, dass dieser nicht ausgeschlossen werden kann (BGH NStZ 2008, 643). Im Zweifel ist also von der Kausalität des Methodenfehlers auf die Herbeiführung der Aussage zu schließen. Fehlt ein Kausalzusammenhang, so besteht kein Beweiserhebungsverbot und kein Verwertungsverbot (BGHSt 55, 314 [318]).

61 **II. Beweiserhebungsverbot (Abs. 3 Satz 1).** Drohende oder bereits erfolgte Verstöße gegen § 136a Abs. 1 oder Abs. 2 führen zu einem absoluten **Beweiserhebungsverbot** für erstmalige oder weitere Beweiserhebungen, das nach § 136a Abs. 3 Satz 1 **auch nicht durch die Einwilligung** des Betroffenen **aufgehoben** wird. Die Möglichkeit der Einwilligung würde nämlich die Gefahr von Umgehungshandlungen begründen (LR/*Gleß* § 136a Rn. 68). Eine Beweiserhebung in der Hauptverhandlung hat a priori zu unterbleiben (*Osmer* Der

Umfang des Beweisverwertungsverbotes nach § 136a StPO, S. 21). Aber auch der gleichwohl zunächst im Freibeweisverfahren fehlerhaft gewonnene Aussageinhalt darf nicht durch spätere Beweiserhebung im Strengbeweisverfahren in die Hauptverhandlung eingeführt werden. Das Beweiserhebungsverbot gilt selbst dann, wenn der Beschuldigte in die Methode oder in eine Beweiserhebung nach dem Methodenfehler einwilligt (§ 136a Abs. 3 Satz 1).

III. Beweisverwertungsverbot (Abs. 3 Satz 2). 1. Primäres Beweisverbot mit Drittwirkung. Wird gleichwohl Beweis erhoben, dann folgt aus dem Verfahrensfehler im Sinne von § 136a Abs. 1 oder Abs. 2 ein **absolutes Beweisverwertungsverbot**, das auch eingreift, wenn der Betroffene der Beweisverwertung zustimmt (§ 136a Abs. 3 Satz 2). Das Ergebnis der Vernehmung darf insb. nicht Grundlage **eines Urteils** werden (*Osmer* Der Umfang des Beweisverwertungsverbotes nach § 136a StPO, S. 20 f.), aber auch nicht Grundlage **sonstiger Entscheidungen**, die im Freibeweisverfahren getroffen werden, in welchen der bemakelte Beweisinhalt ohne den Methodenfehler andernfalls einzubeziehen wäre (*Eisenberg* Beweisrecht der StPO, Rn. 713). Das gilt namentlich für den Eröffnungsbeschluss oder für ermittlungsrichterliche Eingriffsgestattungen oder Haftentscheidungen. 62

Das absolute Verwertungsverbot bezieht sich **sowohl auf belastende als auch auf entlastende Aspekte** (BGH StV 2009, 113 m.Anm. *Roxin*; *Jahn* Gutachten C zum 68. DJT, 2008, C 113; SK-StPO/*Rogall* § 136a Rn. 99; a.A. *Eisenberg* Beweisrecht der StPO, Rn. 712; LR/*Gleß* § 136a Rn. 71, 82), falsche und richtige Aussagen (BGHSt 5, 290), bei abgrenzbaren Aussageteilen aber nur auf diejenigen, die von der verbotenen Methode beeinflusst sind (*Erbs* NJW 1951, 386 [389]). Die Verwertung wird **auch nicht zum Vor- oder Nachteil anderer Personen** zugelassen (BGHSt 57, 71 [78]; BGH NJW 2018, 1986 [1988]; LR/*Gleß* § 136a Rn. 71; SK-StPO/*Rogall* § 136a Rn. 99), zumal der Verwertung der erstmals im Vorverfahren erlangten Informationen bei der Urteilsabstimmung eine Beweiserhebung in der Hauptverhandlung vorausgehen müsste, die ihrerseits gegen ein Beweisverbot nach § 136a Abs. 3 Alt. 1 StPO und Art. 1 Abs. 1 GG verstoßen würde (*Eschelbach/Wasserburg* FS Wolter, 2013, S. 877 [887 f.]). Das kategorische Verbot setzt aber stets einen ursächlichen Zusammenhang zwischen dem Methodenfehler bei der Vernehmung und der Aussage voraus. Eine Aussage, die nicht durch einen tatsächlich vorhandenen Vernehmungsmethodenfehler zustande gekommen oder inhaltlich beeinflusst ist, kann verwertet werden. Ein **Kausalzusammenhang** fehlt etwa, wenn der Beschuldigte ausgesagt hat, obwohl er eine Täuschung durch die Verhörperson erkannt hatte (BGHSt 22, 170 [175]). Zur Annahme des Verwertungsverbots genügt es andererseits, wenn der Ursachenzusammenhang nicht ausgeschlossen werden kann (BGHSt 34, 365 [369]). Ist **nur ein Teil der Aussage** von dem Methodenfehler beeinflusst, bleibt der übrige Teil verwertbar, wenn ein Einfluss der verbotenen Vernehmungsmethode hierauf ausgeschlossen werden kann (LR/*Gleß* § 136a Rn. 71). 63

Das Verwertungsverbot ist **in jeder Lage des Erkenntnisverfahrens von Amts wegen zu** beachten, im Revisionsverfahren nur aufgrund einer zulässigen Verfahrensrüge. Die richterrechtlich in den Fällen der Verletzung von § 136 Abs. 1 Satz 2 entwickelte Widerspruchslösung (§ 136 Rdn. 75 ff.) gilt hier aber nicht. 64

2. Fortwirkung. Die Anwendung einer verbotenen Methode **bei einer informellen Befragung** vor einer förmlichen Vernehmung wirkt auch in der **anschließenden Vernehmung** fort (OLG Frankfurt StV 1998, 119 [120]; SK-StPO/*Rogall* § 136a Rn. 103). Eine Fortwirkung eines Verstoßes gegen § 136a Abs. 1 **bei nachfolgenden Vernehmungen**, die für sich genommen prozessordnungsgemäß durchgeführt werden, hat der Verstoß gegen Abs. 1 oder 2 dagegen grundsätzlich nicht (BGHSt 22, 129 [134]; 55, 314 [318]; BGH StV 1988, 369 f.; 2003, 324; 2021, 410 f.), soweit die Einflussgröße sich nicht ausnahmsweise direkt auf die Folgevernehmung erstreckt (BGHSt 17, 364 [367 f.]; BGH StV 2021, 410 f.; LG Aachen NJW 1978, 2256 [2257]; *Eisenberg* Beweisrecht der StPO, Rn. 711; LR/*Gleß* § 16a Rn. 74). Der Beschuldigte kann daher folgenlos erneut vernommen werden und die neue Aussage kann für und gegen ihn verwertet werden, wenn die Einwirkung auf die Willensfreiheit oder Aussagetüchtigkeit nicht mehr vorliegt (BGHSt 37, 48 [53]). Es kommt darauf an, dass sich der Beschuldigte bei der zweiten Aussage seiner Entscheidungsmöglichkeit bewusst war (BGH NStZ 1988, 419). Bei Zwang, Drohung oder Quälerei kommt es auch darauf an, wie lange der Verstoß zurückliegt. Die rechtsfehlerfreie Folgevernehmung ist aber von dem vorausgegangenen Verfahrensmangel bisweilen nur dann restlos zu befreien, wenn eine **qualifizierte Belehrung** über die Unverwertbarkeit der früheren Aussage erfolgt (LG Bad Kreuznach StV 1994, 293 ff.; LG Frankfurt StV 2003, 436; SK-StPO/*Rogall* § 136a Rn. 104; s.a. § 136 Rdn. 78 ff.). Deren Versäumung wiederum löst nach der Abwägungsdoktrin nur von Fall zu Fall ein Beweisverwertungsverbot aus (BGH StV 2021, 410 f.) m.Anm. *Magnus* NStZ 2022, 393 ff. 65

66 3. **Fernwirkung.** Auch eine Fernwirkung des Beweisverwertungsverbots bezüglich der fehlerhaft zustande gekommenen Aussage in der Weise, dass auch die durch die Aussage bekannt gewordenen anderen Beweismittel nicht verwertet werden dürften, **besteht nach der Rspr. nicht** (BGHSt 32, 68 [71]; 34, 362 [364]; 51, 1 [7]; 55, 314 [319] m.Anm. *Heghmanns* ZJS 2011, 98 [99]; diff. BGHSt 29, 244 [248 ff.]; a.A. *T. Müller* Die Täuschung des Beschuldigten, S. 235 ff.; *Neuhaus* NJW 1990, 1221 f.; SK-StPO/*Rogall* § 136a Rn. 108; MüKo-StPO/*Schuhr* § 136a Rn. 98). Begründet wird das letztlich damit, dass eine solche Wirkung nicht als elementares rechtsstaatliches Gebot des deutschen Strafverfahrensrechts anzusehen sei, praktisch zu weit gehe und die Effektivität der Strafrechtspflege zu sehr störe (§ 136 Rdn. 129).

67 Die Ablehnung einer Fernwirkung wird aber durch den **Wortlaut** des Gesetzes nicht nahegelegt (*Eisenberg* Beweisrecht der StPO, Rn. 715) und dies trägt dem **Normzweck** nur unzureichend Rechnung (LG Hannover StV 1986, 521 [522]; *Grünwald* StV 1987, 470 [472 f.]), namentlich auch in Fällen der Verletzung von Art. 3 EMRK (*Weigend* StV 2011, 325 [327]). Ferner lässt sich die **Entstehungsgeschichte** des § 136a dahin deuten, dass der Gesetzgeber auch eine Verwertung mittelbar mithilfe der verbotenen Methode erlangter Beweise untersagen wollte (*Eisenberg* a.a.O. Rn. 716). Daher wird **zumindest nach dem Maßstab der Abwägungslehre** von Fall zu Fall geprüft, ob aus dem absoluten Beweisverbot für die primär erlangte Aussage auch ein Verwertungsverbot für Sekundärbeweise, die erst mithilfe der bemakelten Aussage erlangt wurden, resultieren soll (vgl. SK-StPO/*Rogall* § 136a Rn. 112 f.). Eine Alternative wäre die Anwendung der »fruit of the poisonous tree doctrine« mit der Gegenausnahme nach dem Maßstab der »hypothetical clean path doctrine« (*T. Müller* Die Täuschung des Beschuldigten, S. 239; SK-StPO/*Rogall* § 136a Rn. 116; *Weigend* StV 2011, 325 [329]). Die Rspr. folgt dem bisher aber nicht (§ 136 Rn. 125).

68 **IV. Verfahrenshindernis.** Die Verletzung der Verbotsregeln aus Abs. 1 oder 2 führt nach herrschender Meinung nicht zu einem Verfahrenshindernis (*Jahn* Gutachten C zum 68. DJT, 2008, C 104 f.; SK-StPO/*Rogall* § 136a Rn. 100), weil der Wortlaut des § 136a Abs. 3 das nicht hergibt. Freilich wird bei besonders schwerwiegenden und irreparablen Verletzungen prozessualer Rechte an anderer Stelle über die begrenzte Rechtsfolge des Beweisverwertungsverbots hinaus ausnahmsweise ein Verfahrenshindernis von Verfassungs wegen in Betracht gezogen (*Hillenkamp* NJW 1989, 2841 ff.; für die rechtsstaatswidrige Tatprovokation BGHSt 60, 276 [290 ff.]; *Eschelbach* GA 2015, 545 [561 f.]). Das Verfahrenshindernis ist praktisch nur eine weitergehende Rechtsfolge in Fällen, in denen das Verwertungsverbot zur Kompensation nicht ausreicht. Das könnte auch bei besonders gravierenden Verletzungen des Gebots der Fairness des Verfahrens im Sinne von § 136a der Fall sein (*Weigend* StV 2003, 436 [437]). Bei der »legendierten Kontrolle« könnte zusätzlich auch aufgrund der Nichtbeachtung des Art. 103 Abs. 3 GG ein Verfahrenshindernis für das mithilfe des scheinbaren Zufallsfunds andernorts eingeleitete zweite Verfahren anzunehmen sein (§ 136 Rdn. 30, 36). Damit hat sich die Rspr. noch nicht auseinandergesetzt. Ein Verfahrenshindernis ginge gegebenenfalls nicht sehr weit über ein mit Fernwirkungen ausgestattetes absolutes Beweisverwertungsverbot hinaus und würde sich danach nur als intensivste Form der Nichtverwertung des Beweismittels im Sinne von § 136a Abs. 3 Satz 2 darstellen (*Gau* Die rechtswidrige Beweiserhebung nach § 136a StPO als Verfahrenshindernis, 2006, S. 40 ff.). Das Verfahrenshindernis ist ggf. in jeder Lage des Verfahrens, also auch vom Revisionsgericht, von Amts wegen zu prüfen. Inwieweit es in den Fällen der wertungsabhängigen Verfahrenshindernisse von Verfassungs wegen angesichts zahlreicher doppelrelevanter Tatsachen dem Strengbeweisverfahren mit der Folge revisionsrechtlich bindender Tatsachenfeststellungen unterliegt oder dem Freibeweisverfahren zugänglich ist, bleibt vorerst unklar.

69 Die Rspr. lehnt mit Billigung des BVerfG (NJW 2005, 656) und des EGMR (NStZ 2008, 699 [701 f.] m.Anm. *Esser* NStZ 2008, 657 ff.; NJW 2010, 3145 [3148 ff.]) ein solches Verfahrenshindernis als Folge eines Methodenfehlers bei einer einzelnen Beweiserhebung meist als zu weitgehend ab. Im einfachgesetzlichen Recht findet sich für diese Rechtsfolge kein konkreter Anhaltspunkt, was aber nicht viel besagt, weil auch andere Verfahrenshindernisse, etwa das Prozesshindernis wegen endgültiger Verhandlungsunfähigkeit des Angeklagten, nicht positivrechtlich geregelt sind. Zudem ergibt sich das Verfahrenshindernis wegen extremer Verletzung rechtsstaatlicher Grundsätze und Eingriffs in den Kernbereich der Persönlichkeit (*Roxin* FS Wolter, 2013, S. 1057 [1059 ff.]) gegebenenfalls unmittelbar von Verfassungs wegen, sodass das Fehlen einer einfachrechtlichen Norm ohne Bedeutung bleibt. Wird immerhin auch **für Extremfälle** der qualifiziert überlangen Verfahrensdauer ein Verfahrenshindernis erwogen (BGHSt 46, 159 [169]), besteht prinzipiell kein Grund, dasselbe nicht auch für besonders grobe Rechtsfehler bei der Beweisbeschaffung im Sinne von § 136a vorzusehen (*Gau* Die rechtswidrige Beweiserhebung nach § 136a StPO als Verfahrenshindernis, 2006, S. 91 ff.). Die **Verletzung des Folterverbotes** aus Art. 3 EMRK könnte etwa Anlass dazu bieten, über eine Verfahrenshindernislösung nachzudenken. In der inländischen Praxis sind aber kaum Fälle dieser Art anzutreffen. Strukturell bedenkliche Vorgänge, wie die rechtsstaatswidrige Tatprovokation oder »legen-

dierten Kontrollen« mit der Folge einer Täuschung nicht nur von Beschuldigten und Verteidigern, sondern auch der Strafjustiz und Verfälschungen des Akteninhalts kommen aber vor und lassen Zweifel am Dogma der praktischen Unmöglichkeit von Verfahrenshindernissen aufkommen. Dabei ist die Aufreihung der strafprozessualen Möglichkeiten zur Kompensation von Verfahrensfehlern vom Verfahrenshindernis als *ultima ratio* über das mit Fernwirkungen ausgestattete absolute Beweisverwertungsverbot, ferner das relative Beweisverwertungsverbot ohne Fernwirkungen und schließlich die Beweiswürdigungslösung in eine Stufenfolge zu bringen, um verschiedenen Graden der Prozessrechtsverletzung sachgerecht Rechnung tragen zu können. Nur eine Strafzumessungs- oder Vollstreckungslösung für die Kompensation von Verfahrensfehlern ähnelt dem Vergleich von Äpfeln mit Kaulquappen (Bonmot von *Paeffgen* StV 2007, 487) und passt nicht in dieses System prozessualer Fehlerfolgen.

V. Rechtsmittel und Rechtsbehelfe. 1. Ablehnung der Verhörperson wegen Besorgnis der Befangenheit. Die Verhörperson, der ein Methodenfehler nach § 136a unterläuft, setzt sich der Besorgnis der Befangenheit aus. Richter können deswegen abgelehnt werden (§ 24), für Staatsanwälte oder polizeiliche Ermittlungspersonen fehlt eine entsprechende Regelung. Jedoch muss insoweit aus Gründen der Fairness des Verfahrens eine Auswechslung des handelnden Beamten mit den Mitteln der Sachaufsicht ermöglicht werden (*Goedings* Die Befangenheit des Staatsanwalts. Eine rechtsvergleichende Untersuchung, S. 40 ff.). Ein Gericht, das mit der Sache befasst wird, hat darauf hinzuwirken, dass der potenziell befangene Beamte von der weiteren Sachbearbeitung, insb. als Sitzungsvertreter der Staatsanwaltschaft, ausgeschlossen wird. 70

2. Revision. Mit der **Revision** kann gerügt werden, dass das Urteil des Tatgerichts auf der **Nichtbeachtung eines Beweisverwertungsverbots** nach Abs. 3 Satz 2 beruhe. Dazu muss nach der Rspr. eine Verfahrensrüge erhoben werden (BGHR StPO § 136a Abs. 1 Satz 3 Vereinbarung 1), die den Voraussetzungen der §§ 344 Abs. 2 Satz 2, 345 genügen muss. Dazu müssen alle Prozesstatsachen, aus denen sich die Voraussetzungen des Verwertungsverbots ergeben sollen, form- und fristgerecht vorgetragen werden (MüKo-StPO/*Schuhr* § 136a Rn. 103). Geboten ist jedenfalls vorsorglich die Mitteilung der gesamten Vernehmungsprotokolle, der Prozesstatsachen über die Beweisverwertung in der Hauptverhandlung und die Umstände, aus denen sich die Möglichkeit des Ursachenzusammenhangs zwischen der fehlerhaften Vernehmungsmethode und der Aussage ergeben soll (BGH NStZ-RR 2000, 34; LR/*Gleß* § 136a Rn. 80). Erst recht muss die Fortwirkung dargelegt werden, wenn geltend gemacht wird, ein Methodenfehler habe sich noch auf eine wesentlich später gemachte Aussage ausgewirkt (BGH StV 1986, 360 f.). Ist die Nichtbeachtung eines Beweisverwertungsverbots in zulässiger Weise gerügt worden, hat das Revisionsgericht die Prozesstatsachen im **Freibeweisverfahren** festzustellen (SK-StPO/*Rogall* § 136a Rn. 101; MüKo-StPO/*Schuhr* § 136a Rn. 99) und gegebenenfalls die nötigen Rechtsfolgen nach § 337 daraus zu ziehen. In der Rspr. war dabei zunächst nicht abschließend geklärt, ob **Urteilsfeststellungen** des Tatgerichts insoweit für das Revisionsgericht **bindend** sind (offengelassen in BGHSt 55, 314 [318]). Wenn das Revisionsgericht effektiven Rechtsschutz gewähren soll, darf es eigentlich nicht an tatrichterliche Feststellungen zur prozessualen Fragestellung gebunden werden. Das wird jetzt anerkannt (BGH NStZ-RR 2019, 284]). 71

Mit der Revision kann auch beanstandet werden, das Tatgericht habe **zu Unrecht ein Beweisverwertungsverbot angenommen** und einen Beweisinhalt nicht verwendet. Diese Rüge entspricht in der prozessualen Handhabung im Wesentlichen einer Aufklärungsrüge (BGH StV 1995, 450 f.). 72

3. Wiederaufnahmeverfahren. Eine Wiederaufnahme des Verfahrens zugunsten des Verurteilten kommt nach § 359 Nr. 5 infrage, wenn er **neue Prozesstatsachen** zum **Vorliegen eines absoluten Beweisverwertungsverbots** nach § 136a geltend machen kann (*Bock/Eschelbach/Geipel/Hettinger/Röschke/Wille* GA 2013, 328 [344]; SK-StPO/*Frister/Deiters* § 359 Rn. 10; *Krüger* Die Überprüfung der tatsächlichen Grundlagen von Verfahrensentscheidungen, 1999, S. 118 ff.; *K. Peters* Fehlerquellen im Strafprozess, Bd. III, S. 54; a.A. LG Landau StV 2009, 237 ff.; *Brinkmann* Zum Anwendungsbereich der §§ 359 ff. StPO, 2017, S. 266). Das ist etwa auch **im Kontext mit einem Geständniswiderruf** nach einer Verurteilung aufgrund einer unzulässigen informellen Verständigung denkbar. 73

Elfter Abschnitt. Verteidigung

§ 137 Recht des Beschuldigten auf Hinzuziehung eines Verteidigers

(1) [1]Der Beschuldigte kann sich in jeder Lage des Verfahrens des Beistandes eines Verteidigers bedienen. [2]Die Zahl der gewählten Verteidiger darf drei nicht überschreiten.

(2) [1]Hat der Beschuldigte einen gesetzlichen Vertreter, so kann auch dieser selbständig einen Verteidiger wählen. [2]Absatz 1 Satz 2 gilt entsprechend.

Übersicht

1 **A. Grundsätzliches. I. Verfassungsrechtliche sowie europarechtliche Grundlagen; Historisches.** Bei § 137 Abs. 1 Satz 1 handelt es sich um eine **einfachgesetzliche Ausprägung des verfassungsrechtlich und konventionsrechtlich** verbürgten **Anspruchs des Beschuldigten auf ein faires Verfahren** (Art. 2 Abs. 1 i.V.m. Art. 1 Abs. 1 Satz 1, 20 Abs. 3 GG sowie Art. 6 Abs. 1 Satz 1, Abs. 3 lit. c EMRK; vgl. EGMR [Artico] EuGRZ 1980, 662; EGMR [Goddi] EuGRZ 1985, 234; EKMR NJW 1987, 563; EGMR [Staroszczyk] NJW 2008, 2317; EGMR [Salduz] NJW 2009, 3707; EGMR [Stojkovic] NJW 2012, 3709; EGMR [Neziraj] StraFo 2012, 490 m. Bespr. *Esser* StV 2013, 331; EGMR [Schatschaschwili] StV 2017, 213; EGMR StV 1985, 89; BVerfGE 39, 156, 163; 66, 314, 318; 133, 168, 203; BGH StV 2016, 473 m.Anm. *Barton*; *Gaede* Fairness als Teilhabe [2007], S. 239 ff.; *Kudlich/Knauer* Hdb. des Strafrechts I[2019], § 16, S. 747 ff.; *Ransiek* FS Fischer, S. 777, 779; *Renzikowski* FS Roxin II, S. 1341; *Schünemann* StV 2016, 178; *Weigend* FS Schlothauer, S. 191; *Jahn/Brodowski* Hdb. des Strafrechts VII § 17 Rn. 1 ff.; § 46 Abs. 1 OWiG gewährt dieses Recht auch im Ordnungswidrigkeitenverfahren, KG Beck RS 2021, 2936 [Rz. 10]).

2 Hintergrund des verfassungsrechtlichen Anspruchs auf eine geordnete und effektive Verteidigung ist die Überlegung, dass die Strafverfolgungsbehörden zwar theoretisch auch die zugunsten des Beschuldigten sprechenden Umstände ermitteln sollen (§§ 160 Abs. 2, 244 Abs. 2), dass aber eine **Verteidigung im materiellen Sinne**, also das Hervorheben der zugunsten des Beschuldigten sprechenden Umstände, in der Praxis erst durch eine außerhalb der Strafverfolgungsorgane stehende Person, die im Verfahren eine herausgehobene Stellung hat (**Verteidigung im formellen Sinne**), verwirklicht werden kann. Das Recht auf eine Verteidigung dient damit dem Ziel, **Waffengleichheit** zwischen den Verfahrensbeteiligten im Strafverfahren herbeizuführen (Maunz/Dürig/Grzeszick Art. 20 VII Rn. 144; s.a. Einl. Rdn. 160), indem dem regelmäßig rechtsunkundigen und ggf. infolge von Untersuchungshaft in seiner Handlungsfreiheit beschränkten Beschuldigten die Möglichkeit eröffnet wird, einen rechtskundigen Beistand zu wählen (*Beulke/Swoboda* Strafprozessrecht Rn. 225; zur Relevanz des anwaltlichen Beistands in der Verfahrenswirklichkeit *Beulke* Einleitungsreferat auf dem 43. Strafverteidigertag in Regensburg 2019; *Hamm* FS Fischer, S. 999; *Soyer/Schumann* StV 2012, 495 [zu den Ländern Österreich, Kroatien, Deutschland und Slowenien]). Nach der in Deutschland bis heute noch nicht in ausreichendem Maße umgesetzten Rspr. des EGMR folgt aus dem Recht auf ein faires Verfahren (Art. 6 Abs. 1 EMRK), dass der Beschuldigte grundsätzlich schon mit Beginn der ersten polizeilichen Vernehmung den Beistand eines Verteidigers erhalten können muss (dazu *Beulke* FS Werle, S. 699 ff.). Dieses Recht kann zwar aus triftigen Gründen eingeschränkt werden, eine Gesamtwertung darf jedoch nicht ergeben, dass der Wesensgehalt des Rechts eingeschränkt wird. Ein freiwilliger Verzicht auf den Beistand eines Verteidigers ist im Prinzip möglich, muss jedoch eindeutig festgestellt werden und von seiner Bedeutung entsprechenden Garantien begleitet sein (EGMR [Salduz] NJW 2009, 3707). In der Regel werden die Rechte des Beschuldigten auf nicht wiedergutzumachende Weise verletzt, wenn eine Verurteilung auf belastende Aussagen gestützt wird, die der Beschuldigte ohne Beistand eines Verteidigers gemacht hat (EGMR [Stojkovic] NJW 2012, *3709). Sollen* Hauptbelastungszeugen wegen möglichen Beweismittelverlusts während des Ermittlungsstadiums richterlich vernommen werden, muss auch die Verteidigung die Möglichkeit erhalten,

diese zu befragen (EGMR [Schatschaschwili] StV 2017, 213). Im Jahr 2016 hat die Europäische Union eine »Richtlinie über Prozesskostenhilfe für Verdächtige und beschuldigte Personen in Strafverfahren sowie für gesuchte Personen in Verfahren zur Vollstreckung eines Europäischen Haftbefehls« erlassen (ABl. I 297 vom 04.11.2016, S. 1; dazu statt aller: LR/*Jahn* Vorbem. § 137 Rn. 3, § 140 Rn. 30, § 141 Rn. 5; *Müller-Jacobsen* NJW 2020, 527; *Jahn/Zink* StraFo 2019, 318; *Schlothauer* StV 2018, 169; *Spitzer* StV 2020, 418; *Wasserburg* GA 2020, 398; s.u. § 140 Rdn. 3 ff., § 141 Rdn. 1 ff.). Zumeist wird sie als PKH (Prozesskostenhilfe) oder auch *legal aid*-Richtlinie bezeichnet. Der deutsche Gesetzgeber hat sie im Dezember 2019 in nationales Recht umgesetzt (Gesetz zur Neuregelung der notwendigen Verteidigung vom 12.12.2019, BGBl. I 2019, S. 2128). Deutschland hat an dem Pflichtverteidigermodell festgehalten, dieses allerdings im Gegensatz zur früheren Regelung i.S. eines Antragsmodells gestaltet (s. hierzu krit. OKStPO-*Krawczyk* § 141 Rn. 5; DAV-Stellungnahme 36/2019; LR/*Jahn* § 141 Rn. 21; positiv: *Böß* NStZ 2020, 185; *Mosbacher* JuS 2020, 128; weitere Einzelheiten s. u. § 141 Rdn. 2). Im Jugendstrafrecht ist vor allem die Richtlinie über Verfahrensgarantien in Strafverfahren für Kinder, die Verdächtige oder beschuldigte Personen in Strafverfahren sind, maßgeblich (ABl. I 132 vom 11.05.2016, S. 1). Sie wurde umgesetzt im Gesetz zur Stärkung der Verfahrensrechte von Beschuldigten im Jugendstrafverfahren vom 16.12.2019 (BGBl. I 2019, S. 2146 – dazu insb. *Höynck* IJJ 2020, 245; *Eisenberg/Kölbel* JGG § 68 Rn. 6a, 20 ff.; zur Gesetzesgeschichte s. auch noch statt aller: *Bahns/Burkert/Guthke/Kitlikoglu/Scherzberg*, Neuordnung der Pflichtverteidigung, Policy Paper der Strafverteidigervereinigungen, Mai 2018, online abrufbar unter: https://kripoz.de/wp-content/uploads/2018/07/policy-paper-neuordnung-der-pflichtverteidigerbestellung.pdf, Abrufdatum: 19.05.2022; Bundesrechtsanwaltskammer, Eckpunktepapier der BRAK vom Oktober 2018, BRAK-Stellungnahme-Nr. 34/2018; *Jahn/Zink* FS Graf-Schlicker, S. 475; *Schlothauer* KriPoZ 2019, 3; *Schlothauer/Neuhaus/Matt/Brodowski* HRRS 2018, Heft 2, S. 55; *Schoeller* StV 2019, 190; zum Jugendstrafverfahren: *Vorstand des DVJJ* ZJJ 2019, 71; Einzelheiten dazu unter §§ 140 ff.). Das Akteneinsichtsrecht des Strafverteidigers gem. § 147 wird in Strafverfahren auf Opferseite ergänzt durch das Akteneinsichtsrecht des Verletzten, § 406e. Eine Definition des Verletzten ist nunmehr in § 373b enthalten (Einzelheiten s. dort).

Die Regelungen des § 137 Abs. 1 Satz 1 und des Abs. 2 Satz 1 sind seit dem Inkrafttreten der StPO unverändert geblieben (LR/*Jahn* § 137 Rn. 1 f.; zur historischen Verankerung des Beistandsbegriffs s. *Ignor* FS Schlüchter, S. 39, 47). 3

Die Beschränkung durch § 137 Abs. 1 Satz 2 auf (im Regelfall, s.u. Rdn. 22) drei Wahlverteidiger geht zurück auf das Gesetz zur Ergänzung des Ersten Gesetzes zur Reform des Strafverfahrensrechts vom 20.12.1974 (BGBl. I 1974, S. 3686; dazu näher *Dünnebier* NJW 1976, 1; zur Verfassungsmäßigkeit dieser Regelung vgl. BVerfGE 39, 156, 162 [Verteidiger der RAF]). Die Regelung soll dem Missbrauch der Verteidigung zum Zwecke der Prozessverschleppung und -vereitelung vorbeugen (BT-Drs. 7/2526, S. 30; BGHSt 27, 124, 128). 4

II. Die Stellung des Verteidigers. Welche Rechte und Pflichten dem Verteidiger im Strafverfahren zukommen, lässt sich dem Gesetz nicht für sämtliche Konstellationen konkret entnehmen und ist daher seit Langem umstritten (umfassend hierzu Widmaier/Müller/Schlothauer/*Knauer* [2022] MAH § 1 Rn. 1 ff). Diese Frage zielt darauf ab, welche Rolle er im Strafverfahren einnimmt (näher dazu *Beulke/Ruhmannseder* [2010] Rn. 10 ff.; *Beulke* FS Roxin, S. 1173, 1179 ff.; Einzelheiten s. Einl. Rdn. 160 ff.; dort auch Ausführungen zur Robenpflicht). 5

Gegen die z.T. vertretene sog. **Parteiinteressenvertretertheorie** (u.a. vertreten von AK/*Stern* Vor § 137 Rn. 24), die den Verteidiger an den Willen des Beschuldigten binden will, spricht bereits das o.g. Ziel der Verteidigung, Waffengleichheit herzustellen, indem dem Beschuldigten das rechtliche »Knowhow« des Verteidigers zuteilwird. Die Bindung des Verteidigerhandelns an den – womöglich ungünstigen – Willen des Beschuldigten würde dieses Ziel konterkarieren. Die **Vertragstheorie** (LR/*Jahn* Vorbem. § 137 Rn. 29–88, 109, 111; *Jahn* JR 1999, 1; *ders.* StV 2000, 43; *ders.* StV 2014, 40, 43 ff.; *ders.* FS Wolf, S. 271, 283; wohl auch MüKo-StPO/*Thomas/Kämpfer* § 137 Rn. 10 a.E.) wirft der h.M. vor, sie plädiere für ein paternalistisches Verteidigerkonzept. Aufgrund der Subjektstellung des Beschuldigten, der sein Schicksal selbst bestimmen dürfe, könne nur der Wille des Auftraggebers das Verhältnis zwischen dem Beschuldigten und seinem Verteidiger bestimmen. Der Verteidiger ist danach ein an Weisungen grundsätzlich gebundener Vertragspartner. Die Grenze der Bindung ergebe sich aus dem Geschäftsbesorgungsvertrag, §§ 611, 675 BGB i.V.m. § 134 BGB (Hinleitung zum Strafrecht), § 138 BGB (Art. 12 GG in mittelbarer Drittwirkung) und § 276 BGB (mit Einfallstor des Berufsrechts/Findung des sichersten Weges). Dabei wird die Wahrheitspflicht des Verteidigers nicht geleugnet, ihm aber im Vergleich zu Dritten keine Sonderrolle zugewiesen (*Jahn/Brodowski* Hdb. des Strafrechts VII § 17 Rn. 41 ff.). Nach wie vor reibt sich diese Ansicht jedoch mit der Möglichkeit der Bestellung eines Pflichtverteidigers gegen den Willen des Beschuldigten (*Roxin/Schünemann* § 19 Rn. 5; vgl. auch *Beulke* in Kühne/Miyazawa [Hrsg.], Alte Strafrechtsstrukturen und neue gesellschaftliche 6

Herausforderungen in Japan und Deutschland [2000], S. 137, 140; *ders.* FS Sieber, S. 521, 523; Radtke/Hohmann/*Reinhart* § 137 Rn. 6 sowie Einl. Rdn. 166; dagegen *Jahn/Brodowski* Hdb. des Strafrechts VII § 17 Rn. 46 ff.). Die in jüngerer Zeit verstärkt vertretenen sog. **verfassungsrechtlich-prozessualen Theorien** schließlich (vgl. dazu Radtke/Hohmann/*Reinhart* § 137 Rn. 10 m.w.N.; s.a. Einl. Rdn. 167), die jedes von einem Verteidigungshandeln getragene Tun des Verteidigers vorbehaltlich eines expliziten gesetzlichen Verbots für zulässig erachten, scheitern an ihrer Konturenlosigkeit. Gleiches gilt für die Lesart, die die Zulässigkeit des Handelns des Verteidigers von einer ausdrücklichen gesetzlichen Normierung abhängig machen will (so *G. Wolf*, Das System des Rechts der Strafverteidigung, [2000]; hierzu näher *Beulke* StV 2007, 261; Radtke/Hohmann/*Reinhart* § 137 Rn. 7; vgl. auch Einl. Rdn. 167).

7 Nach zutreffender herrschender Meinung handelt der Verteidiger sowohl als Beistand des Beschuldigten als auch – worauf § 1 BRAO hindeutet – als Organ der Rechtspflege (BGH StraFo 2019, 519, 520; OLG Karlsruhe StV 2014, 551; LG Mannheim NZWiSt 2021, 161; sog. **Organtheorie**; umfassend zu diesem Begriff *Beulke* Verteidiger im Strafverfahren S. 164 ff.; *Jaeger* NJW 2004, 1 ff. sowie *Eckhart Müller* FS Dahs, S. 3 ff., jeweils m. zahlr. Nachw. zur verfassungsgerichtlichen Rspr.). Aus dieser Stellung heraus lassen sich die ihm gewährten gesetzlichen Privilegierungen (z.B. §§ 147 ff.) erklären (*Beulke* StV 2019, 205, 206; *ders.* FS Schlothauer, S. 315, 319; *ders.* JZ 2021, 403, 406; *ders.* FS Sieber, S. 521, 524; krit. Radtke/Hohmann/*Reinhart* § 137 Rn. 2).

8 Die aus dieser janusköpfigen Stellung erwachsenden Pflichten gegenüber der Allgemeinheit (BGH StV 2020, 816) sind jedoch darauf beschränkt, die Effektivität der Strafrechtspflege in ihrem **Kernbereich** sicherzustellen (sog. **eingeschränkte Organtheorie**, vgl. *Beulke* Verteidiger im Strafverfahren S. 200 ff.; *Beulke/Swoboda* Strafprozessrecht, Rn. 227; *Beulke/Witzigmann* StV 2009, 394, 395; s.a. Einl. Rdn. 162). Darüber hinausgehende Pflichten gegenüber den Strafverfolgungsorganen zu einer Verfahrenssicherung oder gar -förderung sind damit nicht begründbar. Aus diesem Grund ist bspw. eine Pflicht, der Verwertung einer Einlassung des Beschuldigten wegen fehlender Belehrung bis zu dem in § 257 genannten Zeitpunkt zu widersprechen, abzulehnen (s. dazu näher Einl. Rdn. 163; zu Strafbarkeitsrisiken s. Einl. Rdn. 181 ff.).

9 **B. Tatbestand. I. Zeitlicher Geltungsbereich.** § 137 ist weit auszulegen (KK-StPO/*Willnow* § 137 Rn. 1). Das Recht, sich wirksam durch einen Rechtsanwalt verteidigen zu lassen, der notfalls von Amts wegen bestellt werden muss, ist zwar nicht absolut, aber wesentliches Element des in Art. 6 Abs. 1 EMRK garantierten Verfahrens (EGMR [Salduz] NJW 2009, 3707). Er gilt **in allen Phasen des Strafverfahrens**, d.h. vom Ermittlungsverfahren (vgl. § 136 Abs. 1 Satz 2) über das Zwischen- und Hauptverfahren bis nach Rechtskraft des Urteils im Rahmen des Strafvollstreckungs-, Gnaden- und Wiederaufnahmeverfahrens (Meyer-Goßner/*Schmitt* § 137 Rn. 3; SK-StPO/*Wohlers* § 137 Rn. 18 ff.; zu besonderen Verfahrensarten vgl. LR/*Jahn* § 137 Rn. 35 ff.; zu Strafvollzugsangelegenheiten s. LR/*Jahn* § 137 Rn. 56; Meyer-Goßner/*Schmitt* Vor § 137 Rn. 5; zum Untersuchungshaftvollzug: OLG Bamberg NStZ-RR 2015, 93). Das Recht auf ein faires Verfahren gem. Art. 6 EMRK gilt auch für Verfahrensabschnitte vor dem strafgerichtlichen Verfahren (EGMR [Salduz] NJW 2009, 3707). Dementsprechend ist die Beauftragung auch bereits **vor Einleitung eines Ermittlungsverfahrens** möglich (MüKo-StPO/*Thomas/Kämpfer* § 137 Rn. 5). Wenn die Mandatierung bzw. Konsultation sogar schon vor Tatbegehung erfolgt, muss der Verteidiger die Anzeigepflichten des § 139 Abs. 2 Satz 2 StGB beachten. Eine **vorzeitige Beendigung des Verteidigerverhältnisses** ist bei der Wahlverteidigung jederzeit möglich, und zwar ohne Angabe von Gründen. Dem Verteidiger ist es allerdings untersagt, das Verteidigungsverhältnis zur Unzeit zu kündigen, sofern kein wichtiger Grund die Fortführung der Verteidigung als unzumutbar erscheinen lässt (§ 627 Abs. 2 BGB; s.a. These 7 der Thesen zur Strafverteidigung des Strafrechtsausschusses der Bundesrechtsanwaltskammer, 2. Aufl. 2015). Dies schließt z.B. eine Kündigung unmittelbar vor und während der Hauptverhandlung aus (SK-StPO/*Wohlers* § 137 Rn. 11). Dies gilt auch, wenn der Mandant seine **Honorarvereinbarung nicht erfüllt**. Stets muss es dem Beschuldigten möglich sein, einen anderen Wahlverteidiger zu beauftragen bzw. der Vorsitzende (§ 142 Abs. 3 Nr. 3) muss ohne Gefährdung der Hauptverhandlung einen Pflichtverteidiger bestellen können (BayObLG EGH StV 1983, 424; HK-StPO/*Julius/Schiemann* § 137 Rn. 8). Im **Fall des Todes des Strafverteidigers** erlischt das Verteidigungsverhältnis (§ 673 BGB). Für den Fall des **Todes des Beschuldigten** ist die Rechtslage streitig: Teilweise wird auch insoweit ein Erlöschen des Verteidigungsverhältnisses befürwortet (OLG Düsseldorf NJW 1993, 546; OLG Hamburg StraFo 2008, 90; OLG Saarbrücken Beck RS 2019, 24690). Da jedoch weitere Entscheidungen anstehen können, wie z.B. die über die Erstattung der notwendigen Auslagen eines Angeklagten durch die Staatskasse (OLG Frankfurt a.M. NStZ-RR 2002, 246), gilt das Verteidigungsverhältnis (in Übereinstimmung mit § 672 BGB) über den Tod hinaus (KG StraFo 2008, 90; OLG Hamburg NJW 1971, 2183; HK-StPO/*Julius/Schiemann* § 137 Rn. 8; Meyer-Goßner/*Schmitt* Vor § 137 Rn. 7 [er erklärt unter Hinweis auf BGHSt 45, 108 die Gegenansicht für überholt]).

Bereits in der sog. **Anbahnungsphase** entfaltet § 137 Abs. 1 gewisse Vorwirkungen. Dem in Untersuchungshaft befindlichen Beschuldigten ist daher auf seinen Wunsch (nicht auf Wunsch des Anwalts) der Besuch durch einen Rechtsanwalt zu gestatten, auch wenn zu diesem Zeitpunkt noch kein Mandatsverhältnis besteht (s.a. Einl. Rdn. 170; zur Frage, ob dies auch dann gilt, wenn ein Dritter den Rechtsanwalt um einen Haftbesuch bittet und der Beschuldigte von dieser Bitte gar nichts weiß: bejahend LG Darmstadt StV 2003, 628; **a.A.** OLG Hamm StRR 2010, 193 m. zust. Anm. *Barton*; hierzu krit. die Stellungnahme Nr. 16/2010 des Strafrechtsausschusses der BRAK zur Praxis der Verteidigerbestellung nach §§ 140 Abs. 1 Nr. 4, 141 Abs. 3 Satz 4, StV 2010, 544, 548 f. sowie näher unter § 148 Rdn. 10). Die Beschränkung auf drei Verteidiger (§ 137 Abs. 1 Satz 2) gilt nur für diejenigen Verteidiger, die gegenüber Staatsanwaltschaft und Gericht in dieser Eigenschaft auftreten, also nicht bezüglich Rechtsanwälten, die den Beschuldigten in der Untersuchungshaft aufsuchen wollen (*Widmaier* StraFo 2011, 390). Das sollte auch gelten, wenn die Initiative von dem Verteidiger ausgeht, sofern die Vertretung dem wirklichen oder mutmaßlichen Willen des Beschuldigten entspricht (BGH NStZ 2016, 740; HK-*Julius* § 148 Rn. 7; LR/*Jahn* § 148 Rn. 7; krit. OLG Hamm StV 2010, 586 m.Anm. *Bung*; *Joeks* StPO § 148 Rn. 4). Davon dürfte z.B. auszugehen sein, wenn der Ehepartner oder ein Angehöriger gerader, aufsteigender oder absteigender Linie (Eltern/Kinder) einen Verteidiger beauftragt. Dieser sollte (nach Rückfrage mit dem Inhaftierten) Zugang zum inhaftierten Beschuldigten auch dann haben, wenn Letzterem bereits gem. § 147 ein Pflichtverteidiger beigeordnet wurde. Den Anwalt auf die Möglichkeit späterer Auswechslung des Pflichtverteidigers gem. § 143a zu verweisen, ist angesichts des Umstands, dass die Weichen für das gesamte Verfahren zumeist bereits zu Beginn des Ermittlungsverfahrens bei der Erstvernehmung des Beschuldigten gestellt werden, nicht sachgerecht. Der inhaftierte Beschuldigte sollte den Strafverteidiger erst kennenlernen können, um einen solchen Antrag zu stellen. Der in der Praxis derzeit noch vorgezogene Umweg, den Angehörigen zunächst für den Besuch des Beschuldigten in der U-Haft einen Sprechschein zu erteilen, damit diese dem Beschuldigten eine Vollmacht an den bisher noch nicht mandatierten Verteidiger besorgen können, ist eine problematische Alternative, da sie zu lange dauert und da im Einzelfall der Sprechschein an Angehörige wegen Verdunklungsgefahr gerade nicht erteilt wird. Dem Strafverteidiger wird ein verfassungsrechtlich abgesicherter Vertrauensvorschuss eingeräumt (BVerfG NJW 2006, 1500, 1501; BVerfG NJW 2012, 2790 [Rn. 39]), sodass eine Verdunklungsgefahr im Regelfall nicht besteht. 10

II. Sachlicher Gehalt. Die generalklauselartige Norm selbst eröffnet dem Verteidiger zwar keine konkreten Handlungsbefugnisse (*Gössel* ZStW 94 [1982] 5, 34; KK-StPO/*Willnow* § 137 Rn. 1), weist jedoch durch den Begriff »Beistand« darauf hin, dass der Verteidiger zum Schutz des Beschuldigten in dessen Stellung als Prozesssubjekt berufen und diesem bei der Wahrnehmung seiner Rechte Hilfe zu leisten hat (*Ignor* FS Schlüchter, S. 31, 47). 11

Die Regelung wird in zahlreichen speziellen Regelungen der StPO, v.a. in Form von **Anwesenheits- und Anhörungsrechten** (vgl. z.B. §§ 81 Abs. 1, 168c Abs. 1 u. 2 [ggf. i.V.m. § 163a Abs. 3 Satz 2 bzgl. **Beschuldigtenvernehmung durch StA**, § 163a Abs. 4 Satz 3 bzgl. **Beschuldigtenvernehmung durch Polizei**], § 168d) konkretisiert (Radtke/Hohmann/*Reinhart* § 137 Rn. 1). Zum Teil sieht die StPO bei wichtigen Ermittlungshandlungen im Vorverfahren bewusst **kein Anwesenheits- oder Mitwirkungsrecht** des Verteidigers vor, so z.B. bei **nichtrichterlichen Zeugen- und Sachverständigenvernehmungen** (§ 161a Abs. 1 [StA], § 163 Abs. 3–7 [Polizei]). Auch über die Teilnahme des Verteidigers bei nichtrichterlichem **Augenschein** entscheiden StA und Polizei nach pflichtgemäßem Ermessen (s. § 168d; SK-StPO/*Wohlers* § 137 Rn. 3). Da die Konkretisierungen der Anwesenheits- und Mitwirkungsrechte des Verteidigers aber keinen abschließenden Charakter haben, können im Einzelfall Anwesenheits- und Anhörungsrechte auch direkt aus der **Verfassung oder der EMRK** abgeleitet werden (SK-StPO/*Wohlers* § 137 Rn. 3), und zwar auch jenseits der notwendigen Verteidigung (OLG Saarbrücken StV 2021, 160: Anspruch auf Aussetzung nach § 265 Abs. 4 bei plötzlicher Mandatsniederlegung eines Wahlverteidigers). 12

Der § 137 stellt für die Strafverfolgungsbehörden **eine Art »Merkposten«** dar und erinnert diese daran, dass das Interesse an einer reibungslosen Durchführung des Strafverfahrens gegen dasjenige des Beschuldigten auf den Beistand eines Verteidigers seines Vertrauens abzuwägen ist und im Zweifel dem letztgenannten Interesse der Vorrang gebührt (OLG Koblenz NZV 2009, 569, 570; OLG Hamm VRR 2013, 272). Auch die in der täglichen Praxis höchst virulente Problematik um die richterliche Ermessensentscheidung über die Terminierung und – bei Verhinderung des Wahlverteidigers – Terminsverlegung ist letztlich als Ausprägung dieses Abwägungsvorgangs zu begreifen (vgl. BGH NStZ 2007, 163; 1988, 235; OLG Oldenburg StV 2015, 156; LG Braunschweig StV 2014, 335; LG Neubrandenburg, Beschl. v. 13.02.2012 – 8 Qs 21/12 bei juris; s. aber auch AG Tiergarten StRR 2014, 500). Die **Terminierung** ist grundsätzlich Sache des Vorsitzenden und steht in dessen pflichtgemäßem Ermessen, § 213. Der Vorsitzende muss sich jedoch ernsthaft bemühen, dem Recht des Angeklagten, sich von einem Rechtsanwalt seines Vertrauens verteidigen zu lassen, so weit wie möglich 13

Geltung zu verschaffen und einem nachvollziehbaren Begehren dieses Verteidigers bzgl. der Terminierung im Rahmen der zeitlichen Möglichkeiten des Gerichts und anderer Verfahrensbeteiligter sowie des Gebots der Verfahrensbeschleunigung Rechnung zu tragen (BGH NStZ 2018, 607 m.Anm. *Arnoldi*; KG Beck RS 2019, 26470; KG Beck RS 2021, 2936; BayObLG Beck RS 2020, 35554 [Bußgeldverfahren]; krit. *Bernsmann* FS Fischer, S. 613). Bei dieser Güterabwägung ist insb. das Verteidigungsinteresse des Beschuldigten zu berücksichtigen, welchem im Zweifel Vorrang einzuräumen ist (OLG Hamm Beck RS 2015, 16614; OLG Brandenburg Beck RS 2019, 34707; OLG Brandenburg Beck RS 2020, 35233).

14 **III. Grundsatz, § 137 Abs. 1 Satz 1 Abs. 2 Satz 1. 1. § 137 Abs. 1 Satz 1. a) Beschuldigtenbegriff.** § 137 Abs. 1 Satz 1 knüpft an den Begriff des **Beschuldigten** an (dazu näher unter § 136; vgl. aber auch o. Rdn. 9 zur zeitlichen Geltung).

15 **b) Entstehen des Verteidigungsverhältnisses.** § 137 Abs. 1 Satz 1 betrifft den sog. **Wahlverteidiger**. Wird dieser entgeltlich tätig (zur gesetzlichen Vergütung *Klemke/Elbs* Einführung in die Praxis der Strafverteidigung [4. Aufl. 2019] Rn. 233 ff.; zur möglichen Höhe der vereinbarten Vergütung BVerfG NJW-RR 2010, 259 m. zust. Anm. *Beukelmann* NJW-Spezial 2009, 584; BGH NJW 2010, 1364; OLG Koblenz NStZ-RR 2010, 32; zur Zulässigkeit einer Zeittaktklausel OLG Düsseldorf NJW-Spezial 2010, 187; offengelassen bei BGH NJW 2011, 63), so entsteht durch den **Abschluss eines Geschäftsbesorgungsvertrages** i.S.d. §§ 611, 675 BGB ein Verteidigungsverhältnis (BGH NJW 1964, 2402; *Krause* NStZ 2000, 225; s.a. Einl. Rdn. 168; a.A. [Dienstvertrag höherer Art] *Klemke/Elbs* Einführung in die Praxis der Strafverteidigung [4. Aufl. 2019] Rn. 58; diff. LR/*Jahn* Vor § 137 Rn. 30; zur Form näher Beck-Formularbuch/*Ignor*, S. 43), andernfalls durch die Übernahme eines Auftrages i.S.d. § 662 BGB. Sofern der Beschuldigte nach den Regeln des bürgerlichen Rechts nicht (voll) geschäftsfähig ist, vermag ein Vertrag zwar keine Zahlungspflichten zu begründen. Jedoch hindert dieser Umstand nicht das Zustandekommen eines Verteidigungsverhältnisses, weil es hierfür lediglich darauf ankommt, die Bedeutung des Verfahrens zu erkennen und sich sachgemäß zu verteidigen (KK-StPO/*Willnow* § 137 Rn. 4 m.w.N.; unzutreffend daher KG NStZ 2012, 591, das – gestützt auf § 111 Satz 1 BGB – bei einem Fall der Zeugenbeistandschaft von schwebender Unwirksamkeit ausgegangen ist).

16 Eine Personenvereinigung oder juristische Person kann zwar Vertragspartner des Beschuldigten werden; als Verteidiger i.S.d. § 137 kommt indes **nur eine natürliche Person** in Betracht (BVerfGE 43, 73, 91). Zur **Vollmacht**, die auf eine Personenvereinigung bzw. GmbH lautet, s.u. Rdn. 26).

17 Der Abschluss des Vertrages bzw. die Übernahme des Auftrages bedarf keiner besonderen Form. Zudem muss den Strafverfahrensbehörden grundsätzlich **keine Vollmachtsurkunde** vorgelegt werden (OLG Nürnberg NStZ 2007, 539 f.; LG Würzburg NStZ 2021, 255; LG Ellwangen NStZ 2003, 331; AG Nauen StRR 2013, 277; *Klemke/Elbs* Einführung in die Praxis der Strafverteidigung [4. Aufl. 2019] Rn. 10; *Schnarr* NStZ 1986, 488, 490). Auch gegenüber dem Gericht kann also die Bevollmächtigung formlos mitgeteilt werden. Das gilt auch für den Nachweis der Untervollmacht (OLG Karlsruhe NStZ 1983, 43). Hegt das Gericht allerdings Zweifel an einer wirksamen Erteilung der Vollmacht, so kann es eine entsprechende Urkunde anfordern (OLG Düsseldorf StraFo 1998, 227; KG Beck RS 2019, 26470 [Rz. 20]; LG Zweibrücken Beck RS 2019, 10532 für das Bußgeldverfahren). Ein Auftreten des Verteidigers in der Hauptverhandlung lässt vermuten, dass ihm Verteidigervollmacht erteilt worden ist. Das gilt insb., wenn der Verteidiger eine Prozesshandlung für den Beschuldigten vornimmt (BGH NStZ-RR 1998, 18 [Vertretung an einem Hauptverhandlungstag durch Sozius des Verteidigers mit schlüssiger Billigung durch den Angeklagten]; OLG Düsseldorf StV 2014, 208; Graf/*Wessing* StPO § 137 Rn. 13). Die Vollmachterteilung bleibt aber stets eine Willenserklärung des Beschuldigten. Deshalb genügt es nicht, wenn lediglich der Verteidiger erklärt, er wolle für den Beschuldigten auftreten, ohne dass der Beschuldigte dies zumindest mitträgt (BGH StraFo 2010, 339). Der Strafverteidiger hat seine Dienste im Zweifel persönlich zu erbringen, die Ermächtigung des Wahlverteidigers zur Erteilung einer Untervollmacht ist jedoch zulässig und üblich (vert. zur Untervollmacht in Bußgeldsachen: *Fromm* SVR 2015, 49; s.a. § 139 Rdn. 1 ff.). Solange der Beschuldigte die Verteidigerbestellung nicht wirksam zurücknimmt, sind die vom unterbevollmächtigten Verteidiger vorgenommenen Rechtsakte wirksam (zweifelhaft deshalb LG Duisburg StV 2005, 600 m.Anm. *Jahn/Kett-Straub*). Die Übersendung der schriftlichen Vollmacht zum Nachweis der Bevollmächtigung ist lediglich insoweit ein zwingendes Erfordernis, als damit die Zustellung an den Verteidiger ermöglicht wird (vgl. § 145a Abs. 1; näher dazu unter § 145a Rdn. 1, s. auch § 314 Abs. 2, § 341 Abs. 2) sowie eine Vertretung des Beschuldigten durch den Verteidiger gewährleistet wird (§§ 234, 329 Abs. 1, 330 Abs. 2 Satz 2; 350 Abs. 2 Satz 1, 378 Satz 1, 387 Abs. 1, 411 Abs. 2 Satz 1). Deshalb muss z.B. der in der Berufungshauptverhandlung ohne den Angeklagten erschienene Verteidiger seine Vertretungsbefugnis durch Vorlage einer schriftlichen Vollmacht nachweisen, § 329 Abs. 1 und 2 (OLG Köln StraFo 2017, 237; Meyer-Goßner/*Schmitt* § 329 Rn. 15; *Sommer* StV 2016, 55; *Spitzer* StV 2016, 48). Nicht ausreichend ist insoweit, wenn die Vollmacht aufgrund einer mündlichen Ermächtigung durch den

Angeklagten von dem zu bevollmächtigenden **Verteidiger selbst unterzeichnet** wird (KG StraFo 2018, 71; HansOLG Hamburg StraFo 2017, 371; Meyer-Goßner/*Schmitt* § 234 Rn. 5; **a.A.** BayObLG NStZ 2002, 277; Grube unter § 234 Rdn. 6). Um den in der Untersuchungshaft befindlichen Beschuldigten zu besuchen, ist hingegen keine Vollmachtsvorlage vonnöten (vgl. auch § 34 UVollzG Berlin; anders noch Nr. 36 Abs. 2, 3 UVollzO, s. auch Meyer-Goßner/*Schmitt* § 148 Rn. 11). Eine **besondere Sprecherlaubnis** darf die JVA nur verlangen, wenn unsicher ist, ob die gesetzlichen Rahmenbedingungen (z. B. Begrenzung auf drei Verteidiger [§ 137 Abs. 1 Satz 2] oder Verbot der Mehrfachverteidigung [§ 146]) eingehalten werden (Meyer-Goßner/*Schmitt* § 148 Rn. 11; näher zum Ganzen *Meyer-Lohkamp/Venn* StraFo 2009, 265, 268). Für die Zurücknahme eines Rechtsmittels bedarf der Verteidiger einer ausdrücklichen (schriftlichen oder mündlichen) Ermächtigung (§ 302 Abs. 2), die sich auf ein bestimmtes Rechtsmittel beziehen muss; eine bei Übernahme des Mandats erteilte allgemeine Prozessvollmacht reicht insoweit nicht aus, es sei denn das Mandat wurde erst für das Rechtsmittelverfahren erteilt (BGH NStZ 2000, 665; OLG Düsseldorf StV 2013, 615; KG StV 2016, 152 m.Anm. *Meyer-Lohkamp*). Im Fall der Vertretung des abwesenden Angeklagten i.S.d. § 234 ist der Verteidiger nicht Beistand sondern Vertreter; dann soll eine allgemeine Vertretungsvollmacht den Verteidiger ermächtigen, mit bindender Wirkung für und gegen den Betroffenen Erklärungen abzugeben und entgegenzunehmen, insb. auch Rechtsmittelrücknahmen sowie Rechtsmittelbeschränkungen zu erklären (OLG Frankfurt Beck RS 2020, 41406 m.Anm. *Breit* FD-StrafR 2021, 436659; s. auch *Beukelmann* NJW Spezial 2021, 186; Meyer-Goßner/*Schmitt* § 302 Rn. 32). Auch ein **geschäfts- und schuldunfähiger Angeklagter** kann eine wirksame Ermächtigungserklärung zur Rechtsmittelrücknahme erklären, solange er in der Lage ist, die Bedeutung der von ihm abgegebenen Erklärung zu erfassen (BGH NStZ 2017, 487 m.Anm. *Eisenberg*).

c) **Inhalt.** Der Wortlaut des § 137 Abs. 1 Satz 1 (»Beistand«) deutet in der Gesamtschau mit den §§ 234, 350 Abs. 2 Satz 1, 387 Abs. 1, 411 Abs. 2 Satz 1, die ausdrücklich von einer »Vertretung« sprechen, darauf hin, dass der Verteidiger **grundsätzlich nicht als Vertreter** seines Mandanten fungiert (BGHSt 9, 356, 357; 12, 368, 370; LR/*Jahn* § 137 Rn. 10 ff.). Schriftliche und mündliche Erklärungen des Verteidigers können jedoch ausnahmsweise als Einlassung des Angeklagten entgegengenommen und verwertet werden, wenn ein gesetzlich vorgesehener Fall der Vertretung vorliegt (§§ 234, 329, 350, 387, 411). Ansonsten sind **Erklärungen, die der Verteidiger abgibt, dem Beschuldigten nicht als eigene zuzurechnen** (BGH StV 2021, 150; OLG Celle NStZ 1988, 426; Meyer-Goßner/*Schmitt* Vor § 137 Rn. 1; Graf/*Wessing* StPO § 133 Rn. 3; der Beschuldigte kann jedoch eigene Erklärungen durch seinen Verteidiger verlesen lassen und sich diese durch Zustimmung zu eigen machen. Andererseits kann sich der Beschuldigte nicht durch Verweis auf die Stellungnahme des Verteidigers von vornherein jeder Vernehmung entziehen. Das gilt jedoch nur für den Beschuldigten, der aussagebereit ist. Da sich der Beschuldigte jederzeit auf sein Aussageverweigerungsrecht berufen kann, hat er letztlich doch die Möglichkeit, seinen Verteidiger zu beauftragen, bestimmte Erklärungen abzugeben und das Gericht muss ihn dann nach (qualifizierter) Belehrung fragen, ob er sich diese Erklärungen zu eigen macht (**sog. Genehmigungslösung** BGH StV 2021, 150; *Schlothauer* FS Beulke, 2015, S. 1023 ff.; *Beulke* FS Strauda, 2006, S. 87, sehr str.; a.A. u.a. *Meyer-Mews* JR 2003, 361; dazu vert. oben Einl. Rdn. 176). Das gilt auch für schriftliche Erklärungen, die der Angeklagte nicht selbst abgegeben hat, sondern sein Verteidiger für ihn, z.B. im Rahmen des Ermittlungsverfahrens die Mitteilung des Verteidigers an die Staatsanwaltschaft, dass die Tatbegehung eingeräumt werde. Eine Verlesung dieser Schriftstücke in der Hauptverhandlung ist unzulässig (§ 250 Satz 2 2. Alt, der allerdings nicht für eigene Erklärungen des Angeklagten im anhängigen Verfahren gilt; sie können verlesen werden, auch wenn der Angeklagte später die Aussage verweigert, s. § 250 Rdn. 8). Vielmehr muss durch eine entsprechende Erklärung des Angeklagten in der Hauptverhandlung klargestellt werden, dass es sich um eine Einlassung des Angeklagten handelt, wenn der Angeklagte also ausdr. erklärt, sie als eigene gelten zu lassen (BGH NStZ 2005, 703). Bei Verteidigerschriftsätzen muss – etwa durch Unterschrift oder durch Formulierung in Ich-Form – erkennbar sein, dass der Angeklagte die Erklärung als eigene Äußerung verstanden wissen will und sich seines Verteidigers gleichsam als »Schreibhilfe« bedient (vgl. MAH Strafverteidigung/*Schlothauer*, 3. Aufl. 2022, § 3 Rn. 230). Bei in der Hauptverhandlung verlesenen schriftlichen Ausführungen des Verteidigers, in denen er Angaben des schweigenden Angeklagten wiedergibt, muss der Angeklagte diese Erklärung bestätigen oder erklären, dass er sie als eigene Einlassung verstanden wissen will (BGH StV 2002, 182; BGH NStZ-RR 2005, 353; BGH NStZ 2021, 180; OLG Celle NStZ 1988, 426; OLG Koblenz StV 2017, 166; OLG Köln StraFo 2017, 237; MüKo-StPO/*Miebach* § 261 Rn. 199). Der Beweiswert dieser vom Verteidiger abgegebenen Erklärung ist von vornherein nur erheblich vermindert (BGH StV 2021, 150). Der Ausweg, den Verteidiger als Zeugen zu hören scheitert schon daran, dass diesem ein Zeugnisverweigerungsrecht zur Seite steht (§ 53 Abs. 1 Nr. 2). Der Staatsanwalt kann nicht als Zeuge vernommen werden, denn er vermag nicht zu bestätigen, dass der Beschuldigte die Erklärung legitimiert hat. **Beweisbehauptungen**, die in einem von dem Verteidiger gestellten Beweisantrag enthalten sind, 18 dürfen **nicht in eine Einlassung des Angeklagten umgedeutet** werden, sofern sich dieser hierzu nicht erklärt (BGH NStZ 2017, 96 m.Anm. *Ventzke*).

19 Die Rechte und Pflichten des Verteidigers bestimmen sich durch die StPO und andere Gesetze. Sofern keine konkreten Regelungen existieren, sind sie aus der Stellung des Verteidigers im Strafverfahren herzuleiten (s. dazu Rdn. 5 ff. oben).

20 Die Regelung des § 137 Abs. 1 StPO würde für den ausländischen Angeklagten rechtswidrig beschnitten, wenn diesem durch die Versagung der **Inanspruchnahme eines Dolmetschers** der Verkehr mit einem ihm nach dem Strafprozessrecht zustehenden Wahlverteidiger verwehrt werden würde (OLG Hamm NStZ-RR 2014, 328). Art. 6 Abs. 3 lit. e EMRK räumt dem der Gerichtssprache unkundigen Beschuldigten unabhängig von seiner finanziellen Lage für das gesamte Strafverfahren und damit auch für vorbereitende Gespräche mit einem Verteidiger einen Anspruch auf unentgeltliche Zuziehung eines Dolmetschers ein (BGHSt 46, 178; LR/*Jahn* § 137 Rn. 12; s.a. MüKo-StPO/*Thomas/Kämpfer*, § 137 Rn. 11), ohne dass es zuvor eines förmlichen Antragsverfahrens bedarf (BVerfG NJW 2004, 50).

21 **2. § 137 Abs. 2 Satz 1.** § 137 Abs. 2 Satz 1 eröffnet dem **gesetzlichen Vertreter** des Beschuldigten das Recht, neben dem Beschuldigten seinerseits höchstens drei (vgl. Abs. 2 Satz 2 i.V.m. Abs. 1 Satz 2) Verteidiger zu wählen. Für das Jugendstrafverfahren gewährt § 67 Abs. 2 JGG neben dem gesetzlichen Vertreter auch dem Erziehungsberechtigten das Recht zur selbstständigen Wahl eines Verteidigers (vgl. dazu *Eisenberg/Kölbel* JGG § 67 Rn. 12). Wer gesetzlicher Vertreter bzw. Erziehungsberechtigter ist, bestimmt sich nach dem bürgerlichen Recht (KK-StPO/*Willnow* § 137 Rn. 4). Der gesetzliche Vertreter schließt den entsprechenden Vertrag mit dem Verteidiger im Namen des Beschuldigten, und der so gewählte Verteidiger ist dem Beschuldigten gegenüber berechtigt und verpflichtet, sofern der Beschuldigte zu eigenverantwortlichen Entscheidungen in der Lage ist (Graf/*Wessing* StPO § 137 Rn. 21).

22 Die Frage, ob damit im Ergebnis **insgesamt sechs Wahlverteidiger** für einen Beschuldigten mit gesetzlichem Vertreter im Verfahren auftreten dürfen, wird unterschiedlich beantwortet. Zum Teil wird die Norm mit Blick auf ihren Zweck, die Wahlverteidiger zahlenmäßig zu beschränken, teleologisch reduziert und die Höchstzahl der Wahlverteidiger auf drei beschränkt, wobei dem Beschuldigten zumindest bzgl. eines Verteidigers seines Vertrauens die Wahl bleiben soll (so KK-StPO/*Willnow* § 137 Rn. 5; Meyer-Goßner/*Schmitt* § 137 Rn. 10; KMR/*Staudinger* § 137 Rn. 7; *Fahl* Rechtsmißbrauch im Strafprozeß, S. 234). Die überzeugende Gegenansicht stellt auf den Wortlaut des Gesetzes ab, der eine derartige Beschränkung nicht vorsieht und im Gegenteil auf eine kumulative Wahlmöglichkeit hindeutet (so *Joecks/Jäger* StPO, § 137 Rn. 7; LR/*Jahn* § 137 Rn. 59; SK-StPO/*Wohlers* § 137 Rn. 26; HK-StPO/*Julius/Schiemann* § 137 Rn. 11; Radtke/Hohmann/*Reinhart* § 137 Rn. 27). Sie vermag sich zudem auf die Gesetzgebungsgeschichte zu berufen (*Dünnebier* NJW 1976, 1 Fn. 1 unter Verweis auf BT-Drs. 7/2989, S. 3 f.).

23 **IV. Grenzen, § 137 Abs. 1 Satz 2 Abs. 2, Satz 2.** Neben § 146 stellt auch § 137 Abs. 1 Satz 2, Abs. 2 Satz 2 eine Grenze für die Vertragsfreiheit im Zusammenhang mit dem Abschluss des Anwaltsvertrags dar.

24 § 137 Abs. 1 Satz 2 limitiert die Zahl der möglichen Wahlverteidiger auf drei. Pflichtverteidiger sind nicht mitzuzählen. § 144 Abs. 1 eröffnet die Möglichkeit der Bestellung von bis zu zwei zusätzlichen Verteidigern neben einem Wahlverteidiger oder einem Pflichtverteidiger. Dann können also neben den drei Wahlverteidigern auch drei Pflichtverteidiger bestellt werden (Einzelheiten dazu s. bei § 144).

25 Als Verteidiger gilt in diesem Zusammenhang auch **der Unterbevollmächtigte**, sofern er nicht nur anstelle, sondern neben dem Hauptbevollmächtigten tätig wird, weil auch die Untervollmacht im Außenverhältnis eine umfassende Vollmacht darstellt (BGH bei *Holtz* MDR 1978, 111; Meyer-Goßner/*Schmitt* § 137 Rn. 5 m.w.N.; FA Strafrecht/*Köllner* Rn. 96). Auch Personen, die nur mit Genehmigung des Gerichts nach **§ 138 Abs. 2** auftreten dürfen (dazu näher unter § 138 Rdn. 23 ff.), sind mitzuzählen (BGH, Beschl. v. 14.11.1979 – 3 StR 323/79, zit. nach *Pfeiffer* NStZ 1981, 93, 94 f.), ebenso **ausländische Verteidiger** (*Pfeiffer* § 137 Rn. 2).

26 Weist die zu den Akten gereichte Vollmacht eine **Personenvereinigung bzw. juristische Person** als Vertragspartner aus, so ist diese ggf. einschränkend auszulegen. Als Verteidiger ist daher derjenige Rechtsanwalt anzusehen, der tatsächlich verteidigt und damit das Angebot zur Bearbeitung des Mandats ausdrücklich abgegeben hat (BVerfGE 43, 79, 91; BGHSt 40, 188, 190; SK-StPO/*Wohlers* § 137 Rn. 25 m.w.N.).

27 Übersteigt die Zahl der gewählten Verteidiger diese Höchstgrenze, so ist derjenige, der entgegen § 137 Abs. 1 Satz 2 bzw. Abs. 2 Satz 2 mit der Verteidigung betraut wird, gem. § 146a Abs. 1 Satz 1 als Verteidiger **zwingend zurückzuweisen.** Zeigen mehr als drei Verteidiger **gleichzeitig** ihre Mandatierung an, so sind sie allesamt gem. § 146a Abs. 1 Satz 2 zurückzuweisen (dazu näher unter § 146a).

C. Revision. I. Verstoß gegen § 137 Abs. 1 Satz 1. Mit Blick auf das in § 137 Abs. 1 Satz 1 zum Ausdruck kommende Recht des Beschuldigten auf effektive Verteidigung hat der BGH bislang lediglich obiter dictu entschieden, dass bei einem Verstoß gegen § 137 Abs. 1 Satz 1 als ultima ratio ein Verfahrenshindernis wegen eines Verstoßes gegen den Grundsatz des fairen Verfahrens in Betracht kommt, i.Ü. aber die Beweiswürdigungslösung favorisiert (BGH NJW 2007, 3010 m. krit. Anm. *Jahn* JuS 2007, 1058; zum Verstoß gegen die Belehrungspflicht gem. § 136 Abs. 1 Satz 2 s. Einl. Rdn. 299). Ein Beweisverwertungsverbot gilt auch, wenn dem **Verteidiger entgegen § 163a Abs. 4 Satz 3 i.V.m. § 168c Abs. 1 Satz 1 die Anwesenheit bei der Vernehmung des Beschuldigten durch die (polizeilichen) Ermittlungspersonen** nicht gestattet wird. Die Rspr. wird allerdings voraussichtlich auch insoweit zur Revisionswahrung einen **Widerspruch** in der Hauptverhandlung gegen die Verwertung der Vernehmung verlangen (HK-StPO/*Julius*/*Schiemann* § 137 Rn. 12, 15; Einzelheiten zur Widerspruchslösung oben Einl. Rdn. 275). Die ermessensfehlerhafte Ablehnung bzw. Nichtbescheidung eines Terminverlegungsantrags kann als Verletzung des Rechts auf wirksame Verteidigung einen relativen Revisionsgrund darstellen (OLG Oldenburg StV 2015, 156). 28

II. Verstoß gegen § 137 Abs. 1 Satz 2. Nach der Rspr. des BGH kann ein Urteil nicht darauf beruhen, dass an dem Verfahren **mehr als drei Verteidiger mitgewirkt** haben (BGH, Beschl. v. 26.02.1998, 4 StR 7/98; Meyer-Goßner/*Schmitt* § 137 Rn. 12; **a.A.** mit Blick auf die konkrete Fallkonstellation *Neuhaus* StV 2002, 44). 29

Zur Revisibilität der **Zurückweisung, obwohl die Voraussetzungen des § 146a Abs. 1 Satz 1 nicht vorgelegen haben,** s.u. § 146a Rdn. 18. 30

§ 138 Wahlverteidiger

(1) Zu Verteidigern können Rechtsanwälte sowie die Rechtslehrer an deutschen Hochschulen im Sinne des Hochschulrahmengesetzes mit Befähigung zum Richteramt gewählt werden.

(2) [1]Andere Personen können nur mit Genehmigung des Gerichts gewählt werden. [2]Gehört die gewählte Person im Fall der notwendigen Verteidigung nicht zu den Personen, die zu Verteidigern bestellt werden dürfen, kann sie zudem nur in Gemeinschaft mit einer solchen als Wahlverteidiger zugelassen werden.

(3) Können sich Zeugen, Privatkläger, Nebenkläger, Nebenklagebefugte und Verletzte eines Rechtsanwalts als Beistand bedienen oder sich durch einen solchen vertreten lassen, können sie nach Maßgabe der Absätze 1 und 2 Satz 1 auch die übrigen dort genannten Personen wählen.

Übersicht

A. Grundsätzliches. Die Absätze 1 und 2 des § 138 **konkretisieren** den in § 137 verkörperten **Anspruch des Beschuldigten auf eine Wahlverteidigung**, indem sie den Kreis möglicher Verteidiger umschreiben (*Nestler* FS Kohlmann S. 653, 655). Die Norm unterscheidet dabei grundlegend zwischen solchen Personengruppen, die kraft Qualifikation ohne Weiteres vom Beschuldigten gewählt werden können (**Abs. 1**) und solchen, bei denen das Auftreten als Verteidiger neben der Wahl durch den Beschuldigten zusätzlich die individuelle Genehmigung durch das Gericht (**Abs. 2**) und im Fall der notwendigen Verteidigung außerdem die Mitwirkung eines Verteidigers i.S.d. § 138 Abs. 1 voraussetzt. 1

§ 138 Abs. 1 wurde seit seiner Schaffung mehrfach geändert (zur wechselhaften Anwendungsgeschichte LR/*Jahn* § 138 Vor Rn. 1; speziell zu § 138 Abs. 2 s. *Lehmann* JR 2012, 287, 288; zu Ansätzen der europäischen Vereinheitlichung s. *Ahlbrecht* StV 2012, 491, 494). 2

Die erste Änderung erfolgte im Zuge des Ersten Justizmodernisierungsgesetzes vom 24.08.2004 (BGBl. I, S. 2198). In diesem Zusammenhang wurde die Norm dahin gehend modifiziert, dass nunmehr auch Fach- 3 hochschullehrer als Verteidiger gem. § 138 Abs. 1 gewählt werden können. Der Gesetzgeber hat damit auf die geänderte höchstrichterliche Rspr. reagiert (BGHSt 48, 350, s.a. unten Rdn. 5, 19).

4 Infolge des Gesetzes zur Stärkung der Rechtsanwaltschaft im Jahr 2007 wurde der Passus, dass Rechtsanwälte »bei einem deutschen Gericht zugelassen« sein müssen, gestrichen (BGBl. I, S. 365; Gesetz v. 26.03.2007).

5 Ferner wurde die Norm im Jahr 2009 durch das 2. Opferrechtsreformgesetz in Abs. 2 sprachlich neu gefasst und um einen **Abs. 3** erweitert (BGBl. I, S. 2280; Gesetz v. 29.07.2009). Mit diesem werden den dort genannten Personen die gleichen Rechte wie dem Beschuldigten gewährt und damit die Rechte dieser Personen denen des Beschuldigten angeglichen (BT-Drs. 16/12098, S. 10; *Ladiges* JR 2013, 294; krit. dazu *Barton* JA 2009, 753). Im Jahr 2015 wurde durch den Hinweis auf das Hochschulrahmengesetz klargestellt, dass zu den Verteidigern i.S.v. § 138 Abs. 1 auch Rechtslehrer an Fachhochschulen gewählt werden können, soweit sie die Befähigung zum Richteramt aufweisen.

6 **B. Regelungsgehalt. I. Rechtsanwälte. 1. Grundsatz.** Wer in Deutschland als Rechtsanwalt zugelassen ist, kann grundsätzlich vor jedem Gericht als Verteidiger auftreten. Die Voraussetzungen der Zulassung regeln §§ 4 und 5 BRAO (näher dazu LR/*Jahn* § 138 Rn. 3 ff.; zu den Spezialisierungsmöglichkeiten eingehend KMR/*Staudinger* § 138 Rn. 2 ff.).

7 Ob ein **Rechtsanwalt** gewählt werden kann, **der in einem anderen Staat Europas zugelassen ist**, bestimmt sich nach dem Gesetz über die Tätigkeit europäischer Rechtsanwälte in Deutschland vom 09.03.2000, derzeit in der Fassung vom Juli 2021 (**EuRAG**). Das Gesetz erfasst Rechtsanwälte aus einem Mitgliedstaat der Europäischen Union, anderer Vertragsstaaten des Abkommens über den Europäischen Wirtschaftsraum und der Schweiz (§ 1 EuRAG). Es unterscheidet zwischen niedergelassenen europäischen Rechtsanwälten (§§ 2 ff. EuRAG) und den nur vorübergehend in Deutschland tätigen dienstleistenden europäischen Rechtsanwälten (§§ 25 ff. EuRAG) und stellt die erstgenannte Gruppe den deutschen Rechtsanwälten gleich, während die letztgenannte Gruppe nur im Einvernehmen mit einem deutschen Rechtsanwalt handeln darf (sog. Einvernehmensanwalt [§ 28 Abs. 1 EuRAG]; näher zum Ganzen *E. Werner* StraFo 2001, 221).

8 Ein **Syndikusanwalt**, d.h. ein zugelassener Rechtsanwalt, der Arbeitszeit und Arbeitskraft aufgrund eines Dienstvertrages oder ähnlichen Beschäftigungsverhältnisses überwiegend nur einem Auftraggeber zur Verfügung stellt, steht in einem Spannungsverhältnis zwischen dienstvertraglicher Weisungsabhängigkeit und freiem Beruf (*Beulke/Lüdke/Swoboda* S. 5 ff.; *Kramer* AnwBl. 2001, 140). Er kann nur nach Maßgabe der Einschränkungen des § 46 Abs. 2–5 BRAO und nur dann zum Verteidiger gem. § 138 Abs. 1 gewählt werden, wenn er außerhalb seines Dienstverhältnisses tätig wird (§ 46 Abs. 1 BRAO; Meyer-Goßner/*Schmitt* § 138 Rn. 2b; näher zum Ganzen *Beulke/Lüdke/Swoboda* Unternehmen im Fadenkreuz [2009], S. 14). Dies schließt aber seine Wahl nach § 138 Abs. 2 nicht aus (SK-StPO/*Wohlers* § 138 Rn. 10; *Kramer* AnwBl. 2001, 140, 143).

9 Wer ein Unternehmen **ständig anwaltlich berät**, ohne Syndikusanwalt zu sein, darf hingegen in einem Wirtschafts- oder Steuerstrafverfahren ohne diese Einschränkungen als Verteidiger i.S.d. § 138 Abs. 1 auftreten (Meyer-Goßner/*Schmitt* § 138 Rn. 2b; **a.A.** *Birkenstock* wistra 2002, 47), und zwar auch zugunsten von Vorstands- und Aufsichtsratsmitgliedern dieses Unternehmens.

10 Ein sogenannter **Unternehmensverteidiger** vertritt die Interessen eines Unternehmens in einem Strafverfahren, ohne bei diesem angestellt zu sein (vgl. hierzu näher *Berndt/Theile* Unternehmensstrafrecht und Unternehmensverteidigung [2016]; *Jahn* ZWH 2012, 477 u. 2013, 1; *Taschke* FS Hamm, S. 751; *Wessing* FS Mehle, S. 665 sowie die vom Strafrechtsausschuss der BRAK erarbeiteten Thesen zum Unternehmensanwalt, BRAK-Mitteilungen 2011, 16; hierzu *Sidhu/v. Saucken/Ruhmannseder* NJW 2011, 881; vgl. auch *Leipold* NJW-Spezial 2011, 56).

11 **2. Ausnahmen.** In eigener Sache kann ein Rechtsanwalt weder nach § 138 Abs. 1 als Verteidiger agieren, noch gem. § 138 Abs. 2 zugelassen werden, weil der Status des Verteidigers als Organ der Rechtspflege (s.o. § 137 Rdn. 7) mit dem des Beschuldigten im Strafverfahren nicht vereinbar ist (BVerfGE 53, 207, 214 f.; BVerfG NJW 1998, 2205; KK-StPO/*Willnow* § 138 Rn. 3).

12 Auch eine **Verteidigung eines Mitbeschuldigten** scheidet seitens eines beschuldigten Rechtsanwalts wegen der zu erwartenden Interessenwidersprüche und der Unvereinbarkeit mit Rechten der Verteidigung (Akteneinsichtsrecht; ungehinderter und nicht überwachter Kontakt mit dem Beschuldigten) und dem Interesse an einer effektiven Strafverfolgung aus (BGH StV 1996, 469; wistra 2011, 149 f.; OLG Celle NJW 2001, 3564; OLG Hamm NStZ-RR 2008, 252; vgl. zum anzuwendenden Verfahren näher unter § 138a Rdn. 9 f.).

13 Demgegenüber schließt die **Zeugenstellung** des Rechtsanwalts die Verteidigung nicht aus (LR/*Ignor/Bertheau* Vor § 48 Rn. 45); dass die Verteidigung berufswidrig ist, wenn der Verteidiger seinen Mandanten belastet, ändert hieran nichts.

Einer Verteidigung steht es jedoch entgegen, wenn gegen den Rechtsanwalt ein **Berufs- oder Vertretungsverbot** gem. § 132a StPO, § 70 StGB, §§ 114 Abs. 1 Nr. 4, 150 Abs. 1 Satz 1, 161a BRAO verhängt worden ist. Die Zurückweisung durch das **Gericht** erfolgt gem. § 146a analog (KK-StPO/*Willnow* § 138 Rn. 4); vor Zurückweisung vorgenommene Prozesshandlungen bleiben wirksam (KMR/*Hiebl* § 138 Rn. 4; Einzelheiten s. unter § 146a). 14

Darüber hinaus dürfen gem. **§ 172 Abs. 1 Satz 1 BRAO** die beim BGH zugelassenen Rechtsanwälte nur vor dem Bundesgerichtshof, den anderen obersten Gerichtshöfen des Bundes, dem Gemeinsamen Senat der obersten Gerichtshöfe und vor dem Bundesverfassungsgericht auftreten (dazu näher LR/*Jahn* § 138 Rn. 9). 15

Eine **Erweiterung** des Anwendungsbereichs des § 138 folgt aus **§ 392 Abs. 1 AO**. Über die in § 138 Abs. 1 genannten Rechtsanwälte hinaus können demnach auch die **Angehörigen der steuerberatenden Berufe** (Steuerberater, Steuerbevollmächtigte, Wirtschaftsprüfer, vereidigte Buchprüfer) zu Verteidigern gewählt werden, soweit es sich um Ermittlungsverfahren wegen Steuerstraftaten i.S.d. § 369 Abs. 1 AO handelt und die Finanzbehörde das Verfahren gem. § 396 Abs. 2 AO selbstständig führt (s. dazu *Peter* StB 2017, 106). Wenn die Steuerbehörde das Verfahren nicht mehr selbstständig führt, können sie die Verteidigung gemeinsam mit einem Rechtsanwalt oder einem Hochschullehrer führen, § 392 Abs. 1 AO (KMR-*Staudinger* § 138 Rn. 6; Meyer-Goßner/*Schmitt* § 138 Rn. 5; LR/*Jahn* § 138 Rn. 17). 16

II. Rechtslehrer an deutschen Hochschulen. 1. Umfasster Personenkreis. Rechtslehrer an einer deutschen Hochschule i.S.d. Hochschulrahmengesetzes (HRG) ist, wer selbstständig und hauptberuflich ein Rechtsgebiet in Lehre und Forschung vertritt (LR/*Jahn* § 138 Rn. 18 ff.) und einer staatlichen wissenschaftlichen Hochschule oder staatlich anerkannten wissenschaftlichen Bildungseinrichtung angehört; sei es als **(außer-)ordentlicher Professor**, als **Juniorprofessor** (vgl. § 42 Abs. 1 HRG), als **Honorarprofessor** oder als **Privatdozent** (zu Letzterem wie hier Meyer-Goßner/*Schmitt* § 138 Rn. 4; SK-StPO/*Wohlers* § 138 Rn. 16; LR/*Jahn* § 138 Rn. 18). Zusätzliche Voraussetzung ist die Befähigung zum Richteramt, d.h. das Assessorexamen (§ 5 DRiG). 17

Nicht notwendig ist es hingegen, dass die Lehrbefugnis sich auf das Straf(prozess)recht bezieht (zweifelnd HK-StPO/*Julius*/*Schiemann* § 138 Rn. 1 und 5); zudem ändert auch die Emeritierung nichts an der Berechtigung (Meyer-Goßner/*Schmitt* § 138 Rn. 4; zu den Folgen im Fall eines Wechsels an eine ausländische Universität näher SK-StPO/*Wohlers* § 138 Rn. 19). 18

Durch den infolge der Gesetzesänderung im Jahr 2004 erfolgten Verweis auf § 1 HRG sind nunmehr unstreitig auch **Fachhochschullehrer** von der Regelung erfasst, sofern sie die Befähigung zum Richteramt besitzen (abl. – nach alter Rechtslage – OLG Brandenburg NStZ-RR 2004, 85 [durch Neufassung des § 138 inzwischen überholt]; bereits zu diesem Zeitpunkt bejahend BGHSt 48, 350; OLG Dresden NStZ-RR 2001, 205; der Streit ist durch den Gesetzgeber entschieden). Nicht erfasst sind hingegen Rechtslehrer an einer **privaten Hochschule**, wie § 1 Satz 2 HRG belegt (z.B. Bucerius Law School in Hamburg; so auch Meyer-Goßner/*Schmitt* § 138 Rn. 4; LR/*Jahn* § 138 Rn. 19; Radtke/Hohmann/*Reinhart* § 138 Rn. 4). 19

Ob auch **Lehrbeauftragte** unter § 138 Abs. 1 fallen, wird unterschiedlich beurteilt (dafür Thür. OLG Jena, StraFo 1999, 349 f. m. zust. Anm. *Deumeland*; *Schröter* Der Hochschullehrer als Strafverteidiger, Diss. Regensburg 1987, wenn sie die Befähigung haben, ein Rechtsgebiet an einer deutschen Universität oder gleichrangigen Hochschule selbstständig zu lehren). Der Wortlaut der Norm spricht dagegen, ebenso wie der Umstand, dass Lehrbeauftragte in der Legaldefinition des Begriffs des Hochschullehrers in § 42 Satz 1 HRG nicht auftauchen (i.E. ebenso *Joecks*/*Jäger* § 138 Rn. 3; LR/*Jahn* § 138 Rn. 18; Meyer-Goßner/*Schmitt* § 138 Rn. 4; SK-StPO/*Wohlers* § 138 Rn. 18). Aus diesem Grund sind auch **wissenschaftliche Assistenten**, die einen Lehrauftrag innehaben, aber keine Juniorprofessoren sind, nicht von § 138 Abs. 1 erfasst (i.E. ebenso Meyer-Goßner/*Schmitt* § 138 Rn. 4; *Deumeland* StraFo 1999, 350). Erforderlich ist insoweit also eine Genehmigung i.S.v. § 138 Abs. 2. 20

2. Modalitäten. Auch für die unter den Begriff des Rechtslehrers i.S.d. § 138 Abs. 1 fallenden Personen gilt die Einschränkung, dass sie nicht formell als Verteidiger in eigener Sache agieren dürfen (KMR/*Hiebl* § 138 Rn. 5); nicht möglich ist überdies die Verteidigung von Mitbeschuldigten. 21

Das am 01.07.2008 an die Stelle des Rechtsberatungsgesetzes getretene Rechtsdienstleistungsgesetz steht einer anwaltlichen Tätigkeit der unter Rdn. 17 genannten Personen nicht entgegen, weil die gesetzliche Zulässigkeit i.S.d. § 138 Abs. 1 eine solche gem. § 5 Abs. 1 RDG darstellt, sodass auch außergerichtliche Tätigkeiten erlaubt sind (BT-Drs. 16/3655, S. 53; SK-StPO/*Wohlers* § 138 Rn. 20). 22

III. Andere Personen (§ 138 Abs. 2). 1. In Betracht kommender Personenkreis. Die Norm erfasst nur natürliche geschäftsfähige Personen (KK-StPO/*Willnow* § 138 Rn. 8). Nach dem Willen des Gesetzgebers sollten unter den Begriff der anderen Personen i.S.d. § 138 Abs. 2 vor allem **sachkundige**, juristisch gebildete 23

Personengruppen fallen, z.B. ausländische Rechtsanwälte (hierzu OLG Stuttgart NStZ-RR 2009, 113; s. aber Rdn. 7 zum EuRAG) oder Vertreter anderer juristischer Berufe (näher dazu m.w.N. *Hilla* NJW 1988, 2525 f.) und Assessoren (BVerfG NJW 2003, 882; zur Möglichkeit der Übertragung der Verteidigung auf einen Referendar vgl. § 139 Rdn. 3 ff.). Nach Ansicht der Rspr. kommen darüber hinaus aber auch Personen ohne juristisches Staatsexamen in Betracht (OLG Hamm NStZ 2007, 238, 239; abl. bei Auszubildenden zum Rechtsanwaltsfachangestellten im 2. Lehrjahr: AG Köln Beck RS 2019, 46790).

24 Ein persönlicher Bezug zum Beschuldigten, z.B. bei Familienangehörigen (OLG Hamm MDR 1978, 509) oder Freunden schließt die Tauglichkeit – ebenso wenig wie bei den Verteidigern nach Abs. 1 – nicht von vornherein aus (Radtke/Hohmann/*Reinhardt* § 138 Rn. 10; *Lehmann* JR 2012, 287, 290).

25 Mitangeklagte sind hingegen, aus denselben Gründen wie der Beschuldigte selbst (s.o. Rdn. 11), keine tauglichen Verteidiger (BayObLG NJW 1953, 755). Liegen die Ausschließungsgründe der §§ 138a, 138b vor, so steht dies einer Genehmigung gleichfalls von vornherein entgegen (KK-StPO/*Willnow* § 138 Rn. 8). Ebenso wenig können Personen gewählt werden, die zugleich wichtige Zeugen sind (OLG Karlsruhe BeckRS 2017, 100740; KK-StPO/*Willnow* § 138 Rn. 8; anders im Fall des Verteidigers, der Zeuge ist, s.o. Rdn. 13).

26 **2. Genehmigung durch das Gericht. a) Allgemeines. aa) Genehmigungsverfahren.** Die Zulassung setzt einen entsprechenden **Antrag** voraus, der auch konkludent gestellt werden kann (OLG Düsseldorf StraFo 2001, 270; SK-StPO/*Wohlers* § 138 Rn. 28 m.w.N.).

27 Die Entscheidung über die Zulassung trifft das Gericht **nach pflichtgemäßem Ermessen** auf (u.U. auch konkludenten) Antrag des Beschuldigten, wobei es im konkreten Einzelfall zwischen dem Interesse des Beschuldigten, durch eine Person seines Vertrauens verteidigt zu werden, und den Belangen der Rechtspflege abzuwägen hat (OLG Koblenz NStZ-RR 2008, 179; OLG Hamm NStZ 2007, 238 f.; OLG Düsseldorf NStZ 1999, 586 f.).

28 Die Zulassung muss erfolgen, wenn die benannte Person genügend sachkundig und vertrauenswürdig erscheint und auch sonst keine Bedenken gegen ihr Auftreten vor Gericht bestehen (OLG Koblenz NStZ-RR 2008, 179). Insoweit ist das **Ermessen des Gerichts »auf Null« reduziert**, denn das Fairnessprinzip begründet einen Anspruch auf einen Verteidiger, dem der Beschuldigte vertraut (s. oben § 137 Rdn. 2). Das Gericht kann sich bei der Ausübung des Ermessens am Maßstab des § 43a BRAO orientieren, der die Grundpflichten des Rechtsanwalts regelt (BVerfG NJW 2006, 1502, 1503). Ist absehbar, dass der Nichtanwalt das **Sachlichkeitsgebot** verletzen wird, ist seine Ablehnung nicht ermessensfehlerhaft (OLG Hamm NStZ 2007, 238, 240). Der Gewählte muss **Verständnis für den geordneten Ablauf des Verfahrens** erkennen lassen und es muss von ihm die **Einhaltung der für Rechtsanwälte in dieser Position geltenden Verhaltensvorschriften** zu erwarten sein (OLG Koblenz NStZ-RR 2008, 179 [Abwägung Beschuldigteninteressen gegen die Bedürfnisse der Rechtspflege]), wobei er nicht uneingeschränkt den Anforderungen eines berufsmäßigen Verteidigers genügen muss (enger HK-StPO/*Julius/Schiemann*, die eine Ablehnung nur bei »schwerwiegender Beeinträchtigung der Rechtspflege« zulassen). Die **Vertrauenswürdigkeit** hat das Gericht im Regelfall vorauszusetzen, denn die Wahl durch den Beschuldigten ist dafür ein hinreichendes Indiz (HK-StPO/*Julius/Schiemann* § 138 Rn. 8). Aspekte der problemloseren justiziellen Organisation des Verfahrens bei Wahl eines anderen Verteidigers haben demgegenüber zurückzustehen (so auch SK-StPO/*Wohlers* § 138 Rn. 40). Nach der Rspr. kann z.B. die Genehmigung der Wahl eines ehemaligen Rechtsanwalts zum Verteidiger dann wegen fehlender Vertrauenswürdigkeit ermessensfehlerfrei abgelehnt werden, wenn der Widerruf der Zulassung als Rechtsanwalt auch im Bundeszentralregister eingetragen ist (OLG Stuttgart StV 2016, 139).

29 Nimmt die vom Beschuldigten gewählte Person vor ihrer Zulassung durch das Gericht Prozesshandlungen vor, so sind diese bis zur Zulassung schwebend unwirksam.

30 Die Entscheidung über die Zulassung ergeht nach Anhörung der Staatsanwaltschaft durch **Beschluss**, der gem. § 34 zu begründen ist (Meyer-Goßner/*Schmitt* § 138 Rn. 12); zur Beschwerdebefugnis s. unter Rdn. 44. Ausnahmsweise ist von einer **konkludenten Genehmigung** auszugehen, wenn der anderen Person Verteidigungsrechte gewährt oder Verteidigungshandlungen entgegengenommen werden, allerdings nur dann, wenn die Umstände den Schluss zulassen, dass sich die Mitglieder des Gerichts (ggf. inkl. der Schöffen) des Erfordernisses einer Genehmigung und der pflichtgemäßen Ermessensausübung bewusst geworden sind (BayObLG NJW 1991, 2434 [Abwägung Beschuldigteninteressen gegen die Bedürfnisse der Rechtspflege]; Meyer-Goßner/*Schmitt* § 138 Rn. 12; s.a. HK-StPO/*Julius/Schiemann* § 138 Rn. 7).

31 Wird die Genehmigung erteilt, so erstreckt sich vorbehaltlich einer ausdrücklichen Beschränkung die Genehmigung auf **das gesamte Verfahren** (OLG Düsseldorf StraFo 2001, 270), sofern der Beschuldigte den Antrag seinerseits nicht ersichtlich beschränkt hat. Die bis dahin vorgenommenen, schwebend unwirksamen Prozesshandlungen werden rückwirkend geheilt (RGSt 55, 213; OLG Hamm MDR 1951, 503). Wird die Genehmigung versagt, so wird die Prozesshandlung endgültig unwirksam (RGSt 62, 250).

Zuständig ist im Hauptverfahren das mit der Sache befasste **Gericht**; bei Kollegialgerichten wirken im Fall eines Antrags in der Hauptverhandlung auch die Schöffen mit (KK-StPO/*Willnow* § 138 Rn. 10). 32
Wer zu entscheiden hat, wenn sich das Verfahren noch im Stadium des **Ermittlungsverfahrens** befindet, ist gesetzlich nach wie vor nicht geregelt. Nach richtiger Auffassung ist § 142 Abs. 3 Nr. 1 und 2 entsprechend anwendbar, mit der Maßgabe, dass nicht der Vorsitzende, sondern das **Gericht in seiner Besetzung außerhalb der Hauptverhandlung** entscheidet (so auch KK-StPO/*Willnow* § 138 Rn. 10; Meyer-Goßner/*Schmitt* § 138 Rn. 16; LR/*Jahn* § 138 Rn. 48; SK-StPO/*Wohlers* § 138 Rn. 30; BeckOK-StPO/*Wessing* § 138 Rn. 16). Die **Staatsanwaltschaft** ist nicht befugt, das Gesuch des Beschuldigten zurückzuweisen (SK-StPO/*Wohlers* § 138 Rn. 32); sie ist jedoch gem. § 33 Abs. 2 zu hören und muss erklären, vor welchem Gericht sie ggf. anzuklagen gedenkt (KK-StPO/*Willnow* § 138 Rn. 10; SK-StPO/*Wohlers* § 138 Rn. 32). Betrifft der Antrag ausschließlich die Mitwirkung bei einer **Untersuchungshandlung i.S.d. § 162**, so ist der Ermittlungsrichter zuständig (BGHR StPO § 138 II Zulassung 1; Meyer-Goßner/*Schmitt* § 138 Rn. 16). Bei einer Beschuldigtenvernehmung nach §§ 115 Abs. 3, 128 Abs. 1 S. 2 kann auch der im Ermittlungsverfahren zuständige **Haftrichter** entscheiden (KK-StPO/Willnow § 138 Rn. 10). Diskussionswürdig erscheint es, dass bei besonderer **Eilbedürftigkeit** auch die **Staatsanwaltschaft über die Genehmigung entscheiden** könnte mit anschließender Einschaltung des Gerichts (**§ 142 Abs. 4 analog**). Eine unmittelbare und schnelle Genehmigung durch die Staatsanwaltschaft erscheint z.B. sachgerecht, wenn ganz offensichtlich kein wichtiger Grund entgegensteht, die gewählte Person (ggf. neben dem Pflichtverteidiger) als »Verteidiger des besonderen Vertrauens des Beschuldigten« zuzulassen. Im Frühstadium weiß die Staatsanwaltschaft schließlich häufig noch gar nicht, ob und wo sie Anklage erheben wird, wer also für eine richterliche Entscheidung i.S.v. § 138 Abs. 2 i.V.m. § 142 Abs. 3 Nr. 3 (analog) zuständig wäre. Stets sollten dem Beschuldigten größtmögliche Einflussmöglichkeiten auf schnelle Unterstützung durch Vertrauenspersonen eingeräumt werden, und zwar auch im Fall von Erstvernehmungen zu Beginn des Ermittlungsverfahrens (auch jenseits der Haftfälle). Die wachsende Tendenz, die Wünsche des Beschuldigten bei der Bestellung seines Verteidigers zu berücksichtigen, verdient nachhaltige Unterstützung (s. auch *Hammerstein* JR 1987, 389; HK-StPO/*Julius/Schiemann* § 138 Rn. 8). Sofern sich das Verfahren im **Rechtsmittelstadium** befindet, und die Akten dem Rechtsmittelgericht nach §§ 321 Satz 2, 347 Abs. 2 vorgelegt wurden, ist das **Rechtsmittelgericht** für die Entscheidung zuständig (Meyer-Goßner/*Schmitt* § 138 Rn. 16). Bis zu diesem Zeitpunkt bleibt das Gericht zuständig, bei dem das Rechtsmittel eingelegt worden ist (RGSt 55, 213 f.; 62, 250 f.; SK-StPO/*Wohlers* § 138 Rn. 31).

bb) Rücknahme. Die Genehmigung kann zurückgenommen werden, wenn sich herausstellt, dass die Voraussetzungen für die Bestellung weggefallen oder bereits von vornherein nicht bestanden haben (BayObLG NJW 1953, 755). Sofern jedoch die Voraussetzungen der §§ 138a, 138b vorliegen, gehen die §§ 138c, 138d als Spezialtatbestände vor (Meyer-Goßner/*Schmitt* § 138 Rn. 17; SK-StPO/*Wohlers* § 138 Rn. 43; *Burhoff* StRR 2012, 404; zweifelnd HK-StPO/*Julius/Schiemann* § 138 Rn. 9; *Lehmann* JR 2012, 287, 290: Alleinentscheidungsrecht des Tatrichters). 33
Die Rücknahme ist, wie auch die Versagung der Genehmigung, zu begründen (OLG Düsseldorf StraFo 2001, 270, 271; BayObLG NJW 1953, 755). 34
Zuständig für die Rücknahme ist das Gericht, das zu diesem Zeitpunkt für die Erteilung der Genehmigung zuständig wäre (SK-StPO/*Wohlers* § 138 Rn. 44 m.w.N.). 35
Die Rücknahme wirkt nur für die Zukunft; bis dahin vorgenommene Prozesshandlungen bleiben wirksam (*Pfeiffer* § 138 Rn. 3; Radtke/Hohmann/*Reinhart* § 138 Rn. 11). 36

b) Fall der notwendigen Verteidigung. aa) Allgemeines. Liegt ein Fall notwendiger Verteidigung vor (vgl. dazu näher unter § 140 Rdn. 15 ff.) und gehört die vom Beschuldigten als Verteidiger gewählte Person nicht zu dem Personenkreis des § 138 Abs. 1 bzw. des § 142 Abs. 2, so gilt zum Schutze der Interessen des Angeklagten und zur Gewährleistung eines prozessordnungsgemäßen Verfahrensablaufs das »Gebot der gemeinschaftlichen Verteidigung« (BGHSt 32, 326, 328 f.; OLG Koblenz NStZ-RR 2008, 179); d.h. es ist die Mitwirkung einer weiteren Person vonnöten, die die Voraussetzungen der genannten Normen erfüllt und damit die Gewähr für die notwendige Sachkunde bei der Verteidigung bietet (BGHSt 3, 398). 37

bb) Praktische Konsequenzen. Grundsätzlich hat der nach § 138 Abs. 2 zugelassene Verteidiger alle Rechte, die einem Verteidiger nach § 138 Abs. 1 zustehen (z.B. Akteneinsichtsrecht, Recht auf unüberwachte Kommunikation mit dem Inhaftierten; zu Letzterem KG JR 1988, 391 m. zust. Anm. *Hammerstein*). Von diesem Grundsatz bestehen jedoch Ausnahmen in zweierlei Hinsicht, die sich aus dem Sinn des Gebots der gemeinschaftlichen Verteidigung ergeben, eine sachkundige Verteidigung sicherzustellen. 38
Zunächst besteht eine Art Akzessorietät zwischen den Handlungen des Rechtsanwalts bzw. Hochschullehrers und des Verteidigers i.S.d. § 138 Abs. 2 mit Blick auf **Prozesshandlungen**; d.h., bei divergierenden 39

Anträgen oder Erklärungen der beiden Verteidiger ist die Entscheidung des Verteidigers ausschlaggebend, der die Voraussetzungen des § 138 Abs. 1 erfüllt. Der letztgenannte kann also – im Rahmen der allgemein geltenden Grundsätze für die Rücknahme von Prozesshandlungen – anderslautende Anträge des Verteidigers i.S.d. § 138 Abs. 2 zurücknehmen oder Erklärungen **widerrufen** (SK-StPO/*Wohlers* § 138 Rn. 48).

40 **Rechtsmittel** kann ein Verteidiger i.S.d. § 138 Abs. 2 nur zusammen mit demjenigen nach § 138 Abs. 1 einlegen. Das bedeutet, dass im Fall einer schriftlichen Erklärung das Erfordernis einer Mitzeichnung bzw. der Abgabe einer fristgemäßen gesonderten Erklärung des letztgenannten besteht, in der er zum Ausdruck bringt, dass er mit der Einlegung des Rechtsmittels einverstanden ist (KG NJW 1974, 916). Speziell im Fall der gesetzlich vorgeschriebenen Unterzeichnung der Rechtsmittelerklärung (bspw. § 345 Abs. 2) ist stets eine Mitzeichnung des Verteidigers bzw. Hochschullehrers vonnöten (BGHSt 32, 326, 328; KG JR 1983, 83 – speziell zum Fall des § 140 Abs. 2). Hieran ändert auch die Mitgliedschaft als Rechtsbeistand in der Rechtsanwaltskammer nichts (BGHSt 32, 326, 329).

41 **IV. § 138 Abs. 3.** Der im Jahr 2009 neu eingefügte § 138 Abs. 3 passt das Recht der dort genannten Personen, sich eines Beistands bedienen zu können (vgl. §§ 68b Abs. 1 Satz 1, 378 Satz 1, 397a Abs. 2 Satz 1, 406f Abs. 1 Satz 1, 406g Abs. 1 Satz 1), demjenigen des Beschuldigten auf einen Verteidiger inhaltlich an (BT-Drs. 16/12098, S. 19 f., 30; zur Unvollständigkeit der Regelung des § 138 Abs. 3 in Bezug auf Steuerberater und Hochschullehrer s. LR/*Jahn* § 138 Rn. 64 f.).
Obgleich der Begriff »wählen« verwendet wird, umfasst die Norm nach ihrem Sinn und Zweck, Waffengleichheit zwischen dem Beschuldigten und den genannten Personen zu fördern, auch den Fall der Beiordnung (*Ladiges* JR 2013, 295, 298; LR/*Jahn* § 138 Rn. 60). Besondere Problem bei der Befugnis des gem. § 138 Abs. 3 zugelassenen Personen eröffnen sich im Fall eines Klagerzwingungsverfahrens: Ein Antrag auf gerichtliche Entscheidung gegen den Bescheid des Generalstaatsanwalts im Klageerzwingungsverfahren soll nach Rspr. und h.L. nur von einem Rechtsanwalt unterzeichnet werden dürfen – die Unterzeichnung des Antrags durch einen Strafverteidiger und Hochschullehrer an einer deutschen Hochschule, der nicht gleichzeitig Rechtsanwalt ist, soll das Formerfordernis des § 172 Abs. 3 Satz 2 nicht erfüllen (OLG Bamberg BeckRS 2021, 14725; Meyer-Goßner/*Schmitt* § 172 Rn. 32; MüKo StPO/*Kölbel* § 172 Rn. 50). Dies ist jedoch unvereinbar mit § 138 Abs. 3 Satz 3 StPO, der generell eine Gleichstellung des Rechtsanwalts mit dem in § 138 Abs. 1 und 2 genannten Personenkreis anordnet. Es wäre auch unsinnig, dem Verletzten im Vorverfahren einen Verletztenbeistand auch seitens eines Rechtslehrers zu ermöglichen (§ 406h Abs. 1 Satz 1, Abs. 3 StPO), wenn diesem wesentliche Prozesshandlungen versperrt blieben (LR/*Jahn* § 138 Rn. 65; *Ladiges* JR 2013, 295, 297; *ders.* JR 2022, 87; *Swoboda* StV 2022, 139, 140).

42 **C. Rechtsmittel. I. Beschwerde.** Gegen die Zurückweisung als Verteidiger bzw. Beistand nach § 138 ist die Beschwerde statthaft. **§ 305 Satz 1** ist nicht einschlägig, weil die Entscheidung nicht in einem inneren Zusammenhang zu dem zu erlassenden Urteil steht (OLG Düsseldorf NStZ 1999, 586 f.; 1988, 91). Die Entscheidungen des Ermittlungsrichters des Bundesgerichtshofs und des Oberlandesgerichts sind jedoch, wie sich aus § 304 Abs. 5 ergibt, nicht anfechtbar.

43 **Beschwerdebefugt gegen eine Zurückweisung als Verteidiger i.S.v.§ 138 Abs. 1** sind sowohl der Beschuldigte als auch der abgelehnte Rechtsanwalt bzw. Rechtslehrer als »sonstige Person« i.S.d. § 304 Abs. 2 (BGHSt 8, 194).

44 Wird eine Genehmigung gem. § 138 Abs. 2 versagt oder im Nachhinein zurückgenommen, so können der **Beschuldigte und der von diesem zum Verteidiger Gewählte** ebenfalls **Beschwerde** einlegen (OLG Düsseldorf NStZ 1988, 91; Meyer-Goßner/*Schmitt* § 138 Rn. 23; KK-StPO/*Willnow* § 138 Rn. 17; **a.A.** OLG Frankfurt a. M. NStZ-RR 2014, 250). Ist die **Staatsanwaltschaft** der Ansicht, die Genehmigung sei zu Unrecht erfolgt, so steht auch ihr die **Beschwerdebefugnis** zu (SK-StPO/*Wohlers* § 138 Rn. 51; MüKo-StPO/*Thomas*/*Kämpfer*, § 138 Rn. 25). Wenn das Verfahren inzwischen rechtskräftig abgeschlossen ist, soll eine Beschwerde des Angeklagten oder der Person gegen die Nichtzulassung i.S.v. § 138 Abs. 2 mangels Beschwer unzulässig sein (OLG Bamberg Beck RS 2019, 12633). Dies widerspricht der Bedeutung der Verteidigung als Ausdruck des Rechtsstaatsprinzips und ihrer Vertrauensbeziehung zum Beschuldigten, deren Rechtmäßigkeit auch rückwirkend festgestellt werden kann [zur Problematik der rückwirkenden Bestellung eines Pflichtverteidigers s. § 141 Rdn. 7 f.].

45 Gegen Beschlüsse i.S.d. § 138 Abs. 3 können die in dieser Norm genannten Personen und die von diesen gewählten Verteidiger Beschwerde einlegen (AnwK-StPO/*Krekeler*/*Werner* § 138 Rn. 5).

46 Das Beschwerdegericht hat die Entscheidung des Gerichts auf seine Rechtmäßigkeit zu untersuchen, ist aber mit Blick auf die Frage, ob die Entscheidung im pflichtgemäßen Ermessen erging (s. dazu oben Rdn. 27), auf die Untersuchung von Ermessensfehlern **beschränkt** (OLG Koblenz NStZ-RR 2008, 179; OLG Hamm NStZ 2007, 238, 239; OLG Düsseldorf NStZ 1999, 586; 1988, 91; BayObLG NJW 1953, 755; Meyer-

Goßner/*Schmitt* § 138 Rn. 23; LR/*Jahn* § 138 Rn. 49; **a.A.** KG VRS 107 [2004], 126 f.; SK-StPO/*Wohlers* § 138 Rn. 52 unter Berufung auf § 309 Abs. 2; ebenso *Pfeiffer* § 138 Rn. 5).

II. Revision. Die Frage, ob gegen § 138 Abs. 1 bzw. 2 verstoßen worden und das Urteil daher gem. **§ 338 Nr. 8** aufzuheben ist, kann mit der Revision überprüft werden (dazu näher unter § 338). 47

Hat im Fall notwendiger Verteidigung bei wesentlichen Teilen der Hauptverhandlung nur ein Verteidiger i.S.d. § 138 Abs. 2 mitgewirkt, ist der absolute Revisionsgrund des **§ 338 Nr. 5** zu bejahen (BayObLG NJW 1991, 2434; SK-StPO/*Wohlers* § 138 Rn. 55; MüKo-StPO/*Thomas/Kämpfer* § 138 Rn. 26 a.E.). Gleiches gilt, sofern in diesen Fällen ein sog. **Scheinverteidiger** mitwirkt, d.h. ein Rechtsanwalt, dem die Zulassung entzogen worden ist (BGHSt 47, 238, 240 m. zust. Anm. *Beulke/Angerer* NStZ 2002, 443; BGH BeckRS 2019, 5405). 48

§ 138a Ausschließung des Verteidigers

(1) Ein Verteidiger ist von der Mitwirkung in einem Verfahren auszuschließen, wenn er dringend oder in einem die Eröffnung des Hauptverfahrens rechtfertigenden Grade verdächtig ist, dass er

1. an der Tat, die den Gegenstand der Untersuchung bildet, beteiligt ist,

2. den Verkehr mit dem nicht auf freiem Fuß befindlichen Beschuldigten dazu missbraucht, Straftaten zu begehen oder die Sicherheit einer Vollzugsanstalt erheblich zu gefährden, oder

3. eine Handlung begangen hat, die für den Fall der Verurteilung des Beschuldigten Datenhehlerei, Begünstigung, Strafvereitelung oder Hehlerei wäre.

(2) Von der Mitwirkung in einem Strafverfahren, das eine Straftat nach § 129a, auch in Verbindung mit § 129b Abs. 1, des Strafgesetzbuches zum Gegenstand hat, ist ein Verteidiger auch auszuschließen, wenn bestimmte Tatsachen den Verdacht begründen, dass er eine der in Absatz 1 Nr. 1 und 2 bezeichneten Handlungen begangen hat oder begeht.

(3) [1]Die Ausschließung ist aufzuheben,

1. sobald ihre Voraussetzungen nicht mehr vorliegen, jedoch nicht allein deshalb, weil der Beschuldigte auf freien Fuß gesetzt worden ist,

2. wenn der Verteidiger in einem wegen des Sachverhalts, der zur Ausschließung geführt hat, eröffneten Hauptverfahren freigesprochen oder wenn in einem Urteil des Ehren- oder Berufsgerichts eine schuldhafte Verletzung der Berufspflichten im Hinblick auf diesen Sachverhalt nicht festgestellt wird,

3. wenn nicht spätestens ein Jahr nach der Ausschließung des Sachverhalts, der zur Ausschließung geführt hat, das Hauptverfahren im Strafverfahren oder im ehren- oder berufsgerichtlichen Verfahren eröffnet oder ein Strafbefehl erlassen worden ist.

[2]Eine Ausschließung, die nach Nummer 3 aufzuheben ist, kann befristet, längstens jedoch insgesamt für die Dauer eines weiteren Jahres, aufrecht erhalten werden, wenn die besondere Schwierigkeit oder der besondere Umfang der Sache oder ein anderer wichtiger Grund die Entscheidung über die Eröffnung des Hauptverfahrens noch nicht zulässt.

(4) [1]Solange ein Verteidiger ausgeschlossen ist, kann er den Beschuldigten auch in anderen gesetzlich geordneten Verfahren nicht verteidigen. [2]In sonstigen Angelegenheiten darf er den Beschuldigten, der sich nicht auf freiem Fuß befindet, nicht aufsuchen.

(5) [1]Andere Beschuldigte kann ein Verteidiger, solange er ausgeschlossen ist, in demselben Verfahren nicht verteidigen, in anderen Verfahren dann nicht, wenn diese eine Straftat nach § 129a, auch in Verbindung mit § 129b Abs. 1, des Strafgesetzbuches zum Gegenstand haben und die Ausschließung in einem Verfahren erfolgt ist, das ebenfalls eine solche Straftat zum Gegenstand hat. [2]Absatz 4 gilt entsprechend.

Übersicht

1 **A. Historisches.** Die §§ 138a ff. wurden durch das Gesetz zur Ergänzung des Ersten Gesetzes zur Reform des Strafverfahrensrechts vom 20.12.1974 (BGBl. I, S. 3686) eingefügt. Den Grund für diese Einfügung bildete die Entscheidung des BVerfG vom 14.02.1973 (BVerfGE 34, 293 – *Schily*-Beschluss), in der der Senat die bis dato herrschende Praxis der Ausschließung ohne rechtliche Grundlage für verfassungswidrig erklärt und eine gesetzliche Regelung gefordert hatte (zur Rechtslage vor der Normierung des Verteidigerausschlusses *Remagen-Kemmerling* Der Ausschluß des Strafverteidigers in Theorie und Praxis [1992], S. 19 ff., 47 ff.; näher zur Entstehungsgeschichte und zu zwischenzeitlichen Änderungen LR/*Jahn* § 138a Vor Rn. 1 m.w.N.; Bockemühl/*Köllner* Hdb. FA Strafrecht Rn. 103; *Frye* wistra 2005, 86).

2 Die bestehenden Regelungen sind vom BVerfG zu Recht für verfassungskonform erachtet worden, denn sie stellen die notwendige Konsequenz der janusköpfigen Funktion des Strafverteidigers (dazu unter § 137 Rdn. 7 sowie Einl. Rdn. 161) dar (grundlegend BVerfGE 34, 293; zu § 138a: BVerfG NJW 1975, 2341; zust. SK-StPO/*Wohlers* § 138a Rn. 1 f. m.w.N.; LR/*Jahn* § 138a Rn. 2; *Beulke* Verteidiger im Strafverfahren, S. 224 f. m. Nachw. zur Gegenansicht; Vorschläge für eine Gesetzesänderung bei *Parigger* FG Koch, S. 199, 210 ff.; statistische Angaben bei HK-StPO/*Julius*/*Schiemann* § 138a Rn. 2).

3 **B. Regelungsgehalt. I. Allgemeines.** Überschreitet der Verteidiger die Grenzen zulässigen Verteidigerverhaltens, so ist er, sofern die Voraussetzungen der §§ 138a bis 138d erfüllt sind, **zwingend** von der Verteidigung des Beschuldigten auszuschließen (BGHSt 37, 395, 396; *Beulke/Ruhmannseder* Rn. 514; *Frye* wistra 2005, 86 f.).

4 Die Absätze 1 und 2 des § 138a regeln, gemeinsam mit § 138b Satz 1, **abschließend** (OLG Nürnberg StV 1989, 287, 289; Radtke/Hohmann/*Reinhart* § 138a Rn. 2; *Klemke/Elbs* Rn. 217) die Voraussetzungen des Verteidigerausschlusses, während die §§ 138c, 138d das beim Ausschluss zu beachtende Verfahren normieren. In § 138a Abs. 3 wird der Wegfall des Ausschließungsgrundes behandelt, und in den Absätzen 4 und 5 des § 138a werden über die Ausschließung in dem betreffenden Verfahren hinausgehende Folgen für den Verteidiger geregelt.

5 Die Normen verdrängen nicht andere Regelungen, die eine Verteidigung ausschließen, wie z.B. eine Rücknahme der Genehmigung nach § 138 Abs. 2 (s. dazu oben, § 138 Rdn. 33 ff.) oder die Bestellung eines Pflichtverteidigers nach § 141 (KMR/*Staudinger* § 138a Rn. 3).

6 **II. Voraussetzungen der Ausschließung (Abs. 1 und 2). 1. Persönlicher Anwendungsbereich.** § 138a gilt für sämtliche Arten von Verteidigern, d.h. für den **Wahlverteidiger** nach § 138 Abs. 1 sowie für denjenigen i.S.d. § 138 Abs. 2 (*Klemke/Elbs* Rn. 209; *Müller/Opper/von Stetten* Rn. 480).

7 Auch der im finanzbehördlichen Ermittlungsverfahren gem. **§ 392 AO** als Verteidiger tätige Steuerberater, Steuerbevollmächtigte oder Wirtschaftsprüfer wird erfasst (OLG Karlsruhe NJW 1975, 943 zu § 427 AO a.F.; *Klemke/Elbs* Rn. 218; *Parigger* FG Koch, S. 199, 205).

8 Unter Verweis auf den Wortlaut des § 138a sowie den angeblich mit den §§ 138a ff. verfolgten Zweck, eine einheitliche Regelung für sämtliche Verteidiger vorzusehen, wenden die Rspr. und die herrschende Lehre die Regelung auch auf den **Pflichtverteidiger** an (so BGHSt 42, 94, 95 f.; OLG Bamberg wistra 2016, 288; OLG Zweibrücken, WKRS 2009, 31838; OLG Braunschweig StV 1984, 500, KK-StPO/*Willnow* § 138a Rn. 2; Radtke/Hohmann/*Reinhart* § 138a Rn. 1; *Beulke/Ruhmannseder* Rn. 516; *Klemke/Elbs* Rn. 219 [besserer Schutz vor Entpflichtung des »unbequemen« Verteidigers]; *Parigger* FG Koch, S. 199, 204 f.; *Remagen-Kemmerling* Der Ausschluß des Strafverteidigers in Theorie und Praxis [1992], S. 63; *Roxin/Schünemann* § 19 Rn. 54; *Burhoff* StRR 2012, 404; *Dünnebier* NJW 1976, 1, 4; *Frye* wistra 2005, 86 f.). Da für Pflichtverteidiger die Rücknahmemöglichkeit gem. § 143 besteht, die überwiegend parallel angewandt wird, wenn das Vertrauensverhältnis gestört ist oder die Notwendigkeit der Pflichtverteidigung entfällt (HK-StPO/*Julius*/*Schiemann* § 138a Rn. 3). erscheint es aber logischer, die Regelung nur für Wahlverteidiger anzuwenden (BVerfGE 39, 238, 245; OLG Koblenz NJW 1978, 252; OLG Köln NStZ 1982, 129; *Beulke/Swoboda* Strafprozessrecht Rn. 270).

9 Ist der Verteidiger **Mitbeschuldigter** und ist **das Hauptverfahren eröffnet**, so bedarf es keines Ausschließungsverfahrens nach §§ 138a ff., sondern das erkennende Gericht hat den Verteidiger gem. § 146a analog als Verteidiger zurückzuweisen (BGH StV 1996, 469).

10 Unterschiedlich beurteilt wird, ob dies auch **vor Eröffnung des Hauptverfahrens** gilt (bejahend OLG Celle NJW 2001, 3564; **a.A.** BGH wistra 2000, 311, 312; OLG Hamm NStZ-RR 2008, 252; zust. Graf/*Wessing* StPO § 138c Rn. 1). Für die letztgenannte Ansicht – und damit für die Anwendung der §§ 138a ff. – streitet, dass in diesem Fall noch keine Prüfung des hinreichenden Tatverdachts erfolgt ist.

2. Zeitlicher Anwendungsbereich. Die §§ 138a ff. gelten **in sämtlichen Stadien des Strafverfahrens**, vom Ermittlungsverfahren über das Hauptverfahren, die Rechtskraft des Verfahrens hinaus bis zum Ende der Strafvollstreckung (BGHSt 26, 367, 371) und des Strafvollzugs bis hinein in das Gnadenverfahren (KMR/*Staudinger* § 138a Rn. 2). Sie sind überdies durch den Verweis in § 116 Abs. 2 BRAO **im anwaltsgerichtlichen Verfahren** anzuwenden (BGHSt 37, 395, 397) und finden über § 46 Abs. 1 OWiG im **Bußgeldverfahren** Anwendung (BGH wistra 1992, 228; KK-StPO/*Willnow* § 138a Rn. 4). 11

3. Die einzelnen Ausschließungsgründe. Die Ausschließungsgründe des § 138a Abs. 1 unterscheiden sich von denen des Absatzes 2 der Norm hinsichtlich des erforderlichen **Verdachtsgrades.** Während im Fall des Absatzes 1 der dringende (s. oben *Herrmann* § 112 Rdn. 7) bzw. der hinreichende Tatverdacht (s. unter § 170 Rdn. 11) vonnöten ist, genügt bei den Fallgruppen des Absatzes 2 bereits ein auf bestimmte Tatsachen gestützter Anfangsverdacht (LR/*Jahn* § 138a Rn. 72; noch enger KG NJW 1978, 1538 f., das die *»begründete Aussicht auf die Durchführung eines Ermittlungsverfahrens«* fordert; diesem zust. *Rieß* NStZ 1981, 328, 332, der in Fn. 74 bemerkt, der Verdachtsgrad bedürfe noch der Präzisierung). Für die Darlegung des hinreichenden Tatverdachtes gelten die für das Klageerzwingungsverfahren (dazu unter § 172 Rdn. 31) aufgestellten Grundsätze (OLG Celle StV 2016, 141). 12

a) § 138a Abs. 1. Bei den in Abs. 1 des § 138a genannten Fallgruppen handelt es sich um die in der Praxis am häufigsten zum Einsatz kommenden (*Beulke/Ruhmannseder* Rn. 518; *Müller/Opper/von Stetten* Rn. 489; *Frye* wistra 2005, 86, 87). 13

Die Gleichstellung des dringenden mit dem hinreichenden Tatverdacht erklärt sich in diesem Zusammenhang aus dem unterschiedlichen Anknüpfungspunkt. Während der hinreichende Tatverdacht, der sich auf die Verurteilungswahrscheinlichkeit bezieht, erst nach erfolgter Sachaufklärung festgestellt werden kann, ist dies im Rahmen des dringenden Tatverdachts gerade nicht nötig. Mit Verweis auf die Gesetzesbegründung (BT-Drs. 7/2526, S. 21) ist daher wie folgt zu differenzieren: Für den Ausschluss eines Verteidigers ist grundsätzlich ein dringender Tatverdacht erforderlich; dagegen genügt bereits ein hinreichender Tatverdacht, wenn das dem Verteidiger vorgeworfene strafbare Verhalten bereits anklagereif ausermittelt worden ist (so zu Recht KG NStZ-RR 2016, 18, Graf/*Wessing* StPO § 138a Rn. 1). 14

Die Bejahung des hinreichenden Tatverdachts setzt dagegen nach Auffassung des BGH nicht voraus, dass wegen des Vorwurfs gegen den Verteidiger ein Ermittlungsverfahren eingeleitet und bis zur Anklagereife geführt worden ist, vielmehr soll ein Erkenntnisstand gegeben sein, der eine Entscheidung über die Anklageerhebung ermöglichen würde (BGHSt 36, 133, 134 f. unter Aufgabe der bisherigen Rspr.; BGH BeckRS 2018, 19983; BGH StV 2020, 147 [Einstellung gem. § 154 Abs. 1]; zust. Meyer-Goßner/*Schmitt* § 138a Rn. 14; *Burhoff/Stephan* Rn. 185; *Frye* wistra 2005, 86, 87). Dem ist jedoch **zu widersprechen**: Erst die Einleitung eines Ermittlungsverfahrens und der Abschluss der daraufhin erfolgenden Ermittlungen vermögen die erforderliche Sachverhaltsaufklärung zu gewährleisten und damit den hinreichenden Tatverdacht begrifflich zu begründen (so auch noch BGH bei *Holtz* MDR 1979, 989; KG NStZ-RR 2016, 18; OLG Frankfurt StV 1988, 516; ebenso LR/*Jahn* § 138a Rn. 16 ff.; KK-StPO/*Willnow* § 138a Rn. 6; MüKo-StPO/*Thomas/Kämpfer* § 138a Rn. 5; SK-StPO/*Wohlers* § 138a Rn. 9; *Mehle* NStZ 1990, 92; *Scholderer* StV 1993, 228, 231; zu Folgerungen für die Verteidigung im Ausschließungsverfahren *Müller/Opper/von Stetten* Rn. 493). 15

aa) § 138a Abs. 1 Nr. 1. Gem. § 138a Abs. 1 Nr. 1 ist ein Verteidiger von der Mitwirkung im Verfahren auszuschließen, wenn er dringend bzw. hinreichend tatverdächtig ist, an der Tat, die den Gegenstand der Untersuchung bildet, beteiligt zu sein. 16

Hintergrund dieser Regelung ist die Vermutung, dass ein Verteidiger, der sich in einem Konflikt befindet zwischen dem Interesse, sich selbst zu entlasten und seinen Mandanten bestmöglich zu vertreten, im Ergebnis keinen adäquaten Beistand leisten kann (SK-StPO/*Wohlers* § 138a Rn. 11 m.w.N.). 17

Das Tatgeschehen i.S.d. § 264 Abs. 1 muss eine **Straftat** darstellen (BGH NStZ 1986, 37 m. zust. Anm. *Hammerstein*). Die Norm enthält **keine Bagatellklausel**, sodass die Ausschließung auch im Fall geringfügiger Straftaten zu erfolgen hat (BGHSt 37, 395 f. [der jedoch offenlässt, ob »in besonders gelagerten Ausnahmefällen« aus Gründen der Verhältnismäßigkeit anders zu entscheiden wäre]; **a.A.** mit beachtlichen Argumenten bei Verstoß gegen das Verhältnismäßigkeitsprinzip KK-StPO/*Willnow* § 138a Rn. 10; dazu auch unter Rdn. 21 und 27). 18

Der Begriff der **Beteiligung** ist **materiell-rechtlich** i.S.d. § 28 Abs. 2 StGB zu verstehen (KK-StPO/*Willnow* § 138a Rn. 7; KMR/*Staudinger* § 138a Rn. 11; LR/*Jahn* § 138a Rn. 20; Meyer-Goßner/*Schmitt* § 138a Rn. 5; *Parigger* FG Koch, S. 199, 205; *Remagen-Kemmerling* Der Ausschluß des Strafverteidigers in Theorie und Praxis [1992], S. 65; *Rotsch/Sahan* ZIS 2007, 142, 149). Er umfasst also sowohl eine Täterschaft (auch Nebentäterschaft, BGH StV 2020, 147) als auch eine Teilnahme (BGH NStZ-RR 2018, 320). Nicht aus- 19 reichend ist hingegen eine Mitwirkung im weiteren – verfahrensrechtlichen – Sinne, wie sie z.B. im Rahmen des § 60 Nr. 2 vertreten wird (OLG Zweibrücken wistra 1995, 319; SK-StPO/*Wohlers* § 138a Rn. 10; **a.A.** *Roxin/Schünemann* § 19 Rn. 50; offengelassen durch BGH bei *Holtz* MDR 1977, 984 und BGH NStZ 1986, 37). Hierfür spricht bereits der Gegenschluss zu § 138a Abs. 1 Nr. 3.

20 Die Staatsanwaltschaft muss zur Geltendmachung dieses Ausschlussgrundes nicht nur die Tatsachen und Beweismittel vortragen, aus denen sich das den Ausschluss rechtfertigende Fehlverhalten (strafbare Beteiligung an der behaupteten Tat des Mandanten), sondern auch diejenigen, aus denen sich zumindest der hinreichende Tatverdacht der Haupttat selbst ergibt (OLG Rostock StV 2016, 142).

21 Dass die erforderlichen **Strafverfolgungsvoraussetzungen**, wie z.B. ein Strafantrag, vorliegen, soll demgegenüber **nicht erforderlich** sein (OLG Hamburg NStZ 1983, 426; LR/*Jahn* § 138a Rn. 65, der aber in Rn. 98 eine Ausschließung für unverhältnismäßig hält, sofern die Antragsfrist verstrichen ist; ebenso Meyer-Goßner/*Schmitt* § 138a Rn. 7; KK-StPO/*Willnow* § 138a Rn. 7); es reicht nach dem Zweck der Regelung vielmehr aus, dass die Tat Gegenstand **anwaltsgerichtlicher Ahndung** sein kann (BGH NJW 1984, 316; wistra 2000, 311, 314; Bockemühl/*Köllner* Hdb. FA Strafrecht Rn. 106). Die Beteiligung des Verteidigers kann **bei Dauerdelikten** auch noch nach der Anklageerhebung gegen den Beschuldigten erfolgen (Meyer-Goßner/*Schmitt* § 138a Rn. 5; SK-StPO/*Wohlers* § 138a Rn. 10).

22 **bb) § 138a Abs. 1 Nr. 2.** § 138a Abs. 1 Nr. 2 regelt die Ausschließung des Verteidigers für den Fall, dass dieser den ungehinderten Verkehr mit dem Beschuldigten (vgl. § 148 Abs. 1) dazu missbraucht, Straftaten zu begehen oder die Sicherheit einer Vollzugsanstalt erheblich zu gefährden (krit. hierzu *Beulke* Verteidiger im Strafverfahren, S. 226; *Parigger* FG Koch, S. 199, 206).

23 Die Norm beschränkt sich thematisch auf die Konstellation, in der sich der Mandant nicht **auf freiem Fuß** befindet. Hierunter ist eine Situation zu verstehen, in der der Beschuldigte aufgrund einer richterlichen oder behördlichen Entscheidung in seiner Fortbewegungsfreiheit und der Wahl seines Aufenthaltsorts beschränkt wird (BGHSt 4, 308; 13, 209, 212). Auf einen entgegenstehenden Willen des Mandanten bzw. von dessen gesetzlichem Vertreter oder Vormund kommt es wegen des mit der Regelung verfolgten Zwecks nicht an (*Beulke/Ruhmannseder* Rn. 520; **a.A.** LR/*Jahn* § 138a Rn. 60; SK-StPO/*Wohlers* § 138a Rn. 13).

24 **(1)Missbrauch des Verkehrsrechts.** Ob ein **Missbrauch** (zu Recht krit. zu dem Begriff LR/*Jahn* § 138a Rn. 61: »inhaltsleer und tautologisch«; ebenso SK-StPO/*Wohlers* § 138a Rn. 14; *Groß* NJW 1975, 422, 424) vorliegt, hängt nach dem Wortlaut des Gesetzes nicht davon ab, ob der Mandant Kenntnis von den Zielen seines Verteidigers hat (Meyer-Goßner/*Schmitt* § 138a Rn. 6).

25 Die **Straftat**, also die tatbestandsmäßige, rechtswidrige und schuldhafte Tat (LR/*Jahn* § 138a Rn. 62), auf die sich das missbräuchliche Verhalten des Verteidigers bezieht, muss nach dem Wortlaut des Gesetzes bereits begangen, oder es muss mit ihrer Verwirklichung begonnen worden sein, wobei auch ein **strafbarer Versuch (auch in Form des § 30 StGB)** ausreicht (KK-StPO/*Willnow* § 138a Rn. 10). Ordnungswidrigkeiten genügen insoweit nicht (KK-StPO/*Willnow* § 138a Rn. 10).

26 Der bloße Verdacht, dass eine Straftat **zukünftig** begangen werden könnte, reicht nicht aus (Meyer-Goßner/*Schmitt* § 138a Rn. 7; SK-StPO/*Wohlers* § 138a Rn. 16; Radtke/Hohmann/*Reinhart* § 138a Rn. 4; *Beulke/Ruhmannseder* Rn. 521; *Burhoff* Ermittlungsverfahren Rn. 1917; a.A. LR/*Jahn* § 138a Rn. 63: ausreichend, wenn Straftaten einer gewissen Gruppe oder Richtung zu erwarten). Andererseits ist aber – wie der Gegenschluss zu § 138a Abs. 1 Nr. 1 belegt – nicht erforderlich, dass die Tat bereits Gegenstand eines Ermittlungsverfahrens ist.

27 Die Straftat ist – im Gegensatz zur ursprünglichen Fassung, die eine Mindeststrafdrohung von einem Jahr Freiheitsstrafe voraussetzte (zur freilich geringen praktischen Relevanz zum Geltungszeitpunkt *Groß* NJW 1975, 422 f.) – in der geltenden Fassung des Gesetzes nicht näher definiert. Bei geringfügigen Straftaten ist die Norm jedoch im Lichte des Verhältnismäßigkeitsgrundsatzes **verfassungskonform eng auszulegen** (LR/*Jahn* § 138a Rn. 64; *Roxin/Schünemann* § 19 Rn. 51), vor allem mit Blick auf Antragsdelikte, bei denen kein Antrag gestellt worden ist (SK-StPO/*Wohlers* § 138a Rn. 15 m.w.N.).

28 **(2)Gefährdung der Sicherheit einer Vollzugsanstalt.** Der Begriff der **Sicherheit einer Vollzugsanstalt** umfasst die Unversehrtheit des Gebäudes und der Einrichtung sowie die Gesundheit von Insassen und des Anstaltspersonals sowie deren Freiheit und die Erhaltung der Anstalt in einer Lage, in der sie ihren Zweck erfüllen kann (zu diesem Begriff näher LR/*Jahn* § 138a Rn. 67; KK-StPO/*Willnow* § 138a Rn. 11). Die Gefährdung der **Ordnung** in der Anstalt genügt nach dem klaren Wortlaut nicht (s. dazu LR/*Jahn* § 138a Rn. 68).

29 Erforderlich ist eine **Gefährdung** der genannten Rechtsgüter; dies ist dann zu bejahen, wenn bei ungehindertem Weiterlauf der Eintritt eines Schadens konkret zu besorgen ist (LR/*Jahn* § 138a Rn. 69). Bspw. erfüllt das Einschmuggeln von Waffen oder Ausbruchswerkzeugen den Tatbestand (zur Überschneidung

mit dem Anwendungsbereich des § 138a Abs. 1 Nr. 1 bei Verwirklichung der Delikte der Gefangenenbefreiung/Meuterei SK-StPO/*Wohlers* § 138a Rn. 18). Nicht erforderlich ist nach dem klaren Wortlaut der Norm der Eintritt eines Schadens. Der verwendete Begriff der **erheblichen** Gefährdung deutet zudem darauf hin, dass Einwirkungen von geringer Art, Wirkung oder Dauer nicht zur Ausschließung führen können (Meyer-Goßner/*Schmitt* § 138a Rn. 8).

cc) **§ 138a Abs. 1 Nr. 3.** Gem. § 138a Abs. 1 Nr. 3 ist ein Verteidiger auszuschließen, wenn er eine Handlung begangen hat, die für den Fall der Verurteilung des Beschuldigten eine **Anschlusstat i.S.d. §§ 202d, 257 ff. StGB** darstellen würde. Durch das Gesetz zur Einführung einer Speicherpflicht und einer Höchstspeicherfrist für Verkehrsdaten vom 10.12.2015 (BGBl. I, S. 2218) wurde § 138a Abs. 1 Nr. 3 um das neu geschaffene Delikt der Datenhehlerei erweitert. 30

Diese Regelung verfolgt den gleichen **Zweck** wie § 138a Abs. 1 Nr. 1, nämlich die Verhinderung eines Konflikts zwischen dem Interesse des Verteidigers, sich selbst zu entlasten und dem Interesse des Beschuldigten an einer adäquaten Verteidigung (LR/*Jahn* § 138a Rn. 23). 31

Grundlage ist daher eine hypothetische Betrachtungsweise, d.h. die Strafbarkeit des Beschuldigten wird ohne nähere Prüfung unterstellt. Vor diesem Hintergrund muss sich das Verhalten des Verteidigers mit Blick auf die Tat i.S.d. § 264 Abs. 1, hinsichtlich der er mandatiert ist, als Datenhehlerei, Begünstigung (dazu *Beulke/Ruhmannseder* Rn. 406 ff.), Strafvereitelung (hierzu *Beulke/Ruhmannseder* Rn. 17 ff.; *Müller/Opper/von Stetten* Rn. 488 f.; LR/*Jahn* § 138a Rn. 30 ff.) oder Hehlerei darstellen. Ein strafbarer **Versuch** genügt wegen des Regelungszwecks, nicht aber eine straflose Vorbereitungshandlung (zum Versuchsbeginn bei der Strafvereitelung näher *Beulke/Ruhmannseder* Rn. 162 ff. m.w.N.; Bsp. für eine Ausschließung wg. versuchter Strafvereitelung: BGH NJW 2006, 2421 [Fall Zündel] m. i.E. zust. Anm. *K.M. Böhm* NJW 2006, 2371 sowie *Jahn* JZ 2006, 1134; ferner: OLG Bamberg BeckRS 2016, 07446). 32

b) **§ 138a Abs. 2.** § 138a Abs. 2 erstreckt die Ausschließungsmöglichkeiten auf den Fall, dass gegen den vom Verteidiger vertretenen Beschuldigten (**a.A.** LR/*Jahn* § 138a Rn. 79; wie hier SK-StPO/*Wohlers* § 138a Rn. 22) ein Verfahren geführt wird, das – zumindest auch – eine Straftat nach § 129a StGB, auch in Verbindung mit § 129b Abs. 1 StGB, zum Gegenstand hat, und ein auf bestimmte Tatsachen gegründeter **Anfangsverdacht** dafür besteht, dass der Verteidiger entweder an dieser Tat beteiligt ist oder das ihm zustehende Kontaktrecht i.S.d. § 138a Abs. 1 Nr. 2 missbraucht. 33

Mit Blick auf den Beschuldigten genügt ebenfalls der Anfangsverdacht. Sofern gegen ihn ein Haftbefehl erlassen wurde, muss dieser nicht auf § 129a StGB gestützt werden; die willkürliche Annahme der Norm genügt freilich nicht (KK-StPO/*Willnow* § 138a Rn. 14). 34

Die Ausschließung des Verteidigers kommt nach dieser Vorschrift nicht in Betracht, wenn das Verfahren gegen den Beschuldigten nicht mehr wegen der Tat nach § 129a StGB geführt wird (bspw. wegen einer Teilrechtskraft, Teileinstellung oder der Beschränkung der Verfolgung nach § 154a; Meyer-Goßner/*Schmitt* § 138a Rn. 15; *Burhoff* StRR 2012, 404, 406). 35

III. Entfallen der Ausschließungsgründe (Abs. 3). Sofern die Voraussetzungen des Absatzes 3 des § 138a vorliegen, ist, wie sich bereits aus dem Wortlaut der Norm ergibt, die Ausschließung **zwingend** aufzuheben. Lediglich in § 138a Abs. 3 Satz 1 Nr. 3 i.V.m. Satz 2 wird dem Gericht zwar kein Entschließungs-, aber ein Auswahlermessen eingeräumt. 36

Gem. **§ 138a Abs. 3 Satz 1 Nr. 1** ist die Ausschließung zunächst dann aufzuheben, wenn die Voraussetzungen des Abs. 1 bzw. 2 nicht mehr vorliegen, bzgl. § 138a Abs. 1 Nr. 2 jedoch mit der Ausnahme, dass dies nicht allein deshalb gilt, weil der Beschuldigte auf freien Fuß gesetzt worden ist. Diese Einschränkung soll Handlungssicherheit gewährleisten, und verhindern, dass die wechselhafte Haftsituation des Beschuldigten zu einem ständigen Wechsel des Verteidigungsverhältnisses führt (SK-StPO/*Wohlers* § 138a Rn. 32; krit. dazu LR/*Jahn* § 138a Rn. 99). 37

§ 138a Abs. 3 Satz 1 Nr. 2 ordnet die Aufhebung der Ausschließung an, sofern der Verteidiger wegen des die Ausschließung begründenden Sachverhalts in einem strafgerichtlichen Verfahren **freigesprochen** wird, oder wenn in einem berufs- oder ehrengerichtlichen Verfahren eine schuldhafte Verletzung der Berufspflichten nicht festgestellt werden kann. Dass die Rechtskraft des Freispruchs vonnöten ist, lässt sich der Norm nicht entnehmen (OLG Stuttgart StV 1987, 97). Dem Freispruch gleichzustellen ist im Wege eines Erst-Recht-Schlusses die Ablehnung der Eröffnung des Hauptverfahrens (LR/*Jahn* § 138a Rn. 104; SK-StPO/*Wohlers* § 138a Rn. 33; **a.A.** Meyer-Goßner/*Schmitt* § 138a Rn. 18, der auf die Möglichkeit der Aufhebung der Entscheidung gem. Abs. 3 Nr. 1 [s. oben Rdn. 37] nach Rechtskraft der Entscheidung verweist) sowie die Einstellung des Verfahrens nach § 170 Abs. 2, sofern sich die Einstellung nicht nur auf ein Verfahrenshindernis zurückführen lässt (OLG Frankfurt StV 1988, 516; SK-StPO/*Wohlers* § 138a Rn. 33). Entscheidungen 38 nach §§ 153 ff. erfüllen den Tatbestand des § 138a Abs. 3 Satz 1 Nr. 2 hingegen nicht, vermögen aber mit zur Aufhebung nach § 138a Abs. 3 Nr. 1 bzw. Nr. 3 beizutragen (HK-StPO/*Julius*/*Schiemann* § 138a Rn. 7; Radtke/Hohmann/*Reinhart* § 138a Rn. 12).

39 Nach **§ 138a Abs. 3 Satz 1 Nr. 3** ist die Ausschließung schließlich aufzuheben, sofern nicht spätestens ein Jahr nach der Ausschließung wegen des zugrunde liegenden Sachverhalts das Hauptverfahren vor einem Straf-, Ehren- oder Berufsgericht eröffnet oder ein Strafbefehl erlassen worden ist. Die Regelung setzt voraus, dass ein ehren- bzw. berufsgerichtliches Verfahren möglich ist (Radtke/Hohmann/*Reinhart* § 138a Rn. 13). Sie ist Ausdruck des zeitlichen Übermaßverbots. § 138a Abs. 3 Satz 2 regelt eine Rückausnahme von dem Grundsatz bei Vorliegen eines wichtigen Grundes.

40 Die **Befugnis zur Stellung eines Antrags** auf Aufhebung setzt stets voraus, dass das Verteidigungsverhältnis ungeachtet der Aufhebungsentscheidung noch bestehen würde. Ist es unabhängig davon erloschen, so kann die Aufhebung nicht mehr begehrt werden (OLG Frankfurt NStZ-RR 2011, 149).

41 **IV. Folgen der Ausschließung (Abs. 4 und 5).** Führt das Ausschließungsverfahren (vgl. dazu §§ 138c, 138d) zu einem Ausschließungsbeschluss, so wird dieser **mit Rechtskraft wirksam** (SK-StPO/*Wohlers* § 138a Rn. 24; Meyer-Goßner/*Schmitt* § 138a Rn. 23; Radtke/Hohmann/*Reinhart* § 138a Rn. 14; **a.A.** LR/*Jahn* § 138a Rn. 94: Erlass der Entscheidung, sofern nicht Aussetzungsentscheidung nach § 307 Abs. 2); die durch den Verteidiger in dem betreffenden Verfahren vorgenommenen Prozesshandlungen sind automatisch unwirksam (*Burhoff* StRR 2012, 404, 409). Dieses Verbot kann der ausgeschlossene Verteidiger auch nicht durch eine Unterbevollmächtigung des ihm nachfolgenden Verteidigers oder im Wege einer Sonderbevollmächtigung durch den Beschuldigten für einzelne Prozesshandlungen umgehen (Meyer-Goßner/*Schmitt* § 138a Rn. 22 m.w.N.)

42 Über das Verteidigungsverbot für das betreffende Strafverfahren hinaus regeln die Absätze 4 und 5 des § 138a die **Folgen** der Ausschließung **für andere Verfahren.**

43 § 138a Abs. 4 Satz 1 bezieht sich auf das weitere Verhältnis zwischen Verteidiger und ursprünglich vertretenem Mandanten. Demnach darf der Verteidiger diesen auch **in anderen gesetzlich geordneten Verfahren** nicht verteidigen. Unter diesem Begriff sind, wie die Verwendung des Begriffs »verteidigen« zeigt, über das Strafverfahren hinausgehende sonstige Verfahren zu verstehen, in denen der Mandant beschuldigt wird und sich zur Wehr setzen kann, d.h. **andere Strafverfahren** ebenso wie **Bußgeld-, Ehren- und Berufsgerichtsverfahren** und das **DNA-Identitätsfeststellungsverfahren** (§ 81g) als Teil eines anderen, künftigen Strafverfahrens (BVerfG NStZ 2008, 226). Im Umkehrschluss ist der Norm zu entnehmen, dass eine Vertretung **in anderen Verfahren**, z.B. in Zivil- bzw. Verwaltungsverfahren, möglich bleibt; dabei ist jedoch § 138a Abs. 4 Satz 2 zu beachten, der ein Aufsuchen des nicht auf freiem Fuß befindlichen Mandanten verbietet, um ein Umgehen des Zwecks der Ausschließung zu verhindern (näher zur Reichweite des Verbots SK-StPO/*Wohlers* § 138a Rn. 28).

44 § 138a Abs. 5 Satz 1 regelt die Auswirkungen des Ausschlusses auf die Verteidigung **anderer Beschuldigter.** Er bestimmt, dass der Verteidiger in dem Verfahren, auf das sich seine Ausschließung bezieht, auch Mitbeschuldigte nicht verteidigen darf. Die Regelung ergänzt § 146 (**a.A.** *Burhoff* StRR 2012, 404, 409). In anderen Verfahren kann der ausgeschlossene Verteidiger weitere Beschuldigte verteidigen, sofern nicht das Verfahren, auf das sich die Ausschließung bezieht und das avisierte Verfahren jeweils eine Straftat nach § 129a StGB betreffen (an der Verfassungsmäßigkeit dieser Regelung zw. Radtke/Hohmann/*Reinhart* § 138a Rn. 17). Insoweit gilt über § 138a Abs. 5 Satz 2 auch das in Abs. 4 Satz 2 enthaltene Verbot, den inhaftierten Mitbeschuldigten aufzusuchen.

§ 138b Ausschließung bei Gefahr für die Sicherheit der Bundesrepublik Deutschland

[1]Von der Mitwirkung in einem Verfahren, das eine der in § 74a Abs. 1 Nr. 3 und § 120 Abs. 1 Nr. 3 des Gerichtsverfassungsgesetzes genannten Straftaten oder die Nichterfüllung der Pflichten nach § 138 des Strafgesetzbuches hinsichtlich der Straftaten des Landesverrates oder einer Gefährdung der öffentlichen Sicherheit nach den §§ 94 bis 96, 97a und 100 des Strafgesetzbuches zum Gegenstand hat, ist ein Verteidiger auch dann auszuschließen, wenn auf Grund bestimmter Tatsachen die Annahme begründet ist, dass seine Mitwirkung eine Gefahr für die Sicherheit der Bundesrepublik Deutschland herbeiführen würde. [2] § 138a Abs. 3 Satz 1 Nr. 1 gilt entsprechend.

Übersicht

A. Grundsätzliches. § 138b erweitert den Kreis der möglichen Ausschließungstatbestände auf darin genannte **Staatsschutzsachen** (krit. dazu *Beulke* Verteidiger im Strafverfahren, S. 104 m.w.N.). Die Norm hat bislang keine praktische Relevanz erlangt (LR/*Jahn* § 138b Rn. 1). 1

B. Regelungsgehalt. Hinsichtlich des persönlichen und zeitlichen Anwendungsbereichs gilt das Gleiche wie bei § 138a (vgl. dort Rdn. 6 ff.). 2

§ 138b Satz 1 setzt zunächst voraus, dass ein Verfahren wegen der darin **abschließend genannten** (AnwK-StPO/*Krekeler*/*Werner* § 138b Rn. 1) Staatsschutzdelikte geführt wird. 3

Zudem muss ein Verdacht dafür bestehen, dass die Mitwirkung des Verteidigers an dem Verfahren eine Gefahr für die Sicherheit der Bundesrepublik Deutschland herbeiführen würde. Wie in **§ 92 Abs. 3 Nr. 2 StGB** legaldefiniert, umfasst der Begriff der **Sicherheit** sowohl die innere als auch die äußere Sicherheit der Bundesrepublik Deutschland (*Beulke* Verteidiger im Strafverfahren, S. 104; Meyer-Goßner/*Schmitt* § 138b Rn. 2). Hierunter ist die Fähigkeit zu verstehen, sich nach innen oder außen gegen gewaltsame Störungen zur Wehr zu setzen (BGHSt 28, 312, 316 f.). 4

Der Begriff der **Annahme** ist im Sinne des Verdachts gem. § 138a Abs. 2 zu verstehen; es genügt also ein tatsachenbasierter **Anfangsverdacht** (dazu SK-StPO/*Wohlers* § 138b Rn. 3). Unter einer **Gefahr** ist jeder Zustand zu verstehen, der bei ungehindertem Verlauf den Eintritt eines Schadens für das geschützte Rechtsgut befürchten lässt. Eine extreme politische Gesinnung des Verteidigers genügt in diesem Zusammenhang nicht (KK-StPO/*Willnow* § 138b Rn. 3; Meyer-Goßner/*Schmitt* § 138b Rn. 2). 5

Der Verweis des **§ 138b Satz 2** auf § 138a Abs. 3 Satz 1 Nr. 1 zeigt, dass die Ausschließung auch in diesem Fall **aufzuheben** ist, wenn die Voraussetzungen der Anordnung nicht (mehr) vorliegen. 6

Aus dem Umstand, dass der Verweis auf § 138a Abs. 4 und Abs. 5 fehlt, ist zu folgern, dass die Ausschließung nach § 138b nicht die darin genannten Erstreckungswirkungen entfaltet (Radtke/Hohmann/*Reinhart* § 138b Rn. 4). 7

§ 138c Zuständigkeit für die Ausschließungsentscheidung

(1) [1]Die Entscheidungen nach den §§ 138a und 138b trifft das Oberlandesgericht. [2]Werden im vorbereitenden Verfahren die Ermittlungen vom Generalbundesanwalt geführt oder ist das Verfahren vor dem Bundesgerichtshof anhängig, so entscheidet der Bundesgerichtshof. [3]Ist das Verfahren vor einem Senat eines Oberlandesgerichtes oder des Bundesgerichtshofes anhängig, so entscheidet ein anderer Senat.

(2) [1]Das nach Absatz 1 zuständige Gericht entscheidet nach Erhebung der öffentlichen Klage bis zum rechtskräftigen Abschluss des Verfahrens auf Vorlage des Gerichts, bei dem das Verfahren anhängig ist, sonst auf Antrag der Staatsanwaltschaft. [2]Die Vorlage erfolgt auf Antrag der Staatsanwaltschaft oder von Amts wegen durch Vermittlung der Staatsanwaltschaft. [3]Soll ein Verteidiger ausgeschlossen werden, der Mitglied einer Rechtsanwaltskammer ist, so ist eine Abschrift des Antrages der Staatsanwaltschaft nach Satz 1 oder die Vorlage des Gerichts dem Vorstand der zuständigen Rechtsanwaltskammer mitzuteilen. [4]Dieser kann sich im Verfahren äußern.

(3) [1]Das Gericht, bei dem das Verfahren anhängig ist, kann anordnen, dass die Rechte des Verteidigers aus den §§ 147 und 148 bis zur Entscheidung des nach Absatz 1 zuständigen Gerichts über die Ausschließung ruhen; es kann das Ruhen dieser Rechte auch für die in § 138a Abs. 4 und 5 bezeichneten Fälle anordnen. [2]Vor Erhebung der öffentlichen Klage und nach rechtskräftigem Abschluss des Verfahrens trifft die Anordnung nach Satz 1 das Gericht, das über die Ausschließung des Verteidigers zu entscheiden hat. [3]Die Anordnung ergeht durch unanfechtbaren Beschluss. [4]Für die Dauer der Anordnung hat das Gericht zur Wahrnehmung der Rechte aus den §§ 147 und 148 einen anderen Verteidiger zu bestellen. [5] § 142 Absatz 5 bis 7 gilt entsprechend.

(4) [1]Legt das Gericht, bei dem das Verfahren anhängig ist, gemäß Absatz 2 während der Hauptverhandlung vor, so hat es zugleich mit der Vorlage die Hauptverhandlung bis zur Entscheidung durch das nach Absatz 1 zuständige Gericht zu unterbrechen oder auszusetzen. [2]Die Hauptverhandlung kann bis zu dreißig Tagen unterbrochen werden.

(5) [1]Scheidet der Verteidiger aus eigenem Entschluss oder auf Veranlassung des Beschuldigten von der Mitwirkung in einem Verfahren aus, nachdem gemäß Absatz 2 der Antrag auf Ausschließung gegen ihn gestellt oder die Sache dem zur Entscheidung zuständigen Gericht vorgelegt worden ist, so kann dieses Gericht das Ausschließungsverfahren weiterführen mit dem Ziel der Feststellung, ob die Mitwirkung des ausgeschiedenen Verteidigers in dem Verfahren zulässig ist. [2]Die Feststellung der Unzulässigkeit steht im Sinne der §§ 138a, 138b, 138d der Ausschließung gleich.

(6) [1]Ist der Verteidiger von der Mitwirkung in dem Verfahren ausgeschlossen worden, so können ihm die durch die Aussetzung verursachten Kosten auferlegt werden. [2]Die Entscheidungen hierüber trifft das Gericht, bei dem das Verfahren anhängig ist.

RegE-PKH: In § 138c Absatz 3 Satz 5 wird die Angabe »§ 142« durch die Wörter »§ 142 Absatz 5 bis 7« ersetzt.

Übersicht

1 **A. Grundsätzliches.** § 138c regelt, zusammen mit § 138d, das **Verfahren** zur Ausschließung des Verteidigers. Dieses gliedert sich in das **Antrags- bzw. Vorlegungsverfahren** (§ 138c Abs. 2 und 4) und das **Ausschließungsverfahren** (§ 138c Abs. 1 und § 138d; zum Ganzen *Dünnebier* NJW 1976, 1, 3).

2 Die Norm wurde, wie die §§ 138a und 138b, durch das Erste Gesetz zur Reform des Strafverfahrensrechts vom 20.12.1974 (BGBl. I, S. 3686) in die StPO eingefügt (zu zwischenzeitlichen Änderungen LR/*Jahn* § 138c Vor Rn. 1).

3 **B. Regelungsgehalt. I. Zuständigkeit (Abs. 1).** § 138c Abs. 1 betrifft die Zuständigkeit für das Ausschließungsverfahren. Die Regelungen sehen – mit Ausnahme vorläufiger Maßnahmen nach § 138c Abs. 3 S. 1 (vgl. dazu Rdn. 15 ff.) – keine Ausschließungskompetenz des erkennenden Gerichts vor, um eine Belastung des Verhandlungsklimas und Befangenheitsanträge zu verhindern und eine einheitliche obergerichtliche Rspr. zu fördern (OLG Hamm NStZ-RR 2008, 252; *Fezer* GS Meyer, S. 81, 82 f.; *Frye* wistra 2005, 86, 88).

4 **Sachlich zuständig** ist gem. § 138c Abs. 1 Satz 1 grundsätzlich das **Oberlandesgericht**. Ausnahmsweise ist der **BGH** zur Entscheidung berufen, wenn der Generalbundesanwalt die Ermittlungen führt oder das Revisionsverfahren beim BGH anhängig ist (§ 138c Abs. 1 Satz 2), die Akten also zusammen mit dem Antrag des Generalbundesanwalts beim BGH eingegangen sind (Radtke/Hohmann/*Reinhart* § 138c Rn. 1); die Ausnahmezuständigkeit gilt jedoch nicht im Fall von Strafvollzugssachen (BGHSt 38, 52 f.; KMR/*Staudinger* § 138c Rn. 1; **a.A.** LR/*Jahn* § 138c Rn. 4).

5 § 138c Abs. 1 Satz 3 regelt die **funktionelle Zuständigkeit**: Ist das Verfahren vor einem Senat eines OLG oder des BGH anhängig, so ist ein anderer Senat zuständig, der sich aus dem Geschäftsverteilungsplan ergibt (SK-StPO/*Wohlers* § 138c Rn. 4).

6 **Örtlich zuständig** ist im Ermittlungsverfahren das OLG, das dem örtlich zuständigen Tatgericht übergeordnet ist, im Hauptverfahren das dem Tatgericht übergeordnete Gericht, nach rechtskräftigem Abschluss des Verfahrens das OLG, in dessen Bezirk die zuständige Staatsanwaltschaft ihren Sitz hat, und im Wiederaufnahmeverfahren das dem Wiederaufnahmegericht übergeordnete OLG (Meyer-Goßner/*Schmitt* § 138c Rn. 2).

7 **II. Verfahrenseinleitung (Abs. 2). 1. Vorlage bzw. Antrag und Weiterleitung.** § 138c Abs. 2 Satz 1 regelt die Vorlagebefugnis. Insoweit kommen, **abhängig vom Verfahrensstadium**, zwei Möglichkeiten der Verfahrenseinleitung in Betracht: Sobald und solange das Verfahren gegen den vom Verteidiger vertretenen Beschuldigten bei **Gericht anhängig** ist, hat dieses gem. § 138c Abs. 2 Satz 1 1. Var. dem nach Abs. 1 zuständigen Gericht die Sache vorzulegen. Diese Vorlage kann zum einen **von Amts wegen** ergehen; zum anderen kann sie auf einem **Antrag der Staatsanwaltschaft** beruhen (§ 138c Abs. 2 Satz 2). Da es sich ungeachtet des Zustandekommens der Vorlage stets um eine solche des Gerichts handelt, hat dieses als Prozessvoraussetzung einen entsprechenden **Vorlagebeschluss** zu erlassen. Eine bloße Übersendungsverfügung ohne eigene Sachentscheidung genügt nicht (OLG Celle StraFo 2015, 21). Erfolgt die Vorlage von Amts wegen, so hat die Staatsanwaltschaft den Beschluss samt Akten an das nach § 138c Abs. 1 zuständige Gericht **weiterzuleiten.**

8 **Vor Erhebung der öffentlichen Klage und nach rechtskräftigem Abschluss des Verfahrens** hat die **Staatsanwaltschaft** – bzw. im Fall des § 386 AO die Finanzbehörde (vgl. § 399 Abs. 1 AO; OLG Karlsruhe NJW

1975, 943, 944) – einen entsprechenden Antrag selbst zu stellen (§ 138c Abs. 2 Satz 1 2. Var.; näher SK-StPO/*Wohlers* § 138c Rn. 7, 10).

2. Pflicht zur Einleitung und zur Weiterleitung. Die jeweils zuständige Stelle ist nach dem Wortlaut der Norm zur Antragstellung bzw. zur Vorlage sowie zur Weiterleitung verpflichtet; es besteht für diese – ebenso wie für das über die Ausschließung entscheidende Gericht nach Abs. 1 – **kein Ermessen** (*Fezer* GS Meyer, S. 81, 82; *Frye* wistra 2005, 86, 88). 9

Wie bereits der Wortlaut der Norm belegt (*»erfolgt«*), hat das vorlegende Gericht bei einem Antrag der Staatsanwaltschaft keine eigene Prüfungsbefugnis (BT-Drs. 7/2526, S. 22; *Frye* NStZ 2005, 50 f.). Folglich darf das Gericht einen entsprechenden Antrag der Staatsanwaltschaft nicht ablehnen (OLG Karlsruhe NStZ 1983, 281 m. zust. Anm. *Bohnert*); es hat den Vorlagebeschluss zu erlassen, braucht ihn aber nicht zu begründen, und kann eine abweichende Stellungnahme abgeben, der die Qualität einer Anregung zukommt. 10

3. Anforderungen an die Vorlage bzw. den Antrag. Dem Vorlagebeschluss bzw. dem Antrag der Staatsanwaltschaft i.S.d. § 138c Abs. 2 kommen der Anklageschrift vergleichbare Funktionen zu (**Informations- und Umgrenzungsfunktion**, vgl. §§ 200 f. sowie *Fezer* GS Meyer, S. 81, 84). Hieraus werden hohe Mindestanforderungen abgeleitet, die sich nicht unmittelbar aus dem Gesetz ergeben. Zunächst muss der Beschluss Angaben zur **Person** des Verteidigers, einen **konkreten Antrag** und die zur Anwendung kommenden **Vorschriften** enthalten. Zudem müssen die den behaupteten Ausschließungsgrund in subjektiver und objektiver Hinsicht untermauernden **Tatsachen** substanziiert angegeben werden (OLG Bamberg StraFo 2012, 187 ff.; näher zu den Anforderungen bei dem Ausschließungsgrund des § 138a Abs. 1 Nr. 3 wg. Strafvereitelung *Beulke/Ruhmannseder* Rn. 533); überdies sind die entsprechenden **Beweismittel** zu benennen (grundlegend OLG Karlsruhe NJW 1975, 943, 944 f.; diesem zust. OLG Düsseldorf StV 1983, 117; OLG Hamm NStZ-RR 1999, 50; KG NStZ 2006, 352; OLG Brandenburg StV 2008, 66, 67; OLG Jena NStZ 2009, 526, 527; vgl. dazu auch *Frye* wistra 2005, 86, 89). Die bloße **Bezugnahme auf andere Schriftstücke oder Beiakten** genügt nicht; hieran ändert auch deren Beifügung nichts, insoweit gelten die strengen Anforderungen, die an das **Klageerzwingungsverfahren** (§§ 172 ff.) gestellt werden (OLG Celle StraFo 2015, 21; OLG Hamm NStZ-RR 1999, 50, 51; OLG Jena NStZ 2005, 49; KG NStZ 2006, 352; NStZ-RR 2016, 18). 11

Fraglich ist, ob dieser Umstand dazu führt, dass auch im Fall der Vorlage auf Antrag der Staatsanwaltschaft ein die Voraussetzungen erfüllender Beschluss durch das Gericht selbst getroffen werden muss (so OLG Jena NStZ 2005, 49), oder ob insoweit in dem Beschluss Bezug genommen werden kann auf den schriftlichen Antrag der Staatsanwaltschaft an das Tatgericht (dafür Meyer-Goßner/*Schmitt* § 138c Rn. 7; *Frye* wistra 2005, 86, 89; *ders.* NStZ 2005, 50). Für die letztgenannte Ansicht spricht der Umstand, dass das Gericht keine Prüfungskompetenz hat und dem Vorlagebeschluss in diesem Fall folglich nur eine formale Wirkung zukommt. 12

Erfüllt die Vorlage die nötigen Voraussetzungen nicht, so kann das zuständige Gericht die vorlegende Stelle **zur Nachbesserung auffordern** oder **den Antrag als unzulässig verwerfen** (OLG Celle StraFo 2015, 21; OLG Hamm NStZ-RR 1999, 50, 51; Meyer-Goßner/*Schmitt* § 138c Rn. 9; **a.A.** *Frye* wistra 2005, 86, 90: Entscheidung nur über die Frage der Ausschließung, nicht über die Verwerfung der Vorlage bzw. des Antrags; umfassend zum Ganzen *Fezer* GS Meyer, S. 81, 87 f.); es ist nicht zu eigenen Ermittlungen verpflichtet (OLG Karlsruhe NJW 1975, 943, 945; OLG Düsseldorf wistra 1997, 239). 13

Das Ausschließungsbegehren ist dem betreffenden Verteidiger – ebenso wie dem Vorstand der zuständigen Rechtsanwaltskammer gem. § 138c Abs. 2 Satz 3, sofern der Verteidiger deren Mitglied ist – **mitzuteilen** (OLG Karlsruhe NJW 1975, 943, 944; Meyer-Goßner/*Schmitt* § 138c Rn. 10: *»versteht sich von selbst«*). Zuständig hierfür ist gem. §§ 35 Abs. 2 Satz 2, 36 Abs. 1 analog das Gericht i.S.d. § 138c Abs. 1 (Meyer-Goßner/*Schmitt* § 138c Rn. 10; LR/*Jahn* § 138c Rn. 17; SK-StPO/*Wohlers* § 138c, Rn. 15; **a.A.** MüKo-StPO/*Thomas/Kämpfer* § 138c Rn. 11; KMR/*Staudinger* § 138c Rn. 7, die mit Blick auf die kurzen Ladungsfristen [§ 138d Abs. 2 Satz 2] die Mitteilung bereits durch das vorlegende Gericht oder die beantragende StA verlangen). 14

III. Vorläufige Anordnungen (Abs. 3). 1. Ruhen der Verteidigerrechte der §§ 147 ff.. Gem. **§ 138c Abs. 3 Satz 1 1. HS** kann das vorlegende Gericht **vorläufig** das Ruhen des Rechts auf Akteneinsicht (§ 147), im Fall der Inhaftierung des Beschuldigten auch das auf unüberwachten Kontakt (§ 148 Abs. 1) anordnen. Im Ermittlungsverfahren und nach rechtskräftiger Entscheidung ist das Gericht i.S.d. § 138c Abs. 1 gem. § 138c Abs. 3 Satz 2 **zuständig**. 15

Die Entscheidung liegt im **Ermessen** des Gerichts; die Anordnung ist nur dann **verhältnismäßig**, wenn aufgrund konkreter Anhaltspunkte zu befürchten ist, dass der Verteidiger andernfalls die ihm vorgeworfene 16 unerlaubte Tätigkeit fortsetzen wird (Meyer-Goßner/*Schmitt* § 138c Rn. 12; SK-StPO/*Wohlers* § 138c Rn. 20; Radtke/Hohmann/*Reinhart* § 138c Rn. 12).

17 Die Entscheidung ergeht gem. § 138c Abs. 3 Satz 3 **durch unanfechtbaren Beschluss**, der wegen der Schwere des Eingriffs in die Grundrechte des Verteidigers und seines Mandanten der **Begründung** bedarf; § 34 ist insofern verfassungskonform auszulegen, auch um eine Verfassungsbeschwerde zu ermöglichen (so auch KK-StPO/*Willnow* § 138c Rn. 19; LR/*Jahn* § 138c Rn. 31; MüKo-StPO/*Thomas/Kämpfer* § 138c Rn. 12; SK-StPO/*Wohlers* § 138c Rn. 21; *Müller/Opper/von Stetten* Rn. 508; *Dünnebier* NJW 1976, 1, 6; **a.A.** Meyer-Goßner/*Schmitt* § 138c Rn. 17; *Radtke/Homann/Reinhard* § 138c Rn. 12 [wegen der Tragweite des Beschlusses aber wünschenswert!]).

18 Zuvor sind die Beteiligten gem. § 33 **anzuhören**: Dies gilt zunächst für die Staatsanwaltschaft, sofern sie nicht selbst einen entsprechenden Antrag gestellt hat (§ 33 Abs. 2); zudem sind der Verteidiger bzw. der von diesem gewählte Verteidiger und der Beschuldigte als Verfahrensbeteiligte i.S.d. § 33 Abs. 1 (vgl. § 138d Abs. 2) zu hören, sofern hierdurch nicht der Zweck der Maßnahme gefährdet werden würde (§ 33 Abs. 4 Satz 1), was eher selten zu bejahen sein wird (*Müller/Opper/von Stetten* Rn. 505).

19 Gem. **§ 138c Abs. 3 Satz 1 2. HS** kann das Gericht das Ruhen des Rechts auf Akteneinsicht bzw. im Fall des inhaftierten Beschuldigten auf unüberwachten Kontakt auch auf andere Verfahren ausdehnen, in denen der Ausschluss die in § 138a Abs. 4 und Abs. 5 enthaltenen Verteidigungsverbote zur Folge hätte (hierzu Radtke/Hohmann/*Reinhart* § 138c Rn. 13).

20 **2. Bestellung eines anderen Verteidigers.** Da dem Beschuldigten, gegen dessen Verteidiger vorläufig Maßnahmen gem. § 138c Abs. 3 angeordnet wurden, insoweit keine adäquate Verteidigung zukommt, verpflichtet **§ 138c Abs. 3 Satz 4** das Gericht, bezüglich der für ruhend erklärten Rechte einen zusätzlichen Verteidiger zu bestellen. Diese Pflicht ist unabhängig davon, ob die Verteidigung im konkreten Fall notwendig ist (vgl. dazu unter § 140) bzw. ob der Beschuldigte noch weitere Verteidiger mandatiert hat (krit. zu der Regelung LR/*Jahn* § 138c Rn. 36: *»Zwei halbe Verteidiger machen keinen ganzen Verteidiger.«*). Maßgebend für die Auswahl sollen nach dem Willen des Gesetzgebers die Grundsätze des § 142 sein (BT-Drs. 7/2526, S. 23).

21 Der zusätzliche Verteidiger darf nach dem Regelungszweck lediglich die Rechte wahrnehmen, die dem vom Ausschließungsverfahren betroffenen Verteidiger entzogen worden sind; selbst unaufschiebbare Prozesshandlungen sind ihm untersagt, weil der Verteidiger insoweit handlungsfähig bleibt (Meyer-Goßner/*Schmitt* § 138c Rn. 13; SK-StPO/*Wohlers* § 138c Rn. 23; *Müller/Opper/von Stetten* Rn. 513 ff.; *Burhoff* StRR 2012, 404, 408; **a.A.** KK-StPO/*Willnow* § 138c Rn. 18; Radtke/Hohmann/*Reinhart* § 138c Rn. 14). Da dies die Beistandsfunktion der Verteidigung beeinträchtigt, ist dem Beschuldigten mit der herrschenden Meinung die Möglichkeit zu geben, einen bereits für ihn tätigen Verteidiger seines Vertrauens zu mandatieren bzw. muss die Möglichkeit bestehen, ihm einen entsprechenden Pflichtverteidiger zu bestellen (so z.B. LR/*Jahn* § 138c Rn. 36; SK-StPO/*Wohlers* § 138c Rn. 23; **a.A.** Meyer-Goßner/*Schmitt* § 138c Rn. 13 [erst nach rechtskräftigem Ausschluss des Wahlverteidigers]). In den Fällen des § 138c Abs. 3 Satz 1 2. HS erstreckt sich die Bestellung des zusätzlichen Verteidigers nur dann auf die Verfahren, auf die die Ruhenswirkung ausgedehnt wird, wenn es in dem betreffenden Verfahren ausdrücklich festgestellt worden ist (Radtke/Hohmann/*Reinhart* § 138c Rn. 14).

22 **Zuständig** für die **Auswahl** ist gem. § 138c Abs. 3 Satz 5 i.V.m. § 142 Abs. 1 der Vorsitzende des Gerichts. Gleiches gilt für die **Bestellung**. Zwar nimmt § 138c Abs. 3 Satz 2 nicht auf § 141 Abs. 4 (bei Neugestaltung der notwendigen Verteidigung [s. § 140 Rdn. 3] auf § 142 Abs. 3 Nr. 3 RegE-PKH) Bezug; dies ergibt sich aber aus dem engen sachlichen Zusammenhang des § 141 Abs. 4 zu § 142, vgl. zur bisherigen Rechtslage SK-StPO/*Wohlers* § 138c Rn. 22; *Dünnebier* NJW 1976, 1, 6; **a.A.** HK-StPO/*Julius/Schiemann* § 138c Rn. 7; KK-StPO/*Willnow* § 138c Rn. 17 [zuständig ist das nach § 138c Abs. 1 Hs. 1 oder Satz 2 zuständige »Gericht«]).

23 **IV. Unterbrechung bzw. Aussetzung der Hauptverhandlung (Abs. 4).** Erfolgt eine Vorlage gem. § 138c Abs. 2 Satz 1 1. Var., so hat das vorlegende Gericht die Hauptverhandlung gem. § 138c Abs. 4 Satz 1 **zwingend** bis zur Entscheidung über die Ausschließung zu unterbrechen oder auszusetzen, unabhängig von der Frage, ob es sich bei dem Verteidiger, der ausgeschlossen werden soll, um den einzigen handelt oder ein Pflichtverteidiger bestellt worden ist (BT-Drs. 7/2526, S. 23). Die Hauptverhandlung kann nach § 138c Abs. 4 Satz 2 **bis zu 30 Tagen** unterbrochen werden.

24 Die Frist beginnt mit der Vorlegung; sie endet mit einer rechtskräftigen Entscheidung (Meyer-Goßner/*Schmitt* § 138c Rn. 14; *Müller/Opper/von Stetten* Rn. 516).

25 Wird die Ausschließung innerhalb der Frist rechtskräftig abgelehnt, so wird die Verhandlung fortgesetzt; erfolgt währenddessen die Ausschließung, dann ist die Fortsetzung der Hauptverhandlung davon abhängig, dass eine Verteidigung durch einen bereits von Anfang an mandatierten Mitverteidiger oder durch einen

neu mandatierten Verteidiger erfolgen kann, der sich kurzfristig in die Sache einarbeiten kann. Andernfalls ist die Hauptverhandlung auszusetzen und neu zu terminieren (Meyer-Goßner/*Schmitt* § 138c Rn. 14).

V. Selbstständiges Verfahren im Fall der Mandatsniederlegung (Abs. 5). § 138c Abs. 5 normiert ein **Umgehungsverbot**: Wird das Mandat durch den Beschuldigten oder den Verteidiger beendet, nachdem das Ausschließungsverfahren in Gang gesetzt worden ist, so kann dieses Verfahren ungeachtet dessen weitergeführt werden. Das Verfahren zielt in diesem Fall auf die **Feststellung** der Unzulässigkeit der Verteidigung durch den ausgeschiedenen Verteidiger ab, die nach § 138c Abs. 5 Satz 2 der Ausschließung gleichsteht. 26

Das Feststellungsverfahren ist nur **statthaft**, wenn das Ausschließungsverfahren beim Ausscheiden des Verteidigers bereits **in Gang gesetzt** war (SK-StPO/*Wohlers* § 138c Rn. 29: *»verunglückte Bestimmung«*). 27

Dies ist bei der Vorlage durch **das Gericht** (§ 138c Abs. 2 Satz 1 1. Var.) der Fall, sobald die Vorlage an das nach § 138c Abs. 1 zuständige Gericht erfolgt. Nach dem Sinn und Zweck der Regelung ist nicht erst der Eingang der Akten bei diesem Gericht, sondern bereits der Vorlegungsbeschluss als solcher maßgebend. Nicht ausreichend ist es hingegen, wenn der Verteidiger bereits zuvor aus dem Verfahren ausgeschieden ist (OLG Düsseldorf NStZ 1994, 450; KK-StPO/*Willnow* § 138c Rn. 26). 28

Initiiert **die Staatsanwaltschaft** das Verfahren (§ 138c Abs. 2 Satz 1, 2. Var.), so ist es in Gang gesetzt, sobald der Antrag deren Geschäftsbereich verlassen hat (Meyer-Goßner/*Schmitt* § 138c Rn. 15). 29

Das für die Ausschließung gem. § 138c Abs. 1 zuständige Gericht entscheidet **nach pflichtgemäßem Ermessen** darüber, ob es das Verfahren zu diesem Zweck weiterführen will (LR/*Jahn* § 138c Rn. 43: *»Opportunitätsprinzip«*). Die Entscheidung ist davon abhängig, ob für das Gericht die begründete Besorgnis besteht, dass der Verteidiger in dem Verfahren das Mandat nur zum Zwecke der Verfahrenseinstellung niederlegt und später **erneut tätig werden** will (BGH bei *Kusch* NStZ 1994, 23; OLG Düsseldorf StV 1995, 570 f.; OLG Hamm NStZ-RR 2008, 252, 253; LR/*Jahn* § 138c Rn. 43). 30

Weder die Entscheidung über die Fortführung noch über die Einstellung des Verfahrens bedarf nach dem Gesetzeswortlaut einer förmlichen Entscheidung. Aus Klarstellungsgründen ist jedoch in beiden Fällen ein entsprechender **Gerichtsbeschluss** empfehlenswert (so für die Fortführung auch KK-StPO/*Willnow* § 138c Rn. 28; wohl auch SK-StPO/*Wohlers* § 138c Rn. 30). 31

VI. Kosten (Abs. 6). § 138c Abs. 6 eröffnet dem vorlegenden Gericht (Satz 2) die Möglichkeit, im Fall eines Ausschlusses des Verteidigers diesem die durch die **Aussetzung** (nicht nur Unterbrechung; SK-StPO/*Wohlers* § 138c Rn. 32) verursachten Kosten aufzuerlegen, sofern ihn ein **Verschulden** trifft, und es unangemessen wäre, die Kosten der Staatskasse oder dem Angeklagten aufzuerlegen (krit. zum Standort der Norm LR/*Jahn* § 138c Rn. 46). In Betracht kommen in diesem Zusammenhang z.B. Kosten für die Abbestellung und Neuladung von Zeugen oder Schöffen oder Verteidigerkosten für die Wiederholung von Prozessabschnitten (SK-StPO/*Wohlers* § 138c Rn. 32). Zur Kostenentscheidung des nach § 138c Abs. 1 zuständigen Gerichts vgl. § 138d Rdn. 15. 32

Die Norm gilt mangels Verweises auf Abs. 5 **nicht im Feststellungsverfahren** (LR/*Jahn* § 138c Rn. 45; SK-StPO/*Wohlers* § 138c Rn. 31). 33

C. Beschwerde. Die Staatsanwaltschaft kann gegen die unzulässige (s.o. Rdn. 11) **Ablehnung des Antrags auf Vorlage** (§ 138c Abs. 2 Satz 1 2. Var.) mit der Beschwerde vorgehen (OLG Karlsruhe NStZ 1983, 281, 282 m. zust. Anm. *Bohnert*). 34

Gegen die **Anordnung des Ruhens der Rechte aus §§ 147 ff.** gem. § 138c Abs. 3 Satz 1 ist trotz § 138c Abs. 3 Satz 3 die Beschwerde zulässig. Die Beschwerde ist begründet, wenn bei der Anordnung wesentliche Rechte des Beschuldigten auf den Beistand eines Verteidigers verletzt wurden (*Müller/Opper/von Stetten* Rn. 510 unter Verweis auf OLG München NStZ 1994, 451). 35

Gegen die **Kostenentscheidung** nach § 138c Abs. 6 Satz 1 können – vorbehaltlich einer erstinstanzlichen Zuständigkeit des OLG (§ 304 Abs. 4 Satz 2; KK-StPO/*Willnow* § 138c Rn. 34) – sowohl der ausgeschlossene Verteidiger als auch die Staatsanwaltschaft vorgehen; zu beachten ist in diesem Zusammenhang die in § 304 Abs. 3 normierte Wertuntergrenze (Meyer-Goßner/*Schmitt* § 138c Rn. 19). Der ursprünglich vertretene Beschuldigte ist beschwerdebefugt, sofern dem ausgeschlossenen Verteidiger keine Kosten auferlegt worden sind (SK-StPO/*Wohlers* § 138c Rn. 34). 36

§ 138d Verfahren bei Ausschließung des Verteidigers

(1) Über die Ausschließung des Verteidigers wird nach mündlicher Verhandlung entschieden.

(2) [1]Der Verteidiger ist zu dem Termin der mündlichen Verhandlung zu laden. [2]Die Ladungsfrist beträgt eine Woche; sie kann auf drei Tage verkürzt werden. [3]Die Staatsanwaltschaft, der Beschuldigte und in den

Fällen des § 138c Abs. 2 Satz 3 der Vorstand der Rechtsanwaltskammer sind von dem Termin zur mündlichen Verhandlung zu benachrichtigen.

(3) Die mündliche Verhandlung kann ohne den Verteidiger durchgeführt werden, wenn er ordnungsgemäß geladen und in der Ladung darauf hingewiesen worden ist, dass in seiner Abwesenheit verhandelt werden kann.

(4) [1]In der mündlichen Verhandlung sind die anwesenden Beteiligten zu hören. [2]Für die Anhörung des Vorstands der Rechtsanwaltskammer gilt § 247a Absatz 2 Satz 1 und 3 entsprechend. [3]Den Umfang der Beweisaufnahme bestimmt das Gericht nach pflichtgemäßem Ermessen. [4]Über die Verhandlung ist ein Protokoll aufzunehmen; die §§ 271 bis 273 gelten entsprechend.

(5) [1]Die Entscheidung ist am Schluss der mündlichen Verhandlung zu verkünden. [2]Ist dies nicht möglich, so ist die Entscheidung spätestens binnen einer Woche zu erlassen.

(6) [1]Gegen die Entscheidung, durch die ein Verteidiger aus den in § 138a genannten Gründen ausgeschlossen wird oder die einen Fall des § 138b betrifft, ist die sofortige Beschwerde zulässig. [2]Dem Vorstand der Rechtsanwaltskammer steht ein Beschwerderecht nicht zu. [3]Eine die Ausschließung des Verteidigers nach § 138a ablehnende Entscheidung ist nicht anfechtbar.

Übersicht

1 **A. Grundsätzliches.** § 138d regelt die »Ausschließungsverhandlung« sowie die möglichen Rechtsmittel hiergegen. Die Norm ist zuletzt durch das Gesetz zur Intensivierung des Einsatzes von Videokonferenztechnik in gerichtlichen und staatsanwaltschaftlichen Verfahren (BGBl. I, S. 935) vom 25.04.2013 zum 01.11.2013 geändert worden, indem ein neuer Abs. 4 Satz 2 eingefügt wurde (zust. BRAK-Stellungnahme Nr. 30/2010, S. 6). Durch Art. 9 Satz 1 des Gesetzes (BGBl. I, S. 937) wird den Bundesländern jedoch die Möglichkeit zum Erlass einer Rechtsverordnung eröffnet, die die Anwendbarkeit der Regelung bis spätestens zum 31.12.2017 ausschließt.

2 **B. Regelungsgehalt. I. Die mündliche Verhandlung (Absätze 1 bis 4).** Gem. § 138d Abs. 1 setzt die Ausschließung des Verteidigers grundsätzlich eine mündliche Verhandlung voraus. Der **Zweck** dieser Regelung besteht darin, zu gewährleisten, dass im Wege der mündlichen Diskussion rascher als im schriftlichen Verfahren eine Beurteilungsgrundlage geschaffen und eine Entscheidung über den Ausschluss getroffen werden kann (OLG Karlsruhe NJW 1975, 943, 945 f.; LR/*Jahn* § 138d Rn. 2). Der Unterstützung dieses Anliegens dient – neben der Intention der Kostenersparnis – auch der neu eingefügte Abs. 4 Satz 2 (BT-Drs. 17/1224, S. 16).

3 **1. Entbehrlichkeit.** Einer mündlichen Verhandlung bedarf es nach dem Regelungszweck ausnahmsweise dann nicht, wenn eine Ausschließung von vornherein nicht in Betracht kommt, sei es weil der Ausschließungsantrag unzulässig ist, das unzuständige Gericht angerufen wurde oder weil die vorgebrachten Tatsachen nicht unter einen Ausschließungsgrund zu fassen sind; § 138d Abs. 1 ist insoweit **teleologisch zu reduzieren** (BGHSt 38, 52; OLG Bremen NJW 1981, 2711; OLG Karlsruhe NJW 1975, 943, 945 f.; KG NJW 2006, 1537; OLG Hamm NStZ-RR 1999, 50, 51; LR/*Jahn* § 138d Rn. 3; Meyer-Goßner/*Schmitt* § 138d Rn. 1; *Roxin/Schünemann* § 19 Rn. 56; *Frye* wistra 2005, 86, 90; *Rieß* NStZ 1981, 328, 332; **a.A.** *Fezer* GS Meyer, S. 81, 90 f.).

4 **2. Ladung.** Der **Verteidiger** ist gem. § 138d Abs. 2 Satz 1 zu dem Termin der mündlichen Verhandlung förmlich zu laden. Er ist in der Ladung darauf hinzuweisen, dass in seiner Abwesenheit verhandelt werden kann (vgl. § 138d Abs. 3). Nicht zulässig ist eine derartige Verfahrensweise jedoch, wenn der Verteidiger nachweislich ernsthaft an der Wahrnehmung des Termins verhindert ist; in diesen Fällen gebietet das Rücksichtnahmegebot die Verschiebung des Termins (*Müller/Oppel/von Stetten* Rn. 522).

5 Die **Ladungsfrist** beträgt eine Woche; sie kann auf drei Tage verkürzt werden (§ 138d Abs. 2 Satz 2). Eine derartige Fristverkürzung kommt bei besonderer Eilbedürftigkeit, z.B. im Zusammenhang mit einem Verfahren i.S.d. § 138b, in Betracht (LR/*Jahn* § 138d Rn. 5). Wird die Frist nicht gewahrt, ist dies unbeacht-

lich, sofern der Verteidiger erscheint und dies nicht rügt (KK-StPO/*Willnow* § 138d Rn. 5; Meyer-Goßner/*Schmitt* § 138d Rn. 3; SK-StPO/*Wohlers* § 138d Rn. 3; *Burhoff/Stephan* Rn. 192).

Im Gegensatz dazu werden **die sonstigen Beteiligten**, d.h. die Staatsanwaltschaft, der Beschuldigte sowie, in den Fällen des § 138c Abs. 2 Satz 3, der Vorstand der Rechtsanwaltskammer, nur formlos von dem Termin benachrichtigt (§ 138d Abs. 2 Satz 3). Auch der vom Verteidiger gewählte Beistand (dazu näher unter Rdn. 8) ist zu benachrichtigen. 6

3. Verfahrensmodalitäten. Da es sich bei der Verhandlung nicht um eine Hauptverhandlung vor dem erkennenden Gericht i.S.d. § 169 Satz 1 GVG handelt, ist die mündliche Verhandlung über die Ausschließung **nicht öffentlich** (BGH bei *Pfeiffer* NStZ 1981, 95; **a.A.** *Schmidt-Leichner* NJW 1975, 417, 422 Fn. 49). Der in Haft befindliche Beschuldigte ist auf seinen Wunsch hin vorzuführen, damit er an der mündlichen Verhandlung teilnehmen kann (Radtke/Hohmann/*Reinhart* § 138d Rn. 4). 7

Zwar stellt das Ausschließungsverfahren kein Strafverfahren dar; der Verteidiger kann sich daher mangels Beschuldigteneigenschaft nicht unmittelbar aufgrund des **§ 137 Abs. 1** des Beistands eines Verteidigers bedienen; die Norm gilt jedoch wegen der Schwere der möglichen Konsequenzen **analog** (KMR/*Staudinger* § 138d Rn. 5; LR/*Jahn* § 138d Rn. 6; Radtke/Hohmann/*Reinhart* § 138d Rn. 6; SK-StPO/*Wohlers* § 138d Rn. 2; HK-StPO/*Julius/Schiemann* § 138d Rn. 2; *Dünnebier* NJW 1976, 1, 3). Zum Teil wird diese Analogie nicht thematisiert und dem Verteidiger das Recht auf eine dem Zeugenbeistand ähnliche Person zuerkannt (KK-StPO/*Willnow* § 138d Rn. 6; Meyer-Goßner/*Schmitt* § 138d Rn. 5; *Burhoff/Stephan* Rn. 340). Konsequenzen hat diese abweichende Meinung für das Vertretungsrecht sowie für das – wegen der Mitteilungspflichten (vgl. § 138c Rdn. 14) freilich weniger relevante – Akteneinsichtsrecht. Vor der mündlichen Verhandlung sollte diese Frage daher mit dem zuständigen Gericht diskutiert werden (*Müller/Opper/von Stetten* Rn. 528). 8

Die anwesenden Beteiligten sind nach § 138d Abs. 4 Satz 1 – entsprechend dem Regelungszweck (s.o. Rdn. 2) – **zu hören**. Durch den neu eingefügten Verweis in § 138d Abs. 4 Satz 2 auf § 247a Abs. 2 Satz 1 wird dem Gericht künftig ermöglicht, den Vorstand der Rechtsanwaltskammer per **Videokonferenz** anzuhören (s. Rdn. 1). Die Entscheidung über diese Verfahrensweise liegt im pflichtgemäßen Ermessen des Gerichts und ist nicht anfechtbar (vgl. LR/*Jahn* § 138d Rn. 9 [anders hier die Voraufl.]). 9

Das Gericht bestimmt überdies den **Umfang der Beweisaufnahme** nach pflichtgemäßem Ermessen (§ 138d Abs. 4 Satz 3). Es ist dabei nicht verpflichtet, über den Ausschließungsantrag hinausgehende Anhaltspunkte für einen Ausschließungsgrund zu prüfen (BGH NJW 1991, 2780, 2781; OLG Karlsruhe NJW 1975, 943, 945). 10

Obgleich die Norm nicht ausdrücklich auch die **Art der Beweisaufnahme** in das Ermessen des Gerichts stellt, gilt wegen der Intention des Gesetzgebers bei Schaffung des § 138d (BT-Drs. 7/2526, S. 23) das **Freibeweisverfahren** (BGHSt 28, 116; KK-StPO/*Willnow* § 138d Rn. 7; Meyer-Goßner/*Schmitt* § 138d Rn. 7; Radtke/Hohmann/*Reinhart* § 138d Rn. 7; *Hammerstein* NStZ 1986, 38; *Rieß* NStZ 1981, 328, 332; **a.A.** HK-StPO/*Julius/Schiemann* § 138d Rn. 3; LR/*Jahn* § 138d Rn. 11; *Klemke/Elbs* Rn. 230; *Dünnebier* NJW 1976, 1, 3). 11

Die Verhandlung ist gem. § 138d Abs. 4 Satz 4 i.V.m. §§ 271 bis 273 **zu protokollieren**. Hierdurch wird eine Überprüfung der Entscheidung auf Fehler in der Rechtsmittelinstanz (dazu näher unter Rdn. 20) gewährleistet (SK-StPO/*Wohlers* § 138d Rn. 11). 12

II. Die Entscheidung (Abs. 5). 1. Allgemeines. Gem. § 138d Abs. 5 ist die Entscheidung am Schluss der mündlichen Verhandlung, sofern dies nicht möglich ist, binnen einer Woche zu erlassen. Die Entscheidung ergeht durch **Beschluss** und gibt Auskunft darüber, ob die Verteidiger ausgeschlossen oder die Ausschließung abgelehnt wird (LR/*Jahn* § 138d Rn. 13; *Fezer* GS Meyer, S. 81, 86; *Frye* wistra 2005, 86, 90). Sie ist ungeachtet der Frage, ob sie anfechtbar ist, wegen der Grundrechtsrelevanz der Entscheidung **zu begründen** (LR/*Jahn* § 138d Rn. 13). 13

Der Beschluss ist, sofern er nicht gem. Abs. 5 Satz 1 verkündet wird und die Beschwerde zulässig ist, gem. § 35 Abs. 2 Satz 1 an den Verteidiger und die sonstigen Beschwerdeberechtigten (dazu unter Rdn. 21) zuzustellen. 14

2. Kosten. Da der Beschluss das Ausschließungsverfahren abschließt, hat er eine Entscheidung über die Kosten zu treffen (zu den durch die Ausschließung verursachten Kosten s.o. § 138c Rdn. 32). 15

Wird die **Ausschließung abgelehnt**, so trägt die Staatskasse nach § 467 Abs. 1 analog die Kosten des Verfahrens sowie die notwendigen Auslagen des Verteidigers (BGH NJW 1991, 2917 [in BGHSt 38, 52 nicht abgedruckt]; OLG Bremen NJW 1981, 2711; OLG Karlsruhe NJW 1975, 943, 946). Hierzu gehören auch die Kosten für einen anwaltlichen Beistand (KK-StPO/*Willnow* § 138d Rn. 6; Radtke/Hohmann/*Reinhart* § 138d Rn. 9; SK-StPO/*Wohlers* § 138d Rn. 15; *Müller/Opper/von Stetten* Rn. 532; *Rieß* NStZ 1981, 328, 332 Fn. 98; **a.A.** KG AnwBl. 1981, 116, 117 f. m. abl. Anm. *Schmidt*; Meyer-Goßner/*Schmitt* § 138d Rn. 10). 16

17 Wird der Verteidiger hingegen **ausgeschlossen**, so hat er gem. § 465 Abs. 1 analog die Kosten des Verfahrens zu tragen (Meyer-Goßner/*Schmitt* § 138d Rn. 10; **a.A.** HK-StPO/*Julius*/*Schiemann* § 138d Rn. 4; SK-StPO/*Wohlers* § 138d Rn. 15; *Rieß* NStZ 1981, 328, 332).

18 **3. Beschränkte Rechtskraft.** Die Entscheidung entfaltet nur eine beschränkte Rechtskraft, wie die §§ 138a Abs. 3 und 138b Satz 2 belegen, die die Aufhebung der Ausschließung zwingend vorsehen (*Fezer* GS Meyer, S. 81, 91 f.).

19 Ein bereits abgelehntes Ausschließungsverfahren darf nicht aus denselben Gründen wiederholt werden; in Kombination mit der Beibringung neuer Tatsachen oder Beweismittel ist dies hingegen möglich (OLG Düsseldorf StraFo 1998, 305 f.; SK-StPO/*Wohlers* § 138d Rn. 20; *Frye* wistra 2005, 86, 91).

20 **III. Mögliche Rechtsmittel (Abs. 6). 1. Sofortige Beschwerde.** Gegen die Ausschließung durch das OLG ist gem. § 138d Abs. 6 Satz 1 i.V.m. § 304 Abs. 4 Satz 3 die sofortige Beschwerde **statthaft. Zuständiges Gericht** ist der Bundesgerichtshof (§ 135 Abs. 2 GVG; zum Ablauf des Beschwerdeverfahrens näher LR/*Jahn* § 138d Rn. 19).

21 **Beschwerdebefugt** sind der Verteidiger selbst, dessen Mandant sowie die Staatsanwaltschaft. Der ausgeschlossene Verteidiger kann die Beschwerde für seinen Mandanten einlegen, weil die Ausschließung erst mit Rechtskraft des Beschlusses eintritt (BGHSt 26, 291, 295). Der Vorstand der Rechtsanwaltskammer ist hingegen gem. § 138d Abs. 6 Satz 2 nicht beschwerdebefugt (*Burhoff*/*Stephan* Rn. 204).

22 **Nicht anfechtbar** ist der Beschluss, in dem die Ausschließung des Verteidigers aus den in § 138a genannten Gründen abgelehnt wird (§ **138d Abs. 6 Satz 3**; BGH bei *Becker* NStZ-RR 2002, 257 f.); eine Ausnahme gilt für die Ausschließung nach § 138b durch das OLG. Nicht anfechtbar ist wegen § 304 Abs. 4 Satz 2 zudem der Beschluss, mit dem die **Aufhebung der Ausschließung** nach § 138a Abs. 3 abgelehnt wird (BGHSt 32, 231 f.; Meyer-Goßner/*Schmitt* § 138d Rn. 13; **a.A.** LR/*Jahn* § 138d Rn. 27; KK-StPO/*Willnow* § 138d Rn. 17, die die Ablehnung mit der Anordnung einer weiteren Ausschließung gleichsetzen). Nicht anfechtbar ist schließlich auch die **Ausschließung durch den BGH** (LR/*Jahn* § 138d Rn. 18).

23 **2. Revision.** Die Ausschließung selbst kann nicht mit der Revision gerügt werden; diese ist, unabhängig davon, ob sie durch das OLG oder durch den BGH erging, gem. **§ 336 Satz 2** ausgeschlossen. Der Beschuldigte kann jedoch rügen, dass er nach der Ausschließung nicht mehr adäquat verteidigt worden ist (SK-StPO/*Wohlers* § 138d Rn. 16).

§ 139 Übertragung der Verteidigung auf einen Referendar

Der als Verteidiger gewählte Rechtsanwalt kann mit Zustimmung dessen, der ihn gewählt hat, die Verteidigung einem Rechtskundigen, der die erste Prüfung für den Justizdienst bestanden hat und darin seit mindestens einem Jahr und drei Monaten beschäftigt ist, übertragen.

Übersicht

1 **A. Grundsätzliches.** Der Gesetzgeber bezweckte bei der Schaffung der Regelung, dem damaligen Mangel an verteidigenden Rechtsanwälten abzuhelfen (*Peter* JuS 1991, 140). Nachdem dieser Zweck angesichts der Rechtsanwaltsschwemme heutzutage überholt ist, behält die Norm den **Zweck**, im Laufe der nunmehr stark ausgedehnten Anwaltsstage Rechtsreferendaren einen Einblick in die Praxis der Strafverteidigung zu bieten (BGHSt 26, 319, 320; LR/*Jahn* § 139 Rn. 1; Hdb.StrafR/*Jahn*/*Brodowski* VII § 17 Rn. 64 f. m.w.N.; SK-StPO/*Wohlers* § 139 Rn. 1; *Jahn* JuS 2006, 660, 661).

2 § 139 erfasst nur den Fall der **Übertragung** der Verteidigung, nicht aber den Fall der bloßen Assistenz (hierzu BGH NJW 1958, 1308 f.; LR/*Jahn* § 139 Rn. 9; *Peter* JuS 1991, 140, 141 f.). Er ist – anders als der Fall des § 142 Abs. 2 – nicht auf das amtsgerichtliche Verfahren beschränkt (SK-StPO/*Wohlers* § 139 Rn. 2; *Dünnebier* JR 1973, 267, 268).

3 **B. Regelungsgehalt. I. Persönlicher Anwendungsbereich.** Unter dem Begriff des **Rechtskundigen** ist der Referendar zu verstehen, der die Erste Juristische Prüfung bestanden hat und sich seit mindestens einem Jahr und drei Monaten im juristischen Vorbereitungsdienst (§ 5b DRiG) befindet (vert. zur Frage, ob es sich um den Stationsreferendar des Verteidigers handeln muss: *Gruschwitz* DRiZ 2012, 239, 241). Nicht möglich ist

es, dem Referendar seine eigene Verteidigung zu übertragen (OLG Karlsruhe MDR 1971, 320; SK-StPO/*Wohlers* § 139 Rn. 2; zu den Gründen für das Verbot vgl. § 138 Rdn. 11 f.).

Der **Assessor** und der **nicht im Justizdienst beschäftigte Rechtskundige** werden vom Wortlaut der Norm nicht erfasst; für eine analoge Anwendung der Norm fehlt es an einer Regelungslücke, weil der Assessor sowohl als Beistand nach § 138 Abs. 2 als auch als Vertreter nach § 53 Abs. 4 Satz 2 BRAO (hierzu näher *Peter* JuS 1991, 140, 142) und der nicht im Justizdienst beschäftigte Rechtskundige als Beistand i.S.d. § 138 Abs. 2 gewählt werden können (vgl. zum Assessor BGHSt 26, 319, 320 auch unter Hinweis auf die Gesetzgebungsgeschichte und die reichsgerichtliche Rspr., die die Einschränkung mit der staatlichen Aufsicht begründete, sowie BayObLG NJW 1991, 2434). 4

Nur der **Rechtsanwalt**, nicht aber ein Hochschullehrer oder eine nach § 138 Abs. 2 gewählte Person können die Verteidigung auf einen Referendar übertragen. Der Rechtsanwalt muss zudem der »gewählte« sein, d.h. nur der **Wahlverteidiger**, nicht aber der Pflichtverteidiger ist übertragungsberechtigt (BGH NJW 1958, 1308; 1967, 165; BGH bei *Miebach* NStZ 1990, 226; LG Berlin NStZ 2000, 51; *Dünnebier* JR 1973, 367; Rechtsreferendare dürfen nach neuer Regelung ganz generell nicht mehr als Pflichtverteidiger bestellt werden, Meyer-Goßner/*Schmitt* § 142 Rn. 58; vgl. § 142 Rdn. 47). 5

§ 387 Abs. 2 dehnt den Anwendungsbereich der Norm auf den Anwalt des Klägers und des Angeklagten im Privatklageverfahren aus. Entsprechende Anwendung findet die Norm zudem auf den Anwalt des **Nebenklägers** sowie auf die Fälle der **§§ 406f und 406g** (LR/*Jahn* § 139 Rn. 8; AnwK-StPO/*Krekeler/Werner* § 139 Rn. 7) sowie gem. **§ 434 Abs. 1** auf den Anwalt des Einziehungsberechtigten (SK-StPO/*Wohlers* § 139 Rn. 4). 6

II. Zeitlicher Anwendungsbereich. Die Norm ermöglicht eine Übertragung bereits **im Ermittlungsverfahren.** Die früher vertretene Ansicht, die Regelung setze eine Anklage voraus (BGH NJW 1973, 64; umfassend zur damaligen Diskussion *Dünnebier* JR 1973, 267, 268 ff.), ist mit der Änderung des Begriffs des Angeklagten in denjenigen, der den Verteidiger gewählt hat, obsolet geworden (BT-Drs. 10/1313, S. 20; Meyer-Goßner/*Schmitt* § 139 Rn. 5 m.w.N.). 7

III. Sachlicher Anwendungsbereich. 1. Voraussetzungen. Die Übertragung setzt zunächst die **Zustimmung des Beschuldigten** voraus, im Fall der Wahl durch den gesetzlichen Vertreter (vgl. dazu auch § 137 Rdn. 21 f.) auch dessen Zustimmung (dazu näher SK-StPO/*Wohlers* § 139 Rn. 8). Einer Zustimmung seitens des Gerichts ist ebenso wenig erforderlich wie diejenige der Ausbildungsstelle des Referendars (LR/*Jahn* § 139 Rn. 16; SK-StPO/*Wohlers* § 139 Rn. 6). 8

Ob der Verteidiger bereits in der allgemeinen Prozessvollmacht vorab auf die Möglichkeit der Übertragung der Verteidigung auf einen Referendar verweisen kann, wird z.T. verneint, und es wird eine Spezialvollmacht verlangt (KG JR 1972, 206, 207; *Peter* JuS 1991, 140, 141). Richtigerweise bedarf der Mandant aber dieses Schutzes nicht, weil es ihm unbenommen bleibt, auf den Verzicht auf die Klausel zu bestehen (Graf/*Wessing* StPO § 139 Rn. 3; KK-StPO/*Willnow* § 139 Rn. 2; LR/*Jahn* § 139 Rn. 10; Radtke/Hohmann/*Reinhart* § 139 Rn. 2; *Jahn/Kett-Straub* StV 2005, 601, 602; Bsp. für eine derartige Vollmacht bei Beck´sches Formularbuch/*Ignor*, S. 42). Die Zustimmung zur Übertragung der Verteidigung auf den Referendar ist widerruflich (SK-StPO/*Wohlers* § 139 Rn. 7). 9

Liegt die Zustimmung vor, so erteilt der Wahlverteidiger dem Referendar **Untervollmacht.** Dem Gericht gegenüber muss die Unterbevollmächtigung nicht nachgewiesen werden (allgemein zum Nachweis der Untervollmacht RGSt 41, 14, 15; SK-StPO/*Wohlers* § 139 Rn. 7). 10

2. Wirkung. Dem Referendar stehen nach der Bevollmächtigung **sämtliche Rechte eines Verteidigers** zu (SK-StPO/*Wohlers* § 139 Rn. 10); er kann entweder anstelle oder neben dem Verteidiger auftreten. Im letztgenannten Fall ist er i.R.d. § 137 Abs. 1 Satz 2 mitzuzählen (KK-StPO/*Willnow* § 139 Rn. 4; SK-StPO/*Wohlers* § 139 Rn. 9; zum Kostenrecht SK-StPO/*Wohlers* § 139 Rn. 11 sowie *Schnabl/Keller* AnwBl. 2008, 131). Der Referendar darf den inhaftierten Beschuldigten besuchen, ohne dass es auf die Zustimmung des zuständigen Ermittlungsrichters ankommt (ebenso Radtke/Hohmann/*Reinhart* § 139 Rn. 4; **a.A.** KK-StPO/*Willnow* § 139 Rn. 5). 11

In beiden Konstellationen hat der Rechtsanwalt den Referendar **zu überwachen** (BGH bei *Miebach* NStZ 1990, 226; KK-StPO/*Willnow* § 139 Rn. 4; KMR/*Haizmann* § 139 Rn. 7). Über die Kanzlei des gewählten Verteidigers kann an ihn gem. § 145a Abs. 1 zugestellt werden. 12

C. Revision. Wird ein wirksam bevollmächtigter Referendar zu Unrecht zurückgewiesen, so liegt der absolute Revisionsgrund des **§ 338 Nr. 8** vor (SK-StPO/*Wohlers* § 139 Rn. 12). Zudem verletzt dieser Verstoß, wenn der Beschuldigte von der Pflicht, vor Gericht zu erscheinen, befreit war, das rechtliche Gehör (**Art. 103 Abs. 1 GG**) und begründet die Rechtsbeschwerde (OLG Oldenburg DAR 2005, 701 m. zust. Anm. *Jahn* JuS 2006, 660). 13

14 Ein Fall des **§ 338 Nr. 5** ist gegeben, wenn im Fall notwendiger Verteidigung die Voraussetzungen für die Übertragung nicht vorlagen und der Assessor dennoch ohne Beanstandung des Gerichts als Bevollmächtigter aufgetreten ist (BGHSt 26, 319).

§ 140 Notwendige Verteidigung

(1) Ein Fall der notwendigen Verteidigung liegt vor, wenn

1. zu erwarten ist, dass die Hauptverhandlung im ersten Rechtszug vor dem Oberlandesgericht, dem Landgericht oder dem Schöffengericht stattfindet;

2. dem Beschuldigten ein Verbrechen zur Last gelegt wird;

3. das Verfahren zu einem Berufsverbot führen kann;

4. der Beschuldigte nach den §§ 115, 115a, 128 Absatz 1 oder § 129 einem Gericht zur Entscheidung über Haft oder einstweilige Unterbringung vorzuführen ist;

5. der Beschuldigte sich auf Grund richterlicher Anordnung oder mit richterlicher Genehmigung in einer Anstalt befindet;

6. zur Vorbereitung eines Gutachtens über den psychischen Zustand des Beschuldigten seine Unterbringung nach § 81 in Frage kommt;

7. zu erwarten ist, dass ein Sicherungsverfahren durchgeführt wird;

8. der bisherige Verteidiger durch eine Entscheidung von der Mitwirkung in dem Verfahren ausgeschlossen ist;

9. dem Verletzten nach den §§ 397a und 406h Absatz 3 und 4 ein Rechtsanwalt beigeordnet worden ist;

10. bei einer richterlichen Vernehmung die Mitwirkung eines Verteidigers auf Grund der Bedeutung der Vernehmung zur Wahrung der Rechte des Beschuldigten geboten erscheint;

11. ein seh-, hör- oder sprachbehinderter Beschuldigter die Bestellung beantragt.

(2) Ein Fall der notwendigen Verteidigung liegt auch vor, wenn wegen der Schwere der Tat, der Schwere der zu erwartenden Rechtsfolge oder wegen der Schwierigkeit der Sach- oder Rechtslage die Mitwirkung eines Verteidigers geboten erscheint oder wenn ersichtlich ist, dass sich der Beschuldigte nicht selbst verteidigen kann.

Übersicht

1 **A. Grundsätzliches.** In § 140 wird, wie an zahlreichen anderen Stellen der StPO (vgl. z.B. §§ 118a Abs. 2 Satz 3, 138c Abs. 3 Satz 4, 418 Abs. 4) oder weiteren Verfahrensvorschriften (so bspw. § 68 JGG oder ferner § 60 OWiG [vgl. Rdn. 12]), geregelt, in welchen Konstellationen eine Verteidigung **notwendig** ist. Die Norm enthält in ihrem Abs. 1 einen **Katalog von Fallgruppen**, in denen unabhängig vom konkreten Einzelfall unwiderleglich vermutet wird, dass die Mitwirkung eines Verteidigers geboten ist. Auch wenn – mit dem Ziel, zwischen der Notwendigkeit der Verteidigung und der Pflicht zur Bestellung eines Verteidigers zu unterscheiden (*Böß* NStZ 2020, 185, 186; *Müller-Jacobsen* NJW 2020, 575) – im Rahmen der jüngsten Reformen (s. Rdn. 3) die klarstellende Formulierung zur Erforderlichkeit einer Mitwirkung des Verteidigers verloren gegangen ist und zugunsten einer bloßen enumerativen Einleitung des Abs. 1 (»Ein Fall der notwendigen Verteidigung liegt vor, wenn …«) ersetzt wurde, ergibt sich aus der Zusammenschau mit Abs. 2 noch immer das Gebot einer tatsächlichen Teilnahme und Teilhabe eines Verteidigers. Anders als die abschließende Aufzählung des Abs. 1 enthält Abs. 2 demgegenüber eine **Generalklausel**, die einen Ergänzungs- und Auffangtatbestand für weitere Fälle notwendiger Verteidigung darstellt. Hierbei kommt es auf den konkreten Einzelfall an. Dies

führt in der Praxis regelmäßig zu der Frage, wem die »Beweislast« für das Vorliegen eines Falls notwendiger Verteidigung obliegt (s. dazu instruktiv *Meyer-Goßner* StV 2012, 718). Die Regelung wird **ergänzt durch die §§ 141–144, die das Verfahren** der Bestellung eines Pflichtverteidigers **normieren.**

§ 140 konkretisiert das **Rechtsstaatsprinzip** in seiner Ausgestaltung als Gebot eines fairen Verfahrens einfachgesetzlich, indem es dem Beschuldigten in bestimmten Fällen unabhängig von seinen Einkommens- und Vermögensverhältnissen eine Einflussmöglichkeit auf das gegen ihn geführte Verfahren gewährt (BVerfGE 39, 238, 243; 46, 202, 210; 63, 380, 390 f.; 70, 297, 323; diff. SK-StPO/*Wohlers* § 140 Rn. 3). Gleichwohl führt Mittellosigkeit nicht zu einem uneingeschränkten Verfahrenszugang jedweder Art. Die Beiordnung eines Pflichtverteidigers scheidet etwa in solchen Verfahren aus, in denen – wie bei der Anfechtung von Justizverwaltungsakten (§§ 23 ff. EGGVG) – dem mittellosen Antragsteller Prozesskostenhilfe bewilligt werden kann (OLG Braunschweig 25.02.2021 – 1 Vas 1/21). 2

Erst jüngst, am 13.12.2019, trat das **Gesetz des Rechts zur Neuregelung der notwendigen Verteidigung**, das zur Regelung der Pflichtverteidiger-Vorschriften in seiner heutigen Form führte, in Kraft (zur Neuregelung *Böß* NStZ 2020, 185; *Kraft/Girkens* NStZ 2021, 454; *Müller-Jacobsen* NJW 2020, 575; *Spitzer* StV 2020, 418; noch zum Referentenentwurf *Schöller* StV 2019, 190; *Beukelmann* NJW-Spezial 2018, 760). Als solches dient es der – verspäteten – Umsetzung der europarechtlichen Vorgaben durch die Richtlinie 2016/1919 über Prozesskostenhilfe für Verdächtige und beschuldigte Personen in Strafverfahren sowie für gesuchte Personen in Verfahren zur Vollstreckung eines Europäischen Haftbefehls (PKH-RL) in nationales Recht, die ursprünglich bereits zum 05.05.2019 hätte erfolgt sein sollen (zu den Folgen der verfristeten Umsetzung LR/*Jahn* § 140 Vor Rn. 1; ausführl. bereits auch SSW-StPO/*Beulke* 4. Aufl. § 140 Rdn. 3). Hierfür war im Oktober 2019 ein Regierungsentwurf eines Gesetzes zur Neuregelung des Rechts der notwendigen Verteidigung im Bundestag eingebracht worden (s. BT-Drs. 19/13829, S. 37; vert. zur rechtspolitischen Diskussion: Bundesrechtsanwaltskammer, Eckpunktepapier der BRAK von 10/2018, BRAK-Stellungnahme-Nr. 34/2018; *Jahn/Zink* FS Graf-Schlicker, S. 475; *Schlothauer* StV 2018, 169; *ders.* KriPoZ 2019, 3; *Schlothauer/Neuhaus/Matt/Brodowski* HRRS 2018, Heft 2, S. 55), dem sich bzgl. des Strafverfahrens für Erwachsene dann eine umfassende Reform der Pflichtverteidigung i.S.d. o.g. Gesetzes anschloss (BGBl. I, 2019, S. 2128; zum Jugendstrafverfahren: Gesetz zur Verstärkung der Verfahrensrechte von Beschuldigten im Jugendstrafverfahren, BGBl. I 2019, S. 2146; *Eisenberg/Kölbel* JGG § 68 Rn. 6a, 20a; *Beulke/Swoboda* Jugendstrafrecht Rn. 664 ff.; *Höynck/Ernst* ZJJ 3/2020, 245). 3

Die Umsetzung führt in seiner Gesamtheit – wie vom europäischen Gesetzgeber intendiert (vgl. ABl. EU C 295 vom 04.12.2009) – zu einer **fundamentalen Stärkung der Verfahrensrechte von Verdächtigen und Beschuldigten** in einem Strafverfahren und wird in der Literatur – jedenfalls in Bezug auf das Ermittlungsverfahren – bereits kurz nach Inkrafttreten als »tiefgreifendste […] Veränderung […] der letzten Jahrzehnte« (*Kraft/Girkens* NStZ 2021, 454) begriffen, ohne jedoch zugleich das bestehende System der notwendigen Verteidigung infrage zu stellen (*Spitzer* StV 2020, 418; *Böß* NStZ 2020, 185). Dabei gehen die in die §§ 140 bis 144 implementierten Änderungen zum Teil deutlich über die in der Richtlinie gemachten Vorgaben hinaus, bleiben jedoch teilweise auch »dramatisch dahinter zurück« (*Schöller* StV 2022, 195). Mit der Neuregelung verfolgt der Gesetzgeber zudem das Ziel, den bis dato in erheblichen Teilen von Richterrecht geprägten Bereich möglichst umfassend zu normieren (BT-Drs. 19/13829, S. 2). 4

Zuvor war die Norm in jüngerer Zeit durch das Gesetz zur Änderung des Untersuchungshaftrechts vom 29.07.2009 (BGBl. I, S. 2274) modifiziert (vgl. hierzu *Bittmann* NStZ 2010, 13; *Deckers* StraFo 2009, 441; *Jahn* FS Rissing-van Saan, S. 275, 276 ff.; *Jahn* Zur Rechtswirklichkeit der Pflichtverteidigerbestellung [2014], S. 27 ff.; LR/*Jahn* § 140 Vor Rn. 1; *Michalke* NJW 2010, 17; *Schlothauer* FS Samson, S. 709; *Wohlers* StV 2010, 151; s. auch die Kritik des 35. Strafverteidigertages in StV 2011, 321, 323; zur Entstehungsgeschichte der Regelung allgemein LR/*Jahn* § 140 Vor Rn. 1), infolge des Gesetzes zur Neuordnung des Rechts der Sicherungsverwahrung und begleitender Regelungen vom 22.12.2010 (BGBl. I, S. 2300) angepasst sowie durch das Gesetz zur Stärkung der Rechte von Opfern sexuellen Missbrauchs vom 26.06.2013 (BGBl. I, S. 1805) ergänzt worden. Zuletzt war § 140 Abs. 1 Nr. 9 durch das Gesetz zur Stärkung der Opferrechte im Strafverfahren vom 21.12.2015 (3. Opferrechtsreformgesetz; BGBl. I, S. 2525) lediglich in redaktioneller Hinsicht im Sinne einer Verschiebung des § 406g zu § 406h geändert worden. 5

Ergänzt wird die nunmehr erfolgte Gesetzesänderung durch das **Gesetz zur Stärkung der Verfahrensrechte von Beschuldigten im Jugendstrafverfahren**, das seinerseits auf die Richtlinie (EU) 2016/800 des Europäischen Parlaments und des Rates vom 11.05.2016 über Verfahrensgarantien in Strafverfahren für Kinder, die Verdächtige oder beschuldigte Personen in Strafverfahren sind (ABl. L 132 vom 21.05.2016, S. 1) zurückgeht und Änderungen des JGG, dort auch zur notwendigen-/Pflichtverteidigung im Jugendstrafverfahren, enthält (§§ 67, 68, 68a, 68b JGG; Strauda RS-Nr. 264/2019; s. auch LG Münster StV 2021, 166). Zu den positiven Auswirkungen des Gesetzes auf die Beiordnungspraxis, *Nöding* StV 2022, 52. 6

7 Nach seiner Systematik stellt § 140 – wie auch bereits vor der Gesetzesänderung – die zentrale Vorschrift im Recht der notwendigen Verteidigung dar und normiert in abschließender Art und Weise die materiellen Voraussetzungen für die **Gebotenheit der Mitwirkung eines Verteidigers**. Die sich hieran anschließenden Vorschriften betreffen sodann mit dem Zeitpunkt (§ 141), der Zuständigkeit (§ 142 Abs. 1–4) sowie der Dauer und Aufhebung der Bestellung (§ 143), der Auswahl (§ 142 Abs. 5–6) und dem Wechsel (§ 143a) des Pflichtverteidigers formelle Kriterien des Bestellungsverfahrens. Mit § 141a wurde dabei systematisch anknüpfend an den Zeitpunkt der Bestellung eine Ausnahmevorschrift geschaffen, welche Vernehmungen und Gegenüberstellungen ausnahmsweise abweichend von § 141 auch vor der Bestellung eines Pflichtverteidigers zulässt. § 144 bestimmt sodann – in entsprechender Widergabe der bisherigen Rspr. zum »Sicherungsverteidiger« – die Voraussetzungen, unter denen ein bzw. zwei zusätzliche/r Pflichtverteidiger bestellt oder wieder abbestellt werden können.

8 Während die den Anwendungsfall der notwendigen Verteidigung regelnde Vorschrift des § 140 durch inhaltliche Änderungen (Abs. 1 Nr. 1, 4, 5, 7 und 9 sowie Abs. 2), Ergänzungen ganzer Tatbestände (Abs. 1 Nr. 10 und 11) oder die Streichung des Abs. 3 mitunter größeren Korrekturen ausgesetzt ist, bleibt der Kern der Regelung und damit auch die Struktur der notwendigen Verteidigung i.S.d. § 140 bestehen. Im Gegensatz dazu bringt die Novellierung der sich hieran anknüpfenden Vorschriften, insb. aber der § 141 als »strukturelles Grundprinzip« (*Böß* NStZ 2020, 185) die **grundsätzliche Unabhängigkeit der Notwendigkeit von Verteidigung von der Bestellung eines Pflichtverteidigers** mit sich. Allein das Vorliegen eines Falles notwendiger Verteidigung i.S.d. § 140 ist somit nicht gleichbedeutend mit der Pflicht, dem Beschuldigten einen Verteidiger zu bestellen (krit. hierzu etwa *Müller-Jacobsen* NJW 2020, 575). Eine solche von Amts wegen vorzunehmende Bestellung ist lediglich bei Vorliegen der Voraussetzungen nach § 141 Abs. 2 vorgesehen. In den übrigen Fällen ist dem Beschuldigten, dem der Tatvorwurf eröffnet wurde, (erst) auf Antrag ein Pflichtverteidiger zu bestellen, soweit er noch über keinen Verteidiger verfügt (§ 141 Abs. 1, **Antragsmodell**). Hierin ist bereits ein bedeutender Unterschied zur alten Rechtslage zu verzeichnen. Denn nach § 141 Abs. 1 a.F. war (mit Ausnahme von § 140 Abs. 1 Nr. 4 a.F.) dem unverteidigten Angeschuldigten in den Fällen des § 140 a.F. zwingend ein Verteidiger zu bestellen, sobald er zur Erklärung über die Anklageschrift aufgefordert worden war. Hängt nunmehr nach neuer Rechtslage die Bestellung eines Pflichtverteidigers nicht selten von einem Antrag des Beschuldigten ab, **verlagert sich** im Gegenzug der Zeitpunkt der möglichen Bestellung – wie vom europäischen Gesetzgeber beabsichtigt – **in das Ermittlungsverfahren**, was nicht zuletzt auch im aktuellen Gesetzeswortlaut »zu erwarten ist, dass« (§ 140 Abs. 1 Nr. 1, 7), »Schwere der zu erwartenden Rechtsfolge« (§ 140 Abs. 2) oder etwa »sobald er einem Gericht […] vorgeführt werden soll« (§ 141 Abs. 2 Satz 1 Nr. 1) Ausdruck gefunden hat. Damit ist der Gesetzgeber zugleich der in der Literatur seit Langem formulierten Forderung nach einer Vorverlagerung der notwendigen Verteidigung ins Vorverfahren nachgekommen, wenngleich er durch die Festsetzung des Zeitpunkts der Pflichtverteidigerbestellung seine grundsätzliche Haltung, eine Bestellung von Amts wegen in einem derart frühen Stadium nur in Sonderkonstellationen, nämlich denen des § 141 Abs. 2, zuzulassen, i.Ü. aber eine Bestellung erst mit Beginn des gerichtlichen Verfahrens zu befürworten, manifestiert hat. In der hieraus folgenden Trennung, die Pflichtverteidigung im Vorverfahren seinem Grundsatz nach vom Willen des Beschuldigten abhängig zu machen, obwohl die Mitwirkung eines Verteidigers in diesem Stadium den Wertungen des § 140 entsprechend bereits als geboten erachtet ist, gleichzeitig das Institut der notwendigen Verteidigung jedoch keiner Bedürftigkeitsprüfung zu unterwerfen, ist ein »Kompromiss« des Gesetzgebers zu sehen, der auf dessen Wunsch, die Vorgaben der PKH-RL im System der §§ 140 ff. umzusetzen, entspricht (vgl. *Böß* NStZ 2020, 185, 186).

9 Den – ohnehin eher minimalinvasiven – Einschränkungen i.S.e. Antragserfordernisses zum Trotz lässt sich jedenfalls in der Theorie bilanzierend festhalten, dass der vom europäischen Gesetzgeber bezweckte Schutz des Beschuldigten in einer Art gestärkt wurde, die nicht nur das Schutzniveau des bisherigen nationalen Verfahrensrechts, sondern auch das des europäischen Rechts deutlich übertrifft (vgl. *Böß* NStZ 2020, 185, 193). Nicht auszuschließen sein wird, dass mit dieser Stärkung der Beschuldigtenrechte eine für die Ermittlungsbehörden – im Vergleich zum bisherigen *status quo* – erschwerende Wahrheitsfindung einhergeht (zu den Auswirkungen der Neuregelung auf die polizeiliche Erstvernehmung des Beschuldigten *Beulke* FS Wehrle, S. 697). Ob damit in praktischer Konsequenz jedoch – wie von *Kraft/Girkens* befürchtet – dem Beschuldigten zugleich die Gelegenheit genommen wird, aufrichtig Reue zu zeigen oder durch eine geständige Einlassung die Möglichkeit einer Strafmilderung in Anspruch zu nehmen (*Kraft/Girkens* NStZ 2021, 454, 459 f.), darf bezweifelt werden.

10 **B. Regelungsgehalt. I. Anwendungsbereich. 1. Zeitlich.** Mit der im Zuge des Gesetzes zur Neuregelung des Rechts der notwendigen Verteidigung erfolgten gänzlichen Neugestaltung des § 143, der nunmehr ausdrücklich zur Dauer der Wirksamkeit und Aufhebung der Bestellung des Pflichtverteidigers Stellung

bezieht, erhält auch der zeitliche Anwendungsbereich der notwendigen Verteidigung erstmals in Gesetzesform gegossene Konturen. Dabei verdeutlicht § 143 Abs. 1, dass der bisher ohnehin von der h.A. angenommene Grundsatz (zum Ausnahmetatbestand des § 143 Abs. 2 s. dort Rdn. 7), wonach die Notwendigkeit der Verteidigung für das gesamte Strafverfahren zu gelten habe, auch nach Neuregelung der Vorschriften zum Pflichtverteidiger Fortbestand hat. Ist eine Verteidigung nach § 140 Abs. 1 notwendig, so gilt dies damit grundsätzlich (und insb. nach den jüngsten Neuerungen) **vom frühen Stadium des Ermittlungsverfahrens bis hin zur Rechtskraft des Urteils** (ausführl. unter § 143 Rdn. 2 ff.; ferner KG BeckRS 2017, 109349; OLG Köln StV 2016, 789; OLG Düsseldorf MDR 1984, 669; LG Hamburg StV 2016, 156; LG Bonn StraFo 2016, 295; Meyer-Goßner/*Schmitt* § 143 Rn. 1).

Zum Zeitpunkt der Bestellung des Verteidigers s. unter § 141 Rdn. 13 ff. 11

2. Sachlich. Die Norm gilt auch für das **Privatklageverfahren** (BVerfGE 63, 380; *Moltketin/Jakobs* AnwBl. 1981, 483). In **Jugendstrafverfahren** gelten zusätzlich die §§ 68, 109 Abs. 1 JGG (hierzu *Beulke* Jugendverteidigung, S. 170, 172 ff.; s. auch Rdn. 3 und 52 f.). Für das **Strafbefehlsverfahren** enthält § 408b eine Sonderregelung (dazu *Lutz* NStZ 1998, 295; *Brackert/Staechelin* StV 1995, 547; die nach dieser Norm erfolgte Beiordnung besteht auch für die nach Einspruch anberaumte Hauptverhandlung fort (OLG Köln NStZ-RR 2010, 30; OLG Celle NStZ-RR 2011, 295; AG Berlin-Tiergarten StV 2016, 158; a.A. OLG Düsseldorf NStZ 2002, 390; AG Tostedt NStZ 2018, 680), für **das beschleunigte Verfahren** § 418 Abs. 4 (*Ernst* StV 2001, 367; OLG Köln StRR 2010, 68), und sofern erstmals im **Wiederaufnahmeverfahren** die Bestellung eines Verteidigers in Betracht kommt, sind die §§ 364a, 364b maßgebend. Im **Ordnungswidrigkeitenverfahren,** für das die §§ 140 ff. über § 46 OWiG gelten (s. z.B. LG Ellwangen StV 2012, 462), ist zusätzlich § 60 OWiG zu beachten (weitere Sondernormen bei *B. Mehle* NJW 2007, 969, 972; speziell zum Verkehrsordnungswidrigkeitenverfahren *Fromm* NJW 2013, 2006; zur analogen Anwendung des § 140 Abs. 2 vgl. unter Rdn. 60 ff.). 12

Auch auf das **Auslieferungs-, Durchlieferungs- und Vollstreckungsverfahren** wirkt das Gesetz zur Neuregelung der notwendigen Verteidigung ein. So ist die Rechtsbeistandschaft im Fall einer verfolgten bzw. verurteilten Person zwar wie zuvor – in bloßer Anpassung des Wortlauts an die Änderungen i.R.v. § 140 – unter den Voraussetzungen des §§ 40 Abs. 3, 53 Abs. 2 IRG notwendig, knüpft – in Bezug auf eine verfolgte Person – hingegen in seiner neuen Fassung dergestalt an deren Festnahme an, als dass in einem solchen Fall ohne Vorliegen weiterer Voraussetzungen von einer notwendigen Rechtsbeistandschaft auszugehen ist (§ 40 Abs. 2 IRG). Die sich hieran jeweils anschließenden Absätze (§§ 40 Abs. 4–8, 53 Abs. 3–6 IRG) regeln – in der StPO entsprechender und auf sie verweisender (§§ 40 Abs. 8, 53 Abs. 6 IRG) Systematik – Vorschriften zum Bestellungsverfahren des Rechtsbeistands. Für das Durchlieferungsverfahren wurde die zuvor auf § 40 verweisende Vorschrift des § 45 Abs. 6 zudem insofern angepasst, als dass dieser nun mit der Maßgabe entsprechend anzuwenden sei, dass ein Fall der notwendigen Rechtsbeistandschaft nur bei Vorliegen der Voraussetzungen nach dessen Abs. 3 vorliege. Im Verfahren zur Vollstreckung des Europäischen Haftbefehls wurde die Notwendigkeit der Rechtsbeistandschaft in § 83j IRG verortet. Entsprechendes gilt für die §§ 31, 37 Abs. 6 Satz 3, 44 Abs. 4 Satz 5, 46 Abs. 4 Satz 2, 50 Abs. 2 Satz 1, Abs. 4 IStGHG. 13

3. Persönlich. Ob eine Verteidigung notwendig ist, ist **für jeden Mitangeklagten gesondert** zu bestimmen (KMR/*Müller* § 140 Rn. 2; s. aber auch Rdn. 54). Auch dem **rechtskundigen Beschuldigten**, der an und für sich nach § 138 Abs. 1 zum Verteidiger gewählt werden könnte, ist im Fall notwendiger Verteidigung (ggf. auf Antrag) ein Verteidiger zu bestellen, weil er nicht selbst bestellt werden kann (vgl. dazu näher unter Rdn. 49 sowie § 138 Rdn. 11; OLG Hamm StraFo 2004, 170; BVerfG NJW 1998, 2205; BGH MDR 1954, 564; Meyer-Goßner/*Schmitt* § 140 Rn. 3; *Pfeiffer* § 140 Rn. 1). 14

II. Der Katalog des § 140 Abs. 1. 1. § 140 Abs. 1 Nr. 1. § 140 Abs. 1 Nr. 1 bestimmt, dass die Verteidigung dann notwendig ist, wenn zu erwarten ist, dass die Hauptverhandlung im ersten Rechtszug vor dem **Oberlandesgericht**, dem **Landgericht** bzw. dem **Schöffengericht** stattfindet. Insofern hat die Vorschrift durch die Neuregelung eine deutliche und begrüßenswerte Ausweitung erfahren, da zum einen durch die bloße Erwartung einer solchen Zuständigkeit die intendierte weite Vorverlagerung ins Ermittlungsverfahren signalisiert sowie manifestiert und zum anderen das Schöffengericht als dritte Variante in den Tatbestand mitaufgenommen wurde. Die Erweiterung auf die Gerichtsbarkeit des Schöffengerichts verspricht gleichwohl keine bedeutsame tatsächliche Änderung, entsprach es doch bisher bereits gelebter Praxis im Fall einer Anklage zum Schöffengericht die Notwendigkeit der Verteidigung nach § 140 Abs. 2 anzunehmen (OLG Naumburg StV 2014, 10; BeckOK-StPO/*Krawczyk* § 140 Rn. 5; Meyer-Goßner/*Schmitt* § 140 Rn. 11; MüKo-StPO/*Thomas/Kämpfer* § 140 Rn. 28). 15

16 Die Beiordnung ist bereits dann notwendig, **»wenn zu erwarten ist«**, dass die Hauptverhandlung vor den genannten Gerichten stattfindet, d.h. schon vor der Eröffnung des Hauptverfahrens. Erfolgt die hierzu erforderliche Prognoseentscheidung erst im Zwischenverfahren, etwa weil ein Pflichtverteidiger von Amts wegen nicht zu bestellen und ein entsprechender Antrag des Beschuldigten unterblieben war, wird diese regelmäßig wenig Probleme bereiten, da eine entsprechende Entscheidung mit Anklageerhebung bereits getroffen wurde (vgl. LG Münster StV 2021, 166). Gleichwohl kann es auch in diesem Stadium noch zu einem Entfall oder einer Begründung der Erwartung kommen, da die Sicht des Gerichts maßgeblich ist (BT-Drs. 19/13829, S. 32; vgl. auch LR/*Jahn* § 140 Rn. 16). Bedarf es hingegen einer Entscheidung bereits in einem frühen Stadium des Ermittlungsverfahrens, kann eine solche **Prognose** – nicht zuletzt auch aufgrund der Einbeziehung des Schöffengerichts in den Tatbestand des § 140 Abs. 1 Nr. 1 – Schwierigkeiten bereiten. Da zur Einleitung eines Ermittlungsverfahrens bereits ein Anfangsverdacht ausreicht (§ 152 Rdn. 6), ist es nur richtig, auch hinsichtlich des Maßstabs der innerhalb der Prognoseentscheidung zu treffenden Erwartung der zuständigen Gerichtsbarkeit an diesen ersten Verdachtsgrad anzuknüpfen (so auch *Böß* NStZ 2020, 185, 186; BeckOK-StPO/*Krawczyk* § 140 Rn. 5; LR/*Jahn* § 140 Rn. 15). Entsprechend § 152 Abs. 2 reicht es mithin aus, dass auf Basis der bereits bekannten Fakten zureichende tatsächliche Anhaltspunkte für die Zuständigkeit zumindest des Schöffengerichts vorliegen. Gleichwohl ist schon aufgrund des Wortlauts, der eine in der Erwartung liegende überwiegende Wahrscheinlichkeitseinschätzung verlangt und gerade die bloße Möglichkeit einer solchen Zuständigkeit nicht als ausreichend erachtet, eine gewisse Verdichtung der die Erwartung begründenden Umstände erforderlich (*Böß* NStZ 2020, 185, 186). Insb. beim Verdacht eines **Verbrechens**, das gem. §§ 24, 25 GVG mindestens beim Schöffengericht angeklagt werden muss (zur Einführung: *Beulke/Swoboda* Strafprozessrecht Rn. 39) ist eine solch frühe Prognose aber häufig problemlos möglich. Bei dem Verdacht der Begehung eines Vergehens kommt es hingegen auf die jeweils bisher bekannt gewordenen Tatumstände sowie die persönlichen Verhältnisse des Täters an.

17 **2. § 140 Abs. 1 Nr. 2.** § 140 Abs. 1 Nr. 2 erfasst auch weiterhin die Fälle, in denen dem Beschuldigten ein Verbrechen zur Last gelegt wird und bleibt insofern in seinem Wortlaut unberührt von der Neuregelung. Deren Einfluss wird sich die Vorschrift jedoch kaum entziehen können, verbleibt doch nach der Ergänzung des § 140 Abs. 1 Nr. 1 um das Schöffengericht kaum ein **Anwendungsbereich** mehr für den Tatbestand des § 140 Abs. 1 Nr. 2, da der Strafrichter lediglich bei Vergehen zu entscheiden hat. Somit ist eine nicht bereits von § 140 Abs. 1 Nr. 1 erfasste Anwendung von Nr. 2 lediglich in solchen Fällen denkbar, in denen erst in der Berufungsinstanz ein Verbrechen zur Last gelegt wird.

18 Der Begriff des **Verbrechens** ist i.S.d. § 12 Abs. 1 StGB zu verstehen; er erfasst daher sämtliche Straftaten, die im Mindestmaß mit wenigstens einem Jahr Freiheitsstrafe bedroht sind. Gem. § 12 Abs. 3 StGB bleiben sowohl Strafschärfungen als auch Strafmilderungen bei der Qualifizierung des betreffenden Tatbestandes außer Acht. Aus diesem Grund sind ebenso Versuch und Teilnahme erfasst (SK-StPO/*Wohlers* § 140 Rn. 7).

19 Unter dem Terminus des **Zur-Last-Legens** sind zum einen **»formale«** Beschuldigungshandlungen zu verstehen, d.h. die Anklage, der hiervon abweichende Eröffnungsbeschluss (§ 207 Abs. 2 Nr. 3), der rechtliche Hinweis (§ 265; RGSt 33, 302; 65, 246; KG StV 1985, 184) sowie die Nachtragsanklage (§ 266; BGHSt 1, 302; 9, 243). Zum anderen greift die Norm bereits dann ein, **wenn wegen eines Verbrechens ermittelt wird** (BGH StV 2006, 566, 567; LG Magdeburg StV 2021, 164; HK-StPO/*Julius/Schiemann* § 140 Rn. 6; SK-StPO/*Wohlers* § 140 Rn. 7; a.A. *Burgard* NStZ 2000, 242, 243 ff.; noch weiter OLG Bremen StV 1984, 13: nicht nur entfernte Möglichkeit, dass die dem Gericht unterbreitete Tat zu irgendeinem Zeitpunkt als Verbrechen beurteilt werden wird; hiergegen *Burgard* NStZ 2000, 242, 244) bzw. wenn sich i.R.d. Hauptverhandlung abzeichnet, dass ein rechtlicher Hinweis gem. § 265 erteilt werden wird (KK-StPO/*Willnow* § 140 Rn. 9; dem zust. Radtke/Hohmann/*Reinhart* § 140 Rn. 9).

20 Wird dem Beschuldigten ein Verbrechen zur Last gelegt, dann bleibt die Verteidigung so lange notwendig, bis **rechtskräftig entschieden** worden ist, dass kein Verbrechen vorliegt (BayObLG StV 1994, 65). Selbst eine instanzliche Verurteilung wegen eines Vergehens führt damit nicht zu einer anderen Beurteilung (OLG Hamburg StraFo 2015, 145, 147). Wird ein Rechtsmittel eingelegt, ändert auch dies grundsätzlich nichts, sofern der Beschuldigte es nicht wirksam auf die Strafhöhe beschränkt (OLG Düsseldorf StV 1984, 369; OLG Oldenburg StV 1995, 345 f.; HK-StPO/*Julius/Schiemann* § 140 Rn. 6).

21 **3. § 140 Abs. 1 Nr. 3.** § 140 Abs. 1 Nr. 3 regelt, dass eine Verteidigung notwendig ist, wenn sie zu einem Berufsverbot führen kann. Auch an dieser Stelle haben sich im Vergleich zur alten Rechtslage keinerlei wortlautspezifische Änderungen ergeben. Systematisch bedeutsam ist ungeachtet dessen der Unterschied seiner Formulierung (»führen kann«) im Vergleich zu Nr. 1 und Nr. 7 (»zu erwarten ist«). Erforderlich ist auch hier eine **Prognose**, jedoch sind hieran im Vergleich zu den beiden anderen Tatbeständen (vgl. Rdn. 16) noch geringere Anforderungen zu stellen. Zu prüfen ist, ob **mit einiger Wahrscheinlichkeit** ein entsprechendes

Verbot **zu erwarten** ist (BGHSt 4, 320, 322 zu § 140 Abs. 1 Nr. 3 a.F.; Meyer-Goßner/*Schmitt* § 140 Rn. 13; RGSt 70, 317; LR/*Jahn* § 140 Rn. 24: *»naheliegende Möglichkeit«*; SK-StPO/*Wohlers* § 140 Rn. 9).

Eine derartige Wahrscheinlichkeit wird jedenfalls anzunehmen sein bei Nennung des § 70 StGB in der Anklageschrift (BGHSt 4, 320, 322; RGSt 68, 397 f.; 70, 317 f.), einem rechtlichen Hinweis des Gerichts gem. § 265 Abs. 2 (OLG Celle NJW 1964, 877; Meyer-Goßner/*Schmitt* § 140 Rn. 13), der Anordnung eines vorläufigen Berufsverbots gem. § 132a Abs. 1 sowie sonstige Umstände, die dem Gericht Anlass geben, sich mit der Frage eines möglichen Berufsverbots zu beschäftigen, wie z.B. ein entsprechender Schlussantrag seitens der Staatsanwaltschaft (RGSt 70, 317, 318). 22

Die Norm ist analog auf den Fall anzuwenden, dass bei einer Verurteilung die befristete Aufenthaltserlaubnis endgültig abgelehnt und der Beschuldigte damit die Möglichkeit verlieren würde, eine Erwerbstätigkeit auszuüben (s. LG Oldenburg StV 2013, 435, das allerdings auf § 140 Abs. 2 abstellt). Eine **analoge Anwendung** der Regelung auf andere Fälle der Maßregeln der Besserung und Sicherung (vgl. § 61 StGB) ist mangels Regelungslücke abzulehnen, weil § 140 Abs. 1 Nr. 6 zeigt, dass der Gesetzgeber bei der Schaffung des Katalogs nicht nur das Berufsverbot, sondern auch andere Maßregeln im Blick hatte (i.E. ebenso LR/*Jahn* § 140 Rn. 26; AnwK-StPO/*Krekeler*/*Werner* § 140 Rn. 6). 23

4. § 140 Abs. 1 Nr. 4. Nach alter Rechtslage bestimmte § 140 Abs. 1 Nr. 4, dass die Mitwirkung eines Verteidigers dann notwendig ist, wenn gegen den Beschuldigten Untersuchungshaft (§§ 112, 112a) oder eine einstweilige Unterbringung (§§ 126a, 275a Abs. 6) vollstreckt wird. Dabei wurde – unter abweichender Ansicht von Teilen der Literatur, die vor und nach der damaligen Gesetzesänderung im Jahr 2010 noch auf den früheren Zeitpunkt der Festnahme aufgrund eines Haftbefehls oder gar auf den Zeitpunkt des Antrags des Haftbefehls pochten (*Eisenberg* StV 2015, 180; *Herrmann* StV 2011, 652; BRAK StV 2010, 544, 545; *Deckers* StraFo 2009, 441, 443; MüKo-StPO/*Thomas*/*Kämpfer* § 140 Rn. 17; BeckOK-StPO/*Krawzcyk* § 140 Rn. 8; ausführl. hierzu LR/*Jahn* § 140 Rn. 27) – eine Vollstreckung der Untersuchungshaft von der Rspr. erst angenommen, wenn die Haft nach § 115 Abs. 4 S. 1 aufrechterhalten wurde (BT-Drs. 19/13829, S. 33). Diese Rspr. stand damit jedoch in Widerspruch zu Art. 4 Abs. 4 der PKH-RL, die vorschrieb, einen **Rechtsbeistand jedenfalls zu dem Zeitpunkt zu gewährleisten, in dem ein Verdächtiger oder eine beschuldigte Person einem zuständigen Gericht oder Richter zur Entscheidung über eine Haft oder Unterbringung vorgeführt** wird. Der nationale Gesetzgeber regierte im Rahmen der nunmehr erfolgten Neuregelung, indem er festlegte, dass eine notwendige Verteidigung vorliege, wenn der Beschuldigte nach den §§ 115, 115a, 128 Abs. 1 oder 129 einem Gericht zur Entscheidung über Haft oder einstweilige Unterbringung vorzuführen ist. 24

Indem die Regelung auf die Vorschriften über die Vorführung vor dem Richter Bezug nimmt, sollen alle denkbaren Fälle der Vorführung zur Entscheidung über eine Haft, aber auch eine einstweilige Unterbringung erfasst sein (BT-Drs. 19/13829, S. 33; vert. *Jahn*/*Zink* FS Graf-Schlicker, S. 475, 485 ff.). Ist der Haftbefehl also bereits erlassen und wird der Beschuldigte nunmehr gem. §§ 115, 115a dem Richter vorgeführt, der ihn spätestens am nächsten Tag über den Gegenstand der Beschuldigung zu vernehmen hat (§§ 115 Abs. 2, 115a Abs. 2 Satz 1), muss die Unterstützung des Beschuldigten durch einen Verteidiger bereits **vor der ersten Vernehmung durch den Richter** und nicht erst vor der Vollstreckung des Haftbefehls gewährleistet sein. Anders als nach alter Rechtslage sind nunmehr auch der Haftbefehl bei beschleunigtem Verfahren (§ 127b Abs. 2), die Hauptverhandlungshaft (§§ 230 Abs. 2, 329 Abs. 4 Satz 1) sowie die Sicherungshaft nach § 453c Abs. 1 vom Anwendungsbereich erfasst. Aufgrund der Anordnung der entsprechenden Geltung der Vorschriften zur Vorführung in § 126a Abs. 2 und § 275a Abs. 6 gilt dies ferner auch für die Ergreifung aufgrund eines Unterbringungsbefehls gem. § 126a Abs. 1 oder § 275a Abs. 6 (BT-Drs. 19/13829, S. 33). Nicht erfasst ist hingegen der Vorführungsbefehl i.S.v. §§ 230 Abs. 2, 329 Abs. 3 (*Spitzer* StV 2020, 418, 420). 25

Wird der Beschuldigte gem. §§ 128 Abs. 1 Satz 1, 129 ohne vorherigen Erlass eines Haft- oder Unterbringungsbefehls festgenommen, ist zunächst zu entscheiden, ob der Festgenommene dem Richter vorgeführt wird, oder ob er wieder in Freiheit gesetzt werden kann. Erfolgt sofort die Vorführung vor dem Richter, liegt ein Fall notwendiger Verteidigung vor. Soll hingegen zunächst noch darüber entschieden werden, ob der Festgenommene überhaupt dem Richter vorgeführt und ein Haftbefehl beantragt oder dieser wieder in Freiheit gesetzt werden soll, so greift § 140 Abs. 1 Nr. 4 noch nicht ein. Krit. (und nach Ansicht *Jahns* gar unionsrechtlich unzulässig [LR/*Jahn* § 140 Rn. 32]) zu sehen, ist die Ansicht des Gesetzgebers (BT-Drs. 19/13829, S. 33), wonach der vorläufig Festgenommene zur Ermittlung der Frage, ob ein Haftbefehl zu beantragen ist, zunächst ohne Beteiligung eines notwendigen Verteidigers vernommen werden könne (krit. ebenfalls *Spitzer* StV 2020, 418, 420; Meyer-Goßner/*Schmitt* § 140 Rn. 14b; s. auch *Beulke* FS Wehrle, S. 697, 702 ff.). Für die nichtrichterliche Vernehmung des Festgenommenen kann sich dann aber die notwendige Verteidigung (und die daraus resultierende Pflicht des § 143 zur Bestellung eines Pflichtverteidigers schon im frühen Stadium des Ermittlungsverfahrens, insb. vor der ersten Beschuldigtenvernehmung) aus den anderen Ziffern 26 des § 140 Abs. 1 (insb. Nr. 1 [s. unter Rdn. 15], Nr. 2 [s. unter Rdn. 17] und Nr. 10 [s. unter Rdn. 36]) sowie § 140 Abs. 2 (Rdn. 36 ff.) ergeben.

27 Soll der Beschuldigte einem Gericht zur Entscheidung über Haft oder einstweilige Unterbringung vorgeführt werden, ist ihm antragsunabhängig gem. § 141 Abs. 2 S. 1 Nr. 1 unverzüglich von Amts wegen ein Pflichtverteidiger zu bestellen, soweit er noch keinen Verteidiger hat (§ 141 Rdn. 22). Nach vorläufiger Festnahme gilt dies regelmäßig erst bei Absicht haftrichterlicher Vorführung.

28 **5. § 140 Abs. 1 Nr. 5.** Spürbare Änderungen hat auch § 140 Abs. 1 Nr. 5 durch das Gesetz zur Neuregelung der notwendigen Verteidigung erfahren. Galt nach alter Rechtslage noch, dass sich der Beschuldigte für eine gesetzlich angeordnete Mitwirkung des Verteidigers für mindestens drei Monate aufgrund richterlicher Anordnung oder mit richterlicher Genehmigung in einer Anstalt befunden haben muss und nicht mindestens zwei Wochen vor Beginn der Hauptverhandlung entlassen werden durfte, sieht sich die heutige Fassung **keinerlei zeitlichen Einschränkungen mehr** gegenüber. Notwendig ist die Verteidigung bereits dann, wenn sich der Beschuldigte aufgrund Anordnung oder Genehmigung eines Richters in einer Anstalt befindet. Dabei liegt der Regelung der gleiche Gedanke wie § 140 Abs. 1 Nr. 4 zugrunde, nämlich derjenige, dass die Verteidigungsmöglichkeiten des Beschuldigten infolge der Beschränkung der Fortbewegungsfreiheit begrenzt sind (SK-StPO/*Wohlers* § 140 Rn. 11). Nicht erforderlich ist es deshalb, dass sich der Beschuldigte aufgrund des betroffenen Verfahrens in einer Anstalt befindet (LG Nürnberg-Fürth 04.05.2021 – 12 Qs 22/21).

29 Der Begriff des **Anstaltsaufenthalts** umfasst (auch ausländische, vgl. OLG Koblenz NStZ 1984, 522; AG Altenkirchen StV 2014, 540) Strafhaft, auch wenn dem Beschuldigten Freigang i.S.d. § 11 Abs. 1 Nr. 1 StrafvollzugsG gewährt wird (KG JR 1980, 348; LG Berlin StraFo 2013, 285), Jugendhaft i.S.d. § 17 JGG, Straf- bzw. Jugendarrest, Auslieferungshaft i.S.d. §§ 15 f. IRG sowie die Unterbringung nach den §§ 63 ff. StGB, den Unterbringungsgesetzen der Länder oder aufgrund vormundschaftsgerichtlicher Genehmigung (AnwK-StPO/*Krekeler/Werner* § 140 Rn. 8). Die Norm ist analog anzuwenden auf den freiwilligen stationären Aufenthalt in einer Drogentherapieeinrichtung nach § 35 BtMG (LG Gießen StV 1991, 204 m. zust. Anm. *Nix*; LG Münster StraFo 2000, 195; a.A. KMR/*Müller* § 140 Rn. 13, der Abs. 2 für einschlägig hält), auf einen stationären Klinikaufenthalt zum Alkoholentzug (LG München I StV 1999, 421; LG Traunstein StV 1995, 126; für eine unmittelbare Anwendung wohl BeckOK-StPO/*Krawczyk* § 140 Rn. 11) sowie auf einen Aufenthalt in einem Erziehungsheim, bei dem die Fortbewegungsfreiheit des Beschuldigten erheblich eingeschränkt wird (LG Braunschweig StV 1986, 472).

30 Mit Entfall der zeitlichen Fristen in § 140 Abs. 1 Nr. 5 und der zeitlichen Vorverlagerung auf den Zeitpunkt der Vorführung bei gleichzeitiger Aufhebung der Unterscheidung von Untersuchungshaft und sonstiger Unterbringung in § 140 Abs. 1 Nr. 4 stellt sich die Frage nach dem Verhältnis der beiden Vorschriften (ausführl. bei LR/*Jahn* § 140 Rn. 35 ff.). Aufgrund des Wegfalls der früher spezielleren Regelung der Nr. 4 a.F. bzw. deren Beschränkung auf die Vorführung ergibt sich nunmehr nach neuer Fassung für Freiheitsentziehungen aufgrund von Vollstreckung der Untersuchungshaft oder einstweiliger Unterbringung die Einschlägigkeit von Nr. 5 n.F. Nicht beantwortet ist damit jedoch weiterhin die sich daran anschließende und bislang umstrittene Frage, ob die Vorschrift auch dann zur Anwendung kommt, wenn Untersuchungshaft in anderer Sache vollstreckt wird. Dies ist jedoch anzunehmen, da – neben dem teleologischen Grundgedanken der Vorschrift (Rdn. 28) – weder nach § 140 Abs. 1 Nr. 5 noch nach den Vorgaben von Art. 4 Abs. 4 der PKH-RL danach unterschieden wird, in welchem Verfahren die Freiheitsentziehung angeordnet wird, sodass eine notwendige Verteidigung bei jeder Inhaftierung zu bejahen ist (LG Nürnberg-Fürth StV 2022, 144; LG Würzburg NStZ 2021, 255; LR/*Jahn*, § 140 Rn. 39; BeckOK-StPO/*Krawczyk* § 140 Rn. 12).

31 Liegen die Voraussetzungen der notwendigen Verteidigung nicht mehr vor, kann im Fall des § 140 Abs. 1 Nr. 5 die Bestellung entgegen § 143 Abs. 1 Satz 1 nur dann aufgehoben werden, wenn der Beschuldigte mindestens zwei Wochen vor Beginn der Hauptverhandlung aus der Anstalt entlassen wird (§ 143 Abs. 2 Satz 1, s. dort Rdn. 7).

32 **6. § 140 Abs. 1 Nr. 6.** Nach § 140 Abs. 1 Nr. 6 ist eine Verteidigung dann notwendig, wenn zur Vorbereitung eines Gutachtens über den psychischen Zustand des Beschuldigten dessen Unterbringung nach § 81 infrage kommt. Als solche ist die Vorschrift auch nach der gesetzlichen Neuregelung unverändert geblieben. Ein derartiges Gutachten kommt infrage, wenn über einen entsprechenden ernst gemeinten Antrag zu entscheiden ist (RGSt 67, 259, 261; *Lehmann* StV 2003, 356). Dass der Antrag i.E. keinen Erfolg hat, ändert an der Notwendigkeit der Verteidigung nichts. Die Verteidigung bleibt vielmehr **bis zur rechtskräftigen Entscheidung** notwendig, weil die Beantwortung der Frage, ob eine Unterbringung anzuordnen ist, dem Gericht im Urteil obliegt und der Beschuldigte die Antwort auf die Frage beeinflussen können soll (RGSt 67, 259, 261; BGH NJW 1952, 797; LR/*Jahn* § 140 Rn. 47).

7. § 140 Abs. 1 Nr. 7. Ebenso wie in § 140 Abs. 1 Nr. 1 wird auch bei Nr. 7 die Vorverlagerung der notwendigen Verteidigung ins Ermittlungsverfahren anhand des nunmehr geltenden Wortlauts verdeutlicht. Anders als nach früherer Rechtslage, in der noch die Durchführung des Sicherungsverfahrens erforderlich war, ist es nun ausreichend, dass die Durchführung des Sicherungsverfahrens **zu erwarten ist** (zu den Anforderungen an die Prognoseentscheidung, s. Rdn. 16). Die Norm entfaltet nur für den Fall eine eigenständige Bedeutung, dass i.R.d. Verfahrens eine Unterbringung in einer Entziehungsanstalt (**§ 64 StGB**) oder die Entziehung der Fahrerlaubnis (**§ 69 StGB**) in Betracht kommt. Steht die Unterbringung des Beschuldigten in einem psychiatrischen Krankenhaus (§ 63 StGB) im Raum, greift wegen der Zuständigkeit des Landgerichts (§ 24 Abs. 1 Nr. 2 GVG) bereits § 140 Abs. 1 Nr. 1 ein, falls ein Berufsverbot in Rede steht § 140 Abs. 1 Nr. 3. 33

8. § 140 Abs. 1 Nr. 8. § 140 Abs. 1 Nr. 8 bestimmt, dass die Mitwirkung eines Verteidigers dann notwendig ist, wenn der bisherige Verteidiger durch eine Entscheidung nach §§ 138a ff. von der Mitwirkung an dem Verfahren ausgeschlossen worden ist. Die Norm ist jedoch nur dann einschlägig, wenn die Verteidigung nicht bereits nach den Nr. 1 bis 7 des § 140 Abs. 1 notwendig ist (LR/*Jahn* § 140 Rn. 50). Sie setzt zudem voraus, dass der Beschuldigte neben dem ausgeschlossenen Verteidiger keinen weiteren Verteidiger gewählt hatte (Meyer-Goßner/*Schmitt* § 140 Rn. 20; krit. dazu *Eisenberg* NJW 1991, 1257, 1261). Das Gesetz zur Neuregelung des Rechts der notwendigen Verteidigung hat § 140 Abs. 1 Nr. 8 unverändert übernommen. 34

9. § 140 Abs. 1 Nr. 9. Der im Jahr 2013 im Rahmen des Gesetzes zur Stärkung der Rechte von Opfern sexuellen Missbrauchs eingefügte und nunmehr durch die neueste Änderung unverändert belassene § 140 Abs. 1 Nr. 9 erklärt die Verteidigung in den Fällen für notwendig, in denen **dem Verletzten** (§§ 397a, 406h Abs. 3, 4) ein **Rechtsanwalt beigeordnet** ist. Aus Gründen der Prozessfairness und der Waffengleichheit liegt nach der damaligen Neuregelung insoweit immer ein Fall notwendiger Verteidigung vor. Durch die damalige Gesetzesänderung wurde die bisherige Vermutung zugunsten der mangelnden eigenen Verteidigungsfähigkeit (§ 140 Abs. 2 Satz 1 a.E.: *»namentlich«*) in einen zwingenden Bestellungsgrund umgewandelt. 35
Dieselben Gründe, die im Fall des § 140 Abs. 1 Nr. 9 maßgebend sind, sprechen auch dann regelmäßig für eine notwendige Verteidigung nach Maßgabe des Abs. 2 (s.u. Rdn. 40 ff.), wenn der Verletzte den **Beistand selbst gewählt** hat (OLG Hamm StraFo 2004, 242; OLG Stuttgart StV 2009, 12; OLG Celle StV 2000, 70; OLG Zweibrücken StV 2002, 237; LG Verden NStZ-RR 2012, 287; AG Salzgitter BeckRS 2017, 101238; Meyer-Goßner/*Schmitt* § 140 Rn. 32; *Eisenberg* Beweisrecht Rn. 1025b; *Klemke/Elbs* Einführung in die Praxis der Strafverteidigung [2019] Rn. 99; enger BR-Drs. 213/11, S. 13 [»im Einzelfall«]; OLG Hamburg StV 2017, 149 [keine zwingende Beiordnungsnotwendigkeit, vielmehr eine an den Umständen des Einzelfalls orientierte gerichtliche Prüfung der Fähigkeit des Angeklagten zur Selbstverteidigung] m. abl. Anm. *Beulke/Sander*; KG NStZ-RR 2016, 53; StV 2012, 714 m. zu Recht krit. Anm. *Meyer-Goßner* [nur im Einzelfall nach konkreter Prüfung, d.h. Umkehrung des Regel-Ausnahme-Verhältnisses]; OLG Köln StRR 2011, 82 [wenn Verteidigungsmöglichkeiten bestehen, die Rechtskunde erfordern und denen der »gegnerische« Anwalt entgegentreten kann, ohne dass dies dem Beschuldigten bewusst wird]; Radtke/Hohmann/*Reinhart* § 140 Rn. 32). Hat der Beschuldigte mehrere Verteidiger und wird nur einer von ihnen ausgeschlossen, ist ihm kein weiterer Pflichtverteidiger zu bestellen (Meyer-Goßner/*Schmitt* § 140 Rn. 20).

10. § 140 Abs. 1 Nr. 10. Mit dem Gesetz zur Neuregelung des Rechts der notwendigen Verteidigung gänzlich neu eingeführt wurde der Tatbestand des § 140 Abs. 1 Nr. 10. Ihm zufolge liegt ein Fall notwendiger Verteidigung vor, wenn bei einer richterlichen Vernehmung die Mitwirkung eines Verteidigers aufgrund der Bedeutung der Vernehmung zur Wahrung der Rechte des Beschuldigten geboten erscheint. Diese Fallgruppe knüpft an den vormalig geltenden § 141 Abs. 3 Satz 4 a.F. an, der bei richterlichen Vernehmungen die Bestellung eines Verteidigers vorsah, wenn die Staatsanwaltschaft dies beantragt hatte oder die Mitwirkung eines Verteidigers aufgrund der Bedeutung der Vernehmung zur Wahrung der Rechte des Beschuldigten geboten erschien. Begrüßenswert ist die Verlagerung des Tatbestands insofern, als dass in nun klarstellend systematischer Weise verdeutlicht wird, dass es sich um eine die Notwendigkeit der Verteidigung determinierende anstatt einer das formelle Bestellungsverfahren regelnde Vorschrift handelt. **Eines Rückgriffs auf einen entsprechenden Antrag der Staatsanwaltschaft bei Gericht bedarf es nach der neuen Konzeption des § 140 Abs. 1 Nr. 10 nicht** mehr. Insofern konsequent ist auch die korrespondierende Einordnung in § 141 Abs. 2 Satz 1 Nr. 3, die eine von Amts wegen vorzunehmende Bestellung eines Pflichtverteidigers vor der Vernehmung vorsieht. 36
Welche Arten richterlicher Vernehmungen dabei nach Ansicht des Gesetzgebers umfasst sein sollen, ist der Gesetzesbegründung zur Neuregelung nicht zu entnehmen. In der Begründung des Regierungsentwurfes zum damaligen § 141 Abs. 3 Satz 4 a.F. war noch ausgeführt worden: »Der frühzeitigen Verteidigerbestellung 37

kommt insb. dann Bedeutung zu, wenn ein Belastungszeuge richterlich vernommen und der bis dahin unverteidigte Beschuldigte nach § 168c Abs. 3 von der Vernehmung ausgeschlossen werden soll. Soll die Aussage anstelle der Vernehmung des Zeugen in der Hauptverhandlung verwertet werden, hat die Verteidigung in solchen Fällen später keine Gelegenheit mehr, den Zeugen zu befragen […]. Aber auch bei richterlichen Beschuldigtenvernehmungen kann der frühzeitigen Verteidigerbestellung vor dem Hintergrund des § 254 besondere Bedeutung für den Schutz der Rechte des Beschuldigten zukommen.« (BT-Drs. 18/11277, S. 28; vgl. EGMR [Schatschaschwili./. Deutschland] StV 2017, 213). Nach der (wenngleich abzulehnenden) Intention des Gesetzgebers sollte die alte Regelung in § 141 Abs. 3 Satz 4 also auf richterliche Vernehmungen im Ermittlungsverfahren beschränkt sein (BT-Drs. 18/11277, S. 28). Diese Einschränkung lässt sich mangels entsprechenden Niederschlags im Wortlaut, aufgrund der veränderten Systematik sowie seiner grundsätzlichen Zwecksetzung, das Recht des Beschuldigten auf Konfrontation aus Art. 6 Abs. 3 lit. d EMRK zu gewährleisten (vgl. BeckOK-StPO/*Krawczyk* § 140 Rn. 19), jedenfalls aber nach neuer Gesetzeslage nicht aufrechterhalten. Da auch die Gesetzesbegründung keine entsprechenden Hinweise nennt, sind unter richterlichen Vernehmungen **alle Vernehmungen eines Richters vor und nach Anklageerhebung** zu verstehen, unabhängig davon, ob es sich um **Beschuldigten-, Zeugen- oder Sachverständigenvernehmungen** handelt (so auch LR/*Jahn* § 140 Rn. 59; Meyer-Goßner/*Schmitt* § 140 Rn. 20b; BeckOK-StPO/*Krawczyk* § 140 Rn. 19; bereits zur alten Rechtslage *Schlothauer* StV 2017, 557).

38 Ob die Mitwirkung eines Verteidigers darüber hinaus als weitere Voraussetzung für das Vorliegen seiner Notwendigkeit geboten erscheint, ist eine im jeweiligen **Einzelfall** zu treffende Entscheidung. Soweit auf Grundlage des § 141 Abs. 3 S. 4 a.F. noch als strittig anzusehen war, ob **haftrichterliche Vernehmungen** weiterhin ohne einen bestellten Verteidiger zulässig seien (so *Tully/Wenske* NStZ 2019, 183, 185; a.A. insb. *Schlothauer* StV 2017, 557, 558; daneben u.a. LG Offenburg StV 2019, 187; LG Halle StraFo 2018, 351; *Bannehr* HRRS 2020, 132, 133 ff.; *Jahn/Zink* StraFo 2019, 318, 324), ist diese Frage durch Einführung des **§ 140 Abs. 1 Nr. 4**, der für richterliche Vernehmungen anlässlich einer Haftvorführung als speziell anzusehen ist, obsolet geworden. Nr. 10 ist somit als Auffangtatbestand für alle sonstigen richterlichen Vernehmungen anzusehen, die für die Wahrung der Rechte des Beschuldigten von Bedeutung sind (LR/*Jahn* § 140 Rn. 59). Für Vernehmungen des Beschuldigten nach § 168c Abs. 1 ergibt sich dabei die Bedeutung bereits aufgrund der Möglichkeit der Verlesung des richterlichen Protokolls in der Hauptverhandlung (§ 254). Liegt i.Ü. eine richterliche Vernehmung des Beschuldigten/Angeklagten, etwa nach § 166 Abs. 1 oder § 233 Abs. 2, vor, wird die Bedeutung schon deswegen angenommen werden müssen, weil richterliche Vernehmungen des Beschuldigten gerade aufgrund deren Bedeutung für das weitere Verfahren durchgeführt werden (so auch BeckOK-StPO/*Krawczyk* § 140 Rn. 19). Aus diesem Grund wird eine entsprechende Bedeutung regelmäßig, erst recht, wenn es um wesentliche Belastungszeugen oder Sachverständige geht (LR/*Jahn* § 140 Rn. 60), für richterliche Vernehmungen nach § 168c Abs. 2 Satz 1 anzunehmen sein. Als zusätzliche Anwendungsfälle kommen die Vernehmung eines Mitbeschuldigten (*Burhoff* StraFo 2018, 405, 406) oder durch einen beauftragten oder ersuchten Richter gem. § 223 (ggf. i.V.m. § 202) in Betracht. Zur analogen Anwendung von § 223, wenn die Eröffnung des Hauptverfahrens allein von der Aussage eines Zeugen oder dem Gutachten eines Sachverständigen abhängt, *Schlothauer* StV 2017, 557, 558.

39 **11. § 140 Abs. 1 Nr. 11.** Wie § 140 Abs. 1 Nr. 10 hat auch § 140 Abs. 1 Nr. 11 eine systematische Verlagerung erfahren, die im Vergleich mit der zuvor in § 140 Abs. 2 Satz 2 enthaltenen Fassung eine Erweiterung auf sehbehinderte Beschuldigte umfasst. Letztere waren nach alter Rechtslage nur insoweit von § 140 erfasst worden, als sich aus der Sehbehinderung die mangelnde Fähigkeit ergab, sich selbst zu verteidigen. Unbeschadet der systematischen Umstrukturierung handelt es sich aber bei Nr. 11 nach wie vor um einen **Sonderfall, weil die Verteidigung bereits tatbestandsmäßig nur notwendig ist, wenn ein entsprechender Antrag des Beschuldigten gestellt wird.** Im Gegensatz dazu gelten für die übrigen Varianten des § 140 Abs. 1 die allgemeinen Regeln zum Zeitpunkt der Bestellung nach § 141 Abs. 1 und 2. § 140 Abs. 1 Nr. 11 hat jedoch keinen abschließenden Charakter. Bei seh-, hör- oder sprachbehinderten Beschuldigten kann trotz fehlenden Antrags weiterhin ein Fall notwendiger Verteidigung gem. § 140 Abs. 2 vorliegen, wenn ersichtlich ist, dass sich der Beschuldigte nicht selbst verteidigen kann (BT-Drs. 19/13829, S. 35). Eine Prüfung der Beeinträchtigungsintensität findet in diesem Fall nicht statt (a.A. wohl Meyer-Goßner/*Schmitt* § 140 Rn. 20e, der für den Fall des Gebrauchs eines Hörgeräts bzw. nur geringfügiger Sprechbehinderungen den Tatbestand für nicht erfüllt erachtet).

40 **III. Die Generalklausel des § 140 Abs. 2. 1. Allgemeines.** Das Gesetz zur Neuregelung des Rechts der notwendigen Verteidigung hat auch den Auffangtatbestand des § 140 Abs. 2 nicht unangetastet gelassen. Neben der rein sprachlichen Anpassung an die einleitende Formulierung des § 140 Abs. 1 hat die Vorschrift dabei auf Tatbestandsebene eine Erweiterung um einen weiteren **unbestimmten Rechtsbegriff** (so auch LR/

Jahn § 140 Rn. 68; *Lehmann* JuS 2004 492; a.A. BGHSt 6, 199, 200; KG StV 1983, 186; BayObLGSt 1994, 169, 170; OLG Brandenburg NStZ-RR 2002, 184; OLG Rostock StraFo 2002, 230; Meyer-Goßner/*Schmitt* § 140 Rn. 21, 23; *Eisenberg* NJW 1991, 1257, 1261: pflichtgemäßes Ermessen), nämlich die Schwere der zu erwartenden Rechtsfolge, erfahren. Bejaht der Vorsitzende des Gerichts entweder diesen oder die daneben bestehende Schwere der Tat, Schwierigkeit der Sach- oder Rechtslage oder fehlende Verteidigungsfähigkeit des Beschuldigten – wobei ihm in den engen Grenzen der Begriffe ein **Beurteilungsspielraum** zukommt (KG NStZ 1982, 298; KK-StPO/*Willnow* § 140 Rn. 27; Radtke/Hohmann/*Reinhart* § 140 Rn. 21; *Beulke* Jugendverteidigung, S. 170, 186; *Kappe* GA 1960, 357, 370; a.A. SK-StPO/*Wohlers* § 140 Rn. 30, 68: volle Überprüfbarkeit durch das Beschwerde- und Revisionsgericht, ebenso *Oellerich* StV 1981, 434, 436), – so ist die Mitwirkung eines Verteidigers notwendig.

Eigenständige Bedeutung kommt der Vorschrift, deren Anwendungsbereich lediglich nachrangiger Natur ist 41
(»Ein Fall notwendiger Verteidigung liegt *auch* vor, wenn«), dabei nur insoweit zu, als dass es um Vergehen geht, die vor dem Strafrichter verhandelt werden. Anderenfalls ergäbe sich die Notwendigkeit der Verteidigung bereits aus § 140 Abs. 1 Nr. 1 oder Nr. 2.

2. Schwere der Tat und Schwere der zu erwartenden Rechtsfolge. Bereits vor der Neuregelung bestand 42
in Literatur und Rspr. Einigkeit darüber, dass sich der Begriff der Schwere der Tat auf die zu erwartenden Rechtsfolge, nicht auf die Schwere der Rechtsverletzung bezog. In der Intention, dies künftig – auch mit Blick auf die Anforderungen der PKH-RL – zum Ausdruck zu bringen und zugleich die richtlinienkonforme Auslegung des Begriffs der zu erwartenden Rechtsfolge zu erleichtern, hat der Gesetzgeber diese »Erweiterung« nunmehr in den Wortlaut der Vorschrift aufgenommen (BT-Drs. 19/13829, S. 35). Ob hierin angesichts des bereits bestehenden Verständnisses zugleich ein großer Gewinn für die Praxis gesehen werden kann, darf zwar bezweifelt werden. Das in der Gesetzbegründung formulierte Gebot, wonach sich die Rspr. nunmehr jeweils im Einzelfall an der Judikatur des EGMR und EuGH in Bezug auf die jeweiligen Vorgaben zur Verfahrensfairness zu orientieren habe (BT-Drs. 19/13829, S. 35), kann jedoch zumindest als **Aufforderung an die Gerichte** verstanden werden, **von allzu schematischen Beurteilungen abzusehen** oder abzurücken (vgl. BeckOK-StPO/*Krawczyk* § 140 Rn. 23; s. dazu auch die Mitteilung des KG, laut der es das Gericht ablehne, für Fälle des § 140 Abs. 2 »schematische Rechtsgrundsätze anzuwenden«, KG NJW-Spezial 2019, 602).

Wie bereits in § 140 Abs. 1 Nr. 1 und Nr. 7 erfordert auch die zu erwartende Rechtsfolge einen Blick in die 43
Zukunft. Steht eine Freiheitsstrafe im Raum, soll nach gefestigter Rspr. insoweit eine Straferwartung von rund einem Jahr Freiheitsstrafe die Schwelle für das Erfordernis notwendiger Verteidigung bilden (OLG Naumburg StV 2013, 433; OLG München NStZ-RR 2010, 19; OLG Hamm StV 2004, 586; OLG Frankfurt a.M. StV 1995, 628, 629; LG Leipzig 14.04.2021 – 6 Qs 29/21; LG Koblenz StV 2009, 237; KG BeckRS 2017, 109349: keine starre Grenze), wobei wegen der u.U. schwierigen Beurteilung der Voraussetzungen des § 56 Abs. 2 StGB nicht maßgebend sein soll, ob die Strafe zur Bewährung ausgesetzt wird (OLG Frankfurt a.M. StV 2001, 106 f.). Soweit sich insb. in der obergerichtlichen älteren Rspr. eine Grenze von rund zwei oder mehr Jahren etabliert hatte (vgl. nur BGH NJW 1954, 1415: »höhere Strafe als zwei Jahre Zuchthaus«; BayObLG NStZ 1990, 250: »Freiheitsstrafe von mehr als zwei Jahren«), so ist diese – nicht erst seit der begrüßenswerten Erfassung der Schöffengerichte im Tatbestand des § 140 Abs. 1 Nr. 1 – vehement anzulehnen. Bei einer Gesamtstrafenbildung soll die zu erwartende Gesamtstrafe, nicht aber die jeweilige Einzelstrafe maßgebend sein (KG StV 2019, 175; KG StraFo 2017, 153; OLG Jena StraFo 2005, 200; LG Magdeburg StV 2022, 145). Das in die Gesamtstrafe einzubeziehende Verfahren bedarf allerdings eines gewissen Konkretisierungsgrades, der jedenfalls dann noch nicht erreicht sein soll, wenn in dem anderen Verfahren noch keine Anklage erhoben ist (LG Kleve BeckRS 2021, 21508). Erreicht die prognostizierte Gesamtstrafe zumindest die Schwelle von einem Jahr, wird die Verteidigung in jedem noch anhängigen, hinsichtlich der Bildung der Gesamtstrafe in Betracht kommenden Verfahren zu Recht für notwendig erachtet (KG StraFo 2017, 153; OLG Naumburg NStZ-RR 2013, 287; a.A. OLG Stuttgart NStZ-RR 2012, 214: Prüfung im Einzelfall). Richtigerweise ist es jedoch bereits **ausreichend, dass dem Beschuldigten überhaupt eine Freiheitsstrafe** droht (SK-StPO/*Wohlers* § 140 Rn. 33; *Beulke* Jugendverteidigung, S. 170 ff.; *ders.* Jugendverteidigung II, S. 45; *ders.* in: Schriftenreihe der Strafverteidigervereinigungen, Band 43 Psychologie des Strafverfahrens, S. 9; *Klemke/Elbs* Einführung in die Praxis der Strafverteidigung [2019] Rn. 91; *Hermann* StV 1996, 396, 400; *Oellerich* StV 1981, 434, 437; enger *Roxin/Schünemann* § 19 Rn. 16: Freiheitsstrafe von mind. 6 Monaten oder fahrlässige Tötung; *G. Temming* StV 1992, 221: Freiheitsstrafe ohne Bewährung; ähnl. Radtke/Hohmann/*Reinhart* § 140 Rn. 25: bei Vollzugsstrafe stets, bei Bewährungsstrafen von mindestens einem Jahr regelmäßig).

Auch **schwerwiegende sonstige Nachteile** sind in diesem Zusammenhang zu berücksichtigen. Zwar wird 44
allein Bezug genommen auf solche Rechtsfolgen, die »in einem Strafverfahren angeordnet werden können«

– als solche benennt die Gesetzesbegründung neben Strafen und Nebenstrafen konkret Nebenfolgen, Maßregeln der Besserung und Sicherung sowie die Einziehung. Eine solche Einschränkung gegenüber der alten Rechtslage findet jedoch i.Ü. in den Gesetzesmaterialien keinen Niederschlag, sodass sich – im Einklang mit der Wortlautinterpretation, die unter den Begriff der Rechtsfolge auch solche Folgen fasst, welche nicht rein strafrechtlicher Natur sind – keine inhaltliche Änderung zur früheren Gesetzeslage ergibt (Meyer-Goßner/*Schmitt* § 140 Rn. 23c). Exemplarisch fallen hierunter somit etwa der Verlust des Arbeitsplatzes für einen Berufskraftfahrer, dem die Fahrerlaubnis entzogen wird (LG Mainz NZV 2009, 404; s. auch LG Stuttgart StRR 2013, 276: nicht bei drohendem Fahrerlaubnisentzug bei selbstständigem Frachtführer und Spediteur; weitere Fallkonstellationen im Zusammenhang mit Verkehrsordnungswidrigkeiten bei *Fromm* NJW 2013, 2006, 2007), der Widerruf der Bewährung in anderer Sache (OLG Brandenburg StV 2021, 153; OLG Saarbrücken StRR 2014, 145; OLG Celle StV 2006, 686; OLG Dresden NStZ-RR 2005, 318, 319; LG Magdeburg NStZ-RR 2009, 87; LG München StraFo 2008, 429; SK-StPO/*Wohlers* § 140 Rn. 34; enger: OLG Celle StRR 2012, 424 und OLG Nürnberg StV 2014, 275 – jedenfalls dann, wenn zu erwartende Verbüßungsdauer von mindestens einem Jahr; a.A. LG Kleve NStZ-RR 2015, 51), die Beendigung des Beamtenverhältnisses (KG StV 1983, 186; nach OLG Hamburg NStZ 1984, 281 sollen aber mögliche Nachteile in der Laufbahn nicht genügen, weil sie zum Zeitpunkt der Entscheidung nicht bestimmt genug seien), die Nichtverlängerung einer Aufenthaltsgenehmigung (LG Berlin StV 2005, 15; BayObLG StV 1993, 180; s. dazu auch unter Rdn. 23), der Widerruf der Zurückstellung der Strafvollstreckung nach § 35 Abs. 6 BtMG (OLG Hamburg StV 1999, 420) oder eine negative Entscheidung im Nachverfahren wegen des Vorliegens eines Vorbehalts der Verhängung der Jugendstrafe nach § 27 JGG (LG Dessau-Roßlau StV 2016, 706). Auch eine wirtschaftliche Existenzbedrohung eines Gastronomen aufgrund »allgemein bekannter Pandemielage« wurde bereits als mitursächlich für die Annahme einer schweren Rechtsfolge angenommen (LG Aurich 05.02.2021 – 12 Qs 28/21).

45 **3. Schwierigkeit der Sachlage.** Die Schwierigkeit der Sachlage ist – entgegen der Tendenz in der Rspr., i.R.d. Tatbestandsmerkmals ebenfalls auf die zu erwartenden Rechtsfolgen abzustellen – unabhängig von den anderen Merkmalen zu bestimmen. Dies ergibt sich in besonderem Maße aus der Neufassung des § 140 Abs. 2 im Wege der Angleichung an die PKH-RL bei gleichzeitiger Beibehaltung der Fallgruppe der »Schwierigkeit der Sach- oder Rechtslage«. Vielmehr ist sie im Wege der **Gesamtschau** (AG Backnang StRR 2015, 184) aus **der Perspektive des Beschuldigten** zu bestimmen (LR/*Jahn* § 140 Rn. 82).

46 Die Mitwirkung eines Verteidigers ist in diesem Zusammenhang vor allem dann erforderlich, wenn nur er den zu erwartenden **Umfang der Beweisaufnahme** sachgerecht bewältigen kann, z.B. weil zahlreiche Zeugen zu vernehmen sind (OLG Stuttgart StV 1987, 8; LG Saarbrücken StraFo 2016, 513) bzw. zahlreiche Mitangeklagte existieren (AnwK-StPO/*Krekeler/Werner* § 140 Rn. 15; zu Unrecht daher die abl. Entscheidung des AG Tiergarten MDR 1993, 72, bei 13 Mitangeklagten). Gleiches gilt, wenn die **Schwierigkeit der Beweiswürdigung** die Mitwirkung eines Verteidigers gebietet, z.B. weil **komplexe Feststellungen zur inneren Tatseite** (LG Hamburg StV 1985, 453) oder zu den **Konkurrenzen** (LG Berlin StV 2012, 145) zu treffen sind, Beweisfragen mithilfe von **Sachverständigengutachten** geklärt werden müssen (OLG Zweibrücken StV 2002, 237: Gutachten zur Glaubwürdigkeit eines kindlichen Opferzeugen; LG Osnabrück StV 2019, 185: Wiedererkennung des Angeklagten auf einem Video; LG Magdeburg StV 2019, 186: Wiedererkennen auf Facebook; LG Flensburg StV 2013, 435: zum Tatzeitpunkt vierjährige Hauptbelastungszeugin; a.A. LG Stuttgart StRR 2013, 276, 277: anthropologisches Gutachten) bzw. sich krit. mit diesem auseinanderzusetzen ist (LG Aachen StV 2021, 163) oder wenn eine **»Aussage gegen Aussage«-Konstellation** vorliegt **und** zusätzlich **keine weiteren belastenden Indizien** bestehen, sodass es allein auf die Würdigung der Aussage des Zeugen ankommt (KG StV 2015, 16; ferner OLG Hamm StV 2021, 154; OLG Frankfurt a.M. NStZ-RR 2009, 207, 208; OLG Celle NStZ 2009, 175; LG München II StV 2019, 186; LG Kiel StV 2016, 485; LG Hamburg StV 2010, 514; LG Itzehoe StraFo 2003, 421 m. abl. Anm. *Molketin*; AG Tiergarten MDR 1993, 72; KK-StPO/*Willnow* § 140 Rn. 24; *Basdorf* GS Meyer, S. 19, 30 f.). Auch aufgrund der Gesamtumstände, die ein spezifischer Straftatbestand mit sich bringt, kann sich die Schwierigkeit der Sachlage ergeben. So gilt diese beim Tatvorwurf der falschen Verdächtigung i.S.v. § 164 StGB deshalb als schwierig, weil zur Klärung zwei Geschehensabläufe zu rekonstruieren und zueinander ins Verhältnis zu setzen sind (LG München I 09.04.2021 – 19 Qs 8/21). Gleiches gilt i.R.e. Insolvenzverschleppung gem. § 15a Abs. 4 InsO, wenn damit zu rechnen ist, dass Vorgänge der Buchhaltung oder Bilanzierung zu prüfen sind (LG Regensburg NZI 2020, 905). Bei Steuerstrafsachen dürfte § 140 Abs. 2 jedenfalls bei langjährigen Straftaten gegeben sein, vgl. auch Rdn. 50. Stets sollen überdies die Voraussetzungen einer notwendigen Verteidigung bei einer **Berufung gegen ein freisprechendes Urteil** erfüllt sein, weil eine abweichende Beweiswürdigung oder sonst unterschiedliche Bewertung erstrebt wird (OLG Köln StV 2004, 587 m.w.N.; KG StV 2021, 153; für den Regelfall auch

OLG Hamm NStZ-RR 2018, 116; enger OLG Dresden NStZ-RR 2005, 318, 319; OLG Köln NStZ-RR 2012, 225 – nicht bei Vornahme der eigentlich erstinstanzlich gebotenen Beweisaufnahme in der Berufungsverhandlung; weiter: OLG Karlsruhe NStZ-RR 2002, 326: nicht nur freisprechendes Urteil, sondern auch unterschiedliche Beurteilung in zwei Instanzen). Zudem ist von einer Schwierigkeit der Sachlage auszugehen, wenn die Staatsanwaltschaft mit der Berufung den Wegfall der Bewährung erstrebt (KG StraFo 2013, 425). Ferner ist die Verteidigung notwendig, sofern der Angeklagte gem. § 247 **aus der Hauptverhandlung entfernt** wird (OLG Zweibrücken NStZ 1987, 89 m. zust. Anm. *Molketin*).

47 Auf Basis der seit 2017 geltenden Rechtslage in Bezug auf das **Akteneinsichtsrecht des unverteidigten Beschuldigten** in § 147 Abs. 4, der die entsprechende Anwendung des § 147 Abs. 1 bis 3 anordnet (näher s. § 147 Rdn. 2, Rdn. 3, Rdn. 47 ff.), ist eine Verteidigung aufgrund der Schwierigkeit der Sachlage weiterhin notwendig i.S.d. § 140 Abs. 2, soweit dem unverteidigten Beschuldigten die Akteneinsicht aus Gründen versagt wird, aus denen sie dem Verteidiger nicht verweigert werden dürfte. Insb. darf dem Beschuldigten – anders als dem Verteidiger – die Akteneinsicht (zum Teil) versagt werden, soweit dies den Untersuchungszweck »auch eines anderen Strafverfahrens« gefährden kann (s. § 147 Rdn. 32). Der Antrag auf Akteneinsicht des Beschuldigten ohne Verteidiger darf darüber hinaus auch abgelehnt werden, soweit überwiegende schutzwürdige Interessen Dritter entgegenstehen. Ist trotz vollständig gewährter Akteneinsicht die Sach- oder Rechtslage schwierig, besteht schon nach allgemeinen Regeln gem. § 140 Abs. 2 ein Fall der notwendigen Verteidigung.

48 Zur Beiordnung eines oder mehrerer weiterer Pflichtverteidiger s. die Neuregelung des § 144.

49 **4. Schwierigkeit der Rechtslage.** Gleichfalls wie bei der Schwierigkeit der Sachlage ist auch insoweit die **Perspektive des Beschuldigten** maßgebend. Soweit dieser über juristische Kenntnisse verfügt, wird zwar vertreten, dass diese zu berücksichtigen seien (OLG Celle NJW 1964, 877; *Joecks/Jäger* StPO § 140 Rn. 2); dabei ist allerdings zu beachten, dass der Beschuldigte regelmäßig durch die eigene Betroffenheit befangen und zu einer objektiven Beurteilung nicht in der Lage sein wird (SK-StPO/*Wohlers* § 140 Rn. 37).

50 Die Rechtslage ist als schwierig anzusehen, wenn bei der Anwendung des materiellen oder des formellen Rechts auf den konkreten Sachverhalt **bislang ungeklärte** Rechtsfragen entschieden werden müssen (OLG Stuttgart StV 2002, 298, 299; StV 2011, 83 f), so z.B. wenn fraglich ist, ob wegen eines Verstoßes gegen einen Richtervorbehalt (Einl. Rdn. 315) ein Beweisverwertungsverbot in Betracht kommt (OLG Oldenburg StV 2021, 152 bei gleichzeitiger Voraussetzung, dass der Beschuldigte juristischer Laie ist; LG Köln StV 2017, 173), wenn beim Einsatz einer Dashcam zweifelhaft ist, ob ein Beweisverwertungsverbot eingreift (LG Verden StraFo 2018, 69; zahlreiche weitere Beispiele bei LR/*Jahn* § 140 Rn. 93 ff.). Die Schwierigkeit kann sich aber auch aus der Frage ergeben, wie eine **kontrovers diskutierte** Rechtsfrage zu entscheiden ist (OLG Celle StV 2019, 175; KG StV 2016, 478; OLG Köln StV 2012, 455; KG StV 2009, 625; OLG Bremen NStZ-RR 2009, 353; OLG Brandenburg NJW 2009, 1287 m.Anm. *Tierel* juris Praxis Report Strafrecht 2009, 109; LG Münster StV 2012, 525); dies soll auch dann der Fall sein, wenn die Strafverfolgungsorgane sich bei einer eindeutig geklärten Frage untereinander uneinig sind (näher dazu LG Bonn StV 1986, 246; SK-StPO/*Wohlers* § 140 Rn. 44); ferner gilt dies, wenn die **Subsumtion im Einzelfall problematisch** ist (KG StV 2016, 478), etwa weil Normen in einem grenzüberschreitenden Kontext zur Anwendung gebracht werden müssen (LG Nürnberg-Fürth 23.06.2021 – 12 Qs 45/12). Einen Fall der notwendigen Verteidigung wird – jedenfalls bei weitreichenden Rechtsfolgen für den Angeklagten – auch die **Verständigung** gem. § 257c darstellen (so auch *Jahn/Müller* NJW 2009, 2625, 2627; *Theile* NStZ 2012, 666, 670; enger *Kudlich* Gutachten, C 66). Ob indes jede Aufnahme von Erörterungen zur Frage einer Verständigung die Beiordnung eines Pflichtverteidigers nach sich ziehen muss, ist obergerichtlich noch nicht abschließend geklärt (dafür OLG Naumburg NStZ 2014, 116 m. abl. Anm. *Wenske* u. *Ruhs* NStZ 2016, 706 sowie zust. Anm. *Burhoff* StRR 2014, 70; zust. auch *Ignor* unter § 257c Rdn. 34; a.A. OLG Bamberg NStZ 2015, 184 m. abl. Anm. *Burhoff* StRR 2015, 103: Berücksichtigung aller Besonderheiten des Einzelfalls erforderlich). In **Steuerstrafsachen** ist die Mitwirkung eines Verteidigers – nicht nur aufgrund der Tatsache, dass es sich um »Blankettstrafrecht« (so noch LG Essen StV 2016, 15) handelt –, regelmäßig schon dann geboten, wenn es sich um mehrere Taten über einen längeren Zeitraum handelt (LG Braunschweig StV 2021, 167).

51 Zum Zwecke der **Revisionsbegründung** soll die Mitwirkung eines Verteidigers nach wohl überwiegender Meinung nicht in jedem Fall vonnöten sein; erforderlich soll vielmehr sein, dass der Urkundsbeamte der Geschäftsstelle mit der Protokollierung i.S.d. § 345 Abs. 2 überfordert wäre (KG StV 2016, 790; NStZ 2007, 663; 664; OLG Koblenz StraFo 2007, 117; OLG Karlsruhe StraFo 2006, 497; OLG Hamm NStZ-RR 2013, 87; zust. LR/*Jahn* § 140 Rn. 98; Meyer-Goßner/*Schmitt* § 140 Rn. 29). Dem ist jedoch angesichts des Formalisierungsgrads der Revision an sich, der stetig erhöhten Begründungsanforderungen an die Verfahrensrüge, dem ausgedehnten Anwendungsbereich der Sachrüge und dem eingeschränkten Akteneinsicht-

sichtsrecht des Beschuldigten **zu widersprechen** (Saarländisches OLG StraFo 2009, 518 [zur Verfahrensrüge]; Radtke/Hohmann/*Reinhart* § 140 Rn. 30; SK-StPO/*Wohlers* § 140 Rn. 45; *Wessing* in Graf § 140 Rn. 18; *Balbier* FS E. Müller, S. 15, 17 ff.; *Dahs* NStZ 1982, 345; *Ziegler* FS DAV, S. 930, 933 f.; s. auch KG StV 2015, 18). Wird der Verteidiger nicht bestellt und der Angeklagte nicht benachrichtigt, so begründet dies die Wiedereinsetzung in den vorigen Stand (BayObLG NStZ 1995, 300, 301; OLG Braunschweig StV 2014, 275; OLG Oldenburg NStZ 2012, 51; OLG Koblenz StV 2007, 343; SK-StPO/*Wohlers* § 140 Rn. 45).

52 Ferner wird man die Durchführung einer Revisionshauptverhandlung jedenfalls dann als auslösenden Moment für die Bestellung eines Wahlverteidigers als Pflichtverteidiger ansehen müssen, wenn auf diese Weise sichergestellt werden soll, dass der gem. § 350 Abs. 2 Satz 2 abwesende Angeklagte ein Verfahren erhält, welches den Anforderungen des Art. 6 Abs. 3 lit. c EMRK entspricht (EGMR NStZ 1983, 373). Erscheint ein Wahlverteidiger, dem der Termin der Hauptverhandlung gem. § 350 Abs. 1 mitgeteilt wurde, zur Hauptverhandlung vor dem Revisionsgericht nicht oder teilt er vorab mit, er werde nicht erscheinen, ist er in der Regel zum Pflichtverteidiger für die Revisionshauptverhandlung zu bestellen. Das hierin möglicherweise liegende berufstypische Sonderopfer hat der Verteidiger nach Ansicht des 2. Strafsenats hinzunehmen (BGH NJW 2014, 3527 m. zust. Anm. *Meyer-Mews*).

53 5. **Unfähigkeit des Beschuldigten zur Eigenverteidigung.** § 140 Abs. 2 ordnet schließlich – von der Neuregelung unberührt gelassen – die Notwendigkeit der Verteidigung als weitere Variante an, wenn ersichtlich ist, dass der Beschuldigte sich nicht selbst verteidigen kann. Insoweit genügen bereits **erhebliche Zweifel** (OLG Frankfurt a.M. StV 1984, 370; LG Berlin StV 2016, 487 f.). Die **Unfähigkeit** ist dann zu bejahen, wenn der Beschuldigte nicht in der Lage ist, seine Interessen zu wahren (OLG Hamm StraFo 2000, 32; AnwK-StPO/*Krekeler/Werner* § 140 Rn. 16). Ob dies der Fall ist, bestimmt sich nach seinen **geistigen Fähigkeiten**, seinem **Gesundheitszustand** und **sonstigen Umständen** des Falls (Meyer-Goßner/*Schmitt* § 140 Rn. 30) und ist nicht deckungsgleich mit dem Begriff der Verhandlungsfähigkeit (SK-StPO/*Wohlers* § 140 Rn. 46: »Verteidigungsfähigkeit verlangt mehr als Verhandlungsfähigkeit«).

54 Unangemessenes Verhalten des **Sitzungsvertreters der Staatsanwaltschaft** (Unterbrechen der Fragen der Verteidigung in einer Lautstärke, die nicht zu übertönen ist) kann die Notwendigkeit der Verteidigung begründen (AG Erfurt StraFo 2019, 159). Der Grundsatz der Waffengleichheit gebietet die Mitwirkung eines Verteidigers auch – wie bei der nunmehr zur Fallgruppe des Abs. 1 Nr. 9 erhobenen Konstellation des dem Verletzten beigeordneten Rechtsanwalts (s.o. Rdn. 37) –, sofern **verteidigte Mitbeschuldigte** existieren und die **Möglichkeit gegenseitiger Belastung** besteht (OLG Brandenburg NStZ-RR 2002, 184, 185; OLG Stuttgart StraFo 2013, 71; LG Verden StV 2015, 20; LG Düsseldorf StraFo 2015, 163; LG Oldenburg StV 2001, 107 f.; LG Kiel StV 2009, 236; LG Magdeburg NStZ-RR 2012, 50; SK-StPO/*Wohlers* § 140 Rn. 52; restriktiver OLG Köln NStZ-RR 2012, 351). Der Gedanke der Waffengleichheit macht die Verteidigung zudem notwendig, wenn der **Privatkläger anwaltlich vertreten** wird (SK-StPO/*Wohlers* § 140 Rn. 52; a.A. BVerfGE 63, 380, 390 ff. m. abl. Bspr. *Molketin/Jakobs* AnwBl. 1981, 483; Meyer-Goßner/*Schmitt* § 140 Rn. 32; BeckOK-StPO/*Krawczyk* § 140 Rn. 50), wenn der Beschuldigte maßgebend durch einen Verwandten belastet wird und dessen Interessen mit denen der Familie kollidieren können (AG Bergheim StV 2010, 354) oder wenn **mehrere Belastungszeugen** zu hören sind und diese im Ermittlungsverfahren widersprüchliche Angaben gemacht haben, sodass Akteneinsicht notwendig ist, um Widersprüche aufzudecken (LG Berlin StV 2010, 69; LG Köln StV 2015, 20; anders wohl LG Frankfurt a.M. StV 2015, 20 m. abl. Anm. *Teuter*).

55 Die Möglichkeit zur adäquaten Wahrnehmung der eigenen Interessen fehlt dem Beschuldigten zudem **im Fall des prozessual ungeschickten Agierens** (OLG Celle StV 1997, 624: fehlende Kenntnis der Bindung des Gerichts nach § 358 Abs. 1; OLG Frankfurt a.M. StV 1984, 370: ungeschickte Einlassung; für eine Beschränkung auf eindeutige Fälle SK-StPO/*Wohlers* § 140 Rn. 47), der **Legasthenie** (LG Hildesheim NJW 2008, 454), des **Analphabetismus** (OLG Celle NStZ 1994, 8; LG Schweinfurt StraFo 2009, 105 f.: erhebliche Zweifel genügen), des **hohen Alters** mit einhergehender längerer Betreuung (OLG Hamm NJW 2003, 3286, 3287) oder der **Betäubungsmittelabhängigkeit** (OLG Düsseldorf StV 2002, 236, 237). Die Betreuung des Beschuldigten ändert nichts, weil sich die Aufgaben des Betreuers und diejenigen des Verteidigers unterscheiden (OLG Nürnberg NStZ-RR 2008, 253, 254; SK-StPO/*Wohlers* § 140 Rn. 49).

56 Unterschiedlich beurteilt wird, ob **ausländischen Beschuldigten**, die der deutschen Sprache nicht ausreichend mächtig sind, bereits aufgrund fehlender Sprachkenntnisse ein Verteidiger bestellt werden muss (so OLG Frankfurt a.M. StV 2008, 291, 292; OLG Karlsruhe StV 2002, 299 [für den Fall, dass dem Beschuldigten die Anklageschrift nicht in übersetzter Fassung übermittelt wurde]; LG Tübingen StV 1992, 154 [offengelassen für Bagatelldelikte]; LG Freiburg StV 1991, 458; *Schmidt* Verteidigung von Ausländern *[2012], Rn. 320; Oellerich* StV 1981, 434, 437 f.; *Staudinger* StV 2002, 327, 330, leitet aus § 140 Abs. 2 i.V.m. Art. 3 Abs. 1 GG einen Anspruch auf Beiordnung ab; für extensive Auslegung des § 140 Abs. 2 in

diesen Fällen auch: *Hillenbrand* StRR 2014, 44, 46 f.), oder ob das Recht auf die unentgeltliche Hinzuziehung eines Dolmetschers aus Art. 6 Abs. 3 lit. e EMRK (BGHSt 46, 178, 186 m.Anm. *Staudinger* StV 2002, 327), das mit Wirkung vom 06.07.2013 einfachgesetzlich in § 187 GVG verankert wurde, jedenfalls im Bereich der Kleinkriminalität und bei einfacher Beweislage genügt, um dieses Manko auszugleichen (OLG Nürnberg NStZ-RR 2014, 343; OLG Karlsruhe StraFo 2005, 423 [widersprüchliche Zeugenaussagen bedingen Mitwirkung eines Verteidigers]; LG Stade StV 2019, 186 [Bestellung erforderlich, wenn es sich nicht um einen tatsächlich oder rechtlich einfach gelagerten Fall handelt]; LG Freiburg StV 2016, 487 [tatsächliche oder rechtliche Schwierigkeiten des Falles, die unter Heranziehung eines Dolmetschers nicht ohne Weiteres ausräumbar erscheinen]; daneben für die Notwendigkeit der Verteidigung bei Aussage-gegen-Aussage-Konstellationen s. Rdn. 46).

Für einen weiten Anwendungsbereich des § 140 Abs. 2 in diesem Zusammenhang spricht, dass die Verständigungsschwierigkeiten nicht immer ein rein sprachliches Problem darstellen, sondern u.U. auf einer anderen Rechtssprache und Rechtskultur beruhen (OLG Brandenburg StV 2000, 69, 70; OLG Zweibrücken StV 1988, 379; LG Osnabrück StV 1984, 506; SK-StPO/*Wohlers* § 140 Rn. 51; vert. zu dem Thema *Schmidt* Verteidigung von Ausländern [2012], Rn. 319 ff. m. zahl. Nachw. zur Rspr. unter Rn. 367; *Sättele* StV 1998, 328, 329). Zudem sollte dem Beschuldigten in den Fällen ein Verteidiger zur Seite stehen, in denen ausländerrechtliche Beschränkungen bestehen (OLG Frankfurt a.M. StV 1990, 487: Aufenthaltsbeschränkung; OLG Stuttgart StV 2005, 657: vorangegangene Abschiebung und Notwendigkeit einer Betretenserlaubnis). Von einer Unfähigkeit der Eigenverteidigung ist auch auszugehen, wenn **Deutsch nicht die Muttersprache des vielfach vorbestraften Angeklagten ist und sämtliche Zeugen und Geschädigte Polizeibeamten sind** (LG Karlsruhe StraFo 2018, 196). 57

Streitig ist zudem, wann im Fall von **Jugendstrafsachen** die Mitwirkung eines Verteidigers notwendig ist. Kontrovers beurteilt wird in diesem Zusammenhang vor allem, ob die §§ 109, 68 Nr. 1 JGG, die auf § 140 verweisen, die Mitwirkung eines Verteidigers in einem größeren Umfang als bei Erwachsenen erfordern (Überblick zum Meinungsstand bei *Hartman-Hilter* Notwendige Verteidigung und Pflichtverteidigerbestellung im Jugendstrafverfahren, [1989]; *Zieger* Verteidigung in Jugendstrafsachen [2013], Rn. 174 ff.; *Theiß* StV 2005, 58). 58

Wegen des jugendlichen Alters, der damit einhergehenden mangelnden Reife der Beschuldigten sowie der weitreichenden Folgen für deren weiteres Leben erscheint eine **extensive Auslegung** der Normen vonnöten (OLG Schleswig StV 2009, 86 m. i.E. zust. Anm. *Gubitz*; OLG Saarbrücken StV 2007, 9; LG Bremen StraFo 2004, 56; AG Saalfeld NStZ 1995, 150 m. krit. Anm. *Bärens* NStZ 1996, 52; OLG Hamm StV 2005, 57 m. i.E. zust. Anm. *Theiß*; *Klemke/Elbs* Einführung in die Praxis der Strafverteidigung [2019] Rn. 99b; *Dölling* NStZ 2009, 193, 199; *Ostendorf* StV 1986, 308, 309). Dies bedeutet, dass zur Ermöglichung der Ausübung des Elternkonsultationsrechts i.S.d. § 67 JGG (dazu *Möller* NStZ 2012, 113, 117), beim Ausbleiben der Jugendgerichtshilfe (LG Bremen StraFo 2004, 56), bei einer in Betracht kommenden Jugendstrafe (LG Gera StraFo 1998, 270, 342 [Sympathie für diese Auffassung auch bei OLG Hamm StraFo 2004, 280; StV 2009, 85]; LG Saarbrücken ZJJ 2010, 427 [mit Vorverurteilung von 6 Monaten]; *Burhoff* EV, Rn. 1234; *Klemke/Elbs* Einführung in die Praxis der Strafverteidigung [2019] Rn. 93; *Gau* StraFo 2007, 315, 316; *Spahn* StraFo 2004, 82, 83; a.A. OLG Hamm NJW 2004, 1338: »faktisch« drohende Möglichkeit eines Freiheitsentzugs von mindestens einem Jahr; dazu krit. *Theiß* StV 2005, 58, 60), in allen Jugendschöffengerichtssachen (*Gubitz* StV 2009, 87, 88; *Spahn* StraFo 2004, 82, 83; enger OLG Brandenburg NStZ-RR 2002, 184; OLG Saarbrücken StV 2007, 9: Umstände des Einzelfalls entscheidend; ähnlich OLG Hamm StV 2010, 67; KG StRR 2013, 98 u. StRR 2014, 140; s. auch *Hillenbrand* StRR 2014, 44, 48) sowie bei sämtlichen folgenreichen vollstreckungsrechtlichen Entscheidungen, wie dem Widerruf der Bewährung, ein Fall notwendiger Verteidigung anzunehmen ist (*Möller* ZJJ 2010, 20; *Spahn* StraFo 2004, 82, 83; näher zum Ganzen *Beulke* Jugendverteidigung, S. 170 ff.; *ders.* FS Böhm, S. 647, 652 ff.; *Oellerich* StV 1981, 434, 439 f.; vgl. zudem die Kölner Richtlinien zur notwendigen Verteidigung im Jugendstrafverfahren, abgedruckt in NJW 1989, 1024). 59

6. Analoge Anwendung der Norm. § 140 Abs 2 findet aufgrund des ausdrücklichen Verweises des **§ 83 Abs. 3 S. 2 JGG** auf § 68 JGG sinngemäße Anwendung auch im Vollstreckungsverfahren gegen Heranwachsende (dazu näher *Beulke* Jugendverteidigung, S. 170, 191 f.; *Hartman-Hilter* StV 1988, 312). Der im Jahr 2007 eingefügte **§ 463 Abs. 4 S. 8** bestimmt, dass für das Überprüfungsverfahren nach 5 Jahren Unterbringung in einem psychiatrischen Krankenhaus (§ 63 StGB) ein Verteidiger zu bestellen ist (hierzu näher OLG Braunschweig BeckRS 2017, 114197; StV 2008, 590 m.Anm. *Steck-Bromme*; OLG Frankfurt a.M. NStZ-RR 2010, 126). Zudem sieht **§ 463 Abs. 3 S. 5** die Bestellung eines Verteidigers zum Zwecke der Vorbereitung der Entscheidung über die Erledigungserklärung der Unterbringung in der Sicherungsverwahrung 60 nach 10 Jahren Vollzug (§ 67d Abs. 3 Satz 1 StGB) bzw. – im Fall der Ablehnung – für Folgeentscheidungen nach § 67d Abs. 2 StGB vor (Meyer-Goßner/*Schmitt* § 140 Rn. 35).

61 I.Ü. ist § 140 Abs. 2 – auch nach neuer Gesetzeslage (KG 31.01.2020 – 1 Ars 4/20) – analog anzuwenden auf das **Strafvollstreckungsverfahren** (BVerfG NJW 2002, 2773, 2774; LVerfGH Sachsen StV 2019, 172; OLG Celle StV 2019, 175; OLG Stuttgart StV 2018, 379, 380; OLG Frankfurt a.M. NStZ-RR 2010, 126; 2017, 252; OLG Köln NStZ-RR 2010, 326; StV 2016, 512; LG Braunschweig StV 2019, 186; LG Magdeburg StraFo 2015, 116; LG Bremen StV 2014, 39 – nach dem Grundsatz des fairen Verfahrens; *Oellerich* StV 1981, 434, 440; MüKo-StPO/*Thomas/Kämpfer* § 140 Rn. 7; a.A. OLG Bremen NStZ 1984, 91; näher zum Ganzen *Ahmed* StV 2015, 252; *Hillenbrand* StRR 2014, 44, 48 f.; *Pollähne/Woynar* Verteidigung in Vollstreckung und Vollzug [2013], Rn. 47 f.). Zu beachten ist in diesem Zusammenhang, dass nicht das Erkenntnis-, sondern das Vollstreckungsverfahren maßgebend ist (KG StraFo 2002, 244; StV 2007, 94 f.; OLG Hamm NStZ-RR 2008, 219; AG Backnang StRR 2014, 390). Es kommt folglich auf die Schwere des Vollstreckungsfalls für den Verurteilten bzw. auf die besondere Schwierigkeit der Sach- und Rechtslage im Vollstreckungsverfahren an (OLG Nürnberg 06.11.2020 – Ws 962/20; OLG Köln NStZ-RR 2010, 326; z.B. OLG Schleswig StV 2016, 512). Liegt ein Fall notwendiger Verteidigung im Strafvollstreckungsverfahren vor, so darf die Anhörung nach § 454 Abs. 1 Satz 3 selbst dann nicht ohne den Pflichtverteidiger stattfinden, wenn der Verurteilte auf dessen Anwesenheit verzichtet (OLG Hamm StV 2016, 513).

62 In der Rspr. wird unter Bezugnahme auf einen Beschluss des Bundesverfassungsgerichts aus dem Jahr 2002 (BVerfG NJW 2002, 2773, 2774) eine **einschränkende Auslegung der Merkmale des § 140 Abs. 2** vorgenommen und mit dem im Vergleich zum Erkenntnisverfahren weniger stark kontradiktorisch ausgeprägten Charakter des Vollstreckungsverfahrens begründet (OLG Köln NStZ-RR 2010, 326; OLG Hamm NStZ-RR 2008, 219; KG StV 2007, 94, 96, ebenso KG 05.11.2020 – 5 Ws 217/19 zur Nachholung rechtlichen Gehörs nach § 33a). Warum aber die Beiordnung maßgebend von den Befugnissen der Staatsanwaltschaft abhängen soll, beantwortet die Rspr. fortgesetzt nicht. Sie ist daher **abzulehnen**.

63 In Betracht kommt eine Beiordnung bei einem möglichen **Widerruf der Strafaussetzung zur Bewährung** (§ 56f StGB; OLG Celle NStZ-RR 2008, 80; LG Magdeburg StraFo 2015, 116 f.), bei Aussetzung des Strafrestes bei zeitiger Freiheitsstrafe (§ 57 Abs. 1 und 2 StGB; HansOLG Hamburg StraFo 2018, 86 [wenn im psychologischen Prognosegutachten nach § 454 Abs. 2 eine langjährige dissozial-narzisstische Persönlichkeitsstörung festgestellt wird]), bei einer Vielzahl an beantragten Weisungen, die jedenfalls hohe Anforderungen an die Lebensführung des Verurteilten stellen (KG 31.01.2020 – 1 Ars 4/20) oder einem möglichen Widerruf der Strafrestaussetzung (§ 57 Abs. 5 Satz 1 StGB; dazu *Rotthaus* NStZ 2000, 350). Sie liegt zudem nahe, sofern ein **Gutachten über die Gefährlichkeit** des Verurteilten nach § 454 Abs. 2 eingeholt wird und der Verurteilte mit dessen Prüfung überfordert ist (OLG Schleswig NStZ-RR 2008, 253; OLG Hamm NStZ-RR 2008, 219; weitere Beispiele bei Meyer-Goßner/*Schmitt* § 140 Rn. 35). Die Bestellung gilt – sofern keine ausdrückliche Beschränkung erfolgt (vgl. OLG Zweibrücken StraFo 2008, 40) – für das gesamte Vollstreckungsverfahren (OLG Stuttgart NJW 2000, 3367; **a.A.** KG NStZ-RR 2002, 63; OLG Frankfurt a.M. NStZ-RR 2003, 252; OLG München StraFo 2009, 527 neuerdings auch Meyer-Goßner/*Schmitt* § 140 Rn. 35).

64 Im **Strafvollzugsverfahren** ist § 140 Abs. 2 hingegen grundsätzlich nicht anwendbar (KG NStZ 2017, 115; OLG Bremen NStZ 1984, 91; Meyer-Goßner/*Schmitt* § 140 Rn. 38; *Pollähne/Woynar* Verteidigung in Vollstreckung und Vollzug, [2013], Rn. 52); eine Ausnahme gilt aber für das vollzugsrechtliche Disziplinarverfahren, weil die Situation des Strafgefangenen insoweit der eines Beschuldigten vergleichbar ist (OLG Karlsruhe NStZ-RR 2002, 29; SK-StPO/*Wohlers* § 140 Rn. 59; *Böhm* FS Hanack, S. 457, 467).

65 **C. Rechtsmittel.** Liegt ein Fall der notwendigen Verteidigung vor und werden dennoch wesentliche Teile der Hauptverhandlung ohne den Verteidiger durchgeführt, so ist das Urteil auf Rüge nach **§ 338 Nr. 5** zwingend aufzuheben (BGHSt 15, 306, 307 f.; 21, 180, 182). Dabei hat das Revisionsgericht den Beurteilungsspielraum des Tatgerichts zu beachten (s.o. Rdn. 38; a.A. SK-StPO/*Wohlers* § 140 Rn. 68). Wird ein Beiordnungsantrag zu Unrecht abgelehnt, darf (und muss) sich der Verteidiger während der Hauptverhandlung zeitweise in den Zuschauerraum setzen, um dem Angeklagten die Möglichkeit zu erhalten, die in der Nichtbeiordnung des Pflichtverteidigers liegende Rechtsverletzung im Rechtsmittelzug geltend zu machen (OLG Naumburg StV 2014, 10). Rügt der Verteidiger mit der Revision, entgegen des Vorliegens der Voraussetzungen von § 140 Abs. 2 nicht beigeordnet worden zu sein, soll es nach dem OLG Hamm nicht ausreichen, dass die ausgeurteilte Strafe einer Freiheitsstrafe von einem Jahr entspricht, sondern darüber hinaus darzulegen sein, dass auch die übrigen in der Rspr. aufgestellten Voraussetzungen, unter denen bei einer Straferwartung von einem Jahr regelmäßig ein Pflichtverteidiger zu bestellen ist, vorliegen (OLG Hamm, Urt. v. 12.02.2008 – 3 Ss 541/07).

66 Ein vom Angeklagten abgegebener **Rechtsmittelverzicht** ist unwirksam, wenn er sich trotz notwendiger Verteidigung nicht mit einem Verteidiger beraten konnte (KG NStZ-RR 2012, 352; OLG Hamm StV 2010,

67; OLG Celle StV 2013, 12; OLG Naumburg StV 2013, 12; OLG Köln StV 2003, 65; SK-StPO/*Wohlers* § 140 Rn. 69; **a.A.** OLG Naumburg NJW 2001, 2190; OLG Hamburg StV 1998, 641, 642 m. i.E. zust. Anm. *Rogall*: nur bei besonderen Umständen dafür, dass der Beschuldigte die Bedeutung und Tragweite seiner Erklärung nicht erkannt hat).

Zur Möglichkeit der Anfechtung von Entscheidungen des Gerichts über die (Nicht-) Bestellung eines Verteidigers vgl. unter § 141 Rdn. 55. 67

§ 141 Zeitpunkt der Bestellung eines Pflichtverteidigers

(1) [1]In den Fällen der notwendigen Verteidigung wird dem Beschuldigten, dem der Tatvorwurf eröffnet worden ist und der noch keinen Verteidiger hat, unverzüglich ein Pflichtverteidiger bestellt, wenn der Beschuldigte dies nach Belehrung ausdrücklich beantragt. [2]Über den Antrag ist spätestens vor einer Vernehmung des Beschuldigten oder einer Gegenüberstellung mit ihm zu entscheiden.

(2) [1]Unabhängig von einem Antrag wird dem Beschuldigten, der noch keinen Verteidiger hat, in den Fällen der notwendigen Verteidigung ein Pflichtverteidiger bestellt, sobald

1. **er einem Gericht zur Entscheidung über Haft oder einstweilige Unterbringung vorgeführt werden soll;**
2. **bekannt wird, dass der Beschuldigte, dem der Tatvorwurf eröffnet worden ist, sich auf Grund richterlicher Anordnung oder mit richterlicher Genehmigung in einer Anstalt befindet;**
3. **im Vorverfahren ersichtlich ist, dass sich der Beschuldigte, insbesondere bei einer Vernehmung des Beschuldigten oder einer Gegenüberstellung mit ihm, nicht selbst verteidigen kann, oder**
4. **er gemäß § 201 zur Erklärung über die Anklageschrift aufgefordert worden ist; ergibt sich erst später, dass die Mitwirkung eines Verteidigers notwendig ist, so wird er sofort bestellt.**

[2]Erfolgt die Vorführung in den Fällen des Satzes 1 Nummer 1 zur Entscheidung über den Erlass eines Haftbefehls nach § 127b Absatz 2 oder über die Vollstreckung eines Haftbefehls gemäß § 230 Absatz 2 oder § 329 Absatz 3, so wird ein Pflichtverteidiger nur bestellt, wenn der Beschuldigte dies nach Belehrung ausdrücklich beantragt. [3]In den Fällen des Satzes 1 Nummer 2 und 3 kann die Bestellung unterbleiben, wenn beabsichtigt ist, das Verfahren alsbald einzustellen und keine anderen Untersuchungshandlungen als die Einholung von Registerauskünften oder die Beiziehung von Urteilen oder Akten vorgenommen werden sollen.

Übersicht

A. Grundsätzliches. Wie bereits unter § 140 (dort Rdn. 3) ausführlich dargelegt, trat mit 13.12.2019 das ursprünglich nach Maßgabe der Richtlinie (EU) 2016/1919 des Europäischen Parlaments und des Rates vom 26.10.2016 über Prozesskostenhilfe für Verdächtige und beschuldigte Personen in Strafverfahren sowie für gesuchte Personen in Verfahren zur Vollstreckung eines Europäischen Haftbefehls (ABl. L 297 vom 04.11.2016, S. 1; L 91 vom 05.04.2017, S. 40 [im Folgenden: PKH-RL]) bis Mai 2019 umzusetzende Gesetz zur Neuregelung des Rechts der notwendigen Verteidigung in Kraft. Während die zentrale Vorschrift des § 140 durch die Gesetzesänderung jedoch in seiner Struktur erhalten geblieben ist, gilt dies nicht für die das Bestellungsverfahren regelnden Folgevorschriften der §§ 141–144 (*Böß* NStZ 2020, 185, 188). Der nunmehr lediglich den Zeitpunkt der Bestellung regelnde § 141 bringt die Intention des europäischen Gesetzgebers zum Ausdruck, die konkreten Verfahrenssituationen, in denen dem Beschuldigten ein Verteidiger zu bestellen ist, genau zu bestimmen (BT-Drs. 19/13829, S. 36). Bereits anhand dieser Begründung wird das im Vergleich zur früher geltenden Rechtslage **veränderte System der notwendigen Verteidigung** deutlich (vgl. auch LR/*Jahn* § 140 Vor Rn. 1: Maßgebliche Veränderung der Regelungssystematik der notwendigen Verteidigung). So ist dem Beschuldigten bei Vorliegen der Voraussetzungen notwendiger Verteidigung nicht 1 mehr zwingend ab dem Zeitpunkt seiner Aufforderung zur Erklärung über die Anklageschrift ein Pflichtverteidiger zu bestellen (§ 141 Abs. 1 a.F.). Vielmehr ist die Frage, ob das Gesetz von der Notwendigkeit der Verteidigung ausgeht, von der im zweiten Schritt zu beantwortenden Frage zu trennen, ob es darüber hinaus einer Bestellung von Amts wegen bedarf (§ 141 Abs. 2 n.F.). Das bedeutet: **Aus der Notwendigkeit der Verteidigung i.S.d. § 140 folgt nicht unmittelbar die Notwendigkeit der Pflichtverteidigerbestellung** (s. auch LG Würzburg NStZ 2021, 255, 256; LG Passau StV 2021, 164, 165). Im Gegenzug sehen die in § 141 Abs. 2 normierten Tatbestände mitunter eine im Vergleich zur alten Rechtslage **frühzeitige und von Amts wegen vorzunehmende Beiordnungsmöglichkeit** für den Beschuldigten vor, sodass der nationale Gesetzgeber einem Hauptanliegen der PKH-RL, nämlich die Beteiligung eines Pflichtverteidigers im Ermittlungsverfahren zu gewährleisten, nachgekommen ist.

2 Hinzu tritt ein weiterer Aspekt: § 141 Abs. 1 und 2 sieht im Vergleich zum früheren Recht ein völlig verändertes Modell der Pflichtverteidigerbestellung vor. Während nach bisher h.A. dem Beschuldigten überhaupt kein Antragsrecht für die Bestellung eines Pflichtverteidigers zustehen sollte, erweckt § 141 Abs. 1 auf den ersten Blick den Eindruck, als handele es sich bei der Pflichtverteidigerbestellung nach neuer Rechtslage um ein vom Beschuldigten vollständig beherrschtes **Antragsmodell**, das nur ergänzt wird durch bestimmte Fallgruppen, in denen auch ohne Antrag des Beschuldigten ausnahmsweise ein Pflichtverteidiger bestellt wird, sofern der Beschuldigte keinen Wahlverteidiger beauftragt (§ 141 Abs. 2). Das führt aber bereits im Grundsatz zu Friktionen (s. *Beulke* FS Sieber, S. 521, 529). Schon aus der Überschrift zu § 141 ergibt sich, dass es sich um einen »Pflicht«-Verteidiger handelt und § 141 Abs. 1 Satz 1 spricht von den Fällen der »notwendigen« Verteidigung. Das stellt klar, dass der Verzicht seitens des Beschuldigten auf einen solchen Beistand irrelevant ist (zur aus seiner Sicht Europa- und Konventionsrechtswidrigkeit des Verzichtsmodell BeckOK-StPO/*Krawczyk* § 141 Rn. 5 ff.). Deshalb stößt jedes Antragsmodell sehr bald an seine Grenzen. Es muss bei der Antragsbefugnis sowohl des Beschuldigten als auch des Staatsanwalts verbleiben (wobei der vom Gesetz nunmehr vollzogene Austausch der Prioritäten hinsichtlich der Antragsbefugnis zu begrüßen ist, krit. zum Antragserfordernis in Bezug auf seine europarechtlichen Vorgaben *Spitzer* StV 2020, 418, 421; BeckOK-StPO/*Krawczyk* § 141 Rn. 5). Schließlich muss auch das Gericht die Mitwirkung eines Pflichtverteidigers durchsetzen können, wenn es sich seiner Meinung nach um einen Fall notwendiger Verteidigung handelt und der Beschuldigte keinen Wahlverteidiger beauftragt und auch die Staatsanwaltschaft keinen entsprechenden Antrag stellt. Das gilt nicht nur für das Hauptverfahren, sondern in gleichem Maße für das Ermittlungsverfahren. **Bewusst sind die Fallgruppen der notwendigen Verteidigung gem. § 140 Abs. 1 und 2 generell von der Zeitproblematik der Bestellung des Pflichtverteidigers abgekoppelt worden.** Das Ausmaß der notwendigen Verteidigung soll also nicht mehr durch § 141, sondern allein durch § 140 bestimmt werden. Dies entspricht Art. 4 Abs. 5 PKH-RL, wonach der Mitgliedsstaat sicherzustellen hat, dass Prozesskostenhilfe »unverzüglich und spätestens vor einer Befragung durch die Polizei, eine andere Strafverfolgungsbehörde oder eine Justizbehörde« bewilligt wird. Insgesamt gewährleistet und stärkt die von Amts wegen vorzunehmende Bestellung eines Pflichtverteidigers zusammen mit der unverzüglich nachzukommenden Möglichkeit des Beschuldigten, bei Vorliegen der Voraussetzungen des § 140 die Beiordnung eines Pflichtverteidigers zu beantragen (§ 141 Abs. 1), die frühzeitige Teilnahme und Teilhabe des Verteidigers im Ermittlungsverfahren. Insofern überbrückt das eigene Antragsrecht des Beschuldigten die Phase des Strafverfahrens, in der die Verteidigung bereits als notwendig erachtet wird, dem Staat aber noch keine Pflicht auflegt wird, für eine Bestellung zu sorgen (vgl. *Böß* NStZ 2020, 185, 188; LG Würzburg NStZ 2021, 255, 256; LG Passau StV 2021, 164, 165). Soweit hingegen die Beiordnung eines Pflichtverteidigers vor der ersten Vernehmung von einem Antrag des Beschuldigten abhängig gemacht wird, bleibt die Umsetzung hinter den Maßgaben der PKH-RL zurück (BeckOK-StPO/*Krawczyk* Einl. zu § 141; krit. auch *Beulke* FS Werle, S. 697, 702 ff.; *ders.* FS Sieber, S. 521, 528 ff.).

3 Soweit § 141 Abs. 2 Nr. 3 nunmehr eine Fallgruppe des »**Vorverfahrens**« speziell herausgreift, so trägt das erheblich zur Verwirrung und Verschleierung der Zusammenhänge bei. Natürlich muss z.B. auch in den Fallgruppen des § 140 Abs. 1 (also insb. bei der zu erwartenden Anklage beim OLG, LG oder Schöffengericht [Nr. 1] oder dem Vorwurf eines Verbrechens [Nr. 2]) bei richtlinienkonformer Auslegung bereits im Vorverfahren ein Pflichtverteidiger bestellt werden, wenn der Beschuldigte keinen Wahlverteidiger beauftragt (*Beulke* FS Sieber, S. 521, 529 f.; *ders.* FS Werle, S. 697, 704 ff.; *Galneder/Ruppert*, StV 2021, 202, 203; s. dazu auch unter § 136 Rdn. 62 ff.). Die nach alter Rechtslage ebenso durch § 141 geregelte **Zuständigkeit für die Bestellungsentscheidung** wurde aus systematischen Gründen in § 142 verschoben (BT-Drs. 19/13829, S. 36).

4 Nach dem Grundsatz der richtlinienkonformen Auslegung nationaler Gesetze (EuGH NJW 1984, 2021 [*von Colson und Kamann*]; BGH NJW 2014, 2595 [Rn. 24 f.]; *Beulke/Swoboda* Strafprozessrecht, Rn. 24; *Wessels/Beulke/Satzger* AT, Rn. 85, 125; *Satzger*, Internationales und Europäisches Strafrecht, § 9 Rn. 102 ff.) ist die PKH-RL für die deutschen Strafverfolgungsbehörden bei der Interpretation der §§ 141 ff. bindend. Bereits

in der PKH-RL wird ausdrücklich hervorgehoben, dass eine europarechtskonforme Umsetzung sowohl auf dem Wege der Einführung eines allgemeinen *Prozesskostenhilfemodells* möglich ist (wie es in den meisten Ländern der Europäischen Union gehandhabt wird) als auch auf dem Weg eines *Pflichtverteidigermodells*. In Deutschland herrschte weitgehender Konsens, dass wir es beim tradierten Modell der Pflichtverteidigung belassen wollen. Konkrete Einzelheiten der Anpassung der deutschen Regelung an die legal aid-Richtlinie bleiben hingegen auch auf der neuen gesetzlichen Basis lebhaft umstritten, wobei diese Kontroversen z.T. bereits das Gesetzgebungsverfahren überschatteten.

§ 141 regelt den **Zeitpunkt** für die Bestellung eines Pflichtverteidigers und soll damit die Verwirklichung des in § 140 verkörperten Rechts sicherstellen und die Subjektstellung des Angeschuldigten stärken (BVerfG StV 2001, 601, 602; *Klemke/Elbs* Einführung in die Praxis der Strafverteidigung [2019] Rn. 72). In § 141, der – wie Abs. 2 zeigt – in letzter Konsequenz auch die Bestellung eines Verteidigers ermöglicht, obwohl der Beschuldigte einen solchen Beistand nicht wünscht, kommen die öffentlichen Funktionen des Verteidigers zum Ausdruck (s. auch Art. 6 Abs. 3 lit. c EMRK; Einl. Rdn. 161; krit. *Jahn* JR 1999, 1). Die ursprüngliche Norm wurde erst nachträglich in die StPO eingefügt und später mehrfach geändert (zur Entstehungsgeschichte näher LR/*Jahn* § 141 Vor Rn. 1). Vor allem mit Blick auf das Vorverfahren bestand aber schon seit längerer Zeit Einigkeit, dass die bis zum Jahre 2019 geltende Regelung noch nicht das eigentlich in einem Rechtsstaat gebotene Maß an frühzeitiger Bestellung eines Pflichtverteidigers erreichte (näher *Beulke* Verteidiger im Strafverfahren, S. 247; *ders.* StV 2010, 442, 445; *Schumann/Bruckmüller/Soyer* Pre-trial Emergency defence). Nach § 136 Abs. 1 Satz 5 ist der Beschuldigte bei seiner ersten Vernehmung darüber zu belehren, dass er unter den Voraussetzungen des § 140 Abs. 1 und 2 die Bestellung eines Verteidigers nach Maßgabe des § 141 Abs. 1 und des § 142 Abs. 1 beanspruchen kann; zu Letzterem ist er dabei auf die Kostenfolge des § 465 hinzuweisen. Unterbleibt der Hinweis auf die Möglichkeit der Pflichtverteidigerbestellung, so sollte dies im Regelfall kein Beweisverwertungsverbot zur Folge haben (BGH NStZ 2018, 671 m. teilweise zust. Anm. *Jäger* bei Beschuldigten, denen die Mittel zur Verteidigerkonsultation selbst zur Verfügung stehen – so auch *Kudlich* JA 2018, 792 u. abl. Anm. *Ransiek* StV 2019, 160; OLG Köln JR 2016, 264 m. krit. Anm. *Schuhr;* KK-StPO/*Diemer*, § 136 Rn. 14; Meyer-Goßner/*Schmitt* § 136 Rn. 21a; BGH 09.01.2020 – 5 StR 628/19, BeckRS 2020, 1419; a.A. *Beulke/Swoboda* Strafprozessrecht, Rn. 117; *Neuhaus* FS Schlothauer, S. 245; s. auch oben Einl. Rdn. 299 und § 136 Rdn. 75, 76). Die neue Rechtslage gibt Anlass, diese Auffassung zu überdenken (s. Rdn. 16). 5

Bereits seit längerer Zeit umstritten ist die Frage nach der Rückwirkung einer Pflichtverteidigerbestellung, welche durch das Gesetz zur Neuregelung des Rechts der notwendigen Verteidigung neuen Auftrieb erhalten. Maßgebend betroffen sind dabei solche Fälle, in denen eine Beiordnung des Verteidigers bei einer Einstellung des Strafverfahrens nach §§ 153a Abs. 2 oder 154, aber etwa auch nach § 170 Abs. 2 abgelehnt wurde. In Streit steht die selbst innerhalb der Rspr. unentschiedene Frage, ob und unter welchen Voraussetzungen dem Beschuldigten noch ein Verteidiger beizuordnen ist, wenn das Verfahren bereits eingestellt wurde. 6

Nach früherer Rechtslage wurde sowohl in Rspr. als auch h.L. davon ausgegangen, dass eine Tätigkeit des Verteidigers, welche sich nicht auf eine künftig zu erbringende Dienstleistung bezog, sondern allenfalls das vergangene, bereits beendete Verfahren betraf, nicht schutzwürdig i.S.e. rückwirkenden oder nachträglichen Beiordnung sei (zum Streitstand KK-StPO/*Willnow* § 141 Rn. 12). Begründet wurde dies mit dem Zweck der notwendigen Verteidigung, die eine ordnungsgemäße Verteidigung des Beschuldigten in einem noch ausstehenden Verfahren gewährleisten und nicht dem Kosteninteresse des Beschuldigten oder seines Verteidigers diene solle (s. nur BGH NStZ-RR 2009, 348; StV 1997, 238; StV 1989, 378; OLG Oldenburg BeckRS 2015, 20542; OLG Köln NStZ-RR 2011, 325; OLG Hamm NStZ-RR 2009, 113). Teilweise – insb. durch die Landgerichte – wurde dabei vertreten, dass von diesem Grundsatz des Verbots rückwirkender Beiordnung dann eine Ausnahme zu machen sei, wenn der Antrag auf Beiordnung rechtzeitig vor Verfahrensabschluss gestellt worden war, die Voraussetzungen einer notwendigen Verteidigung gem. § 140 erfüllt waren und die Entscheidung über die Beiordnung allein aufgrund justizinterner Vorgänge verzögert oder unterblieben worden war (LG Frankental StV 2018, 155; LG Itzehoe NStZ 2011, 56; LR/*Jahn* § 141 Rn. 2 m.w.N). 7

Anlass, diese Rechtsauffassung zu überdenken, gab es mit Inkrafttreten des Gesetzes zur Neuregelung des Rechts der notwendigen Verteidigung. Entsprechend dem Grundsatz richtlinienkonformer Auslegung (vgl. Rdn. 4) wirkt das europäische Recht auch nach Umsetzung der europarechtlichen Vorgaben in das nationale Recht hinein. Entsprechend sieht Art. 4 Abs. 1 der PKH-RL einen Anspruch des mittellosen Beschuldigten auf Prozesskostenhilfe vor, wenn dies im Interesse der Rechtspflege erforderlich ist. Mit Umsetzung dieser Vorgaben im System der notwendigen Verteidigung nach §§ 140 ff. verknüpft der Gesetzgeber damit seine Intention, den Zweck eben solcher nicht lediglich auf die Gewährung ordnungsgemäßer Verteidigung zu beschränken, sondern zugleich auch dem mittellosen Beschuldigten finanzielle Unterstützung zukommen zu lassen (so auch Meyer-Goßner/*Schmitt* § 142 Rn. 20). Daneben ist aus richtlinienkonformer Anwendung ein 8 weiterer Aspekt, der auf das Kernanliegen der PKH-RL zurückgeht, nämlich die Stärkung der Beschuldigtenrechte im Ermittlungsverfahren in Erwägung zu ziehen. Mit der Umsetzung, wonach dem Beschuldigten unter Zugrundelegung der entsprechenden Voraussetzungen »unverzüglich« ein Pflichtverteidiger zu bestellen ist (§ 141 Abs. 1), verdeutlicht der nationale Gesetzgeber sein Bestreben, die Beschuldigtenrechte zugleich unter Beschleunigungsgesichtspunkten zu stärken. Kommt es mithin lediglich deshalb nicht zu einer Beiordnung des Pflichtverteidigers, weil justizinternes Verschulden eine frühere Beiordnung nicht ermöglichten, obwohl ein entsprechender Antrag bei Vorliegen der Voraussetzungen nach § 140 rechtzeitig gestellt worden war, so spricht nicht nur das aus Art. 4 Abs. 1 PHK-Richtlinie ergebende Bedürfnis, den Beschuldigten von den Kosten seiner Verteidigung freizustellen, sondern auch das »Unverzüglichkeitsgebot« für eine noch rückwirkende Bestellung des Pflichtverteidigers. Dem Beschuldigten sollen hierbei allein aus von ihm nicht zu vertretenden Umständen keine Nachteile erwachsen (so auch OLG Bamberg 29.04.2021 – 1 Ws 260/21; OLG Nürnberg 06.11.2020 – Ws 962/20; LG Magdeburg StV 2021, 165; LG Köln NJW-Spezial 2021, 410; LG Nürnberg-Fürth NJW-Spezial 2021, 378; LG Hamburg BeckRS 2021, 12634; LG Halle 15.04.2021 – 3 Qs 41/21; LG Passau StV 2021, 164; LG Regensburg BeckRS 2021, 866; LG Flensburg 09.12.2020 – II Qs 43/20; LG Bremen StraFo 2020, 454; LG Bochum NStZ-RR 2020, 352; AG Naumburg BeckRS 2021, 9718; Meyer-Goßner/*Schmitt* § 142 Rn. 20; BeckOK-StPO/*Krawczyk* § 142 Rn. 30; a.A. die sich überwiegend darauf beruft, dass ein Systemwechsel – angesichts des nach PKH-RL lediglich zu ermöglichen Zugangs zu einem Rechtsbeistand – seitens des Gesetzgebers nicht bezweckt worden war OLG Braunschweig 02.03.2021 – 1 Ws 12/21; OLG Bremen NStZ 2021, 253; HansOLG Hamburg 16.09.2020 – 2 Ws 112/20; LG Bonn BeckRS 2021, 12660; LG Aachen 15.02.2021 – 61 Qs 3/21; LG Köln, Urt. v. 06.04.2021 – 323 Qs 19/21; ohne allerdings auf die Gesetzesänderung einzugehen OLG Brandenburg NStZ 2020, 625; HansOLG Bremen 23.09.2020 – 1 Ws 120/20; LR/*Jahn* § 141 Rn. 3).

9 Nicht problematisch ist, wenn von einer **stillschweigenden Beiordnung** auszugehen ist (Meyer-Goßner/*Schmitt* § 142 Rn. 21). Ferner vermag eine nachträgliche Beiordnung in Betracht kommen, wenn eine Entscheidung trotz Vorliegens einer notwendigen Verteidigung i.S.v. § 140 Abs. 1 Nr. 5 erst nach **Haftentlassung** ergeht, da mit Entlassung des Beschuldigten aus der Haft noch kein Abschluss des Verfahrens herbeigeführt ist (LR/*Jahn* § 140 Rn. 2).

10 **B. Regelungsgehalt. I. Antrag des Beschuldigten. 1. Frühzeitige Bestellung vor der ersten polizeilichen Vernehmung.** In § 141 Abs. 1 wird die zeitliche Komponente der **möglichst frühzeitigen Bestellung** eines Pflichtverteidigers **kombiniert mit einem Antragsmodell**. Die Forderung nach möglichst früher Bestellung des Pflichtverteidigers kommt unmissverständlich zum Ausdruck durch die Formulierung **»unverzüglich«** in § 141 Abs. 1 Satz 1. Auch die Formulierung, dass in den Fällen der notwendigen Verteidigung dem Beschuldigten, **»dem der Tatvorwurf eröffnet worden ist« – was gem. § 136 Abs. 1 Satz 1 zumindest bei schwerwiegenden Tatvorwürfen im Regelfall zu Beginn des Ermittlungsverfahrens bei der Erstvernehmung des Beschuldigten zu erfolgen pflegt** –, ein Verteidiger zu bestellen ist, sofern er noch keinen Verteidiger hat, weist den Weg auf eine möglichst frühe Pflichtverteidigerbestellung. Das entspricht dem Sinn und Geist der PKH-RL, die in Art. 4 Abs. 5 verlangt, dass Prozesskostenhilfe noch **vor der ersten polizeilichen Vernehmung** zu gewähren ist (so auch *Beulke* FS Werle, S. 697, 710). Insofern ist die PKH-RL in europarechtlicher Zusammenschau mit der sog. Zugangs-RL (Richtlinie 2013/48/EU) zu lesen, die in Art. 3 Abs. 2 Satz 1 u. 2 lit. a ausdrücklich festhält, dass Verdächtige oder beschuldigte Personen »in jedem Fall« vor ihrer Befragung durch die Polizei oder andere Strafverfolgungs- oder Justizbehörden Zugang zu einem Rechtsbeistand erhalten können. Auch wenn das deutsche Pflichtverteidigermodell inhaltlich nicht unbeträchtlich über die PKH-Konzeption hinausgeht, verbleibt der zeitliche Aspekt als vergleichbarer Maßstab, sodass im Regelfall die Bestellung vor der ersten polizeilichen Vernehmung indiziert ist, sofern es sich um einen Fall der notwendigen Verteidigung handelt. Zu Überlegungen hinsichtlich einer notwendigen Verteidigung im Gefahrenabwehrrecht, s. *Jahn/Brodowski* StV 2022, 33.

11 **2. Einzelheiten zur Entscheidung über den Antrag des Beschuldigten. Allgemeines.** Gem.§ 141 Abs. 1 Satz 1 wird der Pflichtverteidiger bestellt, sofern es sich um einen Fall notwendiger Verteidigung handelt. Damit verweist § 141 Abs. 1 Satz 1 vor allem auf § 140 Abs. 1 (§ 140 Rdn. 15 ff.) und Abs. 2 (§ 140 Rdn. 36 ff.), aber auch auf die vielen weiteren Verfahrensnormen, in denen Spezialfälle der notwendigen Verteidigung aufgelistet sind (z.B. § 68 JGG). Beabsichtigt die Staatsanwaltschaft das Verfahren auf den Privatklageweg zu verweisen, hat dies keinen Einfluss auf den Beiordnungsanspruch aus § 141 Abs. 1 Satz 1 (AG Bremen StV 2022, 145).

12 Der Beschuldigte darf bislang noch **keinen Verteidiger** haben. Die Bestellung eines Pflichtverteidigers ist immer **subsidiär** gegenüber der Beauftragung eines **Wahlverteidigers** mittels eines privatrechtlichen Geschäftsbesorgungsvertrags. Dessen ungeachtet ist anerkannt, dass dem Beschuldigten **sein bisheriger Wahlverteidiger**

beizuordnen ist, wenn dieser den **Antrag stellt, ihn als Pflichtverteidiger beizuordnen und für diesen Fall die Niederlegung des Mandats ankündigt** (SK-StPO/*Wohlers* § 141 Rn. 2: sog. Statuswechsler; BGH NStZ 1991, 248, 249; OLG Nürnberg StV 1987, 191). Dies gilt auch für die neue Gesetzeslage nach Neuregelung des Rechts der notwendigen Verteidigung sowie die hierdurch bedingte Einfügung des Wortes »und«, welche keinen Einfluss auf das Tatbestandsmerkmal »noch keinen Verteidiger hat« ausübt (LG Magdeburg StV 2021, 163). Die Erklärung des Wahlverteidigers, mit der beantragten Bestellung als Pflichtverteidiger sein Wahlmandat niederzulegen, kann auch konkludent erfolgen. Deshalb wird der Beiordnungsantrag eines Wahlverteidigers im Regelfall so zu interpretieren sein. Da die Gerichte dies aber sehr engherzig handhaben (abzulehnen deshalb LG Würzburg NStZ 2021, 255), ist dem Wahlverteidiger immer die ausdrückliche Ankündigung der Niederlegung des Verteidigerwahlmandats für den Fall der Pflichtverteidigerbestellung anzuraten. Des Weiteren gestattet der im Jahr 2019 neu eingeführte § 144, **neben einem oder mehreren Wahlverteidigern** auch gegen den Willen des Beschuldigten einen oder zwei zusätzliche(n) Verteidiger beizuordnen, wenn dies zur Sicherung der zügigen Durchführung des Verfahrens, insb. wegen dessen Umfang oder Schwierigkeit erforderlich ist (sog. **Zwangs- oder Sicherungsverteidiger,** Einzelheiten unter § 144 Rdn. 1 ff.).

Ferner verlangt **§ 141 Abs. 1 Satz 1**, dass dem Beschuldigten der Tatvorwurf eröffnet worden ist. Es wird 13
also ausdrücklich klargestellt, dass das Antragsrecht erst ab dem Zeitpunkt besteht, in dem der Beschuldigte über den Tatvorwurf unterrichtet wird. Da die Gesetzesbegründung von einer Unterrichtung im Wege der amtlichen Mitteilung oder in sonstiger Weise ausgeht (BT-Drs. 19/13829, S. 36), kann hierin **nicht nur jede förmliche Mitteilung** einer Strafverfolgungsbehörde gesehen werden, sondern ist bereits dann eine entsprechende Unterrichtung anzunehmen, wenn der Beschuldigte in auf die Strafverfolgungsbehörden zurückgehender Weise von dem Tatvorwurf gegen ihn erfährt (noch weitergehend BeckOK-StPO/*Krawczyk* § 141 Rn. 4). Nicht maßgebend ist, ob das Ermittlungsverfahrens selbst bereits förmlich eröffnet wurde (LG Magdeburg StV 2021, 1629). Dementsprechend werden noch nicht nach außen getragene Ermittlungen der Strafverfolgungsorgane (ohne Schutz des Beschuldigten durch einen Beistand) vor der ersten polizeilichen Vernehmung des Beschuldigten auch dann nicht ausgeschlossen, wenn i.Ü. die Voraussetzungen des § 140 (z.B. Verbrechensvorwurf) erfüllt sind. Die frühere Bestellung eines Pflichtverteidigers könnte z.B. die Gefahr heraufbeschwören, dass es zu einer vorzeitigen Aufdeckung und damit verbunden u.U. zu einer Erschwerung der Ermittlungstätigkeiten käme (allg. krit. in diesem Sinne *Kraft/Girkens* NStZ 2021, 454, 459 ff.). Solange der Beschuldigte noch nicht informiert (ihm der Tatvorwurf noch nicht eröffnet) worden ist, werden die dem Beschuldigten drohenden Beeinträchtigungen noch nicht so schwer eingestuft, sodass juristischer Beistand zwingend erforderlich wäre. Dies steht im Einklang mit Art. 2 Abs. 1 der PKH-RL (BT-Drs. 19/13829, S. 37).

Des Weiteren muss der Beschuldigte gem. § 141 Abs. 1 Satz 1 die Bestellung eines Pflichtverteidigers **aus-** 14
drücklich beantragen. Der Antrag kann mündlich oder schriftlich gestellt werden. Ausdrücklich ist seinem normalen Sprachgebrauch nach mehr als »schlüssig«. Da jedoch die PKH-RL die Möglichkeit der effektiven Ausübung des Rechts des Beschuldigten auf Zugang zu seinem Rechtsbeistand verlangt, dürfen an den Grad der »Ausdrücklichkeit« keine hohen Anforderungen gestellt werden. Angesicht der besonderen Verteidigungsdefizite, die in § 140 aufgelistet sind, muss es genügen, dass **aus dem Verhalten oder der Wortwahl des Beschuldigten erkennbar wird, dass er rechtlichen Beistand wünscht** (ebenso Meyer-Goßner/*Schmitt* § 141 Rn. 5).

Im Fall **richterlicher Vernehmung oder Wahlgegenüberstellung** ist das ausdrückliche Verlangen auf Bestellung 15
eines Pflichtverteidigers zu protokollieren. Dies folgt aus der sich aus § 168a Abs. 1 Satz 1 ergebenden **Protokollpflicht der wesentlichen Förmlichkeiten des Verfahrens.** Für **nicht richterliche Ermittlungspersonen** ordnet § 168b Abs. 3 Satz 1 an, dass die in § 163a vorgeschriebenen Belehrungen vor der ersten Vernehmung des Beschuldigten, zu denen auch der Hinweis auf die Möglichkeit der Pflichtverteidigerbestellung gehört, zu dokumentieren sind (s. auch Nr. 45 Abs. 1 RiStBV). Nach § 168b Abs. 3 Satz 2 gilt dies auch für die Entscheidung des Beschuldigten, ob er vor seiner Vernehmung einen von ihm zu wählenden Verteidiger befragen möchte. Es erscheint geboten, diese **Protokollierungspflicht** hinsichtlich des Wahlverteidigerwunsches im Wege der richtlinienkonformen Auslegung im Hinblick auf die PKH-RL auch auf das **ausdrückliche Verlangen des Beschuldigten anzuwenden, einen Pflichtverteidiger hinzuzuziehen.**

§ 141 Abs. 1 Satz 1 verlangt, dass der Antrag des Beschuldigten **nach Belehrung erfolgt.** Dass der Beschuldigte 16
im Fall einer bevorstehenden Beschuldigtenvernehmung bei gleichzeitigem Vorliegen der Voraussetzungen notwendiger Verteidigung (also nicht generell, s.o. § 136 Rdn. 56; so auch Meyer-Goßner/*Schmitt* § 136 Rn. 11a) auf sein Antragsrecht i.S.d. § 141 Abs. 1 Satz 1 hinzuweisen ist, ergibt sich auch bereits aus § 136 Abs. 1 Satz 5. In § 141 Abs. 1 Satz 1 wird diese Pflicht zur »Belehrung« auf alle Verfahrensstadien und -vorgänge nach Eröffnung des Tatvorwurfs auch jenseits der Beschuldigtenvernehmung ausgeweitet. Die Hinweispflicht steht **nicht im Ermessen** von Polizei/Staatsanwaltschaft (vor Anklageerhebung ist gem. § 142 Abs. 1 Satz 1 bei ihnen der Antrag auf Bestellung eines Pflichtverteidigers anzubringen) oder Gericht (nach

Anklageerhebung ist der Antrag bei ihm anzubringen, § 142 Abs. 1 Satz 3), sondern ist Pflicht, sofern die Strafverfolgungsorgane erkennen, dass ein Fall der notwendigen Verteidigung vorliegt. In vielen Fällen ergibt sich diese Notwendigkeit bereits aus konkreten objektiven Umständen (z.B. § 140 Abs. 1 Nr. 5 [Anstaltsfälle], Nr. 8 [Ausschluss des Wahlverteidigers] und Nr. 11 [Seh- Hör- oder Sprachbehinderung des Beschuldigten]). Auch wenn im Fall des Tatvorwurfs eines **Verbrechens** eine **Beschuldigtenvernehmung bevorsteht**, so ist die Feststellung, dass ein Fall der notwendigen Verteidigung gem. **§ 140 Abs. 1 Nr. 2** vorliegt und dass dementsprechend belehrt werden muss, zumeist unproblematisch, schließlich muss dem Beschuldigten bei Beginn der Vernehmung eröffnet werden, welche Tat ihm zur Last gelegt wird, § 136 Abs. 1 Satz 1. Hängt die notwendige Verteidigung von einer Prognose über den weiteren Verfahrensablauf ab (z.B. bei § 140 Abs. 1 Nr. 1 [Anklage vor OLG/LG/Schöffengericht], Nr. 3 [Berufsverbot] und Nr. 7 [Sicherungsverfahren], Abs. 2 [insb. Schwere der zu erwartenden Rechtsfolge]), so ist den Strafverfolgungsorganen für die Frage der Belehrungspflicht ein **Beurteilungsspielraum** einzuräumen. Das Gleiche muss z.B. gelten, wenn zu entscheiden ist, ob bei einer richterlichen Vernehmung die Mitwirkung eines Verteidigers aufgrund der Bedeutung der Vernehmung zur Wahrung der Rechte des Beschuldigten geboten erscheint, § 140 Abs. 1 Nr. 10 oder ob ersichtlich ist, dass sich der Beschuldigte nicht selbst verteidigen kann, § 140 Abs. 2 letzter HS. Allerdings ist zu beachten, dass in **eindeutigen Fällen der Beurteilungsspielraum der Polizei/der Staatsanwaltschaft/des Gerichts auf null reduziert sein kann**. Dies wird im Lichte der PKH-RL sicherlich sehr viel häufiger der Fall sein als nach früherer Rechtslage (z.B. bei Vergehensvorwürfen »mittlerer Schwere« gegenüber Beschuldigten, die schon früher zu Freiheitsstrafen ohne Bewährung verurteilt worden sind). **Unterbleibt** die gebotene Belehrung, stellt der Beschuldigte aber gleichwohl einen Antrag auf Bestellung eines Pflichtverteidigers, so muss dem entsprochen werden, sofern die übrigen Voraussetzungen erfüllt sind. Das **Unterlassen eines gebotenen Hinweises mit der Folge**, dass der Beschuldigte keinen Beistellungsantrag stellt, muss aufgrund der gesteigerten Bedeutung des Antrags mit Einführung des »Antragsmodells« durch § 141 Abs. 1 Satz 1 ein **Beweisverwertungsverbot** hinsichtlich einer Aussage des Beschuldigten zur Folge haben, die er ohne Beistand durch einen Verteidiger getätigt hat (*Beulke/Swoboda* Strafprozessrecht, Rn. 117; *Neuhaus* StV 2010, 48; *ders.* FS Schlothauer, S. 245; *Eschelbach* unter § 136 Rdn. 75, 76; a. A BGH 09.01.2020 – 5 StR 628/19, BeckRS 2020, 1419; zur früheren Rechtslage BGH NStZ 2018, 671 m.Anm. *Jäger* [teilweise Zustimmung bei Beschuldigten, denen die Mittel zur Verteidigerkonsultation selbst zur Verfügung stehen – so auch *Kudlich* JA 2018, 792 und *Schneider* FS Wolf, S. 421, 447, 446]; OLG Köln JR 2016, 264 m. krit. Anm. *Schuhr*; Meyer-Goßner/*Schmitt* § 136 Rn. 21a; dazu oben Einl. unter Rdn. 299 sowie § 136 Rdn. 75). Eine richtlinienkonforme Auslegung bedingt sogar, dass **die Strafverfolgungsorgane auf die Stellung eines solchen Antrags aktiv hinarbeiten müssen**, sofern es sich auf Anhieb erkennbar um einen Fall der notwendigen Verteidigung im Sinne des § 140 handelt (vgl. Rdn. 17).

17 Wie sich aus dem Begriff der »notwendigen« Verteidigung ergibt, kann die Gewährung eines rechtsstaatlichen Verfahrens, das die Einschaltung des Verteidigers gewährleisten soll (Einl. unter Rdn. 161), aber **nicht zur Disposition des Beschuldigten stehen** (s. unter Rdn. 51). Das Antragsmodell wird deshalb komplettiert durch die von Staats wegen gebotene Bestellung des Pflichtverteidigers gem. § 141 Abs. 2, notfalls auch gegen den Willen des Beschuldigten. Es wäre falsch, aus dem Antragsmodell eine besondere Rechtslage für das Ermittlungsverfahren abzuleiten. Wer demgegenüber – den Wortlaut des § 141 Abs. 1 S. 1 missverstehend – jedem Verzicht des Beschuldigten auf Bestellung eines Verteidigers jedenfalls für das Ermittlungsverfahren Vorrang einräumt, müsste zur Gewährleistung eines rechtsstaatlichen Verfahrens zumindest bei der Handhabung des § 141 Abs. 2 dem Umstand Rechnung tragen, dass die Fallgruppen notwendiger Verteidigung gem. § 140 für alle Verfahrensstadien gelten. Es wäre unzulässig, i.S.e. gesonderten »Ermittlungsverfahrensklausel« in § 141 über das »Antragsmodell« sozusagen durch die Hintertür für die ersten Phasen des Strafverfahrens doch wieder eine »verteidigerfreie« Zone zu etablieren (so auch *Beulke/Swoboda* Strafprozessrecht, Rn 258; LR/*Jahn* § 141 Rn. 4, 32; a.A. aber Meyer-Goßner/*Schmitt* § 141 Rn. 5; *Mosbacher* JuS 2020, 128, 131). Wie die Praxis lehrt, wird der Beschuldigte im Rahmen erstpolizeilicher Vernehmungen trotz korrekter Belehrung aus ermittlungstaktischen Gründen erfahrungsgemäß eher weniger dazu motiviert, sich des Beistands eines Anwalts zu bedienen, zumal der Beschuldigte sogar ausdrücklich darauf hingewiesen werden muss, dass er im Fall der Verurteilung auch noch die Pflichtverteidigerkosten zu tragen habe (§ 136 Abs. 1 Satz 5 letzter Hs.). Es wäre ein trauriges Zeichen, das Ausmaß der Mitwirkung eines professionellen Beistands überwiegend auf der fehlenden Gegenmacht des Beschuldigten aufzubauen. Der Staat soll die sozialen Defizite des Beschuldigten nicht zwecks gesteigerter Möglichkeiten der Tataufklärung ausnutzen, sondern diese Defizite gerade beseitigen. Das ist die Botschaft der PKH-RL, die es nach nunmehr erfolgter Umsetzung in richtlinienkonformer Auslegung zu beherzigen gilt.

18 **Keine Ermessensentscheidung.** Bei der Entscheidung, ob nach Eröffnung des Tatvorwurfs gegenüber dem Beschuldigten dem Antrag des Beschuldigten stattzugeben ist, ist allein auf die materiellen Voraussetzungen

abzustellen, die in § 140 oder in anderen Spezialnormen festgelegt sind. Das betrifft alle Verfahrensstadien, sodass insofern kein Unterschied zwischen dem Ermittlungs-, dem Zwischen- und dem Hauptverfahren besteht. **Ein Ermessen der entscheidenden Strafverfolgungsorgane** (im Regelfall der Richter, im Ausnahmefall auch die Staatsanwaltschaft, s. unter § 142 Rdn 19) **ist nicht gegeben** (ebenso BT-Drs. 19/13829, S. 37).

Entscheidungszeitpunkt. Wenn in den Fällen der notwendigen Verteidigung der Beschuldigte, dem der Tatvorwurf eröffnet worden ist und der noch keinen Verteidiger hat, nach Belehrung die Bestellung eines Pflichtverteidigers beantragt, so wird dem Beschuldigten **unverzüglich** ein Pflichtverteidiger bestellt, **§ 141 Abs. 1 Satz 1**. Der Begriff **»unverzüglich«** bedeutet **ohne schuldhaftes Zögern**. Dem für die Bestellungsentscheidung zuständigen Richter oder (ausnahmsweise) Staatsanwalt (Einzelheiten s. unter § 142 Abs. 3 und 4 Rdn. 13 ff.) wird daher ein gewisser zeitlicher Spielraum bis zur Bestellung eingeräumt, der sich insb. daraus ergeben kann, dass der gewünschte Verteidiger u.U. nicht sofort erreichbar ist oder – v.a. am Wochenende – nicht sofort ein Verteidiger kontaktiert werden kann (s. auch BT-Drs. 16/13097, S. 19). Insgesamt hat die Bestellung so rechtzeitig zu erfolgen, dass die Verteidigungsrechte gewahrt bleiben. Als Prüfungs- und Überlegungsfrist sollte ein Zeitrahmen von über einer Woche jedoch nur im absoluten Ausnahmefall überschritten werden (LG Bochum NStZ-RR 2020, 353: maximal zwei Wochen). Eine Frist von drei Wochen kann jedenfalls schon nicht mehr als unverzüglich i.S.d. Abs. 1 angesehen werden (LG Halle BeckRS 2021, 12636). Gem. **§ 141 Abs. 1 Satz 2** ist über den Antrag spätestens **vor einer Vernehmung des Beschuldigten oder einer Gegenüberstellung mit ihm zu entscheiden.** Wird dieser Zeitpunkt verpasst und die entsprechende Ermittlungsmaßnahme ohne Mitwirkung eines Verteidigers durchgeführt, obwohl ein entsprechender Bestellungsantrag seitens des Beschuldigten vorgelegen hat, so ergibt sich aus dem Zweck der Norm, dass für Beweiserhebungen, bei denen der Verteidiger anwesend sein und mitwirken durfte, ein Beweisverwertungsverbot (dazu generell Einl. Rdn. 259 ff.) eingreift. Bei verspäteter Bestellung müssen Teile der Hauptverhandlung, die vor der Bestellung erfolgt sind, wiederholt werden (BGHSt 9, 243, 244; BGH NStZ 2009, 650; vgl. auch § 145 Abs. 2). Ist eine Wiederholung nicht möglich, muss ausgesetzt werden (SK-StPO/*Wohlers* § 141 Rn. 12). Eine Unterlassung der beantragten Bestellung kann auch die Besorgnis der Befangenheit gem. § 24 Abs. 2 begründen (vgl. zur alten Rechtslage AG Hameln StV 2004, 127, 128; *Klemke/Elbs* Einführung in die Praxis der Strafverteidigung [2019] Rn. 123). Vgl. zur rückwirkenden Beiordnung des Pflichtverteidigers Rdn. 6. 19

Ein Spannungsverhältnis kann sich ergeben zwischen dem **Unverzüglichkeitsgebot des § 141 Abs. 1** und **§ 142 Abs. 5**, dem zufolge dem Beschuldigten die **Gelegenheit zur Bezeichnung eines Verteidigers seiner Wahl** zu geben ist. Diese wird gelöst durch Bestimmung einer **Frist zur Verteidigerbezeichnung** (§ 142 Abs. 5 Satz 1) sowie des erleichterten späteren **Verteidigerwechsels** (§ 143 Abs. 2 Satz 1 Nr. 1). Das Unverzüglichkeitsgebot beeinflusst die **Länge der zu setzenden Frist**. Da dem § 141 eine möglichst schnelle Pflichtverteidigerbestellung am Herzen liegt, die spätestens vor der ersten Vernehmung des Beschuldigten oder einer Gegenüberstellung erfolgt sein muss, kann die Frist im Einzelfall sehr knapp bemessen werden (*Müller-Jacobsen* NJW 2020, 575, 578). Jenseits der dringenden Notfälle mit dem Zwang zu sehr schneller Beiordnung erscheint es sachgerecht, dem Beschuldigten eine längere Frist einzuräumen. Geht es um Beschuldigtenvernehmungen, die zwar nicht unmittelbar erfolgen sollen, die aber gleichwohl aus ermittlungstaktischen Gründen keinen längeren Aufschub gestatten, so erscheint eine **Frist von einer Woche** angemessen (Meyer-Goßner/*Schmitt* § 141 Rn. 7; so auch zur früheren Rechtslage: OLG Dresden NStZ-RR 2012, 213; KG StV 2012, 656, 666; Empfehlungen des DAV, Stellungnahme Nr. 55/2009, S. 5 f.; Strafrechtsausschuss der BRAK, Stellungnahme 16/2010, StV 2010, 544, 545; *Jahr* FS Rissing-van Saan, S. 275, 291; *König* AnwBl. 2010, 50, 51; *Brocke/Heller* StraFo 2011, 1, 7). Für viele Beschuldigte wird es aber schwierig sein, innerhalb einer Woche an entsprechende Informationen über geeignete Verteidiger zu gelangen. Deshalb erscheint eine Frist von **zwei Wochen** jedenfalls dann angemessen, wenn keine Eile geboten ist (für zwei Wochen auch: LG Krefeld StV 2011, 274; SK-StPO/*Wohlers* § 141 Rn. 10; *ders.* StV 2010, 151, 153; *Lam/Meyer-Mews* NJW 2012, 177, 180 sowie die Gemeinsamen Empfehlungen der Strafverteidigervereinigungen StV 2010, 109, Beschl. des 35. Strafverteidigertages). 20

III. § 141 Abs. 2: Bestellung von Amts wegen. 1. Systematik. Nach der vom Gesetzgeber intendierten Systematik von § 141 regelt dessen Abs. 2 im Gegensatz zu Abs. 1 gleichrangig die Fälle, in denen der Beschuldigte trotz des Hinweises auf sein Antragsrecht einen entsprechenden Antrag unterlässt, obwohl ihm kein Wahlverteidiger als Beistand zur Seite steht, er aber von Gesetzes wegen einen Verteidiger benötigt. § 141 Abs. 2 weicht also das Antragsmodell des Abs. 1 auf und fordert zum Schutz des Beschuldigten und der Gewährleistung eines rechtsstaatlichen Verfahrens auf einer **»zweiten Spur« das Einschreiten von Amts wegen** in den genannten Zeitpunkten. In der Zusammenschau mit § 140 ist § 141 dabei so zu verstehen, dass er **keine neuen inhaltlichen Kriterien für die Bestellung eines Pflichtverteidigers formuliert** und erst recht 21 nicht die materiellen Kriterien, ob ein Fall der notwendigen Verteidigung vorliegt, einschränkt. Ausweislich der Formulierung »in den Fällen der notwendigen Verteidigung« wird vielmehr ersichtlich, dass **allein § 140 die materiellen Voraussetzungen für die Bestellung eines Pflichtverteidigers enthält** und § 141 Abs. 2 lediglich dessen Umsetzung in zeitlicher Hinsicht konkretisiert. Das verdeutlicht auch bereits die neue Überschrift des § 141 »Zeitpunkt der Bestellung eines Pflichtverteidigers«. Mithin geht es allein um die Frage, wann ein solcher dem Beschuldigten zur Seite gestellt werden muss. Zusätzlich untermauert wird dies durch die alle Nummern des § 141 Abs. 2 Satz 1 umfassende Konjunktion »sobald«, die klar temporal zu verstehen ist.

22 **2. Die einzelnen Fallgruppen des § 141 Abs. 2 Satz 1. a) Haft oder einstweilige Unterbringung.** In **§ 141 Abs. 2 Satz 1 Nr. 1** ist als Zeitpunkt der Pflichtverteidigerbestellung der Moment vorgesehen, sobald der Beschuldigte einem Gericht zur **Entscheidung über Haft oder einstweilige Unterbringung vorgeführt** werden soll. Nach richtlinienkonformer Auslegung ist dieses »sobald« als **»bevor«** zu verstehen, da der Pflichtverteidiger auf die zu treffende Entscheidung durch den Haftrichter Einfluss nehmen können muss (vgl. Art. 2 Abs. 4 bzw. Art. 4 Abs. 4 PKH-RL, hierzu auch *Galneder/Ruppert* StV 2021, 202). Darin liegt zugleich eine erhebliche Vorverlagerung der Bestellung eines Pflichtverteidigers und damit eine erhebliche Verbesserung der Beschuldigtenrechte im Vergleich zur vorherigen nationalen Rechtslage, die im Zusammenhang mit § 140 Abs. 1 Nr. 4 zu lesen ist. **Früher** sah § 140 Abs. 1 Nr. 4 den Fall einer notwendigen Verteidigung erst vor, wenn die Untersuchungshaft oder einstweilige Unterbringung **vollstreckt** wurde, eine richterliche Entscheidung hierüber also schon ergangen war. **Künftig soll maßgeblicher Zeitpunkt sein, dass der Beschuldigte zur Entscheidung über Haft oder einstweilige Unterbringung dem Gericht vorgeführt wird.** Das kann bei **Invollzugsetzung** eines bereits erlassenen Haftbefehls schon der **Zeitpunkt der Ergreifung** sein (so auch *Spitzer* StV 2020, 418, 421). In Fällen der **vorläufigen Festnahme (§ 127)** soll jedoch **zugewartet** werden können, bis eine **Entscheidung über eine tatsächliche Vorführung bzw. Beantragung eines Haftbefehls gefallen ist** (BT-Drs. 19/13829, S. 37). Ein solches Zuwarten darf jedoch nicht zu der Umgehung der Pflicht zur Bestellung genutzt werden, indem Ermittlungsmaßnahme, wie etwa eine polizeiliche Vernehmung des Beschuldigten, durchgeführt werden (*Beulke* FS Werle, S. 697, 702 ff.; a.A. *Böß* NStZ 2020, 185, 189; BeckOK-StPO/*Krawczyk* § 141 Rn. 15). Zwar ergibt sich – in grundsätzlichem Einklang mit der auf Art. 4 Abs. 5 PKH-RL verweisenden Gesetzesbegründung (BT-Drs. 19/13829, S. 37) – ein schmales Zeitfenster noch nicht notwendiger Verteidigung, das eben dadurch entsteht, dass sich die Notwendigkeit der Verteidigung nach § 140 Abs. 1 Nr. 4 und die hieran anknüpfende amtswegige Pflichtverteidigerbestellung erst mit der Entscheidung der Ermittlungsbehörden für eine Vorführung ergibt (*Böß* NStZ 2020, 185, 189). In dieser Zeit jedoch eine Befragung oder sonstige Ermittlungsmaßnahmen durchzuführen, bei der die Gefahr besteht, dass sich der Beschuldigte selbst belasten würde, verbietet sich aufgrund des eindeutigen Wortlauts von Art. 4 Abs. 5 PKH (»spätestens vor einer Befragung«) sowie dem systematischen Verständnis zu Abs. 1 Satz 2 (ebenso *Spitzer* StV 2020, 418, 422; LR/*Jahn* § 141 Rn. 21; Meyer-Goßner/*Schmitt* § 141 Rn. 13 f.). Aufgrund der Umsetzung der PKH-RL im Rahmen der Vorschriften zur Pflichtverteidigung kann dem Verweis auf den Wortlaut auch nicht entgegengehalten werden, er beziehe sich lediglich auf die Gewährung von Prozesskostenhilfe. **Jedenfalls vor der Erstvernehmung muss** damit **Verteidigerbeistand gewährt werden** – auf der Basis des Pflichtverteidigermodells allerdings nur im Fall der notwendigen Verteidigung. Der »Trick«, den Beschuldigten nicht sofort dem Haftrichter vorzuführen, sondern ihn vorab ohne Beteiligung des Pflichtverteidigers zu vernehmen, um die Stärke des Anfangsverdachts auszuloten, hat durch Art. 4 Abs. 5 der PKH-RL nicht etwa nunmehr eine europarechtliche Weihe erfahren – was jeder Tendenz der Richtlinie, im Interesse der Verfahrensfairness den strafprozessualen Beschuldigtenschutz der EU-Bürger gerade im Ermittlungsverfahren zu verbessern, Hohn sprechen würde. Vielmehr stellt die umschriebene Praxis eine so offensichtliche Umgehung des Richtliniengebots dar, dass vieles für die Europarechtswidrigkeit des § 141 Abs. 2 Satz 1 Nr. 1 StPO spricht, soweit er eine Vernehmung vor der Vorführung beim Richter gestattet, obwohl es sich um einen eindeutigen Fall der notwendigen Verteidigung i.S.v. § 140 StPO handelt (ebenso *Jahn/Zink* FS Marie Luise Graf-Schlicker, S. 475, 490; *Schlothauer* StV 2018, 169, 172). Vorzugswürdig erscheint es aber, in dieser Konstellation im Wege der richtlinienförmigen Auslegung eine Bestellungspflicht aus § 141 Abs. 2 Satz 1 Nr. 3 abzuleiten (vert. *Beulke* FS Werle, S. 697, 704 ff.).

23 Als **Ausnahme von der amtswegigen Bestellungspflicht** des Abs. 2 Satz 1 Nr. 1 wird nach Abs. 2 Satz 2 hingegen in Fällen der Vorführung zur Entscheidung über den Erlass eines Haftbefehls im beschleunigten Verfahren (§ 127b Abs. 2) oder die Vollstreckung eines Haftbefehls bei Ausbleiben des Angeklagten in der Hauptverhandlung (§ 230 Abs. 2) oder in einem Berufungsverfahren (§ 329 Abs. 3) nur dann ein Pflichtverteidiger bestellt, wenn der Beschuldigte dies nach Belehrung ausdrücklich beantragt. Die im ursprünglichen Gesetzesentwurf nicht enthaltene Ausnahme geht auf eine Stellungnahme des Bundesrates zurück, die ursprünglich – als Abs. 3 angedacht – als Verzichtsregelung für den Beschuldigten ausgestaltet war (BT-

Drs. 19/13829, S. 65). Begründet wird dies hinsichtlich des beschleunigten Verfahrens mit einer regelmäßig einfach gelagerten Sachverhaltskonstellation sowie einer Unterschwelligkeit der zu erwartenden Strafen. Ohnehin seien die Angeklagten im beschleunigten Verfahren in der Regel geständig. In Fällen der Ungehorsamshaft nach §§ 230 Abs. 2, 329 Abs. 3 solle der Beschuldigte schließlich nicht auch noch mit der Beiordnung eines Pflichtverteidigers »honoriert« werden. Insgesamt fiskalische Motive vermutend BeckOK-StPO/*Krawczyk* § 141 Rn. 16. Zur Unionsrechtswidrigkeit der Ausnahme LR/*Jahn* § 141 Rn. 23.

b) Beschuldigter befindet sich in einer Anstalt. Nach **§ 141 Abs. 2 Satz 1 Nr. 2** ist ein Pflichtverteidiger zu bestellen, sobald bekannt wird, dass der Beschuldigte, dem der Tatvorwurf eröffnet worden ist, sich aufgrund richterlicher Anordnung oder mit richterlicher Genehmigung in einer Anstalt befindet. Diese im Zuge der Neuregelung eingefügte Nummer soll Fälle erfassen, in denen zunächst dem Ermittlungsrichter als in der Regel entscheidungsbefugtem Organ gar nicht bekannt ist, dass der Beschuldigte sich aufgrund anderweitiger richterlicher Entscheidung nicht in Freiheit befindet (a.A. *Spitzer* StV 2020, 418, 422). Die Regelung scheint eine möglichst sorgfältige und umfassende Umsetzung von Art. 4 Abs. 4 PKH-RL zu bezwecken. Wird dem Haftrichter **zur Entscheidung über die Untersuchungshaft oder die einstweilige Unterbringung** ein Beschuldigter vorgeführt, der sich von vornherein erkennbar **und vom Richter auch erkannt in anderer Sache in Haft befindet, so greift bereits § 141 Abs. 2 Satz 1 Nr. 1** ein (dazu unter Rdn. 22). 24

Eröffnung des Tatvorwurfs. Die Pflichtverteidigerbestellung nach **§ 141 Abs. 2 Satz 1 Nr. 2** wird davon abhängig gemacht, dass dem Beschuldigten der **Tatvorwurf eröffnet worden ist** (zum entspr. Erfordernis beim Antrag des Beschuldigten nach Abs. 1 oben unter Rdn. 13). Demnach soll eine Bestellung des Pflichtverteidigers so lange nicht vorgenommen werden müssen, wie das Ermittlungsverfahren gegen den in anderer Sache Inhaftierten noch nicht offen geführt wird. Die Bestellung eines Pflichtverteidigers in diesem Stadium würde die Gefahr heraufbeschwören, dass es zu einer vorzeitigen Aufdeckung der Ermittlungstätigkeiten käme, sodass ermittlungstaktischen Erwägungen der Vorzug gegeben wird. Solange der inhaftierte Beschuldigte noch nicht informiert (ihm der Tatvorwurf noch nicht eröffnet) worden ist, werden die dem Beschuldigten drohenden Beeinträchtigungen noch nicht als so schwer eingestuft, dass juristischer Beistand zwingend erforderlich wäre. Nach Eröffnung des Tatvorwurfs, auf den auch Art. 2 Abs. 1 der PKH-RL abstellt, **muss dann aber für jeden inhaftierten Beschuldigten zwingend ein Verteidiger bestellt werden**, sofern er keinen Wahlverteidiger beauftragt hat. 25

Eine Bestellung kann jedoch entsprechend der **Ausnahmeregelung des Abs. 2 Satz 3** in solchen Fällen unterbleiben, in denen beabsichtigt ist, das Verfahren alsbald einzustellen und keine anderen Untersuchungshandlungen als die Einholung von Registerauskünften oder die Beiziehung von Urteilen oder Akten vorgenommen werden sollen. Beide Voraussetzungen müssen **kumulativ** erfüllt sein. Als Ausdruck des Prinzips der Erforderlichkeit unterbleibt damit die Bestellung eines Pflichtverteidigers, wenn das Verfahren ohnehin einer Einstellung entgegen geht und tiefgreifendere Ermittlungsmaßnahmen nicht mehr zu befürchten sind, die aufgrund ihres rein formellen Charakters keinerlei Außenwirkung erzeugen, mithin auch für den Beschuldigten mit keinen Konsequenzen verbunden sind. Mit dem Zeitpunkt des Entschlusses der Strafverfolgungsbehörden (etwa im Anschluss an diese Maßnahmen) weitere Untersuchungshandlungen durchführen zu wollen, entfallen auch die Voraussetzungen der Ausnahmeregelung des Abs. 2 Satz 3, mit der Folge, dass umgehend (»sobald«) ein Pflichtverteidiger zu bestellen ist. Eine Übertragung der Ausnahmevorschrift auf das Antragsmodell des § 141 Abs. 1 ist weder in unmittelbarer noch entsprechender Anwendung möglich (LG Freiburg NStZ 2021, 191; LG Dessau-Roßlau StV 2021, 167; ferner LG Halle 15.04.2021 – 3 Qs 41/21). Dem Antrag auf Beiordnung eines Pflichtverteidigers nach Abs. 1 ist bei Vorliegen der Voraussetzungen folglich auch dann nachzukommen, wenn die Einstellung des Verfahrens beabsichtigt ist. Vgl. ferner zur Rückwirkung der Pflichtverteidigerbestellung nach Einstellung des Verfahrens Rdn. 6. 26

c) Besondere Schutzbedürftigkeit des Beschuldigten. Gem. **§ 141 Abs. 2 Satz 1 Nr. 3** wird ein Pflichtverteidiger bestellt, **sobald im Vorverfahren ersichtlich ist, dass sich der Beschuldigte, insb. bei einer Vernehmung des Beschuldigten oder eine Gegenüberstellung mit ihm, nicht selbst verteidigen kann.** Noch der Gesetzesentwurf hatte anstatt der ersichtlichen Unfähigkeit, sich selbst zu verteidigen, auf die bloße Schutzbedürftigkeit des Beschuldigten abgestellt (BT-Drs. 19/13829, S. 10; krit. BeckOK-StPO/*Krawczyk* § 140 Rn. 18). Auch diese Formulierung könnte jedoch zu dem Missverständnis verleiten, es gehe hier um eine Einzelfallbetrachtung hinsichtlich des »Ob« der Pflichtverteidigerbestellung und es gebe durchaus noch die Möglichkeit, die Pflichtverteidigerbestellung jedenfalls im Ermittlungsverfahren bei Verzicht des Beschuldigten auf Stellung eines eigenen Beiordnungsantrags hintanzustellen, obwohl die Voraussetzungen des § 140 erfüllt sind (mit ausführl. Kritik LR/*Jahn* § 141 Rn. 31 f.). Davon scheint auch die offizielle Gesetzesbegründung (BT-Drs. 19/13829, S. 37) auszugehen: Sie stuft im Hinblick auf Art. 9 PKH-RL die Erforderlichkeit, insb. bezüglich der damals noch enthaltenen Schutzbedürftigkeit des Beschuldigten, als 27

»weitere Voraussetzung für eine Pflicht zur amtswegigen Bestellung« eines Pflichtverteidigers ein. Dies kann indes nicht überzeugen. Wenn Art. 9 PKH-RL eine Verpflichtung statuiert, dass die Mitgliedsstaaten dafür sorgen, »dass bei der Umsetzung dieser Richtlinie die besonderen Bedürfnisse von schutzbedürftigen Verdächtigen, beschuldigten Personen und gesuchten Personen berücksichtigt werden«, **so wird damit nur nochmals das besondere Schutzniveau für jene Personengruppe umschrieben, nicht aber eine Einschränkung des von Art. 4 Abs. 5 PKH-RL generell garantierten Schutzstandards für alle Beschuldigten.** § 140 regelt verbindlich, in welchen Fallgruppen und bei welchen Beschuldigten ein Pflichtverteidiger zu bestellen ist. Die PKH-RL macht in Art. 4 Abs. 5 deutlich, dass Prozesskostenhilfe (bzw. nach entsprechender Umsetzung im deutschen System: eine Pflichtverteidigung) **»unverzüglich und spätestens vor einer Befragung durch die Polizei, eine andere Strafverfolgungsbehörde oder eine Justizbehörde oder vor Durchführung einer« Identifizierungsgegenüberstellung/Vernehmungsgegenüberstellung/Tatortrekonstruktion zu gewähren ist.** Vor diesem Hintergrund kann die Formulierung » sobald (…) im Vorverfahren ersichtlich ist…« nicht dazu führen, dass eine spätere Pflichtverteidigerbestellung erfolgt, sondern der Text der Richtlinie lässt allenfalls eine (noch) frühere Bestellung aufgrund einer gesteigerten Schutzwürdigkeit des Beschuldigten ab dem Zeitpunkt zu, ab dem klar ist, dass ein Fall der notwendigen Verteidigung vorliegt, und zwar unabhängig davon, ob dem Beschuldigten der Tatvorwurf bereits eröffnet worden ist oder nicht. Soll der Beschuldigte aber z.B. im Ermittlungsverfahren polizeilich vernommen werden, so lässt **Art. 4 Abs. 5 PKH-RL** dem nationalen Gesetzgeber **kein Ermessen**, trotz Erfüllung aller Voraussetzungen für die Annahme einer notwendigen Verteidigung i.S.v. § 140 (insb. bei zu erwartender Anklage beim OLG, dem LG und dem Schöffengericht [Nr. 1] oder im Fall des Verbrechensvorwurfs [Nr. 2]), die schon in der Erstbelehrung klar umrissen werden müssen [dazu unter § 136 Rdn. 34 ff.]), unter **Hinweis auf eine angeblich geringere Schutzwürdigkeit des Beschuldigten im Ermittlungsverfahren auf die Bestellung eines Pflichtverteidigers zu verzichten** (vert. *Jahn/Zink* FS Graf-Schlicker, S. 475). Ob es davon **Ausnahmen** geben kann, ist eine Frage des § 141a (dazu unter § 141a Rdn. 1 ff.). Diese Auffassung wird im Ermittlungsrichterbeschluss vom 04.06.2021 – 2 BGs 254/21 bestätigt (BGH BeckRS 2021, 20920 Rn. 9 ff.), in welcher in begrüßenswerter Klarheit zum Ausdruck gebracht wird, dass das Recht notwendiger Verteidigung nicht von prozessualen Erwirkungshandlungen – weder der Staatsanwaltschaft noch des Beschuldigten selbst – abhängig ist.

28 **Bedeutung.** Die Bedeutung des neuen Bestellungszeitpunktes nach § 141 Abs. 2 Satz 1 Nr. 3 kann kaum überschätzt werden. Schon bei der ersten polizeilichen (!) Vernehmung muss also **in den Fallgruppen des § 140** dem unverteidigten Beschuldigten ein Pflichtverteidiger bestellt werden (vgl. *Beulke* FS Werle, S. 697, 702 ff.). Die Ermittlungsorgane müssen zur effektiven Verwirklichung des Rechts auf notwendige Verteidigung **künftig mit der Vornahme von Vernehmungen bzw. den o.g. Ermittlungshandlungen warten, bis ein Wahl- oder Pflichtverteidiger tatsächlich vor Ort ist.** Somit ist etwaigen »Überrumpelungssituationen« oder besonders »einfühlsamen« Vernehmungsmethoden der Vernehmungsbeamten, die mit dem Beschuldigten »handelseinig« werden, dass ein Verteidiger trotz der Voraussetzungen des § 140 doch »eigentlich gar nicht erforderlich sei«, grundsätzlich ein Riegel vorgeschoben.

29 Im Einklang mit Nr. 2 gilt auch bei Nr. 3 die in Abs. 2 Satz 3 normierte Ausnahme, wonach eine Bestellung unterbleibt, wenn beabsichtigt ist, das Verfahren alsbald einzustellen und keine anderen als die genannten Untersuchungshandlungen vorgenommen werden sollen. Vgl. hierzu Rdn. 26.

30 **d) Erklärung über die Anklageschrift.** Nach **§ 141 Abs. 2 Satz 1 Nr. 4 Hs. 1** ist ein Pflichtverteidiger zu bestellen, **sobald der Beschuldigte gem. § 201 zur Erklärung über die Anklageschrift aufgefordert ist.** Diese Nummer greift den früher in § 141 Abs. 1 a.F. geregelten »Normalfall« auf und setzt ihn ans Ende des kleinen Katalogs von § 141 Abs. 2. Nunmehr dürfte jener Zeitpunkt bei Weitem nicht mehr dem Regelfall entsprechen, sondern schlichtweg der Moment sein, an dem **jedenfalls in den nicht von Nr. 1 bis 3 erfassten Fällen** die Pflichtverteidigerbestellung vorzunehmen ist. Nr. 4 besitzt vor diesem Hintergrund gleichsam eingeschränkten **Auffangcharakter.** Der Gesetzesentwurf der Bundesregierung nennt für Nr. 4 Hs. 1 exemplarisch die Fälle, in denen sich die Notwendigkeit der Verteidigung erst zum Ende oder nach Abschluss des Ermittlungsverfahrens zeigt, etwa wenn der Strafrichter eine Vorlage an das Schöffengericht beabsichtigt.

31 **Ergibt sich erst später**, dass die Mitwirkung eines Verteidigers notwendig ist, so wird er in diesem Zeitpunkt sofort bestellt, **§ 141 Abs. 2 Satz 1 Nr. 4 Hs. 2.** Diese Regelung setzt die **Auffangfunktion** für diejenigen Fälle fort, in denen zunächst unerkannt bleibt, dass ein Fall des § 140 vorliegt oder wenn zum Beispiel erst während der Hauptverhandlung Umstände eintreten, die zum Vorliegen eines Falles der notwendigen Verteidigung führen (BT-Drs. 19/13829, S. 38).

32 **3. Ausnahmen von der Bestellungspflicht, § 141 Abs. 2 Satz 2 und 3.** § 141 Abs. 2 Satz 2 und 3 regeln Ausnahmetatbestände, bei deren Vorliegen eine Bestellung des Pflichtverteidigers trotz amtswegiger Pflicht nach Abs. 2 Satz 1 Nr. 1 bis 3 unterbleiben kann. S. bereits Rdn. 23, 26, 29.

IV. Rechtsfolgen einer verspäteten oder unterlassenen Beiordnung. Wird dem Beschuldigten bei **richterlicher, staatsanwaltschaftlicher oder polizeilicher Vernehmung** kein oder zu spät ein Pflichtverteidiger beigeordnet, so hat hieraus – schon angesichts der Bedeutung und Tragweite des Rechts auf Verteidigung per se sowie im nationalen Verfahrensrecht – ein Beweisverwertungsverbot zu folgen (so auch BeckOK-StPO/*Krawczyk* § 141 Rn. 25; LR/*Jahn* § 141 Rn. 41 f.; *Jahn/Zink* StraFo 2019, 318, 328 f; an sich auch *Galneder/Ruppert* StV 2021, 202, 205; a.A. Meyer-Goßner/*Schmitt* § 141 Rn. 24; *Böß* NStZ 2020, 185, 193). Insofern eindeutig stellt zudem die PKH-RL heraus, dass dem Beschuldigten – durch wirksame Rechtsbehelfe abgesichert – Zugang zu einem Rechtsbeistand zu gewähren ist (Art. 8 PKH-RL). Wäre mit der Gesetzesbegründung (BT-Drs. 19/13829, S. 42) ein Beweisverwertungsverbot allerdings nur dann anzunehmen, wenn ein schwerwiegender, bewusster oder objektiv willkürlicher Rechtsverstoß vorläge, bei dem die grundrechtlichen Sicherungen planmäßig oder systematisch außer Acht gelassen worden sind (s. *Böß* NStZ 2020, 185, 189), liefe der mit der Richtlinie verfolgte Zweck Gefahr, verfehlt zu werden. Hinzukommt, dass diese Auffassung sich nicht in das System der erfolgten Neuregelung einfügt. Ist nämlich nun – anders als nach alter Rechtslage – die Beiordnung in einem frühen Stadium zwingend, bleibt – anders als zuvor – kein Raum mehr für eine in die Abwägung einzustellende hypothetisch rechtmäßige Beweiserhebung (*Bannehr* HRRS 2020, 132, 135). 33

War es darüber hinaus bereits vor der Neuregelung in hohem Maße kritikwürdig, dass nach Auffassung des BGH aus einem **unterbliebenen Hinweis auf die Möglichkeit einer Pflichtverteidigerbestellung** kein absolutes Verwertungsverbot folgte und auch ein relatives Verwertungsverbot nur angenommen werden sollte, soweit kein gewichtiges Aufklärungs- und Strafverfolgungsinteresse bestand (BGH NStZ-RR 2018, 219; s. auch BeckOK-StPO/*Krawczyk* § 140 Rn. 24), so gilt dies – angesichts der nunmehr veränderten Gesamtsystematik der Pflichtverteidigervorschriften, insb. aber des eingeführten Antragsmodells i.R.d. § 141 – erst recht (vgl. hierzu Rdn. 16). 34

§ 141a Vernehmungen und Gegenüberstellungen vor der Bestellung eines Pflichtverteidigers

[1]Im Vorverfahren dürfen Vernehmungen des Beschuldigten oder Gegenüberstellungen mit dem Beschuldigten vor der Bestellung eines Pflichtverteidigers abweichend von § 141 Absatz 2 und, wenn der Beschuldigte hiermit ausdrücklich einverstanden ist, auch abweichend von § 141 Absatz 1 durchgeführt werden, soweit dies

1. zur Abwehr einer gegenwärtigen Gefahr für Leib oder Leben oder für die Freiheit einer Person dringend erforderlich ist oder

2. zur Abwendung einer erheblichen Gefährdung eines Strafverfahrens zwingend geboten ist.

[2]Das Recht des Beschuldigten, jederzeit, auch schon vor der Vernehmung, einen von ihm zu wählenden Verteidiger zu befragen, bleibt unberührt.

Übersicht

A. Grundsätzliches. Mit dem Gesetz zur Neuregelung des Rechts der notwendigen Verteidigung gänzlich neu in die StPO eingeführt wurde die Vorschrift des § 141a, die in Ergänzung zu § 141 die Notwendigkeit der Mitwirkung eines Verteidigers **bei Vernehmungen und Gegenüberstellungen** regelt. Die Regelung soll **im Vorverfahren** ermöglichen, trotz **Vorliegens eines Falles der notwendigen Verteidigung ausnahmsweise** eine **Vernehmung** oder eine **Gegenüberstellung** durchzuführen, obwohl **noch kein Verteidiger bestellt ist.** Die Gesetzesbegründung verweist hierfür auf Art. 3 Abs. 6 lit. a und b der Richtlinie 2013/48/EU über das Recht auf Zugang zu einem Rechtsbeistand. Demnach ist eine Ausnahme von dem Grundsatz, wonach ein- 1 schlägige Ermittlungshandlungen niemals ohne Hinzuziehung eines Beistands des Beschuldigten zulässig seien, dann gestattet, wenn es um besondere Gefahren für Leib oder Leben oder für die Freiheit der Person einerseits sowie um die Abwendung einer erheblichen Gefährdung eines Strafverfahrens andererseits (BT-Drs. 19/13829, S. 39) geht. § 141a, der sich mit seinen beiden Voraussetzungen in Nr. 1 und 2 nahezu wortlautgetreu an diese Vorgaben hält, stellt damit einen **restriktiv auszulegenden Ausnahmetatbestand** zu den an sich in § 141 vorgesehenen Zeitpunkten für die Bestellung eines Pflichtverteidigers dar. Um jenen Ausnahmecharakter zu unterstreichen, erscheint es insoweit systematisch durchaus stimmig, dass im Zuge der Arbeiten an dem Entwurf die vormals in § 141 Abs. 3 RegE-PKH vorgesehene Regelung in einen eigenständigen Paragrafen als § 141a ausgegliedert worden ist. Vorgesehen ist die Norm also für Fälle, in denen das Interesse an der Gefahrenabwehr oder an der effektiven Strafverfolgung ausnahmsweise höher zu gewichten ist als das Interesse an einer ebenfalls aus dem Rechtsstaatsprinzip resultierenden frühzeitigen Bestellung eines Pflichtverteidigers. Letztere soll aber auch in Zukunft den **prozeduralen Regelfall** darstellen. Nach den Vorstellungen der Gesetzesbegründung (BT-Drs. 19/13829, S. 39) soll § 141a gleichsam der letzte Ausweg und damit subsidiär sein, sodass in diesem Sonderfall **konsequenterweise der Bestellung eines Pflichtverteidigers im Wege der Eilzuständigkeit der Staatsanwaltschaft gem. § 142 Abs. 4 der Vorrang zukommt** (dazu unter § 142 Rdn. 10 ff.). Da Art. 6 Abs. 3 lit. c EMRK dem Beschuldigten uneingeschränkt die Möglichkeit einräumt, sich durch einen Verteidiger seiner Wahl verteidigen zu lassen (*Jahn/Zink* FS Graf-Schlicker, S. 475, 491) und auch das Rechtsstaatsprinzip eine lückenlose Unterstützung durch einen gewünschten Beistand fordert, wird in § 141a Satz 1 letzter Hs. für den Fall, dass der Beschuldigte gem. § 141 Abs. 1 die Bestellung des Verteidigers beantragt, das ausnahmsweise Absehen von der Bestellung eines Verteidigers nur zugelassen, wenn der Beschuldigte hiermit ausdrücklich einverstanden ist. Außerdem hebt § 141a Satz 2 hervor, dass das Recht des Beschuldigten, jederzeit, auch schon vor der Vernehmung, einen von ihm zu wählenden Verteidiger zu befragen, unberührt bleibt. Insgesamt wird deshalb diese Ausnahmenorm bei frühen Beschuldigtenvernehmungen im Ermittlungsverfahren im Wesentlichen nur dann relevant werden, wenn der Beschuldigte aussagebereit ist und zugleich auf die Hinzuziehung eines Verteidigers verzichtet. Es liegt die Gefahr auf der Hand, dass die Strafverfolgungsbehörden geneigt sein könnten, diese Ausnahmevorschrift entgegen deren ursprünglicher Intention weit zu verstehen und somit die restriktiven Vorschriften der PKH-RL durch eine überdehnte Auslegung des § 141a schleichend zu umgehen, zumal die Gesetzesbegründung sozusagen im vorauseilenden Gehorsam unter Missachtung der eigenen begrenzten Macht der Interpretation von Gesetzen (die bei den Gerichten liegt) hervorhebt, dass ein Verstoß gegen die Vorschrift (gemeint ist doch wohl eine unzulässig extensive Handhabung!) nicht automatisch zu einem Beweisverwertungsverbot führen solle, dass vielmehr auch insoweit die Abwägungslehre eingreife (BT-Drs. 19/13829, S. 39, 42). Hier wird de facto die Ausrede für unzulässiges Ermittlungsverhalten gleich mitgeliefert, was einen bitteren Beigeschmack hinterlässt. Dem wird unsere rechtsstaatliche Justiz, auf die wir vertrauen dürfen, durch eine sorgfältige und die Anliegen des gesamten Regelungskomplexes ernstnehmende Interpretation von § 141a hoffentlich einen Riegel vorschieben (dazu auch unter Rdn. 12).

2 Insgesamt ist § 141a also merklich geprägt von dem doppelten Bemühen des Gesetzgebers, zwar einerseits die Vorschriften der PKH-RL »gerade noch« einzuhalten, andererseits aber auch »Auswege« offenzuhalten, um eine »erfolgreiche« Ermittlungsarbeit im frühen Stadium des Vorverfahrens nicht über Gebühr zu erschweren. Hinsichtlich dieses Balanceakts überwiegt hingegen der Eindruck, dass sie zugunsten der (politisch erwünschten und natürlich vom Rechtsstaatsprinzip durchaus geforderten) Kriminalitätsbekämpfung die Anliegen der PKH-RL unzulässig hintanstellt hat.

3 **B. Anwendungsbereich des § 141a. I. Allgemeines.** **§ 141a** betrifft Vernehmungen des Beschuldigten oder Gegenüberstellungen mit dem Beschuldigten im Vorverfahren, wenn noch kein Verteidiger bestellt worden ist. Es handelt sich um Fälle, in denen nach § 141 an sich ein Pflichtverteidiger vor der betreffenden Ermittlungshandlung zu bestellen ist. **§ 141a Satz 1** sieht aus übergeordneten Erwägungen unter noch darzulegenden besonderen Voraussetzungen in **zwei Fallgruppen** eine **Abweichungsmöglichkeit** vor, sodass für einen unverteidigten Beschuldigten vor der genannten Ermittlungshandlung nun doch kein Pflichtverteidiger bestellt werden muss, nämlich, wenn ein Fall des § 141 Abs. 2 (Bestellung von Amts wegen) vorliegt oder (alternativ) die Konstellation des § 141 Abs. 1 mit Antrag des Beschuldigten auf Bestellung eines Pflichtverteidigers gegeben ist, der Beschuldigte aber nunmehr doch mit einer Durchführung der Ermittlungshandlung noch ohne Hinzuziehung eines Verteidigers einverstanden ist. Für beide Fallkonstellationen zählt § 141a Satz 1 sodann in Nr. 1 und Nr. 2 Möglichkeiten mit unterschiedlichen Voraussetzungen auf, unter denen auf die Bestellung eines Pflichtverteidigers vor der Vernehmung des Beschuldigten oder vor einer Gegenüberstellung mit dem Beschuldigten verzichtet werden kann. Der Anwendungsbereich dieser Norm dürfte schon wegen der nur begrenzten Fallgruppen äußerst schmal sein. Während in der ersten Fallgruppe, also in

den Fällen des § 141 Abs. 2 (Bestellung des Pflichtverteidigers von Amts wegen) immerhin theoretisch und praktisch denkbar erscheint, dass aus übergeordneten Erwägungen im Einzelfall bei der Vernehmung des Beschuldigten oder bei Gegenüberstellungen mit dem Beschuldigten auf die Mitwirkung eines Verteidigers verzichtet wird, lassen sich Situationen der zweiten Konstellation, bei der der Beschuldigte gem. § 141 Abs. 1 einen Antrag auf Bestellung eines Pflichtverteidigers stellt, nun aber doch mit der Vernehmung ohne Mitwirkung des Pflichtverteidigers einverstanden ist, von vornherein nur mit äußerster Mühe konstruieren.

II. Sachlicher Anwendungsbereich. 1. Vorverfahren. Die Möglichkeit, ausnahmsweise von den Regeln des § 140 abzuweichen und auf die Mitwirkung eines Wahlverteidigers oder die Bestellung eines Pflichtverteidigers zu verzichten, gilt gem. **§ 141a Abs. 1** nur **im Vorverfahren.** Das ist insoweit nicht unproblematisch, als es in den §§ 141, 141a eigentlich nur um die zeitliche Komponente gehen soll, während die Voraussetzungen der notwendigen Verteidigung in § 140 niedergelegt sind. Inhaltlich handelt es sich also eher um eine Einschränkung des § 140. Spätere Verfahrensstadien wie das Zwischen- oder das Hauptverfahren werden nicht erfasst. 4

2. Vernehmungen des Beschuldigten; Gegenüberstellungen. Geregelt werden in § 141a nur Besonderheiten für den Fall der **Vernehmung des Beschuldigten und der Gegenüberstellungen mit dem Beschuldigten.** Für alle anderen Ermittlungshandlungen gelten die allgemeinen Regeln der Pflichtverteidigerbestellung. Bei den **Vernehmungen des Beschuldigten** wird nicht zwischen polizeilichen, staatsanwaltlichen oder richterlichen Vernehmungen differenziert. Es sollen also **alle Beschuldigtenvernehmungen und alle Gegenüberstellungen** mit dem Beschuldigten erfasst werden. 5

3. Die alternativen Fallkonstellationen des § 141a Satz 1. Übersicht. In der **ersten Fallgruppe** des **§ 141a Satz 1** wird **vor** den Ermittlungshandlungen der umschriebenen Art gem. **§ 141 Abs. 2 Satz 1 von Amts wegen geprüft,** ob ein Pflichtverteidiger zu bestellen ist, da der Beschuldigte trotz Vorliegens der Voraussetzungen der notwendigen Verteidigung gem. § 140 keinen Verteidiger gewählt und beauftragt hat. Hierauf wäre ihm eigentlich gem. § 141 Abs. 2 ein Pflichtverteidiger zu bestellen. Ausnahmsweise sollen die Ermittlungshandlungen nun aber doch ohne Verteidiger durchgeführt werden dürfen, weil eine besondere, also »atypische« Gefahr für die Verbrechensaufklärung besteht, die in den Nrn. 1 und 2 des § 141a Satz 1 alternativ umschrieben wird. In der **zweiten Fallgruppe** des **§ 141a Satz 1** hat der **Beschuldigte** gem. **§ 141 Abs. 1 Satz 1** die **Bestellung eines Pflichtverteidigers beantragt.** In diesem Fall wäre ihm eigentlich gem. § 141 Abs. 1 ein Pflichtverteidiger zu bestellen. Auch in diesem Fall sollen die Ermittlungshandlungen nun aber ausnahmsweise ohne Verteidiger durchgeführt werden dürfen, wenn eine »atypische« Gefahrenlage besteht, wie sie in den Nrn. 1 und 2 des § 141a Satz 1 alternativ umschrieben wird, wobei in dieser zweiten Fallgruppe **der Beschuldigte ausdrücklich damit einverstanden sein muss,** dass vor der Beschuldigtenvernehmung oder der Gegenüberstellung nun doch auf die Hinzuziehung des Verteidigers verzichtet wird. Die Begründung des Gesetzesentwurfs geht realistischerweise davon aus, es werde bei § 141a vornehmlich um die erste Fallgruppe (Bestellung von Amts wegen) gehen, da bei der zweiten Fallgruppe (mit Antragstellung des Beschuldigten auf Beiordnung eines Pflichtverteidigers) grundsätzlich zu erwarten sei, dass der Beschuldigte damit zugleich sein Recht auf Zugang zu einem Rechtsbeistand konsequent durchsetzen wolle (BT-Drs. 19/13829, S. 39). Auf den ersten Blick erschließt sich – wie bereits mehrfach hervorgehoben – zwar keine praktische Bedeutung der zweiten Variante, da es jedoch in der Regel um Fälle gehen wird, in denen ein gewisser Ermittlungsdruck herrscht, steht zu befürchten, dass die Strafverfolgungsbehörden in der Praxis auch diese zweite Variante nutzen und Druck auf den Beschuldigten ausüben werden, auf den eigentlich gewünschten Verteidiger nun doch zu verzichten. Diese Gefahr sieht offenbar auch der Gesetzgeber, wenn er zumindest verlangt, dass der Beschuldigte mit diesem in sich widersprüchlichen Prozedere **»ausdrücklich«** (!) einverstanden sein muss. Damit ist freilich nur relativ wenig gewonnen und das Missbrauchspotenzial kaum gebannt. Daran ändert auch nicht, dass das Einverständnis bei gerichtlichen Untersuchungshandlungen **gem. § 168a StPO als wesentliche Förmlichkeit zu protokollieren** ist. Gesetzgeber und Strafjustiz müssen erst noch verinnerlichen, dass nach Europäischen Richtlinien Einwilligungen der Betroffenen in Grundrechtseingriffe nicht immer vorbehaltlos zulässig sind (so z.B. gem. Datenschutzgrundverordnung VO [EU] 2167679, dazu *El-Ghazi* ZIS 2019, 110, 118). Das ist gerade bei der »notwendigen« Verteidigung wahrlich auch für den deutschen Rechtsraum keine neue Erkenntnis. 6

4. Materielle Voraussetzung: »atypische« Gefahr i.S.v.§ 141a Satz 1 Nr. 1 und 2für die Aufklärung der Straftaten. In beiden bisher umschriebenen Fallgruppen (s. Rdn. 6) hält **§ 141a Satz 1** eine Abweichung von den Regeln des § 141 nur unter den alternativen Voraussetzungen des § 141a Satz 1 **Nr. 1 oder 2** für zulässig. 7

8 a) **Abwehr einer gegenwärtigen Gefahr für Leib oder Leben oder für die Freiheit einer Person.** Gem. **§ 141a Satz 1 Nr. 1** dürfen im Vorverfahren Vernehmungen des Beschuldigten oder Gegenüberstellungen mit dem Beschuldigten vor der Bestellung eines Pflichtverteidigers ohne Mitwirkung eines Verteidigers abweichend von § 141 Abs. 1 und 2 durchgeführt werden, **soweit dies zur Abwehr einer gegenwärtigen Gefahr für Leib oder Leben oder für die Freiheit einer Person dringend erforderlich ist.** Es handelt sich um eine **»notstandsähnliche«** Situation. An der Formulierung lässt sich eine **vierfache Beschränkung** erkennen, denn eine Vornahme soll nur zulässig sein, »soweit« (bezogen auf den Umfang) ein Fall der »gegenwärtigen Gefahr« (hinsichtlich der Aktualität der Gefährdungslage) für »Leib oder Leben oder für die Freiheit einer Person« (als besonders hochwertigem Schutzgut) vorliegt und dies hierzu »dringend erforderlich« (i.S.e. restriktiven Verhältnismäßigkeitsprüfung) ist. Nur unter diesen engen Voraussetzungen sollen die präventiven Zwecksetzungen das Interesse hinsichtlich der Beschuldigtenrechte bzw. an einer geordneten Strafrechtspflege überwiegen können. Die hierbei gezogene Parallele zu § 31 EGGVG, der das Abschneiden von in amtlicher Verwahrung befindlicher Personen regelt und diese Kontaktsperre nur dann für zulässig erachtet, wenn bei einer Gefahr für Leib, Leben oder Freiheit einer Person bestimmte Tatsachen den Verdacht begründen, dass die Gefahr von einer terroristischen Vereinigung ausgeht und die Kontaktsperre zur Abwehr dieser Gefahr geboten ist, zeigt bereits die **hohen Anforderungen**, die an die Verwirklichung dieses Ausnahmetatbestands zu stellen sind. Auch Geiselnahmen oder Entführungen sind hierbei denkbare Szenarien (BeckOK-StPO/*Krawczyk* § 141a Rn. 4).

9 Für das Merkmal der Gegenwärtigkeit der Gefahr ist auf die allgemeinen Vorschriften des Strafgesetzbuchs, konkret § 34 StGB, zurückzugreifen. Um eine gegenwärtige Gefahr im hier vorliegenden Sinne handelt es sich also, wenn eine schädigende Einwirkung unmittelbar bevorsteht, bereits begonnen hat oder noch andauert. Hinsichtlich eines unmittelbaren Bevorstehens einer solchen Gefahr bedarf es dabei des Vorliegens bestimmter Tatsachen, die die hohe Wahrscheinlichkeit eines alsbaldigen Schadenseintritts begründen (vgl. Meyer-Goßner/*Schmitt* § 141a Rn. 3). Die hierfür anzustellende Prognoseentscheidung hat *ex ante* sowie *ex situatione* zu erfolgen (LR/*Jahn* § 141a Rn. 4).

10 b) **Abwendung einer erheblichen Gefährdung eines Strafverfahrens.** **§ 141a Satz 1 Nr. 2** eröffnet **alternativ** die Möglichkeit, abweichend von § 141 Abs. 1 und 2 Beschuldigtenvernehmungen bzw. -gegenüberstellungen des unverteidigten Beschuldigten auch ohne Pflichtverteidiger vorzunehmen, **soweit dies zur Abwendung einer erheblichen Gefährdung eines Strafverfahrens zwingend geboten ist.** Dies ist nicht i.S.e. um jeden Preis erfolgreichen Ermittlungsabschlusses zu verstehen. Es geht hier nicht darum, dass es insb. der Staatsanwaltschaft (§ 160 Abs. 1) und der Polizei (§ 163 Abs. 1) obliegt, Straftaten aufzuklären und dass stets die Gefahr besteht, dass das nicht gelingt. Gerade ein »schnelles« Ermittlungsverfahren verspricht größtmögliche Aufklärung. Die Wahrnehmung von Beschuldigtenrechten, wie z.B. des Schweigerechts, bringt systemimmanent Gefahren für die Tataufklärung mit sich. Solch »typische Gefahren« des rechtsstaatlichen Vorgehens (vert. Einleitung Rdn. 12) sind in § 141a Satz 1 Nr. 2 nicht gemeint. Vielmehr ist eine **Parallelität zu § 141a Satz 1 Nr. 1 zu gewährleisten.** Es muss sich um vergleichbare »erhebliche«, also »atypische« Gefährdungen handeln. Die »erheblichen Gefährdungen« können auch **nicht daraus abgeleitet werden, dass im Einzelfall schwere Tatvorwürfe, insb. die Begehung von Kapitaldelikten im Raume stehen** – im Gegenteil, dann ist der Bedarf an Verteidigerbeistand, um den es der PKH-RL geht, besonders ausgeprägt. Es müssen also **ganz besondere Umstände** vorliegen: Die Gesetzesbegründung (BT-Drs. 19/13829, S. 39) geht davon aus, dass damit Fälle erfasst sind, in denen die **Vernichtung von Beweismitteln oder die Beeinflussung von Zeugen droht**, wenn nicht sofort eine Vernehmung stattfindet, oder in denen nur so die **Flucht eines Mitbeschuldigten oder anderweitig Verfolgten verhindert werden kann.** Dieser Verweis auf dringende Ermittlungsbedürfnisse geht zwar in die richtige Richtung, ist aber noch viel zu vage. Bei exzessiver Handhabung der Norm könnte das gesamte Anliegen der PKH-RL unterlaufen werden. Das Missbrauchspotenzial dieser Alternative des § 141a dürfte besonders hoch sein. Richtlinienkonformität wird dieser problematischen Alternative nur zu attestieren sein, wenn sie auf **wenige extreme Fälle der unmittelbaren und nicht anders abwendbaren Gefährdung von Strafverfahren beschränkt bleibt.** Hierzu könnten etwa die Verhaftung des Beschuldigten am Flughafen oder eine Beschlagnahme von Beweismitteln, die wenige Minuten später nicht mehr existent wären, zu zählen sein. Warum im Fall der Gegenüberstellung ein Verteidiger eine erhebliche Gefährdung eines Strafverfahrens herbeiführen sollte, erscheint unergründlich. Warum kann auf dieses »Organ der Rechtspflege«, dem das BVerfG einen Vertrauensvorschuss einräumt (BVerfG NJW 2012, 2790; s. Einl. Rdn. 161, 174), nicht gewartet werden? Dasselbe gilt für fast alle Beschuldigtenvernehmungen. Der Zeitfaktor von maximal ein bis zwei Stunden spielt bei der Aufklärung fast aller Straftaten bis hinein in die Kapitaldelikte keine Rolle. Im Zeitalter der modernen Telekommunikation und effektiver Verteidigernotdienste stehen Verteidiger, die notfalls sogar im **Eilverfahren vom Staatsanwalt beauftragt** werden können (§ 142 Abs. 4; dazu

§ 142 Rdn. 58), in wenigen Minuten zur Verfügung. Die Strafprozessordnung räumt den Strafverfolgungsbehörden in ausreichendem Maße Ermittlungsbefugnisse ein und gewährt ihnen großzügig Befugnisse, in Grundrechte des Beschuldigten zwangsweise einzugreifen. Der »Trick« der frühen **Beschuldigtenvernehmung ohne Hinzuziehung eines Verteidigers mag zwar von manchen Kriminalbeamten geschätzt werden, gehört aber gleichwohl nicht zum Standardrepertoire eines funktionierenden Rechtsstaats.** Gerade solchem Vorgehen will die PKH-Richtlinie einen Riegel vorschieben.

5. Vorherige Verteidigerbefragung, § 141a Satz 2. Gem. **§ 141a Satz 2** bleibt das Recht des Beschuldigten unberührt, jederzeit, auch schon vor der Vernehmung, **einen von ihm zu wählenden Verteidiger zu befragen.** Dies mag verwundern, wird damit doch das ursprünglich mit § 141a verfolgte Anliegen, die Ermittlungen in gefahrträchtigen Ausnahmesituationen zu beschleunigen, beträchtlich konterkariert. Die Gesetzesbegründung (BT-Drs. 19/13829, S. 39) fügt zur Erläuterung an, dass dann, wenn der Beschuldigte von sich aus (nach entsprechender Belehrung gem. § 136 Abs. 1 Satz 2, ggf. i.V.m. § 163a Abs. 3 Satz 2 und Abs. 4 Satz 2) erklärt, bereits vor der Vernehmung einen Verteidiger seiner Wahl befragen zu wollen, ihm dies nicht verwehrt werden kann. Vielmehr sei in diesem Fall dem Beschuldigten vor der Durchführung der Ermittlungsmaßnahme das Gespräch mit seinem Verteidiger zu ermöglichen. So begrüßenswert jene Klarstellung sein mag: Sie dürfte letztlich gewissermaßen eine Zweiklassengesellschaft etablieren, die die Initiativlast auf den Beschuldigten verschiebt, der nun aktiv für seine Rechte eintreten muss, und obendrein den verständigen und/oder vermögenden Beschuldigten privilegiert. Es darf außerdem bezweifelt werden, ob der Vorrang der Wahlverteidigung recht verstanden wird, wenn dies dazu führt, dass nur eine solche dem Beschuldigten dessen Rechte wahren kann, hingegen eine Pflichtverteidigung trotz Schutzbedürftigkeit jedenfalls beim sozial weniger kompetenten Beschuldigten in Fällen des § 141a zurückgestellt bleibt. 11

6. Beweisverwertungsverbot. Die Gesetzesbegründung geht davon aus, ein Verstoß gegen § 141a führe nicht automatisch zu einem **Beweisverwertungsverbot**, sondern unterfiele vielmehr der in der Rspr. herrschenden Abwägungslehre (so auch Meyer-Goßner/*Schmitt* § 141a Rn. 11; jedoch immerhin dahinstehen lassend und ein Verbot annehmend AG Westerstede BeckRS 2020, 42524), wonach ein Beweisverwertungsverbot allenfalls bei schwerwiegenden, bewussten oder objektiv willkürlichen Rechtsverstößen in Betracht kommt (BT-Drs. 19/13829, S. 39 f.). Dieser Hinweis auf ein »Schlupfloch« für die Praxis (Motto: Bei schweren Straftaten überwiegt immer das Strafverfolgungsinteresse) hinterlässt einen zwiespältigen Beigeschmack. Allerdings wird zu beachten sein, dass § 141a ohnehin nur einen recht engen Anwendungsbereich für **extreme Ausnahmefälle** regelt. Entgegen der Ansicht der amtlichen Begründung werden deshalb Verstöße gegen § 141a recht schnell grundsätzliche Garantien berühren und von daher selbst auf Basis der Abwägungslehre regelmäßig die Bejahung eines Beweisverwertungsverbots bedingen (zust. LR/*Jahn* § 141a Rn. 15). Der legitime Aufklärungswunsch allein rechtfertigt keine Missachtung der PKH-RL sowie der – bei richtlinienkonformer Auslegung – sehr hohen Hürden des § 141a. Angesichts der allseits **bekannten Tendenz der PKH-Richtlinie, schon vor der ersten Vernehmung des Beschuldigten im Ermittlungsverfahren die Hinzuziehung eines Verteidigers zu gewährleisten** (*Jahn/Zink* FS Graf-Schlicker, S. 475) sowie angesichts des hohen Ausbildungsstandes unserer Beamten des Polizeidienstes dürfte – jedenfalls nach einer Übergangszeit von einigen Monaten – bei Verzicht auf Verteidigerhinzuziehung zur Erstvernehmung in eindeutigen Fällen notwendiger Verteidigung, ohne dass **atypische Gefahren für die Strafverfolgung** vorliegen, die **Willkürgrenze schnell überschritten sein.** Wer auf den Zweck der Norm abstellt, wird an diesem Ergebnis erst recht nicht vorbeikommen (Grundsätzliches zur Beweisverwertungsverbotslehre unter Einl. Rdn. 264 ff., 299). 12

§ 142 Zuständigkeit und Bestellungsverfahren

(1) [1]Der Antrag des Beschuldigten nach § 141 Absatz 1 Satz 1 ist vor Erhebung der Anklage bei den Behörden oder Beamten des Polizeidienstes oder bei der Staatsanwaltschaft anzubringen. [2]Die Staatsanwaltschaft legt ihn mit einer Stellungnahme unverzüglich dem Gericht zur Entscheidung vor, sofern sie nicht nach Absatz 4 verfährt. [3]Nach Erhebung der Anklage ist der Antrag des Beschuldigten bei dem nach Absatz 3 Nummer 3 zuständigen Gericht anzubringen.

(2) Ist dem Beschuldigten im Vorverfahren ein Pflichtverteidiger gemäß § 141 Absatz 2 Satz 1 Nummer 1 bis 3 zu bestellen, so stellt die Staatsanwaltschaft unverzüglich den Antrag, dem Beschuldigten einen Pflichtverteidiger zu bestellen, sofern sie nicht nach Absatz 4 verfährt.

(3) Über die Bestellung entscheidet

1. das Amtsgericht, in dessen Bezirk die Staatsanwaltschaft oder ihre zuständige Zweigstelle ihren Sitz hat, oder das nach § 162 Absatz 1 Satz 3 zuständige Gericht;

2. in den Fällen des § 140 Absatz 1 Nummer 4 das Gericht, dem der Beschuldigte vorzuführen ist;

3. nach Erhebung der Anklage der Vorsitzende des Gerichts, bei dem das Verfahren anhängig ist.
(4) [1]Bei besonderer Eilbedürftigkeit kann auch die Staatsanwaltschaft über die Bestellung entscheiden. [2]Sie beantragt unverzüglich, spätestens innerhalb einer Woche nach ihrer Entscheidung, die gerichtliche Bestätigung der Bestellung oder der Ablehnung des Antrags des Beschuldigten. [3]Der Beschuldigte kann jederzeit die gerichtliche Entscheidung beantragen.
(5) [1]Vor der Bestellung eines Pflichtverteidigers ist dem Beschuldigten Gelegenheit zu geben, innerhalb einer zu bestimmenden Frist einen Verteidiger zu bezeichnen. [2]§ 136 Absatz 1 Satz 3 und 4 gilt entsprechend. [3]Ein von dem Beschuldigten innerhalb der Frist bezeichneter Verteidiger ist zu bestellen, wenn dem kein wichtiger Grund entgegensteht; ein wichtiger Grund liegt auch vor, wenn der Verteidiger nicht oder nicht rechtzeitig zur Verfügung steht.
(6) [1]Wird dem Beschuldigten ein Pflichtverteidiger bestellt, den er nicht bezeichnet hat, ist er aus dem Gesamtverzeichnis der Bundesrechtsanwaltskammer (§ 31 der Bundesrechtsanwaltsordnung) auszuwählen. [2]Dabei soll aus den dort eingetragenen Rechtsanwälten entweder ein Fachanwalt für Strafrecht oder ein anderer Rechtsanwalt, der gegenüber der Rechtsanwaltskammer sein Interesse an der Übernahme von Pflichtverteidigungen angezeigt hat und für die Übernahme der Verteidigung geeignet ist, ausgewählt werden.
(7) [1]Gerichtliche Entscheidungen über die Bestellung eines Pflichtverteidigers sind mit der sofortigen Beschwerde anfechtbar. [2]Sie ist ausgeschlossen, wenn der Beschuldigte einen Antrag nach § 143a Absatz 2 Satz 1 Nummer 1 stellen kann.

Übersicht

1 **A. Grundsätzliches.** Bis zum Inkrafttreten des Gesetzes über die Neuregelung des Rechts der notwendigen Verteidigung fand sich das Verfahren zur Bestellung des Pflichtverteidigers sowie dessen Auswahl lediglich bruchstückhaft verteilt in §§ 141, 142 a.F. Während etwa § 142 in seiner damaligen Fassung eine relativ kurze und sehr lückenhafte Regelung in zwei Absätzen zur Auswahl des zu bestellenden Pflichtverteidigers enthielt, normiert § 142 n.F. in sieben Absätzen **umfassend Zuständigkeit und Bestellungsverfahren bei der Bestellung eines Pflichtverteidigers**. Dies ist auch nötig, da sich das nunmehr umgesetzte Modell als differenzierter – um nicht zu sagen: komplizierter – darstellt und das Antragsmodell implementieren musste.

2 § 142 Abs. 1 und 2 rekurrieren auf § 141 (Zeitpunkt der Bestellung eines Pflichtverteidigers), Abs. 3 bestimmt sodann das zur Entscheidung berufene Gericht. Eine echte Neuerung bildet die Eilzuständigkeit der Staatsanwaltschaft in § 142 Abs. 4. Demgegenüber nimmt Abs. 5 in veränderter Form das zuvor in § 142 a.F. Geregelte auf. Abs. 6 beschäftigt sich mit dem seit Jahrzehnten leidenschaftlich kontrovers diskutierten Problem, aus welchem Kreise sich der Pflichtverteidiger rekrutiert, wenn der Beschuldigte selbst keinen Verteidiger bezeichnet (s. Rdn. 3). Abs. 7 schließlich befasst sich mit Rechtsschutzfragen.

3 Insb. mit der Regelung des § 142 Abs. 6, der konkrete Anforderungen an die Auswahl eines Verteidigers enthält, wenn der Beschuldigte von sich aus keinen Verteidiger bezeichnet hat, besteht nunmehr eine Vorschrift die Vorgaben zur Qualitätssicherung trifft und damit ein weiteres Ziel der PHK-Richtlinie, einheitliche **Qualitätsstandards der Strafverteidigung** zu etablieren, in den Blick nimmt. Indem zur Richtschnur gemacht wird, dass dem Beschuldigten ein Pflichtverteidiger aus dem Gesamtverzeichnis der Bundesrechtsanwaltskammer zu bestellen ist, wird der Auswahlpraxis, welche sich zuvor nicht selten an dem Ortsprinzip orientierte, entgegengewirkt. Auch die weitere Anknüpfung an der Geeignetheit des Verteidigers für die entsprechende Verteidigung sowie an der Qualifikation als Fachanwalt gehen in diese Richtung (vgl. Rdn. 40 ff.).

In der Sache konsequent darf nach der nun geltenden Rechtslage auch kein Referendar mehr zum Pflichtverteidiger bestellt werden (vgl. noch § 142 Abs. 2 a.F.).

B. Regelungsgehalt. I. Bestellungsverfahren. 1. Zuständigkeiten für Stellung des Antrags. a) Zuständigkeit bei Antrag des Beschuldigten auf Bestellung eines Pflichtverteidigers:. § 142 Abs. 1 nimmt Bezug auf die Konstellation des § 141 Abs. 1 Satz 1, wonach in den Fällen der notwendigen Verteidigung dem Beschuldigten, dem der Tatvorwurf eröffnet worden ist und der noch keinen Verteidiger hat, unverzüglich ein Verteidiger bestellt wird, **wenn der Beschuldigte dies beantragt.** Ein mündlicher Antrag des Beschuldigten ist ausreichend. Welche Institution zur Entgegennahme des Antrags des Beschuldigten auf Bestellung eines Pflichtverteidigers zuständig ist, hängt vom **Zeitpunkt der Antragstellung** ab. 4

Zuständigkeit im Ermittlungsverfahren: Gem. **§ 142 Abs. 1 Satz 1** ist der Antrag **vor Erhebung der Anklage** (Einreichen der Anklageschrift oder Stellung des Antrags auf Erlass eines Strafbefehls) bei der **Polizei oder Staatsanwaltschaft** anzubringen. Neben den Behörden und Beamten des Polizeidienstes mit den (Kriminal-) Polizeien der Länder sind auch das Bundeskriminalamt und die Bundespolizei annahmebefugt (BT-Drs. 19/13829, S. 41). Über die Verweisungsnormen der §§ 386 Abs. 2, 399 Abs. 1, 402, 404 AO, 14 Schwarzarbeitbekämpfungsgesetz kommen in Steuerstrafverfahren ferner die Finanzbehörden, Zollfahndungsämter, Dienststellen der Steuerfahndung sowie die zur Bekämpfung der Schwarzarbeit zuständigen Zollbehörden in Betracht. Sofern kein Eilfall vorliegt (siehe hierzu die Sonderregelung des Abs. 4, dazu unter Rdn. 10) obliegt es ausschließlich der Staatsanwaltschaft, den Antrag mitsamt einer eigenen Stellungnahme unverzüglich, also ohne schuldhaftes Zögern, dem **Gericht zur Entscheidung vorzulegen, § 142 Abs. 1 Satz 2.** Wird der Antrag bei der Polizei angebracht, ist dieser von der Polizei (in Eilfällen mündlich) zunächst der Staatsanwaltschaft weiterzuleiten, die sodann entsprechend nach Abs. 1 Satz 2 zu verfahren hat (krit. *Piel* StraFo 2020, 362, 364). Das Recht auf eine zeitnahe Pflichtverteidigerbestellung darf nicht durch Zuwarten unterminiert werden. Die Vernehmung des Beschuldigten oder eine Gegenüberstellung mit dem Beschuldigten ist im Regelfall abzuwarten, bis ein Pflichtverteidiger bestellt ist (zu Ausnahmen s. § 141a). Da § 141 Abs. 2 die Bestellung des Verteidigers von Amts wegen »unabhängig« vom entsprechenden Antrag des Beschuldigten anordnet, kann der Beschuldigte auch dann einen Antrag auf Beiordnung eines Pflichtverteidigers stellen, wenn er im Ermittlungsverfahren einem Gericht zur Entscheidung über Haft oder einer einstweiligen Unterbringung vorgeführt werden soll, dem Beschuldigten also gem. § 141 Abs. 2 Nr. 1 sowieso ein Pflichtverteidiger zu bestellen ist. Nach einer teleologischen Auslegung des § 142 Abs. 1 Satz 1 kann er in diesem Fall den Beiordnungsantrag sowohl gegenüber der **Staatsanwaltschaft als auch direkt gegenüber dem Richter, der über die Verhängung der Haft oder der einstweiligen Unterbringung entscheidet**, anbringen. Im letzteren Fall ist die Staatsanwaltschaft zu dem Antrag des Beschuldigten anzuhören. 5

Zuständigkeit nach Anklageerhebung: Wird eine Straftat zur Anklage gebracht, der ein Fall notwendiger Verteidigung zugrunde liegt, ist dem Beschuldigten nach § 141 Abs. 2 Nr. 4 von Amts wegen ein Verteidiger zu bestellen. Dessen ungeachtet ist jedoch auch der Beschuldigte nach § 141 Abs. 1 Satz 1 berechtigt, einen Antrag auf unverzügliche Bestellung eines Pflichtverteidigers zu stellen. Nach **§ 142 Abs. 1 Satz 2** ist im Zeitraum nach der Anklageerhebung der Antrag des Beschuldigten bei dem nach § 142 Abs. 3 Nr. 3 **zuständigen Gericht** anzubringen, **also bei dem Gericht, bei dem das Verfahren anhängig ist.** Ein Umweg des Antrags über die Staatsanwaltschaft entfällt somit. Der Staatsanwaltschaft kommt aber die Pflicht zu, einen solchen Antrag effektiv zu ermöglichen, sodass sie zumindest über die praktischen Abläufe in die Stellung des Antrags mittelbar involviert bleibt. 6

b) Zuständigkeit für Antragstellung bei Entscheidung über Pflichtverteidigung von Amts wegen. Gem.§ 142 **Abs.** 2 stellt die **Staatsanwaltschaft von Amts wegen** unverzüglich den **Antrag**, dem Beschuldigten einen Pflichtverteidiger zu bestellen, sofern der Beschuldigte keinen Antrag nach § 141 Abs. 1 Satz 1 (dazu oben Rdn. 4) stellt und sofern kein Eilfall nach § 142 Abs. 4 (dazu unter Rdn. 10) vorliegt. Damit kommt also der **Staatsanwaltschaft** in jedem Fall die **zentrale Rolle des »Türhüters«** bei der Bestellung eines Pflichtverteidigers zu, sofern das Gericht nicht schon unmittelbar von einem Fall der notwendigen Verteidigung weiß und darum selbst zu einer Pflichtverteidigerbestellung verpflichtet ist: Sie hält dann den Schlüssel in der Hand, damit der Antrag überhaupt zu Gericht gelangt (anders etwa in dem Fall des § 141 Abs. 2 Nr. 4, in dem eine Anklage bereits erfolgt ist, vgl. zur Rolle der Staatsanwaltschaft dort Rdn. 6). Dies erfordert in jedem Fall eine strenge Beobachtung der Regeln der notwendigen Verteidigung und die nötige Grundrechts- und vor allem Konventionsrechtssensibilität seitens der Staatsanwaltschaft. Eine restriktive oder verzögernde Handhabung der Bestellungsregelungen unter dem Aspekt einer ergebnisorientierten Ermittlungsarbeit, wie sie für das Ermittlungsverfahren nach bisher geltendem Recht durchaus nicht unüblich gewesen ist, darf es vor dem Hintergrund der Neuausrichtung der notwendigen Verteidigung im Geiste der PKH-RL nicht geben. Als Herrin des Ermittlungsverfahrens trägt die neutral agierende Staatsanwaltschaft 7

(§ 160 Abs. 2) die Gesamtverantwortung für eine rechtsstaatliche, faire und ordnungsgemäße Durchführung des Ermittlungsverfahrens, auch soweit es durch die Polizei geführt wird (BGHSt 57, 1, 2 = BGH NJW 2009, 2612). Die nach bisheriger Rechtslage geltende Rechtsauffassung, wonach ein Antrag der Staatsanwaltschaft auf Beiordnung eines Pflichtverteidigers nicht mehr zurückgenommen werden kann (LG Verden BeckRS 2017, 141441), gilt auch nach neuer Rechtslage fort (BeckOK-StPO/*Krawczyk* § 142 Rn. 7).

8 **2. Zuständigkeit der Entscheidungsträger.** **§ 142 Abs. 3 und 4** ist zu entnehmen, wer über die Bestellung eines Pflichtverteidigers entscheidet.

9 **a) Zuständigkeit bei Antrag des Beschuldigten auf Bestellung eines Pflichtverteidigers:. Gericht**: Gem. **§ 142 Abs. 3** soll ein unabhängiges **Gericht** darüber befinden, ob tatsächlich ein Fall der notwendigen Verteidigung gegeben ist. Gegenüber der zuvor in § 141 Abs. 4 a.F. befindlichen Zuständigkeitsregelung sind nur leichte Veränderungen zu verzeichnen. Nach **Nr. 1** – welche entsprechend der herausgehobenen Bedeutung des Ermittlungsverfahrens systematisch nach vorne verlagert wurde – ist dasjenige **Amtsgericht** zuständig, in dessen Bezirk die Staatsanwaltschaft oder ihre zuständige Zweigstelle ihren Sitz hat, oder das nach § 162 Abs. 1 Satz 3 zuständige Gericht, also das Amtsgericht, in dessen Bezirk die Untersuchungshandlungen vorzunehmen sind. **Nr. 2** weist für die neuen Fälle des § 140 Abs. 1 Nr. 4 (**Haft oder einstweilige Unterbringung**, dazu § 140 Rdn. 23) die Entscheidungskompetenz bzgl. der Beiordnung **dem Gericht zu, vor das der Beschuldigte vorzuführen ist.** Maßgebliche Rechtsvorschriften sind hierfür §§ 125 Abs. 1 u. 2, 115a Abs. 1 bei Existenz eines Haftbefehls, bei Ergreifung aufgrund vorläufiger Festnahme sodann §§ 128 Abs. 1, 129. § 169 (Ermittlungsrichter des OLG und des BGH) ist demgegenüber als ggf. alternative Zuständigkeitsregelung zu beachten. **Nr. 3** sieht vor, dass **nach Erhebung der Anklage** (wie bisher) der **Vorsitzende des Gerichts** entscheidet, bei dem das Verfahren anhängig ist (zum Begriff der Anhängigkeit Meyer-Goßner/*Schmitt* Einl. Rn. 60b). Dies liegt durchaus nahe, da dort dann das Detailwissen zu dem gegenständlichen Verfahren akkumuliert ist und auch sonst die Zuständigkeit des Ermittlungsrichters mit der Anklageerhebung erlischt und auf das mit der Sache befasste Gericht übergeht, § 162 Abs. 3 Satz 1. Wurde eine Entscheidung des Ermittlungsrichters angefochten, über die sofortige Beschwerde (Rdn. 52 ff.) jedoch bis zur Anklageerhebung noch nicht entschieden, ist die Beschwerde dem Vorsitzenden des nunmehr erkennenden Gericht zur weiteren Entscheidung vorzulegen (BGH StV 2021, 144). Wird ein Berufungs- oder Revisionsgericht mit der Sache befasst, geht die Zuständigkeit also auf den Vorsitzenden des entsprechenden Spruchkörpers über (Meyer-Goßner/*Schmitt* § 142 Rn. 16). Wird der Pflichtverteidiger durch einen unzulässigen Spruchkörper bestellt, ist die Entscheidung auf eine zulässige sofortige Beschwerde hin aufzuheben. Dies gilt etwa wenn das Kollegialgericht anstatt des nach Abs. 3 Nr. 3 zuständigen Kammervorsitzenden über die Bestellung entscheidet (OLG Bamberg 08.04.2021 – 1 Ws 195/21).

10 **b) Eilzuständigkeit der Staatsanwaltschaft:. Eilkompetenz der Staatsanwaltschaft**: Nach **§ 142 Abs. 4 Satz 1** kann bei besonderer Eilbedürftigkeit auch die **Staatsanwaltschaft** über die Bestellung entscheiden. Diese neu geschaffene und durch Art. 6 Abs. 1 PKH-RL i.V.m. Erwägungsgrund 24 der Richtlinie abgedeckte Regelung ist als Ausnahme zu Abs. 3 zu verstehen. Die Norm stellt für die deutsche Rechtsordnung ein echtes **Novum** dar. Kritik gegen sie wird vor allem deshalb vorgetragen, weil damit das herkömmliche System verlassen wird, wonach stets eine von der Ermittlungsbehörde **unabhängige** Stelle über die Bestellung eines Pflichtverteidigers entscheidet. Diese Einwände versucht die neue Regelung zu entkräften, indem sie der Entscheidung der Staatsanwaltschaft gem. § 142 Abs. 4 Satz 2 und 3 nur **vorläufigen Charakter** beimisst (s. BT-Drs. 19/13829, S. 42).

11 Über die Bestellung des Pflichtverteidigers entscheiden darf die Staatsanwaltschaft nur dann, wenn diese **besonders eilig** ist. Das soll dann gegeben sein, wenn angesichts der Umstände des Falles eine Bestellung durch das nach Abs. 3 zuständige Gericht nicht abgewartet werden kann (Meyer-Goßner/*Schmitt* § 142 Rn. 23). Ausweislich der Gesetzesbegründung handelt es sich dabei um Fälle, in denen eine Vernehmung oder eine Gegenüberstellung keinen längeren Aufschub duldet oder der zuständige Richter nicht zu erreichen ist (BT-Drs. 19/13829, S. 42). Gleichwohl ist schon aufgrund der Formulierung als »besondere[…] Eilbedürftigkeit« der besondere restriktive Rahmen einer solchen Kompetenz zu betonen (vgl. auch Rdn. 22).

12 Nimmt die Staatsanwaltschaft die Eilkompetenz für sich in Anspruch, so statuiert **§ 142 Abs. 4 Satz 2** deren Verpflichtung, unverzüglich, spätestens innerhalb einer Woche nach ihrer Entscheidung, die **gerichtliche Bestätigung der Bestellung oder der Ablehnung des Antrags des Beschuldigten zu beantragen**. Bereits aus der Gegenüberstellung der Vorgabe (»unverzüglich«, »spätestens«) wird deutlich, dass eine gerichtliche Bestätigung in unmittelbar zeitlicher Nähe zur Bestellung eingeholt werden muss, ein geduldiges Abwarten *bis zum Ablauf* der nach § 43 zu berechnenden Wochenfrist ist unzulässig. Versäumt es die Staatsanwaltschaft, rechtzeitig eine richterliche Bestätigung einzuholen, bleibt unter Beschuldigtenschutzgesichtspunkten eine

einmal erfolgte Bestellung dennoch bestehen (BT-Drs. 19/18329, S. 42). Nach § 142 Abs. 4 Satz 3 kann der **Beschuldigte jederzeit die gerichtliche Entscheidung** beantragen, sprich auch dann, wenn die Staatsanwaltschaft die richterliche Bestätigung ihrer Entscheidung beantragt. Beide Regelungen sind insofern voneinander unabhängig, was der Regelung in § 98 Abs. 2 Satz 2 bei der Beschlagnahme entspricht.

Zur rechtspolitischen Diskussion: Trotz dieser Einschränkungen sollten die **Einwände gegen die Entscheidungskompetenz der Staatsanwaltschaft** nicht von vornherein als kleinlich abgetan werden. Zum einen vermag der Terminus der Eilbedürftigkeit dazu zu verleiten, eine solche vorschnell anzunehmen und die Regelzuständigkeit der Gerichte aus Abs. 3 zu unterlaufen. Dass der Gesetzgeber eine »**besondere**« **Eilbedürftigkeit** verlangt, scheint nur eine schwache Sicherung dagegen zu sein, die sich durch eine **restriktive Anwendung** in der Praxis erst wird beweisen müssen. Zum zweiten könnte es gerade für die weisungsgebundene Staatsanwaltschaft eine Versuchung darstellen, Personen mit der Pflichtverteidigung zu betrauen, von denen sie am wenigsten Widerstand gegen das Fortschreiten der Ermittlungsarbeit bzw. der Überführung des Täters zu erwarten hat. Schließlich ist die Befürchtung nicht von der Hand zu weisen, dass gerade Staatsanwälte im fiskalischen Interesse besonders zurückhaltend sein könnten, einen Fall der notwendigen Verteidigung zu bejahen. Darum ist jedenfalls eine ablehnende Entscheidung der Staatsanwaltschaft (ggf. nachträglich, hierzu krit. LR/*Jahn* § 142 Rn. 30) **schriftlich abzufassen und zu begründen**, vgl. Art. 6 Abs. 2 PKH-RL. 13

II. Auswahl des Pflichtverteidigers. 1. Bezeichnungsrecht des Beschuldigten. § 142 Abs. 5 enthält das Recht des Beschuldigten, einen Verteidiger eigener Wahl zu bezeichnen, der ihm – soweit kein wichtiger Grund entgegensteht – auch zu bestellen ist. Hieraus folge zwar nach der Rspr., wie auch nach alter Rechtslage, dass der Beschuldigte keinen Anspruch auf die Beiordnung des bezeichneten Verteidigers habe (vgl. BVerfGE 9, 38; 39, 238; BVerfG NJW 2001, 3695, 3696; BGHSt 43, 153, 154; OLG Jena NJW 2009, 1430, 1431; a.A. KMR/*Staudinger* § 142 Rn. 10), weil nur Anspruch auf die Beiordnung *eines* Verteidigers seines Vertrauens bestehe und damit auf eine **ermessensfehlerfreie Auswahl** (OLG Rostock StraFo 2002, 85, 86). Dieses Ermessen ist allerdings »auf Null« reduziert, soweit der Wahl des Beschuldigten kein wichtiger Grund entgegensteht (dazu näher unter Rdn. 28 ff.). 14

§ 142 Abs. 5 Satz 1 nimmt die zuvor geltende Regelung des § 142 Abs. 1 a.F. in abgeänderter Form auf. Wie bisher ist dem Beschuldigten vor der Bestellung eines Pflichtverteidigers die **Gelegenheit zu geben, innerhalb einer zu bestimmenden Frist einen Verteidiger zu bezeichnen.** Bereits nach dem früheren Wortlaut der zuvor geltenden Fassung »soll […] Gelegenheit gegeben werden«, bestand grundsätzlich **eine Pflicht des Gerichts**, den Beschuldigten **anzuhören.** Diese Pflicht wurde durch die Gesetzesänderung, die nun eine Ist-Vorschrift vorsieht, noch einmal stark emporgehoben. Das Gebot, den Beschuldigten zu fragen, wen er als Pflichtverteidiger beigeordnet bekommen möchte, ist nunmehr folglich zwingend. Nur in seltenen Ausnahmefällen soll davon abgewichen werden dürfen (LG Mainz StV 2021, 167 mit Verweis auf ein nach alter Rechtslage getroffenes Urteil des KG; begrüßenswerter, da insoweit klarer, LG Dessau-Roßlau BeckRS 2020, 25134: Anhörung hat ausnahmslos zu erfolgen und ist allenfalls entbehrlich, wenn ein Beschuldigter bereits einen bestimmten Verteidiger benannt hat). 15

Zudem ist der Beschuldigte bei der effektiven Wahrnehmung des Bezeichnungsrechts zu unterstützen. Beherrscht der Beschuldigte die deutsche Sprache nicht, gebietet das Recht auf ein faires Verfahren, dass die schriftliche Aufforderung, einen Pflichtverteidiger seines Vertrauens zu benennen, übersetzt wird (LG München StV 2019, 186). Auch auf die Möglichkeit, anwaltlichen Notdienst in Anspruch nehmen zu können, ist der Beschuldigte hinzuweisen (Rdn. 26). Mit der in seiner Klarheit überfälligen Änderung hin zu einer unbedingten Anhörungspflicht erkennt der Gesetzgeber in nun begrüßenswertem Maße an, dass das Vertrauensverhältnis zwischen Mandant und Verteidiger zu den »Essentials« eines fairen Strafverfahrens gehört (vgl. BVerfG StV 2001, 601, 602; BT-Drs. 16/12098, S. 20; *Beulke* Verteidiger im Strafverfahren, S. 45). Zudem wird die Pflichtverteidigung damit der Wahlverteidigung angenähert (vgl. *Rieß/Hilger* NStZ 1987, 145, 147). 16

Für die Anhörung ist keine besondere Form vorgesehen; sie kann daher z.B. **auch telefonisch** erfolgen (OLG Düsseldorf StV 2004, 62 f.; BayObLG StV 1988, 97; Meyer-Goßner/*Schmitt* § 142 Rn. 33). 17

Die Vorschrift darf angesichts ihres Zwecks nicht dahingehend ausgelegt werden, dass dem Beschuldigten zunächst ein Verteidiger beigeordnet wird und er hiergegen begründete Einwände vorbringen darf (KG StV 1993, 628; LG Cottbus StraFo 2003, 11), sondern nur auf die *eines* Verteidigers seines Vertrauens und damit auf eine **ermessensfehlerfreie Auswahl.** 18

a) **Wählbarer Personenkreis.** Die durch das 2. Opferrechtsreformgesetz erfolgte und auch in neuer Rechtslage beibehaltene sprachliche Veränderung von »Rechtsanwalt« in »Verteidiger« sollte klarstellen, dass – entsprechend § 138 Abs. 1 (vgl. dort unter Rdn. 26 ff.) – nicht nur **Rechtsanwälte**, sondern auch **Hochschullehrer** vom Beschuldigten bezeichnet werden können (BT-Drs. 16/12098, S. 21; *Ladiges* JR 2013, 295, 298). 19

Sonstige Personen, wie z.B. Angehörige steuerberatender Berufe sowie Personen i.S.d. § 138 Abs. 2 (s. dazu unter § 138 Rdn. 23 ff.) sollten damit jedoch nicht erfasst werden (Radtke/Hohmann/*Reinhart* § 142 Rn. 5; a.A. LR/*Jahn* § 142 Rn. 35). Referendare können nach neuer Gesetzeslage nicht mehr als Pflichtverteidiger bestellt werden (vgl. § 142 Abs. 2 a.F.; dazu Rdn. 3).

20 Der bisherige Wahlverteidiger kann als Pflichtverteidiger beigeordnet werden, wenn er das Mandat niedergelegt hat (sog. **Wahlpflichtverteidiger**, vgl. *Theiß* Die Pflichtverteidigerbestellung de lege lata und de lege ferenda [2003], S. 30). Stellt er den Antrag, als Pflichtverteidiger beigeordnet zu werden, ist hierin die konkludente Niederlegung zu sehen (entsprechendes Formulierungsbsp. in Beck-Formularbuch/*Ignor*, S. 59).

21 Auch dann, wenn der Beschuldigte **dem bisherigen Wahlverteidiger** das **Mandat entzogen** hat, ist dessen Beiordnung als Pflichtverteidiger möglich, wenn die Gründe für die Mandatsbeendigung ersichtlich unzutreffend sind (BGHSt 39, 310, 312 f.). Ob dies der Fall ist, hat das Gericht aufzuklären (BGH NStZ 2000, 326 f.) und zu bewerten (BGHSt 39, 310, 313). Die Behauptung des Beschuldigten, er habe kein **Vertrauen** mehr zu seinem Wahlverteidiger, genügt allein allerdings nicht (OLG Bamberg StV 1984, 234). Vielmehr müssen für den Vorsitzenden insoweit **konkrete und hinreichende Anhaltspunkte** erkennbar sein (BGH NStZ 1992, 292 f.), sodass – vergleichbar der Ablehnung des Richters wegen der Besorgnis der Befangenheit (BGH NStZ 2004, 632 f.; OLG Düsseldorf StV 1993, 6) – vom **Standpunkt des verständigen Beschuldigten** das Fehlen des Vertrauensverhältnisses nachvollziehbar erscheint (LG Magdeburg StV 2008, 630). Regelmäßig soll die Erklärung des Verteidigers vonnöten sein (BGH NStZ 2004, 632 f.; hiergegen zu Recht krit. aus Gründen des Schweigerechts des Beschuldigten und der Schweigepflicht des Verteidigers SK-StPO/*Wohlers* § 143 Rn. 16; *Swoboda/Carlsen/Rühs* Jura 2021, 1161, 1163; *Molketin* MDR 1989, 503, 507). Erklären jedoch der Wahlverteidiger und der Beschuldigte übereinstimmend, das Vertrauensverhältnis sei unwiederbringlich gestört und geben sie insoweit Tatsachen an, so hat die Bestellung zu unterbleiben (AnwK-StPO/*Krekeler/Werner* § 142 Rn. 7). Zur Aufhebung der Pflichtverteidigerbestellung, s. § 143a Rdn. 25.

22 Zum Teil vertritt die Rspr., die Beiordnung des bisherigen Wahlverteidigers als Pflichtverteidiger verbiete sich bei einem **»Erschleichen« der Pflichtverteidigung**, d.h. in dem Fall, in dem der Wahlverteidiger, der nunmehr um Beiordnung bittet, den bisherigen, vom Beschuldigten zuvor bezeichneten Verteidiger verdrängt hat (BGH bei *Cierniak/Zimmermann* NStZ-RR 2011, 97, 101; KG JR 1974, 433 m. abl. Anm. *Lantzke*; OLG Zweibrücken NStZ 1982, 298 f.; OLG Stuttgart NStZ-RR 1996, 207; OLG Koblenz StV 2016, 144; nach OLG Oldenburg NStZ-RR 2009, 115 soll nicht einmal die Erklärung, des bisherigen Wahlverteidigers, er sei bislang vergütet worden, den Verdacht des Erschleichens widerlegen; LG Gera StraFo 2000, 196, will darauf abstellen, ob die Verdrängung rechtsmissbräuchlich gewesen ist; Meyer-Goßner/*Schmitt* § 142 Rn. 57; AnwK-StPO/*Krekeler/Werner* § 142 Rn. 7; *Lam/Meyer-Mews* NJW 2012, 177, 180). Dieses – möglicherweise berufsrechtswidrige – Verhalten hat jedoch für sich genommen nichts mit dem Sinn und Zweck der Beiordnung zu tun, der darin besteht, eine Verteidigung durch den Rechtsanwalt des Vertrauens zu gewährleisten. Es hat daher bei der Beurteilung, ob eine Auswahl des Beschuldigten zulässig ist, außer Acht zu bleiben (so auch SächsVerfGH StraFo 2004, 54, 56; weitere Kritik bei LR/*Jahn* § 142 Rn. 36; *Beulke* Verteidiger im Strafverfahren, S. 241 f.; *Fahl* Rechtsmißbrauch im Strafprozeß, S. 228 ff.). Dies gilt erst recht vor dem Hintergrund der jüngsten Gesetzesänderung, die in § 143a ausdrücklich den Fall des Verteidigerwechsels beschreibt. Die obergerichtliche Rspr. lässt nunmehr in Ausnahmefällen unter Hinweis auf den Anspruch auf ein faires Verfahren eine Beiordnung des Wahlverteidigers statt des bisherigen Pflichtverteidigers zu, so z.B. wenn schlüssig dargelegt wird, dass es dem Beschuldigten an Vertrauen gegenüber dem früheren Pflichtverteidiger mangelt (OLG Stuttgart StV 2016, 142).

23 **b) Frist.** Dem Beschuldigten ist nach § 142 Abs. 5 Satz 1 eine Frist zu setzen; hieran ändert sich – gleich zur alten Rechtslage, in der ein Verteidiger nach § 141 Abs. 3 Satz 4 unverzüglich nach Beginn der Vollstreckung zu bestellen war (OLG Düsseldorf StV 2010, 350 m.Anm. *Burhoff* StRR 2010, 223 f.; OLG Düsseldorf StRR 2011, 265, 266 m.Anm. *Burhoff*; LG Frankfurt [Oder] StV 2010, 235, 236; LG Krefeld StV 2011, 274; AG Stuttgart StV 2010, 677; *Jahn* FS Rissing-van Saan, S. 275, 284 ff.; *Lam/Meyer-Mews* NJW 2012, 177, 180; dazu näher § 141 Rdn. 13 ff.) – auch dann nichts, wenn dem Pflichtverteidiger etwa nach §§ 141 Abs. 1 Satz 1 ein Verteidiger unverzüglich zu bestellen ist. Die Pflicht zur Gewährung einer angemessenen Überlegungsfrist zur Stellungnahme und Auswahl eines Verteidigers gilt auch in Haftsachen (OLG Koblenz StV 2011, 349). Die Bestimmung der Frist stellt eine Entscheidung i.S.d. § 35 Abs. 2 dar, sodass eine förmliche Zustellung erforderlich ist (LG Berlin 13.01.2021 – 538 Qs 101/29); LG Bochum StV 2012, 526).

24 Die Frist ist nicht identisch mit derjenigen nach § 201. Sie muss zunächst **zumindest bestimmbar** sein. Dies ist dann der Fall, wenn sie auch für den Beschuldigten klar erkennbar und berechenbar ist (dazu OLG Düsseldorf StV 2010, 350, 351). Sie muss zudem **angemessen** sein. Das ist zu bejahen, wenn dem Beschuldigten eine angemessene Zeit zur Überlegung zur Verfügung steht und er seine Entscheidung dem Gericht inner-

halb der Frist mitteilen kann (*Wessing* in Graf StPO § 142 Rn. 8; OLG Düsseldorf StV 2004, 62 f. m. abl. Anm. *Bockemühl*: wenige Stunden zu kurz; LG Berlin StV 2009, 14 f. [= StV 2009, 405]: 3 Tage zu kurz; OLG Düsseldorf StV 1990, 536: 4 Tage bei inhaftiertem Beschuldigtem und fehlender Eilbedürftigkeit zu kurz).

Ist die Frist **zu kurz bemessen**, wird eine angemessene Frist in Gang gesetzt (OLG Düsseldorf StV 1990, 536; ähnlich AG Bitterfeld-Wolfen StV 2014, 281; a.A. LG Halle StV 2010, 69, wonach die unangemessene Frist nicht zu laufen beginnt; zust. SK-StPO/*Wohlers* § 142 Rn. 5). Wird dem Beschuldigten innerhalb der Frist ein anderer als der von ihm bezeichnete Verteidiger beigeordnet, kommt eine Auswechslung des Pflichtverteidigers in Betracht (LG Berlin 13.01.2021 – 538 Qs 101/29). 25

Hat der Beschuldigte im Ermittlungsverfahren den gewünschten Verteidiger gegenüber der Staatsanwaltschaft angegeben, dann gehen Verzögerungen in der Übermittlung zwischen Staatsanwaltschaft und dem für die Bestellung zuständigen Gericht nicht zulasten des Beschuldigten (LG Bonn StV 2010, 180 f.). Erklärt sich der Beschuldigte **nach Fristablauf**, so muss die Sache dem Vorsitzenden noch einmal vorgelegt werden, wenn die getroffene Verfügung noch keine Außenwirkung erlangt hat (OLG Stuttgart StV 2016, 139; OLG Köln StV 2015, 20; OLG Braunschweig StV 2012, 401; LG Braunschweig StraFo 2009, 520; s. auch LG München StV 2015, 26; LG Magdeburg StV 2012, 525). Es handelt sich um keine Ausschlussfrist, sodass mangels zwischenzeitlicher Bestellung eines anderen Verteidigers dem Wunsch des Beschuldigten zu entsprechen ist. 26

c) **Hilfestellung gegenüber dem Beschuldigten. §§ 142 Abs. 5 Satz 2 i.V.m. 136 Abs. 1 Satz 3 und 4:** Möchte der Beschuldigte in diesem Zusammenhang einen Verteidiger befragen (z.B. ob er für eine Pflichtverteidigung zur Verfügung steht) sind ihm **Informationen zur Verfügung zu stellen, die es ihm erleichtern, einen Verteidiger zu konsultieren.** Auf bestehende **anwaltliche Notdienste** ist er **hinzuweisen**. Auf diese Weise soll eine effektive selbstbestimmte Wahl eines Verteidigers ermöglicht werden. 27

d) **Bestellung des Pflichtverteidigers.** Gem. **§ 142 Abs. 5 Satz 3 Hs. 1** ist der **ausgewählte Pflichtverteidiger zu bestellen, wenn dem kein wichtiger Grund entgegensteht.** Dies entspricht der alten Regelung in § 142 Abs. 1 Satz 2 a.F. Die zur alten Rechtslage entwickelten Kriterien, wann aus wichtigem Grund der Wille des Beschuldigten missachtet werden darf, können auf die Neuregelung übertragen werden. **Die Auswahl durch den Beschuldigten**, wer zum Pflichtverteidiger bestellt werden soll, bleibt also auch in Zukunft im Ausgangspunkt frei und soll keineswegs an die Voraussetzungen des § 142 Abs. 6 (Zulassung bei der Bundesrechtsanwaltskammer, Fachanwalt für Strafrecht, Eintragung oder zumindest als Interessent für Pflichtverteidigungen bei der Rechtsanwaltskammer eingetragen: dazu unter Rdn. 40 ff.) gekoppelt sein, der nur dann eingreift, wenn keine Bezeichnung durch den Beschuldigten erfolgt. **Dem Willen des Beschuldigten kommt demnach der Vorrang zu:** Er darf eine Entscheidung in eigener Verantwortung treffen. Auf eine gesetzliche Regelung der **Qualitätssicherung zum Schutze des Beschuldigten wird verzichtet.** 28

Der Vorverlagerung der notwendigen Verteidigung ins Ermittlungsverfahren und damit einhergehend veränderter Bestellungszuständigkeit nach § 142 Abs. 3, 4 trägt der Gesetzgeber hinsichtlich des Wortlauts auch insofern Rechnung als er die Bestellung nicht mehr vom Vorsitzenden abhängig macht (vgl. noch § 142 Abs. 1 Satz 2 a.F.). Wie zuvor kann der Wille des Beschuldigten jedoch aus wichtigem Grund verwehrt werden. Dem Beschuldigten wird also entweder kein Verteidiger oder ein anderer als gewünschter Verteidiger bestellt. Zur grds. Zulässigkeit der Beschränkung vgl. EGMR EuGRZ 1992, 542, 546. Bis zum 2. Opferrechtsreformgesetz im Jahr 2009 hatte die Regelung noch vorgesehen, dass lediglich bei Vorliegen wichtiger Gründe, sprich der Verwendung des Plurals, eine Bestellung zu versagen gewesen sei. Jedoch wollte der Gesetzgeber mit dieser Änderung nicht zum Ausdruck bringen, dass die Schwelle insoweit herabgesetzt werden soll; vielmehr sollte hierdurch »im Sinn der sprachlichen Korrektheit« klargestellt werden, dass bereits **ein wichtiger Grund genügt**, um von der vom Beschuldigten erbetenen Bestellung abzusehen (BT-Drs. 16/12098, S. 21; vgl. auch Radtke/Hohmann/*Reinhart* § 142 Rn. 5). 29

Der unbestimmte Rechtsbegriff des wichtigen Grundes eröffnet dem Beurteilenden einen nicht umfassend überprüfbaren **Beurteilungsspielraum** (BGHSt 48, 170, 175). Der Begriff ist im Lichte des verfassungsrechtlich verbürgten Rechts auf die Verteidigung durch eine Person des Vertrauens **eng auszulegen** (OLG Köln NStZ 1991, 248, 249 mit zust. Anm. *Wasserburg*). Grundsätzlich hat das Gericht zu untersuchen, ob Anhaltspunkte dafür bestehen, dass zwischen dem Beschuldigten und dem benannten Verteidiger kein Vertrauensverhältnis aufgebaut werden kann (BGHSt 48, 170, 172 f.). Ist dies zu bejahen, hat die Bestellung aus Fürsorgegründen zu unterbleiben. Diese Fürsorge steht in einem gewissen Spannungsverhältnis zur Mitwirkung des Beschuldigten bei der Auswahl des Verteidigers. Selbst ein häufiger Anwaltswechsel in der Vergangenheit spricht nicht per se gegen die Annahme eines Vertrauensverhältnisses mit dem neuen Verteidiger (KG StV 2016, 511). 30

31 Unproblematisch anzunehmen ist ein wichtiger Grund, sofern der Bestellung **rechtliche Hindernisse** im Wege stehen, so z.B. weil die bezeichnete Person die Voraussetzungen des § 138 nicht erfüllt bzw. im Fall der Beiordnung eine Mehrfachverteidigung nach § 146 zu bejahen wäre.

32 Zudem führt die konkrete Gefahr einer Interessenkollision bei sukzessiver Mehrfachverteidigung (BGHSt 48, 170 m. i.E. zust. Anm. *Berz/Saal* NStZ 2003, 379; OLG Frankfurt a.M. NJW 1999, 1414, 1415 f.) ebenso wie eine krankheitsbedingte Verhinderung des benannten Verteidigers zu dessen Ablehnung (OLG Rostock StraFo 2002, 85, 86). I.Ü. hat das Gericht das Recht auf die Verteidigung durch eine Person des Vertrauens gegen das Interesse an einem ordnungsgemäßen Verfahrensablauf **abzuwägen** (OLG Jena NJW 2009, 1430, 1431).

33 Der Umstand, dass mehrere Rechtsanwälte, die in einer **Sozietät** zusammengeschlossen sind, **Mitbeschuldigte einer Tat im prozessualen Sinne verteidigen** wollen, steht einer Bestellung eines weiteren Kollegen nicht grundsätzlich entgegen, **vielmehr nur bei konkreten Anhaltspunkten für einen Interessenkonflikt** (BGH NStZ 2016, 115; OLG Hamm StV 2004, 641; OLG Rostock StV 2003, 373; Meyer-Goßner/*Schmitt* § 142 Rn. 48; KK-StPO/*Willnow* § 142 Rn. 7; HK-StPO/*Julius/Schiemann* § 142 Rn. 7; sehr viel enger OLG Bremen NStZ-RR 2018, 188 = FD-StrafR 2018, 404865 m.Anm. *Müller-Jacobsen* und Bespr. *Pfordte/Horvat* StV 2019, 200: a.A. OLG Bremen NStZ-RR2018, 188: Ablehnung schon wegen Absehbarkeit eines Interessenkonflikts mit dem Mitangeklagten möglich, ohne dass es konkreterer Hinweise auf das Bestehen dieses Konflikts bedarf; generell abl. LG Frankfurt a.M. StV 1998, 358; i.d.S. wohl auch BVerfG StV 1998, 356 m. Anm. *Lüderssen*). Dasselbe gilt, wenn die Verteidiger von Mitbeschuldigten durch eine Bürogemeinschaft verbunden sind (BGH StV 2016, 473 m. zutr. krit. Anm. von *Barton* bzgl. der Ausübung des Beurteilungsspielraums im konkreten Fall: Bürogemeinschaft zwischen Verteidigerin und dem mit ihr auch privat liierten Nebenklagevertreter bedingen allein noch keinen Interessenkonflikt; *Pfordte/Horvat* StV 2019, 200, 202). Steht **ein Interessenkonflikt im Raum, ist der Angeklagte dazu zu hören** (BGH NStZ 2016, 115).

34 Die **fehlende örtliche Nähe des bezeichneten Verteidigers** ist bereits seit Längerem kein legitimer Versagungsgrund mehr, was jedoch durch die systematische Zusammenschau mit Abs. 6 Satz 1, wonach dem Beschuldigten ein Pflichtverteidiger aus dem Gesamtverzeichnis der Bundesrechtsanwaltskammer zu bestellen ist, erneut betont wird. Für den Regelfall ist dieses Kriterium daher obsolet (LG Dresden StraFo 2012, 14; *Jahn* FS Rissing-van Saan, S. 275, 296; LR/*Jahn* § 142 Rn. 59 ff.; HK-StPO/*Julius/Schiemann* § 142 Rn. 1, 7 a.E.; ähnlich Meyer-Goßner/*Schmitt* § 142 Rn. 51; a.A. OLG Köln NStZ-RR 2011, 49; OLG Oldenburg StV 2010, 351). Die fehlende örtliche Nähe ist nur noch dann ausnahmsweise als wichtiger Grund anzusehen, wenn im konkreten Einzelfall zu erwarten ist, dass hierdurch eine sachgerechte Verteidigung gefährdet wird (so bereits vor der Gesetzesänderung BGHSt 43, 153, 157; OLG Jena NJW 2009, 1430, 1431; OLG Stuttgart StraFo 2006, 112, 113; für die Berücksichtigung dieses Gesichtspunkts v.a. bei Vollstreckung von Untersuchungshaft *Schlothauer* FS Samson, S. 709, 717; s. auch *Lehmann* NStZ 2012, 188, 190, der u.a. auf fiskalische Interessen eingeht und eine grundsätzliche Pflicht zur Substantiierung des Vertrauensverhältnisses bejaht). Fiskalische Interessen an der Entstehung möglichst niedriger Verteidigerkosten (insb. Fahrtkostenerstattung) haben im Rahmen der Abwägung angesichts der hohen Bedeutung des Rechts des Beschuldigten auf Verteidigung durch einen Rechtsanwalt seines Vertrauens zurückzutreten (OLG Brandenburg StRR 2015, 181).

35 Problematisch ist die Beantwortung der Frage, ob ein wichtiger Grund vorliegt, dann, wenn das **Beschleunigungsgebot in ein Spannungsverhältnis zum Bezeichnungsrecht des Beschuldigten** gerät (umfassende Übersicht hierzu bei *Rahlf* FS Widmaier, S. 447 ff.). Da sowohl die Regeln zur Beiordnung als auch das Beschleunigungsgebot in erster Linie dem Schutz des Beschuldigten dienen sollen, ist im Fall nur eines Beschuldigten diesem die Wahl zu eröffnen, welchem Gesichtspunkt er den Vorzug geben will (*Leipold* FS DAV, S. 636, 639; *Rahlf* FS Widmaier, S. 447, 466 f.; *Schlothauer* StV 2009, 578, 579). Bei mehreren Mitbeschuldigten besteht diese Wahlmöglichkeit mangels Dispositionsbefugnis des Einzelnen nicht (Thür. OLG StV 2009, 576, 577; KG StV 2009, 577, 578 m. krit. Anm. *Schlothauer*). Hier hat das Gericht Kollisionen in erster Linie durch **Terminabsprachen** vorzubeugen (*Hilger* StV 2006, 451, 453; *Leipold* FS DAV, S. 636, 640; *Tepperwien* NStZ 2009, 1, 5). Ist dies nicht möglich, hat es abzuwägen und gegebenenfalls das **Verfahren** gegen den Beschuldigten, der sich für einen Verteidiger ausgesprochen hat, **abzutrennen oder Modifikationen im Terminplan vorzunehmen** (OLG Celle NStZ 2008, 583; OLG Jena NStZ-RR 2009, 114; OLG Frankfurt a.M. StV 2012, 612 f.; *Hilger* StV 2006, 451, 453; *Rahlf* FS Widmaier, S. 447, 468; *Schlothauer* StV 2009, 578, 580; vgl. auch BGH StV 2010, 170, dem es »nicht unbedenklich« erscheint, wenn pauschal auf die Belastung des gewählten Verteidigers mit Terminvertretungen abgestellt wird und keine vorherige Verfügbarkeitsprüfung stattgefunden hat).

36 Ebenfalls schwierig ist die Beurteilung, ob **Gründe in der Person des Verteidigers** vorliegen. Da die Pflichtverteidigung der Wahlverteidigung grundsätzlich gleichgestellt ist, kann aus einer **konfliktbereiten Verteidigung allein kein wichtiger Grund i.S.d. § 142 Abs. 5 Satz 3 gefolgert werden** (OLG Köln StraFo 2006, 328;

2007, 28; Meyer-Goßner/*Schmitt* § 142 Rn. 53). Richtigerweise genügt wegen Fehlens der Voraussetzungen der §§ 138a ff. im hiesigen Verfahren auch nicht das vorangegangene verfahrensfremde Verhalten in anderen Verfahren (SK-StPO/*Wohlers* § 142 Rn. 21; LR/*Jahn* § 142 Rn. 64; a.A. OLG Köln StV 2007, 288, 289). Auch die **Qualität der Verteidigung ist in seinem Grundsatz nicht der Kontrolle unterworfen**, weil es sich beim Pflichtverteidiger, wie beim Wahlverteidiger auch, um ein gegenüber dem Gericht gleichberechtigtes Organ der Rechtspflege handelt (KG JR 1982, 349; StV 1993, 236; vgl. aber KG StRR 2011, 195, 196). Zulässig ist jedoch die **Ablehnung des vorgeschlagenen Verteidigers**, wenn diesem die für bestimmte Strafverfahren erforderlichen **Spezialkenntnisse fehlen** (OLG Schleswig StV 1987, 478, 479). Der beizuordnende Rechtsanwalt muss aber nicht zwingend Fachanwalt für Strafrecht sein (BGH NStZ 2008, 231 m. zust. Anm. *Gaede* HRRS 2007, 402, 413), vgl. aber Rdn. 44.

Bestehen **Zweifel** am Vorliegen eines wichtigen Grundes, so soll der bezeichnete Verteidiger **angehört** werden (BGHSt 48, 170, 174). Da diese Pflicht gesetzlich nicht explizit vorgesehen ist, ist dem gewählten Verteidiger zu raten, dem Gericht darzulegen, warum das Vertrauensverhältnis die Beiordnung gebietet (noch enger KG StV 2016, 511 u. OLG Naumburg NStZ-RR 2009, 114 [*»sind darzulegen«*]). Ist die Anhörung nicht ordnungsgemäß erfolgt, ist der zwischenzeitlich beigeordnete Verteidiger auf Antrag zu entpflichten und der benannte Verteidiger beizuordnen, wenn keine Anhaltspunkte für ein gestörtes Vertrauensverhältnis bestehen (OLG Koblenz StV 2016, 512). 37

Wird ein wichtiger Grund bejaht, so ist der Beschuldigte jedenfalls dann, wenn keine besondere Eilbedürftigkeit besteht, **erneut anzuhören** (Thür. OLG StraFo 2009, 107 f.; OLG Hamm StV 1994, 8). 38

Rechtzeitigkeit: Nach § 142 Abs. 5 Satz 3 Hs. 2 soll ein **wichtiger Grund**, der der Bestellung des gewünschten Pflichtverteidigers entgegenstehen könnte, auch vorliegen, wenn der Verteidiger entweder gar nicht (so auch die bisherige Rspr.) oder nicht rechtzeitig zur Verfügung steht. Letztere Alternative zielt auf Eilfälle ab, wodurch die Position des Beschuldigten in jenen Situationen geschwächt wird. Allerdings darf eine solche nicht zu wahrende Rechtzeitigkeit nicht vorschnell angenommen werden. Eine kurze Wartezeit ist dem Beschuldigten allemal einzuräumen (BT-Drs. 19/13829, S. 43). 39

2. **Auswahl des Pflichtverteidigers durch das Gericht.** Mit **§ 142 Abs. 6** wurden dem Gericht (bzw. der Staatsanwaltschaft) erstmals Vorgaben an die Auswahl eines Pflichtverteidigers gemacht. Nur wenn der Pflichtverteidiger gewissen Anforderungen genügt, soll er dem Beschuldigten, der selbst keinen Verteidiger benannt hat, beigeordnet werden. Damit versucht der Gesetzgeber in Anlehnung an Art. 7 PKH-RL (s. sogleich auch Rdn. 44 f.) gewisse Qualitätsstandards zu etablieren, die die Gewährleistung einer effektiven Verteidigung i.S.d. Art. 6 Abs. 3 lit. c EMRK vor dem Hintergrund eines gebotenen »fair trials« sicherstellen sollen. 40

§ 142 Abs. 6 greift ein, wenn der Beschuldigte keinen Verteidiger bezeichnet. Gem. § 142 Abs. 6 Satz 1 erfolgt dann eine Auswahl aus dem Gesamtverzeichnis der Bundesrechtsanwaltskammer (§ 31 BRAO). Gem. § 142 Abs. 6 Satz 2 »soll« (nicht: muss) aus den dort eingetragenen Rechtsanwälten entweder ein Fachanwalt für Strafrecht oder ein anderer Rechtsanwalt ausgewählt werden, der gegenüber der Rechtsanwaltskammer sein Interesse an der Übernahme von Pflichtverteidigungen angezeigt hat und für die Übernahme der Verteidigung geeignet ist. 41

Abs. 6 kommt lediglich dann zur Anwendung, wenn der Beschuldigte seinem Bezeichnungsrecht nach Abs. 5 nicht nachkommt, etwa weil er keinen Verteidiger kennt, er trotz notwendiger Verteidigung in dem Willen einer nicht zulässigen Eigenverteidigung auf die Benennung eines Pflichtverteidigers verzichtet oder er nach rechtmäßiger Zurückweisung des benannten Verteidigers die Auswahl in die Hände des Gerichts legt. Die Vorschrift trägt in begrüßenswerter Weise dem **Vorrang eines Vertrauensverteidigers** vor den (vermeintlich) qualitätssichernden Anforderungen an eine Pflichtverteidigung Rechnung, indem klargestellt wird, dass der nach Abs. 5 benannte Verteidiger nicht zwingend den Vorgaben des Abs. 6 zu genügen hat. 42

Gem. § 142 Abs. 6 Satz 1 ist dem Beschuldigten ein Pflichtverteidiger aus dem Gesamtverzeichnis der Bundesrechtsanwaltskammer auszuwählen. Neben der Betonung der Hinfälligkeit des ohnehin bereits aufgegebenen Prinzips der Ortsansässigkeit des auszuwählenden Verteidigers führt die Regelung in erster Linie zu der unter Praktikabilitätsgründen gerechtfertigten (LR/*Jahn* § 142 Rn. 74 u. 81) Herausnahme von nach § 138 Abs. 1 Satz 1 grundsätzlich zu Verteidigern wählbaren Hochschullehrern, die selbst nicht als Rechtsanwälte zugelassen sind. Ist es der Wunsch des Beschuldigten durch einen Hochschullehrer vertreten zu werden, ist dies jedoch durch Benennung nach Abs. 5 möglich, soweit dem kein wichtiger Grund entgegensteht. 43

Mit der Vorgabe, einen Fachanwalt für Strafrecht zum Pflichtverteidiger zu bestellen, kommt der Gesetzgeber der europarechtlichen Anforderung, Qualität der Verteidigung sicherzustellen vor dem Hintergrund nach als dass die Bezeichnung Fachanwalt nur dem Rechtsanwalt verliehen wird, der **besondere Kenntnisse und Erfahrungen in einem Rechtsgebiet** erworben hat (§ 43c Abs. 1 Satz 1 BRAO). Da die entsprechende Bezeichnung gem. § 31 Abs. 3 Nr. 5 BRAO, § 7 Abs. 1 Nr. 6 RAVPV ohnehin in das Gesamtverzeichnis 44 der Bundesrechtsanwaltskammer einzutragen ist, bedarf es keiner gesonderten Eintragungsveranlassung (vgl. BT-Drs. 19/13829, S. 43). Anders ist dies bei denjenigen Verteidigern, die aufgrund angezeigten Interesses, gewillt sind, zum Pflichtverteidiger bestellt zu werden. Diese haben dieses Interesse **gegenüber der Rechtsanwaltskammer gesondert anzuzeigen** (vgl. § 31 Abs. 3 Nr. 10, § 7 Abs. 1 Nr. 7 RAVPV). I.Ü. bleibt die in § 49 BRAO geregelte Pflicht, wonach jeder Rechtsanwalt grundsätzlich verpflichtet ist, Pflichtverteidigungen zu übernehmen, von der Neuregelung unberührt (BT-Drs. 19/13829, S. 43).

45 **Kritik.** Über den Kreis derjenigen, die als Pflichtverteidiger zu bestellen sind und über das einschlägige Prozedere wurde seit Jahrzehnten lebhaft gestritten, ohne dass sich bisher eine klar herrschende Meinung herauskristallisiert hätte. Auch durch die mit der Neuregelung vorerst geschaffenen Fakten werden sich die Wogen absehbar nicht völlig glätten. Die Intensität der Debatte und die Inbrunst, mit der insoweit um eine Lösung gerungen wird, dürfte auch damit zusammenhängen, dass ökonomische Interessen innerhalb der Anwaltschaft betroffen sind, die – in Anbetracht der Anzahl an Pflichtverteidigungen – durchaus von beachtlichem Volumen sind. Ausgangspunkt für die juristische Kritik an der jetzt favorisierten Lösung **ist Art. 7 der PKH-RL, wonach die Qualität der mit der Prozesskostenhilfe verbundenen Dienstleistungen sicherzustellen** ist. Die Legitimität dieses Anliegens dürfte nicht zu bezweifeln sein, über seine Umsetzung besteht aber keine Einigkeit. Der besonders erwägenswerte Vorschlag, die Auswahl weg vom erkennenden Richter und hin zur **Rechtsanwaltskammer zu verlagern**, hat sich nicht durchgesetzt (dafür u.a. *Beulke* Einleitungsreferat auf dem 43. Strafverteidigertag in Regensburg, 2019; s. ferner zum Diskussionsstand vor Inkrafttreten des Gesetzes: *Bahns/Burkert/Guthke/Kitlikoglu/Scherzberg*, Neuordnung der Pflichtverteidigung, Policy Paper der Strafverteidigervereinigungen, Mai 2018; *Bundesrechtsanwaltskammer*, Eckpunktepapier der BRAK vom Oktober 2018, BRAK-Stellungnahme-Nr. 34/2018; *Jahn/Zink* FS Graf-Schlicker, 2018, S. 475; *Schlothauer* StV 2018, 169; *ders.* KriPoZ 2019, 3; *Schlothauer/Neuhaus/Matt/Brodowski* HRRS 2018, Heft 2, S. 55; *Schoeller* StV 2019, 190).

46 Hinsichtlich der nunmehr in § 142 Abs. 6 gewählten Lösung wird die Aufnahme der **Fachanwälte für Strafrecht** in den Kreis der Auszuwählenden, **ohne dass eine zusätzliche Geeignetheitsprüfung vorzunehmen wäre**, zumeist gutgeheißen. Die Kritik fokussiert sich auf die zweite Alternative des § 142 Abs. 6 Satz 2, wonach auch **»interessierte« Strafverteidiger, die sich bei der Rechtsanwaltskammer in eine entsprechende Liste haben eintragen lassen**, ausgewählt werden können (vgl. hierzu *Bundesrechtsanwaltskammer*, BRAK-Stellungnahme Nr. 1/2019, S. 13 ff. und *Schlothauer* KriPoZ 2019, 10 ff.). Die Annahme, allein die Bekundung von Interesse an Pflichtverteidigungen ließe auf hinreichende Qualität schließen, dürfte sich als frommer Wunsch erweisen. Insb. die Annahme des Gesetzgebers, die entsprechenden Rechtsanwälte würden durch ihre Interessensbekundung ihren besonderen fachlichen Bezug zur Strafverteidigung und ihre Bereitschaft, sich gerade auch durch eine verstärkte forensische Tätigkeit laufend fortzubilden, herausstellen (BT-Drs. 19/13829, S. 43), vermag insofern wenig zu überzeugen. Oftmals wird es um rein monetäre Interessen gehen, handelt es sich bei der Übernahme von Pflichtverteidigungen doch um eine denkbar einfache Art der »Akquise«. Zwar soll nach § 142 Abs. 6 Satz 2 Hs. 2 von den in der Bundesrechtsanwaltskammer-Liste eingetragenen interessierten Anwälten nur ein **»geeigneter«** Anwalt bestellt werden, aber auch das gibt keine Gewähr für die Einhaltung des geforderten Qualitätsstandards, weil **kaum objektive Kriterien**, für oder gegen die Geeignetheit eines zugelassenen Rechtsanwalts zur Übernahme einer Pflichtverteidigung, existieren. Um ein gewisses Mindestmaß an Qualitätssicherung zu gewährleisten, hat die Bundesrechtsanwaltskammer vorgeschlagen, die Teilnahme an einer mindestens 15-stündigen **Weiterbildungsmaßnahme** auf dem Gebiet der Pflichtverteidigung als weitere Voraussetzung aufzunehmen (BRAK-Stellungnahme Nr. 1/2019, S. 15). Dieser Vorschlag ist im Gesetzgebungsverfahren jedoch (leider) unberücksichtigt geblieben. Der auswählende Richter (in Eilfällen der Staatsanwalt) wird gleichwohl **im Rahmen des ihm eingeräumten Beurteilungsspielraums entsprechende Kriterien anlegen müssen**, sofern das Geeignetheitserfordernis nicht zu einer leeren Floskel verkommen soll.

47 **Keine Referendare.** Ein eher unscheinbarer Aspekt, der gleichfalls mit der Qualitätssicherung und somit letztlich dem Schutz des Beschuldigten begründet ist, ist der **ersatzlose Fortfall der bisher in § 142 Abs. 2 StPO normierten Regelung, wonach in bestimmten Fällen auch Rechtsreferendare zu Pflichtverteidigern bestellt werden können.** Denn mangels bestandener Zweiter Juristischer Staatsprüfung kann jene Gruppe nach Ansicht des Gesetzgebers die europarechtlich geforderten Qualitätsanforderungen von vornherein nicht sicher nachweisen.

48 **III. Rechtsfolgen der Bestellung.** Mit der Beiordnung wird ein **öffentlich-rechtliches Pflichtenverhältnis** begründet (daher der Name Pflichtverteidigung, vgl. *Theiß* Die Pflichtverteidigerbestellung de lege lata und de lege ferenda [2003], S. 29 m.w.N.; *Wenske* NStZ 2010, 479, 483; für eine zivilrechtliche Begründung hingegen LR/*Jahn* § 142 Rn. 30 ff.; *Jahn* JR 1999, 1, 4 f.). Die Übernahme der Pflichtverteidigung darf nur

aus wichtigen Gründen abgelehnt werden (§§ 48 Abs. 2, 49 BRAO; dazu näher Widmaier/Müller/Schlothauer/*von Stetten* MAH § 16 Rn. 73).

Zudem ist die Verteidigung grundsätzlich in persona zu erbringen; eine **Unterbevollmächtigung** ist dem Pflichtverteidiger nicht möglich, weil ihm vom Beschuldigten keine Vollmacht übertragen worden ist, die übertragen werden könnte (BGH NStZ 1995, 356 f. m. insoweit zust. Anm. *Ehrlicher*; BGH NStZ 2012, 276; BeckRS 2014, 03591; Meyer-Goßner/*Schmitt* § 142 Rn. 60; a.A. LR/*Jahn* § 142 Rn. 75 für den Fall, dass der Beschuldigte mit der Unterbevollmächtigung ausdrücklich einverstanden ist). Vom Unterbevollmächtigten abgegebene Rechtsmittelerklärungen sind daher unwirksam (KK-StPO/*Willnow* § 142 Rn. 10). Auch die Führung durch einen **Sozius** des beigeordneten Rechtsanwalts ist unzulässig (Meyer-Goßner/*Schmitt* § 142 Rn. 60; a.A. KG NStZ-RR 2005, 327 für den Fall vorübergehender Verhinderung und Zustimmung des Vorsitzenden). 49

Der allgemeine Vertreter i.S.d. § 53 BRAO darf hingegen den beigeordneten Verteidiger vertreten. Dies wird aufgrund des Sinn und Zwecks einer Vertretung auch nach Wegfall der bis 25.06.2021 noch wirksamen Vorschrift des § 53 Abs. 7 BRAO, wonach dem Vertreter dieselben anwaltlichen Befugnisse wie dem Vertretenen zustehen, zu gelten haben. 50

Der **Gebührenanspruch** entsteht **kraft Gesetzes**; die Beiordnung eines auswärtigen Verteidigers unter Beschränkung auf die Vergütung eines ortsansässigen Rechtsanwalts ist daher mangels Dispositionsbefugnis des Vorsitzenden unzulässig; jedoch kann der Rechtsanwalt auf den überschüssigen Betrag **verzichten** (OLG Oldenburg NStZ-RR 2010, 210 f.; OLG Frankfurt a.M. StV 1989, 241; OLG Zweibrücken StV 1983, 362; gegen die Möglichkeit eines im Voraus vereinbarten Verzichts unter Bezug auf § 49b Abs. 1 BRAO hingegen OLG Köln StraFo 2008, 348; gegen ein Entgegenstehen der Norm OLG Bamberg NJW 2006, 1536). Der Verzicht ist aus Gründen der Rechtsklarheit **ausdrücklich** zu erklären (OLG Brandenburg StV 2007, 484; weitergehend OLG Frankfurt a.M. StV 1987, 158 m. abl. Anm. *Krehl*: widerspruchslose Hinnahme der Beschränkung ausreichend). Der Verzicht gilt nur für die betreffende Beiordnung (OLG Düsseldorf NStZ 2009, 448 f.). 51

C. Rechtsmittel. I. Beschwerde. Nach **§ 142 Abs. 7 Satz 1** sind gerichtliche Entscheidungen über die Bestellung eines Pflichtverteidigers mit der **sofortigen Beschwerde** anfechtbar. Dies weicht von der bisherigen Regelung ab, die eine (fristlose) Beschwerde vorsah, während nunmehr die **Wochenfrist der sofortigen Beschwerde** nach § 311 Abs. 2 (Einzelheiten unter § 311 Rdn. 9) zu beachten ist. Das neue Gesetz strebt also eine schnelle und klare Entscheidung an (krit. in Bezug auf die tatsächliche Umsetzung BeckOK-StPO/*Krawczyk* § 142 Rn. 48). 52

Statthaft ist die sofortige Beschwerde – soweit der Ausnahmetatbestand des Abs. 7 Satz 2 nicht verwirklicht ist (vgl. Rdn. 56) – damit **gegen Entscheidungen des Gerichts, einen nicht gewünschten Verteidiger bestellt zu bekommen oder den gewünschten Verteidiger nicht bestellt zu bekommen.** Das Recht zur Beschwerde steht dem Beschuldigten dabei in jedem Verfahrensstadium zu. Denn da es sich bei der Entscheidung über die Bestellung eines Pflichtverteidigers in Anbetracht der eigenständigen prozessualen Bedeutung der Beiordnung zur Sicherung eines justizförmigen Strafverfahrens richtigerweise **nicht um eine der Urteilsfällung vorausgehende Entscheidung i.S.d. § 305 Satz 1** handelt, ist das Beschwerderecht des Angeklagten auch dann nicht ausgeschlossen, wenn er gegen die Entscheidung des erkennenden Gerichts vorgehen möchte (OLG Naumburg StV 2013, 200; OLG Düsseldorf StV 2001, 609; LG Neubrandenburg BeckRS 2016, 20411; KG StV 1990, 298; OLG Zweibrücken NStZ 1988, 144 f.; BeckOK-StPO/*Krawczyk* § 142 Rn. 50; Meyer-Goßner/*Schmitt* § 142 Rn. 62). Auch das Unterlassen einer Bescheidung des Bestellungsantrags ist mit der (sofortigen) Beschwerde anfechtbar (LG Dresden StV 2016, 489; LG Magdeburg NStZ-RR 2009, 87: **Untätigkeitsbeschwerde**). Neben der originären (Nicht-) Bestellung ist die sofortige Beschwerde ferner gegen gerichtliche Entscheidungen nach staatsanwaltlicher Bestellung des Pflichtverteidigers nach Abs. 4 statthaft. Der hierfür zu ergehende **Beschluss** des Gerichts ist gem. § 35 Abs. 2 **förmlich zuzustellen**, um die Wochenfrist in Lauf zu setzen (BGH 31.08.2020 – StB 23/20). Nach Ablauf der Frist erwächst die Entscheidung in **Rechtskraft**, welche lediglich im Fall unverschuldeter Säumnis durch das Institut der Wiedereinsetzung in den vorigen Stand (§ 44) durchbrochen werden kann (OLG Bamberg StV 2018, 144). Unbeschadet davon kann sich ein neuerlicher inhaltsgleicher Antrag gegen die Entscheidung nur auf solche Umstände stützen, die sich aufgrund einer wesentlichen Veränderung der tatsächlichen oder rechtlichen Verhältnisse ergeben (BGH NJW 2021, 1894). 53

Beschwerdeberechtigt ist der beschwerte Beschuldigte, nicht jedoch der nicht beigeordnete Verteidiger (OLG Rostock BeckRS 2018, 10862; KG BeckRS 2006, 3238; OLG Köln NStZ 1982, 129; OLG Düsseldorf StV 1986, 239, 240; Meyer-Goßner/*Schmitt*, § 142 Rn. 63), und zwar auch dann, wenn der Wahlverteidiger als Pflichtverteidiger bestellt wird (OLG Köln NStZ 2010, 653). Nicht beschwert ist der Beschuldigte 54 etwa bei der Bestellung eines Rechtsanwalts als Nebenklägerbeistand (OLG Celle NStZ-RR 2020, 320). Auch der Staatsanwaltschaft sowie – in Steuerstrafverfahren – den in Rdn. 5 genannten Stellen kommt eine eigene Beschwerdebefugnis zu.

55 Nach § 311 Abs. 3 Satz 1 darf das Gericht, dessen Entscheidung mit der Beschwerde angefochten wird, seine Entscheidung nicht eigenständig abändern, sofern nicht ein Fall seiner Abhilfekompetenz nach Abs. 3 Satz 2 eröffnet ist. Damit obliegt die Entscheidung regelmäßig dem **Beschwerdegericht**, das nach § 309 Abs. 2 selbst die in der Sache erforderliche Entscheidung zu treffen. Hierzu überprüft es, ob der Vorsitzende des Erstgerichts die Grenzen seines Beurteilungsspielraums eingehalten und sein Entscheidungsermessen fehlerfrei ausgeübt hat (BGH NStZ-RR 2021, 179). Aufgrund der selbstständigen verfahrensrechtlichen Bedeutung der Auswahl des Pflichtverteidigers kann das Beschwerdegericht selbstständig einen Pflichtverteidiger bestellen (BeckOK-StPO/*Krawczyk* § 142 Rn. 54).

56 Gem. **§ 142 Abs. 7 Satz 2** ist die sofortige Beschwerde wegen der vorgesehenen Erleichterung des Verteidigerwechsels **ausgeschlossen, wenn der Beschuldigte einen Antrag auf Auswechslung des Pflichtverteidigers nach § 143a Abs. 2 Satz 1 Nr. 1** (Einzelheiten dazu unter § 143a Rdn. 7) stellen kann. Hierzu muss das Rechtsschutzziel des Beschuldigten auf Auswechslung eines bestellten Verteidigers gegen einen bestimmten anderen Verteidiger gerichtet sein (OLG Saarbrücken 08.07.2021 – 4 Ws 97/21).

57 **II. Revision.** Gem. § 337 muss zunächst ein **Verfahrensfehler** in Form von ermessensfehlerhaftem Handeln festgestellt werden (abgelehnt im Fall BGH NJW 1992, 850, hierzu krit. *Barton*, StV 1992, 407, 409; BGH NStZ 1998, 311, 312). Ermessensfehlerhaft ist die Entscheidung im Fall der Ermessensunterschreitung oder sofern ein Fall der Ermessensreduzierung »auf Null« vorliegt (BGHSt 43, 153, 156). Zudem muss das Urteil auf dem Fehler **beruhen**. Dies ist grundsätzlich nur dann der Fall, wenn der zu Unrecht beigeordnete Verteidiger entweder nicht willens oder nicht in der Lage war, die Verteidigung zu übernehmen (BGH NJW 1992, 850; a.A. SK-StPO/*Wohlers* § 142 Rn. 34). Ausreichend soll in diesem Zusammenhang bereits die konkrete Gefahr einer Interessenkollision sein (BGH StV 1992, 406; NStZ 2006, 404). Ausnahmsweise ist vom Beruhen jedoch auch dann auszugehen, wenn der Beschuldigte nach unterlassener Anhörung die Beiordnung des nunmehr vom Beschuldigten benannten Rechtsanwalts, der keine wichtigen Gründe entgegenstehen, ablehnt und der Beschuldigte dies nicht widerspruchslos hinnimmt (BGH NJW 2001, 237, 238). Zudem soll die Revision dann begründet sein, wenn der Beschuldigte zeitgerecht den Wunsch nach der Beiordnung eines bestimmten Verteidigers vorgetragen hatte, der Vorsitzende diesen jedoch überging (BGH NJW 2001, 237 m.Anm. *Lüderssen* NStZ 2001, 606 zu möglichen absoluten Revisionsgründen).

58 Zudem ist der absolute Revisionsgrund des **§ 338 Nr. 8** zu bejahen, wenn **im Wege der Gesamtschau** nur die Verteidigung durch den bezeichneten Verteidiger in Betracht kommt (BGHSt 43, 153, 156 f.: schwerste Tatvorwürfe, Untersuchungshaft, umfangreiches Verfahren und durch Vertretung im Ermittlungsverfahren begründetes Vertrauensverhältnis zur Beschuldigten).

§ 143 Dauer und Aufhebung der Bestellung

(1) Die Bestellung des Pflichtverteidigers endet mit der Einstellung oder dem rechtskräftigen Abschluss des Strafverfahrens einschließlich eines Verfahrens nach den §§ 423 oder 460.

(2) [1]Die Bestellung kann aufgehoben werden, wenn kein Fall notwendiger Verteidigung mehr vorliegt. [2]In den Fällen des § 140 Absatz 1 Nummer 5 gilt dies nur, wenn der Beschuldigte mindestens zwei Wochen vor Beginn der Hauptverhandlung aus der Anstalt entlassen wird. [3]Beruht der Freiheitsentzug in den Fällen des § 140 Absatz 1 Nummer 5 auf einem Haftbefehl gemäß § 127b Absatz 2, § 230 Absatz 2 oder § 329 Absatz 3, soll die Bestellung mit der Aufhebung oder Außervollzugsetzung des Haftbefehls, spätestens zum Schluss der Hauptverhandlung, aufgehoben werden. [4]In den Fällen des § 140 Absatz 1 Nummer 4 soll die Bestellung mit dem Ende der Vorführung aufgehoben werden, falls der Beschuldigte auf freien Fuß gesetzt wird.

(3) Beschlüsse nach Absatz 2 sind mit der sofortigen Beschwerde anfechtbar.

Übersicht

A. Grundsätzliches. § 143 regelt nach dessen gänzlicher Umgestaltung im Wege der Neuregelung des Rechts der notwendigen Verteidigung erstmals ausdrücklich die **zeitlichen Grenzen der Pflichtverteidigung**, nämlich Dauer der Wirksamkeit und Aufhebung der Bestellung des Pflichtverteidigers. Während Abs. 1 im Einklang mit Erwägungsgrund Nr. 25 der PKH-RL den Grundsatz der fortdauernden Pflichtverteidigerbestellung über das ganze Verfahren hinweg festlegt, enthält Abs. 2 den Ausnahmefall der Aufhebung der Bestellung. § 143 Abs. 3 normiert den Rechtsschutz gegen Beschlüsse nach Abs. 2. Die Auswechslung des Pflichtverteidigers durch einen Wahlverteidiger (nach altem Recht: § 143) und die Auswechslung des Pflichtverteidigers in Form der Aufhebung der ersten Beiordnung bei gleichzeitiger Beiordnung eines anderen Pflichtverteidigers wird nunmehr in § 143a geregelt (dazu unter § 143a Rdn. 1 ff.). 1

B. Regelungsgehalt. I. Ende der Pflichtverteidigerbestellung. In **§ 143 Abs. 1** erfährt die h.A. zur bislang geltenden Rechtslage eine gesetzliche Kodifizierung, wonach die Bestellung eines Pflichtverteidigers **mit der Einstellung oder dem rechtskräftigen Abschluss des Strafverfahrens einschließlich eines Verfahrens nach den §§ 423 oder 460** endet; sie gilt damit **das gesamte Verfahren** hindurch. 2

Umfasst sind damit auch das **Berufungs- und Revisionsverfahren** und die erneute Verhandlung nach Zurückverweisung gem. § 354 Abs. 2 (OLG Celle NdsRpflege 1983, 125; SK-StPO/*Wohlers* § 141 Rn. 23 ff.). Ausnahmen von diesem Grundsatz ergeben sich lediglich für die auf einzelne Verfahrenshandlungen bezogenen Tatbestände des § 140 Abs. 1 Nr. 4, 5 und 10 (vgl. BeckOK-StPO/*Krawczyk* § 140 Rn. 3) sowie den Fall, dass die Voraussetzungen notwendiger Verteidigung nicht mehr vorliegen (§ 143 Abs. 2). Fällt also – ohne Vorliegen eines Ausnahmetatbestands – nach Erlass des erstinstanzlichen Urteils der bisherige Wahl- oder Pflichtverteidiger weg, muss ein anderer Verteidiger gewählt oder bestellt werden. Eine Beschränkung der Bestellung nach § 140 Abs. 1 (anders nach Abs. 2, s.u. Rdn. 7) ist nicht möglich. Nach früher h. A. umfasste die Bestellung eines Verteidigers durch das Tatgericht nicht dessen Auftreten in einer Revisionshauptverhandlung; insoweit bedurfte es einer gesonderten Bestellung (BGH bei *Cierniak/Zimmermann* NStZ-RR 2011, 97, 101; BGHSt 19, 258; BGH NStZ 2000, 552); dies hat sich durch die Neufassung des § 350 durch das Gesetz zur Stärkung des Rechts des Angeklagten auf Anwesenheit in der Verhandlung vom 17.12.2018 (BGBl. I, S. 2571) zwar geändert, ist jedoch nach der nunmehr erfolgten Neuregelung des Rechts der notwendigen Verteidigung erneut einer Anpassung unterworfen worden. Nach rechtzeitig geäußertem Wunsch des Beschuldigten ist – soweit dem kein wichtiger Grund entgegensteht – gem. § 143a Abs. 3 Satz 1 die bisherige Bestellung aufzuheben und diesem ein neuer Pflichtverteidiger zu bestellen (dazu unter § 143a Rdn. 32). Die notwendige Verteidigung umschließt auch den **Antrag über die Wiederaufnahme des Verfahrens** (KG StraFo 2013, 22; OLG Bremen NJW 1964, 2175; LR/Gössel § 364a Rn. 7; Meyer-Goßner/*Schmitt* § 364a Rn. 3; a.A. OLG Oldenburg NStZ-RR 2009, 208; KK-StPO/*Willnow* § 141 Rn. 10; SK-StPO/*Wohlers* § 141 Rn. 23). Da die Regelung nur bis zur Rechtskraft des Urteils gilt, findet § 140 **keine direkte Anwendung für das Vollstreckungsverfahren** sowie für den Strafvollzug. 3

Zum Strafverfahren zählt aufgrund des Zwecks der Regelungen zur notwendigen Verteidigung (s.o. Rdn. 2) richtigerweise auch das **Adhäsionsverfahren** (OLG Schleswig NStZ 1998, 101; OLG Hamm StV 2002, 89; OLG Köln StraFo 2005, 394; OLG Hamburg NStZ-RR 2006, 347; LG München StV 2018, 153; *J. Ph. Feigen* Adhäsionsverfahren in Wirtschaftsstrafsachen [2012], S. 42; KK-StPO/*Willnow* § 140 Rn. 4; Meyer-Goßner/*Schmitt* § 143 Rn. 1; *Burhoff* EV Rn. 1308 m.w.N.; a.A. unter Verweis auf § 404 Abs. 5: OLG München StV 2004, 38; OLG Bamberg NStZ-RR 2009, 114; OLG Stuttgart NJW-Spezial 2009, 493; OLG Oldenburg StraFo 2010, 306; HansOLG Hamburg StraFo 2010, 307; KG NStZ-RR 2011, 86, 87; OLG Hamm StraFo 2013, 85, 86; OLG Dresden StV 2014, 276); der Begriff umfasst auch sog. Nachtragsentscheidungen zur Bildung einer nachträglichen Gesamtstrafe (KG StV 2012, 616; OLG Jena StraFo 2007, 96; OLG Köln NStZ-RR 2010, 283; LR/*Lüderssen/Jahn* § 141 Rn. 28; Meyer-Goßner/*Schmitt* § 143 Rn. 1; KK-StPO/*Willnow* § 141 Rn. 10; a.A. SK-StPO/*Wohlers* § 141 Rn. 26 m.w.N.). 4

Eine Bestellung aufgrund der sich aus **§ 140 Abs. 2** ergebenden Notwendigkeit **kann beschränkt werden**, z.B. auf bestimmte Verfahrensabschnitte – auch auf das Verfahrensstadium der vorläufigen Einstellung nach § 153a (bspw. zur Wahrung der Rechte bei der Auflagenerfüllung oder bei drohendem Scheitern der Einstellung, s. OLG Hamm StV 2012, 330) – oder einzelne Verfahrenshandlungen (RGSt 62, 22, 23; Meyer-Goßner/*Schmitt* § 140 Rn. 6; HK-StPO/*Julius/Schiemann* § 140 Rn. 16; *Wessing* in Graf StPO § 140 Rn. 2; a.A. SK-StPO/*Wohlers* § 140 Rn. 31; *Wasserburg* GA 1982, 312 f., die einen Umkehrschluss zu § 138c Abs. 3 ziehen); erfolgt diese Beschränkung nicht, gilt die Bestellung ebenfalls für das gesamte Strafverfahren. Hat das Gericht einen Verteidiger bestellt, begründet dies ein Recht des Beschuldigten auf Verteidigung. Der Grundsatz des prozessualen Vertrauensschutzes gebietet es, dass eine einmal erfolgte Pflichtverteidigerbestellung in der Regel bestehen bleibt. Nur die nach objektiven Kriterien zu bestimmende wesentliche Änderung von Umständen begründet daher eine Rücknahme der Bestellung (BGHSt 7, 69; KG StV 2017, 154; OLG Düsseldorf NStZ 5

2011, 653; OLG Köln NJW 2006, 76; LG Bonn StraFo 2016, 295). Es besteht zudem kein schutzwürdiges Vertrauen, wenn das Gericht von objektiv unrichtigen Voraussetzungen ausgegangen ist (KG BeckRS 2017, 109349; LG Hamburg StV 2016, 156). Es muss jedoch bei der Bestellung bleiben, wenn das Gericht lediglich seine rechtliche Auffassung über das Vorliegen der Voraussetzungen einer Pflichtverteidigerbestellung ändert (KG StV 2017, 154). Dies gilt ebenso, wenn ein im Laufe des Verfahrens anderes, neu zuständig gewordenes Gericht (z.B. das Berufungsgericht) die Auffassung des bisher zuständigen Gerichts über die vorgenommene Pflichtverteidigerbestellung nicht teilt (KG StV 2016, 485; 2017, 154; BeckRS 2017, 109349).

6 Die Einbeziehung der **Einziehungsentscheidung nach Abtrennung** (§ 423) ist der Tatsache geschuldet, dass gerade diese Entscheidung für den Beschuldigten gravierende Folgen haben kann und darum nicht ohne Pflichtverteidiger getroffen werden soll. Gleiches gilt für § 460, wenn ein **Verfahren über die nachträgliche Gesamtstrafenbildung** durchgeführt wird.

7 **II. Aufhebung der Pflichtverteidigerbestellung. 1. Wegfall der Voraussetzungen notwendiger Verteidigung.** Nach **§ 143 Abs. 2 Satz 1** kann eine Pflichtverteidigerbestellung aufgehoben werden, **wenn kein Fall der notwendigen Verteidigung mehr vorliegt.** Gemeint ist damit, dass eine Auswertung der tatsächlichen oder rechtlichen Umstände der Tat sowie der besonderen persönlichen und strafprozessualen Schutzbelange des Beschuldigten ergibt, dass die Voraussetzungen des § 140 nicht gegeben sind, etwa weil das Gericht bei der Bestellung des Pflichtverteidigers die Voraussetzungen notwendiger Verteidigung in fehlerhafter Weise angenommen hat oder sich für die Anordnung der Pflichtverteidigung maßgebliche Umstände wesentlich geändert haben (OLG Düsseldorf NStZ 2011, 653; KG, Beschl. v. 28.02.2017 – 5 Ws 50/10 – 121 AR 36/17 sowie Beschl. v. 28.10.2016 – 3 Ws 575/16). Auffällig ist, dass der Gesetzestext nur eine »**kann**«-Regelung enthält, damit also offenkundig ein **Ermessen** eröffnet sein soll. Das Gesetz folgt damit also keiner zwingenden actus-contrarius-Regelung, sondern trägt dem Umstand Rechnung, **dass der Beschuldigte im Einzelfall aufgrund der bisherigen Unterstützung durch einen Pflichtverteidiger auf dessen weiteren Schutz in besonderem Maße angewiesen sein kann.** Daher sollen Aspekte des **Vertrauensschutzes die Fortdauer der Beiordnung** tragen können, auch wenn im Rahmen einer Erstentscheidung über das Vorliegen der Voraussetzungen des § 140 auf der Basis der jetzigen Erkenntnisse die Ablehnung der Beiordnung rechtmäßig gewesen wäre, (vgl. BT-Drs. 19/13829, S. 45). Angesichts der Erfahrungen in der Praxis, dass eine intensive Unterstützung durch einen Verteidiger zumeist ein Abhängigkeitsverhältnis des Beschuldigten auch zu seinem Pflichtverteidiger bewirkt, sollte dem § 143 auch **kein Regel-Ausnahme-Verhältnis** von Abs. 1 zu Abs. 2 dahin gehend entnommen werden, dass im Normalfall mit dem Wegfall der Voraussetzungen der notwendigen Verteidigung auch die Bestellung des Pflichtverteidigers aufgehoben wird. Ein **freies Ermessen des Gerichts**, bei dem jedoch fiskalische Gründe keine Rolle zu spielen haben (BeckOK-StPO/*Krawczyk* § 143 Rn. 7), erscheint hier sachgerechter.

8 **2. Entlassung des Beschuldigten.** Gem. **§ 143 Abs. 2 Satz 2** ist in den Fällen des § 140 Abs. 1 Nr. 5 (also wenn sich der Beschuldigte aufgrund **richterlicher Anordnung oder mit richterlicher Genehmigung in einer Anstalt** befindet) eine Aufhebung der Pflichtverteidigung nur dann zulässig, wenn der Beschuldigte **mindestens zwei Wochen vor Beginn der Hauptverhandlung aus der Anstalt entlassen** wird. Diese Zwei-Wochen-Grenze war bislang in § 140 Abs. 3 enthalten. Die Regelung ist dem Gedanken geschuldet, dass während der Inhaftierung eine Vorbereitung der eigenen Verteidigung allenfalls unter Erschwernissen möglich ist und darum entweder ein hinreichender Zeitraum in Freiheit vor der Hauptverhandlung zur Verfügung stehen muss oder eben eine Kompensation der Einschränkungen durch einen Pflichtverteidiger zu erfolgen hat. Einer Pflichtverteidigung bedarf es dann nicht mehr, so der Gesetzgeber, wenn der Angeklagte aufgrund seiner Entlassung aus der Anstalt mindestens zwei Wochen Zeit hat, sich selbstständig auf die Hauptverhandlung vorzubereiten. Dem Gericht kommt in solchen Fällen ein Ermessensspielraum zu (KG BeckRS 2020, 36749). Dabei hat das Gericht in diesen Konstellationen stets zu prüfen, ob die Beschränkungen noch **nachwirken** oder ob die Bestellung **aus anderen Gründen aufrechtzuerhalten** ist (OLG Bremen StraFo 2002, 231: Entlassung nach 2 Jahren Strafhaft und 20 Tage vor der Berufungshauptverhandlung bei zusätzlicher Suchtproblematik; OLG Celle StV 1992, 151: Entlassung einen Monat vor Beginn der Verhandlung; OLG Frankfurt a.M. StV 1990, 487: ortsunkundiger, sprachunkundiger Ausländer), was **regelmäßig anzunehmen** sein wird (so zu Recht OLG Celle NStZ-RR 2010, 342). Das AG Halle (StV 2016, 492) stellt dazu richtigerweise fest, dass eine Entpflichtung des nach § 140 Abs. 1 Nr. 4 bestellten Verteidigers bei einer Haftentlassung zwei Wochen vor der Hauptverhandlung aus rechtsstaatlichen Gründen und unter dem Gesichtspunkt des fairen Verfahrens nicht vertretbar ist. Soll eine Bestellung aufgehoben werden, sind sowohl Staatsanwaltschaft als auch Beschuldigter und Pflichtverteidiger **anzuhören** (KG BeckRS 2020, 36749).

3. Erste Gegenausnahme: Hauptverhandlungshaft. Beschränkt Abs. 2 Satz 2 noch die Möglichkeit, die Pflichtverteidigerbestellung nach Satz 1 aufzuheben, stellt Abs. 2 Satz 3 hiervon wiederum eine Ausnahme dar. **Gem. § 143 Abs. 2 Satz 3** soll die Bestellung mit der **Aufhebung oder Außervollzugsetzung** des Haftbefehls, **spätestens zum Schluss der Hauptverhandlung** aufgehoben werden, wenn der Freiheitsentzug in den Fällen des § 140 Abs. 1 Nr. 5 auf einem **Haftbefehl gem. § 127b Abs. 2, gem. § 230 Abs. 2** oder **gem. § 329 Abs. 3** beruht, sprich in den Fällen eines Haftbefehls nach vorläufiger Festnahme und zu erwartendem beschleunigten Verfahren, eines Haftbefehls bei Ausbleiben des Angeklagten in der Hauptverhandlung oder der Berufungshauptverhandlung. Hintergrund dieser Gegenausnahme ist es, **Missbrauchsgefahren vorzubeugen:** Der Beschuldigte soll sich nicht durch Nichterscheinen in der Verhandlung einen Pflichtverteidiger für diese und weitere Instanzen verschaffen können, sondern schon zuvor seinen Pflichtverteidiger verlieren (BT-Drs. 19/13829, S. 45). 9

4. Zweite Gegenausnahme: Vorführungsfälle. Gem. **§ 143 Abs. 2 Satz 4** soll in den Fällen des § 140 Abs. 1 Nr. 4 (**Vorführung zur Entscheidung über Haft oder einstweilige Unterbringung,** dazu § 140 Rdn. 24) die Bestellung des Pflichtverteidigers mit dem **Ende der Vorführung aufgehoben** werden, falls der **Beschuldigte auf freien Fuß** gesetzt wird. Das hat folgenden Hintergrund: Wird bei einer vorläufigen Festnahme ein **Haftbefehl beantragt,** so liegt ein Fall notwendiger Verteidigung gem. § 140 Abs. 1 Nr. 4 vor und es muss gem. § 141 Abs. 2 Satz 1 Nr. 1 **noch vor der Vernehmung des Beschuldigten ein Pflichtverteidiger bestellt werden** (dazu unter § 141 Rdn. 10). Wenn der Richter den Erlass des **Haftbefehls ablehnt** oder ihn zwar erlässt, den Haftbefehl aber gem. **§ 116 außer Vollzug setzt** und **den Beschuldigten auf freien Fuß lässt,** soll er die **Pflichtverteidigerbestellung wieder aufheben, sofern kein anderer Grund der notwendigen Verteidigung vorliegt.** Das Wort »soll« zeigt an, dass hier ein intendiertes Ermessen dahin gehend gegeben ist, dass mit dem Entfall des (einzigen) Grundes für die notwendige Verteidigung in der Regel auch die Bestellung des Pflichtverteidigers aufzuheben sein wird. Zumindest im Fall der Außervollzugsetzung des Haftbefehls erscheint es allerdings problematisch, den Schutz, den der Pflichtverteidiger gewährt, umgehend wieder zu entziehen und außerdem ist kaum denkbar, dass **alle anderen Gründe der notwendigen Verteidigung** (insb. die Schwere der Tat) ausgeschlossen werden können, wenn die Staatsanwaltschaft den Erlass eines Haftbefehls beantragt hat. 10

III. Rechtsmittel. Gem. § 143 Abs. 3 sind Beschlüsse hinsichtlich der **Aufhebung der Bestellung** eines Pflichtverteidigers mit der **sofortigen Beschwerde** (§ 311) anfechtbar. Nach bisheriger Rechtslage war hiergegen eine einfache Beschwerde gem. § 304 Abs. 1 statthaft. Die Neuregelung korrespondiert mit § 142 Abs. 7 RegE-PKH und soll einen Gleichlauf des Rechtsbehelfs über die Bestellung des Pflichtverteidigers (s. unter § 142 Rdn. 52) mit dem über die Aufhebung der Bestellung bewirken. Übergeordnetes Ziel ist es damit, mithilfe der **Einlegungsfrist des § 311 Abs. 2 von einer Woche** rasch Rechtssicherheit zu schaffen. 11

§ 143a Verteidigerwechsel

(1) [1]Die Bestellung des Pflichtverteidigers ist aufzuheben, wenn der Beschuldigte einen anderen Verteidiger gewählt und dieser die Wahl angenommen hat. [2]Dies gilt nicht, wenn zu besorgen ist, dass der neue Verteidiger das Mandat demnächst niederlegen und seine Beiordnung als Pflichtverteidiger beantragen wird, oder soweit die Aufrechterhaltung der Bestellung aus den Gründen des § 144 erforderlich ist.

(2) [1]Die Bestellung des Pflichtverteidigers ist aufzuheben und ein neuer Pflichtverteidiger zu bestellen, wenn

1. **der Beschuldigte, dem ein anderer als der von ihm innerhalb der nach § 142 Absatz 5 Satz 1 bestimmten Frist bezeichnete Verteidiger beigeordnet wurde oder dem zur Auswahl des Verteidigers nur eine kurze Frist gesetzt wurde, innerhalb von drei Wochen nach Bekanntmachung der gerichtlichen Entscheidung über die Bestellung beantragt, ihm einen anderen von ihm bezeichneten Verteidiger zu bestellen, und dem kein wichtiger Grund entgegensteht;**
2. **der anlässlich einer Vorführung vor den nächsten Richter gemäß § 115a bestellte Pflichtverteidiger die Aufhebung seiner Beiordnung aus wichtigem Grund, insbesondere wegen unzumutbarer Entfernung zum künftigen Aufenthaltsort des Beschuldigten, beantragt; der Antrag ist unverzüglich zu stellen, nachdem das Verfahren gemäß § 115a beendet ist; oder**
3. **das Vertrauensverhältnis zwischen Verteidiger und Beschuldigtem endgültig zerstört ist oder aus einem sonstigen Grund keine angemessene Verteidigung des Beschuldigten gewährleistet ist.**

[2]In den Fällen der Nummern 2 und 3 gilt § 142 Absatz 5 und 6 entsprechend.

(3) [1]Für die Revisionsinstanz ist die Bestellung des bisherigen Pflichtverteidigers aufzuheben und dem Beschuldigten ein neuer, von ihm bezeichneter Pflichtverteidiger zu bestellen, wenn er dies spätestens binnen einer Woche nach Beginn der Revisionsbegründungsfrist beantragt und der Bestellung des bezeich-

neten Verteidigers kein wichtiger Grund entgegensteht. [2]Der Antrag ist bei dem Gericht zu stellen, dessen Urteil angefochten wird.

(4) Beschlüsse nach den Absätzen 1 bis 3 sind mit der sofortigen Beschwerde anfechtbar.

Übersicht

1 **A. Regelungsgehalt.** Mit Gesetz zur Neuregelung des Rechts auf notwendige Verteidigung Eingang gefunden hat die Vorschrift des **§ 143a**, die alle **Konstellationen des Verteidigerwechsels**, sprich die Ersetzung eines Pflichtverteidigers durch einen Wahlverteidiger (Abs. 1) sowie die Ersetzung des Pflichtverteidigers durch einen anderen Pflichtverteidiger (Abs. 2 und 3) zum Gegenstand hat. § 143a knüpft in seinem Abs. 1 – unter Präzisierungen des Wortlauts – an den bisherigen § 143 an. Abs. 2 hingegen besorgt die Umsetzung von Art. 7 Abs. 4 der PKH-RL, der das Recht des Beschuldigten normiert, den Pflichtverteidiger, der ihm zugewiesen wurde, auswechseln zu lassen, sofern die konkreten Umstände dies rechtfertigen (*Jahn/Zink* FS Graf-Schlicker, S. 475, 492). § 143a Abs. 3 widmet sich speziell der Auswechslung des Pflichtverteidigers im Revisionsverfahren; Abs. 4 regelt Rechtsschutzfragen. In allen Fallgruppen des § 143a **»ist«** der Verteidigerwechsel vorzunehmen. Es besteht somit für den Richter **kein Ermessensspielraum**. Hinsichtlich der Frage, ob die rechtlichen Voraussetzungen im konkreten Fall erfüllt sind, steht dem Richter aber ein **Beurteilungsspielraum** zu.

2 **B. Beauftragung eines Wahlverteidigers. I. Grundsatz.** Gem. **§ 143a Abs. 1 Satz 1** ist die Bestellung des Pflichtverteidigers aufzuheben, wenn der Beschuldigte einen **anderen Verteidiger gewählt und dieser die Wahl angenommen** hat. Die Vorschrift bringt damit die auch nach alter Rechtslage bereits existierende, jedoch bis heute nicht der Rechtswirklichkeit entsprechende (LR/*Jahn* § 143a Rn. 5), Subsidiarität der Pflichtverteidigung zum Ausdruck. Im Vergleich zur bisherigen Fassung des § 143 ist der Wortlaut von § 143a Abs. 1 Satz 1 leicht verändert: Eine Aufhebung kann erst und nur dann erfolgen, »wenn der Beschuldigte einen anderen Verteidiger gewählt hat und dieser die Wahl angenommen hat«, während die Vorgängernorm es dem Wortlaut nach genügen ließ, dass »demnächst ein anderer Verteidiger gewählt wird und dieser die Wahl annimmt«. Zwar verstand die herrschende Meinung die Norm schon bislang so, **dass erst das neue Mandatsverhältnis zustande gekommen sein musste**, bevor eine Aufhebung der Pflichtverteidigerbestellung erfolgen konnte. Die Neuregelung stellt dies nun erfreulicherweise ausdrücklich klar. I.Ü. ist nochmals darauf hinzuweisen, dass auch § 143a Abs. 1 Satz 1 als gebundene Entscheidung ausgestaltet, ein Ermessen somit nicht eröffnet ist. Die **Entscheidung ist** also bei Vorliegen der Tatbestandsvoraussetzungen **zwingend** (vgl. OLG Koblenz, StV 2016, 144). Eine Aufhebung der Pflichtverteidigerstellung ipso jure erfolgt aber nicht.

3 **II. Ausnahmsweise Beibehaltung der Pflichtverteidigung trotz Wahlverteidiger. 1. Übersicht.** Nach **§ 143a Abs. 1 Satz 2** ist trotz der Beauftragung eines anderen Verteidigers die Pflichtverteidigerbestellung nicht zurückzunehmen, wenn zu **besorgen ist, dass der neue Verteidiger das Mandat demnächst niederlegen** und seine **Beiordnung als Pflichtverteidiger beantragen** wird, oder soweit die Aufrechterhaltung der Bestellung aus den Gründen des § 144 (zusätzlicher **Sicherungsverteidiger**) erforderlich ist. Damit werden

durch die Umsetzung der PKH-RL zwei schon in der Vergangenheit von der Rspr. angenommene Ausnahmefälle kodifiziert.

2. Erste Fallgruppe: Besorgnis des Missbrauchs. Gem. § 143a **Abs. 1 Satz 2 Alt.** 1 ist die Bestellung des Pflichtverteidigers trotz Beauftragung eines Wahlverteidigers **nicht** aufzuheben, **wenn zu besorgen ist, dass der neue Verteidiger das Mandat demnächst niederlegen und seine Beiordnung als Pflichtverteidiger beantragen wird** (zu Recht krit. bzgl. der Mandatierung eines Wahlverteidigers noch im Ermittlungsverfahren BeckOK-StPO/*Krawczyk* § 143a Rn. 5). Das befürchtete Verhalten stelle eine gezielte **Umgehung** von § 143a Abs. 1 Satz 1 dar, die als rechtsmissbräuchlich anzusehen wäre. Erfasst sind vor allem die Fälle, in denen der Wahlverteidiger nur beauftragt wird, damit dieser zum gewünschten Pflichtverteidiger wird (vgl. hierzu KG BeckRS 2020, 36749; KG BeckRS 2017, 123337; OLG Koblenz BeckRS 2014, 08898; OLG Celle NStZ-RR 2010, 381, 382; OLG Hamm BeckRS 2009, 29379; OLG Köln NJW 2006, 389). Das gilt sogar dann, wenn der Beiordnungsantrag mit der Entpflichtung nicht in unmittelbarem zeitlichem Zusammenhang steht (vgl. KG NStZ 2017, 64; Meyer-Goßner/*Schmitt* § 143a Rn. 6). Ein solches Vorgehen ist umso weniger hinzunehmen, als nunmehr in § 143a Abs. 2 und 3 in großzügigerem Maße weitere gesetzliche Wege eröffnet sind, eine Auswechslung des Pflichtverteidigers durch einen anderen Pflichtverteidiger zu erreichen (s. unter Rdn. 6 ff.;so BT-Drs. 19/13829, S. 45). Die Ausnahme des Abs. 1 Satz 2 Alt. 1 ist aber dann problematisch, wenn das Vertrauensverhältnis zum bisherigen Pflichtverteidiger erheblich belastet und der neue Verteidiger schon vor seinem Antrag auf Bestellung tatsächlich gleich einem Wahlverteidiger tätig gewesen ist (OLG Stuttgart BeckRS 2016, 03978). Der nach früherer Gesetzesfassung geführte Streit, ob die Zurücknahme der Bestellung auch dann zu unterlassen ist, wenn befürchtet werden muss, dass der nunmehr als Wahlverteidiger mandatierte Verteidiger sein Mandat alsbald aufgrund von **Mittellosigkeit** des Beschuldigten niederlegt, ist auch nach neuer Fassung nicht obsolet geworden. Gleichwohl ist vor dem Hintergrund des Zwecks der Ausnahme, missbräuchliches Herausdrängen eines bestellten Pflichtverteidigers zu verhindern, der durch die Richtlinienumsetzung gestärkten Autonomie des Beschuldigtenwillens sowie dem Umstand, dass es dem Gesetzgeber unbenommen war, die in § 143a Abs. 1 Satz 2 normierten Ausnahmen umfassend zu regeln oder zumindest entsprechend in der Gesetzesbegründung zu umreißen (vgl. LR/*Jahn* § 143a Rn. 11), was er jedoch beides unterließ, davon auszugehen, dass die Konstellation der Mittellosigkeit nicht von der Ausnahme umfasst ist. 4

Die grds. auf konkrete Tatsachen zu stützende Befürchtung, der Wahlverteidiger werde das Mandat alsbald niederlegen, kann durch eine ausdrückliche Versicherung seinerseits, dass die Verteidigung gesichert sei, ausgeräumt werden (vgl. BGH NStZ 2014, 660; LG Koblenz BeckRS 2012, 14160).

3. Zweite Fallgruppe: Sicherungsverteidiger zu bestellen. Gem. **§ 143a Abs. 1 Satz 2 Alt. 2** muss eine Aufhebung der Pflichtverteidigerbestellung auch dann unterbleiben, wenn ohnehin ein oder zwei **zusätzliche/r Pflichtverteidiger zu bestellen** wäre/n. Dieser Ausnahmefall korrespondiert mit § 144, in dem die in der Praxis entwickelte Möglichkeit der Bestellung eines **Sicherungsverteidigers** zur Gewährleistung eines geregelten Verfahrensablaufs, insb. einer ordnungsgemäßen Durchführung der Hauptverhandlung, gesetzliche Anerkennung findet (Einzelheiten unter § 144 Rdn. 1 ff.; zur alten Rechtslage noch KG v. 09.08.2017 – 4 Ws 101/1). 5

C. Auswechselung des Pflichtverteidigers. I. Übersicht. § 143a Abs. 2 regelt in Umsetzung von Art. 7 Abs. 4 der PKH-RL Fälle, in denen die Bestellung eines **Pflichtverteidigers aufzuheben und ein neuer Pflichtverteidiger** zu bestellen ist, der Pflichtverteidiger also ausgewechselt werden soll. Dies stellt im geschriebenen Recht eine Neuerung dar, entsprechende Fälle waren bislang allein von der Rspr. entwickelt worden. Rückwirkung entfaltet die Aufhebung der Pflichtverteidigung nicht, Handlungen des Verteidigers, die vor dessen Abberufung vorgenommen wurden, bleiben damit wirksam (»*ex-nunc*-Wirkung«, OLG Bremen BeckRS 2018, 46873). 6

II. Fallgruppen der Auswechslung des Pflichtverteidigers. 1. Nachträgliche Berücksichtigung der Auswahlentscheidung des Beschuldigten, § 143a Abs. 2 Nr. 1. a) Auswechslung, wenn vorher die Auswahl des Pflichtverteidigers durch Beschuldigten unberücksichtigt blieb. Nach **§ 143a Abs. 2 Satz 1 Nr. 1 Alt. 1** ist die Bestellung des Pflichtverteidigers aufzuheben und ein neuer Pflichtverteidiger zu bestellen, wenn der Beschuldigte, dem ein anderer als der von ihm innerhalb der nach § 142 Abs. 5 Satz 1 bestimmten Frist (s. unter § 142 Rdn. 57) bezeichnete Verteidiger beigeordnet wurde, innerhalb von drei Wochen nach Bekanntgabe der gerichtlichen Entscheidung über die Bestellung beantragt, ihm einen anderen von ihm bezeichneten Verteidiger zu bestellen und dem kein wichtiger Grund entgegensteht. Mit dieser ersten Alternative soll primär dem **Recht des Beschuldigten** Rechnung getragen werden, **seinen Verteidiger selbst auszusuchen,** sofern dem nicht von Anfang an entsprochen worden ist. Ausweislich der Gesetzesmaterialien wird dabei insb. an Fälle gedacht, in denen zunächst ein wichtiger Grund zur Nichtbestellung gem. § 142 Abs. 5 Satz 3 7

Hs. 1 vorlag, der nunmehr weggefallen ist oder in denen der bezeichnete Verteidiger nicht erreichbar oder am rechtzeitigen Erscheinen gehindert war (BT-Drs. 19/13829, S. 46). Es handelt sich aber auch um eine zweite Auswahlchance zugunsten des Beschuldigten (vgl. *Müller-Jacobsen* NJW 2020, 575, 578).

8 **b) Auswechslung bei zu kurzer Frist für Auswahlentscheidung.** Gem. **§ 143a Abs. 2 Satz 1 Nr. 1 Alt. 2** ist die Bestellung des Pflichtverteidigers innerhalb von drei Wochen nach Bekanntgabe der gerichtlichen Entscheidung über die Bestellung des Pflichtverteidigers auf Antrag des Beschuldigten aufzuheben und ein neuer Pflichtverteidiger zu bestellen, wenn dem Beschuldigten zur Auswahl des Verteidigers nur eine (zu) kurze Frist gesetzt wurde. Es geht hier also um **Fälle, in denen der Beschuldigte eine Auswahl unter hohem zeitlichen Druck**, mithin ohne hinreichende Überlegungsfrist treffen musste (so schon zur alten Rechtslage KG BeckRS 2012, 18404; OLG Dresden NStZ-RR 2012, 213). Dann muss ihm die Möglichkeit eröffnet werden, seine zunächst getroffene Wahl zu korrigieren und eine neue Auswahl zu treffen. Was allerdings eine **»nur kurze Frist«** ist, ergibt sich aus dem Wortlaut der Norm nicht. Es soll eine Frage des Einzelfalls sein, ob und wann die Länge der Frist für eine besonnene Auswahl angemessen ist (BT-Drs. 19/13829, S. 46). Eine Bedenkzeit von nur wenigen Minuten wird in jedem Fall darunter fallen, wohl auch eine Frist von weniger als drei Tagen (vgl. LR/*Jahn* § 143a Rn. 19). Hat der Beschuldigte unter Hinweis auf einen seiner Ansicht nach unzulässigen Zeitdruck die Wahl eines Verteidigers abgelehnt, so legitimiert eine richtlinienkonforme Auslegung auch für diesen Fall den Verteidigerwechsel nach § 143a Abs. 2 Satz 1 Nr. 1 Alt. 2. Sinn und Zweck ist ja gerade, dem Beschuldigten eine effektive Verteidigung zu ermöglichen. Von der Neuregelung nicht erfasst sind hingegen Fälle, in denen der Beschuldigte trotz Gewährung einer längeren Frist keinen Verteidiger bezeichnet hat. Insoweit hat er keinen Anspruch nach § 143a Abs. 2 Satz 1 Nr. 1 Alt. 1 auf Auswechslung des ihm von Amts wegen bestellten Verteidigers; die Auswechslungsmöglichkeiten nach § 143a Abs. 2 Satz 1 Nr. 3 (dazu unter Rdn. 11 f.), Abs. 3 (dazu unter Rdn. 31) bleiben allerdings unberührt (BT-Drs. 19/13829, S. 47).

9 **c) Drei-Wochen-Frist.** Das Recht auf Verteidigerauswechslung nach **§ 143a Abs. 2 Satz 1 Nr. 1 Alt. 1 und 2** besteht nur **begrenzt auf einen Zeitraum von drei Wochen.** Nutzt der Beschuldigte jenen Zeitraum nicht, so ist davon auszugehen, dass die getroffene erste Wahl nicht in Zusammenhang mit der ursprünglich defizitären Entscheidungssituation stand. Hinsichtlich des **Beginns der Drei-Wochen-Frist** ist zu beachten, dass stets **die Bekanntmachung i.S.v. § 35 der originären gerichtlichen Entscheidung** bzw. in den Eilfällen des § 142 Abs. 4, in denen die Staatsanwaltschaft den Pflichtverteidiger bestellt, die der **gerichtlichen Bestätigung** maßgeblich ist, nicht die der staatsanwaltschaftlichen. Wird die gerichtliche Entscheidung bzw. die gerichtliche Bestätigung nicht wirksam zugestellt oder enthält sie keinen Hinweis auf die Antragsfrist, wird der Fristlauf nicht in Gang gesetzt (OLG Koblenz StraFo 2021, 157). Zwar wurde die Antragsfrist gegenüber der ursprünglich vorgesehenen und mit der PKH-RL vereinbaren zweiwöchigen Frist in der finalen Gesetzesfassung noch um eine Woche verlängert (vgl. BT-Drs. 19/15151, S. 7 [Beschlussempfehlung]), gleichwohl bestehen Zweifel, ob dieser Zeitraum ausreichend und daher sinnvoll ist (*Schlothauer* KriPoZ 2019, 13; krit. *Müller-Jacobsen* NJW 2020, 575, 578). Ausführl. zur Erforderlichkeit einer etwaig bestehenden Belehrungspflicht über das Antragsrecht des Beschuldigten *Willumat* NStZ 2021, 583.

10 **d) Beschuldigter hat keinen Verteidiger benannt.** Nicht erfasst sind von § 143a Abs. 2 Satz 1 Nr. 1 Alt. 1 und 2 Fälle, in denen der Beschuldigte **gänzlich auf eine Bezeichnung eines Verteidigers verzichtet hat.**

11 **2. Auswechslung auf Antrag eines im Rahmen der U-Haft-Entscheidung bestellten Pflichtverteidigers.** Nach **§ 143a Abs. 2 Satz 1 Nr. 2** ist die Bestellung des Pflichtverteidigers aufzuheben und ein neuer Pflichtverteidiger zu bestellen, wenn der anlässlich einer **Vorführung vor den nächsten Richter gem. § 115a** (der festgenommene Beschuldigte kann nicht rechtzeitig dem zuständigen Gericht vorgeführt werden und wird deshalb dem Richter des nächsten Amtsgerichts vorgeführt) bestellte Pflichtverteidiger die Aufhebung seiner Beiordnung aus wichtigem Grund, insb. wegen unzumutbarer Entfernung zum künftigen Aufenthaltsort des Beschuldigten, beantragt. Erfasst wird also nicht die »regelmäßige« Vorführung vor den zuständigen Richter nach § 115 mit Bestellung des Pflichtverteidigers, sondern allein der **Sonderfall der Einschaltung eines »externen« Amtsrichters gem. § 115a. Den Antrag auf Aufhebung der Beiordnung muss, abweichend zu § 143a Abs. 2 Satz 1 Nr. 1 und Abs. 3, der Pflichtverteidiger stellen.** Er kann ihn auch dann stellen, wenn der Beiordnung ein Antrag des Beschuldigten gem. § 141 Abs. 1 zugrunde liegt und der Beschuldigte auf Aufforderung gem. § 142 Abs. 5 gerade diesen Verteidiger bezeichnet hat. Dass das **Antragsrecht** hier nicht dem Beschuldigten, sondern dem **Verteidiger** zukommt, begründet sich daraus, dass Letzterer häufig allein beurteilen kann, ob er in der Lage ist, das Mandat sachgerecht auszuüben, er sich also weiterhin eine ordnungsgemäße Pflichtverteidigung zutraut.

Das Gesetz enthält eine **Regelvermutung** dahin gehend, dass der Aufhebungsantrag begründet ist, **wenn eine unzumutbare Entfernung zum künftigen Aufenthaltsort des Beschuldigten vorliegt.** Denkbar ist etwa, dass der Beschuldigte in einer weit **entfernten Haftanstalt in U-Haft kommt** oder dass der Beschuldigte sich zwar auf freiem Fuß befindet, sich aber gleichwohl **weit von seinem Pflichtverteidiger entfernt aufhält** (vgl. LR/*Jahn* § 143a Rn. 28; Meyer-Goßner/*Schmitt* § 143a Rn. 15). Auch andere wichtige Gründe sind daneben denkbar, die eine Fortführung der Pflichtverteidigung als unzumutbar erscheinen lassen. Das ausdrücklich angeführte Regelbeispiel kann insoweit als Maßstab herangezogen werden: Solch andere wichtige Gründe können sich z.B. daraus ergeben, dass zwischenzeitlich eine anderweitige Arbeitsauslastung des bestellten Pflichtverteidigers eintritt, die ihm eine ordnungsgemäße Pflichtverteidigung nicht länger ermöglicht (BT-Drs. 19/13829, S. 47). Will der Beschuldigte einen Auswechslungsantrag stellen, so greift § 143a Abs. 2 Satz 1 Nr. 2 nicht ein, es steht ihm dann aber das Antragsrecht gem. § 143a Abs. 2 Satz 1 Nr. 1 offen (oben Rdn 7 ff.); hat der Beschuldigte zuvor keinen Verteidiger benannt, bleiben noch die Auswechslungsmöglichkeiten nach § 143a Abs. 2 Satz 1 Nr. 3 (dazu unter Rdn. 14 ff.) und Abs. 3 (dazu unter Rdn. 32). 12

Nach **§ 143a Abs. 2 Satz 1 Nr. 2 Hs. 2** muss der Antrag **unverzüglich** gestellt werden, nachdem das Verfahren gem. § 115a beendet ist. Das ist grds. mit der gerichtlichen Entscheidung samt der vorgesehenen Belehrungen der Fall, § 115a Abs. 3. Ergibt sich die Unzumutbarkeit der Fortführung der Pflichtverteidigung erst später, legitimiert eine richtlinienkonforme Auslegung gleichwohl eine Anwendbarkeit dieser Alternative, sofern der Pflichtverteidiger den Antrag unverzüglich stellt, nachdem er die Unzumutbarkeitsgründe erkennen konnte und auch erkannt hat; zumindest ist dann an eine großzügige Handhabung des § 143a Abs. 2 Satz 1 Nr. 3 (s. unter Rdn. 14) zu denken. Für das weitere Verfahren gelten, außer im Fall des Abs. 2 Satz 1 Nr. 1 (vgl. Wortlaut und Systematik), gem. Abs. 2 Satz 2 die § 142 Abs. 5 und 6 entsprechend, der Beschuldigte hat also insb. Gelegenheit, einen neuen Pflichtverteidiger zu bezeichnen. 13

3. Auswechslung bei Verlust des Vertrauensverhältnisses oder aus sonstigem Grund. a) Allgemeines. Nach **§ 143a Abs. 2 Satz 1 Nr. 3** ist die Bestellung des bisherigen Pflichtverteidigers auf **Antrag des Beschuldigten**, des **Pflichtverteidigers** oder ausnahmsweise auch **von Amts wegen** (vgl. LR/*Jahn* § 143a Rn. 32, 35, 37) aufzuheben und ein neuer Pflichtverteidiger zu bestellen, wenn das Vertrauensverhältnis zwischen Verteidiger und Beschuldigtem endgültig zerstört ist oder aus einem sonstigen Grund keine angemessene Verteidigung des Beschuldigten gewährleistet ist. § 143a Abs. 2 Satz 1 Nr. 3 Var. 2 stellt hierbei einen Auffangtatbestand dar und ist **Ausdruck gerichtlicher Fürsorge** für den Beschuldigten, entspricht folglich der paternalistischen Ausrichtung des Systems notwendiger Verteidigung. Die Entpflichtung aus sonstigen Gründen soll ausweislich der Gesetzesbegründung auch gegen den Willen des Beschuldigten möglich sein (BT-Drs. 19/13829, S. 48; abl. *Böhm* StV 2021, 196, 199). Der Entpflichtungstatbestand des § 143a Abs. 2 Nr. 3 Var. 1 ist **von den an der Verteidigungsbeziehung Beteiligten geltend zu machen**. Zwischen den beiden Alternativen bestehen allerdings bereits vordergründig Wechselwirkungen: Bei einer endgültigen Zerstörung des Vertrauensverhältnisses ist wohl kaum eine angemessene Verteidigung gewährleistet, gleichzeitig wird eine nicht angemessene Verteidigung vielfach zu einer endgültigen Zerstörung des Vertrauensverhältnisses führen. Gleichwohl wird der Beschuldigte aufgrund regelmäßig fehlender rechtlicher Vorkenntnisse nicht sicher erkennen können, ob ihm eine angemessene Verteidigung zukommt, sodass eine amtswegige Aufhebung der Pflichtverteidigerbestellung – in engen Grenzen – durchaus begrüßenswert ist. Diese zwei unterschiedlich gelagerten Konstellationen gehen auf die bisherige Rspr. zurück und sind in der Auslegung auch vor diesem Hintergrund zu verstehen. 14

b) Zerstörung des Vertrauensverhältnisses. Gem. **§ 143a Abs. 2 Satz 1 Nr. 3 Alt. 1** ist die Bestellung des Pflichtverteidigers aufzuheben und ein neuer Pflichtverteidiger zu bestellen, wenn das Vertrauensverhältnis zwischen Verteidiger und Beschuldigtem endgültig zerstört ist. Auf die bisherige Rspr. ist zurückzugreifen (vgl. BT-Drs. 19/13829, S. 48; BGH NJW 2020, 1534, 1535; BGH NStZ 2021, 60). Die endgültige und nachhaltige Erschütterung des Vertrauensverhältnisses muss so weit gehen, dass zu besorgen ist, dass die Verteidigung objektiv nicht mehr sachgerecht geführt werden kann (BVerfG NJW 2001, 3695, 3697; BGH NStZ 2004, 632; OLG München StV 2015, 155, 156; OLG Hamm NJW 2006, 2502; zum Vertrauensbegriff als solchem *Theile* StV 2021, 189 ff.). Maßgebend ist die **Sicht eines verständigen Beschuldigten** (BGH NStZ 2021, 60; OLG Düsseldorf StV 1993, 6; krit. zu einer rein objektiven Bestimmung des erschütterten Vertrauensverhältnisses *Magnus* JA 2017, 326, 329 ff.). 15

Die pauschale Behauptung der Störung des Vertrauensverhältnisses genügt nicht, vielmehr bedarf es einer **substanziierten Darlegung** durch den Angeklagten oder den Verteidiger (BGH NStZ 2021, 381; BGH NStZ-RR 2021, 179, 180; NStZ 1995, 296; NStZ-RR 2005, 240, 241; OLG Bremen NStZ 2014, 358; Meyer-Goßner/*Schmitt* § 143a Rn. 22; krit. zu den »überzogenen« Anforderungen *Böhm* FD-StrafR 2021, 440963). Das ist im Hinblick auf die Verfahrenssicherung insoweit positiv zu sehen, als dass das Recht ver- 16 wehrt wird, beliebig die Auswechslung des Pflichtverteidigers zu erreichen (vgl. auch BGH NStZ 2017, 59). Problematisch erscheint jedoch die Darlegungslast in Hinblick auf das Schweigerecht des Angeklagten und die Schweigepflicht des Verteidigers (*Swoboda/Carlsen/Rühs* Jura 2021, 1161, 1163; abl. *Böß* StV 2021, 196, 200 f., der die Bestellung eines Sicherungsverteidigers gem. § 144 fordert, sobald Zweifel am Vertrauensverhältnis bestehen, dann aber die Begrenzung der Anzahl krit. sieht; ebenfalls krit. zur Darlegungslast *Mehle/Mehle* NJW 2020, 1536; *Busmann* StraFo 2019, 235, 241; ferner *Barton* StV 1997, 576, 577). **Schuldhaft herbeigeführte Vertrauenskrisen genügen regelmäßig nicht**, der Beschuldigte soll die Entpflichtung nicht erzwingen können (vgl. BGH BeckRS 2020, 15343; BGH NJW 1993, 3275, 3277).

17 Das Vertrauensverhältnis ist vor allem dann erschüttert, wenn sich der Verteidiger grob pflichtwidrig verhält. Eine entsprechende Pflichtverletzung ist – gerade auch in Abgrenzung zu Abs. 2 Satz 1 Nr. 3 Alt. 2 – dann anzunehmen, wenn der Verteidiger seine **Pflichten gegenüber dem Beschuldigten im Innenverhältnis verletzt**. Eine solche wurde von der Rspr. etwa angenommen, wenn der Pflichtverteidiger den inhaftieren Beschuldigen gar nicht oder nur in unzureichenden Maße in Haft besucht bzw. sich nicht ausreichend um eine persönliche Kontaktaufnahme mit dem inhaftierten oder untergebrachten Beschuldigten bemüht (OLG Braunschweig StV 2012, 719; LG Oldenburg StV 2021, 169; LG München StV 2021, 169; LG Paderborn StV 2016, 157 u. LG Ingolstadt StV 2015, 27: fehlender Besuch über einen Zeitraum von fast zwei Monaten; LG Köln StraFo 2015, 149: kein Besuch in der fünf Monate andauernden Untersuchungshaft; ähnlich: LG München I StV 2015, 27; s. aber auch BGH NStZ-RR 2021, 179, 180: Die Tatsache, dass auch der Beschuldigte keinen Kontakt gesucht hat, ist bei der Entscheidung des Gerichts jedoch zu berücksichtigen; BGH NStZ-RR 2021, 179: Solange unverzichtbare Mindeststandards gewahrt sind, liegt die Entscheidung im Ermessen des Verteidigers, in welchem Umfang und auf welche Weise er mit dem Beschuldigten Kontakt hält), er es versäumt, ein Vertrauensverhältnis zum Mandanten aufzubauen, und damit die Mindeststandards der Strafverteidigung verfehlt (so für das Sicherungsverfahren BGH NStZ 2009, 465; OLG Köln StraFo 2007, 157; OLG Düsseldorf NStZ-RR 2011, 48; LG Osnabrück StV 2010, 563; LG Magdeburg StraFo 2008, 428) oder wenn keine Möglichkeit besteht, sich auf ein Verteidigungskonzept zu einigen, da insofern das Letztentscheidungsrecht dem Beschuldigten zusteht (BGH NStZ 1988, 420; *Lam/Meyer-Mews* NJW 2012, 177, 178 f.; s. aber auch *Swoboda/Carlsen/Rühs* Jura 2021, 1161, 1162 f.). Gleichfalls stellt es eine Pflichtverletzung im Innenverhältnis dar, wenn der Verteidiger den Beschuldigten ungeachtet der erklärten Ablehnung wiederholt zum Abschluss einer Honorarvereinbarung drängt (für das Erfordernis eines »Erpressungscharakters« aber BeckOK-StPO/*Krawczyk* § 143a Rn. 20; KG NStZ-RR 2012, 287; LG Marburg NStZ-RR 2012, 317; zu einer Hinweispflicht bzgl. der Verteidigungspflicht BGH NJW 2019, 676, 677 ff.) oder eine schriftliche Stellungnahme zur Anklageschrift abgibt, ohne die darin aufgezeigte Verteidigungslinie mit dem Angeklagten abgesprochen zu haben (OLG München StV 2015, 155). Ideologische, unüberbrückbare Auffassungen können ebenso eine Zerrüttung des Vertrauensverhältnisses herbeiführen (OLG Hamm NJW 1975, 1238, 1238 f.) wie eine Strafanzeige des Verteidigers gegen den eigenen Mandanten (BGH NJW 1993, 3275, 3277). Weitere Fallgruppen bei *Hellwig/Zebisch* NStZ 2010, 602 ff.; *Lam/Meyer-Mews* NJW 2012, 177 ff.

18 Zudem muss die Zerrüttung des Vertrauensverhältnisses auf einem **besonders groben** Fehlverhalten beruhen. Keinen Grund für eine Rücknahme bildet daher die nicht vorschriftsgemäße Kleidung des Strafverteidigers in der Hauptverhandlung (BGH NStZ 1988, 510; a.A. OLG München StV 2007, 27 m. abl. Anm. *Weihrauch*; zu diesem Problemkreis näher *Beulke* FS Hamm, S. 21 ff.).

19 Auch seitens des Verteidigers kann die endgültige Zerstörung des Vertrauensverhältnisses geltend gemacht werden, eine Beschränkung des Wortlauts lediglich auf den Beschuldigten besteht insoweit – vollkommen zu Recht – nicht. Auch der Pflichtverteidiger hat dabei substanziiert darzulegen, dass ihm aufgrund eines zerrütteten Verhältnisses eine Verteidigung nicht weiter zuzumuten ist (zur Kritik aufgrund der Notwendigkeit der Offenlegung von der Schweigepflicht unterliegenden Umständen, s. *Swoboda/Carlsen/Rühs* Jura 2021, 1161, 1163; ferner bereits Rdn. 16). Hinsichtlich der hieran zu stellenden Anforderungen ist ein interessensgerechter Ausgleich zu finden zwischen der hohen Bedeutung eines Vertrauensverhältnisses zwischen Verteidiger und Mandanten auf der einen Seite und der grundsätzlich bestehenden Gefahr, den Fortgang des Verfahrens durch einen entsprechenden Antrag zu sehr in die Hand des Verteidigers zu legen. Dabei wurden von der Rspr. jedoch nicht selten hohe Hürden errichtet. Nach alter Rechtslage bejaht wurde eine unüberbrückbare Störung des Vertrauensverhältnisses etwa bei eigenen Bedenken, aufgrund von politisch-ideellen oder ethisch-moralischen Vorbehalten eine wirksame Verteidigung gewährleisten zu können (vgl. *Lam/Meyer-Mews* NJW 2012, 177, 182). Nach neuer Rechtslage könnte es sich dabei sicherlich auch um einen Fall des § 143a Abs. 2 Satz 1 Nr. 3 Alt. 2 handeln. Wird der Verteidiger während laufender Hauptverhandlung durch den Angeklagten des Parteiverrats bezichtigt (BGH NJW 1993, 3275, 3277) oder gar tätlich angegriffen (a.A. KG AnwBl 1978, 241) ist der Verteidiger ebenso aufgrund zerrütteten Vertrauensverhältnisses abzuberufen. Das Vertrauensverhältnis ist jedoch nicht schon deshalb zerstört, weil der Beschuldigte sich in Abkehr von der bisherigen Verteidigungsstrategie dazu entschließt, ein Geständnis abzulegen (BGH StV 2021, 148; s. auch *Beulke* FS Sieber, 2021, S. 1, 3 ff.; *Swoboda/Carlsen/Rühs* Jura 2021, 1161, 1163).

Aus Gründen der unvoreingenommenen und unabhängigen Entscheidungsfindung erscheint es letztlich problematisch, dass nach Erhebung der Anklage nach wie vor das zuständige Gericht hierüber zu entscheiden hat (*Schlothauer* KriPoZ 2019, 3, 13 f.; *Schlothauer/Neuhaus/Matt/Brodowski* HRRS 2018, 55 ff.). 20

c) **Sonstige Gründe.** Nach **§ 143a Abs. 2 Satz 1 Nr. 3 Alt. 2** ist ein neuer Pflichtverteidiger zu bestellen, wenn aus einem sonstigen Grund keine angemessene Verteidigung des Beschuldigten gewährleistet ist. Gemeint sind Fälle, in denen ein Verteidigerwechsel aus Gründen der Verfahrensfairness geboten ist, also etwa dann, wenn grobe Verstöße des Verteidigers gegen eine ordnungsgemäße Wahrnehmung seiner Aufgaben vorliegen. Hierbei handelt es sich somit um Konstellationen, in denen eine **grobe Pflichtverletzung des Verteidigers im Außenverhältnis** gegenüber dem Gericht anzunehmen ist, weil der Verteidiger seinen öffentlichen Funktionen nicht nachkommt. Die gemeinsame Verzahnung mit der Störung des Vertrauensverhältnisses nach Nr. 3 Alt. 1 sowie den zwischen den beiden Tatbestandsalternativen fließenden Übergang, der zugleich auch durch die Formulierung »aus sonstigen Gründen« zum Ausdruck kommt, zeigt bereits die Annahme des Gesetzgebers von einer nicht angemessenen Verteidigung des Beschuldigten explizit auszugehen, wenn der Verteidiger nur unzureichenden Kontakt zu einem sich in Haft befindlichen Beschuldigten hält (BT-Drs. 19/13829, S. 48). Richtigerweise wird diese Fallkonstellation, wie von der Rspr. auch seit Jahren praktiziert (s. nur Rdn. 17), aber bereits das zwischen Verteidiger und Beschuldigten bestehende Vertrauensverhältnis betreffen (so auch LG Oldenburg StV 2021, 169; LG München StV 2021, 169). 21

Wann ein Fall einer nicht angemessenen Verteidigung i.S.d. § 143a Abs. 2 Satz 1 Nr. 3 Alt. 2 vorliegen soll, dazu verhält sich die Gesetzesbegründung nicht. Da mit den Tatbestandsalternativen – neben der Umsetzung der PKH-RL – jedoch auch die Kodifizierung zweier von der ständigen obergerichtlichen Rspr. anerkannter Fälle des Rechts auf Verteidigerwechsel bezweckt wurde (BT-Drs. 19/13829, S. 48), wird hierunter zum einen die bereits zuvor ergangene Rspr. zu fassen sein, soweit sie das Verteidigungs-Außenverhältnis betrifft. Vor dem Hintergrund des erweiterten Zwecks der PKH-RL, die Qualität der Dienstleistung »Strafverteidigung« sicherzustellen, sowie der Art und Weise der Umsetzung des Gesetzgebers muss hingegen von einem im Vergleich zur vorherigen Rspr. erweiterten Anwendungsbereich ausgegangen werden. 22

Bisherige Rspr. war es, dass z.B. eine grobe Pflichtverletzung zum Widerruf der Pflichtverteidigerbestellung berechtigt (OLG Frankfurt StV 1998, 225; StV 1985, 225; StV 1985, 450). Eine solche wurde etwa dann angenommen, wenn der Zweck einer Pflichtverteidigung, dem Beschuldigten einen geeigneten Beistand zu sichern und einen ordnungsgemäßen Verfahrensablauf zu gewähren, ernsthaft gefährdet war (BVerfG NJW 2001, 3695, 3697). Da das Gericht allerdings weder dazu befugt ist, die Verteidigungsstrategie durch eine Aufhebungsentscheidung zu bewerten, noch den Verteidiger über diesen Umweg zu disziplinieren, begründet nicht jedes objektiv unzweckmäßige oder prozessordnungswidrige Auftreten des Verteidigers (»Konfliktverteidigung«) einen wichtigen Grund (s. auch Meyer-Goßner/*Schmitt* § 143a Rn. 26 m.w.N.). 23

Dieser Grundsatz wird auch nach neuer Rechtslage entsprechend beizubehalten und etwa dann anzunehmen sein, wenn der Pflichtverteidiger sich weigert, einen Schlussvortrag zu halten (BGH StV 1993, 566; a.A. *Kett-Straub* NStZ 2006, 361, 365 f.) oder es entgegen der ursprünglichen Ankündigung unterlässt, für den Beschuldigten eine Revisionsbegründung anzufertigen (BGH NStZ-RR 2018, 84 unter Hinweis auf Art. 6 Abs. 3 lit. c EMRK; OLG Frankfurt a.M. StV 1985, 225; KG StV 2009, 571 f.; s. aber OLG Frankfurt BeckRS 2020, 34134 und OLG Köln NStZ-RR 2012, 351: unterschiedliche Auffassungen über die Verteidigungsstrategie per se kein Grund; OLG Hamm StV 1982, 510, 511). Nach obergerichtlicher Rspr. soll ebenso eine grobe Pflichtverletzung vorliegen, wenn einer von zwei Pflichtverteidigern an einem beträchtlichen Teil der Hauptverhandlung nicht teilnimmt (OLG Stuttgart StV 2016, 479 m. abl. Anm. *Koch*; zweifelnd Meyer-Goßner/*Schmitt* § 143a Rn. 28 mit dem Hinweis auf die Möglichkeit der Arbeitsteilung). Die erkennbare Verletzung von Verteidigungsrechten durch den Pflichtverteidiger verstößt gegen Art. 6 Abs. 3 lit. c EMRK (so z.B. die Versäumung der Revisionsbegründungsfrist; zur Bedeutung des Art. 6 Abs. 3 lit. c EMRK s. EGMR EuGRZ 1980, 662 u. 1985, 234). Es bedarf dann der Abberufung der Bestellung und der Beiordnung eines neuen Pflichtverteidigers, wobei ggf. aus *fair-trial*-Gesichtspunkten Wiedereinsetzung in den vorigen Stand zu gewähren ist (BGH StV 2016, 770). Daneben kann auch ein konkret manifestierter Interessenkonflikt ein Grund sein, eine bestehende Bestellung aufzuheben, wenn ansonsten die mindere Effektivität der Verteidigung für den Mandanten zu befürchten ist (BGH NStZ 2021, 60). Dies gilt erst recht, wenn die Staatsanwaltschaft gegen den Verteidiger ein Verfahren wegen Parteiverrats einleitet, gestützt auf den Vorwurf, der Verteidiger habe im hiesigen Strafverfahren die Interessen des Beschuldigten verletzt (LG Hamburg BeckRS 2020, 3149). Auch eine längerfristige Erkrankung des Pflichtverteidigers (OLG Hamm NStZ 2021, 190) oder die hartnäckige und unbegründete Weigerung, entgegen der Anordnung des Vorsitzenden 24 in der Hauptverhandlung einen medizinischen Mund-Nasen-Schutz zu tragen (OLG Celle 20.05.2021 – 3 Ws 143/21) wurde als unangemessene Verteidigung i.S.d. Nr. 3 Alt. 2 verstanden. Ferner kann die Verhinderung des Pflichtverteidigers an wesentlichen Teilen der Hauptverhandlung einen Aufhebungsgrund nach Nr. 3 Alt. 2 darstellen, wenn die Terminkollision nicht aufgelöst werden kann und eine Verlegung zu einer erheblichen Verfahrensverzögerung führen würde (OLG Zweibrücken BeckRS 2021, 13580; vgl. auch OLG Hamburg BeckRS 2021, 12182). Zu Recht verneint wurde das Vorliegen einer groben Pflichtverletzung beim verweigerten Verzicht auf die Ladungsfrist im Haftprüfungstermin (KG StV 2008, 68 f. m. zust. Anm. *Dallmeyer*).

25 In Abgrenzung zu § 143a Abs. 2 Satz 1 Nr. 3 Alt. 1 als lex specialis fallen unter die sonstigen Gründe aber vor allem solche Fälle, in denen eine Verteidigung nicht angemessen, **also nicht effektiv und wirksam**, der Beschuldigte mithin nicht hinreichend verteidigt ist (so auch LR/*Jahn* § 143a Rn. 38). In diesem Zusammenhang soll eine grobe Pflichtverletzung daher – im Einklang mit der Entscheidung des EGMR Czekalla vs. Portugal (EGMR NJW 2003, 1229) – bei eindeutiger Missachtung einer reinen Formvorschrift durch den Pflichtverteidiger gegeben sein, in deren Folge der Betroffene ein Rechtsmittel verliert, ohne dass dies von einem höherrangigen Gericht bereinigt wird (NJW-Spezial 2020, 408). Zwar sehen auch deutsche Gerichte grds. in der gänzlichen Untätigkeit bzw. groben Unfähigkeit des Verteidigers einen Verstoß gegen die angemessene Verteidigung, insb. Letzteres wurde jedoch mit Verweis auf die Selbstgestaltungsfreiheit der Verteidigung über den rein finiten Formverstoß (NJW-Spezial 2020, 408) hinaus noch niemals angenommen.

26 Als insofern zu pauschal muss jedoch der von der Rspr. und h.L. angeführte Grundsatz gesehen werden, wonach das Gericht *nicht* verpflichtet sei, den bestellten Verteidiger im Hinblick auf die ordnungsgemäße Erfüllung seiner Aufgaben hin zu überwachen. Richtig ist, dass der damit verbundene Grundsatz einer unabhängigen Anwaltschaft zwar zwingend gewahrt zu bleiben hat, dem Gebot einer wirksamen Verteidigung i.S.d. Art. 6 Abs. 3 lit. c EMRK ist jedoch im Verfahren zu jeder Zeit Rechnung zu tragen. Dem Gericht kommt damit – gerade auch vor dem Hintergrund einer nun normierten amtswegigen Pflicht zur Aufhebung der Pflichtverteidigerbestellung bei nicht angemessener Verteidigung – sehr wohl eine **Kontrollpflicht jedenfalls dahin gehend zu, ob die Pflichtverteidigung noch als wirksam angesehen werden kann** (SK-StPO/*Meyer* Art. 6 EMRK Rn. 459 spricht gar von einer »durchgehende[n] Überwachungspflicht«). Wird insoweit darauf verwiesen, dass die prozessuale Fürsorgepflicht eine Zweckmäßigkeits-Fremdkontrolle durch das Gericht nicht zu begründen vermag, weil die materielle Verteidigung frei, selbstbestimmt und unreglementiert zu verbleiben habe, soweit nicht allgemeine Gesetze und Berufsrecht den Verteidiger besonders verpflichteten (LR/*Jahn* § 143a Rn. 37), **kann dies jedoch nicht für Fälle der Nicht-Verteidigung, sprich unwirksamer Verteidigung gelten.** Das entspricht auch dem Regelungszweck der PKH-RL, in deren Umsetzung § 143a Abs. 2 S. 1 Nr. 3 geschaffen wurde. Anders zu lösen ist wiederum der Fall der gänzlich unterbliebenen Verteidigung, der in § 145 Abs. 1 S. 1 geregelt ist.

27 Da es sich bei der Aufhebung der Pflichtverteidigung nicht um eine Sanktionierung handelt, sondern diese nur der Sicherstellung eines justizförmigen Verfahrens dienen darf, ist über das Fehlverhalten hinaus jeweils **zusätzlich die konkrete Gefahr der Wiederholung** der Pflichtwidrigkeit zu fordern (OLG Köln StraFo 2006, 328; KG StV 1993, 236 f.; *Weigend* StV 2009, 573 f.; zum Abmahnungserfordernis vgl. Rdn. 21f.).

28 Die Auswechslung des Verteidigers **ist unabhängig von einem Tätigwerden des Beschuldigten** (so auch BT-Drs. 19/13829, S. 48). Das zeigt sich in systematischer Abgrenzung zu Alt. 1. Hat der Beschuldigte Kenntnis von seiner nicht hinreichenden Verteidigung, ist zwangsläufig das Vertrauensverhältnis zum Verteidiger zerstört. Das hat auch der Gesetzgeber mitberücksichtigt, indem er von »sonstigen Gründen« spricht, also auch den Fall des Vertrauensverlustes als einen Grund für eine nicht angemessene Verteidigung sieht. Richtigerweise entfaltet der Auffangtatbestand der Alt. 2 vielmehr seine Wirkung einzig dann, wenn das Gericht auch gegen den bzw. im unerkannten Willen des Beschuldigten tätig wird und diesem zu einer effektiven Verteidigung verhilft, was ja auch Hintergrund der notwendigen (aufgezwungenen) Verteidigung gem. § 142 Abs. 2 ist. Ein Antrag des Beschuldigten fällt in allen Fällen unter Alt. 1. **Freilich bewegt sich das Gericht hier in einem Spannungsfeld zwischen dem unabhängigen Institut der Verteidigung, das frei von jeder staatlichen Ingerenz bleiben soll, und der staatlichen Pflicht, dem Beschuldigten eine effektive Verteidigung zu verschaffen.** Die Auswechslung des Verteidigers gegen den Willen des Beschuldigten ist *ultima ratio*, es darf kein milderes Mittel ersichtlich sein (z.B. Abmahnung), die effektive Verteidigung mit dem bestehenden Verteidiger zu gewährleisten (vgl. LR/*Jahn* § 143a Rn. 38). Das wird nicht zuletzt durch die systematische Stellung als letzte Möglichkeit zur Auswechslung deutlich. Wird ein fürsorgliches Tätigwerden von Amts wegen aufgrund des tiefgreifenden Einschnitts in das Recht auf eine vertrauensgetragene Verteidigung abgelehnt (vgl. *Böhm* StV 2021, 196, 201 f. m.w.N.), so ist dem nur in Hinblick auf Alt. 1 zu folgen, bezüglich Alt. 2 muss dem ausdrücklich widersprochen werden. Richtigerweise obliegt es nicht dem Gericht, sich über die Bewertung des subjektiven Vertrauensverhältnisses durch den Beschuldigten hinwegzusetzen (so *Böhm* StV 2021, 196,

200). Allerdings ist die Zerstörung des Vertrauensverhältnisses i.R.d. Alt. 2 gerade keine Voraussetzung: **Es kommt allein auf die Angemessenheit bzw. Effektivität der Verteidigung an. Diese vermag das Gericht von Amts wegen sehr wohl zu überblicken.**

Wo die Grenze zu ziehen ist zwischen dem Streben nach effektiver Verteidigung einerseits und der Unabhängigkeit der Verteidigung andererseits, bleibt gerichtlich zu klären und ist **Frage des Einzelfalls.** Auf den pauschalen Verweis, die Verteidigung nicht kontrollieren zu dürfen, kann sich das Gericht jedoch richtigerweise nicht zurückziehen (s. bereits Rdn. 25). 29

Entsprechend der früheren Rspr. soll eine Auswechslung des Verteidigers **jedenfalls dann zulässig sein, wenn der Beschuldigte und beide Verteidiger damit einverstanden sind, dadurch keine Verfahrensverzögerung eintritt und keine Mehrkosten entstehen** (BT-Drs. 19/13829, S. 47; dazu Meyer-Goßner/*Schmitt* § 143a Rn. 31). Ob der neu beauftragte Verteidiger, der die Beiordnung als Pflichtverteidiger anstrebt, wirksam auf doppelt anfallende Gebühren verzichten kann, ist vor dem Hintergrund der Regelung in § 49b Abs. 1 Satz 1 BRAO allerdings umstritten (dafür: KG NStZ 2017, 305; OLG Karlsruhe NStZ 2017, 304; Saarländisches OLG StraFo 2016, 514; OLG Oldenburg NStZ-RR 2010, 210 f.; OLG Frankfurt NStZ-RR 2008, 47; OLG Düsseldorf StraFo 2007, 156; a.A.: OLG Bremen NStZ 2014, 358; OLG Köln StV 2011, 659; OLG Naumburg StRR 2011, 228). Richtigerweise darf der **Wechsel**, der eine interessengerechte Lösung von »Verlegenheitswahlfällen« erfordert (ausführl. *Jahn* Zur Rechtswirklichkeit der Pflichtverteidigerbestellung [2014], S. 143 ff.) – aber **nicht von einem Verzicht auf die Mehrkosten abhängig** gemacht werden, weil diese Frage nichts mit der Pflicht zu tun hat, die Verteidigung durch einen Verteidiger des Vertrauens zu sichern (so auch der Strafrechtsausschuss der BRAK, Stellungnahme 16/2010, StV 2010, 544, 548 und das Ergebnis einer Arbeitsgruppe des 35. Strafverteidigertages, StV 2011, 321, 324; *Herrmann* StraFo 2011, 133, 141; *Heydenreich* StraFo 2011, 263, 271; *Schlothauer/Weider* Untersuchungshaft [2010], Rn. 329a; gegen die Relevanz des Einverständnisses auch OLG Düsseldorf NJW 2011, 1618; OLG Koblenz StV 2011, 349; OLG Köln NStZ-RR 2011, 49; *Jahn* Rissing-van Saan-FS, S. 275, 288; ohne Eingehen auf die Frage LG Krefeld StV 2011, 274, 275). 30

d) **Anhörung des Beschuldigten und Auswahl des neuen Pflichtverteidigers.** Gem. **§ 143a Abs. 2 Satz 2** gilt in Fällen der Nrn. 2 (oben Rdn. 11) und 3 (oben Rdn. 14–21) § 142 Abs. 5 und 6 entsprechend. Das bedeutet, dass das Prozedere jener Vorschriften auch in Fällen der Pflichtverteidigerauswechslung anzuwenden ist, also **dem Beschuldigten vorrangig ein Recht zur Bezeichnung eines von ihm gewünschten Pflichtverteidigers** zukommt, der auch zu bestellen ist, wenn kein wichtiger Grund entgegensteht (§ 142 Abs. 5; vgl. dazu oben § 142 Rdn. 59) und dass der Pflichtverteidiger aus dem Gesamtverzeichnis der Bundesrechtsanwaltskammer auszuwählen ist, wenn dem Beschuldigten ein Verteidiger bestellt wird, den er nicht bezeichnet hat (§ 142 Abs. 6, vgl. dazu oben § 142 Rdn. 60). Beim Tätigwerden von Amts wegen ist der Beschuldigte vor der Vornahme anzuhören, um nicht das Gegenteil des von der Norm Gewollten zu bewirken (Meyer-Goßner/*Schmitt* § 143a Rn. 29; LR/*Jahn* § 143a Rn. 38; zur alten Rechtslage KG 30.06.2016 – 3 Ws 309/16, 3 Ws 310/16, BeckRS 2016, 13853; OLG Brandenburg 05.03.2014 – 1 Ws 18/14, BeckRS 2014, 11104). Eine Nachholung im Beschwerdeverfahren ist aber wohl möglich (BeckOK/*Krawczyk* § 143a Rn. 33). 31

4. **Auswechslung in der Revisionsinstanz.** Nach **§ 143a Abs. 3 Satz 1** ist für die **Revisionsinstanz** die Bestellung des bisherigen Pflichtverteidigers **aufzuheben** und dem Beschuldigten ein **neuer, von ihm bezeichneter Pflichtverteidiger zu bestellen**, wenn er dies spätestens binnen einer Woche nach Beginn der Revisionsbegründungsfrist beantragt und der Bestellung des bezeichneten Verteidigers kein wichtiger Grund entgegensteht. Der **Antrag** ist nach **§ 143a Abs. 3 Satz 2** bei dem **Gericht zu stellen, dessen Urteil angefochten wird.** Hintergrund der Regelung ist die hochgradige Komplexität des Revisionsverfahrens, dessen Ausgestaltung sich erheblich von demjenigen der Tatsacheninstanzen unterscheidet und darum auch ganz andere Anforderungen an die Verteidiger stellt. Dem Beschuldigten soll somit ermöglicht werden, speziell für die Revision einen im Umgang mit revisionsrechtlichen Fragestellungen erfahrenen Rechtsanwalt als Pflichtverteidiger bestellen zu lassen (BT-Drs. 19/13829, S. 47). Hinzu kommt, dass nach einem dem Angeklagten nachteiligen Ausgang in unterer Instanz das Vertrauen in den eigenen Anwalt nicht selten Schaden genommen haben wird. Will der Beschuldigte in dieser Situation einen Verteidigerwechsel vornehmen, so muss er dies mittels eines **Antrags** zum Ausdruck bringen und hierbei **auch bezeichnen, welchen Anwalt er stattdessen wünscht.** Ein **Tätigwerden von Amts wegen ist ausgeschlossen.** Dieses Recht, per Antrag einen Pflichtverteidigerwechsel herbeizuführen, **ist innerhalb einer Woche nach Beginn der Revisionsbegründungsfrist** (vgl. § 345 Abs. 1) auszuüben. Somit kann nach Vorliegen der Urteilsgründe binnen jener Wochenfrist geprüft werden, ob ein Pflichtverteidigerwechsel für das Revisionsverfahren aus Sicht des Beschuldigten geboten ist. Die Entscheidung, die das Gericht trifft, ist keine Ermessensentscheidung, sondern bei Vorliegen der Tatbestandsvoraussetzungen von § 143a Abs. 3 Satz 1– insb. der Nichteinschlägigkeit eines wichtigen Grun- 32

des, der gegen die Bestellung des gewählten neuen Pflichtverteidigers sprechen könnte – zwingend ausgestaltet. Die Belastung des Fiskus durch etwaige Mehrkosten stellt dabei keinen wichtigen Grund dar (vgl. BT-Drs. 19/13829, S. 47). Eine **von den Wünschen des Beschuldigten abweichende Verteidigerbestellung durch das Gericht ist nicht möglich**: Der Beschuldigte soll nämlich nach dem Geist der Regelung gerade die Möglichkeit haben, einen bestimmten, in seinen Augen fähigen Revisionsanwalt zur Seite gestellt zu bekommen. Die Regelung des **§ 143a Abs. 3** hat keinen abschließenden Charakter, d.h. daneben stehen die anderen Möglichkeiten des Verteidigerwechsels gem. § 143a Abs. 2 weiterhin offen (BT-Drs. 19/13829, S. 48). Das folgt auch daraus, dass Abs. 3 den Verteidigerwechsel zugunsten des Angeklagten erleichtern und gerade nicht in Hinblick auf die anders gelagerten Fälle des Abs. 2 begrenzen will.

33 **D. Zuständigkeit.** Für den **Wechsel des Pflichtverteidigers** gem. § 143a ergibt sich die Zuständigkeit des **Gerichts** aus einer **analogen Anwendung des § 142 Abs. 3** als allgemeine Zuständigkeitsregel (BGH NStZ 2021, 60). Zuständig ist also im Ermittlungsverfahren das Amtsgericht, in dessen Bezirk die Staatsanwaltschaft oder ihre zuständige Zweigstelle ihren Sitz hat oder das nach § 162 Abs. 1 Satz 3 zuständige Gericht (Nr. 1) oder das Gericht, dem der Beschuldigte wegen einer Haft oder einstweiligen Unterbringung vorzuführen ist (Nr. 2) oder nach Erhebung der Anklage der Vorsitzende des Gerichts, bei dem das Verfahren anhängig ist (Nr. 3); Einzelheiten s. unter § 142 Rdn. 57. Aus den Spezialverweisungen in § 143a auf einzelne Absätze des § 142 ist wohl zu entnehmen, dass i.Ü. eine analoge Anwendung von § 142 nicht in Betracht kommt. Damit würde beim Pflichtverteidigerwechsel eine **Eilzuständigkeit der Staatsanwaltschaft** gem. § 142 Abs. 4 analog ausscheiden. Jedenfalls käme eine Zuständigkeit nur für Abs. 2 in Betracht, die bloße Aufhebung der Bestellung eines Pflichtverteidigers gem. Abs. 1 ist denklogisch nie eilbedürftig, § 142 Abs. 4 ist nur auf das Ermittlungsverfahren und damit nicht auf Abs. 3 anwendbar (vgl. LR/*Jahn* § 142 Rn. 29).

34 **E. Rechtsmittel.** **§ 143a Abs.** 4 ist als Umsetzung von Art. 8 PKH-RL zu verstehen. Als geforderter »wirksamer Rechtsbehelf nach nationalem Recht« steht nunmehr statt der bisher gegebenen einfachen Beschwerde wie bei § 142 Abs. 7 (Erstbestellung) und bei § 143 Abs. 3 (Aufhebung) gegen positive wie negative Beschlüsse die **sofortige Beschwerde zur Verfügung**, die an die **Wochenfrist** des § 311 Abs. 2 gekoppelt ist. Dabei ist auch der Pflichtverteidiger bezüglich der Ablehnung seiner beantragten Entpflichtung beschwerdeberechtigt, §§ 304 Abs. 2 StPO, 49 Abs. 2, 48 Abs. 2 BRAO, (BGH NJW 2020, 1534, 1535 mit zust. Anm. *Mehle/Mehle* und auch zust. *Gubitz* NStZ 2020, 436; *Heim* NJW-Spezial 2020, 632; a.A. *Mosbacher* JuS 2020, 745, 746; abweichend auch die verbreitete Ansicht bei alter Rechtslage, vgl. nur Meyer-Goßner/*Schmitt* 63. Aufl. § 143 Rn. 7 m.w.N.). Problematisch aber wegen der Wahrnehmung selbstständig öffentlicher Funktionen zu bejahen ist dies bzgl. der Aufhebung seiner Bestellung (so auch *Beulke* JZ 2021, 404, 409; *Fischer* StV 2020, 818, 819 f.; *Heim* NJW-Spezial 2020, 632; *Böhm* FD-StrafR 2020, 432539; i.E. zustimmend *Hilgendorf* NStZ 1996, 1; abl. mangels Beschwer BGH NJW 2020, 3331 mit zust. Anm. *Lammers* NJW 2020, 3332; *Wohlers* JR 2020, 649, 658; wohl auch BeckOK/*Krawczyk* § 143a Rn. 42; einschränkend auf willkürliche Entscheidungen Meyer-Goßner/*Schmitt* § 143a Rn. 36; LR/*Jahn* § 143a Rn. 47, § 140 Rn. 145; so auch schon nach alter Rechtslage OLG Hamburg, NJW 1998, 621; OLG Frankfurt NStZ-RR 1996, 272; OLG Düsseldorf StV 1986, 239, 240). Hinsichtlich der revisionsgerichtlichen Kontrolle gilt § 336 Satz 2.

§ 144 Zusätzliche Pflichtverteidiger

(1) In den Fällen der notwendigen Verteidigung können dem Beschuldigten zu seinem gewählten oder einem gemäß § 141 bestellten Verteidiger bis zu zwei Pflichtverteidiger zusätzlich bestellt werden, wenn dies zur Sicherung der zügigen Durchführung des Verfahrens, insbesondere wegen dessen Umfang oder Schwierigkeit, erforderlich ist.

(2) [1]Die Bestellung eines zusätzlichen Verteidigers ist aufzuheben, sobald seine Mitwirkung zur zügigen Durchführung des Verfahrens nicht mehr erforderlich ist. [2]§ 142 Absatz 5 bis 7 Satz 1 gilt entsprechend.

Übersicht

A. Grundsätzliches. **§ 144** schafft in Umsetzung der PKH-RL rechtliche Klarheit im Hinblick auf die Möglichkeit einer Beiordnung **zusätzlicher Pflichtverteidiger.** Das Rechtsinstitut der **Sicherungsverteidigung** ist ursprünglich von der Rspr. entwickelt worden und hat sich in der Praxis allgemein durchgesetzt, trotz einiger Zweifel im Schrifttum hinsichtlich seiner Legitimität (s. nur *Beulke* Verteidiger im Strafverfahren, S. 239; *Hamm* FS Sarstedt, S. 49, 52; *Rieß* FS Schäfer, S. 155, 201 f.; *Bockemühl* StV 2004, 62, 63; *Neumann* NJW 1991, 264, 265 f.). Ergänzend ist auf die bereits behandelte Vorschrift des § 143a Abs. 1 Satz 2 hinzuweisen, die eine Ersetzung des Pflichtverteidigers ausschließt, wenn die Aufrechterhaltung der Pflichtverteidigerstellung aus den Gründen des § 144 erforderlich ist (s. unter § 143a Rdn. 5). 1

§ 144 Abs. 1 regelt die Frage, in welchen Fällen dem Beschuldigten zusätzliche Pflichtverteidiger an die Seite gestellt werden können und Abs. 2 den gegenteiligen Fall, wann die Bestellung eines zusätzlichen Pflichtverteidigers wieder aufzuheben ist. Das dient der zügigen Durchführung des Verfahrens und im Einzelfall der Qualitätssicherung der Verteidigung (Meyer-Goßner/*Schmitt* § 144 Rn. 2); im öffentlichen Interesse kann die Zuweisung auch gegen den Willen des Angeklagten oder seines Verteidigers erfolgen (so LR/*Jahn* § 144 Vor Rn. 1; vgl. auch BT-Drs. 19/13829, S. 48; krit. *Pätzel* NStZ 2021, 257). 2

Nach **§ 144 Abs. 1** können dem Beschuldigten in den Fällen der notwendigen Verteidigung zusätzlich zu seinem gewählten oder nach § 141 bestellten Pflichtverteidiger bis zu zwei (weitere) Pflichtverteidiger bestellt werden, wenn dies zur Sicherung der zügigen Durchführung des Verfahrens, insb. wegen dessen Umfang oder Schwierigkeit, erforderlich ist. Es muss sich auf Tatbestandsseite also um einen Fall der **notwendigen Verteidigung** handeln, und dem Beschuldigten muss **bereits ein Wahl- oder ein Pflichtverteidiger** als Beistand zur Seite stehen. 3

B. Regelungsgehalt. I. Bestellung eines zusätzlichen Verteidigers. Nach **§ 144 Abs. 1** muss die Bestellung zur **Sicherung der zügigen Durchführung des Verfahrens erforderlich** sein. Dies erfordert eine auf den Einzelfall bezogene Prognoseentscheidung, die aus der Perspektive eines verständigen objektiven Betrachters ex ante aufgrund des bislang vorliegenden Erkenntnisstands zu treffen ist. Dabei ist zu berücksichtigen, dass die Beiordnung von Sicherungsverteidigern – schon aus fiskalischen Gründen – nicht zur Regel werden darf (BeckOK-StPO/*Krawczyk* § 144 Rn. 1). Das ergibt sich auch aus der Norm selbst, indem sie die Bestellung zusätzlicher Verteidiger in das gerichtliche Ermessen stellt, bei Entfallen der Voraussetzungen aber sogleich die Aufhebung zwingend vorsieht, Abs. 2. 4

Als Anhaltspunkte für die Beurteilung der Erforderlichkeit nennt die Regelung **zwei Aspekte, die vorrangig in die Betrachtung aufzunehmen** sind: Nach § 144 Abs. 1 muss die zusätzliche Bestellung zur Sicherung der zügigen Durchführung des Verfahrens **insb. wegen dessen Umfang oder Schwierigkeit** erforderlich sein. Es ist demnach zu fragen, ob der Verteidiger fähig und willens ist, die zur reibungslosen Durchführung des Hauptverfahrens erforderlichen Maßnahmen zu treffen, oder, sei es aufgrund einer langen Verfahrensdauer, sei es aufgrund von Schwierigkeiten in der Sach- und Rechtslage, stichhaltige Gründe dafür streiten, mehrere Pflichtverteidiger heranzuziehen. Letzteres spricht wiederum dafür, dass die Gewährleistung effektiver Verteidigung als zweiter Normzweck neben dem der Verfahrensbeschleunigung steht. Bei der Beurteilung der Erforderlichkeit sind wegen der Verwendung des Wortes »insbesondere« neben Umfang und Schwierigkeit des Verfahrens auch **weitere Aspekte einzubeziehen** (so auch BGH NStZ 2020, 754, 755): Die Gründe können sich z.B. auch aus der Person des bisherigen Pflichtverteidigers ergeben, wie etwa eine hartnäckige Erkrankung (BT-Drs. 19/13829, S. 49 f.; OLG Celle NStZ 2021, 123). 5

Bei der gerichtlichen Prognoseentscheidung bedarf es einer **hinreichenden Wahrscheinlichkeit**, dass der zügige Fortgang des Verfahrens ohne die Bestellung nicht gesichert ist (OLG Celle NStZ 2021, 123 f.; OLG Hamburg BeckRS 2020, 538 Rn. 10 f.; Meyer-Goßner/*Schmitt* § 144 Rn. 4 m.w.N.). Auf eine beschleunigende Wirkung durch die Beiordnung kommt es nicht an, das Verfahren soll bloß weiterhin »zügig« voranschreiten (OLG Celle NStZ 2021, 123; LR/*Jahn* § 144 Rn. 1). Hinsichtlich der Auslegung des Abs. 1 kann auf die von der Rspr. bereits vor der Gesetzesreform entwickelten Grundsätze zum Merkmal des »**unabweisbaren Bedürfnisses**« abgestellt werden (BGH NStZ 2020, 754, 755; OLG Hamburg BeckRS 2020, 538 Rn. 12). 6

1. Umfang des Verfahrens. Umstritten ist, ob von zehn Hauptverhandlungstagen bereits eine indizielle Wirkung ausgeht (so LR/*Jahn* § 144 Rn. 2; OLG Hamm NJW 1978 1986), oder ob zur Sicherstellung einer sachgerechten Verteidigung nicht erst sämtliche andere gesetzliche Reaktionsmöglichkeiten, wie etwa die Unterbrechung der Hauptverhandlung (§ 229), eine partielle Beurlaubung (§ 231c) oder die Bestellung eines Vertreters (§ 53 BRAO), auf die unvorhergesehene Verhinderung eines Verteidigers zu ergreifen sind (OLG Hamburg StV 2021, 154, 155; OLG Hamburg 04.09.2017 – 2 Ws 132/17). Ist die Durchführung des Verfahrens aufgrund des Organisationsaufwands oder des bloßen (Akten-) Umfangs nicht anders sichergestellt, kann jedenfalls ein weiterer Verteidiger bestellt werden, wenn anderenfalls die Effektivität der Verteidigung beeinträchtigt werden könnte (OLG Hamburg StV 2021, 154, 155; BGH NJW 1961, 740; 7

OLG Koblenz BeckRS 2018, 34217; OLG Düsseldorf NJW 2010, 391; OLG Jena BeckRS 2009, 86430; OLG Celle StV 1988, 379; OLG Frankfurt a. M. StV 1993, 348; OLG Frankfurt a. M. NJW 1980, 1703; OLG Hamm NJW 1978, 1986; LG Dessau-Roßlau StV 2016, 488; s. auch *Pätzel* NStZ 2021, 257, 258; *Fromm* StraFo 2017, 146, 148; s. zur Bestellung eines weiteren Pflichtverteidigers im Revisionsverfahren BGH BeckRS 2012, 04069).

8 **2. Schwierigkeit des Verfahrens.** Auf die Rspr. zum inhaltsähnlichen § 140 Abs. 2 Var. 3 kann nicht zurückgegriffen werden (OLG Celle NStZ 2021, 123, 124). Das ergibt sich schon aus dem Zusammenhang zum zügigen Verfahren i.R.d § 144 Abs. 1. Die Bestellung wegen der Schwierigkeit der Sache kommt in Betracht, wenn der Verfahrensstoff nur durch ein arbeitsteiliges Vorgehen mehrerer Verteidiger beherrscht und so eine qualitative Verteidigung gewährleistet werden kann (BGH BeckRS 2020, 22801 Rn. 19 ff.; OLG Hamburg StV 2021, 154; OLG Karlsruhe StraFo 2009, 517). Ob insoweit auch das **Recht auf ein faires Verfahren** durchschlägt, ist strittig (so *Rühlmann* StV 2016, 488 f.; BeckOK-StPO/*Krawczyk* § 144 Rn. 2).

9 **3. Person des Verteidigers.** Die Erforderlichkeit der Bestellung ist z.B. dann in der **Person des bisherigen Verteidigers** begründet, wenn der Wahlverteidiger in der Hauptverhandlung nicht ständig anwesend sein oder die zur ordnungsgemäßen und zügigen Durchführung der Hauptverhandlung notwendigen Maßnahmen nicht durchführen kann oder will (BGH NJW 1973, 1985; OLG Hamm BeckRS 2014, 06501; OLG Düsseldorf NStZ 1986, 137; OLG Koblenz NStZ 1982, 43). Gleiches gilt, wenn der Wahlverteidiger schon früher einmal das Mandat niedergelegt hat und Selbiges sich zu wiederholen droht (OLG Düsseldorf NStZ 1986, 137). Die bloße Tatsache, dass der Wahlverteidiger aus terminlichen Gründen zur Wahrnehmung der Hauptverhandlung verhindert ist, rechtfertigt nicht die sofortige und ungeprüfte Bestellung eines Pflichtverteidigers (OLG Dresden BeckRS 2009, 28161; OLG Celle StV 1988, 100; OLG Düsseldorf StraFo 1999, 414). Das gilt ebenso, wenn der Wahlverteidiger nur eine einmalige Verhinderung ankündigt (OLG Celle StV 1988, 100), und erst recht, wenn Terminverhinderungen des Erstverteidigers nicht einmal konkret feststehen oder zu erwarten sind (LG Köln BeckRS 2016, 10368). Die bloße Möglichkeit, dass der Verteidiger während einer längeren Verhandlung erkranken könnte, genügt für die Bestellung eines zusätzlichen Verteidigers nicht (insoweit zutr. OLG Celle NStZ 2021, 123, 124; OLG Hamm BeckRS 2020, 9773). Die Bestellung eines bloßen Ersatzverteidigers ist unzulässig (vgl. OLG Hamburg StV 2000 409, 410). Bei tatsächlicher Erkrankung des Verteidigers sind zunächst die gesetzlichen Unterbrechungsfristen zu nutzen (vgl. *Pätzel* NStZ 2021, 257, 259). Die Bestellung eines weiteren Verteidigers ist **unzulässig**, wenn sie lediglich der Erleichterung der Durchführung der Hauptverhandlung dienen soll, wie z.B. zur Vorbeugung des Ausfalls eines Wahlverteidigers bei einer 4-Tages-Sache (OLG Frankfurt a. M. StV 1986, 144), bei Unfähigkeit des Erstverteidigers, wegen Kopfschmerzen ein Plädoyer zu halten (OLG Frankfurt a. M. StV 1994, 288) oder Ablehnung eines auswärtigen Wahlverteidigers (OLG Frankfurt a. M. StV 1983, 234). Die Gründe dürfen nicht allein aus dem störenden Verhalten des Verteidigers folgen (OLG Köln 03.11.2006 – 2 Ws 550/06; vgl. auch LR/*Jahn* § 144 Rn. 3 m.w.N.). Zur Frage, inwieweit aber deshalb ein Pflichtverteidiger ausgewechselt werden kann, vgl. § 143a Rn. 20 f.

10 **4. Zeitpunkt.** Erstrebt wird damit auch eine Annäherung der prozessualen Möglichkeiten von Strafverfolgungsbehörden und Verteidigung im Sinne einer »Waffengleichheit«. Da § 144 keine Begrenzung auf einen bestimmten Verfahrensabschnitt enthält, kommt theoretisch die Bestellung eines Sicherungsverteidigers auch im **Ermittlungs- oder im Zwischenverfahren** in Betracht. Im Regelfall dürfte die Bestellung eines zusätzlichen Pflichtverteidigers zur Sicherung der zügigen Durchführung des Verfahrens – wie in der Praxis üblich – auf die **Hauptverhandlung (insb. wegen der in § 229 geregelten Höchstdauer der Unterbrechung)** beschränkt bleiben. Aus der Vertretung der Anklage durch zwei Staatsanwälte folgt eine entsprechende Pflicht zur Bestellung eines weiteren Verteidigers aber nicht (OLG Bremen v. 30.04.2021- 1 Ws 24/21, BeckRS 2021, 13987 Rn. 20; OLG Frankfurt, Beschluss vom 11.05.2007 – 3Ws 470/07).

11 **5. Gerichtliches Ermessen.** Wenn die Voraussetzungen erfüllt sind, gestaltet das Gesetz die Entscheidung über die Bestellung zusätzlicher Pflichtverteidiger nicht etwa zwingend aus, sondern belässt es ausweislich des Wortes »können« bei einer **Ermessensentscheidung** (BGH NStZ 2020, 754, 755; BT-Drs. 19/13829, S. 50). Damit ist sowohl ein Entschließungsermessen hinsichtlich des »Ob« als auch ein eingeschränktes Auswahlermessen hinsichtlich des »Wie viele« und des »Wer« gegeben. Kriterien für die Ausübung des Ermessens in quantitativer Hinsicht ist die graduelle Abstufung danach, wie schwer die Sach- und Rechtslage ist bzw. wie hoch das Sicherungsbedürfnis veranschlagt wird. Die Subjektstellung des Angeklagten erfordert, dass nicht reflexartig aus dem Beschleunigungsgebot in Haftsachen die Bestellung eines zusätzlichen Verteidigers gefolgert wird, wenn der inhaftierte Beschuldigte eine etwaige Verzögerung des Verfahrens in Kauf nimmt

(vgl. *Pätzel* NStZ 2021, 257, 259). Gleichzeitig ist – entsprechend des Zwecks der PKH-RL – dessen effektive Verteidigung aber sicherzustellen.

a) **Anzahl.** Gem. **§ 144 Abs. 1** ist die Anzahl der zusätzlich zu bestellenden Pflichtverteidiger auf maximal **zwei** gedeckelt. Das soll die finanziellen Belastungen für die Staatskasse einerseits, den untereinander entstehenden Abstimmungs- und Koordinierungsbedarf andererseits begrenzen. Werden für den Beschuldigten nur Pflichtverteidiger tätig, so liegt die maximale Zahl bei **drei**, was der Regelung bei der Wahlverteidigung (§ 137 Abs. 1 Satz 2) entspricht. Für Großverfahren, wie z.B. dem NSU-Prozess, kann eine solche Begrenzung durchaus Probleme bereiten (*Schlothauer* KriPoZ 2019, 3, 15). Da die Zahl der ***gewählten*** Verteidiger drei nicht überschreiten darf, andererseits diese drei dem Beschuldigten gem. § 137 garantiert sind, liegt die maximale Verteidigerzahl einschließlich der Sicherungsverteidiger bei **fünf**. 12

b) **Auswahl.** Gem. **§ 144 Abs. 2 Satz 2** gelten die Absätze 5–7 Satz 1 des § 142 entsprechend. Diese Entsprechensklausel in Abs. 2 bezieht sich zwar systematisch nur auf dessen Satz 1 (also nur auf die Aufhebung der Bestellung des zusätzlichen Verteidigers), seinem Sinn und Zweck nach **muss der Verweis aber auch die Erstbestellung gem. Abs. 1 umfassen**, damit er nicht ins Leere geht (so unstrittig LR/*Jahn* § 144 Rn. 11). Damit ist das Ermessen hinsichtlich der Frage, wer als Pflichtverteidiger zu bestellen ist, in erheblicher Weise gelenkt, indem der prozedurale Ablauf klar vorgegeben ist. **§ 142 Abs. 5** gibt dem Beschuldigten Gelegenheit, selbst einen (hier: weiteren) gewünschten Pflichtverteidiger zu bezeichnen, der dann – sofern kein gegenteiliger wichtiger Grund besteht – auch zu bestellen ist. Die Auswahl des Verteidigers des Vertrauens ist auch verfassungsrechtlich geboten. Nur wenn der **Beschuldigte einen solchen nicht bezeichnet**, kommt nach **§ 144 Abs. 2 Satz 2** i.V.m. **§ 142 Abs. 6** dem Gericht ein echtes Ermessen hinsichtlich der Auswahl der Person des weiteren Pflichtverteidigers zu, wobei jener aus dem Personenkreis der **Fachanwälte für Strafrecht** bzw. **der interessierten und geeigneten Rechtsanwälte** zu wählen ist (Einzelheiten s. § 142 Rdn. 40 ff.). 13

Der Sicherungsverteidiger ist – wie jeder andere Verteidiger auch – allein Beistand des Beschuldigten und dessen **einseitiger Interessenvertreter** (so auch BeckOK-StPO/*Krawczyk* § 144 Rn. 9; Meyer-Goßner/*Schmitt* § 144 Rn. 7; a.A. SK/*Wohlers* vor § 137 Rn. 44 m.w.N.). Die andere Ansicht mit Verweis auf die aufgezwungene Stellung zur Kontrolle der Strafverfolgungsorgane durch eine unabhängige Instanz vermag nicht zu überzeugen. Der (aufgezwungene) Sicherungsverteidiger ist nicht nur Hilfsverteidiger zur Verfahrenssicherung, sondern stellt auch die Effektivität der Verteidigung sicher. Das wird durch den Verweis auf § 142 Abs. 5 noch deutlicher, wodurch der Beschuldigte den Sicherungsverteidiger gleichermaßen wie seinen Pflichtverteidiger auswählt und mithin eine hinreichende Vertrauensgrundlage schafft. Überdies spricht die Entwurfshistorie bzgl. der Überschrift für ein solches Verständnis: Entgegen des ursprünglichen Entwurfes spricht die Gesetzesversion zur Klarstellung von zusätzlichen Verteidigern und nicht von Sicherungsverteidigern (vgl. LR/*Jahn* § 144 Vor Rn. 1). 14

II. Aufhebung. 1. Wegfall der Erforderlichkeit. Nach **§ 144 Abs. 2 Satz 1** ist die Bestellung eines zusätzlichen Verteidigers aufzuheben, sobald seine Mitwirkung zur zügigen Durchführung des Verfahrens nicht mehr erforderlich ist. Mit **Entfall der Voraussetzungen von Abs. 1** soll also automatisch die Konsequenz gezogen werden, den Pflichtverteidiger von seiner Stellung zu entbinden. Im Gegensatz zur Bestellung gem. Abs. 1 handelt es sich hier ausweislich des Wortlauts »ist« um eine zwingende Entscheidung, die nicht im gerichtlichen Ermessen steht. Das bekräftigt wiederum den Ausnahmecharakter der Regelung. Allerdings wird bei der Beurteilung, ob eine solche Erforderlichkeit tatsächlich nicht mehr gegeben ist, ein gewisses Maß an Vorsicht geboten sein, damit vorschnelle Fehlbeurteilungen unterbleiben; anderenfalls drohte gleichsam ein Ping-Pong-Spiel von Bestellung und Aufhebung. **Bei der Aufhebungsentscheidung soll das Gericht auch eine graduelle Abstufung vornehmen und die Erforderlichkeit des jeweiligen zusätzlichen Pflichtverteidigers gesondert beurteilen.** Vor diesem Hintergrund scheint es denkbar, auch im Fall der früheren Bestellung von zwei Sicherungsverteidigern einen der beiden Sicherungsverteidiger zu belassen und die Bestellung des anderen aufzuheben. Angesichts der Prognoseunsicherheiten und der zuvor bereits einmal positiv ausgefallenen Entscheidung ist aber auch insoweit vor einer allzu forschen Umentscheidungsfreudigkeit zu warnen. Grundsätzlich bedarf es wohl einer wesentlichen Änderung des Verfahrens, etwa eines unerwarteten Geständnisses des Angeklagten und infolgedessen einer verkürzten Beweisaufnahme (vgl. Meyer-Goßner/*Schmitt* § 144 Rn. 8). In der Regel entfällt die Erforderlichkeit erst mit Abschluss der Hauptverhandlung (BT-Drs. 19/13829, S. 50; vgl. auch OLG Köln NStZ-RR 2012, 287). 15

2. Andere Aufhebungsgründe, Auswechslung. Neben der Regelung des § 144 Abs. 2 bleiben die **allgemeinen Grundsätze zur Aufhebung und Bestellung des Pflichtverteidigers** nach § 143 Abs. 1 und 2 unberührt. Auch ein **Pflichtverteidigerwechsel** nach § 143a Abs. 2 Satz 1 Nr. 3 (dazu oben § 143a 16

Rdn. 14–21 ff.) muss möglich sein. Insoweit gilt § 144 Abs. 2 Satz 2 i.V.m. § 143a Abs. 2 Satz 1 Nr. 3 analog (a.A. *Schlothauer* KriPoZ 2019, 3, 16, der jedoch die dann entstehende Rechtslücke kritisiert).

17 **III. Zuständigkeit.** Für die **Bestellung eines zusätzlichen Pflichtverteidigers** gem. § 144 ergibt sich die Zuständigkeit des **Gerichts** aus einer **analogen Anwendung des § 142 Abs. 3** (Einzelheiten unter § 142 Rdn. 9). Eine **Eilzuständigkeit der Staatsanwaltschaft** gem. § 142 Abs. 4 analog scheidet mangels vergleichbarer Interessenlage aus.

18 **C. Rechtsmittel.** Gem. **§ 144 Abs. 2 Satz 2** i.V.m. § 142 Abs. 7 Satz 1 ist gegen die Bestellung, Ablehnung der Bestellung, Aufhebung oder Nichtaufhebung der Bestellung des Sicherungsverteidigers – und nach hiesiger Auslegung auch gegen dessen Auswechslung (s. unter Rdn. 8) – die **sofortige Beschwerde** statthaft. Es gilt die **Wochenfrist** des § 311 Abs. 1, das dient der schnelleren Rechtsklarheit (BGH NJW 2021, 1894 Rn. 6; BT-Drs. 19/13829, S. 46). Dem Vorsitzenden des Gerichts steht dabei ein nicht voll überprüfbarer Beurteilungs- und Ermessensspielraum zu (BGH NJW 2020, 3736 Rn. 17; OLG Bremen v. 30.04.2021 – 1 Ws 24/21, BeckRS 2021, 13987 Rn. 13). Das galt schon zur alten Rechtslage (vgl. etwa KG v. 06.08.2018 – 4 Ws 104/18, BeckRS 2018, 24184 Rn. 13; OLG Düsseldorf StV 2004, 62, 63; OLG Frankfurt a. M. NJW 2007, 3143 Ls.; OLG Hamm NStZ 2011, 235, 236), für eine Abweichung hiervon ist nichts ersichtlich (so insb. BT-Drs. 19/13829, S. 43 f., 49 f.). Dafür sprechen auch Sinn und Zweck des § 144 Abs. 1 und das gesetzliche Kompetenzgefüge (vgl. BGH NJW 2020, 3736, 3737). Namentlich wird die Sicherstellung der zügigen Durchführung der Hauptverhandlung als Herzstück des gerichtlichen Erkenntnisverfahrens bezweckt, dessen Leitung allein dem Vorsitzenden übertragen wurde. Die Beurteilung des Vorsitzenden kann das Beschwerdegericht nur dann beanstanden, wenn sie sich **nicht mehr im Rahmen des Vertretbaren** hält (BGH NJW 2020, 3736, 3737; krit. mit Blick auf die Gewährleistung effektiver Verteidigung Anm. *Schork* NJW 2020, 3738 f.; wohl zustimmend BeckOK-StPO/*Krawczyk* § 144 Rn. 13).

§ 145 Ausbleiben oder Weigerung des Pflichtverteidigers

(1) [1]Wenn in einem Falle, in dem die Verteidigung notwendig ist, der Verteidiger in der Hauptverhandlung ausbleibt, sich unzeitig entfernt oder sich weigert, die Verteidigung zu führen, so hat der Vorsitzende dem Angeklagten sogleich einen anderen Verteidiger zu bestellen. [2]Das Gericht kann jedoch auch eine Aussetzung der Verhandlung beschließen.

(2) Wird der notwendige Verteidiger erst im Laufe der Hauptverhandlung bestellt, so kann das Gericht eine Aussetzung der Verhandlung beschließen.

(3) Erklärt der neu bestellte Verteidiger, daß ihm die zur Vorbereitung der Verteidigung erforderliche Zeit nicht verbleiben würde, so ist die Verhandlung zu unterbrechen oder auszusetzen.

(4) Wird durch die Schuld des Verteidigers eine Aussetzung erforderlich, so sind ihm die hierdurch verursachten Kosten aufzuerlegen.

Übersicht

1 **A. Grundsätzliches.** Vom Gesetz zur Neuregelung des Rechts der notwendigen Verteidigung bis auf eine einzelne redaktionelle Anpassung in Abs. 2 unberührt geblieben, ist die Regelung zum Ausbleiben oder der Weigerung des Pflichtverteidigers. Der **Sinn und Zweck** des § 145 wird uneinheitlich beurteilt: Während zum Teil angenommen wird, die Norm flankiere die §§ 140 Abs. 1, 2, 141 Abs. 1, 2 (der trotz veränderter Wortlauts im Vergleich zur a. F. seinem Regelungsgehalt nach auch nach neuer Rechtslage noch anwendbar ist) und § 231a Abs. 4 (so BGH StV 1992, 358, 359; KG NStZ-RR 2000, 189, 190; LR/*Jahn* § 145 Rn. 1)

und diene damit primär der Effektivität der Verteidigung i.S.d. Art. 6 Abs. 3 lit. c EMRK (BGH NJW 2013, 2981, 2982), meinen andere, sie gebe dem Gericht Handlungsinstrumente zur Sicherung der Durchführung der Hauptverhandlung an die Hand und werde durch das Recht des Beschuldigten auf die Verteidigung durch den Verteidiger seines Vertrauens begrenzt (so SK-StPO/*Wohlers* § 145 Rn. 1).

B. Regelungsgehalt. I. Bestellung eines Pflichtverteidigers (§ 145 Abs. 1 Satz 1). 1. Voraussetzungen. § 145 Abs. 1 Satz 1 sieht für den Fall der notwendigen Verteidigung die Bestellung eines anderen Pflichtverteidigers vor, wenn der bestellte Verteidiger ausbleibt, sich unzeitig entfernt oder sich weigert, die Verteidigung zu führen. 2

a) Ausbleiben. Von einem **Ausbleiben** ist dann auszugehen, wenn der Verteidiger entweder gar nicht erscheint oder wenn er trotz ordnungsgemäßer Ladung (RGSt 53, 264, 265) nicht zum Termin erscheint, obwohl er nicht nach § 231c befreit worden war (Meyer-Goßner/*Schmitt* § 145 Rn. 5). Hat das Gericht die **Ladungsfrist nicht eingehalten**, so ändert dies nichts an der Pflicht zum Erscheinen; der Verteidiger kann jedoch in diesem Fall die Aussetzung der Hauptverhandlung gem. §§ 218 Satz 2 i.V.m. 217 Abs. 2 verlangen (LR/*Jahn* § 145 Rn. 13; SK-StPO/*Wohlers* § 145 Rn. 8; a.A. KMR/*Müller* § 145 Rn. 3). 3

Dem Ausbleiben steht nach allgemeinen strafprozessualen Grundsätzen die fehlende Verhandlungsfähigkeit des Verteidigers gleich (BGHSt 23, 331, 334: Trunkenheit; LR/*Jahn* § 143 Rn. 14), erfasst ist hingegen nicht der unwirksam verteidigende Rechtsbeistand. 4

Nicht unter den Begriff des Ausbleibens fällt hingegen **das verspätete Erscheinen**, wenn es sich noch in einem zeitlich begrenzten Rahmen hält (OLG Bamberg StraFo 2003, 419; HK-StPO/*Julius/Schiemann* § 145 Rn. 3; OLG Düsseldorf StV 1984, 372 f.: 30 Minuten Wartezeit zu kurz, wenn mit baldigem Erscheinen des Verteidigers zu rechnen und das Gericht keine Anschlusstermine hat; a.A. LR/*Jahn* § 145 Rn. 13). Der Verteidiger ist auch dann nicht ausgeblieben, wenn er sich zulässigerweise nach § 53 BRAO vertreten lässt (OLG Frankfurt a.M. StV 1988, 195). Hat der Wahlverteidiger einem seiner Sozietät angehörigen Rechtsanwalt Untervollmacht erteilt und will sich der Angeklagte nicht von diesem verteidigen lassen, so nimmt die Rspr. ebenfalls ein Ausbleiben an (LG Duisburg StV 2005, 600, 601 m. abl. Anm. *Jahn/Kett-Straub*). Dem ist jedoch für den Fall, dass dieses Recht vertraglich ausbedungen ist, zu widersprechen (so wohl auch Meyer-Goßner/*Schmitt* § 145 Rn. 21). 5

Hat der Angeklagte **mehrere Verteidiger**, ist von einem Ausbleiben nur dann auszugehen, wenn entweder sämtliche Verteidiger nicht zum Termin erscheinen oder die erschienenen Verteidiger ohne den fehlenden nicht zu einer Verteidigung fähig oder willig sind (OLG Dresden BeckRS 2020, 14107; SK-StPO/*Wohlers* § 145 Rn. 5). 6

b) Unzeitiges Entfernen. Unter einem **unzeitigen Entfernen** ist das vorzeitige Verlassen der Hauptverhandlung zu verstehen, obwohl wesentliche Teile derselben noch bevorstehen (RGSt 38, 216, 217: Vernehmung des Angeklagten; RGSt 44, 16, 18: Verzicht auf die Vernehmung von Zeugen; OLG Köln NJW 2005, 3588; zur Frage, ob ein »prozessuales Notstandsrecht« anzuerkennen ist, vgl. unter Rdn. 25). Ein unzeitiges Entfernen liegt nicht vor, wenn der Verteidiger gem. § 231c beurlaubt ist (Radtke/Hohmann/*Reinhart* § 145 Rn. 4, der weitergehend auch die Vertretung mit Zustimmung des Beschuldigten und des Vorsitzenden als erfasst ansieht). 7

c) Verteidigungsverweigerung. Eine **Weigerung, die Verteidigung zu führen**, kommt sowohl **ausdrücklich** als auch **konkludent** dadurch in Betracht, dass der Verteidiger untätig bleibt, obwohl er zu einer sachgerechten Verteidigung tätig werden müsste (OLG Karlsruhe StV 2003, 152: Weigerung, den Schlussvortrag zu halten, unter Wiederholung des Antrags auf Entbindung von der Pflichtverteidigung; BGH StV 1993, 566: Ablegen der Robe und Begeben in den Zuschauerbereich; Meyer-Goßner/*Schmitt* § 145 Rn. 7). Da es dem Gericht aber nicht obliegt, die Verteidigungsstrategie zu bewerten, begründet **das bloße Untätigbleiben** des Verteidigers grds. allein keine Weigerung. Dies kann jedoch richtigerweise dann nicht gelten, wenn durch das Untätigbleiben der rechtlichen Anspruch des Beschuldigten auf effektive und wirksame Verteidigung i.S.d. Art. 6 Abs. 3 lit. c EMRK gefährdet wird. In diesem Fall hat das Gericht im Zweifelsfall die Verteidigungsbereitschaft durch Nachfrage zu klären (SK-StPO/*Wohlers* § 145 Rn. 10; gegen eine derartige Pflicht hingegen LR/*Jahn* § 145 Rn. 17) und diese ebenso hinzunehmen wie eine »**Konfliktverteidigung**« (LR/*Jahn* § 145 Rn. 18). 8

2. Konsequenzen. Sind die Voraussetzungen des § 145 Abs. 1 Satz 1 erfüllt, so ist dem Angeklagten sogleich ein anderer Verteidiger zu bestellen, wenn dieser nicht umgehend einen neuen Verteidiger wählt (OLG Karlsruhe StV 1991, 199 f.; KK-StPO/*Willnow* § 145 Rn. 6) oder das Verfahren nach §§ 142 Abs. 1 Satz 2, 265 Abs. 4 ausgesetzt wird. Es muss sich nicht notwendig um einen dem Verfahren gänzlich fremden Verteidiger 9 handeln (zur Bestellung des vorherigen Wahlverteidigers BGH NStZ 92, 292; OLG Stuttgart NJW 79, 559; abweichend bzgl. des zu berücksichtigenden Willens des Angeklagten LR/*Jahn* § 145 Rn. 21).

10 Der Begriff **»sogleich«** ist nicht gleichzusetzen mit »sofort«; vielmehr ist dem Angeklagten Gelegenheit zu geben, einen Verteidiger zu benennen (§ 142 Abs. 1 Satz 1; *Wessing* in Graf StPO § 145 Rn. 6). Der Begriff setzt voraus, dass keine weiteren Prozesshandlungen vorgenommen werden, bevor dem Angeklagten wieder ein Verteidiger zur Seite steht. Folglich zählt der Pflichtverteidiger zum Personenkreis des § 226 Abs. 1 (vgl. Meyer-Goßner/*Schmitt* § 145 Rn. 3).

11 Die Zuständigkeit für die Bestellung des anderen Verteidigers ergibt sich aus § 142 Abs. 3. § 142 Abs. 5 Satz 1 findet schon seinem Wortlaut nach als zentrale Norm für das Bestellungsverfahren, jedenfalls aber aufgrund des Zwecks der effektiven Verteidigung entsprechende Anwendung (so auch LR/*Jahn* § 145 Rn. 23).

12 Fraglich ist, ob die Hauptverhandlung nach der Bestellung wiederholt werden muss. Zum Teil wird dies verneint mit dem Argument, die notwendige Verteidigung gebiete nur, dass ein Verteidiger an der Hauptverhandlung teilnehme, nicht aber, dass es stets derselbe sein müsse (dazu allgemein BGHSt 13, 337, 340 f.; Meyer-Goßner/*Schmitt* § 145 Rn. 3; Radtke/Hohmann/*Reinhart* § 145 Rn. 6). Dem steht jedoch der Sinn und Zweck der notwendigen Verteidigung, der letztlich auf eine effektive Verteidigung abzielt, entgegen, sodass die **wesentlichen Teile der Hauptverhandlung regelmäßig wiederholt** werden müssen, wenn nicht der bisherige Pflichtverteidiger zusichert, den nunmehr bestellten Verteidiger umfassend zu unterrichten (SK-StPO/*Wohlers* § 145 Rn. 15).

13 **II. Unterbrechung, Aussetzung oder Terminsaufhebung (§ 145 Abs. 1 Satz 2).** Anstelle der Beiordnung eines Pflichtverteidigers kann das Gericht auch nach § 145 Abs. 1 Satz 2 beschließen, das Verfahren auszusetzen; in Betracht kommt – kraft Kompetenz a maiore ad minus (SK-StPO/*Wohlers* § 145 Rn. 16) – überdies eine Unterbrechung oder eine Terminsaufhebung (§ 228 Abs. 1 S. 2, § 229 Abs. 1–3). Als gegenüber der Bestellung eines anderen Pflichtverteidigers milderen Maßnahmen (Effektivität durch Kontinuität der Verteidigung) gebührt diesen Handlungsoptionen der Vorrang gegenüber dem Vorgehen nach § 145 Abs. 1 Satz 1. Sie sind von Amts wegen zu prüfen (BGH NJW 2013, 2981; dazu auch unter Rdn. 17). Die Maßnahmen nach § 145 Abs. 1 Satz 2 setzen voraus, dass die Verteidigung des Angeklagten in absehbarer Zeit wiederhergestellt sein wird und der Pflichtverteidigerwechsel nicht nötig ist, was vor allem bei kurzfristigen Erkrankungen des Verteidigers in Betracht kommt (Meyer-Goßner/*Schmitt* § 145 Rn. 9; *Burhoff* HV, Rn. 152; HK-StPO/*Julius*/*Schiemann* § 145 Rn. 6 stellt in diesem Zusammenhang darauf ab, ob dem Pflichtverteidiger die fehlende Verteidigung vorwerfbar ist).

14 **III. Bestellung erst im Lauf der Hauptverhandlung (§ 145 Abs. 2).** § 145 Abs. 2 eröffnet dem Gericht die Möglichkeit, das Verfahren von Amts wegen auszusetzen, wenn der notwendige Verteidiger nach § 141 Abs. 2 erst im Laufe der Hauptverhandlung bestellt wird. Diese Vorgehensweise ist dann erforderlich, wenn die wesentlichen Teile der Hauptverhandlung nicht in Anwesenheit des nunmehr bestellten Verteidigers wiederholt werden können, oder wenn nach Auffassung des Gerichts eine hinreichende Vorbereitung des Verteidigers nicht möglich erscheint (Meyer-Goßner/*Schmitt* § 145 Rn. 10).

15 Im Lichte des menschenrechtlichen Gebots effektiver Verteidigung dürfte das Ermessen des Gerichts jedenfalls in Bezug auf eine Verfahrensunterbrechung bei Hinzutreten des Verteidigers nach Verhandlung der für das Hauptverfahren wesentlichen Teile richtigerweise – auch unabhängig vom Antrag des Verteidigers (Abs. 3, Rdn. 16 ff.) – als reduziert anzusehen sein. Gerade vor dem Hintergrund einer Pflichtverteidigerbestellung durch das erkennende Gericht und der damit einhergehenden Abhängigkeit des Erwählten in Bezug auf eine erneute Bestellung, birgt ein allzu weiter Beurteilungsspielraum die grundsätzliche Gefahr, die eigenen Interessen an einer zügigen Verfahrenserledigung über die Interessen des Beschuldigten an dessen wirksamer Verteidigung zu stellen. Befürwortet wird i.Ü. für das Hinzutreten des Verteidigers in diesem Zusammenhang auch eine obligatorische Unterbrechung der Verhandlung für die Dauer einer angemessenen Einarbeitungszeit, unabhängig davon, ob zuvor bereits wesentliche Teile verhandelt wurden. Hinsichtlich etwaigen Missbrauchspotenzial sei hierfür auf die Kostenfolge des Abs. 4 verwiesen, der in diesem Fall auch auf eine Verfahrensunterbrechung zu erstrecken wäre.

16 **IV. Unterbrechung/Aussetzung auf Verlangen des neu bestellten Verteidigers (§ 145 Abs. 3). 1. Voraussetzungen.** § 145 Abs. 3 normiert demgegenüber ein **Antragsrecht** des neu bestellten Verteidigers in den Fällen des § 145 Abs. 1 Satz 1 bzw. Abs. 2 (Bsp. für einen entsprechenden Antrag bei *Burhoff* HV, Rn. 155). Die Norm ist **analog** anzuwenden, wenn der Angeklagte wegen des Ausbleibens des ursprünglich aufgetretenen Verteidigers umgehend einen Verteidiger wählt und eine Bestellung nach § 145 Abs. 1 Satz 1 daher unterbleibt (OLG Karlsruhe StV 1991, 199 f.; Meyer-Goßner/*Schmitt* § 145 Rn. 15).

Stellt der Verteidiger den Antrag, so hat das Gericht grundsätzlich nicht nachzuprüfen, ob eine rasche Einarbeitung möglich ist; dies folgt aus der Stellung des Rechtsanwalts als unabhängiges Organ der Rechtspflege (so BGH JR 1998, 251 m. krit. Anm. *Rogat* für den Fall, dass ein Antrag nicht gestellt wird). Der Gesetzgeber gewährt dem Verteidiger damit eine **Einschätzungsprärogative.** Die entsprechende Erklärung hat der Verteidiger umgehend nach Bestellung abzugeben; das Recht ist zu einem späteren Zeitpunkt ausgeschlossen, um beliebige Einflussnahmen des Verteidigers zu einem späteren Zeitpunkt des Verfahrens auszuschließen (BGHSt 13, 337, 339 f.; BGH NJW 1973, 1985). 17

Stellt der neu bestellte Pflichtverteidiger hingegen keinen Antrag, hat das Gericht dies nach der Rspr. ebenfalls grundsätzlich hinzunehmen (BGH NJW 2013, 2981). Eine Ausnahme hiervon, die aus Fürsorgegründen zur Unterbrechung oder Aussetzung von Amts wegen zwingt, ist in Anlehnung an § 265 Abs. 4 in Fällen gegeben, in denen evident keine schnelle Einarbeitung möglich oder die Einschätzung des Verteidigers unter dem Gesichtspunkt effektiver Verteidigung sonst evident interessenswidrig ist (BGH a.a.O.; BGH JR 2013, 373 m.Anm. *Wohlers*, mit näheren Ausführungen dazu, wann Mindeststandards der Verteidigung verletzt werden, mithin Evidenzfälle vorliegen). Gerade dem letztgenannten Grund dürfte vor dem Hintergrund der vom Staat zu garantierenden effektiven und wirksamen Verteidigung (Art. 6 Abs. 3 lit. c EMRK) sowie dem in Einklang mit dem von der PKH-RL ebenso verfolgtem Zweck, eine qualitative Dienstleistung sicherzustellen, eine neue Bedeutung zugemessen werden. 18

2. Entscheidung des Gerichts. Welche Rechtsfolgen ein Antrag nach § 145 Abs. 3 zeitigt, ist umstritten. Unstreitig ist lediglich, dass eine Auswahl zwischen der Unterbrechung der Hauptverhandlung und deren Aussetzung besteht, und dass diese **Auswahl nach pflichtgemäßem Ermessen** zu treffen ist; kontrovers wird jedoch beurteilt, wem insoweit das Auswahlrecht zukommt. Während nach Ansicht der Rspr., die sich auf den Wortlaut der Norm stützt, das Gericht entscheiden soll (BGHSt 13, 337, 340 ff.; BGH JR 1998, 251; Meyer-Goßner/*Schmitt* § 145 Rn. 12), vertritt die überwiegende Literatur, dass dem Verteidiger dieses Auswahlermessen zukomme (LR/*Jahn* § 145 Rn. 26; Radtke/Hohmann/*Reinhart* § 145 Rn. 10; SK-StPO/*Wohlers* § 145 Rn. 12; jedenfalls bei zuvor nicht anwesendem Verteidiger: *Eisenberg* NJW 1991, 1257, 1263). Für die letztgenannte Ansicht spricht entscheidend der Umstand, dass § 145 Abs. 3 gerade Ausdruck der Einschätzungsprärogative des Verteidigers ist, andernfalls käme der Norm neben § 145 Abs. 1 Satz 2 eine nur sehr marginale Bedeutung zu. Zudem kann er selbst die Effektivität seiner Verteidigung zum Wohle des Angeklagten, sofern er denn eine solche zu garantieren vermag, am besten überblicken; Ausdruck dessen ist schließlich bereits die Stellung eines entsprechenden Antrags. Im Zweifel wird deshalb das Interesse an der Verfahrensbeschleunigung hinter dem der effektiven Strafverteidigung zurückstehen müssen (vgl. LR/*Jahn* § 145 Rn. 26 ff.). Das gilt umso mehr nach erfolgter Umsetzung der PKH-RL in geltendes Recht. 19

V. Auferlegung der Kosten der Aussetzung (§ 145 Abs. 4). Der Anspruch auf Ersatz der durch die Aussetzung verursachten Kosten nach § 145 Abs. 4 stellt keine sitzungspolizeiliche Maßnahme, sondern einen **Schadensersatzanspruch** des Staats gegenüber dem Verteidiger in den Fällen des Abs. 1 der Norm dar (Meyer-Goßner/*Schmitt* § 145 Rn. 24; *Jahn/Kett-Straub* StV 2005, 601; *Zwiehoff* JR 2006, 505, 508; vgl. aber OLG Köln NJW 2005, 3588, 3589, das in diesem Zusammenhang von »Sanktionen« spricht, ebenso OLG Köln StV 2001, 389, 390). Anspruchsgegner kann sowohl der Wahl- als auch der Pflichtverteidiger sein (Meyer-Goßner/*Schmitt* § 145 Rn. 18; zur Anwendung auf den Pflichtverteidiger vgl. BGH bei *Cierniak/Zimmermann* NStZ-RR 2011, 97, 101). 20

Eine **analoge Anwendung** auf andere Fälle der Aussetzung als der nach § 145 Abs. 1 Satz 2 oder Abs. 3 ist bereits wegen der systematischen Stellung der Norm im Gefüge des § 145 **abzulehnen** (OLG Jena StV 2003, 432; OLG Köln StV 2001, 389, 390; KG NStZ-RR 2000, 189, 190; Meyer-Goßner/*Schmitt* § 145 Rn. 17; *Burhoff* HV, Rn. 153; a.A. LG Berlin NStZ 2003, 280: analoge Anwendung bei Aussetzung wegen verspäteter Rückgabe von Akten; OLG Hamburg NStZ 1982, 171: Herbeiführung der Verhandlungsunfähigkeit des Angeklagten durch Auseinandersetzung mit Befangenheitsantrag »in temperamentvoller Weise«; eingehend zu dem Problembereich *Fahl* Rechtsmißbrauch im Strafprozeß [2003]; S. 48 ff.). 21

1. Voraussetzungen. Der Anspruch nach § 145 Abs. 4 setzt zunächst voraus, dass eine Aussetzung nach § 145 Abs. 1 Satz 2 oder Abs. 3 erfolgt ist. 22

Zudem muss der Verteidiger **schuldhaft** gehandelt haben. Dies ist dann der Fall, wenn er **prozessordnungswidrig** und **pflichtwidrig** agiert hat (OLG Koblenz NStZ 1982, 43). Von einem pflichtwidrigen Handeln ist zum einen auszugehen, wenn der Verteidiger **bewusst** die ihm obliegenden Pflichten i.S.d. § 145 Abs. 1 verletzt hat. Mit Blick auf den Pflichtverteidiger ist dies stets anzunehmen; anders ist dies hinsichtlich des Wahlverteidigers in den Konstellationen des § 140 Abs. 2. Insoweit ist regelmäßig ein aktenkundig zu machender Hinweis des Gerichts gegenüber dem Wahlverteidiger auf die Pflicht, zu erscheinen, vonnöten 23

(OLG Stuttgart NStZ-RR 2009, 243; LG Berlin StV 1995, 295; LG Bielefeld StV 2004, 32). Anderes wird gleichwohl dann zu gelten haben, wenn die Voraussetzungen offensichtlich vorliegen (LG Berlin BeckRS 2014, 2066; Meyer-Goßner/*Schmitt* § 145 Rn. 20).

24 Zum anderen genügt **Fahrlässigkeit** (HK-StPO/*Julius/Schiemann* § 145 Rn. 12). Diese ist z.B. dann gegeben, wenn der Wahlverteidiger das Mandat niedergelegt hat und seine daraufhin erfolgte Bestellung zum Pflichtverteidiger verkennt (OLG Köln BeckRS 2011, 1278), zudem dann, wenn der Verteidiger den Termin vergessen hat oder ohne Rückfrage bei Gericht von der Aufhebung des Termins ausgegangen ist (OLG Düsseldorf StV 1990, 55 f.; StV 1984, 8 f.). Sie ist abzulehnen, wenn der bisherige Pflichtverteidiger auf die Wahrnehmung des Termins durch den Wahlverteidiger vertrauen darf (KG StV 2000, 406 f.). Andererseits liegt auch dann fahrlässiges Verhalten vor, wenn der Wahlverteidiger nicht auf das tatsächliche Erscheinen eines Pflichtverteidigers vertrauen darf (OLG Stuttgart StV 2020, 152, 153; abl. mit Blick auf den zweckwidrigen Sanktionscharakter *Theile* StV 2020, 154, 156). Er ist nämlich in der Regel zur Anwesenheit in der Hauptverhandlung verpflichtet (vgl. nur OLG Stuttgart StV 2020, 152 m.w.N.). Ist ein Verteidiger kurzfristig am Erscheinen verhindert, so schließt die – notfalls telefonische – Mitteilung dieses Umstands dem Gericht gegenüber das Verschulden aus (OLG Frankfurt StV 1987, 8 f.; OLG Hamm StV 1995, 514). Zu weit geht es aber, aus der fehlenden Ankündigung des Pflichtverteidigers, dass ein nach § 142 Abs. 2 zum Pflichtverteidiger bestellbarer Referendar zur Sitzungsvertretung geschickt werden wird, ein Verschulden zu folgern (so aber LG Berlin NStZ 2000, 51 f.). Weitere Einzelfälle vgl. LR/*Jahn* § 145 Rn. 35; Meyer-Goßner/*Schmitt* § 145 Rn. 21; zum nachhaltigen und grundlosen und damit schuldhaften Verweigern des Tragens einer medizinischen Maske entgegen richterlicher Anordnung: OLG Celle BeckRS 2021, 8318 Rn. 25.

25 Kontrovers diskutiert wird, ob dem Verteidiger – vor allem bezüglich des Vorwurfs des unzeitigen Entfernens – ein **»prozessuales Notstandsrecht«** zukommt, das der Annahme eines schuldhaften Verhaltens entgegensteht. Die Rspr. hat dies bislang verneint mit dem Argument, dass weder das Gesetz noch die Rspr. ein derartiges Notwehrrecht kennen würden und es dem Verteidiger zuzumuten sei, mit den Mitteln der StPO gegen seiner Ansicht nach rechtswidrige Maßnahmen vorzugehen (OLG Köln NJW 2005, 3588, 3589; OLG Frankfurt a.M. StV 1981, 289). Dagegen spricht jedoch, dass auch ein rechtlich umstrittenes bzw. rechtswidriges Handeln des Gerichts nicht in der StPO thematisiert wird, ebenso wie der Umstand, dass dem Verteidiger damit eine – ebenfalls nicht gesetzlich vorgesehene – Anwesenheitspflicht bei rechtswidrigem Handeln des Gerichts auferlegt werden würde (LR/*Jahn* § 145 Rn. 36; *Burhoff* HV, Rn. 154; *Zwiehoff* JR 2006, 505, 508; gegen eine berufsrechtliche Ahndung eines derartigen Verhaltens auch BGH StV 1981, 133, 135; RAK Frankfurt a.M. StV 1981, 210; LG Berlin StV 1981, 136, 138). Freilich ist dieses Notwehrrecht auf Fälle **evident rechtswidrigen Handelns** des Gerichts beschränkt (so auch *Wessing* in Graf StPO § 145 Rn. 14); es stellt überdies die *ultima ratio* dar, setzt also voraus, dass der Verteidiger zuvor mit den ihm ausdrücklich zustehenden Mitteln (bspw. § 238 Abs. 2) versucht hat, auf das Verhalten des Gerichts Einfluss zu nehmen.

26 Schließlich muss das Verschulden den **einzigen Grund für die Aussetzung** darstellen (OLG Stuttgart NStZ-RR 2009, 243, 245); gibt es »Reserveursachen«, so können dem Verteidiger keine Kosten auferlegt werden (zur unterbliebenen Bestellung eines zusätzlichen Pflichtverteidigers gem. § 144 Abs. 1 vgl. *Theile* StV 2020, 154, 156; *Sommer* StraFo 2020, 110, 111).

27 **2. Konsequenzen.** Die Feststellung, dass ein Anspruch gem. § 145 Abs. 4 **dem Grunde nach** besteht, ist sofort zu treffen (Meyer-Goßner/*Schmitt* § 145 Rn. 22). Sie obliegt dem **Gericht der Hauptsache**, nicht dem Vorsitzenden (OLG Hamm StV 1995, 514 f.); wurde das Verfahren vor der Entscheidung über die Aussetzung zunächst unterbrochen, so wirken die Schöffen nicht an der Entscheidung mit (BVerfG NJW 2009, 1582, 1584). Vor der Feststellung ist der betreffende Verteidiger **anzuhören** (LR/*Jahn*, § 145 Rn. 38; a.A. HK-StPO/*Julius/Schiemann* § 145 Rn. 14); ist er ausgeblieben oder hat er sich entfernt, so wird ihm im Rahmen des Beschwerdeverfahrens rechtliches Gehör gewährt (OLG Köln NJW 2005, 3588, 3589; Meyer-Goßner/*Schmitt* § 145 Rn. 23). Der Verteidiger kann – **analog § 51 Abs. 2 Satz 3** – in diesem Zusammenhang Gründe vortragen, die sein fehlendes Verschulden belegen (OLG Düsseldorf StV 1984, 8 f.; HK-StPO/*Julius/Schiemann* § 145 Rn. 2; Meyer-Goßner/*Schmitt* § 145 Rn. 23).

28 Die Entscheidung ist zu begründen (§ 34) und dem Verteidiger zuzustellen (§ 35 Abs. 1 Satz 1).

29 Die Feststellung der **Höhe** der aufzuerlegenden **Kosten** erfolgt im Kostenfestsetzungsverfahren nach § 464b. Zu ersetzen sind die durch die Aussetzung verursachten, tatsächlich angefallenen Kosten in der Höhe, in der sie im Fall des Freispruchs die Staatskasse (§ 467 Abs. 1) bzw. bei Verurteilung der Angeklagte (§ 465 Abs. 1 Satz 1) zu tragen hätte.

30 **C. Rechtsmittel. I. Beschwerde.** Gegen die Verteidigerbestellung i.S.d. § 145 Abs. 1 Satz 1 ist die Beschwerde statthaft. Gleiches gilt für die Versagung der nach § 145 Abs. 3 beantragten Unterbrechung bzw. Aussetzung.

Streitig ist bezüglich der Aussetzung bzw. Unterbrechung nach § 145 Abs. 1 Satz 2, ob einer hiergegen gerichteten Beschwerde § 305 Satz 1 generell entgegensteht (so Meyer-Goßner/*Schmitt* § 145 Rn. 25) oder ob nur die ablehnende Entscheidung unanfechtbar ist (so HK-StPO/*Julius*/*Schiemann* § 145 Rn. 18; KMR/*Müller* § 145 Rn. 21; KK-StPO/*Willnow* § 145 Rn. 13; LR/*Jahn* § 145 Rn. 39). Für letztere Ansicht spricht, dass eine entsprechende Entscheidung durchaus eine selbstständige prozessuale Beschwer enthalten kann, indem z.B. das Verfahren verzögert wird (OLG Frankfurt StV 1988, 195; SK-StPO/*Wohlers* § 145 Rn. 21). 31

Gegen den Kostenbeschluss nach **§ 145 Abs. 4** sind der betroffene Verteidiger nach § 304 Abs. 2, der Angeklagte (§ 296 Abs. 1) sowie die Staatsanwaltschaft (§ 296 Abs. 2) beschwerdebefugt (LR/*Jahn* § 145 Rn. 39). Die Beschwerde gegen den Kostenbeschluss ist nur dann zulässig, wenn die **Wertgrenze** des § 304 Abs. 3 i.H.v. 200 € überschritten wird (Meyer-Goßner/*Schmitt* § 145 Rn. 25; *Wessing* in Graf StPO § 145 Rn. 16). 32

II. Revision. Der absolute Revisionsgrund des **§ 338 Nr. 5** ist nur dann zu bejahen, wenn der notwendige Verteidiger in der Hauptverhandlung gefehlt hat und dennoch ohne ihn (weiter-)verhandelt worden ist, sowie dann, wenn im Fall des § 145 Abs. 2 wesentliche Teile der Hauptverhandlung nicht wiederholt worden sind (BGHSt 9 244; HK-StPO/*Julius*/*Schiemann* § 145 Rn. 21). Unter dem Fehlen ist die körperliche Abwesenheit bzw. die erkennbare Verhandlungsunfähigkeit zu verstehen (BGH StV 2000, 402, 403 m. insoweit zust. Anm. *Stern*). Nicht hierunter fällt der neu gewählte oder nach § 145 Abs. 1 Satz 1 bestellte Verteidiger, der zu Beginn der Verhandlung geltend macht, unzureichend vorbereitet zu sein (BGH StV 2000, 402, 403 m.Anm. *Stern*). Insoweit kommt allerdings der Revisionsgrund des **§ 338 Nr. 8** in Betracht (SK-StPO/*Wohlers* § 145 Rn. 22). Zudem ist das Urteil nach **§ 337** aufzuheben, wenn dem Antrag des neu bestellten Verteidigers auf Unterbrechung bzw. Aussetzung nach § 145 Abs. 3 nicht stattgegeben worden ist, weil regelmäßig nicht ausgeschlossen werden kann, dass der nicht hinreichend eingearbeitete Verteidiger im Fall einer Unterbrechung bzw. Aussetzung das Verfahren zugunsten des Angeklagten hätte beeinflussen können, sodass das Urteil auf der Entscheidung beruht (Meyer-Goßner/*Schmitt* § 145 Rn. 26; a.A. BGH StV 2000, 402, 404 m. insoweit abl. Anm. *Stern*; zust. *Hammerstein* NStZ 2000, 327). Gleiches gilt für den Fall, dass ein entsprechender Antrag trotz evident unmöglicher Einarbeitung nicht gestellt worden ist (BGHSt 58, 296, 300 f.). 33

§ 145a Zustellungen an den Verteidiger

(1) [1]Der gewählte Verteidiger, dessen Bevollmächtigung nachgewiesen ist, sowie der bestellte Verteidiger gelten als ermächtigt, Zustellungen und sonstige Mitteilungen für den Beschuldigten in Empfang zu nehmen. [2]Zum Nachweis der Bevollmächtigung genügt die Übermittlung einer Kopie der Vollmacht durch den Verteidiger. [3]Die Nachreichung der Vollmacht im Original kann verlangt werden; hierfür kann eine Frist bestimmt werden.

(2) [1]Eine Ladung des Beschuldigten darf an den Verteidiger nur zugestellt werden, wenn er in seiner nachgewiesenen Vollmacht ausdrücklich zur Empfangnahme von Ladungen ermächtigt ist. [2]§ 116a Abs. 3 bleibt unberührt.

(3) [1]Wird eine Entscheidung dem Verteidiger nach Absatz 1 zugestellt, so wird der Beschuldigte hiervon unterrichtet; zugleich erhält er formlos eine Abschrift der Entscheidung. [2]Wird eine Entscheidung dem Beschuldigten zugestellt, so wird der Verteidiger hiervon zugleich unterrichtet, auch wenn eine Vollmacht bei den Akten nicht vorliegt; dabei erhält er formlos eine Abschrift der Entscheidung.

Übersicht

A. Grundsätzliches. § 145a befasst sich mit Fragen der Zustellung an den Verteidiger (zur Gesetzgebungsgeschichte *Schnarr* NStZ 1997, 15; zur Zustellungsvollmacht im Strafprozess *Mayer* NStZ 2016, 76). Der § 145a ist ab dem 01.07.2021 durch das Gesetz zur Fortentwicklung der Strafprozessordnung und zur Änderung weiterer Vorschriften vom 26.06.2021 (BGBl. 2021, S. 2099) geändert worden. Geändert wurden 2021 die Bestimmungen über den Nachweis der Vollmacht. Früher musste sie »sich bei den Akten befinden«. Heute genügt, dass die Bevollmächtigung »nachgewiesen« ist (s. § 145a Abs. 1 Satz 1, Abs. 2 Satz 1). Die 1 praktische Relevanz der Norm besteht in ihrer Bedeutung für die Berechnung von Fristen (*Wessing* in Graf StPO § 145a Vor Rn. 1). Abs. 1 der Norm soll **das Zustellungswesen vereinfachen** (Meyer-Goßner/*Schmitt* § 145a Rn. 2; *Kuhn* JA 2011, 217, 218) und auf diesem Wege **Rechtsklarheit schaffen** (OLG Jena NJW 2001, 3204). Zusammen mit Abs. 3 Satz 2 der Regelung ist er zudem **Ausdruck prozessualer Fürsorge**, denn hierdurch soll sichergestellt werden, dass der Verteidiger die für den Beistand notwendigen Informationen erhält (LR/*Jahn* § 145a Rn. 1; BeckOK-StPO/*Krawczyk* § 145a Rn. 10; s.auch *Bockemühl* StV 2011, 87 f.). Die Norm gilt für sämtliche Arten formloser Mitteilungen und förmlicher Zustellungen; hiervon ausgenommen ist nach § 145a Abs. 2 die Ladung des Beschuldigten, die vorbehaltlich einer ausdrücklichen Bevollmächtigung an diesen selbst zu richten ist (KMR/*Staudinger* § 145a Rn. 7). Die Regelung wird ergänzt durch Nr. 108 und Nr. 154 RiStBV.

2 **B. Regelungsgehalt. I. Gesetzliche Zustellungsvollmacht des Strafverteidigers (Abs. 1). 1. Rechtliche Einordnung.** § 145a Abs. 1 fingiert zum Zwecke der Vereinfachung des Zustellungswesens eine **gesetzliche Zustellungsvollmacht** sowohl des Wahlverteidigers als auch des Pflichtverteidigers (zur Abgrenzung zur rechtsgeschäftlichen Zustellungsvollmacht BGH bei *Cierniak/Zimmermann* NStZ-RR 2011, 97, 101). Der Grund für diese Regelung liegt darin, dass Verteidigung nicht mit Vertretung gleichzusetzen ist, sondern Beistand bedeutet (s. dazu näher unter § 137 Rdn. 18). Das Recht auf Zugang zu einem Gericht aus Art. 5 Abs. 4 EMRK wird nicht deshalb unangemessen eingeschränkt, weil nur der Verteidiger die Entscheidung mit Rechtsmittelbelehrung erhalten hat und die Gerichte eine Wiedereinsetzung mit der Begründung ablehnen, der Angeklagte habe unverzüglich Kontakt zu seinem Verteidiger aufnehmen können (EGMR NJW 2008, 2320 Homann vers. Deutschland).

3 Bei mehreren Verteidigern gilt die Regelung für jeden Einzelnen (LR/*Jahn* § 145a Rn. 2; Meyer-Goßner/*Schmitt* § 145a Rn. 2). Die Zustellung an einen Verteidiger genügt (BVerfG NJW 2001, 2532; BGH bei *Cierniak/Zimmermann* NStZ-RR 2011, 97, 101; KK-StPO/*Willnow* § 145a Rn 3; diff. SK-StPO/*Wohlers* § 145a Rn. 16). Es begründet keine »Verjährungsfalle«, wenn die Zustellung pauschal an das Rechtsanwaltsbüro adressiert wird (OLG Celle Beschl. v. 23.06.2011 – 311 SsRs 96/11 – zit. nach *Schwind* NStZ 2012, 484; a.A. AG Jena ZfS 2005, 313; AG Husum DAR 2009, 158).

4 Die Norm begründet **keine Pflicht** zur Zustellung bzw. Mitteilung gegenüber dem Verteidiger, sodass die Zustellung bzw. Mitteilung ungeachtet dessen auch an den Beschuldigten gerichtet werden kann (BVerfG NJW 2001, 2532; OLG Stuttgart NStZ-RR 2009, 254; KG StV 2021, 151; OLG Brandenburg Beck RS 2019, 5995; KK-StPO/*Willnow* § 145a Rn. 2; LR/*Graalmann-Scheerer* § 37 Rn. 102; Meyer-Goßner/*Schmitt* § 145a Rn. 6; BeckOK-StPO/*Krawczyk* § 145a Rn. 1; *Beukelmann* NJW Spezial 2021, 216; OLG Brandenburg Beck RS 2019, 5995), und zwar selbst dann, wenn der Verteidiger zuvor darum gebeten hat, Zustellungen nur an ihn zu bewirken (OLG Stuttgart NStZ-RR 2009, 254; HK-StPO/*Julius/Schiemann* § 145a Rn. 7). Eine wirksame Zustellung an den Beschuldigten setzt gesetzliche Fristen auch in Gang, wenn die Mitteilung nach Fristablauf zusätzlich einem Verteidiger zugestellt wird, dem vom Beschuldigten eine Zustellungsvollmacht erteilt worden ist (BGHSt 18, 352 = NJW 1963, 1558; MüKo-StPO/*Valerius* § 37 Rn. 13) oder wenn der Verteidiger von der Entscheidung in Kenntnis gesetzt wird (OLG Düsseldorf NStZ 1989, 88), und zwar auch dann, wenn nach Nr. 154 Abs. 1 RiStBV das Urteil dem Verteidiger zuzustellen ist (dazu u. Rdn. 19). Im Fall der Zustellung an mehrere Empfangsberechtigte berechnet sich gem. § 37 Abs. 2 die Frist nach der zuletzt bewirkten Zustellung, aber eben nur, wenn die letzte Zustellung vor Ablauf der Frist erfolgt, die durch die vorherige Zustellung in Lauf gesetzt wird (BGH NStZ 2018, 153; BGH wistra 2012, 435, 436; KK-StPO/*Willnow* § 145a Rn. 3; KMR-StPO/*Ziegler* § 37 Rn. 57; SK-StPO/*Weßlau/Singelnstein* § 37 Rn. 55; vert. oben § 37 Rn. 55 f.).

5 **2. Voraussetzungen.** § 145a knüpft an formale Voraussetzungen an, die seit 2021 etwas abgeschwächt sind. Nach der Neuformulierung muss die Vollmacht sich nicht »in den Akten befinden«, sondern die Bevollmächtigung muss »nachgewiesen« werden. Gem. § 145a Abs. 1 Satz 2 genügt zum Nachweis der Bevollmächtigung die Übermittlung einer Kopie der Vollmacht durch den Verteidiger. Gem. § 145a Abs. 1 Satz 3 kann die Nachreichung der Vollmacht im Original verlangt werden; hierfür kann eine Frist bestimmt werden. Das Aktenzeichen muss nicht genannt werden (*Bockemühl* StV 2010, 87, 88), eine sog. »Blankovollmacht« genügt hingegen nicht (AG Neuruppin StRR 2013, 233); es genügt aber auch die mündliche Bevollmächtigung in der Hauptverhandlung und die Beurkundung dieses Vorgangs im Sitzungsprotokoll (BGHSt 41, 303 f.; Meyer-Goßner/*Schmitt* § 145a Rn. 9; *Schnarr* NStZ 1997, 15 f.). Ob das Auftreten eines Verteidigers vor Gericht in Anwesenheit des Angeklagten für die Begründung der Zustellungsvollmacht genügt, ist umstritten (dafür BayObLG StV 1981, 117 f.; OLG Karlsruhe NJW 1983, 895 f.; LR/*Jahn* § 145a Rn. 4). Gegen diese weite Auslegung streitet jedoch zum einen der Wortlaut der Norm und zum anderen deren Sinn und Zweck, der darin besteht, Rechtsklarheit herzustellen, und der wegen der Frage, ob tatsäch-

lich (konkludent) mandatiert wurde, konterkariert werden würde (so auch zutreffend BGHSt 41, 303 f.; BGH NStZ-RR 2009, 144; OLG Karlsruhe NStZ-RR 1996, 237; KG Beck RS 2020, 15692; Meyer-Goßner/*Schmitt* § 145a Rn. 9; KK-StPO/*Willnow* § 145a Rn. 1; SK-StPO/*Wohlers* § 145a Rn. 8). Die Praxis behilft sich damit, dass eine wirksame Zustellung nicht nur über die Fiktion aus § 145a Abs. 1, sondern auch auf einer rechtsgeschäftlichen Zustellungsvollmacht erfolgen kann. Liegt eine ausdrückliche Bevollmächtigung zur Entgegennahme von Zustellungen nicht vor, so ist die Frage, ob der Angeklagte und sein Verteidiger dahin gehend übereingekommen sind, anhand der Gesamtheit der erkennbaren Umstände sowie des Auftretens des Rechtsanwalts im Verfahren zu entscheiden; auf das Vorliegen einer rechtsgeschäftlichen Zustellungsvollmacht kann auch aus konkludentem Verhalten geschlossen werden (BGH NStZ 1997, 293; KG Beck RS 2020, 15692; OLG Hamburg Beck RS 2020, 29247; OLG Düsseldorf JR 2008, 522 m.Anm. *Fahl*; OLG Karlsruhe NStZ 2009, 295 m.Anm. *Fahl* ZiS 2009, 380; Meyer-Goßner/*Schmitt* § 145a Rn. 2a; dazu auch OLG Frankfurt Beck RS 2020, 41406; *Breit* FD-StrafR 2020, 430783; *Rinio* NZV 2021, 274).

Das Verteidigungsverhältnis muss **wirksam** sein, d.h. im Fall des § 138 Abs. 2 muss eine wirksame 6
Genehmigung vorliegen, und der Verteidiger darf nicht nach § 146a zurückgewiesen worden sein (*Wessing* in Graf StPO § 145a Rn. 6). Erteilt der Wahlverteidiger Untervollmacht, begründet diese, sofern sie zu den Akten gelangt ist, die Zustellungsvollmacht (Meyer-Goßner/*Schmitt* § 145a Rn. 10).

Wird das Mandat beendet, so ist zwar im Verhältnis zwischen dem Betroffenen und dem Verteidiger die Ver- 7
tretungsvollmacht erloschen, gleichwohl gilt § 145a Abs. 1 aus Gründen der Rechtssicherheit fort, bis der Beschuldigte (u.U. auch vertreten durch den bevollmächtigten neuen Verteidiger) oder der bisherige Verteidiger dies schriftlich dem Gericht (ohne dass das Schreiben dem zuständigen Richter vorgelegt sein müsste) gegenüber anzeigt (OLG Köln StV 2017, 157; Meyer-Goßner/*Schmitt* § 145a Rn. 11). Im Fall des Wiederaufnahmeantrags soll diese Anzeige konkludent im Antrag enthalten sein (OLG Düsseldorf NStZ 1993, 403). Wird dem Verteidiger ein Mandat nach dessen Erlöschen nochmals erteilt, so müssen diese Voraussetzungen erneut erfüllt werden; die Vollmacht lebt nicht von selbst wieder auf (OLG Stuttgart NStZ-RR 2002, 369; OLG Hamm NStZ-RR 2009, 144 f.; KG Beck RS 2020, 15692 m.Anm. *Breit* FD-StrafR 2020, 430783).

Im Fall der **Pflichtverteidigung** bildet der Bestellungsakt die formale Voraussetzung für die Zustellungs- 8
vollmacht; sie endet mit der Aufhebung der Beiordnung bzw. mit der rechtskräftigen Entscheidung (SK-StPO/*Wohlers* § 145a Rn. 11). Die Zustellung ist unwirksam, wenn nicht der Pflichtverteidiger, sondern der Sozius das Empfangsbekenntnis unterzeichnet hat (BGH Beck RS 1988, 31102042). Das Gleiche gilt, wenn ein mit dem Pflichtverteidiger in Bürogemeinschaft verbundener Rechtsanwalt das Empfangsbekenntnis unterzeichnet (BeckOK-StPO/*Krawczyk* § 145a Rn. 6). Wird die Pflichtverteidigerbestellung aufgehoben, so ist auch eine ursprünglich vorliegende Wahlverteidigervollmacht erloschen, weshalb nach Aufheben der Bestellung Zustellungen an den Verteidiger nach § 145a Abs. 1 nur erfolgen können, wenn ein Wahlverteidiger neuerlich beauftragt wird und dieser seine Bevollmächtigung nachgewiesen hat (s. OLG Hamburg Beck RS 2019, 30547 zur alten Rechtslage).

3. Umfang. Der **Umfang** der Zustellungsvollmacht ist von Gesetzes wegen vorgegeben und aufgrund der 9
Herleitung der Vollmacht allein aus der Stellung als Verteidiger ableitbar. Sie ist unabhängig vom Willen des Beschuldigten und nicht abdingbar (OLG Dresden NStZ-RR 2005, 244; OLG Köln NJW 2004, 3196; a.A. für den Widerruf der Ermächtigung nach Erlass eines Berufungsurteils OLG Hamm NJW 1991, 1317). Deshalb ist eine in der Vollmacht ausdrücklich aufgenommene Ausnahme ebenso unwirksam wie eine Streichung innerhalb einer an sich unbeschränkten Vollmachtsurkunde (Bay ObLG Beck RS 2020, 6468). Das gilt auch für das Bußgeldverfahren (OLG Hamm Beck RS 2019, 16162). Sie kann daher auch nicht durch die Erteilung einer die Zulässigkeit von Zustellungen ausklammernden »**außergerichtlichen Vollmacht**« umgangen werden (so auch OLG Karlsruhe NStZ 2009, 295 m. zust. Anm. *Fahl* ZIS 2009, 380; KG VRS 122, 34 ff.). Sie erfasst sowohl Zustellungen als auch sonstige Mitteilungen sowohl des Gerichts als auch der Staatsanwaltschaft; hiervon ausgenommen sind ihrem Wesen nach nur an die Verteidigung zu richtende Mitteilungen, wie z.B. die Mitteilung über die Gerichtsbesetzung nach § 222a Abs. 1 Satz 2. Die Zustellungsvollmacht des bestellten Verteidigers gilt auch für Nachtragsentscheidungen nach § 460 (OLG Hamm BeckRS 2016, 06092).

II. Erfordernis einer Spezialvollmacht für Ladungen des Beschuldigten (Abs. 2). Nach **§ 145a Abs. 2** 10
Satz 1 bedarf die Zustellung der Ladung des Beschuldigten an den Verteidiger, dass der Verteidiger in seiner nachgewiesenen Vollmacht ausdrücklich zur Empfangnahme von Ladungen ermächtigt ist. Die Norm gilt sowohl für den Wahl- als auch für den Pflichtverteidiger (OLG Hamm NStZ 2017, 432; OLG Köln NStZ-RR 1999, 334; OLG Karlsruhe StraFo 2011, 509) und setzt im Fall des Letztgenannten eine ausdrückliche Ermächtigung des Beschuldigten voraus (OLG Köln NStZ-RR 1999, 334; *Kuhn* JA 2011, 217, 218). Fraglich ist, ob eine dem Wahlverteidiger erteilte Spezialvollmacht nach Niederlegung des Wahlmandats und

Beiordnung entsprechend § 170 BGB analog fortgilt (in diesem Sinne KG NJW 2012, 245, 246; Meyer-Goßner/*Schmitt* § 145a Rn. 12). Dies erscheint angesichts der ratio legis des § 145a, das Zustellungswesen zu vereinfachen, zweifelhaft (zutr. HK-StPO/*Julius/Schiemann* § 145a Rn. 9).

11 § 145a Abs. 2 ist als **Ausnahmevorschrift** eng auszulegen (OLG Köln NStZ-RR 1998, 240 f.; 1999, 334; *Kaiser* NJW 1982, 1367, 1368 zu § 145a Abs. 3 a.F.; *Schnarr* NStZ 1997, 15, 17). Die Vollmacht zur Entgegennahme von Ladungen muss daher **eindeutig** sein, d.h. für jeden auf Anhieb zweifelsfrei als solche zu erkennen (OLG Stuttgart NStZ-RR 2005, 319 f.). Die pauschale Ermächtigung zur Entgegennahme von »Zustellungen aller Art« genügt daher ebenso wenig (OLG Köln NStZ-RR 1998, 240; 1999, 334) wie die eigene Erklärung des Verteidigers, er sei fortan unwiderruflicher Zustellungsbevollmächtigter des Angeklagten (OLG Naumburg StV 2014, 205).

12 Zu beachten ist, dass die Vollmacht i.S.d. § 145a Abs. 2 im Berufungsverfahren fortgilt (Radtke/Hohmann/*Reinhart* § 145a Rn. 8).

13 Da im Fall des § 116a Abs. 3 die Aufgabe des Bevollmächtigten gerade darin besteht, Zustellungen in Empfang zu nehmen, bedarf es daher nach **§ 145a Abs. 2 Satz 2** keiner speziellen Ermächtigung (LR/*Jahn* § 145a Rn. 13). Erteilt der Beschuldigte seinem Verteidiger eine Ladungsermächtigung nach § 145a Abs. 2, ist dies aufgrund seiner dadurch sichergestellten Erreichbarkeit ein Indiz gegen Fluchtgefahr (LG Fulda StV 2017, 454).

14 **III. Unterrichtung (Abs. 3).** Gem. § 145a Abs. 3 soll der Beschuldigte bzw. der Verteidiger über die Zustellung von Entscheidungen an den jeweils anderen unterrichtet und ihm eine formlose Abschrift der Entscheidung erteilt werden. Eine Belehrung ist mangels Bekanntmachungscharakters der Unterrichtung nicht nötig (OLG Karlsruhe Justiz 1989, 68; LR/*Jahn* § 145a Rn. 13). Durch das Gesetz zur Einführung der elektronischen Akte in Strafsachen und zur weiteren Förderung des elektronischen Rechtsverkehrs vom 05.07.2017 (BGBl I S. 2208; s. Vor §§ 32 ff. Rdn. 2) wurde das Wort »schriftliche« in § 145a Abs. 3 Satz 2 gestrichen. Dies bezweckt eine »medienneutrale« Fassung der Vorschrift. Eine darüber hinausgehende inhaltliche Änderung soll hiermit nicht verbunden sein (vgl. BT-Drs. 18/9416, S. 60).

15 Die Norm gilt ihrem Wortlaut nach (»Entscheidungen«) nicht für Ladungen des Beschuldigten (SK-StPO/*Wohlers* § 145a Rn. 24) und auch nicht für Mitteilungen der Staatsanwaltschaft (Meyer-Goßner/*Schmitt* § 145a Rn. 14). Nach dem Sinn und Zweck der Regelung, der in prozessualer Fürsorge besteht, ist aber auch die Anklageschrift als Entscheidung in diesem Sinne anzusehen (HK-StPO/*Julius/Schiemann* § 145a Rn. 1; KK-StPO/*Willnow* § 145a Rn. 7; generell für eine weite Auslegung der Norm über ihren Wortlaut hinaus LR/*Jahn* § 145a Rn. 16 m.w.N.), nicht aber der Antrag gem. § 349 Abs. 2 (BGH StraFo 2003, 172).

16 Die Regelung stellt nach allgemeiner Ansicht eine bloße **Ordnungsvorschrift** dar (BGH NJW 1977, 640; Thür. OLG Jena 1 Ws 439/16 bei *Kreysa* confront 2017, 33, 41; zur verfassungsrechtlichen Unbedenklichkeit: BVerfG NJW 2002, 1640; KK-StPO/*Willnow* § 145a Rn. 6; LR/*Graalmann-Scheerer* § 37 Rn. 102; die Kategorie »bloßer Ordnungsvorschriften« wird allerdings inzwischen vielfach kritisiert [LR/*Jahn* § 145a Rn. 15]), die auf die Wirksamkeit der Zustellung keinen Einfluss hat. Sie ist disponibel.
Wird sowohl an den Verteidiger als auch an den Beschuldigten zugestellt, ist gem. § 37 Abs. 2 die letzte wirksame Zustellung maßgebend für den Fristenlauf, sofern die Frist bei der letzten Zustellung noch nicht abgelaufen war.

17 **C. Wiedereinsetzung/Revision. I. Wiedereinsetzung in den vorigen Stand.** Wird gegen die Vorschrift des § 145a Abs. 3 verstoßen, so begründet dies einen Wiedereinsetzungsgrund, wenn das Fristversäumnis darauf beruht. Wird also die Mitteilung nur dem Verteidiger zugestellt, ohne den Beschuldigten hiervon zu benachrichtigen (Verstoß gegen Abs. 3 Satz 1), so kann Wiedereinsetzung in den vorigen Stand beantragt werden (BGH NStZ-RR 2006, 211 f.), ebenso wenn unter Verstoß gegen Abs. 3 Satz 2 die Zustellung an den Beschuldigten erfolgt und die Benachrichtigung an den Verteidiger unterbleibt (KG StV 2015, 228; KG StV 2021, 151 m.Anm. *Beukelmann* NJW-Spezial 2021, 58; zur Frage des Verschuldens s. OLG Stuttgart StV 2011, 85 sowie – strenger – OLG München StV 2011, 86; zu beiden Entscheidungen vgl. die Anm. *Bockemühl* StV 2011, 87 f.). Gleiches gilt, sofern im Fall mehrerer Verteidiger nur an einen zugestellt wurde und keine Benachrichtigung der anderen Verteidiger erfolgte; durch die Zustellung an einen Verteidiger beginnt für alle Verteidiger die Frist (BGHSt 34, 371, 372; BGH NStZ 2018, 153; KK-StPO/*Willnow* § 145a Rn. 3; SK-StPO/*Wohlers* § 145a Rn. 27).

18 Wird § 145a Abs. 3 korrekt gehandhabt, kann der Betroffene einen Antrag auf Wiedereinsetzung in den vorigen Stand gegen die Versäumung der Rechtsmittelfrist nicht darauf stützen, er selbst habe von dem exakten Zustellungsdatum an den Verteidiger keine (oder erst später) Kenntnis erlangt. Durch die ordnungsgemäße Mitteilung über die Zustellung an den Verteidiger wird der Verurteilte in ausreichender Weise in Kenntnis gesetzt (OLG Hamm NStZ-RR 2016, 216).

Nach Nr. 154 Abs. 1 Satz 1 RiStBV ist das Urteil, gegen das der Angeklagte ein Rechtsmittel eingelegt hat, dem Verteidiger zuzustellen, wenn sich dessen Vollmacht bei den Akten befindet (Wahlverteidiger) oder wenn er zum Verteidiger bestellt worden ist (Pflichtverteidiger). Gem. § 145a Abs. 3 Satz 2 darf jedoch ganz generell die Entscheidung dem Beschuldigten zugestellt werden, also auch ein Urteil, gegen das der Angeklagte ein Rechtsmittel eingelegt hat. Die gesetzliche Frist wird somit auch in diesem Fall in Gang gesetzt, aber es besteht dann u.U. die Möglichkeit der Wiedereinsetzung in den vorigen Stand (BGH NStZ-RR 2019, 24; BGH BeckRS 2014, 5620; Meyer-Goßner/*Schmitt* § 145a Rn. 6; dazu auch oben Rdn. 4). Der Angeklagte darf regelmäßig darauf vertrauen, dass sein Verteidiger, der bereits die Revision eingelegt hat, ohne Zutun des Angeklagten auch die Rechtsmittelbegründung innerhalb der vorgeschriebenen Frist anfertigen und einreichen wird (KG StV 2021, 151).

II. Revision. Wird die Benachrichtigung des Verteidigers nach § 145a Abs. 3 Satz 2 absichtlich umgangen, 19
so liegt ein Verstoß gegen das Gebot des fairen Verfahrens vor, der revisibel ist (OLG Frankfurt a.M. NStZ 1990, 556; SK-StPO/*Wohlers* § 145a Rn. 28).

§ 146 Verbot der Mehrfachverteidigung

[1]Ein Verteidiger kann nicht gleichzeitig mehrere derselben Tat Beschuldigte verteidigen. [2]In einem Verfahren kann er auch nicht gleichzeitig mehrere verschiedener Taten Beschuldigte verteidigen.

Übersicht

A. Grundsätzliches. § 146 verbietet die sogenannte Mehrfachverteidigung (zu den prozessualen Folgen 1
eines Verstoßes vgl. unter Rdn. 22 f. sowie unter § 146a). Die Regelung verfolgt primär das **Ziel**, den Beschuldigten vor einem in Interessengegensätze verstrickten Verteidiger zu schützen und sekundär, dem öffentlichen Interesse an der Gewährleistung einer effektiven Verteidigung Genüge zu tun (BVerfGE 39, 156, 164 ff.; 45, 354, 358).

Nachdem die Norm in ihrer ursprünglichen Fassung auf das Bestehen eines konkreten Interessenkonflikts 2
abgestellt hatte, wurden im Jahr 1974 infolge der RAF-Prozesse (näher dazu *Dünnebier* FS Pfeiffer, S. 272 f.) denkbare Interessenkollisionen generell für unzulässig erklärt, um in bestimmten Konstellationen eine Einmischung des Gerichts bzw. der Staatsanwaltschaft in die Verteidigungsstrategie zu verhindern (näher dazu *Beulke* Verteidiger im Strafverfahren, S. 125 ff.). In der seit dem StVÄG 1987 geltenden Fassung sind weiterhin bestimmte Konstellationen – unabhängig von einem konkreten Interessenkonflikt im Einzelfall – generell für unzulässig erklärt; mit der Beschränkung auf eine gleichzeitige Verteidigung (zum Begriff der Gleichzeitigkeit näher unter Rdn. 13 ff.) hat der Gesetzgeber den Anwendungsbereich jedoch wieder eingeschränkt und den Mandatswechsel während des laufenden Verfahrens ermöglicht (Wortlaut der früheren Fassungen abgedruckt bei LR/*Jahn* § 146 Vor Rn. 1; zu den Änderungen infolge des StVÄG näher *Nestler-Tremel* NStZ 1988, 103).

Der Gesetzgeber unterscheidet in der geltenden Fassung zwischen Tatidentität (Satz 1) und Verfahrensidenti- 3
tät (Satz 2) und stellt für diese Fälle die **unwiderlegliche Vermutung** auf, dass ein Interessenkonflikt besteht (BGHSt 27, 22, 24; 148, 151; SK-StPO/*Wohlers* § 146 Rn. 19; Meyer-Goßner/*Schmitt* § 146 Rn. 9; **a.A.** OLG Frankfurt a.M. NStZ 1983, 472 m. abl. Anm. *Paulus*; zur Kritik an der geltenden Regelung SK-StPO/*Wohlers* § 146 Rn. 3; Radtke/Hohmann/*Reinhart* § 146 Rn. 2).

B. Regelungsgehalt. I. Zeitlicher und sachlicher Anwendungsbereich. Das Verbot der Mehrfachver- 4
teidigung gilt bereits mit der Entstehung der Beschuldigteneigenschaft im **Ermittlungsverfahren** (OLG Karlsruhe MDR 1986, 605) und reicht bis zum **Vollstreckungsverfahren** (OLG Düsseldorf NStZ 1985, 521 f. [Verteidiger war im Vollstreckungsverfahren eines jetzigen Mitbeschuldigten tätig geworden, bei dem wegen der jetzt angeklagten Tat eine früher bzgl. einer anderen Tat bewilligte Strafaussetzung widerrufen werden sollte]; Meyer-Goßner/*Schmitt* § 146 Rn. 10; diff. SK-StPO/*Wohlers* § 146 Rn. 9, der die Norm nicht bei Entscheidungen nach § 57 StGB anwenden will). Über § 120 StrafVollzG gilt sie auch im **Strafvollzugsverfahren bei Rechtsbehelfen** nach §§ 23 ff. EGGVG bzw. §§ 109 ff. StrafVollzG (OLG München NStZ 1985, 383; Meyer-Goßner/*Schmitt* § 146 Rn. 11). Da eine dem § 120 StrafVollzG vergleichbare Verweisungsnorm

für das Strafvollzugsverfahren fehlt, gilt § 146 nicht allgemein für den Beistand in diesem Verfahrensabschnitt (Meyer-Goßner/*Schmitt* § 146 Rn. 11; **a.A.** OLG Celle StV 1986, 108 m. abl. Anm. *Nestler-Tremel/Prittwitz*).

5 Im **Auslieferungsverfahren** gilt § 146 hingegen nicht, weil dieses Teil des Strafverfahrens des ersuchenden Staates ist und dem deutschen Gesetzgeber hierfür keine Regelungskompetenz zukommt (Meyer-Goßner/*Schmitt* § 146 Rn. 12; *Rebmann* NStZ 1981, 41, 45; **a.A.** OLG Rostock NStZ 2012, 101). Hingegen gilt die Norm im **Einlieferungsverfahren** (SK-StPO/*Wohlers* § 146 Rn. 13).

6 § 146 ist entsprechend anwendbar im **Privatklageverfahren** (OLG Karlsruhe Justiz 1978, 114) sowie – über § 46 Abs. 1 OWiG – im **Bußgeldverfahren** (BVerfGE 45, 272, 287; LG Waldshut-Tiengen NStZ 2002, 156 f.; OLG Köln NStZ 1983, 560; Meyer-Goßner/*Schmitt* § 146 Rn. 10). Auch im **Disziplinarverfahren** gilt das Verbot entsprechend, wenn eine einer strafrechtlichen Tat vergleichbare Verfehlung in Rede steht (BVerwG NJW 1994, 1019; 1985, 1180; SK-StPO/*Wohlers* § 146 Rn. 11; zweifelnd HK-StPO/*Julius/Schiemann* § 146 Rn. 1).

7 Auch **in einer Sozietät zusammengeschlossene Rechtsanwälte** können nicht mehrere Beschuldigte gemeinschaftlich vertreten; möglich ist jedoch eine Beschränkung der Verteidigung durch einen Rechtsanwalt auf jeweils einen Beschuldigten (BVerfGE 43, 79; 45, 272, 295 f.; LG Regensburg NJW 2005, 2245; *Rebmann* NStZ 1981, 41, 45). Dass die Vollmachtsurkunde nicht beschränkt ist, ist insoweit irrelevant (BGHSt 27, 124, 127; LG Regensburg a.a.O., Meyer-Goßner/*Schmitt* § 146 Rn. 8).

8 **II. Verteidigung.** Der Begriff der **Verteidigung** umfasst sowohl die Wahl- als auch die Pflichtverteidigung (BGHSt 27, 22), unabhängig davon, ob sie im eigenen Namen, als Unterbevollmächtigter oder allgemeiner Vertreter gem. § 53 BRAO erfolgt. Zulässig ist hingegen die Tätigkeit als interner Mitarbeiter (BGH NStZ 1991, 398).

9 Die Frage, ob eine Verteidigung vorliegt, ist grundsätzlich unabhängig vom **Umfang** der tatsächlich für die Mandanten entfalteten Tätigkeiten (BGHSt 27, 154, 158; 28, 67, 68; OLG Düsseldorf NStZ 1983, 471: Anfrage nach dem Stand des Verfahrens; Meyer-Goßner/*Schmitt* § 146 Rn. 20; **a.A.** OLG Frankfurt a.M. NStZ 1983, 472 m. abl. Anm. *Paulus:* Berufungseinlegung für mehrere Mitangeklagte; LG Bremen StV 1985, 143: Besuche in der Untersuchungshaft zur Übermittlung einer Nachricht eines anderen Rechtsanwalts). Eine Ausnahme ist nur dann zu machen, wenn überhaupt keine Aktivitäten entfaltet wurden (OLG Karlsruhe MDR 1977, 777; Meyer-Goßner/*Schmitt* § 146 Rn. 20; *Rebmann* NStZ 1981, 41, 45).

10 Der Begriff der Verteidigung betrifft zudem richtigerweise nicht das reine **Anbahnungsgespräch**, weil erst dieses dem Verteidiger ermöglicht, einen eventuellen Interessenkonflikt überhaupt festzustellen (OLG Düsseldorf StV 1984, 106; *Beulke* Verteidiger im Strafverfahren, S. 126; HK-StPO/*Julius/Schiemann* § 146 Rn. 4; *Roxin/Schünemann* Strafverfahrensrecht § 19 Rn. 37; AnwK-StPO/*Krekeler/Werner* § 146 Rn. 4; *Nestler-Tremel* NStZ 1988, 103, 104; Graf/*Wessing* StPO § 146 Rn. 6 mit der Einschränkung, dass der andere Beschuldigte dem Verteidiger nicht bereits das Mandat erteilt hat; ebenso *Rebmann* NStZ 1981, 41, 45; **a.A.** KG StV 1985, 405 m. abl. Anm. *Hassemer*; OLG München NJW 1983, 1688; Meyer-Goßner/*Schmitt* § 146 Rn. 4; vgl. zum Schutz des Anbahnungsgesprächs auch § 148 Rdn. 10).

11 Teleologisch zu reduzieren ist die Norm auch im Fall sogenannter **Sockelverteidigung**, d.h. wenn mehrere Rechtsanwälte mehrere Beschuldigte derselben Straftat vertreten und ihr Verteidigungsverhalten aufeinander abstimmen, weil insoweit ein »gemeinsamer Sockel«, eine (teilweise) gleiche Interessenlage, gegeben ist (OLG Düsseldorf JR 2003, 346, 347 m. zust. Anm. *Beulke*; LG Frankfurt a.M. NStZ-RR 2008, 205; Meyer-Goßner/*Schmitt* § 146 Rn. 5; KMR-StPO/*Staudinger* § 146 Rn. 8; näher dazu *Beulke/Ruhmannseder* Rn. 82 ff.; *Eckhart Müller* StV 2001, 649; *ders./Opper/von Stetten* Rn. 341 ff.). Zu beachten bleiben insoweit freilich die durch die §§ 258, 356 StGB gesteckten Grenzen der Verteidigung (OLG Düsseldorf a.a.O.; SK-StPO/*Wohlers* § 146 Rn. 5; *Kämpfer* AnwBl 2018, 457; *zu* einzelnen Fragen in diesem Zusammenhang näher *Beulke/Ruhmannseder* Rn. 704 ff.).

12 Obwohl eine juristische Person nicht Beschuldigte sein und damit auch nicht verteidigt werden kann, erfasst § 146 – vor dem Hintergrund des § 428 Abs. 1 Satz 2 – seinem Sinn nach auch die Vertretung eines **Einziehungsbeteiligten** und die gleichzeitige Verteidigung eines Beschuldigten (OLG Düsseldorf NStZ 1988, 289 f.; für Nebenbeteiligte und deren beschuldigte Organe: OLG Hamburg NJW 2013, 626 m.Anm. *Meyer-Mews*). Die gleichzeitige Vertretung des Privatklägers und des Nebenklägers ist unzulässig (KK-StPO/*Willnow*, § 146 Rn. 4; s. auch oben Rdn. 6). Gem. § 397b kann das Gericht mehreren Nebenklägern, die gleich gelagerte Interessen verfolgen, einen gemeinschaftlichen Rechtsanwalt beiordnen (gemeinschaftliche Nebenklagevertretung bzw. Bündelung der Nebenklage, z.T. krit. *Claus* NStZ 2020, 57, 60 f.). Wird ein gemeinschaftlicher Rechtsanwalt bestellt oder hinzugezogen, sind bereits erfolgte Bestellungen oder Beiordnungen aufzuheben. Dem Nebenkläger ist es nach der Gesetzeskonzeption zudem unbenommen, sich im Verfahren entweder unter Verzicht auf einen Bestellungs- oder Beiordnungsantrag oder zusätzlich zu dem

gemeinschaftlichen Nebenklagevertreter durch einen Wahlnebenklagevertreter auf eigene Kosten vertreten zu lassen (BT-Drs. 532/19, S. 40 f.; Meyer-Goßner/*Schmitt* § 397b Rn. 3). Deshalb wird auch – wie bisher – ein Wahlnebenklagevertreter mehrere Nebenkläger vertreten können, die nicht mit Interessenkonflikten verbunden sind (OLG Köln StV 2014, 277 m. Bespr. *Pues* StV 2014, 304; OLG Hamburg NStZ-RR 2013, 153; KK-StPO/*Willnow* § 146 Rn. 4), wobei noch weitgehend ungeklärt ist, wie zu verfahren ist, wenn ausnahmsweise doch Interessenkonflikte erkennbar werden, denn § 146 stellt gerade auf keine konkrete Einzelfallprüfung ab (s. Rdn. 2.; weitere Einzelheiten s. § 397b). Nicht erfasst wird die Tätigkeit als **Zeugenbeistand** (LG Kiel BeckRS 2016, 18962; SK-StPO/*Wohlers* § 146 Rn. 8), als **Verletztenbeistand** (SK-StPO/*Wohlers* § 146 Rn. 10; a.A. KK-StPO/*Willnow* § 146, Rn. 4) bzw. als sog. Unternehmensanwalt.

III. Gleichzeitigkeit. Obwohl Interessenkollisionen auch bei der Verteidigung mehrerer Beschuldigter in zeitlich versetzt stattfindenden Strafverfahren denkbar sind, hat der Gesetzgeber die **sukzessive Mehrfachverteidigung** von der geltenden Fassung des § 146 ausgenommen (BT-Drs. 10/1313, S. 23; BGHSt 52, 307; 48, 170, 176; OLG Jena NJW 2008, 311; LG Dessau-Roßlau StraFo 2008, 74). Gleichwohl kann sie materiell-rechtlich einen Parteiverrat (§ 356 StGB; näher dazu OLG Stuttgart NStZ 1990, 542 m. zust. Anm. *Geppert; Beulke/Ruhmannseder* Rn. 203 ff.) bzw. einen Verstoß gegen anwaltliches Berufsrecht (§ 43a Abs. 4 BRAO; § 3 Abs. 1 BORA) darstellen. 13

Nicht mehr gleichzeitig ist die Verteidigung dann, wenn sie mit Blick auf das früher übernommene Mandat **in rechtlicher Hinsicht beendet** ist (BT-Drs. 10/1313, S. 23). Dies ist dann der Fall, wenn der Verteidiger nicht mehr rechtlich in der Lage ist, für seinen früheren Mandanten eine Verteidigertätigkeit zu entfalten (BT-Drs. 10/1313, S. 23). Entscheidend ist also, ob aus dem früheren Mandatsverhältnis noch aktuelle Beistandspflichten resultieren (BT-Drs. 10/1313, S. 22; *Nestler-Tremel* NStZ 1988, 103). 14

Von einer rechtlichen Beendigung in diesem Sinne ist nach dem Normzweck dann auszugehen, wenn der frühere Mandant verstorben ist (BGHSt 27, 315, 316), wenn er dem Verteidiger das Mandat entzogen oder jener das Mandat niedergelegt hat, sowie dann, wenn eine rechtskräftige Entscheidung bezüglich des früheren Mandanten ergangen ist (BGH NStZ 1994, 500 f.; LG Dessau-Roßlau StraFo 2008, 74). 15

Hat der gewählte Verteidiger die Beendigung des früheren Verteidigungsverhältnisses den Strafverfolgungsbehörden bzw. dem Gericht noch nicht angezeigt, so muss er ausdrücklich erklären, dass er den früheren Mandanten nicht mehr verteidigt (BT-Drs. 10/1313, S. 23; OLG Karlsruhe NStZ 1988, 567). Diese Erklärung ist jedoch nur dann notwendig, wenn das Bestehen des Verteidigungsverhältnisses zu dem früheren Beschuldigten eindeutig zum Ausdruck gekommen ist und davon ausgegangen werden muss, dass es noch fortbesteht (OLG Jena NJW 2008, 311). 16

Bei der Pflichtverteidigung ist der Zeitpunkt der Bestellung maßgebend (BT-Drs. 10/1313, S. 23). 17

IV. Tatidentität (Satz 1). Der Begriff derselben **Tat** ist im Sinne des § 264 zu verstehen (vgl. zum prozessualen Tatbegriff näher unter § 264; zur Anwendbarkeit auf die §§ 129, 129a StGB vgl. SK-StPO/*Wohlers* § 146 Rn. 21; *Rebmann* NStZ 1981, 41, 44 f.) und nicht mit dem Begriff des Tatkomplexes gleichzusetzen. Ob die Verfahren verbunden wurden, ist für die Tatbestandsvariante der Tatidentität bei paralleler Verteidigung irrelevant. 18

V. Verfahrensidentität (Satz 2). Gem. § 146 Satz 2 ist die gleichzeitige Verteidigung mehrerer Beschuldigter ungeachtet der Frage, ob diesen eine identische Tat zur Last gelegt wird, allein wegen der Verfahrensverbindung unzulässig. Eine Verfahrensverbindung in diesem Sinne stellen unstreitig solche i.S.d. §§ 2, 4, 13 Abs. 2 dar (SK-StPO/*Wohlers* § 146 Rn. 26). 19

Ob auch eine **Verbindung von Strafsachen i.S.d. § 237** durch das Gericht zum Zwecke der Verfahrensvereinfachung erfasst wird, wird unterschiedlich beurteilt (dagegen Meyer-Goßner/*Schmitt* § 146 Rn. 17; OLG Stuttgart NStZ 1985, 326, 327; Radtke/Hohmann/*Reinhart* § 146 Rn. 12). **Richtigerweise** ist auch sie als von § 146 Satz 2 erfasst anzusehen, weil der in der Regelung zum Ausdruck kommende Wille des Gesetzgebers dahin geht, die Verteidigung bei einer Verbindung von Verfahren – gleich welcher Art – von vornherein für unzulässig zu erklären (OLG Celle NStZ 2011, 236: jedenfalls dann, wenn trotz fehlenden Zusammenhangs Interessenkonflikt nicht auszuschließen ist; *Beulke* Verteidiger im Strafverfahren, S. 127; *ders.* NStZ 1985, 289, 291 f.; einschränkend KK-StPO/*Willnow* § 146 Rn. 8; SK-StPO/*Wohlers* § 146 Rn. 26: nur für die Dauer der gleichzeitigen Verhandlung). 20

Nicht erfasst sind hingegen lediglich **gleichzeitige Ermittlungen im Vorverfahren** (SK-StPO/*Wohlers* § 146 Rn. 25). Verfahrensidentität ist hingegen gegeben, wenn die StA ausdrücklich (zumindest i.S. einer nach außen erkennbaren konkludenten Verbindungserklärung) die Entscheidung der gemeinsamen Verfolgung trifft (vgl. BGHSt 34, 215; KK-StPO/*Willnow* § 146 Rn. 8). 21

22 **VI. Folgen einer unzulässigen Mehrfachverteidigung.** Liegt ein Fall unzulässiger Mehrfachverteidigung vor und haben die Beschuldigten den Verteidiger **gleichzeitig** beauftragt, so führt das zur Unzulässigkeit sämtlicher Verteidigungsverhältnisse (OLG Celle StV 1986, 108, 109; OLG Düsseldorf NStZ 1984, 235; OLG Köln NStZ 1983, 560). Maßgebend ist, falls keine anderweitigen Anhaltspunkte ersichtlich sind, das Datum der Vollmachtsurkunde (OLG Hamm NJW 1980, 1059). Falls die zeitliche Reihenfolge der Mandatsübernahme nicht feststellbar ist, so sind ebenfalls sämtliche Verteidigungen unzulässig (OLG Koblenz MDR 1980, 514; Meyer-Goßner/*Schmitt* § 146 Rn. 22).

23 Sofern die zeitliche Reihenfolge zu ermitteln ist, ist die Rechtsfolge streitig. Während z.T. vertreten wird, lediglich die später übernommene Verteidigung sei unzulässig (BGHSt 27, 148, 150; 26, 291, 297; OLG Bremen NStZ 1985, 89, 90; OLG Stuttgart NStZ 1985, 326, 327; AnwK-StPO/*Krekeler/Werner* § 146 Rn. 12; Meyer-Goßner/*Schmitt* § 146 Rn. 23), ist richtigerweise, sofern der Verteidiger bereits Aktivitäten in der später übernommenen Sache entfaltet, von der Unzulässigkeit beider Verteidigungen auszugehen (so auch OLG Hamm NStZ 1983, 378; 1985, 327 m. abl. Anm. *Bottke; Beulke* Verteidiger im Strafverfahren, S. 126; *Dünnebier* NJW 1976, 7); nur dieses Ergebnis führt dazu, dass dem Sinn und Zweck der Norm, der u.a. darin besteht, sowohl dem ersten als auch dem zweiten Mandanten einen effektiven Beistand zu gewährleisten, Rechnung getragen wird.

24 Das Verbot der Mehrfachverteidigung gem. § 146 dient dem Schutz des Beschuldigten davor, von einem Verteidiger verteidigt zu werden, der für ihn ungeeignet ist. Ein Mitangeklagter kann daher nicht als Verletzung des § 146 rügen, ein anderer sei in der Hauptverhandlung von einem Verteidiger verteidigt worden, der dafür ungeeignet ist. Dies gilt auch im Verhältnis zwischen Angeklagtem und Nebenkläger (OLG Celle StV 2021, 152).

25 **C. Revision.** Zur Revisibilität von Verstößen gegen § 146 s. unter § 146a Rdn. 18 f.

§ 146a Zurückweisung eines Wahlverteidigers

(1) [1]Ist jemand als Verteidiger gewählt worden, obwohl die Voraussetzungen des § 137 Abs. 1 Satz 2 oder des § 146 vorliegen, so ist er als Verteidiger zurückzuweisen, sobald dies erkennbar wird; gleiches gilt, wenn die Voraussetzungen des § 146 nach der Wahl eintreten. [2]Zeigen in den Fällen des § 137 Abs. 1 Satz 2 mehrere Verteidiger gleichzeitig ihre Wahl an und wird dadurch die Höchstzahl der wählbaren Verteidiger überschritten, so sind sie alle zurückzuweisen. [3]Über die Zurückweisung entscheidet das Gericht, bei dem das Verfahren anhängig ist oder das für das Hauptverfahren zuständig wäre.

(2) Handlungen, die ein Verteidiger vor der Zurückweisung vorgenommen hat, sind nicht deshalb unwirksam, weil die Voraussetzungen des § 137 Abs. 1 Satz 2 oder des § 146 vorlagen.

Übersicht Rdn.

1 **A. Grundsätzliches.** § 146a regelt die verfahrensrechtlichen Konsequenzen eines Verstoßes gegen das in § 137 Abs. 1 Satz 2 normierte Verbot der Überschreitung der Höchstzahl von drei Wahlverteidigern bzw. gegen das in § 146 enthaltene Verbot unzulässiger Mehrfachverteidigung. Die Norm bestimmt, dass derartige Verstöße nicht automatisch zur Unzulässigkeit der Verteidigung führen, sondern vielmehr einer verfahrensrechtlichen Umsetzung in Form einer konstitutiven Zurückweisung bedürfen, bezüglich derer dem Gericht kein Ermessensspielraum zukommt (BGHSt 26, 291).

2 Abs. 2 des § 146a regelt die Konsequenzen für bis zur Zurückweisung vorgenommene Handlungen. Die Norm entspricht der bis zu ihrem Inkrafttreten herrschenden Rspr. (BGHSt 26, 291, 294), sodass ihr ein **klarstellender Charakter** zukommt (BT-Drs. 10/1313, S. 23; näher zur Geschichte der Regelung *Dünnebier* FS Pfeiffer, S. 265, 271 ff.).

B. Regelungsgehalt. I. Sachlicher und zeitlicher Anwendungsbereich der Norm. 1. Sachlicher Anwendungsbereich. Wie der Wortlaut des § 146a Abs. 1 Satz 1 belegt, bezieht sich die Norm lediglich auf die Konstellation der **Wahlverteidigung**. Verstößt die Bestellung eines **Pflichtverteidigers** gegen § 137 Abs. 1 Satz 2 bzw. § 146, so tritt an die Stelle der Zurückweisung die Aufhebung der Bestellung aus wichtigem Grund (§ 143) und die Bestellung eines anderen Verteidigers (BT-Drs. 10/1313, S. 23; SK-StPO/*Wohlers* § 146a Rn. 5). 3

§ 146a Abs. 1 Satz 1 betrifft die Fälle, in denen **infolge sukzessiver Wahl** gegen § 137 Abs. 1 Satz 2 (§ 146a Abs. 1 Satz 1 1. HS) bzw. **infolge einer nachträglichen Verfahrensverbindung** (dazu § 146 Rdn. 19 f.) gegen das Verbot der Mehrfachverteidigung verstoßen wird (§ 146a Abs. 1 Satz 1 2. HS). 4

Während im erstgenannten Fall lediglich die letzte Wahl unzulässig ist, ist der Verteidiger nach dem Wortlaut des Gesetzes im Fall des § 146a Abs. 1 Satz 1, 2. Hs. in beiden Verfahren zurückzuweisen. Dem kann er jedoch zuvorkommen, indem er im Rahmen der notwendigen Anhörung (s.u. Rdn. 10) ein Mandat niederlegt (LR/*Jahn* § 146a Rn. 6, der auch den Fall der Tatidentität als erfasst ansieht). 5

§ 146a Abs. 1 Satz 2 regelt die Überschreitung der Höchstzahl möglicher Verteidiger und deren **gleichzeitige Verteidigungsanzeige**. In diesen Fällen hat das Gericht sämtliche Verteidiger zurückzuweisen; ihm kommt **kein Wahlrecht** zu. Nach dem Willen des Gesetzgebers bleibt es dem Beschuldigten jedoch auch insoweit überlassen, vor der Zurückweisung im Rahmen der Anhörung die Zahl auf das zulässige Höchstmaß zu reduzieren (BT-Drs. 10/1313, S. 23 f.). 6

2. Zeitlicher Anwendungsbereich. § 146a gilt grundsätzlich **in jedem Verfahrensstadium** (SK-StPO/*Wohlers* § 146a Rn. 11). Die Norm ist jedoch **teleologisch zu reduzieren** in den Fällen, in denen das Verfahrensstadium eine Zurückweisung nicht mehr gebietet, weil die Mehrfachverteidigung keine Auswirkungen mehr auf das Verfahren hätte (LR/*Jahn* § 146a Rn. 3; SK-StPO/*Wohlers* § 146a Rn. 12: Revisionsverfahren, das nach §§ 347 Abs. 1, 349 Abs. 2 zu verwerfen ist oder bei dem das Revisionsgericht nach §§ 349 Abs. 4, 354 Abs. 1 eine eigene Entscheidung trifft). 7

II. Zuständigkeit für die Zurückweisung, § 146a Abs. 1 Satz 3. Für die Entscheidung über die Zurückweisung ist gem. § 146a Abs. 1 Satz. 3 das **Gericht** zuständig, bei dem das Verfahren anhängig ist oder das für das Hauptverfahren zuständig wäre. Die Besetzung richtet sich nach dem jeweiligen Verfahrensabschnitt. Das angerufene Gericht kann gem. § 209 an das seiner Ansicht nach zuständige niedrigere Gericht abgeben (SK-StPO/*Wohlers* § 146a Rn. 6). 8

Der **Staatsanwaltschaft** kommt – da sie durch Verfahrensverbindung die Voraussetzungen des § 146a Satz 2 selbst schaffen kann – lediglich ein Antragsrecht zu (LR/*Jahn* § 146a Rn. 11; **a.A.** *Roxin/Schünemann* Strafverfahrensrecht, § 19 Rn. 39 unter Verweis auf die vor Erlass des § 146a ergangene Entscheidung BVerfG NJW 1976, 231). 9

III. Zurückweisungsverfahren. Die Staatsanwaltschaft und das Gericht haben in jedem Verfahrensabschnitt über die Einhaltung der Verbote der §§ 137 Abs. 1 Satz 2, 146 zu wachen. Ob eine Verbotsverletzung vorliegt, ist im **Freibeweisverfahren** zu klären (OLG Zweibrücken StraFo 2009, 516; KK-StPO/*Willnow* § 146a Rn. 4); eine Zurückweisung »auf Verdacht« ist unzulässig (LG Düsseldorf StV 1991, 410 f.). Vor der Entscheidung sind die Staatsanwaltschaft und der Verteidiger gem. § 33 **anzuhören**. Der Beschluss ist nach § 34 zu **begründen** und gem. § 35 **bekannt zu machen**. 10

IV. Folgen der Zurückweisung. 1. Wirksamkeit von Handlungen des Verteidigers vor der Zurückweisung, § 146a Abs. 2. Gem. § 146a Abs. 2 bleiben die Handlungen, die ein Verteidiger vor seiner Zurückweisung nach § 146a Abs. 1 vorgenommen hat, wirksam. Unter dem **Begriff der Zurückweisung** ist die Unanfechtbarkeit des Zurückweisungsbeschlusses zu verstehen (LG Flensburg JurBüro 1988, 653; Meyer-Goßner/*Schmitt* § 146a Rn. 1; *Wessing* in Graf StPO § 146a Vor Rn. 1; *Beulke* NStZ 1985, 289, 294; **a.A.** HK-StPO/*Julius/Schiemann § 146a* Rn. 4). 11

Mit der Regelung folgt der Gesetzgeber der früheren Rspr. des BGH. Mangels praktischen Bedürfnisses bewusst nicht übernommen hat er jedoch die von der Rspr. entwickelten Ausnahmen für die zur Zurückweisung Anlass gebende Handlung (BT-Drs. 10/1313, S. 24; zust. LR/*Jahn* § 146a Rn. 13; *Dünnebier* FS Pfeiffer, S. 265, 278; krit. demgegenüber *Foth* NStZ 1987, 441: Zeitpunkt der beschlussförmigen Zurückweisung). Aus diesem Grund sind mehrere Revisionsbegründungen beachtlich (KK-StPO/*Willnow* § 146a Rn. 5; *Foth* NStZ 1987, 441). 12

2. Gebührenanspruch. Ob die strafprozessuale Beurteilung des § 146a Abs. 2 im Ergebnis auch für das Zivil- und das Kostenrecht gilt, ob also der bis zur Zurückweisung entfaltete Aufwand dem Verteidiger zu vergüten ist, ist umstritten. 13

14 Ein Teil der Literatur und Rspr. meint, der Mandatsvertrag sei in diesem Fall wegen Verstoßes gegen § 134 BGB nichtig, sodass kein Honoraranspruch bestehe (OLG Rostock NStZ 2012, 101; LG Koblenz NStZ-RR 1998, 96; GenStA Zweibrücken NStZ-RR 2004, 191; OLG Stuttgart AGS 2018, 459, 461 f.; LR/*Hilger* § 464a Rn. 33, der jedoch die Lösung selbst für »problematisch« erachtet in den Fällen des § 146a Abs. 1 Satz 1 2. HS; ihm zust. *Wasmuth* NStZ 1989, 348, 351; offengelassen durch BGH NStZ 1991, 398 f.).

15 Demgegenüber vertritt eine Gegenauffassung zu Recht, dass die in § 146a Abs. 2 angeordnete **konstitutive Wirkung** des Zurückweisungsbeschlusses als Grundentscheidung **auch für das Zivilrecht Geltung** erlangt. Wird der Verstoß nicht bemerkt, so verbleibt dem Verteidiger der Gebührenanspruch in voller Höhe; wird er zurückgewiesen, verbleibt ihm der bis zur Zurückweisung entstandene Anspruch (LG Bamberg NStZ 1989, 387; LG Flensburg JurBüro 1988, 653 m. insoweit abl. Anm. *Mümmler*; HK-StPO/*Julius*/*Schiemann* § 146a Rn. 4; KK-StPO/*Willnow* § 146a Rn. 5; LR/*Jahn* § 146a Rn. 14; Radtke/Hohmann/*Reinhart* § 146a Rn. 6; SK-StPO/*Wohlers* § 146a Rn. 14).

16 **C. Rechtsmittel. I. Beschwerde.** Gegen den Beschluss über die Zurückweisung ist gem. § 304 Abs. 1 die **Beschwerde statthaft**, sofern nicht das OLG entschieden hat (§ 304 Abs. 4 Satz 2; Meyer-Goßner/*Schmitt* § 146a Rn. 8). § 305 Satz 1 steht dem nicht entgegen (OLG Karlsruhe NStZ 1988, 567; Meyer-Goßner/*Schmitt* § 146a Rn. 8; SK-StPO/*Wohlers* § 146a Rn. 15; **a.A.** OLG Hamm NStZ 1987, 476 f.; KMR/*Müller* § 146a Rn. 11).

17 **Beschwerdebefugt** ist im Fall der Ablehnung des Erlasses eines Zurückweisungsbeschlusses die **Staatsanwaltschaft** (KK-StPO/*Willnow* § 146a Rn. 7), im Fall der Zurückweisung der **Beschuldigte** sowie dessen **Verteidiger** im eigenen Namen (BGHSt 26, 291; KG Beschl. v. 02.10.2013 – 4 Ws 126 – 128/13 u.a. [juris]; LG Regensburg NJW 2005, 2245; KMR/*Staudinger* § 146a Rn. 6). Dem **Mitbeschuldigten** fehlt regelmäßig die Beschwer (SK-StPO/*Wohlers* § 146a Rn. 18).

18 **II. Revision.** Unterbleibt eine Zurückweisung, obwohl die Voraussetzungen der §§ 137 Abs. 1 Satz 2, 146 vorliegen, oder wird umgekehrt zu Unrecht zurückgewiesen, so ist strittig, ob in diesen Konstellationen der absolute Revisionsgrund des § 338 Nr. 5 erfüllt ist (so *Dünnebier* FS Pfeiffer, S. 265, 278), oder ob gem. § 337 ein Beruhensnachweis dahin gehend geführt werden muss, dass dieser Fehler des Gerichts der Verteidigung tatsächlich widerstritten hat (BGHSt 27, 22, 23 f.; 27, 154, 159; Meyer-Goßner/*Schmitt* § 146a Rn. 9; LR/*Jahn* § 146a Rn. 18; *Nestler-Tremel* NStZ 1988, 103, 107; diff. SK-StPO/*Wohlers* § 146 Rn. 37: bei zu Unrecht erfolgter Zurückweisung § 338 Nr. 8, bei zu Unrecht unterlassener Zurückweisung tatsächlicher Widerstreit im Einzelfall vonnöten; unklar BGH StV 1981, 117: einerseits Annahme des § 338 Nr. 5, andererseits tatsächlicher Interessenkonflikt gefordert).

19 Für die Bejahung des § 338 Nr. 5 spricht, dass der Gesetzgeber mit der Neuschaffung des § 146 gerade klarstellen wollte, dass es nicht auf die Beurteilung der Zulässigkeit der Verteidigung im jeweiligen Einzelfall ankommen solle.

§ 147 Akteneinsichtsrecht, Besichtigungsrecht, Auskunftsrecht des Beschuldigten

(1) Der Verteidiger ist befugt, die Akten, die dem Gericht vorliegen oder diesem im Falle der Erhebung der Anklage vorzulegen wären, einzusehen sowie amtlich verwahrte Beweisstücke zu besichtigen.

(2) [1]Ist der Abschluss der Ermittlungen noch nicht in den Akten vermerkt, kann dem Verteidiger die Einsicht in die Akten oder einzelne Aktenstücke sowie die Besichtigung der amtlich verwahrten Beweisstücke versagt werden, soweit dies den Untersuchungszweck gefährden kann. [2]Liegen die Voraussetzungen von Satz 1 vor und befindet sich der Beschuldigte in Untersuchungshaft oder ist diese im Fall der vorläufigen Festnahme beantragt, sind dem Verteidiger die für die Beurteilung der Rechtmäßigkeit der Freiheitsentziehung wesentlichen Informationen in geeigneter Weise zugänglich zu machen; in der Regel ist insoweit Akteneinsicht zu gewähren.

(3) Die Einsicht in die Protokolle über die Vernehmung des Beschuldigten und über solche richterlichen Untersuchungshandlungen, bei denen dem Verteidiger die Anwesenheit gestattet worden ist oder hätte gestattet werden müssen, sowie in die Gutachten von Sachverständigen darf dem Verteidiger in keiner Lage des Verfahrens versagt werden.

(4) [1]Der Beschuldigte, der keinen Verteidiger hat, ist in entsprechender Anwendung der Absätze 1 bis 3 befugt, die Akten einzusehen und unter Aufsicht amtlich verwahrte Beweisstücke zu besichtigen, soweit der Untersuchungszweck auch in einem anderen Strafverfahren nicht gefährdet werden kann und überwiegende schutzwürdige Interessen Dritter nicht entgegenstehen. [2]Werden die Akten nicht elektronisch geführt, können ihm an Stelle der Einsichtnahme in die Akten Kopien aus den Akten bereitgestellt werden.

(5) [1]Über die Gewährung der Akteneinsicht entscheidet im vorbereitenden Verfahren und nach rechtskräftigem Abschluss des Verfahrens die Staatsanwaltschaft, im Übrigen der Vorsitzende des mit der Sache befassten Gerichts. [2]Versagt die Staatsanwaltschaft die Akteneinsicht, nachdem sie den Abschluss der Ermittlungen in den Akten vermerkt hat, versagt sie die Einsicht nach Absatz 3 oder befindet sich der Beschuldigte nicht auf freiem Fuß, so kann gerichtliche Entscheidung durch das nach § 162 zuständige Gericht beantragt werden. [3]Die §§ 297 bis 300, 302, 306 bis 309, 311a und 473a gelten entsprechend. [4]Diese Entscheidungen werden nicht mit Gründen versehen, soweit durch deren Offenlegung der Untersuchungszweck gefährdet werden könnte.

(6) [1]Ist der Grund für die Versagung der Akteneinsicht nicht vorher entfallen, so hebt die Staatsanwaltschaft die Anordnung spätestens mit dem Abschluss der Ermittlungen auf. [2]Dem Verteidiger oder dem Beschuldigten, der keinen Verteidiger hat, ist Mitteilung zu machen, sobald das Recht zur Akteneinsicht wieder uneingeschränkt besteht.

Übersicht Rdn.

A. Grundsätzliches. Eine sachgerechte Verteidigung setzt voraus, dass der Beschuldigte weiß, was ihm 1
vorgeworfen wird (BGHSt 29, 99, 102). Das Akteneinsichtsrecht gehört daher zu den wichtigsten Verfahrensrechten im Strafprozess (dazu auch Einl. Rdn. 178). Ob es aus dem Anspruch auf rechtliches Gehör abzuleiten ist (so KG StRR 2011, 102 m. zust. Anm. *Haselier*; OLG Naumburg StRR 2011, 276, 277; AnwK-StPO/*Krekeler/Werner* § 147 Rn. 1; *Jahn/Lips* StraFo 2004, 229, 233) oder sich (zusätzlich) auf den fair-trial-Grundsatz gründet (so OLG Brandenburg NJW 1996, 67, 68; LR/*Jahn* § 147 Rn. 4; SK-StPO/*Wohlers* § 147 Rn. 1; *Schlegel* HRRS 2004, 411 f.; *Welp* FG Peters II, S. 309; *Wohlers/Schlegel* NStZ 2010, 486 f.; *Stuckenberg* StV 2010, 231), ist ebenso umstritten wie die Frage, ob es dem Verteidiger als eigenständiges Recht selbst zusteht (LG Göttingen StV 1996, 166; offengelassen durch BVerfG NJW 2012, 141, 142; KMR/*Müller* § 147 Rn. 23; *Beulke* Verteidiger im Strafverfahren, S. 142; *Klemke/Elbs* Rn. 364; *Roxin/Schünemann* Strafverfahrensrecht, § 19 Rn. 69; vgl. auch § 138c Abs. 3 Satz 1: »Rechte des Verteidigers«) oder von diesem nur für den Beschuldigten ausgeübt wird (BVerfGE 62, 338, 343; OLG Zweibrücken NJW 1977, 1699; AnwK-StPO/*Krekeler/Werner* § 147 Rn. 2; HK-StPO/Julius/*Schiemann* § 147 Rn. 2; KK-StPO/*Willnow* § 147 Rn. 2; LR/*Jahn § 147* Rn. 11; *SK-StPO/Wohlers § 147* Rn. 5; *Beulke/Ruhmannseder* [2010], Rn. 39; *Burhoff* EV, Rn. 78, 80). Beide Fragen sind aber letztlich ohne entscheidende praktische Relevanz – vor allem nach Einführung des eigenen Akteneinsichtsrechts des unverteidigten Beschuldigten (dazu die folgende Rdn.). Jedenfalls ist die Gewährung umfassender Akteneinsicht wesentliche Grundlage eines fairen Verfahrens (EGMR Urt. v. 25.07.2019 – 1586/15 [R/Deutschland], NJW 2020, 3019; BGH Beck RS 2020, 27383, Rz. 3; OLG Koblenz Beck RS 2021, 10880, Rz. 29; OLG Karlsruhe NZV 2020, 368, Rz. 7; AG Herne Beck RS 2021, 16813).

§ 147 normiert in Abs. 1 das Akteneinsichtsrecht des Verteidigers sowie dessen Recht, amtlich verwahrte 2
Beweisstücke zu besichtigen. In dem durch das Gesetz zur Einführung der elektronischen Akte in der Justiz und zur weiteren Förderung des elektronischen Rechtsverkehrs vom 05.07.2017 (BGBl. I, S. 2208; näher unter Rdn. 3 sowie Vor §§ 32 ff. Rdn. 2) geänderten Abs. 4 wird dem **unverteidigten Beschuldigten** in entsprechender Anwendung der Abs. 1 bis 3 ebenso ein unmittelbares **Akteneinsichtsrecht** gewährt. Der bisherige Abs. 7, der lediglich ein Auskunftsrecht des Beschuldigten ohne Verteidiger vorsah, wurde aufgehoben. Die Akteneinsicht wird beim verteidigten Angeklagten ausschließlich von seinen Verteidigern wahr-

genommen, § 147 Abs. 1. Nach § 147 Abs. 4 Satz 2 besteht ein Recht auf den Erhalt von Abschriften aus der Verfahrensakte nur für den unverteidigten Angeklagten. Das steht auch im Einklang mit Art 6 Abs. 1, Abs. 3 lit. b EMRK. Grds. ist der Gewährung umfassender Akteneinsicht als Ausfluss des fairen Verfahrens (s.o. Rdn. 1) Rechnung getragen, soweit der Verteidiger eines Angeklagten Akteneinsichtsrecht erhalten hat (EGMR Urt. v. 19.12.1989 – 9783/82 [Kamasinski/Österreich], Beck RS 1989, 113179 [Rz. 87 f.]; Hdb. StrafR/*Jahn/Brodowski* VII § 17 Rn. 119). Die Verteidigungsrechte des Angeklagten werden so in aller Regel gewahrt und die »Waffengleichheit« zu Gericht und Staatsanwaltschaft hinreichend begründet (BGH NStZ 1919, 745 [Rz. 6]). Wann ein Ausnahmefall mit eigenem Akteneinsichtsrecht von Verteidiger und Beschuldigtem vorliegt, ist noch nicht geklärt. Nach Ansicht des BGH kommt das allenfalls dann in Betracht, wenn ohne dieses Einsichtsrecht die Effektivität der Verteidigung beeinträchtigt sein könnte, so z.B., wenn den Verteidigern angesichts des Umfangs des Aktenmaterials nicht genügend Zeit für die Unterrichtung des Angeklagten über den Verfahrensgegenstand verbleibt und es zudem in besonderem Maße auf dessen Kenntnis zum prozessgegenständlichen Lebenssachverhalt ankommt (EGMR Urt. v. 12.03.2003 – 46221/99 [Öcalan/Türkei], EuGRZ 2003, 472, 479 f.; BGH Beck RS 2020, 27383). Sinn und Zweck der früheren Privilegierung des Verteidigers war bei der Schaffung der Norm die Annahme, dass der Verteidiger als Organ der Rechtspflege eine Gewähr dafür biete, dass die Akten nicht verfälscht werden. Im Lichte heutiger Vervielfältigungsmöglichkeiten der Strafverfolgungsbehörden, die damit die Akten vor Manipulationen schützen können, ist diese Annahme überholt (so auch LR/*Jahn* § 147 Rn. 10; SK-StPO/*Wohlers* § 147 Rn. 6). Die begrüßenswerte Einführung eines unmittelbaren Akteneinsichtsrechts des unverteidigten Beschuldigten in Abs. 4 beruht damit maßgeblich auf der heutzutage fehlenden Manipulationsgefahr durch diesen (vgl. BT-Drs. 18/9416, S. 60), denn bei einer elektronischen Aktenführung, bei der dem Beschuldigten ohnehin nur eine Leseversion oder -kopie zur Verfügung gestellt wird, besteht eine solche Gefahr von vornherein nicht. Im Fall von Papierakten stellt Abs. 4 Satz 2 durch die Regelung, dass dem Beschuldigten an Stelle der Einsichtnahme in die Akten Kopien aus den Akten bereitgestellt werden, sicher, dass der Beschuldigte keine Möglichkeiten erhält, auf den Aktenbestand einzuwirken. Jedoch behält Abs. 1 seinen Zweck, indem dieser dem Verteidiger eine Art »Filterfunktion« bei der Vermittlung des Akteninhalts an den Beschuldigten zuweist (dazu näher unter Rdn. 23) und nur er anhand der Einsichtnahme in die Originalakte der Gefahr einer Aktenmanipulation entgegenwirken kann.

3 Bei der Gewährung des Akteneinsichtsrechts und des Rechts auf Besichtigung amtlich verwahrter Beweisstücke sind die in Art. 6 Abs. 1 und Abs. 3 lit. b) EMRK enthaltenen Gewährleistungen zu berücksichtigen (BGH StV 2015, 10, 12 m.Anm. *Gercke*). Dementsprechend ist die Auslegung des § 147 maßgebend durch mehrere Entscheidungen des EGMR beeinflusst worden (dazu näher *Beulke/Witzigmann* NStZ 2011, 254, 255 f.; *Jahn* FS Imme Roxin, S. 585, 587 ff. und *Park* StV 2009, 276). Diese haben sich auch auf den Gesetzeswortlaut selbst ausgewirkt. So wurde infolge der Entscheidung im Fall *Foucher* (EGMR NStZ 1998, 429 m. zust. Anm. *Deumeland*; vgl. dazu auch *Schlegel* HRRS 2004, 411, 413) durch das StVÄG 1999 (BGB1. I 1999 S. 1253) vom 02.08.2000 die Möglichkeit für den unverteidigten Beschuldigten, Auskünfte oder Abschriften aus den Akten zu erhalten, ausdrücklich gesetzlich geregelt (dazu näher *Dedy* StraFo 2001, 149, 152; *Gatzweiler* StraFo 2001, 1; *Jahn* FS Imme Roxin, S. 585, 595). Mit dem Gesetz zur Änderung des Untersuchungshaftrechts, das am 01.01.2010 in Kraft getreten ist (BGBl. I 2009 S. 2274 ff.; dazu näher *Deckers* StraFo 2009, 441, 444; *König* AnwBl. 2010, 55; *Weider* StV 2010, 102, 105), wurde der Anspruchscharakter dieser Norm verstärkt (vgl. dazu unter Rdn. 47) sowie das Recht zur Einsicht in die Akten im Fall von Untersuchungshaft in § 147 Abs. 2 Satz 2 mit Blick auf die zur Beurteilung der Rechtmäßigkeit der Freiheitsentziehung notwendigen Informationen erstmals ausdrücklich gesetzlich normiert (dazu näher unter Rdn. 37; zur Änderung des § 147 Abs. 5 Satz 2 durch das 2. Opferrechtsreformgesetz *Jahn* FS Imme Roxin, S. 585, 586). Zuletzt wurde die Norm durch das Gesetz zur Einführung der elektronischen Akte in der Justiz und zur weiteren Förderung des elektronischen Rechtsverkehrs vom 05.07.2017 (BGBl. I, S. 2208; s. auch Vor §§ 32 ff. Rdn. 2) maßgeblich geändert (s. zum Überblick *Growe/Gutfleisch* NStZ 2020, 633). Insb. wurde das bisher in Abs. 7 enthaltene Auskunftsrecht des Beschuldigten aufgehoben. Nunmehr wird dem **unverteidigten Beschuldigten** nach dem neuen Abs. 4 in entsprechender Anwendung der Abs. 1 bis 3 ein unmittelbares **Akteneinsichtsrecht** gewährt (s.o. Rdn. 2). Dementsprechend ist auch dem Beschuldigten ohne Verteidiger nach Abs. 6 Satz 2 Mitteilung zu machen, sobald das Recht zur Akteneinsicht wieder uneingeschränkt besteht. Der bisherige Abs. 4 wurde in die allgemeine Regelung des § 32f, die Geltung für alle zur Akteneinsicht Berechtigten hat (zu § 147 Abs. 4 a.F. OLG Zweibrücken StV 2017, 437, 438), integriert. Schließlich wurde in Abs. 3 das Wort »Niederschriften« durch »Protokolle« ersetzt. Ziel dieser marginalen Änderung ist eine sprachliche Anpassung, die einer elektronischen Aktenführung geschuldet ist. Der erstgenannte Begriff sei sprachlich eng mit der Papierform verbunden. Durch seine Ersetzung soll lediglich sprachlich verdeutlicht werden, dass »Niederschriften« bei elektronischer Aktenführung auch in elektroni-

scher Form erstellt werden können. Die Änderung beseitigt zugleich sprachliche Redundanzen und dient einer sprachlichen Vereinheitlichung (vgl. BT-Drs. 18/9416, S. 59 f.).

B. Regelungsgehalt. I. Akteneinsichtsrecht des Verteidigers. 1. Grundsatz (Abs. 1). a) Persönlicher Anwendungsbereich. Zur Einsicht in die Akten befugt ist gem. § 147 Abs. 1 der **Verteidiger**. Unter den **Verteidigerbegriff** fallen der **Wahl- und der Pflichtverteidiger**, auch schon zur Prüfung, ob das Mandat tatsächlich übernommen werden kann und soll (AnwK-StPO/*Krekeler/Werner* § 147 Rn. 4; *P. Danckert* StV 1986, 171; *Michalke* NJW 2013, 2334; zweifelnd zumindest für den potenziellen Pflichtverteidiger vor Ablauf der Frist des § 142 Abs. 1 Satz 2 HK-StPO/*Julius/Schiemann* § 147 Rn. 9). Der Nachweis seiner Berechtigung erfolgt in diesem Fall durch Vorlage der Aufforderung des Beschuldigten an ihn, die Strafverteidigung zu übernehmen (Meyer-Goßner/*Schmitt* § 137 Rn. 9). Da es für den Nachweis der Beauftragung als Wahlverteidiger keiner Vorlage einer schriftlichen Vollmacht bedarf (§ 137 Rn. 17) kann i.Ü. auch im Akteneinsichtsgesuch die Bevollmächtigung formlos mitgeteilt werden. Ebenfalls von § 147 Abs. 1 erfasst sind Referendare, denen die Verteidigung nach **§ 139** vom Wahlverteidiger übertragen worden ist (dazu näher unter § 139), der durch **§ 138 Abs. 2** umschriebene Personenkreis (vgl. hierzu § 138 Rdn. 23 ff.) nach Genehmigung sowie im Steuerstrafverfahren die in **§ 392 AO** genannten Personen. Der Verteidiger kann bei der Wahrnehmung seines Akteneinsichtsrechts Teilaufgaben **auf juristische Mitarbeiter** (Rechtsanwälte, Assessoren, Referendare) wie auch auf **Sachverständige** etc. **übertragen**. Die Übertragung von Einzelaufträgen an Hilfskräfte durch den Verteidiger soll allerdings auf solche Fälle beschränkt bleiben, in denen dem Verteidiger die Wahrnehmung seines Akteneinsichtsrechts ohne Hilfskräfte wegen des Umfangs des Verfahrensstoffes kaum zumutbar ist (z.B. während einer laufenden umfangreichen Hauptverhandlung), oder in denen besondere Kenntnisse erforderlich sind, über die der Verteidiger nicht verfügt (OLG Brandenburg NJW 1996, 67). Für **andere Verfahrensbeteiligte** gibt es ausdrücklich geregelte Akteneinsichtsrechte, die zumeist (direkt oder mittelbar) auf § 147 verweisen, so für den Prozessbevollmächtigten des **Privatklägers** (§ 385 Abs. 3), des **Nebenklägers** (§ 406e), des **Vertreters des Einziehungsbeteiligten** (§§ 428 Abs. 1 Satz 2, 435 Abs. 3 Satz 2), der **juristischen Person** oder Personenvereinigung, sofern über die Festsetzung einer **Geldbuße gem. § 30 OWiG** zu entscheiden ist (§ 444 Abs. 2 Satz 2). Besonders bedeutsam ist das Akteneinsichtsrecht des Bevollmächtigten des **Verletzten** (§ 406e; Verletztenbegriff in § 373b). Ferner besteht nach h.A. ein nicht ausdrücklich geregeltes Akteneinsichtsrecht des bevollmächtigten Antragstellers in den Verfahren gem. **§§ 23 ff. EGGVG** und **109 ff. StVollZG** (Meyer-Goßner/*Schmitt* § 147 Rn. 2; s. aber auch die Vollzugsgesetze der Länder, z.B. Art. 203 BayStVollzG). Kein Akteneinsichtsrecht steht hingegen dem **Zeugenbeistand** zu (BGH NStZ-RR 2010, 246; Meyer-Goßner/*Schmitt* § 147 Rn. 2; a.A. *Meyer-Lohkamp/Block* StraFo 2011, 86). Gem. § 80 Abs. 2 kann dem **Sachverständigen** gestattet werden, die Akten einzusehen. 4

Der Verteidiger darf Unterbevollmächtigte oder juristische Mitarbeiter mit der Akteneinsicht **beauftragen** (Meyer-Goßner/*Schmitt* § 147 Rn. 9; HK-StPO/*Julius/Schiemann* § 147 Rn. 9; vgl. auch § 19 Abs. 1 Satz 1 BORA; enger OLG Brandenburg NJW 1996, 67, 68: ausnahmsweise bei sog. Umfangsverfahren; hiergegen zu Recht *Hohmann* in Radtke/Hohmann/*Hohmann* § 147 Rn. 4). 5

Hat ein Beschuldigter **mehrere Verteidiger** gewählt, so steht jedem Einzelnen von ihnen ein Akteneinsichtsrecht zu (KK-StPO/*Willnow* § 147 Rn. 3; SK-StPO/*Wohlers* § 147 Rn. 7; abzulehnen daher OLG Naumburg StRR 2011, 276, 277 m. krit. Anm. *Herrmann*, das eine Zurechnung des infolge Akteneinsicht gewonnenen Wissens des Pflichtverteidigers zum Wahlverteidiger vornimmt). Auch der zur Verfahrenssicherung bestellte Pflichtverteidiger muss sich nicht auf die Ablichtungen verweisen lassen, die ein anderer Verteidiger vom Aktenauszug gefertigt hat (OLG Köln ZfS 2010, 106 m.Anm. *Hansens*). 6

Vertritt sich ein Verteidiger selbst, so richtet sich die Frage, ob ihm Akteneinsicht zu gewähren ist, nach § 147 Abs. 4 (SK-StPO/*Wohlers* § 147 Rn. 8; dazu näher unter Rdn. 47 ff.). 7

Das Akteneinsichtsrecht existiert, solange ein Mandatsverhältnis besteht. Es endet mit der Niederlegung bzw. Kündigung des Mandats, dem Widerruf der Bestellung, der Zurückweisung nach § 146a, dem Eintritt der Rechtskraft des Ausschließungsbeschlusses i.S.d. §§ 138a ff. bzw. der Anordnung des vorläufigen Ruhens des Rechts nach § 138c Abs. 3 Satz 1 (Radtke/Hohmann/*Hohmann* § 147 Rn. 6). Das Akteneinsichtsrecht darf nicht willkürlich unter Hinweis auf eine noch fehlende Vorlage der Vollmacht versagt werden (BVerfG NJW 2012, 141, 142). 8

b) Zeitlicher Anwendungsbereich. Das Recht zur Akteneinsicht umfasst **das gesamte Verfahren**; es erstreckt sich auch auf **Vorermittlungen** (BGH NStZ-RR 2009, 145; Meyer-Goßner/*Schmitt* § 147 Rn. 10; *Krause* FS Strauda, S. 358; **a.A.** *Senge* FS Hamm, S. 712). Im **Ermittlungsverfahren** sind die Beschränkungsmöglichkeiten des § 147 Abs. 2 (dazu näher unter Rdn. 31 ff.) zu beachten. 9

Im Stadium der **Hauptverhandlung** kann unstreitig Einsicht in die Akten beansprucht werden, sofern ein **besonderes Interesse** daran besteht (OLG Hamm NJW 2004, 381), sei es weil der Verteidiger erst im Ver- 10 lauf der Hauptverhandlung mandatiert oder bestellt wird (OLG Stuttgart NJW 1979, 559, 560) oder er aus anderen Gründen zuvor keine vollständige Akteneinsicht erhalten hat, z.B. weil ein weiteres Gutachten zu den Akten gelangt ist.

Werden dem Tatgericht zwischen Eröffnungsbeschluss und Hauptverhandlung oder während laufender Hauptverhandlung durch Polizei oder StA neue verfahrensbezogene Ermittlungsergebnisse zugänglich gemacht, erwächst diesem aus dem Gebot der Verfahrensfairness dann die Verpflichtung, den Angeklagten und seinen Verteidiger hierüber zu informieren und Gelegenheit zu geben, sich Kenntnis von den Ermittlungsergebnissen zu verschaffen, auch wenn es die Ergebnisse selbst nicht für entscheidungserheblich hält; denn es muss den übrigen Verfahrensbeteiligten überlassen bleiben, selbst zu beurteilen, ob es sich um relevante Umstände handelt (BGH NStZ 2017, 549; *Müller/Schmidt* NStZ 2018, 452, 455).

11 Ob **auch abgesehen von derartigen Sonderkonstellationen** in diesem Verfahrensstadium grds. ein Anspruch auf Akteneinsicht besteht, ist umstritten (abl. OLG Hamm NJW 2004, 381; OLG Stuttgart NJW 1979, 559, 560; Meyer-Goßner/*Schmitt* § 147 Rn. 10; KK-StPO/*Willnow* § 147 Rn. 20 [Antrag kann abgelehnt werden, wenn nicht ein besonderes Interesse auf Akteneinsicht gerade zu dieser Zeit besteht]). Für einen derartigen Anspruch spricht entscheidend, dass das Gesetz entsprechende Beschränkungen nicht enthält (so auch LR/*Jahn* § 147 Rn. 27, 88; SK-StPO/*Wohlers* § 147 Rn. 68). Das berechtigte Interesse sämtlicher Verfahrensbeteiligter an der zügigen Durchführung der Hauptverhandlung ist in diesem Stadium durch eine **Anpassung der Modalitäten** der Einsicht an die Erfordernisse der Hauptverhandlung (vgl. LR/*Jahn* § 147 Rn. 87; SK-StPO/*Wohlers* § 147 Rn. 68: Einsichtnahme in der Geschäftsstelle des Gerichts, in den Sitzungspausen im Verhandlungssaal bzw. im Zimmer des Vorsitzenden) zu gewährleisten.

12 Das **Akteneinsichtsrecht endet**, wenn die **Verteidigervollmacht erlischt** oder die **Bestellung zum Pflichtverteidiger gem. § 143 zurückgenommen** bzw. der Wahlverteidiger gem. § 146a zurückgewiesen wird. Ferner kann im Ausschließungsverfahren (§§ 138a ff.) gem. § 138c Abs. 3 Satz 1 das Ruhen des Akteneinsichtsrechts angeordnet werden; mit der Rechtskraft eines Ausschließungsbeschlusses erlischt das Akteneinsichtsrecht endgültig. Ist ein **rechtskräftiger Verfahrensabschluss erfolgt**, so ist analog § 475 Abs. 1 Satz 1 ein **berechtigtes Interesse** an der Akteneinsicht vonnöten. Ein solches ist dann zu bejahen, wenn die Akteneinsicht der Vorbereitung eines Antrags im Vollstreckungsverfahren oder eines Wiederaufnahmeantrags dienen soll (Meyer-Goßner/*Schmitt* § 147 Rn. 11). Ist das **Verfahren nach § 170 Abs. 2 eingestellt worden**, so gilt § 147 Abs. 1 analog (LG Frankfurt StraFo 2005, 379; SK-StPO/*Wohlers* § 147 Rn. 22); das z.T. geforderte (vgl. *Roxin/Schünemann* Strafverfahrensrecht, § 19 Rn. 73) berechtigte Interesse folgt in diesen Fällen bereits aus der Möglichkeit, dass die Ermittlungen jederzeit wieder aufgenommen werden können.

13 **c) Gegenständlicher Anwendungsbereich. aa) »Akten«.** Der Begriff der Akten ist gesetzlich nicht definiert. § 147 Abs. 1 enthält lediglich die Konkretisierung, dass sich die Befugnis zur Einsicht auf die dem Gericht vorliegenden oder diesem im Fall der Erhebung der Anklage vorzulegenden Akten (vgl. § 199 Abs. 2 Satz 2) erstreckt, sodass von einer Identität zwischen dem Aktenbegriff des § 147 und dem des § 199 auszugehen ist (LR/*Jahn* § 147 Rn. 26; LR/*Stuckenberg* § 199 Rn. 10; **a.A.** *Dünnebier* StV 1981, 504, 505).

14 Unstreitig zählen zu den Akten **nicht** die Unterlagen, denen eine **rein innerdienstliche Bedeutung** zukommt, wie z.B. die Handakten der Staatsanwaltschaft (Nr. 186 Abs. 3 Satz 1 RiStBV), Arbeitsvermerke der Polizei, Dateien (z.B. gem. § 483), solange sie noch nicht ausgedruckt und den Akten beigefügt sind (Meyer-Goßner/*Schmitt* § 147 Rn. 18a), Notizen von Mitgliedern des Gerichts oder sog. Senatshefte (BGH NStZ 2001, 551 f.; StRR 2009, 122; StV 2010, 228, 229 m. zust. Anm. *Stuckenberg*; BGH StRR 2014, 122; BeckRS 2017, 108313; HK-StPO/*Julius*/*Schiemann* § 147 Rn. 7; *Lehmann* GA 2017, 36; nicht: Kurzübersetzungen und Zusammenfassungen von fremdsprachigen Telefonaten, vgl. *Cierniak/Zimmermann* NStZ-RR 2012, 97, 101 f.). Hat das Tatgericht außerhalb der Hauptverhandlung verfahrensbezogene Ermittlungen angestellt, erwächst allerdings aus dem Gebot der Verfahrensfairness (Art. 6 EMRK i.V.m. § 147) die Pflicht, dem Angeklagten, der Verteidigung und der StA durch eine entsprechende Unterrichtung Gelegenheit zu geben, sich Kenntnis von den Ergebnissen dieser Ermittlungen zu verschaffen (BGH BeckRS 2017, 114479; StV 2001, 4; Graf/*Wessing* StPO § 147 Rn. 15).

15 Ebenso unstreitig zählen zu den Akten diejenigen Ermittlungsergebnisse, die sich sowohl auf den Verfahrensgegenstand als auch auf den oder die Beschuldigten beziehen (sog. **formeller Aktenbegriff**, BGHSt 30, 131, 138 f. – Fall *»Zlof«;* BGH StV 2010, 228, 229; OLG Celle NZV 2013, 308; ebenso Meyer-Goßner/*Schmitt* § 147 Rn. 18 ff.; *Growe/Gutfleisch* NStZ 2020, 633; *Roxin/Schünemann* Strafverfahrensrecht, § 19 Rn. 71). Zu den Akten gehört auch das gesamte ab dem ersten Zugriff der Polizei (§ 163) gesammelte Beweismaterial, das gerade in dem gegen den Beschuldigten gerichteten Ermittlungsverfahren angefallen ist (BGH StV *2010, 228; LG Hannover StV* 2013, 79; Meyer-Goßner/*Schmitt* § 147 Rn. 13), also auch eine **polizeiliche »Zweitakte«**, die ggf. parallel zur »Erstakte« der Staatsanwaltschaft geführt wird (z.B. mit Protokollen wei-

terer Zeugenvernehmungen). Angesichts der Funktion der Staatsanwaltschaft als »Herrin des Ermittlungsverfahrens« existiert kein »staatsanwaltsfreier Raum« für Ermittlungspersonen im Sinne von § 152 GVG (LR/*Jahn* § 147 Rn. 50). Eine Versagung der Einsicht in diese polizeilichen Akten im Ermittlungsverfahren kommt daher nur unter den Voraussetzungen des Abs. 2 in Betracht (zur Bescheidungspflicht siehe Nr. 188 Abs. 1 RiStBV). Zum Akteninhalt gehören also z.B. auch inhaltliche Zusammenfassungen von abgehörten Telefongesprächen, selbst wenn sie seitens der Ermittlungsbehörden als nicht beweiserheblich eingestuft werden (BGH StV 2010, 228, 229). Ob vom Aktenbegriff darüber hinausgehend auch solche – nicht in die Akten des Verfahrens integrierte oder dem Gericht vorliegende – Akten erfasst sind, die nur dieselbe prozessuale Tat, nicht aber denselben Beschuldigten betreffen und für die Feststellung der dem Beschuldigten vorgeworfenen Tat und für die Beurteilung der gegen ihn zu verhängenden Rechtsfolgen nicht von Bedeutung sind (sog. **Spurenakten**), ist umstritten. Während die Rspr. diese Frage verneint (BGHSt 30, 131, 138 f.; zur Verfassungsmäßigkeit dieser Lesart BVerfGE 63, 45, 62; 112, 304, 320; OLG Düsseldorf NZV 2016, 140 m.Anm. *Fromm* [Antrag auf alle Geschwindigkeitsmessungen des ganzen Tages, auch wenn sie andere Verkehrsteilnehmer betreffen]), halten die Vertreter des sog. **materiellen Aktenbegriffs**, demzufolge alle Ermittlungs- und Verhandlungsergebnisse, die im Rahmen eines allein durch die Tat konkretisierten Sachverhalts angefallen sind, auch die Spurenakten vom Aktenbegriff des § 147 Abs. 1 erfasst (SK-StPO/*Wohlers* § 147 Rn. 27 f.; *ders./Schlegel* NStZ 2010, 486, 490 f.; Radtke/Hohmann/*Hohmann* § 147 Rn. 10; *Beulke* FS Dünnebier, S. 285, 294; *Klemke/Elbs* Rn. 392; *Welp* FG Peters II, S. 309, 310 f.; *Michalke* NJW 2013, 2333, 2335; *Peters* NStZ 1983, 275 f.; i.E. ebenso LR/*Jahn* § 147 Rn. 37 ff., 45 ff., die allerdings einen funktionalen Aktenbegriff propagieren). Für die letztgenannte Auffassung streitet der Sinn und Zweck des § 147, der u.a. in der Schaffung von Waffengleichheit für die Verteidigung besteht, und einer Deutungshoheit der Strafverfolgungsbehörden über die Relevanz von Ermittlungsergebnissen entgegensteht, sowie Art. 6 Abs. 1 Satz 1 EMRK (näher zum letztgenannten Argument *Wohlers/Schlegel* NStZ 2010, 486, 491; zur Anfechtbarkeit von Spurenakten betreffende Entscheidungen s.u. Rdn. 52). Jedenfalls müssen aber nach ganz **herrschender Ansicht** alle Spurenakten, die dem Gericht zugänglich gemacht, auch dem Verteidiger zur Verfügung gestellt werden, und das Gericht kann im Rahmen seiner hier besonders großzügig gehandhabten Aufklärungspflicht jederzeit Ergänzungen verlangen, damit sichergestellt ist, dass seitens der Staatsanwaltschaft wirklich nur Spurenakten mit für das konkrete Verfahren offensichtlich irrelevanten Ergebnissen ausgesondert worden sind (Meyer-Goßner/*Schmitt* § 147 Rn. 18; KK-StPO/*Willnow* § 147 Rn. 7).

Der Begriff der Akten beschränkt sich nicht auf **Schriftstücke**, sondern erfasst auch **Video-, Bild- und Tonaufnahmen** sowie **Computerdateien (z.B. TÜ-Mitschnitte)** inklusive hiervon hergestellter Niederschriften (BGH StV 2010, 228 f. m. zust. Anm. *Stuckenberg;* BGH StV 2015, 10 m.Anm. *Gercke;* LR-*Esser* Art. 6 EMRK Rn. 630; Meyer-Goßner/*Schmitt* § 147 Rn. 15, 18; MüKo-StPO/*Thomas/Kämpfer* § 147 Rn. 23; *Growe/Gutfleisch* NStZ 2020, 633, 634; vgl. aber auch Rdn. 25 ff.). Er beinhaltet auch die **Auszüge aus dem Bundeszentralregister** (BVerfGE 62, 338, 344; **a.A.** LG Hildesheim NStZ 1983, 88 f. m. abl. Anm. *Schmid*), **Berichte der Jugendgerichtshilfe** (SK-StPO/*Wohlers* § 147 Rn. 53 m.w.N.) sowie vom Gericht herangezogene oder von der Staatsanwaltschaft nachgereichte **Beiakten** (BGHSt 30, 131, 138; **a.A.** *H. Schäfer* NStZ 1984, 203, 206: Beweisstücke; hiergegen zu Recht *Rieß* FG Peters II, S. 113, 121 Fn. 39; zur Möglichkeit der Korrektur der Beiziehungsentscheidung BGHSt 49, 317, 327), z.B. **Steuerakten** (hierzu näher *Müller-Jacobsen/Peters* wistra 2009, 458, 462; *Quedenfeld/Füllsack* Rn. 828) inklusive der von der ermittelnden Steuerstrafsachen- und Steuerfahndungsstelle beigezogenen **Betriebsprüfungsakten** des Veranlassungsfinanzamts (OLG Rostock NZWiSt 2015, 351; *Burkhard* StV 2000, 526), Insolvenzakten, Akten der Ausländerbehörde oder sogenannte Lebensakten bei Radarkontrollgeräten (zu Letzteren AG Erfurt juris-PR extra 2010, 258 m. Anm. *Burmann* m.w.N. auch zur Gegenansicht; zu diesen Akten näher *Marberth-Kubicki* StraFo 2003, 366, 368 f.) und deren Bedienungsanleitung (LG Ellwangen StRR 2011, 116 m.Anm. *Burhoff*). Aufzeichnungen eines **Sachverständigen** gehören insoweit zu den Akten, als sie auch den Strafverfolgungsorganen zur Verfügung gestellt werden; ergänzende Ansprüche auf Hinzuziehung und Einsicht in Unterlagen, die für die Erstellung des Sachverständigengutachtens bedeutsam sind, können sich insb. aus dem Verfassungsrecht (z.B. Patientenakten aus einem psychiatrischen Krankenhaus, BVerfG StV 2007, 421 m.Anm. *Peter*) oder der gerichtlichen Aufklärungspflicht (BGH BeckRS 1995, 08836) ergeben. Die Einschätzung, ob bestimmte Informationen für die Verteidigung von Bedeutung sein können, obliegt in eigener Verantwortung der Verteidigung (OLG Frankfurt NStZ 2021, 382 m.Anm. *Fröba*). In Bezug auf ein Bußgeldverfahren kann ein Betroffener verlangen in solche Messunterlagen Einsicht zu nehmen, die zwar nicht Bestandteil der Bußgeldakte sind, aber in einem zeitlichen und sachlichen Zusammenhang mit dem Vorwurf stehen und von denen der Betroffene annehmen darf, dass sie für die Beurteilung des Vorwurfs von Bedeutung sind (AG Herne Beck RS 2021, 16813; s. auch OLG Zweibrücken LSK 2021, 11383). Die »Lebensakte« eines Messgeräts (z.B. Nachweise über Wertungen, Reparaturen oder sonstige Eingriffe am Messgerät) ist nicht vom Akten- 16 einsichtsrecht umfasst (OLG Bamberg NStZ 2018, 235). Das Einsichtsrecht in **Gefangenenpersonalakten** wird außerhalb gerichtlicher Verfahren durch § 185 StVollzG (in Bayern: Art. 203 BayStVollzG) geregelt (zu § 185 StVollzG KG HRRS 2010, 237 m. krit. Anm. *Bung*; OLG Nürnberg StV 2012, 168 f.: grds. Darlegung des berechtigten Interesses vonnöten). Im gerichtlichen Verfahren gilt hingegen neben § 185 StVollzG auch § 120 StVollzG i.V.m. § 147 StPO (SK-StPO/*Wohlers* § 147 Rn. 57 m.w.N.).

17 Wird gegen mehrere Beschuldigte in einem Verfahren ermittelt, so ist die Akteneinsicht insoweit unbeschränkt (BGHSt 52, 58, 62). Fraglich ist, inwieweit Akteneinsicht zu gewähren ist, wenn ein ursprünglich einheitlich geführtes **Verfahren** gegen mehrere Beschuldigte in der Folge **getrennt** wird. Die Rspr. verneint in diesen Fällen ein generelles Einsichtsrecht in die Akten des abgetrennten Verfahrens mit der Begründung, es handele sich um fremde Akten. Sie macht die Akteneinsicht in diesen Fällen von einem legitimierenden Interesse abhängig (BGHSt 52, 58, 62 f. [mit durch Art. 6 Abs. 1 Satz 1 EMRK begründetem abweichendem Ergebnis im Einzelfall aufgrund der dem Gericht vorliegenden Akten der Parallelverfahren]). Für ein generelles Akteneinsichtsrecht nach § 147 Abs. 1 auch in diesen Fällen spricht jedoch der Umstand, dass der Aktenbegriff richtigerweise materiell tatbezogen zu verstehen ist (i.E. OLG Karlsruhe AnwBl. 1981, 18; Radtke/Hohmann/*Hohmann*, § 147 Rn. 8; *Müller-Jacobsen/Peters* wistra 2009, 458 f.; s.a. LR/*Jahn* § 147 Rn. 63) und dass Verbindung und Trennung von Verfahren von zufälligen taktischen Erwägungen der StA abhängen, die keinen Einfluss auf das Akteneinsichtsrecht haben dürfen (*Lesch* FS Paeffgen, S. 527, 551; Meyer-Goßner/*Schmitt* § 147 Rn. 16a).

18 Da vom **Grundsatz der Aktenvollständigkeit** auszugehen ist, dürfen vorbehaltlich der Beschränkung nach Abs. 2 (dazu näher unter Rdn. 31 ff.) bzw. nach § 96 (s. dazu aber unter Rdn. 33) oder bei rechtswirksamer **Vertraulichkeitszusage** (dazu unter Rdn. 34) keine Akten zurückgehalten werden, die dem Gericht tatsächlich vorliegen und nach Anklageerhebung von diesem entgegengenommen wurden oder im Fall der Anklage nach § 199 Abs. 2 vorzulegen wären (OLG Frankfurt NStZ 2021, 382 m.Anm. *Fröba*). Der Grundsatz der Aktenwahrheit und der Aktenvollständigkeit folgt bereits aus der Bindung der Verwaltung und der Justiz an Gesetz und Recht (Art. 20 Abs. 3 GG) sowie der aus dem Rechtsstaatsprinzip folgenden Pflicht zur Objektivität. Im Ermittlungsverfahren trägt die Staatsanwaltschaft die Verantwortung für die Einhaltung dieser Grundsätze (BVerfG StV 2017, 361). Aus den Akten muss sich ergeben, welche konkreten Ermittlungsmaßnahmen durchgeführt worden sind und welchen Erfolg sie gehabt haben (BVerfG StV 2017, 361, 362; Meyer-Goßner/*Schmitt* § 147 Rn 14; u. *Sing/Andrä* § 168b Rdn. 1). Sie darf keine Schriftstücke, aus denen sich schuldspruch- oder rechtsfolgenrelevante Umstände ergeben, den Akten fernhalten. Was für das Verfahren geschaffen worden ist, darf der Akteneinsicht nicht entzogen werden (OLG Köln StV 2015, 677; Meyer-Goßner/*Schmitt* § 147 Rn. 14) und der Verteidiger hat ein Einsichtsrecht in alle Akten, die dem Gericht zur Verfügung stehen, auch wenn sie sich auf andere Verfahren beziehen (KG Beck RS 2019, 26470: vom Gericht beigezogene Akten im Bußgeldverfahren) – eine Vorabsichtung durch das Gericht auf Verfahrensrelevanz ist ausgeschlossen (BGH StV 2008, 452; zur elektronischen Akte: *Growe/Gutfleisch* NStZ 2020, 633, 639: bewusster Veraktungsvorgang durch ausführende Stelle).

19 **bb) »Einsicht«.** Das Verfahren der Akteneinsicht ist jetzt nicht mehr in § 147 Abs. 4, sondern in § 32f geregelt (OLG Koblenz Beck RS 2021, 10880; zum Überblick: *Knierim* FS Schlothauer, S. 225). Einsicht in elektronische Akten wird gem. § 32f Abs. 1 Satz 1 durch Bereitstellen des Inhalts der Akte zum Abruf gewährt (*Graalmann-Scheerer* FS Wolf, S. 187, 198; s. auch *Hamm* FS Schlothauer, S. 105). Gem. § 32f Abs. 2 wird die Einsicht in Akten, die noch in Papierform vorliegen, **grds.** durch Bereitstellung der Akten oder einer Aktenkopie zur Mitnahme **in den Diensträumen der Staatsanwaltschaft bzw. des Gerichts** gewährt (Meyer-Goßner/Schmitt/*Köhler* § 32f Rn. 7). Gem. § 32f Abs. 2 Satz 3 werden im letzteren Fall dem Verteidiger, soweit nicht wichtige Gründe entgegenstehen, die Akten zur Einsichtnahme in seine Wohn- bzw. Geschäftsräume **mitgegeben** (nicht an den Sachverständigen KG FD – StrafR 2019, 419055). Diese Norm bildet die Rechtswirklichkeit ab. Trotz der noch immer nicht ganz eindeutigen Gesetzesfassung lässt sich dieser Regelung entnehmen, dass bei Fehlen eines entgegenstehenden wichtigen Grundes ein **Rechtsanspruch** des Verteidigers folgt auf Mitgabe bzw. Übersendung der Akten (so auch AnwK-StPO/*Julius/Schiemann* § 147 Rn. 10; LR/*Jahn* § 147 Rn. 97; SK-StPO/*Wohlers* § 147 Rn. 70; *Rieß* FG Peters II, S. 113, 127; offengelassen durch BVerfG NJW 2012, 141, 142 [jedenfalls Anspruch auf willkürfreie Entscheidung]; **a.A.** BGH NStZ-RR 2008, 48; KK-StPO/*Willnow* § 147 Rn. 10; *Donath/B. Mehle* NJW 2009, 1399 speziell zur Übersendung), der freilich wegen § 32f Abs. 3 nicht durchsetzbar ist. Aber auch die Gegenansicht, die noch immer keinen Rechtsanspruch des Verteidigers auf Mitgabe und Übersendung der Akten bejaht (BT-Drs. 18/12203/S. 3), betont, dass dem Antrag auf Mitgabe i.S. eines Aushändigens (nicht auf Übersendung KG NZV 2002, 334) »stattzugeben ist«, wenn keine wichtigen Gründe entgegenstehen (vgl. dazu *Rieß Peters* FG II, S. 113, 127; ebenso Meyer-Goßner/Schmitt/*Köhler* § 32f Rn. 10). Als dem entgegenstehender **wichtiger Grund** ist bei-

spielsweise die Eigenschaft des Verfahrens als Verschlusssache (vgl. Nr. 213 Abs. 4 lit. a RiStBV); BGHSt 18, 369, 373 zu den dabei zu beachtenden Modalitäten) anzusehen (Meyer-Goßner/Schmitt/*Köhler* § 32f Rn. 11; a.A HK-StPO/*Julius/Schiemann* § 147 Rn. 10). Allgemein wird hierzu auch die Notwendigkeit der Akten für die Durchführung eines beschleunigten Verfahrens gezählt (Meyer-Goßner/Schmitt/*Köhler* § 32f Rn. 11), das kann aber nur dann zutreffen, wenn die kurzfristige Digitalisierung oder Herstellung eines Doppels der Akte ausgeschlossen ist (HK-StPO/*Julius/Schiemann* § 147 Rn. 10). Kein Ausschlussgrund ist der Datenschutz, der auch im Fall der Einsicht der Akten auf der Geschäftsstelle betroffen wäre (Meyer-Goßner/Schmitt/*Köhler* § 32f Rn. 11; SK-StPO/*Wohlers* § 147 Rn. 75 im Anschluss an *Groß/Fünfsinn* NStZ 1992, 105, 107; zur Zuständigkeit über die Entscheidung vgl. unter Rdn. 42 ff.); ebenso wenig »urheberrechtliche Bestimmungen« (so aber AG Gelnhausen DAR 2011, 421 zur Bedienungsanleitung von Messgeräten). Umstritten ist die Rechtmäßigkeit der allgemein üblichen Erhebung einer Aufwendungspauschale vom Verteidiger in Höhe von 12 € nach Nr. 9003 KVGKG, deren Verfassungskonformität das BVerfG (NJW 1996, 2222) bestätigt hat (für Zulässigkeit der pauschalen Erhebung: OLG Düsseldorf StRR 2015 mit Anm. *Burhoff*; OLG Saarbrücken NStZ-RR 2016, 32; gegen Zulässigkeit im Fall der Einsichtnahme des Verteidigers in den Diensträumen: OLG Köln NStZ-RR 2015, 32 =StRR 2015, 197 mit Anm. *Burhoff*). Liegt gegen die Mitgabe oder Übersendung ein wichtiger Grund vor, so besteht für den Verteidiger die Möglichkeit, die Herstellung und Übersendung von Kopien gegen die Erstattung der hieraus erwachsenden Kosten zu beantragen (KK-StPO/*Willnow* § 147 Rn. 12; SK-StPO/*Wohlers* § 147 Rn. 75; s. zur generellen Pflicht, die rechtmäßige Einsichtnahme technisch zu ermöglichen auch BGH NJW 1985, 87).

Erfolgt die Einsicht in die Akten in den Räumen des Verteidigers, so hat er diese sorgfältig zu verwahren und 20
unverzüglich zurückzugeben (§ 19 Abs. 1 Satz 3 BORA). Das Akteneinsichtsrecht ist in **zumutbarer Weise** zu gewähren (OLG Hamm NJW 1972, 1096). Im **Ermittlungsverfahren** erhält der Verteidiger die Akten zumeist mit der (Standard-) Aufforderung übersandt, die Akten nach einer Frist von drei Tagen zurückzusenden. Dies ist bei umfangreichen Verfahren zu kurz. Es muss eine Frist gewährt werden, die dem Aktenumfang und der Schwierigkeit der Einsichtnahme im Einzelfall entspricht (Meyer-Goßner/*Schmitt* § 147 Rn. 12). Dies ist vor allem bedeutsam, wenn eine schnelle Reproduktion der Akte durch Anfertigung von Fotokopien etc. nicht in Betracht kommt. Der Staatsanwaltschaft steht kein Zwangsmittel zur Verfügung, mit dem sie die Rückgabe der Akten unmittelbar durchsetzen kann. Sie kann bei erheblicher Fristüberschreitung und fruchtloser Anmahnung der Rückgabe standesrechtliche Sanktionen (§§ 74 Abs. 1 Satz 1, 113 Abs. 1, 114 BRAO) in die Wege leiten (BGH JR 2006, 297 m.Anm. *Cirener/Sander*). Das Zurückhalten von zur Einsicht überlassenen Strafakten mit dem ausschließlichen Ziel der Verfahrensverschleppung wird trotz des generellen Fehlens einer Mitwirkungspflicht des Strafverteidigers an der Strafverfolgung (*Beulke* FS Schlothauer, S. 313, 321; *ders.* StV 2019, 205) wegen seines (zumindest schlüssigen) Antrags auf »temporäre« Überlassung der Akten als Strafvereitelung eingestuft (BGHSt 63, 174 = NStZ 2019, 100 m.Anm. *Bockemühl* und *Mitsch* NJW 2018, 3261; *Deutscher* StRR 2019, 18 und Bespr. *Beulke* StV 2019, 205; *Wohlers* JR 2020, 573; *Soyka* Rü 2018, 712; *Jäger* JA 2019, 154; LR/*Jahn* § 147 Rn. 51; OLG Koblenz JR 1980, 478; *Beulke/Ruhmannseder* [2010], Rn. 39; *Fischer* § 258 Rn. 22; a.A. MüKo-StGB/*Cramer/Pascal* § 258 Rn. 21). Auch **während der Hauptverhandlung** besteht ein Akteneinsichtsrecht (Rdn. 11). Dabei kann es erforderlich sein, dass der Verteidiger in die Akten nicht nur kurz Einsicht nehmen, sondern Abschriften (Fotokopien) des Wortlauts früherer Protokolle erstellen darf. Der Verteidiger kann die Akten auch grds. mehrfach einsehen (OLG Hamm NJW 1972, 1096).

Die Einsicht umfasst auch die Möglichkeit zur **Fertigung von Abschriften sowie Ablichtungen** (BGHSt 21
8, 194, 197; 18, 369, 371). Dateien und Filmaufnahmen dürfen ebenfalls vervielfältigt werden (SK-StPO/*Wohlers* § 147 Rn. 77). Handelt es sich um Verschlusssachen, sind die Kopien ebenfalls als solche zu behandeln (vgl. aber BGHSt 18, 369, 371 f.).

Der Verteidiger ist **grds. berechtigt und auch verpflichtet**, seinen **Mandanten über den Inhalt der Akten in** 22
Kenntnis zu setzen (BGHSt 29, 99, 102; BGH StV 2015, 10, 13). Gem. § 19 Abs. 2 Satz 1 BORA (und nach These 51 der Thesen zur Strafverteidigung des Strafrechtsausschusses der Bundesrechtsanwaltskammer, 2. Aufl. 2015) darf der Verteidiger dem Mandanten zu diesem Zweck auch **Ablichtungen und Vervielfältigungen überlassen.** Die Entscheidung, ob die Information mündlich oder schriftlich erfolgt, liegt in seinem Ermessen (BGHSt 29, 99, 104). Zur Rückforderung der Unterlagen ist der Verteidiger nicht verpflichtet (Meyer-Goßner/*Schmitt* § 147 Rn. 23). In Wirtschaftsstrafverfahren ist z.B. die Überlassung einer vollständigen (elektronischen) Kopie an den Mandanten üblich, da er die wirtschaftlichen Zusammenhänge am besten nachvollziehen kann. Eine Belehrung über die Strafbarkeitsrisiken des § 353d StGB ist jedoch ratsam (Muster für eine entsprechende Belehrung bei *Klemke/Elbs* Rn. 397). Zur Überlassung der **Originalakten** an den Beschuldigten oder an Sachverständige ist er hingegen keinesfalls berechtigt (OLG Frankfurt

a.M. NJW 1965, 2312 f.; *Donath/B. Mehle* NJW 2009, 1399; zu damit verbundenen Strafbarkeitsrisiken näher *Beulke/Ruhmannseder* [2010], Rn. 39).

23 Die Berechtigung zur Inkenntnissetzung besteht jedoch zum einen dann nicht, wenn hierdurch die **Gefährdung des Untersuchungszwecks** (bspw. durch die Benachrichtigung von einem drohenden Haftbefehl oder einer Durchsuchung) eintreten würde (so auch BGHSt 18, 369, 371; 29, 99, 103; KK-StPO/*Willnow* § 147 Rn. 14; S/S/*Hecker* § 258 Rn. 20; *Beulke* Verteidiger in Strafsachen, S. 90; *Beulke/Ruhmannseder* [2010], Rn. 42 ff.; **a.A.** OLG Hamburg StV 1991, 551; AnwK-StPO/*Krekeler/Werner* § 147, Rn. 14; LR/*Jahn* § 138a Rn. 30 ff., 47; KMR/*Staudinger* § 147 Rn. 20; Radtke/Hohmann/*Hohmann* § 147 Rn. 30; SK-StPO/*Wohlers* § 147 Rn. 83; SSW-StGB/*Jahn* § 258 Rn. 27 ff., 30; *Donath/B. Mehle* NJW 2009, 1399, 1400; *Theile* FS Rengier, S. 363; *Schlothauer/Weider/Wollschläger* Untersuchungshaft [2018], Rn. 396 ff.; *V. Mehle* NStZ 1983, 558). Zum anderen darf der Verteidiger den Beschuldigten dann nicht umfassend über die durch die Akteneinsicht erlangten Erkenntnisse informieren, wenn es sich um eine **Verschlusssache** handelt und der Ermittlungsrichter entsprechende Beschränkungen angeordnet hat (vgl. den Verweis von BGHSt 29, 99, 102 f. auf BGHSt 18, 369, 371 ff.).

24 Über diese Ausnahmefälle hinaus bestehen jedoch keine Beschränkungen; insb. ist weder die Gefahr des Missbrauchs der Informationen durch den Beschuldigten zu verfahrensfremden Zwecken (z.B. Weitergabe an die Presse; **a.A.** BGHSt 29, 99, 103; diff. Meyer-Goßner/*Schmitt* § 147 Rn. 7; SK-StPO/*Wohlers* § 147 Rn. 84; *Donath/B. Mehle* NJW 2009, 1399, 1400: Informierung des Mandanten, aber kein Recht zur Übergabe von Kopien; näher zum Ganzen *Beulke/Ruhmannseder* [2010], Rn. 45; SSW-StGB/*Jahn* § 258 Rn. 30) noch diejenige zum Zwecke der Nutzung für eine unwahre Einlassung (BGHSt 29, 99, 103) ausreichend. Nach Ansicht der Rspr. soll jedoch die Weitergabe in den Akten befindlicher **kinderpornografischer Abbildungen** an den Mandanten gem. **§ 184b Abs. 2 StGB** strafbar sein (OLG Frankfurt NJW 2013, 1107 m.Anm. *König* u. abl. Bspr. *Beulke/Witzigmann* FS Schiller, S. 48 ff.). Auch die Weitergabe kinderpornografischer Daten an einen Sachverständigen soll nach § 184b Abs. 2 StGB strafbar sein, sofern dies für die Gutachtenerstattung nicht erforderlich ist (BGH NStZ 2014, 514 m. Bspr. *Jahn* JuS 2014, 1046 sowie *Meyer-Lohkamp/Schwerdtfeger* StV 2014, 772; s.a. *Jahn* FS Beulke, S. 801). Nach h.A. soll der Verteidiger seinem Mandanten ferner auch nur über solche Details informieren dürfen, die für eine **Durchführung einer sachgerechten Verteidigung erforderlich** sind (BVerfG NJW 2007, 1052, 1053; BGHSt 52, 58, 65; Meyer-Goßner/*Schmitt* § 147 Rn. 22); hinsichtlich der Frage, was mit der Strafsache noch zu tun hat, steht ihm jedoch ein weiter (de facto nicht justiziabler) Ermessensspielraum zu.

25 **cc) Besichtigung von Beweisstücken.** Der **Begriff des Beweisstücks** deckt sich mit dem des Beweismittels (SK-StPO/*Wohlers* § 147 Rn. 85). Beweisstücke stellen diejenigen Gegenstände dar, die für das weitere Verfahren aufgrund der individuellen Beschaffenheit ihrer Substanz Bedeutung erlangen können (*Rieß* FG Peters II, S. 113, 122). Sie *können* Teile der Akten sein, müssen dies aber nicht (*Rieß* FG Peters II, S. 113, 120; dies verkennt das OLG Frankfurt a.M. NJW 2013, 1107, 1109 im Hinblick auf digitale Kopien; s. dazu näher *Beulke* Editorial StV Heft 06/2013; *ders./Witzigmann* StV 2013, 75, 77; *dies.* FS Schiller, S. 48, 51 ff.; *König* NJW 2013, 1110). Vor allem bei Urkunden ist danach zu differenzieren, ob es auf ihre Beschaffenheit ankommt oder nicht (so auch *Rieß* FG Peters II, S. 113, 122; SK-StPO/*Wohlers* § 147 Rn. 86; weitergehend Meyer-Goßner/*Schmitt* § 147 Rn. 19). Als Beweisstücke kommen ferner insb. **Augenscheinsgegenstände in Betracht**, wie z.B. **Tonaufzeichnungen von TKÜ-Maßnahmen** (OLG Frankfurt StV 2001, 611; str.). Nach neuer Rspr. stellen Datenträger mit TKÜ-Aufzeichnungen grds. verkörperte Kopien dar, die **nicht dem Mitgabeverbot** unterliegen. Die Erstellung solcher Datenträger ist heutzutage der Regelfall. Durch die Übergabe des Datenträgers an das Gericht, werden sie **Aktenbestandteil**, sodass sie der Akteneinsicht unterliegen (OLG Zweibrücken StV 2017, 437 m. zust. Anm. *Wölky*). In diesem Beschluss wird klargestellt, dass das bloße Zugänglichmachen von Tonbandaufnahmen in den Räumen der Strafverfolgungsbehörden grds. gegen das fair-trial-Gebot verstößt, weil sowohl die Staatsanwaltschaft als auch das Gericht hürdenlos direkten Zugriff haben.

26 § 147 Abs. 4 a.F. statuierte ein **Mitgabeverbot** für **Beweisstücke** (dazu LR/*Jahn* § 147 Rn. 90, 127 mit Ausnahmen in Rn. 129; KK-StPO/*Willnow* § 147 Rn. 9; SK-StPO/*Wohlers* § 147 Rn. 92). Der **Sinn dieser Regelung** bestand darin, den regelmäßig nicht ersetzbaren Gegenständen einen erhöhten Schutz zukommen zu lassen, d.h. Substanzverletzungen zu verhindern (*Rieß* FG Peters II, S. 113, 125; *Beulke/Witzigmann* StV 2013, 75 ff.). In der nahezu identischen Neuregelung des § 32f Abs. 2 wurde in Satz 3 von der Wiederaufnahme des bisherigen Textteils »mit Ausnahme der Beweisstücke« (vgl. § 147 Abs. 4 Satz 1 a.F.) abgesehen. Dieser Zusatz ist nach der Gesetzesbegründung unnötig, weil Beweisstücke, sofern sie sich in amtlicher Verwahrung befinden, schon nicht mitübersandt werden dürfen, weil sie sich in amtlicher Verwahrung befinden (vgl. BT-Drs. 18/9416, S. 57). Es hat sich also bezüglich der Beweisstücke zur früheren Rechtslage nichts

geändert: Sie dürfen nicht mitgegeben werden (OLG Frankfurt a. M. StV 2001, 611; LG Ansbach Beck RS 2020, 29033). Befinden sich **Beweisstücke in Papierform** in den Akten, sind diese bei Bedarf vor Übergabe oder Übersendung durch – entsprechend auch als solche kenntlich zu machende – Kopien zu ersetzen. Werden die Akten zugesandt, kann wie bisher für die Übersendung eine Gebühr verlangt werden (vgl. BT-Drs. 18/9416, S. 57).

Ob die Beweisstücke **in amtliche Verwahrung gegeben** worden sind oder nicht, ist entgegen dem Wortlaut 27 des § 147 Abs. 1 nicht relevant; zulässig ist daher auch die Besichtigung in sonstiger Weise sichergestellter Beweisstücke (§ 94 Abs. 1 2. Var.; SK-StPO/*Wohlers* § 147 Rn. 87 nennt beispielhaft Wohnungen und Räume). Im Spezialfall des Belassens des Gegenstandes im Gewahrsam Dritter ist freilich eine vorherige Beschlagnahme vonnöten (*Rieß* FG Peters II, S. 113, 123).

Grds. erfolgt die **Besichtigung an dem Ort, an dem sich das Beweisstück befindet**. Der Beschuldigte hat das 28 Recht, hierbei anwesend zu sein (OLG Frankfurt StV 2001, 611, 612; Graf/*Wessing* StPO § 147 Rn. 18). Bei der Inaugenscheinnahme darf der Verteidiger Notizen machen und Lichtbilder aufnehmen (Meyer-Goßner/*Schmitt* § 147 Rn. 19). Einem auswärtigen Verteidiger kann die Besichtigung an dessen Amtsgericht gewährt werden (LG Heilbronn StV 1988, 293; Meyer-Goßner/*Schmitt* § 147 Rn. 30). **Tonbänder bzw. Videoaufnahmen** werden durch das Abspielen auf der Geschäftsstelle »besichtigt«. Dies gilt nicht für bei den Akten befindlichen Datenträgern (s.o. Rdn. 25). Der Verteidiger kann (wie bei der Akteneinsicht, s. Rdn. 4) einen Mitarbeiter mit der Einsichtnahme beauftragen, wobei dieser auch ohne die Anwesenheit (Aufsicht) des Verteidigers tätig werden kann. Ist der Beschuldigte inhaftiert (z.B in U-Haft), und ist ein Abhören der Mitschnitte einer Telefonüberwachung in der JVA aus technischen Gründen unmöglich, so ist er zu diesem Zwecke zur Verwahrungsstelle zu bringen (LG Düsseldorf StraFo 2008, 505; Graf/*Wessing* StPO § 147 Rn. 18). Sofern die Bänder ohne Mitwirkung eines Dolmetschers oder des Beschuldigten unverständlich sind, ist diesen die Anwesenheit beim Anhören zu gestatten (OLG Frankfurt a.M. StV 2001, 611, 612). Reicht dies nicht aus, so kommt die Anfertigung einer Kopie in Betracht (OLG Frankfurt a.M. StV 2001, 611, 612).

Streitig ist, ob bei Urkunden oder (Audio-) Dateien, v.a. in sogenannten Umfangsverfahren, ein **Anspruch** 29 darauf besteht, **amtlich gefertigte Kopien zu erhalten** (dafür BayObLG StV 1991, 200; OLG Frankfurt a.M. StV 2001, 611; OLG Stuttgart NStZ-RR 2013, 217 (»in bestimmten Konstellationen«); AG Lemgo NStZ 2012, 287 (digitales Foto zur Einholung eines Sachverständigengutachtens); AG Stuttgart DAR 2014, 406 (Geschwindigkeitsmessfilm zur Einholung eines Gutachtens); LR/*Jahn* § 147 Rn. 129; SK-StPO/*Wohlers* § 147 Rn. 93; *Rieß* FG Peters II, S. 113, 127; *Krekeler* wistra 1983, 47; **a.A.** OLG Nürnberg StraFo 2015, 102 m. abl. Anm. *Wesemann/Mehmeti*; OLG Karlsruhe StV 2013, 74, 75 (Verweis auf »Vertiefung des Grundrechtseingriffs« bei Audiodateien mit Gesprächen Dritter, aber im Einzelfall »sachgerecht und geboten« – krit. dazu die Anm. *Beulke/Witzigmann*; ebenso die Anm. von *Meyer-Mews* NJW 2012, 2743 und *Wölky* StraFo 2013, 493); OLG Frankfurt NJW-Spezial 2014, 25; OLG Hamburg NStZ 2016, 695; OLG Celle NStZ-RR 2017, 48; KK-StPO/*Willnow* § 147 Rn. 10; restriktiv auch BGH StV 2015, 10 m. zutr. abl. Anm. *Gercke* u. Krawczyk StRR 2014, 220; krit. hierzu auch *Salditt* StraFo 2015, 1, 6 f.], ebenso wie die Frage, wer derartige Kopien zunächst bezahlen muss (für eine Kostenpflichtigkeit des Verteidigers *Rieß* FG Peters II, S. 113, 128; für eine solche der Staatskasse LR/*Jahn* § 147 Rn. 132; SK-StPO/*Wohlers* § 147 Rn. 93; MAH/*Schlothauer* § 3 Rn. 47). Hier streitet das Recht des Beschuldigten auf informationelle Waffengleichheit für einen entsprechenden Anspruch. Weder Datenschutzerwägungen noch ein etwaiger Mehraufwand der Strafverfolgungsbehörden stehen dem entgegen (so aber OLG Karlsruhe und OLG Nürnberg jew. a.a.O; Graf/*Wessing* StPO § 147 Rn. 19). Der unübersichtliche Streit sollte also im Lichte des Art. 6 Abs. 1 Satz 1 EMRK heute wie folgt entschieden werden: Den Verteidigern **können** digitale Kopien der Dateien dann überlassen werden, wenn ein Missbrauch mit hoher Sicherheit ausgeschlossen werden kann – wovon bei einem Verteidiger als Organ der Rechtspflege angesichts des ihm eingeräumten Vertrauensvorschusses (BVerfG NJW 2006, 1500, 1501; BVerfG NJW 2012, 2790 (Rn. 39) im Regelfall auszugehen ist (OLG Zweibrücken StV 2017, 437; LG Regensburg StraFo 2017, 451, 453 m.Anm. *Arnemann* und zust. Anm. *Müller/Schmidt* NStZ 2018, 452, 455; Meyer-Goßner/*Schmitt* § 147 Rn. 19d) – und im Einzelfall besondere Umstände vorliegen, aufgrund derer dem Interesse des Beschuldigten auf zeitweise Übergabe der Daten an den Verteidiger Vorrang vor einem Grundrechtsschutz betroffener Dritter zukommt (KG NStZ 2018, 119; KG StraFo 2016, 296; allgemein zum Datenschutz im Umgang mit dem Mandanten: *Basar* StraFo 2019, 222). Dem Verteidiger steht jedenfalls (weitergehend *Beulke/Witzigmann* StV 2013, 75; *Meyer-Mews* NJW 2012, 2743) ausnahmsweise ein **Anspruch** auf Herstellung einer amtlich gefertigten Kopie von den Daten zu, die für den Anklagevorwurf verwertet werden (in der Anklageschrift wird zumeist auf die TÜ-Aufzeichnungen pauschal verwiesen), wenn die Einsichtnahme am Aufbewahrungsort zu Informationszwecken nicht ausreichend ist (OLG Frankfurt StV 2001, 611). Diese Voraussetzungen sind bei umfangreichen Dateien (z.B. bei längeren TÜ-Maßnahmen) nach heutigem Verständnis im Regelfall gegeben. **Deshalb sind Schriftstücke und Daten-**

träger, die nach dem derzeitigen Stand der Technik einer unkomplizierten Vervielfältigung zugänglich sind, generell in Kopie mitzugeben (LG Bremen StV 2015, 682; i.d.S. auch OLG Saarbrücken StV 2019, 179; Meyer-Goßner/*Schmitt* § 147 Rn. 19c; MüKo-StPO/*Thomas/Kämpfer* § 147 Rn. 37; HK-StPO/*Julius/Schiemann* § 147 Rn. 10; LR/*Jahn* § 147 Rn. 21, 89, 122, 127 ff.; KMR/*Staudinger* § 147 Rn. 11; *Stuckenberg* StV 2010, 231: »Der technische Fortschritt hat das Mitgabeverbot jedenfalls bei leicht duplizierbaren Ton- oder Bildaufzeichnungen praktisch überwunden«; zur Mitwirkungspflicht in Form der Überlassung einer Leerkassette vgl. OLG Koblenz NStZ-RR 2000, 311; AG Lemgo NStZ 2012, 287; zur Akteneinsicht durch Übersendung einer Kopie der Bedienungsanleitung eines Lasermessgeräts LG Ellwangen StRR 2011, 116 m.Anm. *Burhoff*). Wenn sich bei den Akten noch keine Kopie der Dateien befindet, hat der Verteidiger demnach einen Anspruch auf originäre Herstellung einer solchen Kopie, die ihm dann überlassen werden muss (Meyer-Goßner/*Schmitt* § 147 Rn. 19c; *Wettley/Nöding* NStZ 2016, 633).

In Verfahren mit **mehreren Beschuldigten** und mehreren Beteiligten sollen die Strafverfolgungsorgane nur zur Herstellung einer Kopie verpflichtet sein, die sie dann allen zur Verfügung stellen, damit sie sie selbst vervielfältigen können (LR/*Jahn* § 147 Rn. 130 f.; in der Praxis erfolgt aber erfreulicherweise weitgehend eine Übersendung jeweils einer Kopie an jeden Verteidiger). Der Verteidiger darf diese digitalen Kopien mit seinem Mandanten besprechen; gegebenenfalls auch in der Untersuchungshaft unter Einsatz eines Notebooks (LR/*Jahn* § 147 Rn. 141; zu Schranken s. Rdn. 22).

30 Dem Verteidiger ist rechtzeitig vor Beginn der Hauptverhandlung Gelegenheit zur Besichtigung zu geben (KG StV 1989, 9). Die Besichtigung hat **unter zumutbaren Bedingungen** zu erfolgen (LR/*Jahn* § 147 Rn. 219 f.; SK-StPO/*Wohlers* § 147 Rn. 90). Ob der Verwertung des Beweismittels ein Beweisverwertungsverbot entgegensteht, ist irrelevant, weil erst im Verlauf der Hauptverhandlung über die Beweisbedeutung endgültig entschieden wird (Meyer-Goßner/*Schmitt* § 147 Rn. 19; *Rieß* FG Peters II, 113, 122 Fn. 44; **a.A.** *Schäfer* NStZ 1984, 203, 208).

31 **2. Ausnahmen und Rückausnahmen (Abs. 2, 3).** Neben der Beschränkungsmöglichkeit nach § 138c Abs. 3 (dazu näher unter § 138c Rdn. 15 ff.) kann dem Verteidiger die Einsicht in die Akten sowie die Besichtigung der Beweismittel gem. § 147 Abs. 2 ganz oder teilweise versagt werden, wenn die Staatsanwaltschaft den Abschluss der Ermittlungen noch nicht nach § 169a in den Akten vermerkt hat und die Einsicht bzw. Besichtigung den Untersuchungszweck gefährden kann. Diese Regelung trägt dem Aufklärungs- und dem damit einhergehenden Geheimhaltungsinteresse der Strafverfolgungsorgane Rechnung und verschafft ihnen einen Informationsvorsprung.

32 Unter dem unbestimmten Rechtsbegriff der **Gefährdung des Untersuchungszwecks** ist eine Situation zu verstehen, in der entweder durch die Information des Beschuldigten der Überraschungscharakter einer Ermittlungsmaßnahme gestört werden kann oder eine unlautere Einwirkung des Beschuldigten auf das Verfahren zu erwarten ist (SK-StPO/*Wohlers* § 147 Rn. 96). Nach Ansicht der Rspr. kann die **Gefahr auch für andere Strafverfahren** bestehen (BGH NStZ 2012, 223). Dagegen spricht, dass nur in der Sonderregelung des eigenen Akteneinsichtsrechts des Beschuldigten in § 147 Abs. 4, die im Vergleich zum Einsichtsrecht des Verteidigers weitere Einschränkungsmöglichkeiten enthält (dazu unter Rdn. 47), auch der Schutz der »anderen Strafverfahren« aufgelistet wird, während beim Akteneinsichtsrecht des Verteidigers dies gerade fehlt. Diese Differenzierung erscheint auch sachgerecht, da sich sonst das für die Verteidigung elementare Akteneinsichtsrecht im Ermittlungsverfahren noch stärker als bisher verflüchtigen und in das Belieben der StA gestellt werden würde. Zumindest ist die Versagung im Hinblick auf andere Verfahren nur in extremen Ausnahmefällen in Erwägung zu ziehen und zunächst an eine teilweise Akteneinsicht zu denken (Meyer-Goßner/*Schmitt* § 147 Rn. 25). Ob bereits eine abstrakte Gefahr genügt, um das Akteneinsichtsrecht einstweilen zu verweigern (so Meyer-Goßner/*Schmitt* § 147 Rn. 25; KK-StPO/*Willnow* § 147 Rn. 13; diff. *Pfeiffer* FS Odersky, S. 453, 459; AnwK-StPO/*Krekeler/Werner* § 147 Rn. 26), oder ob es einer konkreten Gefahr bedarf, ist umstritten. Für die letztgenannte Ansicht spricht entscheidend die Bedeutung des Akteneinsichtsrechts für den Beschuldigten, die zu einer verfassungskonform engen Auslegung der Beschränkungsnormen führen muss (LR/*Jahn* § 147 Rn. 151; SK-StPO/*Wohlers* § 147 Rn. 97; Radtke/Hohmann/*Hohmann* § 147 Rn. 15; *Kettner* Der Informationsvorsprung der Staatsanwaltschaft im Ermittlungsverfahren [2002], S. 102 ff.; *Eisenberg* NJW 1991, 1257, 1260; vgl. auch LG Regensburg StV 2004, 369: Jedenfalls nur vage und entfernte Möglichkeit der Gefährdung des Untersuchungszwecks genügt nicht). Darüber hinaus trägt diese Lesart dem Ausnahmecharakter der Beschränkung Rechnung.

33 Bei der Frage, ob die Entscheidung der Staatsanwaltschaft, die Akteneinsicht einstweilen nach § 147 Abs. 2 zu versagen, auch **Bindungswirkung für andere, abgetrennte Verfahren** entfaltet, in denen die Akten von Bedeutung sind, ist zu differenzieren: Unproblematisch nicht der Fall ist dies, wenn die Akten beigezogen werden (OLG Schleswig StV 1989, 95; LR/*Jahn* § 147 Rn. 155; *Senge* FS Strauda, S. 459, 465); in dieser

Konstellation werden diese Akten Bestandteile des hiesigen Verfahrens. Aus diesem Grund ist auch die Bitte der aktenführenden Behörde um Vertraulichkeit bei einer fehlenden Sperre der Akten nach § 96 unbeachtlich (BGHSt 42, 71, 72 f.; AnwK-StPO/*Krekeler/Werner* § 147 Rn. 7; **a.A.** Meyer-Goßner/*Schmitt* § 147 Rn. 16). Erfolgt keine Beiziehung, so bindet die Entscheidung der Staatsanwaltschaft in dem Parallelverfahren das Gericht des hiesigen Verfahrens (so BGHSt 49, 317, 329; krit. zur dogmatischen Herleitung *Senge* FS Strauda, S. 459, 464 f.; BGHSt 50, 224; dem zust. *Senge* FS Strauda, S. 459, 467 ff.).

Im Ermittlungsverfahren gegenüber Anzeigenerstattern oder Zeugen seitens der Polizei oder der StA abgegebene **Vertraulichkeitszusagen** sind gegenstandslos, soweit keine gegenteilige ausdrückliche gesetzliche Regelung besteht, wie z.B. bei verdeckten Ermittlern (§ 110b Abs. 3 und Anl. D zu RiStBV; vert. LR/*Jahn* § 147 Rn. 52; *Lorenz* StraFo 2016, 316, 321; MüKo-StPO/*Thomas/Kämpfer* § 147 Rn. 19), allgemeine Notstandserwägungen (§ 34 StGB) rechtfertigen keine Beschränkungen des Akteneinsichtsrechts (Vorrang des § 147). 34

In bestimmten Konstellationen erachtet der Gesetzgeber das Verteidigungsinteresse des Beschuldigten als generell höherrangiger als das Interesse der Strafverfolgungsbehörden an der ungestörten Aufklärung des Sachverhalts. Eine solche Konstellation umschreibt **§ 147 Abs. 3 Satz 1**. Danach darf dem Verteidiger die Einsicht in die Protokolle über die Vernehmung des Beschuldigten sowie über solche richterlichen Untersuchungshandlungen, bei denen dem Verteidiger das Recht zur Anwesenheit zusteht, sowie in Sachverständigengutachten in keiner Lage des Verfahrens versagt werden. Unter Protokolle über die Vernehmung des Beschuldigten sind polizeiliche, staatsanwaltschaftliche und gerichtliche Protokolle zu verstehen (OLG Hamm NStZ 1987, 572), unabhängig von der Verfahrensrolle des Beschuldigten zu diesem Zeitpunkt (OLG Hamm StV 1995, 571 f. m. zust. Anm. *V. Mehle/Hiebl*). Auf schriftliche Äußerungen des Beschuldigten ist diese Vorschrift analog anzuwenden (SK-StPO/*Wohlers* § 147 Rn. 100; zust. Graf/*Wessing* StPO § 147 Rn. 10). Unter dem Begriff der Protokolle über richterliche Untersuchungshandlungen sind solche nach §§ 118a, 168c Abs. 2 und 369 zu verstehen. Mit Blick auf Gutachten von Sachverständigen ist streitig, ob übersetzte Urkunden unter den Begriff fallen. Die Übersetzung als solche ist irrelevant, vielmehr kommt es auf den Charakter des »Urdokuments« an. 35

Eine Rückausnahme von § 147 Abs. 3 Satz 1 enthält § 34 Abs. 3 Nr. 2 Satz 3 EGGVG im Fall einer Kontaktsperre nach §§ 31 f. EGGVG. 36

§ 147 Abs. 2 Satz 2 normiert ebenfalls eine Rückausnahme von der Begrenzungsmöglichkeit des Satz 1. Voraussetzung hierfür ist, dass sich der Beschuldigte in Untersuchungshaft befindet bzw. vorläufig festgenommen wurde und ein Haftbefehl beantragt ist. Die Neufassung dient vorrangig der Umsetzung der ständigen Rspr. des EGMR (BT-Drs. 16/11644, S. 33 f.). Dieser hatte u.a. in den Fällen *Mooren* (EGMR StV 2008, 475), *Lietzow* und *Garcia Alva* (StV 2001, 201 ff. m. zust. Anm. *Kempf*), in denen bei Untersuchungshaft Akteneinsicht verweigert wurde, einen Verstoß gegen Art. 5 Abs. 4 EMRK gesehen (näher dazu *Beulke/Witzigmann* NStZ 2011, 254, 257; *Jahn* FS Imme Roxin, S. 585, 587 ff.; *Esser/Gaede/Tsambikakis* NStZ 2011, 78, 81 ff.). Der Verteidiger habe in diesen Fällen zwar nicht das Recht auf umfassende Akteneinsicht; zumindest habe er aber aufgrund des aus Art. 6 EMRK abzuleitenden Prinzips des kontradiktorischen Verfahrens und der Waffengleichheit einen Anspruch darauf, dass dem Beschuldigten bzw. dem Verteidiger selbst **diejenigen Informationen** zugänglich gemacht werden, **die für die Beurteilung der Rechtmäßigkeit der Freiheitsentziehung wesentlich sind** (zu dieser Einschränkung näher EGMR NStZ 2009, 164 m. zust. Anm. *Strafner*; *Peglau* JR 2012, 231; 232 f.). 37

Welche Unterlagen hiervon konkret betroffen sind, hat der Gesetzgeber nicht näher definiert. Nach dem Sinn und Zweck des § 147 folgt hieraus jedoch ein Anspruch auf Einsicht in die Akten, die die Staatsanwaltschaft dem Gericht vorlegt, welches über die Anordnung bzw. Aufrechterhaltung der Untersuchungshaft zu entscheiden hat (näher dazu *Beulke/Witzigmann* NStZ 2011, 254, 258 ff.; so auch SK-StPO/*Wohlers* § 147 Rn. 65; **a.A.** *Peglau* JR 2012, 231, 232 Fn. 13: Nur das »Wie« muss gleichlautend sein). Reicht der Akteninhalt, der dem Verteidiger zugänglich gemacht wurde, zur Bejahung des dringenden Tatverdachts oder der Haftgründe nicht aus, ist der Haftbefehlsantrag deshalb abzulehnen (BT-Drs. 16/11644, S. 34; Meyer-Goßner/*Schmitt* § 147 Rn. 16; *Schlothauer/Weider/Nobis* Rn. 258). Wird dem Verteidiger, der Haftprüfung (§ 117) beantragt hat, keine Akteneinsicht gewährt, kann dies zur Aufhebung des Haftbefehls führen (AG Magdeburg StV 2016, 448). 38

§ 147 Abs. 2 Satz 2 kann im Wesentlichen auf **andere Zwangsmaßnahmen** analog übertragen werden (vgl. BVerfG NJW 2004, 2443; 2006, 1048 [jew. zum strafprozessualen Arrest]; BVerfG NStZ 2007, 274; LG Berlin StV 2010, 352 [jew. zur Durchsuchung]; BVerfG NStZ-RR 2008, 16 [zur Telefonüberwachung]; AG Bremen StV 2012, 14, 15 [zur Beschlagnahme]; *Börner* NStZ 2007, 680; *ders.* NStZ 2010, 417; *Park* StV 2009, 276, 279 ff.; *Rau* StraFo 2008, 9, 14; *Walischewski* StV 2001, 243); allerdings sind der Umfang 39 der Übertragbarkeit bzw. notwendige Modifizierungen noch nicht hinreichend geklärt (näher dazu *Beulke/Witzigmann* NStZ 2011, 254, 260).

40 Der Gesetzgeber hat ausdrücklich den Strafverfolgungsbehörden die Entscheidung darüber belassen, auf welche Weise die **praktische Umsetzung dieser Vorgabe** im jeweiligen Einzelfall erfolgt. Bereits in der Begründung des Gesetzentwurfs der Bundesregierung (BT-Drs. 16/11644, S. 34) hat er aber darauf hingewiesen, dass Informationsvermittlungen, die den Sachverhalt nur aus der Sicht der Ermittlungsbehörden schildern, nicht ausreichend sind, weil diese Schilderungen »praktisch« nicht angefochten werden können (BT-Drs. 16/11644, S. 34). Infolge der Beschlussempfehlung und des Berichts des Rechtsausschusses ist daher der 2. HS. des § 147 Abs. 2 Satz 2 angefügt worden (BT-Drs. 16/13097, S. 19). Die Formulierung »in der Regel« ist dabei im Sinne eines »stets« zu interpretieren (näher dazu *Beulke/Witzigmann* NStZ 2011, 254, 257; so auch *Schlothauer/Weider* Untersuchungshaft [2010], Rn. 236, 242, 249, 435; *Weider* StV 2010, 102, 105; für das Genügen einer schriftlichen Auskunft über Ermittlungsvorgänge »im absoluten Ausnahmefall« Radtke/Hohmann/*Hohmann* § 147, Rn. 20; noch weiter *Peglau* JR 2012, 231, 233 f.: im Einzelfall auch mündliche Information oder anderweitige Inkenntnissetzung – dagegen [»konventionswidrig«] *Jahn* FS Imme Roxin, S. 585, 590 f., 595; LR/*Jahn* § 147 Rn. 157 ff., 163, 167 ff., der die Möglichkeit schriftlicher Zusammenfassungen vom Einzelfall abhängig machen will, aber den polizeilichen Schlussbericht für untauglich erachtet).

41 Ob dem Verteidiger auch dann – analog § 147 Abs. 2 Satz 2 – ein Recht auf Akteneinsicht zusteht, wenn gegen den Beschuldigten ein **Haftbefehl beantragt oder gar erlassen, aber noch nicht vollstreckt** wird – sei es, weil er flüchtig ist oder der Haftbefehl außer Vollzug gesetzt worden ist – ist dem Gesetzestext nicht zu entnehmen und wird unterschiedlich beurteilt (bejahend OLG Köln StV 1998, 269; LG Aschaffenburg StV 1997, 644; *Tsambikakis* ZIS 2009, 503, 505; *Walischewski* StV 2001, 243, 247 f.; verneinend und auf die Anhörung nach § 115 Abs. 3 abstellend OLG München StV 2009, 538; OLG Hamm NStZ-RR 2001, 254 f.; KG NStZ 2012, 588, 589 m.Anm. *Peglau* JR 2012, 231, 232 sowie mit krit. Anm. *Börner* StV 2012, 361; LR/*Jahn* § 147 Rn. 159). Am überzeugendsten erscheint es, in diesem Zusammenhang danach **zu differenzieren**, ob dem Beschuldigten durch die Offenlegung des Inhalts der Akten ein Anreiz geboten wird, sich dem Verfahren zu entziehen oder Handlungen zum Zwecke der Verdunkelung vorzunehmen. Bei einem Ergreifungshaftbefehl, von dem der Beschuldigte Kenntnis erlangt hat, und der auf den Haftgrund der Fluchtgefahr gestützt wird, ist daher regelmäßig Akteneinsicht zu gewähren, weil ein zusätzlicher Fluchtimpuls dadurch nicht erwächst. Anders ist dies hingegen dann, wenn er auf Verdunkelungsgefahr abstellt (*Beulke/Witzigmann* NStZ 2011, 254, 257 f.; ebenso *Park* StV 2009, 276, 283; *Wohlers* StV 2009, 539, 540; **a.A.** KG NStZ 2012, 588, 589; *Peglau* JR 2012, 231, 235; zur parallelen Diskussion der **Akteneinsicht bei noch nicht vollzogenem Durchsuchungsbeschluss** s. LG Berlin StV 2010, 352 m. zust. Anm. *Börner* NStZ 2010, 417).

42 **3. Entscheidung über die Gewährung (Abs. 5).** Gem. § 147 Abs. 5 ist die Zuständigkeit für die Entscheidung über die Gewährung der Akteneinsicht **abhängig vom jeweiligen Verfahrensstadium** (Muster für Akteneinsichtsgesuche in den einzelnen Verfahrensstadien bei *Klemke/Elbs* Rn. 369 ff.).

43 § 147 Abs. 5 Satz 1, 1. HS. bestimmt, dass **im vorbereitenden Verfahren**, d.h. vor Erhebung der öffentlichen Klage, die Staatsanwaltschaft als »Herrin des Vorverfahrens« zuständig ist; im steuerstrafrechtlichen Ermittlungsverfahren entscheidet die Finanzbehörde, sofern sie die Ermittlungen selbstständig und eigenverantwortlich führt (§§ 386 Abs. 2, 399 Abs. 1 AO). Bei (kompletter oder teilweiser) Versagung der beantragten Akteneinsicht ist der Antragssteller zu bescheiden (Nr. 188 Abs. 1 RiStBV; HK-StPO/*Julius*/*Schiemann* § 147 Rn. 14).

44 Der Polizei steht keine Entscheidungsbefugnis zu (**a.A.** für Protokolle über die Beschuldigtenvernehmung und mit der Vernehmung verbundene Unfall- oder sonstige Tatortskizzen *Kleinknecht* Kriminalistik 1965, 449, 454 sowie *Pfeiffer* FS Odersky, S. 453, 461; hiergegen Meyer-Goßner/*Schmitt* § 147 Rn. 34; Vorschläge für eine generelle Zuständigkeit der Polizei de lege ferenda bei *Buschbell/Janker* ZRP 1996, 475, 478 f.). Aus § 147 Abs. 5 (LR/*Jahn* § 147 Rn. 185: Satz 1; SK-StPO/*Wohlers* § 147 Rn. 106: Satz 2) lässt sich zudem folgern, dass auch in dem Fall, in dem sich die Akten zum Zweck der Vornahme einer richterlichen Untersuchungshandlung bei Gericht befinden, die Staatsanwaltschaft entscheidungsbefugt bleibt (LG Berlin StV 2010, 352, 354; OLG Hamm NStZ 1982, 348; *Pfeiffer* FS Odersky, S. 453, 461; *Börner* NStZ 2010, 417; *ders.* NStZ 2007, 680, 682; *Park* StV 2009, 276, 284; **a.A.** LG Ravensburg NStZ-RR 2007, 114, 115 f.; *Marberth-Kubicki* StraFo 2003, 366, 371; *Welp* FG Peters II, S. 309, 324). Daraus folgt, dass sofern die Akteneinsicht von der Staatsanwaltschaft verweigert wird, die Entscheidung des Gerichts über eine Beschwerde gegen die beendete Ermittlungsmaßnahme bis zur Gewährung der Akteneinsicht aufgeschoben wird (BVerfG NStZ 2007, 274; NStZ-RR 2008, 16; Meyer-Goßner/*Schmitt* § 147 Rn. 40a).

Nach Erhebung der öffentlichen Klage (auch im Rahmen des beschleunigten Verfahrens) **bzw. einem Anklagesurrogat** – dem Erlass eines Strafbefehls gem. § 407 – und dem Eingang der Akten bei dem für die Eröffnung zuständigen Gericht (LR/*Jahn* § 147 Rn. 187) entscheidet gem. § 147 Abs. 5 Satz 1, 2. HS. der **Vorsitzende** des Spruchkörpers. Diese Entscheidungskompetenz dauert im Hauptverfahren fort (SK-StPO/*Wohlers* § 147 Rn. 107). Eine Möglichkeit, die Entscheidung des gesamten Spruchkörpers nach § 238 Abs. 2 herbeizuführen, besteht mangels einer Zuständigkeit des Spruchkörpers als solchem nicht (LR/*Lüderssen/Jahn* § 147 Rn. 152, Meyer-Goßner/*Schmitt* § 147 Rn. 35). 45

Nach dem rechtskräftigen Abschluss des Verfahrens bzw. nach Einstellung des Ermittlungsverfahrens besteht ein grundsätzliches Akteneinsichtsrecht (BGH NStZ-RR 2020, 50; Meyer-Goßner/*Schmitt* § 147 Rn. 11; KK-StPO/*Willnow* § 147 Rn. 22; SK-StPO/*Wohlers* § 147 Rn. 23). Zur Entscheidung zuständig ist gem. § 147 Abs. 5 Satz 1 Hs. 1. die Staatsanwaltschaft (BGH Beck RS 2020, 28757; KK-StPO/*Willnow* § 147 Rn. 24), sofern nicht ein Antrag im Vollstreckungs- oder Gnadenverfahren bzw. ein Wiederaufnahmeverfahren vorbereitet werden soll. 46

II. Akteneinsichtsrecht und Besichtigungsrecht des unverteidigten Beschuldigten (Abs. 4). Der zum Zwecke der Umsetzung der Rspr. des EGMR mit Wirkung zum 01.01.2010 geänderte § 147 Abs. 7 Satz 1 (s. hierzu oben Rdn. 3; krit. LR/*Jahn* § 147 Rn. 105 ff.; SK-StPO/*Wohlers* § 147 Rn. 11) wurde durch das Gesetz zur Einführung der elektronischen Akte in der Justiz und zur weiteren Förderung des elektronischen Rechtsverkehrs aufgehoben (s.o. Rdn. 2 f.). Dieser bestimmte, dass dem **unverteidigten** Beschuldigten auf seinen Antrag hin **Auskünfte und Abschriften aus den Akten** zu erteilen sind (also im Regelfall keine Übergabe der gesamten Akte; OLG Karlsruhe VRS 118, 211, 214; Meyer-Goßner/*Schmitt* § 147 Rn. 4), soweit dies für eine angemessene Verteidigung erforderlich ist, der Untersuchungszweck, auch in einem anderen Strafverfahren, nicht gefährdet werden kann und keine überwiegenden schutzwürdigen Interessen Dritter entgegenstehen. Der neu gefasste § 147 Abs. 4 gewährt – derzeit i.d.F. vom 01.01.2018 – dem unverteidigten Beschuldigten in entsprechender Anwendung der Abs. 1 bis 3 (s. Rdn. 4 ff.) ein eigenes unmittelbares Akteneinsichtsrecht (zur Intention des Gesetzgebers s.o. Rdn. 2). Die Norm hat allein dann praktische Relevanz, wenn der Beschuldigte auf freiem Fuß ist, weil ihm andernfalls ein Verteidiger zu bestellen ist (vgl. § 140 Abs. 1 Nr. 4; AnwK-StPO/*Krekeler/Werner* § 147 Rn. 31) und dieser sein eigenes Akteneinsichtsrecht nach Abs. 1, das geringere Voraussetzungen aufstellt, geltend macht. 47

Das Akteneinsichtsrecht des unverteidigten Beschuldigten wird nach den Regeln des § 32f verwirklicht (s. unter Rdn. 57), also im Regelfall bei der elektronischen Akte durch Bereitstellung (§ 32f Abs. 1 Satz 1) und bei der Akte in Papierform durch Einsichtnahme in den Diensträumen (§ 32f Abs. 2 Satz 1) Werden die Akten nicht elektronisch geführt, können ihm an Stelle der Einsichtnahme in die Akten Kopien aus den Akten beigefügt werden, ohne dass es einer gesonderten Prüfung bedarf, ob wichtige Gründe entgegenstehen (§ 147 Abs. 4 Satz 2 als lex specialis zu § 32f Abs. 2 Alt. 2); auch das Bereitstellen des Inhalts der eigentlich in Papierform geführten Akte zum Abruf ist zulässig, soweit nicht wichtige Gründe entgegenstehen, denn es ist nicht anzunehmen, dass § 147 Abs. 4 Satz 2 auch gegenüber § 32f Abs. 2 Satz 2 Alt. 1 eine abschließende Regelung enthält. Aus einem Umkehrschluss zu § 32f Abs. 2 Satz 3 ergibt sich, dass eine Mitgabe einer in Papierform geführten Originalakte an den Beschuldigten (im Gegensatz zum Verteidiger, s. oben Rdn. 19) unzulässig ist (Meyer-Goßner/*Schmitt* § 147 Rn. 32). Im Unterschied zum aufgehobenen Abs. 7 macht die Neuregelung den Umfang der Einsichtnahme nicht mehr davon abhängig, inwieweit »dies zu einer angemessenen Verteidigung erforderlich ist«. Nach Abs. 4 Satz 1 darf die Akteneinsicht nur noch verweigert werden, soweit der Untersuchungszweck auch in einem anderen Strafverfahren gefährdet werden kann und/oder überwiegende schutzwürdige Interessen Dritter entgegenstehen. Die Beurteilung der Erforderlichkeit für eine angemessene Verteidigung obliegt künftig allein dem Beschuldigten (vgl. BT-Drs. 18/9416, S. 60).

Der Gesetzgeber beabsichtigt hiermit ausdrücklich, dem **Beschuldigten ein generelles Einsichtsrecht** in die Akten zu gewähren. Das Akteneinsichtsrecht des sich selbst verteidigenden Beschuldigten gehört zur Gewährleistung eines fairen Verfahrens gem. Art. 6 Abs. 1 und 6 EMRK (vgl. BT-Drs. 18/9416, S. 60). Der Beschuldigte selbst hat nunmehr auch einen Anspruch auf Besichtigung **amtlich verwahrter Beweismittel**, wie z.B. der im Rahmen einer Telefonüberwachung aufgezeichneten Daten (anders KG StraFo 2016, 296 für die alte Rechtslage; s.o. Rdn. 25; zu seinem Anwesenheitsrecht bei Einsichtnahme durch den Verteidiger s. Rdn. 28). Früher verwies der Gesetzgeber in Fällen, in denen die Missbrauchsmöglichkeiten einer Einsicht entgegenstehen, auf die Möglichkeit der Bestellung eines Pflichtverteidigers gem. § 140 Abs. 2. War eine Verteidigung ohne **vollständige Aktenkenntnis nicht möglich**, so musste auch dem nicht inhaftierten Beschuldigten ein Pflichtverteidiger bestellt werden. War das in Anbetracht des Tatvorwurfs nicht gerechtfertigt (z.B. bei Bagatelldelikten), so verlangte Art 6 Abs. 1 EMRK **ausnahmsweise** eine **Einsichtnahme in die gesamte Akte** (EGMR NStZ 1998, 429 [betr. Beleidigungsvorwurf] m.Anm. *Deumeland*; OLG Frank- 48 furt NStZ-RR 2001, 374; dazu auch *Böse* StraFo 1999, 293; *Haass* NStZ 1999, 442; *Kühne* JZ 2003, 672). Diese komplizierte Rechtslage ist durch die Neuregelung des § 147 Abs. 4 weitestgehend überholt (LG Ansbach Beck RS 2020, 29033 = StRR 2020, 27 m.Anm. *Burhoff*). Auf der Basis der neuen Rechtslage ist eine Verteidigung aufgrund der Schwierigkeit der Sachlage weiterhin notwendig i.S.d. § 140 Abs. 2, soweit dem unverteidigten Beschuldigten die Akteneinsicht aus Gründen versagt wird, aus denen sie dem Verteidiger nicht verweigert werden dürfte. Insb. darf dem Beschuldigten die Akteneinsicht (zum Teil) versagt werden, soweit dies den Untersuchungszweck auch eines anderen Strafverfahrens, (s.o. Rdn. 32) gefährden kann. Dem Beschuldigten ohne Verteidiger darf darüber hinaus die Akteneinsicht auch verweigert werden, soweit überwiegende schutzwürdige Interessen Dritter entgegenstehen. Ist trotz vollständig gewährter Akteneinsicht die Sach- oder Rechtslage schwierig, besteht schon nach allgemeinen Regeln gem. § 140 Abs. 2 ein Fall der notwendigen Verteidigung.

49 Der Begriff der **Gefährdung des Untersuchungszwecks** ist im Sinne des § 147 Abs. 2 Satz 1 zu verstehen (s.o. Rdn. 31 ff.). Als **überwiegende schutzwürdige Interessen Dritter** kommen nach Auffassung des Gesetzgebers insb. die Wahrung der Intimsphäre Dritter, der Schutz gefährdeter Zeugen sowie von Betriebs- und Geschäftsgeheimnissen in Betracht (BT-Drs. 14/1484, S. 22).

50 **C. Rechtsmittel. I. Anfechtbarkeit von Entscheidungen der Staatsanwaltschaft. 1. Anfechtbarkeit von ablehnenden Entscheidungen.** Gem. § 147 Abs. 5 Satz 1 Hs. 1 entscheidet über die Gewährung der Akteneinsicht im vorbereitenden Verfahren und nach rechtskräftigem Abschluss des Verfahrens die Staatsanwaltschaft (s. Rdn. 43 ff.; LR/*Jahn* § 147 Rn. 189).Gem. § 147 Abs. 5 Satz 2 ist bei die Akteneinsicht verweigernden Entscheidungen der Staatsanwaltschaft im Ermittlungsverfahren **in drei Varianten** bei dem nach § 162 (bei den in § 120 GVG aufgezählten Fällen i.V.m. § 169 Abs. 1) zuständigen Gericht ein **Antrag auf gerichtliche Entscheidung statthaft**: Zum einen ist dies der Fall, wenn **der Abschluss der Ermittlungen** bereits gem. § 169a **in den Akten vermerkt** ist, zum anderen dann, wenn die begehrte Akteneinsicht **Protokolle bzw. Gutachten i.S.d. § 147 Abs. 3** (s. dazu oben Rdn. 35) betrifft. Schließlich kann ein Antrag auf gerichtliche Entscheidung dann gestellt werden, wenn **der Beschuldigte nicht auf freiem Fuß** ist. Hierunter ist jede denkbare Art der Freiheitsentziehung zu zählen (MAH/*Schlothauer* § 3 Rn. 41; *ders.* StV 2001, 192, 194), d.h. der Fall, in dem sich der Beschuldigte in Untersuchungshaft befindet, der Fall der einstweiligen Unterbringung gem. § 126a, des Weiteren die Konstellation, in der sich der Beschuldigte **in anderer Sache** in Strafhaft (LG München I StV 2006, 11; LR/*Jahn* § 147 Rn. 207; *Tsambikakis* FS Richter II, S. 529, 531; **a.A.** BGH [Ermittlungsrichter] StV 2012, 321 m. abl. Anm. *Tsambikakis*; LG Mannheim StV 2001, 613 m. abl. Anm. *Schlothauer*; Meyer-Goßner/*Schmitt* § 147 Rn. 39) bzw. in Auslieferungshaft im Ausland (LG Regensburg StV 2004, 369) befindet. Dass sich die Staatsanwaltschaft insoweit ausdrücklich auf § 147 Abs. 2 beruft, ist für die Statthaftigkeit des Antrags nicht erforderlich (LR/*Jahn* § 147 Rn. 203; **a.A.** LG Landau StV 2001, 613 m. abl. Anm. *Schlothauer*). Die Regelung gilt auch für die Versagung der Akteneinsicht des nichtverteidigten Beschuldigten nach § 147 Abs. 4 (Meyer-Goßner/*Schmitt* § 147 Rn. 39 hält das für zweifelhaft).

51 **I.Ü.** kann – wie sich aus einem Gegenschluss zu § 147 Abs. 5 Satz 2 ergibt (gegen diesen Umkehrschluss SK-StPO/*Wohlers* § 147 Rn. 112) – gegen die Akteneinsicht verwehrende Entscheidungen **grds. lediglich** mit der **Dienstaufsichtsbeschwerde** vorgegangen werden (LG Neubrandenburg NStZ 2008, 655, 656: neben Gegenvorstellung; AnwK-StPO/*Krekeler*/*Werner* § 147 Rn. 24, 33; Meyer-Goßner/*Schmitt* § 147 Rn. 40); die Möglichkeit einer analogen Anwendung der Norm auf sonstige Fälle im Rahmen des Erkenntnisverfahrens scheitert nach h.A an deren Ausnahmecharakter (LG Berlin StV 2010, 352, 354; *Park* StV 2009, 276, 280; hiergegen *Börner* NStZ 2010, 418, 422; krit. LR/*Jahn* § 147 Rn. 208). Dagegen spricht allerdings, dass der Verteidiger dann im Ermittlungsverfahren bis zum Hauptverhandlungsbeginn bzgl. der Akteneinsicht gänzlich machtlos ist, auch wenn i.S. einer effektiven Verteidigung die Akteneinsicht dringend notwendig ist und andererseits keinerlei Sachgründe für eine Versagung der Akteneinsicht sprechen. Ob in Ausnahmesituationen, in denen eine wirksame Strafverteidigung im Ermittlungsverfahren ohne die begehrte Akteneinsicht erkennbar ausgeschlossen ist und keine Geheimhaltungsgründe ersichtlich sind, eine gerichtliche Prüfung der Entscheidung der Staatsanwaltschaft in Analogie zu § 147 Abs. 5 Satz 2, dessen Wortlaut eher für eine abschließende Regelung spricht, doch zugelassen werden kann, bedarf deshalb noch weiterer Diskussion (dafür OLG Saarbrücken NStZ-RR 2008, 48; LG Regensburg StraFo 2017, 451; HK-StPO/*Julius*/*Schiemann* § 147 Rn. 26; SK-StPO/*Wohlers* § 147 Rn. 40; s. auch MAH/*Schlothauer* § 3 Rn. 43 mit Hinweis auf Verfassungswidrigkeit des gesetzlichen Anfechtungsausschlusses wegen eines Verstoßes gegen den Gleichheitsgrundsatz durch gesetzgeberisches Unterlassen mit Blick auf § 478 Abs. 3 Satz 1); zumindest ist eine neue Regelung der Rechtsmittel zur effektiven Umsetzung der Verteidigungsrechte dringend geboten (*Beulke*/*Witzigmann* NStZ 2011, 254, 260; MüKo-StPO/*Thomas*/*Kämpfer* § 147 Rn. 56).

Auch die Möglichkeit, über die **§§ 23 ff. EGGVG** Rechtsschutz zu erlangen, ist wegen des abschließenden Charakters des § 147 Abs. 5 Satz 2 und der in § 23 Abs. 3 EGGVG angeordneten Subsidiarität dieses Rechtsbehelfs im Regelfall **nicht möglich** (OLG Frankfurt a.M. NStZ-RR 2005, 376; Meyer-Goßner/*Schmitt* § 147 Rn. 40); eine **Ausnahme** besteht jedoch zum einen nach der verfassungsgerichtlichen Rspr. (BVerfGE 63, 45; vgl. auch OLG Hamm NStZ 1984, 423 m.Anm. *Meyer-Goßner*; LR/*Jahn* § 147 Rn. 40 ff.; **a.A.** KK-StPO/*Willnow* § 147 Rn. 26, der für diesen Fall die analoge Anwendung des § 147 Abs. 5 Satz 2 vertritt) im Fall von sogenannten **Spurenakten** (s.o. Rdn. 15). Zum anderen erwägt der BGH eine erweiternde Auslegung des § 147 Abs. 5 Satz 2 bzw. eine Anwendung des § 23 EGGVG in dem *»ganz speziell und ungewöhnlich gelagerten Fall«*, in dem der Beschuldigte in einem anderen Verfahren bereits angeklagt ist und ihm die Einsicht in die Akten eines anderen Verfahrens, aus denen er sich Informationen für das hiesige Verfahren erhofft, nach § 147 Abs. 2 versagt wird (BGHSt 49, 317, 330 m.Anm. *Pananis* NStZ 2005, 569 sowie *Vogel* JR 2005, 123; krit. hierzu *Senge* FS Strauda, S. 459, 465 f.). 52

Das Verfahren richtet sich in den in § 147 Abs. 5 Satz 2 aufgezählten Fällen nach den in § 147 Abs. 5 Satz 3 genannten Normen. Ist der Antrag begründet, so gewährt das Gericht die Akteneinsicht entweder selbst, oder – sofern dies nicht möglich ist – weist es die Staatsanwaltschaft an, Einsicht in die Akten zu gestatten (SK-StPO/*Wohlers* § 147 Rn. 113). 53

Gegen die Entscheidung des Gerichts kann Beschwerde eingelegt werden (BT-Drs. 16/12098, S. 21). 54

2. Anfechtbarkeit einer stattgebenden Entscheidung. Ob der Verletzte oder ein Dritter die der Akteneinsicht stattgebende Entscheidung der Staatsanwaltschaft mit dem Argument, er werde hierdurch in seinen verfassungsmäßigen Rechten verletzt, anfechten kann, ist gesetzlich nicht geregelt. Die Rspr. hat eine solche Möglichkeit bejaht, und insoweit § 147 Abs. 5 Satz 2 analog angewendet (OLG Stuttgart NStZ 2006, 654; *B. Mehle* FS Mehle, S. 387, 398). Hiergegen sprechen jedoch die vorstehend genannten dogmatischen Einwände (zutr. LG Koblenz wistra 2020, 429 m. zust. Anm. *Corsten/Oesterle*; krit. auch Meyer-Goßner/*Schmitt* § 147 Rn. 39). 55

II. Anfechtbarkeit von Entscheidungen des Gerichts. Die seitens des Vorsitzenden getroffenen Entscheidungen hinsichtlich des »Ob« der Akteneinsicht sind gem. § 304 Abs. 1, Abs. 4 Satz 2 Nr. 4 stets mit der **Beschwerde** anfechtbar (OLG Frankfurt a. M. NStZ 2021, 383 m.Anm. *Fröba*). Das gilt auch für den unverteidigten Beschuldigten bzgl. seines Akteneinsichtsrechts aus § 147 Abs. 4. **§ 305 Satz 1** steht der Zulässigkeit der Beschwerde bei Entscheidungen des erkennenden Gerichts mangels des von der Norm vorausgesetzten engen Bezugs zur Urteilsfindung **nicht** entgegen (OLG Brandenburg NJW 1996, 67, 68 m. abl. Anm. *Krack* JR 1996, 172, 173 sowie zust. Anm. *Hiebl* StraFo 1996, 21; KK-StPO/*Willnow* § 147 Rn. 28; LR/*Jahn* § 147 Rn. 213; SK-StPO/*Wohlers* § 147 Rn. 115; **a.A.** OLG Nürnberg wistra 2015, 365; OLG Naumburg NStZ-RR 2010, 151; OLG Hamm NStZ 2005, 226 m. abl. Anm. *Fischer* StraFo 2004, 419; OLG Frankfurt a.M. StV 2004, 362 m. abl. Anm. *Lüderssen*; OLG Koblenz StV 2003, 608; OLG Frankfurt a.M. NStZ-RR 2001, 374; s. auch Meyer-Goßner/*Schmitt* § 147 Rn. 41 mit Hinweis auf die Rückausnahme, wenn durch die Entscheidung dritte Personen betroffen werden, § 305 Satz 2). 56

Die Entscheidung, »Wie« dem Gesuch des Verteidigers stattgegeben wird, ob ihm also die Akten (oder Teile davon) in seine Geschäftsräume oder seine Wohnung mitgegeben werden, ist nicht anfechtbar, **§ 32f Abs. 3** Der neue § 32f (s. oben Rdn. 3 m.w.N.) regelt das Verfahren bei der Akteneinsicht des Verteidigers (§ 147 Abs. 1 bis 3), des Beschuldigten (§ 147 Abs. 4, dazu bereits oben Rdn. 47), des Betroffenen (§ 49 Abs. 1 OWiG), des Privatklägers (§ 385 Abs. 3), des Nebenklägers und des Verletzten (§ 406e), des Einziehungsbeteiligten (§ 434 Abs. 1 Satz 2, § 442 Abs. 1), der bußgeldbeteiligten juristischen Person oder Personenvereinigung (§ 444 Abs. 2 Satz 2), von Privatpersonen und sonstigen Stellen (§ 475 Abs. 2) und der im Straf- oder Maßregelvollzug befindlichen Personen (§ 120 Abs. 1 StVollzG i.V.m. § 147 Abs. 4) sowie bei der Akteneinsicht von Justizbehörden und anderen öffentlichen Stellen (§ 474 Abs. 1). Dieser Anfechtungsausschluss bezieht sich auch auf die Staatsanwaltschaft (BGH BeckRS 2016, 12732), der deshalb kein Beschwerderecht gegen die Entscheidung des Vorsitzenden zusteht, der Verteidigung Kopien von Audiodateien zu übergeben (OLG Saarbrücken StV 2019, 179; OLG Hamburg [2. Senat] NStZ-RR 2016, 282; OLG Frankfurt StV 2016, 148 m.Anm. *Killinger*; OLG Celle [1. Senat] StV 2017, 158; *Mosbacher*, JuS 2017, 127; KK-StPO/*Willnow* § 147 Rn. 28; a.A. OLG Celle [2. Senat] NStZ 2016, 305 m. zutr. krit. Anm. von *Knauer/Pretsch*; OLG Hamburg [3. Senat] NStZ 2016, 695; Meyer-Goßner/*Schmitt* § 147 Rn. 41). Dem steht auch nicht entgegen, dass der StA im Gegensatz zum Beschuldigten nicht der Revisionsgrund des § 338 Nr. 8 zur Verfügung steht. 57

58 **III. Anfechtbarkeit nach Rechtskraft.** Wenn über die Akteneinsicht nach Rechtskraft entschieden wird, ist die Staatsanwaltschaft zuständig (BGH BeckRS 2020, 2673 = BGH NStZ-RR 2020, 50, s. Rdn. 50). Das Rechtsmittel gegen die Entscheidung ist streitig. Nach einer Mindermeinung ist ein Rechtsweg gem. §§ 23 EGGVG gegen die verwehrende Staatsanwaltschaft als Justizbehörde gegeben (LR/*Jahn* § 147 Rn. 211). Davon soll aber dann eine Ausnahme existieren, wenn Einsicht zur Vornahme eines Antrags begehrt wird. Da die Neuregelung für alle Fälle einen einheitlichen Rechtsweg nach StPO eröffnen soll (BT-Drs. 13/9718, S. 37 f.) ist jedoch ein Rechtsweg gem. §§ 23 EGGVG versperrt (BGH NStZ-RR 2020, 50). Anders als im Ermittlungsverfahren kann hingegen nach Abschluss des Verfahrens dem § 147 Abs. 5 Satz 2 kein abschließender Charakter zuerkannt werden. Deshalb kann dann gem. § 147 Abs. 5 Satz 1 eine gerichtliche Entscheidung beantragt werden (so SK-StPO/*Wohlers* § 147 Rn. 112). Ob die Akteneinsicht im konkreten Fall zu versagen ist, etwa weil sie nicht mehr den Zweck hat, der Verteidigung zu dienen, ist keine Frage der Zulässigkeit, sondern der Begründetheit des Rechtsmittels (BGH NStZ-RR 2020, 50).

59 **IV. Revision.** Die **Verweigerung** der Akteneinsicht ist als solche grds. nicht mit der Revision anfechtbar. Der absolute Revisionsgrund des § 338 Nr. 8 StPO ist jedoch dann ausnahmsweise gegeben, wenn der Antrag auf Unterbrechung oder Aussetzung in der Hauptverhandlung gestellt und durch Gerichtsbeschluss abgelehnt worden ist (OLG Zweibrücken ZD 2021, 153; zum Revisionsvortrag näher LR/*Jahn* § 147 Rn. 221; *Schlothauer/Wieder/Wollschläger* Verteidigung im Revisionsverfahren, Rn. 1766 ff. sowie BGH NStZ 2010, 530 f., OLG Hamm NStZ-RR 2013, 53 f.).

60 Die **Modalitäten** der Gewährung der Akteneinsicht sind hingegen nicht anfechtbar (vgl. § 32f Abs. 3 i.V.m. § 336 Satz 2).

§ 148 Kommunikation des Beschuldigten mit dem Verteidiger

(1) Dem Beschuldigten ist, auch wenn er sich nicht auf freiem Fuß befindet, schriftlicher und mündlicher Verkehr mit dem Verteidiger gestattet.

(2) [1]Ist ein nicht auf freiem Fuß befindlicher Beschuldigter einer Tat nach § 129a, auch in Verbindung mit § 129b Abs. 1, des Strafgesetzbuches dringend verdächtig, soll das Gericht anordnen, dass im Verkehr mit Verteidigern Schriftstücke und andere Gegenstände zurückzuweisen sind, sofern sich der Absender nicht damit einverstanden erklärt, dass sie zunächst dem nach § 148a zuständigen Gericht vorgelegt werden. [2]Besteht kein Haftbefehl wegen einer Straftat nach § 129a, auch in Verbindung mit § 129b Abs. 1, des Strafgesetzbuches, trifft die Entscheidung das Gericht, das für den Erlass eines Haftbefehls zuständig wäre. [3]Ist der schriftliche Verkehr nach Satz 1 oder 2 zu überwachen, so sind für das Gespräch zwischen dem Beschuldigten und dem Verteidiger Vorrichtungen vorzusehen, die die Übergabe von Schriftstücken und anderen Gegenständen ausschließen.

Übersicht

1 **A. Grundsätzliches. § 148 Abs. 1** gewährt sowohl dem inhaftierten als auch dem auf freiem Fuß befindlichen Beschuldigten und dem Verteidiger (BGHSt 33, 347, 349 m. Bspr. *Beulke* Jura 1986, 642; OLG Dresden StV 2006, 654, 655 [zu § 29 StVollzG]; Meyer-Goßner/*Schmitt* § 148 Rn. 2; Radtke/Hohmann/*Reinhart* § 148 Rn. 1; vgl. auch § 138c Abs. 3 Satz 1: »Rechte des Verteidigers«; **a.A.** SK-StPO/*Wohlers* § 148 Rn. 2: »Rechtsreflex aus dem bestehenden Verteidigungsverhältnis«; ähnlich *Callies* StV 2002, 675) während des gesamten Verfahrens einen freien und unüberwachten mündlichen und schriftlichen Verkehr mit dem jeweils anderen (krit. zur Formulierung LR/*Jahn* § 148 Rn. 5). Nach BGHSt 27, 260, 262 ist Zielsetzung der Norm eine *»völlig freie Verteidigung«*, d.h. eine Verteidigung, *»die von jeder Behinderung oder Erschwerung freigestellt und in deren Rahmen der Anwalt wegen seiner Integrität jeder Beschränkung enthoben ist«*, sofern sie keine

verteidigungsfremden Zwecke verfolgt (zur Ausschlussmöglichkeit bei Missbrauch der Verteidigerrechte s. §§ 138a ff.). Der Gesetzgeber erkennt damit an, dass der Schutz des Vertrauens zwischen Verteidiger und Beschuldigtem eine unverzichtbare Grundlage einer effektiven Verteidigung und damit letztlich der Menschenwürde (EGMR StraFo 2018, 15, 18 [*Sommer vers. Deutschland*]; BVerfGE 109, 279, 322, 329; BVerfG NJW 2007, 2749, 2750; *Beulke* FS Lüderssen, S. 693 f.) darstellt. Nur im Fall rückhaltloser Offenbarungsmöglichkeiten kann der Beschuldigte eine wirksame Hilfe erwarten (BGHSt 33, 347, 349; *Ignor* NJW 2007, 3403; *Müller-Jacobsen* NJW 2011, 257). Dem Verteidiger wird als (eingeschränktes [s. oben § 137 Rdn. 8]) **Organ der Rechtspflege ein Vertrauensvorschuss** dahin gehend eingeräumt, dass er die ihm eingeräumten Rechte nicht missbraucht (BVerfG NJW 2012, 2790; BGHSt 27, 260, 265; OLG Hamburg NJW 1979, 1724; OLG Saarbrücken NJW 1978, 1446, 1448; s. Einl. Rdn. 161, 174)

2 Die Regelung wird ergänzt durch die §§ 53 Abs. 1 Nr. 2, 97 Abs. 1, 160a Abs. 1 und die Untersuchungshaftvollzugsgesetze der Länder. Der Gesetzgeber bezweckt auf diese Weise einen umfassenden Schutz der anwaltlichen Berufsgeheimnisträger (LG Augsburg StV 2014, 468). Für den Strafvollzug gelten – soweit vorhanden – die Strafvollzugsgesetze der Länder (z.B. § 22 Abs. 1 Satz 1 JUVollzGB III BW, Art. 29 S. 1 BayStVollzG, § 26 Abs. 5 SLStVollzG, andernfalls das StVollzG; vert. *Laubenthal* Strafvollzug, 8. Aufl. 2019, Rn. 513). Die Norm gilt auch für die Unterbringung nach dem ThUG (LG Regensburg StV 2012, 489, 490).

3 **§ 148 Abs. 2** normiert Einschränkungen von diesem Grundsatz in den Fällen, in denen ein dringender Tatverdacht für eine Straftat nach § 129a (i.V.m. § 129b) StGB in Rede steht. Durch diese soll verhindert werden, dass sich der Beschuldigte aus der Haftanstalt heraus weiterhin für die terroristische Vereinigung betätigt und auf diese Weise zu deren Fortbestand beiträgt (BGH NStZ 1984, 177, 178 m.w.N.; krit. zur Tauglichkeit der Regelung LR/*Jahn* § 148 Rn. 29 ff.; zur Vereinbarkeit der Norm mit der EMRK: EGMR NJW 2003, 1439, 1441). Die Regelung wurde zuletzt infolge des Untersuchungshaftänderungsgesetzes dahin gehend klargestellt, dass stets ein dringender Tatverdacht für die Mitgliedschaft in einer (ausländischen) terroristischen Vereinigung vonnöten ist. Zudem wurde sie insoweit modifiziert, als eine Überwachung des Schriftverkehrs bzw. eine sogenannte Trennscheibenanordnung nunmehr stets eine richterliche Anordnung voraussetzt (BT-Drs. 16/11644, S. 34; dazu *Bittmann* NStZ 2010, 13, 16; näher zur Entstehungsgeschichte der Regelung insgesamt LR/*Jahn* § 148 Rn. 30 ff. m. zahlr. Nachw.).

4 **B. Regelungsgehalt. I. Grundsatz des unüberwachten Verkehrs. 1. Persönlicher Anwendungsbereich.** § 148 erfasst den **Wahl- und den Pflichtverteidiger** eines Beschuldigten (zum sog. Unternehmensverteidiger näher *Taschke* FS Hamm, S. 751, 765; *Wessing* FS Mehle, S. 665, 678 ff. sowie oben § 138 Rdn. 10) im Strafverfahren (zum dienstleistenden europäischen Rechtsanwalt s. § 30 EuRAG sowie § 138 Rdn. 7). Der Beistand i.S.d. § 149 ist nicht erfasst (BGHSt 44, 82, 87; SK-StPO/*Wohlers* § 148 Rn. 4).

5 Das Recht auf unüberwachten Verkehr mit dem Verteidiger gilt **in jeder Lage des Strafverfahrens**, vorausgesetzt der Verteidiger übt eine Verteidigungstätigkeit aus. Dies gilt nicht nur für das Verfahren, in dem Untersuchungshaft angeordnet worden ist, sondern auch für weitere anhängige Strafverfahren (OLG Celle NStZ 2003, 686, 687).

6 § 148 Abs. 1 gilt für den in Deutschland inhaftierten Beschuldigten auch für die Verteidigung in ausländischen Strafverfahren, sofern dessen Heimatland die EMRK ratifiziert hat (OLG Celle NStZ 2003, 686, 687; weitergehend SK-StPO/*Wohlers* § 148 Rn. 4: jede der deutschen Jurisdiktion unterstehende Person; vgl. OLG Köln StV 2011, 35 zu den Anforderungen an die Verteidigerlegitimation).

7 Die Norm greift nur im **Strafverfahren gegen den Beschuldigten** ein bzw. nur zu dessen Gunsten, nicht aber zugunsten des Verteidigers, der selbst beschuldigt wird (BGHSt 53, 257 m. zust. Anm. *Ruhmannseder* NJW 2009, 2647; *Beulke/Ruhmannseder* StV 2011, 180, 186; *Wohlers* JR 2009, 523; krit. *Barton* JZ 2010, 102, 103; *Kühne* HRRS 2009, 547; *Mosbacher* JuS 2010, 127; *Norouzi* StV 2010, 670; vgl. dazu auch BVerfG StV 2010, 666 sowie *Beulke/Ruhmannseder* [2010], Rn. 502; *Krekeler* FS Samson, S. 681, 692).

8 Über **§ 119 Abs. 4 Satz 2** ist § 148 Abs. 1 auf die dort genannten Personen entsprechend anwendbar.

9 **2. Zeitlicher Anwendungsbereich.** § 148 Abs. 1 erfasst nach seinem Wortlaut das Verteidigungsverhältnis. Ein solches setzt nicht zwingend voraus, dass in der strafrechtlichen Angelegenheit bereits ein Ermittlungsverfahren eingeleitet worden ist (LG Gießen wistra 2012, 409, 410; vgl. auch § 137 Rdn. 7).

10 Ob der Verkehr zwischen Rechtsanwalt und Beschuldigtem auch bereits in dem Zeitraum von § 148 Abs. 1 geschützt ist, in dem es um die Anbahnung des Mandats geht, also noch kein Verteidigungsverhältnis besteht (a.A. *P. Danckert* StV 1986, 171, 173), ist umstritten (dagegen KG JR 1979, 40; StV 1985, 405 m. abl. Anm. *Hassemer*; vgl. hierzu auch *Bung* StV 2010, 587, 590; KG StV 1991, 307, 524; OLG München NStZ 2013, 170, 171 f.; **für ein Entscheidungsrecht des Richters bei ausgeschlossenem Missbrauch des Kontaktrechts im Einzelfall** die h.A.: Meyer-Goßner/*Schmitt* § 148 Rn. 4). Für einen derartigen zeitlichen Umfang der Norm spricht, dass ohne Vertrauen kein Mandat zustande kommt, dieses also konstituierend wirkt, und dass

andernfalls die nötige Prüfung, ob eine Interessenkollision vorliegt, nicht möglich wäre (s.a. Einl. Rdn. 170; *Beulke/Swoboda* Strafverfahrensrecht Rn. 233; KK-StPO/*Willnow* § 148 Rn. 5; *Ignor* Beck´sches Formularbuch, S. 41; *Schäfer* FS Hanack, S. 77, 82; *Wessing* FS Mehle, S. 665, 673; *Wohlers* StV 2010, 151, 154; These 4 der Thesen zur Strafverteidigung des Strafrechtsausschusses der BRAK, 2. Aufl. 2015; für die Geltung der Norm jedenfalls bei Beauftragung des Rechtsanwalts durch Dritte: BGH StV 2016, 414 [Ehefrau des inhaftierten Beschuldigten organisiert die Suche nach einem Strafverteidiger]; OLG Düsseldorf StV 1984, 106; LG Darmstadt StV 2003, 628; LR/*Jahn* § 148 Rn. 8; weitergehend und auch sog. Angebotsfälle [KK-StPO/*Willnow* § 148 Rn. 5 »Anbiederungsfall«] erfassend: *Fezer* StV 1993, 255; a.A. OLG Hamm StV 2010, 586 m. abl. Anm. *Bung*: allein Wunsch des Inhaftierten maßgebend; für eine Darlegungspflicht des Rechtsanwalts bei Beantragung einer Besuchserlaubnis AG Aachen WKRS 2010, 11816; ebenso Radtke/Hohmann/*Reinhart* § 148, Rn. 2). Der Anwalt darf sein »Angebotsschreiben« an den inhaftierten Beschuldigten nicht als »Verteidigerpost« klassifizieren (Meyer-Goßner/*Schmitt* § 148 Rn. 4).

11 Fraglich ist zudem, ob die Norm auch **nach Kündigung des Mandats** fortwirkt (dagegen LG Tübingen NStZ 2008, 653). Hierfür spricht, dass die Kündigungserklärung zwar zur Beendigung des Verteidigungsverhältnisses, nicht aber zum vollständigen Erlöschen der vertraglichen Beziehung führt (AG Koblenz StV 2006, 650 m. zust. Anm. *Wilhelm*; LR/*Jahn* § 148 Rn. 9: jedenfalls dann, wenn noch kein neuer Verteidiger gewählt worden ist; ebenso *Grube* JR 2009, 362, 363).

12 Umstritten ist schließlich, ob § 148 Abs. 1 auch **nach rechtskräftigem Abschluss des Verfahrens** »nachwirkt« (dagegen BGHSt 53, 257, 261 m. zust. Anm. *Ruhmannseder* NJW 2009, 2647, 2648; OLG Koblenz NStZ-RR 2008, 282; best. durch BVerfG 2 BvR 112/08 v. 28.01.2008; Meyer-Goßner/*Schmitt* § 148 Rn. 2a). Für eine derartige »Fernwirkung« spricht, dass der Verteidiger, der befürchten müsste, dass Interna der Verteidigung nachträglich offenbart werden müssen, de facto als »gläserner Verteidiger« anzusehen wäre (*Beulke* FS Fezer, S. 3, 10 ff.; *Beulke/Ruhmannseder* StV 2011, 252, 254; LR/*Jahn* § 148 Rn. 9; *Bosbach* NStZ 2009, 177, 180 ff.; *Schäfer* FS Hanack, S. 77, 102; *Wessing* FS Mehle, S. 665, 682; *Schmitz* NJW 2009, 40, 41, s. auch *Beulke* FS Imme Roxin, S. 555; LR/*Ignor/Bertheau* Vor § 48 Rn. 45 ff.).

13 **3. Sachlicher Anwendungsbereich. a) Schriftverkehr. aa) Begriff.** § 148 Abs. 1 normiert zunächst das Recht auf ungehinderten Schriftverkehr zwischen Beschuldigtem und Verteidiger. Der **Begriff des Schriftverkehrs** umfasst den schriftlichen Gedankenaustausch zwischen Absender und Empfänger (so *Grube* JR 2009, 362, 364 m.w.N.), d.h. neben Briefen auch Pakete mit Schriftstücken sowie elektronisch gespeicherte Nachrichten (OLG Koblenz StV 1982, 427; SK-StPO/*Wohlers* § 148 Rn. 20; LR/*Jahn* § 148 Rn. 18; instruktiv zu Briefeinlagen KG NStZ-RR 2007, 125 m.w.N.). Dass die Briefe, Pakete bzw. Nachrichten bereits abgesendet wurden, ist nicht vonnöten (OLG München NStZ 2006, 300, 301).

14 Geschützt ist nur die der Verteidigung dienende Kommunikation. Fraglich ist in diesem Zusammenhang, ob nur Schriftstücke, die in unmittelbarem Zusammenhang zur Verteidigung stehen, von § 148 Abs. 1 erfasst werden und daher als Verteidigerpost deklariert werden dürfen oder ob auch **das anwaltliche Tätigwerden außerhalb des Strafverfahrens** erfasst ist (für eine Beschränkung auf das Strafverfahren BGHSt 26, 304, 307 f.; OLG Karlsruhe StV 2014, 551; LG Tübingen NStZ 2008, 653, 655; BVerfG StV 2010, 144, 145 m. abl. Anm. *Weider*). Für ein weiteres Verständnis der Norm spricht, dass das Strafverfahren häufig Auswirkungen auf andere Rechtsgebiete hat, und der Schriftverkehr u.U. nur schwer zu trennen ist. Jedenfalls insoweit erstreckt sich der Anwendungsbereich des § 148 Abs. 1 auch auf Bereiche außerhalb des Strafverfahrens (LR/*Jahn* § 148 Rn. 19 ff.; Radtke/Hohmann/*Reinhart* § 148 Rn. 4, 7; Widmaier/Müller/Schlothauer/*König* MAH § 4 Rn. 125; *Schlothauer/Weider* Untersuchungshaft [2010], Rn. 97 ff.; *Beulke* FS Lüderssen, S. 693, 694; *Grube* JR 2009, 362, 364: »innerer Zusammenhang« vonnöten). Deshalb kann die Kommunikation des formell Beschuldigten mit seinem Rechtsanwalt auch dann dem Schutzbereich der §§ 97 Abs. 1 Nr. 1, 148 Abs. 1 unterfallen (und damit beschlagnahmefrei sein), wenn sie bereits vor formeller Einleitung des Ermittlungsverfahrens stattfand. Maßgeblich ist, ob es sich um Unterlagen handelt, die in objektiv nachvollziehbarer Weise im Rahmen einer Mandatsbeziehung erstellt wurden, d.h. die strafrechtliche Verteidigung des Mandanten gegen diejenigen Vorwürfe gerichtet sind, welche Gegenstand des gegen den Beschuldigten geführten Ermittlungsverfahrens sind (LG Mannheim NZWiSt 2021, 161 [vorbereitender Zivilprozess]).

15 Sendet der Beschuldigte seinem Verteidiger jedoch Dokumente, die in keinem Zusammenhang mit der Verteidigung stehen, so hat dieser sie seinem Mandanten zurückzusenden (vert. *Beulke* StV 2019, 205; **a.A.** *Klemke/Elbs* Rn. 179: Verwahrung des Schreibens und Herausgabe nach rechtskräftiger Beendigung des Verfahrens bzw. Beendigung der Untersuchungshaft. Zu möglichen – auch strafrechtlichen – Sanktionen gegen den Verteidiger bei Weiterleitung von Schreiben *Beulke/Ruhmannseder* [2010], Rn. 74; *Müller/Opper/von*

Stetten Rn. 158 ff. sowie *Grube* JR 2009, 362, 365; zur in diesem Fall bestehenden Ausschlussmöglichkeit vgl. näher § 138a Rdn. 22 ff.).

bb) Ungehindert. Ungehindert bedeutet dabei zum einen, dass keine inhaltliche Kontrolle erfolgen und zum anderen der Schriftverkehr nicht verzögert werden darf (OLG Düsseldorf NJW 1983, 186 f.). 16

Der Schriftverkehr unterliegt lediglich insoweit einer Kontrolle, als geprüft werden muss, ob er **dem äußeren Anschein nach** (vgl. OLG Bremen StV 2006, 650: *»Vollmacht, Kennzeichnung als Verteidigerpost, Absenderidentität«)* als Verteidigerpost anzusehen ist (OLG Düsseldorf NJW 1983, 186, 187; s.a. Einl. Rdn. 170). Obwohl z.B. § 21 UVollzG BaWü und § 41 UVollzG Bln keine derartigen Einschränkungen für die Kontrolle von Paketen vorsehen, sind die Normen im Lichte des § 148 Abs. 1 entsprechend auszulegen (i.E. ebenso OLG Stuttgart NStZ 1991, 359, 360; SK-StPO/*Wohlers* § 148 Rn. 24; **a.A.** Meyer-Goßner/*Schmitt* § 148 Rn. 6 [anders die einliegenden Briefe, die als Verteidigerpost gekennzeichnet sind]). 17

Eine **inhaltliche Kontrolle** der als Verteidigerpost gekennzeichneten Schriftstücke auf unzulässige Einlagen ist auch im Fall der Anwesenheit des Beschuldigten (OLG Frankfurt a.M. StV 2005, 226; Meyer-Goßner/*Schmitt* § 148 Rn. 7, SK-StPO/*Wohlers* § 148 Rn. 25; **a.A.** EGMR NJW 2003, 1439, 1441; OLG Koblenz StV 1982, 427 m. abl. Anm. *Dünnebier*; KMR-*Müller* § 148 Rn. 8) und wegen des eigenen Rechts des Verteidigers aus § 148 (s. oben Rdn. 1) sogar bei seiner **Zustimmung** (OLG Dresden StV 2006, 654 f.; OLG Saarbrücken NStZ-RR 2004, 188; OLG München NStZ 2013, 170, 172; Meyer-Goßner/*Schmitt* § 148 Rn. 6; s.a. BVerfG StV 2012, 161, 162, das die Freiwilligkeit der Zustimmung im konkreten Fall verneint hatte; **a.A.** OLG Stuttgart NStZ 2011, 348, 349) **unzulässig** (zum Beweisverwertungsverbot bei Verstoß gegen diese Maßgabe LG München I StV 2006, 28). Mögliche Präventivstrategien zur Vermeidung der Wiederverwendung von Schreiben stellen das Lochen (OLG Karlsruhe NStZ 2005, 588), die Stempelung (OLG Frankfurt a.M. NStZ-RR 2003, 254, 255) bzw. Perforierung der Post (OLG Saarbrücken NStZ-RR 2004, 188, 189) dar; wegen der möglichen – auch unbewussten – Wahrnehmung von Interna des Verteidigungsverhältnisses unzulässig ist hingegen das Herausschneiden des Sichtfensters des Umschlags und die Stempelung der hierdurch entstandenen Öffnung (OLG Frankfurt a.M. NStZ-RR 2003, 254, 255 [Beispiele von *Grube* JR 2009, 362, 365, der überdies mögliche Straftatbestände bei Verstößen gegen diese Grundsätze anführt]; zur Missachtung dieser Vorgaben in der Praxis *Münchhalffen* StraFo 2003, 150, 152). 18

Falls Zweifel an der Eigenschaft als Verteidigerpost bestehen, darf das betreffende Schreiben bzw. Paket auch zwecks Absenderidentitätsprüfung nicht geöffnet werden, sondern es muss beim Absender Rückfrage gehalten und der Brief oder das Paket ggf. zurückgesandt werden (BGH StV 2015, 339; OLG Bremen StV 2006, 650; LG München I StV 2006, 28; KK-StPO/*Willnow* § 148 Rn. 8; SK-StPO/*Wohlers* § 148 Rn. 26; einschränkend LG Tübingen NStZ 2008, 653, 655 bei gewichtigen Anhaltspunkten für eine missbräuchliche Verwendung der Bezeichnung Verteidigerpost). 19

Zuständig für die Kontrolle ist im Fall der Untersuchungshaft sowie in den Konstellationen der §§ 126a Abs. 2 Satz 1, 275a Abs. 5 Satz 4, 453c Abs. 2 Satz 2 die nach § 119 Abs. 2 zuständige Stelle (Meyer-Goßner/*Schmitt* § 148 Rn. 7). I.Ü. kann die Justizvollzugsanstalt damit beauftragt werden; eine Anordnung, dass der Schriftverkehr zunächst dem Richter vorgelegt werden muss, ist wegen der damit einhergehenden Verzögerung unzulässig (OLG Düsseldorf NJW 1983, 186, 187; SK-StPO/*Wohlers* § 148 Rn. 26; vorsichtiger Meyer-Goßner/*Schmitt* § 148 Rn. 7: »idR überflüssig«). Zur Möglichkeit der **Beschlagnahme von Verteidigerpost beim Beschuldigten** vgl. Einl. Rdn. 170, § 97 sowie (sofern es das Strafverfahren gegen den Verteidiger betrifft) BGHSt 53, 257, 261 f.; *Beulke* FS Lüderssen, S. 693, 696 ff. Zur Möglichkeit der **Beschlagnahme beim Verteidiger** näher unter § 160a sowie bei *Beulke/Ruhmannseder* [2010], Rn. 490 ff.; *dies.* StV 2011, 180 ff.; 252 ff. 20

Problematisch ist schließlich, in welchem **Verhältnis** der durch § 148 Abs. 1 statuierte Grundsatz des unüberwachten schriftlichen Verkehrs **zu der Postsperre i.S.d. § 99 InsO** steht. Nach Ansicht des Bundesverfassungsgerichts hindert § 148 Abs. 1 nicht die Lektüre der Verteidigerpost seitens des Insolvenzverwalters, weil Erkenntnisse, die aus dem auf diese Weise überwachten Schriftverkehr resultierten, gem. § 97 Abs. 1 Satz 3 InsO analog einem Verwendungsverbot unterliegen (BVerfG StV 2001, 212 m. abl. Anm. *Marberth-Kubicki* StV 2001, 433; KK-StPO/*Willnow* § 148 Rn. 8; Graf/*Wessing* StPO § 148 Rn. 8; *Dannecker/Knierim* Insolvenzstrafrecht [2018] Rn. 178). Dieser Ansicht ist jedoch aufgrund der von der Rspr. grds. abgelehnten Fernwirkung von Beweisverwertungsverboten (dazu näher unter Einl. Rdn. 279) zu widersprechen. Das Verwertungsverbot muss sich jedenfalls auf alle Erkenntnisse erstrecken, die erst durch die Offenlegung der Kommunikation gewonnen werden (SK-StPO/*Wohlers* § 148 Rn. 23; LR/*Jahn* § 148 Rn. 21). 21

b) Mündlicher Verkehr. aa) Begriff. Der Begriff des mündlichen Verkehrs umfasst neben **Besuchen** auch die **fernmündliche Kommunikation** des Beschuldigten mit seinem Verteidiger zum Zwecke der Verteidigung (zu dieser Einschränkung vgl. oben Rdn. 14 f.). Hiervon erfasst ist auch die Kommunikation im Rahmen einer 22

Sockelverteidigung, wenn keine Verdunkelungshandlungen zu erwarten sind (LG Gießen StV 2012, 363). Auch der in Untersuchungshaft befindliche Beschuldigte hat im Rahmen des organisatorisch Machbaren einen Anspruch auf unbewachten telefonischen Kontakt zu seinem Verteidiger. Interne Überwachungsschwierigkeiten sind kein Hinderungsgrund ebenso wenig wie das Fehlen entsprechender Räumlichkeiten (BGH NStZ 2011, 592). Können die Telefongespräche nur von Dienstzimmern oder Geschäftsstellen geführt werden, soll nach einer früheren Rspr. des BGH die Anwesenheit eines Bediensteten der JVA auch bei Gesprächen mit dem Verteidiger zulässig sein (BGH StV 1999, 399). Dies kann heute im Lichte des Art. 6 EMRK und des fair-trial-Prinzips sowie angesichts des staatlichen Vertrauensvorschusses, der dem Verteidiger als Organ der Rechtspflege entgegengebracht wird (BVerfG NJW 2012, 2790; s. Einl. Rdn. 161, 174, § 147 Rdn. 29 sowie oben Rdn. 1) nicht mehr gelten (LG Ellwangen BeckRS 2013, 10685; *Lüderssen* StV 1999, 490; KK-StPO/*Willnow* § 148 Rn. 7; zum Ganzen s. ausführlich *Hemm* NStZ 2018, 433). Hat ein Polizeibeamter zufällig ein Gespräch zwischen dem Beschuldigten und seinem Verteidiger mitangehört, so dürfen diese Erkenntnisse nicht verwertet werden (LG Augsburg StV 2014, 468).

23 Für die Unterredung dürfen erforderliche Unterlagen mitgenommen werden, egal ob in schriftlicher oder elektronischer Form (zur Mitnahme des **Verteidiger-Notebooks** ohne Netzwerkkarte und Zusatzgeräte in die JVA BGH NJW 2004, 457). Dasselbe gilt für **iPads, Tabletts und Organizer**, wie Palms, Blackberrys oder Smartphones, sofern darauf für die Gespräche mit dem Mandanten erforderliche Unterlagen und Informationen gespeichert sind (*Schlothauer/Weider/Nobis* Untersuchungshaft [2016], Rn. 97). Die Mitnahme von **Mobilfunkgeräten**, die auch für eine aktuelle Kommunikation mit Dritten außerhalb der Anstalt geeignet sind, wird jedoch regelmäßig nicht gestattet (krit. dazu Widmaier/Müller/Schlothauer/*König* MAH § 4 Rn. 121, Fn. 176), ebenso wenig von **Tonband**- und **Videorekorder** (zu Letzterem OLG Hamm NStZ 1995, 102; krit. hierzu *Münchhalffen* StraFo 2003, 150, 153). Eine inhaltliche Kontrolle ist stets unzulässig und die Missbrauchsgefahr nicht größer als bei Schriftstücken; eine **Überprüfung auf »Fremdkörper«** durch die Justizvollzugsanstalt wird allerdings unabhängig davon, ob die Akten in Schrift- oder elektronisch gespeicherter Form mitgeführt werden, für zulässig erachtet (BGH NJW 2004, 457; vert. unter Rdn. 25). Auch ist die Mitnahme eines **Diktiergeräts** zulässig (OLG Frankfurt a.M. AnwBl. 1980, 307; Widmaier/Müller/Schlothauer/*König* MAH § 4 Rn. 131; zu Behinderungen in der Praxis *Münchhalffen* StraFo 2003, 150, 152); Der Verteidiger darf, sofern der Beschuldigte der deutschen Sprache nicht hinreichend mächtig ist, einen allgemein vereidigten **Dolmetscher** als Hilfskraft mit in die Haftanstalt nehmen, ohne dass dieser einer zusätzlichen Besuchserlaubnis bedarf (LG Frankfurt a.M. StV 1989, 350; LR/*Jahn* § 148 Rn. 14; SK-StPO/*Wohlers* § 148 Rn. 17; enger wohl LG Köln NStZ 1983, 237, das u.a. auf die Kenntnis der Kammer abstellt).

24 **bb) Ungehindert.** Aufgrund des Normzwecks des § 148 Abs. 1 (s.o. Rdn. 1) sind Beschränkungen des mündlichen Verteidigerkontakts sowohl mit Blick auf die **Häufigkeit** als auch den **zeitlichen Umfang** grundsätzlich ausgeschlossen (BT-Drs. 7/3998, S. 14). Zulässig sind nur solche Einschränkungen, die zur Aufrechterhaltung der Ordnung in der Haftanstalt unabdingbar sind (KG GA 1977, 115, 116; OLG Stuttgart NStZ 1998, 212, 214; OLG Hamm NStZ 1985, 432; Meyer-Goßner/*Schmitt* § 148 Rn. 10; s. aber auch OLG Hamm NStZ-RR 2012, 62: kein Besuchsrecht bei anstaltsinterner Fortbildung). Die **Besuchszeiten** dürfen den Kontakt nur regeln, nicht aber wesentlich einschränken. Hierfür ist eine Abwägung im Einzelfall vonnöten (*Schriever* NStZ 1998, 159, 160). Im Zweifel gebührt dem Verteidigungsinteresse des Beschuldigten der Vorrang (KG GA 1977, 115, 116; OLG Stuttgart NStZ 1998, 212, 214 f.; LG Bonn StV 2014, 552), und es sind **ggf. Ausnahmen** zu gewähren (für eine Pflicht des Beschuldigten bzw. seines Verteidigers zur Begründung besonderer Umstände in dem Antrag auf Erteilung einer Ausnahmegenehmigung OLG Karlsruhe NStZ 1997, 407, 408 m. zu Recht abl. Anm. *Schriever* NStZ 1998, 159; zu Behinderungen des Verteidigerkontaktrechts in der Praxis *Münchhalffen* StraFo 2003, 150, 151). Ein Verteidiger, der einen Screenshot eines Verteidigerschriftsatzes an einen in Strafhaft sitzenden Mandanten via WhatsApp an dessen nicht genehmigtes privates Mobiltelefon übermittelt, kann die Ordnungswidrigkeit des unbefugten Verkehrs mit dem Gefangenen gem. § 115 Abs. 1 OWiG erfüllen, denn die Strafvollzugsanstalt darf kontrollieren, wann mit wem ein Gefangener telefoniert, was auch für den an und für sich zu gewährleistenden unbewachten Telefonverkehr (s. z.B. § 26 Abs. 6 i.V.m. Abs. 1 Satz 1, Abs. 2 Satz 1 StVollzG NRW) gilt (OLG Düsseldorf NStZ 2021, 110 m. krit. Anm. *Knierim* FD-StrafR 2020, 424174).

25 Eine **Durchsuchung des Verteidigers** beim Betreten der Haftanstalt (Leibesvisitation, Abtasten mit Metalldetektor etc.) ist gem. §§ 34 Satz 2 i.V.m. 33 Abs. 4 UVollzG Bln (krit. zur Regelungskompetenz der Länder *Schlothauer/Weider/Nobis* Untersuchungshaft [2016], Rn. 90) bzw. gem. Art. 29 Satz 2 i.V.m. Art. 27 Abs. 3 BayStVollzG zulässig. Die Normen sind im Lichte des § 148 Abs. 1 allerdings eng auszulegen, sodass eine Durchsuchung **nur auf Waffen- und Ausbruchswerkzeuge** begrenzt sein muss (KK-StPO/*Willnow* § 148 Rn. 7). Jedenfalls bedarf eine darüber hinausgehende Kontrolle **eines konkreten, tatsachenbasierten Anlasses**

für den Missbrauch der Verteidigerbefugnisse (OLG Saarbrücken NJW 1978, 1446, 1448; *Schlothauer/Weider/Nobis* Untersuchungshaft [2016], Rn. 88 ff.; *Beulke* Verteidiger im Strafverfahren, S. 196; Widmaier/Müller/Schlothauer/*König* MAH § 4 Rn. 120; *Callies* StV 2002, 675, 678 zu § 26 Satz 2 StVollzG – zu weit daher BGH NJW 1973, 1656; OLG Nürnberg NJW 2002, 694 m.Anm. *Fahl* JA 2003, 368. Vgl. auch SK-StPO/*Wohlers* § 148 Rn. 14, der eine Durchsuchung bei »besondere[n] Sicherheitsrisiken« für zulässig, ansonsten aber für unzulässig erachtet). Auch sofern eine Durchsuchung zulässig ist, unterfallen die Unterlagen, die der Verteidiger mit sich führt, **keiner inhaltlichen Kontrolle** (BGH NJW 2004, 457; s.a. § 34 Satz 3 UVollzG Bln, Art. 29 Satz 3 BayStVollzG, s. auch bereits oben Rdn. 23).

Eine **akustische oder optische Überwachung des Besuchs** ist nicht zulässig (vgl. Art. 30 Abs. 5 BayStVollzG, 26
§ 35 Abs. 4 UVollzG Bln). Daher können der Beschuldigte und der Verteidiger verlangen, dass ihnen ein Raum zur Verfügung gestellt wird, in dem Gespräche in normaler Lautstärke geführt werden können, ohne dass diese unter normalen Umständen mitgehört werden können (OLG Hamm StV 1985, 242). Die Vertraulichkeit der Verteidigerkommunikation wird nicht durch Strafverfolgungsorgane verletzt, wenn sich der Beschuldigte in Anwesenheit von Ermittlungsbeamten gegenüber dem Verteidiger in einer Weise äußert, dass dies ohne Weiteres wahrgenommen werden kann (BGH BeckRS 2018, 22950 mit Besprechung *Jäger* JA 2019, 308).

Unter Zugrundelegung dieses Anspruchs auf Schaffung geeigneter Räume für die ungestörte Kommunika- 27
tion in der Haftanstalt besteht auch ein **Anspruch** des Beschuldigten **auf Nutzung der anstaltseigenen Fernsprechanlagen zum Zwecke der unüberwachten fernmündlichen Kommunikation mit seinem Verteidiger** (vgl. z.B. § 40 Satz 1 und 2 i.V.m. § 34 Satz 1, 35 Abs. 4 UVollzG Bln; Art. 35 Abs. 1 Satz 2 i.V.m. Art. 30 Abs. 5 BayStVollzG; zur Kostentragungspflicht des Beschuldigten KG NStZ-RR 1996, 383). Daher ist die Anwesenheit von Bediensteten der Justizvollzugsanstalt während des Telefonats und damit ein Mithören dieser Gespräche nicht gestattet (vgl. aber BGH NStZ 1999, 471, 472; Meyer-Goßner/*Schmitt* § 148 Rn. 16; wie hier hingegen AnwK-StPO/*Krekeler/Werner* § 148 Rn. 15; SK-StPO/*Wohlers* § 148 Rn. 37; *Schlothauer/Weider* Untersuchungshaft [2010], Rn. 111, Widmaier/Müller/Schlothauer/*König* MAH § 4, Rn. 133; *Lüderssen* StV 1999, 490 f.; zur Praxis *Münchhalffen* StraFo 2003, 150, 152).

Das Recht unüberwachter telefonischer Kommunikation zwischen Verteidiger und inhaftiertem Mandanten darf auch nicht mit der pauschalen Begründung versagt werden, es sei nicht sicherzustellen, dass es sich bei dem Gesprächspartner tatsächlich um den Verteidiger handelt (BVerfG StV 2012, 610, 611).

Auch die **Telekommunikation mit dem Verteidiger** darf nicht überwacht werden, um sie im Verfahren gegen 28
den Beschuldigten zu verwerten (BGHSt 33, 347, 350; BVerfG NJW 2007, 2749, 2450; Meyer-Goßner/*Schmitt* § 148 Rn. 16; *Schäfer* FS Hanack, S. 77, 82).

Zur Unzulässigkeit der Überwachung der Telekommunikation bei möglicher Verstrickung des Verteidigers 29
vgl. unter § 100a sowie *Beulke/Ruhmannseder* [2010], Rn. 153; *dies.* StV 2011, 183 ff.; 255 ff.

II. Ausnahmen. 1. § 148 Abs. 2. § 148 Abs. 2 eröffnet dem Gericht in den Fällen, in denen der inhaftierte 30
Beschuldigte der Mitgliedschaft in einer (ausländischen) terroristischen Vereinigung dringend tatverdächtig ist, die Möglichkeit, den Schriftverkehr mit dem Verteidiger von einer vorherigen gerichtlichen Kontrolle abhängig zu machen (s. dazu *Birkhoff/Hawickhorst* StV 2013, 540, 541 f., die zu Recht auf die Notwendigkeit konkreter Anknüpfungstatsachen hinweisen und die Norm verfassungskonform dahin gehend auslegen, dass zusätzliche Tatsachen vorliegen müssen, die auf eine Instrumentalisierung des Verteidigers zu verfahrensfremden Zwecken schließen lassen). Erklärt sich der Absender nicht mit der vorherigen Vorlage des Schriftverkehrs einverstanden, so wird dieser zurückgewiesen (Satz 1). Zudem schreibt Satz 3 für den Fall, dass der Schriftverkehr auf diese Weise überwacht wird, den Einsatz einer sogenannten Trennscheibe für Besuche des Verteidigers beim inhaftierten Beschuldigten vor, um auch insoweit eine Übergabe von Schriftstücken oder anderen Gegenständen zu verhindern.

Der **dringende Tatverdacht** muss sich nicht auf die Tat beziehen, deretwegen der Beschuldigte sich nicht auf 31
freiem Fuß befindet; dies ergibt sich implizit aus Satz 2. Auch ist irrelevant, welche Form von Haft gegen den Beschuldigten vollstreckt wird (Meyer-Goßner/*Schmitt* § 148 Rn. 18).

Der Gesetzgeber hat die – eng auszulegende (BVerfG StV 2012, 610, 611) – Norm im Zuge des Gesetzes 32
zur Änderung des Untersuchungshaftrechts als »**Soll**«-**Vorschrift** formuliert, um die notwendige Flexibilität im Einzelfall zu gewährleisten. Zwar sei »in der Mehrzahl der Fälle eine Überwachung geboten« (BT-Drs. 16/11644, S. 34 f.); jedoch seien auch Konstellationen denkbar, in denen dies nicht der Fall sei, so z.B. wenn sich der Beschuldigte von der Mitgliedschaft losgesagt habe oder mit den Strafverfolgungsbehörden kooperiere (BT-Drs. 16/11644, S. 35; Bsp. hierfür: KG StV 2011, 296; s.a. OLG München StV 2013, 528 [»*Nationalsozialistischer Untergrund-NSU*«] m. i. E. zust. Anm. *Birkhoff/Hawickhorst* StV 2013, 540: Anhaltspunkte für Auflösung der terroristischen Vereinigung sowie keine Indizien für die Kommunikation

mit Sympathisanten über die Verteidiger). Durch die Formulierung wird zudem verdeutlicht, dass es sich bei der Frage, ob eine Überwachung notwendig ist, um eine situativ zu beantwortende handelt.

33 Notwendig ist nach der Änderung des Gesetzes **stets die gesonderte richterliche Anordnung** der Beschränkung, auch sofern ein Haftbefehl wegen des dringenden Verdachts einer Straftat nach § 129a (i.V.m. § 129b) StGB erlassen worden ist. Mit dem **Begriff »Gericht«** wird auf die Regelung in § 126 Bezug genommen (BT-Drs. 16/11644, S. 35). Ist noch kein Haftbefehl wegen § 129a (i.V.m. § 129b StGB) ergangen, so stellt § 148 Abs. 2 Satz 2 klar, dass in diesen Fällen das Gericht zuständig ist, das zum Erlass des Haftbefehls berufen wäre. Die Durchführung der Überwachung des Schriftverkehrs regelt § 148a.

34 Die Regelung ist, abgesehen von den §§ 31 ff. EGGVG, sowie der Anordnung des Ruhens des Rechts nach § 148 Abs. 1 im Ausschließungsverfahren nach §§ 138a ff. (dazu unter Rdn. 35 f.) **abschließend** (BGHSt 30, 38, 41; OLG Nürnberg StV 2001, 39). Insb. darf, sofern deren Voraussetzungen nicht erfüllt sind, nicht subsidiär auf § 4 Abs. 2 Satz 2 StVollzG bzw. auf die entsprechenden Vollzugsgesetze der Länder (z.B. Art. 6 Abs. 2 Satz 2 BayStVollzG) zurückgegriffen werden, um die Verwendung einer Trennscheibe beim Besuch eines Verteidigers wegen der konkreten Gefahr einer Geiselnahme des Verteidigers zum Zwecke der Freipressung zu legitimieren (KK-StPO/*Willnow* § 148 Rn. 12; LR/*Jahn* § 148 Rn. 40 ff; **a.A.** BGHSt 49, 61, 64 ff. m. zust. Anm. *Arloth* Jura 2005, 108, 109 f. und krit. Anm. *Beulke/Swoboda* NStZ 2005, 67, 70). Auch ist keine zusätzliche optische Überwachung des Besuchs des Verteidigers im Fall der Verwendung einer Trennscheibe zulässig (LR/*Jahn* § 148 Rn. 51; Meyer-Goßner/*Schmitt* § 148 Rn. 21).

35 **2. §§ 31 ff. GVG.** Die Normen, die die Kontaktsperre betreffen (vgl. dazu näher KK-StPO/*Willnow* § 148 Rn. 2), gelten als leges speciales neben § 148 Abs. 2. Hieran ändert auch die jüngste Modifizierung des § 148 Abs. 2 nichts (BT-Drs. 16/11644, S. 35).

36 **3. § 138c Abs. 3.** Schließlich ist der Verkehr zwischen Beschuldigtem und Verteidiger auch dann nicht frei von der Möglichkeit der Überwachung, wenn in einem Ausschließungsverfahren i.S.d. §§ 138a ff. angeordnet wird, dass das Recht auf unüberwachten Verkehr mit dem Beschuldigten gem. § 138c Abs. 1 Satz 1 bis zum Abschluss des Verfahrens ruht (hierzu näher unter § 138c Rdn. 15 ff.).

37 **C. Rechtsmittel.** Die Beantwortung der Frage, welcher Rechtsbehelf gegen Maßnahmen, die das Kontaktrecht betreffen, statthaft ist, richtet sich nach der Art der in Rede stehenden Maßnahme und der erlassenden Stelle (generell zum Rechtsschutz im Ermittlungsverfahren *Beulke/Swoboda* Strafverfahrensrecht, Rn. 321). **Antragsbefugt** sind stets sowohl der Beschuldigte als auch der Verteidiger im eigenen Namen als Träger des Rechts (BGHSt 29, 135, 137, s.a. oben Rdn. 1); im Fall der Anfechtung einer Maßnahme nach § 148 Abs. 2 zudem die Staatsanwaltschaft (LR/*Jahn* § 148 Rn. 57).

38 **I. Einzelmaßnahmen der Staatsanwaltschaft/Justizvollzugsanstalt.** Gegen **einzelfallbezogene Maßnahmen**, die die Staatsanwaltschaft bzw. die JVA erlassen hat und die den Kontakt zwischen Beschuldigten und Verteidiger betreffen, ist der **Antrag beim Haftrichter auf gerichtliche Entscheidung gem. §§ 119 Abs. 5 Satz 1, 119a, 126** statthaft (Meyer-Goßner/*Schmitt* § 148 Rn. 24; SK-StPO/*Wohlers* § 148 Rn. 51). Im Strafvollzugsverfahren gilt dies aufgrund des **§ 109 StVollzG** (ggf. durch Verweisung im Landesrecht, vgl. z.B. Art. 208 BayStVollzG).

39 Beruht die Maßnahme hingegen auf einem ministeriellen Erlass, d.h. auf einer allgemeinen, für sämtliche Beschuldigte gleichermaßen geltenden Regelung, so ist ein Antrag auf gerichtliche Entscheidung i.S.d. § 23 EGGVG statthaft (OLG Frankfurt a.M. StV 2005, 226, 227 [Kontrolle entsprechend den Anordnungen eines ministeriellen Erlasses der Post registrierter Verteidiger von Untersuchungsgefangenen auf »Einlagen«]).

40 **II. Allgemeine Anordnungen der Justizvollzugsanstalt.** Gegen **allgemeine organisatorische Maßnahmen zur Gestaltung der Haft seitens der JVA**, z.B. zur Länge der Besuchszeiten (OLG Hamm NStZ 1985, 432), ist ein **Antrag auf gerichtliche Entscheidung gem. § 23 EGGVG** statthaft (OLG Frankfurt a.M. NStZ-RR 1996, 365; Meyer-Goßner/*Schmitt* § 148 Rn. 24; *Grube* JR 2009, 362, 365; KK-StPO/*Willnow* § 148 Rn. 3).

41 **III. Maßnahmen des Gerichts.** Hat das Gericht eine Maßnahme erlassen, die das Kontaktrecht nach **§ 148 Abs. 1** betrifft, ist hiergegen gem. § 304 Abs. 1 die **Beschwerde** statthaft (vgl. LG Darmstadt StV 2003, 628 zu einer verwehrten Besuchserlaubnis im Anbahnungsstadium; Meyer-Goßner/*Schmitt* § 148 Rn. 24).

42 Gegen die **Anordnung** von Maßnahmen i.S.d. **§ 148 Abs. 2** ist die Beschwerde hingegen wegen § 304 Abs. 4 Satz 2 und 5 ausgeschlossen (Meyer-Goßner/*Schmitt* § 148 Rn. 24. AnwK-StPO/*Krekeler/Werner* § 148 Rn. 23 weisen zu Recht daraufhin, dass die Maßnahmen inzidenter über eine Beschwerde gegen den Haftbefehl infrage gestellt werden können, sofern sich der Beschuldigte wegen des Verdachts des § 129a StGB in Haft befindet). Hinsichtlich der **Art und Weise** der Ausgestaltung der Besuchsräume (Sprechzellen mit Trennscheiben) ist nach neuester und überzeugender Rspr. ein der **Antrag auf gerichtliche Entscheidung in**

analoger Anwendung des § 119 Abs. 5 Satz 1 (dazu unter Rdn. 38) statthaft (BGH[ER] StV 2019, 113 = BeckRS 2017, 131484; Meyer-Goßner/*Schmitt* § 148 Rn. 25; HK-StPO/*Julius/Schiemann* § 137 Rn. 12, 15; **a.A.** [für § 23 EGGVG] noch SK-StPO/*Wohlers* § 148 Rn. 55, § 148a, Rn. 2; MüKo-StPO/*Thomas/Kämpfer* § 148 Rn. 30; KK-StPO/*Willnow* § 148 Rn. 18; sowie hier die Vorauflage). Zur Revisibilität der Durchführung der Kontrolle durch den Überwachungsrichter vgl. § 148a Rdn. 18 f.

§ 148a Durchführung von Überwachungsmaßnahmen

(1) [1]Für die Durchführung von Überwachungsmaßnahmen nach § 148 Abs. 2 ist der Richter bei dem Amtsgericht zuständig, in dessen Bezirk die Vollzugsanstalt liegt. [2]Ist eine Anzeige nach § 138 des Strafgesetzbuches zu erstatten, so sind Schriftstücke oder andere Gegenstände, aus denen sich die Verpflichtung zur Anzeige ergibt, vorläufig in Verwahrung zu nehmen; die Vorschriften über die Beschlagnahme bleiben unberührt.

(2) [1]Der Richter, der mit Überwachungsmaßnahmen betraut ist, darf mit dem Gegenstand der Untersuchung weder befasst sein noch befasst werden. [2]Der Richter hat über Kenntnisse, die er bei der Überwachung erlangt, Verschwiegenheit zu bewahren; § 138 des Strafgesetzbuches bleibt unberührt.

Übersicht

A. Grundsätzliches. § 148a regelt – fragmentarisch (LR/*Jahn* § 148a Rn. 1) –, auf welche Weise die in § 148 Abs. 2 Satz 1 (vgl. § 148 Rdn. 30 ff.) vorgesehenen Überwachungsmaßnahmen durchgeführt werden. Konkret benennt er den sogenannten Überwachungsrichter in Abs. 1 Satz 1 und beschreibt dessen Stellung im weiteren Verfahren näher (Abs. 2). Zudem statuiert die Norm Handlungsmaßgaben für den Fall, dass die Prüfung der dem Überwachungsrichter vorgelegten Gegenstände ergibt, dass diese tauglich sind, die in Rede stehende terroristische Vereinigung zu fördern (Abs. 1 Satz 2; *Welp* GA 1977, 129). 1

B. Regelungsgehalt. I. Der Überwachungsrichter. 1. Zuständigkeit (Abs. 1). Der Richter des Amtsgerichts, in dessen Bezirk die betreffende Vollzugsanstalt liegt und der gem. Geschäftsverteilungsplan mit der Aufgabe der Überwachung betraut ist, ist zuständig für die Durchführung der in § 148 Abs. 2 angeordneten Überwachungsmaßnahmen. 2

Wegen des Grundsatzes der fehlenden Vorbefassung (dazu näher unter Rdn. 4 ff.) ist es dem betreffenden Richter weder gestattet noch wegen fehlender Aktenkenntnis möglich, zu prüfen, ob in dem betreffenden Fall die Anordnung einer Maßnahme nach § 148 Abs. 2 überhaupt rechtmäßig ist (LR/*Lüderssen/Jahn* § 148a Rn. 3). Zu prüfen hat er lediglich seine örtliche Zuständigkeit. 3

2. Ausschluss (Abs. 2 Satz 1). Gem. § 148a Abs. 2 Satz 1 darf der mit der Überwachung betraute Richter mit dem Gegenstand der Untersuchung weder befasst sein noch befasst werden. Die Regelung begründet damit aufgrund der im Zuge der Kontrolle erlangten Kenntnis von Verteidigungsinterna einen gesetzlichen Fall der Verhinderung. 4

Betraut ist der Überwachungsrichter mit der Sache, wenn er mit der Prüfung von Schriftstücken bzw. anderen Gegenständen in dem konkreten Ermittlungsverfahren begonnen hat. Die Zuständigkeit als Überwachungsrichter als solche genügt hierfür nicht (Meyer-Goßner/*Schmitt* § 148a Rn. 7). 5

Unter dem Begriff der **Befassung** ist jedwede Beteiligung an dem konkreten Strafverfahren (mit Ausnahme derjenigen als Verteidiger für einen einzigen überwachten Beschuldigten – insoweit ist die Norm teleologisch zu reduzieren, weil die Kenntnis von Verteidigerinterna in dieser Konstellation nicht schadet, vgl. KMR/*Müller* § 148a Rn. 8; SK-StPO/*Wohlers* § 148a Rn. 17; Graf/*Wessing* StPO § 148a Rn. 5; **a.A.** LR/*Jahn* § 148a Rn. 17; Meyer-Goßner/*Schmitt* § 148a Rn. 8) sowie an jedem anderen Strafverfahren zu verstehen, das mit der den Gegenstand der Untersuchung bildenden prozessualen Tat irgendeine Berührung aufweist (LR/*Jahn* § 148a Rn. 17). Auch die Tätigkeit in der Beschwerdeinstanz genügt insoweit, weil auch sie Kenntnis von Interna des Verteidigungsverhältnisses vermittelt (SK-StPO/*Wohlers* § 148a Rn. 18; LR/*Jahn* § 148a Rn. 19; **a.A.** BGH bei *Pfeiffer/Miebach* NStZ 1983, 208, 209; KG NJW 1979, 771; KK-StPO/*Willnow* § 148a Rn. 12; Meyer-Goßner/*Schmitt* § 148a Rn. 9; offengelassen von BGHSt 29, 196, 199). 6

7 Dass der Überwachungsrichter in der Vergangenheit (z.B. als Haftrichter) mit dem Verfahren in Berührung gekommen ist, hindert sein Tätigwerden nicht (Meyer-Goßner/*Schmitt* § 148a Rn. 8).

8 3. **Verschwiegenheitspflicht (Abs. 2 Satz 2).** § 148a Abs. 2 Satz 2 statuiert in Ergänzung des Ausschlusses nach Abs. 2 Satz 1 für den Überwachungsrichter eine **Verschwiegenheitspflicht** mit Blick auf sämtliche Informationen, von denen er im Zuge seiner Überwachungstätigkeit Kenntnis erlangt. Auch die Modalitäten der Überwachung (Zeit der Vorlage, Anzahl der zur Prüfung vorgelegten Gegenstände etc.) werden von dieser Pflicht erfasst, denn hierdurch können mittelbar Schlüsse auf die Verteidigungsstrategie gezogen werden (SK-StPO/*Wohlers* § 148a Rn. 14; Graf/*Wessing* StPO § 148a Rn. 6 und wohl auch AnwK-StPO/*Krekeler/Werner* § 148a Rn. 8, Fn. 12; **a.A.** KK-StPO/*Willnow* § 148a Rn. 10; Meyer-Goßner/*Schmitt* § 148a Rn. 10).

9 Durch die Verschwiegenheitspflicht soll verhindert werden, dass – abgesehen von Mitteilungen im Rahmen einer Anzeige gem. § 138 StGB (dazu näher unter Rdn. 15) – jemand anderes als der Überwachungsrichter Kenntnis vom Inhalt des Schriftwechsels zwischen Verteidiger und Beschuldigtem – und damit von der Verteidigungsstrategie – erlangt (zu damit einhergehenden organisatorischen Vorsichtsmaßnahmen LR/*Lüderssen/Jahn* § 148a Rn. 12).

10 Die Prüfungspflicht ist daher eine **höchstpersönliche**. Der Überwachungsrichter darf jedoch ausnahmsweise insoweit externen Rat suchen, als er sich **sachverständiger Hilfe** bedienen darf (OLG Stuttgart NStZ 1983, 384: auch Vollzugsanstalt, aber keine Delegation der Prüfung in toto). Da **Dolmetscher** die Prüfung erst ermöglichen, und ein milderes Mittel gegenüber der Zurückweisung des Schriftverkehrs darstellen, ist auch deren Einsatz als zulässig zu erachten (LG Köln StV 1988, 536; LG Baden-Baden NStZ 1982, 81, 82; Meyer-Goßner/*Schmitt* § 148a Rn. 11; SK-StPO/*Wohlers* § 148a Rn. 12; **a.A.** *Kreitner* NStZ 1989, 5, 6 f.). Diese Helfer sind, wie auch sonstige gerichtsinterne Gehilfen, ebenfalls zur Verschwiegenheit verpflichtet (Meyer-Goßner/*Schmitt* § 148a Rn. 11; **a.A.** HK-StPO/*Julius/Schiemann* § 148a Rn. 3, 5).

11 **II. Durchzuführende Überwachungsmaßnahmen.** Werden dem Überwachungsrichter aufgrund einer angeordneten Kontrollmaßnahme gem. § 148 Abs. 2 Schriftstücke oder sonstige Gegenstände zur Kontrolle vorgelegt, prüft er diese durch Lektüre bzw. Betrachtung (LR/*Jahn* § 148a Rn. 4). Sodann hat er **drei Handlungsmöglichkeiten**:

12 Ergibt seine Prüfung, dass der Schriftwechsel bzw. die zur Übersendung bestimmten Gegenstände nicht der Förderung der in Rede stehenden terroristischen Vereinigung bestimmt sind, so hat er anzuordnen, dass die Gegenstände an den Adressaten weitergeleitet werden.

13 Ob die Sendung **sonstigen verteidigungsfremden Zwecken** dient, hat er hingegen wegen des fehlenden Bezugs zu der ihn zur Kontrolle ermächtigenden Anordnung der Überwachung nicht zu prüfen; stellt er sie dennoch fest, berechtigen sie ihn nicht zur Zurückweisung der Sendung (KG JR 1979, 216; LR/*Jahn* § 148a Rn. 5 f.; Radtke/Hohmann/*Reinhart* § 148a Rn. 7; Graf/*Wessing* StPO § 148a Rn. 3; *Beulke*, Verteidiger im Strafverfahren, S. 196; LG Regensburg sowie LG Berlin, beide StV 1988, 538: Ausschluss allenfalls bei eindeutigem Missbrauch, der aus der Sicht der Verteidigung zu bestimmen ist – ebenso LG Baden-Baden NStZ 1982, 81; AnwK-StPO/*Krekeler/Werner* § 148a Rn. 4; Meyer-Goßner/*Schmitt* § 148a Rn. 3; LG Köln NJW 1979, 1173; **a.A.** OLG Hamburg NJW 1979, 1724; OLG Stuttgart NStZ 1983, 384; LG Frankfurt a.M. StV 1995, 645; KK-StPO/*Willnow* § 148a Rn. 8).

14 Kommt der Überwachungsrichter bei der Prüfung der ihm vorgelegten Sendung zu dem Ergebnis, dass diese sich auf die Förderung der terroristischen Vereinigung bezieht, so untersagt er deren Beförderung und leitet die betreffenden Gegenstände, zusammen mit einem begründeten Beschluss (Meyer-Goßner/*Schmitt* § 148a Rn. 3), an den Absender zurück. Die Staatsanwaltschaft ist wegen der Verpflichtung des Überwachungsrichters zur Verschwiegenheit (s.o. Rdn. 8) entgegen § 33 Abs. 2 nicht zuvor zu hören (BayObLG MDR 1979, 862).

15 Ist eine Anzeige nach § 138 StGB zu erstatten, so nimmt er die Gegenstände, aus denen sich die Anzeigepflicht ergibt, einstweilen bis zu ihrer Beschlagnahme (§ 97 gilt insoweit nicht, vgl. BGH StV 1990, 146) in Verwahrung und erstattet die Anzeige (Abs. 1 Satz 2). Die Beschlagnahme kann auch aufgrund eines bereits anhängigen Ermittlungsverfahrens erfolgen (BGH StV 1990, 146 m. abl. Anm. *Nestler-Tremel*; Meyer-Goßner/*Schmitt* § 148a Rn. 5; **a.A.** HK-StPO/*Julius/Schiemann* § 148a Rn. 1; SK-StPO/*Wohlers* § 148a Rn. 8). Erfolgt keine Beschlagnahme in angemessener Frist, so sind die Gegenstände an den Adressaten zurückzugeben (KMR/*Staudinger* § 148a Rn. 3).

16 Weitergehende Handlungen (etwa die Initiierung eines Verteidigerausschlussverfahrens) sind ihm wegen seiner Verpflichtung zur Verschwiegenheit nicht erlaubt (LR/*Jahn* § 148a Rn. 12 ff.).

C. Rechtsmittel. I. Beschwerde. Der **statthafte Rechtsbehelf** gegen Maßnahmen des Überwachungsrichters ist die **Beschwerde** (§ 304 Abs. 1). **Beschwerdebefugt** sind der Beschuldigte und sein Verteidiger (Radtke/Hohmann/*Reinhart* § 148a Rn. 11). **Zuständig** hierfür ist das Landgericht (BGHSt 29, 196, 199; BayObLG StV 1990, 201; SK-StPO/*Wohlers* § 148a Rn. 20). 17

II. Revision. Ist entgegen dem in Abs. 2 Satz 1 normierten **Ausschlussprinzip** (dazu o. Rdn. 4 ff.) ein mit der Sache befasster Richter mit der Überwachung betraut worden, so begründet dies den absoluten Revisionsgrund des **§ 338 Nr. 2.** 18

Beruht das Urteil auf der Verletzung der **Verschwiegenheitspflicht** (hierzu o. Rdn. 8), so begründet dies die Revision nach § 337 (LR/*Jahn* § 148a Rn. 24 m.w.N.). Dieser Weg ist auch zu wählen, wenn die Strafanzeige des Überwachungsrichters wegen einer möglichen bevorstehenden Straftat nach § 138 StGB der Staatsanwaltschaft das Verteidigungskonzept zur Kenntnis gebracht hat und das Verfahren in der Folge eingestellt worden ist (BGH NStZ 1984, 419 m. krit. Anm. *Gössel*; krit. auch LR/*Jahn* § 148a Rn. 24). Gleiches gilt für bis zum Urteil **fortwirkende Entscheidungen des Überwachungsrichters** (SK-StPO/*Wohlers* § 148a Rn. 24; vgl. auch LR/*Jahn* § 148a Rn. 25 zum Verhältnis zu § 336). 19

§ 149 Zulassung von Beiständen

(1) [1]Der Ehegatte oder Lebenspartner eines Angeklagten ist in der Hauptverhandlung als Beistand zuzulassen und auf sein Verlangen zu hören. [2]Zeit und Ort der Hauptverhandlung sollen ihm rechtzeitig mitgeteilt werden.

(2) Dasselbe gilt von dem gesetzlichen Vertreter eines Angeklagten.

(3) Im Vorverfahren unterliegt die Zulassung solcher Beistände dem richterlichen Ermessen.

Übersicht

A. Grundsätzliches. Mit § 149 erkennt der Gesetzgeber das natürliche Fürspracheinteresse der dem Beschuldigten nahestehenden Personen (für Ehegatten vgl. BGHSt 44, 82, 86) sowie das Bedürfnis des Beschuldigten nach psychischer Entlastung und Stabilisierung (*Wollweber* NJW 1999, 620) an. Trotz dieser Intention und des Standorts der Norm im 11. Abschnitt des 1. Buchs der StPO stehen dem Beistand – anders als demjenigen im Jugendstrafverfahren (vgl. § 69 Abs. 3 Satz 2 JGG) – nicht die Rechte eines Verteidigers zu (Graf/*Wessing* StPO § 149 Vor Rn. 1). 1

Die Vorschrift wurde zuletzt durch das »Gesetz zur Beendigung der Diskriminierung gleichgeschlechtlicher Gemeinschaften: Lebenspartnerschaften« v. 16.02.2001 (BGBl. I, S. 266) geändert (vgl. allgemein zur Entstehungsgeschichte der Norm *Kaum* Der Beistand im Strafprozessrecht, 1992, S. 44 ff.; LR/*Jahn* § 149 Vor Rn. 1). 2

B. Regelungsgehalt. I. Persönlicher Anwendungsbereich. § 149 Abs. 1 erfasst **Ehegatten** und **Lebenspartner** i.S.d. § 1 LPartG. Voraussetzung hierfür ist nach dem Sinn der Norm, dass die Ehe bzw. Lebenspartnerschaft zu diesem Zeitpunkt noch existiert (LR/*Jahn* § 149 Rn. 1; vgl. dort auch Rn. 1 zum Widerruf bei Ende der Ehe/Lebenspartnerschaft). 3

§ 149 Abs. 2 benennt den **gesetzlichen Vertreter** als möglichen Beistand. Die Norm ergänzt damit § 137 Abs. 2. Ob von § 149 auch der **Betreuer i.S.d. §§ 1896 ff. BGB** erfasst bzw. ob die Norm insoweit analog anzuwenden ist, ist umstritten. Zum Teil wird die Frage verneint mit dem Argument, die Betreuung führe nicht zur Geschäftsunfähigkeit, sodass keine gesetzliche Vertretung vorliege. Zudem handele es sich, sofern eine Unterbringung in Betracht komme, um einen Fall notwendiger Verteidigung, sodass auch eine analoge Anwendung der Norm nicht möglich sei (so BGH NStZ 2008, 524, 525; Graf/*Wessing* StPO, § 149 Rn. 1). Überzeugender erscheint es jedoch, wegen § 1902 BGB sowie wegen des Zwecks des § 149, der auch auf die Konstellation der Betreuung passt, eine entsprechende Anwendung der Norm jedenfalls dann zu bejahen, wenn der Betreuer dem Beschuldigten allgemein oder für die Vertretung in Strafverfahren bestellt worden ist oder nach Auffassung des Betreuers ein Bezug zu dem übertragenen Aufgabengebiet besteht (so auch KG FamRZ 2005, 1776; LR/*Jahn* § 149 Rn. 2; Meyer-Goßner/*Schmitt* § 149 Rn. 1; SK-StPO/*Wohlers* § 149 Rn. 3; *Elzer* BtPrax 2000, 139, 140). 4

5 Dass der Ehegatte bzw. Lebenspartner gesetzlicher Vertreter oder Betreuer mitangeklagt oder als Zeuge benannt ist, hindert die Beistandstauglichkeit nicht (Ehefrau als Zeugin: BGHSt 4, 204; mitangeklagter Ehegatte: RG JW 1916, 857).

6 **II. Zulassungsvoraussetzungen.** Die Zulassung eines Beistandes setzt stets einen entsprechenden **Antrag** voraus (RGSt 41, 348). In diesem Zusammenhang ist die **Antragsberechtigung des Beschuldigten** umstritten (dagegen RGSt 38, 106; OLG Düsseldorf NJW 1979, 938; Meyer-Goßner/*Schmitt* § 149 Rn. 1; Graf/*Wessing* StPO § 149 Rn. 2; dafür SK-StPO/*Wohlers* § 149 Rn. 6). Für ein Antragsrecht spricht der Sinn und Zweck des Rechtsinstituts (in diese Richtung auch LR/*Jahn* § 149 Rn. 20). **Zuständig** für die Entscheidung ist – während des Vorverfahrens (zu diesem Begriff näher LR/*Jahn* § 149 Rn. 12) entsprechend § 141 Abs. 4, 1. Hs., 1. Var. – der Vorsitzende des für das Hauptverfahren zuständigen Gerichts (Meyer-Goßner/*Schmitt* § 149 Rn. 2).

7 Kontrovers diskutiert wird des Weiteren, ob die Zulassung eines Beistands im Fall des § 149 Abs. 1 von der **Zustimmung des Beschuldigten** abhängt (abl. Meyer-Goßner/*Schmitt* § 149 Rn. 1). Für ein derartiges Zustimmungserfordernis spricht, dass ansonsten bei in der Auflösung begriffenen, aber zum Zeitpunkt des Antrags noch existenten Ehen bzw. Lebenspartnerschaften eine dem Zweck der Regelung widersprechende aufgedrängte Fürsorge geschaffen würde (i.E. ebenso AnwK-StPO/*Krekeler*/*Werner* § 149 Rn. 2; LR/*Jahn* § 149 Rn. 5; SK-StPO/*Wohlers* § 149 Rn. 7; Graf/*Wessing* StPO § 149 Rn. 3).

8 **III. Rechte des Beistands.** Aus dem Recht, als Beistand zugelassen zu werden, folgt ein Anspruch auf *möglichst baldige* Zulassung (BGHSt 4, 205, 206); gem. § 149 Abs. 1 Satz 2 sollen ihm Zeit und Ort der Hauptverhandlung rechtzeitig mitgeteilt werden. Eine förmliche Ladung ist hingegen nicht vonnöten (Meyer-Goßner/*Schmitt* § 149 Rn. 4). Im Vorverfahren unterliegt die Zulassung eines Beistands gem. § 149 Abs. 3 dem richterlichen Ermessen, das pflichtgemäß ausgeübt werden muss.

9 Dem Beistand kommt nach dem Normzweck eine **Beratungsfunktion** zu. Er hat nach dem Gesetzeswortlaut zudem ein **Anhörungsrecht** in der Hauptverhandlung (für eine Einbeziehung bei verfahrensbeendenden Absprachen *Wollweber* NJW 1999, 620, 621); dieses schließt das **Recht zur Teilnahme und Anwesenheit** ein, wobei ggf. die die Anwesenheitsrechte von Zeugen betreffenden Regelungen sowie § 247 dieses Recht modifizieren können (BGHSt 47, 62, 64 ff.). Das Anhörungsrecht umfasst das **Recht zur ausführlichen Stellungnahme** in tatsächlicher und rechtlicher Hinsicht (BGHSt 44, 82, 86). Unterschiedlich beurteilt wird, ob ihm auch das **Fragerecht** gem. § 240 Abs. 2 zusteht (dagegen BayObLG NJW 1998, 1655 m. abl. Anm. *Wollweber* NJW 1999, 620). Zugunsten einer derartigen Befugnis streitet auch insoweit der Sinn und Zweck der Beistandsregelung, den Beschuldigten bei seiner Verteidigung zu unterstützen (BGHSt 44, 82, 86; 47, 62, 64; LR/*Jahn* § 149 Rn. 7; Graf/*Wessing* StPO § 149 Rn. 4). Das Recht auf ein opening statement steht dem Beistand nicht zu, da § 243 Abs. 5 Satz 3 und 4 nur vom »Verteidiger« spricht (LR/*Jahn* § 149 Rn. 7).

10 **Weitergehende Rechte** stehen ihm **nicht** zu; insb. steht ihm weder ein Beweisantragsrecht zu, noch die dem Verteidiger vorbehaltenen Rechte nach §§ 147 f. (BGHSt 47, 62, 66; 44, 82, 87; Meyer-Goßner/*Schmitt* § 148 Rn. 3).

11 **C. Rechtsmittel. I. Beschwerde.** Sowohl gegen die Zulassung, als auch gegen deren Verweigerung oder Widerruf ist die Beschwerde gem. § 304 Abs. 1 statthaft, sofern keine Senatsentscheidung i.S.d. § 304 Abs. 4 angegriffen wird. **Beschwerdebefugt** ist jeweils der Beschuldigte, im ersten Fall zudem die Staatsanwaltschaft, im zweiten Fall der Antragsteller (OLG Düsseldorf NJW 1997, 2533). § 305 Satz 1 steht dem nicht entgegen (Meyer-Goßner/*Schmitt* § 149 Rn. 5).

12 **II. Revision.** Rechtsmittelberechtigt sind sowohl der Angeklagte (BGHSt 47, 62), als auch der Ehegatte bzw. Lebenspartner (LR/*Lüderssen*/*Jahn* § 149 Rn. 21; **a.A.** OLG Düsseldorf NJW 1997, 2532; KK-StPO/*Willnow* § 149 Rn. 6) und gem. § 298 der gesetzliche Vertreter.

13 Die Revision ist i.S.d. § 337 begründet, sofern das Urteil auf der gesetzeswidrigen Versagung oder der verspäteten Zulassung beruht (BGHSt 4, 205; Meyer-Goßner/*Schmitt* § 149 Rn. 5). Gleiches gilt in den Fällen, in denen die Rechte des Beistands in unverhältnismäßiger Weise beschränkt wurden (BGHSt 44, 82, 88) oder eine Benachrichtigung nach § 149 Abs. 1 Satz 2 nicht rechtzeitig erfolgte (HK-StPO/*Julius*/*Schiemann* § 149 Rn. 8; Meyer-Goßner/*Schmitt* § 149 Rn. 5; offengelassen von BGHSt 44, 82, 84 f.).

§ 150
(weggefallen)

Zweites Buch. Verfahren im ersten Rechtszug

Erster Abschnitt. Öffentliche Klage

§ 151 Anklagegrundsatz

Die Eröffnung einer gerichtlichen Untersuchung ist durch die Erhebung einer Anklage bedingt.

A. Anklagegrundsatz. Diese Vorschrift begründet den **Anklagegrundsatz (Akkusationsprinzip**: *nemo iudex sine actore*): Nur aufgrund einer Anklage kann es zu einer gerichtlichen Untersuchung kommen. Die Erhebung der öffentlichen Klage erfolgt durch Einreichung einer Anklageschrift (§ 170 Abs. 1 Hs. 2). Sie kann aber auch mündlich erhoben werden, nämlich in der Hauptverhandlung als Nachtragsanklage, § 266 Abs. 2 Satz 1, und im beschleunigten Verfahren, § 418 Abs. 3. 1

Weitere Formen der Klageerhebung sind: 2

- Antrag auf Erlass eines Strafbefehls, § 407.
- Antrag auf Anordnung von Maßregeln der Besserung und Sicherung im Sicherungsverfahren, §§ 413, 414 Abs. 2.
- Antrag nach § 435 im selbstständigen Einziehungsverfahren.
- Antrag im vereinfachten Jugendverfahren nach § 76 JGG (schriftlich oder mündlich).
- Erhebung der Privatklage durch den Verletzten oder sonst Berechtigten, §§ 374, 381.

B. Gerichtliche Untersuchung. Mit Erhebung der Anklage wird die Sache bei Gericht anhängig. Die gerichtliche Untersuchung beginnt jedoch nicht automatisch, sondern bedarf noch eines förmlichen Eröffnungsbeschlusses nach § 203 und der Zulassung der Anklage zur Hauptverhandlung, § 207. Erst damit tritt Rechtshängigkeit ein. Bis dahin kann die StA die Klage noch zurücknehmen, § 156. 3

C. Prozessvoraussetzung. Als Prozessvoraussetzung ist in jedem Verfahrensstadium, einschließlich der Revisionsinstanz, zu prüfen, ob die Klage – ordnungsgemäß – erhoben ist (BGH, NStZ-RR 2016, 316). Sie muss inhaltlich den gesetzlichen Mindestanforderungen des § 200 genügen. Zugleich bestimmt und begrenzt sie den der gerichtlichen Untersuchung und Entscheidung zugrunde zu legenden Sachverhalt, § 155 Abs. 1 (BGH, NStZ 2017, 551). 4

§ 152 Anklagebehörde, Legalitätsgrundsatz

(1) Zur Erhebung der öffentlichen Klage ist die Staatsanwaltschaft berufen.

(2) Sie ist, soweit nicht gesetzlich ein anderes bestimmt ist, verpflichtet, wegen aller verfolgbaren Straftaten einzuschreiten, sofern zureichende tatsächliche Anhaltspunkte vorliegen.

A. Anklagemonopol und Offizialprinzip. In Abs. 1 wird häufig die Begründung des **Anklagemonopols** der StA gesehen (Meyer-Goßner/*Schmitt*, § 152 Rn. 1; KMR/*Kulhanek*, § 152 Rn. 1; LR/*Mavany*, § 152 Rn. 5; *Pfeiffer*, § 152 Rn. 1). Zwar wird in der Praxis in Deutschland die weitaus größte Zahl der öffentlichen Klagen von den StA erhoben, dies gilt jedoch nicht ausschließlich. So können auch die Steuerbehörden nach § 386 Abs. 1 und 2 AO Ermittlungsverfahren selbstständig durchführen und nach §§ 399 Abs. 1, 400 AO beim Richter den Erlass eines Strafbefehls beantragen. Die aufgrund des »Gesetzes gegen illegale Beschäftigung und Sozialleistungsmissbrauch« vom 18.07.2019 (BGBL. I 2019, 1066) neu eingeführten §§ 14a bis 14c Schwa- 1 rArbG erlauben den Behörden der Finanzverwaltung eigenständig Ermittlungsverfahren wegen Straftaten nach § 266a StGB durchzuführen. In der Praxis wird diese Aufgabe von der Finanzkontrolle Schwarzarbeit (FKS) der Hauptzollämter übernommen. Voraussetzung ist jedoch, dass die StA das konkrete Ermittlungsverfahren zur eigenständigen Erledigung an die FKS abgibt (§ 14a Abs. 1 SchwarzArbG). § 14a Abs. 2 SchwarzArbG enthält einen umfangreichen Katalog, wann eine Abgabe an die FKS nicht möglich ist. Im Ergebnis werden nur einfach gelagerte Fälle abgegeben werden können. Erfolgt eine Abgabe, so ist die FKS berechtigt, das Verfahren gegebenenfalls selbstständig einzustellen oder – über die StA – einen Strafbefehl beim Amtsgericht zu beantragen (§ 14b Abs. 3 SchwarzArbG).

2 Das **Offizialprinzip** besagt, dass die Strafverfolgung grds. dem Staat obliegt und nicht dem einzelnen Bürger. Auch das Offizialprinzip wird häufig mit Abs. 1 in Verbindung gebracht (Meyer-Goßner/*Schmitt*, § 152 Rn. 1; *Pfeiffer*, § 152 Rn. 1). Dabei ist das Anklagemonopol der StA (besser: Anklagezuständigkeit) nicht mit dem Offizialprinzip gleichzusetzen. Die Einsetzung einer besonderen Anklagebehörde ist vielmehr eine Ableitung hieraus: Die Aufgabe der Strafverfolgung, namentlich die Funktion des Anklägers, wird der StA übertragen. Durchbrochen ist das Offizialprinzip bei den Privatklagedelikten (§§ 374 ff.). Hier kommt die Klägerfunktion nicht dem Staat durch die StA zu, sondern dem einzelnen Verletzten oder sonst Berechtigten.

3 **B. Legalitätsgrundsatz.** Abs. 2 unterwirft die StA dem **Legalitätsgrundsatz**. Sie ist grds. – unter den dort genannten Voraussetzungen – **zum Einschreiten verpflichtet**. Dies bedeutet Verfolgungszwang ggü. jedem Verdächtigen (BVerfG, NStZ 1982, 430). Über die §§ 163 StPO, 152 GVG gilt der Verfolgungszwang auch für Polizeikräfte, soweit zu ihrem Aufgabenbereich die Aufklärung und Verfolgung von Straftaten gehört, sowie für die Finanzbehörden bei Steuerstraftaten (§§ 386, 399 Abs. 1 AO). Der Legalitätsgrundsatz ist eine Ausprägung der Rechtsstaatsgarantie des Grundgesetzes. Er sichert die Gleichbehandlung der Betroffenen (Art. 3 Abs. 1 GG) und strafrechtliche Gerechtigkeit durch die Einheitlichkeit der Rechtsanwendung (BGHSt 15, 159). Der Legalitätsgrundsatz ist das notwendige Korrelat zum Anklagemonopol (Abs. 1) der StA. Er wird gesichert durch das Klageerzwingungsverfahren (§§ 172 ff.) und durch Strafvorschriften (§§ 258, 258a StGB). Auch das Weisungsrecht (§ 146 GVG) wird hierdurch begrenzt. Rechtswidrige Weisungen darf der StA nicht befolgen.

4 Das Einschreiten der StA steht am Beginn der Ermittlungen. Dementsprechend enthält die StPO, nach den Vorschriften über die Ausnahmen vom Verfolgungszwang (§§ 153 bis 154e), in den §§ 158 bis 169a weitere Regelungen zu den Ermittlungen. Erst danach erfolgt die Entscheidung der StA gem. § 170, ob sie Anklage erhebt oder das Ermittlungsverfahren einstellt. Die Ermittlungsbefugnisse der StA ergeben sich jedoch nicht nur aus diesen Bestimmungen. Sie ist vielmehr berechtigt und verpflichtet, auch solche Maßnahmen im Rahmen ihrer Ermittlungen zu ergreifen, die im Ersten Buch der StPO (Allgemeine Vorschriften) enthalten sind und nur mithilfe des Richters veranlasst bzw. durchgeführt werden können (wie bspw. Beschlagnahmen, § 94, Überwachungen des Fernmeldeverkehrs, §§ 100a ff., Durchsuchungen, §§ 102 ff., oder der Einsatz eines verdeckten Ermittlers, §§ 110a ff.). § 160 ergänzt § 152 Abs. 2 dahin gehend, dass er die StA zur (umfassenden) Erforschung des Sachverhalts verpflichtet.

5 Damit regeln die Bestimmungen der §§ 152, 160 und 170 Abs. 1 lückenlos die Verpflichtungen der StA bis zur Anklageerhebung. Mit dieser hat die StA formell ihre Verpflichtungen aus dem Legalitätsgrundsatz erfüllt, doch wird auch die weitere Beteiligung der StA im Haupt- und Rechtsmittelverfahren durch den Legalitätsgrundsatz zumindest mittelbar beeinflusst (KK-StPO/*Diemer*, § 152 Rn. 14a; *Pfeiffer*, § 152 Rn. 1; *Strate*, StV 1985, 338; a.A. *Geppert*, GA 1979, 300).

6 **C. Anfangsverdacht. I. Zureichende tatsächliche Anhaltspunkte.** Ein Ermittlungsverfahren ist bei Bestehen eines sog. **Anfangsverdachts** einzuleiten. Dieser liegt bei »zureichenden tatsächlichen Anhaltspunkten« für »verfolgbare Straftaten« vor. Es müssen konkrete Tatsachen (OLG Hamburg, GA 1984, 289 f.), zumindest in Form von Indizien, vorhanden sein, die nach kriminalistischen Erfahrungen einen Verstoß gegen Strafnormen als möglich erscheinen lassen (BVerfG, NStZ-RR 2004, 206; NJW 1994, 783, 784; *Hund*, ZRP 1991, 463, 464; *Kuhlmann*, NStZ 1983, 130). Damit kann auch durch ein an sich legales Verhalten ein Anfangsverdacht begründet werden, wenn weitere Anhaltspunkte hinzutreten (»Fall Edathy« BVerfG NJW 2014, 3085; im Hinblick auf einen kriminalistischen Erfahrungssatz, wonach die Grenze zur strafbaren Kinderpornografie bei Bezug von als strafrechtlich relevant einschätzbarer Medien über das Internet – jedenfalls bei Anbietern, die auch eindeutig strafbares Material liefern – nicht zielsicher eingehalten werden könne und auch regelmäßig überschritten werde; entsprechend BVerfG, NJW 2015, 851, wonach neben den tatsächlichen Anhaltspunkten ergänzend auf den kriminalistischen Erfahrungssatz abgestellt wurde, dass bei Menschen mit pädophiler Neigung unter anderem ein Hang zum Sammeln und Aufbewahren einmal erworbenen Materials vorliege, um das Material stets zur Verfügung zu haben und es mit Gleichgesinnten auszutauschen). Krit. zur Annahme »kriminalistischer Erfahrungssätze« *Hoven*, NStZ 2014, 361 bzw. zur

Berücksichtigung »subjektiv-empirisch« erhöhter Tatbegehung durch eine bestimmte Personengruppe *Satzger*, Beulke-FS 1009, 1020. Bloße Vermutungen reichen dagegen nicht aus (BVerfGE 44, 353; BVerfGE 115, 166; OLG Hamburg, NJW 1984, 1635; LR/*Mavany*, § 152 Rn. 22). Bei anonymen Anzeigen ist sorgfältig zu prüfen, ob lediglich pauschal und schlagwortartig Mutmaßungen angestellt oder tatsächlich konkrete Anhaltspunkte vorgetragen werden (KMR/Kulhanek, § 152 Rn. 3a). Als Grundlage für eine stark in Grundrechtspositionen eingreifende Zwangsmaßnahme wie eine Durchsuchung kann eine anonyme Anzeige nur genügen, wenn sie von beträchtlicher sachlicher Qualität ist oder mit ihr zusammen schlüssiges Tatsachenmaterial vorgelegt wird (BVerfG, StV 2017, 361). Andererseits braucht der Anfangsverdacht aber weder dringend (vgl. §§ 111a, 112) noch hinreichend (vgl. § 203) zu sein (OLG München, NStZ 1985, 549, 550). Bei der Frage, ob **zureichende** tatsächliche Anhaltspunkte vorliegen, steht der StA ein gewisser Beurteilungsspielraum zu, da es sich insoweit um einen unbestimmten Rechtsbegriff handelt (BGH, NStZ 1988, 510, 511).

Ob Tatsachen, die einem Beweisverwertungsverbot unterliegen, zur Begründung eines Anfangsverdachts 7 herangezogen werden dürfen, ist sehr streitig (KK-StPO/*Diemer*, § 152 Rn. 32; SK-StPO/*Weßlau*, § 152 Rn. 18; AK-StPO/*Schöch*, § 152 Rn. 11). Im Ergebnis wird zwischen der Schwere des Verfahrensverstoßes einerseits und der aufzuklärenden Straftat andererseits abzuwägen sein (Meyer-Goßner/*Schmitt*, § 152 Rn. 4; LR/*Mavany*, § 152 Rn. 26, 27); insb. darf die StA aufgrund dieser Erkenntnisse weitere Ermittlungen vornehmen und darauf aufbauend dann den Anfangsverdacht bejahen (BGHSt 27, 355; KMR/*Kulhanek*, § 152 Rn. 20).

II. Vorermittlungen. Zur Klärung, ob bekanntgewordene Umstände den Anfangsverdacht einer verfolg- 8 baren Straftat begründen, sind Vorermittlungen zulässig. Nur so wird es der StA ermöglicht, Umstände, die noch nicht alle Elemente einer verfolgbaren Straftat aufweisen, aber Anhaltspunkte für sachdienliche weitere Abklärungen liefern, dahin gehend zu überprüfen, ob weitere Erkenntnisse für die Klärung des Vorliegens eines Anfangsverdachts gewonnen werden können (*Pfeiffer*, § 152 Rn. 1c). Da die StA nach dem Legalitätsgrundsatz verpflichtet ist, bei zureichend tatsächlichen Anhaltspunkten wegen aller verfolgbaren Straftaten einzuschreiten, muss es ihr zur Erfüllung dieser Verpflichtung auch gestattet sein, durch Vorermittlungen zu überprüfen, ob die geforderten Voraussetzungen tatsächlich vorliegen. Dies entspricht der herrschenden Meinung (BGHSt 38, 214, 227; BayObLGSt 1985, 71, 75; Meyer-Goßner/*Schmitt*, § 152 Rn. 4a; *Lange*, DRiZ 2002, 264). Zu Eingriffsmaßnahmen ist die StA mangels Tatverdachts in diesem Verfahrensstadium nicht berechtigt. Von Vorermittlungen betroffene Personen haben die Rechtsstellung von Zeugen. Die Vorermittlungen können nicht nur dazu führen, zureichende tatsächliche Anhaltspunkte zu begründen, sondern auch dazu, zu Unrecht einer Straftat verdächtigte Personen zum frühest möglichen Zeitpunkt zu entlasten. Hierdurch wird vermieden, dass diese förmlich Beschuldigte und mit einem Ermittlungsverfahren überzogen werden. Während der Vorermittlungen wird der Vorgang bei der StA in das AR-Register eingetragen. Erst nach Bejahung eines Anfangsverdachts, worüber in der Regel ein Aktenvermerk zu fertigen ist, erfolgt eine Umtragung in das Js-Register gegen den bekannten Tatverdächtigen bzw. das UJs-Register, falls ein solcher (noch) nicht bekannt ist.

Hiervon zu unterscheiden sind die **polizeilichen Vorfeld- oder Initiativermittlungen**. Diese unterfallen nicht 9 der StPO, dementsprechend sind auch deren Eingriffs- und Ermächtigungsgrundlagen nicht anwendbar. Z.T. ist eine Regelung in den Polizei- und Sicherheitsgesetzen des Bundes und der Länder erfolgt bzw. wird eine solche angestrebt. Die Polizei sucht in diesem Stadium aufgrund von Hinweisen oder Vermutungen erst nach tatsächlichen Anhaltspunkten, um einen Anfangsverdacht begründen und dann nach der StPO weiter verfahren zu können. Es handelt sich um eine vorbeugende Bekämpfung von Kriminalität, mit dem Ziel, diese operativ aufzuspüren und zurückzudrängen (*Pfeiffer*, § 152 Rn. 1b m.w.N.; krit. KK-StPO/*Diemer*, § 152 Rn. 18c, d). Von besonderer Bedeutung ist hierbei der Bereich des Terrorismus und der organisierten Kriminalität, da aufgrund der Abschottung in der Regel keine Anzeigen eingehen oder Zufallserkenntnisse bekannt werden.

III. Ermittlungsverfahren gegen Unbekannt. Besteht ein Anfangsverdacht einer Straftat, ist der Täter jedoch 10 noch unbekannt, wird das Ermittlungsverfahren zunächst gegen Unbekannt geführt (UJs-Register). Wie z.B. § 69 Abs. 1 Satz 2 zeigt, ging auch der Gesetzgeber davon aus, dass es ein Ermittlungsverfahren gegen einen (noch) unbekannten Beschuldigten geben kann. Sobald eine zureichend tatverdächtige Person ermittelt ist, muss diese zum Beschuldigten gemacht werden und das Ermittlungsverfahren gegen ihn geführt werden, was durch Umtragung vom UJs-Register in das Js-Register erfolgt. Hat ein Polizeibeamter als Ermittlungsperson der StA auf der Grundlage des § 163 Abs. 1 bereits einen Anfangsverdacht gegen eine bestimmte Person bejaht und Ermittlungen durchgeführt, so ist es der StA verwehrt, diese Entscheidung rückgängig zu machen. Das förmlich durch Eintragung des Beschuldigten in das Js-Register einzuleitende Verfahren ist vielmehr unverzüglich nach § 170 Abs. 2 einzustellen, falls der Staatsanwalt bereits einen Anfangsverdacht verneint hätte.

11 **D. Verfolgbare Straftaten.** Zur Feststellung der tatsächlichen Anhaltspunkte kommt eine rechtliche Prüfung hinzu (vgl. dazu die »Richtlinien für die Prüfung eines Anfangsverdachts wegen einer Straftat« des GenStA Brandenburg, JMBl. Brandenburg 1998, 106 ff.).

12 **I. Straftaten.** Die Verpflichtung zum Einschreiten bezieht sich auf **Straftaten**, nicht auf Ordnungswidrigkeiten und Disziplinarsachen. Es muss sich um nach materiellem Strafrecht tatbestandsmäßiges, rechtswidriges und schuldhaftes Verhalten handeln.

13 **II. Verfolgbarkeit.** Die Straftat muss **verfolgbar** sein. Ein Anfangsverdacht scheidet daher bei offensichtlich bestehender Notwehr- oder Nothilfehandlung aus. Die Strafklage darf auch nicht verbraucht sein und es dürfen keine Verfahrenshindernisse wie Verjährung entgegenstehen. Auf behebbare Verfahrenshindernisse hat die StA hinzuwirken, wie z.B. fehlender Strafantrag bei Antragsdelikten, wenn eine Strafverfolgung im öffentlichen Interesse geboten ist, oder bei bestehender Immunität. Die höchstrichterliche Rspr. ist zu beachten soweit es sich um eine **feste** höchstrichterliche Rspr. handelt (BGHSt 15, 155, 158). Die StA ist zwar nur zur richtigen Rechtsanwendung verpflichtet. Eine feste höchstrichterliche Rspr. kann jedoch einen gegenteiligen Standpunkt als aussichtslos erscheinen lassen (*Pfeiffer*, § 152 Rn. 2).

14 **E. Opportunitätsprinzip.** Der Verfolgungszwang besteht nur, **soweit nicht gesetzlich ein anderes bestimmt ist**. Dies bezieht sich v.a. auf die Vorschriften der §§ 153 bis 154e, 376, § 45 JGG, § 31 BtMG. Die StA kann danach, unter den dort genannten weiteren Voraussetzungen, trotz hinreichenden Tatverdachts von der weiteren Verfolgung absehen. Diese Ausnahme vom Verfolgungszwang trotz an sich bestehender Verfolgungsvoraussetzungen wird als **Opportunitätsprinzip** bezeichnet (*Weigend* ZStW 109, 103). Dessen Ausübung wird z.T. an wertende Kriterien geknüpft (z.B. »Schuld gering«, »kein öffentliches Interesse« bei § 153; »nicht beträchtlich ins Gewicht fällt« bei § 154 Abs. 1 Nr. 1), die einen Beurteilungsspielraum eröffnen. Trotz der Formulierung »kann« in den §§ 153 ff. bzw. sogar des zusätzlichen Ausdrucks »Ermessen« in § 31 BtMG und in § 467 Abs. 4 handelt es sich um keine Ermessensentscheidung i.S.e. freien Wahlrechts zwischen Verfolgung oder Nichtverfolgung, sondern um Rechtsanwendung mit einer gewissen Bandbreite an Entscheidungsmöglichkeiten (KK-StPO/*Diemer*, § 152 Rn. 23 m.w.N.).

15 **F. Güter- und Pflichtenabwägung.** Die StA ist nach dem Legalitätsgrundsatz zur Verfolgung von Straftaten verpflichtet, die StPO trifft jedoch keine Bestimmung zum Zeitpunkt des Einschreitens. Zwar wird die StA grds. unverzüglich tätig, das erkennbare Einschreiten kann jedoch zeitweise aufgeschoben werden, wenn dies aus kriminaltaktischen Maßnahmen z.B. zur Identifizierung von Hinterleuten, Mittätern oder sonstigen wichtigen Beteiligten geboten und auch vertretbar ist. Die Güter- und Interessenabwägung kann eine Zurückstellung des Einschreitens auch gebieten, wenn dies zum Schutz besonders gewichtiger Rechtsgüter erforderlich ist, etwa bei einer akuten Gefahr für Geiseln (Meyer-Goßner/*Schmitt*, § 152 Rn. 6; beim Zusammentreffen der Aufgaben der Strafverfolgung und der Gefahrenabwehr s. RiStBV Anlage A, Gemeinsame Richtlinien der Justiz- und Innenminister über die Anwendung unmittelbaren Zwangs).

16 **G. Anfechtbarkeit.** Verneint die StA den Anfangsverdacht aus Rechtsgründen und klärt deshalb den Sachverhalt in tatsächlicher Hinsicht nicht auf, ist ausnahmsweise das gerichtliche Verfahren nach §§ 172 ff. zulässig. Dieses wird nicht als Klage-, sondern als Ermittlungserzwingungsverfahren behandelt, das ggf. mit der Anweisung an die StA enden kann, die erforderlichen Ermittlungen durchzuführen (OLG München, NJW 2007, 3734).

§ 152a Landesgesetzliche Vorschriften über die Strafverfolgung von Abgeordneten

Landesgesetzliche Vorschriften über die Voraussetzungen, unter denen gegen Mitglieder eines Organs der Gesetzgebung eine Strafverfolgung eingeleitet oder fortgesetzt werden kann, sind auch für die anderen Länder der Bundesrepublik Deutschland und den Bund wirksam.

S.a. RiStBV Nr. 191, 192, 192a, 192b, 298

Übersicht

A. Zweck der Regelung. Da Art. 46 Abs. 2 GG nur die Immunität der Bundestagsabgeordneten betrifft, ist es erforderlich, den Mitgliedern der Länderparlamente bundesweit einen entsprechenden Schutz zu verschaffen. Deren Immunität ist in ihrem jeweiligen Landesrecht geregelt. Solche landesrechtlichen Bestimmungen ermöglicht § 6 Abs. 2 EGStPO. Ihre bundesweite Anerkennung sichert § 152a (zu den Fundstellen der Länderverfassungen vgl. KK-StPO/*Diemer*, § 152a Rn. 5; LR/*Mavany*, § 152a Fn. 15). 1

Die Immunitätsbestimmungen in den Länderverfassungen entsprechen im Wesentlichen Art. 46 GG. Dieser lautet: 2

(1) Ein Abgeordneter darf zu keiner Zeit wegen seiner Abstimmung oder wegen einer Äußerung, die er im Bundestage oder in einem seiner Ausschüsse getan hat, gerichtlich oder dienstlich verfolgt oder sonst außerhalb des Bundestages zur Verantwortung gezogen werden. Dies gilt nicht für verleumderische Beleidigungen.

(2) Wegen einer mit Strafe bedrohten Handlung darf ein Abgeordneter nur mit Genehmigung des Bundestages zur Verantwortung gezogen oder verhaftet werden, es sei denn, dass er bei Begehung der Tat oder im Laufe des folgenden Tages festgenommen wird.

(3) Die Genehmigung des Bundestages ist ferner bei jeder anderen Beschränkung der persönlichen Freiheit eines Abgeordneten oder zur Einleitung eines Verfahrens gegen einen Abgeordneten gemäß, Art. 18 erforderlich.

(4) Jedes Strafverfahren und jedes Verfahren gemäß, Art. 18 gegen einen Abgeordneten, jede Haft und jede sonstige Beschränkung seiner persönlichen Freiheit sind auf Verlangen des Bundestages auszusetzen.

B. Indemnität und Immunität. Art. 46 Abs. 1 GG stellt bestimmte mit der Wahrnehmung des Mandats eines Bundestagsabgeordneten verbundene Handlungsweisen, namentlich Abstimmungen und Äußerungen im Bundestag und seinen Ausschüssen (Ausnahme: verleumderische Beleidigungen), von Strafe frei. Es handelt sich um einen **persönlichen Strafausschließungsgrund**. Hierfür hat sich die Bezeichnung **Indemnität** (materielle Immunität) durchgesetzt. § 36 StGB wiederholt diese materiellstrafrechtliche Indemnität der Bundestagsabgeordneten und bezieht darüber hinaus auch noch die Mitglieder der Bundesversammlung und der Gesetzgebungsorgane der Länder ein. 3

Demgegenüber schützt **Art. 46 Abs. 2 GG** den Bundestagsabgeordneten davor, wegen des Verdachts einer Straftat **verfolgt** zu werden, (formelle oder prozessuale) **Immunität**. Ein Strafverfahren darf grds. nur mit Genehmigung des Parlaments durchgeführt werden. Es handelt sich damit um ein **Verfahrenshindernis** mit Verfassungsrang. Anders als § 36 StGB für die Indemnität wiederholt die StPO die Immunitätsregelung des GG nicht, sondern enthält in § 152a nur eine ergänzende Regelung (bundesweite Anerkennung landesrechtlicher Immunitätsvorschriften). Rechtsgrundlagen für die parlamentarische Immunität sind daher unmittelbar Art. 46 Abs. 2 bis 4 GG bzw. die landesverfassungsrechtlichen Vorschriften (LR/*Beulke*, § 152a Rn. 2). Die Regelungen über Indemnität und Immunität dienen dem Schutz des Parlaments und seiner Funktionsfähigkeit. 4

Die parlamentarische Behandlung von Immunitätsangelegenheiten ist in den Geschäftsordnungen der Parlamente geregelt. Der Bundestag hat die Durchführung von Ermittlungen gegen seine Abgeordneten allgemein genehmigt (Ausnahme: Beleidigungen politischen Charakters), vgl. Anlage 6 zur BT-GO (BGBl. I 1980, S. 1264). Dieser Beschluss wird zu Beginn einer neuen Wahlperiode jeweils übernommen. In Anlage 6 zur BT-GO sind ferner die vom BT-Ausschuss für Wahlprüfung, Immunität und Geschäftsordnung gem. § 107 Abs. 2 BT-GO aufgestellten »Grundsätze in Immunitätsangelegenheiten« enthalten (diese werden ebenfalls bei Beginn einer jeden Wahlperiode durch Beschluss übernommen). Detaillierte Anweisungen zur Behandlung von Immunitätsangelegenheiten enthalten die Nr. 191 ff. RiStBV. 5

C. Geltungsbereich und Umfang der Immunität. I. Persönlicher Geltungsbereich. Die Immunität erstreckt sich auf die **Abgeordneten der Parlamente**. Für den **Bundespräsidenten** besteht jedoch ebenfalls Immunität aufgrund der Verweisung in Art. 60 Abs. 4 GG auf Art. 46 Abs. 2 bis 4 GG. Entsprechendes gilt für die Mitglieder der **Bundesversammlung** gem. § 7 des Gesetzes über die Wahl des Bundespräsidenten durch die Bundesversammlung v. 25.04.1959 (BGBl. I, S. 230). Mitglieder des **Europäischen Parlaments** genießen im Hoheitsgebiet ihres eigenen Staates die gleiche Immunität wie Mitglieder der nationalen Parlamente (BVerwG, NVwZ-RR 2019, 109). Für deutsche Abgeordnete gilt daher materiell Art. 46 GG, für die Genehmigung zur Strafverfolgung ist jedoch das Europäische Parlament zuständig. Abgeordnete anderer 6

Mitgliedstaaten dürfen für die Dauer der Sitzungsperiode in der Bundesrepublik (außer bei Ergreifung auf frischer Tat) weder strafrechtlich verfolgt noch festgenommen werden (vgl. Nr. 192b RiStBV, auch in Bezug auf die Rechtsgrundlagen). **Keine** Immunität haben Mitglieder der **Bundes- oder Landesregierung** oder des **Bundesrates**, auch nicht als Mitglieder des gemeinsamen Ausschusses nach Art. 53a GG oder des Vermittlungsausschusses nach Art. 77 Abs. 2 GG, es sei denn, sie sind Bundestags- oder Landtagsabgeordnete. Auch Mitglieder **kommunaler Vertretungskörperschaften** unterliegen nicht der Immunität.

7 **II. Zeitlicher Geltungsbereich.** Die Immunität beginnt mit der Annahme der Wahl beim Wahlleiter (§§ 45, 48 Abs. 1 BWG). Ist zu diesem Zeitpunkt ein Verfahren bereits anhängig (sog. **mitgebrachtes Verfahren**), so muss dieses ausgesetzt werden. Gleiches gilt für eine angeordnete Haft, Vollstreckung einer Freiheitsstrafe oder sonstige Beschränkung der persönlichen Freiheit (Nr. 16 der Grundsätze in Immunitätsangelegenheiten, Anlage 6 zur BT-GO; vgl. auch Nr. 191 Abs. 2 RiStBV). Das Verfahrenshindernis der Immunität entfällt durch die Genehmigung der Strafverfolgung oder mit dem Ende des Mandats.

8 **III. Sachlicher Geltungsbereich.** Verboten ist die Verfolgung und Verhaftung wegen **Straftaten**. Unzulässig ist bereits die Einleitung eines solchen Verfahrens. Die Formulierung »mit Strafe bedrohten Handlung« ist dabei weit zu verstehen und umfasst auch Verfahren, die die Anordnung von Maßregeln der Besserung und Sicherung bezwecken. **Nicht** umfasst wird die Verfolgung von **Ordnungswidrigkeiten** (OLG Düsseldorf, NJW 1989, 2207; OLG Köln, NStZ 1987, 564; Nr. 298 RiStBV).

9 **1. Genehmigungsfreie Maßnahmen.** Eine Reihe von Maßnahmen ist ohne Genehmigung des Parlaments möglich. Einen Überblick hierüber gibt Nr. 191 Abs. 3, 4 RiStBV.

10 **a) Festnahme bei Begehung der Tat oder im Laufe des folgenden Tages.** Die Immunität hindert nicht die Einleitung und Durchführung eines Verfahrens, wenn der Abgeordnete »bei **Begehung der Tat** oder im **Laufe des folgenden Tages festgenommen** wird«,**Art. 46 Abs. 2 Hs. 2 GG.** Bei »Begehung der Tat« bedeutet dabei das Gleiche wie »auf frischer Tat betroffen« in §§ 127, 127b (LR/*Mavany*, § 152a Rn. 25 m.w.N.). Die Strafverfolgungsbehörde braucht in diesem Fall nur den Parlamentspräsidenten auf dem Dienstweg zu unterrichten, vgl. Nr. 191 Abs. 5 RiStBV. Die Durchführung des Verfahrens und der weitere Vollzug der Freiheitsentziehung ist ohne Genehmigung zulässig. Wird die Freiheitsentziehung beendet, darf das Strafverfahren dennoch genehmigungsfrei fortgeführt werden. Nach Art. 46 Abs. 4 GG kann der Bundestag jedoch die Aussetzung des Strafverfahrens, der Haft oder der Beschränkung der persönlichen Freiheit verlangen.

11 **b) Einleitung eines Verfahrens zum Zweck der Einstellung.** Ein zur Verantwortung ziehen i.S.d. Art. 46 Abs. 2 GG liegt nicht vor, wenn die Ablehnung oder Einstellung eines Verfahrens ohne weitere Beweiserhebung zur Sache möglich ist. Einstellungen können daher in diesen Fällen nach §§ 152 Abs. 2, 170 Abs. 2, aber auch nach §§ 153, 154 – nicht jedoch nach § 153a (str.) – erfolgen. Zur Vorbereitung einer solchen Entscheidung ist es zulässig, dem Abgeordneten die Anschuldigung mitzuteilen und ihm anheim zu geben, Stellung zu nehmen (Nr. 191 Abs. 3 lit. b, c RiStBV). Zur Klärung der Frage, ob es sich um eine offensichtlich unbegründete Anzeige handelt, können auch Feststellungen über die Person des Anzeigenden getroffen werden (Nr. 191 Abs. 4 RiStBV).

12 **c) Verfahren gegen Mittäter und Teilnehmer.** Da sich die Immunität nur auf den jeweiligen Abgeordneten erstreckt, können Verfahren gegen Mittäter, Teilnehmer oder andere Beteiligte durchgeführt werden. Der Abgeordnete darf als Zeuge vernommen werden, wobei jedoch Zeugnisverweigerungsrechte zu berücksichtigen sind (§§ 53 Abs. 1 Nr. 4, 53a, 55; Nr. 191 Abs. 3 lit. d RiStBV). Soweit sich das Verfahren gegen andere Tatbeteiligte richtet, darf auch eine Durchsuchung beim Abgeordneten nach §§ 103, 104 unter Beachtung des § 97 Abs. 3, 4 erfolgen.

13 **d) Eilige polizeiliche Maßnahmen.** Unaufschiebbare Maßnahmen zur Sicherung von Spuren (z.B. Messungen, Lichtbildaufnahmen am Tatort) dürfen vorgenommen werden. Bei Verkehrsunfällen ist die Feststellung des Kennzeichens, des Fahrzeugzustandes und der Personalien zulässig (Nr. 191 Abs. 3 lit. f, g RiStBV). Im zeitlichen Rahmen des Art. 46 Abs. 2 Hs. 2 GG ist auch eine unaufschiebbare körperliche Untersuchung, namentlich die Entnahme einer Blutprobe, nach § 81a gestattet (Nr. 191 Abs. 3 lit. h RiStBV). Die genehmigungsfreie Zulässigkeit solcher unaufschiebbarer Sicherungsmaßnahmen wird per argumentum a maiore ad minus aus der Befugnis zur Festnahme des auf frischer Tat betroffenen Abgeordneten hergeleitet (LR/*Mavany*, § 152a Rn. 28).

2. **Ermittlungsverfahren aufgrund allgemeiner Genehmigung.** Der **Bundestag** hat die Durchführung von Ermittlungen gegen seine Abgeordneten **allgemein genehmigt**, s. Rdn. 5. Entsprechende Genehmigungen haben die **Landesparlamente** erteilt (mit Unterschieden in einzelnen Punkten). Mitumfasst ist die vorläufige Entziehung der Fahrerlaubnis, § 111a StPO. 14

Die StA teilt die beabsichtigte Einleitung eines Ermittlungsverfahrens lediglich dem jeweiligen Parlamentspräsidenten sowie dem betroffenen Abgeordneten, sofern nicht Gründe der Wahrheitsfindung entgegenstehen, mit (Nr. 192a Abs. 3 RiStBV). Die allgemeine Genehmigung des Bundestages wird erst nach Ablauf von 48 Std. nach Zugang der Mitteilung beim Bundestagspräsidenten wirksam (Ziff. 1, 3. Abs. des Beschlusses des Deutschen Bundestages betr. Aufhebung der Immunität der Mitglieder des Bundestages, Anlage 6 zur BT-GO). Dem Parlament wird es hierdurch ermöglicht, sein Aussetzungsrecht nach Art. 46 Abs. 4 GG auszuüben. Zahlreiche Länderparlamente haben vergleichbare Fristenregelungen getroffen. 15

Die allgemeine Genehmigung zur Durchführung von Ermittlungsverfahren erstreckt sich nicht auf: 16

- Ermittlungen wegen Beleidigungen politischen Charakters,
- die Erhebung der Anklage und den Antrag auf Erlass eines Strafbefehls (zur abweichenden Regelung in Bayern bei Strafbefehlen wegen Straftaten im Zusammenhang mit dem Führen eines Kfz vgl. Nr. 1 Satz 2 lit. c des Beschlusses des Bayer. Landtags v. 27.01.2009, LT-Drucks. 16/252; Fn. 2 zu Nr. 192a Abs. 2 lit. a RiStBV) sowie
- auf freiheitsentziehende oder -beschränkende Maßnahmen im Ermittlungsverfahren.

Der Vollzug einer angeordneten Durchsuchung ist unterschiedlich geregelt. Während der Vollzug einer solchen Maßnahme gegen Bundestagsabgeordnete einer ausdrücklichen Genehmigung bedarf, erstreckt sich in einigen Ländern die allgemeine Genehmigung auch auf Durchsuchungen. 17

3. **Genehmigung.** Handelt es sich nicht um eine genehmigungsfreie Maßnahme (Rdn. 9 ff.) und liegt auch keine allgemeine Genehmigung vor (Rdn. 14 ff.), bedarf die Strafverfolgung der Genehmigung des Parlaments. 18

a) **Antragsberechtigung und Verfahren.** Den **Antrag** stellt die **StA** auf dem Dienstweg. Form- und Inhalt regelt Nr. 192 RiStBV. Zur Antragsstellung ist auch das **Gericht** befugt, etwa wenn der Immunitätsschutz erst nach Erhebung der öffentlichen Klage entsteht (vgl. zu den verschiedenen Fallgestaltungen LR/*Mavany*, § 152a Rn. 35). Der **Privatkläger** muss sich selbst unter Nachweis der Privatklageerhebung an das Parlament wenden. 19

b) **Vorentscheidungsverfahren.** Der Bund und einige Länder haben insb. bei Verkehrssachen und Bagatellangelegenheiten zur Erteilung der Genehmigung ein vereinfachtes Verfahren durch **Vorentscheidung** des zuständigen Immunitätsausschusses eingeführt. Dessen Entscheidung gilt als Parlamentsentscheidung, sofern die Parlamentsmitglieder nicht schriftlich binnen bestimmter Fristen Widerspruch erheben (KK-StPO/*Diemer*, § 152b Rn. 19). 20

c) **Reichweite der Genehmigung.** Wenn das Parlament keine weitergehende Bestimmung getroffen hat, ermächtigt die Genehmigung zur Strafverfolgung nicht zugleich auch zur Verhaftung oder zu anderen freiheitsbeschränkenden Maßnahmen (vgl. die in Art. 46 Abs. 2 und 3 GG genannten Fallgruppen). Die Genehmigung zur Strafverfolgung reicht bis zur Rechtskraft des Urteils. Die Strafvollstreckung als solche unterliegt nicht dem Immunitätsschutz, es sei denn, die Vollstreckung führt zu einer Freiheitsentziehung oder -beschränkung, wie bei der Vollstreckung einer Freiheitsstrafe, Ersatzfreiheitsstrafe oder Erzwingungshaft nach § 96 OWiG. Diese Maßnahmen dürfen gegen Bundestagsabgeordnete erst vollzogen werden, wenn eine Genehmigung nach Art. 46 Abs. 3 GG vorliegt (LR/*Beulke*, § 152a Rn. 18). Die Genehmigung gilt nur für die Dauer der Wahlperiode und umfasst die im Antrag umschriebene (prozessuale) Tat. An die rechtliche Beurteilung ist das Gericht nicht gebunden (BGHSt 15, 274). 21

D. Folgen der Immunität. Das Verfahrenshindernis der Immunität bewirkt das **Ruhen der Verjährung**. Die Verjährung ruht mit Ablauf des Tages, an dem die StA oder eine Behörde oder ein Beamter des Polizeidienstes von der Tat und der Person des Täters Kenntnis erlangt bzw. an dem eine Strafanzeige oder ein Strafantrag gegen den Täter angebracht wird, § 78b Abs. 2 StGB. Unter Verstoß gegen die Immunität erlangte Beweise unterliegen in der Regel nicht einem **Beweisverwertungsverbot**, da die Immunität nicht dem Schutz des einzelnen Abgeordneten, sondern der Funktionsfähigkeit des Parlaments dient (LR/*Mavany*, § 152a Rn. 52; Meyer-Goßner/*Schmitt*, § 152a Rn. 13; *Pfeiffer*, § 152a Rn. 8; a.A. *Brocker*, GA 2002, 44, 52). 22

§ 153 Absehen von der Verfolgung bei Geringfügigkeit

(1) [1]Hat das Verfahren ein Vergehen zum Gegenstand, so kann die Staatsanwaltschaft mit Zustimmung des für die Eröffnung des Hauptverfahrens zuständigen Gerichts von der Verfolgung absehen, wenn die Schuld des Täters als gering anzusehen wäre und kein öffentliches Interesse an der Verfolgung besteht. [2]Der Zustimmung des Gerichts bedarf es nicht bei einem Vergehen, das nicht mit einer im Mindestmaß erhöhten Strafe bedroht ist und bei dem die durch die Tat verursachten Folgen gering sind.

(2) [1]Ist die Klage bereits erhoben, so kann das Gericht in jeder Lage des Verfahrens unter den Voraussetzungen des Absatz 1 mit Zustimmung der Staatsanwaltschaft und des Angeschuldigten das Verfahren einstellen. [2]Der Zustimmung des Angeschuldigten bedarf es nicht, wenn die Hauptverhandlung aus den in § 205 angeführten Gründen nicht durchgeführt werden kann oder in den Fällen des § 231 Abs. 2 und der §§ 232 und 233 in seiner Abwesenheit durchgeführt wird. [3]Die Entscheidung ergeht durch Beschluss. [4]Der Beschluss ist nicht anfechtbar.

S.a. RiStBV Nr. 93, 211

Übersicht

1 **A. Bedeutung und Anwendungsbereich.** Die Vorschrift erlaubt die Durchbrechung des Legalitätsgrundsatzes aus **Opportunitätsgründen.** Durch sie wird bei Vergehen von geringer Schwere eine einzelfallangepasste, informelle Erledigung aus Gerechtigkeitsgründen in einem frühen Verfahrensstadium ermöglicht (BGHSt 45, 340). In diesem Bereich erfüllt sie damit eine, in der Praxis häufig genutzte, entkriminalisierende und zugleich justizentlastende Funktion (LR/*Mavany*, § 153 Rn. 1). Der mit der Einstellung verbundene Beschleunigungseffekt wirkt nicht nur zugunsten des Beschuldigten, indem die mit einem Strafverfahren oder gar einer förmlichen Sanktionierung verbundenen Nachteile vermieden werden, sondern auch zugunsten der Strafverfolgungsbehörden, die ihre Kapazitäten auf Straftaten von größerem Gewicht konzentrieren können.

2 **I. Prozessuale Tat.** Eine Einstellung nach § 153 kann nur einheitlich für die gesamte prozessuale Tat vorgenommen werden. Einzelakte oder tateinheitlich verwirklichte Straftatbestände können nur nach § 154a – unter dessen Voraussetzungen – aus der Verfolgung ausgeschieden werden. Eine rechtsirrig auf § 153 gestützte Teileinstellung kann ggf. in eine solche nach § 154a umgedeutet werden.

3 **II. Privatklagedelikte.** Betrifft die Tat nur Privatklagedelikte (§ 374) ist für § 153 Abs. 1 kein Raum. Besteht kein öffentliches Interesse an der Strafverfolgung, verweist die StA den Anzeigeerstatter auf den Privatklageweg (§ 378). Ist Privatklage erhoben, verdrängt für die gerichtliche Einstellung § 383 Abs. 2 als Spezialvorschrift den § 153 Abs. 2 (Meyer-Goßner/*Schmitt*, § 153 Rn. 1). Treffen dagegen in einer einheitlichen prozessualen Tat Privatklage- und Offizialdelikte zusammen, ist § 153 anwendbar. Die Weiterverfolgung des Privatklagedelikts im Wege der Privatklage ist in diesem Fall nicht möglich (LR/*Mavany*, § 153 Rn. 12; KK-StPO/*Diemer*, § 153 Rn. 13, 67; Meyer-Goßner/*Schmitt*, § 153 Rn. 5, § 376 Rn. 11; *Pfeiffer*, § 153 Rn. 1).

4 **III. Jugendstrafverfahren.** In Verfahren gegen Jugendliche oder Heranwachsende (bei denen Jugendstrafrecht nach §§ 105 Abs. 1, 109 Abs. 2 JGG anwendbar wäre) wird § 153 von den Spezialvorschriften der §§ 45 Abs. 1, 47 Abs. 1 Satz 1 Nr. 1 JGG verdrängt. Diese verweisen ihrerseits jedoch auf die Voraussetzungen des

§ 153 (Vergehen, geringe Schuld, fehlendes öffentliches Interesse). Das Absehen von der Verfolgung nach § 45 Abs. 1 JGG bedarf keiner Zustimmung des Gerichts.

IV. Betäubungsmittelverfahren. § 31a Abs. 1 BtMG lässt unter den Voraussetzungen des § 153 Abs. 1 Satz 1 bei Vergehen nach § 29 Abs. 1, 2 oder 4 das Absehen von der Verfolgung ohne Zustimmung des Gerichts zu, wenn es sich um eine geringe Menge zum Eigenverbrauch handelt. Insoweit ist § 31a BtMG lex specialis. I.Ü. bleibt § 153 jedoch anwendbar, wenn es sich in Ausnahmefällen gerade nicht mehr um eine geringe Menge i.S.d. § 31a BtMG handelt oder diese zum Fremdgebrauch bestimmt ist (BVerfGE 90, 145, 189; *Weber*, BtMG, § 31a Rn. 18; *Körner*, BtMG, § 31a Rn. 13; Meyer-Goßner/*Schmitt*, § 153 Rn. 15; HdbStA/*Vordermayer*, 3. Teil Rn. 182). 5

V. Zusammentreffen von Straftat und Ordnungswidrigkeit. Im Rahmen einer prozessualen Tat kann die StA hinsichtlich der Straftat von der Verfolgung absehen und das Verfahren zur Verfolgung der Ordnungswidrigkeit an die Verwaltungsbehörde abgeben, §§ 40, 43 Abs. 1 OWiG (276, 278, 279 RiStBV; BGHSt 41, 385, 390). 6

B. Gemeinsame Voraussetzungen von Abs. 1 und Abs. 2. I. Vergehen. Die Vorschrift gilt nur bei Vergehen (§ 12 Abs. 2 StGB). Maßgebend für die rechtliche Bewertung ist der Erkenntnisstand zum Zeitpunkt der Entscheidung. 7

II. Geringe Schuld. § 153 ist nur anwendbar, wenn die Tat strafbar ist und kein Verfolgungshindernis vorliegt. Bei liquider Entscheidungslage hat die Einstellung nach § 170 Abs. 2 Satz 1 (bzw. ein Freispruch) Vorrang (KK-StPO/*Diemer*, § 153 Rn. 6; LR/*Mavany*, § 153 Rn. 35; *Pfeiffer*, § 153 Rn. 1). § 153 setzt jedoch nicht voraus, dass die Sache durchermittelt ist (*Eckl*, JR 1975, 101). Aus der Formulierung »die Schuld … als gering anzusehen **wäre**« folgt, dass es für die Anwendung des § 153 eines Schuldnachweises nicht bedarf. Es genügt eine gewisse Wahrscheinlichkeit auf der Grundlage einer hypothetischen Schuldbeurteilung (BVerfGE 82, 106), da die Einstellung nach § 153 **keine Schuldfeststellung** enthält. 8

Die Schuld ist gering, wenn sie bei Vergleich mit Vergehen gleicher Art deutlich unter dem Durchschnitt liegt (LR/*Mavany*, § 153 Rn. 24; Meyer-Goßner/*Schmitt*, § 153 Rn. 4; *Pfeiffer*, § 153 Rn. 2; HdbStA/*Vordermayer*, 3. Teil Rn. 81). Es müsste eine Strafe im untersten Bereich des in Betracht kommenden Strafrahmens zu erwarten sein. Bei der Gesamtabwägung der schuldbezogenen Merkmale kann auf die Gesichtspunkte des § 46 Abs. 2 Satz 2 StGB zurückgegriffen werden. In Betracht kommen namentlich: Motive und Gesinnung des Täters (zur Tat provoziert oder verleitet), Maß der Pflichtwidrigkeit (notwehr- oder notstandsähnliche Lage; vermeidbarer, aber verständlicher Verbotsirrtum), Art der Tatausführung (untergeordnete Beteiligung; Grenze zum untauglichen Versuch, zum Wahnverbrechen oder zur Vorbereitungshandlung) und verschuldete Auswirkungen der Tat. Das Bemühen um Schadenswiedergutmachung, ein durchgeführter Täter-Opfer-Ausgleich, in Verkehrssachen der Verzicht auf die Fahrerlaubnis (*Eisele*, NZV 1999, 232) sowie eine überlange Verfahrensdauer (m.w.N. KK-StPO/*Diemer*, § 153 Rn. 4a, 15; LR/*Mavany*, § 153 Rn. 34; *Cramer*, wistra 1999, 290) können sich ebenfalls schuldmindernd auswirken. 9

III. Kein öffentliches Interesse. Das öffentliche Interesse kann sich trotz geringer Schuld insb. aus Gründen der Spezial- oder Generalprävention oder bei außergewöhnlichen Tatfolgen (BGHSt 10, 259) ergeben. Die mit der Generalprävention bezweckte Bestätigung der Verbindlichkeit der Rechtsordnung gebietet auch die Berücksichtigung der Opferbelange (LR/*Mavany*, § 153 Rn. 32). Allein das Justizinteresse an einer gerichtlichen Entscheidung zur Klärung einer Rechtsfrage, z.B. über die Gültigkeit einer Vorschrift, genügt in der Regel nicht. Ist bereits eine disziplinarrechtliche Ahndung erfolgt, kann dies ein öffentliches Interesse an der Strafverfolgung entfallen lassen. 10

C. Absehen von der Verfolgung durch StA (Abs. 1). Die Entscheidung, von der Verfolgung abzusehen, ergeht durch die StA, in Steuerstrafverfahren auch durch die Finanzbehörde, wenn sie das Ermittlungsverfahren selbstständig führt (§§ 386 Abs. 2, 399 Abs. 1 AO). Hat eine andere Behörde Strafanzeige erstattet (oder sonst Interesse am Verfahren), tritt die StA nach Nr. 93 RiStBV vor einer Entscheidung mit dieser in Verbindung. Der vorherigen Anhörung oder Zustimmung des Beschuldigten bzw. des Anzeigeerstatters/Verletzten, bedarf es nicht. 11

I. Mit Zustimmung des Gerichts (Satz 1). Die Zustimmung des Gerichts, das für die Eröffnung des Hauptverfahrens zuständig wäre, ist nach Abs. 1 S. 1 erforderlich. Bei mehrfacher örtlicher Zuständigkeit entscheidet die StA, bei welchem Gericht sie um Zustimmung nachsucht. Die Erteilung oder Versagung der Zustimmung ist keine Entscheidung, sondern nur Prozesserklärung und damit nicht mit der Beschwerde anfechtbar (BGHSt 38, 381, 382). Rechtliches Gehör ist nicht zu gewähren (§ 33 Abs. 2). 12

13 **II. Zustimmungsfreie Einstellung (Satz 2).** Die StA kann nach Abs. 1 Satz 2 bei geringfügigen Vergehen ohne gerichtliche Zustimmung von der Verfolgung absehen.

14 **1. Keine im Mindestmaß erhöhte Strafe.** Voraussetzung ist, dass die angedrohte Strafe nicht im Mindestmaß erhöht ist, d.h. dass das Mindestmaß nicht mehr als 1 Monat beträgt, §§ 12 Abs. 2, 38 Abs. 2 StGB. Strafschärfungen oder -milderungen für besonders schwere bzw. minder schwere Fälle bleiben für diese Einteilung außer Betracht, § 12 Abs. 3 StGB. Gleiches gilt für Strafzumessungsregeln, wie § 243 StGB.

15 **2. Geringe Tatfolgen.** Die weitere Voraussetzung ist, dass die durch die Tat verursachten Folgen gering sind. Die Beschränkung der zustimmungsfreien Einstellung auf Vermögensdelikte wurde durch das RPflEntlG (BGBl. I 1993, S. 50) gestrichen. Die StA kann nunmehr bei geringen Tatfolgen in allen Bagatellfällen ohne gerichtliche Zustimmung von der Verfolgung absehen. Bei Vermögensdelikten richtet sich die Beurteilung der geringen Tatfolgen vornehmlich nach dem entstandenen Schaden. Die Wertgrenze dürfte bei etwa 50,00 € liegen (KK-StPO/*Diemer*, § 153 Rn. 43; LR/*Mavany*, § 153 Rn. 51; KMR/*Kulhanek*, Rn. 22; Meyer-Goßner/*Schmitt*, § 153 Rn. 17). Ein Affektionsinteresse wird nicht berücksichtigt. Bei Museumsstücken kann das öffentliche Interesse an der Strafverfolgung einer Einstellung entgegenstehen.

16 Bei Steuerstraftaten (Zollstraftaten) kann auch die Finanzbehörde nach § 399 Abs. 1 AO ohne Zustimmung des Gerichts unter den Voraussetzungen des § 153 Abs. 1 Satz 1 von der Verfolgung absehen, wenn nur eine geringe Verkürzung der fiskalischen Einnahmen eingetreten ist oder der Täter nur geringwertige Vorteile erlangt hat.

17 **III. Entscheidung. 1. Form und Inhalt.** Das Absehen von der Verfolgung nach § 153 Abs. 1 erfolgt in der Form einer Einstellungsverfügung der StA. Sie wird dem Beschuldigten – unter den Voraussetzungen des § 170 Abs. 2 Satz 2 – ohne Gründe mitgeteilt. Liegt eine entschädigungspflichtige Strafverfolgungsmaßnahme i.S.d. § 2 StrEG vor, ist der Beschuldigte über sein Antragsrecht, die Frist und das zuständige Gericht zu belehren, § 9 Abs. 1 Satz 5 StrEG (HdbStA/*Kunz*, 5. Teil Kap. 6 Rn. 12; eine Zustellung ist in diesem Fall erforderlich, um die Frist nach § 9 Abs. 1 Satz 4 StrEG in Lauf zu setzen). Ein Anzeigeerstatter wird nach § 171 Abs. 1 Satz 1 unter Angabe der Gründe beschieden (Nr. 89 Abs. 3 RiStBV), jedoch ohne Belehrung nach § 171 Abs. 1 Satz 2, da – auch wenn er Verletzter ist – kein Klageerzwingungsverfahren möglich ist, § 172 Abs. 2 Satz 3.

18 **2. Kosten- und Entschädigungsregelung.** Die Einstellungsverfügung der StA enthält keine Kostenentscheidung, § 464 Abs. 1 StPO. Unter den Voraussetzungen des § 467a StPO (Einstellung nach Klagerücknahme) bzw. der § 2, 3, 9 StrEG kann auf Antrag eine gerichtliche Entscheidung über die Kosten bzw. über die Entschädigung für Strafverfolgungsmaßnahmen ergehen.

19 **D. Einstellung durch Gericht (Abs. 2). Nach Anklageerhebung** (§ 170 Abs. 1) geht die Zuständigkeit für die Einstellung auf das Gericht über. Diesem Zeitpunkt entspricht im Strafbefehlsverfahren die Einreichung des Strafbefehlsantrags (§ 407 Abs. 1 Satz 4). Im beschleunigten Verfahren ist nicht der Antrag auf Entscheidung in dieser Verfahrensart maßgebend, sondern der davon möglicherweise verschiedene Zeitpunkt der Klageerhebung (§ 418 Abs. 3 Satz 2; LR/*Mavany*, § 153 Rn. 58). Wird die Anklage zurückgenommen (§ 156) lebt die Zuständigkeit der StA für die Verfahrenseinstellung gem. § 153 Abs. 1 wieder auf. In jeder Lage des Verfahrens bis zum rechtskräftigen Abschluss im Erkenntnisverfahren ist die Einstellung zulässig. Die Verwerfung eines Rechtsmittels als unzulässig (§§ 322 Abs. 1, 349 Abs. 1) geht der Einstellung vor. Dies gilt auch für die Verwerfung der Berufung oder des Einspruchs wegen unentschuldigten Ausbleibens des Angeklagten gem. §§ 329 Abs. 1 Satz 1, 412 Satz 1, da in diesen Fällen das Gericht nicht mehr zu einer Sachprüfung befugt ist.

Die Frage einer Opportunitätseinstellung kann auch Gegenstand einer förmlichen Verständigung sein, wenn sie Teil verständigungsbezogener Gespräche ist und in einen Konnex zum Prozessverhalten der Verfahrensbeteiligten gebracht wird (BGH StV 2018, 8 [9] Rn. 15).

20 **I. Zustimmungserfordernisse. 1. StA.** Zuständig für die stets erforderliche Zustimmung ist die StA bei dem Gericht, das die Einstellung aussprechen will. Sie kann schriftlich oder mündlich erklärt werden, ist jedoch nicht erzwingbar. Der Rechtsweg nach § 23 EGGVG ist nicht eröffnet (OLG Hamm, NStZ 1985, 472). In dem Antrag/Anregung, der StA, das Verfahren einzustellen, liegt zugleich die erforderliche Zustimmung.

21 **2. Angeschuldigter.** Zur gerichtlichen Einstellung ist die Zustimmung des Angeschuldigten/Angeklagten erforderlich. Durch die Verweigerung der Zustimmung kann er die Durchführung des Verfahrens zur Erreichung einer ihm günstigen Entscheidung (Freispruch oder Einstellung wegen Verfahrenshindernis)

erzwingen. Die Zustimmung ist als Prozesserklärung bedingungsfeindlich. Sie kann nicht von der Auferlegung der notwendigen Auslagen auf die Staatskasse abhängig gemacht werden (Meyer-Goßner/*Schmitt*, § 153 Rn. 27, 31; *Pfeiffer*, § 153 Rn. 8; KK-StPO/*Diemer*, § 153 Rn. 53; KMR/*Kulhanek*, § 153 Rn. 29; AK-StPO/*Schöch*, § 153 Rn. 49; a.A. LR/*Mavany*, § 153 Rn. 70, 71; LG Neuruppin, NJW 2002, 1967; nach beiden Ansichten kommt das LG Limburg zur Unwirksamkeit der Einstellungsentscheidung, wenn das Gericht von der Auslagenerstattung nach § 467 Abs. 4 StPO absieht, obwohl der Angeklagte einer Einstellung allein für den Fall der Erstattung seiner notwendigen Auslagen zugestimmt hat, NStZ-RR 2012, 296). Die Anregung/Antrag des Angeklagten oder seines Verteidigers, das Verfahren einzustellen, enthält zugleich die Zustimmung. Sie stellt kein Schuldeingeständnis dar (BVerfGE 82, 106, 118) und kann bis zur tatsächlichen Einstellung widerrufen werden, danach nicht mehr (KG, JR 1978, 524).

Der Zustimmung des Angeklagten bedarf es nach § 153 Abs. 2 Satz 2 nicht in den Fällen der §§ 205, 231 Abs. 2, 232, 233. Da § 153 Abs. 2 Satz 2 eine enumerativ gefasste Ausnahmevorschrift darstellt, wird eine analoge Anwendung auf die Fälle der §§ 231a und b abgelehnt (KK-StPO/*Diemer*, § 153 Rn. 54; LR/*Mavany*, § 153 Rn. 73; Meyer-Goßner/*Schmitt*, § 153 Rn. 27; AK-StPO/*Schöch*, § 153 Rn. 48; HK-StPO/*Krehl*, § 153 Rn. 22; a.A. KMR/*Kulhanek*, § 153 Rn. 30). Auch bei überlanger Verfahrensdauer bedarf es zur gerichtlichen Einstellung der Zustimmung des Angeklagten (OLG Frankfurt, NStZ-RR 1998, 52). 22

II. Mitwirkung anderer Beteiligter. Liegen die Voraussetzungen für eine Anschlussberechtigung vor, wird der Nebenkläger vor einer Einstellung nach § 153 Abs. 2 zugelassen (§ 396 Abs. 3). Er wird zur beabsichtigten Einstellung lediglich gehört (§ 33 Abs. 1, 3), seine Zustimmung ist nicht erforderlich (OLG Köln, NJW 1952, 1029). Die Finanzbehörde wird im Steuerstrafverfahren nur gehört, wenn ein Vertreter an der Hauptverhandlung teilnimmt (§ 407 AO). Der Zustimmung bedarf es nicht (LR/*Mavany*, § 153 Rn. 76). 23

III. Entscheidung. 1. Form und Inhalt. Gem. § 153 Abs. 2 Satz 3 ergeht die Entscheidung durch Beschluss (»Das Verfahren wird gem. § 153 Abs. 2 StPO eingestellt«), der nicht zu begründen ist, weil er unanfechtbar ist (§§ 153 Abs. 2 Satz 4, 34). Eine Begründung kann jedoch u.U. zweckmäßig sein, um den Umfang der Rechtskraftwirkung klarzustellen. Wird versehentlich die Form des Urteils gewählt, wird dieses trotzdem wie ein Beschluss behandelt (Meyer-Goßner/*Schmitt*, § 153 Rn. 24). 24

2. Kosten- und Entschädigungsregelung. Der gerichtliche Einstellungsbeschluss enthält eine Kostenentscheidung, da er das Verfahren beendet (§ 464 Abs. 1). Der Inhalt der Kostenentscheidung ergibt sich aus § 467 Abs. 1 und 4. Danach fallen die Kosten des Verfahrens der Staatskasse zur Last (außer in den Fällen des § 467 Abs. 2, schuldhafte Säumnis); von der Auferlegung der notwendigen Auslagen des Angeschuldigten auf die Staatskasse kann abgesehen werden (§ 467 Abs. 4). Diese Auslagenentscheidung kann auf Erwägungen zum Tatverdacht gestützt werden. Auf die strafrechtliche Schuld darf nur abgestellt werden, wenn die Hauptverhandlung bis zur Schuldspruchreife durchgeführt wurde, ansonsten läge ein Verstoß gegen die Unschuldsvermutung vor (BVerfG, NJW 1990, 2741; LR/*Mavany*, § 153 Rn. 80 m.w.N.; KMR/Kulhanek, § 153 Rn. 33). Notwendige Auslagen des Nebenklägers können ganz oder teilweise dem Angeschuldigten auferlegt werden, soweit dies aus besonderen Gründen der Billigkeit entspricht (§ 472 Abs. 2 Satz 1). Ist eine entschädigungsfähige Strafverfolgungsmaßnahme vollzogen worden (§ 2 StrEG), ergeht im Einstellungsbeschluss auch eine Entscheidung über die Verpflichtung zur Entschädigung (§§ 8 Abs. 1, 3 StrEG). 25

E. Folgen der Einstellung, beschränkte Rechtskraftwirkung. Eine staatsanwaltschaftliche Einstellung nach § 153 Abs. 1 StPO verbraucht die Strafklage nicht. Eine Wiederaufnahme ist jederzeit möglich. 26

Der gerichtliche Einstellungsbeschluss erlangt demgegenüber beschränkte Rechtskraft, deren Umfang jedoch umstritten ist. Einigkeit besteht, dass eine neue Verfolgung möglich ist, wenn sich nachträglich herausstellt, dass ein Verbrechen vorliegt (BGH, NJW 2004, 375; OLG Hamm, GA 1993, 231; KK-StPO/*Diemer*, § 153 Rn. 63, 64; LR/*Mavany*, § 153 Rn. 88; KMR/Kulhanek, § 153 Rn. 37; Meyer-Goßner/*Schmitt*, § 153 Rn. 37; *Pfeiffer*, § 153 Rn. 9). Ob sich der Vorwurf des Verbrechens auf neue Tatsachen oder nur auf eine andere rechtliche Bewertung stützt, ist dabei unerheblich. Die im Schrifttum vertretenen Meinungen, dass neue Tatsachen oder Beweismittel (LR/*Mavany*, § 153 Rn. 91: sofern diese erheblich sind), die ggf. zusätzlich eine (schärfere) rechtliche Beurteilung begründen (Meyer-Goßner/*Schmitt*, § 153 Rn. 38), die Sperrwirkung wegfallen lassen, entsprechen nicht der Rspr. des BGH (BGH, NJW 2004, 375; vgl. Darstellung des Streitstandes bei LR/*Mavany*, § 153 Rn. 88 ff.; Meyer-Goßner/*Schmitt*, § 153 Rn. 37, 38). Eine erneute Strafverfolgung bleibt möglich, wenn verkannt wurde, dass es sich um den Teilakt einer Dauerstraftat oder einer Bewertungseinheit handelt (Meyer-Goßner/*Schmitt*, § 153 Rn. 38; *Pfeiffer*, § 153 Rn. 9). Für die Rechtsfigur der fortgesetzten Handlung ist dies nicht mehr relevant, da die Rspr. diese Rechtsfigur für die überwiegende Anzahl der Fallgruppen aufgegeben hat (BGHSt 40, 138). Entfällt der Strafklageverbrauch nach richterlicher Einstellung, bedarf es zur Weiterverfolgung der Erhebung einer neuen Anklage. Das ein- 27 gestellte Verfahren bleibt erledigt. Trotz einer Einstellung nach § 153 Abs. 1 oder Abs. 2 bleibt ein nachträgliches objektives Verfahren mit dem Ziel der Einziehung oder der Unbrauchbarmachung möglich (§ 76a Abs. 1, 3 StGB, §§ 435, 436).

28 F. **Anfechtbarkeit.** Die Entscheidung der StA, ob sie von der Strafverfolgung absehen will, ist gerichtlich nicht nachprüfbar (KK-StPO/*Diemer*, § 153 Rn. 32; LR/*Mavany*, § 153 Rn. 39; Meyer-Goßner/*Schmitt*, § 153 Rn. 10).

29 Lehnt das Gericht eine beantragte Einstellung ab (ausdrücklich oder durch Verfahrensfortsetzung), ist dies nicht anfechtbar. Auch der gerichtliche Einstellungsbeschluss ist kraft ausdrücklicher gesetzlicher Bestimmung unanfechtbar (§ 153 Abs. 2 Satz 4); dies gilt auch für den Nebenkläger (§ 400 Abs. 2 Satz 2). Ausnahmsweise ist jedoch die Beschwerde (§ 304) für die StA und den Angeschuldigten gegeben, wenn eine prozessuale Voraussetzung fehlte (LG Krefeld, NJW 1976, 815), z.B. die Tat in Wirklichkeit ein Verbrechen ist (OLG Hamm, NStZ-RR 2004, 144; OLG Celle, NJW 1966, 1329) oder die erforderlichen Zustimmungserklärungen fehlten (OLG Köln, NJW 1952, 1029; LG Osnabrück, NJW 1956, 883).

30 Die Kosten- und Auslagenentscheidung ist unanfechtbar (§ 464 Abs. 3 Satz 1 Hs. 2). Dies gilt nicht für die StrEG-Entscheidung; gegen sie ist die sofortige Beschwerde zulässig (§ 8 Abs. 3 Satz 1 StrEG).

31 G. **Revision.** Die Revision kann nicht auf die Nichtanwendung des § 153 Abs. 2 gestützt werden.

§ 153a Absehen von der Verfolgung unter Auflagen und Weisungen

(1) [1]Mit Zustimmung des für die Eröffnung des Hauptverfahrens zuständigen Gerichts und des Beschuldigten kann die Staatsanwaltschaft bei einem Vergehen vorläufig von der Erhebung der öffentlichen Klage absehen und zugleich dem Beschuldigten Auflagen und Weisungen erteilen, wenn diese geeignet sind, das öffentliche Interesse an der Strafverfolgung zu beseitigen, und die Schwere der Schuld nicht entgegensteht. [2]Als Auflagen oder Weisungen kommen insbesondere in Betracht,

1. **zur Wiedergutmachung des durch die Tat verursachten Schadens eine bestimmte Leistung zu erbringen,**
2. **einen Geldbetrag zugunsten einer gemeinnützigen Einrichtung oder der Staatskasse zu zahlen,**
3. **sonst gemeinnützige Leistungen zu erbringen,**
4. **Unterhaltspflichten in einer bestimmten Höhe nachzukommen,**
5. **sich ernsthaft zu bemühen, einen Ausgleich mit dem Verletzten zu erreichen (Täter-Opfer-Ausgleich) und dabei seine Tat ganz oder zum überwiegenden Teil wieder gut zu machen oder deren Wiedergutmachung zu erstreben,**
6. **an einem sozialen Trainingskurs teilzunehmen oder**
7. **an einem Aufbauseminar nach § 2b Abs. 2 Satz 2 oder an einem Fahreignungsseminar nach § 4a des Straßenverkehrsgesetzes teilzunehmen.**

[3]Zur Erfüllung der Auflagen und Weisungen setzt die Staatsanwaltschaft dem Beschuldigten eine Frist, die in den Fällen des Satzes 2 Nr. 1 bis 3, 5 und 7 höchstens sechs Monate, in den Fällen des Satzes 2 Nr. 4 und 6 höchstens ein Jahr beträgt. [4]Die Staatsanwaltschaft kann Auflagen und Weisungen nachträglich aufheben und die Frist einmal für die Dauer von drei Monaten verlängern; mit Zustimmung des Beschuldigten kann sie auch Auflagen und Weisungen nachträglich auferlegen und ändern. [5]Erfüllt der Beschuldigte die Auflagen und Weisungen, so kann die Tat nicht mehr als Vergehen verfolgt werden. [6]Erfüllt der Beschuldigte die Auflagen und Weisungen nicht, so werden Leistungen, die er zu ihrer Erfüllung erbracht hat, nicht erstattet. [7] § 153 Absatz 1 Satz 2 gilt in den Fällen des Satzes 2 Nr. 1 bis 6 entsprechend. [8] § 246a Absatz 2 gilt entsprechend.

(2) [1]Ist die Klage bereits erhoben, so kann das Gericht mit Zustimmung der Staatsanwaltschaft und des Angeschuldigten das Verfahren vorläufig einstellen und zugleich dem Angeschuldigten die in Absatz 1 Satz 1 und 2 bezeichneten Auflagen und Weisungen erteilen. [2]Absatz 1 Satz 3 bis 6 gilt entsprechend. [3]Die Entscheidung nach Satz 1 ergeht durch Beschluss. [4]Der Beschluss ist nicht anfechtbar. [5]Satz 4 gilt auch für eine Feststellung, dass gemäß Satz 1 erteilte Auflagen und Weisungen erfüllt worden sind.

(3) Während des Laufes der für die Erfüllung der Auflagen und Weisungen gesetzten Frist ruht die Verjährung.

(4) [1]§ 155b findet im Fall des Absatzes 1 Satz 2 Nummer 6, auch in Verbindung mit Absatz 2, entsprechende Anwendung mit der Maßgabe, dass personenbezogene Daten aus dem Strafverfahren, die nicht den Beschuldigten betreffen, an die mit der Durchführung des sozialen Trainingskurses befasste Stelle nur übermittelt werden dürfen, soweit die betroffenen Personen in die Übermittlung eingewilligt haben.

[2]Satz 1 gilt entsprechend, wenn nach sonstigen strafrechtlichen Vorschriften die Weisung erteilt wird, an einem sozialen Trainingskurs teilzunehmen.

S.a. RiStBV Nr. 93, 93a, 211

Übersicht

A. Bedeutung und Anwendungsbereich. Die Vorschrift ermöglicht ein vereinfachtes Erledigungsverfahren ohne Strafmaßnahmen im Bereich der kleineren und mittleren Kriminalität, in dem § 153 nicht mehr anwendbar ist. Während die sonstigen Durchbrechungen des Legalitätsprinzips in der Regel nur die sanktionslose Verfahrenseinstellung erlauben, besteht die Besonderheit hier darin, dass mit Zustimmung des Beschuldigten weitreichende Auflagen und Weisungen erteilt werden, deren Erfüllung die Verhängung einer Strafe oder Maßregel entbehrlich machen (LR/*Mavany*, § 153a Rn. 2). Diese Form der kooperativen Verfahrensbeendigung führt unter justizökonomischen Gesichtspunkten zu einer Entlastung, verbunden mit einer Verfahrensbeschleunigung. Da es zu keinem formellen Schuldspruch kommt und damit auch zu keinem Eintrag in das BZR, hat die Vorschrift auch eine entkriminalisierende Wirkung. Die Unschuldsvermutung nach Art. 6 Abs. 2 EMRK wird nicht verletzt (BVerfG, MDR 1991, 891; OLG Frankfurt, NJW 1996, 3353). Das Verfahren ist zweistufig aufgebaut. Zunächst wird das Verfahren nach Herbeiführung der erforderlichen Zustimmungen von der StA bzw. dem Gericht vorläufig eingestellt und dem Beschuldigten zur Erfüllung der Auflagen und Weisungen eine Frist gesetzt. Werden diese erfüllt, wird das Verfahren endgültig eingestellt – wie sich aus § 467 Abs. 5 ergibt –, ansonsten wird das Verfahren fortgesetzt. 1
Die Frage einer Opportunitätseinstellung nach § 153a kann auch Gegenstand einer förmlichen Verständigung sein, wenn sie Teil verständigungsbezogener Gespräche ist und in einen Konnex zum Prozessverhalten der Verfahrensbeteiligten gebracht wird (BGH StV 2018, 8 [9] Rn. 15).

I. Privatklagedelikte. Ein Verfahren wegen eines Privatklagedelikts kann nach § 153a eingestellt werden (LR/*Mavany*, § 153a Rn. 17; KMR/*Kulhanek*, § 153a Rn. 7; *Pfeiffer*, § 153a Rn. 1). Treffen ein Offizialdelikt und ein Privatklagedelikt zusammen, umfasst die Einstellung nach § 153a Abs. 1 auch das Privatklagedelikt. Für die gerichtliche Einstellung eines Privatklagedelikts hat § 383 Abs. 2 Vorrang; § 153a ist hier nicht anwendbar. 2

II. Jugendstrafverfahren. Im Jugendstrafrecht ist das Verhältnis zwischen § 153a und §§ 45, 47, 109 Abs. 2 JGG strittig. Zutreffend erscheint, in Letzteren eine auf junge Straftäter zugeschnittene, abschließende Sonderregelung zu sehen (KK-StPO/*Diemer*, § 153a Rn. 8; *Brunner/Dölling*, JGG § 45 Rn. 3; LR/*Mavany*, § 153a Rn. 19 mit näherer Begründung u.w.N.; a.A. KMR/*Kulhanek*, § 153a Rn. 8; Meyer-Goßner/*Schmitt*, § 153a Rn. 4: § 153a nur bei Nichtgeständigen; so auch *Pfeiffer*, § 153a Rn. 1; *Bohnert*, NJW 1980, 1927, 1930 ff.). Bei Heranwachsenden, auf die Erwachsenenstrafrecht anzuwenden ist, kann nach § 153a verfahren werden. 3

III. Betäubungsmittelverfahren. Bei Straftaten aufgrund einer BtM-Abhängigkeit bleibt § 153a neben § 37 BtMG anwendbar (LR/*Mavany*, § 153a Rn. 20; *Weber*, BtMG, § 37 Rn. 4, 69; a.A. möglicherweise *Körner*, BtMG, § 37 Rn. 30, wonach § 37 Abs. 2 BtMG eine Spezialvorschrift zu § 153a Abs. 2 sei). 4

5 **IV. Ordnungswidrigkeitenverfahren.** Im Ordnungswidrigkeitenverfahren ist § 153a nicht anwendbar (vgl. § 47 Abs. 3 OWiG). Treffen eine Ordnungswidrigkeit und ein Vergehen innerhalb einer prozessualen Tat zusammen, kann die Tat nur einheitlich nach § 153a eingestellt werden. Eine Weiterverfolgung der Ordnungswidrigkeit nach § 21 Abs. 2 OWiG ist (anders als bei § 153) nicht möglich (OLG Frankfurt, NJW 1985, 1850; OLG Nürnberg, NJW 1977, 1787).

6 **V. Steuerstrafverfahren.** Im Steuerstrafverfahren kann die Finanzbehörde gem. § 399 AO nach § 153a verfahren.

7 **B. Gemeinsame Voraussetzungen von Abs. 1 und Abs. 2. I. Vergehen.** § 153a ist nur bei Vergehen (§ 12 Abs. 2 StGB) anwendbar.

8 **II. Beseitigung des öffentlichen Interesses.** Der Begriff des öffentlichen Interesses deckt sich mit dem in § 153 verwendeten (vgl. § 153 Rn. 10). Während die Einstellung nach § 153 voraussetzt, dass kein öffentliches Interesse besteht, muss dieses bei § 153a durch die Erfüllung der Auflagen beseitigt werden können. Ob und welche Auflagen oder Weisungen geeignet sind, das öffentliche Interesse zu beseitigen, ist eine Frage des Einzelfalls und davon abhängig, wie stark das öffentliche Interesse ist. Relevante Umstände können dabei u.a. sein: keine oder nicht einschlägige kriminelle Vorbelastung, strafloses Verhalten nach länger zurückliegender Tatzeit, Bemühungen um Schadensausgleich, geringe Tatfolgen bzw. niedriger Schaden.

9 **III. Keine schwere Schuld.** Die Schwere der Schuld darf der Einstellung nicht entgegenstehen. Dies ist der Fall, wenn die (deliktsspezifische) Schuld entweder gering ist oder im mittleren Bereich liegt (LR/*Mavany*, § 153a Rn. 32). Die Beurteilung dieser Frage setzt einen Aufklärungsstand voraus, der den Schuldnachweis wie bei der Anklageerhebung als wahrscheinlich erscheinen lässt. Insoweit werden in § 153a höhere Anforderungen gestellt, als bei dem konjunktivisch gefassten § 153 (»als gering anzusehen wäre«). Der zugrunde liegende Sachverhalt muss hierzu im Wesentlichen durchermittelt sein.

10 **IV. Zustimmung des Beschuldigten.** Die Zustimmung des Beschuldigten ist stets erforderlich. Sie muss sich auf die vorgesehenen Auflagen und Weisungen einschließlich ihrer Leistungsmodalitäten wie Ratenzahlung und Fristen beziehen. Die Zustimmungserklärung kann ausdrücklich oder auch konkludent durch Erfüllung der Auflagen erfolgen. Eine an Bedingungen (z.B. an die Kostenfrage) geknüpfte Zustimmung ist unwirksam. Wird eine Zustimmung mit Veränderungen der Auflagen oder ihrer Modalitäten erteilt, liegt darin eine Verweigerung der Zustimmung zur ursprünglichen Auflage verbunden mit einer vorweg erklärten Zustimmung zur veränderten Auflagenfestsetzung. Der StA bzw. dem Gericht steht es frei, hierauf einzugehen. Die Zustimmungserklärung des bevollmächtigten Verteidigers ist dem Beschuldigten in der Regel zuzurechnen. Bis zur vollständigen Erfüllung der Auflagen oder Weisungen, kann die Zustimmung widerrufen werden, danach ist sie weder widerruflich noch wegen Willensmängeln anfechtbar. Ein Schuldeingeständnis liegt in der Zustimmung nicht. Wegen der Unschuldsvermutung sind Gerichte und Verwaltungsbehörden gehindert, allein aufgrund der Zustimmung bzw. Einstellung davon auszugehen, die Tat sei nachgewiesen (BVerfG, NJW 1991, 1530; NJW 1990, 2741; *Rettenmaier*, NJW 2013, 123).

11 Die Zustimmung **anderer Verfahrensbeteiligter**, wie etwa des Anzeigeerstatters oder des Verletzten, ist nicht erforderlich. Zu beachten sind jedoch Nr. 93, 211 RiStBV über die Beteiligung von Behörden, öffentlichen Körperschaften und obersten Staatsorganen, wenn diese Strafanzeige erstattet haben oder sonst an dem Verfahren interessiert sind bzw. eine Ermächtigung zur Strafverfolgung erteilt haben.

12 **C. Auflagen und Weisungen.** Die Auflagen und Weisungen nach § 153a Abs. 1 Satz 2 haben **keinen Strafcharakter**, da der Beschuldigte zustimmen und auch zu ihrer Erfüllung bereit sein muss (BGHSt 28, 174, 176). In Nr. 1 bis 3 handelt es sich in Anlehnung an den Gesetzeswortlaut in § 56b Abs. 2 Nr. 1 bis 4 StGB um Auflagen. In Nr. 4 um eine Weisung, vgl. § 56c Abs. 2 Nr. 5 StGB. Die Zuordnung von Nr. 5, 6 und 7 (Auflage bzw. Weisung) wird unterschiedlich vorgenommen (s. hierzu LR/*Mavany*, § 153a Rn. 47). Die Frage hat nur terminologische Bedeutung. Auflagen und Weisungen können miteinander kombiniert werden. Ihre Aufzählung ist **nicht abschließend** (»insbesondere«). Die Auflagen bzw. Weisungen müssen **konkret bestimmt** sein. Es dürfen jedoch keine unzumutbaren Anforderungen gestellt werden. Die **Fristen**, innerhalb derer Auflagen und Weisungen zu erfüllen sind, bemisst die StA bzw. das Gericht nach den Umständen des Einzelfalls, längstens jedoch 6 Monate bei Auflagen/Weisungen nach § 153a Abs. 1 Satz 2 Nr. 1 bis 3, 5, 7 und 1 Jahr bei einer Weisung nach Nr. 4 und 6 (vgl. § 153a Abs. 1 Satz 3). Kommt eine Therapieweisung (= Weisung, sich psychiatrisch, psycho- oder sozialtherapeutisch betreuen und behandeln zu lassen) wegen einer der in § 181b StGB genannten Sexualstraftaten zum Nachteil eines Minderjährigen in Betracht, so soll nach Abs. 1 Satz 8, welcher auf § 246a Abs. 2 verweist, zuvor ein Sachverständigengutachten über den Zustand

und die Behandlungsaussichten des Beschuldigten eingeholt werden. Dies gilt sowohl für die beabsichtigte Einstellung durch die StA als auch durch das Gericht.

I. Schadenswiedergutmachung (Nr. 1). Durch diese Auflage soll der nach den zivilrechtlichen Vorschriften zu ersetzende Schaden ausgeglichen werden. Mitwirkendes Verschulden (§ 254 BGB) ist zu berücksichtigen. Ist der Schaden nicht genau feststellbar, darf geschätzt werden. Die Auflage der Schadenswiedergutmachung »nach Kräften« (vgl. § 56b Abs. 2 Satz 1 Nr. 1 StGB) genügt nicht, die Leistung muss konkret bestimmt werden (ggf. in Raten) und darf die Schadensersatzpflicht nicht übersteigen. Die Verjährung des Anspruchs macht die Auflage nicht unzulässig (OLG Koblenz, NJW 1975, 527). Erhält der Geschädigte von dritter Seite (z.B. von der Versicherung) Schadensersatz, so scheidet eine Auflage nach Nr. 1 in der Regel aus, da keine doppelte Entschädigung erfolgen soll (KK-StPO/*Diemer*, § 153a Rn. 16). Die Auflage, Gerichtskosten sowie notwendige Auslagen des Nebenklägers zu übernehmen, ist unzulässig (OLG Frankfurt, MDR 1980, 515). Auch der Ersatz des immateriellen Schadens (Schmerzensgeld) kann zur Auflage gemacht werden. Bei Beleidigung kommt die Abgabe einer Entschuldigung in Betracht. 13

II. Geldzahlung (Nr. 2). Die ganz überwiegende Zahl der Auflagen i.R.d. § 153a betrifft Geldzahlungen an gemeinnützige Einrichtungen oder die **Staatskasse** (LR/*Mavany*, § 153a Rn. 29: 98 % der von der StA verhängten Auflagen). Das Gesetz enthält keinen Höchstbetrag. Der Verhältnismäßigkeitsgrundsatz ist jedoch zu beachten. Bei der Bestimmung der Höhe der Geldauflage sind die persönlichen und wirtschaftlichen Verhältnisse des Beschuldigten zu berücksichtigen sowie die Größe des durch die Auflagen zu beseitigenden öffentlichen Interesses an der Strafverfolgung. Die Höhe einer zu erwartenden Geldstrafe im Fall einer Verurteilung kann als ungefähre Orientierung dienen, da vergleichbare Abwägungen vorzunehmen sind (KMR/*Kulhanek*, § 153a Rn. 21; krit. LR/*Mavany*, § 153a Rn. 57). Die Verfahrenskosten dürfen dem Beschuldigten nicht als Geldleistung auferlegt werden. Die Berücksichtigung erheblicher Kosten i.R.d. Ermittlungsverfahrens, z.B. für Sachverständigengutachten, ist jedoch bei der Verteilung der Geldleistungen (zwischen gemeinnützigen Einrichtungen und der Staatskasse) und bei der Bestimmung ihrer Höhe möglich, wobei ggf. die persönliche Schuld und die Zumutbarkeit als Korrektiv dienen müssen (LR/*Mavany*, § 153a Rn. 56; KMR/*Kulhanek*, § 153a Rn. 22; Meyer-Goßner/*Schmitt*, § 153a Rn. 19; AK-StPO/*Schöch*, § 153a Rn. 30; krit. KK-StPO/*Diemer*, § 153a Rn. 19). Ratenzahlung kann gewährt werden. Eine Geldauflage an die Staatskasse ist unzulässig, wenn der Beschuldigte durch die Erfüllung der Auflage seine Insolvenzgläubiger benachteiligen würde (BGH, 05.06.2008 – IX ZR 17/07). 14

Die **gemeinnützige Einrichtung** muss nicht steuerrechtlich als solche anerkannt sein, jedoch muss sich die Gemeinnützigkeit aus ihren Zwecken ergeben. Einzelpersonen sind keine gemeinnützigen Einrichtungen im Sinne dieser Vorschrift (LR/*Mavany*, § 153a Rn. 55). Die Länder haben einheitliche Regelungen über Geldauflagen an gemeinnützige Einrichtungen erlassen (vgl. Meyer-Goßner/*Schmitt*, § 153a Rn. 20).

III. Gemeinnützige Leistungen (Nr. 3). Die Auflage, gemeinnützige Leistungen zu erbringen, stimmt mit der in § 56b Abs. 2 Satz 1 Nr. 3 StGB überein. Hierdurch erhalten auch diejenigen eine Chance, zu einer Verfahrenseinstellung zu kommen, die zu einer Geldleistung nicht in der Lage sind (LR/*Mavany*, § 153a Rn. 58; KK-StPO/*Diemer*, § 153a Rn. 20; AK-StPO/*Schöch*, § 153a Rn. 31; KMR/*Kulhanek*, § 153a Rn. 23). In Betracht kommen Dienstleistungen in caritativen Einrichtungen, Krankenhäusern, Alten- oder Pflegeheimen, Umweltschutzeinrichtungen, Tierheimen u.a. 15

IV. Unterhaltspflichten (Nr. 4). Die Weisung kommt v.a. bei Unterhaltspflichtverletzungen (§ 170 StGB) in Betracht. In der Regel wird die Leistung eines monatlich fällig werdenden bestimmten Geldbetrags auferlegt. Möglich sind aber auch Naturalleistungen (LR/*Mavany*, § 153a Rn. 59; KMR/*Kulhanek*, § 153a Rn. 24; Meyer-Goßner/*Schmitt*, § 153a Rn. 22; a.A. AK-StPO/*Schöch*, § 153a Rn. 33). Die Höchstfrist für die Weisung beträgt ein Jahr, § 153a Abs. 1 Satz 3. 16

V. Täter-Opfer-Ausgleich (Nr. 5). Mit der Einfügung des Täter-Opfer-Ausgleichs in Nr. 5 (i.V.m. §§ 155a, 155b) durch das Gesetz zur strafverfahrensrechtlichen Verankerung des Täter-Opfer-Ausgleichs und zur Änderung des Gesetzes über Fernmeldeanlagen v. 20.12.1999 (BGBl. I, S. 2491) wurde neben der bereits zuvor eingeführten materiell-rechtlichen Regelung in § 46a StGB nunmehr die verfahrensrechtliche Möglichkeit zur Einstellung über einen Täter-Opfer-Ausgleich eröffnet. Bereits das **ernsthafte Bemühen** um einen Täter-Opfer-Ausgleich mit dem Ziel, den Schaden zumindest teilweise wieder gut zu machen, genügt für die Verfahrenseinstellung. Es bedarf der Feststellung der StA (in den Akten), dass das vom Beschuldigten gezeigte Bemühen als ausreichend anzusehen ist, da es in Nr. 5 (im Gegensatz zu den übrigen Auflagen/Weisungen) an einem sicher feststellbaren Erfolg fehlt. Wegen § 155a Abs. 1 Satz 3 darf gegen den ausdrücklichen Wil- 17 len des Verletzten die Weisung nicht erteilt werden (LR/*Mavany*, § 153a Rn. 62; Meyer-Goßner/*Schmitt*, § 153a Rn. 22a).

18 **VI. Sozialer Trainingskurs (Nr. 6).** Von der Möglichkeit, die Teilnahme an einem sozialen Trainingskurs aufzuerlegen, wurde bisher bereits in der Praxis Gebrauch gemacht. Mit dem Gesetz zur Stärkung der Täterverantwortung vom 15.11.2012 (BGBl. I, S. 2298) hat der Gesetzgeber eine entsprechende Weisung nunmehr ausdrücklich unter Nr. 6 eingefügt. Durch die Zuweisung an qualifizierte Täterprogramme soll die Fähigkeit zur Verantwortungsübernahme und zur Selbstkontrolle seines Verhaltens beim Täter/Beschuldigten gestärkt werden. Insb. bei Tätern häuslicher Gewalt, aber nicht ausschließlich bei diesen, wird sich eine entsprechende Weisung anbieten. Gerade im Hinblick auf den hohen Stellenwert des Opferschutzes kann die Durchführung eines Sozialen Trainingskurses oftmals sinnvoller sein als die Auferlegung einer Geldbuße oder die Verurteilung zu einer Geldstrafe, weil der Täter nachhaltig gezwungen wird, sich mit seiner Tat auseinanderzusetzen und die Verantwortung hierfür zu übernehmen.
Zusammen mit der Nr. 6 neu eingefügt wurde der Abs. 4. Mit diesem wurde eine ausdrückliche gesetzliche Grundlage für die Übermittlung von personenbezogenen Daten an die mit einem sozialen Trainingskurs befasste Stelle geschaffen. Abs. 4 Satz 1 verweist insoweit auf die entsprechenden Regelungen für die Durchführung eines Täter-Opfer-Ausgleichs nach § 155b StPO. Abweichend von der Regelung in § 155b Abs. 1 Satz 1 StPO wird jedoch die Befugnis zur Übermittlung der erforderlichen personenbezogenen Daten anderer Personen als des Beschuldigten unter die zusätzliche Voraussetzung der Einwilligung der betroffenen Personen in die Datenübermittlung gestellt. Hierdurch soll den geschützten Interessen dieser Personen, insb. der Opfer, Rechnung getragen werden. Eine Einwilligung des Beschuldigten in die Übermittlung seiner personenbezogenen Daten ist dagegen nicht erforderlich.

19 **VII. Aufbauseminar (Nr. 7).** Die Teilnahme an einem Aufbauseminar oder einem Fahreignungsseminar soll den Bedürfnissen des Straßenverkehrs Rechnung tragen. Bei den in § 69 Abs. 2 StGB genannten Vergehen ist die Fahrerlaubnis in der Regel zu entziehen. Deshalb reicht in diesen Fällen allein die Teilnahme an einem Aufbauseminar nicht aus, um das Verfahren einzustellen. Die Einstellung wird hier nur in Betracht kommen, wenn auch im Fall einer Verurteilung ausnahmsweise vom Entzug der Fahrerlaubnis abgesehen worden wäre (LR/*Mavany*, § 153a Rn. 66; Meyer-Goßner/*Schmitt*, § 153a Rn. 22b). Damit verbleibt in der Praxis kaum ein Anwendungsbereich für die Nr. 6.

20 **D. Absehen von der Klageerhebung durch StA (Abs. 1).** Die Entscheidung, von der Erhebung der öffentlichen Klage abzusehen, § 153a Abs. 1, ergeht durch die StA; in Steuerstrafverfahren durch die Finanzbehörde, wenn sie das Ermittlungsverfahren selbstständig führt (§§ 386 Abs. 2, 399 Abs. 1 AO).

21 **I. Zustimmung des Gerichts.** Die Zustimmung des für die Eröffnung des Hauptverfahrens zuständigen Gerichts ist erforderlich, es sei denn die Voraussetzungen des § 153 Abs. 1 Satz 2 sind gegeben, auf die § 153a Abs. 1 Satz 7 verweist. Also bei Vergehen, die nicht mit einer im Mindestmaß erhöhten Strafe bedroht sind und nur geringe Folgen verursacht haben (vgl. hierzu § 153 Rn. 13 ff.). Die Teilnahme an einem Aufbauseminar kann nur mit Zustimmung des Gerichts angeordnet werden, da die Verweisung in § 153a Abs. 1 Satz 7 nur die Fälle des Satz 2 Nr. 1 bis 6 umfasst. In welcher Reihenfolge die StA die Zustimmung des Gerichts und des Beschuldigten einholt, ist im Gesetz nicht vorgeschrieben. Das angegangene Gericht gibt die Sache – ohne Entscheidung über die Zustimmung – zurück, wenn nach seiner Auffassung ein anderes Gericht über die Eröffnung des Hauptverfahrens zu entscheiden hätte oder wenn es seine Zustimmung wegen § 153a Abs. 1 Satz 7 i.V.m. § 153 Abs. 1 Satz 2 nicht für erforderlich hält (Meyer-Goßner/*Schmitt*, § 153a Rn. 31). Hält das Gericht seine Zuständigkeit für gegeben, kann dessen Entscheidung nur auf Erteilung oder Versagung der Zustimmung lauten. Notwendige Klarstellungen kann es vornehmen. Eine Änderung der Auflagen steht einer Ablehnung gleich (KK-StPO/*Diemer*, § 153a Rn. 28), verbunden mit einer vorweg erklärten Zustimmung zur veränderten Auflagenfestsetzung (LR/*Mavany*, § 153a Rn. 105; KMR/*Kulhanek*, § 153a Rn. 33). Die Erteilung oder Versagung der Zustimmung ist keine Entscheidung, sondern nur Prozesserklärung und nicht mit der Beschwerde anfechtbar.

22 **II. Entscheidung. 1. Vorläufige Einstellung.** In der vorläufigen Einstellungsverfügung bezeichnet die StA die Bedingungen einschließlich der festgesetzten Fristen (s.o. Rdn. 12) für die Erfüllung der Auflagen und Weisungen. Obwohl nicht vorgeschrieben, empfiehlt sich – u.a. zum Nachweis der Fristen – analog § 35 Abs. 2 Satz 1 eine Zustellung an den Beschuldigten bzw. in den Fällen des § 145a an den Verteidiger, verbunden mit dem Hinweis, dass bei Nichterfüllung das Verfahren fortgesetzt wird. Dem Anzeigeerstatter ist die vorläufige Einstellung formlos mit Gründen – jedoch ohne die erteilten Auflagen und Weisungen – mitzuteilen (Nr. 89 Abs. 3 RiStBV). Der Leistungsempfänger wird ebenfalls unterrichtet, zweckmäßigerweise

verbunden mit der Aufforderung, der StA den Empfang der Zahlungen oder sonstigen Leistungen mitzuteilen. Dies erleichtert der StA die Überwachung der rechtzeitigen Erfüllung der Auflagen oder Weisungen.

2. **Nachträgliche Änderungen.** Die StA kann – ohne Zustimmung des Beschuldigten – Auflagen und Weisungen **nachträglich aufheben** und die **Frist** einmal für die Dauer von drei Monaten **verlängern,** § 153a Abs. 1 Satz 4 Hs. 1. Nach § 153a Abs. 1 Satz 4 Hs. 2 ist die StA auch befugt, nachträglich Auflagen und Weisungen **aufzuerlegen oder zu ändern**. Hierfür ist jedoch die Zustimmung des Beschuldigten nötig, auch wenn die Änderung für ihn nur vorteilhaft ist. Ein Anspruch auf nachträgliche Änderung besteht nicht. Der gerichtlichen Zustimmung bedarf es in keinem der vorgenannten Fälle (a.A. LR/*Mavany*, § 153a Rn. 83). 23

3. **Endgültige Einstellung. a) Form und Inhalt.** Nach der vollständigen Erfüllung der Auflagen und Weisungen stellt die StA das Verfahren endgültig ein. Diese Einstellungsverfügung hat nur deklaratorischen Charakter, da das Verfolgungshindernis des § 153a Abs. 1 Satz 5 bereits mit der Erfüllung der Auflagen und Weisungen eintritt. Rechtsgrundlage für die Einstellungsverfügung ist nach herrschender Meinung § 153a direkt. Die endgültige Einstellung wird dem Beschuldigten formlos mitgeteilt. Ein Anzeigeerstatter wird nach § 171 Abs. 1 Satz 1 unter Angabe der Gründe beschieden (Nr. 89 Abs. 3 RiStBV), jedoch ohne Belehrung nach § 171 Abs. 1 Satz 2, da – auch wenn er Verletzter ist – kein Klageerzwingungsverfahren möglich ist, § 172 Abs. 2 Satz 3. 24

b) Kosten- und Entschädigungsregelung. Eine Entscheidung über die Kosten, Auslagen oder eine Entschädigung für Strafverfolgungsmaßnahmen unterbleibt; jedoch kommt § 9 Abs. 1 Satz 5 StrEG in Betracht (Vordermayer-v. Heintschel-Heinegg/*Kunz*, Teil 5, Kap. 6, Rn. 13; LR/*Mavany*, § 153a Rn. 113; Meyer-Goßner/*Schmitt*, § 153a Rn. 45). 25

4. **Fortführung des Verfahrens.** Hat der Beschuldigte die Auflagen oder Weisungen nicht oder nicht vollständig erfüllt, wird das Verfahren durch die StA – in der Regel durch Anklageerhebung – fortgesetzt. Vor Ablauf der Frist erbrachte Teilleistungen werden nicht erstattet, § 153a Abs. 1 Satz 6. Das Gericht kann sie jedoch bei der Strafzumessung berücksichtigen oder entsprechend § 56f Abs. 3 StGB auf die Geldstrafe anrechnen. Nach Fristablauf erbrachte Leistungen sind hingegen zu erstatten, denn diese Leistungen gehen von vornherein »ins Leere« (KK-StPO/*Diemer*, § 153a Rn. 40; Meyer-Goßner/*Schmitt*, § 153a Rn. 46, *Kalomiris*, NStZ 1998, 500; a.A. LR/*Mavany*, § 153a Rn. 89). 26

E. **Einstellung durch das Gericht (Abs. 2). Zuständig** ist das Gericht ab Anklageerhebung. Das Revisionsgericht kann auch selbst nach § 153a Abs. 2 verfahren. Die materiellen Voraussetzungen einer Verfahrenseinstellung ergeben sich aus Abs. 1: durch Auflagen und Weisungen zu beseitigendes öffentliches Interesse (s.o. Rdn. 8) und keine entgegenstehende Schwere der Schuld (s.o. Rdn. 9). Förmliche Voraussetzungen sind die Zustimmung der StA, die sich auf alle Auflagen und Weisungen erstrecken muss, und die Zustimmung des Angeschuldigten (s.o. Rdn. 10). Bei einer vorläufigen Einstellung durch das Revisionsgericht erteilt die Staatsanwaltschaft bei dem Revisionsgericht die erforderliche Zustimmung. Die Zustimmung des Anzeigeerstatters oder Nebenklägers ist nicht erforderlich; Letzterem wird jedoch rechtliches Gehör gewährt. Vor der Einstellung entscheidet das Gericht gem. § 396 Abs. 3 über seinen Anschluss. Die **vorläufige Einstellung** des Verfahrens erfolgt durch einen nicht anfechtbaren Beschluss, § 153a Abs. 2 Satz 3, 4. Die Beschlussform gilt auch für eine vorläufige Verfahrenseinstellung in der Hauptverhandlung. Der Beschluss bedarf keiner Begründung und enthält, da er nur vorläufig ist, keine Kosten-, Auslagen- oder StrEG-Entscheidung. 27

Nach § 153a Abs. 2 Satz 2 i.V.m. Abs. 1 Satz 4 kann das Gericht Auflagen und Weisungen **nachträglich aufheben** oder die Frist einmal verlängern. Mit Zustimmung des Angeschuldigten kann es die Auflagen und Weisungen auch **ändern**. Bei nicht vollständiger oder fristgerechter Erfüllung der Auflagen und Weisungen **setzt** das Gericht das Verfahren **fort**, indem es in der Regel Termin zur Hauptverhandlung bestimmt und mit der Ladung dem Angeklagten die Fortsetzung des Verfahrens mitteilt. Das Gericht kann jedoch auch einen besonderen Wiederaufnahmebeschluss erlassen (LR/*Mavany*, § 153a Rn. 126 m.w.N.).

Steht demgegenüber die fristgerechte Erfüllung der Auflagen und Weisungen fest, stellt das Gericht das Verfahren durch **Beschluss endgültig** ein. Ein solcher Einstellungsbeschluss ist in § 467 Abs. 5 ausdrücklich vorgesehen, hat jedoch nur feststellende Bedeutung, da das Verfolgungshindernis des § 153a Abs. 2 Satz 2 i.V.m. Abs. 1 Satz 5 bereits mit der Erfüllung der Auflagen und Weisungen eintritt (OLG Frankfurt, NJW 1996, 3353). Der Einstellungsbeschluss ist mit einer **Kostenentscheidung** zu versehen, die sich nach § 467 Abs. 1, 5 richtet. Danach trägt die Staatskasse die Kosten des Verfahrens (außer im Fall des § 467 Abs. 2); notwendige Auslagen des Angeschuldigten werden der Staatskasse nicht auferlegt. Notwendige Auslagen des Nebenklägers hat in der Regel der Angeschuldigte zu tragen (§ 472 Abs. 2 Satz 2). Ist eine entschädigungs- 28 fähige Strafverfolgungsmaßnahme vollzogen worden (§ 2 StrEG), ergeht im Einstellungsbeschluss auch eine Entscheidung über die Verpflichtung zur Entschädigung nach Billigkeit (§§ 3, 8 Abs. 1 StrEG).

29 F. **Folgen der Einstellung. I. Bedingtes Verfahrenshindernis.** Hat die StA oder das Gericht dem Beschuldigten konkrete Auflagen oder Weisungen erteilt und sich dieser damit einverstanden erklärt, entsteht ein **bedingtes Verfahrenshindernis**. Die Verfahrensfortführung ist nur zulässig, wenn der Beschuldigte die Auflagen/Weisungen nicht vollständig oder fristgerecht erfüllt oder die Tat sich als Verbrechen herausstellt. Es besteht ein Schwebezustand, währenddessen ein Haftbefehl zumindest außer Vollzug zu setzen, wenn nicht aus Verhältnismäßigkeitsgründen sogar aufzuheben ist. Die Beschlagnahme von Beweismitteln kann zu Beweissicherungszwecken aufrechterhalten werden, wenn nicht auch hier Verhältnismäßigkeitsgründe entgegenstehen. Dagegen müssen vorläufige Maßnahmen zur Sicherung einer bei späterer Durchführung des Verfahrens zu erwartenden Rechtsfolge aufgehoben werden, wie z.B. die vorläufige Entziehung der Fahrerlaubnis, § 111a, die Sicherstellung von Gegenständen nach § 111b oder ein vorläufiges Berufsverbot nach § 132a (Meyer-Goßner/*Schmitt*, § 153a Rn. 44).

30 **II. Endgültiges Verfahrenshindernis.** Erfüllt der Beschuldigte die Auflagen/Weisungen vollständig und fristgerecht, entsteht ein **endgültiges Verfahrenshindernis**. Die Tat kann nicht mehr als Vergehen verfolgt werden, § 153a Abs. 1 Satz 5, Abs. 2 Satz 2. Das Verfahrenshindernis tritt bereits mit der Erfüllung der Auflagen bzw. Weisungen ein, die endgültige Einstellung des Verfahrens durch die StA bzw. das Gericht hat nur noch feststellende Bedeutung (s.o. Rn. 23, 28). Das Verfahrenshindernis umfasst die gesamte prozessuale Tat, einschließlich etwaiger Ordnungswidrigkeiten. § 153a Abs. 1 Satz 5 geht als Spezialregelung § 21 Abs. 2 OWiG vor (s.o. Rn. 5).

31 Eine Einstellung nach § 153a wird weder im Bundeszentralregister noch im Verkehrszentralregister eingetragen, jedoch erfolgt eine Erfassung im zentralen staatsanwaltschaftlichen Verfahrensregister (§ 492). Eine Strafverfolgung des Beschuldigten wegen der gleichen prozessualen Tat ist nur dann zulässig, wenn sich der Verdacht eines Verbrechens ergibt, 153a Abs. 2 Satz 2, Abs. 1 Satz 5. Dafür ist nicht erforderlich, dass es sich um neue Tatsachen oder Beweismittel handelt (LR/*Mavany*, § 153a Rn. 99; Meyer-Goßner/*Schmitt*, § 153a Rn. 52). Das selbstständige Verfalls- und Einziehungsverfahren (§§ 440, 442) bleibt nach einer Verfahrenseinstellung möglich.

32 **III. Ruhen der Verjährung.** Während des Laufes der für die Erfüllung der Auflagen gesetzten Frist ruht die Verjährung, § 153a Abs. 3. Das Ruhen der Verjährung beginnt mit der vorläufigen Einstellungsverfügung der StA bzw. dem entsprechenden Einstellungsbeschluss des Gerichts und endet mit dem letzten Tag der – ggf. verlängerten – Frist.

33 **G. Anfechtbarkeit.** Die Entscheidung der StA, ob sie von der Strafverfolgung absehen will, ist gerichtlich nicht nachprüfbar (OLG München, NStZ 1983, 236). Sieht die StA von der Strafverfolgung ab, ist das Klageerzwingungsverfahren für den Verletzten ausgeschlossen, § 172 Abs. 2 Satz 3. Der Verletzte kann aber durch eine neue Anzeige geltend machen, dass ein Verfahrenshindernis nicht eingetreten ist, weil ein Verbrechen vorliege oder die Auflagen/Weisungen nicht erfüllt wurden (KMR/*Kulhanek*, § 153a Rn. 44; KK-StPO/*Diemer*, § 153a Rn. 44; LR/*Mavany*, § 153a Rn. 117 f.).

34 Lehnt das Gericht eine beantragte Einstellung ab (ausdrücklich oder durch Verfahrensfortsetzung), ist dies nicht anfechtbar (KK-StPO/*Diemer*, § 153a Rn. 52; LR/*Mavany*, § 153a Rn. 133; Meyer-Goßner/*Schmitt*, § 153a Rn. 57). Auch gegen die Ablehnung einer vom Angeschuldigten beantragten Aufhebung oder Änderung der Auflagen/Weisungen steht diesem die Beschwerde nicht zu (KK-StPO/*Diemer*, § 153a Rn. 56; LR/*Mavany*, § 153a Rn. 133).

35 Die vorläufige Einstellung durch das Gericht ist kraft ausdrücklicher gesetzlicher Bestimmung in § 153a Abs. 2 Satz 4 nicht anfechtbar. Dies gilt auch für die endgültige Einstellung, nebst der Feststellung, dass die erteilten Auflagen oder Weisungen erfüllt sind, § 153a Abs. 2 Satz 5 (OLG Frankfurt, MDR 1980, 515). Ausnahmsweise ist jedoch gegen die gerichtliche Einstellung die Beschwerde (§ 304) für die StA und den Angeschuldigten gegeben, wenn prozessuale Voraussetzungen wie die erforderlichen Zustimmungserklärungen fehlten (KK-StPO/*Diemer*, § 153a Rn. 53; KMR/*Kulhanek*, § 153a Rn. 51; Meyer-Goßner/*Schmitt*, § 153a Rn. 57; *Pfeiffer*, § 153a Rn. 7; differenzierend LR/*Beulke*, § 153a Rn. 134 ff.; OLG Karlsruhe, NJW 1987, 42: Trotz fehlender Zustimmung der StA ist deren Beschwerde aus Gründen des Vertrauensschutzes unbegründet, wenn der Angeschuldigte vor Kenntnis von der Beschwerdeeinlegung die Auflage ganz oder teilweise erfüllt hat).

36 Unanfechtbar ist die Kosten- und Auslagenentscheidung (§ 464 Abs. 3 Satz 1 Hs. 2). Dies gilt nicht für die StrEG-Entscheidung; gegen sie ist die sofortige Beschwerde zulässig (§ 8 Abs. 3 Satz 1 StrEG).

H. Revision. Die Revision kann auf die Anwendung oder Nichtanwendung des § 153a nicht gestützt werden. Das Revisionsgericht prüft jedoch von Amts wegen, ob das Verfahrenshindernis des beschränkten Strafklageverbrauchs nach § 153a Abs. 1 Satz 5 besteht. 37

§ 153b Absehen von der Verfolgung bei möglichem Absehen von Strafe

(1) Liegen die Voraussetzungen vor, unter denen das Gericht von Strafe absehen könnte, so kann die Staatsanwaltschaft mit Zustimmung des Gerichts, das für die Hauptverhandlung zuständig wäre, von der Erhebung der öffentlichen Klage absehen.

(2) Ist die Klage bereits erhoben, so kann das Gericht bis zum Beginn der Hauptverhandlung mit Zustimmung der Staatsanwaltschaft und des Angeschuldigten das Verfahren einstellen.

A. Bedeutung und Anwendungsbereich. Die Vorschrift ermöglicht es, die Vorbereitung und Durchführung einer Hauptverhandlung in den Fällen zu vermeiden, in denen ohnehin abzusehen ist, dass das Gericht aufgrund des materiellen Strafrechts von Strafe absehen wird (KK-StPO/*Diemer*, § 153b Rn. 1; LR/*Mavany*, § 153b Rn. 2). Zu den infrage kommenden Vorschriften, die ein Absehen von Strafe erlauben, gehören §§ 46a, 46b und 60 StGB, die auch bei Verbrechenstatbeständen gelten, bei denen §§ 153, 153a nicht anwendbar wären, sowie §§ 83a, 84 Abs. 4, Abs. 5, 85 Abs. 3, 86 Abs. 4, 86a Abs. 3, 87 Abs. 3, 89 Abs. 3, 98 Abs. 2 Satz 1, 99 Abs. 3, 113 Abs. 4, 125 Abs. 2, 129 Abs. 5, Abs. 6, 129a Abs. 7, 139 Abs. 1, 142 Abs. 4, 157, 158 Abs. 1, 174 Abs. 4, 182 Abs. 4, 218a Abs. 4 Satz 2, 306e Abs. 1, 314a Abs. 2, 320 Abs. 2, 330b Abs. 1 Satz 1 StGB, § 20 Abs. 2 VereinsG, 29 Abs. 5, 31 BtMG. Die Straffreierklärung nach § 199 StGB fällt ebenfalls hierunter, da diese sachlich ein Absehen von Strafe darstellt. Nicht anwendbar ist § 153b bei persönlichen Strafaufhebungsgründen wie §§ 24, 31, 98 Abs. 2 Satz 2, 306e Abs. 2, 314a Abs. 3, 320 Abs. 3 oder 330b Abs. 1 Satz 2 StGB. 1

Im **Jugendstrafrecht** bedarf es wegen der Einstellungsmöglichkeiten nach §§ 45, 47, 109 Abs. 2 JGG im Allgemeinen keines Rückgriffs auf § 153b (KK-StPO/*Diemer*, § 153b Rn. 13; LR/*Mavany*, § 153b Rn. 6; *Pfeiffer*, § 153b Rn. 4; Meyer-Goßner/*Schmitt*, § 153b Rn. 5). 2

B. Absehen von der Klageerhebung durch StA (Abs. 1). Will die StA im Ermittlungsverfahren § 153b Abs. 1 anwenden, bedarf sie nur der **Zustimmung des Gerichts**. Zuständig ist das Gericht, zu dem die Anklage zu erheben wäre. Die Ermittlungen müssen so weit ausgedehnt werden, dass für den Fall einer Verurteilung mit Absehen von Strafe zu rechnen wäre (LR/*Mavany*, § 153b Rn. 13). Die §§ 153 Abs. 1, 153a Abs. 1 und 153b Abs. 1 schließen einander nicht aus (Meyer-Goßner/*Schmitt*, § 153b Rn. 2; teilweise a.M. LR/*Mavany*, § 153b Rn. 7, 8). Die Einstellung umfasst die gesamte prozessuale Tat und ist nur möglich, wenn alle verwirklichten Tatbestände ein Absehen von der Verfolgung erlauben. Wegen Kostenentscheidung und Entschädigung vgl. § 153 Rn. 18. 3

C. Einstellung durch das Gericht (Abs. 2). Mit **Erhebung der öffentlichen Klage** geht die Einstellungsbefugnis auf das Gericht über. Sie endet mit Beginn (§ 243 Abs. 1 Satz 1) der erstinstanzlichen Hauptverhandlung, auch wenn diese anschließend ausgesetzt wird. Danach ist ein Absehen von Strafe nur durch Urteil möglich. StA und Angeschuldigter müssen zustimmen. Der Nebenkläger wird nur gehört (§ 33 Abs. 3). Vor der Einstellung entscheidet das Gericht jedoch gem. § 396 Abs. 3 über seinen Anschluss. Die gerichtliche Einstellung erfolgt durch Beschluss, der nicht zu begründen ist. Hinsichtlich der Nebenentscheidungen gilt das Gleiche wie bei § 153 Abs. 2 (vgl. § 153 Rn. 25). 4

D. Folgen der Einstellung. Die Einstellung durch die StA bewirkt keinen Strafklageverbrauch. Die StA kann die Ermittlungen jederzeit wieder aufnehmen. Ein Klageerzwingungsverfahren ist unzulässig (§ 172 Abs. 2 Satz 3). 5

Demgegenüber führt die gerichtliche Einstellung zu einem beschränkten Strafklageverbrauch. Die Weiterverfolgung – durch eine neue Anklage – ist nur zulässig, wenn neue Tatsachen oder Beweismittel eine andere Beurteilung des Unrechtsgehalts der Tat dahin gehend ergeben, dass die Voraussetzungen für das Absehen 6 von Strafe nicht mehr vorliegen (LR/*Mavany*, § 153b Rn. 21, KK-StPO/*Diemer*, § 153b Rn. 11; *Pfeiffer*, § 153b Rn. 4).

7 Das selbstständige Verfalls- und Einziehungsverfahren (§§ 440, 442) bleibt nach einer Verfahrenseinstellung möglich.

8 **E. Anfechtbarkeit.** Die Ablehnung der Einstellung durch die StA oder das Gericht ist nicht anfechtbar. Auch der Einstellungsbeschluss ist grds. unanfechtbar (BGHSt 10, 91). Ausnahmsweise ist die Beschwerde (§ 304) für die StA und den Angeschuldigten gegeben, wenn die erforderlichen Zustimmungserklärungen fehlten (LR/*Mavany*, § 153b Rn. 20; KK-StPO/*Diemer*, § 153b Rn. 9; KMR/*Kulhanek*, § 153b Rn. 11; Meyer-Goßner/*Schmitt*, § 153b Rn. 6; AK-StPO/*Schöch*, § 153b Rn. 11). Bzgl. der Anfechtbarkeit der Kosten-, Auslagen- und StrEG-Entscheidung vgl. § 153a Rdn. 36.

9 **F. Revision.** Die Revision kann auf die Anwendung oder Nichtanwendung des § 153b nicht gestützt werden.

§ 153c Absehen von der Verfolgung bei Auslandstaten

(1) [1]Die Staatsanwaltschaft kann von der Verfolgung von Straftaten absehen,

1. die außerhalb des räumlichen Geltungsbereichs dieses Gesetzes begangen sind oder die ein Teilnehmer an einer außerhalb des räumlichen Geltungsbereichs dieses Gesetzes begangenen Handlung in diesem Bereich begangen hat,

2. die ein Ausländer im Inland auf einem ausländischen Schiff oder Luftfahrzeug begangen hat,

3. wenn in den Fällen der §§ 129 und 129a, jeweils auch in Verbindung mit § 129b Abs. 1, des Strafgesetzbuches die Vereinigung nicht oder nicht überwiegend im Inland besteht und die im Inland begangenen Beteiligungshandlungen von untergeordneter Bedeutung sind oder sich auf die bloße Mitgliedschaft beschränken.

[2]Für Taten, die nach dem Völkerstrafgesetzbuch strafbar sind, gilt § 153 f.

(2) Die Staatsanwaltschaft kann von der Verfolgung einer Tat absehen, wenn wegen der Tat im Ausland schon eine Strafe gegen den Beschuldigten vollstreckt worden ist und die im Inland zu erwartende Strafe nach Anrechnung der ausländischen nicht ins Gewicht fiele oder der Beschuldigte wegen der Tat im Ausland rechtskräftig freigesprochen worden ist.

(3) Die Staatsanwaltschaft kann auch von der Verfolgung von Straftaten absehen, die im räumlichen Geltungsbereich dieses Gesetzes durch eine außerhalb dieses Bereichs ausgeübte Tätigkeit begangen sind, wenn die Durchführung des Verfahrens die Gefahr eines schweren Nachteils für die Bundesrepublik Deutschland herbeiführen würde oder wenn der Verfolgung sonstige überwiegende öffentliche Interessen entgegenstehen.

(4) Ist die Klage bereits erhoben worden, so kann die Staatsanwaltschaft in den Fällen des Absatzes 1 Nr. 1, 2 und des Absatzes 3 die Klage in jeder Lage des Verfahrens zurücknehmen und das Verfahren einstellen, wenn die Durchführung des Verfahrens die Gefahr eines schweren Nachteils für die Bundesrepublik Deutschland herbeiführen würde oder wenn der Verfolgung sonstige überwiegende öffentliche Interessen entgegenstehen.

(5) Hat das Verfahren Straftaten der in § 74a Abs. 1 Nr. 2 bis 6 und § 120 Abs. 1 Nr. 2 bis 7 des Gerichtsverfassungsgesetzes bezeichneten Art zum Gegenstand, so stehen diese Befugnisse dem Generalbundesanwalt zu.

S.a. RiStBV Nr. 94 bis 97, 99

Übersicht

1 **A. Bedeutung und Anwendungsbereich.** Die Vorschrift umfasst Fallgruppen, die in unterschiedlicher Weise Auslandsberührungen aufweisen. Die Entscheidung, von der Verfolgung abzusehen, steht im alleinigen Ermessen der StA, in den Fällen des Abs. 5 des Generalbundesanwalts. Namentlich in den Fällen des

Abs. 1 Nr. 1 und 2 ist der Ermessensspielraum äußerst weit und tatbestandsmäßig nicht eingeschränkt. Eine Zustimmung des Beschuldigten, Verletzten oder des Gerichts ist nicht erforderlich. Nach Nr. 94 ff. RiStBV ist die StA gehalten, die Entscheidung des Generalstaatsanwalts einzuholen und ggf. den Generalbundesanwalt zu unterrichten (im Fall des § 153c Abs. 5). Weitere Benachrichtigungspflichten sehen Nr. 99 Abs. 1, 2 RiStBV vor.

§ 153c ist nur anwendbar, wenn deutsches Strafrecht gilt. Wann dies der Fall ist, ergibt sich aus den §§ 3 bis 9 StGB. Die Ermittlungen müssen nicht abgeschlossen sein. Von der Verfolgung kann bereits abgesehen werden, wenn lediglich ein Anfangsverdacht vorliegt (LR/*Mavany*, § 153c Rn. 7; KMR/*Kulhanek*, § 153c Rn. 4; KK-StPO/*Diemer*, § 153c Rn. 3; AK-StPO/*Schöch*, § 153c Rn. 4; *Pfeiffer*, § 153c Rn. 1; Meyer-Goßner/*Schmitt*, § 153c Rn. 2). Für Taten, die nach dem Völkerstrafgesetzbuch strafbar sind, gilt der zum 30.06.2002 neu eingefügte § 153f (vgl. § 153c Abs. 1 Satz 2). 2

B. Voraussetzungen. I. Auslandstaten (Abs. 1 Satz 1 Nr. 1). Die Tat muss **außerhalb der BRD begangen** worden sein. Zum Staatsgebiet der BRD gehören neben dem Festland auch die Eigengewässer, Küstengewässer bis zu 12 Seemeilen und der Luftraum darüber (Meyer-Goßner/*Schmitt*, § 153c Rn. 5). Alle anderen Gebiete sind Ausland. 3

Wo eine Tat begangen ist, richtet sich nach § 9 Abs. 1 StGB. Begehungsort (Tatort) kann danach sowohl der Tätigkeitsort als auch der Erfolgsort sein. Abs. 1 Nr. 1 ist damit nur anwendbar, wenn sämtliche Begehungsorte (Tätigkeitsort/Erfolgsort) im Ausland liegen. Hat auch nur ein Mittäter im Inland gehandelt, liegt keine Auslandstat mehr vor. Dagegen ist es ohne Bedeutung, ob der Täter Deutscher oder Ausländer ist. Wurde zu einer Auslandstat vom Inland aus Anstiftung oder Beihilfe geleistet, handelt es sich nach § 9 Abs. 2 StGB um eine Inlandstat. Dennoch kann auch in diesen Fällen nach § 153c Abs. 1 Satz 1 Nr. 1 Hs. 2 von der Verfolgung abgesehen werden. 4

II. Ausländertat im Inland auf einem ausländischen Schiff oder Luftfahrzeug (Abs. 1 Satz 1 Nr. 2). § 153c Abs. 1 Satz 1 Nr. 2 gilt nur für Straftaten von **Ausländern** auf einem **ausländischen Schiff** oder **Luftfahrzeug** im Inland. Ob das Schiff oder Luftfahrzeug ein ausländisches ist, entscheidet die Registrierung (nach dem Flaggenrechtsgesetz bzw. der Eintragung in die Luftfahrzeugrolle nach §§ 2 Abs. 5 und 7, 3 LuftVG). Ausländer ist, wer nicht die deutsche Staatsangehörigkeit besitzt oder sonst Deutscher i.S.d. Art. 116 GG ist. Zu den Ausländern gehören auch Staatenlose. Maßgebend ist der Zeitpunkt der Anklageerhebung (LR/*Mavany*, § 153c Rn. 14). Ein Absehen von der Verfolgung kommt in den Fällen der Nr. 2 insb. in Betracht, wenn die Tat nicht gegen einen Deutschen oder Interessen der Bundesrepublik gerichtet ist (Meyer-Goßner/*Schmitt*, § 153c Rn. 6; *Pfeiffer*, § 153c Rn. 2). 5

III. Kriminelle und terroristische Vereinigungen (Abs. 1 Satz 1 Nr. 3). § 153c Abs. 1 Satz 1 Nr. 3 erlaubt bei **kriminellen** und **terroristischen Vereinigungen** (§§ 129, 129a i.V.m. 129b StGB) unter zwei Voraussetzungen von der Verfolgung abzusehen: 6

- die Vereinigung darf nicht oder nicht überwiegend im Inland bestehen und
- die im Inland begangenen Beteiligungshandlungen sind von untergeordneter Bedeutung oder beschränken sich auf die bloße Mitgliedschaft.

Die Einstellungsbefugnis hat der Generalbundesanwalt (Abs. 5).

IV. Berücksichtigung von Auslandsurteilen (Abs. 2). Ist eine Tat nach deutschem Strafrecht strafbar (§§ 3 bis 9 StGB), bewirkt eine wegen der gleichen Tat **im Ausland erfolgte Verurteilung grds. keinen Strafklageverbrauch** (BGH, StV 1986, 292; 1988, 18). Die im Ausland vollstreckte Strafe ist lediglich anzurechnen (§ 51 Abs. 3 StGB). Unerheblich ist, ob die Tat von einem Deutschen oder Ausländer im Inland oder Ausland begangen worden ist. 7

Ein **Strafklageverbrauch** kann sich jedoch nach dem ne bis in idem-Grundsatz **aus völkerrechtlichen Vereinbarungen** ergeben. Besondere Bedeutung kommt dabei Art. 54 des Übereinkommens zur Durchführung des Schengener Übereinkommens v. 19.06.1990 (SDÜ) zu. Danach darf bei einer rechtskräftigen Verurteilung durch eine Vertragspartei dieselbe Tat nicht durch eine andere Vertragspartei verfolgt werden, wenn die Sanktion bereits vollstreckt worden ist, gerade vollstreckt wird oder nach dem Recht des Urteilsstaates nicht mehr vollstreckt werden kann. Eine zur Bewährung ausgesetzte Strafe wird nach der Rspr. »gerade vollstreckt« (BGHSt 46, 187). Auch ein rechtskräftiger Freispruch bewirkt einen Strafklageverbrauch nach Art. 54 SDÜ (EuGH, NJW 2006, 3406; NJW 2006, 3403; BGHSt 46, 307), ebenso eine Verfahrenseinstellung ohne Mitwirkung des Gerichts durch die StA nach Erfüllung bestimmter Auflagen (EuGH, NStZ 2003, 332). Art. 54 SDÜ unterliegt jedoch durch die Vorbehaltsmöglichkeiten in Art. 55 SDÜ Einschränkungen, von denen auch die BRD Gebrauch gemacht hat. So tritt kein Verfolgungshindernis ein, wenn die Tat ganz oder teilweise in ihrem Hoheitsgebiet begangen worden ist (jedoch Rückausnahme in Art. 55 Abs. 1 lit. a Hs. 8

2 SDÜ), sowie bei bestimmten Straftatbeständen (insb. Staatsschutzdelikten, Straftaten nach dem Außenwirtschafts- und Kriegswaffenkontrollgesetz, Meyer-Goßner/*Schmitt* Einl. Rn. 177a). Weitere Verbote der Doppelbestrafung enthalten Art. VIII (8) NTS, Art. 10 des Jugoslawien-IStGH-Statuts, Art. 9 des Ruanda-IStGH-Statuts, Art. 1 ff. des Übereinkommens v. 25.05.1987 zwischen den Mitgliedstaaten der Europäischen Gemeinschaften über das Verbot der doppelten Strafverfolgung (Meyer-Goßner/*Schmitt* Einl. Rn. 177b). Besteht ein Strafklageverbrauch, ist § 153c Abs. 2 nicht anwendbar. Wegen des Verfahrenshindernisses hat eine Einstellung nach § 152 Abs. 2 bzw. nach § 170 Abs. 2 zu erfolgen.

9 Ist kein Strafklageverbrauch eingetreten und die Strafe im Ausland schon vollstreckt worden, kann die StA von der Verfolgung absehen, wenn die im Inland zu erwartende Strafe aufgrund der Anrechnung nicht ins Gewicht fallen würde, d.h. kein wesentlicher Strafrest übrig bliebe. Einer zur Bewährung ausgesetzten Strafe kommt weniger Gewicht zu als einer nicht ausgesetzten (Meyer-Goßner/*Schmitt*, § 153c Rn. 12). Mögliche Besonderheiten aufgrund des Strafvollzugs im Ausland sowie die Belastungen durch einen weiteren Strafprozess sind zu berücksichtigen (KMR/*Kulhanek*, § 153c Rn. 8).

10 § 153c Abs. 2 a.E. lässt auch bei einem rechtskräftigem ausländischem Freispruch ein Absehen von der Verfolgung zu, ohne dass hieran weitere Voraussetzungen geknüpft werden. Ein Absehen von der Strafverfolgung wird insb. dann in Betracht kommen, wenn sich der ausländische Freispruch als Sachentscheidung darstellt und keine erheblichen Bedenken gegen die Beweisgrundlagen und das Verfahren bestehen (LR/*Mavany*, § 153c Rn. 26; AK-StPO/*Schöch*, § 153c Rn. 8; HK-StPO/*Krehl*, § 153c Rn. 6).

11 **V. Distanztaten (Abs. 3).** § 153c Abs. 3 betrifft sog. **Distanztaten, bei denen die Handlung im Ausland begangen wurde, der Erfolg jedoch im Inland eingetreten ist.** Deshalb handelt es sich um eine Inlandstat, §§ 3, 9 StGB, sodass Abs. 1 Satz 1 Nr. 1 nicht anwendbar ist. Da es sich um Angriffe auf inländische Rechtsgüter von außen her handelt, ist das öffentliche Interesse an der Strafverfolgung hier in der Regel höher als bei reinen Auslandstaten. Die Anwendung des Abs. 3 ist daher an die Gefahr eines schweren Nachteils für die BRD oder sonstige überwiegende öffentliche Interessen geknüpft. Die Gefahr eines schweren Nachteils kann den äußeren (§§ 93 Abs. 1, 94 Abs. 1, 97a StGB) oder inneren Frieden, auch nur in einem Bundesland, betreffen (Meyer-Goßner/*Schmitt*, § 153c Rn. 14). Die »sonstigen öffentlichen Interessen« bilden den Oberbegriff. Sie müssen aber etwa von dem gleichen Gewicht sein, wie das Hauptbeispiel der »Gefahr eines schweren Nachteils für die BRD« (Meyer-Goßner/*Schmitt*, § 153c Rn. 15). Erforderlich ist im Einzelfall eine konkrete Interessenabwägung zwischen dem Strafverfolgungsinteresse und den bei einer Strafverfolgung drohenden Nachteilen.

12 **C. Verfahren.** Im Ermittlungsverfahren entscheidet allein die StA. Ist die öffentliche Klage bereits erhoben, aber noch gem. § 156 zurücknehmbar (vor Eröffnung des Hauptverfahrens), so kann die StA nach Klagerücknahme in allen Fällen des § 153c ohne zusätzliche Voraussetzungen von der Verfolgung absehen (LR/*Mavany*, § 153c Rn. 28).

13 § 153c Abs. 4 umfasst die Fälle nach Eröffnung des Hauptverfahrens. In diesem Verfahrensstadium kann die StA zum Zwecke der Einstellung nach Abs. 1 Satz 1 Nr. 1, 2 und Abs. 3 die Klage zurücknehmen. Zusätzliche Voraussetzung ist jedoch, dass die Durchführung des Verfahrens die Gefahr eines schweren Nachteils für die BRD herbeiführen würde oder sonstige überwiegende öffentliche Interessen entgegenstehen (vgl. oben Rdn. 11). Die Klagerücknahme kann auch noch in der Rechtsmittelinstanz erfolgen (»in jeder Lage des Verfahrens«). Einer Zustimmung des Gerichts, des Angeklagten oder Verletzten bedarf es nicht. Die erweiterte Rücknahmebefugnis gilt nicht für die Fallgruppen nach Abs. 1 Satz 1 Nr. 3 (kriminelle oder terroristische Vereinigungen) und Abs. 2 (Auslandsverurteilungen).

14 In Staatsschutzsachen (§§ 74a Abs. 1 Nr. 2 bis 6, 120 Abs. 1 Nr. 2 bis 7 GVG, ausgenommen Friedensverrat und Straftaten nach dem Völkerstrafgesetzbuch), hat die Befugnisse nach Abs. 1 bis 4 der Generalbundesanwalt (Abs. 5). Dies gilt auch in Fällen, in denen die StA eines Landes das Verfahren führt. Zu Einzelheiten vgl. Nr. 97 RiStBV.

15 **D. Folgen der Einstellung.** Die **Einstellung erfasst die gesamte prozessuale Tat.** Sie hat keine Rechtskraftwirkung (LG Gießen, StV 1984, 327). War Klage bereits erhoben und wurde diese zurückgenommen, ist ggf. eine Entscheidung nach § 467a und 9 StrEG zu treffen. Ein objektives Verfahren nach §§ 440, 442 ist nachträglich unter den Voraussetzungen des § 76a Abs. 1, 3 möglich. Im Fall des § 153c Abs. 5 ist hierfür nur der Generalbundesanwalt antragsberechtigt (KK-StPO/*Diemer*, § 153c Rn. 20; KMR/*Kulhanek*, § 153c Rn. 17; Meyer-Goßner/*Schmitt*, § 153c Rn. 21; *Pfeiffer*, § 153c Rn. 8; a.A. LR/*Mavany*, § 153c Rn. 34).

16 **E. Anfechtbarkeit.** Anwendung bzw. Nichtanwendung des § 153c ist gerichtlich nicht nachprüfbar (LR/*Mavany*, § 153c Rn. 36). Das Klageerzwingungsverfahren ist unzulässig (§ 172 Abs. 2 Satz 3 Hs. 2).

§ 153d Absehen von der Verfolgung bei Staatsschutzdelikten wegen überwiegender öffentlicher Interessen

(1) Der Generalbundesanwalt kann von der Verfolgung von Straftaten der in § 74a Abs. 1 Nr. 2 bis 6 und in § 120 Abs. 1 Nr. 2 bis 7 des Gerichtsverfassungsgesetzes bezeichneten Art absehen, wenn die Durchführung des Verfahrens die Gefahr eines schweren Nachteils für die Bundesrepublik Deutschland herbeiführen würde oder wenn der Verfolgung sonstige überwiegende öffentliche Interessen entgegenstehen.

(2) Ist die Klage bereits erhoben, so kann der Generalbundesanwalt unter den in Absatz 1 bezeichneten Voraussetzungen die Klage in jeder Lage des Verfahrens zurücknehmen und das Verfahren einstellen.

S.a. RiStBV Nr. 98 f.

1 Diese Vorschrift betrifft dieselben Staatsschutzstrafsachen wie § 153c Abs. 5 und enthält auch die gleiche Zuständigkeitskonzentration beim Generalbundesanwalt, bringt jedoch insofern eine Erweiterung, als keine Auslandsbeziehung wie in § 153c Abs. 1 bis 3 vorliegen muss. Zur »Gefahr eines schweren Nachteils ... oder sonstige überwiegende öffentliche Interessen« vgl. § 153c Rn. 11. Zu den Unterrichtungspflichten der Staatsanwaltschaften der Länder s. Nr. 98 RiStBV.

2 Bei Zusammentreffen der in Abs. 1 aufgeführten Staatsschutzstrafsachen mit anderen Straftatbeständen innerhalb einer prozessualen Tat kann die Nichtverfolgung nur die gesamte Tat betreffen. Sie setzt voraus, dass das Schwergewicht bei den Staatsschutzsachen liegt (LR/*Mavany*, § 153d Rn. 5, 6; KK-StPO/*Diemer*, § 153e Rn. 11; *Pfeiffer*, § 153d Rn. 2; AK-StPO/*Schöch*, § 153d Rn. 3; HK-StPO/*Krehl*, § 153d Rn. 2; a.A. KMR/*Kulhanek*, § 153d Rn. 2).

§ 153e Absehen von der Verfolgung bei Staatsschutzdelikten wegen tätiger Reue

(1) [1]Hat das Verfahren Straftaten der in § 74a Abs. 1 Nr. 2 bis 4 und in § 120 Abs. 1 Nr. 2 bis 7 des Gerichtsverfassungsgesetzes bezeichneten Art zum Gegenstand, so kann der Generalbundesanwalt mit Zustimmung des nach § 120 des Gerichtsverfassungsgesetzes zuständigen Oberlandesgerichts von der Verfolgung einer solchen Tat absehen, wenn der Täter nach der Tat, bevor ihm deren Entdeckung bekanntgeworden ist, dazu beigetragen hat, eine Gefahr für den Bestand oder die Sicherheit der Bundesrepublik Deutschland oder die verfassungsmäßige Ordnung abzuwenden. [2]Dasselbe gilt, wenn der Täter einen solchen Beitrag dadurch geleistet hat, dass er nach der Tat sein mit ihr zusammenhängendes Wissen über Bestrebungen des Hochverrats, der Gefährdung des demokratischen Rechtsstaates oder des Landesverrats und der Gefährdung der äußeren Sicherheit einer Dienststelle offenbart hat.

(2) Ist die Klage bereits erhoben, so kann das nach § 120 des Gerichtsverfassungsgesetzes zuständige Oberlandesgericht mit Zustimmung des Generalbundesanwalts das Verfahren unter den in Absatz 1 bezeichneten Voraussetzungen einstellen.

S.a. RiStBV Nr. 100

Übersicht

1 **A. Bedeutung und Anwendungsbereich.** § 153e lässt unter Durchbrechung des Legalitätsgrundsatzes in Fällen tätiger Reue über die materiell-strafrechtlichen Strafaufhebungsgründe (z.B. §§ 24, 31 StGB) hinaus als rein prozessuale Vergünstigung ein Absehen von der Strafverfolgung zu. Der Anwendungsbereich ist jedoch beschränkt auf die enumerativ aufgeführten Staatsschutzdelikte (KK-StPO/*Diemer*, § 153e Rn. 1; *Pfeiffer*, § 153e Rn. 1), gilt aber auch bei entsprechenden Straftaten gegen das NATO-Truppenstatut (Art. 9d. 4. StRÄndG; vgl. LR/*Mavany*, § 153e Rn. 22).

2 Zuständig ist immer der Generalbundesanwalt bzw. das OLG, auch wenn das Verfahren von einer Landes-StA geführt wird oder bei der Strafkammer eines LG anhängig ist. In diesem Fall wird die Entscheidung in einem Zwischenverfahren getroffen (BGHSt 11, 52). Die Landes-StA legt die Akten dem Generalbundesanwalt vor, wenn in ihrem Verfahren Anhaltspunkte für eine Einstellung nach § 153e in Betracht kommen (Nr. 100 Abs. 2 RiStBV). Bei Erörterung einer Einstellung mit dem Beschuldigten und seinem Verteidiger ist zurückhaltend vorzugehen (Nr. 100 Abs. 1 RiStBV). Der Sachverhalt muss nicht ausermittelt sein. Die Einstellung umfasst die gesamte prozessuale Tat. Sie kann auch auf weniger schwerwiegende (tateinheitlich oder tatmehrheitlich zusammentreffende) Straftaten ausgedehnt werden; unterbleibt jedoch, wenn diese einen größeren Unrechtsgehalt haben (LR/*Mavany*, § 153e Rn. 2; KK-StPO/*Diemer*, § 153e Rn. 11; HK-

StPO/*Krehl*, § 153e Rn. 2; *Pfeiffer*, § 153e Rn. 1; a.A. Meyer-Goßner/*Schmitt*, § 153e Rn. 7; KMR/*Kulhanek*, § 153e Rn. 9 ff.).

3 Nach Klageerhebung ist das OLG für die Einstellung zuständig (Abs. 2). Die Einstellung bedarf der Zustimmung des Generalbundesanwalts und ergeht durch Beschluss (zu den Nebenentscheidungen vgl. § 153 Rdn. 25). Die Einstellung kann auch noch in der Revisionsinstanz durch den BGH erfolgen.

4 **B. Voraussetzungen.** Abs. 1 unterscheidet **zwei Fallgruppen.** Dabei bildet die dem **Täter bekanntgewordene Entdeckung der Tat** die maßgebliche **zeitliche Zäsur.** In beiden Fällen muss der Täter einen **Beitrag nach der Tat** durch aktives Handeln geleistet haben.

5 **Bis zur Kenntnis** des Täters **von der Entdeckung der Tat** genügt nach **Abs. 1 Satz 1** ein Beitrag zur Gefahrabwendung ohne Einschaltung einer Behörde, z.B. durch Abhalten anderer von weiteren Gefährdungshandlungen. »Entdeckung der Tat« setzt nicht Kenntnisnahme durch eine Behörde oder Amtsperson voraus; es genügt die Wahrnehmung ihrer wesentlichen kriminellen Eigenschaften durch einen Dritten, der bereit ist, den Erfolgseintritt zu verhindern oder ein Strafverfahren zu veranlassen. Abs. 1 Satz 1 kommt nicht mehr in Betracht, wenn der Täter positiv Kenntnis von der Entdeckung hat.

6 Im Fall des **Abs. 1 Satz 2** bedarf es einer gefahrabwendenden Wissensoffenbarung ggü. einer **Dienststelle**, von der Gegenmaßnahmen zu erwarten sind. Die Gefahr, zu deren Abwendung der Beschuldigte in beiden Fällen beiträgt, braucht nicht unmittelbar von ihm verursacht zu sein. Die Gefahr muss jedoch tatsächlich bestehen und seine Angaben dürfen nicht wertlos sein, z.B. weil die Strafverfolgungsbehörden über diese Erkenntnisse bereits selbst verfügen (LR/*Mavany*, § 153e Rn. 7). Der Beschuldigte muss sein Wissen vollständig offenbaren (LR/*Mavany*, § 153e Rn. 11). Zurückhaltung weiteren Wissens schließt die Anwendung des § 153e aus (KK-StPO/*Diemer*, § 153e Rn. 7).

7 **C. Folgen der Einstellung.** Zum Verbrauch der Strafklage gelten die Erläuterungen bei § 153 Rdn. 26 ff. entsprechend. Das selbstständige Verfalls- und Einziehungsverfahren (§ 76a Abs. 1, 3 StGB i.V.m. §§ 440, 442) bleibt nach einer Verfahrenseinstellung möglich.

8 **D. Anfechtbarkeit.** Sieht der Generalbundesanwalt von der Verfolgung ab, ist das Klageerzwingungsverfahren nicht zulässig (§ 172 Abs. 2 Satz 3 Hs. 2). Stellt das OLG das Verfahren ein, ist dessen Beschluss nach § 304 Abs. 4 Satz 2 unanfechtbar.

§ 153f Absehen von der Verfolgung bei Straftaten nach dem Völkerstrafgesetzbuch

(1) [1]Die Staatsanwaltschaft kann von der Verfolgung einer Tat, die nach den §§ 6 bis 15 des Völkerstrafgesetzbuches strafbar ist, in den Fällen des § 153c Abs. 1 Nr. 1 und 2 absehen, wenn sich der Beschuldigte nicht im Inland aufhält und ein solcher Aufenthalt auch nicht zu erwarten ist. [2]Ist in den Fällen des § 153c Abs. 1 Nr. 1 der Beschuldigte Deutscher, so gilt dies jedoch nur dann, wenn die Tat vor einem internationalen Gerichtshof oder durch einen Staat, auf dessen Gebiet die Tat begangen oder dessen Angehöriger durch die Tat verletzt wurde, verfolgt wird.

(2) [1]Die Staatsanwaltschaft kann insbesondere von der Verfolgung einer Tat, die nach den §§ 6 bis 12, 14 und 15 des Völkerstrafgesetzbuches strafbar ist, in den Fällen des § 153c Abs. 1 Nr. 1 und 2 absehen, wenn

1. kein Tatverdacht gegen einen Deutschen besteht,
2. die Tat nicht gegen einen Deutschen begangen wurde,
3. kein Tatverdächtiger sich im Inland aufhält und ein solcher Aufenthalt auch nicht zu erwarten ist und
4. die Tat vor einem internationalen Gerichtshof oder durch einen Staat, auf dessen Gebiet die Tat begangen wurde, dessen Angehöriger der Tat verdächtig ist oder dessen Angehöriger durch die Tat verletzt wurde, verfolgt wird.

[2]Dasselbe gilt, wenn sich ein wegen einer im Ausland begangenen Tat beschuldigter Ausländer im Inland aufhält, aber die Voraussetzungen nach Satz 1 Nr. 2 und 4 erfüllt sind und die Überstellung an einen internationalen Gerichtshof oder die Auslieferung an den verfolgenden Staat zulässig und beabsichtigt ist.

(3) Ist in den Fällen des Absatzes 1 oder 2 die öffentliche Klage bereits erhoben, so kann die Staatsanwaltschaft die Klage in jeder Lage des Verfahrens zurücknehmen und das Verfahren einstellen.

S.a. RiStBV Nr. 100

Übersicht

A. Bedeutung und Anwendungsbereich. § 1 des **Völkerstrafgesetzbuches** (VStGB) statuiert das **Weltrechtsprinzip** für **Völkermord, Verbrechen gegen die Menschlichkeit** und **Kriegsverbrechen**, mit der Folge, dass deutsche Strafverfolgungsbehörden auch dann zuständig sind, wenn die Tat im Ausland begangen wurde und keinen Bezug zum Inland aufweist. Diese Zuständigkeitsausdehnung bedurfte eines Korrektivs auf prozessualer Ebene, indem § 153f die Ermessensausübung der StA in zwei Richtungen strukturierte: Für Fälle mit Inlandsbezug wird an der prinzipiellen Verfolgungspflicht festgehalten, während bei bestimmten Fallkonstellationen mit überwiegenden Auslandsbezug ausländischen oder internationalen Strafverfolgungsbehörden der Vorzug gelassen werden soll. 1

§ 153f gilt für Straftaten nach den **§§ 6 bis 15 VStGB** und schließt für ihren Anwendungsbereich als speziellere Norm § 153c aus (§ 153c Abs. 1 Satz 2). Zuständig ist immer der **Generalbundesanwalt**, §§ 142a Abs. 1, 120 Abs. 1 Nr. 8 GVG. Auch noch nach Anklageerhebung und Eröffnung des Hauptverfahrens kann der Generalbundesanwalt die Klage zurücknehmen und das Verfahren einstellen (Abs. 3). Die Nichtverfolgungsentscheidung umfasst die gesamte prozessuale Tat, damit auch andere, tateinheitlich oder tatmehrheitlich zusammentreffende Straftatbestände (LR/*Mavany*, § 153f Rn. 13). 2

B. Voraussetzungen. Abs. 1 Satz 1 umschreibt die Grundkonstellation: Es muss sich um eine **Auslandstat** i.S.d. **§ 153c Abs. 1 Nr. 1** handeln (außerhalb des räumlichen Geltungsbereichs der StPO begangen oder Teilnahmehandlung im Inland an einer außerhalb des Geltungsbereichs begangenen Handlung, vgl. § 153c Rdn. 3, 4). Zusätzlich darf sich der **Beschuldigte nicht im Inland aufhalten** und ein solcher **Aufenthalt auch nicht zu erwarten** sein. Ein Inlandsaufenthalt liegt bereits bei einem nur vorübergehenden Aufenthalt, z.B. bei Durchreise, vor. 3

Ist der Beschuldigte **Deutscher**, ist zusätzliche Voraussetzung, dass die Tat vor einem internationalen Gerichtshof oder durch den Tatortstaat oder den Heimatstaat des Opfers verfolgt wird (Abs. 1 Satz 2). 4

Bei einem **ausländischen Beschuldigten** kann von der Verfolgung abgesehen werden, wenn die Tat im **Inland** auf einem **ausländischen Schiff oder Luftfahrzeug** begangen wurde (**§ 153c Abs. 1 Nr. 2**, vgl. § 153c Rdn. 5), sofern er sich nicht im Inland aufhält und ein solcher Aufenthalt auch nicht zu erwarten ist (§ 153f Abs. 1 Satz 1 a.E.). 5

Abs. 2 Satz 1 zählt Fälle auf, in denen »**insbesondere**« von der Verfolgung abgesehen werden kann. Die Voraussetzungen müssen **kumulativ** gegeben sein: 6

- Auslandstat i.S.d. § 153c Abs. 1 Nr. 1 oder Tat nach § 153c Abs. 1 Nr. 2,
- kein Tatverdacht gegen einen Deutschen,
- Opfer der Tat darf nicht Deutscher sein,
- kein Tatverdächtiger im Inland und Aufenthalt nicht zu erwarten und
- Verfolgung der Tat vor einem internationalen Gerichtshof oder durch den Tatortstaat, den Heimatstaat des Opfers oder den Heimatstaat des Täters.

§ 153f Abs. 2 Satz 1 Nr. 4 verstößt nicht gegen die Garantie des gesetzlichen Richters nach Art. 101 Abs. 1 Satz 2 GG (BVerfG, NJW 2011, 2569). Der Beschuldigte wird nicht seinem gesetzlichen Richter entzogen, wenn der Generalbundesanwalt nach dieser Vorschrift von der Verfolgung absieht. Zwischen der deutschen und der internationalen Strafgerichtsbarkeit besteht zwar insoweit ein funktionaler Zusammenhang, dieser führt jedoch nicht zu einer Verschränkung dergestalt, das der Internationale Strafgerichtshof funktional in die nationale Gerichtsbarkeit eingegliedert wäre. Dessen formelle, materielle und zeitliche Zuständigkeit ergibt sich vielmehr aus Art. 5, 11 und 12 des IStGH-Statuts.

Bei **Ausländern** wird ein Absehen von der Verfolgung einer Auslandstat gem. **Abs. 2 Satz 2** auch zugelassen, wenn er sich im Inland aufhält, sofern a) die Tat nicht gegen einen Deutschen begangen wurde, b) die Tat vor einem internationalen Gerichtshof oder durch den unmittelbar betroffenen Staat verfolgt wird und die Überstellung an einen internationalen Gerichtshof oder die Auslieferung an den verfolgenden Staat zulässig und beabsichtigt ist. 7

§ 154 Teilweises Absehen von der Verfolgung bei mehreren Taten

(1) Die Staatsanwaltschaft kann von der Verfolgung einer Tat absehen,

1. wenn die Strafe oder die Maßregel der Besserung und Sicherung, zu der die Verfolgung führen kann, neben einer Strafe oder Maßregel der Besserung und Sicherung, die gegen den Beschuldigten wegen einer anderen Tat rechtskräftig verhängt worden ist oder die er wegen einer anderen Tat zu erwarten hat, nicht beträchtlich ins Gewicht fällt oder

2. darüber hinaus, wenn ein Urteil wegen dieser Tat in angemessener Frist nicht zu erwarten ist und wenn eine Strafe oder Maßregel der Besserung und Sicherung, die gegen den Beschuldigten rechts-

kräftig verhängt worden ist oder die er wegen einer anderen Tat zu erwarten hat, zur Einwirkung auf den Täter und zur Verteidigung der Rechtsordnung ausreichend erscheint.

(2) Ist die öffentliche Klage bereits erhoben, so kann das Gericht auf Antrag der Staatsanwaltschaft das Verfahren in jeder Lage vorläufig einstellen.

(3) Ist das Verfahren mit Rücksicht auf eine wegen einer anderen Tat bereits rechtskräftig erkannte Strafe oder Maßregel der Besserung und Sicherung vorläufig eingestellt worden, so kann es, falls nicht inzwischen Verjährung eingetreten ist, wieder aufgenommen werden, wenn die rechtskräftig erkannte Strafe oder Maßregel der Besserung und Sicherung nachträglich wegfällt.

(4) Ist das Verfahren mit Rücksicht auf eine wegen einer anderen Tat zu erwartende Strafe oder Maßregel der Besserung und Sicherung vorläufig eingestellt worden, so kann es, falls nicht inzwischen Verjährung eingetreten ist, binnen drei Monaten nach Rechtskraft des wegen der anderen Tat ergehenden Urteils wieder aufgenommen werden.

(5) Hat das Gericht das Verfahren vorläufig eingestellt, so bedarf es zur Wiederaufnahme eines Gerichtsbeschlusses.

S.a. RiStBV Nr. 5, 101

Übersicht

1 **A. Bedeutung und Anwendungsbereich.** Zweck der Vorschrift ist eine Verfahrensbeschleunigung und -vereinfachung durch Konzentration auf die wesentlichen Taten. Die Nichtverfolgung nach § 154 betrifft die **gesamte Tat** (§ 264). Sollen nur einzelne Teile einer (prozessualen) Tat oder einzelne rechtliche Gesichtspunkte aus der Verfolgung ausgeschieden werden, ist § 154a anzuwenden. § 154 gilt auch in JGG-Verfahren. In Bußgeldverfahren ist die Vorschrift nicht unmittelbar anwendbar, der zugrunde liegende Gedanke ist jedoch bei der Ermessensausübung i.R.d. § 47 Abs. 1 OWiG zu berücksichtigen. Im Privatklageverfahren ist § 154 nach herrschender Meinung nicht anwendbar (Meyer-Goßner/*Schmitt*, § 385 Rn. 10, *Pfeiffer*, § 154 Rn. 1, KK-StPO/*Diemer*, § 154 Rn. 27, AK-StPO/*Schöch*, § 154 Rn. 9; a.A. LR/*Mavany*, § 154 Rn. 7; offengelassen LG Regensburg, NJW 1990, 1742). Die Anwendbarkeit von § 154 in Bezug auf **ausländische Verurteilungen** ist in der Literatur umstritten (im Wesentlichen abl. Meyer-Goßner/*Schmitt*, § 154 Rn. 1; *Pfeiffer*, § 154 Rn. 1; KK-StPO/*Diemer*, § 154 Rn. 7; LR/*Mavany*, § 154 Rn. 10; HK-StPO/*Krehl*, § 154 Rn. 2; AK-StPO/*Schöch*, § 154 Rn. 12; SK-StPO/*Weßlau*, § 154 Rn. 10). Die Rspr. wendet jedoch richtigerweise § 154 auch in diesen Fällen an, insb. wenn die Voraussetzungen für eine Verfahrenseinstellung nach §§ 153c, 154b nicht vorliegen. § 153c, 154b regeln nur bestimmte Fallgruppen, daneben bleibt § 154 anwendbar, der bereits nach seinem Wortlaut nicht danach unterscheidet, ob es sich bei dem Bezugsverfahren um ein inländisches oder ausländisches handelt; die fortschreitenden internationalen Verknüpfungen durch völkerrechtliche Verträge sprechen vielmehr für die Anwendung der Vorschrift (LG Bonn, NJW 1973, 1566; LG Essen, StV 1992, 223; LG Aachen, NStZ 1993, 505; HdbStA/*Vordermayer*, 3. Teil Rn. 129; *Beseler*, NJW 1970, 370; *Dauster*, NStZ 1986, 145). Im Hinblick auf Art. 3 des Rahmenbeschlusses 2008/675/JI des EU-Rates vom 24.07.2008 (ABl. Nr. L 220 v. 15/08/2008, S. 0032–0034) ist § 154 nunmehr bei Urteilen aus anderen EU-Mitgliedstaaten unzweifelhaft anwendbar (*Peters*, NStZ 2012, 76; KMR/Kulhanek, § 154 Rn. 5).

2 **B. Voraussetzungen des Abs. 1.** Die Anwendung des § 154 Abs. 1 erfordert einen **Vergleich** zwischen der Sanktion, die wegen der einzustellenden Tat zu erwarten ist, und der wegen einer **anderen** Tat bereits **erfolgten** oder zu **erwartenden** Sanktion. Auch andere Maßnahmen als Maßregeln der Besserung und Sicherung (§ 11 Abs. 1 Nr. 8 StGB) sind zu berücksichtigen, obwohl in § 154 Abs. 1 nicht ausdrücklich genannt. Eine Einstellung nach § 153a steht einer Verurteilung nicht gleich. Unerheblich ist, ob die einzustellende Tat und die Bezugstat Gegenstand eines gemeinsamen oder verschiedener Verfahren sind. Es reicht auch aus, dass die zu erwartende Sanktion nur im Hinblick auf mehrere in verschiedenen Verfahren verhängte oder zu erwartende Sanktionen nicht beträchtlich ins Gewicht fällt. Da § 154 Abs. 1 keine zeitliche Begrenzung enthält, ist dessen Anwendung auch bzgl. einer Bezugssanktion möglich, deren Vollstreckung bereits begonnen hat oder sogar schon abgeschlossen ist, insb. wenn eine Gesamtstrafe zu bilden bzw. ein Härteausgleich vorzunehmen wäre. Ist die neue Tat erst nach Abschluss der Vollstreckung der Bezugssanktion begangen worden, scheidet

§ 154 aus, da die neue Straftat zeigt, dass eine weitere Sanktion zur Einwirkung auf den Täter erforderlich ist (LR/*Mavany*, § 154 Rn. 15).

§ 154 Abs. 1 enthält zwei unterschiedliche Einstellungsalternativen. Nach Abs. 1 Nr. 1 darf die neue Strafe oder Maßregel neben der Bezugssanktion nicht beträchtlich ins Gewicht fallen. Abs. 1 Nr. 2 erlaubt die Nichtverfolgung »darüber hinaus«, d.h. auch bei beträchtlich ins Gewicht fallenden Rechtsfolgen, wenn weitere Voraussetzungen erfüllt sind (s.u. Rdn. 5). 3

I. Abs. 1 Nr. 1 (»nicht beträchtlich ins Gewicht fallen«). Wann die Rechtsfolge nicht beträchtlich ins Gewicht fällt, lässt sich nur im Einzelfall unter Abwägung aller Umstände und unter Berücksichtigung der Strafzwecke beurteilen. Als Orientierung kann dienen, dass ggü. einer Geldstrafe eine unbedingte Freiheitsstrafe in der Regel ins Gewicht fallen wird; eine solche wird grds. auch ggü. einer zur Bewährung ausgesetzten erheblich ins Gewicht fallen. Kommt eine Sicherungsverwahrung in Betracht, wird sie regelmäßig ggü. zeitlichen Freiheitsstrafen ins Gewicht fallen. Einzelne Strafen fallen auch dann beträchtlich ins Gewicht, wenn nur die Verurteilung wegen dieser mehreren Taten zu einer Freiheitsstrafe führen wird. Wäre mit der wegen der einzustellenden Tat zu erwartenden Strafe eine Gesamtstrafe zu bilden, so kommt es für die Beträchtlichkeit auf die Erhöhung der Gesamtstrafe an. Bei einer quantitativen Bewertung wird die Grenze zur Beträchtlichkeit z.T. bei einem Rechtsfolgenminus zwischen einem Viertel und weniger als der Hälfte angesiedelt (Meyer-Goßner/*Schmitt*, § 154 Rn. 7; KK-StPO/*Diemer*, § 154 Rn. 10; KMR/*Kulhanek*, § 154 Rn. 7; HK-StPO/*Krehl*, § 154 Rn. 4; *Kurth*, NJW 1978, 2481). 4

II. Abs. 1 Nr. 2 (»darüber hinaus«). Nach Abs. 1 Nr. 2 ist die Nichtverfolgung auch möglich, wenn die Sanktion beträchtlich ins Gewicht fallen würde. Eine solche quantitative Grenze wie bei Abs. 1 Nr. 1 gibt es hier nicht. Wegen ihres weitgehenden Verzichts auf eine Sanktion hat die Vorschrift Ausnahmecharakter. Kann ein Urteil in angemessener Frist bereits durch Verfahrenstrennung erreicht werden, ist dieser Weg vorzuziehen (Meyer-Goßner/*Schmitt*, § 154 Rn. 9; LR/*Mavany*, § 154 Rn. 23). Die Nichtverfolgung nach Abs. 1 Nr. 2 hat zwei Voraussetzungen: 5

– ein Urteil wegen dieser Tat ist **in angemessener Frist nicht zu erwarten** und
– die wegen einer anderen Tat rechtskräftig verhängte oder zu erwartende Sanktion muss zur **Einwirkung auf den Täter** und zur **Verteidigung der Rechtsordnung** ausreichend sein.

Die Angemessenheit der Frist ist eine Frage des Einzelfalls. Maßgebend ist, wann das erstinstanzliche Urteil zu erwarten ist. Bei der Prüfung der Angemessenheit kann auch ein Vergleich mit der Dauer anderer Verfahren gleicher Art herangezogen werden. Mit den Formulierungen »zur Einwirkung auf den Täter« und »zur Verteidigung der Rechtsordnung« sind die Strafzwecke der Spezial- bzw. Generalprävention umschrieben. Aufgrund dieser (unvollständigen) Verweisung auf Rechtsfolgenzwecke des materiellen Strafrechts ist nach überwiegender Meinung auch die Schwere der Schuld und das Bedürfnis nach Sühne bei der Einstellungsentscheidung zu berücksichtigen (LR/*Mavany*, § 154 Rn. 27, 28; Meyer-Goßner/*Schmitt*, § 154 Rn. 9; KK-StPO/*Diemer*, § 154 Rn. 17, 18; KMR/*Kulhanek*, § 154 Rn. 12; HK-StPO/*Krehl*, § 154 Rn. 7; *Kurth*, NJW 1978, 2481; a.A. AK-StPO/*Schöch*, § 154 Rn. 24). 6

C. Absehen von der Verfolgung durch StA. Die StA soll in weitem Umfang und in einem möglichst frühen Verfahrensstadium von § 154 Abs. 1 Gebrauch machen und prüft die Möglichkeit von Beginn der Ermittlungen an (Nr. 101 Abs. 1 RiStBV). Der Sachverhalt muss nicht ausermittelt, sondern nur so weit aufgeklärt sein, um eine sachgerechte Entscheidung über die Einstellung treffen und ggf. das Verfahren später ohne Beweisverlust wieder aufnehmen zu können. Die ausgeschiedenen Taten sind möglichst exakt (»positiv«) zu bezeichnen. Ein pauschaler Verweis, dass die Strafverfolgung auf die in der Anklage erhobenen Vorwürfe beschränkt wird, genügt keinesfalls und wäre unwirksam (BGH, NStZ 2012, 50; NStZ 2015, 96). Liegt kein hinreichender Tatverdacht vor, so hat die Einstellung nach § 170 Abs. 2 Vorrang. Eine Zustimmung des Gerichts, des Beschuldigten oder Verletzten ist nicht erforderlich. In Steuerstrafsachen ist die Finanzbehörde vorher zu hören (§ 403 Abs. 4 AO). Soweit die Finanzbehörde das Steuerstrafverfahren selbstständig führt, kann sie von der Verfolgung nach § 154 Abs. 1 selbst absehen (§§ 386, 399 Abs. 1 AO). Der Ausdruck »vorläufig« wird in der Einstellungsverfügung nicht verwendet. Eine Kostenentscheidung ergeht nicht. Die Einstellung ist dem Beschuldigten mitzuteilen (unter den Voraussetzungen des § 170 Abs. 2 Satz 2). Der Anzeigeerstatter erhält die Einstellungsmitteilung mit Gründen (Nr. 101 Abs. 2, 89 Abs. 2 RiStBV), jedoch unter Wahrung des Persönlichkeitsschutzes des Beschuldigten. Eine Rechtsmittelbelehrung (§ 171 Satz 2) unterbleibt, auch wenn er Verletzter ist, da das Klageerzwingungsverfahren unzulässig ist (§ 172 Abs. 2 Satz 3). Eine mit der Straftat zusammentreffende Ordnungswidrigkeit kann trotz Einstellung des Verfahrens hinsichtlich der Straftat nach § 154 Abs. 1 an die Verwaltungsbehörde zur Verfolgung abgegeben werden (BGHSt 41, 385). Wenn die StA hinsichtlich einer von mehreren Taten von der Verfolgung absieht, ist das 7

Gericht nicht mit ihr befasst; es kann diese Tat im gerichtlichen Verfahren wegen der anderer Taten nicht einbeziehen, da es an der Prozessvoraussetzung der Anklageerhebung fehlt (Meyer-Goßner/*Schmitt*, § 154 Rn. 6). Die Ankündigung der StA im Rahmen eines Verständigungsgesprächs nach § 257c, andere bei ihr anhängige Ermittlungsverfahren nach § 154 Abs. 1 im Hinblick auf die zu erwartende Verurteilung einzustellen, ist zulässig (BGH, NStZ 2017, 56). Es sollte jedoch klargestellt werden, dass diese Ankündigung nicht von der Bindungswirkung der Verständigung umfasst wird. Aus dem Wortlaut von § 257c Abs. 1 und Abs. 2 folgt nämlich, dass sich Verständigungen ausschließlich auf das »zu Grunde liegende Erkenntnisverfahren« beziehen dürfen, also sog. »Gesamtlösungen« unter Einbeziehung anderer Verfahren unzulässig sind (BVerfG, NJW 2013, 1058).

8 **D. Einstellung durch Gericht (Abs. 2).** Nach Klageerhebung ist das mit der Sache befasste Gericht für die Einstellung zuständig. Die gerichtliche Zuständigkeit beginnt mit Einreichung der Anklageschrift und dauert bis zum rechtskräftigen Abschluss des Verfahrens, einschließlich des Revisionsverfahrens. Inhaltlich müssen die Voraussetzungen des Abs. 1 vorliegen. Die Einstellung ist nur auf Antrag der StA möglich. Die Zustimmung des Angeschuldigten ist nicht erforderlich. Der Zustimmung des Nebenklägers bedarf es ebenfalls nicht, auch nicht, wenn nur er Berufungsführer ist (BGHSt 28, 272; OLG Celle, NStZ 1983, 328). Er ist jedoch zu hören (§ 33 Abs. 3), sofern die Einstellung eine Tat betrifft, aus der sich seine Anschlussberechtigung herleitet. Vor der Einstellung ist über die Anschlussberechtigung zu entscheiden (§ 396 Abs. 3). Die Einstellung erfolgt durch Beschluss und ist wegen ihrer weitreichenden Wirkung so zu fassen, dass kein Zweifel besteht, auf welche Taten und welche Angeklagten sie sich bezieht. Dabei können auszuscheidende Taten sowohl »positiv« beschrieben werden, insb. auch anhand der Nummerierung in der Anklageschrift, als auch »negativ«, indem genau festgelegt wird, welche der angeklagten Taten weiterhin Verfahrensgegenstand bleiben (BGH, NStZ 2015, 96). Das von anderen Senaten des BGH aufgestellte Erfordernis, ausgeschiedene Taten oder Strafbestimmungen konkret (»positiv«) zu bezeichnen, betrifft Verfahrensbeschränkungen durch die StA vor Anklageerhebung, da diese in einem anderen prozessualen Kontext erfolgen. Bei einer Einstellung durch das Gericht sind nämlich auch bei einer negativ formulierten Beschränkung auf die verbleibenden Taten die ausgeschiedenen Taten durch die Anklage festgelegt. Die Einstellung hat endgültige Bedeutung, trotz der Bezeichnung als »vorläufig« im Gesetz. Damit ist aber nur gemeint, dass das eingestellte Verfahren unter den Voraussetzungen der Abs. 3 bis 5 wieder aufgenommen werden kann. Die Formulierung »vorläufig« im Einstellungsbeschluss sollte daher vermieden werden. Einer nachträglichen »endgültigen« Einstellung bedarf es nicht mehr. Der Einstellungsbeschluss enthält eine Kostenentscheidung. Die Kosten des Verfahrens trägt die Staatskasse (§ 467 Abs. 1). Für die notwendigen Auslagen gilt § 467 Abs. 4. Die notwendigen Auslagen des Nebenklägers können dem Angeklagten nach Maßgabe des § 472 Abs. 2 auferlegt werden. Ggf. ist auch über eine Entschädigung für Strafverfolgungsmaßnahmen zu entscheiden (§§ 3, 8 StrEG).

9 Der Beschluss entfaltet **beschränkte materielle Rechtskraft** und bildet ein von Amts wegen zu beachtendes **Verfahrenshindernis** (BGHSt 30, 197; BayObLGSt 1992, 32). Da das Verfahren nicht mehr anhängig ist, wäre auch die Verhängung einer auf die eingestellte Tat gestützten Rechtsfolge, wie beispielsweise die Anordnung einer Einziehung, nicht mehr möglich (BGH, NStZ-RR 2018, 116 [117]).

Die Verfolgung der Tat als Ordnungswidrigkeit bleibt zulässig. Die nach Abs. 2 eingestellten Taten dürfen zum Nachteil eines Angeklagten nur dann berücksichtigt werden, wenn sie prozessordnungsgemäß festgestellt wurden und der Angeklagte hierauf hingewiesen wurde (BGHSt 30, 197; OLG Hamm, StV 2002, 187; Meyer-Goßner/*Schmitt*, § 154 Rn. 25; KK-StPO/*Diemer*, § 154 Rn. 48; KMR/*Kulhanek*, § 154 Rn. 29; LR/*Mavany*, § 154 Rn. 56 ff.; *Pfeiffer*, § 154 Rn. 7). Die Anrechnung von Untersuchungshaft für eingestellte Taten ist nach dem für § 51 StGB maßgebenden Grundsatz der Verfahrenseinheit immer dann möglich, wenn die eingestellte und die abgeurteilte Tat – zumindest zeitweilig – in einem Verfahren verbunden waren. Ob die Untersuchungshaft darüber hinaus auf die wegen der Bezugstat verhängten Strafe angerechnet werden kann, wenn bei Nichteinstellung über beide Taten in einer einheitlichen Hauptverhandlung hätte entschieden werden können, ist strittig, jedoch zu bejahen (LR/*Mavany*, § 154 Rn. 55 m.w.N.; BVerfG, NStZ 1999, 24; 1999, 125; BGHSt 43, 112).

10 Eine Teileinstellung nach § 154 Abs. 2 kann Gegenstand einer förmlichen Verständigung sein (BVerfG, NStZ 2016, 221; BGH, NJW 2016, 513, 517), wenn sie Teil verständigungsbezogener Gespräche ist und in einem Konnex zu Prozessverhalten der Verfahrensbeteiligten steht. Die Teileinstellung oder der darauf gerichtete Antrag der Staatsanwaltschaft muss sich als »Gegenleistung« für eine von einem anderen Verfahrensbeteiligten in Aussicht gestellte oder zugesagte Leistung darstellen. Die auf eine Teileinstellung gerichtete Verständigung kann sich jedoch nur auf eine bei demselben Gericht anhängige und somit innerhalb der Kompetenz des Gerichts liegende Tat beziehen, weil die Bindungswirkung einer Verständigung nur so weit gehen kann, wie

das Gericht das Verfahren mitbestimmt (KMR/*Kulhanek*, § 154 Rn. 17c). Sog. Gesamtlösungen unter Einbeziehung anderer Verfahren und nicht in der Kompetenz des Gerichts liegender Zusagen wären unstatthaft.
Anregungen des Gerichts außerhalb der Hauptverhandlung gegenüber der Staatsanwaltschaft oder bloße Gespräche, die auf eine Teileinstellung von Taten während der Hauptverhandlung hinzielen, lösen noch keine Hinweispflichten nach § 243 Abs. 4 aus (BGH StV 2018, 8 [9] Rn. 15, 16). 11

E. Wiederaufnahme. Die StA kann das Verfahren **jederzeit** – auch konkludent durch Anklageerhebung – wieder aufnehmen, wenn ein sachlicher Grund vorliegt (Meyer-Goßner/*Schmitt*, § 154 Rn. 21a; LR/*Mavany*, § 154 Rn. 35; KK-StPO/*Diemer*, § 154 Rn. 24; KMR/*Kulhanek*, § 154 Rn. 15). **§ 154 Abs. 3, 4** gelten **nur für die gerichtliche Einstellung** nach § 154 Abs. 2, nicht für die staatsanwaltschaftliche (BGHSt 30, 165; NJW 1986, 3217; a.A. AK-StPO/*Schöch*, § 154 Rn. 28). 12

Dagegen kann das durch die **gerichtliche Einstellung** nach Abs. 2 eingetretene Verfahrenshindernis nur durch einen **ausdrücklichen Wiederaufnahmebeschluss** (Abs. 5) des Gerichts, das die Einstellung ausgesprochen hatte, beseitigt werden. Die Voraussetzungen für die Wiederaufnahme sind in Abs. 3, 4 näher bestimmt. Eine stillschweigende Wiederaufnahme, z.B. durch Bestimmung eines Termins zur Hauptverhandlung, genügt nicht (BayObLGSt 1992, 32; a.A. OLG Celle, NStZ 1985, 218). Die Zustimmung der StA ist nicht erforderlich (BGHSt 13, 44; 30, 197; OLG Frankfurt, NStZ 1985, 39), jedoch ihre Anhörung (33 Abs. 2). Im Berufungsverfahren ist die Wiederaufnahme nicht mehr zulässig (OLG Hamm, JMBlNRW 1969, 258). **Abs. 3** verlangt für die Wiederaufnahme den vollständigen nachträglichen **Wegfall der rechtskräftigen Bezugssanktion**, z.B. durch Freispruch im Wiederaufnahmeverfahren, Amnestie oder Begnadigung. Eine Frist ist nicht vorgesehen. Liegen die Voraussetzungen des Abs. 3 vor, muss das Gericht das Verfahren wieder aufnehmen (LR/*Mavany*, § 154 Rn. 71; KK-StPO/*Diemer*, § 154 Rn. 38; KMR/*Kulhanek*, § 154 Rn. 21; *Pfeiffer*, § 154 Rn. 6; AK-StPO/*Schöch*, § 154 Rn. 44, 45). Wurde das Verfahren mit Rücksicht auf eine **wegen einer anderen Tat zu erwartende Strafe oder Maßregel** eingestellt, ist die **Wiederaufnahme nur binnen der 3-monatigen Ausschlussfrist des Abs. 4** zulässig. Die Frist beginnt mit der Rechtskraft der Bezugsentscheidung; dabei kann es sich um eine Verurteilung, einen Freispruch oder eine Einstellung handeln. Nach Ablauf der Ausschlussfrist ist die Wiederaufnahme nur ausnahmsweise zulässig, wenn sich herausstellt, dass das eingestellte Verfahren kein Vergehen, sondern ein Verbrechen zum Gegenstand hat (BGH, NStZ 1986, 36; Meyer-Goßner/*Schmitt*, § 154 Rn. 22; LR/*Mavany*, § 154 Rn. 63; KMR/*Kulhanek*, § 154 Rn. 22; weitergehend KK-StPO/*Diemer*, § 154 Rn. 47). Ist der Einstellungsbeschluss nach Abs. 2 im Hinblick auf mehrere noch nicht abgeschlossene Strafsachen ergangen, beginnt die Frist mit dem rechtskräftigen Abschluss des letzten Verfahrens (Meyer-Goßner/*Schmitt*, § 154 Rn. 23). Das eingestellte Verfahren kann jedoch bereits davor wieder aufgenommen werden (OLG Celle, NStZ 1985, 218). 13

F. Anfechtbarkeit. Gegen die Anwendung oder Nichtanwendung des § 154 Abs. 1 durch die StA gibt es keinen gerichtlichen Rechtsbehelf. Das Klageerzwingungsverfahren für den Verletzten ist ausdrücklich ausgeschlossen (§ 172 Abs. 2 Satz 3). 14

Dasselbe gilt für die Ablehnung des Antrags auf Einstellung durch das Gericht (Abs. 2), bei der auch die StA kein Beschwerderecht hat (Meyer-Goßner/*Schmitt*, § 154 Rn. 20; KK-StPO/*Diemer*, § 154 Rn. 32; LR/*Mavany*, § 154 Rn. 47; a.A. KMR/*Kulhanek*, § 154 Rn. 26). 15

Der gerichtliche Einstellungsbeschluss ist unanfechtbar (BGH, NStZ-RR 2007, 21; OLG Celle, NStZ 1983, 328). Der Angeklagte ist nicht beschwert und aus der Unschuldsvermutung ergibt sich kein Anspruch auf Fortführung des Verfahrens zum Zweck des Unschuldsbeweises. Ausnahmsweise steht der StA (und dem Nebenkläger) die Beschwerde zu (§ 304), wenn gesetzliche Verfahrensvoraussetzungen fehlten, z.B. der Antrag der StA oder die Zuständigkeit des Gerichts. Auch die Kostenentscheidung ist unanfechtbar (§ 464 Abs. 3 Satz 1 Hs. 2). Die Entscheidung über eine Entschädigung unterliegt jedoch der sofortigen Beschwerde (§ 8 Abs. 3 Satz 1 StrEG). 16

Der Wiederaufnahmebeschluss des Gerichts ist sowohl für den Angeschuldigten als auch für die StA unanfechtbar, Gleiches gilt für die Ablehnung der Wiederaufnahme (OLG Frankfurt, NStZ 1985, 39; OLG Stuttgart, MDR 1984, 73; OLG Düsseldorf, JR 1983, 471; Meyer-Goßner/*Schmitt*, § 154 Rn. 24; KK-StPO/*Diemer*, § 154 Rn. 46; a.A. OLG Bamberg, NStZ-RR 1997, 44; OLG Oldenburg, NStZ 2007, 167; LR/*Mavany*, § 154 Rn. 79; *Pfeiffer*, § 154 Rn. 8; KMR/*Kulhanek*, § 154 Rn. 28). 17

G. Revision. Mit der Revision kann weder die Nichtanwendung noch die Anwendung des Abs. 2 gerügt werden. Das durch die Einstellung nach Abs. 2 geschaffene Verfahrenshindernis wird in der Revision jedoch von Amts wegen beachtet, z.B. wenn ein Wiederaufnahmebeschluss überhaupt nicht vorliegt oder von einem örtlich oder sachlich unzuständigem Gericht erlassen wurde (Meyer-Goßner/*Schmitt*, § 154 Rn. 22a; *Pfeiffer*, § 154 Rn. 8). 18

19 Berücksichtigt das Gericht bei der Beweiswürdigung oder der Strafzumessung eine nach Abs. 2 eingestellte Tat, muss es sie prozessordnungsgemäß und damit hinrechend bestimmt festgestellt haben, d.h. auch diese Tat muss zur Überzeugung des Gerichts feststehen und in den Urteilsgründen so konkret dargestellt werden, dass sie in ihrem wesentlichen Unrechtsgehalt abzuschätzen ist (BGH, NJW 2014, 2514; StV 2015, 555). Die Berücksichtigung setzt ferner einen entsprechenden Hinweis voraus, da durch die Verfahrenseinstellung regelmäßig ein **Vertrauen** des Angeklagten darauf begründet wird, dass ihm der ausgeschiedene Prozessstoff nicht mehr angelastet wird (BGH, NStZ 2012, 628). Dies ist selbst dann der Fall, wenn der Angeklagte hinsichtlich der ausgeschiedenen Tat geständig war (BGH, StV 2009, 117). Die Erteilung des Hinweises stellt keine wesentliche Verfahrensförmlichkeit gem. § 274 StPO dar, die zwingend in das Protokoll aufzunehmen ist (BGH, NStZ -RR 2014, 92; StV 2011, 399; entgg. OLG München, NJW 2010, 1826), jedoch zur Dokumentation zweckmäßig sein kann. Die Frage, ob ein **Hinweis auf die Verwertbarkeit des eingestellten Verfahrens** erfolgt ist, kann das Revisionsgericht jedenfalls in einem Fall, in dem die Urteilsgründe keinen Aufschluss hierüber ergeben, nur auf eine den Anforderungen des § 344 Abs. 2 Satz 2 entsprechende Verfahrensrüge hin prüfen (BGH, NStZ 1993, 501; KK-StPO/*Diemer*, § 154 Rn. 48; *Pfeiffer*, § 154 Rn. 8). Hat das Gericht einen prozessordnungsgemäß festgestellten, jedoch ausgeschiedenen Sachverhalt ohne entsprechenden Hinweis berücksichtigt, beruht das Urteil nicht auf diesem Fehler, wenn die Einstellung erst nach Schluss der Beweisaufnahme erfolgte, da die Einstellung dann kein die Verteidigung beeinflussendes Vertrauen geschaffen hatte (BGH, NJW 1985, 1479; NStZ 2004, 277; KK-StPO/*Diemer*, § 154 Rn. 49).

§ 154a Beschränkung der Verfolgung

(1) [1]Fallen einzelne abtrennbare Teile einer Tat oder einzelne von mehreren Gesetzesverletzungen, die durch dieselbe Tat begangen worden sind,

1. für die zu erwartende Strafe oder Maßregel der Besserung und Sicherung oder

2. neben einer Strafe oder Maßregel der Besserung und Sicherung, die gegen den Beschuldigten wegen einer anderen Tat rechtskräftig verhängt worden ist oder die er wegen einer anderen Tat zu erwarten hat,

nicht beträchtlich ins Gewicht, so kann die Verfolgung auf die übrigen Teile der Tat oder die übrigen Gesetzesverletzungen beschränkt werden. [2] § 154 Abs. 1 Nr. 2 gilt entsprechend. [3]Die Beschränkung ist aktenkundig zu machen.

(2) Nach Einreichung der Anklageschrift kann das Gericht in jeder Lage des Verfahrens mit Zustimmung der Staatsanwaltschaft die Beschränkung vornehmen.

(3) [1]Das Gericht kann in jeder Lage des Verfahrens ausgeschiedene Teile einer Tat oder Gesetzesverletzungen in das Verfahren wieder einbeziehen. [2]Einem Antrag der Staatsanwaltschaft auf Einbeziehung ist zu entsprechen. [3]Werden ausgeschiedene Teile einer Tat wieder einbezogen, so ist § 265 Abs. 4 entsprechend anzuwenden.

S.a. RiStBV Nr. 5, 101 f.

Übersicht — **Rdn.**

1 **A. Bedeutung und Anwendungsbereich.** § 154a ermöglicht die Konzentration auf die wesentlichen Tatvorwürfe **innerhalb derselben prozessualen Tat** (i.S.d. § 264) und dient damit der Vereinfachung und Beschleunigung des Verfahrens. Trotz Verfolgungsbeschränkung wird mit der Erhebung der Anklage die ganze prozessuale Tat anhängig. Hierin besteht ein wesentlicher Unterschied zu § 154. § 154a gilt auch in JGG- und Privatklageverfahren (bzgl. Zustimmung und Wiedereinbeziehungsantrag s.u. Rdn. 10, 14). Die bloße Anschlussbefugnis eines Nebenklägers steht der Verfolgungsbeschränkung nicht entgegen. Trotz Ausscheidens eines rechtlichen Gesichtspunktes, der die Anschlussbefugnis vermittelt, bleibt das Anschlussrecht erhalten (§ 397 Abs. 2 Satz 1). Mit Wirksamwerden des Anschlusses entfällt die Beschränkung, soweit sie die Nebenklage betrifft (§ 397 Abs. 2 Satz 2).

Die Verfahrensbeschränkung kann zur Folge haben, dass sich die **gerichtliche Zuständigkeit ändert.** Werden im Ermittlungs- oder im Zwischenverfahren Tatteile oder Gesetzesverletzungen ausgeschieden, die Spezialzuständigkeiten begründen, wie etwa die erstinstanzliche Zuständigkeit des OLG (§ 120 Abs. 1 GVG), kann dies zu eine Änderung der gerichtlichen Zuständigkeit führen. Beschränkt das OLG die Untersuchung mit der Zulassung der Anklage auf Gesetzesverletzungen, die seine Zuständigkeit nicht begründen, so eröffnet es das Hauptverfahren vor dem zuständigen Gericht niedrigerer Ordnung. Die Zuständigkeitsverschiebung kann nach Wegbeschränkung der Spezialzuständigkeiten auch die besonderen Strafkammern bei den LG (§§ 74 Abs. 2, 74a, 74c GVG) sowie die Zuständigkeit der Jugendgerichte betreffen (BGH, NStZ 1996, 244; KK-StPO/*Diemer*, § 154a Rn. 10; LR/*Mavany*, § 154a Rn. 15). Die zuständigkeitsverändernde Beschränkung im Ermittlungs- oder Zwischenverfahren ist jedoch nicht unveränderlich. Durch Wiedereinbeziehung ausgeschiedener Tatteile bei Eröffnung oder während des Hauptverfahrens kann das Instanzgericht die Zuständigkeit des speziell zuständigen Gerichts begründen (§§ 209 Abs. 2, 225a, 270 GVG; KK-StPO/*Diemer*, § 154a Rn. 11; LR/*Mavany*, § 154a Rn. 16). 2

B. Voraussetzungen des Abs. 1. I. Abtrennbare Teile einer Tat. Nach der 1. Alt. des § 154a Abs. 1 Satz 1 können einzelne **abtrennbare Teile einer Tat** von der Verfolgung ausgenommen werden. Dabei handelt es sich um solche Tatteile, die aus einem einheitlichen historischen Vorgang i.S.d. § 264 herausgelöst werden können, ohne dass ein auch strafrechtlich untrennbar zusammengehöriger Gesamttatbestand zerrissen würde, z.B. Teile einer Falschaussage, Einzelakte einer Bewertungseinheit oder einer Dauerstraftat (*Pfeiffer*, § 154a Rn. 2; KK-StPO/*Diemer*, § 154a Rn. 5). 3

II. Einzelne von mehreren Gesetzesverletzungen. Nach § 154a Abs. 1 Satz 1, 2. Alt. sind auch **einzelne von mehreren Gesetzesverletzungen**, die durch **dieselbe Tat** begangen worden sind, ausscheidbar. Dabei wird es sich in der Regel um in Tateinheit zusammentreffende Gesetzesverletzungen (§ 52 StGB) handeln. § 154a gestattet nicht, einzelne Tatbestandsmerkmale (z.B. Gewaltanwendung beim Geschlechtsverkehr, BGH, NStZ 1981, 21, oder Nötigung bei einem Raub unter Beschränkung der Verfolgung auf Diebstahl) oder bestimmte strafrechtliche Rechtsfolgen (z.B. Entziehung der Fahrerlaubnis) auszuklammern. Letzteres ist für den Bereich der Einziehung, Verfall, Vernichtung und Unbrauchbarmachung nur nach den §§ 430, 442 möglich. Das Ausscheiden einzelner Tatteile oder Gesetzesverletzungen kann jedoch zur Folge haben, dass damit auch die Verhängung bestimmter Rechtsfolgen entfällt. Nur **bestimmte Tatteile oder Gesetzesverletzungen** können ausgeklammert werden. Unzulässig wäre es, die Verfolgung auf bestimmte Teile oder Gesetzesverletzungen zu beschränken, da hierdurch das Gericht an der erschöpfenden Untersuchung und Beurteilung der Tat in dem verbleibenden Bereich gehindert würde (Meyer-Goßner/*Schmitt*, § 154a Rn. 7, KK-StPO/*Diemer*, § 154a Rn. 5). 4

III. Nicht beträchtlich ins Gewicht fallende Rechtsfolgen. § 154a geht von einem hypothetischen Vergleich zwischen der Sanktion mit und der ohne Verfolgungsbeschränkung aus (*Pfeiffer*, § 154a Rn. 3). Das Rechtsfolgenminus darf **nicht beträchtlich ins Gewicht** fallen (vgl. insoweit § 154 Rdn. 4). 5

Hinsichtlich der maßgeblichen Bezugssanktion sieht § 154a Abs. 1 Satz 1 zwei Möglichkeiten vor: 6
Nach **Nr. 1** darf der ausgeschiedene Tatteil oder die Gesetzesverletzung neben einer zu erwartenden Rechtsfolge **wegen derselben prozessualen Tat** nicht beträchtlich ins Gewicht fallen.

Darüber hinaus ist die Beschränkung nach **Nr. 2 möglich**, wenn das Rechtsfolgenminus in Bezug auf rechtskräftig verhängte oder zu erwartende Sanktionen **wegen einer anderen Tat** nicht beträchtlich wäre. Eine frühere Verurteilung, die zum Zeitpunkt der neuerlichen Tat bereits vollständig vollstreckt war, scheidet als Bezugssanktion jedoch aus (vgl. § 154 Rdn. 2; Meyer-Goßner/*Schmitt*, § 154a Rn. 14). 7

Durch den **Verweis in Abs. 1 Satz 2 auf § 154 Abs. 1 Nr. 2** ist eine Verfolgungsbeschränkung ferner dann möglich, wenn ohne diese ein **Urteil in angemessener Frist nicht zu erwarten** wäre und die bereits rechtskräftig verhängte oder zu erwartende Sanktion zur Einwirkung auf den Täter und zur Verteidigung der Rechtsordnung ausreicht (vgl. § 154 Rdn. 5, 6). 8

C. Verfolgungsbeschränkung durch die StA. Die StA soll von der Beschränkung der Verfolgung in weitem Umfang und in einem möglichst frühen Verfahrensstadium Gebrauch machen, wenn dies das Verfahren vereinfacht (Nr. 101a Abs. 1 i.V.m. Nr. 101 Abs. 1 RiStBV). Der Sachverhalt muss nicht ausermittelt sein. Es bedarf weder der Zustimmung des Gerichts noch der Zustimmung oder Anhörung des Beschuldigten. Die Beschränkung ist **aktenkundig zu machen** (§ 154a Abs. 1 Satz 3, Nr. 101a Abs. 3 Hs. 1 RiStBV). In der Anklageschrift (sowie im Strafbefehlsantrag) wird darauf hingewiesen (Nr. 101a Abs. 3 Hs. 2 RiStBV). Inhaltlich muss der Aktenvermerk so konkret gefasst sein, dass eindeutig ist, in welchem Umfang Tatteile oder Gesetzesverletzungen nicht verfolgt werden. Der Vermerk, dass § 154a angewandt wurde, soweit nicht Anklage erhoben wurde, wäre zu unbestimmt. Eine Kostenentscheidung ergeht nicht. 9

10 **D. Verfolgungsbeschränkung durch das Gericht** (Abs. 2). Mit Erhebung der öffentlichen Klage ist das jeweils mit der Sache befasste Gericht für die Beschränkung zuständig. Der Gesetzeswortlaut spricht zwar nur von der Einreichung einer Anklageschrift, mitumfasst sind jedoch alle Arten der Erhebung der öffentlichen Klage. Eine Beschränkung ist auch noch in der Rechtsmittelinstanz und nach Zurückverweisung durch das Revisionsgericht möglich (ausgenommen nach horizontaler Teilrechtskraft). Inhaltlich müssen die Voraussetzungen des Abs. 1 vorliegen. Die Beschränkung bedarf der Zustimmung der StA. In einem entsprechenden Antrag der StA ist zugleich die Zustimmung enthalten. Im Revisionsverfahren ist die StA beim Revisionsgericht zuständig. Im Privatklageverfahren tritt an die Stelle der Zustimmung der StA die des Privatklägers. Die Zustimmung des Angeklagten ist nicht erforderlich. Die Einstellung erfolgt **durch Beschluss** (des Gerichts, nicht allein des Vorsitzenden). Dieser kann auch noch zugleich mit dem Urteil verkündet werden (BGH, NStZ 1996, 324). Eine Kosten- und Auslagenentscheidung unterbleibt, da die Beschränkung nach § 154a regelmäßig keine das Verfahren beendende Entscheidung ist (BGH, StV 1993, 135). Nur ausnahmsweise ist eine solche erforderlich, wenn, etwa nach Teilrechtskraft hinsichtlich der übrigen Tatteile, durch die Anwendung des § 154a das Verfahren insgesamt beendet wird (LR/*Mavany*, § 154a Rn. 27). Wird irrtümlich oder versehentlich nach § 154 statt nach § 154a eingestellt, richtet sich das weitere Verfahren nicht nach der irrig angewendeten Norm, sondern ist in eine Verfahrensbeschränkung nach § 154a umzudeuten (BGHSt 25, 388; 49, 359; BGH NStZ 2015, 96). Demgegenüber stellte der BGH im Beschluss vom 08.10.2013 (BGH NStZ 2014, 46) noch fest, dass auch eine irrtümlich nach § 154 Abs. 2 durch Gerichtsbeschluss erfolgte Verfahrenseinstellung zu einem Verfahrenshindernis führe. Die irrig angewendeten Vorschriften seien maßgeblich, nicht die tatsächlich anzuwendenden (abl. Anm. Allgaier zu BGH, NStZ 2015, 46). Lediglich eine bloße Falschbezeichnung dürfte danach in jedem Fall unschädlich sein.

11 Der Strafklageverbrauch einer rechtskräftigen gerichtlichen Sachentscheidung erstreckt sich auch auf die ausgeschiedenen Teile der Tat und Rechtsverletzungen; gleichgültig, wann und von wem sie ausgeschieden wurden. Der Strafklageverbrauch tritt bereits bei Rechtskraft des Schuldspruchs ein. In gleicher Weise erfasst die Unterbrechung der Verjährung die ganze Tat, also auch nach § 154a ausgeschiedene Teile (BGHSt 22, 105; KK-StPO/*Diemer*, § 154a Rn. 20).

12 Ein ausgeschiedener Verfahrensstoff darf bei der Beweiswürdigung und Strafzumessung nur berücksichtigt werden, wenn das Gericht ihn prozessordnungsgemäß festgestellt und den Angeklagten hierauf zuvor ausdrücklich hingewiesen hat (BGHSt 30, 147; 31, 302; NStZ 1994, 195; Meyer-Goßner/*Schmitt*, § 154a Rn. 2; KK-StPO/*Diemer*, § 154a Rn. 21). Eines solchen Hinweises bedarf es nicht, wenn ein Vertrauenstatbestand, dass ein ausgeschiedener Tatteil oder eine ausgeschiedene Gesetzesverletzung unberücksichtigt bleibe, nicht geschaffen wurde (BVerfG, NStZ 1995, 76; BGH, NStZ 1987, 133; NStZ 1992, 225; NStZ 2004, 277; NJW 1996, 2585) oder wenn das Verteidigungsverhalten durch die Heranziehung nicht beeinflusst werden kann.

13 **E. Wiedereinbeziehung.** Solange noch nicht Anklage erhoben ist (bzw. diese wirksam zurückgenommen ist), kann die **StA** die Verfolgungsbeschränkung **jederzeit rückgängig** machen.

14 Auch das jeweils mit der Sache befasste **Gericht** kann **in jeder Lage des Verfahrens ausgeschiedene Tatteile oder Gesetzesverletzungen wieder einbeziehen** (§ 154 Abs. 3 Satz 1), unabhängig davon, wer die Beschränkung vorgenommen hatte. Die Entscheidung steht grds. im Ermessen des Gerichts (»kann«); aufgrund seiner umfassenden Kognitionspflicht (§§ 244 Abs. 1, 264) ist das Gericht jedoch zur Wiedereinbeziehung verpflichtet, wenn es ansonsten zu einem Freispruch oder einer Einstellung wegen Verjährung käme (BGHSt 22, 105; 29, 315; 32, 84; NStZ 1982, 517; NStZ 1988, 322; NStZ 1995, 540). Die Wiedereinbeziehung darf nicht erst mit dem Urteil erfolgen. Das Gericht kann aber einen Freispruch (bzw. eine Einstellung) auch ohne vorherige förmliche Wiedereinbeziehung auf ausgeschiedene Tatteile oder Gesetzesverletzungen erstrecken, wenn ein entsprechender Nachweis nicht zu führen ist (BGH, NJW 1989, 2481; StV 1997, 566; NStZ-RR 2006, 311). Einem Antrag der StA auf Wiedereinbeziehung muss das Gericht entsprechen (§ 154a Abs. 3 Satz 2; BGHSt 21, 326; 29, 397). Der Antrag kann von der StA auch bedingt, z.B. für den Fall des Freispruchs oder der Unterschreitung einer bestimmten Strafhöhe, gestellt werden (BGH, NJW 1981, 354). Im Privatklageverfahren löst der Wiedereinbeziehungsantrag des Privatklägers diese Verpflichtung nicht aus (§ 385 Abs. 4). Im Eröffnungsverfahren ist für die Wiedereinbeziehung ein Beschluss des Gerichts erforderlich (§ 207 Abs. 2 Nr. 2, 4), ansonsten ist ein ausdrücklicher Gerichtsbeschluss nicht vorgeschrieben, jedoch im Interesse der Rechtsklarheit ratsam; zumindest bedarf es eines ausdrücklichen Hinweises des Gerichts nach § 265 (BGH, NStZ 1994, 495). Wird eine Wiedereinbeziehung beschlossen, ist § 265 Abs. 4 entsprechend anzuwenden (§ 154a Abs. 3 Satz 3); danach kann das Gericht nach pflichtgemäßen Ermessen die Hauptverhandlung zur genügenden Vorbereitung der Verteidigung unterbrechen oder aussetzen.

F. Anfechtbarkeit. Gegen die Ablehnung eines Beschränkungsantrags kann sich der Angeklagte nicht beschweren, weil Abs. 1 nicht seinem Schutz dient (Meyer-Goßner/*Schmitt*, § 154a Rn. 23). Der gerichtliche Beschränkungsbeschluss ist ebenfalls unanfechtbar. Der Angeklagte ist hierdurch nicht beschwert. Hat die StA der Beschränkung nicht zugestimmt, kann sie einen Wiedereinbeziehungsantrag nach Abs. 3 Satz 2 stellen, an den das Gericht gebunden ist. Der Beschwerde gegen eine Entscheidung des erkennenden Gerichts stünde auch § 305 Satz 1 entgegen. 15

Der die Wiedereinbeziehung anordnende Beschluss ist für alle Beteiligten unanfechtbar. Dagegen kann der die Wiedereinbeziehung ablehnende Beschluss von der StA im Zwischenverfahren mit der Beschwerde angefochten werden (KMR/*Kulhanek*, § 154a Rn. 25; KK-StPO/*Diemer*, § 154a Rn. 24; a.A. LR/*Mavany*, § 154a Rn. 40), im Hauptverfahren steht der Beschwerde § 305 entgegen. 16

G. Revision. Mit der Revision kann die Nichtanwendung des § 154a nicht gerügt werden. Die StA kann einen Freispruch mit der Verfahrensrüge angreifen, wenn der Tatrichter eine Wiedereinbeziehung der ausgeschiedenen Teile unterlassen hat (BGH, NStZ 1996, 241; a.A. BGH, NStZ 1995, 540: Sachrüge genügt). Das Revisionsgericht verweist, falls es die ausgeschiedenen Teile nicht gleich selbst wieder einbezieht, zur Wiedereinbeziehung und neuen Verhandlung zurück (BGH, NStZ-RR 2001, 263). Eine Aufhebung der den Freispruch tragenden rechtsfehlerfreien Feststellungen erfolgt nicht (BGHSt 32, 84; Meyer-Goßner/*Schmitt*, § 154a Rn. 27; KMR/*Kulhanek*, § 154a Rn. 28); die neue Verhandlung befasst sich nur mit dem wieder einbezogenen Tatteil. Zur Revisibilität der Berücksichtigung eingestellter Tatteile bei der Strafzumessung oder Beweiswürdigung vgl. § 154 Rdn. 19. 17

§ 154b Absehen von der Verfolgung bei Auslieferung und Landesverweisung

(1) Von der Erhebung der öffentlichen Klage kann abgesehen werden, wenn der Beschuldigte wegen der Tat einer ausländischen Regierung ausgeliefert wird.

(2) Dasselbe gilt, wenn er wegen einer anderen Tat einer ausländischen Regierung ausgeliefert oder an einen internationalen Strafgerichtshof überstellt wird und die Strafe oder die Maßregel der Besserung und Sicherung, zu der die inländische Verfolgung führen kann, neben der Strafe oder der Maßregel der Besserung und Sicherung, die gegen ihn im Ausland rechtskräftig verhängt worden ist oder die er im Ausland zu erwarten hat, nicht ins Gewicht fällt.

(3) Von der Erhebung der öffentlichen Klage kann auch abgesehen werden, wenn der Beschuldigte aus dem Geltungsbereich dieses Bundesgesetzes abgeschoben, zurückgeschoben oder zurückgewiesen wird.

(4) [1]Ist in den Fällen der Absätze 1 bis 3 die öffentliche Klage bereits erhoben, so stellt das Gericht auf Antrag der Staatsanwaltschaft das Verfahren vorläufig ein. [2] § 154 Abs. 3 bis 5 gilt mit der Maßgabe entsprechend, dass die Frist in Absatz 4 ein Jahr beträgt.

Übersicht

A. Bedeutung und Anwendungsbereich. Die Vorschrift schränkt das Legalitätsprinzip ein und ermöglicht eine **vereinfachte Verfahrenserledigung** in Fällen der **Auslieferung** und Abschiebung. Sie ergänzt § 153c Abs. 2. Vergleichbare Regelungen für die Vollstreckungsbehörde enthalten § 456a und § 17 StVollstrO. Die Einstellung durch die StA ist bereits zulässig, wenn das Verfahren noch nicht vollständig durchermittelt ist (KK-StPO/*Diemer*, § 154b Rn. 4; LR/*Mavany*, § 154b Rn. 9; *Pfeiffer*, § 154b Rn. 2). Es muss sich jedoch um eine in Deutschland verfolgbare Straftat handeln, mag sie auch im Ausland begangen worden sein (§§ 5 bis 7 StGB). § 154b ist **nicht anwendbar**, wenn der Beschuldigte den Geltungsbereich des Gesetzes ohne zugrunde liegenden behördlichen Akt **freiwillig verlässt**. 1

B. Voraussetzungen. Abs. 1 betrifft die **Auslieferung wegen derselben Tat** wie im anhängigen Verfahren, **Abs. 2** dagegen die **Auslieferung oder Überstellung wegen einer anderen Tat**. Voraussetzung ist in beiden Fällen das Vorliegen einer bestandskräftigen Entscheidung des OLG über die Zulässigkeit der Auslieferung, nicht aber deren Vollzug (OLG Karlsruhe, NJW 2007, 617). Der Auslieferung steht die **Durchlieferung** gleich (KK-StPO/*Diemer*, § 154b Rn. 3; KMR/*Kulhanek*, § 154b Rn. 2; SK-StPO/*Weßlau*, § 154b Rn. 3). Abs. 2 setzt weiter voraus, dass ggü. der Auslandsverurteilung die inländische Sanktion nicht ins Gewicht fällt. 2

Abs. 3 betrifft den praktisch häufigeren Fall der **Abschiebung** (§ 58 AufenthG). Dieser gleichgestellt sind die **Zurückschiebung** (§ 57 AufenthG) **und Zurückweisung** (§ 15 AufenthG). Ausreichend ist, wenn die Abschiebung zwar noch nicht vollzogen ist, aber zeitnah bevorsteht, insb. bei Bestandskraft der ausländer- 3 rechtlichen Entscheidung. Reist der Beschuldigte aufgrund seiner Ausreisepflicht infolge Ausweisung (§ 53 AufenthG) freiwillig aus, ist § 154b Abs. 3 entsprechend anzuwenden. Demgegenüber reicht eine (bloße) Ausweisung nicht aus, denn nur die tatsächliche oder bevorstehende Entfernung aus dem Bundesgebiet lässt das Strafbedürfnis des Staates zurücktreten. Aus diesem Grund wurde deshalb auch mit dem Gesetz zur Neubestimmung des Bleiberechts und der Aufenthaltsbeendigung vom 27.07.2015 (BGBl. I 2015, 1386) die Formulierung »ausgewiesen« durch »abgeschoben, zurückgeschoben oder zurückgewiesen« ersetzt. Ob den Beschuldigten nach der Abschiebung (bzw. Zurückschiebung oder Zurückweisung) in dem anderen Land eine Strafverfolgung erwartet, ist nicht Voraussetzung für die Einstellung nach Abs. 3.

4 **C. Einstellung durch das Gericht (Abs. 4).** Nach Klageerhebung ist das Gericht für die Einstellung zuständig. Es hat dem Antrag der StA stattzugeben, wenn die gesetzlichen Voraussetzungen vorliegen. D.h. das Gericht prüft, ob eine Auslieferung, Überstellung oder Abschiebung erfolgt ist bzw. eine entsprechende bestandskräftige Entscheidung vorliegt (Meyer-Goßner/*Schmitt*, § 154b Rn. 3, LR/*Mavany*, § 154b Rn. 10; AK-StPO/*Schöch*, § 154b Rn. 10). Obwohl in Abs. 4 Satz 1 die Einstellung als vorläufig bezeichnet wird, handelt es sich tatsächlich – wie auch bei § 154 – um eine endgültige Einstellung. Der Einstellungsbeschluss enthält deshalb auch eine Kostenentscheidung (§ 467 Abs. 1, 4) und ggf. eine Entscheidung nach dem StrEG (§ 3 StrEG).

5 **D. Wiederaufnahme und Anfechtbarkeit.** Die StA kann das von ihr eingestellte Verfahren jederzeit wieder aufnehmen. Gegen die Einstellung ist das Klageerzwingungsverfahren nicht zulässig, § 172 Abs. 2 Satz 3.

6 Lehnt das Gericht die von der StA beantragte Einstellung nach Abs. 4 Satz 1 durch zu begründenden Beschluss ab, so steht der StA hiergegen die Beschwerde zu (§ 304, LR/*Mavany*, § 154b Rn. 10). Der gerichtliche Einstellungsbeschluss ist nicht anfechtbar (mit Ausnahme der ev. StrEG-Entscheidung, § 8 Abs. 3 StrEG). Die Wiederaufnahme nach Abs. 4 Satz 2 ist zulässig, wenn die Voraussetzungen der gerichtlichen Einstellung entfallen sind oder sich als fehlend erwiesen haben, insb. wenn der Angeschuldigte wieder in den Geltungsbereich der StPO zurückgekehrt ist. Die in Abs. 4 Satz 2 bestimmte entsprechende Anwendung des § 154 Abs. 3 bis 5 bezieht sich nur auf den Fall des Abs. 2. Nur bei einer solchen Einstellung mit Rücksicht auf eine im Ausland zu erwartende Strafe ist die Wiederaufnahme an eine Frist gebunden. Diese wird nach Abs. 4 Satz 2 auf ein Jahr verlängert, da Strafnachrichten aus dem Ausland oft verspätet eingehen (Meyer-Goßner/*Schmitt*, § 154b Rn. 4; *Pfeiffer*, § 154b Rn. 3). Die Jahresfrist wird entsprechend angewandt bei erlaubter Wiedereinreise nach Abschiebung.

§ 154c Absehen von der Verfolgung des Opfers einer Nötigung oder Erpressung

(1) Ist eine Nötigung oder Erpressung (§§ 240, 253 des Strafgesetzbuches) durch die Drohung begangen worden, eine Straftat zu offenbaren, so kann die Staatsanwaltschaft von der Verfolgung der Tat, deren Offenbarung angedroht worden ist, absehen, wenn nicht wegen der Schwere der Tat eine Sühne unerlässlich ist.

(2) Zeigt das Opfer einer Nötigung oder Erpressung oder eines Menschenhandels (§§ 240, 253, 232 des Strafgesetzbuches) diese Straftat an (§ 158) und wird hierdurch bedingt ein vom Opfer begangenes Vergehen bekannt, so kann die Staatsanwaltschaft von der Verfolgung des Vergehens absehen, wenn nicht wegen der Schwere der Tat eine Sühne unerlässlich ist.

S.a. RiStBV Nr. 102

Übersicht

1 **A. Bedeutung und Anwendungsbereich.** Im Interesse der Opfer von Nötigung und Erpressung ermöglicht die Vorschrift ein Absehen von der Verfolgung, um so ihre Anzeige- und Aufklärungsbereitschaft zu steigern und dadurch auch die Strafverfolgungsmöglichkeiten ggü. Erpressern zu verbessern (HK-StPO/*Krehl*, § 154c Rn. 1). Eine Minderung des Strafbedürfnisses ggü. dem Opfer einer Nötigung oder Erpressung wird als weiterer Umstand für den Verfolgungsverzicht anerkannt (LR/*Mavany*, § 154c Rn. 1; AK-StPO/*Schöch*, § 154c Rn. 1; SK-StPO/*Weßlau*, § 154c Rn. 1). Die Einstellungsbefugnis gilt nur für die StA, nicht für das Gericht (dort ggf. Sachbehandlung nach §§ 153 Abs. 2, 153a Abs. 2). Für die Zusicherung der Einstellung ist der Behördenleiter zuständig, Nr. 102 Abs. 2 RiStBV.

B. Voraussetzungen. Voraussetzung ist, dass die Nötigung oder Erpressung begangen oder zumindest versucht wurde. 2

Nötigungsmittel bei **Abs. 1** muss die Drohung gewesen sein, eine **Straftat** zu offenbaren. Diese muss aber nicht vom Bedrohten selbst begangen worden sein; es genügt die Straftat einer diesem nahe stehenden Person. Wurde mit der Offenbarung einer Ordnungswidrigkeit gedroht, berücksichtigt die Verwaltungsbehörde den Rechtsgedanken des § 154c bei der Ausübung ihres Einstellungsermessens nach § 47 Abs. 1 OWiG (Meyer-Goßner/*Schmitt*, § 154c Rn. 3). Die Drohung mit **Offenbarung** kann nicht nur auf eine Anzeige bei der Polizei gerichtet sein, sondern auch auf eine Mitteilung an andere, wie z.B. Angehörige, Vorgesetzte, Medien. 3

Im Fall des **Abs. 2** wird die Nötigung oder Erpressung nicht durch Drohung mit Offenbarung einer Straftat begangen, das Opfer befindet sich jedoch in einer ähnlichen Zwangslage, wenn es bei Erstattung einer Anzeige mit der Entdeckung eigener Straftaten rechnen muss. Hier sieht der mit Gesetz v. 11.02.2005 (BGBl. I, S. 239) einfügte Abs. 2 nunmehr vor, dass die StA von der Verfolgung eines – erst **durch die Anzeige bekannt gewordenen – Vergehens** des Opfers absehen kann. Aufgrund des Gesetzes zur Verbesserung der Bekämpfung des Menschenhandels und zur Änderung des Bundeszentralregistergesetzes sowie des Achten Buches Sozialgesetzbuch vom 11.10.2016 (BGBl. I, S. 2226) werden nunmehr auch ausdrücklich Fälle des Menschenhandels erfasst, in denen z.B. Frauen zur Prostitutionsausübung genötigt werden, aber wegen ihres illegalen Aufenthalts bei einer Strafanzeige selbst mit einem Strafverfahren rechnen müssen. 4

Sowohl nach Abs. 1 als auch nach Abs. 2 darf die StA von der Verfolgung nicht absehen, wenn wegen der **Schwere der Tat eine Sühne unerlässlich** ist. Es kommt auf die Umstände des Einzelfalls an, wobei generalpräventive Gesichtspunkte besondere Bedeutung haben, aber nicht allein maßgebend sind. Nach Nr. 102 Abs. 1 RiStBV soll eine Einstellung nur erfolgen, wenn die »Nötigung oder Erpressung strafwürdiger ist als die Tat des Genötigten oder Erpressten«. Diese Fassung ist mit dem Gesetzeswortlaut nicht ohne Weiteres vereinbar (*Pfeiffer*, § 154c Rn. 2; LR/*Mavany*, § 154c Rn. 8; KK-StPO/*Diemer*, § 154c Rn. 4; HK/*Krehl*, § 154c Rn. 3; SK-StPO/*Weßlau*, § 154c Rn. 6; a.A. AK-StPO/*Schöch*, § 154c Rn. 6). 5

C. Wiederaufnahme und Anfechtbarkeit. Die Einstellung hat keine Rechtskraftwirkung. Eine Wiederaufnahme kommt jedoch nur ausnahmsweise bei veränderter Sachlage in Betracht. 6

Das Klageerzwingungsverfahren ist unzulässig, § 172 Abs. 2 Satz 3.

§ 154d Verfolgung bei zivil- oder verwaltungsrechtlicher Vorfrage

[1]Hängt die Erhebung der öffentlichen Klage wegen eines Vergehens von der Beurteilung einer Frage ab, die nach bürgerlichem Recht oder nach Verwaltungsrecht zu beurteilen ist, so kann die Staatsanwaltschaft zur Austragung der Frage im bürgerlichen Streitverfahren oder im Verwaltungsstreitverfahren eine Frist bestimmen. [2]Hiervon ist der Anzeigende zu benachrichtigen. [3]Nach fruchtlosem Ablauf der Frist kann die Staatsanwaltschaft das Verfahren einstellen.

Übersicht

A. Bedeutung und Anwendungsbereich. Im Strafverfahren sind die Gerichte bei der Beurteilung zivil- und öffentlichrechtlicher Fragen grds. frei (§ 262 Abs. 1). Dieselbe Befugnis steht den Ermittlungsbehörden zu. § 154d ermöglicht es jedoch der StA, sich nicht durch einen Anzeigeerstatter die Klärung schwieriger Rechtsfragen aus anderen Rechtsgebieten durch umfangreiche Beweisaufnahmen aufdrängen zu lassen. Vielmehr kann die StA nach § 154d Satz 1 zur Austragung einer präjudiziellen Rechtsfrage eine Frist bestimmen und so schon die Fortführung des Ermittlungsverfahrens von der Klärung dieser Vorfrage abhängig machen. Die Fristbestimmung kommt damit einer Befugnis zur vorläufigen Einstellung gleich. Bei fruchtlosem Fristablauf ermächtigt Satz 3 die StA, das Verfahren endgültig einzustellen. Der Legalitätsgrundsatz wird insoweit durchbrochen. Für das Steuerstrafverfahren enthält § 396 AO eine vergleichbare Vorschrift. 1

B. Voraussetzungen. Die Vorschrift ist nur bei **Vergehen** (§ 12 Abs. 2 StGB) anwendbar. Bei Ordnungswidrigkeiten ist § 154d zwar entsprechend anwendbar (§ 46 Abs. 2 OWiG), hat aber im Hinblick auf § 47 OWiG geringe praktische Bedeutung. 2

Die Durchführung des Strafverfahrens muss von einer Rechtsfrage abhängen, die nach **bürgerlichem oder Verwaltungsrecht** zu beurteilen ist. Für **arbeits- oder sozialgerichtliche Verfahren** gilt § 154d entsprechend (Meyer-Goßner/*Schmitt*, § 154d Rn. 3). Von der **präjudiziellen Rechtsfrage** muss die Entscheidung über die Erhebung der öffentlichen Klage abhängen, d.h. es muss sich ohne ihre Klärung nicht beantworten lassen, ob 3 ein hinreichender Tatverdacht besteht. Dies kann der Fall sein, wenn das Strafgesetz in einem Tatbestandsmerkmal einen Rechtsbegriff verwendet, der ausschließlich nach Zivil- oder öffentlichem Recht zu beurteilen ist (z.B. Fremdheit der Sache bei §§ 242, 246, fremdes Jagdrecht in § 292 StGB; LR/*Mavany*, § 154d Rn. 6). Keine Abhängigkeit i.S.d. § 154d ist gegeben, wenn in einem Zivil- oder Verwaltungsverfahren lediglich die Klärung von Tatsachen zu erwarten ist.

4 **C. Verfahren.** Die von der StA nach den Umständen des Einzelfalls ausreichend zu bemessende Frist bezieht sich auf die **Einleitung** des anderweitigen Verfahrens. Die Frist kann verlängert werden, wenn sie zu kurz bemessen war. Es empfiehlt sich, mit der Fristsetzung die Verpflichtung zu verbinden, der StA die Einleitung des anderweitigen Verfahrens nachzuweisen. Von der Fristsetzung ist der Anzeigende formlos zu benachrichtigen (Satz 2). Ist ein Verfahren zur Klärung der präjudiziellen Rechtsfrage bereits anhängig, kommt eine Fristsetzung nicht in Betracht, das Ermittlungsverfahren kann jedoch nach § 154d vorläufig eingestellt werden. Eine Fristsetzung kann in diesem Fall dann erfolgen, wenn das Verfahren in zurechenbarer Weise nicht betrieben wird (LR/*Mavany*, § 154d Rn. 8). Während der vorläufigen Einstellung ruht die Verjährung nicht, da die StA das Ermittlungsverfahren jederzeit fortsetzen kann.

5 Ist die Frist ergebnislos verstrichen, kann die StA das Verfahren ohne weitere sachliche Prüfung endgültig einstellen. Die Einstellung ist mit einer Belehrung nach § 171 Satz 2 zu verbinden, wenn der Antragsteller zugleich Verletzter ist. Auch das endgültig eingestellte Verfahren kann die StA jederzeit wieder aufnehmen.

6 **D. Anfechtbarkeit.** Das Klageerzwingungsverfahren nach § 172 ist nicht schon gegen die Fristsetzung, sondern erst gegen die endgültige Einstellung nach Satz 3 zulässig (OLG Hamm, NJW 1959, 161; Meyer-Goßner/*Schmitt*, § 154d Rn. 4; *Pfeiffer*, § 154d Rn. 3). Das OLG prüft lediglich, ob die gesetzlichen Voraussetzungen des § 154d erfüllt sind.

§ 154e Absehen von der Verfolgung bei falscher Verdächtigung oder Beleidigung

(1) Von der Erhebung der öffentlichen Klage wegen einer falschen Verdächtigung oder Beleidigung (§§ 164, 185 bis 188 des Strafgesetzbuches) soll abgesehen werden, solange wegen der angezeigten oder behaupteten Handlung ein Straf- oder Disziplinarverfahren anhängig ist.

(2) Ist die öffentliche Klage oder eine Privatklage bereits erhoben, so stellt das Gericht das Verfahren bis zum Abschluss des Straf- oder Disziplinarverfahrens wegen der angezeigten oder behaupteten Handlung ein.

(3) Bis zum Abschluss des Straf- oder Disziplinarverfahrens wegen der angezeigten oder behaupteten Handlung ruht die Verjährung der Verfolgung der falschen Verdächtigung oder Beleidigung.

S.a. RiStBV Nr. 103

Übersicht

1 **A. Bedeutung und Anwendungsbereich.** Zweck der Vorschrift ist es, widersprüchliche Entscheidungen über denselben Sachverhalt zu vermeiden (BGHSt 8, 135; 10, 89). § 154e sieht vor, dass das Bezugsverfahren grds. Vorrang hat, da die Strafbarkeit des Täters der Beleidigung bzw. der falschen Verdächtigung zumeist davon abhängt, ob die vorgeworfene Tat tatsächlich von dem Betroffenen begangen wurde. Das Ermittlungs- oder Strafverfahren, das vorläufig eingestellt werden soll, muss eines der in Abs. 1 ausdrücklich genannten **Vergehen (§§ 164, 185 bis 188 StGB)** zum Gegenstand haben. Auf andere Straftatbestände ist die Vorschrift nicht entsprechend anwendbar. Die vorläufige Einstellung umfasst die gesamte prozessuale Tat (§ 264), damit auch andere mit o.g. Vergehen zusammentreffende Straftatbestände. Im Fall der Ausscheidung der falschen Verdächtigung oder Beleidigung nach § 154a kann das Verfahren wegen der übrigen Straftatbestände jedoch fortgeführt werden (Meyer-Goßner/*Schmitt*, § 154e Rn. 8; *Pfeiffer*, § 154e Rn. 1; KK-StPO/*Diemer*, § 154e Rn. 3; LR/*Mavany*, § 154e Rn. 4; KMR/*Kulhanek*, § 154e Rn. 2; SK-StPO/*Weßlau*, § 154e Rn. 4).

2 **B. Voraussetzungen.** Wegen der angezeigten oder behaupteten Handlung muss ein **Straf- oder Disziplinarverfahren anhängig** sein. Ein Sicherungsverfahren nach §§ 413 ff. reicht aus (*Pfeiffer*, § 154e Rn. 2); nicht aber ein Ordnungswidrigkeitenverfahren. Das Strafverfahren beginnt mit der Einleitung des Ermittlungsverfahrens oder der Erhebung der Privatklage. Die Möglichkeit zur Privatklage genügt nicht. Die Anhängigkeit endet mit einer Einstellung nach § 170 Abs. 2 oder nach dem Opportunitätsprinzip (z.B. §§ 153, 154, 154a;

BGHSt 10, 88). Kann der Anzeigeerstatter als Verletzter im Klageerzwingungsverfahren den Antrag nach § 172 stellen, endet die Anhängigkeit erst mit dem fruchtlosen Ablauf der Antragsfrist oder der Verwerfung des Antrags (§ 174; BGHSt 8, 154). Das gerichtliche Verfahren endet mit einem rechtskräftigen Urteil oder einem nicht mehr anfechtbaren Beschluss. Durch eine neue Anzeige wegen derselben Tat lebt das Verfahrenshindernis nicht wieder auf (BGH, GA 1979, 224). Die Anhängigkeit des Disziplinarverfahrens beginnt bereits mit dem Verfahren nach §§ 17 ff. BDG. Es endet mit der unanfechtbaren Einstellung bzw. dem Urteil.

C. Verfahren und Entscheidung. **Abs. 1** enthält eine **Sollvorschrift** für das Ermittlungsverfahren. Die StA 3
verfügt die vorläufige Einstellung. Sie ist aktenkundig zu machen und dem Anzeigeerstatter mitzuteilen (Nr. 103 RiStBV). Die StA ist an die vorläufige Einstellung nicht gebunden und kann das Ermittlungsverfahren jederzeit fortführen (z.B. bei drohendem Beweismittelverlust).

Nach Klageerhebung ist das Gericht nach **Abs.** 2 für die vorläufige Einstellung zuständig. Dieses hat im 4
Gegensatz zur StA keinen Ermessensspielraum, sondern muss das Verfahren einstellen. Die Anhängigkeit des Bezugsverfahrens ist ein **vorübergehendes Verfahrenshindernis** (BGHSt 8, 154). Die vorläufige Einstellung ergeht durch zu begründenden Beschluss (nicht durch Einstellungsurteil nach § 260 Abs. 3). In der Hauptverhandlung wirken die Schöffen mit. Vorher sind die Beteiligten anzuhören (§ 33). Aufgrund der Vorläufigkeit ergeht keine Entscheidung über Kosten oder Entschädigung nach dem StrEG. Das Gericht kann das Verfahren erst fortsetzen, wenn das Bezugsverfahren abgeschlossen ist; was von Amts wegen zu überprüfen ist.

Auch das Berufungsgericht hat Abs. 2 anzuwenden; unabhängig davon, ob das erstinstanzliche Gericht das 5
vorübergehende Verfahrenshindernis übersehen hat oder es erst später eingetreten ist. Eine vorläufige Einstellung unterbleibt jedoch, wenn wegen einer Berufungsbeschränkung der Ausgang des Bezugsverfahrens nicht mehr berücksichtigt werden kann (SK-StPO/*Weßlau*, § 154e Rn. 16). Tritt das Verfahrenshindernis erst im Revisionsverfahren ein, entscheidet das Revisionsgericht über die Revision und beschließt nicht die vorläufige Einstellung (BayObLGSt 1958, 315; KK-StPO/*Diemer*, § 154e Rn. 15; LR/*Mavany*, § 154e Rn. 17; SK-StPO/*Weßlau*, § 154e Rn. 16).

D. Ruhen der Verjährung (Abs. 3). Das Ruhen der Verjährung beginnt (in Ergänzung zu § 78b Abs. 1 6
Satz 1 StGB) mit der vorläufigen Einstellung nach Abs. 1 oder 2. Maßgeblicher Zeitpunkt ist, wann die Entscheidung aktenkundig wurde. Das Ruhen endet mit dem (unanfechtbaren) Abschluss des Straf- oder Disziplinarverfahrens wegen der Bezugstat, nicht erst mit der Aufhebung der vorläufigen Einstellung. Widerruft die StA ihre vorläufige Einstellung bereits früher, endet damit das Ruhen der Verjährung.

E. Anfechtbarkeit. Die Entscheidung der StA unterliegt keiner gerichtlichen Kontrolle. Das Klage- 7
erzwingungsverfahren ist, da es sich nur um eine vorläufige Einstellung handelt, ausgeschlossen. Die gerichtliche Einstellung ist durch Beschwerde (§ 304) anfechtbar. Lehnt das Gericht die Einstellung nach § 154e ab, ist die Beschwerde zulässig, sofern der Beschluss vor Eröffnung des Hauptverfahrens ergeht; andernfalls steht § 305 entgegen (KK-StPO/*Diemer*, § 154e Rn. 16).

F. Revision. Die Verletzung des Abs. 2 durch den Tatrichter ist Revisionsgrund nach § 337. Das Revisions- 8
gericht muss aufheben und zurückverweisen (BGH, GA 1979, 224).

§ 154f Einstellung des Verfahrens bei vorübergehenden Hindernissen

Steht der Eröffnung oder Durchführung des Hauptverfahrens für längere Zeit die Abwesenheit des Beschuldigten oder ein anderes in seiner Person liegendes Hindernis entgegen und ist die öffentliche Klage noch nicht erhoben, so kann die Staatsanwaltschaft das Verfahren vorläufig einstellen, nachdem sie den Sachverhalt so weit wie möglich aufgeklärt und die Beweise so weit wie nötig gesichert hat.

Übersicht

A. Bedeutung und Anwendungsbereich. Die zum 01.10.2009 durch das 2. Opferrechtsreformgesetz ein- 1
gefügte Vorschrift schloss eine Regelungslücke. Bis dahin hatte sich die StA damit beholfen, § 205 analog anzuwenden.

§ 205 gestattet es dem Gericht, das Verfahren vorläufig einzustellen, wenn nach Erhebung der öffentlichen Klage die Situation besteht, dass die Hauptverhandlung aufgrund einer längeren Abwesenheit des Angeschuldigten/Angeklagten oder eines anderen in seiner Person liegenden Hindernisses nicht durchgeführt werden kann. Da entsprechende Sachverhalte in der Praxis jedoch häufig bereits vor Erhebung der öffentlichen Klage auftreten, sieht das Gesetz in § 154f ausdrücklich eine solche **Einstellungsmöglichkeit für die StA** vor.

2 **B. Voraussetzungen.** Die öffentliche Klage darf noch nicht erhoben oder muss wieder zurückgenommen worden sein. Nach Erhebung der öffentlichen Klage gilt § 205, unabhängig davon, ob das Hauptverfahren bereits eröffnet wurde. Das – nur vorübergehende – Hindernis muss in der Person des Beschuldigten bestehen. Die längere Abwesenheit des Beschuldigten ist ein Beispiel für ein solches Hindernis. Im vorbereitenden Verfahren kann das Hindernis dazu führen, dass die Ermittlungen nicht abgeschlossen werden können und damit auch die Klage nicht erhoben werden kann (z.B. der Beschuldigte konnte noch nicht vernommen werden). Es kann aber auch die Lage bestehen, dass zwar die öffentliche Klage erhoben werden könnte, jedoch erkennbar ist, dass das Hauptverfahren nicht eröffnet oder die Hauptverhandlung nicht durchgeführt werden kann, z.B. weil dem – nach seiner Vernehmung im Ermittlungsverfahren unbekannt verzogenen – Beschuldigten die Anklageschrift nicht zugestellt werden kann oder der Beschuldigte aufgrund einer Erkrankung nicht in der Lage ist, an einer Hauptverhandlung teilzunehmen. Vor einer vorläufigen Einstellung muss die StA alle eine Aufklärung des Sachverhalts versprechenden Ermittlungen durchführen und die benötigten Beweismittel so weit wie nötig sichern.

3 **C. Verfahren und Entscheidung.** Der StA steht ein Ermessen zu, ob sie von der Möglichkeit der vorläufigen Einstellung Gebrauch macht. Sind die Ermittlungen abgeschlossen, kann sie stattdessen die öffentliche Klage erheben. Dies kann bei drohender Verjährung angezeigt sein, weil nach § 78c Abs. 1 Satz 1 Nr. 10 StGB nur der gerichtliche Beschluss nach § 205 verjährungsunterbrechende Wirkung hat.

§ 155 Umfang der gerichtlichen Untersuchung und Entscheidung

(1) Die Untersuchung und Entscheidung erstreckt sich nur auf die in der Klage bezeichnete Tat und auf die durch die Klage beschuldigten Personen.

(2) Innerhalb dieser Grenzen sind die Gerichte zu einer selbständigen Tätigkeit berechtigt und verpflichtet; insbesondere sind sie bei Anwendung des Strafgesetzes an die gestellten Anträge nicht gebunden.

Übersicht

1 **A. Allgemeines.** Die Vorschrift sieht für das Gericht im Anschluss an § 151 die Anwendung des Anklage- und des Untersuchungsprinzips vor.

2 **B. Anklageprinzip (Abs. 1).** Das Gericht darf nach Abs. 1 nur die angeklagten Taten der in der Klage beschuldigten Personen aburteilen. Es darf insb. die Verhandlung nicht auf in der Hauptverhandlung neu bekannt gewordene Taten und weitere Tatbeteiligte erstrecken, wenn nicht die StA Nachtragsanklage erhebt. Der Tatbegriff des § 155 ist mit dem des § 264 identisch (s. dort; KK-StPO/*Schoreit* § 155 Rn. 3, BGH NStZ-RR 2015, 286, 287). Es ist zulässig, dass die StA Anklage gegen eine Person erhebt, deren Identität nicht oder nicht sicher feststeht, wenn gewährleistet ist, dass nur gegen die Person die Hauptverhandlung durchgeführt wird, die der Tat hinreichend verdächtig ist. Die Anklage kann sich dann gegen »N.N., festgenommen am, alias-Personalien …« richten.

3 **C. Untersuchungsprinzip (Abs. 2).** In dem durch Abs. 1 vorgegebenen Rahmen ist das Gericht jedoch weder in rechtlicher noch tatsächlicher Sicht an Anträge gebunden, selbst wenn alle Verfahrensbeteiligten übereinstimmende Anträge stellen. Insb. kann die Strafe nach Art und Höhe schwerer ausfallen, als von der StA beantragt, wenn nicht das Verbot der reformatio in peius eingreift (§§ 331 Abs. 1 und 358 Abs. 2 Satz 1). Das Gericht kann und muss den Sachverhalt so weit klären, wie es zur Urteilsfindung notwendig erscheint. Eingeschränkt wird die Entscheidungsbefugnis im Fall der §§ 154a Abs. 1 Satz 2 und 154b Abs. 4 Satz 1, da hier die StA das Gericht zwingen kann, die Strafverfolgung zu beschränken oder von ihr ganz abzusehen.

4 **D. Anfechtung, Revision.** Wenn das Gericht eine Tat aburteilt, die von der Anklage nicht umfasst war, ist in jeder Lage und von Amts wegen das Verfahren außerhalb der Verhandlung durch Beschluss (§ 206a) bzw. in der Hauptverhandlung durch Urteil (§ 260 Abs. 3) einzustellen, da es an der Verfahrensvoraussetzung der Klageerhebung fehlt (BGH NStZ-RR 2009, 146). Erscheint für den Angeklagten eine andere Person und das Gericht bemerkt dies nicht, ist ein gleichwohl verhängtes Urteil nichtig (LR/*Mavany* § 155 Rn. 10, a.A. *Gössel* § 33 E Ib 2).

§ 155a Täter-Opfer-Ausgleich

[1]Die Staatsanwaltschaft und das Gericht sollen in jedem Stadium des Verfahrens die Möglichkeiten prüfen, einen Ausgleich zwischen Beschuldigtem und Verletztem zu erreichen. [2]In geeigneten Fällen sollen sie darauf hinwirken. [3]Gegen den ausdrücklichen Willen des Verletzten darf die Eignung nicht angenommen werden.

Übersicht

1 **A. Allgemeines.** Der **Gesetzgeber** verfolgt mit der Übernahme des im Jugendstrafrecht erfolgreich angewandten Täter-Opfer-Ausgleichs (§§ 10 Abs. 1 Satz 3 Nr. 7, 45 Abs. 2 Satz 2 JGG) in das allgemeine Strafrecht die Absicht, auch im Erwachsenenstrafrecht die Belange des Opfers von Straftaten stärker in den Mittelpunkt des Interesses zu rücken. Gleichzeitig kann der Täter auf diesem Wege besser als mit bloßer Bestrafung zur Einsicht in die Verwerflichkeit seines Tuns und zur Übernahme von Verantwortung für die Folgen seiner Straftat veranlasst werden (BT-Drs. 12/6853, S. 21). § 46a StGB will einen Anreiz für Ausgleichsbemühungen seitens des Täters schaffen, dem Opfer durch sein persönliches Einstehen für die Folgen der Tat, durch immaterielle Leistungen oder auch durch materielle Schadensersatzleistungen Genugtuung zu verschaffen. Allerdings will die Norm mit den Anforderungen an einen friedensstiftenden Ausgleich auch in dem aus generalpräventiver Sicht erforderlichen Umfang sicherstellen, dass nicht jede Form des Schadensausgleichs ausnahmslos und ohne Rücksicht auf den Einzelfall dem Täter zugutekommt (BT-Drs. 12/6853, S. 21). § 155a statuiert als Sollvorschrift eine Pflicht von StA und Gericht, hierauf in geeigneten Fällen hinzuwirken. Der TOA soll nach dem Willen des Gesetzgebers in größerem Umfang als vor Einführung der Vorschrift 1999 auch im Erwachsenenstrafrecht Anwendung finden (BT-Drs. 14/1928, S. 8).

2 Der TOA kann auf verschieden Weise im Ermittlungs- oder Strafverfahren **berücksichtigt** werden:

- StA und Gericht (Letzteres jeweils i.V.m. Abs. 2) können das Verfahren einstellen nach § 153a Abs. 1 Satz 2 Nr. 5, ebenso nach § 153b, § 46a StGB. Ein Vorrang letzterer Einstellungsmöglichkeit besteht nicht (HK-*Krehl* § 153b Rn. 4; a.A. Meyer-Goßner/*Schmitt* § 153b Rn. 2; LR/*Mavany* § 153b Rn. 11f). Sie bietet sich an, wenn der Täter selbst den Ausgleich herbeigeführt hat.
- Allein das Gericht kann im Hauptverfahren nach Durchführung eines TOA die Strafe mildern oder, wenn keine Geldstrafe von mehr als 360 Tagessätzen oder Freiheitsstrafe von über einem Jahr verwirkt ist, von einer Strafe ganz absehen, § 46a StGB.

3 **B. Prüfung der Eignung zum TOA (Satz 1).** Die **Eignung** eines Verfahrens für den Täter-Opfer-Ausgleich und das Maß des zu verlangenden **kommunikativen Prozesses** sind abhängig von dem zugrunde liegenden Delikt, vom Umfang der beim Tatopfer eingetretenen Schädigungen und damit von dem Grad der persönlichen Betroffenheit des Opfers (BGHSt 48, 134). In der Regel wird ein Geständnis vom Täter zu fordern sein, das erkennen lässt, dass der Täter Verantwortung für sein Tun übernimmt. Ein Freikauf von der Verantwortung soll vermieden werden (BGHSt 48, 134). Der Beschuldigte soll sich ernsthaft bemühen, einen Ausgleich mit dem Verletzten zu erreichen. Dies setzt grds. ein Bemühen des Täters um einen kommunikativen Prozess zwischen Täter und Opfer voraus, der auf einen umfassenden, friedensstiftenden Ausgleich der durch die Straftat verursachten Folgen angelegt sein muss. Das einseitige Wiedergutmachungsbestreben ohne den Versuch der Einbeziehung des Opfers genügt dazu nicht (BGH NStZ 1995, 492; StV 2002, 654) Ungeeignet erscheint der TOA für psychisch kranke Täter, Serientäter mit eine Vielzahl von Opfern und solche, die die Tat bestreiten, (BGH NJW 2003, 1466; BeckOK StPO/*Monka* § 155a Rn. 4), nicht schon wenn der Beschuldigte sich noch nicht geäußert hat (BGH StV 2003, 272; a.A. MüKo-StPO/ *Teßmer* § 155a Rn. 16: nicht bei schweigendem Beschuldigten). Auf die Möglichkeit des TOA ist der Beschuldigte schon bei der ersten Vernehmung gem. § 136 Abs. 1 Satz 4 in geeigneten Fällen hinzuweisen. Die Erteilung dieses Hinweises ist aber keine ausreichende Prüfung i.S.d. Abs. 1 Satz 1. Vielmehr haben das Gericht und die StA in allen Verfahrensstadien die Pflicht, die Möglichkeit eines Ausgleichs zwischen dem Beschuldigten und dem Verletzten zu prüfen. Für die StA wird man aber die Einschränkung machen müssen, dass die Ermittlungen von Polizei und StA schon einen hinreichenden Tatverdacht ergeben haben müssen. Bei Privatklagedelikten sollte die StA vorab prüfen, ob sie beim Scheitern des TOA auch das öffentliche Interesse des § 376 bejahen würde. Das Gericht kann bis zum Schluss der mündlichen Verhandlung auf einen solchen TOA hinwirken. Es wird dies aber in der mündlichen Verhandlung nur tun, wenn mit einer alsbaldigen Erledigung zu rechnen ist. Eine Unterbrechung der Hauptverhandlung zur Anbahnung oder Durchführung des

TOA ist denkbar, der Angeklagte hat jedoch keinen Anspruch hierauf oder gar auf eine Aussetzung (BGH StV 2003, 272). Der TOA soll dem Angeklagten keine Möglichkeit zur Verzögerung des Verfahrens geben (LR/*Mavany* § 155a Rn. 17).

4 **C. Hinwirken auf TOA (Satz 2).** Ergibt die Prüfung nach Satz 1, dass ein TOA in Betracht kommt, kann die StA darauf hinwirken, d.h. sie kann gem. § 155b die Akten oder notwendigen Unterlagen einer Stelle zur Durchführung des Ausgleichs übermitteln. Eine Vermittlung durch die StA oder das Gericht selbst ist nicht ausgeschlossen (Meyer-Goßner/*Schmitt* § 155a Rn. 3; LR/*Mavany* § 155a Rn. 4: nur in Ausnahmefällen), bindet aber erhebliche personelle Ressourcen.

5 **D. Entgegenstehender Wille des Verletzten (Satz 3).** Ausgeschlossen ist der TOA gegen den ausdrücklichen Willen des Verletzten, Satz 3. Er darf ihm nicht aufgedrängt werden. Es ist zulässig, dass die Stelle zunächst den Auftrag erhält, die Eignung der Sache zum TOA mit den Beteiligten getrennt zu erörtern. Da das Gesetz nicht regelt, wie die Prüfung der Eignung erfolgen muss, können dazu auch Dritte eingeschaltet werden (KMR/*Kulhanek* § 155a Rn. 4). Damit ist aber noch kein TOA eingeleitet.

6 **E. Weiteres Vorgehen der StA.** Im Ermittlungsverfahren sieht die StA von der Anklageerhebung vorläufig ab und erteilt dem Beschuldigten zugleich die Weisung, sich ernsthaft zu bemühen einen Ausgleich mit dem Verletzten zu erreichen, § 153a Abs. 1 Satz 2 Nr. 5 und stellt nach erfolgreichem TOA das Verfahren endgültig ein, Abs. 1 Satz 5. Von einem Erfolg kann ausgegangen werden, wenn der Vermittler einen solchen bescheinigt (§ 155b Abs. 2 Satz 3). Die StA kann aber auch nach § 46a StGB und § 153b Abs. 1 das Verfahren einstellen (Meyer-Goßner/*Schmitt* § 155a Rn. 4). In diesem Fall ist die Strafklage nicht verbraucht (§ 153b Rdn. 5; Meyer-Goßner/*Schmitt* § 153b Rn. 3), während im ersten Fall § 153a Abs. 1 Satz 5 gilt). Anderenfalls erhebt die StA Anklage. Der erfolgreiche TOA ist dann bei der Strafzumessung gem. § 46a StGB zu berücksichtigen.

7 Ist der TOA gescheitert, kann die StA nach § 153a Abs. 1 Satz 2 Nr. 5 und Abs. 1 Satz 5 das Verfahren endgültig einstellen, wenn das Bemühen des Beschuldigten als ausreichend anzusehen ist (Meyer-Goßner/*Schmitt* § 153a Rn. 22a). Wegen § 155a Satz 3 darf die Ablehnung des TOA durch den Verletzten nicht dazu führen, dass das Verfahren endgültig nach § 153a Abs. 1 Satz 5 eingestellt wird oder gar nach § 153 Abs. 1. Nur nach begonnenem TOA kann das ernsthafte Bemühen des Beschuldigten als ausreichend angesehen werden.

8 **F. Revision.** Es ist strittig, ob ein Verstoß des Gerichts gegen die Sollvorschrift der Sätze 1 und 2 die Revision des Angeklagten begründen kann. Der BGH hat dies bisher nicht ausgeschlossen (Beschluss vom 04.11.2010 – 1 StR 551/10 –, juris), während das OLG Karlsruhe es grundsätzlich bejahte (Beschluss vom 16.11.2015 – 2 [7] Ss 571/15 –, juris), aber im konkreten Fall die Rüge wegen nicht ausreichender Darlegung einer Verletzung von Verfahrensrechten (§ 344 Abs. 2 Satz 2) scheitern ließ. Insb. müsse die Revision vortragen, dass alle Voraussetzungen des TOA vorlagen (Geständnis, kein entgegenstehender Wille des Verletzten). In seinen Rechten verletzt könne der Angeklagte nur sein, wenn er ohne Mitwirkung des Gerichts den TOA nicht erfolgreich hätte durchführen können. Da das Gericht aber einen erfolgreichen TOA gar nicht erzwingen kann, kann auch die Revision nicht auf die Verletzung dieser Norm gestützt werden (Meyer-Goßner/*Schmitt* § 155a Rn. 6; sehr diff. LR/*Mavany* § 155a Rn. 16, der letztlich zum faktischen Ausschluss der Rüge kommt; a.A. *Weimer* NStZ 2002, 349).

§ 155b Durchführung des Täter-Opfer-Ausgleichs

(1) [1]Die Staatsanwaltschaft und das Gericht können zum Zweck des Täter-Opfer-Ausgleichs oder der Schadenswiedergutmachung einer von ihnen mit der Durchführung beauftragten Stelle von Amts wegen oder auf deren Antrag die hierfür erforderlichen personenbezogenen Daten übermitteln. [2]Der beauftragten Stelle kann Akteneinsicht gewährt werden, soweit die Erteilung von Auskünften einen unverhältnismäßigen Aufwand erfordern würde. [3]Eine nicht-öffentliche Stelle ist darauf hinzuweisen, dass sie die übermittelten Daten nur für Zwecke des Täter-Opfer-Ausgleichs oder der Schadenswiedergutmachung verwenden darf.
(2) [1]Die beauftragte Stelle darf die nach Absatz 1 übermittelten personenbezogenen Daten nur verarbeiten, soweit dies für die Durchführung des Täter-Opfer-Ausgleichs oder der Schadenswiedergutmachung erforderlich ist und schutzwürdige Interessen der betroffenen Person nicht entgegenstehen. [2]Sie darf personenbezogene Daten nur verarbeiten, soweit der Betroffene eingewilligt hat und dies für die Durchführung des Täter-Opfer-Ausgleichs oder der Schadenswiedergutmachung erforderlich ist und die betroffene Person eingewilligt hat. [3]Nach Abschluss ihrer Tätigkeit berichtet sie in dem erforderlichen Umfang der Staatsanwaltschaft oder dem Gericht.

(3) Ist die beauftragte Stelle eine nichtöffentliche Stelle, finden die Vorschriften der Verordnung (EU) 2016/679 und des Bundesdatenschutzgesetzes auch dann Anwendung, wenn die personenbezogenen Daten nicht automatisiert verarbeitet werden und nicht in einem Dateisystem gespeichert sind oder gespeichert werden.

(4) [1]Die Unterlagen mit den in Absatz 2 Satz 1 und 2 bezeichneten personenbezogenen Daten sind von der beauftragten Stelle nach Ablauf eines Jahres seit Abschluss des Strafverfahrens zu vernichten. [2]Die Staatsanwaltschaft oder das Gericht teilt der beauftragten Stelle unverzüglich von Amts wegen den Zeitpunkt des Verfahrensabschlusses mit.

Übersicht

A. Allgemeines. Die Vorschrift bildet den datenschutzrechtlichen Rahmen des TOA und regelt die Voraussetzungen des Datenaustausches zwischen StA bzw. Gericht und der Ausgleichsstelle. 1

B. Informationsvermittlung (Abs. 1). Neben der Durchführung des TOA (§ 155a) in Form eines **kommunikativen Prozesses** kann auch die Schadenswiedergutmachung Rechtfertigung für die Übermittlung von Informationen sein. Grds. sollen nach Satz 1 nur die für diese Zwecke benötigten Informationen übermittelt werden. Für die Durchführung der Schadenswiedergutmachung dürfte daher ein Schreiben mit den dafür notwendigen Informationen ausreichen. Beim TOA soll nach Satz 2 ebenfalls die Übersendung der Akten an die Ausgleichsstelle die Ausnahme sein. Jedoch finden sich häufig Zeugenaussagen, Einlassungen des Beschuldigten und andere Beweisergebnisse in den Akten, die der Vermittler kennen muss, um die Einlassungen der Beteiligten krit. würdigen zu können. In diesem Fall werden die vollständigen Akten übermittelt. Auch können bei langjährigen Auseinandersetzungen zwischen den Beteiligten Akten über frühere Ermittlungsverfahren in diesen Zusammenhang übermittelt werden. Die Bildung von Hilfsakten oder gar die Fertigung eines Berichtes für die Ausgleichsstelle wären unverhältnismäßig (*Busch* NJW 2002, 1326). In der Praxis dürfte deshalb wohl die Übersendung der Akten die Regel sein. An öffentliche Stellen können die Akten immer übersandt werden (*Busch* JR 03, 94; Meyer-Goßner/*Schmitt* § 155b Rn. 3). Geht die Initiative zum TOA nicht von StA oder Gericht aus, kann die z.B. von dem Beschuldigten oder dem Verletzten beauftragte Stelle auch die Übermittlung der Informationen oder Akten beantragen, um das Verfahren durchzuführen (BT-Drs. 14/1928, 8; *Pfeiffer* § 155b Rn. 1; Meyer-Goßner/*Schmitt* § 155b Rn. 3; a.A. KK-StPO/*Diemer* § 155b Rn. 2, HK-StPO/*Gercke* § 155b Rn. 1). Hier muss aber vor der Übermittlung das Einverständnis aller Beteiligten vorliegen (so auch HK-StPO/*Gercke* § 155b Rn. 1). 2

C. Datenverarbeitung und Bericht (Abs. 2). Die übermittelnde Behörde hat die nichtöffentliche Stelle über die Zweckbindung zu informieren, S. 1. Diese darf die übermittelten Daten nur für die vorgesehen Zwecke verwenden. Nach Satz 2 gilt die Zweckbindung auch für die erst im Ausgleichs- oder Schadenswiedergutmachungsverfahren erhobenen personenbezogenen Daten. Für die Erhebung, Verarbeitung und Nutzung der Daten ist die Einwilligung aller Beteiligten erforderlich. Diese sind also ausdrücklich zu befragen, eine schriftliche Einwilligung ist jedoch nicht erforderlich, sie kann mündlich erklärt werden und in den nach Satz 3 erforderlichen Schlussbericht aufgenommen werden (a.A. *Busch* NJW 2002, 1326, 1327, der § 4a Abs. 1 Satz 3 BDSG anwenden will). Dieser Bericht ermöglicht StA und Gericht den ordnungsgemäßen Verlauf und den Erfolg des TOA einzuschätzen. Er darf sich nicht auf floskelhafte Wendungen beschränken (»TOA wurde erfolgreich durchgeführt«). Nur so ist gewährleistet, dass die Voraussetzungen des § 153a Abs. 1 Satz 2 Nr. 5 und des § 46a StGB nachvollziehbar geprüft werden können. Letztendlich hat nicht die Ausgleichsstelle über den Erfolg des TOA zu entscheiden. Sie kann nur die Grundlage für diese Entscheidung schaffen (ebenso HK-StPO/*Gercke* § 155b Rn. 2, KMR/*Plöd* § 155b Rn. 4). Wenn die Betroffenen die Einwilligung zur Datenübermittlung beschränken, begrenzt dies die Berichtspflicht (Meyer-Goßner/*Schmitt* § 155b Rn. 4, zweifelhaft). In diesem Fall kann die StA die erfolgreiche Durchführung eines TOA verneinen, wenn sie dessen Voraussetzung aufgrund der mitgeteilten Tatsachen nicht prüfen kann. Das Gericht muss sogar bei unzureichender Information die Anwendung des § 46a StGB ablehnen, wenn es die wesentlichen Einzelheiten über den erfolgreichen Ausgleich nicht im Urteil darlegen kann (BGH StV 2003, 272). Ebenso soll der staatlich beauftragte Vermittler den Beschuldigten nach § 136 Abs. 1 Satz 2 belehren müssen (Meyer-Goßner/*Schmitt* § 155b Rn. 4). 3

4 **D. Datenschutz (Abs. 3).** Mit der Neufassung des Abs. 3 soll das Datenschutzniveau der Datenschutz-Grundverordnung und des BDSG (2018) auch bei nicht-öffentlichen Stellen technikneutral gewährleistet werden. Die Aufsicht der Datenschutzbehörden folgt aus § 40 BDSG n.F. (BT-Drs. 19/4671, S. 63 i.V.m. S. 60)

5 **E. Vernichtung (Abs. 4).** Satz 1 schreibt die Vernichtung (und damit auch die Löschung) erhobener Daten nach Ablauf eines Jahres seit Abschluss des Verfahrens vor. Deshalb ist dieser Zeitpunkt von StA oder Gericht der Stelle unverzüglich mitzuteilen.

§ 156 Anklagerücknahme

Die öffentliche Klage kann nach Eröffnung des Hauptverfahrens nicht zurückgenommen werden.

1 **A. Allgemeines.** Die Vorschrift ist Ausfluss des **Legalitätsprinzips.** Die StA kann die Klage nicht mehr zurücknehmen, wenn das Gericht die Entscheidungshoheit übernommen hat.

2 **B. Einzelfälle.** Im Fall der Anklageerhebung durch **Anklageschrift** kann die Klage nicht mehr zurückgenommen werden, wenn der Eröffnungsbeschluss unterschrieben und auf der Geschäftsstelle eingegangen ist. Gleiches gilt, wenn der Eröffnungsbeschluss in der Hauptverhandlung verkündet wird (Fall der Nachtragsanklage oder versehentliches Unterlassen des Beschlusses). Wird die Eröffnung des Hauptverfahrens abgelehnt, kann die Klage nach Eingang des Beschlusses auf der Geschäftsstelle nicht mehr zurückgenommen werden.

3 Im **Strafbefehlsverfahren** kann der Strafbefehl bis zum Ablauf des letzten Tages der Einspruchsfrist zurückgenommen werden, nicht nur nach zulässigem Einspruch (OLG Karlsruhe NStZ 1991, 602, a.A. die wohl h.M, jetzt auch OLG Karlsruhe StV 2021 mit zahlreichen Nachweisen, 24; Meyer-Goßner/*Schmitt* § 411 Rn. 8; HK-StPO/*Brauer*, § 409 Rn. 18; MüKo-StPO/*Eckstein*, § 411 Rn. 40; LG Traunstein, Beschluss vom 04.06.2018, 6 Qs 121/18, unveröffentlicht). Nach zulässigem Einspruch kann der Strafbefehl bis zum Beginn der Hauptverhandlung ohne, danach bis zur Urteilsverkündung mit Zustimmung des Angeklagten zurückgenommen werden. Bei Teilrechtskraft (auf die Rechtsfolgen beschränkter Einspruch) ist dies nicht mehr möglich. In der nach § 408 Abs. 3 Satz 2 bestimmten Hauptverhandlung kann der Strafbefehl noch bis zum Beginn der Hauptverhandlung zurückgenommen werden. Wenn das Revisionsgericht die Sache voll umfänglich zurückverweist, lebt die Rücknahmemöglichkeit wieder auf (Meyer-Goßner/*Schmitt* § 411 Rn. 8).

4 Nach der Verbindung eines Strafbefehlsverfahrens mit einem erstinstanzlichen Verfahren gem. § 4 Abs. 1 kann auch die Klage nicht mehr zurückgenommen werden, da nach der Verschmelzung nur noch die Regeln des erstinstanzlichen Verfahrens vor dem LG gelten (BGH NStZ 2021, 419 zur Einspruchsrücknahme.)

5 Im **beschleunigten Verfahren** ist die Rücknahme der Klage bis zur Urteilsverkündung möglich, da es keine Entscheidung des Gerichts über die Eröffnung gibt (§ 418 Abs. 1 Satz 1) und eine gesetzliche Regelung fehlt (BGHSt 15, 314, 316; BayObLGSt 97, 172; KK-StPO/*Graf*, § 417 Rn. 6; a.A. Meyer-Goßner/*Schmitt* § 417 Rn. 13; KMR/*Kulhanek* § 156 Rn. 6: nur bis zum Beginn der Vernehmung des Angeklagten zur Sache).

6 Im **Sicherungsverfahren** steht nach § 414 Abs. 1 Satz 1 der Antrag der öffentlichen Klage gleich. Es ist daher bis zur Eröffnung des Hauptverfahrens die Rücknahme des Antrags möglich.

7 **C. Entscheidung der StA.** Bis zur Eröffnung des Hauptverfahrens ist die StA in ihrer Erschließung, die Anklage zurückzunehmen, frei. Sie kann von dieser Möglichkeit auch Gebrauch machen, um vor einem anderen zuständigen Gericht oder vor demselben Gericht, aber dem nach der Geschäftsverteilung zuständigen Spruchkörper, anzuklagen (BGH StV 1984, 7). Die Rücknahme der Anklage und die Wiederholung der Klageerhebung bei einem anderen Gericht kann einen Verstoß gegen das Verbot, den Angeklagten seinem gesetzlichen Richter zu entziehen, bedeuten, wenn dies geschieht, um eine im Zwischenverfahren zu Tage getretene Auffassung des ursprünglichen Richters zu umgehen, die den Erfolg der Anklage gefährden könnte (BGHSt 14, 11, 17).

8 Die StA kann die Klage aus verschiedenen **Gründen** zurücknehmen. Zum einen kann sich ergeben, dass die erhobene Klage wesentliche Mängel aufweist, die nur durch Einreichung einer neuen Klage behoben werden können. Zum anderen kann sich durch Ermittlungen im Zwischenverfahren die Unbegründetheit nachträglich ergeben. Die StA ist aber nicht verpflichtet die Klage zurückzunehmen, sondern kann eine ablehnende Entscheidung des Gerichtes hinnehmen. Dies kann sich bisweilen empfehlen, um nicht nach Klagerücknahme und Einstellung nach § 170 Abs. 2 die Möglichkeit des Klageerzwingungsverfahrens zu eröffnen.

Zulässig ist nach Klagerücknahme jede von der StPO vorgesehene Sachbehandlung, insb. nach §§ 153 ff. (Meyer-Goßner/*Schmitt* § 156 Rn. 2). Eine Aufsichtsbeschwerde mit dem Ziel, die StA zur Rücknahme der Klage zu zwingen, ist zwar grds. möglich, sollte jedoch nur im Fall einer unvertretbaren Sachbehandlung Erfolg haben. Vorrangig hat das Gericht über die Zulassung der Klage zu entscheiden.

§ 157 Bezeichnung als Angeschuldigter oder Angeklagter

Im Sinne dieses Gesetzes ist Angeschuldigter der Beschuldigte, gegen den die öffentliche Klage erhoben ist, Angeklagter der Beschuldigte oder Angeschuldigte, gegen den die Eröffnung des Hauptverfahrens beschlossen ist.

Beschuldigter ist der Oberbegriff, der gesetzlich nicht definiert ist. Der Beschuldigte wird zum Angeschuldigten, wenn die Anklageschrift oder der Strafbefehlsantrag bei Gericht eingehen. Der Eröffnung steht der Erlass des Strafbefehls gleich. Im selbstständigen Sicherungsverfahren nach §§ 413 ff. bleibt es bei der Bezeichnung Beschuldigter. 1

Zweiter Abschnitt. Vorbereitung der öffentlichen Klage

§ 158 Strafanzeige; Strafantrag

(1) [1]Die Anzeige einer Straftat und der Strafantrag können bei der Staatsanwaltschaft, den Behörden und Beamten des Polizeidienstes und den Amtsgerichten mündlich oder schriftlich angebracht werden. [2]Die mündliche Anzeige ist zu beurkunden. [3]Dem Verletzten ist auf Antrag der Eingang seiner Anzeige schriftlich zu bestätigen. [4]Die Bestätigung soll eine kurze Zusammenfassung der Angaben des Verletzten zu Tatzeit, Tatort und angezeigter Tat enthalten. [5]Die Bestätigung kann versagt werden, soweit der Untersuchungszweck, auch in einem anderen Strafverfahren, gefährdet erscheint.

(2) Bei Straftaten, deren Verfolgung nur auf Antrag eintritt, muss der Antrag bei einem Gericht oder der Staatsanwaltschaft schriftlich oder zu Protokoll, bei einer anderen Behörde schriftlich angebracht werden.

(3) [1]Zeigt ein im Inland wohnhafter Verletzter eine in einem anderen Mitgliedstaat der Europäischen Union begangene Straftat an, so übermittelt die Staatsanwaltschaft die Anzeige auf Antrag des Verletzten an die zuständige Strafverfolgungsbehörde des anderen Mitgliedstaats, wenn für die Tat das deutsche Strafrecht nicht gilt oder von der Verfolgung der Tat nach § 153c Absatz 1 Satz 1 Nummer 1, auch in Verbindung mit § 153f, abgesehen wird. [2]Von der Übermittlung kann abgesehen werden, wenn

1. **die Tat und die für ihre Verfolgung wesentlichen Umstände der zuständigen ausländischen Behörde bereits bekannt sind oder**
2. **der Unrechtsgehalt der Tat gering ist und der verletzten Person die Anzeige im Ausland möglich gewesen wäre.**

(4) [1]Ist der Verletzte der deutschen Sprache nicht mächtig, erhält er die notwendige Hilfe bei der Verständigung, um die Anzeige in einer ihm verständlichen Sprache anzubringen. [2]Die schriftliche Anzeigebestätigung nach Absatz 1 Satz 3 und 4 ist dem Verletzten in diesen Fällen auf Antrag in eine ihm verständliche Sprache zu übersetzen; Absatz 1 Satz 5 bleibt unberührt.

S.a. RiStBV Nr. 6, 8 f.

Übersicht

1 **A. Allgemeines.** Abs. 1 beschreibt, in welcher Form und wo Sachverhalte mit dem Ziel der Überprüfung auf strafbare Handlungen bei **Offizialdelikten** mitgeteilt werden können. Abs. 2 regelt dies bei **Antragsdelikten**. Er gilt nicht für Strafverlangen und Ermächtigung (HK-StPO/*Zöller* § 158 Rn. 1; KK-StPO/*Griesbaum* § 158 Rn. 32). Der neu eingefügte § 158 Abs. 3 dient der Umsetzung des Art. 11 Abs. 2 des Rahmenbeschlusses des Rates der EU v. 15.03.2001 über die Stellung des Opfers im Strafverfahren, 2001/220/JI (BT-Drs. 16/12098, S. 22). Er bestimmt, unter welchen Voraussetzungen Opfer einer in einem Mitgliedstaat begangenen Straftat bei Behörden ihres Wohnsitzstaates Anzeige erstatten können und wie die Ermittlungsbehörden weiter zu verfahren haben. Durch das 3. Opferrechtsreformgesetz wurden in den Abs. 1 die Sätze 3–5 und der Abs. 4 eingefügt.

2 **B. Form und Adressaten einer Strafanzeige. I. Strafanzeige.** Die Anzeige einer Straftat ist die Mitteilung eines Tatverdachtes mit der Anregung zu prüfen, ob ein Ermittlungsverfahren einzuleiten ist (KK-StPO/*Griesbaum* § 158 Rn. 2; BayObLG St 85, 71, *Pfeiffer* § 158 Rn. 2). Nur wenn darüber hinaus auch der Wille zum Ausdruck kommt, dass eine Strafverfolgung stattfinden soll, handelt es sich um einen Strafantrag i.S.d. § 171 Satz 1, der zu verbescheiden ist.

3 Jedermann hat das Recht zur Anzeige einer Straftat, auch wenn er selbst nicht Verletzter oder sonst von ihr betroffen ist. Eine Prozessfähigkeit ist nicht Voraussetzung; es sind daher auch Anzeigen von Geistesgestörten, Suchtkranken und Querulanten zu prüfen, ebenso anonyme Anzeigen.

4 Die Polizeibehörden können auch dem Anzeigeerstatter **Vertraulichkeit** zusichern. Es darf ihnen nicht vorgeschrieben werden, Anzeigen nur unter der Bedingung anzunehmen, dass der Name des Anzeigeerstatters in den Akten erscheint (BGH, MDR [D] 1952, 659; Meyer-Goßner/Schmitt/*Köhler*§ 158 Rn. 16). Das hat aber nur zur Folge, dass sie seine Person geheim halten dürfen und die Aussagegenehmigung der Polizeibeamten nach § 54 insoweit beschränkt wird. In einer späteren Hauptverhandlung könnte der Angeklagte diese Person als Zeugen benennen, die auf gezielte Fragen die Anzeige einräumen muss. Die Zusage der Vertraulichkeit kann nur erfolgen, wenn abzusehen ist, dass der Anzeigende nicht als Beweismittel benötigt wird (KK-StPO/*Griesbaum* § 158 Rn. 19). Die Zusage darf nur in Absprache mit der StA als Herrin des Ermittlungsverfahrens gegeben werden (KMR/*Plöd* § 158 Rn. 10; Meyer-Goßner/Schmitt/*Köhler*§ 158 Rn. 17). Sie steht unter der Bedingung, dass der Anzeigende zutreffende Angaben macht (vgl. Anlage D zur RiStBV für V-Personen). Wer wissentlich oder leichtfertig falsche Informationen gibt, kann sich nicht auf die Vertraulichkeit berufen (Nr. 4a der Anlage D). Wenn die Polizeibehörden eigenmächtig Vertraulichkeit zusichern, ist die StA daran nicht gebunden. Die Polizei muss der StA auf Anfrage Auskunft über die Person erteilen.

5 **II. Form.** Die Anzeige kann in jeder Form, schriftlich, mündlich, auch telefonisch oder per Telefax erstattet werden, ebenso per E-Mail. Vertretung ist möglich, im Fall des Antrags nach § 171 ist ein Nachweis der Vollmacht notwendig (KMR/*Plöd* § 158 Rn. 9). Die mündliche Anzeige gem. Abs. 1 Satz 2 ist zu beurkunden und möglichst vom Anzeigeerstatter zu unterzeichnen. Auch ohne Verschriftung besteht die Pflicht zur ihrer Prüfung (KK-StPO/*Griesbaum* § 158 Rn. 17).

6 **III. Behandlung der Anzeige.** Die StA muss den Eingang der Anzeige bestätigen, wenn nicht alsbaldige Einstellung erfolgt (Nr. 9 RiStBV). StA und Polizei haben die Anzeige zu prüfen, ob sie gem. § 152 Abs. 2 Anhaltspunkte für verfolgbare Straftaten beinhaltet. Wird gegen eine bestimmte natürliche Person Strafantrag gestellt, ist diese in das Js-Register der StA einzutragen, wenn nicht erkennbar keine strafbare Handlung vorliegt. Die Person ist nicht erst dann einzutragen, wenn ein Anfangsverdacht besteht (a.A. wohl KK-StPO *Diemer* § 152 Rn. 10, vgl. z.B. Art. 47 Abs. 1 Satz 1 lit. a und b BayAktO und NdsAktO). Das bedeutet aber noch nicht, dass damit auch schon ein Ermittlungsverfahren gegen die angezeigte Person eingeleitet wird. Der Anzeigende hat es nicht in der Hand, der angezeigten Person den Status eines Beschuldigten zu verschaffen. Zum Beschuldigten wird diese erst, wenn die StA oder Polizei gegen sie mit dem Ziel der Strafverfolgung vorgehen (BGHSt 51, 367, 376). Die Strafverfolgungsbehörde darf jedoch diese Entscheidung nicht missbräuchlich hinauszögern, um Beschuldigte ohne Belehrung nach § 136 als Zeugen vernehmen zu können (BGHSt 51, 367; s.a. § 163a Rdn. 3).

7 Abs. 1 S. 3–5 dienen der Umsetzung von Art. 5 Abs. 1 der Opferschutzrichtlinie. Danach haben die Mitgliedstaaten sicherzustellen, dass die Opfer eine schriftliche Bestätigung ihrer förmlichen Anzeige erhalten, welche die grundlegenden Elemente bezüglich der betreffenden Straftat enthält. Der Verletzte erhält auf Antrag eine Bestätigung die eine kurze Zusammenfassung der Angaben des Verletzten zu Tatzeit, Tatort und angezeigter Tat enthält. Diese muss sich auf Stichpunkte beschränken. Die Polizeibehörden sollten dies nicht dadurch umgehen, dass der Verletzte eine Kopie der Vernehmungsniederschrift erhält. Durch Abs. 1 Satz 5 und § 406 Abs. 2 Satz 2 soll eine Gefährdung des Untersuchungszwecks verhindert werden, die entstehen kann, wenn die Gerichte die Konstanz der Aussagen eines Verletzten in verschiedenen Verfahrensstadien nicht zuverlässig

prüfen können, weil dieser sich Kenntnis von seiner früheren Einlassungen verschafft hat, gerade in Verfahren mit einer Aussage-gegen-Aussage-Konstellation (Meyer-Goßner/*Schmitt* § 406e Rn. 11). In diesen Fällen kann es sogar geboten sein, dem Verletzten Akteneinsicht zu verweigern (BVerfG NJW 2017, 1164). In Fällen der rechtsmissbräuchlichen Anzeigeerstattung, in denen der Schutzbereich der Opferschutzrichtlinie verlassen wird, kann allerdings von einer Anzeigebestätigung abgesehen werden (BT-Drs. 18/4621, S. 24).

Anzeigen von erkennbar **Geistesgestörten und Geschäftsunfähigen** sind mit der gebotenen Vorsicht darauf zu prüfen, ob sie Anhaltspunkte für verfolgbare Straftaten bieten. **Querulatorische** Anzeigen in beleidigender Form können nach summarischer Prüfung durch die StA ohne Erteilung eines Bescheides abgelegt werden (vgl. § 171 Rdn. 8 f.; KMR/*Plöd* § 158 Rn. 8). Gleiches gilt, wenn die Anzeige nur bereits bekannte Sachverhalte wiederholt. 8

Bei **anonymen Anzeigen** kommt es darauf an, wie sachlich und tatsachengestützt die Mitteilung ist (RiStBV Nr. 8). Wenn der Informant dem Beschuldigten erkennbar nahe steht und sich durch Ermittlungen im Umfeld der Verdacht bestätigt, kann die anonyme Anzeige sogar Eingriffsmaßnahmen wie Durchsuchungen und verdeckte Ermittlungsmaßnahmen begründen, wenn auch deren Voraussetzungen dann besonders sorgfältig geprüft werden müssen (BVerfG, Stattgebender Kammerbeschluss vom 14.07.2016 – 2 BvR 2474/14–, Rn. 17, juris: »wenn sie von beträchtlicher sachlicher Qualität ist oder mit ihr zusammen schlüssiges Tatsachenmaterial vorgelegt worden ist« = StV 2017, 361). Auch **Behörden und juristische Personen** können durch ihre gesetzlichen Vertreter Strafanzeige erstatten. 9

Von der vertraulichen Anzeige ist die **Zusage der Vertraulichkeit** bei Zeugen und V-Personen zu unterscheiden (vgl. gemeinsame Richtlinien Anlage D zur RiStBV). Die Inanspruchnahme von Informanten und der Einsatz von V-Personen sind nur nach Abwägung des Erfordernisses einer unmittelbaren Beweisaufnahme und einer vollständigen Sachverhaltserforschung einerseits und dem Interesse an der Zusicherung der Vertraulichkeit/Geheimhaltung zur Aufklärung von Straftaten andererseits zulässig. Der Grundsatz eines rechtsstaatlichen fairen Verfahrens ist zu beachten. Der Einsatz ist nur zulässig, wenn die Aufklärung sonst aussichtslos oder wesentlich erschwert wäre. Einem Informanten darf Vertraulichkeit nur zugesichert werden, wenn dieser bei Bekanntwerden seiner Zusammenarbeit mit den Strafverfolgungsbehörden erheblich gefährdet wäre oder unzumutbare Nachteile zu erwarten hätte (vgl. Nr. 3 der Richtlinien). Der Schutz des Informanten entfällt, wenn er wissentlich oder leichtfertig falsche Angaben gemacht hat, ebenso wenn sich seine strafbare Tatbeteiligung herausstellt (Nr. 4 der Richtlinien). Soweit die StA Vertraulichkeit zugesichert hat, sind sie und die Polizei zur Verschwiegenheit verpflichtet. Die oberste Aufsichtsbehörde im Sinne des § 62 BBG oder der entsprechenden landesrechtlichen Regelungen (in der Regel der jeweilige Innenminister) kann deshalb auch die Aussagegenehmigung für die als Zeugen zu vernehmenden Polizeibeamten versagen oder einschränken. Gleiches gilt für den informierten Staatsanwalt. Die Unterlagen über die Zusage und die Aussage des Zeugen werden nicht Bestandteil der Ermittlungsakten, sondern werden zu den Generalakten der StA genommen (KMR/*Plöd* § 158 Rn. 11). Die Aussage eines Informanten/einer V-Person wird nur über die Aussage der Vernehmungsperson in die Hauptverhandlung eingeführt. 10

Die **Rücknahme** der Strafanzeige hat grds. auf die Strafverfolgung bei Offizialdelikten keine Auswirkung. Die StA muss das Verfahren zu Ende führen. 11

IV. Adressaten. Die Anzeige kann bei der StA, Behörden und Beamten des Polizeidienstes und den AG angebracht werden. Zu den Behörden und Beamten des Polizeidienstes vgl. § 163 Rdn. 4–7. Bei Taten, die ausschließlich Steuerstraftaten darstellen, sind auch die Finanzbehörden Adressaten, §§ 369 Abs. 1, 386 Abs. 1 und 2, 399 Abs. 1 AO. 12

V. Anzeigepflicht. Eine **Pflicht zur Anzeige** von Straftaten besteht nur im Fall der in § 138 StGB genannten Tatbestände. In diesem Fall sind auch Behörden zur Anzeigenerstattung verpflichtet. Ansonsten besteht keine allgemeine Pflicht von Amtsträgern, bekannt gewordene Straftaten anzuzeigen, wenn nicht besondere Vorschriften dies anordnen, wie § 163 Abs. 1, § 183 GVG, § 43 GwG, § 41 OWiG, § 6 SubvG, § 67 Abs. 4 TKG und insb. § 116 AO. § 33 Abs. 3 WDO räumt Disziplinarvorgesetzten einen Ermessensspielraum ein, ob sie die Sache an die zuständige Strafverfolgungsbehörde abgeben, wenn dies entweder zur Aufrechterhaltung der militärischen Ordnung oder wegen der Art der Tat oder der Schwere des Unrechts oder der Schuld geboten ist. Auch Dienstvorschriften können eine Anzeigepflicht begründen (Meyer-Goßner/Schmitt/*Köhler*§ 158 Rn. 6). Zur Pflicht zum Tätigwerden bei außerdienstlicher erlangten Kenntnissen durch Strafverfolgungsbehörden vgl. § 160 Rdn. 7. 13

C. Form des Strafantrages als Prozessvoraussetzung (Abs. 2). I. Inhalt. Der **Strafantrag** ist die ausdrückliche oder durch Auslegung zu ermittelnde Erklärung des nach dem Gesetz zum Strafantrag Befugten, dass er die Strafverfolgung wünsche (BGH NJW 1951, 368; MDR 1974, 13; Meyer-Goßner/Schmitt/*Köhler*§ 158 14

Rn. 4). Er ist **Prozessvoraussetzung** (LR/*Erb* § 158 Rn. 36) deren Fehlen zu einem Bestrafungsverbot führt, wenn nicht das Gesetz der StA durch Bejahung eines besonderen öffentlichen Interesses eine Strafverfolgung ermöglicht (§§ 182 Abs. 5, 183 Abs. 2, 205 Abs. 1 Satz 2, 230, 235 Abs. 7, 238 Abs. 4, 248a, 301, 303c StGB). Aus §§ 127 Abs. 3, 130 ergibt sich aber, dass das Fehlen des Strafantrags die StA nicht hindert, vorläufige Ermittlungen zur Aufklärung des Sachverhaltes zu führen, wenn nicht schon alle Antragsberechtigten auf den Strafantrag verzichtet oder seine Rücknahme erklärt haben (s. § 127 Rdn. 46 f.).

15 Der Strafantrag setzt **Geschäftsfähigkeit** voraus, § 77 Abs. 3 StGB. Geschäftsunfähige oder beschränkt Geschäftsfähige müssen durch den gesetzlichen Vertreter in den persönlichen Angelegenheiten bzw. den Personensorgeberechtigten vertreten werden.

16 Bei Gericht und StA kann der **Antrag zu Protokoll** gestellt werden, bei den Behörden des Polizeidienstes nur in Schriftform. Damit sollen für alle Straftaten, deren Verfolgung nur auf Antrag eintritt, eindeutig strengere Formvorschriften aufgestellt werden als für Fälle des Abs. 1 (BayObLG NStZ 1994, 86).

17 **II. Schriftform.** Schriftform bedeutet nach dem Sprachgebrauch **nicht notwendig handschriftliche** Unterzeichnung (BayObLG NStZ 1997, 453; KG NStZ 1990, 144; KK-StPO/*Griesbaum* § 158 Rn. 45: »in aller Regel«; HK/*Zöller* § 158 Rn. 17; a.A. KMR/*Plöd* § 158 Rn. 27; AK-StPO/*Schöch* § 158 Rn. 30; Meyer-Goßner/Schmitt/*Köhler*§ 158 Rn. 11; nunmehr auch BGH Beschl. v. 06.11.2019, 4 StR 392/19), auch wenn die Unterzeichnung durch den Antragsteller generell anzustreben ist (OLG Hamm NStE Nr. 1 zu § 158 StPO). Die mechanische Erzeugung einer Unterschrift mittels eines Stempels ist ausreichend. Die Person des Antragstellers muss aber erkennbar sein (KG NStZ 1990, 144).

18 Bei **Aufnahme durch einen Polizeibeamten** gilt: Der ggü. der polizeilichen Verfolgungsbehörde unzweideutig erklärte Wille zu Strafverfolgung genügt den inhaltlichen Anforderungen an den Strafantrag. Die Unterzeichnung des im Zusammenhang mit einer solchen Anzeige erstellten Protokolls erfüllt auch die in § 158 Abs. 2 geforderte Form des Strafantrags (BGHR StPO, § 158 Abs. 2 Formerfordernis 1). Zulässig ist, dass der Antragsteller bei einer polizeilichen Vernehmung den Strafantrag auf einen Tonträger spricht und der Polizeibeamte später diesen Text schriftlich niederlegt (BayObLG NStZ 1997, 453 f.), oder wenn lediglich ein Stenogramm oder das handschriftliche Konzept unterschrieben wird (KK-StPO/*Griesbaum* § 158 Rn. 45). Nicht ausreichend ist die schriftliche Beurkundung eines bei der Polizei fernmündlich gestellten Antrags, da diese nicht Strafanträge zu Protokoll entgegen nehmen kann, oder dass sich der aufnehmende Polizeibeamte Notizen über Strafanzeige und -antrag macht und diese Angaben in Abwesenheit des Antragsberechtigten in einem nur von ihm bestätigten Protokoll ausformuliert (BayObLG NStZ 1994, 86). Die Strafantragstellung bei einer ausländischen Polizeibehörde genügt nur, wenn der dort gestellte Antrag innerhalb der Antragsfrist bei einer deutschen Behörde eingeht (BayObLGSt 1972, 78).

19 Auch die Unterschrift durch einen Dritten unter dem Namen des Berechtigten ist mit dessen Einverständnis zulässig. Selbst die nachträgliche Genehmigung genügt. Bei dem Antrag einer Behörde genügt es, wenn das Schreiben nicht die Unterschrift eines zeichnungsberechtigen Beamten enthält, sondern nur eine beglaubigte Abschrift übersandt wird (KMR/*Plöd* § 158 Rn. 26). In den übrigen Fällen muss der Strafantrag in Urschrift bei einer zur Entgegennahme des Antrags zuständigen Behörde eingehen (Meyer-Goßner/Schmitt/*Köhler*§ 158 Rn. 11)

20 Das Schriftstück kann persönlich, per Post, Boten, Telefax oder als eingescanntes Dokument im Anhang einer E-Mail **übermittelt** werden. In letzterem Fall muss aber innerhalb der Antragsfrist ein Ausdruck der PDF-Datei bei der Behörde erfolgen (BGH, Beschl. v. 15.07.2008 – X ZB 9/08 für ZPO-Berufung). Übertragung per Telegramm oder Fernschreiben reicht zwar aus (LR/*Erb* § 158 Rn. 49), dürfte jedoch nur noch sehr selten vorkommen. § 32a Abs. 3 beschreibt die Anforderungen, die ein elektronisches Dokument zur Wahrung der Schriftform erfüllen muss. Eine Antragstellung online bei einer »Internetwache« der Polizei genügt unter keinen Umständen, da der Urheber des Antrags nicht feststeht (AG Auerbach, Beschl. v. 26.01.2021, 3 Cs 500Jsw 24368/20, juris; zust. *Jahn* JuS 2021, 564; *Dießner* FD-StrafR 2021, 438457; a.A. *Jesse* DRiZ 2018, 28, der fordert, dass die Urheberschaft im Freibeweisverfahren zu klären ist)

21 **III. Antragstellung zu Protokoll.** Antragstellung zu Protokoll ist nur bei Gericht oder StA möglich. Es kann vom Richter, dem StA oder einem Urkundsbeamten der Geschäftsstelle erstellt werden. Unterschrift ist ebenso wenig erforderlich wie Verlesung. Als Protokoll kann ein Aktenvermerk genügen, der Strafantrag kann aber auch in einem Sitzungs- oder Vernehmungsprotokoll enthalten sein (KK-StPO/*Griesbaum* § 158 Rn. 46). Es kann sogar ausreichen, dass das Gericht in seinem Urteil den in der Hauptverhandlung zuvor gestellten Antrag dokumentiert (BayObLG, NStZ 1995, 197; a.A. LR/*Erb* § 158 Rn. 51).

IV. Adressaten des Strafantrags. Strafantrag kann bei jeder **StA** unabhängig von ihrer Zuständigkeit gestellt werden. Sie hat ihn ggf. an die zuständige StA weiterzuleiten. Die Frist ist schon mit Eingang bei der Ersteren gewahrt (AK-StPO/*Schöch* § 158 Rn. 29; KMR/*Plöd* § 158 Rn. 25). 22

Gerichte sind zur Entgegennahme des Antrags nur verpflichtet, wenn das Verfahren aktuell bei ihnen anhängig ist. Nur AG sind immer zur Entgegennahme verpflichtet (LR/*Erb* § 158 Rn. 43). Wenn das unzuständige Gericht den Antrag entgegennimmt, ist er erst wirksam gestellt, wenn er an die zuständige Stelle weitergeleitet wird (AK-StPO/*Schöch* § 158 Rn. 27; Meyer-Goßner/Schmitt/*Köhler* § 158 Rn. 8; LR/Erb § 158 Rn. 45; a.A. KK-StPO/*Griesbaum* Rn. 39, *Eb. Schmidt* 12). Er muss dort innerhalb der Antragsfrist eingehen (Meyer-Goßner/Schmitt/*Köhler* § 158 Rn. 8). 23

Andere Behörden i.S.d. Abs. 2 sind nur die des Polizeidienstes (RGSt 67, 125, 128; OLG Koblenz OLGSt S 1; Meyer-Goßner/Schmitt/*Köhler* § 158 Rn. 7), weil hier an die Aufzählung des Abs. 1 angeknüpft wird. Ein Antrag, der einen einzelnen Beamten des Streifendienstes übergeben wird, soll erst wirksam werden, wenn er bei dieser Behörde als solche eingeht (RGSt 39, 358, 359, AK-StPO/*Schöch* § 158 Rn. 29, LR/*Erb* § 158 Rn. 29, KK-StPO/*Griesbaum* § 158 Rn. 41). Das ist abzulehnen, weil auch der Streifenbeamte Teil der Polizeibehörde und nicht lediglich Bote ist. Es kann keinen Unterschied machen, ob der Strafantrag bei der Vernehmung vor Ort oder im Behördengebäude gestellt wird. Nimmt eine andere Behörde den Strafantrag entgegen, hat sie ihn an die zuständige Behörde weiterzuleiten. Die Frist wird erst gewahrt, wenn der Strafantrag dort eingeht. 24

Für den **Verzicht oder die Rücknahme** des Strafantrags gibt es keine Formvorschriften. Sie sind daher formlos möglich, müssen aber der zuständigen Behörde zugehen. Ein schriftlich bei der Polizei gestellter Antrag kann telefonisch bei ihr zurückgenommen werden. Diese muss die Erklärung beurkunden und an die mit der Sache befassten StA oder das Gericht weiterleiten. Mit dem Eingang dort wird die Erklärung wirksam (LR/*Erb* § 158 Rn. 53). Auch der Verzicht auf den Strafantrag kann nur ggü. der zuständigen Behörde erklärt werden. Schriftform ist auch bei der Polizeibehörde nicht zu wahren. Erklärt der Berechtigte, er stelle keinen Antrag, ist dies auszulegen, ob damit ein Verzicht oder der Vorbehalt des Antrags gemeint ist. In den polizeilichen Antragsformularen sollten beide Möglichkeiten eröffnet werden. Die Rücknahme des Antrags ist gleichzeitig Verzicht auf einen neuen (LR/*Erb* § 158 Rn. 55). 25

D. Strafanzeige bei Auslandstaten (Abs. 3). I. Allgemeines. Schon nach bisher geltendem Recht konnte das Opfer einer im Ausland begangenen Straftat den Sachverhalt i.R.d. Abs. 1 bei den dort genannten Behörden anzeigen. Die Strafverfolgungsbehörden, insb. die StA i.R.d. § 160, haben zu prüfen, ob auf die Tat deutsches Strafrecht gem. §§ 5 bis 7 StGB Anwendung findet. Kommt es nicht zur Anwendung, kann die StA gem. Art. 21 Abs. 1 des Europäischen Übereinkommens v. 20.04.1959 über die Rechtshilfe in Strafsachen den Staat, in dem die Tat begangen wurde, um Übernahme der Strafverfolgung ersuchen oder innerhalb der EU die entsprechenden Informationen gem. Art. 7 Abs. 1 des Übereinkommens v. 29.05.2000 über die Rechtshilfe in Strafsachen zwischen den Mitgliedstaaten der EU an die zuständigen Behörden des anderen Mitgliedstaats übermitteln. Die Zulässigkeit einer entsprechenden Datenübermittlung ergibt sich dabei aus § 92 Abs. 1 des Gesetzes über die internationale Rechtshilfe in Strafsachen (IRG). Für in einem anderen Mitgliedstaat begangene Straftaten wird jetzt in Abs. 3 ausdrücklich geregelt, unter welchen Voraussetzungen die Behörden die Anzeigen an diesen Staat weiterleiten müssen. 26

II. Voraussetzungen der Übermittlungspflicht (Satz 1). Nur der **Verletzte** i.S.d. § 172 Abs. 1 Satz 1 (s. dort Rdn. 12 bis 16) kann eine Übermittlungspflicht auslösen. Strafanzeigen anderer Personen sind nach Abs. 1 zu behandeln. Dieser muss im **Inland wohnhaft** sein. Es muss sich wohl nicht um den Hauptwohnsitz handeln, da es verfehlt wäre, dem auf Mallorca überwinternden Rentner eine Heimreise zum Hauptwohnsitz zuzumuten. Ein vorübergehend bewohntes Urlaubsdomizil fällt aber nicht hierunter. Nach dem Wortlaut muss er nicht selbst EU-Angehöriger sein. Der Rahmenbeschluss sollte jedoch nur eine Besserstellung der EU-Bürger bewirken, sodass andere Staatsangehörige nicht darunter fallen (BT-Drs. 16/12098, S. 22). 27

Die angezeigte Straftat muss in einem **andern Mitgliedstaat** begangen worden sein. Taten gegen EU-Angehörige außerhalb dieses Raumes fallen nicht hierunter. 28

Der Verletzte muss die Übermittlung **beantragen**. Eine Belehrung hierüber sieht das Gesetz nicht vor, ggf. ist die Anzeige auszulegen, ob der Verletzte eine Strafverfolgung durch ausländische Behörden will. Da der Antrag an keine Frist gebunden ist, kann er auch nach Einstellung des Verfahrens durch die StA noch gestellt werden. 29

Eine Übermittlungspflicht besteht, wenn deutsches Strafrecht nicht anwendbar ist, auch nicht über §§ 5, 6 oder 7 Abs. 2 StGB, oder deutsches Strafrecht zwar anwendbar ist, weil der Geschädigte oder der Beschuldigte deutsche Staatsangehörige sind, die StA aber gem. § 153c Abs. 1 Satz 1 Nr. 1, auch i.V.m. § 153f von der Verfolgung der (ausschließlich) außerhalb des räumlichen Geltungsbereichs der Strafprozessordnung begangenen Tat absieht. 30

31 **III. Ausnahmen (Satz 2). 1. Kenntnis der ausländischen Behörden.** Wenn bereits sowohl die Begehung der Tat als solche als auch die vom Verletzten bei der Anzeigeerstattung mitgeteilten, für die Verfolgung der Tat wesentlichen Umstände (z.B. der Tatablauf und die zur Verfügung stehenden Beweismittel) der zuständigen ausländischen Strafverfolgungsbehörde bekannt sind, wäre eine Übermittlung überflüssig, Nr. 1.

32 **2. Bagatelldelikte.** Daneben ist i.S.e. Bagatellklausel die Übermittlung dann entbehrlich, wenn der Unrechtsgehalt der Tat gering ist und dem Verletzten eine Anzeige bei den ausländischen Behörden möglich gewesen wäre, Nr. 2. Dem Gesetzgeber schwebte wohl eine Geringwertigkeitsgrenze wie bei § 248a StGB vor (BT-Drs. 16/12098, S. 23: Bspw. Diebstahl von Modeschmuck im Wert von 20,00 €); aber auch einfache Körperverletzung, Beleidigungen und Verkehrsunfälle mit leichten Körperschäden werden nach den Grundsätzen der §§ 374, 376 kaum zur Übermittlung auf dem Rechtshilfeweg zwingen. Bei derartigen Delikten wird man die Unmöglichkeit der Anzeigeerstattung im EU-Ausland nur in Ausnahmefällen annehmen können. Bloße Unannehmlichkeiten wie längere Fahrtzeiten zur Polizei oder Verständigungsschwierigkeiten sind überwindbar. Für schwere Straftaten gelten derartige Einschränkungen nicht (BT-Drs. 16/12098, S. 23).

33 **IV. Übermittlung ohne Antrag.** Abs. 3 regelt nur die Fälle, in denen die Übermittlung auf Antrag des Geschädigten zwingend ist. Nach der Vorstellung des Gesetzgebers (BT-Drs. 16/12098, S. 23) gibt es auch weitere Konstellationen, in denen nach dem Grundgedanken des Rahmenbeschlusses eine Übermittlung an die ausländische Strafverfolgungsbehörde die StA unter Beachtung der rechtshilferechtlichen Vorgaben des § 61 Abs. 1 und des § 92 Abs. 1 IRG eine Einzelfallentscheidung darüber zu treffen hat, ob eine Abgabe der Anzeige erfolgen soll:

34 Die Voraussetzungen des Abs. 3 Satz 1 liegen vor, jedoch kein Übermittlungsantrag des Verletzten.

35 Wenn ein Begehungs- oder Erfolgsort auch im Inland liegt, wäre § 153c Abs. 1 Satz 1 Nr. 1 nicht anwendbar, (§ 153c Rdn. 3 f.). Gleichwohl kann es sinnvoll sein die Tat im Ausland zu verfolgen, weil der Schwerpunkt dort liegt und auch Zeugen und Beweismittel sich im Ausland befinden.

36 Wenn ein ausländischer Beschuldigter in seinen Heimatstaat zurückgekehrt ist und sein Erscheinen vor einem deutschen Gericht nicht durchgesetzt werden kann, kann die StA das Verfahren nach § 154 f. einstellen und das Verfahren an den anderen Staat abgeben. Dies gilt auch, wenn der Aufenthalt des Beschuldigten unbekannt ist. In diesem Fall kann eine einheitliche Fahndung durch einen anderen Staat sinnvoll sein.

37 Eine Abgabe kommt in Betracht, wenn nach deutschem Strafrecht bereits Verjährung eingetreten ist, der ausländische Staat aber die Tat noch verfolgen kann, ebenso wenn die Tat nach deutschem Recht gar nicht strafbar ist. Generell ist der Gedanke der Verfahrensökonomie bei der Prüfung der Abgabe des Verfahrens ein maßgeblicher Gesichtspunkt. Rechtshilfeverfahren sind aufwendig und langwierig. Ermittlungen vor Ort verlaufen häufig rascher und effektiver.

38 § 92c IRG ermächtigt zur »Spontanauskunft«, also zur Datenübermittlung ohne Ersuchen, nach Art. 7 EU-RhÜbk. Damit können ebenfalls ohne vorangegangenes Ersuchen ausländischen Verfolgungsbehörden Tatsachen mitgeteilt werden, insb. bei grenzüberschreitender Kriminalität (*Ambos/König/Rackow*, Rechtshilferecht in Strafsachen, IRG § 92c Rn. 503)

39 **V. Anzeigen sprachunkundiger Personen.** Durch die Anfügung des neuen Absatzes 4 soll den in Art. 5 Abs. 2 und 3 der Opferschutzrichtlinie vorgesehenen Hilfestellungen für sprachunkundige Antragsteller – namentlich Hilfe bei der Verständigung und Übersetzung der schriftlichen Anzeigebestätigung in eine ihm verständliche Sprache – Rechnung getragen werden. Ein Dolmetscher ist hierbei nicht zwingend erforderlich. Es kann auf fremdsprachenkundige Beamte oder Bekannte des Verletzten zurückgegriffen werden (Meyer-Goßner/Schmitt/*Köhler*§ 158 Rn. 31). Eine ihm verständliche Sprache muss nicht die des Heimatlandes sein, wenn er nur sich verständigen kann (z.B. Englisch oder Französisch).

§ 159 Anzeigepflicht bei Leichenfund und Verdacht auf unnatürlichen Tod

(1) Sind Anhaltspunkte dafür vorhanden, dass jemand eines nicht natürlichen Todes gestorben ist, oder wird der Leichnam eines Unbekannten gefunden, so sind die Polizei und Gemeindebehörden zur sofortigen Anzeige an die Staatsanwaltschaft oder an das Amtsgericht verpflichtet.

(2) Zur Bestattung ist die schriftliche Genehmigung der Staatsanwaltschaft erforderlich.

S.a. RiStBV Nr. 33 bis 38

A. Allgemeines. Die StA soll frühestmöglich über die nach einem Todesfall erforderlichen Ermittlungshandlungen entscheiden können und muss deshalb alsbald über fragliche Todesfälle informiert werden, Abs. 1. In Abs. 2 wird durch das Erfordernis einer schriftlichen Leichenfreigabe die Informationspflicht abgesichert. Das Todesermittlungsverfahren ist kein Ermittlungsverfahren i.S.d. § 160 (BGHSt 47, 29, 32; BGH Beschl. v. 28.03.2018, 2 ARs 97/18). Erst wenn die Ermittlungen einen Anfangsverdacht i.S.d. § 152 Abs. 2 gegen eine bestimmte Person ergeben, wird die StA gegen sie ein Verfahren einleiten. Dies hindert die StA und Polizei aber nicht, auch umfangreiche Ermittlungen zu den Umständen eines Tötungsdeliktes anzustellen, wenn der mutmaßliche Täter nach der Tat verstorben ist (insb. durch Suizid). Der Ausschluss eines Fremdverschuldens ist in diesen Fällen das Ziel der Ermittlungen und darf nicht ohne Weiteres vorausgesetzt werden (a.A. offenbar *Mitsch* NJW 2010, 3479, der sogar eine Straftat nach § 344 StGB sieht, wenn die Motive für einen Amoklauf ermittelt werden). Die StA kann im Rahmen des Todesermittlungsverfahren auch die in einem so frühen Stadium unerlässlichen Beweissicherungsmaßnahmen ergreifen, z.B. Sicherstellung/Beschlagnahme von Krankenunterlagen eines Verstorbenen, um dem Obduzenten eine ausreichende Beurteilungsgrundlage zu schaffen (a.A. wohl HK/*Zöller* § 159 Rn. 9). In bestimmten Fällen trifft die StA sogar eine besondere Pflicht, die Umstände des Todes genau aufzuklären, insb. wenn der Verstorbene sich innerhalb eines besonderen Gewaltverhältnisses zum Staat befunden hatte und diesem eine spezifische Fürsorge- und Obhutspflicht obliegt (Straf- und Maßregelvollzug) oder der Tod beim Vollzug staatlicher Zwangshandlungen eingetreten ist (Unmittelbarer Zwang durch Polizei- oder Vollzugsbeamte). Deshalb sind dies Fälle, in denen eine Leichenöffnung regelmäßig anzuordnen ist (BVerfG, 2 BvR 2699/10, Rn. 11–14, juris, s. Rdn. 7). Die **Zuständigkeit für die Todesermittlungen** ergibt sich entsprechend § 7 Abs. 1 aus dem Leichenfundort. Ist dieser nicht im Inland, ist die zuerst befasste StA gem. § 143 Abs. 1 S. 2 GVG zuständig (BGH, Beschl. v. 28.03.2018, 2 ARs 97/18). 1

B. Anzeigepflicht (Abs. 1). I. Todesart. Natürlich ist ein Tod aus krankhafter Ursache, der völlig unabhängig von rechtlich bedeutsamen äußeren Faktoren eingetreten ist. **Nicht natürlich** ist demgegenüber ein Todesfall, der auf ein von außen verursachtes, ausgelöstes oder beeinflusstes Geschehen zurückzuführen ist, unabhängig davon, ob dieses selbst- oder fremdverschuldet ist. Nichtnatürliche Todesfälle sind daher Gewalteinwirkungen, Unfälle, Tötungsdelikte, Vergiftungen, Suizide, ärztliche Behandlungsfehler und tödlich verlaufende Folgezustände der vorgenannten Ereignisse (*Madea/Dettmeyer* DÄBl. 2003, 3161 mit umfassender Darstellung der ärztlichen Leichenschau). Der Tod im Krankenhaus oder während der ärztlichen Behandlung ist unnatürlich, wenn wenigstens entfernte Anhaltspunkte für einen Kunstfehler oder ein sonstiges Verschulden der behandelnden Person vorliegen (*Maiwald* NJW 1978, 563). Ebenso, wenn der Patient während der Behandlung wegen einer Unfallfolge verstirbt, was auch nach längerem Behandlungszeitraum der Fall sein kann. 2

Ein **unbekannter Toter** wird aufgefunden, wenn der Tote nicht sofort identifiziert werden kann, z.B. auch aufgrund fortgeschrittener Fäulniserscheinungen. Aufgefunden wird auch derjenige, der im Beisein anderer Personen verstirbt oder nach kurzer ärztlicher Behandlung vor Ort oder im Krankenhaus. Aufgefunden wird aber nicht, wer nach längerer Krankheit in einem Krankenhaus verstirbt, ohne dass seine Identität bekannt ist. 3

II. Verpflichtete. Die **Anzeigepflicht** besteht schon, wenn der Arzt auf der Todesbescheinigung einen ungeklärten Tod attestiert. Verpflichtet zur Anzeige sind die Polizei und die Gemeindebehörden. Funktionell zuständig ist der Leiter der Behörde oder der nach dem Geschäftsplan zuständige Mitarbeiter. Die Leitung eines gemeindlichen Krankenhauses ist nur Gemeindebehörde, wenn sie zur Vertretung der Gemeinde berechtigt ist (Meyer-Goßner/Schmitt/*Köhler* § 159 Rn. 6). Auch wenn ein Arzt tätig wird, ist die Anzeige eine befugte Offenbarung i.S.d. § 203 Abs. 1 StGB. Weitere Voraussetzungen der Anzeigepflicht bestehen nicht. Über das weitere Vorgehen entscheidet allein die StA, die die Polizei mit den weiteren Ermittlungen beauftragt. Wenn die Polizei zuerst von dem Todesfall erfährt, wird sie bereits **Vorermittlungen i.R.d. ersten Zugriffs** nach § 163 tätigen, die der StA die Entscheidung ermöglichen, ob eine Obduktion durchzuführen ist. Dazu gehören eine eingehende äußerliche Besichtigung der Leiche, die Dokumentation der Auffindesituation auf Lichtbildern, sowie erste Befragungen von möglichen Zeugen. Ist ein Kapitalverbrechen als Todesursache wahrscheinlich, ist die StA dagegen sofort zu verständigen (BGH NJW 2009, 2612, 2613). 4

Andere Behörden, Ärzte oder gar Privatpersonen sind nicht zu einer derartigen Anzeige verpflichtet, wohl aber haben sie ggf. die **ärztliche Leichenschau** zu veranlassen (Bestattungsgesetz der Länder, vgl. z.B. Art. 2 5

BavBestG und § 1 BayBestV). Der Arzt hat nach durchgeführter Leichenschau Anhaltspunkte für einen nicht natürlichen Tod den Gemeindebehörden bzw. der Polizei mitzuteilen (vgl. § 4 Abs. 1 Satz 2 BayBestV). Damit wird die ärztliche Schweigepflicht aufgehoben, auch hinsichtlich des vertraulichen Teils der Todesbescheinigung (LR/*Erb* § 159 Rn. 9).

6 **Ohne schuldhaftes Zögern** hat die Verständigung der StA zu erfolgen. Nur den Polizeibehörden ist es gestattet, i.R.d. § 163 erste Ermittlungen zu führen. Die Verständigung des AG als Notstaatsanwalt gem. § 165 hat die absolute Ausnahme zu bleiben (Meyer-Goßner/Schmitt/*Köhler*§ 159 Rn. 7).

7 **III. Maßnahmen der StA.** Die StA wird insb. in den Fällen der Nr. 33 RiStBV eine **Leichenöffnung** nach § 87 anordnen (lassen):
Die Leiche eines unbekannten Toten ist zum Zwecke der Identifizierung und Klärung der Todesumstände zu obduzieren. Die DNA-Untersuchung zur Identifizierung bedarf nach § 88 Abs. 1 Satz 3 keiner richterlichen Anordnung.
Eine Obduktion ist auch zur Vermeidung von nachträglichen Vorwürfen und zum Ausschluss behördlichen Fehlverhaltens bei Tod in Haft oder amtlichem Gewahrsam durchzuführen.
Häufigster Anlass wird sein, dass eine Straftat als Todesursache nicht auszuschließen ist. Dies kann bei jungen Menschen schon der Fall sein, wenn eine Todesursache nicht festzustellen ist. Im Zweifel sollte die StA sich für die Obduktion entscheiden.
Die Sicherstellung und Beschlagnahme der Leiche richten sich nach §§ 94 ff. Von der Anordnung der Beschlagnahme und Leichenöffnung ist die Entnahme von Organen für weiterführende (z.B. histologische) Untersuchungen und gegebenenfalls Präparationen (Mazerieren des Schädels und anderen Knochenteilen) umfasst. Einer erneuten Beschlagnahmeanordnung bedarf es nicht (vgl. Nr. 35 RiStBV).

8 Die **Organentnahme und die klinische Sektion** sind zwar ohne schriftliche Genehmigung der StA zulässig, weil es sich nicht um eine Bestattung i.S.d. § 159 handelt (LR/*Erb* § 159 Rn. 13). Gleichwohl dürfen ohne ihre zumindest mündliche Zustimmung solche Maßnahmen nicht durchgeführt werden, da schon nach dem Bestattungsrecht (vgl. § 4 Abs. 1 BayBestV) bis zur ärztlichen Leichenschau keine nicht aus Gründen der öffentlichen Sicherheit zwingend notwendigen Veränderungen an der Leiche zulässig sind, wenn die Voraussetzungen des § 159 Abs. 1 vorliegen. Bleibt die Todesursache ungeklärt, ist die StA unverzüglich zu verständigen. Diese hat dann über eine Leichenöffnung zu entscheiden. Eine Transplantation ist nur nach Absprache mit den die Obduktion durchführenden Gerichtsmedizinern und mit Erlaubnis der StA möglich, da diese durch Beschlagnahme der Leiche die Transplantation verhindern könnte. Die klinische Sektion ist in gleicher Weise zu verhindern. Es kann nur Ärzten des Krankenhauses die Anwesenheit bei der gerichtsmedizinischen Obduktion gestattet werden (§ 87 Abs. 2 Satz 4). Eine erst nach einer solchen Maßnahme erstattete Anzeige wäre keine unverzügliche mehr.

9 **C. Bestattungsgenehmigung:.** Die StA hat eine schriftliche Genehmigung zur Bestattung zu erteilen. Sie kann dies vor oder nach einer Leichenöffnung tun. Die Genehmigung kann auch mit der Maßgabe erteilt werden, dass die Bestattung erst nach der Durchführung der Obduktion erlaubt wird. Eine **Feuerbestattung** ist nur mit ausdrücklicher Genehmigung der StA zulässig (vgl. Nr. 38 RiStBV). Die Genehmigung und alle damit verbundenen Handlungen haben mit größtmöglicher Beschleunigung zu erfolgen. Der zulässige Weg, dass die Genehmigung fernmündlich der örtlichen Polizeibehörde mit der Bitte mitgeteilt wird, sie schriftlich niederzulegen dürfte in Zeiten der Telekopie obsolet sein, da regelmäßig die Übermittlung per Telefax erfolgt (LR/Erb § 159 Rn. 14). Eine Überführung der Leiche vom Unfallort soll ohne Gestattung der StA möglich sein. Aus den o.g. Gründen (Rdn. 8), kann diese aber ebenfalls durch Beschlagnahme eine Ortsveränderung verhindern (Meyer-Goßner/Schmitt/*Köhler*§ 159 Rn. 8).

§ 160 Pflicht zur Sachverhaltsaufklärung

(1) Sobald die Staatsanwaltschaft durch eine Anzeige oder auf anderem Wege von dem Verdacht einer Straftat Kenntnis erhält, hat sie zu ihrer Entschließung darüber, ob die öffentliche Klage zu erheben ist, den Sachverhalt zu erforschen.
(2) Die Staatsanwaltschaft hat nicht nur die zur Belastung, sondern auch die zur Entlastung dienenden Umstände zu ermitteln und für die Erhebung der Beweise Sorge zu tragen, deren Verlust zu besorgen ist.
(3) [1]Die Ermittlungen der Staatsanwaltschaft sollen sich auch auf die Umstände erstrecken, die für die Bestimmung der Rechtsfolgen der Tat von Bedeutung sind. [2]Dazu kann sie sich der Gerichtshilfe bedienen.
(4) Eine Maßnahme ist unzulässig, soweit besondere bundesgesetzliche oder entsprechende landesgesetzliche Verwendungsregelungen entgegenstehen.

S.a. RiStBV Nr. 1 ff.

Übersicht

A. Allgemeines. Die Vorschrift konkretisiert das schon in § 152 Abs. 2 umschriebene **Legalitätsprinzip** und die Pflicht zur **Amtsaufklärung**. Die der StA dabei zur Verfügung stehenden Aufklärungsmittel werden teilweise in den §§ 161 ff. genannt. Adressat sind die StA und nach §§ 386, 399 AO die die Ermittlungen in Steuerstrafverfahren selbstständig führende Finanzbehörde. Die Pflicht zur Erforschung des Sachverhaltes bei Verdacht auf Straftaten trifft die StA als Herrin des Ermittlungsverfahrens. Die Polizeibehörden sind auch dann nur als verlängerter Arm der StA tätig, wenn sie i.R.d. ersten Zugriffs i.S.d. § 163 handeln. Der Staatsanwalt hat die Ermittlungen verantwortlich zu leiten (Nr. 1 RiStBV) und darf sich nicht darauf beschränken, die Polizeibehörden »autonom« ermitteln zu lassen (wie in BGHSt 51, 285 – 298 beschrieben). Insb. hat er auf die Gesetzmäßigkeit der Ermittlungen zu achten und Rechtsverstöße zu verhindern. Er muss auch den Umfang der Ermittlungen bestimmen und durch gezielte Aufträge an die Polizei auf einen zügigen Abschluss der Ermittlungen hinwirken (Nr. 3 Abs. 2 RiStBV). Er trägt auch die Verantwortung dafür, dass bei Ermittlungshandlungen der Richtervorbehalt beachtet wird und ggfls. richterliche Anordnungen auch schon vorsorglich erholt werden, damit z.B. Durchsuchungen nach einer notwendig gewordenen Festnahme eines Täters unverzüglich erfolgen können (BGHSt 51, 285 – 298). In der Praxis hat sich zwar aufgrund der technischen und personellen Überlegenheit der Polizei eine bedenkliche Tendenz entwickelt, dass diese die Ermittlungen zunächst alleine führt (KMR/*Plöd* § 160 Rn. 2; LR/*Erb* § 160 Rn. 24). Jedenfalls bei Kapitaldelikten(§ 74 Abs. 2 GVG), Verbrechen (§ 12 StGB), bedeutenden Wirtschaftsstraftaten (§ 74c GVG) und schweren Unfällen ist es jedoch erforderlich, dass der Staatsanwalt – auch vor Ort – die Ermittlungen selbst leitet (Nr. 3 Abs. 1 RiStBV). Er wird auch schwierige oder für das Verfahren wichtige Zeugenvernehmungen selbst durchführen, namentlich in Wirtschaftsstrafverfahren oder bei Ermittlungen gegen Ärzte, RA und Amtsträger. 1

Im **Verhältnis zu der Finanzbehörde** gilt Folgendes: Sie hat zwar bei Verdacht einer Steuerstraftat (und Begleitdelikten gem. § 386 Abs. 2 Nr. 2 AO) grds. eine eigene Ermittlungskompetenz und gem. § 400 AO die Möglichkeit, den Erlass eines Strafbefehls bei Gericht zu beantragen. Dies bedeutet jedoch nicht, dass die Finanzbehörden in allen Fällen die Sache bis zur Anklagereife (bzw. Einstellungsreife) ohne Beteiligung der StA selbstständig ausermitteln (BGH, StV 2009, 684). Der BGH betont vielmehr, dass die StA grds. die Möglichkeit hat, das Verfahren in Steuerstrafsachen jederzeit von sich aus an sich zu ziehen (**Evokationsrecht** gem. § 386 Abs. 4 Satz 2 AO). Sie könne deshalb zwar in Verfahren, die von den Finanzbehörden autonom betrieben werden, nicht gem. § 152 Abs. 1 GVG den ermittelnden Steuerfahndungsbeamten Weisungen erteilen. Sie kann aber das Verfahren jederzeit übernehmen, um ihre Vorstellungen durchzusetzen. Dann haben die Steuerfahndungsbeamten als Ermittlungspersonen gem. § 152 Abs. 1 GVG den Anordnungen der StA Folge zu leisten. Damit die StA von dieser Möglichkeit Gebrauch machen kann, haben die Finanzbehörden daher nach Ansicht des BGH diese über alle bei der Steuerfahndung anhängigen Ermittlungsverfahren, bei denen eine Evokation nicht fern liegt, frühzeitig zu unterrichten. Nach der Vorstellung des BGH soll dies aber nicht in allen Fällen erfolgen, gar unter Vorlage der Akten, sondern bei regelmäßig stattfindenden Kontaktgesprächen. Beispielhaft werden Fälle genannt, in denen Anklage zur großen Strafkammer zu erwarten ist, bei denen die Beweislage schwierig erscheint oder die besondere öffentliche Aufmerksamkeit erregen könnten. 2

Eine demgegenüber abgeschwächte Stellung haben die **Behörden der Zollverwaltung** in den Fällen, in denen ihnen die Befugnisse nach § 14 SchwarzArbG zustehen. Sie führen die Ermittlungsverfahren nach § 14a SchwarzArbG und in den Grenzen des § 14b SchwarzArbG selbstständig durch, wenn die Tat ausschließlich eine Straftat nach § 266a StGB darstellt und die Staatsanwaltschaft die Strafsache an die Behörden der Zollverwaltung abgegeben hat. Der Gesetzgeber hat eine Art »kleine Staatsanwaltschaft« eingeführt, die anders als die Finanzbehörden nicht selbstständig die Ermittlungen bis zum Strafbefehlsantrag führen kann, sondern nur nach entsprechendem Auftrag, § 14a Abs. 1 SchwarzArbG. In der Praxis werden die Behörden der Zollverwaltung somit nach § 163 Abs. 1 und § 14 Abs. 1 SchwarzArbG bei einem Verdacht einer Straftat nach § 266a StGB zunächst als Ermittlungspersonen im Rahmen des ersten Zugriffs tätig. Sie legen dann der Staatsanwaltschaft die Akten mit den »Verhandlungen« nach § 163 Abs. Abs. 2 Satz 1 vor, welche diese dann wieder zurückgeben kann zur Fortführung bis zum Strafbefehlsantrag »über die Staatsanwaltschaft« nach 3

§§ 14a Abs. 1 i.V.m. 14b Abs. 3 SchwarzArbG. Das bedeutet, dass der Strafbefehlsantrag wieder zunächst bei dieser eingeht, nicht direkt bei dem Gericht. Eine Vereinfachung ist nicht erkennbar. De lege lata sollte der Zollbehörde die gleichen Befugnisse wie den Finanzbehörde zugestanden werden, da die Tatbestände des § 266a StGB mit ihrer Verzahnung zum Sozialrecht Spezialkenntnisse erfordern.

4 **B. Entstehen der Verdachtslage.** Hier ist der Anfangsverdacht des § 152 Abs. 2 gemeint (vgl. dort Rdn. 1 ff.). Dieser kann auf verschiedene Weisen entstehen:

5 Die **Anzeige** einer Straftat ist die Mitteilung eines Tatverdachtes mit der Anregung zu prüfen, ob ein Ermittlungsverfahren einzuleiten ist i.S.d. § 158 Abs. 1 (KK-StPO/*Griesbaum* § 160 Rn. 2; BayObLG St 85, 71, *Pfeiffer* § 160 Rn. 2; vgl. § 158 Rdn. 2 ff.).

6 **Andere Wege**: Gerichte sind nach § 183 GVG verpflichtet, über in der Sitzung begangene Straftaten die StA unter Zuleitung des hierzu aufgenommenen Protokolls zu unterrichten. Die Polizei übersendet gem. § 163 Abs. 2 Satz 1 ihre Verhandlungen, d.h. ihre durchgeführten Ermittlungen in schriftlicher Form der StA, die dann zu prüfen hat, ob noch weitere Ermittlungsschritte erforderlich sind. Medienberichte können ebenso Anlass zur Prüfung des Anfangsverdachts sein.

7 Auch **privat erlangte Erkenntnisse** verpflichten den Staatsanwalt zur Prüfung der Notwendigkeit des Einschreitens (BVerfG NJW 2003, 1030; BGHSt 12, 277, 281; SSW-StGB/*Jahn* § 258a Rn. 8; a.A. Meyer-Goßner/Schmitt/*Köhler* § 160 Rn. 10: Nur beamtenrechtliche Treuepflicht greift ein und Verstöße sind disziplinarrechtlich zu ahnden). Zwar hat er auch ein Recht auf Schutz seiner Privatsphäre, jedoch wäre es mit den beamtenrechtlichen Pflichten und dem Ansehen eines Staatsanwalts in der Öffentlichkeit nicht vereinbar, dass dieser Straftaten, die wegen ihrer schwerwiegenden Folgen für den Einzelnen Belange der Öffentlichkeit und der Volksgesamtheit berühren, nur deshalb ignoriert, weil er gerade nicht im Dienst ist. Dass daran eine Garantenpflicht i.S.d. §§ 13, 258a StGB anknüpft, ist eine Folge der besonderen Stellung eines Staatsanwalts. Allenfalls bei Bagatellstraftaten kann es hingenommen werden, dass diese nicht verfolgt werden. Der BGH nennt als denkbare Beispiele (allerdings für Polizeibeamte!) ständiges Fahren ohne Fahrerlaubnis, nicht schwerwiegende Verstöße gegen das Waffengesetz ohne Dauercharakter und auf den Einzelfall beschränkten Handel mit (auch harten) Drogen (BGHSt 38, 388). In der Literatur werden wegen Bedenken unter dem Gesichtspunkt des Bestimmtheitsgebotes des Art. 103 Abs. 2 GG verschiedene Kriterien zur Abgrenzung zwischen schweren (Verfolgungspflicht) und leichteren Delikten (keine solche Pflicht) erwogen:
– Katalog des § 138 StGB (MüKo-StGB/*Cramer* § 258a Rn. 7; *Mitsch* NStZ 1993, 384);
– Verbrechen i.S.d. § 12 StGB (*Kretschmer* Jura 2004, 452, 455; HK/*Zöller*, § 158 Rn. 8)
– Besonders schwere Straftaten i.S.d. § 100c Abs. Nr. 1 bis 7, die mit einer Höchststrafe von mehr als fünf Jahre bedroht sind, und auch innerem Bezug zur Dienstausübung (SSW-StGB/*Jahn* § 258a Rn. 10)

Letztlich sind dies aber auch keine i.R.d. § 258a StGB gesetzlich geregelte Maßstäbe. Einem mit dem Strafrecht vertrauten Beamten ist daher eine eigenständige Prüfung zuzumuten, ob eine Pflicht zur Strafverfolgung besteht. Zutreffend wird darauf hingewiesen, dass der Staatsanwalt ja nicht immer sofort einschreiten, sondern nur bei Dienstbeginn die zur Strafverfolgung notwendigen Maßnahmen ergreifen muss (SSW-StGB/*Jahn* § 258a Rn. 11; vgl. auch zu Polizeibeamten im privaten Bereich OLG Koblenz NStZ-RR 1998, 332). Ausreichend kann auch schon die Hinzuziehung von Ermittlungspersonen i.S.d. § 152 GVG sein, da die Beamten der StA häufig nicht die Möglichkeit zur Anwendung unmittelbaren Zwangs haben.

8 Der **zeitliche Rahmen** der Ermittlungspflicht beginnt sofort mit der Kenntniserlangung i.S.d. Abs. 1 und endet nicht etwa mit der Anklageerhebung. Auch während des Zwischenverfahrens und der laufenden Hauptverhandlung hat die StA das Recht und die Pflicht, den wahren Sachverhalt zu ermitteln und zulasten und zugunsten des Beschuldigten zu ermitteln (BGH 07.05.2019 – 5 StR 623/18; MüKo-StPO/*Kölbel* § 160 Rn. 75; LR/*Erb* § 160 Rn. 8). Die StA ist nämlich nicht Partei des Strafverfahrens, sondern zur Objektivität verpflichtet. Diese Verpflichtung wirkt auch nach Anklageerhebung fort. Allein aus dem Wortlaut des § 169a kann nicht gefolgert werden, dass nach Anbringung des Vermerks über den Abschluss der Ermittlungen die StA keine Ermittlungshandlungen mehr vornehmen dürfte, da dies nicht der Regelungsgehalt dieser Vorschrift ist (*Hildenstab* NStZ 2008, 249 gegen *Strauß* NStZ 2006, 556). Auch während des laufenden Hauptverfahrens kann die StA neue Zeugen nicht ins Blaue hinein benennen, sondern wird regelmäßig zunächst die Polizeibehörden um Vernehmung ersuchen, um festzustellen, was der Zeuge berichten kann. In Fällen kann auch eine ermittlungsrichterliche Vernehmung während einer mehrtägigen Hauptverhandlung zulässig und erforderlich sein (BGH, 24.06.2021 – 5 StR 67/21). Auch der Gesetzgeber geht in § 162 Abs. 3 Satz 1 davon aus, dass die StA in diesem Abschnitt Ermittlungshandlungen durchführen darf.

9 **C. Umfang der Ermittlungspflicht. I. Ermittlungen zum strafbaren Sachverhalt (Abs. 2).** Aufgrund des Legalitätsprinzips hat die StA **alle Umstände zu erforschen**, die für die strafrechtliche Beurteilung des Sachverhaltes von Bedeutung sein können. Es wird die Verpflichtung der StA zur Objektivität normiert.

Es darf nicht nur gegen den Beschuldigten ermittelt werden. Vielmehr ist der »Sachverhalt« i.S.d. Abs. 1 soweit erforderlich aufzuklären. Die StA ist verpflichtet, diejenigen Beweise zu sichern, deren Verlust bis zur Hauptverhandlung droht.

1. Persönliche Beweise. Zeugen ohne festen Wohnsitz im Bundesgebiet sind richterlich, wenigstens aber durch die StA oder Polizei zu vernehmen. Im Fall eines Zeugnisverweigerungsrechtes nach § 52 ist der Zeuge zur Gewinnung eines in der späteren Hauptverhandlung verwertbaren Beweismittels richterlich zu vernehmen. Dies gilt insb. in Fällen häuslicher Gewalt (*Jäklin* NStZ 2021, 70). Trotz § 252 kann der Vernehmungsrichter zur Aussage des Zeugen, der jetzt von seinem Recht nach § 52 StPO Gebrauch macht, vernommen werden (BGH 32, 25, 29, vgl. § 252 Rdn. 20 ff.). Eine Anklage, die sich lediglich auf polizeiliche Aussagen eines wichtigen Belastungszeugen stützt, dem ein Zeugnisverweigerungsrecht nach § 52 zusteht, genügt den Erfordernissen sorgfältiger und vorausschauender Ermittlungen nicht (BGH, 24.06.2021 – 5 StR 67/21; s.a. OLG Hamburg, StraFo 2018, 254). Vernehmungen kindlicher oder traumatisierter Zeugen sollen auf Video aufgezeichnet werden, §§ 58a, 255a Abs. 2 und 161a Abs. 1 Satz 2. 10

Die Erholung des **Sachverständigenbeweises** muss frühzeitig erfolgen. Der Sachverständige muss bei Verkehrsunfällen und vollendeten Tötungsdelikten baldmöglichst vor Ort sein. Bei Kapitaldelikten, Sexualstraftaten, Kindesmisshandlungen sowie schweren oder gefährlichen Körperverletzungen mittels einer Waffe oder eines gefährlichen Werkzeugs (§ 224 Abs. 1 Nr. 2 StGB) ist ein Sachverständiger zur Begutachtung der frischen Verletzungen oder Spuren hinzuzuziehen. Häufig wird nur ein Rechtsmediziner die notwendige Sachkunde zur Beurteilung der Entstehung der Verletzung besitzen. Die üblichen ärztlichen Atteste sind meist zu allgemein gehalten. 11

2. Sachbeweise. Zur Beweissicherung bei Tötungsdelikten aber auch bei Delikten mit Sachschäden gehört die Dokumentation des Fund- oder Tatortes mittels **Video-** und/oder **Fotoaufnahmen**. Die Leichenschau und die Leichenöffnung (§ 89) sind sorgfältig zu dokumentieren. Zur Sicherung von Beweismitteln dienen auch **Durchsuchungen und Beschlagnahmen** nach §§ 94 ff. und 102 ff. Bei fraglicher Alkohol- oder Drogenintoxikation ist eine Blutentnahme nach § 81a zu veranlassen. 12

II. Ermittlungen zu den Rechtsfolgen (Abs. 3 Satz 1 – RiStBV Nr. 14 bis 16). Die StA hat auch die Umstände zu ermitteln, die für die **Strafzumessung** von Bedeutung sein können. Sie ergeben sich insb. aus §§ 46 und 47 StGB. Aber auch bei Entscheidungen über **Aussetzungen zur Bewährung** nach §§ 56 und 67 StGB oder den **Strafvorbehalt** nach § 59 StGB sind die maßgeblichen Umstände zu ermitteln. Mit den Ermittlungen kann zunächst zugewartet werden, bis sich abzeichnet, dass keine Einstellung nach § 170 Abs. 2 erfolgt (Meyer-Goßner/Schmitt/*Köhler* § 160 Rn. 19). Befindet sich der Beschuldigte in Haft oder Unterbringung, gebietet das Beschleunigungsgebot, mit diesen Ermittlungen vorsorglich sogleich zu beginnen. Schweigt der Beschuldigte zu seinen persönlichen Verhältnissen, hat die StA auch Zeugen aus dem persönlichen Umfeld zu befragen und entsprechende Auskünfte bei Behörden zu erholen, da das Gericht in der Hauptverhandlung hierzu verpflichtet ist (BGH 29.07.2021 – 1 StR 221/21). Zwingend erforderlich ist die Erholung eines Auszugs aus dem BZR, bei Jugendlichen aus dem Erziehungsregister. Akten über Vorverurteilungen sind rechtzeitig beizuziehen. Bei den Ermittlungen zu den Rechtsfolgen ist der Verhältnismäßigkeitsgrundsatz zu beachten. Es kann allerdings nicht hingenommen werden, dass bei selbstständig oder freiberuflich tätigen Personen nur deshalb unangemessen niedrige Tagessatzhöhen festgesetzt werden, weil diese ihr Einkommen zu niedrig angeben. Bei den Gerichten ist die Neigung aber gering, erst in der Hauptverhandlung hierzu Ermittlungen anzustellen. Die StA muss daher bereits im Ermittlungsverfahren darauf achten, dass in solchen Fällen Feststellungen zum Einkommen getroffen werden. Auch die Möglichkeit der Schätzung nach § 40 Abs. 3 StGB darf nicht dazu verführen, nur allgemeine Erfahrungssätze anzuwenden, ohne eine ausreichende Tatsachengrundlage für die Schätzung zu ermitteln (BVerfG StV 2016, 554, Rn. 22). Insb. wird in geeigneten Fällen ein Auskunftsersuchen nach § 24c Abs. 3 Satz 1 Nr. 2 KWG die Bankkonten des Beschuldigten ergeben, über die dann vom Kreditinstitut Auskunft verlangt werden kann. Dies kann sogar dann geboten sein, wenn nur eine verhältnismäßig geringe Geldstrafe zu erwarten ist, aber der Beschuldigte keine Angaben zu seinen wirtschaftlichen Verhältnissen macht (OLG Stuttgart, NStZ 2016, 48, OLG Düsseldorf 27.04.2021 – 2 RVs 11/21). Im Weigerungsfall ist ein Mitarbeiter der Bank als Zeuge zu befragen (KMR/*Plöd* § 160 Rn. 11). 13

III. Gerichtshilfe (Abs. 3 Satz 2). Die Gerichtshilfe ist ein **unselbstständiges Ermittlungsorgan**, das vorrangig die StA aber auch andere Justizbehörden bei der Erforschung der persönlichen Verhältnisse des Beschuldigten unterstützen soll. Auch wenn die Mitarbeiter regelmäßig eine sozialpädagogische Ausbildung haben, gehören die Betreuung und Sozialarbeit nicht zu ihren Aufgaben. Vielmehr hat die Gerichtshilfe nur in Einzelfällen auftragsgebunden die persönlichen Verhältnisse zu erforschen, um Entscheidungen über eine 14

Einstellung nach §§ 153 ff., die Haftfrage (Wohnsitz?) oder die Durchführung eines TOA nach §§ 155a und b vorzubereiten. Ein Hausbesuch des Gerichtshelfers zur Erforschung des Sachverhaltes wird regelmäßig erforderlich sein, sollte aber angekündigt werden. Der Gerichtshelfer hat die Zeugnisverweigerungsrechte des §§ 52 und 55 zu beachten und den Beschuldigten über seine Rechte nach § 136 zu belehren. Über seine Nachforschungen erstellt der Gerichtshelfer einen Bericht, den er zuvor nicht mit dem Beschuldigten erörtern muss. Eine Information über den Inhalt der beabsichtigten Stellungnahme ist jedoch sinnvoll.

15 Der Bericht wird dem Auftraggeber übermittelt. Die StA kann ihn freibeweislich verwerten. In der **Hauptverhandlung** kann er dem Angeklagten vorgehalten werden. Wird der Inhalt von diesem bestätigt, kann von seiner Richtigkeit ausgegangen werden (HK-StPO/*Zöller* § 160 Rn. 16). Anderenfalls ist der Gerichtshelfer als Zeuge zu vernehmen, soweit seine Nachforschungen für die Schuld- oder Strafzumessungsfrage erheblich sind. Ebenfalls zulässig ist die Verlesung des Berichts durch den anwesenden Gerichtshelfer (BGH NStZ 1984, 467; a.A. HK/*Zöller*, Rn. 16; LR/*Erb* § 160 Rn. 114: Bericht ist eine Mitteilung eines besonderen Prozessorgans, für deren Verlesung als Beweismittel keine gesetzliche Grundlage besteht). Eine Verlesung nach § 256 Abs. 1 Nr. 1 lit. a) als Behördenauskunft ist nicht möglich (BGH StV 2008, 338, LR/*Erb* § 160 Rn. 114). Nach der Neufassung dieser Vorschrift ist jedoch gem. § 256 Abs. 1 Nr. 5 eine Verlesung zulässig, soweit der Bericht nicht eine Vernehmung oder eine ihr gleichzusetzende Erklärung des Beschuldigten oder eines Zeugen enthält. Der BGH hat dies ausdrücklich offengelassen (StV 2008, 338). Der Gerichtshelfer als unselbstständiger Ermittlungsgehilfe ist in diesem Fall als Teil der Strafverfolgungsbehörde anzusehen (MüKo-StPO/*Kölbel* § 160 Rn. 93). Auch nach 251 Abs. 1 Nr. 1 ist bei Abwesenheit des Gerichtshelfers eine Verlesung des Berichts durch das Gericht möglich (MüKo-StPO/*Kölbel* § 160 Rn. 93)

16 **IV. Rechtsmittel gegen Ermittlungen.** Nach geltendem Recht kann der Beschuldigte gegen die Einleitung eines Ermittlungsverfahrens kein Rechtsmittel einlegen (verfassungsrechtlich unbedenklich, vgl. BVerfG 2004, 447; OLG Karlsruhe NStZ 1982, 434 m.Anm. *Rieß*). Ebenso wenig muss er sogleich darüber informiert werden. Hierfür besteht auch unter dem Gebot des Art. 19 Abs. 4 GG kein Bedürfnis, da zuletzt auch die Überprüfbarkeit der gerichtlichen und staatsanwaltschaftlichen Entscheidungen in Ermittlungsverfahren durch den Gesetzgeber ausgeweitet wurden (vgl. § 101 Abs. 7 n.F.) und auch der Rechtsbehelf des § 98 Abs. 2 Satz 2 immer größere Bedeutung erlangt. Der Beschuldigte kann nur die in der StPO vorgesehenen Rechtsmittel ergreifen, wenn in seine Rechte eingegriffen wird.

17 Im **Amtshaftungsprozess** sind die Entscheidungen der StA nach § 152 Abs. 2 und § 170 Abs. 1 nicht auf ihre Richtigkeit, sondern allein auf ihre Vertretbarkeit zu überprüfen. Diese darf nur dann verneint werden, wenn bei voller Würdigung auch der Belange einer funktionsfähigen Strafrechtspflege die Einleitung der Ermittlungen oder die Erhebung der Anklage gegen den Beschuldigten nicht mehr verständlich ist (BGH, Beschl. v. 22.02.1988 – III ZR 51/88).

18 **V. Öffentlichkeitsarbeit der StA.** Der grds. bestehende **Informationsanspruch** der Öffentlichkeit muss im Ermittlungsverfahren besonders sorgfältig gegen die Rechte des Beschuldigten (Schutz vor ungerechtfertigter Bloßstellung) und dem Vorrangs des Untersuchungszweckes abgewogen werden. Ein Auskunftsanspruch besteht nach 4 Abs. 1 der Landespressegesetze. § 475 Abs. 4 gilt dagegen nicht (*Lehr* NStZ 2009, 409, 411; jetzt auch Meyer-Goßner/Schmitt/*Köhler* § 475 Rn. 1a und KK/*Gieg* § 475 StPO Rn. 10; a.A. *Lindner* StV 2008, 211, 216; *Mitsch* NJW 2010, 3479, 3482: Gilt nur entsprechend). Auch der BGH sieht wohl die presserechtlichen Auskunftsansprüche »neben« § 475 bestehend (BGHSt 63, 156, Rn. 15). In der Regel sind die Ermittlungen geheim und können nicht fortlaufend berichtet werden. Die Medien haben nur Anspruch auf Information durch den Behördenleiter oder den von ihm hierfür beauftragten Behördensprecher. Der Sachbearbeiter sollte tunlichst auf diese verweisen, die auch die notwendige Erfahrung und Schulung im Umgang mit den Medien haben sollten. Eine Nennung des vollständigen Namens des Beschuldigten oder eines kleineren Wohnortes ist nur bei schwerwiegenden Straftaten, die öffentliches Aufsehen erregen, gerechtfertigt (BGH, Beschl. v. 22.02.1988 – III ZR 51/88, Juris; VGH Mannheim, NJW 2018, 90). Über die Anklageerhebung darf die Presse erst nach Mitteilung der Anklage an den Beschuldigten und den Verteidiger informiert werden (OLG Düsseldorf NJW 2005, 1791), wobei diesen eine im Einzelfall ausreichende Zeit zur Prüfung zuzubilligen ist (BayVGH 20.08.2020 – 7 ZB 19.1999). Eine »proaktive Medienarbeit«, also die Herausgabe von Informationen über einzelne Verfahrenmittels Pressemitteilung unabhängig von konkreten Anfragen soll mangels gesetzlicher Grundlage nach unzutreffender Ansicht unzulässig sein (*Popp* ZD 2021, 501). In der Realität gehen solche Medienanfragen bei Aufsehen erregenden Verfahren laufend bei der StA ein. Es ist nicht zu vermitteln, dass exklusiv das Presseorgan über den Abschluss der Ermittlungen informiert wird, das zufällig im richtigen Zeitpunkt danach anfragt. Nach dem Grundsatz der Gleichbehandlung muss daher eine allgemeine Information aller Medien erfolgen. Die StA darf nicht den Eindruck einer Vorverurteilung vermitteln und kann immer nur von einem Verdacht einer Straftat sprechen. Verstöße

gegen diese Pflichten können Amtshaftungsansprüche auslösen (OLG Düsseldorf NJW 2005, 1791). Eine Vorabinformation des Beschuldigten bzw. seines Verteidigers vor jeglicher Mitteilung oder Auskunft ist in der Praxis wegen der Eilbedürftigkeit oft nicht möglich und kann deshalb auch unter dem Gesichtspunkt des fairen Verfahrens allenfalls für Pressekonferenzen gefordert werden (a.A. *Lehr* NStZ 2009, 409, 412 f.). Eine schriftliche Pressemitteilung sollte zumindest gleichzeitig dem Verteidiger zugehen. Beim Umfang der Auskünfte kann zu berücksichtigen sein, dass der Beschuldigte während des Ermittlungsverfahrens selbst die Öffentlichkeit sucht (BVerfG NJW 2009, 350, 352). Zu den rechtlichen Möglichkeiten des Beschuldigten s. *Conrad* StraFo 2018, 45.

D. Besondere Verwendungsregeln (Abs. 4). Abs. 4 erklärt Maßnahmen für unzulässig, denen besondere bundesgesetzliche oder entsprechende landesgesetzliche Verwendungsregelungen entgegenstehen. Dadurch wird u.a. der Schutz des Steuer- und Sozialgeheimnisses sichergestellt, § 30 AO, § 35 SGB I, §§ 67 ff. SGB X (KMR/*Plöd* § 160 Rn. 17). 19

§ 160a Maßnahmen bei zeugnisverweigerungsberechtigten Berufsgeheimnisträgern

(1) [1]Eine Ermittlungsmaßnahme, die sich gegen eine in § 53 Abs. 1 Satz 1 Nr. 1, 2 oder Nr. 4 genannte Person, einen Rechtsanwalt oder einen Kammerrechtsbeistand richtet und voraussichtlich Erkenntnisse erbringen würde, über die diese Person das Zeugnis verweigern dürfte, ist unzulässig. [2]Dennoch erlangte Erkenntnisse dürfen nicht verwendet werden. [3]Aufzeichnungen hierüber sind unverzüglich zu löschen. [4]Die Tatsache ihrer Erlangung und der Löschung der Aufzeichnungen ist aktenkundig zu machen. [5]Die Sätze 2 bis 4 gelten entsprechend, wenn durch eine Ermittlungsmaßnahme, die sich nicht gegen eine in Satz 1 in Bezug genommene Person richtet, von dieser Person Erkenntnisse erlangt werden, über die sie das Zeugnis verweigern dürfte.

(2) [1]Soweit durch eine Ermittlungsmaßnahme eine in § 53 Abs. 1 Satz 1 Nr. 3 bis 3b oder Nr. 5 genannte Person betroffen wäre und dadurch voraussichtlich Erkenntnisse erlangt würden, über die diese Person das Zeugnis verweigern dürfte, ist dies im Rahmen der Prüfung der Verhältnismäßigkeit besonders zu berücksichtigen; betrifft das Verfahren keine Straftat von erheblicher Bedeutung, ist in der Regel nicht von einem Überwiegen des Strafverfolgungsinteresses auszugehen. [2]Soweit geboten, ist die Maßnahme zu unterlassen oder, soweit dies nach der Art der Maßnahme möglich ist, zu beschränken. [3]Für die Verwertung von Erkenntnissen zu Beweiszwecken gilt Satz 1 entsprechend. [4]Die Sätze 1 bis 3 gelten nicht für Rechtsanwälte und Kammerrechtsbeistände.

(3) Die Absätze 1 und 2 sind entsprechend anzuwenden, soweit die in § 53a Genannten das Zeugnis verweigern dürften.

(4) [1]Die Absätze 1 bis 3 sind nicht anzuwenden, wenn bestimmte Tatsachen den Verdacht begründen, dass die zeugnisverweigerungsberechtigte Person an der Tat oder an einer Datenhehlerei, Begünstigung, Strafvereitelung oder Hehlerei beteiligt ist. [2]Ist die Tat nur auf Antrag oder nur mit Ermächtigung verfolgbar, ist Satz 1 in den Fällen des § 53 Abs. 1 Satz 1 Nr. 5 anzuwenden, sobald und soweit der Strafantrag gestellt oder die Ermächtigung erteilt ist.

(5) Die §§ 97, 100d Absatz 5 und 100g Absatz 4 bleiben unberührt.

Übersicht

A. Allgemeines. Durch die Vorschrift soll eine **umfassende Regelung zum Schutze von Berufsgeheimnisträgern** im Rahmen von Ermittlungsverfahren geschaffen werden. Sie ist zwar mit dem TKÜG eingefügt worden, gilt aber auch für nicht verdeckte Ermittlungsmaßnahmen (Meyer-Goßner/Schmitt/*Köhler* § 160a Rn. 1), soweit nicht in §§ 97, 100d Abs. 5 und 100g Abs. 4 spezielle Regelungen getroffen werden (Abs. 5). Die Zeugnisverweigerungsrechte der §§ 53 ff. gelten abschließend ebenso wie das Recht zur Verweigerung 1 von Untersuchungen nach § 81c Abs. 3. Wird der Geheimnisträger von der Pflicht zur Verschwiegenheit entbunden, ist die Vorschrift nicht anwendbar (§ 53 Abs. 3; KMR/*Plöd* Rn. 2). Nicht ausreichend ist, dass er freiwillig den Strafverfolgungsbehörden Daten offenbart. Der Schutz ist abgestuft, da nicht jeder Berufsgeheimnisträger von Verfassungswegen absolut zu schützen ist und eine Abwägung zwischen dem Strafverfolgungsinteresse und den geschützten Interessen der Betroffenen vorzunehmen ist. Dies führt noch nicht zu Berufsgeheimnisträgern zweiter Klasse (so aber *Fahr* DStR 2008, 375 ff.; krit. auch *Reiß* StV 08, 542 und *Gercke* StV 2017, 2). Das Gesetz zur Stärkung des Schutzes von Vertrauensverhältnissen zu Rechtsanwälten im Strafprozessrecht vom 22.12.2010 hat mit Wirkung vom 01.02.2011 alle Rechtsanwälte und ihnen gleichgestellte Personen dem absoluten Schutz des Abs. 1 unterstellt. Es ist von Verfassungswegen nicht geboten, auch die zeugnisverweigerungsberechtigten Angehörigen dem Schutz dieser Vorschrift zu unterstellen (BVerfG NJW 2010, 287; krit. HK/*Zöller*, § 160a Rn. 2).

2 **B. Geistliche, Verteidiger und Abgeordnete (Abs. 1). I. Unzulässigkeit der Erhebung (Satz 1).** Die in § 53 Abs. 1 Satz 1 Nr. 1, 2 und 4 genannten Personen sowie Rechtsanwälte, nach § 206 der Bundesrechtsanwaltsordnung in eine Rechtsanwaltskammer aufgenommene (ausländische) Personen und Kammerrechtsbeistände genießen einen **absoluten Schutz**. Ermittlungsmaßnahmen, die sich gegen sie richten, sind unzulässig, soweit es sich um Erkenntnisse handelt, über die die Person das Zeugnis verweigern dürfte. Die Maßnahme ist also zulässig, wenn der Geheimnisberechtigte außerhalb seiner beruflichen Tätigkeit bzw. seiner Mandatsausübung erfasst wird. Schon die Beweiserhebung ist unzulässig, wenn vor Beginn der Maßnahme abzusehen ist, dass Erkenntnisse aus dem geschützten Bereich gewonnen werden (Satz 1). Eine Abwägung oder Verhältnismäßigkeitsprüfung findet i.R.d. Abs. 1 nicht statt. **Voraussichtlich** bedeutet, dass den Ermittlungsbehörden ein Beurteilungsspielraum bei der Frage zusteht, ob das Zeugnisverweigerungsrecht des Geheimnisträgers berührt wird, Ermittlungen hierzu bedarf es nicht (Meyer-Goßner/Schmitt/*Köhler* § 160a Rn. 3a). Die Maßnahme ist aber zulässig, wenn konkrete tatsächliche Anhaltspunkte den Verdacht begründen, dass absolut geschützte Erkenntnisse mit Inhalten verknüpft werden, die dem Ermittlungsziel unterfallen, um eine Überwachung zu verhindern (so zutreffend KK-StPO/*Griesbaum* § 160a Rn. 6; a.A. HK/*Zöller* § 160a Rn. 7: zulässig nur »wenn nach dem jeweiligen Stand der Ermittlungen vernünftigerweise nicht zu erwarten ist, dass damit dem durch das Zeugnisverweigerungsrecht von Geistlichen, Strafverteidigern, Abgeordneten oder Rechtsanwälten unterfallende Informationen erfasst werden. Im Zweifelsfall ist die Maßnahme daher zu unterlassen«). Es muss nicht von der grundsätzlichen Lauterkeit des RA, Geistlichen oder Abgeordneten ausgegangen werden (KK-StPO/*Griesbaum* § 160a Rn. 6). Nach dem BVerfG ist eine Durchsuchung bei einem Strafverteidiger zur Verfolgung des legitimen Zwecks der Aufklärung der Anklagevorwürfe offensichtlich ungeeignet und daher unverhältnismäßig, wenn nicht nach den zum Zeitpunkt des Erlasses des Durchsuchungsbeschlusses tatsächlich vorliegenden Anhaltspunkten eine Prognose ergibt, dass ausschließlich relevante Erkenntnisse aus dem nicht absolut geschützten Bereich zu erwarten sind (BVerfG StraFo 2015, 61–63). Das ist etwa dann der Fall, wenn Tatwerkzeuge und Gegenstände, die durch die Tat hervorgebracht, zur Tat gebraucht oder bestimmt sind oder aus der Tat herrühren, bei dem Verteidiger aufgrund bestimmter Tatsachen vermutet werden (vgl. § 97 Rdn. 56). In einem solchen Fall ist aber zur Wahrung der Verhältnismäßigkeit dem Strafverteidiger die Abwendung der Durchsuchung durch Herausgabe der genau bezeichneten Beweisgegenstände zu ermöglichen.

3 **II. Verwendungsverbot (Satz 2).** Das Erhebungsverbot wird durch ein Verwendungsverbot ergänzt. Wurde eine Maßnahme dennoch durchgeführt oder waren solche Erkenntnisse dennoch zu erwarten, dürfen die erlangten Daten nicht verwendet werden (Satz 2), auch nicht zugunsten des Beschuldigten. Es handelt sich um ein selbstständiges Verwertungsverbot (Meyer-Goßner/*Schmitt* § 160 a Rn. 4). Anders als im Fall des Abs. 2 können deshalb die gewonnenen Erkenntnisse auch nicht als Ermittlungsansätze Grundlage weiterer Ermittlungen werden. Stellt sich aber erst im Laufe der Ermittlungen heraus, dass ex ante zulässige Maßnahmen aus nachträglicher Sicht unzulässig waren, können Erkenntnisse aus anderen Ermittlungsmaßnahmen (z.B. Durchsuchung beim Beschuldigten) verwertet werden, wenn zum Zeitpunkt ihrer Anordnung oder Durchführung noch kein Verwendungsverbot erkennbar war und sie sich nicht gegen die Berufsgeheimnisträger richteten.

4 **III. Löschungsgebot (Satz 3 und 4).** An das Verwendungsverbot knüpft die Pflicht zur Löschung der Aufzeichnungen nach Satz 3 an. Es handelt sich um eine Spezialvorschrift, die § 101 Abs. 8 vorgeht (BGH StV 2014, 388). Unter die Löschungspflicht fallen nicht nur die Aufzeichnungen von Telefonaten, sondern alle gespeicherten oder in Schriftform gewonnenen Erkenntnisse. Sie dürfen auch nicht Anlass zu weiteren Ermittlungen sein (Meyer-Goßner/Schmitt/*Köhler* § 160a Rn. 4) und müssen ohne schuldhaftes Zögern gelöscht werden. Wenn erkennbar ein absolut geschützter Geheimnisträger betroffen ist, dürfen die

Ermittlungsbehörden auch nicht vom Inhalt der erhobenen Beweismittel Kenntnis nehmen, um zu prüfen, ob dieser tatsächlich Adressat ist. Es dürfen deshalb Aufzeichnungen über solche Telefongespräche nicht verschriftet und abgehört und E-Mail-Nachrichten nicht gelesen werden (LG Ellwangen StraFo 2013, 380). Damit aber dem Betroffenen die vom BVerfG geforderte Möglichkeit zum nachträglichen Rechtsschutz (BVerfG 109, 279; NJW 2004, 999, 1007) gewahrt bleibt, ist die Tatsache ihrer Erlangung und der Löschung der Aufzeichnungen aktenkundig zu machen. Es darf sich aus diesen Vermerken jedoch nicht der Inhalt der Erkenntnisse ergeben. Die Entscheidung über die Löschung trifft grds. die StA (für § 101 Meyer-Goßner/Schmitt/*Köhler* § 1060a Rn. 5). Die mit der Ausführung der Maßnahme befasste Stelle hat jedoch in eindeutigen Fällen selbst schon die Pflicht zur Löschung, muss aber die sachleitende StA einschalten (KK-StPO/Griesbaum § 160a Rn. 10); damit darf aber nicht bis zum Abschluss der Ermittlungen gewartet werden. Ist das Verfahren bei Gericht anhängig, entscheidet dieses. Die Polizei hat die StA unverzüglich zu informieren, wenn relevante Daten angefallen sind, um deren Entscheidung herbeizuführen.

IV. Zufällig mit betroffene Geheimnisträger (Satz 5). Nach Satz 5 gelten diese **Grundsätze entsprechend**, 5
wenn sich die Maßnahme nicht gegen den Berufsgeheimnisträger richtet, er aber von der Maßnahme zufällig betroffen wird und Erkenntnisse erlangt werden, über die er das Zeugnis verweigern dürfte. Auch Anbahnungsgespräche sind vom Schutz bereits erfasst (BGH StV 2014, 304), selbst wenn es später nicht zum Abschluss eines zivilrechtlichen Geschäftsbesorgungsvertrages kommt und die darauf gerichteten Gespräche mit der Ehefrau oder Verwandten des Beschuldigten geführt werden (BGH StV 2016, 414). Auf den Inhalt des Gesprächs kommt es nicht an. Es ist ausreichend, aber auch notwendig, dass das zufällig überwachte Gespräch für den Geheimnisträger berufsbezogen ist und er deshalb nach § 53 das Zeugnis verweigern dürfte. In diesem Fall gilt ebenfalls ein absolutes Verwertungsverbot. Nicht erfasst vom Schutz wird nur das, was er als Privatperson oder nur anlässlich seiner Berufsausübung in Erfahrung gebracht hat (BGH StV 2014, 304). Eine Verpflichtung zum Unterbrechen der Maßnahme besteht aber nicht. Eine analoge Anwendung des § 100d Abs. 4 kommt nicht in Betracht (Meyer-Goßner/Schmitt/*Köhler* § 160a Rn. 7, anders wohl *Glaser/Gedeon* GA 2007, 424, 429). Insb. folgt aus Abs. 1 Satz 5 keine Verpflichtung zur Live-Überwachung (BGH-Ermittlungsrichter, Beschluss vom 16.05.2013, Az. 2 BGs 147/13; bestätigt von BGH StV 2014, 304). Auch das Verhältnismäßigkeitsprinzip kann dieses Gebot nicht begründen, weil die Verwertungsverbote der Sätze 2 bis 4 ausreichend Schutz bieten. Der Gesetzgeber hat die Maßnahme sogar als zulässig gesehen, wenn zu erwarten ist, dass möglicherweise auch die Kommunikation mit dem Berufsgeheimnisträgern betroffen ist (BT-Drs. 16/5846, S. 35). Wenn aber eine Überwachung in Echtzeit durchgeführt wird, ist im Fall der Telekommunikation mit dem Geheimnisträger eine solche Unterbrechung notwendig, da derartige Gespräche von den Ermittlungsbehörden nicht belauscht werden dürfen. Der absolute Schutz ist nur zu gewährleisten, wenn im Fall eines Gesprächs mit dem Berufsgeheimnisträger auch die Antworten des Gesprächspartners, insb. des Beschuldigten unverwertbar sind. Für den Verteidiger ergibt sich dies schon aus § 148. Für Rechtsanwälte, Abgeordnete und Geistliche gilt nichts anderes.

C. Heil- und Beratungsberufe, Medienmitarbeiter (Abs. 2). I. Betroffene. Für die in § 53 Abs. 1 Satz 1 6
Nr. 3 bis 3b und Nr. 5 genannten Personen gilt nur ein **relatives Beweiserhebungs- und Verwertungsverbot** (vgl. BVerfGE 122, 63). Durch die Einfügung des Satzes 4 wird klargestellt, dass für Rechtsanwälte nunmehr der absolute Schutz des Abs. 1 gilt. Die Vorschrift ist verfassungsgemäß. Eine Erweiterung auf andere Berufsgeheimnisträger war nicht geboten (BVerfGE 129, 208–268). Dabei ist zu berücksichtigen, dass ein absoluter Schutz vor staatlichen Eingriffen und Strafverfolgungsmaßnahmen die Ausnahme bleiben muss, um den vom BVerfG immer wieder betonten unabweisbaren Bedürfnissen einer wirksamen Strafverfolgung durch möglichst vollständige Sachverhaltsaufklärung zu genügen (BVerfG 100, 383, 388). Nur der Kernbereich privater Lebensgestaltung ist dem staatlichen Zugriff schlechthin entzogen und bedarf daher umfassenden Schutzes vor staatlicher Kenntnisnahme (BVerfGE 109, 279, 322). Es unterliegt keinem Zweifel, dass nicht alle Kommunikation mit Heil- und Beratungsberufsangehörigen diesem Kernbereich zuzuordnen ist (KK-StPO/*Griesbaum* § 160a Rn. 12). Eine Prüfung im Einzelfall unter dem Gesichtspunkt der Verhältnismäßigkeit und Berücksichtigung der Intensität des Eingriffs stellt daher einen ausreichenden Schutz vor unverhältnismäßigen Eingriffen dar. Auch unter dem Gesichtspunkt des Schutzes des Vertrauensverhältnisses im Verhältnis zu RA, Arzt oder Steuerberater gab es schon bisher keinen absoluten Schutz, da dieser im Fall des Verdachts der Beteiligung aufgehoben wird (§ 97 Abs. 2 Satz 3). Der Mandant muss immer damit rechnen, dass der Staat Kenntnis von anvertrauten Tatsachen erhält. Die Regelung greift auch ein, wenn die Maßnahme sich nicht gegen eine geschützte Person richtet.

7 **II. Erhebung (Satz 2).** Die Prüfung der Verhältnismäßigkeit einer Maßnahme hat bereits bei ihrer Anordnung zu erfolgen, sei es durch Gericht oder StA. Bestehen zu diesem Zeitpunkt Anhaltspunkte, dass sie Tatsachen erbringen würde, die dem Schutz des § 53 unterfallen, ist dies besonders zu berücksichtigen. I.R.d. Verhältnismäßigkeitsprüfung ist das öffentliche und im Einzelfall auch individuell (des Betroffenen der Straftat) begründete Interesse an einer wirksamen, auf die Ermittlung der materiellen Wahrheit und die Findung einer gerechten Entscheidung gerichteten Strafrechtspflege gegen das öffentliche Interesse an den durch die Berufsgeheimnisträger wahrgenommenen Aufgaben und das individuelle Interesse an der Geheimhaltung der ihnen anvertrauten oder bekannt gewordenen Tatsachen abzuwägen (BT-Drs. 16/5846, S. 36; BGH StV 2013, 1–3). Die Anwendung der Maßnahme wird zu unterbleiben haben, wenn es nicht um Straftaten von erheblicher Bedeutung geht. Eine Straftat hat »erhebliche Bedeutung«, wenn sie mindestens dem Bereich der mittleren Kriminalität zuzurechnen ist, den Rechtsfrieden empfindlich stört und geeignet ist, das Gefühl der Rechtssicherheit der Bevölkerung erheblich zu beeinträchtigen (BVerfGE 109, 279–391; BGH StV 2013, 1–3). Dabei ist der abstrakte Strafrahmen maßgeblich und sogar fahrlässige Körperverletzungen mit erheblichen Tatfolgen sind eingeschlossen (BGH StV 2013, 1–3). Selbst unterhalb dieser Grenze ist eine Anordnung aber nicht gänzlich ausgeschlossen, da der Gesetzgeber ein absolutes Verbot nicht angeordnet hat (»in der Regel nicht«). Zu berücksichtigen ist insb. auch die Schwere des beabsichtigten Eingriffs, da zwischen einer verdeckten Maßnahme nach §§ 100a ff. und einer Postbeschlagnahme nach § 99 erhebliche Abstufungen der Eingriffsintensität liegen können. Die Verhältnismäßigkeit kann auch durch eine Beschränkung der Maßnahme hergestellt werden, soweit das ihrer Art nach möglich ist (Satz 2).

8 **III. Verwertung (Satz 3).** Bei der Verwertung von Erkenntnissen gelten die gleichen Kriterien, die auch i.R.d. Satzes 1 bei der Frage der Zulässigkeit der Erhebung zu beachten sind (s. Rdn. 7). Dies soll nach dem Willen des Gesetzgebers zu einem weitgehenden Gleichlauf bei der Beurteilung der Erheb- und Verwertbarkeit führen (BT-Drs. 16/5846, S. 37; BGH StV 2007, 1). Die Prüfung ist jedoch vielfach zu unterschiedlichen Zeitpunkten vorzunehmen, sodass aufgrund zwischenzeitlicher Änderungen der Sachlage die Verwertbarkeit erlangter Erkenntnisse anders zu beurteilen ist als die Zulässigkeit der Ermittlungsmaßnahme. War eine Erhebung von Erkenntnissen, die dem Zeugnisverweigerungsrecht unterliegen, zunächst wegen des Verdachts einer schweren Straftat gerechtfertigt, kann die Verwertung der Erkenntnisse zur Verfolgung einer Bagatelltat unzulässig sein, wenn sich der ursprüngliche schwerwiegende Verdacht nicht bestätigt. Umgekehrt gilt entsprechendes. Soweit die Erhebung zunächst wegen einer geringfügigen Straftat unzulässig war, kann die Verwertung zulässig sein, wenn im Nachhinein sich der Verdacht einer schwerwiegenden Straftat ergibt (a.A. *Puschke/Singelnstein* NJW 2008, 117). Damit wird von der bisherigen Rspr. abgewichen, die grds. aus der Zulässigkeit der Beweiserhebung auch die Verwertbarkeit folgerte (vgl. BGH NStZ 1983, 85 zu § 97). Der BGH hat es ausdrücklich offengelassen, ob die in Abs. 1 Sätze 3 und 4 enthaltenen Regeln über die **Löschungsverpflichtung** im Fall eines im Einzelfall anzunehmenden Beweisverwertungsverbotes entsprechend auch bei Abs. 2 anzuwenden sind (BGH StV 2017, 1 mit Anm. *Gercke*, der dies befürwortet). Nach dem eindeutigen Wortlaut ist die Verwertung nur zu Beweiszwecken untersagt, somit als Ermittlungsansatz erlaubt (Meyer-Goßner/Schmitt/*Köhler* § 160a Rn. 8; KK-StPO/*Griesbaum* § 160a Rn. 16; a.A. HK/*Zöller* § 160a Rn. 14).

9 **IV. Besonderheiten bei Heilberufen.** Für die Erhebung und Verwertung von Beweisen, die bei einem Arzt erhoben werden, ist ebenso nach diesen Grundsätzen eine Abwägung vorzunehmen. Im Einzelfall können Arztgespräche dem Kernbereich privater Lebensgestaltung zuzuordnen sein (BVerfGE 109, 279, Meyer-Goßner/Schmitt/*Köhler* § 160a Rn. 13). Jedoch bedeutet dies nicht, dass eine Erhebung oder Verwertung völlig unzulässig wäre. Bei schweren Straftaten kann es geboten sein, Unterlagen des Arztes zu den Verletzungen und den unmittelbaren Folgen der Tat auch gegen den Willen des Verletzten zu beschlagnahmen und zu verwerten, soweit nicht die Ausnahmen des § 97 entgegenstehen. So hat schon die bisherige Rspr. zu § 97 in dieser Vorschrift kein allgemeines Beschlagnahmeverbot gesehen (BVerfG NStZ-RR 2004, 83 und NJW 2018, 238; BGH StV 1997, 622; Meyer-Goßner/Schmitt/*Köhler* § 97 Rn. 10). Andererseits stehen die Beschlagnahme von psychiatrischen und psychologischen Befunden des Verletzten oder anderer Zeugen oder gar die Durchführung verdeckter Ermittlungsmaßnahmen zur Aufklärung von Arzt-Patienten-Gesprächen regelmäßig nicht mehr im Verhältnis zum öffentlichen Interesse an der Aufklärung von Straftaten (KK-StPO/*Griesbaum* § 160a Rn. 15). Dies kann aber anders zu beurteilen sein, wenn die Verwertbarkeit zentraler Beweismittel für die Schuldfrage zu prüfen ist (BGH StV 2013, 1–3).

10 **D. Berufshelfer (Abs. 3).** Entsprechend der Vorschrift des § 97 Abs. 4 wird der Schutz der Abs. 1 und 2 auf die jeweiligen Berufshelfer erstreckt.

E. Verstrickungsregelung (Abs. 4 Satz 1). Im Fall des Verdachts der Beteiligung der Zeugnisverweigerungsberechtigten endet der von den Abs. 1 bis 3 gewährleistete besondere Schutz wie bei den Verstrickungsregelungen der §§ 97 Abs. 2 Satz 3 und § 100d Abs. 5 Satz 3, soweit der Berufsgeheimnisträger der Beteiligung an der Tat oder der Begünstigung, der Strafvereitelung, der Hehlerei oder der durch das VerkDSpG eingeführten Datenhehlerei (§ 202d StGB) verdächtig ist. Im Gesetzgebungsverfahren wurde jedoch auf das zunächst beabsichtigte Erfordernis der Einleitung eines Ermittlungsverfahrens verzichtet (BT-Drs. 16/6979, S. 67). Erforderlich sind jedoch bestimmte Tatsachen, nicht bloße Vermutungen oder lediglich kriminalistische Erfahrungen, die den Tatverdacht begründen. Gefordert wird, dass aufgrund der Lebenserfahrung oder der kriminalistischen Erfahrung fallbezogen aus Zeugenaussagen, Observationen oder anderen sachlichen Beweisanzeichen auf die fragliche Beweistatsache geschlossen werden kann (BVerfG NJW 2007, 2752). Erforderlich ist daher ein konkretisierter Tatverdacht gegen den Zeugnisverweigerungsberechtigten selbst (BverfG, StraFo 2022, 67, 69) Auch hier soll es zwar zu einem weitgehenden Gleichlauf der Beurteilung von Erheb- und Verwertbarkeit kommen. Jedoch hat die Prüfung ebenfalls zu unterschiedlichen Zeitpunkten zu erfolgen. Aus einer zunächst unzulässigen Erhebung kann sich ein Verdacht gegen den Berufsgeheimnisträger ergeben, in die aufzuklärende Straftat verstrickt zu sein, sodass die Schutzregelung des Abs. 2 nicht mehr eingreifen und die gewonnenen Erkenntnisse verwertbar sein sollen (BT-Drs. 16/5846, S. 37; KK-StPO/*Griesbaum* § 160a Rn. 7; a.A. Meyer-Goßner/Schmitt/*Köhler* § 160a Rn. 15; LG Düsseldorf 15.05.2021 – 10 Os 46/20). Dieser Ansicht ist das BVerfG nunmehr mit zutreffenden Argumenten entschieden entgegengetreten: Nicht ausreichend sei, »dass der Tatverdacht erst durch das (unzulässig) sichergestellte beziehungsweise beschlagnahmte Beweismittel entsteht […] Eine Ermittlungsmaßnahme vorzunehmen, um erst durch die Auswertung der dabei gewonnenen Erkenntnisse möglicherweise einen Tatverdacht gegen den Berufsgeheimnisträger begründen und sich auf die Rückausnahme des § 97 Abs. 2 Satz 2 StPO berufen zu können, ist mit dem Schutzzweck des § 97 Abs. 1 StPO unvereinbar und ließe diesen leerlaufen« (StraFo 2022, 67, 69). Die vom Gesetzgeber vertretene Gegenansicht wird daher hier aufgegeben. Andererseits kann die Verwertung von Erkenntnissen aus zunächst zulässigen Maßnahmen unzulässig sein, wenn der ursprüngliche Verdacht der Verstrickung entfällt (Meyer-Goßner/Schmitt/*Köhler* § 160a Rn. 15). Die bisherige Rspr. zu § 97 (BGH, NStZ 1983, 85) kann daher nicht mehr fort gelten (Meyer-Goßner/Schmitt/*Köhler* § 160a Rn. 15). 11

F. Antrags- und Ermächtigungserfordernis bei Medienangehörigen (Abs. 4 Satz 2). Bei Antrags- und Ermächtigungsdelikten ist Satz 1 nur anzuwenden, sobald und soweit der Strafantrag gestellt oder die Ermächtigung erteilt ist. Medienangehörige sollen durch diese Regelung besonders geschützt werden. Die StA kann daher zu solchen Ermittlungsmaßnahmen nur greifen, wenn der Strafantrag oder die Ermächtigung vorliegen (anders für vorl. Festnahme und Verhaftung §§ 127 Abs. 3, 130). Bei Zufallsfunden i.R.v. Durchsuchungsmaßnahmen gilt § 108 Abs. 3. 12

G. Spezialvorschriften (Abs. 5). Die Spezialvorschriften der §§ 97 und 100d Abs. 5 gehen dem § 160a vor, soweit sie die Zulässigkeit von Maßnahmen regeln (LG Stuttgart StV 2019, 7 mit ausführlicher Darlegung des Streitstandes, krit. *Jahn/Kirsch* StV 2019, 12). Ebenso der durch das VerkDSpG eingefügte § 100g Abs. 4, der der Erhebungs- und Verwertungsverbote zum Schutz der in § 53 Abs. 1 StPO genannten zeugnisverweigerungsberechtigten Personen regelt. Für die Verwertung greift jedoch § 160a auch im Fall der Beschlagnahme ergänzend ein (BT-Drs. 16/5846, S. 38). Aus der Einbeziehung der Rechtsanwälte in den absoluten Schutzbereich des Abs. 1 ergibt sich aber noch nicht, dass § 97 Abs. 1 Nr. 3 so auszulegen ist, dass Rechtsanwälte auch einen absoluten Beschlagnahmeschutz genießen (so aber: *de Lind van Wijngaarden/Egler* NJW 2013, 3549). Weiterhin gilt dieser nur im Verhältnis zum Beschuldigten (Meyer-Goßner/*Schmitt*, § 97 StPO Rn. 10a–c mit weiteren Nachweisen). Den Gesetzgeber ist die einschränkende Auslegung des § 97 Abs. 1 Nr. 3 bekannt gewesen. Er hat eine entsprechende Regelung aber nicht vorgenommen. Diese Auslegung hat das BVerfG nunmehr ausdrücklich gebilligt (BVerfG NJW 2018, 238; krit. *Uwer/van Ermingen-Marbach* AnwBl 2018, 470, *Jahn/Kirsch* StV 2019, 12 und *Gerhold* DStR 2018, 1943). 13

H. Revision. Die Revision kann mit einer Verfahrensrüge auf die Verwertung von Erkenntnissen gestützt werden, die einem Verwertungsverbot nach Abs. 1 Satz 2 und 5 oder Abs. 2 Satz 3 unterlagen. Auf den Verstoß gegen ein Erhebungsverbot kann sich die Revision jedoch nicht stützen, da das Gericht in der Hauptverhandlung über die Verwertung nach den erstgenannten Vorschriften zu entscheiden hat. In der Revisionsbegründung muss dargelegt werden, dass die Voraussetzungen des Abs. 4 nicht vorlagen, wenn eine Verstrickung des Berufsgeheimnisträgers ernsthaft in Betracht kommt (BGHSt 37, 245). Die Revision muss auch darauf hinweisen, dass eine Entbindung von der Schweigepflicht nicht erfolgt war (BGHSt 38, 144). Eines ausdrücklichen Widerspruchs des Angeklagten gegen die Verwertung bedarf es dann nicht, wenn es offensichtlich ist, dass er mit einer strengbeweislichen Verwertung zu seinen Lasten nicht einverstanden ist 14

(BGHSt 50, 206, 215 f; KK-StPO/*Griesbaum* § 160a Rn. 22). Nicht geklärt ist, ob es eines Widerspruchs des Beschuldigten bzw. des Verteidigers in der Hauptverhandlung gegen die Verwertung bedarf. Dies wird zu bejahen sein, wenn der Beschuldigte über die Verwertung disponieren kann, also allein seine Sphäre berührt ist (KK-StPO/*Grießbaum* § 160a Rn. 22, a.A. wohl Meyer-Goßner/Schmitt/*Köhler* § 160a Rn. 18).

§ 160b Erörterung des Verfahrensstands mit den Verfahrensbeteiligten

[1]Die Staatsanwaltschaft kann den Stand des Verfahrens mit den Verfahrensbeteiligten erörtern, soweit dies geeignet erscheint, das Verfahren zu fördern. [2]Der wesentliche Inhalt dieser Erörterung ist aktenkundig zu machen.

Übersicht

1 **A. Grundsätzliches. I. Normhistorie.** § 160b StPO wurde durch das **Gesetz zur Regelung der Verständigung im Strafverfahren** (hierzu näher § 257c Rdn. 1 ff.) in die StPO eingefügt. Die Gesetzesbegründung (BT-Drs. 16/12310, S. 11 f.) nimmt ausdrücklich Bezug auf eine ähnliche Vorschrift, die bereits im Entwurf zum Opferrechtsreformgesetz aus dem Jahr 2003 vorgesehen war (vgl. BT-Drs. 15/1976, S. 3, 10 f.), damals aber nicht Gesetz wurde. Auch in dem »Diskussionsentwurf für eine Reform des Strafverfahrens« (auszugsweise abgedruckt in StV 2004, 228, 231) aus dem Jahr 2004 war die Idee eines Erörterungstermins im Vorverfahren erneut aufgegriffen worden. Ggü. dem früheren Regelungsvorschlag verwendet der später Gesetz gewordene Entwurf (BT-Drs. 16/12310) statt des Begriffs des »Beteiligten« den des »Verfahrensbeteiligten«, spricht von »Erörterung« statt von »Anhörung«, statuiert eine »Kann«-Regelung anstelle einer »Soll«- Regelung und verpflichtet die Staatsanwaltschaft zur Fertigung eines Aktenvermerks über den wesentlichen Inhalt der Erörterungen.

2 Die Vorschrift wird unterschiedlich beurteilt. Während ein Teil der Literatur sie begrüßt (MüKo-StPO/*Jahn* § 160b Rn. 3; Meyer-Goßner/Schmitt/*Köhler* § 160b Rn. 1; KMR/*Noltensmeier-von Osten* § 160b Rn. 3; N/Sch/W/*Schlothauer* Teil B § 160b Rn. 10; AnwK-StPO/*Walther* § 160b Rn. 7; *Schlothauer/Weider* StV 2009, 600, 606, wohl auch *Kempf* StV 2009, 269, 279), hält ein anderer sie für unschädlich, aber überflüssig (HK-StPO/*Temming* § 160b Rn. 1; *Ioakimidis* in HbStrVf Rn. VIII 19); wieder andere kritisieren die Norm, weil die Pflicht zur Fertigung eines Aktenvermerks eine Erschwerung der Kontaktaufnahme sowie eine Verlagerung von Gesprächen im Ermittlungsverfahren in die Informalität und damit Illegalität befürchten lasse (s. *Fischer* StraFo 2009, 177, 186; *Leipold* NJW-Spezial 2009, 520, 521 sowie *Weimar/Mann* StraFo 2010, 12, 16).

3 **II. Normzweck.** Der Gesetzgeber beabsichtigte mit der Vorschrift – ebenso wie mit den zugleich neu geschaffenen §§ 202a, 212, 257b StPO – **eine Stärkung der kommunikativen Elemente im Strafverfahren** (BT-Drs. 16/12310, S. 2), speziell eine Förderung der Gesprächsmöglichkeiten zwischen der Staatsanwaltschaft und den Verfahrensbeteiligten und, wo Aufgabe und Funktion des Strafverfahrens dies zulassen, die Unterstützung eines offeneren Verhandlungsstils, der das Verfahren insgesamt fördert (BT-Drs. 16/12310, S. 11). Dies ist zu begrüßen (vgl. bereits *Ignor/Matt* StV 2002, 102 ff.). Die ausdrückliche Klarstellung, dass derartige Gespräche zulässig sind, trägt der Praxis informeller Erörterungen i.R.d. Ermittlungsverfahrens Rechnung (vgl. dazu die Rundverfügung der Generalstaatsanwaltschaft bei dem OLG Frankfurt AnwBl. 1998, 263 f.) und erteilt der daran bisweilen geäußerten Kritik (*Schünemann* FS Rieß, S. 544; *Weigend* NStZ 1999, 59) eine Absage. Sie kann dazu beitragen, durchaus vorhandene Zurückhaltungen gegen Erörterungen abzubauen und gibt diesbezüglichen Initiativen eine über die Berufung auf Üblichkeiten hinausgehende rechtliche Basis. Im Hinblick auf die angestrebte **Beschleunigung des Verfahrens** sollen sich die Erörterungen nicht nur auf die »Bestandsaufnahme« der Ermittlungen beschränken, sondern auch den weiteren Fortgang des Verfahrens einschließen (BT-Drs. 16/12310, S. 12, näher Rdn. 8). Die Pflicht, den wesentlichen Inhalt von

Erörterungen aktenkundig zu machen, entspricht dem **Transparenzgebot** und beugt einer problematischen Heimlichkeit vor (näher dazu *Ignor* FS Strauda, S. 321 ff.).

B. Regelungsgehalt. I. Verfahrensbeteiligte. Ausweislich der Materialien ist der Begriff der Verfahrensbeteiligten **funktional** zu bestimmen und bezeichnet Personen oder Stellen, die nach dem Gesetz eine Prozessrolle ausüben, d.h. durch eigene Willenserklärungen im prozessualen Sinn gestaltend als Prozesssubjekt mitwirken müssen oder dürfen (BT-Drs. 16/12310, S. 11 im Anschluss an Meyer-Goßner/Schmitt/*Schmitt* Einl. Rn. 71; bestätigt durch BGH Urt. v. 09.08.2017 – 1 StR 63/17 = NStZ-RR 2017, 316). Als Verfahrensbeteiligte sind daher im Stadium des Ermittlungsverfahrens der **Beschuldigte**, dessen **Verteidiger** sowie die **Staatsanwaltschaft** anzusehen (BT-Drs. 16/12310, S. 11). Dasselbe gilt für Einziehungsbeteiligte (MüKo-StPO/*Jahn* § 160b Rn. 11; a.A. N/Sch/W/Schlothauer Teil B § 160b Rn. 13), die mit Blick auf die §§ 111b ff. StPO auch schon im Ermittlungsverfahren eine Rolle spielen können. In Jugendgerichtsverfahren zählen dazu überdies die **Erziehungsberechtigten**, die **gesetzlichen Vertreter** des Beschuldigten und die **Jugendgerichtshilfe** (N/Sch/W/*Schlothauer* Teil B § 160b Rn. 12). Regelmäßig wird sich die Erörterung auf den Verteidiger und die Staatsanwaltschaft beschränken. Die Materialien erweitern diesen Personenkreis auf den **Nebenklageberechtigten**, unabhängig davon, dass sich dieser gem. § 395 Abs. 1-Abs. 3 StPO erst einer erhobenen öffentlichen Klage anschließen kann. Begründet wird dies mit den möglichen Auswirkungen derartiger Rechtsgespräche auf folgende Abschnitte des Strafverfahrens (BT-Drs. 16/12310, S. 11; zust. KK/*Griesbaum* § 160b Rn. 4; *Daimagüler* Rn. 93 und in der Sache auch Meyer-Goßner/Schmitt/*Köhler* § 160b Rn. 2; ebenso *Nistler* JuS 2009, 916, 917 mit Blick auf einen möglichen Täter-Opfer-Ausgleich; abl. N/Sch/W/*Schlothauer* Teil B § 160b Rn. 14). Eine alternative dogmatische Herleitung dieses Ergebnisses mit dem Verweis auf den rein deklaratorischen Charakter der gerichtlichen Zulassung des Nebenklageberechtigten (so *Jahn/Müller* NJW 2009, 2625, 2627 sowie MüKo-StPO/*Jahn* § 160b Rn. 11) ist zweifelhaft, da diese Zulassung nur in den Fällen des § 395 Abs. 1, Abs. 2 StPO deklaratorisch, in Fällen des § 395 Abs. 3 StPO jedoch konstitutiv wirkt (statt vieler *Daimagüler* Rn. 250 m.w.N.), und der Gesetzgeber zu Recht auch im Fall der Anschlusserklärung nach § 395 Abs. 3 StPO eine Beteiligung nach § 160b Satz 1 StPO ermöglichen wollte. Entgegen der in den Materialien geäußerten Rechtsansicht (BT-Drs. 16/12310, S. 11) und der herrschenden Meinung ist darüber hinaus auch der **nicht zur Nebenklage berechtigte Verletzte** als Verfahrensbeteiligter anzusehen. Zwar stehen diesem keine prozessualen Gestaltungsrechte zu, sondern gem. §§ 406d ff. StPO lediglich Informations- und Schutzrechte; jedoch ist seine Mitwirkung insb. im Rahmen eines Täter-Opfer-Ausgleichs unabdingbar (vgl. § 155a Satz 3 StPO), sodass er bei funktionaler Betrachtungsweise als Verfahrensbeteiligter anzusehen ist (ebenso N/Sch/W/*Schlothauer* Teil B § 160b Rn. 14; a.A. Meyer-Goßner/Schmitt/*Köhler* § 160b Rn. 4; KMR/*Noltensmeier-von Osten* § 160b Rn. 4; KK/*Griesbaum* § 160b Rn. 6; Graf/*Sackreuther* § 160b Rn. 8; HK-StPO/*Temming* § 160b Rn. 4; *Weigend* FS Streng, S. 781, 783). Darüber hinaus sind auch die **Finanzbehörden** als Verfahrensbeteiligte anzusehen, weil sie gem. § 403 AO im Ermittlungsverfahren zu beteiligen sind und ihnen im gerichtlichen Verfahren Beteiligungsrechte nach § 407 AO zustehen (BT-Drs. 16/12310, S. 11; zust. N/Sch/W/*Schlothauer* Teil B § 160b Rn. 13; MüKo-StPO/*Jahn* § 160b Rn. 12). Steuerberater, Steuerbevollmächtigte, Wirtschaftsprüfer oder vereidigte Buchprüfer sind im steuerstrafrechtlichen Ermittlungsverfahren zu beteiligen, soweit sie zulässigerweise nach § 392 AO als Verteidiger gewählt wurden (KK/*Griesbaum* § 160b Rn. 5). Gleiches gilt für die **Verwaltungsbehörden** in Bußgeldverfahren sowie für die **Jugendgerichtshilfe** in Jugendgerichtsverfahren (N/Sch/W/*Schlothauer* Teil B § 160b Rn. 12). **Nicht** verfahrensbeteiligt sind hingegen nach allgemeiner Ansicht **Zeugen** und **Sachverständige** (Meyer-Goßner/Schmitt/*Köhler* § 160b Rn. 4). Gleiches gilt für **Angehörige der Gerichtshilfe** und der **Bewährungshilfe** (N/Sch/W/*Schlothauer* Teil B § 160b Rn. 13; SK-StPO/*Wohlers* § 160b Rn. 4). Ebenfalls **nicht** verfahrensbeteiligt ist das Gericht, das im Fall einer Anklage voraussichtlich mit dem Verfahren befasst wäre. Es ist daher prozessrechtswidrig, wenn die Staatsanwaltschaft sich mit diesem Gericht bereits im Ermittlungsverfahren über die Verdachts- und Beweislage verständigt und so unter Umgehung der Informationspflichten des § 201 StPO eine apokryphe Form des Zwischenverfahrens schafft (offengelassen von OLG Oldenburg Beschl. v. 30.10.2020 – 1 Ws 363/20, Rn. 57). Hinnehmbar erscheint es im Dienste der Prozessökonomie allerdings, wenn die Staatsanwaltschaft dem wahrscheinlich zuständigen Gericht mitteilt, dass zu einem bestimmten Datum oder Zeitraum mit dem Eingang einer Anklageschrift zu rechnen ist, und so die Terminplanung des Gerichts unterstützt. 4

Die **praktische Bedeutung** des vorstehend skizzierten Streit darum, wer im Einzelnen als Verfahrensbeteiligter einzustufen ist, darf nicht überschätzt werden. Denn *erstens* folgt aus dem Status als Verfahrensbeteiligter kein Anspruch auf Durchführung einer Erörterung oder der Beteiligung daran (näher Rdn. 6). Zweitens ist – umgekehrt – auch mit Nicht-Verfahrensbeteiligten Kommunikation möglich, vgl. dazu näher MüKo-StPO/*Jahn* § 160b Rn. 13 f. 5

6 **II. Verfahren, Voraussetzung und Inhalt der Erörterung. 1. Verfahren.** Entgegen seiner Formulierung setzt § 160b StPO nicht zwingend voraus, dass die **Initiative** für das Rechtsgespräch von der Staatsanwaltschaft ausgeht (so zutreffend *Jahn/Müller* NJW 2009, 2625, 2627). Sowohl diese als auch die **sonstigen Modalitäten** der Kommunikation – ob fernmündlich oder im Rahmen eines persönlichen Gesprächs, ob zusammen mit den übrigen Verfahrensbeteiligten oder zunächst nur zwischen der Staatsanwaltschaft und dem Verteidiger – überlässt der Gesetzgeber vielmehr den Verfahrensbeteiligten (BT-Drs. 16/12310, S. 12) und trägt damit dem Grundsatz der freien Gestaltung des Ermittlungsverfahrens Rechnung (Meyer-Goßner/Schmitt/*Köhler* § 160b Rn. 7; ebenso AnwK-StPO/*Walther* § 160b Rn. 5; Graf/*Sackreuther* § 160b Rn. 6). Eine ausdrücklich auf § 160b Bezug nehmende Vorschrift der RiStBV existiert nicht (vgl. in der Sache aber Nr. 3 Abs. 3 RiStBV; zu den behördeninternen Zuständigkeiten bei der Staatsanwaltschaft s. MüKo-StPO/*Jahn* § 160b Rn. 9). Für den Verteidiger empfiehlt es sich, eine entsprechende Erörterung ggf. anzuregen. Gem. dem Wortlaut der Norm steht es im pflichtgemäßen Ermessen der Staatsanwaltschaft, ob sie ein Rechtsgespräch führt oder nicht. Die im Entwurf zum Opferrechtsreformgesetz vorgesehene »Soll«-Regelung wurde mit Blick auf die Verfahrensherrschaft der Staatsanwaltschaft im Ermittlungsverfahren bewusst verworfen (vgl. BT-Drs. 16/12310, S. 12). Damit ist zugleich klargestellt, dass den Verfahrensbeteiligten **kein Anspruch** auf ein Gespräch zusteht (so auch Meyer-Goßner/Schmitt/*Köhler* § 160b Rn. 5; Graf/*Sackreuther* § 160b Rn. 4; HK-GS/*Pflieger/Ambos* § 160b Rn. 2), wenn das Ermessen der Staatsanwaltschaft nicht ausnahmsweise unter Gleichbehandlungsgesichtspunkten **auf Null reduziert** ist (MüKo-StPO/*Jahn* § 160b Rn. 22). Justiziabel dürfte aber selbst ein gleichheitswidriges Vorgehen der Staatsanwaltschaft kaum je sein, da die Durchführung einer Erörterung bzw. die Teilnahme daran – abgesehen von der Möglichkeit, disziplinarische Maßnahmen anzuregen – **nicht im Rechtsweg durchsetzbar** ist (N/Sch/W/*Schlothauer* Teil B § 160b Rn. 10, 14) und die Staatsanwaltschaft auch einer Verfassungsbeschwerde unter dem Gesichtspunkt von Art. 3 Abs. 1 GG regelmäßig mit einer sachlichen Differenzierungsbegründung entgegentreten können wird (dies konzediert auch MüKo-StPO/*Jahn* § 160b Rn. 22).

7 **2. Voraussetzung: Geeignetheit zur Verfahrensförderung.** Die vom Gesetz vorausgesetzte Geeignetheit zur Verfahrensförderung mutet auf den ersten Blick tautologisch an (vgl. *Fischer* StraFo 2009, 177, 186: »wann sonst?«). Den Materialien zufolge soll damit darauf hingewiesen werden, dass nicht nur der gegenwärtige Stand des Verfahrens, sondern auch der weitere Verfahrensgang zum Gegenstand der Erörterung gemacht werden kann (BT-Drs. 16/12310, S. 12). Die Formulierung ist daher richtigerweise als **Zielbeschreibung** und nicht etwa als Einschränkung des Anwendungsbereichs der Norm anzusehen.

8 **3. Inhalt der Erörterung.** Zum Begriff der »**Erörterung**« s. § 202a Rdn. 13 f. Die möglichen Inhalte von Erörterungen mit der Staatsanwaltschaft im Ermittlungsverfahren sind **vielfältig**. Sie können sowohl im Rechtlichen wie auch im Tatsächlichen liegen, sowohl einzelne Verfahrenshandlungen wie auch das Verfahren insgesamt zum Gegenstand haben. Der Begriff der »**Förderung« des Verfahrens** ist **weit** zu verstehen. Im Interesse der Verfahrensförderung kann es bereits angezeigt sein, dass die Beteiligten ihre jeweilige Sichtweise verdeutlichen. Darüber hinaus kommt ein Vielzahl möglicher Verständigungen im weiteren Sinn in Betracht, bspw. über die Anordnung/Aufhebung von Zwangsmitteln, einen Täter-Opfer-Ausgleich oder eine Schadenswiedergutmachung (§ 46a StGB), die Auswahl von Sachverständigen (Nr. 70 RiStBV), (Teil-) Einstellungen wegen Geringfügigkeit (§ 153 StPO) oder gegen Auflagen (§ 153a StPO), die Beschränkung des Verfahrens auf bestimmte Taten bzw. Teile einer Tat (§§ 154, 154a StPO, vgl. dazu auch unten Rdn. 13), Verfahrensabtrennungen und Verfahrensverbindungen, den Übergang ins Strafbefehlsverfahren (§§ 407 ff.) bzw. die Strafbefehlshöhe und Zahlungsmodalitäten, die Unternehmensgeldbuße (§ 30 OWiG) oder die Einziehung i.S.d. § 29a OWiG oder (eingeschränkt) der §§ 73 ff. StGB (vgl. dazu auch § 257c Rdn. 63), die Berücksichtigung weiterer, ggf. auch außerstrafrechtlicher Verfahren (z.B. Steuerverfahren, Beitragsverfahren) und dortiger Verfahrensergebnisse, eine schnelle Anklage. Auch wenn Verfahrensabsprachen, die eine Beteiligung des Gerichts erfordern, im Ermittlungsverfahren noch nicht möglich sind, können zwischen Verteidigung und Staatsanwaltschaft bereits mögliche Verständigungen in der Hauptverhandlung ins Auge gefasst und erörtert werden (vgl. BT-Drs. 16/12310, S. 12; Meyer-Goßner/Schmitt/*Köhler* § 160b Rn. 6; *Abraham* StV 2021, 607), wobei auch schon – entgegen einer in der Praxis verbreiteten Meinung – Belange des Opferschutzes eine Rolle spielen dürfen.

9 **III. Dokumentationspflicht (Satz 2). 1. Voraussetzungen.** Umstritten ist, wann die Staatsanwaltschaft zur Fertigung eines Aktenvermerks über eine Erörterung verpflichtet ist. Gegen die Auffassung, die Staatsanwaltschaft müsse jede Anfrage eines Verteidigers aktenkundig machen (*Fischer* StraFo 2009, 177, 186), spricht schon der Wortlaut der Vorschrift (»Erörterung«). Auch im Hinblick auf die mit der Norm bezweckte Verfahrensförderung (vgl. oben Rdn. 3) ist diese Auffassung zu weit. Sinnvollerweise besteht eine

Dokumentationspflicht mithin nicht bei jeder Kontaktaufnahme (so auch Meyer-Goßner/Schmitt/*Köhler* § 160b Rn. 8; *Bittmann* wistra 2009, 414), sondern nur bei solchen Kontakten zwischen den Verfahrensbeteiligten, bei denen es zumindest zu einer **argumentativen Auseinandersetzung** über den Verfahrensstand oder über das weitere Verfahren kommt (daher zu Recht für die Pflicht zum Vermerk auch einer gescheiterten Erörterung *Dießner* StV 2011, 43). Jedenfalls sind sämtliche erreichten Verständigungen insb. gegenüber dem Gericht offenzulegen (BGH Beschl. v. 22.02.2012 – 1 StR 349/11 = NStZ 2013, 353, 355 m.Anm. *Kudlich;* BGH Urt. v. 29.11.2011 – 1 StR 287/11 = NStZ 2012, 347, 348).

2. Umfang. Die Staatsanwaltschaft ist nach dem Wortlaut der Norm verpflichtet, den »wesentlichen Inhalt« der Erörterung zu dokumentieren. Dazu gehört der Umstand, dass ein Rechtsgespräch stattgefunden hat, mit wem es geführt und welches Ergebnis erzielt wurde. Letzteres ist insb. bei Zusagen (siehe unten Rdn. 12) erforderlich (Meyer-Goßner/Schmitt/*Köhler* § 160 Rn. 8; KMR/*Noltensmeier-von Osten* § 160b Rn. 6; N/Sch/W/*Schlothauer* Teil B § 160b Rn. 23). Die Dokumentation kann aber auch dazu beitragen, Streitiges und/oder Unstreitiges festzuhalten und Missverständnisse auszuräumen oder solchen vorzubeugen. Daher kann sich die Unterzeichnung des Aktenvermerks durch den/die anderen Verfahrensbeteiligten empfehlen (so auch AnwK-StPO/Walther § 160b Rn. 8; *Jahn/Müller* NJW 2009, 2625, 2627), hilfsweise die Übersendung einer Art »Bestätigungsschreiben«. Gibt ein Vermerk nach Auffassung eines Verfahrensbeteiligten den Inhalt einer Erörterung ganz oder in Teilen nicht zutreffend wieder, ist zu einer »Gegendarstellung« zu raten. Hiermit kann zugleich dem befürchteten Streit über die Wahrheit der Erörterungsvermerke und dessen Instrumentalisierung als »Verhandlungsmasse für Absprachen« (*Fischer* StraFo 2009, 177, 186) vorgebeugt werden. **Nicht dokumentationspflichtig** sollen Gespräche sein, die ausschließlich der Organisation sowie der verfahrenstechnischen Vorbereitung und Durchführung der Hauptverhandlungen dienen (OLG Stuttgart Beschl. v. 26.03.2014 – 4 a Ss 462/13 = BeckRS 2014, 67810). 10

3. Entsprechende Anwendung im Stadium des Zwischen- und Hauptverfahrens. Zwar ist § 160b Satz 2 StPO ausweislich seiner Stellung im 2. Abschnitt des 2. Buches der StPO *unmittelbar* nur während des Ermittlungsverfahrens anwendbar, jedoch muss die Vorschrift auch im Zwischen- und Hauptverfahren *analog* angewendet werden, soweit die §§ 202a, 212, 257b StPO im Einzelfall nicht greifen, das gesetzgeberische Ziel der umfassenden Verfahrenstransparenz aber gleichwohl gefährdet ist (BGH Urt. v. 29.11.2011 – 1 StR 287/11 = NStZ 2012, 347, 348 mit Blick auf bilaterale Gespräche zwischen der Verteidigung und der Staatsanwaltschaft im Zwischen- oder Hauptverfahren ohne Beteiligung des Gerichts; bestätigend BGH Beschl. v. 22.02.2011 – 1 StR 349/11 = BeckRS 2012, 7034, Rn. 29; MüKo-StPO/*Jahn* § 160b Rn. 6, 24 m.w.N.). 11

IV. Bindungswirkung. Anders als bei einer Verständigung mit dem Gericht i.R.d. Hauptverhandlung (vgl. § 257c Abs. 4 Satz 1 StPO und die dortige Kommentierung bei Rdn. 84 ff.) ist die Frage, ob **Zusagen** im Rahmen einer Erörterung i.S.d. § 160b StPO **rechtlich bindend** sind, gesetzlich nicht geregelt; auch in den Materialien finden sich dazu keine Ausführungen. Die wohl herrschende Meinung verneint diese Frage und geht davon aus, dass alle Verfahrensbeteiligten sich prinzipiell **jederzeit** von den von ihnen gemachten Zusagen **lösen** können (BGH Beschl. v. 20.12.2011 – 3 StR 426/11 = NStZ-RR 2012, 148; ferner MüKo-StPO/*Jahn* § 160b Rn. 33; KMR/*Noltensmeier-von Osten* § 160b Rn. 11; N/Sch/W/Schlothauer Teil B Rn. 25; *Eckstein* NStZ 2017, 609, 612, 614; HK-StPO/*Temming* § 160b Rn. 7; *Beulke/Swoboda* Rn. 599; vgl. auch BGH Beschl. v. 12.07.2016 – 1 StR 136/16 = NStZ 2017, 56, 57 m.Anm. *Bittmann* – der dieser Entscheidung zugrunde liegende Sachverhalt spielt sich zwar im Hauptverfahren ab, dürfte aber – was die Bindungskraft staatsanwaltschaftlicher Zusagen angeht – erst recht auch auf § 160b StPO übertragbar sein). Die Gegenauffassung vertritt die Ansicht, dass Zusagen im Rahmen einer Erörterung i.S.d. § 160b StPO bindend sind, sobald die anderen Verfahrensbeteiligten ihre Zusagen erfüllt haben (Meyer-Goßner/Schmitt/*Köhler* § 160b Rn. 9 f.; Graf/*Sackreuther* § 160b Rn. 3). Dabei wird jedoch nicht mitgeteilt, was unter dem Begriff »Bindung« verstanden wird (dazu sogleich Rdn. 13 und § 257c Rdn. 93 ff.). 12

Nach beiden Ansichten stellt sich die Frage, wie in Fällen zu verfahren ist, in denen der Beschuldigte im Vertrauen auf eine **Zusage der Staatsanwaltschaft** in **»Vorleistung«** (bspw. durch ein Geständnis) gegangen ist. Im Ausgangspunkt ist hier (wohl) konsentiert, dass das Gebot der **Verfahrensfairness** (Art. 6 Abs. 1 Satz 1 EMRK, Art. 20 Abs. 4 GG) sowie das aus Art. 3 Abs. 1 GG resultierende Willkürverbot eine **Kompensation des enttäuschten Vertrauens** des Beschuldigten erfordern (N/Sch/W/Schlothauer Teil B Rn. 26; MüKo-StPO/*Jahn* § 160b Rn. 36 ff.; *Abraham* StV 2021, 606, 610). *Wie* diese Kompensation zu erfolgen hat, ist jedoch je nach Fallgestaltung unterschiedlich zu beurteilen (insofern zutreffend MüKo-StPO/*Jahn* § 160b Rn. 37) und im Einzelnen umstritten (Übersicht bei *Abraham* StV 2021, 606, 611). Das trifft insb. auf die praxisrelevante Konstellation zu, dass die Staatsanwaltschaft dem Beschuldigten im Rahmen einer Erörterung 13 nach § 160b StPO zusagt, **andere bei ihr anhängige Verfahren nach § 154 Abs. 1 StPO** einzustellen oder – wenn die öffentliche Klage in den anderen Verfahren bereits erhoben ist – einen Antrag nach **§ 154 Abs. 2 StPO** zu stellen. Solche Zusagen sollen der Staatsanwaltschaft im Rahmen einer »Gesamtlösung« bzw. eines »package deals« erlaubt sein (vgl. dazu auch § 257c Rdn. 36 ff.), solange nicht der Eindruck erweckt wird, dass es sich dabei um eine bindende Zusage handelt (BGH Beschl. v. 12.07.2016 – 1 StR 136/16 = NStZ 2017, 56, 57; vgl. auch MüKo-StPO/*Jahn* § 160b Rn. 20 m.w.N.). Ein solcher Eindruck wird jedoch im Regelfall entstehen, wenn der Beschuldigte vor Erbringung seiner Leistung nicht ausdrücklich über die mangelnde Verbindlichkeit der staatsanwaltschaftlichen Zusage **belehrt** wird. Fehlt die Belehrung und hält die Staatsanwaltschaft ihre Zusage trotz absprachegemäßer Leistung des Beschuldigten gleichwohl nicht ein, ist für die Taten, die laut Absprache nach § 154 Abs. 1 StPO hätten eingestellt werden sollen, ein **Verfahrenshindernis** anzunehmen (vgl. N/Sch/W/Schlothauer Teil B § 160a Rn. 26; L/R-*Erb* Nachtr. § 160b Rn. 11; SK/*Wohlers* § 160b Rn. 8 aE; enger *Eckstein* NStZ 2017, 609, 614 ff.: kein Verfahrenshindernis, wenn das Abrücken von der Zusage auf einer geänderten Sachlage beruht; tendenziell zurückhaltend auch MüKo-StPO/*Jahn* § 160b Rn. 37; unklar ist die Position von Meyer-Goßner/Schmitt/*Köhler* § 160b Rn. 10 und Graf/*Sackreuther* § 160b Rn. 3, die zwar von einer unauflöslichen Bindung der Staatsanwaltschaft an ihre Zusage ausgehen, aber nicht mitteilen, wie die daraus entstehende Handlungspflicht der Staatsanwaltschaft vollstreckt wird oder was im Fall einer endgültigen Nicht-Leistung geschieht, vgl. zu diesem Problem auch § 257c Rdn. 95). Anders liegt es, wenn die Staatsanwaltschaft im Ermittlungsverfahren lediglich einen Antrag nach § 154 Abs. 2 StPO zugesagt hatte und diesen Antrag dann trotz absprachegemäßer Leistung des Beschuldigten nicht stellt: Da die Staatsanwaltschaft in dieser Konstellation wegen der erforderlichen Zustimmung des Gerichts nie die alleinige Verfügungsgewalt über den Fortgang des Verfahrens innehatte, kann eine gebrochene Zusage der Staatsanwaltschaft insofern auch kein Verfahrenshindernis auslösen; das enttäuschte Vertrauen des über die mangelnde Bindungswirkung der staatsanwaltschaftlichen Zusage nicht belehrten Beschuldigten ist dann aber **strafmildernd** zu berücksichtigen. Von dieser Fallkonstellation wiederum zu unterscheiden ist die (im Zwischen- oder Hauptverfahren angesiedelte) Situation, in der **sowohl das Gericht als auch die Staatsanwaltschaft** dem Beschuldigten zugesagt haben, ein in ihrer Zuständigkeit liegendes (!) Verfahren nach § 154 Abs. 2 StPO einzustellen, und davon trotz erfolgter Gegenleistung der Beschuldigten wieder abrücken: Hier ist bezüglich der Taten, für die eine Einstellung zugesagt war, jedenfalls dann ein Verfahrenshindernis anzunehmen, wenn der Beschuldigte vor Erbringung seiner Leistung nicht über die mangelnde Bindungswirkung beider (!) Zusagen belehrt worden ist (mit vergleichbarer Stoßrichtung Meyer-Goßner/Schmitt/*Köhler* § 160b Rn. 11 m.w.N.; a.A.: BGH Urt v. 12.03.2008 – 3 StR 433/07 = BGHSt 52, 165, 173: kein Verfahrenshindernis, sondern wesentlicher Strafmilderungsgrund).

14 Unabhängig von den vorstehenden Erwägungen sind Geständnisse, die der Beschuldigte aufgrund einer **Täuschung über den (tatsächlich nicht-)bindenden Charakter einer Verständigung** (oder aufgrund einer anderen rechtswidrigen Willensbeugung im Ermittlungsverfahren) ablegt, nach §§ 163a Abs. 3 Satz 2, 136a Abs. 3 Satz 2 StPO unverwertbar (näher MüKo-StPO/*Jahn* § 160b Rn. 38 ff.).

15 Ist der Beschuldigte dagegen im Vertrauen auf eine **Zusage des Verletzten** in »Vorleistung« gegangen, kommt im Fall einer späteren Lösung des Verletzten von seiner Zusage nur ein Ausgleich *inter partes* gem. §§ 812 ff. BGB in Betracht (N/Sch/W/*Schlothauer* Teil B § 160b Rn. 27).

16 Zur bisher wenig diskutierten Frage, unter welchen Voraussetzungen der Beschuldigte den durch Zusagen der Staatsanwaltschaft entstandenen Vertrauensschutz wieder verlieren kann s. *Abraham* StV 2021, 606, 611.

17 **V. Weitere Verfahrensfragen (Keine Mitteilungspflicht in der Hauptverhandlung; notwendige Verteidigung).** Erörterungen zwischen Staatsanwaltschaft und Verteidigung im Hinblick auf eine mögliche Verständigung (§ 257c StPO) unterliegen nicht der **Mitteilungspflicht des § 243 Abs. 4 Satz 1 StPO**, die nur »Erörterungen nach §§ 202a, 212« erfasst (BGH Urt. v. 16.06.2016 – 1 StR 20/16 = BeckRS 2016, 16331, Rn. 27; Beschl. v. 25.02.2015 – 5 StR 258/13 = NStZ 2015, 232, 233).

18 Erwägt die Staatsanwaltschaft, Erörterungen durchzuführen, hat sie besonders sorgfältig zu prüfen, ob dem Beschuldigten nach §§ 141 Abs. 3 Satz 2, 140 Abs. 2 StPO ein **Pflichtverteidiger** zu bestellen ist (näher MüKo-StPO/*Jahn* § 160b Rn. 23; weitergehend HK-StPO/*Temming*: analoge Anwendung von § 408b StPO). Beabsichtigt ein Gericht, Erörterungen mit dem Ziel einer Verständigung i.S.d. § 257c StPO durchzuführen, ist einem unverteidigten Angeklagten wegen der Schwierigkeit der Rechtslage regelmäßig schon im Ermittlungsverfahren ein notwendiger Verteidiger zu bestellen (vgl. § 257c Rdn. 34).

19 **C. Berufung und Revision.** Wenn Erörterungen sowohl entgegen § 160b Satz 2 StPO als auch entgegen der §§ 202a, 212 StPO nicht dokumentiert werden, kann dies zur Unwirksamkeit einer Berufungsbeschränkung führen (OLG Stuttgart Beschl. v. 26.03.2014 – 4a Ss 462/13 = StV 2014, 397 m.Anm. *Meyer-Lohkamp* jurisPRStrafR 13/2014 Anm. 2 und Bespr. *Deutscher* StRR 2014, 310). Mit der Revision kann die Verletzung

von § 160b StPO unmittelbar nicht angefochten werden, jedoch können die in Rdn. 13 ff. genannten Aspekte im Revisionsverfahren eine Rolle spielen.

§ 161 Allgemeine Ermittlungsbefugnis der Staatsanwaltschaft

(1) [1]Zu dem in § 160 Abs. 1 bis 3 bezeichneten Zweck ist die Staatsanwaltschaft befugt, von allen Behörden Auskunft zu verlangen und Ermittlungen jeder Art entweder selbst vorzunehmen oder durch die Behörden und Beamten des Polizeidienstes vornehmen zu lassen, soweit nicht andere gesetzliche Vorschriften ihre Befugnisse besonders regeln. [2]Die Behörden und Beamten des Polizeidienstes sind verpflichtet, dem Ersuchen oder Auftrag der Staatsanwaltschaft zu genügen, und in diesem Falle befugt, von allen Behörden Auskunft zu verlangen.

(2) Soweit in diesem Gesetz die Löschung personenbezogener Daten ausdrücklich angeordnet wird, ist § 58 Absatz 3 des Bundesdatenschutzgesetzes nicht anzuwenden.

(3) [1]Ist eine Maßnahme nach diesem Gesetz nur bei Verdacht bestimmter Straftaten zulässig, so dürfen die auf Grund einer entsprechenden Maßnahme nach anderen Gesetzen erlangten personenbezogenen Daten ohne Einwilligung der von der Maßnahme betroffenen Personen zu Beweiszwecken im Strafverfahren nur zur Aufklärung solcher Straftaten verwendet werden, zu deren Aufklärung eine solche Maßnahme nach diesem Gesetz hätte angeordnet werden dürfen. [2] § 100e Absatz 6 Nummer 3 bleibt unberührt.

(4) In oder aus einer Wohnung erlangte personenbezogene Informationen aus einem Einsatz technischer Mittel zur Eigensicherung im Zuge nicht offener Ermittlungen auf polizeirechtlicher Grundlage dürfen unter Beachtung des Grundsatzes der Verhältnismäßigkeit zu Beweiszwecken nur verwendet werden (Artikel 13 Abs. 5 des Grundgesetzes), wenn das Amtsgericht (§ 162 Abs. 1), in dessen Bezirk die anordnende Stelle ihren Sitz hat, die Rechtmäßigkeit der Maßnahme festgestellt hat; bei Gefahr im Verzug ist die richterliche Entscheidung unverzüglich nachzuholen.

Übersicht

A. Allgemeines. Abs. 1 wurde durch das Strafverfahrensänderungsgesetz 1999 neu gefasst. Er regelt als **Ermittlungsgeneralklausel** allgemein die Befugnisse der StA und der Steuerbehörde und ihr Recht, von Behörden Auskunft zu verlangen, um ihre nach § 160 bestehende Pflicht zu erfüllen. Abs. 2 ist durch das Gesetz zur Neuregelung der TKÜ- und anderer verdeckter Ermittlungsmaßnahmen mit Wirkung v. 01.01.2008 eingeführt worden. Er regelt die Verwendung von Daten, die durch nicht strafprozessuale Maßnahmen erlangt wurden, unter dem Gesichtspunkt des hypothetischen Ersatzeingriffs. Abs. 3 war ursprünglich als Abs. 2 durch das Gesetz von 1999 eingeführt worden und beschreibt die verfahrensrechtlichen Voraussetzungen der Verwertung von Daten, die anlässlich des Einsatzes technischer Mittel zur Eigensicherung in Wohnungen erhoben wurden. 1

B. Befugnisse (Abs. 1). I. Auskunft von Behörden (Satz 1). Behörden im Sinne dieser Vorschrift sind alle inländischen Behörden gem. § 4 Abs. 1 und § 1 Abs. 4 VwVfG. Gerichte sowie andere StA und Polizeibehörden fallen hierunter soweit sie nicht am Ermittlungsverfahren im Sinne dieses Gesetztes beteiligt sind (Ermittlungsrichter, auswärtige StA, die ersucht wird i.S.d. § 161a Abs. 4; LR/*Erb* § 161 Rn. 18). Die StA kann den Gerichtspräsidenten oder Behördenleiter um Auskunft ersuchen. Die Behörde ist verpflichtet dem Verlangen erschöpfend nachzukommen, auch wenn dies einen erheblichen personellen und sachlichen Aufwand bedeutet, und kann nur in den gesetzlich geregelten Fällen die Auskunft verweigern (KMR/*Plöd* § 161 Rn. 2). Die Verweigerung der Auskunft ist zu begründen. Das Recht auf informationelle Selbstbestimmung gilt für Behörden nicht. 2

3 Das **Bankgeheimnis** ist gesetzlich nicht geregelt und stellt sich nur als eine vertragliche Pflicht zur Verschwiegenheit dar. Öffentlich-rechtlich organisierte Kreditinstitute (Sparkassen) haben daher Auskunft zu erteilen (h.M.; KK-StPO/*Griesbaum* § 161 Rn. 8; Meyer-Goßner/Schmitt/*Köhler* § 161 Rn. 4; LG Hamburg NJW 1978, 958; a.A. LR/*Erb* § 161 Rn. 40), Privatbanken sind zur schriftlichen Auskunft berechtigt, aber nicht verpflichtet. Bei Verweigerung der Auskunft ist ein verantwortlicher Mitarbeiter zur Vernehmung zu laden, der sich zur Vorbereitung auf die Vernehmung die erforderlichen Unterlagen zu beschaffen hat. Zur Vermeidung dieser Vernehmung kann und sollte die Bank die geforderten Auskünfte schriftlich erteilen (LR/*Erb* § 161 Rn. 41). Banken sind auch nach § 95 zur Herausgabe von Unterlagen verpflichtet. Die unberechtigte Auskunftsverweigerung durch die Bank kann eine Strafvereitelung nach § 258 StGB darstellen. Für Steuerstraftaten ist § 30a AO zu beachten.

4 Nach § 24c Abs. 3 Satz 1 Nr. 2 KWG können die Strafverfolgungsbehörden von der Bundesanstalt für Finanzdienstleistungen **(BaFin) Auskunft** über die sog. Stammdaten (Kontonummern, Namen des Inhabers und der Verfügungsberechtigten) aller von den Kreditinstituten mitgeteilten Bankkonten verlangen (vgl. BVerfGE 118, 168). Für den Inhalt der Konten muss aber dann eine Auskunft der sie führenden Banken erholt werden. Die Erholung der Stammdaten ist nicht auf Fälle von schweren Straftaten beschränkt (OLG Stuttgart ZIP 2015, 947). Es gibt keinen Grundsatz, dass eine solche Auskunftserholung erst zulässig ist, wenn die Ermittlungsbehörden den Sachverhalt nicht auf andere Weise z.B. durch Vernehmung des Beschuldigten aufklären können. Anders als § 93 Abs. 7 und 8 AO enthält § 24c KWG keine als Subsidiaritätsklausel auszulegende Regelung (vgl. *Brender* ZRP 2009, 198). Die StA entscheidet daher in freier Ausgestaltung des Ermittlungsverfahrens, wann die Auskunftserholung erforderlich i.S.d. § 24c Abs. 3 Satz 1 Nr. 2 KWG ist.

5 **II. Gesetzlich geregelte Ausnahmen. 1. Steuergeheimnis.** Das **Steuergeheimnis** des § 30 Abs. 1 AO darf nur unter den Voraussetzungen des § 30 Abs. 4 AO gebrochen werden. Die Zustimmung des Betroffenen zur Offenbarung (§ 30 Abs. 4 Nr. 3 AO) dürfte eher die Ausnahme sein. Von Bedeutung sind v.a. Abs. 4 Nr. 4 lit. a) und b) der Vorschrift. Wenn die Kenntnisse im Verfahren wegen einer Steuerstraftat oder -ordnungswidrigkeit erlangt worden sind, dürfen sie offenbart werden, soweit es sich nicht um Tatsachen handelt, die der Steuerpflichtige in Unkenntnis der Einleitung des Straf- oder Bußgeldverfahrens offenbart hat.

6 Von praktischer Relevanz ist insb. die Offenbarungsbefugnis aufgrund eines zwingenden öffentlichen Interesses i.S.d. § 30 Abs. 4 Nr. 5 lit. a) und b) AO. Die StA kann bei Ermittlungen wegen Kapitaldelikten und gefährlichen oder schweren Körperverletzungen, Straftaten gegen den Staat und seine Einrichtungen sowie schwerwiegenden Wirtschaftsstraftaten uneingeschränkt Auskünfte der Finanzbehörden verlangen.

7 **2. Sozialgeheimnis.** Sozialleistungsträger und ihnen durch Gesetz gleichgestellte Behörden dürfen und müssen nach § 35 Abs. 1 und 3 SGB I die Auskunft verweigern. Ihre Unterlagen dürfen nicht beschlagnahmt werden (KMR/*Plöd* § 161 Rn. 11). Ausnahmen regeln die §§ 67 bis 77 SGB X.

8 Das Sozialgeheimnis steht der Auskunftserteilung und Beschlagnahme nicht entgegen, wenn eine schriftliche Einwilligung des Betroffenen (§ 67b Abs. 1 SGB X) oder eine nach Belehrung zu Protokoll erklärte Einwilligung (§ 67b Abs. 2 SGB X) vorliegen. In diesem Fall ist die Auskunft uneingeschränkt zulässig. Ebenso kann die StA im Wege der Amtshilfe gem. Art. 35 GG die in § 68 Abs. 1 SGB X genannten Daten (Name, Vorname, Geburtsdatum, Geburtsort, derzeitige Anschrift des Betroffenen, seinen derzeitigen oder zukünftigen Aufenthalt sowie Namen und Anschriften seiner derzeitigen Arbeitgeber) erfragen und die Übermittlung der in § 68 Abs. 3 SGB X genannten Daten zur Durchführung einer Rasterfahndung verlangen. Im Fall des Abs. 1 stehen einem staatsanwaltlichen Auskunftsersuchen zur Aufklärung einer Straftat in der Regel keine schutzwürdigen Belange entgegen (Meyer-Goßner/Schmitt/*Köhler* § 161 Rn. 6, KK-StPO/*Griesbaum* § 161 Rn. 9, KMR/*Plöd* § 161 Rn. 11) Mangels gesetzlicher Regelung bedarf es keiner richterlichen Anordnung, § 73 Abs. 3 gilt nicht (Meyer-Goßner/Schmitt/*Köhler* § 161 Rn. 6; LR/*Erb* § 161 Rn. 33).

9 Auskünfte können auch gem. § 69 Abs. 1 Nr. 2 SGB X erteilt werden zur Erfüllung sozialgesetzlicher Aufgaben. Hierunter fallen Ermittlungsverfahren wegen Unterhaltspflichtverletzungen, die zu Leistungen der Sozialbehörde geführt haben, das Erschleichen von Sozialleistungen und der Abrechnungsbetrug durch Leistungserbringer ggü. den Sozialbehörden (*Welke* DÖV 2010, 175). Die StA kann auch hier ohne richterliche Anordnung Auskunft im Wege der Amtshilfe verlangen (LR/*Erb* § 161 Rn. 33; Meyer-Goßner/Schmitt/*Köhler* § 161 Rn. 6; *Hardtung* NJW 1992, 211; *von Wulffen* SGB X, § 69 Rn. 26; *Kerl* NJW 1984, 2444; *Welke* DÖV 2010, 175; a.A. LG Hamburg, NJW 1984; *Zeibig* NJW 1999, 339 ff.).

10 I.Ü. ist nach § 73 SGB X im Fall eines Verbrechens i.S.v. § 12 StGB uneingeschränkt Auskunft zu erteilen, § 73 Abs. 3. Bei Vergehen ist die Auskunft auf die in § 72 Abs. 1 Satz 2 SGB X genannten Daten und die Angaben über erbrachte und zukünftige Geldleistungen zu beschränken. Nach Abs. 3 ist in diesen Fällen eine richterliche Anordnung erforderlich. Zuständig ist der Ermittlungsrichter gem. § 162 Abs. 1. Die Behörden haben nach ergangener Anordnung kein Recht, die Auskunft zu verweigern (LR/*Erb* § 161 Rn. 34). § 73

Abs. 1 und Abs. 3 SGB X gehen bzgl. der Erlangung von Sozialdaten den allgemeinen strafprozessualen Vorschriften vor (*v. Wulffen* SGB X, § 73 Rn. 2).

Nach § 61 SGB VIII gelten diese Vorschriften auch für die Jugendgerichtshilfe, insb. § 76 SGB X für in deren Akten enthaltene ärztliche Daten (LG Hamburg NStZ 1993, 401). § 61 Abs. 2 SGB VIII berechtigt und verpflichtet die JGH zur Offenbarung ggü. den Gerichten und der StA (KMR/*Plöd* § 161 Rn. 11). 11

§ 76 SGB X garantiert, dass von **Ärzten oder anderen Berufsgeheimnisträgern** übermittelte Daten nur unter den Voraussetzungen übermittelt werden dürfen, unter denen diese selbst Auskunft erteilen dürften. Die Vorschrift steht einer Offenbarung von Abrechnungsdaten im Rahmen von Ermittlungsverfahren wegen Abrechnungsbetrugs nicht entgegen (*von Wulffen* SGB X, § 76 Rn. 9; s.a. § 81a Abs. 4 SGB V, der die Kassenärztlichen Vereinigungen zur Unterrichtung der StA beim Verdacht von Straftaten verpflichtet). Zur Beschlagnahme von Abrechnungsunterlagen vgl. *Seibert* NStZ 1987, 398. 12

3. Krankenunterlagen:. Behörden, die ärztliche Behandlungsdaten erheben, unterliegen der ärztlichen Schweigepflicht und müssen nur im Fall der Entbindung hiervon Auskunft erteilen. Dies gilt auch für im Strafvollzug tätige Ärzte. Der Anstaltsarzt (vgl. § 158 StVollzG) darf nur Behandlungsdaten übermitteln, wenn diese Grundlage für Vollzugsentscheidungen bilden. Im Ermittlungsverfahren bedarf es einer Entbindung von der ärztlichen Schweigepflicht (SSW-StGB/*Bosch* § 203 Rn. 7; LK/*Schünemann* § 203 Rn. 157). 13

4. Post- und Fernmeldegeheimnis. Das Postgeheimnis und das Fernmeldegeheimnis (Art. 10 GG, § 39 PostG) stehen einer Auskunft entgegen, wenn nicht die Voraussetzungen der §§ 99, 100g vorliegen. Telekommunikationsunternehmen, die wirtschaftlich tätig sind, sind keine Behörden i.S.d. § 161 (KMR/*Plöd* § 161 Rn. 6). In den Schutzbereich des Art. 10 GG fallen nicht Verbindungsdaten, die nach Abschluss des Telekommunikationsvorgangs aufgezeichnet und gespeichert werden. Sie können Gegenstand eines Auskunftsverlangens gegenüber Behörden und privaten Telekommunikationsunternehmen sein, wenn der Eingriff in das Recht auf informationelle Selbstbestimmung nicht schwerwiegend ist (BVerfG WM 2011, 211). 14

5. Mautdaten. Fernstraßenmautdaten sind für Zwecke des Ermittlungsverfahrens nach geltender Rechtslage auch bei Verdacht schwerster Straftaten nicht verwertbar, § 7 Abs. 2 Satz 3 BFStrMG (krit. LR/*Erb* § 161 Rn. 37). 15

6. Sperrerklärung. Behörden dürfen Auskünfte verweigern, soweit sie dem Wohl des Bundes oder eines Landes Nachteile bereiten würden oder die Erfüllung öffentlicher Aufgaben ernstlich gefährdet oder erheblich erschwert würde (Rechtsgedanke der § 96, § 39 BRRG und § 5 VwVfG; KMR/*Plöd* § 161 Rn. 4). Nach diesem Grundsatz können insb. Auskünfte zu Gewährsleuten verweigert werden. 16

III. Ermittlungen jeder Art (Abs. 1 Satz 1, 2. Alt.). 1. Vernehmungen und Augenschein. Zunächst kommen hier die klassischen Beweismittel der Zeugenvernehmung, des Sachverständigenbeweises und der Augenscheinnahme in Betracht. Nur die StA kann die Zeugenvernehmungen zwangsweise durchsetzen (nunmehr gem. § 163 Abs. 3 und 4 auch das Erscheinen der Zeugen vor den Ermittlungspersonen der StA) und Sachverständige zur Erstellung ihrer Gutachten zwingen (§ 161a). Die Besichtigung des Tatortes kann der Staatsanwalt zwar leiten, die Spurensicherung und andere Dokumentationen wird er aber den hierfür geschulten Polizeibeamten oder einem von ihm beauftragten Sachverständigen überlassen. 17

2. Andere Ermittlungsmaßnahmen. Daneben treten die von der StPO genannten Ermittlungsmaßnahmen, die häufig vom Ermittlungsrichter angeordnet werden müssen: Die körperliche Untersuchung eines Beschuldigten (§ 81a) oder eines Zeugen (§ 81c), die Beschlagnahme eines Beweisgegenstandes (§§ 94, 98), Rasterfahndung (§§ 98a bis c), Postbeschlagnahme (§§ 99, 100), die Durchführung von Telekommunikations- und Wohnraumüberwachungsmaßnahmen (§§ 100a ff.) oder Durchsuchungen (§§ 102, 103 Abs. 1 Satz 1, 105) sind von der StA einzusetzen, wenn dies zur Erforschung des Sachverhaltes zweckdienlich, erforderlich und verhältnismäßig erscheint. Dabei gilt der Grundsatz der freien Gestaltung des Ermittlungsverfahrens (LR/*Erb* § 161 Rn. 44). Bei dieser Entscheidung ist jedoch das Verhältnismäßigkeitsprinzip zu beachten (LR/*Erb* § 161 Rn. 45). Von der Durchführung personal- oder kostenintensiver Maßnahmen kann abgesehen werden, wenn das Opportunitätsprinzip (§§ 153 ff.) die Verfolgung nicht gebietet, oder dieser Aufwand außer Verhältnis zur Schwere des Verdachts oder der Tat steht. Bei Großverfahren wegen Straftaten mit einer Vielzahl von Geschädigten (Abrechnungs- oder Anlagebetrug, Betrug mittels Internet, Heilbehandlungen durch vorgebliche Ärzte) kann zunächst statt einer persönlichen Vernehmung der Geschädigten als Zeugen die Beantwortung eines schriftlichen Fragenkatalogs zu zentralen Punkten (Schadenshöhe, Täuschungshandlungen bzw. Behandlungsdaten) ausreichend sein (BGH, NStZ 2018, 215). Anschließend kann in frühzeitiger Anwendung des § 154 Abs. 1 der Verfahrensstoff auf einige Geschädigte beschränkt werden, bei denen der Schaden oder die Folgen der Tat besonders schwer wiegen. Zum Umfang 18 des gerichtlichen und deshalb auch von der StA zu beachtenden Aufklärungsbedarfs bei Verfahren wegen Massenbetrugs oder ähnlichen Seriendelikten vgl. BGH NStZ 2015, 98: Eventuell genügt die Beschränkung auf die Einvernahme einzelner Zeugen, wenn sich hieraus schon ein schlüssiges Bild des Tatgeschehens und der (täuschungsbedingten) Vorstellungen der potenziellen Geschädigten ergibt.

19 **3. Auslandsermittlungen.** Weder die StA noch die Polizei können hoheitliche Ermittlungstätigkeit im Ausland vornehmen, soweit nicht internationale Abkommen (SDÜ, insb. Art. 40, 41) oder bilaterale Abkommen mit den Nachbarländern (z.B. **Österreich**, Abkommen v. 10.11. und 19.12.2003, BGBl. II 2005, S. 1307) dies gestatten. Die StA kann Rechtshilfeersuchen nach den Vorschriften des IRG an die Behörden anderer Staaten richten, die Einzelheiten regeln die Richtlinien für den Verkehr mit dem Ausland in strafrechtlichen Angelegenheiten (RiVASt). Aufseiten der StA ist dringend die Konzentration des Rechtshilfeverkehrs auf ein oder mehrere Spezialdezernate zu empfehlen, da ein erfolgreiches Ersuchen die Beachtung spezieller Vorschriften voraussetzt. In der Praxis kann es bei bedeutenden oder eilbedürftigen Ermittlungshandlungen erforderlich sein, dass die StA die ermittelnde Polizeidienststelle ersucht, einen direkten Kontakt mit der am Zielort zuständigen Polizeibehörde herzustellen. Auf diese Weise können das weitere Vorgehen besprochen und eilbedürftige Ermittlungsmaßnahmen vorbereitet werden. Das Rechtshilfeersuchen kann vorab per Telefax übermittelt werden. In den an Deutschland angrenzenden Staaten gibt es Kontaktdienststellen der Bundespolizeibehörden, die unmittelbar mit (ggf. deutschsprachigen) Beamten der Nachbarstaaten Fühlung haben. Hier kann ein Kontakt zu Behörden vor Ort vermittelt werden. Bei den Botschaften der Bundesrepublik sind Kontaktbeamte des BKA tätig, die ebenfalls mit den örtlichen Stellen der Justiz und Polizei zusammenarbeiten (s. § 3 BKAG). Ohne solche Vorbereitung ist bei Rechtshilfeersuchen mit einer längeren Laufzeit zu rechnen, die sich bei einigen Staaten auf Jahre ausdehnen kann. Kontakte werden insb. von Eurojust hergestellt (s. u. Rdn. 21). Die ausländischen Behörden sollten in bedeutenden Fällen ersucht werden, die Anwesenheit deutscher Ermittlungspersonen bei Vernehmungen von Zeugen und Beschuldigten sowie die Stellung von Fragen zu gestatten. Die Anwesenheit eines deutschen Staatsanwaltes bei Ermittlungshandlungen im Ausland verleiht dem Ersuchen zusätzliches Gewicht.

20 Der Rahmenbeschluss 2008/978/JI des Rates v. 18.12.2008 über die Europäische Beweisanordnung zur Erlangung von Sachen, Schriftstücken und Daten zur Verwendung in Strafsachen wurde national nicht umgesetzt. An seine Stelle ist die Richtlinie über die **europäische Ermittlungsanordnung** (EEA, 2010/0817[COD]) getreten, die wie der europäische Haftbefehl auf dem Grundsatz der gegenseitigen Anerkennung basiert. Die nationale Umsetzung ist nunmehr durch das 4. IRGÄndG in den § 91a ff IRG erfolgt (in Kraft getreten am 22.05.2017). Damit soll eine wesentliche Vereinfachung bei grenzüberschreitenden Ermittlungen einhergehen. Im Rahmen des Anwendungsbereichs der Richtlinie erlässt die zuständige (Justiz) Behörde des Anordnungsstaates unter Beachtung der erforderlichen Voraussetzungen sowie unter Verwendung des vorgesehenen Formblatts eine EEA (auch für mehrere Maßnahmen), die dann vom ersuchten Staat anzuerkennen und zu vollstrecken ist. Die Ablehnung ist nur ausnahmsweise möglich (BT-Drs. 421/16, S. 15; Einführung in die Neuregelung bei *Böhm*, NJW 2017, 1512). Gegenstand der EEA können insb. Bankauskünften zu Konten verdächtiger oder beschuldigter Personen, verdeckte Ermittlungen und die Überwachung des Telekommunikationsverkehrs sowie andere Maßnahmen zur Sicherung von Beweisen sein.

21 **Eurojust** wurde errichtet durch den Beschluss 2002/187/JI des Rates, geändert durch den Beschluss 2009/426/JI des Rates vom 16.12.2008, umgesetzt durch das Eurojust-Gesetz EJG (s.a. *Fuchs*, Kriminalistik 2015, 81). Aufgabe ist die Steigerung der Effizienz der Arbeit der nationalen Ermittlungs- und Vollzugsbehörden bei der Verfolgung schwerer grenzüberschreitender und organisierter Kriminalität (http://www.eurojust.europa.eu). Insb. bei der Koordination länderübergreifender Ermittlungen kann (auch finanzielle) Unterstützung geleistet werden (Rn. 19e).

22 Das **Europäische Justizielle Netz (EJN)** ist ein Netzwerk von Kontaktstellen in den einzelnen Mitgliedstaaten, das die justizielle Zusammenarbeit in Strafsachen erleichtern soll. Aktuelle Rechtsgrundlage ist der Beschluss des Rates 2008/976/JI vom 16.12.2008 für das Europäische Justizielle Netz und § 14 EJG. Über diese Kontaktstelle kann die StA rasch mit auswärtigen Justizbehörden Verbindung aufnehmen und die Zusammenarbeit beschleunigen. Insb. stehen Information über die Voraussetzungen der Rechtshilfe zur Verfügung; z.B. hat das EJN für Strafsachen einen Europäischen Justiziellen Atlas darüber erstellt, an welche örtlich zuständige Behörde ein Rechtshilfeersuchen gerichtet werden kann.

23 Besondere Bedeutung bei der Bekämpfung grenzübergreifender Kriminalität erlangen die **»Joint Investigation Teams«**, kurz JITs. Rechtsgrundlage ist Art. 13 Abs. 1 des Rechtshilfeübereinkommens 2000. Die beteiligten Staaten schließen durch ihre Justizbehörden einen Vertrag über die Errichtung eines JIT. Auch hierbei kann **Eurojust** Unterstützung leisten. Für jedes beteiligte Land wird ein Gruppen-Leiter bestimmt, in Deutsch-

land ein StA. Die Mitglieder können Informationen unmittelbar untereinander austauschen, ohne hierzu auf förmliche Rechtshilfeersuchen zurückgreifen zu müssen. Ermittlungsmaßnahmen können unmittelbar bei den anderen Mitgliedern beantragt werden. Dies gilt auch für die Beantragung von Zwangsmaßnahmen. Die Mitglieder können bei Hausdurchsuchungen, Vernehmungen usw. in allen vereinbarten Einsatzbereichen zugegen sein.

4. Aufträge und Ersuchen an die Polizei. Nach § 161 Abs. 1 Satz 2 sind alle Polizeibehörden und -beamten verpflichtet, dem Auftrag und den Ersuchen der StA zu genügen. Damit wird die Leitungsbefugnis der StA hervorgehoben. Ersuchen werden an die Polizeibehörden gerichtet, Aufträge einzelnen Polizeibeamten erteilt (ähnlich LR/*Erb* § 161 Rn. 64). Gesetzwidrige Ansinnen sind nicht auszuführen. I.Ü. entscheidet allein die StA über die Erforderlichkeit und den Umfang der Ermittlungen. Sie wird aber auf begründete Einwendungen der Polizei eingehen und ihr Vorgehen mit dem polizeilichen Sachbearbeiter absprechen. Faktisch wird die Leitungsbefugnis auch durch beschränkte sachliche und personelle Ausstattung der Polizeibehörden begrenzt. Insb. aufwendige Observationen und TKÜ Maßnahmen müssen von der Polizei zu bewältigen sein und erfordern bei fremdsprachigen Tätergruppen einen hohen Personaleinsatz. 24

Die StA wendet sich an die örtlich **und sachlich zuständige Polizeibehörde**, wenn bisher noch kein bestimmter Beamter mit der Sache befasst war. Auch andere den Polizeibehörden gleichgestellte Behörden sind in diesem Sinne verpflichtet (s. § 163 Rdn. 7). Die StA kann die Zoll- und Steuerfahndungsbehörden mit Ermittlungen auch dann beauftragen, wenn deren Gegenstand nicht ausschließlich Steuerstraftaten i.S.d. § 369 AO sind (BGH NStZ 1990, 38). Sie kann einzelnen Beamten Aufträge erteilen, wenn diese schon mit der Sache befasst waren oder den Staatsanwalt bei Ermittlungshandlungen begleiten. Sie muss aber die Geschäftsverteilungspläne und Einsatzzeiten der Polizeibehörden respektieren (LR/*Erb* § 161 Rn. 65). Die StA hat dabei ihre Leitungsfunktion wahrzunehmen. Der allgemeine Auftrag zur Anzeigenvorlage oder Durchführung der »erforderlichen Ermittlungen« genügt in der Regel nur bei einfach gelagerten Sachverhalten (vgl. Nr. 11 RiStBV), ist dann aber auch ausreichend. Andernfalls sind wenigstens das Ziel der Ermittlungen und die hierzu erforderlichen Erhebungen vorzugeben. Rechtlich schwierige oder umfangreiche Ermittlungsverfahren bedürfen der ständigen Aufsicht und Überprüfung, damit der Sachverhalt ausreichend aufgeklärt wird, andererseits die Ermittlungsmaßnahmen aber auf die notwendigen und am wenigsten belastenden beschränkt werden. Der persönliche Kontakt ist häufig der beste Weg hierfür. 25

Die Weisungsbefugnis der StA erstreckt sich nicht auf präventiv-polizeiliche Maßnahmen. Bei Überschneidung von solchen Maßnahmen mit den Belangen der Strafverfolgung müssen Polizei und StA eine enge und vertrauensvolle Zusammenarbeit anstreben und eine Güterabwägung vornehmen. Bei Geiselnahmen oder Entführungen soll letztlich die Polizei unaufschiebbare Entscheidungen über Zwangsmaßnahmen treffen (vgl. RiStBV Anlage A Abschn. B Abs. 3 a.E.)

Bei der **Gestaltung** des Ermittlungsverfahrens, insb. der Frage der Reihenfolge der zu ergreifenden Maßnahmen ist die StA innerhalb der gesetzlichen Befugnisse grundsätzlich frei. Es sind unter Beachtung der Verhältnismäßigkeit alle Maßnahmen zu ergreifen, die zur Aufklärung des Sachverhaltes (§ 160 Abs. 1) geeignet und erforderlich sind (BVerfG NStZ 1996, 45). Es besteht keine Pflicht, zunächst den Beschuldigten über die Einleitung des Verfahrens zu informieren. Vielmehr ist es häufig tunlich, den Sachverhalt zunächst so weit als möglich aufzuklären, um die Ermittlungsergebnisse dem Beschuldigten in einer Vernehmung vorhalten zu können oder das Verfahren gegebenenfalls ohne eine solche einzustellen (Meyer-Goßner/Schmitt/*Köhler* § 161 Rn. 8). 26

C. Verwendung durch nicht strafprozessuale Maßnahmen erlangter Daten (Abs. 3). Abs. 2 regelt nach dem Prinzip des **hypothetischen Ersatzeingriffs** die Verwendung von Daten, die durch nicht strafprozessuale Maßnahmen erlangt wurden, insb. nach Polizeirecht, (BT-Drs. 16/5846, S. 64). Diese dürfen zu Beweiszwecken nur zur Aufklärung solcher Straftaten verwendet werden, für die die Maßnahme auch nach der StPO angeordnet werden dürfen. Damit soll der Umgehung strafprozessualer Anordnungsvoraussetzungen vorgebeugt werden (BR-Drucks. 275/07, S. 148). Die übrigen verfahrensrechtlichen Voraussetzungen nach der StPO sind aber nicht zu prüfen. Das gilt nur für die Verwendung der Daten zu Beweiszwecken. Als weiterer Ermittlungsansatz oder zur Ermittlung des Aufenthaltsortes dürfen diese Erkenntnisse verwertet werden (Meyer-Goßner/Schmitt/*Köhler* § 161 Rn. 18d unter Berufung auf BVerfG NJW 2005, 2766; MüKo-StPO/*Kölbel*, § 161 StPO Rn. 47; krit. HK/*Zöller* § 161 StPO Rn. 32). Dies ergibt sich schon aus der Formulierung »zu Beweiszwecken« Die Erkenntnisse können daher Anlass für Durchsuchungen nach § 102 oder verdeckte Ermittlungsmaßnahmen sein. Nach Abs. 2 Satz 1 geht § 100e Abs. 6 Nr. 3 dem Satz 1 vor. 27

Der BGH hat es insb. für zulässig gehalten, Erkenntnisse aus gefahrenabwehrrechtlich statthaften Durchsuchungen (s. z.B. §§ 36, 37 HSOG oder Art. 21, 22 BayPAG; Gleiches gilt für die Überwachung des grenzüberschreitenden Verkehrs nach § 1 ZollVG und die dafür vorgesehenen Befugnisse des § 10 ZollVG) in 28 einem PKW oder bei darin befindlichen Personen nach dieser Vorschrift auch im Strafverfahren zu Beweiszwecken zu verwerten, wenn der auf Tatsachen basierende Verdacht besteht, dass sich in dem Pkw oder bei den im Wagen befindlichen Personen Betäubungsmittel befinden (BGH NStZ-RR 2016, 176). Dem hat sich nunmehr auch der 5. Strafsenat angeschlossen (BGH 10.06.2021 – 5 StR 377/20). Dies gilt auch, wenn gegen die Fahrzeuginsassen schon länger ermittelt worden ist, die Voraussetzungen einer Durchsuchung nach §§ 102 oder 103 eigentlich vorliegen, von den Ermittlungsbehörden aber bewusst die Maßnahme nur nach Polizeirecht durchgeführt wird, um die laufenden Ermittlungen nicht vorzeitig offenbaren zu müssen, sogenannte **legendierte Kontrollen**. Beabsichtigt die Polizei nicht nur, die Betäubungsmittel zwecks Gefahrenabwehr aus dem Verkehr zu ziehen, sondern verfolgt daneben auch das Ziel der Beweissicherung in einem potenziellen Strafverfahren gegen die Täter, handelt es sich bei der Fahrzeugdurchsuchung nach zutreffender Ansicht des BGH um eine sogenannte doppelfunktionale Maßnahme, bei der die Polizei mit jeweils selbstständiger präventiver und repressiver Zielsetzung tätig wird. (StV 2017, 642; ebenso nun Meyer-Goßner/Schmitt/*Köhler* § 105 Rn 1a-c; krit. *Lenk*, StV 2017, 692). Die Gegenansicht sieht darin eine Umgehung des strafprozessualen Richtervorbehaltes (*Müller, Römer* NStZ 2012, 543; *Gubitz*, Anmerkung zu LG Münster NStZ 2016, 128; *Lenk*, StV 2017, 692; differenzierend LR/Erb § 161 Rn. 79: Verwertbarkeit nur bei »echten Zufallsfunden«). Bei der Verfolgung von Straftaten sei immer die StPO anzuwenden. Diese Ansicht verkennt jedoch die Parallelität von Strafverfolgung und Gefahrenabwehr: Die Polizeibehörden sind eben auch verpflichtet und berechtigt, Störungen der öffentlichen Sicherheit und Ordnung durch Straftaten abzuwehren und gefährliche Gegenstände wie BtM aus dem Verkehr zu ziehen. Ein Vorrang der StPO besteht insoweit nicht. Spätestens bei Erhebung der Anklage muss der Angeschuldigte über den vollen Sachverhalt informiert werden (BGH StV 2010, 285). Es besteht weder ein allgemeiner Vorrang der Strafprozessordnung gegenüber dem Gefahrenabwehrrecht noch umgekehrt ein solcher des Gefahrenabwehrrechts gegenüber der Strafprozessordnung (BGH 10.06.2021 – 5 StR 377/20, Rn. 20). Auch bei Vorliegen eines Anfangsverdachts einer Straftat im Sinne des § 152 Abs. 2 StPO ist ein Rückgriff auf präventiv-polizeiliche Ermächtigungsgrundlagen rechtlich möglich. Insb. bei sogenannten Gemengelagen, in denen die Polizei sowohl repressiv als auch präventiv agieren kann und will, bleiben strafprozessuale und gefahrenabwehrrechtliche Maßnahmen grundsätzlich nebeneinander anwendbar.

29 In der Entscheidung des 2. Strafsenats (Beschl. vom 26.04.2017, Az. 2 StR 247/16) werden jedoch Bedenken gegen das Vorgehen der Ermittlungsbehörden in dem entschiedenen Fall geäußert, die in solchen Fällen immer von der StA zu beachten sind. So kann es schwierig werden, den zu vernehmenden Beschuldigten gem. § 163a Abs. 4 ordnungsgemäß über die vorgeworfen Taten zu belehren, wenn der Vernehmungsbeamte weiß, dass mehr Straftaten im Hintergrund bekannt sind als die aktuell bei der Kontrolle ermittelte. Zwar kann bei mehreren Taten die Vernehmung zunächst auf nur eine Tat beschränkt werden, sofern insoweit eine Trennung sachlich möglich ist (Meyer-Goßner/*Schmitt*, § 136 Rn. 6; KK-StPO/*Diemer*, § 136 Rn. 8; a.A. Löwe-Rosenberg/*Gleß*, § 136 Rn. 24 f.). Der BGH würde wohl in solchen Fällen prüfen, ob die – möglicherweise unzulängliche – Belehrung überhaupt das Aussageverhalten des Beschuldigten beeinflusst hat und damit ein Verwertungsverbot begründen könnte. Im konkreten Fall hielt der Senat zudem das Verhalten der Ermittlungsbehörde, die (andernorts) geführten Hintergrundermittlungen gegen den Angeklagten zunächst nicht aktenkundig zu machen und damit dem für den Kontroll- und Festnahmeort zuständigen Ermittlungsrichter einen unvollständigen Sachverhalt zu unterbreiten, im Hinblick auf den Fair-trial-Grundsatz und das Gebot der Aktenwahrheit und -vollständigkeit für nicht unbedenklich. Grundsätzlich muss sich aus den Akten ergeben, welche konkreten Ermittlungsmaßnahmen durchgeführt worden sind und welchen Erfolg sie gehabt haben. Letztlich hätte aber der BGH wohl keine Bedenken, vorübergehend Informationen zurückzuhalten, wenn in angemessener Zeit der Verteidiger und der Beschuldigte informiert werden und die Vorgänge nachträglich vollständig aufgedeckt werden. Der Entscheidung ist zuzustimmen, sie stellt aber den Ermittlungsbehörden keinen Freibrief zur Täuschung der Gerichte und der Beschuldigten mit ihren Verteidigern aus. Zutreffend weist der BGH auf die Möglichkeit nach § 147 Abs. 2 Satz 1 hin.

30 Die Verwendung der aus einer polizeirechtlichen Onlinedurchsuchung (entsprechend § 100b) oder einer polizeirechtlichen akustischen Wohnraumüberwachung (entsprechend § 100c) ist nunmehr in § 100e Abs. 6 Nr. 3 geregelt, was Abs. 2 Satz 2 klarstellt. Erkenntnisse aus optischen Überwachungen sind demnach nicht verwertbar. § 20v Abs. 1–4 BKAG a.F. hat das BVerfG für verfassungswidrig erklärt (NJW 2016, 1781). Nunmehr darf das BKA gem. § 25 Abs. 1 BKAG Daten an Polizeibehörden unter Beachtung der sich aus § 12 Abs. 2–4 BKAG ergebenden Einschränkungen übermitteln.

31 **D. Verwendung personenbezogener Informationen aus einem Einsatz technischer Mittel (Abs. 4).** Abs. 3 schränkt die Verwendung personenbezogener Informationen zu Beweiszwecken (Meyer-Goßner/*Schmitt*, § 161 Rn. 19; a.A. LR/*Erb* § 161 Rn. 92: auch als Spurenansatz) ein, die durch eine Wohnraumüberwachung

aus einem Einsatz technischer Mittel zur Eigensicherung erlangt worden sind. Hier kommen insb. Maßnahmen zur Sicherung verdeckter Ermittler (§ 110a Abs. 2) nach Polizeirecht in Betracht. Sie dürfen nur unter Beachtung des Grundsatzes der Verhältnismäßigkeit zu Beweiszwecken verwendet werden. Das AG am Sitz der anordnenden Stelle i.S.d. § 162 Abs. 1 muss die Rechtmäßigkeit und die Verhältnismäßigkeit der Maßnahme festgestellt haben. Das Gericht am Sitz der das Ermittlungsverfahren führende StA nach § 162 Abs. 1 n.F. ist nicht zuständig. Die richterliche Entscheidung ist grds. vor der Verwendung zu erholen (Meyer-Goßner/Schmitt/*Köhler* § 161 Rn. 19), andernfalls ist die sie unverzüglich nachzuholen. Die Verwendung strafprozessualer erhobener Daten im präventiv-polizeilichen Bereich regeln §§ 477 Abs. 2, 481.

E. **Löschungsvorschriften (Abs. 2).** Die Löschvorschriften der StPO (z.B. §§ 81h Abs. 3, 100a Abs. 4, 32
100c Abs. 5, 160a Abs. 1 Satz 2) haben Vorrang vor der des § 58 BDSG. Es soll das hohe Schutzniveau der sensiblen Daten erhalten bleiben und die Löschung statt nur einer Einschränkung der Verwendung stattfinden (BT-Drs. 19/4671, S. 63).

§ 161a Vernehmung von Zeugen und Sachverständigen durch die Staatsanwaltschaft

(1) [1]Zeugen und Sachverständige sind verpflichtet, auf Ladung vor der Staatsanwaltschaft zu erscheinen und zur Sache auszusagen oder ihr Gutachten zu erstatten. [2]Soweit nichts anderes bestimmt ist, gelten die Vorschriften des sechsten und siebenten Abschnitts des ersten Buches über Zeugen und Sachverständige entsprechend. [3]Die eidliche Vernehmung bleibt dem Richter vorbehalten.
(2) [1]Bei unberechtigtem Ausbleiben oder unberechtigter Weigerung eines Zeugen oder Sachverständigen steht die Befugnis zu den in den §§ 51, 70 und 77 vorgesehenen Maßregeln der Staatsanwaltschaft zu. [2]Jedoch bleibt die Festsetzung der Haft dem nach § 162 zuständigen Gericht vorbehalten.
(3) [1]Gegen Entscheidungen der Staatsanwaltschaft nach Absatz 2 Satz 1 kann gerichtliche Entscheidung durch das nach § 162 zuständige Gericht beantragt werden. [2]Gleiches gilt, wenn die Staatsanwaltschaft Entscheidungen im Sinne des § 68b getroffen hat. [3]Die §§ 297 bis 300, 302, 306 bis 309, 311a und 473a gelten jeweils entsprechend. [4]Gerichtliche Entscheidungen nach den Sätzen 1 und 2 sind unanfechtbar.
(4) Ersucht eine Staatsanwaltschaft eine andere Staatsanwaltschaft um die Vernehmung eines Zeugen oder Sachverständigen, so stehen die Befugnisse nach Absatz 2 Satz 1 auch der ersuchten Staatsanwaltschaft zu.
(5) § 185 Absatz 1 und 2 des Gerichtsverfassungsgesetzes gilt entsprechend.

S.a. RiStBV Nr. 64 bis 72

Übersicht

A. **Allgemeines.** Die Vorschrift soll zur **Konzentration des Ermittlungsverfahrens** in der Hand der StA 1
führen (BT-Drs. 7/551, S. 72) und den Ermittlungsrichter entlasten. Der verantwortliche und über das bisherige Ermittlungsergebnis genau unterrichtete Staatsanwalt soll sachkundiger als der Ermittlungsrichter Vernehmungen führen können. Damit geht auch die Pflicht zur Nutzung der Befugnisse nach pflichtgemäßem Ermessen einher. Der Richter soll nur noch eingeschaltet werden, wenn besondere Gründe die Vernehmung gerade durch ihn geboten erscheinen lassen (BT-Drs. 7/551, S. 72, vgl. aber § 162 Rdn. 18). Zu dem genannten Zweck hat die StA die Befugnis, Zeugen und Sachverständige zur Aussage bzw. Erstattung eines Gutachtens zu zwingen. Die Befugnisse haben auch die die Ermittlungen in Steuerstrafverfahren selbstständig führende Finanzbehörde (§§ 386, 399 AO) und die Verwaltungsbehörde im Ordnungswidrigkeitenverfahren über § 46 Abs. 1 u. 2 OWiG. Im Bußgeldverfahren ist die Anordnung der Vorführung von Betroffenen und Zeugen dem Richter vorbehalten, § 46 Abs. 5 OWiG.

2 Durch das 2. OpferRRG wurde die Zuständigkeit für die Anordnung von Haft in Abs. 2 Satz 2 auf das in § 162 genannte Gericht übertragen. Die frühere Regelung über die Zuständigkeit des LG am Sitz der StA für den Antrag auf gerichtliche Entscheidung gegen deren Entscheidungen i.R.d. Abs. 2 Satz 1 wurde gänzlich geändert und um die Ablehnung eines Zeugenbeistands nach § 68b erweitert. Zuständig ist jetzt ebenfalls das Gericht des § 162.

3 Nach dem Willen des Gesetzgebers soll die StA auch nach Erhebung der öffentlichen Klage ihre Zwangsbefugnisse ausüben können (BT-Drs. 16/12098, S. 24; Meyer-Goßner/Schmitt/*Köhler* § 161 Rn. 1; BeckOK StPO/*Sackreuther* § 161a Rn. 1; a.A. LR/*Erb*, § 161 Rn. 7). Die gerichtliche Überprüfung der Entscheidungen i.S.d. Abs. 3 erfolgt aber durch das Gericht des § 162 Abs. 3. Dies gilt nicht, wenn Anhaltspunkte für bisher nicht bekannte Straftaten desselben Beschuldigten oder die Beteiligung weiterer Beschuldigter an der angeklagten Tat entstehen und deshalb ein neues Ermittlungsverfahren eingeleitet wird.

4 **B. Zeugen und Sachverständige (Abs. 1). I. Zeugen. 1. Ladung.** Zeugen können im ganzen Bundesgebiet geladen werden. Im Ausland lebende Zeugen dürfen nicht unter Androhung von Zwangsmitteln geladen werden. Die Ladung erfolgt in der Regel mit einfachem Brief, kann aber zugestellt werden, wenn Zweifel an der Zuverlässigkeit des Zeugen bestehen oder sichergestellt werden soll, dass der Zugang der Ladung alsbald feststeht (vgl. auch Nr. 64 Abs. 2 RiStBV). Nach § 48 ist der Zeuge auf die dem Interesse des Zeugen dienenden verfahrensrechtlichen Bestimmungen und auf die gesetzlichen Folgen des Ausbleibens hinzuweisen. Zu §§ 49, 50 s. dort. Aus der Ladung müssen sich die Person des Beschuldigten (soweit schon bekannt) und die vorgeworfene Straftat (als Kurzbezeichnung) und die Tatsache ergeben, dass der Empfänger als Zeuge aussagen soll. Wenn damit zu rechnen ist, dass der Zeuge auf formlose Ladung nicht erscheinen wird, kann er sogleich unter Androhung der Vorführung durch Zustellung gem. § 37 geladen werden. Bei nicht auf freiem Fuß befindlichen Zeugen wird die Vorführung aus der Anstalt angeordnet, § 36 Abs. 2 Satz 2 StVollzG. Aus dem Fehlen einer dem § 168c Abs. 2 entsprechenden Regelung ergibt sich, dass der Verteidiger und der Beschuldigte bei staatsanwaltschaftlichen Zeugenvernehmungen kein Recht zur Anwesenheit haben. Sie müssen nicht, können aber benachrichtigt werden, um ihre Teilnahme zu ermöglichen. Ist der Verteidiger anwesend, ist ihm auch das Recht zuzubilligen Fragen zu stellen. Ungeeignete oder gar unzulässige Fragen können durch den die Ermittlungen leitenden Beamten zurückgewiesen werden (LR/*Erb* § 161a Rn. 32). Zeugen können sich von einem Beistand begleiten lassen. Dieser wird nicht geladen. Sollte sich die Erforderlichkeit eines Zeugenbeistandes ergeben (§ 68b) kann dieser auch schon für die staatsanwaltschaftliche Vernehmung beigeordnet werden. Zuständig ist die StA, wie sich aus der entsprechenden Anwendung der Vorschriften über die gerichtliche Zeugenvernehmung gem. Abs. 1 Satz 1 und Abs. 3 Satz 2 und § 68b Abs. 2 Satz 2 i.V.m. § 142 Abs. 1 ergibt.

5 Anders als das Gericht nach § 48 muss die StA den Zeugen nicht unter Hinweis auf die gesetzlichen Folgen des Ausbleibens laden. Sie kann ihn formlos laden, wenn sie auf eine Erzwingung der Vernehmung verzichten will (LR/*Erb* § 161a Rn. 14). Auch die fernmündliche Vereinbarung eines Termins ist möglich.

6 **2. Vernehmung.** Zeugen müssen nicht nur nach einer Ladung vor die StA, sondern auch dann aussagen, wenn sie von einem ihrer Beamten aufgesucht werden (Meyer-Goßner/Schmitt/*Köhler* § 161a Rn. 2). Letzteres kann sogar ermittlungstaktisch sinnvoll sein, wenn damit zu rechnen ist, dass Zeugen sich anderenfalls absprechen oder von dem Beschuldigten beeinflusst würden (Mitarbeiter von Ärzten, RA oder Unternehmen).

7 Die **Durchführung** der Vernehmung regeln §§ 58, 58a, 58b, 68, 68a, 69. Durch das Gesetz zur Stärkung der Rechte von Opfern sexuellen Missbrauchs wurde in § 58a Abs. 1 Satz 2 ein Vorrang der richterlichen Videovernehmung zur Vermeidung von Mehrfachvernehmungen konstituiert (BT-Drs. 17/6261), der von der StA zu beachten ist (s. dort). Das Gesetz zur Intensivierung des Einsatzes von Videokonferenztechnik in gerichtlichen und staatsanwaltschaftlichen Verfahren (VidVerfG) hat im neuen § 58b die Möglichkeit der Vernehmung eines Zeugen im Wege der Videokonferenz geschaffen. Dies soll zur Verfahrensverkürzung führen und der ermittelnde Beamte soll entfernt wohnende Zeugen selbst befragen können (BT-Drs. 17/1224, S. 3). Der Zeuge sollte belehrt werden, dass er zur Wahrheit verpflichtet ist und vorsätzlich falsche Angaben vor der StA als Strafvereitelung, Vortäuschen einer Straftat oder falsche Verdächtigung strafbar sein können (LR/*Erb* § 161 Rn. 13). Der falsch aussagende Zeuge macht sich aber nicht nach §§ 153 ff. StGB strafbar. Der Zeuge sollte im Zusammenhang berichten können. Dies erleichtert die Beurteilung der Glaubhaftigkeit der Aussage erheblich. In diesem Bericht wird erkennbar, was für den Zeugen wichtig erscheint und worauf er sich vor der Vernehmung eingestellt hat oder möglicherweise von interessierter Seite eingestellt wurde. Erst dann schließen sich gezielte Nachfragen an. Nur wenn der Zeuge zur Weitschweifigkeit neigt oder vom Beweisthema abweicht, darf und muss der Vernehmende ihn durch gezielte Fragen leiten.

Die Zeugnis- und Auskunftsverweigerungsrechte nach §§ 52 ff. sowie die Belehrungspflichten hierzu gelten auch bei der Vernehmung durch die StA.

Die StA kann jetzt auch gem. § 68b Abs. 2 einen **Zeugenbeistand** unter den dort genannten Voraussetzungen bestellen, der einen Anspruch auf Vergütung gem. § 45 Abs. 3 RVG analog hat (LG Düsseldorf, Beschl. v. 15.02.2012, 4 Qs 60 Js 1009/09 15/123, juris). Dies gilt auch für polizeiliche Vernehmungen, § 163 Abs. 3 Satz 1. Der Zeugenbeistand kann nach § 68b i.d.F. des 2. OpferRRG zurückgewiesen werden, wenn bestimmte Tatsachen die Annahme rechtfertigen, dass seine Anwesenheit die geordnete Beweiserhebung nicht nur unwesentlich beeinträchtigen würde, § 68b Abs. 1 Satz 3 i.V.m. den Regelbeispielen des Satz 4. Die früher erwogene Ausschlussmöglichkeit nach § 164 als Störer (Meyer-Goßner/*Schmitt* 52. Aufl., vor § 48 Rn. 11; KMR/*Neubeck* vor § 48 Rn. 20) wird durch diese Spezialregelung verdrängt. 8

Für die **Protokollierung** ist § 168b Abs. 2 maßgeblich, der auf die §§ 168 und 168a verweist (s. dort). 9

II. Sachverständige. 1. Auftragserteilung. Die StA kann auch Sachverständige zum Erscheinen vor ihr oder zur Erstattung eines schriftlichen Gutachtens zwingen. In eilbedürftigen Fällen wird sie bei der Auswahl des Sachverständigen bereits darauf achten, dass er sein Gutachten in angemessener Zeit erstatten kann und einen zeitlichen Rahmen vereinbaren, § 73 Abs. 1 Satz 2. Aus der Vorschrift folgt, dass im Vorverfahren die StA den Sachverständigen auswählt. Ausnahmen gelten in den Fällen des § 81 (Unterbringung zur Beobachtung) und § 81f Abs. 2 (DNA-Gutachten). Nach Nr. 70 RiStBV soll aber dem Verteidiger vor der Auswahl Gelegenheit zur Stellungnahme gegeben werden. Erhebt der Verteidiger nicht völlig unsubstanziierte Einwände, kann die StA mit dem Vorsitzenden des für die Hauptsache voraussichtlich zuständigen Gerichts Fühlung aufnehmen (BGHSt 44, 26). Dies empfiehlt sich insb. bei der Bestellung von Psychiatern oder Psychologen zur Beurteilung der Schuldfähigkeit oder der Anordnung von Maßregeln der Sicherung und Besserung. Auch wäre es denkbar, nach § 162 den Ermittlungsrichter entscheiden zu lassen (BGHSt 44, 26; LR/*Erb* § 161a Rn. 26). Das Gericht der Hauptsache ist zwar grds. nicht an die Auswahl der StA gebunden und kann nach § 73 für das Hauptverfahren einen anderen Sachverständigen bestellen, was aber insb. bei eilbedürftigen Haftsachen die Ausnahme bleiben wird, schon aus Beschleunigungsgründen. Die StA hat die Tätigkeit des Sachverständigen zu leiten und ihm einen eindeutigen und klar umrissenen Auftrag zu erteilen (Meyer-Goßner/Schmitt/*Köhler* § 161a Rn. 13). Auch sind ihm erforderlichenfalls die verfahrensrechtlichen Vorschriften und die materielle Rechtslage zu erläutern. Die erforderlichen Anknüpfungstatsachen hat die StA vorzugeben. Nur soweit es zu ihrer Feststellung schon besonderer Sachkunde (insb. für rechtsmedizinische, psychiatrische und unfallanalytische Fragestellungen) bedarf, kann sie ihm die Erhebung überlassen. Es kann aber empfehlenswert sein, den Sachverständigen ggf. aufzufordern, zwei oder mehrere Sachverhaltsalternativen als Arbeitshypothesen zu unterstellen. Dieser kann dann prüfen, ob er zu unterschiedlichen Schlussfolgerungen und Bewertungen kommt. 10

2. Gutachtenserstattung. Das Sachverständigengutachten kann schriftlich oder mündlich erstattet werden, § 82. Hierüber entscheidet die StA. Eine ausschließlich mündliche Erstattung sollte auf Ausnahmefälle und einfache Sachverhalte beschränkt werden. In diesem Fall ist das Ergebnis nach § 168b Abs. 1 aktenkundig zu machen. Umfangreiche mündliche Gutachten müssten in einer förmlichen Vernehmungsniederschrift festgehalten werden (LR/*Erb* § 161a Rn. 30). Insb. kann in eilbedürftigen Fällen das Ergebnis eines schriftlich nachzureichenden Gutachtens (fern-)mündlich mitgeteilt werden (LR/Erb § 161a Rn. 30). 11

Bei Vernehmungen des Sachverständigen durch die StA haben der Verteidiger und der Beschuldigte grds. kein Recht auf Anwesenheit (LR/*Erb* § 161a Rn. 34; Meyer-Goßner/Schmitt/*Köhler* § 161a Rn. 15; a.A. SK-StPO/*Wohlers* § 161a Rn. 45). Der Verteidiger kann aber nach § 147 Abs. 3 jederzeit im Wege der Akteneinsicht Kenntnis von den Feststellungen und Schlussfolgerungen des Sachverständigen erhalten. Der Akzeptanz des Gutachtens wird es jedoch förderlich sein, dem Verteidiger bei förmlichen Anhörungen und Vernehmungen die Anwesenheit und das Stellen von sachdienlichen Fragen zu gestatten. 12

Die **eidliche Vernehmung** steht bei Zeugen und Sachverständigen nur dem Gericht zu, Abs. 1 Satz 3. 13

C. Zwangsmittel (Abs. 2). I. Kostenauferlegung, Vorführung und Ordnungsgeld (Satz 1). 1. Nichterscheinen. Die StA muss gem. § 51 bei unentschuldigtem Ausbleiben eines Zeugen diesem die dadurch verursachten Kosten auferlegen (*Pfeiffer* § 161a Rn. 5), kann ein Ordnungsgeld verhängen und im Fall seiner Nichtbeitreibbarkeit Ordnungshaft durch das Gericht anordnen lassen sowie die Vorführung anordnen. 14

2. Aussageverweigerung. Verweigert der Zeuge zur Unrecht die Aussage, werden ihm die Kosten auferlegt. Ein Ordnungsgeld kann verhängt werden. Zwingend aufzuerlegen sind die Kosten, i.Ü. kann die StA von der Verhängung eines Ordnungsgeldes absehen (LR/*Erb* § 161a Rn. 14), da die StA das Ermittlungsverfahren nach ihrem Ermessen frei gestalten und statt der Erzwingung einer Vernehmung auch den Weg der richterlichen Vernehmung und deren zwangsweise Durchsetzung wählen kann. Die Zwangsmaßnahmen nach § 70 sind auch zulässig, wenn der erschienene Zeuge formlos geladen oder vom Staatsanwalt aufgesucht wurde (LR/*Erb* § 161a Rn. 42). 15

16 **3. Ausführung.** Die staatsanwaltschaftlichen Zwangsmaßnahmen werden durch eine Verfügung getroffen, in denen die Zwangsmittel festgesetzt werden. Die Vollstreckung obliegt dem Rechtspfleger, § 31 Abs. 2 RPflG. Der Staatsanwalt kann sich die Vorlage der Sache vorbehalten. In diesem Fall hat der Rechtspfleger vor der Entscheidung die Akten ihm vorzulegen, § 31 Abs. 2a Nr. 3 RPflG. Mit der **Vorführung** wird die Polizei beauftragt. Der Zeuge darf nur vorgeführt werden, wenn die Ladung eine Androhung enthielt. Auch wenn die StA die Vorführung in der Ladung angedroht hatte, steht ihr die Anordnung frei (LR/*Erb* § 161a Rn. 40). Es handelt sich nicht um eine nach Art. 104 Abs. 2 Satz 1 GG nur dem Richter vorbehaltene Freiheitsentziehung (BGH 28.08.2020 – 2 BGs 645/20; LR/*Erb* § 161a Rn. 40; HK-StPO/*Zöller* § 161a Rn. 11; KK-StPO/*Griesbaum* § 161a Rn. 15; Meyer-Goßner/*Schmitt* § 161a Rn. 16; KMR/*Plöd* § 161a Rn. 12; a.A. AK-StPO/*Achenbach* § 161a Rn. 15 f., *Liskin* NJW 1982, 1268). Die Polizei darf die Wohnung des Betroffenen nicht gegen dessen Willen betreten (LR/*Erb* § 161a Rn. 41 unter Hinweis auf die Entscheidung zum Betretungsrecht des Gerichtsvollziehers: BVerfGE 51, 97, 107), es sei denn, es besteht Gefahr im Verzug. Anderenfalls bedarf es einer – die Vorführungsanordnung der StA ergänzenden – richterlichen Anordnung für das Öffnen und Betreten der Wohnanschrift auf der Grundlage der Annexkompetenz aus § 51 Abs. 1 Satz 3 (BGH 28.08.2020 – 2 BGs 645/20). Eine staatsanwaltschaftliche Vorführungsanordnung alleine wäre dann nur noch ausreichend, wenn zu erwarten ist, dass der Betroffene – an der Wohnungstür angetroffen – freiwillig mitkommt oder außerhalb von Wohnungen zu finden ist.

17 **II. Ordnungs- und Erzwingungshaft (Satz 2).** Nur vom Gericht kann im Fall der Nichtbeitreibbarkeit des von der StA verhängten Ordnungsgeldes die Ordnungshaft verhängt sowie zur Erzwingung der Aussage Erzwingungshaft angeordnet werden (§ 70 Abs. 2). Die Besonderheit ist also, dass die Ordnungshaft nur vom Gericht angeordnet werden kann. Zuständig ist das Gericht des § 162. Voraussetzung ist, dass der Zeuge auf die Folgen des Ungehorsams hingewiesen wurde.

18 Bei Sachverständigen können gem. § 77 nur die Kosten auferlegt oder ein Ordnungsgeld festgesetzt werden. Zuständig ist hierfür immer die StA.

19 **D. Gerichtliche Überprüfung (Abs. 3). I. Überprüfbare Entscheidungen (Satz 1).** Gegen die Entscheidungen der StA über Zwangsmittel nach Abs. 2 Satz 1 kann der Betroffene gerichtliche Entscheidung beantragen. Anfechtbar ist aber nicht die Ladung des Zeugen, auch wenn in ihr formularmäßig auf die gesetzlich vorgesehenen Folgen des unentschuldigten Ausbleibens hingewiesen wird (BGHR, StPO, § 161a Rechtsmittel 2). In dieser Entscheidung hat der BGH auch offengelassen, ob schon die Androhung einer zwangsweisen Vorführung nach § 161a Abs. 3 nachprüfbar ist. Dies wird bisher bejaht (BGHSt 39, 96; HK-StPO/*Zöller* § 161a Rn. 14; KK-StPO/*Griesbaum* § 161a Rn. 20; Meyer-Goßner/Schmitt/*Köhler* § 161a Rn. 20a; LR/Erb § 161a Rn. 51). Auch wenn der Zeuge mit der ohne Anhörung (§ 33 Abs. 4) ausgeführten Vorführung rechnen muss, besteht kein Grund mehr, entgegen dem Wortlaut Abs. 3 Satz 1 auch auf die Androhung der Vorführung anzuwenden. Der Zeuge kann nachträglich Rechtsschutz erlangen, wenn die Vorführung ausgeführt ist (a.A. LR/*Erb* § 161a Rn. 51). Das Rechtsschutzinteresse entfällt nach der neueren Rspr. zu erledigten Zwangsmaßnahmen nicht durch die prozessuale Überholung (BVerfGE 96, 27 KK-StPO/*Griesbaum* § 161a Rn. 19; siehe hierzu Meyer-Goßner/*Schmitt* vor § 296 Rn. 18a). Der Gesetzgeber wollte die StA dem Ermittlungsrichter gleichstellen (BT-Drs. 7/551, S. 73). Damit ist es auch hinzunehmen, dass Zeugen erst nachträglichen Rechtsschutz erlangen. Anfechtbar sind daher nur die Verfügungen, die dem Zeugen oder Sachverständigen Kosten auferlegen, Ordnungsgeld festsetzen oder die Vorführung anordnen.

20 **II. Nichtbeiordnung und Zurückweisung eines Zeugenbeistandes (Satz 2).** Gegen seinen Ausschluss kann der Zeugenbeistand gerichtliche Entscheidung nach Satz 2 beantragen. Ebenso anfechtbar ist die Ablehnung der Beiordnung eines Zeugenbeistandes nach § 68b Abs. 2 Satz 1, auch soweit der zuständige StA dies bei polizeilichen Vernehmungen ablehnt (in Verbindung mit § 163 Abs. 3 Satz 2).

21 **III. Verfahren (Satz 3).** Über den Antrag entscheidet nunmehr das nach § 162 zuständige Gericht, in der Regel also der Ermittlungsrichter. Hat das Ermittlungsverfahren Straftaten zum Gegenstand, die nach § 120 GVG im ersten Rechtszug zur Zuständigkeit des OLG gehören oder in denen der GBA die Ermittlungen führt, sollen nach dem Willen des Gesetzgebers neben dem nach § 162 zuständigen Gericht auch die Ermittlungsrichter des OLG oder des BGH gem. § 169 für einen Antrag auf gerichtliche Entscheidung zuständig sein, insb. bei »sicherheitsrelevanten Verfahren« (BT-Drs. 16/12098, S. 25). Unklar bleibt, wer nach welchen Kriterien das zuständige Gericht auswählt, wenn ein Zeuge oder Beschuldigter im Fall des § 163a Abs. 3 Satz 3 den Antrag stellt. Richtigerweise muss diese Entscheidung der – anzuhörenden (§ 33 Abs. 2) – ermittlungsführenden StA bzw. Generalbundesanwaltschaft überlassen werden, die prüfen muss, ob die Voraussetzungen der Vorschrift vorliegen (s. § 169 Rdn. 4).

Die Regeln über das Beschwerdeverfahren werden für entsprechend anwendbar erklärt. Der Antrag hat keine aufschiebende Wirkung, § 307. Die Entscheidungen sind **nicht anfechtbar, Satz 4**. Die StA muss deshalb unbedingt angehört werden, § 33 Abs. 2. Sie kann auch Gegenvorstellungen nach der Entscheidung erheben, wenn das Gericht Gesichtspunkte berücksichtigt hat, zu denen sie nicht gehört wurde. 22

Für die **Kostenentscheidungen** gilt der durch das 2. OpferRRG eingefügte § 473a. Nach dessen Satz 2 sind sie nur bei Überschreiten der Wertgrenze von 200,00 € anfechtbar, §§ 304 Abs. 3, 464 Abs. 3 Satz 1. 23

E. Ersuchte StA (Abs. 4). Der ersuchten StA stehen die gleichen Befugnisse wie der StA zu, die um die Vernehmung eines Zeugen oder Sachverständigen ersucht hat. Diese StA handelt im Wege der Amtshilfe (Art. 35 GG). Die Amtshilfe unter StA ist eher die Ausnahme (Meyer-Goßner/Schmitt/*Köhler* § 161a Rn. 23). Sie kann aber zweckmäßig sein, wenn zwei StA Ermittlungskomplexe bearbeiten, die sich überschneiden, oder eine StA früher mit der Sache befasst war und diese dann abgegeben hat. Es kann in diesem Fall auf deren Vorkenntnisse zurückgegriffen werden. 24

F. Dolmetscher. Mit dem durch das 3. ORRG angefügten Abs. 5 soll klargestellt werden, dass schon im Ermittlungsverfahren für Zeugen und Sachverständige im Bedarfsfall ein Dolmetscher zuzuziehen ist. Eine Ausnahme gilt, wenn die beteiligten Personen sämtlich der fremden Sprache mächtig sind. Hier wird vom Gesetzgeber Art. 7 Abs. 1 der Opferschutzrichtlinie umgesetzt, ohne dass ein echte Änderung der bisherigen Praxis zu erwarten ist. Schon bisher gebot der Amtsaufklärungsgrundsatz des § 160 Abs. 1 und 2 die Zuziehung eines Dolmetschers bei sprachunkundigen Zeugen (so auch BT-Drs. 18/4621, S. 25). 25

§ 162 Ermittlungsrichter

(1) [1]Erachtet die Staatsanwaltschaft die Vornahme einer gerichtlichen Untersuchungshandlung für erforderlich, so stellt sie ihre Anträge vor Erhebung der öffentlichen Klage bei dem Amtsgericht, in dessen Bezirk sie oder ihre den Antrag stellende Zweigstelle ihren Sitz hat. [2]Hält sie daneben den Erlass eines Haft- oder Unterbringungsbefehls für erforderlich, so kann sie, unbeschadet der §§ 125, 126a, auch einen solchen Antrag bei dem in Satz 1 bezeichneten Gericht stellen. [3]Für gerichtliche Vernehmungen und Augenscheinnahmen ist das Amtsgericht zuständig, in dessen Bezirk diese Untersuchungshandlungen vorzunehmen sind, wenn die Staatsanwaltschaft dies zur Beschleunigung des Verfahrens oder zur Vermeidung von Belastungen Betroffener dort beantragt.

(2) Das Gericht hat zu prüfen, ob die beantragte Handlung nach den Umständen des Falles gesetzlich zulässig ist.

(3) [1]Nach Erhebung der öffentlichen Klage ist das Gericht zuständig, das mit der Sache befasst ist. [2]Während des Revisionsverfahrens ist das Gericht zuständig, dessen Urteil angefochten ist. [3]Nach rechtskräftigem Abschluss des Verfahrens gelten die Absätze 1 und 2 entsprechend. [4]Nach einem Antrag auf Wiederaufnahme ist das für die Entscheidungen im Wiederaufnahmeverfahren zuständige Gericht zuständig.

S.a. RiStBV Nr. 10

Übersicht

A. Allgemeines. Die Vorschrift regelt die gerichtliche Zuständigkeit für Untersuchungshandlungen, die die StA im Ermittlungsverfahren für notwendig hält. Damit sind alle im Zusammenhang mit einem Strafverfahren anfallenden Handlungen zur Förderung des Verfahrens oder zur Sicherung oder Vorwegnahme einer im Straferkenntnis zu erwartenden Maßnahme gemeint (Meyer-Goßner/Schmitt/*Köhler* § 162 Rn. 4). Zu unterscheiden sind einerseits Ermittlungshandlungen, wie richterliche Vernehmungen, Augenscheinnahmen sowie Teilnahmen an der Leichenschau bzw. -öffnung und andererseits Anordnungen von Zwangsmaßnahmen, z.B. §§ 81, 81a, 81c, 81f, 81h, 98, 100e, 105, 111b, 111e, 114, 116, 120, 126a Abs. 2 Satz 1, 132a. Im ersten Fall leistet das Gericht Amtshilfe, im zweiten Fall entscheidet es als Organ der Rechtspflege (KMR/*Plöd* § 162 Rn. 3). Auch das Verlangen einer Auskunft durch das Gericht nach § 161 Abs. 1 Satz 1 1 ist zulässig, auch wenn die StA selbst nach dieser Vorschrift Auskunft verlangen könnte (Meyer-Goßner/Schmitt/*Köhler* § 162 Rn. 4; LG Frankfurt a.M. NJW 1954, 688; LG Bonn JZ 1966, 33).

2 **Sonderregelungen** enthalten § 81 Abs. 3 (Gericht, das für die Eröffnung zuständig wäre), § 100e Abs. 2 Satz 1 (besondere Strafkammer des LG nach § 74a Abs. 4 GVG) und Satz 6 (OLG), Art 67 Abs. 3 IRG (Ort der auf ausländisches Ersuchen vorzunehmenden Beschlagnahme oder Durchsuchung) und § 157 GVG (AG als Rechtshilfegericht). Für die Entscheidungen im Zusammenhang mit der Benachrichtigung über verdeckte Maßnahmen und Verkehrsdatenerhebung (über § 101a Abs. 6 Satz 2) enthält § 101 Abs. 7 eine Sonderregelung.

3 Die Vorschrift gilt im **Ordnungswidrigkeitenverfahren** entsprechend, § 46 Abs. 1, 2 OWiG (BGH NStZ 2008, 578; s. Rdn. 7).

4 Schon bei der Durchführung so genannter **Vorermittlungen** oder wenn noch kein Beschuldigter bekannt ist, kann die StA gerichtliche Untersuchungshandlungen beantragen (LG Freiburg NStZ 1993, 506; BeckOK StPO/*von Häfen* § 162 Rn. 6; a.A. HK/*Zöller* § 162 Rn. 2).

5 Die deutschen StA ist nach einer Entscheidung des EuGH nicht als »ausstellende Justizbehörde« im Sinne von Art. 6 Abs. 1 des Rahmenbeschlusses 2002/584/JI des Rates vom 13. Juni anzusehen. (EuGH, Urteil vom 27.05.2019, C-508/18, Celex-Nr. 62018CJ0508; juris). Eine Ausstellung eines **europäischen Haftbefehls** durch die StA ist nicht mehr möglich, sie muss durch ein unabhängiges Gericht erfolgen. Dessen Zuständigkeit richtet sich mangels einer speziellen Regelung im IRG infolge der allgemeinen Verweisung in § 77 Abs. 1 IRG nach den §§ 131 Abs. 1 und 162 Abs. 1 bzw. 3.

6 Das 2. OpferRRG hat zudem die bisher in § 161a Abs. Satz 2 vorgeschriebene Zuständigkeit des LG am Sitz der StA über **Anträge auf gerichtliche Entscheidung** dem Gericht des § 162 zugewiesen, um auch zeitnahe Entscheidungen zu ermöglichen und durch die damit mögliche Anwendung des Abs. 3 das Auseinanderfallen der Zuständigkeiten des Gerichts der Hauptsache und des LG am Sitz der StA zu beseitigen (BT-Drs. 16/12098, S. 24 ff.). Auf diese Vorschrift verweisen § 111j Abs. 2 Satz 4, § 111k Abs. 3, 111m Abs. 2, § 111o Abs. 2, § 111p Abs. 5, § 147 Abs. 5 Satz 2, § 163 Abs. 4 Satz 1 Nr. 4, § 163a Abs. 3 Satz 3, § 406e Abs. 4 Satz 2 und § 478 Abs. 3 Satz 1. Damit gewinnt der der Ermittlungsrichter am Sitz der StA zentrale Bedeutung auch bei der Kontrolle der Rechtmäßigkeit verschiedener Maßnahmen.

7 **B. Zuständigkeitsregelung und Antragsberechtigung (Abs. 1). I. Grundsätzliche Zuständigkeit (Satz 1).** Die Vorschrift wurde durch das TKÜG wesentlich vereinfacht, indem die **örtliche Zuständigkeit** an den Sitz der ermittelnden StA geknüpft wurde. Die bisherige Rspr. zur Frage des Ortes von Ermittlungshandlungen und der Zuständigkeitskonzentration ist daher obsolet (LR/*Erb* Anm. a), Meyer-Goßner/Schmitt/*Köhler* § 162 Rn. 8). Maßgeblich ist der Dienstort des Behördenleiters bzw. der Sitz der bei der StA bestehenden Zweigstelle (§ 141 GVG). Die Geschäftsverteilung der StA bestimmt, welche Staatsanwälte der Zweigstelle zuzuordnen sind. Im Fall einer Abgabe und Übernahme durch eine andere StA oder Ersetzung nach § 145 GVG tritt mit der Verfügung eine Zuständigkeitsänderung bei Gericht ein, wenn der beauftragte bzw. übernehmende Staatsanwalt einer anderen Behörde angehört oder einen anderen Dienstsitz hat (Meyer-Goßner/Schmitt/*Köhler* § 162 Rn. 8; OLG Hamm Beschl. V. 11.10.2018, -juris); a.A. LG Zweibrücken, 12.03.2009 – Qs 26 – 29/09). Sie gilt auch für die Anordnung vorläufiger Sicherungsmaßnahmen wie den Arrest, § 111j Abs. 2 Satz 4 (OLG Hamm Beschl. V. 11.10.2018, -juris).

8 Im Ordnungswidrigkeiten-Verfahren ist der Sitz der **Verwaltungsbehörde** bzw. ihrer den Antrag stellenden Zweigstelle maßgebend (BGH, NStZ 2008, 578). Wer die verfolgende Verwaltungsbehörde ist, ergibt sich aus §§ 35 Abs. 1 und 36 OWiG i.V.m. den entsprechenden landesrechtlichen Regelungen (Brandenburgisches Oberlandesgericht, Beschluss vom 25.07.2016 – 1 [Str] Sa 3/16 –, juris). Der Sitz der StA ist unerheblich, wenn sie nicht selbst die Ordnungswidrigkeiten (vgl. §§ 40, 42 OWiG) verfolgt, da § 46 Abs. 1 OWiG nur die entsprechende Anwendung des § 162 Abs. 1 vorsieht, die Verfolgungsbehörde nach § 46 Abs. 2 OWiG dieselben Rechte und Pflichten wie die StA hat und die Neufassung wesentlich die Bestimmung der ermittlungsrichterlichen Zuständigkeit erleichtern sollte (Meyer-Goßner/Schmitt/*Köhler* § 162 Rn. 8; a.M. LG Arnsberg wistra 2009, 368; wohl auch AG Winsen Beschl. v. 01.06.2010, 7 Gs 47/10, juris).

9 **Sachlich zuständig** ist das AG, daneben im Fall des § 120 Abs. 1 GVG das OLG und der BGH bei Ermittlungen des GBA, § 169 Abs. 1. **Funktionell** zuständig ist der nach der Geschäftsverteilung vorgesehene Ermittlungsrichter. Mit der Neuregelung ist auch die Absicht verbunden, dass die Tätigkeit des Ermittlungsrichters von besonders erfahrenen Richtern ausgeübt wird, die mit den strafprozessualen Ermittlungsmaßnahmen und deren technischen Hintergrund vertraut sind. Mit dieser Kompetenzbündelung soll ein verbesserter Rechtsschutz für die Betroffenen einhergehen (BT-Drs. 275/07, S. 149). Die Gerichte und die Justizverwaltungen haben deshalb die Pflicht, auch **außerhalb der Dienstzeiten** zumindest zur Tageszeit (§ 104 Abs. 3) die Erreichbarkeit eines Richters zu gewährleisten, was durch die Zuständigkeitskonzentration

vereinfacht wird. Zur Nachtzeit ist dies nach der Rspr. des BVerfG nur erforderlich, wenn hierfür ein Bedürfnis durch häufiger notwendig werdende Zwangsmaßnahmen besteht (BVerfGE 103, 142; OLG Bamberg NZV 2010, 310; LG Limburg NStZ-RR 2009, 384; LG Krefeld NZV 2010, 307; a.A. *Fickenscher/Dingelstadt* NJW 2009, 3473). Nach aktueller Rspr. ist es von Verfassung wegen geboten, dass sich der Schutz vor nächtlichen Wohnungsdurchsuchungen auch in den Monaten April bis September auf die Zeit von 4 Uhr bis 6 Uhr morgens erstreckt (BVerfG, Beschluss vom 12.03.2019 – 2 BvR 675/14 –, Rn. 66, juris). Ob und inwieweit ein über den Ausnahmefall hinausgehender Bedarf an nächtlichen Durchsuchungsanordnungen die Einrichtung eines ermittlungsrichterlichen Bereitschaftsdienstes zur Nachtzeit erfordert, haben die Gerichtspräsidien nach pflichtgemäßem Ermessen in eigener Verantwortung zu entscheiden. Für die Art und Weise der Bedarfsermittlung steht ihnen ein Beurteilungs- und Prognosespielraum zu (BVerfG, Beschluss vom 12.03.2019 – 2 BvR 675/14 –, Rn. 68, juris). Zu berücksichtigen ist jedenfalls, dass in Großstädten oder Gerichtsbezirken in Grenznähe ein erhöhter Bedarf an Durchsuchungsanordnungen bestehen kann. Die Präsidien werden die tatsächlichen Grundlagen ihrer Entscheidung zu dokumentieren haben (Rn. 71, juris) Die Nichteinrichtung eines Bereitschaftsdienstes zur Nachtzeit soll nach der genannten Entscheidung die Ausnahme bleiben (Rn. 70, juris: »soweit nachts Durchsuchungsanordnungen lediglich in sehr geringem Umfang anfallen«). Durch den Wegfall des Richtervorbehalts bei der Anordnung von Blutentnahmen bei Verkehrsdelikten gem. § 81a Abs. 2 Satz 2 spielen diese Maßnahmen bei der Frage der Notwendigkeit eines richterlichen Eildienstes keine Rolle mehr.

Nach § 22c GVG können die Landesregierungen durch Verordnung zum Bereitschaftsdienst eines Landgerichtsbezirks die Richter des LG und aller AG heranziehen oder einem AG dessen Wahrnehmung übertragen.

II. Antragserfordernis. Antragsbefugt ist allein die StA, die Polizei kann nur im Fall deren Unerreichbarkeit 10 (was in Zeiten der mobilen Kommunikation die seltene Ausnahme bleiben dürfte) nach § 165 eine Tätigkeit des Gerichtes als Notstaatsanwalt anregen. Zulässig ist es jedoch, dass die StA die Polizei beauftragt, in ihrem Namen unter Vorlage der Akten den Antrag zu stellen. Außerhalb des § 165 darf das Gericht nicht ohne Antrag der StA tätig werden. Wenn der Antrag zurückgenommen oder beschränkt wird, ist das Gericht daran gebunden (KMR/*Plöd* § 162 Rn. 3f).

Eine bestimmte **Form** ist für die Anträge nicht vorgeschrieben. Sie sollen in der Regel schriftlich gestellt 11 werden. Wenn es zeitlich möglich ist, können Unterlagen per Telefax oder Boten dem Gericht übermittelt werden. Die Verwendung von vorformulierten Textbausteinen und von der StA gefertigten Beschlussentwürfen macht den Richter nicht zum »Urkundsbeamten der Staatsanwaltschaft« (so aber *Jahn* NStZ 2007, 255, 259). Die StA trägt in gleicher Weise wie das Gericht die Verantwortung für ein rechtsstaatliches Vorgehen. Die StA kann daher bei ihrem begründeten Antrag die beabsichtigte Maßnahme und ihre gesetzlichen Voraussetzungen auch in Form eines Beschlussentwurfes dem Gericht übermitteln. Die Verwendung von Textbausteinen ist auch mit einer erheblichen Arbeitsentlastung im Alltagsgeschäft verbunden, die dem Richter die zeitaufwendige Prüfung zweifelhafter oder rechtlich schwieriger Fälle ermöglicht. Einen Anspruch auf vorformulierte Beschlussentwürfe hat das Gericht jedoch nicht.

III. Entscheidung. 1. Regelentscheidung schriftlich. In der Regel entscheidet das Gericht durch 12 begründeten **schriftlichen Beschluss**, da das gesamte Ermittlungsverfahren ein schriftliches ist (vgl. § 163 Rn. 45). Gegen die Verwendung von Formularen ist nichts einzuwenden, wenn ein richterlicher Abwägungsprozess und eine Einzelfallprüfung erkennbar sind (BGHSt 42, 103, vgl. Rn. 10). Die Unterschrift unter einen von der StA vorbereiteten Beschlussentwurf muss ausreichen, auch wenn dabei der Richter eine fehlerhafte Zuordnung oder Begründung übernimmt. Dies macht den Beschluss fehlerhaft und eventuell rechtswidrig. Es folgen daraus aber kein Verstoß gegen den Richtervorbehalt und ein daraus resultierendes Verwertungsverbot (so ab LG Paderborn 12.07.2021 – 02 KLs 6 Js 44/19 – 3/19).

2. In Eilfällen auch mündlich. Es kann und muss ggf. auch **mündliche Anordnungen** treffen (vgl. 13 BVerfG Beschl. v. 23.07.2007, 2 BvR 2267/06, juris; BGH NStZ 2005, 392). Es gibt kein Privileg des Richters, Entscheidungen nur schriftlich aufgrund schriftlicher Unterlagen treffen zu müssen (BVerfGE 139, 245 Abs. 71; BGH NStZ 2006, 114). Ein eingeschränkter Rechtsschutz des Betroffenen aufgrund lediglich mündlicher Information ist ein effektiverer als die Wahrnehmung der Eilkompetenz durch die Ermittlungsbehörden mit nachträglicher richterlicher Bestätigung (BGH NStZ 2005, 392). Wird der Richter erreicht und verweigert er eine eilige Entscheidung unter Berufung auf fehlende Aktenkenntnis, so sollte nach der bis zur 2. Auflage vertretenen Ansicht der StA selbst entscheiden können, ob ein Zuwarten bis zur Entscheidung des Richters mit einem Beweismittelverlust verbunden wäre. In diesem Fall sei der Staatsanwalt selbst anordnungsbefugt, wenn das Gesetz dies bei Gefahr im Verzug erlaubt (BGH NStZ 2006, 114; *Hof-*

mann NStZ 2003, 230; a.A. *Beichel/Kieninger* NStZ 2003, 10). Diese verbreitete Handhabung (BVerfGE 139, 245, Rn. 36–41) hat das BVerfG jedoch mit seiner Entscheidung vom 16.06.2015 für unzulässig erklärt (BVerfGE 139, 245): Mit der Befassung des zuständigen Ermittlungs- oder Eilrichters durch die Stellung eines Antrags auf Erlass einer Durchsuchungsanordnung und der dadurch eröffneten Möglichkeit präventiven Grundrechtsschutzes durch den Richter ende die Eilkompetenz der Ermittlungsbehörden. Die Entscheidung stellt die Ermittlungsbehörden vor erhebliche Schwierigkeiten, da nur schwer zu prognostizieren ist, wie lange das angerufene Gericht für seine Entscheidung brauchen wird. Dies hängt auch davon ab, ob der Richter auf der Vorlage schriftlicher Unterlagen besteht (s. die entschiedenen Ausgangsfälle; BVerfGE 139, 245), oder seiner grundgesetzlich vorgesehen Kontrollpflicht auch in Eilfällen durch mündlichen Anordnungen nachkommen will. Gerade bei richterlichen Bereitschaftsdiensten weiß die StA letztlich nie, welche Ansicht gerade am anderen Ende der Telefonverbindung vertreten wird. Nach dem BVerfG haben die Ermittlungsbehörden zunächst selbst zu prüfen ist, ob ein angemessener Zeitraum zur Verfügung steht, innerhalb dessen eine Entscheidung des zuständigen Richters erwartet werden kann, oder ob bereits eine zeitliche Verzögerung wegen des Versuchs der Herbeiführung einer richterlichen Entscheidung den Erfolg der Durchsuchung gefährden würde und daher eine nichtrichterliche Durchsuchungsanordnung ergehen darf. Dabei haben sie die Regelzuständigkeit des Richters zu beachten (BVerfGE 139, 245, Abs. 70). Es seien aber bei der Beurteilung der Frage, ob der Versuch, eine richterliche Entscheidung herbeizuführen, unterbleiben darf, weil bereits die damit verbundene zeitliche Verzögerung den Erfolg der Durchsuchung gefährden würde, die konkreten Umstände des jeweiligen Einzelfalles in Rechnung zu stellen. Die Ermittlungsbehörden hätten insb. die Komplexität der im Rahmen der Durchsuchungsanordnung zu prüfenden tatsächlichen und rechtlichen Fragen und den insoweit erforderlichen Zeitaufwand zu berücksichtigen (BVerfGE 139, 245, Rn. 71). Diese Prognoseentscheidung (für die Erarbeitung dieser Grundsätze im Verfassungsbeschwerdeverfahren hatte das höchste Gericht immerhin ca. vier Jahre benötigt) ist nun unter erheblichem Zeitdruck von Polizeibeamten vor Ort und der einzuschaltenden StA zu treffen. Letztlich werden diese nur noch in wirklich einfach gelagerten Fällen eine mündliche Entscheidung des Gerichtes herbeiführen können. In den übrigen Fällen kann der StA davon ausgehen, dass er das Gericht nur einschalten muss, wenn innerhalb des Zeitraums, der für die Erstellung des Aktenauszuges und einer schriftlichen Entscheidung des Gerichts voraussichtlich benötigt wird, kein Beweismittelverlust droht.

14 Nicht zu unterschätzen sind die Forderungen des BVerfG nach einer ausreichenden sachlichen und personellen **Ausstattung der Gerichte** (auch im nichtrichterlichen Bereich): Der Bereitschaftsdienst muss in der Lage sein, zeitnahe Entscheidungen zu treffen (BVerfGE 139, 245, Abs. 62–65). Er muss dazu aber auch den Willen haben und darf nicht ausnahmslos auf der Vorlage schriftlicher Unterlagen bestehen. Vielmehr muss er dem aus dem Rechtsstaatsprinzip fließenden Verfassungsgebot effektiver Strafverfolgung Rechnung tragen (BVerfGE 139, 245, Abs. 69).

15 Mündliche Anordnungen sind dann vom Gericht oder den Strafverfolgungsbehörden zeitnah zu **dokumentieren.** Ein Verstoß gegen die Dokumentationspflicht macht die Maßnahme aber noch nicht rechtswidrig (BGH NStZ 2005, 392). Auch ist eine mündliche Durchsuchungsanordnung des Gerichts nicht deshalb rechtswidrig, weil für eine schriftliche Anordnung ausreichend Zeit wäre (a.A. LG Tübingen NStZ 2008, 589). Rechtswidrig wird der Beschluss erst dann, wenn die dokumentierten Gründe seinen Erlass nicht rechtfertigen. Eine spätere, nicht zeitnahe Dokumentation – gar erst nach Beschwerdeeinlegung – ist jedoch nicht zulässig. Davon zu trennen ist die Frage der Verwertbarkeit in der Hauptverhandlung, die dort gesondert zu prüfen ist (vgl. BVerfG NJW 2008, 3053; DAR 2011, 196).

16 **IV. Haft- und Unterbringungsbefehl (Satz 2).** Die StA kann neben anderen richterlichen Untersuchungshandlungen auch den Erlass eins Haft- oder Unterbringungsbefehls bei dem in Satz 1 genannten Gericht beantragen. **Daneben** bedeutet, dass entweder der Antrag gleichzeitig mit der in Satz 1 genannten Untersuchungshandlung oder auch danach gestellt werden kann. Damit soll die Möglichkeit eröffnet werden, die Konzentrationswirkung des Satzes 1 auch auf alle Haft- oder Unterbringungsmaßnahmen zu erstrecken, wenn das Gericht bereits aus anderem Anlass mit der Sache befasst ist oder war (BT-Drs. 16/5846, S. 84). Nach dem Willen des Gesetzgebers sollte diese weitere Haftzuständigkeit nicht nur für ein kurzes Zeitfenster während der aktuellen Bearbeitung eines Antrags auf Anordnung einer weiteren Untersuchungshandlung geöffnet werden. Eine Auslegung von »daneben« im Sinne von »gleichzeitig« würde den Anwendungsbereich unnötig einschränken (so aber HK/*Zöller* § 162 Rn 6). Ein Haft- oder Unterbringungsbefehl kann aber nicht als alleinige Maßnahme nach Abs. 1 Satz 2 bei dem Gericht am Sitz der StA beantragt werden. In diesem Fall gelten allein §§ 125 Abs. 1, 126a Abs. 2. Eine wahlweise Zuständigkeit besteht dann nicht (Meyer-Goßner/*Schmitt*/*Köhler* § 162 Rn. 10; *Wiesneth* DRiZ 2010, 46; unklar KK-StPO/*Griesbaum* § 162 Rn. 10). Wenn mehrere Gerichtsstände eröffnet sind, besteht aber eine freie Auswahlmöglichkeit der StA.

V. Gerichtliche Vernehmungen und Augenscheinnahmen (Satz 3). In Abweichung von Abs. 1 Satz 1 kann die StA die Vornahme von richterlichen Vernehmungen und Augenscheinnahmen bei dem AG beantragen, in dessen Bezirk die Untersuchungshandlungen vorzunehmen sind. Sie hat dabei nach pflichtgemäßem Ermessen zu prüfen, ob damit eine Beschleunigung des Verfahrens verbunden ist oder Belastungen Betroffener vermieden werden können. Die Gerichte haben die Auswahl der StA bis zur Grenze der Willkür zu respektieren (LG Nürnberg NStZ-RR 2008, 313; Meyer-Goßner/Schmitt/*Köhler* § 162 Rn. 14). Insb. bei größeren Entfernungen zu den zu vernehmenden Zeugen kann eine Vernehmung in der Nähe ihres Aufenthaltsortes geboten sein. Wenn ein Zeuge im Rahmen einer polizeilichen Zeugenschutzmaßnahme an einem geheim gehaltenen Ort wohnt, ist der Antrag entweder bei dem Gericht am Sitz der StA oder am Sitz der Polizeidienststelle zu stellen, über die der Zeuge geladen werden kann (Meyer-Goßner/Schmitt/*Köhler* § 162 Rn. 11; LG Karlsruhe, NStZ 1997, 509). Bei einer Videovernehmung ist es ohne Bedeutung, wo sich ein Videovernehmungszimmer befindet (OLG München NStZ 2004, 642, Meyer-Goßner/Schmitt/*Köhler* § 162 Rn. 11). Im Zuge der Neuregelung wird es sich jedoch empfehlen, dass die Justizverwaltungen gerade bei dem AG am Sitz der StA ein solches Zimmer einrichten. Auskunftserteilungen (Rdn. 1) sind noch keine Vernehmungen. Die Zuständigkeit für deren Anordnung richtet sich daher nach Abs. 1 Satz 1. 17

C. Prüfungsumfang (Abs. 2). Das Gericht hat nur zu prüfen, ob die Maßnahme gesetzlich zulässig ist. Offensichtlich unverhältnismäßige Handlungen sind nicht zulässig (KG JR 65, 268; Stuttgart, MDR 83, 955; LG Saarbrücken, NStZ 1989, 132 m.Anm. *Weyand*; Meyer-Goßner/Schmitt/*Köhler* § 162 Rn. 14) I.Ü. ist bei den Zwangseingriffen, die dem Richter vorbehalten sind, in vollem Umfang zu prüfen, ob ein Tatverdacht besteht und die besonderen Voraussetzungen des Eingriffs vorliegen. Bei den anderen Maßnahmen hat allein die StA in Anwendung des Grundsatzes der freien Gestaltung des Ermittlungsverfahrens zu entscheiden, welche richterlichen Handlungen sie für erforderlich hält (BVerfGE 31, 43, 46; KK-StPO/*Griesbaum* § 162 Rn. 17; LG Gießen, Beschluss vom 15.04.2015 – 7 Qs 58/15 –, juris; a.A. *Ebsen* NStZ 2007, 501 unter Darlegung des Streitstandes; LG Köln NStZ 1989, 41) Auch wenn sie grds. selbst die Möglichkeit hat, das Erscheinen von Zeugen und Sachverständigen sowie Beschuldigten nach §§ 161a, 163a Abs. 2 zu erzwingen, kann sie ohne Begründung die Vernehmung der Personen durch das Gericht beantragen. Nr. 10 RiStBV ist keine Gesetzesnorm sondern eine Verwaltungsvorschrift. Der Gesetzgeber hat § 162 Abs. 2 auch nach Einführung des § 161a unverändert gelassen. Es entspricht der gesetzlichen Rollenverteilung im Ermittlungsverfahren, dass die StA Herrin des Verfahrens ist und der Richter Amtshilfe leisten muss (BVerfGE 31, 43, 46). Dem Vorwurf der Arbeitsabwälzung kann die StA dadurch begegnen, dass sie an der richterlichen Vernehmung teilnimmt. Außer Zweifel steht, dass die StA intern an die RiStBV gebunden ist und deshalb die richterliche Zeugenvernehmung nur beantragt, wenn eine Vereidigung geboten erscheint oder ein Fall der §§ 252, 52 vorliegt. Im Fall eines evidenten Missbrauchs verbleibt es aber bei der Möglichkeit des Gerichts, dienstaufsichtsrechtliche Maßnahmen anzuregen. Die leitenden Beamten der StA haben darauf zu achten, dass Nr. 10 RiStBV befolgt wird. Ein Grund für eine richterliche Vernehmung kann aber auch sein, dass zentrale Zeugen bereits im Ermittlungsverfahren durch ein neutrales Gericht in Anwesenheit des Verteidigers und des Beschuldigten befragt werden sollen. Auch im Hinblick auf § 78c StGB (Unterbrechung der Verjährung), kann es notwendig und deshalb auch zulässig sein, eine richterliche Vernehmung vornehmen zu lassen (a.A. Meyer-Goßner/Schmitt/*Köhler* § 162 Rn 15 a.E.). 18

D. Zuständigkeitswechsel (Abs. 3). Schon nach der früheren Rspr. war nach Erhebung der öffentlichen Klage § 162 Abs. 1 grds. unanwendbar (BGHSt 27, 253; OLG Düsseldorf NJW 1981, 2133; OLG Frankfurt, StV 2006, 122). Dies ordnet Abs. 3 Satz 1 nunmehr ausdrücklich an. Die StA kann aber weiterhin nach be- oder entlastenden Tatsachen forschen (Meyer-Goßner/Schmitt/*Köhler* § 162 Rn. 17; BGH Beschl. vom 07.05.2019, 5 StR 623/18). Sie muss ihre Anträge jedoch jetzt bei dem mit der Sache befassten Gericht stellen. Dieses erlässt seine Beschlüsse ggf. nach § 33 Abs. 4 Satz 1 ohne Anhörung des Angeschuldigten bzw. Angeklagten. § 162 Abs. 2 kann aber nicht mehr gelten, da das Gericht den bei ihm anhängig gemachten Sachverhalt selbstständig aufzuklären hat und an Anträge der StA nicht gebunden ist (§ 155 Abs. 2). Die StA kann nur zur Aufklärung weiterer, bisher nicht angeklagter Taten (§ 264) oder der Tatbeteiligung nicht angeklagter Beschuldigter Anträge bei dem nach Abs. 1 zuständigen Ermittlungsrichter stellen. Während des Revisionsverfahrens bleibt die Zuständigkeit des letzten Tatsachengerichts bestehen, Satz 2. Nach rechtskräftigem Abschluss des Verfahrens lebt die Zuständigkeit des Ermittlungsrichters wieder auf (BT-Drs. 16/11644, S. 35). Wird ein Wiederaufnahmeantrag gestellt, geht die Entscheidungskompetenz auf das für das Wiederaufnahmeverfahren zuständige Gericht über. 19

20 **E. Anfechtung.** Die StA kann die Ablehnung einer von ihr beantragten richterlichen Handlung mit der Beschwerde nach § 304 anfechten. Darüber entscheidet immer das dem AG übergeordnete LG, auch wenn die StA ihren Antrag im Fall des Abs. 1 Satz 3 bei einem auswärtigen Gericht gestellt hat, da die beantragte Handlung ein Akt der Amtshilfe ist (KK-StPO/*Griesbaum* § 162 Rn. 20; Meyer-Goßner/Schmitt/*Köhler* § 162 Rn. 18). Im Erfolgsfall erlässt das LG die begehrte Anordnung. Hält das LG eine Ablehnung einer richterlichen Handlung (Vernehmung, Augenschein oder Leichenöffnung) für rechtswidrig, weist es unter Aufhebung des Beschlusses das AG an, diese Handlung vorzunehmen (KK-StPO/*Griesbaum* § 162 Rn. 20).

21 Der durch eine richterliche Anordnung Betroffene kann ebenfalls nach § 304 Beschwerde einlegen (KK-StPO/*Griesbaum* § 162 Rn. 20); jedoch ist im Fall einer in § 101 genannten Maßnahmen der Antrag nach § 101 Abs. 7 Satz 2 bis 4 für die dort in Abs. 4 Satz 2 genannten Personen der alleinige Rechtsbehelf (BGH NStZ 2010, 50, Meyer-Goßner/Schmitt/*Köhler* § 101 Rn. 26a, KK-StPO/Bruns § 101 Rn. 34: § 98 Abs. 2 Satz 2 analog nur in Ausnahmefällen bei laufendem Vollzug der Maßnahmen). Die Beschwerde gegen die Ablehnung von richterlichen Anordnungen durch das erkennende Gericht ist im Fall des Abs. 2 Satz 1 durch § 305 ausgeschlossen.

22 Wird nach Einlegung der Beschwerde Anklage erhoben, geht die Entscheidungskompetenz auf das mit der Sache befasste Gericht über, das nunmehr über den Antrag zu entscheiden hat (OLG Karlsruhe Justiz 1998, 130; Meyer-Goßner/Schmitt/*Köhler* § 162 Rn. 19; a.A. wohl LR/*Erb* § 162 Rn. 53: wegen geänderter Sachlage keine Umdeutung möglich). Der Ermittlungsrichter darf auch nicht mehr abhelfen.

§ 163 Aufgaben der Polizei im Ermittlungsverfahren

(1) [1]Die Behörden und Beamten des Polizeidienstes haben Straftaten zu erforschen und alle keinen Aufschub gestattenden Anordnungen zu treffen, um die Verdunkelung der Sache zu verhüten. [2]Zu diesem Zweck sind sie befugt, alle Behörden um Auskunft zu ersuchen, bei Gefahr im Verzug auch, die Auskunft zu verlangen, sowie Ermittlungen jeder Art vorzunehmen, soweit nicht andere gesetzliche Vorschriften ihre Befugnisse besonders regeln.

(2) [1]Die Behörden und Beamten des Polizeidienstes übersenden ihre Verhandlungen ohne Verzug der Staatsanwaltschaft. [2]Erscheint die schleunige Vornahme richterlicher Untersuchungshandlungen erforderlich, so kann die Übersendung unmittelbar an das Amtsgericht erfolgen.

(3) [1]Zeugen sind verpflichtet, auf Ladung vor Ermittlungspersonen der Staatsanwaltschaft zu erscheinen und zur Sache auszusagen, wenn der Ladung ein Auftrag der Staatsanwaltschaft zugrunde liegt. [2]Soweit nichts anderes bestimmt ist, gelten die Vorschriften des Sechsten Abschnitts des Ersten Buches entsprechend. [3]Die eidliche Vernehmung bleibt dem Gericht vorbehalten.

(4) [1]Die Staatsanwaltschaft entscheidet

1. **über die Zeugeneigenschaft oder das Vorliegen von Zeugnis- oder Auskunftsverweigerungsrechten, sofern insoweit Zweifel bestehen oder im Laufe der Vernehmung aufkommen,**
2. **über eine Gestattung nach § 68 Absatz 3 Satz 1, Angaben zur Person nicht oder nur über eine frühere Identität zu machen,**
3. **über die Beiordnung eines Zeugenbeistands nach § 68b Absatz 2 und**
4. **bei unberechtigtem Ausbleiben oder unberechtigter Weigerung des Zeugen über die Verhängung der in den §§ 51 und 70 vorgesehenen Maßregeln; dabei bleibt die Festsetzung der Haft dem nach § 162 zuständigen Gericht vorbehalten. [2]Im Übrigen trifft die erforderlichen Entscheidungen die die Vernehmung leitende Person.**

(5) [1]Gegen Entscheidungen von Beamten des Polizeidienstes nach § 68b Absatz 1 Satz 3 sowie gegen Entscheidungen der Staatsanwaltschaft nach Absatz 4 Satz 1 Nummer 3 und 4 kann gerichtliche Entscheidung durch das nach § 162 zuständige Gericht beantragt werden. [2]Die §§ 297 bis 300, 302, 306 bis 309, 311a und 473a gelten jeweils entsprechend. [3]Gerichtliche Entscheidungen nach Satz 1 sind unanfechtbar.

(6) [1]Für die Belehrung des Sachverständigen durch Beamte des Polizeidienstes gelten § 52 Absatz 3 und § 55 Absatz 2 entsprechend. [2]In den Fällen des § 81c Absatz 3 Satz 1 und 2 gilt § 52 Absatz 3 auch bei Untersuchungen durch Beamte des Polizeidienstes sinngemäß.

(7) § 185 Absatz 1 und 2 des Gerichtsverfassungsgesetzes gilt entsprechend.

S.a. RiStBV Nr. 13 bis 21, 43, 65 bis 67, 70 Abs. 5, 101 f.

Übersicht Rdn.

A. Allgemeines. Die Vorschrift regelt in Abs. 1 und 2 die Aufgaben und Befugnisse der Polizei bei der Verfolgung von Straftaten. Aus der Stellung der Vorschrift im zweiten Abschnitt des zweiten Buches der StPO ergibt sich jedoch schon, dass die Polizei auch hier nur als verlängerter Arm der StA tätig wird (BVerwGE 47, 255, 263; BGH NJW 2003, 3142; Meyer-Goßner/Schmitt/*Köhler* § 163 Rn. 1; LR/*Erb* § 163 Rn. 5; KMR/*Plöd* § 163 Rn. 1). Nach der Gegenansicht soll es sich um Parallelbefugnisse von Polizei und StA handeln (*Knemeyer/Deubert* NJW 1992, 3131) und die StA habe daher während laufender polizeilicher Ermittlungen kein Weisungsrecht. Dies verkennt aber das gesetzliche Regel-Ausnahme-Verhältnis der §§ 160 und 163. Der durch das 2. OpferRRG eingefügte Abs. 3 ersetzt und erweitert den bisherigen § 163a Abs. 5. Er soll hier systematisch besser passen und die Befugnisse und Pflichten der Polizei bei Zeugenvernehmungen klarer regeln (BT-Drs. 16/12098, S. 26). Durch das Gesetz zur effektiveren und praxistauglicheren Ausgestaltung des Strafverfahrens und die damit erstmals eingeführte Pflicht zum Erscheinen und zur Aussage von Zeugen vor der Polizei wird Abs. 3 a.F. durch die Abs. 3–7 erweitert und neu gefasst (BT-Drs. 18/11277, S. 30). 1

B. Pflicht zur Erforschung von Straftaten und Verhütung von Verdunkelung (Abs. 1). I. Zusammenwirken mit StA. Abs. 1 legt den Beamten und Behörden des Polizeidienstes die Verpflichtung auf, auch ohne Auftrag der StA bei einem Anfangsverdacht i.S.d. § 152 Abs. 2 Straftaten zu erforschen sowie den Verlust von Beweismitteln zu verhindern und gibt somit das **Recht auf den ersten Zugriff**. Aber auch hier handeln sie nur mit dem Ziel, eine Entscheidung der StA über die Anklageerhebung i.S.d. § 170 vorzubereiten. Sie unterliegen dabei dem Legalitätsprinzip des § 152. Entscheidungen der Polizei, eine Person als Beschuldigten zu behandeln, binden daher die StA wegen der Einheit des Ermittlungsverfahrens (BGH NJW 2003, 3142). Auch dabei leitet die StA das Ermittlungsverfahren und trägt die Gesamtverantwortung für eine rechtsstaatliche, faire und ordnungsgemäße Durchführung des Verfahrens (BGH StV 2010, 3). Aus der Regelung ergibt sich aber auch, dass bei Eilmaßnahmen, die Staatsanwaltschaft und ihre Ermittlungspersonen nur bei Gefahr in Verzug selbst anordnen dürfen (z.B. §§ 105 Abs. 1 Satz 1, 81a StPO), die Polizei sich nicht immer und jederzeit um eine Entscheidung der Staatsanwaltschaft bemühen muss (so zutr. *Metz*, NStZ 2012, 242; 2

BVerfG DAR 2011, 196. Soweit das BVerfG von einem »Vorrang« der StA spricht (NJW 2008, 3053; DAR 2011, 196), kann dies im Lichte der Pflicht des Abs. 1 Satz 1 zur Verhütung von Verdunkelung nur so verstanden werden, dass die Polizei zwar eine Fühlungnahme mit der StA anstreben muss, diese aber auch durch generelle Weisungen jene berechtigen kann, in umschrieben Fällen selbstständig zu entscheiden. I.Ü. sind immer auch Fälle »allerhöchster Gefahr im Verzug« denkbar, in denen für die Ermittlungsperson nicht einmal genug Zeit für den Anruf bei der StA bleibt, weil ein Beweismittelverlust droht (BGH [5. Strafsenat], Urt. vom 18.07.2018, 5 StR 547/17)

3 Bei allen bedeutenden Straftaten muss die Polizei die StA frühzeitig informieren, nicht nur wenn Anträge auf richterliche Maßnahmen i.S.d. § 162 zu stellen sind. Die StA kann allgemeine Weisungen an die Polizeibehörden ihres Zuständigkeitsbereiches über die Informationspflicht erteilen (LR/*Erb* § 163 Rn. 14). Nur so kann sie frühzeitig durch Weisungen im Einzelfall auf die zweckmäßige Gestaltung des Ermittlungsverfahrens hinwirken und ggf. den Verfahrensstoff nach §§ 154 ff. reduzieren. Ebenso kann das Opportunitätsprinzip schon am Beginn des Ermittlungsverfahrens bei der Beschränkung des Ermittlungsaufwandes berücksichtigt werden. Nur die StA kann frühzeitig auf Anregung der Polizeibehörden über eine Verbindung von Verfahren und die Bildung von Sammelverfahren entscheiden. Leitlinien hierfür bilden Nr. 25 ff. RiStBV.

4 **1. Verpflichtete.** Verpflichtet werden die Beamten und Behörden des Polizeidienstes. Darunter fallen alle Bundes- und Landespolizeibehörden, die nach den für sie geltenden Vorschriften mit polizeilichen Aufgaben betraut sind.

5 Polizeibehörden der **Länder** sind die (uniformierte) Schutz- und Kriminalpolizei sowie die Landeskriminalämter, zu deren Einrichtung die Länder nach § 1 Abs. 2 BKAG verpflichtet sind.

6 Polizeibehörde des **Bundes** ist zum einen das Bundeskriminalamt, dessen Zuständigkeiten in § 4 Abs. 1 und 2 BKAG geregelt ist. Die Landespolizeibehörden sind aber auch in diesen Bereichen zur Durchführung notwendiger, unaufschiebbarer Maßnahmen berechtigt und verpflichtet, § 4 Abs. 3 Satz 2 BKAG. Zum andern nimmt die Bundespolizei nach § 12 Abs. 1 BPOLG die polizeilichen Aufgaben auf den dort genannten Gebieten insb. im Bereich der Grenz- und Bahnpolizei wahr. Auch außerhalb ihrer Zuständigkeit hat sie unaufschiebbare Maßnahmen i.S.d. Abs. 1 Satz 1 zu treffen, § 12 Abs. 3 Satz 2 BPOLG.

7 Angesprochen werden auch die den Polizeibehörden durch Gesetz **gleichgestellten Behörden**. Die Steuerfahndung und die Hauptzollämter sind für die Verfolgung von Steuerstraftaten zuständig und handeln i.R.d. §§ 369, 386 Abs. 4 und 404 AO als verlängerter Arm der StA (BGHSt 36, 283), wenn nicht die Finanzbehörden selbstständig die Ermittlungen nach §§ 386 Abs. 2 und 3 AO durchführen. Sie werden außerdem durch § 37 MOG, § 37 AWG den Polizeibehörden gleichgestellt, ebenso die Zollverwaltungsbehörden nach § 14 SchwarzBekG. Nach Art. 18 EichG haben die zuständigen Behörden Befugnisse der Polizeibehörden zur Abwehr oder Unterbindung von Zuwiderhandlungen gegen dieses Gesetz oder gegen die aufgrund dieses Gesetzes erlassenen Rechtsverordnungen. Gem. § 147 BBergG haben die für die Ausführung dieses Gesetzes zuständigen Verwaltungsbehörden ebenfalls die Pflichten des § 163. Im Bereich des Festlandsockels haben die Beamten der in § 132 Abs. 1, § 134 Abs. 1 und § 136 BBergG bezeichneten Behörden Straftaten nach § 146 BBergG zu erforschen und alle keinen Aufschub gestattenden Anordnungen zu treffen, um die Verdunkelung der Sache zu verhüten; die Beamten haben die Rechte und Pflichten der Polizeibeamten nach den Vorschriften der StPO und sie sind insoweit Ermittlungspersonen der StA, § 148 Abs. 2 BBergG.

8 **2. Anlass zum Einschreiten.** Wenn ein **Anfangsverdacht** i.S.d. § 152 Abs. 2 besteht, haben die Beamten und Behörden des Polizeidienstes die Pflicht, auch ohne Auftrag der StA die zur Erforschung der Straftat erforderlichen Maßnahmen zu treffen. Die Polizei prüft zunächst eigenständig, ob zureichende Anhaltspunkte für eine verfolgbare Straftat bestehen. Bestehen hieran Zweifel, hat sie jedoch die Entscheidung der StA herbeizuführen, soweit dies ohne Beweismittelverlust möglich ist. Ggfls. sind jedoch die später nicht mehr nachholbaren, beweissichernden Maßnahmen zunächst durchzuführen. Wie die StA muss auch die Polizei be- und entlastende Umstände ermitteln, § 160 Abs. 2.

9 Es ist unerheblich, auf welchem Weg die Polizei von dem Anfangsverdacht erfährt. Häufig wird dies durch eine Strafanzeige, sonstige Mitteilungen von Bürgern oder i.R.d. gefahrenabwehrenden Tätigkeit (z.B. Streifenfahrt) geschehen. Für die Kenntnisnahme im privaten Bereich des Polizeibeamten gelten dieselben Maßstäbe wie für die StA (Meyer-Goßner/Schmitt/*Köhler* § 163 Rn. 10; vgl. § 160 Rdn. 7). Es ist ohne Bedeutung, ob der Polizeibeamte gerade zivile Kleidung trägt. Er kann sich jederzeit durch schlüssige Handlung in den Dienst versetzen (KMR/*Plöd* § 163 Rn. 3)

10 **3. Vorermittlungen.** Die Polizei kann zunächst den Sachverhalt durch informatorische Befragungen und einfache Auskunftserholung so weit klären, dass eine Prüfung des Anfangsverdachtes möglich ist (LR/*Erb* § 163 Rn. 24). Das berechtigt nicht zu Initiativermittlungen gegen Unverdächtige ohne konkrete Anhalts-

punkte für Straftaten. Diese sind nur im Rahmen der Gefahrenabwehr nach den Polizeigesetzen zulässig (KMR/*Plöd* § 163 Rn. 9); vgl. z.B. die besonderen Datenerhebungsmittel des § 33 BayPAG beim Verdacht, dass Personen Straftaten von erhebliche Bedeutung begehen wollen.

II. Befugnisse (Satz 2). 1. Allgemeines. Abs. 1 enthält eine beschränkte Ermächtigungsgrundlage in Form einer **Ermittlungsgeneralklausel**, die solche Eingriffe ermöglicht, die keine Zwangsmaßnahmen im eigentlichen Sinn darstellen und in ihrer Eingriffsintensität hinter den gesetzlich geregelten Maßnahmen zurückbleiben (LR/*Erb* § 163 Rn. 8). Er stellt keine gesetzliche Grundlage für polizeiliche Zwangsmittel dar (KMR/*Plöd* § 163 Rn. 12). 11

Die Polizei ist auch i.R.d. ersten Zugriffs in der Gestaltung des Ermittlungsverfahrens frei, hat aber die Weisungen der StA zu beachten (LR/*Erb* § 163 Rn. 32; KMR/*Plöd* § 163 Rn. 8). Die StA hat bei allen Ermittlungshandlungen der Polizei ein Anwesenheitsrecht aufgrund ihrer Leitungsbefugnis. 12

Schon bei den polizeilichen Ermittlungen ist der **Beschleunigungsgrundsatz** zu beachten. Insb. bei Haftsachen hat auch die Polizei die Pflicht, die Ermittlungen mit höchstmöglicher Beschleunigung durchzuführen, wobei der Staatsanwalt dies zu überwachen hat. Die Polizeibehörden trifft die Pflicht, ausreichende personelle und sachliche Mittel zur Verfügung zu stellen, um eine alsbaldige Entscheidung der StA über den Abschluss der Ermittlungen zu ermöglichen. 13

Bei der Information der Öffentlichkeit über die **Medien** hat die Polizei ebenfalls die Leitungsbefugnis der StA zu beachten (Meyer-Goßner/Schmitt/*Köhler* § 161 Rn. 16). Aus eigenem Recht kann sie nur über die Maßnahmen zur Gefahrenabwehr berichten. Im Rahmen strafprozessualer Ermittlungsverfahren muss sie insb. die Unschuldsvermutung und das Verbot der Bloßstellung der Beteiligten beachten. Einer rechtlichen Würdigung und Äußerungen zur Verdachtslage sollte sie sich enthalten. Grds. wäre in laufenden Ermittlungsverfahren jede Presseinformation mit der StA abzusprechen, da bei einem öffentlichen Interesse an den Ermittlungen auch der StA in geeigneter Weise Kenntnis zu verschaffen ist (oben Rdn. 3). Diese kann jedoch hierzu allgemeine Weisungen erteilen und die Polizei im Fall von Alltagskriminalität zur Presseinformation ermächtigen. Die Grundsätze der Nr. 23 RiStBV sind bei Informationen über Ermittlungsverfahren auch von der Polizei zu beachten (LR/*Erb* § 163 Rn. 35). Die Veröffentlichung von Abbildungen des Verdächtigen ist außerhalb von Fahndungsmaßnahmen (§§ 131 ff.) nur bei schwerwiegenden Straftaten zulässig (OLG Hamm NStZ 1982, 82) 14

2. Verteidigung. Gem. § 137 kann sich der Beschuldigte in jeder Lage des Verfahrens des Beistandes eines Verteidigers bedienen, auch soweit die Polizei i.R.d. ersten Zugriffs die Ermittlungen selbstständig führt. Insb. im Polizeigewahrsam nach vorläufiger Festnahme ist deshalb dem Verteidiger der unüberwachte Verkehr gem. § 148 Abs. 1 zu gestatten. Ebenso darf er dort mit seinem Verteidiger ohne Kontrolle telefonieren (LR/*Erb* § 163 Rn. 45). Allerdings darf die Polizei sich versichern, dass nur zum Verteidiger Kontakt aufgenommen wird. Telefonate des Festgenommen mit Dritten dürfen bei Verdunkelungsgefahr ggf. unterbunden werden. Auf Anfrage muss die Polizei dem Verteidiger in gleicher Weise den Tatvorwurf erläutern, wie es § 163a Abs. 4 Satz 1 ggü. dem Beschuldigten vorsieht (Meyer-Goßner/Schmitt/*Köhler* § 163 Rn. 6). 15

3. Ermittlungen jeder Art. Es gibt keinen Grundsatz, dass heimliche Ermittlungsmaßnahmen unzulässig wären, da der Gesetzgeber gerade hierzu verstärkt Regelungen getroffen hat (LR/*Erb* § 163 Rn. 49). Deshalb besteht auch keine Pflicht, schon zu Beginn dem Beschuldigten zu eröffnen, dass ein Ermittlungsverfahren gegen ihn eingeleitet wird. 16

Die Polizei hat insb. das Recht, **Zeugen** zu vernehmen (Abs. 3, s.u.) und zu diesem Zweck zu laden oder aufzusuchen. Diese Personen sind jedoch nicht verpflichtet zu erscheinen, wenn nicht die StA die Vernehmung angeordnet hat. Die Polizei kann auch **Sachverständige** einschalten, sollte dies aber mit der StA absprechen, wenn es nicht um Alltagskriminalität geht. Sie darf bei Gefahr im Verzug Gegenüberstellungen vornehmen, Abs. 3, § 58 Abs. 2 (KMR/*Plöd* § 163 Rn. 13). Die **Beschuldigtenvernehmung** dient nicht nur der Gewährung rechtlichen Gehörs, sondern auch der Sachaufklärung (LR/*Erb* § 163a Rn. 32, vgl. hierzu § 163a). Dem **Beweismittelverlust** ist insb. durch fotografische Dokumentation von Tatorten, Opferverletzungen und sonstigen Spuren zu begegnen. 17

4. Befugnisse der Ermittlungspersonen (§ 152 GVG). Bestimmte Befugnisse stehen bei Gefahr im Verzug auch den Ermittlungspersonen der StA zu, bei Steuerstraftaten den Finanzbehörden und deren Hilfsorganen: Die Anordnung der körperlichen Untersuchung eines Beschuldigten (§ 81a) oder eines Zeugen (§ 81c), die Beschlagnahme eines Beweisgegenstandes (§§ 94, 98), die Anordnung einer Durchsuchung (§§ 102, 103 Abs. 1 Satz 1, 105), die Beschlagnahme einer beweglichen Sache zur Sicherstellung (§§ 111b, 111c Abs. 1, 111e), die Anordnung einer Sicherheitsleistung nach § 132, der Netzfahndung (§ 163d) und längerfristigen Observation (§ 163f). Die Ermittlungspersonen werden durch die gesetzlichen Vorschriften bezeichnet, die 18 zu § 152 GVG erlassen wurden. Die Landesregierungen können hierzu Rechtsverordnungen erlassen, § 152 Abs. 2 Satz 1 GVG. Die Ausführung der vom befugten Organ angeordneten Maßnahmen kann auch andern Beamten als den Ermittlungspersonen überlassen werden (Meyer-Goßner/Schmitt/*Köhler* § 163 Rn. 31).

19 **5. Überörtliche Tätigkeit. a) Länderübergreifend.** Die Strafverfolgungsarbeit der Polizei der Bundesländer muss nicht an deren Grenzen enden. Das Abkommen über die erweiterte Zuständigkeit der Polizei der Bundesländer bei der Strafverfolgung v. 08.11.1991 (KMR/*Plöd* § 163 Rn. 4) ermächtigt die Polizeibeamten der vertragsschließenden Bundesländer, Amtshandlungen auch in anderen Bundesländern vorzunehmen, wenn einheitliche Ermittlungen wegen der räumlichen Ausdehnung der Tat oder der in der Person des Täters oder in der Tatausführung liegenden Umstände notwendig erscheinen. Die StA wird jedoch insb. bei Durchsuchungshandlungen auch darauf zu achten haben, dass die örtliche StA von überörtlichen Ermittlungen in ihrem Bezirk Kenntnis erhält.

20 **b) International.** Art. 40 Abs. 1 des **Schengener Durchführungsübereinkommen** (vgl. *Gläß* NStZ 2000, 57 ff.) erlaubt bei auslieferungsfähigen Straftaten die Observation eines Verdächtigen auf dem Hoheitsgebiet einer anderen Vertragspartei, wenn diese einem zuvor gestellten Rechtshilfeersuchen zugestimmt hat. Nach Art. 40 Abs. 7 und Abs. 2 darf die Observation bei besonderer Dringlichkeit der Angelegenheit und bestimmten besonders schweren Straftaten auch ohne diese Zustimmung über die Grenzen hinweg durchgeführt werden. Nach Art. 41 ist eine Nacheile in Bezug auf eine verfolgte oder aus der Haft entflohene Person unter ähnlichen Voraussetzungen zulässig. Die BRD hat in ihren Erklärungen zu Art. 41 Abs. 9 ihren Nachbarstaaten gestattet, für alle auslieferungsfähigen Straftaten die Nacheile ohne räumliche und zeitliche Begrenzung und unter Einräumung des Festhalterechtes auszuüben. Eine internationale Fahndung ist insb. durch das Schengener Informationssystem möglich, vgl. Nr. 43 RiStBV. Daneben gelten die bilateralen Polizeiabkommen, die teilweise über den Schengenstandard hinausgehen und mit allen Nachbarstaaten abgeschlossen wurden. Hier werden Bestimmungen zu grenzüberschreitenden Polizeieinsätzen, gemeinsamen polizeilichen Einsätzen, gegenseitigem Informationsaustausch und grenzüberschreitender personeller Unterstützung getroffen (aufgeführt unter http://www.bmi.bund.de: Pfad: Sicherheit/Internationale Zusammenarbeit/Polizeiliche Zusammenarbeit/Bilaterale Polizeiabkommen und gemeinsame Zentren).

21 Im »Vertrag über die Vertiefung der grenzüberschreitenden Zusammenarbeit, insb. zur Bekämpfung des Terrorismus, der grenzüberschreitenden Kriminalität und der illegalen Migration« (**Prümer Vertrag v. 27.05.2005**) haben die vertragsschließenden bzw. bisher beigetretenen Staaten (Belgien, Deutschland, Spanien, Frankreich, Luxemburg, die Niederlande, Österreich, Finnland, Slowenien, Ungarn und Norwegen) eine weitere grenzüberschreitende Zusammenarbeit vereinbart, insb. den Zugriff auf nationale Datenbanken durch die Vertragsstaaten, grenzüberschreitende Einsätze und Zusammenarbeit der Polizeibehörden sowie Regelungen zum Datenschutz.

22 **6. Besondere Maßnahmen. Datenabgleich:** Daten aus einem Strafverfahren dürfen mit anderen zur Strafverfolgung oder Strafvollstreckung oder zur Gefahrenabwehr gespeicherten Daten maschinell abgeglichen werden, § 98c.

23 **Erkennungsdienstliche Maßnahmen:** § 81b gibt das Recht zur Fertigung von Lichtbildern und Fingerabdrücken des Beschuldigten. Hierzu darf unmittelbarer Zwang angewendet werden, wenn der Beschuldigte trotz der Belehrung über seine Duldungspflicht die Maßnahme verweigert oder behindert.

24 **Fahndung:** Die Fahndungs- und Ausschreibungsmaßnahmen sind in den §§ 131 bis 131c geregelt. Meist dürfen Polizeibeamte sie nur bei Gefahr im Verzug als Ermittlungspersonen der StA anordnen, vgl. RiStBV Anlage B. Daneben dürften nur gezielte Nachfragen bei bekannten Kontaktpersonen, Auskünfte aus Melderegistern oder eine Nachschau an Örtlichkeiten, in denen sich die gesuchte Person aufhalten könnte, auf die Ermittlungsgeneralklausel zu stützen sein (LR/*Erb* § 163 Rn. 41).

25 **Heimliche Bildaufnahmen** erlaubt § 100h Abs. 1 Satz 1 Nr. 1. Nach der Rspr. des BVerfG bedarf es für derartige Eingriffe auf jeden Fall einer gesetzlichen Grundlage. Verwaltungsvorschriften genügen nicht (NJW 2009, 3293).

26 **Heimliche Tonaufnahmen durch die Polizei:** Sie gestatten §§ 100a, 100c, 100f unter den dort genannten Voraussetzungen. Daneben können sie zur Eigensicherung von Beamten erlaubt sein, z.B. nach § 16 BKAG. Zur Verwertung der Erkenntnisse aus diesen Maßnahmen s. § 161 Rdn. 27–30. Die heimliche Aufzeichnung einer Beschuldigten- oder anderen polizeilichen Vernehmung ohne Kenntnis und Zustimmung des Betroffenen ist unzulässig, weil es sich um eine nicht öffentliche Äußerung i.S.d. § 201 StGB handelt (OLG Frankfurt NJW 1977, 1547; Meyer-Goßner/*Schmitt* § 136a Rn. 18; SSW-StGB/*Bosch* § 201 Rn. 3; a.A. Meyer-Goßner/Schmitt/*Köhler* § 163 Rn. 42). Die Vernehmungsperson muss wissen, dass ihre Äußerung wörtlich aufgezeichnet wird (KMR/*Plöd* § 163 Rn. 18). Die Aufzeichnung von Notrufen bei Polizei

und Rettungsdiensten ist jedoch unter dem Gesichtspunkt der mutmaßlichen Einwilligung (SSW-StGB/*Bosch* § 201 Rn. 13) gerechtfertigt, da die Notwendigkeit besteht, unverständliche oder unklare Mitteilungen sofort zum Zwecke der Festlegung der Einsatzziele nochmals abzuhören. Die Rufnummer und ggfls. die Standortdaten des Notrufanrufers werden als begleitende Informationen gem. § 108 TKG und § 4 Abs. 4 Notrufverordnung unbeachtlich einer vereinbarten Rufnummernunterdrückung übermittelt. Die **Verwertung** kann grds. durch Verlesung der Verschriftungen erfolgen; wenn ein Beteiligter begründete Einwände erhebt, sind die Mitschnitte als Augenscheinsobjekte in der Hauptverhandlung anzuhören (Meyer-Goßner/Schmitt/*Köhler* § 163 Rn. 45; BGH NJW 1956, 558)

Heimliche Tonaufnahmen Dritter: Heimliche Ton- oder Bildaufnahmen durch Dritte sind verwertbar, 27
wenn sie nach § 100c gestattet wären (KMR/*Plöd* § 163 Rn. 20). I.Ü. können sie verwertet werden, wenn überwiegende Interessen der Allgemeinheit dies zwingend gebieten und dem ggü. das schutzwürdige Interesse des Belauschten an der Nichtverwertung zurücktreten muss (BVerfGE 34, 238; BayObLG NJW 1990, 197). In Betracht kommen hier Notwehr oder eine notwehrähnliche Lage des Geschädigten einer Straftat bei der Beweisbeschaffung. Unabhängig von der Frage der Verwertung in der Hauptverhandlung ist es den Ermittlungsbehörden aber erlaubt, die Aufnahmen als Spurenansätze zu verwerten, soweit sich durch sie der Verdacht einer verfolgbaren Straftat ergibt.

Davon zu unterscheiden ist der Fall, dass eine Privatperson auf Veranlassung der Ermittlungsbehörden mit 28
den Tatverdächtigen ein Gespräch führt, ohne dass dieser erfährt, dass hier Angaben zum Untersuchungsgegenstand erlangt werden sollen, sog. **Hörfalle.** Der Inhalt der aufgezeichneten Gespräche darf dann verwertet werden, wenn es um die Aufklärung einer Straftat von erheblicher Bedeutung geht und die Erforschung des Sachverhaltes unter Einsatz anderer Ermittlungsmethoden erheblich weniger Erfolg versprechend oder wesentlich erschwert gewesen wäre (BGH StV 1996, 465). Allerdings darf auf diesem Weg das Recht des Beschuldigten gem. § 136, sich nicht selbst belasten zu müssen, nicht umgangen werden (Meyer-Goßner/*Schmitt* § 136a Rn. 4a; vgl. § 136a Rdn. 9 f.)

Identitätsfeststellung: §§ 163b und 163c ermöglichen die zur Feststellung der Identität von Verdächtigen 29
einer Straftat und Unverdächtigen erforderlichen Maßnahmen.

Internet: Gestützt auf die Generalklausel des Abs. 1 Satz 2 kann sich die Polizei Kenntnis von Inhalten der 30
Internetkommunikation auf dem dafür technisch vorgesehenen Weg verschaffen, wenn sie nur öffentlich zugängliche Kommunikationsinhalte wahrnimmt oder sich an öffentlich zugänglichen Kommunikationsvorgängen beteiligt, da damit nicht in Grundrechte eingegriffen wird (BVerfGE 120, 274–350). Erst dann, wenn die staatliche Stelle nicht durch Kommunikationsbeteiligte zur Kenntnisnahme autorisiert ist, bedarf sie einer speziellen gesetzlichen Ermächtigung. Die »Internet-Streife« d.h. die gezielte Beobachtung der allgemein zugänglichen Kommunikationsinhalte ist präventive Tätigkeit der Polizei. Ergeben sich dabei Anhaltspunkte für verfolgbare Straftaten i.S.d. § 152, können Polizei und StA daher gestützt auf die Generalklauseln der §§ 161 Abs. und 163 Abs. 1 gezielt von diesen allgemein zugänglichen Inhalten Kenntnis nehmen und den Sachverhalt erforschen. Unbeachtlich sind dabei Zugangssperren und Aufforderungen zu Identifikation, die nicht überprüft werden und bei denen offensichtliche Falschidentitäten akzeptiert werden, da damit kein Vertrauen in die Person des Kommunikationspartners geschaffen wird.

Der nicht offen im Internet ermittelnde Polizeibeamte wird dann zum »virtuellen verdeckten Ermittler« i.S.d. § 110a–c, wenn er gegen bestimmte Täter, deren Identität noch nicht festzustehen braucht, mit einiger Dauer und Intensität unter einer auf Dauer angelegten verdeckten Identität tätig wird, vgl. zur Abgrenzung im Einzelnen *Rosengarten/Römer* NJW 2012, 1764 ff. Da jedoch persönliche Kontakte eines verdeckten Ermittlers eine höhere Eingriffsintensität in die Rechte des Betroffenen aufweisen als solche über Internetkommunikation, ist im letzteren Fall die Schwelle zum VE nicht so schnell erreicht (*Rosengarten/Römer* NJW 2012, 1764, 1767). Die auf Dauer angelegte legendierte Teilnahme an geschlossenen Benutzergruppen unter Überwindung von Zugangskontrollen wird diese Schwelle wohl überschreiten (so Meyer-Goßner/*Schmitt*, § 110a Rn. 4)

Lichtbildbeschaffung: Die Polizei kann im Rahmen von § 2b PAuswG oder § 22 PassG auch Lichtbilder aus 31
dem Personalausweis- oder Passregister, bei Gefahr im Verzug auch im Wege des Online-Zugriffs, erholen (Meyer-Goßner/Schmitt/*Köhler* § 163 Rn. 28; § 2c Abs. 2 PAuswG, § 22a Abs. 2 PassG).

Netzfahndung: Gem. § 163d können bei bestimmten Straftaten die bei grenzpolizeilichen Kontrollen und 32
im Fall des § 111 auch die bei Personenkontrollen anfallenden Daten sowie bestimmte Umstände in einer Datei gespeichert werden. Es wird die Errichtung einer Kurzzeitdatei gestattet, um die anfallenden Daten mit anderen Dateien, insb. den Fahndungsdateien abzugleichen, wenn dies an Ort und Stelle aufgrund der Menge der anfallenden Daten nicht möglich ist (Meyer-Goßner/Schmitt/*Köhler* § 163d Rn. 2).

NoeP (Nicht offen ermittelnder Polizeibeamter): Der Einsatz von Beamten, die nur gelegentlich – ohne 33
Legende, wenn auch unter falschem Namen – verdeckt auftreten (Meyer-Goßner/Schmitt/*Köhler* § 110a

Rn. 4) ist durch die Generalklausel des § Abs. 1 Satz 2 grds. gedeckt, wenn er sich auf Vortäuschung einer Bereitschaft zu einer Straftat (Scheinkauf, Bereiterklärung zur Begehung eines Verbrechens) beschränkt. Zweifelhaft ist, ob der NoeP ein verdecktes Verhör herbeiführen darf (BGHSt 55, 138 – 147). Jedenfalls hat er sich dabei wie der Verdeckte Ermittler jeglichen Zwangs zu enthalten (BGHSt 55, 138 – 147).

34 **Notstand, rechtfertigender:** Nach BGHSt 27, 260 ist der in § 34 StGB, §§ 228 und 904 BGB zum Ausdruck kommende allgemeine Rechtsgedanke, dass die Verletzung eines Rechts in Kauf genommen werden muss, wenn es nur so möglich erscheint, ein höheres Rechtsgut zu retten, auch als Rechtfertigung polizeilichen Handelns denkbar (Meyer-Goßner/Schmitt/*Köhler* § 163 Rn. 30; KMR/*Plöd* § 163 Rn. 15; a.M. *Amelung* NJW 1978, 623; *Lisken* ZRP 1990, 15, 19). Allerdings kann dies nur in engen Ausnahmefällen angenommen werden. Der Rechtsgedanke greift nicht ein, wenn die allgemeine Bestimmung des rechtfertigenden Notstandes durch besondere Regelungen verdrängt wird.

35 **Notwehr und -hilfe:** Die Polizeibeamten haben neben ihren Befugnissen nach der StPO und den einschlägigen Polizeigesetzen auch das Recht zur Notwehr und Nothilfe gem. §§ 32, 35 StGB (Meyer-Goßner/Schmitt/*Köhler* § 163 Rn. 30, vgl. Art. 77 Abs. 2 BayPAG).

36 **Observation:** § 163f geht stillschweigend davon aus, dass kurzfristige Beobachtungsmaßnahmen von der allgemeinen Befugnisnorm des § 163 erfasst sind. Erst wenn die Observation durchgehend länger als 24 Std. dauert oder an mehr als zwei Tagen stattfindet, bedarf sie der Anordnung durch das Gericht bzw. bei Gefahr im Verzug durch StA oder ihre Ermittlungspersonen.

37 **Polizeiliche Beobachtung:** Gem. § 163e können Personen und Kennzeichen eines Kfz zur Beobachtung anlässlich von polizeilichen Kontrollen, die die Feststellung der Personalien zulassen, ausgeschrieben werden. Durch diese planmäßige und heimliche Beobachtung können Erkenntnisse über Personen bzw. Fahrzeuge unauffällig ermittelt und gesammelt werden (Meyer-Goßner/Schmitt/*Köhler* § 163e Rn. 2). Außerdem sollen Zusammenhänge und Querverbindungen der ausgeschriebenen Person zu anderen erfasst werden.

38 **Rasterfahndung:** Unter den Voraussetzungen des § 98a kann ein maschinell-automatisierter Datenabgleich zwischen bestimmten, auf den Täter einer erheblichen Katalog-Straftat zutreffenden Prüfungsmerkmalen mit aus anderen Gründen von anderen Stellen gespeicherten Daten erfolgen. Damit sollen Nichtverdächtige ausgeschlossen oder Personen festgestellt werden, die weiter für die Ermittlungen bedeutsame Prüfungsmerkmale erfüllen.

39 **Razzia:** Die Razzia als überraschende, groß angelegte Durchsuchungsaktion kann auf §§ 163b, 94, 95, 102, 103 und 111b gestützt werden. An bestimmten Orten kann sie mit einer Razzia zur Gefahrenabwehr kombiniert werden (Meyer-Goßner/Schmitt/*Köhler* § 163 Rn. 33, vgl. Art. 22 Abs. 1 Nr. 4 BayPAG). Besteht gem. § 152 Abs. 2 der Verdacht, dass an einem bestimmten Ort mit Drogen gehandelt wird, darf eine Razzia mit großem Polizeiaufgebot und vorübergehender Straßenabsperrung in den Räumen einer Drogenberatungsstelle durchgeführt werden (BVerfGE 44, 357, 370).

40 **Verdeckte Ermittler:** Nach §§ 110a bis 110c darf sich die Polizei des Einsatzes verdeckter Ermittler bedienen, um schwerwiegende Straftaten aufzuklären (vgl. Anlage D Abs. 2 zur RiStBV).

41 **V-Personen und Lockspitzel (= agent provocateur):** Der Kampf gegen das organisierte Verbrechen erfordert mehr und mehr den Einsatz von verdeckten Ermittlern und Informanten, was auch der EGMR anerkennt (NJW 2009, 3565). Die EMRK erlaubt auch die Stützung der Ermittlungen auf solche Quellen. Die spätere Verwendung durch die Gerichte ist jedoch nur zulässig, wenn ausreichende Sicherungen gegen Missbrauch vorhanden sind, insb. ein eindeutiges und vorhersehbares Verfahren zur Genehmigung, Durchführung und Überwachung solcher Maßnahmen. Die Einschaltung eines Lockspitzels kommt dann in Betracht, wenn durch ein tatprovozierendes Verhalten ein bereits bestehender starker Verdacht schwerwiegenden strafbaren Verhaltens bestätigt werden sollen (BGHSt 32, 345; KK-StPO/*Griesbaum* § 163 Rn. 18). Die Polizei muss sich darauf beschränken, strafbares Verhalten zu verfolgen. Sie darf jedoch nicht eine Person anstiften, eine Straftat zu begehen, welche diese sonst nicht begangen hätte (EGMR NStZ 1999, 46; NJW 2009, 3565). Nach der letztgenannten Entscheidung haben die Gerichte eine nachvollziehbare und glaubhaft vorgetragene Behauptung einer konventionswidrigen Anstiftung selbstständig zu überprüfen. Die StA habe in diesem Fall zu beweisen, dass die konventionswidrige Anstiftung nicht stattgefunden hat. Wenn eine Aufklärung nicht möglich ist, weil Zeugen nicht zur Verfügung stehen, die der Beschuldigte benennt, z.B. aufgrund einer Sperrerklärung analog § 96, soll das Gericht dies im Zweifelsfall zu seinen Gunsten werten müssen. Das bedeutet aber nicht, dass das Gericht einer sorgfältigen Beweiswürdigung enthoben ist (BGH StraFo 2019, 17; s. u. Rdn. 42 a.E.). In diesem Fall sei das Recht auf ein faires Verfahren nach Art. 6 Abs. 1 EMRK verletzt (EGMR NJW 2009, 35, 65).

42 Der zulässige Einsatz eines Lockspitzels ist in jedem Fall bei der Strafzumessung zu würdigen (BGH, NStZ 1992, 488; 2000, 269 ff.). Sehr strittig ist, welche Folgen sich aus einem unzulässigen Vorgehen der Ermittlungsbehörden ergeben. Ein Verfahrenshindernis hatte der BGH lange Zeit auch bei konventions-

widriger Anstiftung abgelehnt (BGHSt 45, 321; NStZ 2015, 226; dagegen *Gaede/Buermeyer* HRRS 2008, 279). In einer weiteren Entscheidung sah der EGMR die Kompensation durch eine erhebliche Strafmilderung als nicht ausreichend an (StraFo 2014, 504). Das BVerfG hat aber daran festgehalten, dass eine rechtsstaatswidrige Tatprovokation grundsätzlich nur bei der Strafzumessung zu berücksichtigen ist (NJW 2015, 1083). Ein Verfahrenshindernis wurde dabei nur »in extremen Ausnahmefällen« für möglich gehalten. Dies soll dann in Betracht kommen, wenn ein gänzlich Unverdächtiger durch den staatlichen Lockspitzel zu einer Tat provoziert wird, zu der er zunächst gar nicht bereit war. Möglicherweise muss aber in diesen Fällen zumindest ein Beweisverwertungsverbot geprüft werden, wie vom EGMR gefordert (so auch NJW-Spezial 2015, 152). Der 2. Strafsenat des BGH hat in seiner Entscheidung vom 10.06.2015 nunmehr versucht, eine Wende einzuleiten und postuliert: »Die rechtsstaatswidrige Provokation einer Straftat durch Angehörige von Strafverfolgungsbehörden oder von ihnen gelenkte Dritte hat regelmäßig ein Verfahrenshindernis zur Folge« (StV 2016, 129). Die Entscheidung wird von der Literatur begrüßt (vgl. Meyer-Goßner/*Schmitt* Einl. Rn 148a; *Eidam*, StV 2016, 129; *Jahn/Kudlich*, JR 2016, 54). Gleichwohl bleibt abzuwarten, ob die übrigen Senate dem folgen werden oder ob eine Entscheidung des Großen Senats für Strafsachen herbeigeführt wird, die der 2. Senat mit dem Hinweis auf die vorangegangene – die nationalen Gerichte bindende – Entscheidung des EuGH und die fehlende Entscheidungserheblichkeit dieser Frage für die Entscheidung des 1. Strafsenats (NStZ 2015, 226) für nicht erforderlich erachtet hatte (Zu den Differenzen innerhalb des BGH *Jahn/Kudlich*, JR 2016, 54). Der 5. Strafsenat will sich der Linie des 2. Senats offenbar nicht uneingeschränkt anschließen und sieht ein Verfahrenshindernis aufgrund rechtsstaatswidriger polizeilicher Tatprovokation lediglich in extremen Ausnahmefällen, also bei einer besonders hohen Eingriffsintensität gegeben. Das Rechtsstaatsprinzip schütze nicht nur Belange des Beschuldigten, sondern auch das Interesse an einer der materiellen Gerechtigkeit dienenden Strafverfolgung. Im Rahmen der erforderlichen Abwägung seien insb. Grundlage und Ausmaß des gegen den Betroffenen bestehenden Verdachts, Art, Intensität und Zweck der Einflussnahme sowie die eigenen, nicht fremdgesteuerten Aktivitäten des Betroffenen in den Blick zu nehmen (BGH StraFo 2019, 17, krit. Conen, StV 2019, 358). Die Strafgerichte dürfen auch nicht unter Hintanstellung ihrer Aufklärungspflicht vorschnell einen solchen Ausnahmefall annehmen. Insb. geht es nicht an, zugunsten des Beschuldigten von diesem behauptete Sachverhalte zu unterstellen, weil V-Personen zu ihrem Schutz nicht als unmittelbare Zeugen zur Verfügung stehen. Derartige Einlassungen der Beschuldigten sind vielmehr krit. unter Berücksichtigung aller Umstände (Vorleben, Bereitschaft zur Tatbegehung und Zugehörigkeit zum kriminellen Milieu des Beschuldigten) zu würdigen. Dabei sind auch Angaben der V-Person gegenüber Polizeibeamten (»VP-Führer«) durch Einvernahme dieser zu berücksichtigen (BGH StraFo 2019, 17). Der EGMR hat zuletzt erneut ein Verwertungsverbot propagiert (dass »… sämtliche infolge einer polizeilichen Provokation erlangten Beweise ausgeschlossen werden müssen«) und auch ein darauf fußendes Geständnis für unverwertbar gehalten (Urt. v. 15.10.2020 – 40495/15; ebenso *Ruppert* StraFo 2020, 445).

Vorläufige Festnahme: Alle Polizeibeamten haben (über das Jedermanns-Recht des § 127 Abs. 1 hinaus) die Befugnis zur vorläufigen Festnahme einer verdächtigen Person, wenn die Voraussetzungen eines Haft- oder Unterbringungsbefehls vorliegen (§ 127 Abs. 2). 43

7. **Kumulation von Maßnahmen.** Eine **»Rundumüberwachung«**, mit der ein umfassendes Persönlichkeitsprofil eines Beteiligten erstellt werden könnte, wäre von Verfassung wegen unzulässig (BVerfG 2005, 1337, 1342 f.). Dies ist schon bei der Auswahl und Anordnung der für sich gesehen noch zulässigen Maßnahmen von den Strafverfolgungsbehörden und den Gerichten zu berücksichtigen. Allerdings soll ein eine solche unzulässige Rundumüberwachung auch bei einer Bündelung mehrerer heimlicher Überwachungsmaßnahmen durch die vorhandenen verfahrensrechtlichen Sicherungen, an die mit Rücksicht auf das der Kumulation der Grundrechtseingriffe innewohnende Gefährdungspotenzial allerdings besondere Anforderungen zu stellen sind, grundsätzlich ausgeschlossen sein (BVerfGE 112, 304–321, BGHSt 54–132). 44

8. **Auskunftsersuchen.** Die Polizeibehörden können im Gegensatz zur StA (§ 161 Abs. 1 Satz 1) nur andere Behörden um Auskunft bitten, die dann zur Auskunftserteilung nicht durch die StPO verpflichtet sind, aber im Einzelfall z.B. nach dem Meldegesetz Auskunft erteilen müssen. Wenn die Polizei darlegt, dass Gefahr im Verzug ist, kann sie die Auskunft von der Behörde verlangen, d.h. diese ist verpflichtet, dem Verlangen nachzukommen, soweit nicht andere gesetzliche Vorschriften i.S.d. § 161 Abs. 1 Satz 1 dem entgegenstehen. Die Polizei kann nicht mehr verlangen, als nach dieser Vorschrift der StA zusteht. Zwangsbefugnisse stehen der Polizei aber nicht zur Verfügung. Auf diese Generalermächtigung können nicht Eingriffe gestützt werden, die die StPO nur unter besonderen Voraussetzungen zulässt, wie Ermittlungsmaßnahmen nach § 100a. Auch hat die Polizei die Beschränkungen des § 160 Abs. 4 zu beachten. Das Beweisverwertungsverbot des § 161 Abs. 2 gilt auch für von der Polizei erlangte Informationen, da es sich um eine für die Hauptverhandlung geltende Beweisverwertungsregelung handelt. 45

46 **C. Übersendung der Verhandlungen, Abs. 2. I. Übersendung an die StA, Satz 1.** Das Ermittlungsverfahren ist ein **schriftliches Verfahren** (Meyer-Goßner/Schmitt/*Köhler* § 163 Rn. 18). Die Polizei hat deshalb alle Ermittlungshandlungen schriftlich zu dokumentieren. Die mündlichen Vernehmungen von Zeugen werden grds. protokolliert, wobei auch hier der Zeuge oder Beschuldigte grds. zunächst im Zusammenhang berichten soll (§ 69 Abs. 1 Satz 1). In einfachen Fällen kann aber auch die Stellung gezielter Fragen genügen. Auch auffällige Verhaltensweisen von Auskunftspersonen und andere Tatsachen, die für die Glaubwürdigkeit Bedeutung haben können, sind festzuhalten. Die Polizei soll zwar nicht die Glaubwürdigkeit von Zeugen oder Beschuldigten beurteilen. Sie kann aber die Umstände dokumentieren, die hierfür von Bedeutung sein können. Die Bewertung hat die StA bei ihrer Entscheidung nach § 170 vorzunehmen.

47 **1. Vorzulegende Unterlagen.** Die **Verhandlungen** i.S.d. Abs. 2 Satz 1 umfassen alle Ermittlungsvorgänge (Akten, sachliche Beweismittel, Verfalls- und Einziehungsgegenstände) und sind vollständig der StA vorzulegen. Dies hat ohne zeitlichen Verzug zu geschehen, d.h. nach Abschluss aller für die Entscheidung nach § 170 erforderlichen Ermittlungshandlungen einschließlich der Beschuldigtenvernehmung (§ 163a Abs. 1). Es ist zulässig und für eine zügige Sachbehandlung förderlich, dass die Polizei ein Doppel der Ermittlungsakten für sich anlegt. So können Aufträge zu Nachermittlungen bearbeitet werden, ohne dass die StA die vollständigen Akten zurücksenden muss. In diese Doppelakten kann der Verteidiger nur nach Genehmigung durch die StA Einsicht nehmen, ebenso in die Handakten der Polizeibeamten (Meyer-Goßner/Schmitt/*Köhler* § 163 Rn. 23). Etwas anderes gilt nur für die Einsicht in und die Vernichtung von nach Abschluss des Ermittlungsverfahrens und eines evtl. sich anschließenden Strafverfahrens allein aus präventivpolizeilichen Erwägungen aufbewahrten Kriminalakten. Hier kann die Einsicht und die Vernichtung auf dem Verwaltungsrechtsweg durchgesetzt werden (VGH Bayern NJW 1984, 2235; a.A. *Schoreit* NJW 1985, 169; Meyer-Goßner/Schmitt/*Köhler* § 163 Rn. 23). Die Akten sind vollständig vorzulegen. Auch Spurenakten, d.h. die Aktenbestandteile welche die Aufklärung von Tatsachen dokumentieren, die aus Sicht der Polizei keine Beweisrelevanz haben, sind der StA vorzulegen (dazu *Meyer-Goßner* NStZ 1982, 353 ff.). Diese hat abschließend die erhobenen Beweise zu würdigen. Nur so hat der Verteidiger später die Möglichkeit, diese Ermittlungen auf die Bedeutung für das Strafverfahren zu prüfen.

48 Die Polizei hat jeden Ermittlungsvorgang vorzulegen. Dabei ist es ohne Bedeutung, ob aus Sicht der Polizei die Ermittlungen einen Tatverdacht ergeben haben. Allein die StA hat dies zu entscheiden und das Verfahren ggf. einzustellen (KMR/*Plöd* § 163 Rn. 26). Es kann notwendig sein, bzgl. einzelner Beschuldigter die Akten vorab der StA zuzuleiten, um eine Einstellung herbeizuführen. So kann der zunächst Beschuldigte als Zeuge vernommen werden.

49 Wenn die Polizei Maßnahmen ergriffen hat, die sich nach außen als Ermittlungshandlung gegen eine bestimmte Person darstellen, z.B. Beschuldigtenvernehmung oder Zwangsmaßnahmen nach §§ 94, 102 muss der Vorgang der StA vorgelegt werden, auch wenn sich herausstellt, dass nur eine Ordnungswidrigkeit gegeben ist. Die StA gibt das Verfahren nach erfolgter Einstellung wegen der Straftat dann gem. § 43 OWiG an die Verwaltungsbehörde ab.

50 Die Vorlage erfolgt über den Behördenleiter des ermittelnden Polizeibeamten (KMR/*Plöd* § 163 Rn. 27), der aber keine Vorgänge aus dem Dienstgang entfernen darf, weil er kein strafbares Verhalten sieht. Er kann aber seine Zweifel in einem Begleitbericht darlegen, so sie nicht zuvor intern geklärt werden konnten (BGH MDR 1956, 563; Meyer-Goßner/Schmitt/*Köhler* § 163 Rn. 25).

51 **2. Schlussvermerk/-bericht.** Ein Schlussvermerk ist von der StPO nicht zwingend vorgeschrieben. Auf ihn sollte jedoch nur in Fällen der Alltags- und Bagatellkriminalität verzichtet werden. Bei umfangreichen Ermittlungsverfahren ist er unbedingt erforderlich. Er dient zum einen der Selbstkontrolle auf Vollständigkeit der Ermittlungen und des Akteninhaltes. Zum anderen sind nur so die Ermittlungen für StA und später das Gericht nachvollziehbar. Ein geordneter Schlussbericht ist ein unentbehrlicher Führer durch umfangreiche Akten. Der Aufbau sollte sich am Zweck der Aktenvorlage richten. Bei einem bestehenden Tatverdacht empfiehlt sich folgender Aufbau:

- Anlass und Gang der Ermittlungen,
- Darstellung der für die Beweiswürdigung wesentlichen be- und entlastenden Umstände ohne abschließende Bewertung zur Schuldfrage,
- Sonstiges (noch ausstehende Ermittlungshandlungen, offene Ermittlungsverfahren bei anderen Polizeibehörden, übersandte Beweismittel).
- Ggf. Darstellung der persönlichen und wirtschaftlichen Verhältnisse des Beschuldigten (§ 160 Abs. 3)

52 Nach der herrschenden Meinung soll sich der Schlussbericht einer Bewertung der Schuldfrage und rechtlicher Ausführungen enthalten (KK-StPO/*Griesbaum* § 163 Rn. 29; Meyer-Goßner/Schmitt/*Köhler* § 163 Rn. 66; KMR/*Plöd* § 163 Rn. 24). Es ist jedoch gerade im umfangreichen Verfahren geboten, dass die Polizei

die wesentlichen be- und entlastenden Umstände, die sie ermittelt hat, zusammenfassend darstellt, ohne dass damit ein Präjudiz verbunden wäre (so wohl auch LR/*Erb* § 163 Rn. 88, Meyer-Goßner/Schmitt/*Köhler* § 163 Rn. 66). Dabei werden selbstverständlich auch die Tatbestandsmerkmale der Strafvorschriften angesprochen, die den Anlass der Ermittlungen gebildet haben.

3. Unverzüglich. Abweichend vom gesetzlichen Leitbild hat sich die Praxis des polizeilichen Handelns dahin entwickelt, dass in den meisten Fällen über die in Abs. 1 Satz 1 geforderten ersten Ermittlungshandlungen hinaus die Sache »ausermittelt« wird (vgl. LR/*Erb* § 163 Rn. 24). Damit ist jedoch noch kein Gewohnheitsrecht entstanden, das der Polizei ein Recht zu eigenständigen Ermittlungen ohne Einfluss der StA gibt. Die Polizei ist zwar zur selbstständigen Weiterermittlung grds. (mit Duldung der StA) berechtigt, aber keinesfalls verpflichtet (LR/*Erb* § 163 Rn. 30). Es liegt in ihrem pflichtgemäßen Ermessen, wie weit sie den Sachverhalt aufklärt, bevor sie i.S.d. Abs. 2 ihre Verhandlungen der StA vorlegt. 53

II. Übersendung an das AG (Satz 2). Die unmittelbare Vorlage an das AG ist zulässig, wenn die schleunige Vornahme richterlicher Untersuchungshandlungen notwendig erscheint. Die Vorschrift stellt eine Ausnahme des Grundsatzes dar, dass nur die StA Anträge beim Ermittlungsrichter stellen kann, § 162. Da nunmehr durch moderne Kommunikationsmittel ein Informationsaustausch mit der StA jederzeit möglich ist, und die StA verpflichtet ist, ihre ständige Erreichbarkeit durch Schaffung eines Bereitschaftsdienstes zu gewährleisten, hat die Polizei grds. die StA als Herrin des Ermittlungsverfahrens zu informieren. Diese kann den Antrag bei Gericht stellen und die notwendigen schriftlichen Unterlagen z.B. per Telefax von der Polizei übermitteln lassen. Zulässig ist es auch, dass die Polizei nach telefonischer Information der StA in deren Namen Anträge bei Gericht stellt (LR/*Erb* § 163 Rn. 98; Meyer-Goßner/Schmitt/*Köhler* § 163 Rn. 26). Wenn die Polizei nach § 163 Abs. 2 Satz 2 vorgeht, wird der Richter nach § 165 als Notstaatsanwalt tätig (OLG Hamm NJW 2009, 242). 54

D. Zeugen- und Sachverständigenvernehmung (Abs. 3–7). I. Allgemeines. Der durch das 2. OpferRRG eingefügte Abs. 3 ersetzte § 163a Abs. 5 a.F. und regelte die Vernehmung von Zeugen und Sachverständigen durch die Polizei. Die Materie sollte nach dem Willen des Gesetzgebers leichter gefunden werden können und systematisch zu den übrigen Ermittlungsbefugnissen der Polizei gehören (BT-Drs. 16/12098, S. 26). Durch das Gesetz zur effektiveren und praxistauglicheren Ausgestaltung des Strafverfahrens und die damit erstmals eingeführte Pflicht zum Erscheinen und zur Aussage von Zeugen vor der Polizei wird Abs. 3 a.F. durch die Abs. 3–7 erweitert und neu gefasst. 55

Bisher hatte die Polizei keine Möglichkeit, das Erscheinen von Zeugen zu erzwingen. Dies blieb nach §§ 161a, 163a a.F. der StA vorbehalten bzw. dem Gericht. Zeugen traf zwar eine grundsätzliche Pflicht zur Aussage, erzwingen konnte dies die Polizei aber nicht. Es bestand nur die Möglichkeit, Zeugen darauf hinzuweisen, dass im Weigerungsfalle auf ihre Vernehmung durch die Staatsanwaltschaft oder das Gericht hinzuwirken. Nach vergeblichen Vorstößen (BR-Drucks. 120/10) ist nunmehr eine Erscheinens- und Aussagepflicht von Zeugen vor Ermittlungspersonen der Staatsanwaltschaft eingeführt worden (Vgl. BT-Drs. 18/11277, S. 30). Auf die Vorschriften des 6. Abschnitts über die Zeugenvernehmung wird jetzt insgesamt und nicht nur punktuell wie in Abs. 3 Satz 1 a.F. verwiesen. 56

Für polizeiliche Vernehmungsprotokolle gilt § 168b Abs. 2 entsprechend. Wegen des Verweises auf § 168a Abs. 2 sind Tonbandmitschnitte demnach als vorläufige Aufzeichnungen aufzubewahren und dürfen erst nach rechtskräftigem Abschluss oder sonstiger Beendigung des Verfahrens gelöscht werden (BGH NStZ 1997, 611). Die gesetzlich vorgeschriebenen Belehrungen sind durch den Vernehmungsbeamten zu dokumentieren. Dabei sollte der Wortlaut des Gesetzes verwendet werden, wie er regelmäßig bei den polizeilichen Protokollen in Textbausteinen vorkommt. Eine Wiederholung der Belehrung im Text der nachfolgenden Vernehmung ist überflüssig und bietet nur Anlass zu Missverständnissen und nachträglichen Beanstandungen. Eine Unterschrift des Vernommenen ist kein wesentliches Erfordernis des polizeilichen Protokolls (KMR/*Plöd* § 163 Rn. 28). Es empfiehlt sich jedoch den Beschuldigten jede Seite des Protokolls unterschreiben zu lassen. Ggf. sind auch handschriftliche Ergänzungen oder Korrekturen durch ihn zuzulassen. Damit wird der späteren Behauptung der Boden entzogen, das Protokoll gebe nicht seine Einlassung wieder. Im Einzelfall kann es genügen, dass nur ein Vermerk über die Befragung einer Person gefertigt wird. Grds. sollten jedoch Fragen, Vorhalte und Antworten möglichst wortgetreu wiedergegeben werden, ggfls. auch vom Zeugen verwendete Ausdrücke der Umgangssprache oder des Dialekts (vgl. Nr. 45 Abs. 2 RiStBV). 57

II. Zeugenvernehmungen (Abs. 3). 1. Erscheinens- und Aussagepflicht. Die Staatsanwaltschaft soll vor dem Hintergrund knapper Ressourcen von sachlich nicht zwingenden Zeugenvernehmungen entlaste werden, zugleich soll ihre Sachleitungsbefugnis im Ermittlungsverfahren nicht infrage gestellt werden (BT-Drs. 18/11277, S. 30). Die Erscheinens- und Aussagepflicht von Zeugen vor der Polizei ist daher von einer 58 vorherigen Entscheidung der StA abhängig. Eine bestimmte Form sieht das Gesetz für die Anordnung nicht vor, sie kann deshalb auch mündlich oder sonst formlos erfolgen (E-Mail, SMS o.ä.). Sie muss jedoch dann zeitnah in den Akten (zumindest der Polizei) dokumentiert werden. In der Regel sollte schon im Hinblick auf die möglichen rechtlichen Folgen der Nichtbefolgung durch den Zeugen (Zwangsmittel, Vorführung) außerhalb von Eilfällen die Schriftform gewahrt werden und das Beweisthema umrissen werden (Vorfall vom … in …). Mit der Begrenzung der Erscheinens- und Aussagepflicht auf Zeugenvernehmungen, die von einer Ermittlungsperson der StA i.S.d. § 152 Abs. 2 GVG geleitet werden, soll die notwendige fachliche Qualifikation des Vernehmungsbeamten gewährleistet werden. Ausreichend ist, dass eine solche Person die Vernehmung leitet (BT-Drs. 18/11277, S. 30). Die Ladung kann auch durch die StA erfolgen. Es bleibt abzuwarten ob die Gesetzesänderung zu einer weiteren Entwertung der Leitungsbefugnis und Verfahrensherrschaft der StA führt, etwa weil die Anordnung zum Erscheinen bei der StA nur »auf Zuruf« bestellt wird, ohne dass dort tatsächlich geprüft wird, ob der Zeuge benötigt wird. Sehr bedenklich wäre es, wenn die StA die Polizeibehörden im Sinne einer allgemeinen Anordnung zur Ladung von Zeugen ermächtigt. Hervorzuheben ist, dass die Neuregelung die StA nicht etwa von ihrer Pflicht zu eigen- und vollständigen Sachverhaltsaufklärung entbindet. Insb. sind wichtige Zeugen in bestimmten Verfahren vom Staatsanwalt selbst zu vernehmen (Nr. 3 RiStBV). Die Ladung ist nicht zwingend Voraussetzung für die Aussagepflicht. Diese besteht auch, wenn die Polizeibeamten den Zeugen auf Anordnung der StA aufsuchen und befragen.

59 **2. Entsprechend anwendbare Vorschriften, Satz 2.** Auf die Vorschriften des 6. Abschnitts über die Zeugenvernehmung wird nunmehr insgesamt und nicht nur punktuell wie in Abs. 3 Satz 1 a.F. verwiesen. Grundsätzlich ist daher auf die Kommentierung dort zu verweisen.

60 **a) Ladungen.** Vgl. § 161a Rdn. 4 und die §§ 48–50. Auch bei polizeilichen Zeugenvernehmungen besteht kein Recht des Beschuldigten oder des Verteidigers auf Anwesenheit. Sie kann jedoch gestattet werden. Eine Pflicht zur Verständigung besteht daher nicht. Bei Gegenüberstellungen mit dem Beschuldigten nach § 58 Abs. 2 hat der Verteidiger ein Anwesenheitsrecht, aber keines auf Verlegung bei Verhinderung. Er muss jedoch informiert werden.

61 **b) Zeugnis- und Auskunftsverweigerungsrechte, Belehrungen.** Da Zeugen nunmehr auch bei der Polizei erscheinen und aussagen müssen, werden auch die gesetzlichen Ausnahmen (§§ 54 ff., s. dort) hiervon für anwendbar erklärt. Polizeibeamte müssen Zeugen bzw. deren gesetzliche Vertreter (bei Minderjährigen oder Betreuten, § 52 Abs. 2) über **Zeugnis- und Auskunftsverweigerungsrechte** gem. § 52 Abs. 3 und § 55 Abs. 2 belehren. Kommt im Fall des § 52 Abs. 2 Satz 2 die Bestellung eines Ergänzungspflegers gem. § 1909 Abs. 1 Satz 1 BGB in Betracht, nimmt die Polizei Fühlung zur StA auf, die dann den Antrag stellen muss (Meyer-Goßner/*Schmitt* § 52 Rn. 20). Nach dem durch das 2. OpferRRG aufgenommenen § 57 Satz 1 sind Zeugen vor der Vernehmung zur Wahrheit zu ermahnen und über die strafrechtlichen Folgen einer unrichtigen oder unvollständigen Aussage zu belehren. In Betracht kommen hier aber nur die Strafbarkeit der falschen Verdächtigung, des Vortäuschens einer Straftat und der Strafvereitelung, da die Aussagedelikte der §§ 153 ff. StGB nicht bei polizeilichen Aussagen gelten. Die Belehrungspflichten bestehen noch nicht bei formlosen informatorischen Befragungen darüber, ob eine Person überhaupt als Zeuge in Betracht kommt

62 **c) Vernehmungsreihenfolge, Videoaufzeichnung/-konferenz und Persönliche Verhältnisse.** § 58 bestimmt in seinem Abs. 1, dass Zeugen einzeln, d.h. insb. auch in Abwesenheit anderer Zeugen, zu vernehmen sind. Davon sollte nur in Ausnahmefällen abgewichen werden. Insb. die in der Praxis übliche gemeinsame Einvernahme von Zeugen, von denen einer dann nur noch bestätigt, dass der andere das Geschehen zutreffend geschildert habe, ist zwar ökonomisch aber nicht ordnungsgemäß. In Abs. 2 legt er die Voraussetzungen einer Gegenüberstellung fest, bei der nach der Neuregelung in Abs. 2 Satz 2 und 3 der Verteidiger ein Anwesenheitsrecht, aber keinen Anspruch auf Verlegung wegen Verhinderung hat. § 58a regelt, in welchen Fällen eine Zeugenvernehmung auf Video aufgezeichnet werden soll. Durch das Gesetz zur Stärkung der Rechte von Opfern sexuellen Missbrauchs wurde in § 58a Abs. 1 Satz 2 ein Vorrang der richterlichen Videovernehmung zur Vermeidung von Mehrfachvernehmungen konstituiert (BT-Drs. 17/6261), der von der Polizei in Absprache mit der StA zu beachten ist (s. dort). Das Gesetz zur Intensivierung des Einsatzes von Videokonferenztechnik in gerichtlichen und staatsanwaltschaftlichen Verfahren (VidVerfG) hat im neuen § 58b die Möglichkeit der Vernehmung eines Zeugen im Wege der Videokonferenz geschaffen, was auch der Polizei gestattet wird (BT-Drs. 17/12418, S. 16). Dies soll zur Verfahrensverkürzung führen und der ermittelnde Beamte soll entfernt wohnende Zeugen selbst befragen können (BT-Drs. 17/1224, S. 3). Durch § 68 wird klargestellt, zu welchen persönlichen Verhältnissen der Zeuge zu befragen ist und unter welchen Umständen insb. von der Aufnahme des Wohnortes in die Hauptakten abgesehen werden soll.

d) **Vernehmung zur Sache.** §§ 68a, 69 regeln, nach welchen Inhalten der Zeuge in welcher Form zu befragen ist. Auch die Polizei muss den Zeugen zunächst den Gegenstand der Vernehmung erläutern und durch allgemeine Fragen Gelegenheit zum zusammenhängenden Sachbericht geben. Dies sollte auch in der Niederschrift über die Vernehmung erkennbar sein. Da nunmehr § 69 anzuwenden ist, konnte der bisher in § 163a Abs. 5 enthaltene Verweis auf § 136a entfallen, weil die entsprechende Geltung des § 136a bei Zeugenvernehmungen bereits durch § 69 Abs. 3 bestimmt wird. Das Verbot bestimmter Vernehmungsmethoden gilt deshalb auch für Zeugenvernehmungen der Polizei. Das Verbot des Bloßstellens von Zeugen gilt ebenfalls, § 68a. 63

e) **Zeugenbeistand.** Der ebenfalls anwendbare § 68b bestimmt, dass sich der Zeuge auch bei der polizeilichen Vernehmung eines RA als Zeugenbeistand bedienen kann (BT-Drs. 16/12098, S. 27) und ein anwaltlicher Beistand zu bestellen ist, wenn der Zeuge seine Befugnisse bei der Vernehmung nicht selbst wahrnehmen kann. 64

f) **Zeugenentschädigung.** Im sechsten Abschnitt enthalten ist auch der in § 71 normierte Anspruch des Zeugen auf Entschädigung nach dem JVEG. Dies setzt aber voraus, dass die Vernehmung des Zeugen aufgrund einer ausdrücklichen Anordnung der StA (s. Rdn. 58) erfolgt. Soweit die Polizei im Rahmen des ersten Zugriffs (Abs. 1) Zeugen befragt, besteht dieser Anspruch nicht. 65

III. Der StA vorbehalte Entscheidungen (Abs. 4). Abs. 4 stellt klar, welche Befugnisse im Rahmen der polizeilichen Zeugenvernehmungen bei der StA verbleiben. Die bisher in § 163 Abs. 3 Satz 2 enthaltenen Anordnungskompetenzen der StA werden zusammengefasst. Eine Schwierigkeit kann dann bestehen, wenn die Entscheidung der StA während einer polizeilichen Vernehmung erforderlich wird. Hier bietet es sich an, zunächst telefonisch Rücksprache zu halten, um Verzögerungen zu vermeiden. Ist bereits bei Anordnung der Vernehmung durch die StA absehbar, dass Entscheidungen des Abs. 4 Satz 1 anstehen, sollte der sachbearbeitende Staatsanwalt prüfen, ob er im Rahmen seiner Verantwortung für das gesamte Ermittlungsverfahren selbst die Vernehmung leitet, wie es Nr. 3 RiStBV vorschreibt. 66

1. **Zweifelsfälle (Satz 1 Nr. 1).** Satz 1 Nr. 1 sieht vor, dass über die Frage, ob die Auskunftsperson als Zeuge oder Beschuldigter zu behandeln ist und ob Zeugnis- oder Auskunftsverweigerungsrechte vorliegen, die StA entscheidet, sofern insoweit Zweifel bestehen oder im Laufe der Vernehmung aufkommen. Der Gesetzgeber wollte bewusst die Entscheidungskompetenz im Zusammenhang mit den Belehrungspflichten gem. §§ 52 ff., 55 in Zweifelsfällen der StA zuweisen, ohne das die Polizei davon generell befreit ist. Nicht klar ist, wessen Zweifel Anlass sein müssen, eine Entscheidung der StA herbeizuführen. Letztlich steht es im Ermessen des die Vernehmung leitenden Beamten, ob für ihn die Rechtslage eindeutig ist. Dann entscheidet er alleine. Wenn die Auskunftsperson Einwände erhebt, muss dies Anlass sein, die Anrufung der StA zu prüfen. 67

2. **Einschränkung der Angaben zur Person (Satz 1 Nr. 2).** Wegen der besonderen Bedeutung der Gestattung des § 68 Abs. 3 Satz 1 hat auch hierüber die StA zu entscheiden. 68

3. **Beiordnung eines Zeugenbeistandes (Satz 1 Nr. 3).** Die StA entscheidet über die Beiordnung eines Zeugenbeistandes bei polizeilichen Vernehmungen wie bei ihren eigenen Vernehmungen gem. §§ 161a Abs. 1 Satz 2 und 68b. Stellt der Zeuge den Antrag erst während der Vernehmung, muss die Entscheidung der StA herbeigeführt werden, was in eiligen Fällen eine unerwünschte Verzögerung bedeuten kann. 69

4. **Folgen des Ausbleibens oder der Zeugnisverweigerung (Satz 1 Nr. 4).** Satz 1 Nr. 4 weist der StA die alleinige Befugnis zu, Maßnahmen bei unberechtigtem Ausbleiben oder unberechtigter Weigerung eines Zeugen nach §§ 51 u. 70 zu ergreifen. Wie in § 161a Abs. 2 ist die Festsetzung der (Ordnungs- oder Erzwingungs-) Haft dem Gericht des § 162 vorbehalten. Nach der Gesetzesbegründung wurde bewusst der StA freigestellt, ob eine Vorführung des unentschuldigt nicht erschienenen Zeugen vor diese oder die Ermittlungsperson erfolgt. Wegen der Einzelheiten vgl. § 161a Rdn. 14–Rdn. 18. 70

5. **Übrige Entscheidungen (Satz 2).** Satz 2 stellt klar, dass die i.Ü. erforderlichen Entscheidungen die Vernehmung leitende Person trifft. Insb. kann sie einen anwaltlichen Zeugenbeistand gem. § 68b Abs. 1 Satz 3 und 4 von der Vernehmung ausschließen. Da aber die StA als Herrin des Ermittlungsverfahrens für die Rechtmäßigkeit des Verfahrens zu sorgen hat (vgl. § 160 Rn. 1), kann sie selbst schon vorab über dessen Ausschluss entscheiden. Häufig wird dies sogar der bessere Weg sein, da es regelmäßig um den Ausschluss eines Rechtsanwaltes geht. Damit hat der Gesetzgeber die vom BVerfG geforderte gesetzliche Regelung für den Ausschluss geschaffen (BVerfGE 34, 293 ff.). 71

72 **IV. Gerichtliche Überprüfung (Abs. 5).** Abs. 5 ersetzt den Abs. 3 Satz 3 a.F. Die dort entsprechend anwendbar erklärte Vorschrift über die Anfechtbarkeit nach § 161a Abs. 3 Satz 2 bis 4 ist nun mehr durch das Recht auf gerichtliche Überprüfung bei bestimmten Maßnahmen ersetzt worden. Gegen Entscheidungen der Polizei nach § 68b Abs. 1 Satz 3 (Ausschluss eines anwaltlichen Beistandes) sowie gegen Entscheidungen der StA Abs. 4 Satz 1 Nr. 3. u. 4 (Beiordnung eines Zeugenbeistandes und Maßnahmen bei Ausbleiben oder Zeugnisverweigerung) kann eine gerichtliche Entscheidung durch das nach § 162 zuständige Gericht beantragt werden (zum Verhältnis zu § 169 bei Staatsschutzsachen vgl. § 161a Rdn. 21). Insb. die letztgenannten Maßnahmen greifen in die Rechte der Zeugen ein und wie bei der staatsanwaltschaftlichen Zeugenvernehmung ist daher entsprechend § 161a Abs. 3 Satz 1 Rechtsschutz erforderlich. Satz 2 erklärt die Vorschriften über das Beschwerdeverfahren für entsprechend anwendbar. Der Antrag hat keine aufschiebende Wirkung, § 307. Die gerichtlichen Entscheidungen sind gem. Satz 3 unanfechtbar. Die StA muss deshalb unbedingt angehört werden, § 33 Abs. 2. Sie kann auch Gegenvorstellungen nach der Entscheidung erheben, wenn das Gericht Gesichtspunkte berücksichtigt hat, zu denen sie nicht gehört wurde.

73 **V. Belehrungen bei Vernehmungen von Sachverständigen (Abs. 6 Satz 1).** Abs. 6 Satz 1 entspricht Abs. 3 Satz 4 a.F. Die Polizei hat einen Sachverständigen, den sie hinzuzieht, vor der Vernehmung über sein Gutachtensverweigerungsrecht gem. § 52 Abs. 1 und 3 zu belehren und bei entsprechenden Anhaltspunkten dafür, dass er durch seine Auskünfte sich der Gefahr strafrechtlicher Verfolgung aussetzen würde, auch darüber, dass er die Auskunft gem. § 55 Abs. 1 verweigern darf.

74 **VI. Belehrung über das Untersuchungsverweigerungsrecht (Abs. 6 Satz 2).** Abs. 6 Satz 2 entspricht inhaltlich dem bisherigen Verweis in Abs. 3 Satz 5 auf § 81c Abs. 3 Satz 2 i.V.m. § 52 Abs. 3. Um den Bezug zur Augenscheinsnahme herzustellen, hat der Gesetzgeber einen gesonderten Satz gebildet. Mit den »Untersuchungen durch Polizeibeamte« sind wohl die Anordnungen der Untersuchung und der Blutentnahme durch Polizeibeamte bei Unverdächtigen i.S.d. § 81c gemeint (so auch Meyer-Goßner/*Schmitt*, § 163 Rn. 61 f.), da Eingriffe, insb. Blutentnahmen nur von einem Arzt vorgenommen werden dürfen, § 81c Abs. 2. Zudem soll durch die n.F. klarer als bisher zum Ausdruck gebracht werden, dass die Belehrungspflicht nach § 52 Abs. 3 nicht nur in den Fällen des § 81c Abs. 3 Satz 2, sondern auch in denen des dortigen Satz 1 besteht (BT-Drs. 16/12098). Die Vorschrift hat große praktische Bedeutung, da gerade in Fällen häuslicher Gewalt oder der §§ 176, 176a StGB die Polizei i.R.d. ersten Zugriffs bei Maßnahmen der Beweissicherung (körperliche Untersuchung der Geschädigten) das Recht der in § 52 genannten Personen zu Verweigerung der Untersuchung und die Notwendigkeit einer Ergänzungspflegerbestellung und bei Gefahr im Verzug der richterlichen Anordnung übersehen kann.

75 **VII. Dolmetscher (Abs. 7).** Abs. 7 entspricht dem Abs. 3 Satz 6 a.F. und dient der Umsetzung von Art. 7 Abs. 1 der Opferschutzrichtlinie. Sprachunkundige Opfer sollen auf Antrag kostenlos Dolmetschleistungen in Anspruch nehmen können. Der StPO beherrschende Amtsermittlungsgrundsatz machte schon bisher die Zuziehung eines Dolmetschers erforderlich, um den Sachverhalt umfassend aufzuklären. Der neue § 185 Abs. 1a GVG gilt nicht, da die Übersetzung durch Dolmetscher unter Einsatz von Videoübertragung im Ermittlungsverfahren durch Polizei und StA grundsätzlich schon zulässig ist (Meyer-Goßner/*Schmitt* § 185 GVG Rn. 8a).

76 **E. Rechtsbehelfe gegen polizeiliche Maßnahmen i.R.d. Strafverfolgung. I. Antrag auf gerichtliche Entscheidung (§ 98 Abs. 2 Satz 2).** Der Antrag auf gerichtliche Entscheidung ist bei einer von einer Ermittlungsperson der StA angeordneten Beschlagnahme gem. § 98 Abs. 2 Satz 2 zulässig. Die Rspr. hat diesen Rechtsbehelf in analoger Anwendung auch bei sonstigen Zwangsmaßnahmen für statthaft gehalten, deren Anordnung in erster Linie dem Richter obliegt und nur in Ausnahmefällen den Ermittlungspersonen (BGHSt 28, 57, 58; Meyer-Goßner/Schmitt/*Köhler* § 98 Rn. 23). Für die in letzter Zeit zunehmende Beanstandung der Anordnung körperlicher Untersuchungen gem. § 81a Abs. 1 und 2 ist dem gem. der Antrag entsprechend § 98 Abs. 2 Satz 2 der zulässige Weg der Beanstandung (für eine staatsanwaltschaftliche Anordnung: BVerfGK 12, 374; Meyer-Goßner/*Schmitt* § 81a Rn. 31).

77 Demgegenüber ist der Rechtsweg nach **§ 23 EGGVG** nicht gegeben bei polizeilichen Strafverfolgungsmaßnahmen. Es handelt sich um Prozesshandlungen und nicht um Justizverwaltungsakte (BGHSt 44, 265; KK-StPO/*Grießbaum* § 163 Rn. 47; Meyer-Goßner/Schmitt/*Köhler* § 163 Rn. 68 und § 23 EGGVG Rn. 9 f.). Der Verwaltungsrechtsweg ist ebenfalls ausgeschlossen bei Strafverfolgungstätigkeit der Polizei (BVerwGE 47, 255; KMR/*Plöd* § 163 Rn. 30; LR/*Erb* § 163 Rn. 102).

II. Antrag auf Überprüfung nach § 101 Abs. 7 Satz 2. Für Maßnahmen nach den §§ 98a, 99, 100a, 100c bis 100i, 110a, 163d bis 163f bestimmt § 101 Abs. 7 Satz 2, dass auch nach Beendigung der Maßnahme bis zu zwei Wochen nach ihrer Benachrichtigung die Überprüfung der Rechtmäßigkeit der Maßnahme sowie der Art und Weise ihres Vollzugs beantragt werden kann. Damit kann sowohl die Anordnung einer Maßnahme durch die Polizei als auch deren Vollzug zur gerichtlichen Überprüfung gestellt werden. Dieser Rechtsbehelf verdrängt in seinem Bereich den des entsprechend angewendeten § 98 Abs. 2 Satz 2 (BGH StV 2009, 3). 78

III. Dienstaufsichtsbeschwerde. Der Betroffene einer polizeilichen Maßnahme kann die sog. **Sachaufsichtsbeschwerde** einlegen, wenn er die eigentliche Sachbehandlung rügt, z.B. die Anordnung einer körperlichen Untersuchung wegen Gefahr im Verzug (§ 81a Abs. 2), oder die Ablehnung oder Unterlassung strafprozessualer Maßnahmen. Über diese Beschwerde entscheidet immer die StA, da sie als Herrin des Ermittlungsverfahrens über die Rechtmäßigkeit des polizeilichen Handelns zu wachen hat (LR/*Erb* § 163 Rn. 101; Meyer-Goßner/Schmitt/*Köhler* § 163 Rn. 67). Dies gilt unabhängig von entsprechenden landesgesetzlichen Regelungen (vgl. jeweils Art. 12 Abs. 3 Satz 1 Nr. 1 BayPOG und ThürPOG) oder Dienstvorschriften (z.B. Nr. 90 der Anweisungen für das Straf- und Bußgeldverfahren in Steuersachen, ASTBV [St] 2010), da die Sachaufsichtsbeschwerde als gewohnheitsrechtlicher Rechtsbehelf, der auf dem Petitionsrecht des Art. 17 GG gründet (vgl. Maunz-Düring-Herzog/*Klein* Art. 17 GG Rn. 48), häufig gesetzlich gar nicht geregelt ist. Auch die Bundespolizei hat daher Sachaufsichtsbeschwerden der zuständigen StA vorzulegen. Es ist nicht entscheidend, ob ein Polizeibeamter als Ermittlungsperson i.S.d. § 152 GVG oder auf Weisung der StA tätig war (a.A. KK-StPO/*Griesbaum* § 163 Rn. 45: nur in diese Fällen Entscheidung der StA) oder ein Polizeibeamter i.R.d. ersten Zugriffs ohne Auftrag handelt (a.A. KMR/*Plöd* § 163 Rn. 28: dann entscheidet die Polizei). Auch i.R.d. ersten Zugriffs trägt die StA letztendlich die Verantwortung für die Rechtmäßigkeit des polizeilichen Handelns. Nur so sind auch widersprüchliche Entscheidungen des Dienstvorgesetzten und der StA zu vermeiden. 79

Wird nur das Verhalten des Beamten bei der Untersuchungshandlung gerügt (z.B. herabsetzende Äußerungen, unangemessenes Verhalten oder übertriebene Härte), liegt eine **Dienstaufsichtsbeschwerde i.e.S.** vor, über die stets der Dienstvorgesetzte des Beamten entscheidet, wenn die Maßnahme nicht auf einer Anordnung der StA beruht (KK-StPO/*Griesbaum* § 163 Rn. 45). 80

F. Revision. Die unterbliebene oder fehlerhafte Belehrung von Zeugen nach § 52 im Ermittlungsverfahren kann mit der Revision gerügt werden, wenn die Aussagen in der Hauptverhandlung verwertet werden. Dies gilt nach der herrschenden Meinung nicht für die Belehrung nach § 55 (KK-StPO/*Griesbaum* § 163 Rn. 43–44). 81

§ 163a Vernehmung des Beschuldigten

(1) [1]Der Beschuldigte ist spätestens vor dem Abschluss der Ermittlungen zu vernehmen, es sei denn, dass das Verfahren zur Einstellung führt. [2]In einfachen Sachen genügt es, dass ihm Gelegenheit gegeben wird, sich schriftlich zu äußern.

(2) Beantragt der Beschuldigte zu seiner Entlastung die Aufnahme von Beweisen, so sind sie zu erheben, wenn sie von Bedeutung sind.

(3) [1]Der Beschuldigte ist verpflichtet, auf Ladung vor der Staatsanwaltschaft zu erscheinen. [2]Die §§ 133 bis 136a und 168c Abs. 1 und 5 gelten entsprechend. [3]Über die Rechtmäßigkeit der Vorführung entscheidet auf Antrag des Beschuldigten das nach § 162 zuständige Gericht. [4]Die §§ 297 bis 300, 302, 306 bis 309, 311a und 473a gelten entsprechend. [5]Die Entscheidung des Gerichts ist unanfechtbar.

(4) [1]Bei der Vernehmung des Beschuldigten durch Beamte des Polizeidienstes ist dem Beschuldigten zu eröffnen, welche Tat ihm zur Last gelegt wird. [2]Im Übrigen sind bei der Vernehmung des Beschuldigten durch Beamte des Polizeidienstes § 136 Absatz 1 Satz 2 bis 6, Absatz 2 bis 5 und § 136a anzuwenden. [3]§ 168c Absatz 1 und 5 gilt für den Verteidiger entsprechend.

(5) Die §§ 186 und 187 Absatz 1 bis 3 sowie § 189 Absatz 4 des Gerichtsverfassungsgesetzes gelten entsprechend.

S.a. RiStBV Nr. 44 f., 65 bis 67, 70

Übersicht

1 **A. Allgemeines.** Abs. 1 regelt die Pflicht zur Vernehmung des Beschuldigten als Ausfluss des Anspruchs auf rechtliches Gehör und Mittel zur Sachverhaltsaufklärung sowie deren Form. Er wird ergänzt durch Abs. 2, der ein Beweisantragsrecht bereits im Ermittlungsverfahren gewährt. Abs. 3 ermöglicht der StA, das Erscheinen des Beschuldigten zu erzwingen und regelt das Verfahren; durch das 2. OpferRRG wurde die Zuständigkeit für die gerichtliche Entscheidung über die Rechtmäßigkeit der Vorführung dem Richter des § 162 übertragen. Die Vernehmung des Beschuldigten durch Beamte des Polizeidienstes regelt Abs. 4. Ebenfalls durch das 2. OpferRRG wurde der bisherige Abs. 5 unter Erweiterung in den § 163 als Abs. 3 verschoben (dort Rdn. 55–72). Das Gesetz zur Stärkung der Verfahrensrechte von Beschuldigten im Strafverfahren (BeVReStG) hat in Umsetzung der Richtlinie 2010/64/EU durch Einfügung der §§ 187 u. 189 Abs. 1 GVG die Rechte fremdsprachiger Verfahrensbeteiligter umfassend geregelt. Der durch dieses Gesetz neu eingefügte Abs. 5 erklärt die Vorschrift für Beschuldigte bereits im Ermittlungsverfahren für anwendbar. Die durch das Zweite Gesetzes zur Stärkung der Verfahrensrechte von Beschuldigten im Strafverfahren und zur Änderung des Schöffenrechts in § 136 erweiterten Rechte des Beschuldigten gelten gem. Abs. 3 Satz 2 und 3 n.F. auch für polizeiliche Vernehmungen. Mit Wirkung vom 01.01.2020 trat Abs. 1 Satz 2 außer Kraft und und durch die erweiterte Verweisung in Abs. 4 Satz 2 auf den neuen § 136 Abs. 4 ersetzt. Schließlich hat das StPOuaFG (BGBl. I 2021, 2099) zur Streichung des Wortes »erste« in Abs. 1 und einer Erweiterung der Verweisungen in Abs. 4 und 5 geführt.

2 **B. Begründung der Beschuldigteneigenschaft.** Die StPO definiert den Begriff des Beschuldigten nicht, § 157 dient nur der Begriffsbestimmung in den jeweiligen Verfahrensabschnitten. Die StPO sieht keine besondere Form der Einleitung eines Ermittlungsverfahrens gegen einen bestimmten Beschuldigten vor. Es reicht aus, dass eine tatsächliche Maßnahme ergriffen wird, aus der sich ergibt, dass gegen eine Person wegen des Verdachts einer Straftat ermittelt wird (z.B. Auftrag an Polizei zur Beschuldigtenvernehmung, BGH StV 1985, 397). In § 397 Abs. 1 AO wird jedoch festgelegt, dass ein Strafverfahren eingeleitet ist, wenn die StA, eine ihrer Ermittlungspersonen oder ein Strafrichter eine Maßnahme trifft, die erkennbar darauf abzielt, gegen jemanden wegen einer Steuerstraftat strafrechtlich vorzugehen. § 397 Abs. 2 sieht zudem vor, dass die Einleitung eines Steuerstrafverfahrens in den Akten (schriftlich) zu vermerken ist, was jedoch auch in anderen Strafverfahren zu empfehlen ist. Beschuldigter, ist nur der Tatverdächtige, gegen den das Verfahren betrieben wird (BGHSt 10, 8, 12; Meyer-Goßner/*Schmitt* Einl. Rn. 76). Der Beschuldigtenbegriff vereinigt deshalb subjektive und objektive Elemente (LR/*Erb* § 163a Rn. 9). Er setzt – **subjektiv** – den Verfolgungswillen der Strafverfolgungsbehörde voraus, der sich – **objektiv** – in einem Willensakt manifestiert (BGH StV 2007, 450). Wird gegen eine Person ein förmliches Ermittlungsverfahren eingeleitet, liegt darin ein solcher Willensakt. Andernfalls beurteilt sich dessen Vorliegen danach, wie sich das Verhalten des ermittelnden Beamten nach außen, insb. in der Wahrnehmung des davon Betroffenen darstellt (BGH StV 2007, 450). Bereits aus §§ 55, 60 Nr. 2 ergibt sich aber, dass im Strafverfahren auch ein Verdächtiger im Einzelfall als Zeuge vernommen werden darf, ohne dass er über die Beschuldigtenrechte belehrt werden muss (vgl. BGHSt 10, 8, 10; 17, 128, 133). Der Vernehmende darf dabei auch die Verdachtslage weiter abklären. Da er mithin nicht gehindert ist, den Vernommenen mit dem Tatverdacht zu konfrontieren, sind hierauf zielende Vor-

halte und Fragen nicht zwingend ein hinreichender Beleg dafür, dass der Vernehmende dem Vernommenen als Beschuldigten gegenübertritt (BGHSt 64, 89, Rn. 31). Der Verfolgungswille kann sich jedoch aus dem Ziel, der Gestaltung und den Begleitumständen der Befragung ergeben (BGHSt 38, 214: Mitnahme eines Verdächtigen im Polizeiwagen und Befragung dort, auch ohne vorläufige Festnahme).

Die Ermittlungsbehörden dürfen den ihnen eingeräumten Beurteilungsspielraum über die Einleitung eines Ermittlungsverfahrens aber nicht dazu missbrauchen, dem Verdächtigen die gesetzlichen Rechte, insb. nach § 136 zu verweigern oder Belehrungspflichten des § 136 Abs. 3 und 4 zu umgehen (BGHSt 38, 214). Sie haben bei entsprechender Verdachtslage die Pflicht, den Verdächtigen als Beschuldigten zu behandeln (**Inkulpationspflicht**; LR/*Erb* § 163a Rn. 11a). I.R.d. gebotenen sorgfältigen Abwägung aller Umstände des Einzelfalls kommt es dabei darauf an, inwieweit der Tatverdacht auf hinreichend gesicherten Erkenntnissen hinsichtlich Tat und Täter oder lediglich auf kriminalistischer Erfahrung beruht (BGH StV 2007, 450). Falls jedoch der Tatverdacht so stark ist, dass die Strafverfolgungsbehörde andernfalls willkürlich die Grenzen ihres Beurteilungsspielraums überschreiten würde, ist es verfahrensfehlerhaft, wenn dennoch nicht zur Beschuldigtenvernehmung übergegangen wird. Der Umstand, dass die Strafverfolgungsbehörde – zumal bei Tötungsdelikten – erst bei einem konkreten und ernsthaften Tatverdacht zur Vernehmung des Verdächtigen als Beschuldigten verpflichtet ist, kann für ihn auch eine schützende Funktion haben. Denn der Vernommene wird hierdurch nicht vorschnell mit einem Ermittlungsverfahren überzogen, das erhebliche nachteilige Konsequenzen für ihn haben kann (BGH StV 2007, 450). Es gibt keinen Grundsatz, dass jemand im Zweifel immer als Beschuldigter zu behandeln ist, insb. nicht, wenn feststeht, dass der Täter aus einer begrenzten Anzahl von Personen kommt, ohne dass sicher ist, wer es ist (BGHSt 38, 214, 227; NStZ 1983, 86; Meyer-Goßner/*Schmitt* Einl. Rn. 78: immer wenn hinreichender Tatverdacht gegen alle aus der Gruppe besteht, auch wenn sich ihre Täterschaft gegenseitig ausschließt; zw., da in diesen Fällen sehr fraglich ist, ob schon gegen alle ein hinreichender Tatverdacht besteht). 3

Daraus folgt aber auch, dass Dritte nicht durch eine Anzeige die StA oder die Polizei zwingen können, eine bestimmte Person als Beschuldigten zu behandeln (Meyer-Goßner/*Schmitt* Einl. Rn. 77), auch wenn diese zunächst den Sachverhalt durch Ermittlungsmaßnahmen aufklären (insoweit a.A. Meyer-Goßner/*Schmitt* Einl. Rn. 77; AK-StPO/*Grundbach* § 136 Rn. 9; LR/*Erb* § 163a Rn. 13: Nur wenn sofortige Einstellung erfolgt, muss die Person nicht als Beschuldigter behandelt werden). Die StA kann zwar den Sachverhalt i.S.d. §§ 152 Abs. 2, 160 Abs. 1 erforschen, muss jedoch nicht zwingend die angezeigte Person als Tatverdächtigen sehen, wenn sich für deren strafbare Beteiligung (noch) keine zureichenden tatsächlichen Anhaltspunkte ergeben haben. Insb. bei Anzeigen gegen Amtsträger ist es zulässig, zunächst die tatsächlichen Umstände so weit zu klären, dass eine sichere Beurteilung des Anfangsverdachts möglich ist. Aus der Tatsache dass ein Polizeibeamter Zwangsmittel angewendet, insb. Schusswaffen gebraucht hat, folgt nicht der Verdacht einer rechtswidrigen Tat, da er hierzu nach den Vorschriften über den unmittelbaren Zwang unter den dort genannten Voraussetzungen berechtigt ist. Auch dabei ist zu berücksichtigen, dass die Einleitung eines Ermittlungsverfahrens mit einer erheblichen Belastung für den Betroffenen verbunden ist (BGH StV 2007, 450). 4

Eine informatorische Befragung mit dem Ziel, ob die Auskunftsperson als Beteiligter in Betracht kommt, ist zulässig (BGH NStZ 1983, 86). Eine zu vernehmende Person ist entweder Zeuge oder Beschuldigter, Zwischenstadien sieht das Gesetz nicht vor (Meyer-Goßner/*Schmitt* Einl. Rn. 79). Es ist jedoch zulässig, Personen als Zeugen in einem Ermittlungsverfahren zu vernehmen, obwohl gegen sie ebenfalls ein Ermittlungsverfahren wegen des gleichen Sachverhaltes geführt wird. Die Ermittlungsbehörden können die Verfahren jederzeit trennen, z.B. gegen den Schleuser (§ 96 AufenthG) und die von ihm geschleusten Personen. Der Zeuge ist nach § 55 zu belehren. Um eine Umgehung der Belehrungspflichten zu verhindern, wird die Vernehmung als Zeuge erst nach einer solchen als Beschuldigter möglich sein. 5

Strafunmündige Kinder sind immer Zeugen (LR/*Erb* § 163a Rn. 16). 6

C. Beschuldigtenvernehmung (Abs. 1). I. Vernehmungspflicht (Satz 1). Die Vernehmung des Beschuldigten ist im Ermittlungsverfahren obligatorisch. Mit ihr wird sein **Recht auf rechtliches Gehör** gewährleistet. Er erfährt spätestens hier, dass gegen ihn Ermittlungen geführt werden. Aus der Vorschrift folgt aber auch, dass der Beschuldigte nicht zu Beginn des Verfahrens über die Einleitung von Ermittlungen informiert werden muss (LR/*Erb* § 163a Rn. 32). Die Pflicht entfällt gem. dem 2. Halbs., wenn die StA das Verfahren nach §§ 170 Abs. 2, 153 ff. (nicht jedoch im Fall des § 153a; KMR/*Plöd* § 163a Rn. 6; KK-StPO/*Griesbaum* § 163a Rn. 5) oder §§ 154 ff. einstellen will, bzw. in den Fällen des § 374 von der Anklageerhebung absehen will (a.A. *Wagner* ZStW 109, 574: nur bei § 170 Abs. 2). 7

Ein Verstoß gegen die Verpflichtung zur Vernehmung des Beschuldigten führt nach h.M. nicht zur Unwirksamkeit der Anklage (Meyer-Goßner/Schmitt/*Köhler* § 163a Rn. 1; KMR/Plöd § 163a Rn. 25; a.A. Mein- 8 ecke StV 2015, 325 unter Darstellung des Streitstandes). Das fehlende rechtliche Gehör kann im Zwischenverfahren nachgeholt werden (§ 201). Bringt der Angeschuldigte dabei vor, dass er bei einer ausführlichen Vernehmung sich umfangreich verteidigt hätte, kann das Gericht die Anklage an die StA unter Hinweis auf die nachzuholende Vernehmung und die durchzuführenden Ermittlungen zurückgeben (§ 202 Rdn. 2 ff.). Wenn die StA sich gesetzwidrig weigern würde, wäre die Eröffnung abzulehnen, die Strafklage ist dann nicht verbraucht. Dies alles führt jedoch nicht zur Unwirksamkeit der Anklageerhebung. Sie unterbricht insb. die Verjährung (§ 78c StGB) und bewirkt Rechtshängigkeit. Die von Meinecke behauptete »Dunkelziffer entsprechender Verfahren« ist nicht belegt und widerspricht den Erfahrungen der Praxis der StA.

9 Die Beschuldigtenvernehmung dient gleichzeitig der **Erforschung des Sachverhaltes** i.S.d. § 160 Abs. 1 Satz 1 (HK-StPO/*Zöller* § 163a Rn. 2; KMR/*Plöd* § 163a Rn. 1; Meyer-Goßner/Schmitt/*Köhler* § 163a Rn. 1) Ein Vorrang des rechtlichen Gehörs vor der Aufklärung ist dem Gesetz nicht zu entnehmen (a.A. LR/*Erb* § 163a Rn. 33: Aufklärung nur Nebenzweck; s.a. § 136 Rdn. 5 ff., *Eschelbach*). Andernfalls hätte der Gesetzgeber nicht Gericht und StA zur zwangsweisen Durchsetzung des Erscheinens ermächtigen brauchen. Alle Vernehmungsorgane dürfen und müssen deshalb aufgrund ihrer Aufklärungspflicht (§§ 152, 160, 163, 155 Abs. 2) i.R.d. gesetzlichen Regelungen den Beschuldigten auch »verhören«, ihm sachliche Vorhalte machen, Widersprüche in seiner Aussage aufdecken und ihn auch zur Wahrheit ermahnen, da der Beschuldigte zur Wahrheit zwar nicht verpflichtet ist, aber ein Recht zur Lüge auch nicht besteht (BGH NStZ 2005, 517; Meyer-Goßner/Schmitt/*Köhler* § 136 Rn. 18; KK-StPO/*Diemer* § 136 Rn. 19, a.A. *Ransiek* StV 1994, 345). Zum bloßen Objekt des Verfahrens darf er aber nicht gemacht werden (BVerfGE 57, 250, 257; BGHSt 36, 44).

10 **II. Zeitpunkt der Vernehmung.** Das Gesetz legt nur den spätesten Zeitpunkt der Vernehmung fest. Nach dem Grundsatz der freien Gestaltung des Ermittlungsverfahrens können die Ermittlungsbehörden entscheiden, wann sie dem Beschuldigten Gelegenheit geben, die Vorwürfe ggfls. zu entkräften oder durch ein glaubhaftes Geständnis den Ermittlungsaufwand zu begrenzen. Die Sachaufklärungspflicht (§§ 160 Abs. 1 und 2, 163 Abs. 1) kann es gebieten, den Beschuldigten wiederholt zu vernehmen, auch wenn er oder sein Verteidiger erklärt haben, keine Angaben machen zu wollen. Der Beschuldigte kann mit neuen Erkenntnissen zu konfrontieren sein und muss dann entscheiden, ob er sich äußern will.

11 Es gibt auch keine Pflicht, den **vorläufig festgenommenen** Beschuldigten, der sich nach ordnungsgemäßer Belehrung vor StA oder Polizei äußern will, stattdessen sogleich gem. § 128 Abs. 1 Satz 1 StPO dem Haftrichter vorzuführen, da sich aus der Einlassung zur Person und Sache schon für den Beschuldigten günstige Erkenntnisse zum dringenden Tatverdacht und allfälligen Haftgründen ergeben können, die für die Entscheidung über die Beantragung von Untersuchungshaft von wesentlicher Bedeutung sind. Letztlich kann dies dazu führen, dass ein Haftantrag nicht gestellt werden muss (BGH, Urt. v. 09.02.2017 – 3 StR 415/16 –, juris, Rn 28). Auch kann die Darstellung des Beschuldigten Anlass zu weiteren Ermittlungen vor der Vorführung geben.

12 Etwas anderes gilt jedoch nach einer Festnahme aufgrund eines bestehenden Haftbefehls im Hinblick auf die gem. § 115 Abs. 1 bestehende Pflicht, den Beschuldigten nach seiner **Ergreifung** unverzüglich dem zuständigen Gericht vorzuführen. Hier darf die Vorführung nicht zum Zweck der Durchführung polizeilicher Beschuldigtenvernehmungen aufgeschoben werden (BGH StV 2015, 144, 146, auch zur offengelassenen Frage der Verwertbarkeit der Angaben bei einem solchen Verstoß; Meyer-Goßner/*Schmitt* § 115 Rn. 4, 16).

13 **III. Vernehmungsorgan.** Wer den Beschuldigten vernimmt, ist gesetzlich nicht geregelt. Auch aus praktischen Gründen wird dies häufig die Polizei i.R.d. ersten Zugriffs tun, bzw. die Finanzbehörde bei Steuerstrafverfahren, § 368 AO. Die StA kann die Polizei ersuchen, § 161 Abs. 1 Satz 1, oder die Vernehmung selbst durchführen. Sie wird dies in bedeutenden Ermittlungsverfahren oder bei schwierigen Sachverhalten selbst tun (Ermittlungsverfahren gegen Ärzte, RA, Wirtschaftsstrafsachen nach § 74c GVG). Ausnahmsweise kann auch eine andere StA ersucht werden. Eine Vernehmung durch den Ermittlungsrichter kann in Betracht kommen, wenn ein nach § 254 verlesbares richterliches Geständnis erlangt werden soll (Meyer-Goßner/Schmitt/*Köhler* § 162 Rn. 3).

14 Der Beschuldigte hat kein Recht, das Vernehmungsorgan zu bestimmen. Er kann zwar den Wunsch äußern von der StA vernommen zu werden. Es steht jedoch im pflichtgemäßen Ermessen der StA, ob sie die Vernehmung selbst durchführt. Dies wird sie tun, wenn damit eine zusätzliche Sachverhaltsaufklärung zu erwarten ist. Sie kommt ihrer Pflicht aus Satz 1 jedoch nach, wenn sie eine Vernehmung durch die Polizei anbietet (Meyer-Goßner/Schmitt/*Köhler* § 163a Rn. 2, KK-StPO/*Griesbaum* § 163a Rn. 6; a.A. LR/*Erb* § 163a Rn. 45).

IV. Videovernehmung/-konferenz (Satz 2). Die Videoaufzeichnung nach § 58a ist nunmehr auch bei der Beschuldigtenvernehmung zulässig. In der Praxis sollte diese Möglichkeit schon deshalb vermehrt genutzt werden, um die Verwertbarkeit polizeilicher Geständnisse zu erhöhen. Das Gericht kann anhand der Aufzeichnung prüfen, ob behauptete Verfahrensverstöße (z.B. nach §§ 136 und 136a) vorliegen. Der neue § 58b StPO ermöglicht es, im Ermittlungsverfahren Zeugenvernehmungen auch unter Verwendung von Bild-Tonübertragungen unter Verzicht auf die Anwesenheit der Zeugen im Vernehmungszimmer vorzunehmen. Dies kann nach gegenwärtiger Rechtslage auch bei Beschuldigten erfolgen. Der Satz 2 tritt jedoch am 01.01.2020 außer Kraft. Dann gilt die Verweisung des neuen Abs. 4 Satz 2 auf § 136 Abs. 4 n.F. 15

V. Schriftliche Vernehmung (Satz 3). Grds. erfolgt die Vernehmung mündlich, aber nach Satz 2 kann die Gelegenheit zur schriftlichen Äußerung von allen Vernehmungsorganen mit Ausnahme des Ermittlungsrichters gewählt werden. Die erforderlichen Hinweise nach § 136 Abs. 1 Satz 1, 2 werden schriftlich erteilt (Meyer-Goßner/Schmitt/*Köhler* § 163a Rn. 12). Anders als in § 136 Abs. 1 Satz 4 ist dies jedoch nur bei einfachen Sachverhalten vorgesehen (Ladendiebstähle, Leistungserschleichung, Sozialleistungsbetrug u.Ä.). Eine mündliche Vernehmung ist aber auch in allen anderen Fällen dann entbehrlich, wenn der Verteidiger nach Gewährung von Akteneinsicht für seinen Mandanten eine schriftliche Stellungnahme abgibt, da darin zugleich ein konkludenter Verzicht auf eine mündliche Vernehmung liegt. Wenn eine durch den Verteidiger oder den Beschuldigten angekündigte Stellungnahme ausbleibt, kann die StA ohne Vernehmung Anklage erheben (KMR/*Plöd* § 163a Rn. 2). Die schriftlichen Erklärungen des Beschuldigten können durch Verlesung nach § 249 in die Hauptverhandlung eingeführt werden, nicht die Erklärungen seines Verteidigers (OLG Celle NStZ 1988, 426; OLG Jena VRS 109, 24; KMR/*Plöd* § 163a Rn. 3), auch wenn der Beschuldigte in der Hauptverhandlung keine Angaben macht (OLG Hamm VRS 42, 99, 100; KMR/*Plöd* § 163a Rn. 3). 16

D. Entlastungsbeweise (Abs. 2). Stellt der Beschuldigte Beweisanträge zu seiner Entlastung, prüft die StA nach pflichtgemäßem Ermessen, ob diese für ihre Entscheidung nach § 170 von Bedeutung sind (KK-StPO/*Griesbaum* § 163a Rn. 8, Meyer-Goßner/Schmitt/*Köhler* § 163a Rn. 15). Nach a.A. handelt es sich bei dem Merkmal »von Bedeutung« um einen unbestimmten Rechtsbegriff und der Beschuldigte habe einen Beweiserhebungsanspruch (LR/*Erb* § 163a Rn. 115, 112; *Krekeler* NStZ 1991, 367). Es bleibt aber offen, wie ein solcher Beweiserhebungsanspruch durchzusetzen wäre (so auch LR/*Erb* § 163a Rn. 120). Die StA kann ohne Erhebung des Beweises Anklage erheben, sodass erst das Gericht im Zwischenverfahren die Erheblichkeit prüft, § 202. Stellt der Beschuldigte den Antrag bei einer richterlichen Vernehmung, leitet der Richter den Antrag an die StA weiter, wenn nicht ein Fall des § 166 vorliegt (Meyer-Goßner/Schmitt/*Köhler* § 163a Rn. 15). 17

E. Vernehmung durch StA (Abs. 3). I. Erscheinenspflicht (Satz 1). Die StA kann anders als die Polizei das Erscheinen zur Vernehmung erzwingen, Abs. 3 Satz 1. Der Beschuldigte ist verpflichtet, vor der StA zu erscheinen. Der auf freiem Fuß befindliche Beschuldigte wird nach § 133 Abs. 1 geladen. Die Androhung der Vorführung in der Ladung empfiehlt sich immer dann, wenn eine Befolgung der Ladung ungewiss erscheint. Die Androhung soll nur erfolgen, wenn die Ladung auch tatsächlich erzwungen werden soll, Nr. 44 RiStBV. Die Ladung kann nicht durch öffentliche Zustellung nach § 40 erfolgen (Meyer-Goßner/Schmitt/*Köhler* § 163a Rn. 18). Eine Zustellung ist aber nicht vorgeschrieben. Eine formlose fernmündliche Terminsvereinbarung und Ladung ist ebenso möglich wie eine solche per E-Mail, wenn im Fall des Ausbleibens zunächst keine Zwangsmittel eingesetzt werden sollen. 18

Die Vernehmung muss nicht in den Diensträumen der StA erfolgen. Der Beschuldigte kann z.B. auch in die Räume der Polizei oder eines Landgerichtsarztes geladen werden. Die Vernehmung muss jedoch durch den Staatsanwalt oder zumindest unter seiner verantwortlichen Leitung stattfinden. Eine Ladung zur Vernehmung, die dann nur durch Polizei oder Sachverständigen erfolgt, ist unzulässig (BGHSt 39, 96). Es kann aber nach Erscheinen des Beschuldigten mit dessen ausdrücklichem Einverständnis die Befragung durch Polizeibeamte oder den Sachverständigen fortgeführt werden. 19

II. Entsprechend anwendbare Vorschriften (Satz 2). 1. Vorführungsbefehl:. §§ 133 Abs. 2 und 134 Abs. 2 erlauben die Vorführung des Beschuldigten nur nach deren Androhung in der schriftlichen Ladung. I.Ü. kann eine Vorführung erfolgen, wenn die Voraussetzungen eines Haftbefehls vorliegen, § 134 Abs. 1. Auch wenn der Beschuldigte ankündigt, von seinem Recht auf Aussageverweigerung Gebrauch machen zu wollen, ist die Vernehmung oder Vorführung zulässig (LR/*Erb* § 163a Rn. 61. Zum einem kann bei entsprechender Darstellung der Vorwürfe und Aufklärung über die Beweislage der Beschuldigte doch noch zu Angaben bereit sein. Zum anderen ist es zulässig, ihn bei der Vorführung Zeugen gegenüberzustellen (a.A. *Welp* JR 94, 36). 20

21 Der nicht auf freiem Fuß befindliche Beschuldigte wird entweder vom Staatsanwalt in der JVA, dem psychiatrischen Krankenhaus oder der Entziehungsanstalt aufgesucht, oder die StA richtet einen Vorführungsbefehl an die Anstalt (§ 36 StVollzG).

22 **2. Belehrungen.** Die in § 136 Abs. 1 Satz 1 bis 3 vorgeschriebenen Belehrungen hat die StA in jedem Fall zu erteilen, auch wenn der Beschuldigte bereits von der Polizei oder einem Gericht vernommen worden ist (LR/*Erb* § 163a Rn. 71), da der Beschuldigte nicht weiß, ob die Aussagefreiheit auch bei der StA gilt. Wegen der Einzelheiten hierzu und zu den weiteren Regelungen der Abs. 2 und 3 vgl. die Kommentierung zu § 136.

23 **3. Anwesenheit.** Gem. § 168c Abs. 1 und Abs. 5 hat der Verteidiger ein uneingeschränktes Anwesenheitsrecht bei der Beschuldigtenvernehmung der StA. Er ist von dem Termin zu benachrichtigen, wenn dadurch der Untersuchungszweck nicht gefährdet wird, § 168c Abs. 5. Der Verteidiger hat zwar keinen Anspruch auf Terminsverlegung, § 168c Abs. 5 Satz 3; in der Praxis empfiehlt es sich jedoch auf die Belange des Verteidigers Rücksicht zu nehmen, wenn dies mit dem Beschleunigungsgebot zu vereinbaren ist (LR/*Erb* § 163a Rn. 73). Anderenfalls wird häufig der Beschuldigte zu einer Aussage nicht bereit sein. In Jugendsachen haben der Erziehungsberechtigte und der gesetzliche Vertreter ein Anwesenheitsrecht, § 67 Abs. 1 JGG, der mitbeschuldigte Elternteil ist jedoch auszuschließen (BVerfG NJW 1988, 1256). Die StA kann daneben anderen Personen nach pflichtgemäßem Ermessen die Anwesenheit gestatten, wenn dies sinnvoll erscheint oder dies der Beschuldigte wünscht (KK-StPO/*Griesbaum* § 163a Rn. 22).

24 **4. Protokoll.** Gem. § 168b Abs. 2 soll bei staatsanwaltschaftlichen Vernehmungen ein Protokoll gem. §§ 168, 168a aufgenommen werden, s. dort und unter Nr. 45 Abs. 2 RiStBV.

25 **III. Gerichtliche Entscheidung, Satz 3.** Nach herrschender Meinung soll der Antrag des Beschuldigten auf Entscheidung des Gerichtes über die Rechtmäßigkeit der Vorführung schon gegen deren Androhung in der Ladung zur Beschuldigtenvernehmung zulässig sein (Meyer-Goßner/Schmitt/*Köhler* § 163a Rn. 22; LR/*Erb* § 163a Rn. 76; HK/*Zöller* § 163a Rn. 19; *Gössel* GA 1976, 62; jetzt auch KMR/*Plöd* § 163a Rn. 20). Durch das 2. OpferRRG wurde die besondere Zuständigkeitsregelung des § 161a Abs. 3 Satz 2 bis 4 a.F. aufgehoben. Daher verweist Satz 3 jetzt ebenfalls auf das Gericht des § 162 (BT-Drs. 16/12098, S. 28).

26 **IV. Entsprechend geltende Vorschriften des Beschwerdeverfahrens, Satz 4.** Die Vorschrift entspricht § 161a Abs. 3 Satz 3; s. dort Rdn. 22. Der Antrag hat keine aufschiebende Wirkung, § 307.

27 **F. Polizeiliche Beschuldigtenvernehmung (Abs. 4). I. Eröffnung der Tat (Satz 1).** Nach bisheriger Rechtslage musste lediglich bei der ersten Vernehmung des Beschuldigten durch Beamte des Polizeidienstes ihm eröffnet werden, welches tatsächliche Geschehen ihm zur Last gelegt wird. Nunmehr ist dies bei jeder Vernehmung erforderlich. Hinsichtlich der Ausgestaltung der Eröffnung im Einzelnen hat der Vernehmende einen gewissen Beurteilungsspielraum. Dessen Grenzen sind jedoch überschritten, wenn dem Beschuldigten eines Gewaltdelikts der Tod des Opfers nicht eröffnet wird (BGH StV 2013, 485–488). Ob aus einem Verstoß gegen diese Belehrungspflicht ein Verwertungsverbot resultiert, hat der BGH in der vorgenannten Entscheidung grundsätzlich offengelassen, im konkreten Einzelfall jedenfalls verneint. Eine rechtliche Einordnung der Tat ist nicht vorgeschrieben. In Zweifelsfällen sollte sie von den Polizeibeamten tunlichst unterlassen werden, da die Entscheidung hierüber die StA trifft. Eine falsche rechtliche Einordnung ist aber nur dann schädlich, wenn sie zu einer bewussten Täuschung des Beschuldigten führt (§ 136a).

28 **II. Entsprechend anwendbare Vorschriften (Satz 2). 1. Belehrungen, § 136 Abs. 1 Satz 2 bis 6.** Durch die Verweisung auf die Vorschriften des § 136 Abs. 1 Satz 2 bis 6 erhält der Beschuldigte bei polizeilichen Vernehmungen die gleichen Rechte wie bei richterlichen oder staatsanwaltschaftlichen. Der Polizeibeamte hat auf die Aussagefreiheit hinzuweisen (Satz 2 Hs. 1). Bei Tests, an denen der Beschuldigte nicht mitzuwirken braucht, oder Tatrekonstruktionen muss auf die Freiwilligkeit der Mitwirkung hingewiesen werden.

29 Der Hinweis auf das Recht der Verteidigerkonsultation und die Möglichkeit der Bestellung eines Pflichtverteidigers hat zu Beginn der Vernehmung zu erfolgen. Durch das Zweite Gesetz zur Stärkung der Verfahrensrechte von Beschuldigten im Strafverfahren und zur Änderung des Schöffenrechts wurden in § 136 Abs. 1 die Sätze 3 und 4 eingefügt. Dies dient der Umsetzung von Art. 3 Abs. 4 der Richtlinie 2013/48/EU. Den Ermittlungsbehörden wird die Pflicht auferlegt, dem Beschuldigten allgemeine Informationen zur Verfügung zu stellen, die es ihm erleichtern, einen Verteidiger zu kontaktieren, wenn er vor der Vernehmung einen solchen befragen will. Dabei ist er auf bestehende anwaltliche Notdienste hinzuweisen. Dies war schon in der Rspr. teilweise von den Ermittlungsbehörden verlangt worden und ist nunmehr gesetzlich normiert (s. dazu *BT-Drs. 18/9534, S. 22* mit Fundstellen). Nach der Gesetzesbegründung sind auch die Anforderungen der

Barrierefreiheit mit Menschen mit Behinderungen zu berücksichtigen (BT-Drs. 18/9534, S. 22). Abs. 4 Satz 2 überträgt diese Ergänzungen auf die polizeiliche Vernehmung.

Die **EU-Richtlinie 2016/1919 über Prozesskostenhilfe für Verdächtige und beschuldigte Personen** in Strafverfahren sowie für gesuchte Personen in Verfahren zur Vollstreckung eines Europäischen Haftbefehls war gem. deren Art. 12 bis zum 25.05.2019 umzusetzen. Es lag zunächst nur ein Referenten-Entwurf des BMJ vor, der eine weitreichende Umgestaltung des Rechts der Pflichtverteidigung vorsieht (zu Recht krit. *Tully/ Wenske* NStZ 2019, 183). Statt der von der Richtlinie vorgesehenen Gewährung von PKH sah er eine Pflicht der Ermittlungsbehörden vor, in vielen Fällen (insb. bei Verdacht eines Verbrechens) schon vor der Vernehmung einen Pflichtverteidiger für den Beschuldigten bestellen zu lassen (§ 141 Abs. 1 Nr. 1, Abs. 2 StPO-E) oder selbst durch die StA zu bestellen (§ 142 Abs. 2 StPO-E). Im Vorverfahren sollen Vernehmungen oder Gegenüberstellungen mit dem Beschuldigten vor der Bestellung eines Verteidigers durchgeführt werden dürfen, soweit dies »1. zur Abwehr einer gegenwärtigen Gefahr für Leib oder Leben oder für die Freiheit einer Person dringend erforderlich oder 2. zur Abwendung einer erheblichen Gefährdung eines Strafverfahrens zwingend geboten ist.« Ein im Wesentlichen gleichlautender Regierungsentwurf folgte erst wenige Wochen vor dem 25.05.2019 (am 12.06.2019 auf der Internetseite des BMJV veröffentlicht). Die BRAK befürchtete daher, dass der von ihr grundsätzlich begrüßte Entwurf abgeschwächt wird (s. Stellungnahmen 1/2019 und 9/2019: »Heraufziehende Gefahren für die europarechtskonforme Umsetzung…«). Jedenfalls ist die Umsetzung nicht fristgerecht erfolgt. Die Ermittlungsbehörden müssen daher bei Durchführung von Beschuldigtenvernehmungen die Richtlinie beachten. Deren direkte Geltung kommt nicht in Betracht, da sie mit dem deutschen Strafprozessrecht nicht kompatibel ist und einer Umsetzung bedarf (so auch BGH-Ermittlungsrichter, Beschl. v. 04.06.2019 – 1 BGs 170/19; veröffentlicht bei Burhoff-online). Nach Art 4 Abs. 4 der Richtlinie ist zwingend vor der Vorführung des Beschuldigten vor den Haftrichter PKH zu bewilligen. I.Ü. sollen nach Art. 5 der Richtlinie die Mitgliedstaaten sicherstellen, dass Prozesskostenhilfe unverzüglich und spätestens vor einer Befragung durch die Polizei bewilligt wird. Damit trifft die Polizeibehörden die Pflicht, den Beschuldigten zu belehren, dass er im Fall notwendiger Verteidigung einen Anspruch auf Bestellung eines Pflichtverteidigers hat, wie bereits jetzt in § 163a Abs. 4 i.V.m. § 136 Abs. 1 Satz 5 vorgesehen. Ob er sich dann ohne seinen Verteidiger äußern will, bleibt ihm überlassen. Ein Verzicht auf eine sofortige Bestellung des Verteidigers muss möglich sein, da dies auch die EU-Richtlinie 2016/1919 (Erwägungsgrund 9) und Art. 9 Richtlinie 2013/48/EU bei entsprechender Belehrung und Dokumentation vorsehen. Nach dem Erwägungsgrund 10 der Richtlinie ist es gestattet, eine Vernehmung fortzusetzen, wenn eine als zunächst als Zeuge vernommene Person im Verlauf der Befragung zur Beschuldigten wird und sie über ihre Rechte nach der Richtlinie belehrt wird. Wenn dies ohne sofortige Bestellung eines Pflichtverteidigers schon in einer solch schwierigen Ausnahmesituation gestattet ist, muss erst recht eine Befragung bei einer von Anfang beschuldigten Person zulässig sein (ebenso der Beschluss der Justizministerkonferenz vom Frühjahr 2019, TOP II. 18). De lege lata sollte ein Systemwechsel zur Gewährung von PKH in Erwägung gezogen werden 30

Eine Wiederholung der Belehrung ist auch bei weiteren Vernehmungen notwendig. Der Beschuldigte entscheidet selbst, ob er sich in Abwesenheit seines Verteidigers zur Sache äußern will (LR/*Erb* § 163a Rn. 86). Auch dessen ausdrücklicher Hinweis, dass der Beschuldigte sich nicht äußern wolle, hindert die Polizei nicht, den Beschuldigten aufzusuchen und ihn zu vernehmen, insb. um ihn mit neuen Beweismitteln zu konfrontieren. Der Beschuldigte kann selbst entscheiden ob er dazu Stellung nehmen will. Es darf jedoch kein unzulässiger Druck ausgeübt werden. Allerdings muss jetzt der Verteidiger vom Vernehmungstermin verständigt werden, s. Rdn. 39. 31

Weiter ist der Beschuldigte darauf hinzuweisen, dass er das Recht zur Beantragung von Entlastungsbeweisen hat. Nach § 136 Abs. 1 Satz 6 soll in geeigneten Fällen auf die Möglichkeit der schriftlichen Äußerung und des TOA hingewiesen werden. 32

Der BGH betont zu Recht, dass es zu den Aufgaben der Staatsanwaltschaft gehört, im Rahmen ihrer Verantwortung für die Gesetzmäßigkeit des Ermittlungsverfahrens, auch soweit es von der Polizei durchgeführt wird, auf die korrekte Einhaltung der Belehrungsbestimmungen und erforderlichenfalls möglichst auf die Korrektur erkennbarer Mängel hinzuwirken (BGH StV 2013, 485–488). Dies kann insb. bedeuten, dass bei erkennbaren Zweifeln an der ordnungsgemäßen Belehrung schon die StA durch Erholung dienstlicher Stellungnahmen den Ablauf der Vernehmung aufklärt und dies nicht der Hauptverhandlung überlässt, zumal die Frage der Verwertbarkeit einer Aussage dem Freibeweisverfahren unterliegt (BGH StV 2012, 81–82). 33

2. Zweck, § 136 Abs. 2. Die Vernehmung soll dem Beschuldigten Gelegenheit geben, die gegen ihn vorliegenden Verdachtsgründe zu beseitigen und die zu seinen Gunsten sprechenden Tatsachen geltend zu machen. Daraus ist aber nicht zu schließen, dass dies der ausschließliche Zweck ist und die Sachaufklärung außen vor bleiben sollte, s.o. Rdn. 9; a.A. § 136 Rdn. 5–7 mit eingehender Darstellung des Meinungsstandes. 34

35 **3. Persönliche Verhältnisse, § 136 Abs. 3.** Bei der Vernehmung des Beschuldigten ist zugleich auf die Ermittlung seiner persönlichen Verhältnisse Bedacht zu nehmen. Damit wird insb. die Pflicht zur Ermittlung der für die Rechtsfolgen bedeutsamen Umstände i.S.d. § 160 Abs. 3 Satz 1 gemeint sein, aber auch in geeigneten Fällen schulischer und beruflicher Werdegang sowie die familiären Umstände (vgl. Nr. 13–15 RiStBV).

36 **4. Videoaufzeichnung, § 136 Abs. 4.** Eine Steigerung der Schutzrechte des Beschuldigten ist durch den erst am 01.01.2020 in Kraft getretenen § 136 Abs. 4 eintreten, der die audiovisuelle Aufzeichnung von Beschuldigtenvernehmungen vorsieht, in bestimmten Verfahren sogar zwingend. Eine weitere Verschärfung wäre nur noch denkbar, wenn jedem Beschuldigten in jedem Ermittlungsverfahren von Beginn an ein Rechtsanwalt beigeordnet wird. Damit käme man dem Ziel der Ausschaltung polizeilicher Vernehmungen als Beweismittel gegen den Beschuldigten noch näher (s.o. Rdn. 30).

37 **5. Bild- und Tonübertragung, § 136 Abs. 5.** Mit dem Verweis auf § 58b StPO im neuen Abs. 5 von § 136 StPO und der Folgeänderung in § 163a Abs. 4 Satz 2 StPO soll ausdrücklich geregelt werden, dass im Ermittlungsverfahren für polizeiliche, staatsanwaltschaftliche wie auch richterliche Vernehmungspersonen die Möglichkeit besteht, einen Beschuldigten in geeigneten Fällen im Wege der Bild- und Tonübertragung zu vernehmen. Erreicht werden soll damit ein Regelungsziel, das der Gesetzgeber schon bei der Neufassung der §§ 163a, 136 StPO durch das Gesetz zur effektiveren und praxistauglicheren Ausgestaltung des Strafverfahrens vom 17.08.2017 (BGBl. I, S. 3202 ff.) verfolgt hatte, aber das aufgrund eines reinen redaktionellen Versehens nicht zur Umsetzung gelangt war (BT-Drs. 57/21, S. 88).

38 **6. Verbotene Methoden und Verwertungsverbote, § 136a.** Verbotene Vernehmungsmethoden und die daran anknüpfenden Beweisverwertungsverbote des § 136a gelten ebenfalls, siehe dort.

39 **III. Anwesenheit und Verständigung des Verteidigers (Satz 3). 1. Anwesenheitsrecht des Verteidigers, § 168c Abs. 1.** Der durch das Zweite Gesetz zur Stärkung der Verfahrensrechte von Beschuldigten im Strafverfahren und zur Änderung des Schöffenrechts eingefügte Satz 3 erklärt § 168c Abs. 1 u. 5 für den Verteidiger entsprechend anwendbar. Dies sollte der Umsetzung von Art. 3 Abs. 4 der Richtlinie 2013/48/EU dienen. Damit ist eine wesentliche Änderung der Gesetzeslage verbunden. Erstmals wird ein Recht des Beschuldigten statuiert, dass er in Anwesenheit seines Verteidigers befragt wird. Dies war nach dem bisherigen Recht nur für richterliche und staatsanwaltschaftliche Vernehmungen geregelt. Der Gesetzgeber erfüllt einem lang gehegten Wunsch der Anwaltschaft und großer Teile der Literatur und konstituiert ein Anwesenheits- und Mitwirkungsrecht des Verteidigers auch für polizeiliche Beschuldigtenvernehmungen. Das Ziel ist offensichtlich die Verhinderung geständiger Einlassungen von Beschuldigten, die diese häufig nach der Ergreifung im Rahmen des ersten Zugriffs der Polizei nach ordnungsgemäßer Belehrung über ihre Rechte abgeben. Dies erschwert den Verteidigern immer wieder die auf einen Freispruch gerichtete prozessuale Strategie. Es bleibt abzuwarten, wie sich diese Entwicklung auf die Aufklärungsquote bei Straftaten auswirkt. Genug ist aber auch hier nicht genug: »*Die Änderungen sind ganz überwiegend zu begrüßen. Allerdings handelt es sich allenfalls um kleine Schritte auf dem Weg zur Stärkung von Beschuldigtenrechten im Strafverfahren, denen weitere große Schritte folgen müssen*« (Stellungnahme der BRAK im Gesetzgebungsverfahren, S. 6). Auch nach früherer Rechtslage konnte der Beschuldigte in Anwesenheit seines Verteidigers bei der Polizei aussagen – wenn er das wollte! Viele verzichteten darauf. Es entsprach der allgemeinen Praxis, dem Verteidiger ganz selbstverständlich die Anwesenheit zu gestatten. Vielfach wollten diese aber eine Aussage verhindern. Es hätte daher zur Umsetzung der Richtlinie genügt, die bisherige Rechtslage beizubehalten. Die durchaus für die Beschuldigten auch nachteiligen Auswirkungen der neuen Gesetzeslage zeigen zutreffend *Kraft/Girkens* auf (NStZ 2021, 454).

40 Aus dem Zusammenhang von Abs. 1 Satz 3 u. 4 und Abs. 4 ergibt sich, dass die Polizei den Beschuldigten nur dann ohne Beisein seines Verteidigers befragen darf, wenn dieser keinen solchen hat oder darauf ausdrücklich gem. § 168b Abs. 3 verzichtet und dies dokumentiert ist.

41 **2. Benachrichtigung, § 168c Abs. 5.** Um dem Recht des Beschuldigten auf Anwesenheit seines Verteidigers Geltung zu verschaffen, ist auch die Benachrichtigungspflicht des § 168c Abs. 5 zu beachten. Die Polizei muss also den Verteidiger über die anstehende Vernehmung unterrichten, wenn er erreichbar ist, § 168c Abs. 5 Satz 1. Ein Absehen von der Benachrichtigung des Verteidigers bei Beschuldigtenvernehmungen wegen der Gefährdung des Untersuchungserfolgs nach § 168c Abs. 5 Satz 2 erscheint kaum begründbar. Bei aufschiebbaren Vernehmungen werden Verlegungsgesuche des Verteidigers im Hinblick auf den Grundsatz des fairen Verfahrens wohlwollend zu prüfen sein. Ein Anspruch besteht hierauf nicht, § 168c Abs. 5 Satz 3. Nach einer vorläufigen Festnahme kann die Vernehmung nur unwesentlich hinausgezögert werden. Der Beschleunigungs-

grundsatz und die Pflicht des § 128 zur unverzüglichen Vorführung vor dem Richter gehen vor. Die Polizei muss zur Vorbereitung der Entscheidung der StA, ob der Beschuldigte dem Haftgericht vorgeführt wird, ihn gem. § 163a vernehmen (KK-StPO/*Schultheis* § 128 Rn. 3 u. 5; § 128 Rdn. 14). Letztlich steht es dem Beschuldigten immer frei, ob er sich ohne seinen Verteidiger äußern will. Er muss nur die Gelegenheit zur eigenverantwortlichen Entscheidung haben.

G. Polizeiliche Protokolle. I. Form. Für polizeiliche Protokolle gilt § 168b entsprechend (HK-StPO/*Zöller* § 163a Rn. 26). Wegen des Verweises in § 168b auf § 168a Abs. 2 sind Tonbandmitschnitte demnach als vorläufige Aufzeichnungen aufzubewahren und dürfen erst nach rechtskräftigem Abschluss oder sonstiger Beendigung des Verfahrens gelöscht werden. (BGH NStZ 1997, 611). Die gesetzlich vorgeschriebenen Belehrungen sind durch den Vernehmungsbeamten zu vermerken (RiStBV Nr. 45 Abs. 2). Dabei sollte der Wortlaut des Gesetzes verwendet werden, wie er bei den polizeilichen Protokollen in Textbausteinen üblich ist. Eine Wiederholung der Belehrung im Text der Vernehmung ist überflüssig und bietet nur Anlass zu Missverständnissen und nachträglichen Beanstandungen (vgl. BGH StV 2006, 566). Eine Unterschrift des Vernommenen ist kein wesentliches Erfordernis des polizeilichen Protokolls (KMR/*Plöd* § 163a Rn. 28). Es empfiehlt sich jedoch den Beschuldigten jede Seite des Protokolls unterschreiben zu lassen. Ggf. sind auch handschriftliche Ergänzungen oder Korrekturen durch ihn zuzulassen. Damit wird der Behauptung der Boden entzogen, das Protokoll gebe nicht seine Einlassung wieder. Wie bei der Zeugenvernehmung besteht hier noch verstärkt die Notwendigkeit, dass das Protokoll den Inhalt der Äußerungen zumindest in den wichtigen Abschnitten möglichst wortgetreu wiedergeben soll. Umformulierungen in die »Behörden- oder Gesetzessprache« haben zu unterbleiben (LR/*Erb* § 163 Rn. 128). Nur so kann später nachvollzogen werden, was der Beschuldigte bei den Vernehmungen ausdrücken wollte. 42

II. Aushändigung. Über die Aushändigung von Vernehmungsniederschriften entscheidet die StA, da es sich um einen Fall der teilweisen Gewährung von Akteneinsicht handelt. Regelmäßig kann dem Beschuldigten auf dessen Verlangen und Kosten eine Abschrift seines Vernehmungsprotokolls ausgehändigt werden, wenn der Untersuchungszweck nicht gefährdet wird (KMR/*Plöd* § 163a Rn. 29; Meyer-Goßner/Schmitt/*Köhler* § 163a Rn. 26; a.A. KG Rpfleger 1995, 226). 43

Bei Zeugenvernehmungen ist eine Aushändigung von Vernehmungsniederschriften regelmäßig abzulehnen, da der Zeuge sich aus eigener Erinnerung in späteren Vernehmungen zur Sache äußern soll. Eine Wiedergabe von auswendig Gelerntem ist nicht hilfreich. Über den Antrag hat die StA zu entscheiden. 44

H. Anwendbare Vorschriften des GVG, Abs. 5. Abs. 5 stellt klar, dass der Beschuldigte unter den Voraussetzungen des § 187 Abs. 1 und 3 GVG Anspruch auf unentgeltliche Dolmetscher- und Übersetzungsleistungen hat. Mit der Aufnahme von § 186 GVG soll ausdrücklich klargestellt werden, dass hör- oder sprachbehinderten Personen das Recht zusteht, auch im Rahmen ihrer staatsanwaltschaftlichen oder polizeilichen Beschuldigtenvernehmung im Ermittlungsverfahren die dort vorgesehen Kommunikationshilfen in Anspruch zu nehmen, um eine ausreichende Verständigung sicherzustellen. 45

I. Revision. Mit der Revision kann gerügt werden, dass der Beschuldigte unter Verstoß gegen die Belehrungspflichten des Abs. 4 vernommen wurde oder ihm das Recht zur Verteidigerkonsultation verwehrt wurde. Der verteidigte Angeklagte muss in der Hauptverhandlung rechtzeitig der Verwertung der Vernehmung widersprechen (KK-StPO/*Griesbaum* § 163a Rn. 35; NStZ 2016, 721, 723). Auf die fehlende Belehrung über das Recht die Erhebung von Entlastungsbeweisen zu verlangen kann die Revision dagegen nicht gestützt werden, ebenso nicht auf das Unterbleiben der Vernehmung nach Abs. 1 (Meyer-Goßner/Schmitt/*Köhler* § 163a Rn. 1). 46

Eine Beschuldigtenvernehmung unter Anwendung verbotener Vernehmungsmethoden ist auch mit Zustimmung des Angeklagten unverwertbar, § 136a Abs. 3. Zum Revisionsvorbringen s. § 136a Rdn. 71. 47

§ 163b Maßnahmen zur Identitätsfeststellung

(1) [1]Ist jemand einer Straftat verdächtig, so können die Staatsanwaltschaft und die Beamten des Polizeidienstes die zur Feststellung seiner Identität erforderlichen Maßnahmen treffen; § 163a Abs. 4 Satz 1 gilt entsprechend. [2]Der Verdächtige darf festgehalten werden, wenn die Identität sonst nicht oder nur unter erheblichen Schwierigkeiten festgestellt werden kann. [3]Unter den Voraussetzungen von Satz 2 sind auch die Durchsuchung der Person des Verdächtigen und der von ihm mitgeführten Sachen sowie die Durchführung erkennungsdienstlicher Maßnahmen zulässig.

(2) [1]Wenn und soweit dies zur Aufklärung einer Straftat geboten ist, kann auch die Identität einer Person festgestellt werden, die einer Straftat nicht verdächtig ist; § 69 Abs. 1 Satz 2 gilt entsprechend. [2]Maßnah-

men der in Absatz 1 Satz 2 bezeichneten Art dürfen nicht getroffen werden, wenn sie zur Bedeutung der Sache außer Verhältnis stehen; Maßnahmen der in Absatz 1 Satz 3 bezeichneten Art dürfen nicht gegen den Willen der betroffenen Person getroffen werden.

Übersicht

1 **A. Allgemeines.** Die Vorschrift wurde durch das Gesetz zur Änderung der StPO v. 14.04.1978 zur Verbesserung der Terrorismusbekämpfung eingeführt (grundlegend *Kurth* NJW 1979, 1377 ff.). Abs. 1 räumt StA und Beamten des Polizeidienstes zum Zweck der Identitätsfeststellung von Verdächtigen Befugnisse ein. Nach Abs. 2 können unter teilweise strengeren Voraussetzungen auch gegen Unverdächtige erforderliche Maßnahmen ergriffen werden. Über § 46 Abs. 1 OWiG gilt die Vorschrift auch bei der Verfolgung von Ordnungswidrigkeiten (VGH Baden-Württemberg DÖV 2005, 165). Die Befugnisse haben auch die die Ermittlungen in Steuerstrafverfahren selbstständig führenden Finanzbehörden §§ 386, 399 AO. Das Verfahren und den Rechtsschutz regelt der gleichzeitig eingeführte § 163c. Die Befugnisse stehen StA und Beamten des Polizeidienstes gleichermaßen zu, ein Richtervorbehalt besteht nicht.

2 Zwar regeln die §§ 163b und 163c StPO die Befugnis zur Identitätsfeststellung zum Zwecke der Strafverfolgung einschließlich damit verbundener Freiheitsentziehung abschließend, sodass insofern ein Rückgriff auf weiterreichende polizeiliche Ermächtigungen nicht möglich ist. Dagegen bleiben die polizeirechtlichen Ermächtigungsgrundlagen (z.B. des § 12 Abs. 1 Nr. 1, Abs. 2 Satz 3 i.V.m. § 36 Abs. 1, 2, § 38 Abs. 2 Nr. 5 Satz 2 PolG NRW) anwendbar, soweit **präventive Zwecke** außerhalb des Strafverfahrens verfolgt werden. Die Abgrenzung zwischen beiden Zielrichtungen erfolgt nach dem Schwerpunkt der Maßnahme, wobei der behördlich mit der Maßnahme verbundene Zweck Berücksichtigung findet (BGH Beschl. V. 17.12.2020 – 3 ZB 7/19).

3 **B. Maßnahmen gegen Verdächtige (Abs. 1). I. Verdacht einer Straftat.** Der Verdacht einer Straftat besteht, wenn der Schluss auf die Begehung einer Straftat, auch des Versuchs, gerechtfertigt ist und Anhaltspunkte vorliegen, die eine Täterschaft oder Teilnahme des Betroffenen als möglich erscheinen lassen (BVerfGE 92, 191; LG Amberg StV 1990, 541; KK/*Griesbaum*, § 163b Rn. 9). Die Polizei darf aufgrund einer bestehenden Ausschreibung zur Aufenthaltsermittlung nach § 131a Abs. 1 nicht ohne eigene Prüfung vom Verdacht einer Straftat des Ausgeschriebenen ausgehen (OLG München, Beschl. v. 29.11.2012, 4 VA 55/12). Der Verdächtige ist nicht immer Beschuldigter i.S.d. § 163a, es reicht aus, dass er nicht frei vom Verdacht einer Straftat ist (KMR/*Plöd* § 163b Rn. 2). Die Schuldunfähigkeit berührt den Tatverdacht nicht, wenn sie nicht im Zeitpunkt der Maßnahme offen und eindeutig bekannt ist (KMR/*Plöd* § 163b Rn. 3). Gegen erkennbar Strafunmündige kann sich eine Maßnahme nach Abs. 1 nicht richten. Ggf. ist eine solche nach Abs. 2 zulässig (Meyer-Goßner/Schmitt/*Köhler* § 163b Rn. 4). Über § 46 Abs. 1 und 2 OWiG ist die Vorschrift auch bei Verdacht einer (erheblichen) Ordnungswidrigkeit anwendbar (s. auch Rdn. 13). Im Bereich größerer Menschengruppen z.B. bei Demonstrationen fordert das BVerfG, »dass der Verdacht bezüglich der Straftat auf einer hinreichenden objektiven Tatsachengrundlage beruhen sowie individuell bezogen auf den konkreten Versammlungsteilnehmer bestehen muss. Dies schließt allerdings ein Vorgehen auch gegen eine ganze Gruppe von Versammlungsteilnehmern nach § 163b Abs. 1 Satz 1 und 2 StPO nicht aus, wenn sich aus deren Gesamtauftreten ein Verdacht auch gegenüber den einzelnen Mitgliedern der Gruppe ergibt und das Vorgehen die übrigen Versammlungsteilnehmer so weit wie möglich ausspart« (BVerfG, Nichtannahmebeschluss vom 02.11.2016 – 1 BvR 289/15 –, juris). Es kann also auch der Tatverdacht gegen Teile einer Gruppe genügen, ohne dass die Beteiligung jedes Einzelnen schon festgestellt ist. Andernfalls könnten Straftäter bewusst den Schutz in einer größeren Gruppe suchen.

4 **II. Belehrung (Satz 1 Hs. 2 i.V.m. § 163a Abs. 4 Satz 1).** Vor der Durchführung jeglicher Maßnahme ist der Betroffene zu belehren, welche Tat ihm zur Last gelegt wird. Einer rechtlichen Bewertung bedarf es nicht (HK-StPO/*Zöller* § 163b Rn. 3). Eine weitere Belehrung ist nur erforderlich, wenn erkennbar bereits ein Verfahren gegen den Betroffenen eingeleitet wird und er damit zum Beschuldigten wird. Dann ist die Belehrung nach § 163a Abs. 4 Satz 1 und 2 und § 136 Abs. 1 erforderlich. Wird er nicht über die Tat unterrichtet, ist

die Maßnahme rechtswidrig i.S.d. § 113 Abs. 3 StGB (KG NJW 2002, 3789; StV 2001, 260). Die Unterrichtung ist nur entbehrlich, wenn der Grund für die Identitätsfeststellung dem Betroffenen bekannt oder für ihn offensichtlich ist, z.B. weil er auf frischer Tat betroffen wird oder bei Gefährdung des Vollstreckungszwecks (KG StV 2001, 260).

III. Von der Generalklausel erfasste Maßnahmen (Satz 1). Das Gesetz erlaubt die zur Identitätsfeststellung erforderlichen Maßnahmen, ohne dass diese zunächst näher umschrieben werden. Möglich ist die Anhaltung und nach Belehrung (s. Rdn. 4) die Befragung nach den Personalien, wozu der Betroffene auch nach § 111 OWiG verpflichtet ist. Zum Nachweis kann er aufgefordert werden sich auszuweisen. Der Beamte kann auch verlangen, dass mitgeführte Ausweispapiere ausgehändigt werden (Meyer-Goßner/Schmitt/*Köhler* § 163b Rn. 6). Zur Feststellung der Identität sind Vor- und Nachname, Geburtsname, -tag und -ort sowie die Anschrift anzugeben. Beruf, Familienstand und Staatsangehörigkeit brauchen nicht festgestellt werden (KMR/*Plöd* § 163b Rn. 6). Als weitere Maßnahmen kommen Rückfragen, Gegenüberstellungen und bei gegebenem Anlass auch die Überprüfung der Ausweispapiere auf ihre Echtheit in Betracht (*Kurth* NJW 1978, 1378). Für alle Maßnahmen gilt das **Verhältnismäßigkeitsprinzip.** Es darf nur die schonendste Maßnahme ergriffen werden, die zur Erreichung des Ziels erforderlich und mit dem geringsten Eingriff für den Betroffenen verbunden ist. 5

IV. Festhaltung (Satz 2). Nur wenn sich die Maßnahmen i.R.d. Generalklausel des Satz 1 als nicht ausreichend erweisen oder nur unter erheblichen Schwierigkeiten eine Feststellung der Identität ermöglichen, kann der Beamte den Verdächtigen, den er angehalten hat, auch festhalten. Die Vorschrift konkretisiert damit das Übermaßverbot (BVerfG StV 1992, 210; 2011, 389). Ein Festhalten liegt vor, wenn der Betroffene an der Fortbewegung gehindert wird, um weitere Maßnahmen durchzuführen. Denkbar sind auch bei größeren Gruppen das sog. Einkesseln und die Errichtung einer Video-Durchlassstelle, wenn eine hinreichende Verdachtslage gegen die Mitglieder der Gruppe besteht (s.o. Rdn. 3). Eine Fesselung ist nicht Voraussetzung, aber als eine der möglichen Maßnahmen des unmittelbaren Zwangs zulässig. Es handelt sich um eine Freiheitsbeschränkung, nicht in jedem Fall aber um eine Freiheitsentziehung i.S.v. Art. 104 Abs. 2 GG. Nur wenn die Bewegungsfreiheit des Betroffenen nicht nur kurzfristig in jeder Richtung aufgehoben wird, z.B. durch Verbringung in eine Gewahrsamszelle, ist die Freiheit entzogen (BVerfG StV 2011, 389). Der Betroffene kann auch zu einer Polizeidienststelle verbracht werden (KMR/*Plöd* § 163b Rn. 10). Dies ist aber erst zulässig, wenn eine Identitätsfeststellung vor Ort mit erheblichen Schwierigkeiten verbunden wäre. Es reicht nicht aus, dass die Feststellungen auf der Dienststelle einfacher zu treffen wären (BVerfG StV 1992, 210). Gegebenenfalls sind Lichtbilder vor Ort zu fertigen (BVerfG StV 2011, 389). Nach Ansicht des KG soll im Rahmen der Nacheile zum Zwecke der Festhaltung es als Annexkompetenz den Polizeibeamten gestattet sein, die Wohnung des Betroffenen kurzfristig zu betreten (KG 21.05.2021 – [2] 161 Ss 62/20, mit krit. Anm. *Bode* NJ 2021, 415). Dies kann allenfalls gelten für eine Flucht des Betroffen in eine Wohnung während der Festhaltung i.S. dieser Vorschrift. 6

V. Durchsuchung (Satz 3, 1. Alt.). Unter den Voraussetzungen des Satz 2 sind auch die Durchsuchung der Person des Verdächtigen und der von ihm mitgeführten Sachen sowie die Durchführung von erkennungsdienstlichen Maßnahmen zulässig. Die Durchsuchung dient dem Zwecke des Auffindens von Ausweispapieren, Schriftstücken oder körperlichen Merkmalen, die eine Identifizierung erlauben. Zulässig ist es auch, dass der Festgehaltene nach Waffen und anderen gefährlichen Werkzeugen zum Zwecke der Eigensicherung der Polizeibeamten oder anderer Personen durchsucht wird (KMR/*Plöd* § 163b Rn. 14). 7

Mitgeführte Sachen sind alle Gegenstände, über die der Verdächtige die Sachherrschaft ausübt. Zivilrechtliche Eigentums- oder Besitzverhältnisse sind nicht entscheidend. Fahrzeuge werden mitgeführt, wenn der Verdächtige Führer des Fahrzeugs ist (BGH NStZ 2016, 551). Mitfahrer üben keine Sachherrschaft über das Fahrzeug aus (Meyer-Goßner/Schmitt/*Köhler* § 163b Rn. 11), wohl aber über im Fahrzeug befindliche, ihnen zuordenbare Gegenstände (Taschen, Koffer usw.). Sind Durchsuchungsmaßnahmen zur Identitätsfeststellung nicht zulässig oder ist die Durchsuchung von Räumen erforderlich, sind die Voraussetzungen der §§ 102 oder 103 und die deshalb notwendige Einschaltung der StA und des Ermittlungsrichters zu prüfen. 8

Die **Person** des Verdächtigen kann durchsucht werden, hierzu zählt auch die von ihm getragene Kleidung. 9

VI. Erkennungsdienstliche Maßnahmen (Satz 3, 2. Alt.). Zulässig sind die gleichen Maßnahmen, wie sie in § 81b beschrieben sind. Der Verdächtige kann zur Dienststelle verbracht werden, wenn diese Maßnahmen nur dort durchgeführt werden können. Dies ist auch ein Festhalten i.S.d. Satz 2. (KK-StPO/*Griesbaum* § 163b Rn. 15; a.A. KMR/*Plöd* § 163b Rn. 16). Die Festhalteanordnung ist formfrei. Zumindest der Beginn der Maßnahme sollte jedoch dokumentiert werden, da damit die Frist des § 163c Abs. 1 Satz 2 und 10

Abs. 3 beginnt. Unmittelbarer Zwang ist zulässig. Wenn der Verdächtige als Beschuldigter zu behandeln ist, greift § 81b direkt ein.

11 **C. Maßnahmen gegen Unverdächtige (Abs. 2). I. Zulässige Maßnahmen.** Die Maßnahmen zur Identitätsfeststellung nach Abs. 1 sind grds. auch gegen Personen zulässig, gegen die kein Tatverdacht besteht, wenn dies zur Aufklärung einer Straftat geboten ist. Geboten ist eine Maßnahme, wenn ohne Identitätsfeststellung die Aufklärung der Straftat erschwert wäre (*Kurth* NJW 1978, 1379). Dies kann der Fall sein, wenn die Identität von Zeugen oder Geschädigten (als Augenscheinsobjekt) festzustellen ist. Der Betroffene ist zu belehren, zur Aufklärung welcher Straftat die Feststellung seiner Identität erforderlich ist (Abs. 2 Satz 1 letzter Hs., § 69 Abs. 1 Satz 2), wenn er dies nicht bereits weiß, z.B. als Augenzeuge (KK-StPO/*Griesbaum* § 163b Rn. 32). Der Name des Beschuldigten muss jedoch nicht mitgeteilt werden (KMR/*Plöd* § 163b Rn. 18; LR/*Erb* § 163b Rn. 22). Die Zeugnis- und Untersuchungsverweigerungsrechte des § 52 bzw. 81c Abs. 3 greifen nicht ein.

12 **II. Einschränkungen (Satz 2).** Bei Nichtverdächtigen ist eine **Festhaltung** nur zulässig, wenn sie nicht außer Verhältnis zur Bedeutung der Sache steht. Mit der Sache ist allein die aufzuklärende Straftat gemeint. Es kommt darauf an, was im konkreten Fall für eine Strafe zu erwarten ist. Die Bedeutung der Sache kann sich aber auch daraus ergeben, dass derartige Straftaten wegen ihrer Gefährlichkeit zu bekämpfen sind (KMR/*Plöd* § 163b Rn. 20).

13 **Durchsuchungen und erkennungsdienstliche Maßnahmen** dürfen nicht gegen den Willen des Nichtverdächtigen durchgeführt werden. Eine Belehrung über die Freiwilligkeit ist nicht vorgeschrieben. Der durchführende Beamte darf aber nicht den Eindruck erwecken, dass der Betroffene keine Widerspruchsmöglichkeit hat. Er darf auch nicht einen erkennbaren Irrtum darüber ausnutzen (KMR/*Plöd* § 163b Rn. 21). In diesem Fall muss er über den Irrtum aufklären (KK-StPO/*Griesbaum* § 163b Rn. 31). Wenn der Betroffene auch nur schlüssig zum Ausdruck bringt, dass er die Maßnahme nicht hinnehmen will, wird sie unzulässig. Der Beamte kann aber im Gespräch versuchen, die Zustimmung des Betroffenen herbeizuführen, soweit er sich nicht unlauterer Mittel i.S.d. § 136a bedient (KK/*Griesbaum* § 163b Rn. 31). Wenn der Unverdächtige unrichtige Personalien angibt oder erforderliche Angaben verweigert, wird er zu einem Verdächtigen einer Ordnungswidrigkeit nach § 111 OWiG. Dann können Maßnahmen nach Abs. 1 zulässig sein, wobei die Verhältnismäßigkeit besonders sorgfältig zu prüfen ist (KK/*Griesbaum* § 163b Rn. 6; Meyer-Goßner/Schmitt/*Köhler* § 163b Rn. 17; *Kurth* NJW 1978, 1379, Fn. 40; a.A. LR/*Erb* § 163b Rn. 26: »spitzfindige Konstruktion« zur Umgehung der Einschränkungen des Abs. 2; HK/*Zöller* § 163b Rn. 4).

§ 163c Freiheitsentziehung zur Identitätsfeststellung

(1) [1]Eine von einer Maßnahme nach § 163b betroffene Person darf in keinem Fall länger als zur Feststellung ihrer Identität unerlässlich festgehalten werden. [2]Die festgehaltene Person ist unverzüglich dem Richter bei dem Amtsgericht, in dessen Bezirk sie ergriffen worden ist, zum Zwecke der Entscheidung über Zulässigkeit und Fortdauer der Freiheitsentziehung vorzuführen, es sei denn, dass die Herbeiführung der richterlichen Entscheidung voraussichtlich längere Zeit in Anspruch nehmen würde, als zur Feststellung der Identität notwendig wäre. [3]Die §§ 114a bis 114c gelten entsprechend.

(2) Eine Freiheitsentziehung zum Zwecke der Feststellung der Identität darf die Dauer von insgesamt zwölf Stunden nicht überschreiten.

(3) Ist die Identität festgestellt, so sind in den Fällen des § 163b Abs. 2 die im Zusammenhang mit der Feststellung angefallenen Unterlagen zu vernichten.

Übersicht

1 **A. Allgemeines.** Die Vorschrift regelt die Festhaltedauer und das Verfahren bei einer Maßnahme nach § 163b Abs. 1 Satz 2 bei Verdächtigen wie Unverdächtigen. Durch das Untersuchungshaftreformgesetz werden in einem neuen Satz 3 die §§ 114a bis 114c für entsprechend anwendbar erklärt. Der ursprünglich die Benachrichtigungspflichten regelnde Abs. 2 a.F. entfiel gleichzeitig.

B. Dauer der Festhaltung (Abs. 1 Satz 1, Abs. 2). Grds. ist die Festhaltung nur so lange zulässig, wie dies zur Feststellung der Identität **unerlässlich** ist. Alle Maßnahmen müssen daher mit besonderer Beschleunigung durchgeführt werden. Ein Ausschöpfen der Frist des Abs. 2 ist nur in besonderen Fällen zulässig. 2

Die **Höchstgrenze** des Abs. 2 ist absolut und darf unter keinen Umständen überschritten werden (vgl. EGMR NJW 1999, 775 und *Eiffler* NJW 1999, 762). Fristbeginn ist der Zeitpunkt, in dem der Betroffene an der Fortbewegung durch eine Anordnung oder durch Anwendung unmittelbaren Zwangs gehindert wird. Auch das Verbringen an einen anderen Ort, z.B. zur Dienststelle, um erkennungsdienstliche Maßnahmen i.S.d. § 163b Abs. 1 Satz 3 zu ermöglichen, ist schon eine Festhaltung (A.A. KMR/*Plöd* § 163c Rn. 4). Nach Ablauf der 12 Std. kann die Festhaltung nur noch auf andere Vorschriften gestützt werden, z.B. §§ 127a und 127b oder landesrechtliche Vorschriften zur Gefahrenabwehr (z.B. § 12 Abs. 1 Nr. 1, Abs. 2 Satz 3 i.V.m. § 36 Abs. 1, 2, § 38 Abs. 2 Nr. 5 Satz 2 PolG NRW) anwendbar, soweit **präventive Zwecke** außerhalb des Strafverfahrens verfolgt werden. (BGH Beschl. V. 17.12.2020 – 3 ZB 7/19). Die Frist wird durch eine Unterbrechung nicht erneut in Gang gesetzt. Wenn der Betroffene zunächst oder im Verlauf einer Maßnahme sich freiwillig zur Verfügung stellt oder an Ort und Stelle verbleibt, liegt so lange kein Festhalten vor, bis er der Maßnahme widerspricht (KK-StPO/*Griesbaum* § 163b Rn. 16). 3

C. Vorführung vor den Richter (Abs. 1 Satz 2). I. Voraussetzung. Eine festgehaltene Person ist unabhängig von der Frist des Abs. 2 unverzüglich dem Richter bei dem AG vorzuführen. Diese Pflicht entfällt nur, wenn die Herbeiführung der richterlichen Entscheidung voraussichtlich längere Zeit in Anspruch nehmen würde, als zur Feststellung der Identität notwendig wäre (vom BVerfG als unbedenklich angesehen; Nichtannahmebeschluss vom 02.11.2016 – 1 BvR 289/15 –, juris). Die für die Durchführung der Maßnahme zuständigen Beamten haben daher pflichtgemäß zu prüfen, welche Zeit voraussichtlich die Identitätsfeststellung bzw. die Festhaltung in Anspruch nehmen werden. Wenn in diesem Zeitraum eine richterliche Entscheidung einschließlich der hierfür erforderlichen Maßnahmen nicht zu erwarten ist, muss die Vorführung nicht erfolgen. Das Gericht benötigt für seine Entscheidung eine ausreichende Tatsachengrundlage, die ihm die vorführenden Beamten vermitteln müssen. Der für die schriftliche Fixierung erforderliche Zeitraum ist bei der Prognose zu berücksichtigen. Auch hier greift die nach der Rspr. des BVerfG bestehende Verpflichtung der Justizverwaltung und der Gerichte, jedenfalls zur Tageszeit (§ 104 Abs. 3) und bei entsprechendem Bedarf auch zur Nachtzeit, einen richterlichen Bereitschaftsdienst vorzuhalten (BVerfGE 103, 142; Meyer-Goßner/Schmitt/*Köhler* § 163c Rn. 4). Wenn Maßnahmen der Freiheitsentziehung in größerem Umfang zu erwarten sind, z.B. bei Großdemonstrationen, haben die Gerichte dies auch bei der Gestaltung des Bereitschaftsdienstes zu berücksichtigen (BVerfG NVwZ 2006, 579). 4

Die Pflicht zur Vorführung entfällt, wenn der Betroffene **freiwillig** erklärt, die Durchführung der Maßnahme abzuwarten bis seine Identität geklärt ist, da in diesem Fall keine Festhaltung mehr vorliegt (Meyer-Goßner/Schmitt/*Köhler* Rn. 5; a.A. LR/*Erb* § 163c Rn. 7; KK-StPO/*Griesbaum* § 163c Rn. 4). Auf die Vorführung selbst kann er jedoch nicht verzichten (KMR/*Plöd* Rn. 5). 5

Durch die richterliche Vorführung soll aber der Betroffene nicht länger als zur Durchführung der Maßnahme selbst notwendig festgehalten werden. Wenn die Identität festgestellt ist, ist die Entlassung sofort zu verfügen, auch wenn der Betroffene gerade dem Richter vorgeführt wird. 6

II. Gerichtliches Verfahren. 1. Zuständigkeit. Sachlich zuständig ist der Richter am AG. **Örtlich** zuständig ist nach Abs. 1 Satz 2 das Gericht des Ergreifungsortes. Damit ist nicht der Ort gemeint, an dem die Person angetroffen wird, sondern der Ort, an dem ihr die Festhaltung erklärt oder gegen sie unmittelbarer Zwang durchgeführt wird. Das Verbringen während der Festhaltung an einen anderen Ort ändert die Zuständigkeit des Richters nicht. **Funktionell** zuständig ist der nach dem Geschäftsverteilungsplan vorgesehene Richter am AG. Fehlt dort eine Regelung, gilt § 162 Abs. 1 (KMR/*Plöd* § 163c Rn. 10; Meyer-Goßner/Schmitt/*Köhler* § 163c Rn. 9). 7

2. Entscheidung. Nähere Regelungen über das Verfahren gibt es nicht. Der Betroffene muss jedenfalls angehört werden. Die Polizei hat den Sachverhalt dem Gericht zu unterbreiten. Wegen der Kürze der Frist des Abs. 2 muss auch eine mündliche Information des Gerichtes genügen. Die StA ist anzuhören, wenn dies ohne Verzögerung möglich ist. Der Verteidiger ist zur Anwesenheit berechtigt (LR/*Erb* § 163c Rn. 15, *Krause* StV 1984, 171). Die Gegenansicht (*Kurth* NJW 1979, 1380, Fn. 68; *Riegel* BayVwBl. 1978, 589, 593) dürfte nach der Neufassung des Abs. 1 Satz 3 mit dem Verweis auf § 114b Abs. 2 Satz 1 Nr. 4 überholt sein. Wie für die Verhandlung gelten §§ 168 und 168a, da die richterliche Anhörung zu dokumentieren ist (KMR/*Plöd* § 163c Rn. 11). Das Gericht hat dann zu entscheiden, ob die Festhaltung zulässig ist und weiter andauern darf. Auch der Richter kann die Frist des § 163c Abs. 3 nicht verlängern. Er kann ggf. die weitere Festhaltedauer begrenzen. 8

9 3. **Beschwerde.** Gegen die Entscheidung des Richters ist Beschwerde zulässig. Nach der neueren Rspr. des BVerfG ist die Beschwerde nicht wegen prozessualer Überholung unzulässig (BVerfG StV 1992, 210; NVwZ 2006, 579).

10 **D. Entsprechend anwendbare Vorschriften (Abs. 1 Satz 3).** Ein Haftbefehl i.S.d. **§ 114a** besteht nicht und kann daher nicht ausgehändigt werden. Trotzdem soll die Vorschrift entsprechend angewendet werden (BT-Drs. 16/11644, S. 35). Gegen Bedenken des Bundesrates (BT-Drs. 16/11644, S. 42) wurde hieran festgehalten (BT-Drs. 16/11644, S. 46). Der Sinn der Verweisung insb. beim Unverdächtigen bleibt dunkel.

11 Auch **§ 114b** ist ebenfalls nur entsprechend anwendbar. Notwendig ist wohl eine Belehrung über die richterliche Entscheidung nach § 163c Abs. 1 Satz 2 und die Höchstdauer nach Abs. 2. Weiter empfiehlt sich die Belehrung über die in § 114b Abs. 2 Satz 1 Nr. 2 bis 6 und Satz 2 genannten Rechte bei dem festgehaltenen Verdächtigen, die ihm ebenfalls in der Kürze der Frist zustehen. Beim Nichtverdächtigen entfallen die Belehrungen der Nr. 2 und 3 und er kann sich statt eines »Verteidigers« anwaltlichen Beistandes bedienen. Durch § 114b Abs. 2 Satz 3 wird klargestellt, dass die Pflicht zur Benachrichtigung nach Art. 36 Abs. 1 lit. b) WÜK schon für die Polizei, nicht nur für den Richter gilt (BGH NJW 2007, 499, *Walter* JR 2007, 101). Die Benachrichtigung hat unverzüglich zu erfolgen (vgl. *Weigent* StV 2008, 40).

12 Nach dem ebenfalls anwendbaren **§ 114c** kann der Festgehaltene selbst eine Person seines Vertrauens benachrichtigen, wenn der Untersuchungszweck nicht gefährdet wird, z.B. weil Mittäter gewarnt oder Dritte zu Strafvereitelungshandlungen veranlasst werden könnten (§ 114c Abs. 1). Das Gericht muss bei Bestätigung der Festhaltung die Benachrichtigung eines Angehörigen oder einer Vertrauensperson anordnen (§ 114c Abs. 2).

13 **E. Behandlung von Unterlagen (Abs. 3).** Die bei Maßnahmen gegen einen Unverdächtigen angefallenen Unterlagen sind von der Polizei nach der Feststellung seiner Identität zu vernichten. Insb. dürfen Fingerabdrücke, Lichtbilder und anderes aus erkennungsdienstlichen Maßnahmen stammendes Material nicht aufbewahrt werden.

14 Für Unterlagen über verdächtige Personen ist keine Regelung getroffen. Die Unterlagen sind daher Bestandteil der Ermittlungsakten. Sie können zugleich in die polizeilichen Unterlagen aufgenommen werden (Meyer-Goßner/Schmitt/*Köhler* § 163c Rn. 17; HK-StPO/*Zöller* § 163c Rn. 17). Der Verdächtige darf die Entfernung aus den polizeilichen Akten unter den gleichen Voraussetzungen verlangen, unter denen nach § 81b gewonnene Unterlagen zu entfernen wären. Aus den Strafakten werden sie nicht entfernt.

15 **F. Rechtsbehelfe.** Für die Beanstandung der von Polizei oder StA getroffenen Maßnahmen ist der Antrag auf gerichtliche Entscheidung entsprechend § 98 Abs. 2 Satz 2 der richtige Weg (LR/*Erb* § 163b Rn. 53; HK-StPO/*Zöller* § 163b Rn. 16; a.A.; *Pfeiffer* § 163c Rn. 11; BVerwGE 47, 255: §§ 23 ff. EGGVG). Der Verdächtige kann nach den für § 81b geltenden Grundsätzen die Vernichtung der Unterlagen erreichen (s. dort). Der Unverdächtige muss nach § 23 EGGVG vorgehen (LR/*Erb* § 163c Rn. 31).

§ 163d Speicherung und Abgleich von Daten aus Kontrollen

(1) [1]Begründen bestimmte Tatsachen den Verdacht, daß

1. eine der in § 111 bezeichneten Straftaten oder

2. eine der in § 100a Abs. 2 Nr. 6 bis 9 und 11 bezeichneten Straftaten

begangen worden ist, so dürfen die anläßlich einer grenzpolizeilichen Kontrolle, im Falle der Nummer 1 auch die bei einer Personenkontrolle nach § 111 anfallenden Daten über die Identität von Personen sowie Umstände, die für die Aufklärung der Straftat oder für die Ergreifung des Täters von Bedeutung sein können, in einem Dateisystem gespeichert werden, wenn Tatsachen die Annahme rechtfertigen, daß die Auswertung der Daten zur Ergreifung des Täters oder zur Aufklärung der Straftat führen kann und die Maßnahme nicht außer Verhältnis zur Bedeutung der Sache steht. [2]Dies gilt auch, wenn im Falle des Satzes 1 Pässe und Personalausweise automatisch gelesen werden. [3]Die Übermittlung der Daten ist nur an Strafverfolgungsbehörden zulässig.

(2) [1]Maßnahmen der in Absatz 1 bezeichneten Art dürfen nur durch den Richter, bei Gefahr im Verzug auch durch die Staatsanwaltschaft und ihre Ermittlungspersonen (§ 152 des Gerichtsverfassungsgesetzes) angeordnet werden. [2]Hat die Staatsanwaltschaft oder eine ihrer Ermittlungspersonen die Anordnung getroffen, so beantragt die Staatsanwaltschaft unverzüglich die richterliche Bestätigung der Anordnung. [3]§ 100e Absatz 1 Satz 3 gilt entsprechend.

(3) [1]*Die Anordnung ergeht schriftlich.* [2]Sie muß die Personen, deren Daten gespeichert werden sollen, nach bestimmten Merkmalen oder Eigenschaften so genau bezeichnen, wie dies nach der zur Zeit der Anord-

nung vorhandenen Kenntnis von dem oder den Tatverdächtigen möglich ist. [3]Art und Dauer der Maßnahmen sind festzulegen. [4]Die Anordnung ist räumlich zu begrenzen und auf höchstens drei Monate zu befristen. [5]Eine einmalige Verlängerung um nicht mehr als drei Monate ist zulässig, soweit die in Absatz 1 bezeichneten Voraussetzungen fortbestehen.

(4) [1]Liegen die Voraussetzungen für den Erlaß der Anordnung nicht mehr vor oder ist der Zweck der sich an der Anordnung ergebenden Maßnahmen erreicht, so sind diese unverzüglich zu beenden. [2]Die durch die Maßnahmen erlangten personenbezogenen Daten sind unverzüglich zu löschen, sobald sie für das Strafverfahren nicht oder nicht mehr benötigt werden; eine Speicherung, die die Laufzeit der Maßnahmen (Absatz 3) um mehr als drei Monate überschreitet, ist unzulässig. [3]Über die Löschung ist die Staatsanwaltschaft zu unterrichten.

Übersicht

A. Allgemeines und Regelungsgehalt. In seinem Urteil zum Volkszählungsgesetz (BVerfGE 65, 1 = NJW 1984, 419) wies das Bundesverfassungsgericht darauf hin, dass das Allgemeine Persönlichkeitsrecht aus Art. 2 Abs. 1 i.V.m. Art. 1 Abs. 1 GG durch eine unbegrenzte Erhebung, Speicherung, Verwendung und Weitergabe personenbezogener Daten berührt werde und dass Eingriffe einer gesetzlichen Grundlage bedürften. Mit Blick auf die zunehmende Bedeutung computergestützter Fahndungsmaßnahmen entstand § 163d, der am 01.04.1987 in Kraft trat. Die Vorschrift wurde später mehrfach der sonstigen Gesetzeslage angepasst (näher LR/*Erb* § 163d Vor Rn. 1). 1

§ 163d knüpft an eine nach anderen Vorschriften erfolgte Datenerhebung an und erlaubt als **abschließende Regelung** für den Bereich der Strafverfolgung die Errichtung von Dateien und die Speicherung und Verarbeitung solcher Daten, die an bestimmten Kontrollstellen anfallen, deren Auswertung aber an Ort und Stelle nicht möglich ist. Die Maßnahme dient sowohl der Aufklärung von Straftaten als auch der Ergreifung von Straftätern. Für diese in den Kreis der verdeckten Ermittlungsmethoden einzuordnende Maßnahme haben sich die Begrifflichkeiten »**computergestützte Netzfahndung**« (der Täter wird in einem Netz aus Kontrollstellen datenmäßig erfasst), »Schleppnetzfahndung« bzw. »Kontrollfahndung« eingebürgert (LR/*Erb* § 163d Rn. 2, 5). 2

Die zunächst sehr grundsätzliche Kritik an der Vorschrift (vgl. die Nachweise bei KK/*Moldenhauer* § 163d Rn. 3 ff.) hat sich – wohl auch aufgrund der geringen Bedeutung von § 163d in der Praxis (SK-StPO/*Wolter* § 163d Rn. 12; MüKo-StPO/*Kölbel* § 163d Rn. 5) – inzwischen weitgehend gelegt (anders SK-StPO/*Wolter* § 163d Rn. 2 ff.). Kleinere gesetzestechnische Ungereimtheiten verbleiben und sollten vom Gesetzgeber bei Gelegenheit ausgemerzt werden. 3

B. Voraussetzungen. I. Verdacht einer Straftat i.S.v. § 163d Abs. 1. Erforderlich ist zunächst der **Verdacht, dass ein noch nicht ermittelter Täter**, von dem aber schon eine Beschreibung möglich ist, **eine der in § 163d Abs. 1 Satz 1 bezeichneten schweren Straftaten begangen hat.** 4

Soweit §§ 163d Abs. 1, 111 insoweit (u.a.) auf § 250 Abs. 1 Nr. 1 StGB verweisen, gilt: § 250 Abs. 1 Nr. 1 StGB qualifiziert nicht nur den Raub gem. § 249 Abs. 1 StGB, sondern auch den Räuberischen Diebstahl nach § 252 StGB und die Räuberische Erpressung nach §§ 253, 255 StGB. Auf alle drei Qualifikationstatbestände erstreckt sich die Verweisung in §§ 163d, 111, und zwar in der aktuell geltenden Fassung (a.A. LR/*Erb* § 163d Rn. 13). Der Gesetzgeber hat § 163d StPO mehrfach angepasst, ohne hier eine Änderung vorzunehmen.

Die in Betracht kommende Tat muss **bereits begangen** worden sein. Ein Vergleich mit der Formulierung in anderen Katalogen legt nahe, dass nur vollendete Delikte erfasst sind, **nicht hingegen Versuch** (SK-StPO/*Wolter* § 163d Rn. 38; a.A. die h.M., s. nur KMR/*Plöd* § 163d Rn. 3; BeckOK-StPO/*von Häfen* § 163d Rn. 6) und **Verbrechensverabredung** i.S.v. § 30 StGB (h.M., vgl. *Schnarr* NStZ 1990, 260): In § 100a StPO hatte der Gesetzgeber wenige Jahre vor der Beratung über § 163d eine eindeutige Regelung geschaffen, die – wäre das gewünscht gewesen – leicht hätte übernommen werden können.
Der Verdacht einer **Teilnahme** genügt nicht (MüKo-StPO/*Kölbel* § 163d Rn. 7; a.A. die h.M., s. nur KK/*Moldenhauer* § 163d Rn. 8): Die computergestützte Fahndung nach § 163d wurde bewusst besonders schweren Straftaten vorbehalten. Der Unrechtsgehalt einer Teilnahme kann sehr unterschiedlich ausfallen. Hätte der Gesetzgeber die Teilnahme dem Katalog des § 163d unterstellen wollen, hätte er dies – wie bei § 100a später geschehen – ausdrücklich bestimmen müssen. Letztlich dürfte sich dieser Aspekt aber kaum einmal auswirken: Solange nämlich der genaue Grad der Tatbeteiligung nicht feststeht und Anhaltspunkte für eine Täterschaft sprechen, stehen die Maßnahmen nach § 163d offen.

5 **II. Bestimmte Tatsachen.** Den Verdacht i.S.v. § 163d müssen **bestimmte Tatsachen** begründen. Es genügt nicht, dass bestimmte Tatsachen die Begehung einer Straftat i.S.v. § 163d Abs. 1 nach kriminalistischer Erfahrung als möglich erscheinen lassen (~ Anfangsverdacht), weshalb von einem qualifizierten Anfangsverdacht gesprochen wird (KK/*Moldenhauer* § 163d Rn. 9). Die vorliegenden Tatsachen müssen vielmehr den direkten Schluss auf eine konkrete Straftat aus dem Katalog des § 163d Abs. 1 erlauben. Eine Verurteilungswahrscheinlichkeit im Sinne eines hinreichenden oder gar dringenden Tatverdachts muss dabei schon deshalb nicht bestehen, weil ein Tatverdächtiger ja in aller Regel noch nicht existiert.

6 **III. Grenzpolizeiliche Kontrolle bzw. Personenkontrolle.** Die Daten müssen bei einer Kontrollstelle nach § 111 oder bei einer grenzpolizeilichen Kontrolle angefallen sein.
Unter den Begriff der **grenzpolizeilichen Kontrolle** sind dabei (nur) solche Kontrollen zu fassen, die der Überprüfung eines konkreten Grenzübertritts dienen. §§ 2 Abs. 2 Nr. 2a, 23 Abs. 1 Nr. 2 BPolG sprechen insoweit von *»polizeilichen Kontrollen des grenzüberschreitenden Verkehrs«*. Auch die Personenkontrollen für grenzüberschreitende Flüge werden erfasst (s. näher LR/*Erb* § 163d Rn. 25). All dies gilt unabhängig davon, ob die Kontrollen durch den Zoll, die Bundespolizei oder – infolge von Verwaltungsabkommen nach § 2 Abs. 1, 3 BPolG – durch Landesbehörden (in Bayern die bayerische Grenzpolizei, in Hamburg und Bremen die Wasserschutzpolizei) durchgeführt werden.
Nicht erfasst vom Begriff der grenzpolizeilichen Kontrollen werden hingegen anlassunabhängige und damit vom konkreten Grenzübertritt losgelöste Kontrollen im Rahmen der sog. Schleierfahndung (ebenso LR/*Erb* § 163d Rn. 26, MüKo-StPO/*Kölbel* § 163d Rn. 13).

7 **Personenkontrollen nach § 111**, die eine Feststellung der Identität und die Durchsuchung mitgeführter Sachen ermöglichen, können mit einer Anordnung nach § 163d kombiniert werden. Diese Konstellation hatte der Gesetzgeber bei Schaffung des § 163d offenbar vor Augen, denn die Befugnis zu Speicherung und Auswertung erstreckt sich bei Personenkontrollen ausdrücklich nur auf die Katalogtaten des § 111 Abs. 1 Satz 1 (zu Recht krit. Rogall NStZ 1986, 390).
§ 163d Abs. 1 ist auch bei **automatischer Ablesung** von Pässen und Personalausweisen an den Kontrollstellen anwendbar (§ 163d Abs. 1 Satz 2). Insoweit handelt es sich um eine Ausnahme von dem grundsätzlichen Speicherungsverbot der §§ 15 Abs. 2 PAuswG, 17 Abs. 2 PassG.

8 **IV. Erfolgsaussicht.** Tatsachen müssen die Annahme rechtfertigen, dass die Auswertung der Daten zur Ergreifung des Täters/der Täter oder zur Aufklärung der Straftat führen kann, § 163d Abs. 1 Satz 1. Es reicht dabei aus, wenn die im Zeitpunkt der Anordnung bekannten Tatsachen nach kriminalistischer Erfahrung den Schluss zulassen, dass eine Netzfahndung Erfolg haben könnte (a.M. LR/*Erb* § 163d Rn. 16a: einzelfallbezogene Tatsachen erforderlich).

9 **V. Verhältnismäßigkeit.** Die Maßnahme darf gem. § 163d Abs. 1 Satz 1 *»nicht außer Verhältnis zur Bedeutung der Sache«* stehen (**Verhältnismäßigkeitsgrundsatz**). Dabei ist abzuwägen, wie schwer die konkrete Tat wiegt, wie stark die von der Maßnahme Betroffenen belastet werden, ob andere – möglicherweise weniger eingriffsintensive – Möglichkeiten zur Verfügung stehen und wie aussichtsreich ein Einsatz der computergestützten Netzfahndung erscheint (Meyer-Goßner/Schmitt/*Köhler* § 163d Rn. 11). § 163d enthält aber **keine Subsidiaritätsklausel** (wie z.B. § 100a Abs. 1 Nr. 3). Wenn die Netzfahndung notwendig und verhältnismäßig ist, kann sie bereits am Anfang der Ermittlungen angeordnet werden.

VI. Speicherung; Auswertung. Zulässige Maßnahmen sind die zeitweilige Speicherung und die Auswertung von Daten über Personen mit bestimmten, dem Täter aufgrund der bisherigen Ermittlungen zugeschriebenen Merkmalen oder Eigenschaften. Neben persönlichen Identitätsmerkmalen (Name, Geburtstag, Wohnort), die sich aus den Ausweispapieren ergeben, können dies Umstände sein, die für die Aufklärung der Tat oder die Ergreifung des Täters von Bedeutung sein können, z.B. Typ und Kennzeichen eines benutzten Pkws, Ort und Umstände der Identitätsfeststellung sowie Ergebnisse von Durchsuchungen und erkennungsdienstlichen Behandlungen (näher LR/*Erb* § 163d Rn. 30 ff.). Die Staatsanwaltschaft und die von ihr eingesetzten Ermittlungsbehörden können in eigener Verantwortung entscheiden, wie bzw. wo sie die Daten **speichern** (str., s.u. Rdn. 16). Sie müssen dabei gewährleisten, dass die Daten nur dem Zweck des § 163d dienen und später wieder gelöscht werden können. Das setzt eine genaue Dokumentation der Speicherung und die Trennung von anderen Datenbeständen (z.B. durch Einrichtung einer »Sonderdatei«) voraus. Die **Auswertung** der Daten erfolgt durch einen Abgleich mit anderen Dateien der Strafverfolgungsbehörden in Form von programmgesteuerten Suchläufen (Rogall NStZ 1986, 389 f.). Ein Datenabgleich mit anderen behördlichen oder privaten Dateien ist nur unter den Voraussetzungen der §§ 98a, b (Rasterfahndung) zulässig (HK-StPO/*Zöller* § 163d Rn. 9). 10

C. Übermittlung. Die **Übermittlung** der Daten darf **nur an Strafverfolgungsbehörden** erfolgen (§ 163d Abs. 1 S. 3). Strafverfolgungsbehörden sind die Staatsanwaltschaft einschließlich GBA und die Polizei, ferner die Finanz- und Zollbehörden, soweit sie als Strafverfolgungsbehörden tätig sind. Gerichte sind hingegen keine Strafverfolgungsbehörden im Sinne der Vorschrift (a.A. KMR/*Plöd* § 163d Rn. 9; offen KK/*Moldenhauer* § 163d Rn. 19), sie erhalten das Ergebnis der Auswertung gegebenenfalls als Teil der Ermittlungsakte. Eine Übertragung der Daten an andere Behörden, insb. an Nachrichtendienste, ist nicht gestattet (*Rogall* NStZ 1986, 390). Die Übermittlung der Daten darf nur im Rahmen des konkreten Verfahrens erfolgen, ein allgemeiner Datentransfer zwischen Strafverfolgungsbehörden scheidet aus (LR/*Erb* § 163d Rn. 38). 11

D. Zuständigkeit für die Anordnung der Datenverarbeitung (§ 163d Abs. 2). I. Ermittlungsrichter. Zuständig für die Anordnung der Maßnahme ist grundsätzlich der **Ermittlungsrichter** (§§ 162, 169), der in aller Regel (der Fall des § 165 StPO ist kaum vorstellbar) nach einem entsprechenden Antrag der Staatsanwaltschaft tätig wird. 12

II. Gefahr im Verzug. Bei **Gefahr im Verzug** kann die Maßnahme auch durch die Staatsanwaltschaft und – nachrangig (s. LR/*Erb* § 163d Rn. 49, allg. *Metz* NStZ 2012, 242) – durch ihre Ermittlungspersonen (§ 152 GVG) angeordnet werden. Gefahr im Verzug ist gegeben, wenn die Speicherung (und ggf. auch die Auswertung) der – nach anderen Vorschriften erhobenen – Daten so eilig ist, dass eine richterliche Anordnung nicht abgewartet werden kann. Diese Konstellation kann sich z.B. bei terroristischen Anschlägen ergeben, die Veranlassung für die schnelle Einrichtung von Kontrollstellen nach § 111 und eine darauf aufbauende Netzfahndung geben (Meyer-Goßner/Schmitt/*Köhler* § 163d Rn. 14). 13

III. Richterliche Bestätigung. Bei einer Eilanordnung durch die Staatsanwaltschaft oder ihre Ermittlungspersonen muss die Staatsanwaltschaft unverzüglich (ohne schuldhaftes Zögern) die **richterliche Bestätigung** der Anordnung beantragen (§ 163d Abs. 2 Satz 2). Zuständig für den Bestätigungsantrag ist allein die Staatsanwaltschaft, nicht die Polizei. Wenn der Richter die Eilanordnung nicht binnen 3 Tagen (Fristberechnung nach §§ 42, 43 Abs. 2) bestätigt, tritt sie ohne Weiteres außer Kraft (§ 163d Abs. 2 Satz 3). Dies hat zur Folge, dass die Maßnahme unverzüglich zu beenden ist. 14

Aus der – z.B. von § 100e Abs. 1 und 2 abweichenden – Formulierung des § 163d Abs. 2 ist der Schluss zu ziehen, dass grds. jede Eilanordnung der Staatsanwaltschaft oder ihrer Ermittlungspersonen einer richterlichen Bestätigung bedarf (ebenso HK-GS/*Pflieger*/*Ambos* § 163d Rn. 4; zur Gegenansicht LR/*Erb* § 163d Rn. 53). Das gilt auch dann, wenn mit einer richterlichen Entscheidung vor Beendigung der Datenspeicherung nicht zu rechnen ist. Nur, wenn überhaupt keine Daten gespeichert oder alle gespeicherten Daten schon wieder gelöscht wurden, ist eine richterliche Bestätigung entbehrlich (so i.E. auch KK/*Moldenhauer* § 163d Rn. 22). Im Rahmen der richterlichen Bestätigung bietet die Eilanordnung innerhalb ihrer inhaltlichen und zeitlichen Grenzen die Grundlage für die Speicherung, Auswertung und Übermittlung der Daten. Erfolgt die Bestätigung zu spät, so tritt die ursprüngliche Anordnung zwar nach Ablauf von drei Werktagen außer Kraft, die bis zu diesem Zeitpunkt zulässig gespeicherten Daten können aber verwertet werden. Für den Zeitraum ab der richterlichen Entscheidung bietet diese in solchen Fällen eine eigenständige Grundlage für Maßnahmen nach § 163d.

Das Gericht bestätigt die Eilanordnung rückwirkend, wenn im Zeitpunkt der Anordnung die Voraussetzungen des § 163d vorlagen. Die gespeicherten (und ggf. auch schon ausgewerteten und übermittelten) Daten sind verwertbar, soweit die gerichtliche Bestätigung reicht. I.Ü. sind sie zu löschen bzw. zu vernichten, § 163d Abs. 4.

Das Gericht hat zugleich auf der Grundlage des aktuellen Ermittlungsstandes zu entscheiden, ob bzw. inwieweit die Anordnung auch mit Wirkung für die Zukunft bestätigt werden kann. Ist das nicht bzw. jedenfalls nicht uneingeschränkt der Fall, z.B. weil eine Nachkonkretisierung der Täterbeschreibung möglich ist (hierzu Rdn. 17), so muss das Gericht die Anordnung mit Wirkung für die Zukunft modifizieren.

15 **E. Form und Inhalt der Anordnung. I. Schriftform.** Die Anordnung muss **schriftlich** erfolgen (§ 163d Abs. 3 Satz 1), ihre Übermittlung nicht zwingend (*Kühl* NJW 1987, 743; *Rogall* NStZ 1986, 391; a.A. die h.M., s. nur KK/*Moldenhauer* § 163d Rn. 24). Allerdings ist zu gewährleisten, dass die mit der Umsetzung betrauten Stellen zuverlässig Kenntnis vom genauen Inhalt der Anordnung erhalten. Und das wiederum geht natürlich am einfachsten, wenn man die verschriftete Anordnung als lesbares Dokument zur Verfügung stellt. Angesichts der heutigen technischen Möglichkeiten (Emailanhang; abfotografiertes Dokument per SMS/Messengerdienst) dürfte das Bedürfnis nach telefonischer Übermittlung kaum mehr bestehen.

16 **II. Inhalt.** Die Anordnung muss inhaltlich folgende Details benennen:

- das Verfahren, in dem sie ergeht,
- den Verfahrensgegenstand,
- die Verdachtsmerkmale (§ 163d Abs. 3 Satz 2), d.h. den Personenkreis, der von der Maßnahme erfasst werden soll, nach Merkmalen oder Eigenschaften entsprechend den zur Zeit der Anordnung vorhandenen Kenntnissen,
- die Art der Maßnahme, also insb. die Benennung der zu speichernden Informationen, und die Dauer der Maßnahme (§ 163d Abs. 3 Satz 3, 4),
- die räumliche Erstreckung der Maßnahme (§ 163d Abs. 3 Satz 4), d.h. insb. die Benennung der Kontrollmaßnahmen, bei denen erhobene Daten verarbeitet werden sollen.

Vorab festzulegen, von wem und wie bzw. wo die Daten zu speichern und auszuwerten sind, erscheint – auch im Vergleich mit anderen Eingriffsmaßnahmen – weder geboten noch praktikabel (wie hier LR/*Erb* § 163d Rn. 57; anders z.B. MüKo-StPO/*Kölbel* § 163d Rn. 33; AnwK-StPO/*Walther* § 163d Rn. 16) und ist durch § 163d Abs. 3 Satz 3 nicht veranlasst.

17 **III. Gesuchte Personen.** Der von der Maßnahme nach § 163d erfasste **Personenkreis ist** so genau wie möglich **einzugrenzen** und zu bezeichnen. Wenn eine hinreichend genaue Beschreibung nicht möglich ist, wird sich die Netzfahndung angesichts der Menge von ihr betroffener Personen und einer (vermutlich) eher geringen Erfolgsaussicht als unverhältnismäßig erweisen. Sie hat dann zu unterbleiben.

Die Beschreibung ist zu ergänzen, wenn neue Merkmale oder Eigenschaften bekannt werden (sog. Nachkonkretisierung, vgl. Meyer-Goßner/Schmitt/*Köhler* § 163d Rn. 17).

18 § 163d erlaubt nicht nur die direkte Suche nach einem oder mehreren Tätern. Der Wortlaut der Vorschrift lässt vielmehr auch die Suche nach sog. **Kontaktpersonen** zu, über die eine Ermittlung der Täter erfolgversprechend erscheint (ebenso LR/*Erb* § 163d Rn. 34). Dass hierdurch – wohlgemerkt: zur Aufklärung schwerer Straftaten – unbeteiligte Personen in einen Strafprozess einbezogen werden (so SK-StPO/*Wolter* § 163d Rn. 63 ff.), ist im Sinne effektiver Strafverfolgung hinzunehmen und i.Ü. keinesfalls ungewöhnlich. Das geschieht – z.B. durch Zeugenbefragungen im Bekanntenkreis oder in der Nachbarschaft – nämlich auch in der alltäglichen Ermittlungsarbeit der Strafverfolgungsbehörden.

19 **IV. Dauer.** Die Maßnahmen sind grundsätzlich auf die **Dauer von höchstens 3 Monaten** zu befristen (§ 163d Abs. 3 Satz 4). Der Zeitpunkt des Beginns der Maßnahmen sollte angegeben werden. Die Dauer kann einmalig um höchstens 3 Monate verlängert werden (§ 163d Abs. 3 Satz 5), unabhängig davon, ob die erste Anordnung die Frist von 3 Monaten ausgeschöpft hat oder nicht.

Nach Ablauf dieser Fristen können die zulässig erhobenen und gespeicherten Daten weitere 3 Monate zur zeitnahen Auswertung vorgehalten werden (§ 163d Abs. 4 Satz 2). Dies bedeutet, dass eine Speicherung längstens 9 Monate aufrechterhalten werden darf.

20 **F. Beendigung der Maßnahmen und Datenlöschung (§ 163d Abs. 4).** § 163d Abs. 4 Satz 1 regelt, dass die Maßnahmen unverzüglich zu beenden sind, wenn die Voraussetzungen für den Erlass der Anordnung nicht mehr vorliegen oder der mit der Anordnung verfolgte Zweck erreicht ist. Gleiches gilt, wenn die Frist des § 163d Abs. 3 Satz 4, 5 abgelaufen ist.

21 Die Speicherung neuer Daten ist ab diesem Moment ausgeschlossen. Für das (konkrete) Strafverfahren nicht mehr benötigte personenbezogene Daten sind unverzüglich zu löschen (§ 163d Abs. 4 Satz 2), potenziell relevante Daten können hingegen weitere drei Monate vorgehalten und in dieser Zeit ausgewertet werden.

Daten, die einen Tatverdacht gegen bestimmte Personen begründen oder verstärken, sind in die jeweilige Ermittlungsakte zu übernehmen und verbleiben hier dauerhaft (Meyer-Goßner/Schmitt/*Köhler* § 163d Rn. 21). Die zugrunde liegende Datei hingegen ist nach vollständiger Auswertung zu löschen.

G. Unterrichtung. Über die Löschung ist die Staatsanwaltschaft zu **unterrichten** (§ 163d Abs. 4 Satz 3), wenn sie nicht selbst die Daten gespeichert hat. Wenn die Staatsanwaltschaft die Datenverarbeitung von einer anderen öffentlichen Stelle im Auftrag ausführen lässt, hat die Staatsanwaltschaft die Datenlöschung anzuordnen (§ 62 Abs. 1 Satz 1 BDSG). Das Löschungsprotokoll (vgl. § 76 BDSG) ist zu den Akten zu nehmen (*Rogall* NStZ 1986, 391). 22

H. Verwendung der Daten. I. Verwendungsregelungen. Im Ausgangsverfahren dürfen die zulässig gespeicherten und ausgewerteten Daten frei verwendet werden. 23
Zum Zwecke der Gefahrenabwehr können die Erkenntnisse nach Maßgabe von § 479 Abs. 2 Satz 2 verwendet werden.

II. Zufallsfunde. Zufallsfunde dürfen gem. §§ 161 Abs. 3, 479 Abs. 2 Satz 1 nur bei Einwilligung der betroffenen Person oder zur Aufklärung solcher Straftaten verwendet werden, die ihrerseits eine Maßnahme nach § 163d gerechtfertigt hätten (Katalogtaten). Der Zufallsfund muss bei der Auswertung der Daten im Ausgangsverfahren anfallen, eine Weitergabe des kompletten Datenbestandes zum Zwecke der Suche nach Zufallsfunden ist ausgeschlossen (LR/*Erb* § 163d Rn. 76). 24

I. Benachrichtigungspflicht. Von einer Maßnahme nach § 163d sind gem. § 101 Abs. 1, Abs. 4 Satz 1 Nr. 10, Abs. 5 Satz 1 nur die Personen zu benachrichtigen, gegen die nach Auswertung der Daten weitere Ermittlungen geführt wurden. Die Benachrichtigung ist Sache der Staatsanwaltschaft (Meyer-Goßner/Schmitt/*Köhler* § 101 Rn. 5), nicht der Polizei und nicht des Gerichts. 25

J. Anfechtung. Betroffenen, gegen die nach der Auswertung der Daten weitere Ermittlungen geführt werden, steht der Rechtsbehelf nach § 101 Abs. 7 Satz 2 bis 4 i.V.m. Abs. 4 Satz 1 Nr. 10 gegen die richterliche oder nicht-richterliche Anordnung sowie die Art und Weise ihres Vollzugs binnen einer Ausschlussfrist von zwei Wochen ab Benachrichtigung offen. Wegen der Einzelheiten ist auf die Kommentierung zu § 101 zu verweisen. 26
Sonstige Betroffene können gegen **richterliche Anordnungen** nach Maßgabe der §§ 304 ff. Beschwerde einlegen. Hat sich die Maßnahme bereits erledigt, so kann unter engen Voraussetzungen (Wiederholungsgefahr; tiefgreifender Grundrechtseingriff) die Feststellung der Rechtswidrigkeit beantragt werden (vgl. genauer die Kommentierung Vor §§ 296 ff. Rdn. 24 ff.).
Gegen **nichtrichterliche Anordnungen** kann nach h.M. analog § 98 Abs. 2 Satz 2 eine richterliche Entscheidung beantragt werden. Auch hier kommt bei prozessualer Überholung nur unter engen Voraussetzungen (s.o.) eine Feststellung der Rechtswidrigkeit in Betracht (Meyer-Goßner/Schmitt/*Köhler* § 98 Rn. 23).

K. Revision. Aus einer Rechtswidrigkeit der Maßnahmen nach § 163d folgt nur dann ein Beweisverwertungsverbot, wenn die Interessen der Betroffenen das Strafverfolgungsinteresse des Staates überwiegen (sog. Abwägungslehre, vgl. hierzu allgemein die Ausführungen in der Einleitung, Rdn. 269, 273). 27
Die Verletzung von § 163d kann eine Revision nur dann begründen, wenn ein Gericht sein Urteil auf Erkenntnisse aus einer Maßnahme nach § 163d stützt, die nach Maßgabe der Abwägungslehre einem Beweisverwertungsverbot unterliegen. Bedenkt man, dass § 163d nur die Speicherung und Auswertung bereits erhobener Daten betrifft, so ist dieser Fall kaum vorstellbar.

§ 163e Ausschreibung zur Beobachtung bei polizeilichen Kontrollen

(1) [1]Die Ausschreibung zur Beobachtung anläßlich von polizeilichen Kontrollen, die die Feststellung der Personalien zulassen, kann angeordnet werden, wenn zureichende tatsächliche Anhaltspunkte dafür vorliegen, daß eine Straftat von erheblicher Bedeutung begangen wurde. [2]Die Anordnung darf sich nur gegen den Beschuldigten richten und nur dann getroffen werden, wenn die Erforschung des Sachverhalts oder die Ermittlung des Aufenthaltsortes des Täters auf andere Weise erheblich weniger erfolgversprechend oder wesentlich erschwert wäre. [3]Gegen andere Personen ist die Maßnahme zulässig, wenn auf Grund bestimmter Tatsachen anzunehmen ist, daß sie mit dem Täter in Verbindung stehen oder eine solche Verbindung hergestellt wird, daß die Maßnahme zur Erforschung des Sachverhalts oder zur Ermittlung des Aufenthaltsortes des Täters führen wird und dies auf andere Weise erheblich weniger Erfolg versprechend oder wesentlich erschwert wäre.

(2) Das Kennzeichen eines Kraftfahrzeuges, die Identifizierungsnummer oder äußere Kennzeichnung eines Wasserfahrzeuges, Luftfahrzeuges oder eines Containers kann ausgeschrieben werden, wenn das Fahrzeug auf eine nach Absatz 1 ausgeschriebene Person zugelassen ist oder das Fahrzeug oder der Container von ihr oder einer bisher namentlich nicht bekannten Person genutzt wird, die einer Straftat von erheblicher Bedeutung verdächtig ist.

(3) Im Falle eines Antreffens können auch personenbezogene Daten eines Begleiters der ausgeschriebenen Person, des Führers eines nach Absatz 2 ausgeschriebenen Fahrzeuges oder des Nutzers eines nach Absatz 2 ausgeschriebenen Containers gemeldet werden.

(4) [1]Die Ausschreibung zur polizeilichen Beobachtung darf nur durch das Gericht angeordnet werden. [2]Bei Gefahr im Verzug kann die Anordnung auch durch die Staatsanwaltschaft getroffen werden. [3]Hat die Staatsanwaltschaft die Anordnung getroffen, so beantragt sie unverzüglich die gerichtliche Bestätigung der Anordnung. [4]§ 100e Absatz 1 Satz 3 gilt entsprechend. [5]Die Anordnung ist auf höchstens ein Jahr zu befristen. Eine Verlängerung um jeweils nicht mehr als drei Monate ist zulässig, soweit die Voraussetzungen der Anordnung fortbestehen.

Übersicht Rdn.

1 **A. Allgemeines.** Durch das Gesetz zur Bekämpfung des illegalen Rauschgifthandels und anderer Erscheinungsformen der Organisierten Kriminalität (OrgKG) vom 22.07.1992 (BGBl. I, 1301, 1309, in Kraft getreten am 22.09.1992) wurde § 163e als ausdrückliche gesetzliche Grundlage für die zuvor auf §§ 161, 163 Abs. 1 (i.V.m. der Polizeilichen Dienstanweisung 384.2) gestützte Polizeiliche Beobachtung in die StPO aufgenommen, um der Rspr. des Bundesverfassungsgerichts zum Recht auf informationelle Selbstbestimmung gerecht zu werden. Die Vorschrift wurde später wiederholt an die allgemeine Gesetzeslage angepasst (vgl. näher LR/*Erb* § 163e Vor Rn. 1).

2 § 163e dient der Aufklärung von Straftaten von erheblicher Bedeutung oder der Ermittlung des Aufenthalts des Täters. Die Vorschrift ermöglicht die Ausschreibung des Beschuldigten oder anderer Personen oder Objekte mit dem Ziel der planmäßigen, heimlichen **Erstellung eines Bewegungsbildes** auf der Grundlage von Meldungen polizeilicher Kontrollstellen (BT-Drs. 12/989, S. 43). Die Beobachtung soll weiter dazu dienen, Strukturen von kriminellen Banden und Vereinigungen aufzuspüren (*Krahl* NStZ 1998, 339; ähnlich *Hilger* NStZ 1992, 523).

3 Von anderen Ermittlungsmaßnahmen lässt sich § 163e wie folgt abgrenzen:

- Im Gegensatz zur kurzfristigen (Grundlage: §§ 161, 163 Abs. 1) oder langfristigen (§ 163f) Observation werden die Zielpersonen/-objekte nicht planmäßig visuell beobachtet, sondern die vorhandene polizeiliche Infrastruktur wird nutzbar gemacht, um ein – letztlich zufälliges – Bewegungsprofil zu erstellen (KK/*Moldenhauer* § 163e Rn. 1).
- §§ 131, 131a verfolgen die konkreten Ziele einer Festnahme bzw. der Feststellung und Mitteilung von Wohnanschrift bzw. Aufenthaltsort (§ 131a Rdn. 2). Im Fall des § 131a erfolgt also eine einzige Mitteilung, dann hat sich die Ausschreibung erledigt, während der erwartete Mehrwert von § 163e darin liegt, aus einer Mehrzahl an Meldungen verfahrensrelevante Schlussfolgerungen ziehen zu können.
- § 163d dient – vereinfacht gesagt – der Identifizierung namentlich noch nicht bekannter Täter durch den Abgleich von Daten, die an bestimmten Kontrollstellen anfallen, mit den bei den Ermittlungsbehörden bereits vorhandenen Daten bzw. Informationen.

4 *§ 163e ist als Eingriffsmaßnahme* im Ermittlungsverfahren ausgestaltet, die vor allem zur Aufklärung wiederholter bzw. dauerdeliktischer Straftaten in Betracht kommt (MüKo-StPO/*Kölbel* § 163e Rn. 1). Ihre prak-

tische Bedeutung scheint dennoch eher gering zu sein, vermutlich, weil sich mittels einer Observation ein zuverlässigeres Bewegungsbild des Beschuldigten ergibt (vgl. BeckOK-StPO/*von Häfen* § 163e Rn. 3).
Soweit § 163e daneben zur Aufenthaltsermittlung des Beschuldigten eingesetzt werden kann, ist zu bedenken, 5
dass im Regelfall vorrangig auf § 131 (Ausschreibung zur Festnahme) und § 131a Abs. 1 (Ausschreibung zur Aufenthaltsermittlung) zurückzugreifen ist. Nachrangig greifen dann § 163e und die Öffentlichkeitsfahndung nach § 131a Abs. 3 mit ihren sich auf den ersten Blick neutralisierenden Subsidiaritätsklauseln. Letztlich wird die Wahl der Vorgehensweise davon abhängen, ob Kontaktpersonen bekannt sind, über deren Bewegungsprofil sich Rückschlüsse auf den Aufenthalt des Beschuldigten ziehen lassen. Als Mittel der Aufenthaltsermittlung kommt § 163e auch im gerichtlichen Verfahren und – über die Verweisung des § 457 Abs. 3 Satz 1 – im Vollstreckungsverfahren in Betracht. § 463a Abs. 2 ermöglicht eine Ausschreibung zur Polizeilichen Beobachtung im Rahmen der Führungsaufsicht.

B. Voraussetzungen der Ausschreibung zur Polizeilichen Beobachtung. I. Polizeiliche Kontrolle. Die 6
Polizeiliche Beobachtung soll anlässlich von polizeilichen Kontrollen, die die Feststellung der Personalien zulassen, erfolgen (§ 163e Abs. 1 Satz 1). In Betracht kommen hier u.a.: Kontrollstellen nach § 111, Grenzkontrollen, die allgemeine Verkehrssicherheitskontrolle nach § 36 Abs. 5 StVO u.ä., identitätsfeststellende Kontrollen nach §§ 127 Abs. 1 Satz 2, 163b und nach Landesrecht (SK-StPO/*Wolter* § 163e Rn. 14). Die Kontrollen müssen aus anderem Anlass stattfinden, sie dürfen nicht *zum Zweck* einer Polizeilichen Beobachtung vorgenommen werden. Die Ausschreibung kann schengenweit erfolgen, Art. 36 Abs. 2a des Ratsbeschlusses 2007/533/JI.

II. Anhaltspunkte für eine Straftat von erheblicher Bedeutung. Voraussetzung für die Ausschreibung zur 7
Polizeilichen Beobachtung ist, dass **zureichende tatsächliche Anhaltspunkte** dafür vorliegen, dass eine **Straftat von erheblicher Bedeutung** begangen wurde. Es muss zumindest ein Anfangsverdacht bestehen (*Krahl* NStZ 1998, 340). Nicht erforderlich ist ein hinreichender oder dringender Tatverdacht (Meyer-Goßner/Schmitt/*Köhler* § 163e Rn. 6).
Zum – nicht durch einen Katalog oder in sonstiger Weise eingeschränkten – Begriff der *»Straftat von erheblicher Bedeutung«* vgl. die Ausführungen unter § 163f Rdn. 5.

III. Subsidiarität. Die Anordnung darf nur erfolgen, wenn die Erforschung des Sachverhalts oder die 8
Ermittlung des Aufenthalts des Täters auf andere Weise erheblich weniger Erfolg versprechend oder wesentlich erschwert wäre. Diese **»Subsidiaritätsklausel«** entspricht § 98a Abs. 1 Satz 2 (Rasterfahndung), vgl. § 98a Rdn. 17.

C. Kreis auszuschreibender Personen/Objekte. I. Beschuldigter. Die Maßnahme richtet sich grundsätz- 9
lich gegen den Beschuldigten, § 163e Abs. 1 Satz 2.

II. Kontaktpersonen. § 163e Abs. 1 Satz 3 erweitert die Zulässigkeit der Maßnahme auf nicht beschuldigte 10
Dritte, sofern bestimmte Tatsachen annehmen lassen, dass diese in Verbindung zum Täter stehen oder zukünftig stehen werden. Als **Kontaktpersonen** mit Verbindung zum Täter kommen danach Verwandte, Verlobte, Freunde, Bekannte, aber auch potenzielle Tatbeteiligte, bei denen noch kein Anfangsverdacht besteht, in Betracht. Bei Berufsgeheimnisträgern ist § 160a zu beachten mit der Folge, dass eine Polizeiliche Beobachtung z.B. bei Verteidigern ausscheidet und z.B. bei Journalisten engeren Voraussetzungen unterliegt.

III. Ausgeschriebene Objekte. Die Ausschreibung eines **Kfz**-Kennzeichens, der Identifizierungsnummer 11
oder der äußeren Kennzeichnung eines **Wasserfahrzeuges, Luftfahrzeuges** oder eines **Containers** ist nach § 163e Abs. 2 zulässig, wenn das Fahrzeug auf eine nach § 163e Abs. 1 ausgeschriebene Person zugelassen ist oder das Fahrzeug oder der Container von ihr benutzt wird.
Eine isolierte Ausschreibung kommt in Betracht, wenn das Fahrzeug bzw. der Container von namentlich 12
noch nicht bekannten Tätern genutzt wird.
Andere Gegenstände als Fahrzeuge oder Container können, weil sie keinen speziellen Personenbezug aufweisen, nach den §§ 161, 163 Abs. 1 ausgeschrieben werden (so jedenfalls BT-Drs. 16/10816, S. 9).

D. Durchführung der Polizeilichen Beobachtung. I. Ausschreibung. Die von § 163e vorgesehene »Aus- 13
schreibung« erfolgt durch die Aufnahme in den Fahndungsbestand von INPOL, der bei polizeilichen Kontrollen abgefragt wird (KK/*Moldenhauer* § 163e Rn. 5).

II. Meldung. § 163e beschreibt nicht, welche Maßnahmen die Vorschrift zulässt. Dass die im Rahmen 14
der polizeilichen Kontrolle auf der Grundlage der jeweils relevanten Ermächtigungsgrundlage erhobenen personenbezogenen Daten der ausgeschriebenen Person(en) gemeldet werden dürfen, soll sich aus der Natur der Sache ergeben (BT-Drs. 12/989, S. 43 f.). § 163e ermöglicht damit die Meldung von Beobachtungen

(z.B. betreffend Personalien, Transportmittel, Reiseweg, mitgeführte Gegenstände), gibt aber keine Befugnis Fragen zu stellen oder Gegenstände sicherzustellen. Die Maßnahme geschieht heimlich, nämlich bei der Überprüfung der Personalien aus anderem Anlass.

15 Nach § 163e Abs. 3 dürfen auch personenbezogene Informationen eines **Begleiters** der ausgeschriebenen Person, des Führers eines ausgeschriebenen Kraftfahrzeugs oder des Nutzers eines nach § 163e Abs. 2 ausgeschriebenen Containers gemeldet werden. Der Begriff des *»Begleiters«* setzt bei teleologischer Auslegung eine – nicht nur rein zufällige (Taxifahrer; Busgruppe) – innere Verbindung zur ausgeschriebenen Person voraus (LR/*Erb* § 163d Rn. 27 f.). Das liegt z.B. bei Mitfahrern im Privatauto nahe, ebenso bei Personen, die gemeinsam an einer polizeilichen Kontrolle erscheinen.

Verfassungsrechtliche Bedenken (vgl. SK-StPO/*Wolter* § 163e Rn. 12; *Krahl* NStZ 1998, 341) **erwachsen** hieraus **nicht**. Anders als z.B. bei der Aufnahme Unverdächtiger in eine Antiterrordatei (vgl. BVerfG NJW 2013, 1499) ist die Intensität eines Eingriffs im Fall des § 163e minimal. Dass personenbezogene Daten Unverdächtiger – zugegeben: mit Kenntnis des Betroffenen – in eine strafrechtliche Ermittlungsakte gelangen, kommt z.B. auch im Fall einer einfachen Zeugeneinvernahme vor.

16 **III. Auswertung.** Die ausschreibende Stelle wird die auf diesem Wege gemeldeten Daten auswerten. Sofern dies EDV-gestützt geschieht, bietet § 483 Abs. 1 Satz 1 hierfür – mittlerweile – eine gesetzliche Grundlage.

17 **E. Verfahren. I. Anordnungsbefugnis.** Für die Anordnung der Ausschreibung zur Polizeilichen Beobachtung ist grundsätzlich der **Ermittlungsrichter** zuständig (§§ 162, 169).

Bei **»Gefahr im Verzug«**, d.h., wenn der mit der Ausschreibung bezweckte Ermittlungserfolg gefährdet wäre, sofern eine richterliche Anordnung abgewartet werden müsste, können die Anordnung auch die Staatsanwaltschaft, nicht aber deren Ermittlungspersonen treffen.

18 **II. Richterliche Bestätigung.** Grundsätzlich bedarf jede Eilanordnung der Staatsanwaltschaft der unverzüglichen **richterlichen Bestätigung**, die der Staatsanwalt gem. § 163e Abs. 4 Satz 3 zu beantragen hat. Eine Ausnahme kommt in Betracht, wenn bis zur frühzeitigen Aufhebung der Maßnahme (z.B. aufgrund eines anderweitigen Fahndungserfolgs) noch keinerlei Daten angefallen sind. Die Eilanordnung tritt automatisch außer Kraft, wenn sie der Richter nicht binnen drei Tagen bestätigt (§§ 163e Abs. 4 Satz 4, 100e Abs. 1 Satz 3). Zwischenzeitlich erlangte Erkenntnisse dürfen aber verwertet werden, wenn bzw. soweit die Ordnungsmäßigkeit der ursprünglichen Eilanordnung nachträglich richterlich bestätigt wird. Die Eilanordnung ist dabei – mit Wirkung für die Vergangenheit – dann zu bestätigen, wenn im Zeitpunkt ihres Erlasses die Voraussetzungen des § 163e vorlagen. Nachträgliche Veränderungen hat das Gericht mit Wirkung für die Zukunft zu berücksichtigen. Vgl. näher die Kommentierung zu § 163d Abs. 2 Rdn. 14.

Allgemein gilt, dass jede Anordnung nach § 163e anzupassen ist, wenn neue Erkenntnisse dies gebieten (sog. Nachkonkretisierung), um möglichst wenige Unverdächtige der Maßnahme auszusetzen.

19 **III. Dauer der Anordnung.** Die Anordnung ist auf längstens ein Jahr zu befristen (§ 163e Abs. 4 Satz 5). Nach § 163e Abs. 4 Satz 6 ist eine mehrmalige Verlängerung um nicht mehr als 3 weitere Monate zulässig, wenn die Voraussetzungen der Anordnung fortbestehen. Wird die Anordnung nicht verlängert, tritt sie ohne Weiteres außer Kraft. Anders als bei § 163d kommt eine Wiederholung der Maßnahme aufgrund neuer Tatsachen in Betracht, weil das Gesetz keine starre Zeitbegrenzung für die Ausschreibung zur polizeilichen Beobachtung vorsieht (KK/*Moldenhauer* § 163e Rn. 23; SK-StPO/*Wolter* § 163e Rn. 27).

20 **IV. Schriftform.** Obwohl § 163e – anders als z.B. § 163d – nicht bestimmt, dass die Anordnung schriftlich ergehen muss, wird man nur im begründeten Ausnahmefall eine mündliche Anordnung genügen lassen können. Das folgt aus dem Rechtsstaatsprinzip (vgl. BVerfG NJW 1966, 1615 in Bezug auf § 105; i.E. ebenso BeckOK-StPO/*von Häfen* § 163e Rn. 9; strenger LR/*Erb* § 163e Rn. 42). Um eine fehlerfreie Umsetzung der Anordnung zu gewährleisten, sollte diese so übermittelt werden, dass sie verschriftet zur Verfügung steht (vgl. § 163d Rdn. 15 zum vergleichbaren Problem bei § 163d).

21 Die Anordnung muss die auszuschreibende Person, gegebenenfalls das Kfz-Kennzeichen oder die Kennzeichnung eines Wasserfahrzeuges, Luftfahrzeuges oder eines Containers nennen. Soweit möglich sollte die Maßnahme zur Minimierung der Eingriffsintensität (Verhältnismäßigkeit) räumlich und zeitlich beschränkt werden (so auch MüKo-StPO/*Kölbel* § 163e Rn. 26). Die richterliche Bestätigung, für deren Erlass es bei rechtzeitigem Antrag ja nicht auf jede Minute ankommen sollte, hat stets schriftlich und begründet (§ 34) zu erfolgen (Meyer-Goßner/Schmitt/*Köhler* § 163e Rn. 14).

22 **V. Verwendung und Löschung von Daten.** Die von den Kontrollstellen gemeldeten Daten können im Ausgangsverfahren frei verwendet werden. Die Löschung der erhobenen Daten richtet sich nach § 101 Abs. 8. In die Ermittlungsakte übernommene, verfahrensrelevante Daten verbleiben hier.

Zufallsfunde, die kaum einmal anfallen werden, können nach Maßgabe von §§ 161 Abs. 3, 479 Abs. 2 Satz 1 in anderen Verfahren verwertet werden. Zur Gefahrenabwehr lassen sich die Daten nach Maßgabe von § 479 Abs. 2 Satz 2 verwenden.
Auf der Grundlage polizeirechtlicher Vorschriften erlangte Daten (krit. hierzu KK/*Moldenhauer* § 163e Rn. 2; KMR/*Plöd* § 163e Rn. 2) können nach Maßgabe von § 161 Abs. 3 im Strafverfahren verwertet werden.

VI. Benachrichtigung. Die Zielperson der Maßnahme und die Personen, deren personenbezogene Daten gemeldet worden sind, sind zu benachrichtigen, sobald dies möglich ist, ohne den Ermittlungserfolg zu gefährden (§ 101 Abs. 1, Abs. 4 Satz 1 Nr. 11, Abs. 5 Satz 1). 23

F. Anfechtung und Revision. Für die von einer Meldung betroffenen Personen sieht § 101 Abs. 7 Satz 2 einen speziellen Rechtsbehelf vor. Zu weiteren Rechtsbehelfen sowie einer Geltendmachung in der Revision, vgl. die entsprechend geltenden Ausführungen unter § 163d Rdn. 26 f. 24

§ 163f Längerfristige Observation

(1) [1]Liegen zureichende tatsächliche Anhaltspunkte dafür vor, dass eine Straftat von erheblicher Bedeutung begangen worden ist, so darf eine planmäßig angelegte Beobachtung des Beschuldigten angeordnet werden, die
1. durchgehend länger als 24 Stunden dauern oder
2. an mehr als zwei Tagen stattfinden
soll (längerfristige Observation).
[2]Die Maßnahme darf nur angeordnet werden, wenn die Erforschung des Sachverhalts oder die Ermittlung des Aufenthaltsortes des Täters auf andere Weise erheblich weniger Erfolg versprechend oder wesentlich erschwert wäre. [3]Gegen andere Personen ist die Maßnahme zulässig, wenn auf Grund bestimmter Tatsachen anzunehmen ist, dass sie mit dem Täter in Verbindung stehen oder eine solche Verbindung hergestellt wird, dass die Maßnahme zur Erforschung des Sachverhalts oder zur Ermittlung des Aufenthaltsortes des Täters führen wird und dies auf andere Weise erheblich weniger Erfolg versprechend oder wesentlich erschwert wäre.
(2) [1]Die Maßnahme darf auch durchgeführt werden, wenn Dritte unvermeidbar betroffen werden. [2]§ 100d Absatz 1 und 2 gilt entsprechend.
(3) [1]Die Maßnahme darf nur durch das Gericht, bei Gefahr im Verzug auch durch die Staatsanwaltschaft und ihre Ermittlungspersonen (§ 152 des Gerichtsverfassungsgesetzes) angeordnet werden. [2]Die Anordnung der Staatsanwaltschaft oder ihrer Ermittlungspersonen tritt außer Kraft, wenn sie nicht binnen drei Werktagen von dem Gericht bestätigt wird. [3]§ 100e Absatz 1 Satz 4 und 5, Absatz 3 Satz 1 gilt entsprechend.

Übersicht

A. Allgemeines. § 163f wurde durch das StVÄndG 1999 zum 01.01.2000 eingefügt und zum 01.01.2008 um einen Richtervorbehalt ergänzt. Genauer, auch zu weiteren Anpassungen der Vorschrift LR/*Erb* § 163f Vor Rn. 1. Der Gesetzgeber kam damit einer seit Langem erhobenen Forderung nach, eine spezielle gesetzliche Grundlage für die schon zuvor praktizierte und von der Rspr. akzeptierte längerfristige Observation zu schaffen (s. zu den verschiedenen Begründungsansätzen nur BGH NStZ 1998, 629 m.Anm. *Amelung*). Die längerfristige Observation war und ist eine häufig genutzte Ermittlungsmaßnahme (MüKo-StPO/*Günther* § 163f Rn. 2). 1

B. Definition. Eine **längerfristige Observation** ist nach der Legaldefinition des § 163f Abs. 1 Satz 1 eine über einen durchgehend länger als 24 Stunden dauernden Zeitraum oder eine zwar unterbrochene, aber an mehr als 2 Tagen stattfindende, planmäßige Beobachtung des Beschuldigten. 2

Daraus folgt zum einen, dass die Beobachtung *einer Örtlichkeit* (z.B. des Tatorts bzw. eines möglichen zukünftigen Tatorts) nicht § 163f unterfällt, sondern – vorbehaltlich eines Einsatzes bestimmter technischer Mittel – grundsätzlich auf §§ 161, 163 Abs. 1 gestützt werden kann (MüKo-StPO/*Günther* § 163f Rn. 7). Zum anderen regelt § 163f damit nur die längerfristige Observation im Unterschied zur kurzfristigen, die nach den §§ 161 Abs. 1, 163 Abs. 1 ebenfalls – grundsätzlich – ohne weitere Einschränkungen zulässig ist (BVerfG StraFo 2009, 453; *Hefendehl* StV 2001, 704). Maßgebend für die Einstufung der Ermittlungsmaßnahme als kurz- oder längerfristige Observation ist die Einschätzung der Strafverfolgungsbehörde bei Beginn der Maßnahme im Hinblick auf deren Art, Dauer und Umfang (LR-*Erb* § 163f Rn. 4; KK/*Moldenhauer* § 163f Rn. 8). Erweist sich eine kurzfristige Observation nachträglich als nicht ausreichend, so ist – unverzüglich – eine längerfristige Observation zu veranlassen.

Ob durch Ermittlungsmaßnahmen ausländischer Behörden vermittelte Grundrechtseingriffe selbst dann nicht berücksichtigt werden müssen, wenn das Vorgehen zuvor abgestimmt wurde (so BGH BeckRS 2020, 1796) erscheint zweifelhaft.

3 **C. Voraussetzungen. I. Anhaltspunkte für eine Straftat von erheblicher Bedeutung.** § 163f erfordert einen Anfangsverdacht (KK/*Moldenhauer* § 163f Rn. 14; näher zum Anfangsverdacht § 152 Rdn. 4).

4 Dieser Anfangsverdacht muss sich – wie bei § 163e, § 163g und § 81g – auf eine **Straftat von erheblicher Bedeutung** beziehen. Der Gesetzgeber, der grundsätzlich in allen Kriminalitätsbereichen ein Bedürfnis für die längerfristige Observation sieht (BT-Drs. 14/1484 S. 24), hat der Rechtspraxis und insb. auch der Rspr. die Aufgabe übertragen, diesen gezielt verwendeten unbestimmten Rechtsbegriff mit Leben zu füllen. Er hat zugleich zum Ausdruck gebracht, dass es um Straftaten aus dem mittleren Kriminalitätsbereich gehe, die den Rechtsfrieden empfindlich stören und geeignet sein müssen, das Gefühl der Rechtssicherheit der Bevölkerung erheblich zu beeinträchtigen (Gesetzesbegründung zu § 81g, BT-Drs. 13/10791 S. 5). Das Bundesverfassungsgericht hat den so konkretisierten Begriff nicht beanstandet (BVerfG NStZ 2001, 328).

Die erforderliche einzelfallbezogene Abwägung (s. auch § 81g Rdn. 5) kann sich an gewissen gesetzgeberischen Vorgaben orientieren. So herrscht wohl weitestgehend Einigkeit, dass Verbrechen stets Straftaten von erheblicher Bedeutung sind. Meines Erachtens wird man sich mit dieser Annahme auch in den allermeisten Fällen eines auf sechs Monate erhöhten Mindeststrafrahmens (z.B. §§ 244, 263 Abs. 3 StGB) leicht tun. Hiervon ausgehend lassen sich alle weiteren Fälle (inkl. Versuch; Teilnahme u.ä.) durch eine – an der prognostizierten Straferwartung orientierte – vergleichende Betrachtung zumindest zufriedenstellend lösen.

5 **II. Subsidiarität.** Grundlage für die Beurteilung der § 163e nachgebildeten **Subsidiaritätsklausel** ist eine Erfolgsprognose, die die Staatsanwaltschaft und das Gericht vorzunehmen haben, die aber letztlich kaum praktikabel und justiziabel ist (KK/*Moldenhauer* § 163f Rn. 17; MüKo-StPO/*Günther* § 163f Rn. 17). Letztlich folgt schon aus dem Verhältnismäßigkeitsgrundsatz, dass die gewählte Maßnahme das mildeste geeignete Mittel darstellen muss (KK/*Moldenhauer* § 163f Rn. 17).

6 **D. Betroffene Personen.** Die Maßnahme richtet sich gegen den Beschuldigten (§ 163f Abs. 1 Satz 1, 2) und auch gegen Kontaktpersonen (§ 163f Abs. 1 Satz 3; vgl. näher § 163e Rdn. 10), wenn sich die notwendige Annahme einer – gegenwärtigen oder zukünftigen – Verbindung zum Täter auf bestimmte Tatsachen stützen lässt. Eine Kontaktaufnahme in der Vergangenheit genügt (KK/*Moldenhauer* § 163f Rn. 18). Bei Berufsgeheimnisträgern ist § 160a zu beachten mit der Folge, dass eine längerfristige Observation z.B. bei Verteidigern ausscheidet und z.B. bei Journalisten engeren Voraussetzungen unterliegt.

7 § 163f Abs. 2 gestattet die längerfristige Observation auch dann, wenn Dritte ungewollt mitbeobachtet werden, sofern die Maßnahme möglichst drittschonend durchgeführt wird (HK-StPO/*Zöller* § 163f Rn. 5). Besteht die begründete Erwartung, dass eine kurzfristige Beobachtung der Begleitperson der Erforschung des Sachverhalts dient, so lassen sich eigenständige Maßnahme auf §§ 161, 163 Abs. 1 stützen.

In Umsetzung der Rspr. des Bundesverfassungsgerichts zum Schutz des Kernbereichs privater Lebensgestaltung (BVerfG NJW 2016, 1781) erklärt § 163f Abs. 2 Satz 2 nunmehr § 100d Abs. 1 und 2 für anwendbar.

8 **E. Durchführung der längerfristigen Observation.** § 163f rechtfertigt die *»planmäßig angelegte Beobachtung«* einer Person. Diese wird in aller Regel in einer verdeckten optischen Überwachung durch Polizeibeamte bestehen. Der Einsatz solcher technischen Mittel, die die Qualität des Grundrechtseingriffs nicht maßgeblich verändern (z.B. Pkw; Fernglas o.ä.) ist dabei von § 163f gedeckt.

In der Praxis wird eine längerfristige Observation in aller Regel unter Zuhilfenahme ›qualifizierter technischer Mittel‹ erfolgen (z.B. Foto-/Video-Bildaufnahmen, GPS), die einen eigenständigen Grundrechtseingriff begründen und deren Verwendung in eigenen Vorschriften geregelt ist (v.a. § 100h Abs. 1 Satz 1 Nr. 1 und 2; ggf. aber auch §§ 100f, 100c – akustische Überwachung – und 100a – Telefonüberwachung –). In solchen Fällen müssen mehrere bzw. kombinierte Anordnungen ergehen und die Voraussetzungen aller Ein-

griffsnormen müssen erfüllt sein (BGHSt 46, 266; LR/*Erb* § 163f Rn. 7). Gleichzeitig ist in derartigen Fällen zu gewährleisten, dass sich nicht nur die Einzelmaßnahmen als verhältnismäßig erweisen, sondern auch der *»additive«* Grundrechtseingriff (BVerfGE 112, 304; näher KK/*Moldenhauer* § 163f Rn. 10).
Der nunmehr in § 163f Abs. 2 Satz 2 aufgenommene Verweis auf § 100d verdeutlicht, dass eine *»Total- oder Rundumüberwachung«*, durch die ein vollständiges Persönlichkeitsprofil des Beschuldigten erstellt werden könnte (vgl. BGH NJW 2009, 3448), das zwangsläufig auch den Kernbereich privater Lebensgestaltung beträfe, mit dem allgemeinen Persönlichkeitsrecht von vornherein unvereinbar ist und deshalb unzulässig wäre (BVerfGE 65, 1; 112, 304).

Längerfristige Observationen können auch grenzüberschreitend erfolgen (vgl. näher HK-GS/*Pflieger/Ambos* 9
§ 163d Rn. 4).

F. Verfahren. I. Anordnungskompetenz. Die längerfristige Observation bedarf der **Anordnung durch** 10
das Gericht, d.h. im Regelfall (Ermittlungsverfahren) **durch den Ermittlungsrichter** (§§ 162, 169). Soweit § 163f zur Ermittlung des Aufenthaltes auch im gerichtlichen Verfahren Anwendung findet, besteht eine Zuständigkeit des Gerichts der Hauptsache (§ 162 Abs. 3 Satz 1), in Auslieferungsverfahren entscheidet das OLG (§§ 13 f. IRG, vgl. OLG Hamm NStZ 2009, 347).

Bei Gefahr im Verzug darf die längerfristige Observation auch durch die Staatsanwaltschaft und – nach- 11
rangig – deren Ermittlungspersonen (§ 152 GVG) angeordnet werden. Sie muss binnen drei Tagen vom Gericht bestätigt werden (§ 163f Abs. 3 Satz 2). Insoweit gelten die Ausführungen unter § 163d Rdn. 14 entsprechend.

II. Dauer. Die **Dauer der Observation** ist auf höchstens 3 Monate zu befristen. Die Frist beginnt mit dem 12
Erlass der Anordnung, nicht erst mit dem Beginn der Observation (BGHSt 44, 246). Die **Verlängerung der Maßnahme** um jeweils nicht mehr als 3 Monate ist zulässig, wenn die Voraussetzungen der Anordnung unter Berücksichtigung der gewonnenen Ermittlungsergebnisse fortbestehen (§§ 163f Abs. 3 Satz 3, 100e Abs. 1 Satz 4, 5). Wurde eine Maßnahme nach § 163f zunächst beendet, so kommt eine Wiederholung in Betracht, wenn die Voraussetzungen infolge neuer Erkenntnisse (wieder) vorliegen (LR/*Erb* § 163f Rn. 13).

III. Form der Anordnung. Die Anordnung hat **schriftlich** zu ergehen (§ 163f Abs. 3 Satz 3 i.V.m. § 100e 13
Abs. 3 Satz 1) und muss begründet werden (§ 34). Sie sollte den ausführenden Ermittlungsbehörden in lesbarer Form zur Verfügung gestellt werden (s. § 163e Rdn. 20).

IV. Verwendung. Zufallsfunde unterfallen §§ 479 Abs. 2 Satz 1, 161 Abs. 3, soweit sie Zielpersonen und 14
solche Begleitpersonen betreffen, die faktisch ebenfalls einer längerfristigen Observation unterliegen, weil in diesen Fällen erst der massive Grundrechtseingriff den Zufallsfund ermöglicht hat (*»auf Grund einer entsprechenden Maßnahme erlangt[en]«*). Eine Strafverfolgung gegen nur kurzzeitig mitbetroffene Dritte (z.B. Unfallflucht des Taxifahrers) ist gem. §§ 161, 163 Abs. 1 hingegen (als kurzfristige Observation) uneingeschränkt möglich. Nach a.A. sind stets §§ 161, 163 (BeckOK-StPO/*von Häfen* § 163d Rn. 13; KK/*Moldenhauer* § 163f Rn. 29; KMR/*Plöd* § 163f Rn. 9) bzw. stets § 479 Abs. 2 Satz 1 (Meyer-Goßner/Schmitt/*Köhler* § 163f Rn. 11 und wohl auch KG BeckRS 2018, 35802) anwendbar.

V. Benachrichtigung. Die Zielperson der Maßnahme und andere *»erheblich mitbetroffene Personen«* sind 15
zu **benachrichtigen** (§ 101 Abs. 1, Abs. 4 Satz 1 Nr. 12). Für Kennzeichnungs- und Löschungspflichten gilt § 101 Abs. 3 und 8.

G. Anfechtung. Die gem. § 101 Abs. 4 zu benachrichtigenden Personen können die längerfristige Obser- 16
vation nach § 101 Abs. 7 Satz 2 gerichtlich überprüfen lassen. I.Ü. gelten die unter § 163d Rdn. 26 dargestellten Grundsätze.

H. Revision. Die Verletzung von § 163f kann eine Revision nur dann begründen, wenn ein Gericht sein 17
Urteil auf Erkenntnisse aus einer längerfristigen Observation stützt, die nach Maßgabe der Abwägungslehre (s. § 163d Rdn. 27) einem Beweisverwertungsverbot unterliegen. Ein solches unselbstständiges Beweisverwertungsverbot liegt jedenfalls bei schwerwiegenden, bewussten oder willkürlichen Verfahrensverstößen nahe (BVerfGE 113, 61 – in einer das Recht auf informationelle Selbstbestimmung betreffenden Entscheidung). Wie bei anderen Eingriffsmaßnahmen kommt als Beispiel die bewusste bzw. gleichgewichtig grobe Verkennung des Richtervorbehalts in Betracht (vgl. BGHSt 51, 292 – zu § 105 StPO). Vgl. zum notwendigen Revisionsvorbringen im Fall der Behauptung einer Totalüberwachung BGH NStZ 2022, 64.

§ 163g Automatische Kennzeichenerfassung

(1) [1]Örtlich begrenzt dürfen im öffentlichen Verkehrsraum ohne das Wissen der betroffenen Personen Kennzeichen von Kraftfahrzeugen sowie Ort, Datum, Uhrzeit und Fahrtrichtung durch den Einsatz technischer Mittel automatisch erhoben werden, wenn zureichende tatsächliche Anhaltspunkte dafür vorliegen, dass eine Straftat von erheblicher Bedeutung begangen worden ist, und die Annahme gerechtfertigt ist, dass diese Maßnahme zur Ermittlung der Identität oder des Aufenthaltsorts des Beschuldigten führen kann. [2]Die automatische Datenerhebung darf nur vorübergehend und nicht flächendeckend erfolgen.

(2) [1]Die nach Absatz 1 erhobenen Kennzeichen von Kraftfahrzeugen dürfen automatisch abgeglichen werden mit Kennzeichen von Kraftfahrzeugen,

1. die auf den Beschuldigten zugelassen sind oder von ihm genutzt werden oder

2. die auf andere Personen als den Beschuldigten zugelassen sind oder von ihnen genutzt werden, wenn aufgrund bestimmter Tatsachen anzunehmen ist, dass sie mit dem Beschuldigten in Verbindung stehen oder eine solche Verbindung hergestellt wird, und die Ermittlung des Aufenthaltsortes des Beschuldigten auf andere Weise erheblich weniger erfolgversprechend oder wesentlich erschwert wäre.

[2]Der automatische Abgleich hat unverzüglich nach der automatischen Datenerhebung nach Absatz 1 zu erfolgen. [3]Im Trefferfall ist unverzüglich die Übereinstimmung zwischen den nach Absatz 1 erhobenen Kennzeichen und den in Satz 1 bezeichneten weiteren Kennzeichen manuell zu überprüfen. [4]Wenn kein Treffer vorliegt oder die manuelle Überprüfung den Treffer nicht bestätigt, sind die nach Absatz 1 erhobenen Daten sofort und spurenlos zu löschen.

(3) [1]Die Anordnung der Maßnahmen nach den Absätzen 1 und 2 ergeht schriftlich durch die Staatsanwaltschaft. [2]Sie muss das Vorliegen der Voraussetzungen der Maßnahmen darlegen und diejenigen Kennzeichen, mit denen die automatisch erhobenen Daten nach Absatz 2 Satz 1 abgeglichen werden sollen, genau bezeichnen. [3]Die örtliche Begrenzung im öffentlichen Verkehrsraum (Absatz 1 Satz 1) ist zu benennen und die Anordnung ist zu befristen. [4]Bei Gefahr im Verzug darf die Anordnung auch mündlich und durch die Ermittlungspersonen der Staatsanwaltschaft (§ 152 des Gerichtsverfassungsgesetzes) ergehen; in diesem Fall sind die schriftlichen Darlegungen nach den Sätzen 2 und 3 binnen drei Tagen vom Anordnenden nachzuholen.

(4) Liegen die Voraussetzungen der Anordnung nicht mehr vor oder ist der Zweck der Maßnahmen erreicht, sind diese unverzüglich zu beenden.

Übersicht

1 **A. Allgemeines.** Der Gesetzgeber hat durch die Einführung von § 163g StPO mit Wirkung zum 01.07.2021 eine Regelungslücke im Hinblick auf die **Fahndung nach Beschuldigten mittels Automatischer Kennzeichenlesesysteme (AKLS)** schließen wollen. Er konnte dabei an vergleichbare Regelungen im präventiv-polizeilichen Bereich (u.a. § 27b BPolG) sowie zur Durchsetzung von Mautpflicht und Dieselfahrverbotszonen anknüpfen (vgl. näher BeckOK-StPO/*von Häfen* § 163g Rn. 2).

2 Zwar ließen sich Erfassung und Abgleich der Kennzeichen mit gewissen Bauchschmerzen (insb. im Hinblick auf die Benachrichtigungs- und Rechtsschutzmöglichkeiten aus § 101 StPO, vgl. hierzu aktuell VerfG Bbg BeckRS 2021, 6929) unter § 110h Abs. 1 Satz 1 Nr. 1 (Erfassung) bzw. § 98c (Abgleich) fassen, der vom BVerfG in mehreren viel beachteten Entscheidungen zu präventiv-polizeilichen Regelungen angenommene Grundrechtseingriff *»von erheblichem Gewicht«* (BVerfG NJW 2019, 827, Rz. 96) sprach aber letztlich für die Schaffung einer eigenen Befugnisnorm (vgl. näher BT-Drs. 19/27654, S. 83 f.).

3 Der Gesetzesentwurf wurde vor diesem Hintergrund insgesamt recht positiv aufgenommen. **Kritik** richtet sich vor allem gegen die Unbestimmtheit der Formulierungen zur zeitlichen und örtlichen Begrenzung der Maßnahmen (*Roggan* NStZ 2022, 19) und gegen die Entscheidung des Gesetzgebers, die automatische Kennzeichenerfassung trotz des von ihr ausgehenden erheblichen Eingriffs in die informationelle Selbstbestimmung **keinem Richtervorbehalt** zu unterstellen (so z.B. *Gilga* ZD-Aktuell 2021, 05041). Diese Entscheidung ist

aber insofern nachvollziehbar, als der bei einzelnen Drittbetroffenen durch die Erhebung des Kennzeichens verursachte Grundrechtseingriff minimal ist, nachdem die Daten automatisch, sofort und spurenlos gelöscht werden. Dem durch eine massenhafte Anwendung der automatischen Kennzeichenerfassung drohenden **Gefühl des Überwachtwerdens**, dem das BVerfG (wohl zu Recht) ein nicht unerhebliches eigenes Eingriffsgewicht beimisst (BVerfG NJW 2019, 827, Rz. 98), wurde hingegen durch die Beschränkung auf Anlasstaten von erheblicher Bedeutung in geeigneter Weise begegnet.

B. Voraussetzungen der Datenerhebung. I. Anlasstat. Voraussetzung für die automatische Kennzeichenerfassung ist, dass **zureichende tatsächliche Anhaltspunkte** im Sinne eines Anfangsverdachts (ebenso BeckOK-StPO/*von Häfen* § 163g Rn. 4) dafür vorliegen, dass eine **Straftat von erheblicher Bedeutung** begangen wurde. Zum – nicht durch einen Katalog oder in sonstiger Weise eingeschränkten – Begriff der *»Straftat von erheblicher Bedeutung«*, der dem Gesetzgeber vom BVerfG vorgegeben wurde (BVerfG NJW 2019, 827, Rz. 165), vgl. die Ausführungen unter § 163f Rdn. 5. Faktisch dürften Kfz-Bandendiebstähle den größten Teil der Anlasstaten ausmachen (vgl. Lisken/Denninger/*Arzt* Hdb. d. Polizeirechts, Rn. 1169). 4

II. Erfolgsaussicht. Die Maßnahme muss **geeignet** sein, zur Ermittlung der Identität eines unbekannten Täters bzw. des Aufenthaltsortes eines bekannten Täters zu führen. Eine Anordnung »ins Blaue hinein« wäre unzulässig. Aus konkreten Ermittlungserkenntnissen über Tat und Täter (bekannt oder unbekannt) ist vielmehr zu schließen, in welchem zeitlichen und örtlichen Rahmen nach kriminalistischer Erfahrung mit einem Erfolg der Maßnahme zu rechnen ist. 5

Eine Subsidiaritätsklausel enthält § 163g Abs. 1 nicht, die Verhältnismäßigkeit der konkreten Anordnung wird insb. durch die Beschränkung auf Straftaten von erheblicher Bedeutung und die im Rahmen der Gesetzesanwendung einzelfallorientiert vorzunehmende zeitliche und örtliche Beschränkung der Maßnahme abgesichert. Wird allerdings ein Abgleich mit Kennzeichen von Kontaktpersonen i.S.v. § 163g Abs. 2 Satz 1 Nr. 2 angestrebt, so ist dies nur zulässig, wenn der Aufenthaltsort auf diese Weise (deutlich) zuverlässiger oder leichter ermittelt werden kann. 6

III. Reichweite der Datenerhebung. 1. im öffentlichen Verkehrsraum. Die Kennzeichenerfassung ist nur im **öffentlichen Verkehrsraum** zulässig. Sie soll nach der klaren Intention des Gesetzgebers (BT-Drs. 19/27654, S. 87) nur auf *»dem öffentlichen Verkehr gewidmeten öffentlichen Straßen und Plätzen«* erfolgen, nicht hingegen auf Privatgrund, selbst wenn dieser faktisch einem unbestimmten Personenkreis zur Benutzung zur Verfügung gestellt wird. Diesen eindeutig geäußerten Willen des Gesetzgebers, der sich mit dem Gesetz sprachlich in Einklang bringen lässt, wird man beachten müssen, obwohl nach st. Rspr. im Straßenverkehrsrecht ein Verkehrsraum auch dann öffentlich ist, wenn er mit stillschweigender Duldung eines (privaten) Verfügungsberechtigten allgemein zur Benutzung zugelassen ist und auch so benutzt wird (sog. faktisch öffentlicher Verkehrsraum, vgl. zuletzt BGH BeckRS 2020, 41465). 7

2. Kennzeichen. § 163g Abs. 1 erlaubt es, **Kennzeichen** mit technischen Mitteln zu erfassen und das abgelesene Kennzeichen sowie Angaben zu **Ort, Datum, Uhrzeit und Fahrtrichtung** zu erheben. Die Erhebung hat sich auf die Ziffernfolge des Kennzeichens zu beschränken, weitere Informationen (z.B. zur Anzahl der Mitfahrer; zu Erkennungsmerkmalen) dürfen nicht gewonnen und verwertet werden. 8

Der Gesetzgeber hat bewusst davon abgesehen, von *amtlichen* Kennzeichen zu sprechen, um auch Versicherungskennzeichen bzw. -plaketten und entwertete oder ausländische Kennzeichen zu erfassen (BT-Drs. 19/27654, S. 87). 9

3. Beschränkung in örtlicher und zeitlicher Hinsicht. Anknüpfend an § 27b BPolG erlaubt § 163g Abs. 1 Satz 2 nur eine **vorübergehende** und **nicht flächendeckende, örtlich begrenzte** Datenerhebung. Die Maßnahme ist vor diesem Hintergrund zu befristen, eine dauerhafte Erfassung scheidet aus (Meyer-Goßner/Schmitt/*Köhler* § 163g Rn. 3). Sie ist zugleich örtlich auf einzelne erfolgversprechende Stellen zu beschränken, durch die kontrollfreie Bewegungen nicht weiträumig ausgeschlossen werden (so BVerfG NJW 2019, 827, Rz. 115 zum Begriff *»flächendeckend«*, den es als wenig bedeutungsscharf, aber auslegungsfähig ansieht). 10

Der ursprüngliche Gesetzesentwurf enthielt statt des redundanten Merkmals der örtlichen Begrenzung die etwas aussagekräftigere Formulierung, die Datenerhebung müsse an *»bestimmten Stellen im öffentlichen Verkehrsraum«* erfolgen. Damit wäre aber zweifelhaft gewesen, ob die Datenerhebung auch mobil, aus dem fahrenden Dienstwagen heraus erfolgen darf. 11

IV. Automatische Datenerhebung durch den Einsatz technischer Mittel. § 163g Abs. 1 ermöglicht den Einsatz sog. Automatischer Kennzeichenlesesysteme (AKLS), die Kennzeichen ablichten und auslesen sowie Ort, Datum, Uhrzeit und Fahrtrichtung festhalten. Die Datenerhebung kann hierbei mittels stationärer oder mobiler Geräte erfolgen. 12

13 **V. Ohne das Wissen der Betroffenen.** § 163g Abs. 1 erlaubt ein verdecktes Vorgehen, die Ermittlungsbehörden können aber (*a majore ad minus*) auch offen operieren.

14 **C. Voraussetzungen des Datenabgleichs.** Nach § 163g Abs. 2 Satz 1 sind die nach Abs. 1 erhobenen Daten automatisch, d.h. **mittels eines Computerprogramms**, mit solchen Kennzeichen **abzugleichen**, die dem Beschuldigten (Nr. 1) bzw. etwaigen Kontaktpersonen (Nr. 2) zugeschrieben werden. Ergibt diese Prüfung im sog. hit/no hit-Verfahren keinen Treffer, sind die erhobenen Daten sofort und spurenlos zu löschen. Nur die Treffer werden den Ermittlungsbehörden gemeldet, die den Treffer manuell überprüfen und die Daten dann entweder löschen (unechter Treffer) oder zur Fahndung nutzen.

15 Ein Abgleich nach § 163g Abs. 2 Satz 1 **Nr. 1** ist möglich mit Kennzeichen von Kfz, die auf den **Beschuldigten** zugelassen sind oder von ihm genutzt werden. Im Sinne einer verfassungskonformen Auslegung wird man dabei nur solche Kfz in den Datenabgleich einbeziehen können, bei denen tatsächliche Anhaltspunkte für eine regelmäßige und deshalb auch in Zukunft zu erwartende Nutzung sprechen, die in einer Rolle als Fahrer oder Beifahrer erfolgen kann (so auch *Roggan* NStZ 2022, 19). Solche tatsächlichen Anhaltspunkte bestehen auch dann, wenn der Beschuldigte das Kfz durch die Anlasstat in seinen Besitz gebracht hat. Und zwar – wie eine Gesamtschau von Abs. 1 (»Ermittlung der Identität … des Beschuldigten«) und Abs. 2 ergibt – auch dann, wenn die Täter noch nicht namentlich bekannt sind und die Maßnahme gerade der Ermittlung ihrer Identität dient.

16 Nach § 163g Abs. 2 Satz 1 **Nr. 2** kann darüber hinaus ein Abgleich mit Kennzeichen der Kfz von **Kontaktpersonen** des Beschuldigten (vgl. zur nötigen *»Verbindung«* näher § 163e Rdn. 10) erfolgen, wobei bei Berufsgeheimnisträgern § 160a zu beachten ist. Die Annahme einer – gegenwärtigen oder zukünftigen – Verbindung zum Täter muss sich auf bestimmte Tatsachen stützen lassen. Das Vorgehen nach § 163g ist dabei gegenüber anderen ähnlich erfolgversprechenden Ermittlungsansätzen subsidiär.

17 **D. Verfahren.** § 163g Abs. 3 sieht eine abgestufte **Anordnungskompetenz der Staatsanwaltschaft** (Regelfall) und ihrer **Ermittlungspersonen (bei Gefahr im Verzug)** vor. Letztere wird vor allem zur Anwendung kommen, wenn unmittelbar nach einer Tat zwar das Kennzeichen des vom Täter genutzten Fahrzeuges bekannt ist, nicht aber die Identität des Täters.

18 Grundsätzlich muss die **Anordnung** nach § 163g Abs. 3 **schriftlich** erfolgen (Satz 1) und folgende Angaben enthalten (Sätze 2, 3):
- Begründung des (Anfangs-) Verdachts einer Straftat von erheblicher Bedeutung;
- Bezeichnung der dem Beschuldigten bzw. seinen Kontaktpersonen zugeordneten Kennzeichen;
- Örtliche Begrenzung der Maßnahme;
- Befristung;
- Erfolgsaussicht bezogen auf den örtlichen und zeitlichen Umfang der Anordnung.

19 Anordnungen bei Gefahr im Verzug dürfen nach § 163g Abs. 3 Satz 4 mündlich ergehen; Die Begründung der Maßnahme nach Abs. 3 Sätze 2–3 ist in diesem Fall binnen drei Tagen vom Anordnenden nachzuholen.

20 War die Maßnahme erfolgreich oder liegen die Anordnungsvoraussetzungen nicht mehr vor (z.B. weil der Beschuldigte nicht mehr einer Straftat von erheblicher Bedeutung verdächtig ist), so ist die Maßnahme unverzüglich zu beenden, § 163g Abs. 4.

21 **E. Verwendung und Löschung von Daten.** Ergibt der – computergesteuerte oder manuelle – Abgleich der Kennzeichen keinen Treffer, sind die Daten nach § 163g Abs. 2 S. 4 sofort und spurenlos zu löschen. Manuell bestätigte Treffer können hingegen im Ausgangsverfahren Verwendung finden, und zwar nicht nur zu den in § 163g Abs. 1 S. 1 genannten Zwecken (Ermittlung von Identität oder Aufenthalt), sondern auch zum Zwecke des Tatnachweises. Die maßgebenden Unterlagen (insb. zur Anordnung der Maßnahme sowie zum Treffer) sind in die Ermittlungsakte aufzunehmen. Eine Verwendung in anderen Strafverfahren bzw. zum Zwecke der Gefahrenabwehr wird selten in Betracht kommen. Ggf. gelten die zu § 163d Rdn. 23 f. dargestellten Grundsätze. Die Löschung dieser Daten richtet sich nach § 101 Abs. 8.

22 **F. Benachrichtigung und Anfechtung.** Die gem. § 101 Abs. 4 Satz 1 Nr. 13 zu benachrichtigenden Zielpersonen (Beschuldigter bzw. Kontaktperson) können die Kennzeichenerfassung nach § 101 Abs. 7 Satz 2 gerichtlich überprüfen lassen. Für andere Betroffene gelten die unter § 163d Rdn. 26 dargestellten Grundsätze.

23 **G. Revision.** Nur, wenn ein Gericht sein Urteil (z.B. im Rahmen einer Indizienkette) auch auf Erkenntnisse aus der Kennzeichenerfassung stützt, kann ein Verstoß gegen § 163g die Revision begründen. Das wird *kaum einmal der Fall sein.* Zumindest theoretisch aber dürfte ein unselbstständiges Beweisverwertungsverbot nach Maßgabe der Abwägungslehre (s. § 163f Rdn. 17) in Betracht kommen.

§ 164 Festnahme von Störern

Bei Amtshandlungen an Ort und Stelle ist der Beamte, der sie leitet, befugt, Personen, die seine amtliche Tätigkeit vorsätzlich stören oder sich den von ihm innerhalb seiner Zuständigkeit getroffenen Anordnungen widersetzen, festnehmen und bis zur Beendigung seiner Amtsverrichtungen, jedoch nicht über den nächstfolgenden Tag hinaus, festhalten zu lassen.

A. Anwendungsbereich. Die Vorschrift schützt nichtrichterliche Strafverfolgungsorgane (StA, Polizei) bei zulässigen Amtshandlungen strafprozessualer Art in allen Verfahrensabschnitten (*Eb. Schmidt*, NJW 1969, 393, 394). Bei Einschreiten aufgrund polizeilicher Bestimmungen zur Gefahrenabwehr gilt § 164 nicht (vgl. zur Abgrenzung etwa VGH Kassel Beschl. v. 24.02.2014 – 8 F 263/14). 1

Auf Amtshandlungen, die von einem **Richter** geführt werden, ist § 164 nur insoweit anwendbar, als die §§ 177 bis 179 GVG, die gem. § 180 GVG auch für richterliche Amtshandlungen außerhalb der Sitzung gelten, keine vorrangigen Spezialregelungen enthalten (str.; wie hier LR/*Erb*, § 164 Rn. 3; für uneingeschränkte Anwendbarkeit des § 164: KK-StPO/*Griesbaum*, § 164 Rn. 1; Meyer-Goßner/*Schmitt*, § 164 Rn. 1; KMR/*Plöd*, § 164 Rn. 1; für Unanwendbarkeit des § 164: *Eb. Schmidt*, NJW 1969, 393). Die §§ 177 bis 179, 180 GVG verleihen einerseits weitergehende Rechte als § 164, indem sie z.B. auch die Verhängung von Ordnungsgeld oder Ordnungshaft bis zu einer Woche ermöglichen. Andererseits bleiben sie insofern hinter § 164 zurück, als sie z.B. sitzungspolizeiliche Maßnahmen gegen den Verteidiger nicht zulassen (vgl. §§ 177, 178 GVG). Da die speziellen Regelungen der allgemeinen Bestimmung vorgehen, kann der Richter bei strafprozessualen Amtshandlungen nur außerhalb des Anwendungsbereiches der §§ 177 ff. GVG auf die Befugnis des § 164 zurückgreifen. Nachdem die praktisch bedeutsamen Fälle der richterlichen Vernehmung oder des richterlichen Augenscheins auch als eine einer Sitzung vergleichbare Amtshandlung angesehen werden, auf die über § 180 GVG die §§ 177 ff. GVG anwendbar sind (vgl. Meyer-Goßner/*Schmitt*, § 180 GVG Rn. 1), ist bei diesen richterlichen Handlungen ein Rückgriff auf § 164 ausgeschlossen. 2

Für die Anwendbarkeit des § 164 ist es unerheblich, ob die Amtshandlung innerhalb oder außerhalb behördlicher Diensträume stattfindet. Die Formulierung »an Ort und Stelle« bedeutet nur, dass die Störung am Ort der Amtshandlung vorgenommen wird oder dort unmittelbare Auswirkungen zeigen muss (Meyer-Goßner/*Schmitt*, § 164 Rn. 3). Störungen innerhalb von Diensträumen kann auch mit den Mitteln des Hausrechts begegnet werden. Da das Hausrecht jedoch nicht dieselben Zwangsbefugnisse wie § 164 verleiht, bei außerhalb von Diensträumen gelegenen Störquellen keinen Schutz bietet und in der Regel nicht dem die Amtshandlung leitenden Beamten, sondern dem Behördenleiter zusteht, ist daneben der Rückgriff auf die Rechte aus § 164 uneingeschränkt möglich (KK-StPO/*Griesbaum*, § 164 Rn. 3). Allerdings kann es nach dem Verhältnismäßigkeitsgrundsatz geboten sein, zur Abwehr der Störung zunächst von dem milderen Mittel des Hausrechts Gebrauch zu machen (Meyer-Goßner/*Schmitt*, § 164 Rn. 3). 3

B. Störer. Die Maßnahmen nach § 164 richten sich gegen denjenigen, der die amtliche Tätigkeit vorsätzlich stört oder sich den getroffenen (rechtmäßigen) Maßnahmen widersetzt. Das kann ein unbeteiligter Dritter sein (z.B. Zuschauer), ebenso eine Person, die zu der Amtshandlung zugezogen (z.B. Durchsuchungszeuge, § 105) oder zugelassen wurde (z.B. Inhaber, § 106). Auch der unmittelbar von der Amtshandlung Betroffene kann Adressat der Maßnahme nach § 164 sein. Liegt allerdings die Störung oder Widersetzlichkeit darin, dass er sich weigert, die von ihm verlangte Maßnahme oder Handlung zu dulden oder vorzunehmen, oder dass er sich aktiv zur Wehr setzt, wird die Maßnahme mit unmittelbarem Zwang durchgesetzt. Dies stellt keinen Anwendungsfall des § 164 dar. Stört er aber in anderer Weise die Durchführung der amtlichen Maßnahme, kann gegen ihn nach § 164 vorgegangen werden (KK-StPO/*Griesbaum*, § 164 Rn. 5). 4

C. Störung, Widersetzlichkeit. Als Störung ist jedes Verhalten anzusehen, durch das die reibungslose, auf einen bestimmten Erfolg abzielende Durchführung der konkreten Maßnahme erschwert oder ihre Erfolgsaussicht vermindert wird (*Eb. Schmidt*, NJW 1969, 393, 394). Eine Vereitelung der Amtshandlung ist nicht erforderlich. Eine Widersetzlichkeit verlangt nicht, dass durch Gewalt oder Drohung mit Gewalt Widerstand geleistet wird; es genügt schon die hartnäckige Nichtbefolgung der Anordnung oder rein passiver Widerstand (*Eb. Schmidt*, NJW 1969, 393, 396). Rechtswidriges und vorsätzliches Handeln ist in beiden Alternativen erforderlich. 5

6 **D. Zwangsbefugnisse.** § 164 verleiht dem zuständigen Beamten das Recht, den Störer festzunehmen oder für die Dauer der Amtshandlung (OLG Celle, MDR 1955, 692), längstens bis zum Ende des nächsten Tages festzuhalten. Wird die Amtshandlung für längere Zeit unterbrochen (z.B. über Nacht), ist der Störer auf freien Fuß zu setzen. Bei Fortsetzung der Amtsverrichtung muss dann geprüft werden, ob die erneute Festnahme geboten ist (Meyer-Goßner/*Schmitt*, § 164 Rn. 5). Eine Strafmaßnahme gegen den Störer rechtfertigt § 164 nicht (OLG Celle, MDR 1955, 692).

7 Der **Verhältnismäßigkeitsgrundsatz** erfordert, dass das Festnahme- und Festhalterecht nur ausgeübt wird, wenn die Störung nicht auf andere Weise mit weniger einschneidenden Mitteln beseitigt werden kann (KK-StPO/*Griesbaum*, § 164 Rn. 7). Auch für diese weniger belastenden Eingriffe in die allgemeine Handlungsfreiheit bildet dann § 164 die Rechtsgrundlage (LR/*Erb*, § 164 Rn. 11). Der Betroffene hat die zulässige Maßnahme nach § 164 zu dulden. Sein Widerstand kann durch unmittelbaren Zwang gebrochen bzw. als Straftat nach § 113 StGB geahndet werden (*Eb. Schmidt*, NJW 1969, 393, 397).

8 Die **Anordnungskompetenz** liegt bei demjenigen Beamten (StA, Polizei) oder Richter (vgl. Rdn. 2), der vor Ort für die Durchführung der Amtshandlung verantwortlich ist. In Vollzug des Festnahme-/Festhalterechts, kann der Betroffene bspw. in einem gesonderten Raum am Ort der Amtshandlung, in einem Polizeifahrzeug oder notfalls auch auf der Polizeidienststelle in amtlichen Gewahrsam genommen werden.

9 **E. Rechtsbehelfe.** Gegen Maßnahmen der StA und der Polizei ist gem. §§ 23 ff. EGGVG Antrag auf gerichtliche Entscheidung statthaft (bei bereits vollzogenem Eingriff mit dem Ziel der Rechtswidrigkeitsfeststellung, § 28 Abs. 1 Satz 4 EGGVG). Gegen richterliche Anordnungen ist die Beschwerde nach § 304 zulässig (bei prozessualer Überholung wegen Vollzugs der Maßnahme ebenfalls mit dem Ziel der Rechtswidrigkeitsfeststellung).

§ 165 Richterliche Untersuchungshandlungen bei Gefahr im Verzug

Bei Gefahr im Verzug kann der Richter die erforderlichen Untersuchungshandlungen auch ohne Antrag vornehmen, wenn ein Staatsanwalt nicht erreichbar ist.

Übersicht

1 **A. Regelungsinhalt.** Die Vorschrift berechtigt und verpflichtet den Richter, auch ohne Antrag der StA (insoweit abweichend von § 162) und vorübergehend (vgl. § 167) als Notstaatsanwalt die erforderlichen Untersuchungshandlungen vorzunehmen, wenn Gefahr im Verzug gegeben und ein StA nicht erreichbar ist. Die Vorschrift hat angesichts des bei den StA eingerichteten Bereitschaftsdienstes und der Möglichkeiten moderner Kommunikationstechnik kaum mehr praktische Bedeutung.

2 **B. Voraussetzungen.** Gefahr im Verzug liegt vor, wenn die Maßnahme nicht bis zur Herbeiführung einer staatsanwaltschaftlichen Entschließung aufgeschoben werden kann, ohne dass dadurch ihre Vornahme gänzlich vereitelt oder zumindest die Erreichung ihres Zwecks gefährdet würde (LG Frankfurt, NJW 1968, 118). Unerreichbarkeit des StA ist gegeben, wenn ein Kontakt überhaupt nicht hergestellt oder der StA nicht so rechtzeitig und umfassend unterrichtet werden kann, dass er sachgerechte Anträge nach § 162 zu stellen oder die erforderlichen Ermittlungshandlungen selbst vorzunehmen in der Lage ist (KK-StPO/*Griesbaum*, § 165 Rn. 3). Bei bewussten Nichthandeln der StA liegt keine Gefahr im Verzug vor (Meyer-Goßner/*Schmitt*, § 165 Rn. 1).

3 **C. Zuständigkeit.** Sachlich zuständig ist jeder Richter des AG, und zwar unabhängig davon, ob er nach dem Geschäftsverteilungsplan (§ 21e GVG) zum Ermittlungsrichter bestellt ist (vgl. auch § 22d GVG). Örtlich zuständig ist in Anlehnung an die Bestimmung des § 162 Abs. 1 Satz 1 das AG, in dessen Bezirk die – zuständige, aber nicht erreichbare – StA ihren Sitz hat. Die frühere Zuständigkeitsbestimmung nach dem Ort, an dem die Untersuchungshandlung vorzunehmen ist (so Meyer-Goßner/*Schmitt*, § 165 Rn. 2; KK-StPO/*Griesbaum*, § 165 Rn. 5), findet nach der Neufassung des § 162 im Gesetz keine Stütze mehr. § 162 Abs. 1 Satz 3 kann für die örtliche Zuständigkeit nicht herangezogen werden, weil die in dieser Vorschrift vorausgesetzte (Wahl-) Entscheidung der StA gerade nicht herbeigeführt werden kann.

4 **D. Erforderliche Untersuchungshandlungen.** Zu den Untersuchungshandlungen i.S.d. § 165 zählen nicht nur die von einem Richter anzuordnenden prozessualen Zwangsmaßnahmen, sondern auch andere Ermittlungstätigkeiten (z.B. richterliche Vernehmungen). Für die Anordnung von Untersuchungshaft gelten die Sonderregelungen in §§ 125 Abs. 1 und 128 Abs. 2. Obwohl der Richter anstelle der StA tätig wird, bleiben seine Maßnahmen richterliche Handlungen, sodass die §§ 168, 168a, 168c, 168d anwendbar sind, nicht jedoch die §§ 168b und 22 Nr. 4 (KK-StPO/*Griesbaum*, § 165 Rn. 4). Weiß der Richter, dass die StA nicht handeln will, darf er nicht als Notstaatsanwalt tätig werden.

5 **E. Anfechtung.** Gegen richterliche Anordnungen nach § 165 ist die Beschwerde (§ 304) statthaft (bei prozessualer Überholung wegen Vollzugs der Maßnahme mit dem Ziel der Rechtswidrigkeitsfeststellung). Wird sie nur auf eine Verletzung des § 165 gestützt (Tätigwerden des Richters ohne Antrag der StA, obwohl die Voraussetzungen des § 165 nicht vorlagen), ist sie jedoch meist unbegründet (LR/*Erb*, § 165 Rn. 18; a.A. LG Frankfurt, NJW 1968, 118; LG Freiburg, StV 2001, 268). Der fehlende Antrag der StA kann im Beschwerdeverfahren nachgeholt werden (LG Gera Beschluss v. 27.02.1996 – 4 Qs 14/96), ggf. auch konkludent (OLG Köln 14.04.2004 – 2 StR 39/04, StV 2004, 417 (418)).
Einer Beschwerde der StA wird es häufig an einem Rechtsschutzinteresse fehlen, weil sie die Maßnahme selbst beenden bzw. nicht vollziehen kann.

§ 166 Beweisanträge des Beschuldigten bei richterlichen Vernehmungen

(1) Wird der Beschuldigte von dem Richter vernommen und beantragt er bei dieser Vernehmung zu seiner Entlastung einzelne Beweiserhebungen, so hat der Richter diese, soweit er sie für erheblich erachtet, vorzunehmen, wenn der Verlust der Beweise zu besorgen ist oder die Beweiserhebung die Freilassung des Beschuldigten begründen kann.
(2) Der Richter kann, wenn die Beweiserhebung in einem anderen Amtsbezirk vorzunehmen ist, den Richter des letzteren um ihre Vornahme ersuchen.

Übersicht

1 **A. Anwendungsbereich.** Die Vorschrift verpflichtet den Richter, einzelne Beweiserhebungen, die der Beschuldigte bei seiner Vernehmung zu seiner Entlastung beantragt, unter den näher genannten Voraussetzungen vorzunehmen. Die daneben bestehende Pflicht der StA, entlastenden Beweisanträgen des Beschuldigten nachzugehen, ergibt sich aus § 163a Abs. 2. § 166 gilt nur im Ermittlungsverfahren in Fällen der Vernehmung nach den §§ 115 Abs. 2, 115a Abs. 2, 118a Abs. 3, 126a Abs. 2, 128 Abs. 1, 162, 165, nicht jedoch im Fall des § 122 Abs. 2 Satz 2 (LR/*Erb*, § 166 Rn. 3).

2 **B. Voraussetzungen und Umfang der Beweiserhebungen.** Die beantragte Beweiserhebung muss erheblich, d.h. geeignet sein, die Beweissituation zugunsten des Beschuldigten zu beeinflussen (LR/*Erb*, § 166 Rn. 5). Voraussetzung ist außerdem, dass der Verlust der Beweise zu besorgen ist oder die Beweiserhebung die Freilassung des Beschuldigten (z.B. wegen Entkräftung des dringenden Tatverdachtes oder Wegfalls des Haftgrundes) begründen kann (OLG Köln Beschl. v. 22.08.2008 – 2 Ws 411/08, NStZ-RR 2009, 123). § 166 ermächtigt und verpflichtet nur zu »einzelnen« Beweiserhebungen, nicht zu ausgedehnter oder umfassender Beweisaufnahme; diese bleibt nach wie vor Aufgabe der StA (vgl. § 167). Die Erhebungen sind vom Richter selbst vorzunehmen, nicht auf StA oder Polizei übertragbar.

3 **C. Befugnis zur Freilassung.** § 166 verleiht kein Freilassungsrecht. Haben die richterlichen Erhebungen im Fall der Inhaftierung des Beschuldigten die Voraussetzungen für dessen Freilassung erbracht, darf der vernehmende Richter selbst die Freilassung nur dann anordnen, wenn er zugleich für die Haftfrage zuständig ist (z.B. nach §§ 115a Abs. 2, 126 Abs. 1). Andernfalls muss er das Ermittlungsergebnis unverzüglich dem zuständigen Haftrichter oder der StA (wegen deren Antragsrecht nach § 120 Abs. 3 Satz 1) zuleiten (KK-StPO/*Griesbaum*, § 166 Rn. 7).

4 **D. Anfechtung.** Gegen die Ablehnung einer beantragten Beweiserhebung ist die Beschwerde nach § 304 nicht statthaft (LG Berlin, StV 2004, 10; LR/*Erb*, § 166 Rn. 13; a.A. *Schlothauer*, StV 1995, 158, 164). Einem drohenden Beweisverlust kann durch erneute Stellung des Antrags bei der StA (s. § 163a Abs. 2) begegnet werden. Die Freilassung des inhaftierten Beschuldigten kann – zusammen mit den darauf gerichteten

Beweiserhebungen – mit den Rechtsbehelfen gegen die Haftentscheidung selbst (§§ 117 Abs. 1, 304 Abs. 1) weiterverfolgt werden.

§ 167 Weitere Verfügung der Staatsanwaltschaft

In den Fällen der §§ 165 und 166 gebührt der Staatsanwaltschaft die weitere Verfügung.

1 Der Richter übersendet in den Fällen der §§ 165, 166 die bei ihm angefallenen Ermittlungsvorgänge an die StA. Er ist nur als deren Vertreter tätig geworden (vgl. *Schnarr*, NStZ 1991, 209, 211). Die StA ist als Herrin des Ermittlungsverfahrens an die richterliche Beurteilung, die den Beweiserhebungen zugrunde liegt, nicht gebunden. Sie bewertet die Beweisergebnisse selbstständig und führt die Ermittlungen eigenverantwortlich fort.

§ 168 Protokoll über richterliche Untersuchungshandlungen

[1]Über jede richterliche Untersuchungshandlung ist ein Protokoll aufzunehmen. [2]Für die Protokollführung ist ein Urkundsbeamter der Geschäftsstelle zuzuziehen; hiervon kann der Richter absehen, wenn er die Zuziehung eines Protokollführers nicht für erforderlich hält. [3]In dringenden Fällen kann der Richter eine von ihm zu vereidigende Person als Protokollführer zuziehen. [4]Das Protokoll ist von dem Richter und, sofern ein solcher zugezogen wurde, dem Protokollführer zu unterschreiben.

1 **A. Bedeutung und Anwendungsbereich.** § 168 Satz 1 verpflichtet den Richter zur förmlichen Protokollierung richterlicher Untersuchungshandlungen. Welche Förmlichkeiten in das Protokoll aufzunehmen sind, ergibt sich aus § 168a. Die Beachtung der wesentlichen Förmlichkeiten ist Voraussetzung dafür, dass das Protokoll als richterliches Protokoll in der Hauptverhandlung zu Beweiszwecken verlesen werden darf (BGHSt 27, 339; s.u. Rdn. 8). Die Dokumentation staatsanwaltschaftlicher und polizeilicher Untersuchungshandlungen erfolgt grds. in Form von Aktenvermerken (§ 168b Abs. 1); nur für Vernehmungen ist ebenfalls Protokollierung vorgeschrieben (§ 168b Abs. 2).

2 Die Protokollierungspflicht nach Satz 1 gilt für richterliche Untersuchungshandlungen im Ermittlungsverfahren und – analog – im Zwischenverfahren sowie für kommissarische Ermittlungshandlungen außerhalb der Hauptverhandlung nach den §§ 223 bis 225 (OLG Hamburg, StV 1996, 418). Die Protokollierung in der Hauptverhandlung selbst wird ausschließlich durch die §§ 271 bis 274 geregelt (BGH, NStZ 1981, 31 [LS]). Soweit spezielle Normen Regelungen treffen, gehen diese vor (vgl. z.B. § 118a Abs. 3 Satz 3 oder § 138d Abs. 4 Satz 3).

Der Begriff der richterlichen Untersuchungshandlung ist enger auszulegen als in § 162 und deckt sich hier mit dem Begriff »Verhandlung« in § 168a Abs. 1. Er umfasst nur solche Handlungen, durch die der Richter selbst ermittelnd tätig wird (z.B. Vernehmungen oder Augenscheinseinnahme), nicht aber nach Aktenlage getroffene richterliche Entscheidungen (z.B. Erlass eines Haftbefehles oder Durchsuchungsbeschlusses).

3 **B. Zuziehung eines Protokollführers. I. Urkundsbeamter der Geschäftsstelle (Satz 2 Hs. 1).** Für die Protokollierung ist in der Regel ein Urkundsbeamter der Geschäftsstelle zuzuziehen (Satz 2 Hs. 1, § 153 GVG). Dieser kann auch einem anderen Gericht angehören (BGH, NJW 1986, 390, 391). Soweit der Richter nicht ausdrücklich von dessen Zuziehung absieht (vgl. nachfolgend Rdn. 7), muss der Urkundsbeamte während der gesamten Verhandlung anwesend sein (Meyer-Goßner/*Schmitt*, § 168 Rn. 2). Mehrere Protokollführer können sich abwechseln, was aber im Protokoll nachvollziehbar zu dokumentieren ist. In diesem Fall hat jeder den von ihm aufgenommenen Teil des Protokolls zu unterschreiben (§ 168a Abs. 4 Satz 1).

4 **II. Hilfspersonen als Protokollführer (Satz 3).** Will der Richter von der Heranziehung eines Protokollführers nicht absehen, steht aber kein Urkundsbeamter zur Verfügung, kann er in dringenden Fällen eine andere Person als Protokollführer zuziehen (Satz 3). In Betracht kommen namentlich Auszubildende bei Gericht, Rechtsreferendare, Bedienstete der StA oder Polizeibeamte, aber grds. auch sonstige Angehörige des öffentlichen Dienstes und sogar Privatpersonen (KK-StPO/*Griesbaum*, § 168 Rn. 5). Jede Hilfsperson muss vor

Beginn ihrer Tätigkeit vom Richter vereidigt werden; entbehrlich ist dies nur bei einem Urkundsbeamten der StA, weil dieser bereits bei seiner eigenen Behörde in der besonderen Verpflichtung als Urkundsbeamter steht (Meyer-Goßner/*Schmitt*, § 168 Rn. 6; a.A. LR/*Erb*, § 168 Rn. 17). Die Eidesformel, die im Gesetz nicht vorgegeben ist, lautet dahin gehend, dass der Protokollführer seine Pflichten treu und gewissenhaft erfüllen werde.

Die **Vereidigung** muss für jeden Einzelfall einer richterlichen Untersuchungshandlung gesondert vor- 5
genommen und als wesentliche Förmlichkeit (§ 168a Abs. 1) im Protokoll vermerkt werden. Es reicht nicht aus, dass der Protokollführer bereits früher in einer anderen dringenden Sache i.S.d. § 168 Satz 3 vereidigt worden ist (BGHSt 27, 339, 340). Nur wenn verschiedene Vernehmungen, die in einem Zusammenhang stehen, insgesamt als ein einziger dringender Fall erscheinen, der die Zuziehung eines Protokollführers erforderlich macht, kann die einmalige Vereidigung ausreichen (BGHSt 27, 339, 340: z.B. bei Vorführung mehrerer Beschuldigter, die ohne Zuziehung eines Protokollführers nicht fristgemäß – § 115 Abs. 2 – vernommen werden könnten). Hier ist dann die (einmalige) Vereidigung in jedem der mehreren Protokolle als geschehen zu vermerken (Meyer-Goßner/*Schmitt*, § 168 Rn. 9).

C. Absehen von der Zuziehung eines Protokollführers (Satz 2 Hs. 2). Hält der Richter die Zuziehung 6
eines Protokollführers nicht für erforderlich, kann er das Protokoll selbst fertigen (Satz 2 Hs. 2). Die Entscheidung hierüber gehört zum Kernbereich richterlicher Tätigkeit und kann deshalb nicht dienstaufsichtlich überprüft werden (BGH, NJW 1978, 2509). Hat er den Inhalt des Protokolls mit einem Tonbandgerät vorläufig aufgezeichnet, ist bzgl. der Förmlichkeiten § 168a Abs. 4 Satz 2 und 3 zu beachten. Zulässig ist auch, dass der Richter für einen Teil der Verhandlung einen Protokollführer hinzuzieht und für den anderen Teil das Protokoll selbst fertigt.

D. Inhalt des Protokolls. Den sachlichen Inhalt des Protokolls bestimmt der Richter. Maßgeblich sind die 7
jeweilige Untersuchungshandlung und der Zweck des Protokolls, nämlich seine Verwendbarkeit als Beweismittel im Ermittlungs- oder Strafverfahren. Festzuhalten sind deshalb – neben den wesentlichen Förmlichkeiten – Inhalt und Ergebnis der Untersuchungshandlung (für Augenschein vgl. § 86). In der Regel diktiert der Richter den Inhalt der Niederschrift selbst. Zulässig ist aber auch, die Formulierung im Wesentlichen dem Protokollführer zu überlassen oder Beschuldigte, Zeugen oder Sachverständige zu veranlassen, ihre Angaben selbst zu Protokoll zu diktieren. Dies enthebt den Richter jedoch nicht von seiner Verantwortung für die inhaltliche Richtigkeit und Vollständigkeit der Niederschrift. Übergebene Unterlagen oder Skizzen werden als Anlagen zum Protokoll genommen. Beobachtungen, die nicht Teil der Vernehmung sind, können an geeigneter Stelle (z.B. als Zusatz) festgehalten werden (Meyer-Goßner/*Schmitt*, § 168a Rn. 3).

E. Verlesung des Protokolls. Die Verlesung der Niederschrift über eine frühere richterliche Vernehmung 8
oder über die Einnahme eines richterlichen Augenscheins erfolgt in der Hauptverhandlung nach den §§ 232 Abs. 3, 249 Abs. 1, 251 Abs. 2, 254 Abs. 1. Sie setzt voraus, dass bei Aufnahme des Protokolls die wesentlichen Förmlichkeiten (§ 168a Abs. 1) beachtet wurden (BGHSt 27, 339). Ihre Nichtbeachtung führt dazu, dass das Protokoll nicht als richterliche Niederschrift nach § 251 Abs. 2, sondern nur als sonstige Urkunde i.S.d. § 251 Abs. 1 verlesen werden kann (BGHSt 22, 118, 120). Zulässig ist in diesem Fall auch, den Richter als Zeugen über den Inhalt der Aussage zu vernehmen (OLG Düsseldorf, StV 1995, 9 [L]).

F. Revision. Die Revision kann nicht unmittelbar auf einen Verstoß gegen § 168 gestützt werden, weil das 9
Urteil nicht darauf beruhen kann. Wird allerdings ein mangelhaftes Protokoll in der Hauptverhandlung – verfahrensfehlerhaft – als richterliches Protokoll verlesen, kann mit der Revision der Verstoß gegen die Verfahrensvorschrift, aufgrund derer verlesen wurde, gerügt werden.

§ 168a Art der Protokollierung richterlicher Untersuchungshandlungen

(1) [1]Das Protokoll muss Ort und Tag der Verhandlung sowie die Namen der mitwirkenden und beteiligten Personen angeben und ersehen lassen, ob die wesentlichen Förmlichkeiten des Verfahrens beachtet sind. [2]§ 68 Abs. 2, 3 bleibt unberührt.

(2) [1]Das Protokoll kann in Form einer wörtlichen Wiedergabe der Verhandlung (Wortprotokoll) oder in Form einer Zusammenfassung ihres Inhalts (Inhaltsprotokoll) sowohl während der Verhandlung als auch nach ihrer Beendigung erstellt werden. [2]Die Verhandlung kann wörtlich oder in Form einer Zusammenfassung ihres Inhalts (zusammenfassende Aufzeichnung) aufgezeichnet werden. [3]Der Nachweis der Unrichtigkeit des Protokolls anhand der Aufzeichnung ist zulässig.

(3) Wird das Protokoll während der Verhandlung erstellt oder wird die Verhandlung in Form einer Zusammenfassung ihres Inhalts aufgezeichnet, so ist das Protokoll oder die zusammenfassende Aufzeichnung den

an der Verhandlung beteiligten Personen, soweit es sie betrifft, zur Genehmigung auf einem Bildschirm anzuzeigen, vorzulesen, abzuspielen oder zur Durchsicht vorzulegen, es sei denn, sie verzichten darauf.
(4) Wird das Protokoll nach Beendigung der Verhandlung als Inhaltsprotokoll erstellt, so ist es den an der Verhandlung beteiligten Personen, soweit es sie betrifft, zur Genehmigung zu übermitteln, es sei denn, sie verzichten darauf.
(5) Wird das Protokoll nach Beendigung der Verhandlung durch die wörtliche Übertragung einer Aufzeichnung erstellt, so versieht die Person, welche die Übertragung hergestellt oder eine maschinelle Übertragung überprüft hat, diese mit ihrem Namen und dem Zusatz, dass die Richtigkeit der Übertragung bestätigt wird.
(6) [1]Die Art der Protokollierung und der Aufzeichnung, die Genehmigung des Protokolls oder einer zusammenfassenden Aufzeichnung, Einwendungen dagegen sowie ein Verzicht auf die Vorlage zur Genehmigung sind im Protokoll zu vermerken oder sonst aktenkundig zu machen. [2]Aufzeichnungen sind zu den Akten zu nehmen, bei der Geschäftsstelle mit den Akten aufzubewahren oder in anderer Weise zu speichern. [3]Sie können gelöscht werden, wenn das Verfahren rechtskräftig abgeschlossen oder sonst beendet ist; § 58a Absatz 2 Satz 2 und § 136 Absatz 4 Satz 3 bleiben unberührt. [4]Die Art der Aufbewahrung oder Speicherung und die Löschung sind aktenkundig zu machen.

S.a. RiStBV Nr. 5b

Übersicht

1 **A. Regelungsinhalt (Abs. 1).** § 168a Abs. 1 regelt den formalen Inhalt des nach § 168 aufzunehmenden Protokolls (zum Anwendungsbereich der Vorschrift vgl. § 168 Rdn. 2). Nach Abs. 1 Satz 1 müssen sich aus dem Protokoll Ort und Tag der Verhandlung sowie die Namen der mitwirkenden und beteiligten Personen ergeben. Zu den »**Mitwirkenden**« zählen der Richter, der StA, alle mit einem Anwesenheits-/Antrags- und/ oder Fragerecht ausgestatteten Prozessbeteiligten (z.B. Beschuldigter, Verteidiger, Erziehungsberechtigter, gesetzlicher Vertreter, vgl. §§ 168c und 168d; § 67 JGG) sowie der Protokollführer (§ 168 Satz 2 und 3) und der Dolmetscher (§§ 185 ff. GVG). »**Beteiligte**« sind der zu vernehmende Zeuge und ggf. sein anwaltlicher Beistand (§§ 68b Abs. 1, 406f Abs. 1, 406g Abs. 2) bzw. die Person seines Vertrauens (§ 406f Abs. 2), der einzuvernehmende Sachverständige oder die Person, die Gegenstand eines Augenscheins ist (§ 86). Neben der namentlichen Bezeichnung der betreffenden Personen ist jeweils auch die Angabe der prozessualen Funktion erforderlich. Die dem Schutz gefährdeter Zeugen dienenden Bestimmungen in § 68 Abs. 2 und Abs. 3 sind bei der Protokollierung zu beachten (Abs. 1 Satz 2).

2 Außerdem muss das Protokoll erkennen lassen, ob die **wesentlichen Förmlichkeiten** des Verfahrens beachtet sind (Abs. 1 Satz 1). Dazu gehören alle Vorgänge, die für das gesetzmäßige Zustandekommen des Protokolls von Bedeutung sind, wie z.B. der Verzicht auf einen Protokollführer (§ 168 Satz 2), die Zuziehung und Vereidigung einer anderen Person als Protokollführer (§ 168 Satz 3), die Tatsache der vorläufigen Aufzeichnung des Protokolls (Abs. 2) und die Unterzeichnung durch die Urkundspersonen (Abs. 4 Satz 1). Außerdem zählen dazu auch die für die Untersuchungshandlung selbst vorgeschriebenen Formalitäten wie z.B. die Belehrung bei Beschuldigten- oder Zeugenvernehmungen (§ 136 Abs. 1; §§ 52 Abs. 3, 55 Abs. 2), die Entscheidung nach § 59 Abs. 1 über eine Vereidigung (vgl. BGH, NStZ 2006, 114 und BGHSt 50, 282: Die Vereidigung ist stets protokollierungspflichtig, die Nichtvereidigung nur bei Vereidigungsantrag eines Verfahrensbeteiligten) sowie die Vereidigung selbst (§ 59 Abs. 2) oder der Ausschluss des Beschuldigten bei einer Zeugenvernehmung (§ 168c Abs. 3). Zu den Folgen einer Verletzung der wesentlichen Förmlichkeiten vgl. § 168 Rdn. 9.

3 **B. Art des Protokolls (Abs. 2).** § 168a Abs. 2 Satz 1 stellt zunächst klar, dass sowohl die wörtliche (Wortprotokoll) als auch eine zusammenfassende Protokollierung zulässig ist. Auch steht es dem Richter frei das Protokoll in der Sitzung oder nachträglich erstellt werden kann. Hierfür darf die Verhandlung wörtlich oder auch inhaltlich zusammenfassend aufgezeichnet werden. In der Wahl der technischen Hilfsmittel ist der Richter grundsätzlich frei (z.B. Diktiergerät, schriftliche Aufzeichnungen). Die Aufzeichnung über die Vernehmung des Beschuldigten in Bild und Ton ist in den Fällen des § 136 Abs. 4 Satz 2 verpflichtend. Gem. § 58a kann auch eine Zeugenvernehmung mittels Aufzeichnung von Bild und Ton erfolgen. Wie bereits nach der alten Rechtslagen ist die Zustimmung der betroffenen Person nicht erforderlich (BVerfG, NStZ 1983, 84; BGHSt 34, 39, 50). Das Protokoll ist bei nachträglicher Erstellung unverzüglich nach Beendigung der

Verhandlung herzustellen, um dem Beschleunigungsgrundsatz zu genügen. Lücken in den Aufzeichnungen werden dabei wahrheitsgemäß ausgefüllt.

Die Aufzeichnung stellt noch nicht das Protokoll dar, bildet aber dessen verbindliche Grundlage. Auch nach neuer Rechtslage ist weiterhin eine Niederlegung und Überführung in ein schriftliches oder elektronisches Dokument erforderlich (BT-Drs. 19/27654, S. 93). Das nach den §§ 168, 168a aufzunehmende Protokoll hat nicht die formelle Beweiskraft des § 274 (BGHSt 26, 281; 32, 25, 30). Daher kann die Frage, ob die wesentlichen Förmlichkeiten des Verfahrens i.S.d. Abs. 1 gewahrt sind, im Freibeweisverfahren geklärt werden (LR/*Erb* § 168a Rn. 53). Auch hinsichtlich des sachlichen Inhalts des Protokolls ist der Nachweis der Unrichtigkeit zulässig. Weichen Aufzeichnung und Protokoll voneinander ab, ist die Unrichtigkeit belegt. Eine Protokollberichtigung bedarf es insoweit nach überwiegender Meinung nicht (zur alten Rechtslage OLG Stuttgart NStZ 86, 41). Das nach den §§ 168, 168a aufzunehmende Protokoll hat nicht die formelle Beweiskraft des § 274 (BGHSt 26, 281; 32, 25, 30). Daher kann die Frage, ob die wesentlichen Förmlichkeiten des Verfahrens i.S.d. Abs. 1 gewahrt sind, im Freibeweisverfahren geklärt werden (LR/*Erb* § 168a Rn. 53). Auch hinsichtlich des sachlichen Inhalts des Protokolls ist der Nachweis der Unrichtigkeit zulässig (Abs. 2 Satz 3). 4

C. Genehmigung des Protokolls/Bestätigung der Richtigkeit der Übertragung(Abs. 3, 4 und 5). Nach der Neuregelung zum 01.07.2021 sollen Protokolle, soweit sie in der Form einer inhaltliche Zusammenfassung oder sonst in irgendeiner Form umgestaltende Interpretation des Wortlauts erfolgen, von den Beteiligten genehmigt werden. Wird hingegen wörtlich transkribiert, soll die übertragende Person die Richtigkeit der Übertragung bestätigen. 5

Gem. § 168a Abs. 3 ist den »bei der Verhandlung beteiligten Personen, soweit es sie betrifft«, das Protokoll oder die Zusammenfassung des Inhalts zur Genehmigung anzuzeigen, vorzulesen, abzuspielen oder zur Durchsicht vorzulegen. 6

Die Erteilung der Genehmigung ist zu vermerken oder sonst aktenkundig zu machen(Abs. 6 Satz 1); im Weigerungsfall sind die erhobenen Einwendungen zu protokollieren. Das Protokoll ist sodann von den Betroffenen zu unterschreiben; andernfalls ist der Grund für die unterbliebene Unterschrift anzugeben.

Soweit nur vorläufige Aufzeichnungen bestehen, werden diese vorgelesen oder abgespielt (Abs. 3). Im Protokoll ist dann zu vermerken, dass dies geschehen und die Genehmigung erteilt ist. Bei anschließender Fertigung eines Inhaltsprotokolls ist das Protokoll der betroffenen Person zu übermitteln (Abs. 4), es sei denn es wird ein Verzicht erklärt. Erfolgt eine spätere wörtliche Übertragung einer Aufzeichnung wird keine Genehmigung benötigt. In diesen Fällen ist von der Person, die die Übertragung fertigt, einen Bestätigungsvermerk. Eine Unterschrift ist grundsätzlich nicht erforderlich. Es reicht der Name, der Überprüfungsvermerk und die Bestätigung der Richtigkeit (Abs. 5). 7

Nach Abs. 3 kann der Betroffene auf das Vorlesen, die Vorlage zur Durchsicht, das Anzeigen auf einem Bildschirm oder das Abspielen verzichten. Der Verzicht ist zu protokollieren (Abs. 6 Satz 1) und bedeutet noch keine Genehmigung des Protokolls. Der Betroffene kann also auf die nochmalige Wiedergabe des Protokolls verzichten, zugleich aber Einwendungen erheben bzw. die Genehmigung und Unterschrift verweigern. 8

Verweigert der Betroffene die Genehmigung und die Unterschrift, so liegt trotzdem ein ordnungsgemäß erstelltes richterliches Protokoll i.S.d. § 168 vor. Aber auch bei Nichtbeachtung einer der vorgeschriebenen Förmlichkeiten kann die Niederschrift als richterliches Protokoll in der Hauptverhandlung verlesen werden, weil Abs. 3 keine wesentlichen Förmlichkeiten des Verfahrens i.S.d. Abs. 1 Satz 1 regelt (BVerfG, NStZ 2006, 46). Allerdings wird durch die fehlerhafte Verfahrensweise der Beweiswert des Protokolls beeinträchtigt. 9

D. Formalien, Aktenführung und Löschung (Abs. 6). I. Formalien. Zunächst muss sich aus dem Protokoll ergeben, ob es sich um eine Wortprotokoll oder um ein Inhaltsprotokoll handelt (Art der Protokollierung). Ferner ist anzugeben, ob das Protokoll in der Sitzung oder später gefertigt wurde. Ferner ist die Form der Aufzeichnung zu vermerken. Eine Genehmigung der Aufzeichnung oder des Protokolls ist aufzunehmen. Gleiches gilt auch für einen Verzicht zur Vorlage einer Genehmigung. Etwaige Einwendungen sind zu dokumentieren. 10

II. Aktenführung. Die Aufzeichnungen dürfen nach Herstellung des Protokolls nicht vernichtet werden, weil der nach Abs. 2 Satz 3 zulässige Nachweis der Unrichtigkeit der Übertragung möglich bleiben muss. Sie werden vielmehr Bestandteil der Akten (Abs. 6 Satz 2) und unterliegen damit auch der Akteneinsicht. Vorläufige Aufzeichnungen in Schriftform sind wie die Akten aufzubewahren; Tonaufzeichnungen sind zu speichern. Aus der Akte muss sich ergeben, wie die Aufzeichnung aufbewahrt bzw. gespeichert wird (Satz 4). Der Verlust oder die vorzeitige Vernichtung der vorläufigen Aufzeichnungen hat auf die Verwertbarkeit des richterlichen Protokolls keinen Einfluss (BGH StV 1997, 511 [L]). Die Aufzeichnung einer Zeugenvernehmung auf Bild-Ton-Träger regeln die §§ 58a, 168e. Auch hier ist über den Vernehmungsinhalt ein vollständiges schriftliches Protokoll nach Maßgabe der §§ 168, 168a zu erstellen (LR/*Erb* § 168a Rn. 18a). 11

Dateien unterliegen nicht der Akteneinsicht, aber dem Besichtigungsrecht der Akteneinsichtsberechtigten Personen. In diesen Fällen muss in geeigneter Weise Zugriff gewehrt werden.

12 **E. Löschung.** Aufzeichnungen sind gem. Satz 3 mit rechtskräftigen oder sonst endgültigen Abschluss des Verfahrens zu löschen. Auch die Löschung ist in den Akten zu dokumentieren (Satz 4). Für Videoaufzeichnungen (Bild- und Tonaufnahmen) gilt über die Verweisung über § 58a Abs. 2 Satz 2 gem. § 101 Abs. 8 Satz 1, dass diese unverzüglich zu löschen sind, wenn sie für die Strafverfolgung nicht mehr benötigt werden und eine richterliche Überprüfung der Maßnahme nicht mehr erforderlich ist.

§ 168b Protokoll über ermittlungsbehördliche Untersuchungshandlungen

(1) Das Ergebnis der Untersuchungshandlungen der Ermittlungsbehörden ist aktenkundig zu machen.

(2) [1]Über die Vernehmung des Beschuldigten, der Zeugen und Sachverständigen soll ein Protokoll nach § 168a aufgenommen werden, soweit dies ohne erhebliche Verzögerung der Ermittlungen geschehen kann. [2]Wird über die Vernehmung des Beschuldigten kein Protokoll gefertigt, ist die Teilnahme seines Verteidigers an der Vernehmung aktenkundig zu machen.

(3) [1]Die Belehrung des Beschuldigten vor seiner Vernehmung nach § 136 Absatz 1 sowie § 163a ist zu dokumentieren. [2]Dies gilt auch für die Entscheidung des Beschuldigten darüber, ob er vor seiner Vernehmung einen vom ihm zu wählenden Verteidiger befragen möchte.

Übersicht

1 **A. Aktenkundigmachen des Ergebnisses strafrechtlicher Ermittlungen (Abs. 1).** Der Grundsatz der Aktenwahrheit und Aktenvollständigkeit erfordert, dass das Ergebnis strafrechtlicher Ermittlungen aktenkundig gemacht wird. Die Bestimmung in Abs. 1 ist Ausfluss dieses Grundsatzes; sie gilt deshalb für alle Ermittlungsbehörden, also insb. auch die mit strafrechtlichen Ermittlungen befassten Finanzbehörden (§ 6 Abs. 2 AO). Aus den Akten muss sich ergeben, welche konkreten Ermittlungsmaßnahmen durchgeführt worden sind und welchen Erfolg sie gehabt haben (OLG Karlsruhe, NStZ 1991, 50 [L]), damit im weiteren Verlauf des Ermittlungsverfahrens und später auch für das Gericht und die übrigen Verfahrensbeteiligten der Gang und das Ergebnis der Ermittlungen ohne Abstriche nachvollziehbar sind (BGH, NStZ-RR 2015, 379). Der Begriff »Untersuchungshandlungen« ist weit auszulegen. Er umfasst nicht nur alle Maßnahmen der Strafverfolgungsbehörden zur Aufklärung des Sachverhaltes, sondern auch die Anordnung von Zwangsmaßnahmen aufgrund originärer staatsanwaltschaftlicher oder polizeilicher Zuständigkeit oder bei Annahme von Gefahr im Verzug (LR/*Erb*, § 168b Rn. 3, 4). Das Aktenkundigmachen erfolgt in der Weise, dass Aktenvermerke geschrieben und alle bei den Ermittlungen anfallenden Unterlagen (z.B. schriftliche Auskünfte, Fotos, Skizzen) zu den Akten genommen werden.

2 **B. Protokollierung staatsanwaltschaftlicher Vernehmungen (Abs. 2).** Nach Abs. 2 soll bei Vernehmungen von Beschuldigten, Zeugen und Sachverständigen ein Protokoll nach den §§ 168, 168a aufgenommen werden (vgl. dazu RiStBV Nr. 5b). Für polizeiliche Vernehmungen gilt die Vorschrift entsprechend (BGH, NStZ 1995, 353; 1997, 611). Die Einhaltung der Sollvorschrift ist die Regel; ein Abweichen ist nur bei begründetem Anlass zulässig, z.B. bei völliger Bedeutungslosigkeit der Aussage (Meyer-Goßner/*Schmitt*, § 168b Rn. 2) oder bei einer Vielzahl gleichlautender Aussagen (KK-StPO/*Griesbaum*, § 168b Rn. 5). Von der Protokollierung darf auch abgesehen werden, wenn dadurch eine erhebliche Verzögerung der Ermittlungen eintreten würde (Abs. 2 letzter Hs.), z.B. bei eilbedürftigen Vernehmungen am Tat- oder Unfallort (KK-StPO/*Griesbaum*, § 168b Rn. 5). In den genannten Ausnahmefällen genügt die Anfertigung eines Aktenvermerkes nach Abs. 1. Zur Frage der Aushändigung von Vernehmungsniederschriften an Beschuldigte oder Zeugen vgl. § 163a Rn. 30, 31.

3 Abs. 2 Satz 2 – eingefügt durch Gesetz vom 27.08.2017 (BGBl. I, S. 3295) – dient der Umsetzung supranationalen Rechts (Richtlinie 2013/48/EU vom 22.10.2013) und soll gewährleisten, dass die Anwesenheit eines Rechtsbeistandes bei der Vernehmung des Beschuldigten in jedem Fall schriftlich festgehalten wird. Auf Zeugenvernehmungen findet Satz 2 keine Anwendung. Nachdem Abs. 2 Satz 1 für die Protokollierung von *Beschuldigten*vernehmungen nur eine Soll-Vorgabe enthält, stellt Satz 2 nunmehr sicher, dass im Fall der unterbliebenen Protokollierung auf jeden Fall die Teilnahme eines Verteidigers aktenkundig gemacht wird.

Wird dagegen ein Protokoll geführt, folgt bereits aus Abs. 2 Satz 1 i.V.m. § 168a Abs. 1 Satz 1 die Pflicht zur Dokumentation der Anwesenheit des Verteidigers.

C. Dokumentierung der Beschuldigtenbelehrung (Abs. 3). Sämtliche Belehrungen, die vor den Vernehmungen nach § 136 Abs. 1 und § 163a vorzunehmen sind, müssen aktenkundig gemacht werden. Dazu zählen auch die – durch Gesetz vom 02.07.2013 (BGBl I S. 1938) vorgeschriebenen – Belehrungen nach § 187 GVG für sprachunkundige bzw. hör- oder sprachbehinderte Beschuldigte. Die Dokumentationspflicht erstreckt sich gem. Satz 2 – eingefügt durch Gesetz vom 27.08.2017 (BGBl. I, S. 3295) – auch auf die Entscheidung des Beschuldigten, ob er vor seiner Vernehmung einen von ihm zu wählenden Verteidiger befragen möchte. 4

In dem Referentenentwurf »Entwurf eines Gesetzes zur Neuregelung des Rechts der notwendigen Verteidigung« zur Umsetzung der Richtlinie (EU) 2016/1919 (»PKH-Richtlinie«) ist eine Änderung des Abs. 3 vorgesehen.

Die Umsetzungsfrist der Richtlinie ist am 25.05.2019 abgelaufen. Damit dürfte die Richtlinie direkt anzuwenden sein bzw. sind die derzeit geltenden Normen richtlinienkonform auszulegen (std. Rspr. des EuGH, vgl. nur EuGH C-148/79, *Ratti*; a.A. *Wenske*, NStZ 2019, 193). Mithin sollte der Beschuldigte vor der Vernehmung zur Sache mit der Maßgabe belehrt werden (§ 136 Abs. 1 Satz 5, § 163a Abs. 4 StPO), dass er die Beiordnung eines Pflichtverteidigers nicht nur beanspruchen, sondern beantragen kann (vgl. Art. 4 Abs. 5 der RL 2016/1919).

D. Verstöße und Mängel. Ein Verstoß gegen § 168b Abs. 1 oder Abs. 2 führt nicht zur Unverwertbarkeit des Ermittlungsergebnisses und kann nur im Wege der Dienstaufsicht beanstandet werden (KMR/*Plöd*, § 168b Rn. 5). Mangelhafte Niederschriften haben allerdings nur geringen oder keinen Beweiswert (KK-StPO/*Griesbaum*, § 168b Rn. 6). Wird gegen Abs. 3 in der Weise verstoßen, dass die tatsächlich erfolgte Belehrung vorschriftswidrig nicht dokumentiert wird, kann dieser Fehler, wenn durch ihn der Nachweis der stattgefundenen Belehrung nicht mehr zweifelsfrei gelingt, mittelbar zur Unverwertbarkeit der Aussage führen (vgl. dazu § 136 Rn. 63 ff.). 5

§ 168c Anwesenheitsrecht bei richterlichen Vernehmungen

(1) [1]Bei der richterlichen Vernehmung des Beschuldigten ist der Staatsanwaltschaft und dem Verteidiger die Anwesenheit gestattet. [2]Diesen ist nach der Vernehmung Gelegenheit zu geben, sich dazu zu erklären oder Fragen an den Beschuldigten zu stellen. [3]Ungeeignete oder nicht zur Sache gehörende Fragen oder Erklärungen können zurückgewiesen werden.

(2) [1]Bei der richterlichen Vernehmung eines Zeugen oder Sachverständigen ist der Staatsanwaltschaft, dem Beschuldigten und dem Verteidiger die Anwesenheit gestattet. [2]Diesen ist nach der Vernehmung Gelegenheit zu geben, sich dazu zu erklären oder Fragen an die vernommene Person zu stellen. [3]Ungeeignete oder nicht zur Sache gehörende Fragen oder Erklärungen können zurückgewiesen werden. [4]§ 241a gilt entsprechend.

(3) [1]Der Richter kann einen Beschuldigten von der Anwesenheit bei der Verhandlung ausschließen, wenn dessen Anwesenheit den Untersuchungszweck gefährden würde. [2]Dies gilt namentlich dann, wenn zu befürchten ist, dass ein Zeuge in Gegenwart des Beschuldigten nicht die Wahrheit sagen werde.

(4) Hat ein nicht in Freiheit befindlicher Beschuldigter einen Verteidiger, so steht ihm ein Anspruch auf Anwesenheit nur bei solchen Terminen zu, die an der Gerichtsstelle des Ortes abgehalten werden, wo er in Haft ist.

(5) [1]Von den Terminen sind die zur Anwesenheit Berechtigten vorher zu benachrichtigen. [2] In den Fällen des Absatzes 2 unterbleibt die Benachrichtigung, soweit sie den Untersuchungserfolg gefährden würde. [3]Auf die Verlegung eines Termins wegen Verhinderung haben die zur Anwesenheit Berechtigten keinen Anspruch.

Übersicht

1 **A. Regelungsinhalt.** Die Vorschrift regelt das Anwesenheitsrecht des StA, des Beschuldigten und seines Verteidigers bei richterlichen Vernehmungen im Ermittlungsverfahren. Sie gilt sinngemäß für das Bußgeldverfahren (§ 46 Abs. 1, Abs. 2 OWiG). Für richterliche Vernehmungen nach Eröffnung des Hauptverfahrens enthält § 224 eine Sonderregelung. Im Verfahren gegen jugendliche Beschuldigte haben gem. § 67 Abs. 1 JGG auch der Erziehungsberechtigte und der gesetzliche Vertreter ein Anwesenheitsrecht, das dem des Beschuldigten entspricht. Das Anwesenheitsrecht der vorgenannten Personen ist mit einem Fragerecht verknüpft (KK-StPO/*Griesbaum*, § 168c Rn. 15). Ungeeignete oder nicht zur Sache gehörende Fragen können analog § 241 Abs. 2 zurückgewiesen werden. Bei Vernehmung von Zeugen unter 18 Jahren gilt § 241a entsprechend.

2 Daneben verleiht das Gesetz weiteren Personen ein Teilnahmerecht. Dem RA des nebenklagebefugten Verletzten steht nach § 406g Abs. 2 Satz 3 das Recht auf Anwesenheit bei allen richterlichen Vernehmungen zu, wenn dadurch der Untersuchungszweck nicht gefährdet wird. Der Nebenklagebefugte selbst hat außerhalb der Hauptverhandlung kein Anwesenheitsrecht (§§ 397 Abs. 1 Satz 1, 406g Abs. 1 Satz 2). Der nicht nebenklagebefugte Verletzte kann (nur) bei seiner eigenen Zeugenvernehmung einen RA (§ 406f Abs. 1) oder eine Vertrauensperson (§ 406f Abs. 2) als Beistand hinzuziehen. Für sonstige Zeugen sieht § 68b das Recht auf Anwesenheit eines anwaltlichen Beistandes für die Dauer ihrer Vernehmung vor.

3 Anderen Personen, die nach gesetzlichen Bestimmungen kein Anwesenheitsrecht haben, kann der Richter nach pflichtgemäßem Ermessen und in jederzeit widerruflicher Weise die Teilnahme an der Vernehmung gestatten, so z.B. dem Ehegatten oder Lebenspartner des zu vernehmenden Beschuldigten, dem Bewährungshelfer oder dem sachbearbeitenden Polizeibeamten (LR/*Erb*, § 168c Rn. 25 ff.). Personen, deren Anwesenheit nach richterlichem Ermessen gestattet werden kann, haben kein Fragerecht. Doch kann der Richter ihnen erlauben, einzelne Fragen zu stellen (BGH, NStZ 2005, 222).

4 **B. Richterliche Beschuldigtenvernehmung (Abs. 1).** Bei der richterlichen Beschuldigtenvernehmung (Abs. 1) haben StA und Verteidiger ein Recht auf Anwesenheit. In Steuerstrafverfahren steht dieses Recht der Finanzbehörde zu, wenn sie – anstelle der StA – das Ermittlungsverfahren selbstständig führt (§§ 386 Abs. 2, 399 Abs. 1 AO). Einschränkungen des Anwesenheitsrechtes des Verteidigers finden sich im sog. Kontaktsperregesetz (vgl. § 34 Abs. 3 Nr. 2, 3 EGGVG). Durch Abs. 1 Satz 2 und 3 – eingefügt durch Gesetz vom 27.08.2017 (BGBl. I, S. 3295) – wird nochmals klargestellt, dass nach der Beschuldigtenvernehmung dem Verteidiger und der StA Gelegenheit zu Fragen und Erklärungen zu geben ist, wobei ungeeignete oder nicht zur Sache gehörende Fragen oder Erklärungen zurückgewiesen werden können. Über die Verweisungen in § 163a Abs. 3 Satz 2 und § 163a Abs. 4 Satz 3 gilt das Anwesenheits- und Mitwirkungsrecht des Verteidigers aus Abs. 1 auch bei einer staatsanwaltlichen oder polizeilichen Beschuldigtenvernehmung.

5 **C. Richterliche Zeugen- oder Sachverständigenvernehmung (Abs. 2).** Bei der richterlichen Zeugen- oder Sachverständigenvernehmung (Abs. 2) haben StA, Beschuldigter und Verteidiger ein Anwesenheitsrecht. Auf den Fall der richterlichen Vernehmung eines Mitbeschuldigten ist die Vorschrift mangels Gesetzeslücke nicht analog anwendbar; deshalb sind bei richterlicher Vernehmung eines Mitbeschuldigten im Ermittlungsverfahren weder der Beschuldigte noch sein Verteidiger zur Anwesenheit berechtigt (BGHSt 42, 391; StV 2002, 584; Meyer-Goßner/*Schmitt*, § 168c Rn. 1; KK-StPO/*Griesbaum*, § 168c Rn. 11; LR/*Erb*, § 168c Rn. 14). Diese Auslegung ist verfassungsrechtlich nicht zu beanstanden (BVerfG, NJW 2007, 204). Bei der staatsanwaltschaftlichen Vernehmung eines Zeugen oder Sachverständigen steht dem Beschuldigten und seinem Verteidiger – anders als nach Abs. 2 bei richterlichen Vernehmungen – kein Anwesenheitsrecht zu (§ 161a). Mit Satz 2 bis 4 – eingefügt durch Gesetz vom 27.08.2017 (BGBl. I, S. 3295) – wird das Recht des Anwesenheitsberechtigten zur aktiven Teilnahme an der richterlichen Vernehmung klargestellt, jedoch eingeschränkt durch die Möglichkeit der richterlichen Zurückweisung von Fragen und Erklärungen. Über die Verweisung in Satz 4 auf § 241a wird der Schutz minderjähriger Zeugen bei deren Vernehmung sichergestellt.

6 **D. Ausschließung des Beschuldigten (Abs. 3). I. Voraussetzungen.** Die Ausschließung des Beschuldigten – nicht auch des Verteidigers – von der Verhandlung erlaubt Abs. 3. Voraussetzung ist, dass die Anwesenheit des Beschuldigten den Untersuchungszweck gefährden würde. Nach Satz 2 ist dies insb. dann der Fall, wenn (konkret) zu befürchten ist, dass ein Zeuge in Gegenwart des Beschuldigten nicht die Wahrheit sagen werde. Gleiches gilt, wenn begründete Anhaltspunkte dafür bestehen, dass der Zeuge aus Angst vor Repressalien des

Beschuldigten von seinem Zeugnisverweigerungsrecht Gebrauch machen werde (BayObLG, NJW 1978, 232). Eine Gefährdung des Untersuchungszwecks ist auch dann zu bejahen, wenn die konkrete Gefahr besteht, dass der Beschuldigte seine Anwesenheit oder sein aus der Vernehmung erlangtes Wissen für Verdunklungshandlungen (Beeinflussung von Zeugen oder Mitbeschuldigten, Beseitigung oder Verfälschung von Beweismitteln) missbrauchen würde (LR/*Erb*, § 168c Rn. 15).

Die nachträgliche Unterrichtung des Beschuldigten – wie in § 247 Satz 4 für die Hauptverhandlung vorgeschrieben – ist nicht erforderlich, aber zulässig (KK-StPO/*Griesbaum*, § 168c Rn. 6). Gegen den Ausschließungsbeschluss kann der Beschuldigte gem. § 304 Beschwerde einlegen, die jedoch nach Abschluss der Vernehmung wegen prozessualer Überholung unzulässig ist (LR/*Erb*, § 168c Rn. 61). Zu den Rechtsfolgen eines fehlerhaften Ausschlusses des Beschuldigten vgl. Rdn. 15 u. 16. 7

II. Pflichtverteidigerbestellung bei Vernehmung des Hauptbelastungszeugen zur Beweissicherung. Wird der unverteidigte Beschuldigte nach Abs. 3 von der Anwesenheit bei der zum Zwecke der Beweissicherung durchgeführten **ermittlungsrichterlichen Vernehmung des zentralen Belastungszeugen** ausgeschlossen, so ist ihm vor der Vernehmung gem. § 141 Abs. 3 StPO ein Verteidiger zu bestellen, wenn abzusehen ist, dass dessen Mitwirkung im gerichtlichen Verfahren notwendig sein wird (BGHSt 46, 93). Nur dadurch bleibt das durch Art. 6 Abs. 3 lit. d) EMRK garantierte Recht des Beschuldigten auf Fragen an Belastungszeugen gewahrt. Der Verteidiger muss Gelegenheit haben, sich vor der Vernehmung mit dem Beschuldigten zu besprechen. Das Unterlassen der Verteidigerbestellung führt zwar nicht zu einem Verwertungsverbot, mindert aber den Beweiswert des Vernehmungsergebnisses in der Weise, dass auf die Angaben des Vernehmungsrichters eine Feststellung nur dann gestützt werden kann, wenn diese Bekundungen durch andere gewichtige Gesichtspunkte außerhalb der Aussage bestätigt werden (BGHSt 46, 93; 51, 150). 8

E. Nicht in Freiheit befindlicher Beschuldigter (Abs. 4). Dem nicht in Freiheit befindlichen Beschuldigten, der einen Verteidiger hat, steht nur ein beschränktes Anwesenheitsrecht zu (Abs. 4). Er kann seine Teilnahme an der Vernehmung nur dann beanspruchen, wenn der Termin an der Gerichtsstelle, d.h. im Dienstgebäude des vernehmenden Richters abgehalten wird (vgl. BGHSt 1, 269, 271) und die Gerichtsstelle sich am selben Ort wie die Haftanstalt befindet. Hat der inhaftierte Beschuldigte keinen Verteidiger, unterliegt sein Anwesenheitsrecht – abgesehen von Abs. 3 – keinen Einschränkungen. Er ist vom Vernehmungstermin zu benachrichtigen und auf Verlangen vorzuführen. Gegen die Ablehnung der beantragten Vorführung kann er Beschwerde (§ 304) einlegen, die jedoch nach Abschluss der Vernehmung wegen prozessualer Überholung unzulässig ist. Wird der Termin nicht an der Gerichtsstelle des Haftortes abgehalten, kann seine Überstellung an den Vernehmungsort dadurch vermieden werden, dass ihm nach § 141 Abs. 3 – wenn dessen Voraussetzungen vorliegen – ein Pflichtverteidiger bestellt wird; denn dann gilt wieder die Beschränkung des Anwesenheitsrechtes nach Abs. 4. Zu den Folgen eines Verstoßes gegen Abs. 4 vgl. Rdn. 15 u. 16. 9

F. Benachrichtigung der zur Anwesenheit Berechtigten (Abs. 5). I. Benachrichtigungspflicht (Abs. 5 Satz 1). Die nach Abs. 1 u. 2 sowie aufgrund anderer Bestimmungen (vgl. Rdn. 1, 2) zur Anwesenheit Berechtigten sind zu dem Termin so rechtzeitig zu benachrichtigen, dass Ihnen die Teilnahme auch tatsächlich möglich ist. Auf die Verlegung eines Termins wegen Verhinderung haben sie keinen Anspruch (Abs. 5 Satz 3). Doch kann es die richterliche Fürsorgepflicht gebieten, einem begründeten Verlegungsantrag stattzugeben, wenn dadurch der Untersuchungserfolg nicht beeinträchtigt wird. Der ohne Benachrichtigung zum Termin erschienene Verteidiger ist gleichwohl zur Teilnahme berechtigt, da er nicht wie der Beschuldigte von der Teilnahme ausgeschlossen werden kann (BGHSt 29, 1, 5). Bestellt sich ein Verteidiger erst während des laufenden Vernehmungstermins, gebietet nicht Abs. 5 Satz 1, sondern allenfalls der Grundsatz des fairen Verfahrens, mit der Vernehmung bis zu seinem Erscheinen innezuhalten (BGH, StV 2006, 228). 10

II. Unterbleiben der Benachrichtigung (Abs. 5 Satz 2). 1. Voraussetzungen. Allein das Vorliegen eines Ausschlussgrundes nach § 168c Abs. 3 macht die Benachrichtigung des Beschuldigten von dem Vernehmungstermin nicht entbehrlich, denn diese dient der Wahrung seiner Rechte auch über ein Ermöglichen des Erscheinens hinaus (BGH, StV 2011, 336). Dies hat der Gesetzgeber durch das Gesetz zur Fortentwicklung der Strafprozessordnung und zur Änderung weiterer Vorschriften vom 10.06.2021 klargestellt. Aus diesem Grund entfällt die Benachrichtigungspflicht grundsätzlich nicht deshalb, weil der Beschuldigte nach Abs. 3 bereits vom Termin ausgeschlossen worden ist (str. offengelassen von BGH, NStZ 2015, 98). Vielmehr darf die nach Abs. 5 Satz 1 vorgeschriebene Benachrichtigung der zur Anwesenheit Berechtigten vom Termin nach Abs. 5 Satz 2 nur dann unterbleiben, soweit sie den **Untersuchungserfolg gefährden** würde. Untersuchungserfolg in diesem Sinn ist die Gewinnung einer wahrheitsgemäßen Aussage, die in einem späteren Verfahrensabschnitt durch Verlesung oder Vernehmung des Ermittlungsrichters als Zeugen verwertet werden kann (BayObLG, NJW 1978, 232; BGHSt 29, 1; BGH, NStZ 1999, 417). Eine Gefährdung dieses Erfolgs kann nur 11 aus Umständen resultieren, die geeignet sind, das unmittelbar durch die Zeugenvernehmung zu gewinnende Beweisergebnis zu beeinflussen (BGH, NStZ 1999, 417). Eine mögliche Beeinträchtigung von zukünftigen weiteren Ermittlungshandlungen, deren Notwendigkeit sich aus dem Ergebnis der richterlichen Zeugenvernehmung ergibt, rechtfertigt nicht ein Absehen von der Benachrichtigung (BGH, NStZ 1999, 417).

12 Eine Gefährdung des Beweisergebnisses ist zu bejahen, wenn konkrete Anhaltspunkte dafür vorliegen, dass der Beschuldigte (oder Verteidiger) die Terminsnachricht zur Vornahme von Verdunklungshandlungen ausnützen (BGHSt 32, 115, 129), also insb. den Zeugen zu einer Falschaussage anhalten könnte (BGHSt 29, 1), oder dass der Zeuge aus Angst vor Repressalien von seinem Zeugnisverweigerungsrecht Gebrauch machen könnte (BayObLG, NJW 1978, 232). Ausnahmsweise kann die Gefährdung des Untersuchungserfolges auch bei absoluter Eilbedürftigkeit der richterlichen Vernehmung (z.B. des lebensbedrohlich erkrankten Zeugen) dann angenommen werden, wenn die mit der Benachrichtigung verbundene zeitliche Verzögerung die Vernehmung vereiteln oder erheblich erschweren würde. Eine bloße zeitliche Verzögerung des Verfahrens insgesamt genügt keinesfalls.

13 Liegen die Gründe für ein Absehen von der Benachrichtigung allein in der Person des Beschuldigten, muss jedenfalls der Verteidiger vom Termin verständigt werden; nur wenn auch von ihm ausgehende Gefährdungshandlungen zu besorgen sind, darf seine Benachrichtigung unterbleiben (BGHSt 29, 1). Ist einem Zeugen Vertraulichkeit zugesichert worden, darf die Benachrichtigung des Beschuldigten und seines Verteidigers vom Termin gleichwohl nur unter den Voraussetzungen des Abs. 5 Satz 2 unterbleiben (BGH, NJW 2003, 3142). Der Verteidiger kann auch nicht verpflichtet werden, dem Beschuldigten eine Zeugenvernehmung durch einen Richter zu verheimlichen (LG Hamburg, StraFo 03, 131).

14 2. **Beurteilungszeitpunkt.** Die Beurteilung, ob die Voraussetzungen des Abs. 5 Satz 2 (Gefährdung des Untersuchungserfolges) vorliegen, trifft zunächst der vernehmende Richter, der über seine Entschließung und die sie tragenden Gründe einen Aktenvermerk fertigen muss (BGHSt 29, 1; 31, 140). Unabhängig davon hat dann in der späteren Hauptverhandlung das erkennende Gericht in eigener Verantwortung zu prüfen, ob die Benachrichtigung unterbleiben durfte, wenn es das Ergebnis der Vernehmung bei seiner Entscheidungsfindung berücksichtigen will (BGH, NStZ 1999, 417). Abzustellen ist dabei auf den Zeitpunkt der richterlichen Vernehmung; spätere Umstände, die der Ermittlungsrichter noch nicht kennen konnte, dürfen nicht berücksichtigt werden (BGH, NJW 2003, 3142).

15 **G. Verstöße gegen § 168c.** Ein Verstoß gegen Abs. 3 (unberechtigter Ausschluss des Beschuldigten), gegen Abs. 4 (unberechtigte Ablehnung der Vorführung) oder Abs. 5 (Verletzung der Benachrichtigungspflicht) hat nach bisheriger Rspr. zur Folge, dass das Beweisergebnis in der Hauptverhandlung im Fall des Widerspruchs des Betroffenen nicht verwertet werden darf (BGH, NStZ 1999, 417). Ausgeschlossen ist damit sowohl die Verlesung der richterlichen Vernehmungsniederschrift nach § 251 Abs. 2 wie auch die Vernehmung des Ermittlungsrichters als Zeuge (BGHSt 26, 332; 31, 140; StV 2011, 336). Dabei ist nicht von Bedeutung, ob der Verstoß absichtlich, versehentlich oder unter Verkennung der gesetzlichen Voraussetzungen erfolgt ist (BVerfG, NJW 2006, 672; BGH, NJW 2003, 3142). Das aufgrund des Verstoßes fehlerhafte Protokoll über die richterliche Vernehmung darf aber als Protokoll einer anderen – nicht richterlichen – Vernehmung gem. § 251 Abs. 1 verlesen werden, wenn die übrigen Voraussetzungen hierfür vorliegen (BayObLG, MDR 1977, 687; BGH, NStZ 1998, 312; so auch BGH Beschl. v. 24.04.2019 – 4 StR 16/19 zur Verwertung einer Bild-Tonaufnahme als nicht richterliche Vernehmung). Ebenso dürfen aus einer solchen Vernehmung Vorhalte an den Zeugen gemacht werden (BGHSt 34, 231; a.A. BGHSt 31, 140). Der Verstoß gegen Abs. 5 Satz 1 führt aber nicht zu einem Verwertungsverbot hinsichtlich eines Mitbeschuldigten (BGH, NStZ 2009, 345).

16 In einer neueren Entscheidung hat der BGH jedoch Verstöße gegen Abs. 3 und Abs. 5 Satz 1 nicht mehr mit einem Verwertungsverbot sanktioniert, sondern – gestützt auf die Rspr. des EGMR (vgl. etwa EGMR, Urt. v. 15.12.2015 – 9154/10; NJOZ 2017, 544) – als Verletzung des Rechts des Beschuldigten auf konfrontative Befragung eines Zeugen nach Art. 6 Abs. 3 lit. d) EMRK gewertet mit der Folge, dass die Zeugenangaben verwertbar, aber in ihrem Beweiswert geschmälert sind (BGHSt 51, 150). Eine Verurteilung kann darauf nur gestützt werden, wenn die Zeugenangaben durch andere gewichtige Gesichtspunkte außerhalb der Aussage bestätigt werden (BGHSt 51, 150).

17 **H. Revision.** Wird das Beweisergebnis entgegen einem Verwertungsverbot (vgl. Rdn. 15) in die Hauptverhandlung eingeführt, stellt dies »im Falle des Beruhens« einen die Revision begründenden Verfahrensfehler dar (BGH, NStZ 1999, 417). Für den Fall, dass der Tatrichter unter Würdigung aller Umstände eine Gefährdung des Untersuchungszwecks (Abs. 3) bzw. des Untersuchungserfolges (Abs. 5 Satz 2) bejaht und deshalb das Beweisergebnis verwertet hat, ist das Revisionsgericht seinerseits auf die Prüfung beschränkt, ob dabei Rechtsfehler, insb. eine Überschreitung der dem tatrichterlichen Ermessen gesetzten Schranken,

erkennbar sind (BGHSt 29, 1; StV 2003, 540). Hat der Tatrichter die entsprechende Prüfung unterlassen, ist dem Revisionsgericht eine Überprüfung der Voraussetzungen für einen Ausschluss bzw. eine Nichtbenachrichtigung des Beschuldigten verwehrt, ein Rechtsfehler somit nicht ausschließbar (BGHSt 31, 140). Wird mit der Revision das Fehlen der Benachrichtigung gerügt, so ist, wenn das Gegenteil nicht bewiesen ist, das Unterbleiben der Benachrichtigung zu unterstellen (BayObLG, MDR 1977, 687). Bei Zugrundelegung der »Beweiswürdigungslösung« (vgl. Rdn. 16) überprüft das Revisionsgericht auf entsprechende Rüge hin, ob die tatrichterliche Beweiswürdigung den besonderen Wertungs- und Begründungsanforderungen genügt (BGHSt 51, 150).

§ 168d Anwesenheitsrecht bei Einnahme eines richterlichen Augenscheins

(1) [1]Bei der Einnahme eines richterlichen Augenscheins ist der Staatsanwaltschaft, dem Beschuldigten und dem Verteidiger die Anwesenheit bei der Verhandlung gestattet. [2]§ 168c Abs. 3 Satz 1, Abs. 4 und 5 gilt entsprechend.

(2) [1]Werden bei der Einnahme eines richterlichen Augenscheins Sachverständige zugezogen, so kann der Beschuldigte beantragen, dass die von ihm für die Hauptverhandlung vorzuschlagenden Sachverständigen zu dem Termin geladen werden, und, wenn der Richter den Antrag ablehnt, sie selbst laden lassen. [2]Den vom Beschuldigten benannten Sachverständigen ist die Teilnahme am Augenschein und an den erforderlichen Untersuchungen insoweit gestattet, als dadurch die Tätigkeit der vom Richter bestellten Sachverständigen nicht behindert wird.

Übersicht

A. Richterlicher Augenschein (Abs. 1). Bei der richterlichen Augenscheinseinnahme (Abs. 1) gelten die gleichen Anwesenheitsrechte und Benachrichtigungspflichten wie bei richterlichen Zeugen- und Sachverständigenvernehmungen (§ 168c). Satz 1 entspricht inhaltlich § 168c Abs. 2; Satz 2 verweist auf § 168c Abs. 3 Satz 1, Abs. 4 und Abs. 5. Für die Leichenöffnung im Beisein eines Richters enthält § 87 eine Sonderregelung. Auf die Einnahme eines Augenscheins durch den StA ist § 168d ebenfalls nicht anwendbar; der StA kann daher nach seinem Ermessen den Verfahrensbeteiligten die Anwesenheit gestatten (KK-StPO/*Griesbaum*, § 168d Rn. 2). Bei der Protokollierung des richterlichen Augenscheins sind § 86 (Inhalt) und §§ 168, 168a (Förmlichkeiten) zu beachten. 1

B. Zuziehung eines Sachverständigen (Abs. 2). Bei einem richterlichen Augenschein unter Zuziehung eines Sachverständigen muss der Beschuldigte (Verteidiger) bereits in der Terminsnachricht (Abs. 1 Satz 2 i.V.m. § 168c Abs. 5 Satz 1) von der beabsichtigten Zuziehung unterrichtet werden, damit er seine Rechte aus Abs. 2 wahrnehmen kann. Über den Antrag nach Abs. 2 Satz 1 entscheidet der Richter nach pflichtgemäßem Ermessen. Im Fall der Ablehnung kann der Beschuldigte Beschwerde einlegen oder den Sachverständigen selbst laden (Abs. 2 Satz 1 i.V.m. § 220), aber auch ohne eigene Ladung den Sachverständigen zum Termin mitbringen (LR/*Erb*, § 168d Rn. 11). Der Ausschluss dieses Sachverständigen von der Teilnahme am Augenschein ist nicht nur wegen Behinderung der gerichtlich bestellten Sachverständigen zulässig (Abs. 2 Satz 2), sondern auch dann, wenn der betreffenden Person die erforderliche Eignung und Sachkunde erkennbar fehlt (LR/*Erb*, § 168d Rn. 17). Der Ausschluss, nicht hingegen die Nichtladung (Möglichkeit der Selbstladung), ist mit der Beschwerde (§ 304) anfechtbar; nach Durchführung des Termins ist diese jedoch wegen prozessualer Überholung unzulässig (Meyer-Goßner/*Schmitt*, § 168d Rn. 3). 2

§ 168e Vernehmung von Zeugen getrennt von Anwesenheitsberechtigten

[1]Besteht die dringende Gefahr eines schwerwiegenden Nachteils für das Wohl des Zeugen, wenn er in Gegenwart der Anwesenheitsberechtigten vernommen wird, und kann sie nicht in anderer Weise abgewendet werden, so soll der Richter die Vernehmung von den Anwesenheitsberechtigten getrennt durchführen. [2]Die Vernehmung wird diesen zeitgleich in Bild und Ton übertragen. [3]Die Mitwirkungsbefugnisse der Anwesenheitsberechtigten bleiben im Übrigen unberührt. [4]Die §§ 58a und 241a finden entsprechende Anwendung. [5]Die Entscheidung nach Satz 1 ist unanfechtbar.

S.a. RiStBV Nr. 19 f.

1 **A. Regelungsinhalt und Anwendungsbereich.** Die durch das Zeugenschutzgesetz v. 30.04.1998 (BGBl. I, S. 820) eingefügte Vorschrift verbessert die Stellung schutzbedürftiger Zeugen in zweierlei Hinsicht. Zum einen schützt sie den Zeugen bei der Vernehmung selbst, indem sie seine richterliche Einvernahme unter räumlicher Trennung von den übrigen Anwesenheitsberechtigten (Satz 1) bei gleichzeitiger Bild-Ton-Übertragung (Satz 2) ermöglicht. Zum anderen schützt sie den Zeugen vor den Belastungen einer wiederholten Vernehmung, indem sie die Video-Aufzeichnung der Einvernahme erlaubt (Satz 4 i.V.m. § 58a), deren spätere Vorführung in der Hauptverhandlung die nochmalige Vernehmung ersetzen kann (§ 255a Abs. 2).

2 § 168e gilt für richterliche Vernehmungen im Ermittlungsverfahren, ist aber analog auch im Zwischenverfahren und für kommissarische Vernehmungen (§§ 223, 224) außerhalb der Hauptverhandlung anwendbar (LR/*Erb*, § 168e Rn. 6). Die audiovisuelle Zeugenvernehmung in der Hauptverhandlung selbst regelt § 247a. Bei polizeilichen und staatsanwaltschaftlichen Zeugenvernehmungen bestehen keine Anwesenheitsrechte anderer Verfahrensbeteiligter, sodass hierbei ein Rückgriff auf § 168e nicht geboten ist.

3 **B. Voraussetzungen. I. Schutzbereich der Vorschrift.** Die Beschränkung der Anwesenheitsrechte nach § 168e Satz 1 setzt voraus, dass bei Vernehmung in Gegenwart der Anwesenheitsberechtigten die dringende Gefahr eines schwerwiegenden Nachteils für das Wohl des Zeugen besteht und diese Gefahr nicht anders abgewendet werden kann. Unter den Schutzbereich der Vorschrift fallen nicht nur kindliche oder jugendliche Opferzeugen unter 18 Jahren (vgl. §§ 58a Abs. 1 Satz 2 Nr. 1, 255a Abs. 2), sondern alle schutzbedürftigen Zeugen ohne Altersbeschränkung, insb. Opfer von Sexualstraftaten oder Gewaltdelikten sowie psychisch geschädigte, kranke oder gebrechliche Zeugen. Bei der Vernehmung gefährdeter Zeugen (z.B. V-Leuten, verdeckten Ermittlern), deren Identität nach §§ 96 analog, 110b Abs. 3 geheim gehalten werden soll, ist § 168e nur unter Einsatz einer Videokonferenzanlage mit Verfremdungstechnik anwendbar, weil andernfalls die Simultanübertragung das Schutzinteresse dieser Personen unterlaufen würde (*Schlüchter/Greff* Kriminalistik 1998, 530, 534).

4 **II. Dringende Gefahr eines schwerwiegenden Nachteils.** Die dringende Gefahr eines schwerwiegenden Nachteils für das Wohl des Zeugen setzt konkrete tatsächliche Anhaltspunkte voraus, die die hohe Wahrscheinlichkeit einer schwerwiegenden Beeinträchtigung des körperlichen, geistigen oder seelischen Wohlbefindens des Zeugen begründen. Bloße Unannehmlichkeiten, die gewöhnlich mit jeder Zeugenvernehmung verbunden sind, reichen nicht aus. Die Gefahr eines dauerhaften Schadens ist nicht erforderlich; auch eine schwerwiegende vorübergehende Beeinträchtigung (z.B. Nervenzusammenbruch während der Vernehmung) genügt (KK-StPO/*Griesbaum*, § 168e Rn. 5). Ursache der zu befürchtenden Nachteile muss die körperliche Anwesenheit der anderen Verfahrensbeteiligten bei der Vernehmung sein.

5 **III. Keine anderweitige Abwendbarkeit der Gefahr.** Die getrennte Vernehmung ist nur zulässig, wenn die Gefahr nicht in anderer Weise abgewendet werden kann. Vorrangig ist daher zu prüfen, ob nicht bereits der Beistand eines RA (§§ 68b Abs. 1 u. 2, 406f Abs. 1, 406g Abs. 2), die Zulassung einer Vertrauensperson des Zeugen (§ 406f Abs. 2) oder bei Zeugen unter 18 Jahren die alleinige Vernehmung durch den Vorsitzenden (§ 241a Abs. 1) geeignet ist, eine schwerwiegende Beeinträchtigung des Zeugenwohles abzuwenden (vgl. auch RiStBV Nr. 19 und Nr. 19a). Dagegen dürfte dem Ausschluss des Beschuldigten von der Anwesenheit gem. § 168c Abs. 3 bzw. dem Unterlassen der Benachrichtigung vom Termin gem. § 168c Abs. 5 Satz 2 kein Vorrang vor der Anwendung des § 168e zukommen (LR/*Erb*, § 168e Rn. 13; a.A. Meyer-Goßner/*Schmitt*, § 168e Rn. 2; HK-StPO/*Zöller*, § 168e Rn. 6; vermittelnd KK-StPO/*Griesbaum*, § 168e Rn. 6). Denn die Maßnahmen nach § 168c Abs. 3 und Abs. 5 Satz 2 greifen stärker in die Rechtsstellung des Beschuldigten ein, indem sie – anders als bei Anwendung des § 168e – zu einem vollständigen Ausschluss seiner Mitwirkungsrechte führen.

6 **C. Durchführung der Vernehmung. I. Räumliche Trennung der Anwesenheitsberechtigten (Satz 1).** Liegen die Voraussetzungen des § 168e Satz 1 vor, führt der Richter nach entsprechender Anordnung die Vernehmung in räumlicher Trennung von den Anwesenheitsberechtigten durch. Der Protokollführer ist kein

»Anwesenheitsberechtigter« in diesem Sinne und deshalb vom Ausschluss nicht betroffen (LR/*Erb*, § 168e Rn. 17; a.A. KK-StPO/*Griesbaum*, § 168e Rn. 8, Meyer-Goßner/*Schmitt*, § 168e Rn. 8). Ansonsten kann nur dem anwaltlichen Beistand (§§ 68b, 406f Abs. 1, 406g Abs. 2) oder einer Vertrauensperson des Zeugen (§ 406f Abs. 2) die Anwesenheit im Vernehmungszimmer gestattet werden.

II. Zeitgleiche Bild-Ton-Übertragung (Satz 2). Den in einem anderen Raum oder einem anderen Gebäude befindlichen Verfahrensbeteiligten wird die Vernehmung zeitgleich in Bild und Ton übertragen. Dabei soll die Videokamera stets Richter und Zeugen gleichzeitig erfassen, um die Vernehmungssituation möglichst umfassend und realgetreu darzustellen. 7

III. Mitwirkungsbefugnisse der Anwesenheitsberechtigten (Satz 3). Die Mitwirkungsbefugnisse der Anwesenheitsberechtigten, insb. deren Fragerecht, dürfen durch die räumliche Trennung nicht beeinträchtigt werden. Erforderlich ist also zumindest eine Sprechverbindung zum Vernehmungszimmer (zur technischen Umsetzung vgl. *Janovski* Kriminalistik 1999, 455). Die Vernehmung eines Zeugen unter 18 Jahren wird allein vom Vorsitzenden durchgeführt (Satz 4 i.V.m. § 241a Abs. 1), sodass hier eine sog. Ohrknopfverbindung zum Richter genügt. 8

IV. Aufzeichnung der Vernehmung (Satz 4). Die Aufzeichnung der Vernehmung auf Bild-Ton-Träger ist zulässig (Satz 4 i.V.m. § 58a). Von dieser Möglichkeit soll bei Zeugen unter 18 Jahren zur Vermeidung wiederholter Vernehmungen Gebrauch gemacht werden (RiStBV Nr. 19). Die Vorführung der Aufzeichnung in der späteren Hauptverhandlung kann allerdings gem. § 255a Abs. 2 – bei sonst gegebenen Voraussetzungen – die erneute Zeugenvernehmung nur ersetzen, wenn Angeklagter und Verteidiger bei der früheren Einvernahme mitwirken konnten. Deshalb sind beide gem. § 168c Abs. 5 Satz 1 rechtzeitig zum Termin zu laden. Bei begründetem Ersuchen ist der Termin zu verlegen (OLG München, StV 2000, 352), obwohl nach § 168c Abs. 5 Satz 3 kein Anspruch darauf besteht. Ist die Benachrichtigung wegen Gefährdung des Untersuchungserfolges gem. § 168c Abs. 5 Satz 2 unterblieben, kommt die Anwendung des § 255a Abs. 2 nicht in Betracht (BGHSt 49, 72, 82; KK-StPO/*Griesbaum*, § 168e Rn. 7). 9

D. Protokollierung. Wie bei jeder richterlichen Untersuchungshandlung ist auch im Fall der Zeugenvernehmung nach § 168e ein Protokoll zu erstellen (§§ 168, 168a). Wird die Vernehmung gleichzeitig auf Bild-Ton-Träger aufgezeichnet (Satz 4 i.V.m. § 58a), könnte von der Zuziehung eines Protokollführers abgesehen (§ 168 Satz 2 Hs. 2) und die Videoaufzeichnung als vorläufige Aufzeichnung des Protokollinhalts verwendet werden (§ 168a Abs. 2 Satz 1), was aber wegen des damit verbundenen Mehraufwands nicht zu empfehlen ist (LR/*Erb*, § 168a Rn. 18a). Der Zeitpunkt für die Vernichtung der Aufzeichnungen wäre in diesem Fall nicht nach §§ 58a Abs. 2 Satz 2 i.V.m. 101 Abs. 8, sondern nach § 168a Abs. 2 Satz 4 zu bestimmen. Wird die Vernehmung nicht auf Bild-Ton-Träger aufgezeichnet, ist sie in jedem Fall durch einen Protokollführer aufzunehmen (§ 168 Abs. 1 Satz 2) oder mit einem Tonaufnahmegerät aufzuzeichnen (§ 168a Abs. 2 Satz 2). 10

E. Anfechtbarkeit. Die Entscheidung des Richters nach Satz 1 über die getrennte Durchführung der Zeugenvernehmung mit Simultanübertragung, d.h. sowohl deren Anordnung als auch die Ablehnung eines entsprechenden Antrags, ist nicht anfechtbar (Satz 5). Dies bedeutet gleichzeitig, dass mit der Revision nicht die fehlerhafte Anwendung des § 168e Satz 1 gerügt werden kann (§ 336 Satz 2). 11

§ 169 Ermittlungsrichter des Oberlandesgerichts und des Bundesgerichtshofes

(1) [1]In Sachen, die nach den §§ 120 oder 120b des Gerichtsverfassungsgesetzes zur Zuständigkeit des Oberlandesgerichts im ersten Rechtszug gehören, können die im vorbereitenden Verfahren dem Richter beim Amtsgericht obliegenden Geschäfte auch durch Ermittlungsrichter dieses Oberlandesgerichts wahrgenommen werden. [2]Führt der Generalbundesanwalt die Ermittlungen, so sind an deren Stelle Ermittlungsrichter des Bundesgerichtshofs zuständig.

(2) Der für eine Sache zuständige Ermittlungsrichter des Oberlandesgerichts kann Untersuchungshandlungen auch dann anordnen, wenn sie nicht im Bezirk dieses Gerichts vorzunehmen sind.

S.a. RiStBV Nr. 202 f.

1 **A. Regelungsinhalt.** Die Vorschrift begründet in Staatsschutzsachen, die nach § 120 Abs. 1 und Abs. 2 GVG zur Zuständigkeit des OLG im ersten Rechtszug gehören, für richterliche Untersuchungshandlungen im Ermittlungsverfahren eine zusätzliche Zuständigkeit besonderer Ermittlungsrichter des OLG (Abs. 1 Satz 1) oder des BGH (Abs. 1 Satz 2), die neben die Zuständigkeit des Ermittlungsrichters beim AG (§ 162) tritt. Die Zuständigkeit der weiteren Ermittlungsrichter hängt davon ab, ob der GenStA beim zuständigen OLG oder der GBA die Ermittlungen führt. Für die in § 120b GVG genannten Strafsachen (Bestechlichkeit und Bestechung von Mandatsträgern, § 108e StGB) besteht ebenfalls eine alternative Zuständigkeit des Ermittlungsrichters beim zuständigen Oberlandesgericht (Abs. 1 Satz 1).

2 **B. Zuständigkeitsverteilung.** Der **Ermittlungsrichter des BGH** (Abs. 1 Satz 2) ist zuständig, wenn und solange der GBA nach § 142a Abs. 1 Satz 1 GVG die Ermittlungen führt (BGH, NJW 1973, 475). Seine Zuständigkeit besteht folglich in Strafsachen nach § 120 Abs. 1 GVG, für die der GBA originär zuständig ist, von der Einleitung der Ermittlungen bis zur etwaigen Abgabe an den GenStA bei dem zuständigen OLG (§ 142a Abs. 2 GVG) und in Strafsachen nach §§ 74a Abs. 1, 120 Abs. 2 GVG von der Übernahme durch den GBA (§§ 74a Abs. 2, 120 Abs. 2 Satz 1 GVG) bis zu einer eventuellen Abgabe an die Landes-StA (§ 142a Abs. 4 GVG). In Haftsachen überträgt er nach Abgabe der Sache die Haftzuständigkeit entsprechend § 126 Abs. 1 Satz 3 auf einen bestimmten neuen Haftrichter, da dieser im Fall der alternativen Zuständigkeit des Ermittlungsrichters beim AG und beim OLG nicht von vornherein feststeht (BGH, NJW 1973, 475). Bis zur Übertragung besteht seine Zuständigkeit fort.

3 Der **Ermittlungsrichter des OLG** (Abs. 1 Satz 1) ist zuständig, wenn und solange der GenStA bei diesem OLG die Ermittlungen führt. Er kann nach Abs. 2 Untersuchungshandlungen auch dann anordnen, wenn diese im Bezirk eines anderen OLG vorzunehmen sind; eine entsprechend erweiterte Kompetenz hat nach der zum 01.01.2008 in Kraft getretenen Neufassung des § 162 nunmehr auch der Ermittlungsrichter des AG. Richterliche Ausführungshandlungen (z.B. Zeugenvernehmung) in einem fremden Bezirk kann er entweder selbst vornehmen (§ 166 GVG) oder im Wege der Rechtshilfe durch den ersuchten Richter (§ 157 Abs. 1 GVG) durchführen lassen.

4 Der **Ermittlungsrichter des AG** (§ 162) hat die alleinige Zuständigkeit in Staatsschutzsachen nach § 74a Abs. 1 GVG, solange nicht der GBA nach § 74a Abs. 2 GVG die Verfolgung übernimmt; er wird wieder allein zuständig, wenn der GBA die Sache nach § 142a Abs. 4 GVG an die für die Staatsschutzkammer zuständige Landes-StA zurückgibt. Führt der GenStA beim zuständigen OLG oder der GBA die Ermittlungen, besteht seine Zuständigkeit neben der des Ermittlungsrichters beim OLG oder BGH. Nach Sinn und Zweck des § 169 wird er in diesen Fällen nur eingeschaltet, wenn zur Ausführung des Ersuchens keine besondere Erfahrung in Staatsschutzsachen notwendig ist (Meyer-Goßner/*Schmitt*, § 169 Rn. 4); doch ist er grds. für alle richterlichen Untersuchungshandlungen uneingeschränkt zuständig.

5 **C. Anfechtung.** Beschlüsse und Verfügungen des Ermittlungsrichters des BGH und des OLG sind nur dann mit der Beschwerde anfechtbar, wenn sie die Verhaftung, einstweilige Unterbringung, Beschlagnahme, Durchsuchung oder die in § 101 Abs. 1 bezeichneten Maßnahmen betreffen (§ 304 Abs. 5). Über die Beschwerde entscheidet der BGH (§ 135 Abs. 2 GVG) oder das OLG (§ 120 Abs. 3 Satz 2 GVG). Wird gegen eine Entscheidung des Ermittlungsrichters beim AG in Strafsachen, die zur Zuständigkeit des OLG im ersten Rechtszug gehören, Beschwerde eingelegt, entscheidet hierüber ebenfalls das OLG (§§ 120 Abs. 3 Satz 1 i.V.m. 73 Abs. 1 GVG). Die Beschwerdezuständigkeit des BGH entfällt, sobald der GBA die Sache nach § 142a Abs. 2 oder Abs. 4 GVG abgegeben (BGH, NJW 1973, 475) oder Anklage zum OLG erhoben hat (BGHSt 27, 253).

§ 169a Vermerk über den Abschluss der Ermittlungen

Erwägt die Staatsanwaltschaft, die öffentliche Klage zu erheben, so vermerkt sie den Abschluss der Ermittlungen in den Akten.

S.a. RiStBV Nr. 109

A. Erforderlichkeit des Abschlussvermerks. Der Abschluss der Ermittlungen ist in den Akten in allen Fällen zu vermerken, in denen die StA die Erhebung der öffentlichen Klage (§§ 170 Abs. 1, 407, 413, 417; § 76 JGG) erwägt. Zudem ist der Vermerk auch vor Anwendung des § 153a Abs. 1 erforderlich, weil in diesen Fällen bei nicht vollständiger Erfüllung der Auflagen und Weisungen ohne weitere Verfahrensschritte die öffentliche Klage erhoben wird (LR/*Erb*, § 169a Rn. 3). Richtet sich das Verfahren gegen mehrere Personen, ist mit dem Vermerk bis zum Abschluss der Ermittlungen gegen all diejenigen Beschuldigten, gegen die Anklage erhoben werden soll, zuzuwarten (RiStBV Nr. 109 Abs. 2); der Vermerk muss erkennen lassen, gegen welche Beschuldigten die Ermittlungen abgeschlossen sind (RiStBV Nr. 109 Abs. 3 Satz 2). 1

B. Form, Inhalt und Bedeutung des Abschlussvermerks. Der Vermerk bedarf weder einer besonderen Form noch einer Begründung. Es genügt der mit Datum und Unterschrift des Staatsanwalts (RiStBV Nr. 109 Abs. 3 Satz 1) versehene Satz: »Die Ermittlungen sind abgeschlossen«. Eine Mitteilung an den Beschuldigten unterbleibt. 2

Der Abschlussvermerk hat zur Folge, dass dem Verteidiger ein unbeschränktes Akteneinsichtsrecht zusteht (§ 147 Abs. 2, Abs. 5 Satz 2, Abs. 6). Der Vermerk ist keine Prozessvoraussetzung und nicht anfechtbar (BGH, NJW 1967, 1869). Die Revision kann auf das Fehlen des Abschlussvermerks nicht gestützt werden (BGH, NJW 1967, 1869). Weitere Ermittlungen der StA werden durch den Vermerk nicht ausgeschlossen. 3

§ 170 Entscheidung über eine Anklageerhebung

(1) Bieten die Ermittlungen genügenden Anlass zur Erhebung der öffentlichen Klage, so erhebt die Staatsanwaltschaft sie durch Einreichung einer Anklageschrift bei dem zuständigen Gericht.

(2) [1]Andernfalls stellt die Staatsanwaltschaft das Verfahren ein. [2]Hiervon setzt sie den Beschuldigten in Kenntnis, wenn er als solcher vernommen worden ist oder ein Haftbefehl gegen ihn erlassen war; dasselbe gilt, wenn er um einen Bescheid gebeten hat oder wenn ein besonderes Interesse an der Bekanntgabe ersichtlich ist.

S.a. RiStBV Nr. 87 bis 91, 211, 275, 276

Übersicht

A. Bedeutung der Vorschrift. I. Regelungsinhalt. § 170 befasst sich mit der von der StA am Ende des Ermittlungsverfahrens zu treffenden abschließenden Entscheidung (vgl. auch RiStBV Nr. 87 bis 91, 211). Das Ermittlungsverfahren wird entweder durch Erhebung der öffentlichen Klage (Abs. 1) oder durch Einstellung des Verfahrens (Abs. 2 Satz 1) abgeschlossen. 1

Die **Erhebung der öffentlichen Klage** kann nicht nur durch Einreichung einer Anklageschrift (Abs. 1) erfolgen, sondern auch durch Antrag auf Erlass eines Strafbefehls (§ 407) oder auf Aburteilung im beschleunigten Verfahren (§ 417), ebenso durch Stellung eines Antrags auf Durchführung des Sicherungsverfahrens (§ 413) oder auf Aburteilung im vereinfachten Jugendverfahren (§ 76 JGG) sowie durch Erhebung einer Nachtragsanklage (§ 266 Abs. 2 Satz 1). Auch der Antrag auf Durchführung des objektiven Verfahrens nach § 440 ist eine Form der Klageerhebung. 2

Die **Einstellung des Verfahrens** erfolgt nach Abs. 2 Satz 1 bei Fehlen eines genügenden Anlasses zur Klageerhebung. Ob eine Verfahrenseinstellung nach den Vorschriften, die das Opportunitätsprinzip umsetzen (§§ 153 ff.), einen Anwendungsfall des Abs. 2 Satz 1 darstellt oder ob hier die Rechtsgrundlage der Einstellung in den §§ 153 ff. selbst zu suchen ist, ist umstritten, letztlich aber nur von theoretischer Bedeutung (ebenso LR/*Graalmann-Scheerer*, § 170 Rn. 33). Denn unstreitig finden in jedem Fall auch auf Einstellungen nach 3

§§ 153 ff. die Bestimmungen des Abs. 2 Satz 2 (Mitteilung an Beschuldigten) und des § 171 Satz 1 (Verbescheidung des Antragstellers, vgl. § 171 Rdn. 6, 7) direkte oder analoge Anwendung. Bei vorübergehenden Hindernissen kann das Ermittlungsverfahren nach § 154f vorläufig eingestellt werden.

4 In **Steuerstrafsachen** kann die Finanzbehörde das Ermittlungsverfahren nach Maßgabe des § 386 AO selbstständig anstelle der StA (§ 399 Abs. 1 AO) führen und damit selbstständig über Verfahrenseinstellung oder Erhebung der öffentlichen Klage in Gestalt eines Strafbefehlsantrages (§ 400 Hs. 1 AO) entscheiden. Eignet sich die Sache nicht für das Strafbefehlsverfahren, sind die Akten der StA vorzulegen (§ 400 Hs. 2 AO).

5 **II. Einheitlichkeit der Abschlussentscheidung. Innerhalb einer prozessualen Tat** i.S.d. § 264 kann die abschließende Entscheidung nur einheitlich entweder auf Anklageerhebung oder Verfahrenseinstellung lauten, auch wenn mehrere Straftatbestände tateinheitlich oder tatmehrheitlich zusammentreffen. Rechtfertigt nur eine von mehreren Gesetzesverletzungen die Klageerhebung, ist bzgl. der übrigen Tatbestände eine Teileinstellung nach § 170 Abs. 2 nicht zulässig. Vielmehr sind in einem Aktenvermerk die Gründe niederzulegen, weshalb insoweit keine Anklageerhebung erfolgt. Eine Beschränkung der Strafverfolgung nach § 154a Abs. 1 auf einzelne Gesetzesverletzungen ist keine Teileinstellung i.d.S. und deshalb jederzeit möglich.

6 Bei **Zusammentreffen von Straftat und OWi** innerhalb einer prozessualen Tat i.S.d. § 264 gilt der Grundsatz der Einheitlichkeit der Abschlussentscheidung nicht uneingeschränkt. Die StA kann hier einerseits das Verfahren unter allen rechtlichen Gesichtspunkten (Straftat und OWi) in einer einheitlichen Einstellungsverfügung gem. § 170 Abs. 2 (i.V.m. § 46 Abs. 1 OWiG) einstellen. Andererseits ist es aber auch zulässig, das Verfahren nur hinsichtlich der Straftat nach § 170 Abs. 2 einzustellen und die Sache i.Ü. zur Verfolgung der OWi gem. § 43 OWiG an die Verwaltungsbehörde abzugeben (vgl. auch RiStBV Nr. 275, 276).

7 Sind **mehrere selbstständige prozessuale Taten** Gegenstand des Ermittlungsverfahrens oder richtet sich dieses gegen mehrere Beschuldigte, ist eine Teileinstellung nach § 170 Abs. 2 hinsichtlich einzelner Taten oder Beschuldigter zulässig. Scheidet ein Beschuldigter durch Teileinstellung schon im Ermittlungsstadium aus dem Verfahren aus, kann er in diesem Verfahren die Stellung als Zeuge erlangen (*v. Heintschel-Heinegg* JA 1990, 112; Meyer-Goßner/*Schmitt* § 170 Rn. 8).

8 **III. Amtspflichten der StA.** § 170 verpflichtet die StA, nach Abschluss der Ermittlungen alsbald die Entscheidung über Einstellung oder Anklageerhebung zu treffen, denn die mit dem Ermittlungsverfahren verbundenen Belastungen für den Beschuldigten dürfen nicht länger als unbedingt erforderlich aufrechterhalten werden (BGH NJW 1956, 1028; *Hilger* JR 85, 93). Eine Verletzung dieser Pflicht kann zu Amtshaftungsansprüchen des Beschuldigten führen (BGH NJW 1956, 1028).

9 Zur Amtspflicht der StA gehört auch, Anklage nur bei genügendem Anlass i.S.d. Abs. 1 zu erheben. Eine amtspflichtwidrige Anklageerhebung kann Schadensersatzansprüche des Angeschuldigten begründen. Allerdings wird im Amtshaftungsprozess die Entschließung der StA zur Klageerhebung nicht auf ihre »Richtigkeit«, sondern nur auf ihre »Vertretbarkeit« überprüft (BGH, NJW 2000, 2672; OLG Dresden, StV 2001, 581 [L]). Ein gerichtlich durchsetzbarer Anspruch des Beschuldigten auf Einstellung des Verfahrens gem. § 170 Abs. 2 besteht nicht (BVerfG, NStZ 1982, 430).

10 **B. Die Erhebung der öffentlichen Klage (Abs. 1). I. Voraussetzungen.** Genügender Anlass zur Erhebung der öffentlichen Klage besteht, wenn der Beschuldigte nach dem Ergebnis der durchgeführten Ermittlungen einer Straftat hinreichend verdächtig ist (vgl. § 203). Denn nur unter dieser Voraussetzung darf das Hauptverfahren eröffnet werden.

11 **1. Hinreichender Tatverdacht.** Hinreichender Tatverdacht bedeutet die Feststellung von Tatsachen, die nach praktischer Erfahrung zu einer Verurteilung in der Hauptverhandlung mit voll gültigen Beweisen führen werden (BGH, NJW 1970, 1543; 2000, 2672). Rechtfertigt eine vorläufige Tatbewertung (BGH, NJW 1970, 2071) die Prognose, dass eine Verurteilung des Beschuldigten nach Durchführung der Hauptverhandlung mit Wahrscheinlichkeit zu erwarten ist, muss Anklage erhoben werden. Der Grad der Wahrscheinlichkeit darf hinter dem dringenden Tatverdacht i.S.d. §§ 112 Abs. 1 Satz 1, 126a Abs. 1 zurückbleiben.

12 Die Entscheidung der StA zwischen Erhebung der öffentlichen Klage (Abs. 1) oder Einstellung des Verfahrens (Abs. 2 Satz 1) ist keine Ermessensentscheidung, weil § 170 keine Auswahlmöglichkeit zwischen zwei gleichermaßen richtigen Handlungsalternativen bietet. Die Entscheidung erfordert vielmehr eine Auslegung des unbestimmten Rechtsbegriffes »genügender Anlass« und ist somit Rechtsanwendung (BGH, NJW 1970, 1543). Allerdings steht hier dem Entscheidungsträger wie bei jeder Auslegung von Rechtsnormen ein gewisser Beurteilungsspielraum zu (BVerfG, NStZ 2002, 606; BGH, NJW 1970, 1543).

13 Von dieser Problematik zu trennen sind die Fälle einer Einstellungsmöglichkeit nach dem Opportunitätsprinzip (§§ 153 ff.). Aufgrund der darin enthaltenen Ermächtigungen zur Nichtverfolgung kann die StA

trotz Bejahung des hinreichenden Tatverdachtes nach pflichtgemäßem Ermessen von der Anklageerhebung absehen und das Verfahren einstellen.

2. Anforderungen in tatsächlicher Hinsicht. In tatsächlicher Hinsicht kann der hinreichende Tatverdacht auch bei nicht eindeutigem Beweisergebnis zu bejahen sein, wenn nur ausreichende Belastungsmomente erwiesen sind. Die Aufklärung von Widersprüchen zwischen den Angaben des Beschuldigten und den vorhandenen Beweisergebnissen darf der Hauptverhandlung überlassen bleiben (BGH, NJW 1970, 1543). 14

Der Grundsatz »in dubio pro reo« findet bei der Prüfung nach § 170 Abs. 1 keine unmittelbare Anwendung (OLG Karlsruhe, NJW 1974, 806; OLG Bamberg, NStZ 1991, 252), weil er eine Beweisregel für die gerichtliche Entscheidung nach einer Gesamtwürdigung aller Beweise in der Hauptverhandlung darstellt (Hdb. StA/*Eschelbach*, S. 828). Die StA darf nicht eigene Restzweifel hinsichtlich der Beweisbarkeit zum Anlass nehmen, den Sachverhalt einer gerichtlichen Prüfung vorzuenthalten, und damit die in Art. 92 GG verankerte Zuweisung der Rspr. an die Gerichte unterlaufen. Mittelbar ist der *In-dubio*-Satz allerdings bei der von der StA anzustellenden Beweisbarkeitsprognose zu berücksichtigen. Drängt sich nämlich i.R.d. notwendigen Vorausschau geradezu auf, dass das Gericht nach diesem Grundsatz zu einem Freispruch kommen wird, ist mangels Verurteilungswahrscheinlichkeit eine Anklageerhebung ausgeschlossen (OLG Bamberg, NStZ 1991, 252). 15

3. Anforderungen in rechtlicher Hinsicht. Die Erhebung der öffentlichen Klage setzt voraus, dass kein Verfahrenshindernis besteht, der Sachverhalt die Tatbestandsvoraussetzungen einer Strafnorm erfüllt und kein Rechtfertigungs-, Schuldausschließungs- oder Strafausschließungsgrund vorliegt. Bei der rechtlichen Bewertung des Sachverhaltes ist die StA insoweit gebunden, als sie nicht aufgrund der nach ihrer Überzeugung gegebenen Straflosigkeit von der Anklageerhebung absehen darf, wenn ihrer Rechtsansicht eine gefestigte höchstrichterliche Rspr. entgegensteht (BGH NJW 1960, 2346; KK-StPO/*Moldenhauer* § 170 Rn. 6, KMR/*Plöd* § 170 Rn. 5; Meyer-Goßner/*Schmitt* Vor § 141 GVG Rn. 11; a.A. LR/*Graalmann-Scheerer* § 170 Rn. 27; *Arndt* NJW 1961, 1617; *Dünnebier* JZ 1961, 312; *Faller* JZ 1961, 478; *Roxin* DRiZ 1969, 387; 1997, 115). Denn andernfalls wären die Einheitlichkeit der Rechtsanwendung und die Gleichheit vor dem Gesetz nicht mehr gewährleistet (BGH, NJW 1960, 2346). Strafbarkeit und Strafverfolgung hingen letztlich nicht mehr von der Gesetzesanwendung durch unabhängige Gerichte, sondern von der Rechtsansicht der dafür unzuständigen Exekutive ab (BGH, NJW 1960, 2346). Hält aber im umgekehrten Fall die StA ein Verhalten für strafbar, das nach höchstrichterlicher Rspr. als straflos anzusehen ist, ist sie aufgrund des Legalitätsprinzips nicht gehindert, Anklage zu erheben, um so eine erneute gerichtliche Prüfung der Rechtsfrage zu erreichen (*Lüttger* GA 1957, 193, 213). 16

II. Wirkungen. Die wirksame Klageerhebung ist nach § 151 Voraussetzung für die Eröffnung der gerichtlichen Untersuchung, d.h. Prozessvoraussetzung. Mit Eingang der Anklageschrift und der beizufügenden vollständigen Akten (vgl. § 199 Abs. 2 Satz 2) wird das Gericht – auch bei Unzuständigkeit – mit der Sache befasst, das Verfahren bei ihm anhängig. Rechtshängigkeit tritt erst mit Eröffnung des Hauptverfahrens oder einer vergleichbaren Prozessentscheidung ein. 17

C. Die Einstellung des Verfahrens (Abs. 2). I. Einstellungsverfügung (Abs. 2 Satz 1). 1. Begründung. Die Begründung der Einstellungsverfügung (Abs. 2 Satz 1) darf sich nicht auf allgemeine Redewendungen beschränken (RiStBV Nr. 89 Abs. 2), sondern muss die für die Verfahrenseinstellung maßgeblichen Gesichtspunkte konkret darlegen. Insb. muss sich daraus ergeben, ob die Einstellung aus tatsächlichen oder rechtlichen Gründen erfolgt. Bei mehreren Einstellungsgründen reicht es, den überzeugendsten Punkt herauszugreifen. 18

2. Anhörung von Behörden und Körperschaften des öffentlichen Rechts. Vor einer beabsichtigten Verfahrenseinstellung ist eine Behörde oder öffentliche Körperschaft, die Anzeige erstattet hat oder sonst am Ausgang des Verfahrens interessiert ist, unter Mitteilung der für die Einstellung sprechenden Gründe anzuhören (RiStBV Nr. 90 Abs. 1; für Steuerstrafsachen vgl. § 403 Abs. 4 AO). Zur Anhörung oberster Staatsorgane des Bundes oder eines Landes s. RiStBV Nr. 211 Abs. 1, Abs. 3. 19

3. Rechtsfolgen und Anfechtbarkeit. Durch die Einstellung nach Abs. 2 Satz 1 tritt **kein Strafklageverbrauch** ein. Das Verfahren kann auch bei gleicher Sach- und Rechtslage jederzeit wieder aufgenommen werden (RGSt 67, 315, 316; OLG Hamm, VRS 58, 33). Trotz Verfahrenseinstellung dürfen die personenbezogenen Daten des Beschuldigten bei der StA weiterhin gespeichert werden (OLG Zweibrücken, NStZ 2007, 55); dasselbe gilt für die Speicherung im polizeilichen Datenbestand (VGH BW, NVwZ 2001, 1289), sofern sich nicht die Unschuld oder das Fehlen jedes begründeten Verdachtes herausgestellt hat. Anfechtbar ist die Einstellungsentscheidung nur unter den Voraussetzungen des § 172; der Rechtsweg nach § 23 EGGVG ist nicht eröffnet (Meyer-Goßner/*Schmitt*, § 170 Rn. 13). 20

21 **4. Entbehrlichkeit einer Kostenentscheidung.** Die Einstellungsverfügung enthält grds. keine Kostenentscheidung. Der Beschuldigte hat nur dann Anspruch auf Ersatz seiner notwendigen Auslagen, wenn die StA nach Klagerücknahme das Verfahren eingestellt hat (§ 467a Abs. 1). Stehen dem Beschuldigten nach Verfahrenseinstellung Ansprüche wegen entschädigungsfähiger Strafverfolgungsmaßnahmen nach dem StrEG zu, kann er als erstattungsfähigen Vermögensschaden (§ 7 Abs. 1 StrEG) auch die Verteidigerkosten geltend machen, wenn und soweit die Zuziehung eines Verteidigers für die Beseitigung der Strafverfolgungsmaßnahme notwendig war (vgl. GenStA Bamberg, NStZ 1994, 39 für den Fall der Durchsuchung). Beruht das Verfahren auf einer unwahren Anzeige, können auf Antrag der StA durch Gerichtsbeschluss dem Anzeigeerstatter die notwendigen Auslagen des Beschuldigten und die Verfahrenskosten auferlegt werden (§ 469 Abs. 1, Abs. 2).

22 **5. Verweisung auf den Privatklageweg.** Die Verweisung des Antragstellers auf den Privatklageweg (RiStBV Nr. 87 u. 89 Abs. 2) ist in Wahrheit eine Verfahrenseinstellung nach § 170 Abs. 2 Satz 1 aus Rechtsgründen, weil durch die Verneinung des öffentlichen Interesses bei einem Privatklagedelikt (§ 376) ein Verfahrenshindernis für das Offizialverfahren entsteht. Die Einstellung mit Verweisung auf den Privatklageweg kann, wenn mit dem Privatklagedelikt eine OWi zusammentrifft, auch mit einer Abgabe an die Verwaltungsbehörde (§ 43 OWiG) verbunden werden (BayObLG, MDR 1977, 246). Allerdings entsteht dadurch die Gefahr einer nach Art. 103 Abs. 3 GG unzulässigen Doppelsanktion (KK-StPO/*Moldenhauer*, § 170 Rn. 16; *Pfeiffer*, § 170 Rn. 3). Zur Verbescheidung des Antragstellers und zur Zulässigkeit des Klageerzwingungsverfahrens s. § 171 Rdn. 4.

23 **II. Mitteilung an den Beschuldigten (Abs. 2 Satz 2).** Die Mitteilung der Verfahrenseinstellung an den Beschuldigten ist unter den in Abs. 2 Satz 2 genannten Voraussetzungen zwingend vorgeschrieben. Eine Begründung enthält die Mitteilung nur bei entsprechendem Antrag (RiStBV Nr. 88 Satz 1). Hat sich herausgestellt, dass der Beschuldigte unschuldig oder jeder begründete Verdacht entfallen ist, muss dies in der Mitteilung ausgesprochen werden (RiStBV Nr. 88 Satz 2). Die Mitteilung ergeht formlos; förmliche Zustellung ist aber erforderlich, wenn der Beschuldigte Entschädigungsansprüche nach dem StrEG geltend machen kann (vgl. RiStBV Nr. 91 Abs. 1 u. § 9 Abs. 1 Satz 4 StrEG). Mitteilungspflichten an öffentliche Stellen enthält die Anordnung über Mitteilungen in Strafsachen (MiStra). Zur Zulässigkeit der Übermittlung personenbezogener Daten von Amts wegen an öffentliche Stellen vgl. Art. 2–31 JuMiG und §§ 12 ff. EGGVG.

§ 171 Einstellungsbescheid

[1]Gibt die Staatsanwaltschaft einem Antrag auf Erhebung der öffentlichen Klage keine Folge oder verfügt sie nach dem Abschluss der Ermittlungen die Einstellung des Verfahrens, so hat sie den Antragsteller unter Angabe der Gründe zu bescheiden. [2]In dem Bescheid ist der Antragsteller, der zugleich der Verletzte ist, über die Möglichkeit der Anfechtung und die dafür vorgesehene Frist (§ 172 Abs. 1) zu belehren. § 187 Absatz 1 Satz 1 und Absatz 2 des Gerichtsverfassungsgesetzes gilt entsprechend für Verletzte, die nach § 395 der Strafprozessordnung berechtigt wären, sich der öffentlichen Klage mit der Nebenklage anzuschließen, soweit sie einen Antrag auf Übersetzung stellen.

S.a. RiStBV Nr. 89, 91 f.

Übersicht

1 **A. Bescheidungspflicht (Satz 1). I. Antrag auf Erhebung der öffentlichen Klage.** Der Antrag auf Erhebung der öffentlichen Klage ist eine Strafanzeige nach § 158, die erkennbar darauf abzielt, die strafrechtliche Verfolgung des Angezeigten in Gang zu setzen (Meyer-Goßner/*Schmitt*, § 171 Rn. 1; KK-StPO/*Moldenhauer*, § 171 Rn. 1). In einem Strafantrag (§ 77 StGB), einer Ermächtigung zur Strafverfolgung (§ 77e StGB) oder

einem Strafverlangen (§ 77e StGB) liegt stets ein Antrag auf Erhebung der öffentlichen Klage (KMR/*Plöd*, § 171 Rn. 1). Auch nach Einstellung des auf andere Weise eingeleiteten Verfahrens kann der Verletzte noch den Antrag stellen, um so einen Bescheid als Voraussetzung für das Klageerzwingungsverfahren (vgl. § 172 Abs. 1 Satz 1) zu erwirken (KK-StPO/*Moldenhauer*, § 171 Rn. 2). Der Antrag setzt nicht Prozessfähigkeit, sondern nur Handlungsfähigkeit voraus.

II. Einstellung des Ermittlungsverfahrens. 1. Endgültige Verfahrenseinstellung. Jede endgültige Einstellung des Ermittlungsverfahrens verpflichtet die StA zur Verbescheidung des Antragstellers (*Solbach*, NStZ 1987, 350, 352; KMR/*Plöd*, § 171 Rn. 4). Ob dieser zugleich Verletzter ist oder ob ihm der Weg zur Klageerzwingung offen steht, ist für die Bescheidungspflicht nach Satz 1 nicht erheblich (wohl aber für die Belehrungspflicht nach Satz 2). Der Antragsteller erhält also einen mit Gründen versehenen Bescheid, wenn der Strafanzeige ohne Ermittlungen keine Folge gegeben (Satz 1 Alt. 1) oder das Verfahren nach Ermittlungen gem. § 170 Abs. 2 eingestellt wird (Satz 1 Alt. 2), ebenso wenn eine Einstellung nach § 170 Abs. 2 mit einer Abgabe an die Verwaltungsbehörde (§ 43 OWiG) verbunden wird. 2

2. Teileinstellung. Wird das Verfahren wegen mehrerer prozessualer Taten und/oder gegen mehrere Beschuldigte geführt, ist auch bei Teileinstellung hinsichtlich einzelner Taten oder Beschuldigter nach Satz 1 zu verbescheiden. Dies gilt jedoch nicht, wenn innerhalb einer prozessual einheitlichen Tat einzelne Gesetzesverletzungen nicht verfolgt oder nach § 154a ausgeschieden werden. Wird hier gleichwohl – zu Unrecht – ein Einstellungsbescheid erteilt, bleibt das Klageerzwingungsverfahren dennoch unzulässig (OLG Karlsruhe, NJW 1977, 62). 3

3. Verweisung auf den Privatklageweg. Bei Verweisung auf den Privatklageweg ist der Antragsteller ebenfalls unter Angabe der Gründe zu verbescheiden. Verneint die StA bei einem Privatklagedelikt das öffentliche Interesse an der Erhebung der öffentlichen Klage (§ 376), stellt sie das Ermittlungsverfahren aus Rechtsgründen gem. § 170 Abs. 2 ein (vgl. § 170 Rdn. 22) und verweist in dem Einstellungsbescheid den Antragsteller, sofern dieser zugleich Verletzter ist, auf den Privatklageweg. In der Praxis werden Verfahrenseinstellung und Verweisung auf den Privatklageweg in einem einzigen Einstellungsbescheid zusammengefasst. Treffen innerhalb einer prozessualen Tat i.S.d. § 264 Offizialdelikt und Privatklagedelikt zusammen und soll das Offizialdelikt aus allgemeinen tatsächlichen oder rechtlichen Erwägungen, das Privatklagedelikt aber wegen fehlenden öffentlichen Interesses i.S.d. § 376 eingestellt werden, unterbleibt die Verweisung des Antragstellers auf den Privatklageweg. Vielmehr wird lediglich in den Gründen der Einstellungsverfügung deutlich gemacht, dass hinsichtlich des Privatklagedeliktes wegen Verneinung des öffentlichen Interesses ein Verfahrenshindernis besteht (HdbStA/*Vordermayer* S. 725). 4

4. Verfahrenseinstellung nach §§ 153 ff.. Auch bei einer Verfahrenseinstellung nach §§ 153 Abs. 1, 153a Abs. 1 (endgültig) oder 153b Abs. 1 erteilt der StA dem Antragsteller einen mit Gründen versehenen Bescheid (RiStBV Nr. 89 Abs. 3), ausnahmsweise auch bei vorläufiger Einstellung nach § 154 Abs. 1 (RiStBV Nr. 101 Abs. 2). Die vorläufige Einstellung nach § 154e oder § 154f wird dagegen ohne Gründe mitgeteilt (RiStBV Nr. 103, Nr. 104 Abs. 3). 5

III. Verbescheidung des Antragstellers. Nach Satz 1 ist jeder Anzeigeerstatter, der einen Antrag auf Erhebung der öffentlichen Klage gestellt hat, im Fall der Einstellung des Verfahrens unter Angabe der Gründe zu verbescheiden. Dies gilt auch dann, wenn er nicht zugleich Verletzter ist (zum Verletztenbegriff vgl. § 172 Rdn. 12 ff.). Wegen des Inhalts der Begründung vgl. § 170 Rdn. 18. 6

Die Bekanntgabe des mit Gründen versehenen Bescheids an den Antragsteller, der nicht Verletzter ist, erfolgt stets formlos. Aber auch wenn er zugleich Verletzter ist, wird dem Antragsteller die Einstellungsmitteilung in der Regel formlos übersandt (RiStBV Nr. 91 Abs. 2 Satz 1). Eine förmliche Zustellung soll nur dann angeordnet werden, wenn dem Antragsteller die Beschwerde nach § 172 Abs. 1 zusteht und mit einer solchen sowie dem nachfolgenden Klageerzwingungsantrag zu rechnen ist (RiStBV Nr. 91 Abs. 2 Satz 2). Denn nur durch förmliche Zustellung kann das genaue Datum des Zuganges nachgewiesen und damit die Einhaltung der Beschwerdefrist (§ 172 Abs. 1 Satz 1), die Zulässigkeitsvoraussetzung für den Klageerzwingungsantrag ist, überprüft werden. Bei fehlender Nachweisbarkeit der verspäteten Beschwerdeeinlegung wird das OLG unnötigerweise zu einer Sachentscheidung gezwungen. Gesetzlich vorgeschrieben ist die förmliche Zustellung allerdings nicht (OLG Schleswig, OLGSt Nr. 11 zu § 172). 7

IV. Ausnahmen von der Bescheidungspflicht. Kein Bescheid wird erteilt, wenn der Anzeigende – ohne den Willen, die Strafverfolgung zu veranlassen – nur über einen strafrechtlich relevanten Sachverhalt oder Tatverdacht informieren wollte. Dasselbe gilt, wenn der Antragsteller auf eine Einstellungsmitteilung zweifelsfrei verzichtet hat. Strafanzeigen von (krankheitsbedingt) Geschäftsunfähigen, deren Ausführungen auf erkenn- 8 bar wahnhaften Vorstellungen beruhen, bedürfen gleichfalls keiner Verbescheidung (*Kockel/Vossen-Kempkens* NStZ 2001, 178, 180; LR/*Graalmann-Scheerer* § 171 Rn. 9).

9 Schließlich ist auch bei **missbräuchlichen Strafanzeigen**, deren Kennzeichen die Verfolgung ausschließlich verfahrensfremder oder verfahrenswidriger Zwecke ist, die Erteilung eines Einstellungsbescheides entbehrlich (*Kröpil* JA 1997, 783; HdbStA/*Vordermayer* S. 708 ff.; OLG Karlsruhe Beschl. v. 12.04.2018 – 2 VAs 25/18). Darunter fallen insb. die bloße Wiederholung einer bereits verbeschiedenen Anzeige ohne neuen Sachvortrag (KK-StPO/*Moldenhauer*, § 171 Rn. 7) sowie die sog. »Kettenanzeigen«, in denen der Anzeigeerstatter jede Handlung oder Entscheidung eines Amtsträgers stets zum Anlass für neue Anzeigen gegen den jeweiligen Sachbearbeiter wegen Strafvereitelung im Amt/Rechtsbeugung/Verfolgung Unschuldiger/etc. nimmt (LR/*Graalmann-Scheerer*, § 171 Rn. 9; Meyer-Goßner/*Schmitt* § 171 Rn. 2). Außerdem zählen dazu Anzeigen mit grob beleidigendem Inhalt oder mit dem erkennbaren Zweck, die Arbeit der Strafverfolgungsbehörden zu stören bzw. lahm zu legen (*Kröpil* JA 1997, 783), sowie Anzeigenserien hartnäckiger, uneinsichtiger, »bösartiger« Querulanten (*Kockel/Vossen-Kempkens* NStZ 2001, 178, 180). In diesen Fällen erhält der Anzeigeerstatter anstelle eines sachlichen Einstellungsbescheides lediglich eine formlose Mitteilung des Inhalts, dass er wegen Missbrauchs seiner strafprozessualen Befugnisse zur Anzeigenerstattung nicht sachlich verbeschieden und bei weiterem Missbrauch zukünftig keinerlei Mitteilung mehr erhalten wird (*Kröpil* JA 1997, 783, 787). Bei den sog. Kettenanzeigen ist allerdings auf die erste Anzeige hin ein sachlicher Bescheid – verbunden mit dem Hinweis auf die beabsichtigte Nichtverbescheidung weiterer gleichartiger Anzeigen – zu erteilen (LR/*Graalmann-Scheerer* § 171 Rn. 9). Gegen die Nichtbescheidung ist ein Antrag auf gerichtliche Entscheidung gem. §§ 23 ff. EGGVG unzulässig (BGH Beschl. v. 21.01.2014 – 5 AR [VS] 29/13), da es dem Anzeigeerstatter unbenommen bleibt den Beschwerde- und Klageerzwingungsweg zu beschreiten. Trotz fehlender Bescheidungspflicht hat die StA aber in allen Fällen des Anzeigenmissbrauchs aufgrund des Legalitätsprinzips (§§ 152 Abs. 2, 160 Abs. 1 StPO) gleichwohl zu prüfen, ob zureichende tatsächliche Anhaltspunkte für verfolgbare Straftaten vorliegen (OLG Karlsruhe Beschl. v. 12.04.2018 – 2 VAs 25/18). Wegen dieser Prüfungspflicht ist es auch untunlich und irreführend, rechtsmissbräuchliche Anzeigen als unzulässig, ungültig oder unwirksam zu bezeichnen (so aber *Solbach* DRiZ 1979, 181 ff.).

10 **B. Belehrungspflicht (Satz 2). I. Voraussetzungen.** Die Erteilung einer Rechtsmittelbelehrung in dem Einstellungsbescheid ist (nur) dann erforderlich, wenn der Anzeigeerstatter zugleich Verletzter ist (Satz 2) und wenn – was nicht aus dem Wortlaut des Satz 2, aber aus dem Zweck der Belehrungspflicht folgt – darüber hinaus das Klageerzwingungsverfahren auch i.Ü. rechtlich zulässig wäre (KMR/*Plöd* § 171 Rn. 12). Denn die Belehrung soll dem Antragsteller die Einhaltung der Frist zur Einlegung der Einstellungsbeschwerde (Vorschaltbeschwerde) nach § 172 Abs. 1 ermöglichen, um später ggf. den Klageerzwingungsantrag stellen zu können (LR/*Graalmann-Scheerer* § 171 Rn. 14; *Pfeiffer* § 171 Rn. 4). Deshalb ist eine Belehrung nicht erforderlich, wenn das Klageerzwingungsverfahren nach § 172 Abs. 2 Satz 3 ausgeschlossen (OLG Nürnberg, MDR 1959, 1030) oder deshalb unzulässig wäre, weil die Ermittlungen gegen Unbekannt geführt bzw. eingestellt wurden (Meyer-Goßner/*Schmitt* § 171 Rn. 9).

11 Bei **Zusammentreffen von Privatklage- und Offizialdelikt** innerhalb einer prozessualen Tat ist der Antragsteller aber uneingeschränkt zu belehren, weil in diesem Fall der Ausschlusstatbestand des § 172 Abs. 2 Satz 3 nicht greift und deshalb das Klageerzwingungsverfahren zulässig wäre (HdbStA/*Vordermayer* S. 725). Stellen Privatklage- und Offizialdelikt jedoch selbstständige prozessuale Taten dar und wird das Verfahren wegen beider Tatvorwürfe eingestellt, muss in der Beschwerdebelehrung zum Ausdruck kommen, dass sich diese nicht auf die Einstellung des Verfahrens wegen des Privatklagedelikts bezieht.

12 **II. Inhalt.** Die nach Satz 2 erforderliche schriftliche Belehrung über die Möglichkeit der Anfechtung erfordert nur eine Belehrung über die Vorschaltbeschwerde nach § 172 Abs. 1. Hinzuweisen ist also auf das Recht zur Beschwerde an den GenStA (§ 172 Abs. 1 Satz 1), die zweiwöchige Frist (§ 172 Abs. 1 Satz 1) und die Einlegungsmöglichkeiten (bei GenStA oder Ausgangs-StA, § 172 Abs. 1 Satz 1 und 2). Auf die Möglichkeit, gerichtliche Entscheidung nach § 172 Abs. 2 zu beantragten, braucht nicht hingewiesen zu werden, da hierüber erst mit dem Beschwerdebescheid des GenStA belehrt wird (Meyer-Goßner/*Schmitt* § 171 Rn. 8). Bei fehlender oder in wesentlichen Punkten mangelhafter Belehrung wird die Frist nicht in Lauf gesetzt (§ 172 Abs. 1 Satz 3). Über das Recht zur Erhebung einer (Dienst-) Aufsichtsbeschwerde muss nicht belehrt werden (LR/*Graalmann-Scheerer* § 171 Rn. 14).

13 **C. Pflicht zur Übersetzung (Satz 3).** Nach dem durch das 3. Opferrechtsreformgesetz (BGBl. I, S. 2525) neu eingefügten Satz 3 ist die StA verpflichtet, einem fremdsprachigen, nach § 395 nebenklageberechtigten Antragsteller auf dessen Antrag hin kostenlos eine schriftliche Übersetzung des Einstellungsbescheids nebst eventuell erforderlicher Rechtsmittelbelehrung in einer für ihn verständlichen Sprache zu erteilen, soweit

dies für die Ausübung der Rechte des Nebenklägers erforderlich ist. Die Neuregelung in Satz 3 erweitert aber nicht die Bescheidungspflicht als solche, sodass in den unter Rn. 8 u. 9 dargestellten Fällen ein Bescheid weiterhin unterbleiben kann.

§ 172 Beschwerde des Verletzten; Klageerzwingungsverfahren

(1) [1]Ist der Antragsteller zugleich der Verletzte, so steht ihm gegen den Bescheid nach § 171 binnen zwei Wochen nach der Bekanntmachung die Beschwerde an den vorgesetzten Beamten der Staatsanwaltschaft zu. [2]Durch die Einlegung der Beschwerde bei der Staatsanwaltschaft wird die Frist gewahrt. [3]Sie läuft nicht, wenn die Belehrung nach § 171 Satz 2 unterblieben ist.

(2) [1]Gegen den ablehnenden Bescheid des vorgesetzten Beamten der Staatsanwaltschaft kann der Antragsteller binnen einem Monat nach der Bekanntmachung gerichtliche Entscheidung beantragen. [2]Hierüber und über die dafür vorgesehene Form ist er zu belehren; die Frist läuft nicht, wenn die Belehrung unterblieben ist. [3]Der Antrag ist nicht zulässig, wenn das Verfahren ausschließlich eine Straftat zum Gegenstand hat, die vom Verletzten im Wege der Privatklage verfolgt werden kann, oder wenn die Staatsanwaltschaft nach § 153 Abs. 1, § 153a Abs. 1 Satz 1, 7 oder § 153b Abs. 1 von der Verfolgung der Tat abgesehen hat; dasselbe gilt in den Fällen der §§ 153c bis 154 Abs. 1 sowie der §§ 154b und 154c.

(3) [1]Der Antrag auf gerichtliche Entscheidung muss die Tatsachen, welche die Erhebung der öffentlichen Klage begründen sollen, und die Beweismittel angeben. [2]Er muss von einem Rechtsanwalt unterzeichnet sein; für die Prozesskostenhilfe gelten dieselben Vorschriften wie in bürgerlichen Rechtsstreitigkeiten. [3]Der Antrag ist bei dem für die Entscheidung zuständigen Gericht einzureichen.

(4) [1]Zur Entscheidung über den Antrag ist das Oberlandesgericht zuständig. [2]Die §§ 120 und 120b des Gerichtsverfassungsgesetzes sind sinngemäß anzuwenden.

S.a. RiStBV Nr. 105

Übersicht Rdn.

A. Bedeutung und Aufbau des Klageerzwingungsverfahrens. I. Normzweck. Das Klageerzwingungsverfahren (§§ 172 bis 177; RiStBV Nr. 105) dient der Sicherung des Legalitätsprinzips (§ 152 Abs. 2). Da der durch eine Straftat Verletzte wegen des Anklagemonopols der StA (§ 152 Abs. 1) nicht selbst das Strafverfahren in Gang setzen kann (Ausnahme: bei Privatklagedelikten), verleiht ihm § 172 das Recht auf ein gerichtliches Kontrollverfahren mit dem Ziel, die StA zur Anklageerhebung zu zwingen (§ 175). Dadurch wird das 1

Anklagemonopol der StA nicht durchbrochen, vielmehr nur dessen sachgerechte Handhabung überprüft. Über § 172 hinaus gibt es grundsätzlich keinen verfassungsrechtlich verbürgten Anspruch auf Strafverfolgung eines anderen (BVerfGE 51, 176, 187; BVerfG, NStZ 2002, 606; zu den Ausnahmen etwa bei erheblichen Straftaten gegen das Leben oder bei Delikten von Amtsträgern vgl. BVerfG, BeckRS 2014, 59593).

2 **II. Aufbau.** Das Klageerzwingungsverfahren ist zweistufig aufgebaut. Die erste Stufe bildet die gegen die Einstellungsverfügung gerichtete fristgebundene Einstellungsbeschwerde (»Vorschaltbeschwerde«) gem. Abs. 1, über die der GenStA zu entscheiden hat. Die zweite Stufe stellt der gegen den ablehnenden Bescheid des GenStA gerichtete, frist- und formgebundene Antrag auf gerichtliche Entscheidung gem. Abs. 2 u. 3 dar, über den das OLG zu entscheiden hat (für Dreistufigkeit: Meyer-Goßner/*Schmitt*, § 172 Rn. 5 ff., KK-StPO/*Moldenhauer*, § 172 Rn. 2; KMR/*Plöd*, § 172 Rn. 4 ff.; *Pfeiffer*, § 172 Rn. 1 ff.).

3 **III. Doppelcharakter der Einstellungsbeschwerde.** Die Einstellungsbeschwerde (Stufe 1) ist eine »Vorschaltbeschwerde« auf dem Weg zum OLG (*Kleinknecht* JZ 1952, 488, 490; *Solbach*, DRiZ 1977, 181). Für ihre Zulässigkeit müssen deshalb dieselben sachlichen und persönlichen Voraussetzungen vorliegen, die auch für die Zulässigkeit des Antrags auf gerichtliche Entscheidung (Stufe 2) erforderlich sind. Die in beiden Stufen deckungsgleichen Zulässigkeitsvoraussetzungen können zusammenfassend als Zulässigkeitsvoraussetzungen des Klageerzwingungsverfahrens bezeichnet werden (vgl. nachfolgend Rdn. 5 ff.).

4 Jedoch wirkt sich die Unzulässigkeit der Vorschaltbeschwerde bis zur Entscheidung des GenStA (d.h. in der Stufe 1) praktisch nicht aus. Denn in jeder unzulässigen Vorschaltbeschwerde ist auch eine stets zulässige, weil an keinerlei Voraussetzungen gebundene (sachliche) Dienstaufsichtsbeschwerde enthalten (§ 147 Nr. 3 GVG), die den GenStA zu einer sachlichen Überprüfung der angefochtenen Einstellungsverfügung und Verbescheidung des Beschwerdeführers zwingt. Die Unzulässigkeit der Vorschaltbeschwerde hat Auswirkungen erst bei der Prüfung durch das OLG (d.h. in der Stufe 2), welches in diesem Fall den Antrag auf gerichtliche Entscheidung als unzulässig verwerfen muss (OLG Schleswig, OLGSt Nr. 11 zu § 172; LR/*Graalmann-Scheerer*, § 172 Rn. 9 ff.). Wegen des Doppelcharakters der Einstellungsbeschwerde als Vorschaltbeschwerde nach § 172 Abs. 1 und (sachliche) Dienstaufsichtsbeschwerde nach § 147 Nr. 3 GVG kann der Beschwerdeführer gegen den ablehnenden Bescheid des GenStA wahlweise statt des Antrages auf gerichtliche Entscheidung nach § 172 Abs. 2 Satz 1 auch (weitere) Dienstaufsichtsbeschwerde gem. § 147 Nr. 2 GVG zum JM erheben (LR/*Graalmann-Scheerer*, § 172 Rn. 11; Meyer-Goßner/*Schmitt*, § 172 Rn. 18).

5 **B. Zulässigkeitsvoraussetzungen des Klageerzwingungsverfahrens. I. Sachliche Voraussetzungen. 1. Endgültige Einstellung.** Das Klageerzwingungsverfahren ist nur zulässig bei einer endgültigen Verfahrenseinstellung nach § 170 Abs. 2, durch die eine Tat im prozessualen Sinn insgesamt eingestellt worden ist (OLG Hamm, MDR 1959, 234; LR/*Graalmann-Scheerer*, § 172 Rn. 12 ff.). Hat die StA innerhalb einer prozessualen Tat i.S.d. § 264 wegen einzelner tateinheitlich oder tatmehrheitlich zusammentreffender Straftatbestände – unzulässigerweise – eine Teileinstellung vorgenommen und i.Ü. Anklage erhoben, ist für § 172 kein Raum, da die gesamte Tat wegen §§ 155, 264 bereits Gegenstand des gerichtlichen Verfahrens ist (OLG Karlsruhe, NJW 1977, 62).

6 **2. Verfahren gegen Unbekannt.** Gegen unbekannte Täter ist das Klageerzwingungsverfahren nicht zulässig, denn es zielt auf die Anordnung der Klageerhebung ab (§ 175), welche ohne namentliche Bezeichnung des Angeschuldigten (§ 200 Abs. 1) nicht möglich ist (OLG Hamburg, MDR 1993, 1226; OLG Hamm, NStZ-RR 2001, 83; OLG Stuttgart, NStZ-RR 2003, 331). Jedoch reicht es aus, wenn der Antrag den Beschuldigten, falls dieser nicht namentlich bezeichnet werden kann, so genau umschreibt, dass dessen Identifizierung möglich ist (OLG Karlsruhe, NStZ-RR 2001, 112). Unzulässig ist der Antrag auch in den Fällen, in denen gegen den – namentlich bekannten – Beschuldigten wegen unbekannten Aufenthalts (OLG Stuttgart, NStZ-RR 1999, 277) oder wegen Unausführbarkeit seiner Gestellung vor ein deutsches Gericht (OLG Stuttgart, NStZ 2003, 682) nicht verhandelt werden könnte.

7 **3. Privatklagedelikte.** Nach Abs. 2 Satz 3 Hs. 1 ist das Klageerzwingungsverfahren stets unzulässig, wenn Gegenstand des Verfahrens ausschließlich ein Privatklagedelikt ist. Dies gilt bei Einstellung wegen mangelnden Tatverdachtes ebenso wie bei Einstellung wegen Verneinung des öffentlichen Interesses (§ 376). Trifft innerhalb einer prozessualen Tat i.S.d. § 264 ein Offizialdelikt mit einem Privatklagedelikt zusammen, ist der Klageerzwingungsantrag zulässig, wenn hinsichtlich des Offizialdelikts alle Voraussetzungen des § 172 gegeben sind, insb. der Antragsteller auch durch das Offizialdelikt verletzt ist (OLG Frankfurt, NStZ-RR 2006, 47; Meyer-Goßner/*Schmitt*, § 172 Rn. 2). Wird in diesem Fall der Antrag hinsichtlich des Offizialdeliktes für begründet erachtet, muss das OLG auch den hinreichenden Tatverdacht für das Privatklagedelikt prüfen (OLG Koblenz, NJW 1960, 734 [L]; LR/*Graalmann-Scheerer*, § 172 Rn. 24). Verneint das Gericht

den hinreichenden Tatverdacht für das Offizialdelikt, ist ohne Prüfung des Privatklagedelikts der Antrag als unbegründet – nicht als unzulässig – zu verwerfen, weil eine sachliche Prüfung wegen des Offizialdelikts stattgefunden hat (OLG Koblenz, NJW 1960, 734 [L]; KK-StPO/*Moldenhauer*, § 174 Rn. 3).

Da gegen Jugendliche eine Privatklage nicht erhoben werden kann (§ 80 Abs. 1 Satz 1 JGG), ist zur Siche- 8
rung des Legalitätsprinzips das Klageerzwingungsverfahren ausnahmsweise auch bei Privatklagedelikten zulässig, wenn die StA das Verfahren gem. § 170 Abs. 2 und nicht nach einer Ermessensvorschrift (§§ 80 Abs. 1 Satz 2, 45 JGG) eingestellt hat (OLG Stuttgart, NStZ 1989, 136).

4. Geltungsbereich des Opportunitätsprinzips. Ferner ist das Klageerzwingungsverfahren nach Abs. 2 Satz 3 9
Hs. 2 unzulässig, wenn die StA im Geltungsbereich des Opportunitätsprinzips das Verfahren – auch ohne Mitwirkung des Gerichts – nach einer der genannten Vorschriften (§§ 153, 153a, 153b, 153c bis 154, 154b, 154c) eingestellt hat. Dasselbe gilt für den nicht genannten Fall der Einstellung nach § 45 JGG (OLG Nürnberg, MDR 1965, 845). Bei Verfahrensbeschränkung nach § 154a entfällt das Klageerzwingungsverfahren bereits deshalb, weil wegen der Tat i.Ü. Anklage erhoben wurde (LR/*Graalmann-Scheerer*, § 172 Rn. 27). Bei § 154e steht die Vorläufigkeit der Einstellung einer Klageerzwingung entgegen. Gegen eine endgültige Verfahrenseinstellung nach § 154d Satz 3 ist das Klageerzwingungsverfahren zulässig (OLG Brandenburg, OLGSt Nr. 1 zu § 154d), nicht jedoch gegen eine vorläufige Einstellung nach § 154d Satz 1 (OLG Stuttgart, NStZ-RR 2003, 145).

Der Ausschluss des Klageerzwingungsverfahrens nach Abs. 2 Satz 3 Hs. 2 gilt aber nicht, wenn die Ein- 10
stellung mit der Begründung angegriffen wird, der Anwendungsbereich der betreffenden Einstellungsnorm sei überhaupt nicht gegeben, z.B. weil in den Fällen einer Einstellung nach §§ 153 oder 153a tatsächlich ein Verbrechenstatbestand erfüllt sei (OLG Hamm, MDR 1997, 285; OLG Bamberg, NStZ 2011, 534; LR/*Graalmann-Scheerer*, § 172 Rn. 26). Denn hinsichtlich des Vorliegens der Tatbestandsvoraussetzungen der Einstellungsnorm steht der StA kein Ermessen zu. Für das Bußgeldverfahren ergibt sich der Ausschluss des Klageerzwingungsverfahrens aus § 46 Abs. 3 Satz 3 OWiG.

II. Persönliche Voraussetzungen. 1. Antragsteller. Nur der Antragsteller hat gem. Abs. 1 Satz 1, Abs. 2 11
Satz 1 die Befugnis, das Klageerzwingungsverfahren zu betreiben. Antragsteller ist derjenige, der den Antrag auf Erhebung der öffentlichen Klage nach § 171 Satz 1 gestellt hat (OLG Oldenburg, MDR 1987, 431; OLG Koblenz, NStZ-RR 2012, 317). Das Antragsrecht ist ein höchstpersönliches Recht, das nicht auf Erben oder Angehörige übergeht (OLG Celle, NStZ 1988, 568) und nicht durch Rechtsgeschäft (Abtretung) übertragen werden kann (OLG Brandenburg, NStZ-RR 2009, 245).

2. Verletzter. Der Antragsteller muss zugleich Verletzter sein (Abs. 1 Satz 1), d.h. durch die behauptete 12
Tat – ihre tatsächliche Begehung unterstellt – unmittelbar in einem Rechtsgut verletzt sein (OLG Koblenz, NJW 1985, 1409; OLG München, NJW 1985, 2430; OLG Hamm, NStZ 1986, 327). Um über § 172 einen umfassenden Schutz des Legalitätsprinzips zu gewährleisten, ist der Begriff des Verletzten weit auszulegen (OLG Düsseldorf, NStZ 1995, 49), sodass als Rechtsgutverletzung jede Beeinträchtigung eines rechtlich anerkannten Interesses genügt (OLG Stuttgart, NJW 2001, 840). Allerdings muss der Verletzte dem Schutzbereich der verletzten materiellen Strafnorm unterfallen (BGHSt 18, 283, 284; LR/*Graalmann-Scheerer*, § 172 Rn. 52). Das allgemeine Interesse jedes Bürgers an der Einhaltung der Rechtsordnung genügt keinesfalls (OLG Düsseldorf, NJW 1988, 2906). Strafvorschriften, die ausschließlich Rechtsgüter der Gemeinschaft schützen sollen, begründen keine Verletzteneigenschaft (OLG Hamburg, NJW 1966, 1933; OLG Köln, NJW 1972, 1338). Es genügt aber, dass die verletzte Strafnorm wenigstens nachrangig oder als Nebenzweck ein Individualrechtsgut schützt (LR/*Graalmann-Scheerer*, § 172 Rn. 56).

Bei **konkreten Gefährdungsdelikten** (z.B. § 315c StGB) ist strittig, ob derjenige Verletzter ist, dessen 13
geschütztes Individualrechtsgut (lediglich) gefährdet wurde (vgl. LR/*Graalmann-Scheerer*, § 172 Rn. 58). Hier dürfte die Verletzteneigenschaft zu verneinen sein, wenn die Gefährdung ein Rechtsgut betrifft (z.B. Gesundheit), das im Fall seiner tatsächlichen Verletzung als Privatklagedelikt (z.B. §§ 223, 229 StGB) vom Klageerzwingungsverfahren ausgeschlossen wäre (OLG Stuttgart, NJW 1997, 1320; OLG Celle, NStZ-RR 2004, 369).

Auch **Behörden** sind durch Straftaten gegen die Allgemeinheit nicht verletzt, wenn zu ihrem Aufgaben- 14
bereich lediglich der Schutz und die Kontrolle derjenigen Rechtsgüter gehört, die durch die Strafvorschrift geschützt werden (LR/*Graalmann-Scheerer*, § 172 Rn. 60). Gleiches gilt für berufsständische Organisationen (KK-StPO/*Moldenhauer*, § 172 Rn. 30). Nicht verletzt ist deshalb z.B. die Ausländerbehörde bei ausländerrechtlichen Vergehen (OLG Karlsruhe, NJW 1987, 1835) oder die Ärztekammer bei unerlaubter Ausübung der Heilkunde (OLG Stuttgart, NJW 1969, 569). Private Vereine und Interessenverbände sind nicht verletzt, wenn eine Straftat nur ihre satzungsmäßigen Ziele tangiert (z.B. Tierschutzverein bei Tier-

quälerei, vgl. OLG Hamm, MDR 1970, 946). Dagegen können Behörden, öffentlich-rechtliche Körperschaften und privatrechtliche Vereinigungen nach allgemeinen Grundsätzen dann Verletzte sein, wenn die Straftaten sich gegen die ihnen zugeordneten Rechtsgüter wie etwa Eigentum, Vermögen, Hausrecht, etc. richten (OLG Düsseldorf, NJW 1979, 2525).

Beispielsfälle:

15 Verletzt sind

- bei Volksverhetzung (§ 130 Abs. 1 und Abs. 2 StGB) jeder Angehörige eines betroffenen Bevölkerungsteils (OLG Karlsruhe, NJW 1986, 1276; a.A. OLG München, NJW 1985, 2430) oder jedes einzelne Mitglied einer Religionsgemeinschaft (OLG Stuttgart, NJW 2002, 2893);
- bei Aussage- und Eidesdelikten (§§ 153, 154, 156 StGB) jeder Prozessbeteiligte, zu dessen Nachteil sich die Aussage ausgewirkt hat (OLG Bremen, NStZ 1988, 39; OLG Düsseldorf, NStZ 1995, 49; OLG Frankfurt, NStZ-RR 2002, 174), nicht jedoch Personen, die – ohne am Verfahren beteiligt zu sein – nur ein wirtschaftliches oder sonstiges Interesse am Verfahrensausgang haben (OLG Hamburg, NJW 1954, 1619);
- bei Verletzung der Unterhaltspflicht (§ 170 StGB) sowohl der Unterhaltsberechtigte als auch der öffentliche Versorgungsträger (OLG Hamm, NJW 1958, 640 und NStZ-RR 2003, 116 [L]);
- bei Straftaten gegen das Leben (§§ 211 ff., 222 StGB) die nebenklagebefugten Angehörigen oder Lebenspartner (§ 395 Abs. 2 Nr. 1) des Getöteten (OLG Hamm, NStZ 1986, 327; einschränkend für Geschwister: OLG Koblenz, NJW 1977, 1461), nicht auch weitläufigere Verwandte, mit denen eine enge Lebensgemeinschaft bestand (OLG Celle, NStZ-RR 2016, 285; a.A. LR/*Graalmann-Scheerer*, § 172 Rn. 83);
- bei Diebstahl (§§ 242 ff. StGB) Eigentümer und Gewahrsamsinhaber;
- bei Betrug (§ 263 StGB) Geschädigter und Getäuschter;
- bei Urkundsdelikten (§§ 267 ff. StGB) derjenige, zu dessen Nachteil die Urkunde im Rechtsverkehr gebraucht wird oder werden soll (OLG Karlsruhe, Justiz 2003, 270, 271);
- bei unterlassener Hilfeleistung (§ 323c StGB) nur der in Not Geratene, nicht nahe Verwandte (OLG Celle, NStZ 1988, 568).

16 Nicht verletzt sind

- die Tatbeteiligten (OLG Hamburg, NJW 1980, 848);
- der Ehegatte bei Sexualdelikt z.N. der Ehefrau (LR/*Graalmann-Scheerer*, § 172 Rn. 76; a.A. OLG Celle, NJW 1960, 835) oder ein Elternteil bei sexuellem Missbrauch des Kindes (OLG Stuttgart, NStZ-RR 2012, 116);
- hinsichtlich Strafvereitelung das Opfer der Vortat (OLG Frankfurt, NStZ-RR 1998, 279);
- der Tierhalter bei Verstoß gegen das Tierschutzgesetz (OLG Celle, NStZ 2007, 483);
- der Steuerzahler/Gemeindebürger bei Untreue z.N. öffentlicher Haushalte/Gemeinde (OLG Köln, MDR 1952, 568);
- der Dienstherr eines bestochenen Amtsträgers (OLG Nürnberg, NStZ 1997, 254) oder die durch eine Straftat nach den §§ 331 ff. StGB betroffenen Bürger (OLG Koblenz, OLGSt Nr. 13 zu § 172);
- Insolvenzverwalter und Testamentsvollstrecker bei Straftaten gegen die zu verwaltende Masse (LR/*Graalmann-Scheerer*, § 172 Rn. 89);
- Aktionäre bei Vermögensstraftaten z.N. der AG (OLG Braunschweig, wistra 1993, 31; OLG Frankfurt, NJW 2011, 691);
- Gesellschafter einer GmbH bei Untreue des Geschäftsführers (OLG Stuttgart, NJW 2001, 840);
- bei Vorwurf der Rechtsbeugung gegen StA der Antragsteller, wenn er gegen die Einstellungsverfügung des jetzt beschuldigten Staatsanwalts nicht den Rechtsweg nach § 172 ausgeschöpft hat (OLG Dresden, NStZ-RR 1998, 338; abweichend OLG Karlsruhe, NStZ-RR 2001, 112; LR/*Graalmann-Scheerer*, § 172 Rn. 73).

17 **C. Einstellungsbeschwerde (Abs. 1). I. Beschwerdeeinlegung. 1. Adressat und Inhalt.** Die Einstellungsbeschwerde ist nach Abs. 1 Satz 1 an den vorgesetzten Beamten der StA (d.h. den GenStA, §§ 145, 147 GVG) zu richten. Folglich muss sie inhaltlich zum Ausdruck bringen, dass eine förmliche Sachentscheidung des vorgesetzten Beamten erstrebt und nicht nur eine Gegenvorstellung oder persönliche Dienstaufsichtsbeschwerde erhoben wird. In Staatsschutzsachen, in denen der GBA oder GenStA die Ermittlungen geführt und eingestellt hat (§§ 120 Abs. 1, Abs. 2 und 142a Abs. 1, Abs. 2 GVG), entfällt die Vorschaltbeschwerde; der Antrag auf gerichtliche Entscheidung kann in diesen Fällen direkt beim örtlich zuständigen OLG gestellt werden (OLG Stuttgart, NStZ 2006, 117).

2. Form. Die Beschwerde kann schriftlich oder (fern-)mündlich (dann besteht Beurkundungspflicht, vgl. OLG Stuttgart, NStZ 1989, 42) bei der Ausgangs-StA (Abs. 1 Satz 2) oder dem GenStA (Abs. 1 Satz 1) eingelegt werden. Eine Begründung ist – im Gegensatz zum Antrag auf gerichtliche Entscheidung nach Abs. 2, 3 – nicht vorgeschrieben. 18

3. Frist. Die zweiwöchige Beschwerdefrist (Abs. 1 Satz 1) beginnt unter der Voraussetzung, dass eine richtige und vollständige Beschwerdebelehrung erteilt wurde (Abs. 1 Satz 3), mit der Bekanntmachung des Bescheids, also dem Zeitpunkt der förmlichen Zustellung bzw. des Zugangs der formlosen Mitteilung. Bei wiederholter Einstellung des Verfahrens ist für die Frage der Einhaltung der Beschwerdefrist nur der letzte Einstellungsbescheid maßgeblich, da frühere Bescheide durch die Wiederaufnahme der Ermittlungen gegenstandslos geworden sind (OLG Celle, OLGSt Nr. 26 zu § 172; LR/*Graalmann-Scheerer*, § 172 Rn. 130; KK-StPO/*Moldenhauer*, § 172 Rn. 9; Meyer-Goßner/*Schmitt*, § 172 Rn. 16; a.A. OLG Düsseldorf, NStZ 1989, 193). 19

4. Wiedereinsetzung in den vorigen Stand. Gegen die Versäumung der Beschwerdefrist kann Wiedereinsetzung in den vorigen Stand analog §§ 44 ff. gewährt werden (LR/*Graalmann-Scheerer*, § 172 Rn. 133 ff.). Zuständig für die Entscheidung über den Wiedereinsetzungsantrag ist analog § 46 Abs. 1 grds. das OLG (str.; wie hier OLG Koblenz, MDR 1985, 75; OLG Hamm, NStZ 1990, 450 m. abl. Anm. *Schmid*, dagegen *Asper*, NStZ 1991, 146; LR/*Graalmann-Scheerer*, § 172 Rn. 134; Meyer-Goßner/*Schmitt*, § 172 Rn. 17). Denn die Einhaltung der Beschwerdefrist als Zulässigkeitsvoraussetzung für das Klageerzwingungsverfahren ist allein bei der Sachprüfung durch das OLG von Bedeutung, nicht bei der Prüfung durch den GenStA, der auch bei verfristeter Beschwerde zur sachlichen Prüfung und Verbescheidung verpflichtet ist. Das OLG muss aber erst und nur dann über die Wiedereinsetzung entscheiden, wenn ein Antrag auf gerichtliche Entscheidung nach Abs. 2 Satz 1 eingegangen ist (OLG Düsseldorf, NJW 1988, 431; OLG Stuttgart, NStZ-RR 1996, 239; KK-StPO/*Moldenhauer*, § 172 Rn. 11; a.A. LR/*Graalmann-Scheerer*, § 172 Rn. 136; Meyer-Goßner/*Schmitt*, § 172 Rn. 17). Nach einer differenzierenden Meinung liegt die Entscheidungszuständigkeit für den Wiedereinsetzungsantrag beim GenStA, wenn der Antrag vor dessen sachlicher Entscheidung über die Beschwerde eingegangen ist, bei späterem Antragseingang beim OLG (OLG Hamm, NJW 1973, 1055; OLG München, NJW 1977, 2365; OLG Celle, MDR 1980, 335; KK-StPO/*Moldenhauer*, § 172 Rn. 11; KMR/*Plöd*, § 172 Rn. 45a). 20

II. Abhilfeentscheidung. Die StA kann der Beschwerde abhelfen (RiStBV Nr. 105 Abs. 1), indem sie Anklage erhebt oder die Ermittlungen wieder aufnimmt. Dadurch wird die Beschwerde gegenstandslos, ebenso der Einstellungsbescheid, dessen förmliche Aufhebung nicht erforderlich ist. Dem Beschwerdeführer ist die Abhilfe mitzuteilen (RiStBV Nr. 105 Abs. 4). Bei Wiederaufnahme der Ermittlungen und anschließender erneuter Einstellung gelten wieder die §§ 171, 172. 21

III. Beschwerdeentscheidung. 1. Allgemeines. Hilft die StA der Beschwerde nicht ab, legt sie diese zusammen mit den Akten dem GenStA zur Entscheidung vor (zur Verfahrensweise im Einzelnen vgl. RiStBV Nr. 105 Abs. 2, 3). Auch wenn die Beschwerde wegen Versäumung der Beschwerdefrist oder wegen Fehlens der sachlichen und persönlichen Voraussetzungen des Klageerzwingungsverfahrens (vgl. Rdn. 5 bis 16) unzulässig ist, muss der GenStA wegen des Doppelcharakters der Beschwerde (vgl. Rdn. 3, 4) diese sachlich prüfen und verbescheiden. 22

2. Inhalt. Ist die Beschwerde begründet, hebt der GenStA die Einstellungsverfügung auf und weist die StA zur Anklageerhebung oder Wiederaufnahme der Ermittlungen an. Die Frage der Zulässigkeit der Beschwerde hat in diesem Fall keine Bedeutung. Hält der GenStA die Beschwerde für unbegründet, so weist er sie zurück und öffnet damit den Weg zum OLG (Abs. 2 Satz 1). Ergeht die ablehnende Sachentscheidung trotz unzulässiger Einstellungsbeschwerde aufgrund dienstaufsichtlicher Sachprüfung, muss der Beschwerdebescheid zweifelsfrei erkennen lassen, dass und aus welchem Grund die Beschwerde als Vorschaltbeschwerde für unzulässig erachtet und deshalb als sachliche Dienstaufsichtsbeschwerde behandelt wurde (LR/*Graalmann-Scheerer*, § 172 Rn. 117). Eine ausdrückliche Verwerfung der Vorschaltbeschwerde als unzulässig im Tenor des ablehnenden Beschwerdebescheides entspricht nicht gängiger Praxis und erscheint auch nicht zwingend geboten (anders die h.M., vgl. LR/*Graalmann-Scheerer*, § 172 Rn. 117; Meyer-Goßner/*Schmitt*, § 172 Rn. 14; KK-StPO/*Moldenhauer*, § 172 Rn. 13). Die Bekanntgabe des Beschwerdebescheids regelt RiStBV Nr. 105 Abs. 5. 23

3. Belehrung. Der ablehnende Beschwerdebescheid ist gem. Abs. 2 Satz 2 mit einer Belehrung über das Recht des Beschwerdeführers zum Antrag auf gerichtliche Entscheidung (Abs. 2 Satz 1) sowie die dafür vorgesehene Frist (Abs. 2 Satz 1) und Form (Abs. 3 Satz 2 Hs. 1 und Satz 3) zu versehen. Die Pflicht zur Angabe der antragsbegründenden Tatsachen und Beweismittel (Abs. 3 Satz 1) betrifft nicht die Form, sondern den 24

Inhalt des Antrags und ist damit nicht Gegenstand der Belehrung (OLG Nürnberg, NStZ-RR 1998, 143). Bei unvollständiger oder unterbliebener Belehrung läuft die Frist nicht (Abs. 2 Satz 2). Die Belehrung ist auch dann erforderlich, wenn die Vorschaltbeschwerde – z.B. wegen Verfristung oder fehlender Verletzteneigenschaft – als unzulässig angesehen und der ablehnende Beschwerdebescheid deshalb aufgrund dienstaufsichtlicher Sachprüfung erlassen wurde (OLG Hamm, NStZ 1990, 450; Meyer-Goßner/*Schmitt* § 172 Rn. 20). Nur wenn ein in Abs. 2 Satz 3 genannter Unzulässigkeitsgrund vorliegt (Privatklagedelikt oder Einstellung gem. §§ 153 ff.), ist die Belehrung entbehrlich (LR/*Graalmann-Scheerer*, § 172 Rn. 121).

25 **D. Antrag auf gerichtliche Entscheidung (Abs. 2 bis 4). I. Allgemeines.** Das Klageerzwingungsverfahren vor dem OLG ist ein prozessual selbstständiges Verfahren (BVerfG, NJW 1976, 1629). Antragsbefugt ist nur, wer die Strafanzeige erstattet und auch Beschwerde eingelegt hat (OLG Oldenburg, MDR 1987, 431). Der Antragsteller muss prozessfähig sein (OLG Düsseldorf, MDR 1989, 377); andernfalls muss sein gesetzlicher Vertreter für ihn handeln.

26 **II. Frist.** Die Antragsfrist von einem Monat (Abs. 2 Satz 1) beginnt unter der Voraussetzung, dass eine ordnungsgemäße Rechtsbehelfsbelehrung erteilt wurde (Abs. 2 Satz 2), mit der Bekanntgabe des Bescheides. Maßgeblich ist der Tag des Zuganges, nicht der (spätere) Zeitpunkt der tatsächlichen Kenntnisnahme (OLG Stuttgart, BeckRS 2009, 05156). Die Frist gilt auch für die Begründung des Antrags (OLG Nürnberg, NStZ-RR 1998, 143) und kann nicht verlängert werden (OLG Düsseldorf, NJW 1987, 2453). Fristwahrend ist nur der rechtzeitige Eingang beim OLG (Abs. 3 Satz 3, Abs. 4 Satz 1). Bei schuldloser Fristversäumnis ist Wiedereinsetzung in den vorigen Stand zulässig. Der Antragsteller muss sich aber ein Verschulden seines Anwalts zurechnen lassen (OLG Frankfurt, NStZ-RR 2002, 215). Ist innerhalb der Monatsfrist PKH beantragt und nach deren Gewährung binnen einer Woche (§ 45 Abs. 1) der Antrag auf gerichtliche Entscheidung gestellt worden, so wird, wenn der Antrag erst nach Fristablauf eingegangen ist, Wiedereinsetzung in den vorigen Stand gewährt (BVerfG, NJW 1993, 720).

27 **III. Form.** Der Antrag muss schriftlich gestellt werden und von einem bevollmächtigten RA, der bei einem Gericht im Geltungsbereich der StPO zugelassen ist (OLG Hamburg, NJW 1962, 1689), unterzeichnet sein (Abs. 3 Satz 2). Antragstellung zu Protokoll der Geschäftsstelle sieht das Gesetz nicht vor. Die Vollmacht muss innerhalb der Monatsfrist (Abs. 2 Satz 1) erteilt worden sein (OLG Düsseldorf, MDR 1983, 153); der entsprechende Nachweis kann aber noch nachträglich geführt werden. Eine wirksame Unterzeichnung durch einen RA i.S.d. Abs. 3 Satz 2 liegt nur dann vor, wenn der RA durch seine Unterschrift zu erkennen gibt, dass er den Antrag geprüft hat und die Verantwortung dafür übernimmt (OLG München, NStZ 1984, 281; OLG Hamm, NStZ-RR 2001, 300). Fehlt es daran ersichtlich, weil z.B. lediglich Stempel und Unterschrift auf einem vom Antragsteller selbst gefertigten Schriftsatz gesetzt wurden (OLG Düsseldorf, NJW 1990, 1002) oder nur auf ein vom Antragsteller selbst verfasstes Schreiben Bezug genommen wird (OLG Frankfurt, NStZ-RR 2002, 15), ist das Formerfordernis nicht erfüllt und der Antrag unzulässig. Etwaige Formmängel können nach Ablauf der Frist des Abs. 2 Satz 1 nicht mehr geheilt werden (Meyer-Goßner/*Schmitt*, § 172 Rn. 33), und zwar auch nicht auf dem Umweg der Wiederholung der Strafanzeige (OLG Düsseldorf, NStZ-RR 2000, 146 [L]).

28 **IV. PKH.** Der Antrag auf Bewilligung von PKH (Abs. 3 Satz 2 Hs. 2) setzt Prozessfähigkeit des Antragstellers voraus (OLG Hamburg, NJW 1966, 1934) und muss schriftlich oder zu Protokoll der Geschäftsstelle des OLG (§ 117 Abs. 1 Satz 1 ZPO) innerhalb der Monatsfrist des Abs. 2 Satz 1 gestellt werden (BVerfG, NJW 1993, 720; OLG Koblenz, MDR 1985, 957; OLG Hamm, Beschluss vom 08.02.2018 – 4 Ws 1/18), wenn nicht zuvor fristgerecht ein Klageerzwingungsantrag eingereicht wurde (OLG Düsseldorf, OLGSt Nr. 17 zu § 44). Innerhalb der Monatsfrist muss der Antragsteller auch auf dem amtlichen Vordruck (§ 117 Abs. 4 ZPO) die Erklärung über seine persönlichen und wirtschaftlichen Verhältnisse vorlegen (OLG Stuttgart, NStZ 1985, 41 [L]). Damit das OLG die Erfolgsaussicht der beabsichtigten Rechtsverfolgung (§ 114 ZPO) beurteilen kann, müssen die materiellen und formellen Voraussetzungen des Klageerzwingungsverfahrens wenigstens in groben Zügen dargetan werden, wobei wegen des fehlenden Anwaltszwanges für das PKH-Verfahren die Anforderungen nicht überspannt werden dürfen (OLG Hamm, NJW 2008, 245; LR/*Graalmann-Scheerer*, § 172 Rn. 167; a.A. KK-StPO/*Moldenhauer*, § 172 Rn. 51; Meyer-Goßner/*Schmitt*, § 172 Rn. 21a je m.w.N.: Darlegung der formellen Voraussetzungen entbehrlich).

29 Für das Bewilligungsverfahren gilt die StPO. Das OLG entscheidet durch unanfechtbaren Beschluss (§ 304 Abs. 4 Satz 2) nach vorheriger Anhörung der StA (§ 33 Abs. 2). Sofern die Gewährung von PKH in Betracht kommt, ist auch der Beschuldigte vorher anzuhören (Meyer-Goßner/*Schmitt*, § 172 Rn. 22). Mit der Bewilligung von PKH wird dem Antragsteller auf seinen Antrag hin ein RA seiner Wahl beigeordnet (§ 121 Abs. 1 ZPO). Aber auch ohne Bewilligung von PKH kann ihm bei entsprechendem Antrag in ana-

loger Anwendung des § 78b ZPO ein RA (**Notanwalt**) bestellt werden, um dem Anwaltszwang nach Abs. 3 Satz 2 Rechnung zu tragen (str., vgl. KK-StPO/*Moldenhauer*, § 172 Rn. 55, Meyer-Goßner/*Schmitt*, § 172 Rn. 23 je m.w.N.). Voraussetzung ist jedoch, dass der Antragsteller glaubhaft macht, trotz aller ihm zumutbaren Bemühungen keinen vertretungsbereiten RA gefunden zu haben (OLG Hamm, NJW 2008, 245).

V. Inhalt. 1. Allgemeines. Der Antrag auf gerichtliche Entscheidung ist nur zulässig, wenn sein Inhalt den Anforderungen des Abs. 3 Satz 1 genügt. Danach muss der Antrag die Tatsachen, welche die Erhebung der öffentlichen Klage begründen sollen, und die Beweismittel angeben. Über den Gesetzeswortlaut hinaus hat die Rspr. zusätzliche Voraussetzungen entwickelt, die der Antrag inhaltlich erfüllen muss (vgl. hierzu *Stoffers*, NStZ 1993, 497). Gefordert wird eine in sich geschlossene, aus sich heraus verständliche Sachdarstellung, die es dem OLG ermöglicht zu entscheiden, ob ein für die Erhebung der öffentlichen Klage hinreichender Tatverdacht besteht, wenn man die Richtigkeit des Vorbringens und die Beweisbarkeit unterstellt (BVerfG, NJW 2000, 1027; NJW 2016, 44; OLG Stuttgart, NStZ-RR 2005, 113). Die Antragsschrift muss das Gericht in die Lage versetzen, selbstständig und ohne Rückgriff auf die Ermittlungsakten oder andere Schriftstücke eine Schlüssigkeitsprüfung vorzunehmen (OLG Koblenz, NJW 1977, 1461; OLG Celle, NStZ 1997, 406; OLG Düsseldorf, NStZ-RR 1998, 365; OLG Schleswig, NStZ 2013, 302). Die Prüfung der Schlüssigkeit erstreckt sich nicht nur auf das Vorliegen eines hinreichenden Tatverdachts als materielle Voraussetzung für die Anordnung der Erhebung der öffentlichen Klage (nachfolgend Rdn. 31 bis 33). Vielmehr muss das Antragsvorbringen auch Angaben zu den Zulässigkeitsvoraussetzungen des Klageerzwingungsverfahrens enthalten, damit das Gericht auch hinsichtlich der formellen Voraussetzungen der Klageerzwingung die Schlüssigkeitsprüfung vornehmen kann (nachfolgend Rdn. 34). 30

2. Darlegung des hinreichenden Tatverdachts. Um den hinreichenden Tatverdacht schlüssig darzulegen, muss der Antrag erkennen lassen, welcher konkrete Sachverhalt den Schuldvorwurf begründet und aufgrund welcher Beweismittel der Beschuldigte zu überführen ist. Das Gericht muss in der Lage sein, die Schlüssigkeit des Antrages hinsichtlich jedes einzelnen Tatbestandsmerkmales der in Betracht kommenden Strafvorschrift in objektiver und subjektiver Hinsicht zu überprüfen (OLG Bamberg, NStZ-RR 2012, 248). Bei Antragsdelikten ist die Rechtzeitigkeit der Strafantragstellung darzulegen (OLG Hamm, NJW 2000, 1278). Bei Einstellung wegen Verjährung oder bei Sachvortrag, der eine Verjährung nahelegt, muss ausgeführt werden, dass und aus welchem Grund die Tat trotzdem noch verfolgbar ist (OLG München, NJW 1973, 2120; OLG Hamburg, NStZ 1985, 41 [L]). 31

Überdies muss der Antrag in groben Zügen den Gang des Ermittlungsverfahrens schildern, den Inhalt des Einstellungsbescheids der StA und des Beschwerdebescheids der GenStA mitteilen und die tatsächlichen oder rechtlichen Gründe für deren Unrichtigkeit im Einzelnen darlegen (BVerfG, NJW 2000, 1027; NJW 2016, 44; OLG Schleswig, NStZ 1989, 286; OLG Düsseldorf, NStZ-RR 1998, 365; OLG Stuttgart, NStZ-RR 2002, 79; 2003, 331; einschränkend OLG Bamberg, NStZ 1989, 544; a.A. OLG Celle, NStZ 1989, 43). Allerdings dürfen die Darlegungsanforderungen nicht überspannt werden (BVerfG NJW 2016, 44 und BVerfG Beschl. v. 02.07.2018 – 2 BvR 1550/17). So ist eine wörtliche Wiedergabe der Bescheide entbehrlich, wenn sich deren Inhalt aus dem Klageerzwingungsantrag erschließt (BVerfG, NJW 1993, 382). Ebenso wenig bedarf es der Wiedergabe der kompletten Aussagen aller Zeugen (Meyer-Goßner/*Schmitt*, § 172 Rn. 27a). 32

Zu einem zulässigen Antrag gehört schließlich die Benennung der Beweismittel, wobei auch neue Beweismittel – ebenso wie neue Tatsachen – vorgebracht werden können. Der Antragsteller muss darlegen, mit welchem Beweismittel welcher einzelne Umstand bewiesen werden soll (OLG Celle, NStZ 1988, 568). Ob die Beweismittel zum Nachweis der Tatsachenbehauptungen ausreichen, ist dann eine Frage der Begründetheit des Antrags. 33

3. Darlegung der Zulässigkeit des Klageerzwingungsverfahrens. Um die Zulässigkeit des Klageerzwingungsverfahrens schlüssig darzulegen, muss der Antragsteller Ausführungen dazu machen, dass er Antragsteller (§ 171 Satz 1) und zugleich Verletzter (§ 171 Satz 2) ist (OLG Hamm, NStZ 1986, 327); ferner, dass er Beschwerdeführer der Vorschaltbeschwerde (Abs. 1) und Antragsteller des Antrags auf gerichtliche Entscheidung (Abs. 2) ist (OLG München Beschl. v. 05.10.2017 – 2 Ws 1235/17 KL). Der Antragsschrift muss weiter zu entnehmen sein, ob die Beschwerdefrist des Abs. 1 Satz 1 und die Antragsfrist des Abs. 2 Satz 1 gewahrt sind (BVerfG, NJW 1993, 382; OLG Karlsruhe, NStZ 1982, 520; OLG Hamm Beschl. v. 15.01.2019 – 4 Ws 223/18;OLG Frankfurt, NStZ-RR 2000, 113; KG, NStZ-RR 2016, 176; a.A. OLG Celle, NJW 1990, 60 [L]). Folglich müssen grds. die für die Beurteilung der Fristenwahrung maßgeblichen Daten (Zugang des Einstellungsbescheids; Eingang der Beschwerde; Zugang der Beschwerdeentscheidung) ausdrücklich mitgeteilt werden. Bei offensichtlicher Fristwahrung unter Zugrundelegung regulärer 34

Postlaufzeiten reicht es aber, wenn statt des Eingangsdatums der Beschwerde beim GenStA das Absendedatum der Beschwerdeschrift beim Antragsteller angegeben wird (BVerfG, NStZ 2004, 215; NStZ-RR 2005, 176).

35 **4. Unzulässigkeit einer Bezugnahme.** Eine Bezugnahme auf die Ermittlungsakten, auf frühere Eingaben oder andere Schriftstücke zur Darstellung des Sachverhalts ist grds. unzulässig (OLG Koblenz, NJW 1977, 1461). Ebenso wenig ist es zulässig, wenn der Antragsteller Ablichtungen aus den Akten in die Antragsschrift einfügt, auf eine eigene Sachdarstellung verzichtet und auch nicht darlegt, aufgrund welcher Teile des Aktenauszugs sein Antrag begründet sein soll (OLG Celle, NStZ 1997, 406). Werden aber lediglich Aktenbestandteile, auf deren Wortlaut es ankommt, zur Vermeidung des – andernfalls notwendigen – vollständigen Abschreibens dieser Unterlagen in die Antragsschrift hineinkopiert, ist dies nicht zu beanstanden (OLG Hamm, BeckRS 2015, 01011). Auch darf nicht auf Anlagen zur Antragsschrift Bezug genommen werden, wenn dadurch die i.Ü. fehlende oder lückenhafte Sachdarstellung ersetzt bzw. ergänzt werden soll und erst durch die Kenntnisnahme vom Inhalt der Anlagen die erforderliche geschlossene Sachdarstellung erreicht wird (OLG Düsseldorf, StV 1983, 498; a.A. OLG Bamberg, NStZ 1990, 202 zur Feststellung der Wahrung der Fristen). Statt der Bezugnahme und des Einkopierens empfiehlt sich deshalb die wörtliche Übernahme in den Antrag, wobei eine aus sich heraus verständliche geschlossene Sachdarstellung unverzichtbar bleibt.

36 **VI. Entscheidung des Gerichts. 1. Verwerfung des unzulässigen Antrags.** Das OLG verwirft den Antrag als unzulässig, wenn die nach § 172 Abs. 2 und Abs. 3 erforderlichen formellen Voraussetzungen nicht gegeben sind oder die Frist für die Vorschaltbeschwerde nach Abs. 1 versäumt worden ist. Zulässig ist der Antrag also nur, wenn die Fristen für Vorschaltbeschwerde und Antrag auf gerichtliche Entscheidung gewahrt sind, wenn die für den letztgenannten Antrag vorgesehene Form eingehalten ist (Unterzeichnung durch einen RA), die inhaltlichen Anforderungen an diesen Antrag erfüllt sind (in sich geschlossene Sachdarstellung) und die sachlichen Zulässigkeitsvoraussetzungen (endgültige Verfahrenseinstellung; Benennung des Beschuldigten; kein Privatklagedelikt; keine Einstellung nach §§ 153 ff.) sowie die persönlichen Zulässigkeitsvoraussetzungen des Klageerzwingungsverfahrens (Antragsbefugnis; Verletztenstellung) vorliegen. Die Verwerfung als unzulässig, die im Gesetz nicht ausdrücklich geregelt ist, hat keine Sperrwirkung nach § 174 Abs. 2 und keine Kostentragungspflicht nach § 177 zur Folge. Die Entscheidung ist dem Antragsteller und der StA formlos mitzuteilen (§ 35 Abs. 2 Satz 2), dem Beschuldigten nur, wenn er gem. § 173 Abs. 2 angehört worden ist.

37 **2. Verwerfung des unbegründeten Antrags.** Die Verwerfung des zulässigen, aber unbegründeten Antrags regelt § 174.

38 **3. Anordnung der Klageerhebung.** Ist der zulässige Antrag auch begründet, ordnet das OLG durch Beschluss nach § 175 die Erhebung der öffentlichen Klage an.

39 **4. Anordnung der Wiederaufnahme der Ermittlungen.** Das OLG kann grundsätzlich das Klageerzwingungsverfahren nicht mit der Anordnung abschließen, dass die StA die von ihr geführten Ermittlungen wieder aufzunehmen, fortzuführen oder zu intensivieren habe. Hat die StA jedoch wegen Verneinung des Anfangsverdachtes aus tatsächlichen oder rechtlichen Gründen davon abgesehen, irgendwelche Beweiserhebungen durchzuführen, sodass der Sachverhalt überhaupt oder in wesentlichen Punkten nicht aufgeklärt worden ist und sämtliche Ermittlungen nachgeholt werden müssen, kann das OLG ausnahmsweise die StA anweisen, die erforderlichen Ermittlungen aufzunehmen und bis zur Entscheidungsreife fortzuführen (KG, NStZ 1990, 355 u. NStZ-RR 2014, 14; OLG Hamm, StV 2002, 128; OLG Köln, NStZ 2003, 682; OLG München, NJW 2007, 3734; Meyer-Goßner/*Schmitt*, § 175 Rn. 2; a.A. KK-StPO/*Moldenhauer*, § 175 Rn. 3). Ein entsprechender Antrag auf Wiederaufnahme der Ermittlungen ist daher auch nicht unzulässig (vgl. BVerfG Beschl. v. 23.01.2020 – 2 BvR 859/17). Damit ist das Verfahren vor dem OLG abgeschlossen (KG, NStZ 1990, 355). Das Klageerzwingungsverfahren wird in diesen Fällen zum Ermittlungserzwingungsverfahren (OLG München, NJW 2007, 3734).

40 **5. Erledigung des Klageerzwingungsverfahrens.** Nimmt die StA auf den Klageerzwingungsantrag hin von sich aus die Ermittlungen wieder auf, führt dies zur Erledigung des Antrags aufgrund prozessualer Überholung mit der Folge, dass eine Entscheidung des OLG nicht mehr veranlasst ist (str.; wie hier OLG Bamberg, NStZ 2010, 590; OLG Jena, NStZ-RR 2007, 223; OLG Brandenburg, NStZ-RR 2005, 45; OLG Koblenz, NStZ 1990, 48; KK-StPO/*Moldenhauer*, § 172 Rn. 57). Denn die Wiederaufnahme der Ermittlungen stellt gerade keine Verweigerung der Anklageerhebung dar, sodass sich eine gerichtliche Kontrolle der Einhaltung des Legalitätsprinzips erübrigt. Hinzu kommt, dass infolge der Wiederaufnahme der Ermittlungen die ursprüngliche Einstellungsverfügung der StA und der ablehnende Beschwerdebescheid des GenStA gegenstandslos werden und damit keine endgültige Verfahrenseinstellung mehr vorliegt, die aber Voraussetzung für das

Klageerzwingungsverfahren ist. Die gegenteilige Ansicht schließt aus Sinn und Zweck des Klageerzwingungsverfahrens, dass sich der Antrag erst bei Klageerhebung erledigt; nimmt die StA die Ermittlungen wieder auf, hat nach dieser Ansicht das OLG die Entscheidung über den Klageerzwingungsantrag auszusetzen, bis die StA entweder – aufgrund der Nachermittlungen – doch die öffentliche Klage erhebt oder dies – endgültig erneut – ablehnt (OLG Bamberg, NStZ 1989, 543; OLG Hamm, NStZ-RR 1999, 148, Meyer-Goßner/*Schmitt*, § 172 Rn. 36).

VII. Wiederholung des Klageerzwingungsverfahrens. Eine Wiederholung des Klageerzwingungsverfahrens kann der Antragsteller nur erreichen, wenn er seine neuerliche Strafanzeige auf neue Tatsachen oder Beweismittel stützt (OLG Hamm, MDR 1965, 930; OLG Köln, NStZ 2003, 682). Dabei macht es keinen Unterschied, ob der ursprüngliche Klageerzwingungsantrag als unzulässig oder unbegründet verworfen wurde. Wiederholt der Antragsteller lediglich seine frühere Anzeige ohne Angabe von neuen Tatsachen oder Beweismitteln und lehnt die StA deshalb die Wiederaufnahme der Ermittlungen ab, ist der Weg ins Klageerzwingungsverfahren nicht erneut eröffnet, weil in der Sache keine neue staatsanwaltschaftliche Entscheidung vorliegt (OLG Stuttgart, NStZ-RR 1997, 177). Enthält die erneute Anzeige jedoch neues erhebliches Tatsachenvorbringen und/oder benennt sie neue erhebliche Beweismittel, muss die StA sachlich prüfen und verbescheiden; gegen die ablehnende Entscheidung ist dann erneut das Klageerzwingungsverfahren zulässig (OLG Nürnberg, MDR 1964, 524; OLG Frankfurt, NStZ-RR 2003, 268). 41

§ 173 Verfahren des Gerichts nach Antragstellung

(1) Auf Verlangen des Gerichts hat ihm die Staatsanwaltschaft die bisher von ihr geführten Verhandlungen vorzulegen.

(2) Das Gericht kann den Antrag unter Bestimmung einer Frist dem Beschuldigten zur Erklärung mitteilen.

(3) Das Gericht kann zur Vorbereitung seiner Entscheidung Ermittlungen anordnen und mit ihrer Vornahme einen beauftragten oder ersuchten Richter betrauen.

Übersicht

1 **A. Verfahrensgestaltung im Allgemeinen.** Die Ausgestaltung des Verfahrens bestimmt das OLG nach eigenem Ermessen (BVerfG, NStZ 2002, 606). Da das Klageerzwingungsverfahren noch Bestandteil des Ermittlungsverfahrens ist, gilt der Freibeweis (LR/*Graalmann-Scheerer*, § 173 Rn. 2). Das OLG ist bei der Prüfung, ob der Antrag genügenden Anlass zur Erhebung der öffentlichen Klage bietet, nicht auf das tatsächliche Vorbringen des Antragstellers beschränkt. Es kann vielmehr weitere Ermittlungen zur Aufklärung in tatsächlicher Hinsicht vornehmen (vgl. Abs. 3). Allerdings erstreckt sich die Untersuchung nur auf die prozessuale Tat, die Gegenstand des Klageerzwingungsantrags nach § 172 Abs. 2 Satz 1, Abs. 3 Satz 1 ist (LR/*Graalmann-Scheerer*, § 173 Rn. 1).

2 **B. Anhörung des Beschuldigten (Abs. 2).** Die Anhörung des Beschuldigten steht nach Abs. 2 grds. im Ermessen des Gerichts. Bei Verwerfung des Antrages als unzulässig oder unbegründet muss der Beschuldigte vorher nicht gehört werden. Will das Gericht aber dem Antrag stattgeben und die Klageerhebung beschließen, muss es dem Beschuldigten – wie sich auch aus § 175 ergibt – vorher zwingend rechtliches Gehör gewähren (BVerfG, NJW 1976, 1629). Wird dagegen verstoßen, ist die Nachholung des rechtlichen Gehörs gem. § 33a im Klageerzwingungsverfahren selbst geboten. Der Beschuldigte darf nicht auf seine Äußerungs- und Verteidigungsrechte im Zwischen- bzw. Hauptverfahren verwiesen werden (BVerfG, NJW 1976, 1629). Mit der Anhörung ist eine Belehrung über das Aussageverweigerungsrecht (§ 136 Abs. 1) zu erteilen, wenn der Beschuldigte im Ermittlungsverfahren bis dahin noch nicht belehrt worden ist (KK-StPO/*Moldenhauer*, § 173 Rn. 2). Für die Anhörung des Antragstellers gilt § 33 Abs. 3, für die Anhörung der GenStA § 33 Abs. 2.

3 **C. Ermittlungen des Gerichts (Abs. 3).** Sind zur Vorbereitung der Entscheidung des OLG weitere Ermittlungen durchzuführen, kann das Gericht nach Abs. 3 diese durch Beschluss anordnen und mit ihrer Vornahme ein Mitglied des Senats (beauftragter Richter) oder den nach § 157 GVG zuständigen Rechtshilferichter (ersuchter Richter) betrauen. Auf Ersuchen des Gerichts ist die StA – die ihrerseits stets die Polizei beauftragen kann (§ 161 Satz 2; § 152 GVG) – verpflichtet, die nach Abs. 3 angeordneten Ermittlungen durchzuführen, wenn nach allgemeinen Grundsätzen Amtshilfe verlangt werden kann (LR/*Graalmann-*

Scheerer, § 173 Rn. 16). Das ist dann der Fall, wenn das Gericht die angeordneten strafprozessualen Maßnahmen aus tatsächlichen Gründen nicht oder nur mit wesentlich größerem Aufwand als Polizei und StA durchführen könnte (LR/*Stuckenberg*, § 202 Rn. 18).

4 Nur Lücken füllende Nachermittlungen werden vom OLG nach Abs. 3 angeordnet (Meyer-Goßner/*Schmitt*, § 173 Rn. 3). Hat die StA davon abgesehen, irgendwelche Beweiserhebungen durchzuführen, sodass der Sachverhalt überhaupt nicht aufgeklärt worden ist und sämtliche Ermittlungen nachgeholt werden müssen, kann das OLG ausnahmsweise ohne Beweisanordnung nach Abs. 3 die StA auffordern, die Ermittlungen aufzunehmen und durchzuführen (vgl. OLG Zweibrücken Beschl. v. 12.01.2021 – 1 Ws 76/20 oder OLG München, NJW 2007, 3734 und § 172 Rdn. 39). Damit ist das Verfahren vor dem OLG abgeschlossen (KG, NStZ 1990, 355).

§ 174 Verwerfung des Antrags

(1) Ergibt sich kein genügender Anlass zur Erhebung der öffentlichen Klage, so verwirft das Gericht den Antrag und setzt den Antragsteller, die Staatsanwaltschaft und den Beschuldigten von der Verwerfung in Kenntnis.

(2) Ist der Antrag verworfen, so kann die öffentliche Klage nur auf Grund neuer Tatsachen oder Beweismittel erhoben werden.

Übersicht

1 **A. Regelungsinhalt.** § 174 befasst sich nur mit dem zulässigen, aber unbegründeten Klageerzwingungsantrag. Die Vorschrift ist nicht anwendbar, wenn der Antrag bereits unzulässig ist, weil die erforderlichen formellen Voraussetzungen fehlen. Zur Behandlung des unzulässigen Antrags vgl. § 172 Rdn. 36.

2 **B. Verwerfung des unbegründeten Antrags (Abs. 1).** Das Gericht verwirft den Antrag als unbegründet, wenn sich kein genügender Anlass zur Erhebung der öffentlichen Klage ergibt (Abs. 1). Die Formulierung stimmt mit derjenigen in § 170 Abs. 1 überein und deckt sich inhaltlich mit dem Begriff des hinreichenden Tatverdachtes i.S.d. § 203 (OLG Rostock, NStZ-RR 1996, 272; a.A. OLG Köln, NJW 1991, 764). Zu den Entscheidungsmöglichkeiten bei Zusammentreffen von Offizial- und Privatklagedelikt innerhalb einer prozessualen Tat vgl. § 172 Rdn. 7.

3 Der Verwerfungsbeschluss ist mit einer **Kostenentscheidung** zu versehen (§ 177) und dem Antragsteller, der StA und dem Beschuldigten formlos (§ 35 Abs. 2 Satz 2) bekanntzumachen. Die Mitteilung an den Beschuldigten ist wegen der für ihn günstigen Sperrwirkung des Abs. 2 auch dann erforderlich, wenn er zum Antrag nicht gehört worden ist oder überhaupt von dem Klageerzwingungsverfahren bzw. dem Ermittlungsverfahren keine Kenntnis hat.

4 Der Beschluss ist unanfechtbar (§ 304 Abs. 4 Satz 2). Zulässig sind jedoch Gegenvorstellungen (dazu allgemein BGH, NStZ 2001, 334). Die Sperrwirkung des Abs. 2 ändert daran nichts; sie schränkt nur die Entscheidungsfreiheit der StA in Bezug auf eine mögliche Anklageerhebung ein, bindet aber nicht das OLG in der Weise, dass eine Überprüfung der Rechtmäßigkeit der eigenen Entscheidung ausgeschlossen wäre (a.A. OLG Nürnberg, MDR 1966, 351 und h.M., vgl. KK-StPO/*Moldenhauer*, § 174 Rn. 5). Bei Vorliegen neuer Tatsachen oder Beweismittel kommt auch eine Wiederholung des Klageerzwingungsverfahrens in Betracht (vgl. § 172 Rdn. 41).

5 **C. Verfahrenseinstellung gem. §§ 153 ff. im Klageerzwingungsverfahren.** Ab dem Zeitpunkt, ab dem das OLG mit dem Klageerzwingungsantrag befasst ist, darf die StA das Verfahren nicht mehr gem. §§ 153 Abs. 1, 153a Abs. 1 einstellen und so durch nachträgliche Auswechslung der Einstellungsgründe dem Antrag den Boden entziehen (LR/*Graalmann-Scheerer*, § 174 Rn. 9). Eine Verfahrenseinstellung durch das OLG in direkter Anwendung der §§ 153 Abs. 2, 153a Abs. 2 ist nach dem Gesetzeswortlaut ebenfalls nicht möglich, da die genannten Vorschriften erst nach Anklageerhebung anwendbar sind.

6 Strittig ist, ob das OLG im Klageerzwingungsverfahren zu einer Verfahrenseinstellung in analoger Anwendung der §§ 153 ff. befugt ist. Die obergerichtliche Rspr. bejaht aus Gründen der Prozessökonomie überwiegend eine analoge Anwendbarkeit insb. des § 153 (vgl. OLG Braunschweig, NJW 1958, 1361; OLG Stuttgart, *NJW 1982, 2680;* NJW 1997, 3103; OLG Köln, NJW 1991, 764). Diese Ansicht stößt in der Kommentarliteratur zu Recht auf Ablehnung (vgl. LR/*Graalmann-Scheerer*, § 174 Rn. 9 ff.; KK-StPO/*Moldenhauer*, § 174

Rn. 4). Dem OLG fehlt nämlich im Klageerzwingungsverfahren die gesetzliche Kompetenz zur Verfahrenseinstellung, da als Gerichte i.S.d. §§ 153 Abs. 2, 153a Abs. 2 nur die Gerichte des ordentlichen Rechtsmittelzuges anzusehen sind. Außerdem hat das OLG im Klageerzwingungsverfahren nur über die Einhaltung des Legalitätsprinzipes zu wachen, nicht die Einstellungsmöglichkeiten nach Opportunitätsgrundsätzen zu prüfen.

D. Sperrwirkung (Abs. 2). Der Beschluss, durch den der Antrag als unbegründet verworfen wird, führt gem. Abs. 2 zu einem beschränkten Strafklageverbrauch. Die StA kann also nur aufgrund neuer, d.h. dem OLG bei Beschlussfassung nicht bekannter Tatsachen oder Beweismittel Anklage erheben. Auf die Kenntnis des Antragstellers kommt es nicht an (RGSt 56, 91; a.A. OLG Hamm, MDR 1965, 930). Ein neues Beweismittel liegt auch dann vor, wenn ein bereits früher vernommener Zeuge entgegen seiner früheren Aussage andere, für die Entscheidung bedeutsame Angaben macht (OLG Hamburg, NJW 1963, 1121). Die neuen Tatsachen oder Beweismittel müssen erheblich sein (KK-StPO/*Moldenhauer*, § 174 Rn. 6), d.h. sie müssen geeignet sein, der Sachentscheidung des OLG den Boden zu entziehen. 7

Ist der Verwerfungsbeschluss nach Abs. 1 auf das Vorliegen eines Verfahrenshindernisses gestützt worden, tritt die Sperrwirkung des Abs. 2 nur hinsichtlich dieses Einstellungsgrundes ein; neue Tatsachen oder Beweismittel müssen sich dann (nur) auf diesen Einstellungsgrund beziehen. Bei Zusammentreffen von Offizial- und Privatklagedelikt innerhalb einer prozessualen Tat tritt im Fall der Verwerfung des Antrags als unbegründet die Sperrwirkung des Abs. 2 nur bzgl. des Offizialdeliktes ein, weil nur insoweit das OLG den Antrag geprüft und verworfen hat (KK-StPO/*Moldenhauer*, § 174 Rn. 6). 8

Die beschränkte materielle Rechtskraft des Abs. 2 wirkt gegen alle durch die Tat Verletzten, d.h. auch ggü. einem möglicherweise ebenfalls verletzten Dritten, der am Klageerzwingungsverfahren nicht beteiligt war oder erst später von der Verfahrenseinstellung Kenntnis erlangt hat (OLG Koblenz, NStZ-RR 1998, 339). Die Sperrwirkung des Abs. 2 tritt aber nicht ein, wenn der Antrag als unzulässig verworfen (vgl. Rdn. 1) oder vor der OLG-Entscheidung zurückgenommen wird. 9

§ 175 Anordnung der Anklageerhebung

[1]Erachtet das Gericht nach Anhörung des Beschuldigten den Antrag für begründet, so beschließt es die Erhebung der öffentlichen Klage. [2]Die Durchführung dieses Beschlusses liegt der Staatsanwaltschaft ob.

A. Anordnung der Klageerhebung (Satz 1). Das OLG beschließt die Erhebung der öffentlichen Klage, wenn der zulässige Antrag auch begründet ist, also hinreichender Tatverdacht hinsichtlich eines Offizialdeliktes vorliegt. Der Beschluss muss alle Angaben enthalten, die bei Anklageerhebung in den Anklagesatz (§ 200 Abs. 1 Satz 1) aufzunehmen sind. 1

Die **Anhörung des Beschuldigten** vor Erlass des Beschlusses ist in Satz 1 zwingend vorgeschrieben (BVerfG, JZ 1964, 653). Zu diesem Zweck sind dem Beschuldigten oder seinem Verteidiger (§ 145a Abs. 1) die Antragsschrift sowie – wegen § 33 Abs. 3 – alle weiteren Tatsachen und Beweismittel (Stellungnahme der GenStA, Ergebnis der OLG-Ermittlungen) mitzuteilen, die die Entscheidungsgrundlage bilden. Die Anhörung des Beschuldigten nach Satz 1 ist, wenn sie unter ordnungsgemäßer Beschuldigtenbelehrung erfolgt, grds. geeignet, die bis dahin unterbliebene Vernehmung nach den §§ 163a Abs. 1, 136 zu ersetzen (KK-StPO/*Moldenhauer*, § 175 Rn. 1; a.A. LR/*Graalmann-Scheerer*, § 175 Rn. 3). Dies folgt bereits aus dem Wortlaut der §§ 163a Abs. 1 Satz 2, 136 Abs. 1 Satz 6, worin die Möglichkeit zur schriftlichen Äußerung der Vernehmung gleichgestellt wird. 2

Der Beschluss ergeht **ohne Kostenentscheidung**, da die Kosten des Klageerzwingungsverfahrens Kosten des Verfahrens sind. Er ist dem Antragsteller, der StA und dem Beschuldigten gem. § 35 Abs. 2 Satz 2 formlos mitzuteilen; auch der Beschuldigte ist Betroffener i.S.d. § 35, weil seine Verfahrensbeteiligung (Anhörung) in Satz 1 zwingend vorgeschrieben ist (a.A. KK-StPO/*Moldenhauer*, § 175 Rn. 5: Mitteilung nicht vorgeschrieben, aber zweckmäßig). Der erfolgreiche Antragsteller kann sich der Klage als Nebenkläger anschließen (§ 395 Abs. 2 Nr. 2). 3

B. Durchführung des Beschlusses (Satz 2). Die StA hat den Beschluss in der Weise umzusetzen (Satz 2), dass sie nach den Vorgaben des OLG die öffentliche Klage erhebt. Sie ist an die Feststellungen des OLG zum hinreichenden Tatverdacht in tatsächlicher und rechtlicher Hinsicht gebunden. Die Bindungswirkung hindert die StA auch an einer Verfahrenseinstellung nach den §§ 153 ff. (Meyer-Goßner/*Schmitt*, § 175 Rn. 3). 4

Ebenso steht sie einer Klagerücknahme entgegen, sofern nicht alsbaldige neue Anklageerhebung bei einem anderen zuständigen Gericht beabsichtigt ist.

5 Bei der Bestimmung des sachlich und örtlich zuständigen Gerichts und der Auswahl der Klageart ist die StA jedoch frei. Das Strafbefehlsverfahren ist nicht ausgeschlossen (KK-StPO/*Moldenhauer*, § 175 Rn. 6). Die v.a. aus kostenrechtlichen Gesichtspunkten geäußerten Bedenken (Meyer-Goßner/*Schmitt*, § 175 Rn. 3) gegen diese Verfahrensart sind nicht begründet, weil auch im Strafbefehlsverfahren über die §§ 395 Abs. 2 Nr. 2, 406g Abs. 1 Satz 1, 472 Abs. 3 Satz 1 dem verurteilten Angeklagten die notwendigen Auslagen des nebenklagebefugten Antragstellers in jedem Fall auferlegt werden können (LG Traunstein, DAR 1991, 316; OLG Frankfurt, NStZ-RR 2001, 63; *Rieß*, NStZ 1990, 6, 9).

6 Nach Anklageerhebung entfällt die Bindungswirkung des OLG-Beschlusses (OLG Karlsruhe, NJW 1977, 62). StA und erkennendes Gericht sind zu einer abweichenden Beurteilung in tatsächlicher und rechtlicher Hinsicht befugt und können das Verfahren auch nach einer Ermessensvorschrift (§§ 153 Abs. 2, 153a Abs. 2, etc.) einstellen.

§ 176 Sicherheitsleistung durch den Antragsteller

(1) [1]Durch Beschluss des Gerichts kann dem Antragsteller vor der Entscheidung über den Antrag die Leistung einer Sicherheit für die Kosten auferlegt werden, die durch das Verfahren über den Antrag voraussichtlich der Staatskasse und dem Beschuldigten erwachsen. [2]Die Sicherheitsleistung ist durch Hinterlegung in barem Geld oder in Wertpapieren zu bewirken. [3]Davon abweichende Regelungen in einer auf Grund des Gesetzes über den Zahlungsverkehr mit Gerichten und Justizbehörden erlassenen Rechtsverordnung bleiben unberührt. [4]Die Höhe der zu leistenden Sicherheit wird vom Gericht nach freiem Ermessen festgesetzt. [5]Es hat zugleich eine Frist zu bestimmen, binnen welcher die Sicherheit zu leisten ist.

(2) Wird die Sicherheit in der bestimmten Frist nicht geleistet, so hat das Gericht den Antrag für zurückgenommen zu erklären.

1 **A. Regelungszweck und Anwendungsbereich.** Zweck der Vorschrift ist die Absicherung des nach § 177 möglichen Kostenerstattungsanspruches. Kosten, die der Staatskasse erwachsen können, sind die Gerichtsgebühren und die gerichtlichen Auslagen (z.B. auch Kosten der gerichtlichen Beweisaufnahme, § 173 Abs. 3). Kosten aufseiten des Beschuldigten sind dessen notwendige Auslagen. Die Anordnung einer Sicherheitsleistung setzt voraus, dass der Klageerzwingungsantrag zulässig ist. Denn die Verwerfung eines unzulässigen Antrags löst nicht die Kostentragungspflicht nach § 177 aus (vgl. § 177 Rdn. 2). Wird dem Antragsteller PKH bewilligt, darf ihm keine Sicherheitsleistung auferlegt werden, § 172 Abs. 3 Satz 2 Hs. 2 i.V.m. § 122 Abs. 1 Nr. 2 ZPO.

2 **B. Anordnung der Sicherheitsleistung (Abs. 1).** Die Anordnung der Sicherheitsleistung erfolgt durch gesonderten Beschluss (Abs. 1 Satz 1) nach vorheriger Anhörung der GenStA (§ 33 Abs. 2). Die Entscheidung ist nicht anfechtbar (§ 304 Abs. 4 Satz 2) und dem Antragsteller förmlich zuzustellen (§ 35 Abs. 2). Die Sicherheit, deren Höhe das Gericht nach freiem Ermessen festsetzt (Abs. 1 Satz 4), ist durch Hinterlegung in barem Geld oder in Wertpapieren zu leisten (Abs. 1 Satz 2). Zulässig ist aber auch die unbare Sicherheitsleistung (z.B. mittels EC-Karte oder Kreditkarte), sofern eine nach dem ZahlVGJG v. 22.12.2006 (BGBl. I, S. 3416) erlassene Rechtsverordnung diese Möglichkeit eröffnet (Abs. 1 Satz 3). Wird das Klageerzwingungsverfahren mit einer Entscheidung nach den §§ 174 oder 176 Abs. 2 abgeschlossen, welche jeweils die Kostentragungspflicht des Antragstellers nach sich zieht (§ 177), können die Kostengläubiger nach den Bestimmungen der Hinterlegungsordnung auf die Sicherheit zugreifen. Endet das Klageerzwingungsverfahren jedoch mit einer Entscheidung, die keine Kostenentscheidung zur Folge hat (Beschluss nach § 175; Verwerfung des nachträglich als unzulässig erkannten Antrags; Erledigung des Klageerzwingungsverfahrens), ist die Sicherheit durch Beschluss freizugeben und dem Antragsteller zurückzuerstatten.

3 **C. Folgen der Fristversäumung (Abs. 2).** Erbringt der Antragsteller die Sicherheit innerhalb der ihm gesetzten Frist (Abs. 1 Satz 5) nicht oder nicht vollständig, hat das Gericht den Antrag gem. Abs. 2 für zurückgenommen zu erklären und dem Antragsteller die Kosten des Verfahrens aufzuerlegen (§ 177). Die Frist ist verlängerbar. Trifft den Antragsteller an der Fristversäumung kein Verschulden, ist Wiedereinsetzung in den

vorigen Stand möglich, §§ 44 ff. Der Beschluss nach Abs. 2 hindert nicht die Stellung eines neuen Klageerzwingungsantrages, wenn die Monatsfrist des § 172 Abs. 2 Satz 1 noch nicht abgelaufen ist (LR/*Graalmann-Scheerer*, § 176 Rn. 11; KK-StPO/*Moldenhauer*, § 176 Rn. 4).

§ 177 Kosten

Die durch das Verfahren über den Antrag veranlassten Kosten sind in den Fällen der §§ 174 und 176 Abs. 2 dem Antragsteller aufzuerlegen.

Übersicht

1 **A. Notwendigkeit einer Kostenentscheidung.** § 177 benennt diejenigen Fälle (Beschlüsse nach § 174 und § 176 Abs. 2), in denen bei Abschluss des Klageerzwingungsverfahrens eine Kostenentscheidung erforderlich ist. Die Vorschrift gilt analog, wenn der Klageerzwingungsantrag zurückgenommen wird (OLG Düsseldorf, GA 1983, 219; *Rieß*, NStZ 1990, 6, 9; LR/*Graalmann-Scheerer*, § 177 Rn. 2; Meyer-Goßner/*Schmitt*, § 177 Rn. 1; a.A. OLG Zweibrücken, MDR 1985, 250; KK-StPO/*Moldenhauer*, § 177 Rn. 1). Da bei direkter Anwendung des § 177 auf den Fall der Rücknahmefiktion nach § 176 Abs. 2 die Kostentragungspflicht des Antragstellers ohne Rücksicht darauf eintritt, ob der Antrag zulässig und/oder begründet wäre, muss auch bei analoger Anwendung auf den Fall der tatsächlichen Antragsrücknahme eine derartige Unterscheidung nicht getroffen werden. Folglich hängt bei Antragsrücknahme die Kostentragungspflicht des Antragstellers weder von einer hypothetischen Begründetheitsprüfung noch von der Unterscheidung danach ab, ob das Gericht bereits in die Begründetheitsprüfung eingetreten ist oder nicht (so OLG Stuttgart, Justiz 2000, 49 und KK-StPO/Moldenhauer, § 177 Rn. 1). In allen anderen Fällen der Beendigung des Klageerzwingungsverfahrens ergeht keine Kostenentscheidung (vgl. nachfolgend Rdn. 2 ff.).

2 **B. Entbehrlichkeit einer Kostenentscheidung.** Wird der Antrag aus formellen Gründen als unzulässig verworfen, werden dem Antragsteller keine Kosten auferlegt, weil eine Gerichtsgebühr nicht anfällt (s. Nr. 3200 KVGKG) und die Erstattung der notwendigen Auslagen des Beschuldigten mangels gesetzlicher Grundlage nicht möglich ist (vgl. OLG Bremen, MDR 1984, 164; OLG Koblenz, NJW 1985, 1409).

3 Der Beschluss nach § 175, durch den die Klageerhebung angeordnet wird, enthält keine Kostenentscheidung, weil die Kosten des Klageerzwingungsverfahrens Kosten des Strafverfahrens sind, über die das erkennende Gericht zu befinden hat (LR/*Graalmann-Scheerer*, § 175 Rn. 6). Der Antragsteller kann sich als Nebenkläger (§ 395 Abs. 2 Nr. 2) dem Verfahren anschließen mit der Folge, dass seine notwendigen Auslagen – auch die im Klageerzwingungsverfahren entstandenen (Meyer-Goßner/*Schmitt*, § 472 Rn. 8) – im Fall der Verurteilung dem Angeklagten aufzuerlegen sind, § 472 Abs. 1. Dies gilt auch bei Erledigung des Verfahrens durch Strafbefehl, ohne dass eine Hauptverhandlung durchgeführt wurde (*Rieß*, NStZ 1990, 6, 9 und § 175 Rdn. 5).

4 Eine Kostenentscheidung ergeht auch dann nicht, wenn das OLG die Aufnahme der Ermittlungen durch die StA anordnet (Meyer-Goßner/*Schmitt*, § 177 Rn. 3; *Stoffers*, JurBüro 1993, 643, 645; vgl. auch § 172 Rdn. 39). Erledigt sich der Antrag dadurch, dass die StA während des Klageerzwingungsverfahrens von sich aus die Ermittlungen wieder aufnimmt (vgl. § 172 Rdn. 40), ist ebenfalls keine Kostenentscheidung veranlasst (OLG Jena, NStZ-RR 2007, 223). Stirbt der Antragsteller vor der Entscheidung des OLG, ist das Klageerzwingungsverfahren analog § 402 erledigt. Eine Kostenentscheidung ergeht nicht (OLG Düsseldorf, GA 1984, 129). Dasselbe gilt bei Tod des Beschuldigten, der einen konstitutiven Beschluss über die Verfahrenseinstellung wegen eines Verfahrenshindernisses zur Folge hat (BGHSt 45, 108).

5 **C. Umfang der Kostentragungspflicht.** Bei den veranlassten Kosten handelt es sich um die Gerichtsgebühr (Nr. 3200 KVGKG), die durch etwaige gerichtliche Ermittlungen (§ 173 Abs. 3) der Staatskasse entstandenen Auslagen und die notwendigen Auslagen (§ 464a Abs. 2) des Beschuldigten im Klageerzwingungsverfahren (OLG Stuttgart, NJW 1962, 2021; OLG Koblenz, NStZ 1990, 48).

Dritter Abschnitt. Gerichtliche Voruntersuchung

§§ 178 bis 197
(weggefallen)

Vierter Abschnitt. Entscheidung über die Eröffnung des Hauptverfahrens

§ 198
(weggefallen)

§ 199 Entscheidung über die Eröffnung des Hauptverfahrens

(1) Das für die Hauptverhandlung zuständige Gericht entscheidet darüber, ob das Hauptverfahren zu eröffnen oder das Verfahren vorläufig einzustellen ist.

(2) [1]Die Anklageschrift enthält den Antrag, das Hauptverfahren zu eröffnen. [2]Mit ihr werden die Akten dem Gericht vorgelegt.

Übersicht

1 **A. Grundsätzliches.** Mit der Anklageerhebung geht die Verfahrensherrschaft von der StA als Herrin des Ermittlungsverfahrens auf das Gericht über (KMR/*Seidl* § 199 Rn. 2). Damit beginnt das sog. **Zwischenverfahren.**

2 Das Zwischenverfahren dient formal der Entscheidung über die Eröffnung des Hauptverfahrens (so die Abschnittsüberschrift). Der Sache nach ermöglicht es eine erste **Plausibilitätskontrolle**, ob die StA zu Recht Anklage erheben durfte. Das rechtfertigt sich zum einen in der ggü. der StA nochmals gesteigerten Unabhängigkeit des Strafgerichts, sodass auch politisch motivierte Anklagen bereits in diesem frühen Stadium zurückgewiesen werden können (vgl. etwa BGH NJW 1965, 1187 in der Spiegel-Affäre). Zum zweiten können bei den Massenverfahren der kleinen und mittleren Kriminalität die Ermittlungen oft nur kursorisch erfolgen, sodass das Zwischenverfahren zum zweiten als weiteres Korrektiv vor nicht fundierten Anklagen fungieren kann. Drittens verstärkt es den Grundsatz des **rechtlichen Gehörs**. Der Beschuldigte kann vor der Hauptverhandlung nochmals Einfluss auf das Strafverfahren nehmen (*Roxin/Schünemann* § 42 Rn. 2), wobei aus Verteidigersicht Wertungs- und Rechtsfragen im Vordergrund stehen sollten (*Leipold* FS Schlothauer, S. 345 [349 f.]) Viertens werden der **Prozessgegenstand** und das **zuständige Gericht** festgelegt (AK-StPO/*Loos* Vor § 199 ff. Rn. 1).

3 Angesichts geringer Nichteröffnungsquoten von 0,3 % bei Amtsgerichten und 2 % bei Landgerichten (*Statistisches Bundesamt* Rechtspflege Strafgerichte, Fachserie 10) wird der Sinn des Zwischenverfahrens teils infrage gestellt. Die **Kritik** übersieht dabei, dass es bei amtsgerichtlichen Verfahren gerade im Zwischenverfahren nicht selten zu einer Opportunitätseinstellung nach den §§ 153 Abs. 2, 153a Abs. 2 kommt, was sich in der Quote nicht niederschlägt. Auch ist der Aufwand durch das Zwischenverfahren zu vernachlässigen, Schreibarbeit bedeutet es gerade nicht (vgl. *Vormbaum* ZIS 2015, 328 [329]), zumal zugleich die anstehende Hauptverhandlung durchdacht und mit vorbereitet werden kann. Die kritisierte Voreingenommenheit des im späteren Hauptverfahren entscheidenden Richters besteht zwar (*Schünemann* StV 2000, 159 [161]; *Vormbaum* ZIS 2015, 328 [330]), wird aber überschätzt, weil zwar der Richter einen hinreichenden Tatverdacht nach dem Gesetz bejaht, er aber nur eine vorläufige Tatbewertung vornimmt (BGHSt 10, 304 [306]; a.A. *Wohlers* FS Roxin 80. Geburtstag, S. 1313 [1327]), in der Praxis lediglich die Plausibilität der Anklage prüft und diese aus tatsächlichen Gründen nur dann zurückweisen wird, wenn die Ermittlungen deutliche Fragen offenlassen. Entsprechend lässt sich eine Tendenz der Beschwerdegerichte feststellen, wonach diese in Zweifelsfällen Nichteröffnungsbeschlüsse wieder aufheben (*Rieß* FS Rolinski, S. 239 [247]).

4 Da mit dem Zwischenverfahren die Beschuldigtenrechte gestärkt werden und u.U. eine stigmatisierende öffentliche Verhandlung abgewendet, andererseits auch die aufwendige und Justizressourcen aufzehrende Hauptverhandlung vermieden werden kann, steht mit dem Zwischenverfahren ein unverzichtbares Ventil

vor unnötigen Anklagen zur Verfügung (so auch BGH StV 2008, 414 [416]; *Mavany* JA 2015, 488 [490]; MüKo-StPO/*Wenske* § 199 Rn. 4). Sie rechtfertigt auch die Usance in der Praxis, um bei **querulatorischen Strafanzeigen** mit der Autorität des Gerichts zu Rechtsfrieden zu kommen: Informell signalisiert die StA mit Übersendung der Anklageschrift dem Gericht, eine Nichteröffnung zu akzeptieren.

In die Anklageschrift ist der Eröffnungsantrag aufzunehmen. Der Antrag ist Voraussetzung für das gerichtliche Tätigwerden (Radtke/Hohmann/*Reinhart* § 199 Rn. 7). Über die Eröffnung des Hauptverfahrens entscheidet der für die Hauptverhandlung zuständige Spruchkörper (SK-StPO/*Paeffgen* § 199 Rn. 9, zur Besetzung KK-StPO/*Schneider* § 199 Rn. 6) durch **Beschluss**. Bei Kollegialgerichten darf die Entscheidung auch im schriftlichen Umlaufverfahren ergehen (BGH NStZ 2012, 225; SK-StPO/*Paeffgen* § 199 Rn. 15; a.A. LR/*Stuckenberg* § 199 Rn. 4). 5

B. Einleitung des Zwischenverfahrens und Vorlage der Akten. Das Zwischenverfahren wird eingeleitet, indem die StA öffentliche Anklage bei dem Strafgericht (Strafrichter, Schöffengericht, LG, OLG) erhebt, welches sie zur Durchführung des Hauptverfahrens für zuständig hält (vgl. § 170 Abs. 1; Meyer-Goßner/*Schmitt* § 199 Rn. 1). 6

Der **Eröffnungsantrag** ist Voraussetzung für die Einleitung des Zwischenverfahrens und selbstständige Prozesshandlung (Radtke/Hohmann/*Reinhart* § 199 Rn. 7). Die Rücknahme des Antrags zwecks Übergangs zum beschleunigten Verfahren ist daher zulässig. 7

Die Akten legt die StA dem Gericht mit der Anklageschrift vor. Vorzulegen sind alle seit der ersten polizeilichen Ermittlungstätigkeit angefallenen Erkenntnisse, die den angeklagten Prozessgegenstand betreffen. Handakten der StA sind von der Vorlagepflicht ausgenommen (MüKO-StPO/*Wenske* § 199 Rn. 33). Es müssen dem Gericht alle Informationen – auch Beweismittel und Beiakten – zugänglich gemacht werden, die für die Abschlussentscheidung der StA zur Verfügung standen (»funktioneller Aktenbegriff«, LR/*Stuckenberg* § 199 Rn. 9). Bedeutungslose Vorgänge werden von der StA ausgegliedert und müssen nicht vorgelegt werden (BGHSt 30, 131 [139]; Graf/*Ritscher* § 199 Rn. 7). Ausnahmen vom Grundsatz der Aktenvollständigkeit bestehen, wenn Aspekte des Zeugenschutzes berührt sind (§ 68 Abs. 3) sowie bei einer wirksamen Sperrerklärung (§ 96; BVerfGE 63, 56 [65]; a.A. OLG Hamburg StV 1984, 11; LR/*Stuckenberg* § 199 Rn. 14). Spurenakten müssen nur vorgelegt werden, wenn sie den Prozessgegenstand betreffen (BGHSt 30, 131 [139]; BVerfGE 63, 45 [62]). 8

C. Entscheidung über die Eröffnung der Hauptverhandlung. Zur Entscheidung ist der Spruchkörper aufgerufen, der auch für die Hauptverhandlung zuständig ist. Schöffen sind daran nicht beteiligt, es wird entsprechend im **Beschlussverfahren** entschieden. Es bleibt auch dann bei der Entscheidung durch die Berufsrichter, wenn der Beschluss in der Hauptverhandlung nachgeholt werden sollte (BGHSt 50, 267 [268]). Werden die Schöffen gleichwohl beteiligt, ist der Beschluss unwirksam (BGHSt 60, 248 [250]; BGH NStZ-RR 2021, 217). Als Entscheidungen kommen in Betracht: 9

- die Nichteröffnung gem. § 204,
- die Einstellung nach den §§ 153 ff.,
- die vorläufige Einstellung gem. § 205,
- die Einstellung aufgrund eines Verfahrenshindernisses gem. § 206a,
- die Einstellung nach Gesetzesänderung gem. § 206b,
- die Eröffnung des Verfahrens gem. § 207.

§ 200 Inhalt der Anklageschrift

(1) [1]Die Anklageschrift hat den Angeschuldigten, die Tat, die ihm zur Last gelegt wird, Zeit und Ort ihrer Begehung, die gesetzlichen Merkmale der Straftat und die anzuwendenden Strafvorschriften zu bezeichnen (Anklagesatz). [2]In ihr sind ferner die Beweismittel, das Gericht, vor dem die Hauptverhandlung stattfinden soll, und der Verteidiger anzugeben. [3]Bei der Benennung von Zeugen ist nicht deren vollständige Anschrift, sondern nur deren Wohn- oder Aufenthaltsort anzugeben. [4]In den Fällen des § 68 Absatz 1 Satz 3, Absatz 2 Satz 1 genügt die Angabe des Namens des Zeugen. [5]Wird ein Zeuge benannt, dessen Identität ganz oder teilweise nicht offenbart werden soll, so ist dies anzugeben; für die Geheimhaltung des Wohn- oder Aufenthaltsortes des Zeugen gilt dies entsprechend.

(2) [1]In der Anklageschrift wird auch das wesentliche Ergebnis der Ermittlungen dargestellt. [2]Davon kann abgesehen werden, wenn Anklage beim Strafrichter erhoben wird.

Übersicht

1 **A. Bedeutung und Aufgabe der Anklageschrift.** Die **Anklageschrift** zählt zu den notwendigen Verfahrensvoraussetzungen (BGHSt 5, 225 [227]). Sie bestimmt durch Beschreibung der angeklagten Tat den Prozessgegenstand (**Umgrenzungsfunktion**, BGHSt 40, 390 [392]). Es muss klar sein, über welchen Sachverhalt das Gericht zu entscheiden hat (BGH NStZ 2016, 745 [746]). Umgekehrt ist das Gericht in seiner Entscheidungskompetenz auf die bezeichnete Tat begrenzt (SK-StPO/*Paeffgen* § 200 Rn. 3). Daneben unterrichtet sie den Angeschuldigten über die wesentlichen Belange der Anklage und ermöglicht so die Vorbereitung einer sachgerechten Verteidigung (**Informationsfunktion**, BGH NStZ 2006, 649 [650]). Nur Mängel der Umgrenzungsfunktion machen die Anklage unwirksam, Defizite in ihrer Informationsfunktion sollen unschädlich sein (BGH StV 2019, 4 f.; NJW 2018, 878 [879]; *Schroeder/Verrel* Rn. 159). Diese Differenzierung vermag vor dem Hintergrund des fair-trial-Grundsatzes aus Art. 6 Abs. 1 EMRK nicht zu überzeugen (s. Rdn. 20).

2 § 200 umschreibt relativ detailliert den Inhalt der Anklageschrift. Sie besteht aus dem Anklagesatz, dem wesentlichen Ergebnis der Ermittlungen, der Bezeichnung des für zuständig erachteten Gerichts, dem Eröffnungsantrag sowie der Angabe der Beweismittel, ggf. gefolgt vom Antrag auf Erlass bzw. Aufrechterhaltung des Haft- oder Unterbringungsbefehls.

3 **B. Der Anklagesatz.** Die **Angaben zur Person** dienen der Individualisierung des Angeklagten und müssen so genau erfolgen, dass eine Verwechslung nicht möglich ist (KK-StPO/*Schneider* § 200 Rn. 2). Anzugeben sind Familienname, Vorname (Rufname unterstrichen), Geburtsname, Beruf, Anschrift, Familienstand, Geburtstag und Geburtsort (vgl. RiStBV Nr. 110 Abs. 2a). Sind die Personalien (teilweise) unbekannt, muss die Individualisierung in anderer Weise (Beschreibung, Lichtbilder, »alias-Namen«) erfolgen (LR/*Stuckenberg* § 200 Rn. 12). Befindet sich der Angeschuldigte in Haft, ist die Haftanstalt anzugeben. Auch der Name des Verteidigers ist anzuführen.

4 Die **Bezeichnung der Tat** (der Tatbegriff entspricht demjenigen des § 264; BGHSt -GS- 56, 109 [114]) erfolgt durch Umschreibung eines historischen Vorganges unter Angabe von Zeit und Ort. Dabei muss der Anklagesatz aus sich heraus verständlich sein. Die Tat ist so genau zu beschreiben, dass die Identität des geschichtlichen Vorganges klargestellt und eine Verwechslung mit anderen Handlungen desselben Täters ausgeschlossen wird (BGH NJW 2018, 878 [879]; OLG Celle NStZ 2015, 603 [604]). Die hinreichende Konkretisierung der Tat hat auch Bedeutung für die Verjährung und den Strafklageverbrauch (BGHSt -GS- 56, 109 [114]; BGH NStZ 2011, 650 [651]). Für die Bestimmung der konkretisierenden Angaben sind jeweils die Umstände des einzelnen Falles maßgebend (BGHSt 40, 44 [46]; NStZ 2008, 351). Je größer die Wahrscheinlichkeit, dass der Angeschuldigte verwechselbare Straftaten begangen hat, umso höher sind die Konkretisierungsanforderungen an die Tatbeschreibung (BGH NStZ 2012, 279; Meyer-Goßner/*Schmitt* § 200 Rn. 7). Bedeutend zur Umgrenzung der Tat sind etwa genaue Orts- und Zeitangaben (SK-StPO/*Paeffgen* § 200 Rn. 8), insb. im Lichte möglicher Alibibehauptungen des Angeschuldigten (OLG München NStZ-RR 2005, 350). Die geografische Angabe »Syrien« reicht als solche nicht (BGH NStZ 2016, 745 [746]). Allerdings dürfen diese Anforderungen auch nicht überspannt werden, weil nicht die Anklageschrift, sondern das Urteil die Tat rechtskräftig feststellt (KK-StPO/*Schneider* § 200 Rn. 4; MüKo-StPO/*Wenske* § 200 Rn. 20). Wenn anderweitige Umstände die Tat hinreichend individualisieren können, ist eine unpräzise zeitliche Angabe unschädlich (BGH NStZ 2006, 649 [650]; StV 2007, 171); im Einzelfall kann die zeitliche Angabe sogar völlig fehlen (OLG München NStZ-RR 2005, 350; LR/*Stuckenberg* § 200, Rn. 19). Umgekehrt wird, soweit andere individualisierende Merkmale fehlen, die Tat wesentlich durch den angeklagten Tatzeitraum bestimmt (BGH NStZ-RR 2015, 286 [287]; StraFo 2015, 68).

5 **Jedes gesetzliche Merkmal** des dem Angeschuldigten zur Last gelegten Straftatbestandes muss einem Sachverhalt zugeordnet werden können (BGH NStZ 1984, 133; SK-StPO/*Paeffgen* § 200 Rn. 9), auch wenn die Tatbestandsmerkmale selbst nicht zur Bezeichnung der Tat gehören (BGH wistra 2018, 49 [50]). Der Anklagesatz darf andererseits nicht zu weitschweifig formuliert sein und keine Beweiswürdigungen enthalten (LR/*Stuckenberg* § 200 Rn. 27). So soll einer Beeinflussung der Laienrichter vorgebeugt werden (KK-StPO/*Schneider* § 200 Rn. 4).

6 Bei **mehreren Handlungen** zulasten derselben Person oder desselben Rechtsguts müssen die einzelnen Taten *deutlich voneinander* abgegrenzt werden (KMR/*Seidl* § 200 Rn. 15). Wo dies nicht möglich ist – wie vielfach im Bereich der serienmäßigen Sexualdelikte –, ist es ausreichend, aber auch notwendig, das Tatopfer, die Art

und Weise der Tatbegehung, einen bestimmten Tatzeitraum und die Zahl der begangenen Taten zu beziffern (BGHSt 40, 44 [46 f.]; NStZ 2014, 49). Mit Sorge ist zu konstatieren, dass der BGH die Anforderungen zur Konkretisierung der Taten tendenziell minimiert hatte (KK-StPO/*Schneider* § 200 Rn. 7; dagegen nun aber BGHSt -GS- 56, 109 [115]). So soll eine Schätzung der Steuerverkürzung genügen und eine genaue Berechnung nicht nötig sein, auch wenn sie möglich wäre (BGH NStZ 2013, 409; zw. NK-WSS/*Pelz* § 370 AO Rn. 356). Bei einer **Vielzahl von Geschädigten** müssen die einzelnen Opfer aufgezählt oder in einer Weise bezeichnet werden, die eine Differenzierung von eventuellen weiteren Fällen ermöglicht (BGHSt 10, 137 [140 f.]; Meyer-Goßner/*Schmitt* § 200 Rn. 9). Besteht bei einer Vielzahl gleichartiger Tathandlungen eine materielle Tateinheit, und sind diese Taten zugleich prozessual zu einer Tat verbunden, bedarf es keiner individualisierenden Beschreibung der Einzelakte, sodass tausend Geschädigte zu wenigen prozessualen Taten zusammengefasst werden können (BGH NStZ 2011, 418 [419]). Allerdings bleibt es dabei, dass die Informationsfunktion bei massenhaft begangenen **Seriendelikten** verlangt, dass jeder schädigende Einzelakt konkret bezeichnet wird (BGHSt -GS- 56, 109 [115]). Nur dann kann sich der Angeschuldigte auf den Prozess einstellen (BGHSt 40, 44 [47 f.]). Bei »Massenverbrechen«, die eine exakte Individualisierung der Tatopfer nicht erlauben, soll eine Mindestzahl der Opfer für einen konkreten Zeitraum ausreichend sein (BGH NStZ 1984, 229 [230]). Allerdings ist strittig, ob von einer Mindestzahl (AnwK-StPO/*Kirchhof* § 200 Rn. 4; Meyer-Goßner/*Schmitt* § 200 Rn. 9) oder von einer Höchstzahl (BGHSt 40, 44 [46]; StV 2007, 171; LR/*Stuckenberg* § 200 Rn. 25; KK-StPO/*Schneider* § 200 Rn. 8; MüKo-StPO/*Wenske* § 200 Rn. 27) auszugehen ist. Letzterer Ansicht ist zuzustimmen. Anzuklagen ist eine bestimmte Zahl von Fällen, nicht eine etwaige weitere, nicht weiter erwiesene Anzahl von Fällen. Dies würde den Angeschuldigten auch in unzulässiger Weise, u.a. aus laienrichterlicher Perspektive, zusätzlich belasten. Im Fall der **Wahlfeststellung** müssen alle in Betracht kommenden Sachverhaltsvarianten geschildert werden (BGH GA 1967, 184).

Tatsachen, die allein für die **Rechtsfolgenseite** Relevanz besitzen, gehören nach Ansicht der Rspr. nicht zum notwendigen Bestandteil des Anklagesatzes (BGHSt 16, 47 [48]; 29, 274 [279]; Meyer-Goßner/*Schmitt* § 200 Rn. 10; a.A. SK-StPO/*Paeffgen* § 200 Rn. 11). Um der Informationsfunktion ggü. dem Angeschuldigten gerecht zu werden, sind diese Tatsachen jedoch in die Anklageschrift aufzunehmen (KK-StPO/*Schneider* § 200 Rn. 15; LR/*Stuckenberg* § 200, Rn. 32). 7

Anzugeben sind die abstrakten Tatbestände als **gesetzliche Merkmale der Tat**. Der konkrete Straftatbestand und die anzuwendenden Vorschriften des Allgemeinen Teils sind zu nennen, um den Verfahrensbeteiligten, insb. dem Angeschuldigten, die zutreffende Subsumtion unter die Normen des StGB aufzuzeigen (Meyer-Goßner/*Schmitt* § 200 Rn. 11). Ferner sind die weiteren **anzuwendenden Strafvorschriften** unter Angabe der gesetzlichen Bezeichnung zu benennen (KMR/*Seidl* § 200 Rn. 26). Weiter soll angegeben werden, ob es sich bei der Tat um ein Vergehen oder ein Verbrechen handelt, sowie die Form der Täterschaft. Die einzelnen nach Auffassung der StA anzuwendenden Normen können in Form einer Liste angegeben werden (Meyer-Goßner/*Schmitt* § 200 Rn. 14). In Konsequenz der Rspr. (Rdn. 7) werden Vorschriften über Strafandrohung und Maßnahmen nicht aufgenommen (BGHSt 22, 336 [339]). **Nebenbeteiligte** werden mit allen Angaben, die eine personelle Identifizierung ermöglichen, angeführt (KMR/*Seidl* § 200 Rn. 29). **8**

C. Beweismittel. Die StA bezeichnet **alle persönlichen und sachlichen Beweismittel**, die für die Beurteilung der Tat und deren Rechtsfolgen für erforderlich gehalten werden (KK-StPO/*Schneider* § 200 Rn. 26). Nur die notwendigen Beweismittel sind anzugeben (RiStBV Nr. 111 Abs. 1), um die Hauptverhandlung nicht zu überfrachten. Auch den Angeschuldigten entlastende Materialien sind anzugeben (LR/*Stuckenberg* § 200 Rn. 39). Lediglich verwertbare Beweismittel sind aufzuführen. Ein **glaubwürdiges Geständnis** des Angeschuldigten, dessen Wiederholung in der Hauptverhandlung erwartet werden kann, ist anzugeben, weil es u.U. eine weitere Beweisführung entbehrlich macht (RiStBV Nr. 110 Abs. 4; SK-StPO/*Paeffgen* § 200 Rn. 14). Auch Zeugen, die im Ermittlungsverfahren von ihrem Aussageverweigerungsrecht Gebrauch gemacht haben, sind zu benennen, es sei denn, es kann mit Sicherheit davon ausgegangen werden, dass der Zeuge auch in der Hauptverhandlung keine Angaben tätigen wird (LR/*Stuckenberg* § 200, Rn. 40). Grds. dürfen aber nur verwertbare Beweismittel angegeben werden (KK-StPO/*Schneider* § 200 Rn. 26). 9

Zeugen und Sachverständige sind unter Angabe einer ladungsfähigen Anschrift aufzuführen (KMR/*Seidl* § 200 Rn. 33). Aus Zeugenschutzgesichtspunkten muss die ladungsfähige Anschrift nicht der Wohnanschrift entsprechen (SK-StPO/*Paeffgen* § 200 Rn. 14). Daraus ist zu folgern, dass im »Normalfall«, wenn Zeugenschutzaspekte nicht einschlägig sind, der Wohnort mit Privatanschrift zu benennen ist (OLG Celle NJW 1970, 580; Meyer-Goßner/*Schmitt* § 200 Rn. 16; KMR/*Seidl* § 200 Rn. 34; a.A. KK-StPO/*Schneider* § 200 Rn. 27; LR/*Stuckenberg* § 200 Rn. 41). Soll die Identität des Zeugen geheim gehalten werden, muss dies nach § 200 Abs. 1 Satz 4 angegeben werden. Diese Angaben müssen auch im Fall eines Geheimvermerks der StA (§ 96) getätigt werden (KK-StPO/*Schneider* § 200 Rn. 27). **10**

11 Weiter gehören zu den Beweismitteln verlesbare **Urkunden**, Auszüge aus dem Bundeszentralregister, dem Verkehrs- und Erziehungsregister sowie **Augenscheinsobjekte**. Nicht zu den Beweismitteln zählt der Bericht der Gerichtshilfe oder der Jugendgerichtshilfe; diese sind als Zeugen zu benennen (KMR/*Seidl* § 200 Rn. 38).

12 **D. Wesentliches Ergebnis der Ermittlungen.** Der Anklagesatz und das wesentliche Ergebnis der Ermittlungen müssen deutlich voneinander getrennt dargestellt werden (SK-StPO/*Paeffgen* § 200 Rn. 17). Während der Anklagesatz darlegt, welche Strafgesetze unter eine bestimmte Verhaltensweise des Angeschuldigten subsumiert werden können, zeigt das wesentliche Ergebnis der Ermittlungen auf, weshalb der Angeschuldigte der zuvor geschilderten Tatumstände hinreichend verdächtig ist (KK-StPO/*Schneider* § 200 Rn. 20). Das Ermittlungsergebnis dient der Information des Angeschuldigten, aber auch der anderen Prozessbeteiligten (LR/*Stuckenberg* § 200 Rn. 58). Nicht bestimmt ist es für die Schöffen, weil es eine Beweiswürdigung durch die StA enthält und mithin die Gefahr der Voreingenommenheit heraufbeschworen würde (BGHSt 13, 73 [75]; SK-StPO/*Paeffgen* § 200 Rn. 17; Graf/*Ritscher* § 200 Rn. 11; a.A. Meyer-Goßner/*Schmitt* § 30 GVG Rn. 2, MüKo-StPO/*Wenske* § 200 Rn. 79, die die Schöffen den Berufsrichtern insoweit gleichstellen wollen).

13 Die Tatsachen, die den hinreichenden Tatverdacht aus Sicht der StA belegen sollen, sind aufzuzeigen. Dazu gehören Berechnungen bei Steuerverkürzungen (NK-WSS/*Pelz* § 370 AO Rn. 365; a.A. BGH NStZ-RR 2009, 340 [341]). Bei einem glaubhaften Geständnis des Angeschuldigten entfällt eine sonst vorzunehmende Beweiswürdigung (KK-StPO/*Schneider* § 200 Rn. 21; a.A. LR/*Stuckenberg* § 200 Rn. 57). Inhaltsleere Floskeln genügen den Anforderungen einer Beweiswürdigung nicht (bspw. »Der Angeschuldigte leugne zwar, wird aber durch die Beweismittel überführt werden«). In **Jugendsachen** soll die Darstellung nach § 46 JGG so erfolgen, dass dem Angeschuldigten hieraus keine Erziehungsnachteile entstehen. Der Informationsfunktion der Darstellung darf hieraus aber kein Nachteil erwachsen (SK-StPO/*Paeffgen* § 200 Rn. 19).

14 Anzuführen sind weiterhin **rechtsfolgenrelevante Tatsachen** (RiStBV Nr. 110 Abs. 2g)). Hierunter fallen alle Umstände, die für Strafzumessung, Strafart und Strafhöhe, das Absehen von Strafe oder mögliche Nebenstrafen und Nebenfolgen von Bedeutung sein können (KMR/*Seidl* § 200 Rn. 44). Benannt werden können auch frühere Taten, selbst wenn diese bereits verjährt sind (BGH NStZ-RR 1997, 130 [131]). Auch die aus dem Bundeszentralregister, Verkehrsregister oder Erziehungsregister gewonnenen Erkenntnisse sind darzustellen (Meyer-Goßner/*Schmitt* § 200 Rn. 19). **Rechtliche Ausführungen** sind geboten, wenn sie strittig und bedeutsam für das Verfahren sind (KMR/*Seidl* § 200 Rn. 45; HK-StPO/*Julius* § 200 Rn. 14), etwa Fragen zur Verjährung, zur Wirksamkeit eines Strafantrages (LR/*Stuckenberg* § 200 Rn. 66; KK-StPO/*Schneider* § 200 Rn. 23) oder bei Vorfragen aus anderen Rechtsgebieten bzw. Rechtsordnungen.

15 Auf die Darstellung des wesentlichen Ergebnisses der Ermittlungen kann **verzichtet** werden, wenn die StA **beim Strafrichter** Anklage erhebt, § 200 Abs. 2 Satz 2. Bei Anklagen zum **Jugendrichter** ist die Vorschrift entsprechend anzuwenden (LR/*Stuckenberg* § 200 Rn. 56). Davon sollte allerdings nur bei einfacher und eindeutiger Sachlage Gebrauch gemacht werden (MüKo-StPO/*Wenske* § 200 Rn. 92; KK-StPO/*Schneider* § 200 Rn. 25; KMR/*Seidl* § 200 Rn. 46).

16 **E. Weitere Angaben.** Das **Gericht**, vor dem die Hauptverhandlung stattfinden soll, ist unter Hervorhebung des Spruchkörpers zu benennen. Ein Haftvermerk ist im Kopf der Anklageschrift anzubringen, ebenso der Verteidiger, falls bereits bestellt oder gewählt. Der Eröffnungsantrag muss in der Anklageschrift enthalten sein (§ 199 Abs. 2 Satz 1). Die StA muss die Fortdauer der **Untersuchungshaft** oder einstweiliger Unterbringung beantragen, falls sich der Angeschuldigte in Haft befindet und die Voraussetzungen der §§ 112 ff. fortbestehen (RiStBV Nr. 110 Abs. 4). Auch ein **Geheimvermerk** der StA ist zulässig (BGHSt 18, 369 [371]; KMR/*Seidl* § 200 Rn. 49). Das Akteneinsichtsrecht des Verteidigers darf hierdurch nicht beschnitten werden (Meyer-Goßner/*Schmitt* § 200 Rn. 24). Schließlich ist die Anklageschrift unter Angabe von Ort, Datum und ausstellender Behörde zu unterzeichnen (SK-StPO/*Paeffgen* § 200 Rn. 16), nicht notwendigerweise vom Sachbearbeiter selbst.

17 **F. Mängel der Anklageschrift.** Überwiegend wird zwischen Mängeln, die die Umgrenzungsfunktion der Anklageschrift betreffen, und sonstigen Defiziten, insb. mit Blick auf die Informationsfunktion, unterschieden (s. Rdn. 1; SK-StPO/*Paeffgen* § 200 Rn. 26; KK-StPO/*Schneider* § 200 Rn. 30). Andere differenzieren zwischen wesentlichen und unwesentlichen Mängeln (BGHSt 5, 225 [227]; KMR/*Seidl* § 200 Rn. 53), was im Ergebnis oftmals zu identischen Rechtsfolgen führt.

18 Ein die **Umgrenzungsfunktion** tangierender Mangel ist gegeben, wenn der Angeschuldigte nicht zweifelsfrei identifiziert werden kann, ebenso bei fehlender Konkretisierung der angeklagten Tat. In diesen Fällen *fehlt es an einer wirksamen* Umgrenzung des Verfahrensgegenstandes, was zu Unklarheiten bzgl. der Rechtskraftwirkung eines darauf gestützten Urteils führt (BGHSt 40, 44 [47]; BGH StV 2007; 171 [172]). Zur

Feststellung, ob der Anklagesatz den Konkretisierungsanforderungen genügt, darf zu Auslegungszwecken auch das wesentliche Ergebnis der Ermittlungen herangezogen werden (BGHSt 5, 225 [227]; BGH NStZ 2012, 279 [280]; Radtke/Hohmann/*Reinhart* § 200 Rn. 25; a.A. SK-StPO/*Paeffgen* § 200 Rn. 27). Stellt das Gericht einen Mangel fest, gibt es die Anklage an die StA mit der Anregung zurück, die Anklageschrift nachzubessern (KMR/*Seidl* § 200 Rn. 63). Wird der Mangel nicht behoben, ist die Eröffnung des Hauptverfahrens abzulehnen (LR/*Stuckenberg* § 200 Rn. 89; BGH JR 2001, 421 [422]). Das Gericht kann einen solchen Mangel nicht im Eröffnungsbeschluss oder in der Hauptverhandlung (etwa durch einen Hinweis nach § 265) heilen (KK-StPO/*Schneider* § 200 Rn. 33; Radtke/Hohmann/*Reinhart* § 200 Rn. 25; BGH NJW 1996; 206 [207]; StV 2018, 776; 2019, 4 [6]; a.A. SK-StPO/*Paeffgen* § 200 Rn. 29; Meyer-Goßner/*Schmitt* § 200 Rn. 26), weil nach dem Akkusationsprinzip die Schaffung einer wirksamen Anklage als Verfahrensvoraussetzung die zentrale Aufgabe der StA darstellt. Daher ist das Verfahren einzustellen, wenn der Mangel erst in der Hauptverhandlung bemerkt wird (BGH StV 2019, 4 [6]). Die Strafklage wird durch die Einstellung nicht verbraucht (BGH NStZ 1995, 245 f.; KK-StPO/*Schneider* § 200 Rn. 32). Auch kann das Prozesshindernis im weiteren Verfahren dadurch behoben werden, dass eine neue Anklage erhoben wird, welche den Anforderungen des § 200 Abs. 1 Satz 1 StPO genügt (BGH NStZ 2011, 650).

Sonstige Mängel, die die Informationsfunktion oder den Aufbau bzw. Formalia betreffen, sollen die Wirksamkeit der Anklageschrift nicht tangieren (BGHSt 40, 44 [48]; BGH NStZ 2014, 599 [600]; KK-StPO/*Schneider* § 200 Rn. 35) und weder zur Ablehnung des Hauptverfahrens führen noch mit der Revision geltend gemacht werden können (BGH bei *Kusch* NStZ 1995, 19; Meyer-Goßner/*Schmitt* § 200 Rn. 27). Die angebotenen Lösungen erscheinen sehr fatalistisch: Das Gericht habe nur die Möglichkeit, sich informell mit der StA zu arrangieren (Radtke/Hohmann/*Reinhart* § 200 Rn. 24) und auf eine Korrektur hinzuwirken (*Ranft* Rn. 1098). Oder es könne die Zustellung der Anklageschrift über den Wortlaut des § 201 Abs. 1 hinausgehend verweigern, wogegen der StA die Beschwerde zustehe (Meyer-Goßner/*Schmitt* § 200 Rn. 27; LR/*Stuckenberg* § 200 Rn. 95; *Fezer* NStZ 1995, 297 [298]; a.A. KK-StPO/*Schneider* § 200 Rn. 35). 19

Diese Auffassung verkennt die Bedeutung der Informationsfunktion der Anklageschrift für die Verteidigungsrechte des Angeschuldigten. Daher ist es aufgrund Art. 6 EMRK (insb. Art. 6 Abs. 3 lit. a) EMRK; OLG Schleswig StV 1995, 455 [456]; OLG Düsseldorf NStZ-RR 1997, 109) und dem Rechtsstaatsgebot des Art. 20 Abs. 3 GG geboten, bei **erheblichen Mängeln**, die den Angeschuldigten deutlich in seinen Verteidigungsmöglichkeiten einschränken, Defizite in der Informationsfunktion denen der Umgrenzungsfunktion gleichzustellen. Das ist bei umfangreichen Verfahren etwa bei Mängeln in den wesentlichen Ermittlungsergebnissen der Fall. Ist überhaupt schon fraglich, ob sich Umgrenzungs- und Informationsfunktion voneinander klar abgrenzen lassen (HK-StPO/*Julius* § 200 Rn. 20), ist es mit der Kontrollfunktion des Zwischenverfahrens nicht zu vereinbaren, eine an solchen Mängeln leidende Anklage passieren zu lassen. Das Gericht hat also auch dann die Eröffnung abzulehnen (Graf/*Ritscher* § 200 Rn. 21; KK-StPO/*Schneider* § 200 Rn. 35; SK-StPO/*Paeffgen* § 200 Rn. 28; andeutungsweise BGH NStZ 1995, 297) mit entsprechenden Folgen in der Revision, falls dies nicht erfolgt sein sollte. 20

§ 201 Übermittlung der Anklageschrift

(1) [1]Der Vorsitzende des Gerichts teilt die Anklageschrift dem Angeschuldigten mit und fordert ihn zugleich auf, innerhalb einer zu bestimmenden Frist zu erklären, ob er die Vornahme einzelner Beweiserhebungen vor der Entscheidung über die Eröffnung des Hauptverfahrens beantragen oder Einwendungen gegen die Eröffnung des Hauptverfahrens vorbringen wolle. [2]Die Anklageschrift ist auch dem Nebenkläger und dem Nebenklagebefugten, der dies beantragt hat, zu übersenden; § 145a Absatz 1 und 3 gilt entsprechend.

(2) [1]Über Anträge und Einwendungen beschließt das Gericht. [2]Die Entscheidung ist unanfechtbar.

Übersicht

A. Grundsätzliches. **Zweck** der Vorschrift ist die umfassende Information des Angeschuldigten über die gegen ihn erhobenen Vorwürfe (KMR/*Seidl* § 201 Rn. 1). Er erhält so die Möglichkeit, seine Verteidigung vorzubereiten und aktiv in das Zwischenverfahren einzugreifen. Dadurch wird eine erste Verfahrenskontrolle noch vor der Eröffnungsentscheidung bewirkt (SK-StPO/*Paeffgen* § 201 Rn. 2). 1

2 **B. Mitteilung von Amts wegen. Die Mitteilung** an den Angeschuldigten ist obligatorisch; ein Verzicht seitens des Angeschuldigten auf die Mitteilung ist unbeachtlich (KK-StPO/*Schneider* § 201 Rn. 10). Die Anklageschrift ist vollständig mitzuteilen; in Staatsschutzsachen ist nach § 174 Abs. 3 GVG ein Schweigegebot möglich (Meyer-Goßner/*Schmitt* § 201 Rn. 1). **Mitteilungsadressat** ist der Angeschuldigte persönlich; in Fällen des § 145a Abs. 1 auch sein Verteidiger (AnwK-StPO/*Kirchhof* § 201 Rn. 2). In Jugendsachen soll die Mitteilung an den Erziehungsberechtigten erfolgen, § 67 Abs. 2 JGG. Der Nebenkläger gehört nun nach dem 2. Opferrechtsreformgesetz ebenfalls zu den Mitteilungsadressaten, der Nebenklagebefugte auf Antrag: Abs. 1 Satz 2. Einem der deutschen Sprache nicht hinreichend mächtigen Angeschuldigten ist die Anklageschrift in einer diesem verständlichen Sprache mitzuteilen (Art. 6 Abs. 3 lit. a) EMRK; OLG Karlsruhe StV 2005, 655 [656 m.w.N.]). Ein Nachholen der Übersetzung in der Hauptverhandlung ist möglich, soweit der Informationszweck des § 201 erfüllt wird (KMR/*Seidl* § 201 Rn. 4; enger wohl KK-StPO/*Schneider* § 201 Rn. 4).

3 Die Mitteilung der Anklageschrift erfolgt durch den Vorsitzenden (*Roxin/Schünemann* § 42 Rn. 5) durch **förmliche Zustellung**, § 35 Abs. 2 Satz 1 (AnwK-StPO/*Kirchhof* § 201 Rn. 2), bei einem verteidigten Angeschuldigten erfolgt die förmliche Zustellung an den Verteidiger, jener erhält formlos eine Abschrift der Anklage: § 145a Abs. 1 u. Abs. 3 Satz 1. Der Vorsitzende setzt eine angemessene **Erklärungsfrist** fest. Was angemessen ist, bestimmt sich nach Umfang und Schwierigkeit der Sache. Regelmäßig ist auch in einfachen Sachen von mindestens einer Woche auszugehen (LR/*Stuckenberg* § 201 Rn. 17). Die Frist darf verlängert und, mit Zustimmung des Angeschuldigten, auch verkürzt werden (KK-StPO/*Schneider* § 201 Rn. 7). Da es sich um keine Ausschlussfrist handelt, müssen auch verspätete Anträge nicht nur berücksichtigt, sondern formell beschieden werden (KMR/*Seidl* § 201 Rn. 12; LR/*Stuckenberg* § 201 Rn. 19 f.; Meyer-Goßner/*Schmitt* § 201 Rn. 4). Bei **Fehlen der Mitteilung** der Anklageschrift ist die Hauptverhandlung auf Antrag auszusetzen. Unterbleibt der Antrag des – verteidigten – Angeklagten, so ist dies als ein Verzicht auf die Geltendmachung einer hierauf zu stützenden Verfahrensrüge zu deuten (SK-StPO/*Paeffgen* § 201 Rn. 9). Ein Verfahrenshindernis ist in der fehlenden Mitteilung nicht zu sehen (BGHSt 33, 183 [186]).

4 **C. Einwendungen und Anträge.** Der Angeschuldigte kann durch Einwendungen oder Beweisanträge Einfluss auf die Eröffnungsentscheidung nehmen. Das kann insb. bei schwierigen Sachverhalten in medizinischen, technischen und ökonomischen Kontexten aus verteidigungstaktischen Überlegungen heraus sehr sinnvoll sein (HK-StPO/*Julius* § 201 Rn. 6). **Einwendungen** können sich gegen alle Voraussetzungen der Verfahrenseröffnung richten. Das Fehlen eines hinreichenden Tatverdachts, das Bestehen von Verfahrenshindernissen, die fehlende Zuständigkeit des Gerichts oder Mängel der Anklageschrift können gerügt werden (Meyer-Goßner/*Schmitt* § 201 Rn. 6). **Beweisanträge** des Angeschuldigten müssen für die Eröffnungsentscheidung von Bedeutung sein (KMR/*Seidl* § 201 Rn. 14). Es sind – entsprechend § 219 – bestimmte Beweismittel und Tatsachen anzugeben (Meyer-Goßner/*Schmitt* § 201 Rn. 6; KMR/*Seidl* § 201 Rn. 15; a.A. LR/*Stuckenberg* § 201 Rn. 25).

5 **D. Entscheidung des Gerichts.** Die Entscheidung des Gerichts ergeht durch förmlichen Beschluss nach Anhörung der StA (§ 33 Abs. 2) und ggf. des Nebenklägers. Die **Besetzung** bestimmt sich nach §§ 30 Abs. 2, 76 Abs. 1 Satz 2 GVG, die Schöffen wirken also nicht mit. Beim OLG wird nach § 122 Abs. 1 GVG in Dreierbesetzung entschieden, wenn nicht sogleich eine Verbindung mit der Eröffnungsentscheidung gegeben ist (KMR/*Seidl* § 201 Rn. 21; LR/*Stuckenberg* § 201 Rn. 34; a.A. Meyer-Goßner/*Schmitt* § 201 Rn. 7). Bei entsprechender Äußerung des Angeschuldigten kann eine ablehnende Entscheidung bereits vor Fristende ergehen (KK-StPO/*Schneider* § 201 Rn. 15). Der Beschluss kann mit der Eröffnungsentscheidung verbunden werden (KMR/*Seidl* § 201 Rn. 23) und muss gem. § 34 begründet werden.

6 **Beweisanträge** dürfen abgelehnt werden, wenn das Gericht feststellt, dass diese für die Eröffnungsentscheidung bedeutungslos sind (LR/*Stuckenberg* § 201 Rn. 39), die Ablehnungsregeln des § 244 sind nicht anzuwenden (Radtke/Hohmann/*Reinhart* § 201 Rn. 10; a.A. KMR/*Seidl* § 201 Rn. 26). Abgelehnte Beweisanträge kann der Angeklagte nach Eröffnung des Hauptverfahrens beim Vorsitzenden oder in der Hauptverhandlung wiederholen, worauf das Gericht hinzuweisen hat (KK-StPO/*Schneider* § 201 Rn. 19).

7 Die Entscheidung des Gerichts ist **unanfechtbar**, § 201 Abs. 2 Satz 2. Zuständigkeitseinwände nach §§ 6a, 16 können in der Hauptverhandlung wiederholt werden (Meyer-Goßner/*Schmitt* § 201 Rn. 9). Die **Revision** ist bei Verstößen gegen § 201 Abs. 1 denkbar, wenn das Urteil auf diesem Fehler beruht; im Fall des Fehlens der Mitteilung ist § 338 Nr. 8 einschlägig (KK-StPO/*Schneider* § 201 Rn. 11). Eine mangelhafte Entscheidung gem. § 202 Abs. 2 kann nicht mit der Revision gerügt werden; denn das Urteil beruht wegen der Wiederholungsmöglichkeiten in der Hauptverhandlung hierauf nicht.

§ 202 Anordnung ergänzender Beweiserhebungen

[1]Bevor das Gericht über die Eröffnung des Hauptverfahrens entscheidet, kann es zur besseren Aufklärung der Sache einzelne Beweiserhebungen anordnen. [2]Der Beschluß ist nicht anfechtbar.

Übersicht

A. Grundsätzliches. Die Vorschrift verdeutlicht, dass auch im Zwischenverfahren die Instruktionsmaxime Anwendung findet und räumt dem Gericht daher eigene Ermittlungsbefugnisse ein (LR/*Stuckenberg* § 202 Rn. 1). Sie ist **restriktiv** auszulegen (KMR/*Seidl* § 202 Rn. 1). Thematisch ist die Ermittlungskompetenz auf die Prüfung der Voraussetzungen der Eröffnungsentscheidung, also des hinreichenden Tatverdachts, begrenzt (HK-StPO/*Julius* § 202 Rn. 1). 1

B. Beweisanordnung. Zulässig sind nur **einzelne Beweiserhebungen**; umfangreiche eigene Ermittlungen sind wegen eines sonst zu befürchteten Vorgriffs auf die Hauptverhandlung nicht statthaft (MüKo-StPO/*Wenske* § 202 Rn. 19). Der Sachverhalt muss von der StA umfangreich ausermittelt sein, die Vorschrift erlaubt nicht eine Nachholung wesentlicher Ermittlungsarbeiten (KMR/*Seidl* § 202 Rn. 2), sondern lediglich Ergänzungen, um einen noch nicht vorhandenen hinreichenden Tatverdacht zu begründen oder auszuräumen (LR/*Stuckenberg* § 202 Rn. 3). Das Gericht ist nicht »Ausputzer« der Staatsanwaltschaft (AG Gummersbach StV 2015, 165 [166]). In Fällen unzureichend ermittelter Verdachtslagen gibt das Gericht die Anklageschrift mit der Aufforderung zur Nachbesserung zurück; kommt die StA der Aufforderung nicht nach, ist die Eröffnung des Hauptverfahrens abzulehnen (KK-StPO/*Schneider* § 202 Rn. 4). Die StA ist auch nach Anklageerhebung zu eigenen Ermittlungen berechtigt, ggf. auch verpflichtet (AnwK-StPO/*Ritscher* § 202 Rn. 4; KK-StPO/*Schneider* § 202 Rn. 9). 2

Ob einzelne Beweiserhebungen angeordnet werden, steht im Ermessen des Gerichts. Ausnahmsweise kommt nach den Grundsätzen der §§ 155 Abs. 2, 206 auch eine **Verpflichtung** zur Ermittlung in Betracht (LR/*Stuckenberg* § 202 Rn. 5; SK-StPO/*Paeffgen* § 202 Rn. 2; a.A. Meyer-Goßner/*Schmitt* § 202 Rn. 1), insb. wenn das Gericht meint, einen vermeintlich vorliegenden Tatverdacht leicht ausräumen zu können (KK-StPO/*Schneider* § 202 Rn. 3). 3

Die Anordnung weiterer Beweiserhebungen ergeht durch **Beschluss** in der Besetzung des § 201. Der Vorsitzende darf bei unzureichendem Ermittlungsergebnis ohne Hinzuziehung des Kollegialgerichts die Anklageschrift zur Nachbesserung zurücksenden (KK-StPO/*Schneider* § 202 Rn. 6). Die Beteiligten müssen vor einer Anordnung nicht gehört werden (KMR/*Seidl* § 202 Rn. 8). In dem Beschluss sind Beweisthema und Beweismittel genau zu bezeichnen (KK-StPO/*Schneider* § 202 Rn. 5). Es gilt das Freibeweisverfahren (SK-StPO/*Paeffgen* § 202 Rn. 6). Die Anordnung soll erst nach Anhörung des Angeschuldigten ergehen; ein früherer Zeitpunkt ist aber ebenso zulässig (KMR/*Seidl* § 202 Rn. 7). 4

Das Gericht kann den Beschluss selbst **ausführen**. Anderenfalls ersucht das Gericht die StA mit der Durchführung, die dem Gesuch i.R.d. Grundsätze der Amtshilfe nachkommen muss (KMR/*Seidl* § 202 Rn. 12; LR/*Stuckenberg* § 202 Rn. 16; a.A. KK-StPO/*Schneider* § 202 Rn. 8). 5

Der Beschluss ist **unanfechtbar**, § 202 Satz 2. Davon erfasst ist auch die Auswahl eines bestimmten Sachverständigen (Meyer-Goßner/*Schmitt* § 202 Rn. 6). Da eine fehlerhaft nicht vorgenommene Beweiserhebung in der Regel nicht auf die Hauptverhandlung ausstrahlt, ist § 202 nicht revisibel (KK-StPO/*Schneider* § 202 Rn. 11). 6

§ 202a Erörterung des Verfahrensstands mit den Verfahrensbeteiligten

[1]Erwägt das Gericht die Eröffnung des Hauptverfahrens, kann es den Stand des Verfahrens mit den Verfahrensbeteiligten erörtern, soweit dies geeignet erscheint, das Verfahren zu fördern. [2]Der wesentliche Inhalt dieser Erörterung ist aktenkundig zu machen.

Übersicht

1 **A. Grundsätzliches. I. Normhistorie.** § 202a StPO wurde durch das **Gesetz zur Regelung der Verständigung im Strafverfahren** (dazu näher § 257c Rdn. 1) in die StPO eingefügt. Wie im Fall des § 160b StPO (dort Rdn. 1) war eine ähnliche Regelung bereits in dem Entwurf zum Opferrechtsreformgesetz aus dem Jahr 2003 enthalten (vgl. BT-Drs. 15/1976, S. 3). Diese wurde damit begründet, dass die dem Zwischenverfahren zukommende Filterfunktion ausweislich empirischer Studien weitgehend ungenutzt wäre (BT-Drs. 15/1976, S. 11; vgl. *Ignor/Matt* StV 2002, 102 ff.). Ebf. wie bei § 160b StPO wurde im weiteren Verlauf des Gesetzgebungsverfahrens die geplante Regelung zwar verworfen, doch nahm der »Diskussionsentwurf für eine Reform des Strafverfahrens« aus dem Jahr 2004 (auszugsweise abgedruckt in StV 2004, 228, 231) darauf erneut ausdrücklich Bezug. Der Entwurf des Strafrechtsausschusses der BRAK sah eine ähnliche Regelung in § 202 Abs. 2 StPO (ZRP 2005, 235) und der Entwurf des Bundesrates in § 212 StPO (BT-Drs. 16/4197, S. 5) vor. Die nunmehr inkorporierte Regelung ist, anders als im Entwurf zum Opferrechtsreformgesetz, nicht als »Soll«-, sondern als »Kann«-Vorschrift formuliert und enthält statt des Begriffs des »Beteiligten« den des »Verfahrensbeteiligten«. Zudem wurde der Begriff der »mündlichen Anhörung« durch den der »Erörterung« ersetzt. Wie vom Strafrechtsausschuss der BRAK und vom Bundesrat vorgeschlagen, wird das Gericht verpflichtet, den wesentlichen Inhalt der Erörterung aktenkundig zu machen, jedoch ist die jetzige Regelung, anders als vom Strafrechtsausschuss und dem Bundesrat vorgeschlagen, nicht auf eine mögliche Verständigung in der Hauptverhandlung beschränkt.

2 Die Norm wird – wie auch § 160b StPO (vgl. dort Rdn. 2) – kontrovers diskutiert. Während einige sie strikt ablehnen (AnwK-StPO/*Kirchhof* § 202a Rn. 1; *Leipold* NJW-Spezial 2009, 520 f.; *Fischer* StraFo 2009, 177, 186), halten andere sie für unschädlich, aber überflüssig (*Ioakimidis* in HbStrVf Rn. VIII 19; *Jahn/Müller* NJW 2009, 2625, 2627). Wieder andere begrüßen die klarstellende Regelung (so wohl Meyer-Goßner/*Schmitt* § 202a Rn. 1 unter Verweis auf § 160b Rn. 1; *Schlothauer/Weider* StV 2009, 600, 608). Der letztgenannten Ansicht ist zuzustimmen. Zwar handelt es sich bei Erörterungen i.R.d. Zwischenverfahrens in der Tat um keine grundrechtswesentlichen Fragen (so *Jahn/Müller* NJW 2009, 2625, 2627). Auch entsprach es bereits vor der Neuregelung höchstrichterlicher Rspr., dass sachliche Bewertungen der angeklagten Tat keinen Ablehnungsgrund wegen **Besorgnis der Befangenheit** (§ 24 Abs. 1, 2 StPO; vgl. hierzu auch Rdn. 8 und § 257b Rdn. 14) begründen, soweit das Gericht bei der Erörterung die gebotene Zurückhaltung wahrt und jeden Anschein der Parteilichkeit vermeidet (BGH Urt. v. 15.07.1960 – 4 StR 542/59 = BGHSt 15, 40, 46 f.; Meyer-Goßner/*Schmitt* § 202a Rn. 1; *Harrendorf/Lagler* StV 2019, 428 ff.). Jedoch schafft die Norm insoweit eine größere Rechtssicherheit und kann dazu beitragen, dass die Gerichte zu einem frühen Zeitpunkt in Rechtsgespräche mit den übrigen Verfahrensbeteiligten eintreten und die Möglichkeit konsensualer Verfahrensbeendigungen oder anderer Verständigungen (Rdn. 14) erörtern (vgl. dazu bereits *Ignor/Matt* StV 2002, 102 ff.).

3 **II. Normzweck.** Die Vorschrift ist im Zusammenhang mit den durch das VerstG ebenfalls neu geschaffenen §§ 160b, 212, 257b StPO zu lesen, vgl. § 160b Rdn. 3. Der Gesetzgeber beabsichtigte mit diesen Vorschriften ausdrücklich eine **Stärkung der kommunikativen Elemente in sämtlichen Stadien des Strafverfahrens** (BT-Drs. 16/12310, S. 2). § 202a StPO ermöglicht ein Rechtsgespräch im Zwischenverfahren nach Anklageerhebung und vor Eröffnung des Hauptverfahrens. Als Unterfall der »Erörterung des Standes des Verfahrens« sollen auch Möglichkeit und Umstände einer Verständigung im Hauptverfahren besprochen werden können (vgl. BT-Drs. 16/12310, S. 12). Damit dient § 202a S. 1 StPO auch der **Beschleunigung des Verfahrens** (KMR/*Seidl* § 202a Rn. 2). Durch die in S. 2 der Norm angeordnete Dokumentationspflicht i.V.m. § 243a Abs. 4 StPO wird dem **Transparenzgebot** Rechnung getragen.

4 **B. Regelungsgehalt. I. Gericht/Verfahrensbeteiligte.** Zum Begriff des **Verfahrensbeteiligten** s. § 160b StPO Rdn. 4. **Gericht** sind gem. den allgemeinen Regelungen (vgl. §§ 30 Abs. 1, 77 Abs. 1 GVG) lediglich die **Berufsrichter** (BT-Drs. 16/12310, S. 12). Die **Schöffen** erhalten erst durch die Mitteilung des Vorsitzenden in der Hauptverhandlung gem. § 243 Abs. 4 S. 1 StPO Kenntnis von Erörterungen im Zwischenverfahren. Hieraus ergeben sich Reibungen mit der Garantie des unparteiischen gesetzlichen Richters gem. Art. 97 Abs. 1, 101 Abs. 1 S. 2 GG, die jedoch die Schwelle zum Verfassungsverstoß nicht überschreiten, s. § 257c Rdn. 14.

Ob an einer Erörterung bei der Großen Strafkammer oder einem erstinstanzlich zuständigen Strafsenat des OLG sämtliche Richter teilnehmen müssen, wird in der Entwurfsbegründung nicht ausdrücklich thematisiert. Der enthaltene Verweis auf § 76 Abs. 1 S. 1, Abs. 2 S. 1 GVG (BT-Drs. 16/12310, S. 12) könnte darauf hindeuten, dass der Gesetzgeber von einer Beteiligung sämtlicher Berufsrichter ausging. Es ist jedoch nicht erkennbar, warum der Spruchkörper nicht **einen Richter** mit der Erörterung **beauftragen** können soll (vgl. BGH Urt. v. 05.06.2014 – 2 StR 381/13 = BGHSt 59, 252, 258; BGH Beschl. v. 20.10.2010 – 1 StR 400/10 = StV 2011, 202 ff. m. krit. Anm. *Schlothauer*; wie hier AnwK-StPO/*Kirchhof* § 202a Rn. 3 und Meyer-Goßner/*Schmitt* § 202a Rn. 4; a.A. KMR/*Seidl* § 202a Rn. 14). Verbindliche Vereinbarungen i.S.v. § 257c StPO können in diesem Verfahrensstadium ohnehin nicht getroffen werden (§ 243 Abs. 4 S. 1 StPO: »Möglichkeit einer Verständigung«), sondern sind der Hauptverhandlung vorbehalten (zutr. N/Sch/W/*Schlothauer* Teil B § 202a Rn. 17; widersprüchlich Meyer-Goßner/*Schmitt* § 202a Rn. 4, der im ersten Satz der Rn. die hier vertretene Meinung teilt, im letzten Satz aber – gegenteilig – von der Möglichkeit fester Vereinbarungen z.B. über den Strafrahmen im Fall eines Geständnisses ausgeht). Daher ist es auch hinnehmbar, dass die Schöffen gem. §§ 30 Abs. 1, 77 Abs. 1 GVG an einer Verständigung nach § 202a StPO nicht beteiligt werden (Meyer-Goßner/*Schmitt* § 202a Rn. 4). 5

II. Verfahren, Voraussetzungen und Inhalt der Erörterung. 1. Verfahren. Die **Initiative** zu einer Erörterung kann nach allgemeiner Meinung nicht nur vom **Gericht**, sondern auch von den **anderen Verfahrensbeteiligten** ausgehen (AnwK-StPO/*Kirchhof* § 202a Rn. 2; Meyer-Goßner/*Schmitt* § 202a Rn. 1). 6

Die **Modalitäten** der Kommunikation – schriftlich oder mündlich, im Rahmen eines persönlichen Gesprächs vor Ort oder telefonisch – sind ebenso wenig vorgeschrieben wie die Frage, ob sämtliche Verfahrensbeteiligte hieran teilnehmen müssen. 7

Bei **Mitbeschuldigten** ist allerdings Folgendes zu beachten: Zwar sind Fälle denkbar, in denen sich das Gericht auf Erörterungen mit einzelnen Beschuldigten beschränkt, weil nur insoweit ein Gesprächsbedarf besteht. Sobald es aber in Betracht kommt, dass der an der Erörterung teilnehmende Beschuldigte einen Mitbeschuldigten im Rahmen einer möglichen Verständigung belasten könnte, sollte zur **Vermeidung der Besorgnis der Befangenheit** (vgl. dazu auch Rdn. 2 und § 257b Rdn. 14) und zur **Gewährleistung eines fairen Verfahrens** der Termin dem Mitbeschuldigten bekannt gemacht und ihm bei entsprechender Bereitschaft Gelegenheit zur Teilnahme gegeben werden (dazu zuletzt BGH Beschl. v. 10.01.2019 – 5 StR 648/18 = StV 2019, 310, 311 f. m.w.N. zu früheren Entscheidungen in diese Richtung; vgl. ferner Meyer-Goßner/*Schmitt* § 202a Rn. 1; KMR/*Seidl* § 202a Rn. 15; ferner BGH Beschl. v. 04.03.2009 – 1 StR 27/09 = NStZ 2009, 701 f.; hingegen hält AnwK-StPO/*Kirchhof* § 202a Rn. 2 bereits die gesetzlich vorgesehenen Dokumentationspflichten für ausreichend). Das gilt insb., wenn der Beschuldigte, mit dem eine Erörterung durchgeführt, seinen Mitbeschuldigten dabei **belastet** und dessen Prozesslage erheblich verschlechtert wird (vgl. BGH Beschl. v. 10.01.2019 – 5 StR 648/18 = StV 2019, 310, 311 f. sowie LG Schwerin Beschl. v. 26.10.2017 – 33 KLs 15/17 = StraFo 2017, 500 f., die anhand dieses Maßstabs im Einzelfall die Besorgnis der Befangenheit jeweils bejaht haben). 8

Die Durchführung einer Erörterung steht im pflichtgemäßen Ermessen des Gerichts (»kann«). Die Verfahrensbeteiligten haben darauf **keinen Anspruch** (MüKo-StPO/*Kudlich* § 202a Rn. 9, in den folgenden Rn. auch zu möglichen Ausnahmen). 9

Abgesehen von dem Fall einer richterlichen Ladung des Beschuldigten zu einer Erörterung in Form einer Vernehmung gem. § 133 Abs. 1, 2 StPO besteht **keine Pflicht zur Teilnahme** an der Erörterung (KMR/*Seidl* § 202a Rn. 11; N/Sch/W/*Schlothauer* § 202a Rn. 13 Fn. 1). 10

2. Voraussetzungen. a) Erwägen der Eröffnung des Hauptverfahrens. Eine Erörterung im Zwischenverfahren setzt voraus, dass das Gericht die Eröffnung des Hauptverfahrens »erwägt«. Das Gericht muss sich also einerseits in den der Anklage zugrunde liegenden Sachverhalt und die Rechtslage eingearbeitet haben (Befürchtungen, das Gericht werde den hinreichenden Tatverdacht nicht mehr sorgfältig prüfen, bei AnwK-StPO/*Kirchhof* § 202a Rn. 1). Andererseits muss die Meinungsbildung des Gerichts zu der Frage, ob ein hinreichender Tatverdacht zu bejahen ist, zum Zeitpunkt der Erörterung noch nicht abgeschlossen sein (N/Sch/W/*Schlothauer* Teil B § 202a Rn. 9; a.A. AnwK-StPO/*Kirchhof* § 202a Rn. 5, der im Hinblick auf eine mögliche Verständigung Verurteilungswahrscheinlichkeit voraussetzt). **Ausgeschlossen** ist also nur der Fall, dass das Gericht die **Ablehnung der Eröffnung** beabsichtigt. In diesem Fall ist eine Erörterung nicht nur überflüssig, sondern – wegen des Anspruchs des Beschuldigten auf eine unverzügliche Verfahrenseinstellung – auch unzulässig (Meyer-Goßner/*Schmitt* § 202a Rn. 3; KMR/*Seidl* § 202a Rn. 4; Graf/*Ritscher* § 202a Rn. 6). 11

12 b) **Eignung zur Verfahrensförderung.** Hinsichtlich der von § 202a StPO vorausgesetzten Eignung zur Verfahrensförderung s. die diesbezüglichen Anmerkungen zu § 160b StPO (dort Rdn. 7). Hier wie dort ist diese Voraussetzung als **Zielbeschreibung** und nicht als Einschränkung des Anwendungsbereichs der Norm anzusehen. Nach OLG Nürnberg, Beschl. v. 26.04.2011 – 1 Ws 125–126/11 = StV 2011, 750, 752 muss das Gericht dafür Sorge tragen, dass alle ausstehenden Fragen beantwortet und greifbare Ergebnisse erzielt werden. Erörterungstermine seien daher so zu gestalten, dass im Anschluss umgehend über die Eröffnung entschieden und die Hauptverhandlung anberaumt werden könne. Dabei könne auch die Klarheit schaffende Feststellung, dass derzeit keine konsensuale Verfahrensgestaltung erreichbar sei, ein für das Verfahren förderliches Ergebnis sein. Dasselbe gilt für die gegenseitige Verdeutlichung von Standpunkten (vgl. § 257b Rdn. 5).

13 c) **Inhalt der Erörterung.** Der dem Zivilprozess (vgl. § 139 Abs. 1 ZPO) entnommene Begriff der **Erörterung** bezeichnet eine **allseitige Aussprache** zwischen Gericht und Verfahrensbeteiligten in rechtlicher und tatsächlicher Beziehung (vgl. Thomas/Putzo/*Seiler* § 139 Rn. 26). Der Termin darf sich – auch mit Blick auf das Beschleunigungsgebot – mithin nicht in der einseitigen, schon gar nicht begründungslosen Präsentation von Sichtweisen und Festlegungen erschöpfen. Einschätzungen der Sach- und Rechtslage sind zu begründen, damit sie von den Beteiligten sachgerecht beurteilt werden können, nicht zuletzt auch im Hinblick auf mögliche Verständigungen über den Fortgang des Verfahrens (vgl. *Salditt* DAV-FS, S. 794). Die gerichtliche Mitteilung von Beratungsergebnissen »nicht zu Diskussionszwecken« (vgl. *Salditt* ebd.) begründet die Besorgnis der Befangenheit.

14 Inhalt einer Erörterung kann ein **Rechtsgespräch** sein, in dessen Verlauf die Verfahrensbeteiligten sich insb. über die Argumente für und gegen eine Eröffnung des Hauptverfahrens austauschen bzw. über (teilweise) alternative Vorgehensweisen (N/Sch/W/*Schlothauer* Teil B § 202 Rn. 10), namentlich über (Teil-) Einstellungen nach §§ 153, 153a StPO, die Beschränkung des Verfahrens auf bestimmte Taten oder Tatteile (§§ 154, 154a StPO), die Rücknahme der Anklage (vgl. § 156 StPO), die Nichteröffnung des Verfahrens (§ 204 StPO), den Übergang ins Strafbefehlsverfahren (vgl. §§ 156, 408a StPO), aber auch über Haftfragen und einzelne Beweiserhebungen im Zwischenverfahren (vgl. *Ignor/Matt* StV 2002, 102 ff.). Hierbei dürfen die Berufsrichter auch bereits eine vorläufige Prognose zu den Strafhöhen im Fall eines Geständnisses anstellen (BGH Urt. v. 14.04.2011 – 4 StR 571/10 = StV 2011, 453, 454). Zulässig sind ferner Erklärungen darüber, ob eine Einlassung zur Sache erfolgt, bestimmte Beweisanträge gestellt werden oder vernehmungsersetzend Protokollverlesungen gem. § 251 Abs. 1 Nr. 1 StPO zugestimmt wird (OLG Nürnberg Beschl. v. 26.04.2011 – 1 Ws 125 u. 126/11 = BeckRS 2011, 10436). Bei der Erörterung **tatsächlicher Fragen** haben das Gericht und die Verfahrensbeteiligten zu beachten, dass hierbei weder die Hauptverhandlung gleichsam vorweggenommen noch wesentliche Teile des Ermittlungsverfahrens nachgeholt und damit Nachlässigkeiten der Strafverfolgungsbehörden behoben werden dürfen (Meyer-Goßner/*Schmitt* § 202a Rn. 3 unter Verweis u.a. auf LG Berlin Beschl. v. 12.03.2003 – 534 Qs 31/03 = NStZ 2003, 504 das in seinem Beschluss zudem auf die Gefahr der Befangenheit hinweist). Nach dem Willen des Gesetzgebers können Inhalt einer Erörterung im Zwischenverfahren auch die **Möglichkeit und Umstände einer Verständigung im Hauptverfahren** sein (BT-Drs. 16/12310, S. 12). Dies darf allerdings nicht dazu führen, dass die Voraussetzungen des § 257c Abs. 2 StPO unterlaufen werden (so die Befürchtungen bei AnwK-StPO/*Kirchhof* § 202a Rn. 1; *Altenhain/Hagemeier/Haimerl* NStZ 2007, 71, 74).

15 **III. Dokumentationspflicht (S. 2). 1. Voraussetzungen.** Wie im Fall von Erörterungen gem. § 160b StPO (dort Rdn. 9) besteht die Pflicht zur Dokumentation nicht bei jeder Kontaktaufnahme zwischen den Verfahrensbeteiligten (so auch Meyer-Goßner/*Schmitt* § 202a Rn. 1 unter Verweis auf § 160b Rn. 8), sondern nur bei solchen Kontakten, bei denen es zu einer argumentativen Auseinandersetzung bzw. zumindest zu einem kurzen inhaltlichen Austausch (KK/*Schneider* § 202a Rn. 12) über den Verfahrensstand oder über das weitere Verfahren kommt.

16 **2. Umfang.** Auch hinsichtlich des Dokumentationsumfangs gilt das Gleiche wie bei § 160b S. 2 StPO (vgl. dort Rdn. 9). Besonderes Augenmerk hat das Gericht dabei auf solche Erörterungen zu legen, bei denen die Möglichkeit einer späteren Verständigung i.S.d. § 257c StPO thematisiert wurde, weil der Vorsitzende gem. **§ 243 Abs. 4 S. 1 StPO** dazu verpflichtet ist, in der Hauptverhandlung mitzuteilen, ob derartige Gespräche stattgefunden haben und ggf. welchen Inhalt sie hatten (KK/*Schneider* § 202a Rn. 14; näher Rdn. 18 ff.). Zur Vermeidung nachträglicher Streitigkeiten über den Inhalt der Erörterung sollte das Gericht sogleich im Anschluss daran in Anwesenheit der Verfahrensbeteiligten den wesentlichen Inhalt schriftlich niederlegen und von den Verfahrensbeteiligten **unterzeichnen** lassen (so auch *Jahn/Müller* NJW 2009, 2625, 2627). Dies ist insb. dann ratsam, wenn der teilnehmende Staatsanwalt nicht zugleich der Sitzungsvertreter in der Hauptverhandlung sein wird (N/Sch/W/*Schlothauer* Teil B § 202a Rn. 22). Unterlässt das Gericht die sofortige

Anfertigung der Dokumentation, empfiehlt es sich für den Verteidiger, den wesentlichen Inhalt des Gesprächs in einer Art »Bestätigungsschreiben« zusammenzufassen und an das Gericht zu übersenden (AnwK-StPO/*Kirchhof* § 202a Rn. 9). Dieses ist zu den Akten zu nehmen.

IV. Bindungswirkung. Erörterungen nach § 202a StPO entfalten **keine Bindungswirkung** (BGH Beschl. v. 21.11.2012 – 1 StR 391/12 = NStZ 2013, 411; Beschl. v. 20.12.2011 – 3 StR 426/11 = NStZ-RR 2012, 148; BGH Beschl. v. 12.07.2011 – 1 StR 274/11 = StV 2011, 645; Meyer-Goßner/*Schmitt* § 202a Rn. 2; Graf/*Ritscher* § 202a Rn. 4; KK/*Schneider* § 202a Rn. 20). Wie bei § 160b StPO (vgl. dort Rdn. 13) kann in Fällen, in denen der Beschuldigte im Vertrauen auf die Verbindlichkeit einer im Rahmen einer Erörterung abgegebenen Zusage des Gerichts in »Vorleistung« (etwa durch Ablegen eines Geständnisses) gegangen ist, aus Gründen der Verfahrensfairness jedoch eine **Kompensation** geboten sein, wenn dem Beschuldigten die mangelnde Bindungswirkung **nicht** – was insb. durch eine entsprechende Belehrung sichergestellt werden kann – **bekannt war** (a.A.: Meyer-Goßner/*Schmitt* § 202a Rn. 2, der unter Verweis auf BGH Beschl. v. 12.07.2011 – 1 StR 274/11 = StV 2011, 645 [die ebenfalls angeführte Entscheidung BGH Beschl. v. 21.11.2012 – 1 StR 391/12 = NStZ 2013, 411 ist nicht einschlägig] meint, eine Erörterung nach § 202a StPO erzeuge *per se* kein schutzwürdiges Vertrauen; anders als hier ferner KK/*Schneider* § 202a Rn. 20 und wohl auch BGH Urt. v. 25.07.2017 – 5 StR 176/17 = NStZ-RR 2017, 351, 352). Ein in Unkenntnis der mangelnden Bindungswirkung einer Zusage abgelegtes Geständnis wird **im Regelfall unverwertbar** sein; in anderen Fällen muss eine Strafmilderung erwogen werden. 17

V. Mitteilungspflicht in der Hauptverhandlung. Erörterungen nach § 202a StPO mit Blick auf eine mögliche Verständigung sind ebenso wie solche gem. § 212 StPO in der Hauptverhandlung mitteilungspflichtig, § 243 Abs. 4 S. 1 StPO (zu den diesbezüglichen Anforderungen BGH Beschl. v. 15.01.2015 1 StR 315/14 = StV 2015, 271, 272). Die Vorschrift dient dem Schutz des Angeklagten vor einem im Geheimen sich vollziehenden »Schulterschluss« zwischen Gericht, Staatsanwaltschaft und Verteidigung sowie der Sicherung der öffentlichen Kontrolle der Justiz angesichts der gesetzlichen Zulassung der in eine vertrauliche Atmosphäre drängenden Verständigungen (instruktiv *Wachter* StV 2021, 58 ff.). Dabei soll schon **jeder Anschein geheimer Erörterungen** über das Beratungsergebnis vermieden werden (BGH Urt. v. 03.05.2017 – 2 StR 576/15 = NStZ 2018, 49; Urt. v. 17.06.2015 – 2 StR 139/14 = NStZ 2016, 171, 173), sodass **im Zweifel** eine Mitteilung zu erfolgen hat (statt vieler *Becker* JA 2017, 641, 645). Bei Verstößen kann ein **Beruhen** des Urteils auf diesen Fehler nur in Ausnahmefällen ausgeschlossen werden (BVerfG Beschl. v. 04.02.2020 – 2 BvR 900/19 = NJW 2020, 2461, 2464; Beschl. v. 15.01.2015 – 2 BvR 2055/14 = StV 2015, 269, 271; vgl. auch BVerfG Beschl. v. 15.01.2015 – 2 BvR 878/14 = NStZ 2015, 170, 171 f.; BGH Beschl. v. 06.10.2020 – 2 StR 262/20 = StV 2021, 3, 4; Beschl. v. 16.09.2020 – 6 StR 249/200) NStZ 2021, 61, 62; Beschl. v. 15.07.2020 – 2 StR 526/10 = StV 2021, 6, 7; Beschl. v. 25.06.2020 – 3 StR 102/20 = StV 2021, 1, 2; zur Kritik an der vom BVerfG statuierten »normativierten« Beruhensprüfung s. statt vieler LR/*Stuckenberg* § 257c Rn. 95 m.w.N.). Ein solcher Ausnahmefall soll insb. dann anzunehmen sein, wenn auszuschließen ist, dass sich der Angeklagte im Fall einer zutreffenden Mitteilung anders verteidigt hätte und eine Beeinträchtigung des Informationsinteresses der Öffentlichkeit nicht gegeben ist (BGH Beschl. v. 25.06.2020 – 3 StR 102/20 = StV 2021, 1, 3; Beschl. v. 24.07.2019 – 1 StR 656/18 = NStZ 2020, 93; KG Beschl. v. 25.04.2019 – [3] 161 Ss 52/19 [27/19] = StV 2021, 21). Darauf, dass der Angeklagte von seinem Verteidiger über den Inhalt des Verständigungsgesprächs unterrichtet wurde, soll es dabei nicht ankommen, weil dies die Unterrichtung durch das Gericht nicht ersetzen könne (BGH Beschl. v. 15.07.2020 – 2 StR 526/10 = StV 2021, 6, 7). 18

Die Mitteilungspflicht greift bei **sämtlichen Vorgesprächen** ein, die auf eine **Verständigung abzielen.** Davon ist nach einer vom BVerfG entwickelten und vom BGH in ständiger Rspr. übernommenen Formel auszugehen, sobald bei Gesprächen, die im Vorfeld oder neben der Hauptverhandlung geführt werden, ausdrücklich oder konkludent die Möglichkeit und die Umstände einer Verständigung in **einen Konnex** zum Verfahrensergebnis gebracht werden und damit die Frage nach oder die Äußerung zu einer Straferwartung naheliegt (BVerfG Urt. v. 19.03.2013 – 2 BvR 2628/10 = BVerfGE 133, 168, 216 Rn. 85; BGH Beschl. v. 15.12.2021 – 6 StR 558/21, juris Rn. 7; Beschl. v. 23.09.2021 – 1 StR 43/21 – juris Rn. 16; Beschl. v. 16.06.2021 – 1 StR 92/21, juris Rn. 10 ff.; Beschl. v. 23.07.2019 – 1 StR 2/19 = NStZ 2019, 684, 685; Beschl. v. 06.12.2018 – 1 StR 343/18 = StV 2019, 376, 377; Beschl. v. 24.01.2018 – 1 StR 564/17 = StV 2019, 378, 379 = NStZ 2018, 487 m.Anm. *Bittmann*; Urt. v. 03.05.2017 – 2 StR 576/15 = NStZ 2018, 49 m.Anm. *Bittmann*; BGH Beschl. v. 14.04.2015 – 5 StR 9/15 = NStZ 2015, 535 f.). Auch die (illegale, weil mit Blick auf die rein präventiven Zwecke der Untersuchungshaft sachwidrige) Verknüpfung des Prozessverhaltens des Beschuldigten mit der Aufhebung eines Untersuchungshaftbefehls kann einen solchen Konnex bilden und damit eine mitteilungspflichtige verständigungsbezogene Unterredung begründen (BGH Beschl. v. 16.09.2020 – 6 StR 249/200) NStZ 2021, 61, 62). Auf einen Rechtsbindungswillen der 19

Beteiligten kommt es bei alledem nicht an (BVerfG Beschl. v. 21.04.2016 – 2 BvR 1422/14 = NStZ 2016, 422, 424, vgl. zur Einordnung aber auch *Bittmann* NStZ 2019, 684, 687). Die Mitteilungspflicht besteht auch dann, wenn eine **rechtswidrige Absprache** getroffen wird, die die Regelungen des § 257c StPO gezielt unterlaufen soll (zu der damit verknüpften Grundfrage, ob auch rechtswidrige Absprachen dem Begriff der »Verständigung« unterfallen, s. § 257c Rdn. 17).

20 *Bittmann* (NStZ 2018, 49, 50 f.) hat den von der Rspr. verwendeten Begriff des »Konnex« zutreffend dahin gehend präzisiert, dass **die den Beteiligten zustehenden Verhaltensspielräume** in ein (zumindest) **vorläufig verbindliches Gegenseitigkeitsverhältnis** gebracht werden. Daran fehlt es beispielsweise, wenn das Gericht der Staatsanwaltschaft außerhalb der Hauptverhandlung mitteilt, dass es – unabhängig (!) vom Verhalten der Staatsanwaltschaft – am folgenden Hauptverhandlungstag anregen wird, einen Teil der Anklagevorwürfe nach **§ 154 Abs. 2 StPO** einzustellen (BGH Urt. v. 03.05.2017 – 2 StR 576/15 = NStZ 2018, 49 [m. zust. Anm. *Bittmann*] unter Aufgabe von BGH Urt. v. 17.06.2015 – 2 StR 139/14 = NStZ 2016, 171, 173 [m. abl. Anm. *Schneider*]; bestätigt durch BGH Beschl. v. 23.07.2019 – 1 StR 2/19 = NStZ 2019, 684, 685; für die umgekehrte Konstellation der Ankündigung eines Antrags nach § 154 Abs. 2 StPO durch die Staatsanwaltschaft s. schon BGH Beschl. v. 06.12.2016 – 4 StR 343/16 = BeckRS 2016, 110118). **Anders** wäre es in der genannten Fallkonstellation aber z.B., wenn die Staatsanwaltschaft ihre Zustimmung zu der Teileinstellung von einer bestimmten Strafhöhe bezüglich der verbleibenden Vorwürfe abhängig gemacht hätte (zu eng daher *Schneider* NStZ 2016, 174, 175: Vorgänge nach § 154 Abs. 2 StPO nie von § 243 Abs. 4 S. 1 StPO erfasst; wie hier BGH Beschl. v. 23.07.2019 – 1 StR 2/19 = NStZ 2019, 684, 685). Zu beachten ist, dass der Konnex zwischen Verfahrensausgang und Prozessverhalten des Angeklagten vom Gericht auch konkludent hergestellt werden kann, etwa indem der Vorsitzende auf Grundlage einer vorläufigen Einschätzung der Sach- und Rechtslage eine Strafvorstellung in den Raum stellt und dem Angeklagten implizit zu verstehen gibt, dass es nunmehr auf eine Änderung seines Prozessverhaltens ankäme (zu grob daher BayObLG Beschl. v. 12.07.2021 – 202 StRR 37/21, Rn. 5 m. zu Recht krit. Anm. *Böhm* FD-StrafR 2021, 441242). Bei mehrdeutiger Gesprächslage genügt es für eine Mitteilungspflicht, wenn das Gespräch von zumindest einem Verfahrensbeteiligten als Vorbereitung einer Verständigung verstanden werden könnte (BGH Beschl. v. 16.06.2021 – 1 StR 92/21, juris Rn. 11; vgl. auch BGH Beschl. v. 16.09.2021 – 5 StR 249/20 = StV 2021, 7).

21 **Abzugrenzen** sind – wie der BGH zuletzt betont hat (für eine Analyse *Bittmann* NStZ 2019, 684, 686) – verständigungsbezogene Gespräche von sonstigen zur Verfahrensförderung geeigneten Erörterungen zwischen den Verfahrensbeteiligten, die nicht auf eine einvernehmliche Verfahrenserledigung abzielen, sondern mit denen lediglich ein Gedankenaustausch über die Einschätzung der Sach- und Rechtslage erstrebt wird (BGH Beschl. v. 23.07.2019 – 1 StR 2/19 = NStZ 2019, 684, 685 mit zust. Anm. *Bittmann*; jüngst auch wieder BGH Beschl. v. 28.09.2021 – 5 StR 140/21 – juris Rn. 4; vgl. zur [Rück-]Abgrenzung aber auch BGH Beschl. v. 09.10.2019 – 1 StR 545/18 = NStZ 2020, 237 m. krit. Anm. *Bittmann*, der die weitgehend bloß semantische Natur der vorstehend genannten Distinktionsformel aufzeigt). Als Beispiele für solche unverbindlichen Erörterungen, die als bloßer Ausdruck eines kommunikativen, offenen Verhandlungsstils **nicht** die Mitteilungspflicht des § 243 Abs. 4 Satz 2 StPO auslösen, nennt der BGH Rechtsgespräche (s. speziell dazu BGH Beschl. v. 18.08.2021 – 5 StR 199/21, Rn. 14), richterliche Hinweise auf die vorläufige Beurteilung der Beweislage oder die strafmildernde Wirkung eines Geständnisses (dafür schon BGH Urt. v. 26.10.2016 – 1 StR 172/16 = NZWiSt 2017, 68, 72; BGH Beschl. v. 14.04.2015 – 5 StR 9/15 = NStZ 2015, 535 f.; Beschl. v. 18.12.2014 – 1 StR 242/14 = NStZ 2015, 352 f.) sowie die Mitteilung einer Ober- und Untergrenze der nach dem Verfahrensstand vorläufig zu erwartenden Strafe durch das Gericht (BGH Beschl. v. 23.07.2019 – 1 StR 2/19 = NStZ 2019, 684, 685 m. w. N.). Nach § 202a S. 2 StPO zu dokumentieren (s.o. Rdn. 15 f.) sind solche Gespräche aber gleichwohl, wobei es sich empfiehlt, den Gesprächsvermerk unverzüglich allen Beteiligten zuzuleiten (*Bittmann* NStZ 2019, 684, 688). **Nicht mitteilungspflichtig** sollen ferner Gespräche sein, die ausschließlich der Organisation sowie der verfahrenstechnischen Vorbereitung und Durchführung der Hauptverhandlungen dienen (OLG Stuttgart Beschl. v. 26.03.2014 – 4 a Ss 462/13 = BeckRS 2014, 67810). Keine Mitteilungspflicht besteht ferner bei Erörterungen, von denen das Gericht **keine Kenntnis** hat (BGH Beschl. v. 29.01.2014 – 1 StR 523/13 = NStZ-RR 2014, 115).

22 Die Mitteilungspflicht bezieht sich auch auf **erfolglos gebliebene** Gespräche (BVerfG Beschl. v. 04.02.2020 – 2 BvR 900/19 = NJW 2020, 2461, 2463; Beschl. v. 15.01.2015 – 2 BvR 878/14 = NStZ 2015, 170, 172; BVerfG Beschl. v. 26.08.2014 – 2 VR 2400/13 = NJW 2014, 3504 f.; so jüngst wieder BGH Beschl. v. 23.06.2020 – 5 StR 115/20 = NStZ 2020, 751, 752; s.a. schon BGH Beschl. v. 29.07.2014 – 4 StR 126/14 = StV 2015, 149 f.). Es muss aber zumindest zu einem Gespräch mit Verständigungsbezug gekommen sein, d.h. sofort zurückgewiesene oder übergangene Ansinnen auf Erörterung lösen keine Mitteilungspflicht aus (*Bittmann* NStZ 2019, 684, 687, der auch auf die gegenteilige, aber wohl überholte Ent-

scheidung BGH Beschl. v. 23.04.2016 – 2 StR 121/15 = NStZ 2016, 688 mit insoweit abl. Anm. *Pfister* hinweist). Die Mitteilungspflicht greift auch für den Fall von Erörterungen vor und nach der Rückgabe der Anklage zur »Nachbesserung« (BGH Urt. v. 13.02.2014 – 1 StR 423/13 = NStZ 2014, 217, 218), nicht jedoch dann, wenn die Staatsanwaltschaft die Anklage zurücknimmt und eine neue erhebt (BGH Urt. v. 20.02.2014 – 3 StR 289/13 = NStZ 2014, 600, 601) oder wenn die Sache nach einer Urteilsaufhebung und einer damit verbundenen Zurückverweisung durch ein anderes Gericht erneut verhandelt wird (OLG Hamburg Beschl. v. 27.11.2015 – 1 Rev 32/15 = NStZ 2016, 182). Dass an einem Gespräch **lediglich der Vorsitzende** einer Strafkammer teilgenommen hat, nimmt ihm – gleichgültig ob der Vorsitzende im Auftrag der Kammer handelt – nicht den Charakter einer die Mitteilungspflicht auslösenden Erörterung (BGH Beschl. v. 05.07.2018 – 5 StR 180/18 = StV 2019, 375, 376; BGH Urt. v. 28.07.2016 – 3 StR 153/16 = NStZ 2017, 52, 53 f. m.Anm. *Claus*, a.A. Graf/*Ritscher* § 202a Rn. 8 und auch noch BGH Beschl. v. 20.10.2010 – 1 StR 400/10 = NStZ 2011, 592, 593 f.: Mitteilungspflichtige Erörterung liegt nur vor, wenn der Vorsitzende erkennbar im ausdrücklichen Auftrag des Gerichts gehandelt hat). Dasselbe (also eine Mitteilungspflicht) gilt, **wenn lediglich die Staatsanwaltschaft**, nicht aber das Gericht einen Verständigungsvorschlag macht (BGH Beschl. v. 24.01.2018 – 1 StR 563/17 = NStZ 2018, 487, 499 m.Anm. *Bittmann*). Auch eine zwischen Erörterung und Eröffnung des Hauptverfahrens erfolgte **vollständige Neubesetzung einer Strafkammer** lässt die Mitteilungspflicht nicht entfallen (BGH Beschl. v. 29.07.2014 – 4 StR 126/14 = NJW 2014, 3385, 3386; für dem Richterwechsel aufgrund erfolgreicher Besetzungsrüge BGH Urt. v. 23.07.2015 – 3 StR 470/14 = NStZ 2016, 221, 222). Eine Grenze mag erreicht sein, wenn das Verfahren – etwa durch Hinzuverbindung oder Zurückverweisung – nach der Verständigung **den Spruchkörper wechselt** (gegen Mitteilungspflicht des neuen Spruchkörpers nach Zurückverweisung KG Beschl. v. 24.04.2019 – [3] 161 Ss 42/10 [27/19] = StV 2021, 21; zur Frage einer Mitteilungspflicht des Tatgerichts nach Zurückverweisung mit Blick auf eine Verständigung im ersten Rechtsgang s. BGH Beschl. v. 03.12.2015 – 1 StR 169/15 = NStZ 2016, 357, 361 [offenlassend] und – abl. – OLG Hamburg Beschl. v. 27.11.2015 – 1 Rev 32/15 = NStZ-RR 2016, 86, 87; gleichsinnig für das Verhältnis von Instanz- und Berufungsgericht OLG Saarbrücken Beschl. v. 25.05.2016 – Ss 29/2016 [22/19]). Wurden **mehrere Erörterungsgespräche** geführt, unterfallen sie sämtlich der Mitteilungspflicht (BGH Beschl. v. 21.03.2017 – 1 StR 622/16 = StV 2018, 3, 4).

Fraglich ist, ob die Mitteilungspflicht nach § 243 Abs. 4 S. 1 StPO auch Gespräche zwischen Staatsanwaltschaft und Verteidigung über Strafvorstellungen erfasst, die ohne Beteiligung des Gerichtes geführt werden, von denen das **Gericht** aber **Kenntnis erlangt** (bejahend wohl BGH Beschl. v. 29.01.2014 – 1 StR 523/14 = NStZ-RR 2014, 115; BGH Urt. v. 29.11.2011 – 1 StR 287/11 = NStZ 2012, 347, 348; abl. *Abraham* StV 2021, 606, 608; KK/StPO-*Schneider* § 243 Rn. 50; vgl. zur eng verwandten Frage, ob zweipolige Absprachen zwischen Staatsanwaltschaft und Verteidigung dem Begriff der Verständigung i.S.v. § 257c StPO unterfallen, OLG Rostock Beschl. v. 16.08.2019 – 20 RR 16/19 – 1 Ss 12/19, Rn. 31 [die Frage verneinend] und § 257c Rdn. 38). Jedenfalls nicht mitteilungspflichtig ist ein Gespräch des Verteidigers mit einem beisitzenden Richter, bei dem dieser auf die Frage nach dem Interesse des Gerichts an einer Verständigung abweisend reagiert (BGH Beschl. v. 25.02.2015 – 5 StR 258/13 = NStZ 2015, 232, 233). 23

Um alle Verfahrensbeteiligten – insb. auch die Schöffen und die Öffentlichkeit – in den Stand zu versetzen, die Tat- und Schuldangemessenheit eines Verständigungsvorschlags richtig einschätzen zu können, ist inhaltlich eine **weite Auslegung der Mitteilungspflicht** geboten, die neben Inhalt und Ablauf der Erörterung auch **Informationen über den wesentlichen Argumentationsprozess** erfasst (ausführlich *Henckel*, Faires Verständigungsverfahren durch Transparenz, 2019, S. 131, 189 ff.; zust. *Rönnau* FS Schlothauer, S. 367, 377; mit vergleichbarer Stoßrichtung *Roxin/Schünemann* § 17 Rn. 36; vgl. auch BGH Beschl. v. 23.10.2018 – 2 StR 417/18 = StV 2019, 377 f.: Einschätzungen zur Beweislage durch den Vorsitzenden sind mitzuteilen; s. ferner BVerfG Beschl. v. 04.02.2020 – 2 BvR 900/19 = NJW 2020, 2461, 2463; BGH Beschl. v. 18.11.2020 – 2 StR 317/19 = wistra 2021, 290, 203 f.; Beschl. v. 06.10.2020 – 2 StR 262/20 = StV 2021, 3, 4; Beschl. v. 16.09.2020 – 2 StR 459/19 = NStZ-RR 2021, 180; Beschl. v. 15.07.2020 – 2 StR 526/19 = NStZ 2021, 506 f.; Beschl. v. 23.06.2020 – 5 StR 115/20 = NStZ 2020, 751, 752; Beschl. v. 03.03.2020 – StR 36/20 – NStZ 2020, 496; Beschl. v. 05.07.2018 – 5 StR 180/18 = StV 2019, 375, 376, Beschl. v. 18.05.2017 – 3 StR 511/16 = NStZ 2017, 596, 597 und Beschl. v. 11.01.2018 – 1 StR 532/17 = NStZ 2018, 363, 364 – Letztere jew. m.Anm. *Bittmann*: **Verstoß gegen § 243 Abs. 4 S. 1** StPO, wenn der Vorsitzende lediglich das Ergebnis eines Vorgesprächs, nicht aber seinen **ursprünglichen Vorschlag** und **den hierzu vertretenen Standpunkt der anderen Beteiligten sowie deren Resonanz auf den Vorschlag** mitteilt; ähnlich schon BGH Beschl. v. 10.01.2017 – 3 StR 216/16 = NStZ-RR 2017, 363, 364 f. und Beschl. v. 12.10.2016 – 2 StR 367/16 = NStZ 2017, 244, 245 – jew. m.Anm. *Bittmann*; zum notwendigen Inhalt einer Mitteilung bei gescheiterter Verständigung über eine Einstellung nach § 153a Abs. 2 StPO OLG Brandenburg Beschl. v. 10.09.2018 – [1] 53 Ss 93/16 [61/18] – juris Rn. 22 ff.). Soweit in **BGH** 24

Urt. v. 26.10.2016 – 1 StR 172/16 = NZWiSt 2017, 68 zwischen der (mitteilungspflichtigen) Tatsache, wer die Frage einer Verständigung in einem Gesprächstermin aufwarf, und dem (nicht mitteilungspflichten) Umstand, von wem die Initiative zu dem Gespräch, in dem über die Verständigung gesprochen wurde, differenziert wird, überzeugt dies nicht: Beide Informationen sollten mitgeteilt werden.

25 Näher zur Mitteilungspflicht s. unter § 243 StPO.

26 **VI. Notwendige Verteidigung und Terminsgebühr.** Zur zwar nicht stets, aber häufig bestehenden Notwendigkeit der Bestellung eines Pflichtverteidigers s. § 160b Rdn. 18. Nach überwiegender Auffassung kann für die Teilnahme an einem Erörterungstermin auf Grundlage von § 202a StPO **keine Terminsgebühr** gem. Nr. 4102 VV RVG beansprucht werden (OLG Saarbrücken Beschl. v. 08.08.2011 – 1 Ws 89/11 = BeckRS 2011, 22474; OLG Köln Beschl. v. 23.07.2014 – 2 Ws 416/14 = BeckRS 2014, 19625; LG Dortmund Beschl. v. 13.01.2017 – 34 Qs 70/16 u.a. – juris; KMR/*Seidl* § 202a Rn. 17a [auch zu RVG-VV 4108, 4114, 4120]; a.A. AG Freiburg Beschl. v. 21.12.2010 = AGS 2011, 69 f.).

§ 203 Eröffnungsbeschluss

Das Gericht beschließt die Eröffnung des Hauptverfahrens, wenn nach den Ergebnissen des vorbereitenden Verfahrens der Angeschuldigte einer Straftat hinreichend verdächtig erscheint.

Übersicht

1 **A. Grundsätzliches.** § 203 ist die Zentralnorm des Zwischenverfahrens. Denn da die Anklage der StA zuzulassen und das Hauptverfahren zu eröffnen ist, ermöglicht sie überhaupt erst die Kontrollfunktion des Zwischenverfahrens (s. § 199 StPO Rdn. 2). Und sie umschreibt mit dem Begriff des **hinreichenden Tatverdachts** zugleich die Voraussetzung für den Eröffnungsbeschluss und gibt damit korrespondierend der StA den Maßstab zur Anklageerhebung nach § 170 Abs. 1 vor.

2 Mit der Eröffnung des Hauptverfahrens endet das Zwischenverfahren und beginnt das Hauptverfahren. Der Eröffnungsbeschluss ist unbedingte Prozessvoraussetzung für alles Weitere (BGHSt 10, 278 [279]; KMR/*Seidl* § 203 Rn. 4). Zur Prüfung des hinreichenden Tatverdachts werden die **gesamten Akten** hinzugezogen (Meyer-Goßner/*Schmitt* § 203 Rn. 1). Im Zwischenverfahren nach §§ 201, 202 Abs. 2 Satz 1 gewonnene Erkenntnisse fließen ebenfalls in die Entscheidung ein (LR/*Stuckenberg* § 203 Rn. 5).

3 **B. Der hinreichende Tatverdacht.** Hinreichender Tatverdacht ist gegeben, wenn bei vorläufiger Tatbewertung eine spätere Verurteilung in der Hauptverhandlung **wahrscheinlich** ist (BGHSt 64, 1 [5]; *Beulke/Swoboda* Rn. 357). Im Einzelnen sind die retrospektiv zu beurteilende Wahrscheinlichkeit der Tatbegehung, die prospektiv festzustellende Verurteilungswahrscheinlichkeit im Rahmen einer Beurteilung der gültigen Beweismittel, die Strafbarkeit des dem Angeschuldigten zur Last gelegten Verhaltens sowie das Vorliegen der erforderlichen Prozessvoraussetzungen zu prüfen (LR/*Stuckenberg* § 203 Rn. 12). Die StPO kennt drei Verdachtsstufen. Beim **Anfangsverdacht** müssen konkrete Anhaltspunkte einer Straftat vorliegen. Mit ihm ist nach § 152 Abs. 2 ein Ermittlungsverfahren einzuleiten. Beim **dringenden Tatverdacht** muss eine hohe Wahrscheinlichkeit bestehen, dass der Täter die Tat begangen hat. Er ist Voraussetzung für schwerwiegende Zwangsmaßnahmen wie der Untersuchungshaft nach § 112. Der **hinreichende Tatverdacht** bewegt sich auf einer Verdachtsskala zwischen den beiden anderen Verdachtsgraden. Andererseits kann er formell strenger sein. So liegt u.U. ein dringender Tatverdacht vor, ohne dass bereits der hinreichende Tatverdacht anzunehmen ist, wenn nämlich zwingende Voraussetzungen wie die Gewährung von rechtlichem Gehör vor der Anklageerhebung nach § 163a Abs. 1 Satz 1 noch fehlen.

4 Das Hauptverfahren wird jedenfalls nicht eröffnet, wenn ein Freispruch wahrscheinlicher scheint als eine Verurteilung (KK-StPO/*Schneider* § 203 Rn. 4). Die **tatsächlichen Voraussetzungen** einer Verurteilung sind dann gegeben, wenn die Wahrscheinlichkeit einer Verurteilung überwiegt (Meyer-Goßner/*Schmitt* § 203 Rn. 2); ein höherer Grad an Wahrscheinlichkeit – vergleichbar mit dem dringenden Tatverdacht nach § 112 – muss nicht vorliegen (BGH NStZ-RR 2004, 227; OLG Nürnberg StV 2011, 468 [469]; a.A. SK-StPO/*Paeffgen* § 203 Rn. 11; *Kühne* Rn. 339). Die Gegenansicht verwischt die unterschiedliche Nomenklatur der Verdachtsstufen (s. Rdn. 3). Dem Gericht steht bei der Bewertung ein gewisser **Beurteilungsspielraum** zu (*Beulke/Swoboda* Rn. 357; BGH NJW 1970, 1543 [1544]; weiter noch OLG Nürnberg StV 2011, 468 [469]; Thüringer OLG wistra 2018, 52 [53]). Allerdings ist es im Hinblick auf die schützende Funktion des

Zwischenverfahrens (§ 199 Rdn. 3 f.) verfehlt, den Maßstab überwiegender Verurteilungswahrscheinlichkeit abzusenken (MüKo-StPO/*Wenske* § 203 Rn. 13) und nur aussichtslose Anklagen auszuscheiden, wie es z.T. vorgeschlagen wird. Daher ist bei gleicher Wahrscheinlichkeit von Verurteilung und Nichtverurteilung nicht zu eröffnen, auch nicht in »beweisrechtlich hochsensiblen Fällen« bei Aussage gegen Aussage (a.A. OLG Karlsruhe wistra 2005, 72 f.; Saarbrücken NStZ-RR 2009, 88; OLG Stuttgart Justiz 2015, 298 f.; LR/*Stuckenberg* § 203 Rn. 14). Die prospektiv zu beurteilende **Verurteilungswahrscheinlichkeit** bemisst sich danach, ob sich der Tatnachweis mit verwertbaren und zulässigen Beweismitteln erbringen lassen wird (KK-StPO/*Schneider* § 203 Rn. 5). Bei dieser Wahrscheinlichkeitsprüfung ist der in dubio pro reo-Grundsatz nicht anwendbar (Meyer-Goßner/*Schmitt* § 203 Rn. 2). Der hinreichende Tatverdacht kann jedoch unter der Maßgabe, in der Hauptverhandlung würde nach diesem Grundsatz ein Freispruch wahrscheinlich sein, verneint werden. Das so wahrscheinlich beweisbare Verhalten des Angeklagten muss **strafbar** sein; diesbezüglich genügt eine Wahrscheinlichkeitsprognose nicht (LR/*Stuckenberg* § 203 Rn. 17). Weiterhin darf kein **Prozesshindernis** vorliegen (BGHSt 64, 1 [5]), auch hier reicht eine Wahrscheinlichkeit dieser Voraussetzung nicht aus (SK-StPO/*Paeffgen* § 203 Rn. 13). Bei Zweifeln prüft das Gericht das Vorliegen der Prozessvoraussetzungen im Wege des Freibeweises; strengbeweislich nur, wenn es auf die Klärung von Tatsachen ankommt, die die angeklagte Tat betreffen (BGHSt 46, 349 [352]; KK-StPO/*Schneider* § 203 Rn. 9). Bestehen die Zweifel fort oder lässt sich ein Prozesshindernis feststellen, so ist die Eröffnung des Hauptverfahrens abzulehnen.

C. Verfahrensfragen. I. Rücknahme und Nachholung. Der Eröffnungsbeschluss darf wegen nachträglichen 5
Wegfalls des hinreichenden Tatverdachts **nicht zurückgenommen werden**; in diesem Fall hat der Angeklagte ein Recht auf einen Freispruch (Meyer-Goßner/*Schmitt* § 203 Rn. 3; a.A. HK-StPO/*Julius* § 207 Rn. 8). Denn die Rechtskraft des Freispruchs reicht deutlich weiter als die bloße Sperrwirkung des § 211. Das **Fehlen des Eröffnungsbeschlusses** führt grundsätzlich zu einem nicht mehr behebbaren **Verfahrenshindernis** (BGH NStZ 2016, 747). Allerdings ist zu unterscheiden: ist der Eröffnungsbeschluss verloren gegangen, ist im Wege des Freibeweises festzustellen, ob und wie dieser erlassen worden ist; gelingt dies, kann er durch einen neuen Gerichtsbeschluss ersetzt werden (KMR/*Seidl* § 203 Rn. 7). Ist ein Eröffnungsbeschluss noch nicht erlassen, so kann er nach st. Rspr. in der Hauptverhandlung **nachgeholt** werden (BGHSt 29, 224 [228]; KMR/*Seidl* § 203 Rn. 9; a.A. SK-StPO/*Paeffgen* § 203 Rn. 4; Meyer-Goßner/*Schmitt* § 203 Rn. 4 mit der Folge der Verfahrenseinstellung), allerdings nur, wenn die Besetzung in der Hauptverhandlung derjenigen des Eröffnungsbeschlusses entspricht (BGH NStZ 2012, 225 [226]; 2014, 664). Dies gilt unabhängig davon, ob die Hauptverhandlung bereits begonnen hat. In der Berufungsinstanz kann ein fehlender Eröffnungsbeschluss nicht nachgeholt werden (BGHSt 33, 167 [168]). Im Revisionsverfahren führt das Fehlen des Eröffnungsbeschlusses zwingend zur Einstellung des Verfahrens, eine Zurückverweisung ist nicht zulässig (vgl. BGH StV 2018, 776 [777]); SK-StPO/*Paeffgen* § 203 Rn. 5).

II. Rechtliches Gehör. Vor der Eröffnungsentscheidung sind Angeschuldigter, StA und Nebenkläger **anzuhören** (KMR/*Seidl* § 207 Rn. 4). Zur Form s. § 207 Rdn. 9. 6

§ 204 Nichteröffnungsbeschluss

(1) Beschließt das Gericht, das Hauptverfahren nicht zu eröffnen, so muß aus dem Beschluß hervorgehen, ob er auf tatsächlichen oder auf Rechtsgründen beruht.
(2) Der Beschluß ist dem Angeschuldigten bekanntzumachen.

Übersicht

A. Grundsätzliches. Die Vorschrift regelt die Ablehnung der Eröffnung des Hauptverfahrens wegen Fehlens 1
des hinreichenden Tatverdachts oder schwerwiegenden, nicht behobenen Mängeln in der Anklageschrift (SK-StPO/*Paeffgen* § 204 Rn. 2). § 204 ist nicht anzuwenden, wenn das Gericht das Verfahren nach §§ 153 ff. oder § 47 JGG einstellt oder nach § 205 verfährt, ebenso wenig bei sachlicher Unzuständigkeit (KK-StPO/*Schneider* § 204 Rn. 2; Meyer-Goßner/*Schmitt* § 204 Rn. 1). Strittig ist, wie bei **örtlicher Unzuständigkeit** zu verfahren ist. Während eine Ansicht auch in diesem Fall die Nichteröffnung nach § 204 für einschlägig hält (LR/*Stuckenberg* § 204 Rn. 7), hat nach der vorzuziehenden h.M. (BGHSt 43, 122 [124]; KMR/*Seidl* § 199 Rn. 18; Meyer-Goßner/*Schmitt* § 204 Rn. 1; Graf/*Ritscher* § 204 Rn. 5; MüKo-StPO/*Wenske* § 199

Rn. 14) das Gericht sich lediglich für unzuständig zu erklären. Obgleich das Gesetz eine solche Erklärung nicht regelt, ist diese Lösung systematisch von der Rechtsfolgenseite her zu präferieren. Die vom Wortlaut her sonst zwingende Folge, die Untersuchungshaft bei Ablehnung der Eröffnung nach § 120 Abs. 1 Satz 2 wegen örtlicher Unzuständigkeit des Gerichts aufzuheben, führte zu unhaltbaren Ergebnissen.

2 **B. Ablehnung der Eröffnung. I. Qualifikation der Entscheidung.** Die Ablehnung der Eröffnung kann sowohl als **Sachentscheidung** oder als **Prozessentscheidung** ergehen, was sich aus der erforderlichen Begründung zu ergeben hat (Meyer-Goßner/*Schmitt* § 204 Rn. 1). Nur eine Prozessentscheidung führt nicht zum Strafklageverbrauch (Graf/*Ritscher* § 204 Rn. 1); ergeht eine Entscheidung in der Sache, kann dieselbe Tat nur unter den engen Voraussetzungen des § 211 wieder aufgenommen werden.

3 **II. Entscheidungsgründe.** Die Gründe für die Ablehnung muss das Gericht nach § 34 i.V.m. § 210 Abs. 2 angeben. Die Entscheidung beruht auf **Rechtsgründen**, wenn ein Verfahrenshindernis vorliegt, der zur Last gelegte Sachverhalt nicht unter einen Straftatbestand subsumiert werden kann oder Rechtfertigungs-, Schuldausschließungs- oder Strafaufhebungsgründe eine Verurteilung nicht überwiegend wahrscheinlich erwarten lassen (KMR/*Seidl* § 204 Rn. 10). Aus **tatsächlichen Gründen** ergeht die Entscheidung, wenn die vorläufige Bewertung durch das Gericht keinen hinreichenden Tatverdacht gegen den Angeschuldigten ergibt (Meyer-Goßner/*Schmitt* § 204 Rn. 3). Eine Begründung, die sich sowohl auf Tatsachen wie auf Rechtserwägungen stützt, ist zulässig (LR/*Stuckenberg* § 204 Rn. 17; KK-StPO/*Schneider* § 204 Rn. 7; KMR/*Seidl* § 204 Rn. 12; a.A. HK-StPO/*Julius* § 204 Rn. 4; einschränkend SK-StPO/*Paeffgen* § 204 Rn. 4, der dann eine Hilfsbegründung zulassen will), weil die Konjunktion »oder« des Abs. 1 im Deutschen nur eine alternative Verknüpfung verlangt, ohne die Kombination beider Alternativen auszuschließen. Die sonst nötige Formulierung »und/oder« wäre ein sprachliches Monstrum. I.Ü. tritt die Sperrwirkung des § 211 bei beiden Alternativen ein, sodass auch inhaltlich nichts gegen eine **Doppelbegründung** spricht. Ebenso wenig existiert eine vorgegebene Reihenfolge, welcher Begründung der Vorzug zu geben ist.

4 **III. Teilablehnung.** Eine **Teilablehnung** beschränkt sich auf einzelne Taten und wird mit dem Eröffnungsbeschluss bzgl. der anderen angeklagten Taten ausgesprochen (§ 207 Abs. 2 Nr. 1). Keine Teilablehnung liegt im Fall der abweichenden rechtlichen Würdigung (§ 207 Abs. 2 Nr. 3) oder der Verneinung tateinheitlich mitverletzter Vorschriften vor (KK-StPO/*Schneider* § 204 Rn. 8). Die sofortige Beschwerde gegen einen solchen Beschluss ist nicht statthaft (BGH NStZ 1989, 190).

5 **IV. Zusammenhang mit Ordnungswidrigkeit.** Keine Ablehnung nach § 204 darf ergehen, wenn das Gericht die angeklagte Tat als **Ordnungswidrigkeit** würdigt. Es muss wegen der festgestellten Ordnungswidrigkeit eröffnen, womit in das Bußgeldverfahren übergegangen wird, oder kann das Verfahren nach § 47 Abs. 2 OWiG einstellen (LR/*Stuckenberg* § 204 Rn. 10). Wird die Anklage kraft Zusammenhanges mit der Straftat auf eine Ordnungswidrigkeit erstreckt (§§ 42, 64 OWiG), muss das Gericht die Voraussetzung des Zusammenhangs prüfen und ggf. die Eröffnung ablehnen (KK-StPO/*Schneider* § 204 Rn. 10).

6 **V. Nebenentscheidung.** Als Nebenentscheidung ist über die Kosten und eine Entschädigung des Angeschuldigten zu befinden (§§ 464, 467, 469, 470; § 8 StrEG). Ein Haft- oder Unterbringungsbefehl ist aufzuheben (§§ 120 Abs. 1 Satz 2, 126a Abs. 3), ebenso eine Beschlagnahme, es sei denn, die beschlagnahmten Gegenstände werden für ein Verfahren nach §§ 440 ff. oder für ein weiteres Strafverfahren (§ 211) benötigt (Meyer-Goßner/*Schmitt* § 204 Rn. 10).

7 **VI. Bekanntmachung.** Der Nichteröffnungsbeschluss ist der StA förmlich **bekannt zu machen** (§§ 35 Abs. 2 Satz 1, 36 Abs. 1), genau wie dem Nebenkläger – diesem mit Rechtsmittelbelehrung (§§ 397 Abs. 1 Satz 2, 385 Abs. 1 Satz 2, 35a). Die Zustellung setzt die Wochenfrist des § 210 Abs. 2 in Gang. Ggü. dem Angeschuldigten reicht für die Bekanntgabe nach Abs. 2 eine formlose Mitteilung, es sei denn, der Beschluss enthält beschwerdefähige Nebenentscheidungen, bspw. nach § 8 StrEG (Meyer-Goßner/*Schmitt* § 204 Rn. 12; KK-StPO/*Schneider* § 204 Rn. 15). Der Verletzte wird gem. § 406d Abs. 1 benachrichtigt.

§ 205 Einstellung des Verfahrens bei vorübergehenden Hindernissen

[1]Steht der Hauptverhandlung für längere Zeit die Abwesenheit des Angeschuldigten oder ein anderes in seiner Person liegendes Hindernis entgegen, so kann das Gericht das Verfahren durch Beschluß vorläufig einstellen. [2]Der Vorsitzende sichert, soweit nötig, die Beweise.

A. Grundsätzliches. Die Bedeutung der Norm reicht weit über das Zwischenverfahren hinaus. § 205 findet nach allgemeiner Ansicht ebenso im Ermittlungsverfahren und nach der Eröffnung des Hauptverfahrens Anwendung (KK-StPO/*Schneider* § 205 Rn. 2). Der Anwendungsbereich der Vorschrift betrifft die vorläufige Verfahrenseinstellung bei vorübergehenden **Prozesshindernissen rechtlicher oder tatsächlicher Art** (Meyer-Goßner/*Schmitt* § 205 Rn. 1). 1

Vorrang vor der vorübergehenden Einstellung muss der endgültigen Verfahrenseinstellung nach § 204 eingeräumt werden (LR/*Stuckenberg* § 205 Rn. 7). Ebenfalls vorab zu prüfen sind andere endgültige Erledigungsarten, z.B. nach §§ 153 ff., 206a (SK-StPO/*Paeffgen* § 205 Rn. 3). Unanwendbar ist die Vorschrift weiterhin, wenn das Verfahren weiter fortgeführt werden kann; bei einem Hindernis nur in einer Person in einem Verfahren gegen mehrere Angeschuldigte ist abzutrennen, §§ 2 Abs. 2, 4 Abs. 1 (KMR/*Seidl* § 205 Rn. 3). Auch für das Abwarten höchstrichterlicher Grundsatzentscheidungen, einen Normenkontrollantrag (Art. 100 GG) oder eine Vorabentscheidung nach Art. 267 AEUV gilt § 205 nicht (KK-StPO/*Schneider* § 205 Rn. 4). 2

B. Voraussetzungen. Das zur Einstellung nach § 205 berechtigende Hindernis muss **vorübergehend** sein. Endgültige Hemmnisse führen zwingend zur Einstellung nach § 204 (Rdn. 1). Bei **kurzfristigen** Verhinderungsgründen gelten für die Hauptverhandlung die §§ 228 ff.; eine Einstellung nach § 205 kommt nicht in Betracht. Die Abgrenzung erfolgt einzelfallbezogen und orientiert sich am Beschleunigungsgebot. Bei ungewisser Dauer liegt eine Einstellung nach § 205 nahe (LR/*Stuckenberg* § 205 Rn. 12). 3

Ein **Hindernis** i.S.d. § 205 liegt in der **Abwesenheit** des Angeschuldigten. Abwesenheit ist anzunehmen, wenn dessen Aufenthalt unbekannt oder eine gerichtliche Vorführung undurchführbar ist (vgl. § 276; BGHSt 37, 145 [146]). Vorab muss geprüft werden, ob die Hauptverhandlung auch ohne die Anwesenheit des Angeklagten durchgeführt werden kann (§§ 231 Abs. 2, 231a, 232, 233). **Verhandlungsfähigkeit** setzt eine psychische und physische Konstitution des Angeklagten voraus, die es ihm ermöglicht, die jeweilige Verfahrenssituation hinreichend zu erkennen und sich in dieser konkreten Lage sachgerecht zu verteidigen (BVerfG NStZ 1995, 391 [392]; SK-StPO/*Paeffgen* § 205 Rn. 6). Nur erhebliche psychische oder physische Erkrankungen können eine Verhandlungsunfähigkeit herbeiführen (KMR/*Seidl* § 205 Rn. 8). Bei geringeren Beeinträchtigungen ist anderen Maßnahmen Vorrang einzuräumen, etwa längeren Pausen oder einer Verhandlung am Aufenthaltsort des Angeklagten (LR/*Stuckenberg* § 205 Rn. 24). Die vorübergehende Gefahr schwerer Gesundheitsschäden durch die Durchführung der Hauptverhandlung steht wertungsmäßig der Verhandlungsunfähigkeit gleich (LR/*Stuckenberg* § 205 Rn. 27). Ist der Tod des Angeklagten noch vor Beendigung der Hauptverhandlung zu erwarten, ist das Verfahren endgültig einzustellen (BerlVerfGH NJW 1993, 515 [517]). Bei vorsätzlicher und schuldhaft herbeigeführter Verhandlungsunfähigkeit gilt § 231a. Doch zwingt diese Vorschrift nicht zur Herstellung eines verhandlungsfähigen Zustandes durch ärztlichen Eingriff (BVerfG NStZ 1993, 598 [599], BGH StV 1992, 553 [554]), auch nicht in Fällen von Eingriffen ohne Gesundheitsrisiken (KK-StPO/*Schneider* § 205 Rn. 12). Die Voraussetzungen der Verhandlungsfähigkeit werden im Wege des **Freibeweises** geprüft (KMR/*Seidl* § 205 Rn. 13). Bestehen nach Ausschöpfung aller Erkenntnismöglichkeiten Zweifel an der Verhandlungsfähigkeit, darf eine Hauptverhandlung nicht stattfinden (BGH NStZ 1984, 520); ist ungewiss, ob die Verhandlungsunfähigkeit vorübergehender Natur ist, ist vorläufig einzustellen (LR/*Stuckenberg* § 205 Rn. 30). 4

Sonstige Hindernisse können in der Person des Angeschuldigten (Immunität) oder in anderen beseitigbaren Prozesshindernissen (fehlender Strafantrag; Spezialitätsbindung im Auslieferungsverfahren, BGH NStZ-RR 2013, 251 [252]) bestehen. Dann wird § 205 unstreitig **analog** herangezogen (*Klesczewski* Rn. 369; *Roxin/Schünemann* § 42 Rn. 15). 5

Liegt es nicht am Angeschuldigten, dass das Verfahren nicht fortgeführt werden kann, ist streitig, ob **§ 205 analog** zur Anwendung kommt. Das spielt namentlich eine Rolle, wenn ein zentraler Zeuge langfristig nicht vernehmungsfähig oder unauffindbar ist. Der Wortlaut bezieht sich nur auf ein in der Person des Angeschuldigten liegendes Hindernis, weswegen zahlreiche Judikate § 205 für unanwendbar halten (OLG Koblenz StV 1993, 513 [514]; OLG Hamm NJW 1998, 1088; BGH NStZ 1985, 230; *Beulke/Swoboda* Rn. 364; AnwK-StPO/*Kirchhof* § 205 Rn. 2). Auch könnte das Beschleunigungsgebot gegen die Anwendung sprechen (HK-StPO/*Julius* § 205 Rn. 2; MüKo-StPO/*Wenske* § 205 Rn. 43), weil das Verfahren über § 205 auf die lange Bank geschoben wird. Richtig ist, dass in solchen Fällen zunächst die prozessual möglichen Auswege zu nutzen sind. So ist etwa auf die Beweissurrogate nach § 251 zurückzugreifen. Allerdings bleiben in der Praxis Fälle, in denen die Prozessordnung keinen Ausweg kennt, es sei denn, man wollte ins Blaue hinein freisprechen. Es ist aber anzunehmen, dass die StPO insoweit eine Regelungslücke enthält, 6 sodass bei fehlender anderweitiger Möglichkeit zur Fortführung des Verfahrens die analoge Anwendung des § 205 in Betracht kommt (Meyer-Goßner/*Schmitt* § 205 Rn. 8; AK-StPO/*Loos* § 205 Rn. 9; *Ranft* Rn. 1311; SK-StPO/*Paeffgen* § 205 Rn. 13; so auch Graf/*Ritscher* § 205 Rn. 4.1) De lege ferenda sollte der Gesetzgeber den Streitpunkt klären, zumal die Situationen nicht selten eintreten.

7 **C. Entscheidung und Rechtsbehelf.** Im Ermittlungsverfahren trifft die Entscheidung die StA durch Verfügung, im späteren Verfahrensstadium – das Revisionsverfahren eingeschlossen (BGH NStZ-RR 2013, 251 [253]) – entscheidet das Gericht durch Beschluss, jeweils nach Anhörung der Beteiligten (KK-StPO/*Schneider* § 205 Rn. 18). Liegen die Voraussetzungen des § 205 vor, ist eine vorläufige Einstellung zwingend (KMR/*Seidl* § 205 Rn. 26). Die Entscheidung ist den Beteiligten formlos mitzuteilen.

8 Einer **Fortsetzung des Verfahrens** steht die frühere Einstellung nach § 205 nicht entgegen; sie erfolgt von Amts wegen oder auf Antrag hin, ohne dass ein Aufhebungsbeschluss erforderlich wäre (Meyer-Goßner/*Schmitt* § 205 Rn. 5). Während der Einstellungszeit ist das der Entscheidung zugrunde liegende Hindernis regelmäßig zu überprüfen (KK-StPO/*Schneider* § 205 Rn. 20).

9 Der Angeschuldigte und die StA können den Einstellungsbeschluss mit einfacher **Beschwerde** nach § 304 angreifen, ebenso wie einen die Einstellung ablehnenden Beschluss (LR/*Stuckenberg* § 205 Rn. 44, 46). Ein nach Eröffnung des Hauptverfahrens ergehender Beschluss kann nicht angefochten werden, § 305 Abs. 1; allerdings kann ein Revisionsgrund nach § 338 Nr. 8 gegeben sein (Meyer-Goßner/*Schmitt* § 205 Rn. 4).

10 Die **Beweissicherung** obliegt dem Vorsitzenden, § 205 Satz 2, entweder durch Anordnung oder eigene Beweiserhebung (Meyer-Goßner/*Schmitt* § 205 Rn. 6).

§ 206 Keine Bindung an Anträge

Das Gericht ist bei der Beschlußfassung an die Anträge der Staatsanwaltschaft nicht gebunden.

1 Im Kontext mit den §§ 155 Abs. 2, 264 stellt § 206 klar, dass das Gericht in seiner Entscheidungsfindung (insb. im Hinblick auf Tatbewertung und Beweiswürdigung oder Zuständigkeitsbeurteilung) – nota bene: in den Grenzen der angeklagten Tat, §§ 151, 155 Abs. 1 – nicht durch die Anträge der StA gebunden ist (LR/*Stuckenberg* § 206 Rn. 1 und 2). Keine Entscheidungsbefugnis besteht hinsichtlich der Auswahl von Tat und Beschuldigtem oder der Bejahung des öffentlichen Interesses (Meyer-Goßner/*Schmitt* § 206 Rn. 1).

§ 206a Einstellung des Verfahrens bei Verfahrenshindernis

(1) Stellt sich nach Eröffnung des Hauptverfahrens ein Verfahrenshindernis heraus, so kann das Gericht außerhalb der Hauptverhandlung das Verfahren durch Beschluß einstellen.

(2) Der Beschluß ist mit sofortiger Beschwerde anfechtbar.

Übersicht

1 **A. Grundsätzliches.** Die Vorschrift regelt die endgültige Einstellung des Verfahrens außerhalb der Hauptverhandlung bei Vorliegen eines Verfahrenshindernisses. Im Gegensatz zu § 205 wird ein, wenn auch nicht immerwährendes, so doch **dauerndes Verfahrenshindernis** verlangt (BGH NStZ-RR 2013, 251 [253]; Meyer-Goßner/*Schmitt* § 206a Rn. 2). Der Grundsatz der Prozessförderungspflicht verlangt dem Gericht vor der Einstellung den Versuch ab, das Hindernis zu beseitigen (LR/*Stuckenberg* § 206a Rn. 3). Die Vorschrift eröffnet kein Ermessen (KK-StPO/*Schneider* § 206a Rn. 1). Die Einstellung darf **nur außerhalb der Hauptverhandlung** erfolgen. In der Hauptverhandlung ist nach **§ 260 Abs. 3**, der materiell dem § 206a entspricht, durch Urteil einzustellen (Meyer-Goßner/*Schmitt* § 206a Rn. 1; zu Differenzierungen im Einzelnen SK-StPO/*Paeffgen* § 206a Rn. 5). Systematisch steht § 206a an falscher Stelle. Mit dem Zwischenverfahren hat er nichts zu tun; denn dort lehnt das Gericht die Eröffnung des Hauptverfahrens gem. § 204 ab (KMR/*Seidl* § 206a Rn. 1). Vor Anklageerhebung stellt die StA im Ermittlungsverfahren gem. § 170 Abs. 2 ein.

2 **B. Verfahrensstand.** § 206a gilt folglich **in allen Verfahrenslagen nach Eröffnung** des Hauptverfahrens (Graf/*Ritscher* § 206a Rn. 2). Ist ein Prozesshindernis nach Urteilserlass, aber vor Rechtskraft entstanden, so stellt das Gericht nach § 206a ein (LR/*Stuckenberg* § 206a Rn. 12); bestand das Hindernis schon vor Urteilserlass und wurde es vom Gericht nicht berücksichtigt, so kommt eine Einstellung, auch vor Rechtskraft, nicht in Betracht. Das erlassene Urteil kann nur durch Rechtsmitteleinlegung beseitigt werden (BGHSt 16, 115 [117]; SK-StPO/*Paeffgen* § 206a Rn. 7). Selbiges gilt, wenn das Urteil rechtskräftig geworden ist, Rechts-

mittel also nicht rechtzeitig oder in unwirksamer Weise eingelegt worden sind, unabhängig davon, wann das Prozesshindernis entstanden ist (LR/*Stuckenberg* § 206a Rn. 13).

Sind zulässig und wirksam **Rechtsmittel** eingelegt worden, war aber das Hindernis noch **vor Erlass des erstinstanzlichen Urteils** eingetreten, erfolgt die Einstellung durch Urteil unter Aufhebung des erstinstanzlichen Urteils; § 206a ist nicht einschlägig (Meyer-Goßner/*Schmitt* § 206a Rn. 6; SK-StPO/*Paeffgen* § 206a Rn. 8; uneinheitlich der BGH, der teilweise ein Wahlrecht zwischen Urteil und Beschluss nach § 206a postuliert, BGHSt 32, 275 [290]). Mit Blick auf die Systematik der Rechtsmittel ist der Ansicht zuzustimmen, die allein die Vorschriften des jeweiligen Rechtsmittels (Berufung: §§ 328 Abs. 1, 332, 260 Abs. 3; Revision: § 349 Abs. 4) anwendet. Ist das Hindernis **nach Erlass des erstinstanzlichen Urteils** entstanden, ist nach § 206a einzustellen, soweit fristgerecht Rechtsmittel eingelegt wurden (KK-StPO/*Schneider* § 206a Rn. 4); in diesem Fall steht nicht das Urteil zur Prüfung, es wird lediglich auf die neue Prozesslage reagiert (KMR/*Seidl* § 206a Rn. 15). 3

C. Fehlende Prozessvoraussetzung. Voraussetzung für eine Entscheidung nach § 206a ist das **Fehlen von Verfahrensvoraussetzungen**, also Umständen, die so schwer wiegen, dass von ihrem Bestehen die Zulässigkeit des Verfahrens im Ganzen abhängt (*Beulke/Swoboda* Rn. 273; LR/*Stuckenberg* § 206a Rn. 30). Danach kommt eine Einstellung in Betracht bei Fehlen deutscher **Gerichtsbarkeit** (BGHSt 38, 312 [313]), bei **Strafklageverbrauch** (KK-StPO/*Schneider* § 206a Rn. 7) oder unwirksamem **Eröffnungsbeschluss** (BGH NStZ-RR 2021, 217). Auch das Fehlen eines erforderlichen Strafantrages führt zur Einstellung, wenn der **Strafantrag** wegen Fristversäumnis nicht nachgeholt werden kann und die StA das öffentliche Interesse nicht bejaht (BGHSt 18, 123 [126]). Praktisch relevant ist der Fall der dauerhaft vorliegenden **Verhandlungsunfähigkeit** (BGHSt 41, 16 [18]). Nach Einstellung kann dann ein Sicherungsverfahren eingeleitet werden, §§ 413 ff.; besteht die Verhandlungsfähigkeit wieder, wird das Strafverfahren gem. § 416 Abs. 3 durchgeführt (Meyer-Goßner/*Schmitt* § 206a Rn. 9). Der **Tod** des Angeklagten schließt eine Sachentscheidung aus (BGH NJW 1983, 463; BGH NStZ 1983, 179). Da das Verfahren jedoch zu einem Abschluss geführt werden muss, ist nach § 206a zu verfahren (BGH StraFo 2016, 25; KMR/*Seidl* § 206a Rn. 5). Auch bei sicher zu erwartendem Tod des Angeklagten noch vor Abschluss des Verfahrens gilt § 206a, ebenso bei Gefahr **schwerer Gesundheitsschäden** durch die Fortführung der Hauptverhandlung. 4

Nicht zu einem Verfahrenshindernis führt dagegen bspw. eine **überlange Verfahrensdauer** (BGHSt 27, 274 [275]). Wie bei sonstigen vorliegenden »Unzumutbarkeiten« (Meyer-Goßner/*Schmitt* § 206a Rn. 1) liegt ein Einstellungsgrund nach § 206a dann nicht vor. Bei **sachlicher Unzuständigkeit** ist nach Eröffnung des Hauptverfahrens gem. §§ 225a, 270 vorzugehen (KK-StPO/*Schneider* § 206a Rn. 8). Im Fall der **örtlichen Unzuständigkeit** ist diese gem. § 16 nur bis zur Eröffnung des Hauptverfahrens von Amts wegen zu beachten, danach nur noch auf Rüge der Beteiligten hin. Ist diese erfolgt, muss das Gericht das Verfahren entweder nach § 206a oder § 260 Abs. 3 einstellen (LR/*Stuckenberg* § 206a Rn. 74). 5

D. Verfahrensfragen. Eine **Teileinstellung** wird vorgenommen, wenn das Hindernis nur eine von mehreren angeklagten Taten betrifft (KK-StPO/*Schneider* § 206a Rn. 12). Ist im Rahmen einer angeklagten Tat nur ein Straftatbestand von dem Hindernis (etwa qua Verjährung) betroffen, kommt ein Einstellungsbeschluss nicht in Betracht; wird ein solcher gleichwohl erlassen, ist er unwirksam (Meyer-Goßner/*Schmitt* § 206a Rn. 5). 6

Ob Verfahrenshindernisse vorliegen, prüft das Gericht **von Amts wegen** im Wege des Freibeweises (*Kindhäuser/Schumann* § 14 Rn. 4; KMR/*Seidl* § 206a Rn. 25). Bestehen nach gewissenhafter Prüfung **Zweifel** am Vorliegen der Prozessvoraussetzungen, muss das Gericht nach § 206a einstellen (Meyer-Goßner/*Schmitt* § 206a Rn. 7), wobei im Ergebnis unerheblich ist, ob nach dem Grundsatz in dubio pro reo verfahren wird (KMR/*Seidl* § 206a Rn. 26). 7

Die Entscheidung ergeht durch **Beschluss**, der eine Kosten-, Auslagen- und Entschädigungsentscheidung nach StrEG enthält (SK-StPO/*Paeffgen* § 206a Rn. 25). Der Beschluss ist den Beteiligten formell bekannt zu machen (LR/*Stuckenberg* § 206a Rn. 99). Er ist mit der **sofortigen Beschwerde** angreifbar, § 206a Abs. 2. Beschwerdeberechtigt sind StA und Nebenkläger; mangels Beschwer nicht der Angeklagte (KMR/*Seidl* § 206a Rn. 41). Letzterem steht die sofortige Beschwerde gegen ihn belastende Kosten- oder Entschädigungsentscheidungen zu (MüKo-StPO/*Wenske* § 206a Rn. 53). Nicht anfechtbar ist ein die Einstellung ablehnender Beschluss (AnwK-StPO/*Kirchhof* § 206a Rn. 5). 8

Die Einstellung nach § 206a führt zu materieller und formeller **Rechtskraft** mit grds. denselben Wirkungen wie bei einer Entscheidung nach § 260 Abs. 3 (Meyer-Goßner/*Schmitt* § 206a Rn. 11). Allerdings wird bei neu gewonnenen Tatsachen, die den Wegfall des Verfahrenshindernisses begründen, das Verfahren fortgesetzt (KK-StPO/*Schneider* § 206a Rn. 15). Das gilt auch, wenn der Angeklagte die Einstellung durch Täuschung erwirkt hat; hier sollen die Wiederaufnahmeregelungen zuungunsten nach § 362 Nr. 1 und 2 analog gelten (BGH NStZ 2008, 296 [297]; krit. SK-StPO/*Paeffgen* § 206a Rn. 31b). 9

§ 206b Einstellung des Verfahrens wegen Gesetzesänderung

[1]Wird ein Strafgesetz, das bei Beendigung der Tat gilt, vor der Entscheidung geändert und hat ein gerichtlich anhängiges Strafverfahren eine Tat zum Gegenstand, die nach dem bisherigen Recht strafbar war, nach dem neuen Recht aber nicht mehr strafbar ist, so stellt das Gericht außerhalb der Hauptverhandlung das Verfahren durch Beschluß ein. [2]Der Beschluß ist mit sofortiger Beschwerde anfechtbar.

Übersicht

1 **A. Grundsätzliches.** Die Einstellungsmöglichkeit nach § 206b dient der Verfahrensabkürzung und erspart dem Angeklagten eine Hauptverhandlung, die nach dem **lex-mitior-Grundsatz** des § 2 Abs. 3 StGB nur mit Freispruch enden kann (KMR/*Seidl* § 206b Rn. 1). Daher gleicht der Beschluss nach § 206b in der Sache einem Freispruch (Meyer-Goßner/*Schmitt* § 206b Rn. 2). Wegen dieses freisprechenden Charakters hat die Einstellung gem. § 206b ggü. derjenigen nach § 206a Vorrang, wenn ohne die Gesetzesänderung die Verfolgung der angeklagten Tat auch an einem Verfahrenshindernis scheitern würde (SK-StPO/*Paeffgen* § 206b Rn. 11).

2 **B. Fortfall der Strafbarkeit als Voraussetzung.** Materielle Voraussetzung des § 206b ist der Wegfall der Strafbarkeit der angeklagten Tat. Sie darf unter keinem rechtlichen Gesichtspunkt mehr als strafwürdig bewertet werden, und zwar weder als Straftat noch als Ordnungswidrigkeit (KMR/*Seidl* § 206b Rn. 11). Bleibt die Tat als Ordnungswidrigkeit zu ahnden, geht das Verfahren gem. § 82 OWiG in ein Bußgeldverfahren über (HK-StPO/*Julius* § 206b Rn. 5).

3 **C. Verfahrensstand.** Anwendbar ist die Vorschrift **nach Eröffnung** des Hauptverfahrens; im Zwischenverfahren lehnt das Gericht die Eröffnung gem. § 204 ab; im Ermittlungsverfahren greift § 170 Abs. 2 (SK-StPO/*Paeffgen* § 206b Rn. 3). § 206b gilt – ebenso wie § 206a – nur **außerhalb** der Hauptverhandlung. **Erstinstanzlich** stellt das Gericht nach § 206b ein, solange die Sache bei diesem rechtshängig ist, unabhängig davon, ob das Gesetz sich vor oder nach Urteilserlass geändert hat (Meyer-Goßner/*Schmitt* § 206b Rn. 4). Hat das Gericht die Gesetzesänderung, die vor dem Urteilserlass eingetreten ist, lediglich übersehen, kann nicht nach § 206b verfahren werden (LR/*Stuckenberg* § 206b Rn. 8). Tritt die Gesetzesänderung in der Hauptverhandlung ein, hat das Gericht freizusprechen (KK-StPO/*Schneider* § 206b Rn. 3).

4 **D. § 206b im Rechtsmittelzug.** Werden Rechtsmittel nicht form- und fristgerecht eingelegt, ist eine Einstellung nach § 206b nicht vorzunehmen. In der **Berufungsinstanz** ist § 206b anzuwenden, wenn die Gesetzesänderung nach Erlass des angefochtenen Urteils eingetreten ist, selbst wenn zwischenzeitlich in Teilen Rechtskraft eingetreten ist (KMR/*Seidl* § 206b Rn. 6). Hätte der Angeklagte bereits in der ersten Instanz freigesprochen werden müssen, ist er in der Berufung durch Urteil freizusprechen; § 206b enthält – ebenso wie § 206a – keine Befugnis zur Urteilsaufhebung (Meyer-Goßner/*Schmitt* § 206b Rn. 5; KK-StPO/*Schneider* § 206b Rn. 5; a.A. LR/*Stuckenberg* § 206b Rn. 9). In der **Revision** findet § 206b keine Anwendung; bei Wegfall der Strafbarkeit nach Erlass des angefochtenen Urteils ist § 354a als lex specialis vorrangig (Radtke/Hohmann/*Reinhart* § 206b Rn. 6; MüKo-StPO/*Wenske* § 206b Rn. 16; a.A. SK-StPO/*Paeffgen* § 206b Rn. 8). Wurde die Gesetzesänderung in der Vorinstanz vom Gericht übersehen, finden die §§ 349 Abs. 4 bzw. 354 Abs. 1 Anwendung (Meyer-Goßner/*Schmitt* § 206b Rn. 6; KK-StPO/*Schneider* § 206b Rn. 7; a.A. LR/*Stuckenberg* § 206b Rn. 10). Gründe der Gesetzessystematik sprechen in beiden Fällen für diese herrschende Meinung.

5 **E. Verfahrensfragen.** Die Entscheidung des Gerichts erfolgt durch **Beschluss**. Vorab ist die StA gem. § 33 Abs. 2, nicht aber der Angeklagte anzuhören (Graf/*Ritscher* § 206b Rn. 5). Der Beschluss ist zu begründen (KMR/*Seidl* § 206b Rn. 13). Die Entscheidung ergeht in der für Entscheidungen außerhalb der Hauptverhandlung vorgesehenen Besetzung; das OLG beschließt mit drei Richtern (KK-StPO/*Schneider* § 206b Rn. 9). **Kosten** und notwendige Auslagen des Angeklagten fallen wegen des Freispruchcharakters der Staatskasse zur Last, § 467 Abs. 1 (KMR/*Seidl* § 206b Rn. 14). Der Angeklagte ist nach § 2 StrEG zu entschädigen (LR/*Stuckenberg* § 206b Rn. 18).

6 Gegen den Einstellungsbeschluss steht der StA und dem zugelassenen Nebenkläger **sofortige Beschwerde** zu, § 206b Satz 2 (KK-StPO/*Schneider* § 206b Rn. 11). Der ablehnende Beschluss ist nicht anfechtbar, § 305 Satz 1.

Die Einstellung nach § 206b hat den **Verbrauch der Strafklage** zur Folge (Meyer-Goßner/*Schmitt* § 206b Rn. 12; LR/*Stuckenberg* § 206b Rn. 22; einschränkend KMR/*Seidl* § 206b Rn. 16). 7

§ 207 Inhalt des Eröffnungsbeschlusses

(1) In dem Beschluß, durch den das Hauptverfahren eröffnet wird, läßt das Gericht die Anklage zur Hauptverhandlung zu und bezeichnet das Gericht, vor dem die Hauptverhandlung stattfinden soll.

(2) Das Gericht legt in dem Beschluß dar, mit welchen Änderungen es die Anklage zur Hauptverhandlung zuläßt, wenn

1. wegen mehrerer Taten Anklage erhoben ist und wegen einzelner von ihnen die Eröffnung des Hauptverfahrens abgelehnt wird,

2. die Verfolgung nach § 154a auf einzelne abtrennbare Teile einer Tat beschränkt wird oder solche Teile in das Verfahren wieder einbezogen werden,

3. die Tat rechtlich abweichend von der Anklageschrift gewürdigt wird oder

4. die Verfolgung nach § 154a auf einzelne von mehreren Gesetzesverletzungen, die durch dieselbe Straftat begangen worden sind, beschränkt wird oder solche Gesetzesverletzungen in das Verfahren wieder einbezogen werden.

(3) [1]In den Fällen des Absatzes 2 Nr. 1 und 2 reicht die Staatsanwaltschaft eine dem Beschluß entsprechende neue Anklageschrift ein. [2]Von der Darstellung des wesentlichen Ergebnisses der Ermittlungen kann abgesehen werden.

(4) Das Gericht beschließt zugleich von Amts wegen über die Anordnung oder Fortdauer der Untersuchungshaft oder der einstweiligen Unterbringung.

Übersicht

1 **A. Grundsätzliches.** Die Vorschrift bestimmt Form und Inhalt des Eröffnungsbeschlusses. Durch Zulassung der Anklageschrift – ggf. unter Abänderung, § 207 Abs. 2 – übernimmt das Gericht den Anklagesatz als integrierten Bestandteil des Eröffnungsbeschlusses (BGH GA 1980, 108 [109]). Damit findet die Abgrenzung der abzuurteilenden Tat in persönlicher und sachlicher Hinsicht statt (KK-StPO/*Schneider* § 207 Rn. 2). Der Beschluss muss erschöpfend den Gesamtinhalt der Anklage behandeln und eine Gesamtentscheidung bzgl. sämtlicher Taten und Angeschuldigter treffen (KMR/*Seidl* § 207 Rn. 2). Der Eröffnungsbeschluss bestimmt das konkret zur Entscheidung berufene Gericht bzw. den Spruchkörper, vor dem die Hauptverhandlung stattfinden soll (Meyer-Goßner/*Schmitt* § 207 Rn. 1).

2 **B. Änderungen der Anklage mittels Eröffnungsbeschluss.** Bei **unveränderter Zulassung** lautet die Formulierung, dass die Anklage vor dem bezeichneten Gericht zugelassen wird (SK-StPO/*Paeffgen* § 207 Rn. 9). Im Fall von Mängeln in der Anklageschrift, die zu Unklarheiten in der Umgrenzung der Tat führen oder die Informationsfunktion beeinträchtigen (vgl. § 200 Rdn. 1), ist es geboten, diese Mängel bereits im Eröffnungsbeschluss durch Umschreibung oder Neufassung des Anklagesatzes zu korrigieren (LR/*Stuckenberg* § 207 Rn. 12). Eine solche Korrektur kann auch erfolgen, wenn der Anklagesatz in unzulässiger Weise Beweiswürdigungen enthält (LR/*Stuckenberg* § 207 Rn. 13). Nicht zulässig ist dagegen die Einbeziehung weiterer prozessualer Taten, weil dies mit dem Akkusationsprinzip nicht vereinbar wäre (AnwK-StPO/*Kirchhof* § 207 Rn. 3).

3 Bei **mehreren** miteinander verbundenen **Taten** kann das Gericht nach **§ 207 Abs. 2 Nr. 1** die Eröffnung einzelner Taten wegen Fehlens der Eröffnungsvoraussetzungen ablehnen (KMR/*Seidl* § 207 Rn. 14). Selbiges gilt, wenn gegen mehrere Angeschuldigte Anklage erhoben wurde und das Gericht bzgl. eines oder mehrerer Angeschuldigten die Eröffnung ablehnt (SK-StPO/*Paeffgen* § 207 Rn. 11). Nicht einschlägig ist Nr. 1 bei der Ablehnung tateinheitlicher Begehungsweise; hier ist nach § 207 Abs. 2 Nr. 3 zu verfahren (KK-StPO/*Schneider* § 207 Rn. 6). Hat die StA die Verfolgung einer Ordnungswidrigkeit in Zusammenhang mit einer Straftat übernommen (§ 42 Abs. 1 OWiG) und ist wegen der Straftat unter keinem rechtlichen Aspekt das Hauptverfahren zu eröffnen, lehnt das Gericht die Eröffnung trotz der Ordnungswidrigkeit mangels verbleibender Zuständigkeit ab; die StA gibt das Ordnungswidrigkeitsverfahren dann an die Verwaltungsbehörde ab (Meyer-Goßner/*Schmitt* § 207 Rn. 3). Die Nr. 1 ist nicht anwendbar, wenn das Gericht eine vorläufige

Einstellung nach den §§ 153 ff. vorgenommen hat. Denn dann ist diese Tat nicht mehr Verfahrensgegenstand, sodass sie in der Eröffnungsentscheidung nicht weiter berücksichtigt werden kann (LR/*Stuckenberg* § 207 Rn. 10; KK-StPO/*Schneider* § 207 Rn. 7; a.A. Meyer-Goßner/*Schmitt* § 207 Rn. 3).

4 **§ 207 Abs. 2 Nr. 2** berechtigt das Gericht, Beschränkungen nach § 154a Abs. 2 durch den Abänderungsbeschluss vorzunehmen. Eine Änderungsentscheidung ist nicht erforderlich, wenn die StA bereits eine Beschränkung nach § 154a Abs. 1 durchgeführt hat (KMR/*Seidl* § 207 Rn. 15). Erwägt die StA aufgrund neuer Erkenntnisse eine Wiedereinbeziehung so ausgeschiedener Taten, muss das Gericht einem entsprechenden Antrag folgen; es kann die Taten auch von sich aus wieder einbeziehen (Meyer-Goßner/*Schmitt* § 207 Rn. 4). Der Angeschuldigte ist zuvor anzuhören, § 33 Abs. 3 (SK-StPO/*Paeffgen* § 207 Rn. 12).

5 Im Fall der abweichenden rechtlichen Würdigung, **§ 207 Abs. 2 Nr. 3**, muss erkennbar werden, welche Umstände das Gericht zur anderen rechtlichen Beurteilung veranlasst haben (BGHSt 23, 304 [305]). Ist aus Sicht des Gerichtes die rechtliche Beurteilung unsicher, kann das Gericht einen Hinweis nach § 265 bei sonst unveränderter Zulassung der Anklage erteilen (LR/*Stuckenberg* § 207 Rn. 17). In der Hauptverhandlung muss der Hinweis dann nicht wiederholt werden (KK-StPO/*Schneider* § 207 Rn. 9). Ebenso kann das Gericht rechtsfolgenrelevante Umstände hervorheben, um einen Hinweis gem. § 265 Abs. 2 in der Hauptverhandlung entbehrlich zu machen (Meyer-Goßner/*Schmitt* § 207 Rn. 5). Wertet das Gericht die angeklagte Tat lediglich als Ordnungswidrigkeit, lässt es die Anklage nach § 82 Abs. 2 OWiG wegen der Ordnungswidrigkeit zu; denn im Unterschied zur verbundenen Anklage von Straftat und Ordnungswidrigkeit (s. Rdn. 3) ist das eröffnende Gericht hier für die angeklagte prozessuale Tat zuständig. Das Verfahren wird ohne weitere Schritte in ein Bußgeldverfahren übergeleitet (LR/*Stuckenberg* § 207 Rn. 18). Zu beachten ist, dass die abweichende rechtliche Würdigung einen Zuständigkeitswechsel zur Folge haben kann (§§ 209, 209a).

6 Für einen Abänderungsbeschluss wegen Ausscheidens oder Einbeziehung einzelner Gesetzesverletzungen (**§ 207 Abs. 2 Nr.** 4) gelten die Ausführungen unter Rdn. 4. Der Begriff der »Straftat« ist als Tat im prozessualen Sinne zu verstehen (KK-StPO/*Schneider* § 207 Rn. 8).

7 In den Fällen eines abändernden Beschlusses nach § 207 Abs. 2 Nr. 1 und 2 muss die StA nach **§ 207 Abs. 3** eine **neue Anklageschrift** einreichen, wobei diese sich auf den Anklagesatz beschränken darf. Das erfüllt die Klarstellungsfunktion ggü. dem Angeschuldigten (KMR/*Seidl* § 207 Rn. 21). Ihm ist die neue Anklageschrift nach § 215 Satz 2 zuzustellen (LR/*Stuckenberg* § 207 Rn. 22). Wegen der Begrenzung auf ihre Informationsfunktion wird diese Anklageschrift nicht nach § 201 behandelt (Meyer-Goßner/*Schmitt* § 207 Rn. 9).

8 Das Gericht muss nach **§ 207 Abs. 4** über Fragen der **Untersuchungshaft** oder der einstweiligen Unterbringung entscheiden, wenn ein Haft- oder Unterbringungsbefehl besteht, selbst wenn dieser nicht vollzogen wurde (Radtke/Hohmann/*Reinhart* § 207 Rn. 8; KK-StPO/*Schneider* § 207 Rn. 13; a.A. Meyer-Goßner/*Schmitt* § 207 Rn. 10). Ist der Haftbefehl in Vollzug, gelten für die Entscheidung die Maßstäbe der Haftprüfung nach §§ 117 Abs. 3, 118 analog.

9 **C. Förmlichkeiten.** Der Eröffnungsbeschluss ist **schriftlich** abzufassen (BGH NStZ 2012, 583; HK-StPO/*Julius* § 207 Rn. 18) und vom zuständigen Richter zu unterzeichnen; verwendete Vordrucke müssen vollständig und eindeutig ausgefüllt sein (OLG Koblenz StV 2011, 467 [468]). Nicht erforderlich ist die Unterschrift aller beteiligten Richter (SK-StPO/*Paeffgen* § 207 Rn. 15; a.A. BGH NStZ 2012, 583; vgl. BGH NStZ 2012, 225 m.w.N.); allerdings ist dies empfehlenswert, um den Beschluss vom reinen Entwurf unterscheiden zu können (KK-StPO/*Schneider* § 207 Rn. 15). Entscheidend ist, dass die erforderliche Anzahl der Richter tatsächlich mitgewirkt hat, was im Zweifel freibeweislich festzustellen ist (BGHSt 42, 380 [384]). Soll im Umlaufverfahren beschlossen werden, müssen allerdings alle beteiligten Richter unterzeichnen; andernfalls ist von einem Entwurf auszugehen (BGH NStZ 2012, 225; LR/*Stuckenberg* § 207 Rn. 35).

10 Eine bestimmte Formulierung ist nicht erforderlich. Vielmehr genügt auch eine **schlüssige Entscheidung**, aus der sich der eindeutige Wille des Gerichts ergibt, eine bestimmte Anklage zur Hauptverhandlung zuzulassen (BGH NStZ 2016, 747). Ausreichend ist etwa ein Verbindungsbeschluss mit einer bereits anhängigen Strafsache (BGH NStZ-RR 2002, 65 [68]), die Entscheidung über die Fortdauer der Untersuchungshaft im Haftprüfungstermin (OLG Hamm NStZ 1990, 146) oder ein Besetzungsbeschluss mit gleichzeitigem Haftbefehl (BGH NStZ-RR 1999, 13 [14]). Nicht ausreichend ist in der Regel eine Termin- und Ladungsverfügung, es sei denn, das Vorliegen des Eröffnungsbeschlusses geht aus den Unterlagen hervor oder das Gericht hat einheitliche Formulare verwendet (KK-StPO/*Schneider* § 207 Rn. 17). Ebenso wenig genügt ein Übernahmebeschluss (BGH NStZ-RR 2003, 95) oder eine den Beschluss vorbereitende Verfügung des Richters (KMR/*Seidl* § 207 Rn. 8).

11 Eine **Begründung** ist bei unveränderter Zulassung der Anklageschrift nicht erforderlich, wenn nicht zugleich ein Ablehnungsbeschluss ergeht (KK-StPO/*Schneider* § 207 Rn. 16). Eine Entscheidung nach § 207 Abs. 2 Nr. 1, Abs. 4 sowie § 209 Abs. 1 muss gem. § 34 begründet werden (KMR/*Seidl* § 207 Rn. 10).

Der Eröffnungsbeschluss wird dem Angeschuldigten zugestellt (§ 215 Satz 1); der StA, dem Privatkläger und dem Nebenkläger nur, wenn diese durch die Entscheidung beschwert sind (LR/*Stuckenberg* § 207 Rn. 38). Andernfalls ergeht die Bekanntmachung durch formlose Mitteilung, § 35 Abs. 2 Satz 2. 12

D. Rücknahme, Änderung und Fehlen des Eröffnungsbeschlusses. Nach Erlass des Eröffnungsbeschlusses kann dieser **weder zurückgenommen noch abgeändert** werden (KK-StPO/*Schneider* § 207 Rn. 19). Insb. kommt eine Aufhebung bei nachträglichem Fortfall des Tatverdachts nicht in Betracht; s. § 203 Rdn. 5. 13

Ist der Eröffnungsbeschluss nicht erlassen, fehlt es an einer Verfahrensvoraussetzung (BGH NStZ 2016, 747; SK-StPO/*Paeffgen* § 207 Rn. 24). Ist zweifelhaft, ob der Beschluss ergangen ist, muss im Wege des Freibeweises sein tatsächliches Vorliegen geprüft werden (KK-StPO/*Schneider* § 207 Rn. 20). Lassen sich die Zweifel nicht beseitigen, ist vom **Fehlen** des Eröffnungsbeschlusses auszugehen (LR/*Stuckenberg* § 207 Rn. 52). Kein Fehlen liegt bei einer schlüssigen Eröffnungsentscheidung (Rdn. 10) oder bei Unauffindbarkeit der Beschlussurkunde vor. Ein Verzicht auf den fehlenden Eröffnungsbeschluss ist nicht möglich (KMR/*Seidl* § 207 Rn. 22). Zur Nachholbarkeit s. § 203 Rdn. 5. 14

E. Mängel des Eröffnungsbeschlusses. Zu unterscheiden sind schwere formelle und materielle Mängel, die die Wirksamkeit des Eröffnungsbeschlusses als Verfahrensvoraussetzung tangieren und sonstige, nicht zur Unwirksamkeit führende Mängel (KK-StPO/*Schneider* § 207 Rn. 26). Ein die **Unwirksamkeit** begründender Mangel ist gegeben, wenn der Eröffnungsbeschluss unmittelbar auf einer funktionell mangelhaften Anklageschrift beruht (KK-StPO/*Schneider* § 207 Rn. 27), er unter einer Personenverwechslung ergangen ist (KMR/*Seidl* § 207 Rn. 29) oder bei Vorliegen auslieferungsrechtlicher Spezialtatbestände (Meyer-Goßner/*Schmitt* § 207 Rn. 11). Ebenfalls unwirksam ist ein nicht schriftlich abgefasster oder ein nicht unter Mitwirkung der erforderlichen Zahl an Richtern ergangener Beschluss (vgl. aber oben Rdn. 9). 15

Keine Unwirksamkeit ist gegeben, falls das beschließende Gericht örtlich oder sachlich unzuständig ist (LR/*Stuckenberg* § 207 Rn. 62, 63), die Gerichtsbesetzung unrichtig war (BGHSt 10, 278 [280]), die Unterschrift des Richters fehlt, sofern aus anderen Umständen der Eröffnungswille des Gerichts zweifelsfrei hervorgeht (BayObLG StV 1990, 395 [396]; vgl. Rdn. 14) oder die Bestellung eines Verteidigers nicht erfolgte (Meyer-Goßner/*Schmitt* § 207 Rn. 11). Auch die Mitwirkung eines nach § 22 ausgeschlossenen Richters soll die Wirksamkeit des Eröffnungsbeschlusses nicht berühren (BGH NStZ 1985, 464 [465]; KMR/*Seidl* § 207 Rn. 33; a.A. LR/*Stuckenberg* § 207 Rn. 68; KK-StPO/*Schneider* § 207 Rn. 30). 16

Eine **Heilung** des Mangels ist nach einhelliger Meinung auch noch in der Hauptverhandlung möglich (BGH GA 1980, 108; KK-StPO/*Schneider* § 207 Rn. 32). Kommt eine solche Heilung in Betracht, muss das Gericht aus verfahrensökonomischen Gründen von ihr Gebrauch machen (LR/*Stuckenberg* § 207 Rn. 82). I.Ü. gelten die Regeln zur Nachholung eines fehlenden Eröffnungsbeschlusses (§ 203 Rdn. 5). 17

F. Anfechtbarkeit. Der Angeklagte kann gegen eine ihn belastende Entscheidung nach § 207 Abs. 4 **Beschwerde** einlegen (KMR/*Seidl* § 207 Rn. 43), nicht aber gegen die Eröffnung des Verfahrens: § 210 Abs. 1. Im Fall einer Entscheidung nach § 207 Abs. 2 Nr. 1 steht der StA die sofortige Beschwerde zu (§ 210 Abs. 2). Nicht angreifbar ist die unveränderte Zulassung der Anklage sowie Entscheidungen nach § 207 Abs. 2 Nr. 2–4. Verzögert sich das Eröffnungsverfahren in einem Rahmen, der die Verfolgungsverjährung berührt (namentlich in umfangreichen Wirtschaftsstrafsachen), steht der StA eine **Untätigkeitsbeschwerde** zu (*Kühne* Rn. 615; KK-StPO/*Schneider* § 207 Rn. 35). Im **Revisionsverfahren** ist ein unwirksamer Eröffnungsbeschluss als fehlende Prozessvoraussetzung von Amts wegen zu beachten und das Verfahren einzustellen (BGHSt 10, 278 [280]; NStZ 2016, 747; Aufhebung durch Urteil: BGHSt 29, 224 [227]). Sonstige Mängel können nicht mit der Revision geltend gemacht werden (KMR/*Seidl* § 207 Rn. 46). 18

§ 208
(weggefallen)

§ 209 Eröffnungszuständigkeit

(1) Hält das Gericht, bei dem die Anklage eingereicht ist, die Zuständigkeit eines Gerichts niedrigerer Ordnung in seinem Bezirk für begründet, so eröffnet es das Hauptverfahren vor diesem Gericht.

(2) Hält das Gericht, bei dem die Anklage eingereicht ist, die Zuständigkeit eines Gerichts höherer Ordnung, zu dessen Bezirk es gehört, für begründet, so legt es die Akten durch Vermittlung der Staatsanwaltschaft diesem zur Entscheidung vor.

Übersicht

1 **A. Grundsätzliches.** Die Vorschrift regelt die Vorgehensweise, wenn sich StA und Gericht über die Frage der Zuständigkeit uneins sind. Es ermöglicht eine vorgezogene und somit zeitsparende Klärung, bei welchem Gericht die **sachliche Zuständigkeit** liegt (SK-StPO/*Paeffgen* § 209 Rn. 1 f.) und erlaubt i.S.d. Prozessökonomie einen raschen Verfahrensfortgang ohne langwierige Kompetenzkonflikte (LR/*Stuckenberg* § 209 Rn. 1).

2 **B. Anwendungsbereich.** Keine Anwendung findet § 209 bei fehlender **örtlicher Unzuständigkeit**. In solchen Fällen gibt das Gericht von Amts wegen nach § 16 eine Unzuständigkeitserklärung ab (Meyer-Goßner/*Schmitt* § 209 Rn. 5). Auch bei Streitigkeiten von Spruchkörpern derselben Ordnung, welcher von diesen nach der **Geschäftsverteilung** zuständig sei, gilt § 209 nicht; der eine Spruchkörper kann das Verfahren formlos abgeben (BGHSt 26, 191, 199). Mit einer Übernahmeerklärung wird es dort anhängig, notfalls entscheidet das Präsidium des Gerichts (KMR/*Seidl* § 209 Rn. 5).

3 § 209 betrifft lediglich das **Zwischenverfahren** und nur die **sachliche Zuständigkeit**.

4 Der **örtliche** Anwendungsbereich wird durch den Wortlaut auf Gerichte **aus demselben Gerichtsbezirk** beschränkt (KK-StPO/*Schneider* § 209 Rn. 6). Im Fall der örtlichen Zuständigkeitskonzentration (§ 58 GVG) wird der Gerichtsbezirk und damit die Anwendungsmöglichkeit der Vorschrift erweitert (LR/*Stuckenberg* § 209 Rn. 15). Die **zeitliche** Anwendung reicht bis zur Eröffnung des Hauptverfahrens. Im **Ermittlungsverfahren** ist die Vorschrift jedenfalls dann analog anwendbar, wenn das Gericht, das von der StA für die Verfahrenseröffnung für zuständig gehalten wird, tätig wird, etwa bei der Verteidigerbestellung oder im Haftrecht (SK-StPO/*Paeffgen* § 209 Rn. 3). Nach der Eröffnungsentscheidung gelten § 225a bzw. § 270. § 269 ist zu beachten.

5 **C. Eröffnung nach unten, Abs. 1.** Nach § 209 Abs. 1 eröffnet das Gericht vor einem **Gericht niedrigerer Ordnung**, das es für zuständig hält. Beim AG ist der Strafrichter ggü. dem Schöffengericht das Gericht niedrigerer Ordnung (Meyer-Goßner/*Schmitt* § 209 Rn. 2). Das Gericht hat eine Gesamtentscheidung über die angeklagte Tat zu treffen (KMR/*Seidl* § 209 Rn. 9). Der Beschluss ist zu begründen, i.Ü. gelten die Vorschriften für den Eröffnungsbeschluss (LR/*Stuckenberg* § 209 Rn. 28). Das Gericht, vor dem die Hauptverhandlung stattfinden soll, ist genau zu bezeichnen (Meyer-Goßner/*Schmitt* § 209 Rn. 7). Der Beschluss ist dem Angeklagten (§ 215) und der StA (§ 35 Abs. 2 Satz 1) zuzustellen. Mit Erlass des Eröffnungsbeschlusses wird die Sache bei dem bezeichneten Gericht rechtshängig (SK-StPO/*Paeffgen* § 209 Rn. 12), auch wenn die Eröffnung vor dem Gericht niedrigerer Ordnung auf willkürlichen Erwägungen beruht (MüKo-StPO/*Wenske* § 209 Rn. 27). Das Gericht niedrigerer Ordnung ist an die Entscheidung **gebunden**, es kann sie weder zurücknehmen noch ändern; eine Verweisung nach § 270 bleibt aber wie eine Vorlage gem. § 225a bei nachträglicher Änderung der Sachlage möglich (KMR/*Seidl* § 209 Rn. 15; LR/*Stuckenberg* § 209 Rn. 31; a.A. KK-StPO/*Schneider* § 209 Rn. 12).

6 **D. Vorlage nach oben, Abs. 2.** Hält das mit der Eröffnungsentscheidung befasste Gericht ein **Gericht höherer Ordnung** für zuständig, legt es diesem die Akten zur Entscheidung vor. Die StA leitet die vom Gericht zurückgesandten Akten – ggf. mit einer Stellungnahme – weiter (KK-StPO/*Schneider* § 209 Rn. 15). Im Strafbefehlsverfahren ist nach § 408 Abs. 1 Satz 2 vorzugehen (KMR/*Seidl* § 209 Rn. 18). Unzulässig ist die Vorlage, wenn etwa das AG mit der Vorlage erreichen will, dass das LG ein bereits anhängiges Berufungsverfahren zu einem einheitlichen erstinstanzlichen Verfahren verbindet (BGHSt 37, 15, 16). In Staatsschutzsachen (§ 120 Abs. 2 GVG) ist der Generalbundesanwalt einzubeziehen (KK-StPO/*Schneider* § 209 Rn. 16). Die Beteiligten müssen vor Erlass des Beschlusses nicht angehört werden; die Bekanntgabe erfolgt durch formlose Mitteilung nach § 35 Abs. 2 (Meyer-Goßner/*Schmitt* § 209 Rn. 8).

7 **E. Rechtsbehelfe.** Gegen den Beschluss nach **§ 209 Abs. 1** kann die StA sofortige Beschwerde nach § 210 einlegen (LR/*Stuckenberg* § 209 Rn. 32). Die Entscheidung nach **§ 209 Abs. 2** ist für alle Beteiligten mangels Beschwer und inhaltlicher Relevanz unanfechtbar (SK-StPO/*Paeffgen* § 209 Rn. 14). In der **Revision** kann die Nichteinhaltung der gerichtlichen Prüfpflicht (§ 6) gerügt werden (KK-StPO/*Schneider* § 209 Rn. 20).

§ 209a Besondere funktionelle Zuständigkeiten

Im Sinne des § 4 Abs. 2, des § 209 sowie des § 210 Abs. 2 stehen

1. **die besonderen Strafkammern nach § 74 Abs. 2 sowie den §§ 74a und 74c des Gerichtsverfassungsgesetzes für ihren Bezirk gegenüber den allgemeinen Strafkammern und untereinander in der in § 74e des Gerichtsverfassungsgesetzes bezeichneten Rangfolge und**
2. **die Jugendgerichte für die Entscheidung, ob Sachen**
   a) **nach § 33 Abs. 1, § 103 Abs. 2 Satz 1 und § 107 des Jugendgerichtsgesetzes oder**
   b) **als Jugendschutzsachen (§ 26 Abs. 1 Satz 1, § 74b Satz 1 des Gerichtsverfassungsgesetzes) vor die Jugendgerichte gehören, gegenüber den für allgemeine Strafsachen zuständigen Gerichten gleicher Ordnung**

Gerichten höherer Ordnung gleich.

A. Grundsätzliches. Zweck der Vorschrift ist die Regelung möglicher Kompetenzstreitigkeiten im Eröffnungsverfahren zwischen Gerichten gleicher Ordnung, indem Spezialspruchkörper als Gerichte höherer Ordnung fingiert werden (SK-StPO/*Paeffgen* § 209a Rn. 1 f.). § 209a Nr. 1 regelt den Vorrang von besonderen Spruchkörpern innerhalb der Strafkammern (§ 74e GVG), § 209a Nr. 2 den Vorrang der Jugendgerichte in bestimmten Fällen (KK-StPO/*Schneider* § 209a Rn. 1). 1

Wichtigster **Anwendungsbereich** ist das Zwischenverfahren, für das § 209a unmittelbar gilt (Radtke/Hohmann/*Reinhart* § 209a Rn. 1). Auch im Ermittlungsverfahren findet die Vorschrift entsprechende Anwendung (LR/*Stuckenberg* § 209a Rn. 4). Für die Verweisung der Strafsache nach Eröffnung des Hauptverfahrens gilt allein § 209a Nr. 2a, mit dem der Vorrang der Jugendgerichte ggü. den allgemeinen Gerichten postuliert wird (Meyer-Goßner/*Schmitt* § 209a Rn. 3). Auch für die Zurückweisungsbefugnis i.R.d. Revisionsverfahrens (§ 354 Abs. 3) ist § 209a anwendbar (SK-StPO/*Paeffgen* § 209a Rn. 3). In jeder Verfahrenslage gilt die Vorschrift für Verbindung und Trennung von Strafsachen nach § 4 Abs. 2 (KMR/*Seidl* § 209a Rn. 2). 2

B. Vorrang besonderer Strafkammern, Nr. 1. § 209a Nr. 1 bestimmt den Vorrang der besonderen Strafkammern. Schwurgerichtskammer, Wirtschaftsstrafkammer und Staatsschutzkammer sind hiernach Gerichte höherer Ordnung ggü. den allgemeinen Strafkammern. Für das Verhältnis der besonderen Spruchkörper untereinander gilt § 74e GVG (Meyer-Goßner/*Schmitt* § 209a Rn. 4). 3

Im Fall des **§ 209 Abs. 1** kann die Schwurgerichtskammer vor jeder anderen besonderen Strafkammer oder vor der allgemeinen Strafkammer eröffnen, die Wirtschaftsstrafkammer vor der Staatsschutzkammer oder der allgemeinen Strafkammer, die Staatsschutzkammer vor der allgemeinen Strafkammer (SK-StPO/*Paeffgen* § 209a Rn. 5). Bei Eröffnung vor der allgemeinen Strafkammer wird – soweit mehrere allgemeine Strafkammern im selben Bezirk eingerichtet sind – an keine bestimmte Kammer verwiesen (BGH StV 1990, 97); die genaue Zuständigkeitsverteilung der allgemeinen Strafkammern richtet sich allein nach dem Geschäftsverteilungsplan (KMR/*Seidl* § 209a Rn. 5). Bei Anwendbarkeit von **§ 209 Abs. 2** gilt obige Aufzählung in umgekehrter Reihenfolge. Wird an eine besondere Kammer vorgelegt, so hat sie über die Eröffnung des Hauptverfahrens zu entscheiden, auch wenn sie die allgemeine Strafkammer für zuständig hält (Meyer-Goßner/*Schmitt* § 209a Rn. 6). 4

C. Vorrang der Jugend- vor den Erwachsenengerichten, Nr. 2. § 209a Nr. 2 behandelt Jugendgerichte ggü. Erwachsenengerichten gleicher Ordnung vorrangig (LR/*Stuckenberg* § 209a Rn. 20). Gericht höherer Ordnung nach § 209a Nr. 2 ist der Jugendrichter ggü. dem Strafrichter, das Jugendschöffengericht ggü. dem Schöffengericht sowie die Jugendkammer ggü. der Strafkammer (KK-StPO/*Schneider* § 209a Rn. 6). Dieses Verhältnis gilt für Jugendsachen (Nr. 2a) sowie für Jugendschutzsachen (Nr. 2b). Der Vorrang der Jugendgerichte gilt auch im Verhältnis zwischen Jugendkammer und besonderer Strafkammer, auch wenn es sich bei Letzterer um eine Schwurgerichtskammer handelt (SK-StPO/*Paeffgen* § 209a Rn. 7f; BGHSt 26, 191 [197]). **Ausnahmen** bestehen in den Fällen des **§§ 103 Abs. 2 Satz 2, 3 JGG**, wenn ein Verfahren gegen Jugendliche mit einer Erwachsenensache i.R.d. Zuständigkeit dieser besonderen Strafkammern verbunden wird: Die Wirtschaftsstrafkammer bzw. die Staatsschutzkammer gelten hiernach ggü. den Jugendgerichten als Gerichte höherer Ordnung (KK-StPO/*Schneider* § 209a Rn. 8). Für die Schwurgerichtskammer findet diese Ausnahmevorschrift ausdrücklich keine Anwendung; es bleibt beim Vorrang der Jugendkammer. 5

6 Im Fall des **§ 209 Abs. 1** kann der Jugendrichter vor dem Strafrichter, das Jugendschöffengericht vor dem Schöffengericht und die Jugendkammer vor der allgemeinen oder jeweils zuständigen besonderen Strafkammer in der Reihenfolge des § 74e GVG eröffnen. Wird in einem verbundenen Verfahren Anklage vor dem Jugendgericht erhoben (§ 103 Abs. 2 Satz 1 JGG), so muss das Jugendgericht auch die Voraussetzungen der Verbindung nach § 103 Abs. 1 JGG prüfen und ggf. abtrennen (LR/*Stuckenberg* § 209a Rn. 25).

7 Im Anwendungsbereich des **§ 209 Abs. 2** gilt die Aufzählung der Rdn. 6 in umgekehrter Reihenfolge, falls nicht an ein höherrangiges Erwachsenengericht vorzulegen ist.

8 **D. Rechtsbehelfe.** Zu möglichen Rechtsbehelfen vgl. die Ausführungen zu § 209 Rdn. 7.

§ 210 Rechtsmittel gegen den Eröffnungs- oder Ablehnungsbeschluss

(1) Der Beschluß, durch den das Hauptverfahren eröffnet worden ist, kann von dem Angeklagten nicht angefochten werden.

(2) Gegen den Beschluß, durch den die Eröffnung des Hauptverfahrens abgelehnt oder abweichend von dem Antrag der Staatsanwaltschaft die Verweisung an ein Gericht niederer Ordnung ausgesprochen worden ist, steht der Staatsanwaltschaft sofortige Beschwerde zu.

(3) [1]Gibt das Beschwerdegericht der Beschwerde statt, so kann es zugleich bestimmen, daß die Hauptverhandlung vor einer anderen Kammer des Gerichts, das den Beschluß nach Absatz 2 erlassen hat, oder vor einem zu demselben Land gehörenden benachbarten Gericht gleicher Ordnung stattzufinden hat. [2]In Verfahren, in denen ein Oberlandesgericht im ersten Rechtszug entschieden hat, kann der Bundesgerichtshof bestimmen, daß die Hauptverhandlung vor einem anderen Senat dieses Gerichts stattzufinden hat.

Übersicht

1 **A. Grundsätzliches.** Die Norm ist eine spezielle Rechtsbehelfsregelung für Entscheidungen im Zwischenverfahren. § 304 gilt nicht.

2 **B. Regelungsgehalt. I. Unanfechtbarkeit des Eröffnungsbeschlusses, Abs. 1.** Der Beschluss, durch den das Hauptverfahren eröffnet worden ist, ist **für den Angeklagten** unanfechtbar. Dies gilt auch bei einer Eröffnung vor einem Gericht niedrigerer Ordnung (Meyer-Goßner/*Schmitt* § 210 Rn. 1). Das Verfahren soll nicht bereits in diesem Stadium unnötig verzögert werden; der Eröffnungsbeschluss stellt schließlich nur eine vorläufige Tatbewertung dar, die später im Urteil bestätigt oder revidiert und im Rechtsmittelzug überprüft wird (OLG Hamburg wistra 2003, 38; KK-StPO/*Schneider* § 210 Rn. 5; für eine Willkürkontrolle de lege ferenda HK-StPO/*Julius* § 210 Rn. 1). Aus diesem Grund kann gegen Eröffnungsbeschlüsse auch grds. keine Verfassungsbeschwerde eingelegt werden (vgl. § 90 Abs. 2 Satz 1 BVerfGG; BVerfG NJW 1995, 316). Etwas anderes gilt dann, wenn eine Verletzung des Doppelbestrafungsverbots des Art. 103 Abs. 3 GG gerügt wird (Meyer-Goßner/*Schmitt* § 210 Rn. 1). Das ergibt eine verfassungskonforme Auslegung des § 210 (BVerfG StV 2005, 196, 197; LR/*Stuckenberg* § 210 Rn. 3).

3 Sonstige Entscheidungen, die im Eröffnungsverfahren ergehen, aber nicht die Eröffnung an sich betreffen, werden von § 210 nicht erfasst. Damit sind z.B. die Unzuständigkeitserklärung des Gerichts (LR/*Stuckenberg* § 210 Rn. 4, 37 ff.) und die Haftentscheidung nach § 207 Abs. 4 anfechtbar (Meyer-Goßner/*Schmitt* § 210 Rn. 1).

4 Die **Ablehnung** der Eröffnung ist für den Angeklagten mangels eigener Beschwer nicht anfechtbar (MüKo-StPO/*Wenske* § 210 Rn. 22; SK-StPO/*Paeffgen* § 210 Rn. 10).

5 Auch für die **StA** ist der Eröffnungsbeschluss nicht mit der Beschwerde angreifbar (KK-StPO/*Schneider* § 210 Rn. 3; Radtke/Hohmann/*Reinhart* § 210 Rn. 5; KMR/*Seidl* § 210 Rn. 5; AnwK-StPO/*Kirchhof* § 210 Rn. 2; offengelassen in BGHSt 45, 26, 31). Das ergibt sich systematisch aus Abs. 2, der abschließend die Rechtsbehelfe für die StA auf die sofortige Beschwerde gegen die Ablehnung der Eröffnung und bei Eröffnung bei einem Gericht niedrigerer Ordnung beschränkt. Es ist darüber hinaus auch kein Rechtsschutzbedürfnis bei der StA zu erkennen. Die Gegenansicht, die in gewissen Ausnahmefällen eine Beschwerdemöglichkeit annehmen will (*Ranft* Rn. 1353; HK-StPO/*Julius* § 210 Rn. 6; Graf/*Ritscher* § 210 Rn. 3; Meyer-Goßner/*Schmitt* § 210 Rn. 4), findet im Gesetz keine Grundlage und bleibt zudem rechtsstaatsproblematisch überaus vage.

II. Anfechtung durch die StA, Abs. 2. Im Gegensatz zum Angeklagten eröffnet § 210 Abs. 2 der StA die Möglichkeit, **sofortige Beschwerde** gegen den Beschluss des Gerichts dann einzulegen, wenn diese beschwert erscheint. Diesen Fall sieht das Gesetz bei der Nichteröffnung des Hauptverfahrens als gegeben an oder dann, wenn an ein Gericht niedrigerer Ordnung verwiesen wurde. Dahinter steht der Gedanke, dass eine negative Eröffnungsentscheidung rein tatsächlich ähnliche Wirkungen entfaltet wie ein freisprechendes Urteil bzw. eine Verfahrenseinstellung und einem Abschluss des Verfahrens gleichkommt (KG, Beschl. v. 28.08.2008 – 3 Ws 229/08; SK-StPO/*Paeffgen* § 210 Rn. 2; LR/*Stuckenberg* § 210 Rn. 1). Die negative Beurteilung der Verurteilungswahrscheinlichkeit des Nichteröffungsbeschlusses ist in vollem Umfang vom Beschwerdegericht zu überprüfen (BGHSt 64, 1, 5). Die Verweisung an ein höherrangiges Gericht kann dagegen nicht gerügt werden. Der BGH nimmt eine durchgreifende Prüfungskompetenz des Berufungsgerichts hinsichtlich der Zuständigkeit selbst dann an, wenn Letztere nicht von der StA gerügt wurde (BGHSt 57, 165, 171). 6

Eine rechtlich abweichende Beurteilung der Tat durch das Gericht kann die StA nicht mit einer Beschwerde angreifen (Meyer-Goßner/*Schmitt* § 210 Rn. 5; KMR/*Seidl* § 210 Rn. 13), ebenso wenig die Verweisung an ein örtlich unzuständiges Gericht (OLG Hamburg wistra 2003, 38 f.). 7

C. § 210 als abschließende Regelung. Ob § 210 damit abschließend ist oder ob weitere Anfechtungsmöglichkeiten mit der einfachen Beschwerde bestehen, wird uneinheitlich beurteilt (Überblick bei LR/*Stuckenberg* § 210 Rn. 5 ff.). Doch sind Ausnahmen bei angenommener Willkür (Meyer-Goßner/*Schmitt* § 210 Rn. 4; SK-StPO/*Paeffgen* § 210 Rn. 9a), bei schwerwiegenden formalen Mängeln (*Ranft* Rn. 1353) oder bei der Eröffnung gegen einen nicht angeklagten Beschuldigten (LG Göttingen NStZ 1989, 88) aus den genannten Gründen abzulehnen (s. Rdn. 5). Sowohl die historische Auslegung als auch der Wortlaut des § 210 und dessen Systematik streiten dafür, in § 210 eine abschließende Regelung zu sehen. Die Konzeption des Zwischenverfahrens als (bloße) Plausibilitätskontrolle (s. § 199 Rdn. 1) spricht gegen eine Ausdehnung von Rechtsbehelfen und für eine restriktive Auslegung (OLG Hamburg wistra 2003, 38). Rechtsklarheit und Rechtssicherheit streiten ebenso dafür (LR/*Stuckenberg* § 210 Rn. 8), mit dem Prinzip der Waffengleichheit aus Art. 6 EMRK wäre eine Besserstellung der StA ggü. dem Angeschuldigten auch schwer zu vereinbaren. 8

Denkbar ist dagegen, der StA die Möglichkeit einzuräumen, eine Untätigkeitsbeschwerde einzulegen, falls eine Entscheidung des Gerichts nicht rechtzeitig zu erwarten ist und eine mögliche Verjährung der angeklagten Straftaten droht (krit. LR/*Stuckenberg* § 210 Rn. 12). Dies ließe sich mit Sinn und Zweck des § 210 Abs. 2 vereinbaren, weil das Verfahren nicht fortgesetzt werden kann und es einer Ablehnung des Eröffnungsbeschlusses gleichkommt, wenn dieser nicht erlassen wird. Denn der Nichterlass hat genauso endgültige und nicht lediglich verzögernde Wirkung (OLG Dresden NStZ 2005, 652; *Hoffmann* NStZ 2006, 256, 257). 9

D. Fakultative Verweisungsmöglichkeit, Abs. 3. § 210 Abs. 3 gibt dem Beschwerdegericht eine fakultative Verweisungsmöglichkeit an einen benachbarten Spruchkörper. Das soll die Unbefangenheit des erkennenden Gerichts wahren, wenn etwa die Begründung der Nichteröffnung befürchten lässt, dass sich der bisherige Spruchkörper schon über Gebühr auf einen Freispruch festgelegt hat oder auf einer abweichenden rechtlichen Bewertung zu beharren scheint. 10

Um ein »benachbartes« Gericht zu sein, muss das Gericht nicht angrenzend sein, aber zumindest zum **Bezirk des Beschwerdegerichts** gehören (SK-StPO/*Paeffgen* § 210 Rn. 14; Meyer-Goßner/*Schmitt* § 210 Rn. 9; KMR/*Seidl* § 210 Rn. 27). 11

Nicht unproblematisch ist, dass Abs. 3 als Kann-Vorschrift ausgestaltet ist, der Verweis an die andere »Kammer« in der unpräzisen Diktion der StPO also lediglich **fakultativ** ausgestaltet ist und Fragen des gesetzlichen Richters des Art. 101 Abs. 1 Satz 2 GG aufwirft. 12

Es ist aber eine **verfassungskonforme Auslegung** möglich, wenn die Verweisung an einen anderen Spruchkörper nur erfolgen darf, sofern **besondere Sachgründe** dies erfordern, das Strafverfahren also grds. bei dem an sich zuständigen Spruchkörper belassen wird (BVerfG, Kammerbeschl. v. 13.06.1993 – 06 BvR 848/93, vgl. auch BVerfGE 20, 336, 343 ff. zu § 354; BVerfG StV 2000, 537; Meyer-Goßner/*Schmitt* § 210 Rn. 10; KK-StPO/*Schneider* § 210 Rn. 12; a.A. LR/*Stuckenberg* § 210 Rn. 32; *Seier* StV 2000, 586 f.; *Ventzke* NStZ 2017, 420, 423). Ein besonderer Grund kann insb. gegeben sein, wenn davon auszugehen ist, dass das ursprüngliche Gericht die Entscheidung der Beschwerdeinstanz nicht ausreichend respektiert und sich dagegen bereits festgelegt hat (OLG Frankfurt NJW 2005, 1727, 1736; AnwK-StPO/*Kirchhof* § 210 Rn. 10). Die Entscheidung des BGH, nach der das Berufungsgericht über die Regelung des Abs. 3 hinaus auch an das für zuständig befundene ranghöhere Gericht zur Entscheidung über die Eröffnung vorlegen könne (BGHSt 57, 165, 172 f.), ist abzulehnen. Sie unterläuft systematisch das Vorlegungsverfahren durch das angerufene an das ranghöhere Gericht nach § 209 Abs. 2 StPO (nun KK-StPO/*Schneider* § 210 Rn. 11), verkürzt den Anspruch auf den gesetzlichen Richter nach Art. 101 Abs. 1 Satz 2 GG und bildet auch ein schönes Beispiel 13 für *Goethes* Sinnspruch aus den 24. Zahmen Xenien: »Im Auslegen seid frisch und munter! Legt ihr's nicht aus, so legt was unter.«

§ 211 Wiederaufnahme nach Ablehnungsbeschluss

Ist die Eröffnung des Hauptverfahrens durch einen nicht mehr anfechtbaren Beschluß abgelehnt, so kann die Klage nur auf Grund neuer Tatsachen oder Beweismittel wieder aufgenommen werden.

Übersicht

1 **A. Grundsätzliches.** § 211 dient zum einen dem Schutz des Angeklagten (RGSt 46, 67 [69]). Dieser soll nicht vergegenwärtigen müssen, mehrmals wegen derselben prozessualen Tat angeklagt zu werden (KMR/*Seidl* § 211 Rn. 1). Dem Beschluss, mit dem die Eröffnung der Hauptverhandlung abgelehnt wird, wird somit eine gewisse Sperrwirkung verliehen; die Möglichkeit einer Wiederaufnahme des Verfahrens wird beschränkt (SK-StPO/*Paeffgen* § 211 Rn. 2). Zugleich aber regelt § 211 eine zulässige Einschränkung des ne bis in idem-Grundsatzes des Art. 103 Abs. 3 GG (SK-StPO/*Paeffgen* § 211 Rn. 2; LR/*Stuckenberg* § 211 Rn. 1). Das folgt dem staatlichen Interesse an der Strafverfolgung und ist als Versuch zu sehen, einen Ausgleich zwischen Rechtssicherheit und materieller Gerechtigkeit zu erreichen (KMR/*Seidl* § 211 Rn. 2).

2 **B. Anwendungsbereich. I. Unanfechtbarer Ablehnungsbeschluss.** § 211 setzt einen **inzwischen unanfechtbaren Nichteröffnungsbeschluss** voraus, betrifft also einen wirksamen, zwar grds. nach § 210 Abs. 2 anfechtbaren Beschluss nach § 204 (KMR/*Seidl* § 211 Rn. 3; LR/*Stuckenberg* § 211 Rn. 3, 7), der aber nicht mehr angefochten werden kann, weil die Beschwerdefrist abgelaufen oder eine eingelegte Beschwerde erfolglos geblieben ist (Meyer-Goßner/*Schmitt* § 211 Rn. 2).

3 Für die Anwendung des § 211 ist unerheblich, aus welchem Grund das Hauptverfahren nicht eröffnet wurde; der hinreichende Tatverdacht könnte aus rechtlichen oder tatsächlichen Gründen nicht festgestellt worden sein, es hätte auch nach Auffassung des Gerichts ein die Strafverfolgung ausschließendes Verfahrenshindernis vorliegen können (SK-StPO/*Paeffgen* § 211 Rn. 3; Graf/*Ritscher* § 211 Rn. 2).

4 Keine Anwendung findet § 211 hingegen, wenn sich das angegangene Gericht für **örtlich unzuständig** erklärt hat und eine nachfolgende Anklage beim örtlich zuständigen Gericht erhoben werden soll (KMR/*Seidl* § 211 Rn. 4; LR/*Stuckenberg* § 211 Rn. 5). Entscheidend ist vielmehr, ob das Gericht eine Entscheidung in der Sache getroffen hat.

5 **II. Vorliegen von nova.** Eine erneute Klage ist nur aufgrund neuer Tatsachen oder Beweismittel möglich. Tatsachen und Beweismittel sind dann »neu« i.S.d. § 211, wenn das Beschlussgericht sie bei Erlass des Nichteröffnungsbeschlusses nach dem **vorliegenden Akteninhalt** nicht kannte (KK-StPO/*Schneider* § 211 Rn. 4). Abzustellen ist auf die Aktenlage im Zeitpunkt der Entscheidung; aktenkundige Tatsachen sind damit in diesem Sinne keine nova (AnwK-StPO/*Kirchhof* § 211 Rn. 4).

6 Unerheblich ist, ob andere staatliche Stellen die Tatsachen kannten oder das Gericht bei genauerer Ermittlung von den Tatsachen **hätte Kenntnis haben können**; es genügt vielmehr, dass sie dem Gericht im Zeitpunkt seiner Entscheidung unbekannt waren (BGHSt 7, 64 [65 f.]). Für eine beispielhafte Aufzählung neuer Tatsachen bzw. Beweismittel mit Nachweisen aus der Rspr. s. KMR/*Seidl* § 211 Rn. 9 f.

7 Diese neuen Tatsachen oder Beweismittel müssen auch **erheblich** sein. Von einer Erheblichkeit ist immer dann auszugehen, wenn sie der ursprünglichen Ablehnungsentscheidung die Grundlage entziehen, eine positive Eröffnungsentscheidung aufgrund der nova also möglich ist (LR/*Stuckenberg* § 211 Rn. 12). Beurteilt das Gericht die bereits vorhandenen Tatsachen lediglich rechtlich neu, liegen keine nova vor (BGH StV 1983, 322 [323]).

8 Rechtlicher Maßstab für die Erheblichkeit ist grds. die Rechtsauffassung des Gerichts, das als erstes mit der Sache befasst war (LR/*Stuckenberg* § 211 Rn. 12). Dies gilt insb. für den Fall, dass die Rechtsansicht nun für unrichtig gehalten wird (BGHSt 18, 225 [227]). Eine rechtlich unvollständige Würdigung des Sachverhalts durch das erste Gericht kann eine für den Angeklagten negative Neuaufnahme des Verfahrens nicht rechtfertigen (SK-StPO/*Paeffgen* § 211 Rn. 6).

III. Wirkung; Verhältnis altes – neues Verfahren. Die **Sperrwirkung** des Ablehnungsbeschlusses hat zur Folge, dass ohne Vorliegen von nova wegen derselben prozessualen Tat nicht erneut Anklage erhoben werden kann; ebenso wenig darf die Tat als Ordnungswidrigkeit (BayObLG NStZ 1983, 418 f.) oder im Rahmen einer Privatklage verfolgt werden (OLG Köln NJW 1952, 1152; KK-StPO/*Schneider* § 211 Rn. 3), noch darf ein erneutes Ermittlungsverfahren eingeleitet werden (KMR/*Seidl* § 211 Rn. 6). Die Sperrwirkung reicht jedoch nicht so weit wie die eines rechtskräftigen Urteils, bei dem eine Wiederaufnahme nur unter den Voraussetzungen des § 362 möglich ist (KK-StPO/*Schneider* § 211 Rn. 1). 9

Das alte und das neue Verfahren stehen **selbstständig nebeneinander**; der Nichteröffnungsbeschluss, mit dem das erste Verfahren abgeschlossen worden ist, wird insb. nicht aufgehoben; eine gewisse Verbindung zwischen beiden Verfahren besteht nur durch die Sperrwirkung des Ablehnungsbeschlusses (SK-StPO/*Paeffgen* § 211 Rn. 9; Meyer-Goßner/*Schmitt* § 211 Rn. 7). Auch die Durchführung des neuen Verfahrens unter demselben Aktenzeichen ändert nichts daran, dass das erste Verfahren abgeschlossen ist (BVerfG StV 2005, 198). 10

Fünfter Abschnitt. Vorbereitung der Hauptverhandlung

§ 212 Erörterung des Verfahrensstands mit den Verfahrensbeteiligten

Nach Eröffnung des Hauptverfahrens gilt § 202a entsprechend.

Übersicht

A. Grundsätzliches. I. Normhistorie. § 212 StPO wurde durch das **Gesetz zur Regelung der Verständigung im Strafverfahren** (hierzu näher § 257c) in die StPO eingefügt. Anders als die vergleichbaren Vorschriften für das Ermittlungsverfahren – § 160b StPO (vgl. dort Rdn. 1) – und das Zwischenverfahren – § 202a StPO (vgl. dort Rdn. 1) – war die Regelung einer Erörterungsmöglichkeit nach Eröffnung des Hauptverfahrens nicht bereits in dem Entwurf zum Opferrechtsreformgesetz aus dem Jahr 2003 enthalten, aber zuvor schon in der Literatur angeregt worden (s. *Ignor/Matt* StV 2002, 102 ff.). Auch der Entwurf des Strafrechtsausschusses der BRAK für ein Verständigungsgesetz (bei N/Sch/W Anhang 1) enthielt einen entsprechenden Vorschlag. Demgegenüber machte der Entwurf des Bundesrats eine Regelung für den Zeitraum ab Eröffnung des Hauptverfahrens entbehrlich (zu Recht krit. N/Sch/W/*Schlothauer* Teil B § 202a Rn. 4). 1

Die Norm ist – wie auch die §§ 160b, 202a StPO – als klarstellende Regelung zu begrüßen, vgl. § 160b Rdn. 3. 2

II. Normzweck. Die Norm ist im Zusammenhang mit den durch das VerstG gleichfalls neu geschaffenen §§ 160b, 202a, 257b StPO zu lesen. Wie diese soll § 212 StPO einer **Stärkung der kommunikativen Elemente in sämtlichen Stadien des Strafverfahrens** dienen (vgl. BT-Drs. 16/12310, S. 2), vgl. § 160b Rdn. 3. Die Vorschrift dient damit zugleich der **Beschleunigung des Verfahrens** und trägt durch den Verweis auf § 202a (S. 2) i.V.m. § 243 Abs. 4 StPO dem **Transparenzgebot** Rechnung. Sie gilt für den Zeitraum nach Eröffnung des Hauptverfahrens, unabhängig davon, ob die Hauptverhandlung bereits begonnen hat oder nicht, und auch im Fall einer ausgesetzten Hauptverhandlung (Meyer-Goßner/*Schmitt* § 212 Rn. 1). 3

B. Regelungsgehalt. I. Gericht/Verfahrensbeteiligte. Zum Begriff des **Verfahrensbeteiligten** s. § 160b StPO Rdn. 4, zum Begriff des **Gerichts** § 202a Rdn. 4 f. Auch bei Erörterungen gem. § 212 StPO sind die Laienrichter nicht hinzuzuziehen und damit nicht verfahrensbeteiligt (*Jahn/Müller* NJW 2009, 2625, 2627). Hieraus ergeben sich Reibungen mit der Garantie des unparteiischen gesetzlichen Richters gem. Art. 97 Abs. 1, 101 Abs. 1 S. 2 GG, die jedoch die Schwelle zum Verfassungsverstoß nicht überschreiten, s. § 257c Rdn. 14. Das vom BGH bereits vor Inkrafttreten des VerstG entwickelte Gebot, außerhalb der Hauptverhandlung geführte Vorgespräche in der Hauptverhandlung offenzulegen (BGH Urt. v. 28.08.1997 – 4 StR 240/97 = BGHSt 43, 195, 206), wird durch **§ 243 Abs. 4 StPO** unterstrichen und verstärkt. 4

5 **II. Verfahren, Voraussetzungen und Inhalt der Erörterung.** Zum Verfahren, den Voraussetzungen und dem möglichen Inhalt einer Erörterung i.S.d. § 212 StPO s. § 202a Rdn. 6 ff. Erörterungsgegenstand können außer Rechtsfragen und Verfahrensweisen insb. der Umfang und die Strukturierung der Hauptverhandlung sein (Umfang der Beweisaufnahme, Beweismittel, Reihenfolge der Beweiserhebungen, Termine etc.), ferner Möglichkeiten von Verständigungen vielfältiger Art (vgl. *Ignor/Matt* StV 2002, 102 ff.). Wie auch bei Erörterungen im Ermittlungs- und Zwischenverfahren ist zu beachten, dass die Voraussetzungen des § 257c Abs. 2 StPO nicht unterlaufen werden dürfen.

6 **III. Dokumentationspflicht.** Zu der gem. § 212 StPO i.V.m. **§ 202a S. 2 StPO** bestehenden Verpflichtung des Vorsitzenden, den Inhalt der Erörterung **aktenkundig** zu machen, s. § 202a Rdn. 15 f.

7 **IV. Bindungswirkung.** Zur Frage der Bindungswirkung von Zusagen im Rahmen von Erörterungen gem. § 212 StPO s. die entsprechend geltenden Ausführungen unter § 202a StPO Rdn. 17.

8 **V. Mitteilungspflicht in der Hauptverhandlung.** Gem. § 243 Abs. 4 S. 1 StPO sind Erörterungen nach § 212 StPO mit Blick auf eine mögliche Verständigung ebenso wie solche nach § 202a StPO in der Hauptverhandlung mitteilungspflichtig. Näher dazu § 202a StPO Rdn. 18 ff. und § 243 Rdn. 14 ff.

§§ 212a und 212b
(weggefallen)

§ 213 Bestimmung eines Termins zur Hauptverhandlung

(1) Der Termin zur Hauptverhandlung wird von dem Vorsitzenden des Gerichts anberaumt.

(2) In besonders umfangreichen erstinstanzlichen Verfahren vor dem Land- oder Oberlandesgericht, in denen die Hauptverhandlung voraussichtlich länger als zehn Tage dauern wird, soll der Vorsitzende den äußeren Ablauf der Hauptverhandlung vor der Terminbestimmung mit dem Verteidiger, der Staatsanwaltschaft und dem Nebenklägervertreter abstimmen.

Übersicht Rdn.

1 **A. Inhalt der Regelung.** Nach Abs. 1 der Vorschrift obliegt dem Vorsitzenden die Bestimmung von Zeit und Ort der Hauptverhandlung. Er hat die anfallenden Sachen auf die verfügbaren Sitzungstage so zu verteilen, wie es eine zweckmäßige Erledigung der Geschäfte erfordert (BGHSt 15, 390 [392]). Die Erfüllung dieser Aufgabe setzt voraus, dass er den Prozessstoff durchdrungen und sich eine genaue Vorstellung von Umfang und voraussichtlicher Dauer der Hauptverhandlung gebildet hat. Leitbild ist eine klar strukturierte und straff geführte Hauptverhandlung, die unnötige Pausen und lange Wartezeiten für die Prozessbeteiligten vermeidet (vgl. Nr. 116 Abs. 3 bis 5 RiStBV) und durch möglichst enge Aufeinanderfolge der Verhandlungstage so konzentriert geführt wird, dass die zu erlassende Entscheidung unter dem lebendigen Eindruck des zusammenhängenden Bildes des gesamten Verhandlungsstoffs ergeht (BGH NJW 1952, 1149; NJW 2006, 3019). Bei umfangreichen Verfahren ist daher die Ausarbeitung eines nach Beweiskomplexen abgestimmten Terminierungsplans geboten (KK-StPO/*Gmel* vor § 213 Rn. 4). Da die Anberaumung des Hauptverhandlungstermins verfahrensrechtliche Prinzipien – insb. den Beschleunigungsgrundsatz – und die Rechte von Verfahrensbeteiligten berührt, ist die »Terminhoheit« des Vorsitzenden in vielerlei Hinsicht eingeschränkt (SK-StPO/*Deiters* § 213 Rn. 3; Radtke/Hohmann/*Britz* § 213 Rn. 2). Für besonders umfangreiche

erstinstanzliche Verfahren vor dem Land- oder Oberlandesgericht sieht der durch das »Gesetz zur effektiveren und praxistauglicheren Ausgestaltung des Strafverfahrens« vom 17.08.2017 (BGBl. I, S. 3202) eingeführte Abs. 2 der Vorschrift vor, dass der Vorsitzende den äußeren Ablauf der Hauptverhandlung mit den Verfahrensbeteiligten abstimmt. Dadurch soll die frühzeitige Kommunikation zwischen den Verfahrensbeteiligten gefördert und zu einer effizienten Durchführung komplexer Hauptverhandlungen beigetragen werden (BT-Drs. 18/11277, S. 33). Über die Abstimmung soll das Gericht möglichst frühzeitig eine genauere Vorstellung von Art und Umfang der zu erwartenden Beweisaufnahme erhalten, um die Hauptverhandlung zeitlich und inhaltlich besser planen und spätere Verzögerungen vermeiden zu können (BT-Drs. 18/11277, S. 33).

B. Terminsanberaumung. Unter Anberaumung des Hauptverhandlungstermins ist die Festsetzung von Ort, Tag und Stunde der Hauptverhandlung zu verstehen (OLG Köln VRS 69, 451 [452]; Meyer-Goßner/*Schmitt* § 213 Rn. 1). 2

I. Ort der Hauptverhandlung. Ort der Hauptverhandlung ist grds. ein Sitzungssaal (nicht das Amtszimmer des Richters) am Sitz des Gerichts (vgl. Nr. 116 Abs. 1, 124 Abs. 1 RiStBV). Wegen der Besonderheit des Falles – etwa eine Vielzahl von Angeklagten und Verteidigern oder besondere Sicherheitsvorkehrungen – kann es geboten erscheinen, die Hauptverhandlung oder Teile davon an einem anderen Ort durchzuführen, der auch außerhalb des Gerichtsbezirks liegen kann (BGHSt 22, 250 [253]; SK-StPO/*Deiters* § 213 Rn. 13). Dabei ist der Öffentlichkeitsgrundsatz (§ 169 Satz 1 GVG) zu beachten. 3

II. Tag und Stunde der Hauptverhandlung. Tag und Stunde der Hauptverhandlung müssen so gelegt werden, dass ein reibungsloser und effektiver Ablauf sichergestellt ist (LR/*Jäger* § 213 Rn. 5). Zwar wird die Hauptverhandlung in der Regel an einem Werktag stattfinden, ausnahmsweise kann der Terminstag aber auch auf einen Sonn- oder Feiertag gelegt werden (Meyer-Goßner/*Schmitt* § 213 Rn. 3). Im Hinblick auf Art. 4 GG sind bei der Festsetzung der Terminstage auch religiöse Handlungspflichten von Verfahrensbeteiligten (BGHSt 13, 123 [125]; OLG Köln NJW 1993, 1345) und örtliche Feiertage, selbst wenn sie gesetzlich nicht anerkannt sind (vgl. Nr. 116 Abs. 2 RiStBV), zu berücksichtigen (LR/*Jäger* § 213 Rn. 5; SK-StPO/*Deiters* § 213 Rn. 12). 4

Die Terminsstunde liegt grds. innerhalb der üblichen Dienstzeiten des Gerichts. Eine Sitzung außerhalb der Dienstzeiten – etwa zur Nachtzeit – ist aber zulässig (BGHSt 12, 332 [333]; *Pfeiffer* § 213 Rn. 1) und kann in Haftsachen sogar geboten sein (BGH NStZ 2007, 281 [282]; Meyer-Goßner/*Schmitt* § 213 Rn. 4). 5

Soweit Schöffen mitwirken (Schöffengericht, Jugendschöffengericht, kleine und große Strafkammer, Jugendkammer und große Jugendkammer) ist die Hauptverhandlung im Hinblick auf den gesetzlichen Richter grds. an den **ordentlichen Sitzungstagen** (§ 45 GVG) zu terminieren (s. § 45 GVG Rdn. 2 bis 4). 6

C. Ermessen des Vorsitzenden. I. Zuständigkeit des Vorsitzenden. Zuständig für die Bestimmung des Termins der Hauptverhandlung – auch für Aufhebung und Verlegung von Terminen (KK-StPO/*Gmel* § 213 Rn. 2) – ist der Vorsitzende des Gerichts, vor dem das Hauptverfahren eröffnet worden ist (Meyer-Goßner/*Schmitt* § 213 Rn. 6). Beim AG ist dies der Strafrichter (§ 25 GVG) bzw. der Amtsrichter als Vorsitzender des Schöffengerichts (§ 29 Abs. 1 GVG), beim LG der Kammervorsitzende (§ 59 Abs. 1 GVG) und beim OLG der Senatsvorsitzende (§ 115 GVG). 7

II. Ermessensausübung. Bei der Terminierung der Hauptverhandlung ist dem Vorsitzenden keine freie Entscheidungsgewalt, sondern nur ein Ermessensspielraum eingeräumt. Das Ermessen muss **pflichtgemäß ausgeübt** werden (BGHSt 15, 390 [393]; NStZ 2007, 163 LR/*Jäger* § 213 Rn. 10; SK-StPO/*Deiters* § 213 Rn. 2), d.h. entsprechend dem Zweck der eingeräumten Terminshoheit und innerhalb der durch das Verfahrensrecht gesetzten Grenzen. Bei der Terminsbestimmung sind daher unter Berücksichtigung der Umstände des Einzelfalls und der Bedeutung der Strafsache die Funktionsinteressen der Justiz und die Interessen der Verfahrensbeteiligten gegeneinander abzuwägen (LR/*Jäger* § 213 Rn. 11; Meyer-Goßner/*Schmitt* § 213 Rn. 6). Schematische Lösungen, etwa eine Terminierung allein nach dem zeitlichen Eingang der Sache, werden dieser Anforderung nicht gerecht (OLG Karlsruhe Justiz 1986, 28 [29]; LR/*Jäger* § 213 Rn. 10). Für die Gewichtung der einzelnen Belange bei der Abwägung sind neben objektivierbaren Aspekten auch subjektive, von der Erfahrung und Fachkunde des einzelnen Betrachters abhängige und nicht näher verifizierbare Wertungen maßgebend (LG Nürnberg-Fürth StV 2009, 181). Die mit der **COVID-19-Pandemie** zusammenhängenden Gefahren hindern die Durchführung einer Hauptverhandlung grds. nicht (BVerfG NJW 2020, 2327); dem Interesse des Angeklagten an ausreichendem Gesundheitsschutz kann durch ausreichende Schutzmaßnahmen bzw. ein Hygienekonzept ausreichend Rechnung getragen werden (OLG Hamburg NStZ 2020, 694, 695; OLG Stuttgart, Beschluss v. 30.11.2020 – 4 Ws 265/20). 8

Im Einzelnen sind zu berücksichtigen:

9 **1. Belange des Gerichts.** Zu den Belangen des Gerichts gehören insb. die Gesamtbelastung des Spruchkörpers und seine sonstige Terminplanung (BGH GA 1981, 37 [38]; NStZ-RR 2006, 271 [272]; OLG Hamm Beschl. v. 03.05.2018 – III-4 Ws 69/18).

10 **2. Gebot der Verfahrensbeschleunigung.** Aus dem Mündlichkeits- und Ermittlungsgrundsatz, der gerichtlichen Fürsorgepflicht und Art. 6 Abs. 1 Satz 1 EMRK folgt, dass über die Anklage in angemessener Frist zu verhandeln ist. Die Hauptverhandlung hat daher baldmöglichst stattzufinden (Meyer-Goßner/*Schmitt* § 213 Rn. 6).

11 **a) Haft- und Unterbringungssachen.** Eine besondere Beschleunigung ist – wie sich aus Art. 5 Abs. 3 Satz 2 EMRK, Art. 2 Abs. 2 Satz 2 GG i.V.m. Art. 20 Abs. 3 GG ergibt – in **Haft- und Unterbringungssachen** geboten (BVerfGE 20, 45 [50]; StV 2011, 41; BGHSt 38, 43 [45]; NJW-2019, 915 [917]; zu Unterbringungssachen vgl. OLG Celle NStZ 1991, 248; OLG Koblenz NStZ-RR 2007, 207). Das Gericht hat daher die Hauptverhandlung so bald und so schnell wie möglich durchzuführen (BGH NStZ 2006, 513 [514]), auch wenn der Haftbefehl außer Vollzug gesetzt ist (BVerfGE 53, 152 [159 f.], StV 2008, 421 [423]). Zwar lassen sich für den zulässigen zeitlichen Abstand zwischen Eröffnungsbeschluss und Beginn der Hauptverhandlung **keine starren Grenzen** festlegen, weil es insoweit jeweils auf die gesamten **Umstände des Einzelfalls** ankommt (BVerfG NStZ-RR 2007, 311 [313]; OLG Düsseldorf StV 1982, 531 [532]; KK-StPO/*Gmel* § 213 Rn. 4a). An den zügigen Fortgang des Verfahrens und die Straffheit der Terminierung sind aber umso strengere Anforderungen zu stellen, je länger die Untersuchungshaft schon andauert (BVerfG NJW 2006, 672 [676]; BGHSt 38, 43 [46]; NStZ 2007, 163 [164]). So ist ein Vollzug von Untersuchungshaft von mehr als einem Jahr bis zum Beginn der Hauptverhandlung oder dem Erlass des Urteils nur in ganz besonderen Ausnahmefällen als gerechtfertigt anzusehen (BVerfG NStZ 2000, 153; NJW 2006, 672 [674]; OLG Düsseldorf StV 1992, 586). Je nach Sachlage kann sogar schon eine Zeitspanne von drei Monaten, bei langer Dauer der Untersuchungshaft sogar ein noch kürzerer Zeitraum zu beanstanden sein (BVerfG NJW 2006, 672 [674] m.w.N.). Daran anknüpfend geht die obergerichtliche Rspr. inzwischen davon aus, dass dem Beschleunigungsgebot – sofern nicht besondere Umstände vorliegen – regelmäßig nur dann Genüge getan, wenn **innerhalb von drei Monaten nach Eröffnung des Hauptverfahrens** mit der Hauptverhandlung begonnen wird (BVerfG NStZ-RR 2007, 311 [313]; NJW 2018, 2948; OLG Düsseldorf StRR 2008, 403; OLG Naumburg StV 2009, 482; KG StraFo 2010, 26 [27]; OLG Nürnberg StV 2011, 294 [295]; KK-StPO/*Gmel* § 213 Rn. 4a; Meyer-Goßner/*Schmitt* § 213 Rn. 6). Dabei ist zwar vorrangig der förmliche Zeitpunkt des Eröffnungsbeschlusses maßgebend. War jedoch bereits zu einem früheren Zeitpunkt die Eröffnungsreife gegeben, ist darauf abzustellen (BVerfG JR 2014, 488; OLG Koblenz StV 2003, 519; OLG Nürnberg StV 2009, 367).

12 Bei absehbar umfangreichen Verfahren fordert der Beschleunigungsgrundsatz darüber hinaus eine vorausschauende, auch größere Zeiträume umfassende Planung der Hauptverhandlung mit **mehr als nur einem durchschnittlichen Hauptverhandlungstag pro Woche** (EGMR NJW 2005, 3125 [3127]; BVerfGK 7, 140 [157]; StV 2008, 198 [199]; NJW 2006, 672 [676]: vier Tage pro Woche; NJW 2006, 668 [670]: auch in den Abendstunden und am Wochenende; BGH NJW 2008, 2451 [2453], OLG Hamburg NJW 2006, 2792; OLG Hamm StV 2006, 319 [320]). Steht einer solchen Planung die bereits erfolgte Terminierung anderer Sachen entgegen, ist diese ggf. aufzuheben und zu verlegen (OLG Karlsruhe Justiz 1986, 28; OLG Hamm StV 2006, 481; KK-StPO/*Gmel* § 213 Rn. 4a). Das Beschleunigungsgebot verlangt auch, dass an den jeweiligen Sitzungstagen zeitlich ausreichend verhandelt und dadurch das Verfahren entscheidend gefördert wird (BVerfG StV 2013, 640; OLG Düsseldorf StV 2012, 420). Zur Verhandlungsdichte im Einzelnen vgl. § 121 Rn. 25 ff.

13 In komplexen **Wirtschaftsstrafsachen**, in denen der Beschleunigungsgrundsatz in einem Spannungsverhältnis zur Effektivität der Hauptverhandlung steht, ist die Terminierungsdichte in besonderer Weise von den Umständen des Einzelfalls abhängig (BGH NStZ 2008, 457 [458]; OLG Stuttgart, Beschl. v. 12.09.2007 – 4 Ws 305/07).

14 **b) Führerscheinsachen.** Das Beschleunigungsgebot ist auch in besonderem Maße bei der Terminierung von Verfahren zu beachten, in denen die Fahrerlaubnis gem. § 111a vorläufig entzogen worden ist (OLG Düsseldorf VRS 87, 36 [37]; OLG Hamm VRS 102, 56 [58]; OLG Karlsruhe VRS 108, 383 [384]; HK/*Julius*/*Reichling* § 213 Rn. 4). Bei eintretender Verzögerung wird die Anordnung ggf. aufzuheben sein (OLG Düsseldorf VRS 98, 197).

c) **Jugendsachen.** Besondere Beschleunigung ist auch in Jugendsachen geboten, da die Strafverfolgungsbehörden und Gerichte wegen des das Jugendgerichtsgesetz beherrschenden Erziehungsgedankens gehalten sind, alles zu tun, um unnötige Verfahrensverzögerungen auszuschließen (BGH StV 2009, 93 f.). 15

3. **Zeitliche Vorgaben.** Bei der Terminierung des ersten Hauptverhandlungstermins ist die **Ladungsfrist** von mindestens einer Woche (Angeklagter § 217 Abs. 1, Verteidiger § 218 Satz 2; Nebenkläger § 397 Abs. 1 Satz 2) zu beachten, sofern darauf nicht verzichtet wurde. Sind an der Verhandlung Personen beteiligt, die außerhalb des Sitzungsorts wohnen, ist die nach den Verkehrsverhältnissen notwendige **Anreisezeit** zu berücksichtigen (vgl. Nr. 116 Abs. 3 Satz 3 RiStBV; OLG Bamberg NJW 2006, 2341 [2342]). **Vorhersehbare Verzögerungen** (wie Vorführungen von Angeklagten oder Zeugen oder Urlaubsabwesenheit eines als Zeuge zu vernehmenden polizeilichen Sachbearbeiters) sind einzurechnen. 16

Sofern damit keine übermäßige Belastung des Angeklagten bei der Vorbereitung der Verteidigung verbunden ist, ist es nicht verboten, **zwei Hauptverhandlungen vor verschiedenen Gerichten** gegen denselben Angeklagten parallel zueinander stattfinden zu lassen (BGH NStZ 1984, 274; Meyer-Goßner/*Schmitt* § 213 Rn. 5; a.A. SK-StPO/*Deiters* § 213 Rn. 11). 17

Auch der **drohenden Verjährung** der angeklagten Taten ist bei der Terminsbestimmung Rechnung zu tragen (LR/*Jäger* § 213 Rn. 11). 18

4. **Räumliche Gegebenheiten.** Für die Terminierung kann auch die Verfügbarkeit eines geeigneten Sitzungssaals eine Rolle spielen (BGH NStZ 2007, 163; KG Beschl. v. 25.11.2016 – (4) 161 HEs 31/16 (30–34/16)). Besondere Anforderungen an den Sitzungssaal können sich bei einer Mehrzahl von Angeklagten, einer audiovisuellen Vernehmung nach § 247a oder aus Sicherheitsgründen ergeben. 19

5. **Anspruch auf Gewährung rechtlichen Gehörs.** Der Anspruch auf Gewährung rechtlichen Gehörs beeinflusst die Terminierung dahin gehend, dass die Verfahrensbeteiligten – ungeachtet der Ladungsfrist – ausreichende Zeit und Gelegenheit zur Vorbereitung auf die Hauptverhandlung haben müssen (LR/*Jäger* § 213 Rn. 12; Radtke/Hohmann//*Britz* § 213 Rn. 13). 20

6. **Recht des Angeklagten auf Verteidiger seines Vertrauens.** Bei der Terminbestimmung muss das Gericht grds. auch das aus dem Grundsatz des fairen Verfahrens und aus Art. 6 Abs. 3 lit. c) EMRK folgende Recht des Angeklagten beachten, sich im Strafverfahren von einem Rechtsanwalt seines Vertrauens verteidigen zu lassen (BGH NJW 1992, 849; NStZ 1998, 311; NJW 2018, 1698). Es besteht jedoch von vornherein kein Anspruch des Angeklagten, die Hauptverhandlung mit allen von ihm gewählten Verteidigern durchzuführen (OLG Frankfurt NStZ-RR 1997, 177 [178]; *Pfeiffer* § 213 Rn. 4; Radtke/Hohmann/*Britz*, § 213 Rn. 14). Eingeschränkt ist das Recht auf den Verteidiger des Vertrauens insb. dann nicht, wenn die Verteidigung anderweitig gewährleistet ist und weitere Personen angeklagt sind, die sich ebenfalls in Untersuchungshaft befinden (BVerfG NStZ 2006, 460 [461]; BGH NStZ 2006, 513; NStZ 2007, 163 [164]; NStZ-RR 2007, 81; KK-StPO/Gmel, § 213 Rn. 4b). 21

III. **Terminsverfügung.** Der Vorsitzende legt den Hauptverhandlungstermin unter Angabe des Spruchkörpers, des Datums des Sitzungstages, der Uhrzeit des Sitzungsbeginns, des Ortes und des Gerichtssaals durch **schriftliche Verfügung** fest. Diese ist Angeklagtem (§ 216), Verteidiger (§ 218), Nebenkläger (§ 397 Abs. 1), Zeugen (§ 48), Sachverständigen (§§ 48, 72) und Dolmetschern **durch Ladung bekannt zu machen.** Die StA und die weiteren Verfahrensbeteiligten erhalten **Mitteilungen bzw. Benachrichtigungen** des Termins. Fortsetzungstermine werden durch Verkündung in der Hauptverhandlung bekannt gemacht. 22

Die Terminsverfügung enthält in der Regel über die eigentliche Terminsbestimmung hinaus **weitere Anordnungen.** So kann der Vorsitzende verfügen, dass mit der Terminsverfügung auch die Besetzung des Gerichts mitgeteilt (§ 222a) und – soweit noch nicht geschehen – der Eröffnungsbeschluss bekannt gegeben wird (§ 215). Daneben werden Anordnungen getroffen, um die **Durchführung der Hauptverhandlung** zu gewährleisten (insb. Mitteilungen an Schöffengeschäftsstelle, Wachtmeister und Kostenbeamte; Vorführersuchen an Justizvollzugsanstalt; Beiziehung von Akten; Herbeischaffung von Beweismitteln). 23

IV. **Zeitpunkt der Terminsbestimmung.** Weil für die Bestimmung der Termine selbst der Beschleunigungsgrundsatz gilt, muss sie grds. **mit oder in engem zeitlichem Zusammenhang mit der Eröffnung des Hauptverfahrens** erfolgen, im Berufungsrechtszug nach Vorlage der Akten nach § 321 Satz 2 (Meyer-Goßner/*Schmitt* § 213 Rn. 6). Dass das Gericht überlastet ist, berechtigt nicht dazu, von der Terminsbestimmung längere Zeit abzusehen (LR/*Jäger* § 213 Rn. 9). 24

25 **D. Terminabsprachen.** Um den Belangen der Verfahrensbeteiligten so weit wie möglich Rechnung zu tragen, sollte das Gericht – auch wenn es nach h.M. dazu **nicht verpflichtet** ist (OLG Frankfurt NStZ-RR 1997, 177 [178]; Meyer-Goßner/*Schmitt* § 213 Rn. 6; Graf/*Ritscher* § 213 Rn. 4) – die Hauptverhandlungstermine absprechen. Terminabsprachen sichern nicht nur das Recht des Angeklagten, den Beistand eines Verteidigers seiner Wahl zu erhalten (s. Rn. 21). Sie dienen trotz des hohen organisatorischen Aufwands auch der Effektivität der Hauptverhandlung, weil sichergestellt wird, dass der mit der konkreten Strafsache vertraute Verteidiger auftritt, wichtige Zeugen erscheinen und Gericht, StA und Verteidigung ohne den zeitlichen Druck nachfolgender Tagestermine verhandeln können. In Großverfahren und komplexen Wirtschaftsstrafsachen ist diese Verfahrensweise daher bereits schon seit Längerem gängige Praxis. Vor diesem Hintergrund tendierte die Rspr. dazu, eine Verpflichtung des Gerichts anzunehmen, sich – auch schon vor Verlegungsanträgen – zumindest um eine terminliche Abstimmung mit der Verteidigung zu bemühen (BGHR StPO § 213 Terminierung 1; NStZ-RR 2010, 312 [313]; OLG Oldenburg StraFO 2008, 26; OLG Nürnberg StV 2005, 491 [492]; OLG Saarbrücken NJW-Spezial 2015, 473; *Müller* FS Widmaier, S. 359). Der Vorsitzende ist dabei aber nicht gehalten, gleichsam »auf Verdacht« im Wege der Amtsermittlung sich etwaig künftig ergebende Terminsüberschneidungen zu eruieren und in seine Terminierungsentscheidung einzubeziehen (OLG Naumburg, Beschl. v. 18.03.2014 – 2 Ws [s] 7/14; OLG Hamm StRR 2015, 265); vielmehr ist es in erste Linie Aufgabe des Verteidigers, die bei unterschiedlichen Gerichten anhängigen Verfahren im Blick zu behalten und die jeweiligen Vorsitzenden frühzeitig auf konkrete Terminkollisionen hinzuweisen (OLG Hamm StRR 2015, 265).

26 Mit der Einführung von **Abs. 2** durch das »Gesetz zur effektiveren und praxistauglicheren Ausgestaltung des Strafverfahrens« vom 17.08.2017 (BGBl. I, S. 3202) sieht der Gesetzgeber vor, dass solche Abstimmungen in umfangreichen Verfahren vor dem Land- oder Oberlandesgericht mit voraussichtlich mehr als zehn Verhandlungstagen grundsätzlich vorzunehmen sind, es sei denn, dass der Vorsitzende aus gewichtigen Gründen im Einzelfall davon absieht (BT-Drs. 18/11277, S. 33). Zu beteiligen sind daran Staatsanwaltschaft, Verteidiger und Nebenklägervertreter. In welcher Form diese Abstimmungen durchgeführt werden, bleibt dem Vorsitzenden überlassen. Neben der Durchführung eines gemeinsamen Abstimmungstermins mit den Verfahrensbeteiligten kommt auch in Betracht, die Abstimmung telefonisch, per E-Mail oder schriftlich vorzunehmen. Inhaltlich ist die Abstimmung auf den **äußeren Ablauf der Hauptverhandlung** beschränkt und kann daher neben Fragen der Terminierung z.B. auch den Verhandlungsort, die Sitzordnung im Verhandlungssaal und sitzungspolizeiliche Verfügungen zum Gegenstand haben. Daneben können auch Art, Umfang und Reihenfolge des aus Sicht des Gerichts und der Verfahrensbeteiligten gebotenen Beweisprogramms und die Eröffnungserklärung der Verteidigung gem. § 243 Abs. 5 S. 3 und 4 besprochen werden (Meyer-Goßner/*Schmitt* § 213 Rn. 11). Bei allen diesen Themen haben die Verfahrensbeteiligten aber im Hinblick auf die Verhandlungsleitungsbefugnis des Vorsitzenden **kein inhaltliches Mitbestimmungsrecht**, sondern können lediglich Anregungen geben und Wünsche zum Ausdruck bringen. Das Ergebnis der Abstimmung sollte zur Dokumentation der Ergebnisse in einem **Aktenvermerk** festgehalten werden. Anlässlich einer Abstimmung nach Abs. 2 kann auch eine Erörterung nach § 212 StPO zur Vorbereitung einer Verständigung nach § 257c StPO erfolgen. Soweit der Abstimmungstermin mit Erörterungen des Verfahrensstandes nach §§ 212, 202a StPO verbunden wird, ist die Teilnahme aller Berufsrichter ratsam (Meyer-Goßner/*Schmitt* § 213 Rn. 12). Im Hinblick darauf, dass Termine mit Strafverteidigern erfahrungsgemäß weit im Voraus festgelegt werden müssen, ist eine möglichst frühzeitige Terminsabsprache – bei Haftsachen in der Regel schon im Eröffnungsverfahren – geboten.

27 **E. Terminsverlegung.** Der Vorsitzende kann kraft seiner Befugnis den Termin **von Amts wegen** oder **auf Antrag** verlegen oder aufheben. Wegen des eingeräumten Ermessens haben die Verfahrensbeteiligten **keinen Anspruch auf Terminsverlegung** (Meyer-Goßner/*Schmitt* § 213 Rn. 7; KK-StPO/*Gmel* § 213 Rn. 4b), sondern nur auf ermessensfehlerfreie Entscheidung, für die dieselben Grundsätze gelten wie für die Anberaumung der Hauptverhandlungstermins (s. Rdn. 8 ff.; BGH NStZ 1998, 311 [312]; 2006, 513 [514]; OLG München StV 2007, 518; OLG Hamm NJW 2006, 2788 [2791]; LR/*Jäger* § 213 Rn. 15).

28 Im Hinblick auf das Recht des Angeklagten, sich durch einen Verteidiger seines Vertrauens vertreten zu lassen, wird ein erstmaliger, begründeter und rechtzeitig gestellter Antrag des Verteidigers (wegen Verhinderung oder wegen Unzumutbarkeit einer Wahrnehmung des Termins durch den Angeklagten ohne seinen Verteidiger) grds. zur Verlegung führen (BayObLGSt 2001, 111 [114]; OLG Bamberg NJW 2006, 2341 [2342]; OLG Frankfurt NStZ-RR 2014, 250; LR/*Jäger* § 213 Rn. 10; Hohmann/Radtke/*Britz* § 213 Rn. 14; ausführlich *Neuhaus* StraFO 1998, 84). Soweit nicht dem Beschleunigungsgebot Vorrang einzuräumen ist (BVerfG NStZ-RR 2007, 311 [314]; ausführlich KK-StPO/*Gmel* § 213 Rn. 4b), muss sich das Gericht ernsthaft darum bemühen, rechtzeitig angezeigte und **substanziiert** dargelegte Terminskollisionen des Verteidigers

durch Absprachen zu überwinden (BGH NStZ 2009, 650 [651]; NJW 2018, 1698 [1699]; OLG Saarbrücken Beschl. v. 21.05.2015 – 1 Ws 86/15; ausführlich HK/*Julius*/Reichling § 213 Rn. 6). Dies gilt insb. dann, wenn das Gericht zuvor keinen Versuch unternommen hat, die Terminierung abzustimmen (BGH NStZ-RR 2010, 312 [313]). Entschließt sich der Angeklagte relativ kurzfristig vor dem anberaumten, ihm bekannten Verhandlungstermin dazu, einen neuen, bisher mit der Sache nicht vertrauten Verteidiger zu wählen, muss grds. er selbst sicherstellen, dass dieser Verteidiger den Termin auch wahrnehmen kann (OLG Stuttgart Justiz 2006, 8 [9]; OLG Frankfurt NStZ-RR 2014, 250; aA Petri NJW 2018, 3344 [3347]).

Bei der Entscheidung über Verlegungsanträge des **Nebenklägers** oder Nebenklägervertreters ist zu berück- 29
sichtigen, dass deren Verfahrensposition – wie § 398 deutlich macht – schwächer ausgestaltet ist als die des Angeklagten und Verteidigers und eine Verlegung wegen Verhinderung daher nur ausnahmsweise in Betracht kommt (OLG Stuttgart Justiz 2004, 127 [128]; LG Nürnberg-Fürth StV 2009, 180 [181]; a.A. OLG Bamberg StraFO 1999, 237 [238]).

F. Rechtsbehelfe. I. Beschwerde. Ob die Terminsverfügung des Vorsitzenden mit der **Beschwerde** 30
angefochten werden kann, ist umstritten (ausführlich zum Streitstand OLG Hamm NStZ 2010, 231). Deren generelle Zulässigkeit wird nur von einer Mm. bejaht (Radtke/Hohmann/*Britz* § 213 Rn. 16 m.w.N.; *Heghmanns/Scheffler*, Handbuch VI Rn. 391). Dagegen spricht, dass es sich bei der Bestimmung des Beginns der Hauptverhandlung und sämtlicher Fortsetzungstermine durch den Vorsitzenden wie auch bei seiner Weigerung, auf entsprechenden Antrag den Termin insgesamt oder auch nur einzelne Fortsetzungstermine aufzuheben oder zu verlegen, um Entscheidungen handelt, die der Urteilsfällung vorausgehen und daher gem. § 305 Satz 1 nicht der Beschwerde unterliegen. Während eine überwiegend früher in der Rspr. vertretene Auffassung deshalb von genereller Unanfechtbarkeit ausging (OLG Stuttgart NJW 1976, 1647 [1648], OLG Düsseldorf JZ 1986, 864, VRS 90, 127 [128]; OLG Hamm StV 1990, 56; OLG Celle NStZ 1984, 282; NStZ-RR 2010, 283), sieht die zutreffende heutige herrschende Meinung die Beschwerde mit der sich aus § 305 Satz 1 ergebenden Beschränkung in Ausnahmefällen als zulässig an, wenn die in **rechtsfehlerhafter Ermessensausübung** getroffene Terminsverfügung eine **besondere, selbstständige Beschwer** für die Verfahrensbeteiligten bewirkt, insb. das Recht des Angeklagten beeinträchtigt wird, sich des Beistands eines Verteidigers seines Vertrauens zu bedienen (BVerfG NStZ-RR 2021, 19 [20]; OLG München NStZ 1994, 451; StV 2007, 518; OLG Frankfurt StV 1995, 9; NStZ-RR 2014, 250; OLG Hamburg StV 1995, 11; OLG Dresden NJW 2004, 3196 [3197]; OLG Nürnberg StV 2005, 491 [492]; KG StV 2009, 577; OLG Celle StV 2012, 720 [721]; OLG Stuttgart Justiz 2006, 8; OLG Hamm StRR 2015, 265; OLG Rostock, Beschl. v. 01.11.2016 – 20 Ws 245/16: nur bei evidenten und gewichtigen Rechtsfehlern; Meyer-Goßner/*Schmitt* § 213 Rn. 8 m.w.N.; HK/*Julius*/Reichling § 213 Rn. 6). Das Beschwerdegericht darf danach weder die Zweckmäßigkeit der Terminierung prüfen noch den Termin anstelle des Vorsitzenden selbst bestimmen, sondern nur die Rechtsfehlerhaftigkeit der Terminsverfügung feststellen und ggf. – wenn keine andere Entscheidung in Betracht kommt – den Hauptverhandlungstermin aufheben (OLG Bamberg StraFo 1999, 237 [238]; OLG Frankfurt StV 2001, 157 [158]; KK-StPO/*Gmel* § 213 Rn. 6 m.w.N.).

Unterlässt der Vorsitzende eine Terminierung, kann wegen ermessenfehlerhafter Missachtung des 31
Beschleunigungsgebots Untätigkeitsbeschwerde erhoben werden (OLG Braunschweig NStZ-RR 1996, 172; OLG Rostock, Beschl. v. 01.11.2016 – 20 Ws 245/16; LR/*Jäger* § 213 Rn. 18). Sie kann auch auf Mitteilung der ungefähren Terminierung gerichtet sein (LG Hamburg StV 1996, 659; HK/*Julius*/Reichling § 213 Rn. 13).

Da es sich bei **Abs. 2** um eine bloße Ordnungsvorschrift handelt (BT-Drs. 18/11277, S. 33), kann das Unterbleiben einer Abstimmung zum äußeren Ablauf der Hauptverhandlung nicht mit der Beschwerde gerügt werden.

II. Revision. Die Revision kann nicht alleine darauf gestützt werden, dass der Vorsitzende außerhalb der 32
Hauptverhandlung einen Antrag auf Terminsverlegung abgelehnt (LR/*Jäger* § 213 Rn. 19; Meyer-Goßner/*Schmitt* § 213 Rn. 13) oder keine Terminsabsprache getroffen hat (Radtke/Hohmann/*Britz* § 213 Rn. 17). Jedoch kann der Angeklagte sein Anliegen in der Hauptverhandlung mit einem Aussetzungsantrag nach §§ 228 Abs. 1, 265 Abs. 4 geltend machen und eine dann ergehende ablehnende Entscheidung i.R.d. Revision (§ 338 Nr. 8) angreifen (BVerfG NStZ 1994, 330 [M]; BGH NStZ-RR 2006, 272; OLG Braunschweig StV 2008, 293; KK-StPO/*Gmel* § 213 Rn. 9; SK-StPO/*Deiters* § 213 Rn. 20).

Wird ein Verlegungsantrag des Verteidigers ermessensfehlerhaft abgelehnt und bleibt der Angeklagte wegen 33
der Verhinderung des Verteidigers in der Hauptverhandlung unverteidigt, kann – auch bei nicht notwendiger Verteidigung – das Recht auf wirksame Verteidigung aus Art. 6 Abs. 3 lit. c) EMRK verletzt sein (OLG Frankfurt StV 1998, 13; OLG Braunschweig StV 2004, 366; OLG Oldenburg StV 2015, 156; SK-StPO/*Deiters*

§ 213 Rn. 20). Nach BGH NStZ 2018, 607 soll es bereits ausreichen, dass ein Verlegungsantrag des Verteidigers nicht beschieden wird (zu Recht krit. *Arnoldi* NStZ 2018, 608).

34 Lehnt der Vorsitzende die rechtzeitig vorgetragene Bitte, den Termin zu verlegen, so spät ab, dass weder Angeklagter noch Verteidiger an der Hauptverhandlung teilnehmen können, kann dies als Verletzung des Anwesenheitsrechts (§ 338 Nr. 5) gerügt werden (OLG Hamm JR 1971, 471 [472]; LR/*Jäger* § 213 Rn. 20; Meyer-Goßner/*Schmitt* § 213 Rn. 9).

35 Abstimmungen des Gerichts mit den Verfahrensbeteiligten nach **Abs. 2** haben nach dem gesetzgeberischen Willen lediglich die Funktion, den Ablauf der Hauptverhandlung durch Strukturierung zu effektivieren und durch frühzeitigen Informationsaustausch Verzögerungen des Verfahrens zu vermeiden (BT-Drs. 18/11277, S. 33). Sie entfalten daher **keine eigenständige Bindungswirkung** für das Verfahren. Allein darauf, dass das Gericht den äußeren Ablauf der Hauptverhandlung anders als abgestimmt gestaltet hat, kann die Revision daher nicht gestützt werden.

36 **III. Andere Rechtsbehelfe.** Gegen die Terminsverfügung des Vorsitzenden ist jederzeit **Gegenvorstellung** möglich (LR/*Jäger* § 213 Rn. 18). Die **Dienstaufsichtsbeschwerde** ist nur i.R.d. § 26 Abs. 2 DRiG zulässig (BGH DRiZ 1969, 124 [125]; KG NJW 1995, 2115; KK-StPO/*Gmel* § 213 Rn. 8). Der **Antrag nach §§ 23 ff. EGGVG** ist nicht statthaft (OLG Brandenburg OLG-NL 1996, 71). Ein Antrag auf Ablehnung des Vorsitzenden wegen **Besorgnis der Befangenheit** kann Aussicht auf Erfolg haben, bspw. wenn ein Verlegungsantrag ermessensfehlerhaft abgelehnt und mitgeteilt wird, dass künftige Verlegungsanträge unabhängig von ihrer Rechtfertigung nicht mehr berücksichtigt werden (OLG Bamberg NJW 2006, 2341 [2342]) oder objektiv unzutreffende Mitteilungen zur Terminslage der Kammer gemacht werden (OLG Karlsruhe StV 2005, 539 [540]).

§ 214 Ladungen durch den Vorsitzenden; Herbeischaffung der Beweismittel

(1) [1]Die zur Hauptverhandlung erforderlichen Ladungen ordnet der Vorsitzende an. [2]Zugleich veranlasst er die nach § 397 Absatz 2 Satz 3 und § 406d Absatz 1 und § 406h Absatz 2 Satz 2 erforderlichen Benachrichtigungen vom Termin; § 406d Absatz 4 gilt entsprechend. [3]Die Geschäftsstelle sorgt dafür, dass die Ladungen bewirkt und die Mitteilungen versandt werden.

(2) Ist anzunehmen, daß sich die Hauptverhandlung auf längere Zeit erstreckt, so soll der Vorsitzende die Ladung sämtlicher oder einzelner Zeugen und Sachverständigen zu einem späteren Zeitpunkt als dem Beginn der Hauptverhandlung anordnen.

(3) Der Staatsanwaltschaft steht das Recht der unmittelbaren Ladung weiterer Personen zu.

(4) [1]Die Staatsanwaltschaft bewirkt die Herbeischaffung der als Beweismittel dienenden Gegenstände. [2]Diese kann auch vom Gericht bewirkt werden.

Übersicht

1 **A. Inhalt der Regelung.** Die Vorschrift regelt die Zuständigkeit des Vorsitzenden für Ladungen und Mitteilungen (Abs. 1). Im Interesse einer effektiven Verhandlung und zur Vermeidung von Wartezeiten für Zeugen und Sachverständige empfiehlt Abs. 2 bei länger dauernder Hauptverhandlung einen Ladungsplan. Abs. 3 normiert die Befugnis der StA, unabhängig vom Gericht weitere Beweispersonen zur Hauptverhandlung zu laden, deren Aussagen aus ihrer Sicht von Bedeutung sind. Nach Abs. 4 sorgen StA und Gericht dafür, dass die für die Hauptverhandlung benötigten beweisrelevanten Gegenstände zum Termin herbeigeschafft werden.

2 **B. Ladungen und Mitteilungen (Abs. 1). I. Ladungen. Ladung** ist die Aufforderung an eine bestimmte Person, an einem bestimmten Tag zu einer bestimmten Zeit an einem bestimmten Ort in einer bestimmten Funktion zur Verhandlung einer bestimmten Strafsache zu erscheinen (LR/*Jäger* § 214 Rn. 1). Daraus folgt, dass die Ladung das Gericht, den Sitzungssaal, den Verhandlungstermin, die zu verhandelnde Strafsache (dazu OLG Hamburg NStZ-RR 1998, 183) und die vorgesehene Eigenschaft der geladenen Person nennen muss (*Schmitt* § 214 Rn. 2).

Die nach Abs. 1 zur Hauptverhandlung zu ladenden Beteiligten sind Angeklagter (§ 216), Verteidiger (§ 218) bzw. Beistand nach § 69 JGG, Zeuge (§ 48), Sachverständiger (§§ 72, 48), Privatkläger (§ 385 Abs. 1 Satz 1 und Abs. 2), Nebenkläger (§ 397 Abs. 1 Satz 2 i.V.m. § 385 Abs. 1 Satz 1, Abs. 2) und juristische Personen i.S.d. § 30 OWiG (§ 444 Abs. 2)). Im Verfahren gegen Jugendliche sind gem. § 50 Abs. 2 JGG auch deren Erziehungsberechtigte und gesetzliche Vertreter unter Hinweis der Folgen ihres Ausbleibens zu laden.

Sollen **Kinder** als Zeugen vernommen werden, werden sie über ihre gesetzlichen Vertreter geladen. Jugendliche Zeugen werden dagegen persönlich geladen (OLG Frankfurt NStZ-RR 2005, 268). Soweit die Voraussetzungen für die Hinzuziehung eines Dolmetschers nach § 185 Abs. 1 GVG vorliegen, hat an diesen ebenfalls eine Ladung zu ergehen (KK/*Gmel* § 214 Rn. 1). 3

Zu den Sonderfällen der Ladung von Soldaten, Seeleuten, Diplomaten und im Ausland lebenden Zeugen s. § 48 Rdn. 11–14. 4

Ist der **Angeklagte oder ein Zeuge nicht auf freiem Fuß**, ordnet der Vorsitzende neben der Ladung die Vorführung an (s. § 48 Rdn. 6 bzw. § 216 Rdn. 17). Für **Strafgefangene** gilt § 36 Abs. 2 Satz 2 StVollzG (Baden-Württemberg: § 10 Abs. 5 JVollzGB III; Bayern: Art. 38 Abs. 3 BayStVollzG; Hamburg: § 14 Abs. 3 HmbStVollzG; Hessen: § 15 Abs. 3 HStVollzG; Niedersachsen: § 14 Abs. 3 NJVollzG; entsprechende Regelungen enthalten auch die Jugendstrafvollzugsgesetze der Länder). Für **Untersuchungsgefangene** gelten die Untersuchungshaftvollzugsgesetze der Länder (Baden-Württemberg: § 6 Abs. 1 JVollzGB II; Berlin, Brandenburg, Bremen, Hamburg, Mecklenburg-Vorpommern, Rheinland-Pfalz, Saarland, Sachsen, Thüringen: jeweils § 9 Abs. 1 UVollzG, Hessen: § 8 Abs. 1 UVollzG, Niedersachsen: § 14 Abs. 3 NJVollzG, Sachsen-Anhalt: § 9 Abs. 2 UVollzG) bzw. findet § 36 Abs. 2 Satz 2 StVollzG entsprechende Anwendung. 5

II. Mitteilungen. Von der Ladung sind die **Mitteilungen** des Termins abzugrenzen. Im Gegensatz zur Ladung enthalten sie keine Aufforderung, zum Termin zu erscheinen (SK-StPO/*Deiters* § 214 Rn. 3). Als formlose Information über den Hauptverhandlungstermin sind sie an die StA, die sonst am Verfahren zu beteiligenden Behörden und weitere im Gesetz genannte Verfahrensbeteiligte zu richten. 6

Aus praktischen Gründen werden gemeinsam mit der Terminsmitteilung der **StA** die vom Gericht geladenen Zeugen und Sachverständigen namhaft gemacht (§ 222 Abs. 1). In Verfahren vor dem LG oder dem OLG wird außerdem die Gerichtsbesetzung mitgeteilt (§ 222a Abs. 1). 7

Behörden, die Terminsnachrichten erhalten, sind die Finanzbehörde im Steuerstrafverfahren (§ 407 Abs. 1 AO), die Verwaltungsbehörde in Wirtschafts-, Außenwirtschafts- und Marktordnungssachen (§ 13 Abs. 2 WiStrG 1954; § 38 Abs. 2 AWG, § 38 Abs. 2 MOG) und die Jugendgerichtshilfe im Verfahren gegen Jugendliche und Heranwachsende gem. §§ 50 Abs. 3, 109 Abs. 1 Satz 3 JGG (vgl. Nr. 117 Abs. 2 Satz 2 RiStBV). Im Bußgeldverfahren, in dem § 213 über § 71 OWiG entsprechende Anwendung findet, erhält die Verwaltungsbehörde eine Mitteilung des Termins (§ 76 OWiG). Eine gesetzliche Verpflichtung, der **Bewährungshilfe** den Hauptverhandlungstermin mitzuteilen, besteht nicht. Die Benachrichtigung kann jedoch im Einzelfall sinnvoll sein. Einen bereits aufgrund Weisung nach § 56d StGB der Aufsicht und Leitung der Bewährungshilfe unterstellten unzuverlässigen Probanden kann ggf. der Bewährungshelfer zum Erscheinen in der Hauptverhandlung motivieren. Auch die Anhörung des Bewährungshelfers in der Hauptverhandlung in Form informatorischer Befragung oder Vernehmung als Zeuge kann dem Gericht wichtige Informationen zur Person des Angeklagten liefern (vgl. dazu näher *Schellenberg* Hauptverhandlung, S. 22 f.). 8

Weitere Verfahrensbeteiligte: Einziehungsbeteiligte erhalten gem. § 429 Abs. 1 Mitteilung vom Termin. Ist der Ehegatte bzw. Lebenspartner des Angeklagten oder sein gesetzlicher Vertreter als Beistand zugelassen, ist auch diesem Zeit und Ort der Hauptverhandlung mitzuteilen (§ 149 Abs. 1 Satz 2, Abs. 2). Abs. 1 Satz 2 normiert darüber hinaus Mitteilungspflichten an den Verletzten (§ 406d Abs. 1 Satz 1 Nr. 2, Satz 2), den RA des Nebenklägers bzw. den als Beistand bestellten RA (§ 406h Abs. 2 Satz 2). Mit dem Verweis auf § 406d Abs. 4 wird klargestellt, dass die Benachrichtigung unterbleibt, sofern sie nicht unter einer Anschrift möglich ist, die der zu Benachrichtigende angegeben hat. Das Gericht ist somit nicht verpflichtet, Nachforschungen nach der aktuellen Anschrift anzustellen. Die Mitteilung kann aber statt an den Verletzten auch an einen als Beistand gewählten oder beigeordneten RA ergehen (§§ 406d Abs. 4 Satz 2, 145a). 9

C. Anordnungsbefugnis des Vorsitzenden. Für die Anordnung der Ladung und der Mitteilungen ist der **Vorsitzende** zuständig (Abs. 1 Satz 1), bei Verhinderung sein Vertreter (§ 21f Abs. 2 GVG). Bei der Auswahl der zu ladenden Zeugen und Sachverständigen ist er nicht an Anträge der StA, des Angeklagten oder Verteidigers gebunden (KK/*Gmel* § 214 Rn. 5; *Schmitt* § 214 Rn. 7). 10

Zwar schreibt das Gesetz für die Anordnung keine bestimmte Form vor. Im Hinblick darauf, dass Zwangsmittel oder Säumnisfolgen beim Ausbleiben von Verfahrensbeteiligten (§§ 51, 77, 230 Abs. 2; 329 Abs. 1, 412) u.a. den Nachweis ordnungsgemäßer Ladungsanordnung voraussetzen (s. § 51 Rdn. 2), ist diese aber **schriftlich** zu treffen oder, wenn sie ausnahmsweise mündlich ergeht, durch Vermerk aktenkundig zu machen. 11

12 **D. Ausführung der Ladungen und Mitteilungen.** Soweit der Vorsitzende nicht bereits mündlich geladen oder Mitteilungen gemacht hat, ist die Bewirkung der Ladungen und die Versendung der Mitteilungen gem. Abs. 1 Satz 3 Aufgabe der **Geschäftsstelle des Gerichts** (§ 153 GVG). Bei Ladungen muss sie beachten, dass (in der Regel formularmäßig) bestimmte Hinweise zu machen sind (beim Angeklagten gem. § 216 Abs. 1, ggf. auch § 232 Abs. 1, beim Zeugen gem. §§ 48, 51, beim Sachverständigen gem. §§ 72, 48 und § 77). Bei den an Nebenbeteiligte vorgeschriebenen Mitteilungen bestehen gem. §§ 435 Abs. 2, 442 Abs. 1 und 2, 444 Abs. 2 Satz 2 besondere Hinweispflichten. Darüber hinaus muss dafür Sorge getragen werden, dass bestehende Ladungsfristen (§§ 217, 218 Satz 2) eingehalten werden und – soweit noch nicht geschehen – der Eröffnungsbeschluss zugestellt wird (§ 215).

13 Die Ladung bedarf – soweit gesetzlich nichts anderes vorgeschrieben ist (Bsp. § 216) – **keiner bestimmten Form**, sodass formlose Mitteilung (§ 35 Abs. 2 Satz 2) genügt. Insb. Zeugen und Sachverständige können daher auch mündlich geladen werden (BGH NStZ 1990, 226). Für den Nachweis des Ladungszugangs, ohne den keine Zwangsmittel verhängt werden dürfen, wird dem auf freien Fuß befindlichen Angeklagten, dem Verteidiger und den Zeugen und Sachverständigen die Ladung in der Regel förmlich zugestellt (*Schmitt* § 214 Rn. 9).

14 Da die Gerichtssprache deutsch ist (§ 184 GVG), ist die Ladung grds. **in deutscher Sprache** abzufassen (BGH NJW 1984, 2050). Einem Ausländer, der über keine ausreichenden Deutschkenntnisse verfügt, ist entsprechend der Empfehlung in Nr. 181 Abs. 2 RiStBV eine Übersetzung der Ladung in einer ihm verständlichen Sprache beizufügen. Die Wirksamkeit der Ladung wird aber durch das Fehlen einer Übersetzung nicht beeinträchtigt (OLG Hamm JMBl NRW 1981, 166; 1984, 78; KK/*Gmel* § 214 Rn. 6). Allerdings ist das Ausbleiben des Geladenen dann in der Regel entschuldigt (OLG Bremen NStZ 2005, 527).

15 Ist der Angeklagte oder ein Zeuge vorzuführen, leitet die Geschäftsstelle den Vorführbefehl den insoweit zuständigen Stellen, insb. dem Leiter der Justizvollzugsanstalt, zu (KMR/*Eschelbach* § 214 Rn. 25).

16 **E. Ladungsplan (Abs. 2).** Nicht nur bei der Vernehmung verlangt der Umgang mit Zeugen und Sachverständigen vom Gericht besonderes Fingerspitzengefühl. Die im Interesse der Wahrheitsfindung gebotene wertschätzende Behandlung beginnt bereits bei der Ladung. Die teilweise noch heute übliche Praxis, alle Zeugen zur selben Zeit zu laden und dadurch in Kauf zu nehmen, dass diese mehrere Stunden auf ihre Vernehmung (oder Entlassung) warten müssen, sorgt bei den Betroffenen zu Recht für Verärgerung. Die Frustration kann sogar so weit reichen, dass Zeugen mit entsprechenden Erfahrungen künftig jeden Vorwand nutzen werden, um nicht nochmals vor Gericht erscheinen zu müssen.

17 Um den Beweispersonen jeden vermeidbaren Zeitverlust zu ersparen, sollten Zeugen und Sachverständige v.a. bei voraussichtlich ganz- oder mehrtägigen Hauptverhandlungen erst für den Zeitpunkt geladen werden, in dem sie voraussichtlich benötigt werden (vgl. auch § 116 Abs. 4 Satz 1 RiStBV) und zu dem sie nach den Verkehrsverhältnissen auch ohne Schwierigkeiten vor Ort sein können (*Heghmanns* Rn. 397). Die **gestaffelten Ladungen** ergeben sich aus einem vom Vorsitzenden zu entwerfenden Ladungsplan. Dessen Erstellung zwingt ihn nicht nur, sich über eine sinnvolle Reihenfolge der beabsichtigten Beweiserhebungen klar zu werden (*Schmitt* § 214 Rn. 12) und den ungefähren Zeitbedarf für die Beweisaufnahme abzuschätzen. Er erleichtert dem Gericht auch die Terminierung der übrigen Hauptverhandlungen und verhindert so »Leerlauf« an den Sitzungstagen. Durch zeitlich versetzte Ladung wird darüber hinaus Absprachen zwischen den Zeugen vorgebeugt. Geringere Wartezeiten führen außerdem dazu, dass Kosten für die Entschädigung der Zeugen reduziert werden (HK/*Julius*/Reichling § 214 Rn. 7).

18 Neben der zeitlich gestaffelten Ladung ist es ebenso möglich, bestimmte Zeugen und Sachverständige **»auf Abruf«** zu laden. In diesem Fall erhält die Beweisperson die Auflage, sich zu einem bestimmten Zeitpunkt oder während eines bestimmten Zeitraums bereitzuhalten und auf kurzfristige, üblicherweise telefonische Aufforderung des Gerichts zur Vernehmung zu erscheinen (vgl. § 116 Abs. 4 Satz 2 RiStBV). Dieses Vorgehen bietet sich v.a. bei Zeugen und Sachverständigen an, deren Wohnung oder Arbeitsplatz sich in der Nähe des Gerichts befindet.

19 Mit dem Ladungsplan und der Mitteilung der geladenen Zeugen und Sachverständigen gem. § 222 Abs. 1 schafft der Vorsitzende einen Vertrauenstatbestand. Die Abweichung vom Ladungsplan kann eine nach § 265 Abs. 4 relevante Veränderung der Sachlage darstellen, die eine Aussetzung zur genügenden Vorbereitung der Verteidigung erforderlich macht (HK/*Julius*/Reichling § 214 Rn. 7; *Odenthal* NStZ 1988, 540).

20 **F. Unmittelbare Ladung durch die StA (Abs. 3).** Nach Abs. 3 hat die StA das Recht, über die vom Gericht geladenen Zeugen und Sachverständigen hinaus weitere Beweispersonen zur Hauptverhandlung zu laden. Gem. § 161a hat sie außerdem die Befugnis, die auch im Hauptverfahren gilt (s. § 161a Rdn. 3), bei unberechtigtem Ausbleiben oder unberechtigter Weigerung zwangsweise vorführen zu lassen. Die unmittelbare Ladung kommt insb. dann in Betracht, wenn sich aus der gerichtlichen Ladungsmitteilung (§ 222

Abs. 1) ergibt, dass der Vorsitzende nicht alle in der Anklageschrift angegebenen Beweispersonen geladen hat oder wenn die StA die Ladung weiterer, z.Zt. der Anklageerhebung noch nicht bekannter Beweispersonen für notwendig erachtet (*Schmitt* § 214 Rn. 13).

Inhaltlich sollte die Ladung auf die gesetzlichen Ordnungsmittel bei Ausbleiben (§ 51) und die Entschädigungsansprüche nach JVEG hinweisen. Ausgeführt werden die Ladungen von der Geschäftsstelle der StA, nicht von der des Gerichts. § 38 findet keine Anwendung, einer Beauftragung des Gerichtsvollziehers bedarf es somit nicht. 21

In Haft befindliche Zeugen kann die StA vorführen lassen (analog § 36 Abs. 2 Satz 2 StVollzG bzw. nach den landesrechtlichen Regelungen (s. Rdn. 5). Für die Ausführung ist ebenfalls die Geschäftsstelle zuständig (*Schmitt* § 214 Rn. 13). 22

Macht die StA von ihrem Recht zur unmittelbaren Ladung Gebrauch, muss sie gem. § 222 Abs. 1 Satz 2 ggü. dem Gericht und dem Angeklagten die Zeugen und Sachverständigen unter Angabe des Wohn- oder Aufenthaltsorts namhaft machen (vgl. § 222 Rn. 5). 23

Um die Erstreckung der Beweisaufnahme auf die von ihr geladenen Beweispersonen zu erreichen, hat die StA gem. § 245 Abs. 2 einen Beweisantrag zu stellen. 24

G. Herbeischaffung der Beweismittel (Abs. 4). Um Urkunden und Augenscheinsobjekte in die Hauptverhandlung einführen zu können, müssen diese dem Gericht rechtzeitig vor dem Termin zur Verfügung stehen. Die als Beweismittel dienenden Gegenstände, die als Bestandteil der Akten mit der Anklageschrift vorgelegt wurden (§ 199 Abs. 2 Satz 2) oder bei Gericht asserviert sind, schafft das Gericht selbst herbei (Abs. 4 Satz 2). Befinden sich darüber hinaus weitere beweisrelevante Gegenstände im Gewahrsam der StA, einer anderen Behörde (insb. der Polizei) oder im Besitz von Dritten, müssen sie noch beigebracht werden. Die Anordnung dazu trifft gem. § 221 der Vorsitzende des Gerichts, die Ausführung obliegt gem. Abs. 4 Satz 1 der StA. Zu den Einzelheiten s. § 221 Rdn. 1. 25

H. Rechtsbehelfe. Gegen die Anordnung einer Ladung ist die **Beschwerde** gem. § 305 Satz 1 nicht statthaft, da es sich um eine Entscheidung handelt, die der Urteilsfällung vorausgeht (OLG Hamm MDR 1978, 690; OLG Köln NJW 1991, 2480 [2481]; *Schmitt* § 214 Rn. 15; KK/*Gmel* § 214 Rn. 13). Dies gilt auch für Zeugen und Sachverständige, selbst wenn ein Zeugnis- oder Aussageverweigerungsrecht besteht (OLG Hamm MDR 1978, 690; SK-StPO/*Deiters* § 214 Rn. 24). Nicht anfechtbar ist auch die Entscheidung, in welcher Reihenfolge Beweispersonen geladen werden (zweifelnd Radtke/Hohmann/*Britz* § 214 Rn. 16). Bei der Ablehnung eines Antrags auf Ladung fehlt es an der Beschwer, da die Möglichkeit der Selbstladung besteht (§§ 214 Abs. 3, 220 Abs. 1) und in der Hauptverhandlung gem. § 244 Beweisanträge gestellt werden können (KG, Beschl. v. 22.09.1997 – 4 Ws 212/97; SK-StPO/*Deiters* § 214 Rn. 24; LR/*Jäger* § 214 Rn. 26). 26

Auf eine fehlerhafte oder unterlassene Ladung oder Mitteilung alleine kann die **Revision** nicht gestützt werden (KMR/*Eschelbach* § 214 Rn. 60; LR/*Jäger* § 214 Rn. 28). Hinzukommen muss eine Verletzung zwingenden Verfahrensrechts, z.B. dadurch, dass Jugendgerichtshilfe (BGH MDR 1977, 1029 f.), Beistand i.S.d. § 149 (44, 82 [84]; 47, 62 [64]) oder Nebenkläger (KMR/*Eschelbach* § 214 Rn. 61; Graf/*Ritscher* § 214 Rn. 12) nicht vom Termin unterrichtet wurden. 27

§ 215 Zustellung des Eröffnungsbeschlusses

[1]Der Beschluß über die Eröffnung des Hauptverfahrens ist dem Angeklagten spätestens mit der Ladung zuzustellen. [2]Entsprechendes gilt in den Fällen des § 207 Abs. 3 für die nachgereichte Anklageschrift.

Übersicht

A. Inhalt der Regelung. Anknüpfend an die Regelungen zur Entscheidung über die Eröffnung des Hauptverfahrens (§§ 199 bis 211) bestimmt die Vorschrift die Ladungszustellung als den **spätest möglichen Zeitpunkt** für die Zustellung des Eröffnungsbeschlusses (Satz 1) bzw. die nachgereichte Anklageschrift (Satz 2). Dass der Eröffnungsbeschluss dem Angeklagten förmlich zuzustellen ist, ergibt sich aus § 35 Abs. 2 Satz 1. Die Art und Weise der Zustellung richtet sich nach § 37 und (bei Bestehen einer Zustellungsvollmacht für den Verteidiger) nach § 145a Abs. 1 und 3. 1

§ 215 betrifft nur die Zustellung an den **Angeklagten**. Ggü. den anderen Verfahrensbeteiligten wird der Eröffnungsbeschluss formlos bekannt gemacht (StA gem. § 35 Abs. 2 Satz 2, Privatkläger gem. § 385 Abs. 1 2

Satz 2, Nebenkläger gem. § 397 Abs. 1 Satz 5, Erziehungsberechtigter und gesetzlicher Vertreter des Jugendlichen gem. § 67a Abs. 1 JGG).

3 **B. Anordnung und Bewirkung der Zustellung.** Dass der Eröffnungsbeschluss zugestellt werden soll, muss der Vorsitzende ausdrücklich anordnen (§ 36 Abs. 1 Satz 1). Die Anordnung der Ladung reicht nicht aus (LR/*Jäger* § 215 Rn. 2; KK/*Gmel* § 215 Rn. 1). Bewirkt wird die Zustellung gem. § 36 Abs. 1 Satz 2 von der Geschäftsstelle.

4 **C. Zeitpunkt der Zustellung.** Die Vorschrift regelt die zeitliche Grenze für die Zustellung des Eröffnungsbeschlusses. Da zwischen der Zustellung der Ladung und dem Tag der Hauptverhandlung eine Frist von mindestens einer Woche liegen muss (§ 217 Abs. 1), ist eine **frühere Zustellung geboten**, wenn der Eröffnungsbeschluss Informationen oder rechtliche Erwägungen enthält, die über den Inhalt des Anklagesatzes hinausgehen (bspw. im Fall des § 207 Abs. 2 Nr. 3) (KMR/*Eschelbach* § 215 Rn. 3 f.; Radtke/Hohmann/*Britz* § 215 Rn. 1) oder wenn die Terminsbestimmung nicht alsbald möglich ist (LR/*Jäger* § 215 Rn. 3; SK-StPO/*Deiters* § 215 Rn. 3). In der (amtsgerichtlichen) Praxis werden Eröffnungsbeschluss und Ladung (§ 214) – wie in den dort benutzten Formularen vorgesehen – in der Regel gemeinsam zugestellt.

5 **D. Mängel der Zustellung.** Die Zustellung ist **keine Wirksamkeitsvoraussetzung für den Eröffnungsbeschluss**. Unterbleibt sie oder erfolgt sie verspätet, führt dies – anders bei schweren Mängeln des Eröffnungsbeschlusses – nicht zu einem Verfahrenshindernis (BGHSt 33, 183 [186]; KK/*Gmel* § 215 Rn. 2; SK-StPO/*Deiters* § 215 Rn. 9). Der Zustellungsmangel kann durch Bekanntmachung in der Hauptverhandlung geheilt werden (OLG Karlsruhe MDR 1970, 438; LR/*Jäger* § 215 Rn. 7; a.A. SK-StPO/*Deiters* § 215 Rn. 9).

6 Der Angeklagte kann auch auf die Zustellung **verzichten**. Ein stillschweigender Verzicht kann bspw. darin liegen, dass die mangelnde Zustellung nicht gerügt und kein Aussetzungsantrag stellt wird (KK/*Gmel* § 215 Rn. 2; Meyer-Goßner/*Schmitt* § 215 Rn. 6; a.A. SK-StPO/*Deiters* § 215 Rn. 9; KMR/*Eschelbach* § 215 Rn. 8: nur ausdrücklicher Verzicht möglich). Ein unverteidigter Angeklagter ist über das Recht zur Aussetzung nach § 217 Abs. 2 zu belehren (LR/*Jäger* § 215 Rn. 7; *Pfeiffer* § 215 Rn. 2).

7 **E. Nachgereichte Anklageschrift (Satz 2).** Hat das Gericht die Anklage nur mit Änderungen i.S.d. § 207 Abs. 2 Nr. 1 und 2 zugelassen, muss die StA gem. § 207 Abs. 3 eine neue, dem Eröffnungsbeschluss entsprechende Anklageschrift einreichen. Funktion der nachgereichten Anklageschrift ist es, dem Angeklagten zu verdeutlichen, was Gegenstand der Hauptverhandlung sein wird. Da sie nur deklaratorische Bedeutung hat, muss sie nicht – wie die ursprüngliche Anklageschrift – gem. § 201 mit der Aufforderung, Einwendungen und Anträge anzubringen, mitgeteilt werden. Vielmehr wird sie gem. Satz 2 **nach denselben Grundsätzen wie der Eröffnungsbeschluss** zugestellt. Ist die Zustellung des Eröffnungsbeschlusses zum Zeitpunkt des Eingangs der nachgereichten Anklageschrift bei Gericht noch nicht verfügt worden, können beide Zustellungen **miteinander verbunden** werden (SK-StPO/*Deiters* § 215 Rn. 7; Meyer-Goßner/*Schmitt* § 215 Rn. 7).

8 Weicht die nachgereichte Anklageschrift vom Eröffnungsbeschluss ab, muss der Vorsitzende nach allgemeiner Ansicht zunächst bei der StA auf entsprechende Änderung hinwirken (SK-StPO/*Deiters* § 215 Rn. 8; KMR/*Eschelbach* § 215 Rn. 11). Wie zu verfahren ist, wenn diese Änderung rechtswidrig abgelehnt wird, ist umstritten. Teilweise wird im Interesse der Verfahrensbeschleunigung vertreten, dass der Vorsitzende die Zustellung verfügt und in der Hauptverhandlung nach der Verlesung des Anklagesatzes auf die Divergenz zum Eröffnungsbeschluss hinweist (KK/*Gmel* § 215 Rn. 3; Graf/*Ritscher* § 215 Rn. 7; KMR/*Eschelbach* § 215 Rn. 11). Diese Lösung verschiebt aber die für den Angeklagten zentrale Frage, welchem Anklagevorwurf er sich in der Hauptverhandlung zu stellen hat, entgegen der gesetzlichen Intention in die Hauptverhandlung. Daher ist der Ansicht zu folgen, dass das Gericht die Zustellung durch Beschluss ablehnt, den die StA analog § 210 Abs. 2 mit **sofortiger Beschwerde** anfechten kann (LR/*Jäger* § 215 Rn. 5; SK-StPO/*Deiters* § 215 Rn. 8).

9 **F. Revision.** Die Revision kann nicht darauf gestützt werden, dass der Eröffnungsbeschluss oder die nachgereichte Anklageschrift nicht oder verspätet zugestellt wurden (BGH, Urt. v. 23.02.1955 – 1 StR 606/54, LM § 215 Nr. 1; Meyer-Goßner/*Schmitt* § 215 Rn. 8). Allerdings kann mit der Revision nach § 338 Nr. 8 gerügt werden, dass ein deswegen in der Hauptverhandlung gestellter **Aussetzungsantrag zu Unrecht abgelehnt** wurde (LR/*Jäger* § 215 Rn. 9; KMR/*Eschelbach* § 215 Rn. 14). Zu Unrecht abgelehnt ist der Antrag, wenn der Angeklagte aufgrund des Zustellungsmangels über die im Eröffnungsbeschluss zum Ausdruck kommende Einschätzung des Gerichts im Unklaren ist und seine Verteidigung daher nicht darauf einrichten kann (SK-StPO/*Deiters* § 215 Rn. 12; HK/*Julius*/Reichling § 215 Rn. 7). Da auf die Kenntnis des Angeklagten abzustellen ist, spielt es keine Rolle, dass die zugestellte Anklage mit dem nicht bzw. fehlerhaft zugestellten Eröffnungsbeschluss übereinstimmt (so aber h.M, vgl. Meyer-Goßner/*Schmitt* § 215 Rn. 8; LR/

Jäger § 215 Rn. 9; Graf/*Ritscher* § 215 Rn. 8). Hat der Angeklagte **auf die Zustellung verzichtet** (Rn. 6), ist die Revision mangels Beschwer unzulässig (SK-StPO/*Deiters* § 215 Rn. 9; KMR/*Eschelbach* § 215 Rn. 8).

§ 216 Ladung des Angeklagten

(1) [1]Die Ladung eines auf freiem Fuß befindlichen Angeklagten geschieht schriftlich unter der Warnung, dass im Falle seines unentschuldigten Ausbleibens seine Verhaftung oder Vorführung erfolgen werde. [2]Die Warnung kann in den Fällen des § 232 unterbleiben.

(2) [1]Der nicht auf freiem Fuß befindliche Angeklagte wird durch Bekanntmachung des Termins zur Hauptverhandlung gemäß § 35 geladen. [2]Dabei ist der Angeklagte zu befragen, ob und welche Anträge er zu seiner Verteidigung für die Hauptverhandlung zu stellen habe.

Übersicht

A. Allgemeines. I. Inhalt und Anwendungsbereich. Die Vorschrift regelt die Ladung des Angeklagten zur Hauptverhandlung und differenziert dabei zwischen dem auf freiem Fuß befindlichen (Abs. 1) und dem inhaftierten Angeklagten (Abs. 2). Sie gilt nur für den **ersten Hauptverhandlungstermin** (auch nach Aussetzung), auf Fortsetzungstermine nach Unterbrechung findet die Regelung dagegen keine Anwendung (BGH NJW 1987, 2592 [2593]; BGHSt 38, 271 [273]; LR/*Jäger* § 216 Rn. 2; SK-StPO/*Deiters* § 216 Rn. 2). Zu diesen kann daher nach § 35 Abs. 1 auch im ersten Termin durch Verkündung in Anwesenheit des Angeklagten (vgl. auch Nr. 137 Abs. 1 RiStBV) oder gem. § 35 Abs. 2 Satz 2 durch formlose Mitteilung geladen werden. Auch eine dem Verteidiger außerhalb der Hauptverhandlung telefonisch mitgeteilte und in einem Aktenvermerk dokumentierte Umladung zu einem verlegten Fortsetzungstermin ist ggü. dem Angeklagten wirksam (BGHSt 38, 271 [274]; SK-StPO/*Deiters* § 216 Rn. 2; a.A. BGH NStZ 1984, 41; HK/*Julius* § 229 Rn. 10). 1

Die angeordneten besonderen Ladungsvoraussetzungen (Schriftform, Warnung über die Folgen unentschuldigten Ausbleibens und Befragung zu Verteidigungsanträgen) sollen sicherstellen, dass sich der Angeklagte **jederzeit Gewissheit über Zeit und Ort der Hauptverhandlung** verschaffen kann und die Folgen eines Ausbleibens kennt (BayObLGSt 1962, 99 [101]; KK-StPO/*Gmel* § 216 Rn. 2). 2

Da der gem. § 233 von der Pflicht zum Erscheinen entbundene Angeklagte ein Anwesenheitsrecht in der Hauptverhandlung hat, muss auch er – allerdings ohne Warnung (s. Rdn. 15) – geladen werden (BGHSt 12, 367 [371]; LR/*Jäger* § 216 Rn. 1). 3

Im **Jugendstrafverfahren** sollen neben dem Jugendlichen auch der Erziehungsberechtigte und der gesetzliche Vertreter geladen werden (§ 50 Abs. 2 JGG). 4

Im **Bußgeldverfahren** findet § 216 über § 71 Abs. 1 OWiG Anwendung (BayObLGSt 1971, 94 [95]; OLG Düsseldorf NZV 1992, 377; KMR/*Eschelbach* § 216 Rn. 2). 5

II. Sonderfälle. Für die Ladung zu richterlichen Vernehmungen des Beschuldigten in früheren Verfahrensabschnitten gilt § 133. Für die Berufungsverhandlung und die Hauptverhandlung nach Einspruch gegen einen Strafbefehl findet § 216 über § 323 Abs. 1 bzw. § 411 Abs. 1 Satz 2 Anwendung, jedoch sind im Hinblick auf die Verwerfung bei Ausbleiben (§§ 329, 412 Satz 1) besondere Hinweispflichten zu beachten. Für das beschleunigte Verfahren gilt die Sonderregelung des § 418 Abs. 2. Da im Privatklageverfahren nur die Vorführung des Angeklagten zulässig ist (§ 387 Abs. 3), ist die Warnung nur insoweit auszusprechen. 6

7 **B. Ladung des auf freiem Fuß befindlichen Angeklagten** (Abs. 1). **I. Schriftform.** Befindet sich der Angeklagte auf freiem Fuß, wird er **schriftlich** geladen. Dies bedeutet, dass ihm ein Schriftstück, in dem Zeit und Ort der Hauptverhandlung aufgeführt sind, ausgehändigt werden und belassen bleiben muss (BayObLGSt 1962, 99 [101]; OLG Düsseldorf MDR 1987, 868 [869]; Meyer-Goßner/*Schmitt* § 216 Rn. 2). Die mündliche Mitteilung eines Hauptverhandlungstermins, z.B. telefonisch, bei Vorsprache auf der Geschäftsstelle des Gerichts oder durch das Vorzeigen der Terminsnachricht, genügt daher nicht (BGH NStZ 1984, 41; OLG Düsseldorf MDR 1987, 868 [869]; SK-StPO/*Deiters* § 216 Rn. 4).

8 **II. Zustellung.** Um die Einhaltung der Ladungsfrist (§ 217 Abs. 1) nachweisen zu können, wird die Ladung gem. § 35 Abs. 2 Satz 1 **förmlich zugestellt** (vgl. Nr. 117 Abs. 1 Satz 1 RiStBV). Zwar ist es zutreffend, dass gem. § 35 Abs. 2 Satz 2 formlose Mitteilung genügt, wenn die Ladungsfrist nicht eingehalten werden muss (OLG Zweibrücken NStZ 1996, 239; KK-StPO/*Gmel* § 216 Rn. 3; Meyer-Goßner/*Schmitt* § 216 Rn. 2). Da aber auch die Anordnung der Zwangsmittel des § 230 Abs. 2 und die Verhandlung in Abwesenheit des Angeklagten (§ 231 Abs. 2) den Nachweis der ordnungsgemäßen schriftlichen Ladung voraussetzt, sollte im Strafverfahren nie auf die förmliche Zustellung verzichtet werden (LR/*Jäger* § 216 Rn. 5; KMR/*Eschelbach* § 216 Rn. 12).

9 Die Zustellung richtet sich nach § 37 Abs. 1 i.V.m. §§ 166 ff. ZPO. Daher sind **Ersatzzustellung** und **Zustellung an Zustellungsbevollmächtigte** möglich (KK-StPO/*Gmel* § 216 Rn. 4; Meyer-Goßner/*Schmitt* § 216 Rn. 2). Als letztes Mittel kommt auch die **öffentliche Zustellung** gem. § 40 in Betracht (HK/*Julius*/Reichling § 216 Rn. 2). In diesem Fall kann allerdings nicht in Abwesenheit des Angeklagten verhandelt werden (§ 232 Abs. 2). Zur Zustellung gem. § 145a s. § 145a Rdn. 2–13.

10 Kann der Angeklagte auf keinem Wege – insb. nicht über den Verteidiger gem. § 145a oder durch öffentliche Zustellung – ordnungsgemäß geladen werden, muss der Termin unter Abladung der übrigen Beteiligten aufgehoben werden. Bei Vorliegen der Voraussetzungen des § 407 Abs. 1 Satz 1 kann auf Antrag der StA gem. § 408a Abs. 1 Strafbefehl erlassen werden.

11 **III. Warnung. 1. Inhalt und Form.** Der in Freiheit befindliche Angeklagte muss mit der Ladung auf die Folgen eines unentschuldigten Fernbleibens – Anordnung der Vorführung oder Erlass eines Haftbefehls (§ 230 Abs. 2) – hingewiesen werden. Die Warnung muss **schriftlich** (BayObLGSt 1962, 99 [101]; Meyer-Goßner/*Schmitt* § 216 Rn. 2) und – wie sich aus dem Wortlaut der Vorschrift ergibt – gleichzeitig und in einem Vorgang mit der Ladung erfolgen (OLG Zweibrücken MDR 1991, 469; HK/*Julius*/Reichling § 216 Rn. 3).

12 Bei der Umladung auf einen neuen (ersten) Hauptverhandlungstermin muss auch der Warnhinweis **wiederholt** werden. Es genügt nicht, wenn die erneute Ladung nur auf die Hinweise in einer früheren Ladung Bezug nimmt (OLG Zweibrücken StV 1992, 101; OLG Hamm NStZ-RR 2009, 89).

13 **2. Warnung bei einem dauerhaft im Ausland lebenden Angeklagten.** Umstritten ist, ob ggü. einem dauerhaft im Ausland lebenden Angeklagten die Vollstreckung von Zwangsmaßnahmen angedroht werden darf. Ein Teil der Rspr. argumentiert, bereits in der Androhung – und nicht erst in deren Festsetzung oder Vollzug – liege ein Verstoß gegen den allgemeinen Grundsatz des Völkerrechts (Art. 25 GG), dass die Ausübung hoheitlicher Gewalt auf dem Gebiet eines fremden Staates unzulässig ist (OLG Frankfurt NStZ-RR 1999, 18; OLG Oldenburg StV 2005, 432; OLG Köln NStZ-RR 2006, 22; OLG Brandenburg StV 2009, 348; ebenso LR/*Jäger* § 216 Rn. 7; HK/*Julius*/Reichling § 216 Rn. 10). Eine entsprechende Ladung sei unwirksam, sodass gem. § 230 Abs. 2 kein Haftbefehl ergehen dürfe. Die Gegenansicht weist zu Recht darauf hin, dass nur dann in die Souveränität eines fremden Staates eingegriffen werde, wenn mit der Ausübung hoheitlicher Gewalt auf dessen Staatsgebiet gedroht werde. Eine eingeschränkte Warnung des Inhalts, dass Zwangsmittel nur im Inland vollstreckt werden können (vgl. Nr. 116 Abs. 1 Satz 2 RiVASt), sei dagegen rechtlich unbedenklich, da sie den Angeklagten zum Schutz vor einer überraschenden Verhaftung in Deutschland über das deutsche Strafprozessrecht unterrichte (OLG Rostock NStZ 2010, 412; OLG Saarbrücken NStZ-RR 2010, 49 [50]; KG StV 2011, 716; OLG Brandenburg NStZ 2014, 235; OLG Karlsruhe StV 2015, 346; einschränkend KG StV 2014, 204: Warnung unzulässig, wenn Zwangsmittelandrohung im Rahmen internationaler Rechtshilfevereinbarungen nicht vorgesehen).

14 **3. Unterbleiben der Warnung.** In den Fällen des § 232 kann die Warnung unterbleiben (Satz 2). Dies folgt daraus, dass die Warnung Voraussetzung für die Anwendung von Zwangsmitteln ist, die im Abwesenheitsverfahren nicht benötigt werden. Stattdessen muss in der Ladung gem. § 232 Abs. 1 Satz 1 darauf hingewiesen, dass in Abwesenheit des Angeklagten verhandelt werden kann.

Wird der Angeklagte auf seinen Antrag von der Verpflichtung zum Erscheinen in der Hauptverhandlung entbunden (§ 233), tritt an die Stelle der Warnung die Belehrung, dass der Angeklagte nicht zum Erscheinen verpflichtet ist (vgl. Nr. 120 Abs. 3 Satz 2 RiStBV). 15

IV. Übersetzung. Ist der Angeklagte der deutschen Sprache nicht hinreichend mächtig, sind nach dem fair-trial-Grundsatz Ladung und Warnung in eine ihm verständliche Sprache zu übersetzen (OLG Dresden StV 2009, 348; OLG Saarbrücken NStZ-RR 2010, 49 [50]; KG StV 2020, 404; Meyer-Goßner/*Schmitt* § 216 Rn. 4, vgl. auch Nr. 181 Abs. 2 RiStBV). Wird keine Übersetzung beigefügt, ist die Ladung unwirksam und ein wegen Ausbleibens ergangener Haftbefehl aufzuheben (OLG Bremen NStZ 2005, 527; OLG Dresden StV 2009, 348; a.A. OLG Hamm JMBl. NRW 1984, 78; BayObLG NJW 1996, 1836; KMR/*Eschelbach* § 216 Rn. 10). 16

C. Ladung des nicht auf freiem Fuß befindlichen Angeklagten (Abs. 2). I. Bekanntmachung des Termins gem. § 35. Befindet sich der Angeklagte nicht auf freiem Fuß, wird auf Anordnung des Vorsitzenden (§ 214 Abs. 1 Satz 1) durch Bekanntmachung des Termins zur Hauptverhandlung gem. § 35 geladen. Nicht auf freiem Fuß ist derjenige Angeklagte, dem die Freiheit auf Anordnung des Gerichts oder einer Behörde entzogen und der dadurch in der Wahl seines Aufenthalts beschränkt ist (BGHSt 4, 308; 13, 209 [212]; Meyer-Goßner/*Schmitt* § 216 Rn. 5). In der Praxis verfügt der Vorsitzende mit der Ladung zugleich die Vorführung (Meyer-Goßner/*Schmitt* § 216 Rn. 6). 17

Im Regelfall ist die Ladung gem. § 35 Abs. 2 Satz 1 zuzustellen, da dadurch die Ladungsfrist (§ 217 Abs. 1) in Lauf gesetzt wird. Wegen der Befragung ist eine Ersatzzustellung an eine Person außerhalb des Gefängnisses oder durch Niederlegung bei der Post unzulässig (OLG Saarbrücken VRS 43, 39; Meyer-Goßner/*Schmitt* § 216 Rn. 5). Die Ersatzzustellung an den Anstaltsleiter ist aber gem. § 37 i.V.m. § 178 Abs. 1 Nr. 3 ZPO möglich (LR/*Jäger* § 216 Rn. 10). Gem. § 35 Abs. 3 ist die Ladung dem nicht auf freiem Fuß Befindlichen nach der Zustellung auf Verlangen vorzulesen. 18

II. Befragung. 1. Zweck. Die (mündliche) Befragung nach Satz 2 soll dem durch die Haft in seiner Verteidigung möglicherweise behinderten Angeklagten Gelegenheit geben, rechtzeitig vor der Hauptverhandlung förmliche Anträge – unabhängig von seiner Verteidigung – zu stellen und damit die gegen ihn bestehenden Verdachtsgründe zu beseitigen und die zu seinen Gunsten sprechenden Tatsachen geltend zu machen (BGH NJW 2008, 1604; LR/*Jäger* § 216 Rn. 11). Dass er bereits nach § 201 Anträge gestellt hat, spielt keine Rolle (KMR/*Eschelbach* § 216 Rn. 23; Meyer-Goßner/*Schmitt* § 216 Rn. 7). Die Notwendigkeit der Regelung zur Wahrung der prozessualen Rechte des Angeklagten wird zu Recht in Zweifel gezogen (BGH NJW 2008, 1604). Da bei Inhaftierung regelmäßig ein Fall notwendiger Verteidigung gegeben sein wird (§ 140 Abs. 1 Nr. 5, Abs. 2) ist die praktische Bedeutung der Befragung eher gering (KMR/*Eschelbach* § 216 Rn. 21). 19

Da nach dem Zweck der Regelung die Befragung entbehrlich ist, wenn der Angeklagte seinen Verteidiger nach § 145a Abs. 2 zur Empfangnahme von Ladungen besonders bevollmächtigt hat, liegt in der Erteilung der Ladungsvollmacht ein Verzicht auf die Befragung (BGH NJW 2008, 1604; Meyer-Goßner/*Schmitt* § 216 Rn. 7; a.A. HK/*Julius*/Reichling § 216 Rn. 8). 20

2. Durchführung. Nach allgemeiner Ansicht muss die Befragung trotz des Wortlauts (»dabei«) nicht zugleich mit der Zustellung, sondern nur in engem zeitlichem Zusammenhang mit ihr vorgenommen werden (LR/*Jäger* § 216 Rn. 11; KK-StPO/*Gmel* § 216 Rn. 7). Durchgeführt wird die Befragung in der Regel von der Person, die die Ladung zugestellt hat. Nach den landesrechtlichen Vorschriften zu Zustellungen in Justizvollzugsanstalten wird die Entgegennahme von Erklärungen der Zustellungsempfänger den Leitern der Justizvollzugsanstalten und den Beamten des höheren und des gehobenen Vollzugs- und Verwaltungsdienstes übertragen, die diese Zuständigkeit auch an andere geeignete Bedienstete delegieren können. Über die Erklärung wird, falls er nicht die Aufnahme zu Protokoll eines Urkundsbeamten der Geschäftsstelle verlangt, eine Niederschrift aufgenommen, die zusammen mit der Zustellungsurkunde der Geschäftsstelle zu übersenden ist, die die Zustellung besorgt (LR/*Jäger* § 216 Rn. 11). 21

III. Warnung. Die Warnung nach Abs. 1 Satz 1 ist nicht notwendig, wenn der Angeklagte aus der Haft zum Termin **vorgeführt** werden kann. Anders ist es jedoch, wenn ihm zur Teilnahme an der Hauptverhandlung **Vollzugslockerungen** gewährt werden, sodass sein Erscheinen nur von seiner eigenen Entscheidung abhängt (LR/*Jäger* § 216 Rn. 13). Nachzuholen ist die Warnung, wenn der Angeklagte vor der Hauptverhandlung auf freien Fuß gesetzt wird (OLG Köln StV 2014, 205). 22

D. Zustellung der Ladung an den Verteidiger. Der Angeklagte kann – unabhängig davon, ob er auf freiem Fuß ist oder nicht (Meyer-Goßner/*Schmitt* § 216 Rn. 1) – auch über den Wahl- oder Pflichtverteidiger geladen werden, wenn dieser durch eine bei den Akten befindliche Vollmacht ausdrücklich zur Empfangnahme von 23

Ladungen ermächtigt ist (§ 145a Abs. 2 Satz 1). Eine allgemeine Vollmacht, Zustellungen aller Art entgegenzunehmen, genügt nicht (OLG Köln NStZ-RR 1998, 240 [241]; OLG Hamm NStZ 2017, 432; s. § 145a Rdn. 11). Die Ladung über den in diesem Sinne bevollmächtigten Verteidiger ersetzt die unmittelbare Ladung des Angeklagten und weitere Mitteilungen an ihn (Meyer-Goßner/*Schmitt* § 145a Rn. 14).

24 **E. Verzicht.** Nach allgemeiner Ansicht kann der Angeklagte in beiden Fällen des § 216 auf die Zustellung der Ladung und damit auf deren Schriftlichkeit verzichten (BGH NJW 2008, 1604 [1605]; OLG Düsseldorf NZV 1992, 377; KK-StPO/*Gmel* § 216 Rn. 8). Ein wirksamer Verzicht, der ausdrücklich oder schlüssig erklärt werden kann, setzt voraus, dass der Angeklagte die wesentlichen Förmlichkeiten der Ladung kennt (OLG Düsseldorf MDR 1987, 868 [869]; KMR/*Eschelbach* § 216 Rn. 27; krit. SK-StPO/*Deiters* § 216 Rn. 12).

25 **F. Fehlende oder mangelhafte Ladung.** Fehlt die Ladung oder ist sie mangelhaft (z.B. falsche Angabe von Zeit oder Ort der Hauptverhandlung) und erscheint der Angeklagte deshalb nicht zur Hauptverhandlung, treten die **Säumnisfolgen** nach §§ 230 Abs. 2, 231 Abs. 2, 232 Abs. 1, 329 Abs. 1 nicht ein. Dies gilt unabhängig davon, ob Ort und Zeit durch Nachfrage hätten festgestellt werden können (BayObLGSt 1969, 104; OLG Frankfurt NStZ-RR 1996, 75; Meyer-Goßner/*Schmitt* § 216 Rn. 8). Kannte der Angeklagte den Termin und wäre er auch ohne Ladungsmangel nicht zur Hauptverhandlung erschienen, kann mangels Kausalität die Berufung nach § 329 Abs. 1 verworfen werden (OLG Stuttgart NStZ-RR 2005, 319 [320]).

26 Erscheint der Angeklagte trotz unterbliebener oder mangelhafter Ladung, kann die Hauptverhandlung durchgeführt werden. Liegt zugleich ein Verstoß gegen die Ladungsfrist (§ 217 Abs. 1) vor oder hat der Ladungsfehler den Angeklagten in der Vorbereitung seiner Verteidigung behindert, kann er gem. § 217 Abs. 2 bzw. § 228 Aussetzung beantragen (LR/*Jäger* § 216 Rn. 15).

27 Fehlt die nach Abs. 1 vorgeschriebene Warnung oder ist sie unter Verstoß gegen den fair-trial-Grundsatz nicht übersetzt (s. Rdn. 16), dürfen keine Zwangsmittel nach § 230 Abs. 2 angewendet werden. Ein Haftbefehl bleibt aber unter den Voraussetzungen der §§ 112 ff. möglich (Meyer-Goßner/*Schmitt* § 216 Rn. 4).

28 Ein Verstoß gegen die Befragungspflicht berührt die Wirksamkeit der Ladung nicht. Da die Befragung nicht Bestandteil der Ladung ist, besteht in diesem Fall kein Anspruch auf Aussetzung nach § 217 Abs. 2 (BGH NJW 2008, 1604; HK/*Julius*/Reichling § 216 Rn. 8; a.A. LG Potsdam StV 2006, 574).

29 **G. Revision. Erscheint der Angeklagte zur Hauptverhandlung**, kann die Revision nicht allein darauf gestützt werden, dass die Ladung unterblieben oder mangelhaft war. Der Angeklagte muss den Fehler in der Hauptverhandlung rügen und Aussetzung beantragen. Wird der Antrag durch Gerichtsbeschluss rechtsfehlerhaft abgelehnt, kann darin eine unzulässige Beschränkung der Verteidigung gem. § 338 Nr. 8 liegen, wenn nicht auszuschließen ist, dass dieser Rechtsfehler den Angeklagten daran gehindert hat, seine Verteidigung ausreichend vorzubereiten (RGSt 48, 386; KG, Beschl. v. 07.01.1998 – [4] 1 Ss 312/97 [139/97]; LR/*Jäger* § 216 Rn. 18; Meyer-Goßner/*Schmitt* § 216 Rn. 9).

30 Wurde der Angeklagte **zum Amts- statt zum LG geladen**, kann die Revision nicht darauf gestützt werden, dass wegen der irrigen Annahme, es bestehe eine zweite Tatsacheninstanz, das Verteidigungsvorbringen zurückgehalten wurde (BGHSt 16, 389 [391]; LR/*Jäger* § 216 Rn. 18; Meyer-Goßner/*Schmitt* § 216 Rn. 9; a.A. SK-StPO/*Deiters* § 216 Rn. 15).

31 Wird außerhalb des Anwendungsbereichs des § 231 (dazu s. § 231 Rn. 3) in Abwesenheit des nicht ordnungsgemäß geladenen Angeklagten verhandelt und entschieden (Bsp.: Verwerfung der Berufung nach § 329 Abs. 1 oder des Einspruchs nach § 412 Satz 1), kann die Revision auf den Ladungsmangel gestützt werden, weil das **Urteil in der Regel gem. § 337 darauf beruht** (OLG Dresden StV 2006, 8; LR/*Jäger* § 216 Rn. 18; HK/*Julius*/Reichling § 216 Rn. 14).

32 Der Verstoß gegen die Befragungspflicht (Abs. 2 Satz 2) ist **nicht revisibel**, weil der Angeklagte sich in der Hauptverhandlung äußern kann (KMR/*Eschelbach* § 216 Rn. 30).

§ 217 Ladungsfrist

(1) Zwischen der Zustellung der Ladung (§ 216) und dem Tag der Hauptverhandlung muss eine Frist von mindestens einer Woche liegen.

(2) Ist die Frist nicht eingehalten worden, so kann der Angeklagte bis zum Beginn seiner Vernehmung zur Sache die Aussetzung der Verhandlung verlangen.

(3) Der Angeklagte kann auf die Einhaltung der Frist verzichten.

A. Inhalt und Zweck der Regelung. Die Vorschrift normiert eine **(verzichtbare) Mindestfrist** zwischen Zustellung der Ladung und Hauptverhandlung von einer Woche (Abs. 1 und 3) und gibt dem Angeklagten im Fall der Nichteinhaltung einen Anspruch auf **Aussetzung der Hauptverhandlung** (Abs. 2). § 228 Abs. 3 regelt ergänzend dazu, dass der Vorsitzende den Angeklagten über das Aussetzungsrecht belehren muss. 1

Zweck der Ladungsfrist ist es, dem Angeklagten ausreichende Zeit und Gelegenheit zur Vorbereitung seiner Verteidigung zu gewähren und ihn vor Überraschungsverfahren zu schützen (BGHSt 24, 143 [146, 150]). Die Regelung, die über § 218 für den Verteidiger entsprechend gilt, ist **Ausdruck des fair-trial-Gedankens** und konkretisiert insofern die Rechte aus Art. 103 Abs. 1 GG, Art. 6 Abs. 3 lit. b) MRK und Art. 14 Abs. 3 IPBPR (KMR/*Eschelbach* Rn. 1; HK/*Julius*/Reichling § 217 Rn. 2). Im Hinblick auf den Regelungszweck haben andere Verfahrensbeteiligte nach allg. Ansicht keinen Anspruch auf Einhaltung einer Ladungsfrist (KK/*Gmel* § 217 Rn. 1; Meyer-Goßner/*Schmitt* § 217 Rn. 1). 2

Die Auffassung, dass die Ladungsfrist dem Angeklagten auch Gelegenheit geben soll, seine zeitlichen Dispositionen rechtzeitig auf den Hauptverhandlungstermin einzurichten (BayObLG VRS 55, 435 [437]; KG NZV 2003, 586), erscheint fragwürdig (LR/*Jäger* § 217 Rn. 1). 3

B. Ladungsfrist. I. Anwendungsbereich. 1. Unterbrechung. Da die Vorschrift an § 216 anknüpft, ist die Frist des Abs. 1 nach zutreffender herrschender Meinung nur bei der Ladung zum **ersten Tag der Hauptverhandlung** anzuwenden. Sie muss daher bei Fortsetzungsterminen nach Unterbrechung nicht erneut eingehalten werden, wenn der Angeklagte vom ersten Termin Kenntnis hatte (BGH NJW 1982, 248; SK/*Deiters* § 217 Rn. 4; LR/*Jäger* § 217 Rn. 5). 4

2. Aussetzung und Hauptverhandlung nach Zurückweisung. Um dem Vorbereitungsinteresse des Angeklagten ausreichend Rechnung zu tragen, ist die Ladungsfrist immer dann zu beachten, wenn wegen einer Veränderung der prozessualen Situation oder längeren Zurückliegens des früheren Termins Anlass zur Überprüfung der Verteidigungsstrategie besteht (KG VRS 42, 213; OLG Hamm VRS 50, 307 [309]; SK/*Deiters* § 217 Rn. 4; a.A. LR/*Jäger* § 217 Rn. 5). Dies ist sowohl bei der Aussetzung der Hauptverhandlung (BayObLGSt 1978, 98 [100]; KMR/*Eschelbach* § 217 Rn. 9; KK/*Gmel* § 217 Rn. 3; Meyer-Goßner/*Schmitt* § 217 Rn. 4; a.A. Radtke/Hohmann/*Britz* § 217 Rn. 3; der BGH zitiert in BGHSt 24, 143 [145] die insoweit ablehnende Rspr. des RG, ohne seine Entscheidung darauf zu stützen) als auch bei einer Hauptverhandlung nach Zurückweisung durch das Revisionsgericht gem. § 354 Abs. 2 der Fall (so bereits RGSt 42, 407 [409]; SK/*Deiters* § 217 Rn. 3; Meyer-Goßner/*Schmitt* § 217 Rn. 3). 5

3. Verlegung des Hauptverhandlungstermins. Die Ladungsfrist muss auch gewahrt werden, wenn die Hauptverhandlung vorverlegt wird. Die Vorverlegung des Termins auf eine frühere Stunde desselben Tages – etwa vom Nachmittag auf den Vormittag – ist jedoch zulässig (OLG Zweibrücken NStZ 1996, 239; Meyer-Goßner/*Schmitt* § 217 Rn. 5). 6

Wird die Hauptverhandlung auf einen späteren Termin verlegt, verbessert sich für den Angeklagten die Möglichkeit zur Vorbereitung. Die Ladungsfrist muss deshalb nicht eingehalten werden (RGSt 15, 113 [114]; BayObLG NJW 1962, 1928; OLG Jena, VRS 118, 296 [298]; KK/*Gmel* § 217 Rn. 3). 7

4. Sonderfälle. Für die Berufungsverhandlung erklärt § 323 Abs. 1 die Vorschrift für entsprechend anwendbar. Für die Ladung zur Revisionshauptverhandlung gilt die Sonderregelung des § 350 Abs. 1. Im beschleunigten Verfahren ist die Ladungsfrist gem. § 418 Abs. 2 Satz 3 auf 24 Std. verkürzt. Für Anhörungstermine der Strafvollstreckungskammer gilt die Ladungsfrist des § 217 Abs. 1 nicht (BVerfG StV 1994, 552; KG NStZ-RR 2014, 191). 8

Nach allgemeiner Ansicht ist § 217 über § 46 Abs. 1 OWiG im **Bußgeldverfahren** anwendbar (BGHSt 24, 143 [144]; OLG Zweibrücken NStZ 1981, 355 [356]; SK/*Deiters* § 217 Rn. 3; KMR/*Eschelbach* § 217 Rn. 12). 9

10 **II. Fristberechnung.** In Lauf gesetzt wird die Frist mit der Zustellung der Ladung an den Angeklagten, die auch über den Verteidiger möglich ist, wenn dieser insoweit gem. § 145a Abs. 2 Satz 1 bevollmächtigt ist. Die formlose Mitteilung vom Termin ist nicht ausreichend (vgl. auch Nr. 117 Abs. 1 Satz 1 RiStBV). Die Ladungsfrist läuft auch, wenn die Ladung fehlerhaft ist (LR/*Jäger* § 217 Rn. 3; KMR/*Eschelbach* § 217 Rn. 17).

11 Aus dem Wortlaut (»zwischen«) folgt, dass bei der Berechnung der Wochenfrist der Zustellungstag und der (erste) Tag der Hauptverhandlung nicht mitgezählt werden. Wird die Ladung also bspw. an einem Montag zugestellt, beginnt die Frist am Dienstag und endet mit Ablauf des darauf folgenden Dienstags. Frühester Termin der Hauptverhandlung ist daher Mittwoch. Fällt das Ende der Frist auf einen Sonntag, einen allgemeinen Feiertag oder einen Sonnabend, gilt nach allgemeiner Ansicht § 43 Abs. 2 nicht (Meyer-Goßner/*Schmitt* § 217 Rn. 2; KK/*Gmel* § 217 Rn. 5). Die Frist endet daher am entsprechenden Tag der folgenden Woche, nicht erst mit Ablauf des nächsten Werktags.

12 **III. Verlängerung der Frist.** Auf Antrag des Angeklagten (vor der Hauptverhandlung) kann die Frist verlängert werden, wenn im Einzelfall ihr Zweck – dem Angeklagten eine ausreichende Zeit zur Vorbereitung der Hauptverhandlung zu geben – nicht erfüllt werden kann, z.B. bei Krankheit des Angeklagten oder bei besonderem Umfang oder Schwierigkeit der Anklage (LR/*Jäger* § 217 Rn. 1; KK/*Gmel* § 217 Rn. 1). Die Gründe sind glaubhaft zu machen (LR/*Jäger* § 217 Rn. 1, a.A. KMR/*Eschelbach* § 217 Rn. 4).

13 Über einen Verlängerungsantrag entscheidet der **Vorsitzende**, der i.R.d. ihm eingeräumten pflichtgemäßen Ermessens zwischen dem Interesse des Angeklagten und dem Beschleunigungsgrundsatz abzuwägen hat (Graf/*Ritscher* § 217 Rn. 3). Im Hinblick auf den Anspruch auf ausreichende Zeit zur Vorbereitung der Verteidigung (Art. 103 Abs. 1 GG; Art. 6 Abs. 3 MRK, Art. 14 Abs. 3 IPBPR) kann das **Ermessen auf Null reduziert** sein (KMR/*Eschelbach* § 217 Rn. 4). Eine Höchstfrist besteht nicht (KK/*Gmel* § 217 Rn. 1). Allerdings dürfen Ladungszustellung und Hauptverhandlungstermin nicht unzumutbar weit auseinander liegen. Bei fehlender Terminserinnerung kann sonst das Ausbleiben des Angeklagten genügend entschuldigt sein (OLG Saarbrücken NStZ 1991, 147; KK/*Gmel* § 217 Rn. 1).

14 **IV. Erscheinungspflicht des Angeklagten.** Umstritten ist, ob der Angeklagte auch dann zur Hauptverhandlung erscheinen muss, wenn die Ladungsfrist nicht eingehalten wurde. Diese Frage ist deshalb von Relevanz, weil das Gesetz bei nicht genügend entschuldigtem Ausbleiben des Angeklagten dessen Vorführung oder Verhaftung erlaubt (§ 230 Abs. 2) bzw. die Verwerfung von Berufung (§ 329 Abs. 1) und Einspruch (§§ 412, 329 Abs. 1) ohne Verhandlung ermöglicht.

15 Nach einer Ansicht begründet der Verstoß gegen die Ladungsfrist einen Mangel der Ladung, sodass keine Pflicht zum Erscheinen bestehe (*Cramer* JR 1972, 164; SK/*Deiters* § 217 Rn. 11 m.w.N.). Dagegen spricht, dass Ladung und Ladungsfrist unterschiedliche Zielrichtungen haben: Während die Ladung das Erscheinen des Angeklagten in der Hauptverhandlung sicherstellen soll, soll durch die Ladungsfrist ausreichende Gelegenheit zur Vorbereitung der Verteidigung gewährt werden. Nach zutreffender herrschender Meinung wird die **Wirksamkeit der Ladung** daher durch die Nichteinhaltung der Ladungsfrist **nicht berührt.** Der Angeklagte ist somit grds. verpflichtet, zum Termin zu erscheinen (BGHSt 24, 143 [150 ff.]; OLG Düsseldorf MDR 1994, 1141; OLG Brandenburg, Beschl. v. 20.10.2010 – 1 Ws 154/10; Meyer-Goßner/*Schmitt* § 217 Rn. 11; *Pfeiffer* Rn. 5). Bei Ausbleiben können gegen ihn daher gem. § 230 Zwangsmittel angeordnet werden. Im Hinblick auf den Anspruch des Angeklagten auf Aussetzung der Hauptverhandlung sind diese aber in der Regel unverhältnismäßig (OLG Frankfurt NStZ-RR 1999, 18 [19]; LR/*Jäger* § 217 Rn. 14; Graf/*Ritscher* § 217 Rn. 9). Der Verwerfung von Berufung und Einspruch steht die Nichteinhaltung der Ladungsfrist entgegen, wenn die Ladung dem Angeklagten so spät zugestellt wurde, dass er nicht zum Termin erscheinen konnte (BayObLG NJW 1967, 457; KG VRS 17, 139 [140], 87, 129 [131]; a.A. KMR/*Eschelbach* § 217 Rn. 49: Verwerfung ist Verstoß gegen Grundsatz des fairen Verfahrens) oder er so weit vor dem Termin geladen wurde, dass er ihn inzwischen vergessen hat (OLG Saarbrücken NStZ 1991, 147; Graf/*Ritscher* § 217 Rn. 2; HK/*Julius*/Reichling § 217 Rn. 6).

16 **C. Aussetzungsantrag bei Nichteinhaltung der Ladungsfrist (Abs. 2). I. Zeitliche Grenze.** Lässt sich der Angeklagte trotz Nichteinhaltung der Ladungsfrist zur Sache ein und verteidigt sich gegen den Anklagevorwurf, ohne mangelnde Vorbereitungszeit zu rügen, behindert ihn die zu kurze Frist offensichtlich nicht in seiner Verteidigung. Der Gesetzgeber hat daher in Abs. 2 bestimmt, dass der Angeklagte die Durchführung der Verhandlung wegen des Gesetzesverstoßes bei der Ladung nur bis zum Beginn seiner Vernehmung zur Sache (§ 243 Abs. 5 Satz 2) infrage stellen und die Aussetzung der Hauptverhandlung beantragen kann (zur Entstehungsgeschichte der **»befristeten Verfahrenseinrede«** BGHSt 24, 143 [146]). Gem. § 228 Abs. 3 soll der Vorsitzende den Angeklagten über dieses Recht belehren. Bei mehreren Angeklagten läuft die Antragsfrist für jeden gesondert (*Pfeiffer* § 217 Rn. 3; Meyer-Goßner/*Schmitt* § 217 Rn. 8).

Kein Fall des Abs. 2 liegt vor, wenn bei der Ladung eines nicht auf freiem Fuß befindlichen Angeklagten gegen § 216 Abs. 2 Satz 2 verstoßen wird; die Befragung ist nämlich **kein Bestandteil der Ladung** (BGH NStZ 2008, 420; Meyer-Goßner/*Schmitt* § 216 Rn. 7, a.A. LG Potsdam StV 2006, 574; LR/*Jäger* § 216 Rn. 11). 17

II. Antragsrecht. Den Antrag kann der Angeklagte oder sein insoweit bevollmächtigter Verteidiger stellen. Ein vom Angeklagten unabhängiges eigenes Antragsrecht hat der Verteidiger nicht (KK/*Gmel* § 217 Rn. 7; Meyer-Goßner/*Schmitt* § 217 Rn. 7). Wird allerdings ihm ggü. die Ladungsfrist nicht eingehalten, kann er selbst die Aussetzung verlangen (§ 218 Satz 2). 18

III. Form. Es muss kein ausdrücklicher Aussetzungsantrag gestellt werden. Unabhängig vom Wortlaut genügt jede Erklärung, aus der sich ergibt, dass der Angeklagte mit der Durchführung der Hauptverhandlung im gegenwärtigen Zeitpunkt nicht einverstanden ist (BayObLSt 1978, 98 [99]; LR/*Jäger* § 217 Rn. 6; SK/*Deiters* § 217 Rn. 9). Einer Begründung bedarf der Antrag nicht (KMR/*Eschelbach* § 217 Rn. 28). 19

Wird der Antrag **mündlich** in der Hauptverhandlung gestellt, ist er zu protokollieren (KMR/*Eschelbach* § 217 Rn. 26). Der Antrag kann bereits vor dem Termin **schriftlich** gestellt werden (BGHSt 24, 143 [151]; OLG Celle NJW 1974, 1258 [1259]; KG NZV 2003, 586; *Pfeiffer* § 217 Rn. 3). In diesem Fall besteht für den Angeklagten keine Pflicht, nur zur Stellung des Aussetzungsantrags zur Hauptverhandlung zu erscheinen (BGHSt 24, 143 [151]; OLG Düsseldorf VRS 97, 139 [142]; Graf/*Ritscher* § 217 Rn. 7; Radtke/Hohmann/*Britz* § 217 Rn. 5, 7, a.A. OLG Köln NJW 1955, 1243; Meyer-Goßner/*Schmitt* § 217 Rn. 11). Die außerhalb der Hauptverhandlung mündlich geäußerte Bitte um Aussetzung genügt nicht (OLG Celle NJW 1974, 1258; KMR/*Eschelbach* § 217 Rn. 27). 20

IV. Entscheidung. Bei rechtzeitiger Antragstellung muss das Gericht **durch Beschluss** (BayObLG 1987, 55 [56]; LR/*Jäger* § 217 Rn. 6) die Hauptverhandlung aussetzen, es besteht kein Ermessensspielraum (KG NZV 2003, 586; OLG Düsseldorf VRS 97, 139 [141]; LR/*Jäger* § 217 Rn. 6; SK/*Deiters* § 217 Rn. 2). 21

Die Ablehnung des gerechtfertigten Antrags ohne Begründung kann die Besorgnis der Befangenheit des erkennenden Richters begründen (AG Homburg NStZ-RR 1996, 110; KK/*Gmel* § 217 Rn. 6). Eine Ablehnung kann auch in der Durchführung der Hauptverhandlung und der Verkündung des Verwerfungsurteils (bei Berufung oder Einspruch nach Strafbefehl) gesehen werden (BayObLG NStZ 1982, 172). 22

Wird der Antrag **verspätet gestellt**, muss das Gericht zwar nicht gem. Abs. 2 aussetzen. Es muss aber prüfen, ob gem. § 265 Abs. 4 die Aussetzung infolge veränderter Sachlage zur genügenden Vorbereitung der Verteidigung angemessen erscheint (LR/*Jäger* § 217 Rn. 7; KK/*Gmel* § 217 Rn. 6). 23

D. Verzicht (Abs. 3). Abs. 3 stellt klar, dass der Angeklagte auf die Einhaltung der Ladungsfrist verzichten kann, bevor der Rechtsverlust durch die Nichtantragstellung nach Abs. 2 eintritt (BGHSt 24, 143 [148]). Der Verzicht, der ausdrücklich oder konkludent erklärt werden kann, ist nach herrschender Meinung **unwiderruflich** (BGH, Beschl. v. 29.04.1976 – 4 StR 117/76; KK/*Gmel* § 217 Rn. 8; LR/*Jäger* § 217 Rn. 9; a.A. KMR/*Eschelbach* § 217 Rn. 42: bis zu dem nach Abs. 2 relevanten Zeitpunkt widerruflich; HK/*Julius*/Reichling § 217 Rn. 7). Wird der Verzicht, der auch gegen den Willen des Verteidigers möglich ist, ausdrücklich in der Hauptverhandlung erklärt, ist er **zu protokollieren** (LR/*Jäger* § 217 Rn. 9). 24

Ein wirksamer Verzicht setzt voraus, dass der Angeklagte sein Recht auf Aussetzung nach Abs. 2 kennt (BGH NStZ 2009, 48; LR/*Jäger* § 217 Rn. 11; KK/*Gmel* § 217 Rn. 8). War er vom Vorsitzenden gem. § 228 Abs. 3 belehrt worden, ist im Weiterverhandeln ohne Stellung eines Aussetzungsantrags regelmäßig ein **konkludenter Verzicht** zu sehen (SK/*Deiters* § 217 Rn. 12; KMR/*Eschelbach* § 217 Rn. 38). 25

Hat der Angeklagte in einem Fall notwendiger Verteidigung auf die Einhaltung der Ladungsfrist verzichtet und ausdrücklich gewünscht, dass die Hauptverhandlung zum bestimmten Termin durchgeführt wird, liegt darin nicht zugleich der Verzicht auf die Beiordnung eines Pflichtverteidigers und auf die Geltendmachung des absoluten Revisionsgrundes des § 338 Nr. 5 (OLG Hamm NStZ-RR 1998, 243; Meyer-Goßner/*Schmitt* § 217 Rn. 12; *Pfeiffer* § 217 Rn. 6).

E. Revision. Auf eine Verletzung von Abs. 1 kann nach herrschender Meinung die Revision nicht gestützt werden (BGHSt 24, 143 [145 ff.]; Meyer-Goßner/*Schmitt* § 217 Rn. 12; KK/*Gmel* § 217 Rn. 10). Denn insoweit sieht das Gesetz nach Abs. 2 einen (zeitlich begrenzten) Anspruch auf Aussetzung der Hauptverhandlung vor. 26

Wird der rechtzeitig gestellte **Aussetzungsantrag zu Unrecht abgelehnt oder nicht beschieden**, liegt darin aber eine unzulässige Beschränkung der Verteidigung (§ 338 Nr. 8), auf der das Urteil regelmäßig beruht (BayObLG NStZ 1982, 172). Unterbleibt der Aussetzungsantrag, ist die Revision somit ausgeschlossen (SK/*Deiters* § 217 Rn. 14). Dies soll nach herrschender Meinung selbst dann gelten, wenn der unverteidigte Angeklagte keinen Aussetzungsantrag gestellt hat, weil er mangels Belehrung nach § 228 Abs. 3 sein Antrags- 27 recht nicht kannte (BGH MDR 1952, 532; KK/*Gmel* § 217 Rn. 10; Meyer-Goßner/*Schmitt* § 217 Rn. 12). Die dafür gelieferte Begründung, bei § 228 Abs. 3 handele es sich um eine nicht revisible Ordnungsvorschrift, ist im Hinblick auf Art. 6 Abs. 3 lit. b) MRK nicht haltbar. Eine Revision kann in diesem Fall daher auf eine Verletzung des § 228 Abs. 3 gestützt werden (SK/*Deiters* § 217 Rn. 15; HK/*Julius*/Reichling § 217 Rn. 11; Radtke/Hohmann/*Britz* § 217 Rn. 11).

§ 218 Ladung des Verteidigers

[1]Neben dem Angeklagten ist der bestellte Verteidiger stets, der gewählte Verteidiger dann zu laden, wenn die Wahl dem Gericht angezeigt worden ist. [2]§ 217 gilt entsprechend.

Übersicht

1 **A. Ladung des Verteidigers (Satz 1). I. Regelungszweck und Anwendungsbereich.** Die Vorschrift verpflichtet das Gericht, den bestellten oder gewählten Verteidiger neben dem Angeklagten **von Amts wegen** zu laden. Sie stellt sicher, dass in der Hauptverhandlung der verfassungsrechtlich verbürgte Anspruch des Angeklagten auf Beistand eines Verteidigers erfüllt wird. Da der Verteidiger »neben dem Angeklagten« zu laden ist, findet die Regelung im Abwesenheitsverfahren (§ 287) keine Anwendung (SK-StPO/*Deiters* § 218 Rn. 3). Sie ist aber im Fall des § 233 zu beachten (OLG Köln NJW 1960, 736; Meyer-Goßner/*Schmitt* § 218 Rn. 4), weil der Angeklagte auch dann zu laden ist, wenn er von der Verpflichtung zum Erscheinen entbunden wurde (s. § 233 Rdn. 24).

2 Die Regelung gilt entsprechend für die Vertreter des Privatklägers (§ 378 S. 1), des Einziehungsbeteiligten (§ 428 Abs. 1 und 2), des Nebenbetroffenen (§ 438 Abs. 3) und der juristischen Person oder Personenvereinigung (§ 444 Abs. 2) (KK-StPO/*Gmel* § 218 Rn. 1; Meyer-Goßner/*Schmitt* § 218 Rn. 6). Der Beistand oder Vertreter des Nebenklägers muss dagegen nicht förmlich geladen werden, sondern wird gem. § 397 Abs. 2 Satz 3 vom Termin der Hauptverhandlung benachrichtigt (Graf/*Ritscher* § 218 Rn. 1, a.A. Meyer-Goßner/*Schmitt* § 218 Rn. 6). Über § 71 Abs. 1 OWiG ist die Vorschrift im **Bußgeldverfahren** anwendbar (OLG Zweibrücken NStZ 1981, 355 [356]; OLG Jena NJW-Spezial 2010, 217; LR/*Jäger* § 218 Rn. 1).

3 **II. Pflichtverteidiger.** Der bestellte Verteidiger ist zu laden, solange seine Bestellung nicht zurückgenommen oder widerrufen wurde, auch wenn die Gründe für die Bestellung weggefallen sind oder ein Antrag auf Entbindung gestellt wurde (RGSt 37, 21 [23]; SK-StPO/*Deiters* § 218 Rn. 4).

4 **III. Wahlverteidiger. 1. Gewählter Verteidiger.** Gewählt ist der Verteidiger, der das ihm vom Beschuldigten, gesetzlichen Vertreter (§ 137 Abs. 2 Satz 1) oder Erziehungsberechtigten (§ 67 Abs. 2 JGG) übertragene Mandat angenommen hat und nicht gem. §§ 138 Abs. 2, 138a, 146 von der Verteidigung ausgeschlossen ist (LR/*Jäger* § 218 Rn. 3; HK/*Julius*/Reichling § 218 Rn. 3).

5 **2. Mehrere Verteidiger.** Hat der Angeklagte mehrere Verteidiger, muss jeder von ihnen geladen werden (BGHSt 36, 259 [260]; NJW 2009, 48). Vertreten mehrere Anwälte einer **Sozietät** den Angeklagten, genügt es, wenn derjenige Verteidiger geladen wird, der die Verteidigung (durch Vorlage einer mehrere Anwälte mandatierenden Vollmacht) angezeigt hat (BGHSt 36, 259 [260]; NJW 2009, 48; Graf/*Ritscher* § 218 Rn. 3). Gleiches gilt für **Bürogemeinschaften**, denn diese verfügen – wie eine Sozietät – über eine gemeinsame Büroorganisation, bei der Räume, Personal und sonstige Betriebsmittel gemeinsam genutzt werden und alle Mitglieder gleichen Zugang zu allen Mandantendaten haben (BGH NStZ 2007, 348 f.; Meyer-Goßner/*Schmitt* § 218 Rn. 5). Ist einer der Verteidiger zwischenzeitlich aus der Sozietät oder Bürogemeinschaft ausgeschieden, ist er gesondert zu laden (BayObLG NStZ-RR 2001, 377 [378]).

3. Anzeige des Wahlverteidigers. a) Adressat der Anzeige. Geladen werden muss der Wahlverteidiger nur, wenn die Wahl dem Gericht, d.h. dem zuständigen Spruchkörper, angezeigt worden ist. Da ein Verteidiger regelmäßig bereits vor der Anklageerhebung konsultiert wird, genügt es, wenn die Verteidigerwahl derjenigen Stelle angezeigt wird, die das Verfahren in dem jeweiligen Stadium betreibt und bei der sich die Akten befinden. Im **Ermittlungsverfahren** kann die Wahl daher auch der Polizei oder der StA angezeigt werden (OLG Köln VRS 98, 138; OLG Hamm VRS 41, 133; LR/*Jäger* § 218 Rn. 8; KK-StPO/*Gmel* § 218 Rn. 3), im **Bußgeldverfahren** der Verwaltungsbehörde (OLG Koblenz VRS 94, 219; OLG Bamberg NJW 2007, 393). Beim späteren Übergang des Verfahrens auf das Gericht befindet sich die Verteidigungsanzeige in den Akten, sodass das Gericht von dem Verteidigungsverhältnis ebenso problemlos Kenntnis nehmen und den Verteidiger laden kann, wie wenn sich der Verteidiger erst im gerichtlichen Verfahren legitimiert hätte. Wird die Verteidigung einer verfahrensbeteiligten Behörde angezeigt, obwohl die Sache zwischenzeitlich bei Gericht anhängig ist, genügt dies nur dann, wenn Beschuldigter oder Verteidiger keine Kenntnis vom Verfahrensübergang hatten (OLG Koblenz VRS 94, 219). Andernfalls tragen sie das Risiko, dass die Anzeige so rechtzeitig bei Gericht eingeht, dass der Verteidiger noch zum Termin geladen werden kann (BayObLGSt 1978, 61 [63]; OLG Stuttgart NJW 2006, 3796; OLG Braunschweig StraFo 2009, 520; Meyer-Goßner/*Schmitt* § 218 Rn. 4). 6

b) Form der Anzeige. Die Anzeige der Wahl des Verteidigers ist an **keine bestimmte Form** gebunden. Aus ihr muss das Gericht aber erkennen können, dass der Verteidiger von dem Angeklagten oder einer sonst dazu befugten Person gewählt wurde (LR/*Jäger* § 218 Rn. 6; KK-StPO/*Gmel* § 218 Rn. 3). Wie sich schon aus dem Wortlaut ergibt, ist keine Vollmachtsvorlage vorausgesetzt (BGHSt 39, 259; BayObLGSt 1984, 133 [134]; OLG Bamberg NJW 2007, 393; Meyer-Goßner/*Schmitt* § 218 Rn. 4). Eine schriftliche Mitteilung ist aber zweckmäßig (LR/*Jäger* § 218 Rn. 6). Die Anzeige kann aber auch in **schlüssigem Verhalten** gesehen werden, insb. durch ein Tätigwerden des RA für den Angeklagten (RGSt 25, 152 [153]; BGH NStZ 2006, 461 [462]; KK-StPO/*Gmel* § 218 Rn. 3). 7

Bei **Mängeln der schriftlichen Anzeige** (z.B. fehlende Anschrift des Verteidigers) entfällt die Pflicht zur Ladung, es sei denn, eine Klärung ist ohne Verzögerung oder Schwierigkeit möglich (OLG Köln DAR 1982, 24; Meyer-Goßner/*Schmitt* § 218 Rn. 4). 8

IV. Durchführung der Ladung. Der Verteidiger ist auf **Anordnung des Vorsitzenden** (§ 214 Abs. 1 Satz 1) von Amts wegen durch **förmliche Zustellung** zu laden (KK-StPO/*Gmel* § 218 Rn. 6; Meyer-Goßner/*Schmitt* § 218 Rn. 7). Dies geschieht in der Regel gem. § 37 i.V.m. § 174 Abs. 1 ZPO durch Zustellung gegen Empfangsbekenntnis. Der Vermerk der Geschäftsstelle über die Ausführung der Ladungsverfügung genügt nicht als Nachweis (BayObLGSt 1980, 35; OLG Düsseldorf VRS 93, 181; Meyer-Goßner/*Schmitt* § 218 Rn. 7). Nur zum **ersten Termin der Hauptverhandlung** muss förmlich geladen werden, für Fortsetzungstermine reicht bei Anwesenheit des Verteidigers eine formlose Ladung (BGH StV 2001, 663; StraFo 2009, 332; KK-StPO/*Gmel* § 218 Rn. 6). 9

Ob die förmliche Ladung entbehrlich ist, wenn aktenmäßig feststeht, dass der Verteidiger **Kenntnis vom Termin** hat, ist umstritten. Ein Teil der Rspr. argumentiert, der Zweck der Ladung, den Verteidiger auf den Termin hinzuweisen, sei auch dann erreicht, wenn dieser nachweisbar auf andere Weise rechtzeitig vom Termin Kenntnis erlangt habe (BGHSt 36, 259 [261]; NJW 2009, 48; KG VRS 28, 438 [439]; OLG Hamm JMBl. NRW 1977, 215; OLG Naumburg StraFO 2009, 332). Dagegen spricht jedoch, dass die Vorschrift zum Zwecke des sicheren Nachweises ohne Ausnahmemöglichkeit die förmliche Ladung verlangt (BayOLGSt 1984, 133 [135]; OLG München NStZ 2005, 561; Meyer-Goßner/*Schmitt* § 218 Rn. 8; SK-StPO/*Deiters* § 218 Rn. 13). Allerdings wird das Urteil bei Kenntnis vom Termin nicht auf dem Formverstoß beruhen (LR/*Jäger* § 218 Rn. 14). Unstreitig ist, dass die bloße Möglichkeit der Kenntnisnahme vom Termin durch Akteneinsicht nicht ausreicht (BGH NStZ 1985, 229; 1995, 298 [299]; OLG München NStZ 2006, 590 [591]; KK-StPO/*Gmel* § 218 Rn. 6). 10

V. Verzicht. Der Verteidiger kann auf seine förmliche Ladung und die Einhaltung der Ladungsfrist verzichten (BGHSt 18, 396; NStZ 2009, 48; SK-StPO/*Deiters* § 218 Rn. 19). Der Verzicht kann auch **konkludent** erklärt werden (BGH NStZ 2005, 646 [647]), z.B. durch Verlegungsantrag (Meyer-Goßner/*Schmitt* § 218 Rn. 9) oder durch Mitteilung des Verteidigers bei Anzeige seiner Bestellung, dass er vom Termin Kenntnis habe, sofern offensichtlich ist, dass er keine besondere Ladung mehr erwartet (OLG Jena VRS 113, 345 [346]; LR/*Jäger* § 218 Rn. 17; MüKo-StPO/*Arnoldi* § 218 Rn. 12). 11

Zum Verzicht ist der Verteidiger **ohne Zustimmung des Angeklagten** berechtigt. Der Angeklagte kann daher weder vor der Hauptverhandlung auf die Einhaltung von § 218 noch bei Anwesenheit des Verteidigers in 12 der Hauptverhandlung auf die Einhaltung der Ladungsfrist verzichten (OLG Saarbrücken StV 1988, 425; LR/*Jäger* § 218 Rn. 18; KK-StPO/*Gmel* § 218 Rn. 7).

13 Liegt **kein Fall notwendiger Verteidigung** vor, kann der Angeklagte entscheiden, ob er sich verteidigen lassen will oder nicht. Erscheint der Wahlverteidiger daher nicht in der Hauptverhandlung, kann der Angeklagte durch ausdrückliche Erklärung oder konkludent nachträglich auf dessen Ladung oder die Einhaltung der Ladungsfrist verzichten, wenn er den Ladungsmangel kennt (BGHSt 36, 259 [261]; NStZ 2005, 114). Da in diesem Fall das Recht, wegen der Nichteinhaltung der Ladungsfrist ggü. dem Verteidiger die Aussetzung zu verlangen, auf den Angeklagten übergeht (OLG Celle NJW 1974, 1258; Meyer-Goßner/*Schmitt* § 218 Rn. 13), muss er sich – ggf. nach Belehrung (§ 228 Abs. 3) – auch darüber im Klaren sein, dass er infolge des Verzichts dieses Recht verliert (so nun auch BGH NStZ 2009, 48; OLG Frankfurt NStZ-RR 2008, 381; LR/*Jäger* § 218 Rn. 19; SK-StPO/*Deiters* § 218 Rn. 20). Ein Verzicht kann daher nicht schon im rügelosen Einlassen auf die Hauptverhandlung und im Unterlassen eines Aussetzungsantrags gesehen werden (BGH NStZ 2006, 461 [462]; NStZ 2009, 48; Meyer-Goßner/*Schmitt* § 218 Rn. 9). Ist dem Angeklagten die Verhandlung ohne Beistand des Verteidigers nicht zuzumuten, kann die **gerichtliche Fürsorgepflicht** gebieten, trotz Verzichtserklärung die Hauptverhandlung zu unterbrechen oder auszusetzen, um die Mitwirkung des Verteidigers sicherzustellen (OLG Zweibrücken StV 1988, 425 [426]; KK-StPO/*Gmel* § 218 Rn. 7).

14 **B. Ladungsfrist (Satz 2 i.V.m. § 217). I. Einhaltung der Ladungsfrist.** Über die Verweisung des Satz 2 auf § 217 ist auch ggü. dem Verteidiger die **einwöchige Ladungsfrist** einzuhalten (§ 217 Abs. 1). Nach allgemeiner Ansicht (BGH NJW 1963, 1114; Meyer-Goßner/*Schmitt* § 218 Rn. 11 m.w.N.) gilt dies jedoch nur dann, wenn der Verteidiger bei Beginn der Ladungsfrist für den Angeklagten bereits gerichtlich bestellt oder dem Gericht als gewählt gemeldet ist. Bestellt ihn der Vorsitzende erst später oder zeigt der Angeklagte die Wahl erst später an, muss keine Ladungsfrist für den Verteidiger gewahrt werden. Andernfalls hätte es der Angeklagte in der Hand, durch verspätete Anzeige der Wahl, u.U. auch durch nachträglichen Antrag auf Beiordnung eines Verteidigers (§§ 140 Abs. 2, 141 Abs. 2), die Aussetzung der Hauptverhandlung zu erzwingen (§ 217 Abs. 2). Die Verpflichtung, den Verteidiger förmlich zu laden, bleibt von dieser Einschränkung unberührt (KK-StPO/*Gmel* § 218 Rn. 5). Ist eine förmliche Ladung nicht mehr möglich, muss formlos geladen werden (BayObLGSt 1984, 133; Meyer-Goßner/*Schmitt* § 218 Rn. 7).

15 Hat der Vorsitzende die verspätete Beiordnung verschuldet, muss der Hauptverhandlungstermin zur Wahrung der Ladungsfrist verschoben werden (KK-StPO/*Gmel* § 218 Rn. 5; Meyer-Goßner/*Schmitt* § 218 Rn. 11).

16 **II. Aussetzungsantrag.** Bei Nichteinhaltung der Ladungsfrist und – erst recht – bei nicht erfolgter Ladung hat der Verteidiger nach Satz 2 i.V.m. § 217 Abs. 2 ein vom Angeklagten unabhängiges eigenes Recht, die Aussetzung der Verhandlung zu verlangen (BGHSt 18, 396; NStZ 1985, 229; LR/*Jäger* § 218 Rn. 21).

17 Der Antrag auf Aussetzung muss spätestens bis zum **Beginn der Vernehmung des Angeklagten zur Sache** (§ 243 Abs. 5 Satz 2) (mündlich) gestellt werden. Erscheint der nicht geladene Verteidiger später, gilt diese zeitliche Grenze nicht (LR/*Jäger* § 218 Rn. 21; KK-StPO/*Gmel* § 218 Rn. 8). Der Aussetzungsantrag muss aber unverzüglich nach dem Erscheinen erklärt werden (OLG Celle MDR 1966, 256 [257]; Meyer-Goßner/*Schmitt* § 218 Rn. 14).

18 Schon **vor der Hauptverhandlung** kann die Aussetzung schriftlich beantragt werden (OLG Koblenz VRS 52, 357; OLG Celle NJW 1974, 1258 [1259]; Meyer-Goßner/*Schmitt* § 218 Rn. 12). Die vor Verhandlungsbeginn an den Vorsitzenden gerichtete Bitte, die Hauptverhandlung zu vertagen, genügt nicht (OLG Celle NJW 1974, 1258; KK-StPO/*Gmel* § 218 Rn. 10).

19 Wird der Verteidiger nicht geladen und erscheint er deshalb nicht in der Hauptverhandlung, geht das (erst recht bestehende) Aussetzungsrecht auf den Angeklagten über (s. Rn. 13).

20 **C. Revision. I. Verstoß gegen Satz 1 und Nichterscheinen des Verteidigers.** Wird der **gewählte Verteidiger** unter Verstoß gegen Satz 1 nicht oder falsch geladen und erscheint deshalb nicht, ist nicht auszuschließen, dass die Hauptverhandlung in seiner Anwesenheit zu einem günstigeren Ergebnis geführt hätte. Die Revision gegen das Urteil ist daher – unabhängig von einem Verschulden des Gerichts (KG StV 1996, 10; OLG Bamberg NJW 2007, 393) – grds. begründet, wenn kein Verzicht vorliegt oder feststeht, dass der Verteidiger Kenntnis vom Termin hatte oder bei ordnungsgemäßer Ladung nicht erschienen wäre (BGHSt 36, 259 [261]; NStZ 2009, 48; OLG Koblenz DAR 2009, 592). Dies gilt auch bei einem von mehreren Verteidigern (BGHSt 36, 259 [260]; MüKo-StPO/Arnoldi § 218 Rn. 15), sofern der Angeklagte nicht durch sein Verhalten verdeutlicht hat, dass die Aufgaben durch einen anderen Verteidiger übernommen werden (BGH NStZ 2005, 646 [647]; 2006, 461 [462]; Meyer-Goßner/*Schmitt* § 218 Rn. 15). Zum notwendigen *Revisionsvortrag gem.* § 344 Abs. 2 Satz 2 vgl. BayObLG NStZ-RR 1996, 245; OLG Hamm wistra 1998, 238; OLG Frankfurt NStZ-RR 2008, 381; OLG Celle StV 2012, 588.

Führt im Fall **notwendiger Verteidigung** die unterlassene oder falsche Ladung dazu, dass der Verteidiger in der Hauptverhandlung nicht anwesend ist, ist der absolute Revisionsgrund gem. § 338 Nr. 5 gegeben (LR/*Jäger* § 218 Rn. 30; SK-StPO/*Deiters* § 218 Rn. 21). 21

II. Verstoß gegen Satz 1 und Erscheinen des Verteidigers. Erscheint der Verteidiger trotz Nichtladung, kann die Revision nicht auf den Verstoß gegen Satz 1 gestützt werden. Der Verteidiger muss vielmehr gem. § 218 Satz 2 i.V.m. § 217 Abs. 2 die Aussetzung der Hauptverhandlung beantragen und kann nach fehlerhafter Ablehnung durch das Gericht die Revision damit begründen, dass die Verteidigung in einem für die Entscheidung wesentlichen Punkt unzulässig beschränkt wurde (§ 338 Nr. 8) (BGH NStZ 1985, 229; NStZ 1995, 298; KK-StPO/*Gmel* § 218 Rn. 13). Das Aussetzungsrecht und die Verfahrensrüge können **verwirkt** werden, wenn aus prozesstaktischen Gründen trotz sicherer Kenntnis des Aussetzungsgrunds mit dem Antrag zugewartet wird (BGH NStZ 2005, 646 [647]; Meyer-Goßner/*Schmitt* § 218 Rn. 15). 22

III. Nichteinhaltung der Ladungsfrist. Wird entgegen §§ 218 Satz 2, 217 die Ladungsfrist nicht eingehalten, gelten die bei Rn. 20 bis 22 dargestellten Grundsätze (SK-StPO/*Deiters* § 218 Rn. 22). Wird der Angeklagte bei Ausbleiben seines Verteidigers nicht über das Aussetzungsrecht belehrt, kann die Revision auf die Verletzung der Fürsorgepflicht gestützt werden (LR/*Jäger* § 218 Rn. 29). 23

§ 219 Beweisanträge des Angeklagten

(1) [1]Beweisanträge hat der Angeklagte bei dem Vorsitzenden des Gerichts zu stellen. [2]Die hierauf ergehende Verfügung ist ihm bekanntzumachen.

(2) Beweisanträge des Angeklagten sind, soweit ihnen stattgegeben ist, der Staatsanwaltschaft mitzuteilen.

Übersicht

A. Allgemeines. § 219 eröffnet dem Angeklagten – über den Wortlaut hinaus aber auch Verteidiger, Erziehungsberechtigtem oder gesetzlichem Vertreter und Nebenbeteiligten – bereits vor Beginn der Hauptverhandlung die Möglichkeit, Beweisanträge i.S.d. § 244 Abs. 3 Satz 1 StPO zu stellen und damit auf die Ladung von Zeugen und Sachverständigen und die Herbeischaffung von Urkunden und Augenscheinsobjekten Einfluss zu nehmen. Im Unterschied zum Beweisantragsrecht im Zwischenverfahren nach § 201, das nur Beweiserhebungen zur Beurteilung des hinreichenden Tatverdachts betrifft, zielen Anträge nach § 219 ohne sachliche Beschränkung auf die **Beweisaufnahme über Tat, Schuld und Strafe** ab (LR/*Jäger* § 219 Rn. 2). Obwohl Anträge nach § 219 in der Regel höhere Erfolgschancen als in der Hauptverhandlung gestellte Beweisanträge haben und zur Förderung des Verfahrens beitragen können, wird von diesem Instrument in der Praxis eher zurückhaltend Gebrauch gemacht. 1

B. Antragsrecht. Antragsberechtigt ist der **Angeklagte**, auch wenn er gem. § 233 von der Verpflichtung zum Erscheinen in der Hauptverhandlung entbunden ist. Ein im Vernehmungstermin i.S.d. § 233 Abs. 2 gestellter Beweisantrag ist jedoch so zu behandeln, als sei er in der Hauptverhandlung gestellt worden (LR/*Jäger* § 219 Rn. 3). 2

Über den Wortlaut der Vorschrift hinaus hat nach allgemeiner Ansicht auch der **Verteidiger** aus eigenem Recht und daher auch gegen den Willen des Angeklagten ein Antragsrecht. **Nebenbeteiligte** dürfen im Umfang ihrer Verfahrensbeteiligung Anträge stellen. Nicht antragsbefugt ist der **Nebenkläger**, da § 397 Abs. 1 nur auf § 244, nicht aber auf § 219 verweist (KMR/*Eschelbach* § 219 Rn. 13). 3

Im **Privatklageverfahren** steht dem Beschuldigten kein Beweisantragsrecht zu. Die den allgemeinen Vorschriften vorgehende Spezialregelung des § 386 sieht ein ausschließliches Bestimmungsrecht des Vorsitzenden und (nur) ein Selbstladungsrecht des Privatklägers und des Angeklagten vor (KMR/*Eschelbach* § 219 Rn. 14; Meyer-Goßner/*Schmitt* § 386 Rn. 2; a.A. Graf/*Ritscher* § 219 Rn. 2; SK/*Deiters* § 219 Rn. 7). Im **jugendgerichtlichen Verfahren** sind Erziehungsberechtigte und gesetzliche Vertreter antragsberechtigt (§ 67 Abs. 1, 109 Abs. 1 JGG). Über die Verweisungsnorm des § 71 Abs. 1 OWiG besteht im **Bußgeldverfahren** ein Antragsrecht für den Betroffenen und seinen Verteidiger (KG StV 1990, 255). 4

C. Form und Inhalt des Antrags. Der Antrag muss **schriftlich** oder **zu Protokoll der Geschäftsstelle** gestellt und an den Vorsitzenden gerichtet werden (Meyer-Goßner/*Schmitt* § 219 Rn. 1; KK/*Gmel* § 219 Rn. 9). 5

6 **Inhaltlich** muss der Antrag die Beweistatsachen und die Beweismittel angeben und auf eine Benutzung des Beweismittels in der Hauptverhandlung abzielen (KK/*Gmel* § 219 Rn. 2). Beweisanregungen und Beweisermittlungsanträge sind daher von § 219 ebenso wenig erfasst wie Anträge, die auf eine Beweiserhebung vor der Hauptverhandlung abzielen (LR/*Jäger* § 219 Rn. 4; Meyer-Goßner/*Schmitt* § 219 Rn. 4). Für Letztere bestehen teilweise besondere Regelungen (§ 223: kommissarische Vernehmung; § 225: richterlicher Augenschein). **Bedingte Beweisanträge**, insb. Hilfsbeweisanträge, sind zulässig. Allerdings hängt ihre Erfolgsaussicht davon ab, ob das Gericht den Eintritt der Bedingung bereits vor der Hauptverhandlung beurteilen kann (*Pfeiffer* § 219 Rn. 3).

7 Für die Antragstellung gibt es – abgesehen davon, dass sie vor dem ersten Hauptverhandlungstermin zu erfolgen hat – **keine Frist**. Der Antragsberechtigte sollte den Antrag aber so frühzeitig stellen, dass die Ladungen oder die Herbeischaffung der Beweismittel noch angeordnet werden kann bzw. noch ausreichende Zeit besteht, um von dem in § 220 normierten Recht zur Selbstladung von Zeugen und Sachverständigen Gebrauch machen zu können.

8 **D. Zuständigkeit.** Die Entscheidung über den Antrag trifft allein der **Vorsitzende**, nicht das Gericht. Der Vorsitzende ist nicht befugt, die Entscheidung dem erkennenden Gericht in der Hauptverhandlung zu überlassen (BGHSt 1, 286 [287]). Vor Erlass einer Verfügung kann er aber die Mitglieder des erkennenden Gerichts hören (LR/*Jäger* § 219 Rn. 6).

9 **E. Entscheidung.** Da § 33 für Verfügungen des Vorsitzenden nicht gilt, müssen StA und Nebenkläger nicht zuvor angehört werden. Die **Einholung von Stellungnahmen** ist aber sinnvoll und in der Praxis üblich (KK/*Gmel* § 219 Rn. 4; KMR/*Eschelbach* § 219 Rn. 31).

10 Entspricht das Verlangen nicht den inhaltlichen Anforderungen eines Beweisantrags, steht es dem Vorsitzenden frei, auf eine Klarstellung oder Vervollständigung hinzuwirken oder den Antrag unter näherer Bezeichnung der Mängel **abzulehnen** (LR/*Jäger* § 219 Rn. 5).

11 Sofern es sich um einen Beweisantrag handelt, kann der Vorsitzende diesem stattgeben oder ihn ablehnen. Bei der Entscheidung hat er sich an den in **§ 244 Abs. 3 bis 5 normierten Ablehnungsgründen** zu orientieren (Meyer-Goßner/*Schmitt* § 219 Rn. 3; LR/*Jäger* § 219 Rn. 2, 11). Dabei darf jedoch die Beweisaufnahme in der Hauptverhandlung nicht vorweggenommen werden. Deshalb ist bspw. die Wahrunterstellung unzulässig (BGHSt 1, 51 [53]). Die Vernehmung eines Sachverständigen darf der Vorsitzende dagegen ablehnen, wenn er bei vorläufiger Bewertung davon ausgeht, dass das erkennende Gericht die erforderliche Sachkunde besitzt (Meyer-Goßner/*Schmitt* § 219 Rn. 3; KK/*Gmel* § 219 Rn. 6).

12 **Entspricht der Vorsitzende dem Antrag**, verfügt er (ohne Begründung) die Ladung (§ 214 Abs. 1) bzw. ordnet die Herbeischaffung der Beweismittel an (§ 214 Abs. 4). Das Beweismittel ist dann in der Hauptverhandlung präsent, sodass die Beweiserhebung gem. § 245 Abs. 1 nur noch wegen Unzulässigkeit oder bei allseitigem Verzicht unterlassen werden darf (SK-StPO/*Deiters* Rn. 32).

13 **Lehnt er den Antrag ab**, hat er diese Verfügung gem. § 34 **zu begründen**. Dafür ist es grds. ausreichend festzustellen, dass es für die Entscheidung in der Hauptverhandlung auf die Beweiserhebung nicht ankommt (Meyer-Goßner/*Schmitt* § 219 Rn. 4; KK/*Gmel* § 219 Rn. 5). Die Begründung muss also nicht den für einen Ablehnungsbeschluss nach § 244 Abs. 6 aufgestellten Erfordernissen genügen.

14 Auf die Ablehnung des Antrags kann der Antragsteller entweder mit der Selbstladung nach § 220 Abs. 1 Satz 1 oder durch Wiederholung des Antrags in der Hauptverhandlung reagieren. Im letztgenannten Fall entscheidet das erkennende Gericht, ohne an die Ablehnungsgründe des Vorsitzenden gebunden zu sein (RG 75, 165 [167]; Meyer-Goßner/*Schmitt* § 219 Rn. 3). Insoweit hat dessen Verfügung nur **vorläufigen Charakter**.

15 **F. Bekanntgabe.** Die (stattgebende oder ablehnende) Verfügung des Vorsitzenden ist dem Antragsteller bekannt zu machen (Abs. 1 Satz 2). **Formlose Mitteilung** gem. § 35 Abs. 2 Satz 2 ist ausreichend (Meyer-Goßner/*Schmitt* § 219 Rn. 4). StA (Abs. 2) und Nebenkläger (§ 397 Abs. 1 Satz 5) sind Beweisanträge, denen stattgegeben wurde, mitzuteilen. Diese Information ermöglicht ihnen, mit weiteren eigenen Beweismitteln zu »reagieren«.

16 **G. Rechtsbehelfe.** Gegen die Verfügung des Vorsitzenden ist die **Beschwerde** nicht zulässig (Meyer-Goßner/*Schmitt* § 219 Rn. 6; Graf/*Ritscher* § 219 Rn. 8). Dies folgt schon daraus, dass die Entscheidung nur vorläufigen Charakter hat und der Antragsteller den Beweisantrag in der Hauptverhandlung wiederholen kann.

17 Die **Revision** kann auf die Verletzung des § 219 nicht gestützt werden (RGSt 75, 165; Meyer-Goßner/*Schmitt* § 219 Rn. 7; a.A. OLG Düsseldorf JMBl. NRW 1987, 101 [103] für den Fall der unterbliebenen Entscheidung). Da die Antragsberechtigten die Möglichkeit haben, Zeugen und Sachverständige unmittelbar zu laden und ihre vor der Hauptverhandlung gestellten Anträge in der Hauptverhandlung zu wiederholen, kann das Urteil nicht auf der vorangegangenen Verfügung des Vorsitzenden beruhen. Allerdings kann die

Revision damit begründet werden, dass der Vorsitzende gegen die **gerichtliche Fürsorgepflicht** verstoßen hat, wenn über einen zulässigen Antrag nicht entschieden und der Hinweis an den Antragsteller unterlassen wurde, dass der Antrag in der Hauptverhandlung wiederholt werden muss (BGHSt 1, 51 [52]; zum Revisionsvorbringen LR/*Jäger* § 219 Rn. 35 f.).

§ 220 Unmittelbare Ladung durch den Angeklagten

(1) [1]Lehnt der Vorsitzende den Antrag auf Ladung einer Person ab, so kann der Angeklagte sie unmittelbar laden lassen. [2]Hierzu ist er auch ohne vorgängigen Antrag befugt.

(2) Eine unmittelbar geladene Person ist nur dann zum Erscheinen verpflichtet, wenn ihr bei der Ladung die gesetzliche Entschädigung für Reisekosten und Versäumnis bar dargeboten oder deren Hinterlegung bei der Geschäftsstelle nachgewiesen wird.

(3) Ergibt sich in der Hauptverhandlung, daß die Vernehmung einer unmittelbar geladenen Person zur Aufklärung der Sache dienlich war, so hat das Gericht auf Antrag anzuordnen, daß ihr die gesetzliche Entschädigung aus der Staatskasse zu gewähren ist.

Übersicht

A. Selbstladungsrecht. Die Vorschrift räumt den nach § 219 Antragsberechtigten (s. § 219 Rdn. 2) das Recht ein, Zeugen und Sachverständige selbst zur Hauptverhandlung zu laden. Dies ist insb. von Relevanz, wenn ein Beweisantrag nach § 219 abgelehnt wurde. Das Selbstladungsrecht besteht aber auch ohne vorherigen Antrag (Abs. 1 Satz 2). Voraussetzung für die Selbstladung ist, dass für die Beweisperson eine Entschädigung gestellt wird (Abs. 2). Hat die Ladung Erfolg, ist der Zeuge bzw. Sachverständige **präsentes Beweismittel**. Ein in der Hauptverhandlung gestellter Antrag, ihn zu vernehmen, kann daher nicht – wie bei noch zu ladenden oder in die Hauptverhandlung gestellten Beweispersonen – nach § 244 Abs. 3 bis 5, sondern nur unter den (engeren) Voraussetzungen des § 245 Abs. 2 Satz 2 und 3 abgelehnt werden (KK/*Gmel* § 220 Rn. 1; MüKo-StPO/*Arnoldi* § 220 Rn. 1). Gem. Abs. 3 kann der Beweisperson auf Antrag die gesetzliche Entschädigung aus der Staatskasse gewährt werden, wenn ihre Vernehmung sachdienlich war. § 220 gilt nur für Beweispersonen; für Urkunden und Augenscheinsgegenstände gibt es keine vergleichbare Regelung. 1

B. Verfahren. Zum Verfahren bestimmt § 38, dass mit der Zustellung der Ladung der Gerichtsvollzieher zu beauftragen ist. Dieser hat den Auftrag auch dann auszuführen, wenn keine Entschädigung angeboten wird (KK/*Gmel* § 220 Rn. 4). Die vom Ladungsberechtigten zu verfassende **schriftliche Ladung** sollte unter Angabe des Aktenzeichens Zeit und Ort der Hauptverhandlung benennen. Außerdem sollte sie einen Hinweis auf die Entschädigungsleistung und eine Belehrung über die Folgen des unentschuldigten Ausbleibens (für Zeugen: § 51, für Sachverständige: § 77) enthalten (§§ 48, 72). Das Beweisthema muss nicht mitgeteilt werden (Meyer-Goßner/*Schmitt* § 220 Rn. 4). 2

Der Entschädigungsbetrag, den der Ladungsberechtigte ohne Möglichkeit eines Vorschusses aus der Staatskasse (Meyer-Goßner/*Schmitt* § 220 Rn. 7) selbst aufzubringen hat, kann entweder dem Gerichtsvollzieher in bar übergeben oder bei der Gerichtskasse des erkennenden Gerichts hinterlegt werden. Da bei barer Entschädigung die Gefahr besteht, dass später keine Entscheidung nach § 220 Abs. 3 getroffen wird und der Angeklagte schlussendlich die Kosten selbst tragen muss, ist die Hinterlegung zu bevorzugen (s. Rdn. 7). Die Höhe der Entschädigung bestimmt sich nach dem JVEG und ist vom Ladungsberechtigten selbst zu berechnen (zur Berechnung der Entschädigung des Sachverständigen LR/*Jäger* § 220 Rn. 20). Da die Beweisperson nicht erscheinen muss, wenn ihr zu wenig angeboten wird (KK/*Gmel* § 220 Rn. 9; Meyer-Goßner/*Schmitt* § 220 Rn. 7), ist bei der Berechnung besondere Sorgfalt geboten. 3

Gem. § 222 Abs. 2 muss der Angeklagte dem Gericht und der StA den von ihm geladenen Zeugen bzw. Sachverständigen rechtzeitig namhaft machen und Wohn- und Aufenthaltsort der Beweisperson angeben (s. § 222 Rdn. 7). Geschieht dies nicht, kann die StA gem. § 246 Abs. 2 die Aussetzung der Hauptverhandlung beantragen. 4

Auslandszeugen können, soweit sie sich nicht in einem Staat befinden, auf den §§ 48 ff. SDÜ Anwendung finden, nach § 220 nicht selbst geladen werden(Meyer-Goßner/*Schmitt* § 220 Rn. 4a; Graf/*Ritscher* § 220 Rn. 7; eingehend zur Thematik *Pauka/Daners*, StraFo 2015, 397 [399 ff.]). Mit ihnen kann der Angeklagte oder Verteidiger aber unmittelbar in Verbindung treten und versuchen, ihr Erscheinen zur Hauptverhandlung 5 unter Anbieten einer Entschädigung zu vereinbaren (LR/*Jäger* § 220 Rn. 7, 30) Ist der Zeuge nach Deutschland eingereist, kann ihm die Ladung durch den Gerichtsvollzieher zugestellt werden; er hat dann die Stellung eines unmittelbar geladenen Inlandszeugen (MüKo-StPO/*Arnoldi*, § 220 Rn. 13).

6 **C. Pflicht zum Erscheinen.** Ist die Beweisperson (nachweisbar) nach Abs. 2 ordnungsgemäß geladen worden, ist sie zum Erscheinen in der Hauptverhandlung genauso verpflichtet, wie sie es bei amtlicher Ladung wäre. Es gelten daher die Beschränkungen der Zeugen- und Sachverständigenpflichten nach §§ 49, 50, 75. Bei Ausbleiben im Termin sind die in §§ 51, 77 geregelten Ungehorsamsfolgen anzuordnen. Dies gilt unabhängig davon, ob ein Antrag auf Vernehmung – etwa wegen Missbrauchs des Ladungsrechts – nach § 245 Abs. 2 Satz 2, 3 abzulehnen wäre (LR/*Jäger* § 220 Rn. 11). Ein inhaftierter Inlandszeuge ist vom Vorsitzenden vorführen zu lassen (*Pauka/Daners* StraFo 2015, 397 [404]).

7 **D. Entschädigung aus der Staatskasse (Abs. 3).** Während oder nach Abschluss der Hauptverhandlung (OLG Düsseldorf JurBüro 1986, 73) können die Beweispersonen, der Angeklagte und die StA einen Antrag auf gesetzliche Entschädigung aus der Staatskasse stellen, sofern der Entschädigungsanspruch der Beweisperson nicht bereits erloschen ist (Meyer-Goßner/*Schmitt* § 220 Rn. 11; KK/*Gmel* § 220 Rn. 15). Dies ist u.a. der Fall, wenn der Angeklagte die Beweisperson bereits in bar entschädigt hat bzw. wenn sie wegen der ihr zustehenden Entschädigung aus dem vom Angeklagten hinterlegten Betrag vollständig befriedigt wurde.

8 § 220 Abs. 3 gibt nur der Beweisperson einen **Anspruch gegen die Staatskasse**, berührt aber nicht das in §§ 465, 467 geregelte Rechtsverhältnis zwischen dem Angeklagten und der Staatskasse (OLG Düsseldorf StV 1994, 492 f.). Die aus der Staatskasse gewährte Entschädigung gehört zu den Kosten des Verfahrens. Bei Kostenauferlegung im Urteil hat der Angeklagte den ausgelegten Betrag zu erstatten; bei Freispruch bleibt es bei der Kostentragung durch die Staatskasse, der nach Abs. 2 nachzuweisende Entschädigungsbetrag wird zurückbezahlt.

9 Die Voraussetzung, dass die Vernehmung der unmittelbar geladenen Beweisperson in der Hauptverhandlung zur Aufklärung der Sache dienlich war, soll den Missbrauch des Selbstladungsrechts verhindern (BGHR StPO § 220 Sachverständiger 1). Ob Sachdienlichkeit gegeben ist, hat das Gericht in tatrichterlicher Würdigung des Ergebnisses und des Verlaufs der Hauptverhandlung zu entscheiden, wobei ein von den Vorstellungen und Meinungen des Angeklagten unabhängiger objektiver Maßstab anzulegen ist und Billigkeitserwägungen keinen Raum haben (OLG Düsseldorf MDR 1985, 1050). Sachdienlich ist nur eine Beweiserhebung, die das Verfahren fördert, also die zu fällende Entscheidung oder den weiteren Verfahrensgang beeinflusst (BGHR StPO § 220 Sachverständiger 1), jedenfalls, wenn die Vernehmung sich auf den Schuld- oder Strafausspruch ausgewirkt hat (*Arnoldi* NStZ 2018, 305 [312]). Eine Verfahrensförderung ist nicht schon dann gegeben, wenn zur Sache Gehörendes ausgesagt wurde (OLG Düsseldorf MDR 1985, 1050.). Dass eine Aussage in den Entscheidungsgründen verwendet wird, spricht in der Regel für ihre Sachdienlichkeit (OLG München StV 1996, 491 f.).

10 Bei einem selbst geladenen **Sachverständigen** ist Sachdienlichkeit der Vernehmung bereits dann gegeben, wenn der Sachverständige mit seinen mündlichen Ausführungen die Diskussionsbasis in der Hauptverhandlung verbreitet, unabhängig davon, ob seine Feststellungen diejenigen des gerichtlich bestellten Sachverständigen bestätigen (KG NStZ 1999, 476; *Widmaier* StV 1985, 526 [528]; *Pauka/Daners*, StraFo 2015, 397 [407]). Die Entschädigung des Sachverständigen kann auch nicht mit der Begründung abgelehnt werden, dass das Gericht bereits einen Sachverständigen bestellt und geladen habe (OLG München StV 1996, 491). Keine Sachdienlichkeit liegt vor, wenn der Sachverständige keine Gewähr dafür bietet, dass das Gutachten unparteiisch und nach bestem Wissen und Gewissen erstattet wird (OLG Hamm StRR 2015, 66). Abs. 3 findet auf die in der Hauptverhandlung gestellten Zeugen und Sachverständigen entsprechende Anwendung (Meyer-Goßner/*Schmitt* § 220 Rn. 14; Graf/*Ritscher* § 220 Rn. 14).

11 **E. Rechtsbehelfe.** Die Ablehnung eines Antrags nach Abs. 3 können die Beweisperson und die StA mit der **Beschwerde** anfechten, der Angeklagte nur dann, wenn er durch die Entscheidung beschwert ist (Meyer-Goßner/*Schmitt* § 220 Rn. 15; KK/*Gmel* § 220 Rn. 16). An der Beschwer fehlt es, wenn nach dem rechtskräftigen Urteil die Staatskasse oder der Angeklagte die Verfahrenskosten zu tragen haben (OLG Karlsruhe MDR 1985, 694; LR/*Jäger* § 220 Rn. 39).

12 Wird das Selbstladungsrecht dadurch unwirksam gemacht, dass ein Sachverständiger zur Vorbereitung seines Gutachtens kein Besuchsrecht bei einem inhaftierten Angeklagten erhält, liegt darin eine Verletzung des Grundsatzes der Waffengleichheit, die die **Revision** begründet (BGHSt 43, 171).

§ 221 Herbeischaffung von Beweismitteln von Amts wegen

Der Vorsitzende des Gerichts kann auch von Amts wegen die Herbeischaffung weiterer als Beweismittel dienender Gegenstände anordnen.

Übersicht

A. Anordnung der Herbeischaffung von Beweismitteln. Um Urkunden und Augenscheinsobjekte in die Hauptverhandlung einführen zu können, müssen diese dem Gericht rechtzeitig vor dem Termin zur Verfügung stehen. Die als Beweismittel dienenden Gegenstände, die als Bestandteil der Akten mit der Anklageschrift vorgelegt wurden (§ 199 Abs. 2 Satz 2) oder schon bei Gericht asserviert sind, schafft das Gericht selbst herbei (§ 214 Abs. 4 Satz 2). Befinden sich darüber hinaus weitere beweisrelevante Gegenstände im Gewahrsam der StA, einer anderen Behörde oder im Besitz von Dritten, müssen diese noch herbeigeschafft werden. Die Anordnung dazu trifft gem. § 221 der Vorsitzende des Gerichts, die Ausführung obliegt gem. § 214 Abs. 4 Satz 1 der StA. 1

Welche als Beweismittel dienenden Gegenstände (zusätzlich) beizubringen sind, entscheidet der Vorsitzende nach **pflichtgemäßem Ermessen** vor oder – aufgrund der Sachleitungsbefugnis gem. § 238 Abs. 1 – während der Hauptverhandlung (LR/*Jäger* § 221 Rn. 4). Maßstab für die Anordnung ist § 244 Abs. 2. Da die StA in der Anklageschrift nur diejenigen Beweismittel angibt, deren Verwendung sie in der Hauptverhandlung für notwendig hält (§ 200 Abs. 2 Satz 2, RiStBV Nr. 111 Abs. 1), wird der Vorsitzende insb. nicht durch die dort gemachte Aufzählung beschränkt. Hinweise auf relevante Beweismittel können sich aus den Akten (insb. der Asservatenliste) oder aus Äußerungen von Verfahrensbeteiligten (z.B. in der Verteidigungsschrift) ergeben. 2

B. Ausführung der Anordnung. Für die Ausführung der Anordnung ist die **StA** zuständig (§ 214 Abs. 4 Satz 1). Gegenstände, die sich im Gewahrsam von Dritten befinden, hat sie gem. § 36 Abs. 2 Satz 1 in Vollzug der richterlichen Anordnung beizubringen (LR/*Jäger* § 221 Rn. 6). Das an sie gerichtete Ersuchen des Vorsitzenden darf sie nicht aus Zweckmäßigkeitsgründen, sondern nur wegen Unzulässigkeit (etwa wegen Vorliegens eines Sperrvermerks gem. § 96) ablehnen (OLG Frankfurt NJW 1982, 1408; LR/*Jäger* § 221 Rn. 6). Gegen die Ablehnung ist nur die Dienstaufsichtsbeschwerde möglich (OLG Stuttgart Justiz 1982, 406). 3

C. Informationspflicht. Eine Mitteilung der Anordnung an die Verfahrensbeteiligten sieht das Gesetz – anders als bei der Ladung von Beweispersonen (§ 222 Abs. 1) – nicht vor. Wegen der Beweisbedeutung des Gegenstands gebietet aber die gerichtliche Fürsorgepflicht, Angeklagten und Verteidiger über die Anordnung zu informieren (Meyer-Goßner/*Schmitt* § 221 Rn. 3; KK/*Gmel* § 221 Rn. 4). 4

D. Rechtsbehelfe. Gegen die Anordnung des Vorsitzenden ist die **Beschwerde** grds. nicht statthaft (§ 305 Satz 1). Auf die Verletzung von § 221 kann die **Revision** nicht gestützt werden, da das Urteil nicht auf der Anordnung, sondern nur auf einer unzulässigen Beweiserhebung beruhen kann (SK-StPO/*Deiters* § 221 Rn. 5). 5

§ 222 Namhaftmachung von Zeugen und Sachverständigen

(1) [1]Das Gericht hat die geladenen Zeugen und Sachverständigen der Staatsanwaltschaft und dem Angeklagten rechtzeitig namhaft zu machen. [2]Macht die Staatsanwaltschaft von ihrem Recht nach § 214 Abs. 3 Gebrauch, so hat sie die geladenen Zeugen und Sachverständigen dem Gericht und dem Angeklagten rechtzeitig namhaft zu machen. [3]§ 200 Abs. 1 Satz 3 bis 5 gilt sinngemäß.

(2) Der Angeklagte hat die von ihm unmittelbar geladenen oder zur Hauptverhandlung zu stellenden Zeugen und Sachverständigen rechtzeitig dem Gericht und der Staatsanwaltschaft namhaft zu machen und ihre vollständige Anschrift anzugeben.

Übersicht

1 **A. Inhalt und Regelungszweck.** Die Vorschrift verlangt vom Gericht und den nach § 214 Abs. 3 bzw. § 220 zur unmittelbaren Ladung Berechtigten, die jeweils geladenen Zeugen und Sachverständigen namhaft zu machen. Auf diese Weise wird sichergestellt, dass sich Gericht, StA und Angeklagter **effektiv auf die Hauptverhandlung vorbereiten** können. Während dem Gericht die **genaue (zeitliche) Planung der Beweisaufnahme** ermöglicht wird (OLG Stuttgart Justiz 1971, 312; LR/*Jäger* § 222 Rn. 1), können StA und Angeklagter **rechtzeitige Erkundigungen** über die geladenen Zeugen und Sachverständigen einholen und klären, ob und welche Beweismittel von ihnen zweckmäßigerweise zusätzlich beizubringen sind (BGHSt 23, 244 [245]; Meyer-Goßner/*Schmitt* § 222 Rn. 1). Zugleich wird verhindert, dass die Prozessbeteiligten von einem ihnen bislang unbekannten Beweismittel überrascht werden (OLG Hamm MDR 1971, 1029). Wird die Benachrichtigung unterlassen oder erfolgt sie verspätet, können die Verfahrensbeteiligten gem. § 246 Abs. 2, 3 die **Aussetzung der Hauptverhandlung** beantragen. Der Verstoß gegen Vorschrift hat auf die Anwendung des § 245 Abs. 2 keinen Einfluss. Die Vernehmung der Beweisperson in der Hauptverhandlung ist daher ungeachtet des Verstoßes zulässig (OLG Stuttgart NStZ 1990, 356; LR/*Jäger* § 222 Rn. 22).

2 **B. Anwendungsbereich.** § 222 ist auf **andere Beweismittel als Zeugen und Sachverständige nicht anwendbar** (LR/*Jäger* § 222 Rn. 2). Da die Regelung nur den Personal-, nicht den Sachbeweis betrifft, muss nach dem Gesetz nicht über die Herbeiziehung neuer Urkunden und Augenscheinsobjekte unterrichtet werden. Eine entsprechende Anwendung kommt nach dem Regelungszweck nur für Urkunden in Betracht, die den Personalbeweis ersetzen und nach §§ 251, 256 in der Hauptverhandlung verlesbar sind (KMR/*Eschelbach* § 222 Rn. 4; SK-StPO/*Deiters* § 222 Rn. 4; weitergehend HK/*Julius* § 222 Rn. 3). Aus Zweckmäßigkeitsgründen wird zu Recht empfohlen, mit der Ladung grds. alle als Beweismittel dienenden Gegenstände anzugeben (LR/*Jäger* § 222 Rn. 2; Meyer-Goßner/*Schmitt* § 222 Rn. 2 unter Hinweis auf Nr. 118 Abs. 3 RiStBV). Da das Aussetzungsrecht gem. § 246 Abs. 2, 3 nach allgemeiner Ansicht auf sachliche Beweismittel entsprechend anwendbar ist (SK/*Frister* § 246 Rn. 13; Meyer-Goßner/*Schmitt* § 246 Rn. 2), sind ansonsten Aussetzungsanträge zu erwarten.

3 § 222 gilt über die Verweisung in § 71 Abs. 1 OWiG auch im **Bußgeldverfahren** (OLG Hamm NJW 1996, 534; OLG Jena VRS 113, 345 [346]; KMR/*Eschelbach* § 222 Rn 6). Die Frage, welche Folgen ein Verstoß gegen die Regelung hat, ist dort wegen der häufig praktizierten Entbindung von der Pflicht zum persönlichen Erscheinen (§ 74 Abs. 1 OWiG) von besonderer Relevanz (s. Rdn. 13).

4 **C. Mitteilungspflicht. I. Gericht.** Nach Abs. 1 Satz 1 muss das Gericht der StA und dem Angeklagten die geladenen Zeugen und Sachverständigen mitteilen. Dies geschieht in der Regel in der Ladung oder Terminsmitteilung (s. Nr. 118 Abs. 1 RiStBV). Lädt das Gericht die in der Anklageschrift benannten Beweispersonen, kann darauf Bezug genommen werden. Bei mehreren Angeklagten sind alle zu benachrichtigen, unabhängig davon, ob der Gegenstand der geplanten Vernehmung auch nur einen von ihnen betrifft (KMR/*Eschelbach* § 222 Rn. 10; KK/*Gmel* § 222 Rn. 4). Die Informationspflicht ggü. dem Angeklagten kann auch durch Mitteilung an einen zustellungsbevollmächtigten Verteidiger (§ 145a Abs. 1) erfüllt werden (SK-StPO/*Deiters* § 222 Rn. 7; LR/*Jäger* § 222 Rn. 7). Eine eigenständige Mitteilung an den Verteidiger ist vom Gesetz nicht gefordert, aber zweckmäßig (KMR/*Eschelbach* § 222 Rn. 10; Meyer-Goßner/*Schmitt* § 222 Rn. 6). Darüber hinaus sind auch die Privat- und Nebenkläger (§§ 385 Abs. 1, 397 Abs. 1) sowie Nebenbeteiligte zu benachrichtigen (SK-StPO/*Deiters* § 222 Rn. 7; KMR/*Eschelbach* § 222 Rn. 11).

5 **II. StA, Angeklagter, andere Verfahrensbeteiligte.** Für die StA, den Angeklagten besteht nach Abs. 1 Satz 2 die Pflicht, dem jeweiligen »Gegner« (§ 246 Abs. 2), dem Gericht und ggf. den weiteren Verfahrensbeteiligten Mitteilung zu machen, sofern sie die Möglichkeit der Selbstladung (§§ 214 Abs. 3, 220 Abs. 1) nutzen. Da bei mehreren Angeklagten jeder eine eigene Verteidigungsstrategie haben kann, müssen auch die Mitangeklagten informiert werden (KMR/*Eschelbach* § 222 Rn. 24; SK-StPO/*Deiters* § 222 Rn. 8). Die anderen zur unmittelbaren Ladung Berechtigten (s. § 219 Rn. 2, § 220 Rn. 1) haben ggü. dem Gericht und den anderen Verfahrensbeteiligten eine Mitteilungspflicht (KMR/*Eschelbach* § 222 Rn. 25).

6 **D. Form und Inhalt der Mitteilung.** Für die Mitteilung schreibt das Gesetz **keine bestimmte Form** vor. Zur besseren Nachweisbarkeit im Fall eines Aussetzungsantrags einer »Gegenpartei« sollte sie schriftlich sein (so auch Nr. 118 Abs. 1 RiStBV). Die Mitteilung kann aber auch mündlich, telefonisch, per Fax oder mittels E-Mail gemacht werden (KMR/*Eschelbach* § 222 Rn. 13; Meyer-Goßner/*Schmitt* § 222 Rn. 8).

7 **Inhaltlich** muss die Mitteilung grds. den Vor- und Nachnamen sowie den Wohn- oder Aufenthaltsort der Beweisperson enthalten. Zwar wurde durch die zum 01.07.2021 in Kraft getretene Änderung der Vorschrift das Erfordernis der Angabe des Wohn- und Aufenthaltsorts aus dem Wortlaut gestrichen. Ziel des Gesetzgebers war aber, die Regelung in Abs. 1 entsprechend der bereits nach der früheren Fassung angeordneten sinngemäßen Anwendung des § 200 Abs. 1 Satz 3 StPO dahin zu verdeutlichen, dass bei der Namhaftmachung

durch Gericht oder Staatsanwaltschaft nur der Wohn- und Aufenthaltsort genannt wird und nicht die vollständige Anschrift (BT-Drs. 19/27654, S. 43; BR-Drs. 57/21, S. 41, 106). Um den Belangen des Zeugenschutzes Rechnung zu tragen, genügt bei Zeugen, die Wahrnehmungen in amtlicher Eigenschaft gemacht haben, und bei gefährdeten Zeugen die Angabe des Namens (Abs. 1 Satz 3, § 200 Abs. 1 Satz 4, s.a. Nr. 130a RiStBV). Wohn-, Aufenthalts- oder Dienstort müssen nicht genannt werden (SK-StPO/*Deiters* § 222 Rn. 6). Wird ein Zeuge benannt, dessen Identität ganz oder teilweise nicht offenbart werden soll (vgl. § 68 Abs. 3), ist der Angeklagte darüber zu unterrichten (Abs. 1 Satz 3, § 200 Abs. 1 Satz 5). Nach Abs. 2 gilt für die vom Angeklagten geladenen Zeugen, dass die vollständige und damit ladungsfähige Anschrift anzugeben ist. Die Vorschrift verlangt nicht, dass das **Beweisthema**, zu dem der Zeuge oder Sachverständige vernommen werden soll, angegeben werden muss (RGSt. 67, 180 [182]; LR/*Jäger* § 222 Rn. 13).

E. Rechtzeitigkeit der Mitteilung. Rechtzeitig ist die Mitteilung, wenn – entsprechend dem Zweck der Regelung – den Verfahrensbeteiligten nach den Umständen des Einzelfalls genügend Zeit bleibt, sich auf die Vernehmung der benannten Beweispersonen in der Hauptverhandlung vorzubereiten. Dazu gehören die Einziehung von Erkundigungen (§ 246 Abs. 2), die Beantragung der Ladung weiterer Zeugen oder Sachverständigen bzw. deren unmittelbare Ladung und alle Maßnahmen, die für die Stellung weiterer Beweispersonen zur Hauptverhandlung notwendig sind (KMR/*Eschelbach* § 222 Rn. 12; Radtke/Hohmann/*Britz* § 222 Rn. 6). 8

F. Aussetzung und Verzicht. Bei Verstoß gegen die Mitteilungspflicht durch Verspätung oder Unterlassen kann der betroffene Verfahrensbeteiligte gem. § 246 Abs. 2 und Abs. 3 bis zum Schluss der Beweisaufnahme den Antrag stellen, die Hauptverhandlung zum Zweck der Erkundigung **auszusetzen** (s. § 246 Rdn. 6 ff.). 9

Die Verfahrensbeteiligten können auch auf die Mitteilung **verzichten**, wenn sie vom Informationsmangel Kenntnis haben (KK/*Gmel* § 222 Rn. 9). Im bloßen Schweigen liegt kein Verzicht; es bedarf vielmehr einer Erklärung, aus der sich ein entsprechender Wille ergibt (KMR/*Eschelbach* § 222 Rn. 32). 10

G. Revision. Nach herrschender Meinung kann die **Revision** (bzw. die **Rechtsbeschwerde gem. §§ 79, 80 OWiG**) grds. nicht allein auf die Verletzung der Vorschrift (durch unterlassene oder verspätete Mitteilung) gestützt werden. Vielmehr muss mit der Verfahrensrüge vorgetragen werden, dass ein in der Hauptverhandlung gestellter Aussetzungsantrag nach § 246 Abs. 2, 3 durch rechts- oder ermessensfehlerhaften Gerichtsbeschluss zurückgewiesen wurde und darin eine Beschränkung der Verteidigungsmöglichkeit liegt, auf der das Urteil beruht (§ 338 Nr. 8) (BGHSt 1, 284 [285], 37, 1 [3]; StV 1990, 196 [197]; KMR/*Eschelbach* § 222 Rn. 33; Meyer-Goßner/*Schmitt* § 222 Rn. 10). 11

Im Hinblick darauf, dass der Vorsitzende aufgrund der gerichtlichen Fürsorgepflicht den unverteidigten Angeklagten in der Regel über das Recht belehren muss, die Aussetzung zu beantragen (OLG Jena VRS 113, 345 [347]; LR/*Jäger* § 222 Rn. 19; Meyer-Goßner/*Schmitt* § 246 Rn. 3), ist zu differenzieren: 12

- War der verteidigte Angeklagte in der Hauptverhandlung anwesend und haben weder er noch sein Verteidiger die Aussetzung der Hauptverhandlung nach § 246 Abs. 2, 3 beantragt, beruht das Urteil nicht auf der unterbliebenen Benachrichtigung (BGHSt 1, 284 [285]).
- War der Angeklagte unverteidigt, wurde nicht über das Antragsrecht belehrt und hat daher aus Rechtsunkenntnis keinen Aussetzungsantrag gestellt, kann er dagegen die Revision ausnahmsweise auf den Verstoß gegen § 222 und das Unterlassen der Belehrung stützen (OLG Hamm MDR 1971, 1029; LR/*Jäger* § 222 Rn. 22; SK-StPO/*Deiters* § 222 Rn. 11). Ob das Urteil auf dem Mangel beruht, hängt davon ab, ob es auf die Aussage der Beweisperson ankam (KMR/*Eschelbach* § 222 Rn. 34).

Eine weitere Ausnahme, bei dem die Revision unmittelbar auf eine Verletzung des § 222 gestützt werden kann, liegt vor, wenn (bspw. im Fall des § 233) in Abwesenheit des Angeklagten verhandelt und er auch nicht gem. § 234 durch einen Verteidiger vertreten wurde (OLG Hamm MDR 1971, 1029; NJW 1996, 534; OLG Koblenz VRS 46, 447 [448]; OLG Jena VRS 110, 429 [431]). In diesem Fall hat der Angeklagte nämlich keine Möglichkeit, sich gegen das ihm unbekannte Beweismittel zu verteidigen bzw. einen Aussetzungsantrag nach § 246 Abs. 2, 3 stellen. Da das Gericht bei einer Entscheidung nur die Tatsachen und Beweismittel zugrunde legen darf, zu denen sich die Verfahrensbeteiligten äußern konnten, liegt im Verstoß gegen § 222 zugleich eine Verletzung des Anspruchs auf rechtliches Gehör aus Art. 103 Abs. 1 GG. Das Urteil beruht aber nur dann auf der Verletzung des Gesetzes, wenn die Aussage der nicht namhaft gemachten Beweisperson im Urteil verwertet wurde und nicht ausgeschlossen werden kann, dass sich der Angeklagte bei (rechtzeitiger) Kenntnis anders verteidigt hätte (OLG Hamm VRS 107, 127 [128]; OLG Jena VRS 110, 429 [431]; LR/*Jäger* § 222 Rn. 24; SK-StPO/*Deiters* § 222 Rn. 12). 13

§ 222a Mitteilung der Besetzung des Gerichts

(1) [1]Findet die Hauptverhandlung im ersten Rechtszug vor dem Landgericht oder dem Oberlandesgericht statt, so ist spätestens zu Beginn der Hauptverhandlung die Besetzung des Gerichts unter Hervorhebung des Vorsitzenden und hinzugezogener Ergänzungsrichter und Ergänzungsschöffen mitzuteilen. [2]Die Besetzung kann auf Anordnung des Vorsitzenden schon vor der Hauptverhandlung mitgeteilt werden; die Mitteilung ist zuzustellen. [3]Ändert sich die mitgeteilte Besetzung, so ist dies spätestens zu Beginn der Hauptverhandlung mitzuteilen.

(2) Ist die Mitteilung der Besetzung oder einer Besetzungsänderung später als eine Woche vor Beginn der Hauptverhandlung zugestellt oder erst zu Beginn der Hauptverhandlung bekanntgemacht worden, so kann das Gericht auf Antrag des Angeklagten, des Verteidigers oder der Staatsanwaltschaft die Hauptverhandlung zur Prüfung der Besetzung unterbrechen, wenn dies spätestens bis zum Beginn der Vernehmung des ersten Angeklagten zur Sache verlangt wird und absehbar ist, dass die Hauptverhandlung vor Ablauf der in § 222b Absatz 1 Satz 1 genannten Frist beendet sein könnte.

(3) In die für die Besetzung maßgebenden Unterlagen kann für den Angeklagten nur sein Verteidiger oder ein Rechtsanwalt, für den Nebenkläger nur ein Rechtsanwalt Einsicht nehmen.

Übersicht

1 **A. Inhalt und Zweck der Regelung.** Die Garantie des gesetzlichen Richters in Art. 101 Abs. 1 Satz 2 GG soll der Gefahr vorbeugen, dass durch eine auf den Einzelfall bezogene Auswahl der zur Entscheidung berufenen Richter das Ergebnis der Entscheidung – gleichgültig von welcher Seite – beeinflusst werden kann (BVerfGE 95, 322 [327]; 118, 212 [239]). Zu diesem Zweck bestehen gesetzliche Organisationsvorschriften und Geschäftsverteilungspläne, die in abstrakt-genereller Form die Zuständigkeiten der Gerichte und ihrer Spruchkörper im Vorhinein eindeutig und genau bestimmen. Dass ein Urteil wegen eines Fehlers bei der Anwendung dieser Bestimmungen aufgehoben und eine neue Hauptverhandlung durchgeführt wird, erscheint jedoch angesichts der damit verbundenen Mehrbelastung der Justiz und der Verzögerung des Verfahrens dann bedenklich, wenn die Entscheidung materiell richtig ist und auf einem ansonsten einwandfreien Verfahren beruht (BT-Drs. 8/354, S. 7 f.; BVerfG NJW 2003, 3545 [3546]; BGHSt 48, 290 [293]). Aus diesem Grund legt das Gesetz in den §§ 222a, 222b dem Angeklagten auf, **bereits zu Beginn der Hauptverhandlung** eine Überprüfung der vorschriftsmäßigen Besetzung des Gerichts zu veranlassen, und verlangt von ihm, seinen **Anspruch auf den gesetzlichen Richter** innerhalb der in § 222b Abs. 1 genannten Frist geltend zu machen. Wird die vorschriftswidrige Besetzung nicht rechtzeitig gerügt, ist eine auf diese Rechtsverletzung gestützte Revision **präkludiert** (§ 338 Nr. 1 Hs. 2). Da der gerichtlichen Mitteilungspflicht eine Pflicht korrespondiert, die Ordnungsmäßigkeit der Besetzung zu prüfen, dient die mit dem Strafverfahrensänderungsgesetz v. 05.10.1978 in die StPO eingefügte Vorschrift auch dazu, leicht behebbare Besetzungsfehler aufzudecken und zu heilen (BT-Drs. 8/976, S. 46; BGH NStZ 1982, 295 f.; NStZ 1982, 1404; KMR/*Eschelbach* § 222a Rn. 3). Mit dem »Gesetz zur Modernisierung des Strafverfahrens« vom 10.12.2019 (BGBl. I, S. 2121) hat der Gesetzgeber, um möglichst frühzeitig Klarheit über Besetzungsfragen zu erreichen, ein **Vorabentscheidungsverfahren** eingeführt (§ 222b Abs. 3) (krit. *Claus* NStZ 2020, 57; *Schork* NJW 2020, 1; *Schmitz* StraFo 2021, 146). Gegenüber der früheren Rechtslage bringt dies die Änderung mit sich, dass das Tatgericht einen erhobenen Besetzungseinwand nicht mehr selbst im Beschlusswege zurückweisen kann, sondern dem Rechtsmittelgericht zur (abschließenden und nicht anfechtbaren) Entscheidung vorzulegen hat. An dem Regelungsgefüge von Präklusionswirkung gem. § 222b einerseits und den in § 338 Nr. 1 geregelten Ausnahmetatbeständen wurde festgehalten (BR-Drs. 532/19, S. 37); die in § 338 geregelten Ausnahmen von der Präklusionswirkung wurden lediglich infolge der Einführung des Vorabentscheidungsverfahrens umgestaltet.

Die Regelung ist **verfassungsgemäß**, da sie nicht Inhalt und Umfang des Rechts auf den gesetzlichen Richter, sondern nur die zeitliche Geltendmachung eines Verstoßes begrenzt (so zur früheren Fassung BVerfG NStZ 1984, 370; NJW 2003, 3545; BGHSt 33, 126 [129]; KMR/*Eschelbach* § 222a Rn. 12 ff.). 2

§ 222a Abs. 1 bestimmt, welche Mitteilungspflichten das Gericht im Hinblick auf die Besetzung zu erfüllen hat. Abs. 2 gibt den Verfahrensbeteiligten das Recht, zur Prüfung der Besetzung die Unterbrechung der Hauptverhandlung zu verlangen. Abs. 3 sichert im Hinblick auf das in § 222b Abs. 1 Satz 2 aufgestellte Erfordernis, den Besetzungseinwand zu begründen, das Recht zur Einsichtnahme in die für die Besetzung maßgeblichen Unterlagen. 3

B. Anwendungsbereich. §§ 222a, 222b betreffen nur **organisatorische Besetzungsmängel** (s. § 222b Rn. 2). 4

Die Vorschriften zum Besetzungseinwand gelten nur für **Hauptverhandlungen im ersten Rechtszug vor dem LG oder dem OLG** (§§ 74 ff., 120, 120a GVG). Sie finden auch Anwendung auf neue Hauptverhandlungen nach Aussetzung oder nach Zurückverweisung durch das Revisionsgericht (SK-StPO/*Deiters* § 222a Rn. 4; KK-StPO/*Gmel* § 222a Rn. 3). § 222a gilt aber nicht, wenn ein vorher erhobener Einwand zu einer Änderung der Besetzung geführt hat (§ 222b Abs. 2 Satz 3). 5

Nicht anwendbar sind die Regelungen auf Verfahren vor dem AG, auf landgerichtliche Berufungsverfahren und auf Verfahren vor der StVK (OLG Celle StraFo 2013, 35). Für die ehrengerichtlichen oder berufsgerichtlichen Verfahren nach dem StBerG, der WiPrO und der PatAnwO, die vor besonders zusammengesetzten Kammern des LG bzw. Senaten des OLG stattfinden, gelten die Regelungen ebenfalls nicht (BT-Drs. 8, 976, S. 45). Keine Anwendbarkeit besteht auch bei Bußgeldsachen. Dies ergibt sich daraus, dass § 71 OWiG auf die Vorschriften der StPO zum Strafbefehlsverfahren verweist, das nach § 407 Abs. 1 vor dem AG stattfindet (BGH NStZ 1986, 518; OLG Köln NZWiSt 2021, 123; KK-StPO/*Gmel* § 222a Rn. 3; nach verbreiteter Ansicht gelten §§ 222a, 222b aber zumindest bei vor dem OLG verhandelten Kartellordnungswidrigkeiten gem. § 82 GWB (SK-StPO/*Deiters* § 222a Rn. 4; Meyer-Goßner/*Schmitt* § 222a Rn. 2; Graf/*Ritscher* § 222a Rn. 5). 6

C. Mitteilungspflicht (Abs. 1). I. Inhalt der Mitteilung. Mitzuteilen ist die **Besetzung des Gerichts** unter Hervorhebung des Vorsitzenden und gem. § 192 Abs. 2, 3 GVG hinzugezogener Ergänzungsrichter und -schöffen. Zu nennen sind (nur) die Namen der Berufsrichter und der Schöffen sowie die Eigenschaft (Vorsitzender, Beisitzer bzw. Schöffe), in der sie mitwirken (LR/*Jäger* § 222a Rn. 3; HK/*Julius*/Reichling § 222a Rn. 4). Die Hervorhebung des Vorsitzenden ist nötig, weil für dessen gesetzmäßige Berufung besondere Voraussetzungen gelten (§ 21f GVG). Wer Berichterstatter ist, muss dagegen nicht mitgeteilt werden (Meyer-Goßner/*Schmitt* § 222a Rn. 7). 7

Der **Grund für die Besetzung** (Regelbesetzung, Verhinderung eines Richters o.Ä.) muss nicht näher angegeben werden (SK-StPO/*Deiters* § 222a Rn. 5; LR/*Jäger* § 222a Rn. 3; Meyer-Goßner/*Schmitt* § 222a Rn. 7). Er ergibt sich aus den für die Besetzung maßgeblichen Unterlagen, die den Prozessbeteiligten zur Einsicht zur Verfügung gestellt werden müssen (Abs. 3). Da gem. § 140 Abs. 1 Nr. 1 bei erstinstanzlichen Verfahren vor dem LG und OLG immer ein Fall notwendiger Verteidigung vorliegt, muss der Angeklagte über die Bedeutung der Besetzungsmitteilung und die Rügepräklusion **nicht belehrt** werden (SK-StPO/*Deiters* § 222a Rn. 5; LR/*Jäger* § 222a Rn. 10). Hinsichtlich der anderen Verfahrensbeteiligten ist entgegen der herrschenden Meinung (KK-StPO/*Gmel* § 222a Rn. 5; Meyer-Goßner/*Schmitt* § 222a Rn. 7) wegen der gerichtlichen Fürsorgepflicht danach zu differenzieren, ob diese anwaltlich vertreten sind oder nicht (KMR/*Eschelbach* § 222a Rn. 18). 8

II. Zeitpunkt und Form der Mitteilung. Die Mitteilung kann vor der Hauptverhandlung (Satz 2), muss aber spätestens zu deren Beginn gemacht werden (Satz 1). Die Entscheidung über den Zeitpunkt der Mitteilung trifft der Vorsitzende nach **pflichtgemäßem Ermessen** (SK-StPO/*Deiters* § 222a Rn. 9; HK/*Julius*/Reichling § 222a Rn. 6). Im Hinblick auf das Vorabentscheidungsverfahren gem. § 222b Abs. 3 sollte das Ermessen aber dahin ausgeübt werden, die Besetzung mitzuteilen, sobald Klarheit über sie besteht (Meyer-Goßner/*Schmitt* § 222a Rn. 9). 9

1. Mitteilung vor der Hauptverhandlung. Vor der Hauptverhandlung muss die Besetzung auf Anordnung des Vorsitzenden **schriftlich** mitgeteilt werden. Dies kann – wie in der Praxis üblich – zusammen mit der Ladungsanordnung geschehen (LR/*Jäger* § 222a Rn. 7). 10

Adressaten der Mitteilung sind alle Verfahrensbeteiligten, die die Revision auf die fehlerhafte Gerichtsbesetzung stützen können. Da die Besetzungsmitteilung Ausschlussfristen für das Vorabentscheidungsverfahren über Besetzungsrügen (§ 222b Abs. 2 und 3) und die Anbringung eines Ablehnungsgesuchs (§ 25 Abs. 1 Satz 2) auslöst, ist sie **förmlich zuzustellen**. Auf die Zustellung finden die allgemeinen Vorschriften Anwendung. Soweit eine förmliche Zustellung unterbleibt, wird die Frist für den jeweiligen Beteiligten nicht 11 in Gang gesetzt. Anders als nach früherer Rechtslage ist die Besetzungsmitteilung für den Angeklagten nicht mehr an dessen Verteidiger zu richten, sondern kann stattdessen **an den Angeklagten** zugestellt werden. Dies kann dazu führen, dass dem (erst vom Angeklagten informierten) Verteidiger angesichts der knappen Fristen für die Besetzungsrüge und die Anbringung eines Ablehnungsgesuchs nur sehr wenig Zeit zur Prüfung verbleibt. Der Verteidiger sollte daher seinen Mandanten bereits im Vorfeld darauf hinweisen, ihn zur Vermeidung von Verfristungen so schnell wie möglich über erfolgte Zustellung in Kenntnis zu setzen (Schork NJW 2020, 1). Wird die Mitteilung dem Verteidiger zugestellt, muss gem. § 145a Abs. 3 auch der Angeklagte unterrichtet werden. Bei einem Wechsel des Verteidigers muss die Mitteilung nicht wiederholt werden (KK-StPO/*Gmel* § 222a Rn. 8; Meyer-Goßner/*Schmitt* § 222a Rn. 13).

12 Mitzuteilen ist die Besetzung auch der StA, dem Nebenkläger und den Einziehungsbeteiligten und Nebenbetroffenen (§§ 424 Abs. 1 Satz 1, 438 Abs. 1) bzw. – in entsprechender Anwendung von Satz 2 Hs. 2 – deren Prozessbevollmächtigten (LR/*Jäger* § 222a Rn. 15; Meyer-Goßner/*Schmitt* § 222a Rn. 14). Mangels Rechtsmittelberechtigung (§ 406a Abs. 1 Satz 2) erhält der Antragsteller im Adhäsionsverfahren keine Mitteilung (SK-StPO/*Deiters* § 222a Rn. 6; Meyer-Goßner/*Schmitt* § 222a Rn. 15).

13 Ausgeführt wird die vorherige Mitteilung von der **Geschäftsstelle des Gerichts** (LR/*Jäger* § 222a Rn. 9). Die entsprechende Anordnung des Vorsitzenden sollte aus Zweckmäßigkeitsgründen aktenkundig gemacht. LR/*Jäger* § 222a Rn. 9).

14 Ändert sich die (schriftlich) mitgeteilte Besetzung, muss die **Mitteilung korrigiert** werden (Satz 3). Dies kann vor der Hauptverhandlung schriftlich oder in der Hauptverhandlung zu Beginn (s. Rdn. 9) mündlich geschehen. Im Hinblick auf ein möglicherweise bereits eingeleitetes bzw. durchzuführendes Vorabentscheidungsverfahren (§ 222 Abs. 3) sollte die Berichtigung unverzüglich erfolgen (Meyer-Goßner/*Schmitt* § 222a Rn. 16). Inhaltlich ist es grds. ausreichend, nur die eingetretene Änderung (z.B. Wechsel eines Schöffen) mitzuteilen (KK-StPO/*Gmel* § 222a Rn. 9). Bei erheblichen oder wiederholten Änderungen sollte im Interesse der Transparenz die (neue) vollständige Besetzung mitgeteilt werden (LR/*Jäger* § 222a Rn. 12; HK/*Julius*/Reichling § 222a Rn. 7).

Ohne dass dies gesetzlich geboten wäre, wird in der Praxis üblicherweise zu Beginn der Hauptverhandlung die (protokollierte) Feststellung getroffen, dass sich die den Verfahrensbeteiligten bereits schriftlich mitgeteilte Besetzung nicht geändert hat.

15 **2. Mitteilung in der Hauptverhandlung.** In der Hauptverhandlung erfolgt die Mitteilung mündlich durch den Vorsitzenden und ist als wesentliche Förmlichkeit gem. § 273 zu protokollieren (BGH StraFo 2021, 124 [125]; SK-StPO/*Deiters* § 222a Rn. 10; LR/*Jäger* § 222a Rn. 5; KK-StPO/*Gmel* § 222a Rn. 7). Nicht ausreichend ist es, die Besetzung durch Aushang vor dem Gerichtssaal mitzuteilen (BGHSt 29, 162; Meyer-Goßner/*Schmitt* § 222a Rn. 4). »Spätestens zu Beginn der Hauptverhandlung« bedeutet nicht unmittelbar nach Aufruf der Sache (§ 243 Abs. 1 Satz 1), obwohl dies vom Ablauf her sinnvoll erscheint. Nach herrschender Meinung kann die Mitteilung zu einem beliebigen Zeitpunkt zwischen Aufruf der Sache und Vernehmung des ersten Angeklagten zur Person gemacht werden (BVerfG NJW 2003, 3545; BGH NJW 2001, 3062; Meyer-Goßner/*Schmitt* § 222a Rn. 5; einschränkend SK-StPO/*Deiters* § 222a Rn. 7: nur am ersten Verhandlungstag). Da mit der Einführung des Vorabentscheidungsverfahrens gem. § 222b Abs. 3 schon vor der Hauptverhandlung Klarheit über die Ordnungsmäßigkeit der Besetzung geschaffen werden sollte, um die Hauptverhandlung frei von Besetzungseinwänden zu halten (vgl. BR-Drs. 532/19, S. 14), sollte die Mitteilung **möglichst vor der Hauptverhandlung** erfolgen. Ein Anwendungsbereich für die Mitteilung in der Hauptverhandlung verbleibt für die Fälle der gescheiterten Zustellung der Mitteilung oder der kurzfristigen Besetzungsänderung (Meyer-Goßner/*Schmitt* § 222a Rn. 5).

16 **III. Folgen unterlassener, verspäteter oder fehlerhafter Mitteilung.** Wird die Mitteilung nach Abs. 1 unterlassen, erfolgt sie verspätet oder ist sie fehlerhaft, hat dies keine Bedeutung für die Ordnungsmäßigkeit der Besetzung des Gerichts, sondern nur die Wirkung, dass hinsichtlich des Besetzungseinwands (§ 338 Nr. 1) keine Präklusion eintritt (BVerfG NStZ 1984, 370 [371], NJW 2002, 814; BGH DAR 1998, 175). Soweit der BGH bei einer Verletzung des § 76 Abs. 2 GVG eine Präklusion annimmt, wenn nicht analog § 222b Abs. 1 der Besetzungseinwand erhoben wurde (BGH NStZ 2005, 465; zustimmend LR/*Jäger* § 222b Rn. 4), ist dies weder mit dem Wortlaut der Regelungen vereinbar noch ersichtlich, wo die für die entsprechende Anwendung erforderliche Regelungslücke liegen soll (SK-StPO/*Deiters* § 222b Rn. 1).

17 Ein Verstoß gegen die Mitteilungspflicht kann auch nicht dadurch geheilt werden, dass das Gericht die Besetzungsmitteilung nachholt und den bereits durchgeführten Teil der Hauptverhandlung wiederholt (BGH DAR 1998, 175; LR/*Jäger* § 222a Rn. 4; KK-StPO/*Gmel* § 222a Rn. 6). Es muss vielmehr ausgesetzt und neu begonnen werden (HK/*Julius*/Reichling § 222a Rn. 15).

D. Unterbrechung der Hauptverhandlung (Abs. 2). I. Antrag. Ist die Mitteilung der Besetzung oder einer Besetzungsänderung später als eine Woche vor dem Beginn der Hauptverhandlung zugestellt oder erst zu Beginn der Hauptverhandlung bekanntgemacht worden, können Angeklagter, Verteidiger und StA die Unterbrechung der Hauptverhandlung beantragen, um im Hinblick auf den Besetzungseinwand gem. § 222b die vorschriftsmäßige Besetzung zu prüfen. Über den Wortlaut des Abs. 2 hinaus besteht auch für die unter Rdn. 12 genannten Verfahrensbeteiligten ein Antragsrecht. 18

Der Fall, dass die Besetzungsmitteilung später als eine Woche vor dem Hauptverhandlungstermin zugegangen ist – die Frist wird nach § 43 Abs. 1 berechnet –, kann bei schriftlicher Mitteilung der Besetzung oder Besetzungsänderung vor der Hauptverhandlung eintreten. Er ist immer gegeben, wenn die Mitteilung gem. Abs. 1 Satz 1 oder die Änderungsmitteilung nach Abs. 1 Satz 3 erst in der Hauptverhandlung erfolgt.

Die **Unterbrechung kommt nur in Betracht**, wenn die Hauptverhandlung nicht ohnehin bereits für eine Dauer von mehr als einer Woche angesetzt ist. Voraussetzung für eine Unterbrechung ist, dass absehbar ist, dass die in § 222b Abs. 1 Satz 1 vorgesehene Wochenfrist zur Prüfung der Besetzung voraussichtlich nicht ausgeschöpft werden kann, weil die Hauptverhandlung bereits vorher – insb. durch Verkündung eines Urteils – beendet ist. In den übrigen Fällen haben die Verfahrensbeteiligten die Möglichkeit, die Vorschriftsmäßigkeit der Besetzung parallel zur laufenden Hauptverhandlung zu prüfen. 19

Der (mündliche) Antrag muss **spätestens bis zum Beginn der Vernehmung des ersten Angeklagten zur Sache** gestellt werden. Der vorgeschriebene Endzeitpunkt ist damit derselbe wie der für die Erhebung ähnlicher Einwände nach §§ 16 Satz 3, 217 Abs. 2 geltende. Die Antragstellung ist gem. § 273 Abs. 1 zu protokollieren. Dass bereits ein anderer Verfahrensbeteiligter einen Antrag gestellt hat, macht den (weiteren) Antrag nicht unzulässig (LR/*Jäger* § 222a Rn. 23). 20

Die Regelung lässt auch einen **schriftlichen Verlegungsantrag vor der Hauptverhandlung** zu. Ein solcher Antrag ist aber in der Regel sinnlos, da die zur Prüfung der Besetzung angestrebte Verlegung des Hauptverhandlungstermins (v.a. bei den Schöffen) zu einer Besetzungsänderung führen kann (Meyer-Goßner/*Schmitt* § 222a Rn. 19). Nach zutreffender herrschender Meinung ist der Antrag daher dahin gehend auszulegen, dass die zum festgesetzten Termin mit der mitgeteilten Besetzung stattfindende Hauptverhandlung alsbald unterbrochen werden soll (LR/*Jäger* § 222a Rn. 21; KMR/*Eschelbach* § 222a Rn. 54). Über diesen Antrag hat das Gericht daher wie über einen in der Hauptverhandlung (rechtzeitig) gestellten Antrag zu entscheiden. 21

II. Entscheidung über den Antrag. 1. Zuständigkeit und Verfahren. Über den Unterbrechungsantrag entscheidet das Gericht unter Mitwirkung der Schöffen nach **Anhörung** der Verfahrensbeteiligten (§ 33 Abs. 1) **durch Beschluss**, der zu protokollieren ist (SK-StPO/*Deiters* § 222a Rn. 23; KMR/*Eschelbach* § 222a Rn. 50). Abs. 2 ist ggü. § 228 Abs. 1 Satz 2, wonach der Vorsitzende kürzere Unterbrechungen anordnet, die speziellere Norm (KK-StPO/*Gmel* § 222a Rn. 12; Meyer-Goßner/*Schmitt* § 222a Rn. 20). 22

2. Zeitpunkt der Entscheidung. Über den Unterbrechungsantrag muss vor Beginn der Vernehmung des ersten Angeklagten zur Sache entschieden werden, weil ab diesem Zeitpunkt der Besetzungseinwand nicht mehr geltend gemacht werden kann (§ 222b Abs. 1 Satz 1). Wird der Antrag vom Gericht übergangen, tritt keine Präklusion ein (§ 338 Nr. 1 lit. b)cc)) (Meyer-Goßner/*Schmitt* § 222a Rn. 19). 23

3. Entscheidungsmaßstab. Ist die Besetzung dem Antragsteller später als eine Woche vor Beginn der Hauptverhandlung oder erst in der Hauptverhandlung mitgeteilt worden und ist absehbar, dass die Hauptverhandlung vor Ablauf der Wochenfrist des § 222b Abs. 1 S. 1 beendet sein wird, entscheidet das Gericht nach pflichtgemäßem Ermessen (»kann«), ob ein Aufschub erforderlich ist, um die ordnungsgemäße Gerichtsbesetzung prüfen zu können. Trotz Vorliegens der Antragsvoraussetzungen kann das Gericht den Antrag im Interesse der Fortführung des Verfahrens zurückweisen, wenn keinerlei Anhaltspunkte für eine vorschriftswidrige Besetzung vorliegen (OLG Bremen StV 1986, 540; LR/*Jäger* § 222a Rn. 24; Meyer-Goßner/*Schmitt* § 222a Rn. 21). 24

Die Einschätzung, ob die Hauptverhandlung vor Ablauf der Wochenfrist beendet sein könnte, obliegt dem Tatgericht, das insofern einen Beurteilungsspielraum hat. Entspricht es dem Unterbrechungsantrag nicht und erlässt es gleichwohl vor Ablauf der Wochenfrist ein Urteil, kann die Besetzung gem. § 338 Nr. 1b lit. cc mit der Revision überprüft werden (Graf/*Ritscher* § 222a Rn. 12). 25

Will das Gericht dem Unterbrechungsantrag entsprechen, ist die Hauptverhandlung im Hinblick auf die Ausschlussfrist des § 222b Abs. 1 Satz 1 **für eine Woche** zu unterbrechen. Eine Verkürzung der Frist scheidet – wie sich aus § 338 Nr. 1b lit. cc ergibt (»mindestens eine Woche«) – aus. Die Frist kann auf Antrag **nachträglich verlängert** werden (LR/*Jäger* § 222a Rn. 26; Meyer-Goßner/*Schmitt* § 222a Rn. 22a). Eine zu kurz bemessene Unterbrechung steht der Ablehnung des Unterbrechungsantrags gleich (BGHSt 29, 238 [285]; NStZ 1988, 36 [37]; KK-StPO/*Gmel* § 222a Rn. 12). In beiden Fällen wird die Besetzungsrüge nicht präkludiert. 26

27 **4. Begründung.** Die antragsgemäße Entscheidung bedarf **keiner Begründung.** Bei Ablehnung der Unterbrechung ist zu begründen, weshalb der Antrag unzulässig ist bzw. das Gericht die Aussetzung nicht für erforderlich hält (LR/*Jäger* § 222a Rn. 24; SK-StPO/*Deiters* § 222a Rn. 23; a.A. Meyer-Goßner/*Schmitt* § 222a Rn. 20; Radtke/Hohmann/*Britz* § 222a Rn. 12).

28 **E. Einsichtnahme in die Besetzungsunterlagen (Abs. 3).** Gem. § 222b Abs. 1 Satz 2 müssen bei der Geltendmachung des Besetzungseinwands die Tatsachen angegeben werden, aus denen sich die vorschriftswidrige Besetzung des Gerichts ergeben soll. Zur Vorbereitung und Begründung des Einwands bedarf es daher der Einsicht in die maßgebenden Besetzungsunterlagen. Dabei handelt es sich insb. um den Geschäftsverteilungsplan des Gerichts und die diesen verändernden oder ergänzenden Präsidiumsbeschlüsse (§ 21e GVG), den internen Geschäftsverteilungsplan des Spruchkörpers (§ 21g GVG), die Unterlagen über die Bestimmung des Vorsitzenden (§§ 21e, 21f GVG), die Schöffen- und Hilfsschöffenliste (§§ 44 ff. GVG), die Unterlagen für die Schöffenwahl (§§ 36 ff. GVG) sowie die Unterlagen, aus denen sich Verhinderungen und Vertreterbestellungen ergeben. Entsprechend dem Akteneinsichtsrecht gewährt Abs. 3 dem Verteidiger oder einem (insoweit unterbevollmächtigten) RA sowie dem RA des Nebenklägers einen Rechtsanspruch auf Einsichtnahme (BGHSt 33, 126 [130]) und ggf. auf Erläuterung unklarer oder nicht aktenkundiger Vorgänge (LR/*Jäger* § 222a Rn. 17). Berufsrichter und Schöffen müssen aber **keine Auskünfte über ihre persönlichen Hintergründe** (wie Mitgliedschaft in Parteien und Verbänden oder berufliche Qualifikationen) geben. Anspruch auf die Überlassung von Originalunterlagen besteht nicht (OLG Düsseldorf MDR 1979, 1043; HK/*Julius*/Reichling § 222a Rn. 13). Über den Wortlaut hinaus besteht ein Einsichtsrecht auch für StA und die Rechtsanwälte von Nebenbeteiligten (SK-StPO/*Deiters* § 222a Rn. 25; Meyer-Goßner/*Schmitt* § 222a Rn. 24).

29 Die Vorschrift gibt dem Angeklagten, dem Nebenkläger und den Nebenbeteiligten kein Recht zur persönlichen Einsichtnahme in die Unterlagen. In die Geschäftsverteilungspläne des Gerichts und des Spruchkörpers können sie aber – wie jedermann auch – gem. § 21e Abs. 9 GVG bzw. § 21g Abs. 7 GVG Einsicht nehmen.

30 Die für die Besetzung maßgeblichen Unterlagen sind von der für die Gewährung der Einsicht zuständige Justizverwaltung **übersichtlich und vollständig bereitzuhalten** (SK-StPO/*Deiters* § 222a Rn. 25; LR/*Jäger* § 222a Rn. 17). Der Vorsitzende muss keine Unterlagen beschaffen oder vorlegen (Meyer-Goßner/*Schmitt* § 222a Rn. 23).

31 **F. Rechtsbehelfe.** Die Anordnung der Unterbrechung und deren Ablehnung können gem. § 305 Satz 1 nicht mit der **Beschwerde** angefochten werden (KK-StPO/*Gmel* § 222a Rn. 15; Meyer-Goßner/*Schmitt* § 222a Rn. 25).

32 Verweigert die Justizverwaltung die Einsicht in die Unterlagen, gewährt sie diese nur teilweise bzw. nur für zu kurze Zeit, kann dies nach h.M. nicht angefochten werden (insb. nicht nach § 23 EGGVG). Begründet wird dies zu Recht damit, dass in diesem Fall die (nicht präkludierte) Besetzungsrüge möglich ist (OLG Hamm NJW 1980, 1009; LR/*Jäger* § 222a Rn. 17; KK-StPO/*Gmel* § 222a Rn. 14; Meyer-Goßner/*Schmitt* § 222a Rn. 23; a.A. OLG Frankfurt NStZ-RR 2006, 208; KMR/*Eschelbach* § 222a Rn. 71; Radtke/Hohmann/*Britz* § 222a Rn. 16).

33 Die Verletzung der Mitteilungspflichten begründet keinen Verstoß gegen Art. 101 Abs. 1 Satz 2 GG, sondern hebt bei Vorliegen der weiteren Voraussetzungen des § 338 Nr. 1 lit. b lediglich die Rügepräklusion des § 338 Nr. 1 Hs. 2 auf (Meyer-Goßner/*Schmitt* § 222a Rn. 23).

§ 222b Besetzungseinwand

(1) [1]Ist die Besetzung des Gerichts nach § 222a mitgeteilt worden, so kann der Einwand, daß das Gericht vorschriftswidrig besetzt sei, nur innerhalb einer Woche nach Zustellung der Besetzungsmitteilung oder, soweit eine Zustellung nicht erfolgt ist, ihrer Bekanntmachung in der Hauptverhandlung geltend gemacht werden. [2]Die Tatsachen, aus denen sich die vorschriftswidrige Besetzung ergeben soll, sind dabei anzugeben. Alle Beanstandungen sind gleichzeitig vorzubringen. [3]Außerhalb der Hauptverhandlung ist der Einwand schriftlich geltend zu machen; § 345 Abs. 2 und für den Nebenkläger § 390 Abs. 2 gelten entsprechend.

(2) [1]Über den Einwand entscheidet das Gericht in der für Entscheidungen außerhalb der Hauptverhandlung vorgeschriebenen Besetzung. [2]Hält es den Einwand für begründet, so stellt es fest, daß es nicht vorschriftsmäßig besetzt ist. [3]Führt ein Einwand zu einer Änderung der Besetzung, so ist auf die neue Besetzung § 222a nicht anzuwenden.

(3) [1]Hält das Gericht den Einwand für nicht begründet, so ist er spätestens vor Ablauf von drei Tagen *dem Rechtsmittelgericht* vorzulegen. [2]Die Entscheidung des Rechtsmittelgerichts ergeht ohne mündliche Verhandlung. [3]Den Verfahrensbeteiligten ist zuvor Gelegenheit zur Stellungnahme einzuräumen. [4]Erach-

tet das Rechtsmittelgericht den Einwand für begründet, stellt es fest, dass das Gericht nicht vorschriftsmäßig besetzt ist.

Übersicht

A. Inhalt der Regelung. Gem. § 338 Nr. 1 lit. b) kann der Revisionsgrund der Entziehung des gesetzlichen Richters nur geltend gemacht werden, wenn die gem. § 222a mitgeteilte vorschriftswidrige Besetzung des Gerichts schon beim Tatrichter beanstandet wurde. § 222b Abs. 1 regelt, bis zu welchem Zeitpunkt, mit welchem Inhalt und in welcher Form der Besetzungseinwand zu erheben ist. Wie die Bezugnahme auf § 222a zeigt, gilt die Vorschrift nur für erstinstanzliche Verfahren vor dem LG und OLG. Abs. 2 normiert die Besetzung des Gerichts und die Folgen einer berechtigten Rüge. Für den Fall, dass das Gericht den Besetzungseinwand für nicht begründet hält, entscheidet das Rechtsmittelgericht in dem in Abs. 3 näher geregelten Vorabentscheidungsverfahren abschließend über die Besetzungsrüge. Dieses Zwischenrechtsmittel wurde mit dem »Gesetz zur Modernisierung des Strafverfahrens« vom 10.12.2019 eingeführt, um frühestmöglich Klarheit über die zutreffende Gerichtsbesetzung zu schaffen (vgl. BT-Drs. 19/14747, S. 29). Durch diese Neuregelung sollte das grundsätzliche Regelungsgefüge von Präklusionswirkung gem. § 222b einerseits und den in § 338 Nr. 1 geregelten Ausnahmetatbeständen andererseits nicht geändert werden (BT-Drs. 19/14747, S. 36). 1

B. Einwand der vorschriftswidrigen Besetzung. Da der Revisionsgrund der vorschriftswidrigen Besetzung (§ 338 Nr. 1) das Recht auf den gesetzlichen Richter (Art. 101 Abs. 1 Satz 2 GG, § 16 Satz 2 GVG) sichert, können mit dem Einwand vorschriftswidriger Besetzung nur **organisatorische Besetzungsmängel** geltend gemacht werden, nicht dagegen Besetzungsfehler, die sich aus Mängeln in der Person des Richters (Bsp. Blindheit) ergeben (BGH NJW 1987, 1210; LR/*Jäger* § 222a Rn. 2). Eine vorschriftswidrige Besetzung resultiert z.B. aus Fehlern bei der Berufung von Schöffen (BGHSt 33, 41; 33, 126 [129]), aus der Mitwirkung nicht vereidigter Schöffen (BGHSt 48, 290 [292 f.]) oder aus der Hinzuziehung eines Ergänzungsrichters oder -schöffen erst nach Beginn der Hauptverhandlung (BGH NJW 2001, 3062). Nach Rspr. des BGH ist auf den Verstoß gegen § 76 Abs. 2 GVG wegen Über- oder Unterbesetzung der Kammer ist § 222b (entsprechend) anwendbar (BGHSt 44, 328 [333], 44, 361 [364]; NJW 2003, 3644; NStZ 2005, 465) Umfassende Übersicht möglicher Rechtsfehler s. § 338 Rn. 5 ff. 2

C. Prüfung der Besetzung von Amts wegen. Die Regelung ist nicht dahin gehend zu verstehen, dass die vorschriftsmäßige Besetzung nur auf Einwand der Verfahrensbeteiligten hin zu prüfen ist. Durch die Vorschrift soll das Gericht nicht von der Pflicht zur Prüfung der Besetzung von Amts wegen entbunden, sondern im Hinblick auf die Revision die zeitliche Geltendmachung der Besetzungsrüge begrenzt werden (s. § 222a Rdn. 1). Das Gericht muss daher auch ohne Besetzungseinwand seine vorschriftsmäßige Besetzung in jeder Lage des Verfahrens – auch bei verspätetem Einwand – von Amts wegen prüfen und ggf. auf eine Änderung hinwirken (BT-Drs. 8/976, S. 26; BGH NStZ 1996, 48; KG MDR 1980, 688; OLG Hamm, Beschl. v. 27.01.2014, 1 Ws 50/14: nur bei eklatanter Fehlbesetzung; SK-StPO/*Deiters* § 222b Rn. 2; KK-StPO/*Gmel* § 222b Rn. 14; Meyer-Goßner/*Schmitt* § 222b Rn. 2, 13; a.A. OLG Celle NJW 1991, 2848; LR/*Jäger* § 222b Rn. 38). 3

D. Geltendmachung des Besetzungseinwands. I. Berechtigung. Zur Geltendmachung des Einwands sind alle Verfahrensbeteiligten **berechtigt**, die eine Revision gegen das Urteil auf die fehlerhafte Gerichtsbesetzung stützen können (LR/*Jäger* § 222b Rn. 3; KK-StPO/*Gmel* § 222b Rn. 2). Angeklagter und Verteidiger haben ein eigenes Beanstandungsrecht, können den Einwand daher ohne bzw. gegen den Willen des jeweils ande- 4 ren geltend machen (Meyer-Goßner/*Schmitt* § 222b Rn. 3; HK/*Julius*/Reichling § 222b Rn. 2). Wird der Besetzungseinwand des einen zurückgewiesen, kann der andere mit einem eigenen Antrag weitere Gründe für eine Besetzungsrüge vortragen (LR/*Jäger* § 222b Rn. 20; KK-StPO/*Gmel* § 222b Rn. 4).

5 Auf den Besetzungseinwand kann **verzichtet** werden (BGH, Beschl. v. 02.11.2010 – 1 StR 544/09, Rn. 44; Meyer-Goßner/*Schmitt* § 222b Rn. 3; KK-StPO/*Gmel* § 222b Rn. 3). Der Verzicht muss eindeutig erklärt werden. Er kann nicht schon darin gesehen werden, dass der Verteidiger erklärt, innerhalb einer vom Gericht in der Hauptverhandlung eingeräumten (zu kurzen) Prüfungszeit von 30 Minuten den Einwand nicht erheben zu können (BGH NJW 1988, 1921; HK/*Julius*/Reichling § 222b Rn. 11). Wenn sich der Angeklagte in der Folge mit dem Gericht gem. § 257c verständigt, liegt die Annahme eines Verzichts oder die Rücknahme des Einwands nahe (BGH NStZ 2011, 54 [55]; MüKo-StPO/*Arnoldi* § 222b Rn. 18). Folge des Verzichts ist der Verlust des Rechts zur Erhebung der Besetzungsrüge (Graf/*Ritscher* § 222b Rn. 7). Aus diesem Grund ist der Verzicht zu protokollieren (Radtke/Hohmann/*Britz* § 222b Rn. 2).

6 **II. Zeitpunkt.** Gem. Abs. 1 Satz 1 muss bei vorschriftsmäßiger Mitteilung der Besetzung der Einwand der vorschriftswidrigen Besetzung **innerhalb einer Woche** nach Zustellung der Besetzungsmitteilung oder, soweit eine Zustellung nicht erfolgt ist, ihrer Bekanntmachung in der Hauptverhandlung geltend gemacht werden. Angesichts der Schwierigkeit der Besetzungsprüfung, die die Einsichtnahme in diverse Unterlagen erfordert, und im Hinblick auf die hohen Formerfordernisse für den Besetzungseinwand (s. Rn. 10 ff.) ist die Wochenfrist – anders als der Gesetzgeber meint (BT-Drs. 19/14747, S. 31) sehr kurz bemessen (Meyer-Goßner/*Schmitt* § 222b Rn. 4b). Sind die Vorschriften über die Mitteilung verletzt, bedarf es keines Besetzungseinwands, um die Präklusion zu verhindern (s. § 222a Rdn. 16). Der Einwand darf aber auch in diesem Fall unter denselben Voraussetzungen erhoben werden (LR/*Jäger* § 222b Rn. 4; KK-StPO/*Gmel* § 222b Rn. 1).

7 Nach dem in Abs. 1 geregelten Zeitpunkt ist der Einwand ausgeschlossen, selbst wenn die Mitteilung fehlerhaft war (KK-StPO/*Gmel* § 222b Rn. 4; Meyer-Goßner/*Schmitt* § 222b Rn. 4). Da die Rügepflicht daran anknüpft, dass das Gericht (nicht: das erkennende Gericht) vorschriftswidrig besetzt ist, ist die zeitliche Grenze auch maßgebend, soweit der Einwand eingetretene Ergänzungsrichter oder -schöffen betrifft; die Geltendmachung des Einwands erst nach Eintritt des Verhinderungsfalls ist daher verspätet (BVerfG NJW 2003, 3545; BGH NJW 2001, 3062; OLG Bremen NStZ 2020, 565 zur neuen Rechtslage; LR/*Jäger* § 222b Rn. 19; KK-StPO/*Gmel* § 222b Rn. 4; Meyer-Goßner/*Schmitt* § 222b Rn. 16).

8 Findet die **Hauptverhandlung in Abwesenheit des Angeklagten** statt (§§ 231a, 231b, 231c, 232, 233), ist der Einwand ebenfalls nur innerhalb der Wochenfrist möglich (Graf/*Ritscher* § 222b Rn. 8).

9 Gegen die Versäumung der Frist ist **keine Wiedereinsetzung** möglich, weil es sich um eine Ausschlussfrist handelt (SK-StPO/*Deiters* § 222b Rn. 4; LR/*Jäger* § 222b Rn. 15; Graf/*Ritscher* § 222b Rn. 8; a.A. Radtke/Hohmann/*Britz* § 222b Rn. 7; Meyer-Goßner/*Schmitt* § 222b Rn. 4d: wenn Fristversäumung auf Verschulden der Justizverwaltung beruht).

10 **III. Inhalt und Form. 1. Tatsachenvortrag.** Der Einwand der vorschriftswidrigen Besetzung muss inhaltlich den Anforderungen entsprechen, die an eine Besetzungsrüge in der Revision gestellt werden (BGHSt 44, 161 [162]; BGH NStZ 2007, 536; BGH NStZ-RR 2016, 120; ausdrücklich im Hinblick auf das Vorabentscheidungsverfahren OLG München BeckRS 2020, 1571; BeckRS 2020, 3685; OLG Bremen NStZ 2020, 565; OLG Celle StraFo 2020, 159 [160]; OLG Saarbrücken v. 03.11.2021 – 1 Ws 73/21; LR/*Jäger* § 222b Rn. 17; KMR/*Eschelbach* Rn. 20; Meyer-Goßner/*Schmitt* § 222b Rn. 6). Dies ergibt sich daraus, dass Abs. 1 Satz 2 wie § 344 Abs. 2 Satz 2 verlangt, dass **die den Mangel ergebenden Tatsachen** anzugeben sind. Es reicht daher nicht aus, den Besetzungseinwand vorsorglich und »ins Blaue hinein« zu erheben. Vorzutragen sind alle konkreten Tatsachen, aus denen sich die Fehlerhaftigkeit der Besetzung ergeben soll. Die »hohen Anforderungen« an die Begründung gelten auch bei evidenten Besetzungsmängeln, die allen Verfahrensbeteiligten ohne Weiteres erkennbar oder sogar bekannt sind (BGH NStZ 2007, 536; BGH NZWiSt 2017, 74).

11 Eine Einschränkung erfährt das Begründungserfordernis durch die **tatsächliche Möglichkeit des Tatsachenvortrags**. Ist etwa eine Dokumentation der Gründe für eine Änderung der Geschäftsverteilung nicht vorhanden, genügt es vorzutragen, dass mangels vorhandener Unterlagen nicht nachzuvollziehen sei, aufgrund welcher Tatsachen die Geschäfte in bestimmter Weise verteilt worden sind (BGHSt 53, 268 [280]; Meyer-Goßner/*Schmitt* § 222b Rn. 7).

12 **2. Umfang des Vortrags.** Der **Umfang des Vortrags** im Einzelnen richtet sich nach der jeweiligen Besetzungsrüge; in der Regel muss der nicht mitwirkungsberechtigte Richter namentlich benannt werden (BGH NZWiSt 2017, 74; LR/*Jäger* § 222b Rn. 17b; SK-StPO/*Deiters* § 222b Rn. 5). Da nur die Tatsachen anzugeben sind, aus denen sich der Besetzungsfehler ergibt und das Gericht im Beschluss nach Abs. 2 nur die vorschriftswidrige und nicht die richtige Besetzung feststellt, muss grds. nicht ausgeführt werden, welcher Richter zur

Mitwirkung berufen wäre (KMR/*Eschelbach* § 222b Rn. 22, SK-StPO/*Deiters* § 222b Rn. 5; a.A. zur Hinzuziehung von Hilfsschöffen BGHSt 36, 138 [139], BGH GA 1983, 180; NJW 1991, 50; StV 2016, 622; einschränkend NJW 2002, 2963).
Ob für den Vortrag die Bezugnahme auf Unterlagen ausreicht, die sich bei den Strafakten des über den Besetzungseinwand entscheidenden Gerichts befinden, hat der BGH bisher offengelassen (BGHSt 44, 161 [163]; NStZ 2007, 536 [537]; BGHR § 222b Abs 1 S 2 Präklusion 4). Gegen eine Aufweichung der Begründungsanforderungen spricht, dass durch Bezugnahmen auf aktenkundige Vorgänge der Umfang der Präklusionswirkung – entgegen der gesetzgeberischen Intention – zweifelhaft werden könnte.

3. Gleichzeitiges Vorbringen der Beanstandungen. Nach dem in Satz 3 aufgestellten **Konzentrationsgrundsatz** sind alle Beanstandungen gleichzeitig vorzubringen. Damit soll im Interesse der Verfahrensbeschleunigung verhindert werden, dass das Gericht mehrmals über Einwände desselben Verfahrensbeteiligten entscheiden muss (LR/*Jäger* § 222b Rn. 18; MüKo-StPO/*Arnoldi* § 222b Rn. 15). Mit einem formgerecht erhobenen Einwand verbraucht der Verfahrensbeteiligte sein Recht, einen weiteren Besetzungseinwand anzubringen. Das **Nachschieben von Gründen** ist – auch innerhalb der zeitlichen Grenzen von Abs. 1 Satz 1 – nicht statthaft (BGHSt 44, 328 [337]; 44, 361 [364]; 53, 268 [280]; BGH NStZ 2007, 536; BGH NStZ 2020, 757; LR/*Jäger* § 222b Rn. 18; Meyer-Goßner/*Schmitt* § 222b Rn. 7). Dass dem Einwendenden ein Grund für eine weitere Beanstandung zunächst nicht bekannt war, ist irrelevant, wenn der Besetzungsfehler zum Zeitpunkt der Erhebung objektiv erkennbar war und der Besetzungseinwand auch darauf hätte gestützt werden können (BGHSt 44, 328 [337]). **Nicht objektiv erkennbare Mängel** unterfallen dagegen nicht der Präklusionswirkung und können noch später geltend gemacht werden (BGH NJW 1997, 403 [404]; NJW 2001, 3062 [3063]; LR/*Jäger* § 222b Rn. 18; Meyer-Goßner/*Schmitt* § 222b Rn. 7). Dass dies auch für erst im Laufe der Hauptverhandlung eingetretene Mängel gilt, hat der BGH zunächst zu Recht angenommen (BGHSt 44, 361 [364]; BGH StraFo 2005, 162 [163]; ebenso SK-StPO/*Deiters* §§ 222b Rn. 6; *Pfeiffer* § 222b Rn. 2), lässt dies inzwischen aber offen (BGHSt 53, 99 [100]; BGH NJW 2009, 931 [932]). 13

4. Mängel der Begründung. Fehlt die erforderliche Begründung oder ist der Tatsachenvortrag unvollständig, ist der Besetzungseinwand nicht in der vorgeschriebenen Form geltend gemacht und daher nicht zulässig erhoben (BGHSt 44, 161 [162]; NStZ 2001, 491; 2007, 536; BGHR § 222b Abs 1 S 2 Präklusion 4). Innerhalb der Frist des Abs. 1 Satz 1 kann der Einwand formgerecht wiederholt werden (LR/*Jäger* § 222b Rn. 21; Meyer-Goßner/*Schmitt* § 222b Rn. 7). 14

5. Form. **In der Hauptverhandlung** wird der Einwand **mündlich** geltend gemacht und ist als wesentliche Förmlichkeit zu protokollieren (SK-StPO/*Deiters* § 222b Rn. 8; LR/*Jäger* § 222b Rn. 1). Zur Erleichterung der Protokollierung und im Hinblick auf das spätere Revisionsvorbringen (s. § 338 Rdn. 28, 29) sollte auch eine schriftliche Abfassung übergeben werden (Meyer-Goßner/*Schmitt* § 222b Rn. 5; HK/*Julius*/Reichling § 222b Rn. 4). 15

Außerhalb der Hauptverhandlung ist der Einwand **schriftlich** geltend zu machen (Abs. 1 Satz 4). Für den Angeklagten muss dies wie bei der Revisionsbegründung (§ 345 Abs. 2) in einer von dem Verteidiger oder einem RA unterzeichneten Schrift oder zu Protokoll der Geschäftsstelle (§ 24 Abs. 2 Nr. 3 RPflG) geschehen (Satz 4 Hs. 2). Da die Formvorschrift gewährleisten soll, dass der Inhalt der Begründung gesetzmäßig und sachgerecht ist (BGHSt 25, 272 [273]), gilt sie auch für die Nebenbeteiligten (LR/*Jäger* § 222b Rn. 13; KMR/*Eschelbach* § 222b Rn. 36). Befindet sich der Angeklagte nicht auf freiem Fuß, findet § 299 entsprechende Anwendung (LR/*Jäger* § 222b Rn. 13; KK-StPO/*Gmel* § 222b Rn. 7). Der Besetzungseinwand des Nebenklägers muss analog § 390 Abs. 2 mittels einer von einem RA unterzeichneten Schrift erhoben werden. 16

Der Einwand kann auch dadurch formwirksam geltend gemacht werden, dass sich ein Beteiligter **den Einwendungen eines anderen** (durch Erklärung oder Mitunterzeichnung) **anschließt** (BGHSt 44, 328 [337]; Meyer-Goßner/*Schmitt* § 222b Rn. 5). 17

E. Entscheidung über den Besetzungseinwand (Abs. 2). I. Besetzung des Gerichts. Die Entscheidung über den Einwand trifft das Gericht in der für Entscheidungen außerhalb der Hauptverhandlung vorgeschriebenen Besetzung (Abs. 2 Satz 1). Das LG entscheidet also ohne Schöffen (§ 76 Abs. 1 Satz 2 GVG), – je nach getroffener Besetzungsentscheidung bzw. Schwurgerichtszuständigkeit – mit zwei (§ 76 Abs. 2 GVG) oder drei Berufsrichtern (§§ 76 Abs. 1 GVG) einschließlich des Vorsitzenden, das OLG mit drei (§ 122 Abs. 1 GVG) oder – im Fall des § 122 Abs. 2 Satz 2 – mit fünf Berufsrichtern einschließlich des Vorsitzenden. Anders als bei der Entscheidung über ein Ablehnungsgesuch (§ 27 Abs. 1) darf der Richter, gegen den sich der Einwand richtet, mitwirken. 18

19 **II. Verfahren.** Vor der Entscheidung sind die Verfahrensbeteiligten gem. § 33 schriftlich oder mündlich anzuhören (KK-StPO/*Gmel* § 222b Rn. 11; Graf/*Ritscher* § 222b Rn. 12).

20 Den Einwand prüft das Gericht zunächst auf Schlüssigkeit. Wäre bei Zugrundelegung des Tatsachenvortrags das Gericht nicht ordnungsgemäß besetzt, ist im Freibeweisverfahren – insb. durch Einsichtnahme in die für die Besetzung maßgebenden Unterlagen (§ 222a Abs. 3) – zu prüfen, ob die vorgetragenen Tatsachen zutreffen (SK-StPO/*Deiters* § 222b Rn. 11; KK-StPO/*Gmel* § 222b Rn. 12). Zur Prüfung des Einwands kann das Gericht auch dienstliche Äußerungen einholen (LR/*Jäger* § 222b Rn. 25).

21 **III. Zeitpunkt der Entscheidung.** Der Gesetzgeber sah es nicht für erforderlich an, Regelungen über den Zeitpunkt der Entscheidung zu treffen, da es sich von selbst verstehe, dass ein Gericht, dessen ordnungsgemäße Besetzung infrage gestellt ist, sich rechtzeitig vor weiterer Förderung der Sache hierüber Klarheit verschaffen und seine Auffassung bekannt geben muss (BT-Drs. 8/976, S. 47). Die Entscheidung ist also **so früh wie möglich** zu treffen. Dies bedeutet jedoch nicht, dass bei einem in der Hauptverhandlung geltend gemachten Einwand sofort unterbrochen werden muss, um eine Entscheidung herbeizuführen. Analog § 29 Abs. 2 darf das Gericht die Hauptverhandlung so lange fortsetzen, bis eine Entscheidung ohne Verzögerung der Hauptverhandlung möglich ist (LR/*Jäger* § 222b Rn. 31; SK-StPO/*Deiters* § 222b Rn. 10; KK-StPO/*Gmel* § 222b Rn. 11). Dies kommt bei Einwänden mit geringen Erfolgsaussichten in Betracht (Meyer-Goßner/*Schmitt* § 222b Rn. 10), insb. wenn diese im Rahmen einer Konfliktverteidigung allein prozesstaktisch motiviert sind.

22 **IV. Entscheidungsmöglichkeiten.** Hinsichtlich der Entscheidungsmöglichkeiten des Gerichts ist nach Zulässigkeit und Begründetheit zu differenzieren. In allen Fällen ergeht die Entscheidung durch Beschluss, der gem. § 34 zu begründen und allen Verfahrensbeteiligten gem. § 35 bekannt zu machen ist (KK-StPO/*Gmel* § 222b Rn. 13; Meyer-Goßner/*Schmitt* § 222b Rn. 14).

23 **1. Unzulässiger Einwand.** Entspricht der Einwand nicht den Form- und Fristerfordernissen des Abs. 1, ist er durch Beschluss als unzulässig zu verwerfen (Meyer-Goßner/*Schmitt* § 222b Rn. 11). Zwar mag es dem gesetzlichen Ziel einer zeitnahen Klärung entsprechen, auch bei Unzulässigkeit eine Entscheidung durch das Rechtsmittelgericht herbeizuführen (so OLG Bamberg NStZ 2020, 504 zum Fall des verspäteten Besetzungseinwands). Gegen diese Lösung spricht allerdings der Wortlaut von Abs. 3 Satz 1 (»hält das Gericht den Einwand für nicht begründet«). Zur erneuten Geltendmachung s. Rdn. 14.

24 **2. Unbegründeter Einwand.** Hält das Gericht den (zulässigen) Einwand für nicht begründet, ist es verpflichtet, die Besetzungsrüge vor Ablauf von drei Tagen dem Rechtsmittelgericht zur Entscheidung vorzulegen, welches dann im Rahmen des Vorabentscheidungsverfahrens nach Abs. 3 entscheidet (dazu im Einzelnen Rn. 29 ff.)

25 **3. Begründeter Einwand.** Ausdrücklich gesetzlich geregelt ist nur der Fall, dass das Gericht zu der Überzeugung gelangt, es sei nicht ordnungsgemäß besetzt. Bei begründetem Einwand stellt das Gericht durch **Beschluss** lediglich die Vorschriftswidrigkeit der Besetzung fest (Abs. 2 Satz 2). Weil das Gericht die für die Besetzung maßgebenden Entscheidungen regelmäßig nicht selbst trifft, sondern hierfür je nach Lage des Einzelfalls verschiedene andere Organe (Präsidium, Präsident, Vorsitzender u.a.) zuständig sind, ist es dann deren Aufgabe, die erforderlichen Maßnahmen zu treffen (BT-Drs. 8/976, S. 48).

26 Weil einer Fortsetzung der Hauptverhandlung in geänderter Besetzung entgegenstehen würde, dass nicht die gesamte Hauptverhandlung in ununterbrochener Gegenwart der zur Urteilsfindung berufenen Personen stattfinden würde (§ 226), muss eine neue Hauptverhandlung in ordnungsgemäßer Besetzung begonnen werden (BGH NJW 2002, 2963). Die Hauptverhandlung ist nach zutreffender herrschender Meinung mit Erlass des Beschlusses ohne Weiteres beendet, ohne dass es eines gesonderten Aussetzungsbeschlusses bedarf (LR/*Jäger* § 222b Rn. 34; SK-StPO/*Deiters* § 222b Rn. 12; KK-StPO/*Gmel* § 222b Rn. 16, a.A. Meyer-Goßner/*Schmitt* § 222b Rn. 12).

27 Ist der Mangel unschwer heilbar (Bsp. Nachholung der Vereidigung eines Schöffen), kann nach der Bekanntgabe der Entscheidung über den Einwand alsbald die ordnungsmäßige Besetzung herbeigeführt und mit der Hauptverhandlung in ordnungsgemäßer Besetzung (ohne erneute Ladung) unmittelbar von neuem begonnen werden (BT-Drs. 8/976 S. 48; BGH NStZ 2008, 475 [476]; KMR/*Eschelbach* § 222b Rn. 57). Andernfalls ist neu zu terminieren (LR/*Jäger* § 222b Rn. 34; Meyer-Goßner/*Schmitt* § 222b Rn. 12).

28 Nach Abs. 2 Satz 3 findet auf die Gerichtsbesetzung nach erfolgreichem Besetzungseinwand § 222a – unabhängig davon, wann die neue Hauptverhandlung beginnt (LR/*Jäger* § 222b Rn. 35) – keine Anwendung. Das Gericht muss die Besetzung nicht mitteilen, kann dies aber tun (BT-Drs. 8/976, S. 48). Ist auch die neue Besetzung vorschriftswidrig, kann dies gem. § 338 Nr. 1 ohne Präklusion unmittelbar mit der Revision

gerügt werden (LR/*Jäger* § 222b Rn. 35; KK-StPO/*Gmel* § 222b Rn. 16). Eine Präklusion tritt aber auch in diesem Fall ein, wenn der Besetzungsrüge ein widersprüchliches Prozessverhalten zugrunde liegt (BGH NStZ 2008, 475; LR/*Jäger* § 222b Rn. 43, Fn. 68).

F. Vorabentscheidungsverfahren (Abs. 3). I. Zuständigkeit. Für das Vorabentscheidungsverfahren zuständiges Rechtsmittelgericht i.S.v. Abs. 3 ist bei Hauptverhandlungen vor dem Landgericht das **Oberlandesgericht** (§ 121 Abs. 1 Nr. 4 GVG), bei erstinstanzlichen Hauptverhandlungen vor dem Oberlandesgericht der **Bundesgerichtshof** (§ 135 Abs. 2 Nr. 3 GVG). Will das Oberlandesgericht bei seiner Entscheidung von einer Entscheidung eines anderen Oberlandesgerichts oder des Bundesgerichtshofs abweichen, entscheidet gem. § 121 Abs. 2 Nr. 4 der Bundesgerichtshof. 29

II. Verfahren. Hält das Gericht, dessen Besetzung gerügt wurde, den Einwand für unbegründet, muss es diesen **spätestens vor Ablauf von drei Tagen** dem Rechtsmittelgericht **vorlegen** (Abs. 3 Satz 1). Die Frist berechnet sich nach § 42. Wird die Hauptverhandlung schon vor Ablauf der drei Tage durch Verkündung eines Urteils beendet, ist das Vorabentscheidungsverfahren erledigt und eine Vorlagepflicht entfällt (BT-Drs. 19/14747, S. 32); dem Angeklagten bleibt die Revision erhalten (§ 338 Nr. 1b). 30

Nach Vorlage entscheidet das Rechtsmittelgericht **ohne mündliche Verhandlung** (Abs. 3 Satz 2). Zuvor ist den Verfahrensbeteiligten, die nicht die Besetzungsrüge erhoben haben (BT-Drs. 19/14747, S. 31), **Gelegenheit zur Stellungnahme** einzuräumen (Abs. 3 Satz 3). Im Hinblick auf den mit dem Verfahren intendierten Beschleunigungszweck sollte die Stellungnahmefrist kurz bemessen sein. 31

III. Entscheidung. Die Entscheidung des Rechtsmittelgerichts erfolgt **nach revisionsrechtlichen Grundsätzen** (Meyer-Goßner/*Schmitt* § 222b Rn. 19; dazu im Einzelnen § 338 Rn. 7 ff.; a.A. Graf/*Ritscher* § 222b Rn. 16: nur Willkürmaßstab). Stellt das Rechtsmittelgericht fest, dass das Gericht **nicht vorschriftsmäßig besetzt** ist (Abs. 3 Satz 4), ist durch diese Feststellung das Hauptverfahren in der betreffenden Besetzung beendet (BT-Drs. 19/14747, S. 31). **Verwirft** das Rechtsmittelgericht die Besetzungsrüge, ist die Entscheidung abschließend; die Revision kann auf den Besetzungseinwand nicht mehr gestützt werden. Hat das Rechtmittelgericht den Besetzungseinwand allerdings wegen Unstatthaftigkeit verworfen – etwa weil Besetzungsmängel gerügt werden, die erst im Lauf der Hauptverhandlung aufgetreten sind – tritt keine revisionsrechtliche Präklusionswirkung ein (BGH, Beschl. v. 02.02.2022 – 5 StR 153/21). 32

F. Rechtsbehelfe. Gegen das **Unterlassen einer Entscheidung** über den Besetzungseinwand ist kein Rechtsbehelf gegeben (KMR/*Eschelbach* § 222b Rn. 61; SK-StPO/*Deiters* § 222b Rn. 15). In der Revision ist die Besetzungsrüge in diesem Fall – wie sich aus § 338 Nr. 1b lit. bb ergibt (»übergangen«) – nicht präkludiert. 33

Die **Entscheidung des Rechtsmittelgerichts** im Vorabentscheidungsverfahren, die Besetzungsrüge zu verwerfen, ist nicht anfechtbar (BT-Drs. 19/14747, S. 31). Da die Frage der Besetzung das Recht auf den gesetzlichen Richter gem. Art. 101 Abs. 1 Satz 2 GG betrifft, bleibt die Möglichkeit der **Verfassungsbeschwerde** und des Antrags auf Erlass einer einstweiligen Anordnung nach § 32 BVerfGG (dazu *Schmitz* StraFo 2021, 146 [151]. 34

Mit der **Revision** kann nicht die Verletzung des § 222b, sondern nur die vorschriftswidrige Besetzung des Gerichts gerügt werden (§ 338 Nr. 1 lit. a und b). Auf Mängeln im Zwischenverfahren kann das Urteil nicht beruhen, da sie für die Besetzung des Gerichts nicht ursächlich sind (KMR/*Eschelbach* § 222b Rn. 62; LR/*Jäger* § 222b Rn. 51; Graf/*Ritscher* § 222b Rn. 19). 35

§ 223 Vernehmungen durch beauftragte oder ersuchte Richter

(1) Wenn dem Erscheinen eines Zeugen oder Sachverständigen in der Hauptverhandlung für längere oder ungewisse Zeit Krankheit oder Gebrechlichkeit oder andere nicht zu beseitigende Hindernisse entgegenstehen, so kann das Gericht seine Vernehmung durch einen beauftragten oder ersuchten Richter anordnen.

(2) Dasselbe gilt, wenn einem Zeugen oder Sachverständigen das Erscheinen wegen großer Entfernung nicht zugemutet werden kann.

Übersicht

1 **A. Inhalt der Regelung und Anwendungsbereich.** Nach § 250 besteht in der Hauptverhandlung grds. ein Vorrang des Personalbeweises vor dem Urkundenbeweis. Im Interesse der Wahrheitsfindung und zur Erleichterung und Beschleunigung des Verfahrens kann jedoch ausnahmsweise die Vernehmung eines Zeugen oder Sachverständigen gem. § 251 auch durch die Verlesung einer Niederschrift über seine frühere richterliche Vernehmung und die Vernehmung eines Zeugen gem. § 255a Abs. 1 durch die Vorführung einer Bild-Ton-Aufzeichnung ersetzt werden. Ist zu erwarten, dass die Beweisperson wegen nicht zu beseitigender Hindernisse nicht in der Hauptverhandlung vernommen werden kann, kann das Gericht gem. § 223 nach pflichtgemäßem Ermessen zur **vorsorglichen Beweissicherung** die kommissarische Vernehmung anordnen, um eine **Vernehmungsniederschrift** oder eine **Bild-Ton-Aufzeichnung** zu gewinnen. Auch wenn die Regelung im Abschnitt über die Vorbereitung der Hauptverhandlung steht, ist die Anordnung der Vernehmung nach Sinn und Zweck schon im Eröffnungsverfahren (RGSt 66, 213 [214]; BGH VRS 36, 356; LR/*Jäger* § 223 Rn. 7) und noch in der Hauptverhandlung (BGHSt 31, 336 [338]; Meyer-Goßner/*Schmitt* § 223 Rn. 10) möglich. Ist bereits eine für die Verlesung geeignete richterliche Vernehmung vorhanden, ist eine zusätzliche kommissarische Vernehmung in der Regel entbehrlich (Meyer-Goßner/*Schmitt* § 223 Rn. 1). Ob die kommissarische Vernehmung später zur Verlesung bzw. Vorführung kommt, entscheidet das erkennende Gericht i.R.d. Hauptverhandlung nach Maßgabe des § 251.

2 Die Vorschrift gilt nur für die Vernehmung von **Zeugen und Sachverständigen** (LR/*Jäger* § 223 Rn. 6). Sie wird durch § 224 ergänzt, der Regelungen zur Benachrichtigung enthält. Für die Einnahme richterlichen Augenscheins durch einen beauftragten oder ersuchten Richter gilt § 225.

3 Da die kommissarische Vernehmung nur die **Grundlage für einen Beweismitteltausch** bietet, durch den an die Stelle der Zeugenvernehmung die Protokollverlesung bzw. Vorführung einer Bild-Ton-Aufzeichnung tritt (*Heghmanns*, Handbuch Rn. 437; KMR/*Eschelbach* § 223 Rn. 2), handelt es sich entgegen der herrschenden Meinung nicht um die Vorwegnahme eines Teils der Hauptverhandlung (so BGHSt 9, 24 [27]; KK/*Gmel* § 223 Rn. 1; Meyer-Goßner/*Schmitt* § 223 Rn. 1).

4 Um den geltenden Unmittelbarkeitsgrundsatz (§ 250) nicht auszuhöhlen, sind die Voraussetzungen für die kommissarische Vernehmung, die den gem. § 251 Abs. 2 Nr. 1 und 2 auch für die Verlesung der Vernehmungsniederschrift gelten, **restriktiv auszulegen** (KK/*Gmel* § 223 Rn. 1; Radtke/Hohmann/*Britz* § 223 Rn. 2; differenzierend SK-StPO/*Deiters* § 223 Rn. 12 ff.).

5 **B. Voraussetzungen. I. Nicht zu beseitigende Hindernisse (Abs. 1). 1. Krankheit.** Krankheit ist ein pathologischer körperlicher und seelischer Zustand, der so schwerwiegend ist, dass er es der Auskunftsperson unmöglich oder unzumutbar macht, in der Hauptverhandlung zu erscheinen und vernommen zu werden (Graf/*Ritscher* § 223 Rn. 4).

6 **2. Gebrechlichkeit.** Gebrechlichkeit liegt vor, wenn die Beweisperson, ohne krank zu sein, wegen ihres fragilen körperlichen, geistigen oder seelischen Zustands oder wegen ihres hohen Alters nicht in der Hauptverhandlung erscheinen und vernommen werden kann (Meyer-Goßner/*Schmitt* § 223 Rn. 5).

7 **3. Andere nicht zu beseitigende Hindernisse.** Die Aufzählung der Hinderungsgründe in Abs. 1 ist **nicht abschließend** (LR/*Jäger* § 223 Rn. 9; KMR/*Eschelbach* § 223 Rn. 46). Andere nicht zu beseitigende Hindernisse sind Umstände des Einzelfalls, die – wie Krankheit oder Gebrechlichkeit – ein Erscheinen in der Hauptverhandlung und die Vernehmung (BGHSt 9, 294 [300]; 17, 337 [349]; KK/*Gmel* § 223 Rn. 3) unmöglich machen, ohne dass in zumutbarer Weise Abhilfe geschaffen werden kann. Davon kann erst gesprochen werden, wenn das Gericht zunächst alle gebührenden Bemühungen entfaltet hat, um eine Vernehmung in der

Hauptverhandlung zu ermöglichen (BGHSt 29, 109 [112]; 36, 159 [161]; Meyer-Goßner/*Schmitt* § 223 Rn. 6). Insoweit gelten die Kriterien, die die Rspr. für die Unerreichbarkeit des Beweismittels i.S.d. § 244 Abs. 3 Satz 2 entwickelt hat (s. § 244 Rn. 201 ff.; *Pfeiffer* § 223 Rn. 4).

Folgende Fälle sind anerkannt: 8

- (Unmittelbar bevorstehende) Längere Auslandsreise (RGSt 66, 213).
- Vorliegen einer endgültigen Sperrerklärung gem. § 96 analog oder § 54 i.V.m. § 37 Abs. 4 BeamtStG (früher: § 39 Abs. 3 BRRG) (BGHSt 29, 390 [391]; 32, 115 [126]; KK/*Gmel* § 223 Rn. 9) bzw. gem. § 110b Abs. 3. Zur Vernehmung von V-Leuten und verdeckten Ermittlern s. § 250 Rdn. 19.
- Begründete Weigerung der Erziehungsberechtigten, ihr Kind in der Hauptverhandlung vernehmen zu lassen (OLG Saarbrücken NJW 1974, 1959 [1960]; KK/*Gmel* § 223 Rn. 7).
- Haft im Ausland, sofern eine Überstellung zur Vernehmung nach Art. 9 Abs. 1 EURhÜbK nicht möglich ist (LR/*Jäger* § 223 Rn. 11).
- Versagung der Einreise nach Deutschland (OLG Hamm DAR 1959, 192; Meyer-Goßner/*Schmitt* § 223 Rn. 6).
- Ernsthafte Gefahr für Leib oder Leben des Zeugen oder seiner Familie (BGH NStZ 1984, 31 [32]; NStZ 1993, 350). Dies gilt jedoch nur, wenn die Gefahr nicht durch andere Maßnahmen wie Ausschluss des Angeklagten nach § 247, Verlegung des Termins, Ausschluss der Öffentlichkeit gem. § 172 Nr. 1 lit. a GVG (BGHSt 3, 344 [345]; 22, 311 [313]), Maßnahmen nach § 68 Abs. 2 und 3 oder Inanspruchnahme der Schutzmöglichkeiten nach dem ZSHG (OLG Köln, Beschl. v. 06.03.2009 – 2 Ws 87/09) beseitigt werden kann (LR/*Jäger* § 223 Rn. 14).

Nicht unter den Begriff fallen dagegen: 9

- Starke berufliche oder private Inanspruchnahme (KK/*Gmel* § 223 Rn. 8).
- Ordensregeln oder Lebensgewohnheiten (Meyer-Goßner/*Schmitt* § 223 Rn. 6).
- Urlaub (KMR/*Eschelbach* § 223 Rn. 49) oder bloßer Auslandsaufenthalt (KK/*Gmel* § 223 Rn. 5).

4. Für längere oder ungewisse Zeit. Das Hindernis muss dem Erscheinen (und der Vernehmung) in der Hauptverhandlung für längere oder ungewisse Zeit entgegenstehen. Eine Krankheit ist daher kein Hindernis, wenn die Genesung nahe bevorsteht (KK/*Gmel* § 223 Rn. 10). Für die Prognose der voraussichtlichen Dauer des Hindernisses steht dem Gericht ein Beurteilungsspielraum zu (KMR/*Eschelbach* § 223 Rn. 62; KK/*Gmel* § 223 Rn. 10). Wenn der Wegfall des Hindernisses absehbar ist, kann es erforderlich sein, den Hauptverhandlungstermin zu verschieben, um eine Vernehmung der Beweisperson in der Hauptverhandlung zu ermöglichen (LR/*Jäger* § 223 Rn. 15). 10

II. Unzumutbarkeit wegen zu großer Entfernung (Abs. 2). Wann das Erscheinen in der Hauptverhandlung wegen zu großer Entfernung unzumutbar ist, lässt sich nicht nach der zurückzulegenden Wegstrecke entscheiden. Vielmehr ist eine Abwägung zwischen dem Interesse der Beweisperson, wegen der Entfernung nicht erscheinen zu müssen, und dem Interesse des Gerichts an einer Vernehmung in der Hauptverhandlung vorzunehmen (BGHSt 9, 230; BGH StV 1989, 468; Meyer-Goßner/*Schmitt* § 223 Rn. 8). Zu berücksichtigende Belange sind dabei aufseiten der Beweisperson insb. die geografische Lage, seine persönlichen Verhältnisse, berufliche und private Verpflichtungen und die Verkehrssituation. Dem ggü. stehen v.a. die Bedeutung der Sache (vgl. § 251 Abs. 2 Nr. 2), die Relevanz der Aussage und die Notwendigkeit der beschleunigten Verfahrensdurchführung. Je wichtiger die Aussage oder das Gutachten ist, desto weniger kommt es auf die Entfernung der Beweisperson vom Gerichtsort an (BGH NJW 1986, 1999 [2000]; LR/*Jäger* § 223 Rn. 18; KK/*Gmel* § 223 Rn. 11). Bei Randzeugen kann eine Unzumutbarkeit daher auch bei geringerer Entfernung anzunehmen sein, während der einzige Belastungszeuge auch längere Strecken in Kauf nehmen muss (BGH StV 1981, 220 [221]; OLG Düsseldorf NJW 1991, 2781 [2782]; Meyer-Goßner/*Schmitt* § 223 Rn. 8). 11

Nach herrschender Meinung gilt das zeitliche Erfordernis des Abs. 1 auch für Abs. 2 (LR/*Jäger* § 223 Rn. 20; KK/*Gmel* § 223 Rn. 12). Es muss daher geprüft werden, ob zu erwarten ist, dass der Beweisperson das Erscheinen auch noch im Zeitpunkt der Hauptverhandlung für längere oder ungewisse Zeit unzumutbar ist (Meyer-Goßner/*Schmitt* § 223 Rn. 9). 12

C. Anordnung der kommissarischen Vernehmung. I. Beschluss. Ergibt die im **Freibeweisverfahren** vorzunehmende Prüfung des konkreten Einzelfalls, dass die Tatbestandsvoraussetzungen vorliegen, und kommt das Gericht bei **pflichtgemäßer Ausübung des Ermessens** (BGH NJW 1956, 1367; 1983, 527) zum Ergebnis, dass eine kommissarische Vernehmung durchgeführt werden soll, ordnet es sie **durch Beschluss** an. Hatte nur der Vorsitzende die Vernehmung angeordnet, kann das Gericht sie nachträglich genehmigen (LR/*Jäger* § 223 Rn. 22). 13

14 Zuvor sind die Verfahrensbeteiligten gem. § 33 **anzuhören.** Schon dabei hat die StA auf Bedenken gegen die Vernehmung hinzuweisen (Nr. 121 Abs. 1 Satz 2 RiStBV). Der anordnende Beschluss nennt im **Tenor** die zu vernehmende Beweisperson mit Namen und Anschrift. Die **Gründe** müssen nur angeben, welcher Hinderungsgrund vorliegt. Warum er vorliegt, muss nur begründet werden, wenn sich dies erst aus den näheren Umständen ergibt (Meyer-Goßner/*Schmitt* § 223 Rn. 12; KK/*Gmel* § 223 Rn. 14). Das Beweisthema ist anzugeben, wenn es sich nicht aus der Bezugnahme auf die Anklageschrift oder aus dem Hinweis auf frühere polizeiliche oder staatsanwaltschaftliche Vernehmungen nachvollziehen lässt (Graf/*Ritscher* § 223 Rn. 9). Beim beauftragten Richter (Rdn. 18) ist das für die Vernehmung bestimmte Spruchkörpermitglied zu bezeichnen, beim ersuchten Richter (Rdn. 19) das zuständige AG (HK/*Julius*/Reichling § 223 Rn. 5).

15 Der Beschluss kann **von Amts wegen oder auf Antrag** ergehen. Antragsberechtigt ist neben den Verfahrensbeteiligten auch der zur Hauptverhandlung geladene Zeuge oder Sachverständige (KMR/*Eschelbach* § 223 Rn. 63; Meyer-Goßner/*Schmitt* § 223 Rn. 11). Wird ein Antrag abgelehnt, muss der Beschluss gem. § 34 begründet werden.

16 Ergeht der Beschluss in der Hauptverhandlung, wird er gem. § 35 Abs. 1 Satz 1 verkündet, außerhalb der Hauptverhandlung gem. § 35 Abs. 2 Satz 2 formlos mitgeteilt.

17 **II. Vernehmungsersuchen.** Im Fall des ersuchten Richters übersendet der Vorsitzende mit dem Beschluss ein Vernehmungsersuchen, das durch einen Fragenkatalog ergänzt werden kann und in umfangreichen Sachen die Teile der Akten bezeichnet, die für die Vernehmung wichtig sind (Nr. 121 Abs. 3 RiStBV). Sind mehrere Zeugen oder Sachverständige bei verschiedenen Gerichten kommissarisch zu vernehmen, so kann es sich empfehlen, die Gerichte möglichst gleichzeitig unter Übersendung von Aktenauszügen um die Vernehmung zu ersuchen (Nr. 121 Abs. 2 RiStBV).

18 **D. Durchführung der kommissarischen Vernehmung. I. Beauftragter oder ersuchter Richter.** Der Zeuge oder Sachverständige wird durch einen beauftragten oder ersuchten Richter vernommen. **Beauftragter Richter** ist ein (bzw. beim Schöffengericht der) (Berufs) Richter des erkennenden Spruchkörpers; bei einer Kammer oder einem Senat ist dies zweckmäßigerweise der Berichterstatter. Es ist nicht notwendig, dass der beauftragte Richter an der späteren Hauptverhandlung mitwirkt (BGHSt 2, 1; LR/*Jäger* § 223 Rn. 29). Auch die drei richterlichen Mitglieder einer Strafkammer können mit der Vernehmung beauftragt werden (BGH NJW 1956, 600; MüKo-StPO/Arnoldi § 223 Rn. 11). Eine Vernehmung in voller Kammerbesetzung mit Schöffen ist dagegen nicht zulässig, weil es sich dabei um eine »versteckte« Hauptverhandlung handeln würde (BGHSt 31, 236; Meyer-Goßner/*Schmitt* § 223 Rn. 15)

19 **Ersuchter Richter** ist der durch die Geschäftsverteilung bestimmte Richter des ersuchten auswärtigen Gerichts (§ 157 GVG). Gem. § 158 Abs. 2 darf er das Ersuchen nur dann ablehnen, wenn die vorzunehmende Handlung nach dem Recht des ersuchten Gerichts verboten ist, was nach herrschender Meinung voraussetzt, dass sie schlechthin rechtlich unzulässig ist (BGH NJW 1991, 2936; LR/*Jäger* § 223 Rn. 23). Dass er die Voraussetzungen des § 223 nicht für erfüllt oder die Vernehmung für unzweckmäßig hält, reicht nicht aus (OLG Düsseldorf NStZ-RR 1996, 304; OLG Frankfurt NStZ-RR 2004, 50). In diesen Fällen kann er seine Bedenken aber ggü. dem ersuchenden Gericht mitteilen und die Aufhebung des Beschlusses anregen (KK/*Gmel* § 223 Rn. 19).

20 **II. Verfahren bei der Vernehmung. 1. Nichtöffentlichkeit.** Da es sich nicht um eine Verhandlung vor dem erkennenden Gericht gem. § 169 Satz 1 GVG handelt, ist die Vernehmung nicht öffentlich. Gem. § 180 GVG bestehen die sitzungspolizeilichen Befugnisse nach den §§ 176 bis 179 GVG.

21 **2. Anwesenheitsrecht.** Die Verfahrensbeteiligten sind, soweit § 224 Abs. 2 nicht eingreift (s. § 224 Rn. 15 ff.), zur Anwesenheit berechtigt. Der Verteidiger darf auch dann teilnehmen, wenn die Benachrichtigung nach § 224 Abs. 1 Satz 1 unterblieben ist, er aber auf andere Weise vom Termin Kenntnis erlangt hat (BGHSt 31, 148 [153]; 32, 115 [129]; Meyer-Goßner/*Schmitt* § 223 Rn. 19). Ein Ausschluss des Verteidigers ist selbst dann unzulässig, wenn eine Gefährdung für eine Beweisperson besteht (BGHSt 32, 115 [129]). Die zeitweilige Entfernung des Angeklagten gem. § 247 ist aber zulässig (BGHSt 32, 32 [35]; SK-StPO/*Deiters* § 223 Rn. 22). In diesem Fall besteht keine Unterrichtungspflicht nach § 247 Abs. 1 Satz 4 (BGH NJW 1967, 404; KK/*Gmel* § 223 Rn. 23a).

22 **3. Ablauf der Vernehmung.** Für den Ablauf der Vernehmung sind §§ 68, 68a, 68b, 69 (auf den Sachverständigen über § 72 anwendbar) zu beachten. Es genügt daher nicht, dem Zeugen frühere Aussagen vorzulesen und ihre Richtigkeit bestätigen zu lassen (LR/*Jäger* § 223 Rn. 33). Nach der Belehrung (§ 57) und der Befragung über die Personalien (§ 68 Abs. 1) wird die Beweisperson vielmehr über den Untersuchungsgegenstand unterrichtet (§ 69 Abs. 1 Satz 2) und ist dann zu veranlassen, zusammenhängend zu berichten

(§ 69 Abs. 1 Satz 1). Im Anschluss daran kann der Bericht durch das Verhör vervollständigt und überprüft werden (§ 69 Abs. 2).

Die Verfahrensbeteiligten sind berechtigt, Fragen zu stellen (LR/*Jäger* § 223 Rn. 34 unter zutreffendem Hinweis auf Art. 6 Abs. 3 lit. d EMRK, Art. 14 Abs. 3 lit. e IPBPR). Ist Angeklagtem oder Verteidiger die Teilnahme an der Vernehmung nicht möglich, können sie verlangen, dass von ihnen eingereichte Fragen gestellt werden (BGH NStZ 1983, 421; NStZ 1993, 292; KK/*Gmel* § 223 Rn. 20). 23

Für die Zurückweisung von Fragen durch den vernehmenden Richter gilt § 241 Abs. 2. Über die Zulässigkeit von Fragen kann er auch entsprechend § 242 die Entscheidung des erkennenden Gerichts herbeiführen (BGH NStZ 1983, 421; KK/*Gmel* § 223 Rn. 20). 24

4. Protokollierung. Die kommissarische Vernehmung ist gem. §§ 168, 168a zu protokollieren. Das Protokoll ist grds. von der Beweisperson zu genehmigen und zu unterschreiben (§ 168a Abs. 3). Zur Vorlage des Protokolls s. § 224 Rn. 13 f. 25

5. Feststellungen über das Verhalten der Beweisperson. Beobachtungen des Richters, die für die Beweiswürdigung, insb. für die Beurteilung der Glaubwürdigkeit eines Zeugen relevant sind (wie das Erscheinungsbild, Körpersprache, zögernde oder flüssige Aussage oder erkennbare Emotionen) sind Teil der Vernehmung und dürfen in das Protokoll aufgenommen werden (BGHSt 43, 354 [359 f.]; KK/*Gmel* § 223 Rn. 22). In der Hauptverhandlung sind diese Äußerungen des Richters als Teil der Niederschrift verlesbar (RGSt 37, 212; BGHSt 2, 1 [3]; 45, 354 [360]; LR/*Jäger* § 223 Rn. 35). Dasselbe gilt nach herrschender Meinung für aus den Beobachtungen abgeleitete persönliche Eindrücke und Wertungen des vernehmenden Richters, sofern die Anknüpfungstatsachen hierfür ebenfalls in das Protokoll aufgenommen werden und dem erkennenden Gericht ermöglichen, insoweit etwa vorgenommene Wertungen einer eigenen Beurteilung zu unterziehen (BGHSt 43, 354 [360]; KK/*Gmel* § 223 Rn. 22; Meyer-Goßner/*Schmitt* § 223 Rn. 24). 26

6. Audiovisuelle Aufzeichnung und Bild-Ton-Übertragung. Die **Aufzeichnung** der kommissarischen Vernehmung von Zeugen auf Bild-Ton-Trägern zur Ermöglichung einer Vorführung in der Hauptverhandlung gem. § 255a ist unter den Voraussetzungen des § 58a zulässig (BGHSt 43, 354 [361]; KK/*Gmel* § 223 Rn. 23a; Meyer-Goßner/*Schmitt* § 223 Rn. 20). Sie bietet ggü. dem Protokoll den Vorteil, dass sie dem erkennenden Gericht einen unmittelbareren Eindruck vom Zeugen und von der Vernehmung vermittelt (KMR/*Eschelbach* § 223 Rn. 8). Um den Zeugenschutz zu gewährleisten, wird die aufzuzeichnende Vernehmung analog § 168e getrennt von den Anwesenheitsberechtigten durchgeführt und diesen zeitgleich in Bild und Ton übertragen (LR/*Erb* § 168e Rn. 6; SK-StPO/*Wohlers/Albrecht* § 168e Rn. 4; a.A. Meyer-Goßner/*Schmitt* § 223 Rn. 10: Anwendung von § 247a). Ob das Gericht die kommissarische Vernehmung aufzeichnen lässt oder den Zeugen gem. § 247a in der Hauptverhandlung vernimmt, bestimmt sich im Einzelfall danach, was den Zeugeninteressen mehr entspricht und die Ermittlung der Wahrheit (§ 244 Abs. 2) besser fördert (BGHSt 45, 188 [195]; 354 [361]; 46, 73 [77 f.]; KMR/*Eschelbach* § 223 Rn. 10). 27

Eine **Bild-Ton-Übertragung** der kommissarischen Vernehmung in die Hauptverhandlung unter den Voraussetzungen der §§ 223, 247a lehnt die herrschende Meinung zu Recht ab. Da die audiovisuelle Vernehmung nach § 247a Teil der Hauptverhandlung ist (BGHSt 45, 188 [193]; 46; 73 [76]), würden ansonsten kommissarische Vernehmung und Hauptverhandlung trotz unterschiedlicher Verfahrensgestaltung unzulässig vermischt werden (KK/*Gmel* § 223 Rn. 23a; Meyer-Goßner/*Schmitt* § 223 Rn. 20; Radtke/Hohmann/*Britz* § 223 Rn. 19). 28

7. Vereidigung. Der beauftragte oder ersuchte Richter muss gem. § 63 dem Ersuchen um eidliche Vernehmung entsprechen, soweit §§ 60, 61 nicht entgegenstehen (Meyer-Goßner/*Schmitt* § 63 Rn. 3). Ist im Vernehmungsersuchen nichts zur Vereidigung der Beweisperson bestimmt, entscheidet darüber der vernehmende Richter gem. §§ 59 Abs. 1, 79 Abs. 1 nach seinem Ermessen. Als wesentliche Förmlichkeit i.S.d. § 168a Abs. 1 Satz 1 ist die Vereidigung im Protokoll festzuhalten (LR/*Jäger* § 223 Rn. 36). 29

E. Vernehmungen im Ausland. I. Vernehmung durch beauftragte Richter des erkennenden Gerichts. Kommissarische Vernehmungen können beauftragte Richter des erkennenden Gerichts auch im Ausland mit Einverständnis der Bundesregierung (§ 74 IRG) und mit Zustimmung der dortigen Regierung nach deutschem Verfahrensrecht durchführen (vgl. Art. 140, 142 RiVASt; BGH NStZ 1996, 609 [610]; KK/*Gmel* § 223 Rn. 24; LR/*Jäger* § 223 Rn. 37). Sie kommen v.a. dann in Betracht, wenn die Befragung der Beweisperson durch einen mit dem Verfahren vertrauten Richter die Ermittlung der Wahrheit mehr fördert, als die an einem Fragenkatalog orientierte Vernehmung durch einen ersuchten ausländischen Richter (s. Rdn. 32; Rose NStZ 1998, 154). 30

31 **II. Konsularische Vernehmung.** Gem. § 15 Konsulargesetz können Konsularbeamte auf Ersuchen deutscher Gerichte (auch eidliche) Vernehmungen durchführen. Die Befugnis kann – je nach vertraglicher Vereinbarung – nur für die Vernehmung deutscher Staatsangehöriger bestehen. Die Regelungen der StPO, insb. zu den Anwesenheitsrechten und der Protokollierung, gelten entsprechend. Da die über die Vernehmung aufgenommene Niederschrift einem richterlichen Protokoll gleichgestellt ist (§ 15 Abs. 4 KonsG), kann sie in der Hauptverhandlung gem. § 251 Abs. 2 verlesen werden (BGH NStZ 1984, 129; NJW 1989, 2205).

32 **III. Vernehmung durch ein ausländisches Gericht oder eine ausländische Behörde.** I.R.d. Rechtshilfe (vgl. Nr. 25 ff., 117 sowie Muster Nr. 32a RiVASt) kann auch ein ausländisches Gericht oder eine ausländische Behörde kommissarisch vernehmen, bei entsprechendem Ersuchen und Zustimmung der dortigen Regierung auch in Anwesenheit und – nach Maßgabe des anzuwendenden Rechts – unter Mitwirkung eines Richters des erkennenden Gerichts (LR/*Jäger* § 223 Rn. 40; HK/*Julius*/Reichling § 223 Rn. 11).

33 Wird ein Staat, der Vertragspartei des **EURhÜbK** ist, i.R.d. Rechtshilfe um Vernehmung ersucht, richtet sich die Vernehmung gem. Art. 4 Abs. 1 EURhÜbK (in Kraft seit 02.02.2006) nach dem Recht des ersuchenden Staates. Eine nach ausländischem Verfahrensrecht ordnungsgemäß durchgeführte Vernehmung kann daher wegen des Verstoßes gegen deutsche Verfahrensvorschriften rechtsfehlerhaft sein (BGH NStZ 2007, 417; KK/*Gmel* § 223 Rn. 25).

34 **Außerhalb des Geltungsbereichs des EURhÜbK** wird die Vernehmung grds. nach dem Recht des ersuchten Staates durchgeführt (SK-StPO/*Deiters* § 223 Rn. 25). Das ersuchende deutsche Gericht muss allerdings darauf hinwirken, dass die Vorschriften des deutschen Verfahrensrechts beachtet werden, soweit dies nach dem ausländischen Recht zulässig ist (BGH NStZ 1988, 563; LR/*Jäger* § 223 Rn. 39; SK-StPO/*Deiters* § 223 Rn. 25). Da jedoch nicht erwartet werden kann, dass deutsches Prozessrecht angewendet wird, bedarf es in der Regel nur der Einhaltung der im Ausland geltenden Zuständigkeits- und Verfahrensvorschriften (BGHSt 2, 300 [304]; 42, 86 [90]; NStZ 2000, 547; Meyer-Goßner/*Schmitt* § 251 Rn. 34). Die Verlesbarkeit der nach dem Recht des Vernehmungsorts durchgeführten Vernehmung setzt jedoch voraus, dass die Vernehmung grundsätzlichen rechtsstaatlichen Anforderungen genügt und der Zeuge; NStZ 1992, 394). Verstöße gegen die ausländische Verfahrensordnung stehen der Verlesung nur dann entgegen, wenn sie auch nach deutschem Recht relevant wären (BGH NStZ 1985, 376; StV 2005, 255; KK/*Gmel* § 223 Rn. 25).

35 **F. Rechtsbehelfe. I. Beschwerde.** Der Beschluss über die Anordnung der kommissarischen Vernehmung kann nach **§ 305 Satz 1** nicht mit der Beschwerde angefochten werden (Meyer-Goßner/*Schmitt* § 223 Rn. 25; KK/*Gmel* § 223 Rn. 26). Der ablehnende Beschluss ist nur dann anfechtbar, wenn ein Beweisverlust droht (LG Düsseldorf NStZ 83, 42; SK-StPO/*Deiters* § 223 Rn, 33; LR/*Jäger* § 223 Rn. 43). Die Beweisperson hat allerdings kein Beschwerderecht, da es nicht in ihrem Belieben steht, von wem sie vernommen wird (Graf/*Ritscher* § 223 Rn. 19).

36 **II. Revision.** Auf die Verletzung von § 223 kann die Revision nicht gestützt werden. Revisibel ist nur der Verstoß gegen § 251 (s. § 251 Rdn. 46, 47), wenn das Protokoll der Vernehmung verlesen und der Verlesung widersprochen wurde (BGH StV 1992, 403; NJW 1996, 2239 [2341]; Meyer-Goßner/*Schmitt* § 251 Rn. 45). Dass der kommissarischen Vernehmung zugestimmt worden war, führt zu keinem Rügeverlust (*Pfeiffer* § 223 Rn. 13; HK/*Julius*/Reichling § 223 Rn. 17).

37 Eine revisible Verletzung der Aufklärungspflicht (§ 244 Abs. 2) kommt in Betracht, wenn eine mögliche kommissarische Vernehmung unterlassen wurde, eine erneute Vernehmung trotz Gebotenheit unterblieben ist (BGH, Beschl. v. 03.10.1984 – 2 StR 450/84) oder das Gericht eine kommissarische Vernehmung angeordnet hat, obwohl die Beweisperson in der Hauptverhandlung hätte vernommen werden können (LR/*Jäger* § 223 Rn. 45; HK/*Julius*/Reichling § 223 Rn. 17). Wird im letztgenannten Fall der späteren Verlesung des Vernehmungsprotokolls nicht widersprochen, führt dies zum Verlust der Rüge (BGH StV 1992, 403; HK/*Julius*/Reichling § 223 Rn. 17).

§ 224 Benachrichtigung der Beteiligten über den Termin

(1) [1]Von den zum Zweck dieser Vernehmung anberaumten Terminen sind die Staatsanwaltschaft, der Angeklagte und der Verteidiger vorher zu benachrichtigen; ihrer Anwesenheit bei der Vernehmung bedarf es nicht. [2]Die Benachrichtigung unterbleibt, wenn sie den Untersuchungserfolg gefährden würden. [3]Das aufgenommene Protokoll ist der Staatsanwaltschaft und dem Verteidiger vorzulegen.

(2) Hat ein nicht in Freiheit befindlicher Angeklagter einen Verteidiger, so steht ihm ein Anspruch auf Anwesenheit nur bei solchen Terminen zu, die an der Gerichtsstelle des Ortes abgehalten werden, wo er in Haft ist.

Übersicht

A. Inhalt der Regelung und Anwendungsbereich. Die Vorschrift ergänzt § 223 durch die Anordnung, dass die Verfahrensbeteiligten grds. vom Termin der kommissarischen Vernehmung **zu benachrichtigen** sind und der StA und dem Verteidiger das **Protokoll der Vernehmung** vorzulegen ist. Aus der Pflicht zur Benachrichtigung ist zu schließen, dass deren Adressaten einen **Anspruch auf Anwesenheit** bei der Vernehmung haben. Abs. 2 schränkt dieses Recht für den in Haft befindlichen verteidigten Angeklagten ein. 1

Da die Verlesung des Protokolls der kommissarischen Vernehmung bzw. die Vorführung der audiovisuellen Aufzeichnung die Vernehmung von Beweispersonen gem. § 251 ersetzen kann (s. § 223 Rdn. 3), stellt die Regelung sicher, dass die Verfahrensbeteiligten an der Beweiserhebung mitwirken und von ihrem Fragerecht Gebrauch machen können (LR/*Jäger* § 224 Rn. 4; HK/*Julius*/Reichling § 224 Rn. 1). 2

Die Regelung gilt für alle Vernehmungen von Beweispersonen nach § 223, auch wenn sie im Ausland stattfinden (BGH NStZ 1988, 563; SK-StPO/*Deiters* § 224 Rn. 5). Bei konsularischen Vernehmungen gilt § 224 über § 15 Abs. 3 KonsG entsprechend. Da im Anwendungsbereich des EuRHÜbk Rechtshilfeersuchen gem. Art. 4 nach dem Recht des ersuchenden Staates erledigt werden, muss das um die Vernehmung ersuchende Gericht auch darum bitten, dass die Teilnahmeberechtigten vom Verhandlungstermin benachrichtigt werden und ihnen die Teilnahme daran gestattet wird (BGH JZ 1997, 44; HK/*Julius*/Reichling § 224 Rn. 10). Gleiches gilt, soweit das ausländische Recht die Anwesenheit der Prozessbeteiligten bei der Vernehmung gestattet (LR/*Jäger* § 224 Rn. 3; Meyer-Goßner/*Schmitt* § 224 Rn. 1). Gestattet das Recht des ersuchten Staates dies nicht, steht die Nichtbeachtung des § 224 einer Verwertung nicht entgegen (BGHSt 1, 219 [220]; OLG Hamm JMBl. NRW 1962, 223 [224]; KK/*Gmel* § 224 Rn. 1). 3

B. Benachrichtigungspflicht (Abs. 1). I. Benachrichtigung. Die Benachrichtigung vom Termin (unter Angabe von Beweisperson, Ort und Zeit der Vernehmung) obliegt grds. dem beauftragten oder ersuchten Richter. Allerdings kann auch schon das ersuchende Gericht im Beschluss nach § 223 Anordnungen zum Termin treffen (BGH VRS 26, 211; KK/*Gmel* § 224 Rn. 5). Soweit der Vernehmungstermin nicht durch Verkündung in der Hauptverhandlung bekannt gegeben wird, kann er gem. § 35 Abs. 2 Satz 2 formlos mitgeteilt werden (BayObLGSt 1953, 62 [63]; LR/*Jäger* § 224 Rn. 8). Um den Zugang der Benachrichtigung nachweisen zu können, ist jedoch die förmliche Zustellung zweckmäßig (KK/*Gmel* § 224 Rn. 5; SK-StPO/*Deiters* § 224 Rn. 6). Der Nachweis, dass die Benachrichtigung verfügt und abgesandt wurde, ist nicht ausreichend (OLG Frankfurt NJW 1952, 1068; Meyer-Goßner/*Schmitt* § 224 Rn. 6). 4

II. Adressaten der Benachrichtigung. Nach dem Wortlaut sind die StA, der Angeklagte, auch wenn er in Haft ist (vgl. Abs. 2), und der Verteidiger zu benachrichtigen. Wird der nach § 145a Abs. 1 zustellungsbevollmächtigte Verteidiger benachrichtigt, bedarf es keiner gesonderten Benachrichtigung des Angeklagten. In Verfahren mit mehreren Angeklagten müssen alle Mitangeklagten benachrichtigt werden. Dies gilt unabhängig davon, ob die Vernehmung eine Tat betrifft, die nicht allen zur Last gelegt wird, da ansonsten die in der Hauptverhandlung bestehenden Mitwirkungs- und Fragerechte unterlaufen werden könnten (SK-StPO/*Deiters* § 224 Rn. 8; HK/*Julius*/Reichling § 224 Rn. 3). Die Benachrichtigungspflicht besteht jedoch nur innerhalb desselben Verfahrens. Wird gegen Mittäter oder Teilnehmer derselben Tat ein gesondertes Verfahren geführt, müssen sie nicht informiert werden (BGH NJW 1986, 1999 [2000]; LR/*Jäger* § 224 Rn. 12; Meyer-Goßner/*Schmitt* § 224 Rn. 4). 5

Über die in der Vorschrift genannten Beteiligten hinaus müssen auch der **Privatkläger** (§ 385 Abs. 1 Satz 1), der **Nebenkläger** (§ 397 Abs. 1 Satz 2) und dessen RA (§ 406h Abs. 2 Satz 2) sowie die **Nebenbeteiligten** benachrichtigt werden (LR/*Jäger* § 224 Rn. 15 bis 18). Im **Verfahren gegen Jugendliche** ist der Termin den gesetzlichen Vertretern und den Erziehungsberechtigten (§ 67a Abs. 1 JGG) mitzuteilen, in Steuerstrafsachen dem Vertreter der Finanzbehörde (§ 407 Abs. 1 Satz 3 AO). 6

Da es der Anwesenheit der Teilnahmeberechtigten – auch eines Pflichtverteidigers (BGH NJW 1952, 1426; Meyer-Goßner/*Schmitt* § 224 Rn. 9) – bei der Vernehmung nicht bedarf (Abs. 1 Satz 1 Hs. 2) und die Vernehmung auch bei deren Nichterscheinen durchgeführt werden kann (BGH MDR 1972, 753), besteht analog § 168c Abs. 5 Satz 3 unabhängig vom Verhinderungsgrund **kein Anspruch auf Terminsverlegung** (BGHSt 7

1, 284; VRS 26, 211; KK/*Gmel* § 224 Rn. 3). Jedoch sollte einem Verlegungswunsch entsprochen werden, wenn das Verfahren dadurch nicht verzögert wird (LR/*Jäger* § 224 Rn. 6).

8 Das Gericht ist nicht verpflichtet, dem Angeklagten einen Pflichtverteidiger am Ort des ersuchten Gerichts zu bestellen oder ihm die Teilnahme des Angeklagten dadurch zu ermöglichen, dass es ihm einen Reisekostenvorschuss gewährt (*Pfeiffer* § 224 Rn. 3).

9 **III. Zeitpunkt der Benachrichtigung.** Die Beteiligten müssen so rechtzeitig benachrichtigt werden, dass ihnen die Vorbereitung und Anwesenheit oder Vertretung bei der Vernehmung möglich ist (RGSt 59, 280 [281]; BGH GA 1976, 242 [244]; BayObLGSt 1951, 113 [116]; LR/*Jäger* § 224 Rn. 11). Käme die Benachrichtigung auf schriftlichem Weg zu spät, sind die Adressaten telefonisch, per Fax oder durch E-Mail zu informieren (Graf/*Ritscher* § 224 Rn. 8).

10 **IV. Unterbleiben der Benachrichtigung. 1. Gefährdung des Untersuchungserfolgs.** Nach Abs. 1 Satz 2 unterbleibt die Benachrichtigung, wenn sie den Untersuchungserfolg gefährden würde. Die Voraussetzung findet sich wortgleich in § 168c Abs. 5 Satz 2. Unter **Untersuchungserfolg** ist die Gewinnung einer wahrheitsgemäßen Aussage zu verstehen, die in einem späteren Verfahrensabschnitt verwertet werden kann (BGHSt 29, 1 [3]; BayObLGSt 1977, 130 [133]). Eine Gefährdung des Untersuchungserfolgs liegt vor, wenn durch die mit der Benachrichtigung verbundene Verzögerung der Verlust, die Wertminderung des Beweismittels droht (BGHSt 29, 1 [3], NJW 1980, 2088; Meyer-Goßner/*Schmitt* § 224 Rn. 8) oder wenn aufgrund konkreter Anhaltspunkte zu befürchten ist, dass Angeklagter oder Verteidiger die Benachrichtigung zu Verdunkelungsmaßnahmen nutzen werden (BGHSt 29, 1 [3]; 32, 115 [129]; KK/*Gmel* § 224 Rn. 9; a.A. SK-StPO/*Deiters* § 224 Rn. 13). Nicht ausreichend ist, dass durch die Benachrichtigung eine bloße Verfahrensverzögerung eintritt (BayObLSt. 1951, 113 [116]; KMR/*Eschelbach* § 224 Rn. 40; Meyer-Goßner/*Schmitt* § 224 Rn. 8). Ebenso wenig genügt, dass auf den Zeugen Einfluss genommen werden soll, von seinem Zeugnis- oder Aussageverweigerungsrecht Gebrauch zu machen. Denn insoweit handelt es sich um zulässiges Verteidigungsverhalten (Dölling/Duttge/König/Rössner/*Schulz* § 224 Rn. 3; a.A. BayObLGSt. 1977, 130 [133]; KK/*Gmel* § 224 Rn. 9). Der Gefahr, dass der Zeuge in Anwesenheit des Angeklagten nicht die Wahrheit sagen werde, ist durch dessen vorübergehende Entfernung nach § 247 zu begegnen, nicht durch das Unterlassen der Benachrichtigung (HK/*Julius*/Reichling § 224 Rn. 5).

11 Die Gründe für das Unterbleiben der Benachrichtigung sind **aktenkundig zu machen**, da das erkennende Gericht deren Tragfähigkeit bei der späteren Verlesung der Niederschrift oder Vorführung der audiovisuellen Aufzeichnung prüfen und ggf. ergänzen muss (BGHSt 29, 1 [3]; 31, 140 [143]; LR/*Jäger* § 224 Rn. 22). Dass der Verteidiger wegen des Unterbleibens der Benachrichtigung bei der Vernehmung keine Fragen stellen konnte, ist i.R.d. Beweiswürdigung zu berücksichtigen (BGH NStZ 1996, 595 [597]; KK/*Gmel* § 224 Rn. 9).

12 **2. Verzicht.** Die Benachrichtigung ist auch entbehrlich, wenn der Berechtigte auf sie verzichtet (BGHSt 1, 284; 9, 24 [28]; OLG Bremen StV 1992, 52; *Pfeiffer* § 224 Rn. 2). Gem. § 121 Abs. 4 RiStBV prüft die StA, ob sie auf Terminsnachrichten verzichten kann.

13 **C. Vorlage des Protokolls (Abs. 1 Satz 3).** StA und Verteidiger ist das Protokoll der kommissarischen Vernehmung vorzulegen. Wurde die Vernehmung gem. § 58a auf Bild-Ton-Trägern aufgezeichnet (s. § 223 Rn. 27), muss die Aufzeichnung vorgelegt werden. Die Vorlagepflicht besteht unabhängig davon, ob StA oder Verteidiger vom Termin Kenntnis hatten (LR/*Jäger* § 224 Rn. 27) oder bei der Vernehmung anwesend waren (BGHSt 25, 357 [359]; KK/*Gmel* § 224 Rn. 10). Der Angeklagte hat, auch wenn es sich um einen sich selbst verteidigenden Rechtsanwalt handelt, keinen Anspruch auf Protokollvorlage (KK/*Gmel* § 224 Rn. 10; Meyer-Goßner/*Schmitt* § 224 Rn. 11). Die Berechtigten können auf die Vorlegung verzichten (LR/*Jäger* § 224 Rn. 30, s. dort Nachweise Rspr.).

14 Die Anordnung zur Vorlage trifft der **Vorsitzende** (KMR/*Eschelbach* § 224 Rn. 56; LR/*Jäger* § 224 Rn. 28), Ggü. dem Verteidiger wird die Vorlagepflicht dadurch erfüllt, dass ihm eine Abschrift oder Kopie des Protokolls übersandt wird oder er die Möglichkeit zur Akteneinsicht erhält (BGHSt 25, 357 [359]; Meyer-Goßner/*Schmitt* § 224 Rn. 11). Der StA werden die Akten oder die Niederschrift zur Einsichtnahme übersandt. Die Vorlage ist aktenkundig zu machen (KK/*Gmel* § 224 Rn. 10).

15 **D. Einschränkung des Anwesenheitsrechts des inhaftierten Angeklagten (Abs. 2).** Der nicht auf freiem Fuß befindliche Angeklagte hat keinen Anspruch auf Anwesenheit, wenn er – wie nach § 140 Abs. 1 Nr. 4 und 5 meist der Fall – einen Verteidiger hat und der Vernehmungstermin nicht an der Gerichtsstelle des Ortes abgehalten wird, wo er sich in Haft befindet. Positiv formuliert kann er nur an Vernehmungen teilnehmen, *die im Gerichtsgebäude* des am Verwahrungsort befindlichen Gerichts durchgeführt werden (BGHSt 1, 269 [271]; HK/*Julius*/Reichling § 224 Rn. 12). Der unter die Ausnahmeregelung fallende Angeklagte muss

aber vom Termin **benachrichtigt** werden (BGH MDR 1976, 814; Meyer-Goßner/*Schmitt* § 224 Rn. 10), damit er schriftlich Fragen stellen (s. § 223 Rn. 23) oder sich mit seinem teilnahmeberechtigten Verteidiger abstimmen kann (LR/*Jäger* § 224 Rn. 24).

Die Regelung gilt entsprechend bei einer **Vernehmung im Ausland**, wenn der Angeklagte Deutschland nicht verlassen darf, weil der Vollzug der Untersuchungshaft unter dieser Anweisung gem. § 116 Abs. 2 Nr. 2 ausgesetzt wurde (OLG Bamberg MDR 1984, 604; Meyer-Goßner/*Schmitt* § 224 Rn. 10). 16

Im Hinblick auf Art. 6 Abs. 3 lit. d EMRK kommt, soweit nach den Umständen des Einzelfalls nur dadurch die »Waffengleichheit« herstellbar ist, entgegen dem Wortlaut von Abs. 2 im Geltungsbereich des EuRHÜbK die gem. Art. 13 des 2. Zusatzprotokolls grds. mögliche Überstellung eines inhaftierten Angeklagten zur Teilnahme an einer Rechtshilfevernehmung in Betracht (*Widmaier* MAH Strafverteidigung, § 9 Rn. 55). 17

E. Revision. Der Verstoß gegen § 224 kann die Revision nicht begründen, da das Urteil darauf alleine nicht beruhen kann. Wird jedoch die unter Verletzung der Benachrichtigungspflicht durchgeführte Vernehmung gem. § 251 bzw. § 255a durch Verlesung oder Vorführung der Bild-Ton-Aufzeichnung in die Hauptverhandlung eingeführt, kann das Urteil auf dem Rechtsfehler beruhen, wenn nicht ausgeschlossen werden kann, dass die Anwesenheit bei der Vernehmung und die Ausübung des Fragerechts das Beweisergebnis beeinflusst hätten (BGHSt 26, 332 [335]; LR/*Jäger* § 224 Rn. 35). Die Revisionsrüge setzt nach der Rspr. aber voraus, dass der Revisionsführer der Protokollverlesung in der erstinstanzlichen Hauptverhandlung – nicht erst in der Berufungsverhandlung oder nach Zurückverweisung (BGHSt 50, 272; Meyer-Goßner/*Schmitt* § 224 Rn. 12; a.A. OLG Bremen StV 1992, 59) – **ausdrücklich widersprochen** hat (BGHSt 1, 284 [286]; 9, 24 [28]; NStZ 1998, 312; LR/*Jäger* § 224 Rn. 31). Ein Widerspruch ist nicht erforderlich, wenn der Angeklagte nicht verteidigt ist und seine Rechte nicht kennt (KK/*Gmel* § 224 Rn. 11; Meyer-Goßner/*Schmitt* § 224 Rn. 12). Dieselben Grundsätze gelten für den Fall, dass der nach Abs. 2 nicht anwesenheitsberechtigte Angeklagte keine Benachrichtigung erhalten hat (BGH MDR 1976, 814; SK-StPO/*Deiters* § 224 Rn. 24). 18

Dass diese Grundsätze auch gelten sollen, wenn die Protokollvorlage nach Abs. 1 Satz 3 unterblieben ist (so Graf/*Ritscher* § 224 Rn. 13; Meyer-Goßner/*Schmitt* § 224 Rn. 12), erscheint zumindest dann fraglich, wenn StA oder Verteidiger an der Vernehmung teilgenommen haben. I.Ü. kommt eine **Heilung** durch nachträgliche Vorlage oder Aussetzung nach § 265 Abs. 4 in Betracht (SK-StPO/*Deiters* § 224 Rn. 24). 19

Auf die Rüge hin, dass die Benachrichtigung unterblieben ist, obwohl die Voraussetzung des Abs. 1 Satz 2 nicht vorlag, kann das Revisionsgericht nur prüfen, ob eine Entschließung überhaupt vorliegt und ob diese frei von Rechtsmängeln, insb. Ermessensfehlern, ist (BGHSt 29, 1, 3 [31]; 31, 140 [143]; 42, 86 [92]; KK/*Gmel* § 224 Rn. 13). 20

Wird in einem anderen Verfahren, das gegen einen anderen Angeklagten wegen Beteiligung an der Tat geführt wird, die Niederschrift der unter Verstoß gegen § 224 durchgeführten Vernehmung verlesen, kann die Revision nicht auf den Verfahrensfehler gestützt werden (BGH NJW 1986, 1999; LR/*Jäger* § 224 Rn. 37). 21

§ 225 Einnahme des richterlichen Augenscheins durch beauftragte oder ersuchte Richter

Ist zur Vorbereitung der Hauptverhandlung noch ein richterlicher Augenschein einzunehmen, so sind die Vorschriften des § 224 anzuwenden.

Übersicht

A. Inhalt der Regelung. Die **wenig praxisrelevante** Vorschrift regelt ergänzend zu §§ 86, 168d die kommissarische Inaugenscheinnahme zur Vorbereitung der Hauptverhandlung, deren Möglichkeit als selbstverständlich vorausgesetzt wird (SK-StPO/*Deiters* § 225 Rn. 1). Diese kommt in Betracht, wenn Beweise zu sichern sind, deren Erhebung in der Hauptverhandlung voraussichtlich nicht oder nicht mehr möglich sein wird. Wie die kommissarische Vernehmung (§ 223) kann sie aber auch noch in der Hauptverhandlung angeordnet werden, wenn aus Gründen der Sachaufklärung die (davon abzugrenzende) Inaugenscheinnahme durch das erkennende Gericht nicht geboten ist (KK/*Gmel* § 225 Rn. 2). Dies ist nur in seltenen Ausnahmefällen denkbar, weil dank größerer Mobilität Ortsbesichtigungen – anders als bei der Einführung der Vorschrift – leicht durchzuführen sind und die sinnliche Wahrnehmung durch den gesamten Spruchkörper die Ermittlung des wahren Sachverhalts eher befördert als die Verlesung eines Protokolls über fremde Wahrnehmungen (HK/*Julius*/Reichling § 225 Rn. 1; LR/*Jäger* § 225 Rn. 3). 1

2 **Abzugrenzen** ist die kommissarische auch **von der informatorischen Inaugenscheinnahme**, bei der ein Mitglied des Gerichts etwas ohne Anordnung in Augenschein nimmt. Die daraus gewonnenen Erkenntnisse sind privates Wissen und können dem Urteil nicht zugrunde gelegt werden (BGH MDR 1966, 383; KK/*Gmel* § 225 Rn. 2).

3 **B. Anordnung.** Über die Anordnung der kommissarischen Inaugenscheinnahme entscheidet das Gericht nach pflichtgemäßem Ermessen durch **Beschluss** (OLG Celle NJW 1957, 1812 [1813]; KK/*Gmel* § 225 Rn. 3). Soll dagegen der Augenschein nicht durch einen beauftragten oder ersuchten Richter, sondern vom Gericht in voller Besetzung als Teil der Hauptverhandlung öffentlich (§ 169 GVG) eingenommen werden, ordnet dies gem. § 238 Abs. 1 der Vorsitzende an (KK/*Gmel* § 225 Rn. 2).

4 **C. Verfahren.** Aufgrund der Verweisung auf § 224 gelten die dort geregelten Benachrichtigungs- und Vorlagepflichten sowie die Einschränkung des Anwesenheitsrechts des Angeklagten (s. § 224 Rdn. 4 ff., 15 ff.). Das vom beauftragten oder ersuchten Richter gem. §§ 86, 168a anzufertigende **Protokoll** wird durch Verlesung gem. § 249 Abs. 1 Satz 2 in die Hauptverhandlung eingeführt (LR/*Jäger* § 225 Rn. 10; MüKo-StPO/Arnoldi § 225 Rn. 5). Bei der Einnahme des richterlichen Augenscheins kann ein **Sachverständiger** hinzugezogen werden. Insoweit ist § 168d Abs. 2 zu beachten (Meyer-Goßner/*Schmitt* § 225 Rn. 2; KK/*Gmel* § 225 Rn. 4). Gem. § 166 GVG kann der beauftragte Richter den Augenschein auch außerhalb des Bezirks des anordnenden Gerichts einnehmen.

5 **D. Rechtsbehelfe.** Gegen den anordnenden oder ablehnenden Beschluss ist die **Beschwerde** gem. § 305 Satz 1 ausgeschlossen (LR/*Jäger* § 225 Rn. 13; Meyer-Goßner/*Schmitt* § 225 Rn. 4). I.R.d. **Revision** kann gerügt werden, dass ein Antrag auf kommissarische Inaugenscheinnahme unter Verletzung von § 244 Abs. 5 abgelehnt wurde und Beweisverlust eingetreten ist (LR/*Jäger* § 225 Rn. 14). Mit der **Aufklärungsrüge** kann geltend gemacht werden, dass die Inaugenscheinnahme durch das erkennende Gericht hätte erfolgen müssen (KK/*Gmel* § 225 Rn. 5; HK/*Julius*/Reichling § 225 Rn. 6). Hinsichtlich Verletzungen gegen die Benachrichtigungs- und Vorlagepflicht und das Anwesenheitsrecht s. § 224 Rdn. 18 ff.

§ 225a Zuständigkeitsänderung vor der Hauptverhandlung

(1) [1]Hält ein Gericht vor Beginn einer Hauptverhandlung die sachliche Zuständigkeit eines Gerichts höherer Ordnung für begründet, so legt es die Akten durch Vermittlung der Staatsanwaltschaft diesem vor; § 209a Nr. 2 Buchstabe a gilt entsprechend. [2]Das Gericht, dem die Sache vorgelegt worden ist, entscheidet durch Beschluss darüber, ob es die Sache übernimmt.

(2) [1]Werden die Akten von einem Strafrichter oder einem Schöffengericht einem Gericht höherer Ordnung vorgelegt, so kann der Angeklagte innerhalb einer bei der Vorlage zu bestimmenden Frist die Vornahme einzelner Beweiserhebungen beantragen. [2]Über den Antrag entscheidet der Vorsitzende des Gerichts, dem die Sache vorgelegt worden ist.

(3) [1]In dem Übernahmebeschluss sind der Angeklagte und das Gericht, vor dem die Hauptverhandlung stattfinden soll, zu bezeichnen. [2] § 207 Abs. 2 Nr. 2 bis 4, Abs. 3 und 4 gilt entsprechend. [3]Die Anfechtbarkeit des Beschlusses bestimmt sich nach § 210.

(4) [1]Nach den Absätzen 1 bis 3 ist auch zu verfahren, wenn das Gericht vor Beginn der Hauptverhandlung einen Einwand des Angeklagten nach § 6a für begründet hält und eine besondere Strafkammer zuständig wäre, der nach § 74e des Gerichtsverfassungsgesetzes der Vorrang zukommt. [2]Kommt dem Gericht, das die Zuständigkeit einer anderen Strafkammer für begründet hält, vor dieser nach § 74e des Gerichtsverfassungsgesetzes der Vorrang zu, so verweist es die Sache an diese mit bindender Wirkung; die Anfechtbarkeit des Verweisungsbeschlusses bestimmt sich nach § 210.

Übersicht

A. Inhalt der Regelung und Anwendungsbereich. Die Vorschrift regelt die Verweisung an ein Gericht höherer Ordnung bzw. Rangfolge i.S.d. § 74e GVG **vor der Hauptverhandlung**, also im Zeitraum zwischen Eröffnung des Hauptverfahrens und Beginn der Hauptverhandlung. Sie ergänzt damit §§ 209 Abs. 2, 270, die die Vorlage im Eröffnungsverfahren bzw. die Verweisung nach Beginn der Hauptverhandlung ermöglichen. Dadurch wird die Durchführung einer Hauptverhandlung nur zum Zweck der Verweisung entbehrlich (KK-StPO/*Gmel* § 225a Rn. 1) und eine Einstellung wegen fehlender sachlicher Zuständigkeit gem. § 206a mit nachfolgender Anklage beim zuständigen Gericht unnötig (SK-StPO/*Deiters/Albrecht* § 225a Rn. 2). Die Vorschrift lehnt sich – mit den durch die Sachlage gebotenen Abweichungen – eng an § 270 an (BT-Drs. 8/976, S. 48). 1

Nach allgemeiner Ansicht findet die Regelung wegen des Wortlauts (»eine Hauptverhandlung«) auch im Stadium **zwischen Aussetzung und Beginn einer neuen Hauptverhandlung** sowie **nach Zurückverweisung** durch das Revisionsgericht gem. § 354 Abs. 2 Anwendung (BGHSt 25, 309 [311]; NJW 1999, 157 [158]; Meyer-Goßner/*Schmitt* § 225a Rn. 4). 2

Bei Fehlen der **geschäftsplanmäßigen oder örtlichen Zuständigkeit** ist § 225a nicht (entsprechend) anwendbar (LR/*Jäger* § 225a Rn. 7; Meyer-Goßner/*Schmitt* § 225a Rn. 3). 3

Ob die Vorschrift auch **im Berufungsverfahren** Anwendung findet, ist mangels Verweisung in § 323 Abs. 1 Satz 1 umstritten (BGH, Beschl. v. 21.08.2019 – 3 StR 221/18; noch offengelassen in BGH StV 2016, 621). Bei Nichtanwendbarkeit müsste das Berufungsgericht – je nach dem Zeitpunkt, zu dem es von der fehlenden sachlichen Zuständigkeit ausgeht – das Verfahren entweder wegen Unzuständigkeit einstellen oder gem. § 328 Abs. 2 nach Durchführung einer Hauptverhandlung das erstinstanzliche Urteil aufheben und die Sache an das zuständige Gericht verweisen (Meyer-Goßner/*Schmitt* § 225a Rn. 2, § 328 Rn. 7; *Hegmann* NStZ 2000, 574 [575]). Aus verfahrensökonomischen Gründen erscheint demgegenüber mit der herrschenden Meinung eine entsprechende Anwendung des § 225a, der in § 323 nur aufgrund eines Redaktionsversehens nicht genannt wird, vorzugswürdig (BGH NJW 2003, 1404; NStZ 2020, 291, 292; ausführlich KK-StPO/*Gmel* § 225a Rn. 4; LR/*Jäger* § 225a Rn. 6; SK/*Deiters/Albrecht* § 225a Rn. 3). Einer förmlichen Aufhebung des erstinstanzlichen Urteils bedarf es danach nicht, weil dieses mit dem Übernahmebeschluss gegenstandslos wird (BGH NJW 2003, 1404 [1405]). 4

Nach herrschender Meinung ist § 225a auch **im Beschwerdeverfahren** analog anwendbar (KK-StPO/*Gmel* § 225a Rn. 4; LR/*Jäger* § 225a Rn. 6; a.A. KMR/*Eschelbach* § 225a Rn. 8; Graf/*Ritscher* § 225a Rn. 3). 5

B. Vorlage (Abs. 1 Satz 1). I. Sachliche Zuständigkeit eines Gerichts »höherer Ordnung«. Unter sachlicher Zuständigkeit ist die Verteilung der Strafsachen nach Art und Schwere unter den erstinstanzlichen, unterschiedlich besetzten Gerichten verschiedener Ordnung zu verstehen (Meyer-Goßner/*Schmitt* vor § 1 Rn. 2). Sie wird gem. § 1 durch die Regelungen des GVG bestimmt (AG: §§ 24 bis 28 GVG; LG: §§ 73 bis 74d, 74f GVG, OLG: §§ 120, 120a GVG). Da normative Zuständigkeitsmerkmale (wie die Rechtsfolgenerwartung gem. § 25 Nr. 2 GVG oder die Bedeutung des Falls i.S.d. § 24 Abs. 1 Nr. 3, 74 Abs. 1 GVG) nur bis zur Eröffnung des Hauptverfahrens geprüft werden, sind sie außer Betracht zu lassen (BGH NStZ 2009, 579 [580]; OLG Düsseldorf NStZ-RR 2001, 222 [223]; KK-StPO/*Gmel* § 225a Rn. 5; Meyer-Goßner/*Schmitt* § 225a Rn. 5). Aus diesem Grund ist die Vorlage vom Strafrichter an das Schöffengericht unzulässig (OLG Düsseldorf NStZ-RR 2001, 222 [223]; LR/*Jäger* § 225a Rn. 10). 6

Weil Satz 1 Hs. 2 die Regelung des § 209a Nr. 2 lit. a für entsprechend anwendbar erklärt, wird in Verfahren gegen Jugendliche oder Heranwachsende das **Jugendgericht** im Verhältnis zum gleichrangigen Erwachsenengericht als Gericht höherer Ordnung angesehen (KK-StPO/*Gmel* § 225a Rn. 2; SK-StPO/*Deiters/Albrecht* § 225a Rn. 5). Wegen der fehlenden Nennung von § 209a Nr. 2 lit. b gilt dies nicht für die Jugendschutzgerichte (BGHSt 42, 39 [40]; Meyer-Goßner/*Schmitt* § 225a Rn. 2). Einem höheren Jugendschutzgericht kann aber vorgelegt werden (so wohl OLG Saarbrücken NStZ-RR 2003, 377; Meyer-Goßner/*Schmitt* § 270 Rn. 11). Die Abgabe vom Jugendgericht an ein allgemeines Gericht ist – abgesehen von den Fällen des § 103 Abs. 2 Satz 2 und Satz 3 JGG – gem. § 47a JGG ausgeschlossen (Meyer-Goßner/*Schmitt* § 225a Rn. 2). 7

8 **II. Vorlagebeschluss. 1. Voraussetzungen.** Das Gericht muss vor Beginn der Hauptverhandlung die sachliche Zuständigkeit eines Gerichts höherer Ordnung für begründet halten (Satz 1 Hs. 1). Dies ist der Fall, wenn hinreichender Verdacht dafür besteht, dass die angeklagte prozessuale Tat einen Tatbestand erfüllt, der in die Entscheidungskompetenz des höheren Gericht fällt, oder dass die Rechtsfolgenkompetenz des Gerichts überschritten wird (LR/*Jäger* § 225a Rn. 10; SK-StPO/*Deiters/Albrecht* § 225a Rn. 6). Worauf die (geänderte) Beurteilung der sachlichen Zuständigkeit beruht, ist irrelevant. Grund kann neben einer neuen rechtlichen Bewertung v.a. das Hinzutreten relevanter prozessualer Umstände (wie Verfahrensverbindung oder Wiedereinbeziehung gem. § 154a Abs. 3) sein (HK/*Julius*/Reichling § 225a Rn. 4).

9 **2. Entscheidung.** Über die Vorlage entscheidet das Gericht in der für Entscheidung außerhalb der Hauptverhandlung geltenden Besetzung **auf Antrag oder von Amts wegen** durch **Beschluss** (KK-StPO/*Gmel* § 225a Rn. 6). Zwar bedarf es – da die Übernahme nur angetragen, aber nicht bindend darüber entschieden wird – nach allgemeiner Ansicht **keiner vorherigen Anhörung** der Verfahrensbeteiligten (vgl. etwa *Pfeiffer* § 225a Rn. 3). Weil aber vor der Entscheidung des Gerichts, dem die Sache vorgelegt wird, rechtliches Gehör zu gewähren ist (s. Rdn. 14), ist die Einholung von Stellungnahmen sinnvoll (LR/*Jäger* § 225a Rn. 16; Graf/*Ritscher* § 225a Rn. 6).

10 **3. Inhalt und Bekanntgabe.** Der Vorlagebeschluss muss das Gericht bezeichnen, dem die Sache vorgelegt wird. Obwohl § 34 nicht gilt, ist er **zu begründen**, um dem Gericht, dem die Sache vorgelegt wird, nachvollziehbar zu machen, warum sich das vorlegende Gericht trotz zunächst gegenteiliger Annahme für unzuständig hält (Meyer-Goßner/*Schmitt* § 225a Rn. 6; LR/*Jäger* § 225a Rn. 14). Den Verfahrensbeteiligten wird der Beschluss formlos mitgeteilt; bei Fristsetzung nach Abs. 2 Satz 1 (s. Rdn. 25) wird er gem. § 35 Abs. 2 zugestellt (KK-StPO/*Gmel* § 225a Rn. 7).

11 **4. Weiterleitung.** Nach Satz 1 legt das Gericht die Akten **durch Vermittlung der StA**, die dadurch Kenntnis vom Beschluss erlangt, dem Gericht höherer Ordnung vor. Ist für dieses Gericht eine andere StA zuständig, leitet die StA des vorlegenden Gerichts die Akten an diese zur Vermittlung weiter (Meyer-Goßner/*Schmitt* § 225a Rn. 7; SK-StPO/*Deiters/Albrecht* § 225a Rn. 9).

12 **C. Entscheidung über die Übernahme (Abs. 1 Satz 2, Abs. 3). I. Entscheidungsmaßstab.** Gem. Abs. 1 Satz 2 entscheidet das Gericht, dem die Sache vorgelegt worden ist, über die Übernahme. Diese Zuständigkeit wird selbst durch einen Vorlagebeschluss begründet, der an schwersten Mängeln leidet (BGH NStZ 2009, 579 [580]).

Wie sich aus Abs. 3 ergibt, ersetzt der Übernahmebeschluss nicht den Eröffnungsbeschluss, sondern korrigiert ihn in der Bezeichnung des Gerichts, vor dem die Hauptverhandlung stattfinden soll. Da das übernehmende Gericht **keinen neuen Eröffnungsbeschluss** zu erlassen hat, prüft es nicht mehr, ob hinreichender Tatverdacht besteht (BT-Drs. 8/976, S. 49; LR/*Jäger* § 225a Rn. 21). Es übernimmt die Sache, wenn es den hinreichenden Tatverdacht wegen einer seine Zuständigkeit begründenden Gesetzesverletzung bejaht (BGHSt 29, 341 [348]; Meyer-Goßner/*Schmitt* § 225a Rn. 15). Ein fehlender Eröffnungsbeschluss wird durch den Übernahmebeschluss nicht ersetzt (BGH NStZ 1984, 520; Meyer-Goßner/*Schmitt* § 225a Rn. 14).

13 Gem. § 207 Abs. 2 Nr. 2 bis 4, der über Abs. 3 Satz 2 entsprechend gilt, darf das übernehmende Gericht die danach zulässigen Beschränkungen und Einbeziehungen vornehmen und die Tat rechtlich abweichend würdigen. Da diese Befugnis nur bei Übernahme besteht, darf das Gericht den Übernahmegegenstand nicht durch Verfolgungsbeschränkung nach § 154a verändern, um die Übernahme zu vermeiden (Meyer-Goßner/*Schmitt* § 225a Rn. 20; KK-StPO/*Gmel* § 225a Rn. 11).

14 **II. Verfahren und Form.** Die Entscheidung ergeht durch **Beschluss** in der für Entscheidungen außerhalb der Hauptverhandlung vorgeschriebenen Besetzung (BGH NStZ-RR 2015, 250, 251; NStZ 2021, 179). Zuvor sind die Verfahrensbeteiligten gem. § 33 Abs. 2, 3 anzuhören (BGH NJW 1999, 157 [158]; Meyer-Goßner/*Schmitt* § 225a Rn. 14). Der Übernahmebeschluss muss – wie der Eröffnungsbeschluss – aus Gründen der Rechtssicherheit schriftlich abgefasst sein (BGH NStZ 2017, 55; NStZ 2021, 179, 180); die Unterzeichnung durch die oder den erlassenden Richter ist keine Wirksamkeitsvoraussetzung (BGH NStZ 2014, 400; NStZ 2021, 179, 180). Eine stillschweigende Übernahme ist nicht ausreichend (Meyer-Goßner/*Schmitt*, § 225a Rn. 14; a.A. LR/*Jäger* § 225a Rn. 19; MüKo-StPO/*Arnoldi*, § 225a Rn. 18; offengelassen in BGH NStZ 2012, 46; NStZ 2021, 433, 434; unklar BGH NStZ-RR 2020, 285). Ob eine Ausnahme anzuerkennen ist, wenn das LG nach Abgabe des Verfahrens durch das AG einen Unterbringungsbeschluss erlässt, erscheint angesichts der in BGHSt 44, 121 geäußerten Bedenken fraglich. Der 1. Strafsenat neigt dazu, in diesem Fall eine bewusste Übernahmeentscheidung anzunehmen, da das LG im Hinblick auf § 74 Abs. 1 Satz 2 GVG die Voraussetzungen seiner sachlichen Zuständigkeit angenommen habe (BGH NStZ-RR 2021, 318 [nicht

tragend]).In einem Verbindungsbeschluss kann eine Übernahme nur dann gesehen werden, wenn das Gericht seinen Willen zur Übernahme zweifelsfrei zum Ausdruck gebracht hat (BGH BeckRS 26480; NStZ 2021, 179, 180). Sieht sich das LG irrig an die Abgabeentscheidung des AG gebunden, kann mangels Ermessensausübung nicht von einem die Zuständigkeit des LG begründenden Verbindungsbeschluss nach § 4 Abs. 2 ausgegangen werden (BGH NStZ-RR 2020, 285). Fehlt es an einem wirksamen Übernahmebeschluss, besteht ein **von Amts wegen zu beachtendes Verfahrenshindernis** (BGH NStZ 2012, 46; BGH NStZ 2017, 55).

III. Entscheidungsmöglichkeiten. 1. Übernahme des Verfahrens. Übernimmt das Gericht die Sache, bezeichnet es im **Übernahmebeschluss** den Angeklagten und das Gericht, vor dem die Hauptverhandlung stattfinden soll (Abs. 3 Satz 1). Soweit es den Eröffnungsbeschluss gem. Abs. 3 Satz 2 i.V.m. § 207 Abs. 2 Nr. 2 bis 4 ändert, ist dies im Übernahmebeschluss darzulegen, um deutlich zu machen, inwieweit der **Verfahrensgegenstand** durch die Übernahme modifiziert wurde. Übernahme- und Eröffnungsbeschluss müssen in zweifelsfreier Form erkennen lassen, welches Gericht welchen Tatvorwurf mit welcher (vorläufigen) rechtlichen Würdigung abzuurteilen hat (BT-Drs. 8/976, S. 49; KK-StPO/*Gmel* § 225a Rn. 13). Im Fall des § 207 Abs. 2 Nr. 2 hat das Gericht die StA zur Einreichung einer dem Übernahmebeschluss entsprechenden Anklageschrift aufzufordern (Abs. 3 Satz 2 i.V.m. § 207 Abs. 3). 15

Bei mehreren prozessualen Taten kann das Gericht die Übernahme durch Trennung (§ 4) auf eine oder einzelne Taten **beschränken** (Meyer-Goßner/*Schmitt* § 225a Rn. 16; SK-StPO/*Deiters/Albrecht* § 225a Rn. 18). 16

Mit Erlass des Übernahmebeschlusses wird die Sache beim höheren Gericht **rechtshängig** und geht im ganzen Umfang auf das übernehmende Gericht über (BGHSt 44, 121 [122 f.]; LR/*Jäger* § 225a Rn. 31). Erst ab diesem Zeitpunkt ist das übernehmende Gericht für **Haft- und Nebenentscheidungen** zuständig (Meyer-Goßner/*Schmitt* § 225a Rn. 8). Gem. Abs. 3 Satz 2 i.V.m. 207 Abs. 4 hat es mit der Übernahme über die Anordnung bzw. Fortdauer der Untersuchungshaft oder einstweiligen Unterbringung neu zu beschließen. 17

Der Übernahmebeschluss muss dem Angeklagten gem. § 215 förmlich zugestellt werden (BGH NJW 1999, 157 [158]; LR/*Jäger* § 225a Rn. 26), der StA nur dann, wenn sie die Ablehnung der Übernahme beantragt hatte (SK-StPO/*Deiters/Albrecht* § 225a Rn. 21). Dem Nebenkläger wird der Beschluss formlos mitgeteilt (LR/*Jäger* § 225a Rn. 26). 18

Das übernehmende Gericht darf die Sache gem. § 225a oder § 270 an ein Gericht höherer Ordnung oder vorrangiges Gericht gleicher Ordnung **weiterverweisen** (LR/*Jäger* § 225a Rn. 32). Einer Verweisung an ein nachrangiges Gericht steht – soweit nicht Abs. 4 Satz 2 eingreift (s. Rn. 34) – § 269 entgegen (KK-StPO/*Gmel* § 225a Rn. 18). 19

2. Ablehnung der Übernahme. Lehnt das Gericht die Übernahme des Verfahrens ab, muss es darlegen, aus welchen tatsächlichen oder rechtlichen Gründen es sich für nicht zuständig hält (KK-StPO/*Gmel* § 225a Rn. 14). Eine ablehnende Entscheidung muss auch ergehen, wenn das Gericht ein drittes Gericht für zuständig hält; eine Abgabe an dieses Gericht ist nach zutreffender herrschender Meinung nicht zulässig (Meyer-Goßner/*Schmitt* § 225a Rn. 19; LR/*Jäger* § 225a Rn. 25). 20

Der Beschluss wird den Beteiligten **formlos mitgeteilt** (§ 35 Abs. 2 Satz 2). Hatte die StA die Übernahme beantragt, ist er ihr im Hinblick auf das Beschwerderecht (s. Rn. 38) gem. § 35 Abs. 2 Satz 1 förmlich zuzustellen (KK-StPO/*Gmel* § 225a Rn. 16). Die Akten leitet das Gericht an das vorlegende Gericht zurück (Graf/*Ritscher* § 225a Rn. 19). 21

Der ablehnende Beschluss hat nur bei gleich bleibender Sachlage **bindende Wirkung** (OLG Stuttgart NStZ 1995, 248; Meyer-Goßner/*Schmitt* § 225a Rn. 21). Ergeben sich in der Hauptverhandlung neue Gesichtspunkte, kann gem. § 270 erneut an das Gericht verwiesen werden, das die Übernahme nach § 225a abgelehnt hatte (LR/*Jäger* § 225a Rn. 33). 22

D. Antrag zur Vornahme einzelner Beweiserhebungen (Abs. 2). I. Zweck. Der inhaltlich an § 270 Abs. 4 orientierte Abs. 2 gibt dem Angeklagten bei Vorlage durch ein AG das Recht, innerhalb einer zu bestimmenden Frist die Vornahme einzelner Beweiserhebungen zu beantragen. Damit soll dem Angeklagten noch vor der Übernahmeentscheidung die Möglichkeit gegeben werden, die für die Vorlage maßgebenden Gründe durch eine Beweisaufnahme zu entkräften, um eine Übernahme durch das höhere Gericht zu verhindern (KK-StPO/*Gmel* § 225a Rn. 20; KMR/*Eschelbach* § 225a Rn. 27; HK/*Julius*/Reichling § 225a Rn. 2). Ob darüber hinaus dem Angeklagten auch Gelegenheit zur Nachholung von Beweisanträgen und zur Anpassung der Verteidigungsstrategie an die veränderte Lage gegeben werden soll (so LR/*Jäger* § 225a Rn. 34; Meyer-Goßner/*Schmitt* § 225a Rn. 9; *Alsberg/Nuse/Meyer*, Beweisantrag, S. 366), erscheint im Hinblick auf das unabhängig davon bestehende Recht aus § 219 zweifelhaft (SK-StPO/*Deiters/Albrecht* § 225a Rn. 10). 23

24 **II. Anwendungsbereich.** Nach Abs. 2 Satz 1 besteht das Antragsrecht bei Vorlage der Akten von einem Strafrichter oder einem Schöffengericht an ein Gericht höherer Ordnung. Da nach Abs. 1 Satz 1 i.V.m. § 209a Nr. 2 lit. a **Jugendgerichte** als Gerichte höherer Ordnung gelten, findet die Regelung nach herrschender Meinung auch Anwendung, wenn ein Straf- oder Schöffengericht einem Jugendrichter oder Jugendschöffengericht vorlegt (KK-StPO/*Gmel* § 225a Rn. 20; KMR/*Eschelbach* § 225a Rn. 28; LR/*Jäger* § 225a Rn. 35; a.A. Meyer-Goßner/*Schmitt* § 225a Rn. 9, 22). Wie sich aus der Verweisung in Abs. 4 auf Abs. 2 ergibt, gilt die Vorschrift auch, wenn an eine der in § 74e GVG genannten **besonderen Strafkammer** verwiesen werden soll (LR/*Jäger* § 225a Rn. 51; KK-StPO/*Gmel* § 225a Rn. 20; a.A. KMR/*Eschelbach* § 225a Rn. 60; Meyer-Goßner/*Schmitt* § 225a Rn. 22, wonach es sich um ein Redaktionsversehen handele).

25 **III. Fristsetzung.** Für die Beantragung der Beweiserhebungen setzen Strafrichter bzw. Schöffengericht dem Angeklagten bei der Vorlage eine Frist. Die Fristbestimmung sollte zur Vermeidung einer zusätzlichen Zustellung in den Vorlagebeschluss aufgenommen werden (KK-StPO/*Gmel* § 225a Rn. 21; Meyer-Goßner/*Schmitt* § 225a Rn. 10). Damit verbunden werden sollte der Hinweis, dass der Beweisantrag beim Vorsitzenden des ersuchten Gerichts einzureichen ist, der gem. Abs. 2 Satz 2 darüber entscheidet (LR/*Jäger* § 225a Rn. 38; SK-StPO/*Deiters/Albrecht* § 225a Rn. 13). Es handelt sich nicht um eine Ausschluss-, sondern um eine (verlängerbare) **Erklärungsfrist** (BT-Drs. 8/976, S. 48; SK-StPO/*Deiters/Albrecht* § 225a Rn. 13). Solange über die Übernahme keine Entscheidung getroffen wurde, ist ein verspäteter Antrag zu berücksichtigen (Meyer-Goßner/*Schmitt* § 225a Rn. 10).

26 Die Frist muss so **ausreichend bemessen** sein, dass der Angeklagte genügend Zeit hat, um über die Ausübung seines Antragsrechts im konkreten Fall zu entscheiden und davon sinnvoll Gebrauch zu machen (SK-StPO/*Deiters/Albrecht* § 225a Rn. 13; Meyer-Goßner/*Schmitt* § 225a Rn. 10).

27 **IV. Antrag.** Nachdem die Formulierung (»Vornahme einzelner Beweiserhebungen beantragen«) derjenigen in § 201 Abs. 1 Satz 1 gleicht, unterliegt der Antrag – wie dort – **inhaltlich** keinen Beschränkungen. Er muss daher nicht den Anforderungen der § 219 oder § 244 genügen. Ausreichend ist, dass er das Begehren enthält, mit einem bestimmten Beweismittel den Sachverhalt näher aufzuklären (SK-StPO/*Deiters/Albrecht* § 225a Rn. 14; HK/*Julius*/Reichling § 225a Rn. 17; enger LR/*Jäger* § 225a Rn. 36; a.A. Meyer-Goßner/*Schmitt* § 225a Rn. 11: keine bloßen Beweisanregungen). Ergibt die Auslegung, dass der Antrag nicht darauf abzielt, die Übernahme zu verhindern, ist er als Antrag nach § 219 zu behandeln (KMR/*Eschelbach* § 225a Rn. 32; KK-StPO/*Gmel* § 225a Rn. 22).

28 Eine besondere **Form** sieht das Gesetz für den Antrag nicht vor. Es ist jedoch aus Nachweisgründen sinnvoll, ihn schriftlich oder zu Protokoll der Geschäftsstelle zu stellen (LR/*Jäger* § 225a Rn. 36).

29 **V. Entscheidung.** Über den Antrag entscheidet nach pflichtgemäßem Ermessen der **Vorsitzende des Gerichts**, dem die Sache vorgelegt worden ist (Abs. 2 Satz 2), nachdem die StA gem. § 33 **angehört** wurde (LR/*Jäger* § 225a Rn. 42; KK-StPO/*Gmel* § 225a Rn. 22). Die Entscheidung darf nicht vor Erlass des Übernahmebeschlusses getroffen werden; bei Ablehnung der Übernahme erledigt sich der Antrag und muss nicht beschieden werden (Meyer-Goßner/*Schmitt* § 225a Rn. 13).

30 Wird der Antrag **abgelehnt**, ist dies gem. § 34 zu begründen. Dafür genügt der Hinweis, dass die beantragte Beweiserhebung zur Entscheidung über die Übernahme nicht geboten erscheint (KK-StPO/*Gmel* § 225a Rn. 22; Meyer-Goßner/*Schmitt* § 225a Rn. 12; a.A. HK/*Julius*/Reichling § 225a Rn. 9). Auch eine Ablehnung nach § 244 Abs. 3 und 4 ist möglich (LR/*Jäger* § 225a Rn. 46). Die Entscheidung muss so **rechtzeitig** getroffen werden, dass es dem Angeklagten noch möglich ist, vor der Hauptverhandlung gem. § 219 Beweisanträge zu stellen oder Beweispersonen gem. § 220 unmittelbar laden zu lassen (HK/*Julius*/Reichling § 225a Rn. 9).

31 Entspricht der Vorsitzende dem Antrag, liegt die Durchführung der Beweisaufnahme in seinem Ermessen (LR/*Jäger* § 225a Rn. 46; SK-StPO/*Deiters/Albrecht* § 225a Rn. 16). Die kommissarische Vernehmung (§ 223) und den richterlichen Augenschein (§ 225) kann jedoch nur das Gericht anordnen (LR/*Jäger* § 225a Rn. 48).

32 **E. Vorlage und Verweisung an eine besondere Strafkammer (Abs. 4). I. Vorlage an eine besondere oder vorrangige besondere Strafkammer (Abs. 4 Satz 1).** Abs. 4 Satz 1 erweitert die Vorlagemöglichkeit auf **Fälle funktioneller Unzuständigkeit**. Er ermöglicht die Abgabe auch bei einem erst nach der Eröffnung des Hauptverfahrens deutlich werdenden Zuständigkeitskonflikt zwischen den allgemeinen und den besonderen Strafkammern (§§ 74 Abs. 2, 74a, 74c GVG) und zwischen besonderen Strafkammern, wenn eine von ihnen gem. § 74e GVG den Vorrang hat. Bei der letztgenannten Konstellation ist zu beachten, dass gem. § 209a Nr. 2 lit. a auch ein Vorrang der Jugendkammer ggü. den besonderen Strafkammern besteht, soweit dieser nicht durch § 103 Abs. 2 Satz 2 JGG eingeschränkt ist.

Die Vorlage erfolgt in diesen Fällen **nicht von Amts wegen**, sondern setzt gem. § 6a Satz 2 voraus, dass der Angeklagte die Unzuständigkeit einwendet. Ist der Einwand berechtigt, hat das Gericht kein Ermessen, sondern muss vorlegen (BT-Drs. 8/976, S. 49; Meyer-Goßner/*Schmitt* § 225a Rn. 22). I.Ü. richtet sich das Verfahren nach Abs. 1 bis 3 (KK-StPO/*Gmel* § 225a Rn. 24). Zur Geltung von Abs. 2 s. Rdn. 24. 33

II. Verweisung an ein nachrangiges Gericht (Abs. 4 Satz 2). Erhebt der Angeklagte den Einwand der Unzuständigkeit gem. § 6a Satz 2 bei einem Gericht, das gem. § 74e GVG den Vorrang ggü. dem zuständigen Gericht besitzt, wird die Sache dem nachrangigen Gericht nicht vorgelegt, sondern das Verfahren nach Anhörung der StA **mit bindender Wirkung** dorthin verwiesen (Abs. 4 Satz 2). Dies stellt eine Durchbrechung des Grundsatzes dar, dass nach Eröffnung des Hauptverfahrens eine Abgabe an ein Gericht niederer Ordnung nicht zulässig ist (§ 269). 34

Weil der Verweisungsbeschluss dem Übernahmebeschluss nach Abs. 3 Satz 1 gleichgestellt ist, gelten für ihn hinsichtlich des Inhalts und der Zustellung dieselben Anforderungen (s. insoweit Rn. 15 ff.; KK-StPO/*Gmel* § 225a Rn. 25; Meyer-Goßner/*Schmitt* § 225a Rn. 23). 35

F. Rechtsbehelfe. Der **Vorlagebeschluss** ist als gerichtsinterne Maßnahme nicht anfechtbar (KK-StPO/*Gmel* § 225a Rn. 27; Meyer-Goßner/*Schmitt* § 225a Rn. 24). 36

Der **Beschluss über den Beweisantrag** nach Abs. 2 Satz 2 ist nach § 305 Satz 1 der Beschwerde entzogen (KMR/*Eschelbach* § 225a Rn. 63; SK-StPO/*Deiters/Albrecht* § 225a Rn. 28). Auch der für die Hauptverhandlung vorgesehene Zwischenrechtsbehelf nach § 238 Abs. 2 ist unzulässig (LR/*Jäger* § 225a Rn. 70). 37

Die Anfechtbarkeit des **Übernahmebeschlusses** bestimmt sich nach § 210 (Abs. 3 Satz 3, Abs. 4 Satz 1). Der Angeklagte kann ihn gem. § 210 Abs. 1 nicht anfechten, auch wenn er den Einwand nach § 6a erhoben hat (KK-StPO/*Gmel* § 225a Rn. 29). Die StA ist gem. § 210 Abs. 2 zur sofortigen Beschwerde berechtigt, wenn ihrem Antrag auf Übernahme im Verfahren nach § 225a nicht entsprochen wurde; der Antrag in der Anklageschrift, vor welchem Gericht die Hauptverhandlung stattfinden soll (§ 200 Abs. 1 Satz 2) ist mit dem Eröffnungsbeschluss erledigt (KMR/*Eschelbach* § 225a Rn. 64; SK-StPO/*Deiters/Albrecht* § 225a Rn. 28). 38

Gegen den **Verweisungsbeschluss** nach Abs. 4 Satz 2 hat der Angeklagte keine Rechtsmittel. Die StA kann sofortige Beschwerde einlegen, wenn sie der Verweisung entgegengetreten ist (OLG Stuttgart MDR 1982, 252; LR/*Jäger* § 225a Rn. 63). 39

Gegen die **Ablehnung der Übernahme oder Verweisung** haben der Angeklagte und der Nebenkläger kein Beschwerderecht (Meyer-Goßner/*Schmitt* § 225a Rn. 24). Ob die StA zur Anfechtung berechtigt ist, ist umstritten. Gegen die Zulässigkeit der sofortigen Beschwerde wird seitens der herrschenden Meinung argumentiert, die Verweisungen auf § 210 und das dort in Abs. 2 geregelte Beschwerderecht der StA in Abs. 3 Satz 3 und Abs. 4 Satz 2 bezögen sich nur auf den positiven Übernahme- bzw. Verweisungsbeschluss (OLG Celle NStZ-RR 2011, 281; OLG Zweibrücken NStZ 1998, 211 [212]; Meyer-Goßner/*Schmitt* § 225a Rn. 24; Graf/*Ritscher* § 225a Rn. 26; HK/*Julius*/Reichling § 225a Rn. 15; differenzierend LR/*Jäger* § 225a Rn. 64). Die Gegenansicht versteht die Verweisung nach § 210 zu Recht umfassender und billigt der StA auch gegen ablehnende Beschlüsse ein sofortiges Beschwerderecht zu, weil diese Fälle der Verweisung an ein Gericht niedriger Ordnung gleichkämen, für die § 210 Abs. 2, 2. Alt. eine Anfechtungsmöglichkeit ausdrücklich vorsieht (KK-StPO/*Gmel* § 225a Rn. 30; SK-StPO/*Deiters/Albrecht* § 225a Rn. 29; Radtke/Hohmann/*Britz* § 225a Rn. 47). 40

Mit der **Revision** kann nach § 336 Satz 2 die Rechtswidrigkeit eines Übernahme- oder Verweisungsbeschlusses nicht gerügt werden (KK-StPO/*Gmel* § 225a Rn. 31; Meyer-Goßner/*Schmitt* § 225a Rn. 25). Das **Fehlen eines Übernahmebeschlusses** (BGHSt 44, 121 [123]) begründet ein auf Sachrüge von Amts wegen zu beachtendes Verfahrenshindernis (BGH NStZ 2015, 55, NStZ 2021, 433). Anders als bei anderen Verfahrenshindernissen führt dies aber nicht zur Einstellung des Verfahrens, sondern gem. § 355 zu einer Verweisung der Sache an das zuständige Gericht (BGH NStZ 2012, 46; NStZ-RR 2020, 285). Auch die Verurteilung durch ein sachlich unzuständiges, niederes oder nachrangiges Gericht – im Fall des § 6a jedoch nur bei rechtzeitigem Einwand – begründet die Revision (SK-StPO/*Deiters/Albrecht* § 225a Rn. 30; LR/*Jäger* § 225a Rn. 71). 41

Sechster Abschnitt. Hauptverhandlung

§ 226 Ununterbrochene Gegenwart

(1) Die Hauptverhandlung erfolgt in ununterbrochener Gegenwart der zur Urteilsfindung berufenen Personen sowie der Staatsanwaltschaft und eines Urkundsbeamten der Geschäftsstelle.

(2) [1]Der Strafrichter kann in der Hauptverhandlung von der Hinzuziehung eines Urkundsbeamten der Geschäftsstelle absehen. [2]Die Entscheidung ist unanfechtbar.

Übersicht

1 A. **Inhalt.** Die Vorschrift normiert als Ausfluss des Mündlichkeitsgrundsatzes (§§ 250, 261) den **Grundsatz der Verhandlungseinheit** (Meyer-Goßner/*Schmitt* § 226 Rn. 1). Die ununterbrochene Gegenwart des erkennenden Gerichts sichert den Anspruch des Angeklagten auf **rechtliches Gehör** und gewährleistet eine möglichst genaue Sachverhaltsfeststellung und rechtliche Bewertung (KMR/*Eschelbach* § 226 Rn. 4 ff.). Dass die StA während der gesamten Dauer der Hauptverhandlung vertreten sein muss, folgt aus ihrer Funktion als ein dem Gericht gleichgeordnetes Organ der Strafrechtspflege (BGHSt 24, 170 [171]), dem die Verfolgung von Straftaten und die Mitwirkung im gesamten Strafverfahren obliegt (SK-StPO/*Deiters* § 226 Rn. 1; LR/*Becker* § 226 Rn. 2). Wegen des **Gebots der Protokollierung (§§ 271, 273)**, das der Effektivität des Rechtsschutzes dient, muss grds. auch ein Urkundsbeamter der Geschäftsstelle ohne Unterbrechung an der Hauptverhandlung teilnehmen (KMR/*Eschelbach* § 226 Rn. 12 ff.). Von seiner Hinzuziehung kann der Strafrichter absehen (**Abs. 2**).

2 B. **Anwendungsbereich.** Abs. 1 gilt **im erstinstanzlichen Strafverfahren**, im Privatklageverfahren (§ 384 Abs. 1 Satz 1), im Sicherungsverfahren (§ 414 Abs. 1) und – über § 332 – im **Berufungsverfahren**. Der Grundsatz der Verhandlungseinheit wird durchbrochen im Vorbehaltsverfahren gem. §§ 27, 30, 62 JGG und im Verfahren nach § 275a (KMR/*Eschelbach* § 226 Rn. 22 ff.; Meyer-Goßner/*Schmitt* § 226 Rn. 1). Im **vereinfachten Jugendverfahren** ist gem. § 78 JGG die Teilnahme der StA nicht zwingend. An der Hauptverhandlung in **Bußgeldverfahren** muss die StA nach § 75 Abs. 1 OWiG nicht teilnehmen. Auf die Teilnahme eines Urkundsbeamten kann nach Abs. 2, der über § 71 Abs. 1 OWiG Anwendung findet, verzichtet werden.

3 C. **Umfang der Anwesenheitspflicht. I. Maßgeblicher Zeitraum.** Die Anwesenheitspflicht gilt für die **Hauptverhandlung.** Sie beginnt gem. § 243 Abs. 1 Satz 1 mit dem Aufruf der Sache und schließt gem. § 260 Abs. 1 mit der auf die Beratung folgenden Verkündung des Urteils durch Verlesung der Urteilsformel und Eröffnung der Urteilsgründe (§ 268 Abs. 2 Satz 1).

4 II. **Ununterbrochene Gegenwart. Gegenwart** bedeutet nach allgemeiner Ansicht **neben der körperlichen auch die geistige Anwesenheit** (LR/*Becker* § 226 Rn. 5; KK-StPO/*Gmel* § 226 Rn. 3). Da dauernde geistige Präsenz nicht verlangt werden kann, ist Unaufmerksamkeit erst dann als geistige Abwesenheit zu werten, wenn sie an einer Wahrnehmung wesentlicher Verfahrensvorgänge hindert (OLG Oldenburg MDR 1963, 433) bzw. unter Berücksichtigung der Umstände des Einzelfalls ein solches Ausmaß annimmt, dass die Person ihre Prozessrolle nicht mehr erfüllen kann (ähnlich KMR/*Eschelbach* § 226 Rn. 31; LR/*Becker* § 226 Rn. 11; SK-StPO/*Deiters* § 226 Rn. 4). Nicht anwesend ist daher auch, wer tief schläft (BGHSt 2, 14 [15]; 11, 74 [77]; NStZ 1982, 41; OLG Hamm NJW 2006, 1448 [schlafender Staatsanwalt]; Meyer-Goßner/*Schmitt* § 226 Rn. 3).

5 Das Gesetz verlangt **»ununterbrochene« Gegenwart.** Dies bedeutet, dass die in § 226 genannten Personen während der **gesamten** Hauptverhandlung anwesend sein müssen. Vom Umfang des Präsenzgebots zu unterscheiden ist die Frage, wie sich ein Verstoß dagegen revisionsrechtlich auswirkt (KMR/*Eschelbach*

§ 226 Rn. 32). Insoweit unterscheidet die Rspr. beim absoluten Revisionsgrund des § 338 Nr. 5 zwischen unwesentlichen und wesentlichen Teilen der Hauptverhandlung (s. Rdn. 23).

Grds. müssen die in der Vorschrift genannten Personen auch **gleichzeitig anwesend** sein. Ist dies aus zwingenden Gründen für begrenzte Zeit (etwa aufgrund mangelnder räumlicher Kapazität bei einem Ortstermin) nicht umsetzbar, muss der Ablauf des betreffenden Teiles der Hauptverhandlung bei deren Fortsetzung mit den Verfahrensbeteiligten erörtert werden (OLG Köln VRS 6, 461 [462]; Meyer-Goßner/*Schmitt* § 226 Rn 4; LR/*Becker* § 226 Rn. 22). 6

D. Die zur Urteilsfindung berufenen Personen. Die zur Urteilsfindung berufenen Personen sind die Richter des erkennenden Gerichts. Dazu gehören neben den Berufsrichtern Schöffen (§§ 1, 45a DRiG, 30, 77 GVG) und ggf. Ergänzungsrichter und -schöffen (§ 192 GVG). Bei einer audiovisuellen Vernehmung darf der Vorsitzende den Sitzungssaal nicht verlassen, um den zeugen anderswo zu vernehmen (BGH NJW 2017, 181 [182]). Fällt ein mitwirkender Richter oder Schöffe aus, ohne dass dies durch den Eintritt eines (von Anfang an anwesenden) Ergänzungsrichters bzw. -schöffen kompensiert werden kann, muss die Hauptverhandlung durch Beschluss ausgesetzt werden (LR/*Becker* § 226 Rn. 5). War der Ergänzungsrichter bzw. -schöffe nicht von Anfang an anwesend, führt dies zu einer gem. § 222b Abs. 1 Satz 1 zu rügenden vorschriftswidrigen Besetzung i.S.d. § 338 Nr. 1 (BGH NJW 2001, 3062; SK-StPO/*Deiters* § 226 Rn. 6). 7

E. StA. Wie sich aus dem Wortlaut ergibt, muss die StA **als Behörde** ununterbrochen anwesend sein. Die Teilnahme ein und desselben Staatsanwalts während der gesamten Hauptverhandlung wird dagegen nicht verlangt, sodass die Geschäfte der StA auch verschiedene einander ablösende Personen (**Sitzungsvertreter**) wahrnehmen können (RGSt 16, 180 [181]; BGHSt 21, 85 [89]; LR/*Becker* § 226 Rn. 6). Gem. § 227 können auch mehrere Vertreter der StA in der Hauptverhandlung mitwirken und ihre Verrichtungen unter sich teilen (s. im Einzelnen § 227 Rdn. 2–4). 8

Da die in der Hauptverhandlung auftretende Person die StA repräsentiert, muss sie für diese vertretungsberechtigt sein. Ist dies nicht der Fall, ist die StA nicht gegenwärtig (LR/*Becker* § 226 Rn. 7). Die Vertretungsbefugnis wird durch örtliche Unzuständigkeit nicht berührt (RGSt 73, 86; KK-StPO/*Gmel* § 226 Rn. 5; SK-StPO/*Deiters* § 226 Rn. 9). 9

Vor den Landgerichten und allen höheren Gerichten kann die StA nur durch einen oder mehrere **Staatsanwälte**, also zum Richteramt befähigte Beamte (§ 122 Abs. 1 DRiG), vertreten werden (§ 142 Abs. 1 GVG). Vor den AG können gem. § 142 Abs. 1 Nr. 3 GVG auch **Amtsanwälte** das Amt der StA ausüben. Das Landesrecht sieht die Möglichkeit vor, Rechtspflegern die Wahrnehmung der Sitzungsvertretung an AG als **örtliche Sitzungsvertreter** zu übertragen, bei denen weder ein Staatsanwalt noch ein Amtsanwalt seinen Dienstsitz hat (eine Übersicht der landesrechtlichen Regelungen bei Meyer-Goßner/*Schmitt* § 142 GVG Rn. 9, s.a. *Landau/Globuschütz* NStZ 1992, 68). **Referendaren** kann die Wahrnehmung der Aufgaben eines Amtsanwalts und im Einzelfall eines Staatsanwalts unter dessen Aufsicht übertragen werden (§ 142 Abs. 3 GVG). Als alleinige Sitzungsvertreter der StA dürfen sie daher nur vor den AG auftreten. 10

Zur Vernehmung des Sitzungsstaatsanwalts als Zeugen s. § 227 Rdn. 4. 11

F. Urkundsbeamter der Geschäftsstelle. I. Grundsatz. Wer mit den Aufgaben eines Urkundsbeamten betraut werden darf, ergibt sich aus § 153 GVG i.V.m. den Ausführungsvorschriften von Bund und Ländern (zur vorübergehenden Bestellung einer Justizangestellten als Urkundsbeamtin vgl. BGH NStZ-RR 2014, 378). Der Urkundsbeamte muss nicht dem erkennenden Gericht angehören, sondern kann auch bei einem anderen ordentlichen Gericht des Verhandlungsorts tätig sein (BGH NStZ 1983, 213; SK-StPO/*Deiters* § 226 Rn. 10). Die Zuziehung einer vom Richter zu vereidigenden Person als Protokollführer in dringenden Fällen analog § 168 Satz 3 ist unzulässig (BGH NStZ 1981, 31; KK-StPO/*Gmel* § 226 Rn. 6). 12

Wie im Fall der StA muss – wie die Formulierung zeigt – nicht ein- und dieselbe Person anwesend sein (BGHSt 21, 85 [89]; KK-StPO/*Gmel* § 226 Rn. 6). Es ist allgemein anerkannt und in der Praxis bei größeren Verfahren üblich, dass analog § 227 auch **mehrere Urkundsbeamte** nebeneinander mitwirken können (LR/*Becker* § 226 Rn. 10; Meyer-Goßner/*Schmitt* § 226 Rn. 7). In diesem Fall muss gem. § 271 Abs. 1 Satz 1 jeder mitwirkende Urkundsbeamte den von ihm gefertigten Teil des Protokolls unterschreiben (BGH wistra 1991, 272; KK-StPO/*Gmel* § 226 Rn. 6). 13

II. Ausnahme (Abs. 2). Eine Ausnahme von der Anwesenheitspflicht des Urkundsbeamten erlaubt Abs. 2. Danach steht dem Strafrichter (§ 25) eine entsprechende Entscheidung zu, die keiner besonderen Form unterliegt (LR/*Becker* § 226 Rn. 24) und der Anfechtung entzogen ist (Satz 2). Da die Pflicht zur Protokollierung des wesentlichen Vernehmungsergebnisses (§§ 271, 273 Abs. 2) grds. fortbesteht und bei Verzicht auf den Urkundsbeamten vom Richter – ggf. unter Zuhilfenahme einer Tonträgeraufnahme – zu erfüllen ist, sind bei der Ermessensausübung Umfang und Schwierigkeit des Verfahrens und die zu erwartende Dauer der 14

Hauptverhandlung zu berücksichtigen. Von der eingeräumten Möglichkeit sollte grds. nur in sehr einfach gelagerten Fällen Gebrauch gemacht werden (Meyer-Goßner/*Schmitt* § 226 Rn. 7a; HK/*Julius* § 226 Rn. 5). Ergibt sich erst während der Hauptverhandlung, dass die Mitwirkung eines Urkundsbeamten unabdingbar ist, kann dieser nachträglich hinzugezogen werden (LR/*Becker* § 226 Rn. 25). Dies ist zu protokollieren (HK/*Julius* § 226 Rn. 5).

15 **G. Sonstige Verfahrensbeteiligte. I. Angeklagter.** Dass der Angeklagte in der Hauptverhandlung ununterbrochen anwesend sein muss, folgt aus §§ 230 Abs. 1, 231 Abs. 1 Satz 1. Von dieser Anwesenheitspflicht gibt es zahlreiche Ausnahmen (§§ 231 Abs. 2, 231a, 231b, 231c, 232, 233, 247, 329 Abs. 2, 350 Abs. 2, 387, 412).

16 **II. Verteidiger.** Die Anwesenheit eines Verteidigers in der Hauptverhandlung ist nur im Fall der notwendigen Verteidigung erforderlich (§ 145 Abs. 1 Satz 1). Ist ein Pflichtverteidiger nach § 140 oder § 231a Abs. 4 bestellt, darf nicht ohne ihn verhandelt werden. Hat der Angeklagte (noch) keinen Pflicht-, aber einen Wahlverteidiger, ist seine Anwesenheit zwingend, wenn es sich um einen Fall notwendiger Verteidigung handelt (s. im Einzelnen § 338 Rdn. 56).

17 **III. Nebenkläger und Nebenbeteiligte.** Nebenkläger und Beistand des Nebenklägers sind gem. § 397 Abs. 1 Satz 1 bzw. § 406g Abs. 2 Satz 1 zur Anwesenheit in der Hauptverhandlung berechtigt, aber nicht verpflichtet. Auch Nebenbeteiligte müssen nicht ununterbrochen anwesend sein (Meyer-Goßner/*Schmitt* § 226 Rn. 9; zu deren Anwesenheitsrecht im Einzelnen SK-StPO/*Deiters* § 226 Rn. 15).

18 **IV. Sachverständige.** Der Sachverständige gehört nicht zu den Personen, deren Anwesenheit das Gesetz zwingend vorschreibt (BGH DAR 1983, 205; NStZ 1985, 455; Meyer-Goßner/*Schmitt* § 80 Rn. 5, § 338 Rn. 43). Inwieweit seine Teilnahme als »Gehilfe des Gerichts« erforderlich ist, hängt von seinem Auftrag im konkreten Verfahren ab und wird vom Vorsitzenden i.R.d. Sachleitungsbefugnis (§ 238) bestimmt (KK-StPO/*Gmel* § 226 Rn. 9). Zur Erfüllung der **Amtsaufklärungspflicht (§ 244 Abs. 2)** kann die Anwesenheit des Sachverständigen während der gesamten Hauptverhandlung geboten sein (BGHSt 2, 25 [28]; 27, 166 [167], NStZ 1995, 201; ausführlich LR/*Becker* § 226 Rn. 19 ff.).

19 **V. Dolmetscher.** Zur Anwesenheit des Dolmetschers s. § 259 Rdn. 3 und § 185 GVG Rdn. 2, 15.

20 **VI. Beteiligte im jugendgerichtlichen Verfahren.** Als Verfahrensbeteiligte im jugendgerichtlichen Verfahren sind Erziehungsberechtigte und gesetzliche Vertreter eines Jugendlichen gem. § 67 JGG zur Anwesenheit berechtigt, müssen aber nicht zwingend anwesend sein. Gleiches gilt für den Vertreter der Jugendgerichtshilfe, dem gem. § 50 Abs. 3 JGG Ort und Zeit der Hauptverhandlung mitzuteilen sind (BGHSt 27, 250 [252]; Dölling/Duttge/König/Rössner/*Temming*, § 226 Rn. 14).

21 **H. Protokollierung.** Die Anwesenheit der § 226 genannten Personen wird gem. § 272 Nr. 2 im Protokoll festgestellt. Es handelt sich um eine wesentliche Förmlichkeit des Verfahrens i.S.d. § 273 Abs. 1, deren Beobachtung gem. § 274 nur durch das Protokoll bewiesen werden kann; Lücken im Urteilsrubrum sind daher irrelevant (BGH NStZ 1994, 47 [48]; KK-StPO/*Gmel* § 226 Rn. 10). Da die Sitzungsniederschrift über eine mehrtägige Hauptverhandlung eine Einheit darstellt, gelten die zu Beginn der Hauptverhandlung als anwesend vermerkten Personen auch später als anwesend, wenn nicht ihre (vorübergehende) Entfernung protokolliert ist (BGH wistra 1995, 70 [72]).

22 **I. Revision.** Der Verstoß gegen § 226 kann die Revision nach § 338 Nr. 5 begründen. Dies gilt auch bei körperlicher oder geistiger Abwesenheit von Berufsrichtern oder Schöffen. Die dagegen von der h.M. vertretene Auffassung, in diesem Fall sei nur § 338 Nr. 1 anwendbar (BGHSt 44, 361 [365], NStZ 1982, 41; StV 2003, 5 [6]; NStZ 2019, 106, 107; StV 2021, 479; offengelassen in NStZ 2017, 372, 373 und NStZ-RR 2019, 218, 219; KK-StPO/Gericke § 338 Rn. 48; Meyer-Goßner/*Schmitt* § 338 Rn. 10 m.w.N.), ist mit dem Regelungsinhalt und -zweck von § 226 nicht in Einklang zu bringen (LR/*Becker* § 226 Rn. 27; KMR/*Eschelbach* § 226 Rn. 102 ff.; SK-StPO/*Deiters* § 226 Rn. 1).

23 Da § 338 nicht anwendbar ist, wenn das Beruhen des Urteils auf dem Mangel denkgesetzlich ausgeschlossen ist (BGH NStZ 2011, 233 [234]), muss jedoch ein **wesentlicher Teil der Hauptverhandlung** betroffen sein (BGHSt 15, 263 [264]; BGHR StPO § 338 Nr. 5 Angeklagter 17 [Gründe]; Meyer-Goßner/*Schmitt* § 338 Rn. 36; krit. KMR/*Eschelbach* § 226 Rn. 102 ff.; s. im Einzelnen s. § 338 Rdn. 49 ff.). Dass ein Urteil auf der Abwesenheit bei einem unwesentlichen Teil beruhen und die Revision gem. § 337 begründen kann, erscheint zweifelhaft (so aber KK-StPO/*Gmel* § 226 Rn. 10; Graf/*Ritscher* § 226 Rn. 11).

24 Wird der in Abwesenheit durchgeführte (wesentliche) Teil der Hauptverhandlung fehlerfrei wiederholt, wird der **Mangel geheilt** und kann nicht erfolgreich gerügt werden. Die Wiederholung ist eine wesentliche Förm-

lichkeit der Verhandlung, die gem. § 274 nur durch das Protokoll bewiesen werden kann (OLG Köln NStZ 1987, 244; HK/*Julius* § 226 Rn. 10).

25 Da die Beachtung von Bestimmungen, deren Verletzung zwingende Aufhebungsgründe nach § 338 Nr. 1 bis 6 sind, **nicht verzichtbar** ist, steht die Einhaltung des § 226 Abs. 1 nicht zur Disposition der Verfahrensbeteiligten (BGHSt 22, 18 [20] zu § 338 Nr. 5).

26 Die Entscheidung für oder gegen die Hinzuziehung eines Urkundsbeamten der Geschäftsstelle durch den Strafrichter ist gem. Abs. 2 Satz 2 der Anfechtung entzogen und wird gem. § 336 Satz 2 nicht vom Revisionsgericht überprüft (Meyer-Goßner/*Schmitt* § 226 Rn. 12).

§ 227 Mehrere Staatsanwälte und Verteidiger

Es können mehrere Beamte der Staats- anwaltschaft und mehrere Verteidiger in der Hauptverhandlung mitwirken und ihre Verrichtungen unter sich teilen.

Übersicht

1 **A. Inhalt.** Die Vorschrift erlaubt StA und Verteidigung, ihre jeweiligen Aufgaben in der Hauptverhandlung durch mehrere Personen **arbeitsteilig** – nebeneinander, nacheinander oder abwechselnd – wahrzunehmen (SK-StPO/*Deiters* § 227 Rn. 1; MüKo-StPO/Arnoldi § 227 Rn. 3, 8). Das Auftreten mehrerer Staatsanwälte und Verteidiger kann v.a. bei Großverfahren oder Hauptverhandlungen, deren Dauer zu Beginn nicht abschätzbar ist, sinnvoll sein, um beim Ausfall eines Staatsanwalts oder Verteidigers wegen Krankheit oder Verhinderung das Verfahren ohne Verzögerung fortführen zu können.

2 **B. StA.** Die Mitwirkung mehrerer Staatsanwälte in der Hauptverhandlung wird – soweit nicht prozessual geboten (s. Rdn. 3) – im Hinblick auf die Personalknappheit bei den Staatsanwaltschaften nur bei **Großverfahren oder Strafverfahren mit besonderer Öffentlichkeitswirksamkeit** in Betracht kommen. Das gemeinsame Auftreten mehrerer Sitzungsvertreter kann dabei dazu dienen, die besondere Bedeutung des Verfahrens für die StA zu dokumentieren. Es kann aber auch den Zweck haben, die besondere fachliche Kompetenz des sachbearbeitenden Dezernenten mit der Autorität eines vorgesetzten Beamten zu verbinden, z.B. um für eine Verständigung i.S.d. § 257c auch ohne Rücksprache mit der Behördenleitung freie Hand zu haben.

3 Wird der Sitzungsstaatsanwalt in der Hauptverhandlung **als Zeuge vernommen**, ist er an der Ausübung seiner Funktion gehindert und muss durch einen anderen Staatsanwalt ersetzt werden. Grds. darf er auch danach nicht mehr an der Hauptverhandlung teilnehmen (BGHSt 14, 265 f.; 21, 85 [89]; NStZ 1983, 135; StV 1983, 497; ausführlich KMR/*Eschelbach* § 227 Rn. 20 ff.). Denn ansonsten ist zu befürchten, dass der vernommene Staatsanwalt bei seinem Schlussvortrag auch den Inhalt seiner eigenen Aussage in die Beweiswürdigung einbezieht und die Meinungsbildung des Gerichts beeinflusst. Im Interesse einer raschen und zweckgerichteten Verfahrensgestaltung erlaubt die Rspr. aber ausnahmsweise ein gemeinsames Auftreten beider Staatsanwälte nach dem Ende der Vernehmung, wenn diese Möglichkeit durch Arbeitsteilung ausgeschlossen ist. Dies ist für folgende Konstellationen anerkannt:

- Die Zeugenvernehmung hat sich nur auf einen von mehreren Angeklagten und auf eine Tat bezogen, die nur diesem einen Angeklagten zur Last liegt. In diesem Fall kann der vernommene Sitzungsstaatsanwalt weiterhin die Anklage gegen die übrigen Angeklagten vertreten; die Verrichtungen werden also zwischen den Staatsanwälten geteilt (BGHSt 21, 85 [89]).
- Die Zeugenvernehmung betraf Wahrnehmungen, die nicht in unlösbarem Zusammenhang mit dem i.Ü. zu erörternden Sachverhalt stehen und Gegenstand einer abgesonderten Betrachtung und Würdigung (durch den zweiten Staatsanwalt) sein können. Dies ist in der Regel der Fall bei Vorgängen, die sich erst aus der dienstlichen Befassung des Staatsanwalts mit der Sache ergeben haben und die Gestaltung des Verfahrens betrafen (BGHSt 14, 265; NStZ 1989, 583). Beispiele dafür sind die Vernehmung des Staatsanwalts über die Registrierung und Verwahrung einer beschlagnahmten Urkunde (BGHSt 21, 85 [90]) und die schlichte Schilderung der Übergabe eines Beweisstücks (BGH NStZ-RR 2001, 107).

4 Treten mehrere Staatsanwälte – die Zahl ist gesetzlich nicht beschränkt – in der Hauptverhandlung auf, vertreten sie gem. § 144 GVG den ersten Beamten der StA und stehen dem Gericht **als Einheit** ggü. (KMR/*Eschelbach* § 227 Rn. 5; SK-StPO/*Deiters* § 227 Rn. 2). Bei **widersprüchlichen Erklärungen** ist zu differenzieren. Bei der Frage Antragstellung/Nichtantragstellung (Bsp.: § 154 Abs. 2) gilt der gestellte Antrag, bei der Frage Einverständnis/Widerspruch (Bsp.: § 245 Abs. 1 Satz 2) gilt der Widerspruch (Meyer-Goßner/*Schmitt*

§ 227 Rn. 3; Radtke/Hohmann/*Britz* § 227 Rn. 7). In Zweifelsfällen muss das Gericht die Entscheidung des Behördenleiters einholen (SK-StPO/*Deiters* § 227 Rn. 2; KMR/*Eschelbach* § 227 Rn. 12).

5 **C. Verteidiger.** Da § 146 verbietet, dass ein Verteidiger gleichzeitig mehrere derselben Tat Beschuldigte verteidigt, betrifft die Vorschrift nur die **Mitwirkung mehrerer Verteidiger für einen Angeklagten.** Nach § 137 Abs. 1 Satz 2 ist die Zahl der Wahlverteidiger auf drei beschränkt. Jeder Verteidiger ist – auch bei Arbeitsteilung – zur selbstständigen Wahrnehmung der Verteidigungsrechte berechtigt und hat daher ein **eigenes Akteneinsichts-, Frage-, Beweisantrags-, Erklärungs- und Schlussvortragsrecht** (BGH StV 2000, 402; HK/*Julius* § 227 Rn. 3; KMR/*Eschelbach* § 227 Rn. 25). Bei widersprüchlichen Erklärungen gilt: Bei Antragstellung/Nichtantragstellung ist über den Antrag zu entscheiden, bei Einverständnis/Widerspruch gilt der Widerspruch (Meyer-Goßner/*Schmitt* § 227 Rn. 3; Radtke/Hohmann/*Britz* § 227 Rn. 8).

6 Nur im Fall **notwendiger Verteidigung** darf die Hauptverhandlung nicht ohne Verteidiger stattfinden (§ 145 Abs. 1). Sind mehrere Verteidiger (z.B. ein Wahlverteidiger und ein Pflichtverteidiger) für den Angeklagten tätig, ist es ausreichend, wenn (irgend)ein Verteidiger in der Hauptverhandlung anwesend ist (BGH NStZ 2017, 59 [62]; Radtke/Hohmann/*Britz* § 227 Rn. 5; Meyer-Goßner/*Schmitt* § 227 Rn. 2). Mehrere Verteidiger können also neben-, nacheinander oder abwechselnd auftreten (LR/*Becker* § 227 Rn. 5). Sind allerdings wegen des Umfangs oder der Schwierigkeit des Verfahrens zwei Pflichtverteidiger bestellt worden, müssen beide an der Hauptverhandlung teilnehmen. Die Bestellung eines zweiten Pflichtverteidigers dient der Sicherung des Verfahrens und nicht der Ermöglichung der Vertretung des jeweils anderen (OLG Frankfurt StV 1995, 68; OLG Hamm StV 2011, 660; OLG Stuttgart NStZ 2016, 436). Die in Großverfahren häufig anzutreffende und von einzelnen Gerichten geduldete Praxis der Pflichtverteidiger, sich die Termine je nach Verfügbarkeit die Sitzungsteilnahme »aufzuteilen«, ist gesetzwidrig.

7 Wird der Verteidiger gewechselt, muss die Hauptverhandlung nicht in ihren wesentlichen Teilen wiederholt werden (BGHSt 13, 337 [341]; MüKo-StPO/Arnoldi § 227 Rn. 8). Da der Verteidiger aber nur dann sinnvoll mitwirken und die Interessen des Angeklagten wirksam wahrnehmen kann, wenn er den Sachverhalt ausreichend kennt, kann es notwendig werden, zur Vorbereitung des Verteidigung die Hauptverhandlung gem. § 145 Abs. 2, 3 bzw. § 265 Abs. 4 zu unterbrechen oder auszusetzen (BGH MDR 1965, 2164; NJW 2000, 1350; LR/*Becker* § 227 Rn. 6; KMR/*Eschelbach* § 227 Rn. 27). Zur Thematik des Zwangsverteidigers s. § 141 Rdn. 11.

§ 228 Aussetzung und Unterbrechung

(1) [1]Über die Aussetzung einer Hauptverhandlung oder deren Unterbrechung nach § 229 Abs. 2 entscheidet das Gericht. [2]Kürzere Unterbrechungen ordnet der Vorsitzende an.
(2) Eine Verhinderung des Verteidigers gibt, unbeschadet der Vorschrift des § 145, dem Angeklagten kein Recht, die Aussetzung der Verhandlung zu verlangen.
(3) Ist die Frist des § 217 Abs. 1 nicht eingehalten worden, so soll der Vorsitzende den Angeklagten mit der Befugnis, Aussetzung der Verhandlung zu verlangen, bekanntmachen.

Übersicht

A. Inhalt der Regelung. Die Vorschrift regelt die Zuständigkeit für die Entscheidungen über Aussetzung und Unterbrechung (Abs. 1). Außerdem stellt sie klar, dass außerhalb der notwendigen Verteidigung grds. kein Anspruch des Angeklagten auf Aussetzung der Hauptverhandlung besteht, wenn der Verteidiger verhindert ist (Abs. 2). Die in Abs. 3 normierte Belehrungspflicht über das Aussetzungsrecht des Angeklagten ergänzt § 217 Abs. 2. 1

B. Begrifflichkeit. Die in der Vorschrift verwendeten Begriffe werden in der StPO nicht definiert. Unter **Aussetzung** ist der Abbruch der mit dem Aufruf der Sache begonnenen Hauptverhandlung zu verstehen, in dessen Folge eine neue selbstständige Verhandlung stattfinden muss, zu der neu zu laden ist und bei der eine andere Besetzung gegeben sein kann. 2

Im Unterschied dazu sind **Unterbrechungen** Pausen einer zusammenhängenden und einheitlichen Hauptverhandlung mit derselben Besetzung. Da nach § 229 Abs. 1 eine Hauptverhandlung nur bis zu 3 Wochen unterbrochen werden kann, führt die Anordnung einer längeren Unterbrechung dazu, dass mit der Hauptverhandlung von neuem zu beginnen ist (§ 229 Abs. 4). Die zu lange Unterbrechung hat damit dieselbe Wirkung wie eine Aussetzung. Daraus – wie die frühere Rspr. (RGSt 58, 357 [358]; BGH NJW 1982, 248) und h.M. in der Literatur – den Schluss zu ziehen, dass die Abgrenzung von Unterbrechung und Aussetzung allein nach der tatsächlichen Dauer des Zeitraums zwischen zwei Terminen vorzunehmen ist, während die Bezeichnung und Absicht des Gerichts nicht entscheidend sein sollen, ist jedoch unzutreffend. Wie der BGH inzwischen zur Recht klargestellt hat, sind für die Unterscheidung auch die vom Gericht gewählte Formulierung, Besetzung und angestrebte prozessuale Wirkung maßgebend (BGHSt 52, 24; zustimmend KK/*Gmel* § 228 Rn. 1; Graf/*Gorf* § 228 Rn. 2; Dölling/Duttge/König/Rössner/*Telling* § 228 Rn. 2; a.A. LR/*Becker* § 228 Rn. 2; Meyer-Goßner/*Schmitt* § 228 Rn. 2). Denn zum einen bestimmt sich die Bedeutung einer Prozesshandlung nach den Gesamtumständen. Zum anderen besteht kein Zweifel daran, dass es sich um eine Aussetzung handelt, wenn das Gericht in den gesetzlich geregelten Fällen auf Antrag eines Verfahrensbeteiligten die Hauptverhandlung abbricht und innerhalb der Frist des § 229 einen neuen Termin bestimmt. Bei der Entscheidung, ob auszusetzen oder zu unterbrechen ist, ist das Gericht bis zur Grenze der Willkür frei, wenn in der Hauptverhandlung noch keine (bei einer Unterbrechung fortwirkenden) Erträge erzielt worden sind (BGHSt 52, 24 [30]). 3

Den auch in der Rspr. häufig verwendeten Begriff »**Vertagung**« kennt das Gesetz nicht. Da er sowohl für die Aussetzung als auch für die Unterbrechung benutzt wird, ist er missverständlich. 4

C. Gründe für Aussetzung und Unterbrechung. I. Gesetzliche Gründe. 1. Aussetzung. Nach dem Gesetz ist die Aussetzung der Hauptverhandlung in folgenden Fällen vorgeschrieben oder zugelassen: 5

- § 138c Abs. 4: Ausschließung des Verteidigers nach §§ 138a, 138b;
- § 145 Abs. 2 und 3: Bestellung des notwendigen Verteidigers erst im Laufe der Hauptverhandlung, unzureichende Vorbereitungszeit für neu bestellten Verteidiger;
- § 217 Satz 2 und § 218 Satz 2: Nichteinhaltung der Ladungsfrist für Angeklagten und Verteidiger;
- § 246 Abs. 2 bis 4: verspätete Namhaftmachung von geladenen Beweispersonen bzw. verspätete Bekanntgabe von Beweistatsachen;
- § 265 Abs. 3 und 4: Veränderung der Sach- und Rechtslage;
- § 268 Abs. 3 Satz 2: verspäteter Verkündungstermin;
- § 416 Abs. 2 Satz 2 und 3: Veränderung der Rechtslage bzw. Abwesenheitsverhandlung im Sicherungsverfahren;
- Art. 100 Abs. 1 Satz 1 GG: Vorlage an das BVerfG bei konkreter Normenkontrolle.

2. Unterbrechung. In folgenden Fällen schreibt das Gesetz die Unterbrechung der Hauptverhandlung vor oder lässt sie zu: 6

- § 138c Abs. 4: Ausschließung des Verteidigers nach §§ 138a, 138b;
- § 145 Abs. 3: unzureichende Vorbereitungszeit für neu bestellten Verteidiger;
- § 222a Abs. 2: verspäteter Zugang der Besetzungsmitteilung;
- § 231a Abs. 3 Satz 4: sofortige Beschwerde gegen Beschluss über Abwesenheitsverhandlung;
- § 266 Abs. 3: Erhebung der Nachtragsanklage.

II. Weitere Gründe. 1. Allgemeines. Über die im Gesetz genannten Fälle hinaus kann die Aussetzung bzw. Unterbrechung der Hauptverhandlung nach allgemeinen Grundsätzen, insb. wegen der Fürsorge- oder Aufklärungspflicht des Gerichts oder zur Wahrung von Verfahrensrechten der Beteiligten, geboten sein (KK/*Gmel* § 228 Rn. 4; Radtke/Hohmann/*Britz* § 228 Rn. 16; ausführlich LR/*Becker* § 228 Rn. 10 ff.). Die Entscheidung darüber trifft das Gericht **auf Antrag oder von Amts wegen** nach **pflichtgemäßem Ermessen** (SK-StPO/*Deiters*/*Albrecht* § 228 Rn. 8). Weil Beschleunigungsgrundsatz und Konzentrationsmaxime gebieten, 7 dass eine einmal begonnene Hauptverhandlung zügig und unter Vermeidung unnötiger Verzögerungen zu Ende geführt wird, hat grds. die **Unterbrechung Vorrang vor der Aussetzung** (OLG Düsseldorf StV 1997, 282 [283]; KK/*Gmel* § 228 Rn. 3; Meyer-Goßner/*Schmitt* § 228 Rn. 4). Wurden allerdings in der Hauptverhandlung noch keine Erträge erzielt, die bei einer Unterbrechung fortwirken, bei einer Aussetzung des Verfahrens aber erneut gewonnen werden müssten, ist das Gericht in der Wahl zwischen Unterbrechung und Aussetzung frei (BGHSt 52, 24 [30]; HK/*Julius* § 228 Rn. 3).

8 – dem Angeklagtem wurde die Anklageschrift nicht mitgeteilt (BGH NStZ 1982, 125; OLG Celle StV 1998, 531 [532]) oder nicht übersetzt (OLG Stuttgart StV 2003, 490);
– die Zuziehung weiterer Beweismittel (insb. zusätzlicher Gutachten) ist erforderlich, innerhalb der Unterbrechungsfrist aber nicht möglich (OLG Köln StV 1991, 551 [552]; KK/*Gmel* § 228 Rn. 4);
– die Entscheidung über die Erteilung einer Aussagegenehmigung für einen Zeugen steht aus (BGH NStZ 1985, 466; LR/*Becker* § 228 Rn. 11);
– dem Verteidiger wird keine (vollständige) Akteneinsicht gewährt (BGH NStZ-RR 2004, 50; OLG Hamm VRS 109, 114 [116]) oder wird nicht die Möglichkeit eingeräumt, nachträglich vorgelegtes Aktenmaterial zur Kenntnis zu nehmen (BGH NStZ 1998, 369; OLG München NStZ 2005, 706; SK-StPO/*Deiters/Albrecht* § 228 Rn. 10);
– der Verteidiger ist – für den Angeklagten unvorhersehbar – an der Hauptverhandlungsteilnahme verhindert oder legt sein Mandat überraschend nieder (s. Rdn. 23).

9 – Schaffung von Ruhe- und Erholungspausen für die Verfahrensbeteiligten (BGH bei Kusch NStZ-RR 2000, 34; LR/*Becker* § 228 Rn. 7);
– Anstellen von Ermittlungen zur Benennung eines der Verteidigung dienenden Zeugen (OLG Hamm StV 1990, 57);
– Erörterungen gem. § 212;
– Einräumen einer Überlegungspause für eine Beweisperson (LR/*Becker* § 228 Rn. 8);
– erhebliche Verzögerungen, die den Terminplan des Gerichts beeinträchtigen (*Schellenberg*, Hauptverhandlung, S. 204).

10 **III. Anträge.** Aussetzungs- und Unterbrechungsanträge können **innerhalb und außerhalb der Hauptverhandlung** gestellt werden Eine Begründung des Antrags ist nicht erforderlich. Auch wird keine ausdrückliche Bezeichnung als Aussetzungs- oder Unterbrechungsantrag verlangt (SK-StPO/*Deiters/Albrecht* § 228 Rn. 7); letztlich muss das Gericht im Rahmen seiner Fürsorgepflicht durch Auslegung klären, was der Antragsteller begehrt. Bei einem vor der Hauptverhandlung gestellten Aussetzungsantrag handelt es sich um einen Antrag auf Verlegung des Termins (LR/*Becker* § 228 Rn. 15). Wird über diesen nicht vor (Wieder-) Beginn der Hauptverhandlung entschieden, muss das Gericht klären, ob er aufrechterhalten werden soll (OLG Bremen GA 1964, 211; Meyer-Goßner/*Schmitt* § 228 Rn. 5).

11 In der Hauptverhandlung gestellte Aussetzungs- und Unterbrechungsanträge sind als wesentliche Förmlichkeiten **zu protokollieren** (OLG Frankfurt NStZ-RR 1996, 304 [305]; LR/*Becker* § 229 Rn. 40).

12 **IV. Entscheidung über Aussetzung und Unterbrechung. 1. Zuständigkeit. Kürzere Unterbrechungen** ordnet der Vorsitzende an (Abs. 1 Satz 2). Darunter fallen sowohl kleinere und größere Pausen im Laufe eines Verhandlungstages als auch Unterbrechungen bis zur gesetzlichen Höchstgrenze von 3 Wochen (§ 229 Abs. 1). Die Entscheidung trifft der **Vorsitzende** nach pflichtgemäßem Ermessen durch **Verfügung**, die in der Regel in der Hauptverhandlung ergeht und gem. § 35 Abs. 1 Satz 1 verkündet wird (Meyer-Goßner/*Schmitt* § 228 Rn. 9).

13 Über **Unterbrechungen längerer Dauer**, die das Gesetz in den Ausnahmefällen der § 138c Abs. 4 Satz 2 (dreißig Tage), § 229 Abs. 2 (ein Monat) und § 231a Abs. 3 Satz 4 (dreißig Tage) zulässt, und über die **Aussetzung** entscheidet gem. Abs. 1 Satz 1 das **Gericht** durch **Beschluss**. Dieser ergeht in der Regel in der Hauptverhandlung unter Beteiligung der Schöffen, ist aber auch außerhalb der Hauptverhandlung in der dafür vorgeschriebenen Besetzung zulässig (BGHSt 34, 154 [155]; Meyer-Goßner/*Schmitt* § 228 Rn. 8; KK/Gmel § 228 Rn. 2; SK-StPO/*Deiters/Albrecht* § 228 Rn. 12; a.A. für den Fall der Aussetzung HK/*Julius* § 228 Rn. 2). War eine Unterbrechung nach § 229 Abs. 1 angeordnet, kann das Gericht auch noch nach Ablauf der Frist eine Unterbrechung nach § 229 Abs. 2 beschließen, sofern die Monatsfrist noch nicht abgelaufen ist (BGHSt 34, 154 [155]; Meyer-Goßner/*Schmitt* § 228 Rn. 8). Die Entscheidung nach Abs. 1 Satz 1 ist zu **protokollieren** (OLG Köln StraFo 2002, 325 [326]; HK/*Julius* § 228 Rn. 2).

14 **2. Bescheidung.** Über **Aussetzungs- und Unterbrechungsanträge** hat das Gericht **grds. vor dem Urteil zu entscheiden**, damit die Verfahrensbeteiligten Gelegenheit haben, andere Anträge zu stellen (RGSt 23, 136 [137], OLG Köln StV 1992, 567 [568]; LR/*Becker* § 228 Rn. 16; KK/*Gmel* § 228 Rn. 7). Ein hilfs-

weiser gestellter Aussetzungsantrag wird in den Urteilsgründen abgelehnt (OLG Schleswig SchlHA 1956, 298 [299]; HK/*Julius* § 228 Rn. 8). Bei Verwerfung der Berufung nach § 329 Abs. 1 Satz 1 ist sogar die schlüssige Ablehnung in den Urteilsgründen ausreichend (LR/*Becker* § 228 Rn. 16). Richtet sich das Verfahren gegen mehrere Angeklagte oder sind mehrere Taten i.S.d. § 264 Gegenstand des Verfahrens, ist zu prüfen, ob es ausreicht, das Verfahren nur teilweise auszusetzen (BGH MDR 1975, 23 [D]; Meyer-Goßner/*Schmitt* § 228 Rn. 4).

Die **Anordnung der Aussetzung** muss im Hinblick auf die (wenn auch eingeschränkte) Beschwerdemöglichkeit (s. Rdn. 28) begründet werden (LR/*Becker* § 228 Rn. 19; SK-StPO/*Deiters/Albrecht* § 228 Rn. 12; a.A. KMR/*Eschelbach* § 228 Rn. 11). Das Gericht muss nicht bestimmen, wie lange das Verfahren ausgesetzt wird (*Schellenberg*, Hauptverhandlung, S. 165). Wird im ausgesetzten Verfahren **Untersuchungshaft oder Unterbringung** vollzogen, hat das Gericht gem. § 120 Abs. 1 von Amts wegen deren Fortdauer zu prüfen (*Schellenberg*, Hauptverhandlung, S. 208). 15

Auch die **Ablehnung der Aussetzung** muss gem. § 34 begründet werden (KK/*Gmel* § 228 Rn. 8; HK/*Julius* § 228 Rn. 8). Aus der Begründung muss ersichtlich werden, dass das Gericht die vorgetragenen und von Amts wegen zu beachtenden Tatsachen zutreffend gewürdigt und sein Ermessen fehlerfrei ausgeübt hat (Meyer-Goßner/*Schmitt* § 228 Rn. 7; KK/*Gmel* § 228 Rn. 7). 16

Die **Anordnung der Unterbrechung** muss eine Entscheidung darüber enthalten, wann und für wie lange mit der fortlaufenden Hauptverhandlung pausiert werden soll (LR/*Becker* § 228 Rn. 7). Den zulässigen Rahmen gibt insoweit § 229 vor. Die Entscheidung bedarf **keiner Begründung**, erst die Zurückweisung einer Beanstandung (§ 238 Abs. 2) muss begründet werden (LR/*Becker* § 228 Rn. 17). Mit der Unterbrechungsentscheidung verbunden wird regelmäßig die **Anordnung und Bekanntmachung des Fortsetzungstermins** (BGH JZ 1957, 673; KK/*Gmel* § 228 Rn. 2), die zugleich die Ladung ersetzt (BGH NStZ 1984, 41; NStZ 1988, 421 [422], vgl. auch Nr. 137 Abs. 1 RiStBV). Wird der Fortsetzungstermin außerhalb der Hauptverhandlung bestimmt, muss er den Verfahrensbeteiligten gem. § 35 Abs. 2 Satz 2 formlos mitgeteilt werden (LR/*Becker* § 228 Rn. 18). 17

Die **Ablehnung eines Antrags auf Unterbrechung** ist gem. § 34 zu begründen (LR/*Becker* § 228 Rn. 17). 18

D. Kein Aussetzungsrecht bei Verteidigerverhinderung (Abs. 2). I. Verhinderung des Verteidigers. 1. Innerhalb des Verantwortungsbereichs des Angeklagten. Nach Abs. 2 gibt eine Verhinderung des Verteidigers dem Angeklagten kein Recht, die Aussetzung der Hauptverhandlung zu verlangen. Wegen des ausdrücklichen Vorrangs von § 145 gilt dies jedoch nur, wenn **kein Fall notwendiger Verteidigung** nach §§ 140, 231a Abs. 4 vorliegt (dazu s. § 145 Rdn. 13). Wegen dieser Einschränkung liegt der Anwendungsbereich von Abs. 2 v.a. bei Hauptverhandlungen vor dem AG und bei Berufungshauptverhandlungen. 19

Die Regelung, die Verzögerungen des Verfahrens durch den Angeklagten vorbeugen soll, geht von dem Gedanken aus, dass der Angeklagte innerhalb der Einlassungs- und Ladungsfrist hinreichend Gelegenheit hat, für seine Vertretung durch einen in der Hauptverhandlung auftretenden Wahlverteidiger zu sorgen (OLG Celle NJW 1965, 2264; OLG Düsseldorf JMBl. NRW 1979, 19). Findet er keinen Verteidiger, der dazu bereit oder zeitlich in der Lage ist, geht das **grds. zu seinen Lasten** (OLG Stuttgart NJW 1967, 944 [945]; StV 1988, 145 [146]; OLG Hamm NJW 2006, 2199 [2000]; LR/*Becker* § 228 Rn. 23). Denn in diesem Fall weiß der Angeklagte, dass er sich selbst verteidigen muss, und hat genügend Zeit, um sich auf diese Verteidigung vorzubereiten (*Heubel* NJW 1981, 2678). Auch der **Wechsel des Verteidigers** begründet keinen Aussetzungsanspruch (BGH NJW 1991, 1622 [1623]; BayObLG NStZ-RR 1999, 141; *Pfeiffer* § 228 Rn. 3). 20

Auch wenn der Angeklagte nach Abs. 2 keinen Anspruch auf Aussetzung hat, ist das Gericht nicht gehindert, das Verfahren auszusetzen, wenn es dies im Einzelfall für angezeigt erachtet (OLG Hamm DRiZ 1977, 184; Meyer-Goßner/*Schmitt* § 228 Rn. 10). 21

2. Außerhalb des Verantwortungsbereichs des Angeklagten. Im Hinblick auf das Recht des Angeklagten aus § 137 Abs. 1 Satz 2 StPO, Art. 6 Abs. 3 lit. c) EMRK anders gelagert ist die Situation, in der der Angeklagte auf die Mitwirkung des von ihm gewählten Verteidigers vertraut, dieser aber **aus Gründen, die der Angeklagte weder voraussehen noch abwenden konnte**, nicht an der Hauptverhandlung teilnehmen kann. In diesem Fall kann dem Angeklagten eine (weitere) Verhandlung ohne den Beistand seines Verteidigers **unzumutbar** sein (BVerfG NJW 1984, 862 [863]; OLG Koblenz StV 2010, 477 [478]; SK-StPO/*Deiters/Albrecht* § 228 Rn. 17; Meyer-Goßner/*Schmitt* § 228 Rn. 12). Ob die prozessuale Fürsorgepflicht gebietet, dass das Gericht wegen dieser Verhinderung des Verteidigers die Hauptverhandlung gem. **§ 265 Abs. 4** auf Antrag oder von Amts unterbricht oder aussetzt, ist nach den **Umständen des Einzelfalls** zu entscheiden (BayObLG VRS 76, 290 [291]; LR/*Becker* § 228 Rn. 25). I.R.d. Abwägung zwischen dem Grundsatz der Beschleunigung einerseits und dem Interesse des Angeklagten am Beistand des von ihm gewählten Verteidigers andererseits sind insb. die Bedeutung der Sache, die Schwierigkeit der Sach- und Rechtslage, die Fähigkeit des Angeklagten 22 zur Selbstverteidigung sowie Anlass, Vorhersehbarkeit und voraussichtliche Dauer der Verhinderung zu berücksichtigen (OLG Zweibrücken NZV 1996, 162 [163]; OLG Frankfurt NStZ-RR 1996, 304 [305]; OLG Hamm NJW 2006, 2199 [2200]; LR/*Becker* § 228 Rn. 26; KK/*Gmel* § 228 Rn. 11).

23 Beispielsfälle, in denen eine Aussetzung bejaht wurde:
- der Verteidiger stirbt kurz vor der Hauptverhandlung (BayObLG StV 1983, 270), erkrankt plötzlich (OLG Celle NJW 1965, 2264 [2256]; OLG Düsseldorf StV 1995, 69 [70]; OLG Jena VRS 113, 322 [324]) oder erleidet einen Unfall (BayObLGSt. 1995, 61 [62]);
- der Verteidiger erscheint nicht, weil ihm die Geschäftsstelle versehentlich mitgeteilt hatte, der Termin sei aufgehoben (OLG Düsseldorf GA 1958, 54);
- der Beginn der Verhandlung verzögert sich so erheblich, dass der Verteidiger sich wegen anderweitiger Termine entfernen muss (BayObLG StV 1984, 13 [14]; OLG Hamburg MDR 1964, 524 [525]);
- der Antrag auf Bestellung eines Verteidigers oder auf Verlegung des Termins wegen Verhinderung des gewählten Verteidigers wird für den Angeklagten unerwartet erst kurz vor der Hauptverhandlung ablehnt (OLG Hamm NJW 1973, 381);
- der Verteidiger legt das Mandat in der Hauptverhandlung überraschend nieder (*Schellenberg*, Hauptverhandlung, S. 185) oder entfernt sich aus sonstigen Gründen aus der Sitzung (OLG Hamm DRiZ 1977, 184).

24 **II. Verspätung des Verteidigers.** Abs. 2 betrifft nur den Fall der Verhinderung des Verteidigers, nicht den der Verspätung (LR/*Becker* § 228 Rn. 21; KK/*Gmel* § 228 Rn. 10). Erscheint der Verteidiger nicht zum festgesetzten Hauptverhandlungstermin und erklärt der Angeklagte, nicht ohne seinen Verteidiger verhandeln zu wollen, ist das Gericht aufgrund der Fürsorgepflicht nach den unter Rdn. 22 genannten Grundsätzen gehalten, eine angemessene Zeit zu warten (Meyer-Goßner/*Schmitt* § 228 Rn. 11 m.w.N.; Radtke/Hohmann/*Britz* § 228 Rn. 22). Die Wartezeit bestimmt sich zwar nach den **Umständen des Einzelfalls**, die obergerichtliche Rspr. setzt in Straf- und Bußgeldsachen aber als **Richtwert 15 Minuten** an (BayObLG VRS 60, 304; OLG Hamm VRS 55, 368 [370]; OLG Koblenz VRS 45, 455 [456]; OLG Düsseldorf VRS 64, 276 [277]; OLG Köln StV 1984, 147). U.U. kann auch eine **längere Wartezeit** – ggf. auch die Aussetzung des Termins nach § 265 Abs. 4 – geboten sein, z.B. wenn es sich um einen auswärtigen Verteidiger handelt (OLG Frankfurt AnwBl. 1984, 108), das Gericht weiß, dass der Verteidiger auf dem Weg ist (BayObLG VRS 67, 438 [439]; OLG Düsseldorf StV 1995, 454 [455]) oder der Verteidiger dem Gericht seine Verspätung mitgeteilt hat (BerlVerfGH NJW-RR 2000, 1451; OLG Hamm NStZ-RR 2007, 120).

25 **E. Belehrung bei Nichteinhaltung der Ladungsfrist (Abs. 3).** Nach Abs. 3 soll das Gericht den Angeklagten über das bei Nichteinhaltung der Ladungsfrist bestehende Recht zur Aussetzung (§ 217 Abs. 2) belehren (s. § 217 Rdn. 16 ff.). »Soll« bedeutet, dass das Gericht im Regelfall belehren muss und nur im Ausnahmefall – bspw. bei erfolgtem Verzicht auf die Einhaltung der Frist (§ 217 Abs. 3) – von der Belehrung absehen darf (KMR/*Eschelbach* § 228 Rn. 30).

26 **F. Rechtsbehelfe. I. Beanstandung. Anordnung und Ablehnung der Unterbrechung durch den Vorsitzenden** sind Maßnahmen der Sachleitung und können daher gem. **§ 238 Abs. 2 StPO** als unzulässig beanstandet werden, wenn der von der Anordnung betroffene Prozessbeteiligte schlüssig darlegt, dass ihn die Anordnung beschwert (SK-StPO/*Deiters/Albrecht* § 228 Rn. 20; Meyer-Goßner/*Schmitt* § 238 Rn. 12; HK/*Julius* § 229 Rn. 14). Die früher h.A., dass für die Frage der Anfechtbarkeit danach differenziert werden muss, ob die (äußere) Verhandlungsleitung oder die Sachleitung im engeren Sinne betroffen ist (LR/*Becker* § 228 Rn. 34; KK/*Gmel* § 228 Rn. 13; Graf/*Ritscher* § 228 Rn. 20), wirft schwierige Abgrenzungsfragen auf und ist daher wenig praktikabel. Der Beschluss des Gerichts nach § 238 Abs. 2 ist grds. nach § 305 Satz 1 unanfechtbar, es sei denn, dass mit der Entscheidung eine zusätzliche prozessuale Beschwer verbunden ist oder dritte Personen betroffen werden (§ 305 Satz 2).

27 Gegen den **Beschluss, mit dem die Aussetzung oder Unterbrechung nach § 229 Abs. 2 abgelehnt** wurde, ist nach **§ 305 Satz 1** grds. keine Beschwerde möglich (OLG Hamm NJW 1978, 283; LR/*Becker* § 228 Rn. 38, 43; KK/*Gmel* § 228 Rn. 14; Meyer-Goßner/*Schmitt* § 228 Rn. 16).

28 **II. Beschwerde.** Hinsichtlich der Anfechtbarkeit eines die **Aussetzung oder Unterbrechung anordnenden Beschluss** wird zu Recht danach unterschieden, ob die Aussetzung der Vorbereitung der neuen Hauptverhandlung dient (etwa durch Beiziehung weiterer Beweise). In diesem Fall ist der Beschluss nach § 305 Satz 1 unanfechtbar. Hat die Aussetzung dagegen keine verfahrensfördernde Wirkung oder enthält der Beschluss eine selbstständige prozessuale Beschwer, kann der Beschluss gem. § 304 mit der Beschwerde angefochten werden (OLG Karlsruhe NStZ 1985, 227; OLG Frankfurt StV 1988, 195; OLG Düsseldorf NStZ-RR 1996, 142; OLG Stuttgart Justiz 2000, 91; LR/*Becker* § 228 Rn. 40 m.w.N.; Meyer-Goßner/*Schmitt* § 228 Rn. 16).

Die mit einem Vorlagebeschluss verbundene Aussetzungsanordnung (bspw. bei Vorlage an das BVerfG gem. Art. 100 Abs. 1 GG oder an den EuGH gem. Art. 267 AEUV) ist nicht anfechtbar (LR/*Becker* § 228 Rn. 41).

III. Revision. Zu häufige oder zu lange Unterbrechungen oder eine verfahrensfehlerhafte Aussetzungsentscheidung können unter dem Gesichtspunkt der rechtsstaatswidrigen Verfahrensverzögerung nach Art. 6 EMRK die Revision begründen (BGHR MRK Art. 6 Abs. 1 Satz 1 Verfahrensverzögerung 17; KMR/*Eschelbach* § 228 Rn. 35; KK/*Gmel* § 228 Rn. 15). 29

Die Anordnung einer mehr als dreiwöchigen Unterbrechung durch den Vorsitzenden ist zwar ein **Verstoß gegen Abs. 1 Satz 1**, ist aber nur ausnahmsweise und nur bei Widerspruch gegen das Vorgehen revisibel (BGHSt 33, 217 [219]; NStZ-RR 2002, 270; KK/*Gmel* § 228 Rn. 15; SK-StPO/*Deiters/Albrecht* § 228 Rn. 23). 30

Da § 228 Abs. 1 über die gesetzlich vorgesehenen Fälle hinaus keinen Anspruch auf Aussetzung der Hauptverhandlung gewährt, kann die Revision nur darauf gestützt werden, dass der Angeklagte durch einen die Aussetzung ablehnenden und in der Hauptverhandlung ergangenen Beschluss (oder das Übergehen eines Antrags) **in seiner Verteidigung gem. § 338 Nr. 8 unzulässig beschränkt** worden ist (BGH NJW 1996, 2383; KG StV 1982, 10; zum Revisionsvorbringen BayObLG NStZ-RR 1999, 141; LR/*Becker* § 228 Rn. 43; zur speziellen Problematik der verweigerten Einsicht in Messunterlagen im Bußgeldverfahren einerseits BayObLG OLGStPO § 338 Nr. 8, andererseits OLG Karlsruhe NStZ 2019 620 und OLG Stuttgart, Beschl. v. 03.08.2021 – 4 Rb 12 Ss 1094/20). 31

Entgegen der h.M. (BGHSt 24, 143 [146]; KK/*Gmel* § 228 Rn. 15; Meyer-Goßner/*Schmitt* § 228 Rn. 17) kann die Revision auch auf das **Unterlassen der Belehrung nach Abs. 3** gestützt werden, da es sich nicht nur um eine Ordnungsvorschrift handelt (s. im Einzelnen § 217 Rdn. 27). 32

§ 229 Höchstdauer einer Unterbrechung

(1) Eine Hauptverhandlung darf bis zu drei Wochen unterbrochen werden.

(2) Eine Hauptverhandlung darf auch bis zu einem Monat unterbrochen werden, wenn sie davor jeweils an mindestens zehn Tagen stattgefunden hat.

(3) [1]Hat eine Hauptverhandlung bereits an mindestens zehn Tagen stattgefunden, so ist der Lauf der in den Absätzen 1 und 2 genannten Fristen gehemmt, solange

1. ein Angeklagter oder eine zur Urteilsfindung berufene Person wegen Krankheit oder

2. eine zur Urteilsfindung berufene Person wegen gesetzlichen Mutterschutzes oder der Inanspruchnahme von Elternzeit

nicht zu der Hauptverhandlung erscheinen kann, längstens jedoch für zwei Monate. [2]Die in den Absätzen 1 und 2 genannten Fristen enden frühestens zehn Tage nach Ablauf der Hemmung. [3]Beginn und Ende der Hemmung stellt das Gericht durch unanfechtbaren Beschluß fest.

(4) [1]Wird die Hauptverhandlung nicht spätestens am Tage nach Ablauf der in den vorstehenden Absätzen bezeichneten Frist fortgesetzt, so ist mit ihr von neuem zu beginnen. [2]Ist der Tag nach Ablauf der Frist ein Sonntag, allgemeiner Feiertag oder ein Sonnabend, so kann die Hauptverhandlung am nächsten Werktag fortgesetzt werden.

(5) [1]Ist dem Gericht wegen einer vorübergehenden technischen Störung die Fortsetzung der Hauptverhandlung am Tag nach Ablauf der in den vorstehenden Absätzen bezeichneten Frist oder im Fall des Absatzes 4 Satz 2 am nächsten Werktag unmöglich, ist es abweichend von Absatz 4 Satz 1 zulässig, die Hauptverhandlung unverzüglich nach der Beseitigung der technischen Störung, spätestens aber innerhalb von zehn Tagen nach Fristablauf fortzusetzen. [2]Das Vorliegen einer technischen Störung im Sinne des Satzes 1 stellt das Gericht durch unanfechtbaren Beschluss fest.

Übersicht

1 **A. Inhalt und Zweck der Regelung.** Die Vorschrift regelt die **Höchstdauer für die Unterbrechung der Hauptverhandlung.** Unterbrechung bedeutet dabei – wie aus Abs. 4 folgt – das Einschieben eines verhandlungsfreien Zwischenraums zwischen mehrere Teile einer einheitlichen Hauptverhandlung, die spätestens am Tag nach Ablauf der Unterbrechungsfrist fortzusetzen und sonst neu zu beginnen ist (BGH NStZ-RR 2020, 285). Die Normierung einer zeitlichen Grenze sollte nach der Vorstellung des historischen Gesetzgebers verhindern, dass durch längere Unterbrechungen der für die gerichtliche Entscheidung notwendige Gesamteindruck der Hauptverhandlung abgeschwächt und das Ergebnis der Beweisaufnahme nicht aus dem Inbegriff der Hauptverhandlung (§ 261), sondern aus den Akten geschöpft wird (Hahn I, Mot. S. 183; RGSt. 53, 332 [334]; BGH NJW 1952, 1149; NJW 1996, 3019; zur Entstehungsgeschichte *Mandla* NStZ 2011, 1 [2 f.]). Während die erste Fassung der Norm von 1877 noch eine Unterbrechungsfrist von bis zu 4 Tagen vorsah, galt später eine zehntägige Höchstdauer. Diese erwies sich in der von knappen Ressourcen geprägten Justizpraxis als zu kurz und führte dazu, dass die Gerichte zur Vermeidung eines Verfahrensabbruchs wegen Fristüberschreitung mit sog. Schiebeterminen arbeiteten. Um diesen Zwang entfallen zu lassen und besser als bisher auf unvorhersehbare Wendungen im Prozessverlauf reagieren zu können (BT-Drs. 15/1508, S. 13), wurde mit dem 1. JuMoG v. 24.08.2004 (BGBl. I, S. 2198) die Frist des Abs. 1 auf 3 Wochen verlängert, die Höchstdauer der Unterbrechung bei mindestens 10 stattgefundenen Verhandlungstagen auf einen Monat ausgedehnt (Abs. 2) und die Hemmungsregelung in Abs. 3 auf den Fall der Erkrankung eines Richters oder Schöffen ausgeweitet. Theoretisch ist es daher möglich, eine Hauptverhandlung auf 17 Verhandlungstage pro Jahr zu strecken (*Keller/Meyer-Mews* StraFo 2005, 353 [356]). Nachdem der BGH in einer Entscheidung eine Strafkammer als fehlerhaft besetzt angesehen, weil in ihr eine Richterin mitwirkte, die sich im gesetzlichen Mutterschutz befand (BGHSt 61, 296), hat der Gesetzgeber mit dem Gesetz zur Modernisierung des Strafverfahrens vom 10.12.2019 (BGBl. I, S. 2121) eine weitere Fristhemmung für den Fall eingeführt, dass eine zur Urteilsfindung berufene Person wegen gesetzlichen Mutterschutzes oder der Inanspruchnahme von Elternzeit nicht zur Hauptverhandlung erscheinen kann. Die Höchstdauer der Hemmung wurde einheitlich auf zwei Monate verlängert. Ein weiterer Hemmungstatbestand wurde im Zuge der Corona-Pandemie mit dem am 28.03.2020 in Kraft getretenen Gesetz zur Abmilderung der Folgen der COVID-19-Pandemie im Zivil-, Insolvenz- und Strafverfahrensrecht vom 27.03.2020 (BGBl. I, S. 569) in § 10 Abs. 1 Satz 1 EGStPO geschaffen. Die zunächst auf ein Jahr befristete, durch Art. 11 KostRÄG v. 21.12.2020 (BGBl. I, S. 3229) bis zum 27.03.2022 verlängerte Regelung erlaubt es im Hinblick auf Einschränkungen des öffentlichen Lebens zur Eindämmung der Corona-Pandemie, die Hauptverhandlung unabhängig von deren bisherigen Dauer für maximal drei Monate und zehn Tage zu unterbrechen. Die Hemmung des Laufs der in Abs. 1 und 2 genannten Unterbrechungsfristen tritt danach ein, »solange die Hauptverhandlung aufgrund von Schutzmaßnahmen zur Vermeidung der Verbreitung von Infektionen mit dem SARS-CoV-2-Virus (COVID-19-Pandemie) nicht durchgeführt werden kann, längstens jedoch für zwei Monate; diese Fristen enden frühestens zehn Tage nach Ablauf der Hemmung.« Die großzügige gesetzliche Fristenregelung des § 229, die sicherstellen soll, dass die an § 226 StPO gebundenen und nach Art. 101 Abs. 1 Satz 2 GG berufenen Personen möglichst lange in der Hauptverhandlung gehalten werden können (*Momsen/Willumat* NStZ 2018, 369 [371]), steht in einem **Spannungsverhältnis zum Beschleunigungsgrundsatz** (Art. 5 Abs. 3 Satz 2, 6 Abs. 1 Satz 1 EMRK) und zur **Konzentrationsmaxime**, das nur bei der Ermessensausübung im Einzelfall aufgelöst werden kann (KK-StPO/*Gmel* § 229 Rn. 3; HK/*Julius* § 229 Rn. 6). Die Ausschöpfung der Unterbrechungsfristen in Nicht-Haftsachen erscheint in der Regel unbedenklich, kann bei hoher Verfahrensbelastung des Gerichts sogar unumgänglich sein (Dölling/Duttge/Rössner/*Temming* § 229 Rn. 4; mit dieser Tendenz ebenso BGH NJW 2006, 3077 [3078]; a.A. LR/*Becker* § 229 Rn. 4; Meyer-Goßner/*Schmitt* § 229 Rn. 2 m.w.N.). Bei der Terminierung in Haftsachen sind für Unterbrechungen durch die Rspr. enge Grenzen gesetzt (s. § 213 Rdn. 11 ff.).

2 Die **Frist für die Urteilsverkündung** bestimmt sich nach § 268 Abs. 3 Satz 2, nicht nach § 229 (BGH StV 2006, 516; StV 2007, 457 [458]; NStZ 2007, 163). **Sonderregelungen für die Unterbrechung** finden sich in §§ 138c Abs. 4 Satz 2, 231a Abs. 3 Satz 4 sowie § 34 Abs. 3 Nr. 6 EGGVG.

B. Unterbrechungsfristen. I. Dreiwochenfrist (Abs. 1). Nach Abs. 1 darf eine Hauptverhandlung bis zu 3 Wochen, d. h. 21 Tage (BGH NStZ 2020, 622) unterbrochen werden. Die Zahl der Unterbrechungen ist nicht begrenzt (Meyer-Goßner/*Schmitt* § 229 Rn. 2), sodass zwischen jedem einzelnen Hauptverhandlungstermin eine Unterbrechung von bis zu 3 Wochen liegen kann. Für die Unterbrechung spielt es weder eine Rolle, wie lange die (begonnene) Hauptverhandlung zuvor gedauert hat noch aus welchem Grund unterbrochen werden soll (LR/*Becker* § 229 Rn. 7; KK-StPO/*Gmel* § 229 Rn. 3). Die Unterbrechung ordnet der Vorsitzende nach pflichtgemäßem Ermessen an (s. § 228 Rdn. 12). Zur Ermessungsausübung s. Rdn. 1. 3

II. Monatsfrist (Abs. 2). Abs. 2 erlaubt – ebenfalls ohne dass bestimmte Gründe vorliegen müssen – Unterbrechungen von bis zu einem Monat, wenn die Hauptverhandlung davor jeweils an mindestens 10 Tagen stattgefunden hat. Der Block von 10 Verhandlungstagen kann seinerseits nach Abs. 1 unterbrochen worden sein (Meyer-Goßner/*Schmitt* § 229 Rn. 3; SK-StPO/*Deiters/Albrecht* § 229 Rn. 7). Wird eine Unterbrechung nach Abs. 2 an eine solche nach Abs. 1 angeschlossen, ohne dass dazwischen in der Sache verhandelt wurde, beginnt die Frist nach Abs. 2 schon mit der Unterbrechung nach Abs. 1 (Meyer-Goßner/*Schmitt* § 229 Rn. 3; Radtke/Hohmann/*Britz* § 229 Rn. 7). 4

Über Unterbrechungen nach Abs. 2 entscheidet gem. § 228 Abs. 1 Satz 1 das **Gericht** durch Beschluss (s. § 228 Rdn. 13). Eine in der Hauptverhandlung vom Vorsitzenden nach Abs. 1 angeordnete Unterbrechung kann das Gericht auch noch nach Ablauf dieser Frist außerhalb der Hauptverhandlung durch Beschluss nach Abs. 2 bis auf einen Monat verlängern (BGHSt 34, 154 [156]; LR/*Becker* § 229 Rn. 16; KMR/*Eschelbach* § 229 Rn. 21). 5

III. Technische Störungen (Abs. 5). Der durch das Gesetz zur Einführung der elektronischen Akte vom 05.07.2017 (BGBl. I, S. 2208, 2213) mit Wirkung zum 01.01.2018 eingeführte Abs. 5 regelt für den Fall vorübergehender technischer Störungen **Ausnahmen von Abs. 4 Satz 1 und Satz 2.** Danach darf das Gericht die Hauptverhandlung unverzüglich nach Beseitigung einer technischen Störung, spätestens aber innerhalb von 10 Tagen nach Fristablauf fortsetzen. Die Vorschrift soll ausschließen, dass eine Hauptverhandlung allein wegen einer kurzfristig zu beseitigenden und nicht im Vorhinein absehbaren technischen Störung ausgesetzt und wiederholt werden muss. Erfasst werden dabei lediglich technische Gründe, die das **Gericht** an einer Fortsetzung hindern, nicht aber technische Gründe, die nur die Verfahrensbeteiligten daran hindern, am Fortsetzungstermin teilzuhaben oder teilzunehmen. Die technische Störung kann dabei in der Nichtverfügbarkeit der elektronischen Akte bestehen, aber etwa auch im Ausfall einer Videokonferenzanlage bei einer geplanten Vernehmung oder der Mikrofon- oder Lautsprecheranlage im Sitzungssaal. Unmöglich ist die Fortsetzung nur, wenn aufgrund der Störung keinerlei Prozesshandlungen oder Erörterungen zur Sache erfolgen können, die geeignet wären, das Strafverfahren seinem Abschluss in irgendeiner Form substanziell näher zu bringen (vgl. Rn. 26 ff.). Unerheblich ist, dass ohne technische Störung weitergehende verfahrensfördernde Handlungen möglich gewesen wären. Dass eine technische Störung im Sinne von S. 1 vorliegt, stellt das Gericht durch **unanfechtbaren Beschluss** fest (Abs. 5 Satz 2). 6

Abs. 5 gilt über § 268 Abs. 3 S. 3 auch für den **Verkündungstermin.** Ist die Durchführung eines Verkündungstermins aufgrund einer vorübergehenden technischen Störung nicht möglich, muss daher nicht schon deshalb mit der Hauptverhandlung von neuem begonnen werden. Nicht erfasst von der Regelung wird dagegen eine technische Störung, die zu einer Überschreitung der Urteilsabsetzungsfrist nach § 275 Abs. 1 führt (KK-StPO/Gmel § 229 Rn. 14b). 7

IV. Fristberechnung. Bei der in § 229 Abs. 1 StPO normierten Unterbrechungsfrist handelt es sich nicht um eine Frist im Sinne der §§ 42, 43 StPO, sondern um eine eigenständige »Zwischenfrist«, das heißt um einen zwischen zwei Verhandlungstage eingeschobenen Unterbrechungszeitraum, in dessen Berechnung weder der Tag, an dem die Unterbrechung angeordnet wird, noch derjenige, an dem die Verhandlung fortgesetzt wird, einzurechnen ist (RGSt 57, 277 [267]; NStZ 2017, 424; NStZ 2020, 622; LR-StPO/Becker § 229 Rn. 6; SK-StPO/Wolter § 229 Rn. 3; MüKo-StPO/Arnoldi § 229 Rn. 14; KK-StPO/Gmel § 229 Rn. 7; Meyer-Goßner/*Schmitt* StPO, § 229 Rn. 9). 8

C. Hemmung der Frist gem. § 10 Abs. 1 EGStPO. Im Hinblick auf die COVID-19-Pandemie und die damit verbundenen Schutzmaßnahmen hat der Gesetzgeber eine zeitlich befristete (vgl. Rdn. 1) Sonderregelung zur Hemmung der Unterbrechungsfristen geschaffen. Gem. § 10 Abs. 1 EGStPO ist der Lauf der Fristen aus Abs. 1 und 2 unabhängig von der Dauer der Hauptverhandlung gehemmt, solange die Hauptverhandlung aufgrund von Schutzmaßnahmen zur Verhinderung der Verbreitung von Infektionen mit dem SARS-CoV-2-Virus (COVID-19-Pandemie) nicht durchgeführt werden kann, längstens jedoch für zwei Monate; diese Fristen enden frühestens zehn Tage nach Ablauf der Hemmung. Wie nach Abs. 3 stellt das Gericht Beginn und Ende der Hemmung durch unanfechtbaren Beschluss fest, der konstitutive Bedeutung 9 hat (BGH, Beschl. v. 11.03.2021 – 1 StR 458/20). Die Hemmung des § 10 Abs. 1 Satz 1 EGStPO tritt kraft Gesetzes ein (BGH, Beschluss v. 11.03.2021 – 1 StR 458/20); eines gesonderten Beschlusses bedarf es nicht (OLG Oldenburg StraFO 2021, 387).

10 Der Hemmungstatbestand erfasst sämtliche Gründe, die der ordnungsgemäßen Durchführung einer Hauptverhandlung aufgrund von Infektionsschutzmaßnahmen der Gerichte und Gesundheitsbehörden entgegenstehen (BT-Drs. 19/18810, S. 32). Es ist nicht erforderlich, dass der Angeklagte oder eine zur Urteilsfindung berufene Person selbst erkrankt ist oder sich in Quarantäne befindet, da der Fall der Krankheit bereits von Abs. 3 Nr. 1 erfasst wird. Handelt es sich um eine festgestellte SARS-CoV-2-Infektion, liegt allerdings zugleich aufgrund der in einem solchen Fall zwingend erforderlichen Infektionsschutzmaßnahmen der Hemmungstatbestand des § 10 Abs. 1 EGStPO vor mit der Folge, dass die Hemmung der Unterbrechung für jede Hauptverhandlung unabhängig von ihrer bisherigen Dauer eintritt. Für den Hemmungstatbestand reichen auch Verdachtsfälle oder Krankheiten aus, die nicht getestet werden, solange eine Person gehalten ist, sich deshalb in häusliche Quarantäne zu begeben. Darüber hinaus genügt auch ein eingeschränkter Gerichtsbetrieb oder die Beteiligung zur Risikogruppe gehörender Personen, wie beispielsweise ältere Personen, Personen mit Grunderkrankungen oder einem unterdrückten Immunsystem, für die Annahme von Schutzmaßnahmen, die eine weitere Durchführung der Hauptverhandlung verhindern. Ein Hindernis für die Durchführung der Hauptverhandlung liegt auch vor, wenn es nur mittelbar auf gerichtlichen oder gesundheitsbehördlichen Schutzmaßnahmen beruht (BGH NStZ 2021, 186). Die Unmöglichkeit der Durchführung der Hauptverhandlung kann auf Anordnungen und Empfehlungen der Gerichtsverwaltung oder der Gesundheitsbehörden beruhen, sie kann sich aber auch daraus ergeben, dass ein Gericht auf Notbetrieb geschaltet hat oder dass die Abstände zwischen den Verfahrensbeteiligten nicht eingehalten werden können (vgl. BT-Drs. 19/18110, S. 33).

11 **D. Hemmung der Frist (Abs. 3). I. Allgemeines.** Um zu verhindern, dass eine bereits mindestens 10 Tage dauernde Hauptverhandlung ausgesetzt werden muss, weil ein Angeklagter oder Richter wegen Krankheit oder eine zur Urteilsfindung berufene Person wegen gesetzlichen Mutterschutzes oder der Inanspruchnahme von Elternzeit gehindert ist, am Tag nach Ablauf der Unterbrechungsfrist an der Verhandlung teilzunehmen, sieht Abs. 3 für diesen Fall eine Fristhemmung mit maximaler Dauer von zwei Monaten vor. Damit wird eine Gesamtunterbrechung der Hauptverhandlung für maximal drei Monate und zehn Tage möglich (BT-Drs. 19/14747, S. 32).

12 Die Ausdehnung der Regelung auf den Fall der **Erkrankung** von Richtern durch das 1. JuMoG sollte sicherstellen, dass die von § 192 GVG vorgesehene Möglichkeit der Bestellung von Ergänzungsrichtern und -schöffen auf die vom Gesetz vorgesehenen Ausnahmefälle beschränkt bleibt (BT-Drs. 15/1508, S. 25). Mit der Zuziehung eines Ergänzungsrichters/-schöffen nach § 192 Abs. 2, 3 GVG muss daher abgewartet werden, bis davon auszugehen ist, dass die Unterbrechungsfrist nach § 229 nicht ausreicht (BGH NJW 2016, 2197 f.; Meyer-Goßner/*Schmitt* § 192 GVG Rn. 7).

13 Die Fristhemmung für den Fall, dass eine zur Urteilsfindung berufene Person wegen gesetzlichen Mutterschutzes oder der Inanspruchnahme von Elternzeit nicht zur Hauptverhandlung erscheinen kann, wurde mit dem Gesetz zur Modernisierung des Strafverfahrens vom 10.12.2019 (BGBl. I, S. 2121) eingeführt. Einer der Ausgangspunkte dafür war eine Entscheidung des 2. Strafsenats, wonach die Verfahrensteilnahme einer dem **Mutterschutz** unterfallenden Richterin, jedenfalls soweit sie während eines mutterschutzrechtlichen Beschäftigungsverbots stattfindet, zu einer fehlerhaften Besetzung der Kammer führt (BGH NJW 2017, 745). »Um die Fortsetzung von Strafprozessen auch während der Zeiten des gesetzlichen Mutterschutzes so weit wie strafprozessual vertretbar zu ermöglichen und zugleich möglichen Einschränkungen beim Einsatz von Richterinnen in umfangreichen Strafprozessen entgegenzuwirken« (BT-Drs. 19/14747, S. 32), sah sich der Gesetzgeber zu einer Rechtsänderung veranlasst.

14 Die Hemmung tritt darüber hinaus auch während der **Elternzeit** ein. Damit nimmt der Gesetzgeber darauf Rücksicht, dass Anträge auf Elternzeit nach der gesetzlichen Regelung in § 16 des Bundeselterngeld- und Elternzeitgesetzes während der ersten beiden Zeitabschnitte der Elternzeit auch aus dringenden betrieblichen Gründen nicht abgelehnt werden können. Die Regelung soll verhindern, dass bei Inanspruchnahme von Elternzeit lange laufende Hauptverhandlungen »platzen«. Mit der Vorschrift soll zugleich auch »die Vereinbarkeit von Familie und Beruf gestärkt sowie Einsatz- und Entwicklungsmöglichkeiten junger Richterinnen und Richter in umfangreichen Strafverfahren gefördert werden« (BT-Drs. 19/14747, S. 32). Diese gesetzgeberischen Erwägungen sind wenig überzeugend. Denn im Gegensatz zum Mutterschutz ist die Elternzeit nicht zwingend einzuhalten. Ihre Inanspruchnahme ist vielmehr Ausdruck der individuellen Lebensplanung von Richterinnen und Richtern, der per se kein Vorrang gegenüber dem Beschleunigungsgrundsatz und der Konzentrationsmaxime zukommt.

Gem. § 268 Abs. 3 Satz 3 findet die Regelung für die Frist zur Urteilsverkündung gem. § 268 Abs. 3 Satz 2 entsprechende Anwendung. 15

II. Voraussetzungen. 1. Krankheit. Der erste Verhinderungsgrund, der die Fristhemmung nach Abs. 3 auslösen kann, ist die Krankheit eines Angeklagten oder einer zur Urteilsfindung berufenen Person. Krank ist einer dieser Beteiligten, wenn es ihm wegen einer gesundheitlichen Beeinträchtigung aus medizinischer Sicht nicht zumutbar ist, an der Gerichtsstelle zur Hauptverhandlung zu erscheinen und daran teilzunehmen (BT-Drs. 10/1313, S. 26; LR/*Becker* § 229 Rn. 19). Ob die Krankheit neu auftritt oder bereits längere Zeit besteht, ist ohne Bedeutung (OLG Düsseldorf NStZ-RR 1997, 81 [82]; KK-StPO/*Gmel* § 229 Rn. 11). Ebenfalls irrelevant ist, ob eine (grds. zulässige) Verhandlung am Krankenbett möglich wäre (SK-StPO/*Deiters/Albrecht* § 229 Rn. 10; Graf/*Gorf* § 229 Rn. 7). Dass der Angeklagte verhandlungsfähig ist, steht der Annahme von Krankheit nicht entgegen (BT-Drs. 10/1313, S. 26; LR/*Becker* § 229 Rn. 19; HK/*Julius* § 229 Rn. 2). Ist der Angeklagte in der Lage, für begrenzte Zeit an der Hauptverhandlung teilzunehmen, sodass die Hauptverhandlung mit Einschränkungen fortgesetzt werden kann, liegt keine Krankheit nach Abs. 3 vor (LR/*Becker* § 229 Rn. 19; SK-StPO/*Deiters/Albrecht* § 229 Rn. 10). 16

2. Angeklagter oder zur Urteilsfindung berufene Person. Nur die Krankheit eines Angeklagten oder einer zur Urteilsfindung berufenen Person löst die Fristenhemmung aus. Eine (entsprechende) Anwendung von Abs. 3 auf Hauptverhandlungsunterbrechungen infolge der Erkrankung anderer Verfahrensbeteiligter ist nicht möglich (BGH NStZ 1997, 503; Meyer-Goßner/*Schmitt* § 229 Rn. 5). Zur Urteilsfindung berufene Personen sind – wie aus Wortlaut, Systematik und Zweck der Vorschrift folgt (vgl. dazu *Momsen/Willumat* NStZ 2018, 369) – die Berufsrichter und Schöffen, nicht jedoch die Ergänzungsrichter und -schöffen (Meyer-Goßner/*Schmitt* § 229 Rn. 5; KK-StPO/Gmel § 229 Rn. 11; KMR/*Eschelbach* § 229 Rn. 25; SK-StPO/*Deiters/Albrecht* § 229 Rn. 8). Wie sich aus dem Wortlaut ergibt, ist es ausreichend, wenn einer von mehreren Angeklagten oder Richtern durch Krankheit verhindert ist (BT-Drs. 10/1313, S. 26; BT-Drs. 15/1508, S. 25; KK-StPO/*Gmel* § 229 Rn. 11). Bei sich abzeichnender längerer Erkrankung eines Mitangeklagten kann es sinnvoll sein, das Verfahren gegen diesen abzutrennen und gegen die übrigen fortzusetzen (LR/*Becker* § 229 Rn. 23; Meyer-Goßner/*Schmitt* § 229 Rn. 5; KK-StPO/*Gmel* § 229 Rn. 11: nur in Ausnahmefällen bei besonders umfangreichen Großverfahren). 17

Erkrankt eine Person erneut, nachdem zwischenzeitlich wieder an mindestens einem Tag verhandelt wurde, kann es zu mehrfacher Hemmung kommen (BGH NJW 2021, 959, 960; LR/*Becker* § 229 Rn. 22; SK-StPO/*Deiters/Albrecht* § 229 Rn. 11; a.A. *Zieschang* StV 1996, 115). 18

3. Gesetzlicher Mutterschutz oder Inanspruchnahme von Elternzeit. Die Fristenhemmung tritt nach Abs. 3 Nr. 2 auch ein, wenn eine zur Urteilsfindung berufene Person (vgl. Rn. 13) wegen gesetzlichen Mutterschutzes oder der Inanspruchnahme von Elternzeit nicht zu der Hauptverhandlung erscheinen kann. Der **gesetzliche Mutterschutz** bestimmt sich nach den Regelungen des MuSchG, das zwar gem. § 1 Abs. 3 MuSchG auf Richterinnen keine Anwendung findet, dessen Bestimmungen für Richterinnen aber durch Landesrecht für anwendbar erklärt (vgl. etwa § 3 Freistellungs- und UrlaubsVO NRW) oder inhaltlich übernommen wurde (vgl. etwa §§ 1 Abs. 2 lit. b, 32 ff. Arbeitszeit- und Urlaubsverordnung BW). Danach dürfen werdende Mütter in den letzten sechs Wochen vor der Entbindung nur mit ihrer Einwilligung beschäftigt werden; insoweit kann also auf den Mutterschutz verzichtet werden (vgl. BGH NStZ 2021, 434). Nach der Entbindung gilt ein Beschäftigungsverbot von acht Wochen beziehungsweise zwölf Wochen bei Früh- und Mehrlingsgeburten. Bei medizinischen Frühgeburten und bei sonstigen vorzeitigen Entbindungen verlängert sich die Mutterschutzfrist nach der Geburt um die Tage, die vor der Entbindung nicht in Anspruch genommen werden konnten. Wird bei dem Kind innerhalb von acht Wochen nach der Entbindung eine Behinderung festgestellt, kann die Mutter eine Verlängerung der Schutzfrist von acht auf zwölf Wochen beantragen. Da die Frist **maximal zwei Monate** gehemmt ist, umfasst die gesetzliche Regelung ersichtlich nicht die gesamten gesetzlich vorgesehenen Mutterschutzzeiten (dazu *Schork* NJW 2020, 1, 4). 19

Die **Inanspruchnahme von Elternzeit** ist im Bundeselterngeld- und Elternzeitgesetz geregelt. Für hauptberufliche Richter gelten entsprechende landesrechtliche Regelungen (vgl. etwa § 6 ElternzeitVO NRW, §§ 1 Abs. 2 lit. b, 40 ff. Arbeitszeit- und Urlaubsverordnung BW). Elternzeit ist eine unbezahlte Auszeit vom Berufsleben für Mütter und Väter, die ihr Kind selbst betreuen und erziehen. Eine Freistellung kann pro Kind bis zu drei Jahre erfolgen und entweder am Stück genommen oder auf mehreren Zeitabschnitten aufgeteilt werden (zur Problematik der Stückelung *Claus* NStZ 2020, 57, 61). 20

4. Mindestens 10 Tage dauernde Hauptverhandlung. Der Eintritt der Hemmungswirkung setzt voraus, dass die Hauptverhandlung vor dem Eintritt eines Hemmungstatbestands bereits an mindestens 10 Tagen stattgefunden hat. Ist dies nicht der Fall, kann der Vorsitzende wegen eines Hemmungstatbestands nur nach 21

Abs. 1, also bis zu 3 Wochen, unterbrechen. Ist eine Fortsetzung danach nicht möglich, muss die Hauptverhandlung ausgesetzt werden (LR/*Becker* § 229 Rn. 17).

22 **III. Eintritt und Wirkung der Hemmung.** Die Fristenhemmung tritt bei Vorliegen der Voraussetzungen **kraft Gesetzes** ein (BGH NStZ 1992, 550 [551]; NStZ 1998, 633; Meyer-Goßner/*Schmitt* § 229 Rn. 7). Sie dauert so lange, wie der Erkrankte wegen der Krankheit nicht zur Hauptverhandlung erscheinen kann bzw. der Hinderungsgrund nach Abs. 3 Nr. 2 andauert. Keine Hemmung tritt ein, wenn der Angeklagte oder Richter innerhalb der Unterbrechungsfrist nach Abs. 1 oder 2 an der Hauptverhandlung teilnehmen kann (BGH NStZ 1992, 550; StV 1994, 5; LR/*Becker* § 229 Rn. 24 f.; Meyer-Goßner/*Schmitt* § 229 Rn. 7).

23 Die **Höchstdauer** der Hemmung beträgt zwei Monate. Damit die nach der Hemmung verbleibende Unterbrechungszeit nicht zu kurz ist und zur Vorbereitung des Fortsetzungstermins ausreicht, beträgt nach Abs. 3 Satz 2 die Unterbrechungsfrist nach dem Ende der Hemmung mindestens 10 Tage. Da der Begriff der Hemmung im gleichen Sinne wie § 209 BGB zu verstehen ist, wird der Tag, an dem der Hemmungsgrund eintritt ebenso mitgezählt wie der Tag, an dem er wieder entfällt (LR/*Becker* § 229 Rn. 27; KK-StPO/*Gmel* § 229 Rn. 12).

24 Bei der Berechnung der Frist ist zu differenzieren, ob der Hemmungsgrund während laufender oder unterbrochener Hauptverhandlung eintritt (Meyer-Goßner/*Schmitt* § 229 Rn. 7). Tritt der Hemmungsgrund **während einer laufenden Hauptverhandlung**, kann der Vorsitzende (§ 228 Abs. 1 Satz 2) bzw. das Gericht (§ 228 Abs. 1 Satz 1) eine Unterbrechung nach Abs. 1 oder Abs. 2 anordnen. Die Unterbrechungsfrist wird dann gem. Abs. 3 sofort gehemmt, beginnt erst nach Wegfall der Verhinderung – spätestens aber nach 2 Monaten – zu laufen (BGH NStZ 1998, 633) und dauert mindestens 10 Tage (Abs. 3 Satz 1 Hs. 2). Hatte das Gericht wegen Krankheit zunächst nur 3 Wochen unterbrochen, kann es, um die Genesung abzuwarten, die Unterbrechungsfrist nach Ablauf der Hemmung nachträglich nach Abs. 2 bis auf einen Monat verlängern (BGHSt 34, 154 [156]; LR/*Becker* § 229 Rn. 24).

25 Bei Eintritt des Hemmungsgrunds **während einer unterbrochenen Hauptverhandlung** wird die laufende Unterbrechungsfrist vom ersten bis zum letzten Tag der Verhinderung gehemmt (BGH StV 1994, 5). Sie läuft weiter, wenn der Angeklagte oder Richter wieder an der Hauptverhandlung teilnehmen kann oder nach Ablauf der Höchstdauer von 2 Monaten, endet aber gem. Abs. 3 Satz 1 Hs. 2 frühestens 10 Tage nach Ablauf der Hemmung (LR/*Becker* § 229 Rn. 25).

26 **IV. Feststellung der Hemmung (Abs. 3 Satz 3).** Gem. Abs. 3 Satz 3 stellt das Gericht Beginn und Ende der Hemmung durch **unanfechtbaren Beschluss** fest, der als wesentliche Förmlichkeit zu protokollieren ist (LR/*Becker* § 229 Rn. 40; SK-StPO/*Deiters/Albrecht* § 229 Rn. 15). Da die Hemmung kraft Gesetzes eintritt, hat der Beschluss nur **deklaratorische Bedeutung** (BGH NStZ 1990, 550 [551]; NStZ-RR 2016, 178; Meyer-Goßner/*Schmitt* § 229 Rn. 8).

27 Da der Beschluss in der Regel außerhalb der Hauptverhandlung gefasst wird, bedarf es nicht der Mitwirkung der Schöffen (Meyer-Goßner/*Schmitt* § 229 Rn. 8; *Rieß/Hilger* NStZ 1997, 149). Betrifft der Beschluss die krankheitsbedingte Verhinderung eines Berufsrichters, wirkt dessen geschäftsplanmäßiger Vertreter mit (KMR/*Eschelbach* § 229 Rn. 8).

28 Die Feststellung der für den Beschluss relevanten Tatsachen trifft das Gericht im **Freibeweisverfahren** (BT-Drs. 10/1313, S. 26; LR/*Becker* § 229 Rn. 21; KK-StPO/*Gmel* § 229 Rn. 13), wobei es sich in der Regel eines ärztlichen Attests oder Gutachtens bedienen wird. Nachdem die Dauer von (schwereren) Erkrankungen häufig nicht absehbar sein wird, können ggf. zwei Beschlüsse – einer zum Beginn der Hemmung, ein zweiter zum Ende der Hemmung – erforderlich sein (KK-StPO/*Gmel* § 229 Rn. 13; Meyer-Goßner/*Schmitt* § 229 Rn. 8).

29 Der Beschluss muss nur dann begründet werden, wenn damit zugleich der Antrag abgelehnt wurde, den Eintritt der Hemmung zu verneinen (LR/*Becker* § 229 Rn. 34).

30 **E. Fortsetzung nach Unterbrechung. I. Besetzung.** Nach der Unterbrechung wird die Hauptverhandlung in derselben Besetzung des Gerichts fortgesetzt, auch wenn ein neues Geschäftsjahr begonnen hat (BGHSt 8, 250; KK-StPO/*Gmel* § 229 Nr. 8).

31 **II. Bekanntmachung des Fortsetzungstermins.** Zum Fortsetzungstermin muss **nicht förmlich geladen** werden, §§ 216, 217 sind nicht zu beachten (s. § 216 Rdn. 1, § 217 Rdn. 4). Es reicht aus, wenn der Fortsetzungstermin in der Hauptverhandlung **mündlich bekannt gemacht** wird (BGH NStZ 1988, 421 [422]; Meyer-Goßner/*Schmitt* § 229 Rn. 12; vgl. auch Nr. 137 Abs. 1 RiStBV). Ist der Angeklagte nicht auf freiem Fuß, wird zugleich die erneute Vorführung zum Fortsetzungstermin angeordnet (Meyer-Goßner/*Schmitt* § 229 Rn. 129).

32 Ist der Angeklagte in der Hauptverhandlung abwesend oder wird der neue Termin außerhalb der Hauptverhandlung bestimmt, muss der Fortsetzungstermin **formlos mitgeteilt** werden (BGHSt 38, 271 [273];

OLG Köln NStZ 1991, 92; KMR/*Eschelbach* § 229 Rn. 30; KK-StPO/*Gmel* § 229 Rn. 9; a.A. BGH NStZ 1984, 41 m. abl. Anm. *Hilger*). Der über die Anklage schon vernommene Angeklagte sollte zweckmäßigerweise darauf hingewiesen werden, dass gem. § 231 Abs. 2 die Möglichkeit besteht, auch ohne ihn weiter zu verhandeln (Meyer-Goßner/*Schmitt* § 229 Rn. 12).

Auch anwesende Zeugen und Sachverständige können in der Hauptverhandlung mündlich zum Fortsetzungstermin geladen werden, wobei der Hinweis auf die gesetzlichen Folgen des Ausbleibens zu wiederholen ist (KK-StPO/*Gmel* § 229 Rn. 9). Ladung und Hinweiserteilung sind zu protokollieren (LR/*Becker* § 229 Rn. 40). 33

III. Fristwahrende Sachverhandlung. Die Hauptverhandlung muss spätestens am Tage nach Ablauf der Unterbrechungsfrist nach Abs. 1 oder 2 fortgesetzt werden. Eine Fortsetzung erst nach Fristablauf hat zur Folge, dass mit der Hauptverhandlung von neuem zu beginnen ist (Abs. 4 Satz 1). Die Überschreitung der Unterbrechungsfrist wirkt somit wie eine Aussetzung (s. § 228 Rdn. 2). 34

Als Termin, der zur Frist wahrenden Fortsetzung der Hauptverhandlung geeignet ist, gilt nach der Rspr. nur ein solcher, in dem **zur Sache verhandelt** und das **Verfahren inhaltlich auf den abschließenden Urteilsspruch hin gefördert wird** (RGSt 62, 263 [264]; BGH NJW 1952, 1149; BGH NStZ 2009, 225; NStZ 2011, 532). Dabei genügt jede Förderung des Verfahrens, auch wenn weitere verfahrensfördernde Handlungen möglich gewesen wären und der Fortsetzungstermin auch der Einhaltung der Unterbrechungsfrist dient (BGH NStZ-RR 1998, 335 = NJW 2006, 3077 [3078]). Auch auf die Dauer des Termins kommt es nicht an (BGH NStZ 2021, 343; NStZ 2021, 381). 35

Im Gegensatz dazu steht (und ist daher dem Unterbrechungszeitraum hinzuzuzählen) ein Verhandlungstag, an dem das Gericht und die Verfahrensbeteiligten zur Wahrung der Frist nur »formal« zusammentreten oder die Verhandlung ohne substanzielle Prozesshandlungen oder Erörterungen zu Sach- oder Verfahrensfragen »zum Schein« fortsetzen (sog. **[reiner] Schiebetermin** bzw. **Scheintermin**) (BGH NJW 1996, 3019 [3020]; NStZ 1999, 521; NStZ 2008, 115). Ebenso unzureichend ist es, einheitliche Verfahrensvorgänge, insb. Beweisaufnahmen, willkürlich in mehrere kurze Verfahrensabschnitte zu zerstückeln und diese auf mehrere Verhandlungstage zu verteilen, nur um hierdurch die gesetzlichen Unterbrechungsfristen einzuhalten (BGH StV 1998, 359: Verlesung eines zweiseitigen Briefes in mehr als 20 Hauptverhandlungsterminen; BGH NStZ 2008, 115; 2011, 532; 2012, 343). Nicht ausreichend ist auch die in der Sache nicht weiterführende Prüfung und Erörterung, ob eine – weitere – Unterbrechung der Hauptverhandlung notwendig ist und wann diese gegebenenfalls fortgesetzt werden kann (BGH NStZ 2018, 297). 36

Für die Abgrenzung nicht entscheidend ist die objektive Dauer des Hauptverhandlungstermins (BGH NJW 2006, 3077), weil diese bei Eintritt unvorhersehbarer Ereignisse (bspw. überraschendes Ausbleiben von Zeugen) dem Einfluss des Gerichts entzogen ist (BGH NJW 2009, 384 [385]). Dass der Vorsitzende einen Hauptverhandlungstag als »Schiebetermin« bezeichnet hat, ist irrelevant, wenn tatsächlich zur Sache verhandelt wurde (BGH StraFo 2011, 395 [396]). 37

Forderungen in Teilen des Schrifttums, nach der Verlängerung der Unterbrechungsfrist durch das 1. JuMoG kritischer ggü. »Schiebeterminen« zu sein und die Anforderungen an das Vorliegen einer Sachverhandlung zu verschärfen (Meyer-Goßner/*Schmitt* § 229 Rn. 11; KMR/*Eschelbach* § 229 Rn. 31 f.; *Knauer/Wolf* NJW 2004, 2932 [2934]; *Knauer* StV 2007, 340 [341]) hat der BGH bisher abgelehnt (BGH NJW 2006, 3077 [3078]; NStZ 2009, 225 [226], zustimmend LR/*Becker* § 229 Rn. 12; *Dietmeier* NStZ 2007, 657 [658]; *Gössel* JR 2007, 40 [42]). Die Ablehnung wird u.a. zu Recht darauf gestützt, dass eine restriktivere Handhabung dem verfahrensökonomischen Anliegen des Gesetzgebers zuwiderlaufen und mangels sachgerechter und handhabbarer Maßstäbe erhebliche Unsicherheiten für die Durchführung umfangreicher Verfahren bringen würde. 38

Die im Einzelfall schwierige Abgrenzung und die Vielzahl der denkbaren Konstellationen bringen es mit sich, dass sich zur Frage, wann ein das Verfahren sachlich fördernder Fortsetzungstermin vorliegt, eine bunte Kasuistik gebildet hat. Dabei hat die obergerichtliche Rspr. u.a. **als Sachverhandlung** anerkannt: 39

- Vernehmung des Angeklagten (BGH NJW 1996, 3019 [3020];
- Durchführung der Beweisaufnahme (BGH NJW 2006, 3077 [3078]), auch wenn diese unter einem Verfahrensfehler leidet (BGH NStZ 2000, 212 [214]; NStZ-RR 2004, 270);
- Vernehmung von Sachverständigen zur Klärung der Verhandlungsfähigkeit des Angeklagten (BGH StPO § 229 Abs. 1 Sachverhandlung 1) bzw. Verhandlung über die Verhandlungsfähigkeit (OLG Düsseldorf NStZ-RR 1997, 81 [82]);
- auch bloße Verlesung des Auszugs aus dem Bundeszentralregister (BGH NJW 1996, 3077; StraFo 2011, 395 [396]);
- Entgegennahme und Bescheidung von Beweisanträgen (BGH NStZ 2000, 606);

- Verhandlung über das Nichterscheinen eines Zeugen (BGH NStZ 2000, 606 [607]; a.A. OLG Celle StV 1992, 101);
- in sich abgeschlossene Feststellung der Haftverhältnisse und -daten des Angeklagten (BGH NStZ 1999, 91);
- Verlesung eines zuvor weder den Schöffen noch dem Angeklagten persönlich bekannt gegebenen Haftbeschwerdebeschlusses (BGH NStZ 2009, 225 [226]);
- Unterrichtung der Verfahrensbeteiligten über die Ladung eines Zeugen, dessen Vernehmung mit Beweisantrag der Verteidigung beantragt worden war (BGH NStZ 1995, 19 [K]; NStZ 2011, 229 [230]);
- Verhandlung über nur Mitangeklagte betreffende Vorwürfe (BGH MDR 1975, 23 [D]);
- Verlesung eines ärztlichen Attestes und Erörterung der Frage, ob gegen den ausgebliebenen Angeklagten ggf. nach § 231 Abs. 4 weiterverhandelt werden kann (BGH NStZ 2014, 220);
- Anordnung und Vollzug des Selbstleseverfahrens (BGH NJW 2013, 404);
- Anordnung des Schlusses der Beweisaufnahme (BGH NStZ 2021, 381).

40 **Nicht als Sachverhandlung** wird dagegen u.a. angesehen:

- ausschließliche Entpflichtung eines nicht erschienenen Pflichtverteidigers und Bestellung eines neuen Pflichtverteidigers (BGH StV 1982, 4 [5]);
- bloße Erörterung, ob und wann die sachliche Verhandlung fortgesetzt wird (RGSt 62, 263 [264]; BGH NJW 1996, 3019 [3020]; OLG Hamm ZAP EN-Nr. 595/2003);
- bloßes Bestimmen eines neuen Termins (RGSt. 62, 263 [264]; BGH NJW 1952, 1149);
- Verhandlung über das Nichterscheinen eines Zeugen mit weiterer Unterbrechung der Hauptverhandlung (OLG Celle StV 1992, 101; BGH NStZ 2016, 171);
- Verlesung einer Urkunde, wenn diese (wie im Zeitpunkt ihrer Verlesung erkennbar) nochmals in Anwesenheit eines Sachverständigen verlesen werden muss (OLG Koblenz StV 1997, 288 [289]);
- Protokollierung über erfolgte Beweiserhebung im Selbstleseverfahren gem. § 249 Abs. 2 Satz 3 (BGH NStZ 2008, 115; andererseits BGH NJW 2013, 404);
- Feststellung, dass der Bundeszentralregisterauszug keine Eintragung enthält (BGH NStZ 1999, 521);
- Prüfung und Erörterung der Invollzugsetzung eines Haftbefehls (BGH, Beschl. v. 15.02.2022 – 4 StR 503/21).

41 F. **Rechtsbehelfe. I. Beschwerde.** Zur Anfechtbarkeit von Entscheidungen, die Hauptverhandlung (nicht) zu unterbrechen s. § 228 Rdn. 26–28. Der Beschluss über Beginn und Ende der Hemmung ist nach Abs. 3 Satz 3 unanfechtbar.

42 **II. Revision.** Die **Überschreitung der Unterbrechungsfristen der Abs. 1 und 2** ohne Wiederholung der Hauptverhandlung ist zwar kein absoluter Revisionsgrund, doch kann das Beruhen des Urteils (§ 337) auf einem Verstoß gegen § 229 nur in Ausnahmefällen ausgeschlossen werden (BGHSt 23, 224 [225]; BGH NJW 1996, 3019 [3020]; NStZ 2008, 115; StV 2014, 2; OLG Düsseldorf StV 1994, 362; LR/*Becker* § 229 Rn. 42; Meyer-Goßner/*Schmitt* § 229 Rn. 15; zu den Anforderungen an die Revisionsrüge BGH NStZ-RR 1998, 335; NStZ 2009, 288). Ein solcher Ausnahmefall liegt allenfalls dann vor, wenn mit Bestimmtheit ausgeschlossen werden kann, dass die Fristüberschreitung weder den Eindruck von der Hauptverhandlung abgeschwächt noch die Zuverlässigkeit der Erinnerung beeinträchtigt hat, etwa wenn ein Gericht über einen längeren Zeitraum ausschließlich mit einem Verfahren befasst ist und dadurch ein hohes Maß an Verdichtung und Intensivierung des Eindrucks von den Vorgängen in der Hauptverhandlung erreicht hat (BGHSt 23, 224 [225]; BGHR StPO § 229 Abs. 3 StPO Hemmung 2; BGH NStZ 2011, 532 [533]; OLG Karlsruhe StV 1993, 66: kein Ausnahmefall in der Regel bei Verfahren vor dem AG). Eine Überschreitung der Unterbrechungsfrist durch den Tatrichter mit der Begründung, das spätere Urteil werde nicht auf der Fristüberschreitung beruhen, ist selbstverständlich unzulässig (BGH NStZ 1986, 518 [519]; NStZ 1997, 503; Meyer-Goßner/*Schmitt* § 229 Rn. 15). Da § 229 nicht zur Disposition der Verfahrensbeteiligten steht, tritt bei Einwilligung in die Fristüberschreitung kein Rügeverlust ein (HK/*Julius* § 229 Rn. 17; LR/*Becker* § 229 Rn. 42: Verwirkung im Einzelfall möglich).

43 Auf die fehlerhafte Feststellung des Beginns oder Endes der **Fristhemmung** kann die Revision nicht gestützt werden (Abs. 3 Satz 3 i.V.m. § 336 Satz 2). Es kann aber gerügt werden, dass die rechtlichen Voraussetzungen für einen Beschluss über die Hemmung nicht vorlegen haben (BGH NStZ 2016, 688; LR/*Becker* § 229 Rn. 43; SK-StPO/*Deiters/Albrecht* § 229 Rn. 20; *Rieß/Hilger* NStZ 1987, 145 [149]).

§ 230 Ausbleiben des Angeklagten

(1) Gegen einen ausgebliebenen Angeklagten findet eine Hauptverhandlung nicht statt.

(2) Ist das Ausbleiben des Angeklagten nicht genügend entschuldigt, so ist die Vorführung anzuordnen oder Haftbefehl zu erlassen, soweit dies zur Durchführung der Hauptverhandlung geboten ist.

Übersicht

A. Inhalt und Zweck der Regelung. Die Vorschrift schreibt die Anwesenheit des Angeklagten für die gesamte Dauer der Hauptverhandlung zwingend vor (Abs. 1) und ermöglicht dem Gericht, sie durch Vorführungsanordnung oder Haftbefehl zu erzwingen (Abs. 2). Das Gesetz normiert damit sowohl eine **Anwesenheitspflicht** als auch ein **Anwesenheitsrecht** des Angeklagten (BGHSt 19, 144 [147]; 26, 84 [90]; 55, 87 [88]; NJW 1991, 1364 [1365]; Meyer-Goßner/*Schmitt* § 230 Rn. 4). 1

Die Anwesenheit in der Hauptverhandlung dient einerseits der **Gewährleistung rechtlichen Gehörs** (Art. 103 Abs. 1 GG), anderseits soll sie dem Tatrichter im Interesse der Wahrheitsfindung aber auch einen **unmittelbaren Eindruck von der Person des Angeklagten**, seinem Auftreten und seinen Erklärungen vermitteln und dem Angeklagten die Möglichkeit sichern, sich **allseitig und uneingeschränkt zu verteidigen** (BVerfG NJW 2007, 2977 [2979]; BGHSt 3, 187 [190]; 15, 263 [264]; 26, 84 [90]; NStZ 2011, 233 [234]; LR/*Becker* § 230 Rn. 1; KMR/*Eschelbach* § 230 Rn. 1; Meyer-Goßner/*Schmitt* § 230 Rn. 3). 2

Von dem in Abs. 1 enthaltenen Grundsatz lässt das Gesetz **Ausnahmen** zu im Verfahren gegen Abwesende (§ 276), in Verfahren gegen den ausgebliebenen Angeklagten (§§ 232, 233, 329, 350 Abs. 2, 387 Abs. 1, 411 Abs. 2 Satz 1, 421; 50 JGG) sowie in Verfahren bei zeitweiliger Abwesenheit des Angeklagten (§§ 231 Abs. 2, 231a, 231b, 231c, 247) (KK-StPO/*Gmel* § 230 Rn. 1; *Pfeiffer* § 230 Rn. 1). I.Ü. kann weder der Angeklagte auf seine Anwesenheit verzichten (BGHSt 3, 187 [191]; 25, 317 [318]; NStZ 1991, 296; LR/*Becker* § 230 Rn. 2 m.w.N.) noch kann das Gericht ihn wirksam von seiner Anwesenheitspflicht entbinden (BGHSt 25, 317 [318]; KG StV 1985, 52; LR/*Becker* § 230 Rn. 2). Dies gilt auch dann, wenn alle Verfahrensbeteiligten übereinstimmend der Auffassung sind, die Anwesenheit des Angeklagten sei nicht erforderlich (BGH NJW 1973, 522; OLG Hamm StV 2007, 571; KK-StPO/*Gmel* § 230 Rn. 1; a.A. HK/*Julius* § 233 Rn. 5). Der Angeklagte hat – soweit nicht § 247 und § 51 JGG eingreifen – ein Recht auf Anwesenheit auch dann, wenn ausnahmsweise keine Pflicht zur Anwesenheit besteht (BGHSt 26, 228 [234]; 28, 35 [37]; LR/*Becker* § 230 Rn. 4; KK-StPO/*Gmel* § 230 Rn. 1): Daher darf das Gericht ihn nicht gegen seinen Willen von der Verhandlung fernhalten (BGHSt 26, 228 [334]; MDR 1980, 631 [H]; Meyer-Goßner/*Schmitt* § 230 Rn. 4). 3

B. Anwesenheit des Angeklagten in der Hauptverhandlung. I. Gesamte Hauptverhandlung. Die Vorschrift verlangt nach Wortlaut und Zweck, dass der Angeklagte **während der gesamten Hauptverhandlung, ununterbrochen anwesend** ist (BGHSt 3, 187 [189]; NStZ-RR 2008, 285; BGHR StPO § 338 Nr. 5, Angeklagter 16; LR/*Becker* § 230 Rn. 5; Meyer-Goßner/*Schmitt* § 230 Rn. 5). Ausnahmen davon, also die zeitweise Abwesenheit des Angeklagten, lässt das Gesetz jedoch bspw. in §§ 231 Abs. 2, 231b, 231c, 247, 329, 411; 51 JGG zu. 4

Da **Ortsbesichtigungen**, die vom erkennenden Gericht unter Teilnahme von Sachverständigen, der StA und des Verteidigers vorgenommen werden, Teil der Hauptverhandlung sind, muss der Angeklagte auch dabei 5 anwesend sein (BGHSt 3, 187 [189 f.]; 25, 317 [318]; StV 1983, 4; LR/*Becker* § 230 Rn. 6; KK-StPO/*Gmel* § 230 Rn. 4). Ist eine Inaugenscheinnahme in Anwesenheit des Angeklagten – gleich aus welchem Grund – nicht möglich, muss das Gericht sie einem Augenscheinsgehilfen (s. § 86 Rdn. 5) übertragen und diesen in der Hauptverhandlung als Zeugen über seine Wahrnehmungen vernehmen (BGHR StPO § 86 Augenschein 1; OLG Karlsruhe StRR 2007, 267; LR/*Becker* § 230 Rn. 6; Meyer-Goßner/*Schmitt* § 230 Rn. 6).

6 **II. Anwesenheit. 1. Körperliche Anwesenheit.** Anwesenheit nach Abs. 1 meint zunächst die **körperliche Anwesenheit** des Angeklagten. Der Angeklagte muss sich am Verhandlungsort befinden und zu erkennen geben (LR/*Becker* § 230 Rn. 7; SK-StPO/*Deiters* § 230 Rn. 5). Die Anwesenheit in einem Nebenraum des Sitzungssaals genügt nicht, selbst wenn dort eine Möglichkeit zur gleichzeitigen Wahrnehmung des Verhandlungsgeschehens im Wege einer Bild-Ton-Übertragung besteht (BGH NJW 2019, 692).

7 **2. Verhandlungsfähigkeit.** Nach herrschender Meinung wird darüber hinaus auch die **Verhandlungsfähigkeit** vorausgesetzt (BVerfGE 51, 324 [344]; BGHSt 2, 300 [305]; 23, 331 [334]; BGHR StPO § 338 Nr. 5 Angeklagter 14; OLG Frankfurt NStZ-RR 2005, 174 [175]; OLG Düsseldorf NStZ 1990, 295; LR/*Becker* § 230 Rn. 7; a.A. SK-StPO/*Deiters* § 230 Rn. 7). Schon bei Zweifeln an der Verhandlungsfähigkeit des Angeklagten darf die Hauptverhandlung gegen ihn nicht durchgeführt werden (BGH NStZ 1984, 520 [521]; KK-StPO/*Gmel* § 230 Rn. 3). Ob die Verhandlungsunfähigkeit vom Angeklagten schuldhaft herbeigeführt wurde, spielt nur für die Frage der genügenden Entschuldigung (Abs. 2) und der Durchführung der Abwesenheitsverhandlung nach § 231a eine Rolle (OLG Düsseldorf NStZ 1990, 295; KK-StPO/*Gmel* § 230 Rn. 9; Meyer-Goßner/*Schmitt* § 230 Rn. 8).

8 Ist die **Verhandlungsfähigkeit** des Angeklagten durch Krankheit, Gebrechlichkeit oder Übermüdung **eingeschränkt**, muss das Gericht die Hauptverhandlung so gestalten, dass der Angeklagte ihr folgen kann, bspw. durch zeitliche Beschränkungen der Sitzungsdauer oder durch medizinische Hilfen (KK-StPO/*Gmel* § 230 Rn. 3; Meyer-Goßner/*Schmitt* § 230 Rn. 9). Auch eine Verhandlung am Krankenbett kann in Betracht kommen (LR/*Becke*r § 230 Rn. 7; Meyer-Goßner/*Schmitt* § 230 Rn. 9).

9 **3. Mehrere Angeklagte.** Bei einer Hauptverhandlung gegen mehrere Angeklagte müssen – soweit keine Beurlaubung nach § 231c erfolgt ist – **grds. alle ununterbrochen anwesend** sein, auch wenn in einem Teil der Verhandlung ausschließlich über die Tat eines Mitangeklagten verhandelt wird, an der die anderen nicht beteiligt waren und die sie auch sonst nicht betrifft (BGH MDR 1987, 448; LR/*Becker* § 230 Rn. 10; SK-StPO/*Deiters* § 230 Rn. 12). Allerdings besteht die Möglichkeit, das Verfahren gegen einen der Mitangeklagten **nach § 4 vorläufig abzutrennen** und weiterzuverhandeln, wenn in der weitergeführten Hauptverhandlung ausschließlich Vorgänge erörtert werden, die mit dem abgetrennten Verfahrensteil in **keinem inneren Zusammenhang** stehen und deshalb die Anwesenheit des Angeklagten, gegen den das Verfahren abgetrennt wurde, nicht erfordern (RGSt 69, 360 [363]; 70, 65 [68 f.]; BGHSt 24, 257 [259]; Meyer-Goßner/*Schmitt* § 230 Rn. 11). Unzulässig ist die Abtrennung jedoch, wenn sie auf eine Umgehung des in § 230 Abs. 1 niedergelegten Anwesenheitsgebots hinausliefe, weil die in Abwesenheit des Angeklagten durchgeführte Verhandlung Vorgänge zum Gegenstand hat, die die gegen ihn erhobenen Vorwürfe berühren (BGHSt 30, 74 [75]; 32, 100 [102]; StV 1991, 97; KK-StPO/*Gmel* § 230 Rn. 5). Aber selbst in einem solchen Fall kann die Abtrennung erfolgen, wenn sich eine Berührung zweifelsfrei ausschließen lässt, etwa weil sich die Verhandlung auf einen Punkt beschränkt, der nur einen der Angeklagten betrifft (BGHSt 32, 270 [274]; Meyer-Goßner/*Schmitt* § 230 Rn. 11). Keine zulässige Abtrennung liegt wiederum vor, wenn das Verfahren gegen einen Mitangeklagten zunächst zu dem Zweck abgetrennt wurde, es durch Urteil zu beenden, die Verfahren aber später wieder verbunden werden, weil wider Erwarten keine Beendigung möglich war (BGHSt 33, 119 [121]; LR/*Becker* § 230 Rn. 12; KK-StPO/*Gmel* § 230 Rn. 5).

10 **4. Personenverwechslung.** Erscheint in der Hauptverhandlung anstelle der Person, die nach der zugelassenen Anklage einer Straftat beschuldigt wird, eine andere Person und wird verurteilt (**Personenverwechslung**), ist nach einer Ansicht das Urteil weder gegen die erschienene Person noch gegen den (gemeinten) Angeklagten wirksam, kann aber von dem scheinbar Verurteilten angefochten werden kann (LR/*Becker* § 230 Rn. 9; KK-StPO/*Gmel* § 230 Rn. 7). Wegen der Ähnlichkeit zu dem Fall, dass eine Hauptverhandlung völlig ohne den Angeklagten durchgeführt wurde (§ 338 Nr. 5), ist die inzwischen wohl herrschende Meinung überzeugender. Danach ist das Urteil ggü. dem richtigen Angeklagten wirksam und anfechtbar, ggü. der erschienenen Person aber wirkungslos (OLG Bamberg NStZ 2007, 292; LR/*Kühne* Einl. K VI. Rn. 122; KMR/*Eschelbach* § 230 Rn. 22; Meyer-Goßner/*Schmitt* § 230 Rn. 27).

11 Abzugrenzen davon ist der Fall der **Personenidentität**, bei dem der Angeklagte in der Hauptverhandlung **unter falschem Namen auftritt** und unter diesem Namen verurteilt wird. Hier liegt kein Verstoß gegen § 230 Abs. 1 vor. Das Urteil ist (nur) **gegen den Anwesenden wirksam**, das Rubrum kann wegen offensichtlicher

Unrichtigkeit berichtigt werden (BGH NStZ-RR 1990, 290 [291]; 1996, 9; OLG Düsseldorf NStZ 1994, 355; Meyer-Goßner/*Schmitt* § 230 Rn. 27; *Pfeiffer* § 230 Rn. 7). Um den Anschein zu beseitigen, wegen einer Straftat verurteilt zu sein, kann der wahre Namensträger das Urteil nicht mit Berufung und Revision anfechten. Denn sonst hätte er die Möglichkeit ein Urteil zu zerstören, das inhaltlich gegen den vor Gericht Erschienenen zutreffend und der Rechtskraft fähig ist (KG NStZ-RR 2004, 240 [241]; Meyer-Goßner/*Schmitt* Einl. Rn. 174; a.A. BGH NStZ-RR 1996, 9; OLG Köln MDR 1983, 865; LR/*Becker* § 230 Rn. 9; KK-StPO/*Gmel* § 230 Rn. 7).

C. Zwangsmittel (Abs. 2). I. Zweck. Die nach Abs. 2 mögliche Erzwingung der Anwesenheit des ausgebliebenen Angeklagten durch Vorführung oder Haft dient dazu, die **Weiterführung und Beendigung eines begonnenen Strafverfahrens zu sichern** (BVerfGE 32, 87 [93] NJW 2007, 2318 [2319]; Radtke/Hohmann/*Britz* § 230 Rn. 14). Die Zwangsmittel sollen dagegen nicht den Ungehorsam des Angeklagten ahnden (OLG Frankfurt NStZ-RR 1999, 18 [19]; KG NJW 2007, 2345) oder eine Reaktion auf provozierendes Verhalten des Angeklagten sein (KG, Beschl. v. 09.04.1999 – 1 AR 352/99, 3 Ws 204/99). Im Hinblick auf ihren Zweck setzt eine Maßnahme nach Abs. 2 **weder dringenden Tatverdacht noch einen Haftgrund nach §§ 112, 112a**, sondern nur die Feststellung voraus, dass der Angeklagte in der Hauptverhandlung nicht erschienen und sein Ausbleiben nicht genügend entschuldigt ist (BVerfGE 32, 87 [93]; NJW 2007, 2318 [2319); OLG Karlsruhe MDR 1980, 868; OLG Dresden StV 2007, 587; Meyer-Goßner/*Schmitt* § 230 Rn. 21). Die Aufhebung eines Haftbefehls nach §§ 112 ff. StPO steht wegen der unterschiedlichen Voraussetzungen dem Erlass eines Haftbefehls nach § 230 Abs. 2 nicht entgegen (OLG Karlsruhe StV 2015, 652). Da die Vorschrift nicht auf die Tat als solche abstellt, können Zwangsmittel nach Abs. 2 auch gegen einen schuldunfähigen Angeklagten ergehen (KG NStZ-RR 1997, 75; LR/*Becker* § 230 Rn. 25, 32; KK-StPO/*Gmel* § 230 Rn. 13). Vorführ- und Haftbefehl berechtigen zur Anwendung **unmittelbaren Zwangs** gegen den Angeklagten und zu den für die Durchsetzung **notwendigen Begleiteingriffen** (BGH NStZ 1981, 22 [23]; LR/*Becker* § 230 Rn. 29; KMR/*Eschelbach* § 230 Rn. 39). 12

II. Voraussetzungen. 1. Ausbleiben des Angeklagten trotz ordnungsgemäßer Ladung. Da man einem Termin, dessen Stattfinden nicht bekannt ist, nicht unentschuldigt fernbleiben kann, setzt die Anordnung der Zwangsmittel nach Abs. 2 über den Wortlaut hinaus voraus, dass der Angeklagte ausbleibt, obwohl er **ordnungsgemäß geladen** wurde (BVerfG NJW 2007, 2318 [2319]; BGH NStZ 1984, 41; OLG Naumburg StV 2014, 205; LR/*Becker* § 230 Rn. 14 m.w.N.; SK-StPO/*Deiters* § 230 Rn. 15; KK-StPO/*Gmel* § 230 Rn. 10). Der Angeklagte muss daher gem. § 216 Abs. 1 unter der Warnung geladen worden sein, dass im Fall seines unentschuldigten Ausbleibens seine Verhaftung oder Vorführung erfolgen werde. Zur Warnung bei einem dauerhaft im Ausland lebenden Angeklagten s. § 216 Rdn. 13; zum Erfordernis der Übersetzung s. § 216 Rdn. 16. Zur Erscheinungspflicht bei Nichteinhaltung der Ladungsfrist s. § 217 Rdn. 14, 15. 13

Ausgeblieben ist der Angeklagte, wenn er 14

- bei Aufruf der Sache (§ 243 Abs. 1 Satz 1) nicht anwesend ist und auch nicht nach einer den Umständen des Einzelfalls nach angemessenen Wartefrist (s. § 329 Rdn. 17) erscheint (KG StV 2002, 607; LR/*Becker* § 230 Rn. 17; SK-StPO/*Deiters* § 230 Rn. 11; Meyer-Goßner/*Schmitt* § 230 Rn. 14)
- sich vor dem (verspäteten) Aufruf der Sache wieder entfernt (OLG Düsseldorf NJW 1997, 2062; Graf/*Gorf* § 230 Rn. 11);
- in verhandlungsunfähigem Zustand erscheint (s. Rdn. 9);
- sich im Sitzungssaal befindet, aber nicht zu erkennen gibt (s. Rdn. 8);
- sich außerhalb des Sitzungssaals befindet und sich weigert, diesen zu betreten (LR/*Becker* § 230 Rn. 17; SK-StPO/*Deiters* § 230 Rn. 5; a.A. Meyer-Goßner/*Schmitt* § 230 Rn. 14 und *Joecks* § 230 Rn. 11: § 231 Abs. 1 Satz 2 analog);
- sich während der Hauptverhandlung entfernt (Meyer-Goßner/*Schmitt* § 230 Rn. 15);
- bei einem Fortsetzungstermin ausbleibt (LR/*Becker* § 230 Rn. 19; Meyer-Goßner/*Schmitt* § 230 Rn. 15).

2. Keine genügende Entschuldigung. Weitere Voraussetzung für die Anordnung der Zwangsmittel ist, dass das Ausbleiben des Angeklagten nicht genügend entschuldigt ist. Es kommt nicht darauf an, ob sich der Angeklagte entschuldigt hat, sondern ob ein Entschuldigungsgrund gegeben ist (BGHSt 17, 391 [396]; Meyer-Goßner/*Schmitt* § 230 Rn. 16). Nicht genügend entschuldigt ist der Angeklagte, wenn ihm wegen seines Ausbleibens unter Abwägung aller Umstände des Einzelfalls billigerweise ein Vorwurf gemacht werden kann (OLG Brandenburg NJW 1998, 842; OLG Köln StrFo 2008, 29; OLG Schleswig SchlHA 2008, 490; LR/*Becker* § 230 Rn. 20; KMR/*Eschelbach* § 230 Rn. 34). Insoweit gelten dieselben Grundsätze wie bei § 329 Abs. 1 Satz 1 (s. im Einzelnen § 329 Rdn. 20 ff.; Radtke/Hohmann/*Britz* § 230 Rn. 18; Meyer-Goßner/*Schmitt* § 230 Rn. 16). Für die Abwägung zwischen den Belangen des Angeklagten und dem Interesse an 15 einer funktionstüchtigen Strafrechtspflege muss das Gericht alle erkennbaren Umstände in Erwägung ziehen und von Amts wegen durch eigene Ermittlungen **im Freibeweisverfahren** aufzuklären versuchen, wobei der Grundsatz **»in dubio pro reo« keine Anwendung** findet (OLG Düsseldorf NStZ 1990, 295; LR/*Becker* § 230 Rn. 20; SK-StPO/*Deiters* § 230 Rn. 19; KK-StPO/*Gmel* § 230 Rn. 11). Als mögliche Entschuldigungsgründe kommen Krankheit (dazu OLG München StraFo 2013, 208), private und geschäftliche Angelegenheiten, Anreisehindernisse, Kommunikationsdefizite mit dem Gericht und rechtskräftige Ausweisung in Betracht (Radtke/Hohmann/*Britz* § 230 Rn. 18 ff.; KMR/*Eschelbach* § 230 Rn. 34; HK/*Julius* § 230 Rn. 8). Befindet sich der Angeklagte **in anderer Sache in Haft**, ist sein Ausbleiben in der Regel entschuldigt (OLG Braunschweig NStZ 2002, 163; OLG Köln StraFo 2008, 248; Graf/*Gorf* § 230 Rn. 12.1; Meyer-Goßner/*Schmitt* § 329 Rn. 24; a.A. OLG Stuttgart Justiz 1978, 116; KMR/*Eschelbach* § 230 Rn. 34).

16 **3. Verhältnismäßigkeit.** Wegen des Eingriffs in die Freiheit der Person (Art. 2 Abs. 2 Satz 2 GG) muss bei der Anordnung der Zwangsmittel der **Verhältnismäßigkeitsgrundsatz** beachtet werden (BVerfGE 32, 87 [93]; NJW 2001, 1341; 2007, 2318 [2319]; LR/*Becker* § 230 Rn. 22; SK-StPO/*Deiters* § 230 Rn. 21). Dies wird durch die Einfügung des einschränkenden Halbsatzes (»soweit«) mit dem »Gesetz zur Stärkung des Rechts des Angeklagten auf Vertretung in der Berufungshauptverhandlung und über die Anerkennung von Abwesenheitsentscheidungen in der Rechtshilfe« vom 17.07.2015 (BGBl. I, S. 1332) klarstellend verdeutlicht (BT-Drs. 18/3562, S. 66). Vorführung und Haft kommen daher nur in Betracht, wenn und soweit der legitime Anspruch der staatlichen Gemeinschaft auf vollständige Aufklärung der Tat und auf rasche Bestrafung des Täters nicht anders gesichert werden kann. Ein sicher zu erwartender Freispruch schließt aber nicht aus, dass der Angeklagte vorgeführt wird (LR/*Becker* § 230 Rn. 24; Meyer-Goßner/*Schmitt* § 230 Rn. 19; a.A. KMR/*Eschelbach* § 230 Rn. 31). Ist nach verständiger Würdigung aller Umstände des Einzelfalls die Erwartung gerechtfertigt, dass der Angeklagte zum nächsten Hauptverhandlungstermin erscheinen wird, bedarf es keiner Maßnahmen nach Abs. 2 (BVerfGE 32, 87 [93 f.]; NJW 2007, 2318 [2319]; OLG Hamm StRR 2013, 275; LR/*Becker* § 230 Rn. 22).

17 Kann das Erscheinen des Angeklagten schon mit einfacheren Mitteln sicher erreicht werden oder die Hauptverhandlung auch ohne ihn durchgeführt werden, dürfen Maßnahmen nach Abs. 2 mangels Erforderlichkeit nicht angewendet werden (BVerfGE 32, 87 [94]; KG NJW 2007, 2345; OLG Celle StraFo 2009, 151: Vorführung aus der Strafhaft; OLG Düsseldorf NStZ-RR 1998, 180: Anwesender Verteidiger hat Vertretungsvollmacht nach § 411 Abs. 2; LR/*Becker* § 230 Rn. 22; Meyer-Goßner/*Schmitt* § 230 Rn. 19). In Verfahren vor dem Strafrichter und dem Schöffengericht kommt bei Abwesenheit des Angeklagten insb. in Betracht, gem. § 408a ins **Strafbefehlsverfahren** überzugehen (HK/*Julius* § 230 Rn. 2; *Burhoff*, Hauptverhandlung, Rn. 114 ff.).

18 Stehen keine milderen, ebenso geeigneten Mittel zur Verfügung, sieht das Gesetz in erster Linie die Anordnung der Vorführung vor. Erst in zweiter Linie kommt der stärker in die persönliche Freiheit eingreifende Haftbefehl infrage (BVerfE 32, 87, 93 = NJW 2007, 2318 [2319]; OLG Düsseldorf StV 2001, 332; OLG Frankfurt NStZ-RR 2007, 349 [350]; LR/*Becker* § 230 Rn. 25; KK-StPO/*Gmel* § 230 Rn. 8). Bei der Auswahl des Zwangsmittels sind auch die Schwere des Tatvorwurfs und die Straferwartung (BVerfG NJW 2007, 2318 [2320]) sowie das (Nicht-) Vorhandensein eines festen Wohnsitzes des Angeklagten zu berücksichtigen (OLG Frankfurt StV 2005, 432; LG Koblenz StraFo 2010, 150). Ein **Vorrang des Vorführungsbefehls** besteht aber nur, wenn im konkreten Einzelfall anzunehmen ist, dass die ungehinderte Durchführung der Hauptverhandlung schon mit der Vorführung erreicht werden kann (OLG Düsseldorf NStZ 1990, 295 [296]; OLG Frankfurt StV 2005, 432; OLG Brandenburg, Beschl. v. 02.03.2020 – 1 Ws 168/19; LR/*Becker* § 230 Rn. 25; KK-StPO/*Gmel* § 230 Rn. 8). Scheitert die angeordnete Vorführung, ohne dass dies auf polizeilichen Organisationsmängeln beruht, darf Haftbefehl erlassen werden (LG Gera StV 1997, 294; Meyer-Goßner/*Schmitt* § 230 Rn. 19; a.A. KK-StPO/*Gmel* § 230 Rn. 8: erneute Ladung erforderlich). Stellt sich erst nach Erlass des Haftbefehls heraus, dass die Vorführung ausreicht, ist der Haftbefehl in eine Vorführungsanordnung umzuwandeln (Meyer-Goßner/*Schmitt* § 230 Rn. 19).

19 **III. Zuständigkeit.** Im Hinblick auf die Bedeutung des Grundrechtseingriffs ist für die Anordnung der Zwangsmittel nach Abs. 2 nicht der Vorsitzende allein, sondern **das Gericht** zuständig (KK-StPO/*Gmel* § 230 Rn. 17; Meyer-Goßner/*Schmitt* § 230 Rn. 24). Es trifft die Entscheidung **in der Hauptverhandlung** gem. § 30 Abs. 1 GVG unter Mitwirkung der Schöffen **durch Beschluss** (OLG Köln StV 2005, 433; OLG Brandenburg StraFo 2019, 383; LR/Becker § 230 Rn. 38; SK-StPO/*Deiters* § 230 Rn. 25; Meyer-Goßner/*Schmitt* § 230 Rn. 24).

20 Ob das Gericht auch **außerhalb der Hauptverhandlung** ohne Beteiligung der Schöffen entscheiden kann, ist umstritten. Das Meinungsspektrum reicht von genereller Unzulässigkeit (OLG Bremen MDR 1960, 244 [245]; LG Gera NStZ-RR 1996, 329; *Pfeiffer* § 230 Rn. 4; *Burhoff*, Hauptverhandlung Rn. 1238) bis zur

Bejahung ohne jede Einschränkung (KMR/*Eschelbach* § 230 Rn. 38; HK/*Julius* § 230 Rn. 7; *Welp* JR 1991, 265 [272]). Die praxistauglichste und dem Verhältnismäßigkeitsgrundsatz am besten gerecht werdende Lösung bietet die herrschende Meinung. Sie lässt eine Entscheidung außerhalb der Hauptverhandlung zu, wenn das erkennende Gericht in der Hauptverhandlung einen entsprechenden **Vorbehalt beschließt**. Ein solcher Vorbehalt kommt insb. dann in Betracht, wenn eine vorgebrachte Entschuldigung geprüft, weitere Ermittlungen angestellt oder der Eingang des glaubhaft angekündigten Nachweises abgewartet werden soll (LR/*Becker* § 230 Rn. 39; SK-StPO/*Deiters* § 230 Rn. 25; MüKo-StPO/Arnoldi § 230 Rn. 18; enger OLG Köln StV 2005, 433; OLG Brandenburg StraFo 2019, 383 [384]; Meyer-Goßner/*Schmitt* § 230 Rn. 24; differenzierend KK-StPO/*Gmel* § 230 Rn. 17).

IV. Vorführungsanordnung. 1. Vorführung zum Termin. Besteht die Möglichkeit, den Angeklagten unmittelbar vorführen zu können, wird die sofortige Vorführung angeordnet. Ansonsten wird die Hauptverhandlung unterbrochen oder ausgesetzt und angeordnet, dass der Angeklagte zum neu bestimmten Termin vorzuführen ist. Es bedarf **keiner neuen Ladung** (LR/*Becker* § 230 Rn. 28; Meyer-Goßner/*Schmitt* § 230 Rn. 20). 21

2. Form und Inhalt. Ergeht die Vorführungsanordnung außerhalb der Hauptverhandlung, ist sie **schriftlich** zu beschließen. Der in der Hauptverhandlung beschlossene Vorführungsbefehl wird im Hauptverhandlungsprotokoll festgehalten (SK-StPO/*Deiters* § 230 Rn. 34) und für die Vollstreckung **ausgefertigt** (LR/*Becker* § 230 Rn. 38), soweit diese nicht zur alsbaldigen Durchführung der Hauptverhandlung (fern-)mündlich veranlasst wird (KMR/*Eschelbach* § 230 Rn. 39). Für den **Inhalt** gilt jeweils § 134 Abs. 2 entsprechend (LR/*Becker* § 230 Rn. 28; Meyer-Goßner/*Schmitt* § 230 Rn. 20). 22

3. Bekanntmachung. Die Vorführungsanordnung wird dem Angeklagten gem. § 35 Abs. 2 Satz 2 **formlos bekannt gemacht** (LR/*Becker* § 230 Rn. 28; SK-StPO/*Deiters* § 230 Rn. 27). Um zu verhindern, dass sich der Angeklagte der Vorführung entzieht, geschieht dies üblicherweise erst bei der Vollstreckung (KK-StPO/*Gmel* § 230 Rn. 12; Graf/*Gorf* § 230 Rn. 16). 23

4. Vollstreckung. Vollstreckt wird der Vorführungsbefehl durch die **Polizei**, die auf Veranlassung der StA (§ 36 Abs. 2 Satz 1) oder des Vorsitzenden tätig wird (LR/*Becker* § 230 Rn. 29; SK-StPO/*Deiters* § 230 Rn. 27). Er darf nicht früher vollstreckt werden als notwendig, um den Angeklagten rechtzeitig zur Hauptverhandlung zu bringen; § 135 Abs. 2 gilt entsprechend (LG Berlin MDR 1995, 191 [192]; LR/*Becker* § 230 Rn. 30; KK-StPO/*Gmel* § 230 Rn. 12). Die Vollstreckung ab dem frühen Morgen des Verhandlungstags ist in der Regel ausreichend (*Pfeiffer* § 230 Rn. 4; Radtke/Hohmann/*Britz* § 230 Rn. 24). Mit der Vorführung des Angeklagten in den Sitzungssaal wird die Vorführungsanordnung gegenstandslos (KK-StPO/*Gmel* § 230 Rn. 12; Meyer-Goßner/*Schmitt* § 230 Rn. 20). Will sich der Angeklagte wieder entfernen, stehen dem Gericht die Befugnisse nach § 231 Abs. 1 Satz 2 zu (Meyer-Goßner/*Schmitt* § 230 Rn. 20). 24

V. Haftbefehl. 1. Form und Inhalt. Der Haftbefehl bedarf analog § 114 Abs. 1 der **Schriftform** (LR/*Becker* § 230 Rn. 33; Graf/*Gorf* § 230 Rn. 17). Wird der Haftbefehl in der Hauptverhandlung beschlossen, wird der Wortlaut in das Protokoll aufgenommen und eine getrennte Ausfertigung gem. § 114a erstellt (LR/*Becker* § 230 Rn. 33) bzw. im Protokoll auf den gesondert abgefassten schriftlichen Haftbefehl Bezug genommen (KMR/*Eschelbach* § 230 Rn. 44). Um eine Überprüfung der Haftanordnung zu ermöglichen, muss der Haftbefehl neben der Anordnung der Haft gem. § 230 Abs. 2 den Grund des Ausbleibens ohne genügende Entschuldigung trotz ordnungsgemäßer Ladung bezeichnen (LG Zweibrücken NJW 2009, 1828 [1829]; KMR/*Eschelbach* § 230 Rn. 45). Je nach Sachlage bedarf es außerdem der Begründung, warum mildere Mittel nicht ausreichend waren (LR/*Becker* § 230 Rn. 33; SK-StPO/*Deiters* § 230 Rn. 26). Im Hinblick auf seinen Zweck (s. Rdn. 12) muss der Haftbefehl nicht die dem Angeklagten zur Last gelegte Tat und die angewendeten Strafvorschriften angeben (OLG Bamberg, Beschl. v. 28.05.2020 – 1 Ws 215/20; LG Chemnitz StV 1996, 255 m. zust. Anm. Gollwitzer, SK-StPO/*Deiters* § 230 Rn. 26; a.A. OLG Frankfurt StV 1995, 237 [238]; LR/*Becker* § 230 Rn. 33: KK-StPO/*Gmel* § 230 Rn. 14). Im Haftbefehl kann bestimmt werden, wann er frühestens vollstreckt werden soll (OLG Düsseldorf NStZ 1990, 295 [296]; OLG Frankfurt StV 2005, 432; KK-StPO/*Gmel* § 230 Rn. 13; Meyer-Goßner/*Schmitt* § 230 Rn. 21). 25

2. Bekanntmachung und Vollstreckung. Der Haftbefehl wird dem Angeklagten gem. § 35 Abs. 2 Satz 2 bei der Verhaftung **formlos bekannt gemacht**; analog § 114a ist ihm eine **Abschrift des Haftbefehls** auszuhändigen (SK-StPO/*Deiters* § 230 Rn. 27; Meyer-Goßner/*Schmitt* § 230 Rn. 21). 26

Vollstreckt wird der Haftbefehl gem. § 36 Abs. 2 Satz 1 auf Veranlassung der StA von der Polizei (LR/*Becker* § 230 Rn. 36; Meyer-Goßner/*Schmitt* § 230 Rn. 21). Für das **Verfahren nach der Verhaftung** des Angeklagten gelten **§§ 115 ff. entsprechend** (OLG Stuttgart MDR 1990, 75; SK-StPO/*Deiters* § 230 Rn. 28; Meyer- 27

Goßner/*Schmitt* § 230 Rn. 21). Das Gericht kann den Vollzug des Haftbefehls (nur) unter gleichzeitiger Anordnung von Sicherungsmaßnahmen **gem. § 116 aussetzen** (OLG Frankfurt StV 2005, 432; LR/*Becker* § 230 Rn. 35; SK-StPO/*Deiters* § 230 Rn. 28). Eine Sicherheitsleistung nach § 116a verfällt analog § 124 mit Nichtbefolgung der Ladung (KK-StPO/*Gmel* § 230 Rn. 14; Meyer-Goßner/*Schmitt* § 230 Rn. 22).

28 **3. Vollzug.** Die zur Sicherung der Hauptverhandlung angeordnete Haft wird nach den Untersuchungshaftvollzugsgesetzen der Länder grds. **entsprechend den Vorschriften über den Vollzug der Untersuchungshaft** vollzogen. Da die Haft nur der Sicherung der Teilnahme an der Hauptverhandlung dient, bleibt über diese der Aufrechterhaltung von Sicherheit und Ordnung der Anstalt dienenden Regelungen hinaus kein Raum für Beschränkungen nach §§ 119, 126 Abs. 2 (LR/*Becker* § 230 Rn. 36).

29 **4. Zeitliche Grenzen.** Der Haftbefehl nach Abs. 2 unterliegt nicht nur hinsichtlich seines Erlasses, sondern auch seiner Aufrechterhaltung dem **Verhältnismäßigkeitsgrundsatz** (BVerfG NJW 2007, 2318 [2320]; OLG Jena OLGSt. StPO § 230 Nr. 5; KMR/*Eschelbach* § 230 Rn. 46). § 121 Abs. 1 ist nicht anwendbar (KG NStZ-RR 1997, 75; Meyer-Goßner/*Schmitt* § 230 Rn. 23 m.w.N.), nach der Vollstreckung muss aber **die Hauptverhandlung in angemessener Frist durchgeführt** werden (OLG Hamburg MDR 1987, 78; OLG Celle NStZ-RR 2009, 157 [158]; OLG Jena OLGSt. StPO § 230 Nr. 5; LR/*Becker* § 230 Rn. 34 m.w.N.). Da der Durchführung eines neuen Hauptverhandlungstermins keine besonderen Hindernisse entgegenstehen, sind an die zügige Neuterminierung strenge Anforderungen zu stellen (in diesem Sinne auch Morgenstern JR 2016, 237 [239]). Seine Wirkung behält der Haftbefehl **bis zum Abschluss der Hauptverhandlung**; einer Aufhebung bedarf es nicht (SK-StPO/*Deiters* § 230 Rn. 30; Meyer-Goßner/*Schmitt* § 230 Rn. 23). Wegen dieser zeitlichen Wirkung wird der Haftbefehl auch nicht unwirksam, wenn zeitlich mit oder nach seinem Erlass ein Einstellungsbeschluss nach § 205 ergeht (OLG Nürnberg NStZ-RR 2016, 285).

30 **5. Anrechnung.** Eine **aufgrund Haftbefehls** nach Abs. 2 vollzogene Haft ist nach **§ 51 StGB** auf die Strafe anzurechnen (h.M., Meyer-Goßner/*Schmitt* § 230 Rn. 23). Nach dem Wortlaut des § 51 StGB muss dies auch gelten, wenn der Angeklagte eine einem Tag Haft entsprechende Freiheitsentziehung **aufgrund Vorführungsanordnung** erlitten hat (LR/*Becker* § 230 Rn. 43; SK-StPO/*Deiters* § 230 Rn. 31; a.A. Radtke/Hohmann/*Britz* § 230 Rn. 27; Meyer-Goßner/*Schmitt* § 230 Rn. 23; Graf/*Gorf* § 230 Rn. 20).

31 **D. Rechtsbehelfe. I. Beschwerde.** Gegen die Zwangsmittel des Abs. 2 ist die **einfache Beschwerde nach § 304 zulässig** (§ 305 Satz 2). Der Haftbefehl, nicht aber die Vorführungsanordnung, kann auch mit der **weiteren Beschwerde** (§ 310 Abs. 1) angefochten werden (OLG Celle NJW 1957, 393; 1966, 2180; KG NStZ-RR 2014, 378; SK-StPO/*Deiters* § 230 Rn. 35; Meyer-Goßner/*Schmitt* § 230 Rn. 25). Dies gilt auch dann, wenn der Haftbefehl **noch nicht vollzogen** wurde (OLG Zweibrücken MDR 1991, 469; KK-StPO/*Gmel* § 230 Rn. 18) und – in konsequenter Anwendung der Rspr. des BVerfG zum Feststellungsinteresse bei tief greifenden Grundrechtseingriffen (BVerfGE 96, 27; NStZ-RR 2004, 252 [253]; NJW 2006, 40 [41]) – wenn er sich **durch Vollzug erledigt** hat (OLG Düsseldorf NStZ-RR 2001, 382; KG NJW 2007, 2345; OLG Celle StraFo 2009, 151; LR/*Becker* § 230 Rn. 44; KMR/*Eschelbach* § 230 Rn. 50; KK-StPO/*Gmel* § 230 Rn. 18; a.A. OLG Hamm NJW 1999, 229; OLG Frankfurt NStZ-RR 2007, 349) oder aufgehoben wurde (OLG Brandenburg StraFo 2019, 383).

32 Dem Beschwerdegericht ist es mit Rücksicht auf die Erstzuständigkeit des Tatgerichts (§ 125 Abs. 2 StPO) verwehrt, einen Haftbefehl nach § 230 Abs. 2 StPO in einen Untersuchungshaftbefehl **umzuwandeln** (OLG Karlsruhe MDR 1980, 868; OLG Köln NStZ-RR 2006, 22 [23]; OLG Hamm NStZ-RR 2009, 89 [90]; LR/*Becker* § 230 Rn. 45; Meyer-Goßner/*Schmitt* § 230 Rn. 25). Umgekehrt kann es jedoch wegen der geringeren Voraussetzungen und rechtlichen Wirkungen aufgrund seiner Sachentscheidungsbefugnis (§ 309 Abs. 2) einen Untersuchungshaftbefehl in einen Haftbefehl nach § 230 Abs. 2 umwandeln (OLG Düsseldorf, Beschl. v. 22.04.2010 – 3 Ws 175/10). Auch die Umwandlung eines Haftbefehls nach § 230 Abs. 2 in eine Vorführungsanordnung ist möglich (LR/*Becker* § 230 Rn. 45; KK-StPO/*Gmel* § 230 Rn. 18).

33 **II. Revision. 1. Revisionsgrund.** Die Abwesenheit des Angeklagten ist **kein von Amts wegen zu berücksichtigendes Verfahrenshindernis** (BGHSt 26, 84 [90]; LR/*Becker* § 230 Rn. 47; Meyer-Goßner/*Schmitt* § 230 Rn. 26). Etwas anderes gilt nur für die der Abwesenheit gleichgestellte Verhandlungsunfähigkeit, wenn sie nicht nur vorübergehend, sondern dauerhaft besteht (BGHSt 46, 345 [346]; SK-StPO/*Deiters* § 230 Rn. 37; KMR/*Eschelbach* § 230 Rn. 52). Dass der Angeklagte während eines **wesentlichen Teils der Hauptverhandlung** abwesend war, kann nach § 338 Nr. 5 mit der **Verfahrensrüge** (§ 344 Abs. 2) geltend gemacht werden (BGHSt 26, 84 [90 f.]; NStZ 2011, 233 [234]; LR/*Becker* § 230 Rn. 47; SK-StPO/*Deiters* § 230 Rn. 39; s. im Einzelnen § 338 Rdn. 54, 55).

2. Heilung des Verfahrensfehlers. Der Verstoß gegen § 230 kann dadurch **geheilt** werden, dass der betreffende Teil der Hauptverhandlung in Anwesenheit des Angeklagten wiederholt wird (BGHSt 30, 74 [76]; NStZ 1981, 95 [P]; LR/*Becker* § 230 Rn. 13; SK-StPO/*Deiters* § 230 Rn. 39). Die bloße Unterrichtung des Angeklagten über den Gang und das Ergebnis des in seiner Abwesenheit durchgeführten Verhandlungsteils genügt in diesem Fall nicht (BGHSt 30, 74 [76 f.]; KK-StPO/*Gmel* § 230 Rn. 20). Zur Problematik der Heilung, wenn in Abwesenheit des Angeklagten gem. § 247 Satz 1 ein Augenschein eingenommen wird, der mit der Zeugenvernehmung in engem Sachzusammenhang steht, s. § 247 Rdn. 37. 34

3. Revisionsbegründung. Zum notwendigen Sachvortrag gehört die Angabe des Verhandlungsteils, bei dem der Angeklagte abwesend war. Dagegen muss grds. nicht mitgeteilt werden, worüber in seiner Abwesenheit verhandelt wurde und was die in seiner Abwesenheit vernommenen Personen ausgesagt haben (BGHSt 26, 84 [91]; NStZ 1983, 36; OLG Hamm StV 2010, 65; LR/*Becker* § 230 Rn. 47; Meyer-Goßner/*Schmitt* § 230 Rn. 26; a.A. BGH NStZ 2008, 644: Angabe des Inhalts einer Zeugenaussage zur Prüfung der Wesentlichkeit des Verhandlungsteils). Soweit nach dem Revisionsvorbringen eine Heilung des Verfahrensfehlers durch Wiederholung von Zeugenangaben nahe liegt, muss allerdings – um dem Revisionsgericht die Prüfung eines bis zum Urteil fortwirkenden Mangels zu ermöglichen – auch vorgetragen werden, was während der Abwesenheit des Angeklagten bekundet wurde (BGHR StPO § 344 Abs. 2 Satz 2 Abwesenheit 2; SK-StPO/*Deiters* § 230 Rn. 39; KMR/*Eschelbach* § 230 Rn. 53). 35

§ 231 Anwesenheitspflicht des Angeklagten

(1) [1]Der erschienene Angeklagte darf sich aus der Verhandlung nicht entfernen. [2]Der Vorsitzende kann die geeigneten Maßnahmen treffen, um die Entfernung zu verhindern; auch kann er den Angeklagten während einer Unterbrechung der Verhandlung in Gewahrsam halten lassen.

(2) Entfernt der Angeklagte sich dennoch oder bleibt er bei der Fortsetzung einer unterbrochenen Hauptverhandlung aus, so kann diese in seiner Abwesenheit zu Ende geführt werden, wenn er über die Anklage schon vernommen war, das Gericht seine fernere Anwesenheit nicht für erforderlich erachtet und er in der Ladung darauf hingewiesen worden ist, dass die Verhandlung in diesen Fällen in seiner Abwesenheit zu Ende geführt werden kann.

Übersicht

A. Inhalt der Regelung. Abs. 1 Satz 1 der Vorschrift ergänzt § 230 um die Klarstellung, dass sich der zur Anwesenheit verpflichtete Angeklagte nicht aus der Verhandlung entfernen darf. Um die Anwesenheit des erschienenen Angeklagten zu sichern, normiert Abs. 1 Satz 2 ein **Festhalterecht**, das vom Vorsitzenden ausgeübt wird. 1

Abs. 2 eröffnet dem Gericht die Möglichkeit der **Abwesenheitsverhandlung**, wenn sich zunächst erschienene Angeklagte nach der Vernehmung zur Sache entfernt hat bzw. im Fortsetzungstermin ausbleibt und seine 2

Anwesenheit sachlich nicht geboten ist. Damit soll im Interesse der **Verfahrensbeschleunigung** verhindert werden, dass der Angeklagte, dem rechtliches Gehör gewährt wurde, durch Missachtung seiner Anwesenheitspflicht eine begonnene Hauptverhandlung »platzen« lassen kann (*Hahn* Motive S. 187; LR/*Becker* § 231 Rn. 7). Im Hinblick auf die Einschränkung der Rechtsstellung des Angeklagten handelt sich um eine **eng auszulegende Ausnahmevorschrift** (RGSt 42, 197 [199]; BGHSt 3, 187 [190]; NStZ 1993, 446 [447]; LR/*Becker* § 231 Rn. 7; Meyer-Goßner/*Schmitt* § 231 Rn. 6).

3 **B. Anwendungsbereich.** Die Vorschrift gilt für **erstinstanzliche Hauptverhandlungen**, soweit keine Sonderregelungen (§§ 387 Abs. 1, 3; 411 Abs. 2) eingreifen (SK-StPO/*Deiters* § 231 Rn. 2). Sie ist über § 332 auch im **Berufungsverfahren** anwendbar (OLG Karlsruhe Justiz 1994, 446 [447]; BayObLGSt. 1995, 3 [4]; OLG Brandenburg ZfS 2010, 347 [348]; Meyer-Goßner/*Schmitt* § 231 Rn. 7). Während § 329 Abs. 1 Anwendung findet, wenn der Angeklagte bei Beginn der Hauptverhandlung nicht anwesend ist, gilt § 231 Abs. 2, wenn er bei deren Fortsetzung ausbleibt (BayObLG VRS 61, 131; OLG Karlsruhe NStZ 1990, 297; OLG Brandenburg ZfS 2010, 347 [348]). Für die **Revisionshauptverhandlung** gilt § 350 Abs. 2.

4 **C. Verbot der Entfernung aus der Hauptverhandlung (Abs. 1 Satz 1).** Nach Abs. 1 Satz 1 ist es dem erschienenen Angeklagten verboten, sich wieder aus der Verhandlung zu entfernen. Da unter Anwesenheit neben der erkennbaren körperlichen Präsenz auch die Verhandlungsfähigkeit verstanden wird (s. § 230 Rdn. 7), darf der Angeklagte somit weder den Sitzungssaal verlassen noch einen Zustand der Verhandlungsunfähigkeit herbeiführen (BGHSt 16, 178 [182]; NJW 1981, 1052 [1053]; LR/*Becker* § 231 Rn. 3; Meyer-Goßner/*Schmitt* § 231 Rn. 17 m.w.N.; a.A. zur Verhandlungsunfähigkeit SK-StPO/*Deiters* § 231 Rn. 3).

5 **D. Maßnahmen zur Sicherstellung der Anwesenheit (Abs. 1 Satz 2). I. Geeignete Maßnahme zur Verhinderung der Entfernung.** Gem. Abs. 1 Satz 2 Hs. 1 kann der **Vorsitzende** »geeignete Maßnahmen« treffen, um zu verhindern, dass sich der erschienene Angeklagte aus der Hauptverhandlung entfernt. Liegen **konkrete Anhaltspunkte** dafür vor, dass sich der Angeklagte unter Verstoß gegen seine Pflicht aus Abs. 1 Satz 1 entfernen möchte, steht es im **pflichtgemäßen Ermessen** des Vorsitzenden, ob und wie er die weitere Anwesenheit des Angeklagten zwangsweise sicherstellt (LR/*Becker* § 231 Rn. 2; SK-StPO/*Deiters* § 231 Rn. 4). Unter den in Betracht kommenden präventiven Maßnahmen ist nach dem **Verhältnismäßigkeitsgrundsatz** diejenige zu wählen, die den Angeklagten am wenigsten beeinträchtigt (LR/*Becker* § 231 Rn. 3; MüKo-StPO/Arnoldi § 231 Rn. 5). In Betracht kommen insb. die Verweisung des Angeklagten in eine umfriedete Anklagebank (s. Nr. 125 Abs. 2 RiStBV) und die ständige Bewachung durch einen Justiz- oder Polizeibeamten (BGH NStZ 2006, 650; KK/*Gmel* § 231 Rn. 2; Meyer-Goßner/*Schmitt* § 231 Rn. 2). Versucht sich der Angeklagte trotz dieser Maßnahmen zu entfernen, kann zur Ausführung der sitzungspolizeilichen Anordnung des Vorsitzenden (§ 176 GVG) auch **unmittelbarer Zwang** angewendet werden. Zulässig ist ggf. auch die Anordnung, den **Angeklagten zu fesseln** (OLG Naumburg StraFo 2020, 203, dazu *Esser* StraFo 2020, 188), oder ihm, wenn er schon gefesselt vorgeführt wird, die Fesseln nicht abzunehmen (BGH NJW 1957, 271). Die noch unter Geltung der alten Fassung des § 119 vertretene Auffassung, die Fesselung dürfe nur unter den engen Voraussetzungen des § 119 Abs. 5 a.F. angeordnet werden, ist überholt. Da § 119 Abs. 1 Satz 2 die Fesselung von Untersuchungsgefangenen als Beschränkungsmaßnahme schon zur Abwehr einer Fluchtgefahr erlaubt, gelten für die auf Abs. 1 Satz 2 gestützte Fesselung über die Verhältnismäßigkeit hinaus keine weiteren Beschränkungen (OLG Saarbrücken Beschl. v. 08.03.2016 – 1 Ws 28/16 = ZAP EN-Nr 547/2016; enger SK-StPO/*Deiters* § 231 Rn. 5; zur alten Rechtslage OLG Dresden NStZ 2007, 479 [480]; Radtke/Hohmann/*Britz* § 231 Rn. 4; Meyer-Goßner/*Schmitt* § 231 Rn. 2).

6 **II. Ingewahrsamnahme des Angeklagten.** Abs. 1 Satz 2 Hs. 2 gibt dem Vorsitzenden die Befugnis, den Angeklagten während einer Unterbrechung der Verhandlung **in Gewahrsam halten zu lassen**. Im Hinblick auf die Intensität des Eingriffs kommt eine Fesselung nur dann in Betracht, wenn konkrete Anhaltspunkte dafür vorliegen, dass sich der Angeklagte entfernen will und der mit der Fesselung beabsichtigte Zweck nicht auf weniger einschneidende Art und Weise erreicht werden kann (OLG Hamm NStZ-RR 2014, 114). Da der Gewahrsam nur der kurzfristigen Sicherung der Anwesenheit dient und keine der Untersuchungshaft vergleichbaren Verfahrensgarantien bestehen, besteht weitgehend Einigkeit darüber, dass die Ermächtigung nur für **zeitlich eng begrenzte Freiheitsentziehungen** gilt (OLG Frankfurt NStZ-RR 2003, 329 [330]; NStZ-RR 2005, 96; LR/*Becker* § 231 Rn. 5; SK-StPO/*Deiters* § 231 Rn. 8; HK/*Julius* § 231 Rn. 3; a.A. KMR/*Eschelbach* § 231 Rn. 14; *Gollwitzer* FS Hanack 1990, S. 163 ff.). Während nach einer Auffassung keine feste zeitliche Grenze besteht, die Ingewahrsamnahme bei »mehrtägiger« Unterbrechung aber nur auf einen Haftbefehl nach §§ 112 ff. gestützt werden könne (OLG Frankfurt NStZ-RR 2003, 329 [330]; KK/*Gmel* § 231 Rn. 2; Graf/*Gorf* § 231 Rn. 3), wird nach a.A. als zeitliche Grenze auf die in § 128 Abs. 1 Satz 1 genannte Frist abgestellt (OLG Frankfurt NStZ-RR 2005, 96; LR/*Becker* § 231 Rn. 5; HK/*Julius* § 231 Rn. 3). Da

sich die Frage nach der Notwendigkeit von Maßnahmen nach Abs. 1 an jedem Verhandlungstag neu stellt, erscheint es am überzeugendsten, »Verhandlung« als »Verhandlungstag« zu lesen und – auch aus Verhältnismäßigkeitsgründen – die Ingewahrsamnahme **nur für Unterbrechungen an einem Verhandlungstag**, also kurze Verhandlungspausen, zuzulassen (SK-StPO/*Deiters* § 231 Rn. 9). Bei Aussetzung der Hauptverhandlung ist der Angeklagte sofort aus dem Gewahrsam zu entlassen (Graf/*Gorf* § 231 Rn. 3).

Die Ingewahrsamnahme ordnet der Vorsitzende nach pflichtgemäßem Ermessen an. Sie wird auf seine Anordnung ohne Einschaltung der StA (§ 36 Abs. 2 Satz 2) von den Justizwachtmeistern bzw. Justizvollzugsbediensteten oder (im Wege der Amtshilfe) von der Polizei vollzogen (LR/*Becker* § 231 Rn. 6; Meyer-Goßner/*Schmitt* § 231 Rn. 3). 7

E. Abwesenheitsverhandlung (Abs. 2). I. Regelungszweck. Nach Abs. 2 kann die begonnene Hauptverhandlung bei eigenmächtigem Entfernen des Angeklagten zu Ende geführt werden kann, wenn dieser über die Anklage schon vernommen war, das Gericht seine fernere Anwesenheit nicht für erforderlich hält und er in der Ladung über die Möglichkeit der Abwesenheitsverhandlung belehrt wurde. Dem liegt der Gedanke zugrunde, dass der Angeklagte grds. nicht ungehört verurteilt werden darf, seine weitere Anwesenheit nach Gewährung rechtlichen Gehörs zur Erforschung der Wahrheit aber nicht unbedingt erforderlich ist (*Hahn*, Materialien S. 186 f.; LR/*Becker* § 231 Rn. 7). Da es der Angeklagte nicht in der Hand haben soll, durch das Entfernen aus der Hauptverhandlung den Fortgang des Verfahrens zu vereiteln, soll daher **im Interesse der Funktionsfähigkeit der Strafrechtspflege** und zur **Durchsetzung des staatlichen Strafanspruchs** ohne ihn weiterverhandelt werden können (BGHSt 25, 317 [319]; NJW 2011, 3249 [3250]; LR/*Becker* § 231 Rn. 7; SK-StPO/*Deiters* § 231 Rn. 10). 8

II. Voraussetzungen. 1. Ordnungsgemäße Ladung. Da der Angeklagte seine Anwesenheitspflicht im Fortsetzungstermin nur erfüllen kann, wenn er ihn kennt, ist ungeschriebene Voraussetzung für die Abwesenheitsverhandlung, dass dafür die ordnungsgemäße Ladung nachgewiesen ist (BGHSt 38, 271 [273]; NStZ 1984, 41; LR/*Becker* § 231 Rn. 10; Meyer-Goßner/*Schmitt* § 231 Rn. 14; weitergehend Dölling/Duttge/König/Rössner/*Temming* § 231 Rn. 4: auch im Fall des Entfernens aus laufender Hauptverhandlung). Bei der Ladung zum Fortsetzungstermin (s. § 216 Rdn. 1) muss der Angeklagte nicht über die gesetzlichen Folgen eigenmächtigen Fernbleibens belehrt worden sein (BGHSt 46, 81 [83]; LR/*Becker* § 231 Rn. 10; Meyer-Goßner/*Schmitt* § 231 Rn. 14; a.A. OLG Düsseldorf NJW 1970, 1889). 9

Erscheint der Angeklagte nach Unterbrechung nicht zum Fortsetzungstermin, obwohl er zu diesem ordnungsgemäß geladen worden war, bedarf es über die mündliche Verkündung des neuen Termins hinaus keiner gesonderten Ladung, wenn die Hauptverhandlung erneut unterbrochen und an einem anderen Tag fortgesetzt werden soll (OLG Karlsruhe MDR 1984, 690; LR/*Becker* § 231 Rn. 10; Meyer-Goßner/*Schmitt* § 231 Rn. 14; einschränkend BGH NJW 1987, 2592 [2593]: nur dann, wenn er durch einen Verteidiger vertreten ist; ebenso Radtke/Hohmann/*Britz* § 231 Rn. 9). 10

2. Erfolgte Vernehmung über die Anklage. Dem Angeklagten muss in der Hauptverhandlung Gelegenheit gegeben worden sein, sich zum zugelassenen Anklagesatz zu äußern. Ob er sich zu der Anklage geäußert oder nicht zur Sache ausgesagt hat, spielt keine Rolle (BGHSt 27, 216 [217]; NJW 1987, 2592 [2593]; LR/*Becker* § 231 Rn. 26; Meyer-Goßner/*Schmitt* § 231 Rn. 19). Dadurch, dass der Angeklagte erklärt, er wolle später Angaben zur Sache machen, kann er den Abschluss der Sachvernehmung nicht hinausschieben (BGH NJW 1987, 2592 [2593]; LR/*Becker* § 231 Rn. 26). Keine Voraussetzung für die Anwendung von § 231 ist, dass (im Zusammenhang mit der Vernehmung zur Sache) **Vorstrafen** gem. § 243 Abs. 5 Satz 3 festgestellt und erörtert worden sind (BGHSt 27, 216 [217, 219] unter Aufgabe von BGHSt 25, 4 [5]; KK/*Gmel* § 231 Rn. 7; Meyer-Goßner/*Schmitt* § 231 Rn. 19). 11

Versetzt sich der Angeklagte **vor der Vernehmung zur Sache** in einen seine Verhandlungsfähigkeit ausschließenden Zustand, der dem Ausbleiben i.S.d. Abs. 2 gleichsteht (s. Rdn. 4), **gilt § 231a** (s. § 231a Rdn. 1; BGH NJW 2011, 3249 [3252]). 12

3. Keine Erforderlichkeit der ferneren Anwesenheit des Angeklagten. Nach Auffassung des Gerichts, nicht nur des Vorsitzenden, muss die fernere Abwesenheit des Angeklagten für die Sachaufklärung nicht erforderlich sein. Dafür sind die **Umstände des Einzelfalls nach dem Ausbleiben** des Angeklagten maßgeblich; vor diesem Zeitpunkt kann die Entbehrlichkeit des Angeklagten nicht beurteilt werden (RGSt 58, 149 [153]; LR/*Becker* § 231 Rn. 27; Meyer-Goßner/*Schmitt* § 231 Rn. 20). Ist ein **Hinweis nach § 265 Abs. 1, 2** erforderlich, kann nicht ohne den Angeklagten weiterverhandelt werden (RGSt 35, 65 [66]; BGH MDR 1969, 360 [D]; LR/*Becker* § 231 Rn. 28; Meyer-Goßner/*Schmitt* § 231 Rn. 21); es sei denn, ein Verteidiger des Angeklagten ist anwesend (§ 234a). Dass nach §§ 245 Abs. 1 Satz 2, 251 Abs. 1 Nr. 1, Abs. 2 Nr. 3 die Zustimmung des Angeklagten vorgeschrieben ist, macht seine Anwesenheit nicht erforderlich. Denn durch 13 seine eigenmächtige Abwesenheit hat der Angeklagte auf dieses Recht verzichtet (BGHSt 3, 206 [210]; KK/*Gmel* § 231 Rn. 9; Meyer-Goßner/*Schmitt* § 231 Rn. 21). Für den Fall des § 153 Abs. 2 stellt § 153 Abs. 2 Satz 2 die Entbehrlichkeit der Zustimmung ausdrücklich klar.

14 **4. Hinweis auf die Folgen des Nichterscheinens.** Zur Umsetzung der Vorgaben aus Art. 8 Abs. 2 lit. a der Richtlinie (EU) 2016/343 des Europäischen Parlamentes und des Rates vom 09.03.2016 wurde mit dem »Gesetz zur Stärkung des Rechts des Angeklagten auf Anwesenheit in der Verhandlung« vom 17.12.2018 (BGBl. I, S. 2571) mit Wirkung zum 21.12.2018 die Pflicht normiert, den Angeklagten in der Ladung auf die Folgen des Nichterscheinens hinzuweisen. Die Belehrung ist grds. bereits mit der ersten schriftlichen Ladung zur Hauptverhandlung zu erteilen, ein nur mündlicher Hinweis in der Hauptverhandlung (auch bei der Ladung zum Fortsetzungstermin) genügt nicht (BT-Drs. 19/4467, S. 21 f.).

15 **5. Sich-Entfernen aus der Hauptverhandlung oder Ausbleiben bei Fortsetzung. a) Verstoß gegen die Anwesenheitspflicht.** Der Angeklagte muss dadurch gegen seine Anwesenheitspflicht verstoßen, dass er sich nach Erscheinen aus der Hauptverhandlung entfernt oder bei Fortsetzung einer unterbrochenen Hauptverhandlung ausbleibt (s. Rdn. 4). Keine Voraussetzung für die Anwendung von Abs. 2 ist, dass der Vorsitzende versucht hat, die Anwesenheit des Angeklagten mit den in Abs. 1 genannten Mitteln zu erzwingen (LR/*Becker* § 231 Rn. 7; Meyer-Goßner/*Schmitt* § 231 Rn. 6).

16 **b) Eigenmächtigkeit.** Nach dem reinen Wortlaut von Abs. 2 würde für die Abwesenheitsverhandlung der bloße Verstoß gegen die Anwesenheitspflicht ausreichen. Die herrschende Meinung verlangt darüber hinaus aber, dass der Angeklagte insoweit **eigenmächtig** gehandelt hat (BGHSt 37, 249 [251]; NStZ 2010, 585 = NJW 2011, 3249 [3252]; LR/*Becker* § 231 Rn. 11; KK/*Gmel* § 231 Rn. 3; a.A. SK-StPO/*Deiters* § 231 Rn. 19 ff.). Mit dem zusätzlichen Erfordernis der Eigenmacht soll in einschränkender Auslegung des Gesetzes dem Gedanken Rechnung getragen werden, dass es – auch im Hinblick auf Abs. 1 und § 230 Abs. 2 (»genügend entschuldigt«) – nicht Sinn der Vorschrift sein kann, ein Verhandeln gegen den Angeklagten ohne Rücksicht auf die für sein Ausbleiben maßgebenden Gründe zuzulassen (BGHSt 3, 187 [190]; 37, 249 [251]; NStZ-RR 2008, 285). Eigenmacht liegt vor, wenn der Angeklagte **ohne Rechtfertigungs- und Entschuldigungsgründe wissentlich seiner Anwesenheitspflicht nicht genügt** (BGHSt 37, 249 [251, 255]; NStZ-RR 2008, 285; NStZ 2010, 585; KK/*Gmel* § 231 Rn. 3; Meyer-Goßner/*Schmitt* § 231 Rn. 10). Dass der Angeklagte das Ziel verfolgt, durch Missachtung seiner Anwesenheitspflicht i.S.e. Boykottabsicht den Gang der Rechtspflege zu stören oder ihm entgegenzutreten (so noch BGH NJW 1980, 950; StV 1984, 325; NStZ 1988, 421 [422]), wird nicht (mehr) vorausgesetzt (BGHSt 37, 249 [254]; NStZ-RR 2008, 285; KK/*Gmel* § 231 Rn. 3; Meyer-Goßner/*Schmitt* § 231 Rn. 10).

17 **aa) Wissentliche Verletzung der Anwesenheitspflicht.** Keine Eigenmächtigkeit ist danach gegeben, wenn der Angeklagte seine Anwesenheitspflicht ohne **Vorsatz** verletzt; bloße Fahrlässigkeit genügt nicht (LR/*Becker* § 231 Rn. 11; KMR/*Eschelbach* § 231 Rn. 20). **Keine Wissentlichkeit** liegt z.B. vor, wenn der Angeklagte
– sich über den Zeitpunkt des Fortsetzungstermins **geirrt** hat (BGH StV 1981, 393 [394]; NStZ-RR 2001, 333 [334]; OLG Bremen StV 1985, 50);
– einen Fortsetzungstermin **verschlafen** hat (BGH StV 1988, 185; BGHR StPO § 231 Abs. 2 – Abwesenheit, eigenmächtige 7);
– sich mit stillschweigender Billigung des Gerichts aus der Hauptverhandlung entfernt (BGH NJW 1973, 522) bzw. das Gericht ihm das Ausbleiben freistellt, gestattet oder den Eindruck des Einverständnisses erweckt (BGHSt 37, 249 [252]; MDR 1987, 448; NStZ 1998, 476 [477]; KG NStZ-RR 2015, 251: Bitte des Vorsitzenden).

18 Dagegen ist – neben dem Fall des bewussten Entfernens bzw. Nichterscheinens – eine **vorsätzliche Verletzung** der Anwesenheitspflicht u.a. anzunehmen, wenn der Angeklagte
– sich zur Verhinderung der Verfahrensfortführung in einen seine **Verhandlungsfähigkeit ausschließenden Zustand** versetzt (BGH NJW 1991, 2917 [2918]; NStZ 1986, 372; 2002, 533 [535]);
– während laufender Hauptverhandlung einen **Suizidversuch** unternimmt (BGHSt 16, 178 [182]; NJW 2011, 3249 [3252]);
– sich in Kenntnis des Fortsetzungstermins ohne Not in eine Lage begeben hat, die für ihn vorhersehbar mit dem erheblichen Risiko verbunden war, nicht (rechtzeitig) zum Termin zu erscheinen (BGH NStZ-RR 2008, 285: Provokation einer Verhaftung im Ausland; OLG Jena, Beschl. v. 08.10.2008 – 1 Ss 120/08: übermäßiger Alkoholgenuss).

bb) Rechtfertigungs- und Entschuldigungsgründe. Zur Frage, wann aufgrund bestimmter rechtfertigender oder entschuldigender Umstände keine Eigenmächtigkeit vorliegt, besteht eine **umfangreiche Kasuistik** (ausführlich LR/*Becker* § 231 Rn. 13 ff.; KK/*Gmel* § 231 Rn. 4 ff.). Als vom Willen des Angeklagten unabhängige, seine Teilnahme hindernde Gründe erkennt die Rspr. etwa an, wenn der Angeklagte 19

- auf Anordnung des Vorsitzenden »vorübergehend abgeführt« wird (BGH StV 1993, 285 [286]);
- **verspätet zum Termin erscheint** (BGH NStZ 2003, 561: wegen dreißigminütiger Zugverspätung; KG, Beschl. v. 31.01.2000 – [4] 1 Ss 390/99 [153/99]: wegen hohen Verkehrsaufkommens und Eingangskontrollen im Gericht);
- wegen überraschenden Ausfalls des Urlaubsrückflugs nicht zum Fortsetzungstermin erscheinen kann (BGH NStZ 1991, 28 [K/M]);
- durch **Krankheit**, nicht nur wegen Unpässlichkeit, am Erscheinen gehindert ist (BGH NJW 1987, 2592 [2593]; OLG Stuttgart NJW 1967, 944 [946]; OLG Karlsruhe StraFo 2001, 415). Eine Verhandlung am Krankenbett muss der Angeklagte nach herrschender Meinung nicht dulden (Meyer-Goßner/*Schmitt* § 231 Rn. 18 m.w.N.; offengelassen von BGH NJW 1987, 2592 [2593]).
- sich in einer **besonderen Konfliktlage** befindet, weil ihm bei Teilnahme am Termin der Verlust des Arbeitsplatzes droht (BGH NJW 1980, 950 [951]; StV 1984, 325; OLG Hamm NJW 1995, 207 zu § 329) oder wegen des Gesundheitszustandes eines nahen Angehörigen (OLG Stuttgart Justiz 1990, 169).
- im Ausland unerwartet in Haft kommt (BGH StV 2019, 170 [171];

Da die Anwesenheitspflicht des Angeklagten beruflichen Verpflichtungen grds. vorgeht (BGH MDR 1981, 976 [Sch]), können **dringende berufliche Gründe** nur in seltenen Ausnahmefällen entschuldigend wirken (LR/*Becker* § 231 Rn. 20; zu weitgehend OLG Frankfurt NJW 1974, 2065; Köln VRS 70, 16 [17]). 20

Befindet sich der **Angeklagte in Haft**, liegt keine Eigenmächtigkeit vor, wenn dem erkennenden Gericht eine Vorführung aus der Haft möglich ist. Aufgrund der Inhaftierung besitzt der Angeklagte nämlich nicht die »Machtposition«, aus eigenen Stücken dem Termin fernzubleiben; vielmehr hat das Gericht, das von der Inhaftierung Kenntnis hat, die Pflicht und Möglichkeit, die jederzeitige Anwesenheit notfalls zwangsweise durch Vorführung sicherzustellen (BGHSt 25, 317 [319]; NJW 1977, 1928; NStZ 1993, 446 [447]; a.A. KG OLGStPO § 231 Nr. 3). Eine Verpflichtung des Gerichts, die Anwesenheit des Angeklagten sicherzustellen, entfällt jedoch, wenn das Gericht alle nach den Umständen und der Bedeutung der Sache zumutbaren Mittel versucht hat und weitere Zwangsmittel wegen ihrer Unverhältnismäßigkeit ausscheiden (BGH NJW 2014, 1606 [1607]). Führt die dem Gericht unbekannte Verhaftung in anderer Sache dazu, dass der Angeklagte einen Fortsetzungstermin nicht wahrnehmen kann, kann bei fehlender rechtzeitiger Information durch ihn nach Abs. 2 verfahren werden (offengelassen in BGH NStZ 1997, 295; a.A. BGH GA 1969, 281; OLG Frankfurt StV 1987, 380 [381]; KMR/*Eschelbach* § 231 Rn. 22; KK/*Gmel* § 231 Rn. 6). Denn ansonsten hätte es der Angeklagte entgegen der Intention des Gesetzgebers in der Hand, die Durchführung des Verfahrens zu vereiteln bzw. zu verzögern. 21

c) Nachweis der Eigenmächtigkeit. Es obliegt nicht dem Angeklagten glaubhaft zu machen, dass sein Ausbleiben nicht auf Eigenmächtigkeit beruht. Daher ist es auch irrelevant, ob und wann er sich entschuldigt hat (BGH StV 1982, 356; Meyer-Goßner/*Schmitt* § 231 Rn. 12). Die Eigenmacht muss vielmehr im Freibeweisverfahren zur Überzeugung des Gerichts **nachgewiesen sein** (BGHSt 3, 304 [305]; 16, 178 [180]; NStZ-RR 2001, 333 [334]; OLG Hamm StraFo 2007, 292; Meyer-Goßner/*Schmitt* § 231 Rn. 10). Es kommt nicht darauf an, ob das Gericht Grund zur Annahme eigenmächtigen Ausbleibens hatte, sondern allein darauf, ob nach den **konkreten Umständen des Einzelfalls** eine solche **Eigenmächtigkeit tatsächlich vorlag** (BGH NStZ-RR 2001, 333 [334]; NStZ 2003, 561 [562]; KK/*Gmel* § 231 Rn. 3). Bei verbleibenden Zweifeln darf das Gericht Abs. 2 nicht anwenden (BGH NJW 1980, 950 [951]; NStZ 1989, 283 [284]; OLG Karlsruhe Justiz 1994, 446 [447]; StraFo 2001, 415; KK/*Gmel* § 231 Rn. 3; Graf/*Gorf* § 231 Rn. 7). Da die Frage der Anwesenheit des Angeklagten **nicht disponibel** ist, können die Verfahrensbeteiligten sich nicht darauf verständigen, auch ohne Vorliegen der Voraussetzungen nach Abs. 2 zu verfahren (OLG Hamm StV 2007, 571; LR/*Becker* § 231 Rn. 12). 22

III. Durchführung der Abwesenheitsverhandlung. 1. Entscheidung. Ob nach Abs. 2 verfahren werden soll, entscheidet das Gericht nach **pflichtgemäßem Ermessen**. Das Gericht kann bei Vorliegen der Voraussetzungen entscheiden, ob es von der Vorschrift Gebrauch macht oder die Anwesenheit des Angeklagten nach § 230 Abs. 2 erzwingt (LR/*Becker* § 231 Rn. 30). Allerdings ist vom Gesetz die Fortführung des Verfahrens intendiert, wenn nach den Umständen des Einzelfalls die weitere Anwesenheit des Angeklagten zur Sachaufklärung entbehrlich ist. 23

Um das Verfahren in Abwesenheit des eigenmächtig ausgebliebenen Angeklagten fortzusetzen, bedarf es **keines gesonderten Beschlusses**; es reicht vielmehr aus, dass das Gericht ausdrücklich oder schlüssig zu 24 erkennen gibt, dass es die Hauptverhandlung in Abwesenheit des Angeklagten zu Ende führen werde (BGH MDR 195, 198 [D]; NStZ 1981, 95 [Pf]; KK/*Gmel* § 231 Rn. 11; Meyer-Goßner/*Schmitt* § 231 Rn. 22).

25 **2. Zulässigkeit der Weiterverhandlung.** Die Weiterverhandlung ohne den Angeklagten ist so lange zulässig, wie das Gericht bei pflichtgemäßer Prüfung von der Fortdauer der Umstände, die es zur Anwendung von Abs. 2 veranlasst haben, ausgehen darf (OLG Düsseldorf NStZ-RR 1997, 81 [82]; Graf/*Gorf* § 231 Rn. 11). Erstreckt sich die Hauptverhandlung über mehrere Sitzungstage, rechtfertigt die eigenmächtige Abwesenheit des Angeklagten an nur einem Verhandlungstag die Fortsetzung ohne ihn an den folgenden Sitzungstagen nicht, wenn er dem Fortsetzungstermin nicht eigenmächtig fernbleibt, sondern sein Versuch, zur Hauptverhandlung zu erscheinen, aus anderen Gründen misslingt (BGH NStZ 1986, 422; SK-StPO/*Deiters* § 231 Rn. 31, 39).

26 **3. Rückkehr oder verspätetes Erscheinen.** Kehrt der Angekl. in die Hauptverhandlung zurück oder erscheint er verspätet zum Fortsetzungstermin, nimmt er seine **Stellung mit allen seinen Rechten** wieder ein, insb. ist ihm das letzte Wort (§ 258 Abs. 2) zu gewähren (BGH NStZ 1986, 372; 1990, 291; OLG Hamm NStZ-RR 2001, 334 [335]; OLG Stuttgart NStZ-RR 2015, 285; LR/*Becker* § 231 Rn. 34; Meyer-Goßner/*Schmitt* § 231 Rn. 23). Lagen die Voraussetzungen für die Abwesenheitsverhandlung nach Abs. 2 vor, wird durch die Rückkehr die Zulässigkeit der in Abwesenheit durchgeführten Teile der Hauptverhandlung nicht berührt (LR/*Becker* § 231 Rn. 34; Meyer-Goßner/*Schmitt* § 231 Rn. 23).

27 Anders als für die Fälle der §§ 231a, 231b und § 247 normiert das Gesetz keine Pflicht des Vorsitzenden, den Angeklagten nach dessen Rückkehr über den Inhalt dessen zu unterrichten, was während seiner Abwesenheit ausgesagt oder verhandelt worden ist. Die herrschende Meinung folgert daraus, dass eine Information des Angeklagten zwar zweckmäßig und aufgrund der prozessualen Fürsorgepflicht im Einzelfall auch geboten sein kann, grds. aber nicht notwendig ist (BGHSt 3, 187 [189]; NStZ 2002, 533 [535]; LR/*Becker* § 231 Rn. 34; KK/*Gmel* § 231 Rn. 12; Meyer-Goßner/*Schmitt* § 231 Rn. 23). Da es angesichts der vergleichbaren Interessenlage aber keinen sachlichen Grund für eine Differenzierung zwischen den genannten Fällen der Abwesenheitsverhandlung gibt, ist es überzeugender, von einer **generellen Unterrichtungspflicht** auszugehen (SK-StPO/*Deiters* § 231 Rn. 38; KMR/*Eschelbach* § 231 Rn. 30; HK/*Julius* § 231 Rn. 11; *Rieß* JZ 1975, 265 [271]).

28 Entfernt sich der Angeklagte nach der Rückkehr nochmals, darf in seiner Abwesenheit weiterverhandelt werden, wenn die Voraussetzungen des Abs. 2 erneut gegeben sind (BGHSt 19, 144 [147]; LR/*Becker* § 231 Rn. 35; KMR/*Eschelbach* § 231 Rn. 31; Meyer-Goßner/*Schmitt* § 231 Rn. 23).

29 **4. Urteil.** Im Urteil muss das Gericht die Anwendung des Abs. 2 nicht begründen (OLG Köln StV 1985, 50; OLG Jena, Beschl. v. 08.10.2008 – 1 Ss 120/08; LR/*Becker* § 231 Rn. 37; KK/*Gmel* § 231 Rn. 13; a.A. SK-StPO/*Deiters* § 231 Rn. 29). Das Urteil ist dem Angeklagten gem. § 35 Abs. 2 Satz 1 mit Rechtsmittelbelehrung (§ 35a) förmlich zuzustellen; an den Verteidiger kann gem. § 145a Abs. 1 zugestellt werden. § 232 Abs. 4 gilt nicht entsprechend (s. § 232 Rdn. 25).

30 **F. Rechtsbehelfe. I. Wiedereinsetzung.** Ergibt sich nachträglich, dass der Angeklagte nicht eigenmächtig abwesend war, ist nach allgemeiner Ansicht mangels (entsprechender) Anwendbarkeit des § 235 die **Wiedereinsetzung in den vorherigen Stand unzulässig** (BGHSt 10, 304 [305]; LR/*Becker* § 231 Rn. 39; Radtke/Hohmann/*Britz* § 231 Rn. 19). Zur Vermeidung einer Urteilsaufhebung in der Revision muss das Gericht in diesem Fall die in Abwesenheit des Angeklagten durchgeführten Teile der Hauptverhandlung wiederholen (BGH NStZ 1988, 447 [M]; SK-StPO/*Deiters* § 231 Rn. 44; KK/*Gmel* § 231 Rn. 14).

31 **II. Antrag auf gerichtliche Entscheidung und Beschwerde.** Da es sich bei der Anordnung des Vorsitzenden nach Abs. 1 Satz 2 nach heute herrschender Meinung um eine **Maßnahme der Sachleitung** handelt, kann dagegen Antrag auf gerichtliche Entscheidung gem. **§ 238 Abs. 2** gestellt werden (LR/*Becker* § 231 Rn. 40; KK/Gmel § 231 Rn. 2; SK-StPO/*Deiters* § 231 Rn. 42; Meyer-Goßner/*Schmitt* § 231 Rn. 24; a.A. BGH NJW 1957, 271; *Pfeiffer* § 231 Rn. 5).

32 Die Anordnung nach Abs. 1 Satz 2 bzw. der sie bestätigende Gerichtsbeschluss ist mit der **Beschwerde** nach § 304 Abs. 1 anfechtbar, § 305 Satz 1 StPO steht nicht entgegen (OLG Frankfurt NStZ-RR 2003, 329; OLG Dresden StV 2008, 33; LR/*Becker* § 231 Rn. 41; SK-StPO/*Deiters* § 231 Rn. 42; Meyer-Goßner/*Schmitt* § 231 Rn. 24). Hat sich eine Ingewahrsamnahme zwischenzeitlich erledigt, kann im Hinblick auf den Eingriff in Art. 2 Abs. 2 GG **Antrag auf Feststellung der Rechtswidrigkeit** der Maßnahme gestellt werden (OLG Frankfurt NStZ-RR 2003, 329 [330]; LR/*Becker* § 231 Rn. 41; KMR/*Eschelbach* § 231 Rn. 35). Die **weitere Beschwerde** ist dagegen unzulässig, da die Ingewahrsamnahme keine »Verhaftung« i.S.d. eng auszulegenden § 310 ist (KMR/*Eschelbach* § 231 Rn. 36; SK-StPO/*Deiters* § 231 Rn. 42).

Die Entscheidung des Gerichts, nach Abs. 2 zu verfahren, ist im Hinblick auf § 305 Satz 1 nicht mit der Beschwerde anfechtbar (LR/*Becker* § 231 Rn. 42; SK-StPO/*Deiters* § 231 Rn. 43; Graf/*Gorf* § 231 Rn. 15). 33

III. Revision. Anordnungen und Maßnahmen nach Abs. 1 Satz 2 können grds. nicht mit der Revision angegriffen werden, soweit nicht nach § 238 Abs. 2 erfolglos beanstandete Anordnungen des Vorsitzenden gem. § 338 Nr. 8 die Verteidigung in unzulässiger Weise beschränken (BGH NJW 1957, 271; LR/*Becker* § 231 Rn. 43; HK/*Julius* § 238 Rn. 17). 34

Die Abwesenheitsverhandlung ohne Vorliegen der Voraussetzungen des Abs. 2 ist – soweit nicht durch Wiederholung geheilt (s. § 230 Rdn. 34, § 231 Rdn. 30) – **als Verstoß gegen § 230 Abs. 1 gem. § 338 Nr. 5 revisibel**, wenn die Abwesenheit einen wesentlichen Teil der Hauptverhandlung betrifft (BGH StV 1988, 185; StV 2003, 649; StraFo 2008, 430 [431]; LR/*Becker* § 231 Rn. 44; KK/*Gmel* § 231 Rn. 16; Meyer-Goßner/*Schmitt* § 231 Rn. 25). In der Revisionsbegründung (§ 344 Abs. 2) sind insb. die Tatsachen anzugeben, aus denen sich das Fehlen der Eigenmächtigkeit ergibt (LR/*Becker* § 231 Rn. 45; SK-StPO/*Deiters* § 231 Rn. 48). Zum weiteren Revisionsvorbringen s. § 230 Rdn. 35. Ob die Eigenmächtigkeit auch noch im Zeitpunkt des Revisionsverfahrens nachgewiesen ist, prüft das Revisionsgericht selbstständig nach, ohne an die Feststellung des Tatrichters gebunden zu sein (BGH NStZ 1999, 418; NStZ-RR 2001, 333 [334]; NStZ 2010, 585; Beschl. v. 19.08.2021 – 4 StR 410/20; Meyer-Goßner/*Schmitt* § 231 Rn. 25; a.A. LR/*Becker* § 231 Rn. 44; offengelassen in BGH StV 2012, 72 [73]). 35

§ 231a Herbeiführung der Verhandlungsunfähigkeit durch den Angeklagten

(1) [1]Hat sich der Angeklagte vorsätzlich und schuldhaft in einen seine Verhandlungsfähigkeit ausschließenden Zustand versetzt und verhindert er dadurch wissentlich die ordnungsmäßige Durchführung oder Fortsetzung der Hauptverhandlung in seiner Gegenwart, so wird die Hauptverhandlung, wenn er noch nicht über die Anklage vernommen war, in seiner Abwesenheit durchgeführt oder fortgesetzt, soweit das Gericht seine Anwesenheit nicht für erforderlich hält. [2]Nach Satz 1 ist nur zu verfahren, wenn der Angeklagte nach Eröffnung des Hauptverfahrens Gelegenheit gehabt hat, sich vor dem Gericht oder einem beauftragten Richter zur Anklage zu äußern.

(2) Sobald der Angeklagte wieder verhandlungsfähig ist, hat ihn der Vorsitzende, solang mit der Verkündung des Urteils noch nicht begonnen worden ist, von dem wesentlichen Inhalt dessen zu unterrichten, was in seiner Abwesenheit verhandelt worden ist.

(3) [1]Die Verhandlung in Abwesenheit des Angeklagten nach Absatz 1 beschließt das Gericht nach Anhörung eines Arztes als Sachverständigen. [2]Der Beschluss kann bereits vor Beginn der Hauptverhandlung gefasst werden. [3]Gegen den Beschluss ist sofortige Beschwerde zulässig; sie hat aufschiebende Wirkung. [4]Eine bereits begonnene Hauptverhandlung ist bis zur Entscheidung über die sofortige Beschwerde zu unterbrechen; die Unterbrechung darf, auch wenn die Voraussetzungen des § 229 Abs. 2 nicht vorliegen, bis zu dreißig Tagen dauern.

(4) Dem Angeklagten, der keinen Verteidiger hat, ist ein Verteidiger zu bestellen, sobald eine Verhandlung ohne den Angeklagten nach Absatz 1 in Betracht kommt.

Übersicht

1 **A. Inhalt und Zweck der Regelung.** Die Vorschrift, die im Jahr 1974 aus Anlass des Baader-Meinhof-Prozesses geschaffen wurde (BGHSt 26, 228 [229]; KMR/*Eschelbach* § 231a Rn. 1), dient der Sicherung der ordnungsgemäßen Durchführung und Fortsetzung der Hauptverhandlung. Sie ermöglicht zu diesem Zweck, dass ohne den Angeklagten verhandelt werden kann, wenn dieser vorsätzlich und schuldhaft seine Verhandlungsunfähigkeit herbeigeführt hat, **bevor er zur Sache vernommen worden ist**. Bei Herbeiführung der Verhandlungsunfähigkeit nach Abschluss der Sachvernehmung greift dagegen § 231 Abs. 2 ein (BGH NJW 1981, 1052 [1053]; NJW 2011, 3249 [3252]; StV 2019, 170; LR/*Becker* § 231a Rn. 2; Meyer-Goßner/*Schmitt* § 231a Rn. 1). Um zu gewährleisten, dass dem abwesenden Angeklagten hinreichende Möglichkeiten verbleiben, auf Gang und Ergebnis des Verfahrens Einfluss zu nehmen, sieht die **verfassungsgemäße Regelung** (BVerfGE 41, 246 [249]; 51, 324 [343]; 89, 120 [129]) vor, dass der Angeklagte Gelegenheit gehabt haben muss, sich vor einem Richter zur Anklage zu äußern (Abs. 1 Satz 2), dass er nach Wiedererlangung seiner Verhandlungsfähigkeit vom wesentlichen Inhalt des in seiner Abwesenheit Verhandelten zu unterrichten ist (Abs. 2) und dass er über den Beistand eines Verteidigers verfügt, durch den er sich Gehör verschaffen kann (Abs. 4). Über die Verhandlung in Abwesenheit des Angeklagten entscheidet das Gericht nach Anhörung eines Arztes durch Beschluss, der mit sofortiger Beschwerde angefochten werden kann (Abs. 3).

2 Während §§ 231 Abs. 2, 231b, 232 und § 233 dem Gericht ein Ermessen einräumen, ob ohne Angeklagten verhandelt werden soll, handelt es sich bei § 231a um eine **Mussvorschrift** (BGHSt 26, 228 [234]; Meyer-Goßner/*Schmitt* § 231a Rn. 2) Aus Verhältnismäßigkeitsgründen muss ihre Anwendung auf **besondere Ausnahmefälle beschränkt** bleiben (BGHSt 26, 228 [241]; Radtke/Hohmann/*Britz* § 231a Rn. 1; SK-StPO/*Deiters* § 231a Rn. 5).

3 **B. Voraussetzungen der Abwesenheitsverhandlung. I. Vorsätzliche und schuldhafte Herbeiführung der Verhandlungsunfähigkeit. 1. Verhandlungsunfähigkeit.** Die Anordnung der Abwesenheit des Angeklagten setzt voraus, dass das Gericht im **Freibeweisverfahren** aufgrund eines von ihm einzuholenden **ärztlichen Gutachtens** (Abs. 3 Satz 1) zum Ergebnis kommt, dass der Angeklagte sich in einem seine Verhandlungsfähigkeit ausschließenden Zustand befindet. Im Hinblick auf den Zweck der Regelung, dem Angeklagten die Möglichkeit zu nehmen, sich eigenmächtig der Teilnahme an der Hauptverhandlung zu entziehen, setzt die Vorschrift keine **absolute Verhandlungsunfähigkeit** voraus. Verhandlungsunfähig kann der Angeklagte daher auch dann sein, wenn er jeweils für kürzere Zeitspannen seine Rechte in der Hauptverhandlung voll wahrzunehmen in der Lage ist, diese Zeitspannen aber nicht ausreichen, um das Verfahren ordnungsmäßig, insb. in angemessener Zeit, zu Ende zu führen (**punktuelle Verhandlungsunfähigkeit**) (BVerfGE 41, 246 [247]; BGHSt 26, 228 [232]; BGH StV 2019, 170 [171]; LR/*Becker* § 231a Rn. 3; Meyer-Goßner/*Schmitt* § 231a Rn. 5; a.A. KMR/*Eschelbach* § 231a Rn. 13).

4 Herbeigeführt werden kann der die Verhandlungsfähigkeit ausschließende Zustand durch **Tun oder Unterlassen**. Als Mittel zur Herbeiführung kommen vor allem Medikamenteneinnahme BGH NStZ 2002, 533 [535]), Drogen- oder Alkoholmissbrauch, Hungerstreik (BGHSt 26, 228 [231]), Selbstbeschädigungen (BVerfGE 51, 324 [344]), Sich-Hineinsteigern in einen psychischen Ausnahmezustand (OLG Hamm NJW 1977, 1739) und Suizidversuch in Betracht (BGHSt 16, 178 [182]; 19, 144; NJW 2011, 3249 [3252] m. krit. Anm. *Trüg*; *Pfeiffer* § 231a Rn. 2; KK-StPO/Gmel § 231a Rn. 9; Meyer-Goßner/*Schmitt* § 231a Rn. 7 [nur »ernst gemeinter« Selbstmordversuch]; a.A. Radtke/Hohmann/*Britz* § 231a Rn. 4).

5 Umstritten ist die Anwendbarkeit von § 231a, wenn der Angeklagte die Verhandlungsunfähigkeit nicht durch eigenes Tun oder Unterlassen bewirkt hat, sondern eine zur Beseitigung der nicht von ihm herbeigeführten Verhandlungsunfähigkeit **notwendige ärztliche Behandlung nicht in Anspruch nimmt**. Die herrschende Meinung lehnt dies ab, weil der Angeklagte nicht verpflichtet sei, aktiv an der Wiederherstellung seiner Verhandlungsfähigkeit mitzuwirken (LR/*Becker* § 231a Rn. 6; Meyer-Goßner/*Schmitt* § 231a Rn. 7; KK-StPO/*Gmel* § 231a Rn. 3; Radtke/Hohmann/*Britz* § 231a Rn. 4). Mit der Gegenansicht ist dem jedoch entgegenzuhalten, dass i.R.d. gebotenen Abwägung der staatliche Verfolgungsanspruch das Recht des Angeklagten auf körperliche Integrität überwiegt, wenn die ärztliche Behandlung dem Angeklagten nach den Umständen des Einzelfalls – auch unter Berücksichtigung des Umfangs und Gewichts der gegen ihn erhobenen Vorwürfe – **zumutbar** ist (OLG Nürnberg NJW 2000, 1804 [1805]; OLG Düsseldorf NStZ-RR 2001, 274; LG Lüneburg NStZ-RR 2010, 211; *Pfeiffer* § 231a Rn. 2). Nur diese – verfassungsgemäße (BVerfGE 89, 120 [130]) – Auslegung sichert auch die für die Funktionsfähigkeit der Strafjustiz nötige Flexibilität im Umgang mit Angeklagten, die die Durchführung der Hauptverhandlung gezielt und mit allen Mitteln vereiteln wollen.

2. Vorsätzliche und schuldhafte Herbeiführung. Der Angeklagte muss die Verhandlungsunfähigkeit vorsätzlich und schuldhaft herbeigeführt haben. Beide Begriffe sind **wie im Strafrecht** zu verstehen (KK-StPO/*Gmel* § 231a Rn. 4; Radtke/Hohmann/*Britz* § 231a Rn. 5). Vorsatz ist daher von Fahrlässigkeit abzugrenzen, nach herrschender Meinung genügt bedingter Vorsatz (BGHSt 26, 228 [239]; LR/*Becker* § 231a Rn. 4; a.A. SK-StPO/*Deiters* § 231a Rn. 20: dolus directus ersten Grades; ebenso KMR/*Eschelbach* § 231a Rn. 9). Schuld setzt Vorwerfbarkeit voraus und ist nicht gegeben, wenn der Angeklagte bei der Herbeiführung i.S.d. § 20 StGB schuldunfähig ist (Meyer-Goßner/*Schmitt* § 231a Rn. 8; KK-StPO/*Gmel* § 231a Rn. 6). Wie mit Fällen umzugehen ist, in denen der Angeklagte seine Verhandlungsfähigkeit in einem Zustand herbeiführt, in dem – wie bei § 21 – die Steuerungsfähigkeit (nur) erheblich beeinträchtigt ist, hat erstmals der BGH in einer neuen Entscheidung problematisiert, ohne jedoch über den Einzelfall hinaus handhabbare Kriterien zu formulieren (BGH NJW 2011, 3249 [3252] m. krit. Anm. *Trüg*). 6

II. Wissentliche Verhinderung der ordnungsmäßigen Durchführung oder Fortsetzung der Hauptverhandlung. 1. Ordnungsmäßigkeit der Hauptverhandlung. Der Angeklagte muss durch sein Verhalten wissentlich die **ordnungsmäßige Durchführung oder Fortsetzung der Hauptverhandlung** verhindern. Erforderlich ist dafür nicht, dass der Verfahrensfortgang für unabsehbare Zeit gehemmt wird, es ist vielmehr schon eine Verzögerung ausreichend, die mit dem **allgemeinen Beschleunigungsgebot** nicht vereinbar ist und dazu führt, dass das Verfahren nicht in angemessener Zeit zu Ende geführt werden kann (BVerfGE 41, 246 [247]; BGHSt 26, 228 [232]; Meyer-Goßner/*Schmitt* § 231a Rn. 9; *Rieß* JZ 1975, 265 [269]). Maßgeblich sind insofern die **Umstände des Einzelfalls** (LR/*Becker* § 231a Rn. 8). Kurzfristige, leicht behebbare Verzögerungen reichen nicht aus (LR/*Becker* § 231a Rn. 9; KK-StPO/*Gmel* § 231a Rn. 7). Für die Frage, wann die Grenze überschritten ist und keine ordnungsmäßige Verfahrensdurchführung mehr möglich ist, bietet sich bei schon begonnener Hauptverhandlung die Orientierung an den Unterbrechungsfristen des § 229 an (LR/*Becker* § 231a Rn. 8; SK/*Deiters* § 231a Rn. 17; KMR/*Eschelbach* § 231a Rn. 24). 7

2. Wissentliche Verhinderung. **Wissentliche Verhinderung** setzt voraus, dass der Angeklagte weiß oder als sicher voraussieht, dass durch die von ihm herbeigeführte Verhandlungsunfähigkeit die Hauptverhandlung mindestens erheblich verzögert wird (KK-StPO/*Gmel* § 231a Rn. 8; Radtke/Hohmann/*Britz* § 231a Rn. 6). Bedingter Vorsatz genügt nicht, (»Boykott«-) Absicht wird nicht verlangt (BGHSt 37, 249 [254]; NJW 2011, 3249 [3252]; LR/*Becker* § 231a Rn. 5; *Rieß* JZ 1975, 265 [269]). 8

III. Fehlende Vernehmung zur Sache. **Zeitlich** muss die Verhandlungsunfähigkeit vor dem Abschluss der Vernehmung zur Sache (§ 243 Abs. 5 Satz 2) eingetreten sein, da ansonsten § 231 Abs. 2 Anwendung findet (s. Rdn. 1). Nicht zur Sachvernehmung gehört die Erörterung von Vorstrafen (BGHSt 27, 216 [219 f.] für § 231; KK-StPO/*Gmel* § 231a Rn. 10; Meyer-Goßner/*Schmitt* § 231a Rn. 6). Bei mehreren Angeklagten ist darauf abzustellen, ob derjenige, gegen den der Beschluss ergehen soll, bereits vernommen wurde (Meyer-Goßner/*Schmitt* § 231a Rn. 7). Dass mit der Vernehmung zur Sache ein Verfahrensteil der Hauptverhandlung die Grenze markiert, bedeutet nicht, dass der Angeklagte erst nach Beginn der Hauptverhandlung verhandlungsunfähig geworden sein muss (Graf/*Gorf* § 231a Rn. 7). 9

IV. Keine Unerlässlichkeit der Anwesenheit des Angeklagten. Die Hauptverhandlung wird nicht in Abwesenheit des Angeklagten durchgeführt, wenn das Gericht seine Anwesenheit für unerlässlich hält. Wie sich bereits aus der Formulierung ergibt, ist dieses Tatbestandsmerkmal ein Korrektiv, um **Ausnahmefälle** zu erfassen (BT-Drs. 7/2989, S. 6; KK-StPO/*Gmel* § 231a Rn. 11; Meyer-Goßner/*Schmitt* § 231a Rn. 14). Bei Vorliegen der Voraussetzungen des Abs. 1 ist das Gericht grds. verpflichtet, in Abwesenheit des Angeklagten zu verhandeln, auch wenn dadurch die Aufklärung des Sachverhalts in gewissem Umfang erschwert wird (Meyer-Goßner/*Schmitt* § 231a Rn. 14; *Rieß* JZ 1975, 265 [270]). Die mit der Abwesenheitsverhandlung verbundenen Einschränkungen des rechtlichen Gehörs muss der dafür selbst verantwortliche Angeklagte grds. hinnehmen (LR/*Becker* § 231a Rn. 11). Die Anwesenheit kann aber z.B. unerlässlich sein, wenn es auf den unmittelbaren Eindruck des Angeklagten ankommt (Graf/*Gorf* § 231a Rn. 8) oder eine Gegenüberstellung von Zeugen und Mitangeklagten zwingend geboten erscheint (BT-Drs. 7/2989, S. 6; KK-StPO/*Gmel* § 231a Rn. 11). Ob Unerlässlichkeit vorliegt, entscheidet das Gericht unter **Würdigung aller Umstände des Einzelfalls** (LR/*Becker* § 231 Rn. 11; Meyer-Goßner/*Schmitt* § 231a Rn. 14). 10

Ist die Anwesenheit des Angeklagten nur für einen bestimmten Verfahrensvorgang unerlässlich, kann das Gericht ihn auch nur **zeitweise** hinzuziehen (»soweit«) (LR/*Becker* § 231a Rn. 11). Ist zur Aufklärung eines Teils von mehreren Tatvorwürfen die Anwesenheit des Angeklagten unerlässlich, kommt eine **Abtrennung** in Betracht (KK-StPO/*Gmel* § 231a Rn. 11; Meyer-Goßner/*Schmitt* § 231a Rn. 15). 11

12 **V. Äußerung zur Anklage (Abs. 1 Satz 2). 1. Zweck.** Bevor der Ausschluss des Angeklagten angeordnet werden darf, muss dieser gem. Abs. 1 Satz 2 nach Eröffnung des Hauptverfahrens Gelegenheit haben, sich vor dem Gericht oder einem beauftragten Richter zur Anklage zu äußern. Mit der Äußerungsmöglichkeit wird dem Angeklagten einerseits **rechtliches Gehör** gewährt (BT-Drs. 7/2989, S. 6; LR/*Becker* § 231a Rn. 12). Andererseits soll er auch gewarnt werden, dass bei unverändertem Verhalten die Gefahr einer Verhandlung in seiner Abwesenheit besteht (*Rieß* JZ 1975, 265 [270]).

13 **2. Durchführung.** Der Konzeption nach ersetzt die Anhörung die Vernehmung des Angeklagten zur Sache in der Hauptverhandlung und ist daher **nicht Teil der Hauptverhandlung** (*Rieß* JZ 1975, 265 [270]; SK/*Deiters* § 231a Rn. 29). Der Angeklagte ist gem. § 136 Abs. 1 Satz 2 zu belehren; Staatsanwaltschaft und Verteidiger haben gem. § 168c Abs. 1 ein Anwesenheitsrecht und müssen nach § 168c Abs. 5 vom Termin benachrichtigt werden (Meyer-Goßner/*Schmitt* § 231a Rn. 13). Die bei der Anhörung gemachte Äußerung des Angeklagten wird gem. § 168a protokolliert, die Niederschrift wird in der späteren Abwesenheitsverhandlung **gem. § 249 Satz 1 verlesen** (*Rieß* JZ 1975, 265 [270]; *Pfeiffer* § 231a Rn. 2; Meyer-Goßner/*Schmitt* § 231a Rn. 13). In dem Zeitpunkt, in dem der Angeklagte zur Anklage Stellung nehmen kann, muss er zwar nicht verhandlungsfähig, aber **vernehmungsfähig** sein (OLG Dresden OLG-NL 1995, 189 [190]; LR/*Becker* § 231a Rn. 14; Meyer-Goßner/*Schmitt* § 231a Rn. 12). Dafür reicht es aus, dass er nach ärztlicher Feststellung (vgl. Abs. 3 Satz 1) imstande ist, seine Verteidigung gegen den Anklagevorwurf vorzubringen (KMR/*Eschelbach* § 231a Rn. 31; *Rieß* JZ 1975, 265 [270]).

14 Die Gelegenheit zur Äußerung sollte gegeben werden, sobald Anhaltspunkte für das Vorliegen der Voraussetzungen des Abs. 1 vorhanden sind (Nr. 122 Abs. 1 RiStBV), jedoch **nicht vor Eröffnung des Hauptverfahrens** (KMR/*Eschelbach* § 231a Rn. 30; Meyer-Goßner/*Schmitt* § 231a Rn. 11). Da die Anhörung nicht Teil der Hauptverhandlung ist, führt sie – unabhängig davon, ob über die Abwesenheitsverhandlung bereits vor oder nach Beginn der Hauptverhandlung entschieden werden soll (Abs. 3 Satz 2 bzw. 4) – in amtsgerichtlichen Verfahren der Strafrichter oder Vorsitzende des Schöffengerichts; in Verfahren vor dem LG oder OLG das Gericht in der außerhalb der Hauptverhandlung vorgesehenen Besetzung oder ein beauftragter Richter durch (anders h.M. LR/*Becker* § 231a Rn. 15; KK-StPO/*Gmel* § 231a Rn. 13; Meyer-Goßner/*Schmitt* § 231a Rn. 11). In keinem Fall ausreichend ist die Anhörung durch einen ersuchten Richter oder eine schriftliche Äußerung des Angeklagten (LR/*Becker* § 231a Rn. 15; SK-StPO/*Deiters* § 231a Rn. 30).

15 **C. Verteidigerbestellung (Abs. 4).** Sobald eine Abwesenheitsverhandlung nach Abs. 1 in Betracht kommt – also vor Vernehmung des Angeklagten (Abs. 1 Satz 2) und Anhörung des Arztes nach Abs. 3 (LR/*Becker* § 231a Rn. 18; KK-StPO/*Gmel* § 231a Rn. 17) – muss dem unverteidigten Angeklagten ein Verteidiger bestellt werden. Da es sich um einen **Sonderfall der notwendigen Verteidigung** handelt (KMR/*Eschelbach* § 231a Rn. 39), ist für die Bestellung analog § 141 Abs. 4 der Vorsitzende zuständig (LR/*Becker* § 231a Rn. 18; Meyer-Goßner/*Schmitt* § 231a Rn. 16). Die Bestellung gilt für das gesamte Verfahren und entfällt nicht deshalb, weil der Angeklagte wieder an der Hauptverhandlung teilnimmt (KK-StPO/*Gmel* § 231a Rn. 17; Graf/*Gorf* § 231a Rn. 16).

16 **D. Entscheidung des Gerichts (Abs. 3 Satz 1 und 2).** Das Vorliegen der Voraussetzungen des Abs. 1 Satz 1 prüft das Gericht **im Freibeweisverfahren** (LR/*Becker* § 231a Rn. 21; KMR/*Eschelbach* § 231a Rn. 34). Zur Frage der Verhandlungsunfähigkeit muss es gem. Abs. 3 Satz 1 einen **Arzt als Sachverständigen** anhören. Die Verfahrensbeteiligten sind gem. § 33 anzuhören (KK-StPO/*Gmel* § 231a Rn. 20). Bei schriftlicher Anhörung kann das Anhörungsschreiben für den Angeklagten an den Verteidiger gerichtet werden (Meyer-Goßner/*Schmitt* § 231a Rn. 17).

17 Die Anordnung, die Verhandlung in Abwesenheit des Angeklagten zu führen, ist bei Vorliegen der Voraussetzungen **zwingend** (s. Rdn. 2). Die Entscheidung trifft das Gericht **durch Beschluss** (Abs. 3 Satz 1). Dieser kann bereits vor Beginn der Hauptverhandlung gefasst werden (Abs. 3 Satz 2). Ergeht der Beschluss nach Beginn der Hauptverhandlung, ist bei Einlegung der dagegen zulässigen sofortigen Beschwerde zu unterbrechen (Abs. 3 Satz 4).

18 Der Beschluss ist gem. § 34 zu **begründen** und dem Angeklagten nach §§ 35, 35a **unverzüglich bekannt zu machen** (BGHSt 39, 110 [111]; KK-StPO/*Gmel* § 231a Rn. 20). Kann dem Angeklagten wegen seiner Verhandlungsunfähigkeit der Beschluss nicht vor Ende der Hauptverhandlung bekannt gemacht werden, genügt die Mitteilung an den Verteidiger (§§ 231a Abs. 4, 234a) (BGHSt 39, 110 [111]; LR/*Becker* § 231a Rn. 23).

19 **E. Durchführung der Abwesenheitsverhandlung.** Nach Rechtskraft des Beschlusses nach Abs. 3 kann die Hauptverhandlung so lange in Abwesenheit des Angeklagten geführt werden, bis dieser wieder imstande ist, der Verhandlung uneingeschränkt zu folgen (BGHSt 26, 228 [234]; Meyer-Goßner/*Schmitt* § 231a Rn. 18).

Anstelle der Vernehmung des Angeklagten zur Sache (§ 243 Abs. 5 Satz 2) wird das Protokoll der nach Abs. 1 Satz 2 durchgeführten Anhörung verlesen (KK-StPO/*Gmel* § 231a Rn. 21; *Rieß* JZ 1975, 265 [270]). Da nach Abs. 4 ein Verteidiger zu bestellen ist (Rdn. 15), nimmt dieser gem. § 234a die Informations- und Zustimmungsbefugnisse des abwesenden Angeklagten war (s. § 234a Rdn. 3–6). Hatte der Angeklagte in der Anhörung **Beweisanträge** gestellt, müssen diese nicht förmlich beschieden werden, soweit der Verteidiger sie sich in der Hauptverhandlung nicht zu Eigen macht (LR/*Becker* § 231a Rn. 24; KK-StPO/*Gmel* § 231a Rn. 21). 20

Nach herrschender Meinung schließt die Befugnis des Gerichts, in Abwesenheit der Angeklagten zu verhandeln, nicht auch das Recht in sich ein, diesen gegen seinen Willen von der Hauptverhandlung fernzuhalten (BGHSt 26, 228 [234]; MDR 1980, 631 [H]; LR/*Becker* § 231a Rn. 26; Meyer-Goßner/*Schmitt* § 231a Rn. 18; a.A. *Warda* FS Bruns, S. 415 [425 ff.]). Soweit der Angeklagte – auch der in der Haft befindliche – dies möchte, darf er daher in der Hauptverhandlung anwesend sein und sich äußern (SK-StPO/*Deiters* § 231a Rn. 45). Die Abgabe Verfahrens gestaltender Erklärungen und das Stellen von Anträgen ist ihm jedoch im Hinblick auf seine Verhandlungsunfähigkeit versagt (LR/*Becker* § 231a Rn. 27; Meyer-Goßner/*Schmitt* § 231a Rn. 18). 21

F. Wiedererlangung der Verhandlungsfähigkeit. I. Hinzuziehung zur Hauptverhandlung. Wird der Angeklagte wieder verhandlungsfähig, ist er wieder zur Hauptverhandlung hinzuzuziehen, ohne dass der Beschluss nach Abs. 3 Satz 1 förmlich aufgehoben werden muss (KK-StPO/*Gmel* § 231a Rn. 24; Meyer-Goßner/*Schmitt* § 231a Rn. 19). Dies setzt jedoch voraus, dass das Gericht Kenntnis davon hat, dass der von ihm angenommene Zustand der Verhandlungsunfähigkeit nicht mehr besteht. Deshalb darf es grds. so lange ohne den Angeklagten weiterverhandeln, wie es bei pflichtgemäßer Prüfung von der Fortdauer der Umstände, die es zur Anwendung des § 231a veranlasst haben, ausgehen darf (OLG Düsseldorf NStZ-RR 1997, 81 [82]; KK-StPO/*Gmel* § 231a Rn. 24; LR/*Becker* § 231a Rn. 30). Während der auf freiem Fuß befindliche Angeklagte selbst anzeigen muss, dass er wieder verhandlungsfähig ist, muss bei in Haft befindlichen Angeklagten das Gericht dafür Sorge tragen, dass es von der Wiedererlangung der Verhandlungsfähigkeit baldmöglichst Kenntnis erlangt (SK-StPO/*Deiters* § 231a Rn. 48; Meyer-Goßner/*Schmitt* § 231a Rn. 20). 22

II. Unterrichtungspflicht (Abs. 2). Gem. Abs. 2 muss der Vorsitzende den wieder verhandlungsfähigen Angeklagten, solange mit der Verkündung des Urteils nicht begonnen worden ist, von dem wesentlichen Inhalt dessen unterrichten, was in dessen Abwesenheit verhandelt worden ist. Für die Unterrichtung gelten dieselben Grundsätze wie im Fall des § 247 Abs. 1 Satz 4 (s. § 247 Rdn. 33–36). Als wesentliche Förmlichkeit der Hauptverhandlung ist die Tatsache der Unterrichtung zu protokollieren (BGH NStZ 2010, 465 [466]; LR/*Becker* § 231a Rn. 36). 23

G. Rechtsbehelfe. I. Sofortige Beschwerde. 1. Zulässigkeit. Gegen den Beschluss, gem. § 231a in Abwesenheit des Angeklagten zu verhandeln, ist die sofortige Beschwerde zulässig (Abs. 3 Satz 3), gem. § 304 Abs. 4 Satz 2 Nr. 3 auch bei Beschlüssen des OLG im ersten Rechtszug. 24

Das damit vorgesehene **Zwischenverfahren** soll dazu dienen, vor oder während der laufenden Hauptverhandlung abschließend zu klären, ob gegen den verhandlungsunfähigen Angeklagten verhandelt werden darf. Daher besteht die Anfechtbarkeit des Beschlusses nur bis zum Ende der Hauptverhandlung (BGHSt 39, 110; KK-StPO/*Gmel* § 231a Rn. 26). Wird der Angeklagte vor der Entscheidung des Beschwerdegerichts wieder verhandlungsfähig, wird die Beschwerde gegenstandslos, es sei denn, es wurde schon in Anwesenheit des Angeklagten verhandelt (LR/*Becker* § 231a Rn. 43; KK-StPO/*Gmel* § 231a Rn. 26; a.A. Meyer-Goßner/*Schmitt* § 231a Rn. 23). 25

Beschwerdeberechtigt sind die Staatsanwaltschaft, der vom Beschluss betroffene Angeklagte und sein Verteidiger bzw. gesetzlicher Vertreter, nicht jedoch Mitangeklagte (LR/*Becker* § 231a Rn. 38; Meyer-Goßner/*Schmitt* § 231a Rn. 23). 26

Die sofortige Beschwerde ist **binnen einer Woche** nach Bekanntmachung der Entscheidung (§ 311 Abs. 2) **schriftlich oder zu Protokoll der Geschäftsstelle** einzulegen (§ 306 Abs. 1), kann aber auch in der Hauptverhandlung zu Protokoll erklärt werden (LR/*Becker* § 231a Rn. 37). 27

2. Aufschiebende Wirkung und Unterbrechung. In Abweichung von § 307 Abs. 1 hat die sofortige Beschwerde nach Abs. 3 Satz 3 Hs. 2 **aufschiebende Wirkung**. Bei form- und fristgerechter Einlegung muss daher eine noch nicht begonnene Hauptverhandlung bis zur Entscheidung über das Rechtsmittel hinausgeschoben werden (Meyer-Goßner/*Schmitt* § 231a Rn. 24). Eine bereits begonnene Hauptverhandlung ist bis zur (rechtskräftigen) Entscheidung über die sofortige Beschwerde zwingend zu unterbrechen (Abs. 3 Satz 4 Hs. 1). Die Unterbrechung darf gem. Abs. 3 Satz 4 Hs. 2 bis zu dreißig Tagen dauern, auch wenn die Hauptverhandlung davor nicht an mindestens 10 Tagen stattgefunden hat (»Voraussetzungen des § 229 Abs. 2«). 28

War die Hauptverhandlung zum Zeitpunkt, an dem die Abwesenheitsverhandlung anordnet wurde, bereits aufgrund einer anderen Vorschrift unterbrochen, steht die dreißigtägige Frist gleichwohl in voller Länge zur Verfügung (LR/*Becker* § 231a Rn. 41; KK-StPO/*Gmel* § 231a Rn. 26). Für die Berechnung der mit Einlegung der Beschwerde beginnenden Frist gilt § 229 Abs. 4 entsprechend (SK-StPO/*Deiters* § 231a Rn. 42; KMR/*Eschelbach* § 231a Rn. 50).

29 **3. Entscheidung.** Das Beschwerdegericht überprüft das Vorliegen der Voraussetzungen des Abs. 1 in rechtlicher und tatsächlicher Hinsicht, die der tatrichterlichen Beurteilung vorbehaltene Frage der Unerlässlichkeit der Anwesenheit allerdings nur auf Ermessensfehler (LR/*Becker* § 231a Rn. 42; KK-StPO/*Gmel* § 231a Rn. 26). Den Beschluss über die Anordnung der Abwesenheit kann es **entweder bestätigen oder aufheben**, eine Entscheidung in der Sache nach 309 Abs. 2 darf es wegen der besonderen Art des Beschlusses nicht treffen (LR/*Becker* § 231a Rn. 43; SK-StPO/*Deiters* § 231a Rn. 43).

30 **II. Beschwerde.** Lehnt das Gericht einen Antrag auf Verhandlung in Abwesenheit des Angeklagten ab, ist dagegen die einfache Beschwerde gem. § 304 Abs. 1 zulässig. Wegen der eigenständigen prozessualen Bedeutung der Entscheidung steht § 305 Satz 1 nicht entgegen (OLG Nürnberg NJW 2000, 1804; KK-StPO/*Gmel* § 231a Rn. 22; Meyer-Goßner/*Schmitt* § 231a Rn. 27). Keine Beschwerde gegeben ist gem. § 304 Abs. 4 Satz 2 gegen Ablehnungsentscheidungen des OLG im ersten Rechtszug, da die Ausnahme nach § 304 Abs. 4 Satz 2 Nr. 3 nur die Anordnung der Hauptverhandlung in Abwesenheit des Angeklagten betrifft (KK-StPO/*Gmel* § 231a Rn. 27; *Rieß* JZ 1975, 265 [271 Fn. 89]).

31 **III. Revision.** Wegen der Anfechtbarkeit des Anordnungsbeschlusses mit der sofortigen Beschwerde nach Abs. 3 kann gem. **§ 336 Satz 2** die Revision nicht darauf gestützt werden, dass die Voraussetzungen des Abs. 1 nicht vorlagen (LR/*Becker* § 231a Rn. 47; SK-StPO/*Deiters* § 231a Rn. 52).

32 Gem. **§ 338 Nr. 5** kann geltend gemacht werden, dass die Hauptverhandlung in Abwesenheit des Angeklagten durchgeführt wurde, obwohl seine Verhandlungsfähigkeit wieder bestand und das Gericht ihn in Kenntnis oder fahrlässiger Unkenntnis dieses Umstands nicht hinzugezogen hat (LR/*Becker* § 231a Rn. 48). Ebenso kann gerügt werden, dass das Gericht entgegen § 231a Abs. 3 Satz 4 nach Einlegung der sofortigen Beschwerde die Hauptverhandlung ohne Unterbrechung fortgesetzt hat (LR/*Becker* § 231a Rn. 48; SK-StPO/*Deiters* § 231a Rn. 52). Mit der Revision kann auch ein Verstoß gegen die Unterrichtungspflicht nach § 231a Abs. 2 gerügt werden, wenn das Urteil auf diesem Fehler beruht (§ 337), z.B. weil der Angeklagte nicht über alle Vorgänge in seiner Abwesenheit unterrichtet wurde (SK-StPO/*Deiters* § 231a Rn. 52; KMR/*Eschelbach* § 231a Rn. 55). Auch die verspätete Bekanntmachung des Beschlusses nach Abs. 3 Satz 1 kann die Revision begründen (BGHSt 39, 110 [111]; LR/*Becker* § 231a Rn. 49; KK-StPO/*Gmel* § 231a Rn. 28).

§ 231b Fortsetzung nach Entfernung des Angeklagten zur Aufrechterhaltung der Ordnung

(1) [1]Wird der Angeklagte wegen ordnungswidrigen Benehmens aus dem Sitzungszimmer entfernt oder zur Haft abgeführt (§ 177 des Gerichtsverfassungsgesetzes), so kann in seiner Abwesenheit verhandelt werden, wenn das Gericht seine fernere Anwesenheit nicht für unerläßlich hält und solange zu befürchten ist, daß die Anwesenheit des Angeklagten den Ablauf der Hauptverhandlung in schwerwiegender Weise beeinträchtigen würde. [2]Dem Angeklagten ist in jedem Fall Gelegenheit zu geben, sich zur Anklage zu äußern.
(2) Sobald der Angeklagte wieder vorgelassen ist, ist nach § 231a Abs. 2 zu verfahren.

Übersicht

1 **A. Inhalt der Regelung.** Die eng auszulegende Vorschrift ermöglicht es, die Hauptverhandlung zeitweise in Abwesenheit des Angeklagten zu führen, wenn dieser gem. § 177 GVG wegen ordnungswidrigen Benehmens aus dem Sitzungszimmer entfernt wurde (Satz 1). Damit soll nicht der Ordnungsverstoß sanktioniert, sondern

der geordnete Ablauf der Hauptverhandlung sichergestellt werden (LR/*Becker* § 231b Rn. 1; *Rieß* JZ 1975, 265 [271]; *Vogel* NJW 1978, 1217 [1225]). Wegen des Anspruchs auf rechtliches Gehör muss der Angeklagte Gelegenheit zur Sacheinlassung erhalten (Satz 2) und nach Wiederzulassung zur Hauptverhandlung über den wesentlichen Inhalt des in seiner Abwesenheit Verhandelten informiert werden (Abs. 2).

B. Voraussetzungen der Abwesenheitsverhandlung (Abs. 1 Satz 1). I. Beschluss nach § 177 GVG. Die Verhandlung in Abwesenheit setzt zunächst einen Beschluss nach § 177 GVG voraus, dass der Angeklagten wegen ordnungswidrigen Benehmens aus dem Sitzungszimmer zu entfernen oder zur Ordnungshaft abzuführen ist. Wie der Wortlaut zeigt (»wird«), muss der Beschluss nicht bereits ergangen sein, sondern kann auch gleichzeitig mit der Anordnung nach § 231b getroffen werden (Meyer-Goßner/*Schmitt* § 231b Rn. 4). 2

Da Maßnahmen nach § 177 GVG auch schon vor dem Aufruf der Sache (§ 243 Abs. 1 Satz 1 StPO) möglich sind (SK-StPO/*Deiters* § 231b Rn. 2; HK/*Julius* § 231b Rn. 1), kann der Angeklagte bereits ausgeschlossen werden, bevor die Hauptverhandlung gegen ihn begonnen hat (LR/*Becker* § 231b Rn. 2; KK-StPO/*Gmel* § 231b Rn. 2). 3

Auch wenn sich Ordnungsmaßnahmen nach § 177 GVG nicht gegen Verteidiger richten dürfen, findet § 231b auch dann Anwendung, wenn der sich selbst verteidigende Angeklagte RA oder Hochschullehrer (§ 138 Abs. 1) ist (BVerfGE 53, 207 [215]; Meyer-Goßner/*Schmitt* § 231b Rn. 1). 4

II. Keine Unerlässlichkeit der Anwesenheit. Das Gericht darf die weitere Anwesenheit des Angeklagten nicht für unerlässlich halten. Unerlässlichkeit liegt – wie bei § 231a – nur in Ausnahmefällen vor und besteht nicht schon bei Erschwerung der Sachaufklärung vor (s. § 231a Rdn. 10). 5

III. Befürchtung der schwerwiegenden Beeinträchtigung des Ablaufs der Hauptverhandlung. Im Zeitpunkt der Entscheidung muss zu befürchten sein, dass die Anwesenheit des Angeklagten den Ablauf der Hauptverhandlung in schwerwiegender Weise beeinträchtigen würde. Die Befürchtung ist begründet, wenn das gesamte bisherige Verhalten des Angeklagten mit hinreichender Wahrscheinlichkeit weitere erhebliche Störungen der Hauptverhandlung oder einzelner Teile erwarten lässt (*Pfeiffer* § 231b Rn. 1). Eine einmalige Störung reicht dafür ebenso wenig aus wie geringfügige Entgleisungen (BGHSt 39, 72 [74]; Dölling/Duttge/König/Rössner/*Temming* § 231b Rn. 3). Die zu erwartenden Störungen müssen vielmehr von solchem Gewicht sein, dass sie objektiv den Fortgang der Hauptverhandlung infrage stellen (LR/*Becker* § 231b Rn. 5; KK-StPO/*Gmel* § 231b Rn. 5). Es ist nicht erforderlich, dass der Angeklagte diese Folge bewusst herbeiführen will (KMR/*Paulus* § 231b Rn. 8; Meyer-Goßner/*Schmitt* § 231b Rn. 6; krit. HK/*Julius* § 231b Rn. 4). Ob auch dem Angeklagten zurechenbare Störungen durch Dritte – etwa Zuhörer – ausreichen (LR/*Becker* § 231b Rn. 4), erscheint zweifelhaft, da diese (auch ohne Entfernung des Angeklagten) schon durch sitzungspolizeiliche Maßnahmen nach §§ 176 ff. GVG unterbunden werden können (KMR/*Paulus* § 231b Rn. 8). 6

C. Entscheidung. I. Anordnung. Die Anordnung über die Fortsetzung der Hauptverhandlung ohne den Angeklagten trifft **das erkennende Gericht**, nicht der Vorsitzende, nach **pflichtgemäßem Ermessen** (BGHSt 39, 72 [74]; LR/*Becker* § 229 Rn. 10; KK-StPO/*Gmel* § 229 Rn. 7). Vor der Entscheidung sind die Verfahrensbeteiligten und der Angeklagte gem. § 33 **anzuhören** (KMR/*Paulus* § 231b Rn. 13; SK-StPO/*Deiters* § 231b Rn. 7). 7

Anders als im Fall des § 231a schreibt das Gesetz für die Anordnung zwar keinen förmlichen Beschluss vor. Daraus leitet die herrschende Meinung ab, dass das Gericht nach Erlass des Beschlusses gem. § 177 GVG und Entfernung des Angeklagten alleine durch Fortführung der Hauptverhandlung konkludent über die Ausschließung entscheiden könne (BGHSt 39, 72 [73]; Meyer-Goßner/*Schmitt* § 231b Rn. 9; Graf/*Gorf* § 231b Rn. 5). Dem ist entgegenzuhalten, dass die Voraussetzungen für die Abwesenheitsverhandlung nach § 231b über die für einen Beschluss nach § 177 GVG geltenden hinausgehen und nur ein **förmlicher, mit Gründen versehener Beschluss** die revisionsrechtliche Prüfung ermöglicht, ob die Entscheidung frei von Rechtsfehlern ist (LR/*Becker* § 231b Rn. 11; HK/*Julius* § 231b Rn. 6; KMR/*Paulus* § 231b Rn. 12). Der Beschluss über die Ausschließung kann mit dem Beschluss nach § 177 GVG verbunden werden (LR/*Becker* § 231b Rn. 12). 8

II. Aufhebung. Sind keine schwerwiegenden Beeinträchtigungen des Ablaufs der Hauptverhandlung mehr zu befürchten (»solange«), muss dem Angeklagten die Anwesenheit in der Hauptverhandlung wieder gestattet werden (RGSt 54, 110 [115]; Meyer-Goßner/*Schmitt* § 231b Rn. 7). Dazu ist der Anordnungsbeschluss nach § 231b vom Gericht aufzuheben (LR/*Becker* § 231b Rn. 12; KMR/*Paulus* § 231b Rn. 13). 9

Zwar ist die Dauer der Abwesenheitsverhandlung grds. unbegrenzt (*Pfeiffer* § 231b Rn. 2). Bei länger andauernden Hauptverhandlungen muss das Gericht aber in der Regel versuchen, den Angeklagten zur Hauptverhandlung wieder hinzuzuziehen (KG StV 1987, 519; SK-StPO/*Deiters* § 231b Rn. 8; KK-StPO/*Gmel* § 231b Rn. 5), insb. zur Gewährung des letzten Wortes (BGHSt 9, 77 [81]; OLG Koblenz MDR 1975, 10

424; KMR/*Paulus* § 231b Rn. 15). Ein von vornherein aussichtslos erscheinender Versuch ist im Hinblick auf die Ordnung der Verhandlung und das Ansehen des Gerichts jedoch nicht erforderlich (RGSt 35, 433 [436]; BGHSt 9, 77 [81]; NJW 2005, 2466 [2469]; Meyer-Goßner/*Schmitt* § 231b Rn. 7).

11 **D. Gelegenheit, sich zur Anklage zu äußern (Satz 2).** Gem. Satz 2 muss der Angeklagte Gelegenheit erhalten, sich zur Anklage zu äußern. Diese Regelung erlangt nur Bedeutung, wenn der Angeklagte vor seiner Vernehmung zur Sache (§ 243 Abs. 5 Satz 2) von der weiteren Teilnahme an der Hauptverhandlung ausgeschlossen werden soll. In diesem Fall muss ihm vor der Entfernung aus dem Sitzungssaal ggü. dem erkennenden Gericht in der Hauptverhandlung die Möglichkeit zu einer Einlassung gegeben werden (Meyer-Goßner/*Schmitt* § 231b Rn. 8; HK/*Julius* § 231b Rn. 3; a.A. LR/*Becker* § 231b Rn. 7: auch später). Die Anhörung durch einen ersuchten oder beauftragten Richter ist nach allg. Ansicht nicht ausreichend (KK-StPO/*Gmel* § 231b Rn. 8; SK-StPO/*Deiters* § 231b Rn. 5). Missbraucht der Angeklagte die Gelegenheit zur Äußerung für neue Störungen, ist die Anhörung abzubrechen. Eine weitere Äußerungsmöglichkeit muss ihm dann nicht eingeräumt werden (LR/*Becker* § 231b Rn. 9; KK-StPO/*Gmel* § 231b Rn. 8).

12 Will das Gericht gem. § 265 auf die Veränderung des rechtlichen Gesichtspunkts hinweisen, ist dem Angeklagten nach den genannten Grundsätzen gesondert Gelegenheit zur Äußerung zu geben (LR/*Becker* § 231b Rn. 8). Ist der Angeklagte bereits aus dem Sitzungssaal entfernt, kann der Hinweis gem. § 234a dem Verteidiger erteilt werden.

13 **E. Unterrichtung des Angeklagten (Abs. 2).** Nach Abs. 2 ist der Angeklagte, sobald er wieder an der Hauptverhandlung teilnehmen darf, entsprechend § 231a Abs. 2 von dem wesentlichen Inhalt dessen zu unterrichten, was in seiner Abwesenheit verhandelt worden ist. Für die Unterrichtungspflicht gelten dieselben Grundsätze wie bei § 247 Satz 4 StPO (BGH StV 2008, 174 [175]; Meyer-Goßner/*Schmitt* § 231b Rn. 10; s. § 247 Rdn. 33 ff.). Die danach vorgeschriebene Unterrichtung erschöpft sich nicht in dem Zweck, einem Angeklagten die Möglichkeit zu gewähren, seinerseits Fragen an einen Zeugen zu stellen; er muss vielmehr über alles in Kenntnis gesetzt werden, was er wissen muss, um sich sachgerecht verteidigen zu können (BGHSt 1, 346 [350]; 3, 384 [385]), also auch über die in seiner Abwesenheit gestellten Anträge, abgegebenen Erklärungen und die inzwischen ergangenen Beschlüsse (BGH StV 2008, 174 [175]).

14 Das Gericht kann ausnahmsweise von der Unterrichtung absehen, wenn diese angesichts eines mit Sicherheit zu erwartenden ordnungswidrigen Verhaltens des Angeklagten nicht durchführbar wäre (BGH NJW 1957, 1326 [1327]; Meyer-Goßner/*Schmitt* § 231b Rn. 10; *Pfeiffer* § 231b Rn. 2). Kommt es bei der Unterrichtung erneut zu schwerwiegenden Störungen durch den Angeklagten, kann sie abgebrochen werden (LR/*Becker* § 231b Rn. 16).

15 Im Protokoll muss als wesentliche Förmlichkeit nur die Unterrichtung, nicht aber deren Inhalt im Einzelnen beurkundet werden (BGH MDR 1957, 267 [D]; StV 1999, 637 [638]; 2008, 174 [175]; KK-StPO/*Gmel* § 231b Rn. 9).

16 **F. Rechtsbehelfe. I. Beschwerde.** Gegen den Beschluss, mit dem die Ausschließung des Angeklagten angeordnet wird, ist die Beschwerde nach § 305 Satz 1 ausgeschlossen (KK-StPO/*Gmel* § 231b Rn. 10; Meyer-Goßner/*Schmitt* § 231b Rn. 11). Zur Anfechtbarkeit des Beschlusses nach § 177 GVG s. § 177 GVG Rdn. 8.

17 **II. Revision.** Mit der Verfahrensrüge kann nach § 338 Nr. 5 geltend gemacht werden, der Angeklagte sei zu Unrecht zeitweilig von der Hauptverhandlung ausgeschlossen worden (BGHSt 39, 72; SK-StPO/*Deiters* § 231b Rn. 11; Meyer-Goßner/*Schmitt* § 231b Rn. 12). Da das Vorliegen der Voraussetzungen des § 231b (Unerlässlichkeit der Anwesenheit des Angeklagten und Befürchtung schwerwiegender Störung) der Beurteilung des Tatrichters obliegt und ihm für die Anordnung ein Ermessen eingeräumt ist, kann i.R.d. Revision nur geprüft werden, ob die Rechtsbegriffe verkannt wurden oder ein Ermessensfehler vorliegt (BGHSt 39, 72 [74]; NJW 2005, 2466 [2469]; LR/*Becker* § 231b Rn. 19).

18 Mit der Revision (§ 337) kann auch gerügt werden, dass das Gericht den Angeklagten entgegen Abs. 1 Satz 2 nicht angehört oder unter Verstoß gegen Abs. 2 nicht unterrichtet hat (BGH NStZ-RR 2010, 283 [284]; SK-StPO/*Deiters* § 231b Rn. 11; Meyer-Goßner/*Schmitt* § 231b Rn. 12).

§ 231c Beurlaubung einzelner Angeklagter und ihrer Pflichtverteidiger

[1]Findet die Hauptverhandlung gegen mehrere Angeklagte statt, so kann durch Gerichtsbeschluß einzelnen Angeklagten, im Falle der notwendigen Verteidigung auch ihren Verteidigern, auf Antrag gestattet werden, sich während einzelner Teile der Verhandlung zu entfernen, wenn sie von diesen Verhandlungsteilen nicht betroffen sind. [2]In dem Beschluß sind die Verhandlungsteile zu bezeichnen, für die die Erlaubnis gilt. [3]Die Erlaubnis kann jederzeit widerrufen werden.

Übersicht

1 **A. Inhalt der Regelung.** Nach der Vorschrift können einzelne Angeklagte und ihre Pflichtverteidiger auf Antrag von der Teilnahme an Verhandlungsteilen **beurlaubt** werden, von denen sie nicht betroffen sind. Damit soll in Verfahren mit mehreren Angeklagten und einer Vielzahl von Taten, in denen längere Hauptverhandlungsabschnitte nur bestimmte Mitangeklagte betreffen, verhindert werden, dass die Anwesenheitspflicht (§ 230 bzw. §§ 140, 145) zu einer inhaltsleeren, das Verfahren unnötig belastenden Formalie wird (BT-Drs. 8/976, S. 49). Zwar bietet die Regelung ggü. der bis zu ihrer Einführung allein bestehenden Möglichkeit, das Verfahren zeitweilig abzutrennen und später wieder zu verbinden, zahlreiche Vorteile; insb. macht die Beurlaubung den Angeklagten nicht zum Zeugen (LR/*Becker* § 231c Rn. 3; HK/*Julius* § 231c Rn. 3). Weil das Nichtbetroffensein aber schwer zu prognostizieren ist und die Verfahrensweise deshalb leicht einen absoluten Revisionsgrund schaffen kann, sollte – wie der BGH immer wieder betont (BGH MDR 1979, 807 [H]; NStZ 2010, 227; NZWiSt 2019, 225 [226]) – von der Möglichkeit der Beurlaubung nach § 231c nur **äußerst vorsichtig** Gebrauch gemacht werden.

2 **B. Anwendungsbereich.** Die Beurlaubung ist nur **für einzelne Teile der Hauptverhandlung** zulässig. Die Gestattung, sich zu entfernen, ist grds. von der Vernehmung der Mitangeklagten über ihre persönlichen Verhältnisse gem. § 243 Abs. 2 Satz 2 bis zum Beginn der Urteilsverkündung gem. § 268 möglich (BGHSt 32, 323 [330]; Meyer-Goßner/*Schmitt* § 231c Rn. 10). Die **Dauer der Beurlaubung** ist nicht begrenzt, insb. ist das Gericht nicht an die Frist des § 229 gebunden (BGH NJW 2003, 446 [452]; KK-StPO/*Gmel* § 231c Rn. 15).

3 Durch § 231c wird die Möglichkeit, nach §§ 231 Abs. 2, 231a, 231b, 232, 233 in Abwesenheit des Angeklagten zu verhandeln, nicht eingeschränkt (LR/*Becker* § 231c Rn. 2). Das Gericht kann das Verfahren gegen einen Mitangeklagten auch gem. § 4 Abs. 1 vorübergehend **abtrennen**, wenn das von Amts wegen zu berücksichtigende Interesse an zügiger Förderung des Verfahrens eine getrennte Verhandlung angezeigt erscheinen lässt und die Abtrennung nicht der Umgehung des Antragserfordernisses aus § 231c dient (BGHSt 32, 100 [102]; 270 [272]; KMR/*Paulus* § 231c Rn. 4; KK-StPO/*Gmel* § 231c Rn. 2, differenzierend LR/*Becker* § 231c Rn. 3).

4 **C. Voraussetzungen der Beurlaubung. I. Verfahren gegen mehrere Angeklagte.** Da es Zweck der Regelung ist, bei umfangreichen Hauptverhandlungen gegen mehrere Angeklagte die mit der Anwesenheitspflicht verbundenen Belastungen zu vermindern (BT-Drs. 8/976, S. 49), erlaubt die Regelung eine Beurlaubung nur bei **Verfahren mit mehreren Angeklagten**.

5 **II. Nichtbetroffensein vom Verhandlungsteil.** Die Beurlaubung setzt voraus, dass der Antragsteller von den Verhandlungsteilen, bei denen er nicht anwesend sein will, nicht betroffen ist. Das ist der Fall, wenn ausgeschlossen werden kann, dass die während der Abwesenheit des Angeklagten behandelten Umstände auch nur mittelbar die gegen ihn erhobenen Vorwürfe berühren oder für den Ausspruch über eine Rechtsfolge von Bedeutung sind (BT-Drs. 8/976, S. 50; BGH NStZ 1983, 34; NStZ 2009, 400; NStZ 2010, 227). Ob dies der Fall ist, lässt sich nur **im Einzelfall** beurteilen (BGHSt 32, 100 [101]; LR/*Becker* § 231c Rn. 5).

6 **Nicht betroffen** ist der Antragsteller insb., wenn der Verhandlungsteil der Erörterung einer prozessualen oder materiell-rechtlichen Tat dienen soll, die nur dem/den Mitangeklagten zur Last gelegt wird, also nicht Gegenstand des gegen den Angeklagten erhobenen Anklagevorwurfes ist und mit diesem in keinem Zusammenhang steht (BGHSt 32, 100 [101 f.]; LR/*Becker* § 231c Rn. 5). Ebenfalls keine Betroffenheit wird dadurch begründet, dass Angeklagtem und Verteidiger durch ihr Fernbleiben in der Hauptverhandlung weitere Verteidigungsmöglichkeiten entgehen (BGH NZWiSt 2019, 225 [227]. Auch keine Betroffenheit ist gegeben, wenn Umstände erörtert oder Beweise erhoben werden, die für den Antragsteller im Schuld- oder im Rechtsfolgenausspruch keine Bedeutung haben können. Beispiele dafür sind die Vernehmung eines Mitangeklagten über seine persönlichen Verhältnisse (BGHSt 31, 323 [330 ff.]; Meyer-Goßner/*Schmitt* § 231c Rn. 12) und

die Vernehmung eines Sachverständigen zur Schuldfähigkeit eines Mitangeklagten (KMR/*Paulus* § 231c Rn. 8).

7 **Betroffen** ist der Angeklagte dagegen, wenn der Verhandlungsteil einer Tat gilt, auf die sich auch der gegen den Angeklagten erhobene Anklagevorwurf sachlich bezieht, weil ein **einheitliches Tatgeschehen** zu verhandeln ist (BGHSt 30, 74 [76]; KK-StPO/*Gmel* § 231c Rn. 4), (zugleich) aufgrund Mittäterschaft oder Beihilfe eine **Verknüpfung in materiellrechtlicher Hinsicht** besteht (BGHSt 24, 257; 32, 100 [101]; NStZ 1983, 355; StV 1986, 465 [466]) oder die Höhe des durch die Tat verursachten Schadens erörtert wird (BGH StV 1984, 102). Auch Vorgänge, die **teilweise oder mittelbar** für den Antragsteller von Relevanz sind, stehen einer Beurlaubung entgegen (BGH NStZ 2009, 400; NZWiSt 2019, 225 [226]: »gemeinsamer Grundsachverhalt«). Dazu gehört etwa die Vernehmung von Zeugen, die die Aussage eines Mitangeklagten bestätigen, der den Antragsteller belastet hat (BGH NStZ 1985, 205 [Pf/M]), aber auch die Erörterung der Vereidigung und Entlassung eines Zeugen, der sich zwar zuletzt zu Tatvorwürfen gegen alle Mitangeklagten geäußert hat, zuvor aber auch zu einem gegen den Antragsteller gerichteten Anklagepunkt ausgesagt hat (BGH StV 1988, 370). Allein der Umstand, dass der befreite Angeklagte vollgeständig ist, schließt nicht aus, dass sein Verteidigungsinteresse durch den betreffenden Verfahrensteil berührt sein kann (BGHR StPO § 231c Betroffensein 4). Richtet sich das Strafverfahren gegen mehrere Angeklagte wegen **bandenmäßiger Begehung** von Straftaten, wird immer ein Betroffensein vorliegen (BGH NStZ 2010, 227; NStZ 2010, 289 [290]; NZWiSt 2019, 225 [226]).

8 **D. Antrag. I. Antragserfordernis.** Da die Vorschrift in erster Linie den Interessen des Angeklagten und des Verteidigers dient, darf nicht von Amts wegen, sondern **nur auf Antrag** beurlaubt werden (BGH NZWiSt 2019, 225 [226]; KK-StPO/*Gmel* § 231c Rn. 6; Radtke/Hohmann/*Britz* § 231c Rn. 5). Dem Wahlverteidiger muss das Fernbleiben nicht gestattet werden, weil nur der notwendige Verteidiger in der Hauptverhandlung anwesend sein muss (LR/*Becker* § 231c Rn. 6). Beurlaubt das Gericht versehentlich, liegt im Gebrauchmachen der Befreiung die stillschweigende Nachholung der Antragstellung (BGHSt 31, 323 [329 f.]; SK-StPO/*Deiters* § 231c Rn. 7).

9 **II. Antragsberechtigung.** Angeklagter und notwendiger Verteidiger sind in ihrem Antragsrecht **voneinander unabhängig**, sodass auch dem einen oder dem anderen allein die Entfernung gestattet werden kann (BT-Drs. 8/976, S. 50; LR/*Becker* § 231c Rn. 7). Der Verteidiger kann daher den Antrag, sich zu entfernen, auch gegen den Widerspruch des Angeklagten stellen; beantragt er für den Angeklagten die Beurlaubung, darf er dies jedoch nicht gegen dessen Willen tun (KMR/*Paulus* § 231c Rn. 10; Radtke/Hohmann/*Britz* § 231c Rn. 5). Bei mehreren Verteidigern hat jeder ein eigenes Antragsrecht (Meyer-Goßner/*Schmitt* § 231c Rn. 7).

10 **III. Antragstellung.** Der Antrag wird in der Regel in der Hauptverhandlung **mündlich** gestellt, die Beurlaubung kann aber auch schon vor deren Beginn schriftlich beantragt werden (LR/*Becke*r § 231c Rn. 9; KK-StPO/*Gmel* § 231c Rn. 7). Der Antrag muss inhaltlich den Verhandlungsteil **genau bezeichnen**, für den beurlaubt werden soll (Antragsmuster bei *Burhoff*, Hauptverhandlung, Rn. 249). Nicht ausreichend ist daher ein allgemeiner Antrag, von allen Verhandlungsteilen beurlaubt zu werden, die den Antragsteller nicht betreffen (LR/*Becker* § 231c Rn. 8; Meyer-Goßner/*Schmitt* § 231c Rn. 8). Eine **wiederholte Antragstellung** für verschiedene Verhandlungsteile derselben Hauptverhandlung ist zulässig (Meyer-Goßner/*Schmitt* § 231c Rn. 9).

11 **E. Beschluss. I. Zuständigkeit, Verfahren und Form.** Über den Antrag auf Beurlaubung entscheidet das **erkennende Gericht** nach **Anhörung** der Verfahrensbeteiligten, auch der Mitangeklagten (LR/*Becker* § 231c Rn. 10; Meyer-Goßner/*Schmitt* § 231c Rn. 13; KK-StPO/*Gmel* § 231c Rn. 9), **durch Beschluss**. Eine Beurlaubung nur durch prozessleitende Anordnung den Vorsitzenden ist wirkungslos (BGH NStZ 1985, 375; NStZ 2020, 690, 691; KK-StPO/*Gmel* § 231c Rn. 9).

12 **II. Entscheidungsmaßstab.** Die Entscheidung steht im **pflichtgemäßen Ermessen** des Gerichts. Bei Vorliegen der Voraussetzungen muss es abwägen zwischen dem Interesse des Antragstellers an der Abwesenheit während für ihn nicht relevanter Vorgänge und der Gefahr, dass während der Verhandlungsteile doch Umstände zur Sprache kommen können, die, wenn auch nur mittelbar, den »beurlaubten« Angeklagten betreffen (BT-Drs. 8/976, S. 50; LR/*Becker* § 231c Rn. 11; SK-StPO/*Deiters* § 231c Rn. 12).

13 **III. Inhalt.** Im Beschluss sind die einzelnen Verhandlungsteile (Satz 2) und die beurlaubten Personen genau zu bezeichnen (KMR/*Paulus* § 231c Rn. 11). Die notwendige Konkretisierung kann sachlich durch Angabe bestimmter Verhandlungsvorgänge (Bsp.: »Vernehmung der Zeugen X und Y«; »Verhandlung über den Tatkomplex A«) und/oder durch zeitliche Eingrenzung (Bsp.: »am fünften Verhandlungstag«) erreicht werden (BT-Drs. 8/976, S. 50; Meyer-Goßner/*Schmitt* § 231c Rn. 15; KK-StPO/*Gmel* § 231c Rn. 10).

Nur ein Beschluss, mit dem ein Antrag **abgelehnt** wird, muss gem. § 34 **begründet** werden (KMR/*Paulus* § 231c Rn. 11). In der Begründung muss das Gericht ausführen, ob es vom Nichtvorliegen der Voraussetzungen ausgegangen ist oder ob es i.R.d. Ermessens zum Nachteil des Antragstellers entschieden hat (LR/*Becker* § 231c Rn. 13; SK/*Deiters* § 231c Rn. 13). 14

F. Rechtsfolgen der Beurlaubung. Dem Beurlaubten ist es gestattet, den im Beschluss genannten Verhandlungsteilen fernzubleiben. Soweit die Zulässigkeit bestimmter prozessualer Maßnahmen von der Zustimmung des Angeklagten abhängig gemacht wird (§§ 245 Abs. 1 Satz 2; 251 Abs. 1 Nr. 1, Abs. 2 Nr. 3), muss der von der Anwesenheitspflicht befreite Angeklagte nicht zustimmen, da er insoweit nicht betroffen sein kann (BT-Drs. 8/976, S. 50; Meyer-Goßner/*Schmitt* § 231c Rn. 19; *Rieß* NJW 1978, 2265 [2270]). 15

Auch wenn der Beurlaubte nicht anwesend sein muss, bleibt er weiterhin berechtigt, sein **Anwesenheitsrecht** auszuüben und an der Hauptverhandlung – selbst bei Ausschluss der Öffentlichkeit – teilzunehmen (KK-StPO/*Gmel* § 231c Rn. 14; Meyer-Goßner/*Schmitt* § 231c Rn. 18). In diesem Fall können Angeklagter und Verteidiger wirksam Prozesshandlungen vornehmen, soweit sich diese auf Prozessgegenstände beziehen, die für die Strafsache gegen den Beurlaubten von Bedeutung sind (KK-StPO/*Gmel* § 231c Rn. 14; Meyer-Goßner/*Schmitt* § 231c Rn. 18, differenzierend LR/*Becker* § 231c Rn. 17; a.A. SK-StPO/*Deiters* § 231c Rn. 14: keine Beschränkung; Dölling/Duttge/König/Rössner/*Temming* § 231c Rn. 16: keine Befugnis). 16

Die **Unterrichtung** von Angeklagtem und Verteidiger über das in ihrer Abwesenheit Verhandelte ist möglich, aber nicht zwingend (LR/*Becker* § 231c Rn. 20; Meyer-Goßner/*Schmitt* § 231c Rn. 20). 17

G. Widerruf (Satz 3). Stellt sich heraus, dass der Verhandlungsstoff doch den beurlaubten Angeklagten betrifft, muss das Gericht die ausgesprochene Beurlaubung auch vor Ablauf ihrer ursprünglich angenommenen Dauer **von Amts** wegen widerrufen (Satz 3). Dem Widerrufsantrag des beurlaubten Angeklagten hat es zu entsprechen (LR/*Becker* § 231c Rn. 14; SK-StPO/*Deiters* § 231c Rn. 17). Folge des Widerrufs ist es, dass die Verhandlung ohne den beurlaubten Angeklagten nicht fortgesetzt werden darf und ggf. bis zu seinem Wiedererscheinen zu unterbrechen ist (Meyer-Goßner/*Schmitt* § 231c Rn. 21; *Rieß* NJW 1978, 2265 [2270]). 18

Der Widerruf erfolgt durch **Gerichtsbeschluss**. Die Verfahrensbeteiligten, insb. Angeklagter und Verteidiger, müssen zuvor gem. § 33 **angehört** werden. Der Beschluss wird in der Hauptverhandlung verkündet und zugleich den Beurlaubten mit förmlicher Ladung zugestellt (*Pfeiffer* § 231c Rn. 3; SK-StPO/*Deiters* § 231c Rn. 18: Zustellung zweckmäßig; anders h.M.: nur formlose Mitteilung LR/*Becker* § 231c Rn. 15; Meyer-Goßner/*Schmitt* § 231c Rn. 21), Die Ladungsfristen nach §§ 217, 218 Satz 2 müssen nicht eingehalten werden (KMR/*Paulus* § 231c Rn. 12; *Rieß* NJW 1978, 2265 [2270 Fn. 101]). Da Angeklagter und Verteidiger nicht mit der Teilnahme an der Hauptverhandlung rechnen mussten, muss das Gericht auf deren zeitliche Dispositionen Rücksicht nehmen (*Burhoff*, Hauptverhandlung, Rn. 248c). 19

H. Protokollierung. Anträge auf Beurlaubung, Gerichtsbeschlüsse über Beurlaubung und Widerruf, Beginn und Ende der Entfernung und (tatsächliche) Dauer der Abwesenheit des Beurlaubten sind als wesentliche Förmlichkeiten gem. § 273 Abs. 1 zu protokollieren (LR/*Becker* § 231c Rn. 22; Meyer-Goßner/*Schmitt* § 231c Rn. 22). 20

I. Rechtsbehelfe. I. Beschwerde. Gegen den Beschluss, mit dem Beurlaubung gewährt, abgelehnt oder widerrufen wurde, ist die Beschwerde nach § 305 Satz 1 **nicht zulässig** (SK-StPO/*Deiters* § 231c Rn. 20; KK-StPO/*Gmel* § 231c Rn. 16). 21

II. Revision. Die Revision kann auf gem. § 338 Nr. 5 auf eine **Verletzung von § 230 Abs. 1 bzw. § 145 Abs. 1** gestützt werden, wenn ein wesentlicher Teil der Hauptverhandlung in Abwesenheit des Angeklagten oder Verteidigers stattgefunden hat, 22

- ohne dass ein Antrag und/oder ein Beschluss zur Beurlaubung vorlagen (BGH NStZ 1985, 375; KK-StPO/*Gmel* § 231c Rn. 17; Meyer-Goßner/*Schmitt* § 231c Rn. 24) oder
- obwohl dort Umstände behandelt wurden, die den Angeklagten zumindest mittelbar betroffen haben (BGH NStZ 1983, 34; StV 1988, 370; NStZ 1992, 27; LR/*Becker* § 231c Rn. 24; KK-StPO/*Gmel* § 231c Rn. 17), weil bereits die Beurlaubung rechtsfehlerhaft erfolgte (BGH StV 1984, 102) oder die im wirksamen Beschluss über die Befreiung festgelegte inhaltliche Begrenzung des Verhandlungsgegenstandes nicht eingehalten wurde (BGH NStZ 2010, 289 [290]; NStZ 2012, 463).

Weitere Voraussetzung der Revision ist, dass der begangene Verstoß nicht dadurch **geheilt** wurde, dass der fehlerhafte Teil der Verhandlung in Anwesenheit des Angeklagten wiederholt wurde (BGHSt 30, 74 [76]; LR/*Becker* § 231c Rn. 24; Radtke/Hohmann/*Britz* § 231c Rn. 22). Dass der Angeklagte seine Beurlaubung beantragt hat, steht der Verfahrensrüge nicht entgegen, da er zwar einen Antrag stellen, nicht aber über sein Anwesenheitsrecht disponieren kann (BGH NStZ 2010, 289 [290]).

§ 232 Durchführung der Hauptverhandlung trotz Ausbleibens des Angeklagten

(1) [1]Die Hauptverhandlung kann ohne den Angeklagten durchgeführt werden, wenn er ordnungsgemäß geladen und in der Ladung darauf hingewiesen worden ist, dass in seiner Abwesenheit verhandelt werden kann, und wenn nur Geldstrafe bis zu einhundertachtzig Tagessätzen, Verwarnung mit Strafvorbehalt, Fahrverbot, Einziehung, Vernichtung oder Unbrauchbarmachung, allein oder nebeneinander, zu erwarten ist. [2]Eine höhere Strafe oder eine Maßregel der Besserung und Sicherung darf in diesem Verfahren nicht verhängt werden. [3]Die Entziehung der Fahrerlaubnis ist zulässig, wenn der Angeklagte in der Ladung auf diese Möglichkeit hingewiesen worden ist.

(2) Aufgrund einer Ladung durch öffentliche Bekanntmachung findet die Hauptverhandlung ohne den Angeklagten nicht statt.

(3) Das Protokoll über eine richterliche Vernehmung des Angeklagten wird in der Hauptverhandlung verlesen.

(4) Das in Abwesenheit des Angeklagten ergehende Urteil muss ihm mit den Urteilsgründen durch Übergabe zugestellt werden, wenn es nicht nach § 145a Abs. 1 dem Verteidiger zugestellt wird.

Übersicht

1 **A. Inhalt und Zweck der Regelung.** Die Vorschrift erlaubt dem Gericht in Verfahren mit begrenzter Rechtsfolgenerwartung von der Erzwingung der Anwesenheit des ordnungsgemäß geladenen, aber schuldhaft ferngebliebenen Angeklagten abzusehen und die Hauptverhandlung ohne ihn durchzuführen. Anders als in § 231 Abs. 2 wird dafür nicht vorausgesetzt, dass der Angeklagte richterlich zur Sache vernommen worden ist. Zweck der Regelung ist es, Strafsachen geringer Bedeutung **schnell erledigen** zu können (LR/*Becker* § 232 Rn. 1; MüKo-StPO/*Arnoldi* § 232 Rn. 1). § 232 **sanktioniert den Ungehorsam des Angeklagten** und gibt ihm nach zutreffender h.M. kein Recht, der Hauptverhandlung fernzubleiben (BGHSt. 25, 165 [167]; LR/*Becker* § 232 Rn. 1; KK/*Gmel* § 232 Rn. 1 Meyer-Goßner/*Schmitt* § 232 Rn. 1; a.A. HK/*Julius* § 232 Rn. 1; *Stein* ZStW 97 [1985], 303 [329]).

2 **B. Anwendungsbereich.** § 232 gilt über § 332 auch im **Berufungsverfahren**, soweit nicht § 329 Anwendung findet (LR/*Becker* § 232 Rn. 4; SK-StPO/*Deiters* § 232 Rn. 2). Gem. § 50 Abs. 1 JGG ist die Vorschrift auch im **Jugendgerichtsverfahren** anwendbar (KK/*Gmel* § 232 Rn. 2; Meyer-Goßner/*Schmitt* § 232 Rn. 2; krit. HK/*Julius* § 232 Rn. 15; SK-StPO/*Deiters* § 232 Rn. 4). Im **Revisionsverfahren** gilt § 232 nicht, da dem Angeklagten das Erscheinen zur Hauptverhandlung freisteht (§ 350 Abs. 2). Im **Verfahren nach Einspruch gegen einen Strafbefehl** findet die Vorschrift keine Anwendung, weil bei Nichterscheinen des Angeklagten oder des vertretungsberechtigten Verteidigers der Einspruch gem. §§ 412 Satz 1, 329 Abs. 1 Satz 1 verworfen wird (BayObLGSt 2003, 155 [156]; LR/*Becker* § 232 Rn. 3; SK-StPO/*Deiters* § 232 Rn. 3).

3 **C. Voraussetzungen der Abwesenheitsverhandlung. I. Ordnungsgemäße Ladung.** Der Angeklagte muss ordnungsgemäß gem. § 216 geladen worden sein. Gem. § 216 Abs. 1 Satz 2 muss die Ladung keine Warnung enthalten, dass im Fall des unentschuldigten Ausbleibens die Verhaftung oder Vorführung erfolgen werde. Daher genügt auch eine im Ausland formgerecht bewirkte Ladung, die keine Androhung von Zwangsmitteln enthält (LR/*Becker* § 232 Rn. 6; Meyer-Goßner/*Schmitt* § 232 Rn. 4). Die Ladungsfrist muss nach h.M. nicht eingehalten werden (s. § 217 Rdn. 15; BGHSt 24, 143 [150]; LR/*Becker* § 232 Rn. 6; Meyer-Goß-

ner/*Schmitt* § 232 Rn. 4). Aufgrund einer **Ladung durch öffentliche Bekanntmachung** (§ 40) darf nicht in Abwesenheit des Angeklagten verhandelt werden (Abs. 2).

II. Hinweise. 1. auf die Möglichkeit der Abwesenheitsverhandlung. In der Ladung muss der Angeklagte ausdrücklich darauf hingewiesen werden, dass in seiner Abwesenheit verhandelt werden kann (Abs. 1 Satz 1). Damit soll dem Angeklagten verdeutlicht werden, dass er bei eigenmächtigem Fernbleiben keine Möglichkeit hat, sich persönlich gegen den Anklagevorwurf zu verteidigen (*LR/Becker* § 232 Rn. 7). Auf den Hinweis können Angeklagter und Verteidiger **nicht verzichten**, auch nicht durch Zustimmung zum Abwesenheitsverfahren (OLG Frankfurt NJW 1952, 1107; LR/*Becker* § 232 Rn. 7; HK/*Julius* § 232 Rn. 2). Allerdings kann in der Erklärung, mit dem Abwesenheitsverfahren einverstanden zu sein, ein Antrag auf Entbindung zum Erscheinen gem. § 233 Abs. 1 liegen (LR/*Becker* § 232 Rn. 15; KK/*Gmel* § 232 Rn. 9). 4

Der Hinweis muss **klar und unmissverständlich** sein (Meyer-Goßner/*Schmitt* § 232 Rn. 7). Bei Terminsverlegung muss er ausdrücklich wiederholt werden, eine bloße Bezugnahme auf die frühere Ladung genügt nicht (OLG Köln StV 1996, 12 [13]; KK/*Gmel* § 232 Rn. 4). 5

Bei Fehlen des Hinweises darf das Gericht nicht nach § 232 verfahren, sondern muss das Verfahren – ggf. nach Anwendung von Zwangsmitteln nach § 230 Abs. 2 – in Anwesenheit des Angeklagten durchführen (BGHSt. 25, 165 [166]; KMR/*Paulus* § 232 Rn. 8). Da die Hauptverhandlung nicht in Abwesenheit des Angeklagten stattfinden kann, darf er sich in diesem Fall auch nicht nach § 234 durch einen Verteidiger vertreten lassen (BGHSt 25, 165 [166]; KK/*Gmel* § 232 Rn. 4). 6

2. auf die Möglichkeit der Entziehung der Fahrerlaubnis. Kommt die Entziehung der Fahrerlaubnis (§§ 69 ff. StGB) in Betracht, muss nach Abs. 1 Satz 3 auch darauf ausdrücklich hingewiesen werden. Unterbleibt der Hinweis, darf aufgrund einer ohne den Angeklagten durchgeführten Hauptverhandlung die Fahrerlaubnis nicht entzogen werden (KK/*Gmel* § 232 Rn. 5). 7

III. Erwartung bestimmter Rechtsfolgen. Es dürfen nur die in Abs. 1 genannten Rechtsfolgen zu erwarten sein. Eine entsprechende Anwendung auf andere Rechtsfolgen, bspw. die Bekanntmachung des Urteils gem. §§ 165, 200 StGB, ist daher unzulässig (LR/*Becker* § 232 Rn. 13; Graf/*Gorf* § 232 Rn. 2; Meyer-Goßner/*Schmitt* § 232 Rn. 10). Mit dem Begriff »Einziehung« sind alle Arten der Einziehung (von Taterträgen, Tatmitteln, Tatprodukten und Tatobjekten) erfasst (BT-Drs. 18/9525, S 86). Dass – wie Abs. 1 Satz 2 aussagt – eine Maßregel der Besserung und Sicherung nicht angewendet werden darf, trifft in dieser Allgemeinheit nicht zu. Wie sich aus Abs. 1 Satz 3 ergibt, ist die Entziehung der Fahrerlaubnis (§§ 69 ff. StGB) nach entsprechendem Hinweis in der Ladung zulässig. 8

Ob die bezeichneten Rechtsfolgen zu erwarten sind, bestimmt sich nicht nach der abstrakten gesetzlichen Strafandrohung, sondern nach der **im konkreten Einzelfall** zu erwartenden Strafe oder Rechtsfolge (BayObLGSt 1960, 273 [274]; OLG Stuttgart NJW 1962, 2023; LR/*Becker* § 232 Rn. 10; KK/*Gmel* § 232 Rn. 7). § 232 ist daher auch anwendbar, wenn gem. § 47 Abs. 2 StGB die Verurteilung zu einer Geldstrafe anstelle einer allein angedrohten Freiheitsstrafe zu erwarten ist (KK/*Gmel* § 232 Rn. 7; Meyer-Goßner/*Schmitt* § 232 Rn. 9; einschränkend HK/*Julius* § 232 Rn. 3). Bei Tatmehrheit kommt es auf die Gesamtstrafe an (OLG Düsseldorf NJW 1991, 2781 [2782]; Meyer-Goßner/*Schmitt* § 232 Rn. 9). Im Berufungsverfahren ist, wenn das Verschlechterungsverbot des § 331 eingreift, auf die erstinstanzliche Verurteilung abzustellen (OLG Stuttgart NJW 1962, 2023; LR/*Becker* § 232 Rn. 10). Eine höhere Strafe als Geldstrafe von 180 Tagessätzen darf nicht verhängt werden (Abs. 1 Satz 2). 9

IV. Schuldhaftes Ausbleiben oder Sich-Entfernen des Angeklagten. Anders als der Wortlaut es nahe legt, genügt es für die Abwesenheitsverhandlung nach § 232 nicht, dass der Angeklagte der ordnungsgemäßen, mit dem Hinweis auf die Folgen seines Ausbleibens verbundenen Ladung keine Folge leistet. Wegen der Bedeutung des Anwesenheitsrechts ist weitere Voraussetzung, dass der Angeklagte der Hauptverhandlung **schuldhaft fernbleibt** (RGSt 22, 247 [249]; OLG Frankfurt NJW 1952, 1107; OLG Karlsruhe NStZ 1990, 505; StraFo 2001, 415; KK/*Gmel* § 232 Rn. 9; Meyer-Goßner/*Schmitt* § 232 Rn. 11). Insoweit gelten dieselben Maßstäbe wie für das (»eigenmächtige«) Ausbleiben bei § 231 Abs. 2 (s. § 231 Rdn. 16 ff.; LR/*Becker* § 232 Rn. 14; KK/*Gmel* § 232 Rn. 9; Meyer-Goßner/*Schmitt* § 232 Rn. 11). Der Angeklagte muss also seine Anwesenheitspflicht wissentlich und ohne Vorliegen von Rechtsfertigungs- oder Entschuldigungsgründen verletzt haben (BGHSt 37, 249 [251]; NStZ 1998, 476 [477]; NJW 2011, 3249 [3252]; LR/*Becker* § 232 Rn. 14). 10

Es kommt nicht darauf an, ob, wann und ggf. wie ein Fernbleiben entschuldigt wird, sondern ob eine Eigenmächtigkeit tatsächlich vorliegt. Dies ist vom Gericht von Amts **im Freibeweisverfahren** – in der Regel nach Einhalten einer angemessenen Wartezeit – festzustellen (OLG Karlsruhe StraFo 2001, 415; LR/*Becker* § 232 Rn. 14; Radtke/Hohmann/*Britz* § 232 Rn. 12). Bleiben die tatsächlichen Voraussetzungen der Eigenmacht 11 zweifelhaft, darf nicht nach § 232 verfahren werden (OLG Karlsruhe StraFo 2001, 415; HK/*Julius* § 232 Rn. 4).

12 Dem schuldhaften Ausbleiben ist es gleichzusetzen, wenn sich der Angeklagte **eigenmächtig aus der Hauptverhandlung entfernt** (LR/*Becker* § 232 Rn. 16; Meyer-Goßner/*Schmitt* § 232 Rn. 12). In diesem Fall darf das Gericht die Verhandlung fortsetzen, selbst wenn die Voraussetzungen des (nicht abschließenden) § 231 Abs. 2 nicht vorliegen (BayObLGSt 1972, 17 [18]; LR/*Becker* § 232 Rn. 16; KMR/*Paulus* § 232 Rn. 10).

13 **D. Entscheidung des Gerichts.** Über die Frage, ob die Hauptverhandlung ohne den Angeklagten durchgeführt werden soll, entscheidet das erkennende Gericht unter Beteiligung der Schöffen bei Vorliegen der Voraussetzungen **nach pflichtgemäßem Ermessen** (»kann«), wofür **kein förmlicher Beschluss** notwendig ist (LR/*Becker* § 232 Rn. 19; SK-StPO/*Deiters* § 232 Rn. 11). Dabei ist insb. zu berücksichtigen, ob die Anwesenheit des Angeklagten zur Erforschung der Wahrheit (§ 244 Abs. 2) geboten ist (KK/*Gmel* § 232 Rn. 11; Meyer-Goßner/*Schmitt* § 232 Rn. 13).

14 **E. Durchführung der Hauptverhandlung ohne den Angeklagten. I. Vertretung durch Verteidiger.** Der Angeklagte kann sich in der Hauptverhandlung von einem mit schriftlicher Vollmacht versehenen Verteidiger vertreten lassen (§ 234). Zu Voraussetzungen und Umfang der Vertretung s. § 234 Rdn. 4 ff.

15 **II. Verlesung der Niederschrift über eine richterliche Vernehmung des Angeklagten.** Gem. Abs. 3 wird in der Hauptverhandlung die Niederschrift über eine richterliche Vernehmung des Angeklagten verlesen. Dass der Angeklagte vor der Hauptverhandlung richterlich vernommen wurde, ist jedoch keine Voraussetzung für das Verfahren nach § 232 (BayObLGSt 1974, 35 [37]; SK-StPO/*Deiters* § 232 Rn. 7). Die Verlesung ersetzt die Vernehmung des Angeklagten zur Sache gem. § 243 Abs. 5 Satz 2. Um das Schweigerecht nicht zu unterlaufen, dürfen nur Protokolle von Vernehmungen verlesen werden, die in demselben Verfahren entstanden sind und die Aussagen enthalten, die der Angeklagte als Beschuldigter (und nicht als Zeuge) gemacht hat (LR/*Becker* § 232 Rn. 21; KMR/*Paulus* § 232 Rn. 13). Die Verlesung eines richterlichen Vernehmungsprotokolls ist nicht erforderlich, wenn sich der Angeklagte in der Hauptverhandlung gem. § 234 von einem schriftlich bevollmächtigten Verteidiger vertreten lässt und dieser für den Angeklagten Einlassungen zur Sache macht (BayObLGSt. 1974, 35 [36]; KK/*Gmel* § 232 Rn. 14).

16 Der in der Niederschrift enthaltene **Einwand der örtlichen Unzuständigkeit** gilt ohne Rücksicht darauf, wann das Protokoll verlesen wird, als rechtzeitig erhoben (KK/*Gmel* § 232 Rn. 13). Enthält die Niederschrift einen **Beweisantrag**, muss dieser – anders als im Fall des § 233 Abs. 2 – nicht nach § 244 Abs. 6 förmlich beschieden werden, weil die Vernehmung nicht Teil der Hauptverhandlung ist (Meyer-Goßner/*Schmitt* § 232 Rn. 17). Ob es dem Antrag entsprechen will, entscheidet das Gericht im Rahmen seiner Aufklärungspflicht nach § 244 Abs. 2 (OLG Hamm JMBlNRW 1962, 203; KK/*Gmel* § 232 Rn. 13).

17 Die Verlesung polizeilicher oder staatsanwaltschaftlicher Vernehmungen des Angeklagten zu Beweiszwecken ist unzulässig (Meyer-Goßner/*Schmitt* § 232 Rn. 15). Allerdings kann die in diesen Protokollen enthaltene Einlassung des Angeklagten im Hinblick auf weitere Beweiserhebungen erörtert werden (LR/*Becker* § 232 Rn. 24; SK-StPO/*Deiters* § 232 Rn. 13). Um den Inhalt der Vernehmung in die Hauptverhandlung einzuführen, müssen die Vernehmungsbeamten als Zeugen vernommen werden (LR/*Becker* § 232 Rn. 24; Meyer-Goßner/*Schmitt* § 232 Rn. 15).

18 **III. Ausübung von Zustimmungsrechten.** Bei Anwesenheit des Verteidigers werden die Zustimmungsrechte nach §§ 245 Abs. 1 Satz 2, 251 Abs. 1 Nr. 1, Abs. 2 Nr. 3 von diesem wahrgenommen, das Einverständnis des Angeklagten ist nicht erforderlich (§ 234a). Ansonsten entfällt das Zustimmungserfordernis (LR/*Becker* § 232 Rn. 20; Meyer-Goßner/*Schmitt* § 232 Rn. 19).

19 **IV. Hinweise nach § 265.** Bei Hinweisen nach § 265 ist danach zu differenzieren, ob der Angeklagte verteidigt wird oder nicht. Im ersten Fall genügt es gem. § 234a Satz 1, wenn das Gericht dem Verteidiger – auch wenn er nicht nach § 234 besonders bevollmächtigt ist (s. § 234a Rdn. 1) – den Hinweis erteilt. Im Fall des unverteidigten Angeklagten kann entweder die Hauptverhandlung ausgesetzt und unter Mitteilung des Hinweises neu geladen werden oder die Hauptverhandlung unterbrochen und gem. § 236 das persönliche Erscheinen des Angeklagten angeordnet werden (LR/*Becker* § 232 Rn. 26; Meyer-Goßner/*Schmitt* § 232 Rn. 18).

20 **V. Nachträgliches Erscheinen des Angeklagten.** Erscheint der Angeklagte nach Beginn der Hauptverhandlung, aber vor Urteilsverkündung, **ohne dass sein Ausbleiben genügend entschuldigt ist,** muss der Vorsitzende ihn über seine persönlichen Verhältnisse (§ 243 Abs. 2 Satz 2) und zur Sache vernehmen (§ 243 Abs. 5 Satz 2) (LR/*Becker* § 232 Rn. 27; SK-StPO/*Deiters* § 232 Rn. 17). Der Angeklagte ist über den wesentlichen Inhalt der bisherigen Verhandlung ist unterrichten, auch wenn § 232 dies im Gegensatz zu §§ 231a

Abs. 2, 231b Abs. 2, 247 Satz 4 nicht ausdrücklich vorschreibt (LR/*Becker* § 232 Rn. 27; SK-StPO/*Deiters* § 232 Rn. 17; KK/*Gmel* § 232 Rn. 15, einschr. *Gollwitzer* FS Tröndle S. 455 [465]). Eine Wiederholung der Hauptverhandlung ist dagegen nicht erforderlich (KK/*Gmel* § 232 Rn. 15; Meyer-Goßner/*Schmitt* § 232 Rn. 21). Die Beschränkung des § 232 Abs. 1 Satz 2 gilt fort, da § 232, anders als § 233, von »diesem Verfahren« spricht (HK/*Julius* § 232 Rn. 7; a.A. ohne Begründung Meyer-Goßner/*Schmitt* § 232 Rn. 21).

Kommt der Angeklagte **entschuldigt** zu spät zur Hauptverhandlung, kann er Wiedereinsetzung in den vorigen Stand entsprechend § 235 beantragen mit der Folge, dass aufgrund stattgebenden Beschlusses die Hauptverhandlung ohne die Beschränkungen des § 232 (insb. zur Höhe der Strafe) sofort in seiner Anwesenheit wiederholt werden kann (LR/*Becker* § 232 Rn. 27; SK-StPO/*Deiters* § 232 Rn. 17; KK/*Gmel* § 232 Rn. 15). 21

VI. Abbruch der Hauptverhandlung. Abzubrechen ist die Abwesenheitsverhandlung, wenn sich ergibt, dass die Anwesenheit des Angeklagten zur Erforschung der Wahrheit (§ 244 Abs. 2) geboten ist oder die nach § 232 zulässigen Rechtsfolgen (Abs. 1 Satz 1, 2) nicht ausreichen (LR/*Becker* § 232 Rn. 25; Meyer-Goßner/*Schmitt* § 232 Rn. 20). 22

F. Urteil. I. Gründe. In dem aufgrund Abwesenheitsverhandlung gem. § 232 ergangenen Urteil darf das Gericht nur die in Abs. 1 genannten Strafen und Rechtsfolgen verhängen. Ob im Urteil auch darzulegen ist, dass und weshalb die Voraussetzungen des § 232 vorgelegen haben und welche Entschuldigungsgründe in Betracht kommen, ist umstritten. Während die h.M. ohne nähere Begründung eine entsprechende Darlegung verlangt (SK-StPO/*Deiters* § 232 Rn. 18; KK/*Gmel* § 232 Rn. 17; Meyer-Goßner/*Schmitt* § 232 Rn. 23; Graf/*Gorf* § 232 Rn. 17), weist die Gegenansicht zu Recht darauf hin, dass es sich um eine Sachentscheidung handelt, für die § 267 kein Eingehen auf Verfahrensfragen vorschreibt (LR/*Becker* § 232 Rn. 28). 23

II. Zustellung des Urteils (Abs. 4). Gem. Abs. 4 wird das Urteil mit Urteilsgründen nach § 145a Abs. 1 dem Wahlverteidiger, dessen Vollmacht sich bei den Akten befindet, bzw. dem Pflichtverteidiger zugestellt, ansonsten dem Angeklagten. Die gesetzliche Formulierung in Abs. 4 Hs. 1 bedeutet nicht, dass nur eine Zustellung an den Angeklagten persönlich zulässig wäre (BGHSt 11, 152 [156]; SK-StPO/*Deiters* § 232 Rn. 19). Vielmehr kann die Zustellung auch an die nach § 116a Abs. 3, 127a Abs. 2, 132 Abs. 1 Nr. 2 bestellten Zustellungsbevollmächtigten bewirkt werden, weil diese für alle Zustellungen an die Stelle des Angeklagten treten (RGSt 77, 212 [214]; BayObLGSt 1995, 94 [96 f.]; OLG München MDR 1995, 405; LR/*Becker* § 232 Rn. 30; Meyer-Goßner/*Schmitt* § 232 Rn. 24). »Durch Übergabe« zugestellt wird nicht nur bei Aushändigung an den Angeklagten, sondern auch bei Ersatzzustellung gem. § 178 Abs. 1 Nr. 1, 3 ZPO, nicht aber bei Ersatzzustellung durch Einlegen in den Briefkasten (§ 180 ZPO) bzw. durch Niederlegung (§ 181 Abs. 1 ZPO) oder bei öffentlicher Zustellung (§ 40) (BGHSt 11, 152 [156]; 22, 52 [55]; LR/*Becker* § 232 Rn. 29 m.w.N.; Meyer-Goßner/*Schmitt* § 232 Rn. 25). Die Ersatzzustellung an den Verteidiger ist nicht möglich (BGHSt 11, 152; OLG Köln StV 1992, 457 [458]; LR/*Becker* § 232 Rn. 29). 24

Abs. 4 ist eine **Ausnahmevorschrift** für die Zustellung der Urteile, die im Verfahren nach § 232 ergangen sind (BGHSt 11, 152 [157]; KK/*Gmel* § 232 Rn. 20). Sie ist auf andere in Abwesenheit des Angeklagten ergangene Urteile (§§ 233, 329, 412; § 74 OWiG) **nicht entsprechend anwendbar** (BGHSt 11, 152 [157] zu § 233; BGHSt 13, 182 [184] zu § 412; BayObLGSt 1957, 79 und OLG Köln NJW 1980, 2720 zu § 329; Meyer-Goßner/*Schmitt* § 232 Rn. 26 m.w.N.). 25

III. Rechtsbehelfsbelehrung. Mit dem Urteil ist eine Rechtsbehelfsbelehrung (§ 35a) zuzustellen. Darin muss der Angeklagte darauf hingewiesen werden, dass neben den Rechtsmitteln der Berufung und Revision auch ein Antrag auf Wiedereinsetzung in den vorigen Stand gem. § 235 gestellt werden kann (§ 235 Satz 2). 26

G. Rechtsbehelfe. I. Beschwerde. Gegen die Abwesenheitsverhandlung und den Beschluss, mit dem ein Antrag auf Durchführung abgelehnt wurde, ist die Beschwerde **nach § 305 Satz 1 unzulässig** (KK/*Gmel* § 232 Rn. 23; Meyer-Goßner/*Schmitt* § 232 Rn. 28; a.A. SK-StPO/*Deiters* § 232 Rn. 21: ablehnender Beschluss anfechtbar). 27

II. Revision. Mit der Revision kann als **Verstoß gegen § 230** gerügt werden (**§ 338 Nr. 5**), dass in Abwesenheit des Angeklagten verhandelt wurde, obwohl die Voraussetzungen des § 232 nicht vorgelegen haben (OLG Köln StV 1996, 12; OLG Karlsruhe StraFo 2001, 415; LR/*Becker* § 232 Rn. 36; KK/*Gmel* § 232 Rn. 24; Meyer-Goßner/*Schmitt* § 232 Rn. 29). Dies kann gegeben sein, wenn der Angeklagte nicht ordnungsgemäß geladen wurde, der Hinweis auf die Möglichkeit der Abwesenheitsverhandlung unterblieben ist, das Gericht auf eine andere als nach Abs. 1 zulässige Rechtsfolge erkannt hat oder kein eigenmächtiges Fernbleiben vorliegt (LR/*Becker* § 232 Rn. 36; SK-StPO/*Deiters* § 232 Rn. 23; a.A. *Pfeiffer* § 232 Rn. 6; HK/*Julius* § 232 Rn. 12: Bei Rechtsfolgenüberschreitung gilt § 337). Die Voraussetzungen des § 232 werden vom Revisionsgericht nicht von Amts wegen geprüft; der Angeklagte hat daher gem. § 344 Abs. 2 Satz 2 in 28 der Revisionsbegründung im Einzelnen die den Verfahrensmangel enthaltenden Tatsachen anzugeben (LR/*Becker* § 232 Rn. 36; SK-StPO/*Deiters* § 232 Rn. 23; KMR/*Paulus* § 232 Rn. 27). Soweit sich Umstände, die eine Eigenmächtigkeit ausschließen, dem Gericht unbekannt waren, müssen sie mit dem **Wiedereinsetzungsantrag gem. § 235** geltend gemacht werden (OLG Düsseldorf NJW 1962, 2022; KK/*Gmel* § 232 Rn. 24; Meyer-Goßner/*Schmitt* § 232 Rn. 29; KMR/*Paulus* § 232 Rn. 27; einschränkend LR/*Becker* § 232 Rn. 37).

29 Verstöße gegen Abs. 3 können mit der Revision nach § 337 gerügt werden (KK/*Gmel* § 232 Rn. 24; Meyer-Goßner/*Schmitt* § 232 Rn. 29). Mängel der Urteilszustellung (Abs. 4), die zu deren Unwirksamkeit führen, sind **keine Verfahrenshindernisse** (BayObLGSt 1995, 99 [100]; KK/*Gmel* § 232 Rn. 24; Meyer-Goßner/*Schmitt* § 232 Rn. 29)

30 **III. Antrag auf Wiedereinsetzung.** Der Antrag auf Wiedereinsetzung in den vorigen Stand gem. § 235 kann unabhängig von Berufung und Revision gestellt werden (LR/*Becker* § 232 Rn. 41; Meyer-Goßner/*Schmitt* § 232 Rn. 30). Wiedereinsetzung kann auch neben Berufung bzw. Revision beantragt werden (§§ 315 Abs. 2, 342 Abs. 2). Die Einlegung von Berufung bzw. Revision ohne Verbindung mit dem Antrag auf Wiedereinsetzung in den vorigen Stand gilt als Verzicht auf Letztere (§§ 315 Abs. 3, 342 Abs. 3).

§ 233 Entbindung des Angeklagten von der Pflicht zum Erscheinen

(1) [1]Der Angeklagte kann auf seinen Antrag von der Verpflichtung zum Erscheinen in der Hauptverhandlung entbunden werden, wenn nur Freiheitsstrafe bis zu sechs Monaten, Geldstrafe bis zu einhundertachtzig Tagessätzen, Verwarnung mit Strafvorbehalt, Fahrverbot, Verfall, Einziehung, Vernichtung oder Unbrauchbarmachung, allein oder nebeneinander, zu erwarten ist. [2]Eine höhere Strafe oder eine Maßregel der Besserung und Sicherung darf in seiner Abwesenheit nicht verhängt werden. [3]Die Entziehung der Fahrerlaubnis ist zulässig.

(2) [1]Wird der Angeklagte von der Verpflichtung zum Erscheinen in der Hauptverhandlung entbunden, so muß er durch einen beauftragten oder ersuchten Richter über die Anklage vernommen werden. [2]Dabei wird er über die bei Verhandlung in seiner Abwesenheit zulässigen Rechtsfolgen belehrt sowie befragt, ob er seinen Antrag auf Befreiung vom Erscheinen in der Hauptverhandlung aufrechterhalte. Statt eines Ersuchens oder einer Beauftragung nach Satz 1 kann außerhalb der Hauptverhandlung auch das Gericht die Vernehmung über die Anklage in der Weise durchführen, dass sich der Angeklagte an einem anderen Ort als das Gericht aufhält und die Vernehmung zeitgleich in Bild und Ton an den Ort, an dem sich der Angeklagte aufhält, und in das Sitzungszimmer übertragen wird.

(3) [1]Von dem zum Zweck der Vernehmung anberaumten Termin sind die Staatsanwaltschaft und der Verteidiger zu benachrichtigen; ihrer Anwesenheit bei der Vernehmung bedarf es nicht. [2]Das Protokoll über die Vernehmung ist in der Hauptverhandlung zu verlesen.

Übersicht

1 **A. Inhalt und Zweck der Regelung.** Die Vorschrift ermöglicht Angeklagten in Verfahren mit begrenzter Rechtsfolgenerwartung, auf Antrag von der **Verpflichtung zum Erscheinen in der Hauptverhandlung entbunden** zu werden (Abs. 1). Entspricht das Gericht dem Antrag, muss der Angeklagte durch einen beauftragten oder ersuchten Richter oder durch das erkennende Gericht im Rahmen einer Videokonferenz über

die Anklage vernommen werden (Abs. 2). In der späteren Hauptverhandlung tritt die Verlesung der Vernehmungsniederschrift an die Stelle der Vernehmung des Angeklagten zur Sache. Um den Verfahrensbeteiligten die Möglichkeit zu geben, durch Fragen auf den Inhalt der Einlassung Einfluss zu nehmen, sind sie über den Termin der Vernehmung zu informieren (Abs. 3).

Zweck der Einschränkung der Anwesenheitspflicht (§ 230 Abs. 1) ist es, Angeklagten private oder berufliche Belastungen zu ersparen, die mit der Teilnahme an der Hauptverhandlung verbunden sind und die angesichts der bei einer Verurteilung zu erwartenden Rechtsfolge als schwerwiegend empfunden werden (*Hahn*, Motive, Bd. II, 187; LR/*Becker* § 233 Rn. 1; Meyer-Goßner/*Schmitt* § 233 Rn. 1). Eine Entbindung kommt insb. bei weiter Anreise zum Gerichtsort, Krankheit oder Gebrechlichkeit in Betracht (LR/*Becker* § 233 Rn. 12; Meyer-Goßner/*Schmitt* § 233 Rn. 1). 2

B. Anwendungsbereich. Die Vorschrift gilt auch **im Verfahren nach Einspruch gegen einen Strafbefehl** (OLG Hamm NJW 1969, 1129 [1130]; LR/*Becker* § 233 Rn. 2; SK-StPO/*Deiters* § 233 Rn. 4) und über § 332 **im Berufungsverfahren** (RGSt. 66, 364; BGHSt. 25, 281 [282]; OLG Köln NJW 1969, 705; BayObLG NJW 1970, 1055; Meyer-Goßner/*Schmitt* § 233 Rn. 2). Die vom AG beschlossene Entbindung gem. § 233 wirkt in der Berufungsinstanz nicht fort, es bedarf daher eines neuen Antrags und einer Entscheidung des Berufungsgerichts (RGSt. 64, 239 [244]; BayObLGSt. 1956, 20; KK/*Gmel* § 233 Rn. 1; Meyer-Goßner/*Schmitt* § 233 Rn. 2). Solange es hieran fehlt, besteht für den Angeklagten die Verpflichtung zum Erscheinen, ohne dass es einer besonderen Anordnung nach § 236 bedarf (RGSt. 64, 239 [244]; LR/*Becker* § 233 Rn. 4). Im **Jugendgerichtsverfahren** findet § 50 Abs. 1 JGG Anwendung. Im **Revisionsverfahren** gilt § 233 wegen der Sondervorschrift des § 350 Abs. 2 nicht. Im **Bußgeldverfahren** gelten §§ 73, 74 OWiG. 3

Die Vorschrift ist auch anwendbar, wenn sich der Angeklagte **im Ausland** befindet (KK/*Gmel* § 233 Rn. 1; Meyer-Goßner/*Schmitt* § 233 Rn. 2). Dass der Angeklagte in gleicher und anderer Sache **in Haft** ist, steht der Anwendung des § 233 nicht entgegen (LR/*Becker* § 233 Rn. 3; SK-StPO/*Deiters* § 233 Rn. 3). 4

C. Voraussetzungen der Entbindung. I. Antrag des Angeklagten. Von der Verpflichtung zum Erscheinen in der Hauptverhandlung kann der Angeklagte **nur auf Antrag** entbunden werden. Da das **Antragsrecht** nur dem Angeklagten persönlich zusteht, bedarf der Verteidiger zur wirksamen Antragstellung einer über die allgemeine Verteidigervollmacht hinausgehenden Vertretungsvollmacht (BGHSt. 12, 367 [369]; 25, 281 [284]; OLG Köln NStZ 2002, 268 [269]; LR/*Becker* § 233 Rn. 10; KK/*Gmel* § 233 Rn. 2). Nach zutreffender herrschender Meinung bedarf es hierfür keiner besonderen Ermächtigung, es genügt die Vollmacht, den Angeklagten in dessen Abwesenheit vertreten zu dürfen (OLG Hamm NJW 1969, 1129 [1130]; OLG Köln NStZ 2002, 268 [269]; SK-StPO/*Deiters* § 233 Rn. 8; Meyer-Goßner/*Schmitt* § 233 Rn. 5). 5

Für die Antragstellung ist **keine bestimmte Form** vorgeschrieben (SK-StPO/*Deiters* § 233 Rn. 6; KMR/*Paulus* § 233 Rn. 12). Bittet der Angeklagte schriftlich darum, dass das Gericht in seiner Abwesenheit verhandelt, ist dies als Antrag auf Entbindung auszulegen (LR/*Becker* § 233 Rn. 8). Im Antrag sollte der Antragsteller begründen, aus welchen Gründen er die Entbindung begehrt (Radtke/Hohmann/*Britz* § 233 Rn. 13). 6

Zwar macht die Vorschrift keine Vorgaben für den **Zeitpunkt der Antragstellung**. Nach dem Zweck der Regelung ist ein Antrag aber erst **nach Eröffnung des Hauptverfahrens** bzw. nach Einspruch gegen den Strafbefehl zulässig (LR/*Becker* § 233 Rn. 9; Meyer-Goßner/*Schmitt* § 233 Rn. 4). Ist das Gericht der Auffassung, dass die persönliche Anwesenheit des Angeklagten in der Hauptverhandlung entbehrlich ist, soll es ihn über sein Antragsrecht schon vor der Ladung belehren (RiStBV Nr. 120 Abs. 1). Gestellt werden kann der Antrag **noch in der Hauptverhandlung** (BGHSt. 12, 367 [369]; OLG Hamm NJW 1969, 1129 [1130]; LR/*Becker* § 233 Rn. 9) bzw. **zu Beginn der Berufungshauptverhandlung** (BGHSt. 25, 281 [285]; OLG Köln NJW 1969, 705; BayObLG NJW 1970; 1055 [1056]; Meyer-Goßner/*Schmitt* § 233 Rn. 6 m.w.N.). 7

Der Antrag kann **widerrufen** werden, solange noch nicht über ihn entschieden wurde (LR/*Becker* § 233 Rn. 11; KK/*Gmel* § 233 Rn. 2). Wie sich aus § 233 Abs. 2 Satz 2 ergibt, kann der Angeklagte nachträglich auf die ihm gewährte Entbindung verzichten. Der Entbindungsbeschluss ist dann aufzuheben (KMR/*Paulus* § 233 Rn. 14; KK/*Gmel* § 233 Rn. 3; Meyer-Goßner/*Schmitt* § 233 Rn. 7). Bleibt der Angeklagte in der Folge nicht genügend entschuldigt aus, dürfen die Zwangsmittel nach § 230 Abs. 2 angewendet werden (OLG Köln NJW 1952, 637; LR/*Becker* § 233 Rn. 11; Meyer-Goßner/*Schmitt* § 233 Rn. 7). 8

II. Begrenzte Rechtsfolgenerwartung. Die Entbindung setzt – wie bei § 232 – voraus, dass **im konkreten Einzelfall** nur die in Abs. 1 genannten Rechtsfolgen zu erwarten sind (s. § 232 Rdn. 8 f.). Im Unterschied zu § 232 ist auch die Verhängung einer Freiheitsstrafe von bis zu 6 Monaten möglich und die Entziehung der Fahrerlaubnis ohne vorherigen Hinweis zulässig. 9

10 **D. Entscheidung des Gerichts. I. Beschluss.** Über den Antrag des Angeklagten, zu dem die Verfahrensbeteiligten gem. § 33 zu hören sind (SK-StPO/*Deiters* § 233 Rn. 9), entscheidet das Gericht, nicht nur der Vorsitzende, **durch förmlichen Beschluss** (LR/*Becker* § 233 Rn. 12, 14; KK/*Gmel* § 233 Rn. 5). I.R.d. ihm eingeräumten **pflichtgemäßen Ermessens** hat das Gericht neben dem Interesse des Angeklagten, nicht erscheinen zu müssen, insb. die Bedeutung und Schwierigkeit der Sache und die Erfordernisse der Sachaufklärung zu berücksichtigen (SK-StPO/*Deiters* § 233 Rn. 10; Meyer-Goßner/*Schmitt* § 233 Rn. 10). Da der Beschluss nur auf Antrag ergeht, kann das Gericht den Angeklagten nicht vorsorglich für den Fall, dass er dies beantragt, von der Verpflichtung zum Erscheinen in der Hauptverhandlung befreien (OLG Frankfurt NJW 1991, 2849; anders h.M. BGHSt. 25, 42 [43]; LR/*Becker* § 233 Rn. 7 m.w.N.; KK/*Gmel* § 233 Rn. 6; Meyer-Goßner/*Schmitt* § 233 Rn. 9).

11 Der Beschluss muss **begründet** werden. Für den Fall der Ablehnung ergibt sich dies aus § 34. Aber auch der dem Antrag entsprechende Beschluss bedarf der Begründung. Weil im Urteil auf die Voraussetzungen der Abwesenheitsverhandlung nicht einzugehen ist, muss das Gericht für die revisionsrechtliche Prüfung die für seine Ermessensausübung maßgeblichen Gründe darstellen (s. § 232 Rdn. 23; LR/*Becker* § 233 Rn. 14; a.A. Meyer-Goßner/*Schmitt* § 233 Rn. 10; Radtke/Hohmann/*Britz* § 233 Rn. 14).

12 Die Entbindung gilt grds. für die **gesamte Hauptverhandlung**, sie kann nach allgemeiner Ansicht aber auch auf zeitlich oder örtlich begrenzte Teile (bspw. Ortsbesichtigung) beschränkt werden (Radtke/Hohmann/*Britz* § 233 Rn. 6). Dagegen ist nach herrschender Meinung eine Beschränkung auf einzelne sachliche Abschnitte der Hauptverhandlung unzulässig (OLG Schleswig SchlHA 1978, 188 Nr. 76 [E/J]; Meyer-Goßner/*Schmitt* § 233 Rn. 11; KMR/*Paulus* § 233 Rn. 19, a.A. LR/*Becker* § 233 Rn. 13; SK-StPO/*Deiters* § 233 Rn. 9; HK/*Julius* § 233 Rn. 11).

13 Ergibt sich, dass zur Sachaufklärung (§ 244 Abs. 2) die Anwesenheit des Angeklagten erforderlich ist oder entgegen der ursprünglichen Prognose eine höhere als die nach Abs. 1 Satz 2 zulässige Strafe zu erwarten ist, muss das Gericht den **Entbindungsbeschluss widerrufen** (OLG Hamburg MDR 1968, 344 [345]; LR/*Becker* § 233 Rn. 15; Meyer-Goßner/*Schmitt* § 233 Rn. 12).

14 **II. Bekanntmachung.** Stattgebender und ablehnender Beschluss sind bekannt zu machen. Bei Anwesenheit des Angeklagten geschieht dies gem. § 35 Abs. 1 Satz 1 **durch Verkündung in der Hauptverhandlung.** Gleiches gilt, wenn ein vertretungsbefugter Verteidiger den Entbindungsantrag in der Hauptverhandlung gestellt hat; einer Zustellung des Beschlusses an den Angeklagten bedarf es in diesem Fall nicht (BGHSt. 25, 281; KK/*Gmel* § 233 Rn. 10; Meyer-Goßner/*Schmitt* § 233 Rn. 13). Ergeht der Beschluss **außerhalb des Hauptverhandlung**, ist er gem. § 35 Abs. 2 Satz 1 dem Angeklagten oder gem. § 145a Abs. 1 dem Verteidiger durch förmliche Zustellung bekannt zu machen (LR/*Becker* § 233 Rn. 17; KK/*Gmel* § 233 Rn. 9). Zwar wird durch die Bekanntmachung der Entscheidung keine Frist in Lauf gesetzt. Der Angeklagte soll durch die Zustellung aber Gelegenheit erhalten, sein weiteres Verhalten der Prozesslage entsprechend einzurichten (OLG Hamm NJW 1969, 1129 [1130]; BayObLG NJW 1970, 1055 [1056]; SK-StPO/*Deiters* § 233 Rn. 11; Meyer-Goßner/*Schmitt* § 233 Rn. 13).

15 **E. Vernehmung über die Anklage (Abs. 2). I. Zweck.** Entbindet das Gericht den Angeklagten von der Verpflichtung zum Erscheinen, muss er durch einen beauftragten oder ersuchten Richter über die Anklage vernommen werden (Abs. 2 Satz 1). Durch das »Gesetz zur Intensivierung des Einsatzes von Videokonferenztechnik in gerichtlichen und staatsanwaltschaftlichen Verfahren« vom 25.04.2013 (BGBl. I 935) wurde als weitere Möglichkeit die unmittelbare Vernehmung durch den die Sache entscheidenden Richter außerhalb der Hauptverhandlung unter Zuhilfenahme der Videokonferenz eröffnet (Abs. 2 Satz 3). Da dadurch zeitraubender Aktenversand vermieden wird und der in die Sache eingearbeitete erkennende Richter vernimmt, ist diese Form der Vernehmung gegenüber derjenigen durch den beauftragten oder ersuchten Richter vorzugswürdig. Durch Art. 9 des Gesetzes können die Landesregierungen jedoch für ihren Bereich durch Rechtsverordnung bestimmen, dass diese Vorschrift bis längstens 31.12.2017 keine Anwendung findet. Die Vernehmung dient der **Gewährung rechtlichen Gehörs** zum Anklagevorwurf und dient außerdem der Klärung, ob der Angeklagte nach Belehrung über die in seiner Abwesenheit zulässigen Rechtsfolgen seinen Entbindungsantrag aufrechterhalten möchte (Meyer-Goßner/*Schmitt* § 233 Rn. 15). Vor diesem Hintergrund ist die Vernehmung selbst dann **zwingend**, wenn der Angeklagte im Ermittlungsverfahren oder – bei Berufungsverfahren – in erster Instanz richterlich vernommen wurde (OLG Schleswig NJW 1966, 67 [68]; LR/*Becker* § 233 Rn. 18; SK-StPO/*Deiters* § 233 Rn. 14; Meyer-Goßner/*Schmitt* § 233 Rn. 14).

16 Während die herrschende Meinung die Vernehmung als vorweggenommenen Teil der Hauptverhandlung ansieht (BGHSt. 25, 42 [43]; OLG Hamburg NJW 1972, 2322; KK/*Gmel* § 233 Rn. 12 Meyer-Goßner/*Schmitt* § 233 Rn. 15; *Pfeiffer* § 233 Rn. 4; einschränkend LR/*Becker* § 233 Rn. 18), handelt es sich nach zutreffender Ansicht um die **Beschaffung eines Urkundenbeweises**, der in der Abwesenheitsverhandlung gem.

§ 233 Abs. 3 Satz 2 die Vernehmung des Angeklagten zur Sache gem. § 243 Abs. 5 Satz 2 ersetzt (KMR/*Paulus* § 233 Rn. 4; SK-StPO/*Deiters* § 233 Rn. 15; MüKo-StPO/Arnoldi § 233 Rn. 11).

II. Zuständigkeit. Der Angeklagte wird gem. Abs. 2 Satz 1 nicht vom erkennenden Gericht, sondern von einem beauftragten (s. § 223 Rdn. 18) oder ersuchten Richter (s. § 223 Rdn. 19) vernommen. Auch ein deutscher Konsul (§ 15 Abs. 1, 4 KonsularG) und ein ausländischer Richter können um Vernehmung ersucht werden (LR/*Becker* § 233 Rn. 19; KK/*Gmel* § 233 Rn. 12). Die Anordnung zur Vernehmung trifft das erkennende Gericht in der Regel im Entbindungsbeschluss (*Pfeiffer* § 233 Rn. 4). Nach herrschender Meinung ist ein Vernehmungsersuchen auch schon vor der Antragstellung zulässig, der Angeklagte ist dann vom ersuchten Richter über sein Antragsrecht zu belehren (BGHSt. 25, 42 [43]; Meyer-Goßner/*Schmitt* § 233 Rn. 17). Stellt er daraufhin keinen Entbindungsantrag, wird das Vernehmungsersuchen gegenstandslos (KMR/*Paulus* § 233 Rn. 25). Die Vernehmung im Rahmen einer Videokonferenz gem. Abs. 2 Satz 3 führt das erkennende Gericht, im Hinblick auf die begrenzte Straferwartung in der Regel der Strafrichter, durch. 17

III. Verfahren. 1. Zwangsmittel. Erscheint der Angeklagte, der auf seinen Antrag hin entbunden wurde, zur Vernehmung vor dem ersuchten oder beauftragten Richter nicht, darf dieser die Zwangsmittel nach § 230 Abs. 2 anordnen (BGHSt. 25, 42 [43]; Meyer-Goßner/*Schmitt* § 233 Rn. 17 m.w.N.). Dies gilt auch im Verfahren nach Einspruch gegen einen Strafbefehl (OLG Hamburg GA 1962, 375; LR/*Becker* § 233 Rn. 19). 18

2. Inhalt der Vernehmung. Die von Abs. 2 Satz 1 vorgeschriebene **Vernehmung über die Anklage** soll dem Angeklagten Gelegenheit geben, sich umfassend gegen den zugelassenen Anklagevorwurf zu verteidigen. Wie in der Hauptverhandlung ist er über seine persönlichen Verhältnisse (§ 243 Abs. 2 Satz 2) und nach Belehrung über seine Aussagefreiheit zu Sache (§ 243 Abs. 5 Satz 2), d.h. zu allen für die Schuld- und Straffrage relevanten Umständen, zu vernehmen (LR/*Becker* § 233 Rn. 23; Meyer-Goßner/*Schmitt* § 233 Rn. 15). 19

Gem. Abs. 2 Satz 2 wird der Angeklagte bei der Vernehmung auch über die bei der Abwesenheitsverhandlung zulässigen Rechtsfolgen **belehrt** und **befragt**, ob er seinen Antrag auf Befreiung vom Erscheinen in der Hauptverhandlung aufrechterhalte. Erklärt der Angeklagte daraufhin, dass er auf die Entbindung verzichte, wird das Vernehmungsersuchen gegenstandslos (LR/*Becker* § 233 Rn. 20; KMR/*Paulus* § 233 Rn. 25). Seine Erklärung, er werde an der Hauptverhandlung teilnehmen und sich selbst verteidigen, führt nicht zur Unzulässigkeit des Vernehmungsersuchens (LR/*Becker* § 233 Rn. 20; Meyer-Goßner/*Schmitt* § 233 Rn. 17). 20

I.R.d. Vernehmung besteht außerdem die Möglichkeit, den Angeklagten zu befragen, ob er auf die Ladung zur Hauptverhandlung oder die Einhaltung der Ladungsfrist verzichtet (vgl. Nr. 120 Abs. 3 RiStBV; KMR/*Paulus* § 233 Rn. 25). 21

3. Wiederholung der Vernehmung. Die Vernehmung muss wiederholt werden, wenn in der Abwesenheitsverhandlung **neue, mit der Anklage noch nicht vorgebrachte Tatsachen und Beweismittel** relevant werden, zu denen sich der Angeklagte nicht äußern konnte (RGSt. 21, 100; OLG Hamm VRS 19, 374 [375], DAR 1994, 410; LR/*Becker* § 233 Rn. 36; Meyer-Goßner/*Schmitt* § 233 Rn. 16) oder wenn der Angeklagte durch einen ausdrücklichen Antrag auf erneute Vernehmung zu erkennen gibt, dass er seine **bisherigen Angaben berichtigen oder ergänzen** will (BayObLGSt. 1956, 20 [21]; Meyer-Goßner/*Schmitt* § 233 Rn. 16). Wird in der Abwesenheitsverhandlung ein **Hinweis nach § 265 Abs. 1, 2** erforderlich, ist die Vernehmung ebenfalls zu wiederholen (KK/*Gmel* § 233 Rn. 12; Meyer-Goßner/*Schmitt* § 233 Rn. 16). Zur Frage, ob das auch dann gilt, wenn der Angeklagte in der Abwesenheitsverhandlung durch einen vertretungsberechtigten Verteidiger vertreten wird, s. § 234a Rdn. 3. 22

IV. Benachrichtigungspflichten. Nach Abs. 3 Satz 1 Hs. 1 sind StA und Verteidiger von dem zum Zweck der Vernehmung anberaumten Termin zu benachrichtigen. Über den Wortlaut hinaus müssen jedoch – wie im bei § 224 (s. § 224 Rdn. 5 und 6) – **alle Verfahrensbeteiligten**, auch Mitangeklagte und Nebenkläger, sowie andere zur Anwesenheit in der Hauptverhandlung berechtigte Personen benachrichtigt werden (RGSt. 57, 271 [272]; LR/*Becker* § 233 Rn. 21; SK-StPO/*Deiters* § 233 Rn. 16). Auf die Terminsnachricht kann **verzichtet** werden (vgl. Nr. 120 Abs. 2 RiStBV zum Verzicht der StA). Die zu benachrichtigenden Beteiligten haben ein Anwesenheitsrecht, nach Abs. 3 Satz 1 Hs. 2 bedarf es aber ihrer Anwesenheit bei der Vernehmung nicht. Soweit sie anwesend sind, dürfen sie wie in der Hauptverhandlung nach § 240 Abs. 2 Fragen stellen (LR/*Becker* § 233 Rn. 22, SK-StPO/*Deiters* § 233 Rn. 16). Wurde ein Verfahrensbeteiligter rechtsfehlerhaft **nicht benachrichtigt**, darf bei dessen Widerspruch das gem. §§ 168, 168a zu fertigende **Vernehmungsprotokoll** in der Hauptverhandlung nicht verlesen werden (OLG Braunschweig DAR 1992, 392; LR/*Becker* § 233 Rn. 21; Meyer-Goßner/*Schmitt* § 233 Rn. 18). 23

24 F. **Hauptverhandlung. I. Ladung und Recht auf Anwesenheit.** Der von der Pflicht zum Erscheinen entbundene Angeklagte ist zur Hauptverhandlung zu laden, wenn er nicht ausdrücklich darauf verzichtet hat (OLG Schleswig SchlHA 1977, 181 Nr. 58 [E/J]; LR/*Becker* § 233 Rn. 28; KK/*Gmel* § 233 Rn. 16; Meyer-Goßner/*Schmitt* § 233 Rn. 19; vgl. Nr. 120 Abs. 3 Satz 1 RiStBV). In der Ladung unterbleibt die Warnung über die Möglichkeit der Zwangsmittelanordnung (s. § 216 Rn. 15). Nur den Verteidiger zu laden, ist nicht ausreichend (LR/*Becker* § 233 Rn. 28). Trotz Entbindung hat der Angeklagte hat ein Recht auf Anwesenheit in der Hauptverhandlung (BGHSt. 12, 367 [371]; SK-StPO/*Deiters* § 233 Rn. 20; Meyer-Goßner/*Schmitt* § 233 Rdn. 19, zur Teilnahme s. § 233 Rdn. 30)

25 **II. Verhandlung in Abwesenheit des Angeklagten. 1. Verlesung des Vernehmungsprotokolls.** Bei Abwesenheit des Angeklagten in der Hauptverhandlung ist gem. Abs. 3 Satz 2 das Protokoll über die Vernehmung zu verlesen. Dies gilt – anders als bei § 232 (s. § 232 Rdn. 15) – auch dann, wenn der vertretungsberechtigte Verteidiger (§ 234) für den Angeklagten Erklärungen zur Sache abgibt (BayObLGSt. 1974, 35 [37]; LR/*Becker* § 233 Rn. 29; KK/*Gmel* § 233 Rn. 17; Meyer-Goßner/*Schmitt* § 233 Rn. 20; a.A. SK-StPO/*Deiters* § 233 Rn. 24: Verlesung des Protokolls nur nach § 254). Die Verlesung erfolgt auf Anordnung der Vorsitzenden zu dem in § 243 Abs. 5 Satz 2 bestimmten Zeitpunkt (LR/*Becker* § 233 Rn. 29; KMR/*Paulus* § 233 Rn. 29; Meyer-Goßner/*Schmitt* § 233 Rn. 20).

26 **2. Behandlung von im Protokoll enthaltenen Anträgen und Einwänden.** Vom Angeklagten in der Vernehmung nach Abs. 2 gestellte und im Protokoll enthaltene **Beweisanträge und Fragen** sind im Hinblick auf die Funktion der Vernehmung so zu behandeln, wie wenn sie in der Hauptverhandlung gestellt wären (RGSt. 10, 135 [137]; 40, 354 [356]; BayObLGSt. 1955, 267; LR/*Becker* § 233 Rn. 31; SK-StPO/*Deiters* § 233 Rn. 23; Meyer-Goßner/*Schmitt* § 233 Rn. 22). Da sie mit der Verlesung eingebracht sind, müssen sie vom vertretungsberechtigten Verteidiger nicht erneut gestellt, können von diesem aber zurückgenommen werden (KMR/*Paulus* § 233 Rn. 32; Meyer-Goßner/*Schmitt* § 233 Rn. 22). Schriftliche Beweisanträge außerhalb der Vernehmung sind dagegen nach § 219 zu behandeln (BayObLGSt. 55, 267; LR/*Becker* § 233 Rn. 31; KMR/*Paulus* § 233 Rn. 32; Meyer-Goßner/*Schmitt* § 233 Rn. 22).

27 Hat der Angeklagte in der Vernehmung den **Einwand der örtlichen Unzuständigkeit** erhoben, ist darüber unabhängig vom Zeitpunkt der Protokollverlesung zu entscheiden (KK/*Gmel* § 233 Rn. 17; Meyer-Goßner/*Schmitt* § 233 Rn. 21).

28 **3. Ausübung von Zustimmungsrechten.** Bei Teilnahme eines vertretungsberechtigten Verteidigers an der Hauptverhandlung teil, übt dieser gem. § 234a die Zustimmungsrechte des Angeklagten nach §§ 245 Abs. 1 Satz 2, 251 Abs. 1 Nr. 1, Abs. 2 Nr. 3 aus, andernfalls muss die Zustimmung des Angeklagten eingeholt werden (BayObLG JZ 1964, 328; LR/*Becker* § 233 Rn. 35; SK-StPO/*Deiters* § 233 Rn. 25; Meyer-Goßner/*Schmitt* § 233 Rn. 23). Zur Einstellung des Verfahrens gem. § 153 bedarf es jedoch keiner Zustimmung des Angeklagten (§ 153 Abs. 2 Satz 2).

29 **4. Hinweise nach § 265 Abs. 1, 2.** Zur Problematik der Veränderung des rechtlichen Gesichtspunkts s. Rdn. 22.

30 **III. Verhandlung in Anwesenheit des Angeklagten.** Nimmt der Angeklagte an der Hauptverhandlung teil, obwohl er von der Verpflichtung zum Erscheinen entbunden und nach Abs. 2 vernommen wurde, wird diese regulär durchgeführt, insb. ist der Angeklagte gem. § 243 Abs. 2 Satz 2, Abs. 5 Satz 2 zu vernehmen (LR/*Becker* § 233 Rn. 38; KMR/*Paulus* § 233 Rn. 35). Das Protokoll der richterlichen Vernehmung (Abs. 2) kann nach § 254 verlesen werden (SK-StPO/*Deiters* § 233 Rn. 24; KMR/*Paulus* § 233 Rn. 35). Die Beschränkung der Rechtsfolgen nach Abs. 1 gilt nicht mehr, allerdings kommt eine Aussetzung nach § 265 Abs. 4 in Betracht (HK/*Julius* § 233 Rn. 9).

31 **G. Urteil nach Abwesenheitsverhandlung.** Das nach Abwesenheitsverhandlung ergehende Urteil darf keine höheren oder andere als die in Abs. 1 Satz 1, 3 genannten Rechtsfolgen aussprechen. Die **Zustellung** des Urteils erfolgt an den Angeklagten oder gem. § 145a an den Verteidiger (BGHSt. 11, 152 [157]; OLG Frankfurt NJW 1982, 1297; SK-StPO/*Deiters* § 233 Rn. 26). § 232 Abs. 4 gilt nicht entsprechend (s. § 232 Rdn. 25).

32 **H. Rechtsbehelfe. I. Beschwerde.** Weil der Beschluss über die Entbindung oder über die Ablehnung eines Entbindungsantrags mit der Urteilsfindung in innerem Zusammenhang steht, kann er nach **§ 305 Satz 1** nicht mit der Beschwerde angefochten werden (BayObLGSt. 1952, 116; OLG Köln NJW 1957, 153; OLG Celle NJW 1957, 1163; LR/*Becker* § 233 Rn. 41; Meyer-Goßner/*Schmitt* § 233 Rn. 27). Dasselbe gilt für den Widerrufsbeschluss (OLG Hamburg MDR 1968, 344; KK/*Gmel* § 233 Rn. 20; *Pfeiffer*

§ 233 Rn. 6). Ausnahmsweise zulässig ist die Beschwerde, wenn das Gericht den Entbindungsantrag ohne Ermessensausübung als unzulässig abgelehnt hat (OLG Köln NJW 1957, 153; LR/*Becker* § 233 Rn. 41; Meyer-Goßner/*Schmitt* § 233 Rn. 27).

II. Revision. Als Verstoß gegen § 230 kann mit der Revision nach § 338 Nr. 5 gerügt werden, dass in Abwesenheit des Angeklagten verhandelt wurde, obwohl die **Voraussetzungen des § 233 Abs. 1 nicht vorlagen**, z.B. weil kein wirksamer Befreiungsantrag gestellt war (RGSt. 62, 259; LR/*Becker* § 233 Rn. 44; SK-StPO/*Deiters* § 233 Rn. 30; KK/*Gmel* § 233 Rn. 22). Dasselbe gilt, wenn das Gericht auf eine andere als nach Abs. 1 zulässige Rechtsfolge erkannt hat (LR/*Becker* § 233 Rn. 44; Meyer-Goßner/*Schmitt* § 233 Rn. 28; a.A. OLG Köln GA 1971, 27; OLG Hamm JR 1978, 120: Verfahrenshindernis). 33

Verstöße gegen Abs. 2 und Abs. 3 können gem. § 337 geltend gemacht werden (LR/*Becker* § 233 Rn. 45; SK-StPO/*Deiters* § 233 Rn. 31; Meyer-Goßner/*Schmitt* § 233 Rn. 28). Dazu gehören insb. das Unterbleiben der Vernehmung (OLG Schleswig NJW 1966, 67 [68]) bzw. der Belehrung über die zulässigen Rechtsfolgen (OLG Oldenburg NdsRPfl 1955, 140) und das Unterlassen der Verlesung des Protokolls in der Hauptverhandlung (Meyer-Goßner/*Schmitt* § 233 Rn. 28). Auch nach § 337 kann gerügt werden, dass der Angeklagte nicht (ordnungsgemäß) zur Hauptverhandlung geladen wurde (KMR/*Paulus* § 233 Rn. 40; KK/*Gmel* § 233 Rn. 45). Die die über den Vernehmungstermin zu benachrichtigenden Verfahrensbeteiligten können gem. § 337 den Verstoß gegen die Benachrichtigungspflicht rügen, wenn das Protokoll der Vernehmung in der Hauptverhandlung verlesen wurde (LR/*Becker* § 233 Rn. 46; SK-StPO/*Deiters* § 233 Rn. 32; KMR/*Paulus* § 233 Rn. 40). 34

Ein **Mitangeklagter** kann mit der Revision grds. nicht geltend machen, dass § 233 in Bezug auf einen entbundenen Angeklagten fehlerhaft angewendet worden ist (LR/*Becker* § 233 Rn. 46; SK-StPO/*Deiters* § 233 Rn. 32). Etwas anderes gilt nur dann, wenn der Verfahrensfehler auch das gegen in ergangene Urteil beeinflusst hat, etwa weil die Teilnahme des Angeklagten zur Sachaufklärung geboten war (LR/*Becker* § 233 Rn. 46; KMR/*Paulus* § 233 Rn. 40). 35

III. Wiedereinsetzung. Eine Wiedereinsetzung in den vorigen Stand kommt nicht in Betracht, weil § 235 weder unmittelbar noch entsprechend anwendbar ist (LR/*Becker* § 233 Rn. 47; SK-StPO/*Deiters* § 233 Rn. 29; Meyer-Goßner/*Schmitt* § 233 Rn. 29). 36

§ 234 Vertretung des abwesenden Angeklagten

Soweit die Hauptverhandlung ohne Anwesenheit des Angeklagten stattfinden kann, ist er befugt, sich durch einen Verteidiger mit nachgewiesener Vertretungsvollmacht vertreten zu lassen.

A. Inhalt der Regelung. Das Gesetz unterscheidet – wie § 387 Abs. 1 besonders anschaulich zeigt – danach, ob der Verteidiger des Angeklagten in der Hauptverhandlung als Beistand oder Vertreter auftritt (BGHSt 9, 356 [357]; ausführlich LR/*Becker* § 234 Rn. 1, 2). Als **Beistand** (§ 137 Abs. 1) erfüllt der Verteidiger als Organ der Rechtspflege einen gesetzlichen Auftrag, für den er besondere eigene Befugnisse besitzt. Als **Vertreter** des Angeklagten tritt er an dessen Stelle und nimmt dessen Verfahrensrechte wahr. Dafür benötigt er eine **besondere Vollmacht**, für die das Gesetz aus Nachweisgründen grds. die Schriftform verlangt. Unter derselben Voraussetzung ermöglicht § 234 die **Vertretung des Angeklagten in den Fällen der Abwesenheitsverhandlung** nach §§ 231 Abs. 2, 231a, 231b, 232 und 233. 1

Dass der Angeklagte einen Verteidiger mit der Vertretung bevollmächtigt hat, schließt nicht aus, dass er von seinem Teilnahmerecht an der Hauptverhandlung Gebrauch macht (KK/*Gmel* § 234 Rn. 1; SK-StPO/*Deiters* § 234 Rn. 3). In diesem Fall findet § 234 keine Anwendung (KMR/*Paulus* § 234 Rn. 5; Meyer-Goßner/*Schmitt* § 234 Rn. 4; a.A. LR/*Becker* § 234 Rn. 4; *Eisenberg/Pincus* JR 2003, 402). Will der Angeklagte Erklärungen des Verteidigers für und gegen sich gelten lassen, muss er dies zum Ausdruck bringen, bloßes Schweigen genügt nicht (BGH NStZ 1990, 447 [448]; NStZ 2006, 408; OLG Saarbrücken NStZ 2006, 182 [183]; SK-StPO/*Deiters* § 234 Rn. 3; a.A. Meyer-Goßner/*Schmitt* § 234 Rn. 4). 2

Besondere Regelungen gelten für das Berufungsverfahren (§ 329 Abs. 1) (vgl. KG VRR 2018, Nr. 6, 3), das Revisionsverfahren (§ 350 Abs. 2), das Privatklageverfahren (§ 387 Abs. 1), das Verfahren nach Einspruch gegen einen Strafbefehl (§ 411 Abs. 2 Satz 1) und für die Nebenbeteiligten (§§ 434 Abs. 1 Satz 1, 444 Abs. 2 Satz 2). Im Bußgeldverfahren gilt § 73 Abs. 3 OWiG. 3

4 **B. Schriftliche Vollmacht.** Um den Angeklagten wirksam vertreten zu können, braucht der Verteidiger eine schriftliche Vollmacht, die dem Gericht **spätestens bei Beginn der Hauptverhandlung** vorliegen muss (OLG Köln MDR 1964, 435; OLG Koblenz MDR 1972, 801; OLG Saarbrücken NStZ 1999, 265 [266]; Meyer-Goßner/*Schmitt* § 234 Rn. 5).

5 Die **gewöhnliche Verteidigervollmacht** reicht dazu ebenso wenig wie die **Pflichtverteidigerbestellung** (OLG Hamm StV 1997, 404; ZfS 2014, 470; LR/*Becker* § 234 Rn. 7). Aus der Vollmacht muss sich vielmehr ergeben, dass der Verteidiger vom Angeklagten mit der Vertretung beauftragt ist (KMR/*Paulus* § 234 Rn. 2). Dafür genügt, dass die Vollmacht zur Vertretung allgemein ermächtigt, einer speziellen Vollmacht »zur Vertretung in Abwesenheit« bedarf es nicht (BGHSt 9, 356 [357]; OLG Düsseldorf VRS 81, 292 [293]; Meyer-Goßner/*Schmitt* § 234 Rn. 5; a.A. HK/*Julius* § 234 Rn. 2). Die Bevollmächtigung kann auch zusammen mit der allgemeinen Verteidigervollmacht nach § 137 erfolgen. Die dafür praxisübliche Formel »zu verteidigen und zu vertreten« bringt dies ausreichend zum Ausdruck (OLG Düsseldorf VRS 81, 292 [293]; OLG Zweibrücken StV 1981, 539; LR/*Becker* § 234 Rn. 7; KK/*Gmel* § 234 Rn. 4).

6 Der Schriftform genügt auch eine Vollmacht, die nach mündlicher Ermächtigung des Angeklagten von einem Dritten (BayObLGSt 1962, 282 [283]) oder von dem bevollmächtigten Verteidiger selbst (BayObLGSt 2001, 153; OLG Dresden StRR 2013, 26) unterzeichnet ist (Meyer-Goßner/*Schmitt* § 234 Rn. 5; KMR/*Paulus* § 234 Rn. 9; a.A. OLG Hamburg StraFo 2017, 371; LR/*Becker* § 234 Rn. 8; SK-StPO/*Deiters* § 234 Rn. 4; Mosbacher NStZ 2013, 312 [314]). Ebenso ist ausreichend, wenn der Angeklagte die Vollmacht bei der Vernehmung nach § 233 Abs. 2 zu Protokoll erklärt (Meyer-Goßner/*Schmitt* § 234 Rn. 6; KK/*Gmel* § 234 Rn. 3). Der gesonderten Vorlage einer schriftlichen Vollmacht bedarf es nicht, wenn sich das Bestehen einer Vertretungsvollmacht bereits aus einer anderen schriftlichen Erklärung des Angeklagten ggü. dem Gericht ergibt (OLG Düsseldorf NStZ 1984, 524; LR/*Becker* § 234 Rn. 8; HK/*Julius* § 234 Rn. 4). Um die Vertretungsvollmacht durch ein elektronisches Dokument nachzuweisen, muss dieses qualifiziert signiert oder auf einem der in § 32a Abs. 4 genannten sicheren sicheren Übermittlungsweg übermittelt worden sein (OLG Karlsruhe NStZ-RR 2021, 56).

7 Der bevollmächtigte Verteidiger kann einem anderen Rechtsanwalt **Untervollmacht** erteilen (BayObLGSt 1991, 41 [42]; SK-StPO/*Deiters* § 234 Rn. 4). Sie muss nicht schriftlich nachgewiesen werden, ausreichend ist vielmehr, dass ihr Bestehen auf andere Weise sicher belegt werden kann (OLG Hamm NJW 1963, 1793; NStZ 1986, 92; OLG Karlsruhe NStZ 1983, 43; HK/*Julius* § 234 Rn. 3).

8 Die Vollmacht kann auf einzelne Prozesshandlungen **beschränkt** werden. Im Interesse der Rechtssicherheit muss sich die Beschränkung aber aus der schriftlichen Bevollmächtigung eindeutig ergeben (LR/*Becker* § 234 Rn. 9; KMR/*Paulus* § 234 Rn. 10). Für den beschränkten Bereich hat der Verteidiger nur die Befugnisse nach § 234a.

9 **C. Wirkung der Vertretungsbefugnisse.** Durch die Vertretungsvollmacht kann der Verteidiger alle zum Verfahren gehörenden Erklärungen **im Namen und im Willen des Angeklagten** abgeben und entgegennehmen (BGHSt 9, 356 [357]; OLG Köln VRS 60, 441 [442]; SK-StPO/*Deiters* § 234 Rn. 5). Dazu gehören insb.:
- Erhebung der Einwände nach §§ 6a, 16, 222b (LR/*Becker* § 234 Rn. 13; Meyer-Goßner/*Schmitt* § 234 Rn. 9);
- Ablehnungsanträge nach §§ 24, 74 (KMR/*Paulus* § 234 Rn. 14; a.A. *Rabe* NJW 1976, 173);
- Zustimmung zu Verfahrenseinstellungen nach §§ 153 ff. (KMR/*Paulus* § 234 Rn. 14; Meyer-Goßner/*Schmitt* § 234 Rn. 9);
- Verzicht auf die Einhaltung der Ladungsfrist nach § 217 Abs. 1 oder Aussetzung nach § 217 Abs. 2, 3 (OLG Hamm NJW 1954, 1856; LR/*Becker* § 234 Rn. 13);
- Zustimmung zur Verlesung von Urkunden nach § 251 Abs. 1 und 2 (s.a. § 234a Rdn. 4);
- Einlassungen zur Sache und Geständnis sowie letztes Wort (BayObLGSt 1982, 156; KMR/*Paulus* § 234 Rn. 15; Radtke/Hohmann/*Britz* § 234 Rn. 10), zuvor muss nach § 243 Abs. 5 Satz 1 belehrt werden (BayObLSt 1982, 156; Meyer-Goßner/*Schmitt* § 234 Rn. 10);
- Stellungnahme zu möglichen Bewährungsauflagen und -weisungen nach § 265a (LR/*Becker* § 234 Rn. 13; Meyer-Goßner/*Schmitt* § 234 Rn. 9).

10 **D. Rechtsbehelfe.** Wenn das Gericht zu Unrecht vom Bestehen einer Vertretungsvollmacht ausgegangen ist und auf die Abgabe der in Rdn. 9 genannten Erklärung durch den Angeklagten selbst verzichtet hat, kann die Verletzung der jeweiligen Verfahrensvorschrift mit der Revision gem. § 337 gerügt werden (LR/*Becker* § 234 Rn. 24; SK-StPO/*Deiters* § 234 Rn. 6; KMR/*Paulus* § 234 Rn. 16).

11 War der Angeklagte von der Pflicht zum Erscheinen in der Hauptverhandlung entbunden und wird sein vertretungsberechtigter Verteidiger nicht geladen, obwohl seine Wahl dem Gericht angezeigt worden war,

kann die Revision auf die Verletzung des § 218 i.V.m. § 234 gestützt werden (OLG Köln NJW 1960, 736; KMR/*Paulus* § 234 Rn. 16; SK-StPO/*Deiters* § 234 Rn. 6).

Ein revisibler Verstoß gegen die Aufklärungspflicht kann vorliegen, wenn sich das Gericht unter Verzicht auf die erforderliche persönliche Vernehmung des Angeklagten mit der unzureichenden Sacheinlassung des vertretungsberechtigten Verteidigers begnügt (KMR/*Paulus* § 234 Rn. 16; Radtke/Hohmann/*Britz* § 234 Rn. 12; Meyer-Goßner/*Schmitt* § 234 Rn. 13). 12

§ 234a Befugnisse des Verteidigers bei Vertretung des abwesenden Angeklagten

Findet die Hauptverhandlung ohne Anwesenheit des Angeklagten statt, so genügt es, wenn die nach § 265 Abs. 1 und 2 erforderlichen Hinweise dem Verteidiger gegeben werden; das Einverständnis des Angeklagten nach § 245 Abs. 1 Satz 2 und § 251 Abs. 1 Nr. 1, Abs. 2 Nr. 3 ist nicht erforderlich, wenn ein Verteidiger an der Hauptverhandlung teilnimmt.

Übersicht

A. Inhalt der Regelung und Anwendungsbereich. Die Vorschrift sieht **zur Vereinfachung des Verfahrens** bei Abwesenheitsverhandlungen vor, dass der anwesende Verteidiger **auch ohne Vertretungsvollmacht nach** § 234 Informations- und Zustimmungsbefugnisse des Angeklagten wahrnehmen kann (LR/*Becker* § 234a Rn. 1; Meyer-Goßner/*Schmitt* § 234a Rn. 1). Da die Regelung den Anspruch des Angeklagten auf rechtliches Gehör (Art. 103 Abs. 1 GG) einschränkt, ist sie **eng auszulegen** (SK-StPO/*Deiters* § 234a Rn. 3; Radtke/Hohmann/*Britz* § 234a Rn. 2). 1

§ 234a gilt **in den Fällen der Abwesenheitsverhandlung** nach §§ 231 Abs. 1, 231a, 231b, 232, 233 (s. aber Rdn. 3), 329 Abs. 2, 387 Abs. 1, 411 Abs. 2 Satz 1, 415 Abs. 3 (LR/*Becker* § 234a Rn. 4; SK-StPO/*Deiters* § 234a Rn. 4). Im Fall der Beurlaubung nach **§ 231c** findet die Vorschrift keine Anwendung, weil während der Freistellung des Angeklagten nicht gegen ihn verhandelt werden darf (KK/*Gmel* § 234a Rn. 2). Bei zeitweiliger Entfernung des Angeklagten aus dem Sitzungssaal gem. **§ 247** ist § 234a ebenfalls nicht anwendbar, da es dabei sich um keinen Fall der Abwesenheitsverhandlung handelt (LR/*Becker* § 234a Rn. 6). Im **Bußgeldverfahren** gilt § 74 Abs. 1 Satz 3 OWiG. 2

B. Hinweise nach § 265 Abs. 1 und 2 (Hs. 1). Die nach § 265 Abs. 1 und 2 erforderlichen Hinweise zur Veränderung des rechtlichen Gesichtspunkts und auf straferhöhende Umstände können dem anwesenden Wahl- oder Pflichtverteidiger in allen Fällen gegeben werden, in denen die Hauptverhandlung ohne Anwesenheit des Angeklagten stattfinden darf (Meyer-Goßner/*Schmitt* § 234a Rn. 2). Ob dies auch im Fall der **Abwesenheitsverhandlung nach § 233** gilt, ist umstritten. Gegen die Anwendbarkeit wird im Wesentlichen argumentiert, dass der Verteidiger sonst mehr Rechte besäße, als er bei Bevollmächtigung nach § 234 hätte, und dass durch Veränderungen der rechtlichen Beurteilung die Sachvernehmung nach § 233 Abs. 2 unterlaufen werde (KK/*Gmel* § 234a Rn. 3; Meyer-Goßner/*Schmitt* § 234a Rn. 3; Graf/*Gorf* § 234a Rn. 6; ausführlich Radtke/Hohmann/*Britz* § 234a Rn. 4). Für die Anwendbarkeit sprechen neben Wortlaut und Entstehungsgeschichte der Regelung, dass § 234a die Durchführung der Abwesenheitsverhandlung erleichtern soll und daher als Modifizierung des § 233 Abs. 2 anzusehen ist, die einen Hinweis an den Verteidiger genügen lässt (LR/*Becker* § 234a Rn. 5; SK-StPO/*Deiters* § 234a Rn. 6). Dies überzeugt, zumal der Verteidiger – sollte er aufgrund der aus Sicht des Gerichts veränderten Rechtslage eine nochmalige Vernehmung des Angeklagten für erforderlich halten – diese durch einen Antrag auf Unterbrechung oder Aussetzung gem. § 265 Abs. 3 und 4 erreichen kann (LR/*Becker* § 234a Rn. 5; HK/*Julius* § 234a Rn. 2). 3

C. Zustimmungserklärungen (Hs. 2). Bei Teilnahme eines Verteidigers muss in der zulässigen Abwesenheitsverhandlung auch die Zustimmung des Angeklagten zu den Prozesserklärungen nach § 245 Abs. 1 Satz 2 (Verzicht auf präsente Beweismittel), § 251 Abs. 1 Nr. 1 (Verlesung von nichtrichterlichen Vernehmungsprotokollen bzw. Urkunden von Beweispersonen), § 251 Abs. 2 Nr. 3 (Verlesung von richterlichen Vernehmungsprotokollen) nicht eingeholt werden, sondern kann vom Verteidiger erklärt werden. Dies gilt nach allgemeiner Ansicht über den Wortlaut hinaus auch für die Zustimmung nach § 325 Hs. 2, der neben § 251 Abs. 1 Nr. 1 keine eigenständige Bedeutung zukommt (KK/*Gmel* § 234a Rn. 4; Meyer-Goßner/*Schmitt* § 234a Rn. 4). 4

5 Die Erklärung gibt der Verteidiger – unabhängig vom Willen des Angeklagten – **aus eigenem Recht** ab. Will der Angeklagte die Zustimmung versagen, muss er an der Hauptverhandlung teilnehmen (LR/*Becker* § 234a Rn. 18; SK-StPO/*Deiters* § 234a Rn. 9).

6 **Auf andere Prozesserklärungen** als die in Rdn. 4 genannten ist die Vorschrift grds. **nicht anwendbar** (KK/*Gmel* § 234a Rn. 1). Insb. kann der Verteidiger nicht Verfahrenseinstellungen nach § 153 Abs. 2 (in Fällen des §§ 231 Abs. 2, 232 und 233 ohnehin entbehrlich, § 153 Abs. 2 Satz 2), § 153a Abs. 2 oder der Einbeziehung einer Nachtragsanklage gem. § 266 Abs. 1 zustimmen oder Rechtsmittel einlegen, zurücknehmen oder beschränken (LR/*Becker* § 234a Rn. 13 ff.; Radtke/Hohmann/*Britz* § 234a Rn. 8). Der Widerspruch zum Selbstleseverfahren nach § 249 Abs. 2 ist ein Recht der anwesenden Verfahrensbeteiligten und kann vom Verteidiger unabhängig von § 234a ausgeübt werden (LR/*Becker* § 234a Rn. 16).

7 **D. Rechtsbehelfe.** Nimmt der Vorsitzende bei einer Maßnahme der Verhandlungsleitung an, die Zustimmung des Angeklagten sei nach § 234a entbehrlich, kann gem. **§ 238 Abs. 2** das Gericht angerufen werden (LR/*Becker* § 234a Rn. 20; KMR/*Paulus* § 234a Rn. 12).

8 Gegen Anordnungen und Beschlüsse über die Anwendbarkeit des § 234a ist die Beschwerde nach **§ 305 Satz 1** ausgeschlossen (LR/*Becker* § 234a Rn. 21). Hält das Gericht § 234a irrig für unanwendbar und setzt deshalb die Hauptverhandlung aus, kann dieser Verstoß gegen das Beschleunigungsverbot jedoch mit der Beschwerde angegriffen werden (KMR/*Paulus* § 234a Rn. 13; SK-StPO/*Deiters* § 234a Rn. 10).

9 Wird nur dem Verteidiger ein Hinweis nach § 265 Abs. 1, 2 erteilt, obwohl die Voraussetzungen des § 234a nicht vorliegen, kann die **Revision** auf die Verletzung des § 265 gestützt werden (SK/*Deiters* § 234a Rn. 11). Hält das Gericht eine Verlesung nach § 251 Abs. 1 Nr. 1 oder Abs. 2 Nr. 3 für unzulässig, weil es rechtsfehlerhaft die Zustimmung des Angeklagten für erforderlich hält, kann eine Verletzung der Aufklärungspflicht (§ 244 Abs. 2) gegeben sein (LR/*Becker* § 234a Rn. 22; KMR/*Paulus* § 234a Rn. 14).

§ 235 Wiedereinsetzung in den vorigen Stand bei Verhandlung ohne den Angeklagten

[1]Hat die Hauptverhandlung gemäß § 232 ohne den Angeklagten stattgefunden, so kann er gegen das Urteil binnen einer Woche nach seiner Zustellung die Wiedereinsetzung in den vorigen Stand unter den gleichen Voraussetzungen wie gegen die Versäumung einer Frist nachsuchen; hat er von der Ladung zur Hauptverhandlung keine Kenntnis erlangt, so kann er stets die Wiedereinsetzung in den vorigen Stand beanspruchen. [2]Hierüber ist der Angeklagte bei der Zustellung des Urteils zu belehren.

1 **A. Inhalt der Regelung und Anwendungsbereich.** Die Vorschrift eröffnet dem Angeklagten, gegen den nach § 232 in Abwesenheit ein Urteil ergangen ist, obwohl er die Hauptverhandlung schuldlos oder in Unkenntnis der Ladung versäumt hat, die Möglichkeit der **Wiedereinsetzung in den vorigen Stand.** Auf diese Weise wird die nachträgliche Gewährung rechtlichen Gehörs des Angeklagten sichergestellt (LR/*Becker* § 235 Rn. 2; HK/*Julius* § 235 Rn. 1).

2 Nicht – auch nicht entsprechend – anwendbar ist § 235 in den Fällen der §§ 231 Abs. 2, 231a, 231b und 233 (BGHSt 10, 304 [305] zu § 231 Abs. 2; LR/*Becker* § 235 Rn. 1; KK-StPO/*Gmel* § 235 Rn. 1; Meyer-Goßner/*Schmitt* § 235 Rn. 1). Im Berufungsverfahren und im Verfahren nach Einspruch gegen einen Strafbefehl gilt § 329 Abs. 3 (i.V.m. § 412 Satz 1). Zur Anwendbarkeit der Vorschrift im Revisionsverfahren s. § 350 Rdn. 3 ff.

3 **B. Voraussetzungen der Wiedereinsetzung. I. Versäumung des Termins.** Der Angeklagte muss den Hauptverhandlungstermin versäumt haben. Keine Versäumung liegt vor, wenn er im Termin gem. § 234 von einem mit schriftlicher Vollmacht versehenen Verteidiger vertreten wurde (BayObLGSt 1965, 4 [5]; SK-StPO/*Deiters* § 235 Rn. 5). Denn dann hat die Hauptverhandlung nicht »ohne den Angeklagten« stattgefunden.

4 **II. Kein Verschulden oder Unkenntnis der Ladung.** Die Versäumung der Hauptverhandlung muss (bei Kenntnis der Ladung) entweder unverschuldet sein (Satz 1 Hs. 1 i.V.m. § 44) oder darauf beruhen, dass der Angeklagte von der Ladung zur Hauptverhandlung keine Kenntnis hatte (Satz 1 Hs. 2).

Ob ein **Verschulden** vorliegt, bestimmt sich nach der dem Angeklagten möglichen und zumutbaren Sorgfalt (s. § 44 Rdn. 22 ff.). Da die Vorschrift im Lichte des Art. 103 Abs. 1 GG zu lesen ist, ist ein großzügiger Maßstab anzulegen (LR/*Becker* § 235 Rn. 12 m.w.N.; HK/*Julius* § 235 Rn. 2). Kein Verschulden liegt regelmäßig vor, wenn der Angeklagte auf eine fehlerhafte Auskunft des Gerichts oder seines Verteidigers vertraut hat (LR/*Becker* § 235 Rn. 9; Meyer-Goßner/*Schmitt* § 235 Rn. 3; a.A. LG Köln MDR 1982, 73 [74] m. abl. Anm. *Schnellenbach*). 5

Kannte der Angeklagte die Ladung nicht, kommt es auf ein Verschulden nicht an (»stets«) (KMR/*Paulus* § 235 Rn. 8). Kenntnis liegt nicht schon dann vor, wenn der Angeklagte weiß, dass es eine Ladung gibt oder diese zugestellt wurde, sondern erst dann, wenn ihm ihr wesentlicher Inhalt (Ort und Zeit der Hauptverhandlung) bekannt ist (KK-StPO/*Gmel* § 235 Rn. 4; HK/*Julius* § 235 Rn. 2). Hat der Angeklagte keine Kenntnis, weil er den Zugang der Ladung arglistig vereitelt hat, ist eine Wiedereinsetzung ausgeschlossen (OLG Karlsruhe NStZ 1990, 505 [506]; Meyer-Goßner/*Schmitt* § 235 Rn. 4). 6

Fehlt eine ordnungsgemäße Ladung, ist die Vorschrift analog anzuwenden, da der nichtsäumige Angeklagte nicht schlechter gestellt werden darf als der säumige (BGH NJW 1987, 1776 [1777]; OLG Düsseldorf MDR 1987, 868 [869], jeweils zu § 329 Abs. 3; SK-StPO/*Deiters* § 235 Rn. 8 m.w.N.; LR/*Becker* § 235 Rn. 11). 7

C. Antrag. Wie sich aus dem Wortlaut (»nachsuchen«) ergibt, wird die Wiedereinsetzung **nur auf Antrag** gewährt. Eine Wiedereinsetzung von Amts wegen nach § 45 Abs. 2 Satz 3 ist daher ausgeschlossen (KK-StPO/*Gmel* § 235 Rn. 6; Meyer-Goßner/*Schmitt* § 235 Rn. 5; a.A. OLG Düsseldorf NJW 1980, 1704 [1705]). 8

Für die Antragstellung gelten ansonsten die §§ 44 bis 47 entsprechend (KK-StPO/*Gmel* § 235 Rn. 6). Der Antrag muss binnen einer Woche nach der Zustellung des Urteils beim erkennenden Gericht (§ 45) gestellt werden. 9

D. Belehrung. Nach Satz 2 muss der Angeklagte bei der Zustellung des Urteils (§ 232 Abs. 4) über die Möglichkeit der Wiedereinsetzung und ihre Voraussetzungen belehrt werden. Unterbleibt die Belehrung und versäumt der Angeklagte deshalb die Wochenfrist nach Satz 1 kann er analog § 44 Satz 2 Wiedereinsetzung verlangen (LR/*Becker* § 235 Rn. 15; Meyer-Goßner/*Schmitt* § 235 Rn. 6). 10

E. Entscheidung. Über den Antrag entscheidet das Gericht, welches das Abwesenheitsurteil erlassen hat, **durch Beschluss** in der für Entscheidungen außerhalb der Hauptverhandlung vorgeschriebenen Besetzung (LR/*Becker* § 235 Rn. 12). Mit Wiedereinsetzung wird der vor der Säumnis bestehende Zustand wiederhergestellt und das Abwesenheitsurteil gegenstandslos, ohne dass dies ausdrücklich ausgesprochen werden muss (BayObLGSt 1972, 43 [45]; OLG Oldenburg VRS 68, 282; Meyer-Goßner/*Schmitt* § 235 Rn. 8). In der neuen Hauptverhandlung muss ein neues Urteil ergehen. Auf das frühere Abwesenheitsurteil darf selbst dann nicht verwiesen werden, wenn es denselben Inhalt hat (KMR/*Paulus* § 235 Rn. 14; *Pfeiffer* § 235 Rn. 3). Die Kostenentscheidung bestimmt sich nach § 473 Abs. 7. 11

F. Rechtsbehelfe. Der die Wiedereinsetzung gewährende Beschluss ist gem. § 46 Abs. 2 unanfechtbar. Gegen die den Antrag auf Wiedereinsetzung verwerfende Entscheidung ist die **sofortige Beschwerde** zulässig (§ 46 Abs. 3). 12

§ 236 Anordnung des persönlichen Erscheinens des Angeklagten

Das Gericht ist stets befugt, das persönliche Erscheinen des Angeklagten anzuordnen und durch einen Vorführungsbefehl oder Haftbefehl zu erzwingen.

Übersicht

A. Inhalt und Zweck der Regelung. Die Vorschrift erlaubt dem Gericht in Fällen, in denen eine Verhandlung ohne den Angeklagten zulässig ist, dessen Anwesenheit anzuordnen und ggf. zwangsweise durchzusetzen. § 236 schränkt damit die ausnahmsweise zulässige Abwesenheitsverhandlung ein. Zwar enthält die Regelung keine besonderen Voraussetzungen für die Anordnung des persönlichen Erscheinens. Nach allgemeiner Ansicht dient die Vorschrift aber der **Verwirklichung der Aufklärungspflicht** (§ 244 Abs. 2) (KK/*Gmel* § 236 Rn. 1; MüKo-StPO/Arnoldi § 236 Rn. 1; Graf/*Gorf* § 236 Rn. 1). Die Anordnung setzt daher 1 voraus, dass die Erwartung besteht, die Anwesenheit des Angeklagten werde zur Erforschung der Wahrheit sachdienlich sein (BGHSt 30, 172 [175] zu § 73 Abs. 2 OWiG; Meyer-Goßner/*Schmitt* § 236 Rn. 3), bspw. bei Gegenüberstellung oder zur Identifikation (KK/*Gmel* § 236 Rn. 1) oder um zuverlässigere Angaben von Zeugen oder Mitangeklagten zu erreichen (BGH NJW 1992, 2495; HK/*Julius* § 236 Rn. 2).

2 **B. Anwendungsbereich.** § 236 gilt in allen Fällen, in denen die Verhandlung in Abwesenheit des Angeklagten zulässig wäre (§§ 231 Abs. 2, 231a, 231b, 232, 233). Die Anordnung des persönlichen Erscheinens kann auch auf **einzelne Teile der Abwesenheitsverhandlung** beschränkt werden (LR/*Becker* § 236 Rn. 2). Das persönliche Erscheinen darf auch angeordnet werden, wenn sich der **Angeklagte im Ausland** befindet (OLG Schleswig SchlHA 1964, 70; LR/*Becker* § 236 Rn. 5; Meyer-Goßner/*Schmitt* § 236 Rn. 4).

3 Nach dem Regelungszweck gilt die Vorschrift auch, wenn sich der Angeklagte in der Hauptverhandlung durch einen mit schriftlicher Vollmacht versehenen Verteidiger vertreten lassen kann (SK-StPO/*Deiters* § 236 Rn. 5). Daher ist § 236 auch trotz § 411 Abs. 2 im **Verfahren nach Einspruch gegen einen Strafbefehl** anwendbar (OLG Düsseldorf NStZ-RR 1998, 180; KG NJW 2007, 2345; NStZ-RR 2014, 378 [379]; KK/*Gmel* § 236 Rn. 2; Meyer-Goßner/*Schmitt* § 236 Rn. 1). Durch die Anordnung des persönlichen Erscheinens wird die Vertretungsmacht nicht berührt. Der Einspruch des trotz Anordnung ausgebliebenen Angeklagten darf daher nicht nach §§ 412 Satz 1, 329 Abs. 1 verworfen werden, wenn ein vertretungsberechtigter Verteidiger erschienen ist (LR/*Becker* § 236 Rn. 4; SK-StPO/*Deiters* § 236 Rn. 6).

4 Im **Berufungsverfahren** findet die Vorschrift über § 332 Anwendung. Auch hier verhindert die Vertretung die Verwerfung nach § 329 Abs. 1 (BayObLG MDR 1978, 510; OLG Düsseldorf StV 1985, 52; *Pfeiffer* § 236 Rn. 3; Meyer-Goßner/*Schmitt* § 329 Rn. 15; a.A. SK-StPO/*Deiters* § 236 Rn. 6). Im **Revisionsverfahren** ist § 236 mangels Verweisungsnorm nicht anwendbar, dem Angeklagten steht es gem. § 350 Abs. 2 frei, an der Revisionshauptverhandlung teilzunehmen. Gegen die Auffassung, sein persönliches Erscheinen dürfe angeordnet werden, wenn er freibeweislich zu Verfahrensfragen vernommen werden soll (OLG Koblenz NJW 1958, 2027 [2028]; KK/*Gmel* § 236 Rn. 2; Meyer-Goßner/*Schmitt* § 236 Rn. 1), spricht das Fehlen einer Rechtsgrundlage (LR/*Becker* § 236 Rn. 7).

5 Für das Privatklageverfahren besteht die Sonderregelung des § 387 Abs. 3. Für Einziehungsbeteiligte gilt § 427 Abs. 2. Für das **Bußgeldverfahren** trifft § 73 Abs. 2 OWiG eine eigenständige Regelung.

6 **C. Entscheidung des Gerichts. I. Zuständigkeit.** Die Entscheidung trifft das **Gericht**, nicht der Vorsitzende, **durch Beschluss**. Die Anordnung ergeht **von Amts wegen**. Die Verfahrensbeteiligten haben kein förmliches Antragsrecht, können aber die Anordnung anregen (LR/*Becker* § 236 Rn. 9).

7 **II. Ermessen.** Kann von der Anwesenheit des Angeklagten in der Hauptverhandlung ein Beitrag zur Aufklärung des Sachverhalts erwartet werden, steht die Entscheidung darüber, ob das persönliche Erscheinen angeordnet wird oder nicht, im **pflichtgemäßem Ermessen** des Gerichts (BGHSt 30, 172 [175]; KK/*Gmel* § 236 Rn. 3; Graf/*Gorf* § 236 Rn. 5). Bei der Ausübung des Ermessens muss das Gericht unter Berücksichtigung der Umstände des Einzelfalls (LG Berlin VRS 118, 364) das öffentliche Interesse an möglichst vollständiger Sachaufklärung und die berechtigten persönlichen und beruflichen Interessen des Angeklagten gegeneinander abwägen (OLG Düsseldorf NStZ-RR 1998, 180 [181]; KG NJW 2007, 2345; LR/*Becker* § 236 Rn. 10). Im Hinblick auf den besonders zu beachtenden **Grundsatz der Verhältnismäßigkeit** hat die Bedeutung der Sache Gewicht (BGHSt 30, 172 [175 f.]; BayObLG 1973, 112 [113 f.]; OLG Stuttgart Justiz 1994, 25 [26]; Meyer-Goßner/*Schmitt* § 236 Rn. 4). Zu den relevanten Belangen des Angeklagten zählen v.a. die gesundheitliche Situation und die Entfernung (HK/*Julius* § 236 Rn. 3). Ebenso ist zu berücksichtigen, ob dem Aufklärungsinteresse auch durch andere Möglichkeiten (wie kommissarische Vernehmung (OLG Köln StV 1984, 18 [19]) oder Befragung des bevollmächtigten Vertreters (§ 234) (OLG Düsseldorf NStZ-RR 1998, 180) genügt werden kann.

8 Bei der Interessenabwägung spielt die Ankündigung des Angeklagten, er werde von seinem Schweigerecht Gebrauch machen, keine Rolle. Denn i.R.d. Hauptverhandlung kann er von dem sich herausbildenden Beweisergebnis unmittelbar Kenntnis nehmen und erhält so die Möglichkeit, seine Entscheidung zu überdenken und doch noch Angaben zur Sache zu machen; sein gesetzlich verbürgtes Schweigerecht (§ 243 Abs. 5 Satz 1) wird durch die Anordnung des persönlichen Erscheinens nicht berührt (OLG Stuttgart Justiz 1994, 25; NStZ-RR 2005, 349; Meyer-Goßner/*Schmitt* § 236 Rn. 5, jeweils unter Berufung auf BGHSt 38, 251 [257]; a.A. BayObLGSt 1983, 48 [50]; KK/*Gmel* § 236 Rn. 3; Dölling/Duttge/König/Rössner/*Seebode* § 236 Rn. 3; differenzierend Radtke/Hohmann/*Britz* § 236 Rn. 5).

9 Das Gericht ist an seine Entscheidung nicht gebunden. Es kann daher den Anordnungsbeschluss auf Antrag oder vom Amts wegen jederzeit **aufheben** (LR/*Becker* § 236 Rn. 14; Meyer-Goßner/*Schmitt* § 236 Rn. 6).

III. Zustellung. Der Beschluss (Begründung) ist dem Angeklagten mit der Ladung zum Termin (§ 216) gem. § 35 Abs. 2 Satz 1 **zuzustellen** (*Pfeiffer* § 236 Rn. 3). 10

D. Folgen des Nichterscheinens. Erscheint der Angeklagte trotz Anordnung unentschuldigt nicht, kann das Gericht **Zwangsmittel** anwenden, wenn es weiterhin davon ausgeht, dass die Anwesenheit zur Aufklärung geboten ist. Voraussetzung ist außerdem die **vorherige Androhung der Zwangsmittel**. Sie erfolgt regelmäßig dadurch, dass die Ladung die Warnung enthält, dass im Fall unentschuldigten Ausbleibens Verhaftung oder Vorführung erfolgen werden (§ 216 Abs. 1 Satz 1). 11

Geht das Gericht – ggf. auch erst nach erfolglosem Einsatz von Zwangsmitteln (OLG Celle NJW 1970, 906 [907]; OLG Hamburg VRS 35, 205 [206]; Meyer-Goßner/*Schmitt* § 236 Rn. 8) – nicht mehr von der Sachdienlichkeit des Erscheinens aus, kann es die Anwesenheitspflicht aufheben und auch ohne den Angeklagten verhandeln (LR/*Becker* § 236 Rn. 14; KK/*Gmel* § 236 Rn. 5; a.A. BayObLGSt 1972, 47 [51]).

E. Rechtsbehelfe. I. Beschwerde. Der Beschluss, mit dem das persönliche Erscheinen angeordnet wird, ist nach § 305 Satz 1 nicht mit der Beschwerde anfechtbar (BayObLGSt 1952, 116; LR/*Becker* § 236 Rn. 17; KK/*Gmel* § 236 Rn. 7). Gegen die Verhängung von Zwangsmitteln ist die Beschwerde gem. §§ 304, 305 Satz 2 zulässig, gegen den Haftbefehl auch die weitere Beschwerde gem. § 310 (Meyer-Goßner/*Schmitt* § 236 Rn. 9). 12

II. Revision. Mit der Revision kann eine Verletzung der Aufklärungspflicht (§ 244 Abs. 2) gerügt werden, wenn dargelegt wird, dass die Anwesenheit des Angeklagten zur Sachaufklärung geboten gewesen wäre (OLG Düsseldorf VRS 65, 446 [448]; LR/*Becker* § 236 Rn. 18; KMR/*Paulus* § 236 Rn. 13). 13

§ 237 Verbindung mehrerer Strafsachen

Das Gericht kann im Falle eines Zusammenhangs zwischen mehreren bei ihm anhängigen Strafsachen ihre Verbindung zum Zwecke gleichzeitiger Verhandlung anordnen, auch wenn dieser Zusammenhang nicht der in § 3 bezeichnete ist.

Übersicht

A. Inhalt der Regelung. Während nach §§ 2, 4, 13 Abs. 2 persönlich oder sachlich zusammenhängende, aber getrennte Strafsachen zu einem neuen Verfahren verschmolzen werden können, erlaubt § 237 im Interesse der **Prozessökonomie** weniger eng zusammenhängende Verfahren zum Zweck gleichzeitiger Verhandlung zu verbinden, ohne deren rechtliche Selbstständigkeit ansonsten anzutasten. Da jede der verbundenen Sachen weiterhin ihren eigenen Gesetzen folgt (BGHSt 19, 177 [182]; 26, 271 [275]; 36, 348 [351]; BayObLGSt 1994, 79 [81]; Meyer-Goßner/*Schmitt* § 237 Rn. 8), insb. über jede Sache gesondert entschieden werden muss (BGHSt. 37, 42 [43]; LR/*Becker* § 237 Rn. 17; SK-StPO/*Deiters/Albrecht* § 237 Rn. 1), birgt diese Art der Verbindung für das Gericht die Gefahr von Verfahrensfehlern (Radtke/Hohmann/*Britz* § 237 Rn. 2; LR/*Becker* § 237 Rn. 4). Die Anwendung wird auch dadurch erschwert, dass die Auslegung der einzelnen Tatbestandsmerkmale stark umstritten ist (*Meyer-Goßner* DRiZ 1990, 284 [285]; Dölling/Duttge/Rössner/*Temming* § 237 Rn. 1). 1

B. Voraussetzungen der Verbindung. I. Anhängigkeit bei demselben Gericht. Anhängig wird eine Strafsache nach allgemeinem Verständnis zwar mit Erhebung der Anklage gem. § 170 Abs. 1. Weil eine Verbindung ohne vorherige Entscheidung über die Eröffnung aber sinnwidrig wäre und § 237 zu den Regelungen der Hauptverhandlung gehört, muss in den zu verbindenden Sachen das **Hauptverfahren gem. § 203 eröffnet** sein (KK/*Gmel* § 237 Rn. 4; Meyer-Goßner/*Schmitt* § 237 Rn. 4; LR/*Becker* § 237 Rn. 5 zu äquivalenten Verfahrenseinleitungen; a.A. BGHSt 20, 219 [221]; Radtke/Hohmann/*Britz* § 237 Rn. 7; SK-StPO/*Deiters/Albrecht* § 237 Rn. 6). Bei Identität des Angeklagten ist eine Verbindung nach Beginn der Hauptverhandlung nicht zulässig (LR/*Becker* § 237 Rn. 5 m.w.N.; SK-StPO/*Deiters/Albrecht* § 237 Rn. 8; a.A. Graf/*Gorf* § 237 Rn. 4). Die Strafsachen müssen sich **nicht im selben Verfahrensstadium** befinden. Eine erstinstanzliche Sache kann daher auch mit gem. §§ 328 Abs. 2, 354 Abs. 2 und 3, 355 zurückverwiesenen Sachen ver- 2 bunden werden (BGHSt 19, 177 [182]; Meyer-Goßner/*Schmitt* § 237 Rn. 4; KK/*Gmel* § 237 Rn. 2). Eine Verbindung einer im ersten Rechtszug anhängigen Sache mit einem **Berufungsverfahren** kommt wegen der ansonsten unterschiedlichen Besetzung der Spruchkörper nur bei der großen Jugendkammer (§§ 33b Abs. 1, 41 Abs. 2 Satz 1 JGG) in Betracht (KK/*Gmel* § 237 Rn. 2; LR/*Becker* § 237 Rn. 6). **Strafsachen gegen Jugendliche** bzw. Heranwachsende können nach §§ 103, 104, 112 JGG vor dem Jugendgericht (§ 104 Abs. 2 Satz 1 JGG) mit Strafsachen gegen Erwachsene verbunden werden (Meyer-Goßner/*Schmitt* § 237 Rn. 5; Radtke/Hohmann/*Britz* § 237 Rn. 8). Eine Verbindung kann auch im Revisionsverfahren erfolgten (BGH Beschl. v. 07.05.2019, 5 StR 132/18).

3 Was unter **Gericht** zu verstehen ist, ist umstritten. Nach einer Ansicht handelt es sich nicht um einen bestimmten Spruchkörper, sondern um das Gericht als administrative Einheit aller bei ihm gebildeten Spruchkörper (BGHSt 20, 219 [220]; 26, 271 [273]; wohl auch BGH NJW 1995, 1688 [1689]; *Pfeiffer* § 237 Rn. 1; HK/*Julius* § 237 Rn. 3; Radtke/Hohmann/*Britz* § 237 Rn. 5; einschränkend KMR/Paulus § 237 Rn. 3; offengelassen in BGHSt 38, 376 [379]). Danach könnten jeweils die bei demselben Amts-, Land- oder OLG anhängigen Strafsachen miteinander verbunden werden. Die Gegenauffassung versteht unter Gericht nur den **einzelnen Spruchkörper** (KK/*Gmel* § 237 Rn. 2; Meyer-Goßner/*Schmitt* § 237 Rn. 3; LR/*Becker* § 237 Rn. 4; SK-StPO/*Deiters/Albrecht* § 237 Rn. 3; MüKo-StPO/Arnoldi § 237 Rn. 4), sodass eine Verbindung bei verschiedenen Spruchkörpern desselben Gerichts anhängigen Verfahren nach § 237 nicht möglich ist. Dafür spricht nicht nur die gesetzgeberische Intention, sondern auch der Wortlautvergleich mit §§ 236, 238 Abs. 2 (*Meyer-Goßner* NStZ 1996, 51). Auch im Hinblick auf die Garantie des gesetzlichen Richters (Art. 101 Abs. 1 Satz 2 GG, § 16 Satz 2 GVG) ist diese Auslegung vorzugswürdig (LR/*Becker* § 237 Rn. 4).

4 **II. Zusammenhang.** Der zwischen den Strafsachen notwendige Zusammenhang muss nicht so eng sein wie § 3 ihn für die Fälle der §§ 2, 4 und 13 definiert. Es ist daher ausreichend, wenn die gleichzeitige Verhandlung unter irgendeinem Gesichtspunkt **zweckmäßig** erscheint (Meyer-Goßner/*Schmitt* § 237 Rn. 6) bzw. die Verbindung zu **prozesstechnischen Erleichterungen** führt (BGHSt 19, 177 [182]; 26, 271 [273]; 36, 348 [349]). Der Zusammenhang kann sich z.B. daraus ergeben, dass dieselben Beweismittel zu würdigen sind, der Kreis der Täter oder Verletzten gleich ist oder dieselben Rechtsfragen zu klären sind (LR/*Becker* § 237 Rn. 7; KMR/*Paulus* § 237 Rn. 22).

5 **C. Entscheidung über die Verbindung. I. Ermessenentscheidung.** Über die Verbindung entscheidet das Gericht (s. Rdn. 3) **auf Antrag oder von Amts wegen** nach **pflichtgemäßem Ermessen** (BVerfG StV 2002, 578 [580]; BGHSt 18, 238 [239]; LR/*Becker* § 237 Rn. 8; missverständlich Meyer-Goßner/*Schmitt* § 237 Rn. 7 und KK/*Gmel* § 237 Rn. 8 unter Berufung auf BGH NJW 1953, 836: »freies Ermessen«). Neben den Gesichtspunkten der Zweckmäßigkeit und Prozesswirtschaftlichkeit sind bei der Entscheidung insb. der Beschleunigungsgrundsatz und das Recht auf freie Verteidigerwahl zu berücksichtigen (zum Verbot der Mehrfachverteidigung gem. § 146 s. BVerfG StV 2002, 578 [580]; OLG Stuttgart NStZ 1985, 326; OLG Celle NStZ 2011, 236 [237]; KK/Gmel § 237 Rn. 8). Einen Anspruch auf Verbindung haben weder Angeklagter noch StA (BGH NStE Nr. 11 zu § 304 StPO; OLG Koblenz VRS 49, 115; KK/*Gmel* § 237 Rn. 8).

6 Besteht zwischen den Strafsachen ein Zusammenhang nach § 3, kann das Gericht i.R.d. ihm eingeräumten Ermessens entscheiden, ob es die lose Verfahrensverbindung nach § 237 oder die Verfahrensverschmelzung wählt (BGHSt 36, 348 [349]; OLG Stuttgart NStZ 1995, 248 [249]; LR/*Becker* § 237 Rn. 9; SK-StPO/*Deiters/Albrecht* § 237 Rn. 9; differenzierend *Meyer-Goßner* NStZ 1996, 51 [52]).

7 **II. Verfahren und Form.** Vor der Entscheidung sind die Verfahrensbeteiligten **anzuhören** (KK/*Gmel* § 237 Rn. 6; Radtke/Hohmann/*Britz* § 237 Rn. 10). Die Verbindungsentscheidung ergeht **durch Beschluss**, der zumindest die Rechtsgrundlage und den Grund der Verbindung angeben muss (LR/*Becker* § 237 Rn. 11; *Pfeiffer* § 237 Rn. 2; a.A. BGH MDR 1994, 241 [S]; KK/*Gmel* § 237 Rn. 6; MüKo-StPO/Arnoldi § 237 Rn. 9; Meyer-Goßner/*Schmitt* § 237 Rn. 7: keine Begründung). Der Beschluss ist den Verfahrensbeteiligten bekannt zu machen, einer förmlichen Zustellung bedarf es nicht. Neben der ausdrücklichen Verbindung ist auch eine **stillschweigende Verbindung**, z.B. durch gemeinsame Terminierung und Hinweis in der Ladung, ist zulässig (BGH StraFo 2005, 203; Meyer-Goßner/*Schmitt* § 237 Rn. 8; KMR/*Paulus* § 237 Rn. 28; a.A. OLG Hamm RPfleger 1961, 411; LR/*Becker* § 237 Rn. 10). Wird ein Antrag auf Verbindung **abgelehnt**, sollte der Beschluss aus Gründen der Transparenz kurz begründet werden (LR/*Becker* § 237 Rn. 11; a.A. Radtke/Hohmann/*Britz* § 237 Rn. 13).

8 **D. Wirkung der Verfahrensverbindung.** Durch die Verfahrensverbindung nach § 237 werden die Strafsachen **für die Dauer der gemeinsamen Hauptverhandlung** miteinander verbunden. Verschiedene Angeklagte der einzelnen Verfahren werden dadurch zu Mitangeklagten und können nicht als Zeugen vernommen werden (Meyer-Goßner/*Schmitt* § 237 Rn. 8). Ihre Verfahrensbefugnisse, insb. Antrags- und Fragerechte,

erstrecken sich auf das gesamte verbundene Verfahren (LR/*Becker* § 237 Rn. 14). Wird in einer der Sachen ein Ausschluss der Öffentlichkeit notwendig, gilt dieser für das ganze Verfahren (KK/*Gmel* § 237 Rn. 9; Meyer-Goßner/*Schmitt* § 237 Rn. 8).

Anders als bei der Verbindung nach §§ 2 ff. werden die Verfahren aber nicht miteinander verschmolzen, sondern **behalten ihre Selbstständigkeit** (s. Rdn. 1). Eine Berufungssache behält auch bei der Verbindung mit einem Verfahren des ersten Rechtszugs vor der großen Jugendkammer ihre Eigenschaft, sodass insoweit die Vorschriften über das Berufungsverfahren zu beachten sind (RGSt 57, 271; BGHSt 19, 177 [182]; 26, 271 [274]; KK/*Gmel* § 237 Rn. 9); so bleibt auch eine vor der Verhandlung erfolgte Berufungsbeschränkung wirksam (BGH NStZ 1988, 211 [M]). Über die nach § 237 verbundenen Strafsachen wird einzeln entschieden, die Bildung einer Gesamtstrafe nach § 53 StGB oder einer Einheitsstrafe nach § 32 JGG ist unzulässig (BGHSt 37, 42 [43]; LR/*Becker* § 237 Rn. 17; Meyer-Goßner/*Schmitt* § 237 Rn. 8). Auch in Bezug auf die **Rechtsmittel** folgen die Strafsachen weiterhin ihren jeweiligen Regeln (BGHSt 36, 348 [351]; 37, 42 [43]; KK/*Gmel* § 237 Rn. 10). 9

E. Trennung der Verfahren. Mit der Urteilsverkündung, durch die die Hauptverhandlung beendet wird (§ 268 Abs. 3 Satz 1), werden die Verfahren **kraft Gesetzes** getrennt, ohne dass es eines besonderen Beschlusses bedarf (KK/*Gmel* § 237 Rn. 11; Meyer-Goßner/*Schmitt* § 237 Rn. 9; a.A. KMR/*Paulus* § 237 Rn. 42). 10

Das Gericht kann aber bereits während der Hauptverhandlung die Verfahrensverbindung nach **pflichtgemäßem Ermessen** vorübergehend oder dauerhaft aufheben (LR/*Becker* § 237 Rn. 20). Die Trennung erfolgt nach Anhörung der Verfahrensbeteiligten durch zu begründenden Beschluss (Radtke/Hohmann/*Britz* § 237 Rn. 14). Eine (vorübergehende) Trennung, die zu dem Zweck angeordnet wird, einen Mitangeklagten als Zeugen über eine ihm selbst zur Last liegende Tat zu vernehmen oder sein Anwesenheitsrecht nach § 230 zu umgehen, ist ermessensmissbräuchlich (BGHSt 24, 258 [259]; 30, 74 [75]; KK/*Gmel* § 237 Rn. 12). Die Trennung lässt die Wirkungen der Verfahrensverbindung (s. Rdn. 8 und 9) **ex nunc** entfallen, die während der Verbindung gewonnenen Ergebnisse der Hauptverhandlung sind bei der Urteilsfindung zu berücksichtigen (LR/*Becker* § 237 Rn. 21; SK-StPO/*Deiters/Albrecht* § 237 Rn. 10). 11

F. Rechtsbehelfe. I. Beschwerde. Gegen die Anordnung oder Ablehnung der Verfahrensverbindung oder -trennung ist nach § 305 Satz 1 die Beschwerde grds. nicht zulässig (OLG Koblenz MDR 1982, 429; OLG Düsseldorf MDR 1985, 693; LR/*Becker* § 237 Rn. 22; KK/*Gmel* § 237 Rn. 13). Eine Ausnahme ist zu machen, wenn die Entscheidung – ggf. zusammen mit einer Aussetzungsanordnung – weder in innerem Zusammenhang mit der Urteilsfällung steht noch der Vorbereitung des Urteils dient, sondern sich ausschließlich hemmend und verzögernd auf das Verfahren auswirkt (OLG Frankfurt StV 1983, 92; StV 1988, 195; OLG Düsseldorf NStZ-RR 1996, 142; KMR/*Paulus* § 237 Rn. 45). 12

II. Revision. Von den durch die Verbindung oder Trennung betroffenen Verfahrensbeteiligten kann mit der Revision das Fehlen der gesetzlichen Voraussetzungen und die Ermessensfehlerhaftigkeit der Entscheidung (nicht aber deren Zweckmäßigkeit) gerügt werden, wenn das Urteil darauf beruht (BVerfGK 12, 33 [34]; BGHSt 18, 238 [239]; BGH MDR 1971, 897 [D]; Radtke/Hohmann/*Britz* § 237 Rn. 20). I.Ü. können Verfahrensfehler geltend gemacht werden, die im Zusammenhang mit der Verbindung bzw. Trennung stehen oder deren Folge sind, insb. Verstöße gegen §§ 230, 244 Abs. 2, 261 (BGH NJW 1953, 836; KMR/*Paulus* § 237 Rn. 48 ff.; ausführlich LR/*Becker* § 237 Rn. 25 ff.) 13

§ 238 Verhandlungsleitung

(1) Die Leitung der Verhandlung, die Vernehmung des Angeklagten und die Aufnahme des Beweises erfolgt durch den Vorsitzenden.

(2) Wird eine auf die Sachleitung bezügliche Anordnung des Vorsitzenden von einer bei der Verhandlung beteiligten Person als unzulässig beanstandet, entscheidet das Gericht.

Übersicht

1 **A. Inhalt der Regelung.** Abs. 1 bestimmt allgemein, dass die **Leitung der Hauptverhandlung** in der Hand des Vorsitzenden liegt. Diese Zuständigkeitsbestimmung dient nicht nur der Abgrenzung der Aufgaben zwischen Vorsitzendem (§ 21f Abs. 1 GVG) und Kollegialgericht, sondern stellt auch klar, dass dem Vorsitzenden bei der Ermittlung des wahren Sachverhalts durch das Gericht (§ 244 Abs. 2) eine hervorgehobene Funktion zukommt. Im Zusammenspiel mit den Aufgaben bei der Vorbereitung der Hauptverhandlung (§§ 213 ff.) und bei der Beratung (§ 194 Abs. 1 GVG) besitzt der Vorsitzende damit im Hauptverfahren die zentrale Rolle.

2 Abs. 2 ermöglicht den Verfahrensbeteiligten, die Zulässigkeit von verfahrensleitenden Anordnungen des Vorsitzenden durch das Gericht überprüfen zu lassen. Es handelt sich dabei um einen **Zwischenrechtsbehelf**, mit dem die Gesamtverantwortung des Spruchkörpers für die Rechtsförmigkeit der Verhandlung aktiviert werden soll. Er dient vor allem dazu, Fehler des Vorsitzenden i.R.d. Instanz zu korrigieren und damit Revisionen zu vermeiden (BGHSt 51, 144 [147]; 55, 65 [67]). Nach herrschender Meinung führt die unterlassene Anrufung des Gerichts daher auch grds. zur **Präklusion** der gegen die Anordnung gerichteten Verfahrensrüge.

3 **B. Aufgaben des Vorsitzenden (Abs. 1). I. Abgrenzung der Aufgaben zwischen Vorsitzendem und Spruchkörper.** Um die Hauptverhandlung nach den Grundsätzen der Öffentlichkeit, Mündlichkeit, Unmittelbarkeit und Beschleunigung durchführen zu können, bedarf es in Kollegialgerichten einer Aufgabenverteilung zwischen Vorsitzendem und Spruchkörper. Dazu finden sich im Gesetz zahlreiche Einzelvorschriften, aus denen sich ergibt, dass dem Kollegium (»das Gericht«) diejenigen Entscheidungen vorbehalten sind, die für die Durchführung der Hauptverhandlung von grundsätzlicher Bedeutung sind (LR/*Becker* § 238 Rn. 1; SK-StPO/*Frister* § 238 Rn. 5).

4 Zur **Zuständigkeit des Spruchkörpers** gehören im Einzelnen:
- Verfahrensverbindung und -trennung (§§ 4 Abs. 2, 237);
- Verweisung der Sache (§§ 6, 6a Satz 2, 269, 270);
- Entscheidung über Ablehnungsgesuche (§§ 26a Abs. 2, 27 Abs. 1);
- Verhängung von Ordnungsmitteln (§§ 51, 70, 77; 177 Satz 2, 178 Abs. 2 GVG);
- Aussetzung oder längere Unterbrechung der Hauptverhandlung (§§ 228 Abs. 1 Satz 1, 246 Abs. 4, 265 Abs. 3 und 4);
- Durchsetzung der Anwesenheit des Angeklagten (§§ 230 Abs. 2, 236);
- Durchführung der Abwesenheitsverhandlung (§§ 231 Abs. 2, 231a Abs. 3, 231b Abs. 1, 231c, 233);
- Entscheidung über Zulässigkeit von Fragen (§ 242);
- Entfernung des Angeklagten (§ 247 Satz 1);
- Ablehnung von Beweisanträgen (§§ 244 Abs. 6, 245 Abs. 2);

- Anordnung der audiovisuellen Vernehmung und der Verlesung von Niederschriften (§§ 247a Satz 1; 251 Abs. 4);
- Anordnung schriftlicher Antragstellung zu Verfahrensfragen (§ 257a);
- Erörterung des Verfahrensstands und Verständigung (§§ 212, 257b, 257c);
- Zulassung der Nachtragsanklage (§ 266 Abs. 1);
- Ausschluss der Öffentlichkeit (§§ 171 ff. GVG).

In die **Zuständigkeit des Vorsitzenden** fallen dagegen: 5
- Anordnung kürzerer Unterbrechungen (§§ 228 Abs. 1 Satz 2; 266 Abs. 3);
- Erteilung von Hinweisen (§ 228 Abs. 3);
- Unterrichtung des Angeklagten (§§ 231a Abs. 2, 231b Abs. 2, 247 Satz 4);
- Gestattung der Ausübung des Fragerechts (§§ 239, 240, 241, 241a, 257);
- Entlassung von Zeugen und Sachverständigen (§ 248 Satz 1);
- Anordnung des Selbstleseverfahrens (§ 249 Abs. 2);
- Anordnung sitzungspolizeilicher Maßnahmen (§§ 231 Abs. 1 Satz 2, 176 GVG);
- Präsenzfeststellung (§ 243 Abs. 1 Satz 2);
- Vernehmung des Angeklagten über seine persönlichen Verhältnisse (§ 243 Abs. 2 Satz 2);
- Gewährung der Möglichkeit zur Eröffnungserklärung (§ 243 Abs. 5 Satz 3).

Über diese besonderen Vorschriften hinaus trifft Abs. 1 für die Zuständigkeitsabgrenzung die **allgemeine** 6 **Regelung**, dass der Vorsitzende die Befugnis zur Verhandlungsleitung hat (LR/*Becker* § 238 Rn. 1; *Pfeiffer* § 238 Rn. 1; *Erker* Beanstandungsrecht, S. 48). Der Begriff der Verhandlungsleitung ist umfassend zu verstehen und umfasst **alle Maßnahmen zur äußeren Gestaltung und inhaltlichen Führung der Hauptverhandlung** (SK-StPO/*Frister* § 238 Rn. 4) sowie die **Sitzungspolizei** gem. § 176 GVG (BGH NStZ 2008, 582; LR/*Becker* § 238 Rn. 12; KK-StPO/*Schneider* § 238 Rn. 4; Meyer-Goßner/*Schmitt* § 238 Rn. 5; a.A. *Jahn* NStZ 1998, 389 [392]).

II. Persönliche Wahrnehmung. Die ihm zugewiesene Aufgabe der Verhandlungsleitung nimmt der Vor- 7 sitzende **aus eigenem Recht** wahr. Er bedarf also keiner ausdrücklichen oder stillschweigenden Zustimmung des Spruchkörpers (RGSt 44, 65 [67]; *Schmid* FS Mayer, S. 544; Meyer-Goßner/*Schmitt* § 238 Rn. 3). Allerdings haben seine Anordnungen, soweit sie unmittelbar die Urteilsfindung berühren, nur **vorläufigen Charakter** (BGHSt 7, 281 [282]; LR/*Becker* § 238 Rn. 2, Meyer-Goßner/*Schmitt* § 238 Rn. 3; *Basdorf* StV 1997, 488 [490]).

Die Befugnis zur Verhandlungsleitung muss der Vorsitzende **persönlich wahrnehmen**, d.h. er muss sie selbst 8 ausüben und kann sie nicht ganz oder teilweise auf andere Mitglieder des Spruchkörpers oder Verfahrensbeteiligte delegieren (RGSt 9, 310 [313, 318]; LR/*Becker* § 238 Rn. 15; SK-StPO/*Frister* § 238 Rn. 15; Meyer-Goßner/*Schmitt* § 238 Rn. 8). Einzelne verfahrenstechnische Aufgaben (wie das Verlesen von Urkunden) kann er allerdings Beisitzern, Schöffen oder Ergänzungsrichtern übertragen (RGSt 27, 172; LR/*Becker* § 238 Rn. 15; SK/*Frister* § 238 Rn. 15). Ist der Vorsitzende aus gesundheitlichen Gründen (bspw. wegen Heiserkeit) zur Wahrnehmung der Verhandlungsleitung nicht in der Lage, liegt ein Verhinderungsfall gem. § 21f Abs. 2 GVG vor, in dem der Stellvertreter vorübergehend den Vorsitz führt und der Vorsitzende Beisitzer wird (BGH MDR 1994, 764 [H]; LR/*Becker* § 238 Rn. 15; KK-StPO/*Schneider* § 238 Rn. 5)

III. Maßstäbe für die Verhandlungsführung. 1. Leitbild der Verhandlungsführung. Für die Art und 9 Weise, wie der Vorsitzende die ihm eingeräumte Befugnis wahrnimmt, enthält das Gesetz keine ausdrücklichen Vorgaben. Aus einer Gesamtschau der für den Strafprozess geltenden Grundsätze und Prozessmaximen – insb. Art. 1 Abs. 1 i.V.m. Art. 20, 103 Abs. 1 GG, Amtsermittlungsgrundsatz (§ 244 Abs. 2), Beschleunigungsgebot, gerichtliche Fürsorgepflicht und fair-trial-Grundsatz – ergibt sich jedoch das **Leitbild einer unparteiischen, sachlichen und konzentrierten Verhandlungsführung** (LR/*Becker* § 238 Rn. 3, 5; KMR/*Paulus* § 238 Rn. 24, 25).

2. Verhandlungsplanung. Um diesem Leitbild gerecht zu werden, muss der Vorsitzende den Prozessstoff in 10 tatsächlicher und rechtlicher Hinsicht vollständig durchdrungen und eine dem Umfang und der Bedeutung der Sache angemessene Zeitplanung vorgenommen haben. Nicht hinnehmbar ist daher ein Verhandeln »auf Sicht«, d.h. ohne Kenntnis des gesamten Akteninhalts. Die inhaltliche und terminliche Strukturierung der Hauptverhandlung sollte bei größeren Verfahren in einem für die Verfahrensbeteiligten transparenten und regelmäßig zu aktualisierenden **Verhandlungsplan** niedergelegt werden (LR/*Becker* § 238 Rn. 3; KK-StPO/*Schneider* § 238 Rn. 6). Dabei ist zu vermeiden, dass sich die Hauptverhandlung im bloßen Nachvollzug der Ermittlungsakten erschöpft (LR/*Becker* § 238 Rn. 6; SK-StPO/*Frister* § 238 Rn. 7; *Dahs* FS Odersky, S. 325).

11 **3. Verhandlungsatmosphäre.** Die am Leitbild orientierte Verhandlungsführung zeichnet sich durch einen **von wohlwollender Bestimmtheit geprägten Umgang** mit den Verfahrensbeteiligten aus. Dazu gehört ein ruhiger und sachlicher Umgangston, der ggü. dem Angeklagten der Unschuldsvermutung Rechnung trägt und mit Einfühlungsvermögen auf die Situation von (häufig erstmals vor Gericht erscheinenden oder als Opfer traumatisierten) Zeugen Rücksicht nimmt. Der Vorsitzende muss die Verfahrensbeteiligten, insb. den Angeklagten ausreden lassen, aber keine überflüssigen Wiederholungen und Ausschweifungen hinnehmen (LR/*Becker* § 238 Rn. 3; SK-StPO/*Frister* § 238 Rn. 8). Unnötigen Schärfen, Provokationen und Störungen von Verfahrensbeteiligten oder Zuhörern sollte er zur Wahrung der Autorität des Gerichts von Beginn an konsequent begegnen. Als Reaktion auf solche Vorgänge steht ihm ein breit gefächertes Instrumentarium zur Verfügung, das von der Ermahnung über die Entziehung des Wortes bis zu sitzungspolizeilichen Maßnahmen gem. §§ 176 ff. GVG reicht (LR/*Becker* § 238 Rn. 3, 12, 13; KMR/*Paulus* § 238 Rn. 19, 21, 27). Bei der Wahrung der Ordnung in der Hauptverhandlung wird der Vorsitzende vom Sitzungsvertreter der Staatsanwaltschaft unterstützt (Nr. 128 RiStBV).

12 **IV. Die Aufgaben der Verhandlungsleitung im Einzelnen. 1. Äußere Gestaltung der Hauptverhandlung.** Im Rahmen seiner Befugnis zur äußeren Gestaltung der Hauptverhandlung wählt der Vorsitzende einen geeigneten Sitzungssaal aus und legt die Sitzordnung fest (s. Nr. 124, 125 RiStBV). Der Angeklagte muss dabei einen Platz zugewiesen bekommen, der seinem Anspruch auf Gleichbehandlung mit den anderen Verfahrensbeteiligten entspricht und ihm die sachgerechte Führung seiner Verteidigung erlaubt (OLG Köln NJW 1980, 302 [303]; LR/*Becker* § 238 Rn. 10). Der Vorsitzende stellt sicher, dass der Grundsatz der Öffentlichkeit (§ 169 Satz 1 GVG) gewahrt wird und die mediale Berichterstattung durch Ton-, Film- und Bildaufnahmen in dem im Einzelfall gebotenen Umfang ermöglicht wird (SK-StPO/*Frister* § 238 Rn. 6; KMR/*Paulus* § 238 Rn. 23; ausführlich Radtke/Hohmann/*Britz* § 238 Rn. 12; s.a. Nr. 129 Abs. 3 RiStBV). Im Rahmen seiner sitzungspolizeilichen Befugnisse ordnet er die für die Sicherheit im Gerichtssaal und zur Abwehr von Störungen erforderlichen Maßnahmen an (s. § 176 GVG Rn. 1, 2).

13 **2. Inhaltliche Führung der Hauptverhandlung.** Zur inhaltlichen Führung der Hauptverhandlung durch den Vorsitzenden gehört, dass er die Verhandlung eröffnet, unterbricht, schließt und das Urteil verkündet (BGH MDR 1975, 24 [D]; LR/*Becker* § 238 Rn. 3; Meyer-Goßner/*Schmitt* § 238 Rn. 5). Er bestimmt innerhalb der gesetzlichen Grenzen (§§ 243, 244, 258) den Verfahrensgang im Einzelnen und entscheidet insb. über die Reihenfolge, in der die Verfahrensbeteiligten gehört werden, denen er das Wort erteilt und entzieht (BGH MDR 1957, 53; LR/*Becker* § 238 Rn. 3; KMR/*Paulus* § 238 Rn. 21). Nicht von der Befugnis zur Verhandlungsleitung gedeckt ist dagegen das an den Angeklagten gerichtete Verbot, schriftliche Aufzeichnungen anzufertigen (LR/*Becker* § 238 Rn. 10; Meyer-Goßner/*Schmitt* § 238 Rn. 5; a.A. BGHSt 1, 322 [324]; KMR/*Paulus* § 238 Rn. 25).

14 Wie Abs. 1 ausdrücklich betont, gehören zur Verhandlungsleitung insb. die **Vernehmung des Angeklagten** (§ 243 Abs. 2 Satz 2, Abs. 5 Satz 2) und die **Aufnahme des Beweises** (§ 244 Abs. 1). Der Vorsitzende ordnet daher die Beweiserhebungen an, bestimmt deren Reihenfolge und führt sie durch (BGH NStZ 1982, 432; LR/*Becker* § 238 Rn. 3; KK-StPO/*Schneider* § 238 Rn. 3). Er hat die ordnungsgemäße Vernehmung von Zeugen und Sachverständigen zu gewährleisten und insb. für die sachgerechte Ausübung des Fragerechts (§§ 240 Abs. 2, 241) durch die Verfahrensbeteiligten Sorge zu tragen (BGHSt 16, 67 [70 f.]; NJW 2004, 239 [240]; Meyer-Goßner/*Schmitt* § 238 Rn. 7). Der Vorsitzende bestimmt auch den Zeitpunkt, zu dem er in der Hauptverhandlung Anträge entgegennimmt. Soll ein Antrag zu einem ungeeigneten Zeitpunkt gestellt werden und würde dadurch die zügige und sachgerechte Durchführung der Hauptverhandlung gefährdet, kann er den Antragsteller auf einen späteren Zeitpunkt verweisen (BGH NStZ 2006, 463; StRR 2010, 363; LR/*Becker* § 238 Rn. 4; Meyer-Goßner/*Schmitt* § 238 Rn. 5). Dies gilt insb., wenn die Vernehmung eines Zeugen oder Sachverständigen durch extensive Antragstellung, wiederholte Beanstandungen, Herbeiführung von Gerichtsbeschlüssen oder Anträge auf wörtliche Protokollierung fortwährend unterbrochen wird (BGH NJW 2004, 239 [240]). Der Vorsitzende entscheidet auch über die Protokollierung von Vorgängen, Aussagen und Äußerungen gem. § 273 Abs. 3 Satz 1 (LR/*Becker* § 238 Rn. 17).

15 Aus der Aufgabe der Verhandlungsleitung folgt außerdem die Befugnis, durch eine **Fristsetzung für Beweisanträge** die weitere Gestaltung der Beweisaufnahme zu fördern, wenn die vom Gericht nach dem Maßstab der Aufklärungspflicht für geboten gehaltene Beweiserhebung abgeschlossen ist (BVerfG NJW 2010, 592 [593]; BGHSt 51, 333 [344 f.]; 52, 355 [362]; Radtke/Hohmann/*Britz* § 238 Rn. 13; a.A. SK-StPO/*Frister* § 238 Rn. 11; *Hamm* Revision, Rn. 1192).

16 Eine **Eröffnungserklärung der Verteidigung** (»**opening statement**«) ist nach § 243 Abs. 5 S. 3 und 4 nur in besonders umfangreichen erstinstanzlichen Verfahren vor dem Land- oder Oberlandesgericht, in denen die Hauptverhandlung voraussichtlich länger als zehn Tage dauern wird, auf Antrag möglich (zu den Einzel-

heiten vgl. Burhoff StRR 2018, Nr. 9, 4–10). Außerhalb dieser engen Voraussetzungen sind entsprechende allgemeine Erklärungen der Verteidigung oder von Nebenklagevertretern nicht vorgesehen; es steht im Ermessen des Vorsitzenden, ob und in welchem Umfang er eine solche Gelegenheit einräumt (LR/*Becker* § 238 Rn. 3; Meyer-Goßner/*Schmitt* § 238 Rn. 5; KK-StPO/Schneider § 243 Rn. 68; *Dahs* FS Odersky, S. 329; a.A. *Müller* FS Hanack, S. 76). Da es wesentliche Funktion dieses aus dem angloamerikanischen Rechtskreis stammenden Instrumentes der Eröffnungserklärung ist, die Beweislage aus Sicht der Verteidigung pauschal vorwegzuwürdigen, ist die Zulassung einer Eingangserklärung insb. bei der Mitwirkung von Schöffen bedenklich. Nachdem es nach höchstrichterlicher Rspr. u.a. dem Grundsatz der Unmittelbarkeit widerspricht, den Schöffen das in der Anklageschrift enthaltene wesentliche Ergebnis der Ermittlungen (§ 200 Abs. 1 Satz 2) zu überlassen (RGSt 69, 120 [124]; BGHSt 13, 73 [75]; offengelassen in BGHSt 43, 36 [39], s.a. Nr. 126 Abs. 3 RiStBV), besteht außerhalb der gesetzlichen Ausnahme nach § 243 Abs. 5 kein Grund, der Verteidigung einseitig die Möglichkeit zu geben, zu Beginn der Hauptverhandlung ihre Einschätzung der Beweissituation darzulegen.

V. Rücknahme von Anordnungen. Der Vorsitzende kann von Amts wegen, auf Anregung von Verfahrens- 17
beteiligten oder aufgrund förmlichen Antrags nach Abs. 2 eine Anordnung **abändern oder zurücknehmen**, soweit nicht besondere Gründe (wie die Voraussetzungen des § 245) entgegenstehen (LR/*Becker* § 238 Rn. 14; KMR/*Paulus* § 238 Rn. 30; Meyer-Goßner/*Schmitt* § 238 Rn. 6). Die auf eine Beanstandung hin erfolgte Abänderung oder Zurücknahme ist **zu protokollieren** (KK-StPO/*Schneider* § 238 Rn. 21; Hohmann/Radtke/*Britz* § 238 Rn. 25).

**C. Beanstandungsrecht (Abs. 2). I. Zulässigkeit der Beanstandung. 1. Sachleitende 18
Anordnungen. a) Begriff.** Gem. Abs. 2 können die Verfahrenbeteiligten »auf die Sachleitung bezügliche Anordnungen des Vorsitzenden« beim Gericht als unzulässig beanstanden. Auch wenn sich angesichts des Wortlauts die Frage aufdrängt, wie »Leitung der Verhandlung« (Abs. 1) und »Sachleitung« (Abs. 2) voneinander abzugrenzen sind, entspricht es inzwischen herrschender Meinung, dass sich die **Begriffe nicht unterscheiden** (LR/*Becker* § 238 Rn. 19; SK-StPO/*Frister* § 238 Rn. 20; Meyer-Goßner/*Schmitt* § 238 Rn. 12). Frühere Versuche, zwischen »formeller Verhandlungsleitung« zur Regelung der äußeren Ordnung und Form der Hauptverhandlung einerseits und der auf die Förderung der Urteilsfindung bezogenen »Sachleitung im engeren Sinne« andererseits zu differenzieren, haben sich als nicht tragfähig erweisen (dazu näher *Erker* Beanstandungsrecht, S. 18–43; *Schmid* FS Mayer, S. 546–557; Überblick zum früheren Streitstand auch bei KMR/*Paulus* § 238 Rn. 5–7). Mit der herrschenden Meinung ist der Begriff der »auf die Sachleitung bezogenen Anordnung« deshalb **sehr weit zu verstehen**. Er umfasst alle Maßnahmen, mit denen der Vorsitzende auf den Ablauf des Verfahrens und das Verhalten der Verfahrensbeteiligten einwirkt (LR/*Becker* § 238 Rn. 17; SK-StPO/*Frister* § 238 Rn. 21; KK-StPO/*Schneider* § 238 Rn. 11, s.o. Rdn. 6). Dazu gehören nicht nur Ge- und Verbote, sondern auch Belehrungen, Hinweise, Vorhalte, Ermahnungen, Fragen (BGHSt 42, 73 [77]; LR/*Becker* § 238 Rn. 17; Meyer-Goßner/*Schmitt* § 238 Rn. 11) sowie sitzungspolizeiliche Anordnungen, sofern dadurch Verfahrensrechte beeinträchtigt werden (BGH StV 2009, 680 [681]; LR/*Becker* § 238 Rn. 21; KK-StPO/*Schneider* § 238 Rn. 14; Meyer-Goßner/*Schmitt* § 238 Rn. 13; a.A. frühere Rspr. RGSt 54, 110 [112]; BGHSt 10, 202 [207]; 18, 179 [180]).

b) Form. Der Vorsitzende kann Anordnungen **ausdrücklich oder konkludent** treffen (LR/*Becker* § 238 19
Rn. 18; KMR/*Paulus* § 238 Rn. 29). Im **Unterlassen** einer verfahrensrechtlich gebotenen Maßnahme liegt grds. keine Anordnung; die Nichtbeanstandung führt daher auch nicht zur Präklusion der Verfahrensrüge (RGSt 61, 376 [378]; BGHSt 42, 73 [77 f.]; 55, 65 [69]; NStZ-RR 2011, 151; LR/*Becker* § 238 Rn. 18; Radtke/Hohmann/*Britz* § 238 Rn. 16). Werden mit dem Unterlassen aber Anträge oder Anregungen bewusst übergangen, ist darin eine **schlüssige Ablehnung** zu sehen, die zur Wahrung des Revisionsrechts beanstandet werden muss (LR/*Becker* § 238 Rn. 18; SK-StPO/*Frister* § 238 Rn. 22; KK-StPO/*Schneider* § 238 Rn. 12; a.A. Meyer-Goßner/*Schmitt* § 238 Rn. 11 m.w.N.).

c) Beispiele aus der Rspr.. Als **Anordnungen i.S.d. Abs. 2** hat die Rspr. u.a. anerkannt: 20
– Ablehnung, einem Beweisermittlungsantrag nachzugehen (BGH StV 2008, 59);
– (analoge Anwendung von § 238 Abs. 2): Ablehnung des Antrags auf Übersetzung der Entscheidung des Revisionsgerichts durch dessen Vorsitzenden (BGH NJW 2018, 3790 [3791]);
– Anordnung der Unterbrechung der Hauptverhandlung und Bestimmung eines Fortsetzungstermins (BGH NStZ-RR 2003, 3 [Be]);
– Anordnung der Verlesung einer Urkunde (BGHSt 19, 273 [280]; BGH StraFo 2009, 152; OLG Zweibrücken BeckRS 2017, 130953);

- Anordnung, einen Zeugen (BGH StV 2009, 225) bzw. einen Sachverständigen (BGH StV 1996, 2) unvereidigt zu lassen;
- Anordnung zur Durchführung des Selbstleseverfahrens sowie der Feststellungen nach § 249 Abs. 2 Satz 3 (BGH StV 2011, 458 [459]);
- Aufforderung an Zuhörer, den Sitzungssaal zu verlassen, weil sie als Zeugen in Betracht kommen (BGH NJW 2001, 2732);
- Beendigung der Sitzung wegen fehlenden Personals für Einlasskontrollen (BGH NStZ 2007, 281 [282]);
- Bestimmung eines Fortsetzungstermins gem. § 29 Abs. 2 StPO (BGH NStZ 2002, 429 [430]);
- Bestimmung der Sitzordnung (BGH NStZ-RR 2018, 357);
- Entfernung von Zuhörern aus dem Sitzungssaal und Verbot der weiteren Teilnahme an der Hauptverhandlung (BGH StV 2009, 680 [681]; NStZ 2013, 608);
- Entlassung eines vernommenen Zeugen oder Sachverständigen trotz Widerspruchs des Verteidigers (BGH StV 1985, 355 [356]; StV 1996, 248; OLG Stuttgart NStZ 1994, 600);
- Entscheidung, dass ein Aussageverweigerungsrecht nach § 55 besteht (BGHSt 10, 104 [105]; NStZ 2006, 178; NStZ 2007, 230 [231]);
- Feststellung, ob ein Verlöbnis i.S.d. § 52 Abs. 1 Nr. 1 vorliegt (BGHSt 55, 65 [67 ff.]);
- Fristsetzung zur Stellung eines Beweisantrags (BGHSt 52, 355 [356];
- Hinzuziehung einer vertrauten Hilfsperson zur Vernehmung eines behinderten Zeugen (BGHSt 43, 62 [64]);
- Stattgabe eines Beweisantrags (BGH NStZ 1982, 432);
- Unterbrechung bzw. unzulässige Methode der Vernehmung des Angeklagten zur Sache (BGH NStZ 1997, 198; StV 2001, 548);
- Untersagung des Vorlesens des schriftlich gefassten letzten Wortes (BGHSt 3, 368 [369]; MDR 1964, 72);
- Vorhalte an einen Zeugen (BGHSt 1, 322 [325]; MDR 1984, 797 [H]);
- Weigerung des Vorsitzenden, nach Schluss der Beweisaufnahme noch Beweisanträge entgegenzunehmen (BGH NStZ 1992, 346);
- Weigerung, dem Verteidiger trotz Verlangens eine Erklärung nach § 257 Abs. 2 zu ermöglichen (BGH NStZ 2007, 234 [235]);
- Worterteilung an Verfahrensbeteiligte (BGH VRS 48, 18 [19]; BGHR StPO § 240 Abs. 2 Gelegenheit 2);
- Zurückweisung von Fragen (BGH StV 1990, 337; NJW 2004, 372 [373]).

21 **Keine Anordnungen** i.S.d. Abs. 2 sind z.B.:

- Anweisung, den Angeklagten während der Hauptverhandlung gefesselt zu lassen (BGH NJW 1957, 271);
- Anordnung des Selbstleseverfahrens gem. § 249 Abs. 2, da insoweit der unverzüglich geltend zu machende Widerspruch nach § 249 Abs. 2 Satz 2 Vorrang vor § 238 Abs. 2 hat (BGH StV 2011, 458 [459]; NJW 2021, 479 [480]);
- Feststellung, dass ein Schöffe verhindert ist und ersetzt werden muss (BGHSt 35, 366 [371]);
- Pflichtverteidigerbestellung während der Hauptverhandlung (BGHSt 39, 310 [312]; OLG Jena NStZ-RR 2004, 306; OLG Frankfurt NStZ-RR 2007, 244);
- Weigerung, die Urteilsverkündung zu unterbrechen, um einen Beweisantrag entgegenzunehmen (BGH MDR 1975, 24 [D]).

22 **2. Anwendbarkeit auf Anordnungen des Einzelrichters.** Ob Anordnungen des Einzelrichters – Strafrichter gem. § 25 GVG oder Jugendrichter gem. § 34 JGG – beanstandet werden können bzw. (zur Erhaltung der Revisionsrüge) müssen, ist umstritten. Eine Ansicht verneint die Anwendbarkeit von Abs. 2, da in diesem Fall Vorsitzender und Gericht identisch seien, es also kein Kollegium gebe, das man anrufen könne (OLG Köln MDR 1955, 311; BayObLG JR 1963, 105; Dölling/Duttge/Rössner/*Temming* § 238 Rn. 1). Die herrschende Meinung hält Abs. 2 dagegen zu Recht für anwendbar, weil der Wortlaut keine Ausnahme vorsieht, eine Revision nach § 338 Nr. 8 sonst ausgeschlossen wäre und die begründungspflichtige Überprüfung der eigenen Anordnung sinnvoll und – wie § 306 Abs. 2 zeigt – der StPO nicht fremd ist (OLG Koblenz StV 1992, 263 [264]; OLG Düsseldorf StV 1996, 252; OLG Zweibrücken BeckRS 2017, 130953; LR/*Becker* § 238 Rn. 38; SK-StPO/*Frister* § 238 Rn. 38; KK-StPO/*Schneider* § 238 Rn. 15; differenzierend *Ebert* NStZ 1997, 565 [566]: Anordnung möglich, aber nicht zwingende Voraussetzung für Verfahrensrüge).

23 **3. Beanstandungsbefugnis. a) Verfahrensbeteiligte.** Zur Beanstandung befugt ist nach Abs. 2 die »bei einer Verhandlung beteiligte Person«. Darunter sind **alle Verfahrensbeteiligten** zu verstehen, die – unabhängig davon, ob sie Adressat der Anordnung sind – von der Maßnahme **nachteilig betroffen** werden (LR/*Becker* § 238 Rn. 25; KK-StPO/*Schneider* § 238 Rn. 16; Meyer-Goßner/*Schmitt* § 238 Rn. 14; a.A. KMR/*Paulus* § 238 Rn. 45; *Ebert* StV 1997, 275: keine Beschwer erforderlich). Dies können Angeklagter, Verteidiger,

Beistand (§ 149), Staatsanwalt, gesetzlicher Vertreter oder Erziehungsberechtigter (§ 50 Abs. 2 JGG), Privat- und Nebenkläger, Einziehungsberechtigter sowie deren Vertreter sein (LR/*Becker* § 238 Rn. 25; SK-StPO/*Frister* § 238 Rn. 25, 26). **Zeugen, Sachverständige und Zeugenbeistände** können nur im Hinblick auf an sie gerichtete Fragen die Entscheidung des Gerichts beantragen (LR/*Becker* § 238 Rn. 25; SK-StPO/*Frister* § 238 Rn. 28; Meyer-Goßner/*Schmitt* § 238 Rn. 14).

b) **Mitglieder des Gerichts.** Ob auch **Beisitzer und Schöffen** zur Beanstandung befugt sind, ist umstritten. 24
Gegen eine Beanstandung durch Mitglieder des Spruchkörpers wird eingewandt, dass nach dem Normzweck Voraussetzung für die Entscheidung ein »Anstoß von außen« sei und durch die interne Anregung einer Beratung eine gerichtliche Entscheidung jederzeit herbeigeführt werden könne (KK-StPO/*Schneider* § 238 Rn. 17; Meyer-Goßner/*Schmitt* § 238 Rn. 14; *Erker* Beanstandungsrecht, S. 56 ff., 71). Die herrschende Meinung verweist dagegen zu Recht auf den Zweck des Zwischenrechtsbehelfs, die Gesamtverantwortung des Spruchkörpers für die Rechtsförmigkeit des Verfahrens zu aktivieren, und bejaht daher ein Bestandungsrecht ohne die Voraussetzung der Beschwer (LR/*Becker* § 238 Rn. 26; KMR/*Paulus* § 238 Rn. 45 m.w.N.; SK-StPO/*Frister* § 238 Rn. 23; HK/*Julius* § 238 Rn. 5; in BGHSt 1, 216 [218]; 7, 281 [282] ohne nähere Begründung vorausgesetzt).

Der **Vorsitzende** kann seine eigene Anordnung nicht beanstanden (a.A. KMR/*Paulus* § 238 Rn. 45), jedoch 25
ist es ihm unbenommen, bei schwierigen Fragen oder von Verfahrensbeteiligten geäußerten Zweifeln an der Zulässigkeit oder Zweckmäßigkeit einer Maßnahme von sich aus eine Entscheidung des Gerichts herbeizuführen (LR/*Becker* § 238 Rn. 26; Meyer-Goßner/*Schmitt* § 238 Rn. 14).

c) **Weitere Personen. Zuhörer** gehören – wie sich aus § 177 GVG ergibt – nicht zu den an der Verhandlung 26
beteiligten Personen (SK-StPO/*Frister* § 238 Rn. 28; Meyer-Goßner/*Schmitt* § 238 Rn. 14). Auch Pressevertreter, Urkundsbeamte und Gerichtswachtmeister haben kein Beanstandungsrecht (LR/*Becker* § 238 Rn. 25; KK-StPO/*Schneider* § 238 Rn. 16; *Erker* Beanstandungsrecht, S. 78; a.A. KMR/*Paulus* § 238 Rn. 45).

4. **Form und Frist.** Die Beanstandung ist an **keine bestimmte Form** gebunden, insb. muss das Wort 27
»Beanstandung« nicht verwendet werden (KK-StPO/*Schneider* § 238 Rn. 17; Meyer-Goßner/*Schmitt* § 238 Rn. 16). Der Antragsteller muss jedoch substanziiert eine Beschwer behaupten und zumindest schlüssig zum Ausdruck bringen, dass er eine bestimmte in der Hauptverhandlung erfolgte Anordnung des Vorsitzenden als unzulässig ansieht und eine Entscheidung des Gerichts begehrt (LR/*Becker* § 238 Rn. 30; SK-StPO/*Frister* § 238 Rn. 29; Meyer-Goßner/*Schmitt* § 238 Rn. 16). Da Beanstandungen mit dem Ziel, einen erledigten Verfahrensverstoß festzustellen, unzulässig sind, muss die Beeinträchtigung **gegenwärtig oder künftig** sein (*Erker* Beanstandungsrecht, S. 53). Die Anforderungen an die Darlegung der Beschwer bestimmen sich nach dem Umständen des Einzelfalls (LR/*Becker* § 238 Rn. 27; KK-StPO/*Schneider* § 238 Rn. 17; Meyer-Goßner/*Schmitt* § 238 Rn. 16). Grds. hat der Betroffene darzulegen, in welchem prozessualen Recht oder Interesse er durch eine rechtswidrige Maßnahme beeinträchtigt worden sei (*Grube* StRR 2016, 4; *Habetha* NJW 2016, 3628, 3630; vgl. auch Rn. 33).

Für die Beanstandung ist **keine Frist** vorgeschrieben (KK-StPO/*Schneider* § 238 Rn. 17; HK/*Julius* § 238 28
Rn. 6). Nach ihrem Zweck bildet aber der Beginn der Urteilsverkündung die zeitliche Grenze für die Geltendmachung (LR/*Becker* § 239 Rn. 29; SK-StPO/*Frister* § 238 Rn. 29). Den Zeitpunkt der Entgegennahme einer Beanstandung bestimmt der Vorsitzende. Da er nicht verpflichtet ist, Anträge der Verfahrensbeteiligten zu jeder Zeit entgegenzunehmen, kann er, wenn dies zur zügigen und sachgerechten Durchführung der Hauptverhandlung erforderlich ist, die Verfahrensbeteiligten für die Beanstandung auf einen späteren Zeitpunkt verweisen (BGH NStZ 2006, 463; NStZ 2014, 668; Meyer-Goßner/*Schmitt* § 238 Rn. 5.

5. **Hinweispflicht.** Nach herrschender Meinung ist der Vorsitzende grds. nicht verpflichtet, einen von einer 29
Anordnung Betroffenen auf die Möglichkeit der Beanstandung nach Abs. 2 hinzuweisen (LR/*Becker* § 238 Rn. 31; KK-StPO/*Schneider* § 238 Rn. 20; Meyer-Goßner/*Schmitt* § 238 Rn. 15; a.A. KMR/*Paulus* § 238 Rn. 35: bei rechtsunkundigem Antragsberechtigten wegen gerichtlicher Fürsorgepflicht). Da dem unverteidigten Angeklagten bei Nichtbeanstandung kein Rügeverlust droht (s. Rdn. 49) und ständige Hinweise den Gang der Hauptverhandlung lähmen würden, ist dies überzeugend.

II. **Begründetheit.** Die Beanstandung ist begründet, wenn die Anordnung unzulässig war und der Antrag- 30
steller dadurch beschwert ist (KMR/*Paulus* § 238 Rn. 48; HK/*Julius* § 238 Rn. 4). **Unzulässig** i.S.d. Abs. 2 sind Anordnungen des Vorsitzenden, die gegen gesetzliche Vorschriften oder allgemeine Verfahrensgrundsätze verstoßen oder ermessensfehlerhaft sind (LR/*Becker* § 238 Rn. 30; KMR/*Paulus* § 238 Rn. 43; SK-StPO/*Frister* § 238 Rn. 32; MüKo-StPO/Arnoldi, § 238 Rn. 20). Dass eine Maßnahme unzweckmäßig oder unangebracht ist, macht sie nicht »unzulässig« (RGSt 44, 65 [66]; LR/*Becker* § 238 Rn. 30; KK-StPO/*Schneider*

§ 238 Rn. 19; Meyer-Goßner/*Schmitt* § 238 Rn. 17). Die Abgrenzung kann im Einzelfall schwierig sein. So ist die Entscheidung des Vorsitzenden, in welcher Reihenfolge die Beweise erhoben werden, zwar grds. eine Frage der Zweckmäßigkeit (BGH NJW 1962, 260 [261]). Zielt seine Anordnung aber erkennbar darauf ab, das Ergebnis in eine bestimmte Richtung zu lenken, ist sie wegen Verletzung von §§ 243, 244 bzw. des fair-trial-Grundsatzes im Sinne von Abs. 2 unzulässig (SK-StPO/*Frister* § 238 Rn. 30 m.w.N.; s.a. BGHSt 19, 93 [96]; weitere Beispiele bei KK-StPO/*Schneider* § 238 Rn. 19 und KMR/*Paulus* § 238 Rn. 44).

31 **III. Entscheidung. 1. Form und Bekanntmachung.** Soweit der Vorsitzende seine Anordnung nicht abändert oder zurücknimmt (s. Rdn. 17), entscheidet das Gericht unter Beteiligung der Schöffen (§ 30 Abs. 1 GVG) nach Anhörung der Verfahrensbeteiligten (§ 33) **durch förmlichen Beschluss**, nur schlüssiges Verhalten genügt nicht (LR/*Becker* § 238 Rn. 32; SK-StPO/*Frister* § 238 Rn. 35; Meyer-Goßner/*Schmitt* § 238 Rn. 19; a.A. KMR/*Paulus* § 238 Rn. 50). Hat ein Spruchkörper über eine Anordnung des Vorsitzenden zu entscheiden, ist – um falsche Eindrücke zu vermeiden und eine inhaltliche Auseinandersetzung mit der Beanstandung zu ermöglichen – in der Regel außerhalb des Sitzungssaals zu beraten (*Erker* Beanstandungsrecht, S. 100; HK/*Julius* § 238 Rn. 7). Bei offensichtlich provokativen oder querulatorischen Beanstandungen kann es zur Wahrung der Verhandlungshoheit des Vorsitzenden angezeigt sein, im Wege geheimer Umfrage auf der Richterbank zu beraten und die Entscheidung ohne Unterbrechung zu verkünden (zur Möglichkeit der Zurückstellung von Anträgen siehe Rdn. 28).

32 Um den Verfahrensbeteiligten die Möglichkeit zu geben, ihr Verhalten auf die Entscheidung auszurichten und ggf. noch zweckentsprechende Anträge zu stellen oder Erklärungen abgeben zu können, muss der Beschluss grds. in unmittelbaren Anschluss an die Beanstandung, in jedem Fall aber vor Beginn der Urteilsverkündung, **in der Hauptverhandlung verkündet** werden (LR/*Becker* § 238 Rn. 34 m.w.N.; Meyer-Goßner/*Schmitt* § 238 Rn. 19; *Schmid* FS Mayer, S. 561). Eine Ausnahme bilden **Eventualbeanstandungen** (etwa zu Vereidigungsfragen), über die in den Urteilsgründen entschieden wird (RGSt 58, 369 [372]; 68, 378 [379]; LR/*Becker* § 238 Rn. 28; *Erker* Beanstandungsrecht, S. 101).

33 **2. Entscheidungsmöglichkeiten. a) Verwerfung als unzulässig.** Wird eine Maßnahme des Vorsitzenden beanstandet, die keine Anordnung i.S.d. Abs. 2 ist, fehlt die Antragsbefugnis, wird die Unzweckmäßigkeit gerügt oder ist die Beschwer nicht schlüssig dargelegt, **verwirft das** Gericht die Beanstandung als unzulässig (LR/*Becker* § 238 Rn. 32; KMR/*Paulus* § 238 Rn. 52; nach noch weitergehender Auffassung ist in diesen Fällen schon gar keine Entscheidung veranlasst (*Senge*, NStZ 2002, 225, 232; *Artkämper*, Die »gestörte« Hauptverhandlung, 4. Aufl., S. 28 f.). Eine Verwerfung erfolgt insb. dann, wenn eine Entscheidung gegen eine Vorsitzendenverfügung reflexartig und unsubstanziiert erhoben wird (»Dann beantrage ich Gerichtsbeschluss«). Eines besonderen Hinweises, dass eine Sachentscheidung über die Vorsitzendenverfügung nur bei begründetem Antrag getroffen wird, bedarf es nicht. Auch über das Nachschieben einer Begründung durch eine (nach Verwerfung) erhobene Gegenvorstellung kann in diesem Fall der Antragsteller keine sachliche Entscheidung mehr erreichen, da sich diese als Rechtsbehelf inhaltlich nur gegen die Verwerfungsentscheidung als unzulässig richten kann (*Grube* StRR 2016, 4).

34 **b) Zurückweisung als unbegründet.** Liegen zwar die Zulässigkeitsvoraussetzungen für die Beanstandung nach Abs. 2 vor, war die Anordnung des Vorsitzenden aber nicht unzulässig, wird die Beanstandung **als unbegründet zurückgewiesen**, ohne dass die Maßnahme im Tenor des Beschlusses aufrechterhalten wird (LR/*Becker* § 238 Rn. 32; KMR/*Paulus* § 238 Rn. 52; *Pfeiffer* § 238 Rn. 5; a.A. Graf/*Gorf* § 238 Rn. 12 unter Hinweis auf die häufig anzutreffende Praxis, die den Tenor »Die Anordnung des Vorsitzenden wird bestätigt« verwendet).

35 **c) Stattgebende Entscheidung.** Hält das Gericht im Rahmen einer zulässigen Beanstandung die Anordnung des Vorsitzenden für »unzulässig«, ordnet es anstelle des Vorsitzenden die für zulässig gehaltene Maßnahme an (LR/*Becker* § 238 Rn. 33; KK-StPO/*Schneider* § 238 Rn. 19).

36 **3. Begründung der Entscheidung.** Die Entscheidung des Gerichts muss gem. § 34 nur begründet werden, wenn die Beanstandung verworfen oder zurückgewiesen wird (BGHSt 15, 253; LR/*Becker* § 238 Rn. 32; SK-StPO/*Frister* § 238 Rn. 36; Meyer-Goßner/*Schmitt* § 238 Rn. 19; a.A. KMR/*Paulus* § 238 Rn. 50 und HK/*Julius* § 238 Rn. 7: auch bei stattgebender Entscheidung). Soweit keine schwierigen Rechtsfragen zu klären sind, ist eine kurze Begründung – etwa durch Anfügung eines Halbsatzes an den Tenor – ausreichend (LR/*Becker* § 238 Rn. 32; SK-StPO/*Frister* § 238 Rn. 35).

37 **4. Bindungswirkung.** An die stattgebende Entscheidung des Gerichts ist der Vorsitzende gebunden (RGSt 32, 339 [341]), er muss sie also bei der Verhandlungsleitung beachten, solange sich die für den Beschluss bestimmenden Umstände nicht ändern (LR/*Becker* § 238 Rn. 37; KK-StPO/*Schneider* § 238 Rn. 23). Da

der Beschluss nicht in Rechtskraft erwachsen kann, kann das Gericht ihn jederzeit – auch aus Zweckmäßigkeitsgründen – korrigieren (*Erker* Beanstandungsrecht, S. 111 f.; KMR/*Paulus* § 238 Rn. 53; Meyer-Goßner/*Schmitt* § 238 Rn. 19).

IV. Protokollierung. Die Beanstandung nach Abs. 2 und der Beschluss des Gerichts stellen wesentliche Förmlichkeiten i.S.d. § 273 StPO dar und sind deshalb in das Sitzungsprotokoll aufzunehmen (BGHSt 3, 199 [202]; NStZ-RR 2003, 5 [Be]; LR/*Becker* § 238 Rn. 39 m.w.N.; Meyer-Goßner/*Schmitt* § 238 Rn. 16). Die Protokollierung dient bei der Revisionsbegründung dem von der herrschenden Meinung geforderten Beweis (§ 274 Satz 1), dass die Sachleitungsanordnung in der Hauptverhandlung beanstandet wurde (s. Rdn. 46). 38

D. Rechtsbehelfe. I. Beschwerde. Gegen die **Anordnung des Vorsitzenden nach Abs. 1** ist nach allgemeiner Meinung die Beschwerde (§ 304) **nicht zulässig.** Ob man dies mit § 305 Satz 1 (LR/*Becker* § 238 Rn. 40; KMR/*Paulus* § 238 Rn. 55) oder mit der Sonderregelung nach Abs. 2 begründet (SK-StPO/*Frister* § 238 Rn. 39; KK-StPO/*Schneider* § 238 Rn. 24; Meyer-Goßner/*Schmitt* § 238 Rn. 21), spielt im Ergebnis keine Rolle. 39

Gegen den **Beschluss des Gerichts nach Abs. 2** ist die Beschwerde nach § 305 Satz 1 nicht statthaft (OLG Hamburg MDR 1977, 248; OLG Hamm NJW 1973, 818 [819]; OLG Zweibrücken VRS 50, 437; KK-StPO/*Schneider* § 238 Rn. 24; Meyer-Goßner/*Schmitt* § 238 Rn. 21). Etwas anderes gilt nur, wenn die Entscheidung des Gerichts eine selbstständige Beschwer enthält oder Dritte von ihr betroffen sind (§ 305 Satz 2) (SK-StPO/*Frister* § 238 Rn. 39; KMR/*Paulus* § 238 Rn. 55). 40

II. Revision. 1. Sachleitungsanordnung und Beanstandung nach Abs. 2. Hat ein Verfahrensbeteiligter in der Hauptverhandlung gem. Abs. 2 eine Sachleitungsanordnung des Vorsitzenden beanstandet, die nicht nur die – revisionsrechtlich irrelevante – äußere Gestaltung des Verfahrens betrifft (BGHSt 17, 201 [202]; LR/*Becker* § 238 Rn. 42; KK-StPO/*Schneider* § 238 Rn. 26), sind folgende Konstellationen denkbar: 41

a) Unterbleiben einer Entscheidung des Gerichts. Unterbleibt eine Entscheidung des Gerichts über die Beanstandung, kann der Verstoß gegen Abs. 2 für sich alleine die Revision nicht begründen. Vielmehr muss mit der Verfahrensrüge geltend gemacht werden, dass durch die Anordnung des Vorsitzenden eine konkrete Verfahrensvorschrift verletzt wurde und das Urteil auf dieser Verletzung beruht (RGSt 32, 339 [341]; BGHSt 44, 82 [91]; BGH BeckRS 2019, 10447; KG NStZ 1984, 523 [524]; KMR/*Paulus* § 238 Rn. 58; KK-StPO/*Schneider* § 238 Rn. 27; Meyer-Goßner/*Schmitt* § 238 Rn. 23) oder dass die Verteidigung gem § 338 Nr. 8 durch das Unterlassen in einem für die Entscheidung wesentlichen Punkt beschränkt worden ist (LR/*Becker* § 238 Rn. 49; KMR/*Paulus* § 238 Rn. 60; *Schmid* in FS Mayer, S. 562 f.: § 338 Nr. 8). 42

b) Formell fehlerhafte Entscheidung des Gerichts. Hat das Gericht vor der Entscheidung über die Beanstandung die Verfahrensbeteiligten nicht angehört oder seine Entscheidung unzureichend begründet, kann mit der Revision der Verstoß gegen § 33 Abs. 1 bzw. § 34 geltend gemacht werden (LR/*Becker* § 238 Rn. 49; SK-StPO/*Frister* § 238 Rn. 53; *Erker* Beanstandungsrecht, S. 140 f.). 43

c) Verspätete Entscheidung des Gerichts. Entscheidet das Gericht verspätet über eine Beanstandung, ist danach zu differenzieren, ob die durch den Beschluss bestätigte Anordnung des Vorsitzenden unzulässig war oder nicht. Im ersten Fall kann – ohne, dass es auf die Verspätung ankommt – gerügt werden, dass das Urteil auf der Verletzung von Verfahrensrecht beruht (BGHSt 44, 82 [91]; MDR 1955, 397 [D]; LR/*Becker* § 238 Rn. 49). Im zweiten Fall kann mit der Revision geltend gemacht werden, dass das Urteil auf der fehlerhaft zu spät ergangenen Entscheidung beruht, wenn nicht auszuschließen ist, dass der Beschwerdeführer aufgrund der Verspätung gehindert war, seine Verteidigung durch Anträge und Erklärungen der durch den Beschluss klargestellten Rechtslage anzupassen (RGSt 57, 261 [263]; 71, 261 [263]; LR/*Becker* § 238 Rn. 49; KMR/*Paulus* § 238 Rn. 61; KK-StPO/*Schneider* § 238 Rn. 27). Auch wenn die für das Beruhensprüfung notwendigen Tatsachen grds. nicht vorgetragen werden müssen (BGH NStZ 1999, 145 [146] m.w.N.; a.A. *Mosbacher* NStZ 2008, 263 f.), empfiehlt es sich, i.R.d. **Revisionsbegründung** nähere Ausführungen zu dem Verteidigungsverhalten zu machen, das bei rechtzeitiger Entscheidung gewählt worden wäre (SK-StPO/*Frister* § 238 Rn. 53; KK-StPO/*Schneider* § 238 Rn. 27; HK/*Julius* § 238 Rn. 15; *Erker* Beanstandungsrecht, S. 140). 44

d) Formell ordnungsgemäße Entscheidung des Gerichts. Ergeht auf die Beanstandung hin ein formell ordnungsgemäßer Beschluss des Gerichts oder genehmigt das Gericht nachträglich eine bereits durchgeführte Anordnung des Vorsitzenden, kann bei »Unzulässigkeit« der mit der Entscheidung bestätigten Anordnung mit der Revision gem. §§ 336, 337 der Verfahrensverstoß geltend gemacht bzw. nach § 338 Nr. 8 gerügt werden, durch den Beschluss werde die Verteidigung in einem für die Entscheidung wesentlichen Punkt beschränkt (LR/*Becker* § 238 Rn. 41; Radtke/Hohmann/*Britz* § 238 Rn. 30). Für die Zulässigkeit der Verfahrensrüge 45 spielt es keine Rolle, ob der Beschluss nach Abs. 2 vom Revisionsführer oder von einem anderen Verfahrensbeteiligten herbeigeführt worden ist (Radtke/Hohmann/*Britz* § 238 Rn. 31; *Widmaier* NStZ 2007, 234).

46 **2. Sachleitungsanordnung und Unterlassen der Beanstandung nach Abs. 2. a) Ausgangspunkt.** Die Frage, welche revisionsrechtlichen Folgen es hat, wenn eine Sachleitungsanordnung des Vorsitzenden nicht nach Abs. 2 in der Hauptverhandlung beanstandet wurde, ist **umstritten.** Zwar deuten weder Wortlaut noch systematische Stellung der Norm im 6. Abschnitt darauf hin, dass insofern überhaupt ein Problem bestehen könnte (*Sinn/Hülsmann* StV 2009, 281). Auch bietet die nähere Betrachtung der Entstehungsgeschichte der Regelung keine Anhaltspunkte dafür, dass der historische Gesetzgeber einen Zusammenhang zwischen § 238 Abs. 2 und der Revision gesehen hätte (*Hahn* Motive, S. 188 f.; SK-StPO/*Frister* § 238 Rn. 3; *Schneider* JuS 2003, 176 [179]; *Gaede* wistra 2011, 210 [214]). Dennoch gehen Rspr. und ein großer Teil des Schrifttums davon aus, dass die Gesetzwidrigkeit einer Sachleitungsanordnung des Vorsitzenden grds. nur dann mit der Revision gerügt werden kann, wenn sie zuvor mit dem Zwischenrechtsbehelf nach Abs. 2 beanstandet worden ist (RG JW 1930, 760; JW 1931, 950; RGSt 71, 21 [23]; BGHSt 1, 322 [325]; 42, 73 [77]; 55, 65 [67]; OLG Düsseldorf wistra 1993, 79; OLG Celle StraFo 2005, 506; zum Schrifttum s. Rdn. 50 ff.). In neueren Entscheidungen hat der BGH festgestellt, dass dieser Grundsatz jedenfalls dann gelte, wenn der Anordnung des Vorsitzenden eine strafprozessuale Regelung zugrunde liegt, die ihm für die Feststellung der tatbestandlichen Voraussetzungen einen **Beurteilungsspielraum** eröffnet oder ihm auf der Rechtsfolgenseite **Ermessen** einräumt, und die Revisionsrüge auf eine Überschreitung des Beurteilungsspielraums oder einen Ermessensfehlgebrauch gestützt werden soll (BGHSt 51, 144 [147]; 55, 65 [67]; NStZ 2017, 372).

47 Zur Begründung dieser ungeschriebenen Einschränkung des Revisionsrechts, die das BVerfG als verfassungsgemäß gebilligt hat (BVerfG StV 2000, 3; JR 2007, 390), stützt sich diese Auffassung sowohl auf Überlegungen zum Zweck des Zwischenrechtsbehelfs als auch auf allgemeine prozessrechtliche Erwägungen. Hinter dem zuletzt wieder heftig geführten Streit innerhalb des Schrifttums um die **Präklusion** und die dazu von der Rspr. anerkannten Ausnahmen steht letztlich die grundlegende rechtsstaatliche Frage, wie die Verantwortung für die Gesetzmäßigkeit der Hauptverhandlung zwischen Gericht und Verfahrensbeteiligten verteilt ist.

48 **b) Rügeverlust nach der Rspr.. aa) Begründungsansätze.** Die Auffassung, dass die Zulässigkeit einer Verfahrensrüge, mit der eine Sachleitungsanordnung des Vorsitzenden beanstandet wird, grds. eine vorherige Beanstandung nach Abs. 2 voraussetzt, wird von der Rspr. – soweit sie nicht als selbstverständlicher revisionsrechtlicher Grundsatz behandelt wird (BGHSt 3, 368 [369]; 38, 260 [261]; NStZ 2009, 401; NStZ 2009, 647 [648]) – **unterschiedlich begründet.** Die frühe Rspr. argumentierte, dass bei unterlassener Beanstandung das Urteil nicht auf einer Gesetzesverletzung des Vorsitzenden beruhe (RGSt 71, 21 [23]; BGHSt 1, 284 [286], 4, 364 [366]) bzw. **keine Beschwer** vorliege (BGHSt 1, 322 [325]). Später wurde angeführt, im Unterlassen der Beanstandung liege ein **Verzicht** auf die Revisionsrüge (BGH NJW 1978, 1815; NStZ 1982, 432; NStZ 2008, 582). Die in zwei jüngeren Entscheidungen des BGH angeführte Begründung, die Verfahrensrüge sei **verwirkt** (so bereits OLG Koblenz StV 1992, 263 [264]; OLG Düsseldorf StV 1996, 252; OLG Köln NStZ-RR 1997, 366), wird auf ausführlichere Erwägungen zum Regelungszweck des § 238 Abs. 2 gestützt (BGHSt 51, 144 [147]; 55, 65 [67]). Danach bestehe der Zweck der Vorschrift darin, die Gesamtverantwortung des Spruchkörpers für die Rechtsförmigkeit der Verhandlung zu aktivieren, um hierdurch die Möglichkeit zu eröffnen, Fehler des Vorsitzenden i.R.d. Instanz zu korrigieren und damit Revisionen zu vermeiden, durch die ein Fehler des Vorsitzenden nur auf Kosten einer mehr oder weniger langen Verzögerung des Verfahrensabschlusses ausgeräumt werden könnte. Dieser Zweck würde jedoch verfehlt werden, wenn es im unbeschränkten Belieben des um die Möglichkeit des § 238 Abs. 2 StPO wissenden Verfahrensbeteiligten stünde, ob er eine für unzulässig erachtete Maßnahme des Vorsitzenden nach § 238 Abs. 2 StPO zu beseitigen sucht oder stattdessen hierauf im Fall eines ihm nachteiligen Urteils in der Revision eine Verfahrensrüge stützen will.

49 **bb) Ausnahmen.** Vom Grundsatz des Rügeverlusts bei Unterlassen der Beanstandung hat die Rspr. Ausnahmen anerkannt, die sich in ihrem Anwendungsbereich teilweise überschneiden (BGH NStZ 1992, 346; *Widmaier* MAH Strafverteidigung § 9 Rn. 217). Einer Beanstandung der Anordnung nach Abs. 2 bedarf es danach zur Erhaltung der Verfahrensrüge nicht, wenn

- der Angeklagte ohne Verteidiger ist und die Beanstandungsmöglichkeit des § 238 Abs. 2 nicht kennt (OLG Stuttgart NStZ 1988, 240; OLG Koblenz StV 1992, 263 [264]; OLG Köln NStZ-RR 1997, 366);
- der Vorsitzende eine dem Gericht vorbehaltene Maßnahme getroffen hat (BGHSt 4, 364 [366]: Entfernung des Angeklagten nach § 247 Satz 1; BGH, StV 2012, 202; NStZ 2017, 299: Entscheidung über Verlesung nach § 251 Abs. 1);

- sich der Vorsitzende über Verfahrensvorschriften hinwegsetzt, die keinerlei Entscheidungsspielraum zulassen (BGHSt 42, 73 [77 f.]: Einführung der Aussage eines zeugnisverweigerungsberechtigten Arztes trotz Bestehens eines Zeugnisverweigerungsrechts von § 53 Abs. 1 Nr. 3; BGHSt 45, 203 [205]; StV 2012, 706: Verstoß gegen § 252);
- der Vorsitzende eine von Amts wegen vorzunehmende zwingende und unverzichtbare Maßnahme unterlassen hat (BGHSt 3, 368 [370]; 21, 288 [290]; OLG Zweibrücken StV 2003, 455: Nichterteilung des letzten Wortes; BGHSt 38, 260 [261 f.]: Verstoß gegen § 247 Satz 4; BGH StV 2012, 202 und NStZ 2020, 94, 95: Entscheidung über Zulässigkeit der Verlesung nach § 256 Abs. 1; BGHSt 51, 81 [83]; StV 2009, 225: keine Entscheidung über Vereidigung nach § 59; a.A. BGH StV 2009, 565; BGH NJW 2017, 181: Art und Weise der Durchführung der Zeugenvernehmung nach § 247a Abs. 1).
- eine unbeanstandete Maßnahme des Vorsitzenden zur Grundlage der Urteilsfindung wurde, weil das Gericht sie sich zu Eigen gemacht hat (BGH MDR 1958, 14 [D]; BGHSt 20, 98 [99]: Verstoß gegen Vereidigungsverbot; BGH StV 1996, 2: Nichtvereidigung des Sachverständigen entgegen § 79 Abs. 1 a.F.).
- der Vorsitzende die ihm nach § 243 Abs. 4 auferlegten Mitteilungs- und Dokumentationspflichten verletzt (BGH StV NStZ 2014, 601 m.abl. Anmerkung *Grube*; OLG Dresden, Beschl. v. 25.11.2014 – 2 OLG 23 Ss 469/14).

c) Stellungnahmen des Schrifttums. aa) Zustimmung. Der Auffassung der Rspr. zum Rügeverlust hat sich ein großer Teil des Schrifttums angeschlossen (LR/*Becker* § 238 Rn. 46 ff.; Meyer-Goßner/*Schmitt* § 238 Rn. 22; *Pfeiffer* § 238 Rn. 6; Radtke/Hohmann/*Britz* § 238 Rn. 30; *Dahs* FS Odersky, S. 327 ff.; Graf/*Gorf* § 238 Rn. 18; *Bischoff* NStZ 2010, 77 [80 f.]). Ergänzend zur knappen Begründung der Rspr. wird angeführt, die Auferlegung einer Beanstandungspflicht sei **verfahrensökonomisch sinnvoll**, da sie dem Interesse von Gericht und Prozessbeteiligten an einer schnellen Verfahrensdurchführung diene und der Gefahr begegne, dass die Prüfung eines korrigierbaren Verfahrensfehlers in rechtsmissbräuchlicher Wiese bewusst in die Revision verschoben wird. Die den Beschwerdeführer treffende Verantwortung wird griffig als **Rügeobliegenheit** beschrieben (*Kindhäuser* NStZ 1987, 529 [533]). 50

bb) Kritik/Ablehnung. Gegen die Auffassung der Rspr. wird von anderen Teilen des Schrifttums vor allem eingewandt, sie verwandle das in Abs. 2 allein genannte Beanstandungsrecht in eine **vom Gesetzgeber nicht vorgesehene Beanstandungspflicht** (SK-StPO/*Frister* § 238 Rn. 47 ff.; *Ebert* StV 1997, 271; *Schneider* JuS 2003, 176, 178; *Habetha* NJW 2016, 3632). Die weitgehende Folge der Rügepräklusion bedürfe einer eindeutigen gesetzlichen Grundlage (*Hamm* Revision Rn. 1197; *Erker* Beanstandungsrecht, S. 151). Zwar enthalte die StPO auch Fälle, in denen die Beanstandungslast den Verfahrensbeteiligten auferlegt sei (§§ 6a Satz 2 und 3, 16 Satz 2 und 3, 25 Abs. 1, 217 Abs. 2, 222a, 222b); diese Einschränkungen ergäben sich aber – anders als bei § 238 Abs. 2 – unmittelbar aus dem Gesetzeswortlaut (KMR/*Paulus* § 238 Rn. 64; HK/*Julius* § 238 Rn. 12; *Lindemann* StV 2010, 379 [381]). Die von der Rspr. zur Begründung verwendeten Schlagworte (»Beruhen«, »Verzicht«, »Verwirkung«) seien bei genauerer dogmatischer Betrachtung nicht geeignet, einen Rügeverlust zu rechtfertigen (KMR/*Paulus* § 238 Rn. 64; *Erker* Beanstandungsrecht, S. 151 ff.; *Widmaier* NStZ 2007, 234; *Sinn/Hülsmann* StV 2009, 681 f. m.w.N.; *Lindemann* StV 2010, 381). Auch die uneinheitliche Anwendung von Grundsatz und Ausnahmen durch die Rspr. wird krit. gesehen (*Schneider* JuS 2003, 176 [178]; *Sinn/Hülsmann* StV 2009, 681). 51

cc) Weiterentwicklung. Stark umstritten ist der von Teilen des Schrifttums entwickelte Ansatz, den Rügeverlust bei Unterlassen des Zwischenrechtsbehelfs nach § 238 Abs. 2 mit dem **Fehlen eines Rechtsschutzbedürfnisses** für eine spätere Verfahrensrüge zu begründen (*Mosbacher* JR 2007, 387; *ders.* FS Widmaier, S. 339; *ders.* NStZ 2011, 606; KK-StPO/*Schneider* § 238 Rn. 33 ff.; zustimmend MüKo-StPO/Arnoldi, § 238 Rn. 40). Ihm liegt der Gedanke zugrunde, die Beanstandung nach Abs. 2 als die ggü. der Revision einfachere, sachnähere und unter dem Aspekt von Treu und Glauben (§ 242 BGB) primär wahrzunehmende Möglichkeit der Überprüfung von sämtlichen Sachleitungsanordnungen des Vorsitzenden anzusehen. In der Folge wären bei Nichtbeanstandung auch Rügen wegen Verstößen gegen zwingendes Verfahrensrecht präkludiert (*Mosbacher* JR 2007, 387 [388]; *ders.* NStZ 2011, 606 [609]; KK-StPO/*Schneider* § 238 Rn. 34). 52

Zwar ist der Auffassung zugute zu halten, dass sie sich um dogmatische Schlüssigkeit bemüht. Problematisch erscheint jedoch, dass auch ihr rechtlicher Anknüpfungspunkt außerhalb der Norm in allgemeinen prozessualen Erwägungen liegt, die mit dem Wesen des Strafprozesses unvereinbar sind (*Lindemann* StV 2010, 383; *Bischoff* NStZ 2010, 77 [79]; *Gaede* wistra 2010, 210 [214]; Bauer NStZ 2012, 191 [192]), sie im Ergebnis zu einer Verschiebung der Verantwortung für ein rechtsstaatliches Verfahren auf den Verteidiger führt (*Tepperwien* NStZ 2009, 1 [6]; SK-StPO/*Frister* § 238 Rn. 47) und faktisch eine »Teilabschaffung der Verfahrensrüge« zur Folge hat (*Widmaier* NStZ 2011, 305 [309]). Auch der verfahrensökonomische Vorteil 53 erscheint angesichts der – schon aus anwaltlicher Vorsicht zu erwartenden – Rügeinflation zweifelhaft (*Gaede* wistra 2010, 215). Entscheidend gegen die Auffassung sprechen aber **verfassungsrechtliche Überlegungen**. Die Annahme, die Beanstandung nach Abs. 2 sei als generelle Zulässigkeitsvoraussetzung für Verfahrensrügen zu verstehen, ist ersichtlich weder mit der Judikatur des BVerfG zu Art. 19 Abs. 4 und 20 Abs. 3 GG (*Widmaier* NStZ 2011, 305 [307]) noch mit der strengen Rspr. des BVerfG (NJW 2003, 3545 [3546] m.w.N.) zur (nur ausnahmsweise zulässigen) Einschränkung von Rechtsverfolgungsmöglichkeiten durch Präklusionsvorschriften vereinbar. Die angenommene Präklusion von Verstößen gegen zwingendes Verfahrensrecht, die auch Staatsanwaltschaft und Gericht nicht bemerkt haben, würde bereits gegen die Vorgabe verstoßen, dass nachteilige Rechtsfolgen (nur) »an eine von dem Betroffenen zu vertretende Verspätung geknüpft« werden dürfen. Auch wird durch § 238 Abs. 2 die vom Verfassungsgericht aufgestellte Voraussetzung nicht erfüllt, eine Präklusionsregelung müsse sich »durch ein besonderes Maß an Klarheit auszuzeichnen«.

54 Ob der BGH von seiner bisherigen Rspr. abweicht und eine auf § 238 Abs. 2 gestützte Ausweitung der Präklusion vornimmt, lässt sich nach wie vor noch nicht absehen. Nachdem in BGHSt 51, 144 das Problem des Rügeverlusts bei Verstoß gegen zwingende Verfahrensvorschriften zwar thematisiert, aber mangels Erheblichkeit nicht entschieden wurde, wurde in den nachfolgenden Entscheidungen wieder auf die bisherige Rspr. verwiesen (BGHSt 55, 65 [67]; StV 2012, 202; NStZ-RR 2012, 212 [213]).

§ 239 Kreuzverhör

(1) [1]Die Vernehmung der von der Staatsanwaltschaft und dem Angeklagten benannten Zeugen und Sachverständigen ist der Staatsanwaltschaft und dem Verteidiger auf deren übereinstimmenden Antrag von dem Vorsitzenden zu überlassen. [2]Bei den von der Staatsanwaltschaft benannten Zeugen und Sachverständigen hat diese, bei den von dem Angeklagten benannten der Verteidiger in erster Reihe das Recht zur Vernehmung.

(2) Der Vorsitzende hat auch nach dieser Vernehmung die ihm zur weiteren Aufklärung der Sache erforderlich erscheinenden Fragen an die Zeugen und Sachverständigen zu richten.

Übersicht

1 **A. Allgemeines.** Nach der Vorschrift können StA und Verteidigung durch **übereinstimmenden Antrag** erreichen, dass ihnen der Vorsitzende, der gem. § 238 Abs. 1 grds. die Verhandlung leitet, die Vernehmung der von ihnen benannten Beweispersonen überlässt und nur im Anschluss daran weitere zur Sachaufklärung erforderliche Fragen stellt. Zweck der Regelung ist es, die Unparteilichkeit des Vorsitzenden zu stärken und den Einfluss der Aktenkenntnis auf die Führung der Verhandlung zu verringern (SK/*Frister* § 239 Rn. 2).

2 Die Regelung ist an das im angloamerikanischen Strafprozess praktizierte **Kreuzverhör** angelehnt. Die Parteien (Anklage bzw. Verteidigung), denen es dort obliegt, die Beweise zu sammeln und vor Gericht vorzubringen, können mit dem Kreuzverhör (cross-examination) den von einer Gegenpartei benannten und bereits vernommenen Zeugen befragen. Ziel ist es, den Zeugen zu einer für die eigene Partei günstigen Aussage zu bringen oder seine Glaubwürdigkeit in Zweifel zu ziehen.

3 Da die Hauptverhandlung der StPO inquisitorisch ausgestaltet ist, d.h. das Gericht den Sachverhalt von Amts wegen aufklärt (§ 244 Abs. 2), wird die Regelung des § 239 übereinstimmend als Fremdkörper angesehen (KMR/*Eschelbach* § 239 Rn. 2; KK/*Schneider* § 239 Rn. 1; a.A. MüKo-StPO/*Gaede* § 239 Rn. 3 ff.). Sie spielt in der gerichtlichen Praxis auch **keine Rolle** (*Burhoff*, Strafrechtliche Hauptverhandlung, Rn. 586). Zu einer möglichen Neugestaltung der Vorschrift Gerst StRR 2014, 204.

4 **B. Anwendungsbereich.** Nach überwiegender Ansicht ist das Kreuzverhör auch bei der **kommissarischen Vernehmung** zulässig, weil diese vorweggenommener Teil der Hauptverhandlung sei (SK/*Frister* § 239 Rn. 13; KK/*Schneider* § 239 Rn. 6, a.A. § 223 Rn. 1).

5 Bei der **audiovisuellen Zeugenvernehmung** (§ 247a) ist nach deren Anordnungsgrund zu differenzieren (SK/*Frister* § 239 Rn. 14). Wird sie zum Schutz des Zeugen durchgeführt (§ 247a Abs. 1 Satz 1 Hs. 1), ist das seiner Natur nach auf Konfrontation angelegte Kreuzverhör unzulässig. Bei Anordnung wegen Erscheinungshindernissen (§ 247a Abs. 1 Satz 1 Hs. 2) spricht nichts gegen das Kreuzverhör.

C. Voraussetzungen. I. Von der StA oder dem Angeklagten benannte Beweispersonen. Ins Kreuzverhör können nur Zeugen und Sachverständige genommen werden, nicht der Angeklagte. Es muss sich um Beweispersonen handeln, die von der Staatsanwalt oder dem Angeklagten benannt worden sind. Dazu zählen alle Zeugen und Sachverständige, die vom Antragsberechtigten selbst geladen (§§ 214 Abs. 3, 220) oder auf seine Anregung oder seinen Beweisantrag hin vom Gericht geladen wurden (KMR/*Eschelbach* § 239 Rn. 24; Meyer-Goßner/*Schmitt* § 239 Rn. 4). Bei Zeugen unter 18 Jahren ist das Kreuzverhör nicht zulässig (§ 241a Abs. 1). 6

II. Übereinstimmender Antrag. StA und Verteidiger müssen einen übereinstimmenden Antrag stellen, dem das Gericht selbst bei Widerspruch des Angeklagten stattgeben muss (KMR/*Eschelbach* § 239 Rn. 29). Der Antrag, der auf einzelne Beweispersonen beschränkt werden kann (Meyer-Goßner/*Schmitt* § 239 Rn. 5), ist vor der Vernehmung zu stellen. Während bereits laufender Vernehmung durch den Vorsitzenden kann nicht ins Kreuzverhör umgestiegen werden (LR/*Becker* § 239 Rn. 8). 7

Hat ein Angeklagter keinen Verteidiger, ist das Kreuzverhör unzulässig. Bei mehreren Verteidigern (§ 137 Abs. 1 Satz 2) müssen alle den Antrag stellen (KK/*Schneider* § 239 Rn. 5, Meyer-Goßner/*Schmitt* § 239 Rn. 4). Bei Verfahren mit mehreren Angeklagten, müssen alle Verteidiger dem Kreuzverhör zustimmen, wenn dessen Gegenstand auch ihren Mandanten betrifft (SK/*Frister* § 239 Rn. 5, KK/*Schneider* § 239 Rn. 3). Andere Verfahrensbeteiligte (insb. Neben- und Privatkläger) haben kein Antragsrecht (KK/*Schneider* § 239 Rn. 5). 8

D. Durchführung der Vernehmung. Vor der Vernehmung wird die Beweisperson vom Vorsitzenden belehrt und zu ihren Personalien befragt (§§ 57, 68). Dann überträgt der Vorsitzende das Vernehmungsrecht auf StA und Verteidiger. Mit der Befragung beginnt der Verfahrensbeteiligte, der die Beweisperson zuerst benannt hat (Abs. 1 Satz 2). Die Vorgabe des § 69 für Vernehmungen zur Sache gilt auch für das Kreuzverhör (SK/*Frister* § 239 Rn. 11; KK/*Schneider* § 239 Rn. 7). Zunächst wird daher im Zusammenhang berichtet (§ 69 Abs. 1 Satz 1), anschließend verhört (§ 69 Abs. 2). 9

Während des Kreuzverhörs kommt dem Vorsitzenden nur eine überwachende Funktion zu. Er kann demjenigen, der seine Befugnis zur Vernehmung missbraucht, das Fragerecht entziehen (§ 241 Abs. 1) und ungeeignete und nicht zur Sache gehörende Fragen zurückweisen (§ 241 Abs. 2). Dies kann auch vom Zeugen oder Sachverständigen beantragt werden. Bei Ablehnung kann ein Antrag nach § 238 Abs. 2 gestellt werden (Meyer-Goßner/*Schmitt* § 239 Rn. 7). 10

Nach Abschluss des Kreuzverhörs muss der Vorsitzende die ihm zur weiteren Aufklärung der Sache erforderlich erscheinenden Fragen an die Beweisperson richten (Abs. 2, § 244 Abs. 2). Danach können gem. § 240 Abs. 2 die übrigen Verfahrensbeteiligten Fragen stellen (SK/*Frister* § 239 Rn. 7). 11

E. Informelles Kreuzverhör. Nach allgemeiner Auffassung (SK/*Frister* § 239 Rn. 15; KMR/*Eschelbach* § 239 Rn. 22) kann der Vorsitzende bei Zweckmäßigkeit unabhängig von § 239 nach dem Zeugenbericht (§ 69 Abs. 1 Satz 1) bzw. dem Gutachtenserstattung den nach § 240 Abs. 2 Berechtigten das Fragerecht überlassen und ggf. ergänzende Nachfragen stellen (sog. **informelles Kreuzverhör**). 12

F. Rechtsbehelfe. StA und Verteidiger können gegen die unzulässige Anordnung oder Ablehnung des Antrags auf Durchführung des Kreuzverhörs einen Antrag gem. § 238 Abs. 2 stellen; die Beschwerde ist gem. § 305 Satz 1 unzulässig (KMR/*Eschelbach* § 239 Rn. 45). Die Beschwerde von Zeugen und Sachverständigen ist bei Verletzung eigener Rechte statthaft (§ 305 Satz 2). Bei unzulässiger Beschränkung des Kreuzverhörs durch den Vorsitzenden kommt (nach vorheriger Beanstandung gem. § 238 Abs. 2) die Revision nach § 338 Nr. 8 in Betracht (LR/*Becker* § 239 Rn. 11). 13

§ 240 Fragerecht

(1) Der Vorsitzende hat den beisitzenden Richtern auf Verlangen zu gestatten, Fragen an den Angeklagten, die Zeugen und die Sachverständigen zu stellen.

(2) [1]Dasselbe hat der Vorsitzende der Staatsanwaltschaft, dem Angeklagten und dem Verteidiger sowie den Schöffen zu gestatten. [2]Die unmittelbare Befragung eines Angeklagten durch einen Mitangeklagten ist unzulässig.

Übersicht

1 **A. Grundsätzliches und Regelungsgehalt.** Die Vorschrift steht im Dienst der Erforschung der materiellen Wahrheit, indem sie es allen Verfahrensbeteiligten gestattet, zur **Sachverhaltsaufklärung** Fragen zu stellen (KK-StPO/*Schneider* § 240 Rn. 1). Gleichzeitig trägt sie den Anforderungen des Art. 6 Abs. 3d EMRK Rechnung, wonach die Befragung von Belastungszeugen zu den Mindestrechten des Angeklagten gehört (LR/*Becker*§ 240 Rn. 5). Sie gilt auch bei kommissarischen Vernehmungen (BGHSt 9, 24 [27]). Für Zeugen unter 18 Jahren gilt § 241a als Sondervorschrift. Die Aufteilung der frageberechtigten Prozessbeteiligten auf die beiden Absätze erklärt sich aus dem systematischen Zusammenhang mit § 241 Abs. 2, wonach der Vorsitzende nur Fragen der nach Abs. 2 Berechtigten zurückweisen kann, nicht aber die Fragen der weiteren berufsrichterlichen Mitglieder des erkennenden Gerichts (LR/*Becker* § 240 Rn. 4).

2 **B. Frageberechtigte. I. Berufsrichter (Abs. 1).** Abs. 1 betrifft die **berufsrichterlichen Mitglieder** des erkennenden Gerichts unter Einschluss evtl. gem. § 192 Abs. 2 GVG hinzugezogener Ergänzungsrichter (RGSt 67, 276 [277]; SK-StPO/*Frister* § 240 Rn. 7).

3 **II. Übrige Verfahrensbeteiligte (Abs. 2).** Frageberechtigt nach **Abs. 2** sind die Schöffen einschließlich der gem. § 192 Abs. 2, 3 GVG hinzugezogenen Ergänzungsschöffen (RGSt 67, 276 [277]), der Staatsanwalt, der Verteidiger und der Angeklagte. Dessen Fragerecht ist unabhängig von dem seines Verteidigers (BGH [Pf/M] NStZ 1985, 205; KK-StPO/*Schneider* § 240 Rn. 6). Damit die Regelung in den §§ 142 Abs. 1 Nr. 3, Abs. 2, 145 Abs. 2 GVG nicht unterlaufen wird, hat der Amtsanwalt kein umfassendes Fragerecht in der Hauptverhandlung vor dem Landgericht (BGH NStZ 2012, 344; vgl. auch LR/*Franke* § 142 GVG Rn. 30).

4 **III. Sonstige Frageberechtigte. 1. Kraft Gesetzes.** Die **Aufzählung der Frageberechtigten** nach § 240 ist **nicht abschließend** (BGH NJW 1969, 437 [438]). Verweise in anderen gesetzlichen Vorschriften erweitern diesen Kreis. Danach sind auch frageberechtigt der Privatkläger (§ 385 Abs. 1), der Nebenkläger (§ 397 Abs. 1 Satz 3), der gesetzliche Vertreter und Erziehungsberechtigte eines Jugendlichen (§ 67 Abs. 1 JGG), der Beistand im Jugendstrafverfahren (§ 69 Abs. 3 JGG), der Verfalls- und Einziehungsbeteiligte (§§ 433 Abs. 1, 442 Abs. 1), der Vertreter einer bußgeldbeteiligten juristischen Person oder Personenvereinigung (§ 444 Abs. 2 Satz 2) sowie der Vertreter der Finanzbehörde (§ 407 Abs. 1 Satz 5 AO). Inhalt und Umfang des Fragerechts eines Sachverständigen ergeben sich aus § 80 Abs. 2. Nach überwiegender Ansicht ergibt sich aus dem Anhörungsrecht des Beistandes und des gesetzlichen Vertreters des Angeklagten (§ 149 Abs. 1 Satz 1, Abs. 2) auch dessen Fragerecht (BGHSt 44, 82 [86]; 47, 62 [64]; LR/*Becker* § 240 Rn. 8; KK-StPO/*Schneider* § 240 Rn. 3; anders beim Beistand nach § 406f und § 406g). Die dagegen im Schrifttum unter Hinweis auf den Unterschied zwischen einem Anhörungs- und einem Fragerecht erhobenen Bedenken (SK-StPO/*Frister* § 240 Rn. 9 m.w.N.) sind nicht von der Hand zu weisen.

5 **2. Sonstige.** Der Vorsitzende kann im Rahmen seiner **Sachleitungsbefugnis** auch Fragen von Verfahrensbeteiligten zulassen, die **kein eigenes Fragerecht** haben, sofern dies der Sachaufklärung dient (BGHSt 47, 62 [64]; BGH NStZ 2005, 222 m.Anm. *Ventzke* NStZ 2005, 396; allg.M.; vgl. nur OK-StPO/*Gorf* § 240 Rn. 4). Die Befragung eines Zeugen durch einen anderen wird ausnahmsweise für zulässig gehalten (Meyer-Goßner/*Schmitt* § 240 Rn. 3), sollte aber tatsächlich auf absolute Ausnahmefälle beschränkt bleiben.

6 **C. Ausübung des Fragerechts. I. Form.** Die Ausübung des Fragerechts besteht der Form nach darin, die Auskunftsperson durch das Stellen von Fragen oder durch Vorhalte zu einer **Erklärung bestimmter Tatsachen** zu veranlassen; die Abgabe von Erklärungen seitens des Fragenden ist ebenso wenig gestattet (vgl. dazu §§ 257, 258) wie die Veranlassung der Auskunftsperson zur Abgabe einer zusammenhängenden Schilderung (KK-StPO/*Schneider* § 240 Rn. 5). Letzteres steht gem. § 69 Abs. 1 Satz 1 nur dem Vorsitzenden zu. Vorhalte sind auch aus dem erkennenden Gericht unbekannten Urkunden statthaft (HK-StPO/*Julius* § 240 Rn. 6),

7 **II. Unmittelbarkeit der Befragung.** Hat der Vorsitzende dem Frageberechtigten das Wort erteilt, hat dieser Anspruch darauf, dass er seine Frage(n) dann **unmittelbar und ohne Einschaltung des Gerichts** an die Auskunftsperson richten kann. Eine Befugnis des Vorsitzenden, den Inhalt der beabsichtigten Fragen vor der Vernehmung des Zeugen bzw. des Sachverständigen zu erfahren, besteht regelmäßig nicht (RGSt 18, 365 [366]; LR/*Becker* § 240 Rn. 14). Er kann die Befragung auch nicht von bestimmten Umständen abhängig

machen, etwa der Vorlegung einer Urkunde, auf die sich eine Frage inhaltlich bezieht (BGHSt 16, 67 [69] m.Anm. *Eb. Schmidt* JR 1961, 429; LR/*Becker* § 240 Rn. 14). Vielmehr ist er auf die Wahrnehmung seiner Befugnisse aus § 241 Abs. 2 angewiesen, ungeeignete oder nicht zur Sache gehörende Fragen zurückzuweisen (Meyer-Goßner/*Schmitt* § 240 Rn. 9).

III. Befragung von Mitangeklagten. Die unmittelbare Befragung eines Angeklagten durch einen Mitangeklagten ist **ausnahmslos unzulässig**; dieses Verbot, dass der Vorsitzende auch in ihm geeignet erscheinenden Ausnahmefällen nicht durchbrechen kann (Meyer-Goßner/*Schmitt* § 240 Rn. 10), begegnet keinen verfassungsrechtlichen Bedenken (BVerfG NJW 1996, 3408; vgl. BVerfGE 53, 207 [215] für den Fall, dass der Angeklagte selbst RA ist) und ist sinnvoll, da eine gegenseitige Befragung der Angeklagten untereinander zu **Konfrontationen** führen kann, die der Sachaufklärung nicht dienlich sind (SK-StPO/*Frister* § 240 Rn. 15). Daher müssen Mitangeklagte entsprechende Fragen mittelbar über den Vorsitzenden stellen, womit den verfassungsrechtlichen Geboten des fairen Verfahrens und des rechtlichen Gehörs ebenso genügt wird wie den Gewährleistungen der EMRK (BVerfG NJW 1996, 3408; BGH NStZ-RR 1996, 334; *Frister* a.a.O.). 8

IV. Zeitpunkt der Ausübung des Fragerechts. Es liegt **im Ermessen des Vorsitzenden**, wann er den anderen Verfahrensbeteiligten die Ausübung des Fragerechts gestattet. Das ergibt sich aus § 238 Abs. 1, wonach er zunächst selbst i.R.d. Durchführung der Beweisaufnahme die Zeugen und Sachverständigen im Zusammenhang vornehmen muss (BGHSt 16, 67 [70]; Meyer-Goßner/*Schmitt* § 240 Rn. 6; KK-StPO/*Schneider* § 240 Rn. 8). Solange kann er Fragen der anderen Frageberechtigen zurückweisen; ob er Ausnahmen zulässt, liegt in seinem Ermessen (Meyer-Goßner/*Schmitt* § 240 Rn. 6). Sein Recht zur Leitung der Verhandlung beinhaltet auch die Befugnis zu entscheiden, wann und in welcher Reihenfolge er den Verfahrensbeteiligten das Wort erteilt (zur in der Praxis üblichen Reihenfolge HK-StPO/*Julius* § 240 Rn. 5); für die Ausübung seines Ermessens sind allein Gründe der Zweckmäßigkeit unter Beachtung des Grundsatzes der Amtsaufklärung maßgebend und können Abweichungen in jeder Hinsicht rechtfertigen (LR/*Becker* § 240 Rn. 12; HK-StPO/*Julius* § 240 Rn. 5). Hat er einem Berechtigten das Wort zur Befragung erteilt, entspricht es ständiger Praxis, diesem die Befragung insgesamt ohne Unterbrechung durch den Vorsitzenden oder andere Prozessbeteiligte durchführen zu lassen; einen Anspruch darauf hat dieser jedoch nicht (BGH NStZ 1995, 143; ähnlich KK-StPO/*Schneider* § 240 Rn. 8). Besteht ein sachlicher Grund, kann der Vorsitzende die Befragung ausnahmsweise unterbrechen und dem Betreffenden das Wort zu deren Fortsetzung später wieder erteilen (BGH a.a.O.; LR/*Becker* § 240 Rn. 17; zweifelnd *Schneider* a.a.O.; dagegen SK-StPO/*Frister* § 240 Rn. 13). Das Recht zur Befragung eines Zeugen oder Sachverständigen besteht vom Beginn seiner Vernehmung bis zu seiner förmlichen Entlassung. Die Frageberechtigten sind daher vor Entlassung zu hören, damit ihr Recht zur Befragung nicht verletzt wird (BGHSt 15, 161 [163]; BGH StV 1985, 355; StV 1996, 248; OLG Stuttgart NStZ 1994, 600; LR/*Becker* § 240 Rn. 13). 9

V. Eingreifen des Vorsitzenden. In die Befragung durch einen Prozessbeteiligten kann der Vorsitzende regelmäßig nur unter den Voraussetzungen des § 241 Abs. 2 eingreifen (*Radtke/Hohmann/Britz* § 240 Rn. 15). Ansonsten kann er den Fragenden, solange dieser sich prozessordnungsgemäß verhält, nicht unterbrechen, er kann das Fragerecht auch nicht wieder an sich ziehen oder Zwischenfragen anderer Beteiligter zulassen, es sei denn, der ursprüngliche Inhaber des Rechts zur Befragung stimmt dem zu (OLG Hamm StV 1993, 462; zu Ausnahmen bei einem dringenden sachlichen Grund s.o. Rn. 9). 10

D. Hauptverhandlungsprotokoll. Bei der Ausübung des Fragerechts und dessen Gewährung durch den Vorsitzenden handelt es sich **nicht um wesentliche Förmlichkeiten** i.S.d. § 273 Abs. 1 (LR/*Becker* § 240 Rn. 19). Eine Ausnahme besteht lediglich in dem Fall des § 273 Abs. 3 Satz 1. 11

E. Rechtsbehelfe. Wird das **Fragerecht beschnitten**, indem der Vorsitzende den Zeugen oder Sachverständigen entlässt, muss der davon betroffene Frageberechtigte eine Entscheidung des Gerichts (§ 238 Abs. 2) herbeiführen, auch um einen daraus erwachsenen Verfahrensfehler im Revisionsverfahren in zulässiger Weise rügen zu können (BGH StV 1985, 355; 1996, 248). Gleiches gilt bei fehlerhafter Beurteilung der Frageberechtigung (BGH NJW 2007, 377 m. abl. Anm. *Ventzke*; BGH NStZ 2005, 396). Wegen der weiteren Einzelheiten zu Beschwerde und Revision im Zusammenhang mit der Gewährung und Ausübung des Fragerechts wird auf die Erläuterungen zu § 241 verwiesen (Rdn. 14 f.). 12

§ 241 Zurückweisung von Fragen durch den Vorsitzenden

(1) Dem, welcher in den Fällen des § 239 Abs. 1 die Befugnis der Vernehmung missbraucht, kann sie vom Vorsitzenden entzogen werden.

(2) In den Fällen des § 239 Abs. 1 und des § 240 Abs. 2 kann der Vorsitzende ungeeignete oder nicht zur Sache gehörende Fragen zurückweisen.

Übersicht

1 **A. Grundsätzliches und Regelungsgehalt.** Die Strafprozessordnung sieht in verschiedenen Vorschriften eine **Einschränkung des Fragerechts** der Verfahrensbeteiligten vor. Während § 68a das Fragerecht zum Schutz der Persönlichkeitsrechte des Zeugen begrenzt, steht bei § 241 die Gewährleistung der Durchsetzung des Verfahrensrechts und damit die **Sicherung der Wahrheitsfindung** im Vordergrund (BGH NJW 2005, 1519; NStZ 1990, 400; OLG Koblenz wistra 1983, 42; LR/*Ignor/Bertheau* § 68a Rn. 1; LR/*Becker* § 241 Rn. 1; tendenziell a.A. KK-StPO/*Schneider* § 241 Rn. 1 [nur Schutz vor unzulässigen Fragen); unklar HK-StPO/*Julius* § 241 Rn. 1). Da das Fragerecht zu den essenziellen Rechten der Prozessbeteiligten gehört (vgl. BGH NStZ 1981, 71), wird zu Recht eine zurückhaltende Handhabung v.a. des Abs. 2 angemahnt (HK-StPO/*Julius* § 241 Rn. 1; KK-StPO/*Schneider* § 241 Rn. 1).

2 **B. Missbrauch des Kreuzverhörs (Abs. 1). I. Missbrauch.** Abs. 1 gehört zum Kreis derjenigen Vorschriften, die, wie etwa auch der Ablehnungsgrund der Prozessverschleppung im Beweisantragsrecht (§ 244 Abs. 3 Satz 2), die **missbräuchliche Wahrnehmung von Verfahrensrechten sanktioniert** (KK-StPO/*Schneider* § 241 Rn. 2). Ein Missbrauch der Befugnis zum Kreuzverhör i.S.d. – in der Praxis nicht sehr bedeutsamen (KK-StPO/*Schneider* § 241 Rn. 2) – Abs. 1 ist immer dann anzunehmen, wenn **die Befragung** nach Inhalt und/oder Form **die Wahrheitsfindung behindert**. Ein solcher Fall wird insb. dann anzunehmen sein, wenn die Art der Befragung darauf ausgerichtet ist, die Persönlichkeitsrechte der Auskunftsperson zu verletzen, etwa durch Einschüchterung, oder wenn die Befragung insgesamt zu verfahrensfremden, bspw. zu politischen Zwecken genutzt wird (Meyer-Goßner/*Schmitt* § 241 Rn. 2; KK-StPO/*Schneider* § 241 Rn. 2; *Kröpil* JR 1997, 315). Zutreffend wird angenommen, dass dem Begriff des Missbrauchs ein Element der Dauer immanent ist, weshalb einzelne unzulässige Fragen die Annahme der missbräuchlichen Ausübung des Rechts in § 239 Abs. 1 regelmäßig nicht rechtfertigen können (LR/*Becker* § 241 Rn. 2; KK-StPO/*Schneider* § 241 Rn. 2).

3 **II. Wirkung der Entziehung. 1. Allgemeines.** Die **Entziehung der Befugnis zum Kreuzverhör** erfolgt durch den Vorsitzenden und stellt **eine auf die Sachleitung bezügliche Anordnung** i.S.d. § 238 Abs. 1 dar (LR/*Becker* § 241 Rn. 3). Schon aus Gründen der Verhältnismäßigkeit und mit Rücksicht auf die Bedeutung des Fragerechts sollte die Maßnahme zunächst angekündigt werden, damit der Fragende Gelegenheit hat, sich auf die drohende Maßnahme einzustellen (SK-StPO/*Frister* § 241 Rn. 4 spricht insoweit von »Abmahnung«; ebenso KK-StPO/*Schneider* § 241 Rn. 3). Je nach Schwere des Missbrauchs kann sich die Befugnis zum Entzug des Fragrechts zu einer Pflicht zum Einschreiten verdichten (vgl. *Granderath* MDR 1983, 799; Meyer-Goßner/*Schmitt* § 241 Rn. 3).

4 **2. Fragerecht gem. § 240 Abs. 2.** Die Anordnung des Vorsitzenden nach Abs. 1 **trifft nur denjenigen, der das Recht zum Kreuzverhör missbraucht.** Hat ein Angeklagter zwei Verteidiger, kann der von der Anordnung nicht betroffene das Kreuzverhör fortsetzen (LR/*Becker* § 241 Rn. 4). Der herrschenden Auffassung, wonach die Entziehung des Rechts zur Fortsetzung des Kreuzverhörs das Fragerecht nach § 240 Abs. 2 Satz 1 unberührt lässt (Meyer-Goßner/*Schmitt* § 241 Rn. 4; LR/*Becker* § 241 Rn. 4; OK-StPO/*Gorf* § 241 Rn. 3; einschränkend SK-StPO/*Frister* § 241 Rn. 6; a.A. KK-StPO/*Schneider* § 241 Rn. 4), ist schon mit Blick auf den eindeutigen Wortlaut der Vorschrift beizupflichten. Da es dem Vorsitzenden bei der Fort-

setzung der Befragung außerhalb des Kreuzverhörs unbenommen bleibt, Fragen nach Abs. 2 zurückzuweisen, sind die Meinungsunterschiede von lediglich akademischem Interesse.

C. Zurückweisung von Fragen (Abs. 2). I. Allgemeines. Nach Abs. 2 kann der Vorsitzende ungeeignete und nicht zur Sache gehörende Fragen von Amts wegen oder auf Anregung eines Prozessbeteiligten **im Rahmen seiner Sachleitungsbefugnis zurückweisen.** Angesichts der sprachlichen Fassung können sich beide Zurückweisungsgründe im Einzelfall überschneiden, bezogen auf die jeweilige Frage also nicht nur alternativ, sondern auch kumulativ vorliegen (vgl. LR/*Becker* § 241 Rn. 6). Die Befugnis des Vorsitzenden erstreckt sich jedoch nur auf die Fragen der von § 240 Abs. 2 erfassten Verfahrensbeteiligten; hat der Vorsitzende Bedenken gegen die Zulässigkeit der Frage eines beisitzenden Richters, muss er gem. § 242 verfahren und einen entsprechenden Gerichtsbeschluss herbeiführen (LR/*Becker* § 241 Rn. 5). Entsprechendes gilt, wenn eine Frage des Vorsitzenden als ungeeignet oder nicht zur Sache gehörend beanstandet wird (SK-StPO/*Frister* § 241 Rn. 9). 5

II. Ungeeignete Fragen. Ungeeignete Frage sind nach der ständigen obergerichtlichen Rspr. solche, die die **Wahrheitsermittlung nicht oder nicht in zulässiger Weise fördern können** (BGHSt 13, 252 [254]; 21, 334 [360]; 50, 318 [330]; SK-StPO/*Frister* § 241 Rn. 10). Herkömmlich werden Fragen, die aus tatsächlichen Gründen ungeeignet sind, von solchen, die sich aus Rechtsgründen als ungeeignet erweisen, unterschieden (KK-StPO/*Schneider* § 241 Rn. 8 ff., 11 ff.). Für die Anwendbarkeit der Vorschrift ist mit dieser Unterscheidung im Hinblick auf die einleitenden Ausführungen (Rn. 1) nicht viel gewonnen (ähnlich LR/*Becker* § 241 Rn. 7). Dass Suggestivfragen, regelmäßig auch Wiederholungsfragen und solche, die den Zeugen ersichtlich nur verwirren sollen, **aus tatsächlichen Gründen** die Wahrheitsfindung nicht weiter bringen, liegt auf der Hand (dazu OK-StPO/*Gorf* § 241 Rn. 6 ff.). **Aus Rechtsgründen** ungeeignet sind all jene Fragen, die im Hinblick auf andere strafprozessuale Bestimmungen, etwa Zeugnis- oder Auskunftsverweigerungsrechte, nicht gestellt werden dürfen (BGH St 50, 318 [321 f.]; BGH NStZ 1986, 181; LR/*Becker* § 241 Rn. 17). Dazu gehören aber auch Fragen nach dem Wohnort eines Zeugen in den Fällen des § 68 Abs. 2 und 3, nicht unerlässliche Fragen i.S.d. § 68a (vgl. aber BGH NStZ 1990, 400; OLG Koblenz wistra 1983, 42), Fragen an einen Richter, bei deren Beantwortung er gegen das Beratungsgeheimnis verstoßen würde sowie solche, für deren Beantwortung die gem. § 54 erforderliche Aussagegenehmigung nicht vorliegt (OK-StPO/*Gorf* § 241 Rn. 10.2). 6

III. Nicht zur Sache gehörende Fragen. Eine Frage gehört dann nicht zur Sache, wenn sie sich **weder unmittelbar noch mittelbar auf den Gegenstand der Untersuchung bezieht** (st. Rspr.; vgl. BGHSt 2, 284 [287]; BGH NStZ 1985, 183; vgl. auch KK-StPO/*Schneider* § 241 Rn. 7). Der Begriff des fehlenden Sachbezugs ist nicht gleichzusetzen mit dem (weiter gefassten) Begriff der Bedeutungslosigkeit einer Beweistatsache, die gem. § 244 Abs. 3 Satz 2 zur Zurückweisung eines entsprechenden Beweisantrags berechtigen kann (BGHSt 2, 284 [288]; BGH StV 1984, 60; ausführlich LR/*Becker* § 241 Rn. 10 f.). Darauf, dass die Frage nach Auffassung des erkennenden Richters erheblich ist, kommt es nicht an; dieses Urteil kann erst unter Berücksichtigung der jeweiligen Antwort abgegeben werden (BGH StV 1984, 60; NStZ 1985, 183). Geht es um die Überprüfung der Glaubwürdigkeit eines Zeugen und der Glaubhaftigkeit seiner Bekundungen, ist der Kreis der (noch) zur Sache gehörenden und damit der zulässigen Fragen besonders weit zu ziehen: Besteht zwischen dem Fragegegenstand und dem Tatvorwurf ein enger Zusammenhang und ist die Möglichkeit gegeben, aus der Antwort des Zeugen indizielle Rückschlüsse auf die Glaubhaftigkeit seiner belastenden Angaben zu ziehen, kann die Frage regelmäßig nicht zurückgewiesen werden (BGHR StPO § 241 Abs. 2 Zurückweisung 15; vgl. auch BGH NStZ 2001, 418). Geht es um die Glaubwürdigkeit von wichtigen Belastungszeugen, hat die Wahrung ihrer Persönlichkeitsrechte – in Grenzen (vgl. BGH NStZ-RR 2001, 138) – hinter der Pflicht zur Wahrheitsermittlung zurückzustehen (BGH NStZ 1990, 400; NStZ 1982, 170). 7

IV. Verfahren und Wirkung der Zurückweisung. 1. Verfahren. Die Entscheidung des Vorsitzenden, eine Frage zurückzuweisen, ergeht als prozessleitende Anordnung von Amts wegen oder auf Antrag eines Prozessbeteiligten nach pflichtgemäßem Ermessen und erfasst regelmäßig eine einzelne, bereits gestellte Frage (LR/*Becker* § 241 Rn. 22). Die vorherige Mitteilung einer beabsichtigten Frage kann er regelmäßig (zu Ausnahmen Rdn. 11) nicht verlangen (BGH NStZ 1983, 421). Nimmt er sein Rechts zur Zurückweisung trotz Vorliegens der Voraussetzungen nicht wahr, trifft den Vorsitzenden ein Mitverschulden an der rechtswidrigen Ausübung des Fragerechts. Ergeben sich in einem solchen Fall im weiteren Verlauf der Hauptverhandlung Spannungen zwischen Gericht und Verteidigung, kann das Untätigbleiben des Vorsitzenden für die Entscheidung über einen Ablehnungsantrag von erheblicher Bedeutung sein (BGH NStZ 2005, 218). 8

9 **2. Begründung.** Obwohl für die Anordnung des Vorsitzenden § 34 nicht gilt, ist eine kurze Mitteilung der für die Zurückweisung maßgeblichen Erwägungen geboten (LR/*Becker* § 241 Rn. 22; Meyer-Goßner/*Schmitt* § 241 Rn. 17). Sie kann entbehrlich sein, wenn der Vorsitzende vor der Zurückweisung bereits hinreichend ausführlich auf seine Bedenken gegen eine Frage hingewiesen hat oder diese für alle Verfahrensbeteiligten auf der Hand liegt. Jedenfalls der nach § 238 Abs. 2 ergehende Beschluss ist so zu begründen, dass der davon betroffene Verfahrensbeteiligte sein weiteres Verhalten darauf einrichten kann und die revisionsgerichtliche Nachprüfung gewährleistet ist (BGH NStZ-RR 2001, 138; BGHR StPO § 241 Abs. 2 Zurückweisung 3). Die Zurückweisung einer Frage an einen Sachverständigen etwa mit der Begründung, diese sei für das Verfahren ohne Bedeutung, reicht nicht aus (BGHR StPO § 241 Abs. 2 Zurückweisung 8).

10 **3. Wirkung. a) Allgemeines.** Die Zurückweisung bewirkt, dass die Auskunftsperson die gestellte Frage nicht zu beantworten braucht und die Frage auch später nicht erneut gestellt werden darf (LR/*Becker* § 241 Rn. 23). Ist die Antwort bereits – vorschnell – erfolgt, wird sie nicht Bestandteil des Bekundungen des Zeugen bzw. Sachverständigen und darf auch nicht verwertet werden; eine Bestrafung nach §§ 153, 154 StGB ist insoweit ebenfalls nicht zulässig (BGH bei *Dallinger* MDR 1953, 401; SK-StPO/*Frister* § 241 Rn. 23; vgl. auch SSW-StGB/*Sinn* § 153 Rn. 30).

11 **b) Abschnittsweise Entziehung.** Die Zurückweisung nach Abs. 2 bezieht sich auf die einzelne Frage; eine weitergehende **Entziehung des Fragerechts insgesamt** wird zu Recht **nicht** als **zulässig** angesehen (Meyer-Goßner/*Schmitt* § 241 Rn. 6; SK-StPO/*Frister* § 241 Rn. 25; KK-StPO/*Schneider* § 241 Rn. 16). Wird jedoch im Lauf der Befragung ersichtlich, dass der Fragende keine zulässigen Fragen mehr stellen kann oder will, kann ihm in dem betreffenden Zusammenhang, etwa für einen bestimmten Abschnitt des Beweisthemas oder für einen einzelnen Fragenkomplex, **ausnahmsweise** das Fragerecht entzogen werden, was regelmäßig in einem Beschluss zu begründen sein wird (BGHSt 13, 252 [254]; 21, 334 [360]; 48, 372 [373]; OLG Karlsruhe JZ 1978, 35 [36]; Meyer-Goßner/*Schmitt* § 241 Rn. 6; KK-StPO/*Schneider* § 241 Rn. 18; teilw. enger LR/*Becker* § 241 Rn. 24; zur Notwendigkeit einer Begründung *Frister* StV 1994, 452). Ob der Vorsitzende, der sich bei seiner Entscheidung streng am **Grundsatz der Verhältnismäßigkeit** zu orientieren hat, bei einem **nachhaltigen Missbrauch des Fragerechts** stattdessen eine vorherige schriftliche Vorlage weiterer Fragen anordnet oder dem Inhaber des Fragerechts aufgibt, weitere Fragen nur noch über den Verteidiger oder Nebenklägervertreter zu stellen, um eine **Verletzung des Persönlichkeitsrechts des Zeugen** zu unterbinden, (vgl. SK-StPO/*Frister* § 241 Rn. 25; *Radtke/Hohmann/Britz* § 241 Rn. 16), liegt in seinem pflichtgemäßen Ermessen.

12 **D. Hauptverhandlungsprotokoll.** Die Protokollierung einer auf der Grundlage der Vorschrift erfolgten Beschränkung des Fragerechts ist nur dann erforderlich, wenn der davon Betroffene die **Anordnung des Vorsitzenden gem. § 238 Abs. 2** beanstandet hat (OK-StPO/*Gorf* § 241 Rn. 16; a.A. SK-StPO/*Frister* § 241 Rn. 28 [Protokollierung immer erforderlich]). Der dazu ergangene Gerichtsbeschluss bedarf ebenso der Protokollierung (Meyer-Goßner/*Schmitt* § 241 Rn. 18).

13 **E. Rechtsbehelfe. I. Allgemeines.** Die Zulässigkeit einer auf die Verletzung von § 241 gestützten verfahrensrechtlichen Beanstandung im Revisionsverfahren setzt voraus, dass der Revisionsführer in der Hauptverhandlung gem. § 238 Abs. 2 eine **Entscheidung des Gerichts** herbeigeführt hat (BGH NStZ 2005, 222).

14 **II. Beschwerde.** Die Zulassung einer als unzulässig angesehenen Frage kann der jeweilige Zeugen oder Sachverständige **als Drittbetroffener gem. § 305 Satz 2** mit der Beschwerde anfechten; der Rechtsbehelf hat keine aufschiebende Wirkung. Für alle weiteren Fallkonstellationen ist die **Beschwerde ausgeschlossen** (§ 305 Satz 1). Die Beschwerdeentscheidung bindet den Tatrichter, aber nicht das Revisionsgericht (BGHSt 21, 334 [359 f.]; LR/*Becker* § 241 Rn. 30).

15 **III. Revision. 1. Allgemeines.** Eine Verletzung von § 241 kann einen **Revisionsgrund i.S.d. §§ 336, 337** darstellen. Der Angeklagte kann den Entzug des Fragerechts nach Abs. 1 oder die Zurückweisung einer Frage nach Abs. 2 auch **unter dem Gesichtspunkt des § 338 Nr. 8** geltend machen (BGHR StPO § 241 Abs. 2 Zurückweisung 8). Insoweit kann auch eine unzureichende Beschlussbegründung gerügt werden (BGH StV 1990, 199; BGHR StPO § 241 Abs. 2 Zurückweisung 8), ebenso, dass die Entscheidung über die Beanstandung einer Frage versehentlich unterblieben ist (LR/*Becker* § 241 Rn. 33; zur Beschwer durch Zurückweisung der Frage eines Mitangeklagten BGH NStZ 1991, 228). Nicht selten wird die Zurückweisung einer Frage zum Anlass für einen **Ablehnungsantrag** genommen, dessen Zurückweisung im Revisionsverfahren gem. **§ 338 Nr. 3** gerügt werden kann (vgl. BGH NStZ 2005, 218; NStZ 2000, 325).

2. Revisionsvorbringen. Um den Anforderungen des § 344 Abs. 2 Satz 2 in Fällen der vorliegenden Art zu genügen, empfiehlt es sich, dem Revisionsgericht eine möglichst geschlossene Schilderung des Ablaufs des entscheidungserheblichen Teils der Hauptverhandlung vorzutragen (vgl. BGH NStZ-RR 2002, 270; NStZ 2000, 325 zu den Anforderungen einer Rüge nach § 338 Nr. 3). 16

§ 241a Vernehmung von Zeugen durch den Vorsitzenden

(1) Die Vernehmung von Zeugen unter 18 Jahren wird allein von dem Vorsitzenden durchgeführt.

(2) [1]Die in § 240 Abs. 1 und Abs. 2 Satz 1 bezeichneten Personen können verlangen, dass der Vorsitzende den Zeugen weitere Fragen stellt. [2]Der Vorsitzende kann diesen Personen eine unmittelbare Befragung der Zeugen gestatten, wenn nach pflichtgemäßem Ermessen ein Nachteil für das Wohl der Zeugen nicht zu befürchten ist.

(3) § 241 Abs. 2 gilt entsprechend.

Übersicht

A. Grundsätzliches und Regelungsgehalt. Die Befragung kindlicher und jugendlicher Zeugen geht für diese erfahrungsgemäß mit **erheblichen psychischen Belastungen** einher. Zweck der Vorschrift ist es, diese Belastungen möglichst gering zu halten (vgl. BGH StV 2002, 635). Eine ausnahmsweise allein vom Vorsitzenden durchgeführte Vernehmung bietet den besten Schutz vor unsachgemäßen Fragen und einer aggressiven Befragung (vgl. BGH NStZ 1994, 354; Meyer-Goßner/*Schmitt* § 241a Rn. 2; skeptisch *Gerst* in Gerst, Zeugen in der Hauptverhandlung, 2016, § 241a Rn. 2 ff.). Durch Art. 1 Nr. 35 des 2. Opferrechtsreformgesetzes wurde 2009 das **Schutzalter auf 18 Jahre erhöht**. Das Recht des Sachverständigen, gem. § 80 Abs. 2 einem Zeugen unmittelbar Fragen zu stellen, wird zwar von der Vorschrift grds. nicht berührt, weil dessen Befragung kein Teil der Vernehmung ist (Meyer-Goßner/*Schmitt* § 241a Rn. 2; *Meier* JZ 1991, 638 [645]); nach zutreffender Ansicht ist aber auch insoweit der Schutzzweck des § 241a zu beachten (KK-StPO/*Schneider* § 241a Rn. 3). Die Vorschrift gilt bei der audiovisuellen Vernehmung nach § 247a und im Ermittlungsverfahren (§ 168e Satz 4; Einzelheiten zu den dort teilw. streitigen Fragen bei LR/*Erb* § 168c Rn. 34 und SK-StPO/*Frister* § 241a Rn. 6) entsprechend. 1

B. Alleinige Vernehmung durch den Vorsitzenden (Abs. 1). Indem die Bestimmung das **Recht zur unmittelbaren Befragung minderjähriger Zeugen ausnahmsweise allein dem Vorsitzenden** überträgt, wird das für die Verfahrensbeteiligten aus § 240 folgende Recht der unmittelbaren Zeugenbefragung – abgesehen von der Rückausnahme des § 241a Abs. 2 – vollständig ausgeschlossen. Da der minderjährige Zeuge nur einem Gesprächspartner gegenüberstehen soll, ist es nicht zulässig, seine Befragung einem anderen Mitglied des erkennenden Gerichts zu übertragen (OK-StPO/*Gorf* § 241a Rn. 1). Das Recht des Vorsitzenden zur alleinigen Befragung umfasst auch die Befragung der Eltern des Zeugen zu dessen Personalien; hierin ist keine eigenständige Vernehmung zu sehen, sondern ein Behelf i.R.d. Vernehmung nach Abs. 1 (BGH NStZ 1994, 354). Auch die **Form der Vernehmung** kann der Vorsitzende **nach pflichtgemäßem Ermessen** gestalten (LR/*Becker* § 241a Rn. 4). 2

C. Ausnahmen (Abs. 2). I. Mittelbares Fragrecht (Satz 1). 1. Zeitpunkt. Schon der Wortlaut des Satzes 1 »weitere Fragen« deutet darauf hin, dass das Recht der mittelbaren Befragung erst dann besteht, wenn der Vorsitzende seine eigene, unmittelbare Befragung beendet hat (KK-StPO/*Schneider* § 241a Rn. 4). Dass dies die allein praktikable Verfahrensweise ist, liegt i.Ü. auf der Hand. 3

2. Form. Sofern der Vorsitzende die bei einer mittelbaren Zeugenvernehmung gestellte Frage nicht nach Abs. 3 zurückweist, muss er ihren **Inhalt sinngemäß** an die minderjährige Beweisperson **weiter geben**. Er ist also nicht gehindert, sie – nach pflichtgemäßem Ermessen – dem Wortlaut nach zu verändern, etwa um sie der Auffassungsgabe des jeweiligen Zeugen besser anzupassen, oder sie in verschiedene Fragen aufzuspalten (allg.M.; vgl. SK-StPO/*Frister* § 241a Rn. 9; *Laubenthal/Nevermann-Jaskolla* JA 2005, 294 [297]). Beharrt der Fragesteller nach Beantwortung der sinngemäß gestellten Frage auf einer wortgetreuen Weitergabe, kann der 4

Vorsitzende dies nach Abs. 3 in entsprechender Anwendung von § 241 Abs. 2 als ungeeignet zurückweisen (KK-StPO/*Schneider* § 241a Rn. 4 m.w.N.; *Radtke/Hohmann/Britz* § 241 Rn. 11).

5 **II. Unmittelbare Befragung (Satz 2).** Die unter den Voraussetzungen des Satzes 2 den dort erwähnten Personen gewährte Möglichkeit der unmittelbaren Befragung kann der Vorsitzende **jederzeit widerrufen**; er entscheidet bei Gewährung und Entzug dieses Rechts auf der Grundlage eines Beurteilungsspielraums (vgl. MüKo-StPO/*Gaede* § 241a Rn. 11; KK-StPO/*Schneider* § 241a Rn. 6). Ein Anspruch auf unmittelbare Befragung besteht selbst dann nicht, wenn eine Gefährdung des Wohls des Zeugen nicht zu besorgen ist (SK-StPO/*Frister* Rn. 10; *Radtke/Hohmann/Britz* § 241 Rn. 8). Umstritten ist, ob der Vorsitzende die unmittelbare Befragung auch anderen als den in § 240 Abs. 1, 2 Satz 1 genannten Frageberechtigten gestatten kann (bejahend LR/*Becker* § 241a Rn. 10; SK-StPO/*Frister* § 241a Rn. 12; einschränkend HK-StPO/*Julius* § 241a Rn. 7 [bei allseitigem Einverständnis]; verneinend Meyer-Goßner/*Schmitt* § 241a Rn. 5; KK-StPO/*Schneider* § 241a Rn. 7). Die Frage ist unter Berücksichtigung des Wortlauts der Vorschrift und im Hinblick auf das Regel-Ausnahme-Verhältnis zwischen Abs. 1 und 2 zu verneinen. Welchem der in Abs. 2 Satz 1 in Bezug genommenen Prozessbeteiligten der Vorsitzende ausnahmsweise die unmittelbare Befragung gestattet, hat er vor dem Hintergrund des Schutzzwecks der Vorschrift unter Berücksichtigung der Grundsätze der **Gleichbehandlung und der Verfahrensfairness** nach den Umständen des einzelnen Falles zu entscheiden (KK-StPO/*Schneider* § 241a Rn. 6). Da dies auch auf eine unterschiedliche Behandlung mehrerer Fragesteller hinauslaufen kann (Einzelheiten bei LR/*Becker* § 241a Rn. 7), bietet die Handhabung der Vorschrift eine Fülle von Anlässen zur Auseinandersetzung zwischen dem Gericht und Verfahrensbeteiligten. Der Vorsitzende sollte daher die Befragung nach dem Grundkonzept des Abs. 1 gestalten und diese Verfahrensweise konsequent durchhalten (so zutr. KK-StPO/*Schneider* § 241 Rn. 6; skeptisch hinsichtlich der Zweckmäßigkeit der Bestimmung insgesamt auch HK-StPO/*Julius* § 241a Rn. 1).

6 **D. Zurückweisung von Fragen (Abs. 3).** Die Befugnisse des Vorsitzenden zur Zurückweisung von ungeeigneten oder nicht zur Sache gehörenden Fragen entsprechen denen, die in § 241 Abs. 2 geregelt sind. Dies gilt für die unmittelbare (Abs. 2 Satz 2) und die mittelbare (Abs. 2 Satz 1) Befragung gleichermaßen (LR/*Becker* § 241a Rn. 12; zur Protokollierungspflicht *Becker* a.a.O., Rn. 13 m.w.N.; SK-StPO/*Frister* § 241a Rn. 13).

7 **E. Rechtsbehelfe.** Entscheidungen des Vorsitzenden auf der Grundlage dieser Vorschrift betreffen die Sachleitung; um im Revisionsverfahren insoweit eine zulässige Rüge erheben zu können, bedarf es der vorherigen Herbeiführung eines Gerichtsbeschlusses, gleichgültig, ob die Zurückweisung einer Frage beanstandet werden oder ein Verfahrensfehler nach Abs. 2 geltend gemacht werden soll (Meyer-Goßner/*Schmitt* § 241a Rn. 7). Wegen der weiteren Einzelheiten wird auf die Erläuterungen zu § 241 verwiesen (Rdn. 14 f.).

§ 242 Entscheidung über die Zulässigkeit von Fragen

Zweifel über die Zulässigkeit einer Frage entscheidet in allen Fällen das Gericht.

1 **A. Grundsätzliches und Regelungsgehalt.** Die Vorschrift ist **auf alle in der Hauptverhandlung gestellten Fragen anwendbar**, gleichgültig, von wem sie gestellt werden und an wen sie gerichtet sind (LR/*Becker* § 242 Rn. 1; SK-StPO/*Frister* § 242 Rn. 3). Ihre praktische Bedeutung ist indes schon deshalb eingeschränkt, weil sie **nur dann Anwendung** findet, wenn das Gericht nicht ohnehin bereits nach § 238 Abs. 2 über die Zurückweisung einer Frage durch den Vorsitzenden gem. § 241 Abs. 2 entscheidet, es also **zu einer Entscheidung des Vorsitzenden nicht kommt** (KK-StPO/*Schneider* § 242 Rn. 1). Zu einer Entscheidung des Gerichts nach dieser Bestimmung kann es daher kommen, wenn es um Fragen eines Beisitzers geht (die der Vorsitzende nicht nach § 241 zurückweisen darf), wenn ein Verfahrensbeteiligter Zweifel an der Zulässigkeit einer Frage des Vorsitzenden äußert oder wenn der Vorsitzende trotz eigener Zweifel an der Zulässigkeit nicht nach § 241 entscheiden will (KK-StPO/*Schneider* § 242 Rn. 1; Meyer-Goßner/*Schmitt* § 242 Rn. 1).

2 **B. Begriff der Zulässigkeit.** Der **rechtliche Maßstab** für den Begriff der Zulässigkeit einer Frage **ergibt sich aus § 241 Abs. 2** und meint deren Rechtmäßigkeit, nicht aber die Zweckmäßigkeit (OK-StPO/*Gorf* § 242 Rn. 2; SK-StPO/*Frister* § 242 Rn. 9). Meinungsverschiedenheiten über den Tonfall einer Frage oder deren Wortlaut sowie die Reihenfolge der gestellten Fragen fallen demnach nicht darunter (LR/*Becker* § 242 Rn. 5).

C. Verfahren. Die Anrufung des Gerichts, die durch die mitwirkenden Richter und alle anderen Verfahrensbeteiligten erfolgen kann, soweit deren eigene Verfahrensinteressen und -befugnisse berührt sind (Meyer-Goßner/*Schmitt* § 242 Rn. 3), unterliegt keiner besonderen Form (LR/*Becker* § 242 Rn. 2). Das Gericht, auch der Strafrichter (KK-StPO/*Schneider* § 242 Rn. 2; *Radtke/Hohmann/Britz* § 242 Rn. 4), **entscheidet durch begründeten Beschluss** nach Anhörung aller Verfahrensbeteiligten (Meyer-Goßner/*Schmitt* § 242 Rn. 3). Dieser sollte zeitnah, spätestens vor Schluss der Beweisaufnahme ergehen (LR/*Becker* § 242 Rn. 6). 3

D. Protokoll, Rechtsbehelfe. Der Antrag auf Entscheidung nach § 242 sowie der Erlass des Gerichtsbeschlusses bedürfen als wesentliche Förmlichkeiten gem. § 273 der Aufnahme in das Hauptverhandlungsprotokoll. Wegen der Möglichkeiten der Überprüfbarkeit von nach § 242 ergangenen gerichtlichen Entscheidungen im Beschwerdeweg und im Revisionsverfahren wird auf die Erläuterungen zu § 241 (Rdn. 14 f.) verwiesen. 4

§ 243 Gang der Hauptverhandlung

(1) [1]Die Hauptverhandlung beginnt mit dem Aufruf der Sache. [2]Der Vorsitzende stellt fest, ob der Angeklagte und der Verteidiger anwesend und die Beweismittel herbeigeschafft, insbesondere die geladenen Zeugen und Sachverständigen erschienen sind.

(2) [1]Die Zeugen verlassen den Sitzungssaal. [2]Der Vorsitzende vernimmt den Angeklagten über seine persönlichen Verhältnisse.

(3) [1]Darauf verliest der Staatsanwalt den Anklagesatz. [2]Dabei legt er in den Fällen des § 207 Abs. 3 die neue Anklageschrift zugrunde. [3]In den Fällen des § 207 Abs. 2 Nr. 3 trägt der Staatsanwalt den Anklagesatz mit der dem Eröffnungsbeschluss zugrunde liegenden rechtlichen Würdigung vor; außerdem kann er seine abweichende Rechtsauffassung äußern. [4]In den Fällen des § 207 Abs. 2 Nr. 4 berücksichtigt er die Änderungen, die das Gericht bei der Zulassung der Anklage zur Hauptverhandlung beschlossen hat.

(4) [1]Der Vorsitzende teilt mit, ob Erörterungen nach den §§ 202a, 212 stattgefunden haben, wenn deren Gegenstand die Möglichkeit einer Verständigung (§ 257c) gewesen ist und wenn ja, deren wesentlichen Inhalt. [2]Diese Pflicht gilt auch im weiteren Verlauf der Hauptverhandlung, soweit sich Änderungen gegenüber der Mitteilung zu Beginn der Hauptverhandlung ergeben haben.

(5) [1]Sodann wird der Angeklagte darauf hingewiesen, dass es ihm freistehe, sich zu der Anklage zu äußern oder nicht zur Sache auszusagen. [2]Ist der Angeklagte zur Äußerung bereit, so wird er nach Maßgabe des § 136 Abs. 2 zur Sache vernommen. [3]Auf Antrag erhält der Verteidiger in besonders umfangreichen erstinstanzlichen Verfahren vor dem Land- oder Oberlandesgericht, in denen die Hauptverhandlung voraussichtlich länger als zehn Tage dauern wird, Gelegenheit, vor der Vernehmung des Angeklagten für diesen eine Erklärung zur Anklage abzugeben, die den Schlussvortrag nicht vorwegnehmen darf. [4]Der Vorsitzende kann dem Verteidiger aufgeben, die weitere Erklärung schriftlich einzureichen, wenn ansonsten der Verfahrensablauf erheblich verzögert worde; § 249 Absatz 2 Satz 1 gilt entsprechend. [5]Vorstrafen des Angeklagten sollen nur insoweit festgestellt werden, als sie für die Entscheidung von Bedeutung sind. [6]Wann sie festgestellt werden, bestimmt der Vorsitzende.

Übersicht — **Rdn.**

1 **A. Grundsätzliches und Regelungsgehalt. I. Allgemeines.** Die StPO regelt die **verschiedenen Verfahrensabschnitte der tatrichterlichen Hauptverhandlung erster Instanz** (für die Berufungshauptverhandlung s. § 324) in einer ganzen Reihe von Vorschriften, u.a. in den §§ 222a, 222b, 244 Abs. 1, 257 u. 260. Der von § 243 erfasste Abschnitt betrifft das Stadium zwischen dem Aufruf der Sache (Abs. 1 Satz 1) bis zum Beginn der Beweisaufnahme (§ 244 Abs. 1). Dabei hat die Vorschrift insgesamt **nicht nur rein organisatorische Bedeutung**; die gesetzlich vorgesehene Struktur der Hauptverhandlung berücksichtigt das Interesse an der Ermittlung der materiellen Wahrheit ebenso wie die Wahrung der Rechtsstellung des Angeklagten (KK-StPO/*Schneider* § 243 Rn. 1; SK-StPO/*Frister* § 243 Rn. 3).

2 **II. Abweichung von der gesetzlichen Reihenfolge.** Soweit Rechte des Angeklagten nicht geschmälert werden, kann der Vorsitzende – **ohne Zustimmung des Angeklagten** – von der gesetzlich bestimmten Reihenfolge der Verfahrensabschnitte **abweichen**, wenn sachliche Gründe dafür vorliegen, etwa bei besonders umfangreichen Strafsachen und wenn die Struktur der Hauptverhandlung im Wesentlichen gewahrt bleibt (BGHSt 3, 384; Meyer-Goßner/*Schmitt* § 243 Rn. 1 f.). Bei der umstrittenen (vgl. LR/*Becker* § 243 Rn. 2, 3) Frage, ob und in welchem Umfang das Abweichen von der gesetzlich vorgeschriebenen Reihenfolge der Zustimmung des Angeklagten bedarf, handelt es sich um ein Scheinproblem: Eine – im Gesetz nicht vorgesehene (weshalb BGHSt 3, 384 [385] sie im Unterschied zu neueren Entscheidungen richtigerweise auch nicht erwähnt) – Zustimmung des Angeklagten kann sich nur auf solche Abweichungen beziehen, die keine unverzichtbaren Rechte berühren. Die in der Rechtsprechungspraxis nahezu ausschließlich behandelte Abweichung von § 243 Abs. 5 Satz 1 (§ 243 Abs. 4 Satz 1 a.F.) beinhaltet aber gerade ein unverzichtbares Recht des Angeklagten, sich vor der Beweisaufnahme im Zusammenhang zur Sache zu äußern (BGHSt 13, 358 [360]; 19, 93 [97]; BGH NStZ 1986, 370 [371]; dazu KK-StPO/*Schneider* § 243 Rn. 1; SK-StPO/*Frister* § 243 Rn. 58; unklar Meyer-Goßner/*Schmitt* § 243 Rn. 1, 2). Nicht zu bestreiten ist indes, dass die Rspr. des BGH selbst durch missverständliche Formulierungen zur Diskussion im Schrifttum beigetragen hat (vgl. nur BGH NStZ 1986, 370 [371]). Eine Abweichung liegt daher immer im Ermessen des Vorsitzenden (§ 238 Abs. 1) und erfolgt auf sein Risiko. Bei wesentlichen Abweichungen von der gesetzlich vorgesehenen Reihenfolge ist eine **Protokollierung** unerlässlich (BGHSt 10, 342 [343]).

3 **B. Ablauf der Hauptverhandlung. I. Aufruf der Sache (Abs. 1 Satz 1). Der Vorsitzende** muss zum Aufruf der Sache **seinen Willen bekunden**, dass die terminierte Strafsache **nunmehr verhandelt werden soll** (LR/*Becker* § 243 Rn. 15). Er kann die Sache selbst aufrufen oder von einem Justizwachtmeister oder dem Protokollführer aufrufen lassen; immer muss der Aufruf, um eine rechtliche Wirkung zu erzeugen, auf den Willen des Vorsitzenden zurückzuführen sein (Meyer-Goßner/*Schmitt* § 243 Rn. 4; zu den Wirkungen des Aufrufs MüKo-StPO/*Arnoldi* § 243 Rn. 9). Wird der **Aufruf vergessen**, gilt nach herrschender Ansicht als Beginn die Handlung des Gerichts oder des Vorsitzenden, die den Beginn der Hauptverhandlung erkennen lässt (Meyer-Goßner/*Schmitt* § 243 Rn. 4; LR/*Becker* § 243 Rn. 16; KK-StPO/*Schneider* § 243 Rn. 7). Eine **wesentliche Förmlichkeit** ist der Aufruf nicht (SK-StPO/*Frister* § 243 Rn. 8), ebenso wenig ein wesentlicher Teil der Hauptverhandlung (krit. LR/*Becker* § 243 Rn.). Dass der Angeklagte zur Hauptverhandlung erscheint, ist für den Aufruf i.S.v. Abs. 1 Satz 1 keine Wirksamkeitsvoraussetzung; § 230 Abs. 1 beschreibt mit der Anwesenheit des Angeklagten keine begriffliche Voraussetzung der Hauptverhandlung i.S.d. § 243 (BGHSt 52, 24 [25 f.]).

4 **II. Feststellung der Anwesenheit (Abs. 1 Satz 2).** Schon im Hinblick auf **§ 272** kann sich die **Feststellung der Präsenz** nicht auf die in Abs. 1 Satz 2 genannten Verfahrensbeteiligten beschränken. Sie dient der Klärung der Frage, ob alle notwendigen Beweismittel und Verfahrensbeteiligte tatsächlich anwesend sind, sodass der Durchführung der Hauptverhandlung kein Hindernis entgegensteht (KK-StPO/*Schneider* § 243 Rn. 9). Die Prüfung der Identität des erschienenen Angeklagten mit der in der Anklageschrift bezeichneten Person bleibt hingegen der Vernehmung nach Abs. 2 Satz 2 vorbehalten (Meyer-Goßner/*Schmitt* § 243 Rn. 11; a.A. LR/*Becker* § 243 Rn. 17). Ob es sinnvoll ist, die Feststellung der Präsenz nicht in die Sitzungsniederschrift aufzunehmen, ist zweifelhaft; um eine wesentliche Förmlichkeit handelt es sich jedoch nicht (Meyer-Goßner/*Schmitt* § 243 Rn. 5; offengelassen in BGHSt 24, 280 [281]).

III. Entfernung der Zeugen (Abs. 2 Satz 1). Die Entfernung der Zeugen – die Vorschrift gilt nicht für den Sachverständigen – erfolgt üblicherweise nach deren Belehrung gem. § 57. **Die Bestimmung ergänzt § 58** und soll bewirken, dass jeder Zeuge unbeeinflusst von zuvor wahrgenommenen Vorgängen aus der Hauptverhandlung seine Aussage macht; nach zutreffender Ansicht macht ihre Missachtung die Vernehmung eines Zeugen jedoch nicht unzulässig (LR/*Becker* § 243 Rn. 22; MüKo-StPO/*Arnoldi* § 243 Rn. 16). Wegen ihrer prozessualen Funktion oder kraft Gesetzes mit eigenem Anwesenheitsrecht trotz potenzieller Zeugeneigenschaft ausgestattete Prozessbeteiligte, so der **Sitzungsvertreter der StA**, solange er diese Verfahrensrolle einnimmt (BGH NStZ 2008, 353; Meyer-Goßner/*Schmitt* § 243 Rn. 8; a.A. noch BGH NJW 1987, 3088), der **Pflicht- und Wahlverteidiger** (SK-StPO/*Frister* § 243 Rn. 19), der **Vertreter der Finanzbehörde** (§ 407 AO), der **Nebenkläger** auch dann, wenn er als Zeuge vernommen werden soll (§ 397 Abs. 1 Satz 1), **dessen anwaltlicher Beistand oder Vertreter** (§ 397 Abs. 1 Satz 2), der **nebenklageberechtigte Verletzte** (§ 406g Abs. 1 Satz 2) und **dessen anwaltlicher Beistand** (§ 406g Abs. 1 Satz 1, Abs. 2 Satz 1), müssen sich nicht entfernen (eingehend LR/*Becker* § 243 Rn. 22 ff.). Auch für den Sachverständigen gilt Abs. 2 Satz 1 nicht, und zwar ohne Rücksicht darauf, ob er auch als Zeuge in Betracht kommt (LR/*Becker* § 243 Rn. 25; a.A. SK-StPO/*Frister* § 243 Rn. 22). Der Vorsitzende kann nach pflichtgemäßem Ermessen Abweichungen von Abs. 2 Satz 1 gestatten (Meyer-Goßner/*Schmitt* § 243 Rn. 9; SK-StPO/*Frister* § 243 Rn. 22; zum Erziehungsberechtigten und zum gesetzlichen Vertreter eines Jugendlichen vgl. LR/*Becker* § 243 Rn. 23 a.E.; vgl. auch HK-JGG/*Schatz* § 51 Rn. 15 ff.). 5

IV. Vernehmung des Angeklagten über seine persönlichen Verhältnisse (Abs. 2 Satz 2). Dieser Verfahrensabschnitt dient in erster Linie der **Identitätsfeststellung zur Vermeidung von Personenverwechslungen**, aber auch der Klärung der Frage, ob der Angeklagte verhandlungsfähig ist und sich selbst verteidigen kann (Meyer-Goßner/*Schmitt* § 243 Rn. 11; LR/*Becker* § 243 Rn. 33). Eine Weigerung des Angeklagten, die erforderlichen Angaben zu machen, stellt eine **Ordnungswidrigkeit (§ 111 Abs. 1 OWiG)** dar. Erzwungen werden können die Angaben jedoch nicht, ggf. ist die Identität im Freibeweisverfahren zu überprüfen (OK-StPO/*Gorf* § 243 Rn. 14). Die zu den persönlichen und wirtschaftlichen Verhältnissen gemachten Angaben sind hingegen Bestandteil der Sacheinlassung und bedürfen daher der vorherigen Belehrung über die Aussagefreiheit (BGH StV 1984, 190 [192]; LR/*Becker* § 243 Rn. 35). 6

V. Verlesung des Anklagesatzes (Abs. 3). 1. Regelfall, Begriff der Verlesung nach Abs. 3 Satz 1. Der Begriff der **Verlesung** ist regelmäßig als **Vortrag des vollständigen Anklagesatzes** zu verstehen; bei verbundenen Strafsachen sind sämtliche Anklagesätze zu verlesen; geringfügige Unklarheiten kann der Sitzungsstaatsanwalt beim Vortrag korrigieren (BGH NStZ 1984, 133; Meyer-Goßner/*Schmitt* § 243 Rn. 16; LR/*Becker* § 243 Rn. 40). Die Verlesung dient der Information derjenigen Mitglieder des erkennenden Gerichts, die keine Aktenkenntnis haben, also regelmäßig der Schöffen, und der Öffentlichkeit über den Tatvorwurf, der zugleich dem Angeklagten nochmals vor Augen geführt wird (Meyer-Goßner/*Schmitt* § 243 Rn. 13; KK-StPO/*Schneider* § 243 Rn. 20; MüKo-StPO/*Arnoldi* § 243 Rn. 23). Der **Anklagesatz** ist dem der deutschen Sprache nicht mächtigen Angeklagten zu **übersetzen** (BGHR StPO § 243 Abs. 3 Anklagesatz 1). 7

In welchem Umfang **auf die die Verlesung verzichtet** werden kann, ist im Schrifttum vor dem Hintergrund von Großverfahren, v.a. sog. **Punktesachen**, bei denen die Verlesung des vollständigen Anklagesatzes organisatorisch und inhaltlich an Grenzen stößt, eingehend diskutiert worden (Nachweise zum Meinungsstand bei LR/*Becker* § 243 Rn. 41). Der **Große Senat für Strafsachen des BGH** hat der hier teilweise favorisierten Lösung über die entsprechende Anwendung der Vorschriften über das Selbstleseverfahren widersprochen und in den genannten Fällen eine teleologische **Reduktion des Begriffs der Verlesung** vorgenommen: Danach ist dem Erfordernis der Verlesung i.S.v. Abs. 3 Satz 1 in Strafverfahren wegen einer Vielzahl gleichförmiger Taten oder Einzelakte, die durch eine gleichartige Begehungsweise gekennzeichnet sind, Genüge getan, wenn lediglich die Art der Tatausführung, die Gesamtzahl der Taten, der Tatzeitraum und ggf. der Gesamtschaden in der Hauptverhandlung vorgetragen werden (BGHSt 56, 109 ff. = NJW 2011, 1687 ff.). Eine Verlesung der näher individualisierenden tatsächlichen Umstände der Einzeltaten oder der Einzelakte ist dann nicht erforderlich (vgl. BGH NStZ 2011, 418 ff.; Meyer-Goßner/*Schmitt* § 243 Rn. 13; krit. *Börner* NStZ 2011, 436). Zur Verlesung in besonderen Fällen vgl. die Erl. Rn. 9 ff.). 8

2. Ausnahmen (Abs. 3 Sätze 2 bis 4). a) Neue Anklageschrift (§ 207 Abs. 3). Wird die ursprünglich eingereichte Anklage durch den Eröffnungsbeschluss dergestalt geändert, dass wegen einzelner Taten die Eröffnung abgelehnt (**§ 207 Abs. 2 Nr. 1**) oder nach § 154a verfahren wird bzw. nach dieser Vorschrift ausgeschiedene Teile wieder einbezogen werden (**§ 207 Abs. 2 Nr. 2**), muss die StA gem. § 207 Abs. 3 eine neue Anklage einreichen. Abs. 2 Satz 2 stellt klar, dass diese neue Anklageschrift zu verlesen ist. 9

10 **b) § 207 Abs. 2 Nr. 3.** In den Fällen der abweichenden rechtlichen Beurteilung der angeklagten Tat(en) im Eröffnungsbeschluss (**§ 207 Abs. 2 Nr. 3**) ist die Anklage auf der Grundlage der rechtlichen Würdigung des Gerichts zu verlesen, was mitunter erhöhte Anforderungen an die Verständlichkeit des Vortrags des Sitzungsvertreters stellt (so zutr. LR/*Becker* § 243 Rn. 43). Eine **vorherige schriftliche Fixierung** kann daher zweckmäßig sein (HK-StPO/*Julius/Temming* § 243 Rn. 12). Nach Abs. 2 Nr. 3 Hs. 2 kann der Staatsanwalt seine abweichende Rechtsauffassung verdeutlichen, wobei er sich auf das Wesentliche beschränken und ggf. rechtliche Hinweise des Gerichts i.S.d. § 256 anregen sollte (LR/*Becker* § 243 Rn. 44).

11 **c) § 207 Abs. 2 Nr. 4.** In Fällen der **Beschränkung nach § 154a** bei Zulassung der Anklage oder bei **Aufhebung einer solchen Beschränkung** ist dies bei der Verlesung ebenfalls zu berücksichtigen (KK-StPO/*Schneider* § 243 Rn. 26). Einer besonderen Form bedarf es nicht.

12 **3. Weitere Sonderfälle.** Im **Strafbefehlsverfahren** ist für die Verlesung in der Hauptverhandlung nach Einspruch der aus dem Strafbefehlsantrag ersichtliche Tatvorwurf maßgebend, jedoch ohne die beantragten Rechtsfolgen (LR/*Becker* § 243 Rn. 48 m.N. zur Gegenansicht). Im **Sicherungsverfahren** ist der Antrag nach § 414 Abs. 2, im **objektiven Verfahren** die Antragsschrift (§§ 440, 442 Abs. 1, 444 Abs. 3 Satz 1) zu verlesen. Nach einer **Verweisung** wegen der sachlichen Zuständigkeit eines Gerichts höherer Ordnung (§ 270 Abs. 1) muss der Staatsanwalt den Verweisungsbeschluss mit dem darin enthaltenen Anklagesatz verlesen (KK-StPO/*Schneider* § 243 Rn. 29). Für das **Privatklageverfahren** wird auf die Erl. zu § 418 verwiesen.

13 Ist das **Verfahren ausgesetzt** worden, verliest der Staatsanwalt in der neuen Hauptverhandlung den Anklagesatz und stellt kurz die bisherige Prozessgeschichte dar, um den Umfang des Verfahrensgegenstandes zu kennzeichnen (KK-StPO/*Schneider* § 243 Rn. 30; LR/*Becker* § 243 Rn. 51). Entsprechendes gilt bei **neuer Verhandlung nach Zurückverweisung** durch das Rechtsmittelgericht (vgl. BGHR StPO § 243 Abs. 3 Anklagesatz 4 zu den einzelnen Fallgestaltungen; s. auch BGH, Beschl. v. 06.12.2018 – 4 StR 424/18) oder **nach Wiederaufnahme** des Verfahrens. Beschränkt sich die neue Verhandlung auf den Rechtsfolgenausspruch, ist statt des Anklagesatzes das zurückverweisende Urteil zu verlesen (SK-StPO/*Frister* § 243 Rn. 39).

14 **VI. Mitteilung über Verständigung (Abs. 4). 1. Voraussetzungen.** Nach Abs. 4 Satz 1 teilt der Vorsitzende nach Verlesung des Anklagesatzes mit, ob Erörterungen nach den §§ 202a, 212 stattgefunden haben, wenn deren Gegenstand die Möglichkeit einer Verständigung gewesen ist, und wenn ja, deren wesentlichen Inhalt. Diese Mitteilungspflicht ist nach Abs. 4 Satz 2 weiter zu beachten, wenn solche Erörterungen erst nach Beginn der Hauptverhandlung stattgefunden haben. Das Gesetz will hier erreichen, dass derartige Erörterungen stets in öffentlicher Hauptverhandlung zur Sprache kommen und dies auch inhaltlich dokumentiert wird, um dadurch heimliche Absprachen über den Verfahrensausgang zu verhindern. Gespräche außerhalb der Hauptverhandlung dürfen kein informelles und unkontrollierbares Verfahren eröffnen (BVerfG NJW 2013, 1058 [1069]; vgl. dazu BGH NStZ 2014, 219; StV 2011, 72 f.; KK-StPO/*Schneider* § 243 Rn. 36; SK-*Frister*/StPO § 243 Rn. 42). Dementsprechend können Gespräche über eine Verständigung, die in öffentlicher Hauptverhandlung geführt worden sind, eine Mitteilungspflicht nach Abs. 4 nicht auslösen (BGH NStZ 2017, 299; BGH, Beschl. v. 08.10.2014 – 1 StR 352/14). Die Regelungen dienen der Transparenz über Form und Inhalt der angestrebten Verständigung (BVerfG NJW 2013, 1058 [1064], einerseits im Hinblick auf die Verfahrensbeteiligten, andererseits aber auch im Hinblick auf die Öffentlichkeit allgemein (so zuletzt BVerfG NStZ 2015, 170; dem – letztlich – folgend BGH NStZ-RR 2014, 315), zumal eine Verletzung von § 338 Nr. 6 bei unterlassener oder unvollständiger Mitteilung nach Abs. 4 nicht in Betracht kommt (BGH NStZ 2014, 86). Im Rahmen der Beruhensprüfung bei Verletzungen der Mitteilungspflicht wird in der Rspr. auch ein weiterer Schutzzweck der Vorschriften über die Verständigung in den Vordergrund gerückt: Mitteilung, Protokollierung und Belehrung (§ 257c Abs. 5) sollen dem Angeklagten die sachgemäße Wahrnehmung seiner Verteidigungsrecht ermöglichen (so etwa BGHSt 60, 150 [155]; BGH NStZ 2014, 221; NStZ 2015, 178). Der Schutz der Vorschriften über die Verständigung und deren Mitteilung nach Abs. 4 geht indes nicht so weit, den Angeklagten vor jedweder Fehleinschätzung zu bewahren, etwa vor der Annahme, es hätten Verständigungsgespräche stattgefunden und eine von der Staatsanwaltschaft im Ermittlungsverfahren geäußerte Straferwartung sei mit dem Gericht abgestimmt worden (BGH NStZ 2015, 232; vgl. dazu auch BVerfG NJW 2014, 3504 [3506]).

15 Die für die Praxis wichtige Abgrenzung zwischen allgemein kommunikativer Verhandlungsführung und mitteilungspflichtigen Vorgesprächen bereitet im Einzelfall nicht unerhebliche Schwierigkeiten (beispielhaft BGH NStZ 2017, 52 zur Erörterung von Geständniswirkungen), nicht zuletzt, weil auch die Mitteilung gefordert wird, es seien keine Verständigungsgespräche geführt worden (sog. Negativmitteilung; vgl. dazu BVerfG NJW *2014, 3504 f.; BGH* NStZ 2014, 86; NStZ 2015, 232; jetzt allg. M.; anders noch BGHSt 58, 315). Eine Hilfestellung liefern die unterschiedlichen Regelungsbereiche von § 257b und § 257c für Erörterungen inner-

halb der Hauptverhandlung: Ein verständigungsbezogenes (Vor-) Gespräch ist als Unterfall der »Erörterung des Verfahrensstandes« von sonstigen zur Verfahrensförderung geeigneten Erörterungen zwischen den Verfahrensbeteiligten abzugrenzen (BGH NStZ 2015, 535; StV 2018, 8; NStZ 2022, 187). Ohne derartigen Verständigungsbezug und deshalb auch von Verfassungs wegen unbedenklich sind daher Rechtsgespräche und Hinweise auf die vorläufige Bewertung der Beweislage oder auf die strafmildernde Wirkung eines Geständnisses (BGH NStZ 2015, 535 unter Hinweis auf BVerfGE 133, 168 [228]). Gleiches gilt für die Mitteilung einer Ober- und Untergrenze der nach dem Verfahrensstand vorläufig zu erwartenden Strafe (BGH a.a.O.; vgl. auch BT-Drs. 16/12310, S. 12 f.; *Schneider* NStZ 2014, 198; zu sondierenden Äußerungen nur eines Mitglieds des Spruchkörpers KK-StPO/*Schneider* § 243 Rn. 49). Die Grenze hin zu einer mitteilungspflichtigen, von Verständigungsinteresse getragene Anfrage des Gerichts jenseits einer unverbindlichen Fühlungsaufnahme ist fließend und wird leicht überschritten (beispielhaft BGH NStZ 2015, 537; BGH StRR 2019, Nr. 2, 3; vgl. auch *Schmitt* StraFo 2012, 386 [391]). Dies gilt insb. in Fällen, in denen der Wunsch nach einem Verständigungsgespräch außerhalb der Hauptverhandlung an das Gericht (Vorsitzenden) herangetragen wird, dieser sich jedoch darauf nicht einlässt (BGH NStZ-RR 2018, 24). Zunächst getrennte Gespräche mit den Verfahrensbeteiligten im Vorfeld einer Verständigung sind nicht verboten, ziehen aber eine eingehende Mitteilungspflicht nach sich (BGHR StPO § 257c Verständigung 3 unter Bezugnahme auf BVerfG NJW 2013, 1058 [1065]). Abzugrenzen sind danach Erörterungen, bei denen ein bestimmtes Verfahrensergebnis und ein prozessuales Verhalten des Angeklagten in ein Gegenseitigkeitsverhältnis i.S.v. Leistung und Gegenleistung gesetzt werden, von ohne Weiteres zulässigen, sonstigen verfahrensfördernden Gesprächen, die nicht auf eine einvernehmliche Erledigung abzielen (st. Rspr.; vgl. nur BGH NStZ 2022, 120 m.w.N.).

Ein subjektives Recht des Angeklagten auf Verständigung lässt sich aus der gesetzgeberischen Konzeption 16
nicht ableiten (BGH NStZ 2015, 537; OLG Celle NStZ 2012, 285 [286] m.Anm. *Altenhain/Haimerl* StV 2012, 397; Meyer-Goßner/*Schmitt* § 257c Rn. 6). Die Reichweite der Mitteilungspflicht ist i.Ü. deckungsgleich mit den Vorschriften über die Protokollierung entsprechender Erörterungen nach den §§ 202a und 212 (SK-StPO/*Frister* § 243 Rn. 45). Die Mitteilungspflicht erstreckt sich auch auf erfolglose Bemühungen um das Zustandekommen einer Verständigung, und zwar in gleicher Ausführlichkeit wie im Erfolgsfall (BGH NStZ 2014, 217; NJW 2014, 2514; allg. M.; vgl. nur Meyer-Goßner/*Schmitt* § 243 Rn. 18a; *Radtke/Hohmann/Kelnhofer* § 243 Rn. 30). Ob Gespräche über Strafvorstellungen etwa zwischen Staatsanwaltschaft und Verteidigung, die entgegen §§ 202a, 212 ohne Beteiligung des Gerichts stattgefunden haben, eine Mitteilungspflicht auslösen, ist jedenfalls für eine Sonderkonstellation von der Rspr. inzwischen bejaht worden (BGH StV 2019, 378; in der Tendenz anders noch BGH NStZ 2015, 232; vgl. auch BGH NStZ-RR 2014, 115, NStZ 2012, 347 [348]; KK-StPO/*Schneider* § 243 Rn. 50; a.A. *Radtke/Hohmann/Kelnhofer* § 243 Rn. 30 [Erkundigungspflicht]). Dagegen spricht, dass in den von § 243 Abs. 4 genannten Vorschriften allein Erörterungen des Gerichts mit anderen Verfahrensbeteiligten erwähnt werden. Wird die Anklage zurückgenommen, bewirkt dies eine Zurückversetzung der Sache in den Stand des Ermittlungsverfahrens; bis zu diesem Zeitpunkt geführte Erörterungen können daher schon im Hinblick auf den Wortlaut der §§ 202a, 212 keine Mitteilungspflicht auslösen (BGHR StPO § 243 Abs. 4 Hinweis 3; anders im Fall der Aussetzung des Verfahrens: BGH, Beschl. v. 24.04.2019 – 1 StR 153/19). Demgegenüber lässt eine nach einem verständigungsintendierten Vorgespräch und vor der Eröffnung des Hauptverfahrens erfolgte Änderung der Gerichtsbesetzung die Pflicht zur Mitteilung unberührt (BGH NJW 2014, 3385; NStZ 2015, 294).

2. Inhalt. Der wesentliche Ablauf der geführten Gespräche, die Positionen der Beteiligten und die erörterten 17
Bestandteile einer Vereinbarung müssen dargelegt werden (OK-StPO/*Gorf* § 243 Rn. 28). Insoweit wird auf die Erläuterungen zu den §§ 202a, 212 verwiesen. Nach inzwischen gefestigter Rspr. umfasst die Mitteilung nach Abs. 4 nicht nur die Tatsache der Erörterung einer Verständigung als solcher, sondern auch die von den Verfahrensbeteiligten vertretenen Standpunkte (jedenfalls in ihren Grundzügen), von wem die Initiative ausging und wie sich die anderen Beteiligten dazu verhalten haben (vgl. nur BGHSt 60, 150 [152 f.]; BGH NStZ 2014, 219; enger noch BGH NStZ 2015, 293; BGH NStZ 2015, 352; NStZ 2015, 416; BGH StV 2019, 374; StV 2019, 377). Mitteilungspflichtig ist selbst die sofortige Ablehnung einer Verständigung durch einen der Beteiligten (BGH NStZ 2016, 225). Ergeben sich im Lauf der Hauptverhandlungen insoweit Änderungen, sind diese ebenfalls bekannt zu geben und zu protokollieren (BGH NStZ 2014, 219; StV 2014, 67). Dazu gehört etwa auch die Mitteilung, es seien – erneut – Gespräche desselben Inhalts (wie zuvor) geführt worden (BGH NStZ 2017, 181). Diese Grundsätze gelten nach dem Wortlaut des Abs. 4 Satz 2 nicht für den Fall des Negativattests.

3. Zeitpunkt. Die Mitteilung hat nach Verlesung der Anklageschrift und vor Belehrung des Angeklagten 18
über seine Aussagefreiheit zu erfolgen (BGH NStZ 2014, 287; Meyer-Goßner/*Schmitt* § 243 Rn. 18b;).

19 **VII. Belehrung über Aussagefreiheit (Abs. 5 Satz 1).** Der zwingend vom Vorsitzenden zu erteilende Hinweis soll sicherstellen, dass der Angeklagte sein Recht kennt, zum Tatvorwurf zu schweigen. Eine Orientierung am Wortlaut der Vorschrift ist zweckmäßig, aber nicht verpflichtend (KK-StPO/*Schneider* § 243 Rn. 76; OK-StPO/*Gorf* § 243 Rn. 26). Jeder Anschein, der Angeklagte werde zu einer bestimmten Entscheidung gedrängt, ist bei der Belehrung zu vermeiden (KK-StPO/*Schneider* § 243 Rn. 77). Die **Belehrungspflicht gilt für jede neue Hauptverhandlung**, nicht aber für jede neue Sitzung (vgl. LR/*Becker* § 243 Rn. 55). Die Erteilung des Hinweises ist eine **wesentliche Förmlichkeit, nicht aber der Umstand, dass dem Angeklagten nach dem Hinweis Gelegenheit gegeben wurde, sich zur Anklage zu äußern** (BGH NJW 2016, 3795; SK-StPO/*Frister* § 243 Rn. 54).

20 **VIII. Vernehmung zur Sache (Abs. 5 Satz 2). 1. Regelfall.** Alle über die bloße Identitätsfeststellung hinausgehenden Angaben des Angeklagten sind solche zur Sache, auch solche zu seinem Vorleben, Werdegang oder seinen wirtschaftlichen Verhältnissen, was mit Blick auf die Inbegriffsrüge oft übersehen wird (BGH, Urt. v. 24.10.2018 – 5 StR 229/18 m.w.N.). Art und Weise der Vernehmung des Angeklagten zur Sache sind nicht im Einzelnen festgelegt, sondern können vom Vorsitzenden nach pflichtgemäßem Ermessen bestimmt werden (BGH NStZ 2000, 549 zur Zweckmäßigkeit der Frage-Antwort-Form; vgl. auch OK-StPO/*Gorf* § 243 Rn. 37). Aus der Vorschrift i.V.m. § 244 Abs. 1 ergibt sich lediglich, dass die Beweisaufnahme der Vernehmung des Angeklagten zur Sache nachzufolgen hat (zur Unterbrechung oder gänzlichen Zurückstellung der Sacheinlassung BGHSt 13, 358 [360 f.]; BGHR StPO § 243 Abs. 4 Äußerung 1; BGH NStZ 2000, 549). Die Rspr. entnimmt insb. der Formulierung »… wird er nach Maßgabe des § 136 Abs. 2 zur Sache vernommen«, und dem Zweck der Vorschrift, dass die Befragung **mündlich mit mündlichen Antworten** erfolgt und dass der Angeklagte, von gesetzlich geregelten Ausnahmen in den Fällen seiner Abwesenheit abgesehen (§§ 234, 239 Abs. 1, 387 Abs. 1, 411 Abs. 2), bei seiner mündlichen Äußerung auch nicht von seinem Verteidiger vertreten werden kann (RGSt 44, 284; BGHSt 3, 368; 52, 175 [177]; h.A. im Schrifttum; vgl. nur Meyer-Goßner/*Schmitt* § 243 Rn. 27; *Detter* FS Rissing-van-Saan, S. 97). Kopfschütteln oder Nicken, etwa als Reaktion auf die abschnittsweise vorgenommene Verlesung eines umfangreichen Anklagesatzes, stellen keine Vernehmung i.S.d. Abs. 5 Satz 2 dar (BGHR StPO § 243 Abs. 4 Belehrungsverstoß 1; HK-StPO/*Julius/Temming* § 243 Rn. 21).

21 **2. Ausnahmen. a) Problematik.** Neben der mündlichen Äußerung zur Sache des Angeklagten in Person i.S.v. Abs. 5 Satz 2 haben sich in der forensischen Praxis der letzten Jahre **»Sonderformen« der Sacheinlassung** (so zutr. LR/*Becker* § 243 Rn. 73) herausgebildet, bei der die **schriftliche Verteidigererklärung** im Mittelpunkt steht. Die damit insb. von Verteidigerseite verbundenen Hoffnungen auf eine Verbesserung der Rechtsposition des Angeklagten im Erkenntnisverfahren durch Verstärkung des Verteidigereinflusses auf dessen Einlassungsverhalten dürften sich kaum im erwarteten Umfang erfüllt haben. Einer »Beförderung« der schriftlichen Einlassung zum Urkundenbeweis ist die Rspr. mit zutreffenden Argumenten entgegengetreten; die damit beabsichtigte **Verbreiterung des revisionsrechtlich zu überprüfenden Verfahrensstoffs** ist definitiv fehlgeschlagen. I.Ü. haben sich die im Zuge des Vordringens solcher schriftlichen Einlassungen entstandenen verfahrensrechtlichen Probleme überwiegend mit dem geltenden Verfahrensrecht lösen lassen (LR/*Becker* § 243 Rn. 73 bezeichnet die Kontroversen im Schrifttum zu Recht als »Sturm im Wasserglas«). Im Einzelnen:

22 **b) Einzelheiten.** Trotz grundsätzlicher Mündlichkeit der Vernehmung zu Sache kann der Angeklagte nicht daran gehindert werden, zu diesem Zweck vorbereitete Notizen zu verwenden oder eine schriftlich vorbereitete Erklärung vollständig zu verlesen (BGH NStZ-RR 2015, 81 [82]; NStZ 2009, 282 [283]; StV 2007, 621 m. Anm. *Schlothauer*; LR/*Becker* § 243 Rn. 73). Das gilt nicht nur dann, wenn der Angeklagte, etwa aus gesundheitlichen Gründen, in seiner Fähigkeit zur freien Rede behindert ist (KK-StPO/*Schneider* § 243 Rn. 86: keine Pflicht zur »freien Rede«). Zum **Gegenstand der Hauptverhandlung** wird in solchen Fällen indes nur das mündlich Erklärte, und zwar auch dann, wenn eine schriftliche Erklärung nach Verlesung als **Anlage zum Hauptverhandlungsprotokoll** gegeben worden ist (BGH StV 2007, 621). Die Verlesung und Übergabe als Anlage zum Hauptverhandlungsprotokoll verbietet auch die grundlegende Entscheidung des 3. Strafsenats v. 27.03.2008 (BGHSt 52, 175) nicht. Der BGH ist in dieser Entscheidung lediglich der Auffassung entgegengetreten, eine verlesene und/oder als Anlage zum Sitzungsprotokoll gegebenen Sacheinlassung des Angeklagten verpflichte das Gericht auch zu deren Verlesung (§ 249 Abs. 1) und damit zur **Einführung im Wege des Urkundenbeweises** (BGHSt 52, 175 [177 ff.]; zu den Gefahren der wörtlichen Wiedergabe schriftlicher Einlassungen des Angeklagten in den Urteilsgründen BGH NStZ 2019, 168; vgl. auch BGH NStZ 2009, 173; Meyer-Goßner/*Schmitt* § 243 Rn. 30). Insoweit können **nur besondere Umstände eine Verlesung gebieten;** unter dem Gesichtspunkt der Aufklärungspflicht (§ 244 Abs. 2) kann sich eine Verlesung etwa dann aufdrängen, wenn sie vollständig neuen Tatsachenvortrag enthält oder eine wesentliche Einlassungs-

änderung oder gar ein (Teil-) Geständnis beinhaltet (BGH NStZ 2000, 439; vgl. auch BGH NStZ 2008, 476; Meyer-Goßner/*Schmitt* § 243 Rn. 30). Liegen solche besonderen Umstände nicht vor, kann aus der Weigerung des Gerichts, die schriftliche Einlassung zu verlesen, kein Ablehnungsgrund hergeleitet werden (BGH NStZ 2008, 349).

Wird die **Einlassung** nicht vom Angeklagten selbst, sondern **von seinem Verteidiger** abgegeben, widerspricht dies zwar ebenfalls der im Wortlaut von Abs. 5 Satz 2 zum Ausdruck kommenden gesetzlichen Konzeption einer mündlichen und vom Angeklagten persönlich herrührenden Äußerung zur Sache. Gleichwohl ist anerkannt, dass das Gericht über diese Art der Erklärung nicht einfach hinweggehen darf (eingehend LR/*Becker* § 243 Rn. 74 und KK-StPO/*Schneider* § 243 Rn. 87; vgl. auch BGH NStZ 2009, 282). Zweifelhaft und im Einzelnen umstritten ist indes, unter welchen Voraussetzungen eine solche Verteidigererklärung **dem Angeklagten als Einlassung zur Sache zuzurechnen** ist und welcher Beweiswert einer solchen Erklärung zukommt. **Nicht zurechenbar** sind all jene Erklärungen, die der Verteidiger in Wahrnehmung seiner prozessualen Rechte abgibt, also Anträge und die in ihnen enthaltenen Tatsachen, Prozesserklärungen u.Ä. (LR/*Becker* § 243 Rn. 75 m.w.N.). Dass alle anderen Sachäußerungen des Verteidigers dem Angeklagten »ohne Weiteres« i.S.d. Abs. 5 Satz 2 zuzurechnen sind (so noch BGH StV 1998, 59), wird im Schrifttum zu Recht bezweifelt (ausf. KK-StPO/*Schneider* § 243 Rn. 88). Man wird mindestens verlangen müssen, dass der Verteidiger die Erklärung ausdrücklich für den Angeklagten abgibt und der Angeklagte durch welche Erklärung auch immer zu erkennen gibt, dass er sie **als seine Äußerung zur Sache gelten lassen will**; nicht eindeutiges Verhalten wie etwa die Entschuldigung des Angeklagten ggü. den Eltern des Tatopfers in der Hauptverhandlung reicht nicht aus (so aber BGH NStZ 2005, 703 [704]; vgl. auch SK-StPO/*Frister* § 243 Rn. 74). 23

Die **Einlassung des Angeklagten** i.S.v. Abs. 5 Satz 2 **unterliegt der freien Beweiswürdigung** (§ 261). Tendenziell neigt die revisionsgerichtliche Rspr. zur Zurückhaltung bei der Einschätzung des Beweiswertes von über den Verteidiger abgegebenen Sacheinlassungen, insb. zur Beurteilung der Glaubhaftigkeit und Glaubwürdigkeit; dies gilt insb. für die nicht selten vorkommende Fallgestaltung, in der nach Verlesung der Verteidigererklärung **vom Angeklagten keine Fragen mehr beantwortet werden** (grds. BGH StV 2021, 150 m.w.N.); vgl. auch BGH NStZ 2008, 173 [174]; NStZ 2008, 476; BGH, Beschl. v. 21.12.2021 – 3 StR 380/21). 24

IX. Erklärung zur Anklage (Abs. 5 Sätze 3 und 4). Diese durch das inzwischen in Kraft getretene Gesetz zur effektiveren und praxistauglicheren Ausgestaltung des Strafverfahrens eingeführte Änderung räumt dem Verteidiger auf Antrag unter besonderen, ersichtlich an den Voraussetzungen des § 76 Abs. 3 GVG orientierten Voraussetzungen vor Vernehmung des Angeklagten das Recht zur Abgabe einer Erklärung zur Anklage ein. Die Neuregelung soll zu einer offenen und effizienten Verfahrensführung beitragen, der Wahrung des rechtlichen Gehörs des Angeklagten dienen und der Verteidigung Gelegenheit bieten, »dem Gericht und den anderen Verfahrensbeteiligten, aber auch der Öffentlichkeit Einblick in die Sichtweise der Verteidigung zu gewähren« (BT-Drs. 18/11277, S. 33). Ein dringendes Bedürfnis für diese Regelung ist nur schwer erkennbar. Ist in einem umfangreichen Verfahren eine einvernehmliche Lösung in Form einer Absprache angestrebt, wird sich eine offene, kommunikative Verhandlungsatmosphäre von selbst einstellen. Ist eine konfrontative Prozessführung zu erwarten, wird die Neuregelung daran nichts ändern. Dass in einem solchen Fall die Verteidigung ihre Strategie zu Prozessbeginn offenlegt, ist zudem völlig fernliegend. Die Regelung, die auch noch an eine unbestimmte Voraussetzung wie die Prognose der Verhandlungsdauer anknüpft, ist daher bestenfalls überflüssig, ansonsten eher konfliktträchtig und daher mit Blick auf den Gesetzeszweck kontraproduktiv. 25

X. Feststellung der Vorstrafen (Abs. 5 Sätze 5 und 6). 1. Voraussetzung. Von Bedeutung sind nur solche Vorstrafen, die für die Urteilsfindung, insb. für die **Festsetzung der Rechtsfolgen**, verwertet werden können. Getilgte oder tilgungsreife Vorstrafen (§§ 51 Abs. 1, 66 BZRG) sind deshalb ausgenommen (Ausnahme: § 52 BZRG; vgl. LR/*Becker* § 243 m.N.z.Rspr.; MüKo-StPO/*Arnoldi* § 243 Rn. 76). 26

2. Zeitpunkt der Feststellung. Wann die Vorstrafen festgestellt werden, bestimmt der Vorsitzende im Rahmen seiner Sachleitungsbefugnis nach pflichtgemäßem Ermessen. **Frühestmöglicher Zeitpunkt** dafür ist die **Vernehmung des Angeklagten zur Sache** (BGH VRS 34, 219; OLG Stuttgart NJW 1973, 1941). Beim Umfang der Feststellung hat der Vorsitzende den Gesetzeszweck zu berücksichtigen, wonach der Angeklagte vor unnötiger Bloßstellung geschützt werden soll (vgl. BGHSt 27, 216 [218]). Um diesem Anliegen Rechnung zu tragen, ist es regelmäßig angezeigt und entspricht ständiger Praxis, die Vorstrafen erst zu einem späteren Zeitpunkt zu erörtern (LR/*Becker* § 243 Rn. 87; Meyer-Goßner/*Schmitt* § 243 Rn. 34). 27

C. Revision. I. Allgemeines. Wegen des sehr unterschiedlichen Regelungsgehaltes der Bestimmung ist hier **zu differenzieren.** Regelmäßig kann eine Revisionsrüge jedenfalls nicht darauf gestützt werden, der Aufruf der Sache oder die Präsenzfeststellung (Abs. 1) hätten gänzlich gefehlt oder seien unzulänglich gewesen (OK-StPO/*Gorf* § 243 Rn. 59). Entsprechendes gilt für die Beanstandung, Zeugen sei vor ihrer Vernehmung 28 die Anwesenheit in der Hauptverhandlung gestattet worden (Abs. 2 Satz 1; zur Ausnahme Rdn. 5) oder der vom Vorsitzenden gewählte Zeitpunkt für die Feststellung der Vorstrafen (Abs. 5 Satz 3, 4) sei nicht geeignet gewesen.

29 **II. § 243 Abs. 1.** Da der **Aufruf der Sache kein wesentlicher Teil der Hauptverhandlung** ist, kann auch der absolute Revisionsgrund des § 338 Nr. 5 nicht geltend gemacht werden (RGSt 58, 180; SK-StPO/*Frister* § 243 Rn. 8). I.Ü. wird auf Rdn. 3 verwiesen.

30 **III. § 243 Abs. 2 Satz 1. Ausnahmsweise** kann eine **Verletzung der Aufklärungspflicht** (§ 244 Abs. 2) mit der Begründung geltend gemacht werden, der vor seiner Vernehmung in der Hauptverhandlung anwesende Zeuge hätte bei Abwesenheit anders ausgesagt (BGH NJW 1987, 3088 [3090]; a.A. wohl SK-StPO/*Frister* § 243 Rn. 88). Angesichts der insoweit bestehenden Darlegungsanforderungen (§ 344 Abs. 2 Satz 2) dürfte dieser Rüge jedoch **kaum praktische Bedeutung** zukommen.

31 **IV. § 243 Abs. 2 Satz 2.** Der Angeklagte kann rügen, dass seine Vernehmung zu den persönlichen Verhältnissen bei anschließend verweigerter Sacheinlassung zu Angaben geführt hat, die im Urteil verwertet wurden, **ohne dass er zuvor über seine Aussagefreiheit (Abs. 5 Satz 1) belehrt wurde** (LR/*Becker* § 243 Rn. 95 m.w.N.).

32 **V. § 243 Abs. 3.** Ist der **Anklagesatz nicht oder nicht vollständig verlesen** worden, kann dies mit einer Verfahrensrüge beanstandet werden; das Urteil wird auf dem Fehler auch regelmäßig beruhen (BGH NStZ 2000, 214; Meyer-Goßner/*Schmitt* § 243 Rn. 38). Eine Ausnahme kommt nur dann in Betracht, wenn bei einem einfach gelagerten Sachverhalt sichergestellt ist, dass die Prozessbeteiligten über den Tatvorwurf zweifelsfrei in anderer Form unterrichtet waren (BGH StV 2020, 827; BGHR StPO § 243 Abs. 3 Anklagesatz 2).

33 **VI. § 243 Abs. 4.** Der BGH geht in inzwischen gefestigter Rspr. davon aus, dass ein Beruhen des Urteils auf dem Verstoß gegen die Mitteilungspflicht im Regelfall nicht ausgeschlossen werden kann und hat daher entsprechende Verfahrensfehler in die Nähe eines absoluten Revisionsgrundes gerückt (zsfd. BGHSt 60, 150; ebenso BGH StraFo 2016, 470; BGH NStZ 2020, 93 m.w.N.; in der Tendenz abschwächend der 3. Strafsenat in BGH NJW 2016, 513 m.Anm. *Strate* NJW 2016, 450 u. Anm. *Allgayer* NStZ 2016, 227 sowie in wistra 2016, 164; ebenso Meyer-Goßner/*Schmitt* § 243 Rn. 38a; MüKo-StPO/*Arnoldi* § 243 Rn. 96). Eine Rügeobliegenheit nach § 238 Abs. 2 StPO besteht insoweit nicht (BGH NJW 2014, 2514). Ein Beruhen kann auch dann regelmäßig nicht ausgeschlossen werden, wenn tatsächlich keine Verständigung erreicht wurde; auch in einem solchen Fall kann nicht ausgeschlossen werden, dass das Prozessverhalten des Angeklagten durch die vorangegangenen Verständigungsgespräche beeinflusst worden ist (BGH NJW 2014, 2514 [2516]). Ist die Negativmitteilung unterblieben, ist zwar die Mitteilungspflicht auch dann verletzt, wenn es tatsächlich keine Gespräche vor der Hauptverhandlung gegeben hat (BGH NStZ 2015, 294), die Rspr. schließt aber dann ein Beruhen aus, wenn feststeht, dass tatsächlich über eine Verständigung nicht gesprochen wurde (BGH NStZ 2015, 232; BGH NStZ 2015, 416) oder wenn der Prozessverlauf trotz stattgefundener Gespräche nicht beeinflusst worden ist (BGH NStZ 2014, 221 [222 f.]). Prüfungsmaßstab für den Beruhensausschluss ist immer die drohende Gefahr der Beeinträchtigung oder gar des Unterlaufens des in den Vorschriften über die Verständigung zum Ausdruck kommenden Schutzkonzepts, gerade auch im Hinblick auf die Selbstbelastungsfreiheit des Angeklagten (ausf. BGHSt 60, 150 [152 f.]; BGH NStZ-RR 2014, 315 [»schmaler Grat« der Beruhensprüfung]; vgl. auch *Landau* NStZ 2014, 425 [430]). Im Mittelpunkt der Erwägungen zum Beruhen steht daher regelmäßig die mögliche Beeinflussung des Einlassungsverhaltens durch den konkreten Gesprächsablauf. Die Rspr. des BGH ist deshalb in diesem Punkt in besonderer Weise von den Umständen des Einzelfalles geprägt (vgl. nur BGH NStZ 2014, 86 [schweigender Angeklagter]; BGH StRR 2015, 162 [bestreitender Angeklagter]; BGH NStZ 2015, 178 [Bestreiten, aber Entschuldigung im letzten Wort]; BGH NStZ-RR 2014, 315 [ausdrückliche Weigerung zur Mitwirkung an einer Verständigung]; ähnlich BGH NStZ 2014, 86; BGH NStZ-RR 2014, 211 [Kenntnis von Verständigungsbemühungen bei Mitangeklagten ohne Bedeutung]).

34 Die Zulässigkeit einer Rüge der Verletzung von Abs. 4 setzt nicht voraus, dass der Revisionsführer zuvor den Weg des § 238 Abs. 2 beschritten hat (BGHSt 59, 252 = NJW 2014, 2514). Wie sonst auch erfordert § 344 Abs. 2 Satz 2 die Behauptung eines bestimmten Rechtsfehlers, hier also, dass Erörterungen stattgefunden haben, die nicht Gegenstand einer Mitteilung nach Abs. 4 waren. Die Angriffsrichtung der vorgetragenen Verfahrensrüge bestimmt den revisionsgerichtlichen Prüfungsumfang (BGH NStZ 2013, 671). Es ist nicht Sache des Revisionsgerichts, ohne konkreten Revisionsangriff den gesamten Verständigungsprozess auf mögliche Verstöße gegen Mitteilungs- und Protokollierungspflichten zu durchforschen (BGH, Beschl. v. 15.03.2016 – 5 StR 43/16). Dargetan werden muss ein Informationsdefizit, das die Transparenz

der Verständigung, die Möglichkeit einer effektiven Kontrolle durch die Öffentlichkeit, die Staatsanwaltschaft und das Rechtsmittelgericht oder die Willensfreiheit des Angeklagten gefährden könnte (BGH NStZ 2015, 48; NStZ 2017, 424). Erforderlich ist danach der Vortrag dahin, dass überhaupt Erörterungen im Sinne von Abs. 4 stattgefunden haben und welchen Inhalt diese gegebenenfalls hatten (BGHSt 58, 315 [316]; zu den Darlegungsanforderungen bei Fehlen der Negativmitteilung, die dem Revisionsgericht ausnahmsweise die Beruhensprüfung ermöglichen sollen, BGH NJW 2015, 266; anders BGH NStZ 2015, 232 [Einholung dienstlicher Äußerungen]). Wird die fehlende Rechtzeitigkeit der Mitteilung gerügt, bedarf es eingehenden Vortrags zum zeitlichen Ablauf des Verständigungsgeschehens (BGH NStZ 2018, 419).

VII. § 243 Abs. 5 Satz 1. Der **unterbliebene Hinweis auf die Aussagefreiheit** kann die Revision begründen, 35 da es sich nicht um eine bloße Ordnungsvorschrift handelt (BGHSt 25, 325; Meyer-Goßner/*Schmitt* § 243 Rn. 39; KK-StPO/*Schneider* § 243 Rn. 128). Die vom BGH geforderten Darlegungen zur Begründung der Rüge (§ 344 Abs. 2 Satz 2; vgl. BGHSt 25, 325 [331]) betreffen das Beruhen und werden im Schrifttum zu Recht kritisiert (KK-StPO/*Schneider* § 243 Rn. 128; Meyer-Goßner/*Schmitt* § 243 Rn. 39; SK-StPO/*Frister* § 243 Rn. 95; vgl. aber auch BGHSt 38, 214). **Mitangeklagte** können einen Belehrungsverstoß, der sie selbst nicht betrifft, nicht rügen (st. Rspr.; vgl. nur BGH NStZ 2008, 168; KK-StPO/*Schneider* § 243 Rn. 129).

VIII. § 243 Abs. 5 Satz 2. Eine **unzulängliche Vernehmung des Angeklagten zur Sache** ist regelmäßig 36 nicht revisibel; sie würde auf die Rüge der Nichtausschöpfung eines Beweismittels hinauslaufen (Meyer-Goßner/*Schmitt* § 243 Rn. 40 m.w.N.). Eine Klärung des Inhalts der Einlassung des Angeklagten zur Feststellung von Widersprüchen mit den Urteilsgründen ist unzulässig (BGH NStZ 2009, 282 [283]). Will der Angeklagte rügen, eine Erklärung seines Verteidigers sei ihm zu Unrecht zugerechnet und als seine Sacheinlassung gewertet worden, bedarf es einer auf die Verletzung von § 261 gestützten Verfahrensrüge; hat er sich zusätzlich selbst eingelassen, steht dem Erfolg der Rüge regelmäßig das Rekonstruktionsverbot entgegen (vgl. Meyer-Goßner/*Schmitt* Rn. 40).

Der Angeklagte **kann jedoch rügen**, er habe sich **nicht ungehindert im Zusammenhang zur Sache äußern** 37 können, und zwar auch dann, wenn er diese Einlassung **nach Beginn der Beweisaufnahme** machen will und/oder diese Absicht angekündigt hat (BGH NStZ 2000, 549; 1997, 198; StV 1990, 245; StV 1986, 370). Es kommt der Revisionsgrund nach § 338 Nr. 8 in Betracht, was eine vorherige Anrufung des Gerichts voraussetzt (BGH NStZ 1997, 198). Einzelne Fragen von Prozessbeteiligten oder Vorhalte stellen das ungehinderte Äußerungsrecht indes nicht infrage; eine Verletzung von § 243 Abs. 5 Satz 2 kommt aber bspw. in Betracht, wenn der Angeklagte auf derartige Fragen oder Vorhalte auf seinem Recht zur vorherigen zusammenhängenden Äußerung beharrt und ihm daraufhin das Wort entzogen wird (*Schlothauer/Weider* Verteidigung im Revisionsverfahren Rn. 753). Eine unzulässige Beschränkung kann auch darin liegen, dass dem Angeklagten die **Verlesung einer schriftlichen Einlassung verwehrt** wird (BGH NStZ 1997, 198). Das Revisionsgericht wird zur Prüfung des Beruhens regelmäßig auf den Inhalt der schriftlichen Unterlagen zurückgreifen (BGH NStZ-RR 2015, 81 [82]). Ein Verstoß gegen § 243 Abs. 5 Sätze 3 und 4 kommt u.a. in Betracht, wenn das Gericht seinen Beurteilungsspielraum hinsichtlich der zu erwartenden Verhandlungsdauer willkürlich ausübt. Entsprechendes gilt hinsichtlich des Verweises auf die schriftliche Einreichung bei zu befürchtender erheblicher Verzögerung des Verfahrensablaufs. Ob das Urteil darauf beruhen kann, dass das Gericht dem Verteidiger das Recht zur Erklärung nach § 243 Abs. 5 Sätze 3 und 4 verweigert, ist mit Blick auf dessen Recht zum Schlussvortrag und das letzte Wort des Angeklagten (§ 258 Abs. 2 StPO) zumindest fraglich.

§ 244 Beweisaufnahme; Untersuchungsgrundsatz; Ablehnung von Beweisanträgen

(1) Nach der Vernehmung des Angeklagten folgt die Beweisaufnahme.

(2) Das Gericht hat zur Erforschung der Wahrheit die Beweisaufnahme von Amts wegen auf alle Tatsachen und Beweismittel zu erstrecken, die für die Entscheidung von Bedeutung sind.

(3) Ein Beweisantrag liegt vor, wenn der Antragsteller ernsthaft verlangt, Beweis über eine bestimmt behauptete konkrete Tatsache, die die Schuld- oder Rechtsfolgefrage betrifft, durch ein bestimmt bezeichnetes Beweismittel zu erheben und dem Antrag zu entnehmen ist, weshalb das bezeichnete Beweismittel die behauptete Tatsache belegen können soll. Ein Beweisantrag ist abzulehnen, wenn die Erhebung des Beweises unzulässig ist. Im Übrigen darf ein Beweisantrag nur abgelehnt werden, wenn

1. eine Beweiserhebung wegen Offenkundigkeit überflüssig ist,
2. die Tatsache, die bewiesen werden soll, für die Entscheidung ohne Bedeutung ist,
3. die Tatsache, die bewiesen werden soll, schon erwiesen ist,
4. das Beweismittel völlig ungeeignet ist,
5. das Beweismittel unerreichbar ist oder

6. eine erhebliche Behauptung, die zur Entlastung des Angeklagten bewiesen werden soll, so behandelt werden kann, als wäre die behauptet Tatsache wahr.

(4) Ein Beweisantrag auf Vernehmung eines Sachverständigen kann, soweit nichts anderes bestimmt ist, auch abgelehnt werden, wenn das Gericht selbst die erforderliche Sachkunde besitzt. Die Anhörung eines weiteren Sachverständigen kann auch dann abgelehnt werden, wenn durch das frühere Gutachten das Gegenteil der behaupteten Tatsache bereits erwiesen ist; dies gilt nicht, wenn die Sachkunde des früheren Gutachters zweifelhaft ist, wenn sein Gutachten von unzutreffenden tatsächlichen Voraussetzungen ausgeht, wenn das Gutachten Widersprüche enthält oder wenn der neue Sachverständige über Forschungsmittel verfügt, die denen eines früheren Gutachters überlegen erscheinen.

(5) Ein Beweisantrag auf Einnahme eines Augenscheins kann abgelehnt werden, wenn der Augenschein nach dem pflichtgemäßen Ermessen des Gerichts zur Erforschung der Wahrheit nicht erforderlich ist. Unter derselben Voraussetzung kann auch ein Beweisantrag auf Vernehmung eines Zeugen abgelehnt werden, dessen Ladung im Ausland zu bewirken wäre. Ein Beweisantrag auf Verlesung eines Ausgangsdokuments kann abgelehnt werden, wenn nach pflichtgemäßem Ermessen des Gerichts kein Anlass besteht, an der inhaltlichen Übereinstimmung mit dem übertragenen Dokument zu zweifeln.

(6) Die Ablehnung eines Beweisantrages bedarf eines Gerichtsbeschlusses. Einer Ablehnung nach Satz 1 bedarf es nicht, wenn die beantragte Beweiserhebung nichts Sachdienliches zu Gunsten des Antragstellers erbringen kann, der Antragsteller sich dessen bewusst ist und er die Verschleppung des Verfahrens bezweckt; die Verfolgung anderer verfahrensfremder Ziele steht der Verschleppungsabsicht nicht entgegen. Nach Abschluss der von Amts wegen vorgesehenen Beweisaufnahme kann der Vorsitzende eine angemessene Frist zum Stellen von Beweisanträgen bestimmen. Beweisanträge, die nach Fristablauf gestellt werden, können im Urteil beschieden werden; dies gilt nicht, wenn die Stellung des Beweisantrages vor Fristablauf nicht möglich war. Wird ein Beweisantrag nach Fristablauf gestellt, sind die Tatsachen, die die Einhaltung der Frist unmöglich gemacht haben, mit dem Antrag glaubhaft zu machen.

Übersicht Rdn.

A. Regelungszweck und Anwendungsbereich. § 244 regelt – anknüpfend an § 243 – das Verfahren und die wesentlichen Grundsätze der **Beweisaufnahme** in der Tatsacheninstanz. Es handelt sich dabei um ein Verfahren mit einem abgeschlossenen Katalog an Beweismitteln (Strengbeweis), in dem Beweis über die Tatsachen erhoben wird, die nach Auffassung des Gerichts für die Entscheidung der Sache von Bedeutung sind (Abs. 2). Zwar sind die in diesem Zusammenhang vom Gericht zu entscheidenden Fragen über Art und Umfang der Beweisaufnahme systematisch von der Bewertung der Tatsachen, die Gegenstand der Beweisaufnahme geworden sind, zu unterscheiden. Letzteres ist Gegenstand der **Beweiswürdigung** (§ 261) nach dem Schluss der Beweisaufnahme. Die Entscheidung über Art und Umfang der Beweisaufnahme ist jedoch notwendigerweise mit der Bewertung der bereits erhobenen Beweise verbunden. Die hieraus resultierende Gefahr des Verlusts der Unvoreingenommenheit des Gerichts soll durch das **Beweisantragsrecht** der Verfahrensbeteiligten (Abs. 3 bis 6) kompensiert werden (AnwK/*Sommer* § 244 Rn. 3). Damit entsteht ein **Anspruch** der Verfahrensbeteiligten, die Beweisaufnahme – in den durch die Ablehnungsgründe der Abs. 3 bis 5 bzw. Abs. 6 gezogenen Grenzen – auf Umstände auszudehnen, deren Aufklärung das Gericht zur Erforschung der Wahrheit für nicht erforderlich hält (Alsberg/*Dallmeyer* Kap. 1 Rn. 14 ff.). 1

Durch das Beweisantragsrecht wird zum einen die Erkenntnisgrundlage verbreitert und diversifiziert mit der Folge, dass sich die Gewähr für die Richtigkeit der gerichtlichen Entscheidung erhöht. Zum anderen stellt der damit einhergehende **Beweiserhebungsanspruch** sicher, dass der Angeklagte nicht zum bloßen Objekt des Strafverfahrens wird, sondern die Möglichkeit hat, auf den Gang und das Ergebnis des Verfahrens Einfluss zu nehmen (BVerfG NJW 2004, 209, 211). Das Beweisantragsrecht konkretisiert damit zugleich den Anspruch des Angeklagten auf **rechtliches Gehör** (Art. 103 Abs. 1 GG) sowie das Recht auf ein **faires Verfahren**, die zu 2 den wesentlichen Grundsätzen eines rechtsstaatlichen Strafverfahrens gehören. Eingriffe in das Beweisantragsrecht müssen sich deshalb an den Gewährleistungen dieser zentralen Verfahrensgrundrechte messen lassen.

3 Das Beweisantragsrecht **als solches** zählt zum verfassungsrechtlich gewährleisteten **Mindestbestand** an verfahrensrechtlichen Mitwirkungsbefugnissen des Angeklagten (Alsberg/*Dallmeyer* Kap. 1 Rn. 1 ff.). Ob dies auch für das Beweisantragsrecht **in der vorliegenden Form** – insb. für die Einschränkung der Ablehnungsgründe – gilt, wird bestritten (*Landau* NStZ 2007, 121, 129; *Basdorf* StV 1995, 310, 311). Zur Rechtfertigung etwaiger weiterer Einschränkungen wird zumeist auf die – ebenfalls aus dem Rechtsstaatsprinzip abgeleiteten – Belange einer funktionsfähigen Strafrechtspflege sowie auf das Beschleunigungsgebot und den Opfer- bzw. Zeugenschutz Bezug genommen (statt vieler *Wehowsky* NStZ 2019, 59, 64 m.w.N.). Bei der Abwägung zwischen dem Beweiserhebungsinteresse des Antragstellers einerseits und diesen vermeintlich gegenläufigen Erfordernissen andererseits greift es allerdings zu kurz, die Gewichtung des Beweiserhebungsanspruchs nur im Hinblick auf die Hauptverhandlung und die unmittelbaren Auswirkungen eines Beweisbegehrens hierauf vorzunehmen. Vielmehr ist zu bedenken, dass das Übergewicht der Befugnisse von Polizei und Staatsanwaltschaft im Ermittlungsverfahren im Hinblick auf die faire Gestaltung des (gesamten) Verfahrens nur deshalb hinnehmbar erscheint, weil in der Beweisaufnahme ein angemessener Beteiligungsausgleich stattfindet (zutr. AnwK/*Sommer* § 244 Rn. 5). Eine etwaige Ausweitung der Ablehnungsgründe wäre jedenfalls nur so weit vertretbar, wie das Beweisantragsrecht als effektives Mittel, an dem **Verfahren als Ganzes** mitzuwirken und auf seinen Ausgang Einfluss zu nehmen, erhalten bliebe. Aus diesem Grund ist vor allem eine weitere Einschränkung des Beweiserhebungsanspruchs durch eine (über Abs. 5 hinausgehende) **Verknüpfung mit dem Untersuchungsgrundsatz** (Abs. 2) abzulehnen (KK-StPO/*Krehl* § 244 Rn. 66; a.A. offensichtlich *Wehowsky* NStZ 2019, 58, 64 f.). Die mit dem Gesetz zur effektiveren und praxistauglicheren Ausgestaltung des Strafverfahrens vom 17.08.2017 (BGBl. I, S. 3202) in Kraft getretene Ergänzung des Abs. 6 beeinträchtigte die Kommunikationsfunktion des Beweisantragsrechts zwar bereits in ganz erheblicher Weise (dazu *Hamm* StV 2018, 525; *Singelnstein/Derin* NJW 2017, 2646, 2651), der Beweiserhebungsanspruch des Antragstellers wurde dadurch aber (noch) nicht derart verkürzt, dass die Teilhaberechte insb. des Angeklagten in unvertretbarer Weise eingeschränkt wurden (gleichwohl zu Recht krit. KK-StPO/*Krehl* § 244 Rn. 87a). Mit dem Gesetz zur Modernisierung des Strafverfahrens vom 10.12.2019 (BGBl. I, S. 2121) trat in der Gestalt des Abs. 6 Satz 2 jedoch eine weitere Einschränkung in Kraft, die nicht nur den darin geregelten Bereich der Verschleppungsabsicht betrifft, sondern darüber hinaus zu einer substanziellen Entwertung der formellen Voraussetzungen für die Ablehnung von Beweisanträgen insgesamt und damit zu einer Entkernung des Beweisantragsrechts führen kann (so ausdr. Meyer-Goßner/*Schmitt* § 244 Rn. 92; 93g). Ob das Beweisantragsrecht als effektives Mitwirkungs- und Gestaltungsrecht erhalten bleibt, wird daher maßgeblich vom Umgang mit dieser Vorschrift in der Praxis abhängen.

4 § 244 gilt **nicht** für sämtliche Verfahrensarten und für alle Verfahrensbeteiligten in gleicher Weise. **Abs. 3 bis 5** gelten nicht für die Hauptverhandlung vor dem Strafrichter im Privatklageverfahren (§ 384 Abs. 3), im beschleunigten Verfahren (§ 420 Abs. 4), im Verfahren nach Strafbefehl (§§ 411 Abs. 2 Satz 2 i.V.m. 420 Abs. 4) und im Bußgeldverfahren (§ 77 Abs. 1, Abs. 2 Nr. 1 OWiG). Über Beweisanträge hat der Strafrichter daher ausschließlich nach Maßgabe der Aufklärungspflicht (§ 244 Abs. 2) zu entscheiden; die Ablehnung eines Antrages muss er dennoch begründen, weil die Verfahrensbeteiligten wissen müssen, aus welchem Grund das Gericht die beantragte Beweiserhebung für entbehrlich hält (LR/*Becker* § 244 Rn. 2). Entsprechendes gilt für Beweisanträge des Einziehungsbeteiligten zur Schuld des Angeklagten (§ 430 Abs. 2) auch im selbstständigen Einziehungsverfahren (§ 435 Abs. 3). § 444 erstreckt diese Regelung auch auf Nebenbeteiligte. Auf Beweisanträge des Nebenbetroffenen (§ 438) sind Abs. 3 Satz 2 sowie Abs. 4 bis 6 ebenfalls nicht anzuwenden, soweit diese die Schuld des Angeklagten zum Gegenstand haben (§§ 438 Abs. 3 i.V.m. 430 Abs. 2 – s. dazu BGH, Beschl. v. 10.10.2018 – 5 StR 389/18).

5 **B. Beweisaufnahme (Abs. 1). I. Begriff.** Die **Beweisaufnahme im engeren Sinne** ist der sich an die etwaige Vernehmung des Angeklagten (§ 243 Abs. 5 Satz 2) anschließende Teil der Hauptverhandlung, in dem das Gericht die tatsächliche Grundlage seiner Entscheidung über Schuld- und Rechtsfolgenausspruch im Strengbeweisverfahren erarbeitet. Die darüber hinausgehende Tätigkeit des Gerichts, mit dem es sich Gewissheit über das Vorliegen entscheidungserheblicher Umstände verschafft, gehört zur Beweisaufnahme **im weiteren – materiellen – Sinne**. Die sich daraus ergebenden Umstände konstituieren den Inbegriff der Hauptverhandlung i.S.d. § 261 und können zum Gegenstand der Urteilsfindung werden. Dies gilt z.B. für die Wahrnehmung des Verhaltens eines Zeugen vor und während seiner Vernehmung. Hieraus kann das Gericht Schlussfolgerungen auf die Glaubwürdigkeit eines Zeugen und die Glaubhaftigkeit seiner Aussage ziehen, obwohl derartige Beobachtungen kein formeller Augenschein sind (LR/*Becker* § 244 Rn. 3).

Die **Vernehmung des Angeklagten** gehört nicht zur Beweisaufnahme im engeren Sinne; sie zählt jedoch zur Beweisaufnahme **im materiellen Sinne** (KK-StPO/*Krehl* § 244 Rn. 2); d.h. sie gehört zum Inbegriff der Hauptverhandlung, den das Gericht bei seiner Überzeugungsbildung zu berücksichtigen hat (BGHSt 28, 196, 198; Meyer-Goßner/*Schmitt* § 244 Rn. 2). Gleiches gilt für Erklärungen des Verteidigers, soweit diese dem Angeklagten zurechenbar sind. Des Weiteren darf das Gericht Äußerungen eines Angeklagten über den Tatbeitrag eines Mitangeklagten schon entgegennehmen, bevor sich der Mitangeklagte zur Sache geäußert hat (LR/*Becker* § 244 Rn. 5). 6

Aus Abs. 1 folgt nach h.M. **nicht**, dass **in jedem Fall** in der Hauptverhandlung eine Beweisaufnahme durchzuführen ist. Vielmehr soll das Gericht eine Verurteilung **allein auf das Geständnis** des Angeklagten stützen können, wenn dieses dem Gericht die volle Überzeugung von der Täterschaft des Angeklagten verschaffen kann und eine ausreichende Grundlage für den Rechtsfolgenausspruch darstellt (BGHSt 39, 291, 303; 50, 40, 49; BGH NStZ 2009, 467). Ob ein Geständnis ausreicht, soll von seiner Plausibilität und seinem Informationsgehalt einerseits und von der Eigenart des jeweiligen Tatvorwurfs andererseits abhängen (LR/*Becker* § 244 Rn. 9). Das wird jedoch zumeist nur in sehr einfach gelagerten Fällen (vor dem Strafrichter) der Fall sein. Im Regelfall muss sich das Gericht in der Beweisaufnahme – etwa durch die Vernehmung einer Ermittlungsperson – zumindest davon überzeugen, ob das Geständnis mit den Ermittlungsergebnissen übereinstimmt (BGH StV 2014, 723; NStZ 2009, 467; OLG Celle StV 2011, 241; für eine weitergehende Prüfungspflicht *Eschelbach* FS Rissing-van Saan, S. 115, 136 ff.). Legt der Angeklagte sein Geständnis als Folge einer **Absprache** nach § 257c StPO ab, muss – wegen der erhöhten Gefahr eines falschen Geständnisses – stets eine Beweisaufnahme stattfinden, in der das Gericht die Richtigkeit des Geständnisses überprüft (BVerfG NJW 2013, 1058, 1063). Es genügt in der Regel nicht, das verständigungsbasierte Geständnis durch einen bloßen Abgleich mit der Aktenlage zu überprüfen (BVerfG a.a.O.; *Schmitt* StraFo 2012, 386, 387 f.). 7

Die Durchführung der Beweisaufnahme ist eine Aufgabe der **Verhandlungsleitung** i.S.d. § 238 Abs. 1 (zum Fragerecht s. §§ 240 bis 241a) und obliegt damit dem **Vorsitzenden**, der insb. die **Abfolge** der Beweiserhebungen zu bestimmen hat (KK-StPO/*Schneider* § 238 Rn. 3). Aus Gründen der Prozessökonomie sowie zur Schonung des Angeklagten sollten zunächst die Beweise zur Schuldfrage erhoben werden und erst anschließend diejenigen Beweiserhebungen durchgeführt werden, die für den Rechtsfolgenausspruch von Bedeutung sind (LR/*Becker* § 244 Rn. 38). 8

II. Gegenstand der Beweisaufnahme. 1. Tatsachen. Gegenstand der Beweisaufnahme sind **Tatsachen**, also Geschehnisse und Zustände (Sachverhalte) in der Vergangenheit oder Gegenwart (statt aller: BGH NStZ 2006, 585, 586). Hierunter fallen sowohl das sinnlich wahrnehmbare **äußere Geschehen** (Erlebnisse, Beobachtungen, Zustände, Umstände, Vorgänge, Beschaffenheiten) als auch **innerpersonale psychische Tatsachen** wie Pläne, Ansichten, Motive oder Gedanken (KK-StPO/*Krehl* § 244 Rn. 3). Auch die Behauptung, dass sich ein Geschehnis nicht ereignet hat oder ein Zustand nicht bestand (sog. **Negativtatsache**) kann eine dem Beweis zugängliche Tatsache sein (LR/*Becker* § 244 Rn. 5; s. dazu unten Rdn. 87 f.). Durch diesen weiten Tatsachenbegriff sind i.E. lediglich nicht objektivierbare Bewertungen und Vorhersagen sowie der Inhalt und die Auslegung der anzuwendenden inländischen Rechtsvorschriften und Rechtsbegriffe aus der Beweisaufnahme ausgenommen (AnwK/*Sommer* § 244 Rn. 7). Gleiches gilt für Entscheidungen anderer Gerichte in (vermeintlich) vergleichbaren Fällen (BGHSt 25, 207). Das Gericht ist allerdings nicht gehindert, sich im Freibeweisverfahren über den Inhalt von **Gewohnheitsrecht** sowie **ausländischem und internationalem Recht** kundig zu machen (BGH NJW 1994, 3364, 3366; LR/*Becker* § 244 Rn. 8). Auch die Existenz und Bedeutung von **Erfahrungssätzen**, die die zwischen tatsächlichen Vorgängen erfahrungsgemäß bestehenden Kausalzusammenhänge oder die aus bestimmten Vorgängen erfahrungsgemäß zu ziehenden Schlussfolgerungen beschreiben, können Gegenstand des (Sachverständigen-) Beweises sein (KK-StPO/*Krehl* § 244 Rn. 3; 7). 9

Über **offenkundige Tatsachen** findet eine Beweiserhebung nicht statt (Graf/*Bachler* § 244 Rn. 4; s.a., unten Rdn. 189 ff.). Offenkundig ist eine Tatsache dann, wenn sie allgemein- oder gerichtskundig ist. **Allgemeinkundig** ist eine Tatsache, wenn sich ihre Wahrheit aus allgemein zugänglichen Quellen ergibt und für jedermann unmittelbar einsichtig ist (BGHSt 40, 97, 99: Judenmord durch die Nationalsozialisten). **Gerichtskundig** sind Tatsachen, die ein Richter im Zusammenhang mit seiner dienstlichen Tätigkeit zuverlässig in Erfahrung gebracht hat (BGHSt 45, 354, 357; *Stackmann* NJW 2010, 1409). Auch hierüber ist in der Regel kein Beweis zu erheben; zur Wahrung des rechtlichen Gehörs ist jedoch – anders als bei offenkundigen Tatsachen (dazu LR/*Becker* § 244 Rn. 10; 213) – ihre **ausdrückliche Mitteilung** in der Hauptverhandlung erforderlich (BGH NStZ-RR 2010, 20, 21). Schließlich kann nach h.M. auch der **Gang und der Inhalt der Beweisaufnahme** nicht Gegenstand der Beweisaufnahme in derselben Hauptverhandlung sein (Graf/*Bachler* § 244 Rn. 7). Deshalb findet **keine Wiederholung** einer bereits durchgeführten **Beweiserhebung** statt, etwa darüber, was ein Zeuge in seiner vorausgegangenen Vernehmung in der Hauptverhandlung tatsächlich 10 bekundete. Etwas anderes gilt, wenn ein bereits vernommener Zeuge zu Umständen befragt werden soll, die noch nicht Gegenstand seiner bisherigen Aussage waren (BGH NStZ 2006, 406).

11 **2. Haupttatsachen, Indiztatsachen, Hilfstatsachen.** Beweistatsachen werden in Haupttatsachen und Indizien (mittelbare Tatsachen) sowie in Hilfstatsachen (als Unterfall der Indizien) untergliedert (LR/*Becker* § 244 Rn. 7). **Haupttatsachen** füllen die Merkmale des gesetzlichen Tatbestandes aus, ohne dass es weiterer Zwischenschritte zur Subsumtion der Tatsache unter die in Betracht kommende Norm bedarf (KK-StPO/*Krehl* § 244 Rn. 4). Sie sind daher unmittelbar entscheidungserheblich (s. dazu unten Rdn. 198). **Indizien** sind demgegenüber (nur) mittelbar entscheidungserhebliche Beweistatsachen, die – für sich genommen oder in Verbindung mit anderen Indizien – mittels der Anwendung von Denkgesetzen oder Erfahrungssätzen einen zwingenden oder einen möglichen Schluss auf eine Haupttatsache zulassen (LR/*Becker* § 244 Rn. 7). Hierzu zählen auch die sog. **Hilfstatsachen,** die der Beurteilung des Beweiswertes eines Beweismittels dienen (vgl. BGH NStZ 2000, 437, 438: Glaubhaftigkeit einer Zeugenaussage) sowie Erfahrungssätze (KK-StPO/*Krehl* § 244 Rn. 7).

12 **3. Strengbeweis und Freibeweis.** Nach h.M. ist das sog. **Strengbeweisverfahren** i.S.d. Abs. 1 (nur) für diejenigen Tatsachen und Erfahrungssätze erforderlich, die für den Schuldspruch oder Rechtsfolgenausspruch i.S.d. § 267 unmittelbar von Bedeutung sein können. Ist dies nicht der Fall, so kann das Gericht den Sachverhalt im **Freibeweisverfahren** ermitteln.

13 **a) Strengbeweis.** Die Beweisaufnahme i.S.d. Abs. 1 bezeichnet denjenigen Teil der Hauptverhandlung, in dem das Gericht unter Verwendung der in §§ 244 bis 256 genannten Beweismittel unter Beachtung der Prozessmaximen der Mündlichkeit, Unmittelbarkeit und Öffentlichkeit diejenigen Tatsachen und Erfahrungssätze aufzuklären hat, auf deren Grundlage das Gericht über den Schuldspruch und Rechtsfolgenausspruch zu entscheiden hat (BGH StV 2006, 118, 119; Graf/*Bachler* § 244 Rn. 8; Meyer-Goßner/*Schmitt* § 244 Rn. 6). Dem Strengbeweisverfahren unterfallen – mit Einschränkungen – auch die Entscheidungen über die **Kosten und Auslagen** des Verfahrens sowie ggf. über die **Entschädigung** des Angeklagten nach dem StrEG (LR/*Becker* § 244 Rn. 31). Der Katalog der Beweismittel ist **abschließend – Zeugen, Sachverständige, Urkunden und Augenschein** –, weil das Gesetz nur diese vier Beweisarten nennt. Hieran haben sich die Verfahrensbeteiligten zu halten (LR/*Becker* § 244 Rn. 17; KK-StPO/*Krehl* § 244 Rn. 18); aus dem Grundsatz der freien Beweiswürdigung folgt nichts anderes. Daher ist es unzulässig, Tatsachen, die für den Schuldspruch oder Rechtsfolgenausspruch von Bedeutung sein können, durch eine sog. **informatorische Befragung** eines Zeugen (oder Sachverständigen) in die Hauptverhandlung einzuführen (BGHSt 33, 217, 221).

14 Für die Vernehmung von Zeugen und Sachverständigen, die Verlesung von Urkunden sowie die Vorführung von Bild-Ton-Aufzeichnungen früherer Vernehmungen (zur Einordnung LR/*Becker* § 244 Rn. 19) gelten die Vorschriften der §§ 244 bis 247, für Zeugen und Sachverständige zudem die Vorschriften des 6. und 7. Abschnitts (§§ 48 ff., 72 ff.), soweit diese auf die Hauptverhandlung übertragbar sind (ausführlich KK-StPO/*Krehl* § 244 Rn. 19 ff.).

15 Der **Augenschein** wird in Abs. 5 Satz 1 zwar erwähnt; weitergehende Regelungen enthält das Gesetz jedoch nicht. Alles, was der eigenen sinnlichen Wahrnehmung der Verfahrensbeteiligten unmittelbar oder durch Vermittlung anderer Personen oder durch technische Geräte zugänglich ist, die Verfahrensbeteiligten also selbst sehen, hören, fühlen, riechen oder schmecken können, kann Gegenstand des Augenscheins sein (*Eisenberg* BR Rn. 2220). Dazu zählen Tatwerkzeuge, Tatorte, die äußere Beschaffenheit von Urkunden, Lichtbilder (einschließlich Radarfotos), Zeichnungen, insb. Tatort- bzw. Unfallskizzen (dazu LR/*Becker* § 244 Rn. 20), Film- und Fernsehaufzeichnungen sowie Tonaufnahmen in jeder technischen Aufnahme- und Speicherform (KK-StPO/*Krehl* § 244 Rn. 22). Durch die Inaugenscheinnahme (Vorführung bzw. Abspielen) wird auch der darin **verkörperte gedankliche Inhalt** zum Gegenstand der Beweisaufnahme (BGHSt 14, 339, 341; 27, 135, 136). Durch den Inaugenschein einer Urkunde kann in der Regel nur deren Vorhandensein und äußere Beschaffenheit, nicht jedoch deren Inhalt bewiesen werden. Hierfür muss die Urkunde verlesen werden, es sei denn, der gedankliche Inhalt kann selbst bei flüchtigem Betrachten gleichsam auf einen Blick mit erfasst werden. In diesem Fall wird auch der Wortlaut der Urkunde durch den Augenschein Gegenstand der Beweisaufnahme (BGH NStZ 2014, 606, 607).

16 Die **Beobachtungen**, die das Gericht während der Einlassung oder Vernehmung des Angeklagten bzw. der Vernehmung eines Zeugen oder Sachverständigen macht, sind hingegen nicht Gegenstand des Augenscheins, sondern **Teil der Vernehmung** und als solche Gegenstand der Beweisaufnahme im materiellen Sinne (LR/*Becker* § 244 Rn. 23). Gleiches gilt für die **Gegenüberstellung**, sei es zum Zwecke der Überprüfung des Aussageinhalts, der Aussagekonstanz und der Suggestibilität (KK-StPO/*Krehl* § 244 Rn. 23), sei es zum Zwecke der Identifizierung (LR/*Becker* § 244 Rn. 27). **Experimente, Versuche** und **Rekonstruktionen** sind nur dann

zulässig, wenn sie sich einem Beweismittel zuordnen lassen. Dabei können einzelne Teile des Experiments, Versuchs oder der Rekonstruktion verschiedenen Beweismitteln zuzuordnen sein. In diesem Fall sind für jeden Teil die jeweils geltenden spezifischen Regelungen zu beachten (ausführlich KK-StPO/*Krehl* § 244 Rn. 23 ff.). Werden der Angeklagte oder ein Zeuge dabei zum Gegenstand einer **körperlichen Untersuchung**, sind zudem die §§ 81a ff. maßgebend.

b) **Freibeweis.** Obwohl der Gesetzgeber den Freibeweis nur in § 251 Abs. 3 ausdrücklich anerkannt hat, soll er nach h.M. darüber hinaus überall dort Anwendung finden, wo die Beweisaufnahme nicht nach den Regeln des Strengbeweises stattzufinden hat. Er kann also auf alle Umstände erstreckt werden, die nicht unmittelbar für den Schuldspruch und den Rechtsfolgenausspruch von Bedeutung sind (LR/*Becker* § 244 Rn. 30). Deshalb dürfen alle strafrechtlichen Ermittlungen, die **vor oder außerhalb der Hauptverhandlung** stattfinden, im Freibeweisverfahren vorgenommen werden (Meyer-Goßner/*Schmitt* § 244 Rn. 7). 17

Gleiches gilt in der Hauptverhandlung für die Feststellung von **Prozessvoraussetzungen** und **sonstigen prozesserheblichen Tatsachen**, die die Zulässigkeit oder den Fortgang des Verfahren oder die Zulässigkeit einzelner Prozesshandlungen betreffen (BGHSt 45, 354, 361 f.; BGH NStZ 2003, 558, 559; Einzelheiten bei LR/*Becker* § 244 Rn. 33; KK-StPO/*Krehl* § 244 Rn. 16 f.; Alsberg/*Dallmeyer* Kap. 2 Rn. 67 ff.), und zwar auch dann, wenn sie die Urteilsgrundlagen – wie etwa bei der Annahme eines **Beweisverbotes** (dazu BGHSt 44, 129, 138; 55, 1, 5; OLG Hamm StraFo 1999, 92, 93) oder eines **Prozesshindernisses** – unmittelbar beeinflussen (BGH NStZ-RR 1999, 259). Entscheidend ist hier allein, ob das Gericht auf der Grundlage der ermittelten Umstände eine rein verfahrensrechtliche Entscheidung zu treffen hat oder nicht. Etwaige Auswirkungen auf den Ausgang der Verfahrens bleiben außer Betracht (LR/*Becker* § 244 Rn. 30). 18

Im **Revisionsverfahren** gilt ausschließlich das Freibeweisverfahren (Meyer-Goßner/*Schmitt* § 244 Rn. 7; § 351 Rn. 3). Das Revisionsgericht kann – unter Beachtung des § 274 Satz 1 – die für seine Entscheidung erforderlichen Prozesstatsachen freibeweislich ermitteln, wenn der Tatrichter die entsprechenden Feststellungen nicht bzw. nicht rechtsfehlerfrei getroffen hat. Sind Feststellungen hingegen vorhanden und weisen diese keinen Rechtsfehler auf, ist das Revisionsgericht hieran gebunden (BGH NJW 2017, 1828, 1830). Andernfalls wäre die grundsätzliche Aufgabenverteilung zwischen Tat- und Revisionsgericht infrage gestellt (so zutr. LR/*Becker* § 244 Rn. 32 m.N. zur Gegenansicht). Zu weitgehend ist deshalb die Auffassung des BGH (StV 2013, 65 mit abl. Anm. *Trüg* = NStZ 2012, 526 mit abl. Anm. *Knauer*), wonach zur Überprüfung des Verdachts einer wahrheitswidrigen Beweisbehauptung im Revisionsverfahren ein in der Tatsacheninstanz beantragtes DNA-Identifizierungsgutachten eingeholt werden kann. 19

Gesetzliche Regeln für das Freibeweisverfahren gibt es nicht. Dennoch ist es kein Verfahren nach dem Gutdünken des Gerichts (ausdr. Meyer-Goßner/*Schmitt* § 244 Rn. 9). Das Gericht ist lediglich in der Wahl der Beweismittel, in der Form der Beweisaufnahme und in der Art der Benutzung durch die Prinzipien der Mündlichkeit, Unmittelbarkeit und Öffentlichkeit nicht eingeschränkt und von den Formvorschriften der §§ 243 bis 256 weitgehend freigestellt (KK-StPO/*Krehl* § 244 Rn. 16). I.Ü. sind die Grundregeln eines **rechtsstaatlichen und fairen Strafverfahrens** auch im Freibeweisverfahren zu beachten. Das gilt insb. für das **rechtliche Gehör** in Gestalt der **Frage- und Erklärungsrechte** der Verfahrensbeteiligten, des Weiteren für das Schweigerecht des Angeklagten, für Zeugnisverweigerungsrechte und Vereidigungsverbote bei Zeugen sowie für Beweisverbote, die aus rechtsstaatlichen Gründen bestehen (LR/*Becker* § 244 Rn. 37). 20

c) **Doppelrelevante Tatsachen.** Für Tatsachen, die sowohl für die Entscheidung von Verfahrensfragen als auch unmittelbar für die Sachentscheidung von Bedeutung sind – sog. doppelrelevante Tatsachen – gelten die Regeln des **Strengbeweises** (Alsberg/*Dallmeyer* Kap. 2 Rn. 97). In Betracht kommen hier Feststellungen zum Tatvorwurf, die sowohl für den Schuldspruch bzw. Rechtsfolgenausspruch von Bedeutung sind als auch für die Frage, ob einer Verurteilung das **Verbot der Doppelbestrafung** (Art. 103 Abs. 3 GG) entgegensteht (BGHSt 32, 215; 46, 349; BGH NStZ-RR 2003, 290). Feststellungen zum Tatvorwurf können des Weiteren über die Frage entscheiden, ob der auslieferungsrechtliche **Spezialitätsgrundsatz** beachtet wurde (BGHSt 22, 307, 309) oder **anderweitige Rechtshängigkeit** besteht (*Többens* NStZ 1982, 184, 185). Derselbe Umstand kann sowohl für die **Verhandlungsfähigkeit** des Angeklagten als auch für dessen **Schuldfähigkeit** von Bedeutung sein (KK-StPO/*Krehl* § 244 Rn. 10). 21

Die potenzielle Doppelrelevanz einer Tatsache schließt nicht aus, dass die in Rede stehende prozessuale Frage zunächst im Freibeweisverfahren geklärt wird (Meyer-Goßner/*Schmitt* § 244 Rn. 8). Stellt sich dann heraus, dass die Tatsache auch für den Schuld- und Rechtsfolgenausspruch von Bedeutung ist, muss über denselben Umstand auch Strengbeweis erhoben werden (BGH StV 1991, 148, 149). Das Ergebnis des Strengbeweisverfahrens ist in diesem Fall auch der prozessualen Entscheidung zugrunde zu legen (BGHSt 26, 228, 238); denn das Urteil muss auf **einheitlichen Feststellungen** beruhen (LR/*Becker* § 244 Rn. 35). 22

23 **III. Revision.** Abs. 1 ist keine bloße Ordnungsvorschrift. Beginnt das Gericht vor der Vernehmung des Angeklagten ohne dessen Einverständnis mit der Beweisaufnahme, so liegt hierin ein **revisibler Rechtsfehler** (LR/*Becker* § 244 Rn. 360). Da dem Vorsitzenden hinsichtlich der Reihenfolge kein Beurteilungs- oder Ermessensspielraum zusteht, ist eine **Beanstandung** nach § 238 Abs. 2 von Rechts wegen zwar nicht erforderlich, im Hinblick auf den nach wie vor nicht abschließend geklärten Anwendungsbereich der Vorschrift (s. dazu *Mosbacher*, FS Rissing-van Saan, S. 357, 365 f.; *ders.*, NStZ 2011, 606, 607 f.) aber dennoch zu empfehlen. Das Urteil **beruht** auf einer Verletzung des Abs. 1, wenn nicht auszuschließen ist, dass sich durch die Missachtung der gesetzlich vorgeschriebenen Reihenfolge die Verteidigungsmöglichkeiten des Angeklagten verschlechtert haben (BGHSt 9, 93, 97; BGH NStZ 1986, 370, 371).

24 **C. Aufklärungspflicht (Abs. 2). I. Bedeutung.** Abs. 2 verpflichtet das Gericht, zur Erforschung der Wahrheit alle entscheidungserheblichen Tatsachen von Amts wegen aufzuklären. Der darin normierte **Untersuchungsgrundsatz** ist eines der beherrschenden Prinzipien des Strafverfahrens. Ohne Ermittlung des wahren Sachverhalts lässt sich das materielle Schuldprinzip, das seinerseits ein wesentliches Element des Rechtsstaatsprinzips ist, nicht verwirklichen (BVerfG NJW 2013, 1058, 1059 f.). Ihre praktische Bedeutung erlangt die Vorschrift als **Stoffsammlungsmaxime** (KK-StPO/*Krehl* § 244 Rn. 28), die eine **ausreichende tatsächliche Grundlage** für die richterliche Überzeugungsbildung (§ 261 StPO) sicherstellen soll. Die hierfür erforderliche persönliche Gewissheit des Richters setzt eine objektive Grundlage voraus, die aus rational nachvollziehbaren Gründen die Schlussfolgerung zulässt, dass das festgestellte Geschehen mit hoher Wahrscheinlichkeit mit der Wirklichkeit übereinstimmt (stdg. Rspr. – vgl. BGH NStZ 2017, 486 f. m.w.N.). Um diesen Standard zu gewährleisten, ist das Gericht verpflichtet, die vorhandenen Beweismittel so weit auszuschöpfen, dass die Abwägung der für und wider den Anklagevorwurf streitenden Umstände auf einer **möglichst breiten und zuverlässigen Tatsachengrundlage** erfolgt (AnwK/*Sommer* § 244 Rn. 24).

25 Über ihren unmittelbaren Anwendungsbereich (Beweisaufnahme) hinaus formuliert die Vorschrift einen **Leitgedanken**, der die Auslegung und Handhabung anderer Verfahrensvorschriften mit bestimmt (BGHSt 23, 176, 187). Wenn die Prozessordnung auf nähere Regelungen verzichtet oder mehrere Gestaltungsmöglichkeiten zur Wahl stellt, hat das Gericht das Verfahren so zu führen, dass der Aufklärungsgrundsatz bestmöglich zur Geltung kommt. Insb. das richterliche **Ermessen** ist stets so auszuüben, dass dadurch die Sachaufklärung nicht beeinträchtigt, sondern gefördert wird (LR/*Becker* § 244 Rn. 53). Ausdrücklich schreibt dies das Gesetz in Abs. 5 Satz 1 und Satz 2 vor. Der Untersuchungsgrundsatz ist weiterhin maßgebend, wenn das Gericht über die Anordnung einer audiovisuellen Vernehmung gem. § 247a (KK-StPO/*Krehl* § 244 Rn. 40) oder die ergänzende Vernehmung eines Zeugen nach § 255a Abs. 2 Satz 2 zu entscheiden hat (BGH NStZ 2003, 613, 614). Des Weiteren kann es der Untersuchungsgrundsatz gebieten, Fragen an einen Zeugen zu stellen oder Vorhalte zuzulassen, wenn in dessen Aussagen Widersprüche zutage treten (BGH StV 2002, 350, 351; NStZ 1997, 450). Auch hat das Gericht Maßnahmen zu treffen, um Beweispersonen vor Einflussnahmen Dritter, die die Aussagen beeinflussen oder deren Beweiswert beeinträchtigen könnten, abzuschirmen (BGHSt 29, 193).

26 Die Verpflichtung, den Sachverhalt zu erforschen, obliegt dem Gericht **von Amts wegen**. Das Verhalten der Verfahrensbeteiligten hat deshalb keine Bedeutung für die Bestimmung des Gegenstands und des Umfangs der Aufklärungspflicht (KK-StPO/*Krehl* § 244 Rn. 32). Das Gericht muss die vorhandenen Beweismittel ggf. auch gegen den Willen der übrigen Beteiligten ausschöpfen (BGHSt 56, 6, 10; 34, 209, 210; BGH StV 1991, 245; NStZ 1991, 399). **Anträge** der Verfahrensbeteiligten können allenfalls eine **Aktualisierung** und **Präzisierung** der Aufklärungspflicht bewirken, insb. dann, wenn sie dem Gericht neuen Tatsachenstoff bieten und damit Hinweise auf weitere Beweismöglichkeiten liefern (LR/*Becker* § 244 Rn. 51). Sog. **Beweisermittlungsanträgen** und **Beweisanregungen** können daher im Hinblick auf Abs. 2 eine nicht zu unterschätzende Bedeutung zukommen (vgl. BGHSt 46, 73, 80; 30, 131, 143). Wenn ein Antrag oder eine Anregung auf eine bestimmte Beweistatsache hindeutet, die für die Beweiswürdigung möglicherweise relevant ist, und ein Beweismittel benennt oder seine Individualisierung ermöglicht, besteht Anlass zur Beweiserhebung (KK-StPO/*Krehl* § 244 Rn. 35). Gelangen während des Hauptverfahrens bislang nicht bekannte Beweismittel zur Akte, so ist das Gericht zu einem entsprechenden Hinweis an die Verfahrensbeteiligten auch deshalb verpflichtet, um diesen Gelegenheit zur Stellung von Anträgen zu geben. Das gilt selbst dann, wenn das Gericht eine weitere Beweiserhebung nicht für erforderlich hält (BGH NStZ 2006, 116).

27 Das **Verhältnis der Aufklärungspflicht zum Beweisantragsrecht** gilt im Einzelnen als ungeklärt (LR/*Becker* § 244 Rn. 58; zum Stand der Diskussion Alsberg/*Dallmeyer* Kap. 1 Rn. 4 ff.; *Eisenberg* BR Rn. 142 ff. Die Auffassung, das Gericht könne durch einen Beweisantrag nicht zu einer Beweiserhebung gezwungen werden, die ihm aufgrund der Aufklärungspflicht nicht ohnehin obläge (z.B. *Gössel* JR 1995, 364, 365), widerspricht allerdings der Systematik des Gesetzes (KK-StPO/*Krehl* § 244 Rn. 65). Vielmehr geht das Beweisantragsrecht

im Rahmen der Abs. 3 und 4 über das von der Aufklärungspflicht Verlangte hinaus (BGH NStZ 2008, 52, 53), weil es eine Vorwegwürdigung der Tragweite und des Beweiswertes eines noch nicht genutzten Beweismittels durch das Gericht (sog. **Beweisantizipation**) nicht zulässt und die Ablehnung des Antrags nur unter den im Gesetz genannten Voraussetzungen gestattet.

II. Gegenstand der Aufklärungspflicht. Gegenstand der Aufklärungspflicht sind zunächst diejenigen Tatsachen, die als **Grundlage für die Entscheidung über den Schuld- oder Freispruch** des Angeklagten – bzw. für die Entscheidung über die Anordnung einer Maßregel der Besserung und Sicherung oder einer sonstigen Maßnahme – in Betracht kommen. Die in der Anklage bzw. in der Antragsschrift im Sicherungsverfahren bezeichnete Tat (§ 264 Abs. 1) ist erschöpfend zu untersuchen, d.h. das Gericht hat alle Tatsachen zu ermitteln, die für die Anwendung des materiellen Strafrechts maßgeblich sind (LR/*Becker* § 244 Rn. 40). 28

Des Weiteren bezieht sich die Aufklärungspflicht auf alle Tatsachen, die für die Entscheidung über **Art und Maß der Rechtsfolge** von Bedeutung sind. Das Gericht hat alle für die Strafzumessung bedeutsamen Umstände selbst zu ermitteln (LR/*Becker* § 244 Rn. 41). 29

Schließlich muss das Gericht die erforderlichen **Verfahrenstatsachen** aufklären, bevor es über eine Verfahrensfrage entscheidet. Das gilt namentlich für das Vorliegen der **Verfahrensvoraussetzungen** (vgl. OLG Frankfurt/M. NJW 1983, 1208) oder für das Eingreifen eines **Beweisverbotes** (BGH NJW 1995, 2047; OLG Hamburg StraFo 1999, 92, 93). 30

Darüber hinaus findet von Amts wegen **keine weitere Sachaufklärung** statt (BGH StV 1994, 169 m.Anm. *Strate* = NStZ 1994, 247, 248 m.Anm. *Widmaier*; BayObLG NStZ-RR 2003, 178). Die Aufklärungspflicht endet, wenn dem Gericht eine sichere abschließende Entscheidung möglich ist (LR/*Becker* § 244 Rn. 43). Auch Umstände, die keines Beweises bedürfen – also **allgemeinkundig** oder **gerichtsbekannt** sind (s.o. Rdn. 10) – sind nicht weiter aufzuklären, solange an ihrer Richtigkeit keine vernünftigen Zweifel bestehen (*Eisenberg* BR Rn. 16 f.). Schließlich findet die Aufklärungspflicht in den **Beweisverboten** ihre rechtlichen Grenzen. Eine »Wahrheitsermittlung um jeden Preis« findet im Strafprozess nicht statt (BGHSt 38, 372, 374 – stdg. Rspr.). Allerdings muss das Gericht alle verfügbaren Beweismittel ausschöpfen, um festzustellen, ob die tatsächlichen Voraussetzungen für die Annahme eines Beweisverbots vorliegen (BGH StV 2012, 3, 4), es sei denn, es ist durch anderweitige, in (Teil-) Rechtskraft erwachsene Feststellungen hieran gebunden (LR/*Becker* § 244 Rn. 44). 31

III. Umfang der Aufklärungspflicht. Weder Literatur noch Rspr. konnten bislang einen allgemeingültigen **Maßstab** zur Bestimmung des Umfangs der Aufklärungspflicht herausarbeiten (AnwK/*Sommer* § 244 Rn. 24). Ob dies in Zukunft gelingt, erscheint zweifelhaft. Die Ausarbeitung wird von vornherein durch das – abschließend noch nicht geklärte (vgl. AnwKom/*Sommer* § 244 Rn. 31 einerseits, KK-StPO/*Krehl* § 244 Rn. 29 andererseits) – Verhältnis zwischen richterlicher Überzeugungsbildung (§ 261) und Aufklärungspflicht erschwert. Zudem sind die zu beurteilenden Sachverhalte derart vielgestaltig und unterschiedlich, dass allenfalls ein grober, (zu) stark verallgemeinernder Maßstab in Betracht kommt. Deshalb ist mit einer Typisierung (zu diesem methodischen Ansatz s. *Schünemann* FS Hirsch, S. 367 ff.) der vorhandenen höchstrichterlichen Rspr. mehr zu gewinnen als mit einem Obersatz, der zwangsläufig weit ausgreift und daher die Handhabung der Vorschrift im Einzelfall nicht erleichtert. 32

1. Aufklärungspflicht und richterliche Überzeugung. Das RG (stdg. Rspr. seit RGSt 1, 61) und zunächst auch der BGH (NJW 1953, 283) vertraten die Auffassung, dass der Tatrichter von jeder weiteren Beweiserhebung absehen darf, sobald er eine feste Überzeugung vom Vorliegen oder Nichtvorliegen einer Beweistatsache gewonnen hat. Diese Auffassung ist mittlerweile überwunden. Nach inzwischen h.M. setzt die Freiheit der Beweiswürdigung erst dann ein, wenn der Aufklärungspflicht genüge getan ist (*Niemöller* StV 1984, 431). Für die Bildung der richterlichen Überzeugung ist somit erst Raum, wenn das Gericht alle erkennbaren und erreichbaren Erkenntnisquellen ausgeschöpft hat (LR/*Becker* § 244 Rn. 47). 33

Allerdings können die Sachaufklärung und die Beweiswürdigung **nicht vollständig voneinander getrennt** betrachtet werden. Da die Beweisaufnahme dazu dient, eine rational nachvollziehbare und intersubjektiv vermittelbare tatsächliche Grundlage für die richterliche Überzeugungsbildung zu bereiten, ist sie zur Letzteren immer in Bezug zu setzen. Insoweit besteht ein **Spannungsverhältnis** (so KK-StPO/*Krehl* § 244 Rn. 29) bzw. eine **Wechselbeziehung** (LR/*Becker* § 244 Rn. 46) zwischen der Aufklärungspflicht und der Freiheit der richterlichen Überzeugungsbildung. 34

Diese Wechselbeziehung kommt darin zum Ausdruck, dass der Tatrichter auf der **Grundlage der bereits durchgeführten Beweisaufnahme** abzuwägen hat, ob eine in Aussicht stehende weitere Beweiserhebung für die Entscheidung von Bedeutung ist und deshalb vorgenommen werden muss. Das setzt eine **vorweggenommene Beweiswürdigung** in mehrfacher Hinsicht voraus: Zum einen muss der Tatrichter den Inhalt der 35 bisherigen Beweisaufnahme bewerten, um sich eine **vorläufige Meinung** über deren Ergebnis zu bilden. Zum anderen muss er den **Beweiswert** des zur Verfügung stehenden weiteren Beweismittels **vorab einschätzen**. Schließlich hat er auf der Grundlage dieser beiden Einschätzungen abzuwägen, ob das von ihm **antizipierte Beweisergebnis** Einfluss auf seine Überzeugungsbildung erlangen könnte.

36 Die Schwierigkeit, einen allgemeingültigen und praktikablen Maßstab für die Bestimmung des Umfangs der Aufklärungspflicht zu finden, liegt im Wesentlichen darin begründet, dass dem Richter bei diesem Vorgang nicht vorgeschrieben werden kann, unter welchen Voraussetzungen er zu einem bestimmten Schluss und zu einer bestimmten Überzeugung gelangen darf (KK-StPO/*Krehl* § 244 Rn. 29). Hinzu kommt, dass es sich bei der Beweisaufnahme um einen **dynamischen Vorgang** handelt, in dessen Verlauf sich der Horizont des Tatrichters ständig fortentwickelt (AnwK/*Sommer* § 244 Rn. 26). Allerdings ist in der Praxis eine Neigung der Tatrichter zu beobachten, eine vorläufige Bewertung allzu schnell zu einer endgültigen werden zu lassen, wenn die bisherige Beweisaufnahme den nach der Aktenlage erwarteten Verlauf genommen hat (AnwK/*Sommer* § 244 Rn. 31). Die Wechselbeziehung zwischen Beweisaufnahme und Freiheit der richterlichen Überzeugungsbildung birgt daher eine erhebliche **Gefahr der voreiligen Festlegung und Fehleinschätzung,** wenn der Tatrichter seine Einschätzungsprärogativen voreilig bzw. über Gebühr in Anspruch nimmt. Deshalb ist ein rechtlicher Maßstab dafür zu entwickeln, in welchem Umfang die Aufklärungspflicht durch die subjektive Überzeugungsbildung des Tatrichters beeinflusst werden darf (LR/*Becker* § 244 Rn. 46).

37 **2. Allgemeiner rechtlicher Beurteilungsmaßstab.** Die Beweiswürdigung ist nur insoweit »frei«, als der Tatrichter nicht an Beweisregeln oder an sonstige Richtlinien gebunden ist, die ihm vorschreiben, unter welchen Voraussetzungen er eine Tatsache für bewiesen oder nicht bewiesen zu halten oder welchen Wert er einem Beweismittel beizumessen hat (*Maier* NStZ 2005, 246, 250). Gleichwohl müssen die das Urteil stützenden Sachverhaltsannahmen des Tatrichters in einem hohen Maße wahrscheinlich sein und bedürfen einer rational nachprüfbaren Begründung (KK-StPO/*Krehl* § 244 Rn. 29). Die **Qualität der Entscheidungsgrundlage** ist daher Voraussetzung für die **Rationalität** und damit letztlich für die **Legitimität der Entscheidung** des Richters.

38 Der Tatrichter darf sich deshalb nicht voreilig auf bestimmte Sachverhaltsannahmen und unzureichend geprüfte Überzeugungen festlegen. Vielmehr verlangt die Aufklärungspflicht von ihm, die Beweisaufnahme so lange fortzusetzen, wie er bei verständiger Würdigung aller Umstände des zu entscheidenden Falles damit rechnen muss, dass ihm bekannte oder erkennbare, nicht verwertete weitere Beweismittel einen Sachverhalt hervorbringen, der im Gegensatz zu seiner bisherigen Überzeugung den Tatvorwurf **widerlegt, infrage stellt** (und damit ggf. zur Anwendung des Zweifelssatzes führt) **oder bestätigt** (BGH StV 1994, 169, 170; s.a. *KK*-StPO/*Krehl*, der insoweit von einem »**sachlogischen Zusammenhang**« spricht). Aus diesem Grund hat sich der Tatrichter den Inhalt der Akten (BGH StraFo 2009, 75), den Verlauf und die bisherigen Ergebnisse der Beweisaufnahme (BGHSt 30, 131, 140) sowie ggf. die Äußerungen, Anregungen oder Anträge der Verfahrensbeteiligten (BGH NStZ-RR 2002, 110) fortlaufend zu vergegenwärtigen und zu prüfen, ob Anlass besteht, die Qualität der Entscheidungsgrundlage zu verbessern, indem er den Sachverhalt durch zusätzliche, bisher nicht genutzte Beweismittel **umfassender oder sicherer erforscht**.

39 Allerdings geht die Aufklärungspflicht **nicht** so weit, dass der Tatrichter **in jedem Fall jedes erkennbare Beweismittel** nutzen muss, wenn auch nur die **entfernte Möglichkeit** besteht, dass die Erhebung des Beweises zu einer **Änderung seiner** aufgrund der bisherigen Beweisaufnahme gewonnen **Einschätzung** führen könnte (insoweit missverständlich BGHSt 23, 176, 188; 30, 131, 143; BGH NStZ 1991, 399). Die **bloße gedankliche Möglichkeit** einer Änderung des Beweisergebnisses, die sich auf keine konkreten Anhaltspunkte stützen kann, löst keine Verpflichtung zur weitergehenden Sachaufklärung aus (ausdr. *Herdegen* NStZ 1984, 98). Allerdings ist der Tatrichter verpflichtet, diejenigen Beweise zu erheben, bei denen nach der konkreten Sachlage die **begründete Erwartung** besteht, dass sie zu einer Änderung des Beweisergebnisses führen können (BGH NStZ 2005, 44). Die für diese Einschätzung erforderliche Vorwegnahme eines Beweisergebnisses – sog. **Beweisantizipation** – ist nach allg. Auffassung zulässig (BGHSt 40, 60, 62; BGH JR 2005, 389, 390 m. abl. Anm. *Gössel*; NStZ 1999, 312; *Widmaier* NStZ 1994, 416; LR/*Becker* § 244 Rn. 39; KK-StPO/*Krehl* § 244 Rn. 129; Meyer-Goßner/*Schmitt* § 244 Rn. 12).

40 In welchem Umfang unter dieser Voraussetzung die Erhebung weiterer Beweise durch die Aufklärungspflicht im Einzelfall jeweils geboten ist, hängt damit maßgeblich von der **Qualität** der bis dahin gewonnenen und der noch zu erwartenden Beweisergebnisse ab. Je fragmentarischer und unsicherer das vorläufige Ergebnis der Beweisaufnahme ist, desto weiter reicht die Aufklärungspflicht. Das liegt auf der Hand, solange die Beweisaufnahme **erfolglos** geblieben ist, d.h. die entscheidungserheblichen Umstände **weder nachgewiesen *noch* widerlegt** werden konnten (LR/*Becker* § 244 Rn. 61). I.Ü. gilt: Je weniger gesichert das Beweisergebnis erscheint, je größer die Unsicherheitsfaktoren sind, je mehr Widersprüche bei der Beweiserhebung zutage

treten und je mehr Zweifel hinsichtlich des Beweiswerts einzelner Beweismittel bestehen, desto mehr Anlass besteht für den Tatrichter, trotz seiner bis dahin gewonnenen – »vorläufigen« – Überzeugung auf bekannte, bis dahin noch nicht genutzte Beweismittel zuzugreifen und ggf. sogar nach weiteren Beweismitteln zu forschen und diese bei Eignung zu nutzen (BGH StV 2008, 233; NStZ-RR 2003, 205, 206; Meyer-Goßner/*Schmitt* § 244 Rn. 12). Das gilt insb. dann, wenn Beweismittel zur Verfügung stehen, die für den Schuldvorwurf von zentraler Bedeutung sind (BGH NStZ 2017, 96 mit Anm. *Ventzke*). Stützt sich ein vom Angeklagten bestrittenes vorläufiges Beweisergebnis auf ein einziges Beweismittel, hat der Tatrichter in der Regel alle weiterhin ersichtlichen Beweise zu erheben, die ihm zusätzliche Anhaltspunkte für seine Überzeugungsbildung verschaffen können (LR/*Becker* § 244 Rn. 65). Das betrifft vor allem Fälle, in denen **Aussage gegen Aussage** steht (BVerfG NStZ-RR 2003, 299, 300; BGH NStZ-RR 2003, 205, 206; BayObLG NStZ-RR 2003, 233, 234).

3. Konkrete Anforderung an die Beweiserhebung. Aus der beschriebenen Verpflichtung des Tatrichters, sich um eine möglichst zuverlässige Beweisgrundlage zu bemühen, lassen sich immerhin einige konkrete Anforderungen ableiten, denen die Beweiserhebung im Einzelfall zu genügen hat. 41

a) Vorrang des höherwertigen Beweisverfahrens und des sachnäheren Beweismittels. Der Tatrichter muss dem Beweismittel der höherwertigen Beweisstufe und dem tatnäheren Beweismittel nach Möglichkeit den **Vorrang** vor Beweismitteln mit einer geringeren Beweisqualität einräumen (BVerfG StV 2013, 574; BGHSt 46, 73, 79; BGH NStZ 2004, 50; OLG Düsseldorf StV 2007, 518, 519; KK-StPO/*Krehl* § 244 Rn. 36). Das schließt die Nutzung des sachferneren Beweismittels nicht aus, wenn ein sachnäheres nicht verfügbar ist (BGH NStZ 1986, 519, 520; einschränkend OLG Düsseldorf NStZ-RR 2008, 180). In diesem Fall muss der Tatrichter jedoch in den **Urteilsgründen** zum Ausdruck bringen, dass er die darin für die Wahrheitsfindung liegende Gefahr erkannt und bei seiner Überzeugungsbildung **mit abgewogen** hat (LR/*Becker* § 244 Rn. 66). 42

Ein Verstoß gegen die Aufklärungspflicht liegt vor, wenn das Gericht nur einen **mittelbaren** (d.h. sachferneren) Zeugen vernimmt, obgleich der unmittelbare (d.h. sachnähere) Zeuge hätte vernommen werden können (BGH NStZ 2004, 50). Es darf sich deshalb nicht mit der Aussage eines **Zeugen vom Hörensagen** begnügen, nur weil der unmittelbare Zeuge schwer zu erreichen ist (BGHSt 1, 373, 376; BGH StV 1993, 114; eingehend *Detter* NStZ 2003, 1). Das gilt insb. dann, wenn es sich um den **einzigen Tatzeugen** handelt. In diesem Fall muss die Hauptverhandlung ggf. unterbrochen oder gar ausgesetzt werden, um diesen Zeugen doch noch zu erreichen. Gleiches gilt, wenn ein zeugnisverweigerungsberechtigter Zeuge ankündigt, er wolle nach dem (absehbaren) Abschluss des gegen ihn selbst gerichteten Verfahrens aussagen (LR/*Becker* § 244 Rn. 67). 43

Auch muss sich das Gericht stets darum bemühen, einen anonymen oder gesperrten **Informanten, V-Mann oder Verdeckten Ermittler** persönlich zu vernehmen, anstatt sich von vornherein mit der Aussage eines V-Mann-Führers oder Vernehmungsbeamten über die Angaben des gesperrten Zeugen oder gar mit der Verlesung eines Vernehmungsprotokolls oder einer von dem unmittelbaren Zeugen stammenden schriftlichen Erklärung zu begnügen (BGHSt 33, 178, 180; 34, 85; 36, 159, 162). Unverbindliche **Vertraulichkeitszusagen** und die Verweigerung der Aussagegenehmigung durch eine unzuständige Behörde darf das Gericht nicht unbeanstandet hinnehmen (BGHSt 42, 175; BGH NStZ 2001, 656). Bleibt der unmittelbare Zeuge gesperrt, muss sich das Gericht weiter darum bemühen, dass der Zeuge in einer **audiovisuellen Vernehmung** unter optischer und akustischer Abschirmung aussagt (BGHSt 51, 232, 235; BGH NStZ 2003, 74; 2004, 345; 2005, 43; 2006, 648) oder etwaige Fragen des Gerichts bzw. der Verfahrensbeteiligten wenigstens schriftlich beantwortet (BGH NStZ 1993, 292). Sprechen gewichtige Gründe dafür, dass die Versagung bzw. Beschränkung einer Aussagegenehmigung (§ 54) oder die Sperrung eines Beweismittels (§ 96) zu Unrecht erfolgt sind, hat das Gericht die Hauptverhandlung ggf. zu unterbrechen, um dem Angeklagten Gelegenheit zu geben, verwaltungsrechtlich dagegen vorzugehen (BGH NStZ-RR 2008, 65). 44

Das Gericht darf sich nicht mit der **Verlesung von Vernehmungsniederschriften** nach § 251 Abs. 1 Nr. 1 oder 3, Abs. 2 Nr. 2 oder 3 begnügen, wenn gewichtige Gründe dafür sprechen, dass durch die persönliche Anhörung des Zeugen, Sachverständigen oder Mitbeschuldigten zuverlässigere oder weitergehende Erkenntnisse gewonnen werden können (OLG Köln StV 1998, 585; s.a. BGH NStZ-RR 2009, 5). Durch ihr Einverständnis (§ 251 Abs. 1 Nr. 1, Abs. 2 Nr. 3) verlieren die Verfahrensbeteiligten zwar nicht das Recht, die Verletzung der Aufklärungspflicht ggf. in der Revision zu rügen; allerdings stellt sich in diesem Fall die Frage, ob sich dem Gericht die Beweiserhebung aufdrängen musste (KK-StPO/*Krehl* § 244 Rn. 38). Die **audiovisuelle Vernehmung** eines Zeugen nach § 247a Satz 1 Hs. 2 hat grundsätzlich Vorrang vor der Verlesung einer Vernehmungsniederschrift (BGHSt 45, 188, 195; s.a. EGMR StV 2002, 289 m.Anm. *Pauly*; KK-StPO/Krehl § 244 Rn. 37) oder der Vorführung einer Bild-Ton-Aufnahme einer früheren Vernehmung nach § 255a (BGH NStZ-RR 2005, 45; NStZ 2003, 613, 614), es sei denn, dass hiervon keine weitergehende oder bessere Sachaufklärung zu erwarten ist (BGHSt 46, 73, 79). Die Aufklärungspflicht kann allerdings die ergänzende Verlesung einer Vernehmungsniederschrift erfordern, wenn hierdurch die Qualität der Angaben des zuvor 45 vernommenen Zeugen – etwa im Hinblick auf die Aussagekonstanz – besser beurteilt werden kann (BGHSt 51, 280, 281 f.; BGH StV 2015, 205).

46 Schließlich muss das Gericht ausreichende Anstrengungen unternehmen, um einen **Zeugen ausfindig zu machen** und seine Einvernahme zu ermöglichen, auch wenn sich dieser im Ausland aufhält (BGH NStZ 2005, 44 f.). Auf die Vernehmung eines **zeugnis- oder auskunftsverweigerungsberechtigten Zeugen** darf das Gericht nicht schon deshalb verzichten, weil die Inanspruchnahme dieses Rechts naheliegend erscheint; ein Verzicht darf nur dann erfolgen, wenn der Zeuge sich ausdrücklich weigert, auszusagen (BGH StraFo 2016, 148, 150). Verweigert ein Zeuge zu Unrecht das Zeugnis bzw. die Auskunft, kann die Aufklärungspflicht die Verhängung von Zwangsmitteln gebieten (BGH StraFo 2012, 142). Auch hat das Gericht **nach Urkunden zu forschen**, die nicht Bestandteil der von der Staatsanwaltschaft vorgelegten Akten sind, wenn es Anhaltspunkte dafür gibt, dass diese zur Sachaufklärung beitragen können (LR/*Becker* § 244 Rn. 67). Das gilt insb. für nicht vorgelegte polizeiliche Ermittlungsakten wie **Spurenakten** (BVerfG NStZ 1983, 273; BGH StV 1983, 181 m.Anm. *Amelung*) oder Unterlagen über den Einsatz Verdeckter Ermittler (BGH StV 1995, 247).

47 b) **Aufklärungspflicht und Sachverständige.** Die steigenden Anforderungen an die Rationalität und Nachvollziehbarkeit der richterlichen Entscheidungsfindung haben zu einer stetigen Ausweitung des Sachverständigenbeweises im Strafprozess geführt. Das gilt in besonderem Maße für technische und naturwissenschaftliche Fragestellungen, die ein über Allgemeinwissen oder allgemeine Lebenserfahrung hinausreichendes **außerjuristisches Spezialwissen** erfordern. So ist z.B. in Wirtschaftsstrafverfahren der Einsatz von Sachverständigen weit verbreitet (*Wolf* ZWH 2012, 125) und kann – etwa zur Feststellung eines (Vermögens-) Schadens – sogar geboten sein (BVerfG NJW 2010, 3209, 3215 [Rn. 114]). Ansonsten gilt: Je weiter die Beantwortung der in Rede stehenden Fragen durch normative Bewertungen mit entschieden wird, desto geringer ist die Neigung der Gerichte, einen Sachverständigen zu beauftragen (zutr. KK-StPO/*Krehl* § 244 Rn. 44 zur Sozialprognose; s. dazu BVerfG NStZ-RR 2003, 282; BayObLG NStZ 2003, 105 f.).

48 Abgesehen von den ausdrücklich geregelten Fällen (§§ 80a, 81, 87, 91, 92, 246a, § 73 JGG) geht das Gesetz davon aus, dass das Gericht im Allgemeinen über die erforderliche Sachkunde verfügt, um seiner Ermittlungs- und Aufklärungspflicht zu genügen (*Eisenberg* BR Rn. 1518). Reicht die eigene Sachkunde im Einzelfall jedoch nicht aus, um das Vorliegen oder Nichtvorliegen einer entscheidungserheblichen Tatsache festzustellen, muss es einen Sachverständigen anhören. Andernfalls verstößt das Gericht gegen § 244 Abs. 2 (LR/*Becker* § 244 Rn. 68.

49 Das Gericht hat zunächst **selbst** zu prüfen und zu entscheiden, ob es über die erforderliche Sachkunde verfügt oder nicht (KK-StPO/*Krehl* § 244 Rn. 42; krit. dazu *Rosenau/Lorenz* FS Kreuzer, S. 401, 403). In der Hauptverhandlung braucht es nicht darzulegen, woher die in Anspruch genommene Sachkunde stammt (BGH NStZ 1998, 98); eine Beweisaufnahme hierüber findet nicht statt (BGH NStZ 2000, 156). Bei **Kollegialgerichten** genügt es, dass einer oder einige der zum Spruchkörper gehörenden Richter die erforderliche Sachkunde besitzen (BGH NStZ-RR 2006, 241; NStZ 1998, 98). Den nicht sachkundigen Mitgliedern des Gerichts wird die erforderliche Sachkunde in diesem Fall von dem oder den sachkundigen Mitglieder(n) vermittelt. Für die Entscheidung, ob die eigene Sachkunde des Gerichts die Zuziehung eines Sachverständigen entbehrlich macht, ist keine Einstimmigkeit erforderlich. Es genügt die gesetzlich vorgeschriebene Mehrheit (LR/*Becker* § 244 Rn. 72). Dabei muss bei dem Gericht – oder jedenfalls der Mehrheit seiner Mitglieder – die Gewissheit vorhanden sein, dass die eigene Sachkunde ausreicht. Bestehen **Zweifel**, darf es sich nicht mit der eigenen (zweifelhaften) Sachkunde begnügen (BGH NStZ 1998, 366, 367; NStZ-RR 1997, 171; StV 1994, 173).

50 **Außerjuristische Fachfragen** wird das Gericht in der Regel nur dann aus eigener Sachkunde entscheiden können, wenn zu deren Beantwortung die Anwendung eines auf gesicherten sowie einfach strukturierten und umsetzbaren Erkenntnissen beruhenden, eher **theoretischen Fachwissens** ausreicht (OLG Hamm NStZ 1983, 266 m.Anm. *Müller-Luckmann*), das sich **jeder Laie** ohne besondere Schwierigkeiten aneignen und zutreffend anwenden kann. Setzt die Beantwortung einer entscheidungserheblichen Frage hingegen ein über bloße theoretische Kenntnisse hinausgehendes **Anwendungs- oder Auswertungswissen** voraus, das nur durch eine längere Ausbildung oder Praxis erworben werden kann, gebietet die Aufklärungspflicht die Hinzuziehung eines Sachverständigen (KK-StPO/*Krehl* § 244 Rn. 45).

51 Das Gericht kann die erforderliche Sachkunde dienstlich oder außerdienstlich, durch ständige Befassung mit einer Materie in seiner Spruchpraxis oder aus der einschlägigen Fachliteratur erwerben (LR/*Becker* § 244 Rn. 71). Es kann sich die eigene Sachkunde auch **ad hoc** im laufenden Verfahren durch die Anhörung eines Sachverständigen oder sachverständigen Zeugen verschaffen (BGH NStZ 2000, 437; NJW 1998, 2753, 2755). *Dies muss allerdings im Strengbeweisverfahren geschehen BGH, Beschl. v. 03.07.2018 – 4 StR 621/17).* Die Befragung eines Sachverständigen im Freibeweisverfahren genügt selbst dann nicht, wenn sie

in der Hauptverhandlung erfolgt (BGH StV 2015, 84, 85). Das Gericht soll die erforderliche Sachkunde durch die Anhörung eines Sachverständigen auch dann erwerben können, wenn es sich dessen Gutachten im Ergebnis nicht anschließt (BGH NStZ 2010, 586; NJW 1989, 2948; KK-StPO/*Krehl* § 244 Rn. 46). Es erscheint allerdings zweifelhaft, dass die Ausführungen eines Sachverständigen, dessen Sachkunde das Gericht offensichtlich in Zweifel zieht, eine ausreichende Grundlage für die eigene Sachkunde des Gerichts sein kann (so zutr. BGH NStZ 2005, 628; 2006, 511; NStZ-RR 2005, 39; OLG Hamm StraFo 2002, 262, 263.

Entscheidet das Gericht eine außerjuristische Fachfrage, ohne hierzu einen Sachverständigen gehört zu haben, so muss es in den **Urteilsgründen** nachvollziehbar darlegen, aus welchen Gründen es sich die erforderliche Sachkunde zugetraut hat (BGHSt 12, 18, 20; BGH NStZ-RR 1997, 171, 172). Solche Darlegungen können sich bei Fragen erübrigen, die das Gericht normalerweise aufgrund seines **Allgemeinwissen** beantworten kann (BGH NStZ 2009, 346, 347; Meyer-Goßner/*Schmitt* § 244 Rn. 73). Setzt die Beantwortung einer entscheidungserheblichen Frage hingegen besonderes **Anwendungs- oder Auswertungswissen** voraus, sind die Anforderungen an die Darlegungspflicht besonders hoch (LR/*Becker* § 244 Rn. 74). 52

Die Anforderungen an die Darlegung in der Urteilsbegründung sind auch dann besonders hoch, wenn das Gericht bei seiner Entscheidung von der Ansicht des angehörten Sachverständigen **abweicht** (BGH StV 2009, 571; StraFo 2009, 571; NStZ 2006, 511; OLG Hamm StV 2001, 221). In diesem Fall muss sich das Gericht mit den Ausführungen des Sachverständigen im Einzelnen auseinandersetzen und seine abweichende Auffassung unter eingehendem **Nachweis der eigenen Sachkunde** und der Quellen, aus denen diese stammt, darlegen. Dabei können – wie schon dargelegt – die Ausführungen des Sachverständigen, denen sich das Gericht nicht anschließen will, keine ausreichende Grundlage für den Erwerb eigener Sachkunde bilden. 53

Ein Verstoß gegen die Aufklärungspflicht kann auch darin liegen, dass das Gericht das vom Sachverständigen erstattete Gutachten **ohne Weiteres** als zutreffend **hinnimmt**, ohne vorab zu prüfen, ob der Sachverständige tatsächlich die notwendige Sachkunde besitzt und ob gegen seine Zuverlässigkeit Bedenken bestehen (BGH NStZ 2000, 546 f.). Etwaigen **Mängeln des Gutachtens** muss es nachgehen (OLG Braunschweig NStZ 2008, 652). Gleiches gilt für die Gründe eines **Meinungswechsels** des Sachverständigen, ebenso für **Widersprüche** innerhalb des Gutachtens oder zu einem früheren Gutachten (*Eisenberg* BR Rn. 260). 54

Kann der Sachverständige die vom Gericht erkannten Mängel nicht beheben oder ist er nicht in der Lage oder willens, einen Meinungswechsel oder Widersprüche nachvollziehbar zu erklären, begründet dies durchgreifende **Zweifel** an seiner **Sachkunde** oder an seiner **Zuverlässigkeit**. Das Gericht muss dann im Regelfall einen **weiteren Sachverständigen hinzuziehen**, um die entscheidungserhebliche Beweisfrage zu beantworten (BGH NStZ 2000, 437; 1997, 199; StV 1996, 9). Durchgreifende Zweifel an der Sachkunde oder Zuverlässigkeit können auch dann vorliegen, wenn der Sachverständige unausgereifte, nicht überprüfbare oder aus sonstigen Gründen von der Wissenschaft oder der Rspr. nicht anerkannte Methoden anwendet (BGHSt 49, 347; BGH NStZ-RR 1997, 304; StV 1989, 335 m.Anm. *Schlothauer*) oder er sich weigert, seine Methoden oder Arbeitsunterlagen offenzulegen (BGH NStZ 1999, 630, 631). 55

Auch wenn es **aus anderen Gründen** einem beigezogenen Sachverständigen nicht folgen will, wird das Gericht **in den meisten Fällen** einen weiteren Sachverständigen anhören müssen (KK-StPO/*Krehl* § 244 Rn. 57), es sei denn, es kann die eigene Sachkunde, auf die es seine abweichenden Schlussfolgerungen stützen will, in den Urteilsgründen in Auseinandersetzung mit der Ansicht des Sachverständigen in nachprüfbarer Weise darlegen (BGH NStZ 2006, 511; 2000, 550 f.). Darüber hinaus kann es die Aufklärungspflicht gebieten, bei **besonders schwierigen Beweisfragen** oder Beweiskonstellationen, die ein besonders hohes Fehlerrisiko in sich tragen, oder bei **wissenschaftlich kontrovers** diskutierten Fragen von vornherein einen zweiten Sachverständigen hinzuzuziehen (LR/*Becker* § 244 Rn. 76; KK-StPO/*Krehl* § 244 Rn. 58). Ein entsprechender **Rechtssatz** besteht jedoch **nicht** (BGHSt 23, 176, 187). 56

c) **Besonderheiten bei der Schuldfähigkeitsbeurteilung.** Ebenso wenig existiert ein Rechtssatz, wonach bei **bestimmten Deliktstypen** grundsätzlich ein Sachverständiger damit zu beauftragen ist, ein Gutachten über die Schuldfähigkeit des Angeklagten zu erstatten (BGH StV 2008, 1329 m.Anm. *Erb*). Es gelten die soeben beschriebenen **allgemeinen Grundsätze**. Gleichwohl ist es in der Praxis häufig zu beobachten, dass bei Tötungs- und sonstigen Gewaltdelikten sowie bei Brandstiftungs- und Sexualdelikten besonders häufig Sachverständige beauftragt werden, um die Schuldfähigkeit der Beschuldigten zu untersuchen. Bei diesen Delikten wird der Verfahrensausgang durch die Sachverständigen zumeist entscheidend mitbestimmt (*Rosenau/Lorenz* FS Kreuzer, S. 401, 405). 57

Das Gericht kann von einer entsprechenden Beweiserhebung absehen, wenn **Anzeichen** für eine Aufhebung oder eine erhebliche Einschränkung der Schuldfähigkeit gänzlich **fehlen** (BGH NStZ 1989, 190, 191). Anlass **für die Hinzuziehung** eines Sachverständigen besteht hingegen dann, wenn sich aus der Lebensgeschichte des Angeklagten, aus den Motiven, der Begehungsweise oder den Begleitumständen der Straftat (KK-StPO/ 58

Krehl § 244 Rn. 47) oder aus dem völlig unüblichen Verhalten des Angeklagten (LR/*Becker* § 244 Rn. 78) **konkrete Anhaltspunkte** für das Vorliegen einer hirnorganischen Erkrankung oder Verletzung (BGH StV 1996, 4; 1990, 98), einer Epilepsie (BGH StV 1992, 503), von Alkoholismus (BGH StV 1994, 634) oder Drogenabhängigkeit mit schwerwiegenden Persönlichkeitsveränderungen (BGH NStZ-RR 2006, 38; NStZ 2003, 370) oder akutem Suchtdruck (BGH NStZ 2006, 151; 2003, 770), für einen altersbedingten psychischen Abbauprozess (BGH StV 2008, 245), für das Vorliegen eines tatauslösenden Affekts (BGHSt 35, 143; BGH StV 1997, 296), einer Triebanomalie (BGH NStZ 1994, 75) oder einer als schwere andere seelische Abartigkeit i.S.d. § 20 StGB einzustufende Persönlichkeitsstörung (BGHSt 37, 397, 401; BGH StV 2012, 582, 583; NStZ-RR 1998, 106) vorliegen.

59 Liegen entsprechende Anhaltspunkte dafür vor, dass **krankhafte Zustände** die Schuldfähigkeit des Angeklagten beeinflusst haben könnten, hat das Gericht regelmäßig einen Psychiater als Sachverständigen hinzuzuziehen (BGH NStZ 1997, 199; StV 1996, 5; dagegen geht *Kruse* in NJW 2014, 509 von einer grundsätzlichen Parität von Psychiatern und psychologischen Psychotherapeuten aus). Bei nicht krankhaften psychischen Zuständen steht es im pflichtgemäßen **Ermessen** des Gerichts, ob es einen Psychiater oder einen Psychologen hinzuzieht (BGHSt 34, 355, 357; NJW 1998, 2753, 2754; NStZ 1990, 400, 401). Im Regelfall ist es nicht notwendig, sowohl einen Psychiater als auch einen Psychologen hinzuzuziehen (KK-StPO/*Krehl* § 244 Rn. 48; krit. dazu *Rasch* NStZ 1992, 257).

60 Für psychiatrische Gutachten, auf deren Grundlage das Gericht über die Schuldfähigkeit des Angeklagten und ggf. über dessen Unterbringung in einem psychiatrischen Krankenhaus entscheiden soll, hat der BGH formale und inhaltliche **Qualitätsanforderungen** formuliert (BGHSt 49, 205; s. dazu *Boetticher/Nedopil/Bosinski/Saß* NStZ 2005, 57 sowie *Eisenberg* NStZ 2005, 304). Dabei handelt es sich allerdings um keinen verbindlichen Kriterienkatalog. Eine allgemein verbindliche Methodik hat die forensische Psychiatrie bislang nicht entwickelt. Vielmehr geht es (nur) darum, die Einhaltung bestimmter **Mindeststandards** zu gewährleisten, die für eine wissenschaftlich fundierte Begutachtung unabdingbar sind (LR/*Becker* § 244 Rn. 83).

61 **d) Besonderheiten bei der Glaubhaftigkeitsbeurteilung.** Die Beurteilung der Glaubhaftigkeit der Aussage eines Zeugen ist **ureigenste Aufgabe des Tatrichters** (BGHSt 23, 8, 12; BGH NStZ 2001, 105; BGH NStZ-RR 1997, 106), der hierfür regelmäßig eine **ausreichende eigene Sachkunde** besitzt (BVerfG NJW 2004, 209, 211; BGH StV 2001, 105; NStZ 2000, 214). Das gilt auch für die Beurteilung der Aussagen von kindlichen und jugendlichen Zeugen (BGH NStZ 2005, 394; NStZ-RR 2005, 146; 2006, 241; s.a. *Trück* NStZ 2007, 377, 380).

62 Die Zuziehung eines Sachverständigen ist jedoch dann geboten, wenn im Einzelfall **besondere Umstände** vorliegen, die die Einschätzung der Glaubhaftigkeit einer Zeugenaussage derart schwierig erscheinen lassen, dass sie nur mithilfe besonderer Sachkunde vollzogen werden kann, über die auch der forensisch erfahrene Richter nicht verfügt (BGHSt 8, 130, 131; BGH NStZ 2009, 346, 347; 2001, 105; StV 1994, 694), es sei denn, dass sich die Richtigkeit oder Unrichtigkeit der in Rede stehenden Angaben aufgrund der sonstigen Beweisergebnisse sicher beurteilen lässt (BGH NJW 2002, 1813; 1998, 2753, 2755; NStZ-RR 1999, 48, 49).

63 **Bei Erwachsenen** können insb. **geistige Erkrankungen und Behinderungen** Anlass geben, einen Sachverständigen hinzuzuziehen (BGH NStZ 2010, 100, 101; 2006, 242, 243; 1997, 199; NStZ-RR 1997, 171; StV 1997, 60; 1993, 567; 1992, 503; BayObLG 1996, 476). Gleiches gilt, wenn Anzeichen für eine **Einschränkung des Erinnerungsvermögens** vorliegen (BGH StraFo 2013, 26, 27; StV 1994, 634; OLG Stuttgart NStZ 2003, 51). Auch langjähriger **Alkohol- oder Drogenmissbrauch bzw. -abhängigkeit** können Anlass zur Anhörung eines Sachverständigen geben (BGH StV 2009, 116; 1990, 532; 1990, 289 m.Anm. *Weider*; NStZ-RR 2000, 332; OLG München StV 2006, 464, 465; s.a. *Eisenberg* BR Rn. 1425b).

64 Bei **Kindern und jugendlichen Zeugen** müssen ebenfalls besondere Umstände vorliegen, damit die Hinzuziehung eines Sachverständigen von Amts wegen erforderlich ist (BGH NStZ 2007, 515; 2005, 394). Solche Umstände können **sehr geringes Alter** des Zeugen (OLG Zweibrücken StV 1995, 293: unter 5 Jahren; s. aber BGH NStZ-RR 2005, 146: keine Begutachtung bei einer sechsjährigen Zeugin), **Eigentümlichkeiten oder Auffälligkeiten** des Verhaltens, die vom durchschnittlichen Erscheinungsbild der Altersgenossen abweichen (BGHSt 3, 52, 54; BGH NStZ-RR 2006, 382; StV 2004, 241; 2002, 637; NJW 2002, 1813), unaufgeklärte Widersprüche oder sonstige Auffälligkeiten im Aussageverhalten (BGH StV 2004, 241; NStZ 2001, 105; OLG Brandenburg StV 1999, 481) sein, des Weiteren **psychische Auffälligkeiten**, geistige Schäden oder Reifedefizite (LR/*Becker* § 244 Rn. 85; s. aber BGH NStZ-RR 2007, 195). Bei **Sexualdelikten** kann eine Begutachtung erforderlich sein, wenn Anhaltspunkte dafür vorliegen, dass reifungsbedingte Fantasien und Übertreibungen oder Gespräche mit Altersgenossen (BGHSt 2, 163, 164 f.; 21, 62; BGH StV 1991, 547) oder sonstige bewusste oder unbewusste **Beeinflussung durch Dritte** (BGH NStZ 2001, 115; NJW 1996, 206; StV 1994, 227) zu einer falschen Erinnerung geführt haben können.

65 In der Praxis ist die Hinzuziehung von Sachverständigen häufig in denjenigen Fällen zu beobachten, in denen sich das Gericht mit einer **schwierigen Beweislage** konfrontiert sieht, insb. dann, wenn Besonderheiten bei der **Aussageentstehung** vorliegen (BGH NStZ-RR 2006, 242, 243) oder nur ein einziger Belastungszeuge vorhanden ist und somit **Aussage gegen Aussage** steht (BGHSt 3, 27; BGH NStZ 1992, 450). Allerdings ist auch in diesen Fällen grundsätzlich davon auszugehen, dass das Gericht die erforderliche eigene Sachkunde besitzt, um die Glaubwürdigkeit solcher Aussagen selbst beurteilen zu können. Die Aufklärungspflicht gebietet es in diesen Fällen auch nicht, den Umstand, dass ein Zeuge als Verletzter oder Nebenkläger über seinen Beistand Akteneinsicht erhalten hat, in die Beweisaufnahme einzuführen, es sei denn, dass Hinweise auf eine konkrete Falschaussagemotivation oder Besonderheiten der Aussage im Einzelfall hierzu Anlass geben (BGH, Beschl. v. 05.04.2016 – 5 StR 40/16). Eine Regel, wonach bei **Zweifeln an der Glaubwürdigkeit oder -haftigkeit** stets ein Sachverständiger beizuziehen ist (so wohl BGHSt 23, 8, 12), besteht nicht (KK-StPO/*Krehl* § 244 Rn. 54). Eine solche Praxis wäre auch bedenklich, weil hierdurch die richterliche Aufgabe der Beweiswürdigung zunehmend auf den Sachverständigen verlagert würde (KK-StPO/*Krehl* § 244 Rn. 54; s. dazu BGH NStZ 2003, 276). Dies wäre – jenseits aller rechtlichen Bedenken – vielleicht hinnehmbar, wenn mit der Hinzuziehung eines Sachverständigen regelmäßig eine Verbesserung der Entscheidungsgrundlage einherginge. Wer jedoch beobachtet, wie beliebig die Kriterien für die Glaubhaftigkeitsbeurteilung in der Praxis von den Sachverständigen gehandhabt werden, muss hieran ernsthafte Zweifel haben.

66 Um dem Tatrichter eine Überprüfung der wissenschaftlichen Tragfähigkeit eines Glaubhaftigkeitsgutachtens zu ermöglichen, hat der BGH methodische **Qualitätsstandards** formuliert (BGHSt 45, 164; s. dazu *Nack* StraFo 2001, 5; *Meyer-Mews* NJW 2000, 216; *Jansen* StV 2000, 224; *Fischer* FS Widmaier, S. 191). Dabei handelt es sich wiederum nicht um einen zwingenden Katalog methodischer und inhaltlicher Kriterien; weder die Prüfungsstrategie noch die Reihenfolge der Prüfungsschritte sind verbindlich (BGH NStZ 2008, 116, 117; 2001, 45). Der BGH will lediglich die Einhaltung allgemein anerkannter **Mindeststandards** gewährleisten und es dem Tatrichter ermöglichen, solche Gutachten auszuscheiden, die diesen Standards nicht gerecht werden (LR/*Becker* § 244 Rn. 87).

67 Welchen Sachverständigen es für die Glaubhaftigkeitsbegutachtung auswählt, entscheidet das Gericht nach seinem pflichtgemäßen Ermessen. Wenn es um die Feststellung und Bewertung von **Grundlagen** der Glaubhaftigkeit geht, die ihren Ursprung in einer **krankhaften psychischen Störung** haben können, ist regelmäßig die Hinzuziehung eines **Psychiaters** geboten (BGH NStZ-RR 1997, 171, 172; StV 1996, 4). Für die Beurteilung normalpsychologischer **Wahrnehmungs-, Gedächtnis- und Denkprozesse** soll das Gericht hingegen im Zweifel einen **Psychologen** beauftragen (BGH NJW 2002, 1813).

68 4. **Einschränkungen der Aufklärungspflicht. Schätzklauseln des materiellen Rechts** (§§ 40 Abs. 3, 73b, 73d Abs. 2, 74c Abs. 3 Satz 1 StGB; § 29a Abs. 3 Satz 1 OWiG) **modifizieren** die gerichtliche Aufklärungspflicht. Sie sollen die Hauptverhandlung von Detailfragen im Rechtsfolgenbereich entlasten, wenn deren Aufklärung außer Verhältnis zur Bedeutung der Sache und der Höhe der zu verhängenden Rechtsfolge stünde (BGH StraFo 2007, 509) oder entsprechende Ermittlungen den Abschluss des Verfahrens über Gebühr verzögern würden (LR/*Becker* § 244 Rn. 11). Gegenstand und Umfang der Aufklärungspflicht werden durch die Schätzklauseln dahin gehend verändert, dass sich das Gericht mit der Ermittlung der **Grundlagen für die Schätzung** begnügen kann (BGH NStZ-RR 2000, 57, 58; NJW 1998, 1723, 1727; *Krause* StraFo 2002, 249; Meyer-Goßner/*Schmitt* § 244 Rn. 15). Diese Grundlagen muss es durch die **im Strengbeweisverfahren** zulässigen Beweismittel ermitteln (LR/*Becker* § 244 Rn. 13). Es gilt der Zweifelssatz (BGH NStZ 1999, 581; StV 1992, 260). Die Schätzgrundlagen müssen in einer für das Revisionsgericht nachvollziehbaren Weise im Urteil dargelegt werden (Meyer-Goßner/*Schmitt* § 244 Rn. 15a).

69 Darüber hinaus lässt die Rspr. Schätzungen zu, um den durch gleich gelagerte **Serienstraftaten** verursachten Schaden im Wege einer **Hochrechnung** zu ermitteln, wenn die Tatbestandsverwirklichung als solche feststeht (BGHSt 36, 320, 328; StraFo 2010, 71; NStZ 2004, 568; 1999, 581). Solche Schätzungen, die im Rahmen der freien richterlichen Beweiswürdigung erfolgen (Graf/*Bachler* § 244 Rn. 12), sollen auch ohne ausdrückliche Ermächtigung als richterliche Rechtsfortbildung zulässig sein (KK-StPO/*Krehl* § 244 Rn. 62). Das Gericht muss auch in diesem Fall die Schätzgrundlage ermitteln und diese – zusammen mit der Schätzmethode – in den Urteilsgründen darlegen.

70 **Keine Einschränkung** erfährt die Aufklärungspflicht hingegen durch das (vermeintlich) **geringe Gewicht** der angeklagten Straftat oder durch den **Beschleunigungsgrundsatz** (problmat. deshalb BGHSt 40, 1, 3; s. dazu die Anm. v. *Widmaier* NStZ 1994, 169 und *Strate* StV 1994, 169). Ist eine Beweiserhebung geeignet, die Überzeugungsbildung des Gerichts zu beeinflussen, so ist sie auch dann durchzuführen, wenn damit eine Verzögerung des Verfahrensabschlusses einhergeht, selbst dann, wenn »nur« eine Geldstrafe von wenigen Tagessätzen droht (LR/*Becker* § 244 Rn. 57).

71 5. **Aufklärungspflicht bei Verständigung.** Durch das Gesetz zur Regelung der **Verständigung im Strafverfahren** vom 29.06.2009 (BGBl. I, S. 2353) wird die richterliche Aufklärungspflicht ebenfalls **nicht eingeschränkt.** § 257c Abs. 1 Satz 2, der die Verständigung in der Hauptverhandlung regelt, schreibt vor, dass **§ 244 Abs. 2** von den nachfolgenden Regelungen **unberührt bleibt.** Dabei handelt es sich nicht um »Augenwischerei« oder eine »bloße Worthülse« (zur z.T. überzogenen Kritik an der Regelung s. § 257c Rdn. 9). Der Gesetzgeber hat damit zunächst einmal nur klargestellt, dass nicht die Verständigung selbst, sondern die Überzeugung des Gerichts von dem ungeachtet der Verständigung festzustellenden Sachverhalt Grundlage des Urteils sein soll (BT-Drs. 16/12310, S. 13), und damit dem sog. **Konsensprinzip** im Strafverfahren eine Absage erteilt.

72 Der **Umfang** der Aufklärungspflicht bestimmt sich somit auch im Fall einer Verständigung nach den **allgemeinen Grundsätzen.** Dabei kann das Gericht die **Zustimmung** des Angeklagten zwar als einen relevanten Umstand in seine Überzeugungsbildung **mit einbeziehen** (vgl. § 257c Rdn. 31). Nach der Entscheidung des BVerfG v. 19.03.2013 (NJW 2013, 1058, 1061) darf sich der Tatrichter für seine Überzeugungsbildung allerdings nicht mit einem »verständigungsbasierten Geständnis« (vgl. § 257c Abs. 2 Satz 2) begnügen (BGH NJW 2017, 280; NStZ 2017, 174). Vielmehr ist er verpflichtet, dieses **durch eine Beweiserhebung in der Hauptverhandlung** auf seine Richtigkeit hin zu überprüfen. Ein bloßer Abgleich mit der Aktenlage außerhalb der Hauptverhandlung genügt hierfür nicht (KK-StPO/*Krehl* § 244 Rn. 31; a.A. noch BGHSt 50, 386, 387). Vielmehr wird die Durchführung einer Beweisaufnahme im formellen Sinne erforderlich sein (*Beulke/Stoffer* JZ 2013, 662, 664; *Mosbacher* NZWiSt 2013, 201, 202, 206). Allerdings scheint es dem BVerfG insoweit zu genügen, wenn das Gericht ggf. Vorhalte macht und die für die Entscheidungsfindung wesentlichen Urkunden im Selbstleseverfahren einführt (a.a.O.). Darüber hinaus kann zur Überprüfung der Richtigkeit des Geständnisses die Vernehmung von Zeugen erforderlich sein, wobei in vielen Fällen die Vernehmung des polizeilichen Ermittlungsführers ausreichen wird (BGH NStZ-RR 2016, 378). Eine weitergehende Beweiserhebung ist allerdings immer dann geboten, wenn die Einlassung des Angeklagten in einem unauflösbaren Widerspruch zu den (auch entlastenden) Angaben von Zeugen steht. Es sollte sich allerdings von selbst verstehen, dass das Gericht in diesem Fall das Geständnis des Angeklagten allein nicht zur Grundlage seiner Überzeugungsbildung machen kann.

73 **IV. Revision.** Die **Aufklärungsrüge**, mit der die Verfahrensbeteiligten die Verletzung der gerichtlichen Aufklärungspflicht beanstanden können, wird häufig erhoben, hat jedoch selten Erfolg, weil die Rügebegründung häufig nicht den Anforderungen des § 344 Abs. 2 Satz 2 genügt (so KK-StPO/*Krehl* § 244 Rn. 215). Gegenstand der Rüge ist die Behauptung, das Gericht habe der ihm obliegenden Aufklärungspflicht nicht genügt, weil es ein ihm bekanntes oder erkennbares, erreichbares und zulässiges **Beweismittel nicht genutzt hat, obwohl die Umstände hierzu drängten** (LR/*Becker* § 244 Rn. 361). Ob das Gericht die Aufklärungspflicht aus Mangel an Sorgfalt oder gar wissentlich verletzt hat, ist unerheblich. Auch etwaige Versäumnisse der Verfahrensbeteiligten – etwa eine unterlassene Antragstellung oder Beanstandung nach § 238 Abs. 2 – schließen die Erhebung der Aufklärungsrüge nicht aus (*Dahs* NStZ 2007, 241, 245 f.; KK-StPO/*Krehl* § 244 Rn. 217; a.A. BGHSt 51, 144, 146; dagegen wiederum *Widmaier* NStZ 2007, 234). Allerdings stellt sich die Frage, ob sich das Gericht von Amts wegen zu einer Beweiserhebung gedrängt sehen musste, die von dem revisionsführenden Verfahrensbeteiligten nicht beantragt worden war (BGH NStZ-RR 2019, 57; NStZ 1992, 599, 600; *Widmaier* NStZ 1994, 418; Meyer-Goßner/*Schmitt* § 244 Rn. 102).

74 Die Begründung der Aufklärungsrüge muss folgenden **Inhalt** haben, um den Anforderungen des § 344 Abs. 2 Satz 2 zu genügen (dazu im Einzelnen: *Hamm*, Die Revision in Strafsachen, Rn. 547 ff.; *Schlothauer/Weider/Wollschläger*, Verteidigung im Revisionsverfahren, Rn. 1707 ff.; s.a. *Cirener* NStZ-RR 2017, 101 f.): Zunächst muss der Beschwerdeführer vortragen, **welche konkrete(n) Tatsache(n)** das Gericht hätte aufklären müssen (BGHSt 30, 131, 138; 37, 162; BGH Beschl. v. 17.01.2019 – 4 StR 370/18; NStZ-RR 2008, 4; NJW 2005, 445, 447; 2005, 2242, 2243; 2003, 2934). Dabei sind die Umstände, aus denen das Gericht die weitere Aufklärungsmöglichkeit ersehen konnte – also entweder bestimmte Aktenteile oder Erklärungen, Anträge oder Beweisstoff aus der Hauptverhandlung – unter genauer Angabe des für die Aufklärungspflicht erheblichen **Inhalts** zu bezeichnen (KK-StPO/*Krehl* § 244 Rn. 217). Eine **Fundstelle** aus den Verfahrensakten braucht in der Rügebegründung nicht mit angegeben zu werden; die versehentliche Angabe einer falschen Aktenstelle ist deshalb unschädlich (BGH StraFo 2012, 467; NStZ-RR 2011, 253, 254). Für eine auf den **Verhandlungsstoff** gestützte Rüge müssen sich die aufzuklärende Tatsache sowie die Umstände, aus denen das Gericht die Aufklärungsbedürftigkeit ersehen konnte, aus dem **Protokoll** oder dem angefochtenen **Urteil** ergeben; weitere Anknüpfungstatsachen stehen wegen des sog. **Verbots der Rekonstruktion der Beweisaufnahme** nicht zur Verfügung (BGH NStZ 1990, 35; StV 1989, 518). Beanstandet der Beschwerdeführer die unterbliebene Verlesung einer Urkunde, muss die Begründung den Vortrag enthalten, dass deren Inhalt nicht

in sonst zulässiger Weise eingeführt worden ist. Aus dem Schweigen der Urteilsgründe kann insoweit nicht geschlossen werden, dass das Gericht die vermisste Aufklärung unterlassen hat (BGH StraFo 2016, 347).

Darüber hinaus muss der Beschwerdeführer darlegen, welches konkret bezeichnete, erkennbare und erreichbare **Beweismittel** das Gericht hätte heranziehen müssen (BGHSt 37, 162; BGH NJW 2005, 1381, 1382; NStZ-RR 2003, 10, 11). Wird die unterbliebene Ladung eines Zeugen beanstandet, soll die Zulässigkeit der Rüge auch von der Mitteilung der ladungsfähigen Anschrift abhängen (BGH, Beschl. v. 29.01.2019 – 4 StR 452/18; OLG Bamberg StraFo 2018, 159, 160), es sei denn, die Anschrift ist dem Beschwerdeführer nicht bekannt und er kann darlegen, dass und weshalb der Tatrichter den Zeuge gleichwohl nicht als unerreichbar hätte ansehen dürfen (KK-StPO/*Krehl* § 244 Rn. 217). Weiterhin muss der Beschwerdeführer vortragen, welches **bestimmte**, für den Beschwerdeführer günstige **Beweisergebnis** durch die unterbliebene Verwendung eines Beweismittels erzielt worden wäre (BGH NStZ 2009, 51; 2009, 468, 469; NStZ-RR 2003, 10, 11; NJW 2001, 2558). Dabei muss der Beschwerdeführer **bestimmt behauptete Tatsachen** vortragen; vermutete oder mögliche Beweisergebnisse genügen nicht (BGH NStZ 2004, 112; LR/*Becker* § 244 Rn. 367; KK-StPO/*Krehl* § 244 Rn. 218). 75

Schließlich muss der Beschwerdeführer diejenigen Umstände und Vorgänge bezeichnen, aufgrund derer sich dem Gericht die vermisste **weitere Sachverhaltsaufklärung aufdrängen** musste (BGH NStZ 2007, 165; 2004, 690; NJW 2005, 445, 447; NStZ-RR 2002, 145); ggf. muss er auch diejenigen Umstände vortragen, die dagegen sprechen (BGH StraFo 2011, 99), wie z.B. rechtliche Hinderungsgründe, die der Beweiserhebung entgegenstehen (OLG Koblenz StraFo 2014, 117, 118: Zeugnisverweigerungsrecht). Dafür ist es nicht erforderlich, dass der Beschwerdeführer die nunmehr vermisste Beweiserhebung in der Hauptverhandlung verlangt hat, weil die Aufklärungspflicht **unabhängig vom Prozessverhalten** der Verfahrensbeteiligten besteht (BGH StV 2017, 789). Bei der Prüfung, ob sich die Beweiserhebung aufdrängte, ist davon auszugehen, dass die Beweiserhebung den vom Beschwerdeführer behaupteten Erfolg gehabt hätte. Die Richtigkeit der Beweisbehauptung braucht sich deshalb nicht aufzudrängen (BGH StraFo 2009, 385). Des Weiteren muss der Beschwerdeführer – soweit dies nicht auf der Hand liegt – darlegen, warum das von ihm benannte Beweismittel **geeignet** ist, die behauptete Tatsache zu belegen (**Konnexität:** BGH NStZ 2008, 232; 1998, 97, 98; ausführlich unten Rn. 96 ff.). 76

Die **unzureichende Ausschöpfung** eines benutzten Beweismittels kann die Richtigkeit eines Urteils ebenso infrage stellen wie die Nichtverwendung eines Beweismittels (BGHSt 17, 351, 353; BGH StV 2002, 350, 351). Dennoch scheitert eine entsprechende Beanstandung regelmäßig daran, dass der Beschwerdeführer diesen Verfahrensfehler **nicht beweisen** kann; denn das Protokoll gibt keine Auskunft über den Inhalt der Beweiserhebung, und im Revisionsverfahren findet eine Beweisaufnahme über den Gang der Hauptverhandlung wegen des sog. **Verbots der Rekonstruktion der Beweisaufnahme** nicht statt (BGHSt 48, 268, 273; BGH NJW 1992, 2838, 2840). 77

Die Rüge, dass das Gericht z.B. bestimmte sich aufdrängende Vorhalte nicht gemacht bzw. Fragen nicht gestellt hat, hat aber dann Aussicht auf Erfolg, wenn Inhalt und Ergebnis der Beweisaufnahme mit den **Mitteln des Revisionsrechts** feststellbar sind (LR/*Becker* § 244 Rn. 364). Das ist der Fall, wenn der Beschwerdeführer die zur weiteren Ausschöpfung eines Beweismittels Anlass gebenden Umstände – wie z.B. unaufgeklärte Widersprüche in einer Zeugenaussage oder einem Sachverständigengutachten – anhand von Vernehmungsprotokollen, schriftlichen Sachverständigengutachten oder sonstigen sich bei den Akten befindlichen Schriftstücken darlegen kann und sich die Unzulänglichkeit der Beweisausschöpfung unmittelbar aus dem Urteil selbst ergibt (s. dazu BGHSt 43, 212, 215; BGH NStZ-RR 2008, 83; NJW 2007, 92, 96; NStZ 2006, 55). Die Zulässigkeit einer allgemeinen Rüge der Aktenwidrigkeit kann daraus jedoch nicht abgeleitet werden (so zutr. KK-StPO/*Krehl* § 244 Rn. 222). 78

Darüber hinaus versucht eine in der Literatur verbreitete Auffassung die aus dem Rekonstruktionsverbot abgeleiteten Einschränkungen zu überwinden, indem sie eine sog. **Alternativrüge** zulässt (dazu *Neuhaus* StraFo 2004, 407; *Bauer* NStZ 2000, 72; *Fezer* JZ 1996, 665; *Ziegert* StV 1996, 279; *Herdegen* StV 1992, 590; *Schlothauer* StV 1992, 134). Damit kann der Beschwerdeführer vortragen, das Gericht habe entweder unter Verstoß gegen seine Aufklärungspflicht die sich aufdrängenden Fragen oder Vorhalte zur Aufklärung von Widersprüchen oder Unklarheiten unterlassen, oder es habe diese zwar aufgeklärt, sich damit in den Urteilsgründen jedoch nicht auseinandergesetzt mit der Folge, dass das Urteil unter einem sachlich-rechtlichen Darstellungsmangel leidet. Eine solche Ausweitung der Rügemöglichkeit erscheint aus Gründen der **Sachgerechtigkeit** – die der BGH ansonsten gerne bemüht – grundsätzlich geboten. Der BGH hält die Alternativrüge jedoch in stdg. Rspr. mit der sehr formal erscheinenden Begründung für unzulässig, dass der Beschwerdeführer gehalten sei, in der Revisionsbegründung einen **bestimmten Mangel** – und nicht alternativ zwei sich gegenseitig ausschließende Mängel – zu behaupten (BGH NStZ 2007, 115; 2006, 55, 56; NJW 1992, 2840; Meyer-Goßner/*Schmitt* § 337 Rn. 15a; KK-StPO/*Krehl* § 244 Rn. 222). 79

80 Die Aufklärungsrüge ist **begründet**, wenn das Revisionsgericht nicht ausschließen kann, dass das Gericht zu einem **anderen Beweisergebnis** gelangt wäre, wenn es die vom Beschwerdeführer vermisste Beweiserhebung durchgeführt hätte (BGH StV 1989, 140), und das angefochtene Urteil hierauf **beruht**. Das ist dann der Fall, wenn das Ergebnis der Beweiserhebung möglicherweise für den Schuldspruch oder für den Rechtsfolgenausspruch von Bedeutung hätte sein können (BGH NJW 1994, 1294, 1295; StV 1989, 467).

81 **D. Beweisanträge und sonstige Beweisbegehren.** Das Recht, Beweisanträge zu stellen, verschafft den Verfahrensbeteiligten die Möglichkeit, **aktiv** auf den Gang und das Ergebnis der Hauptverhandlung **Einfluss zu nehmen**. Es prägt die strafprozessuale Stellung insb. des Angeklagten in der Hauptverhandlung als **Prozesssubjekt** und gehört deshalb zum unverzichtbaren Kern eines rechtsstaatlichen Strafverfahrens (BVerfG NJW 2007, 204, 205; *Habetha* StV 2011, 239, 241). Darüber hinaus kann der Antragsteller aus der Reaktion auf seinen Beweisantrag wichtige Erkenntnisse über die Beurteilung der Beweislage durch das Gericht gewinnen (»**Blick in das Beratungszimmer**«; dazu *Widmaier/Norouzi* MAH Strafverteidigung § 9 Rn. 83). Aus einem nach Abs. 6 begründeten Ablehnungsbeschluss können sich wichtige Hinweise für das weitere Prozessverhalten ergeben. Das gilt insb. dann, wenn das Gericht einen Beweisantrag wegen tatsächlicher Bedeutungslosigkeit ablehnt mit der Folge, dass es die hierfür ausschlaggebenden Erwägungen in Auseinandersetzung mit der aktuellen Beweislage im Beweisbeschluss darzulegen hat (s. dazu BGH NStZ 2008, 299; 2007, 352; LR/*Becker* § 244 Rn. 255). Soweit der Antragsteller hierauf reagiert (s. dazu BGH NStZ 2009, 171, 173; 2008, 351, 352; 2008, 299, 300), kann jene Art von **regelgeleiteter Kommunikation** entstehen, die das moderne Verständnis vom Strafverfahren prägen sollte. Im Hinblick darauf müssen die in jüngster Zeit vorgenommenen gesetzlichen Einschränkungen der Kommunikationsfunktion krit. betrachtet werden (s.o. Rdn. 3).

82 **I. Elemente des Beweisantrages.** Mit Inkrafttreten des Gesetzes zur Modernisierung des Strafverfahrens v. 10.12.2019 enthält Abs. 3 Satz 1 eine ersichtlich auf einen Regelungsvorschlag von *Wehowsky* (NStZ 2019, 59, 65) zurückgehende **Definition des Beweisantrags**, die allerdings nicht über die von der Rspr. herausgearbeiteten Kriterien hinausgeht. Demnach liegt ein Beweisantrag vor, wenn der Antragsteller ernsthaft verlangt, Beweis über eine bestimmt behauptete konkrete Tatsache, die die Schuld oder Rechtsfolgenfrage betrifft, durch ein bestimmt bezeichnetes Beweismittel zu erheben und dem Antrag zu entnehmen ist, weshalb das bezeichnete Beweismittel die behauptete Tatsache belegen können soll.

83 **1. Beweistatsache.** Zum Begriff der **Tatsache** s.o. Rdn. 9 ff. Der Antragsteller muss die Tatsache, über die das Gericht Beweis erheben soll, **konkret und bestimmt behaupten**, sie also **als feststehend** bezeichnen (BGHSt 39, 251, 253; *Hadamitzky* StraFo 2012, 297, 299 f.). Die bloße Bezeichnung eines **Beweisthemas** (z.B. Vernehmung eines Sachverständigen »zur psychischen Verfassung des Angeklagten« – BGH NStZ 2004, 690) oder die Bezeichnung einer **bloßen Möglichkeit** (Hinzuziehung eines Sachverständigen zur Feststellung, ob es sich bei einem sichergestellten Stoff um Betäubungsmittel handelt – BGH NJW 1999, 2683) reichen nicht aus.

84 Es genügt allerdings, dass der Antragsteller das von ihm behauptete Beweisergebnis nur **vermutet** oder **für möglich hält** (BGHSt 21, 118, 125; BGH StV 2018, 476, 477; 2014, 264; 2003, 369; 2000, 180; NStZ 2006, 585, 586; 2002, 383; 2006, 585, 586). Er braucht von der Richtigkeit seiner Beweisbehauptung keinesfalls überzeugt zu sein (KG StraFo 2015, 208, 209; 2012, 20, 21); das Beweisbegehren ist so lange nicht zu beanstanden, wie der Antragsteller den Erfolg der von ihm beantragten Beweiserhebung nicht für ausgeschlossen hält (BGH StV 1989, 237, 238). Das soll allerdings dann nicht der Fall sein, wenn sein Beweisersuchen im Hinblick auf ein Beweismittel einander widersprechende Beweisbehauptungen enthält (BGH NStZ 2013, 118, 119).

85 **a) Schlussfolgerungen und Wertungen.** Schlussfolgerungen und Wertungen sind keine Tatsachen und können daher nicht Gegenstand eines Beweisantrages sein (Graf/*Bachler* § 244 Rn. 17). Zumeist umschreiben sie ein **Beweisziel** (z.B. die Schlussfolgerung, ein Zeuge sei unglaubwürdig und seine Aussage unglaubhaft – BGH wistra 2008, 107; s.a. BGHSt 37, 162, 165; BGH NStZ-RR 2004, 56; NJW 2003, 2761), dessen Mitteilung im Antrag nicht nur nicht erforderlich ist (OLG Naumburg NStZ-RR 2013, 18, 19), sondern darüber hinaus für den Antragsteller auch schädlich sein kann, weil sie u.U. die Ablehnung des Antrages wegen Bedeutungslosigkeit erleichtert. Allerdings sind die der Schlussfolgerung oder Wertung zugrunde liegenden tatsächlichen Umstände der Beweiserhebung zugänglich (BGH NJW 1991, 435). Deshalb muss das Gericht durch **Auslegung des Antrages** (BGH StV 2016, 337, 338 mit Anm. *Ventzke*; NStZ 2014, 419; NJW 1993, 2881; OLG Hamburg StV 2012, 589; KG StraFo 2012, 20, 21) ermitteln, ob der Antragsteller die Schlussfolgerung bzw. Wertung als solche oder einen – für das Gericht aufgrund der Antragsbegründung oder aufgrund der sonstigen Umstände des Einzelfalls, insb. des Akteninhalts sowie des gesamten Verhandlungs- und Beweisstoffes (BGH NStZ 2014, 50, 51; StV 1995, 230) erkennbaren – **konkreten Tatsachenkern** unter Beweis

stellt. Das gilt insb. dann, wenn der Antragsteller **schlagwortartig verkürzte Behauptungen mit Wertungselementen** (BGH StV 2010, 287, 288) oder einfache Rechtsbegriffe (BGH NStZ 2014, 282) verwendet.
Die Rspr. vermittelt insoweit **kein verlässliches Bild**, weil die Frage, ob ein ausreichender Tatsachenkern 86
erkennbar ist, jeweils von den Umständen des Einzelfalls abhängt (s. dazu die zahlr. Bsp. bei LR/*Becker* § 244 Rn. 96 und 99 sowie Graf/*Bachler* § 244 Rn. 17.1 und *Hassemer/Pauly* Beweisantragsrecht Rn. 169 ff.). Die Behauptung, der Angeklagte leide unter einer krankheitsbedingten Alkoholabhängigkeit mit bereits eingetretener Persönlichkeitsdeformation, kann als hinreichend bestimmte Beweistatsache genügen (BGH NStZ 2008, 52, 53); die bloße Behauptung, ein Zeuge habe Alkoholprobleme, dagegen nicht (BGH StV 1997, 622). Die Behauptung, der Angeklagte habe »alkoholbedingte Ausfallerscheinungen« gezeigt, kann wiederum ausreichen, wenn sich aus der Antragsbegründung ergibt, dass er mehrfach stürzte und sich an einer Wand abstützen musste (BGH StV 2011, 209). Die Behauptung, der Angeklagte sei zum Tatzeitpunkt **schuldunfähig bzw. vermindert schuldfähig** gewesen, reicht für die Annahme eines Beweisantrages jedenfalls dann aus, wenn in dem Antrag tatsächliche Anhaltspunkte für die Beweisbehauptung mitgeteilt werden, die einem Sachverständigen als erste **Anknüpfungstatsachen** für eine Untersuchung des Angeklagten ausreichen. Die Rspr. hat diese Frage allerdings noch nicht abschließend entschieden (offengelassen z.B. in BGH NStZ 1998, 366; krit. BGH NStZ 2012, 280, 281; 1999, 630, 631). Der Antragsteller sollte in diesen fällen – und darüber hinaus – **kein Risiko** eingehen und die unter Beweis gestellte Tatsache so präzise wie möglich formulieren (*Hamm/Pauly* Beweisantragsrecht Rn. 71), indem er das Vorliegen eines bestimmten Krankheitsbildes oder der dazugehörenden Symptome unter Beweis stellt. Der Antrag auf Einholung eines **anthropologischen Gutachtens** mit dem Ziel, die Identität des Angeklagten mit der auf einem Messfoto abgebildeten Person auszuschließen, erfordert Angaben entweder dazu, welche Person anstelle des Angeklagten auf dem Foto abgebildet sei, oder wenigstens dazu, welche bestimmten morphologischen oder sonstigen Merkmale die Identität ausschließen (OLG Bamberg StraFo 2017, 156; s.a. BGH, Beschl. v. 24.01.2017 – 2 StR 509/16). Die Behauptung, eine Messung sei **nicht ordnungsgemäß** bzw. unter Missachtung der gültigen Vorgaben durchgeführt worden, stellt ebenfalls keine hinreichend bestimmte Tatsachenbehauptung, sondern lediglich eine Schlussfolgerung dar (OLG Bamberg NStZ 2018, 235, 236).

b) **Negativtatsachen.** Problematisch ist die Abgrenzung zwischen Beweistatsache und Beweisziel des Weiteren bei sog. **Negativtatsachen**. In diesem Fall benennt der Antragsteller Beweismittel – zumeist Zeugen – zum Beweis dafür, dass ein bestimmtes Ereignis **nicht stattgefunden** hat (BGHSt 39, 251, 254; Meyer-Goßner/*Schmitt* § 244 Rn. 20). Ein solches Beweisbegehren ist ohne Weiteres als Beweisantrag anzusehen, wenn der Antragsteller den Nichteintritt eines genau beschriebenen Ereignisses behauptet, das die Beweisperson in einer **transparenten Wahrnehmungssituation** hätte wahrnehmen können, wenn es stattgefunden hätte (BGH NStZ 2008, 708). Das gilt z.B. für die Angaben eines Ermittlungsrichters, der bekunden soll, dass eine Zeugin, die von ihm richterlich vernommen wurde, in dieser Vernehmung nicht aussagte, von dem Angeklagten geschlagen worden zu sein (BGH NStZ-RR 2005, 78, 79), für die Erklärung eines Zeugen, der die gesamte verfahrensgegenständliche Auseinandersetzung beobachtete und bekunden soll, dass der Angeklagte während dieser Auseinandersetzung kein Messer in der Hand hielt, für die Bekundung eines Gesprächs, an dem der Zeuge teilnahm und in dessen Verlauf über ein bestimmtes Geschehen nicht gesprochen worden sein soll (BGH, Beschl. v. 19.12.2018 – 3 StR 516/18; NStZ 2011, 230) oder für die Auswertung einer SIM-Karte zum Beweis der Tatsache, dass es keine telefonischen Kontakte zu einer bestimmten Person gegeben habe (BGH StraFo 2009, 385). 87

Für die Annahme einer ausreichend bestimmten Beweistatsache reicht es der Rspr. hingegen nicht aus, 88
wenn der Antragsteller lediglich Schlussfolgerungen darlegt, die möglicherweise aus irgendwelchen Wahrnehmungen von Beweispersonen gezogen werden sollen, diese Wahrnehmungen jedoch im Antrag nicht konkret bezeichnet werden (BGH NStZ 2000, 267, 268). Dieses Problem stellt sich insb. beim **Alibibeweis**, etwa dann, wenn der Antragsteller – ohne nähere Darlegung – einen Zeugen als Mittel zum Beweis der Tatsache anbietet, dass der Angeklagte zu einem bestimmten Zeitpunkt nicht an einem bestimmten (Tat-)Ort gewesen sei. Der BGH (BGHSt 39, 251, 255; s.a. BGHSt 43, 321, 327; BGH NStZ 1999, 362) hat ein solches Beweisbegehren als **Beweisermittlungsantrag** (s. dazu Rdn. 162 ff.) gewertet. Für die Annahme eines Beweisantrages ist es darüber hinaus erforderlich, konkrete Tatsachen mitzuteilen, die der Zeuge **selbst unmittelbar** wahrgenommen hat, z.B., dass er sich mit dem Angeklagten zum in Rede stehenden Zeitpunkt an einem anderen Ort aufgehalten hat oder dass er sich zu diesem Zeitpunkt am Tatort aufgehalten, den ihm bekannten Angeklagten jedoch nicht gesehen hat, obwohl ihm dessen Anwesenheit nicht hätte entgehen können (Graf/*Bachler* § 244 Rn. 18.1). Auch die Behauptung mangelnder Personenidentität (mit der daraus zu ziehenden Schlussfolgerung, dass der Angeklagte nicht der Täter war) ist für sich genommen keine genügend bestimmte Tatsachenbehauptung (OLG Bamberg StraFo 2017, 156).

89 c) **Antrag auf nochmalige Vernehmung eines entlassenen Zeugen oder Sachverständigen.** Das nach einer Beweiserhebung von einem Verfahrensbeteiligten geäußerte Verlangen, einen bereits vernommenen und entlassenen Zeugen oder Sachverständigen **nochmals zu vernehmen**, ist nach stdg. Rspr. lediglich ein auf Wiederholung der Beweisaufnahme gerichtetes Begehren und somit **kein Beweisantrag** (BGH NStZ 2015, 540, 541), es sei denn, dass in dem Beweisbegehren **neue Beweistatsachen** behauptet werden (BGH NStZ-RR 1996, 107; StV 1991, 1, 2; a.A. LR/*Becker* § 244 Rn. 122 u. MüKo-StPO/*Trüg/Habetha* § 244 Rn. 131, die den Ablehnungsgrund der Verschleppungsabsicht in Betracht ziehen), zu denen der Zeuge oder Sachverständige noch nicht vernommen worden ist. Das gilt auch dann, wenn lediglich die Niederschrift über die Vernehmung eines Zeugen verlesen worden ist (BGHSt 46, 73, 80; MüKo-StPO/*Krüger* § 256 Rn. 4; LR/*Stuckenberg* § 256 Rn. 2), ebenso für den Antrag auf die ergänzende Vernehmung eines Zeugen nach der Vorführung einer Bild-Ton-Aufzeichnung gem. § 255a Abs. 2 (BGHSt 48, 268, 273). In diesen Fällen kann die Vernehmung des Zeugen allerdings nach Abs. 2 geboten sein. Keine bloße Wiederholung der Beweisaufnahme ist die nochmalige Vernehmung eines Sachverständigen, wenn ein anderer Sachverständiger desselben Fachgebiets Tatsachen vorgetragen hat, die die Schlussfolgerung des ersten Sachverständigen infrage stellen (so wohl BGH NStZ 2007, 417, 418).

90 **2. Ernsthaftes Verlangen. a) Ernsthaftigkeit.** Die Annahme eines Beweisantrags setzt weiterhin voraus, dass der Antragsteller eine Beweiserhebung ernsthaft verlangt. Gemeint ist damit ein ernsthaftes, unbedingtes oder an eine Bedingung (s.u. Rdn. 153 ff.) geknüpftes Verlangen eines Verfahrensbeteiligten, über eine die Schuld- oder Rechtsfolgenfrage betreffende Behauptung durch bestimmte, nach der StPO zulässige Beweismittel (s.u. Rdn. 94 ff.) Beweis zu erheben (so schon BGHSt 1, 29, 31; Meyer-Goßner/*Schmitt* § 244 Rn. 19). Dabei muss er deutlich machen, dass er die Beweiserhebung verlangt und nicht lediglich in das Ermessen des Gerichts stellt.

91 **b) Behauptungen »aufs Geratewohl« bzw. »ins Blaue hinein«.** Auch nach Inkrafttreten des Gesetzes zur Modernisierung des Strafverfahrens bereitet die Behandlung von. Beweisbegehren **»aufs Geratewohl« oder »ins Blaue hinein«** weiterhin Schwierigkeiten (ausführlich dazu *Schäuble* NStZ 2020, 377, 380). Obwohl der Antragsteller von der Richtigkeit seiner Beweisbehauptung nicht überzeugt zu sein braucht (s.o. Rdn. 84), vertrat die Rspr. bislang überwiegend die Auffassung, dass keine zulässige Beweisbehauptung und damit kein rechtlich beachtlicher Beweisantrag vorliegt, wenn der Antragsteller eine Tatsache **ohne tatsächliche Anhaltspunkte** und ohne **jede begründete Vermutung** ins Blaue hinein bzw. aufs Geratewohl behauptet (BGH StV 2008, 9; NStZ 2006, 405; s.a. *Hadamitzky* StraFo 2012, 297; *Herdegen* StV 1990, 518, 519). Für eine entsprechende Annahme genügte es jedoch nicht, dass die unter Beweis gestellte Tatsache objektiv ungewöhnlich oder eine andere Möglichkeit näher liegend erscheint (BGH NStZ 2008, 287) oder der Beweisantrag hätte früher gestellt werden können (KK-StPO/*Krehl* § 244 Rn. 73).Es genügte auch nicht, dass der Tatrichter das Gegenteil der unter Beweis gestellten Tatsache für erwiesen hielt (so im Hinblick auf den darin enthaltenen Verstoß gegen das Verbot der Beweisantizipation zutr. KG StV 2016, 345, 346). Ging das Gericht jedoch davon aus, dass die Beweisbehauptung ohne tatsächliche und argumentative Grundlage in den Raum gestellt wurde, musste es dem Beweisbegehren allenfalls nach Maßgabe der gerichtlichen Aufklärungspflicht (Abs. 2) nachgehen (BGH NStZ 2009, 226, 227; StV 2002, 233). Eine entsprechende Vorgehensweise kam allerdings nur ausnahmsweise in Betracht und erforderte zur Begründung einen hohen argumentativen Aufwand des Tatrichters (KG StraFo 2015, 208, 210), der den Antragsteller ggf. zu der Grundlage der Behauptung befragen und sich mit einer etwaigen Antwort auseinandersetzen muss (OLG Köln NStZ 2008, 584). Der 3. Strafsenat des BGH (StV 2008, 9, 10) und maßgebliche Teile der Lit. (z.B. *Habetha* StV 2011, 239, 242; *Trüg* StraFo 2010, 142; KK-StPO/*Krehl* § 244 Rn. 73) stellten diese Rechtsfigur allerdings infrage, weil es zweifelhaft erschien, dass einerseits ein Antrag, der allein zum Zweck der Verschleppung des Verfahrens und damit in dem Bewusstsein gestellt wurde, nichts zur Aufklärung des Sachverhalts beizutragen, lediglich zu einer nach Abs. 6 a.F. zu begründenden Ablehnung wegen Verschleppungsabsicht gem. Abs. 3 Satz 2 a.F. führen konnte, während andererseits ein Beweisbegehren, dem es (nur) objektiv an einer erkennbaren plausiblen Tatsachengrundlage fehlte, schon der Charakter eines Beweisantrages abzusprechen sein sollte.

92 Der Referentenentwurf eines Gesetzes zur Modernisierung des Strafverfahrens (Nachw. bei *Schäuble* NStZ 2020, 377, 380, Fn. 53) thematisierte die Figur der Beweisbehauptungen »aufs Gratewohl/ins Blaue hinein« zunächst im Abschnitt zur Konnexität (s. zu diesem Ansatz auch *Dallmeyer* StV 2018, 533, 535). In der Gesetzesbegründung (BT-Drs. 19/14747, S. 34) wird dagegen ausgeführt, dass den entsprechenden Beweisbehauptungen die gebotene **Ernsthaftigkeit** fehle mit der Folge, dass diese nicht als Beweisanträge behandelt werden müssten. Letztlich fanden die Erwägungsgründe des Gesetzgebers jedoch keinen ausreichenden Niederschlag im Gesetzeswortlaut, um von einer gesetzlichen Regelung der in Rede stehenden Fragen ausgehen zu können (so *Claus* NStZ 2020, 57, 60, die diese Aufgabe der Rspr. zuweist). Stattdessen führt die

Neuregelung des Abs. 6 Satz 2 zu neuen systematischen Verwerfungen (dazu *Güntge* StraFo 2021, 92, 98), die einer weiteren Anwendung der Rechtsfigur entgegenstehen. Denn trotz erheblicher qualitativer Unterschiede führt deren weitere Anwendung zu derselben Rechtsfolge wie die Annahme von Verschleppungsabsicht, obwohl die dafür weiterhin erforderlichen subjektiven Voraussetzungen nicht vorliegen. In beiden Fällen wäre die Beweisantragseigenschaft abzulehnen (*Schäuble* NStZ 2020, 377, 381 f).

Nachdem es der 3. Strafsenat (NStZ 2021, 626, 627) zunächst ausdrücklich offengelassen hatte, ob eine Beweisbehauptung »aufs Geratewohl/ins Blaue hinein« als Beweisantrag zu behandeln ist hat der 5. Strafsenat (StV 2021, 776) dies inzwischen bejaht. Zwar erkennt auch der Senat den systematisch schwer aufzulösenden Widerspruch zu Abs. 6 Satz 2 n.F., er ist jedoch der Auffassung, dass der Gesetzgeber bei der Neuregelung des Beweisantragsrechts durch das Gesetz zur Modernisierung des Strafverfahrens an der Rechtsfigur ausdrücklich festhalten wollte und dieser Wille in dem Definitionsmerkmal der Ernsthaftigkeit in Abs. 3 Satz 1 n.F. seinen objektiven Ausdruck gefunden habe. Allerdings habe der Gesetzgeber an den bisher von der Rspr. gestellten strengen Anforderungen in diesen Fällen (s.o. Rdn. 91) ebenfalls nichts ändern wollen. Demnach kommt die Annahme eines Beweisbegehrens »aufs Geratewohl/ins Blaue hinein« weiterhin nur ausnahmsweise in Betracht und erfordert einen hohen argumentativen Aufwand durch den Tatrichter. Eine Zurückweisung mangels Ernsthaftigkeit bedarf einer begründeten Entscheidung, aus der sich die hierfür wesentlichen Gründe in einer für das Revisionsgericht nachprüfbaren Form ergeben. 93

3. **Beweismittel.** Der Antragsteller muss ein **bestimmtes Beweismittel** bezeichnen (KK-StPO/*Krehl* § 244 Rn. 79; Meyer-Goßner/*Schmitt* § 244 Rn. 21). Er muss das Beweismittel in seinem Beweisbegehren in einer Weise **individualisieren**, die keinen Zweifel daran lässt, womit genau die unter Beweis gestellte Tatsache nachgewiesen werden soll. Eine rechtlich unzutreffende Bezeichnung des Beweismittels (Bezeichnung als sachverständigen Zeugen, obwohl die Voraussetzungen des § 85 nicht vorliegen) ist jedoch unschädlich, wenn eindeutig erkennbar ist, um welches es sich handelt (Graf/*Bachler* § 244 Rn. 23). Gegebenenfalls ist das Beweismittel im Wege der Auslegung unter Heranziehung der Antragsbegründung zu ermitteln (BGH NStZ 2015, 354). Das Gericht ist berechtigt – und im Hinblick auf Abs. 2 u.U. verpflichtet –, das Beweismittel auszutauschen, wenn nach den Umständen des Einzelfalls das von ihm gewählte Beweismittel gegenüber dem angebotenen eine gleich sichere oder bessere Erkenntnisquelle darstellt (BGH StV 2008, 506: Verlesung eines Vermerks über den Zustand des Nebenklägers zum Zeitpunkt der Erstattung der Strafanzeige statt Vernehmung des die Anzeige aufnehmenden Beamten). 94

Zeugen sind grundsätzlich mit **Vor- und Nachnamen** und unter Angabe einer **ladungsfähigen Anschrift** zu benennen (BGHSt 40, 3, 7; BGH NStZ 2014, 604, 605 f.; NStZ 2010, 403, 404; 2009, 651). Das gilt auch für Auslandszeugen (BGH NStZ 2011, 231). Allerdings kann dieses Erfordernis insb. für den Angeklagten bzw. seinen Verteidiger ein unüberwindbares Hindernis darstellen, weil deren Möglichkeiten, Ermittlungen durchzuführen, an diejenigen der Justiz in der Regel nicht annähernd hinreichen. Deshalb muss es ausreichen, wenn der Antragsteller Identifikationsmerkmale mitteilt, die unmissverständlich verdeutlichen, welche Person er meint, und einen Weg aufzeigt, wie das Gericht die ladungsfähige Anschrift des Zeugen oder zumindest dessen Aufenthalt zuverlässig in Erfahrung bringen kann (BGH StraFo 2010, 109 f.: Vorname, Spitzname und mutmaßliche Wohnanschrift; StV 2010, 556, 557; NStZ 1999, 152; 1996, 581; 1995, 246; weitere Bsp bei *Hassemer/Pauly* Beweisantragsrecht Rn. 145 ff.); andernfalls handelt es sich lediglich um einen **Beweisermittlungsantrag** (BGH NStZ 2009, 651; 2002, 270). Will der Antragsteller in der Revision geltend machen, dass die Bemühungen des Gerichts zur Ermittlung der Anschrift einer Auskunftsperson unzulänglich waren, muss er vortragen, welche konkrete Aufklärungshandlung unterblieben ist und zu welchem Ergebnis diese geführt hätte (BGH NStZ 2015, 346 = StraFo 2015, 211). 95

Bei **Sachverständigen** braucht hingegen **keine bestimmte Person** bezeichnet zu werden, weil dessen Auswahl dem Gericht obliegt (§ 73 Abs. 1). Bei einer konkreten Benennung im Antrag handelt es sich daher lediglich um einen **Vorschlag** des Antragstellers, an den das Gericht nicht gebunden ist (*Hassemer/Pauly* Beweisantragsrecht Rn. 154). Dessen Auswahlermessen kann im Hinblick auf Abs. 2 jedoch eingeschränkt sein, wenn der vom Antragsteller benannte Sachverständige über Kenntnisse oder Feststellungsmöglichkeiten verfügt, die an seine Person gebunden sind (KK-StPO/*Krehl* § 244 Rn. 80). 96

Urkunden und **Augenscheinsobjekte** müssen ebenfalls so genau bezeichnet werden, dass das Gericht sie eindeutig **individualisieren** und zur Hauptverhandlung **herbeischaffen** kann (KK-StPO/*Krehl* § 244 Rn. 81; s. dazu BGH NStZ-RR 1998, 276). Beweismittel sind **einzelne** Schriftstücke, einzelne Aktenvorgänge oder einzelne Eintragungen, es sei denn, dass durch den gesamten Inhalt einer Akte oder Dokumentensammlung eine bestimmte Tatsache bewiesen werden soll (BGHSt 37, 168, 142). Ansonsten ist der Antrag auf **Beiziehung von Akten** kein Beweisantrag (BGHSt 8, 128, 129; BGH StV 2000, 248, 249). Gem. § 249 Abs. 1 Satz 2 sind nunmehr auch **elektronische Dokumente** Urkunden, soweit sie verlesbar sind. Gemeint sind damit 97 alle Formen elektronischer Informationen – also Text- oder Bilddateien, Tabellen etc. –, die eine körperliche Urkunde ersetzen sollen und zur Wiedergabe in verkörperter Form, insb. durch Ausdruck, geeignet sind (*Weiß* wistra 2018, 245, 247 f.). Erforderlich ist die Verkörperung zur Verlesung allerdings nicht; vielmehr kann das Dokument auch **vom Bildschirm**, auf dem es sichtbar gemacht wird, **abgelesen** werden (Meyer-Goßner/*Schmitt* § 249 Rn. 13). Das gilt auch für elektronische Dokumente, die durch Umwandlung eines Ausgangsdokuments gem. § 32e Abs. 1 entstanden sind. Auch bei elektronischen Dokumenten ist das zu Beweiszwecken zu verwendende Schriftstück **genau zu benennen**. Die Benennung einer elektronischen Akte oder eines Datenträgers genügt nicht (*Weiß* wistra 2018, 245, 251).

98 4. **Konnexität.** Nach der Neufassung des Abs. 3 muss dem Antrag zu entnehmen sein, weshalb das bezeichnete Beweismittel die behauptete Tatsache belegen können soll. Damit hat der Gesetzgeber das von der Rspr. entwickelte Merkmal der **Konnexität** nunmehr in die Definition des Beweisantrags mit aufgenommen.

99 Unter dem Begriff **Konnexität** (zurückgehend auf *Widmaier* NStZ 1993, 602) formulierte die Rspr. zunächst nur allgemeine Anforderungen an die Konkretisierung von Beweistatsachen in Abgrenzung zu Beweiszielen. Aus dem Beweisantrag musste (lediglich) hervorgehen, welche **eigene Wahrnehmung** der Zeuge bekunden sollte (BGHSt 40, 3, 6; dazu *Basdorf* FS Widmaier, S. 52, 53; *Schneider* FS Eisenberg, S. 607, 611, 622; *Hadamitzky* StraFo 2012, 299, 302; *Rose* NStZ 2014, 128). In der Folge hatte der BGH dieses Kriterium allerdings zu einem **eigenständigen Element** des Beweisantrages fortentwickelt (ausdr. offengelassen allerdings in BGH StV 2018, 476, 477; 2015, 82): Der Antragsteller muss darlegen, weshalb das von ihm angegebene Beweismittel **geeignet ist, die behauptete Tatsache unter Beweis zu stellen** (BGHSt 43, 321, 329; BGH NStZ 2011, 169, 170; 2006, 585, 586; 2000, 437, 438; NStZ-RR 2001, 42, 44; KK-StPO/*Krehl* § 244 Rn. 82; Graf/*Bachler* § 244 Rn. 25; abl. *Herdegen* NStZ 1999, 176; *Hamm/Pauly* Beweisantragsrecht Rn. 200, 203; LR/*Becker* § 244 Rn. 114), es sei denn, dieser Zusammenhang sich von selbst (BGH StV 2018, 476, 477; 2014, 257, 258) oder wird unter Beiziehung der Strafakten offenkundig (BGH NStZ 2014, 282, 283; 2013, 536, 537). Im Kern geht es darum, die **konkrete Wahrnehmungssituation** eines Zeugen derart bestimmt zu behaupten (BGH StV 2011, 207, 208 f.), dass das Gericht auf der Grundlage der mitgeteilten Umstände entscheiden kann, ob der **Ablehnungsgrund der völligen Ungeeignetheit** i.S.d. Abs. 3 Satz 2 vorliegt (BGH StV 2015, 82; zur Abgrenzung zw. Konnexität und dem Ablehnungsgrund der Ungeeignetheit s. OLG Schleswig StV 2014, 276, 277). Richtet sich der Antrag auf Vernehmung eines **Sachverständigen**, so sollen Angaben zu möglichen Anknüpfungstatsachen erforderlich sein, damit das Gericht beurteilen kann, ob es die zur Beantwortung der Beweisfrage erforderliche Sachkunde selbst besitzt und ob der beantragte Sachverständige unter den konkreten Umständen des Falles überhaupt ein taugliches Beweismittel ist (OLG Stuttgart, Urt. v. 06.04.2017 – 4 Ss 623/16). Begehrt der Antragsteller die Verlesung einer Urkunde, muss aus dem Antrag hervorgehen, weshalb die Verlesung des in Bezug genommenen Schriftstücks die behaupteten Beweisergebnisse belegen können soll (BGH, Urt. v. 14.10.2020 – 5 StR 279/20, Rn. 23). Insoweit mag das Konnexitäts-Kriterium seine Rechtfertigung in der **strukturellen Korrespondenz** von Beweisantrag und Ablehnungsgrund gefunden oder lediglich eine notwendige Konkretisierung der Beweistatsache umschreiben haben. Allerdings barg die Anerkennung des Konnexitätsmerkmals von Anfang an die Gefahr, dass die Rspr. dieses Kriterium zu einem »**Meta-Ablehnungsgrund**« wegen »Fehlens einer auf der Hand liegenden Plausibilität« oder des eindeutigen Widerspruchs zu der bisherigen Beweislage (dazu BGH StraFo 2014, 22; NJW 2012, 2212; s.a. BGH NStZ 2017, 100) weiterentwickeln würde (ausdr. KK-StPO/*Krehl* § 244 Rn. 84). Jedenfalls verschob sich die Argumentations- bzw. Substanziierungslast einseitig zulasten des Antragstellers (*Hassemer/Pauly* Beweisantragsrecht Rn. 202).

100 Ein Bsp. hierfür ist eine Entscheidung des 5. Strafsenats v. 10.06.2008, wonach der Antragsteller bei **fortgeschrittener Beweisaufnahme** nicht nur die konkrete Wahrnehmungssituation eines Zeugen darzulegen, sondern sich darüber hinaus auch argumentativ mit der Plausibilität der Beweisbehauptung im Hinblick auf die bei Antragstellung bestehende Beweislage auseinanderzusetzen habe (BGHSt 52, 284, 287; s.a. BGH NStZ 2011, 169; Beschl. v. 26.08.2020 – 6 StR 225/20). Aus den Entscheidungsgründen wird jedoch deutlich, dass der Antragsteller die Wahrnehmungssituation des Zeugen hinreichend konkret dargelegt hatte. Die Bedenken des Gerichts richteten sich vielmehr gegen die **Zuverlässigkeit** des benannten Zeugen, dessen mutmaßlichen Bekundungen im Widerspruch zu den Angaben aller bis dahin in der Beweisaufnahme vernommenen Zeugen gestanden hätten. Ebenso scheint die späte Antragstellung das Gericht irritiert zu haben. Solche Umstände sind jedoch im Rahmen der **Beweiswürdigung** zu berücksichtigen; sie haben mit der Frage, ob ein Beweisantrag vorliegt oder nicht, nichts zu tun. Die Auffassung des 5. Strafsenats verstößt vielmehr gegen das **beweisrechtliche Antizipationsverbot** und hat dementsprechend heftige Kritik in der Lit. erfahren (z.B. *Ventzke* StV 2009, 655, 657; *Jahn* StV 2009, 663, 664; *Schneider* FS Eisenberg, S. 607, 630; Meyer-Goßner/*Schmitt* § 244 Rn. 21a; s.a. BGH StraFo 2014, 22; *Habetha* StV 2011, 239, 243; MüKo-StPO/

Trüg/Habetha § 244 Rn. 137). Der 5. Strafsenat hat diese Rspr. in der Folgezeit wenigstens entschärft: Der Antragsteller brauchte sich in der Antragsbegründung zur Wahrnehmungskompetenz des von ihm benannten Zeugen auch bei fortgeschrittener Beweisaufnahme nicht zu verhalten, wenn sein Beweisbegehren auf die Vernehmung eines unmittelbaren Tatzeugen zielte, der sich im zeitlichen Zusammenhang mit der Tat am Tatort aufhielt und dessen Wahrnehmungsmöglichkeiten nicht in Zweifel sollte (BGH NStZ 2014, 351, 353 f. mit Anm. *Ferber*).

In seinem Beschl. v. 01.09.2021 (NJW 2021, 3404 mit Anm. *Kudlich/Koch*), der auf der Grundlage des **101** Abs. 3 n.F. erging, hat der 5. Strafsenat seine Rspr. nunmehr **endgültig aufgegeben** und unter Bezugnahme auf die Gesetzesmaterialien (s. dazu BT-Drs. 19/14747, S. 33 f.) klargestellt, dass der Antragsteller keine Umstände darlegen muss, die seinen Antrag – etwa bei fortgeschrittener Beweisaufnahme mit bislang gegenteiligen Beweisergebnissen – plausibel erscheinen lassen (NJW 2021, 3406; s.a. *Schäuble* NStZ 2020, 377, 379; *Güntge* StraFo 2021, 92, 97; Meyer-Goßner/*Schmitt* § 244 Rn. 21c).Vielmehr braucht aus dem Antrag selbst lediglich klar zu werden, weshalb das Beweismittel die Beweistatsache belegen können soll (a.a.O., S. 3405 f.). Für den **Zeugenbeweis** bedeutet das, dass der Antrag erkennen lassen muss, weshalb der Zeuge überhaupt etwas zu dem Beweisthema bekunden können soll, etwa weil er am Tatort war, in der Nachbarschaft wohnt oder von Dritten etwas erfahren hat. Soweit sich der erforderliche Zusammenhang zwischen Beweistatsache und Beweismittel – wie in vielen Fällen – von selbst versteht, weil der Zeuge etwa die behauptet Tatsache ersichtlich aus eigenem Erleben schildern kann, bedarf es keiner näheren Darlegung. Andernfalls sind weiter Ausführungen im Antrag notwendig, aus denen sich ergibt, warum es dem Zeugen möglich sein kann, die behauptete Tatsache zu bekunden. Je nach Sachlage kann es dabei erforderlich sein, die Wahrnehmungssituation des Zeugen vor Ort ganz konkret zu benennen, etwa dann, wenn es sich um länger andauernde Geschehensabläufe handelt (s.a. BGH NStZ 2020, 180).

5. **Prozessverschleppung.** Den durch das Gesetz zur Modernisierung des Strafverfahrens eingeführten Neu- **102** regelungen liegt das Verständnis zugrunde, dass Beweisersuchen mit dem Ziel der **Prozessverschleppung keine Beweisanträge** (mehr) sind (so ausdr. BT-Drs. 19/14747, S. 34; dazu *Claus* NStZ 2020, 57, 60; *Schork* NJW 2020, 1, 3; dagegen ist *Börner* – NStZ 2020, 460, 461 – der Auffassung, dass es sich weiterhin um einen Beweisantrag handele, über den unter den Bedingungen des Abs. 6 Satz 2 n.F. allerdings nicht mehr durch Gerichtsbeschluss entschieden werden müsse; krit. dazu *Güntge* StraFo 2021, 92, 97). In der Konsequenz müssen solche Beweisersuchen jedenfalls nicht mehr gem. Abs. 6 Satz 1 durch Gerichtsbeschluss abgelehnt werden. Zu den Einzelheiten s. Rdn. 132 ff.

II. Antragstellung und Verfahren. 1. Antragsberechtigte. Antragsberechtigt sind der Staatsanwalt, der **103** Angeklagte und sein Verteidiger. Der Verteidiger hat ein **eigenes, selbstständiges Beweisantragsrecht**. Er kann seine Anträge auch ohne und sogar gegen den Willen des Angeklagten stellen, selbst dann, wenn die behaupteten Beweistatsachen im Widerspruch zur Einlassung des Angeklagten stehen (BGHSt 21, 118, 124; BGH NStZ 2009, 581, 582; Meyer-Goßner/*Schmitt* § 244 Rn. 30). Dementsprechend können Erläuterungen, die der Antrag des Verteidigers enthält, nur dann als Sacheinlassung des Angeklagten behandelt werden, wenn dieser ausdrücklich erklärt, sich das Vorbringen zu eigen zu machen (BGH StV 2016, 132, 133; NStZ 2000, 495, 496; LR/*Becker* § 244 Rn. 118). Ein Beweisantrag kann auch als **gemeinschaftlicher Antrag** von mehreren Verfahrensbeteiligten zusammen gestellt werden, indem entweder ein Verfahrensbeteiligter den von ihm gestellten Antrag unwidersprochen als gemeinschaftlichen Antrag bezeichnet oder sich ein anderer Verfahrensbeteiligter ausdrücklich dem Beweisbegehren des Antragstellers anschließt (BHGSt 32, 10, 12; BGH NJW 1998, 3284, 3285; StV 1994, 172). Letzteres empfiehlt sich, weil derjenige Verfahrensbeteiligte, der den Antrag nicht selbst gestellt hat, bei Zweifeln über seinen Anschluss auf die – selten erfolgreiche (s.o. Rn. 73) – Aufklärungsrüge angewiesen ist, anstatt bei einer fehlerhaften Zurückweisung des Antrages einen Verstoß gegen die Abs. 3 bis 6 geltend machen zu können (BGH StV 2011, 458 [LS] = StraFo 2011, 280 f.).

Gleichfalls antragsberechtigt sind **Neben- und Privatkläger** sowie **Nebenbeteiligte und Nebenbetroffene**, **104** deren Rechte allerdings eingeschränkt sind (s.o. Rdn. 4). Der Nebenkläger ist nur antragsberechtigt, soweit die zur Nebenklage berechtigende Straftat betroffen ist (Graf/*Bachler* § 244 Rn. 26). Zudem sind ihm im Hinblick auf § 400 Abs. 1 Beweisanträge, die allein auf die Rechtsfolgen abzielen, nicht gestattet (KK-StPO/*Walther* § 397 Rn. 7; *Senge* FS Rissing-von-Saan, S. 664 a.A. KK-StPO/*Krehl* § 244 Rn. 97; Meyer-Goßner/*Schmitt* § 397 Rn. 6). Der Auffassung des 5. Strafsenats, wonach die Ablehnungsgründe der Abs. 3 bis 5 beim Nebenkläger weniger restriktiv anzuwenden seien mit der Folge, dass dessen Beweisanträge leichter abgelehnt werden könnten (BGH NStZ 2010, 714; ab. auch KK-StPO/*Krehl* § 244 Rn. 97), ist der 3. Strafsenat zu Recht entgegengetreten (BGH NStZ 2011, 713, 714). Für eine solche Einschränkung gibt das Gesetz keinen Anhalt. Weiterhin antragsberechtigt sind die **Adhäsionskläger**, soweit Tatsachen unter Beweis gestellt werden sollen, die seinen Antrag betreffen, sowie Beistände (§ 69 Abs. 1 JGG), **Erziehungsberechtigte** und

gesetzliche Vertreter (§ 67 Abs. 1 JGG) eines jugendlichen bzw. heranwachsenden Angeklagten, auf den die Vorschriften des JGG Anwendung finden.

105 **Kein Beweisantragsrecht** haben der Beistand nach § 149, der als Zeugenbeistand zugezogene Rechtsanwalt, und zwar auch dann nicht, wenn der Zeuge Verletzter ist (§§ 406f Abs. 1, 406g Abs. 2) sowie die Vertreter des Finanzamts im Steuerstrafverfahren oder sonstige Vertreter der in der Hauptverhandlung anzuhörenden Behörden (LR/*Becker* § 244 Rn. 118).

106 **2. Ort, Form und Zeit der Antragstellung.** Nur Beweisanträge, die **in der Hauptverhandlung** gestellt werden, sind nach § 244 zu bescheiden (BGH StV 1995, 509; OLG Frankfurt NStZ-RR 1998, 210; *Niemöller* StV 2003, 687). Das gilt auch für (vorbereitende) Anträge, die außerhalb der Hauptverhandlung eingereicht wurden. Das Gericht hat ggf. durch einen **Hinweis** darauf hinzuwirken, dass der angekündigte Antrag tatsächlich gestellt wird (KK-StPO/*Krehl* § 244 Rn. 85).

107 Der Antrag ist in der Hauptverhandlung **mündlich** zu stellen. Allerdings kann das Gericht dem Antragsteller nach **§ 257a** durch Beschluss aufgeben, Beweisanträge **schriftlich** zu stellen. Dies setzt allerdings voraus, dass der Verfahrensablauf bei mündlicher Antragstellung **erheblich** (um Stunden oder gar Tage) **verzögert** werden würde (Meyer-Goßner/*Schmitt* § 257a Rn. 2). Eine Anordnung nach § 257a soll auch dann in Betracht kommen, wenn zumindest naheliegende tatsächliche Anhaltspunkte für einen **beabsichtigten Missbrauch** des Beweisantragsrechts vorliegen (*Senge* NStZ 2002, 225, 231; enger Meyer-Goßner/*Schmitt* § 257a Rn. 2, der die Feststellung eines vorangegangenen Missbrauchs verlangt; so auch – KK-StPO/*Krehl* § 244 Rn. 86).

108 Es ist allein dem Antragsteller vorbehalten, zu entscheiden, wann er einen Beweisantrag stellt (BGH NStZ 2002, 161). Es ist legitim und rechtlich zulässig, bei der Antragstellung prozesstaktische Erwägungen mit zu berücksichtigen, solange damit keine verfahrensfremden Zwecke verfolgt werden. § 246 verbiete es, einen Beweisantrag als verspätet abzulehnen. Auch darf aus dem Zeitpunkt der Antragstellung nichts Nachteiliges für den Antragsteller hergeleitet werden (BGH NStZ 2016, 59; s. aber u. Rdn. 145 ff.). Der Beweisantrag muss allerdings in der Hauptverhandlung gestellt werden (s.o.). **Letzter Zeitpunkt** hierfür ist der **Beginn der Urteilsverkündung** (KK-StPO/*Krehl* § 244 Rn. 87). Bis dahin muss das Gericht den Beweisantrag entgegennehmen und bescheiden (Graf/*Bachler* § 244 Rn. 33). Gibt der Antragsteller noch vor Beginn der Urteilsverkündung zu erkennen, dass er einen Beweisantrag stellen will, hat ihm das Gericht hierfür das Wort zu erteilen (BGH NStZ 2007, 112, 113). Unterbindet der Vorsitzende die Antragstellung, ist eine Entscheidung nach § 238 Abs. 2 herbeizuführen (BGH NStZ 1992, 346).

109 Wird ein Beweisantrag dagegen erst **nach Beginn** der Urteilsverkündung gestellt, so liegt es im Ermessen des Vorsitzenden, ob er den Antrag entgegennimmt oder nicht (BGHSt 25, 333, 335). Nimmt der Vorsitzende den Antrag entgegen, so muss das Gericht diesen nach Abs. 6 bescheiden. Lehnt er die Entgegennahme ab, so bleibt es bei seiner Entscheidung; eine Anrufung des Gerichts nach § 238 Abs. 2 ist nicht statthaft (Graf/*Bachler* § 244 Rn. 34). Allerdings hat das Gericht auch in diesem Fall zu prüfen, ob die Beweiserhebung nach Maßgabe der Aufklärungspflicht (Abs. 2) geboten ist (BGH NStZ 1986, 182).

110 Das **Protokoll** muss gem. § 273 Abs. 1 Satz 1 die im Laufe der Verhandlung gestellten Anträge enthalten. Daher sind auch Beweisanträge in das Hauptverhandlungsprotokoll aufzunehmen. Das gilt allerdings nicht für eine etwaige mündliche Begründung des Antrags (Meyer-Goßner/*Schmitt* § 244 Rn. 39).

111 **3. Auslegung und Klarstellung von Beweisbehauptungen.** Das Gericht ist berechtigt und verpflichtet, einen Beweisantrag **auszulegen**, um das wahre Begehren des Antragstellers zu ermitteln (BGH NStZ 2015, 354; LR/*Becker* § 244 Rn. 117). Dabei muss der Antrag auf die für den Antragsteller **günstigste Weise** ausgelegt werden (vgl. BGH NStZ 2006, 585). Zu berücksichtigen ist nicht nur der Wortlaut des Antrages – einschließlich der Begründung –, sondern darüber hinaus der kontextuale Zusammenhang (BGH StV 1995, 230) sowie jeder andere bis dahin in der Hauptverhandlung zutage getretene Umstand (BGH StraFo 2007, 331; KK-StPO/*Krehl* § 244 Rn. 77).

112 Bleibt der Sinn eines Beweisantrages unklar, gebietet es die **Fürsorgepflicht**, dass das Gericht durch Befragung des Antragstellers auf die **Vervollständigung** eines lückenhaften oder auf die **Substanziierung** eines den Bestimmtheitserfordernissen nicht genügenden Beweisantrages **hinwirkt** (BGHSt 37, 162, 166; NStZ-RR 1996, 336, 337; NStZ 1994, 483). Der Antragsteller ist jedoch nicht zu einer Antwort verpflichtet. Sein Schweigen darf als solches keine Nachteile nach sich ziehen (*Schneider* NStZ 2012, 169, 171). Das Gericht muss sich weiterhin bemühen, den Beweisantrag in seiner **gesamten Tragweite**, d.h. ohne Einengung, Umdeutung oder sonstige Änderung des Sinngehalts zu erfassen. Es darf insb. nicht von im Beweisbegehren nicht erwähnten Möglichkeiten oder ungeklärten Begleitumständen ausgehen, um einen Ablehnungsgrund anwenden zu können (KK-StPO/*Krehl* § 244 Rn. 78). Bei **mehreren Interpretationsmöglichkeiten** ist diejenige zu wählen, die zur Beweiserhebung führt (BGH NStZ 1984, 564; *Eisenberg Beweisrecht* Rn. 189).

Legt das Gericht einen Beweisantrag für den Antragsteller erkennbar unzutreffend aus, soll dieser seinerseits verpflichtet sein, das Gericht in der Hauptverhandlung auf diesen Irrtum **hinzuweisen** und diesen **auszuräumen** (BGH NStZ-RR 2008, 382; Graf/*Bachler* § 244 Rn. 31). Wenn er dies unterlässt, soll er eine auf dem Irrtum des Gerichts beruhende rechtsfehlerhafte Ablehnung des Beweisantrages in der Revision nicht mit Erfolg geltend machen können (BGH NStZ 2009, 171, 173; 2003, 161; StV 1989, 465 m.Anm. *Schlothauer*). 113

Ist der Antragsteller der Ansicht, das Gericht habe erhebliche Umstände, die er zur Grundlage seines Antrages machen wollte, nicht berücksichtigt, kann er gegen den Beschluss, mit dem das Gericht den Beweisantrag abgelehnt hat, **Gegenvorstellung** erheben (BGH NStZ 2002, 656). Dies ist jedoch **keine Voraussetzung für die Zulässigkeit** einer darauf bezogenen Verfahrensrüge (BGH NStZ 2005, 231). 114

4. **Rücknahme und Verzicht.** Der Antragsteller kann seinen Beweisantrag **zurücknehmen**, auch dann, wenn das Gericht mit der beantragten Beweiserhebung bereits begonnen hat. In diesem Fall kann er auf die weitere Durchführung der Beweiserhebung **verzichten**. Damit entfällt die Verpflichtung des Gerichts, die beantragte Beweiserhebung durchzuführen oder den Antrag nach Abs. 6 abzulehnen (LR/*Becker* § 244 Rn. 127). Ist das Beweismittel allerdings bereits »präsent«, gilt § 245 Abs. 2 Satz 1; von der Beweiserhebung kann nur abgesehen werden, wenn Staatsanwalt, Angeklagter und Verteidiger damit einverstanden sind (Alsberg/*Güntge* Kap. 5 Rn. 67). 115

Rücknahme und Verzicht müssen – wie alle prozessualen Erklärungen – eindeutig sein und deshalb in der Regel **ausdrücklich erklärt** werden. Sie sind wesentliche Förmlichkeiten der Hauptverhandlung und deshalb nach § 273 Abs. 1 im Protokoll ersichtlich zu machen (Alsberg/*Güntge* Kap. 5 Rn. 67). Schon im Hinblick darauf erscheint eine konkludente Rücknahme problematisch; gleichwohl hält die Rspr. sie grds. für möglich (BGH NStZ 1993, 27, 28). Sie dürfte aber – jedenfalls beim unverteidigten Angeklagten – nur in Ausnahmefällen in Betracht kommen (vgl. BGH bei *Becker* NStZ 2004, 436). Keine konkludente Rücknahme eines noch nicht erledigten oder beschiedenen Beweisantrages liegt im **Einverständnis** mit der **Schließung der Beweisaufnahme** (BGH StV 2003, 318; KK-StPO/*Krehl* § 244 Rn. 123) oder im Schweigen zur Feststellung des Vorsitzenden, alle Beweisanträge seien beschieden bzw. anderweitig erledigt worden (BGH NStZ 2003, 562; offengelassen in BGH StraFo 2009, 385; a.A. NStZ 2005, 463, 464, wonach ein **ausdrückl. Widerspruch** erforderlich ist). In der Stellung eines zweiten Beweisantrages nach Ablehnung eines zuvor gestellten Antrages liegt auch dann keine Rücknahme des ersten Antrages, wenn der zweite Antrag inhaltlich auf den zuerst gestellten zurückgreift und auf die diesbezüglichen Ablehnungsgründe des Gerichts Bezug nimmt (BGH StV 2014, 259, 260). Eine konkludente Rücknahme hat der BGH hingegen für den Fall angenommen, dass der zuerst seine Täterschaft bestreitende und in der Hauptverhandlung Beweisanträge zum Nachweis seiner Unschuld stellende Angeklagte im Rahmen einer **Verständigung** ein Geständnis ablegt, ohne eine Erklärung zu den Beweisanträgen abzugeben (BGH StraFo 2003, 384). Bleibt ein schriftlicher Beweisantrag, der vor Beginn der Hauptverhandlung gestellt wurde, unbeschieden, so soll – jedenfalls beim verteidigten Angeklagten – in der unterbliebenen Wiederholung des Antrages in der Hauptverhandlung ein konkludenter Verzicht auf die Beweiserhebung liegen (OLG München StV 2011, 401). 116

Die Rücknahme gilt **nur für denjenigen, der sie erklärt.** Bei gemeinschaftlichen Beweisanträgen haben Rücknahme bzw. Verzicht eines Antragstellers keine Auswirkung für diejenigen Verfahrensbeteiligten, die sich dem Antrag angeschlossen haben (KK-StPO/*Krehl* § 244 Rn. 99). 117

5. **Entscheidung über den Beweisantrag.** Das Gericht hat Beweisanträge stets inhaltlich zu prüfen (BGHSt 29, 149, 152), auch dann, wenn ein **Missbrauch** des Antragsrechts in Rede steht (KK-StPO/*Krehl* § 244 Rn. 105). Es hat den Beweisantrag durch Erhebung des Beweises oder durch eine zurückweisende Entscheidung nach Abs. 6 zu erledigen. Ein schlichtes Übergehen eines Antrages ist unzulässig. Ein solches Vorgehen kann entweder als gesetzwidrige Ablehnung des Antrages (BGH StV 1983, 318, 319) oder als rechtsfehlerhaftes Unterbleiben einer Entscheidung nach Abs. 6 (BGH NStZ 1999, 419; StV 1989, 189) beanstandet werden. Vor der Entscheidung sind die **Verfahrensbeteiligten anzuhören** (§ 33 Abs. 1). 118

a) **Anordnung der Beweiserhebung.** Die Anordnung der Beweiserhebung erfolgt durch den **Vorsitzenden** (§ 238 Abs. 1). Eine Entscheidung des Gerichts ist gem. § 228 Abs. 1 Satz 1 allerdings dann erforderlich, wenn für die Beweiserhebung eine Aussetzung oder Unterbrechung der Hauptverhandlung nach § 229 Abs. 2 erforderlich wird (Meyer-Goßner/*Schmitt* § 244 Rn. 44). Über **Beanstandungen** entscheidet ebenfalls das Gericht (§ 238 Abs. 2). Für eine Aufhebung der Anordnung des Vorsitzenden ist stets ein begründeter Gerichtsbeschluss erforderlich (BGHSt 13, 300, 302; BGH StV 1987, 189), weil es sich der Sache nach um die Ablehnung des Beweisantrages handelt. In diesem Fall muss ein gesetzlicher Ablehnungsgrund vorliegen (BGHSt 32, 10, 12). 119

120 Der Antragsteller hat grds. einen Anspruch auf die Verwendung des von ihm benannten Beweismittels (KK-StPO/*Krehl* § 244 Rn. 116). Ein **Austausch des Beweismittels** soll jedoch möglich sein, wenn das vom Gericht verwendete und das beantragte Beweismittel **qualitativ gleichwertig** sind (BGHSt 22, 347, 349; NJW 2011, 1299, 1300; StV 2008, 506; StV 1983, 6 m. abl. Anm. *Schlothauer*), sodass kein Aufklärungsdefizit zu befürchten ist. Ein Austausch des Beweismittels durch das Gericht kann u.U. im Hinblick auf die Aufklärungspflicht sogar geboten sein, wenn dadurch eine bessere Sachaufklärung erzielt werden kann (z.B. persönliche Vernehmung des Zeugen anstatt der Verlesung einer Vernehmungsniederschrift). Die Auffassung der Rspr., wonach ein **Zeuge durch einen anderen ersetzt** werden kann, solange es nicht um eine personengebundene Wahrnehmung gehe (BGHSt 27, 135, 137), erscheint dagegen problematisch, weil jede Wahrnehmung – und erst recht ihre Wiedergabe – personengebunden ist (KK-StPO/*Krehl* § 244 Rn. 117; abl. auch KG, Beschl. v. 23.04.2018 – [3] 161 Ss 18/18 [3/18], Rn. 18 – juris).

121 **b) Ablehnung des Beweisantrages durch Gerichtsbeschluss (Abs. 6 Satz 1).** Die Ablehnung eines Beweisantrages bedarf grundsätzlich eines **Gerichtsbeschlusses** (Abs. 6 Satz 1), es sei denn, der Antrag wird erst nach Ablauf einer wirksam in Gang gesetzten Frist gesetzt, die der Vorsitzende zuvor gem. Abs. 6 Satz 2 bestimmt hatte (s.u. Rdn. 145 ff.). Der Beschluss ist mit Gründen zu versehen, bekannt zu machen (§§ 34, 35 Abs. 1) und in das Protokoll aufzunehmen (BGH StV 1994, 635). Auf diesen Beschluss können die Verfahrensbeteiligten nicht verzichten (KK-StPO/*Krehl* § 244 Rn. 118). Eine Ablehnung durch den Vorsitzenden reicht auch dann nicht aus, wenn das Gericht diese Entscheidung nach § 238 Abs. 2 bestätigt. Allerdings kann der Vorsitzende einen **Beweisantrag**, der einen zuvor gestellten Antrag lediglich wiederholt, selbst zurückweisen, wenn der Beweis bereits erhoben oder der Antrag durch Gerichtsbeschluss abgelehnt worden ist, es sei denn, der Antragsteller trägt einen für die Entscheidung über den Antrag bedeutsamen neuen Grund vor oder hat den Mangel, der zur Ablehnung des ersten Antrages führte, beseitigt (LR/*Becker* § 244 Rn. 132).

122 Der Beschluss nach Abs. 6 Satz 1 hat zwei wesentliche **Funktionen**: Zum einen soll der Antragsteller über den Standpunkt des Gerichts **informiert** werden, sodass er die Gelegenheit erhält, entweder seinen Antrag nachzubessern oder sich auf andere Weise auf die durch den Ablehnungsbeschluss entstandene **Prozesslage einzustellen** (KK-StPO/*Krehl* § 244 Rn. 119). Zum anderen soll der Beschluss dem Revisionsgericht die **Nachprüfung** der Gesetzmäßigkeit der Ablehnung ermöglichen (BGHSt 40, 60, 63; StV 1996, 581).

123 Dementsprechend sind an den **Inhalt** des Ablehnungsbeschlusses **hohe Anforderungen** zu stellen. Das Gericht muss den Beweisantrag vollständig, in seiner ganzen Tragweite und ohne Einengungen und Verkürzungen erfassen und abhandeln (BGH StV 1991, 500; 1989, 140, 141; Graf/*Bachler* § 244 Rn. 38). Die Begründung muss vollständig und in verständlicher Form erfolgen, wobei eine **Auslegung** des Ablehnungsbeschlusses allerdings nicht ausgeschlossen sein soll, solange sich bei sinngerechtem Verständnis der Ablehnungsgrund noch hinreichend deutlich erkennen lasse (KG, Beschl. v. 23.04.2018 – [3] 161 Ss 18/18 [3/18], Rn. 19 – juris). Der Antragsteller muss ohne Weiteres in der Lage sein, die tragenden Erwägungen des Gerichts zu erkennen (BGH StV 1994, 365 m.Anm. *E. Müller*). Die bloße Wiedergabe des Gesetzeswortlauts reicht hierfür nicht aus (BGH NStZ 2003, 380). Ein Ablehnungsbeschluss ist auch dann rechtsfehlerhaft, wenn das Gericht mehrere Ablehnungsgründe in Bezug nimmt, die sich gegenseitig ausschließen (BGH NJW 2011, 1299, 1300; NStZ 2004, 51: Wahrunterstellung und Bedeutungslosigkeit; s.a. BGH StV 2010, 287, 288).

124 Die Entscheidung nach Abs. 6 Satz 1 ist so rechtzeitig zu treffen und bekannt zu machen, dass der Antragsteller ausreichend Zeit hat, um sein Prozessverhalten an dem in der Ablehnungsentscheidung zum Ausdruck kommenden Standpunkt des Gerichts auszurichten. Solange das Gericht dies beachtet, steht es in seinem Ermessen, wann es über den Antrag entscheidet. Eine **sofortige Entscheidung** kann (ausnahmsweise) geboten sein, wenn der Antragsteller andernfalls nicht mehr rechtzeitig reagieren könnte (vgl. BGH NStZ 2011, 168). Letzter Zeitpunkt für die Bekanntmachung der Entscheidung ist der **Schluss der Beweisaufnahme** (*Schlothauer* FS Fischer, S. 829, 823); Beschluss- und Urteilsverkündung dürfen nicht zusammenfallen (BGHSt 19, 24, 26; BGH NStZ 2003, 562). Ein Beschluss, der erst nach Abschluss der Urteilsverkündung bekannt gemacht wird, ist unbeachtlich; der Antrag gilt als nicht beschieden (Graf/*Bachler* § 244 Rn. 36). Der Antragsteller hat ein Recht auf die Erteilung einer **Beschlussabschrift**, und zwar so rechtzeitig, dass ihm genügend Zeit verbleibt, sich mit den Entscheidungsgründen auseinanderzusetzen und hierauf ggf. angemessen (Gegenvorstellung »Nachbesserung«) reagieren zu können (Alsberg/*Güntge* Kap. 6 Rdn. 127 f.).

125 An seine Entscheidung über den Beweisantrag ist das Gericht für die Instanz **nicht gebunden** (OLG Hamm StraFo 2006, 73, 74). Wenn sich seine Einschätzung der Sach- oder Rechtslage im Laufe der Hauptverhandlung ändert, hat es seine ursprüngliche Entscheidung dementsprechend abzuändern (LR/*Becker* § 244 Rn. 142). Will das Gericht einen Beweisantrag, dem es zunächst stattgegeben hat, später ablehnen und die Beweiserhebung nicht durchführen, hat dies mit einem Beschluss zu geschehen, der den Anforderungen des Abs. 6 entspricht (BGHSt 13, 300, 301; Meyer-Goßner/*Schmitt* § 244 Rn. 93).

Hält es einen zunächst in Bezug genommenen Ablehnungsgrund nicht mehr für einschlägig, dann hat das Gericht die Beweiserhebung anzuordnen. Das gilt gleichermaßen für beweisthemabezogene wie für beweismittelbezogene (s. dazu Rdn. 173 f.) Ablehnungsgründe (LR/*Becker* § 244 Rn. 143; a.A. *Niemöller* FS Hamm, S. 537, 538). Eine Anordnung durch den Vorsitzenden genügt allerdings nicht, weil er an den Ablehnungsbeschluss des Spruchkörpers gebunden ist. Weder braucht der Ablehnungsbeschluss förmlich aufgehoben zu werden, noch ist die Anordnung der Beweiserhebung zu begründen (Meyer-Goßner/*Schmitt* § 244 Rn. 45). 126

Eine **Änderung des Ablehnungsgrundes** muss das Gericht den Verfahrensbeteiligten mit einem Beschluss, aus dem sich die maßgebenden Gründe hierfür ergeben, noch in der Hauptverhandlung eröffnen. Gegebenenfalls muss es hierfür noch einmal in die Beweisaufnahme eintreten (BGHSt 32, 44, 47; BGH StV 1992, 147 m. Anm. *Deckers*; *Niemöller* FS Hamm, S. 537, 549; *Schlothauer* StV 1986, 227). Unterbleibt die Bekanntmachung der Änderung, steht dies der gesetzwidrigen Ablehnung des Beweisantrags gleich (KK-StPO/*Krehl* § 244 Rn. 122). 127

Durch die **Urteilsgründe** kann ein Ablehnungsbeschluss **weder geändert noch ergänzt** werden (BGHSt 29, 149, 152; BGH StV 2010, 556; NStZ 2007, 349, 351; 2003, 380, 381). Die im Urteil nachgeschobene Begründung kann den Antragsteller nicht mehr in die Lage versetzen, sein Prozessverhalten an der Ablehnung und ihrer Begründung auszurichten (BGH NStZ 2017, 300 = StV 2017, 787; s.a. LR/*Becker* § 244 Rn. 138; KK-StPO/*Krehl* § 244 Rn. 121; Alsberg/*Güntge* Kap. 6 Rdn. 111). Allerdings kann eine rechtsfehlerhafte (ergänzende) Begründung der Ablehnung im Urteil zu einer Aufhebung der Entscheidung führen, selbst dann, wenn der ursprüngliche und rechtzeitig bekannt gemachte Ablehnungsbeschluss dem Gesetz entsprach (BGHSt 19, 24, 26). Für die Beurteilung der Rechtmäßigkeit der Ablehnungsentscheidung ist diejenige Auffassung heranzuziehen, die das Gericht nach abschließender Beratung im Urteil zum Ausdruck bringt. 128

c) **Einschränkungen bei »Missbrauch« des Beweisantragsrechts.** Die Rspr. sowie Teile der Lit. sind der Auffassung, dass prozessuale Rechte – und damit auch das Beweisantragsrecht – bei einem rechtsmissbräuchlichen Verhalten **eingeschränkt** oder sogar **verwirkt** werden können (BGHSt 17, 28, 30; BGH NStZ 2006, 649, 650; NJW 2005, 2466; KK-StPO/*Krehl* § 244 Rn. 113; Graf/*Bachler* § 244 Rn. 29; *Herdegen* NStZ 2000, 1, 6; ausführlich *Fahl* Rechtsmissbrauch im Strafprozess, S. 467 ff.). Ein Missbrauch soll dann vorliegen, wenn ein Verfahrensbeteiligter die ihm eingeräumten prozessualen Rechte dazu benutzt, gezielt verfahrensfremde oder verfahrenswidrige Zwecke zu verfolgen (BGHSt 38, 111, 113). Das soll etwa dann der Fall sein, wenn der Antrag nur **zum Schein** der Sachaufklärung dienen soll (BGH StV 2013, 65, 66 mit Anm. *Trüg*; NJW 2012, 2212; KG StV 2015, 103, 105 f. mit Anm. *Trüg*) oder das Verfahren durch eine Vielzahl von Anträgen über ein vertretbares und der Sache angemessenes Maß hinaus **verzögert** oder gar **paralysiert** werden soll (BGHSt 38, 111, 113; BGH NStZ 2011, 294, 295). Freilich erscheint es bedenklich, allein aus der Anzahl der angekündigten oder gestellten Beweisanträge einen Rechtsmissbrauch zu schlussfolgern. Gerade bei Großverfahren mit einer Vielzahl von angeklagten gleichartigen Taten kann es geboten sein, die Vernehmung der angeblich Geschädigten zu beantragen, wenn die Ermittlungsbehörden – wie in der Praxis häufig zu beobachten – nur einen Bruchteil der infrage kommenden Zeugen im Ermittlungsverfahren vernommen oder befragt hat. 129

Eine Befugnis des Gerichts, einem Verfahrensbeteiligten die Stellung von Beweisanträgen zur Gänze zu verbieten, besteht allerdings nicht (BGHSt 38, 111, 113). Das Gericht kann aber Maßnahmen treffen, die das Recht, Anträge zu stellen, **beschränken.** Dabei hat es die berechtigten Belange des Antragstellers, insb. des Angeklagten auf eine effektive Verteidigung, sowie dessen Informationsinteresse an der Bescheidung der gestellten Anträge gegen das Interesse an der Funktionsfähigkeit der Strafrechtspflege unter Berücksichtigung des Beschleunigungsgebots **abzuwägen** (BGH StV 2006, 113, 115) und fortlaufend zu prüfen, ob die auferlegten Einschränkungen weiterhin erforderlich sind (BGH NStZ 2006, 649). 130

Nach Ansicht des BGH soll es zulässig sein, dem Angeklagten aufzugeben, Anträge nur noch **über seinen Verteidiger** zu stellen (zuletzt BGH NStZ-RR 2010, 384). Zur Möglichkeit der Fristsetzung s.u. Rdn. 141 f. 131

d) **Verschleppungsabsicht (Abs. 6 Satz 2).** Mit dem Gesetz zur Modernisierung des Strafverfahrens ist der Ablehnungsgrund der Verschleppungsabsicht entfallen. Der Gesetzgeber geht nunmehr davon aus, dass ein Beweisbegehren, mit dem der Antragsteller die **Verschleppung des Verfahrens** bezweckt, kein Beweisantrag (mehr) ist und deswegen nicht nach Abs. 6 Satz 1 durch Gerichtsbeschluss beschieden zu werden braucht (s. dazu Rdn. 102; 238), was er durch Abs. 6 Satz 2 n.F. klargestellt hat (a.A. *Börner* NStZ 2020, 460, 461). Ein solches Beweisbegehren liegt dann vor, wenn die beantragte Beweiserhebung **nichts Sachdienliches** zugunsten des Antragstellers erbringen kann, der Antragsteller sich **dessen bewusst** ist und er die **Verschleppung** des Verfahrens **bezweckt**, wobei die Verfolgung anderer **verfahrensfremder Ziele** der Annahme von Verschleppungsabsicht nicht entgegensteht. Hinsichtlich der Voraussetzung für die Annahme von Verschleppungsabsicht kann weitgehend auf die **bisherige Rspr.** zurückgegriffen werden (Meyer-Goßner/*Schmitt* § 244 Rn. 93). Es liegt 132 auf der Hand, dass der Gesetzgeber mit dieser Regelung eine »Reanimierung« des bisherigen Ablehnungsgrunds der Prozessverschleppungsabsicht bezweckt (s. dazu *Schneider* ZRP 2019, 126), den die Rspr. schon seit Längerem nur noch mit äußerster Zurückhaltung angenommen hat, nicht zuletzt deshalb, weil eine entsprechende Ablehnung einen hohen Begründungsaufwand erforderte (KK-StPO/*Krehl* § 244 Rn. 175). Ob eine »Wiederbelebung« – oder vielleicht zutreffender: Erweckung – der Verschleppungsabsicht gelingt, erscheint zweifelhaft, denn das *»Prüfungsprogramm«* des Abs. 6 Satz 2 n.F. ist weiterhin *»anspruchsvoll«* und verlangt dem Tatrichter *»ein hohes Maß an Sorgfalt«* ab (*Schneider* ZRP 2019, 129). Der Begründungsaufwand wird also weiterhin erheblich bleiben (s. Rdn. 144). Es erscheint daher zweifelhaft, ob dem mit der Neuregelung einhergehenden *»tiefen Eingriff in die Substanz des Beweisantragsrechts«* (so ausdr. Meyer-Goßner/*Schmitt* § 244 Rn. 92; s.a. Rdn. 3) wenigstens eine bessere Handhabbarkeit der sog. Missbrauchsfälle in der gerichtlichen Praxis entgegengehalten werden kann.

133 Um ein Beweisbegehren nach Abs. 6 Satz 2 behandeln zu können, muss das Gericht zunächst aufgrund einer Prognose zu der Überzeugung gelangen, dass die beantragte Beweiserhebung objektiv **nichts Sachdienliches zugunsten des Antragstellers** erbringen kann (BGH StV 2013, 70; 2011, 397, 398; NStZ 2011, 230; 2007, 659; NJW 2001, 1956). Das ist dann der Fall, wenn die Bestätigung der Beweistatsache ausgeschlossen erscheint; dass die Bestätigung **völlig unwahrscheinlich** erscheint, reicht hingegen nicht aus (so noch hier bis zur 2. Aufl. sowie KK/*Krehl* § 244 Rn. 176; dagegen ausdr. BGH StV 2017, 789, 790). Die hierzu erforderliche **Vorauswürdigung** des zu erhebenden Beweises ist nach h.M. zulässig und auch geboten (BGH NJW 2001, 1956; Alsberg/*Güntge* Kap. 5 Rn. 616). Allein die Erwägung, die bisherige Beweiserhebung habe keine Anhaltspunkte dafür ergeben, dass die behauptete Beweistatsache der Wahrheit entspricht bzw. der benannte Zeuge die Beweistatsache bestätigen wird, genügt allerdings nicht (LR/*Becker* § 244 Rn. 271). Der Ausschluss der Sachdienlichkeit kann deswegen nicht (allein) auf die Erwägung gestützt werden, dass bei gleichförmiger Tatbegehung bereits eine Vielzahl von Zeugen die unter Beweis gestellte Tatsache nicht bestätigt oder gar das Gegenteil behauptet hätten (a.A. *Ullenboom* NZWiSt 2018, 317, 320 zu sog. Massenbetrugsverfahren).

134 Während die Rspr. bislang – wenngleich mit unterschiedlicher Auffassung zum erforderlichen Ausmaß (vgl. dazu BGH NJW 2001, 1965, 1957 einerseits und BGHSt 51, 333, 342 andererseits) – für die Annahme des Ablehnungsgrunds der Prozessverschleppung den Eintritt einer **objektiven Verfahrensverzögerung** verlangte, hat dieses Erfordernis im Wortlaut des Abs. 6 Satz 2 keinen Niederschlag gefunden. Der Gesetzgeber hat hierauf bewusst verzichtet (BT-Drs. 532/19, S. 35 f.), nicht zuletzt deswegen, um bislang bestehende Unstimmigkeiten im Hinblick auf die Auslegung des Begriffs bei § 245 Abs. 2 Satz 3 (so schon LR/*Becker* § 244 Rn. 275 und Alsberg/*Güntge* Rn. 1247 ff., 7. Aufl., jew. zum früheren Ablehnungsgrund) bzw. § 24a Abs. 1 Nr. 3 zu beseitigen. Es genügt deswegen die Annahme, dass durch die beantragte Beweiserhebung kein Erkenntnisgewinn zugunsten des Antragstellers zu erwarten ist (dazu *Schneider* ZRP 2019, 126, 129; zur bisherigen Rechtslage auch schon *Niemöller* NStZ 2008, 181 und NStZ 2009, 129). Allerdings erscheint es widersprüchlich, bei dem Antragsteller das Vorliegen von Verschleppungsabsicht feststellen zu wollen, solange durch die beantragte Beweiserhebung objektiv keine relevante Verzögerung des Verfahrens eintreten würde (Meyer-Goßner/*Schmitt* § 244 Rn. 93b). Denn von einer **Verschleppung** kann schon objektiv nur dann die Rede sein, wenn mit der begehrten Beweiserhebung ein zusätzlicher zeitlicher Aufwand verbunden ist, der zu einer wenigstens nach Tagen messbaren Verlängerung der Hauptverhandlung führt.

135 Der Antragsteller muss mit seinem Antrag die Verschleppung des Verfahrens bezwecken, also mit **Verschleppungsabsicht** handeln. Hierzu muss er sich der Nutzlosigkeit der von ihm beantragten Beweiserhebung bewusst sein, d.h. er muss selbst sicher annehmen, dass diese nichts Sachdienliches erbringen kann (BGH NStZ 1992, 551, 552) und deren Durchführung **das Verfahren verzögert** (Meyer-Goßner/*Schmitt* § 244 Rn. 93c). Die Verfahrensverzögerung braucht allerdings **nicht Endzweck** seines Verhaltens zu sein (KK-StPO/*Krehl* § 244 Rn. 179); es genügt, wenn der Antragsteller die Verzögerung als Zwischenziel verfolgt, etwa um dadurch den Abbruch der Hauptverhandlung zu erreichen oder das Gericht zu einer Absprache zu seinen Bedingungen zu drängen (BGH NStZ 2005, 45).

136 Des Weiteren braucht die Verfahrensverschleppung auch nicht der einzige mit der Antragstellung verfolgte Zweck zu sein. Wie Abs. 6 Satz 2 nunmehr ausdrücklich klarstellt, steht die Verfolgung anderer verfahrensfremder Zwecke der Annahme von Verschleppungsabsicht nicht entgegen. Auch bei Vorliegen eines **Motivbündels** kann damit Verschleppungsabsicht angenommen werden, solange der Antragsteller insgesamt verfahrensfremde Zwecke verfolgt (so schon zur bisherigen Rechtslage Alsberg/*Güntge* Kap. 5 Rn. 617). Das gilt jedenfalls für Beweisanträge, die zu Propaganda- bzw. Werbezwecken oder zur Diffamierung von Verfahrensbeteiligten oder anderen Dritten gestellt werden (Meyer-Goßner/*Schmitt* § 244 Rn. 93d). Dagegen darf Verschleppungsabsicht auch weiterhin nicht angenommen werden, wenn der Antragsteller zwar eine Verzögerung des Verfahrens zu erreichen versucht, dies jedoch zum Zweck einer weitergehenden Sachaufklärung geschieht (LR/Becker § 244 Rn. 270).

Die **Benennung eines Richters als Zeugen** – mit der Folge, dass dieser im Fall seiner Vernehmung von der Ausübung des Richteramts ausgeschlossen ist, § 22 Nr. 5 – kann im Hinblick auf die dadurch u.U. erzwungene Aussetzung der Hauptverhandlung die Annahme von Verschleppungsabsicht begründen, wenn der Antragsteller an seinem Beweisbegehren festhält, obwohl er aufgrund einer im Freibeweisverfahren eingeholten dienstlichen Erklärung (dazu LR/*Becker* § 244 Rn. 280) des benannten Richters positiv weiß, dass dieser von der unter Beweis gestellten Tatsache weder privat noch dienstlich Kenntnis erlangt hat (BGHSt 47, 270, 273; 45, 354, 356 f.; Alsberg/*Güntge* Kap. 5 Rn. 633). Gleiches gilt, wenn der benannte Richter zwar Angaben zur Sache machen kann, er aber das Gegenteil der unter Beweis gestellten Tatsache bekunden würde (LR/*Becker* § 244 Rn. 281). Kann der Richter die im Antrag behaupteten Tatsachen hingegen bestätigen und kann nicht mit völliger Sicherheit ausgeschlossen werden, dass die Beweiserhebung Sachdienliches zugunsten des Angeklagten erbringt, darf der Antrag nicht wegen Verschleppungsabsicht abgelehnt werden (Alsberg/*Güntge* Kap. 5 Rn. 634). Ob das durch die dienstliche Erklärung des benannten Richters in die Hauptverhandlung eingeführte Wissen als offenkundig i.S.v. gerichtskundig behandelt werden kann, wenn dieser nur zu einer Hilfstatsache aussagen soll, ist umstritten (s. dazu LR/*Becker* § 244 Rn. 282). 137

Die Verschleppungsabsicht muss **in der Person des Antragstellers** selbst vorliegen (BGH NJW 2001, 1956; Meyer-Goßner/*Schmitt* § 244 Rn. 93e). Stellt der Verteidiger einen Antrag, kommt es auf seine eigene Absicht an. Es genügt allerdings, wenn er sich eine entsprechende Absicht des Angeklagten zu eigen macht (BGH StV 1984, 494, 495). Verwertet der Verteidiger in seinem Antrag dagegen nur die ungeprüften Angaben seines Mandanten und lehnt erkennbar die Verantwortung für deren Richtigkeit ab, ist auf die Intention des Angeklagten abzustellen (Alsberg/*Güntge* Kap. 5 Rn. 638). 138

Der **Nachweis für das Vorliegen von Verschleppungsabsicht** kann sich nur aus einer Gesamtwürdigung aller **Beweisanzeichen** ergeben, d.h. das Gericht hat alle äußeren Umstände heranzuziehen und zu würdigen, die **für und gegen** das Vorliegen der Absicht sprechen (LR/*Becker* § 244 Rn. 270; KK-StPO/*Krehl* § 244 Rn. 180). Hierfür kommen alle Äußerungen sowie das gesamte Verhalten des Antragstellers innerhalb sowie außerhalb der Hauptverhandlung in Betracht (BGH NStZ 2007, 659; NJW 2001, 1956). Die Äußerung des Verteidigers, er müsse noch Beweisanträge stellen, weil er sich mit der Staatsanwaltschaft noch nicht einig sei, kann die Annahme von Verschleppungsabsicht rechtfertigen (Graf/*Bachler* § 244 Rn. 83.1). Gleiches gilt für ein nicht anders erklärbares, widersprüchliches bzw. unschlüssiges Prozessverhalten (LR/*Becker* § 244 Rn. 272). 139

Der Umstand, dass der Antrag nicht früher oder zu einem dem Gericht angemessen erscheinenden **Zeitpunkt** gestellt wurde, reicht hingegen **für sich genommen** nicht aus (BGH StV 2009, 5; BGH NStZ-RR 1998, 14; NStZ 1998, 207 m.Anm. *Sander*). Gleiches gilt, wenn die Beweisbehauptung des Verteidigers nicht mit der bisherigen Einlassung des Angeklagten übereinstimmt (BGH NStZ 1992, 551, 552; NJW 1992, 2711, 2712). Wechselndes Verteidigungsvorbringen kann jedoch zusammen mit anderen Umständen – Wiederholung einer Beweisbehauptung trotz vorangegangener Erfolglosigkeit der Beweisaufnahme, Misslingen eines Entlastungsbeweises, Benennung unerreichbarer Zeugen – ein Beweisanzeichen von Gewicht für die Annahme von Verschleppungsabsicht sein (BGH NJW 2001, 1956, 1957). Zu weitgehend ist allerdings die Auffassung, es könne allein aus dem Umstand, dass der Verteidiger einem Belastungszeugen in dessen Vernehmung keine Vorhalte gemacht hat, er nach der Entlassung dieses Zeugen jedoch einen weiteren Zeugen benennt, der die Unwahrheit der Angaben bezeugen könne, auf das Vorliegen von Verschleppungsabsicht geschlossen werden (so Alsberg/*Güntge* Kap. 5 Rn. 619). Die Verteidigung mit einem »Gegenbeweis« ist in solchen Fällen oftmals wesentlich effektiver als der – zumeist wenig erfolgreiche – Versuch, die Glaubhaftigkeit eines Zeugen durch Vorhalte zu erschüttern. I.Ü. ist bei der Beurteilung des Verhaltens eines Rechtsanwalts mit zu berücksichtigen, dass für ihn als Organ der Rechtspflege zunächst die – allerdings widerlegbare – Vermutung der Redlichkeit streitet. Hierdurch wird der Beweiswert der für die Annahme von Verschleppungsabsicht sprechenden Indizien zwar nicht verringert (so zutr. Alsberg/*Güntge* Kap. 5 Rn. 637); gleichwohl ist dies ein Umstand, der bei der Gesamtwürdigung mit zu berücksichtigen ist. 140

Die Rspr. ließ es hinsichtlich des Ablehnungsgrunds der Verschleppungsabsicht darüber hinaus zu, dass das Gericht den Verfahrensbeteiligten eine **Frist zur Stellung von Beweisanträgen** setzte. Das galt insbesondere in Verfahren, in denen die Hauptverhandlung bereits mindestens 10 Tage andauerte, das Beweisprogramm des Gerichts erledigt war und konkrete Anzeichen für das Bestehen einer Verschleppungsabsicht vorlagen (BGHSt 51, 333). Wurden Beweisanträge dennoch erst nach Ablauf der Frist gestellt, so durfte das Gericht diesen Umstand als **signifikantes Indiz** für das Vorliegen einer Verschleppungsabsicht werten, wenn es hierauf zuvor hingewiesen hatte (BGH NJW 2011, 2821, 2822; 2009, 605, 607 m.Anm. *Gaede*; NStZ 2010, 161, 162; LG Hamburg StraFo 2004, 170). 141

Obwohl sich in der Lit. insb. im Hinblick auf die Regelung des § 246 Abs. 1 zahlreiche Stimmen gegen diese vom BVerfG (NJW 2010, 392) bestätigte Rspr. erhoben hatten (z.B. *Schlothauer* StraFo 2011, 465; *Kempf* 142

StraFo 2010, 316; *Trüg* StraFo 2010, 146; *König* StV 2009, 171; *Jahn* StV 2009, 667) und die Gerichte von dieser Möglichkeit kaum Gebrauch gemacht zu haben scheinen, ist die **Fristenlösung** mit der Einfügung des **Abs. 6 Satz 3 bis 5** (urspr. Satz 2 bis 4) Gesetz geworden (s. Rdn. 158 ff.). Eine über die gesetzliche Regelung hinausgehende Anwendung ist der Fristenlösung dadurch allerdings ausgeschlossen worden (*Börner* JZ 2018, 232, 238; a.A: *Krehl* FS Fischer, S. 706, 708). Weiterhin kann auf die Verletzung der durch den Vorsitzenden nach Abs. 6 Satz 3 gesetzten Frist eine Entscheidung nach Abs. 6 Satz 2 nicht gestützt werden (*Börner* NStZ 2020, 460, 463).

143 Ob die Voraussetzungen des Abs. 6 Satz 2 vorliegen, entscheidet zunächst der **Vorsitzende** im Rahmen seiner Sachleitungsbefugnis gem. § 238 Abs. 1. Ist er dieser Auffassung, kann er den Antrag selbst ablehnen. Gegen diese Entscheidung des Vorsitzenden ist sodann eine Beanstandung nach § 238 Abs. 2 StPO möglich, über die sodann das Gericht *»in freier Würdigung«* (BT-Drs. 532/19, S. 35) zu befinden und durch einen begründenden **Beschluss** zu entscheiden hat. Mit dieser Regelung wollte der Gesetzgeber erreichen, dass das Revisionsgericht nicht seine eigene Würdigung der Prozessverschleppungsabsicht an die Stelle der Würdigung des Vorsitzenden beziehungsweise des Tatgerichts stellen darf (so aber schon BGHSt 21, 118, 123 zum Ablehnungsgrund der Verschleppungsabsicht). Deren Würdigung soll in der Revision nur daraufhin überprüft werden können, ob das Tatgericht seinen Beurteilungsspielraum bei der Annahme von Verschleppungsabsicht überschritten hat (*Claus* NStZ 2020, 57, 61).

144 Da die Regelung des Abs. 6 Satz 2 die Gefahr in sich birgt, zu einer *»Entkernung des Beweisantragsrechts«* beizutragen, weil dadurch Anträge, die grundsätzlich den formellen Anforderungen an das Vorliegen eines Beweisantrags entsprechen, in den Bereich des Aufklärungsermessen (Abs. 2) verschoben werden (s. dazu o. Rdn. 3), sind an die Nachvollziehbarkeit und Begründungstiefe der gerichtlichen Entscheidung nach § 238 Abs. 2 erhöhte Anforderungen zu stellen (s.o. Rdn. 132; Meyer-Goßner/*Schmitt* § 244 Rn. 93g, 93h). Wie schon bei der Begründung der Annahme des Ablehnungsgrunds der Verschleppungsabsicht muss das Gericht in seinem Beschluss die tatsächlichen Umstände darlegen, aus denen es auf das Vorliegen von Verschleppungsabsicht schlussfolgert (KK-StPO/*Krehl* § 244 Rn. 182) und diese »nach Art eines Indizienbeweises« würdigen (BGH NStZ 2007, 659), d.h. es muss die für die Annahme von Verschleppungsabsicht maßgeblichen Überlegungen ausführlich darlegen sowie seine Überzeugung darstellen, warum die beantragte Beweiserhebung keinen Beitrag zur Sachaufklärung leisten kann (BGH StV 2011, 397, 398). Das Revisionsgericht hat dann auf dieser Grundlage zu prüfen, ob die zum Beleg der Verschleppungsabsicht vorgetragenen Umstände schlüssig sind und deren Würdigung frei von Rechtsfehlern ist.

145 e) **Fristsetzung und Bescheidung im Urteil (Abs. 6 Satz 3 bis 5).** Mit dem durch Art. 3 Nr. 29 des Gesetzes zur effektiveren und praxistauglicheren Ausgestaltung des Strafverfahrens vom 17.08.2017 (BGBl. I, S. 3202) eingefügten Abs. 6 Satz 2 bis 4 (nach Inkrafttreten des Gesetzes zur Modernisierung des Strafverfahrens v. 10.12.2019 nunmehr **Abs. 6 Satz 3 bis 5 n.F.**) soll den Gerichten – so die Begründung des Gesetzentwurfs (BT-Drs. 18/11277, S. 34 f.) – eine Möglichkeit an die Hand gegeben werden, dem Stellen von Beweisanträgen zum Zwecke der Verfahrensverzögerung zu begegnen, ohne dass das Beweisantragsrecht der Verfahrensbeteiligten – insb. des Angeklagten – beschnitten wird. Die Regelung geht auf einen mit breiter Mehrheit zustande gekommenen Vorschlag der Expertenkommission zur effektiveren und praxistauglicheren Ausgestaltung des allgemeinen Strafverfahrens und des jugendgerichtlichen Verfahrens aus dem Jahr 2015 zurück (Bericht, S. 23; s.a. Anlagenband I – Gutachten –, S. 578 ff. und Anlagenband II – Protokolle –, S. 213 ff.) und orientiert sich ersichtlich an der bisherigen Fristenlösung des BGH (s.o. Rdn. 131). Das Recht, Beweisanträge zu stellen, wird durch die Neuregelung nicht eingeschränkt und der Katalog der Ablehnungsgründe nicht erweitert. Die Regelung hat auch keine Präklusion von Beweisanträgen zur Folge, weil diese nicht allein wegen des Zeitpunkts der Antragstellung, sondern weiterhin nur nach Maßgabe der Abs. 3 bis 5 zurückgewiesen werden können (*Schneider* NStZ 2019, 489, 490, 492). Ebenso bleibt das Antizipationsverbots unangetastet (*Schneider*, a.a.O., S. 492). Gleichwohl sah sich der Änderungsvorschlag in der Beratung der Expertenkommission berechtigter Kritik ausgesetzt, weil durch die Möglichkeit, Beweisanträge erst im Urteil zu bescheiden (Satz 3), die Kommunikationsfunktion des Beweisantragsrechts eingeschränkt wird, ohne dass sich hierfür eine empirisch begründbare Notwendigkeit erkennen lässt (Anlagenband II – Protokoll –, S. 215; s.a. *Schlothauer* FS Fischer, S. 819, 822). Vielmehr können nur einige wenige extreme Ausnahmefälle sowie diffuse Missbrauchsängste (Anlagenband II – Protokoll –, S. 218: *»Gefahren für die Strafrechtspflege«*; s.a. *Basdorf* StV 1995, 310, 311; *Wehowsky* NStZ 2019, 59: *»unnötige Verschwendung von Justizressourcen«;* NStZ 2019, 489: *»enormes Missbrauchspotential«; »desaströser Rechtszustand«)*, herangezogen werden, um einen Regelungsbedarf zu begründen. Der Vorschlag, vor einer Gesetzesänderung eine rechtstatsächliche Untersuchung durchzuführen, fand in der Kommission bedauerlicherweise keine Mehrheit (Anlagenband

II – Protokoll –, S. 219). In der Praxis wird die Neuregelung vermutlich ebenso wenig Bedeutung erlangen wie die Fristenlösung der Rspr. zuvor (so auch *Löffelmann* StV 2018, 536, 537).

Nunmehr kann der Vorsitzende nach Abschluss der von ihm nach Abs. 2 für erforderlich gehaltenen Beweis- 146 erhebung eine angemessene Frist zum Stellen von Beweisanträgen bestimmen. Der Vorsitzende sollte den Verfahrensbeteiligten deswegen so früh wie möglich mitteilen, welche Beweiserhebungen das Gericht voraussichtlich für erforderlich halten wird (*Schlothauer* FS Fischer, S. 819, 825; *Schneider* NStZ 2019, 489, 491 f.; beide unter Hinweis auf § 213 Abs. 2). Zur Beweisaufnahme zählt auch die Bescheidung bereits gestellter Anträge, weil erst dadurch klar wird, ob und in welchem Umfang nach Ende des gerichtlichen Beweisprogramms weiterer Beweis erhoben wird (*Mosbacher* NStZ 2018, 9, 10; *Krehl* FS Fischer, S. 705, 709). Zwar ist die von der Rspr. vorgenommene Begrenzung auf Verfahren, in denen an mehr als zehn Tagen verhandelt wurde, entfallen. Die Fristsetzung ist gleichwohl kein Automatismus, der in jeder Hauptverhandlung beliebig eingesetzt werden kann. **Eine Fristsetzung ohne Anlass kommt nicht in Betracht** (so zu Recht *Singelnstein/Derin* NJW 2017, 265; a.A. *Schneider* NStZ 2019, 489, 493 ff.; krit. auch *Habetha* NJW 2021, 1288). Ausweislich der Gesetzesbegründung (BT-Drs. 18/11277, S. 35) soll sie dem Gericht nur in denjenigen Fällen zur Verfügung stehen, in denen sich der Verdacht aufdrängt, dass Beweisanträge zu einem späten Verfahrenszeitpunkt gestellt werden und diese Anträge aufgrund der erforderlichen Bescheidung durch begründeten Beschluss das Verfahren lediglich verzögern, ohne es weiter zu befördern. Eine solche Annahme muss auf konkreten Tatsachen beruhen, die der Vorsitzende in seiner Anordnung namhaft machen muss (s. dazu *Mosbacher* NStZ 2018, 9, 11). Der Umstand, dass bis zum Ende der amtlichen Beweisaufnahme keine Beweisanträge gestellt wurden, lässt für sich genommen die Schlussfolgerung, dass der Antragsteller damit verfahrensfremde Zwecke verfolgt, nicht zu. Gleiches gilt, wenn die Antragstellung verzögert und am Verlauf der Beweisaufnahme orientiert erfolgt. Beides wird durch das verfassungsrechtlich geschützte Recht auf effektive Verteidigung gewährleistet (so zutr. *Krehl* FS Fischer, S. 705, 709 f.; problmat. insoweit *Mosbacher* NStZ 2018, 9, 11). Ebenso wenig genügt es, dass sich in einem oder mehreren Fällen die Beweisbehauptung nicht bestätig hat. Die für die Fristsetzung erforderliche **Prognose**, dass das Beweisantragsrecht künftig zur Verzögerung des Verfahrens eingesetzt werden soll, lässt sich nur darauf stützen, dass der Antragsteller bereits **mehrfach** Beweiserhebungen beantragte, die von vornherein ersichtlich **nichts Sachdienliches** zu seinen Gunsten erbringen konnten. Schon aus diesem Grund wird eine Fristsetzung nur bei länger dauernden Verfahren in Betracht kommen, weil ansonsten nicht genügend greifbare Anhaltspunkte für die Prognose vorhanden sind (*Krehl* Fischer FS, S. 705, 710). Anderweitiges Prozessverhalten (wie z.B. eine Mehrzahl von Befangenheits- oder Aussetzungsanträgen) kann die Prognosegrundlage allenfalls ergänzen; für sich genommen reicht es als Grundlage für eine Fristsetzung nicht aus (a.A. *Mosbacher* NStZ 2018, 9, 10 f.). **Keinesfalls** darf die Regelung nur deshalb zur Anwendung gebracht werden, weil das Gericht meint, bereits eine zutreffende Überzeugung vom verfahrensgegenständlichen Geschehen gewonnen zu haben. Folge ist, dass die Fristsetzung nur gegenüber denjenigen Verfahrensbeteiligten erfolgen darf und wirksam erfolgen kann, der durch sein Verhalten hierzu Anlass gibt. Für die übrigen Verfahrensbeteiligten gilt die Frist hingegen nicht (dagegen *Schneider* NStZ 2019, 489, 494, Berufung auf ein angebliches »Dogma der Einheitlichkeit der Frist«; dazu *Habetha* NJW 2021, 1288, 1289).

Welche Frist angemessen ist, bestimmt sich nach den konkreten Umständen des Einzelfalls. Regelmäßig 147 wird es – auch nach einer längeren Pause – unangemessen sein, den Verfahrensbeteiligten aufzugeben, ihre Beweisanträge noch am selben Verhandlungstag zu stellen. Die Verfahrensbeteiligten müssen ausreichend Gelegenheit erhalten, um den bisherigen Verlauf der Beweisaufnahme und die dabei gewonnenen Erkenntnisse reflektieren und sachgerecht begründete Anträge formulieren zu können (vgl. BVerfG NJW 2010, 2036, 2037 zur Fristenlösung des BGH). Je umfangreicher der bis dahin erhobene Beweisstoff ist, desto mehr Zeit ist den Verfahrensbeteiligten hierfür einzuräumen. Von wesentlicher Bedeutung ist es, ob sich in der Hauptverhandlung im Vergleich zu der in der Anklageschrift wiedergegebenen Beweislage wesentliche Änderungen ergeben haben (*Krehl* FS Fischer, S. 705, 713). Weiterhin muss dem Verteidiger genügend Zeit eingeräumt werden, um sich mit dem Angeklagten zu beraten, wobei der Zeitraum weiter zu bemessen ist, wenn sich der Angeklagte in Untersuchungshaft befindet. Darüber hinaus können Recherchen zur Konkretisierung des Beweisthemas bzw. zur Ermittlung des Beweismittels erforderlich sein. Zudem sind die sonstigen dienstlichen bzw. beruflichen und ggf. auch unabweisbare persönliche Verpflichtungen und Belange der Verfahrensbeteiligten zu berücksichtigen (*Krehl* FS Fischer, S. 705; 713; *Mosbacher* NStZ 2018, 9, 11). In größeren Verfahren jedenfalls sollte die Frist keinesfalls weniger als eine Woche betragen(krit. dazu KK-StPO/*Krehl* § 244 Rn. 87c). Es empfiehlt sich, dass der Vorsitzende die Verfahrensbeteiligten vor der Fristsetzung anhört, damit diese sich ggf. zu Grund, Gegenstand und Umfang der zu beantragenden Beweisaufnahme äußern können (*Schlothauer* FS Fischer, S. 819, 826; *Schneider*, NStZ 2019, 489, 495). Diese Umstände hat der Vorsitzende bei seiner Entscheidung zu berücksichtigen. Da Beweisanträge nur in der Hauptverhandlung gestellt werden können, muss das **Ende der Frist** stets auf einen Sitzungstag fallen (Meyer-Goßner/*Schmitt* § 244 Rn. 95b). Beachtet das Tatgericht dies nicht, so endet die Frist automatisch am nächsten Sitzungstag (*Schneider* NStZ 2019, 489, 491 [Fn. 13]).

148 Nicht anders als bei der Fristenlösung des BGH sind die Anordnung der Fristsetzung und ihre Begründung nach § 273 Abs. 3 Satz 1 zu protokollieren. Die Verfahrensbeteiligten können sie nach § 238 Abs. 2 beanstanden und eine Entscheidung des Gerichts herbeiführen (*Krehl* FS Fischer, S. 705, 714).

149 Ungeachtet der Fristsetzung können die Verfahrensbeteiligten Beweisanträge weiterhin bis zum Beginn der Urteilsverkündung stellen (BT-Drs. 18/11277, S. 34). Allerdings kann das Gericht Anträge, die erst nach Ablauf der Frist gestellt werden, gem. Abs. 6 Satz 4 HS 1 wie Hilfs- und Eventualbeweisanträge (s.u. Rdn. 158 ff.) **erst im Urteil bescheiden**. Das dürfte, unbeschadet der Regelung des Satz 4 HS 2, dann nicht in Betracht kommen, wenn die Bescheidung vor Urteilsverkündung aufgrund der Kommunikationsfunktion des Beweisantragsrechts geboten ist, weil andernfalls – etwa bei einem für das Gericht erkennbaren Missverständnis, auf dem die Antragstellung beruht – eine irreführende Prozesslage entstehen würde. Dann ist der Beweisantrag durch Beschluss gem. Satz 1 zu bescheiden. Gleiches gilt, wenn das Gericht seine Ablehnung auf einen bis dahin nicht bekannt gegebenen Ablehnungsgrund stützen möchte, weil andernfalls eine Überraschungsentscheidung im Urteil droht (*Krehl* FS Fischer, S. 705, 716). Ansonsten kann das Gericht in der Urteilsbegründung auf alle Ablehnungsgründe der Abs. 3 bis 5 zurückgreifen (Alsberg/*Güntge* Kap. 6 Rn. 140; Meyer-Goßner/*Schmitt* § 244 Rn. 96). Liegt nach Auffassung des Vorsitzenden bzw. des Gerichts **Verschleppungsabsicht** vor, kann das Beweisbegehren nach **Abs. 6 Satz 2** behandelt werden.

150 Eine Bescheidung erst in den Urteilsgründen ist gem. Abs. 6 Satz 4 HS 2 unzulässig, wenn die Stellung des Beweisantrags vor Fristablauf **nicht möglich** war. Die Gesetzesbegründung (BT-Drs. 18/11277, S. 35) nennt hier den Fall, dass das Beweismittel dem Antragsteller erst nach Ablauf der Frist bekannt geworden ist. Gleiches muss gelten, wenn der Antragsteller noch eigene Ermittlungen durchführen oder Erkundigungen einholen muss oder er aus dienstlichen oder beruflichen (anderweitiger unaufschiebbarer Arbeitsanfall) oder persönlichen (z.B. Krankheit) Gründen nicht in der Lage ist, den Antrag rechtzeitig zu stellen. Der Begriff der »Unmöglichkeit« darf also nicht im strikten Sinne einer »objektiven Unmöglichkeit« verstanden werden (KK-StPO/*Krehl* § 244 Rn. 87 f.; *Hamm* StV 2018, 525, 532; *Schneider* NStZ 2019, 489, 496). Vielmehr dürfen Beweisanträge auch dann nicht erst im Urteil beschieden werden, wenn **subjektives Unvermögen** das rechtzeitige Stellen eines Beweisantrages **unzumutbar** macht (in diesem Sinne auch *Hamm*, a.a.O.). Darüber hinaus gilt Abs. 6 Satz 4 HS 2 auch dann, wenn sich die Notwendigkeit, einen weiteren Beweisantrag zu stellen, aus der Begründung der Ablehnung eines Antrag ergibt, der nach Fristsetzung rechtzeitig vor Ablauf der Frist gestellt, jedoch erst kurz davor oder gar danach beschieden wurde (*Schlothauer* FS Fischer, S. 819, 827). Die Unmöglichkeit bzw. das Unvermögen, einen Beweisantrag fristgerecht zu stellen, muss von jedem Antragsteller gesondert geltend gemacht und geprüft werden (Meyer-Goßner/*Schmitt* § 244 Rn. 97; *Schneider* NStZ 2019, 489, 497).

151 Wird der Beweisantrag erst nach Fristablauf gestellt, hat der Antragsteller gem. Abs. 6 Satz 5 diejenigen Tatsachen, die die Einhaltung der Frist unmöglich gemacht haben, mit dem Antrag **glaubhaft zu machen**, d.h. er muss die behaupteten Tatsachen in einem Umfang beweisen, der das Gericht in die Lage versetzt, ohne eine den Fortgang der Verhandlung verzögernde Beweiserhebung zu entscheiden (s. § 26 Rn 5). Ist dem Gericht der Grund dagegen bekannt, ergibt er sich aus den Akten oder ist die Unmöglichkeit fristgerechter Antragstellung offensichtlich, ist eine Glaubhaftmachung nicht erforderlich (Meyer-Goßner/*Schmitt* § 26 Rn. 7). Als Mittel der Glaubhaftmachung kommen neben Urkunden und ärztlichen Zeugnissen typischerweise die anwaltliche Versicherung des Verteidigers (ausdr. *Schlothauer* FS Fischer, S. 819, 832 f.; *Krehl* FS Fischer, S. 705, 719 f. mit Ausführungen zu etwaigen Konflikten mit der anwaltlichen Schweigepflicht; Meyer-Goßner/*Schmitt* § 244 Rn. 98; a.A. *Mosbacher* NStZ 2018, 9, 13; einschr. Schneider NStZ 2019, 489, 499) und eidesstattliche Versicherungen von Zeugen in Betracht (s. § 24 Rdn. 6). Der Umstand, dass der Angekl. die Unmöglichkeit weder durch eidesstattliche noch durch einfache Erklärung glaubhaft machen kann, spricht dafür, jedenfalls den unverteidigten Angeklagten aus dem Anwendungsbereich der Regelung auszunehmen, wenn ihm eine anderweitige fundierte Glaubhaftmachung nicht möglich ist und er dadurch in Beweisnot gerät (Alsberg/*Güntge* Kap. 11 Rn. 31). Andernfalls droht ein nicht hinnehmbarer Eingriff in das Recht auf ein faires Verfahren (*Krehl* FS Fischer, S. 705, 719; vehement dagegen *Schneider* NStZ 2019, 489, 498 f.). Die Entscheidung darüber, ob dem Antragsteller die Einhaltung der Frist unmöglich war bzw. die Gründe hierfür ausreichend glaubhaft gemacht worden sind, obliegt dem Gericht (*Schneider* NStZ 2019, 489, 500). Hält es die Verspätung für unzureichend begründet bzw. glaubhaft gemacht, hat es dies mit einem in der Hauptverhandlung zu verkündendem Beschluss darzulegen, um es dem Antragsteller zu ermöglichen, zusätzliche Tatsachen vorzutragen bzw. weitere Mittel zur Glaubhaftmachung vorzulegen. Ein solches Nachschieben von Gründen ist statthaft, weil Abs. 6 kein § 26a Abs. 1 oder § 222a Abs. 2 entsprechendes Konzentrationsgebot enthält (*Schlothauer* FS Fischer, S. 819, 829 f.; a.A. *Schneider* NStZ 2019, 489, 497, der auf die »Ausschlag gebende Bestimmung des § 45 Abs. 2 Satz 1« Bezug nimmt. Auf eine entspr. Verweisung hat der Gesetzgeber allerdings verzichtet.).

Tritt das Gericht nach Fristablauf erneut in die Beweisaufnahme ein, wird die zurückliegende Fristsetzung dadurch nicht gegenstandslos (BGH NJW 2021, 2129; s.a. *Mosbacher* NStZ 2018, 9, 12; a.A. *Krehl* FS Fischer, S. 705, 717; *Börner* JZ 2018, 232, 239). Eine Bescheidung der bis dahin unerledigten Beweisanträge im Urteil kommt damit auch bei denjenigen Anträgen, die nach Ablauf der Frist gestellt worden sind, in Betracht. Ergibt sich aus der erneuten Beweisaufnahme das Erfordernis, weitere Beweisanträge zu stellen, muss es den Verfahrensbeteiligten allerdings weiterhin möglich sein, diese in einer Art und Weise zu stellen, die eine Bescheidung durch Beschluss im Laufe der Beweisaufnahme erfordert (BGH NJW 2021, 2129; s.a. BT-Drs. 18/11277, S. 35). Erst danach kann das Gericht eine erneute Frist setzen, wenn es dies aus den o.g. Gründen weiterhin für erforderlich hält, um Verfahrensverzögerungen zu begegnen. 152

III. Bedingte Beweisanträge. Der Antragsteller kann sein Beweisbegehren von einem zukünftigen, ungewissen Umstand – **Bedingung** – abhängig machen, wenn es sich dabei um einen **innerprozessualen Vorgang** handelt (BGHSt 29, 396). Man unterscheidet dabei zwischen **Hilfsbeweisantrag, Eventualbeweisantrag** und sonstigem prozessual **bedingtem Beweisantrag** (zur Terminologie *Schlothauer* StV 1988, 542, 546). 153

1. Hilfsbeweisantrag. Bei einem Hilfsbeweisantrag macht der Antragsteller sein Beweisbegehren vom Ergebnis der Beratung des Gerichts und damit vom **Inhalt des zukünftigen Urteilsspruchs** abhängig (BGHSt 32, 10, 13; LR/*Becker* § 244 Rn. 153). Das geschieht zumeist im Schlussvortrag (§ 258 Abs. 1) in Verbindung mit dem Hauptantrag (vgl. BGH NStZ 2005, 395), etwa in der Weise, dass der Beweisantrag für den Fall der Verurteilung oder des Freispruchs gestellt wird (BGH StV 1991, 349 m.Anm. *Schlothauer*; 1990, 394) oder an ein bestimmtes Element des Schuldspruchs (Vollendung statt Versuch, Vorsatz statt Fahrlässigkeit: KK-StPO/*Krehl* § 244 Rn. 89) oder des Rechtsfolgenausspruchs (Überschreitung eines bestimmten Strafmaßes: BGH NStZ 1991, 457; keine Strafaussetzung zur Bewährung: *Schlothauer* StV 1988, 542, 543) anknüpft. 154

Hilfsbeweisanträge sind grundsätzlich **zulässig**. Etwas anderes gilt nur dann, wenn der Antrag von einer Bedingung abhängig gemacht wird, die in keinem sachlogischen Zusammenhang mit der beantragten Beweiserhebung steht (LR/*Becker* § 244 Rn. 156). Das ist bei einem Antrag der Fall, der sich zwar gegen den Schuldspruch richtet, jedoch von einer bestimmten Rechtsfolgenentscheidung abhängig gemacht wird (BGHSt 40, 287, 290; s. dazu *Herdegen* NStZ 1995, 202; BGH, Beschl. v. 07.09.2017 – 3 StR 325/17). Anders liegt der Fall, wenn der Antragsteller mit dem an eine bestimmte Strafhöhe anknüpfenden Beweisantrag auf den Nachweis einer weniger schwerwiegenden Tatbestandsvariante abzielt, die geeignet ist, die Tat in einem milderen Licht erscheinen zu lassen (BGH NStZ 1998, 209, 210). 155

2. Eventualbeweisantrag. Als Eventualbeweisantrag wird die Verknüpfung des Beweisbegehrens mit einem aus der Sicht des Antragstellers relevanten **Begründungselement des Sachurteils** bezeichnet (KK-StPO/*Krehl* § 244 Rn. 90; abweichende Terminologie in BGH NStZ-RR 1996, 362, 363; NStZ 1995, 98). Der Antragsteller kann sein Beweisbegehren z.B. davon abhängig machen, ob das Gericht eine bestimmte Tatsache für für erwiesen erachtet (oder nicht) oder ob es die Einlassung des Angeklagten für zutreffend oder zumindest für nicht widerlegt hält (LR/*Becker* § 244 Rn. 152), des Weiteren, ob es ein bestimmtes Tatmotiv zugrunde legt (KK-StPO/*Krehl* § 244 Rn. 90), einen Schockzustand des Angeklagten nach der Tat (mit indizieller Bedeutung für die Schuldfähigkeit) verneint (BGH StV 1990, 149), eine Urkunde für echt hält, von voller oder verminderter Schuldfähigkeit ausgeht (BGH NStZ-RR 1996, 362, 363), einen minder schweren Fall annimmt oder verneint oder die Angaben eines Zeugen für glaubhaft hält (BGH NStZ 1995, 98). 156

3. Sonstiger prozessual bedingter Antrag. Der Antragsteller kann eine Beweiserhebung auch nur für den Fall beantragen, dass ein bestimmtes **innerprozessuales Ereignis** eintritt oder ausbleibt (Meyer-Goßner/*Schmitt* § 244 Rn. 22). Als innerprozessuale Bedingung kommt etwa in Betracht, ob ein anderer Verfahrensbeteiligter einen bestimmten Antrag stellt oder nicht, ein Antrag abgelehnt oder ihm stattgegeben wird, ob ein Zeuge in einem bestimmten Sinne aussagt (OLG Zweibrücken StV 1995, 347) oder ob das Gericht eine bestimmte Zwischenentscheidung trifft (LR/*Becker* § 244 Rn. 151). 157

4. Entscheidung über Hilfs- und Eventualbeweisanträge. Hilfs- und Eventualbeweisanträge brauchen erst **in den Urteilsgründen** beschieden zu werden (BGHSt 40, 287, 289; 32, 10, 13). Soweit der Antragsteller sein Beweisbegehren davon abhängig macht, zu welchem Ergebnis das Gericht in der Urteilsberatung gelangt, liegt das auf der Hand. I.Ü. liegt in dem Umstand, dass ein Antrag nur bedingt bzw. hilfsweise gestellt wird, zugleich der **Verzicht** des Antragstellers auf eine Bescheidung vor Urteilsverkündung (BGH NStZ 2005, 505). 158

Gleichwohl ist das Gericht nicht daran gehindert, den Antrag vor der Urteilsverkündung in der Hauptverhandlung zu bescheiden (BGH StV 1990, 149).

159 Eine Ausnahme gilt allerdings dann, wenn das Gericht den bedingt gestellten Beweisantrag wegen **Verschleppungsabsicht** ablehnt. In diesem Fall muss das Gericht seine Entscheidung durch Beschluss (Abs. 6 Satz 1) vor der Urteilsverkündung bekannt machen, um dem Antragsteller Gelegenheit zu geben, dem Vorwurf der Prozessverschleppung zu begegnen und ihn zu entkräften (BGHSt 22, 124, 125; BGH NStZ 1998, 207 m.Anm. *Sander*; NStZ-RR 1998, 14; StV 1990, 394; KK-StPO/*Krehl* § 244 Rn. 94). Eine **Gegenausnahme** griff bislang in denjenigen Fällen ein, in denen das Gericht eine **Frist** zur Stellung von Beweisanträgen gesetzt und angekündigt hat, Anträge, die nach Ablauf der Frist in Verschleppungsabsicht gestellt werden, erst in den Urteilsgründen zu bescheiden (s. dazu Rn. 128 und Rn. 222). Gleiches gilt nunmehr für Beweisanträge, die gem. **Abs. 6 Satz 3** erst in den Urteilsgründen bescheiden zu werden brauchen (s.o. Rdn. 145 ff.).

160 Ein etwaiges Verlangen des Antragstellers, seinen Hilfs- oder Eventualbeweisantrag vor der Urteilsverkündung zu bescheiden – sog. **Bescheidungsklausel** – ist **unbeachtlich**. Zunächst ging die Rspr. von der Beachtlichkeit aus, falls das Gericht zu einem zum Bedingungseintritt führenden Beratungsergebnis kam (BGHSt 32, 10, 13; BGH NStZ 1989, 158). Mittlerweile hat der BGH diese Rspr. jedoch aufgegeben. Er vertritt nunmehr die Auffassung, dass die Klausel unbeachtlich sei, weil kein Verfahrensbeteiligter verlangen könne, dass ihn das Gericht vor der Urteilsverkündung über das Ergebnis der Urteilsberatung informiere (BGH NStZ-RR 1996, 362; NStZ 1995, 98; a.A. LR/*Becker* § 244 Rn. 161).

161 Versäumt es das Gericht, einen Hilfs- oder Eventualbeweisantrag in den Urteilsgründen zu bescheiden, oder lehnt es den Antrag mit einer gesetzeswidrigen Begründung ab, kann das Revisionsgericht den Ablehnungsgrund **austauschen oder eine Begründung nachschieben** (BGH StV 1998, 248). Es kann auf der Grundlage der Urteilsgründe prüfen, ob der Antrag mit einer rechtsfehlerfreien Begründung hätte abgelehnt werden können. Ist das der Fall, ist ein Beruhen des Urteils auf der unterlassenen oder gesetzeswidrigen Ablehnung des Beweisantrages ausgeschlossen (BGH NStZ 2010, 161, 162; NStZ-RR 2007, 370; NJW 2000, 370).

162 **IV. Beweisermittlungsanträge und Beweisanregungen. 1. Beweisermittlungsantrag.** Ein Beweisermittlungsantrag ist jedes Begehren des Antragstellers, mit dem er vom Gericht ein Tätigwerden verlangt, wodurch ein unmittelbarer oder mittelbarer **Aufklärungseffekt** erzielt werden soll, und das nicht in der Form eines Beweisantrages vorgebracht wird, weil der Antragsteller entweder eine bestimmte Beweistatsache nicht behaupten oder ein bestimmtes Beweismittel nicht benennen kann oder will (BGHSt 37, 162, 167; BGH StV 1989, 237; KK-StPO/*Krehl* § 244 Rn. 100). Es handelt sich um einen **echten Antrag**, mit dem der Antragsteller eine Sachverhaltsaufklärung verlangt und nicht nur anregt oder dem Gericht einheimstellt. Er macht damit einen **Anspruch auf Aufklärung** geltend (Meyer-Goßner/*Schmitt* § 244 Rn. 25).

163 Mit seinem Beweisermittlungsantrag wird der Antragsteller oftmals das Ziel verfolgen, durch die beantragten Nachforschungen des Gerichts die Mängel, die ihn daran hindern, einen Beweisantrag zu stellen, zu beseitigen (vgl. BGHSt 30, 131, 142; BGH bei *Becker* NStZ 2007, 513). Darüber hinaus **aktualisiert** er mit der Antragstellung **die Aufklärungspflicht** des Gerichts (LR/*Becker* § 244 Rn. 162).

164 Dementsprechend hat das Gericht **nach Abs. 2** zu prüfen, ob auf den Antrag hin eine weitere Sachaufklärung möglich und geboten ist (BGHSt 6, 128, 129; NStZ 1990, 602). Letzteres ist dann der Fall, wenn es möglich erscheint, dass das Gericht seine aufgrund des bisherigen Beweisergebnisses gewonnene vorläufige Beurteilung der Schuld- bzw. Rechtsfolgenfrage durch weitere Nachforschungen in die vom Antragsteller aufgezeigte Richtung hin ändert (BGHSt 36, 159, 164; BGH StV 1991, 547, 548). Insoweit gelten die allgemeinen Maßstäbe zur Aufklärungspflicht des Gerichts (s.o. Rdn. 32 ff.). Je konkreter der Antragsteller die aufzuklärende Tatsache und einen Weg zu seiner Erforschung darlegen kann, desto näher liegt die Annahme, dass die Aufklärungspflicht die beantragten Nachforschungen gebietet (LR/*Becker* § 244 Rn. 163).

165 Der Antragsteller ist zu **bescheiden**, wenn das Gericht die beantragte Sachaufklärung für nicht möglich oder nicht erforderlich hält (KK-StPO/*Krehl* § 244 Rn. 101 mit Nachw. zur früher vertretenen Gegenauffassung). Wurde der Antrag ausdrücklich oder eindeutig erkennbar nicht als Beweisantrag gestellt, genügt eine Verfügung des Vorsitzenden (BGH NStZ 2009, 401). Die Entscheidung ist zu **begründen** (BGH NStZ 2009, 401) und in der Hauptverhandlung bekannt zu machen (LR/*Becker* § 244 Rn. 165). Aus der Begründung muss sich ergeben, aus welchem Grund dem Antrag nicht gefolgt werden soll (BGHSt 30, 131, 143; BGH NStZ 2008, 109). Nichtssagende Floskeln reichen hierfür nicht aus; vielmehr muss der Vorsitzende seine Erwägungen darlegen, weshalb er den Antrag als Beweisermittlungsantrag qualifiziert und er keinen Anlass zur Beweistätigkeit sieht (KK-StPO/*Krehl* § 244 Rn. 102). Gegen die Entscheidung des Vorsitzenden kann der Antragsteller nach **§ 238 Abs. 2** das Gericht anrufen (BGH NStZ 2008, 109, 110). Nur dann bleibt ihm die Möglichkeit erhalten, die Ablehnung des Antrages in der Revision mit der Aufklärungsrüge anzugreifen (LR/*Becker* § 244 Rn. 165). Im **OWi-Verfahren** stellt die Nichtbescheidung eines Beweisermittlungsantrags eine

Versagung rechtlichen Gehörs i.S.d. § 79 Abs. 1 Nr. 5 OWiG dar, wogegen die Rechtsbeschwerde zulässig ist (OLG Hamm, Beschl. v. 22.06.2018 – III – 2 RBs 86/18, BeckRS 2018, 15863).

Formuliert der Antragsteller sein Beweisbegehren ausdrücklich oder erkennbar **als Beweisantrag**, muss das Gericht hierüber **nach Abs. 6 Satz 1** beschließen, auch dann, wenn es sich tatsächlich um einen Beweisermittlungsantrag handelt (BGH StV 1994, 172, 173; Graf/*Bachler* § 244 Rn. 47; KK-StPO/*Krehl* § 244 Rn. 101). Weist das Gericht einen Beweisantrag rechtsfehlerhaft als Beweisermittlungsantrag zurück, ist der Antragsteller nicht verpflichtet, hiergegen Gegenvorstellung zu erheben, um sich die entsprechende Revisionsrüge zu erhalten (LR/*Becker* § 244 Rn. 166). 166

Eine in der Sache nicht gebotene Bescheidung nach Abs. 6 Satz 1 soll den Bestand des Urteils nicht infrage stellen können (BGH, Urt. v. 22.07.2015 – 2 StR 318/14, Rn. 21), es sei denn, das Gericht hat hierdurch entweder seine Aufklärungspflicht verletzt oder durch eine unzutreffende Begründung eine **»irreführende Prozesslage«** geschaffen, die auf das Verhalten des Antragstellers Einfluss gehabt haben kann (BGH NStZ 2010, 403; NStZ-RR 2004, 370). Das kann z.B. dann der Fall sein, wenn es der Antragsteller unterlässt, eine nicht hinreichend konkretisierte Beweisbehauptung nachzubessern, obwohl er dazu in der Lage gewesen wäre (BGH StV 2012, 577, 578 f.). 167

2. Beweisanregung. Unter Beweisanregung ist ein Aufklärungsbegehren eines Verfahrensbeteiligten zu verstehen, das einerseits kein Beweisantrag ist, weil darin nicht die Verwendung eines bestimmten Beweismittels zum Nachweis einer bestimmten Tatsache verlangt wird, und das andererseits keinen Beweisermittlungsantrag darstellt, weil es die Beweiserhebung nicht ausdrücklich verlangt, sondern das Gericht lediglich auf die **Möglichkeit zur Vornahme von Ermittlungshandlungen hinweist** und die Beweiserhebung in das Ermessen des Gerichts stellt (KK-StPO/*Krehl* § 244 Rn. 103). Eine Beweisanregung führt deshalb lediglich zu einer **Aktualisierung der Aufklärungspflicht**. Über sie ist nach Maßgabe des Abs. 2 zu entscheiden (LR/*Becker* § 244 Rn. 170). Gegen das fehlerhafte Übergehen einer Beweisanregung kann nur die Aufklärungsrüge erhoben werden. 168

Das Gericht braucht den Antragsteller nicht förmlich zu bescheiden, wenn klar ist, dass der Verfahrensbeteiligte eine weitere Sachaufklärung tatsächlich nur anregen und keinen Antrag stellen wollte (BGH NStZ 2001, 160, 161). Zweifel sollten durch Nachfragen geklärt werden. Kann das Gericht diese nicht ausräumen, ist davon auszugehen, dass ein Beweisbegehren, das die erforderlichen inhaltlichen Elemente aufweist, ein Beweisantrag oder Beweisermittlungsantrag sein soll (KK-StPO/*Krehl* § 244 Rn. 103). 169

V. Ablehnungsgründe (Abs. 3 bis 5). In den Abs. 3 bis 5 sind Sachgründe normiert, die das Gericht zur **Ablehnung eines Beweisantrages** berechtigen. Dieser Katalog ist **abschließend** (BGHSt 29, 149, 151). Aus anderen als den dort genannten Gründen darf ein Beweisantrag nicht abgelehnt werden (LR/*Becker* § 244 Rn. 182). Greift keiner der gesetzlichen Ablehnungsgründe ein, ist das Gericht verpflichtet, dem Beweisantrag nachzugehen. 170

Nach Abs. 3 Satz 2 **muss** das Gericht einen Beweisantrag **ablehnen**, wenn die Erhebung des Beweises unzulässig ist. Die Ablehnungsgründe des Abs. 3 Satz 3 Nr. 1 bis 6 sowie der Abs. 4 und 5 **gestatten** dem Gericht die Ablehnung eines Beweisantrages, sie **zwingen es aber nicht** dazu. Das Gericht darf einem Beweisantrag trotz des Vorliegens eines Ablehnungsgrundes nachgehen, wenn es dadurch eine Förderung des Verfahrens oder eine Verbesserung der Sachaufklärung erwartet. Unnötige und vermeidbare Verzögerungen der Hauptverhandlung soll das Gericht jedoch vermeiden (LR/*Becker* § 244 Rn. 202). 171

1. Systematik der Ablehnungsgründe. Die Ablehnungsgründe der Abs. 3 bis 5 entziehen sich einer übergreifenden systematischen Interpretation (AnwK/*Sommer* § 244 Rn. 67). Allerdings lassen sich die in Abs. 3 Satz 2 genannten Gründe unter bestimmten übergeordneten Gesichtspunkten zusammenfassen. 172

Zum einen kann zwischen Ablehnungsgründen mit **Beweismittelbezug** (Unerreichbarkeit und Ungeeignetheit) und solchen mit **Beweisthemabezug** (Erwiesenheit, Offenkundigkeit, Bedeutungslosigkeit und Wahrunterstellung) unterschieden werden (*Niemöller* FS Hamm, S. 537, 538). 173

Lehnt das Gericht einen Beweisantrag mit einem **beweismittelbezogenen** Grund ab, hat sich dieser **endgültig** erledigt. Spätere Ereignisse – etwa die unerwartete Erreichbarkeit eines Zeugen – haben darauf keinen Einfluss; die erledigende Wirkung des Ablehnungsbeschlusses bleibt davon unberührt. Etwaige weiterführende Erkenntnisse muss der Antragsteller dem Gericht zur Kenntnis bringen, ggf. in Form eines neuen Antrages. Das Gericht ist nicht verpflichtet, von sich aus weitere Nachforschungen anzustellen (*Niemöller* FS Hamm, S. 537, 539). Anders kann es sich verhalten, wenn das Gericht einen Antrag mit einem **beweisthemabezogenen** Grund ablehnt, weil der Ablehnungsentscheidung eine jeweils aktuelle Einschätzung der Beweissituation zugrunde liegt, die sich im weiteren Verlauf der Beweisaufnahme oder in der Schlussberatung ändern kann (*Niemöller* FS Hamm, S. 537, 541). In diesem Fall muss das Gericht – ggf. unter Wiedereintritt in die 174

Beweisaufnahme – über den Beweisantrag erneut befinden, weil andernfalls die Informationsfunktion des Ablehnungsbeschlusses (s.o. Rdn. 95) leerlaufen würde (*Niemöller* FS Hamm, S. 437, 441, 442; KK-StPO/*Krehl* § 244 Rn. 233; Meyer-Goßner/*Schmitt* § 244 Rn. 41a). Ein bloßer Hinweis des Gerichts genügt nicht.

175 Zum anderen lassen sich die Ablehnungsgründe nach ihrem **sachlichen Regelungsgehalt** unterscheiden (dazu *Hamm/Pauly* Beweisantragsrecht Rn. 271 ff.; ähnlich LR/*Becker* § 244 Rn. 202). **Unerhebliches oder bereits Bekanntes** braucht nicht erforscht zu werden. Dementsprechend dürfen Beweisanträge, die hierauf abzielen, abgelehnt werden, wenn die unter Beweis gestellte Tatsache offenkundig, erwiesen oder für die Entscheidung ohne Bedeutung ist. Nicht anders liegt der Fall, wenn das benannte Beweismittel **zum Nachweis** der Beweistatsache **nichts beitragen** kann. Ein Beweisantrag kann deshalb zurückgewiesen werden, wenn das Beweismittel völlig ungeeignet oder unerreichbar ist. Ebenso darf eine Beweiserhebung aus **verfahrensökonomischen Gründen** unterbleiben, wenn die unter Beweis gestellte Tatsache durch das benannte Beweismittel aller Voraussicht nach bestätigt werden wird. In diesem Fall kann die behauptete Tatsache als wahr unterstellt werden. Schließlich erlaubt Abs. 3 Satz 2 die Ablehnung von Beweisanträgen, die in Verschleppungsabsicht und damit zu **verfahrensfremden Zwecken** gestellt wird.

176 **2. Verbot der Beweisantizipation.** Das Verbot der Beweisantizipation (grdlgd. RGSt 1, 189, 190; s.a. BGHSt 23, 176, 188; BGH StV 2002, 350, 352; Alsberg/*Güntge* Kap. 5 Rn. 82 ff.) gehört zu den Grundlagen des geltenden Beweisantragsrechts. Es verbietet dem Tatrichter die **prognostische Beurteilung des Beweiswertes** eines beantragten Beweismittels. Stattdessen setzt der Antragsteller seine Beweisprognose an die Stelle derjenigen des Tatrichters und kann damit eine Beweiserhebung erwirken, zu der das Gericht von sich aus keine Veranlassung sieht (BGHSt 21, 118, 125; BGH NStZ 1997, 503, 504). Das Verbot der Beweisantizipation gewährleistet, dass die Beweisaufnahme bis zum Schluss offenbleibt, indem es einer verfrühten abschließenden Festlegung des Tatrichters entgegenwirkt (*Hamm/Pauly* Beweisantragsrecht Rn. 247 f.). Dadurch wird das Beweisantragsrecht zu einem wirksamen Gestaltungsmittel, das den Verfahrensbeteiligten eine angemessene Teilhabe an der Beweisaufnahme ermöglicht.

177 Dem Tatrichter ist es vor allem nicht gestattet, das Ergebnis der beantragten Beweiserhebung vorwegzunehmen, indem er den **Wert des Beweismittels oder die Erweislichkeit der Beweistatsache** mit Blick auf seine (vorläufige) Einschätzung des Ergebnisses der bis dahin durchgeführten Beweisaufnahme **in Abrede stellt** (vgl. *Hamm/Pauly* Beweisantragsrecht Rn. 250). Das Gericht darf einen Beweisantrag deshalb nicht mit der Begründung ablehnen, dass die Beweisbehauptung aufgrund der bisherigen Beweisaufnahme widerlegt und es vom Gegenteil dessen überzeugt sei, was der Antragsteller unter Beweis stellen wolle (BGHSt 40, 60, 62; NStZ 1997, 503; StV 1994, 62), oder dass eine Bestätigung der unter Beweis gestellten Tatsache nicht zu erwarten (BGH NJW 1993, 867; StV 1993, 176) oder diese nicht beweisbar, unwahrscheinlich, unglaubhaft, erdichtet, unsinnig (LR/*Becker* § 244 Rn. 184) oder die Beweiserhebung aussichtslos (BGH NStZ-RR 2012, 82) sei. Das Gericht darf Anträge auch nicht mit der Begründung ablehnen, dass der Beweiswert des benannten Beweismittels zu gering sei (BGH NStZ 1984, 42), dass sich der Zeuge voraussichtlich nicht erinnern oder das Gericht ihm ohnehin keinen Glauben schenken werde (LR/*Becker* § 244 Rn. 184) oder dass der Inhalt des Beweisantrages der Aussage des benannten Zeugen in einem anderen Verfahren (BGH StV 1984, 450) oder der Erklärung des Angeklagten oder seines Verteidigers widerspreche.

178 Das Verbot der Beweisantizipation gilt allerdings auch im Beweisantragsrecht **nicht uneingeschränkt**. Zum einen sieht das Gesetz bereits in Abs. 4 Satz 2 und Abs. 5 Ausnahmen vor, des Weiteren in §§ 384 Abs. 3, 411 Abs. 2 und 420 sowie im OWi-Verfahren (§ 77 OWiG). Zum anderen ergeben sich sachlogisch notwendige Durchbrechungen des Verbots aus einigen Ablehnungsgründen selbst (KK-StPO/*Krehl* § 244 Rn. 128; *Eisenberg* BR Rn. 199, 206).

179 Um die **Offenkundigkeit** (s.u. Rdn. 189 ff.) einer Beweistatsache beurteilen zu können, muss das Gericht das Ergebnis der beantragten Beweiserhebung notwendigerweise vorwegnehmen. Diese Vorwegnahme ist allerdings hinnehmbar, weil die Einschätzung des Gerichts auch dem Antragsteller ohne Weiteres einleuchten muss, wenn die behauptete Tatsache wirklich offenkundig ist (*Hamm/Pauly* Beweisantragsrecht Rn. 258). Der Ablehnung eines Antrags wegen **völliger Ungeeignetheit** (s.u. Rdn. 212 ff.) liegt eine negative Prognose über die Tauglichkeit des Beweismittels zugrunde. Diese Prognose ist nur deshalb zulässig, weil sich die fehlende Eignung ohne Rücksicht auf das bisherige Ergebnis der Beweisaufnahme aus dem Beweismittel selbst ergeben muss (KK-StPO/*Krehl* § 244 Rn. 128). Die weitestgehende Einschränkung geht mit dem Ablehnungsgrund der **tatsächlichen Bedeutungslosigkeit** (s.u. Rdn. 199 ff.) einher. Dabei kann das Gericht die beantragte Beweiserhebung ablehnen, wenn es aus einer an sich bedeutsamen Indiztatsache, die mit der Beweiserhebung bewiesen werden soll, keine für das Urteil relevante Schlussfolgerung ziehen will (BGH NStZ 1997, 503, 504). Ein Verstoß gegen das Verbot der Beweisantizipation liegt (nur) dann vor, wenn das Gericht den Antrag mit der Begründung ablehnt, dass das Ergebnis der bislang durchgeführten Beweisauf-

nahme die Bestätigung der unter Beweis gestellten Tatsache nicht erwarten lässt (BGH NStZ-RR 2010, 211, 212; 2008, 206; Meyer-Goßner/*Schmitt* § 244 Rn. 56). Anders liegt der Fall hingegen, wenn das Gericht die unter Beweis gestellte Tatsache in vollem Umfang als erwiesen ansieht und in seinem Ablehnungsbeschluss darlegt, dass dieser Umstand nach vorläufiger Bewertung des bisherigen Ergebnisses der Beweisaufnahme seine Überzeugungsbildung nicht zu beeinflussen vermag (LR/*Becker* § 244 Rn. 220). Darin liegt nach h.M. keine Verstoß gegen das Antizipationsverbot, weil damit die Nachweisbarkeit und Wertigkeit des Beweises nicht in Abrede gestellt, sondern lediglich dessen Stellenwert in Bezug auf das bislang gewonnene Beweisergebnis klargestellt werde (BGH NStZ 2000, 436; NStZ-RR 2000, 210).

3. **Unzulässigkeit der Beweiserhebung (Abs. 3 Satz 2).** Das Gericht **muss** einen Beweisantrag nach Abs. 3 Satz 1 **ablehnen**, wenn die **Erhebung** des Beweises **unzulässig** ist. Die Unzulässigkeit der Beweiserhebung kann sich aus der Unzulässigkeit des Beweisthemas oder aus der Unzulässigkeit des Beweismittels ergeben. 180

Von der Unzulässigkeit der Beweiserhebung ist die **Unzulässigkeit des Beweisantrages** zu unterscheiden. Ein Antrag ist unzulässig, wenn er von einem nicht Antragsberechtigten – z.B. vom Nebenkläger hinsichtlich eines Delikts, das nicht zur Nebenklage berechtigt oder von einem Zeugen – gestellt wird (KK-StPO/*Krehl* § 244 Rn. 107). Des Weiteren ist ein Antrag auf Wiederholung einer Beweiserhebung unzulässig (BGH NStZ 2006, 406 m.Anm. *Gössel*). 181

Nach Ansicht der Rspr. sollen auch sog. **Scheinbeweisanträge** unzulässig sein, mit denen ausschließlich sachfremde Intentionen verfolgt werden oder die in keinem Zusammenhang mit dem Gegenstand des Verfahrens stehen (BGHSt 17, 28, 30; 40, 287, 289; 46, 36, 46; BGH NJW 2002, 2115, 2116; 2000, 2217; krit. KK-StPO/*Krehl* § 244 Rn. 108). Gleiches soll in Fällen der »Paralysierung« der Hauptverhandlung durch mehrere tausend Beweisanträge gelten, weil solche Anträge auf Unmögliches gerichtet seien (BGH NStZ 2011, 294, 295). Der Beweisantrag auf Einholung eines Glaubhaftigkeitsgutachtens soll dann nicht zulässig sein, wenn der Zeuge die Einwilligung in die erforderliche Exploration verweigert (BGH StV 2015, 473). 182

a) **Unzulässigkeit des Beweisthemas.** Die Beweiserhebung über ein Beweisthema ist unzulässig, wenn das Thema von vornherein **nicht Gegenstand der Beweisaufnahme** sein kann. Das gilt zunächst für alle Umstände, die bereits zum Inbegriff der Hauptverhandlung geworden sind und damit der unmittelbaren Würdigung durch das Gericht unterliegen (Graf/*Bachler* § 244 Rn. 50). Ein Antrag, Beweis darüber zu erheben, was ein Zeuge, Sachverständiger oder Verfahrensbeteiligter in der Hauptverhandlung bekundet hat, ist deshalb unzulässig (BGHSt 44, 4, 10; 43, 212, 215). 183

Gleiches gilt für den Antrag, einen erkennenden Richter über seine dienstlichen Wahrnehmungen **im laufenden Verfahren** (BGHSt 39, 239, 241) oder – wegen des Beratungsgeheimnisses (§ 43 DRiG) – über den Inhalt der **Urteilsberatung** oder das Ergebnis einer Abstimmung (Meyer-Goßner/*Schmitt* § 244 Rn. 499) zu vernehmen. **Dienstliche Erklärungen** der erkennenden Richter können lediglich im Freibeweisverfahren zum Gegenstand der Beweisaufnahme gemacht werden (Graf/*Bachler* § 244 Rn. 51.1) und deshalb nicht für Feststellungen zur Schuld- oder Rechtsfolgenfrage herangezogen werden. Allerdings können diese Erklärungen zur Aufklärung von etwaigen Verfahrenshindernissen oder Verwertungsverboten verwendet werden, wobei die Feststellungen keine Auswirkungen auf die Beurteilung des Beweiswerts eines Beweismittels haben dürfen (BGHSt 45, 354, 356). 184

Des Weiteren können **Rechts- und Wertungsfragen** nicht Gegenstand der Beweisaufnahme sein (KK-StPO/*Krehl* § 244 Rn. 111). Auch eine Beweiserhebung über Mitteilungen des Angeklagten an seine(n) Verteidiger oder über die **Verteidigungsstrategie** ist unzulässig (BGH – 5. Strafsenat – NStZ 2008, 115, 116 mit krit. Anm. *Beulke/Ruhmannseder* StV 2008, 285; a.A. BGH – 1. Strafsenat – StV 2010, 287, 288; dazu *Bosbach* StraFo 2011, 172). Eine Beweiserhebung ist zudem unzulässig, wenn sie darauf abzielt, die in Fällen eingetretener **Teilrechtskraft** aufrechterhaltenen **bindenden Feststellungen** des ersten Urteils in Zweifel zu ziehen (BGHSt 30, 340, 342; 44, 119, 120). Das neue Tatgericht ist an alle aufrechterhaltenen Feststellungen gebunden, die für die Schuldfrage oder – als doppelrelevante Tatsachen – auch für die Rechtsfolgenentscheidung von Bedeutung sind (Graf/*Bachler* § 244 Rn. 49.1). Dagegen darf das Gericht Beweis über Tatsachen erheben, die **in anderer Sache** rechtskräftig festgestellt worden sind (KK-StPO/*Krehl* § 244 Rn. 112). Auch über Umstände, die Gegenstand noch **laufender Ermittlungsverfahren** sind, darf Beweis erhoben werden (BGH NJW 2003, 150, 152). Eine Beweiserhebung über Straftaten, die nach **§ 154** von der Verfolgung ausgenommen wurden, ist zulässig, wenn diese Taten für die Strafzumessung von Bedeutung sein können (BGH StV 2004, 425). Über **Verurteilungen**, die nach den Vorschriften des BZRG bereits getilgt oder zum Zeitpunkt der letzten tatrichterlichen Verhandlung tilgungsreif sind, darf hingegen kein Beweis erhoben werden (BGH NStZ 2006, 587; NJW 2005, 1813; NStZ-RR 2001, 237; zu Ausnahmen s. §§ 51 Abs. 2, 52 BZRG), auch nicht als Indiz für die abzuurteilende Tat (BGH StraFo 2006, 296). 185

186 **b) Unzulässigkeit des Beweismittels.** Die Beweiserhebung ist auch dann unzulässig, wenn im Hinblick auf das beantragte Beweismittel ein **Erhebungs- oder Verwertungsverbot** vorliegt. Beweismittel, die die StPO nicht vorsieht, dürfen nicht verwendet werden. Deshalb kann z.B. der Mitangeklagte nicht Zeuge sein. Ausschlaggebend dafür ist – bei Verfahrensabtrennung oder -verbindung – die Situation zum Zeitpunkt der Entscheidung über den Beweisantrag (BGH NStZ 2011, 168; Meyer-Goßner/*Schmitt* § 244 Rn. 49; MüKo-StPO/*Trüg/Habetha* § 249 Rn. 194). Mit dem Erlass eines Urteils gegen einen Mitangeklagten in derselben Instanz endet allerdings die prozessuale Gemeinsamkeit. Das gilt selbst dann, wenn die Entscheidung noch nicht rechtskräftig geworden ist. Ist also die Berufung eines Mitangeklagten verworfen, steht Abs. 3 Satz 1 seiner Vernehmung als Zeuge in der Berufungshauptverhandlung eines (vormaligen) Mitangeklagten nicht länger entgegen (OLG Bamberg StraFo 2015, 155).

187 Erklärt ein Zeuge eindeutig und endgültig, dass er in der Hauptverhandlung von seinem bestehenden **Zeugnis- oder Auskunftsverweigerungsrecht** Gebrauch machen wird, greift ebenfalls ein Beweiserhebungsverbot ein (BGHSt 46, 1, 3; BGH NStZ 2001, 48). Allein der Umstand, das er zur Verweigerung des Zeugnisses oder der Auskunft berechtigt ist, macht eine Beweiserhebung allerdings noch nicht unzulässig, selbst dann nicht, wenn sich der Zeuge im Fall einer Aussage – etwa gem. § 203 StGB – strafbar machen würde (BGH StV 2018, 476, 477 zu § 53 Abs. 1 Nr. 3). Die Vernehmung etwaiger Verhörspersonen über die Vernehmung von Zeugen, die in der Hauptverhandlung das Zeugnis verweigern, ist nach § 252 unzulässig. **Ausnahmen** gelten für die Vernehmung eines Richters über die von ihm nach Belehrung über das Zeugnisverweigerungsrecht durchgeführte Vernehmung (BGHSt 32, 25, 29; 46, 189, 195) oder für nichtrichterliche Vernehmungen, wenn die zeugnisverweigerungsberechtigte Person der Beweiserhebung über seine damaligen Angaben zustimmt (BGHSt 45, 203, 206). § 250 steht einer ergänzenden Verlesung eines Vernehmungsprotokolls – etwa zur Beurteilung der Aussagekonstanz – nicht entgegen, wenn der Zeuge zuvor in der Hauptverhandlung vernommen worden ist. Ein Antrag auf Verlesung des Protokolls darf daher nicht nach Abs. 3 Satz 1 abgelehnt werden (BGH StV 2015, 205 = NStZ 2014, 607). Unzulässig ist weiterhin eine Beweiserhebung durch die Vernehmung von Richtern, Beamten und anderen Personen des öffentlichen Dienstes, wenn eine **Aussagegenehmigung** nach § 54 nicht vorliegt (BGH NStZ 2003, 610). Zur Verpflichtung des Gerichtes, ggf. auf die Erteilung einer Aussagegenehmigung hinzuwirken, s.o. Rdn. 44.

188 Unterliegt ein Beweismittel einem **Verwertungsverbot**, so ist eine Beweiserhebung unter Nutzung dieses Beweismittels ebenfalls unzulässig (BGH StV 1998, 523, 524; NJW 1998, 2933, 2935). Unterliegt das Verwertungsverbot der **Disposition** eines Verfahrensbeteiligten, ist die Beweiserhebung allerdings nur dann unzulässig, wenn der betroffene Beteiligte der Verwertung **widerspricht**. Der Ablehnungsbeschluss muss hierzu Ausführungen erhalten (BGHSt 36, 167, 172; BayObLG StV 1995, 65, 66).

189 **4. Offenkundigkeit (Abs. 3 Satz 3 Nr. 1.** Das Gericht **darf** einen Beweisantrag ablehnen, wenn die beantragte Beweiserhebung **wegen Offenkundigkeit überflüssig** ist. Das gilt sowohl für die Offenkundigkeit einer unter Beweis gestellten Tatsache oder eines Erfahrungssatzes als auch für die Offenkundigkeit von deren bzw. dessen **Gegenteil** (BGH StV 1995, 339; bei präsenten Beweismitteln s. § 245 Rdn. 27). Tatsachen und Erfahrungssätze sind offenkundig, wenn sie **allgemeinkundig** oder **gerichtskundig** sind (KK-StPO/*Krehl* § 244 Rn. 131; Meyer-Goßner/*Schmitt* § 244 Rn. 50).

190 **a) Allgemeinkundigkeit.** Eine **Tatsache** ist allgemeinkundig, wenn verständige und lebenserfahrene Menschen in der Regel von ihr Kenntnis haben oder sie sich jederzeit ohne besondere Sachkunde mithilfe allgemein zugänglicher Erkenntnismittel zuverlässig darüber informieren können (BGHSt 6, 292, 293; BGH StraFo 2018, 434, 435; NJW 1992, 2088). Dabei handelt es sich vor allem um geschichtliche und naturwissenschaftliche Tatsachen, die außer Zweifel stehen. Der Umstand, dass Einzelne diese Tatsachen etwa aus Unverstand oder aus ideologischer Verblendung als streitig bezeichnen, ändert nichts daran, dass diese allgemeinkundig sind (vgl. BGHSt 40, 97, 99: Holocaust; s.a. 47, 278, 282). Weiterhin genügt es, wenn sich die Allgemeinkundigkeit auf einen begrenzten Kreis von Personen oder einen bestimmten Ort beschränkt (Graf/*Bachler* § 244 Rn. 4), solange einer der erkennenden Richter zu dem Kreis gehört, in dem die behauptete Tatsache allgemeinkundig ist. Andernfalls muss darüber Beweis erhoben werden, es sei denn, das Gericht kann sich noch vor der Entscheidung über den Beweisantrag aus allgemein zugänglichen Erkenntnismitteln Kenntnis über die unter Beweis gestellte Tatsache verschaffen (KK-StPO/*Krehl* § 244 Rn. 132). Allgemein zugängliche Erkenntnisquellen sind Bücher, Zeitungen, Zeitschriften und selbstverständlich das **Internet** (OLG Karlsruhe NStZ-RR 2016, 258, 259 f.: **Populäre Internet-Suchmaschinen**).

191 Der Umstand, dass die Kenntnis von einer Tatsache von einer grundsätzlich unbeschränkten Allgemeinheit geteilt wird, streitet für die Richtigkeit der Tatsache (KK-StPO/*Krehl* Rn. 134). Diese Vermutung kann jedoch in Zweifel gezogen und ggf. widerlegt werden. Insb. wegen der problemlosen Verbreitung von Propaganda und sog. **Fake News im Internet** besteht Anlass, bei zeitgeschichtlichen Ereignissen der jüngeren Vergangen-

heit besondere Anforderungen an die kritische Überprüfung ihrer Richtigkeit und Allgemeinkundigkeit zu stellen (BGH StraFo 2018, 434, 436). Ein Antrag, der darauf abzielt, unter Beweis zu stellen, dass eine für allgemeinkundig gehaltene Tatsache **unwahr** oder zumindest **nicht allgemeinkundig** ist, ist in der Sache zu bescheiden (BGHSt 6, 292, 295). Dabei muss der Antragsteller allerdings darlegen, warum das benannte Beweismittel geeignet ist, den Nachweis zu erbringen, dass die in Rede stehende Tatsache unwahr oder nicht allgemeinkundig ist (BGH StV 2006, 118, 119; NJW 2002, 2115, 2116). Fehlt eine entsprechende Begründung oder ist diese nicht geeignet, die Richtigkeit bzw. Allgemeinkundigkeit der Tatsache in Zweifel zu ziehen, kann das Gericht diesen Beweisantrag wiederum wegen Offenkundigkeit ablehnen (KK-StPO/*Krehl* § 244 Rn. 134).

Ein **Erfahrungssatz** ist allgemeinkundig, wenn er auf **täglichen Lebenserfahrungen** beruht oder Teil des **Allgemeinwissens** ist oder zumindest aus **allgemein zugänglichen Quellen** zuverlässig feststellbar ist, ohne dass es hierfür einer durch Ausbildung oder Praxis erworbenen Sachkunde bedarf (LR/*Becker* § 244 Rn. 207). Ein allgemeinkundiger Erfahrungssatz bedarf ebenfalls keines Beweises (BGHSt 25, 246, 251). Beweisanträge, die sich gegen die Richtigkeit oder die Allgemeinkundigkeit des in Rede stehenden Erfahrungssatzes richten, hat das Gericht wiederum in der Sache zu bescheiden, wenn der Antragsteller Gründe vorträgt, die die Geltung des Erfahrungssatzes infrage stellen (KK-StPO/*Krehl* § 244 Rn. 136). 192

Von einer allgemeinkundigen Tatsache oder einem allgemeinkundigen Erfahrungssatz braucht **nicht der gesamte Spruchkörper** Kenntnis zu haben. Es genügt, wenn der kundige Richter die übrigen Mitglieder informiert oder sich diese aus allgemein zugänglichen Quellen Kenntnis darüber verschaffen können (Meyer-Goßner/*Schmitt* § 244 Rn. 53). Entscheidend ist, ob bei der Abstimmung über den Beweisantrag die **Mehrheit** der Mitglieder des Spruchkörpers von der Offenkundigkeit der Tatsache oder des Erfahrungssatzes überzeugt ist (vgl. BGHSt 34, 209, 210; LR/*Becker* § 244 Rn. 212). 193

b) **Gerichtskundigkeit.** Gerichtskundig ist eine **Tatsache**, von der ein Richter im Zusammenhang mit seiner **dienstlichen Tätigkeit** – etwa in einer früheren Hauptverhandlung – zuverlässige Kenntnis erlangt hat (BGHSt 45, 354, 358). Sie braucht daher nicht allgemeinkundig zu sein. Ein **Erfahrungssatz**, der nicht allgemeinkundig ist, ist dagegen zumeist auch nicht gerichtskundig (LR/*Becker* § 244 Rn. 211), es sei denn, der Richter hat bei seiner amtlichen Tätigkeit – etwa bei der Anhörung eines Sachverständigen in einem früheren Verfahren – sowohl die Kenntnis des nicht allgemeinkundigen Erfahrungssatzes als auch die Fähigkeit, diesen auf den festgestellten Sachverhalt anzuwenden, erworben (BGHSt 45, 354, 357; KK-StPO/*Krehl* § 244 Rn. 137; s.a. BGH NStZ 1998, 98). Wiederum soll es genügen, wenn die Mehrheit eines Spruchkörpers davon überzeugt ist, dass eine Tatsache oder ein Erfahrungssatz gerichtskundig ist (BGHSt 34, 209, 210; Meyer-Goßner/*Schmitt* § 244 Rn. 53; LR/*Becker* § 244 Rn. 212). Hiergegen werden im Hinblick auf § 261 zu Recht Bedenken erhoben (KK-StPO/*Krehl* § 244 Rn. 140). Eine Tatsache kann somit nur dann als gerichtskundig behandelt werden, wenn alle Mitglieder des Spruchkörpers – einschließlich der Schöffen (BGHSt 47, 270, 274; 45, 354, 359; BGH NStZ-RR 2007, 116 f.) – hiervon in Ausübung ihres Richteramtes Kenntnis erlangt haben (BGHSt 44, 4, 9). 194

Da alle Tatsachen, die für den Schuld- und Rechtsfolgenausspruch unmittelbar von Bedeutung sind, in der Hauptverhandlung im Wege des Strengbeweises aufgeklärt werden müssen, dürfen **Haupttatsachen** (s.o. Rdn. 11) nicht als gerichtskundig behandelt werden (BGHSt 45, 354, 357 f.; BGH StV 2018, 479, 480; NStZ 2016, 123), jedenfalls dann nicht, wenn sie zur Ausfüllung komplexer Tatbestandsmerkmale herangezogen werden (BGH StraFo 2018, 434, 435 f. zum Merkmal der terroristischen Vereinigung). Das Gleiche gilt für **Indiztatsachen** (BGH StV 2018, 479, 480; 2006, 118; NJW 2002, 2401, 2403). **Lediglich Hilfstatsachen**, die den Beweiswert eines Beweismittels zum Gegenstand haben, dürfen daher als gerichtskundig behandelt werden (LR/*Becker* § 244 Rn. 210) sowie sog. **Hintergrundtatsachen** über den Stand eines anderen Verfahrens oder die Rechtshängigkeit einer anderen Sache (KK-StPO/*Krehl* § 244 Rn. 138; Meyer-Goßner/*Schmitt* § 244 Rn. 52). 195

c) **Erörterung in der Hauptverhandlung.** Um den Anspruch der Verfahrensbeteiligten auf **rechtliches Gehör** zu wahren, müssen offenkundige Tatsachen und Erfahrungssätze in der Hauptverhandlung **erörtert** werden (BGHSt 48, 206, 209; BGH StraFO 2018, 434; NStZ-RR 2010, 20, 21), es sei denn, es handelt sich um eine Selbstverständlichkeit. Dabei muss das Gericht ausreichend deutlich zum Ausdruck bringen, dass es die Tatsache oder den Erfahrungssatz seiner Entscheidung möglicherweise zugrunde legen wird (BGH StV 1998, 251). Die Verfahrensbeteiligten müssen zudem Gelegenheit erhalten, Bedenken gegen die Richtigkeit der Tatsache oder des Erfahrungssatzes oder die Annahme der Offenkundigkeit vorzubringen, sei es mit einer Erklärung, sei es mit einem Beweisantrag (KK-StPO/*Krehl* § 244 Rn. 139). Die Einführung und Erörterung offenkundiger Tatsachen gehört nicht zu den wesentlichen Förmlichkeiten i.S.d. § 273 Abs. 1 (OLG Köln 196

BeckRS 2015, 15805, Rn. 14 m.w.N). Zweifeln hat das Revisionsgericht im **Freibeweisverfahren** nachzugehen (BGH StV 2018, 479).

197 5. **Bedeutungslosigkeit der Tatsache (Abs. 3 Satz 3 Nr. 2).** Das Gericht darf einen Beweisantrag ablehnen, wenn die Tatsache, die bewiesen werden soll, für die Entscheidung ohne Bedeutung ist. Das ist zum einen dann der Fall, wenn **kein Zusammenhang** zwischen der unter Beweis gestellten Tatsache und der abzuurteilenden Tat besteht (BGH NStZ 2015, 296; 2014, 168; StV 2003, 429, 430: Beweis über die Glaubwürdigkeit eines Zeugen, der **keine Angaben zum Tatgeschehen** machen kann). Eine Tatsache kann darüber hinaus auch dann bedeutungslos sein, wenn sie trotz eines Zusammenhangs mit der abzuurteilenden Tat auch bei Anwendung des Zweifelssatzes (BGH StV 2016, 341) **nicht geeignet** ist, **die Entscheidung** des Gerichts in irgendeiner Weise **zu beeinflussen** (stdg. Rspr.: BGHSt 2, 286; BGH NStZ-RR 2010, 211, 212; StraFo 2008, 29, 30; NStZ-RR 2008, 205, 206; NJW 2004, 3051, 3056; Meyer-Goßner/*Schmitt* § 244 Rn. 56). Das kann aus rechtlichen oder aus tatsächlichen Gründen der Fall sein.

198 Eine Zurückweisung wegen Bedeutungslosigkeit kommt **nur hinsichtlich Indiz- oder Hilfstatsachen** in Betracht (BGH, Beschl. v. 06.12.2018 – 4 StR 484/18; NStZ-RR 2007, 52); **Haupttatsachen** können hingegen **nie ohne Bedeutung** sein, weil es sich dabei per Definition um unmittelbar entscheidungsrelevante Tatsachen handelt, deren Relevanz sich aus den Tatbestandsmerkmalen der zur Anwendung kommenden Rechtssätze ergibt (s.o. Rdn. 11; LR/*Becker* § 244 Rn. 216; KK-StPO/*Krehl* § 244 Rn. 143).

199 a) **Bedeutungslosigkeit aus tatsächlichen Gründen.** Trotz der hohen Anforderungen, die der BGH an die Begründung des Ablehnungsbeschlusses stellt (dazu sogleich u. Rdn. 205), ist die Ablehnung von Beweisanträgen wegen tatsächlicher Bedeutungslosigkeit in der Praxis häufig anzutreffen. Eine Tatsache ist dann aus tatsächlichen Gründen bedeutungslos, wenn selbst ihr Nachweis zum Ergebnis des Verfahrens nichts beizutragen vermag, weil das Gericht auch für den Fall, dass die (Indiz- oder Hilfs-) Tatsache erwiesen wäre, daraus **keine für seine Entscheidung relevante Schlussfolgerung** ziehen würde. Die Tatsache darf also **keinen Einfluss auf das Ergebnis der Beweiswürdigung** haben (BGH NStZ 2005, 296; LR/*Becker* § 244 Rn. 220; Meyer-Goßner/*Schmitt* § 244 Rn. 56, jew. m.w.N.).

200 Ein Einfluss auf die Beweiswürdigung kann nicht ausgeschlossen werden, wenn sich aus der unter Beweis gestellten Indiz- oder Hilfstatsache **zwingende Schlüsse** auf das Vorliegen einer Haupttatsache ergeben. Die Ablehnung eines Beweisantrages wegen Bedeutungslosigkeit kommt deshalb nur in Fällen in Betracht, in denen die Beweistatsache lediglich **mögliche Schlussfolgerungen** auf das Vorliegen einer Haupttatsache zulässt, die das Gericht bei umfassender Würdigung der Beweislage jedoch **nicht ziehen** will (BGH NStZ 2014, 110, 111; 2007, 112, 114; NJW 2005, 2242, 2243; 2004, 3051, 3056).

201 Bei der **Prüfung der Erheblichkeit** ist die unter Beweis gestellte Tatsache so zu behandeln, als sei sie **voll erwiesen** (BGH NStZ 2015, 296; NStZ-RR 2012, 82; 2008, 205; StV 2010, 557, 558; StraFo 2007, 78; NJW 2005, 224, 226). Bei dieser hypothetischen Beweiswürdigung darf das Gericht keine Abstriche an der Beweisbehauptung vornehmen oder diese gar entgegen ihrem Sinn auslegen (BGH NStZ 2019, 294, 295). Die unter Beweis gestellte Tatsache ist ohne Verkürzung, Einengung oder Umdeutung in das bisher gewonnene Beweisergebnis einzustellen und in seiner indiziellen Bedeutung zu würdigen (BGH NStZ 2015, 355, 356; KK-StPO/*Krehl* § 244 Rn. 144). Erst recht darf das Gericht **nicht das Gegenteil** der Beweisbehauptung in seine vorläufige Würdigung als denkbare Alternative einstellen (BGH StV 2018, 478). Das Gericht hat eine **Gesamtwürdigung aller Umstände** vorzunehmen. Es darf die unter Beweis gestellte Tatsache nicht isoliert abhandeln, sondern muss sie in einer **Gesamtschau** unter Einbeziehung aller Umstände, die für die Beurteilung ihrer Erheblichkeit von Bedeutung sein können, würdigen (BGH NStZ 2016, 365; Beschl. v. 21.07.2011 – 3 StR 44/11). Bei einer Mehrzahl von unter Beweis gestellten Tatsachen muss sich das Gericht auch mit deren Zusammenwirken für den Fall der Erwiesenheit auseinandersetzen. Eine isolierte Betrachtung der einzelnen Beweisbehauptungen reicht in diesen Fällen nicht aus (BGH StV 2011, 646; NStZ 2010, 558, 559). Bei der Gesamtschau können auch Umstände mit zu berücksichtigen sein, die über die im Beweisantrag behauptete Tatsache hinausgehen (Graf/*Bachler* § 244 Rn. 58.1). In dieser Prüfung liegt nach h.M. kein Verstoß gegen **das Verbot der Beweisantizipation** (BGH StV 2002, 250; s.o. Rdn. 176). Kommt das Gericht dabei zu dem Ergebnis, dass die Tatsache geeignet ist, die Beweislage in einer für den Urteilsspruch erheblichen Weise zu beeinflussen, darf es den Beweisantrag nicht als bedeutungslos zurückweisen (BGH NStZ 2003, 380; StV 2002, 350, 353; 2001, 96). Das ist dann der Fall, wenn die unter Beweis gestellte Tatsache die bisherige Überzeugung des Gerichts zu der potenziell berührten Haupttatsache oder zum Beweiswert anderer Beweismittel in einer für den Schuld- oder Rechtsfolgenausspruch bedeutsamen Weise erschüttern würde (BGH NStZ 2019, 295, 296 mit Anm. *Ventzke*). Die Behauptung, ein Hauptbelastungszeuge habe sein Geständnis in dem gegen ihn gerichteten Verfahren nur **aufgrund einer Verfahrensabsprache** abgelegt, ist in der Regel geeignet, die Glaubhaftigkeit der Angaben und damit das Ergebnis der Beweiswürdigung zu

beeinflussen; ein entsprechender Beweisantrag kann deshalb nur ausnahmsweise bei umfassender und sorgfältiger Würdigung des bisherigen Beweisergebnisses als bedeutungslos abgelehnt werden (BGHSt 48, 161, 168; BGH NStR-RR 2007, 116, 117; 2004, 691, 692).

Die Grenze zur unzulässigen Beweisantizipation wird überschritten, wenn das Gericht dem benannten Beweismittel **nicht den vollen Beweiswert** zuerkennt (KK-StPO/*Krehl* § 244 Rn. 144). Das ist z.B. dann der Fall, wenn das Gericht seine Ablehnung damit begründet, dass es angesichts des bisherigen Beweisergebnisses vom Gegenteil der Beweisbehauptung überzeugt sei oder sich die Beweisbehauptung voraussichtlich nicht zur vollen Überzeugung des Gerichts ergeben werde (BGH NStZ 2015, 599, 600; NStZ 2014, 282 mit Anm. *Leplow* wistra 2014, 321; NStZ-RR 2014, 316; 2012, 82, 83; 2008, 205, 206; StV 2014, 257, 259; 2010, 558), des Weiteren, wenn das Gericht zwar den Umstand, dass ein benannter Zeuge eine bestimmte Tatsache bekunden wird, nicht aber den **Inhalt der Aussage** zur Würdigung in das Beweisergebnis einstellt (BGH NStZ 1997, 503, 505). 202

b) **Bedeutungslosigkeit aus rechtlichen Gründen.** Eine Beweistatsache ist aus Rechtsgründen bedeutungslos, wenn sie die **gesetzlichen Merkmale** der abzuurteilenden Straftat **nicht berührt** (BGH, Beschl. v. 15.05.2018 – 1 StR 159/17: Kenntnis der Finanzbehörden von einem steuerbaren Sachverhalt im Hinblick auf § 370 AO; NStZ 2018, 111, 112: zur Schadenskompensation ungeeignete Sicherheit; Graf/*Bachler* § 244 Rn. 61), des Weiteren, wenn es auf die behauptete Tatsache aus anderen (Rechts-) Gründen nicht mehr ankommt, z.B. weil bereits ein Prozesshindernis, ein Strafausschließungs- oder Strafaufhebungsgrund feststeht (Meyer-Goßner/*Schmitt* § 244 Rn. 55) oder eine Verurteilung bzw. die Rechtsfolge, auf die der Beweisantrag abzielt, nicht mehr in Betracht kommt (LR/*Becker* § 244 Rn. 217). Maßgeblich sind dabei nicht nur die in der Anklageschrift bzw. dem Eröffnungsbeschluss zugrunde liegenden Straftatbestände, sondern die Tatbestandsmerkmale sämtlicher der tatrichterlichen Kognition unterliegenden Straftatbestände, mögen sie dem Angekl. auch erst durch einen Hinweis nach § 265 angelastet worden sein oder angelastet werden können (BGH, Beschl. v. 30.07.2015 – 4 StR 199/15, BeckRS 2015, 14540, Rn. 15). 203

Will das Gericht eine an sich strafzumessungsrelevante Tatsache weder zugunsten noch zulasten des Angeklagten bei der konkreten Strafzumessung berücksichtigen, darf es einen Beweisantrag, der auf die Feststellung dieser Tatsache gerichtet ist, als bedeutungslos ablehnen, es sei denn, es handelt sich um einen bestimmenden Umstand i.S.d. § 267 Abs. 3 Satz 1 (BGHSt 43, 106, 108). Will es dagegen eine bereits abgeurteilte Straftat oder bestimmte Modalitäten früherer Taten strafschärfend berücksichtigen, darf es einen Beweisantrag, mit dem der Angeklagte die Begehung der Tat oder die in Rede stehende Tatmodalität in Abrede stellt, nicht unter Bezugnahme auf die rechtskräftigen Feststellungen vorausgegangener Urteile als rechtlich bedeutungslos zurückweisen, denn die tatsächlichen Feststellungen werden von der Rechtskraftwirkung nicht mit umfasst (KG NStZ 2008, 357; LR/*Becker* § 244 Rn. 219). 204

c) **Entscheidung des Gerichts.** Der Ablehnungsbeschluss muss den allgemeinen Anforderungen entsprechen, die an eine Entscheidung nach Abs. 6 Satz 1 zu stellen sind (s.o. Rdn. 121 ff.). Aus der Begründung muss sich zweifelsfrei ergeben, ob das Gericht die Beweistatsache aus rechtlichen oder aus tatsächlichen Gründen für bedeutungslos hält (KK-StPO/*Krehl* § 244 Rn. 145). Lehnt das Gericht den Antrag infolge einer vorläufigen Beweiswürdigung wegen tatsächlicher Bedeutungslosigkeit ab, muss diese in ihrem inhaltlichen Kern näher dargelegt werden. Der Ablehnungsbeschluss hat zum einen den Antragsteller und die weiteren Prozessbeteiligten so weit über die Auffassung des Tatgerichts zu unterrichten, dass diese sich auf die neue Verfahrenslage einstellen und das Gericht von der Erheblichkeit der Beweistatsache überzeugen oder aber neue Beweisanträge mit demselben Beweisziel stellen können (**»formalisierter Dialog«** – BGH NStZ-RR 2019, 157); zum anderen muss die Ablehnungsbegründung dem Revisionsgericht die **Prüfung** ermöglichen, ob der Beweisantrag rechtsfehlerfrei zurückgewiesen worden ist sowie ob seine Feststellungen und Schlussfolgerungen mit denjenigen des Urteils übereinstimmen oder im Widerspruch stehen (BGH, Beschl. v. 27.11.2018 – 3 StR 429/18; NStZ-RR 2007, 84, 85; NStZ 2000, 267, 268). An die Begründung des Beschlusses sind deshalb dieselben Anforderungen zu stellen wie an die **Würdigung von Indiztatsachen in den Urteilsgründen** (BGH NStZ-RR 2017, 119: 2013, 117; NStZ 2015, 355, 356; 2007, 352; StV 2014, 260, 261; 2010, 557, 558). Inhaltsleere und formelhafte Aussagen genügen diesen Anforderungen nicht (BGH StV 2014, 262 = NStZ 2014, 110, 111). 205

Soweit die Umstände, die zur Bedeutungslosigkeit der Beweistatsache führen, nicht ausnahmsweise auf der Hand liegen (vgl. BGH NStZ-RR 2007, 149), muss das Gericht in der Beschlussbegründung anhand konkreter Erwägungen (BGH NStZ 2019, 232, 233; 295, 296 mit Anm. *Ventzke*; NStZ-RR 2013, 117) darlegen, warum die unter Beweis gestellte Tatsache ohne Einfluss auf die Überzeugungsbildung geblieben wäre (BGH NStZ 2008, 299; StV 2007, 176; StraFo 2007, 331, 332). Andernfalls besteht die Gefahr, dass aufklärbare, für den Angeklagten sprechende Umstände gänzlich ohne Bewertung und Würdigung durch 206 das Gericht bleiben würden (BGH StV 2003, 369, 370). Allerdings braucht das Gericht dabei nicht sämtliche Überlegungen zur bisherigen Beweissituation offenzulegen. Es genügt, wenn sich aus dem Beschluss ergibt, warum die behauptete Indiztatsache keinen zwingenden Schluss auf eine Haupttatsache ermöglicht und aufgrund welcher »Gegenindizien« das Gericht nach derzeitiger Beweislage die nur mögliche Schlussfolgerung nicht ziehen würde (BGH StV 2014, 263; KK-StPO/*Krehl* § 244 Rn. 145). Eine Begründung, die diesen Anforderungen nicht entspricht, kann das Gericht **nicht** dadurch **nachträglich heilen**, indem es im Urteil andere oder weitere Argumente für die Ablehnung nachschiebt (BGHSt 29, 152; BGH StV 2010, 557, 558; 2007, 176; OLG Koblenz StraFo 2007, 379, 380; OLG Stuttgart StV 1999, 88). Ein Austausch des Ablehnungsgrundes durch das Revisionsgericht ist ausgeschlossen (BGH wistra 2012, 229). Soweit sich das Beweisbegehren allerdings ausschließlich auf eine **Rechtsfrage** bezieht, kann ein **Beruhen** auf einer fehlerhaften Ablehnung wegen fälschlicherweise durch das Gericht angenommener tatsächlicher Bedeutungslosigkeit ausnahmsweise ausgeschlossen sein, wenn die Beweistatsache aus rechtlichen Gründen bedeutungslos ist und der Antragsteller sich auch in Kenntnis des zutreffenden Ablehnungsgrunds nicht anders hätte verteidigen können (BGH NStZ 2018, 111, 113). Bei auf die Beweiswürdigung bezogenen Tatsachenfragen kommt dies hingegen nicht in Betracht.

207 **Ändert das Gericht seine Einschätzung** von der Bedeutungslosigkeit einer Tatsache im Laufe der weiteren Beweisaufnahme, muss es in der Regel **von Amts wegen** (Abs. 2) Beweis erheben (KK-StPO/*Krehl* § 244 Rn. 146). Jedenfalls muss es die Verfahrensbeteiligten, die auf den Fortbestand der Einschätzung, die Beweisbehauptung sei bedeutungslos, vertrauen dürfen, auf die geänderte Beurteilung **hinweisen** (BGH NStZ 2012, 525, 526) und ihnen Gelegenheit zur erneuten Antragstellung geben (BGH StV 1996, 649; 1992, 147 m.Anm. *Deckers*). Das gilt auch dann, wenn das Gericht weiterhin vom Gegenteil der unter Beweis gestellten Tatsache ausgehen möchte (BGH StV 2001, 95; NStZ 2000, 267). In den Urteilsgründen darf sich das Gericht mit den Ablehnungsgründen nicht in Widerspruch setzen (BGH StraFo 2019, 242, 243; NStZ 2013, 118; 2013, 179; NStZ-RR 2013, 117; StraFo 2010, 466), etwa dadurch, dass es von der antizipierten Beweiswürdigung des Ablehnungsbeschlusses abweicht (BGH NStZ 2012, 525, 526) oder seine Überzeugungsbildung auf das Gegenteil der unter Beweis gestellten Tatsache stützt (BGH NStZ 2014, 282, 283 f.). Fehlt es an dieser inhaltlichen Kontinuität, liegt ein durchgreifender Rechtsfehler vor, es sei denn, das Revisionsgericht kann aufgrund der Beweiswürdigung im Urteil ausschließen, dass der Tatrichter bei Zugrundelegung der behaupteten Tatsache zu einem anderen Ergebnis gekommen wäre (BGH StraFo 2008, 29). Werden die vom Antragsteller intendierten Schlussfolgerungen vom Gericht in den Urteilsgründen gezogen, obwohl es den darauf abzielenden Beweisantrag wegen Bedeutungslosigkeit ablehnte, kann das Urteil auf einer ggf. unzureichenden Ablehnungsbegründung jedenfalls nicht beruhen (BGH NStZ 2015, 355, 357; NStZ-RR 2014, 279, 280).

208 **6. Beweistatsache ist erwiesen (Abs. 3 Satz 3 Nr. 3).** Geht das Gericht davon aus, dass die **Behauptung**, die unter Beweis gestellt wird, **bereits bewiesen ist**, ist eine diesbezügliche Beweiserhebung überflüssig mit der Folge, dass es den Antrag auf Beweiserhebung ablehnen darf. **Grundlage** dieser Einschätzung muss das Ergebnis der bisherigen Hauptverhandlung sein (LR/*Becker* § 244 Rn. 228); Ausführungen im Beweisantrag, Sachverhaltsschilderungen in der Anklageschrift, in die Hauptverhandlung nicht eingeführte Akteninhalte oder gar bloße Mutmaßungen reichen nicht aus (KK-StPO/*Krehl* § 244 Rn. 148).

209 Das Gericht kann die Ablehnung nur damit begründen, dass die Beweistatsache feststeht, **nicht** aber damit, dass ihr **Gegenteil** erwiesen sei (KK-StPO/*Krehl* § 244 Rn. 148). Allerdings ist es unerheblich, ob sich die Beweistatsache für den Angeklagten be- oder entlastend auswirkt (Meyer-Goßner/*Schmitt* § 244 Rn. 57) oder ob das Gericht die Tatsache für entscheidungserheblich hält oder nicht. Eine Pflicht, den Beweisantrag im letztgenannten Fall als bedeutungslos abzulehnen, soll nicht bestehen (LR/*Becker* § 244 Rn. 228). Dies erscheint fraglich, weil dadurch beim Antragsteller der möglicherweise unzutreffende Eindruck entstehen kann, der unter Beweis gestellte Umstand sei von Bedeutung und dieser sein Verteidigungsverhalten hierauf ausrichtet (KK-StPO/*Krehl* § 244 Rn. 148). Nach h.M. ist es auch nicht notwendig, dass sich das Gericht in der Urteilsbegründung mit jeder als erwiesen behandelten Tatsache auseinandersetzt, weil es auch **unerhebliche Umstände** als erwiesen ansehen kann (BGH, Beschl. v. 15.05.2018 – 1 StR 159/17, Rn. 81); NJW 2003, 150, 152). Etwas anderes gilt aber dann, wenn die Beweiswürdigung ohne die Erörterung der als erwiesen erachteten Tatsache lückenhaft bleibt (BGH StV 2012, 581, 582 = NStZ 2011, 472, 473).

210 Nur die unter Beweis gestellte **Tatsache** kann das Gericht als erwiesen ansehen, **nicht** aber das mit dem Antrag verfolgte **Beweisziel** (Graf/*Bachler* § 244 Rn. 63). Es ist in seiner Überzeugungsbildung daher weiterhin frei und kann die als erwiesen behandelte Tatsache sowohl zulasten als auch zugunsten des Angeklagten würdigen (BGH NStZ 2007, 717).

Das Gericht braucht den Beschluss, mit dem es den Beweisantrag ablehnt, nicht näher zu begründen, wenn es die Tatsache als erwiesen ansieht (LR/*Becker* § 244 Rn. 229). Die Urteilsgründe dürfen mit der als erwiesen behandelten Tatsache allerdings **nicht im Widerspruch** stehen (BGH NStZ 2011, 472, 473); das Gericht darf diesen Umstand auch nicht mit anderen Erwägungen relativieren, die in dem abgelehnten Beweisantrag nicht thematisiert wurden. Will das Gericht von seiner ursprünglichen Einschätzung abweichen, so bedarf es einer **Korrektur** der Entscheidung **in der Hauptverhandlung** (*Niemöller* FS Hamm, S. 537, 544). 211

7. **Völlige Ungeeignetheit des Beweismittels (Abs. 3 Satz 3 Nr. 4).** Das Gericht darf einen Beweisantrag ablehnen, wenn die Verwendung des angebotenen Beweismittels **nichts zur Sachaufklärung beizutragen** vermag, sodass sich die Beweiserhebung in einer bloßen Förmlichkeit erschöpfen würde (BVerfG NStZ 2004, 214, 215; BGH NStZ-RR 2010, 211; NStZ 2007, 476; 2004, 508). Das ist der Fall, wenn sich das im Beweisantrag in Aussicht gestellte Ergebnis mit dem angebotenen Beweismittel **nach sicherer Lebenserfahrung** nicht erzielen lässt (BGH NStZ-RR 2013, 185; 2014, 316; KK-StPO/*Krehl* § 244 Rn. 149). Die völlige Ungeeignetheit muss sich dabei **allein aus dem Beweismittel** im Zusammenhang mit der Beweisbehauptung ergeben. Das **Ergebnis der bisherigen Beweisaufnahme** darf für die Einschätzung des Gerichts nicht herangezogen werden (BGH StV 2016, 342; NStZ 2008, 351; StraFo 2004, 137; NStZ-RR 2002, 242). Eine Ablehnung wegen Ungeeignetheit der Beweiserhebung ist im Gesetz nicht vorgesehen (BGH NStZ-RR 2010, 211, 212). 212

Bei der Zurückweisung eines Beweismittels als ungeeignet ist größte Zurückhaltung geboten (VerfGH Berlin NJW 2014, 1084, 1085). Das Gericht hat bei der Beurteilung des Beweismittels die unter Beweis gestellte Behauptung ungeschmälert, d.h. ohne Verkürzung oder ihren Sinn verfehlende Interpretation zugrunde zu legen (BGH NStZ-RR 2010, 211, 212; StV 2008, 449; 1991, 500). Das Beweismittel ist nicht schon deshalb völlig ungeeignet, weil das Gericht dessen Beweiswert für gemindert, gering oder zweifelhaft hält (BGH NStZ 2008, 116; NStZ-RR 2002, 242), auch dann nicht, wenn das Ergebnis der bis dahin durchgeführten Beweisaufnahme, das der Beweisbehauptung entgegen steht, besonders zuverlässig zu sein scheint (so noch BGH NStZ 1997, 503, 504 m.Anm. *Herdegen*; dagegen KK-StPO/*Krehl* § 244 Rn. 149). Ob das vom Antragsteller verfolgte Beweisziel mit dem angebotenen Beweismittel erreicht werden kann, ist unbeachtlich (BGH StV 2015, 83). Es kommt allein auf die Eignung des Beweismittels an. Dessen völliger Unwert muss zur Überzeugung des Gerichts feststehen, damit es einen darauf bezogenen Beweisantrag zurückweisen darf (VerfGH Berlin NJW 2014, 1084, 1085). Gegebenenfalls hat das Gericht die Eignung des Beweismittels im **Freibeweisverfahren** zu klären (BGH NStZ 2003, 611; 1999, 362, 363; LR/*Becker* § 244 Rn. 231). 213

a) **Zeuge als ungeeignetes Beweismittel.** Ein Zeuge ist jedenfalls dann als ungeeignetes Beweismittel anzusehen, wenn es ihm **objektiv unmöglich** ist, etwas zur Sachaufklärung beizutragen. So kommt z.B. ein Blinder nicht als Zeuge zum Beweis eines Umstands in Betracht, der ausschließlich optisch wahrgenommen werden kann (KK-StPO/*Krehl* § 244 Rn. 150). Des Weiteren ist ein Zeuge i.d.R ein ungeeignetes Beweismittel, um **innere Vorgänge** eines anderen Menschen zu bekunden. Allenfalls kann er über äußerlich wahrnehmbare Umstände Auskunft geben, die Rückschlüsse auf die innere Verfassung des anderen zulassen (BGH NStZ 2008, 707; StV 2008, 449), so z.B. über Gespräche mit dem Angekl., die dessen Motivation zum Gegenstand hatten (BGH NStZ 2016, 365 mit Anm. *Ventzke*). Auch die Behauptung, ein anderer Zeuge habe nicht (stets) die Wahrheit gesagt, ist als solche keine dem Zeugenbeweis zugängliche Tatsache. Ein sog. **Zeuge vom Hörensagen** ist kein völlig ungeeignetes Beweismittel, soweit er nur seine eigenen konkreten Wahrnehmungen bekunden soll. Den darin liegenden besonderen Gefahren für die Wahrheitsfindung, die über die allgemeine Unsicherheit des Zeugenbeweises hinausgehen, ist im Rahmen einer besonders sorgfältigen Beweiswürdigung zu begegnen (BGH, Beschl. v. 01.03.2018 – IX ZR 179/17, Rn. 10; s.a. KG, Beschl. v. 23.04.2018 – [3] 161 Ss 18/18 [3/18], Rn. 18 – juris). 214

Darüber hinaus können Umstände, die in der Person des benannten Zeugen selbst liegen, dessen Eignung als Beweismittel infrage stellen. Das ist etwa dann der Fall, wenn der Zeuge aufgrund **körperlicher oder geistiger Gebrechen** oder **Trunkenheit** nicht in der Lage war, die unter Beweis gestellten Umstände wahrzunehmen (BGH NStZ 2003, 562; OLG Köln StV 1996, 368; Meyer-Goßner/*Schmitt* § 244 Rn. 59). Gleiches gilt, wenn sicher ausgeschlossen werden kann, dass sich der Zeuge an diejenigen Tatsachen, die er bekunden soll, erinnert. Hierzu gibt es allerdings **keinen allgemeingültigen Erfahrungssatz** (vgl. BGH NStZ-RR 2005, 78), lediglich grobe Anhaltspunkte, die eine Erinnerung des Zeugen mehr oder minder wahrscheinlich erscheinen lassen (BGH StV 2013, 70 = NStZ-RR 2012, 51 f.). Dabei kann es von Bedeutung sein, wie lange der Vorgang zurückliegt (BGH NStZ 2010, 52), ob es sich um einen für den Zeugen bedeutsamen oder eher alltäglichen Vorgang handelte (BGH NStZ 2000, 156), ob das Geschehen das Interesse des Zeugen weckte oder der Zeuge auf Erinnerungshilfen zurückgreifen kann (BGH NStZ 2004, 508). Entscheidend sind letztlich die Umstände des Einzelfalls, die das Gericht ggf. im Freibeweisverfahren aufklären muss. Nur wenn fest- 215 steht, dass der Zeuge zu der unter Beweis gestellten Tatsache keine verwertbaren Angaben machen kann, darf das Gericht einen Beweisantrag wegen völliger Ungeeignetheit ablehnen (Graf/*Bachler* § 244 Rn. 66).

216 Das Gericht darf einem Zeugen die Eignung als Beweismittel jedoch nicht mit der Begründung absprechen, dieser sei **persönlich unglaubwürdig**, sodass eine wahrheitsgemäße Aussage nicht zu erwarten sei (LR/*Becker* § 244 Rn. 237; a.A. OLG Zweibrücken NStZ-RR 2005, 113, 114; einschränkend KK-StPO/*Krehl* § 244 Rn. 153: in schwerwiegenden, evidenten Fällen). Namentlich **persönliche Beziehungen** des Zeugen zum Angeklagten (Ehe, Verlöbnis, Verwandtschaft, wirtschaftliche Abhängigkeit, Freundschaft oder Feindschaft) können die Ablehnung eines Beweisantrags nicht rechtfertigen (Meyer-Goßner/*Schmitt* § 244 Rn. 59b). Das Gleiche gilt, wenn der Zeuge schon einmal wegen eines Aussagedelikts bestraft worden ist (a.A. KG JR 1983, 479, wenn der Zeuge wegen einer früheren Bestätigung der in Rede stehenden Beweistatsache verurteilt worden ist), oder wenn es Anzeichen dafür gibt, dass der Zeuge in die Tat, die Gegenstand der Untersuchung ist, verstrickt ist (LR/*Becker* § 244 Rn. 237).

217 Ist ein Zeuge, der für das Gericht unerreichbar ist (dazu u. Rn. 202 ff.), bereit, an einer kommissarischen bzw. audiovisuellen Vernehmung mitzuwirken, kann er gleichwohl als Beweismittel ungeeignet sein, wenn das Gericht aufgrund der besonderen Beweislage schon vorweg zu der Überzeugung gelangt, dass eine aus einer solchen Vernehmung gewonnenen Aussage mangels persönlichen Eindrucks vom Zeugen völlig untauglich ist, zur Sachaufklärung beizutragen und die Beweiswürdigung zu beeinflussen (BGH NJW 2010, 2365, 2367). Hierüber hat das Gericht nach seinem pflichtgemäßen Ermessen zu entscheiden. Die maßgeblichen Erwägungen hat es im Ablehnungsbeschluss darzulegen. Aus diesen muss sich schlüssig ergeben, weshalb die mögliche kommissarische oder audiovisuelle Vernehmung des Zeugen zur Sachverhaltsaufklärung ungeeignet und daher ohne jeden Beweiswert ist, wobei der Qualität des angebotenen Beweismittels und der Bedeutung des Beweisthemas besonderes Gewicht zukommt (BGH NJW 2010, 2365, 2368). Lehnt das Gericht die kommissarische oder audiovisuelle Vernehmung des Zeugen ab, darf es allerdings frühere belastende Angaben dieser Auskunftsperson, die außerhalb der Hauptverhandlung ohne Gerichtsbeteiligung zustande gekommen sind, nicht ohne Weiteres für hinreichend beweiskräftig halten (BGH NStZ 2011, 422).

218 Nach Auffassung des BGH ist ein Zeuge, der dem erkennenden Gericht gegenüber unmissverständlich und endgültig erklärt, dass er im Fall einer Ladung **in der Hauptverhandlung** von einem ihm tatsächlich zustehenden **Zeugnisverweigerungsrecht** Gebrauch machen werde, ebenfalls ein völlig ungeeignetes Beweismittel (BGHSt 21, 12; BGH NStZ 1999, 46; KK-StPO/*Krehl* § 244 Rn. 152; krit. Meyer-Goßner/*Schmitt* § 244 Rn. 59; a.A. LR/*Becker* § 244 Rn. 236: Unzulässigkeit der Beweiserhebung; s. dazu o. Rdn. 187). Liegen allerdings Anhaltspunkte dafür vor, dass der Zeuge die Tragweite seiner Entscheidung nicht erkennt oder er diese ändern könnte, hat das Gericht diese Umstände im Freibeweisverfahren aufzuklären (BGH NStZ 1982, 126).Auch durch eine **unberechtigte Zeugnisverweigerung** soll ein Zeuge zum völlig ungeeigneten Beweismittel werden, wenn sich das Gericht unter sorgfältiger Berücksichtigung der besonderen Umstände die durch Tatsachen belegte Überzeugung verschafft, dass dieser zu keinen (weiteren) sachdienlichen Angaben bereit sein werde, wobei es alle Schritte unternehmen muss, um sich von der Irrtumsfreiheit, Ernsthaftigkeit und Endgültigkeit der Weigerung zu überzeugen. Hierfür wird es regelmäßig erforderlich sein, die zulässigen Erzwingungsmaßregeln nicht nur zu verhängen, sondern auch zu vollstrecken (BGH StraFo 2019, 243, 245).

219 Ob und ggf. in welchem Umfang ein Zeuge von einem ihm zustehenden **Auskunftsverweigerungsrecht** nach § 55 Gebrauch macht, kann zumeist erst in der Hauptverhandlung geklärt werden. Das Gericht hat einen auskunftsverweigerungsberechtigten Zeugen daher grds. zur Hauptverhandlung zu laden und dort dessen Aussagebereitschaft zu klären (OLG Köln StV 2002, 238). Eine Ladung ist nur dann nicht erforderlich, wenn dem Zeugen ein das gesamte Beweisthema **umfassendes Auskunftsverweigerungsrecht** (s. dazu § 55 Rdn. 17; KK-StPO/*Krehl* § 244 Rn. 152) zusteht und sicher feststeht, dass dieser keine Angaben machen wird, sei es, weil eine entsprechende Erklärung des Zeugen oder eines von ihm beauftragten Rechtsanwalts vorliegt, oder weil er in einem anderen Verfahren bereits davon Gebrauch gemacht hat (BGH NJW 1998, 1723). In diesem Fall darf das Gericht einen auf die Vernehmung dieses Zeugen gerichteten Beweisantrag ablehnen.

220 **b) Sachverständiger als ungeeignetes Beweismittel.** Ein Sachverständiger ist ein völlig ungeeignetes Beweismittel, wenn ausgeschlossen ist, dass er sich zur vorgelegten Beweisfrage sachlich äußern kann (Graf/*Bachler* § 244 Rn. 67). Das ist der Fall, wenn die notwendigen **Anknüpfungstatsachen** für ein Gutachten **zur Gänze fehlen** und auch vom Sachverständigen mittels seiner besonderen Sachkunde nicht ermittelt werden können (BGHSt 14, 339, 342; BGH NStZ 2007, 476) oder wenn sich der Sachverständige nach Inhalt oder Sinn auf Tatsachen stützen müsste, die das Gericht bereits als Beweisgrundlage ausgeschlossen hat (BGH NStZ 2018, 300, 301 mit Anm. *Ventzke*). Typischerweise betrifft dies nicht objektivierbare **innerpsychische Vorgänge** (BGH, Beschl. v. 21.05.2003 – 1 StR 154/03, BeckRS 2003, 04911: dauerhafte innere Abneigung einer Person, sexuelle Handlungen auszuführen) oder **nicht rekonstruierbare** tatsächliche Umstände (BGH

NStZ 2003, 611). Der Umstand, dass nur wenige Anhaltspunkte für die beantragte Begutachtung vorhanden sind oder ermittelt werden können, reicht für eine Ablehnung wegen völliger Ungeeignetheit jedoch nicht aus (BGH StV 2012, 711, 712: aussagepsychologischer Sachverständiger, der während der Vernehmung des zu explorierenden Zeugen nicht anwesend war; dazu auch BGH StV 2015, 299 sowie 2015, 273: Sachverständiger ist auch dann kein ungeeignetes Beweismittel, wenn der Zeuge die notwendige Einwilligung in die Exploration verweigert). Zunächst kann es ausreichen, dass sich in den Akten Lichtbilder, Tatort- und Spurenberichte oder andere Informationen befinden, die dem Sachverständigen – ggf. zusammen mit Beobachtungen in der Hauptverhandlung – zumindest eine Wahrscheinlichkeitsaussage ermöglichen (BGH NStZ 2012, 345 = StraFo 2012, 63; NStZ 2009, 346, 347; 2006, 686; NStZ-RR 2006, 140; KK-StPO/*Krehl* § 244 Rn. 154). Hat das Gericht Zweifel, ob die vorhandenen Anknüpfungstatsachen für die Erstattung eines Gutachtens ausreichen, muss es diese im **Freibeweisverfahren** – ggf. durch Befragung eines Sachverständigen – aufklären (BGH NStZ-RR 2014, 115, 116; NStZ 2012, 345, 346). Lehnt das Gericht einen Antrag auf Vernehmung eines Sachverständigen wegen unzureichender Anknüpfungstatsachen ab, so darf es sich in den Urteilsgründen hiermit **nicht in Widerspruch setzen**, indem es die als unzureichend erachteten Anknüpfungstatsachen zum Nachteil des Angeklagten würdigt (BGH NStZ 2019, 103 mit abl. Anm. *Schneider*).

Ein Sachverständiger ist auch dann als völlig ungeeignetes Beweismittel anzusehen, wenn die zur Verfügung 221 stehenden **Untersuchungsmethoden unausgereift und unzuverlässig** sind (BGH NStZ-RR 1997, 304; NJW 1993, 395). Das gilt bspw. für den sog. Lügendetektortest (grdlgd. BGHSt 44, 308, 323 f.; bestätigt durch BGH StV 2011, 518; dazu *Seiterle* StraFo 2014, 58; a.A. *Putzke/Scheinfeld* StraFo 2010, 58). Gleiches gilt, wenn die Beweisbehauptung **außerhalb des Wissensgebiets** des im Antrag benannten Sachverständigen liegt (Meyer-Goßner/*Schmitt* § 244 Rn. 60). Dabei kommt es nicht auf die persönliche Sachkunde des im Beweisantrag benannten Sachverständigen an. Die Auswahl obliegt allein dem Gericht (§ 73 Abs. 1 Satz 1), sodass es an den Vorschlag des Antragstellers nicht gebunden ist. Vielmehr kommt es darauf an, ob das Gutachten eines Sachverständigen der im Antrag genannten **Fachrichtung** geeignet ist, den Beweis zu erbringen oder nicht (Graf/*Bachler* § 242 Rn. 67). Das Gericht ist ggf. verpflichtet, selbst einen geeigneten Sachverständigen zu bestimmen (BGH StraFo 2011, 308).

Das Gericht darf einen Beweisantrag nicht deshalb wegen Ungeeignetheit des Beweismittels ablehnen, weil 222 sich aus dem beantragten Gutachten voraussichtlich keine sicheren und eindeutigen Schlussfolgerungen ziehen lassen. Es reicht aus, wenn das Ergebnis der Beweiserhebung die Beweisbehauptung **mehr oder minder wahrscheinlich** erscheinen lässt und damit Einfluss auf die Überzeugungsbildung des Gerichts haben kann (BGH NStZ 2012, 345 = StraFo 2012, 63; NStZ 2009, 48, 49; 2008, 116; 2007, 476).

c) **Urkunden und Augenschein.** Eine **Urkunde** ist ein völlig ungeeignetes Beweismittel, wenn sich die 223 Beweisbehauptung aus ihrem Inhalt nicht ergibt oder wenn feststeht, dass sie im Nachhinein verfälscht worden ist (Graf/*Bachler* § 244 Rn. 68). Der Umstand, dass sie möglicherweise eine schriftliche Lüge enthält, macht die Urkunde hingegen nicht zu einem völlig ungeeigneten Beweismittel (KK-StPO/*Krehl* § 244 Rn. 155). Abschriften von TKÜ-Aufzeichnungen sollen als Beweismittel völlig ungeeignet sein, wenn die Übereinstimmung zwischen Urkundeninhalt und Aufzeichnung nicht mehr festgestellt werden kann, weil die Originalaufzeichnungen abhandengekommen sind (Meyer-Goßner/*Schmitt* § 244 Rn. 59d; a.A. KK-StPO/*Krehl* § 244 Rn. 155, wenn eine verlässliche Zeugenaussage der Person vorhanden ist, die die Aufzeichnung hergestellt hat). Gleiches gilt für Kopien, wenn deren Authentizität infrage steht und ein Abgleich mit den Originalen nicht mehr möglich ist.

Ein **Augenschein** ist völlig ungeeignet, wenn sich sein Gegenstand nach der Tat wesentlich verändert hat, wenn 224 nicht mehr rekonstruierbare örtliche Verhältnisse bewiesen werden sollen (Lichtverhältnisse am Unfallort) oder wenn er überhaupt keinen Aufschluss über die Beweistatsache geben kann (LR/*Becker* § 244 Rn. 242). Zur Möglichkeit der Ablehnung nach Abs. 5 Satz 1 s.u. Rdn. 252 ff.

8. **Unerreichbarkeit eines Beweismittels (Abs. 3 Satz 3 Nr. 5).** Ist ein Beweismittel unerreichbar, kann eine 225 Beweiserhebung nicht durchgeführt werden. Das Gericht darf einen hierauf gerichteten Beweisantrag deshalb ablehnen. Ein Beweismittel kann aus **tatsächlichen Gründen** unerreichbar sein, wenn es in der Hauptverhandlung nicht zur Verfügung steht, ein Weg, auf dem es beigebracht werden könnte, nicht bekannt ist und auch nicht ermittelt werden kann, oder wenn der Bedeutung des Beweismittels angemessene Bemühungen zu seiner Beibringung ohne Erfolg geblieben sind und keine begründete Aussicht besteht, es in absehbarer Zeit herbeizuschaffen (BGHSt 22, 110, 120; 32, 68, 73; NJW 2000, 443, 447; OLG München NStZ-RR 2007, 50, 51). Darüber hinaus kann ein Beweismittel auch aus **rechtlichen Gründen** unerreichbar sein, etwa dann, wenn ein Zeuge, dessen Erscheinen in der Hauptverhandlung nicht erzwungen werden kann, nicht bereit ist, freiwillig daran teilzunehmen (LR/*Becker* § 244 Rn. 247).

226 a) **Unerreichbarer Zeuge.** Ein Zeuge ist für eine Vernehmung in der Hauptverhandlung unerreichbar, wenn trotz dem Aufklärungsgebot genügender Bemühungen des Gerichts keine begründete Aussicht besteht, dass vertretbare weitere Anstrengungen zur Ermittlung der Person oder des Aufenthaltsorts des Zeugen oder zu seinem Erscheinen in der Hauptverhandlung führen werden (BGH StV 2017, 790; NJW 2000, 443, 447; NStZ 1993, 50). Dabei kommt es nicht darauf an, ob der Zeuge an dem dafür ursprünglich vorgesehenen Terminstag vernommen werden kann; entscheidend ist, ob dies in **absehbarer Zeit** geschehen kann (BGH NStZ 2003, 562; NStZ-RR 1997, 302). Das Gericht kann einen Zeugen, dessen Wohnanschrift bekannt ist, nicht schon deshalb als unerreichbar ansehen, weil er einer Ladung nicht Folge leistet und die daraufhin angeordnete Vorführung beim ersten Versuch nicht vollstreckt werden kann (BGH StraFo 2017, 109, 110).

227 Welche Bemühungen das Gericht entfalten muss, um einen Zeugen in der Hauptverhandlung vernehmen zu können, hängt von den Umständen des Einzelfalls ab (Graf/*Bachler* § 244 Rn. 70). Dabei hat das Gericht die Bedeutung der Sache und die Relevanz der Zeugenaussage für die Wahrheitsfindung einerseits und das Interesse an der zügigen Durchführung des Verfahrens sowie die konkreten Erfolgsaussichten weiterer Bemühungen andererseits gegeneinander abzuwägen (BGHSt 22, 118, 120; BGH StV 2017, 790; NJW 1990, 1124). Ist die Beweisbehauptung von wesentlicher Bedeutung für das Beweisergebnis, hat das Gericht alle nicht von vornherein aussichtslosen Möglichkeiten auszuschöpfen, um den Zeugen in der Hauptverhandlung zu vernehmen. Gegebenenfalls ist die Hauptverhandlung zu **unterbrechen** oder **auszusetzen** (BGH StV 1987, 45; 1986, 418, 419). Ist die Beweisbehauptung dagegen von untergeordneter Bedeutung oder ist der Beweiswert der Aussage im Hinblick auf das bisherige Ergebnis der Beweisaufnahme als gering einzuschätzen, kann das Interesse an einer zügigen und reibungslosen Durchführung der Hauptverhandlung überwiegen (BGHSt 32, 68, 73). Dabei ist eine **Antizipation** unter Berücksichtigung der bisherigen Beweisergebnisse **zulässig** (KK-StPO/*Krehl* § 244 Rn. 160).

228 Kann ein Zeuge vom Antragsteller **nicht hinreichend individualisiert** (insb. nicht namentlich benannt) werden, handelt es sich (lediglich) um einen Beweisermittlungsantrag (s.o. Rdn. 95). Je nach Bedeutung der Beweisbehauptung für das Beweisergebnis kann es die **Aufklärungspflicht** auch in diesem Fall erfordern, dass das Gericht im Rahmen seiner rechtlichen und tatsächlichen Möglichkeiten allen erkennbaren Ermittlungsansätzen nachgeht (BGH StV 1987, 45; 1983, 496). Liegen allerdings keine konkreten Anknüpfungspunkte vor, braucht das Gericht keine Nachforschungen anzustellen (vgl. BGH StV 1992, 6; KK-StPO/*Krehl* § 244 Rn. 162).

229 Ist der **Aufenthaltsort** eines benannten Zeugen **unbekannt**, so ist das Gericht in der Regel verpflichtet, **Routineermittlungen** (Anfragen bei Meldebehörden oder beim Bundeszentralregister, ggf. bei Ausländerbehörden oder beim Ausländerzentralregister) durchzuführen (LR/*Becker* § 244 Rn. 249). Das Gericht darf von solchen Nachforschungen nicht schon deshalb absehen, weil ein Zeuge auf eine Ladung hin nicht erscheint oder weil seine Ladung als unzustellbar oder mit der Mitteilung, der Zeuge sei unbekannt verzogen, zurückkommt (OLG München NStZ-RR 2007, 50; KG StV 2005, 13; OLG Köln StV 2002, 355). Auch hier gilt: Je größer die potenzielle Bedeutung der Beweisbehauptung für das Beweisergebnis ist, desto intensiver muss sich das Gericht um die Ermittlung des Aufenthaltsorts bemühen. Das kann insb. **Ermittlungsersuchen** an die Staatsanwaltschaft oder an die Polizei erforderlich machen, etwa ein Ersuchen um polizeiliche Nachschau im Wohnungs- und Hausbereich oder im bekannten Freizeitumfeld des Zeugen oder ein Ersuchen, Verwandte, Freunde und Bekannte (OLG Frankfurt StV 1986, 468) oder den Arbeitgeber des Zeugen nach dessen Aufenthalt zu befragen (KK-StPO/*Krehl* § 244 Rn. 163). Eine Unterbrechung oder gar Aussetzung der Hauptverhandlung, um solche Ermittlungen durchzuführen, ist allerdings nur in denjenigen Fällen geboten, in denen der Beweisbehauptung besondere Bedeutung für das Beweisergebnis zukommt (vgl. BGH NStZ 2005, 44, 45).

230 Ein Zeuge, dessen **Aufenthaltsort bekannt** ist, ist unerreichbar, wenn seinem Erscheinen in der Hauptverhandlung auf absehbare Zeit ein **nicht zu beseitigendes Hindernis** entgegensteht (BGH NStZ 1993, 349, 350; NJW 1990, 1124, 1125). Das ist etwa dann der Fall, wenn der Zeuge wegen **Erkrankung** nicht vernehmungsfähig ist und eine Besserung seines Zustands innerhalb eines angemessenen Zeitraums nicht in Aussicht steht (BGH NStZ 2003, 562: mind. 3 Monate). Auch wenn der Gesundheitszustand eines Zeugen dessen Vernehmung nicht schlechthin unmöglich macht, ist der Zeuge dennoch unerreichbar, wenn bei einer Vernehmung eine **wesentliche Verschlechterung** des Gesundheitszustandes zu erwarten ist (BGHSt 51, 325, 328; 9, 297, 300). Ein Zeuge, der sich endgültig **weigert**, an der Hauptverhandlung teilzunehmen, ist ebenfalls unerreichbar, wenn das Gericht sein Erscheinen nicht erzwingen kann (BGHSt 22, 118, 121; BGH StV 1992, 216). Ein **einmaliges Nichterscheinen** in der Hauptverhandlung lässt allerdings die Schlussfolgerung, dass sich ein Zeuge endgültig weigere zu erscheinen und auszusagen, nicht zu (BGH StV 2017, 790).

231 Bei **Auslandszeugen** ist zunächst **Abs. 5 Satz 2** zu beachten (s. dazu u. Rdn. 256 ff.). Gebietet die Aufklärungspflicht die Vernehmung eines Zeugen, dessen Ladung im Ausland zu bewirken ist, so hat das Gericht

jede aussichtsreiche Aufklärungsmöglichkeit und insb. jede spezifische institutionalisierte Erleichterung und Unterstützungsmaßnahme, die ihm für die Aufklärung grenzüberschreitender Sachverhalte aufgrund unionsrechtlicher Vorgaben bereit gestellt werden, zu nutzen (BVerfG NJW 2016, 626). Bei Zeugen ist grds. eine **förmliche Ladung** erforderlich. Das Gericht darf hiervon nur absehen, wenn eine Ladung ersichtlich **zwecklos** wäre (BGH NJW 2002, 2403), also z.B. dann, wenn der Zeuge ausdrücklich erklärt, zu der Hauptverhandlung oder zu einer prozessual zulässigen Ersatzvernehmung nicht zu erscheinen. Gegebenenfalls hat sich das Gericht eine entsprechende Erklärung des Zeugen im Rechtshilfeverkehr nach Art. 10 Abs. 1 EuRhÜbk durch den ersuchten Staat übermitteln zu lassen (BGH NStZ 1984, 375, 376; s.a. *Herdegen* NStZ 1984, 337, 339). Das Gericht kann darüber hinaus versuchen, unmittelbaren Kontakt mit dem Zeugen aufzunehmen, um ihn zum Erscheinen zu bewegen (Meyer-Goßner/*Schmitt* § 244 Rn. 63); verpflichtet ist es hierzu jedoch nicht (BGH NJW 1990, 1124, 1125). Zu den Möglichkeiten, über das Europäische Justizielle Netzwerk (EJN) Kontakt zu ausländischen Behörden aufzunehmen, um den Aufenthalt eines Auslandszeugen zu ermitteln, s. *Ahlbrecht/Schlei* StraFo 2013, 265, 273.

Die Prognose, dass ein Auslandszeuge trotz Ladung nicht in der Hauptverhandlung erscheinen wird, kann 232 aber auch auf **aussagekräftige äußere Umstände** gestützt werden, etwa darauf, dass sich der Zeuge wegen einer Straftat ins Ausland abgesetzt hat (vgl. BGHSt 35, 216; KK-StPO/*Krehl* § 244 Rn. 167). Das Gericht hat dann allerdings zu prüfen, ob der Zeuge während einer **Schutzfrist** (Art. 12 Abs. 1 und Abs. 3 EuRhÜbk, Art. 7 Abs. 18 UN-SuchtstoffÜbk) von der Strafverfolgung bzw. der Beschränkung seiner persönlichen Freiheit ausgenommen werden kann. In geeigneten Fällen ist der Zeuge über die Rechtslage zu belehren, um ihn zum persönlichen Erscheinen zu bewegen (BGHSt 32, 68, 74; BGH NJW 2002, 2403, 2404; StV 1985, 134).

Art. 11 Abs. 1 EuRhÜbk ermöglicht es, **Häftlinge**, die sich im Ausland in Gewahrsam befinden, zur Ver- 233 nehmung oder Gegenüberstellung an den ersuchenden Staat zu überstellen. Da die Überstellung in der Regel jedoch nur dann möglich ist, wenn der Häftling ihr zustimmt (s. dazu BGH NStZ 1992, 141), ist die praktische Bedeutung dieser Vorschrift nur gering (KK-StPO/*Krehl* § 244 Rn. 168).

Die Vernehmung eines Auslandszeugen in der Hauptverhandlung kann u.U. durch eine Vernehmung im 234 Wege der **Rechtshilfe** (BGH NJW 2001, 695, 696) oder durch eine **audiovisuelle Vernehmung** nach § 247a (BGHSt 45, 188; StV 2001, 664, 665) ersetzt werden. Ein ausdrücklich auf diese Formen der Vernehmung abzielender Antrag ist nicht erforderlich, weil der Antrag auf Vernehmung eines Auslandszeugen in der Hauptverhandlung zugleich jedes »Weniger« mit umfasst, das der Tatrichter nicht als für die Wahrheitsfindung wertlos erachtet (sog. **erweiterter Erreichbarkeitsbegriff**: BGHSt 45, 188, 190; Meyer-Goßner/*Schmitt* § 244 Rn. 65; einschr. BGH StV 2009, 454 m. abl. Anm. *Sättele*). Das Gericht hat deshalb zu prüfen, ob die kommissarische oder audiovisuelle Vernehmung des Zeugen geeignet ist, das Beweisergebnis zu beeinflussen (BGH NStZ 2015, 102). Das ist dann nicht der Fall, wenn es nach Auffassung des Gerichts unerlässlich ist, einen **persönlichen Eindruck** von dem Zeugen zu erhalten, um dessen Glaubwürdigkeit beurteilen zu können (BGH NStZ 2011, 422; 2004, 347, 348; NJW 2010, 2365, 2368). Bei **Auslandssachverhalten** (zu deren zunehmender Bedeutung im deutschen Strafprozess s. *Oehmichen/Schneider/v. Wistinghausen* StraFo 2015, 230), in denen die Beweismittel größtenteils aus dem Ausland stammen, hat das Gericht dabei allerdings in den Blick zu nehmen, dass der Angeklagte in besonderem Maße für seine Verteidigung auf im Ausland lebende Zeugen angewiesen ist (BGH NJW 2010, 2365, 2368; Graf/*Bachler* § 244 Rn. 74).

Ist das Gericht der Auffassung, dass es auf eine persönliche Vernehmung des benannten Auslandszeugen nicht 235 verzichten kann, muss es in seinem Ablehnungsbeschluss darlegen, dass der Zeuge unerreichbar für eine Vernehmung in der Hauptverhandlung ist und dass die kommissarische bzw. audiovisuelle Vernehmung im konkreten Fall ein **völlig ungeeignetes Beweismittel** ist (KK-StPO/*Krehl* § 244 Rn. 170; s.o. Rn. 194), also nichts zur Sachaufklärung beitragen könnte. Dass es sich dabei um **keine gleichwertige Form** der Beweiserhebung handelt, ist unbeachtlich. Einschränkungen des Beweiswertes führen nicht zur völligen Ungeeignetheit des Beweismittels (BGHSt 55, 11; missverständlich deshalb Graf/*Bachler* § 244 Rn. 74), es sei denn, das Gericht gelangt zu der Auffassung, dass die Beweiserhebung keinen für die Beweiswürdigung erheblichen Beweisstoff erbringen könnte (vgl. BGHSt 45, 188, 197).

Ein Zeuge kann schließlich **aus Rechtsgründen** unerreichbar sein, wenn ihm im Fall einer wahrheitsgemäßen 236 Aussage **rechtsstaatswidrige Verfolgung** oder **Gefahr für Leib und Leben** droht (BGHSt 17, 337, 347; 39, 141, 145). Eine **behördliche Sperrerklärung** (entpr. § 96) macht einen Zeugen ebenfalls unerreichbar. Allerdings hat sich das Gericht darum zu bemühen, **Hindernisse**, die der Vernehmung eines gesperrten Zeugen entgegenstehen, **auszuräumen** (BGHSt 35, 82, 85; BGH NStZ 2005, 43), etwa dadurch, dass es während der Vernehmung die Öffentlichkeit ausschließt (BGHSt 29, 109, 113) oder durch andere Maßnahmen zu gewährleisten versucht, dass die Identität des Zeugen geheim bleibt (BGH NStZ 2006, 648; 2005, 43; StV 2004, 241 m.Anm. *Wattenberg*). Darüber hinaus darf es unsubstanziierte oder stereotype Sperrerklärungen, die sich nur pauschal auf ein nicht näher dargelegtes Geheimhaltungsinteresse berufen, nicht unwidersprochen hinnehmen. Vielmehr ist das Gericht gehalten, gegen unzureichend begründete Sperrerklärungen **Gegenvorstellung** zu erheben (BGHSt 42, 175, 177). Offensichtlich rechtsfehlerfreie Sperrerklärungen hat das Gericht dagegen hinzunehmen. In diesem Fall hat es sich um **Beweiserhebungssurrogate** zu bemühen, d.h. es hat zu prüfen, ob die unmittelbare Vernehmung durch eine audiovisuelle Vernehmung (s. dazu BVerfG Beck RS 2004, 16889), eine Vernehmung durch einen beauftragten oder ersuchten Richter, durch die Verlesung einer Niederschrift oder einer vom Zeugen stammenden Äußerung oder durch die Vernehmung eines Zeugen vom Hörensagen ersetzt werden kann (KK-StPO/*Krehl* § 244 Rn. 174). Hierauf kann nur verzichtet werden, wenn diesen Surrogaten kein Beweiswert zukommt. Ist die Identität des gesperrten Zeugen aus anderen Quellen bekannt geworden, ist der Zeuge weder unerreichbar, noch ist die Beweiserhebung unzulässig (BGH NStZ 2003, 610).

237 b) **Sachverständige und Urkunden.** Die Unerreichbarkeit eines **Sachverständigen** kommt nur dann in Betracht, wenn nur eine einzige Person mit hoch spezialisierter, nicht ersetzbarer Sachkunde das beantragte Gutachten erstatten kann, diese jedoch auf absehbare Zeit für die Erstattung eines Gutachtens nicht zur Verfügung steht (LR/*Becker* § 244 Rn. 263). Eine **Urkunde** ist unerreichbar, wenn sie verschwunden ist oder wenn ihre Herausgabe aus rechtlichen Gründen nicht erzwungen werden kann, also z.B. dann, wenn es sich um beschlagnahmefreie Unterlagen handelt (KK-StPO/*Krehl* § 244 Rn. 158).

238 9. **Verschleppungsabsicht.** Der mit dem Gesetz zur Modernisierung des Strafverfahrens v. 10.12. 2019 eingeführten Neuregelung liegt das Verständnis zugrunde, dass Beweisersuchen mit dem Ziel der **Prozessverschleppung keine Beweisanträge** (mehr) sind (so ausdr. BT-Drs. 19/14747, S. 34; s.o. Rdn. 102). Dementsprechend ist der **Ablehnungsgrund** der Prozessverschleppung **entfallen.** Anträge, die eine Verschleppung des Verfahrens bezwecken, sind nunmehr nach Abs. 6 Satz 2 n.F. zu behandeln (s. dazu Rdn. 132 ff.).

239 10. **Wahrunterstellung (Abs. 3 Satz 3 Nr. 6).** Das Gericht darf einen Beweisantrag schließlich auch dann nach Abs. 3 Satz 2 ablehnen, wenn eine erhebliche Behauptung, die zur Entlastung des Angeklagten bewiesen werden soll, so behandelt werden kann, als wäre sie wahr. In der Praxis spielt dieser Ablehnungsgrund eine bedeutende (Alsberg/*Güntge* Kap. 5 Rn. 551), jedoch problematische Rolle, weil es die h.M. zulässt, eine zunächst als wahr unterstellte (Indiz-) Tatsache im weiteren Verlauf des Verfahrens als bedeutungslos zu behandeln, ohne dass der Antragsteller hiervon vor dem Urteil etwas erfährt. Folge ist, dass er keine Möglichkeit hat, sein Prozessverhalten auf die veränderte Einschätzung des Gerichts einzustellen (LR/*Becker* § 244 Rn. 299; 309). Mit dieser Ausweichstrategie soll der mit der Ablehnung wegen Bedeutungslosigkeit einhergehende Begründungsaufwand vermieden und die Zahl der Urteilsaufhebungen wegen unzureichend oder rechtsfehlerhaft begründeter Ablehnungsbeschlüsse reduziert werden (*Schweckendieck* NStZ 1997, 259). Damit werden aber nicht nur die systematischen Unterschiede zwischen den beiden Ablehnungsgründe grundlegend verkannt, sondern auch die Verteidigungsinteressen des Angeklagten erheblich beeinträchtigt (Alsberg/*Güntge* Kap. 5 Rn. 560).

240 Soweit sie **Haupttatsachen** betrifft, ist die Wahrunterstellung der Sache nach eine **Vorwegnahme der Anwendung des Zweifelssatzes** (*Herdegen* NStZ 2005, 155, 156). Daher hat die **Aufklärungspflicht stets Vorrang** gegenüber der Wahrunterstellung (BGH NStZ 2011, 106; 2007, 282; NStZ-RR 1999, 275). Das Gericht muss zunächst prüfen, ob die beantragte Beweiserhebung zur Widerlegung der Beweisbehauptung führen oder einen anderen wesentlichen Beitrag zur Sachaufklärung beitragen kann (BGHSt 13, 326; BGH StraFo 2011, 23; StV 1996, 648). In solchen Fällen muss es den Beweis erheben. Das gilt in besonderem Maße, wenn Tatsachen behauptet werden, die zum unmittelbaren Kerngeschehen gehören (BGH StV 1999, 307). Ist eine Beweisbehauptung widerlegt, darf das Gericht ihr Gegenteil nicht nur deshalb unterstellen, weil der Antragsteller es unter Beweisantritt behauptet. Eine Wahrunterstellung kommt auch dann nicht in Betracht, wenn die Tatsache offensichtlich nicht beweisbar ist, weil ihr Gegenteil offenkundig oder das benannte Beweismittel völlig ungeeignet oder unerreichbar ist. Dann muss der Antrag mit der entsprechenden Begründung abgelehnt werden (Alsberg/*Güntge* Kap. 5 Rn. 569).

241 Ob eine Wahrunterstellung bei **Indiz- oder Hilfstatsachen** überhaupt zulässig ist, ist umstritten. Teile der Lit. lehnen dies mit der Begründung ab, dass der Zweifelssatz auf Indiz- bzw. Hilfstatsachen keine Anwendung findet und sich die Erheblichkeit einer solchen Tatsache immer erst im Rahmen einer Gesamtschau bei der Beweiswürdigung beurteilen lässt (LR/*Becker* Rn. 290; 296). Trotz dieser beachtlichen Argumente wendet die h.M. den Ablehnungsgrund auch auf Indiz- oder Hilfstatsachen an (BGHSt 23, 311; Meyer-Goßner/*Schmitt* § 244 Rn. 70; *Eisenberg* BR Rn. 243; wohl auch KK-StPO/*Krehl* § 244 Rn. 185).

a) **Erheblichkeit der Beweisbehauptung.** Das Gericht darf nur **erhebliche Tatsachen** (zum Erfordernis einer hinreichend bestimmten Beweisbehauptung s. BGH StraFo 2011, 23; Urt. v. 02.09.2010 – 3 StR 273/10, BeckRS 2010, 24333, Rn. 10), die **zugunsten des Angeklagten** wirken und **zu seiner Entlastung** behauptet werden, als wahr unterstellen. **Bedeutungslosigkeit** und Wahrunterstellung schließen einander hingegen aus (BGH NStZ-RR 2013, 50; StV 2007, 18, 19; NStZ 2004, 51; *Schneider* NStZ 2013, 216). Dennoch lässt es die Rspr. zu, dass der Tatrichter auch solche Tatsachen als wahr unterstellt, die nur **möglicherweise erheblich** sind, weil sich die Relevanz von Indiztatsachen zum Zeitpunkt der Ablehnung des Beweisantrages oftmals nicht abschließend beurteilen lässt. In der Ablehnung wegen Wahrunterstellung kann deshalb keine Zusage der Erheblichkeit der Beweisbehauptung liegen. Die Rspr. folgert daraus weiter, dass sie den Antragsteller auf einen **Wechsel der Beurteilung** nicht hinzuweisen braucht, selbst dann nicht, wenn die Tatsache schon zum Zeitpunkt der Wahrunterstellung bedeutungslos war (BGH Beschl. v. 16.04.2015 – 1 StR 490/14, Beck RS 2015, 10759 Rn. 22; NStZ-RR 2009, 179; Meyer-Goßner/*Schmitt* § 244 Rn. 70). 242

Hiergegen erhebt die Lit. zu Recht Einwände (s. *Hamm/Pauly*, Beweisantragsrecht Rn. 507 f.; *Börner* StraFo 2014, 136; *Becker* NStZ 2006, 495, 498; *Gillmeister* StraFo 1997, 11; *Schlothauer* StV 1986, 213, 217; LR/*Becker* § 244 Rn. 312; KK-StPO/*Krehl* § 244 Rn. 187). Schon aus dem Wortlaut der Vorschrift ergibt sich, dass die unter Beweis gestellt Tatsache zum Zeitpunkt des Ablehnungsbeschlusses erheblich sein muss. Allerdings kann das Gericht an diese Einschätzung nicht gebunden sein. Ändert es seine Einschätzung, muss es jedoch **erneut** über den Antrag **entscheiden** (*Niemöller* FS Hamm, S. 537, 553; FS Schlothauer, S. 443, 447 f.). Die Rspr. hat sich dieser Auffassung bislang allerdings nicht angeschlossen. Nur in Ausnahmefällen soll das Gericht (wenigstens) verpflichtet sein, den Antragsteller auf die Änderung seiner Einschätzung über die Erheblichkeit der unter Beweis gestellten Tatsachen hinzuweisen, etwa dann, wenn es naheliegt, dass der Antragsteller im Hinblick auf die Wahrunterstellung weitere Beweisanträge unterlässt (BGH StV 2012, 580, 581 = BGH StraFo 2012, 230). Darüber hinaus erscheint es nunmehr auch im Hinblick **§ 265 Abs. 2 Nr. 2** erwägenswert, von einer **umfassenden Hinweispflicht** auszugehen (so KK-StPO/*Krehl* § 244 Rn. 187). Dem Gesetz ist jedenfalls nicht zu entnehmen, dass der Anwendungsbereich der Vorschrift auf vorweg erteilte Hinweise i.S.d. § 265 oder Erörterungsergebnisse i.S.d. § 257b beschränkt sein soll. Vielmehr kommen alle im Protokoll festgehaltenen Bewertungen in Betracht (Meyer-Goßner/*Schmitt* § 265 Rn. 21), mithin auch die Begründung eines Ablehnungsbeschlusses. Etwas anderes gälte nur, wenn man von einer Sperrwirkung des Abs. 6 Satz 1 gegenüber § 265 ausgehen würde. Dafür spricht jedoch nichts (so zutr. *Krehl* FS Fischer, S. 705, 716). 243

b) **Bedeutung der Wahrunterstellung.** Die Wahrunterstellung verknüpft die Ablehnung des Beweisantrages mit der Zusicherung des Gerichts, die Beweistatsache zugunsten des Antragstellers so zu behandeln, als wäre sie wahr, d.h. sie setzt an die Stelle der Beweiserhebung die Fiktion, dass diese gelungen ist (Alsberg/*Güntge* Kap. 5 Rn. 580). Folglich ist die Beweistatsache in ihrer sich aus Sinn und Zweck des Beweisantrages ergebenden Bedeutung **in vollem Umfang**, d.h. ohne Einengung, Umdeutung oder inhaltliche Änderung als wahr zu behandeln (BGH NStZ-RR 2013, 50; 2005, 78; NStZ 2008, 299, 300). Sie muss **wie erwiesener Beweisstoff** mit ihrem **vollen Beweiswert** in die Beweiswürdigung mit einbezogen werden (KK-StPO/*Krehl* § 244 Rn. 189). Das gilt auch dann, wenn es sich bei dem Beweisbegehren, in dem die als wahr unterstellte Tatsache behauptet wurde, tatsächlich um keinen Beweisantrag handelt (BGH StV 2012, 581), weil etwa nicht ausreichend konkretisierte, unklare oder widersprüchliche Tatsachen unter Beweis gestellt wurden. Zwar hat das Gericht zunächst auf eine Präzisierung oder Klarstellung der Beweisbehauptung hinzuwirken. Unterlässt es dies jedoch, so ist es in gleicher Weise gebunden, als wenn es sich um einen Beweisantrag gehandelt hätte mit der Folge, dass die Ablehnung an Abs. 3 Satz 2 und nicht an Abs. 2 zu messen ist (BGH NStZ 2018, 48). Sind mehrere Beweistatsachen behauptet, aber nicht alle als wahr unterstellt worden, so müssen die anderen aufgeklärt oder die Beweiserhebung ggf. aus anderen Gründen abgelehnt werden. Die Wahrunterstellung umfasst **nicht die Schlussfolgerungen**, die aus der Beweistatsache gezogen werden können oder nach dem Willen des Antragstellers gezogen werden sollen (BGH NStZ 2003, 101, 102). Allerdings dürfen aus den als wahr unterstellten Tatsachen **in keinem Fall Schlüsse zulasten** des Antragstellers gezogen werden (BGH NStZ 2007, 717). 244

Will das Gericht im Verlauf des Verfahrens **von seiner Wahrunterstellung abrücken**, muss es den Angeklagten darauf hinweisen. Dieser muss Gelegenheit erhalten, sich auf die geänderte Verfahrenssituation einzustellen (BGH StV 1988, 38). Dieser Hinweis kann auch **konkludent** erfolgen, indem das Gericht über die zunächst als wahr unterstellte Tatsache Beweis erhebt (BGH NStZ 2007, 717). Die **Urteilsfeststellungen** müssen sich mit der Wahrunterstellung vollständig decken (sog. **Kongruenz**: BGHSt 40, 169, 184; BGH StV 2007, 18). Allerdings müssen sie sich nicht stets mit den als wahr unterstellten Tatsachen ausdrücklich auseinandersetzen. Das ist nur dann erforderlich, wenn nicht ohne Weiteres erkennbar ist, wie das Ergebnis der Beweis- 245 würdigung mit der Wahrunterstellung vereinbart werden kann (BGHSt 28, 310, 311; BGH NStZ 2011, 231; StV 1988, 91).

246 **11. Ablehnung von Anträgen auf Sachverständigenbeweis (Abs. 4).** Abs. 4 erweitert die Möglichkeit, Beweisanträge auf Vernehmung eines (weiteren) Sachverständigen abzulehnen. Die Ablehnungsgründe des Abs. 3 Satz 2 gelten sämtliche auch für den Sachverständigenbeweis.

247 **a) Eigene Sachkunde (Abs. 4 Satz 1).** Zu den Voraussetzungen für die Annahme eigener Sachkunde des Gerichts s.o. Rdn. 47 ff. Ein Beweisantrag auf Anhörung eines Sachverständigen kann ohne Weiteres zurückgewiesen werden, wenn die unter Beweis gestellte Tatsache von jedermann ohne besondere Sachkunde festgestellt werden kann (BGH NStZ 2013, 118, 119). Wenn das Gericht hingegen mehr als Allgemeinwissen in Anspruch nimmt, muss es die Grundlage seiner eigenen Sachkunde im Ablehnungsbeschluss (BGH NStZ 2017, 300, 301 mit Anm. *Ventzke* = NJW 2017, 1691), spätestens aber in den Urteilsgründen darlegen (BGHSt 2, 163, 165; BGH StV 1998, 248, 249; NStZ 1995, 201). Die Anforderungen, die an die Darlegung der eigenen Sachkunde des Gerichts zu stellen sind, richten sich nach der Schwierigkeit der konkret zu beurteilenden Beweisfrage, die Art und Umfang des erforderlichen Spezialwissens bestimmt. Erfordert die Materie eine besondere Ausbildung oder kontinuierliche wissenschaftliche oder praktische Erfahrung, sind die Anforderungen an die Darlegungspflicht erhöht (BGH StV 2017, 787, 789; MüKo-StPO/*Trüg/Habetha* § 244 Rn. 73). Die Feststellung, ob sich bestimmte Daten bzw. deren Spuren auf den Speichermedien eines Computers befinden, erfordert spezifisches Fachwissen, das auch bei Richtern nicht allgemein vorhanden ist (BGH StV 2014, 264). Gleiches gilt für die Frage, ob sich mit Mitteln der Bildbearbeitung und Raumvermessung (**Fotogrammetrie**) zuverlässige Erkenntnisse über Körpergröße, Statur und Erscheinungsbild eines Täters gewinnen lassen (BGH NStZ 2017, 300 m.Anm. *Ventzke*) Für die Verwertung eines Berichts über die Auswertung eines Mobiltelefons (sog. Extraction-Report) ist dagegen keine besondere Sachkunde erforderlich. Die Vernehmung eines Sachverständigen ist nur dann erforderlich, wenn sie bei verständiger Würdigung möglicherweise zur Aufdeckung weiteren bisher unbekannten Tatsachenstoffs führen würde (BGH, Beschl. v. 20.06.2017 – 4 StR 575/16 – insoweit in NStZ 2017, 577 nicht abgedruckt).

248 **b) Ablehnung der Anhörung eines weiteren Sachverständigen (Abs. 4 Satz 2).** Die Zuziehung eines weiteren Sachverständigen kann bereits durch die Aufklärungspflicht des Gerichts geboten sein (s.o. Rdn. 55). Ein Antrag auf Anhörung eines weiteren Sachverständigen kann auch – also neben den Gründen aus Abs. 3 Satz 2 und Abs. 4 Satz 1 – abgelehnt werden, wenn **das Gegenteil** der behaupteten Tatsache **allein** durch ein früheres, im selben Verfahren erstattetes Gutachten bereits erwiesen ist. Das ist nicht der Fall, wenn der (Gegen-) Beweis darüber hinaus auf weiteren Beweisstoff gestützt werden muss (BGHSt 39, 49, 52; BGH StV 2014, 265 f. = StraFo 2014, 75; NStZ 2005, 159; *Trück* NStZ 2007, 377, 383).

249 Weiterer Sachverständiger ist nur derjenige, der sich zur selben Beweisfrage wie ein schon angehörter Sachverständiger äußern soll und dessen Sachkunde dasselbe Sachgebiet betrifft (BGH NStZ 1999, 630, 631). In Bereichen, in denen sich die Fachkompetenz von Sachverständigen überschneidet, kann ein weiterer Sachverständiger auch derjenige sein, der einer anderen Fachrichtung angehört, wenn die Beweisfrage in den Bereich der sich überlappenden Kompetenzen fällt (BGHSt 34, 355, 357; 39, 49, 52).

250 Das Gegenteil der behaupteten Tatsache kann durch **ein fachlich unzureichendes Gutachten** i.S.d. Abs. 4 Satz 2 HS. 2 nicht bewiesen werden. Zu **Zweifeln an der Sachkunde** s.o. Rdn. 55. **Unzutreffende tatsächliche Voraussetzungen** sind nur dann ein Indikator für mangelnde Sachkunde, wenn **Befundtatsachen** betroffen sind. Befundtatsachen sind das Ergebnis angewandter Sachkunde. Eine fehlerhafte Feststellung dieser Tatsachen kann deshalb Zweifel an der Sachkunde des Gutachters begründen (vgl. KK-StPO/*Krehl* § 244 Rn. 204). Zur Wahrnehmung und zum Verständnis von **Zusatztatsachen** bedarf es dagegen keiner besonderen Sachkunde. Das Gericht kann sie selbst feststellen (BGHSt 18, 107, 108; 22, 268, 271). **Überlegene Forschungsmittel** sind Hilfsmittel und Verfahren, die der Sachverständige für seine wissenschaftliche Untersuchung verwendet. Auf seine persönliche Qualifikation kommt es dabei nicht an (BGHSt 23, 176, 186; 34, 355, 358; 44, 26, 29). Forschungsmittel sind dann überlegen, wenn ihre Anwendung zu einem anderen und besser begründeten Ergebnis führen kann. Ein psychiatrischer Sachverständiger verfügt nicht deshalb über überlegene Forschungsmittel, weil ein Angeklagter bereit ist, sich von ihm untersuchen zu lassen, während der Angeklagte bei dem früheren Sachverständigen jede Mitwirkung verweigerte (BGHSt 44, 26, 31; krit dazu *Rosenau/Lorenz* FS Kreuzer, S. 401, 408 ff.). Dies ist pragmatischen Erwägungen geschuldet, weil es dem Angeklagten sonst möglich wäre, das Auswahlrecht des Gerichts leer laufen zu lassen.

251 In seinem **Ablehnungsbeschluss** muss sich das Gericht mit den Einwendungen gegen die Sachkunde des zugezogenen Gutachters, gegen die Richtigkeit der von ihm angenommenen tatsächlichen Voraussetzungen oder mit der Behauptung, ein anderer Sachverständiger verfüge über überlegene Forschungsmittel, im Einzel-

nen auseinandersetzen (BGHSt 10, 116, 118; BGH NStZ 2005, 205, 207; StV 1989, 335 m.Anm. *Schlothauer*). Eine bloße Wiedergabe des Gesetzeswortlauts reicht unter keinen Umständen aus. In seinen Urteilsgründen darf sich das Gericht nicht mit dem Inhalt des Ablehnungsbeschlusses in Widerspruch setzen. Das ist etwa dann der Fall, wenn es einen Beweisantrag auf Einholung eines weiteren Sachverständigengutachtens, der auf substanziiert dargelegte methodische Mängel des vorbereitenden schriftlichen Gutachtens gestützt ist, mit der Begründung zurückweist, es verfüge selbst über die erforderliche Sachkunde, in den Urteilsgründen jedoch für seine Entscheidung auf das vorbereitende schriftliche Gutachten zurückgreift, ohne die geltend gemachten methodischen Mängel zu erörtern (BGH NJW 2010, 1214 f. mit Anm. *Hoffmann/Wendler* = StV 2011, 713 = NStZ 2010, 405 m.Anm. *Trück* NStZ 2010, 586).

12. **Ablehnung von Anträgen auf Augenschein, Vernehmungen von Auslandszeugen und Verlesung eines Ausgangsdokuments (Abs. 5).** Abs. 5 räumt dem Gericht die Möglichkeit ein, Beweisanträge, die auf Einnahme eines Augenscheins oder Vernehmung eines Zeugen, dessen Ladung im Ausland zu bewirken wäre, gerichtet sind, schon dann abzulehnen, wenn die Aufklärungspflicht eine Beweiserhebung aus seiner Sicht nicht gebietet. In diesen Fällen braucht das Gericht nicht auf den Katalog des Abs. 3 zurückzugreifen (zur Kritik an dieser Vorschrift KK-StPO/*Krehl* § 244 Rn. 208). 252

a) **Ablehnung eines Augenscheins (Abs. 5 Satz 1).** Einen Antrag auf Einnahme eines Augenscheins kann das Gericht ablehnen, wenn der Augenschein nach seinem pflichtgemäßen Ermessen zur Erforschung der Wahrheit nicht erforderlich ist. Der Begriff pflichtgemäßes Ermessen verweist auf das **Aufklärungsgebot** und eröffnet kein über Abs. 2 hinausgehendes Ermessen (BGH NJW 2001, 695, 696; 1998, 3363, 3364). 253

Aus der Verweisung auf das Aufklärungsgebot des Abs. 2 folgt, dass das **Verbot der Beweisantizipation nicht gilt** (*Becker* NStZ 2006, 513, 516). Eine Ablehnung kann aber nicht damit begründet werden, dass das Gegenteil bereits bewiesen sei (KK-StPO/*Krehl* § 244 Rn. 210). Das Gericht wird jedoch in den meisten Fällen ohne erheblichen Begründungsaufwand darlegen können, dass der Beweiswert der beantragten Inaugenscheinnahme nicht wesentlich ins Gewicht fällt (vgl. BGHSt 8, 177, 181; BGH NStZ 1988, 88). Die Begründung, eine Tatsituation sei **nicht rekonstruierbar**, ist nur dann tragfähig, wenn der Antrag tatsächliche Umstände voraussetzt, die veränderlich sind und bei dem beantragten Augenschein nicht sicher vorgefunden oder wiederhergestellt werden können (KG NStZ 2007, 680). 254

Das Gericht kann einen Augenschein **außerhalb der Gerichtsstelle** ablehnen, wenn sich die dadurch zu erwartenden Feststellungen auch auf andere Weise zuverlässig treffen lassen, etwa durch die Inaugenscheinnahme von Lichtbildern, Filmen, Modellen, Plänen oder Skizzen (BGHSt 3, 187, 189; 22, 347, 349). Das Gericht kann es auch für ausreichend erachten, wenn der Augenschein von einem beauftragten oder ersuchten Richter eingenommen und das Protokoll hierüber verlesen wird (KK-StPO/*Krehl* § 244 Rn. 211). Es kann auch ausreichen, wenn ein Zeuge oder ein Sachverständiger über seine Wahrnehmungen berichtet (BGHSt 27, 135, 136; BGH NStZ 1984, 565). 255

b) **Ablehnung der Vernehmung eines Auslandszeugen (Abs. 5 Satz 2).** Das Gericht kann einen Beweisantrag auf Vernehmung eines Zeugen, dessen Ladung im Ausland zu bewirken wäre, ablehnen, wenn das **Aufklärungsgebot** keinen Anlass zur Beweiserhebung gibt (BGHSt 40, 60, 62; BGH NJW 2004, 3051, 3054; NStZ 2004, 99; *Rose* NStZ 2012, 18). Mit dieser Vorschrift »sind die Möglichkeiten zur Ablehnung eines solchen Beweisantrags nur um den **schmalen Bereich** erweitert, den die Ablehnungsgründe des Abs. 3 […] nicht zulassen, obwohl die Amtsaufklärungspflicht die Beweiserhebung nicht gebietet« (BGH StV 2018, 780). 256

Das Gericht kann zunächst im **Freibeweisverfahren** klären, ob von dem benannten Auslandszeugen überhaupt relevante Bekundungen zur Beweisfrage zu erwarten sind (BGH NStZ-RR 1998, 178; StV 1995, 173). Zum Umfang der das Gericht insoweit treffenden Aufklärungspflicht s.o. Rdn. 229, 231. Bei der Entscheidung hat das Gericht die Qualität und Zuverlässigkeit des bisherigen Beweisergebnisses, die Bedeutung der unter Beweis gestellten Tatsache für die Entscheidung (BGH NStZ 2017, 96, 97 mit Anm. *Ventzke* = StrFo 2017, 20, 21) sowie mögliche verfahrenstechnische Schwierigkeiten bei der Beweiserhebung (für eine teleologische Reduktion der Vorschrift auf diejenigen Fälle, in denen die Vernehmung eines Auslandszeugen ohne wesentliche Verfahrensverzögerung gem. Art. 10 EU-RÜbk i.V.m. § 247a ohne wesentliche Verfahrensverzögerung durchgeführt werden kann s. *Gleß/Schomburg*, in: Schomgurg/Lagodny u.a. [Hrsg.], Internationale Rechtshilfe in Strafsachen, Art. 10 EU-RHÜbk Rn. 29 m.w.N.; dazu auch o. Rdn. 234) in die Abwägung mit einzustellen (BGH NStZ 2007, 349, 350). Dabei wird die Vernehmung umso eher geboten sein, je ungesicherter das bis dahin gewonnene Beweisergebnis erscheint, je größer die Unabwägbarkeiten sind und je mehr Zweifel hinsichtlich des Werts der bisher erhobenen Beweise überwunden werden müssen. Das gilt insb. dann, wenn der Auslandszeuge Vorgänge bekunden soll, die für den Schuldvorwurf von zentraler Bedeutung sind (BGH StV 2018, 780). Vom Verbot der Beweisantizipation ist das Gericht wiederum befreit (BGH StV 257

2014, 266). Kommt es unter Berücksichtigung sowohl des Vorbringens zur Begründung des Beweisantrags als auch der in der bisherigen Beweisaufnahme angefallenen Erkenntnisse zu dem Ergebnis, dass ein Einfluss auf seine Überzeugung auch dann sicher ausgeschlossen ist, wenn der benannte Zeuge die in sein Wissen gestellte Behauptung bestätigen würde, darf eine Ablehnung nach Abs. 5 Satz 2 erfolgen (BGH NStZ 2014, 531, 532). Der späte Zeitpunkt der Benennung des Beweismittels ist jedoch kein tauglicher Umstand, um eine Zurückweisung zu rechtfertigen, jedenfalls dann nicht, wenn der Antragsteller bis dahin von seinem Schweigerecht Gebrauch gemacht hat (BGH StV 2010, 561 f. = NStZ 2009, 705).

258 Wenn die dem Angeklagten vorgeworfene **Tat im Ausland begangen** wurde und die belastenden Beweismittel überwiegend von dort stammen (zu den sich daraus ergebenden Erschwernissen bei den Ermittlungen vgl. *Frank/Schneider-Glockzin* NStZ 2017, 1, 6 f.), wird eine Ablehnung nach Abs. 5 Satz 2 in der Regel nicht in Betracht kommen (BGH NJW 2010, 2365, 2368; KK-StPO/*Krehl* § 244 Rn. 213; so auch *Oehmichen/Schneider/v. Wistinghausen* StraFo 2015, 230, 240 f., insb. für Verfahren nach dem VStGB; weitergehend *Gerst* StV 2018, 755, 759 f., der sich unter Berufung auf *Herdegen* [NJW 1996, 26] mit guten Gründen für eine Abschaffung dieser *»Fehlleistung des Gesetzgebers«* ausspricht.). Jedenfalls sind bei Auslandssachverhalten an die Begründung der Ablehnung im Hinblick auf die Wahrung der Effektivität der Verteidigung einerseits und das Konfrontationsrechts des Angeklagten aus Art. 6 Abs. 3 lit. d EMRK (ausführl. dazu *Günther* FS Widmaier, S. 253) andererseits weitaus strengere Anforderungen zu stellen als bei Taten, die – von der beantragten Beweiserhebung abgesehen – weitestgehend Inlandsbezug aufweisen (BGH NStZ 2014, 51 f. m.Anm. *Heine*; StV 2010, 560, 561).

259 Wenn die Aufklärungspflicht die Vernehmung eines Auslandszeugen nicht gebietet, braucht das Gericht die Ablehnungsgründe des Abs. 3 Satz 2 nicht mehr in den Blick zu nehmen. Dennoch ist für eine Ablehnung ein **Beschluss nach Abs. 6 Satz 1** erforderlich, wenn die Vernehmung in einem Beweisantrag verlangt wurde. Die Begründung erfordert vom Tatrichter im Rahmen einer vorweggenommenen Beweiswürdigung eine Auseinandersetzung mit dem Ergebnis der bereits durchgeführten Beweisaufnahme (BGH StraFo 2016, 289), wobei der Beschluss allerdings keine ausführliche Beweiswürdigung zu enthalten braucht. Eine bloße Wiedergabe des Gesetzeswortlauts genügt jedoch nicht. Das Gericht muss die für die Ablehnung ausschlaggebenden Gesichtspunkte in ihrem wesentlichen Kern nachvollziehbar darlegen (BGH NStZ 2014, 469, 470; NStZ-RR 2011, 116; 117). Begründet das Gericht in seinem Beschluss, mit dem es den Antrag wegen Prozessverschleppung ablehnt, ohne Rechtsfehler, warum die beantragte Beweiserhebung nach seiner Überzeugung nichts Sachdienliches zugunsten des Angeklagten erbringen kann, genügt dies auch den Anforderungen an eine Ablehnung nach Abs. 5 Satz 2 (BGH StV 2013, 70, 71). Eine unzureichende Begründung kann in den Urteilsgründen nicht geheilt werden (BGH NStZ 2007, 349, 351). Allerdings soll – jedenfalls im Hinblick auf Indiztatsachen – das **Beruhen** des Urteils auf einer unzureichenden Ablehnungsbegründung ausnahmsweise ausgeschlossen werden können, wenn der Tatrichter den Antrag **mit anderer Begründung** rechtsfehlerfrei hätte ablehnen können und die Verteidigungsmöglichkeiten des Angekl. hierdurch nicht berührt worden sind (BGH, Beschl. v. 10.02.2016 – 2 StR 533/14).

260 c) **Ablehnung der Verlesung von Ausgangsdokumenten (Abs. 5 Satz 3).** Die Vorschrift wurde durch das Gesetz zur Einführung der elektronischen Akte in der Justiz vom 05.06.2017 (BGBl. 1 S. 2218) mit Wirkung zum 01.01.2018 Abs. 5 angefügt und regelt eine Verfahrenskonstellation, die sich aus der Gleichzeitigkeit der Kommunikation mit Gerichten und Strafverfolgungsbehörden auf elektronischem Wege einerseits und in der herkömmlichen Papierform andererseits ergibt (KK-StPO/*Krehl* § 244 Rn. 214a). Sie betrifft nur den Urkundsbeweis; mit Anträgen auf Inaugenscheinnahme ist nach Abs. 5 Satz 1 zu verfahren (Meyer-Goßner/*Schmitt* § 244 Rn. 78d). Gegenstand des Antrags muss ein **Ausgangsdokument** i.S.d. § 32e Abs. 1 Satz 1, das aus der Papierform in ein elektronisches Dokument übertragen warden ist. Der Ablehnungsgrund bezieht sich auf diesen Übertragungsvorgang und auf etwaige **Übertragungsfehler**, die dabei aufgetreten sind (zu den relevanten Übertragungsvorgängen s. KK-StPO/*Krehi* § 244 Rn. 214b).

261 Die Anwendung der Regelung setzt einen Beweisantrag voraus, d.h. der Antragsteller muss das Vorliegen eines Übertragungsfehlers als Tatsache hinreichend **konkret behaupten** (KK-StPO/*Krehl* § 244 Rn. 214c); die pauschale Behauptung, es liege (irgend-)ein Übertragungsfehler vor bzw. sei möglich oder könne nicht ausgeschlossen werden, genügt nicht (Meyer-Goßner/*Schmitt* § 244 Rn. 78d; Graf/*Bachler* § 244 Rn. 118). In diesem Fall liegt allerdings ein Beweisermittlungsantrag vor, den das Gericht (ebenfalls) nach Maßgabe des Abs. 2 zu bescheiden hat (Alsberg/*Güntge* Kap. 6 Rn. 89). Für die Richtigkeit der Übertragung streitet zunächst § **32e Abs. 2**, wonach bei der Übertragung nach dem Stand der Technik sicherzustellen ist, dass das übertragene elektronische Dokument mit dem Ausgangsdokument bildlich und inhaltlich übereinstimmt.

262 Wenn der Antrag den Erfordernissen eines formgültigen Beweisantrages entspricht, hat der Antragsteller die **Übereinstimmungsvermutung** des § 32e Abs. 2 substanziiert bestritten (s. dazu das Bsp. bei Alsberg/

Güntge Kap. 6 Rn. 89). In diesen Fällen hat das Gericht Anlass, an der inhaltlichen Übereinstimmung mit dem übertragenen Dokument zu zweifeln, sodass eine Verlesung – gerade im Hinblick auf die richterliche Sachaufklärungspflicht – geboten erscheint, es sei denn, die in Rede stehende Urkunde ist nach vorläufiger Würdigung durch das Gericht für die Entscheidung (mittlerweile) ohne Bedeutung. Verbleiben auch nach Durchführung der beantragten Verlesung Zweifel an der Übereinstimmung oder können diese nicht aufgeklärt werden, weil das Ausgangsdokument nicht mehr vorhanden ist (zu den Aufbewahrungsfristen für Ausgangsdokumente s. § 32e Abs. 4), kommen sie nach dem Grundsatz **in dubio pro reo** dem Angeklagten zugute (KK-StPO/*Krehl* § 244 Rn. 214d).

VI. Revision. 1. Rüge der gesetzwidrigen Behandlung von Beweisanträgen. Wird ein Beweisantrag überhaupt nicht (LR/*Becker* § 244 Rn. 337) oder nicht rechtzeitig (BGH NStZ 2011, 647) beschieden oder mit unzutreffender Begründung zurückgewiesen, unterbleibt die angeordnete Beweiserhebung oder sind die Urteilsgründe und die Gründe eines Ablehnungsbeschlusses nicht miteinander zu vereinbaren, kann der Antragsteller dies mit der Verfahrensrüge beanstanden (KK-StPO/*Krehl* § 244 Rn. 223) wobei die unterbliebene Vernehmung eines Zeugen trotz Vorliegens eines darauf gerichteten Antrags Gegenstand sowohl einer Beweisantragsrüge als auch einer Aufklärungsrüge sein kann (BGH StV 2016, 780). Im Fall einer Fristsetzung (Abs. 6 Satz 2 bis 4) kann sich die Revision sowohl gegen die Fristsetzung als solche als auch gegen die Bescheidung nach Fristsetzung gestellter Beweisanträge im Urteil richten (*Krehl* FS Fischer, S. 705, 720 f., der darin ggf. einen Verstoß gegen Abs. 6 Satz 1 sieht; dagegen will *Schlothauer* FS Fischer, S. 819, 826, 830 eine unzulässige Beschränkung der Verteidigung gem. § 338 Nr. 8 geltend machen). 263

Die Rüge muss den Begründungsanforderungen des § 344 Abs. 2 Satz 2 genügen, d.h. der Revisionsführer muss die Tatsachen, die den Rechtsfehler begründen sollen, so genau und vollständig vortragen, dass das Revisionsgericht allein anhand der Revisionsbegründung eine Schlüssigkeitsprüfung vornehmen kann, ob der geltend gemachte Verfahrensfehler vorliegt, wenn sich die behaupteten Rügetatsachen als zutreffend erweisen (BGH NStZ-RR 2019, 26 m.w.N.; Meyer-Goßner/*Schmitt* § 344 Rn. 20; *Mavany* StraFo 2014, 496; speziell zu § 244 Abs. 2 bis 6 *Cirener* NStZ-RR 2017, 65, 69 f.). Jede Bezugnahme auf das Protokoll oder die Verfahrensakten ist dabei unzulässig (BGH StV 2012, 73; NStZ-RR 2011, 269; NJW 2007, 3010, 3011). In der Revisionsbegründung sind stets der in der Hauptverhandlung gestellte Antrag (BGH StV 2012, 73; NJW 2005, 2322, 2323) und der daraufhin ergangene Gerichtsbeschluss (BGH NStZ-RR 2000, 3; NJW 1999, 2683) vollständig vorzutragen. Des Weiteren muss die Begründung alle weiteren Verfahrensvorgänge, Erklärungen oder Entscheidungen enthalten, die für die Beurteilung der Gesetzmäßigkeit der beanstandeten Sachbehandlung von Bedeutung sind (BGH StV 2015, 85 f.; StV 2013, 73 = NStZ-RR 2012, 178, 179; NJW 2007, 3010, 3011; 2005, 2243, 2244). Das gilt auch dann, wenn das Gericht einen Beweisantrag wegen des Vorliegen eines Verwertungsverbots ablehnt, es sei denn, die zur Überprüfung dieser Annahme notwendigen Verfahrenstatsachen ergeben sich bereits vollständig aus dem (mitzuteilenden) Antrag und dem (ebenfalls mitzuteilenden) Ablehnungsbeschluss (BGH NStZ-RR 2019, 26). Wird in der Revision die Ablehnung eines Antrags auf Vernehmung eines bereits angehörten Zeugen beanstandet (s. Rdn. 91), muss der Revisionsführer mitteilen, dass und wozu der Zeuge in der Hauptverhandlung bereits ausgesagt hatte (BGH NStZ 2015, 540, 541). Darüber hinaus müssen auch sog. Negativtatsachen, d.h. für den Erfolg der Rüge möglicherweise nachteilige oder für das Vorliegen eines Ausnahmefalls sprechenden Umstände mit vorgetragen werden (BGHSt 37, 245, 248; BGH StraFo 2004, 354, 355; a.A. BGH StV 2012, 73 = StraFo 2011, 99 f.). Auch kann der Vortrag erforderlich sein, dass solche Umstände nicht vorliegen (KK-StPO/*Krehl* § 244 Rn. 224). Richtet sich die Revision gegen die Zurückweisung eines Beweisantrags in der Hauptverhandlung, muss der Revisionsführer ggf. mitteilen, ob das Protokoll über die erstinstanzliche Vernehmung des Zeugen nach § 352 HS 2 verlesen worden ist (BGH StV 2016, 803 f.). Soweit es sich nicht schon aus dem Beweisantrag ergibt, muss der Revisionsführer weiterhin diejenigen Umstände vorgetragen, aus denen sich ergibt, dass das Erfordernis der Konnexität erfüllt ist (BGH StV 2003, 650). Eine Gegenvorstellung gegen den Ablehnungsbeschluss ist in der Regel nicht erforderlich (BGH NStZ 2009, 717, 173; 2008, 299, 300; StV 2009, 62). Etwas anderes gilt dann, wenn das Gericht den Beweisantrag ersichtlich missverstanden hat und die rechtsfehlerhafte Ablehnung des Antrages auf diesem Missverständnis beruht. In diesem Fall ist die Rüge unzulässig, wenn der Antragsteller den Ablehnungsbeschluss nicht zuvor beanstandet und dabei das Missverständnis aufklärt (BGH StV 2009, 62; NStZ-RR 2004, 370). 264

Rügeberechtigt sind der/die Antragsteller sowie diejenigen Verfahrensbeteiligten, die sich dem Antrag ausdrücklich angeschlossen haben. Die übrigen Prozessbeteiligten sollen jedenfalls dann rügeberechtigt sein, wenn ihre Interessen mit denjenigen des Antragstellers erkennbar übereinstimmen, sodass das Gericht auch ihnen gegenüber zu einer rechtlich einwandfreien Behandlung des Beweisantrages verpflichtet gewesen wäre (Meyer-Goßner/*Schmitt* § 244 Rn, 105; s.a. OLG Koblenz StV 2013, 533). Der BGH hingegen erkennt die 265

Rügeberechtigung nur beim Antragsteller und denjenigen Verfahrensbeteiligten an, die sich dem Antrag ausdrücklich angeschlossen haben. Die übrigen Verfahrensbeteiligten müssen die gesetzwidrige Behandlung des Beweisantrages im Wege der Aufklärungsrüge geltend machen (BGH StraFo 2011, 280 f. = StV 2011, 458).

266 **2. Beruhen.** Das Revisionsgericht prüft aufgrund der vom Revisionsführer vorgetragenen Tatsachen, ob die vorgetragenen Verfahrenstatsachen zutreffen und einen Rechtsfehler bei der beanstandeten Ablehnung des Beweisantrages aufzeigen (LR/*Becker* § 244 Rn. 375). Ein Nachschieben von Ablehnungsgründen ist dabei nicht zulässig. Die rechtsfehlerhafte Ablehnung eines Beweisantrages kann weder das Tatgericht in den Urteilsgründen heilen (BGH NStZ 2007, 349, 351), noch kann das Revisionsgericht eine rechtsfehlerfreie Begründung nachliefern (BGH StV 2012, 577, 578). Die Revision kann also nicht mit der Begründung verworfen werden, dass der Beweisantrag mit einer anderen Begründung rechtsfehlerfrei hätte abgelehnt werden können (BGH NStZ 1997, 286), weil in der Regel nicht ausgeschlossen werden kann, dass der Antragsteller durch einen rechtlich zutreffenden Ablehnungsbeschluss Informationen erhalten hätte, die sein weiteres Antrags- und Erklärungsverhalten und damit möglicherweise das Ergebnis der Beweisaufnahme beeinflusst hätten (KK-StPO/*Krehl* § 244 Rn. 233).

267 Das Beruhen des Urteils auf der gesetzwidrigen Behandlung eines Beweisantrages kann nur dann im Einzelfall ausnahmsweise ausgeschlossen werden, wenn das Revisionsgericht sicher davon ausgehen kann, dass der Antragsteller auch bei rechtlich zutreffender Begründung keine anderen sachdienlichen Anträge hätte stellen können (LR/*Becker* § 244 Rn. 376). Das soll etwa dann der Fall sein, wenn der Ablehnungsgrund der Bedeutungslosigkeit auf der Hand liegt (BGH StV 1991, 408) bzw. offensichtlich ist (BGH NJW 2003, 150, 152) oder die beantragte Vernehmung eines Auslandszeugen unter Aufklärungsgesichtspunkten nicht erforderlich gewesen wäre (BGH StraFo 2016, 289) und die Verteidigung des Angeklagten durch die fehlerhafte Ablehnung nicht beeinträchtigt wurde. Bei einer Vielzahl von fehlerhaft beschiedenen Beweisanträgen wird ein Beruhen dagegen kaum auszuschließen sein (BGH StV 2010, 558, 559). Nicht zulässig ist es, eine unterbliebene Beweiserhebung in der Revisionsinstanz nachzuholen, um dadurch – bei Fehlschlagen des Beweises – das Beruhen ausschließen zu können (so aber BGH NJW 2012, 2212; s.a. Basdorf NStZ 2013, 186, 187 f.; wie hier KK-StPO/*Krehl* § 244 Rn. 234).

268 Übergeht das Gericht einen Hilfsbeweisantrag oder wird dieser im Urteil rechtsfehlerhaft beschieden, ist das Beruhen des Urteils auf dieser Rechtsverletzung gleichwohl ausgeschlossen, wenn das Revisionsgericht eine rechtlich zutreffende Begründung nachliefern kann. Die Informationsfunktion der Ablehnungsbegründung steht einem Nachschieben von Ablehnungsgründen nicht entgegen, weil der Antrag ohnehin erst im Urteil beschieden werden muss (BGH NStZ 2010, 161; NStZ-RR 2009, 559; 2006, 382; NJW 2000, 370, 371). Die abstrakte Möglichkeit eines Ablehnungsgrundes reicht hierzu allerdings nicht aus; dieser muss sich, wenn er nicht offenkundig ist, unmittelbar aus den Urteilsgründen ergeben (BGH NStZ 2006, 406, 407). Wird ein Beweisermittlungsantrag fälschlicherweise wie ein Beweisantrag geprüft und beschieden, kann ein Beruhen auf einer fehlerhaften Ablehnungsbegründung zumeist ausgeschlossen werden, weil es einer solchen Begründung überhaupt nicht bedurft hätte. Die Rüge ist dann am Maßstab des Abs. 2 zu messen (BGH StV 2012, 577, 578; NStZ 2007, 517; NStZ-RR 2004, 370). Etwas anderes gilt dann, wenn durch die fehlerhafte Verbescheidung des Antrages eine irreführende Prozesslage geschaffen wurde und nicht ausgeschlossen werden kann, dass der Antragsteller hierdurch in seiner Prozessführung beeinträchtigt wurde (BGH StV 2012, 577, 578 f.; *Hadamitzky* StraFo 2012, 297, 307).

§ 245 Umfang der Beweisaufnahme; präsente Beweismittel

(1) Die Beweisaufnahme ist auf alle vom Gericht vorgeladenen und auch erschienenen Zeugen und Sachverständigen sowie auf die sonstigen nach § 214 Abs. 4 vom Gericht oder der Staatsanwaltschaft herbeigeschafften Beweismittel zu erstrecken, es sei denn, dass die Beweiserhebung unzulässig ist. Von der Erhebung einzelner Beweise kann abgesehen werden, wenn die Staatsanwaltschaft, der Verteidiger und der Angeklagte damit einverstanden sind.

(2) Zu einer Erstreckung der Beweisaufnahme auf die vom Angeklagten oder der Staatsanwaltschaft vorgeladenen und auch erschienenen Zeugen und Sachverständigen sowie auf die sonstigen herbeigeschafften Beweismittel ist das Gericht nur verpflichtet, wenn ein Beweisantrag gestellt wird. Der Antrag ist abzulehnen, wenn die Beweiserhebung unzulässig ist. Im Übrigen darf er nur abgelehnt werden, wenn die Tatsache, die bewiesen werden soll, schon erwiesen oder offenkundig ist, wenn zwischen ihr und dem Gegenstand der Urteilsfindung kein Zusammenhang besteht oder wenn das Beweismittel völlig ungeeignet ist.

A. Regelungszweck und Anwendungsbereich. § 245 erweitert den Umfang der vom Gericht durchzuführenden Beweisaufnahme, indem die Vorschrift **präsente Beweismittel** aus dem Geltungsbereich der Ablehnungsgründe des § 244 herausnimmt. Hierdurch soll nicht nur die umfassende Erforschung der Wahrheit gewährleistet, sondern auch die Autonomie und Effektivität der Verteidigung gestärkt werden (LR/*Becker* § 245 Rn. 8 f.; Alsberg/*Tsambikakis* Rn. 1474). Obwohl die Vorschrift damit eine wichtige Ergänzung des § 244 darstellt, wird sie in der Praxis kaum wahrgenommen: Abs. 1 scheint Selbstverständliches zu regeln und entspricht der alltäglichen Erfahrung in der forensischen Praxis. Abs. 2 hingegen kommt (erstaunlich) selten zur Anwendung. Das liegt zum einen daran, dass das Verfahren der **Selbstladung** (§§ 214 Abs. 3, 220) als umständlich und aufwendig gilt. Zum anderen bringen immer wieder Gerichte ihren Unmut über eine Beweiserhebung, die sie für unerheblich und damit für überflüssig halten, dadurch offen zum Ausdruck, indem sie den präsenten Zeugen oder Sachverständigen als »Zeugen/Sachverständigen der Verteidigung« titulieren und demonstrativ auf deren Befragung verzichten (*Hamm/Pauly*, Beweisantragsrecht Rn. 589 berichten darüber hinaus von *»besonders rigide[m] Verhalten«* durch das Gericht), sodass sich die Frage stellt, welchen Einfluss diese Beweiserhebung auf die Überzeugungsbildung des Gerichts haben kann (AnwK/*Sommer* § 245 Rn. 12). 1

Dennoch trägt gerade § 245 Abs. 2 wichtigen Verteidigungsbelangen Rechnung und leistet einen Beitrag **zur Fairness und Waffengleichheit** im Verfahren (*Hamm/Pauly*, Beweisantragsrecht Rn. 590), indem er dem Angeklagten und seinem Verteidiger ein autonomes Beweisführungsrecht verschafft, das sie ggf. auch gegen den Willen des Gerichts durchsetzen können (Alsberg/*Tsambikakis* Rn. 1532). Besonders deutlich wird dies beim Sachverständigenbeweis. Die Vorschrift ermöglicht es den Verfahrensbeteiligten, durch die Selbstladung die Anhörung eines **weiteren Sachverständigen** selbst dann zu erzwingen, wenn das Gericht einen entsprechenden Beweisantrag – wie zumeist – nach § 244 Abs. 3, 4 ablehnen würde. 2

Die Vorschrift gilt auch in der Berufungsinstanz, nicht jedoch in den Verfahren, in denen der Umfang der Beweiserhebung im pflichtgemäßen Ermessen des Gerichts steht (LR/*Becker* § 245 Rn. 8 f.), nämlich im Privatklageverfahren (§ 384 Abs. 3), im Strafbefehlsverfahren (§ 411 Abs. 2 Satz 2), und im beschleunigten Verfahren vor dem Strafrichter (§ 420 Abs. 4), des Weiteren im Bußgeldverfahren (§ 77 OWiG) oder im vereinfachten Jugendverfahren (§ 78 Abs. 3 JGG). Ob und ggf. inwieweit präsente Beweismittel zu nutzen sind, bestimmt sich in diesen Fällen ausschließlich nach § 244 Abs. 2. 3

B. Die Regelungen im Einzelnen. Voraussetzung für die Erweiterung der Beweiserhebungspflicht ist die **Präsenz** der herbeizuziehenden Beweismittel. Die sofortige Verfügbarkeit des Beweismittels lässt etwaige Überlegungen zur Prozessökonomie zurücktreten, weil sich jederzeit *»doch unerwarteter Weise etwas ergeben kann, das erheblich ist oder noch mehr zugunsten des Angeklagten wirkt als das, was zuvor für wahr oder unwiderlegbar erachtet worden ist«* (RGSt 65, 304, 305 = JW 1932, 58 m.Anm. *Alsberg*; LR/*Becker* § 245 Rn. 1; Alsberg/*Tsambikakis* Rn. 1535). Präsenz setzt Anwesenheit bzw. physisches Vorhandensein des Beweismittels an der Gerichtsstätte voraus. Neuere technische Entwicklungen (audiovisuelle Vernehmung/Skype) lassen eine Erweiterung dieses althergebrachten Präsenzbegriffs erwägenswert erscheinen (*Gerst* StraFo 2013, 103, 105 f.) Die StPO lässt solche Surrogate jedoch nach wie vor nur in Ausnahmefällen zu. Daher sollten Änderungen auch hier dem Gesetzgeber vorbehalten bleiben. 4

§ 245 differenziert, je nachdem, ob das Beweismittel aufgrund gerichtlicher Ladung (§ 214 Abs. 1) bzw. durch Herbeischaffung nach § 214 Abs. 4 in der Hauptverhandlung präsent ist (Abs. 1) oder ob es von den anderen Verfahrensbeteiligten selbst geladen bzw. beigebracht wurde (Abs. 2). Im erstgenannten Fall ist das Gericht verpflichtet, diese Beweismittel zu verwenden, ohne dass es hierfür eines Beweisantrages bedarf. Insoweit besteht eine **Beweiserhebungspflicht von Amts wegen**, es sei denn, dass die Verfahrensbeteiligten ausdrücklich auf die Beweiserhebung verzichten. Im Fall des Abs. 2 ist ein **Beweisantrag** erforderlich, um das Gericht zur Beweiserhebung zu verpflichten. Unterbleibt ein solcher Antrag, ist das Gericht nicht gehindert, präsente Beweismittel i.S.d. Abs. 2 auch ohne entsprechenden Antrag zu verwenden (Meyer-Goßner/*Schmitt* § 245 5

Rn. 18); im Hinblick auf § 244 Abs. 2 kann es hierzu sogar verpflichtet sein, denn die **Aufklärungspflicht** wird durch Abs. 2 **nicht eingeschränkt** (LR/*Becker* § 245 Rn. 7; MüKo-StPO/*Trüg/Habetha* § 245 Rn. 5).

6 **I. Präsente Beweismittel nach Abs. 1. 1. Vom Gericht vorgeladene und erschienene Zeugen und Sachverständige.** Präsente Beweispersonen i.S.d. Abs. 1 sind nur diejenigen, die der **Vorsitzende nach § 214 Abs. 1 vorgeladen** hat. Die bloße Anwesenheit reicht nicht aus (*Waszczynski* ZJS 2010, 318; Alsberg/*Tsambikakis* Rn. 1535). In welcher Form die Ladung erfolgt, ist gleichgültig (BGH StV 1995, 567); es genügt jede schriftliche, mündliche, fernmündliche oder durch Boten mitgeteilte Aufforderung, zu einem bestimmten Termin zur Hauptverhandlung zu erscheinen, die mit der Androhung von Ordnungsmitteln für den Fall des Fernbleibens verbunden ist. Auch eine Ladung per Telefax oder E-Mail ist möglich (Alsberg/*Tsambikakis* Rn. 1483). Die mündliche Ladung in der Hauptverhandlung zum Fortsetzungstermin reicht ebenfalls aus. **Abgeladene**, aber dennoch anwesende Beweispersonen sind keine präsenten Beweismittel i.S.d. Abs. 1 (LR/*Becker* § 245 Rn. 10).

7 Die Beweisperson muss auch erschienen – also **anwesend** – und als Beweismittel **verwendbar** sein. Erschienen ist ein Zeuge oder Sachverständiger, wenn er – ggf. auch mit Verspätung – im Zeitpunkt der beabsichtigten Vernehmung an der Gerichtsstätte anwesend ist. Erscheint die Beweisperson zum vorgesehenen Termin nicht oder wird sie aus Zeitgründen am vorgesehenen Termin nicht vernommen und zur Fortsetzung nicht geladen, ist sie später kein präsentes Beweismittel mehr (Alsberg/*Tsambikakis* Rn. 1486). Nicht erschienen ist eine zunächst anwesende Beweisperson auch dann, wenn sie sich vor ihrer Vernehmung eigenmächtig entfernt. Ob das Gericht ihre Anwesenheit durch Ordnungsmittel erzwingt, hat es unter dem Gesichtspunkt der Aufklärungspflicht zu prüfen (LR/*Becker* § 245 Rn. 12). Anträge auf Heranziehung dieser Beweisperson sind nach § 244 zu ent- und bescheiden (Alsberg/*Tsambikakis* Rn. 1489). Die Anwesenheit der Beweisperson muss für das Gericht auch **erkennbar** sein. Daran fehlt es, wenn sich die Beweisperson trotz **namentlichen Aufrufs** nicht meldet (LR/*Becker* § 245 Rn. 15). Das Gericht hat allerdings in Rechnung zu stellen, dass sich der Zeuge bzw. Sachverständige verspätet bzw. kurzfristig entfernt haben könnte. Insoweit erscheint ein – in der Praxis häufig zu beobachtender – **zweiter Aufruf** nach einer Wartefrist von mind. 15 Minuten sachgerecht. Eine **Nachforschungspflicht** im unmittelbaren räumlichen Umfeld (AnwK/*Sommer* § 245 Rn. 4) ist jedenfalls auf das Gerichtsgebäude beschränkt und kommt vor allem dann in Betracht, wenn feststeht, dass sich die Beweisperson bereits im Gerichtsgebäude aufgehalten hat.

8 Eine Beweisperson soll **nur in derjenigen Eigenschaft** ein präsentes Beweismittel sein, **in der sie geladen ist**. Wer als Zeuge geladen und erschienen ist, soll also nicht zugleich auch als Sachverständiger präsent sein (BGH NJW 2005, 445, 447; *Arnoldi* NStZ 2018, 305, 307) mit der Folge, dass die Verfahrensbeteiligten Sachverständigenfragen an diese Beweisperson nur dann stellen dürfen, wenn sie einen entsprechenden Beweisantrag stellen, über den das Gericht nach Maßgabe des § 244 Abs. 3 und 4 zu entscheiden hat (LR/*Becker* § 245 Rn. 14). Dem kann allenfalls dann zugestimmt werden, wenn sich die unterschiedlichen prozessualen Rollen genau abgrenzen lassen. Das ist aber oftmals nicht der Fall, und die Praxis geht mit Abgrenzungsfragen durchaus großzügig um. Sachverständige machen bei den vorbereitenden Untersuchungen zu ihren Gutachten oftmals eigene Wahrnehmungen, über die sie zutreffenderweise als Zeugen Auskunft erteilen müssten. Die Ansicht der Rspr., dass eine Vernehmung zu diesen Wahrnehmungen nach Maßgabe des Abs. 1 nur dann erforderlich sei, wenn die Beweisperson ausdrücklich als Sachverständiger und Zeuge geladen wurde, erscheint praxisfern und kleinlich (s. dazu *Hamm/Pauly*, Beweisantragsrecht Rn. 591). Ein Rechtsanwalt, der als Verteidiger zur Hauptverhandlung geladen wurde, ist nicht als Zeuge erschienen (Alsberg/*Tsambikakis* Rn. 1481). Gleiches gilt für diejenigen Personen, die kraft Amtspflicht (als Richter, Schöffen, Staatsanwälte oder Urkundsbeamte) erschienen sind, selbst dann, wenn sie zugleich als Zeuge geladen sind (KK-StPO/*Krehl* § 245 Rn. 7). Ist der Nebenkläger zugleich als Zeuge geladen und erschienen, ist er ein präsentes Beweismittel i.S.d. Abs. 1 (Alsberg/*Tsambikakis* Rn. 1482).

9 Eine erschienene Beweisperson ist nur dann präsent, wenn sie als Beweismittel **sofort verwendbar** ist (MüKo-StPO/*Trüg/Habetha* § 245 Rn. 17). Das ist nicht der Fall, wenn sie **betrunken** ist, unter **Drogeneinfluss** steht oder der Beweis aufgrund einer physischen oder psychischen **Erkrankung** nicht erhoben werden kann. Sprachschwierigkeiten schließen die Verwendbarkeit dagegen nicht aus; diese können mithilfe eines Dolmetschers überwunden werden (Alsberg/*Tsambikakis* Rn. 1490; einschr. LR/*Becker* § 245 Rn. 16, der verlangt, dass ein Dolmetscher anwesend ist oder unverzüglich erreicht werden kann). Nicht als Beweismittel verwertbar ist ein Zeuge weiterhin dann, wenn er ein Zeugnis- oder Auskunftsverweigerungsrecht berechtigterweise ausübt (BGH, Beschl. v. 04.03.1998 – 1 StR 18/98, BeckRS 1998, 02700). Gleiches gilt für den Fall, dass der Zeuge das Zeugnis oder die Auskunft ohne rechtlichen Grund verweigert, die Aussage jedoch nicht erzwungen werden kann (Alsberg/*Tsambikakis* Rn. 1483). Ein Sachverständiger ist auch dann nicht als Beweismittel verwendbar, wenn offensichtlich ist, dass ihm die erforderliche **Sachkunde völlig fehlt** (*Arnoldi* NStZ 2018,

305, 307; a.A. Alsberg/*Tsambikakis* Rn. 1493: Frage der Beweiswürdigung), des Weiteren, wenn er über die zur Erstattung eines Gutachtens erforderlichen Informationen nicht verfügt und die deswegen erforderliche Vorbereitung des Gutachtens in der laufenden Hauptverhandlung zu einer **Verfahrensverzögerung** führen würde (BGHSt 43, 171, 173 mit Anm. *Wittig* StV 1998, 174). Allerdings hat das Gericht im Rahmen seiner Möglichkeiten dafür Sorge zu tragen, dass keine Verzögerung eintritt, indem es etwa eine Besuchserlaubnis zum Zwecke der Exploration des inhaftierten Angeklagten erteilt oder dem Sachverständigen Zugang zu asservierten Beweismitteln verschafft (OLG Frankfurt/M. StV 2006, 701, 702). Lassen sich Verzögerungen nicht vermeiden und ist das Gericht nicht bereit, diese hinzunehmen, dann hat es – auf Antrag – nach § 244 Abs. 4 über die Notwendigkeit der Zuziehung des Sachverständigen zu entscheiden (LR/*Becker* § 245 Rn. 18).

2. Sonstige vom Gericht oder von der Staatsanwaltschaft herbeigeschaffte Beweismittel. Sonstige nach § 214 Abs. 4 herbeigeschaffte Beweismittel sind Urkunden und Objekte des Augenscheins, die vom Gericht oder von der Staatsanwaltschaft herbeigeschafft wurden, sowie von der Staatsanwaltschaft beigebrachte Beweispersonen. Ganze **Akten** sind keine Beweismittel, auch dann nicht, wenn sie in der Anklageschrift als Beweismittel aufgeführt werden (BGHSt 37, 168, 171 ff.), ebenso wenig Sammlungen von Tonträgern oder Belegen oder Urkundengesamtheiten wie Handelsbücher oder Steuerunterlagen, sondern nur die einzelnen **Schriftstücke**, die sich darin befinden, sowie ggf. in den Akten vorhandene Gegenstände, die in Augenschein genommen werden können (LR/*Becker* § 245 Rn. 19; KK-StPO/*Krehl* § 245 Rn. 12; Alsberg/*Tsambikakis* Rn. 1497 f.). Soweit der Inhalt des Beweismittels nur mithilfe **technischer Abspielgeräte** wahrnehmbar ist, müssen auch diese und ggf. das zur Vorführung erforderliche Bedienungspersonal vorhanden sein, damit das Beweismittel präsent ist (LR/*Becker* § 245 Rn. 20). Beweismittel, die die Staatsanwaltschaft erst **im Laufe der Hauptverhandlung** vorlegt, sind keine präsenten Beweismittel (KK-StPO/*Krehl* § 245 Rn. 10). 10

Allerdings sind nicht alle Beweismittel, die aufgrund von Bewirkungshandlungen des Gerichts oder der Staatsanwaltschaft im Gerichtssaal körperlich vorhanden sind, herbeigeschafft i.S.d. Abs. 1. Vielmehr ist erforderlich, dass dem vorhandenen Gegenstand **Beweismittelqualität zuerkannt** und damit der Wille, es zu benutzen, erkennbar gemacht wird (LR/*Becker* § 245 Rn. 22). Die bloße Erwähnung in der Anklageschrift genügt hierfür nicht (Meyer-Goßner/*Schmitt* § 245 Rn. 5; *Arnoldi* NStZ 2018, 305, 307; a.A. Alsberg/*Tsambikakis* Rn. 1500). Ein erkennbarer Benutzungswille liegt jedenfalls dann vor, wenn das Vorhandensein des Beweismittels nach § 243 Abs. 1 Satz 2 festgestellt wurde (zur **Protokollierung** dieser Feststellung s. LR/*Becker* 245 Rn. 42). Gleiches gilt für Beweismittel, die durch eine **Anordnung des erkennenden Gerichts** entstanden sind, vor allem für die Niederschrift über eine angeordnete kommissarische Vernehmung oder über einen Augenschein, §§ 223, 225 (Meyer-Goßner/*Schmitt* § 245 Rn. 5; *Arnoldi* NStZ 2018, 305, 308). 11

Darüber hinaus soll es nach h.M. **allein dem Gericht** obliegen, einer Urkunde oder einem Augenscheinsobjekt Beweismittelqualität zuzuerkennen (BGHSt 37, 168, 171; s.a. KK-StPO/*Krehl* § 245 Rn. 13; a.A. *Eisenberg* BR Rn. 275 f.). Diese Auffassung verkennt, dass die Beweiserhebungspflicht des Abs. 1 **praktisch leerlaufen** kann, wenn es allein dem Gericht vorbehalten bleibt, zu bestimmen, auf welche Beweismittel sich diese Verpflichtung bezieht. Vielmehr sind **alle Verfahrensbeteiligten** berechtigt, die vorhandenen Beweismittel mittels eines zu **begründenden Antrags** zu konkretisieren und zu individualisieren und dadurch präsent zu machen, wobei das Beweisthema zumindest in Umrissen angegeben werden muss (so LR/*Becker* § 245 Rn. 23, 25; Alsberg/*Tsambikakis* Rn. 1497; weitergehend *Köhler* StV 1992, 4, 5). Schreiben des Angeklagten an das erkennende Gericht bzw. dessen verschriftete Einlassungen sind keine herbeigeschafften Beweismittel i.S.d. Abs. 1 (BGH StV 2007, 622, 623 mit insoweit zust. Anm. *Schlothauer*). 12

3. Grenzen der Beweiserhebungspflicht. Nach Abs. 1 Satz 1 haben alle Prozessbeteiligten einen Anspruch auf Benutzung der herbeigeschafften Beweismittel. Das gilt auch für den Fall, dass die Tatsache, die dadurch beweisen werden soll, bereits durch andere Beweismittel erwiesen worden ist (Alsberg/*Tsambikakis* Rn. 1501). Die Verpflichtung des Gerichts, präsente Beweismittel zu verwenden, entfällt nur dann, wenn die Beweiserhebung **unzulässig** ist oder die Verfahrensbeteiligten hierauf **verzichten.** Darüber hinaus kann die Beweiserhebungspflicht bei der Trennung verbundener Verfahren entfallen, soweit sich die präsenten Beweismittel ausschließlich auf das abgetrennte Verfahren beziehen. Bei der Verfahrenstrennung hat das Gericht zugleich über die Trennung der Beweismittel zu entscheiden. Dabei hat das Gericht den jeweiligen Prozessbeteiligten Gelegenheit zur Stellungnahme zu geben, welche Beweismittel sie für die Durchführung des Verfahrens für erforderlich erachten (Alsberg/*Tsambikakis* Rn. 1504). 13

Die Gründe, aus denen sich die **Unzulässigkeit der Beweiserhebung** ergeben kann, entsprechen denjenigen des § 244 Abs. 3 Satz 2 (dazu dort Rdn. 177 ff.; Meyer-Goßner/*Schmitt* § 245 Rn. 7). Beweiserhebungen über Umstände, die nicht Gegenstand der Beweisaufnahme sein können, finden auch im Rahmen des § 245 nicht statt (LR/*Becker* § 245 Rn. 27). Eine **Ausweitung** der Ablehnungsgründe auf den Katalog des Abs. 2 Satz 3 oder gar des § 244 Abs. 3, 4 kommt hingegen nicht in Betracht (KK-StPO/*Krehl* § 245 Rn. 15 f.). Die Gegen- 14 auffassung (z.B. AK/*Schöch* § 245 Rn. 10) verkennt, dass eine Ausweitung der Ablehnungsgründe – insb. auf sog. Missbrauchsfälle – für Beweismittel, die von Amts wegen herbeigezogen werden, von vornherein entbehrlich ist (LR/*Becker* § 245 Rn. 28 f.; Alsberg/*Tsambikakis* Rn. 1512). Somit können weder mangelnde Beweiserheblichkeit noch mangelnde Beweisbedürftigkeit zur Unzulässigkeit der Beweiserhebung führen (BGH StV 1998, 360; LR/*Becker* § 245 Rn. 1); auch eine Wahrunterstellung ist in diesen Fällen nicht möglich (RGSt 65, 304, 305; KK/*Krehl* § 245 Rn. 16). Allerdings soll in dem Verlangen eines Verfahrensbeteiligten, einen erkennbar bedeutungslosen Beweis mittels eines präsenten Beweismittels zu erheben, ein **rechtsmissbräuchliches Unterlassen des Verzichts** auf die Beweiserhebung liegen mit der Folge, dass eine Verzichtserklärung als erteilt bzw. als entbehrlich anzusehen sein soll (KK-StPO/*Krehl* § 245 Rn. 15; Meyer-Goßner/*Schmitt* § 245 Rn. 7; *Eisenberg* BR Rn. 284). Klüger erscheint es hingegen, die Situation *»geräuschlos durch schnelle Erhebung des unsinnigen Beweises«* zu erledigen (ausdr. LR/*Becker* § 245 Rn. 29). Lehnt der Vorsitzende eine Beweiserhebung ab, weil er der Auffassung ist, die Beweiserhebung sei unzulässig, kann hiergegen das Gericht nach **§ 238 Abs. 2** angerufen werden (BGH NStZ 2006, 178). Gleiches gilt, wenn er einen Beweis erheben will, obwohl dies unzulässig ist (BGH NStZ 2006, 178; Meyer-Goßner/*Schmitt* § 245 Rn. 7).

15 Zur täglichen forensischen Praxis gehört der **allseitige Verzicht** auf die Beweiserhebung nach Abs. 1 Satz 2. Erforderlich hierfür ist das **Einverständnis** aller Verfahrensbeteiligte, d.h. der Angeklagten, der Verteidiger und der Staatsanwaltschaft. Hier gilt der Grundsatz der Beweismittelgemeinschaft (Alsberg/*Tsambikakis* Rn. 1515). Den Angeklagten gleichgestellt sind **Nebenbeteiligte** sowie juristische Personen und Personenvereinigungen, denen eine Geldbuße droht (§§ 433 Abs. 1, 442 Abs. 1, 444 Abs. 2), aber nur, soweit ihre eigenen Verfahrensinteressen von der Beweiserhebung betroffen sind. Andernfalls ist ihre Zustimmung entbehrlich (LR/*Becker* § 245 Rn. 30). Dieselbe Einschränkung gilt für **Mitangeklagte**, soweit sie wegen der Tat, auf die sich die Beweiserhebung bezieht, nicht angeklagt sind bzw. mit dem Gegenstand der Beweiserhebung ersichtlich nichts zu tun haben (KK-StPO/*Krehl* § 245 Rn. 18). Auf das Einverständnis des Nebenklägers kommt es hingegen nicht an (Meyer-Goßner/*Schmitt* § 245 Rn. 9; die Entscheidung BGHSt 28, 272 ist durch die Änderung des § 397 überholt). Erforderlich ist hingegen das Einverständnis des nach § 69 Abs. 1 JGG bestellten Beistands.

16 Hat der Angeklagte **mehrere Verteidiger**, so ist der Verzicht jedes Verteidigers erforderlich (Graf/*Bachler* § 245 Rn. 6). Der vom Verteidiger erklärte Verzicht soll auch für den Angeklagten wirken, wenn dieser anwesend ist und der Erklärung seines Verteidigers nicht widerspricht. Ebenso soll aus dem Schweigen des Verteidigers zu der Verzichtserklärung des Angeklagten der Verzicht des Verteidigers zu folgern sein (LR/*Becker* § 245 Rn. 33). **Bei Abwesenheit des Angeklagten** genügt nach § 234a das Einverständnis des Verteidigers; dies gilt allerdings nicht, wenn der Angeklagte nach § 233 von der Pflicht zum Erscheinen entbunden (vgl. BGH NStZ 1996, 351 m.Anm. *Sander*) oder nach § 231c beurlaubt worden ist (Alsberg/*Tsambikakis* Rn. 1517). Im letztgenannten Fall darf ohnehin nicht über Dinge verhandelt werden, die für den beurlaubten Angeklagten von Bedeutung sind (Meyer-Goßner/*Schmitt* § 234a Rn. 1). Bei zeitweiliger Entfernung nach § 247 darf die Zustimmung des Angeklagten ebenfalls nicht ersetzt werden (KK-StPO/*Krehl* § 245 Rn. 18).

17 Der Verzicht muss **eindeutig**, jedoch **nicht ausdrücklich** erklärt werden. Schlüssiges Verhalten genügt (KK-StPO/*Krehl* § 245 Rn. 20). Bloßes Schweigen oder die widerspruchslose Hinnahme einer Erklärung des Gerichts oder anderer Verfahrensbeteiligter reicht allerdings nicht aus (BGH StV 1998, 360). Somit soll es für die Annahme eines Verzichts ausreichen, wenn sich alle Verfahrensbeteiligten mit der Schließung der Beweisaufnahme ausdrücklich einverstanden erklären, obwohl präsente Beweismittel ungenutzt geblieben sind (Alsberg/*Tsambikakis* Rn. 1520). Nimmt ein Verfahrensbeteiligter dagegen die Feststellung des Gerichts, die Beweisaufnahme sei geschlossen, widerspruchslos hin oder gibt trotz entsprechender Aufforderung des Gerichts keine Erklärung dazu ab, liegt hierin kein wirksamer Verzicht (OLG Köln StV 2004, 311). Da die Verzichtserklärung als **wesentliche Verfahrensförmlichkeit** zu protokollieren ist (BGH, NStZ 2019, 234; MüKo-StPO/*Trüg/Habetha* § 245 Rn. 37), ist letztlich nicht entscheidend, auf welche Weise der Verzicht erklärt worden ist, sondern lediglich, ob die Verzichtserklärung in die Sitzungsniederschrift Eingang gefunden hat oder nicht (LR/*Becker* § 245 Rn. 33, 42: *»Diskussion eines Scheinproblems«*).

18 Das Einverständnis muss darüber hinaus endgültig und vorbehaltlos erklärt werden. Wie alle prozessualen Gestaltungserklärungen ist auch die Verzichtserklärung bedingungsfeindlich (LR/*Becker* § 245 Rn. 37). Wer dagegen nur »vorläufig« verzichtet, kann jederzeit die Benutzung des Beweismittels verlangen (Alsberg/*Tsambikakis* Rn. 1520). Eine entsprechende Erklärung ermöglicht es dem Gericht lediglich, die Verwendung des präsenten Beweismittels zurückzustellen (KK-StPO/*Krehl* § 245 Rn. 21). Ein **Widderruf** der Verzichtserklärung ist **nicht möglich**, es sei denn, der Verfahrensbeteiligte ist durch eine rechtsirrige Erklärung des Gerichts zu seinem Verzicht veranlasst worden und dieser Irrtum wird noch im Laufe der Hauptverhandlung richtiggestellt (Alsberg/*Tsambikakis* Rn. 1527). Ansonsten ist die Widerrufserklärung als **Antrag** auf die

Erhebung des Beweises auszulegen (KK-StPO/*Krehl* § 245 Rn. 22; a.A. LR/*Becker* § 245 Rn. 38; Meyer-Goßner/*Schmitt* § 245 Rn. 14; *Arnoldi* NStZ 2018, 305, 308).

Der Verzicht kann sich auf einzelne oder mehrere Beweismittel beziehen. Er kann sich auch auf die **teilweise Nichtverwendung** eines Beweismittels beschränken, z.B. auf die teilweise Nichtverlesung einer Urkunde (KK-StPO/*Krehl* § 245 Rn. 19). Bei Zeugen oder Sachverständigen sind dieser Möglichkeit jedoch Grenzen gesetzt. Sobald die Beweisperson mit der Aussage zu einem bestimmten Tatkomplex begonnen hat, ist es mit ihrer Wahrheitspflicht (vgl. § 64 Abs. 1: nichts verschweigen) unvereinbar, die Aussage zur Sache durch einen allseitigen Verzicht vorzeitig zu beenden (LR/*Becker* § 245 Rn. 36; Alsberg/*Tsambikakis* Rn. 1524). Der Verzicht wirkt nur für die **Instanz**, in der er erklärt wird (Meyer-Goßner/*Schmitt* § 245 Rn. 14). Er gilt auch nicht (mehr) für diejenigen Beweismittel, die nach Aussetzung der Hauptverhandlung erneut präsent sind (LR/*Becker* § 245 Rn. 39). 19

II. Präsente Beweismittel nach Abs. 2. 1. Zeugen und Sachverständige. Zeugen und Sachverständige sind präsente Beweismittel i.S.d. Abs. 2 Satz 1, wenn sie **auf Ladung** der Staatsanwaltschaft (§ 214 Abs. 3), des Nebenklägers (§§ 397 Abs. 1, 386 Abs. 2 – str.: dafür u.a. Meyer-Goßner/*Schmitt* § 245 Rn. 16; a.A. Alsberg/*Tsambikakis* Rn. 1534), des Angeklagten (§ 220 Abs. 1; dazu ausführlich *Pauka/Daners* StraFo 2015, 397 ff.) oder eines sonst befugten Verfahrensbeteiligten **erschienen** sind. Die Berechtigung des in Abs. 2 nicht genannten Verteidigers, Zeugen und Sachverständige selbst zu laden, folgt aus seiner Befugnis, die dem Angeklagten zustehenden prozessualen Rechte in seiner Eigenschaft als dessen Beistand aus eigenem Recht und in eigenem Namen wahrzunehmen (BGH NStZ 2014, 351, 353). Die Staatsanwaltschaft kann die Beweispersonen – ebenso wie das Gericht – formlos laden (s. dazu oben Rdn. 6), die übrigen Verfahrensbeteiligten müssen sie ordnungsgemäß – also **förmlich** nach § 38 **durch den Gerichtsvollzieher** – laden (s. dazu *Michalke*, in: Hamm/Leipold, Formularbuch VII.D.3, 4; *Hassemer/Pauly* Beweisantragsrecht Rn. 596 ff.; *Pauka/Daners* StraFo 2015, 397, 405 ff.; *Waszczynski* ZJS 2010, 318, 319). Die derart geladenen Zeugen und Sachverständigen müssen der Antragsteller, mit Ausnahme der Staatsanwaltschaft, dem Gericht und dem jeweiligen Prozessgegner nach § 222 rechtzeitig namhaft gemacht werden. Ein Verstoß gegen diese Verpflichtung kann allenfalls zu einer Aussetzung des Verfahrens nach § 246 Abs. 2 führen (s. dort Rdn. 5 ff.). Des Weiteren muss der Antragsteller, mit Ausnahme der Staatsanwaltschaft, dem Gericht die ordnungsgemäße Ladung der Beweispersonen in der Hauptverhandlung nachweisen (Meyer-Goßner/*Schmitt* § 245 Rn. 16), soweit sie nicht anderweitig aktenkundig geworden ist Auf Beweispersonen, die ohne vorherige ordnungsgemäße Ladung mitgebracht (»sistiert«) werden, ist Abs. 2 Satz 1 nicht anwendbar (LR/*Becker* § 245 Rn. 44). Gleichwohl kann die Aufklärungspflicht die Vernehmung dieser Beweispersonen gebieten (Alsberg/*Tsambikakis* Rn. 1543). Der im Sitzungssaal anwesende Verteidiger ist kein präsentes Beweismittel, weil er auf Ladung des Gerichts erschienen ist (BGH StV 1995, 567). Gleiches gilt für die übrigen Verfahrensbeteiligten, soweit sie ausschließlich in amtlicher Eigenschaft zur Hauptverhandlung erschienen sind (Alsberg/*Tsambikakis* Rn. 1537). Die Beweisperson muss bis zum **Ende der Beweisaufnahme** erschienen sein und sofort vernommen werden können (LR/*Becker* § 245 Rn. 46; differenzierend *Arnoldi* NStZ 2018, 305, 309 f.). Letzteres gilt auch für den Sachverständigen. Das Gericht ist allerdings verpflichtet, diesem zur Vorbereitung rechtzeitig Zugang zu den für eine Begutachtung erforderlichen Unterlagen sowie ggf. zu dem inhaftierten bzw. untergebrachten Angeklagten zu verschaffen (BGH StV 1997, 562 mit Anm. *Wittig* StV 1998, 174). 20

2. Sonstige herbeigeschaffte Beweismittel. Sonstige herbeigeschaffte Beweismittel sind **Urkunden und Augenscheinsobjekte** (MüKo-StPO/*Trüg/Habetha* § 245 Rn. 19; zu Lichtbildmappen aus beigezogenen Akten als präsente Augenscheinsobjekte s. BGH, Beschl. v. 24.07.2018 – 3 StR 51/18). Auch der Ausdruck eines elektronisch gespeicherten Dokuments ist eine Urkunde und kann somit ein präsentes Beweismittel sein (*Trüg* StV 2016, 343, 345; offengelassen in BGH a.a.O.). Für das Herbeischaffen ist keine besondere Form vorgeschrieben. Es genügt, wenn das Beweismittel bis zum **Schluss der Beweisaufnahme** gebrauchsfähig herbeigeschafft wird (KK-StPO/*Krehl* § 245 Rn. 25). Eine Konstatierung durch das Gericht ist – im Unterschied zu Abs. 1 – nicht erforderlich (Alsberg/*Tsambikakis* Rn. 1540). Soweit der Inhalt des Beweismittels nur mithilfe eines Abspielgerätes wahrgenommen werden kann, muss auch dieses – sowie ggf. eine zur Bedienung benötigte Person – bereitstehen. Das gilt auch für **elektronische Dokumente** i.S.d. § 249 Abs. 1 Satz 2, die auf einem Datenträger herbeigeschafft worden sind. Urkunden, die von einem **Zeugen** mitgebracht werden, sind erst dann herbeigeschafft, wenn ein Verfahrensbeteiligter ausdrücklich ihre Verwendung verlangt; in der **Übergabe durch den Angeklagten** ist dagegen regelmäßig das schlüssig geäußerte Verlangen nach der Verwendung der Schriftstücke als Beweismittel zu erblicken (LR/*Becker* § 245 Rn. 49). Das gilt erst recht, wenn die Urkunde einem **Beweisantrag beigefügt** ist; die Ablehnung richtet sich in diesen Fällen deshalb nach Abs. 2 Satz 3 und nicht nach § 244 Abs. 3 (Meyer-Goßner/*Schmitt* Rn. 17). Fremdsprachige Urkunden sind nur dann präsent, wenn zugleich ein Übersetzer zur Verfügung steht (LR/*Becker* § 246 Rn. 49). 21

22 **3. Beweisantrag.** Die Beweiserhebungspflicht des Gerichts wird in den Fällen des Abs. 2 erst durch einen Beweisantrag aktiviert, der in jeder Hinsicht den **Anforderungen des § 244 Abs. 3 Satz 1** (dazu dort Rdn. 82 ff.) **entsprechen** muss (BGH StraFo 2011, 511; NStZ 1999, 632, 633; Meyer-Goßner/*Schmitt* § 245 Rn. 20; *Pauka/Daners* StraFo 2015, 397, 408). Das gilt auch für persönliche Beweismittel (KK-StPO/*Krehl* § 245 Rn. 26; krit. *Hamm/Pauly*, Beweisantragsrecht Rn. 605). Der Antrag kann bis zum Beginn der Urteilsverkündung gestellt werden (LR/*Becker* § 245 Rn. 53; a.A. – Schluss der Beweisaufnahme – Meyer-Goßner/*Schmitt* § 245 Rn. 20). Auch ein bedingter Antrag, insb. ein **Hilfsbeweisantrag**, ist zulässig (KK-StPO/*Krehl* § 245 Rn. 26). Der Hinweis, dass das beantragte Beweismittel präsent ist, ist zweckmäßig, aber nicht erforderlich (LR/*Becker* § 245 Rn. 52). Wird ein förmlicher Beweisantrag nicht gestellt oder entspricht dieser nicht den Anforderungen des § 244 Abs. 3, kann es die Aufklärungspflicht nach § 244 Abs. 2 gleichwohl gebieten, den präsenten Beweis zu erheben, wenn dessen Verfügbarkeit für das Gericht erkennbar ist (Alsberg/*Tsambikakis* Rn. 1543).

23 Für die Form des Beweisantrages gilt dasselbe wie für den Beweisantrag i.S.d. § 244 (dazu dort Rdn. 103 ff.). Insb. ist er in der Hauptverhandlung **mündlich** zu stellen; schriftlich eingereichte Anträge sind zu verlesen. Der Antrag muss nicht von demjenigen Verfahrensbeteiligten gestellt werden, der den Zeugen oder Sachverständigen geladen oder das sachliche Beweismittel herbeigeschafft hat (Alsberg/*Tsambikakis* Rn. 1545). Jeder Verfahrensbeteiligte kann einen entsprechenden Antrag stellen oder sich einem solchen Antrag anschließen. Ein Beweisantrag nach Abs. 2 Satz 1 ist auch dann zulässig, wenn das Gericht zuvor einem auf dasselbe (im Zeitpunkt der Antragstellung nicht präsente) Beweismittel bezogenen Antrag nach § 244 Abs. 3 nicht entsprochen hat. Es handelt sich dabei nicht um eine bloße Wiederholung eines früheren, vom Gericht bereits abgelehnten Beweisantrages, sondern um ein **neues Beweisbegehren**, über das das Gericht nach Abs. 2 zu entscheiden hat (KK-StPO/*Krehl* § 245 Rn. 26; *Eisenberg* BR Rn. 290).

24 **4. Unzulässigkeit der Beweiserhebung und Ablehnungsgründe des Abs. 2 Satz 3.** Auch nach Abs. 2 Satz 2 dürfen unzulässige Beweise nicht erhoben werden. Hierzu kann auf die Ausführungen zu Abs. 1 (dazu oben Rdn. 14) und zu § 244 Abs. 3 Satz 2 (dort Rdn. 177 ff.) verwiesen werden.

25 Des Weiteren enthält Abs. 2 Satz 3 einen **abschließenden** (»nur«) **Katalog** von Gründen, aus denen das Gericht einen Beweisantrag ablehnen **kann**. Die Ablehnung steht im pflichtgemäßen Ermessen des Gerichts, das hierbei auch Belange der **Verfahrensökonomie** berücksichtigen darf. Allerdings wird die Verwendung eines präsenten Beweismittels vielfach einfacher und verfahrensökonomischer sein als die Ablehnung eines hierauf gerichteten Antrages (LR/*Becker* § 245 Rn. 58). Ist das benannte Beweismittel nicht präsent, ist der Antrag nicht nach Abs. 2 abzulehnen, sondern nach § 244 Abs. 3 bis 6 zu bescheiden (Alsberg/*Tsambikakis* Rn. 1552).

26 Der Katalog der sachlichen Ablehnungsgründe ist **enger** als derjenige des § 244 Abs. 3 und 4 (s. dazu *Waszcynski* ZJS 2010, 318, 320 ff.). Er ist auf Fälle beschränkt, in denen ein sachliches Interesse an der Beweiserhebung unter keinem denkbaren Gesichtspunkt bestehen kann (LR/*Becker* § 245 Rn. 57).

27 Das gilt für Tatsachen, die **erwiesen** oder **offenkundig** sind. Hier kann auf die Erläuterung dieser Ablehnungsgründe bei § 244 Abs. 3 (dort Rdn. 186 ff., 205 ff.) verwiesen werden. Eine Ablehnung, weil **das Gegenteil** der unter Beweis gestellten Tatsache offenkundig oder bereits erwiesen ist, ist nicht zulässig (Meyer-Goßner/*Schmitt* Rn. 24; *Eisenberg* BR Rn. 294). Insb. kann die Vernehmung eines weiteren Sachverständigen nicht mit der Begründung abgewiesen werden, dass das Gegenteil der Beweisbehauptung durch ein früheres Gutachten bereits erwiesen sei (KK-StPO/*Krehl* § 245 Rn. 30). Ebenso wenig darf das Gericht die beantragte Beweiserhebung unter Verweis auf die eigene Sachkunde ablehnen (*Waszczynski* ZJS 2010, 318, 323).

28 Der Begriff des **fehlenden Zusammenhangs** ist wesentlich enger zu verstehen als derjenige der Bedeutungslosigkeit i.S.d. § 244 Abs. 3 Satz 3 Nr. 2 (KK-StPO/*Krehl* § 245 Rn. 31; *Pauka/Daners* StraFo 2015, 397, 408). Der Ablehnungsgrund greift nur dann ein, wenn **jede objektive Sachbezogenheit** zwischen der unter Beweis gestellten Tatsache und dem Gegenstand der Urteilsfindung **fehlt** (Meyer-Goßner/*Schmitt* § 245 Rn. 25; *Eisenberg* BR Rn. 295). Dabei ist eine Beweisantizipation nicht zulässig (Alsberg/*Tsambikakis* Rn. 1558). Vielmehr ist jede Möglichkeit, dass die beantragte Beweiserhebung einer sich bereits verfestigenden Meinung des Gerichts entgegenwirkt, in Betracht zu ziehen. Der Sachzusammenhang darf deshalb nicht verengt aus der Sicht eines sich bereits abzeichnenden Verfahrensergebnisses beurteilt werden (LR/*Becker* § 245 Rn. 63).

29 Der Ablehnungsgrund der **völligen Ungeeignetheit** des Beweismittels ist wiederum aus § 244 Abs. 3 Satz 3 Nr. 4 übernommen (dort Rdn. 209 ff.). Es ist somit auf die objektive Ungeeignetheit und nicht auf die subjektive Untauglichkeit abzustellen. Allerdings kann ein Sachverständiger, dem jede Sachkunde auf dem in Rede stehenden Sachgebiet fehlt, als objektiv ungeeignet betrachtet werden (Meyer-Goßner/*Schmitt* § 245 Rn. 26; KK-StPO/*Krehl* § 245 Rn. 32). Das soll auch gelten, wenn der Sachverständige mangels genügender Anknüpfungstatsachen kein Gutachten erstatten kann (LR/*Becker* § 245 Rn. 65). Hierfür reicht es allerdings

nicht aus, dass ein aussagepsychologischer Sachverständiger, der die Glaubhaftigkeit der Aussage eines Zeugen beurteilen soll, während der Vernehmung dieses Zeugen nicht anwesend war. Dieser Umstand ist ggf. bei der Würdigung des Gutachtens in Rechnung zu stellen (BGH StV 2011, 711). Gleiches gilt, wenn der Zeuge die notwendige Einwilligung in die Exploration verweigert (BGH StV 2015, 273). **Zweifel** an der Geeignetheit eines Sachverständigen berechtigen nicht zur Ablehnung eines Beweisantrages nach Abs. 2 Satz 3 (Meyer-Goßner/*Schmitt* § 245 Rn. 26; MüKo-StPO/*Trüg/Habetha* § 245 Rn. 48). Gleiches gilt für Zweifel am Wissen, am Erinnerungsvermögen oder an der Glaubwürdigkeit eines Zeugen (LR/*Becker* § 245 Rn. 65).

30 Der Ablehnungsgrund der **Verschleppungsabsicht** ist – ebenso wie in § 244 (s. dort Rdn. 99a) – durch das Gesetz zur Modernisierung des Strafverfahrens v. 10.12.2019 gestrichen und durch die Regelung des **§ 244 Abs. 6 Satz 2** worden (zu den Einzelheiten s. dort Rn. 129 ff.). Liegt Verschleppungsabsicht vor, handelt es sich um **keinen Beweisantrag**. Der Vorsitzende prüft dies im Rahmen seiner Sachleitungsbefugnis (§ 238 Abs. 1) und lehnt den Antrag bejahendenfalls alleine ab. Hiergegen kann der Antragsteller gem. § 238 Abs. 2 das Gericht zur Entscheidung anrufen (Meyer-Goßner/Schmitt § 245 Rn. 27). Dieses hat durch einen begründeten Beschluss über die Beanstandung zu entscheiden.

31 **III. Verfahrensfragen.** Die Durchführung der Beweiserhebung obliegt auch bei präsenten Beweismitteln dem Vorsitzenden (§ 238 Abs. 1). Er hat somit auch das Recht, die Reihenfolge der Beweisaufnahme zu bestimmen. Er darf dieses Recht jedoch nicht missbrauchen, um die Beweiserhebungspflicht leerlaufen zu lassen. Desgleichen hat er auf die Belange der erschienenen Beweispersonen im gebotenen Umfang Rücksicht zu nehmen (LR/*Becker* § 245 Rn. 6).

32 Die verfahrensleitenden Anordnungen des Vorsitzenden im Hinblick auf die Verwendung präsenter Beweismittel kann jeder Verfahrensbeteiligte gem. **§ 238 Abs. 2** beanstanden. Das gilt auch dann, wenn es der Vorsitzende ablehnt, die Beweiserhebung auf ein präsentes Beweismittel i.S.d. Abs. 1 zu erstrecken (KK-StPO/*Krehl* § 245 Rn. 34). Die Entscheidung des Gerichts ist nach § 34 zu begründen (LR/*Becker* § 245 Rn. 41).

33 Unstreitig ist, dass das Gericht über einen Beweisantrag nach Abs. 2 Satz 1 durch einen zu begründenden **Beschluss** zu entscheiden hat, wenn es die Beweiserhebung als unzulässig oder aus den in Abs. 2 Satz 3 genannten Gründen ablehnt (Meyer-Goßner/*Schmitt* § 245 Rn. 28). Ungeklärt, aber bislang ohne Bedeutung war hingegen die Frage, ob sich dies aus einer analogen Anwendung des § 244 Abs. 6 (u.a. Meyer-Goßner/*Schmitt* Rn. 28 sowie die Voraufl.) oder unmittelbar aus §§ 34, 35 ergibt (*Schlothauer* FS Fischer, S. 819, 821 f.). Soweit die Begründungspflicht aus § 244 Abs. 6 hergeleitet wird, würde dies nunmehr zu einer – praktisch allerdings wohl kaum bedeutsamen – Geltung der Fristenlösung (Abs. 6 Satz 3 bis 4) für präsente Beweismittel führen (so ausdr. *Arnoldi* NStZ 2018, 305, 311). Da sich die Begründungspflicht bereits aus den allgemeinen Regelungen der §§ 33, 34 ergibt, ist für die Annahme einer Regelungslücke und damit für eine Analogie zu § 244 Abs. 6 kein Raum mit der Folge, dass auch Satz 3 bis 5 hier nicht gelten (*Krehl* FS Fischer, S. 705, 711 f.; a.a. Meyer-Goßner/*Schmitt* § 245 Rdn. 28). **Keine formelle Entscheidung** des Gerichts ist dagegen erforderlich, wenn der Vorsitzende die Beweiserhebung anordnet und den beantragten Beweis erhebt (LR/*Becker* § 245 Rn. 55). Verzögert sich die Entscheidung über den Beweisantrag (oder über die Durchführung der Beweisaufnahme), ist das Gericht von Amts wegen verpflichtet, zu einem späteren Zeitpunkt für die erneute Präsenz des Beweismittels zu sorgen (LR/*Becker* § 245 Rn. 46).

34 **C. Revision.** Wurde ein nach Abs. 1 präsentes Beweismittel zu Unrecht nicht verwendet, kann dieser Verstoß die Revision nach § 337 und ggf. nach § 338 Nr. 8 begründen, wenn er auf einen Beschluss des Gerichts zurückgeht (LR/*Becker* § 245 Rn. 76). Eine **Anrufung des Gerichts** nach § 238 Abs. 2 ist in der Regel **jedoch nicht erforderlich**, weil Abs. 1 dem Vorsitzenden weder einen Beurteilungsspielraum bei der Feststellungen der tatbestandlichen Voraussetzungen noch ein Ermessen auf der Rechtsfolgenseite einräumt (s. dazu BGHSt 51, 144, 146 f.; KK-StPO/*Krehl* § 246 Rn. 35). Etwas anderes kann gelten, wenn der Vorsitzende die Beweiserhebung ablehnt, weil er sie für **unzulässig** hält. In diesem Fall ist ein Antrag auf gerichtliche Entscheidung nicht nur statthaft, sondern erscheint auch erforderlich (BGH NStZ 2006, 178; LR/*Becker* § 245 Rn. 78). In seiner Begründungsschrift muss der Revisionsführer das Beweismittel genau bezeichnen und alle Tatsachen darlegen, aus denen sich ergibt, dass es sich um ein präsentes Beweismittel i.S.d. Abs. 1 handelte. Wird ein präsenter **Zeuge** rechtsfehlerhaft nicht vernommen, muss der Revisionsführer des Weiteren vortragen, ob und ggf. zu welchem Beweisthema der Zeuge im Ermittlungsverfahren vernommen worden ist und zu welchem Thema er in der Hauptverhandlung möglicherweise entscheidungserhebliche Angaben hätte machen können (BGH NJW 1996, 1685; Meyer-Goßner/*Schmitt* § 245 Rn. 30). Bei **sächlichen Beweismitteln** sind Angaben darüber erforderlich, ob und ggf. in welcher Form das Gericht das Vorhandensein und die Beweismitteleigenschaft des Beweismittels festgestellt hat (BGHSt 37, 168, 174) oder ob und ggf. in welcher Form ein Verfahrensbeteiligter die Verwendung des in der Hauptverhandlung vorhandenen sächlichen Beweismittels verlangt und wie das Gericht hierauf reagiert hat (LR/*Becker* § 245 Rn. 76; KK-StPO/*Krehl* § 245 Rn. 35).

35 Ein Verstoß gegen Abs. 2 begründet die Revision, wenn das Gericht einen ordnungsgemäß gestellten Beweisantrag **zu Unrecht ablehnt** oder **überhaupt nicht bescheidet** (LR/*Becker* § 245 Rn. 77). Für die Revisionsbegründung gelten dieselben Anforderungen wie bei § 244 (dazu dort Rdn. 259 ff.); zudem muss dargelegt werden, dass das Beweismittel präsent war – wozu der Vortrag gehört, dass die förmliche Ladung der Beweisperson durch den Gerichtsvollzieher in der Hauptverhandlung nachgewiesen wurde (BGH StV 2013, 71) – und dennoch nicht verwendet wurde. Auch dürfen keine Zweifel darüber verbleiben, welche Verfahrensvorschrift verletzt sein und anhand welcher Norm der gerügte Verstoß geprüft werden soll (BGH a.a.O.: § 245 Abs. 2 Satz 3 bzw. § 244 Abs. 3 Satz 3). Inhaltliche Ausführungen zu der unterlassenen Beweiserhebung und zu deren voraussichtlichem Ergebnis sind hingegen nicht erforderlich (OLG Düsseldorf StV 2001, 105).

36 Für die Prüfung des **Beruhens** gelten keine Besonderheiten (s. dazu *Arnoldi* NStZ 2018, 305, 311 f.). Im Regelfall wird bei einer Verletzung des § 245 ein Beruhen nicht auszuschließen sein (BGH wistra 2012, 29). Etwas anderes gilt allenfalls dann, wenn die unterlassene Beweiserhebung die Entscheidung mit Sicherheit nicht beeinflusst hat, wenn etwa feststeht, dass der zu Unrecht nicht vernommene Zeuge das Zeugnis verweigert hätte (BGH NJW 1996, 1685) oder wenn der Angeklagte die Tat glaubhaft gestanden hat (LR/*Becker* § 245 Rn. 80).

37 Die Nichtanhörung eines präsenten Zeugen oder Sachverständigen und die Nichtbenutzung eines beigebrachten Beweisgegenstandes kann auch mit der **Aufklärungsrüge** beanstandet werden, wenn ein Beweiserhebungsverlangen (Abs. 1) nicht geäußert oder ein Beweisantrag (Abs. 2) nicht gestellt wurde (KK-StPO/*Krehl* § 245 Rn. 36).

§ 246 Ablehnung von Beweisanträgen wegen Verspätung

(1) Eine Beweiserhebung darf nicht deshalb abgelehnt werden, weil das Beweismittel oder die zu beweisende Tatsache zu spät vorgebracht worden sei.

(2) Ist jedoch ein zu vernehmender Zeuge oder Sachverständiger dem Gegner des Antragstellers so spät namhaft gemacht oder eine zu beweisende Tatsache so spät vorgebracht worden, dass es dem Gegner an der zur Einziehung von Erkundigungen erforderlichen Zeit gefehlt hat, so kann er bis zum Schluss der Beweisaufnahme die Aussetzung der Hauptverhandlung zum Zweck der Erkundigung beantragen.

(3) Dieselbe Befugnis haben die Staatsanwaltschaft und der Angeklagte bei den auf Anordnung des Vorsitzenden oder des Gerichts geladenen Zeugen oder Sachverständigen.

(4) Über die Anträge entscheidet das Gericht nach freiem Ermessen.

Übersicht

1 § 246 Abs. 1 schließt eine **Präklusion von Beweisanträgen** aufgrund Zeitablaufs aus. Für den Fall einer **verspäteten Namhaftmachung** von Beweismitteln ermöglichen die Absätze 2 bis 4 die **Aussetzung** der Hauptverhandlung.

2 **A. Keine Rügepräklusion (Abs. 1).** § 246 Abs. 1 ergänzt § 244 Abs. 3 dahin gehend, dass **jeder** bis zum Beginn der Urteilsverkündung gestellte Beweisantrag **entgegengenommen** und **sachlich geprüft** werden muss (Meyer-Goßner/*Schmitt* § 246 Rn. 1). Das Gesetz schreibt den Verfahrensbeteiligten nicht vor, bis zu welchem Zeitpunkt sie in der Hauptverhandlung ihre Beweisanträge anzubringen haben (BGH NStZ 1998, 207 m.Anm. *Sander*; StV 1990, 391 m.Anm. *Strate*). Ein Antrag darf also **nicht allein deshalb** zurückgewiesen werden, weil er früher hätte gestellt werden können (BGH NJW 2005, 2466, 2467; LR/*Becker* § 246 Rn. 1). Insoweit tritt der Beschleunigungsgrundsatz hinter die Verpflichtung des Gerichts zur erschöpfenden Sachverhaltsaufklärung zurück (BGH NStZ 2005, 395; krit. *Bauer* NStZ 2008, 542, 544 f.; *Basdorf* StV 1997, 490; *ders.* FS Widmaier, S. 61 f.). Zudem verwirklicht sich in der Wahl des Antragszeitpunkts das Recht des Angeklagten bzw. seines Verteidigers, die **Verteidigungsstrategie autonom zu bestimmen** und dem Ergebnis der Beweisaufnahme anzupassen (*Bernsmann* ZRP 1994, 331). Eventuell damit einhergehende Lästigkeiten (*Schmitt* StraFo 1993, 53 f.) haben das Gericht und die übrigen Verfahrensbeteiligten hinzunehmen.

3 Gegen die durch das Gesetz zur effektiveren und praxistauglicheren Ausgestaltung des Strafverfahrens vom 17.08.2017 (BGBl. I, S. 3202) in § 244 Abs. 6 Satz 3 bis 5 (s. § 244 Rdn. 158 ff.) eingeführte **Fristsetzungslösung** bestehen im Hinblick auf Abs. 1 – wie schon gegen die entsprechende Rspr. des BGH (BGHSt 51, 333, 334 f.; 52, 355, 358 f.; s.a. BGH StV 2006, 113 m.Anm. *Dahs*; NStZ 2007, 716) keine durchgreifenden Bedenken (*Schneider* NStR 2019, 489, 490, 492; zur Rspr. des BGH s. LR/*Becker* § 244 Rn. 283 sowie Vor-

aufl.; a.A. *Beulke/Ruhmannseder* NStZ 2008, 300, 302; *Gaede* NJW 2009, 608; *König* StV 2009, 171, 172 f.; *Fezer* HRRS 2009, 17 f.; *Kempf* StraFo 2010, 316; Alsberg/*Güntge* Rn. 1244; MüKo-StPO/*Trüg/Habetha* § 249 Rn. 2), weil das Recht, Beweisanträge zu stellen, hierdurch nicht eingeschränkt und der Katalog der Ablehnungsgründe nicht ausgeweitet wird und das Gericht auch nach Fristablauf verpflichtet ist, Beweisanträge entgegenzunehmen und inhaltlich zu prüfen (BT-Drs. 18/11277, S. 34). Mehr verlangt Abs. 1 nicht.

Beweisanträge können **bis zum Beginn der Urteilsverkündung**, also auch noch nach Abschluss der Beweisaufnahme, gestellt werden (BGHSt 21, 118, 123 f.; BGH NStZ 2005, 395; Meyer-Goßner/*Schmitt* § 246 Rn. 1). Auch hieran hat sich mit der Einführung der Fristenlösung in § 244 Abs. 6 Satz 3 bis 5 nichts geändert (BT-Drs. 18/11277, S. 34). Erkennt das Gericht beim Wiedereintritt in den Saal, dass ein Verfahrensbeteiligter einen Beweisantrag stellen möchte, darf es ihm diese Möglichkeit nicht abschneiden, indem es mit der Urteilsverkündung beginnt, noch bevor der Verfahrensbeteiligte Gelegenheit zur Antragstellung hatte (BGH NStZ 2007, 112, 113; KG StV 1991, 59). Das gilt insb. dann, wenn die Stellung von Beweisanträgen – etwa schriftlich – während der Beratung angekündigt wurde (KK-StPO/*Krehl* § 246 Rn. 2). Wird der Antrag gestellt, ist die Beweisaufnahme wieder aufzunehmen (BGH NStZ 2005, 395). Lehnt der Vorsitzende es ab, den Antrag entgegenzunehmen oder wieder in die Beweisaufnahme einzutreten, kann das Gericht nach § 238 Abs. 2 angerufen werden (BGH NStZ 1992, 346). Wird ein Beweisantrag **während der Urteilsverkündung** gestellt, muss der Vorsitzende weder die Verkündung unterbrechen noch den Beweisantrag entgegen nehmen. Es steht ihm jedoch frei, dies zu tun. In diesem Fall ist der Antrag nach §§ 244, 245 zu bescheiden (LR/*Becker* § 246 Rn. 2). 4

B. Aussetzung der Hauptverhandlung (Abs. 2 bis 4). Das Antragsrecht auf Aussetzung der Hauptverhandlung nach den Abs. 2 und 3 schützt den Angeklagten bzw. die Staatsanwaltschaft davor, bei der Beweisaufnahme **überrumpelt** zu werden, wenn ein zu vernehmender **Zeuge oder Sachverständiger** so spät namhaft gemacht oder eine zu beweisende Tatsache so spät vorgebracht wurde, dass dem Gegner die Zeit gefehlt hat, Erkundigungen über Wert oder Unwert des Beweismittels einzuziehen (LR/*Becker* § 246 Rn. 3; KK-StPO/*Krehl* § 246 Rn. 4; MüKo-StPO/*Trüg/Habetha* § 246 Rn. 5). Für **sächliche Beweismittel**, deren Vorhandensein den Beteiligten nicht rechtzeitig bekannt gegeben werden, gelten die Regelungen entsprechend (Meyer-Goßner/*Schmitt* § 246 Rn. 2). 5

Formal knüpfen Abs. 2 und Abs. 3 an die **Pflicht zur rechtzeitigen Benennung** der Beweisperson nach § 222 an und ergänzen diese, indem sie die für die Verletzung dieser Verpflichtung verfahrensrechtliche Konsequenzen vorsehen (KK-StPO/*Krehl* § 246 Rn. 4). Dies gilt über § 222 hinaus, der nur Beweispersonen betrifft, auch für **Beweistatsachen**. 6

»Zu spät« bedeutet dasselbe wie nicht »rechtzeitig« i.S.d. § 222. Die Namhaftmachung einer **Beweisperson** ist nicht mehr rechtzeitig und damit zu spät, wenn den anderen Verfahrensbeteiligten nicht ausreichend Zeit zur Einziehung von Erkundigungen oder für eigene Maßnahmen – wie die Anbringung von Gegenbeweisanträgen oder die Ladung von Gegenzeugen – bleibt (KK-StPO/*Gmel* § 222 Rn. 5; AnwK/*Sommer* § 246 Rn. 4). Für eine Namhaftmachung genügt jede schriftliche oder mündliche – auch fernmündliche – Mitteilung, wobei aus Gründen der Rechtssicherheit grundsätzlich die Schriftform eingehalten werden sollte (KK-StPO/*Gmel* § 222 Rn. 6). Es genügt nicht, dass der Zeuge oder Sachverständige durch Akteneinsicht als Beweismittel hätte erkannt werden können (LR/*Becker* § 246 Rn. 6). Eine **Beweistatsache** ist zu spät vorgebracht, wenn der Gegner zu einem Zeitpunkt mit der Behauptung ihrer Beweiserheblichkeit konfrontiert wird, in dem er hierauf nicht mehr angemessen reagieren kann (LR/*Becker* § 246 Rn. 7). Allerdings sind Tatsachen, deren verfahrenserhebliche Bedeutung entweder aus den zur Verfügung stehenden Akten oder aus der Anklageschrift ersichtlich war, keine »neuen« Tatsachen, die eine Aussetzung der Hauptverhandlung zu rechtfertigen vermögen (BGHSt 37, 1, 3; LG Koblenz StV 1997, 239, 240). 7

Die Aussetzung der Hauptverhandlung muss **zum Zweck der Erkundigung** beantragt werden. Die Erkundigung kann sowohl die Beweisperson – z.B. ihre Glaubwürdigkeit oder ihr Fachwissen – als auch die zu beweisende Tatsache betreffen (LR/*Becker* § 246 Rn. 8). **Antragsbefugt** nach **Abs. 2** ist der **Gegner** desjenigen, der das Beweismittel zu spät namhaft gemacht oder die Beweistatsache nicht rechtzeitig vorgebracht hat. Gegner sind all diejenigen, die Verfahrensinteressen mit gegenläufigen Zielsetzungen verfolgen (LR/*Becker* § 246 Rn. 9). Die Vorschrift stellt – ebenso wie § 222 – vor allem auf den Gegensatz zwischen dem Angeklagten – bzw. ihm gleichgestellte Nebenbeteiligte (§ 433 Abs. 1) – und der Staatsanwaltschaft ab (MüKo-StPO/*Trüg/Habetha* § 246 Rn. 10). Auch der **Nebenkläger** ist in der Regel Gegner des Angeklagten; allerdings steht ihm nach § 397 Abs. 1 Satz 3 kein Recht zu, die Aussetzung der Hauptverhandlung zu verlangen (Meyer-Goßner/*Schmitt* § 246 Rn. 4; die Entscheidung BGHSt 28, 272, 274 ist überholt). **Mitangeklagte** können Gegner sein, wenn ihre Verfahrensinteressen in Bezug auf die konkrete Beweiserhebung gegenläufig sind (AnwK/*Sommer* § 246 Rn. 5). Nach **Abs. 3** sind die Staatsanwaltschaft und der Angeklagte, 8 darüber hinaus nach h.M. auch die ihm gleichgestellten Nebenbeteiligten sowie sein **Verteidiger** antragsbefugt (LR/*Becker* § 246 Rn. 10); ob darüber hinaus auch jeder andere in seinen Verfahrensinteressen Betroffene antragsbefugt ist, ist strtg. (dafür Meyer-Goßner/*Schmitt* § 246 Rn. 4; KK-StPO/*Krehl* § 246 Rn. 6; a.A. LR/*Becker* § 246 Rn. 10). Für den Nebenkläger gilt wiederum § 397 Abs. 1 Satz 3.

9 Der Aussetzungsantrag kann **bis zum Schluss der Beweisaufnahme**, also bis zum Beginn der Schlussvorträge (§ 258 Abs. 1) gestellt werden (BGHSt 37, 1, 2); danach nur dann, wenn das Gericht erneut in die Beweisaufnahme eingetreten ist (MüKo-StPO/*Trüg/Habetha* § 246 Rn. 12). Der Antrag muss erkennbar **auf die Aussetzung** der Hauptverhandlung gerichtet sein. Der bloße **Protest** gegen die Beweiserhebung kann nicht ohne Weiteres als Antrag auf Aussetzung der Hauptverhandlung angesehen werden (Meyer-Goßner/*Schmitt* § 246 Rn. 5).

10 Das Gericht muss die Verfahrensbeteiligten grundsätzlich **nicht** über das Antragsrecht **belehren**. Etwas anderes kann unter **Fürsorgesichtpunkten** für den rechtsunkundigen und unverteidigten Angeklagten gelten (KK-StPO/*Krehl* § 246 Rn. 6; Meyer-Goßner/*Schmitt* § 246 Rn. 3). In solchen Fällen kommt auch eine **Aussetzung von Amts wegen** in Betracht, ebenso, wenn die Hauptverhandlung **ohne den Angeklagten** stattfindet und für diesen auch kein Verteidiger erschienen ist (LR/*Becker* § 246 Rn. 20).

11 Über den Aussetzungsantrag entscheidet das Gericht – nicht der Vorsitzende allein – gem. Abs. 4 nach **»freiem Ermessen«**. Es soll dabei frei von allgemeinen formalen Erwägungen aufgrund der Gegebenheiten des Einzelfalls entscheiden (BGHSt 37, 1, 3 ff.; BGH StV 1990, 197 f.). Das Gericht hat bei der Nutzung seiner Beurteilungs- und Ermessensspielräume zwischen dem Gebot einer fairen Verfahrensführung einerseits und seiner Aufklärungspflicht und dem Gebot angemessener Verfahrensbeschleunigung andererseits abzuwägen (LR/*Becker* § 246 Rn. 15). Dabei wird die Aussetzung des Verfahrens die **Ausnahme** sein (BGHSt 37, 1, 3), jedenfalls seit der **Verlängerung der Unterbrechungsfristen** des § 229 Abs. 1 und 2 durch das 1. JuMoG. Dieser Zeitraum wird regelmäßig ausreichen, um die erforderlichen Erkundigungen einzuholen (LR/*Becker* § 246 Rn. 15, 19). Über die Gewährung und ggf. die Dauer der Unterbrechung der Hauptverhandlung entscheidet der Vorsitzende im Rahmen seiner Sachleitungsbefugnis (§ 238 Abs. 1). Hiergegen ist ein Antrag auf gerichtliche Entscheidung statthaft (§ 238 Abs. 2).

12 Darüber hinaus kann das Gericht die Aussetzung ablehnen, wenn das neu benannte Beweismittel bereits bekannt ist (BGH StV 1982, 457), Erkundigungen erkennbar keine weitere Aufklärung erwarten lassen (Meyer-Goßner/*Schmitt* § 246 Rn. 5), der Aussetzungsantrag tatsächlich anderen – insb. verfahrensfremden – Zwecken dient (BGH StV 1990, 197 m.Anm. *Odenthal*) oder die Tatsache, über die Erkundigungen eingezogen werden sollen, erkennbar ohne Bedeutung für die Beurteilung des neuen Beweismittels ist, wie z.B. der Leumund eines nicht rechtzeitig namhaft gemachten Zeugen, dessen Aussage ausschließlich nach Glaubhaftigkeitskriterien zu beurteilen ist (LR/*Becker* § 246 Rn. 16; MüKo-StPO/*Trüg/Habetha* § 246 Rn. 14). Der Ablehnungsbeschluss ist zu begründen (Meyer-Goßner/*Schmitt* § 246 Rn. 5).

13 **C. Rechtsmittel.** Gegen die Entscheidung des Gerichts nach Abs. 4 ist wegen § 305 Satz 1 die Beschwerde nicht statthaft (Meyer-Goßner/*Schmitt* § 246 Rn. 7).

14 Die **Revision** ist begründet, wenn das Gericht die Bescheidung eines Beweisantrages oder die Erhebung eines Beweises wegen Verspätung ablehnt oder die Ablehnung den Urteilsgründen vorbehält (BGH NJW 2005, 395); Letzteres soll allerdings ausnahmsweise für Fälle schwersten Missbrauchs des Beweisantragrechts in Betracht kommen (BGH NJW 2005, 2466). Eine **vorherige Anrufung des Gerichts** nach § 238 Abs. 2 ist für die Zulässigkeit der Rüge nicht erforderlich, weil dem Vorsitzenden weder ein Beurteilungs- noch ein Ermessensspielraum zusteht (LR/*Becker* § 246 Rn. 23; MüKo-StPO/*Trüg/Habetha* § 246 Rn. 20; BGH NStZ 1992, 248; a.A. BGH NStZ 1992, 346; KK-StPO/*Krehl* § 246 Rn. 11). Verweigert der Vorsitzende die Annahme des Beweisantrages, ist eine Aufklärungsrüge zu erheben (KK-StPO/*Krehl* § 246 Rn. 3).

15 Lehnt das Gericht einen Aussetzungsantrag zu Unrecht ab oder bescheidet es den Antrag nicht, kann dies ebenfalls mit der Revision beanstandet werden. Die Rüge der Verletzung des Abs. 2 oder 3 setzt jedoch einen entsprechenden **Antrag** des Revisionsführers **in der Hauptverhandlung** voraus (BGH NStZ 1990, 245; OLG Jena, Beschl. v. 03.04.2006 – 1 Ss 64/06; KK-StPO/*Krehl* § 246 Rn. 12; MüKo-StPO/*Trüg/Habetha* § 246 Rn. 21). Etwas anderes gilt nur dann, wenn das Gericht aufgrund seiner **Fürsorgepflicht** verpflichtet gewesen wäre, einen Verfahrensbeteiligten auf sein Antragsrecht hinzuweisen oder die Hauptverhandlung von Amts wegen auszusetzen (dazu oben Rdn. 10; LR/*Becker* § 246 Rn. 25; s.a. OLG Hamm, BeckRS 2011, 24797 bei befugter Abwesenheit des unverteidigten Angeklagten im OWi-Verfahren). Der Revisionsführer muss in diesem Fall die Umstände darlegen, aus denen sich diese Verpflichtungen ergeben.

§ 246a Vernehmung eines Sachverständigen vor Entscheidung über eine Unterbringung

(1) Kommt in Betracht, dass die Unterbringung des Angeklagten in einem psychiatrischen Krankenhaus oder in der Sicherungsverwahrung angeordnet oder vorbehalten werden wird, so ist in der Hauptverhandlung ein Sachverständiger über den Zustand des Angeklagten und die Behandlungsaussichten zu vernehmen. Gleiches gilt, wenn das Gericht erwägt, die Unterbringung des Angeklagten in einer Entziehungsanstalt anzuordnen.

(2) Ist Anklage erhoben worden wegen einer in § 181b des Strafgesetzbuchs genannten Straftat zum Nachteil eines Minderjährigen und kommt die Erteilung einer Weisung nach § 153a dieses Gesetzes oder nach den §§ 56c, 59a Absatz 2 Satz 1 Nummer 4 oder § 68b Absatz 2 Satz 2 des Strafgesetzbuchs in Betracht, wonach sich der Angeklagte psychiatrisch, psycho- oder sozialtherapeutisch betreuen oder behandeln zu lassen hat (Therapieanweisung), soll ein Sachverständiger über den Zustand des Angeklagten und die Behandlungsaussichten vernommen werden, soweit dies erforderlich ist, um festzustellen, ob der Angeklagte einer solchen Betreuung und Behandlung bedarf.

(3) Hat der Sachverständige den Angeklagten nicht schon früher untersucht, so soll ihm dazu vor der Hauptverhandlung Gelegenheit gegeben werden.

Übersicht

1 **A. Allgemeines.** Die Unterbringung in einem psychiatrischen Krankenhaus (§ 63 StGB) und die Sicherungsverwahrung (§§ 66, 66a StGB), aber auch die Unterbringung in einer Entziehungsanstalt (§ 64 StGB) sind außerordentlich schwerwiegende Maßregeln (BVerfGE 91, 1, 29; BGHSt 50, 275, 278; 52, 31, 37). Kommt die Anordnung einer solchen **freiheitsentziehenden Maßregel** in Betracht, so hat das erkennende Gericht **von Verfassungs wegen** (BVerfGE 70, 297, 308) einen Sachverständigen zuzuziehen und in der Hauptverhandlung anzuhören. Der § 246a konkretisiert dieses verfassungsrechtliche Gebot und verpflichtet das Gericht zur bestmöglichen Aufklärung aller für die Entscheidung über die Anordnung relevanten Umstände (AnwK/*Sommer* § 246a Rn. 2). Auch in (scheinbar) einfach gelagerten Fällen ist es dem Gericht damit verwehrt, sich mit der eigenen Sachkunde zu begnügen (BGH NStZ-RR 2004, 205; LR/*Becker* § 246a Rn. 1). Die Vorschrift dient damit dem Schutz des Angeklagten, aber auch dem öffentlichen Interesse an einer sachgerechten Auswahl und Anordnung von Maßregeln (BGH StV 1994, 231; KK-StPO/*Krehl* § 246a Rn. 1). Bei **nicht-freiheitsentziehenden** Maßregeln richtet sich die Pflicht des Gerichtes zur Zuziehung eines Sachverständigen nach den allgemeinen Regeln (Aufklärungspflicht bzw. Beweisantrag; SSW-StGB/*Schöch* Vor §§ 61 ff. Rn. 35). Der durch das StORMG vom 26.06.2013 (BGBl. I, S. 1805) neu eingefügte Abs. 2 ergänzt die richterliche Aufklärungspflicht und statuiert eine Sollvorschrift zur Begutachtung für den Bereich der Therapieanweisung bei Sexualstrafsachen zum Nachteil von Minderjährigen (Beschlussempfehlung des Rechtsausschusses, BT-Drs. 17/12735, S. 16 f.; krit. dazu LR/*Becker* Nachtr. § 246a Rn. 1).

2 **B. Vernehmung eines Sachverständigen (Abs. 1 und 2). I. Voraussetzungen.** Abs. 1 **Satz 1** betrifft die Unterbringung in einem psychiatrischen Krankenhaus (§ 63 StGB) sowie die Anordnung (§ 66 StGB) und den Vorbehalt (§ 66a StGB) der Sicherungsverwahrung und ordnet die Vernehmung eines Sachverständigen für alle Fälle an, in denen die Anordnung dieser Maßregeln in **Betracht kommt**, d.h. **möglich erscheint** (BGH NStZ 2012, 463, 464; wistra 2010, 68; Meyer-Goßner/*Schmitt* § 246a Rn. 2; KK-StPO/*Krehl* § 246a Rn. 2; *Schneider* NStZ 2008, 68, 70; MüKo-StPO/ *Trüg/Habetha* § 246a Rn. 6). Dringende Gründe für eine entsprechende Annahme müssen somit nicht vorliegen (*Eisenberg* BR Rn. 1827).

3 Eine entsprechende Verpflichtung enthält Abs. 1 **Satz 2** für die Unterbringung in einer Entziehungsanstalt (§ 64 StGB) hingegen nur für diejenigen Fälle, in denen das Gericht die Anordnung dieser Maßregel **konkret erwägt**. Diese Regelung korrespondiert mit der Ausgestaltung des § 64 StGB als Sollvorschrift (*Spiess* StV 2008, 160, 164) Aber auch in diesen Fällen steht die Vernehmung eines Sachverständigen nicht im Belieben des Gerichts (MüKo-StPO/ *Trüg/Habetha* § 246a Rn. 8). Vielmehr kann es hierauf nur dann verzichten, wenn eine Unterbringung nach den Gegebenheiten des Einzelfall im Hinblick auf den – allerdings eng begrenzten (BGH NStZ 2008, 300; NStZ-RR 2008, 73; SSW-StGB/*Schöch* § 64 Rn. 46) – Ermessensspielraum des Gerichts offensichtlich nicht infrage kommt (Meyer-Goßner/*Schmitt* § 246a Rn. 3; LR/*Becker* § 246a Rn. 8;

Graf/*Berg* § 246a Rn. 3; *Schneider* NStZ 2008, 68, 70). Davon darf nur in besonderen Ausnahmefällen ausgegangen werden (OLG Hamm BeckRS 2012, 15942), etwa dann, wenn wegen mangelnder oder fehlender Sprachkenntnisse des Angeklagten keine hinreichend konkreten Erfolgsaussichten für die Behandlung des Angeklagten bestehen (BGH StV 2009, 15; StV 2008, 138, jeweils unter Hinweis auf die Neufassung des § 64 StGB im Jahr 2007). Allerdings kann gerade unter diesen Umständen die Vernehmung eines Sachverständigen zur Beurteilung der konkreten Erfolgsaussichten erforderlich sein (BGH BeckRS 2013, 02640, Rn. 9). Darüber hinaus soll die Vernehmung eines Sachverständigen unterbleiben können, wenn mit der Ausweisung des Angeklagten zu rechnen ist (BGH NStZ 2009, 214, 215; *Fischer* § 64 Rn. 23a, jew. unter Hinweis auf die Gesetzgebungsmaterialien). Bestehen dagegen **irgendwelche konkreten Erfolgsaussichten**, ist die Maßregel anzuordnen (*Fischer* § 64 Rn. 23a) mit der Folge, dass Abs. 1 Satz 2 zur Anwendung kommt. Die Therapieunwilligkeit des Angeklagten allein steht der Anordnung der Maßregel nicht entgegen (BGH NStZ-RR 2010, 141) und begründet damit die Begutachtungspflicht. Gleiches gilt bei erfolglosen früheren Therapieversuchen (BGH, Beschl. v. 01.03.2012 – 2 StR 3012, BeckRS 2012, 07665, Rn. 4).

4 Nach dem neu eingefügten Abs. 2 soll frühzeitig ein Sachverständiger über den Zustand des Angeklagten und etwaige Behandlungsmöglichkeiten vernommen werden, wenn dieser einer der in § 181b StGB genannten Sexualstraftaten zum Nachteil eines Minderjährigen hinreichend verdächtig ist (zur Erforderlichkeit der Schuldspruchprognose s. LR/*Becker* Nachtr. § 246a Rn. 10) und die Erteilung einer Therapieweisung (nach § 153a StPO bzw. §§ 56c, 59a Abs. 2 Satz 1 Nr. 4, 68b Abs. 2 Satz 2 StGB) in Betracht kommt. Das Gutachten muss erforderlich sein, um festzustellen, ob der Angeklagte der in Betracht gezogenen psychiatrischen, psycho- oder sozialtherapeutischen Betreuung und Behandlung bedarf (KK-*Krehl*, § 246a Rn. 2a). Mit der Regelung, die schon bei Kriminalität im niederschwelligen Bereich ansetzt, soll häufiger und frühzeitiger als bislang erkannt werden, ob beim Angeklagten eine behandlungsbedürftige, für das Rückfallrisiko bedeutsame Störung vorliegt, der mit einer Therapieweisung begegnet werden kann (Beschlussempfehlung des Rechtsausschusses, BT-Drs. 17/12735, S. 16). Durch die Verweisung in § 153a Abs. 1 Satz 8 kann eine entsprechende Begutachtung von der Staatsanwaltschaft im Ermittlungsverfahren angeordnet werden (Meyer-Goßner/*Schmitt* § 153a Rn. 14a). Für das Vollstreckungsverfahren verweist § 453 Abs. 1 Satz 2 auf Abs. 2. Dass eine Therapieweisung in Betracht kommt, dürfte – wie der Vergleich mit der Regelung in Abs. 1 Satz 2 ergibt – nur in Ausnahmefällen auszuschließen sein, etwa dann, wenn der Angeklagte mit Sicherheit nicht therapiefähig ist. Insoweit kann auf die obigen Ausführungen (Rn. 3) verwiesen werden. In den Fällen der §§ 56c, 59a Abs. 2 Satz 1 Nr. 4, 68b Abs. 2 Satz 2 StGB schließt Therapieunwilligkeit eine Begutachtung nicht von vornherein aus, weil diese Vorschriften die Erteilung einer entsprechenden Weisung auch ohne Einwilligung des Angeklagten ermöglichen, soweit es sich um eine ambulante Heilbehandlung handelt, die nicht mit körperlichen Eingriffen verbunden ist oder eines Entziehungskur einhergeht (§ 56c Abs. 3 StGB, auf den die übrigen Vorschriften verweisen). Die Erteilung einer Weisung nach § 153a setzt hingegen die Zustimmung des Angeklagten voraus. Hier ist allerdings zu berücksichtigen, dass sich dessen Einstellung je nach Verfahrenslage ändern kann.

5 **II. Auswahl des Sachverständigen.** Die Auswahl des Sachverständigen hat **maßnahmenspezifisch**, d.h. nach den für die Begutachtung erforderlichen Fachkenntnissen (BGH NStZ 2000, 215) sowie speziell unter dem Gesichtspunkt der jeweils infrage kommenden Maßregel (BVerfG NJW 1995, 3047 gegen BGH NStZ 1994, 592) zu erfolgen. Soweit eine Unterbringung nach § 63 StGB in Betracht kommt, ist regelmäßig die Vernehmung eines psychiatrischen Sachverständigen erforderlich (KK-StPO/*Krehl* § 246a Rn. 3). Auch in den übrigen Fällen, in denen bei dem Angeklagten eine krankheitsbedingte Störung in Betracht kommt, hat das Gericht einen Arzt mit einschlägigem Fachwissen hinzuzuziehen (BGH NJW 1993, 2252, 2253). Ansonsten – insb. für die Prognose – kommt auch die Vernehmung eines Psychologen oder Kriminologen in Betracht (*Kruse* NJW 2014, 509; *Kinzig* NStZ 2004, 659; *Veltes* StV 2000, 282).

6 Unter Aufklärungsgesichtspunkten kann es – über § 246a hinaus – geboten sein, **weitere Sachverständige** hinzuzuziehen. Das ist insb. dann der Fall, wenn mehrere Maßregeln in Betracht zu ziehen sind (LR/*Becker* § 246a Rn. 10; *Eisenberg* BR Rn. 1827) oder sich das Gericht dem Sachverständigengutachten nicht anschließen will (*Trück* NStZ 2007, 384). Da das Gesetz gerade davon ausgeht, dass die eigene Sachkunde des Gerichts für die sichere Beurteilung der in Rede stehenden Fragen nicht ausreicht (BGH NStZ 2005, 159; 2005, 628), genügt es nicht, dass das Gericht den Sachverständigen unter Mitteilung seiner Erwägungen und der sie stützenden Anknüpfungstatsachen lediglich noch einmal zu seiner abweichenden Auffassung anhört (so aber LR/*Becker* § 246a Rn. 4).

7 **III. Vernehmung des Sachverständigen in der Hauptverhandlung.** Innerhalb seines Anwendungsbereichs gibt § 246a Abs. 1 auch den **Modus der Beweisaufnahme** vor (AnwK/*Sommer* § 246a Rn. 3). Der Sachverständige **muss** in der Hauptverhandlung **vernommen werden**. Die Verlesung einer Vernehmungsniederschrift

oder eines – ohnehin nicht zwingend vorgeschriebenen (BGHSt 54, 177; a.A. *Deckers/Schöch/Nedopil/Dittmann/Müller/Nowara/Saimeh/Boetticher/Marburg* NStZ 2011, 69; *Ziegert* StV 2011, 199) – vorbereitenden schriftlichen Gutachtens genügt nicht (Meyer-Goßner/*Schmitt* § 246a Rn. 4; KK-StPO/*Krehl* § 246a Rn. 4). Auch die Vernehmung des Sachverständigen durch den beauftragten oder ersuchten Richter reicht nicht aus (LR/*Becker* § 246a Rn. 9). Ebenso ist eine audiovisuelle Vernehmung des Sachverständigen (weiterhin) nicht statthaft (ausdr. § 247a Abs. 2 Satz 2 n.F.).

Abs. 2 hingegen schreibt die Vernehmung des Sachverständigen in der Hauptverhandlung nicht vor (a.A. LR/*Becker* Nachtr. § 246a Rn. 3: Dies folge aus der systematischen Stellung der Vorschrift). Erfolgt die mit einer Therapieauflage verbundene Verurteilung oder Verwarnung im Strafbefehlsverfahren oder eine Einstellung im Dezernatswege, kann die Vernehmung auch außerhalb der Hauptverhandlung erfolgen (s.a. KK-StPO/*Krehl* § 246a Rn. 4a). Die Erstattung eines schriftlichen Gutachtens reicht jedoch auch bei Abs. 2 nicht aus. Nach Anklageerhebung kann die Vernehmung des Sachverständigen im Zwischenverfahren durch das Gericht nach § 202 erfolgen. Dabei ist den Verfahrensbeteiligten die Anwesenheit zu gestatten; § 168c gilt dabei entsprechend (KK-StPO/*Schneider* § 202 Rn. 8). Gleiches gilt, wenn die Staatsanwaltschaft einen Antrag auf Erlass eines Strafbefehls stellt. Der Richter kann einzelne Beweise entsprechend § 202 selbst erheben (KK-StPO/*Maur* § 408 Rn. 4; ähnlich LR/*Becker* Nachtr. § 246a Rn. 3: Anhörung des Sachverständigen im Freibeweisverfahren). Nach Eröffnung des Hauptverfahrens ist eine Vorwegnahme der Hauptverhandlung durch einzelne Beweiserhebungen grds. nur in den gesetzlich vorgesehenen Fällen statthaft (KK-StPO/*Gmel* Vor § 213 Rn. 3). Ob Abs. 2 eine entsprechende Regelung enthält, kann dahinstehen. Wenn im Hinblick auf eine Verfahrenseinstellung nach § 153a Abs. 2 oder den Übergang in das Strafbefehlsverfahren eine Hauptverhandlung vermieden werden soll, steht einer entsprechenden Anwendung des § 202 nichts entgegen (s.a. KK-StPO/*Krehl* § 246a Rn. 4a), weil insoweit gerade keine Vorwegnahme vorliegt. Findet eine Hauptverhandlung statt, so ist der Sachverständige in dieser zu vernehmen, es sei denn, die Vernehmung zum Beweisthema des Abs. 2 hat bereits im Zwischenverfahren oder außerhalb der Hauptverhandlung im Hauptverfahren stattgefunden. In diesem Fall ist es nach dem Wortlaut des Abs. 2 – anders als bei Abs. 1 – ebenso zulässig, die Niederschrift über die frühere richterliche Vernehmung – etwa nach § 251 Abs. 2 Nr. 3 – zu verlesen, wenn alle Verfahrensbeteiligten Gelegenheit hatten, daran teilzunehmen und der Vorlesung zuzustimmen. 8

Zwingend von § 246a (sowohl in Abs. 1 als auch in Abs. 2) vorgeschriebener **Gegenstand der Vernehmung** sind der Zustand des Angeklagten und die Behandlungsaussichten. Allerdings ist die Vernehmung des Sachverständigen schon unter Aufklärungsgesichtspunkten (§ 244 Abs. 2) auch auf **alle sonstigen prognoserelevanten Umstände** auszudehnen (LR/*Becker* § 246a Rn. 10; zu den inhaltlichen Mindestanforderungen für Prognosegutachten s. *Boetticher/Kröber/Müller-Isberner/Böhm/Müller-Metz/Wolf* NStZ 2006, 537). 9

Bei welchen Teilen der Hauptverhandlung der Sachverständige anwesend sein muss, um ein zutreffendes Bild von der Persönlichkeit des Angeklagten und dessen Zustand zu gewinnen, richtet sich nach Gesichtspunkten der gerichtlichen Aufklärungspflicht (BGH StV 1999, 470). Er braucht in der Regel **nicht während der gesamten Hauptverhandlung** anwesend zu sein (BGHSt 27, 166, 167; Meyer-Goßner/*Schmitt* § 246a Rn. 4; *Eisenberg* BR Rn. 1828; MüKo-StPO/*Trüg/Habetha* § 246a Rn. 21). Er muss sein Gutachten jedoch auf den gesamten relevanten Prozessstoff stützen können (LR/*Becker* § 246a Rn. 11). Hierfür müssen ihm die Verfahrensakten zur Auswertung zur Verfügung stehen (BGH NStZ 2012, 463, 464). Darüber hinaus ist dem Sachverständigen auch die Sichtung von Behandlungsunterlagen früherer Therapien zu ermöglichen. Das gilt insb. dann, wenn dieser die Sichtung der Unterlagen für erforderlich erklärt und die Verteidigung deren Beiziehung beantragt (BGH StV 2014, 125, 126). 10

Ergibt sich erst **während der Hauptverhandlung**, dass eine der im Gesetz genannten Maßregeln in Betracht kommt bzw. zu erwägen ist, wird eine Wiederholung des bereits durchgeführten Teils der Hauptverhandlung in Anwesenheit des Sachverständigen zumeist nicht für erforderlich gehalten (BGH NStZ 1987, 219; Meyer-Goßner/*Schmit* § 246a Rn. 4; Graf/*Berg* § 246a Rn. 4). Allerdings hat das Gericht mit besonderer Sorgfalt zu prüfen, ob die für den Sachverständigen **fragmentarische Hauptverhandlung** eine ausreichende Grundlage für die Erstattung des Gutachtens bietet (KK-StPO/*Krehl* § 246a Rn. 4). Es mag in vielen Fällen genügen, wenn der Vorsitzende über alle relevanten Beweiserhebungen berichtet und es dem Sachverständigen ermöglicht, durch eigene Fragen etwaige Unklarheiten zu beseitigen (LR/*Becker* § 246a Rn. 11). Eine **Wiederholung** des bereits durchgeführten Teils der Hauptverhandlung wird insb. dann in Betracht zu ziehen sein, wenn der Angeklagte seine Mitwirkung an der Exploration verweigert und der Sachverständige seinen persönlichen Eindruck vom Angeklagten im Wesentlichen aus dessen etwaige Reaktionen auf den Verlauf der Beweisaufnahme gewinnen muss. 11

12 **C. Untersuchung durch den Sachverständigen (Abs. 3).** Der Wortlaut der Vorschrift kann zu Missverständnissen Anlass geben: Obwohl als Sollvorschrift formuliert, steht die Untersuchung des Angeklagten durch einen Sachverständigen nicht im Ermessen des Gerichts oder gar des Sachverständigen; sie ist **zwingend vorgeschrieben** (Meyer-Goßner/*Schmitt* § 246a Rn. 5; KK-StPO/*Krehl* § 246a Rn. 5), weil nur die Untersuchung eine verlässliche Grundlage für das Gutachten bietet (LR/*Becker* § 246a Rn. 12). Der Soll-Charakter bezieht sich allein auf den **Zeitpunkt der Untersuchung** (BGH NStZ 2002, 384; KK-StPO/*Krehl* § 246a Rn. 5), die **vor Beginn der Hauptverhandlung** durchgeführt werden soll, aber auch während der Hauptverhandlung vorgenommen werden darf, wobei die Beobachtung des Angeklagten in der Hauptverhandlung in der Regel nicht ausreicht (Meyer-Goßner/*Schmitt* § 246a Rn. 5).

13 Auch die Untersuchung des Angeklagten muss **maßnahmenspezifisch ausgerichtet** sein. Eine allgemeine psychiatrische Untersuchung genügt daher nicht (BVerfG NStZ 1995, 3047; LR/*Becker* § 246a Rn. 13). Verweigert der Angeklagte seine **Mitwirkung an der Untersuchung**, so ist diese **zwangsweise** nach §§ 81, 81a durchzuführen (BGH NStZ-RR 1997, 166, 167; Meyer-Goßner/*Schmitt* § 246a Rn. 5). Etwas anderes gilt nur dann, wenn – z.B. bei einer psychiatrischen oder psychologischen Exploration – ohne die Mitwirkung oder gar gegen den Widerstand des Angeklagten von der Untersuchung kein verwertbares Ergebnis zu erwarten ist (BGH NStZ 2004, 263, 264; LR/*Becker* § 246a Rn. 12; *Eisenberg* BR Rn. 1829). Insoweit sind der Anwendung von Zwangsmaßnahmen enge Grenzen gesetzt (BVerfG NJW 2002, 283; BGHSt 48, 4, 11 ff.; *Schumacher/Arndt* StV 2003, 96). Das bedeutet allerdings nicht, dass in diesem Fall auf die Einholung eines Gutachtens verzichtet werden darf (BGH StraFo 2009, 208, 209). Der Sachverständige hat sich die notwendigen Anknüpfungstatsachen dann anderweitig zu verschaffen, insb. durch die Beobachtung des Angeklagten in der Hauptverhandlung und durch die Auswertung der Akten bzw. etwaiger früherer Gutachten (KK-StPO/*Krehl* § 246a Rn. 5; MüKo-StPO/ *Trüg/Habetha* § 246a Rn. 25). Auf die Untersuchung darf auch nicht deshalb verzichtet werden, weil der Angeklagte behauptet, er sein gesund (Meyer-Goßner/ *Schmitt* § 246a Rn. 5) oder seine psychische Erkrankung offenkundig erscheint (BGHSt 9, 1, 3).

14 Die Untersuchung muss von demjenigen Sachverständigen, der in der Hauptverhandlung vernommen wird, vorgenommen worden sein (LR/*Becker* § 246a Rn. 13). Sie kann insb. nicht durch die Bezugnahme auf ein sich bei den Akten befindliches Gutachten eines anderen Sachverständigen ersetzt werden. Die Untersuchung muss allerdings nicht unmittelbar vor der Hauptverhandlung stattgefunden haben (BGHSt 18, 374, 375: 1 Jahr); eine weiter zurückliegende Untersuchung wird hingegen – insb. dann, wenn sie in einem Strafverfahren erfolgt ist, das einen anderen Sachverhalt betrifft – nicht ausreichen (Meyer-Goßner/*Schmitt* § 246a Rn. 5).

15 **D. Sonderregelungen.** Im **Sicherungsverfahren** (§§ 413 ff.) gilt § 415 Abs. 5 (MüKo-StPO/ *Trüg/Habetha* § 246a Rn. 3). Für die Entscheidung über die im Urteil vorbehaltene Sicherungsverwahrung (§ 66a StGB) wird § 246a durch § 275a Abs. 4 ergänzt (Graf/*Berg* § 246a Rn. 7). § 274a Abs. 4 Satz 3 gilt nur für das Nachverfahren, nicht für das vorausgehende Erkenntnisverfahren (LR/*Becker* § 246a Rn. 6).

16 **E. Revision.** Die Verletzung des § 246a ist ein **relativer Revisionsgrund** i.S.d. § 337 (BGHSt 27, 166, 168; MüKo-StPO/ *Trüg/Habetha* § 246a Rn. 29); der absolute Revisionsgrund des § 338 Nr. 5 kommt nicht in Betracht, weil die ununterbrochene Gegenwart des Sachverständigen nicht erforderlich ist (LR/*Becker* § 246a Rn. 14). Ein Rechtsfehler, auf dem das Urteil auch beruht, ist stets gegeben, wenn das Gericht die Unterbringung ohne die vorgeschriebene Vernehmung eines Sachverständigen anordnet, weil es sich insoweit gerade nicht auf seine eigene Sachkunde berufen kann (KK-StPO/*Krehl* § 246a Rn. 6). Die Verletzung der Pflicht des Gerichts zur umfassenden Unterrichtung des Sachverständigen (s.o. Rdn. 10) kann einen Verstoß gegen § 246a begründen; für eine entsprechende Rüge braucht der Beschwerdeführer – anders als bei der Erhebung der Aufklärungsrüge – in der Beschwerdebegründung nicht mitzuteilen, welche Anknüpfungstatsachen der Sachverständige im Fall der Beiziehung weiterer Unterlagen festgestellt hätte (BGH StV 2014, 125).

17 Die unterbliebene Hinzuziehung eines Sachverständigen stellt zugleich einen Aufklärungsmangel (§ 244 Abs. 2) dar. Mit der **Aufklärungsrüge** kann weiterhin beanstandet werden, dass die Untersuchung nicht ordnungsgemäß erfolgte, der Sachverständige während eines für sein Gutachten wesentlichen Teils der Hauptverhandlung nicht anwesend war (BGH StV 1999, 470) oder kein weiterer Sachverständiger hinzugezogen wurde (LR/*Becker* § 246a Rn. 15; Meyer-Goßner/*Schmitt* § 246a Rn. 6).

18 Ist die Vernehmung eines Sachverständigen nach § 246a vorgeschrieben, so stellt es regelmäßig einen auf die Sachrüge hin zu beachtenden **Darlegungsmangel** dar, wenn Ausführungen zu den Äußerungen des Sachverständigen fehlen (LR/*Becker* § 246a Rn. 16; MüKo-StPO/ *Trüg/Habetha* § 246a Rn. 32; offengelassen in BGH NStZ-RR 2006, 105; 1998, 206).

§ 247 Entfernung des Angeklagten bei Vernehmung von Mitangeklagten und Zeugen

[1]Das Gericht kann anordnen, dass sich der Angeklagte während einer Vernehmung aus dem Sitzungszimmer entfernt, wenn zu befürchten ist, ein Mitangeklagter oder ein Zeuge werde bei seiner Vernehmung in Gegenwart des Angeklagten die Wahrheit nicht sagen. [2]Das Gleiche gilt, wenn bei der Vernehmung einer Person unter achtzehn Jahren als Zeuge in Gegenwart des Angeklagten ein erheblicher Nachteil für das Wohl des Zeugen zu befürchten ist oder wenn bei der Vernehmung einer anderen Person als Zeuge in Gegenwart des Angeklagten die dringende Gefahr eines schwerwiegenden Nachteils für ihre Gesundheit besteht. [3]Die Entfernung des Angeklagten kann für die Dauer von Erörterungen über den Zustand des Angeklagten und die Behandlungsaussichten angeordnet werden, wenn ein erheblicher Nachteil für seine Gesundheit zu befürchten ist. [4]Der Vorsitzende hat den Angeklagten, sobald dieser wieder anwesend ist, von dem wesentlichen Inhalt dessen zu unterrichten, was während seiner Abwesenheit ausgesagt oder sonst verhandelt worden ist.

Übersicht

A. Allgemeines. Der Angeklagte muss während der gesamten **Hauptverhandlung** (vgl. §§ 230 ff.) anwesend sein (BGH NJW 1991, 1364, 1365 f.; NStZ-RR 2015, 51; LR/*Becker* § 230 Rn. 1; Meyer-Goßner/*Schmitt* § 230 Rn. 1 ff.). Diese **Anwesenheitspflicht** des Angeklagten dient der Wahrheitsfindung, sichert das rechtliche Gehör des Angeklagten (Art. 103 Abs. 1 GG, Art 6 Abs. 1 EMRK) und ermöglicht erst eine allseitige, uneingeschränkte Verteidigung (BGH NJW 2010, 2450, 2451; Meyer-Goßner/*Schmitt* § 230 Rn. 3). Auf seine für ein faires Verfahren unentbehrliche Anwesenheit kann der Angeklagte weder wirksam verzichten (BGH NStZ 2018, 739; BGH NStZ 2002, 44, 45; StV 1993, 285, 286; NStZ 1991, 296; NJW 1976, 1108; NJW 1973, 522; OLG Koblenz MDR 1977, 777; BayObLG NJW 1974, 249; a.A. *Dahs* FS Widmaier, S. 95) noch kann das Gericht ihn von dieser Pflicht entbinden, soweit nicht ein Gesetz ausdrücklich eine Ausnahme vorsieht (BGH NJW 1976, 1108; JR 1973, 378; KMR/*Hiebl* § 247 Rn. 3 ff.). 1

Eine von wenigen gesetzlichen **Ausnahmen** von der Anwesenheitspflicht (ausführlich: *Metz* NStZ 2017, 446) statuiert § 247 in drei Fällen: zur besseren **Sachaufklärung** (Satz 1), zum **Schutz des Zeugen** (Satz 2) und zum **Schutz des Angeklagten** (Satz 3). Als Ausnahmevorschrift ist die Norm restriktiv auszulegen. Ein Mindestmaß rechtlichen Gehörs stellt dann nur noch die Unterrichtung nach Satz 4 sicher (LR/*Becker* § 247 Rn. 3). Das Gericht entscheidet über die Entfernung des Angeklagten nach pflichtgemäßem Ermessen (BGH NStZ 1987, 84, 85; KK-StPO/*Diemer* § 247 Rn. 4), es sei denn, ein milderes Mittel ist gleichermaßen wirksam (SK-StPO/*Frister* § 247 Rn. 53; KMR/*Hiebl* § 247 Rn. 3; AnwK-StPO/*Sommer* § 247 Rn. 5). 2

Eine **audio-visuelle Vernehmung** nach § 247a kann ein **milderes Mittel** sein, weil der Angeklagte der Zeugenvernehmung direkt folgen kann und bspw. dem Zeugenschutz durch die Bild-Ton-Übertragung genügt wird, da sich der Zeuge an einem anderen Ort befindet (LR/*Becker* § 247 Rn. 2). § 247a führt im Vergleich zu § 247 eher zu »einem schonenden und verhältnismäßigen Ausgleich der im Spannungsverhältnis zwischen dem Prinzip der Aufklärung materieller Wahrheit und dem Zeugenschutz stehenden Verteidigungsrechte« (*Rieck* JZ 2007, 745, 747; vgl. § 247a Rdn. 16 f.). Dennoch bleiben die Verteidigungsrechte des Angeklagten beschränkt, da sich der Angeklagte kein umfassendes Bild über die Reaktion des Zeugen auf Fragen und in der Folge über dessen Glaubwürdigkeit machen kann (*Eisenberg* Rn. 1308 ff.). Welche Vorgehensweise das Gericht wählt, um Verteidigungs-, Zeugenschutz- und Aufklärungsinteresse hinreichend auszugleichen, entscheidet das Gericht wiederum nach pflichtgemäßem Ermessen. Der Strafverteidiger sollte, wenn die Entfernung des Angeklagten sonst unvermeidlich ist, auf § 247a drängen. Wird der Angeklagte jedoch gem. § 247 ausgeschlossen, so hat er dennoch keinen Anspruch darauf, die Vernehmung eines Zeugen per Video 3 mitzuverfolgen (BGH NStZ 2018, 156, 157; NStZ 2009, 582; *Schneider* NStZ 2018, 128, 132 ff.); § 247a hat ggü. § 247 keinen Auffangcharakter (*Rieck* spricht sich im Verhältnis von § 247 zu § 247a für einen grundsätzlichen Vorrang des § 247a aus, *Rieck* JZ 2007, 745, 748; vgl. auch § 247a Rdn. 18).

4 **B. Anwendungsbereich.** Die Vorschrift ist **restriktiv auszulegen** (BGHSt 22, 18, 20; 21, 332, 333 f.; 15, 194, 195; BGH NJW 2010, 2450, 2451; JZ 2001, 414, 415; NJW 1976, 1108; NJW 1957, 1161; LR/*Becker* § 247 Rn. 6; Meyer-Goßner/*Schmitt* § 247 Rn. 1; *Paulus* JZ 1993, 271) und die Ausschlussgründe sind als **abschließende Regelung** (BGHSt 15, 194, 195; RGSt 29, 30, 31; SK-StPO/*Frister* § 247 Rn. 3; KMR/*Hiebl* § 247 Rn. 3 ff.; a.A. RGSt 73, 306 f.) zu verstehen, da sie das die Hauptverhandlung beherrschenden Anwesenheitsprinzip durchbrechen.

5 **I. Sachlich.** § 247 gilt für die gesamte **Hauptverhandlung**. Sie findet – obwohl sie systematisch innerhalb der Vorschriften über die förmliche Beweisaufnahme verortet ist – nicht nur auf den Strengbeweis Anwendung, sondern auch auf den in der Hauptverhandlung erhobenen Freibeweis (LR/*Becker* § 247 Rn. 11; Graf/*Berg* § 247 Rn. 2; SK-StPO/*Frister* § 247 Rn. 5). § 247 ist nicht anwendbar, wenn der Angeklagte auf Anordnung des Gerichts nicht aus dem Sitzungszimmer entfernt, sondern lediglich in den Zuschauerbereich verwiesen wird, soweit er sich auch weiterhin in Sicht- und Hörweite des Verfahrensgeschehens befindet (BGH NStZ 2021, 761).

6 Hinsichtlich der Art des Beweismittels ist § 247 Satz 1 auf die **Vernehmung** eines **Mitangeklagten** oder **Zeugen** und § 247 Satz 2 auf die Zeugenvernehmung beschränkt. Dagegen legt § 247 Satz 3 die Beweiserhebung nur thematisch fest, nicht aber ein bestimmtes Beweismittel: Gegenstand der Beweisaufnahme muss der physische und psychische Zustand des Angeklagten sein (LR/*Becker* § 247 Rn. 8).

7 Für die **kommissarische Vernehmung** (§ 223) gilt § 247 entsprechend (BGHSt 32, 32, 35 ff.; BGH NJW 1984, 1973; LR/*Becker* § 247 Rn. 12). Im Fall der kommissarischen Vernehmung bedarf es jedoch keiner Unterrichtung des ausgeschlossenen Angeklagten gem. § 247 Satz 4, da nur die Protokollverlesung, nicht aber die kommissarische Vernehmung Teil der Hauptverhandlung ist (BGH GA 1967, 371; Graf/*Berg* § 247 Rn. 2; KK-StPO/*Diemer* § 247 Rn. 18; SK-StPO/*Frister* § 247 Rn. 5).
Eine analoge Anwendung des § 247 soll im Zivilprozess möglich sein, wenn die ernsthafte Gefahr besteht, dass ein Zeuge in Gegenwart einer Partei keine wahrheitsgemäße Aussage machen werde oder die dringende Gefahr eines schwerwiegenden Nachteils für die Gesundheit der Auskunftsperson besteht (OLG Saarbrücken, Beschl. v. 10.11.2016 – Az. 4 U 26/15).

8 **II. Persönlich.** Die Vorschrift gilt nur für den **Angeklagten** – auch den sich selbst verteidigenden RA (BVerfG NJW 1980, 1677, 1678; SK-StPO/*Frister* § 247 Rn. 6; KMR/*Hiebl* § 247 Rn. 6). Auf den Beistand (§ 149 Abs. 1 und 2) sind die Rechtsgedanken anwendbar (BGH NStZ 2001, 552 f.; Graf/*Berg* § 247 Rn. 1); für andere Prozessbeteiligte, insb. den Nebenkläger gilt § 247 nicht, auch nicht analog (LR/*Becker* § 247 Rn. 7; Graf/*Berg* § 247 Rn. 1; Meyer-Goßner/*Schmitt* § 247 Rn. 1; Radtke/Hohmann/*Kelnhofer*, § 247 Rn. 1).

9 Verlässt der Angeklagte die Hauptverhandlung eigenmächtig (BGHSt 16, 178, 180), ist nicht § 247, sondern § 231 einschlägig (SK-StPO/*Frister* § 247 Rn. 6; LR/*Becker* § 247 Rn. 5; ebd. § 231 Rn. 11); wird er dagegen wegen ordnungswidrigen Verhaltens aus dem Sitzungssaal entfernt oder zur Haft abgeführt (§ 177 GVG), gilt § 231b (SK-StPO/*Frister* § 247 Rn. 6).

10 **C. Ausschlussgründe. I. Wahrheitsgefährdung (Satz 1). 1. Regelungszweck.** § 247 Satz 1 soll zu einer **wahrheitsgemäßen Aussage** von Mitangeklagten und Zeugen führen. Der Angeklagte soll deshalb nur entfernt werden, wenn der Aussagende durch die Anwesenheit des Angeklagten so gehemmt sein könnte, dass er nicht die Wahrheit sagen werde. Durch die Regelung darf nicht das Aussageverhalten des Angeklagten gesteuert werden. Er darf nicht entfernt werden, damit er seine Einlassung nicht an die eines Mitangeklagten anpasst, oder um ihn in Widersprüche zu verwickeln (BGHSt 15, 194, 195; BGH NJW 1957, 1161; LR/*Becker* § 247 Rn. 14, 47; KK-StPO/*Diemer* § 247 Rn. 2; *Paulus* JZ 1993, 271, 272; krit. *Küster* NJW 1961, 419 und *Hanack* JZ 1972, 81 f. hält BGHSt 15, 194 für zu streng). Da auch die Anwesenheit des Angeklagten der Wahrheitsermittlung dient, ist vor einer vorschnellen Anwendung zu warnen (LR/*Becker* § 247 Rn. 14).

11 **2. Voraussetzungen.** Vorausgesetzt wird eine auf tatsächliche Anhaltspunkte gestützte **konkrete Gefahr** für die Wahrheitsfindung bzw. Sachaufklärung (BGH NStZ 2015, 103 f.; BGHSt 3, 384, 386; OLG Düsseldorf StV 1989, 472, 473; LR/*Becker* § 247 Rn. 15; Graf/*Berg* § 247 Rn. 4; SK-StPO/*Frister* § 247 Rn. 22) aus Sicht des Gerichts und nicht des Mitangeklagten oder Zeugen (BGH MDR [D] 1972, 199; Meyer-Goßner/*Schmitt* § 247 Rn. 3) zum Zeitpunkt des Ausschlusses (LR/*Becker* § 247 Rn. 15; Meyer-Goßner/*Schmitt* § 247 Rn. 3). Der bloße Wunsch eines Zeugen oder Mitangeklagten rechtfertigt nicht den Ausschluss des

Angeklagten (BGH NStZ 2015, 103 f; BGHSt 22, 18, 21; BGH NStZ-RR 2002, 217; BGH NStZ 2015, 103 f.; KK-StPO/*Diemer* § 247 Rn. 5). Genauso wenig entbindet ein vom Angeklagten erklärtes Einverständnis das Gericht von der Prüfung der gesetzlichen Voraussetzungen (Graf/*Berg* § 247 Rn. 4). Auch wenn der Angeklagte mit der Entfernung einverstanden ist, müssen die gesetzlichen Voraussetzungen des § 247 Satz 1 gegeben sein (Graf/*Berg* § 247 Rn. 4). Ein Ausschluss kann auch nicht darauf gestützt werden, dass ein bestellter Betreuer (§ 1897 BGB) der Zeugenvernehmung des nicht zeugnis- und auskunftsverweigerungsberechtigten Betreuten in Gegenwart des Angeklagten widersprochen hat (BGHSt 46, 142, 143 f.; *Meier* JZ 2001, 415, 416 f.). Für den zeugnis- und auskunftsverweigerungsberechtigten Betreuten gilt dies, soweit er eine genügende Vorstellung von dem Recht hat (*Meier* JZ 2001, 415, 416).

Eine konkrete Gefahr wird angenommen, wenn ein Zeuge angibt, bei wahrheitsgemäßer Aussage **Repressalien** seitens des Angeklagten zu befürchten (BGH NStZ 1990, 24, 27 [bei *Miebach*]; KK-StPO/*Diemer* § 247 Rn. 5). In dieser Allgemeinheit ist das aber nicht ohne Weiteres überzeugend. Repressalien werden in der Regel wegen des Inhalts der Aussage und nicht wegen der Aussage in Anwesenheit des Angeklagten befürchtet. In diesen Fällen greift aber der Zweck des § 247 nicht. Entscheidend ist die Sicht *ex ante*. Die Vernehmung muss nicht wiederholt werden, wenn sich nachträglich herausstellt, dass die Befürchtung unbegründet war (*Fischer* NJW 1975, 2034 f.; KK-StPO/*Diemer* § 247 Rn. 5; LR/*Becker* § 247 Rn. 32 f.; a.A. OLG Hamburg NJW 1975, 1573, 1574). 12

Eine konkrete Gefahr wird auch angenommen, wenn ein Zeuge (BGH NStZ 2002, 44, 45) oder Mitangeklagter angibt, er werde bei Anwesenheit des Angeklagten von seinem Recht zur **Zeugnisverweigerung** bzw. von seinem **Schweigerecht** Gebrauch machen und dadurch die Wahrheitsfindung gefährdet ist (BGHSt 22, 18, 21; BGH NStZ 2010, 53; NStZ-RR 2004, 116; NStZ-RR 2002, 69 f.; NStZ 2001, 608; NStZ 1997, 402; StV 1995, 509). Somit kann das Gericht den Angeklagten ausschließen, wenn ein Zeuge, dem entweder ein Zeugnisverweigerungsrecht nach § 52 (BGH NStZ 2001, 608; NStZ 2001, 46, 47; NStZ 1997, 402) oder ein Auskunftsverweigerungsrecht nach § 55 (BGH NStZ-RR 2004, 116, 117 f.) zusteht, erklärt, er werde nur in Abwesenheit des Angeklagten aussagen. Trotz der ständigen bestätigenden Rspr. erscheint dies nicht unproblematisch. Der Ausschlussgrund des § 247 Satz 1 soll der Gefahr begegnen, dass der Zeuge oder Mitangeklagte *nicht die Wahrheit sagt* und nicht, dass er überhaupt aussagt. Die Norm will lediglich falsche Aussagen verhindern. Die Abwägung zwischen der Wahrheitserforschung und anerkannten Schweigerechten von Zeugen aus abstrakten und verallgemeinernden Gründen hat der Gesetzgeber an anderer Stelle (§§ 52 ff.) zugunsten der Zeugnisverweigerungsrechte gelöst. Die »Drohung«, in Anwesenheit des Angeklagten von dem Recht auf Zeugnisverweigerung Gebrauch zu machen, begründet danach keine konkrete Gefahr, der Zeuge werde nicht die Wahrheit sagen. 13

Weiter sollen die Voraussetzungen des § 247 Satz 1 gegeben sein, wenn einem Verdeckten Ermittler die erforderliche **Aussagegenehmigung** (§ 54) nur mit der Einschränkung, in Abwesenheit des Angeklagten auszusagen, erteilt wurde. Die Entfernung des Angeklagten ist auch anzuordnen, wenn dies die einzige Möglichkeit ist, eine zulässige Sperrerklärung für einen Verdeckten Ermittler oder eine Vertrauensperson nach §§ 96 analog, 110b Abs. 3 zu überwinden (BGHSt 42, 175, 176 f.; 32, 32, 35 ff.; BGH NStZ 1996, 608; NStZ 1984, 36, 38 f.; NJW 1984, 1973 f.). 14

II. Schutz des Zeugen (Satz 2). Im Gegensatz zu § 247 Satz 1 dient Satz 2 nicht der Wahrheitsfindung, sondern allein – u.U. auch auf Kosten der Sachaufklärung – dem **Schutz des Zeugen** (*Laubenthal/Nevermann-Jaskolla* JA 2005, 294, 298; SK-StPO/*Frister* § 247 Rn. 33). Zwei Fallgruppen sind zu unterscheiden: Bei kindlichen/jugendlichen Zeugen unter achtzehn Jahren (1. Alt.) gelten andere Maßstäbe als bei anderen Personen (erwachsene Zeugen, 2. Alt.). Gemeinsam ist beiden Alternativen eine Verhältnismäßigkeitsprüfung, sodass die Entfernung des Angeklagten geeignet und erforderlich sein muss, den drohenden Nachteil abzuwenden oder zumindest abzuschwächen. Bei der Erforderlichkeit ist zu prüfen, ob nicht die audiovisuelle Vernehmung nach § 247a ein milderes, aber gleichwirksames Mittel darstellt, da eine solche Vernehmung den Angeklagten in deutlich geringerem Maße beeinträchtigt (KK-StPO/*Diemer* § 247 Rn. 11; SK-StPO/*Frister* § 247 Rn. 42; vgl. Rdn. 1). 15

1. Kinder und Jugendliche (1. Alt.). Der Ausschluss des Angeklagten während der Vernehmung von Personen **unter achtzehn Jahren** als Zeugen setzt die Gefahr eines erheblichen Nachteils für das Zeugenwohl voraus. Die Altersgrenze ist mit dem 2. OpferRRG v. 29.07.2009 (BGBl. I, S. 2280), das am 01.10.2009 in Kraft getreten ist, von 16 Jahren auf 18 Jahre angehoben worden. Das Wohl des Kindes umfasst sowohl das körperliche als auch seelische Wohlbefinden (SK-StPO/*Frister* § 247 Rn. 34; Meyer-Goßner/*Schmitt* § 247 Rn. 11), also auch Gefahren für die Entwicklung und das sittliche Wohl des Kindes (KK-StPO/*Diemer* § 247 Rn. 10; SK-StPO/*Frister* § 247 Rn. 34). Erheblich ist der Nachteil, wenn er über die Vernehmung hinaus noch andauert (LR/*Becker* § 247 Rn. 20; Meyer-Goßner/*Schmitt* § 247 Rn. 11; KMR/*Hiebl* § 247 Rn. 41; 16

SK-StPO/*Frister* § 247 Rn. 34). Die Befürchtung muss auf konkrete Umstände gestützt werden (Meyer-Goßner/*Schmitt* § 247 Rn. 11), die den Eintritt des Nachteils wahrscheinlich erscheinen lassen. Das Gericht hat nach pflichtgemäßem Ermessen – unter Berücksichtigung des Einzelfalls (BGH NStZ 1987, 84, 85) – zu beurteilen, ob eine solche Wahrscheinlichkeit besteht (BGH NJW 2006, 1008, 1009). Maßgeblich ist hier die Sachlage im Zeitpunkt der Beschlussfassung über die Entfernung des Angeklagten.

17 Im Gegensatz zum Erwachsenen (LR/*Becker* § 247 Rn. 19 ff.) ist es beim Kind unerheblich, ob es den Ausschluss wünscht oder nicht (BGH NStZ 2010, 53; NJW 2006, 1008, 1009). Ausschlaggebend sind das Alter, die persönliche Entwicklung, das Verhältnis zum Angeklagten und Art und Schwere der Anklage (BGH NStZ 1987, 84, 85; *Lauberthal/Nevermann-Jaskolla* JA 2005, 294, 298). Dem Schutz kindlicher und jugendlicher Zeugen dienen auch § 241a und § 172 Nr. 4 GVG.

18 **2. Erwachsene (2. Alt.).** Die Voraussetzungen für die Entfernung des Angeklagten während der Aussage **erwachsener Zeugen** sind deutlich strenger. Gefordert wird hier eine **dringende Gefahr** anstatt einer bloßen Befürchtung, ein **schwerwiegender Nachteil** statt eines erheblichen Nachteils und anstelle des Wohls muss die Gesundheit betroffen sein. Diese Prognose muss durch konkrete Umstände begründet sein; bloße Unannehmlichkeiten allein, die mit jeder Vernehmung einhergehen, rechtfertigen keinen Ausschluss des Angeklagten. Der drohende Nachteil muss die Vernehmungssituation überdauern (Graf/*Berg* § 247 Rn. 5; LR/*Becker* § 247 Rn. 21). Stets ist darauf zu achten, dass die Zeugenaussage in unmittelbarer Anwesenheit des Angeklagten der Sachaufklärung besser dient als jede Ersatzform.

19 Unter **Nachteilen** für die Gesundheit werden sowohl körperliche – z.B. Gefahr eines Herzinfarktes, Schlaganfalls (BGH GA 1970, 111 f.) oder Nervenzusammenbruchs (*Böttcher* JR 1987, 133, 140) – als auch seelische und geistige Beeinträchtigungen verstanden (LR/*Becker* § 247 Rn. 21; KK-StPO/*Diemer* § 247 Rn. 11).

20 Ein Nachteil ist **schwerwiegend**, wenn die Gesundheitsbeeinträchtigung wegen ihrer Auswirkung ein erhebliches Gewicht hat und dem Zeugen bei Würdigung aller Umstände die Vernehmung unter Anwesenheit des Angeklagten nicht zugemutet werden kann (LR/*Becker* § 247 Rn. 21; SK-StPO/*Frister* § 247 Rn. 38). Ein schwerer gesundheitlicher Nachteil ist auch anzunehmen, wenn der Zeuge befürchtet, dass eine Leibes- oder Lebensgefahr für ihn besteht, wenn der Angeklagte Kenntnis von seiner Identität erlangt (*Rieß/Hilger* NStZ 1987, 145, 150). Dies kann insb. bei V-Leuten der Fall sein, sodass die Gefahr durch Entfernung des Angeklagten spürbar verringert werden kann (LR/*Becker* § 247 Rn. 22; Meyer-Goßner/*Schmitt* § 247 Rn. 12; AnwK-StPO/*Sommer* § 247 Rn. 4). Im Zusammenhang mit der Vernehmung von V-Leuten soll ein Ausschluss des Angeklagten bereits dann zulässig sein, wenn eine weitere Verwendung des Zeugen als V-Mann geplant ist (*Soiné* NStZ 2007, 247, 251; vertiefend zur Videovernehmung von V-Leuten gem. § 247a vgl. *Weider* StV 2000, 48; s.a. § 247a Rdn. 2).

21 Die **dringende Gefahr** des Eintritts eines solchen Nachteils wird in den Fällen angenommen, in denen aufgrund tatsächlicher konkreter Umstände die hohe Wahrscheinlichkeit besteht, dass der Nachteil im Fall der Vernehmung bei Anwesenheit des Angeklagten eintreten wird (*Hanack* JR 1989, 255). Somit ist die abstrakte Möglichkeit einer Beeinträchtigung nicht ausreichend (Meyer-Goßner/*Schmitt* § 247 Rn. 12).

22 Wenn der erwachsene Zeuge sich bereit erklärt, in Gegenwart des Angeklagten auszusagen, darf das Gericht den Zeugen nicht bevormunden. Auch der Zeuge hat eine grundrechtliche Subjektstellung. Ein Zeugenbeistand nach § 68b mag hier helfen.

23 **III. Selbstschutz (Satz 3).** Die Vorschrift des § 247 Satz 3 gestattet eine Entfernung des Angeklagten zu seinem **eigenen Schutz**. Der Ausschluss darf für die Dauer der Erörterung über den Zustand des Angeklagten und seine Behandlungsaussichten angeordnet werden, wenn ein erheblicher Nachteil für seine Gesundheit zu befürchten ist (Meyer-Goßner/*Schmitt* § 247 Rn. 13). Dem Angeklagten muss es somit unzumutbar sein, den Ausführungen über seinen Zustand und seine Behandlungsaussichten beizuwohnen. Beruht die Befürchtung eines drohenden Nachteils für den Angeklagten darauf, dass sein Zustand auch der Öffentlichkeit bekannt wird, so ist diese – evtl. auch neben der Entfernung des Angeklagten (*Tzschaschel* NJW 1990, 749, 750) – nach § 171b Abs. 1 Satz 1 GVG auszuschließen (SK-StPO/*Frister* § 247 Rn. 48; Meyer-Goßner/*Schmitt* § 247 Rn. 13; KMR/*Hiebl* § 247 Rn. 55). Dieser Ausschlussgrund schützt die grundrechtliche Subjektstellung des Angeklagten.

24 **Nachteilig** für die Gesundheit sind sowohl physische als auch psychische Folgen soweit sie erheblich sind (LR/*Becker* § 247 Rn. 25; SK-StPO/*Frister* § 247 Rn. 49; AnwK-StPO/*Sommer* § 247 Rn. 8). Das Gericht kann hierüber im Freibeweis entscheiden (KMR/*Hiebl* Rn. 59). Hierzu ist regelmäßig ein anwesender Sachverständiger zu hören (LR/*Becker* Rn. 25, 27). Jedenfalls ist die Ausschließung dann gerechtfertigt, wenn Suizidgefahr besteht, der Heilungserfolg des Angeklagten nicht nur kurzfristig nachteilig beeinflusst wird und sich dessen Zustand insgesamt nicht nur unerheblich verschlechtern könnte (LR/*Becker* § 247 Rn. 25; Radtke/Hohmann/*Kelnhofer* § 247 Rn. 15). Der bloße Wunsch des Angeklagten, eine Erörterung nicht mit anhören

zu müssen, ist hingegen nicht ausreichend (BGH StV 1993, 285, 286). Unter »**Erörterungen**« i.S.d. Satz 3 sind alle Verhandlungen und Beweiserhebungen zu verstehen, die den Zustand oder Behandlungsaussichten des Angeklagten betreffen (LR/*Becker* § 247 Rn. 39; KK-StPO/*Diemer* § 247 Rn. 12; *Pfeiffer* § 247 Rn. 6). Die Entfernung nach Satz 3 muss überdies **verhältnismäßig** sein, insb. geeignet, die aus der Erörterung resul- 25 tierende Gefahr wenigstens zu vermindern. Zu berücksichtigen ist dabei, dass der Angeklagte in jedem Fall durch den Vorsitzenden über den wesentlichen Inhalt nach Satz 4 zu unterrichten ist. Geeignet ist der Ausschluss somit nur, wenn die direkte Konfrontation mit der Erörterung den Angeklagten mehr beeinträchtigt als die bloße anschließende Unterrichtung darüber. Ist dies nicht der Fall, hat der Ausschluss zu unterbleiben (SK-StPO/*Frister* § 247 Rn. 51; Meyer-Goßner/*Schmitt* § 247 Rn. 13).

D. Dauer und Umfang des Ausschlusses. I. Vernehmung. Der Angeklagte kann für die **ganze Dauer** 26 **einer Vernehmung** (BGH MDR [D] 1972, 199; BGH GA 1970, 111 f.) oder nur für einen Teil – bspw. die Beantwortung einzelner Fragen – ausgeschlossen werden (BGH MDR [D] 1975, 544). Unter Vernehmung eines Zeugen ist die gesamte Anhörung zur Person und Sache (Radtke/Hohmann/*Kelnhofer* § 247 Rn. 6) einschließlich der Befragung nach § 68 (BGH MDR [D] 1972, 199) sowie alle damit zusammenhängenden Verfahrensvorgänge – wie z.B. Belehrungen (BGH, Beschl. v. 17.10.2018 – Az. 4 StR 99/18) oder sonstige die Einvernahme betreffende Anordnungen des Vorsitzenden sowie die Entscheidung des Gerichts hierüber oder über die Zulässigkeit von Fragen i.S.v. § 238 Abs. 2, § 242 – zu verstehen. Nicht dazu zählt eine andere Beweiserhebung, z.B. eine Urkundenverlesung, selbst wenn sie einen sachlichen Zusammenhang mit der Zeugenvernehmung aufweist (BGH NJW 2019, 692). Um dem Ausnahmecharakter des § 247 zu entsprechen, sollte der Vernehmungsbegriff allerdings so eng wie möglich ausgelegt werden, ggf. auch differenziert nach den unterschiedlichen Regelungszwecken der Sätze 1 bis 3.

Dagegen darf der Angeklagte nicht von Verfahrensvorgängen ausgeschlossen werden, die über die Vernehmung 27 hinausgehen bzw. eine **selbstständige Bedeutung** haben (LR/*Becker* § 247 Rn. 34; Graf/*Berg* § 247 Rn. 10 f.; *Metz* NStZ 2017, 446, 448). Jedoch gilt für die Entfernung des Angeklagten – anders als für den Ausschluss der Öffentlichkeit nach §§ 171b, 172 GVG – nicht die weiterreichende sog. Zusammenhangsformel (BGH NStZ 1994, 354; vgl. auch § 171b GVG und § 172 GVG), wonach sich der Ausschluss auf sämtliche Vorgänge erstreckt, die mit der Vernehmung in enger Verbindung stehen oder sich aus ihr entwickeln (BGH NJW 2003, 597; NStZ 2002, 384; *Gössel* JR 2003, 262; *Gollwitzer* JR 1979, 434; Meyer-Goßner/*Schmitt* § 247 Rn. 6; KMR/*Hiebl* § 247 Rn. 76 ff.; LR/*Becker* § 247 Rn. 34; KK-StPO/*Diemer* § 247 Rn. 6; SK-StPO/*Frister* § 247 Rn. 27; a.A. BGH StV 2009, 226, 227 f.; StV 2009, 342 Anfrage mit der Absicht, die Zusammenhangsformel auf § 247 zu übertragen).

Das **Fragerecht** des Angeklagten ggü. Zeugen darf nie eingeschränkt werden (§ 240 Abs. 2 Satz 1). 28

Nicht zur Vernehmung zählen die **Vereidigung** (BGH StV 2005, 7; StV 2000, 653 f.; NStZ 1999, 522) 29 und die **Entlassung des Zeugen** (BGH NStZ 2015, 104; BGH, Beschl. v. 10.04.2013 – 1 StR 11/13; BGH NStZ 2010, 227, 228; *Eisenberg* StV 2009, 344, 345; *Wölky* StraFo 2009, 397, 398). Letzteres hat der Große Senat des BGH in einem Beschluss verdeutlicht (BGH NJW 2010, 2450, 2451; vorausgegangen war dem eine Anfrage des 5. Senats, NJW 2010, 1012, der die Entscheidung über die Entlassung des Zeugen nicht als Teil der Vernehmung einordnen wollte; vgl. auch BGH NStZ 2011, 534 und BGH NStZ-RR 2011, 151 f.). Der Ausschluss des Angeklagten ist aus Gründen der Verhältnismäßigkeit auf solche Verfahrenshandlungen zu beschränken, bei denen der jeweilige Schutzzweck den Ausschluss unbedingt erfordert (so schon BGHSt 3, 384, 386; vgl. ferner EGMR NJW 2003, 2893, 2894). Der Normzweck des § 247 Satz 1 und Satz 2 verlangt nicht, den Ausschluss des Angeklagten auf die Verhandlung über die Entlassung des Zeugen zu erstrecken. Stattdessen kann dem Zeugen gestattet werden, sich aus dem Gerichtssaal zu entfernen, während der Angeklagte über den Inhalt der Zeugenaussage unterrichtet wird und die Entlassung des Zeugen diskutiert wird (BGH NJW 2010, 2450, 2451). Wird der Zeuge im Anschluss über seine Entlassung unterrichtet oder wird er weiter befragt, so kann der Angeklagte abermals ausgeschlossen werden. Diese Umständlichkeiten, die durch die wechselseitige Abwesenheit des Angeklagten bzw. Zeugen während des Prozesses entstehen, »sind vor dem Hintergrund der in Ausgleich zu bringenden Schutzgüter hinzunehmen« (BGH NJW 2010, 2450, 2451; NStZ 2000, 440, 441; *Hanack* JR 1989, 255, 256).

Auch darf die **Beweisaufnahme in Abwesenheit** des Angeklagten **nicht** auf die **Augenscheinseinnahme** oder 30 **Urkundenverlesungen** ausgedehnt werden (BGH NJW 2019, 692; BGH NStZ 2014, 223 f.; NStZ 2011, 51; NStZ-RR 2006, 3; NJW 2003, 597; NStZ 2001, 262, 263; NStZ 1997, 402; OLG Dresden StV 1999, 637, 638 f.). Dem Richter ist es jedoch möglich, dem Zeugen während des Ausschlusses des Angeklagten, Vorhalte aus Urkunden – Gleiches gilt für Lichtbilder (BGH NJW 2003, 597; NStZ-RR 2003, 3; NStZ 2001, 262, 263; NStZ 1987, 471 f.; NStZ 1986, 564; StV 1981, 57) – zu machen. Der Angeklagte darf bei der Inaugenscheinnahme am Körper des Zeugen nicht ausgeschlossen werden (SK-StPO/*Frister* § 247

Rn. 29; Meyer-Goßner/*Schmitt* § 247 Rn. 7; AnwK-StPO/*Sommer* § 247 Rn. 12). Etwas anderes gilt nur, wenn die Voraussetzungen des § 247 Satz 2 gegeben sind. Im Fall des Satz 2 kann die Inaugenscheinnahme in Abwesenheit des Angeklagten durchgeführt werden, wenn dessen Gegenwart der Schutzwirkung des Ausschlusses zuwiderlaufen würde (BGH StV 2008, 230 f.; SK-StPO/*Frister* § 247 Rn. 45). Des Weiteren zählen weder die Diskussionen zwischen den Beteiligten über die Abladungen von Zeugen (BGH StV 1983, 52 f.), noch die Bestellung eines Pflichtverteidigers, die Stellung eines Beweisantrages und die Diskussion über den Ausschluss der Öffentlichkeit zur Verhandlung (BGH NStZ-RR 1996, 139 f.; *Stein* StV 1995, 251; Graf/*Berg* § 247 Rn. 10.1; KK-StPO/*Diemer* § 247 Rn. 9; AnwK-StPO/*Sommer* § 247 Rn. 12; a.A. BGH NStZ 1994, 354; NJW 1994, 271; NJW 1979, 276).

31 **II. Erörterung.** Nach § 247 Satz 3 kann der Angeklagte für die Dauer von **Erörterungen** über seinen Zustand und seine Behandlungsaussichten ausgeschlossen werden. »Erörterung« ist wesentlich weiter zu verstehen als »Vernehmung« i.S.d. Satz 1 und Satz 2. Im Gegensatz hierzu ist der Ausschluss des Angeklagten nach Satz 3 nicht auf die Vernehmung einer bestimmten Person beschränkt, sondern thematisch auf Erörterungen bzgl. des Zustandes des Angeklagten und seiner Behandlungsaussichten begrenzt. Unter Erörterungen sind somit alle Erklärungen, Verhandlungen, Anträge und Beweiserhebungen einschließlich etwaiger Ausführungen in den Schlussvorträgen zu verstehen, die den Zustand des Angeklagten und die Behandlungsaussichten zum Gegenstand haben (Graf/*Berg* § 247 Rn. 11). Hauptanwendungsgebiet des Satz 3 ist die Vernehmung medizinischer, psychologischer oder psychiatrischer Sachverständiger, jedoch ist der Anwendungsbereich hierauf nicht beschränkt und gilt demnach auch für andere Beweismittel wie etwa den Zeugen- oder Urkundsbeweis (LR/*Becker* § 247 Rn. 39; SK-StPO/*Frister* § 247 Rn. 52). Für den Ausschluss ist es ausreichend, dass ein Sachverständiger ihn für erforderlich hält und in Abwesenheit des Angeklagten näher begründet (KK-StPO/*Diemer* § 247 Rn. 12).

32 **E. Verfahren. I. Gerichtsbeschluss.** Der zeitweise Ausschluss des Angeklagten ist durch **förmlichen Gerichtsbeschluss** – nicht durch Verfügung des Vorsitzenden allein (BGH StV 1993, 285, 286; aber nicht bei nur informatorischer Anhörung eines Zeugen BGH NStZ 2002, 46; KK-StPO/*Diemer* § 247 Rn. 13) – anzuordnen (BGHSt 22, 18, 20; 15, 194, 196; 1, 346, 350; Radtke/Hohmann/*Kelnhofer* § 247 Rn. 17). Vor dem Beschluss sind die Beteiligten zu hören (§ 33). Der Gerichtsbeschluss ist zu begründen (§ 34) und in Anwesenheit des Angeklagten (BGH NStZ-RR 2015, 51 f.; NStZ-RR 1998, 51; KK-StPO/*Diemer* § 247 Rn. 13; SK-StPO/*Frister* § 247 Rn. 55; Meyer-Goßner/*Schmitt* § 247 Rn. 14) zu verkünden (§ 35) (BGHSt 15, 194, 196; 1, 346, 350; BGH StV 2005, 8 f.; 2002, 8 f.; 2002, 44, 45; NStZ 1987, 84, 85; OLG Kiel, StV 2011, 351, 352). Aus der **Begründung** muss sich ergeben, für welchen Teil der Hauptverhandlung die Entfernung vorgesehen ist (LR/*Becker* § 247 Rn. 28; Meyer-Goßner/*Schmitt* § 247 Rn. 14), welche Alternative des § 247 das Gericht für gegeben erachtet und welche konkreten Anhaltspunkte für die entsprechende Befürchtung bestehen (BGH NStZ-RR 2004, 118, 119; NStZ 1999, 419, 420; OLG Oldenburg StraFo 2010, 115 f.; OLG Hamm NStZ 2005, 467; OLG Koblenz MDR 1977, 777; *Eisenberg/Schlüter* JR 2001, 341, 342; Meyer-Goßner/*Schmitt* § 247 Rn. 14; LR/*Becker* § 247 Rn. 29). Dem Angeklagten und ggf. später dem Revisionsgericht muss es möglich sein, zu überprüfen, ob das Tatgericht zutreffende Erwägungen angestellt hat. Die bloße Wiedergabe des Gesetzestextes (BGH NStZ 1999, 419, 420; LR/*Becker* § 247 Rn. 29) oder ein Hinweis auf § 247 (BGHSt 22, 18, 20) genügt nie. Weil das Anwesenheitsrecht nicht disponibel ist (vgl. Rdn. 1), lässt auch ein Einverständnis des Angeklagten das Beschlusserfordernis nicht entfallen (BGH NStZ 2018, 739; BGH NStZ-RR 2015, 51 f.; BGHSt 22, 18, 20; NStZ 2002, 44, 45; StV 2002, 8 f.; KK-StPO/*Becker* § 247 Rn. 13; Meyer-Goßner/*Schmitt* § 247 Rn. 14; KMR/*Hiebl* § 247 Rn. 62; AnwK-StPO/*Sommer* § 247 Rn. 9; a.A. BGH NStZ 2001, 48 f. soweit die Voraussetzungen für eine Abwesenheitsverhandlung ohne Zweifel vorliegen; ähnlich auch *Basdorf* StV 1997, 488, 492, der beim Ausschluss der Öffentlichkeit ein Beschlusserfordernis ablehnt). Allein der die Entfernung des Angeklagten ablehnende Beschluss bedarf keiner Begründung. Ausreichend ist der Vermerk, dass für eine Anordnung nach § 247 kein Anlass besteht (RGSt 56, 377; LR/*Becker* Rn. 31; SK-StPO/*Frister* § 247 Rn. 57).

33 **II. Unterrichtung des Angeklagten.** Der zeitweise abwesende Angeklagte ist nach seiner Rückkehr in den Gerichtssaal **über die Beweisaufnahme** in seiner Abwesenheit **vollumfänglich** zu unterrichten. Sein Informationsdefizit muss ausgeglichen werden. So gut es geht muss er so gestellt werden, wie er ohne seine Entfernung gestanden hätte (BGHSt 3, 384, 385; BGH NStZ 2010, 465). In seinem Bericht darf sich der Richter zwar auf das Wesentliche beschränken – die Bewertung folgt allerdings der Sicht des Angeklagten. Bestehen Zweifel, ist der Bericht umfassend zu gestalten. Der Angeklagte – und auch seine Verteidigung – darf durch Nachfrage beim Richter Ergänzungen einfordern. Es ist ihm gestattet, ergänzende Fragen an einen Zeugen zu stellen oder stellen zu lassen (BGHSt 26, 218, 220; AnwK-StPO/*Sommer* § 247 Rn. 15). Für die

Antwort des Zeugen muss der Angeklagte, sofern die Voraussetzungen des § 247 noch vorliegen, den Saal wieder verlassen. Der Angeklagte ist **vor** der Fortsetzung der Beweisaufnahme zu unterrichten (BGHSt 26, 218, 220) – bei Unterbrechung der Vernehmung eines Zeugen unverzüglich und bevor eine neue Beweisaufnahme beginnt (BGH NStZ 2018, 303; BGH NStZ 2010, 465, 466; StraFo 2007, 118 f.; Graf/*Berg* § 247 Rn. 15) – das gilt allerdings nicht, wenn die Vernehmung sachlich z.B. nach Tatkomplexen getrennt ist oder sie über mehrere Tage hinweg erfolgt (*Metz* NStZ 2017, 446, 449 m.w.N.), wohl aber, wenn während der Unterbrechung der Einvernahme eines Zeugen ein anderer Zeuge vernommen wird (BGH NStZ 2018, 303).

34 Die Unterrichtung ist als wesentliche Förmlichkeit zu **protokollieren** (BGHSt 1, 346, 350; BGH NStZ 2010, 465, 466; Meyer-Goßner/*Schmitt* § 247 Rn. 17); dies gilt nur für die Unterrichtung selbst, nicht für deren Inhalt (LR/*Becker* § 247 Rn. 50; SK-StPO/*Frister* § 247 Rn. 75). Das Protokoll hat folglich keine Beweiskraft dafür, ob die Unterrichtung umfassend war; dies wäre im Freibeweisverfahren zu prüfen (BGH MDR [D] 1957, 267 f.; SK-StPO/*Frister* § 247 Rn. 75; Radtke/Hohmann/*Kelnhofer* § 247 Rn. 23).

35 Der Angeklagte kann auf die Unterrichtung **nicht verzichten** (LR/*Becker* § 247 Rn. 42). Das gilt auch für den verteidigten Angeklagten. Die Unterrichtung durch den Verteidiger entbindet das Gericht nicht von seiner Pflicht, die Unterrichtung auch selbst durchzuführen.

36 Die **Form der Unterrichtung** ist gesetzlich nicht bestimmt und kann vom Vorsitzenden **nach pflichtgemäßem Ermessen** gewählt werden (BGHSt 51, 180, 181; LR/*Becker* § 247 Rn. 43; KK-StPO/*Diemer* § 247 Rn. 15). Der Bericht kann auch in der Form vorgenommen werden, dass es dem Angeklagten von einem Nebenraum aus durch eine Bild-Ton-Übertragung möglich war, der Verhandlung und Vernehmung des Zeugen zeitgleich beizuwohnen (BGH NJW 2017, 3397; JR 2007, 256, 257 f. m.Anm. *Kretschmer*; zustimmend ebenso *Rieck* JZ 2007, 745). In diesem Fall bedarf es keiner weiteren Unterrichtung (BGH NJW 2017, 3397, 3398 m. abl. Anm. *Metz*; BGH JR 2007, 256, 257 f. m. zust. Anm. *Kretschmer*; grundsätzlich zustimmend: LR/*Becker* § 247 Rn. 48). Die angedeutete Gegenansicht (BGH NStZ 2006, 116; Meyer-Goßner/*Schmitt* § 247 Rn. 14a) führt zu keinem Mehrwert. Das unmittelbare Erleben einer Aussage durch Videoübertragung wird regelmäßig sogar eindrücklicher sein als ein späterer verbaler Bericht.

37 **III. Heilung.** Etwaige Verfahrensfehler können **nach Wiedereintritt des Angeklagten** geheilt werden, indem der fehlerhafte Verfahrensvorgang **in einwandfreier Form vollständig wiederholt** wird. Dann beruht das Urteil nicht mehr gem. § 337 Abs. 1 auf dem Verfahrensfehler (*Bung* HRRS 2010, 50, 54; Meyer-Goßner/*Schmitt* § 337 Rn. 39). Erfolgte bspw. die Verhandlung über die Entlassung des Zeugen fehlerhaft noch während des Ausschlusses des Angeklagten, so kann dieser Verstoß – vorausgesetzt der Angeklagte hat noch weitere Fragen an den Zeugen – durch erneute Ladung des Zeugen und ergänzende Befragung geheilt werden (BGH NJW 2010, 2450, 2452; bzgl. Entscheidung über Vereidigung des Zeugen vgl. BGH NJW 2003, 2107, 2109 f.). Die fehlerhaft durchgeführte förmliche Augenscheinseinnahme während der Abwesenheit des ausgeschlossenen Angeklagten soll bereits dadurch geheilt werden, dass ihm das Augenscheinsobjekt bei seiner Unterrichtung gem. § 247 Satz 4 gezeigt wird (BGH NStZ 2014, 223; 2010, 162, 163; vgl. näher Rdn. 43). Allein die nach Satz 4 vorgesehene Unterrichtung des Angeklagten über das in seiner Abwesenheit Ausgesagte genügt für eine Heilung nicht (BGHSt 30, 74, 76 f.; BGH StV 1997, 511 f.; Graf/*Berg* § 247 Rn. 12; *Müller* JR 2007, 79, 80).

38 **IV. Notwendige Verteidigung.** Nach der wohl herrschenden Meinung soll bei Ausschluss des Angeklagten von einem Teil der Hauptverhandlung kein Regelfall einer notwendigen Verteidigung i.S.d. § 140 Abs. 2 Satz 1 vorliegen. Der Bedarf soll sich nach den Umständen des Einzelfalls richten (OLG Zweibrücken NStZ 1987, 89; LR/*Becker* § 247 Rn. 3; *Metz* NStZ 2017, 446, 452). Richtigerweise ist dem Angeklagten aber bei Anwendung des § 247 stets ein Pflichtverteidiger gem. § 140 Abs. 2 Satz 1 beizuordnen (*Basdorf* FS Salger, S. 203, 214; HK-StPO/*Julius* § 247 Rn. 11), da das Merkmal der »Schwierigkeit der Sach- und Rechtslage« erfüllt ist (*Moltekin* NStZ 1987, 89, 90; KK-StPO/*Willnow* § 140 Rn. 24 sieht in einem Fall des Ausschlusses des Angeklagten hingegen das Merkmal der »Unfähigkeit zur Selbstverteidigung« als einschlägig an). Denn rechtliche Schwierigkeiten können bei Ausschluss des Angeklagten v.a. die Feststellung eines der Ausschlussgründe, die Begründung und Protokollierung des erforderlichen Beschlusses, die anschließende Unterrichtung des Angeklagten, etwaige Fragen an den jeweiligen Zeugen und die eventuelle Verhandlung und Entscheidung über dessen Vereidigung bereiten (*Moltekin* NStZ 1987, 89, 90). Weiterhin trägt allein die Bestellung eines Pflichtverteidigers dem Fragerecht des Angeklagten aus Art. 6 Abs. 3 lit. d EMRK angemessen Rechnung. Nur durch die ununterbrochene Gegenwart eines Verteidigers kann sichergestellt werden, dass der Angeklagte die Möglichkeit hat, dem Belastungszeugen Fragen zu stellen oder stellen zu lassen (SK-StPO/*Frister* § 247 Rn. 18). Dies hat der BGH im Zusammenhang mit dem Ausschluss des Angeklagten von der Vernehmung eines Belastungszeugen durch den Ermittlungsrichter anerkannt, da andernfalls die Gefahr bestünde, dass das Fragerecht des Angeklagten beschnitten würde (BGHSt 51, 150, 154; 46, 93, 97).

39 F. **Rechtsmittel. I. Beschwerde.** Die Entscheidung des Gerichts, den Angeklagten von der Verhandlung zeitweise auszuschließen, ist nicht mit der Beschwerde gem. § 304 angreifbar; dies ergibt sich bereits aus § 305 Satz 1 (LR/*Becker* § 247 Rn. 52; HK-StPO/*Julius* § 247 Rn. 14). Zeugen hingegen steht als Drittbetroffenen i.S.d. § 305 Satz 2 gegen die Ablehnung der Ausschließung des Angeklagten nach § 247 Satz 2 die Beschwerde zu (LR/*Becker* § 247 Rn. 52).

40 **II. Revision.** Revisionsrechtlich kommt der absolute Revisionsgrund des § 338 Nr. 5 in Betracht, bei dem das Beruhen des Urteils auf dem Verfahrensfehler gem. § 337 unwiderlegbar vermutet wird. Daneben sind weitere revisible Verfahrensverstöße denkbar; eine Verletzung von Verfahrensrecht begründet die Revision jedoch dann nur, wenn das Urteil auf ihr beruht (vgl. näher § 337).

41 **1. Absoluter Revisionsgrund, § 338 Nr. 5.** Der absolute Revisionsgrund des § 338 Nr. 5 ist gegeben, wenn die Entfernung des Angeklagten **rechtsfehlerhaft angeordnet** worden ist. Dies ist der Fall, wenn es an einem die Entfernung anordnenden Gerichtsbeschluss fehlt, allein der Vorsitzende – ohne Gerichtsbeschluss – den Angeklagten entfernen ließ (BGH NJW 1976, 1108 f.; NJW 1953, 1925, 1926; BayObLG NJW 1974, 249), ein förmlicher Gerichtsbeschluss ergangen ist, aber das Gericht fälschlicherweise die Voraussetzungen eines Ausschlussgrundes nach § 247 Satz 1 bis 3 angenommen hat oder wegen fehlender oder unzureichender Begründung des Beschlusses (BGH NStZ 2018, 739; NStZ 2002, 44, 45) zweifelhaft bleibt, ob das Gericht die sachlichen Voraussetzungen zu Recht bejaht hat (BGHSt 22, 18, 20; 15, 194; OLG Koblenz MDR 1977, 777). Hierzu gehört auch der Fall, dass die Entfernung unverhältnismäßig war, weil weniger einschränkende Mittel (z.B. die audiovisuelle Vernehmung nach § 247a) zur Verfügung gestanden hätten (SK-StPO/*Frister* § 247 Rn. 80). Darüber hinaus wird ein Verstoß angenommen, wenn der Angeklagte länger als nach Satz 1 bis Satz 3 (BGH NJW 2010, 2450, 2452; 1976, 1108 f.) zulässig oder im Beschluss angeordnet entfernt wurde. Wurde der Angeklagte auch bei der Entscheidung über die Entlassung des während seiner Abwesenheit vernommenen Zeugen ausgeschlossen (vgl. BGH NStZ 2014, 532 m. zust. Anm. *Ventzke* StV 2015, 89; NStZ 2015, 104), so scheitert die Zulässigkeit der Revisionsrüge anders als bei einem Verstoß gegen § 247 Satz 4 (vgl. Rdn. 47 f.) nicht an der mangelnden Beanstandung der Entlassungsentscheidung des Vorsitzenden nach § 238 Abs. 2 (BGH StV 2010, 562). Denn die Entfernung des Angeklagten ist gerade keine auf die Sachleitung bezügliche Anordnung des Vorsitzenden i.S.d. § 238 Abs. 2, weil sie nicht diesem zusteht, sondern von vornherein eines Gerichtsbeschlusses bedarf (BGH NJW 1953, 1925, 1926; OLG Hamm StV 2010, 65, 66; vgl. Rdn. 32).

42 Ferner liegt der absolute Revisionsgrund des § 338 Nr. 5 vor, wenn **Beweisergebnisse** verwertet wurden, die während einer **unstatthaften Abwesenheit** des Angeklagten (BGH NStZ-RR 2006, 3; NStZ 2001, 262 f.; OLG Karlsruhe NStZ-RR 2008, 315 f.; OLG Hamm NStZ 2005, 467 f.) gewonnen und nicht durch Wiederholung der Beweisaufnahme geheilt wurden (BGHSt 9, 243, 244 f.; OLG Hamburg NJW 1975, 1573 f.). Die Abwesenheit des Angeklagten während eines Teils der Hauptverhandlung, ohne dass eine vom Gesetz statuierte Ausnahme vorliegt, ist auch dann, wenn es im Einverständnis aller Prozessbeteiligten geschieht – Anwesenheitsrecht und -pflicht des Angeklagten sind nicht disponibel –, ein Verstoß gegen § 230 und stellt einen absoluten Revisionsgrund nach § 338 Nr. 5 dar (BGH StV 1993, 285, 286). Der Angeklagte kann die Unzulässigkeit seiner Entfernung sogar dann rügen, wenn er den Gerichtssaal freiwillig und mit ausdrücklicher Billigung seines Verteidigers verlassen hat (OLG Hamm StV 2010, 65, 66).

43 Zu beachten ist, dass die Praxis nur die Abwesenheit bei einem **wesentlichen Teil der Hauptverhandlung** als Revisionsgrund anerkennt (LR/*Becker* § 247 Rn. 55; Meyer-Goßner/*Schmitt* § 338 Rn. 36 ff.): Jedenfalls bejaht wird dies aber für den Fall einer Augenscheinseinnahme und den Urkundenbeweis, die über die Zeugenvernehmung hinausgehen (BGH NStZ 2011, 51; Radtke/Hohmann/*Kelnhofer* § 247 Rn. 26). Das gilt auch, wenn der Angeklagte wegen vorangegangenen Fehlverhaltens für die Dauer der Zeugeneinvernahme entfernt wurde und danach noch in seiner Abwesenheit eine Inaugenscheinnahme z.B. von Lichtbildern erfolgt, die später in der Beweiswürdigung relevant ist (BGH NStZ 2015, 181). Eine förmliche Augenscheinseinnahme in Abwesenheit des Angeklagten soll nach neuerer Rspr. des 4. und 5. Strafsenats des BGH dann nicht den absoluten Revisionsgrund des § 338 Nr. 5 erfüllen, wenn dem Angeklagten das in seiner Abwesenheit in Augenschein genommene Objekt bei seiner Unterrichtung gem. § 247 Satz 4 gezeigt wird (BGH NStZ 2014, 223; 2010, 162, 163; a.A. 3. Strafsenat, BGH StRR 2009, 362). Diese Einordnung läuft darauf hinaus, das Tatgericht von den Formen des Strengbeweises zu entbinden. Das wird in der Literatur zu Recht kritisiert: Die gesetzlich vorgeschriebene Form wird allein gewahrt, wenn die fehlerhafte Beweiserhebung in einer Weise wiederholt wird, die ihrerseits den jeweiligen Anforderungen genügt (*Bung* HRRS 2010, 50, 54; *Erb* NStZ 2010, 347, 348; *Schlothauer* StV 2009, 228, 229). Wesentlich ist auch die Verhandlung über die Entlassung eines Zeugen (BGH GrS NJW 2010, 2450), auch wenn es sich um eine

zweite, auch nur ergänzende, Vernehmung, sogar wenn diese am selben Tag stattfindet, handelt (NStZ 2014, 532 m. zust. Anm. *Ventzke* StV 2015, 89; BGH NStZ 2015, 104).

Die **Vereidigung** des Zeugen wird ebenfalls nicht vom Vernehmungsausschluss erfasst. Dabei ist die Neuregelung des § 59 zu beachten. Entscheidet der Vorsitzende, dass ein Zeuge entsprechend dem neuen Regelfall des § 59 nicht vereidigt werden soll, und wird diese Frage weder kontrovers erörtert noch zum Gegenstand einer gerichtlichen Entscheidung nach § 238 Abs. 2, so ist, wenn der für die Vernehmung nach § 247 ausgeschlossene Angeklagte dabei nicht anwesend war, dieser Verfahrensvorgang kein wesentlicher Teil der Hauptverhandlung und § 338 Nr. 5 liegt nicht vor (BGH NStZ 2006, 715, 716; LR/*Becker* § 247 Rn. 55; a.A. *Peglau/Wilke* NStZ 2005, 186, 188 und *Schuster* StV 2005, 628, 630 f.). Offengelassen hat der BGH die Frage, ob das auch für den Fall einer Erörterung des § 60 gilt (verneinend LR/*Becker* § 247 Rn. 55; Meyer-Goßner/*Schmitt* § 247 Rn. 20b). 44

Hat das Gericht nach Entfernung des Angeklagten während der Vernehmung der Nebenklägerin in seiner Abwesenheit ein mündliches Gutachten des anwesenden **Sachverständigen** zur Frage von deren weiterer Vernehmungsfähigkeit an diesem Tag eingeholt, liegt der absolute Revisionsgrund des § 338 Nr. 5 nicht vor. Die Frage der Vernehmungsfähigkeit eines Zeugen unterliegt dem **Freibeweisverfahren**, sodass die Klärung der Vernehmungsfähigkeit auch außerhalb der Hauptverhandlung hätte erfolgen können. Folglich erstreckt sich die Abwesenheit des Angeklagten in diesem Fall nicht auf einen wesentlichen Teil der Hauptverhandlung (BGH StraFo 2010, 493). 45

Schließlich führt selbst die Abwesenheit des Angeklagten während der **Urteilsverkündung** nicht zum absoluten Revisionsgrund des § 338 Nr. 5 (BGHSt 15, 263, 264 f.). 46

2. Relativer Revisionsgrund, § 337. Ein relativer Revisionsgrund nach § 337 liegt vor, wenn der Beschluss nach § 247 **ohne Anhörung** (§ 33 Abs. 1) des Angeklagten ergangen ist (BGH NJW 1979, 276; JZ 1955, 386). Des Weiteren stellt auch der Verstoß gegen die Unterrichtungspflicht nach Satz 4 einen relativen Revisionsgrund dar (BGH NJW 2010, 2450, 2452). Ein Verstoß wird angenommen, wenn die Unterrichtung des Angeklagten gar nicht oder verspätet erfolgt (BVerfG NJW 2002, 814 f.; BGH NStZ-RR 2003, 3; NStZ-RR 2002, 70; NStZ 1995, 557 f.). Denn dem Angeklagten muss es trotz vorübergehender Abwesenheit möglich sein, sich bestmöglich zu verteidigen. Entscheidend für das Vorliegen des Revisionsgrundes nach § 337 ist somit, inwieweit die zu wahrende Rechtsposition, den weiteren Gang der Verhandlung sofort beeinflussen zu können, durch den Informationsmangel beeinträchtigt wurde (BGH 2002, 70). In der Regel wird nicht auszuschließen sein, dass das Urteil auf dem Fehler beruht (BGHSt 1, 346, 350). Wurde der Angeklagte durch seinen Verteidiger unterrichtet, ist dies bei der Prüfung, ob das Urteil auf dem Verstoß beruht, zu berücksichtigen (BGH 18.08.1976 – 3 StR 236/76; BGH NJW 1957, 1326, 1327). Wird gerügt, der Angeklagte sei nicht vollumfänglich unterrichtet worden, ist der Inhalt der Unterrichtung durch Freibeweis zu ermitteln (BGH MDR [D] 1957, 267 f.). Der Verstoß kann nicht durch eine nachträgliche Beschlussfassung, sondern nur durch die vollständige Wiederholung des fehlerhaften Teils der Verhandlung in Gegenwart des Angeklagten geheilt werden (BGH StV 1986, 418; KK-StPO/*Diemer* § 247 Rn. 17). Ein relativer Revisionsgrund soll auch dort vorliegen, wo das Gericht trotz Vorliegen der Voraussetzungen des § 247 nach pflichtgemäßem Ermessen davon abgesehen hat den Angeklagten aus der Verhandlung zu entfernen, wenn infolgedessen der Zeuge oder Mitangeklagte nur unzureichende Angaben gemacht hat und dadurch die Aufklärungspflicht verletzt ist (KK-StPO/*Diemer* § 247 StPO Rn. 4; *Metz* NStZ 2017, 446, 452). 47

Die Rspr. (BGH NStZ-RR 2008, 66; der Rügepräklusion zustimmend LR/*Becker* § 247 Rn. 56; krit. Meyer-Goßner/*Schmitt* § 247 Rn. 22) verlangt, dass die inhaltlich unzulängliche Unterrichtung des Angeklagten nach § 247 Satz 4 von seinem Verteidiger mit dem – bedenklichen – **Zwischenrechtsbehelf des § 238 Abs. 2** (vgl. § 238) belangt wird und der Verteidiger einen Gerichtsbeschluss herbeiführt. Das verkennt jedoch, dass die Unterrichtung des Angeklagten von Amts wegen vorgenommen werden muss. 48

G. Jugendstrafverfahren. Die Vorschrift des § 247, die auch im Jugendstrafverfahren gilt, wird durch **§ 51 JGG** ergänzt (wird die Anordnung der Ausschließung eines Jugendlichen nicht zusätzlich auf § 51 Abs. 1 JGG gestützt soll dies einen absoluten Revisionsgrund wegen fehlendem Gerichtsbeschluss darstellen (vgl. Schlothauer/Weider/Wollschläger Rn. 511). Abs. 1 gibt dem Vorsitzenden die Möglichkeit, den jugendlichen Angeklagten für die Dauer von Erörterungen (»Erörterung« anstatt »Vernehmung« wie bei § 247), aus denen Nachteile für die Erziehung entstehen können, von der Verhandlung auszuschließen (BGH NStZ 2002, 216, 217). Gem. § 51 Abs. 2 bis 5 JGG können darüber hinaus die Erziehungsberechtigten und gesetzlichen Vertreter des Angeklagten von der Verhandlung ausgeschlossen werden. 49

§ 247a Anordnung einer audiovisuellen Vernehmung von Zeugen

(1) [1]Besteht die dringende Gefahr eines schwerwiegenden Nachteils für das Wohl des Zeugen, wenn er in Gegenwart der in der Hauptverhandlung Anwesenden vernommen wird, so kann das Gericht anordnen, dass der Zeuge sich während der Vernehmung an einem anderen Ort aufhält; eine solche Anordnung ist auch unter den Voraussetzungen des § 251 Abs. 2 zulässig, soweit dies zur Erforschung der Wahrheit erforderlich ist. [2]Die Entscheidung ist unanfechtbar. [3]Die Aussage wird zeitgleich in Bild und Ton in das Sitzungszimmer übertragen. [4]Sie soll aufgezeichnet werden, wenn zu besorgen ist, dass der Zeuge in einer weiteren Hauptverhandlung nicht vernommen werden kann und die Aufzeichnung zur Erforschung der Wahrheit erforderlich ist. [5] § 58 Abs. 2 findet entsprechend Anwendung.

(2) [1]Das Gericht kann anordnen, dass die Vernehmung eines Sachverständigen in der Weise erfolgt, dass dieser sich an einem anderen Ort als das Gericht aufhält und die Vernehmung zeitgleich in Bild und Ton an den Ort, an dem sich der Sachverständige aufhält, und in das Sitzungszimmer übertragen wird. [2]Dies gilt nicht in den Fällen des § 246a. [3]Die Entscheidung nach Satz 1 ist unanfechtbar.

S.a. RiStBV Nr. 222

Übersicht

1 **A. Allgemeines. I. Regelungszweck.** § 247a eröffnet die Möglichkeit einer **audiovisuellen Konfrontationsvernehmung** in der Hauptverhandlung (BGH NJW 1999, 3780; *Pfeiffer* § 247a Rn. 1). Gem. Abs. 1 kann sie zum Schutz des Zeugen angeordnet werden (Satz 1 Hs. 1), wenn dem Zeugen ein Erscheinen nicht möglich ist oder ein entsprechendes Einvernehmen zwischen den Verfahrensbeteiligten besteht (Satz 1 Hs. 2). Die Norm statuiert eine Ausnahme zur sonst geltenden Anwesenheitspflicht eines Zeugen in der Hauptverhandlung (vgl. BVerfG NJW 1988, 898; NJW 1979, 32; Meyer-Goßner/*Schmitt* § 247a Rn. 1a), sowie zur unmittelbaren Gerichtsöffentlichkeit (*Exner* Jura 2017, 770 ff.) und ist eng auszulegen. Sie gestattet es dem Zeugen, an einem **anderen Ort** als dem Verhandlungssaal auszusagen. Abs. 2 eröffnet außer in den Fällen des § 246a StPO aus verfahrensökonomischen Gründen die Möglichkeit, die Vernehmung eines Sachverständigen audiovisuell vorzunehmen. Die audiovisuelle Übertragung kann zwar die Unterrichtung (§ 247 S. 4) des Angeklagten nach seiner Entfernung gem. § 247 S. 1 ersetzen, nicht aber die Anwesenheit des Angeklagten im Sitzungssaal, wenn ein entsprechender Entfernungsbeschluss fehlt (BGH NJW 2019, 692).

2 Die audiovisuelle Vernehmung gem. Abs. 1 ist nicht auf bestimmte Zeugen oder Delikte beschränkt; denn anders als z.B. bei § 255a Abs. 2 wird ein **umfassender Zeugenschutz** bezweckt (*Diemer* NJW 1999, 1667, 1668): Die Vorschrift ist daher nicht nur auf jugendliche Zeugen oder auf Opfer von Sexualstraftaten anwendbar, sondern gilt unter den gegebenen Voraussetzungen für **alle schutzbedürftigen Zeugen**, wie bspw. gefährdete **Ermittlungsbeamte, V-Leute**, sofern der Vernehmung keine Sperrerklärung nach § 96 entgegensteht (*Weider/Staechelin* StV 1999, 51; vgl zur Unwirksamkeit von Sperrerklärungen nach § 96: BVerwG StraFo 2013, 330 ff.), **alte, kranke** und **gebrechliche** Zeugen (*Kretschmer* JR 2006, 453, 455), **Opfer** von Sexualstraftaten (BVerfG NJW 2014, 1082 m.Anm. *Hamm* StV 2015, 139 und *Barton* StRR 2017, 179), und u.U. auch für Personen, die in ein Zeugenschutzprogramm aufgenommen wurden (BGH NJW 2006, 785; hierzu krit. *Hohnel* NJW 2004, 1356), aber ggf. auch für **Auslandszeugen** (*Norouzi* Die audiovisuelle Vernehmung von Auslandszeugen, 2010; *Schöch* FS für Meyer-Goßner, S. 365 f.). Dagegen steht § 247a, auch nicht in analoger Anwendung, der Anordnung des Vorsitzenden an einen vollverschleierten Zeugen diese Vollverschleierung abzulegen nicht entgegen (*Nestler* HRRS 2016, 126, 129 ff.).

3 **II. Entstehungsgeschichte.** Die Vorschrift wurde durch das **Zeugenschutzgesetz** v. 30.04.1998 (BGB1. I, S. 820) in die StPO eingefügt (vgl. zum **ZSchG** auch § 58a Rdn. 5). Geändert wurde § 247a durch das 1. OpferRRG v. 24.06.2004 (BGBl. I, S. 1354), indem die ursprüngliche bestehende Subsidiaritäts-

klausel gestrichen wurde (zu den inhaltlichen Konsequenzen vgl. Rdn. 18). Das 1. Justizmodernisierungsgesetz v. 24.08.2004 (BGBl. I, S. 2198) regelte eine Anpassung des Verweises auf § 251. Durch Gesetz vom 01.11.2013 (BGBl. I, S. 935) wurde die bisherige Norm unverändert als Abs. 1 verwertet. Hinzugefügt wurde ein neuer Abs. 2, der § 247a für die Vernehmung von Sachverständigen erweitert.

B. Regelungsgehalt. I. Anordnungsvoraussetzungen. 1. Schutz des Zeugen, Abs. 1 Satz 1 Hs. 1. Nach § 247a Abs. 1 Satz 1 Hs. 1 **kann** die audiovisuelle Vernehmung eines Zeugen angeordnet werden, wenn bei einer Vernehmung des Zeugen in Gegenwart der in der Hauptverhandlung Anwesenden **die dringende Gefahr eines schwerwiegenden Nachteils für das Wohl** des Zeugen besteht. Die Vorschrift dient dem sog. Opferschutz (die Gesetzesmaterialien betonen den überragenden Schutz des kindlichen Zeugen; ausdrücklich einbezogen sind aber auch alle weiteren gefährdeten Zeugen, BT-Drs. 13/7165, S. 9). 4

Ein **schwerwiegender Nachteil für das Wohl** des Zeugen umfasst nicht nur Gefahren für Leib, Leben und Gesundheit, sondern dessen gesamtes seelisches, körperliches und geistiges Wohlergehen (*Diemer* NJW 1999, 1667; Meyer-Goßner/*Schmitt* § 247a Rn. 3; SK-StPO/*Frister* § 247a Rn. 25; vgl. hierzu auch § 247 Rdn. 18 ff.). Die Beeinträchtigung muss massiv sein: Die bloße Unannehmlichkeit einer Vernehmung reicht keinesfalls. Vielmehr muss die körperliche oder seelische Belastung über das hinausgehen, was typischerweise mit der Zeugenpflicht im Strafverfahren einhergeht. Es bedarf eines **objektiv schwerwiegenden** Nachteils (LR/*Becker* § 247a Rn. 6; SK-StPO/*Frister* § 247a Rn. 26). Dementsprechend nicht ausreichend ist die zum allgemeinen Lebensrisiko gehörende Gefahr, mit einer übertragbaren Krankheit infiziert zu werden (vgl. zur Covid-19-Pandemie BGH NStZ-RR 2021, 22). 5

Eine **dringende Gefahr** wird angenommen, »wenn aufgrund bestimmter Tatsachen positiv feststeht, dass solche Folgen im konkreten Einzelfall mit hoher Wahrscheinlichkeit bei einer Vernehmung im Gerichtssaal eintreten werden« (KK-StPO/*Diemer* § 247a Rn. 11). Hierfür müssen unter Würdigung aller im Einzelfall vorliegenden Gegebenheiten konkrete Anhaltspunkte vorliegen (BGH NStZ 2015, 103; SK-StPO/*Frister* § 247a Rn. 27). Die mögliche Gefahr muss aus der Vernehmungssituation in der Hauptverhandlung, der Atmosphäre im Sitzungssaal und der Anwesenheit anderer Verfahrensbeteiligter und nicht wie bei § 247 allein durch die Anwesenheit des Angeklagten hervorgerufen werden (*Seitz* JR 1998, 309, 311; KMR/*Lesch* § 247a Rn. 26; AnwK-StPO/*Sommer* § 247a Rn. 4 f.; SK-StPO/*Frister* § 247a Rn. 24; Graf/*Berg* § 247a Rn. 5). 6

Die Vorschrift ist **eng auszulegen** und findet hauptsächlich – aber nicht ausschließlich (s. Rdn. 2) – ihre Anwendung bei kindlichen, jugendlichen oder in erheblichem Maß psychisch belasteten Zeugen (*Leitner* StraFo 1999, 45, 47; AnwK-StPO/*Sommer* § 247a Rn. 5). Auch bei einem im Zeugenschutzprogramm befindlichen Zeugen ist eine Videovernehmung nicht grds. auszuschließen (BGH NJW 2006, 785, 788; Graf/*Berg* § 247a Rn. 5; Meyer-Goßner/*Schmitt* § 247a Rn. 3; a.A. *Hohnel* NJW 2004, 1356). 7

Die Vernehmung eines Zeugen durch Videoübertragung führt zu **Spannungen** mit dem Unmittelbarkeitsgrundsatz (vgl. hierzu und zur »Audio-Visualierung« des Prozesses *Jung* GA 1998, 313, 325), dem Mündlichkeitsprinzip, dem Grundsatz der Verhandlungseinheit nach § 226 und dem Recht auf Konfrontation gem. Art. 6 Abs. 3 lit. d EMRK. Letztlich ist die Vorschrift mit dem prozessualen Gesamtgefüge vereinbar. Allerdings werden die bezeichneten Spannungsfelder bei der Ermessensentscheidung (s. Rdn. 16 ff.), ob eine audiovisuelle Vernehmung des Zeugen angeordnet wird, zu berücksichtigen sein. Die grundsätzliche Berechtigung dieses Instruments steht heute außer Frage (vgl. näher SK-StPO/*Frister* § 247a Rn. 14 ff.; zu Recht krit. allerdings zur fehlenden Harmonisierung mit §§ 247 und 255a Abs. 2 in Rn. 18 f.). 8

Unzureichend erforscht ist bislang, wie eine Videodirektschaltung das **Aussageverhalten** eines Zeugen oder Kronzeugen beeinflusst im Gegensatz zu einer gerichtsüblichen Aussage im Sitzungssaal beeinflusst (*Hohnel* NJW 2004, 1356, 1357). Wie krit. die Vorschrift mit Blick auf die Wahrheitsfindung gesehen wird, hängt davon ab, in welchem Maß die Qualität von solchen Vernehmungen infrage steht. Schon deshalb dürfte hier ein Forschungsbedarf bestehen. Nicht vergessen werden darf dabei, dass es im Gesetzgebungsverfahren einen »Kampf der Modelle« audiovisueller Vernehmungen gab. Gegen das sog. Mainzer Modell (s. *Kretschmer* JR 2006, 453), setzte sich schließlich das sog. **Englische Modell** durch (vgl. *Schöch* FS für Meyer-Goßner, S. 365 f.), bei dem der Zeuge sich außerhalb des Sitzungszimmers in dem die eigentliche Hauptverhandlung stattfindet befindet. Das Mainzer Modell, bei dem der Vorsitzende den Sitzungssaal verlässt um den Zeugen an einem anderen Ort zu vernehmen, ist nicht zulässig (BGH NStZ 2017, 372, 373; zust. *Burhoff* ZAP 2017, 249, 256 f.; a.A. *Kretschmer* JR 2017, 177 ff., der das Mainzer Modell jedenfalls im Ermittlungsverfahren für erlaubt hält, weiter aber auch die Einheit der Hauptverhandlung dann nicht für gefährdet hält, wenn eine beidseitige audiovisuelle Übertragung während der außerhalb des Sitzungssaals stattfindenden Zeugeneinvernahme stattfinde). Hierzu gibt es Erfahrungen im angelsächsischen Rechtskreis (vgl. hierzu *Bohlander* ZStW 107, 1995, 82), die ggf. nutzbar gemacht werden könnten. 9

10 **2. Verhinderung von Zeugen oder Einverständnis der Verfahrensbeteiligten, § 251 Abs. 2 (Abs. 1 Satz 1 Hs. 2).** § 247a Abs. 1 Satz 1 Hs. 2 ermöglicht durch den **Verweis auf § 251 Abs. 2 Nr. 1 bis 3** die audiovisuelle Vernehmung unter den gleichen Voraussetzungen wie bei einer Verlesung richterlicher Vernehmungsprotokolle, soweit dies zur **Erforschung der Wahrheit** erforderlich ist. Eine Kritik an dieser Vorschrift kann nicht an einem Qualitätsvergleich der unmittelbaren Vernehmung mit der audiovisuellen erfolgen. Vergleichsparameter muss die Verlesung des richterlichen Protokolls oder anderer zulässiger Beweissurrogate sein. In der Regel dürfte die Videodirektübertragung danach vorzugswürdig sein. Sie ist zwar ein »Weniger« ggü. der unmittelbaren Vernehmung eines physisch anwesenden Zeugen, aber ein »Mehr« im Vergleich zur Verlesung eines Vernehmungsprotokolls oder einer kommissarischen Vernehmung gem. § 223 (*Krapf* Kriminalistik 2002, 309).

11 Die audiovisuelle Vernehmung kann nach Abs. 1 Satz 1 Hs. 2. angeordnet werden, wenn der persönlichen Vernehmung des Zeugen in der Hauptverhandlung entweder eine **Krankheit** von **längerer oder ungewisser Dauer**, **Gebrechlichkeit** oder **andere** nicht zu beseitigende **Hindernisse** entgegenstehen (§ 251 Abs. 2 Nr. 1) oder dem Zeugen das Erscheinen wegen **großer Entfernung nicht zumutbar** ist (§ 251 Abs. 2 Nr. 2). Bei der Beurteilung und **Abwägung**, ob die Voraussetzungen des § 251 Abs. 2 Nr. 1 und 2 vorliegen, ist immer zu berücksichtigen, dass der audiovisuellen Vernehmung eine bessere **Beweisqualität** zukommt als der Vernehmung durch einen beauftragten oder ersuchten Richter (BGHSt 45, 188, 195; 45, 354, 361; *Albrecht* StV 2001, 364, 366; *Schlothauer* StV 2000, 182; SK-StPO/*Frister* § 247a Rn. 20).

12 Weiter kann das Gericht eine audiovisuelle Vernehmung anordnen, wenn der Staatsanwalt, der Verteidiger, der Angeklagte und alle anderen Verfahrensbeteiligten einverstanden sind (§ 251 Abs. 2 Nr. 3). Zu beachten ist jedoch, dass die **Zustimmung** aller Verfahrensbeteiligten eine unverzichtbare Voraussetzung darstellt, das Gericht dadurch aber trotzdem nicht zu diesem Vorgehen gezwungen werden kann (LR/*Becker* § 247a Rn. 11). Prinzipiell ermöglicht es das Gesetz jedoch, jeden Zeugen audiovisuell zu vernehmen, solange zwischen den Verfahrensbeteiligten Einigkeit über dieses Vorgehen besteht (SK-StPO/*Frister* § 247a Rn. 36; AnwK-StPO/*Sommer* § 247a Rn. 9; krit. *Rieß* StraFo 1999, 1, 7; *Rieß* NJW 1998, 3240, 3242).

13 Abs. 1 Satz 1 Hs. 2 wird meist bei **Auslandszeugen** (zum Auslandszeugen vgl. umfassend *Norouzi*, Die audiovisuelle Vernehmung von Auslandszeugen, 2010) oder **Kindern** angewendet (AnwK-StPO/*Sommer* § 247a Rn. 7), wenn die unmittelbare Einvernahme im Sitzungssaal durch die gesetzlichen Vertreter verweigert wird (*Swoboda* Videotechnik im Strafverfahren, 2002, S. 246 ff.) – ferner bei **»gesperrten Zeugen«**, soweit dem nicht die Videosimultanübertragung nach Abs. 1 Satz 3 entgegensteht (Graf/*Berg* § 247a Rn. 6, 6.1). Bei »gesperrten Zeugen« handelt es sich um Personen, die aufgrund einer konkreten Gefahr für ihr Leib und Leben für eine unmittelbare Anhörung in der Hauptverhandlung nach §§ 96 analog, 110b Abs. 3 gesperrt sind (BGHSt 36, 159; *Griesbaum* NStZ 1998, 433, 440; Meyer-Goßner/*Schmitt* § 247a Rn. 1a). Darin kann ein »unüberwindbares Hindernis« nach §§ 247a Abs. 1 Satz 1 Hs. 2, 251 Abs. 2 Nr. 1 gesehen werden (*Rieß* StraFo 1999, 1, 6; LR/*Becker* § 247a Rn. 10; Meyer-Goßner/*Schmitt* § 247a Rn. 6; AnwK-StPO/*Sommer* § 247a Rn. 10; krit. SK-StPO/*Frister* § 247a Rn. 32 m.w.N.; a.A. KMR/*Lesch* § 247a Rn. 30). Allerdings ermöglicht die optische und/oder akustische Abschirmung bzw. Verfremdung manchmal eine ansonsten nicht genehmigte Vernehmung von Verdeckten Ermittlern oder Vertrauenspersonen (BGHSt 51, 232; BVerfG NJW 2010, 925; BGH NJW 2007, 1475; 2003, 74; *Norouzi* JuS 2003, 434; BGH NStZ 2006, 648; *Kolz* FS für G. Schäfer, S. 35; Graf/*Berg* § 247a Rn. 6, 6.1; ausführlich und i.E. auch SK-StPO/*Frister* § 247a Rn. 59 ff.; a.A. *Valerius* GA 2005, 459; vgl. zur Problematik auch *Norouzi* Die audiovisuelle Vernehmung von Auslandszeugen, S. 212 ff. m.w.N.). Notfalls können Teilbeschränkungen der Aussagegenehmigung i.S.d. § 54 Abs. 1 die Gefährdung weiter minimieren (BGH NStZ 2005, 43 f.). Inwieweit dann noch eine durchgreifende Beweiswürdigung gelingen kann, dürfte eine Frage des Einzelfalls bleiben. Jedenfalls muss das Gericht verfremdete Aussagen vorsichtig würdigen und durch andere Beweisanzeichen absichern. Macht die »sperrende« Behörde keinen vertretbaren Grund für die Verfremdung oder Abschirmung geltend, kann nach menschenrechtskonformer Auslegung ein Verwertungsverbot angenommen werden (vgl. *Walter* StraFo 2004, 224, 228).

14 § 247a Abs. 1 gilt nur für Zeugen und erstreckt sich auch durch den Verweis auf § 251 Abs. 2 **nicht** auf **Sachverständige** und **Mitbeschuldigte** (*Diemer* NJW 1999, 1667, 1670; KK/*Diemer* § 247a Rn. 12 f.). Beurteilungszeitpunkt ist ihre Anhörung in der Hauptverhandlung (Meyer-Goßner/*Schmitt* § 247a Rn. 6).

15 Durch die explizite Nennung »zur Erforschung der Wahrheit« im Gesetzestext (*Seitz* JR 1998, 309, 312 hält diese für überflüssig) geht die Rspr. davon aus, dass die Anordnung der audiovisuellen Vernehmung nur notwendig ist, wenn von ihr eine bessere Aufklärung erwartet werden kann als durch das Verlesen eines richterlichen Vernehmungsprotokolls (BGHSt 46, 73; *Rose* JR 2001, 345; *Sinn* JZ 2001, 51; *Diemer* NStZ 2001, 393, 396; a.A. *Albrecht* StV 2001, 364, 366; *Schwaben* NStZ 2002, 288, 289; *Beulke* ZStW 113 [2001], 709, 724; *Gleß* JR 2002, 97).

3. **Ermessensentscheidung.** Die Anordnung liegt im pflichtgemäßen Ermessen des Gerichts (BGHSt 45, 188; BGH NJW 1999, 3788; *Pfeiffer* § 247a Rn. 1; KK/*Diemer* § 247a Rn. 4; KMR/*Lesch* § 247a Rn. 23; Graf/*Berg* § 247a Rn. 10). Hierbei ist zu beachten, dass die **persönliche Vernehmung** des Zeugen den **Grundsatz** (§ 250) darstellt und **§ 247a** eine **Ausnahme**, die an enge Voraussetzungen geknüpft ist (KK-StPO/*Diemer* § 247a Rn. 4). Das Ermessen des Gerichts setzt erst bei Vorliegen aller Voraussetzungen ein. Das Gericht muss bei Ausübung seines Ermessens einerseits die **Interessen des Zeugen** und andererseits das Recht des Angeklagten auf ein **faires Verfahren** gewichten und gegeneinander abwägen. 16

Ein faires Verfahren kann dem Angeklagten nur geboten werden, wenn seine **Verfahrensrechte**, insb. die Rechte aus Art. 6 EMRK, und die Belange der Verteidigung in angemessenem Maße berücksichtigt werden. Bei der Abwägung muss weiter das Prinzip des **Vorrangs der unmittelbaren Zeugenvernehmung** in der Hauptverhandlung (§ 250) ins Gewicht fallen (*Fischer* JZ 1998, 820; *Meurer* JuS 1999, 939). Darüber hinaus ist das Gebot des **bestmöglichen Beweises (§ 244 Abs. 2)** zu beachten. § 247a ist als Ergänzung der Rechtslage zur Erhebung des bestmöglichen Beweises zu verstehen (hierzu *Rebmann* NStZ 1982, 315; *Herdegen* NStZ 1984, 200; KK-StPO/*Diemer* § 247a Rn. 6), denn einerseits wird durch die Verwendung eines technischen Mediums die Kommunikation der Verfahrensbeteiligten beeinträchtigt, andererseits wird aber auch verhindert, dass das Gericht auf weniger sachnahe Beweismittel wie die Vernehmung eines Zeugen vom Hörensagen oder die Verlesung von Protokollen angewiesen ist (Meyer-Goßner/*Schmitt* § 247a Rn. 7; KMR/*Lesch* § 247a Rn. 23; KK-StPO/*Diemer* § 247a Rn. 6). In den Fällen des Abs. 1 **Satz 1 Hs. 2** müssen die Aspekte der **Prozessökonomie** und der **Verfahrensbeschleunigung** in die Abwägung mit einbezogen werden (BGH NStZ 2018, 740, 741). Aufseiten des Zeugen ist im Anwendungsfall des Abs. 1 **Satz 1 Hs. 1** das **Schutzinteresse des Zeugen** als hohes Gut anzusehen. 17

Die Videovernehmung setzte früher voraus, dass die drohenden schwerwiegenden Nachteile für den Zeugen nicht in anderer Weise abgewendet werden können (vgl. Rdn. 3). Die Entfernung des Angeklagten und der Ausschluss der Öffentlichkeit waren namentlich genannt, aber keineswegs die einzigen zu berücksichtigenden Optionen. Damit hatte sich der Gesetzgeber für einen Vorrang der unmittelbaren persönlichen Vernehmung entschieden. Dieser Wertung ist der Boden entzogen; durch das Streichen der Klausel (krit. zur Streichung *Ferber* NJW 2004, 2562, 2564) ist § 247a **nicht mehr subsidiär** (Meyer-Goßner/*Schmitt* § 247a Rn. 4; KK-StPO/*Diemer* § 247a Rn. 8; BGH NStZ 2018, 156, 157; a.A. *Hamm* StV 2015, 139 ff.). Jedoch stellen der **Ausschluss der Öffentlichkeit** und die **Entfernung des Angeklagten** nach § 247 Satz 2 im Einzelfall dennoch denkbare Alternativen dar. Das Gericht muss **abwägen**, mit welcher Maßnahme es zum einen den Zeugen in höchstmöglichem Maße schützt, zum anderen aber auch der Aufklärungspflicht und dem Verteidigungsinteresse des Angeklagten gerecht wird (SK-StPO/*Frister* § 247a Rn. 29; KK-StPO/*Diemer* § 247a Rn. 8; Meyer-Goßner/*Schmitt* § 247a Rn. 4). Bei dieser Verhältnismäßigkeitsprüfung dürfte die Entfernung des Angeklagten immer nur *ultima ratio* sein. Schon in der Begründung des Gesetzentwurfes wurde darauf hingewiesen, dass sich das Gericht zukünftig – bevor es den Angeklagten ausschließt – mit der Möglichkeit des § 247a auseinandersetzen muss, anderenfalls riskiert es einen absoluten Revisionsgrund (*Ferber* NJW 2004, 2562, 2564; vgl. auch § 247 Rdn. 41 ff.). 18

In der Grundsatzentscheidung BGHSt 45, 188 aus dem Jahr 1999 heißt es im Zusammenhang mit Auslandszeugen zur vorzunehmenden Abwägung: »Bei der Entscheidung, ob das Gericht von der Möglichkeit des § 247a StPO Gebrauch machen will oder nicht, ist insb. die durch das technische Medium und die fehlende körperliche Anwesenheit des Zeugen (*Fischer* JZ 1998, 816, 820) eingeschränkte Unmittelbarkeit der Beweisaufnahme (§ 250 S. 1 StPO) zu beachten. Zu berücksichtigen wird auch sein, daß sich eine auf Distanz befragte Person dem durch Frage und Antwort entstehenden Spannungsverhältnis eher wird entziehen können, als in direktem Kontakt in ein und demselben Raum. Durch die technisch bedingte Distanz wird es zudem schwieriger sein, im Vorfeld der Aussage Hemmungen abzubauen, Vertrauen zu erwecken und sich selbst einen hinreichenden Eindruck von der individuellen Eigenart der Auskunftsperson und ihrem non-verbalen Aussageverhalten zu verschaffen (*Bender/Nack/Treuer*, Tatsachenfeststellungen vor Gericht, 4. Aufl. 2014, Rn. 733 ff.; krit. zur Ausgestaltung der Vernehmungssituation »aus dem off« schon für den Kernbereich des § 247a StPO, die Vernehmung kindlicher Opferzeugen: *Caesar* NJW 1998, 2313, 2315). Solange die Frage der strafrechtlichen Verantwortlichkeit für eine Falsch- oder pflichtwidrige Nichtaussage im konkreten zwischenstaatlichen Verhältnis nicht im Sinne einer effektiven Sanktionierbarkeit geklärt ist, ist auch dieses Defizit in Bedacht zu nehmen. Ergebnis einer solchen, dem Tatrichter auferlegten Abwägung kann durchaus sein, dass eine audiovisuelle Vernehmung wegen ihrer dargelegten Defizite gegenüber einem präsenten Zeugen im Einzelfall für die Wahrheitsfindung wertlos, der Zeuge mithin auch unter Beachtung der Möglichkeiten des § 247a StPO ein ungeeignetes Beweismittel ist.« 19

20 **4. Beschluss.** Die Videovernehmung wird durch **Gerichtsbeschluss**, nicht durch Verfügung des Vorsitzenden, nach Anhörung aller Beteiligten (§ 33) angeordnet (BGH NStZ-RR 2018, 118; OLG Celle NdsRpfl 2017, 392, 393; *Leitner* StraFo 1999, 48; HK-GS/*Schork* § 247a Rn. 8). Der Beschluss, der nach § 273 Abs. 1 in der Sitzungsniederschrift beurkundet wird, ist zu begründen (§ 34) und zu verkünden (§ 35). Die Begründung darf nicht floskelhaft sein und muss erkennen lassen, auf welche Zulässigkeitsvoraussetzungen das Gericht seinen Beschluss stützt (a.A. BGH NStZ-RR 2018, 118, der die Notwendigkeit einer Begründung gänzlich ablehnt. Der Beschluss müsse nur kenntlich machen, auf welchen Ausnahmetatbestand des § 247a Abs. 1 S. 1 die Anordnung gestützt wird). Einer tiefergehenden Begründung bedarf es aufgrund des Rechtsmittelausschlusses nach Abs. 1 Satz 2 i.V.m. § 336 Satz 2 nicht (Radtke/Hohmann/*Kelnhofer* § 247a Rn. 16; *Diemer* StraFo 2000, 217, 220; Meyer-Goßner/*Schmitt* § 247a Rn. 8; HK-GS/*Schork* § 247a Rn. 9; a.A. KK-StPO/*Diemer* § 247a Rn. 15; LR/*Becker* § 247a Rn. 15; HK-StPO/*Julius* § 247a Rn. 10). Die Ablehnung eines Antrages auf Videovernehmung bedarf dagegen keiner Begründung.

21 **II. Durchführung der Vernehmung (Abs. 1 Satz 3).** Die Ausgestaltung der **Bild-Ton-Übertragung** ist im Gesetz **nicht detailliert festgelegt** (*Rieck* StraFo 2000, 400). § 247a Abs. 1 Satz 3 bestimmt allein, dass die Aussage **zeitgleich in Bild und Ton** in das Sitzungszimmer übertragen wird. Da die Übertragung die persönliche Vernehmung ersetzen soll, müssen die Verfahrensbeteiligten ihre **prozessualen Befugnisse uneingeschränkt** ausüben (Graf/*Berg* § 247a Rn. 14; SK-StPO/*Frister* § 247a Rn. 52) und die verbalen und nonverbalen Äußerungen der Zeugen wahrnehmen können (*Schlothauer* StV 1999, 50; KK-StPO/*Diemer* § 247a Rn. 17; Meyer-Goßner/*Schmitt* § 247a Rn. 10; krit. *Fischer* JZ 1998, 816, 820). Umgekehrt sollte es auch dem Zeugen, obwohl der Gesetzeswortlaut nur von der Übertragung der Zeugenaussage spricht, möglich sein, die Vorgänge im Sitzungssaal mitverfolgen zu können (*Rieß* StraFo 1999, 1, 6). Es bedarf somit **einer Übertragung in beide Richtungen** (BGHSt 45, 188, 196; *Kretschmer* JR 2006, 453; KMR/*Lesch* § 247a Rn. 6; LR/*Becker* § 247a Rn. 19; Meyer-Goßner/*Schmitt* § 247a Rn. 10; *Swoboda* Videotechnik, S. 179; *Hinterhofer* Zeugenschutz und zum »two way closed circuit television-Modell«, S. 94; *Rieck* Substitut oder Komplement?, S. 96 ff.; *ders.* StraFo 2000, 400, 402; *Krapf* Kriminalistik 2002, 309, 310). Nur so kann eine der normalen Vernehmungssituation entsprechende Atmosphäre geschaffen werden, die es ermöglicht, eine **Glaubwürdigkeitsbeurteilung** und **effektive Ausübung der Verteidigungsrechte** zu gewährleisten (*Krapf* Kriminalistik 2002, 309, 310; SK-StPO/*Frister* § 247a Rn. 53). Um eine in Ansätzen normale Vernehmungssituation zu schaffen sollte die Übertragung so stattfinden, dass der Zeuge sowohl den Vorsitzenden sehen als auch den **gesamten Vernehmungsraum überblicken** kann. Anders soll nur vorgegangen werden, wenn die audiovisuelle Vernehmung gerade gewählt wurde, um die **Konfrontation** des Zeugen mit den anderen Verfahrensbeteiligten, insb. dem Angeklagten, zu **vermeiden** (SK-StPO/*Frister* § 247a Rn. 54). Dies ist insb. bei **kindlichen Opferzeugen** der Fall (KMR/*Lesch* § 247a Rn. 6). Die **Öffentlichkeit** im Sitzungssaal muss die Aussage nur akustisch mitverfolgen können, denn auch bei einer herkömmlichen Vernehmung ist es ihnen nur möglich, den Zeugen von hinten wahrzunehmen (Graf/*Berg* § 247a Rn. 14).

22 Der **organisatorische Ablauf** der audiovisuellen Vernehmung wird dem Vorsitzenden überlassen (SK-StPO/*Frister* § 247a Rn. 49 f.). Er bestimmt den genauen Ort der Vernehmung und nimmt ihn gem. § 214 Abs. 1 Satz 1 in die Ladung auf (KMR/*Lesch* § 247a Rn. 22). Ein Zeuge, der sich im Zeugenschutzprogramm befindet, ist über die zuständige Polizeidienststelle zu laden (KMR/*Lesch* § 247a Rn. 22).

23 Der Begriff der **Vernehmung** erfasst vorliegend, anders als bei § 247 (vgl. § 247 Rdn. 5 ff.), alle Verfahrensvorgänge, die mit der Befragung in enger Verbindung stehen, sich aus ihr entwickeln, oder Verfahrensvorgänge mit selbstständiger verfahrensrechtlicher Bedeutung darstellen.

24 I.Ü. gelten die **Bestimmungen über die Zeugenvernehmung**, insb. **§§ 238, 241a, 247** (KMR/*Lesch* § 247a Rn. 7). Die Öffentlichkeit kann auch gem. §§ 171b, 172 GVG von einer audiovisuellen Vernehmung ausgeschlossen werden (Meyer-Goßner/*Schmitt* § 247a Rn. 10). Der Zeuge kann am Vernehmungsort, wenn er Nebenkläger ist, von seinem **Beistand** nach § 68b oder § 397a und als Verletzter auch von einer zugelassenen **Vertrauensperson** nach § 406f Abs. 2 begleitet werden (*Rieß* NJW 1998, 3241).

25 **III. Optionale Aufzeichnung, Abs. 1 Satz 4 u. Satz 5.** Die Aufzeichnung ist an die strengen Voraussetzungen des Abs. 1 Satz 4 und 5 gebunden, da sie einen Eingriff in das Persönlichkeitsrecht des Zeugen darstellt, ohne dass es auf seine Einwilligung ankäme (OLG Bremen NStZ 2007, 481). Die Voraussetzungen sind gegeben, wenn zu befürchten steht, dass der Zeuge **in** einer **weiteren Hauptverhandlung nicht vernommen werden kann** und die Aufzeichnung somit **zur Erforschung der Wahrheit erforderlich** ist (KK-StPO/*Diemer* § 247a Rn. 18; KMR/*Lesch* § 247a Rn. 34). In Betracht kommen **Hindernisse tatsächlicher und rechtlicher Art** (Meyer-Goßner/*Schmitt* § 247a Rn. 11; KK-StPO/*Diemer* § 247a Rn. 18 ff.; LR/*Becker* § 247a Rn. 25; *Diemer* NJW 1999, 1672), z.B. **Gründe des Zeugenschutzes**, insb. die in § 255a Abs. 2 und die in § 251 Abs. 1 Nr. 2, Abs. 2 Nr. 1 und 2 genannten **Hindernisse** (KK-StPO/*Diemer* § 247a Rn. 18 ff.). Die Frage,

ob es überhaupt zu einer weiteren Hauptverhandlung kommt, muss nicht in die Prognose einbezogen werden (Meyer-Goßner/*Schmitt* § 247a Rn. 11). Unter **weitere Hauptverhandlung** sind die Hauptverhandlungen in der Berufungsinstanz oder eine erneute Hauptverhandlung bei Aufhebung und Zurückweisung der Sache durch das Revisionsgericht zu verstehen (KMR/*Lesch* § 247a Rn. 33).

Zur Erforschung der Wahrheit ist die Aufzeichnung nötig, wenn Gegenstand der Vernehmung ein komplexes Tatgeschehen ist, die Aussage sehr umfangreich oder die Einvernahme von besonderer Schwierigkeit ist (Meyer-Goßner/*Schmitt* § 247a Rn. 11). Die Aufzeichnung allein zur Gedächtnisstütze soll nicht möglich sein (KK/*Diemer* § 247a Rn. 19; KMR/*Lesch* § 247a Rn. 34). 26

Die Aufzeichnung wird nach Anhörung der Verfahrensbeteiligten (§ 33) **durch Beschluss des Gerichts** angeordnet, der zu begründen (§ 34), zu verkünden (§ 35) und gem. § 273 Abs. 1 zu protokollieren ist (Meyer-Goßner/*Schmitt* § 247a Rn. 12; KMR/*Lesch* § 247a Rn. 35; SK-StPO/*Frister* § 247a Rn. 73 f.; KK-StPO/*Diemer* § 247a Rn. 20; a.A. LR/*Becker* § 247a Rn. 27 sowie Graf/*Berg* § 247a Rn. 18 ff. vertreten die Ansicht, dass die Anordnung allein dem Vorsitzenden obliegt). 27

Das Gericht entscheidet nach seinem **pflichtgemäßen Ermessen**, wobei die Anordnung bei Vorliegen der gesetzlichen Voraussetzungen regelmäßig der Fall sein wird. 28

IV. Akteneinsicht, Verwendung und Löschung der Aufzeichnung (Abs. 1 Satz 5). Für die **Akteneinsicht** und **Löschung** der Aufzeichnung verweist Abs. 1 Satz 5 auf § 58a Abs. 2 (vgl. dort Rdn. 18 ff.). 29

Die **Verwendung der Bild-Ton-Aufzeichnung** dient nur dem Zweck der **Strafverfolgung**. Wird die Aufzeichnung nicht mehr zur Strafverfolgung benötigt, ist sie entsprechend § 100b Abs. 6 von der StA **zu vernichten** (Abs. 1 Satz 5 i.V.m. § 58a Abs. 2, § 100b Abs. 6). 30

Gegen die Entscheidung über die Aufzeichnung kann der Zeuge, nicht aber die übrigen Verfahrensbeteiligten – anders als gegen die Anordnung der audiovisuellen Vernehmung – **Beschwerde** gem. §§ 304, 305 einlegen (KK-StPO/*Diemer* § 247a Rn. 20; KMR/*Lesch* § 247a Rn. 35). 31

V. Audiovisuelle Vernehmung von Sachverständigen (Abs. 2). Abs. 2 eröffnet seit dem 01.11.2013 die Möglichkeit, Sachverständige audiovisuell zu vernehmen. Die Norm ist verfahrensökonomisch motiviert und soll vor allem Reisekosten sparen und das Verfahren beschleunigen (BT-Drs. 17/12418, S. 15 f.). Der noch im Bundesratsentwurf für erforderlich gehaltene Verzicht der Verfahrensbeteiligten auf die persönliche Anwesenheit des Sachverständigen als Voraussetzung für seine audiovisuelle Vernehmung wurde dann im Gesetzgebungsverfahren seinerseits verzichtet (BT-Drs. 17/12418, S. 8, 15). Die Videokonferenz bleibt aber ausgeschlossen, wenn die Wahrheitsfindung einen unmittelbaren persönlichen Eindruck erfordert. Dies soll nach der Gesetzesbegründung dann nicht der Fall sein, wenn ein isoliertes Beweisthema beurteilt werden soll, für das keine in der Hauptverhandlung wahrzunehmenden Anknüpfungstatsachen notwendig sind (BT-Drs. 17/12418, S. 16). Dem trägt zudem Abs. 2 Satz 2 Rechnung, der auf § 246a StPO verweist und damit die Fälle für eine audiovisuelle Vernehmungstechnik des Sachverständigen ausschließt, in denen die Anordnung oder der Vorbehalt einer Unterbringung des Angeklagten in ein psychiatrisches Krankenhaus oder die Sicherungsverwahrung in Betracht kommen (Meyer-Goßner/*Schmitt* § 247a Rn. 16). 32

C. Revision. Nach § 247a Abs. 1 Satz 2 bzw. Abs. 2 Satz 3 ist die Entscheidung über die audiovisuelle Vernehmung eines Zeugen bzw. Sachverständigen **unanfechtbar** und somit gem. **§ 336 Satz 2 nicht** im Wege der **Revision überprüfbar**. Die Ausnahmeregelung des Satz 2 findet jedoch dort ihre Grenzen, wo zugleich **allgemeine Verfahrensgrundsätze** bzw. andere Verfahrensvorschriften **verletzt** worden sind (*Schlothauer* StV 2000, 183; *Rieß* StraFo 1999, 7) oder sich **absolute Revisionsgründe** ergeben haben, z.B. wenn durch den Beschluss die Verteidigung in unzulässiger Weise beschränkt wird, § 338 Nr. 8 (KK-StPO/*Diemer* § 247a Rn. 22 ff.; s.a. LR/*Becker* § 247a Rn. 32; KMR/*Lesch* § 247a Rn. 36; SK-StPO/*Frister* § 247a Rn. 78 ff.). 33

Revisibel ist zum einen das **Fehlen** eines die audiovisuelle Vernehmung anordnenden **Beschlusses** (BGH NStZ-RR 2018, 118; *Schöch* FS für Meyer-Goßner, S. 365, 382) oder eine Anordnung, die **allein** durch den **Vorsitzenden** getroffen wurde (BGH NStZ 2008, 421; *Diemer* NStZ 2001, 393). Zum anderen steht § 336 Satz 2 auch dann nicht entgegen, wenn über eine Anwendung des § 247a **gar nicht entschieden** wurde (BGHSt 45, 188, 197; NJW 1999, 3788; BGH NStZ 2008, 421; LR/*Becker* § 247a Rn. 33; Meyer-Goßner/*Schmitt* § 247a Rn. 13 f.). Denn der Ausschluss der Revision setzt voraus, dass überhaupt eine Entscheidung i.S.d. § 247a Abs. 1 Satz 2 bzw. Abs. 2 Satz 3 getroffen worden ist (SK-StPO/*Frister* § 247a Rn. 78). Ist also eine Entscheidung nach § 247a überhaupt nicht in Erwägung gezogen worden, obwohl sich bei den Umständen des Einzelfalls eine solche Entscheidung aufgedrängt hätte, liegen die Voraussetzungen des § 336 Satz 2 nicht vor. 34

Ferner ist die Revision durch § 336 Satz 2 immer dann nicht ausgeschlossen, wenn die **tatbestandlichen Voraussetzungen** des § 247a Abs. 1 Satz 1 bzw. Abs. 2 Satz 1, 2 **verkannt** und **zu Unrecht bejaht** oder ver- 35

neint wurden, und dadurch in **den Regelungsgehalt anderer Vorschriften** eingegriffen wurde, für die der Rechtsmittelausschluss nach Abs. 1 Satz 2 bzw. Abs. 2 Satz 3 nicht gilt (KK-StPO/*Diemer* § 247a Rn. 22 ff.). Hat das Gericht bspw. den Beweisantrag auf Vernehmung eines Zeugen gem. **§ 244 Abs.** 3 Satz 2 wegen Unerreichbarkeit abgelehnt (BGH StV 1999, 580; *Diemer* StraFo 2000, 219) oder wegen Unerreichbarkeit des Zeugen gem. **§ 251 Abs. 1 Nr.** 2 ein richterliches Vernehmungsprotokoll verlesen (BGH StV 2000, 345) ist die Revision zulässig, da eine Videovernehmung nach § 247a Abs. 1 möglich gewesen wäre. Dies gilt auch, wenn **nicht kenntlich** gemacht wurde, **welchen Ausnahmetatbestand** des § 247a das Gericht für gegeben hält (KK-StPO/*Diemer* § 247a Rn. 24) oder die audiovisuelle Vernehmung auf einen **anderen als die in § 247a genannten Gründe** gestützt wurde und die Entscheidung über die Vernehmung als **objektiv willkürlich** zu beurteilen ist (LR/*Becker* § 247a Rn. 33). So liegt der Fall auch, wenn eine Vernehmung nach Abs. 1 Satz 3 der Vorschrift unzulässigerweise simultan übertragen wurde, denn hier liegt ein Verstoß gegen **§ 244 Abs.** 2 vor, der eine Verfahrensrüge begründen kann.

36 **D. Praktische Hinweise.** Die Ton- und Bildübertragung einer **Kommissarischen Vernehmung** (§ 223) *direkt* in die Hauptverhandlung ist nach der Gesetzeskonzeption nicht erlaubt, da die kommissarische Vernehmung der Hauptverhandlung vorgreift (vgl. § 223; *Beulke* ZStW 113 [2001], 709, 721 f.; KK-StPO/*Gmel* § 223 Rn. 23a; KK-StPO/*Diemer* § 247a Rn. 3; Meyer-Goßner/*Schmitt* § 223 Rn. 20; LR/*Becker* § 247a Rn. 3; *Rieß* NJW 1998, 3242; *ders.* StraFo 1999, 1; a.A. Plenarprotokoll des Deutschen Bundestages, 221. Sitzung am 04.03.1998, S. 20, 206; *Schlüchter/Greff* Kriminalistik 1998, 532; *Weigend* Gutachten zum 62. DJT, C 56).

37 § 247a Abs. 1 ermöglicht dem Richter darüber hinaus, einen **Zeugen**, der sich im **Ausland** aufhält, durch zeitgleiche Bild- und Tonübertragung zu vernehmen (umfassend *Norouzi* Die audiovisuelle Vernehmung von Auslandszeugen, 2010). In einem solchen Fall erhält der sich im Ausland befindliche Zeuge eine Ladung zum dort zuständigen Gericht. Dazu bedarf es weder einer speziellen Ladung noch eines gesonderten Antrages (BGH NStZ 2000, 385). Das im Ausland befindliche Prozessgericht muss jedoch die für die deutsche Hauptverhandlung geltenden wesentlichen Verfahrensgarantien gewährleisten (BGHSt 45, 188; BGH NStZ 2008, 232; NJW 1999, 3788; SK-StPO/*Frister* § 247a Rn. 64; LR/*Becker* § 247a Rn. 4). Die erforderliche Rechtshilfevorschrift für den Rechtsverkehr innerhalb der EU findet sich in Art. 10 des Übereinkommens über die Rechtshilfe in Strafsachen zwischen den Mitgliedstaaten der EU v. 29.05.2000 (ABl. EG Nr. C 197, S. 1), in der BRD am 28.07.2005 in Kraft getreten (BGBl. II, S. 650).

38 Zu ersten Erfahrungen mit der Videovernehmung nach dem Zeugenschutzgesetz vgl. die empirische Untersuchung von *Schöch* FS für Meyer-Goßner, S. 365.

§ 248 Entlassung der Zeugen und Sachverständigen

[1]Die vernommenen Zeugen und Sachverständigen dürfen sich nur mit Genehmigung oder auf Anweisung des Vorsitzenden von der Gerichtsstelle entfernen. [2]Die Staatsanwaltschaft und der Angeklagte sind vorher zu hören.

1 **A. Grundsätzliches und Regelungsgehalt.** Satz 1 der Vorschrift will einerseits verhindern, dass sich eine vernommene Beweisperson zu früh von der Gerichtsstelle entfernt, sodass sie erneut – etwa nach Widerspruch gegen ihre Entlassung vor Schluss der Beweisaufnahme oder weil ein Prozessbeteiligter noch Fragen stellen will – herbeigeschafft werden muss und dadurch der Prozess unnötig verzögert wird (LR/*Becker* § 248 Rn. 1). Die Bestimmung zählt daher zu den Vorschriften über die allgemeinen Zeugenpflichten und erstreckt sich gem. § 72 auch auf Sachverständige (KK-StPO/*Diemer* § 248 Rn. 1). Sie ist zum anderen Ausdruck der dem Vorsitzenden obliegenden Pflicht zur Fürsorge für die jeweilige Beweisperson. Bei seiner nach pflichtgemäßem Ermessen zu treffenden Entscheidung (Rdn. 4) soll er deren Interesse im Auge haben, vom Gericht zeitlich nicht länger als nötig in Anspruch genommen zu werden (LR/*Becker* § 248 Rn. 1). **Satz 2** schreibt die vorherige Anhörung der Prozessbeteiligten vor (Rdn. 5).

2 **B. Anwendungsbereich. I. Gerichtsstelle.** Die Pflicht zur Anwesenheit bezieht sich auf die **Gerichtsstelle.** Gemeint ist damit der Ort, an dem die Hauptverhandlung stattfindet (Meyer-Goßner/*Schmitt* § 248 Rn. 1; KK-StPO/*Diemer* § 248 Rn. 1), nicht, wie in § 224 Abs. 2, das Gerichtsgebäude als solches. Damit trägt

das Gesetz dem Umstand Rechnung, dass Gerichtsort und Ort der Hauptverhandlung, etwa bei auswärtiger Augenscheinseinnahme, auseinanderfallen können (LR/*Becker* § 248 Rn. 4).

3 **II. Entfernung.** Eine Beweisperson hat sich dann i.S.d. Vorschrift entfernt, wenn sie sich nach ihrer Vernehmung von der Gerichtsstelle so weit wegbegeben hat, dass sie für das Gericht **nicht mehr zur Verfügung steht** (LR/*Becker* § 248 Rn. 4). Ist dies eigenmächtig geschehen, wird die Entfernung dem Nichterscheinen gleichzustellen sein und kann daher auch die Ungehorsamsfolgen des § 51 Abs. 1 auslösen (LR/*Becker* § 248 Rn. 4). Ist der Zeuge oder Sachverständige vom Vorsitzenden **entlassen** worden, hat die Beweiserhebung ihr endgültiges Ende gefunden: Die Beweisperson erhält damit die Erlaubnis, sich zu entfernen; sie kann aber auch an der weiteren Hauptverhandlung als Zuhörer teilnehmen, es sei denn, dies wurde ihr vom Vorsitzenden untersagt. Schon nach Sinn und Zweck der Vorschrift kann die vorläufige Beurlaubung eines noch nicht abschließend vernommenen Zeugen oder Sachverständigen nicht in den Anwendungsbereich der Vorschrift fallen (allg. M.; vgl. Meyer-Goßner/*Schmitt* § 248 Rn. 2; KK-SPO/*Diemer* § 248 Rn. 2; LR/*Becker* § 248 Rn. 6). Aus Anlass einer solchen Anordnung besteht für den Vorsitzenden keine Verpflichtung zur vorherigen Anhörung der Verfahrensbeteiligten (OLG Stuttgart NStZ 1994, 600; HK-StPO/*Julius* § 248 Rn. 2). Das Recht der Beanstandung nach § 238 Abs. 2 bleibt davon unberührt (LR/*Becker* § 248 Rn. 6).

4 **C. Verfahren. I. Entscheidung.** Die Entscheidung nach Abs. 1 liegt im **pflichtgemäßen Ermessen des Vorsitzenden.** Ermessensleitende Gesichtspunkte enthält Nr. 135 Abs. 2 RiStBV. Ein Anspruch darauf, dass der Vorsitzende nach Abs. 1 verfährt, besteht demnach nicht (Meyer-Goßner/*Schmitt* § 248 Rn. 1). Der Zeuge oder Sachverständige ist indes nicht gehindert, beim Vorsitzenden durch eine Anregung oder einen Antrag auf eine entsprechende Genehmigung unter Darlegung der dafür sprechenden Gründe anzutragen. Aus Gründen der prozessualen Fürsorgepflicht wird der Vorsitzende über einen solchen Antrag zeitnah zu entscheiden haben (i.E. ebenso LR/*Becker* § 248 Rn. 3).

5 **II. Anhörung.** Die nach Satz 2 vorgeschriebene Anhörung bedarf keiner bestimmten Form. Sie soll den Verfahrensbeteiligten die Möglichkeit geben zum Ausdruck zu bringen, ob sie noch weitere Fragen an den Zeugen oder Sachverständigen haben. Nur dann kann der Vorsitzende das ihm eingeräumte Ermessen sachgerecht ausüben. Im Interesse einer möglichst breiten Beurteilungsgrundlage ist daher die **Anhörung** über den Wortlaut der Vorschrift hinaus **auf alle Verfahrensbeteiligten zu erstrecken**, soweit ihnen ein Fragerecht zusteht (allg. M.; vgl. nur LR/*Becker* § 248 Rn. 8; zum nach § 231c beurlaubten Angeklagten vgl. BGH StV 1988, 370). Anhörungsberechtigt sind daher insb. der Verteidiger (OLG Stuttgart NStZ 1994, 600), der Privat- und Nebenkläger, der Vertreter der Finanzbehörde (§ 407 Abs. 1 Satz 4, § 5 AO), Nebenbeteiligte, Erziehungsberechtigte und gesetzliche Vertreter (§§ 67 Abs. 1, 104 Abs. 1 Nr. 9 JGG). Wegen des unterschiedlichen Zwecks kann eine **Erklärung i.S.d. § 257** die Anhörung nach Satz 2 nicht ersetzen (KK-StPO/*Diemer* § 248 Rn. 3; teilw. a.A. LR/*Becker* § 248 Rn. 10: Umstände des Einzelfalles).

6 **D. Revision.** Mit der Revision kann die Ermessensfehlerhaftigkeit der Entscheidung nach Satz 1 ebenso beanstandet werden wie eine unterbliebene Anhörung nach Satz 2. Um sich die Rüge der Verletzung des Satzes 1 zu erhalten, muss der betreffende Verfahrensbeteiligte der Entlassung widersprochen und eine Entscheidung nach § 238 Abs. 2 (Ermessensentscheidung) herbeigeführt haben (BGH StV 1985, 355; Meyer-Goßner/*Schmitt* § 248 Rn. 4; KK-StPO/*Diemer* § 248 Rn. 4; LR/*Becker* § 248 Rn. 13). Dass das Urteil darauf beruht, dass bestimmte Fragen und Vorhalte an die Beweisperson durch die verfahrensfehlerhafte Entlassung verhindert wurden (§ 337), wird der Angeklagte im Revisionsverfahren nur selten mit Erfolg darlegen können (§ 344 Abs. 2 Satz 2; vgl. OLG Stuttgart NStZ 1994, 600 [601]).

§ 249 Führung des Urkundenbeweises durch Verlesung; Selbstleseverfahren

(1) [1]**Urkunden sind zum Zweck der Beweiserhebung über ihren Inhalt in der Hauptverhandlung zu verlesen.** [2]**Elektronische Dokumente sind Urkunden, soweit sie verlesbar sind.**

(2) [1]**Von der Verlesung kann, außer in den Fällen der §§ 253 und 254, abgesehen werden, wenn die Richter und Schöffen vom Wortlaut der Urkunde Kenntnis genommen haben und die übrigen Beteiligten hierzu Gelegenheit hatten.** [2]**Widerspricht der Staatsanwalt, der Angeklagte oder der Verteidiger unverzüglich der Anordnung des Vorsitzenden, nach Satz 1 zu verfahren, so entscheidet das Gericht.** [3]**Die Anordnung des Vorsitzenden, die Feststellungen über die Kenntnisnahme und die Gelegenheit hierzu und der Widerspruch sind in das Protokoll aufzunehmen.**

Übersicht

1 **A. Grundsätzliches und Regelungsgehalt. I. Gegenstand des Urkundsbeweises.** Die §§ 249 bis 256 betreffen (bis auf § 255a) den **Urkundsbeweis** als eines der vier Beweismittel des Strengbeweisverfahrens (neuerdings erweitert um eine Augenscheinsvariante in § 254). Er ist (wie der Augenschein) Sachbeweis; Beweismittel ist die Urkunde als physischer Gegenstand. Gleichwohl dient der Urkundsbeweis dazu, den **gedanklichen Inhalt der Urkunde** (ähnlich einer Aussage) in die Hauptverhandlung einzuführen (*Beulke/Swoboda* Rn. 203; *Kindhäuser* § 21 Rn. 100; MüKo-StPO/*Kreicker* § 249 Rn. 1).

2 Während Zeuge, Sachverständiger und Augenschein in den §§ 48 ff. selbstständig behandelt sind, stellt die StPO Urkunden erst in den Zusammenhang der Hauptverhandlung. Die **allgemeinen Vorschriften** zu Urkunden sind über verschiedene Kontexte verteilt: zur Herstellung von Urkunden insb. §§ 82, 83 (schriftliche Gutachten), zur Ermittlung von Echtheit und Urheber § 93. Sicherstellung und dazu erforderliche Durchsuchung unterliegen den §§ 94 ff., wobei insb. die §§ 96 ff., 99 f., 110 und 111q f. Urkunden betreffen. In Verfahren wegen **Ordnungswidrigkeiten** sind Besonderheiten hinsichtlich des erforderlichen Umfangs der Beweisaufnahme (§ 77 OWiG), der vereinfachten Art der Beweisaufnahme (§ 77a OWiG) sowie weitere Verfahrensvereinfachungen (§ 78 OWiG) zu beachten. Zum beschleunigten Verfahren und Verfahren nach Einspruch gegen einen Strafbefehl s. § 250 Rdn. 14. Auf die Verlesung des Anklagesatzes ist allein § 243 Abs. 3 anzuwenden (BGHSt 56, 109, Rn. 15 und 17, dazu auch BGH bei *Cierniak/Zimmermann* NStZ-RR 2014, 129 Nr. 34).

3 **II. Verhältnis zu anderen Beweismitteln.** Kommt es nicht auf den Inhalt, sondern allein auf den Zustand oder die Existenz der Urkunde an, ist nur **Augenscheinsbeweis** (§ 86) zu erheben (BGH NStZ-RR [K] 1999, 37; StV 2012, 584; Meyer-Goßner/*Schmitt* § 249 Rn. 7; HK-GS/*König/Harrendorf* § 249 Rn. 5). Das Gleiche gilt für Darstellungen mit bloßen Beschriftungen sowie Pläne und Skizzen (BGHSt 18, 51, 53; MüKo-StPO/*Kreicker* § 249 Rn. 5; SK-StPO/*Frister* § 249 Rn. 40). Die in Lichtbilder aus Geschwindigkeitsmessungen eingeblendeten schriftlichen Aufzeichnungen über Geschwindigkeit, Datum und Uhrzeit sind hingegen streng genommen als Urkunde zu verlesen (OLG Hamm NStZ-RR 2009, 151, 152; OLG Saarbrücken NStZ-RR 2011, 319; a.A. BayObLG JR 2003, 76 m.Anm. *Keiser*) – vgl. dazu aber sogleich Rdn. 4; werden indes nach dem Hauptverhandlungsprotokoll ausschließlich diese Daten verlesen, beweist dies umgekehrt gerade keine Inaugenscheinnahme (OLG Hamm 27.02.2020 – III-5 Rbs 63/20).

4 Kommt es neben dem Inhalt auf die äußere Gestalt der Urkunde an (z.B. zur Feststellung ihrer Echtheit), ist sie **zusätzlich zum Urkundsbeweis** in **Augenschein** zu nehmen (BGH NStZ 1991, 143, 144; *Pfeiffer* § 249 Rn. 1). Das ist der Fall, wenn nicht nur das Ohr Text hören, sondern auch das Auge etwas sehen (oder etwas beschrieben werden) muss (OLG Hamm NJW 1953, 839). Hierzu gehören Unterstreichungen, Schriftbild (RGSt 65, 294, 295 f., richterlicher Schriftvergleich), Durchstreichungen und Anzeichen nachträglicher Veränderung. Systemwidrig hat der BGH (NStZ 2000, 307, 309) obiter die Auffassung geäußert, bei engem Zusammenhang von Wort und Bild – wie in Comics – erfasse ein Urkundsbeweis im Selbstleseverfahren (Abs. 2) auch die bildliche Gestaltung. Der strengen Differenzierung zwischen Inaugenscheinnahme und Verlesung (BGH StV 1999, 359; MüKo-StPO/*Kreicker* § 249 Rn. 6) soll nach BGH StV 2015, 78 dort eine Grenze zu ziehen sein, wo auch der gedankliche Inhalt einer Urkunde durch einen (flüchtigen) Blick auf sie erfasst werden kann, und dann eine protokollierte Inaugenscheinnahme genügen; einschränkend und streng an der klassischen Differenzierung festhaltend aber KG VRS 133 (2017), 137. Im Grundsatz ist das überzeugend. Ob diese Voraussetzungen im entschiedenen Fall, in dem es um eine E-Mail mit anhängender Rechnung ging, allerdings tatsächlich erfüllt waren, darf bezweifelt werden. Vorschläge für den Umgang mit Beweismitteln, die neben verlesbarem Inhalt auch Augenscheinsobjekte enthalten, beim Selbstleseverfahren bei *Habetha* NZWiSt 2021, 256.

Durch einen Urkundsbeweis darf der **Zeugen- oder Sachverständigenbeweis** nur unter besonderen Voraussetzungen ersetzt werden (§§ 250 bis 256). Umgekehrt dürfen (insb. wenn die Urkunde selbst nicht zur Verfügung steht oder aus sich heraus nicht verständlich ist) Inhalt und die Existenz der Urkunde aber durch Zeugenaussagen oder Sachverständigengutachten bewiesen werden (*Pfeiffer* § 249 Rn. 1). Der Vorhalt (Rdn. 32 ff.) ist Teil des Personalbeweises, nicht Urkundsbeweis. 5

Der Grundsatz der **freien richterlichen Beweiswürdigung** (§ 261 Rdn. 13 ff.) gilt für alle Urkunden. Auch für öffentliche Urkunden kennt die StPO (anders als §§ 415 ff. ZPO) keine besondere Beweiskraft (LR/*Sander* § 261 Rn. 98; beachte aber § 274 für das Hauptverhandlungsprotokoll sowie § 190 StGB). Regelmäßig liefert die Urkunde ein hohes Maß an Gewissheit über ihre Existenz und (bis auf Interpretationsschwierigkeiten) darüber, welchen Inhalt sie hat. Für die Richtigkeit des Inhalts ist ihr **Beweiswert** – insb. auch im Verhältnis zu Zeugen oder Sachverständigen – sehr unterschiedlich (vgl. § 250 Rdn. 5), zumal auch strafrechtlich über § 267 StGB nur die Echtheit und über § 274 StGB die Verfügbarkeit der Urkunde geschützt werden, ihre inhaltliche Richtigkeit hingegen nur in den Sonderfällen der §§ 348, 271 StGB (sowie indirekt über § 263 StGB). Die Glaubwürdigkeit des Ausstellers ist daher entsprechend zu würdigen. Eine zeitnah zum Tatgeschehen erstellte Urkunde kann Eindrücke ungetrübt festhalten. Der persönliche Eindruck vom Aussteller fehlt aber, und die Herstellung der Urkunde dient dem Aussteller oft zur Verfolgung eines Eigeninteresses. Bestehen Zweifel an der Richtigkeit des Inhalts, gebietet die Aufklärungspflicht (und ggf. Beweisanträge) weitere Beweismittel heranzuziehen (BGHSt 15, 253, 255; KK-StPO/*Diemer* § 249 Rn. 13). Zur gleichwohl bestehenden relativen »**Revisionsfreundlichkeit**« des Urkundsbeweises s. Rdn. 45 und § 250 Rdn. 4. 6

III. Zulässigkeit, Notwendigkeit und Verfahren. Der Urkundsbeweis ist nicht an nähere materielle Voraussetzungen geknüpft, sondern in der Regel **zulässig**, soweit das Gesetz ihn nicht verbietet (BGHSt 20, 160, 161 f.; 27, 135, 136; 39, 305, 306; *Beulke/Swoboda* Rn. 203; *Kindhäuser* § 21 Rn. 102). Wesentliche Schranke der Zulässigkeit sind die §§ 250, 252, die ihrerseits in den §§ 251, 253 bis 256 eingeschränkt werden. Weitere Beweisverbote ergeben sich unmittelbar aus Verfassungsrecht (s. ferner Rdn. 41 ff.). Zu Alternativen bei unzulässigem Urkundsbeweis s. Rdn. 30 ff. Eine unzulässige Verlesung kann nach § 238 Abs. 2 **beanstandet** werden (HK-StPO/*Julius* § 249 Rn. 26). 7

Alles zur Erfüllung der gerichtlichen Aufklärungspflicht Erforderliche, insb. jeder inhaltliche Aspekt der Feststellungen des späteren Urteils (§§ 244 Abs. 2, 267 Abs. 1), muss im Wege der Beweisaufnahme in die Hauptverhandlung eingeführt worden sein (§§ 244 Abs. 2 und 3, 245, 261; *Beulke/Swoboda* Rn. 203). Der Urkundenbeweis ist für den gedanklichen Inhalt von Schriftstücken **notwendig**, wenn er nicht bereits Gegenstand einer Aussage (ggf. auch nach Vorhalt, Rdn. 32 ff.) war (BGH NStZ 1985, 465). Es genügt nicht, dass eine Urkunde bei den Akten ist und alle Beteiligten sie kannten (s. aber Rdn. 35 ff.). Umgekehrt muss nicht jedes Schriftstück aus den Akten verlesen werden. »Herbeigeschafftes« Beweismittel nach § 245 Abs. 1 Satz 1 ist es nur, wenn das Gericht zu erkennen gab, von ihm in der Beweisaufnahme Gebrauch machen zu wollen (BGHSt 37, 168; näher auch zu den Problemen der h.M. § 245 Rdn. 11 f.). 8

§ 249 regelt die **Form** der Einführung in die Hauptverhandlung, sagt aber allein noch nichts über deren Zulässigkeit aus. Urkunden sind zu verlesen (Abs. 1; **Mündlichkeitsgrundsatz**, vgl. § 261 Rdn. 3 f.). In Ausnahmefällen kann die Verlesung durch Bericht des Vorsitzenden (Rdn. 29) oder das Selbstleseverfahren (Abs. 2) ersetzt werden. Auf diese Formen bezieht sich auch der Verweis in § 257a Satz 2 (zu Recht krit. HbStrVf/*Scheffler* VII Rn. 745 ff.). Etliche **Missverständnisse** zu § 249 beruhen darauf, dass nicht sorgfältig getrennt wird zwischen der Verlesung als einer Form des Urkundsbeweises und der Verlesbarkeit als seiner Zulässigkeit (unabhängig von der gewählten Form). Das Gleiche gilt hinsichtlich der Eigenschaft eines Objekts, Urkunde zu sein, also grds. möglicher Gegenstand eines Urkundsbeweises (unabhängig von dessen Zulässigkeit; Rdn. 11 ff.); sie wurde immer wieder unbedacht infrage gestellt, wenn die Urkunde lediglich nicht unter den Beispielen des § 249 Abs. 1 Satz 2 a.F. enthalten war und nicht wie diese privilegiert wurde (Rdn. 17). 9

Der Urkundsbeweis ist unter Bezeichnung der Urkunde (§ 273 Abs. 1 Satz 1), d.h. des Schriftstücks oder elektronischen Dokuments, zu **protokollieren** (s. Rdn. 40, 44 und § 273 Rdn. 7). Es genügt nicht, lediglich zu vermerken, die Urkunde sei »zum Gegenstand der Hauptverhandlung« gemacht worden; das Verlesen ist explizit festzuhalten (RGSt 64, 78, 79; BGHSt 11, 29, 30 f.; LR/*Mosbacher* § 249 Rn. 51; MüKo-StPO/*Kreicker* § 249 Rn. 46). Werden nur Teile der Urkunde verlesen, sind diese näher zu bezeichnen (BGH NStZ 2011, 110; OLG Saarbrücken NStZ-RR 2000, 48; OLG Hamburg StV 2012, 74 m.Anm. *Wilhelm*). In Zweifelsfällen ist die Angabe des Beweisthemas empfehlenswert (KMR/*v. Heintschel-Heinegg* § 249 Rn. 35); in Fällen der §§ 253 und 254 ist § 255 zu beachten. Darüber hinaus muss aber keine Inhaltsangabe protokolliert werden (§ 273 Rdn. 13; MüKo-StPO/*Kreicker* § 249 Rn. 46). Besteht bei der Vernehmung eines Zeugen oder Sachverständigen der begründete Verdacht einer strafbaren Falschaussage, sieht § 183 GVG 10 (zum Antrag vgl. Nr. 136 RiStBV) die Protokollierung der Aussage zum Zwecke der späteren Verwendung als Vorhalt oder Urkunde vor. Ggf. ist **zusätzlich zum Urkundsbeweis** weiterer Beweis hinsichtlich der Echtheit (vgl. Rdn. 4) und Richtigkeit (vgl. Rdn. 6) der Urkunde zu erheben.

11 **B. Urkunde. I. Begriff.** Urkunden im prozessualen Sinne sind Schriftstücke (LR/*Mosbacher* § 249 Rn. 6; Meyer-Goßner/*Schmitt* § 249 Rn. 2 f.) einschließlich schriftlicher elektronischer Dokumente (Rdn. 15). Schon der frühere Normtext, der von **Urkunden** und anderen als Beweismitteln dienenden **Schriftstücken** sprach, sollte nur klarstellen, dass alle beweisgeeigneten, verlesbaren und in natürlicher Sprache niedergelegten gedanklichen Inhalte Gegenstand des Urkundsbeweises sind (BGHSt 27, 135, 136; *Krause*, Urkundenbeweis, 1966, S. 113 ff.; *Lehmann*, Der Urkundenbegriff im Strafprozess, 2018, S. 20 ff.; KMR/*v. Heintschel-Heinegg* § 249 Rn. 23; *Krey/Heinrich* Rn. 1410); sie alle werden als Urkunde bezeichnet.

12 Beweismittel werden nach der Art der Beweiserhebung klassifiziert; bei Urkunden ist die Verlesbarkeit entscheidendes Merkmal (MüKo-StPO/*Kreicker* § 249 Rn. 11). Daher unterscheidet sich der prozessuale Urkundsbegriff vom materiell-strafrechtlichen: Einerseits muss der **Aussteller nicht erkennbar** sein (*Krause*, Urkundenbeweis, 1966, S. 105 f.; *Gramse* BB 1984, 371, 376 f.; *Roxin/Schünemann* § 28 Rn. 4; KMR/*v. Heintschel-Heinegg* § 249 Rn. 23). Auch anonyme Schreiben und unechte (»gefälschte«) Urkunden werden erfasst (sind freilich vorsichtig zu würdigen), ebenso **technische Aufzeichnungen** mit verlesbarem Text (BayObLG, NStZ 2002, 388, 389; KK-StPO/*Diemer* § 249 Rn. 27). Ferner ist (bei Beweiseignung) die Beweisbestimmung unerheblich. Andererseits müssen **Sprache und Schrift** aber hinreichend **verständlich** sein. Nur für Eingeweihte verständliche Zeichen (sog. Beweiszeichen) werden nicht erfasst (MüKo-StPO/*Kreicker* § 249 Rn. 12, 20; Sch/Sch/*Cramer/Heine* § 267 Rn. 20), insb. nicht bloße Kennzeichen, Geheim- oder Kurzschrift (*Alsberg/Nüse/Meyer* S. 245; Meyer-Goßner/*Schmitt* § 249 Rn. 4; Radtke/Hohmann/*Pauly* § 249 Rn. 12; a.A. *Gramse* BB 1984, 371, 376). Bei ihnen gehört zum Beweis auch das Interpretationsverfahren, sodass Zeugen- oder Sachverständigenbeweis (LR/*Mosbacher* § 249 Rn. 36; *Volk/Engländer* § 21 Rn. 38) und ggf. Augenscheinsbeweis (Meyer-Goßner/*Schmitt* § 249 Rn. 3 f.) zu erheben ist.

13 Auch der Inhalt der Urkunde muss aus sich heraus sprachlich verständlich sein (Rdn. 1). Daran dürfen aber keine überzogenen Anforderungen gestellt werden. Urkunden sind wie jeder Text auslegungsbedürftig. Diese **Auslegung** gehört zur Beweiswürdigung (§ 261 Rdn. 16) und betrifft nicht die Urkundseigenschaft (KK-StPO/*Diemer* § 249 Rn. 8; *Küpper* JZ 1990, 416, 417; *Ellbogen* NStZ 2001, 460, 464). Text, der **nicht schriftlich fixiert** ist, kommt nur als Augenscheinsobjekt in Betracht. Das gilt z.B. für Tonband- und Videoaufzeichnungen (§ 86 Rdn. 10, 12). Wird solcher Text allerdings transkribiert, kann er über die Niederschrift als Urkunde in die Hauptverhandlung eingeführt werden (BGHSt 27, 135, 136 m.Anm. *Gollwitzer* JR 1978, 119 f.; § 100a Rdn. 34). Zur Abgrenzung vom Augenscheinsobjekt (insb. hinsichtlich Zusatzmerkmalen des Textes wie Hervorhebungen) s.a. Rdn. 3 f. Ob die schriftliche Fixierung physisch oder in einer Datei erfolgt, ist unerheblich (dazu Rdn. 15); auf die Anforderungen an die Schriftform nach § 126 BGB kommt es ohnehin nicht an, denn diese hängt nicht vom Inhalt des Dokuments, sondern von Unterschriften ab.

14 **Kopien**, Durchschläge und andere Vervielfältigungen sind prozessual selbst Urkunde. Das Original ersetzen sie ohne Beglaubigung (KK-StPO/*Diemer* § 249 Rn. 12; MüKo-StPO/*Kreicker* § 249 Rn. 14), wenn ihre Übereinstimmung mit demselben feststeht (BGHSt 15, 253; 27, 135, 137; 33, 196, 210; *Wömpner* MDR 1980, 889, 890). Auch insoweit gelten die Regeln des Strengbeweisverfahrens (SK-StPO/*Frister* § 249 Rn. 41) und der freien Beweiswürdigung (die Übereinstimmung muss nicht protokolliert und nur bei Anlass zu Zweifeln besonders gewürdigt werden, BGH NStZ-RR 1999, 176; *Gramse* BB 1984, 371, 377). Deshalb sind, wenn Anlass zu Zweifeln besteht, von der Verteidigung in die Hauptverhandlung mitgebrachte Kopien aber auch keine präsenten Beweismittel zum Nachweis der Existenz und des Inhalts der Originalurkunde (BGH NStZ 1994, 593). Gleiche Regeln gelten für Ausdrucke von E-Mails und ausgedruckte Dateien der EDV.

15 **II. Elektronische Dokumente (Abs. 1 Satz 2).** Mit dem Gesetz zur Einführung der elektronischen Akte (BGBl. I 2017, 2208) wurde Abs. 1 Satz 2 neu gefasst. Er stellt nun klar, dass Urkunden auch die Form elektronischer Dokumente besitzen können. Das fügt sich nahtlos in den bisherigen Urkundsbegriff ein, denn auch sie können einen verbal vorzutragenden gedanklichen Inhalt besitzen. Das ist das entscheidende Merkmal des prozessualen Urkundsbegriffs (vgl. Rdn. 11), und genau diese Voraussetzung stellt das Gesetz ausdrücklich auf. Dem Gesetzgeber ging es darum, Klarheit darüber zu schaffen, dass nicht nur nach § 32e umgewandelte ehemalige Schriftstücke, sondern alle elektronischen Dokumente Urkunden sind, und dass diese auch nicht vor der Verlesung ausgedruckt werden müssen (BR-Drs. 236/16 S. 64; BT-Drs. 18/9416 S. 62 f.; *Weiß* wistra 2018, 245, 248).

III. Fremdsprachen. Fremdsprachige (§ 184 GVG) Urkunden sind grds. **zu übersetzen** (ggf. auch von Art. 6 Abs. 3 lit. a EMRK geboten), dürfen aber unter ihrer Originalbezeichnung aufgeführt werden (BGH NStZ 2012, 523, Rn. 34 f.). Analog § 185 Abs. 2 GVG über die fremdsprachige Urkunde selbst Beweis zu erheben, wenn alle Beteiligten der fremden Sprache mächtig sind, rechtfertigt sich aber u.U. aus dem Gewinn an prozessualer Wahrheit und der Verbesserung der Beteiligungsmöglichkeiten des Angeklagten, die durch die Verwendung der Originalsprache und ggf. Muttersprache entstehen (ähnlich LR/*Mosbacher* § 249 Rn. 32; MüKo-StPO/*Kreicker* § 249 Rn. 15; krit. Meyer-Goßner/*Schmitt* § 249 Rn. 5; *Armbrüster* NJW 2011, 812, 814). Diese wiegen schwerer als das Interesse einer etwaigen (der fremden Sprache nicht mächtigen) Gerichtsöffentlichkeit. Zur Wahrung des Öffentlichkeitsgrundsatzes ist dann aber in der Regel zusätzlich zur Verlesung zumindest der wesentliche Inhalt in der Gerichtssprache mitzuteilen (vgl. KMR/*v. Heintschel-Heinegg* § 249 Rn. 26). Steht die Richtigkeit der Übersetzung für das Gericht außer Zweifel (insb. wegen eigener Sprachkenntnis des Gerichts, § 244 Abs. 4 Satz 1), darf die schriftliche **Übersetzung als Urkunde verlesen werden**, ohne dass § 250 hiervon berührt wäre (BGHSt 27, 135, 137 m.Anm. *Gollwitzer* JR 1978, 119 f.; RGSt 36, 371, 372; 51, 93, 94; KK-StPO/*Diemer* § 249 Rn. 15). Der Übersetzer muss dann nicht vernommen werden (BGH NJW 1993, 3337). Wird der Übersetzer vernommen, ist er Sachverständiger (nicht Dolmetscher i.S.v. § 185 GVG; BGHSt 1, 4, 7; Meyer-Goßner/*Schmitt* § 249 Rn. 5; MüKo-StPO/*Kreicker* § 249 Rn. 18). 16

IV. Streichung des Abs. 1 Satz 2 a.F.. Der bisherige § 249 Abs. 1 Satz 2 a.F. lautete: »Dies gilt insbesondere von früher ergangenen Strafurteilen, von Straflisten und von Auszügen aus Kirchenbüchern und Personenstandsregistern und findet auch Anwendung auf Protokolle über die Einnahme des richterlichen Augenscheins.« In ihm nannte das Gesetz vor allem **exemplarisch** eine Reihe von Urkunden. Die Aufzählung war nicht abschließend. Sie war auch nicht klärend, denn die Urkundseigenschaft der Beispiele und ähnlicher Schriftstücke stand ohnehin außer Frage (*Alsberg/Nüse/Meyer* S. 251 ff.; *Wömpner* NStZ 1984, 481). Diese insoweit unnötige – und zudem in ihren Formulierungen längst überholte – Liste wurde bei Gelegenheit der Einführung der elektronischen Akte gestrichen. Der Gesetzgeber verband damit die Vorstellung, keine sachliche Änderung der Rechtslage zu bewirken (BR-Drs. 236/16 S. 64 f.; BT-Drs. 18/9416 S. 62 f.). Allerdings wurde der Aufzählung **bislang** der Zweck zugeschrieben, die Verlesbarkeit der genannten (und ihnen funktional entsprechender) Urkunden **unabhängig von den Beschränkungen des § 250 Satz 2** zu gestatten, d.h. auch bzgl. der Wahrnehmung einer nicht vernommenen Person (BGHSt 31, 323, 331 f.; BGH, Beschl. v. 02.12.2008 – 3 StR 203/08 – insow. n. abgedr. in NStZ 2009, 692; MüKo-StPO/*Kreicker* § 249 Rn. 30). Nur soweit sich über § 250 Satz 2 hinausgehende Beschränkungen aus §§ 252, 254 ergeben (vgl. § 252 Rdn. 16 ff., § 254 Rdn. 10 ff.), sollten diese auch für die in Abs. 1 Satz 2 a.F. aufgezählten Urkunden gelten (SK-StPO/*Frister* § 249 Rn. 23). Gegen eine extensive Interpretation der Aufzählung wurden hier schon in den bisherigen Auflagen (Aufl. 1 und 2) Bedenken geltend gemacht. *Wömpner* (NStZ 1984, 481, 482 m.w.N.) widersprach der Interpretation von § 249 Abs. 1 Satz 2 a.F. als Ausnahme zu § 250 Satz 2 insgesamt und führte dabei gewichtige systematische Gründe ins Feld. Inhaltlich schließt die Gesetzesbegründung sich ihm nun an, indem sie ausführt: »Regelungsgegenstand des § 249 StPO ist nicht die Frage der Zulässigkeit der Führung des Urkundsbeweises, sondern die Form der Beweisaufnahme.« (BR-Drs. 236/16 S. 65; BT-Drs. 18/9416 S. 63) Richtigerweise wird man die bisherige Zweckzuschreibung und betreffende Rspr. daher als mit der Neuregelung überholt anzusehen haben. Zu anderen Ergebnissen führt dies freilich nur dort, wo die jeweilige Urkunde Protokoll oder Erklärung i.S.d. § 250 Satz 2 ist (vgl. § 250 Rdn. 7) und die Zulässigkeit einer Verlesung sich nicht aus den §§ 251, 253 bis 256 ergibt. Jedenfalls würde auch Verlesbarkeit keine Bindung an den Inhalt bedeuten, sondern muss dieser stets gewürdigt und ggf. näher geprüft werden (BGHSt 31, 323, 332; OLG Düsseldorf StV 1982, 512; OLG Zweibrücken StV 1992, 565, 566). 17

V. Beispiele (aus Abs. 1 Satz 2 a.F.) und Einzelfälle. **1. Strafurteile:** Die Verlesung von Urteilen und anderer Gerichtsentscheidungen (BGH, Beschl. v. 02.12.2008 – 3 StR 203/08 – insow. n. abgedr. in NStZ 2009, 692) dient der **Feststellung ihrer Existenz** sowie ihrer **Begründung** und gibt Auskunft über den **Gang und Stand des Verfahrens** (KK-StPO/*Diemer* § 249 Rn. 17); ihre Feststellungen sind vom Tatrichter aber nicht ungeprüft zu übernehmen (BGH NStZ-RR 2019, 122). Mit der Verlesung können ferner im Urteil dokumentierte Beweisergebnisse eingeführt werden (BGHSt 43, 106, 107 f.; StV 2001, 261, 262; Meyer-Goßner/*Schmitt* § 249 Rn. 9). Dies gilt auch für frühere **Aussagen** von Zeugen und Einlassungen des Angeklagten (BGHSt 6, 141, 142); bzgl. des Verhältnisses zu §§ 250 ff. s. Rdn. 17. Insoweit beurkundet das Urteil aber nur das **Ergebnis der Beratung** des seinerzeit erkennenden Gerichts und ist entsprechend zu würdigen (BGHSt 6, 141, 142; OLG Düsseldorf StV 1982, 512; KK-StPO/*Diemer* § 249 Rn. 17). Aufklärungspflicht und Beweisanträge können weitere Beweiserhebungen gebieten (BGHSt 43, 106, 108; BGH NStZ 2010, 529; MüKo-StPO/*Kreicker* § 249 Rn. 33). § 51 BZRG und § 68a Abs. 2 sind zu beachten (BGHSt 1, 337, 341; HK-GS/*König/Harrendorf* § 249 Rn. 18; s. auch Rdn. 21). 18

19 **Typisch** sind in der neuen Verhandlung nach einer **Revision** die Verlesung des Revisionsurteils (hinsichtlich der Bindungswirkung nach § 358 Abs. 1, BGHSt 7, 6, 7) sowie des vorhergehenden Urteils, soweit dessen Feststellungen Bindungswirkung entfalten (BayObLG MDR 1982, 249; MüKo-StPO/*Kreicker* § 249 Rn. 32). Die Verlesung der Entscheidungssätze kann genügen (BGH NJW 1962, 59, 60). Zu Beginn der **Berufungsverhandlung** wird das Urteil des ersten Rechtszugs vor der Beweisaufnahme verlesen, also nicht als Urkundsbeweis (OLG Stuttgart NStZ-RR 2003, 270; § 324 Rdn. 3). Dieser kann aber später zusätzlich erhoben werden (OLG Hamm NJW 1974, 1880).

20 Das Urteil muss nicht im selben Verfahren ergangen sein (Meyer-Goßner/*Schmitt* § 249 Rn. 9). Entscheidungen aus **anderen Verfahren** müssen regelmäßig zur Vorbereitung einer nachträglichen Gesamtstrafenbildung (§ 55 StGB) oder Einbeziehung des Urteils (§ 31 Abs. 2 JGG) in Teilen verlesen werden. Die Rspr. hält es ferner für unerheblich, ob das Urteil gegen den Angeklagten oder **gegen Dritte** erging (BGHSt 1, 337, 341; BGH NStZ-RR 2001, 138) und ob es **rechtskräftig** ist (OLG Düsseldorf StV 1982, 512; OLG Zweibrücken StV 1992, 565, 566). Sie wendet die Vorschrift auch auf angegriffene und sogar aufgehobene Urteile in derselben Sache an (BGHSt 6, 141); deren Beweiseignung ist indes jeweils sorgfältig zu prüfen (für große Zurückhaltung *Wömpner* NStZ 1984, 481, 482 f.). Die Regelung wird über Strafurteile hinaus auf zahlreiche vergleichbare Urkunden erstreckt, so auf **Urteile aller Gerichte** (Zivil-, Arbeits-, Verwaltungs-, Sozial- und Finanzgerichte; BeckOK/*Ganter* § 249 Rn. 15; zur Aussetzung des Verfahrens, um eine Entscheidung abzuwarten, § 262 Rdn. 6 ff.), protokollierte **Gerichtsbeschlüsse** (BGHSt 31, 323, 331 f.) und **Einstellungsbescheide** der StA (RGSt 24, 263, 264 f.). Die Entscheidung lediglich vorbereitende Aufzeichnungen werden hingegen nicht erfasst (Meyer-Goßner/*Schmitt* § 249 Rn. 9).

21 **2. Straflisten:** Zur Feststellung von **Vorstrafen und sonstigen Vorbelastungen** können schriftliche Auskünfte aus dem Zentralregister (§ 41 BZRG), dem Erziehungsregister (§ 61 BZRG) und dem Verkehrszentralregister (§ 30 StVG) verlesen werden, wenn dies verhältnismäßig ist (RiStBV Nr. 134). Dabei führt das Verwertungsverbot des § 51 BZRG (§ 261 Rdn. 60 und 70) zur Unzulässigkeit der Verlesung, soweit der Angeklagte sich nicht selbst durch das frühere Urteil entlasten will (BGHSt 27, 108, 109; SK-StPO/*Frister* § 249 Rn. 19), und steht auch dann einer Verwertung zu seinem Nachteil entgegen (HK-GS/*König/Harrendorf* § 249 Rn. 18). Bei Zeugen ist § 68a Abs. 2 Satz 2 zu beachten. Zweifel an der Richtigkeit der Registerauskunft oder des Registerinhalts sind durch weitere Beweisaufnahme zu klären (RGSt 56, 75, 76).

22 **3. Auszüge aus Kirchenbüchern und Personenstandsregistern:** Verlesen werden dürfen insb. Geburts-, Heirats- und Sterbeurkunden sowie Auszüge aus dem Familienbuch (§§ 62, 55, 3, 77 PersonenstandsG).

23 **4. Richterliche Augenscheinsprotokolle:** Verlesbar sind Protokolle über die Einnahme eines Augenscheins durch einen Richter (§ 86) im Ermittlungsverfahren (§ 168d sowie § 87 Abs. 1, nicht aber Abs. 2; vgl. RGSt 53, 348), im Zwischenverfahren (§ 202) und zur Vorbereitung der Hauptverhandlung (§ 225) **im selben Verfahren** (LR/*Mosbacher* § 249 Rn. 24), wenn die Anforderungen der §§ 86, 186, 186a, 186c Abs. 5 (i.V.m. § 168d Abs. 1 Satz 2) bzw. § 224 (i.V.m. § 225) eingehalten wurden (KK-StPO/*Diemer* § 249 Rn. 20 f.; MüKo-StPO/*Kreicker* § 249 Rn. 37). Für Protokolle aus anderen Verfahren und von Polizei oder StA gelten die §§ 250 ff., insb. § 256 Abs. 1 Nr. 5 (KK-StPO/*Diemer* § 249 Rn. 20; Meyer-Goßner/*Schmitt* § 249 Rn. 12; § 256 Rdn. 26). Im Protokoll enthaltene Erklärungen von Zeugen, Sachverständigen oder Beschuldigten werden durch die Verlesung nicht Gegenstand der Hauptverhandlung (BGHSt 33, 217, 221 m.Anm. *Danckert* NStZ 1985, 469).

24 **5. Weitere Beispiele** verlesbarer Urkunden sind (soweit §§ 250 ff. nicht entgegenstehen) Auszüge aus Geschäftsbüchern und Buchungsstreifen (KK-StPO/*Diemer* § 249 Rn. 13), Prüfberichte (auch wenn sie überwiegend in Tabellenform vorliegen, BGH StV 2010, 226), Messprotokolle (OLG Bamberg OLGSt OWiG § 71 Nr. 5), Verträge, Notizen, Geheimdienstberichte (KG StV 1997, 11), gerichtliche Protokolle strafbarer Falschaussagen (RGSt 17, 15; 65, 420, 421; vgl. auch Rdn. 10), selbst einen Straftatbestand (z.B. §§ 184, 185 ff., 240 f., 267, 271 StGB) erfüllende »Konstitutivurkunden« (BGHSt 11, 29) und Niederschriften von Tonbandaufzeichnungen (Rdn. 13). Briefe sind grds. verlesbar, auch wenn sie bei der Kontrolle des Schriftverkehrs eines Inhaftierten sichergestellt (auch im Wege der Beschlagnahme) wurden (BGH GA 67, 282), ebenso Berichte der Gerichtshilfe (BGH StV 2008, 338, 339). Auch die §§ 251 Abs. 1 und 2, 253 Abs. 1, 254 Abs. 1 und § 256 nennen weitere Beispiele.

25 **6. Schriftliche Einlassungen aus dem aktuellen Verfahren**, deren Urheber allein der **Beschuldigte** ist (BGHSt 39, 305, 306), dürfen als Urkunde verlesen werden (RGSt 18, 23; 35, 234; OLG Zweibrücken StV 1986, 290 f.; Meyer-Goßner/*Schmitt* § 249 Rn. 13; *Krey/Heinrich* Rn. 1467; nach Auffassung des BGH StV 2002, 182 sogar dann, wenn der Angeklagte in der Hauptverhandlung zur Sache gänzlich schweigt, a.A. insoweit HK-StPO/*Julius* § 249 Rn. 7). Anders als bei Dokumenten, die aus Vernehmungen herrühren, stehen die §§ 250, 254 dem nicht entgegen (vgl. § 250 Rdn. 8, § 254 Rdn. 3); das gilt auch, wenn man die Rechtsfolgen des § 254 an § 252 anlehnt (vgl. § 254 Rdn. 10 ff.), denn frei verfasste Einlassungen wären beim

Zeugen ebenfalls nicht Teil der vom Beweisverbot erfassten Aussage (§ 252 Rdn. 7, 9). Die Sacheinlassung des Angeklagten gehört zwar zur Beweisaufnahme im materiellen Sinn, ist aber kein förmliches Beweismittel und muss daher (außer in Fällen des § 233 Abs. 3 Satz 2) nur verlesen werden, wenn das Gericht sein Urteil gerade auf ihren Inhalt stützen will (BGHSt 52, 175, Rn. 13 ff. m.Anm. *Bosch* JA 2008, 825 ff.; a.A. *Eisenberg/Pincus* JZ 2003, 397, 400 f.). Die Pflicht des Gerichts, sie zur Kenntnis zu nehmen und ggf. sich aus der Aufklärungspflicht ergebende Konsequenzen zu ziehen, besteht unabhängig von der Verlesung. Soweit Schriftsätze eines **Verteidigers** eine Sachdarstellung enthalten, sind sie wegen § 250 Satz 2 nicht als Urkunde verlesbar, es sei denn, der Beschuldigte hat sich des Verteidigers lediglich »als Schreibhilfe« bedient (BGH NStZ 1994, 184; 2002, 556; noch offengelassen in BGHSt 39, 305, 307; OLG Koblenz StV 2017, 166). Der Verteidiger kann sich aber als Zeuge vernehmen lassen (*Park* StV 2001, 589, 594). Das Gleiche gilt für von Dritten in eigener Regie niedergeschriebene Äußerungen des Beschuldigten (BeckOK/*Ganter* § 249 Rn. 14).

C. Einbeziehung von Urkunden in die Hauptverhandlung. I. Verlesen als Regelfall (Abs. 1). Die Verlesung der Urkunde ist der Regelfall ihrer Einführung in die Hauptverhandlung. Wie der Urkundsbeweis selbst muss auch seine Form weder angeordnet noch beschlossen werden (Meyer-Goßner/*Schmitt* § 249 Rn. 15), üblich ist aber die **Anordnung** der Verlesung durch den Vorsitzenden (§ 238 Abs. 1). Einen entsprechenden Beschluss kann auch das Gericht auf Beanstandung nach § 238 Abs. 2 (*Göbel* Rn. 190) oder von vornherein (BGH StV 1985, 402 m.Anm. *Fezer*) fassen. Zur Verlesung auch anderer Dokumente als Urteile i.R.d. Berichterstattung am Anfang der Berufungsverhandlung gilt das unter Rdn. 19 Gesagte (§ 325 Hs. 1). 26

Verlesen bedeutet, den Text **im Wortlaut** mündlich (BGHSt 11, 29, 30 f.) so wiederzugeben, dass er für alle Anwesenden verständlich ist (LR/*Mosbacher* § 249 Rn. 38). Das kann der Vorsitzende selbst machen oder ein anderes Mitglied des Gerichts (inkl. Ersatzrichter) oder den Protokollführer damit beauftragen (Meyer-Goßner/*Schmitt* § 249 Rn. 15 m.w.N.; a.A. KK-StPO/*Diemer* § 249 Rn. 30, MüKo-StPO/*Kreicker* § 249 Rn. 45). Ob die Verlesung von einem Schriftstück oder – bei elektronischen Dokumenten – unmittelbar von einem Anzeigegerät aus erfolgt, ist unerheblich (vgl. Rdn. 15). 27

Das Verlesen der für die Entscheidung **bedeutsamen Teile** genügt (BGHSt 11, 29, 31), bei zahlreichen gleichartigen Urkunden reicht oft eine repräsentative Auswahl aus (Meyer-Goßner/*Schmitt* § 249 Rn. 15; MüKo-StPO/*Kreicker* § 249 Rn. 43). Maßstab ist dabei die Aufklärungspflicht des Gerichts. Nur der tatsächlich verlesene Text wird Gegenstand der Hauptverhandlung. Auf Antrag eines Verfahrensbeteiligten ist die Urkunde in der Regel vollständig zu verlesen (§§ 244 Abs. 3 Satz 2, 245 Abs. 1 und Abs. 2 Satz 3; BGH NStZ [Pf/M] 1984, 211; KMR/*v. Heintschel-Heinegg* § 249 Rn. 47). Die Verlesung muss unter Bezeichnung der Urkunde sowie ggf. des verlesenen Teils **protokolliert** werden (vgl. Rdn. 10). 28

II. Alternativen außerhalb des § 249. 1. Bekanntgabe des wesentlichen Inhalts. Wenn es auf den Wortlaut des Textes nicht ankommt, keiner der Beteiligten eine Verlesung beantragt und auch die gerichtliche Aufklärungspflicht die Verlesung nicht gebietet, kann der Vorsitzende den wesentlichen Inhalt der Urkunde mit eigenen Worten zusammengefasst bekannt geben (BGHSt 1, 94, 96; 11, 29; *Krey/Heinrich* Rn. 1415 f.; MüKo-StPO/*Kreicker* § 249 Rn. 47 ff.; eingehend zu diesem Instrument *Lehmann*, Der Urkundenbegriff im Strafprozess, 2018). Es handelt sich dabei um eine **außerhalb des Gesetzes** stehende, in der Rspr. schon lange anerkannte (RGSt 3, 141, 142; 3, 282; 26, 32; 35, 198, 199), in der Literatur aber durchaus kritisierte (statt vieler LR/*Mosbacher* § 249 Rn. 45 m.w.N.; HbStrVf/*Scheffler* VII Rn. 727 ff. m.w.N.) eigene Form des Urkundsbeweises. Sie darf nicht mit dem Selbstleseverfahren (dazu Rdn. 35 ff.) verwechselt werden, auch wenn alte Gesetzesfassungen (Rdn. 38) Mischformen kannten und sich Rspr. und Literatur teils darauf beziehen. Die Form ändert nichts an den Zulässigkeitsvoraussetzungen des Urkundsbeweises (insb. § 250 Satz 2). Sie ist prozessökonomisch und hat den Vorteil, dass die Beteiligten erfahren, wie der Vorsitzende den Text wahrnimmt. Gegenstand der Hauptverhandlung wird nur das vom Vorsitzenden Gesagte, nicht der Wortlaut der Urkunde (BGHSt 11, 159, 160). Wurde die Verlesung nicht ordnungsgemäß protokolliert, darf nicht einfach unterstellt werden, dass der Vorsitzende den Inhalt der Urkunde bekannt gab; auch die Bekanntgabe durch Bericht ist als solche zu protokollieren (vgl. Rdn. 10, § 273 Rdn. 8; LR/*Mosbacher* § 249 Rn. 44, 50 m.w.N.; Meyer-Goßner/*Schmitt* § 249 Rn. 27). 29

2. Vernehmung der Verhörsperson (Zeugenbeweis). Ist die Erhebung eines Urkundsbeweises nach § 250 Satz 2, § 252 oder wegen § 254 (Umkehrschluss) unzulässig (§ 250 Rdn. 12 ff., § 252 Rdn. 16 ff., § 254 Rdn. 10 ff.), kann die **Vernehmung des Verfassers der Urkunde** über ihren Gegenstand (insb. die Vernehmung einer Verhörsperson) gleichwohl zulässig sein (BGHSt 3, 149, 150; 14, 310, 312). Zwar liegt den §§ 250, 254 die Vorstellung zugrunde, primär solle der Zeuge bzw. Angeklagte selbst gehört werden. Gleichwohl richtet sich die Zulässigkeit der Vernehmung desjenigen, der über ein früheres Gespräch oder eine frühere Vernehmung Aufzeichnungen machte, nach den allgemeinen Regeln über den Zeugenbeweis und die gericht- 30 liche Aufklärungspflicht (§ 244 Rdn. 42 ff.; zum Zeugen vom Hörensagen § 250 Rdn. 15 ff.). In den Fällen des § 252 sind indes Besonderheiten zu beachten (§ 252 Rdn. 16 ff.); zur Frage, inwieweit diese auch i.R.d. § 254 gelten, vgl. § 254 Rdn. 10 ff.

31 Wird diese Person über die frühere Vernehmung als Zeuge befragt, wird damit **nur die jetzige Aussage** Gegenstand der Verhandlung, nicht die Aufzeichnungen von damals. Der unzulässige Urkundsbeweis wird auch nicht über § 253 zulässig (§ 253 Rdn. 2). Die Verlesung der Urkunde neben der Vernehmung des primären Zeugen (um dessen ursprüngliche Aussage es in der Urkunde geht), kann aber von vornherein statthaft sein (§ 250 Rdn. 13). Ein Vorhalt (Rdn. 32 ff.) ist auch bei der Vernehmung der Verhörsperson zulässig.

32 **3. Formfreier Vorhalt.** Urkunden können nicht nur im Urkunds- und Augenscheinsbeweis verwendet werden, sondern auch als **Vernehmungsbehelf** ggü. Zeugen, Sachverständigen und Angeklagten (BGHSt 1, 4, 8; 1, 337, 339; krit. *Hanack* JZ 1972, 202 f. m.w.N.). Sie werden dem Aussagenden durch (auszugsweise) Verlesung vorgehalten. Den Vorhalt macht der Vernehmende (meist der Vorsitzende). Der Vorhalt kann auch in der Einnahme eines Augenscheins bestehen (BGHSt 14, 339, 340). Verwertungsverbote führen zur Unzulässigkeit des Vorhalts (§ 252 Rdn. 16 f.; s.a. § 254 Rdn. 12 f.), nicht aber schon einfache Verfahrensfehler (BGHSt 34, 231, 235). § 69 ist als wesentliche Verfahrensvorschrift uneingeschränkt zu befolgen (BGH JZ 1953, 121, 122), d.h. vor einem Vorhalt muss in einer zusammenhängenden Vernehmung festgestellt werden, inwieweit die Beweisperson so aussagt wie früher (BGHSt 3, 281, 283). Ein Teil der Literatur sieht in § 253 eine Regelung des Vorhalts (dann förmlicher Vorhalt; vgl. HbStrVf/*Scheffler* VII Rn. 706 ff. m.w.N.; § 253 Rdn. 3).

33 Gegenstand der Hauptverhandlung und damit im Urteil verwertbar wird **nur die Aussage**, nicht der Wortlaut der Urkunde (RGSt 72, 221, 223; BGHSt 5, 278; 11, 159, 160; NStZ 2001, 161). Dabei kann sich die Aussage aber auf das Vorgelesene beziehen, wenn es aus eigener **Erinnerung** bestätigt wird (BGHSt 3, 199, 201; KK-StPO/*Diemer* § 249 Rn. 42) bzw. durch den Vorhalt in die Erinnerung der Verhörsperson zurückkehrt (BGHSt 11, 338, 341; 14, 310, 312; 21, 149, 150). Ist der Text länger, schwer zu verstehen oder kommt es auf seinen Wortlaut an, muss Urkundsbeweis erhoben werden (BGHSt 11, 159, 160; NJW 2006, 1529, 1531; StV 2010, 225, 226; 2012, 584 f.; 2012, 706, 707). Bei fehlender Erinnerung ergibt sich das schon aus § 253. Ob der Umstand, dass ein Vorhalt notwendig war, den Wert der Aussage schmälert, ist Frage der Beweiswürdigung (BGHSt 1, 4, 8).

34 Der BGH verlangt **keine Protokollierung** des Vorhalts (BGHSt 21, 285, 286; StV 2000, 655; § 273 Rdn. 6), denn er ist nur Mittel und kein Ergebnis der Beweiserhebung. Diese Handhabung führt aber dazu, dass Revisionsgerichte sich immer wieder zu Spekulationen über Vorhalte veranlasst sehen. Es ist daher gute Praxis, den Vorhalt im Protokoll zu vermerken, wenn im Urteil auf den Text des Dokuments Bezug genommen werden soll. Auch eine Änderung der Rspr. in diesem Sinne wäre von Vorteil.

35 **III. Selbstleseverfahren (Abs. 2). 1. Zweck der Regelung und Überblick.** Das Prinzip der Verlesung (Rdn. 26) ist Ausdruck des **Mündlichkeitsgrundsatzes** (vgl. Einl. Rdn. 58). Zur **Verfahrensbeschleunigung** ermöglicht Abs. 2 davon (und damit auch vom **Öffentlichkeitsgrundsatz**, vgl. § 261 Rdn. 3) eine **Ausnahme** (vgl. Radtke/Hohmann/*Pauly* § 249 Rn. 31, OLG Stuttgart NJW-Spezial 2015, 89). Das Selbstleseverfahren (zu seinen Vorteilen *Neumann* StRR 2015, 164; 204) reduziert die Mündlichkeit auf die Anordnung des Vorsitzenden bzw. die Entscheidung des Gerichts. Diese sind zu verkünden (§ 35 Abs. 1 Satz 1), bezeichnen die Urkunde aber lediglich, sodass sie identifiziert werden kann (BGH 3 StR 462/17 vom 07.03.2019), und geben ihren Inhalt nicht, auch nicht zusammengefasst (Rdn. 29), wieder. Gleichwohl wird der gesamte Inhalt des bezeichneten Texts Gegenstand der Beweisaufnahme (zu einem kritischen Blick auf neuere Rechtsprechungsentwicklungen *Ventzke* StV 2014, 114). Besprochen werden kann der Inhalt freilich vor der Anordnung im Rahmen einer Anhörung (§ 33 Abs. 1) sowie bei der Erörterung des Ergebnisses der Beweiserhebung (§§ 257, 257b; a.A. MAH/*Krause* § 7 Rn. 313). Die Anordnung des Selbstleseverfahrens muss nicht das Wort »Anordnung« enthalten; es genügt, wenn sie sich aus dem Protokoll der Hauptverhandlung ergibt (BGH ZUM 2013, 124 Rn. 30, insoweit nicht abgedr. in BGHSt 58, 15). Zum Umgang mit etwaigen Augenscheinsobjekten i.R. der Beweismittel, für die das Selbstleseverfahren angeordnet wird, vgl. *Habetha* NZWiSt 2021, 256.

36 Das Gesetz regelt die Abläufe beim Selbstleseverfahren (zur diesbezüglichen Rspr. eingehend *Lehmann*, Der Urkundenbegriff im Strafprozess, 2018, S. 102 ff.) nur teilweise. Nach dem Wortlaut von Satz 1 ist ein Verzicht auf die Verlesung nur dann zulässig, wenn die Richter und Schöffen **bereits zuvor** den Wortlaut der betreffenden Urkunden zur **Kenntnis** genommen haben und die übrigen Beteiligten dazu mindestens Gelegenheit hatten (dazu auch Rdn. 38). Satz 2 spricht von einer »Anordnung […], nach Satz 1 zu verfahren«. Die Rspr. liest dies meist als »Anordnung des Selbstleseverfahrens« in dem Sinne, dass angeordnet werde, die Urkunden selbst zu lesen. Die Feststellung des Vorsitzenden, dass tatsächlich gelesen wurde bzw.

Gelegenheit hierzu bestand, sei dann später – vor Ende der Beweisaufnahme – zu treffen und zu protokollieren. In dieser Feststellung sieht sie den formalen Akt der Beweisaufnahme und den Abschluss des Selbstleseverfahrens (vgl. BGH NStZ 2014, 224 m.Anm. *Hoffmann*), kraft dessen der »externe« Beweisstoff doch als Inbegriff der Hauptverhandlung (§ 261) der Überzeugungsbildung des Gerichts zugrunde gelegt werden darf (BGH NStZ-RR 2011, 20 f.; StV 2011, 266, 267). Die zugrunde liegende Vorstellung des Selbstleseverfahrens als einer Art Verfahren im Verfahren ist aber unnötig, und der Wortlaut von § 249 Abs. 2 legt ein anderes Verständnis nahe: Die »Anordnung […], nach Satz 1 zu verfahren« (S. 2) ist die **Anordnung, auf die Verlesung zu verzichten**. Sie ist der formale Akt der Beweisaufnahme, der die Verlesung ersetzt, und darf gem. S. 1 erst nach den dort verlangten und zu protokollierenden Feststellungen (dazu Rdn. 40) erfolgen. Weil die erforderliche »Gelegenheit« zur Kenntnisnahme durch die nicht-richterlichen Beteiligten nach Sinn und Zweck der Voraussetzung nur dann bestand, wenn diese auch Anlass zur Eigenlektüre hatten, wird das Vorgehen nach Abs. 2 vom Vorsitzenden regelmäßig anzukündigen sein. Diese Ankündigung wird im Gesetz nicht explizit genannt und darf nicht mit der Anordnung selbst verwechselt werden (dazu Rdn. 37). Die Unterschiede zwischen dem hier zugrunde gelegten Verständnis der Ankündigung und der vom BGH bevorzugten Sprechweise von Verfahren und Abschluss sind allerdings im Wesentlichen terminologischer Natur, und der Gesetzgeber wollte der Praxis beim Vorgehen nach Abs. 2 Spielräume lassen (BT-Drs. 8/976 S. 54, 10/1313 S. 28 f.); welche dieser Formulierungsweisen der Vorsitzende verwendet, ist für die ordnungsgemäße Durchführung und Protokollierung daher letztlich unerheblich (vgl. auch BGH NJW 2013, 404, 405). Staatsanwalt, Angeklagter und Verteidiger sowie diejenigen, denen das Gesetz gleiche Rechte gewährt (KK-StPO/*Diemer* § 249 Rn. 35), müssen an der Entscheidung, auf die Verlesung zu verzichten, nach aktueller Rechtslage nicht mehr mitwirken und haben lediglich die Möglichkeit, durch **Widerspruch** eine Entscheidung des Gerichts herbeizuführen (Abs. 2 Satz 2 Hs. 2). Der Widerspruch muss (entgegen der Regel bei § 238 Abs. 2) unverzüglich erfolgen (differenzierend SK-StPO/*Frister* § 249 Rn. 71). Das Gericht hat dann Zulässigkeit und Zweckmäßigkeit zu prüfen (HK-StPO/*Julius* § 249 Rn. 28). Es entscheidet durch Beschluss, der nicht mit Beschwerde anfechtbar ist (§ 305 Satz 1).

2. Voraussetzungen und Ablauf. Es darf **kein Fall der §§ 253, 254** vorliegen (§ 253 Rdn. 4, § 254 Rdn. 4; 37
krit. zur Streichung der §§ 251, 256 aus dieser Liste *Schlüchter* GA 1994, 397, 426; *Scheffler* NJW 1994, 2191, 2194; *Dahs* NJW 1995, 553, 555). Die Richter und Schöffen müssen den Inhalt und **Wortlaut** (BGH NStZ-RR [B] 2004, 225, 227) der Urkunde bereits **zuvor** tatsächlich zur **Kenntnis** genommen haben (vgl. auch BGH StV 2012, 585, 586 m. zum Ablauf eingehender Anm. *A.H. Albrecht* ZIS 2012, 163). Weiß der Vorsitzende, dass sie hierzu die Möglichkeit hatten, und werden ihm keine Gegenanzeichen bekannt (KK-StPO/*Diemer* § 249 Rn. 39), sind die Mittel seiner Überzeugungsbildung seinem pflichtgemäßen Ermessen überlassen (MüKo-StPO/*Kreicker* § 249 Rn. 58); in der Regel wird z.B. schlichtes Nachfragen naheliegen. Hat er hingegen bleibende Zweifel, muss er grds. die Urkunde nach Abs. 1 verlesen (Meyer-Goßner/*Schmitt* § 249 Rn. 22a; MüKo-StPO/*Kreicker* § 249 Rn. 58). Wenn die betreffenden Richter die Lektüre allerdings nachholen, der Vorsitzende sich davon vor Abschluss der Beweisaufnahme zu überzeugen vermag, und seine Feststellung protokolliert, heilt dies das vorherige Fehlen der Zulässigkeitsvoraussetzung (mit der Folge, dass die Beweiserhebung nun nicht mehr im Zeitpunkt der Anordnung, sondern erst mit Heilung erfolgt ist). Daher begründet es regelmäßig auch nicht die Revision, wenn die nötigen Feststellungen von vornherein erst am Ende der Beweisaufnahme getroffen und protokolliert werden. Für die übrigen Beteiligten (nicht aber gerade für die Schöffen, vgl. OLG Jena StV 2016, 795) genügt, dass sie **Gelegenheit zur Kenntnisnahme** des Wortlauts hatten. Diese Gelegenheit muss konkret bestanden haben, als sich die Beweiserhebung im Selbstleseverfahren bereits abzeichnete. Regelmäßig ist dafür erforderlich, dass der Vorsitzende die Anwendung des Selbstleseverfahrens **zuvor angekündigt** hat (vgl. BGHSt 58, 59, Rn. 11). Die Ankündigung muss die Kenntnis des Wortlauts im Zeitpunkt der Anordnung nach Abs. 2 ermöglicht haben. Dazu muss die Hauptverhandlung zwischen der Ankündigung und der Anordnung hinreichend lange unterbrochen gewesen sein (BGH NStZ 2018, 230 m.Anm. *Gubitz* = StV 2018, 781 [red. Leitsatz]). Oft bietet sich an, das Verfahren nach Abs. 2 schon bei der Terminsvorbereitung mit den Beteiligten abzusprechen. Als Informationsquelle genügt es meist, dass die Beteiligten vor und bei der Anordnung tatsächlich über Kopien der einschlägigen Aktenteile verfügen (BGH StV 2004, 521). Ob diese in Papier oder als Dateien vorlagen, ist nach der Neufassung der Vorschrift unerheblich (vgl. Rdn. 15). Dass Akteneinsicht gewährt wurde, ist regelmäßig nicht allein ausreichend (HK-StPO/*Julius* § 249 Rn. 10, 12; eingehend *Knierim/Rettenmaier* StV 2006, 155 ff.). Die Gelegenheit zur Kenntnisnahme muss stets für alle Beteiligten bestanden haben (*Gollwitzer* FS Sarstedt, S. 15, 30; MüKo-StPO/*Kreicker* § 249 Rn. 56). Anhaltspunkte für **mangelnde Sprachkenntnisse und Analphabetismus** eines Beteiligten schließen das Selbstleseverfahren nicht von vornherein aus. Sie sind aber einerseits bei der Ermessensentscheidung über die Anordnung zu berücksichtigen. Andererseits ist bei Rich-

tern und Schöffen sicherzustellen, dass sie den Wortlaut der Urkunde gleichwohl tatsächlich zur Kenntnis genommen haben. Bei den übrigen Beteiligten ist sicherzustellen, dass sie entweder auf die Kenntnisnahme freiwillig verzichtet oder die zur Kenntnisnahme nötige Hilfe zur Verfügung hatten (BGH StV 2011, 458 f. m. krit. Anm. *Lindemann*).

38 Zur alten Rechtslage ließ der BGH Kenntnisnahme bis zum Ende der Beweisaufnahme ausreichen (BGHSt 30, 10, 11). Damals sollte der wesentliche Inhalt aber auch noch mitgeteilt werden (§ 249 Abs. 2 Satz 2 StPO 1975). Heute gebietet der Wortlaut, **vor dem endgültigen Verlesungsverzicht** (und d.h. richtigerweise bereits vor der Anordnung, vgl. Rdn. 36) **Kenntnis** der Richter und Schöffen und die Gelegenheit dazu für die übrigen Beteiligten. Das ist auch sachlich gut begründet, denn die Betreffenden können der Beweisaufnahme nur dann inhaltlich folgen und sich beteiligen (so bereits zur alten Rechtslage *Rieß* JR 1987, 389, 393 und die frühere Kommentierung KMR/*Paulus* § 249 Rn. 27; entspr. nunmehr KMR/*v. Heintschel-Heinegg* § 249 Rn. 42 f.; a.A. Meyer-Goßner/*Schmitt* § 249 Rn. 22; KK-StPO/*Diemer* § 249 Rn. 36). Daher muss es heute auch zulässig sein, Schöffen schon zur Vorbereitung auf die Hauptverhandlung Kopien der Schriftstücke bzw. elektronischen Dokumente auszuhändigen (Meyer-Goßner/*Schmitt* § 249 Rn. 22; a.A. Radtke/Hohmann/*Pauly* § 249 Rn. 34; gegen weiterreichende Schlüsse aus § 249 Abs. 2 für die Diskussion um das Akteneinsichtsrecht der Schöffen auch *Krüger*, Unmittelbarkeit und materielles Recht [Habil 2009], Teil 3, Kap. 8 I 2a). Die Urkunden sind stets außerhalb der Hauptverhandlung zu lesen; soweit erforderlich, ist diese zu unterbrechen (vgl. Rdn. 46).

39 Weitere Voraussetzungen der Ermessensentscheidung nennt das Gesetz nicht explizit. Insb. sind weder eine Zustimmung noch ein Verzicht der Beteiligten erforderlich (Meyer-Goßner/*Schmitt* § 249 Rn. 18). Gleichwohl muss die Verlesung der Urkunde auch praktisch Regelfall, ein Vorgehen nach Abs. 2 die **Ausnahme bleiben.** Nur wenn es in langen Urkunden auf den genauen Wortlaut ankommt, sodass sowohl eine Verlesung als auch eine Bekanntgabe des wesentlichen Inhalts (Rdn. 29) untunlich sind, ist nach Abs. 2 vorzugehen (BGHSt 30, 10, 14; a.A. AK/*Meier* § 249 Rn. 26; SK-StPO/*Frister* § 249 Rn. 59). Das Selbstleseverfahren ist unzulässig, wo ohne Mitteilung zumindest des wesentlichen Inhalts die Öffentlichkeit oder die **Fairness des Verfahrens** in einer das **Rechtsstaatsprinzip** (Art. 20 Abs. 3 GG) oder Art. 6 Abs. 1 Satz 1 **EMRK** verletzenden Weise beeinträchtigt wird (dazu *Knierim/Rettenmaier* StV 2006, 155; noch weitergehend *Krahl* GA 1998, 329, 333 ff.). Ebenso wird das Vorgehen unzulässig, wenn die **Aufklärungspflicht** des Gerichts (§ 244 Rdn. 24 ff.) eine Erörterung mit den Beteiligten gebietet und diese ohne Verlesung oder Mitteilung des wesentlichen Inhalts nicht ausreichend erfolgen kann (vgl. *Ulsenheimer* AnwBl. 1983, 373, 380).

40 **3. Protokollierung (Abs. 2 Satz 3).** Abs. 2 Satz 3 ordnet die Protokollierung explizit an. Sie gehört hier zur Beweiserhebung; die Befragung nach § 257 Abs. 1 und Erklärungen nach § 257 Abs. 2 haben ihr nachzufolgen. **Über § 273 Abs. 1 hinaus** ist nicht nur die Urkunde sowie ggf. ihr beweisgegenständlicher Teil (BGH NStZ-RR 2007, 52) zu bezeichnen (§ 273 Rdn. 7). Es ist auch zu vermerken, dass der Verzicht auf die Verlesung (bzw. »das Selbstleseverfahren«, vgl. Rdn. 36) angeordnet wurde und dass die Kenntnisnahme des Wortlauts (nicht nur des Inhalts, BGH NStZ 2001, 161) durch alle (BGH NStZ 2006, 512) Richter und Schöffen (nicht nur durch die Schöffen, BGH NStZ-RR 2014, 185) sowie die Gelegenheit der Beteiligten zur Kenntnisnahme des Wortlauts festgestellt wurden. Die **Feststellung** ist Voraussetzung – und nach BGH Teil – des formalen Akts der Beweisaufnahme (Rdn. 36) und **von ihrer Protokollierung zu unterscheiden**; sie kann insb. nicht im Wege der Protokollberichtigung nachgeholt werden (BGHSt 54, 37 m.Anm. *Schroeder* JR 2010, 135; BGH JR 2010, 538, 539 m. insow. zust. Anm. *Güntge*). Weil die tatsächliche Kenntnisnahme des Wortlauts gerade außerhalb der Hauptverhandlung erfolgt, kann das Protokoll sie (bzw. ihr Fehlen) weder positiv noch negativ beweisen (BGH NStZ-RR [B] 2004, 225, 227; KK-StPO/*Diemer* § 249 Rn. 39). Es beweist nur die Feststellung des Vorsitzenden; nur insoweit hat es positive und negative Beweiskraft und verwehrt freibeweisliche Ermittlungen des Revisionsgerichts (BGH StV 2010, 225, 226); beachte aber Rdn. 46. Gleichwohl gebietet das Gesetz bzgl. Richtern und Schöffen die Kenntnisnahme vom Inhalt der Urkunden festzustellen; die Feststellung bloßer Gelegenheit hierzu genügt für sie nicht (BGH StV 2011, 462, 463; 2012, 585, 586; NStZ-RR 2014, 185; zur Auslegungsfähigkeit des Protokolls NStZ-RR 2013, 255, 256). Wird vor dem Abschluss der Hauptverhandlung bekannt, dass eine Voraussetzung irrig festgestellt (und protokolliert) wurde, ist der Irrtum im Protokoll zu vermerken, eine fehlerfreie Beweisaufnahme nachzuholen und ggf. von ihr abhängige Vorgänge sind zu wiederholen. Ein Widerspruch muss ebenfalls zu Protokoll genommen werden. Für die Protokollierung des Gerichtsbeschlusses (auch in Fällen der Beanstandung nach § 238 Abs. 2) gilt allein § 273 Abs. 1.

41 **D. Verwertungsverbote.** Beweiserhebungs- und -verwertungsverbote können die Einführung der Urkunde (in jedweder Form) in die Hauptverhandlung unzulässig machen oder eine Beschränkung der Verlesung auf den nicht vom Verbot erfassten Teil gebieten (KMR/*v. Heintschel-Heinegg* § 249 Rn. 19). Dies ist insb. der

Fall bei Verstößen gegen §§ **250, 252**, soweit §§ 251, 253 bis 256 keine Ausnahmen gestatten (vgl. auch Rdn. 25) und § 51 BZRG (vgl. Rdn. 21).

Auch rein private Notizen mit höchstpersönlichem Inhalt, insb. **Tagebücher**, dürfen nicht eingeführt werden, denn der Bereich rein privater Lebensgestaltung ist von staatlichen Eingriffen weitgehend freizuhalten (vgl. Einl. Rdn. 303 ff.). Im Einzelfall kann der Persönlichkeitsschutz außerhalb des unantastbaren Kerns privater Lebensgestaltung aber zurücktreten, wenn es darum geht, den Beschuldigten zu entlasten, oder bei schwerstem Tatunrecht Beweisnot herrscht (BVerfGE 80, 367, 373 ff. m.w.N. und Anm. *Wolter* StV 1990, 175 ff.; *Störmer* NStZ 1990, 397, 398; *Amelung* NJW 1990, 1753 ff.; *Geis* JZ 1991, 112 ff.; BGHSt 19, 325, 332 f.; 34, 397, m.Anm. *Plagemann* NStZ 1987, 570 f.; *Amelung* NJW 1988, 1002 ff.; *Geppert* JR 1988, 471 ff.; BGH NJW 1995, 269; HK-GS/*König/Harrendorf* § 249 Rn. 8 ff.; HK-StPO/*Julius* § 249 Rn. 7 m.w.N.). 42

Ferner führen auch **unselbstständige Beweisverwertungsverbote** (vgl. Einl. Rdn. 264) zur Unzulässigkeit der Einführung entstandener oder erlangter Urkunden. Beispiele sind die Verletzung eines Beschlagnahmeverbots (§ 94 Rdn. 35, 48 f., § 97 Rdn. 63 ff.), Verstöße gegen § 136a (§ 136a Rdn. 61), rechtswidrige Überwachungsmaßnahmen (§ 100a Rdn. 35 ff., § 100c Rdn. 23 f.), nicht aber bereits jeder Fehler bei einer Durchsuchung (§ 102). 43

E. Revision. § 261 wird verletzt, wenn sich das Urteil auf eine Urkunde stützt, die **nicht ordnungsgemäß** in die Hauptverhandlung **eingeführt** wurde (BGHSt 6, 141, 143; 14, 310, 314; StV 2000, 655; 2012, 584; StraFo 2014, 23; § 261 Rdn. 68), so insb. auch, wenn es an der Feststellung nach § 249 Abs. 2 Satz 3 fehlt (Inbegriffsrüge, vgl. BGH NStZ-RR 2011, 20 f.; BGH StV 2021, 352 [auch nicht notwendig Erstreckung der Feststellung auf alle Inhalte, durch die Formel »wie im letzten Termin angeordnet«]; OLG Naumburg StV 2020, 848 [Ls.]). Das ist auch der Fall, wenn die Urkunde textlich falsch wiedergegeben wurde, während die gerichtliche Interpretation ihres Inhalts grds. nicht durch das Revisionsgericht überprüfbar ist (BGH NStZ [M] 1988, 212; NStZ 2000, 215, 216; NStZ-RR 2003, 52). Ein umfangreiches grafologisches Gutachten ist ohne Verlesung auch dann nicht wirksam in die Hauptverhandlung eingebracht, wenn der Sachverständige in der Hauptverhandlung die von ihm verglichenen Unterschriften an die Wand des Sitzungssaals projiziert und dabei in freier Rede ein Gutachten erstattet hat (BGH StV 2016, 777). Ob eine Urkunde verlesen (Abs. 1), nach Abs. 2 eingeführt oder vom Vorsitzenden zusammengefasst (Rdn. 29) wurde, beweist das Protokoll positiv (BGH NStZ 2012, 584, 585) ebenso wie negativ (BGH wistra 1992, 30; s.a. Rdn. 10, § 273 Rdn. 4 ff.; MüKo-StPO/*Kreicker* § 249 Rn. 79; d.h. der Beweis gilt als nicht erhoben, wenn das Sitzungsprotokoll für keine der beiden Vorgehensweisen einen entsprechenden Vermerk enthält, OLG Köln StV 2015, 760). Fehlt in Fällen des **Selbstleseverfahrens** im Protokoll der Hinweis auf die **Feststellung der Kenntnisnahme** der Richter und Schöffen (vgl. Rdn. 40), stellt der BGH das einem Beweis ihrer Unkenntnis praktisch gleich (BGH StV 2004, 521 m.Anm. *Kudlich* JuS 2005, 381; BGH StV 2010, 225, 226; BGH NStZ 2017, 722 f. m.Anm. *Kudlich* JA 2017, 553; krit. LR/*Mosbacher* § 249 Rn. 111; KK-StPO/*Diemer* § 249 Rn. 39; MüKo-StPO/*Kreicker* § 249 Rn. 84), versteht im Zweifel aber auch die Feststellung der Kenntnisnahme »von den Urkunden« als auf den Wortlaut bezogen (BGH StV 2011, 266 f.). Weil nicht nur die Kenntnisnahme bzw. Gelegenheit zur Kenntnisnahme zu protokollieren ist, sondern deren Feststellung (Rdn. 40), ist auch nach neuer Rspr. eine Rügeverkümmerung mittels Protokollberichtigung nur dann möglich, wenn der Vorsitzende sowie der Protokollführer sich auch an diese Feststellung sicher erinnern (trotz kontroverser Formulierungen streiten die Strafsenate des BGH darüber inhaltlich nicht; BGHSt 54, 37 m.Anm. *Schroeder* JR 2010, 135; BGHSt 55, 31, Rn. 4 ff.; BGH JR 2010, 538 f. m.Anm. *Güntge*; BGH StV 2011, 267 f.). Dass die Feststellung nicht protokolliert wurde, steht regelmäßig auch nicht in – sonst Freibeweiserhebung durch das Revisionsgericht ermöglichendem – Widerspruch zu Inhalten des Protokolls (BGH JR 2010, 538 f. m. insow. krit. Anm. *Güntge*; StV 2011, 267 f.). Das Fehlen der Feststellung kann auch ohne Widerspruch (§ 238 Abs. 2) in der Hauptverhandlung mit der Revision gerügt werden (BGH StV 2011, 462, 463; OLG Celle StV 2016, 794). In der Revisionsbegründung ist darzulegen, dass sie weder so noch auf andere Weise eingeführt wurde (z.B. nach Vorhalt durch Aussage eines Zeugen oder Sachverständigen, BGH NJW 2001, 2558 f.; OLG Hamm NJW 2004, 381; offengelassen in BGH NStZ 2007, 235, 236 = StV 2007, 569); im OWiG-Verfahren ist dabei auch an die Möglichkeiten des § 78 Abs. 1 OWiG zu denken (OLG Koblenz NStZ-RR 2011, 352). Das Revisionsgericht erhebt hierüber ggf. Freibeweis (BGHSt 22, 26, 29). Die vom BGH formulierte Regel, dass ein Urteil regelmäßig nicht auf einer unterlassenen Verlesung beruhen könne, wenn der Inhalt eines Schriftstücks in der Hauptverhandlung erörtert und nicht bestritten wurde, dass es diesen Inhalt hat (BGH StV 2007, 569; NStZ 2016, 691 m. krit. Anm. *Arnoldi*) darf nicht überdehnt werden: Sie trägt nur dort, wo dieser Inhalt unter Bezugnahme auf das Schreiben durch ein anderes Beweismittel eingeführt wurde (in BGH StV 2007, 569 durch einen Sachverständigen) oder das Gericht von diesem Inhalt bereits aufgrund anderer Beweismittel überzeugt war bzw. es lediglich darum ging, die auch auf weitere Umstände gestützte 44 mangelnde Glaubwürdigkeit eines anderen Beweismittels zu belegen (so in BGH NStZ 2016, 691). Zur Begründung des Beruhens ist nämlich darzulegen, dass die Beweiserhebung noch notwendig war (BGH NJW 2003, 150, 152), was bei unzweifelhaftem und unbestrittenem Sachverhalt nicht der Fall ist (BGH NJW 1958, 559). Bei entspr. Anlass ist darzulegen, dass die betreffende Tatsache nicht durch andere Beweismittel eingeführt wurde (vgl. OLG Hamm NZV 2010, 215 f.). Ferner verlangt der BGH (übertrieben streng, aber in der Praxis zu beachten) zum Beruhen (§ 337 Rdn. 35 ff.) die Darstellung, dass die Voraussetzungen des § 249 Abs. 2 nicht vorlagen, selbst wenn von diesem ausweislich des Protokolls gar nicht Gebrauch gemacht wurde (BGH wistra 1990, 197). Ein Vortrag gegen das Beruhen sprechender Umstände ist nicht Zulässigkeitsvoraussetzung (BGH StV 2011, 462, 463).

45 **§ 261** kann auch verletzt sein, wenn eine korrekt eingeführte Urkunde im Urteil **nicht oder nur unvollständig erörtert** wurde (BGH NJW 2007, 92, 95; OLG Stuttgart StV 2005, 379, 380; § 261 Rdn. 69). Wie das Gericht einen durch Urkundsbeweis in die Hauptverhandlung eingeführten Inhalt erfasst und im Urteil würdigt, kann in der Revision auf Rüge einer Verletzung von § 261 hin regelmäßig umfassender nachgeprüft werden als mündliche Aussagen und Einlassungen (vgl. BGHSt 52, 175, Rn. 21; NStZ-RR 2011, 214, 215; StV 2012, 67 f.; 2012, 587; s.a. § 250 Rdn. 4, § 261 Rdn. 68). Wurde die Urkunde weder eingeführt noch im Urteil erörtert, können **§ 244 Abs. 2 oder § 245 Abs. 1 Satz 1** verletzt sein. In diesem Fall ist regelmäßig der Wortlaut der Urkunde mitzuteilen (BGH NStZ 2011, 471, 472). Dass im Urteil eine Urkunde verwertet wurde, hinsichtlich derer ein Beweisverwertungsverbot (Rdn. 41 ff.) bestand, kann mit der **Sachrüge** geltend gemacht werden (Meyer-Goßner/*Schmitt* § 261 Rn. 38).

46 **Verstöße gegen § 249 Abs. 2** Satz 1 und 2 (zu Satz 3 s. Rdn. 44) können nur nach rechtzeitigem Widerspruch eine Revision begründen (*Kindhäuser* NStZ 1987, 529, 531; KMR/*v. Heintschel-Heinegg* § 249 Rn. 67). Dieser richtet sich nach § 249 Abs. 2 Satz 2 (»unverzüglich«), wenn er die Anordnung als solche betrifft; geht es dagegen nur um die ebenfalls zunächst vom Vorsitzenden zu bestimmende Art und Weise der Durchführung, ist der Zwischenrechtsbehelf nach § 238 Abs. 2 einschlägig (BGH StV 2011, 458 f. m. krit. Anm. *Lindemann*; NZWiSt 2019, 28 f. m.Anm. *Gehm*) und eine Entscheidung nach § 249 Abs. 2 Satz 2 war nicht erforderlich (OLG Celle StV 2016, 794); ebenso wenn die inhaltliche Richtigkeit der Feststellung der Kenntnisnahme bestritten wird (BGH NStZ 2012, 584, 585). Beanstandet die Revision einen unzureichenden Zeitraum für das Selbstleseverfahren, müssen konkrete Umstände vorgetragen werden, aus denen sich das Unterbleiben der Selbstlesung ergeben kann (BGH NStZ 2018, 230 m.Anm. *Gubitz*). Wird diese Hürde genommen, kann zugleich ein Fall des § 338 Nr. 8 vorliegen (KMR/*Paulus* [Vorauflage] § 249 Rn. 39; beachte aber § 338 Rdn. 82 f.). Unterbleibt der Gerichtsbeschluss trotz Widerspruchs, ist das nach früherer Rspr. des 5. Strafsenats bereits für sich genommen ein revisibler Verfahrensfehler, auf dem die Entscheidung beruht, wenn ein anderes Beweisergebnis bei Verlesung mit anschließender Aussprache nicht im Einzelfall auszuschließen ist; eines erneuten Widerspruchs sollte es danach nicht bedürfen (BGHSt 57, 306, Rn. 6 ff. m. krit. Bespr. *Mosbacher* NStZ 2013, 199, zust. *Kudlich* JA 2012, 954, aus and. Gründen krit. *Gössel* JR 2013, 382); in einer neueren Entscheidung wird dagegen ein Beruhen auf der unterlassenen Bescheidung ausgeschlossen, da das Selbstleseverfahren ein gleichwertiges Verfahren zum Verlesen einer Urkunde sei (BGHSt 65, 155 m. krit. Anm. *Kudlich/Nicolai* StV 2021, 822; *Mayer-Mews* NJW 2021, 482; differenzierend *Ventzke* NStZ 2021, 249); das überzeugt freilich nicht, ist doch weder a priori und schlechterdings ausgeschlossen, dass das Gericht sich aufgrund der Befassung mit dem Widerspruch umentscheidet noch dass die Würdigung des Beweismittels bei Einführung in die Hauptverhandlung durch Verlesung und die ggf. unmittelbar anschließende Diskussion anders ausgefallen wäre. Die Möglichkeit einer Umdeutung des fehlerhaften Vorgehens nach Abs. 2 in eine Bekanntgabe des wesentlichen Inhalts (so noch BGHSt 30, 10, 14) besteht nach aktueller Gesetzesfassung praktisch nicht mehr (Rdn. 38; Meyer-Goßner/*Schmitt* § 249 Rn. 31). Konzentriert sich ein Richter oder der Staatsanwalt während der Hauptverhandlung auf das Lesen einer umfangreichen Urkunde, kann **§ 338 Nr. 5** verletzt sein (KMR/*Paulus* [Vorauflage] § 249 Rn. 27).

§ 250 Grundsatz der persönlichen Vernehmung

[1]Beruht der Beweis einer Tatsache auf der Wahrnehmung einer Person, so ist diese in der Hauptverhandlung zu vernehmen. [2]Die Vernehmung darf nicht durch Verlesung des über eine frühere Vernehmung aufgenommenen Protokolls oder einer Erklärung ersetzt werden.

Übersicht

1 **A. Grundsätzliches und Regelungsgehalt.** § 250 regelt einige Ausprägungen des **materiellen Unmittelbarkeitsgrundsatzes** für den Personalbeweis.

2 **I. Der Unmittelbarkeitsgrundsatz.** Der strafprozessuale Unmittelbarkeitsgrundsatz fordert **materiell** die Verwendung unmittelbarer Beweismittel im Gegensatz zu mittelbaren (abgeleiteten, indirekten; *Klesczewski* Rn. 420 f.). **Formell** fordert er die Beweisaufnahme vor genau den Richtern, die später das Urteil fällen (*Beulke/Swoboda* Rn. 24). Die formelle und die materielle Fassung wenden sich gegen dasselbe: Formell mittelbar erhobene Beweise werden ihrerseits als materiell mittelbares Beweismittel (Zeugenaussage oder Protokoll des Dritten, der den Beweis aufnahm) in die Hauptverhandlung eingeführt. Umgekehrt bedeutet die Verwendung eines mittelbaren Beweismittels, dass das Gericht sich nur aus der Wiedergabe der Wahrnehmung eines Dritten unterrichtet. Der Unmittelbarkeitsgrundsatz **dient der Trennung von Vor- und Hauptverfahren** (mit Wiederholung bereits erhobener Beweise; eingehend zum Transferverbot SK-StPO/*Velten* Vor § 250 Rn. 7 ff., 15 ff., § 250 Rn. 3), der Sicherstellung der **Konfrontation des Angeklagten** mit belastenden Beweisen (insb. Art. 6 Abs. 3 lit. d EMRK; *Radtke* GA 2012, 187, 198 ff.; *Dionysopoulou* ZIS 2017, 629 ff.) und der **Fragerechte** (§§ 240, 241a Abs. 2) sowie der Herstellung einer **verlässlichen Erkenntnisgrundlage** des Gerichts (KMR/*Paulus* § 250 Rn. 2; HK-StPO/*Julius* Vor §§ 250 ff. Rn. 2); ferner flankiert er den Öffentlichkeitsgrundsatz (§ 169 Satz 1 GVG) und das Mündlichkeitsprinzip (Einl. Rdn. 58, 75; zu den mit der Unmittelbarkeit als Verfahrensmaxime verfolgten Zwecken eingehend auch *Krüger*, Unmittelbarkeit und materielles Recht [Habil 2009], Teil 1, Kap. 3, sowie *Deiters*, Gutachten C zum DJT 2020/2022, C. 9 ff.). Im deutschen Strafprozessrecht gilt der Unmittelbarkeitsgrundsatz **nicht strikt** (weder materiell noch formell). Das Gesetz enthält auch **keine allgemeine Regelung** zur Unmittelbarkeit (vgl. BGHSt 6, 209, 210; eingehend insb. auch historisch und rechtsvergleichend *Stüber*, Unmittelbarkeit, 2005) und manche andere Rechtsordnung kommt gut ohne diesen Grundsatz aus. Auch ein **»Mittelbarkeitsgrundsatz«** (regelmäßiger Rückgriff auf Vernehmungsniederschriften; persönliche Befragung des Zeugen nur, soweit zur Klärung von Zweifeln an Inhalt oder Glaubwürdigkeit oder zur Wahrung der Rechte des Angeklagten erforderlich) hat viel für sich, denn er führt dazu, dass die Beteiligten sich wesentlich besser auf das Verfahren vorbereiten können, die Belastung der Zeugen erheblich sinkt, die Hauptverhandlung beschleunigt wird und inhaltliche Missverständnisse des erkennenden Gerichts (die oft erst im Urteil offenbar werden) sich in der Revision zumindest eher aufgreifen lassen (vgl. Rdn. 4 sowie ergänzend auch § 249 Rdn. 45 zur Situation nach einem Selbstleseverfahren).

3 Der **formelle Unmittelbarkeitsgrundsatz** untersagt die Beweisaufnahme durch Dritte. Damit sind Richter von der Entscheidung ausgeschlossen, die an irgendeinem Teil der Beweisaufnahme nicht beteiligt waren. Dieser Grundsatz ist Leitidee des § 226 Abs. 1. Das Gesetz lässt unter den Voraussetzungen des § 223 aber die kommissarische Vernehmung von Zeugen und nach § 251 meist die spätere Verlesung des Protokolls zu. Sogar ohne gesetzliche Einschränkung kann das Gericht sich eines sog. Augenscheinsgehilfen (gerufener Zeuge; näher dazu § 86 Rdn. 5) bedienen. Die Einnahme eines richterlichen Augenscheins ist nach § 86 (sowie ggf. §§ 87 Abs. 1, 168d, 202, 225) schon vor der Hauptverhandlung möglich; zur früher privilegierten Verlesbarkeit des Protokolls s. § 249 Rdn. 17 (sowie ebd. Rdn. 22).

4 Der **materielle Unmittelbarkeitsgrundsatz** ist im deutschen Strafverfahrensrecht nicht als Verbot indirekter Beweismittel umgesetzt. Gefordert wird höchstens, dass **auch** das **unmittelbare Beweismittel** (ggf. neben mittelbaren) herangezogen wird (*Krey/Heinrich* Rn. 1461), sofern es mit hinnehmbarem Aufwand verfügbar ist. Eine **gesetzliche Regelung** besteht nur für den unmittelbaren Personalbeweis und auch für diesen nur teilweise (§§ 250 ff.; *Volk/Engländer* § 18 Rn. 26). Der Grundsatz hat in der Revision eine Kehrseite: Im Gegensatz zu anderen Beweisen kann das Revisionsgericht das Ergebnis eines korrekten Urkundsbeweises selbst nachvollziehen und seine Verwertung im Urteil daher weit umfänglicher kontrollieren (vgl. § 249 Rdn. 44 f.; eingehend MAH/*Widmaier* § 9 Rn. 104 ff., 125 ff.).

5 Soweit keine nähere Regelung (wie z.B. § 250) besteht, sind die Vorschriften über die **Aufklärungspflicht des Gerichts** (§§ 244 Abs. 2, 261) sowie die Regeln über die Ablehnung von Beweisanträgen (§ 244 Abs. 3 und 5) und § 261 als gesetzliche Verankerung des Unmittelbarkeitsgrundsatzes zu lesen (*Beulke* JA 2008, 758). Das systematische Verhältnis ist umgekehrt: Der Unmittelbarkeitsgrundsatz dient der Konkretisierung der Aufklärungspflicht. Die pflichtgemäße Auswahl der Beweismittel lässt sich in folgende zwei Stufen gliedern. Die erste ist zugleich für die Beweiswürdigung relevant, und vor allem, auf sie bezieht sich der Unmittelbar-

keitsgrundsatz. **1. Stufe** (Beurteilung der Qualität): Das Gericht muss nicht immer das tatnächste (Meyer-Goßner/*Schmitt* § 250 Rn. 3) Beweismittel verwenden (BVerfGE 57, 250, 278 f.). Die Unmittelbarkeit bzw. der Grad der Mittelbarkeit muss indes neben anderen Aspekten (wie der durch Zeitablauf eingetretenen Trübung des Beweismittels) bei der **Beurteilung der Qualität** des Beweismittels berücksichtigt werden (§ 249 Rdn. 6, § 261 Rdn. 15 ff.). Dass das Gesetz den Unmittelbarkeitsgrundsatz in §§ 226 Abs. 1, 250 aufgegriffen hat, ist dabei als Wertung zu verstehen, **im Zweifel** der Unmittelbarkeit größeres Gewicht bei der Qualitätsbeurteilung zuzumessen als anderen Aspekten (ähnlich BGH StV 2002, 635, 636; NStZ 2004, 50; Meyer-Goßner/*Schmitt* § 250 Rn. 3). **2. Stufe** (Abwägung für Auswahl): Es ist nicht immer die Erhebung des bestmöglichen Beweises geboten. Die Qualität des Beweismittels darf gegen andere Aspekte (z.B. Verfügbarkeit, aus bereits erhobenen Beweisen erreichtes Maß an Gewissheit, Schwere des Tatvorwurfs) abgewogen werden (§ 244 Rdn. 42 ff.; BGHSt 1, 4, 8; 17, 382, 385). Sie muss ausreichen, um die Überzeugungsbildung des Gerichts zu rechtfertigen (dazu Rdn. 16). § 250 sagt in diesem Zusammenhang speziell: Hält eine Urkunde oder Aufzeichnung Wahrnehmungen einer Person fest, muss die Person – soweit möglich – zum Inhalt und ggf. Zustandekommen der Urkunde gehört werden (beachte Rdn. 13). Damit soll eine Fehlerquelle reduziert werden, denn die inhaltliche Richtigkeit bzw. Glaubwürdigkeit eines Textes darf nicht einfach unterstellt werden. Der Zeugenbeweis ist aber weder generell zuverlässiger noch vom Gesetz grds. höher geachtet als der Urkundsbeweis (*Volk/Engländer* § 18 Rn. 26; HbStrVf/*Scheffler* VII Rn. 678; vgl. § 249 Rdn. 5 f.).

6 **II. Regelungsgehalt des § 250.** Ist das Beweisthema die Wahrnehmung einer Person, verlangt **§ 250 Satz 1** die Erhebung des unmittelbaren Personalbeweises (Zeugen- oder Sachverständigenbeweis), wenn dieser möglich ist (*Krause*, Urkundenbeweis, 1966, S. 155; *Löhr*, Unmittelbarkeit, 1972, S. 120). **Satz 2** stellt klar, dass diese Beweiserhebung auch **nicht** durch bestimmte mittelbare Sachbeweise **ersetzt** werden darf (sog. Surrogationsverbot; *Krey/Heinrich* Rn. 687, 1465; Radtke/Hohmann/*Pauly* § 250 Rn. 18). Das fügt der Aussage von Satz 1 inhaltlich zwar nichts hinzu, umreißt aber den Aspekt, zu dem die folgenden §§ 251, 253 bis 256 zahlreiche Ausnahmen machen (dazu auch *Dumitrescu* ZStW 130 [2018], 106, 112 ff.). Zu diesen und anderen Ausnahmen s. Rdn. 14. Auf Schriftlichkeit kommt es dabei nicht an; dies sollte die Streichung des Wortes »schriftlichen« (vor »Erklärung«) klarstellen – elektronische Dokumente werden gleichermaßen erfasst (BT-Drs. 18/9416 S. 63). Auch durch die Vorführung einer Bild-Ton-Aufzeichnung (Augenscheinsbeweis über den Inhalt der Aussage) darf die Zeugenvernehmung nur im Rahmen von § 255a ersetzt werden (BGHSt 52, 148, Rn. 8; beachte Rdn. 13).

7 Anknüpfend an obiter dicta des BGH (BGHSt 6, 141, 143; 20, 160, 161) wird oft behauptet, nur **von vornherein zu Beweiszwecken hergestellte** Dokumente dürften nicht verlesen werden (*Volk/Engländer* § 27 Rn. 2; KK-StPO/*Diemer* § 250 Rn. 8; Meyer-Goßner/*Schmitt* § 250 Rn. 8; noch enger SK-StPO/*Velten* Vor § 250 Rn. 28 f., § 250 Rn. 18 [nur Beweisergebnisse aus einem Ermittlungsverfahren]; a.A. Radtke/Hohmann/*Pauly* § 250 Rn. 12). Richtig (und vom BGH entschieden) ist daran, dass die **Verlesung neben der Vernehmung** des Zeugen zulässig ist (Rdn. 13) und zwar auch für von vornherein zu Beweiszwecken erstellte Dokumente. § 250 ist ferner nur anwendbar, wenn zumindest auch die inhaltliche Aussage des Textes Beweisthema ist, § 250 steht dem bloßen Beweis der Existenz des Dokuments also nicht entgegen (*Löhr*, Unmittelbarkeit, 1972, S. 119). Ohne die Durchführung einer möglichen Vernehmung lässt § 250 Satz 1 aber keinen mittelbaren Sachbeweis zu und knüpft das nicht an eine ursprüngliche Beweisbestimmung der Urkunde, sondern allein daran, dass sie persönliche Wahrnehmungen von Tatsachen enthält (RGSt 26, 138, 141; 71, 10; *Krause*, Urkundenbeweis, 1966, S. 154 ff., 159; *Löhr*, Unmittelbarkeit, 1972, S. 120 ff.; *Eisenberg*, Beweisrecht Rn. 2086; beachte aber Rdn. 14). Es wäre auch nicht einzusehen, wenn ein nicht einmal im Hinblick auf eine spätere Beweisführung erstellter und daher evtl. weniger zuverlässiger Text bevorzugt verlesen werden dürfte (vgl. auch BGHSt 20, 160, 161).

8 Zum **Zweck der Vorschrift** gilt das unter Rdn. 2 und 5 Gesagte. § 250 sichert zugleich den für die Einschätzung der Glaubwürdigkeit des Zeugen bei der Beweiswürdigung wesentlichen persönlichen Eindruck. Soweit der BGH obiter dictum gemeint hat, § 250 Satz 2 sei auf **Angeklagte und Mitangeklagte** nicht anzuwenden (BGH StV 2012, 406, 407), verkürzt dies die Gesetzeslage, ist im Ergebnis aber unschädlich: § 250 ist eine Vorschrift zur Beweisaufnahme und der Angeklagte nicht im strengen Sinne Beweisperson, § 250 regelt das Verhältnis des Urkundsbeweises zur persönlichen Vernehmung aber umfassend. Eine Einschränkung seines **persönlichen Anwendungsbereichs** besteht nicht; nur auf Urkunden ohne persönliche Tatsachenbekundung (Rdn. 9 ff.) findet § 250 keine Anwendung. Einer Verlesung von Tatsachenbekundungen der Angeklagten steht § 250 indes deshalb nicht entgegen, weil sie im Verfahren stets zu hören sind (§§ 243 Abs. 5, 250, 257 Abs. 1, 258) und die Verlesung ihre Vernehmung deshalb – selbst wenn sie schweigen – nicht ersetzt (vgl. Rdn. 13). Die Sonderregelung für Vernehmungsprotokolle in § 254 findet ihren systematischen Grund darin,

dass diese zugleich Wahrnehmungen der Vernehmungsperson wiedergeben (§ 254 Rdn. 3). Ob § 254 eine darüber hinausgehende Sperrwirkung entfaltet, ist umstritten (§ 254 Rdn. 10 ff.).

B. Gebot der persönlichen Vernehmung. I. Wahrnehmung von Tatsachen durch eine Person. Bzgl. **äußerer Tatsachen** ist die Vorschrift nur einschlägig, soweit eine Person diese Tatsachen mit einem ihrer fünf Sinne wahrgenommen hat (BGHSt 15, 253, 254 f.; 27, 135, 137). Das ist insb. bei Protokollen und Sachberichten (Meyer-Goßner/*Schmitt* § 250 Rn. 9) einschließlich dienstlicher Erklärungen (BGHSt 47, 270, 272) der Fall. Für **innere Tatsachen** ist die Vorschrift einschlägig, wenn sie unmittelbar an äußere Tatsachen anknüpfen (z.B. darauf bezogene Gedanken und Überlegungen) oder von äußeren Tatsachen ausgelöst wurden (z.B. Gefühle, MüKo-StPO/*Kreicker* § 250 Rn. 9). Nicht erfasst werden nach diesen Kriterien z.B. Weisungen, aufgezeichnete Planungen, schriftliche Mahnungen, Schriftstücke, durch die selbst ein Straftatbestand verwirklicht wird, sowie persönliche Werturteile (KK-StPO/*Diemer* § 250 Rn. 5; BGHSt 6, 209, 212). Ebenfalls nicht erfasst wird der bloße Existenzbeweis der Urkunde (*Wömpner* NStZ 1983, 293, 294; dazu Rdn. 7 und § 249 Rdn. 3, 5 f.). Auch im Fall von dienstlich erworbenem Wissen des Tatrichters kann es geboten sein, die frühere, das Wissen vermittelnde Auskunftsperson in der Hauptverhandlung zu vernehmen und die Auskunft nicht nur durch den amtierenden Richter bekannt zu geben (OLG Naumburg ZfSch 2016, 471). 9

Sachverständigengutachten erfüllen diese Voraussetzungen (BGHSt 1, 4, 7; 22, 268, 270; *Wömpner* NStZ 1983, 293, 294). Das gilt auch, wenn das Gutachten nur Fachwissen vermittelt, ohne sich dabei auf einzelne Befundtatsachen zu stützen (*Alsberg/Nüse/Meyer* Rn. 435, 867; Meyer-Goßner/*Schmitt* § 250 Rn. 11; MüKo-StPO/*Kreicker* § 250 Rn. 18; **a.A.** OLG Stuttgart JR 1977, 205 m.Anm. *Gollwitzer*; *Gössel* DRiZ 1980, 363, 370). Die Ergebnisse eines Sachverständigen dürfen daher auch nicht über einen anderen eingebracht werden (BayObLG DAR [R] 1965, 285, 286). Gleiches gilt für einen Arzt, der den Angeklagten im Hinblick auf eine möglicherweise bestehende Suizidgefahr untersucht hat, wenn er sich in der Hauptverhandlung auf sein Zeugnisverweigerungsrecht beruft (und zwar auch dann, wenn er anfänglich Aussagen gemacht hat, BGH NStZ 2016, 428). § 256 erlaubt indes in vielen Fällen die Verlesung von Sachverständigengutachten. Zum verstorbenen Sachverständigen s. § 251 Rdn. 17. 10

Bloß **mittelbare Wahrnehmungen** (z.B. eines Übersetzers oder einer Schreibkraft) werden von der Vorschrift nicht erfasst (zum Übersetzer vgl. § 249 Rdn. 16), ebenso wenig Wahrnehmungen bei rein mechanischen Verrichtungen, die typischerweise nicht in der Erinnerung haften bleiben (MüKo-StPO/*Kreicker* § 250 Rn. 11). Hierzu gehören u.a. das Kopieren und Übertragen von Text (BGHSt 27, 135, 137 m.Anm. *Gollwitzer* JR 1978, 119 f.), tabellarisches Zusammenfassen, die Herstellung von Buchungs- und Abrechnungsstreifen (BGHSt 15, 253, 254; *Hanack* JZ 1972, 203), das Herstellen von Ausdrucken (BGH NStZ 2005, 526) und Fertigen von Niederschriften eines Tonträgers (z.B. einer TKÜ, BGH NStZ 2009, 280 f.). Auch die Verlesung eines die Datengewinnung dokumentierenden Extraktionsberichts über das Auslesen von gelöschten (und somit sonst nicht ermittelbaren) elektronischen Daten mithilfe eines Anwendungsprogramms verstößt nicht gegen § 250 (BGH StRR 2016, Nr. 8, 2; BGH StV 2017, 437). 11

II. Rechtsfolge: Vernehmung und Surrogationsverbot. Die betreffende Person ist über ihre Wahrnehmung **als Zeuge** (bzw. Mitangeklagter; vgl. Rdn. 8) **zu hören**; das gilt auch für Schriftstücke, die ein Verteidiger gefertigt hat und in denen er Angaben des (späteren) Angeklagten wiedergibt (sodass diese in der Hauptverhandlung nicht schon dann verlesbar sind, wenn der Angeklagte in der Hauptverhandlung die Aussage verweigert; vielmehr wäre der Verteidiger über ihre Wahrnehmung bei der Unterhaltung mit dem Angeklagten zu vernehmen, vgl. BGH StV 2017, 166). Bzgl. des Angeklagten selbst s. § 249 Rdn. 25 und § 254 Rdn. 1 f. Eine Ersetzung durch Urkundenbeweis ist grds. unzulässig. Das gilt insb. (nicht nur, vgl. Rdn. 7) für frühere Protokolle (z.B. polizeiliche Vernehmungsprotokolle) und sonstige Schriftstücke (z.B. Ermittlungsberichte und Briefe an die Ermittlungsbehörden), die von vornherein zu Beweiszwecken abgefasst worden sind (sog. Surrogationsverbot des Satzes 2). 12

Nur die Ersetzung ist unzulässig. Die Nutzung eigener Aufzeichnungen durch den Vernommenen selbst wird nicht eingeschränkt; dazu ist er ggf. sogar verpflichtet (BGHSt 1, 4, 8). Einer zusätzlichen Beweiserhebung über die Urkunde sowie der Nutzung der Urkunde zum Vorhalt an den Zeugen (§ 249 Rdn. 32 ff.) steht § 250 ebenfalls nicht entgegen (BGHSt 1, 4, 5 f.; 20, 160, 161 m.Anm. *Hanack* JZ 1972, 203 sowie krit. Anm. *Peters* JZ 1965, 650; BGH NStZ 1995, 609; StV 2008, 123; StV 2015, 205; BGH 4 StR 493/11 vom 24.01.2012; *Volk/Engländer* § 27 Rn. 2; MüKo-StPO/*Kreicker* § 250 Rn. 22; a.A. *Schünemann* FS Meyer-Goßner, S. 385, 404 f.; *Gubitz/Bock* NJW 2008, 958, 960; SK-StPO/*Velten* § 250 Rn. 20). Gleiches gilt für Bild-Ton-Aufzeichnungen, auch ohne dass § 255a anwendbar wäre (BGHSt 49, 68, 70 f.). Die unterstützende Verlesung kann auch der Überprüfung der Richtigkeit der Aussage dienen (BGH NJW 2018, 2809, 2811; BGH bei *Cierniak/Zimmermann* NStZ-RR 2014, 129 Nr. 35; *Peters* JZ 1965, 650; *Wömpner* NStZ 1983, 293, 296). Urkundsbeweis und Vorhalt sind aber nur zulässig, wenn kein anderes Beweisverbot, insb. 13

nicht die Unverwertbarkeit des Beweismittels, entgegensteht (vgl. § 249 Rdn. 41 ff.). Beachte auch § 253 Rdn. 6. Nach Ansicht des BGH hindert eine teilweise Verweigerung der Auskunft nach § 55 die Zulässigkeit nicht (BGH JR 1987, 522, 523 m. krit. Anm. *Meyer* und zust. Anm. *Dölling* NStZ 1988, 6 ff.; zust. auch MüKo-StPO/*Kreicker* § 250 Rn. 27), zur vollständigen Auskunftsverweigerung s. § 251 Rdn. 10. Hinsichtlich §§ 52 ff. beachte aber § 252. Gibt der Zeuge an, sich nicht mehr zu erinnern, aber seinerzeit korrekte Angaben gemacht zu haben, genügt das, um den Weg für die Verlesung der Urkunde und ihre freie Würdigung zu eröffnen (BGHSt 23, 213, 220; OLG Hamm NStZ 2007, 542). Erinnert er sich gar nicht mehr, ist § 253 anzuwenden (ebenso darüber hinaus für Protokolle der Vernehmung der Auskunftsperson – im Gegensatz zu solchen der Vernehmungsperson, wenn diese als Zeuge befragt wird – *Mosbacher* NStZ 2014, 1, 4 ff.).

14 Die Beschränkungen des § 250 gelten nur im Strengbeweisverfahren (§ 251 Rdn. 42). Geschriebene Einlassungen des Beschuldigten erfasst § 250 nicht (s. § 249 Rdn. 25), zudem wurde früher § 249 Abs. 1 Satz 2 a.F. als Ausnahmekatalog gelesen (dazu § 249 Rdn. 17). **Ausnahmen** machen die §§ 251 und 256 (zu §§ 252 bis 254 s. Rdn. 12 f., allgemein zu Tendenzen zu einer Durchbrechung des Surrogationsverbots *Bürger* ZStW 128 [2016], 518 ff., zum Beweistransfer nach dem Modell des AE-Beweisaufnahme *Jahn* StV 2015, 778) und für die Berufungsverhandlung §§ 323 Abs. 2, 325 soweit im ersten Rechtszug Zeugenaussagen aufgezeichnet wurden und ihre Zuverlässigkeit außer Zweifel steht (OLG Düsseldorf StV 2008, 346, 347). Im beschleunigten Verfahren erweitern § 420 Abs. 1 und Abs. 2 die Verlesbarkeit erheblich. Entsprechendes gilt gem. § 411 Abs. 2 Satz 1 nach Einspruch gegen einen Strafbefehl. Im Bußgeldverfahren erweitert § 77a OWiG die Verlesbarkeit. Weitere Ausnahmen ergeben sich für die Vernehmung des Bundespräsidenten und von Mitgliedern der obersten Staatsorgane aus §§ 49 Satz 3, 50 Abs. 4 Satz 2 (vgl. zu Ausnahmen auch eingehend *Krüger*, Unmittelbarkeit und materielles Recht [Habil 2009], Teil 2, Kap. 5). Aus § 78 Abs. 3 Satz 1 JGG ergibt sich hingegen keine Befugnis, von § 250 abzuweichen, denn das würde die Erforschung der Wahrheit beeinträchtigen (*Eisenberg* JGG § 78 Rn. 23). Ein **Verzicht** durch die Verfahrensbeteiligten oder die Beweisperson ist nicht möglich, da die Vorschrift öffentliche Interessen sichert (RGSt 9, 49; KMR/*Paulus* § 250 Rn. 3). Liest das Gericht im Rahmen eines zulässigen Augenscheinsbeweises über eine Tonbandaufnahme die bei den Akten befindliche Transkription mit, verstößt Letzteres schon deshalb nicht gegen § 250, weil es kein Urkundsbeweis ist und keinen Personalbeweis ersetzt (BGHSt 43, 36).

15 **C. Zeuge vom Hörensagen. I. Grundsatz.** Ein Zeuge darf über seine Wahrnehmung von der Wiedergabe fremder Wahrnehmungen befragt werden (sog. Zeuge vom Hörensagen). Solche **mittelbaren Wahrnehmungen** sind Indiz für die jeweilige Tatsache. § 250 schließt eine Vernehmung des Zeugen vom Hörensagen nicht aus, denn der Zeuge berichtet über eigene Wahrnehmungen und sagt selbst aus (BGHSt 1, 373, 375; 22, 269, 270; *Löhr*, Unmittelbarkeit, 1972, S. 50 ff., 89, 191 ff.; *Geppert*, Unmittelbarkeit, 1979, S. 130 ff.; *Stüber*, Unmittelbarkeit, 2005, S. 136 ff., 148; *Fahl* JA 2006, 34, 36; *Beulke* JA 2008, 758, 762; *Kindhäuser* § 21 Rn. 121). Auch Art. 103 Abs. 1 GG, das Recht auf ein faires Verfahren (Art. 2 Abs. 1 i.V.m. Art. 20 Abs. 3 GG, Art. 6 EMRK, insb. Abs. 3 lit. d) und § 244 Abs. 2 StPO enthalten kein generelles Verbot indirekter Beweisführung (BVerfGE 1, 418, 429; 57, 250, 292 ff.; BVerfG NJW 2001, 2245 ff. m.w.N.; BGHSt 6, 209, 210; 17, 382, 387 f.; NJW 1991, 646 f.). Auch zufällige oder im Auftrag von Polizei oder Gericht (sog. gerufener Zeuge) gemachte Wahrnehmungen dürfen auf diese Weise in die Hauptverhandlung eingeführt werden (BGHSt 27, 135, 136; 33, 178, 181; NStZ 2002, 493 f.). V.a. in der Literatur wird bisweilen aber auch eine weitergehende Befolgung des Unmittelbarkeitsgrundsatzes gefordert (soweit verfügbar grds. für die Vernehmung des unmittelbaren Zeugen OGHSt 1, 133, 134 f.; BayObLG StV 1982, 412, 413; *Grünwald* JZ 1966, 489, 493; *Hanack* JZ 1972, 236 f.; *Mehle* FS Grünwald, S. 351, 358 f.; *Schünemann* FS Meyer-Goßner, S. 385, 400).

16 Welches Ergebnis die Befragung des bloß mittelbaren Zeugen liefert und welches Maß an Verlässlichkeit hinsichtlich der fraglichen Tatsache erreicht wird, hat das Gericht in **freier Beweiswürdigung** unter »sorgfältigste[r] Überprüfung« (BGHSt 49, 112, 119; dazu *Wohlers* StV 2014, 563, MüKo/*Kreicker* § 250 Rn. 46) zu beurteilen. Unter Beeinträchtigung der grds. vorgesehenen Verteidigungsrechte erhobene Beweise sind »mit extremer Vorsicht« (EGMR *Visser/Niederlande* StraFo 2002, 160 m.w.N., § 44; EGMR *S.N./Schweden* Reports 2002-V, § 53) zu behandeln. Stehen unmittelbare und mittelbare Beweismittel zur Verfügung, hat das Gericht die Auswahl am Maßstab seiner **Aufklärungspflicht** nach § 244 Abs. 2 zu treffen (BGHSt 1, 373, 376; 6, 209, 210; 17, 382, 384 f.; -GS- 32, 115, 123; aus jüngerer Zeit z.B. BGH NStZ-RR 2014, 152). S. dazu bereits Rdn. 5. Verwertungsverbote dürfen durch Verwendung eines indirekten Beweismittels nicht umgangen werden (KK-StPO/*Diemer* § 250 Rn. 12).

17 **II. Einführung der Aussage anonymer Zeugen.** Auch wenn der **Gewährsmann nicht genannt** wird, ist die Verwertung der mittelbaren Wahrnehmung grds. nach denselben Regeln zulässig (BGHSt 17, 382, 283 f. m.Anm. *Eb. Schmidt* JZ 1962, 761; BGHSt 29, 109, 110 f.; -GS- 32, 115, 122 f.; BVerfGE 57, 250, 292 ff.;

BVerfG NJW 1992, 168; *Tiedemann* MDR 1963, 456 ff.; 1965, 870 ff.; *Tiedemann/Sieber* NJW 1984, 753, 760 ff.; *Rebmann* NStZ 1982, 315 ff.; *Stüber*, Unmittelbarkeit, 2005, S. 156 ff., 194; LR/*Sander/Cirener* § 250 Rn. 28 ff. m.w.N.), aber besonders sorgfältig zu prüfen und bedarf regelmäßig weiterer gewichtiger Beweisanzeichen (BGHSt 17, 382, 384; 33, 178, 181; 34, 15, 18; 51, 280, Rn. 21 f.; NStZ 1996, 291, 293 f.; *Nack*, Kriminalistik 1999, 171 ff.; MüKo-StPO/*Kreicker* § 250 Rn. 48). Steigt die Zahl der Zwischenglieder, ist noch größere Vorsicht geboten (BGHSt 34, 15, 18). Das Gericht darf sich auf die Überzeugung eines Zeugen von der Zuverlässigkeit seiner Quelle nur stützen, wenn es die tatsächlichen Umstände, auf denen sie beruht, selbst nachvollzieht (BGHSt 34, 15, 20 f.).

Soweit der Verteidigung aus dem Rückgriff auf »anonyme Zeugen« Nachteile entstehen, erfordert **Art. 6** 18
Abs. 1 EMRK neben einem von der EMRK anerkannten Grund dafür (EGMR StV 2017, 213 ff. m.Anm. *Thörnich* ZIS 2017, 39) im Verfahren insgesamt einen angemessenen Ausgleich (EGMR *Doorson/Niederlande* Reports 1996-II, §§ 72 ff.; EGMR *Sadak u.a./Türkei* [Nr. 1] Reports 2001-VIII, § 67; HbStrVf/*Scheffler* VII Rn. 560 ff.). Soll die Aussage gegen den Angeklagten verwendet werden, muss er nach **Art. 6 Abs. 3 lit. d EMRK** irgendwann im Verfahren Gelegenheit erhalten, dem Zeugen Fragen zu stellen oder durch seinen Verteidiger stellen zu lassen (EGMR *Kostovski/Niederlande* [GK] Serie A 166, § 41, StV 1990, 481, 282; EGMR *N.F.B./Deutschland* Reports 2001-XI, NJW 2003, 2297 f.; bzgl. Zeugnisverweigerungsrecht von Familienangehörigen EGMR *Hümmer*/Deutschland, NJW 2013, 3225). Daher muss das Gericht dem Gewährsmann in jedem Fall zumindest einen unter Mitwirkung des Angeklagten oder seines Verteidigers (BVerfG NJW 1996, 3408; BGH StV 1996, 471) vorbereiteten Fragenkatalog vorlegen lassen (BGH StV 1993, 171 f.; NStZ-RR [B] 2001, 268; EGMR *Lüdi/Schweiz* Serie A 238, § 49 f., StV 1992, 499, 500). Soll eine Verurteilung allein oder maßgeblich auf die Aussage eines Belastungszeugen gestützt werden, sind die Anforderungen höher (vgl. nochmals EGMR StV 2017, 213 ff.): Der Angeklagte bzw. sein Verteidiger muss in oder vor der Hauptverhandlung Gelegenheit haben, Fragen an ihn zu richten, einen eigenen Eindruck von seiner Glaubwürdigkeit zu gewinnen und diese fundiert infrage zu stellen (eingehend nun EGMR *Al-Khawaja & Tahery/Großbritannien* [GK] Reports 2011, §§ 139 ff., HRRS 2012 Nr. 1; zuvor EGMR *Windisch/Österreich* Serie A 186, §§ 26 bis 32; EGMR *Van Mechelen u.a./Niederlande* Reports 1997-III, § 55, StV 1997, 617, 619 m.Anm. *Wattenberg/Violet* und Anm. *Renzikowski* JZ 1999, 605 ff.). Ist eine Befragung trotz eingehender Bemühungen des Gerichts nicht möglich (z.B. weil ein Staat, der kein Mitglied der EMRK ist, die Kooperation verweigert) und dies den Justizbehörden nicht zuzurechnen, ist die Verwertung einer belastenden Aussage ausnahmsweise zulässig, wenn ihr Inhalt durch andere Beweismittel gestützt wird und (BGHSt 55, 70, Rn. 28 ersetzt das »und« entgegen der Rspr. des EGMR durch ein »oder«) im Verfahren ein insgesamt die Fairness sichernder Ausgleich erfolgt (EGMR *Haas/Deutschland* JR 2006, 289, 291 m.Anm. *Gaede* und Anm. *Esser* NStZ 2007, 106 ff.; zum Problem der Beweiswürdigung *Wohlers* StV 2014, 563). Wenn ein Mitgliedstaat der EMRK die Kooperation seinem Prozessrecht konform verweigert, will der BGH dies der deutschen Justiz nicht zurechnen (BGHSt 55, 70, Rn. 27). Die Einschränkung der Rechte der Verteidigung durch Rückgriff auf die Verlesung der Aussage eines anonymen Zeugen ist auch bei angemessener Kompensation nur zulässig, wenn die Menschenrechte des Zeugen, namentlich sein Recht auf Leben (Art. 2 EMRK), Freiheit und Sicherheit (Art. 5 EMRK), dies zwingend gebieten (EGMR *P.S./Deutschland* § 22 f., StV 2002, 289, 290 m.Anm. *Pauly*; vgl. zum Ganzen auch *Beulke* FS Rieß, S. 3, 6 ff.; *Gaede* StV 2006, 599 ff.; *Safferling* NStZ 2006, 75 ff.; *Widmaier* FS Nehm, S. 357 ff.; Frowein/*Peukert* Art. 6 Rn. 308 ff.; *Meyer-Ladewig* Art. 6 Rn. 148).

Praktisch bedeutsam sind hier die Fälle, in denen Polizei, Kriminalämter oder Verfassungsschutz **V-Leute oder** 19
verdeckte Ermittler (§ 110a ff.) »sperren« (zu Aussagegenehmigung und Sperrerklärung s. § 54 Rdn. 16 ff.; vgl. auch *Detter* StV 2006, 544 ff. m.w.N.). Sperrerklärungen oberster Dienstbehörden machen nicht nur nach § 96 Akten, sondern entsprechend auch Zeugen für das Gericht grds. unerreichbar (MüKo/*Kreicker* § 250 Rn. 47; KK-StPO/*Diemer* § 250 Rn. 14). Entsprechendes gilt, wenn dem Gericht Kontaktdaten nur unter der Bedingung mitgeteilt wurden, dass der gesperrte Zeuge nicht in der Hauptverhandlung vernommen wird (§ 251 Rdn. 15, 29). Hat nur die StA Vertraulichkeit zugesichert, ist das Gericht daran nicht gebunden (BGHSt 35, 82, 85; BGH StV 2012, 5). Das »Gebot bestmöglicher Sachaufklärung« (BVerfG NJW 2003, 2444; BVerfGK 4, 72) richtet sich an Exekutive und Judikative insgesamt und begrenzt die Zulässigkeit von Sperrerklärungen (BVerfGE 57, 250, 287 f.; BGHSt -GS- 32, 115, 124 f.; VGH Kassel NJW 2014, 240). Bei Zweifeln an der Rechtmäßigkeit der Sperrerklärung können nicht nur die Beteiligten, sondern muss ggf. auch das Gericht auf deren Überprüfung hinwirken (BGHSt 36, 159, 161; 42, 175, 176 f.). Liefern die Akten oder die Hauptverhandlung Hinweise auf die Identität des Gewährsmanns, muss das Gericht selbst Ermittlungen mit dem Ziel seiner Vernehmung veranlassen bzw. führen (BGHSt 39, 141, 144; StV 1983, 443; 1993, 113); bei Gefahr für Leib oder Leben des Zeugen beachte aber § 251 Rdn. 29.

20 Die **prozessualen Möglichkeiten** zur Einführung »anonymer Aussagen« sind nach dem Grad des Geheimhaltungsinteresses **abzustufen** (vgl. z.B. *Kindhäuser* § 21 Rn. 129 ff.; *Hellmann* Rn. 677 ff.; *Volk/Engländer* § 27 Rn. 32 ff.; *Engländer* Rn. 231 ff.): Muss der Gewährsmann geschützt werden, liefert ein Vorgehen nach § 247a ggf. unter Wahrung der Anonymität mit optischer und/oder akustischer Abschirmung (§ 68 Rdn. 14 ff.) oder/und Ausschluss der Öffentlichkeit nach § 172 GVG in der Regel den gewichtigsten Beweis und die beste Wahrung des Fragerechts (zu weiteren zulässigen und unzulässigen Maßnahmen *Kühne* Rn. 920 ff.). Regelmäßig nächstbestes Vorgehen ist eine nach § 251 Abs. 1 zulässige Verlesung des Protokolls einer kommissarischen Vernehmung des Gewährsmanns (BGHSt -GS- 32, 115, 126 f.; s. dazu § 251 Rdn. 15, 29); eine Verlesung als richterliches Protokoll kommt nur bei Wahrung von § 68 in Betracht (§ 251 Rdn. 33). Notfalls kann auf die Verlesung des Protokolls einer umfassenden polizeilichen Vernehmung (BGHSt 33, 83, 85 m.Anm. *Fezer* JZ 1985, 496 und *Arloth* NStZ 1985, 280 f.; zu grds. Bedenken gegen eine solche Verlesung s. *Engels* NJW 1983, 1530 ff.; *Tiedemann/Sieber* NJW 1984, 753, 761; *Taschke* StV 1985, 269 ff.) oder die Vernehmung bloß des Verbindungsbeamten bzw. gar nur der Verhörsperson zurückgegriffen werden (vgl. BGHSt 34, 15, 17; 36, 159, 162). Ein im Verwaltungsprozess mögliches »in camera«-Verfahren, bei dem nur die Richter bestimmte Informationen zur Kenntnis nehmen und verwerten, kann es in Strafsachen nicht geben (BVerfGE 101, 106, 129 f.; BGH NJW 2000, 1661, 1662).

21 **D. Unverwertbarkeit, Heilung und Revision.** Unter Verstoß gegen § 250 eingeführte Erklärungen sind im Urteil **unverwertbar**. Wird eine unzulässige Verlesung noch während der Beweisaufnahme zulässig (nach § 251 oder bei nach § 252 Rdn. 15 verfrühter Verlesung durch Zustimmung), **heilt** das den Verfahrensfehler, sodass keine neuerliche Verlesung erforderlich ist (KK-StPO/*Diemer* § 250 Rn. 17).

22 Auf die **Verletzung von § 250** kann eine Verfahrensrüge gestützt werden. Dabei sind die unzulässig verlesene Urkunde zu bezeichnen und ihr Inhalt (zur Prüfung von §§ 249, 256) und Urheber anzugeben. Es ist vorzutragen, dass Letzterer in der Hauptverhandlung nicht vernommen wurde (OLG Düsseldorf StV 1995, 458). Wurde die betreffende Feststellung im Urteil neben der Urkunde auch auf die Aussage eines anderen Zeugen gestützt, ist vorzutragen, weshalb die Feststellung durch Vernehmung des zur Urkunde vorrangigen weiteren Zeugen infrage gestellt worden wäre (BGH bei *Cirener* NStZ-RR 2015, 1, 7). Die zeitweise hohen Anforderungen an den Vortrag, dass die Verlesung nicht aus anderen Gründen zulässig war (z.B. aufgrund eines Einverständnisses nach § 251, BGH StV 1990, 345, oder als Ergänzung einer Aussage, BGH NStZ 1995, 609) lockert der BGH in jüngerer Zeit wieder (BGH StV 2013, 5 m.Anm. *Ventzke*; bereits erwogen in BGH StV 2000, 185). Bei entsprechenden Anhaltspunkten verlangt der BGH Klarheit darüber, dass ein Beruhen des Urteils auf dem Fehler nicht ausgeschlossen ist (z.B. wegen inhaltlicher Übereinstimmung mit einer nach § 256 verlesbaren Urkunde, BGH StraFo 2009, 425). Auch eine Klarstellung, in welcher Weise der Inhalt im Urteil verwendet wurde und dass kein Fall des § 251 vorlag, ist anzuraten. Die Zulässigkeit der Rüge hängt nicht von einem Antrag nach § 238 Abs. 2 ab (BGH StV 2012, 202 f.; MüKo-StPO/*Kreicker* § 250 Rn. 51).

23 § 244 Abs. 2 ist verletzt, wenn das Gericht seiner **Sachaufklärungspflicht** nicht gerecht wurde, indem es ein sachferneres statt eines verfügbaren sachnäheren Beweismittels verwendete. Zur Erhebung dieser Verfahrensrüge ist konkret anzugeben, welches sachnähere Beweismittel sich dem Gericht aufdrängte, und darzulegen, was die Beweisaufnahme ergeben hätte (BGH StV 1988, 91, 92 m. krit. Anm. *Strate*). Eine Verletzung des allgemeinen (materiellen oder formellen) **Unmittelbarkeitsgrundsatzes** ist als solche nicht revisibel (KK-StPO/*Diemer* § 250 Rn. 19), denn dieser gilt weder strikt noch ist er allgemein geregelt (Rdn. 2).

§ 251 Urkundenbeweis durch Verlesung von Protokollen

(1) Die Vernehmung eines Zeugen, Sachverständigen oder Mitbeschuldigten kann durch die Verlesung eines Protokolls über eine Vernehmung oder einer Urkunde, die eine von ihm erstellte Erklärung enthält, ersetzt werden,

1. **wenn der Angeklagte einen Verteidiger hat und der Staatsanwalt, der Verteidiger und der Angeklagte damit einverstanden sind;**
2. **wenn die Verlesung lediglich der Bestätigung eines Geständnisses des Angeklagten dient und der Angeklagte, der keinen Verteidiger hat, sowie der Staatsanwalt der Verlesung zustimmen;**
3. **wenn der Zeuge, Sachverständige oder Mitbeschuldigte verstorben ist oder aus einem anderen Grunde in absehbarer Zeit gerichtlich nicht vernommen werden kann;**
4. **soweit das Protokoll oder die Urkunde das Vorliegen oder die Höhe eines Vermögensschadens betrifft.**

(2) Die Vernehmung eines Zeugen, Sachverständigen oder Mitbeschuldigten darf durch die Verlesung des Protokolls über seine frühere richterliche Vernehmung auch ersetzt werden, wenn

1. dem Erscheinen des Zeugen, Sachverständigen oder Mitbeschuldigten in der Hauptverhandlung für eine längere oder ungewisse Zeit Krankheit, Gebrechlichkeit oder andere nicht zu beseitigende Hindernisse entgegenstehen;
2. dem Zeugen oder Sachverständigen das Erscheinen in der Hauptverhandlung wegen großer Entfernung unter Berücksichtigung der Bedeutung seiner Aussage nicht zugemutet werden kann;
3. der Staatsanwalt, der Verteidiger und der Angeklagte mit der Verlesung einverstanden sind.

(3) Soll die Verlesung anderen Zwecken als unmittelbar der Urteilsfindung, insbesondere zur Vorbereitung der Entscheidung darüber dienen, ob die Ladung und Vernehmung einer Person erfolgen sollen, so dürfen Protokolle und Urkunden auch sonst verlesen werden.

(4) [1]In den Fällen der Absätze 1 und 2 beschließt das Gericht, ob die Verlesung angeordnet wird. [2]Der Grund der Verlesung wird bekanntgegeben. [3]Wird das Protokoll über eine richterliche Vernehmung verlesen, so wird festgestellt, ob der Vernommene vereidigt worden ist. [4]Die Vereidigung wird nachgeholt, wenn sie dem Gericht notwendig erscheint und noch ausführbar ist.

Übersicht

A. Grundsätzliches und Regelungsgehalt. § 251 ist die wichtigste **Ausnahmevorschrift** zu § 250. Zur sys- 1
tematischen Stellung und weiteren Ausnahmen s. § 250 Rdn. 14. Auch wenn die Voraussetzungen des § 251 erfüllt sind, kann die Verlesung nach § 252 unzulässig sein. So ist eine Vernehmung von nichtrichterlichen Verhörspersonen oder eine Verlesung des richterlichen Vernehmungsprotokolls nach § 251 Abs. 2 Nr. 3 erst dann zulässig, wenn Gewissheit darüber besteht, dass der Zeugnisverweigerungsberechtigte zur Aussage bereit ist; dies ist nach den Maßstäben des Freibeweises zu prüfen (vgl. BGH NStZ-RR 2017, 23).

Die Vorschrift betrifft nur die grundsätzliche Zulässigkeit der Beweiserhebung unter dem Gesichtspunkt der 2
Unmittelbarkeit, ändert aber nichts an den Erfordernissen der Beweiswürdigung und einer sich ggf. aus der gerichtlichen **Aufklärungspflicht** ergebenden Verpflichtung, auf das sachnähere Beweismittel zurückzugreifen (§ 244 Rdn. 42 ff.) bzw. sich einen persönlichen Eindruck vom Zeugen oder Sachverständigen zu verschaffen (BGHSt 9, 230, 233; 10, 186, 191 f.; NStZ 1988, 37, 38; OLG Celle StV 1991, 294; OLG Düsseldorf StV 2000, 8, 9; *Rieß/Hilger* NStZ 1987, 145, 151; vgl. auch § 250 Rdn. 5). Dabei sind insb. die Anforderungen des **Art. 6 Abs. 1 und Abs. 3 lit. d EMRK** (sowie Art. VII Abs. 9 lit. c NATO-TS) zu wahren (BGHSt 26, 18, 19 f.; NStZ 1985, 376, 377; SK-StPO/*Velten* § 251 Rn. 13; vgl. Rdn. 33, 40, 46).

Der Wortlaut der Vorschrift spricht nur von **Erklärungs-Urkunden** (einschließlich Protokollen). Soweit 3
Urkunden einen anderen Inhalt als **eigene Erklärungen** der Beweisperson haben, gestattet § 251 die Verlesbarkeit nicht (s. zu diesen § 250 Rdn. 14, § 256). Die Norm ist nach § 255a Abs. 1 auch auf **Video-Aufzeichnungen** als Augenscheinsobjekte anzuwenden (eingehend *Swoboda*, Videotechnik, 2002, S. 399 ff.; MüKo-StPO/*Kreicker* § 251 Rn. 7). Sie gilt in Ermangelung einer gesetzlichen Regelung erst recht auch für **Audio-Aufzeichnungen** entsprechend (*Mildenberger*, Schutz kindlicher Zeugen, 1995, S. 228 f., 260 f.; LR/*Sander/Cirener* § 251 Rn. 12; Meyer-Goßner/*Schmitt* § 251 Rn. 2).

Die Struktur der Vorschrift beruht auch nach ihrer Umgestaltung 2004 durch das 1. JuMoG (BGBl. I 4
2004, S. 2198, 2202) auf der **Unterscheidung zwischen richterlichen und nichtrichterlichen Vernehmungsprotokollen.** Abs. 1 betrifft nun Protokolle richterlicher wie nichtrichterlicher Vernehmungen, Abs. 2 nur solche richterlicher Vernehmungen. Der neue Abs. 3 sowie Abs. 4 betreffen Verfahrensfragen. Treten die

Voraussetzungen einer Verlesung nachträglich ein, bewirkt das die **Heilung** einer zuvor erfolgten unzulässigen Verlesung (§ 250 Rdn. 21). 2017 wurden zunächst alle Referenzen auf Schriftlichkeit sowie inhaltlich unnötige Dopplungen entfernt, insb. wurde das Wort »Niederschrift« durch »Protokoll« ersetzt (BGBl. I 2017, 2208, 2012). Damit sollten auch elektronische Dokumente erfasst, der Inhalt aber i.Ü. nicht verändert werden (BT-Drs. 18/9416 S. 63 sowie 59). Kurz danach wurde Abs. 1 Nr. 2 neu eingefügt; die bisherigen Nr. 2 und 3 wurden zu den heutigen Nr. 3 und 4 (BGBl I 2017, 3202, 3209).

5 **B. Betroffene Personen und Verlesungshindernisse. I. Beweispersonen.** § 251 gilt **nur** für die Aussagen von **Zeugen** und **Sachverständigen**. Mit »Mitbeschuldigten« sind lediglich frühere Mitbeschuldigte (auch verstorbene) gemeint, die wie Zeugen behandelt werden, da die Rolle der Person im Verfahren sich nach dem Zeitpunkt der Entscheidung über die Verlesung (beachte aber § 250 Rdn. 21; zu Grenzen der Zulässigkeit eines »Rollentauschs« durch Verfahrenstrennung konzise MüKo-StPO/*Ellbogen* § 2 Rn. 17), nicht nach dem der Herstellung der Urkunde bestimmt (BGHSt 10, 186, 190; MüKo-StPO/*Kreicker* § 251 Rn. 15). Aktuelle **Mitangeklagte** sind dagegen nicht gemeint (*Krey/Heinrich* Rn. 1467; vgl. auch BGH NStZ 1984, 464 f.). Für sie gilt ebenso wie für frühere Aussagen des Beschuldigten nicht § 251 sondern § 254 (vgl. aber auch § 249 Rdn. 17 und 25 sowie § 233 Abs. 3 Satz 2). Soweit die Voraussetzungen der Verlesung von einer bestimmten Beweisperson abhängen, muss die Urkunde eine Erklärung gerade von dieser Person beinhalten (BGH, Beschl. v. 20.02.2008 – 2 StR 9/08).

6 Für den Beweiswert und die Verwertbarkeit kommt es maßgeblich auf die Situation bei Herstellung der Urkunde an. Fehlte es damals an einer **Belehrung** nach § 136 Abs. 1 Satz 2, ist die Verwertung auch im aktuellen Verfahren unzulässig (*Eb. Schmidt* NJW 1968, 1209, 1218; Meyer-Goßner/*Schmitt* § 251 Rn. 4; § 136 Rdn. 129 f.; a.A. MüKo-StPO/*Kreicker* § 251 Rn. 15).

7 **II. Zeugnisverweigerungsrechte.** Bei **anderen Urkunden** als Vernehmungsprotokollen (Rdn. 17) können § 97 (§ 97 Rdn. 63 ff.) und § 160a (§ 160a Rdn. 2 f., 7 f.) der Einbringung entgegenstehen. S. daneben auch § 252 Rdn. 10. Der Einführung eines **Vernehmungsprotokolls** in die Hauptverhandlung kann ein **Zeugnisverweigerungsrecht** (§§ 52 ff., 161a Abs. 1 Satz 2, 163a Abs. 5; nicht § 55, s. dazu Rdn. 10, 30) der Beweisperson entgegenstehen.

8 **Fehlte** bei einer Vernehmung die ordnungsgemäße **Belehrung**, dürfen **Protokolle** grds. nicht eingebracht werden. Zulässig sind Einbringung und Verwertung hier nur, wenn feststeht, dass die Person ihre Rechte kannte – was auch das Erkennen der Möglichkeit einer Verwendung gegen den konkreten Angeklagten voraussetzt –, oder nach qualifizierter Belehrung der Verwertung zugestimmt hat (vgl. BGH StV 1995, 563 f.); im Einzelnen dazu § 52 Rdn. 63 ff. Frühere Mitbeschuldigte sind stets so zu behandeln, als wären sie nicht nach §§ 52 bis 53a belehrt worden (BGHSt 10, 186, 190; vgl. auch BGHSt 1, 149, 151). Wurde bei einer ausländischen Vernehmung fehlerfrei nicht belehrt, weil das fremde Recht für die betreffende Person kein der deutschen Rechtslage entsprechendes Zeugnisverweigerungsrecht anerkennt, ist das Protokoll gleichwohl nicht verlesbar (BGH StV 1992, 403).

9 **Auch** eine **ordnungsgemäß belehrte** Person kann die Einbringung eines Vernehmungsprotokolls in den Fällen des § 252 ggü. dem Gericht noch während der Hauptverhandlung untersagen (vgl. § 252 Rdn. 1, 15 f.). Die bloße Möglichkeit einer Berufung auf § 252 steht einer Verwendung der Urkunde aber nicht entgegen (*Hanack* JR 1977, 434, 436), denn die Person hat mit ihrer Aussage die Voraussetzung für eine spätere Verwendung im Verfahren bewusst selbst geschaffen. Diese Begründung versagt, wenn die Aussage aus einem anderen Verfahren stammt oder konkrete Anhaltspunkte dafür vorliegen, dass die Person von ihrem Recht nach § 252 Gebrauch machen wollte. In diesen Fällen muss **freibeweislich gesichert** werden, dass die Person einer Einbringung und **Verwertung der Urkunde nicht entgegentritt** (BGHSt 7, 194, 196; 25, 176, 177; vgl. auch § 252 Rdn. 15). Verweigert z.B. der Erziehungsberechtigte das Auftreten des Kindes in der Hauptverhandlung, muss das Gericht sich vergewissern, dass nicht zugleich das Zeugnis verweigert werden sollte (BGH StV 1995, 563 f.). Selbst wenn ein Zeuge seine ggü. dem Gericht angekündigte Weigerung auszusagen ggü. Ermittlungsbehörden widerruft, bleibt es bei den Rechtsfolgen des § 252 (a.A. OLG Köln StraFo 2004, 382, 383 m. abl. Anm. *Foth*; abl. auch Meyer-Goßner/*Schmitt* § 252 Rn. 2). Die Rspr. lässt die Verwertung früherer Aussagen indes ohne die genannten Einschränkungen zu, wenn der Zeuge verstorben ist (BGHSt 22, 35, 36 ff. m.Anm. *Hanack* JZ 1972, 236 ff.) oder sein Aufenthalt nicht ermittelt werden kann (BGHSt 25, 176 f.; 27, 139, 140 f.). Gute Gründe hat sie dafür nicht (krit. auch SK-StPO/*Velten* § 252 Rn. 25), sondern argumentiert mit einem zu engen Begriff des Familienfriedens und der rhetorischen Übertreibung, der unerreichbare Zeuge würde sonst zum Herrn des Verfahrens (krit. auch *Geppert* Jura 1988, 305, 310 f. m.w.N.).

III. Auskunftsverweigerungsrecht. Wurde eine **Belehrung** nach § 55 Abs. 2 unterlassen, steht das einer Verlesung grds. nicht entgegen, denn die Vorschrift schützt nur den Zeugen (eingehend und krit. § 55 Rdn. 29 ff.). Macht ein Zeuge hingegen **in der Hauptverhandlung** von einem Auskunftsverweigerungsrecht nach § 55 Gebrauch, nehmen der 4. und 5. Senat des BGH an, dies sei bereits Teil einer Vernehmung, sodass diese nicht mehr ersetzt werden und daher § 251 nicht angewendet werden könne, die Verlesung sei daher unzulässig (BGH NStZ 1982, 342; StV 1996, 191). Diese Begründung versteckt eine Sachfrage hinter bloßer Begrifflichkeit und überzeugt nicht, zumal der Zeuge seine Absicht auch bereits **vor der Hauptverhandlung** mitteilen kann (so auch MüKo-StPO/*Kreicker* § 251 Rn. 48). Vom 2. Senat des BGH wird ähnliche Kritik geäußert (BGH NJW 2002, 309 f.). Maßgeblich sollten folgende Gesichtspunkte sein: Bzgl. § 55 gibt es keine § 252 entsprechende Vorschrift (vgl. § 252 Rdn. 11). Von § 55 geschützte Interessen des Zeugen werden nicht beeinträchtigt. Ein richterliches Protokoll dürfte nach § 254 sogar in einem gegen ihn selbst geführten Verfahren verlesen werden. Die Verhörsperson darf ohne Einschränkungen vernommen werden. Ergänzende Verlesungen bei nur teilweiser Auskunftsverweigerung würde § 250 ohnehin nicht untersagen (§ 250 Rdn. 13). Gleichwohl wäre es falsch, ohne Weiteres eine Aussage in die Hauptverhandlung einzuführen, hinter der die Beweisperson selbst erklärtermaßen nicht mehr steht, ohne dass die Gründe dafür näher beleuchtet werden können. Zustimmung verdient daher die neuere Linie des 2. Senats: Wird unter Berufung auf § 55 in der Hauptverhandlung keine inhaltliche Aussage gemacht, wäre die Verlesung eine Ersetzung; es liegt aber kein Fall der Abs. 1 Nr. 3, Abs. 2 Nr. 1 oder 2 vor. Die Verlesung richterlicher Protokolle steht nur zur einmütigen Disposition der Parteien nach Abs. 2 Nr. 3 (BGHSt 51, 325, Rn. 11 ff. m. krit. Anm. *Hecker* JR 2008, 121; NJW 2002, 309 f.; vgl. auch *Cornelius* NStZ 2008, 244 ff. und *Murmann* StV 2008, 339 ff.). Nach neuer Rechtslage hat Gleiches für Abs. 1 Nr. 1 zu gelten (KK-StPO/*Diemer* § 251 Rn. 7, 12, 29), und nunmehr erst recht für Abs. 1 Nr. 2. Andere Nrn. sind tatbestandlich nicht erfüllt (s. Rdn. 30). Liegt ein von der Auskunftsverweigerung unabhängiger Fall des § 251 vor, ist die Verlesung zulässig (BGH NStZ 2010, 466). 10

C. Zulässigkeit der vernehmungsersetzenden Verlesung. Rechtsfolge von Abs. 1 und 2 ist die »**Verlesbarkeit**« der Urkunde. Gemeint ist damit zwar die Zulässigkeit des Urkundsbeweises unabhängig von seiner Form. Es kommt nach den allgemeinen Grundsätzen (§ 249 Rdn. 26 ff.) aber praktisch nur eine förmliche Verlesung in Betracht (LR/*Sander/Cirener* § 251 Rn. 83), denn auch die ersetzte Aussage der Beweisperson wäre in der Hauptverhandlung vollständig mündlich zu machen gewesen. Durch das Vorgehen nach § 251 dürfen keine **Beweisverwertungsverbote** hinsichtlich der ersetzten Aussage umgangen werden. Bestehen solche (insb. nach § 252 oder § 136a), bleibt die Verlesung unzulässig (Radtke/Hohmann/*Pauly* § 251 Rn. 29). Liegen Anhaltspunkte für die Besorgnis einer solchen Situation vor, sind sie vor der Erhebung des Urkundenbeweises freibeweislich auszuräumen. 11

Soweit die Verlesung eines Protokolls oder einer anderen Erklärung zulässig ist, dürfen auch darin in Bezug genommene frühere Aussagen derselben Beweisperson **mitverlesen** werden. Gleiches gilt für in der Urkunde enthaltene Vermerke bzgl. des Verfahrens oder Beobachtungen des Vernehmenden, die sich i.R.d. §§ 223, 225 halten (RGSt 37, 212, 213; MüKo-StPO/*Kreicker* § 251 Rn. 26). Die Schuldfrage auch nur mittelbar betreffende Wahrnehmungen der Verhörsperson sind hingegen durch deren Vernehmung einzuführen, auch wenn dies beim beauftragten Richter zum Ausschluss nach § 22 Nr. 5 führt (BGHSt 2, 1, 4). Insb. die Glaubwürdigkeit betreffende persönliche Eindrücke unterliegen den Regeln des Strengbeweises und dürfen weder durch dienstliche Erklärung eingeführt noch als gerichtsbekannt angesehen werden (BGHSt 45, 354, 357 m.Anm. *Rose* wistra 2000, 231 ff. und Anm. *Goeckenjan/Eisenberg* JR 2001, 123 ff.; a.A. *Foth* MDR 1983, 716, 718). Sie dürfen wegen § 261 anderen Richtern bei der Beratung nicht mitgeteilt (BGHSt 2, 1, 4; StV 1983, 92) und, selbst wenn alle Richter bei der Vernehmung außerhalb der Hauptverhandlung anwesend waren, nicht verwertet werden, ohne förmlich über sie Beweis zu erheben (BGH NStZ 1989, 382 f. m. krit. Anm. *Itzel*). 12

Maßgeblicher Zeitpunkt für das Vorliegen der Voraussetzungen ist der Abschluss der Verlesung als Teil der Beweisaufnahme (BGHSt 1, 103, 104; 9, 297, 300). Insb. nach späterem Wegfall der Voraussetzungen kann aber die gerichtliche Aufklärungspflicht eine weitergehende Beweiserhebung gebieten. 13

I. Allgemeine Regelung (auch nicht-richterliche Vernehmung), Abs. 1. 1. Erfasste Urkunden. Abs. 1 erlaubt in bestimmten Fällen die Ersetzung der Vernehmung von Zeugen und Sachverständigen (zum erfassten Personenkreis Rdn. 5) durch Erklärungs-Urkunden (Rn. 3). Dies betrifft **Protokolle** aus richterlichen (Rdn. 33 ff.) und nicht-richterlichen Vernehmungen gleichermaßen (MüKo-StPO/*Kreicker* § 251 Rn. 39). Für erstere enthält Abs. 2 nur Zusatzregelungen (»auch«). Nur Protokolle aus staatlich durchgeführten förmlichen Verfahren sind gemeint. Protokolle richterlicher Vernehmungen genießen nicht unbedingt Vorrang (BGHSt 19, 354 f.; NStZ 1986, 469, 470). Protokolle fehlerhafter richterlicher Vernehmungen (Rdn. 33) können wie 14 nicht-richterliche verwertet werden (BGHSt 22, 118, 120; 34, 231, 235; StV 1997, 512, 513; 2005, 255; *Franzheim* NStZ 1983, 230, 231; *Park* StV 2000, 218, 219 f.; a.A. *Krause* StV 1984, 169, 173; krit. *Velten* StV 2007, 97), wenn darauf entsprechend § 265 Abs. 1 hingewiesen wird (BGH NStZ 1998, 312, 313 m. Anm. *Wönne*; a.A. *Velten* StV 2007, 97, 102 Fn. 66) und der Fehler sie nicht unverwertbar macht (Rdn. 7 ff., 10, 16). Sie haben dem Fehler entsprechend geringeren Beweiswert (Meyer-Goßner/*Schmitt* § 251 Rn. 15).

15 **Weitere Beispiele** erfasster Protokolle sind solche polizeilicher, staatsanwaltschaftlicher sowie anderer behördlicher Vernehmungen und Protokolle von Vernehmungen aus anderen Verfahren und aus anderen Staaten (BGH MDR [H] 1978, 806), soweit diese Rechtshilfe nicht berechtigt verweigern (BGHSt 34, 334, 341). Das Protokoll muss keine bestimmte Form erfüllen, insb. nicht notwendig unterschrieben sein (BGHSt 5, 214, 215; OLG Düsseldorf StV 1984, 107). Anonymität oder die Verwendung eines falschen Namens schließt – soweit die Verlesbarkeit i.Ü. feststeht – die Verlesung nicht aus (dazu Rdn. 29, § 250 Rdn. 17 ff.; AK-StPO/*Dölling* § 251 Rn. 40; einschränkend OLG Frankfurt NJW 1973, 2074, 2075 m.Anm. *Fischer* NJW 1974, 68). Die protokollierte Vernehmung kann auch vom erkennenden Gericht selbst veranlasst worden sein (vgl. z.B. Rdn. 35).

16 **Nicht erfasst** werden ohne Einverständnis der Beweisperson erstellte Aktennotizen (BGH NJW 1992, 326). Soweit anwendbar, müssen Belehrungsgebote nach §§ 52 Abs. 3 Satz 1, 136 Abs. 1 Satz 2, 161a Abs. 1 Satz 2, 163a Abs. 5 eingehalten (s. aber Rdn. 9) und dürfen die Grundsätze rechtsstaatlicher Verfahrensweise wie § 136a nicht verletzt worden sein (OLG Hamburg NJW 2005, 2326, 2327). Zusammenfassungen von Aussagen werden nur erfasst, wenn sie noch eine eigene Erklärung des Zeugen darstellen (krit. Meyer-Goßner/*Schmitt* § 251 Rn. 6). Soweit es um die Einführung entlastender Tatsachen geht, sind diese Restriktionen jedoch weniger streng zu handhaben (OLG Hamburg NJW 2005, 2326, 2327; KK-StPO/*Diemer* § 251 Rn. 13).

17 Mit **sonstigen Urkunden**, die eine von der Beweisperson stammende schriftliche Erklärung enthalten, sind nur Schriftstücke gemeint, für die das Ersetzungsverbot des § 250 gilt. Sonst könnten sie allein nach § 249 in die Hauptverhandlung eingeführt werden (Meyer-Goßner/*Schmitt* § 251 Rn. 16). **Beispiele** erfasster Urkunden sind dienstliche Äußerungen (OLG Saarbrücken NJW 1971, 1904) und Gutachten verstorbener Sachverständiger (RGSt 71, 10, 11). Zu weiteren Beispielen s. § 250 Rdn. 9 ff.

18 **2. Voraussetzungen.** Abs. 1 nennt vier **alternative** Voraussetzungen. **Zweck** der Nr. 1, 2 und 4 sind die Vereinfachung und Beschleunigung des Verfahrens. Nr. 3 soll Beweisverlust vermeiden (BGHSt 10, 186, 189; 26, 18, 20; vgl. auch BVerfGE 57, 250, 277). Die Aufklärungspflicht wird nicht gelockert (Rdn. 2). Als Ausnahmevorschrift (Rdn. 1) ist § 251 eher eng zu handhaben (*Beulke* JA 2008, 758, 759; SK-StPO/*Velten* § 251 Rn. 2).

19 **a) Einverständnis (Abs. 1 Nr. 1).** Nur wenn alle betroffenen Angeklagten bei Abgabe der Einverständniserklärungen **verteidigt** werden und die Verteidiger anwesend sind und mitwirken, stellt Abs. 1 Nr. 1 eine Durchbrechung des Unmittelbarkeitsgrundsatzes zur Disposition der Beteiligten (MüKo-StPO/*Kreicker* § 251 Rn. 40; Meyer-Goßner/*Schmitt* § 251 Rn. 7) – für unverteidigte Angeklagte beachte aber Abs. 1 Nr. 2 (Rdn. 23). Das Einverständnis wirkt nicht weiter als die Dispositionsbefugnis der Beteiligten geht (BGHSt 42, 73, 78; Grenzen: Rdn. 2, 7 ff., 12, § 252 Rdn. 19). Zur Wirkung des Einverständnisses, wenn ein Zeuge erst in der Hauptverhandlung die Auskunft nach § 55 verweigert, s. Rdn. 10.

20 Betroffen sind alle Angeklagten, denen Mitwirkung an der Tat zur Last gelegt wird, auf welche sich die Urkunde bzw. ihr eingeführter Teil wenigstens mittelbar bezieht. Erforderlich ist das **Einverständnis des** Staatsanwalts, aller betroffenen Angeklagten sowie aller ihrer Verteidiger, auch wenn ein Angeklagter mehrere Verteidiger besitzt (MüKo-StPO/*Kreicker* § 251 Rn. 40). Ebenfalls erforderlich ist das Einverständnis aller den betroffenen Angeklagten gleichstehenden Nebenbeteiligten und ihrer Verteidiger (§§ 433 Abs. 1 Satz 1, 434 ggf. i.V.m. § 442 oder § 444). Im Privatklageverfahren ist entsprechend § 385 Abs. 1 das Einverständnis des Privatklägers nötig (MüKo-StPO/*Kreicker* § 251 Rn. 41). Des Einverständnisses eines evtl. Nebenklägers bedarf es hingegen nicht (§ 397 Abs. 1). Im Jugendstrafverfahren müssen weder der gesetzliche Vertreter noch der Erziehungsberechtigte zustimmen, aber der Beistand nach § 69 JGG.

21 Das Einverständnis des Verteidigers ersetzt das des Angeklagten nur dann, wenn zulässig in seiner **Abwesenheit** verhandelt wird (§ 234a Hs. 2). Vorübergehende Entfernung des Angeklagten (§ 247) genügt dafür nicht. In Anbetracht dieser Spezialregelung geht es zu weit, wenn angenommen wird (so zumindest für richterliche Protokolle mit dem Gedanken der Verwirkung Meyer-Goßner/*Schmitt* § 251 Rn. 26), in Fällen der §§ 231 Abs. 2, 231a und 231b sei die Zustimmung eines nicht verteidigten Angeklagten entbehrlich.

22 Das Fehlen eines Widerspruchs allein genügt grundsätzlich nicht (BGH StV 1983, 354; NStZ 2019, 168), aber das Einverständnis kann **konkludent** erklärt werden (BGH StV 1983, 319 m. krit. Anm. *Schlothauer*; a.A. Radtke/Hohmann/*Pauly* § 251 Rn. 21). Dann muss aber zumindest der Grund der Verlesung protokolliert

sein (BGH StV 2010, 289, 290). Bloßes Schweigen hat höchstens beim Angeklagten Erklärungsgehalt und dies nur dann, wenn sein Verteidiger das Einverständnis ausdrücklich erklärt hat und kein Zweifel besteht, dass diese Erklärung auch den Willen des von ihm verteidigten Angeklagten wiedergibt und der Angeklagte sich seiner Einflussmöglichkeit bewusst ist; hat das Gericht weder eine durch Einverständnis legitimierte Verlesung thematisiert noch eine entsprechende Anordnung beschlossen und den Grund der Verlesung bekannt gegeben, kommt eine stillschweigende Zustimmung der Verfahrensbeteiligten nicht in Betracht, die Verlesung im Wege des Urkundsbeweises ist damit unzulässig (BGH StraFo 2017, 24). Die zu Abs. 2 Nr. 3 insoweit großzügigere Rspr. ist nicht auf den zum Schutz des Angeklagten restriktiver gefassten Abs. 1 Nr. 1 zu übertragen (a.A. Meyer-Goßner/*Schmitt* § 251 Rn. 7). Ausdrückliche Einverständniserklärungen sind zu **protokollieren** (§ 273 Rdn. 5 f.; KMR/*Paulus* § 251 Rn. 38). Sie können bereits vor der Hauptverhandlung abgegeben (MüKo-StPO/*Kreicker* § 251 Rn. 43) und bis zur Verlesung des Protokolls wirksam widerrufen werden (BayObLG DAR [R] 1971, 206; Meyer-Goßner/*Schmitt* § 251 Rn. 28; offengelassen [mindestens bis zur Anordnung] in BGH NStZ 2012, 404).

b) Bestätigung eines Geständnisses (Abs. 1 Nr. 2 [n.F.]). Beim unverteidigten Angeklagten war eine einvernehmliche Verlesung, wie Abs. 1 Nr. 1 sie für den verteidigten vorsieht, bislang nicht möglich. Abs. 1 Nr. 2 n.F. schafft nunmehr eine solche Möglichkeit. Die Vorschrift erfordert sowohl die **Zustimmung** des Angeklagten als auch die des Staatsanwalts. Sie setzt ausdrücklich voraus, dass der Angeklagte **nicht verteidigt** ist; die Zustimmung des Verteidigers wird in den Fällen des Abs. 1 Nr. 1 also auch dann nicht entbehrlich, wenn es nur um die Bestätigung eines Geständnisses geht. 23

Die Vorschrift beschränkt sich auf Beweiserhebungen zum Zwecke der Bestätigung eines vom Angeklagten abgegebenen **Geständnisses.** Zu dem § 254 Abs. 1 entsprechenden Begriff, der auch entlastende Tatsachen und Teilgeständnisse umfasst, siehe § 254 Rdn. 6 f. Aus den Materialien ergibt sich, dass die Vorschrift sich nur auf einen weiterhin geständigen Angeklagten beziehen soll (BT-Drs. 18/11277 S. 35). Dem ist zu entnehmen, dass die Ersetzung des Personalbeweises nur insoweit zulässig ist, wie es um die Bestätigung von Behauptungen geht, an denen der Angeklagte **weiterhin festhält.** 24

Die Vorschrift bezweckt eine Verfahrensvereinfachung und -beschleunigung ohne Einschränkung der **Amtsaufklärungspflicht** (wiederum BT-Drs. 18/11277 S. 35). Hegt das Gericht Zweifel an der Glaubhaftigkeit oder inhaltlichen Eindeutigkeit des Verlesenen oder verbleiben Zweifel an der Richtigkeit des Geständnisses, muss es den zunächst ersetzten Personalbeweis führen. In der Beweiswürdigung lebt daher § 250 insb. dann wieder auf, wenn das Gericht auf Basis des verlesenen Inhalts zu einer vom Geständnis abweichenden Überzeugung gelangt, die sich auf den Schuld- oder Rechtsfolgenausspruch auswirkt. 25

c) Unerreichbarkeit (Abs. 1 Nr. 3 [Nr. 2 a.F.]). Der Urkundsbeweis ist zulässig, wenn die Beweisperson (Rdn. 5) nicht in absehbarer Zeit gerichtlich vernommen werden kann, die Aufklärungspflicht aber das Einbringen seiner Aussage verlangt. Auch eine **kommissarische Vernehmung** ist gerichtlich. Ist eine solche möglich, muss nach §§ 223, 251 Abs. 2 Nr. 1 vorgegangen werden (BGH StV 1992, 548). Wäre sie nutzlos, weil ein persönlicher Eindruck erforderlich ist, scheitert daran regelmäßig auch die Verlesung einer älteren Aussage (BGHSt 13, 300, 302; StV 1993, 232). Abs. 1 Nr. 3 ist hinsichtlich verbliebener Aufklärungslücken auch anwendbar, wenn seine Voraussetzungen erst **nach begonnener Vernehmung** in der Hauptverhandlung eintreten (BGHSt 51, 280, Rn. 20). 26

Im Sinne dieser Bestimmung **absehbar** ist der Zeitraum, der unter Wahrung des **Beschleunigungsgebots** für die Beweisaufnahme und damit die Erfüllung der Pflicht zur erschöpfenden Sachaufklärung (§ 244 Abs. 2) zur Verfügung gestellt werden kann (BGHSt 22, 118, 120; 32, 68, 73; NStZ 1993, 144 f.). Dies ist keine feste und grds. keine kurze Zeitspanne. Sie ist im Einzelfall unter Abwägung aller Umstände – insb. der Schwere der Straftat und der Bedeutung der Aussage für die Beweisführung – zu bestimmen (BGHSt 32, 68, 73; NStZ-RR 1997, 268; NStZ 2018, 740, 741 f.; OLG München StV 2006, 464; OLG Naumburg StV 2017, 167). Letztere darf nicht auf die Bedeutung des persönlichen Eindrucks verkürzt werden, auch wenn gerade dieser bei der Verlesung verloren geht, denn sonst würde das Regel-Ausnahme-Verhältnis der §§ 250, 251 missachtet. Das Verstreichen der Fristen des § 229, die bisherige Terminplanung oder künftige Terminschwierigkeiten sind nicht berücksichtigungsfähig, denn sie liegen im Verantwortungsbereich der Justiz (LR/*Jäger* § 223 Rn. 15); eine Arbeitsunfähigkeitsbescheinigung genügt zum Nachweis jedenfalls dann nicht, wenn der Aussage ausschlaggebende Entscheidung zukommen soll, vielmehr muss dann auch eine Reise- oder Vernehmungsunfähigkeit attestiert werden (OLG Naumburg StV 2017, 167). Grds. sind die gleichen Kriterien anzulegen wie an die **Unerreichbarkeit** i.S.d. **§ 244 Abs. 3 Satz 2** (vgl. § 244 Rdn. 226 ff.; BGHSt -GS- 32, 115, 126 f.; NStZ 2003, 562; StV 1992, 548). Ob ein **Beweisantrag** gestellt wurde, darf aber in die Abwägung eingehen, sodass ohne Beweisantrag etwas weniger strenge Anforderungen als bei § 244 Abs. 3 27

Satz 2 zu stellen sein können (BGHSt 32, 68, 73; *Swoboda*, Videotechnik, 2002, S. 239 f.; noch größere Bedeutung gibt dem Antrag SK-StPO/*Velten* § 251 Rn. 7).

28 Trotz des Wortlauts ist nicht zu verlangen, dass eine persönliche Vernehmung innerhalb des Zeitraums sicher **unmöglich** wäre (BGH NStZ 2003, 562), denn auch durch langes Warten auf ganz unwahrscheinliche Beweismittel würde das Beschleunigungsgebot verletzt. Soweit überhaupt die Möglichkeit besteht, die Beweisperson zu erreichen, ist dies ernsthaft zu versuchen (MüKo-StPO/*Kreicker* § 251 Rn. 52). Ob danach weitere Versuche Aussichten auf Erfolg hätten bzw. die Person innerhalb des Zeitraums verfügbar werden wird, hat das Gericht per Wahrscheinlichkeitsprognose zu beurteilen, wobei das nötige Maß an Wahrscheinlichkeit wiederum von der Schwere der Straftat und der Bedeutung der Aussage für die Beweisführung abhängt. Rechtliche Hindernisse, die dem Schutz des Angeklagten oder des Zeugen dienen, dürfen regelmäßig nicht durch die Verlesung umgangen werden (Meyer-Goßner/*Schmitt* § 251 Rn. 11). Nötige Ermittlungen erfolgen freibeweislich (vgl. § 244 Rdn. 215).

29 Der **Tod** der betroffenen Person (Rdn. 5) ist im Gesetz angeführter Spezialfall. Er unterstreicht, dass die Vorschrift als Ausnahme eng auszulegen ist. Eine Todeserklärung begründet wie im Zivilprozess nur eine widerlegliche Vermutung (§ 9 Abs. 1 VerschG, § 292 Satz 1 ZPO). Typische **Beispiele** für sonstige Unerreichbarkeit sind Krankheit, Gebrechlichkeit (wie in Abs. 2 Nr. 1) und die Unermittelbarkeit des Aufenthaltsorts, wenn keine Ermittlungsansätze mehr offen sind (vgl. BGH StV 1983, 443 f.). Unerreichbarkeit liegt regelmäßig auch dann vor, wenn ein im **Ausland** lebender Zeuge das Erscheinen verweigert, obwohl er – ggf. auch auf diplomatischem Wege und unter Hinweis auf ihm nach Art. 12 Eu-RhÜbk zustehendes freies Geleit – geladen und ihm dabei die Bedeutung der Tat und seiner Aussage dargestellt wurde und ein Rechtshilfeersuchen zur kommissarischen Vernehmung (dann Abs. 2 Nr. 2) scheitert (BGHSt 22, 118, 121; eingehend *Hoffmann*, Der unerreichbare Zeuge, 1991, S. 107 ff.). Nur in besonderen Ausnahmefällen kann von diesen Voraussetzungen abgesehen werden (BGHSt 32, 68, 74; StV 1992, 216; näher zu Beweisanträgen auf Vernehmung von Auslandszeugen *Rose* NStZ 2012, 18; vgl. auch Rdn. 30). Unerreichbarkeit kann sich ferner aus der zulässigen Verweigerung einer nach § 54 erforderlichen **Aussagegenehmigung** ergeben oder dadurch entstehen, dass eine Behörde die Mitteilung der Kontaktdaten eines V-Manns oder verdeckten Ermittlers nach § 96 berechtigt verweigert (BGHSt 29, 109, 111; 33, 70, 72 m.Anm. *Fezer* JZ 1985, 496 ff.; *Bruns* JR 1985, 215 ff. und *Meyer* NStZ 1986, 132 f.; NStZ 1981, 270 m.Anm. *Fröhlich*; a.A. *Hoffmann*, Der unerreichbare Zeuge, 1991, S. 132 ff., 202 m.w.N.; s.a. Rdn. 15 und § 250 Rdn. 18 ff.). Hat das Gericht die Anschrift des Zeugen nur gegen die Zusicherung erhalten, dass dieser nicht in der Hauptverhandlung vernommen wird, ist er kommissarisch zu vernehmen (Rdn. 35) und das Protokoll nach Abs. 2 Nr. 1 zu verlesen (BGHSt -GS- 32, 115, 126 f.; 33, 70, 72). **Unzumutbarkeit** des Erscheinens begründet nur dann einen Fall des Abs. 1 Nr. 3, wenn sie eine Ladung aufgrund gesicherter tatsächlicher Grundlagen rechtlich unzulässig macht, z.B. weil sie wegen konkreter **Gefahr für Leib oder Leben**, die auch vom Angeklagten oder Dritten herrühren kann, im Maße einer Verfassungswidrigkeit unverhältnismäßig wäre (BGH StV 1993, 233; vgl. auch BGHSt 39, 141, 145; OLG Köln, Beschl. v. 06.03.2009 – 2 Ws 87/09 sowie *Großkopf*, Beweissurrogate, 2007, S. 64 ff.; *Swoboda*, Videotechnik, 2002, S. 46 ff.; MüKo-StPO/*Kreicker* § 251 Rn. 54); in einer solchen Situation könnte der Zeuge die Vernehmung durch Ausübung eines aus § 34 StGB folgenden Zeugnisverweigerungsrechts (dazu Meyer-Goßner/*Schmitt* § 70 Rn. 6) ohnehin unmöglich machen. Kann die Gefährdung durch Ausschluss der Öffentlichkeit (§ 172 Nr. 1a GVG) oder durch örtliche Verlagerung der Hauptverhandlung beseitigt werden, ist so zu verfahren (BGHSt 22, 311, 313). Entsprechendes muss für eine audiovisuelle Vernehmung nach § 247a Abs. 1 Satz 1 gelten (*Swoboda*, Videotechnik, 2002, S. 263 ff.; SK-StPO/*Velten* § 251 Rn. 16; beachte aber Rdn. 37).

30 Macht ein Zeuge hingegen von seinem Recht nach § 55 Gebrauch, begründet das auch dann **keine Unerreichbarkeit**, wenn er daraufhin gar nicht mehr geladen wird (BGHSt 51, 325, Rn. 10 ff.; s.a. Rdn. 10; anders BGH wistra 2010, 232, wenn ein sich im Ausland aufhaltender Zeuge zusätzlich erklärt hat, er habe nicht die Absicht, in absehbarer Zeit nach Deutschland zu kommen). Stehen ihm die Rechte aus § 55 und §§ 52 ff., 252 (Rdn. 7 ff.) gleichzeitig zu, sind beide zu beachten, ohne dass das Gericht auf eine Entscheidung zwischen ihnen hinwirken oder auf eine solche schließen dürfte (BGH StV 1983, 353). Persönliche oder berufliche Verhinderung können regelmäßig keine Unerreichbarkeit begründen (KK-StPO/*Diemer* § 251 Rn. 14). Auch die Weite der Entfernung begründet keine Unerreichbarkeit (Meyer-Goßner/*Schmitt* § 251 Rn. 9), evtl. aber Unzumutbarkeit i.S.d. Abs. 2 Nr. 2.

31 **d) Vermögensschaden (Abs. 1 Nr. 4 [Nr. 3 a.F.]).** Die Vernehmung einer Beweisperson (Rdn. 5) darf durch die Einführung einer den Beweis erbringenden Urkunde ersetzt werden, soweit die Person zur Aufklärung des Sachverhalts nichts beitragen kann, außer den **Eintritt** oder die **Höhe** eines Vermögensschadens zu konstatieren. Zu verlesen ist der betreffende Teil des Schriftstücks (HK-GS/*Schork* § 251 Rn. 10). V.a. Massen-

verfahren zum Verkehrsstrafrecht, Sachbeschädigungen und Serienbetrug sollen entlastet und Geschädigten, die vom Tathergang nichts wissen (z.B. bei Pkw-Aufbrüchen), entbehrliche Mehrfachvernehmungen erspart werden (BT-Drs. 15/1508, S. 13, 26). Zu Tatsachen, die den Vermögensnachteil tatbestandsmäßig machen, und bei schwereren Straftaten wird die Aufklärungspflicht aber oft eine persönliche Vernehmung gebieten (*Knauer/Wolf* NJW 2004, 2932, 2935 f.; *Neuhaus* StV 2005, 47, 52; Meyer-Goßner/*Schmitt* § 251 Rn. 12).

Vermögensschaden ist nur der aus Tatsachen beweisbar auf dem schädigenden Ereignis beruhende wirtschaftliche Nachteil. **Nicht dazu gehören** auf Ermessen beruhende Ersatzansprüche wie immaterielle Schäden (§ 253 BGB; dazu BT-Drs. 15/1508 S. 26), fingierter Verlust wie die Enttäuschung unsicherer Erwartungen (z.B. entgangener Gewinn, § 252 BGB), pauschalierte und normative Ersatzansprüche (vgl. Prütting/Wegen/Weinreich/*Luckey* § 249 Rn. 5.). Ob mittelbare sowie bloß mitverschuldete Schäden erfasst werden, ist Frage des Straftatbestandes. Die zum Grad der mittelbaren Verantwortung und des Mitverschuldens relevanten Tatsachen werden von Abs. 1 Nr. 4 jedenfalls nicht erfasst; das gilt auch, soweit sie indirekt die Schadenshöhe beeinflussen. 32

II. Richterliche Protokolle (Abs. 2). 1. Einordnung und erfasste Urkunden. Abs. 2 erweitert die Zulässigkeit der Verlesung für **Protokolle richterlicher Vernehmungen** (§§ 168, 168a; 223, 224; 273 Abs. 2 Satz 1 und Abs. 3). Grund sind einerseits die gesetzlich gelegentlich vorausgesetzte besondere Qualität solcher festen Verfahrensregeln folgender Vernehmungen und Protokolle (vgl. § 254 sowie die materiell strafrechtliche Absicherung in §§ 153, 154 StGB), andererseits aber auch die dabei vorgesehenen Beteiligungsrechte (MüKo-StPO/*Kreicker* § 251 Rn. 69). Der Anwendung von Abs. 2 – nicht aber einer Verlesung nach Abs. 1 (s. Rdn. 14) – stehen daher insb. Verletzungen der folgenden Vorschriften entgegen: § 22 (RGSt 30, 70, 72), § 68 (BGHSt 33, 83, 85; StV 1984, 231), § 69 Abs. 1 Satz 1 (BGH NJW 1953, 35; MDR [H] 1981, 632), §§ 168a Abs. 4, 271 Abs. 1 Satz 1 (außer bei beauftragtem Richter, BGHSt 9, 297, 301; OLG Stuttgart NStZ 1986, 41), §§ 168c Abs. 5, 224 Abs. 1 (BGHSt 9, 24; 26, 332; StV 1997, 512, 513; HbStrVf/*Scheffler* VII Rn. 544 ff.; beachte aber § 254 Rdn. 7) sowie § 153 Abs. 5 GVG (BGH NStZ 1984, 564) und § 189 GVG (BGHSt 22, 118, 119). Erklärtes Einverständnis (Abs. 2 Nr. 3) kann über solche Fehler aber hinweghelfen, soweit die Norm den Angeklagten schützt (Meyer-Goßner/*Schmitt* § 251 Rn. 32). Fehlt ein in § 168a Abs. 3 vorgesehener Vermerk oder eine solche Unterschrift, kann das Protokoll verlesen werden (RGSt 53, 106; BGHSt 5, 214, 215) solange feststeht, dass es eine vom Zeugen stammende Äußerung und nicht nur Vermerke der Vernehmungspersonen enthält (OLG Düsseldorf StV 1984, 107), es ist aber entsprechend vorsichtig zu würdigen. Erhielten der Angeklagte und/oder sein Verteidiger zulässigerweise keine Gelegenheit, sich an der Vernehmung zu beteiligen (§§ 168c Abs. 3 und Abs. 5 Satz 2, 224 Abs. 1 Satz 2), untersagt Art. 6 Abs. 3 lit. d EMRK es bei Belastungszeugen in der Regel gleichwohl, eine Verurteilung allein oder maßgeblich auf ihre Aussage zu stützen, wenn auch in der Hauptverhandlung keine Fragen an sie gerichtet werden können (§ 250 Rdn. 18, sowie ergänzend *Schramm* HRRS 2011, 156; *Gless* FS Wolter 2013, S. 1357 ff.). Ein Fall des § 168c Abs. 5 Satz 2 darf nicht aus bloßem Schweigen des Ermittlungsrichters geschlossen werden (OLG Schleswig StV 2008, 401). Das nachträglich erstellte Protokoll des Mitschnitts einer richterlichen Vernehmung (z.B. § 323 Abs. 2 Satz 2) ist nicht nach Abs. 2 verlesbar (sondern nur unter den Voraussetzungen des § 325), der Mitschnitt wg. § 255a aber bei Vorliegen der sonstigen Voraussetzungen entspr. Abs. 2 abspielbar (Augenschein), und auf das im Vor- und Zwischenverfahren auch bei oder unverzüglich nach mitgeschnittenen Vernehmungen zu erstellende richterliche Protokoll (§ 168 Abs. 2 Satz 2) ist Abs. 2 unmittelbar anwendbar. Zu den erfassten Beweispersonen s. Rdn. 5. 33

Beispiele erfasster richterlicher Protokolle sind solche des Ermittlungsrichters im Ermittlungsverfahren (BGHSt 10, 186, 188), aus kommissarischen Vernehmungen und Wortlautprotokolle früherer Verfahren. Auch ein Ergebnisprotokoll nach § 273 Abs. 2 genügt (BGHSt 24, 183, 184 m.Anm. *Hanack* JR 1971, 512 ff.; Meyer-Goßner/*Schmitt* § 251 Rn. 30; Radtke/Hohmann/*Pauly* § 251 Rn. 35). Das Verfahren muss nicht in der gleichen Sache, nicht gegen denselben Angeklagten geführt und kein Strafverfahren gewesen sein. Bei Zivil-, Verwaltungs-, Disziplinarverfahren etc. müssen deren Förmlichkeiten eingehalten worden sein (RGSt 56, 257, 258 f.). Protokolle aus Vernehmungen durch deutsche Konsularbeamte stehen richterlichen gleich (§ 15 Abs. 4 KonsG). Protokolle aus **ausländischen** Vernehmungen werden nach der namentlich auf Art. 3 Abs. 1 Eu-RhÜbk ausgerichteten Rspr. erfasst, wenn sie eine vergleichbare Beweisfunktion besitzen, die dortigen Vorschriften eingehalten wurden und Letztere ein vergleichbares Schutzniveau für den Angeklagten gewährleisten (krit. *Böse* ZStW 114 [2002], 148, 151; eingehend *Schuster*, Verwertbarkeit im Ausland gewonnener Beweise, 2006, S. 180 ff.; vgl. auch *Daamen*, Verwertbarkeit ausländischer Vernehmungsniederschriften, 2004, S. 19 ff.). Die Vernehmung im Ausland entspricht einer »richterlichen«, wenn das Protokoll oder zumindest das Übersendungsschreiben vom Vernehmenden selbst unterschrieben ist (BGH MDR [H] 1979, 637) und die am Vernehmungsort für die Rechtshilfesache geltenden Zuständig- 34 keits- und Verfahrensvorschriften beachtet wurden (BGHSt 1, 219, 221; 2, 300, 304; 42, 86, 90); so genügt im Kanton Basel-Stadt z.B. die Vernehmung durch einen staatsanwaltschaftlich beauftragten Kriminalkommissär (BGHSt 7, 15, 16). Leitet ein Mitglied des Gerichts die Vernehmung im Ausland selbst, ist die StPO anzuwenden (BGH StV 1997, 397). Nach Art. 4 Abs. 1 EU-RhÜbk kann in Rechtshilfeersuchen an Mitgliedstaaten der EU nunmehr ausdrücklich angegeben werden, welche Formvorschriften und Verfahren einzuhalten sind (vgl. auch BGH StV 2007, 627). Zumindest für zum Zeitpunkt des Ersuchens absehbare nach deutschem Recht erforderliche Belehrungen des Zeugen und Mitteilungen an den Angeklagten bzw. seinen Verteidiger wird man eine derartige Angabe im Ersuchen und Beachtung künftig verlangen müssen (KK-StPO/*Gmel* § 223 Rn. 25), da nicht realistischer Weise zu erwarten ist und von Art. 4 Abs. 1 EU-RhÜbk auch nicht verlangt wird, dass ein ausländisches Gericht deutsches Recht von sich aus beachtet. Auch außerhalb des Anwendungsbereichs von EU-RhÜbk muss das ersuchende Gericht nach Möglichkeit auf eine Benachrichtigung der Verteidigung hinwirken und diese ggf. selbst bewirken, damit das Protokoll als richterliches verlesbar wird (BGHSt 35, 82, 84; zur Verwertbarkeit ausländischer Beweismittel grds. BGHSt 58, 32, Rn. 21 ff.). Zu den Anforderungen an Belehrungen s. Rdn. 6, 8, 10.

35 Abs. 2 Nr. 1 und 2 wiederholen die Voraussetzungen der **kommissarischen Vernehmung** (vgl. Rdn. 26, 34) nach § 223. Die Anforderungen beider Vorschriften müssen übereinstimmen und gleich gehandhabt werden, denn die Aussage vor dem beauftragten oder ersuchten Richter (zu den Begriffen § 63 Rdn. 1) ist durch Verlesung des Protokolls zum Gegenstand der Beweisaufnahme zu machen (vgl. § 223 Rdn. 1, 3; HbStrVf/*Heghmanns* VI Rn. 438; *Schroeder/Verrel* Rn. 202; *Volk/Engländer* § 17 Rn. 6). Freilich müssen die Voraussetzungen zum Zeitpunkt der Verlesung noch vorliegen (Rdn. 13).

36 **2. Voraussetzungen der (erweiterten) Verlesbarkeit.** Abs. 2 enthält drei **alternative** Gründe, die wiederum alternativ zu denen des Abs. 1 hinzutreten. Nr. 2 und 3 dienen der Beschleunigung, Nr. 1 eher der Beweissicherung. Jeder dieser Gründe ist so zu verstehen, dass er die Möglichkeiten der Verlesung über Abs. 1 hinaus erweitert. Auf diese Gründe verweist auch § 247a Satz 1 Hs. 2, und die Aufklärungspflicht (§ 244 Abs. 2, erst recht Abs. 3 Satz 2) kann ein Vorgehen nach § 247a statt § 251 gebieten (Rdn. 37, ferner § 250 Rdn. 20; *Swoboda*, Videotechnik, 2002, S. 237 ff.).

37 **a) Nicht zu beseitigende Hindernisse (Abs. 2 Nr. 1).** Krankheit, Gebrechlichkeit, andere nicht zu beseitigende Hindernisse ebenso wie die längere oder ungewisse Zeit und das dem Erscheinen Entgegenstehen sind genau so zu verstehen wie in **§ 223 Abs. 1** (Rdn. 35; vgl. § 223 Rdn. 5 ff.). Im Unterschied zu Abs. 1 Nr. 3 genügt hier ein Hindernis, das einer physischen Anwesenheit (bzw. Vernehmbarkeit) in der Hauptverhandlung entgegensteht; es muss nicht jedwede gerichtliche Vernehmung ausschließen (*Hoffmann*, Der unerreichbare Zeuge, 1991, S. 101). Die Möglichkeit einer audiovisuellen Vernehmung nach § 247a beseitigt daher kein ansonsten vorliegendes Hindernis nach Abs. 2 Nr. 1 (BGHSt 46, 73, 77 m.Anm. *Sinn* JZ 2001, 51 f.; *Albrecht* StV 2001, 364 f.; krit. MAH/*Krause* § 7 Rn. 324), der Zeuge ist aber i.S.d. § 244 erreichbar und eine Vernehmung mittels Simultanübertragung daher ggf. geboten (BGHSt 45, 188, 191 ff.). I.Ü. haben die Voraussetzungen hier trotz der etwas anderen Formulierung dieselbe Struktur wie **Abs. 1 Nr. 3** (Rdn. 26 ff.; *Krey/Heinrich* Rn. 1474), da auch ungewisse Hindernisse nur ausreichen, wenn feststeht, dass sie nicht nur kurzfristig sind (MüKo-StPO/*Kreicker* § 251 Rn. 73). Die Beweisperson muss daher auch hier über die Zeitspanne hinaus unerreichbar sein, die man ohne Verstoß gegen den Beschleunigungsgrundsatz längstens auf sie warten könnte. In die erforderliche Abwägung (Rdn. 27) sind hier die regelmäßig hohe Qualität der Urkunde und die Beteiligungsrechte bei ihrem Zustandekommen (Rdn. 33) einzustellen, sodass der Beschleunigungsaspekt ggü. Abs. 1 Nr. 3 an Gewicht gewinnt und im Regelfall bereits etwas kürzere Zeitspannen als dort genügen (ähnlich *Knauer/Wolf* NJW 2004, 2932, 2935; Meyer-Goßner/*Schmitt* § 251 Rn. 20; MAH/*Krause* § 7 Rn. 322).

38 Die Voraussetzungen sind **z.B.** erfüllt, wenn der Erziehungsberechtigte eines kindlichen oder jugendlichen Zeugen sich trotz der gebotenen Bemühungen des Gerichts und ggf. unter Vorlage eines Attests weigert, diesen in der Hauptverhandlung auftreten zu lassen (OLG Saarbrücken NJW 1974, 1959, 1960; *Laubenthal/Nevermann-Jaskolla* JA 2005, 294, 295). Würde der Gesundheitszustand der Beweisperson unmittelbar durch die Vernehmung in der Hauptverhandlung ernstlich gefährdet, ist Abs. 2 Nr. 1 entsprechend anzuwenden (BGHSt 9, 297, 300). Zu weiteren Einzelfällen s. Rdn. 29 f. **Kein solcher Fall** (der zwingend eine audiovisuelle Vernehmung nach § 247a Abs. 1 Satz 1 rechtfertigen würde) liegt dagegen im Rahmen einer Pandemie vor, wenn über allgemeine Schutzmaßnahmen (Einhaltung des Mindestabstands, Maskenpflicht, Durchführung von Corona-Schnelltests) ein hinreichender Schutz gewährt werden kann, da ein verbleibendes Infektionsrestrisiko in einer solchen Phase insgesamt zum allgemeinen Lebensrisiko gehört (BGH StV 2021, 412 [Ls.]NStZ-RR 2021, 22 m.Anm. *Brocker* NVwZ 2021, 95 und *Würfel* StV 2021, 413).

b) Unzumutbarkeit des Erscheinens bei großer Entfernung (Abs. 2 Nr. 2). Die Voraussetzungen der Unzumutbarkeit stimmen mit denen in § 223 Abs. 2 überein (Rdn. 35). Sie muss auf großer Entfernung beruhen (krit. *Krey/Heinrich* Rn. 1475). Eine feste Grenze ist hier nicht anzugeben. Trotz aktueller Inhaftierung in Übersee kann dem Zeugen ein Erscheinen zumutbar sein (BGH NStZ 1981, 271; ähnlich BGHSt 9, 230). Das Gericht hat eine die maßgeblichen Umstände des Einzelfalls berücksichtigende **Abwägung** zu treffen, bei der die Zumutung ggü. der Beweisperson (Rdn. 5) und das Interesse an einer Beschleunigung des Verfahrens auf der einen Seite stehen, auf der anderen die Bedeutung seiner Aussage, die auch von der Schwere des Tatvorwurfs abhängt, sowie die Wichtigkeit eines persönlichen Eindrucks (BGH StV 1989, 468; MüKo-StPO/*Kreicker* § 251 Rn. 76). Vgl. auch § 223 Rdn. 11 f. 39

Abs. 2 Nr. 2 steht in deutlichem Gegensatz zu den Fällen des Abs. 1, denn hier werden **Interessen der Beweisperson** geschützt und nicht nur innerprozessuale Abwägungen getroffen. Letztere behalten aber auch hier erhebliche Bedeutung: Die Pflicht des Gerichts zur bestmöglichen Aufklärung des Sachverhalts wird in keiner Weise eingeschränkt (Rdn. 2). Der Verzicht auf die persönliche Vernehmung kommt also insb. nur dann in Betracht, wenn feststeht, dass ein persönlicher Eindruck, Rückfragen und der erhöhte Beweiswert nicht erforderlich sind (OLG Düsseldorf NJW 1991, 2781, 2782). Ggf. sind Zumutungen für den Zeugen durch Änderung der Terminierung abzumildern (BGH StV 1983, 444). Auch ein Vorgehen nach § 247a kommt in Betracht (Rdn. 36; MüKo-StPO/*Kreicker* § 251 Rn. 77). Ebenfalls nicht beeinträchtigt werden dürfen die Rechte des Angeklagten aus Art. 6 EMRK, insb. sein Recht, Fragen an Belastungszeugen zu richten (Art. 6 EMRK Rdn. 58 ff.). Solange das Erscheinen in der Hauptverhandlung keine Menschenrechte der Beweisperson beeinträchtigt, sind die Maßstäbe hier höher anzusetzen als in den unter § 250 Rdn. 18 erörterten Fällen. 40

c) Einverständnis (Abs. 2 Nr. 3). Die Verlesung ist mit Einverständnis der Beteiligten nach grds. gleichen Regeln wie bei Abs. 1 Nr. 1 (Rdn. 19 ff.) zulässig, es bestehen aber einzelne Unterschiede: Der Angeklagte muss **nicht notwendig verteidigt** sein. Hat er einen Verteidiger, muss aber auch dieser zustimmen. In Fällen des § 234a Hs. 2 genügt die Zustimmung des Verteidigers ohne die des Angeklagten; das setzt aber einen Verteidiger voraus. Teilweise wird vertreten, wegen der höheren Beweiskraft richterlicher Protokolle sei die Aufzählung von StA, Verteidiger und Angeklagtem abschließend (KK-StPO/*Diemer* § 251 Rn. 29). Soweit damit Rechte der Nebenbeteiligten oder des Beistandes nach § 69 JGG beschnitten werden, geht das zu weit. Der Zustimmung des Privatklägers bedarf es hier aber richtigerweise nicht, denn seine Stellung ähnelt nur eingeschränkt derjenigen des Staatsanwalts (§ 385 Abs. 1). Erst recht bedarf es keiner Zustimmung des Nebenklägers (Meyer-Goßner/*Schmitt* § 251 Rn. 26). Zur Heilung von Verfahrensfehlern s. Rdn. 33. 41

D. Verlesung zu der Urteilsfindung vorgelagerten Zwecken (Abs. 3). Die Beschränkungen des § 250 gelten nicht für das **Freibeweisverfahren** (Einl. Rdn. 89, 259; dazu auch *Dahs* Rn. 628); das besagt Abs. 3. Insb. bei Entscheidungen nach § 244 ist der gesamte Akteninhalt zu berücksichtigen (§ 244 Rdn. 38; OLG Düsseldorf DAR 1979, 340, 341). Die Verlesung ordnet der Vorsitzende hier im Rahmen seiner Sachleitungsbefugnis (§ 238 Abs. 1) an und stellt dabei klar, dass sie nicht Teil der Beweisaufnahme ist (KK-StPO/*Diemer* § 251 Rn. 30). Auf Beanstandung entscheidet das Gericht (§ 238 Abs. 2). Unter Anwendung von Abs. 3 getroffene Feststellungen dürfen auch später nicht in die Beurteilung der Schuld- oder Rechtsfolgenfrage eingehen, es sei denn, sie beruhen ebenso auf einem erhobenen Strengbeweis (BGH StV 1991, 148, 149). 42

E. Verfahrensfragen (Abs. 4). Über die Verlesung **beschließt das Gericht** (Satz 1). Der Beschluss dient nicht nur der Unterrichtung der Verfahrensbeteiligten über die Gründe der Verlesung und der Überprüfung dieser Gründe durch das Gericht (dazu BGH NStZ-RR 2007, 52, 53), sondern soll gerade sicherstellen, dass der gesamte Spruchkörper die Verantwortung dafür übernimmt, dass die Qualität der Beweisaufnahme im konkreten Fall nicht unter der Durchbrechung des Unmittelbarkeitsgrundsatzes leidet (BGH StV 2010, 617 m. Anm. *Krüger* NStZ 2011, 594; BGH NStZ 2011, 356, 357). Daher ist auch das Einverständnis (Abs. 1 Nr. 1, Abs. 2 Nr. 3) lediglich Voraussetzung, macht die Beschlussfassung durch den gesamten Spruchkörper aber nicht entbehrlich (OLG Hamburg StV 2016, 796). Bei einem Verstoß gegen dieses Erfordernis ist nur im Ausnahmefall anzunehmen, dass das Urteil nicht auf dem Fehler beruht (BGH StV 2010, 617 f.; angenommen aber in BGH NStZ-RR 2007, 52, NStZ 2011, 356 f. und NStZ 2016, 117 sowie in OLG Hamburg StV 2016, 796 [»wenn den Verfahrensbeteiligten Grund und Umfang der Verlesung bekannt« sind]). Nur das Absehen von einer Verlesung kann der Vorsitzende im Rahmen seiner Sachleitungsbefugnis allein anordnen (Meyer-Goßner/*Schmitt* § 251 Rn. 40). Der Beschluss ist stets zu **begründen** (Satz 2). Die Wiedergabe des abstrakten Gesetzestextes genügt dazu nicht (BGH NStZ 2010, 403); die zugrunde liegenden Tatsachen und maßgeblichen Erwägungen sind so anzugeben, dass der Beschluss rechtlich nachprüfbar ist (BGH StV 1984, 324, 325; 1989, 468; *Schellenberg* S. 133). Bei Verlesung des Protokolls einer kommissarischen Vernehmung 43

(Abs. 2 Nr. 1 oder 2) ist klarzustellen, dass deren Voraussetzungen weiterhin vorliegen (OLG Düsseldorf StV 2000, 8, 9; vgl. auch BGH StV 1983, 232; Rdn. 35). Sowohl der Beschluss als auch seine Begründung müssen **protokolliert** werden (BGHSt 1, 103, 104; MüKo-StPO/*Kreicker* § 251 Rn. 86; s.a. Rdn. 22). Der Gerichtsbeschluss, seine Begründung und beider Protokollierung werden durch die Zustimmung der Beteiligten nicht entbehrlich (BGH NJW 1952, 1305). Der Beschluss ist nicht isoliert anfechtbar (§ 305).

44 Zur **Form des Urkundenbeweises** s. Rdn. 11. Mit Ausnahme der Fälle des Abs. 1 Nr. 4 ist das Protokoll bzw. die Urkunde **vollständig** zu verlesen, es sei denn, die Beteiligten stimmen einer auszugsweisen Verlesung zu (BGH StV 1988, 286; SK-StPO/*Velten* § 251 Rn. 12, 26). Dann ist der zu verlesende Teil im Gerichtsbeschluss zu bezeichnen.

45 Ob die Beweisperson **vereidigt** wurde, ist grds. festzustellen (Satz 3) und zu protokollieren. Beides ist bis zum Ende der Hauptverhandlung nachholbar (LR/*Sander/Cirener* § 251 Rn. 86). Es genügt, wenn ein entsprechender Vermerk mit verlesen wurde oder die Beweisperson offenkundig nicht vereidigt werden durfte (Meyer-Goßner/*Schmitt* § 251 Rn. 43). Eine eidliche richterliche Vernehmung liegt nur vor, wenn der Richter bei der Vereidigung das Verfahren selbst geleitet hat und die Aussage zuvor vor ihm selbst gemacht oder zumindest in seiner Gegenwart verlesen wurde (BGHSt 12, 92, 94). Die Notwendigkeit einer Vereidigung bestimmt sich nach §§ 59 ff., 79 (BGHSt 1, 269, 272 f.; NStZ 1984, 179, 180). Sie ist ggf. **nachzuholen** (Satz 4), was eine nochmalige Vernehmung und Verlesung (LR/*Sander/Cirener* § 251 Rn. 91) und entsprechend (wie bei Satz 1 und § 223) einen Gerichtsbeschluss erfordert. Ob überhaupt eine Entscheidung über die Nachholung erforderlich ist, richtet sich nach den allgemeinen Regeln (§ 59 Rdn. 8; BGH NStZ 1984, 179, 180). Schon vor Abschaffung der Regelvereidigung war ein Beschluss entbehrlich, wenn der ersuchte Richter (beachte § 223 Rdn. 29, § 63) auf Absehen von der Vereidigung entschieden hatte und die Beteiligten dies nicht nach § 238 Abs. 2 beanstandeten (BGH, Beschl. v. 07.02.1989 – 5 StR 26/89 – insoweit nicht abgedr. in wistra 1989, 181).

46 **F. Revision.** § 251 (bzw. § 250, wenn man darauf abstellt, dass dessen Ersetzungsverbot durch die Verlesung verletzt wird, wenn es an einer Rechtfertigung durch § 251 fehlt, vgl. Radtke/Hohmann/*Pauly* § 251 Rn. 65) ist verletzt, wenn der Verlesungsbeschluss bzw. seine Begründung Rechtsfehler enthalten (BGH StV 1989, 468) und keine Heilung eingetreten ist (§ 250 Rdn. 21). Dabei sind u.a. auch die Vorgaben von Art. 103 Abs. 1 GG und Art. 6 EMRK zu berücksichtigen (BGHSt 26, 332, 335); mangelnde Bemühungen um eine unmittelbare Vernehmung können den Verlesungsbeschluss fehlerhaft machen (BGHSt 22, 118, 120; StV 1999, 196). Hierauf **beruht** das Urteil, **wenn** der Beschluss nicht in einen rechtmäßigen umgedeutet werden kann (BGH NStZ 1993, 144, 145) und die verlesene Aussage Eingang in das Urteil gefunden hat. Auch das Fehlen des Gerichtsbeschlusses oder seiner Begründung verletzt § 251 (BGH StV 1988, 286; NStZ 1993, 144, 145). Das Urteil **beruht aber nicht** auf diesem Fehler, wenn der Grund der Verlesung sich allen Beteiligten auch so erschlossen hat und mit Sicherheit davon auszugehen ist, dass das Gericht bei ordnungsgemäßem Vorgehen nicht anders über die Verlesung entschieden hätte (BGH StV 1986, 284; NStZ-RR 2007, 52; NStZ 2011, 356 f.; BGH NStZ 2020, 624 [21.07.2020 – 5 StR 250/20, hier: Auf Vernehmung des Zeugen wurde allseits verzichtet und alle Verfahrensbeteiligten sind mit der Verlesung einverstanden]); eine besonders restriktive Feststellung des Ausschlusses des Beruhens ist nicht geboten (BGH bei *Cierniak/Niehaus* NStZ-RR 2015, 103 Nr. 29). Das Beruhen kann auch zu verneinen sein, wenn das Gericht der Aussage besonders geringe Bedeutung beimaß (BGH StV 1986, 284). Das Fehlen der Begründung des Beschlusses hindert seine Umdeutung (BGH NStZ 1993, 144, 145). Für das Beruhen auf einem Verstoß gegen § 251 Abs. 4 Satz 3 oder 4 ist entscheidend, ob ein ordnungsgemäß durchgeführtes Verfahren zu demselben Ergebnis geführt hätte (BGH StV 2000, 654, 655). Das kann nur in Ausnahmefällen angenommen werden (Rdn. 43). In der **Revisionsbegründung** sind die maßgeblichen gerichtlichen Entscheidungen einschließlich der in Bezug genommenen Begründungselemente mitzuteilen (BGH StV 1983, 232, 233). Auch weitere zur Prüfung der konkreten Rüge nötige Umstände sind umfassend anzugeben, ggf. z.B. der Inhalt des Vernehmungsprotokolls und die Entfernung der Beweisperson vom Ort der Hauptverhandlung (BGH NStZ 2000, 215, 216; OLG Saarbrücken MDR 1974, 421).

47 Mängel der (insb. kommissarischen) Vernehmung, deren Protokoll verlesen wurde (dazu BGHSt 26, 332, 335; 29, 1, 2), können mit der Revision nur dann erfolgreich gerügt werden, wenn der Verlesung rechtzeitig **widersprochen** worden war (BGHSt 1, 284, 286; 9, 24, 26). Hinsichtlich des Verfahrens vor dem erkennenden Gericht (insb. bzgl. Gerichtsbeschluss und Begründung) kommt es hingegen nicht darauf an, ob widersprochen wurde (BGH StV 1986, 284; 1999, 196 f.). Die Rüge, die Beweisperson hätte trotz Vorliegens der Voraussetzungen des § 251 persönlich vernommen werden müssen, ist, ebenso wie die Rüge, *eine unberücksichtigte* Aussage wäre nach § 251 zu verlesen gewesen, auf **§ 244** zu stützen (*Pfeiffer* § 251 Rn. 10). Lehnt das Gericht es ab, einen Zeugen kommissarisch vernehmen zu lassen, weil ein persönlicher

Eindruck nötig sei, verliest aber dessen frühere Aussage, liegt darin ein Verstoß gegen § 244 oder § 261 (BGH StV 1984, 324, 325).

§ 252 Verbot der Protokollverlesung nach Zeugnisverweigerung

Die Aussage eines vor der Hauptverhandlung vernommenen Zeugen, der erst in der Hauptverhandlung von seinem Recht, das Zeugnis zu verweigern, Gebrauch macht, darf nicht verlesen werden.

Übersicht

1 **A. Grundsätzliches und Regelungsgehalt.** § 252 flankiert den mit §§ 52 ff. bezweckten **Schutz des Zeugen** in typischen Interessenkonfliktsituationen (§ 52 Rdn. 1, 48; vgl. aber Rdn. 17; zusammenfassend zu Problemen der Vorschrift auch *Braun* JuS 2016, 406; *Rostek* StraFo 2016, 371; Reformvorschläge bei *Deiters*, Gutachten C zum DJT 2020/2022, C. 71 ff.). Er ermöglicht in der Hauptverhandlung eine neue Entscheidung über die Zeugnisverweigerung (was allein aber nach BGH NStZ 2015, 656 nicht zur Folge hat, dass der im Ermittlungsverfahren fehlerhaft belehrte Zeuge in der Hauptverhandlung qualifiziert zu belehren wäre). Dies gilt auch für Personen, die ein Zeugnisverweigerungsrecht nach § 52 (z.B. durch Verlobung mit dem Angeklagten) erst nach der Vernehmung im Vorverfahren erworben haben (näher Rdn. 11 ff.). § 252 schützt nicht den Rechtskreis des Angeklagten. Eine Kammer des BVerfG (NStZ-RR 2004, 18) möchte § 252 daher sogar auf be- und entlastende Tatsachen gleichermaßen anwenden (entspr. Meyer-Goßner/*Schmitt* § 252 Rn. 1; MüKo-StPO/*Ellbogen* § 252 Rn. 1, 44; mit guten Gründen a.A. *Roxin/Schäfer/Widmaier* StV 2006, 655, 660).

2 Würde man Fälle des § 252 als auf Rechtsgründen (§§ 52 ff.) beruhende Unerreichbarkeit der Beweisperson unter § 251 subsumieren, müsste man § 252 als **Gegenausnahme zu § 251** (zu dessen systematischer Stellung s. § 250 Rdn. 14; zu § 256 s. hier Rdn. 6) deuten, die § 251 (insb. Abs. 1 Nr. 2 und Abs. 2 Nr. 1) sperrt. Das erklärt aber nur einen Teil der Wirkung des § 252, die **über § 250** (und damit auch über den Anwendungsbereich des § 251) **hinausgeht** (BGHSt 2, 99, 102 ff.):

3 § 252 statuiert ein **selbstständiges Beweiserhebungs- und -verwertungsverbot** auch für uneingeschränkt rechtmäßig erlangte Aussagen (*Kudlich/Roy* JA 2003, 565, 571 m.w.N.). Bei fehlerhaft erlangten Aussagen können weitere (ggf. auch den Angeklagten schützende) Beweisverbote aus anderen Vorschriften hinzutreten. Nach ihrem Wortlaut untersagt die Vorschrift nur die Verlesung einer Vernehmungsniederschrift. Ihr wird darüber hinaus aber ein **umfassenderes Verbot** auch einer indirekten Einführung der früheren Aussage entnommen (dazu Rdn. 16 ff.). Wie umfassend diese erweiternde Anwendung zu geschehen hat, ist umstritten (Rdn. 20 ff.). Das Verbot wird von § 255a Abs. 1 über Urkunden hinaus auch auf Bild-Ton-Aufzeichnungen erstreckt (nicht aber auf Fälle des § 255a Abs. 2, vgl. BGH StV 2020, 444 m.Anm. *Börner* NStZ 2020, 369 und *Kudlich* JA 2020, 229).

4 **B. Persönlicher und sachlicher Anwendungsbereich.** Das Vorliegen der Voraussetzungen des § 252 ist im Freibeweisverfahren zu prüfen (BGH NStZ 1996, 295). Liegen die Voraussetzungen nicht vor (insb. wenn der in der Hauptverhandlung ordnungsgemäß belehrte Zeuge zur Sache aussagt), ergeben sich aus § 252 auch hinsichtlich Vernehmungen aus früheren Verfahrensstadien, bei denen gegen Belehrungspflichten verstoßen wurde, keine Rechtsfolgen (BGH StraFo 2006, 492, 493).

5 **I. Beweisperson.** § 252 spricht nur von **Zeugen** i.S.d. §§ 48 ff. Bzgl. der Rolle als Beweisperson ist allein die **aktuelle Stellung** im aktuellen Verfahren maßgeblich (BGHSt 20, 384, 386; 27, 139, 141). Daher können keine aktuellen, aber **frühere (Mit-) Beschuldigte** zu den Zeugen zählen (BGHSt 20, 384, 385; 42, 391, 397; *Mitsch* FS Lenckner, S. 721 ff.; beachte Rdn. 22; vgl. auch § 251 Rdn. 5). Wer früher trotz Zeugnisverweigerungsrechts als Zeuge aussagte und nunmehr mit angeklagt ist, kann die Verlesung der früheren Aussage nicht nach § 252 verhindern; für ihn gilt § 254 (BGHSt 3, 149, 150 ff.; 45, 342, 350; vgl. § 254 Rdn. 7, 10 ff.).

6 Die Vorschrift ist auch auf Fälle des § 76, also auf einen zur Zeugnisverweigerung berechtigten **Sachverständigen** als Beweisperson und sein zuvor schriftlich oder mündlich erstattetes Gutachten anzuwenden (*Alsberg/Nüse/Meyer*, Rn 874; Meyer-Goßner/*Schmitt* § 252 Rn. 6; SK-StPO/*Velten* § 252 Rn. 11; a.A. KMR/*Neubeck* § 72 Rn. 1). Sie ist insofern zugleich Gegenausnahme zu § 256. Den Rückgriff anderer Sachverständiger auf Zwischenergebnisse, die in einem standardisierten und automatisierten Verfahren gewonnen wurden, schließt dies nicht aus (*Cramer* NStZ 1998, 498, 499 f.). Zu Äußerungen eines zur Zeugnisverweigerung berechtigten Zeugen ggü. einem Sachverständigen s. Rdn. 8.

7 II. **Aussage vor der Hauptverhandlung.** § 252 betrifft – wie §§ 52 ff. – Aussagen aus einer **formellen Vernehmung** (§ 52 Rdn. 3 ff., § 136 Rdn. 21 f.). Es kommt nicht darauf an, in welcher Sache und in welcher Art Gerichts- oder Verwaltungsverfahren die Vernehmung stattfand (BGHSt 17, 324 ff.; 20, 384 ff.; 36, 384 ff.; StV 2005, 536; a.A. KMR/*Paulus* § 252 Rn. 23; MüKo-StPO/*Ellbogen* § 252 Rn. 23). Auch auf räumliche Nähe und das Kommunikationsmedium kommt es nicht an; die Befragung kann z.B. brieflich oder telefonisch durchgeführt worden sein (BayObLG DAR [R] 1986, 247; OLG Stuttgart VRS 63, 52, 53).

8 Typische Fälle sind Vernehmungen durch **Ermittlungsrichter**, **StA** oder **Polizei** in offen amtlicher Funktion. Auch Äußerungen ggü. ihren Hilfspersonen können erfasst werden, insb. solche ggü. der Jugendgerichtshilfe (BGH NJW 2005, 765 ff.). Äußerungen ggü. **Sachverständigen** werden erfasst, soweit sie Zusatztatsachen (dazu § 79 Rdn. 6, § 261 Rdn. 8; BGHSt 11, 97, 99) liefern und nicht nur Befundtatsachen stützen (BGHSt 36, 384, 386; 46, 189, 192 ff.; StV 1996, 522, 523; 2007, 68, 69; a.A. *Geppert* Jura 1988, 363, 365; *Wohlers* StV 1996, 192, 193 f.; *Cramer* NStZ 1996, 209, 231 f.; SK-StPO/*Velten* § 252 Rn. 20; MüKo-StPO/*Ellbogen* § 252 Rn. 34). Ändert die untersuchte Person in den Fällen des § 81c Abs. 3 später ihre Haltung, ist § 252 daher nicht anwendbar (BGHSt 12, 235, 242; a.A. *Rengier* Jura 1981, 299, 304; KMR/*Paulus* § 252 Rn. 5; SK-StPO/*Velten* § 252 Rn. 11, 20). Ebenso dürfen in einer **nach richterlicher Belehrung** erfolgten sachverständigen Befragung eines Zeugen festgestellte Befundtatsachen dem späteren Gutachten über seine Glaubwürdigkeit oder die Schuldfähigkeit des Angeklagten weiterhin zugrunde gelegt werden, auch wenn der Zeuge in der Hauptverhandlung die Aussage verweigert und die frühere Befragung in einem anderen Verfahrensabschnitt erfolgte (BGHSt 11, 97, 100; NJW 1998, 838; zur ggf. zusätzlich bestehenden Belehrungspflicht durch den Sachverständigen selbst *Foerster/Foerster* FS Schöch [2010], 1007 ff.).

9 Die Initiative muss von einer in **amtlicher Funktion** handelnden Person ausgegangen sein. Dazu gehören auch **informatorische Befragungen** (§ 136 Rdn. 15 f., § 163a Rdn. 5; BGHSt 29, 230, 232; OLG Bamberg NStZ-RR 2012, 83, 84; *Geppert* FS Oehler, S. 323, 330 ff.; krit. *Haubrich* NJW 1981, 803 f.), da sie in offen hoheitlicher Weise erfolgen und es für § 252 nicht darauf ankommt, ab wann zu belehren war. Wegen ihrer amtsähnlichen Funktion wendet die Rspr. § 252 sogar auf von **Verteidigern** durchgeführte Vernehmungen an (BGHSt 46, 1, 4 m. krit. Anm. *Schittenhelm* NStZ 2001, 50 f.; zust. *Volk* JuS 2001, 130, 132; a.A. *Freund* GS Meurer [2002], S. 369 ff.; *Roxin* FS Rieß, S. 451, 459 ff.; *Beulke/Swoboda* Rn. 420a; MüKo-StPO/*Ellbogen* § 252 Rn. 32). Nicht erfasst werden hingegen **Spontanäußerungen** (§ 136 Rdn. 18), denn bei ihnen handelt die Beweisperson aus eigenen Stücken (BGHSt 1, 373, 374; 29, 230, 232; StV 2007, 401; gegenüber Therapeuten BGH NStZ 1992, 247; gegenüber Notruf OLG Hamm NStZ 2012, 53 m.Anm. *Jahn* JuS 2012, 369 und krit. Anm. *Putzke* ZJS 2012, 838; einschränkend *Rengier* Jura 1981, 299, 301 f.; *Joachim* NStZ 1990, 95 f.; a.A. *Mitsch* NStZ 2009, 287). Ebenso wenig betrifft § 252 im Alltags- oder Tatgeschehen gefallene Äußerungen ggü. Dritten (BGHSt 1, 373, 374). Dazu gehören grds. auch **V-Leute**, selbst wenn sie von der Polizei straff geführt wurden; werden sie aber gezielt zur Umgehung eines Zeugnisverweigerungsrechts eingesetzt, verstößt das zumindest mangels gesetzlicher Grundlage gegen das Gebot eines fairen Verfahrens (BVerfG StV 2000, 466 f. m. krit. Anm. *Wesslau* StV 2000, 468 ff.; *Rogall* NStZ 2000, 490 und *Lesch* JR 2000, 334 ff.; krit. auch *Lüderssen* FG BGH, S. 883, 907 f.), woran der BGH aber kein Verwertungsverbot knüpfen will (BGHSt 40, 211 ff. m.Anm. *Gollwitzer* JR 1995, 469 ff.; *Gusy* StV 1995, 449 ff.; *Sternberg-Lieben* JZ 1995, 844 ff.; differenzierend *Schlüchter/Radbruch* NStZ 1995, 354 f.; *Widmaier* StV 1995, 621 f.; a.A. *Wolter* FG BGH, S. 962, 969; vertiefend *Weiler* GA 1996, 101 ff.).

10 **Schriftstücke**, die Bestandteil der Aussage wurden, insb. weil der Zeuge sie bei seiner Vernehmung übergab und sich dann auf sie bezogen hat, gehören zur Vernehmungsniederschrift i.S.d. § 252 (BGHSt 22, 219, 221; StV 1996, 196, 197; 2001, 108, 110; MüKo-StPO/*Ellbogen* § 252 Rn. 26; krit. und für Beschlagnahmegrundsätze *Böse* GA 2014, 266). Gleiches gilt für übergebene Ton- oder Bildaufzeichnungen (vgl. BGH StV 2013, 135 f.). Die Rspr. versagt die Anwendung von § 252 auf **andere Urkunden** als Vernehmungsniederschriften. Nicht erfasst werden sollen daher schriftliche Äußerungen im gegenständlichen Verfahren ebenso wie aus anderen Verfahren (BGH NStZ [K] 1998, 25, 26; a.A. BayObLG DAR [R] 1985, 245). Das Gleiche gelte für Briefe an Beschuldigte und Dritte (RGSt 22, 51, 52 f.), wobei aber § 97 und § 160a zu beachten sind. Der Grundsatz der Rspr. reißt zwei Lücken auf (krit. auch *Ranft* StV 2000, 520 ff.), die

richtigerweise durch eine Einbeziehung der entspr. Schriftstücke in das Verlesungs- und Verwertungsverbot des § 252 geschlossen werden müssen: Zum einen könnte der Zeuge, der unter § 97 fallende Schriftstücke widerspruchslos an offizielle Ermittlungspersonen herausgibt, später, auch wenn er sie zurückverlangt, evtl. nicht mehr verhindern, dass ein Ermittler als Zeuge über ihren Inhalt vernommen wird. Es ist aber schwerlich plausibel, dass § 252 bei mündlichen Äußerungen, die nach ordnungsgemäßer Belehrung gemacht wurden, ein späteres Umdenken ermöglicht, während es im Fall der evtl. schnell und als Teil einer unübersichtlichen Menge erfolgten Sicherstellung schriftlicher Mitteilungen, deren Inhalt der Beweisperson oft weniger gegenwärtig ist, keine entsprechende Handhabe geben soll. Zum anderen gilt § 97 nicht für eigene unadressierte bzw. noch nicht abgesendete Aufzeichnungen des Zeugen (*Kudlich/Roy* JA 2003, 565, 573). Selbst wenn § 250 deren Verlesung sperrt (vgl. § 250 Rdn. 7), greift er wegen § 251 möglicherweise nicht durch. Der zeugnisverweigerungsberechtigte Zeuge würde damit gegen die Verlesung rein privater Notizen weniger Schutz genießen als nach § 97, nämlich nur wenn die Tagebuch-Rechtsprechung (§ 249 Rdn. 42) eingreift.

III. Gebrauchmachen vom Zeugnisverweigerungsrecht. 1. Zeugnisverweigerungsrecht. § 252 setzt ein bei der Hauptverhandlung bestehendes Zeugnisverweigerungsrecht nach §§ 52, 53 oder 53a voraus. Ein **Auskunftsverweigerungsrecht nach § 55** genügt auch dann nicht, wenn es alle in der Beweisaufnahme interessierenden Umstände erfasst (BGHSt 6, 209, 211; 17, 245, 247; 17, 337, 350; *Mitsch* JZ 1992, 174, 183; *Kudlich/Roy* JA 2003, 565, 572; *Volk/Engländer* § 27 Rn. 14; *Kindhäuser* § 21 Rn. 60; MüKo-StPO/*Ellbogen* § 252 Rn. 4, 16 ff.; a.A. *Eisenberg*, Beweisrecht Rn. 1127 ff., 1284; *Hanack* JZ 1972, 236, 238; *Rogall* NJW 1978, 2535, 2538; *Geppert* Jura 1988, 305, 312 f.; Radtke/Hohmann/*Pauly* § 252 Rn. 8; KMR/*Paulus* § 252 Rn. 5; SK-StPO/*Velten* § 252 Rn. 10); die Verlesung eines Protokolls wird aber regelmäßig wegen § 250 Satz 2 unzulässig sein (*Klesczewski* Rn. 432), und in einem evtl. späteren Verfahren gegen den jetzigen Zeugen gilt § 254 (beachte § 254 Rdn. 7, 10 ff.). Die gesetzgeberische Entscheidung, in §§ 52 ff. vielfach an formale, von den Beteiligten selbst änderbare Verhältnisse anzuknüpfen und auch im Laufe des Verfahrens eintretende Änderungen zu berücksichtigen, ist zu respektieren; **rechtsmissbräuchlich** herbeigeführte Zeugnisverweigerungsrechte können nur in Extremfällen unberücksichtigt bleiben (BGHSt 45, 342, 350 m.Anm. *Gollwitzer* JR 2001, 253 ff.; krit. *Kretschmer* Jura 2000, 461 ff.; *Beulke* JA 2008, 758, 761; vgl. auch § 52 Rdn. 9). 11

In Fällen des **§ 52** ist es unerheblich, ob das Zeugnisverweigerungsrecht bereits bei der früheren Aussage bestanden hat oder erst **nachträglich entstanden** ist (BGHSt 22, 219, 220; 27, 231 f.; abweichend LG Berlin NStZ 2015, 422). Zu Missbrauchsfällen s. § 52 Rdn. 9. 12

Die Rechte nach **§§ 53, 53a** knüpfen an Rechtsverhältnisse im Zeitpunkt der Kenntniserlangung durch die Beweisperson, also noch vor der früheren Aussage, an. Nachträgliche Änderungen können sich nur durch Entbindung nach §§ 53 Abs. 2 Satz 1, 53a Abs. 2 und deren **Widerruf** ergeben. Der BGH versagt nach einem Widerruf der Entbindung von der Schweigepflicht die Anwendung von § 252 mit dem Argument, der entbundene Geheimnisträger habe aussagen müssen und daher nicht in eine Zwangslage geraten können (BGHSt 18, 146, 150; StV 1997, 233; 2012, 195 f. m. abl. Anm. *Mitsch* JR 2012, 432; *Geppert* NStZ 2012, 282; MüKo-StPO/*Ellbogen* § 252 Rn. 13; krit. auch *Jäger* JA 2012, 472, 474). Darin liegt aber kein Unterschied zu Fällen eines nachträglich entstandenen Rechts aus § 52. Das weitere Argument, die §§ 53, 53a würden nur den Geheimnisträger schützen, und zwar vor Kollisionen mit § 203 StGB und Standespflichten, wird dem Sinn der Geheimhaltungspflichten, den der Gesetzgeber auch über §§ 53, 53a strafprozessual realisieren will, nicht gerecht. I.Ü. kann z.B. ein Psychotherapeut bei Trauma-Patienten die Verwertung seiner Aussage als Gefahr für den Behandlungserfolg sehen und so in eine den Fällen des § 52 noch ähnlichere Zwangslage geraten. Die Auffassung des BGH ist vom Wortlaut nicht geboten und in der Sache nicht überzeugend. Richtigerweise müssen nachträglich wieder aufgelebte Zeugnisverweigerungsrechte nach §§ 53, 53a ebenso behandelt werden wie neu oder erneut entstandene nach § 52 (einschränkend auch OLG Dresden NStZ-RR 1997, 238; *Geppert* Jura 1988, 305, 311). 13

In Fällen des »Beweisverfahrensverbots« nach **§ 54** hält die wohl herrschende Meinung eine Beweiserhebung über die frühere Aussage eines Zeugen in gleichem Umfang wie bei § 252 für unzulässig, wenn der Zeuge seine Pflicht zu schweigen irrig verkannt hatte (OLG Celle MDR 1959, 414; Meyer-Goßner/*Schmitt* § 252 Rn. 4; LR/*Gollwitzer*, 25. Aufl. 1999, § 252 Rn. 1; a.A. LR/*Sander/Cirener* § 252 Rn. 5; KK-StPO/*Diemer* § 252 Rn. 8). Weder aus dem Wortlaut des § 252 noch aus einem Vergleich der betreffenden Situationen lässt sich hierzu etwas Eindeutiges ableiten. Es kommt nur eine Rechtsfolgenanalogie in Betracht, die ihre Begründung allein in § 54 finden kann. Zum Widerruf der Aussagegenehmigung s. § 54 Rdn. 23, 26. 14

2. Gebrauchmachen. Die Beweisperson (Rdn. 5 f.) muss sich grds. **in der Hauptverhandlung** auf ihr Zeugnisverweigerungsrecht berufen. Die Rechtsfolgen des § 252 treten aber auch ein, wenn ein Zeuge **vor der Hauptverhandlung** erklärt hat, dort nicht aussagen zu wollen, und gar nicht erst geladen wird (Meyer- 15

Goßner/*Schmitt* § 252 Rn. 1; MüKo-StPO/*Ellbogen* § 252 Rn. 37). Solange die Beweisperson in der Hauptverhandlung noch nicht ausgesagt hat und kein Fall des § 251 vorliegt, dürfen keine Beweise erhoben werden, die möglicherweise dem Beweisverbot des § 252 unterfallen (BGHSt 2, 110, 111; StV 2000, 236; NStZ-RR 2017, 23). Erklärt ein Zeuge in der Hauptverhandlung zunächst den Verzicht auf ein Zeugnisverweigerungsrecht und widerruft er den Verzicht im Laufe seiner Vernehmung, so bleiben die vor dem Widerruf gemachten Angaben verwertbar (BGH NStZ 2015, 656). Zu den Grenzen des § 251 und möglichen Ausnahmen im Fall des Todes der Beweisperson und nicht ermittelbarem Aufenthalt s. insb. § 251 Rdn. 9.

16 **C. Rechtsfolge: Verlesungs- und Verwertungsverbot. I. Grundsätzliches.** § 252 verbietet – unabhängig von einer früheren Belehrung – die Verlesung der früheren Aussage (zum Umfang Rdn. 7 ff.). Um ein Unterlaufen der Regelung zu verhindern, erstreckt die ganz herrschende Meinung das **Beweis- und Verwertungsverbot** auch auf indirekte Methoden, den Inhalt der Aussage einzuführen (BGHSt 2, 99, 104 ff.; 29, 230, 232; 32, 25, 29 ff.; StV 2007, 68; 2018, 479; a.A. *Rogall* FS Otto, S. 973, 989 ff.). So dürfen zu diesem Zweck keine Vorhalte (BGHSt 7, 194, 195 i.Erg. ebenso *Deiters*, Gutachten C zum DJT 2020/2022, C. 78) gemacht, keine früheren Urteile (BGHSt 20, 384 ff.; StV 2003, 5) verlesen und bei der (früheren) Vernehmung anwesende weitere Personen nicht vernommen (BGHSt 13, 394, 398) werden. Das gilt grds. (Ausnahme Rdn. 20 ff.) auch für die Verhörsperson selbst (BGHSt 2, 99, 104 ff.; 21, 218 f. m. krit. Anm. *Peters* JR 1967, 467 f.; BGHSt 29, 230, 232; *Bosch* Jura 2012, 33, 35), die nicht einmal über ihre Eindrücke bei der Vernehmung oder andere mittelbar die Aussage der Beweisperson betreffende Umstände befragt werden darf (BGH NJW 1979, 1722). Soweit es um Zusatztatsachen geht, darf nicht nur das Gutachten nicht verlesen werden, sondern auch eine Vernehmung des Sachverständigen scheidet aus (vgl. Rdn. 8). Dazu, dass die herrschende Meinung § 252 damit grds. andere Rechtsfolgen zuschreibt als § 254, vgl. § 254 Rdn. 10 ff.

17 Die Beweisperson kann mit der Berufung auf ihr Zeugnisverweigerungsrecht zugleich erklären, dass sie die **Verwertung ihrer früheren Aussage zulässt** (BGH NStZ 2020 m.Anm. *Ventzke*; BGHSt 45, 203, 205 m. kontrov. Anm. [zust.] *Ranft* Jura 2000, 628 ff.; NJW 2001, 1305, 1307 f. sowie 2001, 3761 f.; LR/*Sander*/*Cirener* § 252 Rn. 22 und [abl.] *Wollweber* NJW 2000, 1702 f.; 2001, 3760 f.; ebenso abl. Radtke/Hohmann/*Pauly* § 252 Rn. 31 sowie krit. *Fezer* JR 2000, 341 f.; 2004, 32 f. und differenzierend *Vogel* StV 2003, 598 ff.; BGH NJW 2000, 596; *Hellmann* Rn. 671); ob dies auch nur mit Blick auf einen Teil der früheren Aussagen (etwa: nur polizeiliche, nicht aber staatsanwaltschaftliche Vernehmung) möglich ist, lässt BGH NStZ 2020, 741 (30.06.2020 – 3 StR 377/18) ausdrücklich offen. Eine Beweiserhebung unmittelbar über die frühere Aussage als Urkunde bleibt zwar (soweit sie die Befragung ersetzen würde) wegen § 250 unzulässig (BGHSt 52, 148, Rn. 7; *El-Ghazi*/*Merold* JA 2012, 44, 47). Die Verhörsperson darf dann aber vernommen und ihr Vorhalte gemacht werden (*Mosbacher* JuS 2008, 688, 689; a.A. *Beulke* JA 2008, 758, 761 m.w.N.). Ebenso kann der Zeuge einem Sachverständigen einen Bericht über diesem ggü. gemachte Äußerungen erlauben (BGH NJW 2000, 596, 597). Dies gilt auch im Fall mangelnder Belehrung vor der früheren Aussage, wenn nunmehr qualifiziert belehrt worden ist (BGH NJW 2000, 596, 597). Im Ergebnis kann **der Zeuge** also genau die über den Wortlaut des § 252 hinausgehenden Beweis- und Verwertungsverbote beseitigen. Dogmatisch ungenau wird dies meist »**Verzicht auf die Rechtsfolgen** des § 252« genannt; der Zeuge gibt aber kein eigenes Recht auf, und die Rechtsfolgen der Erklärung betreffen eher den Unmittelbarkeitsgrundsatz als § 252. Die Befugnis des Zeugen lässt sich auch nicht mit einem möglichen Interessenkonflikt erklären, sondern dient (in der Regel emotionalen) Eigeninteressen des Zeugen, birgt Manipulationsgefahr und greift insb. in das Fragerecht des Angeklagten ein (*Keiser* NStZ 2000, 458, 460; *Lammer* FS Rieß, S. 289, 301 f.; *Kett-Straub* ZStW 117 [2005], 354, 375 ff.; *Schmitt* NStZ 2013, 213). Das Urteil darf auf diesem Wege eingeführte Aussagen daher nur dann zulasten des Angeklagten verwerten, wenn ein ihrem Beweiswert angemessener Ausgleich für die Schwächung der Verteidigungsmöglichkeiten in der Hauptverhandlung tatsächlich erfolgt ist (Art. 6 Abs. 3 lit. d EMRK; EGMR *Hummer/Deutschland* v. 19.07.2012 – 26171/07; vgl. dazu § 250 Rdn. 18; weitergehend *Roxin* FS Rieß, S. 451, 457 f.; *Vogel* StV 2003, 598, 601) und es den erheblich geringeren Beweiswert berücksichtigt (BGHSt 45, 203, 208). Die zunächst variierenden näheren **Anforderungen** werden vom BGH sukzessive konkretisiert: Dem 1. Senat genügte noch eine schriftliche Erklärung des Zeugen (StV 2008, 57, 58). Der 4. Senat fordert eine in der Hauptverhandlung abgegebene Erklärung des Zeugen nach vorheriger protokollierter Belehrung über die Folgen und, wenn der Zeuge die Wahrheit seiner früheren Aussage bekräftigte, Anwesenheit des Angeklagten zumindest bei der Verhandlung über die Entlassung (StV 2007, 22, 23 unter Verweis auf BGHSt 45, 203, 208; vgl. auch *Fezer* HRRS 2007, 284 f.). Auch der 2. Senat verlangt nun eine ausdrückliche Erklärung nach protokollierter qualifizierter Belehrung (BGHSt 57, 254, Rn. 8 ff. m.Anm. *Kudlich* JA 2012, 873; BGH NStZ 2021, 58).

18 Die Regel des § 252 lässt sich nicht umkehren: Das Zeugnisverweigerungsrecht ist – außer in Fällen von § 252 unabhängiger Beweisverwertungsverbote – **nicht** in der Weise **teilbar**, dass die Beweisperson die Berücksichtigung ihrer früheren Aussage verbietet, nunmehr aber aussagt; selbst wenn sie früher nicht ordnungsgemäß belehrt worden war, nun aber ihrer früheren Aussage inhaltlich widerspricht, macht sie diese indirekt zum Gegenstand ihrer aktuellen Aussage und insoweit verwertbar (BGHSt 48, 294, 297 ff.; *Kraatz* Jura 2011, 170, 177).

Die anderen **Beteiligten** des Verfahrens können auf die Rechtsfolgen des § 252 **nicht verzichten** (BGHSt 10, 19
77, 78; 57, 254, Rn. 10; StV 1996, 522, 523; *Hamm* StraFo 1998, 361, 364), denn die Vorschrift schützt nur den Zeugen (Rdn. 1, 17, 19; zu entlastenden Tatsachen vgl. Rdn. 1 und § 254 Rdn. 7 a.E.). Erst recht hängt das Beweis- und Verwertungsverbot **nicht** von einem **Widerspruch** des Angeklagten oder seines Verteidigers ab (Nachw. Rdn. 26). Seine Wirkungen erstrecken sich auf alle Personen, die in irgendeiner Phase des förmlichen Verfahrens unter einem sachlich nicht trennbaren Tatvorwurf mitbeschuldigt waren (BGHSt 7, 194, 196; 27, 139, 141; eingehend § 52 Rdn. 19 ff.).

II. Ausnahme bei richterlicher Vernehmung?. Nach durchaus **bestrittener ständiger Rspr.** dürfen **Straf-** 20
oder Zivilrichter, die einen ordnungsgemäß belehrten (Rdn. 22) Zeugen selbst richterlich vernahmen, **über den Inhalt der Aussage vernommen** werden (BGHSt 2, 99, 104 ff.; 49, 72, 77 m. krit. Anm. *Degener* StV 2006, 509; BGHSt 57, 255 Rn. 7; *Krey* GS Meyer [1990], S. 239, 243; MüKo-StPO/*Ellbogen* § 252 Rn. 49; *Schroeder/Verrel* Rn. 257; krit. *Deiters*, Gutachten C zum DJT 2020/2022, C. 69; de lege ferenda zustimmend *Frister* FS Fezer, 211, 224; auch für Fälle, in denen zwischen erster Instanz und Berufungsinstanz ein neues Zeugnisverweigerungsrecht durch Verlobung entstanden ist, vgl. LG Berlin NStZ 2015, 422 m.Anm. *Hildebrandt/Ricken*). Diese Auffassung ist ein Relikt der Rspr. des Reichsgerichts, das § 252 nur das wörtlich statuierte Verlesungsverbot entnahm (differenzierte Nachweise in BGHSt 2, 99, 100 f., 103). Im Schrifttum überwog damals schon die Ansicht, dass jede Verwertung der früheren Aussage gegen den Willen des Zeugen unzulässig sei (Nachw. a.a.O.). Der OGH für die Britische Zone konnte sich nur zu der Zwischenlösung mit Ausnahme für richterliche Vernehmungen entschließen (OGHSt 1, 299). Auf diesem Stand verharrt nun auch der BGH. Er begründet die Ausnahme mit einer Abwägung zwischen den Rechten des Zeugen und dem Grundsatz der Wahrheitserforschung (BGHSt 2, 99, 105 f.). Das dabei ursprünglich betonte Argument, nur der Richter müsse nach § 52 Abs. 3 Satz 1 belehren, hat § 163a Abs. 5 beseitigt. Es wurde durch die eher in Urteilen und Kommentaren als im Gesetz zu findende Behauptung einer besonderen Vertrauenswürdigkeit richterlicher Vernehmungen ersetzt (BGHSt 21, 218, 219; 49, 72, 77; krit. z.B. *Eisenberg* NStZ 1988, 488 f.; *Beulke* JA 2008, 758, 761; *Kraatz* Jura 2011, 170, 176). Dem BGH ist zuzugeben, dass die von ihm postulierte Ausnahme die Möglichkeiten des Zeugen begrenzt, sein Recht zu unlauterer Beeinflussung der Wahrheitsfindung zu missbrauchen (BGHSt 2, 99, 109). Wie im Einzelfall bestehende Missbrauchsmöglichkeiten eine generelle Einschränkung der Regelung begründen können und weshalb die Rechtsfolge überhaupt Gegenstand einer Abwägung sein soll, bleibt aber letztlich offen. Indes kann auch die eine Ausnahme ablehnende Gegenansicht (wohl h.L., u.a. *Hanack* JZ 1972, 236, 238; *Fezer* JZ 1990, 875, 876; *Welp* JR 1996, 76, 78; *El-Ghazi/Merold* StV 2012, 250; *Meyer* StV 2015, 319, 324; *Farthofer/Rückert* HRRS 2017, 123, 129 ff.; *Grünwald*, Beweisrecht 1993, S. 130; *Roxin/Schünemann* § 46 Rn. 29; *Kindhäuser* § 21 Rn. 66; *Hellmann* Rn. 670; *Klesczewski* Rn. 425; Radtke/Hohmann/*Pauly* § 252 Rn. 25; LR/*Sander/Cirener* § 252 Rn. 10; SK-StPO/*Velten* § 252 Rn. 3 f.; AK/*Meier* § 252 Rn. 11; HK-GS/*König* § 252 Rn. 4 und 27) keine zwingenden Gründe für sich anführen (vgl. *Kudlich/Roy* JA 2003, 565, 572 f.). S. ergänzend § 254 Rdn. 11 a.E.

Zur Beweisgrundlage darf **nur die Bekundung des Richters**, nicht die frühere Zeugenaussage und nicht 21
der Inhalt der Niederschrift gemacht werden (BGHSt 21, 149, 150). Das Vernehmungsprotokoll darf dem Richter zur Gedächtnisauffrischung vorgehalten werden (BGHSt 11, 338, 340 ff.; 21, 149, 150; krit. *Fezer* JuS 1977, 669, 672 f.; *Riegner* NJW 1961, 63). Es genügt aber nicht, wenn der Richter lediglich erklärt, er habe die Aussage richtig aufgenommen; verwertbar ist vielmehr nur, was zumindest in die Erinnerung des Richters zurückkehrt (BGH StV 2010, 613; NStZ 2012, 521, 522; MüKo-StPO/*Ellbogen* § 252 Rn. 51; vgl. zum Vorhalt § 249 Rdn. 32 ff.). Erst recht genügt nicht eine erst nachfolgende Verlesung (BGH StV 2012, 706). Eine Bild-Ton-Aufzeichnung der Vernehmung ist außer in Fällen des § 255a Abs. 2 ebenfalls unverwertbar (§ 255a Abs. 1; BGHSt 49, 72 m.Anm. *Norouzi* JA 2004, 599; *Mitsch* JuS 2005, 102, 104 f.). Alle richterlichen Mitglieder eines Kollegialgerichts, auch die Laienrichter, dürfen über die Aussage vernommen werden (BGHSt 13, 394, 398).

Damit der Richter vernommen werden darf, muss das Zeugnisverweigerungsrecht bei der früheren Aus- 22
sage wie in der aktuellen Verfahrenslage bestanden haben und die Beweisperson darüber vor der früheren Aussage ordnungsgemäß und durch das Gericht selbst belehrt worden sein (BGH NJW 1996, 206; MüKo-StPO/*Ellbogen* § 252 Rn. 52). Dies ist freibeweislich unter Berücksichtigung der Beweiskraft von Hauptverhandlungsprotokollen festzustellen (BGHSt 26, 281, 284; Meyer-Goßner/*Schmitt* § 252 Rn. 14). Wenn das

Zeugnisverweigerungsrecht bei der früheren Aussage **noch nicht bestand**, bleibt die Vernehmung des Richters nach bisheriger Rspr. unzulässig (BGHSt 27, 231 f.); um den Ermittlungsbehörden die Möglichkeit der Beweissicherung zu geben, erwägt der 5. Senat für diese Fälle aber eine weitere Ausnahme (BGHSt 45, 342, 346 f.). War der Zeuge bei der früheren Aussage **Beschuldigter**, kam es auf sein Zeugnisverweigerungsrecht nicht an, weshalb der Richter – unabhängig von einer Belehrung – ebenfalls nicht vernommen werden darf (BGHSt 20, 384, 385; 42, 391, 397), denn insb. soll der Beschuldigte sich nicht aus Sorge um prozessuale Nachteile für seine Angehörigen gehindert sehen, die strafrechtliche Verantwortung für sein Verhalten zu übernehmen. Wurde **nicht oder fehlerhaft belehrt**, greift die Ausnahme jedenfalls nicht ein, und evtl. besteht zusätzlich zu § 252 sogar ein weiteres Beweisverwertungsverbot aus §§ 52 ff. (dazu § 52 Rdn. 64 ff., § 53 40 ff.). Ggf. musste dem (z.B. jugendlichen) Zeugen klargestellt werden, dass er trotz Zustimmung seines gesetzlichen Vertreters nicht zur Aussage verpflichtet ist (BGH StV 1983, 494).

23 Der 2. Strafsenat hatte 2014 (in Abweichung von der eigenen Rspr. und Judikaten der übrigen Senate) die Auffassung vertreten, dass der Richter nur dann über die frühere Zeugenaussage vernommen werden dürfe, wenn er den Zeugen schon vor dieser darüber belehrt hatte, dass dessen Aussage auch im Fall einer späteren Zeugnisverweigerung verwertbar bleibe (BGH StV 2014, 717 m.Anm. *El-Ghazi* JR 2015, 343 und *Henckel* HRRS 2014, 482). Die anderen Strafsenate (1. und – wenngleich ohne entgegenstehende Rspr. – 3. Sen.: NJW-Spezial 2015, 153, 4. Sen.: BGH NStZ-RR 2015, 48, 5. Sen.: NStZ-RR 2015, 118) hingegen haben eine solchermaßen qualifizierte Belehrung in Übereinstimmung mit der früheren Rspr. (BGHSt 32, 25, 31) weiterhin nicht für notwendig gehalten (auch nicht später in der Hauptverhandlung, BGH NStZ 2015, 232). Der Große Strafsenat ist der Vorlage des 2. Strafsenats (NStZ 2015, 710 m.Anm. *Neumann* ZIS 2016, 121) nicht gefolgt und verlangt für die Einführung des Inhalts einer früheren Aussage des Zeugen in die Hauptverhandlung durch Vernehmung des Richters weiterhin nur, dass der Richter den Zeugen gem. § 52 Abs. 3 Satz 1 über sein Zeugnisverweigerungsrecht belehrt hat; einer weitergehenden Belehrung bedürfe es nicht (BGHSt 61, 221 m.Anm. *Brand* NJW 2017, 100). Obwohl der Vorstoß des 2. Senats angesichts der generellen Zweifelhaftigkeit der »Richterausnahme« einen gewissen Kompromiss darzustellen scheint, ist dem Großen Senat im Ergebnis zuzugestehen, dass qualifizierte Belehrungen grundsätzlich dort erforderlich sind, wo ein Verfahrensfehler begangen wurde, der im Wege der Wiederholung des betreffenden Verfahrensschrittes (z.B. durch erneute Vernehmung) geheilt werden soll; damit sich dies als verantwortliche Verfahrenshandlung (bzw. beim Zeugen als verantwortete Mitteilung) darstellt, ist der Betreffende qualifiziert zu belehren, um sicherzustellen, dass er sein Verhalten nicht irrig für eine bedeutungslose Wiederholung hält, sondern deren konstitutive Wirkung erkennt (entspr. MüKo-StPO/*Ellbogen* § 252 Rn. 54). Um einen solchen Fall geht es hier aber nicht (ähnlich wie hier bereits in der 2. Aufl. BGHSt 61, 221 Rn. 59), und es ist zweifelhaft, ob die qualifizierte Belehrung hier dem ja über sein Zeugnisverweigerungsrecht belehrten und aussagewilligen Zeugen wirklich zu selbstbestimmtem vorausschauendem Handeln verhelfen würde. Letztlich lief der Vorstoß des 2. Strafsenats daher auf die Zementierung einer zweifelhaften Ausnahme (die Vernehmbarkeit des Richters) durch ein bloß formales und selbst zweifelhaftes Zusatzerfordernis hinaus (in diese Richtung auch BGH v. 14.01.2015 – 1 ARs 21/14, Rn. 23 ff.).

24 Wurde der Zeuge ordnungsgemäß belehrt, schadet es nicht, wenn er die Verwandtschaftsbeziehung bewusst **wahrheitswidrig abgestritten** hat und das Bestehen des Rechts dem vernehmenden Richter daher letztlich verborgen blieb (BGHSt 32, 25, 29 ff.). Im Einzelfall kommt sogar dann eine Vernehmung des Richters in Betracht, wenn dieser den Zeugen nicht ordnungsgemäß belehrt hatte, weil der Zeuge auf Nachfrage die das Zeugnisverweigerungsrecht begründende Beziehung zum Beschuldigten wahrheitswidrig abgestritten hatte, um danach die Wahrheitsfindung im Verfahren gezielt zu manipulieren (BGHSt 48, 294, 299; krit. dazu *Eisenberg/Zötsch* NJW 2003, 3676). Haben der Angeklagte bzw. sein Verteidiger keine Gelegenheit erhalten, Fragen an den Zeugen zu richten, gilt auch hier das bei § 251 Rdn. 33 Gesagte.

25 Weil bei Begründung der Ausnahme wesentlich auf die Freiwilligkeit der Aussage abgestellt wird, dürfen insb. im Insolvenzverfahren unter **Aussagezwang** gemachte Angaben nicht ohne Einverständnis der im Strafverfahren zur Verweigerung der Aussage berechtigten Beweisperson eingeführt werden (vgl. auch BVerfG NJW 1981, 1431). Auch ob Aussagen aus Verfahren der **freiwilligen Gerichtsbarkeit** (früher FGG, nunmehr FamFG) durch Einvernahme des Richters eingeführt werden dürfen, ist zweifelhaft (offengelassen in BGHSt 36, 384, 388; StV 1998, 360, 361).

26 **D. Revision.** Wird ein Protokoll, eine andere Urkunde, eine Bild-Ton-Aufzeichnung (§ 255a Abs. 1) oder die Aussage einer Verhörsperson oder eines Dritten entgegen § 252 im Urteil verwertet, begründet das die Revision (BGHSt 49, 72, 74). In der Hauptverhandlung muss **weder widersprochen** worden **noch** eine **Beanstandung** nach § 238 Abs. 2 erfolgt sein (BGHSt 42, 73, 77 m.Anm. *Welp* JR 1997, 35 ff.; BGHSt 45, 203, 205; StV 1998, 470; StV 2007, 68; StV 2012, 706; OLG Hamm StV 2002, 592, 593; *Ranft* NJW

2001, 1305, 1306; MüKo-StPO/*Ellbogen* § 252 Rn. 61; vgl. auch Rdn. 19; anders aber wenn § 252 nicht angewendet wird, weil der Vorsitzende die behauptete Verlobtenstellung nicht anerkennen will, vgl. BGHSt 55, 65, Rn. 7 ff.), gleichwohl kann sich ein solches Vorgehen empfehlen. Im Fall der Vernehmung des Richters ist die Revision insb. begründet, wenn das Revisionsgericht sich nicht von einer ordnungsgemäßen Belehrung bei der früheren Vernehmung überzeugen kann; deshalb ist im Urteil klarzustellen, ob und wie das Gericht sich von der damaligen Belehrung überzeugt hat (BGH JR 1980, 123, 124 m.Anm. *Foth*; KK-StPO/*Diemer* § 252 Rn. 32). Zur Begründung der Rüge müssen alle das Beweisverwertungsverbot begründenden Tatsachen **vorgetragen** und dargetan werden, dass keine diesem entgegenstehenden bzw. eine Ausnahme begründenden Tatsachen vorlagen, soweit solche vernünftigerweise in Betracht zu ziehen sind. Dazu kann z.B. gehören, dass eine Handy-Videoaufnahme im Rahmen einer polizeilichen Vernehmung übergeben wurde (BGH NStZ 2013, 725 m.Anm. *Britz*), ferner in Fällen des § 53, dass der Berufsträger nicht von seiner Schweigepflicht entbunden war (BGH StV 1997, 233). Hinsichtlich einem Sachverständigen mitgeteilter Befundtatsachen kann vorzutragen sein, dass der Zeuge nicht zuvor bereits richterlich belehrt worden war (BGH StV 1995, 564, 565). Ohne besonderen Anlass muss zwar nicht vorgetragen werden, dass die Verlesung nicht nach qualifizierter Belehrung vom Zeugen gestattet wurde (BGHSt 57, 254, Rn. 7 m.Anm. *Kudlich* JA 2012, 873, 874); wird aber die Verwertung früherer Angaben eines sich in der Hauptverhandlung auf sein Zeugnisverweigerungsrecht berufenden, aber in die Verwertung seiner früheren Angaben in nichtrichterlichen Vernehmungen einwilligenden Zeugen gerügt, müssen der Inhalt der Belehrung sowie die Reaktion des Zeugen darauf vollständig und genau mitgeteilt werden (OLG Hamburg NStZ 2021, 190 [2 Rev 26/20]).

Wird dagegen **eine Beweisperson nicht vernommen**, weil das Gericht irrig von einem Fall des § 252 aus- 27
ging, oder unterbleibt die Einvernahme eines Richters, der über eine frühere Aussage der Beweisperson hätte vernommen werden dürfen (Rdn. 20 ff.), kann das eine **Aufklärungsrüge** (§ 244 Rdn. 73 ff.) begründen (BGH StV 1998, 360 ff.; MüKo-StPO/*Ellbogen* § 252 Rn. 63). Bleibt ihre Aussage wegen irriger Annahme eines Falls des § 252 unberücksichtigt oder missachtet das Gericht das Verbot, Schlüsse aus der Ausübung der Rechte aus § 252 zu ziehen, kann das die **Sachrüge** begründen (KMR/*Paulus* § 252 Rn. 34).

§ 253 Protokollverlesung zur Gedächtnisunterstützung

(1) Erklärt ein Zeuge oder Sachverständiger, daß er sich einer Tatsache nicht mehr erinnere, so kann der hierauf bezügliche Teil des Protokolls über seine frühere Vernehmung zur Unterstützung seines Gedächtnisses verlesen werden.

(2) Dasselbe kann geschehen, wenn ein in der Vernehmung hervortretender Widerspruch mit der früheren Aussage nicht auf andere Weise ohne Unterbrechung der Hauptverhandlung festgestellt oder behoben werden kann.

Übersicht

A. Allgemeine Voraussetzungen, Regelungsgehalt und Verfahren. § 253 setzt die Vernehmung eines 1
anwesenden **Zeugen oder Sachverständigen** i.R.d. Beweisaufnahme während der Hauptverhandlung voraus (BGH MDR [D] 1970, 198; *Wömpner* NStZ 1983, 293, 296; einschränkend LR/*Mosbacher* § 253 Rn. 21). Für Bild-Ton-Aufzeichnungen ordnet § 255a Abs. 1 entsprechende Anwendung an. Für Beschuldigte gilt nur § 254 (BGH StV 1994, 637); auch auf Vernehmungsbeamte ist § 253 nicht anwendbar (vgl. BGH NJW 1953, 115; OLG Zweibrücken 1 OLG 1 Ss 36/16 vom 12.09.2016) und regelt damit auch nicht abschließend, wann Vernehmungsprotokolle verlesen werden dürfen (vgl. zum Streitstand *Deiters*, Gutachten C zum DJT 2020/2022, C. 46). Dagegen gestattet die Vorschrift nicht die vernehmungsersetzende Verlesung anderer Schriftstücke als Protokolle, etwa also der schriftlich erstatteten Strafanzeigen (instruktiv: AG Villingen-Schwenningen vom 30.10.2019 – 6 Cs 32 Js 14813/19).

§ 253 setzt weiter voraus, dass die Beweisperson **bereits früher vernommen** worden war. Dies muss nicht 2
notwendig richterlich (BayObLG NJW 1954, 363), aber unter Einhaltung der Formvorschriften geschehen sein (Meyer-Goßner/*Schmitt* § 253 Rn. 7). Ob die Beweisperson zuvor als Beschuldigte vernommen worden war (RGSt 55, 223, 224), in welcher Sache und ob in einem Straf-, Zivil- oder Verwaltungsverfahren, betrifft nur die Beweiswürdigung (vgl. Meyer-Goßner/*Schmitt* § 253 Rn. 7). § 253 betrifft nur die **Vernehmung dieser Beweisperson** in der Hauptverhandlung, gestattet aber insb. **nicht** die Protokollverlesung im Rahmen einer evtl. Vernehmung **der Verhörsperson** (Wortlaut: »seine«; BGHSt 1, 337, 339; 3, 281, 283; StV 1983, 232: zulässig aber Vorhalt; StV 2013, 545). Der Urkundsbeweis kann gleichwohl zulässig sein nach

§ 251 oder – wenn auch die Beweisperson vernommen wurde – nach § 250 Rdn. 13, ebenso ein Vorhalt (§ 249 Rdn. 32 ff.).

3 Ggü. der früheren Vernehmung müssen Erinnerungslücken (Rdn. 5) oder Widersprüche (Rdn. 6) bestehen. Dann lässt § 253 die förmliche Verlesung der Niederschrift über die frühere Vernehmung zur Beweisaufnahme **im Wege des Urkundenbeweises** zu (BGHSt 11, 338, 340; Radtke/Hohmann/*Pauly* § 253 Rn. 1; a.A. [nur Vorhalt] *Eb. Schmidt* JZ 1964, 537, 540 Fn. 21; *Grünwald* JZ 1966, 489, 493; *Hanack* FS Schmidt-Leichner, S. 83, 87; SK-StPO/*Frister* § 249 Rn. 98 und *Velten* § 253 Rn. 5; HbStrVf/*Scheffler* VII Rn. 706 ff.; vgl. auch *Artkämper/Sotelsek* Jura 2008, 579 ff.); eine Abschrift genügt (RGSt 50, 129, 130). Der gesamte Inhalt dieser Niederschrift ist (auch) Wahrnehmung der Vernehmungsperson. Wäre darauf § 250 Satz 1 anzuwenden, müsste diese immer vernommen werden. § 253 erlaubt aber **ausnahmsweise** die Ersetzung durch die Verlesung der Niederschrift (BGHSt 3, 199, 201; *Wömpner* NStZ 1983, 293, 296), zwingt dazu indes nicht (BGH NStZ-RR 2019, 188 – eine Verlesungspflicht kann sich allerdings im Einzelfall aus § 244 Abs. 2 ergeben). Noch stärker mittelbare Urkunden wie Niederschriften einer Aussage der Verhörsperson dürfen hingegen nicht verlesen werden (BGH MDR [H] 1983, 624).

4 Die Beweisperson muss zuvor **vollständig vernommen** worden sein (BGH NStZ 2011, 422: Das Erfordernis bezieht sich nur auf die jeweilige prozessuale Tat; MüKo-StPO/*Kreicker* § 253 Rn. 11). Dabei muss versucht worden sein, ihre Erinnerung durch **Vorhalt** des Protokolls über die frühere Vernehmung aufzufrischen (BGHSt 20, 160, 162; StV 2002, 11, 12; *Dahs* Rn. 629; HK-GS/*Schork* § 253 Rn. 2; vgl. eingehend auch *Gerst* StraFo 2018, 273). Hierbei wird das Protokoll nicht selbst Gegenstand der Beweisaufnahme, sondern nur das von der Beweisperson selbst Ausgesagte (zum Vorhalt s. § 249 Rdn. 32 ff.). Die Zulässigkeit eines Vorhalts wird durch § 253 weder beschränkt noch erweitert (BGHSt 3, 199, 201). Bleiben danach die Diskrepanzen bestehen, darf der Teil des Protokolls, der die der Aussage entgegenstehenden Tatsachen schildert, nach § 253 selbst zum Gegenstand der Beweisaufnahme gemacht werden. Das ist vom Vorsitzenden in einer Weise, die den Einschub eines Urkundenbeweises in die Erhebung des Personalbeweises klarstellt, anzuordnen (§ 238 Abs. 1) sowie zu **protokollieren** (vgl. § 255 Rdn. 1) und unterliegt der Beanstandung nach § 238 Abs. 2 (Meyer-Goßner/*Schmitt* § 253 Rn. 2). Auch im Fall eines vorhergehenden Vorhalts ist der einschlägige Teil der Niederschrift – einschließlich anderer für den Zusammenhang und die Würdigung erforderlicher Teile (RGSt 57, 377, 378; LR/*Mosbacher* § 253 Rn. 20) und ggf. dort in Bezug genommener weiterer Schriftstücke (*Alsberg/Nüse/Meyer* Rn. 492) – **(erneut) zu verlesen** (OLG Köln NJW 1965, 830). Andere Formen des Urkundsbeweises sind nicht statthaft (§ 249 Abs. 2 Satz 1). Abschließend ist der Beweisperson Gelegenheit zu geben, sich zum Inhalt erneut zu äußern; erst danach darf ihre Vernehmung beendet werden (Meyer-Goßner/*Schmitt* § 253 Rn. 3). Diese wird also nicht durch die Verlesung ersetzt, sondern nur ergänzt, sodass **zwei nebeneinander stehende Beweise** im Urteil verwendet werden können und insoweit keine Kollision mit § 250 entsteht (§ 250 Rdn. 13; a.A. *Hellmann* Rn. 673; krit. auch *Kühne* Rn. 935). Eine Gliederung der Vernehmung in selbstständige, abgeschlossene thematische Abschnitte ist zulässig; in diesem Fall darf jeweils am Ende eines Abschnitts nach § 253 vorgegangen und die Vernehmung danach mit dem nächsten Abschnitt fortgesetzt werden (BGH NStZ 2011, 442 f.). § 253 enthält keine Beweisregel; es bleibt beim Grundsatz der freien Beweiswürdigung (§ 261 Rdn. 13 ff.).

5 **B. Spezielle Voraussetzungen. Abs. 1** ist anwendbar bei **Erinnerungslücken**, die eine beweiserhebliche Tatsache (und dabei häufig, aber nicht nur die Frage, was früher ausgesagt wurde) betreffen. Die Lücke kann einzelne Tatsachen oder einen ganzen beweisgegenständlichen Vorgang betreffen (LR/*Mosbacher* § 253 Rn. 11). Die Rechtsfolgen des § 253 hängen nicht davon ab, ob der Zeuge sich tatsächlich nicht mehr erinnert und ob das Gericht ihm glaubt (RGSt 59, 248, 249 f.; *Alsberg/Nüse/Meyer* Rn. 487; MüKo-StPO/*Kreicker* § 253 Rn. 12).

6 **Abs. 2** ist anwendbar bei **Widersprüchen** der jetzigen Aussage zum Protokoll der früheren Vernehmung, nicht bei Widersprüchen allein innerhalb der jetzigen und/oder innerhalb der früheren Aussage bzw. des Protokolls (Meyer-Goßner/*Schmitt* § 253 Rn. 6). Die Verlesung als Urkunde ist nach Abs. 2 ggü. der Vernehmung der Verhörsperson als Zeuge subsidiär: Die Verlesung darf nur erfolgen, wenn die Vernehmung zu einer Unterbrechung der Hauptverhandlung führen würde (RGSt 55, 223, 224). Ist der Widerspruch im Voraus absehbar, ist die Verhörsperson in der Regel vorsorglich als Zeuge zu laden. Bestreitet die Beweisperson die Richtigkeit des Protokolls, kann die Aufklärungspflicht die Vernehmung der Verhörsperson unabhängig von § 253 gebieten (Meyer-Goßner/*Schmitt* § 253 Rn. 6; § 244 Rdn. 40, 61 ff.).

7 **C. Revision.** Wird die Verlesung auf **§ 253** gestützt, ohne dass dessen Voraussetzungen vorliegen, begründet das die Revision (MüKo-StPO/*Kreicker* § 253 Rn. 35). Vorzutragen ist dabei auch, ob und wie die Zeugenvernehmung thematisch gegliedert war und an welcher Stelle die Verlesung erfolgte (BGH NStZ 2011, 442 f.). Rechtzeitige Beanstandung oder Widerspruch sind grds. nicht erforderlich (HK-StPO/*Julius/Bär*

§ 253 Rn. 16, 21), aber anzuraten (offengelassen in BGH NStZ 2011, 442, 443). Auf dem Fehler beruht das Urteil aber nur dann, wenn die Verlesung nicht aus anderen Gründen zulässig war und der Inhalt der Urkunde im Urteil verwertet wurde (BGHSt 11, 333, 340). **§ 261** ist verletzt, wenn der Inhalt der Urkunde im Urteil verwertet wurde, ohne zuvor ordnungsgemäß in die Hauptverhandlung eingeführt worden zu sein, insb. wenn sie nur vorgehalten und vom Zeugen nicht entsprechend ausgesagt wurde (vgl. § 249 Rdn. 44). Die **Aufklärungsrüge** ist begründet, wenn eine zulässige und den Umständen nach notwendige Verlesung oder Vernehmung der Verhörsperson unterbleibt (BGH StV 2002, 11; HK-StPO/*Julius/Bär* § 253 Rn. 19) oder sich nach der Verlesung aufdrängende weitere Beweiserhebungen unterbleiben (entspr. Meyer-Goßner/*Schmitt* § 254 Rn. 9).

§ 254 Verlesung eines richterlichen Protokolls bei Geständnis oder Widersprüchen

(1) Erklärungen des Angeklagten, die in einem richterlichen Protokoll oder in einer Bild-Ton-Aufzeichnung einer Vernehmung enthalten sind, können zum Zweck der Beweisaufnahme über ein Geständnis verlesen beziehungsweise vorgeführt werden.

(2) Dasselbe kann geschehen, wenn ein in der Vernehmung hervortretender Widerspruch mit der früheren Aussage nicht auf andere Weise ohne Unterbrechung der Hauptverhandlung festgestellt oder behoben werden kann.

A. Regelungsgehalt und Verfahren. Die Vorschrift gestattet die Verlesung bestimmter Geständnisprotokolle **als Urkunde** (BGHSt 1, 337, 338; 14, 310, 313; OGHSt 1, 110; LR/*Mosbacher* § 254 Rn. 1; a.A. [Vorhalt] *Kuckuck*, Zulässigkeit von Vorhalten, 1977, S. 154 ff., 166 f.; differenzierend SK-StPO/*Velten* § 254 Rn. 4; zu Reformvorschlägen vgl *Deiters*, Gutachten C zum DJT 2020/2022, C. 80 ff.). Auch wenn der Urkundsbeweis zulässig ist, kann die **Aufklärungspflicht** eine Vernehmung z.B. des Vernehmungsrichters als Zeugen gebieten (*Eichel* JA 2008, 631, 634; § 244 Rdn. 42 ff.). Das insb. regelmäßig dann der Fall, wenn der Angeklagte die Richtigkeit des Protokolls bestreitet (BGH NJW 1966, 1524). Umstritten ist, in welchem Umfang der Vorschrift stillschweigende Verbote zu entnehmen sind (Rdn. 10 ff.). Seit dem Gesetz zur effektiveren und praxistauglicheren Ausgestaltung des Strafverfahrens (BGBl. I 2017 3202) enthält die Vorschrift zudem eine eigene Regelung über die Vorführung von (mittlerweile teilweise obligatorischen) **Bild-Ton-Aufzeichnungen** einer Beschuldigtenvernehmung (§ 136 Abs. 4; vgl. zu den daraus resultierenden psychologischen Implikationen auch *Wagner* GA 2021, 340). Sie passt zwar systematisch nicht in die Regelungen zum Urkundsbeweis, denn es geht um Augenschein (§ 86); die enge beweisthematische Verbindung rechtfertigt aber die parallele Regelung innerhalb derselben Vorschrift (dazu Rdn. 4, 8). 1

Sonderregelungen enthalten §§ 232 Abs. 3, 233 Abs. 3 Satz 2 und 415 Abs. 4. Zur Verlesung schriftlicher Einlassungen des Angeklagten s. § 249 Rdn. 25. Der nur für den Angeklagten formulierte § 254 findet **entsprechende Anwendung** auf Nebenbeteiligte, soweit im Verfahren über eine diese belastende Maßnahme zu entscheiden ist (§§ 427 Abs. 1 Satz 1, 435 Abs. 3 Satz 2, 438 Abs. 3, 439, 444 Abs. 2 Satz 2; KMR/*Paulus* § 254 Rn. 4; beachte ferner § 423 Abs. 4 Satz 3 zum abgetrennten Einziehungsverfahren und § 426 Abs. 2 zur Anhörung von möglichen Einziehungsbeteiligten). Ob § 254 auch über die ausdrückliche Regelung hinaus auf weitere Ton- und Bild-Ton-Aufzeichnungen anzuwenden ist, regelt **§ 255a nicht**, denn dort wird nur der Zeugenbeweis behandelt (*Kühne* Rn. 841; Meyer-Goßner/*Schmitt* § 254 Rn. 1). Auch die gesetzlichen Ermächtigungen zum Mitschneiden von Vernehmungen in §§ 58a, 168e Satz 4, 247a Satz 4 und 5 betreffen nur Zeugen. Die Frage einer Anwendbarkeit von § 254 stellt sich daher nur bei Mitschnitten nach § 273 Abs. 2 Satz 2, der aber auf ein Vorgehen nach §§ 323 Abs. 2 Satz 2, 325 zugeschnitten ist, bei Wechseln in der Prozessrolle, wenn der jetzige Angeklagte früher (im gleichen oder anderen Verfahren) als Zeuge vernommen wurde, sowie bei einverständlich oder rechtswidrig erstellten Mitschnitten. In all diesen gesetzlich nicht explizit behandelten Fällen ist es grds. nicht einzusehen, den Augenscheinsbeweis über die Aufzeichnung in weiteren Fällen zuzulassen, als § 254 einen Urkundsbeweis mit entspr. Protokoll gestatten würde (so aber LR/*Mosbacher* § 254 Rn. 10). Richtigerweise sind solche Aufzeichnungen sowohl hinsichtlich der Zulässigkeit eines selbstständigen Augenscheinsbeweises als auch hinsichtlich der Zulässigkeit eines Vorhalts einem nichtrichterlichen Protokoll gleichzustellen (BGHSt 14, 339 340; *Hanack* JZ 1972, 275). Einem richterlichen Protokoll sind sie aber dann **gleichzustellen**, wenn die Vernehmung dessen Anforderungen erfüllt und die Vollständigkeit und Verständlichkeit der Wiedergabe außer Frage steht (*Hanack* FS Schmidt-Leichner, S. 83, 2

96 f.; SK-StPO/*Schlüchter*, 1992, § 254 Rn. 5; ähnlich SK-StPO/*Frister* § 249 Rn. 101). Wurde hingegen eine Beschuldigtenvernehmung des Angeklagten selbst aufgezeichnet (§ 136 Abs. 4), liegt keiner der hier behandelten Sonderfälle vor, und der Augenscheinsbeweis ist nach Abs. 1 Var. 2 unmittelbar zulässig (Rdn. 1).

3 § 254 **ergänzt die Regelung des § 253**, der nur für Beweispersonen (im Gegensatz zum Angeklagten) gilt, um eine den **Angeklagten** (Rdn. 7, § 252 Rdn. 5) betreffende, **strukturell ähnliche Vorschrift**: Wegen §§ 243 Abs. 5, 250, 257 Abs. 1, 258 darf auch dessen Vernehmung nicht durch Sachbeweis ersetzt werden, soweit er bereit ist, sich zur Sache zu äußern (vgl. § 250 Rdn. 8). Hiervon macht § 254 keinerlei Ausnahme (ebenso wie § 253 die Vernehmung des Gewährszeugen gerade voraussetzt und insoweit keine Ausnahme zu § 250 darstellt, vgl. § 253 Rdn. 4); der Angeklagte muss Gelegenheit erhalten, sich zur Beweisfrage zu äußern. Dieser Grundsatz steht einem Urkundsbeweis aber weder entgegen, wenn er nur ergänzend erfolgt (vgl. § 250 Rdn. 13), noch soweit der Angeklagte die Aussage verweigert. Der gesamte Inhalt des Vernehmungsprotokolls ist (anders als eine Aufzeichnung) indes **auch Wahrnehmung der Vernehmungsperson**. Nach § 250 Satz 1 darf die Vernehmung der Verhörsperson grds. nicht durch die Verlesung des Protokolls ersetzt werden. § 254 erlaubt dies aber für richterliche Protokolle, was man (ähnlich § 253 Rdn. 3) als Ausnahme zu § 250 auffassen kann. In der Beschränkung auf richterliche Protokolle (dazu *Schneidewin* JR 1951, 485; vgl. auch Rdn. 5), unterscheidet sich § 254 aber von § 253. Umstritten ist, ob § 254 wegen **Ähnlichkeiten zu § 252** dem Angeklagten zusätzlich die Möglichkeit bietet, die Vernehmung der Verhörsperson und andere Rückgriffe auf seine früheren Aussagen in nicht-richterlichen Vernehmungen zu verhindern, wenn er erst in der Hauptverhandlung von seinem Schweigerecht Gebrauch macht (dazu Rdn. 10 ff.).

4 Die **Verlesung** muss während der Beweisaufnahme (also nicht während der Vernehmung des Angeklagten zur Anklage nach § 243 Abs. 5) als Urkundsbeweis erfolgen, die **Vorführung** der Bild-Ton-Aufzeichnung als Augenscheinsbeweis (vgl. Rdn. 1). Für Anordnung und Beanstandung gilt § 238 (Meyer-Goßner/*Schmitt* § 254 Rn. 1, § 253 Rn. 2). Zur Protokollierung s. § 255 Rdn. 1, zum Verfahren ergänzend § 253 Rdn. 4. Die Verlesung kann durch die Bekanntgabe des wesentlichen Inhalts (§ 249 Rdn. 29) ersetzt werden, wenn alle Beteiligten damit einverstanden sind (BGH VRS 32, 352, 353). Das Selbstleseverfahren ist hingegen ausdrücklich nicht statthaft (§ 249 Abs. 2, dort Rdn. 37).

5 **B. Voraussetzungen.** Weil es dem Angeklagten jederzeit freisteht, sich zur Sache zu äußern oder nicht zu äußern, ist die Ausnahme nach § 254 **Abs. 1** (anders als § 253 Abs. 1) nicht auf Gedächtnislücken beschränkt. Auch wenn der Angeklagte in der Hauptverhandlung zur Sache schweigt, ist die Verlesung eines richterlich protokollierten Geständnisses zulässig. § 254 **Abs. 2** setzt hingegen voraus, dass der Angeklagte sich zur Sache einlässt und dabei ein Widerspruch zu einer früheren Aussage von ihm hervortritt. Die Verlesung des richterlichen Protokolls ist hier ebenso wie bei § 253 Abs. 2 subsidiär (näher § 253 Rdn. 6).

6 Beweisziel müssen Feststellungen über ein **Geständnis** sein. Gemeint ist damit nicht nur ein vollumfängliches Zugestehen der Tat, sondern auch einzelner Tatsachen, die für die Schuld- oder Rechtsfolgenfrage erheblich sind (RGSt 54, 126, 127 f.; *Dencker* ZStW 102 [1990], 51, 62, 68; *Eichel* JA 2008, 631, 632; MüKo-StPO/*Kreicker* § 254 Rn. 21). Dazu können auch Erklärungen zur Person und persönliche Verhältnisse gehören (BGH MDR [H] 1977, 984; Meyer-Goßner/*Schmitt* § 254 Rn. 2). **Auch entlastende Tatsachen** fallen unter den Begriff (BGH MDR [H] 1977, 984; vgl. auch Rdn. 7). Es muss kein vollständiger Nachweis erwartet werden; die Erwartung von Indizien genügt (RGSt 45, 196, 197). Ziel dürfen Feststellungen dazu sein, dass das Geständnis **abgegeben**, nicht abgegeben oder widerrufen wurde, dass es einen bestimmten **Inhalt** hatte bzw. nicht hatte und dass es **wahr** bzw. unwahr war (RGSt 45, 196, 197; 54, 126, 128; *Schroth* ZStW 87 [1975], 103, 110; *Alsberg/Nüse/Meyer* Rn. 494). Zu Verwertungsfragen nach einer **missglückten Verständigung** siehe § 257c Rdn. 90, 113 ff. Zum bloßen Beweis der Existenz eines Schriftstücks ist dieses unabhängig von § 254 stets verlesbar (BGHSt 3, 149, 150), denn insoweit geht es nicht um Wahrnehmungen i.S.d. § 250.

7 Das Geständnis muss die **zu entscheidende Strafsache**, nicht eine andere betreffen (RGSt 54, 126, 128; KG StV 1999, 197; OLG Hamburg StV 1997, 11, 12). Es ist aber **unerheblich**, in welchem Verfahrensabschnitt es abgegeben wurde (BGHSt 3, 149, 150) und ob im selben oder einem anderen Verfahren (*Alsberg/Nüse/Meyer* Rn. 499). Grds. ist ebenfalls unerheblich, ob der Angeklagte bereits **als Beschuldigter oder als Zeuge** vernommen wurde (KMR/*Paulus* § 254 Rn. 4; Meyer-Goßner/*Schmitt* § 254 Rn. 4; MüKo-StPO/*Kreicker* § 254 Rn. 9; a.A. KK-StPO/*Diemer* § 254 Rn. 3; Radtke/Hohmann/*Pauly* § 254 Rn. 3), ob in einem Straf-, Zivil- oder Verwaltungsgerichtsverfahren (RGSt 56, 257, 358; *Alsberg/Nüse/Meyer* Rn. 499) und ob in einem inländischen oder ausländischen Verfahren (vgl. § 251 Rdn. 8 und 34; BGH StV 1995, 231 m. abl. Anm. *Dencker*, differenzierend *Hauser* JR 1995, 253 ff.; *Wohlers* NStZ 1995, 45 f. und *Britz* NStZ 1995, 607 f.; vgl. auch *Keller* FS Fezer, S. 227 ff.). Er muss aber inhaltlich im von **§§ 136, 115 Abs. 3 bzw. 243 Abs. 5** (ggf. i.V.m. §§ 163a Abs. 3 bzw. 4) angeordneten Umfang **belehrt** worden sein (entspr. BGH NStZ 1996, 612 unter Verweis auf BGHSt 38, 214 ff.), auch wenn die z.Zt. der Vernehmung anwendbaren

Vorschriften das nicht vorsahen. Ausnahmen von diesem Erfordernis macht die h.M. für Fälle, in denen der Angeklagte seine Rechte auch ohne Belehrung kannte (vgl. § 136 Rdn. 70). Solche Ausnahmen sind zweifelhaft, weil dabei letztlich immer ein staatlicher Fehler mit einer Unterstellung zulasten des Angeklagten ausgeglichen wird. Wurde der Verteidiger entgegen **§ 168c Abs. 5 Satz 1** nicht vom Vernehmungstermin benachrichtigt, führt auch das zu einem Verwertungsverbot (entspr. Ausnahmen erwägend BGHSt 53, 191, Rn. 11). Unter Rückgriff auf die Rechtskreistheorie will der BGH die Verwertungsverbote aber nicht auf Mitbeschuldigte erstrecken (BGHSt 53, 191, Rn. 12 ff. m. krit. Anm. *Kudlich* JR 2009, 303; krit. Anm. *Fezer* NStZ 2009, 524 und eher zust. Anm. *Weßlau* StV 2010, 41; entspr. *Nack* StraFo 1998, 366, 373; a.A. OLG Hamm NJW 1996, 2185, 2189; *Dencker* StV 1995, 232 ff.; Meyer-Goßner/*Schmitt* Einl. Rn. 57b; eingehend *Schwaben*, Personelle Reichweite, 2005, S. 67 ff.). Für entlastende Tatsachen gilt grds. kein striktes Verwertungsverbot (*Rogall* ZStW 91 [1979], 1, 38; *Nack* StraFo 1998, 366, 373; *Amelung* StraFo 1999, 181 ff.; *Roxin/Schäfer/Widmaier* StV 2006, 655 ff.; *Güntge* StV 2005, 403 a.A. *Kleinknecht* NJW 1966, 1537, 1543; Meyer-Goßner/*Schmitt* Einl. Rn. 55a m.w.N.; vgl. auch Einl. Rdn. 260).

Als Urkunde **verlesen** werden dürfen nur **richterliche Protokolle** (§ 251 Rdn. 33 ff.). Sie müssen ordnungsgemäß zustande gekommen sein (BGH StV 1985, 314, 315; NJW 1994, 596, 600). In Fällen des § 273 Abs. 2 genügt ein Protokoll der wesentlichen Vernehmungsergebnisse (§ 251 Rdn. 34). Zu dem richterlichen Protokoll gehören alle Schriftstücke – auch Protokolle nicht-richterlicher Vernehmungen –, auf die die protokollierte Aussage ausdrücklich affirmativ Bezug nimmt und die i.R.d. Vernehmung vollständig verlesen wurden (BGHSt 6, 279, 281; 7, 73, 74; StV 1987, 49; 1989, 90; 1991, 340; MüKo-StPO/*Kreicker* § 254 Rn. 18). Eine in der Hauptverhandlung vom Verteidiger verlesene und als Anlage zum Protokoll genommene Erklärung ist indes nicht Bestandteil des Protokolls (BGH StV 2009, 454), sondern ihr Inhalt im Urteil festzustellen (zu dessen Verlesbarkeit § 249 Rdn. 17). Die Vorführung der **Bild-Ton-Aufzeichnung** einer Beschuldigtenvernehmung soll nach der Regelungsintention des Gesetzgebers **unabhängig davon zulässig** sein, ob die Vernehmung richterlich erfolgte oder nicht (BT-Drs. 18/11277 S. 36); freilich sind die Umstände der Vernehmung und die Person der Verhörsperson bei der Würdigung der Aussage zu berücksichtigen. 8

Die protokollierte Erklärung muss vom **jetzigen Angeklagten** stammen (BGHSt 27, 13, 17). Es genügt, wenn sich der Verteidiger für den Angeklagten erklärte (OLG Hamm StV 2005, 122). Auch **ggü. Mitangeklagten** ist der Beweis verwertbar, soweit es um einen einheitlichen Lebenssachverhalt geht (BGHSt 3, 149, 153; 22, 372, 374; KK-StPO/*Diemer* § 254 Rn. 8; a.A. *Schneidewin* JR 1951, 481, 486). 9

C. Rechtsfolgen. Explizit gestattet § 254 nur die Verlesung richterlicher Protokolle (und Vorführung von Aufzeichnungen nach § 136 Abs. 4) unter obigen Voraussetzungen. Ob und in welchem Umfang damit zugleich die Verwendung anderer Protokolle und weiterer Beweismittel i.R.d. Beweisaufnahme verboten wird, ist nicht ausdrücklich normiert. Weil Situationen der Aussageverweigerung wichtiger Anwendungsfall von § 254 sind, besteht Ähnlichkeit zu § 252. Dies veranlasst die Frage, ob § 254 ein ebenso umfassendes Beweis- und Verwertungsverbot zu entnehmen ist wie § 252 (vgl. § 252 Rdn. 16 ff.). **Rspr. und h.L.** verneinen dies und lassen insb. die **Vernehmung von Verhörspersonen auch über nicht-richterliche Vernehmungen** uneingeschränkt zu (BGHSt 3, 149, 150; 14, 310, 312; 22, 170, 171; *Beulke/Swoboda* Rn. 416; *Krey/Heinrich* Rn. 1491; *Volk/Engländer* § 27 Rn. 22; *Schellenberg* S. 99; MüKo-StPO/*Kreicker* § 254 Rn. 5). Ein **Beweis- und Verwertungsverbot** soll sich aus § 254 **nur bzgl. des nicht-richterlichen Protokolls** (BGHSt 1, 337 ff.; 3, 149, 150; 6, 141, 143; 14, 310, 311; OLG Frankfurt StV 1996, 202; *Wömpner* NStZ 1983, 293, 298; a.A. [verlesbar bei Einverständnis] *Bohlander* NStZ 1998, 396, 397) ergeben, weshalb jedenfalls die Erklärung des Vernehmungsbeamten, er habe die Aussage damals richtig protokolliert, nicht hinreichend ist, damit der Protokollinhalt deshalb in die Hauptverhandlung transportiert werden kann (vgl. OLG Köln 1 RVs 227/16 vom 25.10.2016). Für die hinsichtlich des Vernehmungsbeamten verwertungsfreundliche Ansicht der h.M. sprechen vordergründig die Strukturgleichheit zu § 253 (näher § 254 Rdn. 3) und die positive Formulierung, während § 252 negativ gefasst ist. 10

Beides sind aber keine zwingenden Gründe: Die Frage der Wirkung des erst in der Hauptverhandlung geltend gemachten Rechts, zum Beweisthema nicht Stellung zu nehmen, stellt sich bei § 253 gar nicht, sodass die Strukturgleichheit hier kein Argument liefert. Nur zu § 252 besteht insoweit Ähnlichkeit, und es wäre zu begründen, weshalb die Rechtsfolgen anders sein sollten als dort. Dass § 254 ausdrücklich eine eng gefasste Erlaubnis beinhaltet, liefert erst recht keinen Grund dafür, dass viel mehr erlaubt sein soll, als diese Erlaubnis ausspricht und als nach dem fragmentarisch formulierten Verbot des § 252 für zulässig erachtet wird. In der Sache geht es bei § 254 um den *nemo tenetur*-Grundsatz als Ausfluss der Menschenwürde (Einl. Rdn. 150) des Angeklagten und damit jedenfalls um kein geringeres Rechtsgut als den von § 252 geschützten Familienfrieden. Praktisch konzentriert sich der durch die h.M. entstehende Vorteil für die Strafverfolgungsbehörden auf rechtsunkundige Personen, die zu spät rechtlichen Beistand erhalten, und beruht damit auf einer Ungleich- 11 heit, die nach dem gesetzgeberischen Willen, der insb. in den Belehrungspflichten zum Ausdruck kommt, gerade nicht den Ausgang des Strafverfahrens entscheiden soll. Die zu § 252 entwickelten – über den Gesetzesinhalt hinausgehenden – Grundsätze sollten daher erst recht angewendet werden, wenn der Angeklagte erst in der Hauptverhandlung die Einlassung zur Sache verweigert (ähnlich *Riegner* NJW 1961, 63; *Schroth* ZStW 87 [1975], 103, 130; *Frister* FS Fezer, S. 211, 224; *Dahs/Dahs* Rn. 301; SK-StPO/*Velten* § 254 Rn. 2, 12; mit einem Vorschlag de lege ferenda *Jahn* FS Wolter 2013, 963, 964 ff.). Hinsichtlich seiner früheren Aussage (beachte § 249 Rdn. 25) sollte ein **umfassendes Beweis- und Verwertungsverbot** (§ 252 Rdn. 16 ff.) mit Ausnahme nur für Protokolle richterlicher Vernehmungen (Wortlaut des § 254) angenommen werden. Auch die von der h.M. zu § 252 postulierte Ausnahme für richterliche Protokolle (vgl. § 252 Rdn. 20) lässt sich nur rechtfertigen, wenn beiden Vorschriften die gleichen Rechtsfolgen zugesprochen werden und man die Ausnahme bei § 252 auf die Formulierung des § 254 stützt. Nach der Ergänzung der Vorschrift um Aufzeichnungen nach § 136 Abs. 4 stehen diese den Protokollen richterlicher Vernehmungen unabhängig davon gleich, ob die Vernehmung von einem Richter durchgeführt wurde. I.Ü. wollte der Gesetzgeber in die Zulässigkeit bzw. Unzulässigkeit der Einführung von Erklärungen des Angeklagten durch Zeugenbeweis nicht eingreifen (BT-Drs. 18/11277 S. 36).

12 Soweit der Angeklagte bereit ist, zur Sache auszusagen, dürfen ihm – **auch nicht-richterliche – Protokolle** nach allgemeinen Regeln (§ 249 Rdn. 32 ff.) **vorgehalten** werden (RGSt 23, 58 f.; BGHSt 3, 149, 150; 14, 310, 311). § 254 beschränkt dies nicht. Soweit der Angeklagte bestätigt, früher entsprechend ausgesagt zu haben, kann dies dem Urteil auch dann zugrunde gelegt werden, wenn der Angeklagte sein früheres Geständnis in der Hauptverhandlung widerruft. In diesen Fällen bedarf es daher keines Urkundsbeweises nach § 254 (RGSt 23, 58 ff.; 52, 243 f.; Meyer-Goßner/*Schmitt* § 254 Rn. 2).

13 Der Vorhalt ggü. anderen Personen ist nach der Rspr. statthaft (BGHSt 1, 337, 339; 14, 310, 312; 22, 170, 172), darf es aber nach den in Rdn. 11 angestellten Überlegungen nicht sein, wenn der Angeklagte insoweit die Aussage in der Hauptverhandlung verweigert hat. Der zur Sache aussagende Angeklagte kann die Verwertung seines früheren Geständnisses aber jedenfalls nicht isoliert verhindern (vgl. entspr. § 252 Rdn. 18), es sei denn, er war damals nicht ordnungsgemäß belehrt (§ 136 Rdn. 43 ff.). Auch nach h.M. darf dem Urteil nur zugrunde gelegt werden, was die Beweisperson zumindest nach Vorhalt aus eigener Erinnerung bestätigt (§ 249 Rdn. 33). Die bloße Beteuerung, korrekt protokolliert zu haben, genügt nicht (BGHSt 23, 213, 220; a.A. *Wömpner* NStZ 1983, 293, 299), und auch eine ergänzende Verlesung des Protokolls ist nicht zulässig (vgl. § 253 Rdn. 2; *Langkeit/Cramer* StV 1996, 230, 231).

14 **D. Revision.** Wird ein nach **§ 254** unzulässiger Beweis erhoben (Rdn. 10 ff.), insb. ein nicht-richterliches Geständnisprotokoll verlesen, ist diese Vorschrift verletzt (OLG Frankfurt StV 1996, 202; LR/*Mosbacher* § 254 Rn. 26; MüKo-StPO/*Kreicker* § 254 Rn. 39). Das Urteil beruht aber nur dann auf dem Fehler, wenn es den Beweis verwertete und nicht ausnahmsweise sicher davon auszugehen ist, dass das Gericht auch ohne ihn zum selben Ergebnis gelangt wäre (BGHSt 27, 13, 17 f.; StV 1994, 58, 62; NStZ 2019, 106). Dass ein Protokoll letztlich kein Geständnis enthielt, begründet eine auf § 254 gestützte Revision nicht (RGSt 45, 196, 197; BGH MDR [D] 1975, 369; oben Rdn. 6). Zu Verstößen gegen **§§ 136 und 136a Abs. 2 Satz 2** und resultierenden Verwertungsverboten s. § 136 Rdn. 83 ff. und § 136a Rdn. 71 f. Zu inhaltlich falschen Feststellungen s. § 249 Rdn. 44. Zu Verstößen gegen § 261 und Verletzungen der Aufklärungspflicht vgl. § 253 Rdn. 7.

§ 255 Protokollierung der Verlesung

In den Fällen der §§ 253 und 254 ist die Verlesung und ihr Grund auf Antrag der Staatsanwaltschaft oder des Angeklagten im Protokoll zu erwähnen.

1 Die Verlesung einer Urkunde ist – unabhängig von §§ 253, 254 und Anträgen nach § 255 – schon nach **§ 273 Abs. 1** stets unter Bezeichnung des Schriftstücks und ggf. Angabe des verlesenen Teils zu protokollieren (BGH StV 1986, 92, 93 m.Anm. *Gollwitzer* JR 1986, 525 f.; vgl. auch § 249 Rdn. 10 und 40 sowie § 273 Rdn. 7). Auf Antrag ist nach § 255 zusätzlich der Grund der Verlesung zu protokollieren. Der Antrag selbst ist nach § 273 Abs. 1 zu protokollieren (LR/*Mosbacher* § 255 Rn. 5). § 274 gilt nicht für die nach § 255 gemachten Einträge im Protokoll (§ 274 Rdn. 5 f.), sodass der Verlesungsgrund vom Revisionsgericht freibeweislich nachgeprüft (KMR/*Paulus* § 255 Rn. 3) und ggf. sogar ausgetauscht werden kann.

2 **Antragsberechtigt** sind StA und Angeklagter, ebenso sein Verteidiger (BGHSt 12, 367, 371; MüKo-StPO/*Kreicker* § 255 Rn. 6), Nebenbeteiligte soweit die Verlesung sie betrifft (§ 427 Rdn. 1 f.) und Privatkläger, hingegen nicht Nebenkläger (§ 397 Rdn. 10). Eine Verletzung von § 255 begründet keine **Revision**, da das Urteil nicht auf einer Fehlerhaftigkeit des Protokolls beruhen kann (vgl. nur Radtke/Hohmann/*Pauly* § 255

Rn. 3, sowie § 337 Rdn. 17 und § 344 Rdn. 38). Wegen der negativen Beweiskraft des Protokolls kommt aber u.U. eine Inbegriffsrüge (§ 261) in Betracht (dazu MüKo-StPO/*Kreicker* § 255 Rn. 13).

§ 255a Vorführung einer aufgezeichneten Zeugenvernehmung

(1) Für die Vorführung der Bild-Ton-Aufzeichnung einer Zeugenvernehmung gelten die Vorschriften zur Verlesung eines Protokolls über eine Vernehmung gemäß §§ 251, 252, 253 und 255 entsprechend.

(2) [1]In Verfahren wegen Straftaten gegen die sexuelle Selbstbestimmung (§§ 174 bis 184k des Strafgesetzbuches) oder gegen das Leben (§§ 211 bis 222 des Strafgesetzbuches), wegen Misshandlung von Schutzbefohlenen (§ 225 des Strafgesetzbuches) oder wegen Straftaten gegen die persönliche Freiheit nach den §§ 232 bis 233a des Strafgesetzbuches kann die Vernehmung eines Zeugen unter 18 Jahren durch die Vorführung der Bild-Ton-Aufzeichnung seiner früheren richterlichen Vernehmung ersetzt werden, wenn der Angeklagte und sein Verteidiger Gelegenheit hatten, an dieser mitzuwirken, und wenn der Zeuge, dessen Vernehmung nach § 58a Absatz 1 Satz 3 in Bild und Ton aufgezeichnet worden ist, der vernehmungsersetzenden Vorführung dieser Aufzeichnung in der Hauptverhandlung nicht unmittelbar nach der aufgezeichneten Vernehmung widersprochen hat. [2]Dies gilt auch für Zeugen, die Verletzte einer dieser Straftaten sind und zur Zeit der Tat unter 18 Jahre alt waren oder Verletzte einer Straftat gegen die sexuelle Selbstbestimmung (§§ 174 bis 184k des Strafgesetzbuches) sind. [3]Das Gericht hat bei seiner Entscheidung auch die schutzwürdigen Interessen des Zeugen zu berücksichtigen und den Grund für die Vorführung bekanntzugeben. [4]Eine ergänzende Vernehmung des Zeugen ist zulässig.

Übersicht

1 **A. Allgemeines. I. Regelungszweck.** Während § 58a die Ermächtigungsgrundlage für die Videoaufzeichnung einer Zeugenvernehmung im Ermittlungsverfahren schafft, regelt § 255a die **Verwertung** der Aufnahmen in der Hauptverhandlung. **Abs. 1** eröffnet die entsprechende Anwendung der **§§ 251 bis 253 sowie 255** und billigt damit eine weitere Ausnahme zu § 250. Zielsetzung ist die optimale Sachaufklärung und die Beschleunigung des Verfahrens (Meyer-Goßner/*Schmitt* § 255a Rn. 1; Graf/*Berg* § 255a Rn. 1). **Abs. 2** stellt eine (gravierende) Durchbrechung des Unmittelbarkeitsgrundsatzes dar (*Vogel/Norouzi* JR 2004, 215; SK-StPO/*Velten* § 255a, Rn. 1) und ermöglicht es, die gebotene persönliche Vernehmung des Zeugen durch die Vorführung einer früheren richterlichen Vernehmung zu **ersetzen** (*Pfeiffer* § 255a Rn. 1; SK-StPO/*Velten* § 255a Rn. 1). Als eigenständige Rechtsgrundlage stellt Abs. 2 den Zeugenschutz – insb. den Schutz jugendlicher und kindlicher Opferzeugen – in den Vordergrund, wodurch eine sog. sekundäre Viktimisierung vermieden werden soll (BGHSt 48, 268, 271; *Kretschmer* JR 2006, 453, 457; *Vogel/Norouzi* JR 2004, 215, 216).

2 **II. Entstehungsgeschichte.** Eingeführt wurde die Vorschrift gemeinsam mit § 58a durch das **Zeugenschutzgesetz** v. 30.04.1998 mit Wirkung zum 01.12.1998 (Gesetz zum Schutz von Zeugen bei Vernehmungen im Strafverfahren und zur Verbesserung des Opferschutzes, BGBl. I, S. 820). Mit dem Gesetz zur Stärkung der Rechte von Opfern sexuellen Missbrauchs (StORMG) vom 26.06.2013 (Inkrafttreten am 01.09.2013) wurden die Sätze 2 und 3 im Abs. 2 eingefügt und § 255a erheblich erweitert (vgl. unten Rdn. 9 ff.). Der Straftatkatalog des Abs. 2 Satz 1 wurde danach mit Wirkung zum 05.11.2008 durch das Gesetz zur Umsetzung des Rahmenbeschlusses des Rates der EU zur Bekämpfung der sexuellen Ausbeutung von Kindern und der Kinderpornografie vom 31.10.2008 (BGBl. I, S. 2149) geändert. Als Folge der Änderung des § 58a Abs. 1 Satz 3 (vgl. BT-Drs. 19/14747, S. 35) wurde mit dem Gesetz zur Modernisierung des Strafverfahrens vom 10.12.2019 mit Wirkung zum 13.12.2019 (BGBl. I, S. 2121) eine weitere Variante in Abs. 2 Satz 2 eingefügt. Mit Gesetz vom 09.10.2020 (BGBl. I, S. 2075) und Wirkung zum 01.01.2021 wurde der neue § 184k StGB als Katalogstraftat berücksichtigt.

3 **B. Regelungsgehalt. I. Vorführung der Bild- und Tonaufzeichnung (Abs. 1).** Die Vorführung der Bild- und Tonaufzeichnung wird in Abs. 1 der **Verlesung** einer schriftlich fixierten Zeugenaussage nach den §§ 251, 252, 253, 255 **gleichgestellt**: Eine bereits erstellte Aufzeichnung darf dann nach Maßgabe des § 251 an die Stelle der Zeugenvernehmung in der Hauptverhandlung treten. Die Aufzeichnung selbst kann nach § 58a im Ermittlungsverfahren oder nach 247a Abs. 1 Satz 4 in einer anderen Hauptverhandlung entstanden sein (*Pfeiffer* § 255a Rn. 2). Ist eine Videoaufnahme vorhanden, so ist sie wegen ihres besseren Beweiswerts (vgl. § 58a Rdn. 7) ggü. der Protokollverlesung vorzuziehen (s.a. § 58a Rdn. 7, 13; *Leitner* StraFo 1999, 45, 48; *Weider/Staechelin* StV 1999, 51, 53; HK-GS/*Trüg* § 58a Rn. 7; a.A. BGH StV 1999, 580; KK-StPO/*Diemer* § 255a Rn. 4).

4 Der Verweis auf die §§ 251, 253 ermöglicht die Vorführung von Bild- und Tonaufzeichnungen einer **richterlichen** und ausnahmsweise einer nichtrichterlichen Vernehmung und ersetzt die gerichtliche Einvernahme des Zeugen (BGHSt 48, 269, 271). Für die Vorführung – insb. bei der richterlichen Vernehmung – gelten dieselben Voraussetzungen und Einschränkungen wie für die Protokollverlesung, sodass nur in diesen Grenzen eine Ausnahme vom Grundsatz der Unmittelbarkeit möglich ist (Meyer-Goßner/*Schmitt* § 255a Rn. 2; *Bürger* ZStW 2016, 518, 525 f.).

5 Abs. 1 erfasst jede Zeugenvernehmung und beschränkt sich nicht – anders als Abs. 2 – auf bestimmte Straftaten oder Zeugen (Meyer-Goßner/*Schmitt* § 255a Rn. 1). Handelt es sich bei der vorliegenden Aufzeichnung um die frühere Vernehmung eines Mitbeschuldigten, ist die Vorführung möglich, wenn sich dessen Stellung im Verfahren – z.B. durch Erledigung oder Abtrennung – zu der eines Zeugen geändert hat (LR/*Mosbacher* § 255a Rn. 5; SK-StPO/*Velten* § 255a Rn. 8). Auf **Sachverständige** ist die Vorschrift schon nach dem Wortlaut nicht anwendbar. Und weil wegen des abschließenden Charakters der Vorschrift keine Regelungslücke besteht, ist auch eine analoge Anwendung nicht zulässig (SK-StPO/*Velten* § 255a Rn. 15).

6 **Unzulässig** ist die Vorführung der Bild- und Tonaufzeichnung zum Zwecke der Beweisaufnahme über ein Geständnis oder bei Widersprüchen nach der Vorschrift des **§ 254**. Hier fehlt es an einer Verweisung durch Abs. 1, weil es an einem direkten Bezug zum Zeugenschutz fehlt. Die Beweisaufnahme über ein Geständnis mittels der Vorführung einer aufgezeichneten Vernehmung des Beschuldigten würde eine erhebliche Einschränkung seiner prozessualen Rechte darstellen, die mit dem Opfer- und Zeugenschutz allein nicht zu rechtfertigen wären (KK-StPO/*Diemer* § 255a Rn. 5; SK-StPO/*Velten* § 255a Rn. 14).

7 Frühere Aufzeichnungen einer Vernehmung des Beschuldigten können – unabhängig von den Voraussetzungen des § 255a – als **Vorhalt** genutzt werden. Auch als **Augenscheinsobjekt** zum Beweis von Umständen, die nicht den Aussageinhalt betreffen, darf die Videoaufzeichnung ohne die Beschränkungen des § 255a verwendet werden (BGH NJW 2004, 1468; LR/*Mosbacher* § 255a Rn. 23; krit. *Rieß* StraFo 1999, 1, 4; a.A. SK-StPO/*Velten* § 255a Rn. 13).

8 Anders als bei § 247a Abs. 1 oder der Beweisaufnahme nach Abs. 2, wird die Beweiserhebung nach Abs. 1 nicht dadurch eingeschränkt, dass sie zur **Erforschung der Wahrheit** erforderlich sein müsste (*Schwaben* NStZ 2002, 288, 289; KK-StPO/*Diemer* § 255a Rn. 4; SK-StPO/*Velten* § 255a Rn. 11; a.A. Meyer-Goßner/*Schmitt* § 255a Rn. 5). Dies wird beim Anfertigen der Aufzeichnung nach Maßgabe der §§ 58a, 247a Abs. 1 Satz 4 geprüft und nicht erneut im Zuge der Vorführung nach § 255a. Allerdings dürfte die Amtsaufklärungspflicht eine solche Vorführung kaum erfordern.

9 **II. Vorführung der Bild- und Tonaufzeichnung bei jugendlichen Zeugen (Abs. 2). 1. Ersetzung der Vernehmung in der Hauptverhandlung.** Abs. 2 ist eine eigenständige und von den Vorschriften der §§ 251, 253 unabhängige Rechtsgrundlage und wird nur angewendet, soweit eine der in Satz 1 genannten Katalogstraftaten in Rede steht (*Kretschmer* JR 2006, 453, 457; KK-StPO/*Diemer* § 255a Rn. 8). Durch die Vorführung einer früheren richterlichen Vernehmung des Zeugen kann seine persönliche Vernehmung in der Hauptverhandlung **ersetzt** werden. Sie soll mit dem durch das StORMG eingeführten Satz 2 nicht nur für Zeugen gelten, die zum Zeitpunkt der Vorführung noch **keine 18 Jahre alt** waren (LR/*Mosbacher* § 255a Rn. 8; SK-StPO/*Velten* § 255a Rn. 16; a.A. AnwK-StPO/*Martis* § 255a Rn. 4), sondern auch bei erwachsenen Zeugen möglich sein, die **als Minderjährige durch eine dem Katalog des Satzes zu entnehmende Straftaten verletzt** worden sind (Meyer-Goßner/*Schmitt* § 255a Rn. 6a). Der Anwendungsbereich wurde mit der nun eingeführten Ergänzung auch auf erwachsene Zeugen ausgeweitet, die Opfer eines Sexualdelikts geworden sind, unabhängig von deren Alter zum Zeitpunkt der Tat. Diese Änderung geht mit der der gleichzeitigen Einfügung des § 58a Abs. 1 Satz 3 einher und soll die Stärkung des Opferschutzes bei Sexualdelikten bezwecken (BT-Drs. 19/14747, S: 35).

10 Da durch die Vorführung eine sekundäre Viktimisierung vermieden werden soll (BGHSt 48, 268, 271; vgl. auch Rdn. 1), bezieht sich die Vorschrift grds. nur auf »Opferzeugen« (SK-StPO/*Velten* § 255a Rn. 16). Durch die Aufnahme der Tötungsdelikte in den Straftatkatalog zeigt sich aber, dass Abs. 2 **nicht allein auf**

das unmittelbare Tatopfer beschränkt sein kann. Vielmehr sind z.B. auch solche Fälle erfasst, in denen z.B. ein Kind Zeuge einer Straftat zum Nachteil eines Dritten geworden ist (KK-StPO/*Diemer* § 255a Rn. 7). Das gilt jedenfalls dann, wenn das Kind durch die Wahrnehmung einer Straftat und einer späteren Aussage über die Geschehnisse, in einer vergleichbaren Weise gefährdet und schutzwürdig ist, wie das Opfer selbst (LR/*Mosbacher* § 255a Rn. 8; AnwK-StPO/*Martis* § 255a Rn. 4). Konsequenterweise muss eine konkrete Gefahr einer sekundären Viktimisierung des Zeugen durch eine Mehrfachbefragung bestehen (SK-StPO/*Velten* § 255a Rn. 16).

Nach Abs. 2 kann nur eine **richterliche Vernehmung** vorgeführt werden, bei der die Verfahrensvorschriften gewahrt wurden (Meyer-Goßner/*Schmitt* § 255a Rn. 8a.; *Pfeiffer* § 255a Rn. 4: die *wesentlichen* Verfahrensvorschriften). Die Vorführung einer polizeilichen oder staatsanwaltlichen Vernehmung ist nicht gestattet. Diese Beschränkung ergibt sich aus den – für die richterliche Vernehmung vorgesehenen – Schutzrechten des Beschuldigten. Aufdeckungsgespräche oder andere nichtrichterliche Vernehmungen ersetzen die persönliche Einvernahme des Zeugen in der Hauptverhandlung nicht und können somit nicht als Beweis über den Inhalt einer Aussage herangezogen werden. Lediglich die Verwertung als Augenscheinsobjekt oder als Vorhalt ist möglich (KK-StPO/*Diemer* § 255a Rn. 9; AnwK-StPO/*Martis* § 255a Rn. 4, 10). 11

Die Vorführung der Videoaufzeichnung ist auch zulässig, wenn sich der Anklagevorwurf auf eine **tateinheitlich** begangene und in diesem **Katalog nicht enthaltene Straftat** bezieht (BGH NJW 2004, 1605, 1607; LR/*Mosbacher* § 255a Rn. 11; SK-StPO/*Velten* § 255a Rn. 17; Meyer-Goßner/*Schmitt* § 255a Rn. 8a). Gleiches gilt auch, wenn eine tatbestandlich verwirklichte Katalogtat auf dem Wege der Gesetzeskonkurrenz durch die angeklagte Straftat verdrängt wird. Eine andere Auffassung würde dem mit der Regelung verfolgten Zweck zuwiderlaufen, da die Schutzwürdigkeit des Zeugen nicht allein dadurch entfällt, dass der Verdacht einer weiteren Straftat hinzutritt. 12

Wurde die frühere Vernehmung des Zeugen nach § 58a Abs. 1 Satz 3 in Bild und Ton aufgezeichnet, so besteht nach der Neufassung des § 255a Abs. 2 ein **Verbot der vernehmungsersetzenden Vorführung** in der Hauptverhandlung, wenn der Zeuge dieser **unmittelbar nach der Aufzeichnung widersprochen** hat. Nach der Vorstellung des Gesetzgebers soll dieses Widerspruchsrecht »den Zeugen in die Lage versetzen, unter dem Eindruck der Vernehmung seine zuvor erteilte Zustimmung zu überdenken und sein Persönlichkeitsrecht durch die Widerspruchsmöglichkeit effektiv zu schützen.« (BT-Drs. 19/14747, S. 35). Der Widerspruch muss unmittelbar nach der früheren Vernehmungsaufzeichnung erfolgen, ansonsten bleibt der Zeuge an sein vorheriges Einverständnis gebunden. Der Widerspruch kann zurückgenommen werden; ein erneuter Widerspruch ist allerdings aus Gründen der Rechtssicherheit unbeachtlich (BT-Drs. 19/14747, S. 35; Graf/*Berg* § 255a Rn. 15). Hat der Zeuge von seinem Widerspruchsrecht rechtzeitig Gebrauch gemacht, wird er regelmäßig in der Hauptverhandlung zu vernehmen sein, wobei die ergänzende Vorführung der früheren Vernehmung oder ihr Vorhalt zulässig bleibt (BT-Drs. 19/14747, 35) und dies zur Prüfung der Aussagekonstanz zumeist geboten sein wird (*Claus* NStZ 2020, 57, 63). Im Fall der vernehmungsersetzenden Vorführung ist von der ergänzenden Vernehmung gerade nicht Gebrauch zu machen, wenn dies nicht unbedingt erforderlich ist (s. sogleich Rdn. 22). Der Zeuge soll durch den vernehmenden Richter auf die Möglichkeit des unmittelbaren Widerspruchs hingewiesen werden (vgl. BT-Drs. 19/14747, S. 26); mangels gesetzlicher Regelung führt eine fehlende Belehrung indes nicht zu einer nachträglichen Widerspruchsmöglichkeit in der Hauptverhandlung (Graf/*Berg* § 255a Rn. 15; a.A. *Burhoff* ZAP 2020, 199, 215). 13

Liegen alle Voraussetzungen des § 255a vor und wird die unmittelbare Vernehmung des Zeugen durch die Vorführung der Aufzeichnung ersetzt, muss – die durch das Vorspielen in die Hauptverhandlung eingeführte – Vernehmung so gewertet werden, als sei der Zeuge in der Hauptverhandlung persönlich gehört worden (AnwK-StPO/*Martis* § 255a Rn. 5). 14

§ 255a Abs. 2 räumt dem Gericht als sog. *Kann*-Vorschrift **Ermessen** ein. Die Entscheidung muss sich wegen der Durchbrechung des Unmittelbarkeitsgrundsatzes an den Beschuldigtenrechten orientieren: Prozessökonomische Interessen oder Gesichtspunkte der Verfahrensbeschleunigung dürfen die Entscheidung nicht beeinflussen (BGH NStZ-RR 2005, 45; *Kretschmer* JR 2006, 453, 458; Meyer-Goßner/*Schmitt* § 255a Rn. 9; lediglich »eher nebensächlich«: LR/*Mosbacher* § 255a Rn. 19). Auch das Alter des Zeugen ist in die Ermessensausübung einzubeziehen: Die Durchbrechung des Unmittelbarkeitsgrundsatzes ist mit steigendem Alter schwerer zu rechtfertigen (*Deckers* NJW 1999, 1365, 1370 f.; AnwK-StPO/*Martis* § 255a Rn. 5; SK-StPO/*Velten* § 255a Rn. 16; BGH NStZ-RR 2019, 27). Allein der Umstand, dass der Zeuge noch keine 18 Jahre alt ist oder bei der Begehung der Tat diese Altersgrenze noch nicht erreicht hat, rechtfertigt eine vernehmungsersetzende Videovorführung ohne eine weitere Interessenabwägung nicht. Satz 3 hebt den opferschützenden Charakter der Vorschrift hervor (BT-Drs. 17/6261, S. 12) und soll der Transparenz und dem fairen Verfahren dienen (vgl. BT-Drs. 17/12735, S. 17). Die Prüfung wird im Freibeweis vorgenommen (*Pfeiffer* § 255a Rn. 4; KK-StPO/*Diemer* § 255a Rn. 12). 15

16 **2. Mitwirkungsmöglichkeit des Angeklagten und seines Verteidigers.** Nur wenn der Angeklagte und sein Verteidiger Gelegenheit hatten, an der aufgezeichneten Vernehmung **mitzuwirken**, darf der unmittelbare Zeugenbeweis durch die Vorführung ersetzt werden. Dies gilt auch für die Aufzeichnung der Vernehmung eines minderjährigen Zeugen zum Tatzeitpunkt (vgl. BT-Drs. 17/6261, S. 12). Es genügt die **tatsächliche Möglichkeit** zur **effektiven Teilhabe**. Die tatsächliche Wahrnehmung des Mitwirkungsrechtes ist hingegen nicht erforderlich (*Kretschmer* JR 2006, 453, 458; KK-StPO/*Diemer* § 255a Rn. 11; BGH NJW 2015, 1260). Die Gelegenheit zur Mitwirkung umfasst das Recht auf Anwesenheit über die gesamte Dauer der Vernehmung genauso wie das Recht, Fragen an den Zeugen zu richten und ihm Vorhalte zu machen (AnwK-StPO/*Martis* § 255a Rn. 6; LR/*Mosbacher* § 255a Rn. 12; Meyer-Goßner/*Schmitt* § 255a Rn. 8b). Das Konfrontationsrecht aus Art. 6 Abs. 3 lit. d EMRK und als konkretisierter Ausschnitt des fairen Verfahrens muss gewahrt werden (BGHSt 46, 93; 48, 268; LR/*Mosbacher* § 255a Rn. 12). Denn mit der Vorführung der alten Aussage entfällt zunächst die Möglichkeit, durch Fragen eine belastende Aussage anzugreifen, die Glaubwürdigkeit des Zeugen infrage zu stellen oder etwaige Widersprüche und Ungenauigkeiten der Aussage aufzuzeigen (AG Hamburg StV 2004, 11, 12 m.Anm. *Meyer-Lohkamp*). Zur Wahrung des Mitwirkungsrechtes genügt es, wenn die Vernehmung – nach der Vorschrift des § 168e – zeitgleich in Bild und Ton in einen anderen Raum übertragen wird und so die Möglichkeit geschaffen ist, über den Richter Fragen an den Zeugen zu richten (BGH NJW 2004, 1605, 1608; KK-StPO/*Diemer* § 255a Rn. 10).

17 Das Recht an der Vernehmung mitzuwirken, steht dem Verteidiger und dem Beschuldigten kumulativ zu (AnwK-StPO/*Martis* § 255a Rn. 6; KK-StPO/*Diemer* § 255a Rn. 10). Die Möglichkeit der Mitwirkung ist nicht gegeben, wenn der kurzfristig geladene Verteidiger aufgrund sonstiger beruflicher Verpflichtungen nicht in der Lage war, den Termin wahrzunehmen und sein Antrag auf Verlegung ohne ersichtliche Gründe erfolglos blieb (OLG München StV 2000, 352). Ist der Beschuldigte zum Zeitpunkt der Vernehmung noch nicht verteidigt, genügt seine Mitwirkung dem Mitwirkungsvorbehalt nur dann, wenn kein Fall der notwendigen Verteidigung vorliegt (AnwK-StPO/*Martis* § 255a Rn. 6). Wird der Beschuldigte von der Vernehmung nach § 168c Abs. 3 ausgeschlossen oder unterbleibt eine Unterrichtung über den Vernehmungstermin nach § 168c Abs. 5, ist eine spätere Verwertung der Aufzeichnung unzulässig. Unbeachtlich ist hierbei, ob der Ausschluss des Beschuldigten rechtmäßig war oder nicht (Meyer-Goßner/*Schmitt* § 255a Rn. 8b; AnwK-StPO/*Martis* § 255a Rn. 6).

18 Die vorherige **Akteneinsicht** ist keine Zulässigkeitsvoraussetzung für die spätere Vorführung der Videoaufzeichnung (BGH NJW 2003, 2761, 2763; a.A. SK-StPO/*Velten* § 255a Rn. 24 m.w.N.). Das Fragerecht nach Art. 6 Abs. 3 lit. d EMRK ist u.U. auch dann gewahrt, wenn die Gelegenheit zur Teilnahme an der Vernehmung auch ohne die Kenntnis des aktuellen Standes des Verfahrens besteht. Allerdings sind die Verteidigungsrechte in einem mit den in Art. 6 EMRK vorgesehenen Garantien unvereinbaren Maß eingeschränkt, wenn dann eine Verurteilung *allein* oder *maßgeblich* auf die Aussage dieses Zeugen gestützt wird (vgl. u.a. EGMR NJW 2003, 2893 – P.S./Deutschland). Die Gewährung der Akteneinsicht wird ohnehin geboten sein, um eine spätere ergänzende Zeugenvernehmung zu vermeiden und um der Verteidigung die Möglichkeit zu eröffnen, verteidigungsrelevante Fragen an den Zeugen zu stellen und Vorhalte anzubringen (KK-StPO/*Diemer* § 255a Rn. 10; AnwK-StPO/*Martis* § 255a Rn. 7; vgl. a. Rdn. 23).

19 Verteidiger und Beschuldigter sind rechtzeitig vor dem Termin der Vernehmung zu laden. Erfolgt die Ladung zu kurzfristig, sodass der Verteidiger keine Gelegenheit hat der Vernehmung beizuwohnen, muss der Termin verlegt werden (OLG München StV 2000, 352).

20 Die Vorführung der Bild-Ton-Aufzeichnung nach § 255a Abs. 2 scheidet aus, wenn der Beschuldigte gem. § 168c Abs. 3 bei der ermittlungsrichterlichen Vernehmung ausgeschlossen war und daher keine Gelegenheit zur Mitwirkung hatte. Dies gilt auch dann, wenn sein Verteidiger an dieser Vernehmung teilgenommen hat (BGH NJW 2004, 1605).

21 **3. Ergänzende Zeugenvernehmung.** Abs. 2 stellt zwar den Opfer- und Zeugenschutz in den Vordergrund, dem durch die vernehmungsersetzende Videovorführung Rechnung getragen werden soll; dennoch kann sich aus der richterlichen **Aufklärungspflicht** die Notwendigkeit einer ergänzenden Zeugenvernehmung ergeben (BGH NJW 2003, 2761; *Schlothauer* StV 2003, 652, 654). Abs. 2 Satz 4 gestattet ausdrücklich eine ergänzende Zeugenvernehmung und bringt damit das Schutzinteresse des Zeugen auf der einen Seite und das Aufklärungsinteresse auf der anderen Seite in praktische Konkordanz. Von der Möglichkeit der ergänzenden Vernehmung soll – mit Rücksicht auf den Opferschutz – nur in Ausnahmefällen Gebrauch gemacht werden (KK-StPO/*Diemer* § 255a Rn. 13). Hieran hat sich auch durch die Einführung der Sätze 2 und 3 nichts geändert (vgl. HK-GS/*Schork* § 255a Rn. 5 f.).

22 Der Antrag auf ergänzende Vernehmung des Zeugen in der Hauptverhandlung ist nach den Grundsätzen des **Beweisantragsrechts** zu behandeln, wenn der Zeuge zum Beweis einer neuen Behauptung benannt ist,

zu der er bei der aufgezeichneten und vorgeführten Vernehmung noch nicht gehört werden konnte (BGH NJW 2003, 2761). Hat der Zeuge bereits zu einer Behauptung ausgesagt, richtet sich der Antrag lediglich auf die Wiederholung der Beweisaufnahme und konstituiert daher nur einen Aufklärungsantrag (BGH NJW 2003, 2761, 2763; OLG Karlsruhe StraFo 2010, 71).

Ob der Zeuge ergänzend zu vernehmen ist, entscheidet das Gericht auch danach, ob bei der aufgezeichneten Vernehmung wesentliche Punkte, die der Aufklärung bedürfen, unterblieben sind (AnwK-StPO/*Martis* § 255a Rn. 8). Eine ergänzende Vernehmung ist auch dann angezeigt, wenn die Verteidigung vor der Videovernehmung **keine Gelegenheit zur Akteneinsicht** hatte oder wenn im Verlauf Beweisfragen auftreten, die mit den Zeugenaussagen nicht in Einklang zu bringen sind oder weitere Fragen aufgeworfen werden, die der Klärung bedürfen (*Schlüchter/Greff* Kriminalistik 1998, 530, 534; AnwK-StPO/*Martis* § 255a Rn. 8). 23

III. Verwertung nach Geltendmachen von Zeugnisverweigerungsrechten. Steht dem Zeugen ein **Zeugnisverweigerungsrecht** nach § 52 zu, ist er hierüber zu belehren (Graf/*Berg* § 255a Rn. 11). Macht ein Zeuge nachträglich von seinem Zeugnisverweigerungsrecht Gebrauch, darf die Bild-Ton-Aufzeichnung seiner früheren richterlichen Vernehmung nach § 255a Abs. 1 nicht zu Beweiszwecken vorgeführt werden, obgleich auf das weniger zuverlässige Beweismittel der Vernehmung des Richters zurückgegriffen werden kann (BGH NJW 2004, 1605; LR/*Mosbacher* § 255a Rn. 20). Jede andere Auslegung ist wegen der eindeutigen Verweisung auf § 252 unvertretbar (vgl. aber Rdn. 31). 24

Sind die Voraussetzungen des § 255a Abs. 2 erfüllt, kann der Zeuge durch nachträgliche Ausübung seines Zeugnisverweigerungsrechts die Verwertung der Bild-Ton-Aufzeichnung seiner früheren richterlichen Vernehmung nicht verhindern (BGH NJW 2004, 1605 – *obiter dictum*; KK-StPO/*Diemer* Rn. 9a; *Kretschmer* JR 453, 457; a.A. *Degener* StV 2006, 509; *Mitsch* JuS 2005, 102, 105; KMR/*Neubeck* § 58a Rn. 10). Die wenig überzeugende Differenzierung zu Abs. 1 (vgl. LR/*Mosbacher* § 255a Rn. 21, s.a. BGH NJW 2004, 1605) ergibt sich aus dem in Abs. 2 fehlenden Verweis auf § 252 (vgl. auch Rdn. 32). 25

IV. Keine Beschwerde. Der Beschluss über die Vorführung der Bild- und Tonaufzeichnung einer früheren Aussage des Zeugen ist der Beschwerde gem. § 305 Abs. 1 Satz 1 nicht zugänglich, da dieser als Entscheidung des erkennenden Gerichts der Urteilsfällung vorausgeht. Der Zeuge ist auch in keinem seiner subjektiven Rechte verletzt, ihm ist kein beschwerdefähiger Anspruch auf die Vorführung der Aufzeichnung gegeben (LR/*Mosbacher* § 255a Rn. 25). 26

C. Revision. Die Vorschrift des § 255a stellt eine Durchbrechung des Unmittelbarkeitsgrundsatzes dar, nach dem der Personalbeweis nicht durch den reinen Sachbeweis ersetzt werden soll (*Kretschmer* JR 2006, 453, 457; AnwK-StPO/*Martis* § 255a Rn. 12). Bleibt es aber bei der bloßen Vorführung der Videoaufzeichnung, obwohl es die Umstände nahelegen, den Zeugen – ggf. ergänzend – in der Hauptverhandlung persönlich zu vernehmen, kann dies mit der **Aufklärungsrüge** beanstandet werden (LR/*Mosbacher* § 255a Rn. 27; Graf/*Berg* § 255a Rn. 20). Auch die unterlassene Vorführung der Videoaufzeichnung kann eine Aufklärungsrüge begründen (Meyer-Goßner/*Schmitt* § 255a Rn. 13). 27

Eine auf § **261** gestützte Rüge ist begründet, wenn das Ergebnis der Vorführung im späteren Urteil unrichtig wiedergegeben wurde und es für diese Feststellung keiner Rekonstruktion bedarf, sondern sich unmittelbar aus der Akte – und damit auch aus der Aufzeichnung als Bestandteil der Akte – ergibt (KK-StPO/*Diemer* § 255a Rn. 15; Meyer-Goßner/*Schmitt* § 255a Rn. 13). 28

Ein weiterer Revisionsgrund kann sich in Ausnahmefällen wegen der Verletzung des Fragerechts aus **Art. 6 Abs. 3 lit. d EMRK** nach **§ 338 Nr. 8** ergeben (BGHSt 46, 93; AnwK-StPO/*Martis* § 255a Rn. 12). 29

Vertreten wird, mit der Revision könne angegriffen werden, bei der früheren richterlichen Vernehmung seien dem Zeugen bestimmte Fragen nicht gestellt bzw. von diesem nicht erschöpfend beantwortet worden, sodass bei unterbliebener ergänzender Vernehmung des Zeugen in der Hauptverhandlung die Aufklärungspflicht verletzt sei (*Schlothauer* StV 2003, 652, 655; a.A. BGH NJW 2003, 2761). 30

Der Verstoß gegen das Beschlusserfordernis kann als eigener Verstoß gegen Verfahrensrecht ebenfalls mit der Revision gerügt werden (BGH NStZ-RR 2019, 27; MüKo-StPO/*Krüger* § 255a Rn. 44; Graf/*Berg* § 255a Rn. 20).

D. Praktische Hinweise. Der Verweis in Abs. 1 auf die Vorschrift des § 252 verbietet die Verwertung einer früheren Aussage des Zeugen, wenn dieser von seinem **Zeugnisverweigerungsrecht** Gebrauch macht oder zumindest noch Ungewissheit hierüber besteht (AnwK-StPO/*Martis* § 255a Rn. 9). Die Verwertung der Aufzeichnung und des damit qualitativ höherwertigen Beweismittels ist damit nicht mehr möglich; wohl aber der Rückgriff auf Erinnerung des Vernehmungsrichters. Dieser kann in der Hauptverhandlung über den Inhalt der Aussage befragt werden (BGHSt 2, 99; 21, 218, 219), wobei ihm zur Gedächtnisstütze die Aufzeichnung als Vorhalt vorgespielt werden kann (BGH NJW 2004, 1605; hierzu zu Recht krit. *Rieß* StraFo 1999, 1, 3 f.; 31

vgl. auch Rdn. 24). Eine qualifizierte Belehrung des Zeugen über eine spätere mögliche Vernehmung des Vernehmungsrichters ist nach bisheriger Rspr. zwar nicht erforderlich. Der 2. Strafsenat beabsichtigt jedoch, von dieser Rspr. zugunsten der Pflicht einer qualifizierten Belehrung des Zeugen abzuweichen (BGH NStZ 2014, 596). Der 1. Strafsenat hat sich dieser Auffassung nicht angeschlossen (BGH, Beschl. v. 14.01.2015 – 1 Ars 21/14) Gleiches gilt für den 4. Senat (BGH, Beschl. v. 16.12.2014 – 4 Ars 21/14) und den 5. Senat (BGH, Beschl. v. 27.01.2015 – 5 Ars 64/14). Mit gleicher Tendenz antwortete der 3. Senat auf die Anfrage (BGH, Beschl. v. 08.01.2015 – 3 Ars 20/14). Die Frage hat der 2. Strafsenat mit Beschl. v. 18.03.2015 und erneut v. 24.02.2016 dem Großen Senat zur Klärung vorgelegt. Nach der Entscheidung des Großen Senats v. 15.07.2016 (BGH GSSt 1/16) bedarf es zwar einer Belehrung des Zeugen über sein Zeugnisverweigerungsrecht, einer weitergehenden qualifizierten Belehrung über die Möglichkeit der Einführung seiner Aussage durch Vernehmung des Ermittlungsrichters bedarf es allerdings nicht (BGH GSSt 1/16, insb. Rn. 53 ff.). Damit hielt der Große Senat an der jahrelang gefestigten Rspr. fest (krit. *Farthofer/Rückert* HRRS 2017, 123; *Beining* ZJS 2017, 258; zust. *Moldenhauer/Wenske* JA 2017, 860; *Brand* NJW 2017, 100).

32 Abs. 2 nimmt hingegen keinen Bezug auf die Vorschrift des § 252, sodass – um eine Mehrfachbefragung des Zeugen zu vermeiden – die richterliche Vernehmung als Teil der Hauptverhandlung in das Ermittlungsverfahren vorverlagert wird (AnwK-StPO/*Martis* § 255a Rn. 9). Das hat zur Folge, dass die Aussage vor dem Vernehmungsrichter – auch durch ein nachträglich ausgeübtes Zeugnisverweigerungsrecht – einer Verwertung durch das Gericht in der Hauptverhandlung nicht mehr entzogen werden kann (BGH NJW 2004, 1605; *Kretschmer* JR 2006, 453, 458; a.A. *Degener* StV 2006, 509, 514; vgl. auch Rdn. 25).

33 Einer **ergänzenden Inaugenscheinnahme** steht die Vorschrift des § 255a nicht entgegen, da hier lediglich vernehmungsersetzende Vorführung geregelt ist (BGH NJW 2004, 1468; NStZ-RR 2005, 45). Eine **ergänzende Vorführung** kommt gerade zur Überprüfung der Aussagekonstanz in Betracht. Wegen der Authentizität der Videoaufzeichnung muss die Verhörsperson nicht gesondert befragt werden (BGH NJW 2004, 1468, 1469).

34 Für die Vorführung der Aufzeichnung nach Abs. 1 ist – entsprechend der Verweisung auf die Vorschrift des § 251 Abs. 4 – ein **Gerichtsbeschluss** notwendig (LR/*Mosbacher* § 255a Rn. 17; AnwK-StPO/*Martis* § 255a Rn. 11). Uneinigkeit herrscht indes darüber, ob ein solcher Gerichtsbeschluss auch für die vernehmungsersetzende Videovorführung nach Abs. 2 notwendig sein soll (zust. BGH NStZ-RR 2019, 27: Entscheidung trifft nicht der Vorsitzende, sondern das Gericht nach einer Interessenabwägung; *Eisenberg* Rn. 1317; KK-StPO/*Diemer* § 255a Rn. 14; HK-GS/*Schork* § 255a Rn. 6; jetzt auch LR/*Mosbacher* Nachtrag § 255a Rn. 10, jeweils unter Hinweis auf die Einfügung des Abs. 2 S. 3 durch das StORMG und, teilweise darauf, dass der vorhergehende Streit dadurch »obsolet« geworden sei; abl. noch Meyer-Goßner/*Schmitt*, 61. Aufl. 2018, § 255a Rn. 11 und LR/*Mosbacher* § 255a Rn. 17 [beide allerdings jetzt zust., s.o.]; ebenfalls noch BGH NStZ 2011, 712; offengelassen BGH NJW 2004, 1605).

§ 256 Verlesung der Erklärungen von Behörden und Sachverständigen

(1) Verlesen werden können

1. die ein Zeugnis oder ein Gutachten enthaltenden Erklärungen
  a) öffentlicher Behörden,
  b) der Sachverständigen, die für die Erstellung von Gutachten der betreffenden Art allgemein vereidigt sind, sowie
  c) der Ärzte eines gerichtsärztlichen Dienstes mit Ausschluss von Leumundszeugnissen,

2. unabhängig vom Tatvorwurf ärztliche Atteste über Körperverletzungen,

3. ärztliche Berichte zur Entnahme von Blutproben,

4. Gutachten über die Auswertung eines Fahrtschreibers, die Bestimmung der Blutgruppe oder des Blutalkoholgehalts einschließlich seiner Rückrechnung,

5. Protokolle sowie in einer Urkunde enthaltene Erklärungen der Strafverfolgungsbehörden über Ermittlungshandlungen, soweit diese nicht eine Vernehmung zum Gegenstand haben und

6. Übertragungsnachweise und Vermerke nach § 32e Absatz 3.

(2) Ist das Gutachten einer kollegialen Fachbehörde eingeholt worden, so kann das Gericht die Behörde ersuchen, eines ihrer Mitglieder mit der Vertretung des Gutachtens in der Hauptverhandlung zu beauftragen und dem Gericht zu bezeichnen.

Übersicht

A. Grundsätzliches und Regelungsgehalt. I. Allgemeines. Die Vorschrift stellt eine Durchbrechung des Unmittelbarkeitsgrundsatzes (§ 250) dar, indem sie über die in § 251 geregelten Fälle hinaus für bestimmte Schriftstücke den Urkundenbeweis zulässt (eingehend dazu *Krüger* FS Imme Roxin, 601 ff.; *ders.* Unmittelbarkeit und materielles Recht, 108 ff.). Das dient der Vereinfachung und der Verfahrensbeschleunigung insb. bei der Einführung von behördlichen Zeugnissen, Gutachten, Attesten u.Ä. in die Hauptverhandlung. Das Gesetz misst den Stellen, von denen die Urkunden herrühren, eine so hohe Autorität zu, dass die persönliche Vernehmung von Bediensteten dieser Einrichtungen regelmäßig als entbehrlich angesehen wird (Meyer-Goßner/*Schmitt* § 256 Rn. 1; a.A. HK-StPO/*Julius/Bär* § 256 Rn. 1). Entsprechendes gilt für die Erstattung von privaten Gutachten allgemein vereidigter Sachverständiger (Abs. 1 Nr. 1b). Die Verlesung kann nach § 249 Abs. 1 oder auch im Selbstleseverfahren nach § 249 Abs. 2 erfolgen (KK-StPO/*Diemer* § 256 Rn. 1). 1

II. Verhältnis zur Aufklärungspflicht. Die Vorschrift lässt die gerichtliche Aufklärungspflicht (§ 244 Abs. 2) unberührt (LR/*Stuckenberg* § 256 Rn. 3). Lässt sich wegen der besonderen Umstände des Falles der mit der Verlesung eines Gutachtens verbundene Aufklärungsverlust nicht rechtfertigen, bleibt es beim Grundsatz der persönlichen Vernehmung (vgl. HK-StPO/*Julius/Bär* § 256 Rn. 1). Ob diese erforderlich ist oder gem. § 256 verfahren werden kann, liegt im pflichtgemäßen Ermessen des Gerichts (BGHSt 1, 93 [94]; BGH NStZ 1993, 397 [398]). 2

III. Verfahren. Die Verlesung erfolgt auf der Grundlage einer Anordnung des Vorsitzenden i.R.d. Sachleitungsbefugnis. Bei einem Widerspruch gegen die Verlesung entscheidet gem. § 238 Abs. 2 das Gericht. Im Hinblick auf § 274 ist eine genaue Bezeichnung der verlesenen Urkunden im Hauptverhandlungsprotokoll erforderlich (KK-StPO/*Diemer* § 256 Rn. 11). 3

B. Verlesbare Schriftstücke nach Abs. 1. I. Zeugnisse oder Gutachten (Abs. 1 Nr. 1). 1. Allgemeines. Ein **Zeugnis** gibt Auskunft über amtliches Wissen oder in amtlicher Eigenschaft wahrgenommene oder festgestellte Tatsachen; demgegenüber enthalten **Gutachten** sachverständige Äußerungen in Form von wissenschaftlich begründeten Schlussfolgerungen aus Tatsachen (KK-StPO/*Diemer* § 256 Rn. 2; OK-StPO/*Ganter* § 256 Rn. 4, 5). Die Verlesbarkeit polizeilicher Ermittlungsberichte richtet sich nach Abs. 1 Nr. 5 oder nach § 251 Abs. 1 (KK-StPO/*Diemer* § 256 Rn. 2); darüber hinaus sind interne Schriftstücke öffentlicher Behörden, etwa Aktenvermerke der Polizei oder der StA, nicht verlesbar (BGH NStZ 1982, 79; NStZ 1995, 143; HK-StPO/*Julius/Bär* § 256 Rn. 4). Der Beweis über den Leumund einer Beweisperson kann nur durch eine Zeugenvernehmung erhoben werden; die – in der Praxis wenig bedeutsame – Verlesung von **Leumundszeugnissen** (zur weiten Auslegung des Begriffs Meyer-Goßner/*Schmitt* § 256 Rn. 8) ist daher schlechthin (nicht nur in der Fallgruppe von Nr. 1c; Meyer-Goßner/*Schmitt* § 256 Rn. 7) unstatthaft. Damit soll verhindert werden, dass die Mitglieder des erkennenden Gerichts durch entsprechende Werturteile anderer beeinflusst werden (KK-StPO/*Diemer* § 256 Rn. 7 a.E.; vgl. auch HK-StPO/*Julius/Bär* § 256 Rn. 4). Da insoweit nicht nur ein Verlesungs-, sondern auch ein Verwertungsverbot besteht, können entsprechende Zeugnisse auch nicht durch einen Vorhalt eingeführt werden (Meyer-Goßner/*Schmitt* § 256 Rn. 10). 4

2. Behördengutachten (Nr. 1a). Verlesbar sind nach Nr. 1a **Gutachten öffentlicher Behörden**. Teilweise abweichend von der Definition in § 1 Abs. 4 BVwVfG sind darunter in die Staatsgewalt eingegliederte, mit der Erfüllung öffentlicher Aufgaben betraute und mit eigenen Wahrnehmungszuständigkeiten ausgestattete Stellen von Trägern öffentlicher Verwaltung zu verstehen, die in ihrem Bestand von dem oder den sie leitenden Beamten unabhängig sind (h.A.; vgl. nur BVerfGE 10, 20 [48]; Meyer-Goßner/*Schmitt* § 256 Rn. 12; SSW-StGB/*Satzger* § 11 Rn. 52). Ein von einem privatrechtlich organisierten Krankenhaus herrührender Arztbrief ist daher nicht nach Nr. 1a verlesbar (vgl. BGH NStZ-RR 2015, 146; NJW 2015, 3801). Notwendig sind zwar **keine hoheitlichen Eingriffsbefugnisse** (BGHZ 25, 168 [188]); erforderlich ist jedoch, dass die bei der Einrichtung Beschäftigten **in einem öffentlich-rechtlichen Dienstverhältnis** als Beamter oder Angestellter stehen (Meyer-Goßner/*Schmitt* § 256 Rn. 12 ff.; zur **Kasuistik** LK/*Hilgendorf* § 11 Rn. 93 ff.) und die betreffende Person nicht lediglich als Privatperson tätig geworden ist (vgl. BGHZ 200, 253 [262]). Für das Strafprozessrecht von Bedeutung sind in erster Linie das Bundeskriminalamt und die Landeskriminalämter (BGH NJW 1986, 206), die Zoll- und Steuerbehörden, die Institute deutscher Universitäten (BGHSt 5

34, 344; 48, 209) sowie die staatlichen oder in öffentlich-rechtlicher Selbstverwaltung geführten Kliniken (BGH NStZ 1984, 231; regelmäßig nicht konfessionelle Krankenhäuser; vgl. BGH NStZ 2010, 585) sowie der Bundesnachrichtendienst und die Ämter für Verfassungsschutz (KK-StPO/*Diemer* § 256 Rn. 4). Die Vorschrift gilt auch für Erklärungen ausländischer Behörden (BGH NJW 1992, 58 [59]; KK-StPO/*Diemer* § 256 Rn. 4). Voraussetzung für die Verlesbarkeit ist, dass aus dem jeweiligen Schriftstück die Zugehörigkeit des Verfassers zu der Behörde erkennbar wird, etwa durch einen Vertretungszusatz im Zusammenhang mit der Unterschrift (BGH NStZ 2010, 585; zu den Anforderungen i.E. instruktiv BGHStV 2015, 534).

6 3. **Sachverständigengutachten (Nr. 1b).** Gutachten von Sachverständigen können nach Nr. 1b nur verlesen werden, wenn der Sachverständige **für die Erstellung von Gutachten der betreffenden Art allgemein vereidigt** ist. Die durch Gesetz v. 24.08.2004 (BGBl. I, S. 2198) eingeführte Vorschrift dient der Verfahrensbeschleunigung und geht davon aus, dass das Gutachten eines allgemein vereidigten Sachverständigen, was dessen sachliche Autorität anbelangt, regelmäßig einem Behördengutachten gleichgestellt werden kann, weil im Vereidigungsverfahren die sachliche und persönliche Befähigung des Sachverständigen geprüft wird (BT-Drs. 15/1508 S. 26; BGH NJW 2019, 3736; *Krüger*, FS Imme Roxin, 601 [606 f.]; krit. *Neuhaus* StV 2005, 47 [52]). Der Vereinfachungseffekt wird nicht selten verfehlt, weil das Gericht den Sachverständigen von Amts wegen lädt oder ein Prozessbeteiligter durch Anträge auf die persönliche Vernehmung des Sachverständigen dringt und der Tatrichter dem zur Vermeidung einer Urteilsaufhebung (§ 244 Abs. 2) folgt (vgl. auch *Knauer/Wolf* NJW 2004, 2936; *Sommer* StraFo 2004, 297).

7 4. **Gerichtsärztlicher Dienst (Nr. 1c).** Die Einrichtung und die Organisation eines gerichtsärztlichen Dienstes ist Sache der Länder (KK-StPO/Diemer § 256 Rn. 6). Die Vorschrift hat insb. Bedeutung für den Freistaat Bayern, in dem ein gerichtsärztlicher Dienst bei den jeweiligen Landgerichten besteht (Meyer-Goßner/*Schmitt* § 256 Rn. 17). Der jeweilige Arzt muss nicht Beamter im statusrechtlichen Sinne sein (KK-StPO/*Diemer* § 256 Rn. 6). Die Verlesbarkeit der Atteste und Gutachten anderer Ärzte im öffentlichen Dienst richtet sind nach Nr. 1a.

8 II. **Atteste über Körperverletzungen (Nr. 2). Praktisch bedeutsam**, weil verfahrensbeschleunigend (vgl. dazu BGHSt 33, 389 [391]) ist die nach Nr. 2 zulässige **Verlesung des Attestes** (auch einer nicht beglaubigten Kopie; BGH, Beschl. v. 04.07.2019 – 4 StR 508/18) **eines approbierten** (RGSt 19, 364) **Arztes** über eine Körperverletzung, die nicht zu den schweren gehört, also alle Straftaten nach den §§ 223, 224, 229 sowie § 340 StGB (BGHSt 33, 389 [391]) ohne Rücksicht auf die Schwere der Verletzungsfolgen (BGHSt 4, 155 [156]). Maßgebend für die Einstufung der Tat ist **allein die Anklage**, und zwar auch dann, wenn der Inhalt des Attestes Gegenteiliges besagt (Meyer-Goßner/*Schmitt* § 256 Rn. 20). Nach bisher geltender Rechtslage konnte ein ärztliches Attest nur zum Nachweis einer Körperverletzung in einem Verfahren verlesen werden, das wegen eines Körperverletzungsdelikts geführt wurde, also dann nicht, wenn es dem Nachweis einer anderen Straftat, etwa eines Sexualdelikts, dienen sollte (vgl. BGH NStZ 2008, 474). Die **Änderung durch das inzwischen in Kraft getretene Gesetz zur effektiveren und praxistauglicheren Ausgestaltung des Strafverfahrens** vom 17.08.2017 (BGBl. I 2017 S. 3202) knüpft die Verlesbarkeit nicht mehr an das zu beweisende Delikt, sondern an den Inhalt des Attests (vgl. dazu BT-Drs. 18/11277, S. 36; krit. *Krüger* StV 2018, 316). Damit wird der Nachweis des Vorliegens einer körperlichen Beeinträchtigung durch Verlesung unabhängig vom Tatvorwurf ermöglicht, eine Vernehmung des behandelnden Arztes entbehrlich (zu den generellen Anforderungen an ein Attest i.S.d. Vorschrift vgl. BGH NStZ 2021, 507; BGH, Beschl. v. 07.08.2019 – 1 StR 57/19). Die Fehleranfälligkeit der Verlesung bei tateinheitlichem Zusammentreffen des Körperverletzungsdelikts mit anderen Tatbeständen ist damit entfallen (vgl. dazu beispielhaft BGHSt 57, 24 [26]). Tatsachen, die der Arzt bei Gelegenheit der Untersuchung festgestellt hat, dürfen, wenn sie in dem Attest ihren Niederschlag gefunden haben, weiterhin nicht durch Verlesung eingeführt werden (BT-Drs. 18/11277, S. 36; so schon zur bisherigen Rechtslage BGH StV 1984, 142; OLG Hamburg StV 2000, 9 [10]). Entsprechendes gilt für Äußerungen des Angeklagten oder eines Zeugen, die in ein Attest Aufnahme gefunden haben, sofern diese etwa als Indiz für oder gegen dessen Glaubwürdigkeit herangezogen werden (BGH StraFo 2011, 95; KK-StPO/*Diemer* § 256 Rn. 8). Die Einführung des Attestes im Wege des Vorhaltes oder durch Verlesung zur Klärung von Verfahrensvorgängen im Freibeweis bleibt von Nr. 2 unberührt (BGH NStZ 2010, 466; NStZ-RR 1997, 304; StraFo 2009, 152; KK-StPO/*Diemer* § 256 Rn. 8).

9 III. **Berichte zur Blutprobenentnahme (Nr. 3).** Berichte i.S.v. Nr. 3 sind nur verlesbar, wenn sie erkennen lassen, von wem sie stammen (BayObLG StV 1989, 6; Meyer-Goßner/*Schmitt* § 256 Rn. 22). Ihnen können Informationen zu Ort, Zeit und Datum der Blutentnahme entnommen werden, ferner solche zum Erscheinungsbild und zum Zustand des Betroffenen sowie die Ergebnisse der bei der Entnahme durchgeführten klinischen Tests (KK-StPO/*Diemer* § 256 Rn. 9; Meyer-Goßner/*Schmitt* § 256 Rn. 22).

IV. Gutachten zur Auswertung von Fahrtschreibern u.Ä. (Nr. 4). Der Verlesbarkeit der in Nr. 4 genannten Schriftstücke steht nicht entgegen, dass sie nicht von einer öffentlichen Behörde oder einem Vertreter des gerichtsärztlichen Dienstes herrühren. Entsprechendes gilt für **Gutachten zur Auswertung von Blutproben** (Meyer-Goßner/*Schmitt* § 256 Rn. 23, 25; OK-StPO/*Ganter* § 256 Rn. 20). Den Urkunden i.S.d. Nr. 4 ist gemeinsam, dass nur die auf der Grundlage standardisierter Untersuchungsmethoden gewonnenen Befunde und Auswertungsergebnisse verlesbar sind (KK-StPO/*Diemer* § 256 Rn. 9). Beim Fahrtschreiber sind dies die abgelesenen und ausgewerteten Zeichen samt Ergebnis und Aussage über das ordnungsgemäße Funktionieren des Gerätes, bei einer Blutprobe werden die Informationen zur Blutgruppenbestimmung und zur Bestimmung der Blutalkoholkonzentration erfasst (vgl. BGHSt 23, 235 [236]; Meyer-Goßner/*Schmitt* § 256 Rn. 25). 10

V. Protokolle und Erklärungen (Nr. 5). Vernehmungen von Polizeibeamten und anderen Angehörigen der Strafverfolgungsbehörden als Zeugen vermitteln regelmäßig dann **keinen zusätzlichen Erkenntnisgewinn,** wenn Gegenstand der Bekundungen nur das sein kann, was sich ohnehin schon aus der jeweiligen Urkunde ergibt (Meyer-Goßner/*Schmitt* § 256 Rn. 26; skeptisch *Neuhaus* StV 2005, 47 [52]). Nr. 5 erlaubt daher die Verlesung von Protokollen sowie Ermittlungsberichten und -vermerken über Routinevorgänge wie Festnahmen, Durchsuchungen, Sicherstellungen, Beschlagnahmen und Observationen (vgl. BGHR StPO § 56 Abs. 1 Nr. 5 Ermittlungsmaßnahmen 1; BGH wistra 2016, 282; weitergehend unter Bezugnahme auf BT-Drs. 15/1508, S. 26: OLG Celle StraFo 2013, 426 [427]; enger OLG Düsseldorf StV 2007, 518 [519]; vgl. auch LR/*Stuckenberg* § 256 Rn. 56 f.; *Radtke/Hohmann/Pauly/Forkert-Hosser* § 256 Rn. 23), **nicht aber von Vernehmungsprotokollen oder bloßen Aktennotizen** (BGH NJW 2010, 3383; KK-StPO/*Diemer* § 256 Rn. 9a; restriktiv HK-StPO/*Julius/Bär* § 256 Rn. 9). Insoweit kann eine Verlesung nach § 251 Abs. 4 Satz 1 i.V.m. § 252 Abs. 1 Nr. 1 in Betracht kommen (BGH NJW 2010, 3383; LR/*Stuckenberg* § 256 Rn. 58). Voraussetzung der Verlesbarkeit ist, dass aus dem jeweiligen Bericht klar erkennbar wird, auf wessen Erkenntnissen die dort beschriebenen Vorgänge beruhen. Eine besondere Unterschriftsform wird hingegen nicht gefordert (BGHR StPO § 256 Abs. 1 Nr. 5 Ermittlungsmaßnahmen 4; LR/*Stuckenberg* § 256 Rn. 40). Nach zutreffender Ansicht entnimmt die Rspr. weder dem Wortlaut noch dem Zweck der Vorschrift eine Einschränkung dahin, dass in ihren Anwendungsbereich nur Urkunden aus dem anhängigen Verfahren fallen (BGH NJW 2015, 3801 unter Hinweis auf BT-Drs. 15/1508, S. 26 f.; ebenso KK-StPO/*Diemer* § 256 Rn. 9a; a.A. SK-StPO/*Velten*, § 256 Rn. 33). Ob Nr. 5 die Verteidigungsrechte des Angeklagten und das Gebot der Sachaufklärung massiv einschränkt (so HK-StPO/*Julius/Bär* § 256 Rn. 9), mag dahinstehen; im Einzelfall wird der Tatrichter dem Vorrang der Amtsaufklärungspflicht i.V.m. § 250 besondere Beachtung schenken müssen. So ist etwa die Verlesung eines Vermerks über den Inhalt einer Videoaufzeichnung über einen Vorgang, den der Tatrichter bei der Urteilsfindung zu beurteilen hat, statt der Inaugenscheinnahme der Aufzeichnung rechtsfehlerhaft (OLG Düsseldorf StV 2007, 518). 11

C. Kollegiale Fachbehörde (Abs. 2). Die Bestimmung stellt eine **Ergänzung von § 83 Abs. 3** dar und soll eine **Verfahrensvereinfachung** bewirken, wenn das eingeholte Gutachten von einer kollegialen Fachbehörde stammt, die regelmäßig nicht von ihrem Leiter oder einem von ihm Beauftragten nach außen vertreten wird, sondern von dem Kollegium insgesamt. Die Verlesung des Gutachtens wird durch eine Vernehmung des Behördenmitglieds nur ergänzt, nicht aber ersetzt (LR/*Stuckenberg* § 256 Rn. 64). Zu den kollegialen Fachbehörden gehören insb. die Gutachterausschüsse (KK-StPO/*Diemer* § 256 Rn. 12). In solchen Fällen wäre es kaum zweckdienlich, sämtliche Mitglieder des Kollegiums zur Hauptverhandlung zu laden. Das Gericht kann die betreffende Behörde in einem solchen Fall ersuchen, ein Mitglied des Kollegiums mit der Vertretung des Gutachtens zu beauftragen. Erfasst wird die Gutachtenerstattung als solche wie auch die Erläuterung eines verlesenen Gutachtens (Meyer-Goßner/*Schmitt* § 256 Rn. 28). Die ersuchte Behörde ist nicht verpflichtet, dem Ersuchen des Gerichts zu entsprechen, was jedoch kaum denkbar ist. Monokratisch organisierte Behörden wie beispielsweise ein Landeskriminalamt fallen regelmäßig nicht unter diese Bestimmung, weshalb deren praktische Bedeutung als gering anzusetzen ist (vgl. BGH NJW 1968, 206). 12

D. Revision. Haben die Voraussetzungen für die Verlesung einer Urkunde nach § 256 nicht vorgelegen, kann im Revisionsverfahren eine **Verletzung von § 250** gerügt werden, auch wenn zuvor kein Gerichtsbeschluss gem. § 238 Abs. 2 herbeigeführt wurde (BGH NJW 1980, 651; Meyer-Goßner/*Schmitt* § 256 Rn. 30; LR/*Stuckenberg* § 256 Rn. 71; KK-StPO/*Diemer* § 256 Rn. 13). Um der Rüge zum Erfolg zu verhelfen, muss der Beschwerdeführer darlegen, dass das verlesene Schriftstück bei der Urteilsfindung verwertet wurde und nicht nur i.R.d. Hauptverhandlung als Vernehmungsbehelf bei einer Zeugenvernehmung gedient hat und dass die Verlesung von keiner Vorschrift des Verfahrensrechts gedeckt war (BGH StraFo 2009, 152; BGH NStZ-RR 1997, 304). Die Verlesung einer Urkunde statt einer persönlichen Vernehmung kann auch eine **Verletzung der Aufklärungspflicht** begründen (s.o. Rn. 2; vgl. HK-StPO/*Julius/Bär* § 256 Rn. 23). Bei 13 der Frage, ob sich die Vernehmung aufgedrängt hat, berücksichtigen die Revisionsgerichte, ob der Beschwerdeführer einen entsprechenden Antrag gestellt oder der Verlesung zugestimmt hat; schon deshalb empfiehlt sich die Herbeiführung eines Gerichtsbeschlusses (HK-StPO/*Julius/Bär* § 256 Rn. 24). **§ 261 kann verletzt sein,** wenn dem Urteil zu entnehmen ist, dass der Inhalt einer Urkunde oder Teile davon zu Beweiszwecken verwertet worden ist, sich dies aber nicht aus dem Hauptverhandlungsprotokoll ergibt (LR/*Stuckenberg* § 256 Rn. 72). Wird im Revisionsverfahren in Zweifel gezogen, dass ein verlesenes Schriftstück von einer der in Abs. 1 genannten Stellen oder Einrichtungen stammt, wird dies **im Freibeweisverfahren** geklärt (BGH VRS 44, 32 [39]; OLG Köln NStZ-RR 1997, 367 [368]).

§ 257 Befragung des Angeklagten und Erklärungsrechte nach einer Beweiserhebung

(1) Nach der Vernehmung eines jeden Mitangeklagten und nach jeder einzelnen Beweiserhebung soll der Angeklagte befragt werden, ob er dazu etwas zu erklären habe.

(2) Auf Verlangen ist auch dem Staatsanwalt und dem Verteidiger nach der Vernehmung des Angeklagten und nach jeder einzelnen Beweiserhebung Gelegenheit zu geben, sich dazu zu erklären.

(3) Die Erklärungen dürfen den Schlussvortrag nicht vorwegnehmen.

Übersicht

1 **A. Grundsätzliches und Regelungsgehalt.** Die Vorschrift dient der **Verwirklichung des rechtlichen Gehörs des Angeklagten und weiterer Prozessbeteiligter** sowie der **Sachaufklärung** (Einzelheiten bei *Schlothauer* StV 1994, 469). Die im Schrifttum vertretene Ansicht, die Bestimmung ermögliche es der Verteidigung, über das jeweilige Beweisergebnis in einen Dialog mit dem Gericht einzutreten und bestimmte Ergebnisse »protokollfest zu fixieren« (so HK-StPO/*Julius/Bär* § 257 Rn. 2 m.w.N.), dürfte die Bedeutung der Regelung deutlich überschätzen. Der BGH lehnt in ständiger Rspr. zu Recht eine Verpflichtung des Tatrichters ab, mit den Prozessbeteiligten ein Rechtsgespräch zu führen (BGHSt 43, 212 [214 f.]; BGH StV 2001, 387). Der Verteidigung bleibt jedoch die Möglichkeit, durch Wahrnehmung ihres Erklärungsrechts auf die Würdigung einzelner Beweise durch das Gericht Einfluss zu nehmen (BGHSt 43, 212, [215]).

2 **B. Erklärungsrecht nach Abs. 1. I. Befragung.** Das durch eine entsprechende Frage des Vorsitzenden aktualisierte **Erklärungsrecht des Angeklagten**, dass **vom Gesetz als gegeben vorausgesetzt** wird, besteht erst nach endgültiger Beendigung der einzelnen Beweiserhebung und bezieht sich auch nur auf diese (Meyer-Goßner/*Schmitt* § 257 Rn. 8; LR/*Stuckenberg* § 257 Rn. 11). Anderenfalls würde die Struktur der tatrichterlichen Beweisaufnahme Schaden nehmen. Die Vorschrift ist als Sollbestimmung ausgestaltet, ohne besonderen Grund kann der Vorsitzende von der Befragung nicht absehen (Meyer-Goßner/*Schmitt* § 257 Rn. 2). Was der Angeklagte auf die Befragung hin erklärt, gehört wie dessen Äußerungen nach § 258 Abs. 1, 3 zum **Inbegriff der Hauptverhandlung** und darf folglich bei der Urteilsfindung berücksichtigt werden (BGHSt 11, 74 [75] zu § 258 Abs. 1).

3 **II. Anwendungsbereich.** Neben dem Angeklagten sind auch **die Nebenbeteiligten** zu befragen, denen die Befugnisse des Angeklagten zustehen (§§ 433 Abs. 2 Satz 1, 442 Abs. 1, 2, 444 Abs. 2 Satz 2), jedoch nur im Rahmen ihrer jeweiligen Beteiligung (Meyer-Goßner/*Schmitt* § 257 Rn. 3). Im **Jugendstrafverfahren** sollen auch die Erziehungsberechtigten und gesetzlichen Vertreter befragt werden, wegen § 109 Abs. 1 JGG aber nicht im Verfahren gegen Heranwachsende (str.; wie hier HK-StPO/*Julius/Bär* § 257 Rn. 13; HK-JGG/*Schatz* § 67 Rn. 23 unter zutr. Hinweis auf BVerfGE 107, 104; LR/*Stuckenberg* § 257 Rn. 7; a.A. Meyer-Goßner/*Schmitt* § 257 Rn. 3; KK-StPO/*Diemer* § 257 Rn. 2).

4 **C. Erklärungsrecht nach Abs. 2. I. Erklärungsrecht auf Verlangen.** Inhaltlich ergeben sich für das Erklärungsrecht nach Abs. 2 im Vergleich zu dem des Angeklagten keine Besonderheiten oder Abweichungen. Der Vorsitzende hat lediglich **keine Fragepflicht** (LR/*Stuckenberg* § 257 Rn. 14).

II. Anwendungsbereich. Neben dem Staatsanwalt und dem Verteidiger haben das Erklärungsrecht auch der 5
Privatkläger (§ 385 Abs. 1 Satz 1), der Nebenkläger (§ 397 Abs. 1 Satz 3) sowie der Bevollmächtigte eines Nebenbeteiligten (§ 434). Mehrere Verteidiger bzw. Staatsanwälte haben das Recht jeder für sich, ebenso eine Mehrheit anderer Berechtigter (LR/*Stuckenberg* § 257 Rn. 12).

D. Grenzen des Erklärungsrechts (Abs. 3). Nach Abschluss einer Beweiserhebung ist insb. die Verteidigung, 6
seltener der Staatsanwalt, versucht, umfangreich zu deren Bedeutung unter Berücksichtigung des Beweisergebnisses i.Ü. Stellung zu nehmen. Dem wirkt Abs. 3 entgegen, wonach die Erklärungen nach Abs. 1 und 2 den **Schlussvortrag nicht vorwegnehmen** dürfen. Die Erklärung nach jeder Beweiserhebung ist also regelmäßig auf eine kurze, thematische begrenzte Äußerung dazu beschränkt, was der soeben vernommene Zeuge bekundet hat (Meyer-Goßner/*Schmitt* § 257 Rn. 8). Schon deshalb ergeben sich daraus, dass dem Gesetzeswortlaut eine zeitliche Begrenzung für die jeweilige Erklärung nicht entnommen werden kann (so zutr. HK-StPO/*Julius/Bär* § 257 Rn. 5), nur in Ausnahmefällen Schwierigkeiten, den zügigen Fortgang der Beweisaufnahme zu gewährleisten. Entsprechend dem Zweck der Vorschrift ist eine zusammenfassende Würdigung des bisherigen Verhandlungsergebnisses nicht zulässig (Meyer-Goßner/*Schmitt* § 257 Rn. 8; KK-StPO/*Diemer* § 257 Rn. 4; ähnlich OK-StPO/*Eschelbach* § 257 Rn. 17 [unnötig]; a.A. SK-StPO/*Velten* § 257 Rn. 7). Das **Recht zur Stellung von Anträgen** wird durch Abs. 3 nicht eingeschränkt (Meyer-Goßner/*Schmitt* § 257 Rn. 8).

E. Hauptverhandlungsprotokoll. Die Beachtung des Erklärungsrechts nach Abs. 1 ist eine **wesentliche** 7
Förmlichkeit i.S.d. § 273 (LR/*Stuckenberg* § 257 Rn. 34). Die Form der Protokollierung ist nicht vorgeschrieben; in der Praxis häufig vorkommend und auch ausreichend ist der Vermerk, § 257 sei stets beachtet worden, der nicht im Anschluss an jede einzelne Beweiserhebung erfolgen muss (BGH MDR [D] 1967, 175; anders nur dann, wenn die Erklärung erstmals eine Einlassung enthält: BGH StV 2000, 123 entgegen BGH StV 1994, 468 m. abl. Anm. *Schlothauer*). Erklärungen nach Abs. 2 sind ebenso wie deren Zurückweisung zu protokollieren (Meyer-Goßner/*Schmitt* § 257 Rn. 7; HK-StPO/*Julius/Bär* § 257 Rn. 8).

F. § 257 und die »Widerspruchslösung«. Bezieht sich das Erklärungsrecht nach dem erkennbaren Willen 8
des Gesetzgebers allenfalls auf die **Bewertung** des zuvor erlangten Beweisergebnisses, verlangt der BGH in inzwischen ständiger Rspr., dass der Angeklagte und sein Verteidiger spätestens bis zu dem Zeitpunkt, zu dem das Erklärungsrecht wahrgenommen werden kann, auch der **Verwertung** des Beweisstoffs aus der vorhergehenden Beweiserhebung widersprechen (BGHSt 38, 214 [225 f.]; 42, 15, [22 ff.]; zuletzt BGHSt 52, 38 [41 f.]; dazu *Fezer* JR 1992, 385; *Widmaier* NStZ 1992, 519; vgl. auch LR/*Stuckenberg* § 257 Rn. 39). Dies gilt insb. für den Fall des Verstoßes gegen Belehrungspflichten während des Ermittlungsverfahrens (BGHSt 50, 272 [274]).

G. Revision. Ungeachtet des im Schrifttum umstrittenen Rechtscharakters der Vorschrift (bloße Ordnungs- 9
vorschrift: KK-StPO/*Diemer* § 257 Rn. 5; a.A. Meyer-Goßner/*Schmitt* § 257 Rn. 9; SK-StPO/*Velten* § 257 Rn. 12; OK-StPO/*Eschelbach* § 257 Rn. 23) dürfte die Rüge der Verletzung von § 257 nur in Ausnahmefällen zum Erfolg führen, nämlich dann, wenn der Beschwerdeführer den Anforderungen des § 344 Abs. 2 Satz 2 entsprechend darlegen kann, das Gericht habe seine Aufklärungspflicht (§ 244 Abs. 2) verletzt oder er sei durch die Verweigerung oder Beschneidung seines Erklärungsrechts oder desjenigen seines Verteidigers in seiner Verteidigung unzulässig beschränkt worden (§ 338 Nr. 8; vgl. HK-StPO/*Julius/Bär* § 257 Rn. 11, 12). Letztlich wird die Rüge in den meisten Fällen auch am Beruhen scheitern (LR/*Stuckenberg* § 257 Rn. 40; HK-StPO/*Julius/Bär* § 257 Rn. 11). In allen Fällen ist die vorherige Anrufung des Gerichts (§ 238 Abs. 2) erforderlich (KK-StPO/*Diemer* § 257 Rn. 5).

§ 257a Form von Anträgen und Anregungen zu Verfahrensfragen

[1]Das Gericht kann den Verfahrensbeteiligten aufgeben, Anträge und Anregungen zu Verfahrensfragen schriftlich zu stellen. [2]Dies gilt nicht für die in § 258 bezeichneten Anträge. [3]§ 249 findet entsprechende Anwendung.

Übersicht

1 **A. Grundsätzliches und Regelungsgehalt. I. Gesetzeszweck.** Die Vorschrift wurde im Jahr 1994 durch das **Verbrechensbekämpfungsgesetz** (BGBl. I, S. 3158) in die StPO aufgenommen und soll der Prozessbeschleunigung v.a. in umfangreicheren Verfahren mit komplexem Prozessstoff dienen, in denen die mündliche Verlesung von Anträgen in der Hauptverhandlung nicht selten viel Zeit beansprucht; davon soll die Hauptverhandlung entlastet werden (vgl. BT-Drs. 12/6853, S. 19; vgl. auch BGH wistra 2006, 271). Ihre Wirksamkeit entfaltet die Bestimmung insb. durch den in Satz 3 enthaltenen Verweis auf § 249, wodurch für Anträge von Verfahrensbeteiligten die Anordnung des Selbstleseverfahrens ermöglicht wird. Sie stellt eine **Ausnahme vom** in der Hauptverhandlung geltenden **Mündlichkeitsgrundsatz** dar (KK-StPO/*Diemer* § 257a Rn. 2).

2 **II. Kritik.** Die von Teilen des Schrifttums **heftig kritisierte Vorschrift** (OK-StPO/*Eschelbach* § 257a Rn. 1 [eines Rechtsstaats kaum würdiges Disziplinierungsinstrument; abl. auch HK-StPO/*Julius/Bär* § 257a Rn. 1; SK-StPO/Velten § 257a Rn. 1; vgl. auch *Bandisch* StV 1994, 153; *Hamm* StV 1994, 456; *Wesemann* StV 1995, 220; *Krahl* GA 1998, 334; a.A. *Senge* NStZ 2002, 225 [231 f.]; *Nehm/Senge* NStZ 1998, 384 [385]; KK-StPO/*Diemer* § 257a Rn. 2) wird in ihrer praktischen Relevanz erheblich überschätzt. Eine ausufernde Anwendung durch die Tatgerichte lässt sich bislang nicht feststellen, was auch an ihrer schwierigen Handhabbarkeit liegen mag (an der Zweckmäßigkeit zweifelnd auch Meyer-Goßner/*Schmitt* § 257a Rn. 1; *Münchhalffen* StraFo 1995, 20). Auch die sich an einer Anordnung der schriftlichen Antragstellung möglicherweise anschließenden Konflikte zwischen Verteidigung und Gericht können – bis hin zu Ablehnungsanträgen (OK-StPO/*Eschelbach* § 257a Rn. 1) – zu unwillkommenen Verfahrensverzögerungen führen (*Dahs* NJW 1995, 556). Den Bedenken gegen die Vereinbarkeit der durch § 257a zugelassenen Verfahrensweise mit der Rechtsstellung etwa der Verteidigung kann durch eine auf extreme Ausnahmefälle beschränkten Anwendung Rechnung getragen werden; einer generellen, teleologischen Reduktion wird es deswegen aber nicht bedürfen (so aber bspw. Meyer-Goßner/*Schmitt* § 257a Rn. 2).

3 **B. Regelfall (Satz 1). I. Anträge und Anregungen.** Die Vorschrift erstreckt sich auf **alle Arten von Anträgen.** Ausgeschlossen ist die Anordnung bei Anträgen gem. § 258; gemeint ist hier der gesamte Schlussvortrag (Meyer-Goßner/*Schmitt* § 257a Rn. 7). Nicht erfasst werden auch weitere Äußerungs- und Erklärungsrechte von Verfahrensbeteiligten (vgl. etwa § 248 Satz 2), Zustimmungs- oder Verzichtserklärungen sowie die Verlesung der Anklage (vgl. aber hier BGH [GS] NJW 2011, 1687) und die Erklärung des Angeklagten hierzu (§ 243 Abs. 5), ferner Ablehnungsgesuche, für die § 26 Abs. 1 Hs. 2 gilt. Die Vorschrift zielt insb. auf Beweisanträge, Beweisanregungen und Beweisermittlungsersuchen ab. Gerade bei diesen Anträgen und Anregungen kann es im Einzelfall zu einer langatmigen Verlesung von Erklärungen kommen, die der Antragsteller bloß in die Form eines Beweisantrages gebracht hat und deren Zweck sich darin erschöpft, etwa wegen ihres letztlich politischen Inhalts in öffentlicher Hauptverhandlung gestellt worden zu sein (vgl. dazu KK-StPO/*Diemer* § 257a Rn. 5).

4 **II. Verfahrensfragen. Äußerungen zur materiellen Rechtslage** werden nicht von der Vorschrift erfasst; sie sind unter den Voraussetzungen des § 257 uneingeschränkt in mündlicher Form zulässig, desgleichen Äußerungen nach § 243 Abs. 3 und 4 sowie Erklärungen der Verfahrensbeteiligten nach § 251 Abs. 2 Nr. 3 (Meyer-Goßner/*Schmitt* § 257a Rn. 8)

5 **III. Gerichtsbeschluss. 1. Verfahren.** Zu der Anordnung ist **nur das erkennende Gericht** unter Einschluss der Schöffen befugt. Sie kann allen Prozessbeteiligten ggü. ergehen und sollte zweckmäßigerweise vorher durch den Vorsitzenden, ggf. unter Darlegung der maßgeblichen Erwägungen, mit den Beteiligten erörtert werden (vgl. Meyer-Goßner/*Schmitt* § 257a Rn. 5). Die Anordnung kann sich auf einzelne Anträge oder Anregungen beziehen, sie kann zeitlich beschränkt werden (OK-StPO/*Eschelbach* § 257a Rn. 5) oder sich – in Extremfällen – über die Dauer der gesamten Hauptverhandlung erstrecken (KK-StPO/*Diemer* § 257a Rn. 5). Eine Begründung der Anordnung wird vom Gesetz nicht gefordert, ist aber nach zutr. herrschender Meinung geboten, um eine ausreichende Überprüfung im Revisionsverfahren zu ermöglichen (OK-StPO/*Eschelbach* § 257a Rn. 6), zumal die Anordnung im Ermessen des Gerichts steht.

6 **2. Ermessen.** Ob, in welchem zeitlichen oder sachlichen Umfang und welchem Prozessbeteiligten ggü. eine solche Anordnung erlassen werden muss, steht **im Ermessen des Gerichts.** Es wird dabei regelmäßig in Betracht ziehen müssen, dass es sich um eine Ausnahmevorschrift handelt, die das Mündlichkeitsprinzip durchbricht. Ferner ist bei der Entscheidung zu bedenken, dass allein die Förderung und Beschleunigung des noch durchzuführenden Teils der Hauptverhandlung Anlass für die Anordnung sein kann, nicht aber die Sanktionierung dysfunktionalen Prozessverhaltens in der Vergangenheit (KK-StPO/*Diemer* § 257a Rn. 5).

IV. Rechtsfolgen. Diejenigen Prozessbeteiligten, an die sich die Anordnung richtet, dürfen **Anträge und Anregungen zu Verfahrensfragen nur noch schriftlich** einreichen, was im Hauptverhandlungsprotokoll zu vermerken ist. Handschriftlich abgefasste Erklärungen reichen aus, sofern sie lesbar sind (Meyer-Goßner/*Schmitt* § 257a Rn. 9). Nicht selten wird dem Antragsteller eine **Unterbrechung der Hauptverhandlung** zur schriftlichen Antragstellung zu gewähren sein (*Dahs* NJW 1995, 556). Mündlich gestellte Anträge muss das Gericht nicht mehr beachten (LR/*Stuckenberg* § 257a Rn. 23; KK-StPO/*Diemer* § 257a Rn. 4). An den einmal gefassten Beschluss ist das Gericht nicht gebunden; es kann daher eine mündliche Antragstellung zulassen, wenn dies sachgemäß ist (Meyer-Goßner/*Schmitt* § 257a Rn. 9). 7

C. Ausnahmen (Satz 2). Während Satz 1 die Anwendbarkeit der Bestimmung auf Anträge und Anregungen zu Verfahrensfragen beschränkt (Rdn. 4), nimmt **Satz 2** zusätzlich die Schlussvorträge und das letzte Wort des Angeklagten vom Anwendungsbereich der Vorschrift aus. 8

D. Satz 3. Die schriftlich eingereichten Anträge sind **Urkunden i.S.d. § 249.** Die Einführung in die Hauptverhandlung im Wege der Verlesung würde indes dem mit Satz 1 verfolgten Zweck der Verfahrensbeschleunigung zuwiderlaufen. Die unbeschränkte Verweisung auf § 249 ermöglicht daher nach zutreffender herrschender Meinung die Anwendung des Selbstleseverfahrens gem. § 249 Abs. 2 (vgl. nur KK-StPO/*Diemer* § 257a Rn. 6; einschränkend SK-StPO/*Velten* § 257a Rn. 4). Nach zutreffender Ansicht genügt in geeigneten Fällen auch der zusammenfassende Bericht des Vorsitzenden über den Inhalt des betreffenden Schriftsatzes (LR/*Stuckenberg* § 257a Rn. 22; Meyer-Goßner/*Schmitt* § 257a Rn. 10). 9

E. Hauptverhandlungsprotokoll. Als **wesentliche Förmlichkeit i.S.d. § 273** ist der Beschluss über die Anordnung der schriftlichen Antragstellung sowie jede Aufhebung oder Änderung dieser Entscheidung in das Hauptverhandlungsprotokoll aufzunehmen (OK-StPO/*Eschelbach* § 257a Rn. 8). Auch die Einreichung schriftlicher Anträge nach Erlass der Anordnung und deren Bescheidung sind wesentliche Förmlichkeiten (Meyer-Goßner/*Schmitt* § 257a Rn. 9), ebenso die anordnungswidrig gestellten mündlichen Anträge sowie deren Zurückweisung (LR/*Stuckenberg* § 257a Rn. 25 zu Satz 3 i.V.m. § 249 Abs. 2 LR/*Mosbacher* § 249 Rn. 88 ff.). 10

F. Rechtsbehelfe. Eine **Beschwerde** gegen die Anordnung nach Satz 1 ist gem. **§ 305 Satz 1 ausgeschlossen** (SK-StPO/*Velten* § 257a Rn. 6). Der von der Anordnung Betroffene kann allenfalls **Gegenvorstellung** erheben (KK-StPO/*Diemer* § 257a Rn. 7). Mit der Revision kann geltend gemacht werden, dass die Anordnung nach Satz 1 **sachlich nicht gerechtfertigt** war oder gar **willkürlich** ergangen ist (Meyer-Goßner/*Schmitt* § 257a Rn. 13). In Betracht kommt auch eine Behinderung der Verteidigung in einem wesentlichen Punkt (§ 338 Nr. 8). Dass wegen der fehlerhaften Handhabung von Satz 1 ein Beweisantrag nicht gestellt werden konnte, weshalb die Aufklärungspflicht (§ 244 Abs. 2) verletzt sein könnte (so Meyer-Goßner/*Schmitt* § 257a Rn. 13; KK-StPO/*Diemer* § 257a Rn. 7), dürfte in der Praxis nur selten vorkommen. 11

§ 257b Erörterung des Verfahrensstands mit den Verfahrensbeteiligten

Das Gericht kann in der Hauptverhandlung den Stand des Verfahrens mit den Verfahrensbeteiligten erörtern, soweit dies geeignet erscheint, das Verfahren zu fördern.

Übersicht

A. Grundsätzliches. I. Normhistorie. Die Vorschrift wurde durch das **Gesetz zur Regelung der Verständigung im** Strafverfahren in die StPO eingefügt (dazu näher § 257c). Die Forderung nach einer Formalisierung und gesetzlichen Verankerung der offenen Kommunikation in der Hauptverhandlung war im Vorfeld insb. vom Deutschen Anwaltverein erhoben worden (vgl. dessen Positionspapier, abgedruckt in StraFo 2006, 89, 98 f. sowie die Stellungnahme Nr. 46/2006, S. 11 f., abrufbar unter https://www.anwaltverein.de). Eine ähnliche Norm enthielt bereits der »Diskussionsentwurf für eine Reform des Strafverfahrens« (abgedruckt in StV 2004, 228, 231). 1

2 Die Vorschrift eröffnet erstmals in der Geschichte der StPO die **Möglichkeit einer offenen Kommunikation** zwischen dem Gericht und den Verfahrensbeteiligten **in der Hauptverhandlung**. Dies bedeutet einen Einbruch in die traditionell inquisitorisch geprägte Struktur der Hauptverhandlung, die den Verfahrensbeteiligten bisher zwar Mitwirkungsrechte, aber keine Kommunikationsmöglichkeiten mit dem Gericht einräumte. Dem Bedürfnis der Praxis entsprechend fanden Erörterungen daher früher vorwiegend informell außerhalb der Hauptverhandlung statt. Die gesetzliche Institutionalisierung der Erörterungsmöglichkeit ist i.S.d. anzustrebenden Offenheit und Transparenz der Hauptverhandlung (dazu näher *Ignor/Matt* StV 2002, 102) zu begrüßen (wie hier KMR/*Heintschel-Heinegg* § 257b Rn. 1; sehr krit. dagegen Graf/*Eschelbach* § 257b Rn. 1–5; s. auch AnwK-StPO/*Püschel* § 257b Rn. 8, der befürchtet, dass die Gerichte nunmehr die Hauptverhandlung ohne vorherige genaue Lektüre der Akten beginnen werden; vgl. ferner LR/*Stuckenberg* § 257b Rn. 2, der durch die Norm die Tendenz zur Entwertung der Hauptverhandlung gefördert sieht; krit. auch *Altenhain/Hagemeier/Haimerl* NStZ 2007, 71, 74, die dadurch den Sinn des § 257c Abs. 2 für konterkariert erachten, sowie *Burhoff* HV Rn. 483b, der die Regelung für überflüssig erachtet).

3 **II. Normzweck.** Die Regelung ist im **Zusammenhang mit** den **§§ 160b, 202a sowie 212 StPO** zu sehen, die insgesamt eine **Stärkung der Kommunikation im Strafverfahren** anstreben (vgl. BT-Drs. 16/12310, S. 2), dazu näher § 160b. § 257b StPO sieht die Möglichkeit einer Erörterung mit dem Gericht i.R.d. Hauptverhandlung vor, § 212 StPO demgegenüber die Erörterung im gerichtlichen Verfahren nach der Eröffnung des Hauptverfahrens, aber außerhalb der Hauptverhandlung.

4 Der Zweck der neu geschaffenen Erörterungsmöglichkeit in der Hauptverhandlung lässt sich den Materialien nicht ganz eindeutig entnehmen (krit. daher *Altenhain/Haimerl* JZ 2010, 327, 334). Während i.R.d. allgemeinen Erwägungen darauf hingewiesen wird, dass § 257b StPO dazu dienen könne, eine Verständigung vorzubereiten (vgl. BT-Drs. 16/12310, S. 2), heißt es an anderer Stelle, der Erörterungstermin sei nicht als Vorstufe für eine mögliche Verständigung gedacht, vielmehr sei diese in § 257c StPO gesondert geregelt (BT-Drs. 16/12310, S. 13). Das Verhältnis von § 257b StPO zu den §§ 202a, 212 StPO und damit auch zu den Transparenzvorschriften nach §§ 243 Abs. 4 S. 2 StPO sowie § 273 Abs. 1 S. 2 bzw. Abs. 1a StPO ist daher unklar (mit prägnanter Analyse LR/*Stuckenberg* § 257b Rn. 10).

5 Auf jeden Fall dient § 257b StPO der **Transparenz** und damit nicht zuletzt der **Verfahrensförderung** in der Hauptverhandlung. Vernünftig angewendet, d.h. nicht als Forum gegenseitiger Einschüchterungsversuche, kann sie dazu beitragen, den Blick des Gerichts und der Verfahrensbeteiligten auf die wirklich problematischen Punkte einer Hauptverhandlung auszurichten und die jeweiligen Aktivitäten darauf zu konzentrieren (vgl. SK-StPO/*Velten* § 257b Rn. 3). Insb. können Unsicherheiten aufseiten des Beschuldigten über die Sichtweise und »Marschrichtung« des Gerichts, die häufig Ursache »dysfunktionalen«, zumindest umständlich auslotenden Verteidigungsverhaltens sind (z.B. durch Beweisanträge), ebenso beseitigt werden wie das Unverständnis aufseiten des Gerichts für die Zielrichtung von Verteidigungsaktivitäten. Das prozessuale Instrumentarium der StPO vor dem VerstG war hierfür ersichtlich unzureichend (vgl. SK-StPO/*Velten* § 257b Rn. 3 unter Hw. auf *König* StV 1988, 113 sowie *dens.* FG Friebertshäuser [1997], S. 211 ff.). Die Vorschrift ähnelt der Erörterung des Sach- und Streitstandes im Zivilprozess (vgl. §§ 139 Abs. 1 S. 1, 279 Abs. 3 S. 1 ZPO). Von ihr sollte nicht zuletzt im Interesse der Verfahrensförderung großzügig Gebrauch gemacht werden (vgl. *Föhrig*, Kleines Strafrichter-Brevier, 2008, S. 22: »Je bedeckter ein Vorsitzender gegenüber den Beteiligten, insb. der Verteidigung agiert, desto zeitaufwändiger wird er agieren dürfen.«).

6 Die Vorschrift stellt klar, dass durch die Bekanntgabe der Einschätzung des Verfahrensstandes durch das Gericht allein **kein Befangenheitsgrund** geschaffen wird (BT-Drs. 16/12310, S. 13; zur Besorgnis der Befangenheit s.u. Rdn. 14).

7 **B. Regelungsgehalt. I. Gericht/Verfahrensbeteiligte.** Der Begriff des **Gerichts** ist i.S.d. allgemeinen Regelungen der StPO zu verstehen und umfasst die Gesamtheit der Richter einschl. der Schöffen. Der Vorsitzende leitet die Erörterung nach Maßgabe des § 238 Abs. 1 StPO (BT-Drs. 16/12310, S. 13), darf bei Kollegialgerichten vorläufige Bewertungen zur Schuld- oder Straffrage aber nur nach einer **Zwischenberatung** abgeben (*Harrendorf/Lagler* StV 2019, 428, 431; Graf/*Eschelbach* § 257b Rn. 8; weniger streng MüKo-StPO/*Kudlich* § 257b Rn. 5: Abgabe unabgestimmter Einzelmeinungen möglich, solange dies deutlich gekennzeichnet wird; vgl. zur Abgrenzung auch § 202a Rdn. 5). Insoweit kann es angezeigt sein, den Schöffen zum Zwecke dieser Zwischenberatung in geeigneter Weise Informationen über den **Akteninhalten** zu verschaffen ist (ausführlich *Rönnau* FS Schlothauer, S. 367, 378 f. m. zahlr. Nachw. und ferner LR/*Stuckenberg* § 257b Rn. 4), um sie nicht zu »Marionetten des Verfahrens« (*Rönnau*) zu degradieren.

8 Die Materialien definieren die **Verfahrensbeteiligten** als die Personen und Stellen, die hinsichtlich des in der Anklage enthaltenen Vorwurfs in der Hauptverhandlung mit eigenen Verfahrensrechten ausgestattet sind und verweist auf die Erläuterungen zu § 160b StPO (BT-Drs. 16/12310, S. 12). Näher dazu § 160b; § 202a.

II. Verfahren, Inhalt und Grenzen der Erörterung. 1. Verfahren. Dem Wortlaut nach geht § 257b StPO von einem Initiativrecht des **Gerichts** aus, das als solches in einem gewissen Spannungsverhältnis zum Gebot richterlicher Neutralität steht (so zu Recht *Jahn/Müller* NJW 2009, 2625, 2627; Graf/*Eschelbach* § 257b Rn. 5). Zum Teil wird daher dazu geraten, dass das Gericht einen Vorstoß seitens der Verfahrensbeteiligten abwartet (*Jahn/Müller* NJW 2009, 2625, 2627; ähnlich N/Sch/W/*Schlothauer* Teil B § 257b Rn. 7). Dies würde jedoch die Anwendung der Norm zu sehr einschränken. Einer Verletzung der Neutralitätspflicht wird dadurch vorgebeugt, dass das Gericht die Bekanntgabe der Einschätzung der Sach- und Rechtslage als vorläufig sowohl deklariert (vgl. LG Verden Beschl. v. 04.03.2010 – 2 KLs 13/09 = StV 2010, 234, 235 m.Anm. *Joester*) als auch praktiziert, indem es den Verfahrensbeteiligten ausreichend **Gelegenheit zur Stellungnahme und zum Austausch von Argumenten und Sichtweisen** gibt und sich selbst daran erkennbar ergebnisoffen beteiligt (näher *Harrendorf/Lager* StV 2019, 428, 430; vgl. auch LR/*Stuckenberg* § 257b Rn. 8, MüKo-StPO/*Kudlich* § 257b Rn. 7 und SK-StPO/*Velten* § 257b Rn. 5, 8). 9

Wie bei den §§ 160b, 202a, 212 StPO bestehen auch bei § 257b StPO gegen eine Initiative zu einer Erörterung seitens der **Verfahrensbeteiligten** keine Bedenken (so auch *Jahn/Müller* NJW 2009, 2625, 2627; Beispiel für einen entsprechenden Antrag seitens der Verteidigung bei Beck-Formularbuch/*Ignor/Sättele*, S. 505). Hierfür spricht bereits der Standort der Norm im Kontext des § 257 StPO, der Erklärungsrechte des Angeklagten, der Staatsanwaltschaft und der Verteidigung vorsieht. 10

Die Vorschrift eröffnet den Verfahrensbeteiligten zwar keinen Anspruch auf ein Rechtsgespräch (*Burhoff* HV Rn. 483c; KMR/*von Heintschel-Heinegg* § 257b Rn. 10; Meyer-Goßner/Schmitt/*Schmitt* § 257b Rn. 3; N/Sch/W/*Schlothauer* Teil B § 257b Rn. 7; krit. dazu Graf/*Eschelbach* § 257b Rn. 12), sondern lediglich einen **Anspruch auf eine ermessensfehlerfreie Entscheidung.** Unter Umständen ist jedoch eine Ermessensreduzierung »auf Null« denkbar (dazu SK-StPO/*Velten* § 257b Rn. 2; MüKo-StPO/*Kudlich* § 257b Rn. 12; *König* AnwBl. 2010, 386). Aus § 257b StPO i.V.m. Art. 103 Abs. 1 GG folgt zudem ein **Anspruch** der Verfahrensbeteiligten **auf die Begründung der Entscheidung des Gerichts** (SK-StPO/*Velten* § 257b Rn. 2; bereits vor Inkrafttreten des Verständigungsgesetzes *Salditt* FS DAV, S. 794, 799 f.) um z.B. zu prüfen, ob sachwidrige Erwägungen zur Ablehnung führten oder sogar ein Fall einer willkürlichen Ungleichbehandlung vorlag. 11

Gem. **§ 273 Abs. 1 S. 2 StPO** ist der wesentliche Ablauf und Inhalt einer Erörterung nach § 257b StPO in das **Hauptverhandlungsprotokoll** aufzunehmen. 12

2. Inhalt. a) Eignung zur Verfahrensförderung. Die Norm setzt – wie §§ 160b, 202a StPO – voraus, dass die Erörterung geeignet erscheint, das Verfahren zu fördern. Das bedeutet, dass nicht nur der momentane Stand der Sach- und Rechtslage, sondern auch der weitere Verfahrensgang zum Gegenstand der Erörterung gemacht werden kann (BT-Drs. 16/12310, S. 12). Die Formulierung ist mithin als **Zielbeschreibung**, nicht etwa als Einschränkung des Anwendungsbereichs der Norm anzusehen, vgl. § 160b Rdn. 7, § 202a Rdn. 12. 13

b) Inhalt der Erörterung. Der Gesetzgeber wollte mit der Vorschrift außer Gesprächen über **die weitere Gestaltung des Verfahrens** ausdrücklich auch solche über eine **einstweilige Bewertung von Beweiserhebungen** ermöglichen (BT-Drs. 16/12310, S. 13; krit. dazu Graf/*Eschelbach* § 257b Rn. 6 f.), was aus den oben unter Rdn. 5 ausgeführten Gründen zu begrüßen ist; problematisch daher KG Beschl. v. 17.12.2012 – (4) 161 Ss 191/12 (262/12) = NJW-Spezial 2013, 186, wonach das erkennende Gericht unter keinem rechtlichen Gesichtspunkt verpflichtet sei, die Prozessbeteiligten in einem »Zwischenverfahren« über die vorläufige Bewertung von Beweismitteln zu informieren. Ferner soll die **Angabe einer Ober- und Untergrenze der** nach dem gegenwärtigen Verfahrensstand **zu erwartenden Strafe** durch das Gericht möglich sein (BT-Drs. 16/12310, S. 12 f.; vgl. BGH Urt. v. 14.04.2011 – 4 StR 571/10 = NStZ 2011, 590, 591, wonach Gegenstand einer Erörterung auch das Strafmaß sein kann). Das ist, solange das Gericht die Vorläufigkeit seiner Beurteilung deutlich macht und diese transparent begründet, unbedenklich und sinnvoll, weil es dem Angeklagten ermöglicht, seine Verteidigung darauf einzustellen. Auch die Voraussetzungen des § 257c Abs. 2 StPO werden dadurch nicht unterlaufen (Bedenken bei *Altenhain/Hagemeier/Haimerl* NStZ 2007, 71, 74), weil eine Verständigung einen konkreten Vorschlag voraussetzt (näher § 257c StPO). Eine **Besorgnis der Befangenheit** folgt daraus grundsätzlich nicht (BGH Beschl. v. 02.09.2020 – 5 StR 630/19, NStZ 2020, 749, 751; Beschl. v. 20.10.2010 – 1 StR 166/11 = ZWH 2012, 69 f. m.Anm. *Spatschek/Beckschäfer*; OLG Düsseldorf Urt. v. 24.10.2018 – 3 RVs 46/18; OLG Hamburg Beschl. v. 05.07.2017 – 1 Rev 41/17 = StV 2019, 382 m. krit. Besprechung *Harrendorf/Lagler* StV 2019, 428 ff.), kann sich aber im Einzelfall sowohl aus dem Inhalt der Erörterung als auch aus der (regelwidrigen) Verfahrensweise ergeben (näher *Harrendorf/Lagler* StV 2019, 428, 430 ff., LR/*Stuckenberg* § 257b Rn. 11 und *Staudinger* jurisPR-StrafR 16/2019 Anm. 5 C.; vgl. auch § 202a Rdn. 2, 8). Nicht zuletzt ermöglicht § 257b StPO auch die Erörterung von **Rechtsfragen**, auf die es im Verfahren ankommt. Die Abgabe einer Einschätzung der Sach- und Rechtslage durch 14 den Vorsitzenden ist für sich genommen noch nicht als Vorbereitung einer Verständigung zu werten (BGH Beschl. v. 03.09.2013 – 1 StR 237/13 = NStZ 2013, 724, 725).

15 **III. Dokumentationspflicht.** Gem. § 273 Abs. 1 Satz 2 StPO sind der Inhalt und der wesentliche Ablauf einer Erörterung i.S.v. § 257b StPO in der Sitzungsniederschrift festzuhalten.

§ 257c Verständigung zwischen Gericht und Verfahrensbeteiligten

(1) [1]Das Gericht kann sich in geeigneten Fällen mit den Verfahrensbeteiligten nach Maßgabe der folgenden Absätze über den weiteren Fortgang und das Ergebnis des Verfahrens verständigen. [2] § 244 Absatz 2 bleibt unberührt.

(2) [1]Gegenstand dieser Verständigung dürfen nur die Rechtsfolgen sein, die Inhalt des Urteils und der dazugehörigen Beschlüsse sein können, sonstige verfahrensbezogene Maßnahmen im zugrundeliegenden Erkenntnisverfahren sowie das Prozessverhalten der Verfahrensbeteiligten. [2]Bestandteil jeder Verständigung soll ein Geständnis sein. [3]Der Schuldspruch sowie Maßregeln der Besserung und Sicherung dürfen nicht Gegenstand einer Verständigung sein.

(3) [1]Das Gericht gibt bekannt, welchen Inhalt die Verständigung haben könnte. [2]Es kann dabei unter freier Würdigung aller Umstände des Falles sowie der allgemeinen Strafzumessungserwägungen auch eine Ober- und Untergrenze der Strafe angeben. [3]Die Verfahrensbeteiligten erhalten Gelegenheit zur Stellungnahme. [4]Die Verständigung kommt zustande, wenn Angeklagter und Staatsanwaltschaft dem Vorschlag des Gerichtes zustimmen.

(4) [1]Die Bindung des Gerichtes an eine Verständigung entfällt, wenn rechtlich oder tatsächlich bedeutsame Umstände übersehen worden sind oder sich neu ergeben haben und das Gericht deswegen zu der Überzeugung gelangt, dass der in Aussicht gestellte Strafrahmen nicht mehr tat- oder schuldangemessen ist. [2]Gleiches gilt, wenn das weitere Prozessverhalten des Angeklagten nicht dem Verhalten entspricht, das der Prognose des Gerichtes zugrunde gelegt worden ist. [3]Das Geständnis des Angeklagten darf in diesen Fällen nicht verwertet werden. [4]Das Gericht hat eine Abweichung unverzüglich mitzuteilen.

(5) Der Angeklagte ist über die Voraussetzungen und Folgen einer Abweichung des Gerichtes von dem in Aussicht gestellten Ergebnis nach Absatz 4 zu belehren.

Übersicht Rdn.

A. Grundsätzliches zum Verständigungsgesetz. Die Vorschrift bildet die **zentrale Norm** des am 04.08.2009 in Kraft getretenen »Gesetzes zur Verständigung im Strafverfahren«, das erstmals die bis dahin informelle Absprachenpraxis gesetzlich regelt und damit eine der größten Veränderungen der StPO seit 1877 darstellt (vgl. *Fezer* NStZ 2010, 177, 182; *Altenhain/Haimerl* JZ 2010, 327; *Gieg* GA 2007, 469, 482). 1

Mit dem **Verständigungsgesetz** (VerstG) hat der Gesetzgeber einer seit Jahrzehnten zu beobachtenden (vgl. schon *Deal* [alias *Weider*] StV 1982, 545 ff.; *Schmidt-Hieber* NJW 1982, 1017) und von der höchstrichterlichen Rspr. beförderten (Rdn. 5 f.) Realität in deutschen Gerichtssälen Rechnung getragen, die früher als Urteilsabsprache oder – pejorativ – »Deal« bezeichnet und vom Gesetzgeber mit dem Begriff der Verständigung gesetzlich gefasst wurde. Sie besteht im Kern in einer zwischen Gericht, Staatsanwaltschaft und Verteidigung vereinbarten »synallagmatischen Verknüpfung« von prozessualen Handlungsbeiträgen mit Blick auf die Rechtsfolgen der angeklagten Tat (vgl. BVerfG Beschl. v. 21.04.2016 – 2 BvR 1422/15, Rn. 2a, 21 m.w.N.: »Ein Verständigungsgeschehen wird durch die synallagmatische Verknüpfung der Handlungsbeiträge der Beteiligten gekennzeichnet«). Einer empirischen Studie zufolge erledigte im Jahr 2004 die Mehrheit der befragten Richter, Staatsanwälte und Verteidiger mehr als 50 % ihrer Verfahren in Wirtschaftsstrafsachen im Wege der Verständigung (*Altenhain/Hagemeier/Haimerl/Stammen* Die Praxis der Absprachen in Wirtschaftsstrafverfahren [2007], S. 53, 331). Auch in anderen Strafsachen, selbst in Schwurgerichtsverfahren, sind Verständigungen verbreitet (s. *Jahn/Kett-Straub* StV 2010, 271; *Widmaier* NJW 2005, 1985; ausführlich zu empirischen Untersuchungen SK-StPO/*Velten* Vor § 257b Rn. 10). Die jüngste empirische Studie zur Praxis der Verständigung im Strafverfahren haben im Jahr 2020 *Altenhain/Jahn/Kinzig* im Auftrag des BMJV vorgelegt. 2

Die **Ursachen für Verständigungen** sind vielfältig (Übersicht m.w.N. bei LR/*Stuckenberg* § 257c Rn. 2 und *Schlothauer* StraFo 2011, 488; vgl. BVerfG Urt. v. 19.03.2013 – 2 BvR 2628/10 Rn. 3, BVerfGE 133, 168, 171 f.). Sie liegen u.a. in der Expansion des materiellen Strafrechts (speziell des Wirtschaftsstrafrechts, dazu *Theile* MschrKrim 2010, 147), der Intensivierung der Strafverfolgung in bestimmten Bereichen und der Erschwerung der Rechtsanwendung bspw. durch die Zunahme unbestimmter Tatbestandsmerkmale, die allesamt vermehrte Belastungen für die Strafjustiz ohne entsprechende Erweiterung ihrer Ressourcen mit sich bringen. Das Subsidiaritätsprinzip und der *Ultima-Ratio*-Grundsatz werden kontinuierlich missachtet. Allerdings dürften Absprachen auch wegen ihrer Entlastungseffekte an sich beliebt sein. Ferner wird die Entwicklung einer zunehmend professionellen und konfliktbereiten, aber auch durch eine restriktive und schwer kalkulierbare Revisionsrechtsprechung verunsicherten Strafverteidigung hieran ihren Anteil haben. Schließlich spiegelt die Verständigungspraxis eine Neubestimmung des Verhältnisses von Staat und Bürger wider, das – anstelle früherer Über- und Unterordnung – zunehmend auch durch Aushandlungsprozesse und Übereinkünfte bestimmt wird (*Herrmann* Archivum Iuridicum Cracoviense 31–32 [1998–1999], 55, 78 ff.). 3

I. Normhistorie. Anders als manche Äußerungen vermuten lassen (vgl. z.B. *Burhoff* StRR 2009, 324; *Meyer-Goßner/Schmitt* NJW-aktuell 36/2009, S. XIV; *Meyer-Goßner/Schmitt* ZRP 2009, 107; N/Sch/W/*Niemöller* Teil A Rn. 26; KMR/*Plöd* § 160b Rn. 1; *Schünemann* ZRP 2009, 104, 105) ist das **VerstG** nicht Ausdruck einer »Torschlusspanik« der Gesetzgebungsorgane kurz vor der Bundestagswahl im September 2009, sondern **Ergebnis einer jahrelangen Diskussion** über die Zulässigkeit von Verständigungen (näher Rdn. 13), deren Vorteile und Gefahren (ausf. MAH Strafverteidigung/*Ignor/Böhm* § 13 Rn. 11 ff.) sowie der Frage, ob und wenn ja, auf welche Weise die Materie einer gesetzlichen Regelung zugeführt werden kann bzw. soll (vgl. *Rieß* StraFo 2010, 10). Bereits auf dem Deutschen Juristentag im Jahr 1990 fand sich für den Vorschlag, Verständigungen gesetzlich zu regeln, eine deutliche Mehrheit (vgl. NJW 1990, 2991, 2994). Speziell die 4

Argumente für die Zulässigkeit von Urteilsabsprachen – auch im Hinblick auf die traditionellen Prinzipien des deutschen Strafverfahrens (dazu *Ignor* FS Strauda, S. 321, 332; *Weichbrodt*, Das Konsensprinzip strafprozessualer Absprachen [2006], S. 152 f.) – sowie gegen ihre Zulässigkeit (vgl. statt vieler *Fischer* StraFo 2009, 177 ff.) wurden eingehend erörtert (s. *Rieß* StraFo 2010, 10). Bei der heftigen Kritik am Gesetzgeber (Rdn. 9) wird vielfach außer Acht gelassen, dass insb. die **höchstrichterliche Rspr.** unter Inanspruchnahme ihrer Befugnis zur Rechtsfortbildung zur Etablierung und rechtlichen Konturierung von Verständigungen maßgeblich beigetragen hat.

5 **1. Vorgaben durch die Rspr..** Der BGH äußerte sich erstmals im Jahr 1997 ausführlich zur Zulässigkeit von Absprachen im Strafprozess. In **BGH Urt. v. 29.08.1997 – 4 StR 240/97, BGHSt 43, 195 ff.** hielt der 4. Strafsenat – wie bereits zuvor eine Kammer des BVerfG im Jahr 1987 (NJW 1987, 2662) – Verständigungen im Strafprozess für »nicht generell unzulässig«, stellte aber Maßgaben auf, wie sie mit den Prinzipien des Strafprozesses in Übereinstimmung gebracht werden könnten. Danach müssten Absprachen dem Rechtsstaatsprinzip genügen, was eine Übereinkunft über den Schuldspruch ebenso ausschließe wie einen Rechtsmittelverzicht vor der Urteilsverkündung. Wegen der Pflicht zur Ermittlung der materiellen Wahrheit sei das Gericht verpflichtet, ein i.R.d. Verständigung abgelegtes Geständnis auf seine Glaubhaftigkeit zu überprüfen; eine unreflektierte Übernahme sei unzulässig. Zudem müsse die Willensfreiheit des Beschuldigten gewahrt bleiben, vor allem dürfe weder gegen § 136a StPO, noch gegen den **Nemo-tenetur**-Grundsatz verstoßen werden. Der Grundsatz der Öffentlichkeit gebiete, dass die Verständigung in der öffentlichen Hauptverhandlung stattfinde; dies schließe zwar informelle Vorgespräche nicht aus, setze aber voraus, dass derartige Abreden ihrem wesentlichen Inhalt und Ergebnis nach in der Hauptverhandlung offengelegt würden. Unzulässig sei die Zusage einer konkreten Strafe (sog. Punktstrafe), zulässig hingegen das In-Aussicht-Stellen einer Strafobergrenze für den Fall eines glaubhaften Geständnisses. Die ausgeurteilte Strafe dürfe »den Boden schuldangemessenen Strafens« nicht verlassen.

6 In einer Reihe weiterer höchstrichterlicher Entscheidungen, die insb. unzulässige Verständigungen und die Folgen von »geplatzten« Absprachen betrafen, versuchte der BGH sodann, die Verständigung auf der Grundlage der geltenden StPO zu begrenzen und näher zu regulieren (LR/*Stuckenberg* § 257c Rn. 1). Schlusspunkt dieser Bemühungen bildete die Entscheidung des Großen Senats für Strafsachen vom 03.03.2005 (GSSt 1/04, BGHSt 50, 40 ff.) zur Frage der Zulässigkeit des Rechtsmittelverzichts bei Verständigungen (vgl. dazu *Fahl* ZStW 117 [2005] 605, 614), die das – erkennbar gespaltene – Gericht unter der Voraussetzung einer »qualifizierten Belehrung« bejahte. Die Entscheidung endet mit einem Appell an den Gesetzgeber, »die Zulässigkeit und, bejahendenfalls, die wesentlichen rechtlichen Voraussetzungen und Begrenzungen von Urteilsabsprachen gesetzlich zu regeln«. Zutreffend sah es der Große Senat primär als Aufgabe des Gesetzgebers an, die grundsätzlichen Fragen der Gestaltung des Strafverfahrens und damit auch die Rechtsregeln festzulegen, denen die Urteilsabsprache unterworfen sein soll.

7 **2. Gang des Gesetzgebungsverfahrens.** Infolge der Entscheidung wurden von vielen Seiten Vorschläge für eine mögliche Regelung unterbreitet (dazu *Huttenlocher*, Dealen wird Gesetz – die Urteilsabsprache im Strafprozess und ihre Kodifizierung [2007], Rn. 806 ff.; *Matt/Vogel* FS Strauda, S. 391, 395; *Meyer-Goßner* NStZ 2007, 425; *Nack*, abgedruckt bei *Huttenlocher* Rn. 714 ff.; *Niemöller* GA 2009, 172; FA Strafrecht/*Satzger* Rn. 83). So präsentierte bereits im September 2005 der **Strafrechtsausschuss der BRAK** einen detaillierten Vorschlag (abgedruckt als Anhang 1 bei N/Sch/W sowie in Auszügen in ZRP 2005, 235; dazu *Landau/Bünger* ZRP 2005, 268; krit. zu dem Entwurf das Positionspapier des Strafrechtsausschusses des Deutschen Anwaltvereins vom März 2006, abgedruckt als Anhang 3 bei N/Sch/W sowie in StraFo 2006, 89), im November 2005 formulierten die Generalstaatsanwältinnen und Generalstaatsanwälte Eckpunkte für eine gesetzliche Regelung (abgedruckt als Anhang 2 bei N/Sch/W). Im März 2006 brachte das Land **Niedersachsen** einen Entwurf in den Bundesrat ein (BR-Drucks. 235/06; hierzu *Heister-Neumann* ZRP 2006, 137) und im Mai 2006 legte das Bundesjustizministerium einen **RefE** vor (abgedruckt als Anhang 4 bei N/Sch/W; vgl. hierzu die Stellungnahme des Deutschen Richterbundes vom September 2006, abgedruckt als Anhang 5 bei N/Sch/W). Im Januar 2007 folgte ein **Gesetzentwurf des Bundesrates** (BT-Drs. 16/4197, abgedruckt als Anhang 6 bei N/Sch/W), der sich weitgehend an dem niedersächsischen Entwurf orientierte.

8 Im Januar 2009 beschloss das **Bundeskabinett** einen weitgehend dem RefE entsprechenden, allerdings insb. um ein Beweisverwertungsverbot im Fall einer gescheiterten Verständigung und den Ausschluss der Möglichkeit des Rechtsmittelverzichts ergänzten **Gesetzentwurf** (BT-Drs. 16/12310). Nach einer Expertenanhörung im Rechtsausschuss des Bundesrates im März 2009 verabschiedete der **Bundestag** das Verständigungsgesetz am 28.05.2009. Nachdem der Bundesrat trotz eines eigenen Gesetzentwurfs in seiner Sitzung am 04.08.2009 auf die Anrufung des Vermittlungsausschusses verzichtet hatte, trat das Gesetz am 04.08.2009 in Kraft (näher zum Gesetzgebungsverfahren N/Sch/W/*Niemöller* Teil A Rn. 20 ff.).

3. Bewertung des VerstG und der Entwicklung der Rspr.. Das Verständigungsgesetz hat bereits im Verlauf seiner Entstehung sowie nach seinem Inkrafttreten von vielen Seiten **Kritik** erfahren, sowohl hinsichtlich einzelner Regelungen als auch wegen grundsätzlicher Bedenken (zu den Grundproblemen von Urteilsabsprachen in Anbetracht der Struktur des konventionellen reformierten Strafprozesses zusammenfassend *Rönnau* ZIS 2018, 167, 169 ff., *ders.* JuS 2018, 114 ff., LR/*Stuckenberg* § 257c Rn. 3 ff. und Graf/*Eschelbach* § 257c Rn. 1 ff. – jew. m. zahlr. Nachw.; zur Debatte im Fahrwasser des Gesetzgebungsprozesses vgl. *Altenhain/Haimerl* JZ 2010, 327; *Bittmann* wistra 2009, 414; *Fischer* StraFo 2009, 177; *Kempf* StV 2009, 269; *Küpper* HFR 2007, 138 ff.; *Leipold* NJW-Spezial 2009, 520 f.; *Meyer-Goßner* NJW-aktuell, Heft 36/2009, S. XIV ff.; *ders.* ZRP 2009, 107; *Murmann* ZIS 2009, 526; *Schünemann* ZRP 2009, 104; *ders.* NJW-Editorial Heft 36/2009; *ders.* ZStW 119 [2007], 945, 954 f.; *Sommer* AnwBl. 2010, 197 ff.; *Hettinger* JZ 2011, 292). Andererseits hat es auch **Zustimmung** bekommen (bspw. *Jahn* JZ 2011, 340, 341 m.w.N.; *Ignor* in: Die Reform des Haupt- und Rechtsmittelverfahrens, Schriftenreihe des Bundesministeriums für Justiz [2011], 53 ff.). Während die Kritiker vor allem befürchteten, dass die Legalisierung die Praxis der Absprachen weiter befördern und so zu einer zunehmenden Auflösung der rechtsstaatlichen Formen des Strafverfahrens beitragen werde, versprachen sich die Befürworter von einer Regulierung gerade eine Einschränkung der ausufernden Praxis (*Schlothauer* StraFo 2011, 487, 488 m. Hinweis auf *Fischer* StraFo 2009, 177, 187). Der z.T. sehr heftigen und berechtigten Kritik am VerstG ist zu bedenken zu geben, dass damit die Anforderungen an eine zulässige Verständigung ggü. der früheren Rechtslage in formaler und materieller Hinsicht gestiegen sind, insb. wegen der als »schützende Formen« gedachten aufwendigen Mitteilungs- und Protokollierungspflichten (§§ 243 Abs. 4, § 257c Abs. 4 und 5, § 273a Abs. 1 StPO) und nicht zuletzt auch wegen der Beibehaltung der gerichtlichen Aufklärungspflicht (§ 257c Abs. 1 Satz 1 i.V.m. § 244 Abs. 2) – insoweit wurde also **aus Sicht des Rechtsstaates Boden zurückgewonnen** (näher zum Meinungsstand vor und nach dem 68. DJT [2010], der die geltenden Regelungen als »grundsätzlich akzeptabel« bewertet hat, *Jahn* StV 2011, 497; s. ferner *Fischer* ZRP 2010, 249; *v. Frankenberg* MschrKrim 94 [2011] 228 und Graf/*Eschelbach* § 257c Rn. 1.9 ff.). **Weiterer Reformbedarf** (vgl. *Rönnau* ZIS 2018, 167, 176 f. und LR/*Stuckenberg* § 257c Rn. 22) soll damit nicht in Abrede gestellt werden. 9

Die bis zur Entscheidung des BVerfG v. 19.03.2013 – 2 BvR 2628/10 (= BVerfGE 133, 168, NJW 2013, 1058) zu den gesetzlichen Regelungen ergangene **revisionsrechtliche Rspr.** ließ insgesamt die Tendenz erkennen, im Interesse der Entlastung der Strafjustiz die Handlungsspielräume des Tatrichters durch die – bewusst – geschaffenen Formalisierungen nicht allzu sehr einzuschränken (*Schlothauer* StraFo 2011, 487, 497). So duldete sie die Umgehung des Verbots des Rechtsmittelverzichts (Rdn. 139), begrenzte (z.T.) die Revisibilität von Verstößen gegen die inhaltlichen Beschränkungen von Verständigungen in § 257c Abs. 2 und Abs. 3 StPO (Rdn. 150, 154) und marginalisierte die Belehrungspflichten nach § 257c Abs. 5 (Rdn. 157). Insb. neigte die Rspr. dazu, bei Verstößen gegen die formellen Voraussetzungen einer Verständigung, namentlich die Dokumentations-, Mitteilungs- und Belehrungspflichten, ein Beruhen des Urteils auszuschließen (*Jahn* StV 2011 497, 502 m. Hinweis auf BGH Beschl. v. 20.10.2010 – 1 StR 400/10, StV 2011, 202 m. abl. Anm. *Schlothauer* zu § 243 Abs. 4 Satz 1 StPO und BGH Beschl. v. 19.08.2010 – 3 StR 226/10, StV 2011, 76 zu § 267 Abs. 3 Satz 5 StPO; s.a. *Schlothauer* StraFo 2011, 487, 491 f.). Der vom Gesetzgeber angestrebten Rechtssicherheit sowie Transparenz und Dokumentation des mit einer Verständigung verbundenen Geschehens (BT-Drs. 16/12310) war das nicht förderlich. Die Eindämmung informeller Absprachen wurde dadurch erschwert. Seit dem Urteil des BVerfG zeichnet sich eine gewisse Änderung der revisionsgerichtlichen Rspr. ab. 10

In seiner Leitentscheidung vom 19.03.2013 (2 BvR 2628/10, BVerfGE 133, 168, NJW 2013, 1058) hatte das BVerfG dem Gesetzgeber die Pflicht auferlegt, die praktische »Wirksamkeit der [im Verständigungsgesetz] vorgesehenen Schutzmechanismen […] fortwährend zu überprüfen« (s. BVerfG a.a.O., Rn. 107, 116, 121). Zu diesem Zweck hat das BMJV im Jahr 2018 eine **empirische Studie** u.a. mit dem Ziel in Auftrag gegeben, einen Überblick über die Anwendungspraxis des Verständigungsgesetzes zu gewinnen und mögliche Mängel zu identifizieren. Der Abschlussbericht der durch *Altenhain/Jahn/Kinzig* geleiteten Forschungsgruppe liegt seit November 2020 vor und kann als Open-Access-Publikation auf der Website des BMJV abgerufen werden. Die – aufgrund mangelnder Kooperationsbereitschaft seitens der Justiz allerdings z.T. nur eingeschränkt repräsentativen – Ergebnisse der Erhebung werfen ein Schlaglicht auf die vor allem an den Amtsgerichten immer noch weit verbreitete Praxis, Verfahrensabsprachen informell und gleichsam »im Dunkeln« zu treffen und die durch das Verständigungsgesetz aufgestellten Leitplanken (insb.: die Transparenz- und Dokumentationspflichten) zu missachten. Dass eine entsprechende Untersuchung – wie *Kudlich* (ZRP 2021, 81, 83) zutreffend anmerkt – mit Blick auf andere prozessuale Regeln nicht günstiger ausfallen dürfte, ist wenig tröstlich. Wer bei dieser Sachlage auf verfassungsrechtliche Konsequenzen hofft, wird wohl enttäuscht werden: In seiner ersten Reaktion auf die genannten Studienergebnisse hat das BVerfG festgestellt, dass die von *Altenhain/Jahn/* 11

Kinzig aufgezeigten Defizite im Vollzug des Verständigungsgesetzes »jedenfalls derzeit [...] noch nicht« zur Verfassungswidrigkeit der Regelungen führen (BVerfG Beschl. v. 29.04.2021 – 2 BvR 1543/20, NStZ 2021, 558, 559, StV 2021, 766 m.Anm. *Wu*). Eine gesetzliche Regelung, gegen die in der Rechtsanwendungspraxis in verfassungswidriger Weise verstoßen wird, verletze – so die Kammer – nur dann das Grundgesetz, wenn die verfassungswidrige Praxis auf die Vorschrift selbst zurückzuführen ist, mithin wenn sie Ausdruck eines **strukturbedingten Regelungsdefizits** ist (BVerfG a.a.O.). Ein solches strukturelles Regelungsdefizit hätten auch die Untersuchungsergebnisse von *Altenhain/Jahn/Kinzig* nicht aufgezeigt. Ob der 20. Deutsche Bundestag sich des Themas gleichwohl annimmt, bleibt abzuwarten.

12 **II. Regelungszweck des Verständigungsgesetzes.** Der Gesetzgeber wollte mit der Regulierung der Verständigung diese weder fördern noch eindämmen, sondern Vorgaben schaffen, die der **Rechtssicherheit** und der **gleichmäßigen Rechtsanwendung** dienen (BT-Drs. 16/12310, S. 1). Hierbei hat er sich im Wesentlichen an den von der Rspr. aufgestellten Grundsätzen orientiert, sodass diese Rspr., soweit keine abweichenden Regelungen getroffen wurden, bei der Gesetzesauslegung herangezogen werden kann (so auch *Beulke/Swoboda* Rn. 596). Ob der Gesetzgeber sein explizites Ziel erreicht hat, die Verständigung so zu regeln, dass sie mit den tradierten Grundsätzen des Strafverfahrens übereinstimmt, wird insb. mit Blick auf die Vorschrift des § 257c Abs. 1 Satz 2 StPO bezweifelt (Rdn. 24).

13 **III. Verfassungsmäßigkeit der Norm.** Die Vorschrift des § 257c StPO ist – unabhängig von einer in vielen Punkten berechtigten rechtspolitischen Kritik am Absprachemodell an sich (oben Rdn. 9) – **(noch) verfassungsgemäß** (vgl. BVerfG Urt. v. 19.03.2013 – 2 BvR 2628/10, BVerfGE 133, 168–241, NJW 2013, 1058; aus der kaum überschaubaren Literatur zur dieser Entscheidung sei – ohne Anspruch auf Vollständigkeit – auf die Anmerkungen und Besprechungen von *Becker* JA 2017, 641, 642 f.; *Beulke/Stoffer* JZ 2013, 662; *Fischer* FS Kühne, S. 203; *Gössel* FS Beulke, S. 737; *Jahn* JuS 2013, 659; *Knauer* NStZ 2013, 433; *König/Harrendorf* AnwBl 2013, 321; *Kudlich* ZRP 2013, 162; *Landau* FS Rössner, S. 829; *Löffelmann* JR 2013, 333; *Mosbacher* NZWiSt 2013, 2013; *Niemöller* StV 2013, 420; *Rönnau* JuS 2018, 114, 117 f.; *ders.* ZIS 2018, 167, 174; *Scheinfeld* ZJS 2013, 296; *Schmitt* FS Tolksdorf, S. 399; *Schreiber-Klein* JA 2015, 888; *Stuckenberg* ZIS 2013, 212; *Trück* ZWH 2013, 169; *Weigend* StV 2013, 424 hingewiesen; die verfassungsrechtliche Debatte um das Verständigungsgesetz zusammenfassend jüngst *Feichtlbauer* Verständigung als Fremdkörper?, S. 98 ff.). Bedenken, die Regelung verletze **Art. 3 Abs. 1 GG** (dazu *Altenhain/Hagemeier/Haimerl* NStZ 2007, 71, 72; *Altenhain/Haimerl* JZ 2010, 327, 330; *Murmann* ZIS 2009, 526, 535; ähnlich auch *Rönnau* ZIS 2018, 167, 173: Bedrohung für den Gleichbehandlungsgedanken), weil sie den verteidigten Angeklagten ggü. dem nicht verteidigten Angeklagten, dem die Möglichkeit einer Verständigung regelmäßig versagt bleibe, ohne sachlichen Grund bevorzuge, ist entgegenzuhalten, dass der Gesetzgeber bewusst nicht zwischen verteidigtem und nicht verteidigtem Angeklagten unterschieden hat, um gerade diesem Einwand vorzubeugen (BT-Drs. 16/12310, Satz 2). Die Annahme, ein Gericht werde sich nicht auch mit einem unverteidigten Angeklagten verständigen, erscheint angesichts der gegenteiligen Praxis bei der Verfahrensbeendigung nach § 153a StPO zweifelhaft. Schließlich wird im Vorfeld einer Verständigung regelmäßig ohnehin eine Verteidigung notwendig sein, § 140 Abs. 2 StPO (vgl. § 140 StPO sowie Rdn. 34; zur Rolle der Verteidigung als nötigem »Gegengewicht« auch *Jahn/Müller* NJW 2009, 2625, 2627; AnwK-StPO/*Püschel* § 257b StPO, Rn. 3; *Schünemann* ZRP 2009, 104, 106; krit. Graf/*Eschelbach* § 257c Rn. 1.7). Gewichtiger erscheint dagegen der Hinweis auf die Ungleichbehandlung von Angeklagten je nach dem verfahrensökonomischen Potenzial, den ihr konkreter Fall bietet (eingehend *Strelitz* Zugang zur Verständigung S. 273 ff.). Zweifel an der Verfassungsmäßigkeit im Hinblick auf das **Schuldprinzip** oder das **Prinzip des fairen Verfahrens** (*Fischer* StraFo 2009, 177, 182; Graf/*Eschelbach* § 257c Rn. 1.15, 1.2; 1.5.) stützen sich häufig auf die Kritik an Missbräuchen, bspw. Fälle der »Sanktionsschere« (vgl. *Putzke/Scheinfeld* Rn. 576), die als solche rechtswidrig sind (Rdn. 72 ff.). Das Schuldprinzip ist gewahrt, wenn und solange das Prinzip der (rechtsförmigen) materiellen Wahrheitsfindung eingehalten wird, was gerade im Hinblick auf den vielfach kritisierten § 257c Abs. 1 Satz 2 StPO bei richtiger Handhabung möglich ist (näher Rdn. 19; vgl. BVerfG Urt. v. 19.03.2013 – 2 BvR 2628/10, Rn. 68 ff., BVerfGE 133, 168, 207 ff.; ausführlich zum Schuldprinzip und weiteren grundlegenden Verfahrensprinzipien BVerfG Urt. v. 19.03.2013 – 2 BvR 2628/10, Rn. 53).

14 Auch die Besorgnis einer Verletzung des **Rechts auf den gesetzlichen Richter (Art. 101 Abs. 1 Satz 2 GG)** im Hinblick darauf, dass bei einer im Vorfeld der Hauptverhandlung vorbereiteten Verständigung die Laienrichter fast vollständig verdrängt würden (*Rönnau* FS Schlothauer, S. 367, 375 f.; *Putzke/Scheinfeld* Rn. 580; *Fischer* § 46 Rn. 118; *ders.* StraFo 2009, 177, 183; AnwK-StPO/*Püschel* § 257b Rn. 5), zielt eher auf die praktische Rechtsanwendung als auf Unzulänglichkeiten der gesetzlichen Regelung an sich, die i.V.m. den Mitteilungspflichten des § 243 Abs. 4 StPO gerade eine hinreichende Information der Schöffen gewährleisten will (für eine Pflicht, den Laienrichtern Aktenkenntnis zu ermöglichen, SK-StPO/*Velten* § 257c Rn. 19).

Die **Art. 92 GG und Art. 97 GG** werden nicht schon dadurch verletzt, dass gem. § 257c Abs. 3 Satz 4 StPO das Zustandekommen der Verständigung (auch) von der Zustimmung von Staatsanwaltschaft abhängig ist (mit entsprechenden verfassungsrechtlichen Bedenken aber KMR/*von Heintschel-Heinegg* § 257c Rn. 76; *Leipold* NJW-Spezial 2009, 520 f.; *Meyer-Goßner* NStZ 2007, 425, 428; AnwK-StPO/*Püschel* § 257c Rn. 35); ungeachtet der Zustimmungspflicht verbleibt die Spruchhoheit bei den Gerichten (*Jahn* ZStW 118 [2006] 427, 438, Fn. 47; *Jahn/Müller* NJW 2009, 2625, 2631; *Jahn* StV 2011, 497, 498 f.; N/Sch/W/*Niemöller* Teil B § 257c Rn. 18). Auch vor Inkrafttreten des Verständigungsgesetzes wurde eine Einbindung der Staatsanwaltschaft für nötig erachtet (*Rosenau* in Rosenau/Kim, S. 45, 50 f. m.w.N.). 15

Zwar steht § 257c StPO unzweifelhaft in einem Spannungsverhältnis zur **Unschuldsvermutung** (prägnant *Rönnau* ZIS 2018, 167, 172 m.w.N.) und zur **Neutralitätspflicht** des Gerichts (**Art. 92 GG und Art. 6 Abs. 1 Satz 1 EMRK**), verletzt diese Garantien bei richtiger Normanwendung (!) aber nicht, da die Vorschrift entgegen mancher Stimmen in der Literatur (s. etwa Graf/*Eschelbach* § 257b Rn. 5 m.w.N.; *Meyer-Goßner* NStZ 2007, 425, 428; *Schünemann* NJW-Editorial 36/2009; *ders.* ZRP 2009, 104, 105, 107) dem Gericht keine vorzeitige Festlegung erlaubt, sondern lediglich eine (aus gedächtnispsychologischer Sicht gleichwohl auch nicht unproblematische) Beweisantizipation im Hinblick auf seine Überzeugungsbildung ermöglicht, die vom Gelingen der Verständigung abhängig ist, vgl. § 257c Abs. 4 StPO. 16

IV. Verständigung als unbestimmter Rechtsbegriff. Der Begriff der Verständigung ist gesetzlich nicht definiert (prägnant LR/*Stuckenberg* § 257c Rn. 25; s. auch *Bittmann* NStZ 2019, 686; *ders.* NStZ 2020, 238, 240 und *Strelitz* Zugang zur Verständigung S. 46 f.), was u.a. deshalb misslich ist, weil das Eingreifen einer Reihe von Schutz- und Transparenzvorschriften vom Vorliegen einer Verständigung abhängig ist. Das gilt insb. für den Ausschluss des Rechtsmittelverzichts nach § 302 Abs. 1 Satz 2 StPO (s. Rdn. 64, 139), die Beurkundungspflicht gem. § 273 Abs. 1a StPO und die Belehrungspflicht nach § 257c Abs. 5 (Rdn. 127 f.). Auch die Mitteilungspflicht nach § 243 Abs. 4 StPO hängt indirekt vom Begriff der Verständigung ab, namentlich von der Frage, ob Erörterungen nach den §§ 202a, 212 StPO als ihren Gegenstand die Möglichkeit einer Verständigung hatten (dazu näher § 202a Rdn. 19) Zu all diesen Normen haben sich jeweils gesonderte Debatten um ihren Anwendungsbereich gebildet, die – obwohl im Kern jeweils der Begriff der Verständigung steht – nur selten verbunden werden. Umstritten ist bei alledem auch, ob **illegale Absprachen**, die die Grenzen des § 257c StPO gezielt umgehen, als »Verständigung« bezeichnet werden können (einführend *Heuser/Bockemühl* StV 2021, 63, 66 ff. m.w.N.; s. § 202a Rdn. 19 zu § 243 Abs. 4 StPO, unten Rdn. 128 zu § 257c Abs. 5 StPO und unten Rdn. 139 zu § 302 Abs. 1 Satz 2 StPO; vgl. ferner Rdn. 142 zu den revisionsrechtlichen Folgen dieses Streits). 17

B. Regelungsgehalt des § 257c StPO. I. Anwendungsbereich (Abs. 1). Anders als der Standort bei den Regelungen zu den Schlussvorträgen setzt eine Verständigung nicht voraus, dass bereits eine Beweisaufnahme erfolgt ist (krit. zum Standort der Norm Graf/*Eschelbach* § 257c Rn. 2; Meyer-Goßner/*Schmitt* § 257c Rn. 1; N/Sch/W/*Niemöller* Teil B § 257c Rn. 6; SK-StPO/*Velten* § 257c Rn. 19). Dies folgt bereits aus § 257c Abs. 1 Satz 1 StPO, der ausdrücklich eine Vereinbarung über den weiteren Fortgang des Verfahrens für zulässig erklärt. Nach der Beweisaufnahme und erst recht nach der Urteilsverkündung ist eine Verständigung dagegen nicht mehr möglich (BGH Beschl. v. 24.07.2019 – 3 StR 214/19, NStZ-RR 2019, 319, 319 m.w.N.). 18

1. Geeignete Fälle (Abs. 1 Satz 1). § 257c Abs. 1 Satz 1 StPO setzt voraus, dass sich der betreffende Fall für eine Verständigung eignet. Dieses Erfordernis wird zu Unrecht als funktionslos kritisiert. Richtig verstanden, kann es jedoch zu einer sinnvollen Begrenzung des Anwendungsbereichs der Verständigung beitragen. Zwar ist die in den Materialien enthaltene Erläuterung, es hänge »von den konkreten Umständen« ab, welche Fälle verständigungsgeeignet seien (BT-Drs. 16/12310, S. 13), für sich genommen nicht weiterführend (Graf/*Eschelbach* § 257c Rn. 7; Meyer-Goßner/*Schmitt* § 257c Rn. 6; *Murmann* ZIS 2009, 526, 534 f.), andererseits in der Sache zutreffend. Die Frage der **Geeignetheit** ist fallbezogen **anhand der gesetzlichen Voraussetzungen der Verständigung zu beurteilen.** Danach kommt eine Verständigung nur in Betracht, wenn sich das Gericht im konkreten Fall in der Lage sieht, unter Verzicht auf die förmliche Erhebung der Gesamtheit der relevanten (§ 244 StPO) Beweise in der Hauptverhandlung bereits auf der Grundlage des Inhalts der Akten (»unter freier Würdigung«, Abs. 3 Satz 2), der Zustimmung des Angeklagten (Abs. 3 Satz 4) und regelmäßig auch eines Geständnisses (Abs. 2 Satz 2) sowie ggf. einzelner Beweiserhebungen zur Überzeugung (§ 261 StPO) von der Wahrheit (§ 244 Abs. 2 StPO), insb. der Schuld des Angeklagten, zu gelangen (näher Rdn. 28 ff.). Erscheint dies nicht möglich, ist der Fall für eine Verständigung ungeeignet. Bei der Beurteilung des Falles kommt dem Gericht sicherlich ein weiter, jedoch nicht grenzenloser **Beurteilungsspielraum** zu. Fehler können mit der Aufklärungsrüge beanstandet werden (Rdn. 147). 19

20 In den Materialien wird angenommen, **Bußgeldverfahren** seien in der Regel nicht geeignet, im Verständigungswege erledigt zu werden, weil hierbei nur selten schwierige und langwierige Beweiserhebungen erforderlich seien (BT-Drs. 16/12310, S. 15). Verhält es sich anders, namentlich in Wirtschaftsstrafverfahren, können auch in Bußgeldverfahren Verständigungen angezeigt sein. Dies kommt insb. in Kartellverfahren (s. etwa OLG Düsseldorf Urt. v. 02.10.2020 – V-6 Kart 1/10, NZKart 2020, 682) und u.U. sogar bei Verkehrsordnungswidrigkeiten (KG Beschl. v. 09.08.2019 – 3 Ws [B] 205/19 u. a., NStZ 2020, 428) vor. Ob § 257c StPO über § 91 Abs. 1 Satz 1 WDO im **wehrdisziplinargerichtlichen Verfahren** anwendbar ist, wird unterschiedlich beurteilt (offenlassend BVerwG Beschl. v. 04.03.2021 – 2 WD 11/20, StraFo 2021, 348 m.w.N. zur Diskussion). Unabhängig davon sieht das BVerwG die auf einem verständigungsbasierten Geständnis beruhenden tatsächlichen Feststellungen eines Strafgerichts als für das Wehrdienstgericht gem. § 84 Abs. 1 WDO bindend an, sofern die Verständigung rechtmäßig durchgeführt wurde (BVerwG a. a. O.). Eine entsprechende Bindungswirkung der tatsächlichen Feststellungen eines verständigungsbasierten Strafurteils soll auch im Disziplinarverfahren gegen einen Beamten gelten (BayVGH Urt. v. 30.09.2020 – 16a D 19.295, juris).

21 Diskutiert wird vor allem, ob **Jugendstrafverfahren** von vornherein als ungeeignete Fälle anzusehen sind (i.d.S. *Beulke/Swoboda* Rn. 602 [»regelmäßig ungeeignet«]; *Fahl* NStZ 2009, 613, 615; *Gieg* GA 2007, 469, 477; KMR/*von Heintschel-Heinegg* § 257c Rn. 20; SK-StPO/*Velten* § 257c Rn. 9; Graf/*Eschelbach* § 257c Rn. 7.1; a.A. *Nowak* JR 2010, 248, 252 f.; Meyer-Goßner/*Schmitt* § 257c Rn. 7). Vor dem Inkrafttreten des VerstG hatte die Rspr. wegen des in §§ 2 Abs. 1 Satz 2, 18 Abs. 2 JGG verankerten Erziehungsgedankens, der auf eine Einsicht in die Schuld abzielt, Verständigungen zwar nicht beanstandet, aber zumindest »Bedenken« geäußert (vgl. BGH Urt. v. 12.03.2008, BGHSt 52, 165, 169 m. insoweit zust. Anm. *Eisenberg* NStZ 2008, 698; BGH Beschl. v. 15.03.2001 – 3 StR 61/01, NStZ 2001, 555, 556 m.Anm. *Eisenberg*). Dementsprechend hat der Gesetzgeber Verständigungen im Jugendstrafverfahren zwar für regelmäßig, aber nicht grds. ausgeschlossen erachtet. Werde eine Verständigung im Jugendstrafverfahren ausnahmsweise vorgenommen, begründe dies vor allem im Zusammenhang mit jugendlichen Angeklagten regelmäßig einen Fall notwendiger Verteidigung (BT-Drs. 16/12310, S. 10, 13; ein ausdrückliches Verbot der Anwendung der Verständigungsnormen sah der Gesetzentwurf des Landes Niedersachsen vor; vgl. BR-Drucks. 235/06, S. 3). Zur Folgefrage, ob die Anwendung von Jugendstrafrecht Gegenstand einer Verständigung sein darf, s. Rdn. 42.

22 Umstritten ist ferner, ob **Schwurgerichtsfälle** von vornherein als ungeeignete Fälle anzusehen sind (dazu *Jahn/Kett-Straub* StV 2010, 271, 274). Bei **zweifelhafter Schuldfähigkeit des Angeklagten** und einer im Raum stehenden Maßregel nach § 63 StGB kommt eine Verständigung nicht in Betracht (BGH Beschl. v. 22.06.2011 – 5 StR 226/11, StV 2011, 647 m. krit. Anm. *Schlothauer*; zweifelnd auch *Schlothauer* StraFo 2011, 487, 489; wie hier Meyer-Goßner/*Schmitt* § 257c Rn. 6).

23 Die Formulierung, dass sich die Verfahrensbeteiligten **nach Maßgabe der folgenden Absätze** verständigen können, stellt klar, dass **informelle Absprachen** außerhalb der gesetzlichen Vorschriften **unzulässig** sind und (grds.) keine Bindungswirkung entfalten können, also auch **nichtig** sind (näher Rdn. 132).

24 **2. Verständigung und gerichtliche Aufklärungspflicht (Abs. 1 Satz 2).** Abs. 1 Satz 2 StPO bestimmt, dass die in § 244 Abs. 2 StPO vorgeschriebene Amtsaufklärungspflicht »unberührt« bleibt. Diese Regelung stellt die wohl am meisten und heftigsten kritisierte Norm des gesamten Verständigungsgesetzes dar (vgl. z.B. *Altenhain/Haimerl* JZ 2010, 327, 329: »widersinnig«; *Becker* JA 2017, 641, 642 »Angstklausel«; Graf/*Eschelbach* § 257c Rn. 8: »Grundwiderspruch des Verständigungsreglements«; *Fischer* StraFo 2009, 177, 183: »bloße Worthülsen«; KMR/*von Heintschel-Heinegg* § 257c Rn. 24; *Jahn/Müller* NJW 2009, 2625, 2631: »nichts weniger als unrealistisch und in sich widersprüchlich«; *Murmann* ZIS 2009, 526, 534: »eine die Wirklichkeit verfehlende Heuchelei«; AnwK-StPO/*Püschel* § 257c Rn. 7: »wenig realistisches Desiderat«; *Putzke/Scheinfeld* Rn. 569; *Schünemann* ZRP 2009, 104, 106). In der Tat scheint es auf den ersten Blick widersprüchlich zu sein, dass der Gesetzgeber mit dem Institut der Verständigung einerseits Strafverfahren fördern, d.h. beschleunigen, also die Beweisaufnahme verkürzen möchte, andererseits dem Gericht uneingeschränkt die »Erforschung der Wahrheit« (§ 244 Abs. 2 StPO) auferlegt (vgl. *Jahn* StV 2011, 497, 504). Bei richtiger Normhandhabung entschärft sich dieser Widerspruch allerdings (Rdn. 28 ff.).

25 **a) Keine Einführung eines Konsensprinzips.** Der Gesetzgeber hat sich in den Materialien ausdrücklich gegen die Einführung eines Konsensprinzips ausgesprochen (BT-Drs. 16/12310, S. 8), wie es namentlich der Strafrechtsausschuss der BRAK seinem Gesetzesvorschlag zugrunde gelegt hatte (abgedruckt als Anhang 1 in N/Sch/W; dagegen das Positionspapier des DAV, abgedruckt in StraFo 2006, 89, 92: »juristische Kitschrhetorik«; *Geuenich/Höwer* DStR 2009, 2320; *Jahn* ZStW 118 [2006], 427, 441; *Rosenau* in Rosenau/Kim, S. 45, 58 f.; a.A. *Kirsch* StraFo 2010, 96, 98, Fn. 11; *Schünemann* ZRP 2009, 104, 106). Der Strafrechtsausschuss erblickte in einem Konsensprinzip, d.h. in der nach gesetzlichen Regeln herbeigeführten Übereinstimmung

der Verfahrensbeteiligten und des Gerichts über bestimmte Verfahrensweisen und Urteilsinhalte, die mögliche Legitimation für eine begrenzte Relativierung des Aufklärungsgrundsatzes (näher *Ignor* FS Strauda, S. 321, 329 ff.; zust. *Rosenau* in Rosenau/Kim, S. 45, 59 f.). Demgegenüber ist der Gesetzgeber der höchstrichterlichen Rspr. gefolgt, die stets die ungeschmälerte Fortgeltung des Aufklärungsgrundsatzes betont hat (vgl. aus der Rspr. vor Inkrafttreten des Verständigungsgesetzes BGH Beschl. v. 03.03.2005 – GSSt 1/04, BGHSt 50, 40, 49 f.; BGH Beschl. v. 11.12.2008, NStZ 2009, 467, danach BGH Beschl. v. 28.10.2009 – 5 StR 171/09, StV 2010, 60). Nach dem Willen des Gesetzgebers soll **Grundlage des Urteils** nicht die Verständigung selbst, sondern die **Überzeugung des Gerichts** von dem ungeachtet der Verständigung festzustellenden Sachverhalt sein (BT-Drs. 16/12310, S. 13). Der Verweis auf § 244 Abs. 2 StPO in § 257c Abs. 1 Satz 2 StPO ist somit folgerichtig und bindet die Rspr. (vgl. N/Sch/W/*Niemöller* Teil B Rn. 71 ff.). Bemühungen, entgegen der Entscheidung des Gesetzgebers das Konsensprinzip für die Gesetzesauslegung dogmatisch fruchtbar zu machen (s. *Jahn* StV 2011, 497, 504 f.), stecken noch in den Anfängen.

Die Absage an ein Konsensprinzip hat weitreichende **Konsequenzen.** Der Zustimmung des Angeklagten 26 bedeutet (lediglich), dass er die vom Gericht vorgeschlagene Verständigung (faktisch) akzeptiert und insoweit auf förmliche Beweiserhebungen verzichtet. Insb. vermag sie nicht das Urteil zu rechtfertigen. Die Legitimation des Verständigungsurteils resultiert allein aus der Anwendung und Beachtung der einschlägigen strafprozessualen und materiell-rechtlichen Vorschriften durch das erkennende Gericht, das für die Rechtmäßigkeit des Urteils und des zugrunde liegenden Verfahrens die alleinige Verantwortung trägt. Folgerichtig hat der Gesetzgeber von einer Einschränkung des Rechtsmittelrechts (vorgeschlagen z.B. vom Strafrechtsausschuss der BRAK auf der Grundlage eines Konsensprinzips) abgesehen. **Die Rechtsmittelbefugnis bei Verständigungsurteilen** besteht **uneingeschränkt** (Rdn. 138 ff.). Daher ist bei einer Verständigung bspw. weder die Rüge der Nichtverbescheidung eines Antrags auf Auswechselung des Pflichtverteidigers im Zwischenverfahren (so aber BGH Beschl. v. 24.02.2010 – 5 StR 23/10, StV 2010, 470; krit. dazu *Wattenberg* StV 2010, 471, 472) noch die Rüge der fehlerhaften Zurückweisung eines Befangenheitsantrags (so aber BGH Beschl. v. 22.09.2008 – 1 StR 323/08, StV 2009, 169, NJW 2009, 690, 691 m Anm. *Beulke/Witzigmann* StV 2009, 394 ff.) von vornherein unzulässig (abl. auch BGH Urt. v. 13.09.2011 – 3 StR 196/11, BGHSt 57, 3, 7: »Die Zustimmung des Angeklagten zu einer Verständigung nach § 257c StPO führt als solche [...] nicht zum Verlust einzelner prozessualer Rechte«). Eine Verständigung begründet auch **keine Einschränkung des Grundsatzes des rechtlichen Gehörs** (Art. 103 Abs. 2 GG). Dementsprechend haben die sich aus einer Verständigung ergebenden Bindungen des Gerichts nicht die Kraft, die Hinweispflichten des § 265 StPO zu relativieren oder gar zu verdrängen (BGH Urt. v. 11.05.2011 – 2 StR 590/10, NStZ 2012, 46, 47 m. abl. Anm. *Jahn/Rückert*).

Schließlich hat die alleinige Verantwortung des Gerichts für die Verständigung auch Bedeutung für die 27 Anwendung des **Fairness-Prinzips.** Der Angeklagte darf grds. auf die Rechtmäßigkeit und den Bestand einer vom Gericht vorgeschlagenen Verständigung vertrauen. Die Risiken einer fehlerhaften oder fehlgeschlagenen Verständigung dürfen ihn nicht ohne Weiteres treffen (näher Rdn. 132 ff.).

b) **Regelungsgehalt.** Da Abs. 1 Satz 2 die Entscheidung des Gesetzgebers gegen ein Konsensprinzip mani- 28 festiert (s.o.), bemisst sich das **Ausmaß der Aufklärungspflicht** des Gerichts auch im Fall einer Verständigung grds. nach den traditionellen Regeln. Die zu erforschende »Wahrheit« (§ 244 Abs. 2 StPO) ist Sache der – rechtmäßig gebildeten und begründeten – »Überzeugung« des Gerichts (§ 261 StPO). Als nicht bloß urteilende, sondern auch ermittelnde Instanz bemisst das Gericht den Umfang seiner Aufklärungspflicht nach **»verständiger Würdigung der Sachlage«** (vgl. BGH Urt. v. 08.12.1993, BGHR § 244 Abs. 2 StPO Umfang 1) bis an die Grenze, jenseits derer eine Aufklärungsrüge begründet wäre. Die **Eigentümlichkeit des Verständigungsverfahrens** besteht darin, dass das Gericht die förmliche Beweiserhebung in der Hauptverhandlung abkürzen kann, sofern es sich – redlicher Weise (vgl. *Fischer* StraFo 2009, 177; vgl. *Ignor* in: Die Reform des Haupt- und Rechtsmittelverfahrens, Schriftenreihe des Bundesministeriums für Justiz [2011] 53, 66 f.) – in der Lage sieht, »unter freier Würdigung aller Umstände des Falles« (Abs. 3 Satz 2), d.h. insb. des Akteninhalts (der einen hinreichenden Tatverdacht begründen muss, § 203 StPO), ggf. einzelner Beweiserhebungen, ferner der Zustimmung des Angeklagten (Abs. 3 Satz 4) und regelmäßig eines Geständnisses (Abs. 2 Satz 2) zur Überzeugung von der Schuld zu gelangen sowie unter freier Würdigung der allgemeinen Strafzumessungserwägungen (Abs. 3 Satz 2) zu einer tat- und schuldangemessenen Strafe (Abs. 4 Satz 1); vgl. Rdn. 32 f. In der Möglichkeit, die Sachlage aufgrund der Akten zu würdigen, liegt eine **Durchbrechung der Grundsätze der Unmittelbarkeit und Mündlichkeit** und eine Modifizierung **der Aufklärungspflicht** insofern, als das Gericht die Beweismittel nicht in der »bestmöglichen Form« (vgl. BGH Urt. v. 18.05.2000 – 4 StR 647/99, BGHSt 46, 73, 79) verwenden muss (vgl. Graf/*Eschelbach* § 257c Rn. 8), ein Gebot, das freilich auch sonst nicht uneingeschränkt gilt (vgl. BGH ebd.), bspw. bei Erlass eines Strafbefehls, vgl. § 407 Abs. 1 Satz 1 StPO.

29 Der **Qualität der Ermittlungen** der Staatsanwaltschaft kommt mithin bei der Verständigung eine besondere Bedeutung zu. Sind die Ermittlungen unvollständig oder sonst dergestalt, sodass sie eine »verständige Würdigung der Sachlage« nicht zulassen, ist der Fall für eine Verständigung nicht geeignet (Abs. 1 Satz 1), und das Gericht darf keine Verständigung vorschlagen, sondern muss in den »normalen« Formen der StPO verhandeln, bis die Sache ggf. für eine Verständigung geeignet ist.

30 Die Einschränkung der genannten Verfahrensgrundsätze findet ihre **Rechtfertigung** zum einen in den von der Rspr. permanent aufgewerteten und sogar mit Verfassungsrang ausgestatten Grundsätzen der Verfahrensbeschleunigung und der Funktionstüchtigkeit der Strafrechtspflege, die man mit guten Gründen krit. sehen kann, was aber nichts an ihrer Geltung ändert, zum anderen in der Zustimmung des Angeklagten und der Staatsanwaltschaft. Ein Verzicht auf Beweiserhebungen in der Hauptverhandlung unter dieser Voraussetzung ist der StPO auch sonst nicht fremd, vgl. § 245 Abs. 1 Satz 2 StPO.

31 Die **Zustimmung des Angeklagten** unterfällt – als weitere Besonderheit – zudem der Würdigung des Gerichts bei seiner Überzeugungsbildung. Sie vermag zwar nicht die richterliche Überzeugung von der Schuld des Angeklagten zu ersetzen, vgl. oben. Das Gericht darf jedoch in seine Überzeugungsbildung einbeziehen, dass der Angeklagte die Verständigung akzeptiert.

32 **Fraglich** ist der Umfang der Aufklärungspflicht des Gerichts zusätzlich zur Zustimmung des Angeklagten und der Sachlage aufgrund des Akteninhalts. Insoweit lassen sich keine allgemeinen Regeln aufstellen. Es hängt vielmehr vom jeweiligen **Einzelfall** ab, inwieweit das Gericht für seine Überzeugungsbildung zusätzlich eines Geständnisses des Angeklagten und/oder weiterer Beweiserhebungen bedarf (vgl. N/Sch/W/*Niemöller* Teil B § 257c Rn. 76; SK-StPO/*Velten* § 257c Rn. 35 ff.). Sofern das Gericht für seine Überzeugungsbildung ein Geständnis für notwendig erachtet, muss es dieses verlangen und auf seine Plausibilität hin überprüfen. Das wird regelmäßig der Fall sein (Rdn. 52 ff.). Sofern tatsächliche Anhaltspunkte gegen eine Schuld des Angeklagten sprechen, hat das Gericht diesen nachzugehen. **Entscheidend** ist, dass das »Verständigungsurteil« wie jedes Urteil formellem und sachlichem Recht entsprechen (vgl. §§ 337, 344 Abs. 2 StPO), anders ausgedrückt: rechtsrichtig sein muss. Es bedarf also tragfähiger Feststellungen (vgl. BGH Beschl. v. 28.10.2009 – 5 StR 171/09, StV 2010, 60; Beschl. v. 10.02.2011 – 5 StR 594/10, BeckRS 2011, 16121; Beschl. v. 09.03.2011 – 2 StR 428/10, StV 2011, 608; OLG Celle Beschl. v. 09.11.2010 – 32 Ss 152/10, StV 2011, 341; dazu *Schlothauer* StraFo 2011, 487, 490), einer richtigen Anwendung der materiellen Strafvorschriften sowie einer fehlerfreien Beweiswürdigung und Strafzumessung und muss in einem rechtmäßigem Verfahren zustande gekommen sein. Der Verweis auf die Zustimmung des Angeklagten vermag erkennbare Aufklärungsmängel nicht zu ersetzen, Widersprüche nicht aufzulösen und Verfahrensmängel nicht zu heilen. Verständigungsurteile sind uneingeschränkt revisibel.

33 Die gelegentliche Bemerkung des **BGH**, dass die Urteilsgründe auch im Fall einer Verständigung »einem Mindestmaß an Sorgfalt« genügen müssten (BGH Beschl. v. 23.06.2010 – 2 StR 222/10, NStZ-RR 2010, 336; Beschl. v. 19.08.2010 – 3 StR 226/10, BeckRS 2010, 28451) dürfte ironisch gemeint sein. Ausreichend sind auch nicht nur »Mindestanforderungen [...] an die richterliche Überzeugungsbildung« (so aber BGH Beschl. v. 22.09.2011 – 2 StR 383/11, NStZ-RR 2012, 52 anlässlich eines Falles gänzlich fehlender Beweiswürdigung). Die Urteilsbegründung (und nicht etwa die Intuition des Tatgerichts bzw. des Revisionsgerichts) ist vielmehr der **Prüfstein der Rationalität und Richtigkeit** der richterlichen Überzeugungsbildung. Revisionsrechtliche Zurückhaltung ist insofern völlig unangebracht und befördert die beklagte Entformalisierung des Strafverfahrens mehr als – wie oft beklagt wird – das Gesetz.

34 **3. Notwendige Verteidigung.** Bereits die Tragweite einer Zustimmung des Angeklagten zu einer Verständigung begründet **regelmäßig** die **Notwendigkeit der Verteidigung** wegen der Schwierigkeit der Sach- und Rechtslage (§ 140 Abs. 2 Satz 1 StPO), sobald das Gericht in ein Verständigungsverfahren (Abs. 3) einzutreten beabsichtigt (so zu Recht OLG Naumburg Beschl. v. 04.12.2013 – 2 Ss 151/13, NStZ 2014, 116 f. m. krit. Anm. *Wenske*; krit. auch *Schneider* NStZ 2014, 252, 260; wie hier Graf/*Eschelbach* § 257c Rn. 7; SK-StPO/Velten § 257c Rn. 23). Hinzu kommt das Erfordernis einer Kontrolle der Beachtung der ebenso strengen wie komplizierten gesetzlichen Voraussetzungen für das Zustandekommen (Abs. 2 und 3) und das etwaige Abrücken von einer Verständigung (Abs. 4), die der Angeklagte regelmäßig nicht leisten kann. Schließlich sprechen hierfür auch die zu beachtenden möglichen außerstrafrechtlichen Folgen von Verständigungen (hierzu instruktiv *Sauer/Münkel* Absprachen im Strafprozess 2. Aufl. 2014, 211 ff.). Fraglich ist, ob bei einem **Strafprozess gegen mehrere Angeklagte** der Verteidiger des einen die Teilnahme an den (allein) mit den anderen geführten Verständigungsgesprächen aus Gründen fairer Verfahrensgestaltung i.S.d. Art. 6 Abs. 1 EMRK verlangen kann (verneinend, aber für eine Mitteilungspflicht BGH Beschl. v. 02.10.2013 – 1 StR 386/13, NStZ 2014, 168 sowie Beschl. v. 05.10.2010 – 3 StR 287/10, StV 2011, 72; näher dazu *Schneider* NStZ 2014, 252, 261).

II. Gegenstand von Verständigungen (Abs. 2). Abs. 2 regelt dem Wortlaut nach (»nur«) **abschließend** (*Jahn/Müller* NJW 2009, 2625, 2628) den möglichen Inhalt von Verständigungen, ist allerdings auslegungsfähig und -bedürftig (*Jahn* StV 2011, 497, 499 f.). 35

1. Möglicher Inhalt. Gem. Abs. 2 Satz 1 sind Verständigungen möglich über die Rechtsfolgen, den Inhalt des Urteils und der dazugehörigen Beschlüsse, sonstige verfahrensbezogene Maßnahmen im Erkenntnisverfahren sowie das Prozessverhalten der Verfahrensbeteiligten. Diese Inhalte müssen sämtlich das **gegenwärtige** Erkenntnisverfahren betreffen (BT-Drs. 16/12310, S. 13; *Beulke/Swoboda* Rn. 597 a. E. m. w. N.). Daraus ergibt sich die Unzulässigkeit sog. Gesamtlösungen (»package deal«) unter Einbeziehung anderer Verfahren, etwa durch die Zusage der Staatsanwaltschaft, in einem anderen Verfahren **gem. § 154 Abs. 1 StPO** zu entscheiden (vgl. BVerfG Urt. v. 19.03.2013 – 2 BvR 2628/10, BVerfGE 133, 168, 214 Rn. 79, NJW 2013, 1058, 1064; *Beulke/Swoboda* Rn. 397 a.E.; N/Sch/W/*Niemöller* Teil B § 257c Rn. 32: »Wo die Zuständigkeit endet, hört die Verständigung auf«; Schneider NStZ 2014, 192; siehe auch BGH Beschl. v. 12.07.2016 – 1 StR 136/16, BGH NStZ 2017, 56 f. und OLG Oldenburg Beschl. v. 28.06.2017 – 1 Ss 123/17, StV 2018, 340 f.). Auch die Zusage des Angeklagten oder der Staatsanwaltschaft, in einem anderen Verfahren **ein Rechtsmittel zurückzunehmen**, kann daher **nicht** Gegenstand eines gerichtlichen Verständigungsvorschlags sein (a.A. OLG Hamburg Beschl. v. 31.10.2016 – 1 Ws 154/16, NStZ 2017, 307, 309 [obiter dictum; mit dazu abl. Anm. *Bittmann*]; KG Beschl. v. 09.12.2014 – 2 Ws 7/15, NStZ 2015, 236, 237 m. abl. Anm. *Knauer/Pretsch*; Meyer-Goßner/*Schmitt* § 257c Rn. 15b; wie hier neben den genannten Anmerkungen auch Graf/*Eschelbach* § 257c Rn. 16; *Mosbacher* JuS 2015, 701, 702; in der Tendenz ferner *Beulke/Swoboda* Rn. 597 a. E.; offengelassen von BGH Beschl. v. 08.08.2019 – 1 StR 295/19, Rn. 10 f., Beschl. v. 01.08.2019 – 4 StR 477/18, Rn. 11 und Beschl. v. 24.11.2015 – 3 StR 312/15, NStZ 2016, 177 m.Anm. *Ventzke*). Damit ist freilich **nicht** gesagt, dass Ankündigungen zum Prozessverhalten in anderen Verfahren (wie z.B. die Ankündigung der Staatsanwaltschaft, in einem anderen Verfahren eine Einstellung nach § 154 Abs. 1 StPO vorzunehmen oder einen Antrag nach § 154 Abs. 2 StPO zu stellen) oder diesbezügliche bilaterale Vereinbarungen mit dem Beschuldigten **prozessrechtswidrig** wären (instruktiv *Bittmann* NStZ 2017, 57). Es darf nur von justizieller Seite nicht der Eindruck erweckt werden, dass es sich dabei um Zusagen handelt, die an der Bindungswirkung der § 257c Abs. 4, Abs. 5 StPO teilnehmen (BGH Beschl. v. 12.07.2016 – 1 StR 136/16, NStZ 2017, 56, 57 m.Anm. *Bittmann*; N/Sch/W/*Niemöller* Teil B § 257c Rn. 38; vgl. auch MüKo-StPO/*Jahn* § 160b Rn. 20 m.w.N.). Ein solcher Eindruck wird jedoch im Regelfall entstehen, wenn der Beschuldigte vor Erbringung seiner Leistung nicht ausdrücklich über die mangelnde Verbindlichkeit der staatsanwaltschaftlichen Zusage **belehrt** wird. Zu den Folgen einer insoweit fehlenden Belehrung s. Rdn. 95; vgl. auch das ähnlich gelagerte Problem bei § 160b Rdn. 13. 36

Zulässig ist eine Verständigung über eine Teileinstellung nach § 154 Abs. 2 StPO, soweit dadurch allein das anhängige Erkenntnisverfahren betroffen ist, oder eine Beschränkung der Verfolgung nach § 154a StPO, näher dazu unten Rdn. 60.

Daher unzulässig sind insb. – in der Praxis »beliebte« – **Vereinbarungen über die Strafvollstreckung** (BT-Drs. 16/1 2310, S. 13), weil diese nicht der Disposition des erkennenden Gerichts unterliegen, z.B. eine »Halbstrafen-Aussetzung« gem. § 57 Abs. 2 StGB (BGH Beschl. v. 06.10.2010 – 2 StR 354/10, teilw. abgedruckt in StV 2011, 75) oder die Zusage, den Angeklagten zum Halbstrafenzeitpunkt abzuschieben, § 456a StPO (BGH Urt. v. 17.02.2011 – 3 StR 426/10, StV 2011, 338). Näher zu verbotenen Inhalten von Verständigungen Rdn. 39 ff., 58 ff. 37

Zusagen der Staatsanwaltschaft (z.B. einer Verfahrenseinstellung gem. § 154 StPO Abs. 1 oder eines Antrags nach § 154 Abs. 2 StPO im selben Verfahren) können als Prozessverhalten eines Verfahrensbeteiligten gem. Abs. 2 Satz 1 Var. 3 Gegenstand einer Verständigung sein (*Abraham* StV 2021, 606 m.w.N.). Für Zusagen betreffend andere Strafverfahren s. die vorstehende Rdn. 36. Nach OLG Rostock Beschl. v. 16.08.2019 – 20 RR 16/19 – 1 Ss 12/19, Rn. 31 sollen Absprachen, die **lediglich zwischen Staatsanwaltschaft und Verteidigung** stattfinden (d.h. das Gericht hat Kenntnis von der Absprache, hat sie aber nicht vorgeschlagen und beteiligt sich auch nicht mit eigenen Zusagen daran) nicht unter den Begriff der »Verständigung« i.S.v. § 257c StPO fallen (zur damit zusammenhängenden Frage nach einer Mitteilungspflichtigkeit solcher zweipoligen Absprachen s. § 202a Rdn. 23). Wie *Abraham* (StV 2021, 606, 609 ff.) zutreffend herausgearbeitet hat, entbindet dies das Gericht aber nicht davon, die bilateralen Zusagen der Staatsanwaltschaft ggü. dem Angeklagten belehrend zu kommentieren und einzuordnen, sofern diese geeignet sind, den Angeklagten verständigungsgeneigt zu machen. 38

39 a) **»Rechtsfolgen, die Inhalt des Urteils und der dazugehörigen Beschlüsse sein können«. aa) Allgemeines.** Abs. 2 Satz 1 StPO ist in Bezug auf Rechtsfolgen als möglichem Verständigungsgegenstand zunächst im Zusammenhang mit dem **Satz 3** zu lesen, der eine Verständigung über den Schuldspruch ebenso für unzulässig erklärt wie eine solche über Maßregeln der Besserung und Sicherung (näher Rdn. 58 ff.).

40 Zudem ergibt sich aus **Abs. 3 Satz 2**, der die Angabe einer Ober- und Untergrenze der Strafe durch das Gericht für zulässig erklärt, dass die Vereinbarung einer sog. **Punktstrafe**, also eines verbindlichen Strafmaßes, nicht zulässig ist, sondern lediglich ein **Strafrahmen** in Aussicht gestellt werden darf, näher Rdn. 68 ff. (BGH Urt. v. 17.02.2011 – 3 StR 426/10, StV 2011, 338; vgl. zum Verbot der Punktstrafe auch bereits BGHSt 43, 195, 206 f.; krit. Meyer-Goßner/*Schmitt* § 257c Rn. 11). Der angebotene Strafrahmen muss sich (selbstverständlich) **i.R.d. gesetzlich vorgesehenen Strafrahmens** bewegen (N/Sch/W/*Niemöller* Teil B § 257c Rn. 52) und die **Grundsätze der Strafzumessung** beachten (vgl. bereits BGH Urt. v. 28.08.1997 – 4 StR 240/07, BGHSt 43, 195, 208 f.). Näher zu Abs. 3 Satz 2 Rdn. 68 ff.

41 Sofern ein Strafrahmen überhaupt nicht existiert, wie in den Fällen des § 211 Abs. 1 StGB, ist eine Verständigung über die Strafhöhe unmöglich (Graf/*Eschelbach* § 257c Rn. 7.3).

42 **bb) Einzelfragen.** Unterschiedlich beurteilt wird die Frage, ob die **Anwendung des Jugendstrafrechts auf Heranwachsende** dem Begriff »Rechtsfolgen« zuzuordnen und somit einer Verständigung zugänglich ist. Der BGH hat dies bislang verneint (vgl. BGH Urt. v. 26.01.2006 – 3 StR 415/02, NStZ-RR 2006, 187 f.; Beschl. v. 15.03.2001 – 3 StR 61/01, NStZ 2001, 555, 556; BGH Urt. v. 12.03.2008 – 3 StR 433/07, BGHSt 52, 165, 169). Ein Teil der Literatur bejaht die Verständigungsmöglichkeit im Wege eines Umkehrschlusses aus § 257c Abs. 2 Satz 3 StPO (Meyer-Goßner/*Schmitt* § 257c Rn. 7; *Meyer-Goßner/Schmitt* ZRP 2009, 107 f.; *Kirsch* StraFo 2010, 96 f.; AnwK-StPO/*Püschel* § 257c Rn. 6, 10). Den Materialien zu dieser Vorschrift lässt sich jedoch ein abschließender Regelungscharakter nicht entnehmen; § 302 Abs. 1 Satz 2 StPO bspw. bestimmt ein weiteres Inhaltsverbot. Zudem handelt es sich bei der Frage der Anwendbarkeit von Jugendstrafrecht um eine in § 105 JGG an zwingende Voraussetzungen geknüpfte Entscheidung, die nicht zur Disposition der Verfahrensbeteiligten stehen (vgl. BGH Urt. v. 26.01.2006 – 3 StR 415/02, NStZ-RR 2006, 187, 188; *Beulke/Swoboda* Rn. 602; Graf/*Eschelbach* § 257c Rn. 7.1; *Fahl/Geraats* JA 2009, 791, 796; *Nowack* JR 2010, 248, 252; N/Sch/W/*Niemöller* § 257c Rn. 82; KK/*Moldenhauer/Wenske* § 257c Rn. 18d; LR/*Stuckenberg* § 257c Rn. 32; a.A. Meyer-Goßner/*Schmitt* § 257c Rn. 7; HK-StPO/*Temming* § 257c Rn. 23). Möglich sind jedoch bei Vorliegen der Voraussetzungen Vereinbarungen über den **Umfang einer Jugendstrafe** (näher dazu *Nowak* JR 2010, 248, 252 ff.).

43 Entsprechend beantwortet sich die Frage, ob eine **Strafaussetzung zur Bewährung** Inhalt einer Verständigung sein darf. Die Verfahrensbeteiligten können die Höhe einer solchen Strafe vereinbaren, sofern die gesetzlich normierten Voraussetzungen für eine Bewährung (§ 56 StGB) erfüllt sind. Insoweit kommt dem Gericht ein weiter, nur in Grenzen überprüfbarer Beurteilungsspielraum zu (so auch *Bittmann* wistra 2009, 414, 415, Fn. 12; N/Sch/W/*Niemöller* Teil B § 257c Rn. 57; zust. *Beulke/Swoboda* Rn. 597; gegen eine Verhandelbarkeit *Engländer* Rn. 263; für eine generelle Disponibilität, wenn die Voraussetzungen des § 56 StGB erfüllt sind: Graf/*Eschelbach* § 257c Rn. 15; KMR/*v. Heintschel-Heinegg* § 257c Rn. 17, 27; *Kirsch* StraFo 2010, 96 f.; *Leipold* NJW-Spezial 2009, 520; Meyer-Goßner/*Schmitt* § 257c Rn. 12; AnwK-StPO/*Püschel* § 257c Rn. 10). Der Grundsatz des fairen Verfahrens gebietet es, den Angeklagten rechtzeitig konkret auf **eventuelle Bewährungsauflagen** gem. § 56b Abs. 1 Satz 1 StGB hinzuweisen (BGH Beschl. v. 09.01.2018 – 1 StR 368/17, StV 2019, 381; Beschl. v. 08.09.2016 – 1 StR 346/16, NStZ-RR 2016, 379; Beschl. v. 11.09.2014 – 4 StR 148/14, StV 2015, 50; Beschl. v. 29.01.2014 – 4 StR 254/13, BGHSt 59, 172, 174 f.; OLG Brandenburg Beschl. v. 13.01.2020 – [1] 53 Ss 152/19 [83/1], NStZ 2020, 759, 760; OLG Hamm Beschl. v. 29.12.2015 – III-2 RVs 47/15, NStZ 2016, 565; s. aber auch BGH Urt. v. 07.10.2014 – 1 StR 182/14, StV 2015, 277, insb. zum erforderlichen Tatsachenvortrag bei Verfahrensfehlern, die die Autonomie des Angeklagten beeinträchtigen). Nach BGH Beschl. v. 07.10.2014 – 1 StR 426/14, StV 2015, 151 soll das nicht für Bewährungsweisungen gem. § 56c Abs. 1 Satz StGB bzw. solchen gleichzustellenden Anweisungen gelten (zust. Meyer-Goßner/*Schmitt* § 257c Rn. 12).

44 Dementsprechend gilt für die Frage, ob der **Verzicht auf die Feststellung der besonderen Schwere der Schuld i.S.d. § 57a Abs. 1 Nr. 2 StGB** einen tauglichen Verständigungsgegenstand darstellt, Folgendes: Zwar handelt es sich hierbei um eine »verlagerte Strafzumessungsentscheidung« (*Jahn/Kett-Straub* StV 2010, 271, 274). Jedoch muss das Gericht die Schwere der Schuld i.S.d. § 57a StGB feststellen, wenn sie, was das Gericht zu beurteilen hat, vorliegt. Damit fehlt es an einer disponiblen Rechtsfolge (zutreffend Graf/*Eschelbach* § 257c Rn. 7.3; a.A. KK/*Moldenhauer/Wenske* § 257c Rn. 16; *Jahn/Kett-Straub* StV 2010, 271, 275: »aber ein Grenzfall der Absprachen im Strafverfahren«).

Von § 257c Abs. 2 StPO nicht gedeckt ist das »Angebot«, eine rechtsstaatswidrige Verfahrensverzögerung feststellen und durch **Vollstreckungserklärung** kompensieren zu wollen (BGH Beschl. v. 06.10.2010 – 2 StR 354/10, StV 2011, 74). 45

cc) **Dazugehörige Beschlüsse.** Mit den in Abs. 2 Satz 1 genannten dazugehörigen Beschlüssen sind Beschlüsse gemeint, die **zugleich mit dem Urteil** ergehen, insb. Bewährungsbeschlüsse gem. § 268a StPO und Entscheidungen über die Fortdauer der Untersuchungshaft (*Schneider* NStZ 2014, 252, 261; vgl. aber KK/*Moldenhauer/Wenske* § 257c Rn. 17) oder der einstweiligen Unterbringung gem. § 268b StPO sowie solche Beschlüsse über Verfahrenseinstellungen oder -beschränkungen gem. §§ 153 Abs. 2 Satz 1, 154 Abs. 2, 154a Abs. 2 StPO (dazu OLG Frankfurt a.M. Beschl. v. 26.10.2010 – 3 Ws 538/10, NStZ-RR 2011, 49, 50), die den nicht vom Urteil erfassten Teil des Anklagevorwurfs erledigen und zusammen mit dem Urteil verkündet werden (näher dazu N/Sch/W/*Niemöller* Teil B § 257c Rn. 66 ff.). Soweit Letztere vorher ergehen, können sie als »sonstige verfahrensbezogene Maßnahmen« Gegenstand einer Verständigung sein. 46

b) **»Sonstige verfahrensbezogene Maßnahmen«.** Als mögliche sonstige verfahrensbezogene Maßnahmen nennen die Materialien Maßnahmen, die das erkennende **Gericht** verfügen kann, wie Einstellungsentscheidungen und Beweiserhebungen (BT-Drs. 16/12310, S. 13; KG Beschl. v. 09.12.2014 – 2 Ws 7/15, NStZ 2015, 236, 238). Generell kommt eine Verständigung in Betracht »überall dort, wo das Gesetz dem Gericht mit einem ‹kann› die Befugnis zuspricht, eine bestimmte Maßnahme zu treffen«. Wo es hingegen »mit einem ‹hat› oder ‹ist zu› eine Rechtspflicht zum Handeln begründet, ist sie ausgeschlossen« (so treffend N/Sch/W/*Niemöller* Teil B § 257c Rn. 34 mit vielen Beispielen). 47

c) **»Das Prozessverhalten der Verfahrensbeteiligten«.** aa) **Allgemeines.** Mit dem Prozessverhalten der Verfahrensbeteiligten sind sowohl Handlungen gemeint, die in der Sphäre des **Angeklagten** liegen, als auch Handlungen von **Staatsanwaltschaft** und **Nebenklage** (BT-Drs. 16/12310, S. 13). Generell geht es um (den Verzicht auf) die Geltendmachung prozessualer Rechte (Meyer-Goßner/*Schmitt* § 257c Rn. 14). Das denkbare Spektrum möglicher »Verzichtsleistungen« ist weit (ausf. N/Sch/W/*Niemöller* Teil B § 257c Rn. 36 ff.), im Einzelnen freilich umstritten (s. Meyer-Goßner/*Schmitt* § 257c Rn. 14 ff.). 48

In Betracht kommen sollen nach h.M. z.B. – namentlich seitens des Angeklagten – einerseits der (teilw.) Verzicht auf Beanstandungen, sonstige Erklärungen oder das Fragerecht, andererseits Zustimmungen zu Verlesungen oder dem Absehen von der Erhebung einzelner Beweise (ausf. N/Sch/W/*Niemöller* Teil B § 257c Rn. 37; teilw. zu Recht a.A. Graf/*Eschelbach* § 257c Rn. 17; mit Bedenken auch Meyer-Goßner/*Schmitt* § 257c Rn. 15 m.w.N.) oder die Rücknahme bereits gestellter Beweisanträge (BVerfG Beschl. v. 21.04.2016 – 2 BvR 1422/15, BeckRS 2016, 45713) ferner die Bereitschaft des Angeklagten zur Schadenswiedergutmachung oder zum Verzicht auf eigene Entschädigung nach dem StrEG (Graf/*Eschelbach* § 257c Rn. 17). Zulässiger Inhalt ist auch die Beschränkung des Einspruchs gegen einen Strafbefehl (KG Beschl. v. 09.01.2017 – [4] 161 Ss 180/16 [248/16], ZInsO 2017, 879) und die **Beschränkung der Berufung** auf den Rechtsfolgenausspruch (BayObLG Beschl. v. 20.12.2019 – 295 StRR 1148/19, Rn. 13 ff.; OLG Nürnberg Beschl. v. 10.08.2016 – 2 OLG 8 Ss 289/15, StraFo 2016, 473; OLG Braunschweig Beschl. v. 02.02.2016 – 1 Ss 69/15, NStZ 2016, 563 ff.; OLG Karlsruhe Beschl. v. 14.06.2013 – 3 Ss 233/13, NStZ 2014, 536 f.; a.A. OLG Brandenburg Beschl. v. 13.01.2020 – [1] 53 Ss 152/19 [83/1], NStZ 2020, 759, 760; vgl. auch Rdn. 139). Die Rücknahme der Berufung in einem Parallelverfahren ist kein zulässiger Verständigungsgegenstand (s. o. Rdn. 36). 49

Die Begründung einer Strafmilderung mit einem bestimmten Prozessverhalten insb. des Angeklagten wird z.T. als unvereinbar mit dem Schuldgrundsatz angesehen (vgl. Graf/*Eschelbach* § 257c Rn. 17.4; LR/*Stuckenberg* § 257c Rn. 49). Besonders krit. erscheint der »Kauf« einer Strafmilderung durch den Verzicht auf Beweisanträge seitens des Angeklagten, worauf im Gesetzgebungsverfahren bereits der Bundesrat hingewiesen hat (vgl. BT-Drs. 16/12310, S. 18, 21). Nach dem Willen des Gesetzgebers soll eine **unsachgemäße Verknüpfung** des jeweils angesonnenen oder in Aussicht gestelltem Verhalten ausgeschlossen sein (vgl. dazu bereits grundlegend BGH Urt. v. 19.02.2004 – 4 StR 371/03, BGHSt 49, 84; hierzu *Beulke/Sowoboda* JZ 2005, 67, 72; *Schöch* NJW 2004, 3462), speziell die Verknüpfung einer Strafrahmenzusage des Gerichts mit dem Verzicht des Angeklagten auf weitere Beweisanträge (BT-Drs. 16/12310, S. 13). Dies lässt sich bereits § 257c Abs. 1 Satz 2 StPO entnehmen. Sofern nämlich ein möglicher Beweisantrag, dessen Inhalt dem Gericht im Rahmen von Erörterungen über eine mögliche Verständigung zur Kenntnis gebracht wird, das Gericht zur **Aufklärung von Amts wegen** (§ 244 Abs. 2 StPO) zwingt, muss es seiner Aufklärungspflicht nachkommen (vgl. oben Rdn. 28). Das wird regelmäßig bei Beweisanträgen der Fall sein, die Haupttatsachen betreffen. 50

Generell dürfen dem Angeklagten keine Leistungen abgefordert werden, die mit der verfahrensgegenständlichen Tat nichts zu tun haben (Gedanke der **Konnexität**). So ist bspw. die Verständigung unzulässig, bei der dem Angeklagten aufgegeben wird, Steuerschulden aus einem anderen Verfahren zu begleichen (BGH 51

Urt. v. 19.02.2004 – 4 StR 371/03, BGHSt 49, 84, 88; dazu *Nistler* JuS 2009, 916, 917). Auch im Strafvollstreckungsverfahren anstehende Entscheidungen und solche im Erkenntnisverfahren vor anderen Spruchkörpern sind einer Verständigung nicht zugänglich (mit Einzelfällen aus der Rspr. Meyer-Goßner/*Schmitt* § 257c Rn. 15a). Zulässig soll die Verständigung über die Vollstreckung von Untersuchungshaft sein (BGH Beschl. v. 03.12.2013 – 2 StR 410/13, NStZ 2014, 219).

52 **bb) Geständnis (Abs. 2 Satz 2).** Begibt sich der Angeklagte seines Rechts zu schweigen oder sich nicht selbst zu belasten und legt er ein Geständnis ab, so kann dieses Teil einer »Leistung« im Rahmen einer Verständigung sein.

53 Vor dem Inkrafttreten des § 257c StPO verlangte die höchstrichterliche Rspr. »in der Regel« ein qualifiziertes Geständnis (BGH Beschl. v. 03.03.2005 – GSSt 1/04, BGHSt 50, 40, 49). Gem. Abs. 2 Satz 2 **soll** nunmehr eine Verständigung ein Geständnis beinhalten. Der Bundesrat hatte diese Formulierung im Gesetzgebungsverfahren ebenso beanstandet wie den Umstand, dass die Anforderungen an die Qualität des Geständnisses nicht aus dem Gesetzestext hervorgehen (BT-Drs. 16/12310, S. 18 f.). Die Bundesregierung hatte diesen Bedenken widersprochen (BT-Drs. 16/12310, S. 21) und dies mit der Mannigfaltigkeit der denkbaren Fallgestaltungen und u.a. auch mit dem Opferschutz begründet, dem die Nachprüfung eines Geständnisses evtl. zuwiderlaufen könnte (krit. hierzu Graf/*Eschelbach* § 257c Rn. 22; *Fischer* StraFo 2009, 177, 182). Zum Teil wird gleichwohl vertreten, die Soll- sei als Muss-Regelung zu lesen (*Bittmann* wistra 2009, 414, 415; ähnlich Meyer-Goßner/*Schmitt* § 257c Rn. 16 f.: »idR«). Streitig ist zudem, welche **Qualität** ein Geständnis haben muss, um als solches eine strafmildernde Wirkung entfalten zu können. Während z.T. unter Rekurs auf die bisherige Rspr. zu Recht vertreten wird, ein »inhaltsleeres Formalgeständnis« (BGH Beschl. v. 03.03.2005 – GSSt 1/04, BGHSt 50, 40, 49) reiche nicht, vielmehr müsse das Geständnis »qualifiziert« sein (Graf/*Eschelbach* § 257c Rn. 21; Meyer-Goßner/*Schmitt* § 257c Rn. 17 f.), lassen andere bereits ein »schlankes« Geständnis genügen (AnwK-StPO/*Püschel* § 257c Rn. 18; *Jahn/Müller* NJW 2009, 2625, 2628; *Rosenau* in Rosenau/Kim, S. 45, 66).

54 Nach Auffassung des OLG Hamm (Beschl. v. 26.09.2011 – II-3 RVS 69/11, StraFo 2011, 515) ist ein bloßes Nicht-Bestreiten, das nicht erkennen lässt, ob die Angeklagten zu den konkreten Tatsachen eine geständige Einlassung abgegeben haben oder ob sie keine Angaben gemacht haben und das Gericht insoweit Schlüsse aus dem (Teil-) Schweigen der Angeklagten gezogen und seine diesbezügliche Überzeugungsbildung ggf. auch auf weitere Beweismittel gestützt hat, **nicht ausreichend**. Nach BGH (Beschl. v. 22.09.2011 – 2 StR 383/11, NStZ-RR 2012, 52) genügt es für eine Verurteilung im Wege einer Verständigung nicht, wenn die Feststellungen zur Sache allein auf der Anklageschrift beruhen, denen der Angeklagte »nicht entgegengetreten« ist. In diesem Fall fehle es überhaupt an einer Beweiswürdigung i.S.d. § 261 StPO (so auch BGH Beschl. v. 09.04.2013 – 5 StR 58/13, StraFo 2013, 250).

55 Das »Ob« und »Wie« eines Geständnisses ist eine Frage der **Aufklärungspflicht** (BT-Drs. 16/12310, S. 14) und, damit zusammenhängend, der **Überzeugungsbildung** des zuständigen Gerichts (oben Rdn. 28 ff.). Das Gericht muss sich bei Erwägung einer Verständigung klar darüber werden, ob und in welchem Umfang es zusätzlich zu dem aufgrund der Aktenlage bestehenden Tatverdacht – der mindestens hinreichend sein muss (§ 203 StPO) – der etwaigen Zustimmung des Angeklagten sowie ggf. einzelner Beweiserhebungen eines Geständnisses bedarf, um zur Überzeugung von der Schuld des Angeklagten zu gelangen und diese im Urteil fehlerfrei – also auch unter ausreichender Darlegung seiner Überzeugungsbildung – zu begründen. Im Regelfall wird hierfür ein Geständnis erforderlich sein, häufig auch ein sog. qualifiziertes, und ein bloßes Nicht-Bestreiten nicht ausreichen (vgl. bereits BGH Urt. v. 26.01.2006 – 3 StR 415/02, NStZ-RR 2006, 187), allenfalls in atypischen Konstellationen (dazu *Jahn/Müller* NJW 2009, 2625, 2628; ferner *Schlothauer/Weider* StV 2009, 600, 603: bei Angeklagten aus Kulturkreisen, in denen ein Geständnis eine soziale Ächtung zur Folge hat; a.A. *Weimar/Mann* StraFo 2010, 12, 16). Eines qualifizierten Geständnisses wird es regelmäßig schon deswegen bedürfen, um die Zuverlässigkeit des Geständnisses überprüfen zu können (dazu Graf/*Eschelbach* § 257c Rn. 24 f.; vgl. BGH Beschl. v. 03.03.2005 – GSSt 1/04, BGHSt 50, 40, 49), was nach dem Urteil des BVerfG zwingend ist (BVerfG Urt. v. 19.03.2013 – 2 BvR 2628/10, Rn. 71, BVerfGE 133, 168, 209 f., NJW 2013, 1058, 1063). Streitig ist, ob der bloße Abgleich mit der Aktenlage genügt (verneinend BVerfG ebda.) oder zusätzliche Beweiserhebungen erforderlich sind, z.B. Vorhalte oder das Selbstleseverfahren (so BVerfG ebd.; vgl. BGH Beschl. v. 05.11.2013 – 2 StR 265/13, NStZ 2014, 170; *Ignor* in: Jahn/Nack Rechtsprechung in Strafsachen [2013], S. 53, 57 ff.; *Schneider*, NStZ 2014, 192, 193 f.; a.A. *Sander* in: Jahn/Nack Rechtsprechung in Strafsachen [2013], S. 53, 57 ff.). Jedenfalls sind an die Überprüfung eines verständnisbasierten Geständnisses und deren Darlegung im Urteil regelmäßig keine strengeren Anforderungen zu stellen als bei einem nicht im Zusammenhang mit einer Verständigung stehenden Geständnis (BGH Beschl. v. 13.09.2016 – 5 StR 338/16, NStZ 2017, 173). Schließlich ist das Geständ-

nis für die **Strafzumessung** von Bedeutung (näher *Rosenau* in Rosenau/Kim, S. 45, 66). Hierbei ist dem Gericht eine strafmildernde Berücksichtigung auch dann nicht versagt, wenn der Angeklagte das Geständnis weniger aus Schuldeinsicht und Reue, denn aus verfahrenstaktischen Gründen ein Geständnis abgibt bzw. abzugeben scheint, denn auch dies ist ein Beitrag zur Sachaufklärung und Verfahrensabkürzung (vgl. BGH Urt. v. 12.12.2013 – 5 StR 444/13, NStZ 2014, 169).

Besondere Vorsicht ist **in Fällen mehrerer Angeklagter** geboten, wenn der Verdacht naheliegt, dass ein Geständnis vornehmlich der eigenen Entlastung und der Belastung nichtgeständiger Mitangeklagter dient, was insb. im Bereich des § 31 BtMG und sonstiger Kronzeugenregelungen in Betracht kommt (N/Sch/W/*Niemöller* Teil B § 257c Rn. 91; vgl. Graf/*Eschelbach* § 257c Rn. 10: Problem der **»Absprachen zu Lasten Dritter«**). Das Gericht muss tatsächlichen Anhaltspunkten für solchermaßen motivationsgeleitete Geständnisse nachgehen. Maßstab der Prüfungsintensität sind die revisionsrechtlichen Anforderungen an die Fehlerfreiheit der Beweiswürdigung im Urteil. Die Rspr. verlangt bei drittbelastenden Geständnissen i. Erg. eine besonders aufwendige Prüfung. Das Urteil muss nicht nur die Inhalte der Geständnisse darlegen, sondern sie einer gründlichen nachvollziehbaren Glaubhaftigkeitsprüfung unterziehen, wozu die Darstellung der Entstehungs- und Entwicklungsgeschichte der Geständnisse gehört sowie die Einbeziehung ggf. entgegenstehender Gesichtspunkte in die Gesamtwürdigung (vgl. BGH Beschl. v. 15.01.2003 – 1 StR 464/02, BGHSt 48, 161, 168; BGH Beschl. v. 06.11.2007 – 1 StR 370/07, BGHSt 52, 78, 83 m.Anm. *Schmitz* NJW 2008, 1751, 1752; vgl. auch Graf/*Eschelbach* § 257c Rn. 10 ff. m.w.N.). Insb. muss sich das Gericht in der Urteilsbegründung bei der Würdigung des Geständnisses des Mitangeklagten auch mit dem Gesichtspunkt auseinandersetzen, dass diesem Verständigungsgespräche vorausgegangen sind (BGH Beschl. v. 06.03.2013 – 5 StR 423/12, StV 2013, 376; vgl. BGH Beschl. v. 06.03.2012 – 1 StR 17/12, NStZ 2012, 465; BGH Beschl. v. 22.02.2012 – 1 StR 349/11, NStZ 2013, 353 m.Anm. *Kudlich*). 56

Zum Schicksal des Geständnisses bei Entfallen der Bindungswirkung (§ 257c Abs. 4 Satz 3 StPO) unten Rdn. 113 ff. 57

2. Verbote (Abs. 2 Satz 3). Abs. 2 Satz 3 StPO schließt zunächst ausdrücklich **Vereinbarungen über den Schuldspruch** aus (vgl. BGH Beschl. v. 28.09.2010 – 3 StR 359/10, StV 2011, 78; Beschl. v. 01.03.2011 – 1 StR 52/11, StV 2011, 335; BGH Beschl. v. 16.03.2011 – 1 StR 60/11, wistra 2011, 276 – zu diesen Entscheidungen *Schlothauer* StraFo 2011, 487, 489), was auch eine Verständigung über die Schuldfähigkeit des Beschuldigten erfasst (OLG Nürnberg Beschl. v. 03.04.2018 – 1 Ws 104/18 H, juris Rn. 17). Solche Vereinbarungen waren nach der Rspr. auch schon vor dem Inkrafttreten des Verständigungsgesetzes unzulässig (vgl. BGH Urt. v. 28.08.1997 – 4 StR 240/97, BGHSt 43, 195, 204; Beschl. v. 03.03.2005 – GSSt 1/04, BGHSt 50, 40, 50). 58

Entgegen Äußerungen in der Literatur (s. Graf/*Eschelbach* § 257c Rn. 11.7) steht dieses Verbot zugleich Abreden über die zu beurteilende **Tatsachenbasis** (sog. **»fact bargaining«**, dazu *Altenhain/Haimerl* JZ 2010, 327, 331; *Jahn* StV 2011, 497, 505) entgegen (vgl. BGH Beschl. v. 09.03.2011 – 2 StR 428/10, NStZ 2011, 213; Beschl. v. 22.06.2011 – 5 StR 226/11, StV 2011, 647 m.Anm. *Schlothauer*). 59

Das Verbot des § 257c Abs. 2 Satz 3 StPO steht in einem **Spannungsverhältnis zu § 154a Abs. 2 StPO**, der die Möglichkeit einer Beschränkung der Aufklärungspflicht aus Beschleunigungsgründen eröffnet (*Bittmann* NStZ 2017, 245, 246; *Abraham* StV 2021, 606). Der Gesetzentwurf des Bundesrates hatte eine Regelung enthalten, wonach die §§ 154 ff. StPO von einer Verständigung unberührt bleiben sollte (abgedruckt als Anhang 6 bei N/Sch/W VerstG). Zwar ist dieser Vorschlag nicht umgesetzt worden. Jedoch enthalten die Materialien auch keine Aussage darüber, dass § 154a StPO im Fall einer Verständigung nicht anwendbar sei (*Schlothauer/Weider* StV 2009, 600, 602). Während der 2. Strafsenat des BGH die Verständigung über eine Verfolgungsbeschränkung nach § 154a StPO ohne weitere Begründung **abgelehnt** hat (Beschl. v. 12.10.2016 – 2 StR 367/16, NStZ 2017, 244, 245 m. abl. Anm. *Bittmann*), erachtet das BVerfG eine Verständigung über eine Verfahrensbeschränkung nach § 154a StPO **grundsätzlich für zulässig**, wenn nicht zusätzliche Umstände darauf hindeuten, dass die Verfahrensbeschränkung einer Umgehung des in § 257c Abs. 2 Satz 3 StPO normierten Verbots dient (Beschl. v. 21.04.2016 – 2 BvR 1422/15, NStZ 2016, 422, 425; s. auch OLG Nürnberg Beschl. v. 11.08.2017 – 1 OLG 8 Ss 57/17, NStZ-RR 2017, 350). Das kann der Fall sein, wenn das Gericht den ihm insoweit eingeräumten Beurteilungsspielraum überschreitet oder das Vorgehen sonst nicht vom Gesetz gedeckt ist (vgl. BGH Urt. v. 23.07.2015 – 3 StR 470/14, NJW 2016, 513); bspw., wenn die Höhe des Vermögensnachteils unter Missachtung der Pflicht zur Sachverhaltsaufklärung im Wege des Konsenses festgelegt wird (BVerfG a.a.O., Rn. 30). Gem. § 154a StPO können entweder nur ganze Teile einer prozessualen Tat abgetrennt werden – sofern sie nicht wesentlich sind – oder einzelne von mehreren Gesetzesverletzungen, die durch dieselbe Tat begangen wurden und tateinheitlich oder tatmehrheitlich zusammentreffen. Ob die Beschränkung der Strafverfolgung nach Opportunitätsgesichts- 60 punkten allein der Umgehung des Verbots der Verständigung über den Schuldspruch dient, ist letztlich Frage einer Gesamtwürdigung (vgl. *Kirsch* StraFo 2010, 96, 100). Zulässig ist auch die Absprache über eine Einstellung nach **§ 154 Abs. 2 StPO**, sofern davon allein das anhängige Erkenntnisverfahren betroffen ist (BGH Urt. v. 17.06.2016 – 2 StR 139/14, NStZ 2016, 171, 173 m. [nur insoweit] zust. Anm. *Schneider*; KK/*Moldenhauer/Wenske* § 257c Rn. 15e f.; vgl. zur Abgrenzung Rdn. 36).

61 Fraglich ist, ob vom Verbot der Absprache über den Schuldspruch auch **Regelbeispiele** besonders schwerer Fälle (etwa § 243 Abs. 1 Satz 2 StGB) erfasst sind (dagegen *Rieß* StraFo 2010, 10, 11; *Mosbacher* NZWiSt 2013, 201, 203; *Schneider* NStZ 2014, 195). Zwar werden diese nicht in die Urteilsformel mit aufgenommen (Meyer-Goßner/*Schmitt* § 260 Rn. 25), was gegen ein Verbot sprechen könnte. Jedoch ist Abs. 4 Satz 1 StPO zu entnehmen, dass es nicht um die – formale – Frage geht, ob eine Norm in der Urteilsformel steht, sondern ob die beurteilte Tat schuldangemessen abgeurteilt wird. Daher ist eine Verständigung über das (Nicht-) Vorliegen eines Regelbeispiels im Ergebnis als **unzulässig** zu erachten (Meyer-Goßner/*Schmitt* § 257c Rn. 10; so auch ausdrücklich BVerfG Urt. v. 19.03.2013 – 2 BvR 2628/10, Rn. 74, BVerfGE 133, 168, 211, NJW 2013, 1058, 1063; BGH Beschl. v. 07.03.2017 – 5 StR 493/16, NStZ 2017, 424; krit. ggü. dem BVerfG BGH Beschl. v. 10.01.2017 – 3 StR 216/16, Rn. 19 m. zahl. Nachw., NStZ 2017, 363, 365 m.Anm. *Bittmann*). Allerdings ist es dem Gericht nur versagt, die Verneinung eines verwirklichten Regelbeispiels zuzusagen, nicht hingegen, dass bei der Gesamtwürdigung aller zumessungserheblichen Umstände ein Geständnis als besonderer Milderungsgrund ggf. zur Anwendung des Normal- statt des Sonderstrafrahmens führen kann (vgl. BGH Beschl. v. 25.04.2013 – 5 StR 139/13, StV 2013, 485 und BGH Beschl. v. 18.08.2021 – 5 StR 199/21, Rn. 12; *Sander* in Jahn/Nack Rechtsprechung in Strafsachen [2013], S. 53, 56). Weitergehend dürften Verständigungen über **unbenannte minder schwere Fälle** grundsätzlich unproblematisch sein, weil deren Annahme oder Ablehnung allein Sache der tatrichterlichen Beweiswürdigung ist (so BGH Beschl. v. 10.01.2017 – 3 StR 216/16, Rn. 19, NStZ 2017, 363, 364 f.; KK/*Moldenhauer/Wenske* § 257c Rn. 18b). Sinnvollerweise kann nur eine Bewertung als minder schwerer Fall untersagt sein, die keine materielle Grundlage hat, aber nicht schon die Bezeichnung eines minder schweren Falles als solchen in der Verständigung (*Kudlich* NStZ 2014, 285 f.; vgl. BGH Beschl. v. 25.04.2013 – 5 StR 139/13, StV 2013, 485; *Schneider* NStZ 2014, 192, 195).

62 Des Weiteren erklärt Abs. 2 Satz 3 Verständigungen über **sämtliche Maßregeln der Besserung und Sicherung** (§ 61 StGB) für unzulässig. Dieses Verbot stellt eine Verengung des »Verständigungskanons« ggü. der Rechtslage vor dem VerstG dar, wonach der Rspr. zufolge lediglich Abreden über die Nichtanordnung der Sicherungsverwahrung untersagt waren (vgl. BGH Urt. v. 21.10.2004 – 4 StR 325/04, NStZ-RR 2005, 39; Beschl. v. 08.02.2005 – 3 StR 452/04, NStZ 2005, 526; Beschl. v. 18.06.2008 – 1 StR 204/08, NStZ 2008, 620, 621). Nunmehr sind auch Vereinbarungen über einen Entzug der Fahrerlaubnis (§ 69 StGB) oder über ein Berufsverbot (§ 70 StGB) der Disposition der Verfahrensbeteiligten entzogen. Dasselbe gilt für die Unterbringung in einem psychiatrischen Krankenhaus gem. § 63 StGB (BGH Beschl. v. 03.12.2020 – 4 StR 541/19, NStZ 2021, 509; vgl. auch oben Rdn. 22). Den Maßregeln ist eigentümlich, dass sie unabhängig von der Schuld des Verurteilten von ihm ausgehenden Gefahren vorbeugen sollen (vgl. Schönke/Schröder/*Stree/Kinzig* Vorbem. zu §§ 61 ff. Rn. 3). Das Verbot umfasst damit konsequenterweise nicht nur die Frage der Anordnung, sondern auch des **Umfangs** einer Maßregel (a.A. zur Frage der Länge der Sperrfrist bei Entziehung der Fahrerlaubnis aber OLG Nürnberg Beschl. v. 10.08.2016 – 2 OLG 8 Ss 289/15, StraFo 2016, 473; KK/*Moldenhauer/Wenske* § 257c Rn. 15a; *Burhoff* HV Rn. 65j; *ders.* StRR 2009, 324, 327), weil auch dieser auf einer nicht disponiblen Gefahrenprognose beruht.

63 Differenziert zu beurteilen ist die Frage, ob die im Siebenten Titel des Dritten Abschnitts des StGB bestimmte Maßnahme **der Einziehung** Gegenstand einer Verständigung sein darf. Im Ausgangspunkt ist hier zu beachten, dass § 73 StGB dem Gericht nach der neuen Gesetzeslage hinsichtlich der Anordnung der Einziehung kein Ermessen mehr einräumt und der Beschuldigte diese durch sein Prozessverhalten nicht beeinflussen kann. Eine synallagmatische Verknüpfung der Handlungsbeiträge (s. o. Rdn. 2) ist insofern nicht möglich, was eine Verständigung ausschließt (BGH Beschl. v. 06.02.2018 – 5 StR 600/17, NStZ 2018, 336; *Ordner* wistra 2017, 50, 53; Meyer-Goßner/Schmitt/*Köhler* § 421 Rn. 13a; a.a.O./*Schmitt* § 257c Rn. 10; KK/*Moldenhauer/Wenske* § 257c Rn. 15c). Anders als nach alter Rechtslage (dort § 73c StGB a.F.) enthält das materielle Einziehungsrecht auch keine Härtefallklausel mehr und entsprechende Einwendungen können nur noch gem. § 459g Abs. 5 StPO im Vollstreckungsverfahren geltend gemacht werden – einer Verständigung sind sie damit schon wegen der grundsätzlichen (§ 426a StPO) Unzuständigkeit des Instanzgerichts für die Härtefallentscheidung unzugänglich, ferner räumt § 359g Abs. 5 StPO kein Ermessen ein (BGH Beschl. v. 06.02.2018 – 5 StR 600/17, NStZ 2018, 336 f.; *Schneider* NStZ 2018, 743). Zulässig ist – wenn die Voraussetzungen dieser Vorschrift vorliegen – jedoch eine Verständigung über **die Anwendung von § 421 StPO** (zust. Meyer-Goßner/Schmitt/*Köhler* § 421 Rn. 13a; a.a.O./*Schmitt* § 257c Rn. 10). Ebenfalls zulässig ist eine Verständigung

nach den §§ 73b Abs. 3, 74–74c StGB, da diese Vorschriften dem Gericht Ermessen einräumen. Dasselbe gilt für **Verzichtserklärungen** des Angeklagten bei »außergerichtlichen Einziehungen«, die – obwohl es sich dabei um ein zweifelhaftes Instrument handelt – auch nach neuer Rechtslage u.U. möglich sein sollen (ausführlich BGH Beschl. v. 11.12.2018 – 5 StR 198/18, NJW 2019, 1692 ff.).

Im Zusammenhang mit Abs. 2 steht **§ 302 Abs. 1 Satz 2 StPO**, der einen **Rechtsmittelverzicht** im Fall vorangegangener Verständigungen ausschließt und damit indirekt ebenfalls den möglichen Inhalt von Verständigungen begrenzt (noch im RegE war das Verbot in § 257c Abs. 2 Satz 3 StPO enthalten; vgl. BT-Drs. 16/12310, S. 5; zur Entstehungsgeschichte näher *Fahl/Geraats* JA 2009, 791, 796 f.). Näher zum Rechtsmittelverzicht unten Rdn. 139. 64

III. Verfahren der Verständigung (Abs. 3). Abs. 3 bestimmt den Ablauf einer Verständigung (vgl. BGH Urt. v. 21.06.2012 – 4 StR 623/11, BGHSt 57, 273). Ausführliche Darstellung eines ordnungsgemäßen Verständigungsverfahrens, auch unter Berücksichtigung der Mitteilungs- und Protokollierungspflichten (§§ 243 Abs. 4 StPO, 373 Abs. 1 StPO) findet sich in MAH Strafverteidigung/*Ignor/Böhm* § 13 Rn. 43 ff. Bei der Bekanntmachung des auf der Verständigung beruhenden Urteils ist der Betroffene gem. § 35a Satz 3 StPO darüber zu belehren, dass die Verständigung ihn nicht an der Einlegung eines Rechtsmittels hindert. Bei der Abfassung des Urteils ist § 257c Abs. 3 Satz 5 StPO zu berücksichtigen. 65

1. Bekanntgabe des möglichen Inhalts (Satz 1). Gem. Satz 1 gibt das Gericht bekannt, welchen Inhalt die Verständigung haben könnte. Diese Bekanntgabe setzt einen **Beschluss des Gerichts** voraus, vor dessen Erlass die Verfahrensbeteiligten gem. § 33 Abs. 1 StPO zu hören sind (N/Sch/W/*Niemöller* Teil B § 257c Rn. 23; a.A. LR/*Stuckenberg* § 257c Rn. 54: »nicht sinnvoll«). Die **Anhörung** wird regelmäßig in Form einer Erörterung i.S.d. § 257b StPO erfolgen. Der Beschluss erfordert wegen der Bindungswirkung (*arg. e contrario* zu § 257c Abs. 4 StPO) gem. § 263 Abs. 1 StPO eine Zwei-Drittel-Mehrheit (N/Sch/W/*Niemöller* Teil B § 257c Rn. 24). Da der Beschluss der Verurteilung vorausgeht, ist er gem. § 305 Abs. 1 Satz 1 StPO nicht anfechtbar und bedarf gem. § 34 StPO keiner Begründung (N/Sch/W/*Niemöller* Teil B § 257c Rn. 26). Freilich wird sich Letzteres empfehlen, um die Verfahrensbeteiligten zu überzeugen. Der Beschluss ist zu protokollieren, § 273 Abs. 1a StPO (zu Anforderungen an die Protokollierung s. BGH Beschl. v. 30.07.2019 – 5 StR 288/19, BGHSt 64, 168; zu den Folgen unterbliebener Protokollierung OLG Nürnberg Beschl. v. 25.02.2015 – 1 OLG 8 Ss 1/15, StV 2015, 282). 66

Satz 1 schließt nicht aus, dass die **Initiative** zu einer Verständigung vom Angeklagten, seinem Verteidiger oder der Staatsanwaltschaft ausgeht (so auch Meyer-Goßner/*Schmitt* § 257c Rn. 23a; AnwK-StPO/*Püschel* § 257c Rn. 4; *Nistler* JuS 2009, 916: »auch praxisgerecht«; *Rosenau* in Rosenau/Kim, S. 45, 49). 67

2. Angabe einer Strafober- und Strafuntergrenze (Satz 2). Gem. Abs. 3 Satz 2 kann das Gericht unter freier Würdigung aller Umstände des Falles sowie der allgemeinen Strafzumessungserwägungen eine mögliche Ober- und Untergrenze der Strafe angeben und damit seine gegenwärtige Einschätzung des Falls zum Ausdruck bringen. 68

Zu den zu würdigenden **Umständen des Falles** zählen insb. der Inhalt der Aktenlage und der Hauptverhandlung, wie er sich dem Gericht bei Erwägung einer Verständigung darstellt. Zulässig ist insoweit eine antizipierte Beweiswürdigung (SK-StPO/*Velten* § 257c Rn. 19). Ferner hat das Gericht die etwaige Zustimmung des Angeklagten sowie ein etwaiges Geständnis zu berücksichtigen, über dessen Notwendigkeit es sich im Klaren sein muss (oben Rdn. 55). 69

Das Gericht soll eine mögliche **Ober- und Untergrenze der Strafe**, also einen Strafrahmen, angeben. Die Angabe der Strafuntergrenze wurde auf Betreiben der Generalstaatsanwältinnen und Generalstaatsanwälte als eine Absicherung des gerechten Schuldausgleichs »nach unten« in das Gesetz eingefügt (Eckpunktepapier abgedruckt als Anhang 2 bei N/Sch/W; *Meyer-Goßner* NStZ 2007, 425, 427). Ob sie (stets) erforderlich ist, wird insb. im Hinblick auf den Wortlaut von Abs. 3 Satz 2 StPO (»kann«), verneint (*Bittmann* wistra 2009, 414, 415; SK-StPO/*Velten* § 257c Rn. 21; AnwK-StPO/*Püschel* § 257c Rn. 22 will die Angabe von einem expliziten Antrag der Staatsanwaltschaft abhängig machen; a.A. Meyer-Goßner/*Schmitt* § 257c Rn. 20 unter Hinweis auf den Begriff des Strafrahmens in Abs. 4 Satz 1). Die **Rspr.** »neigt« zu der Verpflichtung, stets Strafober- und Untergrenze anzugeben (s. BGH Beschl. v. 01.03.2011 – 1 StR 52/11, StV 2011, 337), schränkt aber die Revisibilität eines Verstoßes dagegen mittels des Erfordernisses des »Beruhens« (§ 337 Abs. 1 StPO) i. Erg. ein; näher dazu unten Rdn. 154. **Unzulässig** ist das Angebot einer **Punktstrafe**, dementsprechend auch eine Verständigung darüber (BGH Beschl. v. 28.09.2010 – 3 StR 359/10, StV 2011, 78; Beschl. v. 27.07.2010 – 1 StR 345/10, NStZ 2010, 650; Beschl. v. 08.10.2010 – 1 StR 347/10, StV 2011, 75; Urt. v. 17.02.2011 – 3 StR 426/10, StV 2011, 338; OLG Oldenburg Beschl. v. 28.06.2017 – 1 Ss 123/17, StV 2018, 340 f.; vgl. bereits KG Urt. v. 23.03.2004 – [5] 1 Ss 249/01 [36/01], NStZ-RR 2004, 70

175, 176 ff. und BGH Beschl. v. 22.08.2006 – 1 StR 293/06, BGHSt 51, 84, 86; ferner *Beulke/Witzigmann* StV 2009, 397). In der bloßen Angabe einer Strafobergrenze liegt keine unzulässige Punktstrafe (BGH Beschl. v. 11.10.2010 – 1 StR 359/10, NStZ 2011, 170).

71 Entgegen *Meyer-Goßner* (ZRP 2009, 107, 109) ist das Gericht bei Angabe einer Ober- und Untergrenze nicht gehalten, nur die **Strafuntergrenze** als Strafe festzusetzen, weil die Entscheidung über die konkrete Strafe der abschließenden Beratung durch das Gericht vorbehalten bleibt (BGH Beschl. v. 27.07.2010 – 1 StR 345/10, StV 2010, 673; vgl. auch Beschl. v. 28.09.2010 – 3 StR 359/10, StV 2011, 78; ferner BGH Beschl. v. 21.02.2013 – 1 StR 633/12, StV 2013, 484). Der Angeklagte kann nur darauf vertrauen, dass die Strafe innerhalb des angegebenen Strafrahmens liegt (*Goeck* NJ 2010, 436; *Schlothauer* StraFo 2011, 487, 491; a.A. *Bockemühl/Staudinger* StraFo 2011, 423).

72 Umstritten ist, ob bei der Erörterung einer möglichen Verständigung das Gericht eine **»Alternativstrafe«** für den Fall in Aussicht stellen darf, dass eine Verständigung nicht infrage kommt (vgl. *Schlothauer* StV 2011, 205, 207; StraFo 2011, 487, 492; Problematik der sog. **Sanktionsschere**).

73 Nach der bisherigen Rspr. war dies nicht verboten (so ausdrücklich BGH NStZ 2008, 170), allerdings mit der Maßgabe, das Gericht dürfe keinesfalls zur Erlangung eines Geständnisses eine (alternative) Strafhöhe bestimmen, die nicht dem Unrechtsgehalt der Tat gerecht wird (BGHSt 43, 195; 50, 40, 51 GrSen); eine »überhöhte Strafe« beeinträchtige den Angeklagten in seiner Willensfreiheit (bspw. BGH StV 2005, 201; NStZ 2008, 170; Meyer-Goßner/*Schmitt* § 257c Rn. 19) und potenziere die Gefahr materiell falscher Entscheidungen (BGHSt 43, 195, 204; 50, 40, 50 GrSen; BGH NStZ 2008, 170; vgl. dazu *König* StraFo 2006, 170 f.). Im Hinblick auf den Wortlaut des § 257c Abs. 3 Satz 2 StPO lässt sich mit guten Gründen die Zulässigkeit der Nennung einer Alternativstrafe bezweifeln (SK-StPO/*Velten* § 257c Rn. 21; *Schlothauer* StV 2011, 205, 207; a.A. LR/*Stuckenberg* § 257c Rn. 56). Jedenfalls ist die Angabe einer Strafobergrenze für den Fall des Bestreitens nicht geboten (BGH StV 2013, 741). Ggf. darf eine solche »das vertretbare Maß« nicht überschreiten und den Angeklagten **»inakzeptablem Druck«** aussetzen (vgl. BGH StV 2011, 202, 204), bzw. das Fehlen des strafmildernden Aspekts des Geständnisses nicht in unverhältnismäßiger Weise in Ansatz bringen. Andernfalls begründet dies die **Besorgnis der Befangenheit des Gerichts**. Zur Frage, ob der Angeklagte – zur Vermeidung einer Rügepräklusion im Revisionsverfahren – in der Hauptverhandlung einen entsprechenden Ablehnungsantrag stellen (so BGH NStZ 2009, 168) oder sogleich **Widerspruch** erheben muss (so BGH Beschl. v. 02.02.2010 – 4 StR 620/09, StV 2010, 225), unten Rdn. 153.

74 Fraglich ist, wann ein in Aussicht gestellter **Strafnachlass** als **unvertretbar** anzusehen ist. Während in der **Literatur** z.T. vertreten wird, der »Rabatt« solle im Fall einer Verständigung nicht mehr als 15 % betragen (so *Putzke/Scheinfeld* Rn. 576), meinen andere, dass er höchstens ein Drittel der Strafe betragen dürfe (*Bittmann* wistra 2009, 414, 415; AnwK-StPO/*Püschel* § 257c Rn. 22; *Rosenau* in Rosenau/Kim, S. 45, 66: »Ein Drittel [...], im Einzelfall aber auch höher«; *Sommer* AnwBl. 2010, 197, 199; Graf/*Eschelbach* § 257c Rn. 14 zufolge werden in der Praxis Nachlässe von 20 bis 50 % diskutiert).

75 Auch die **Rspr.** hat sich bislang auf die Beurteilung von Einzelfällen beschränkt und nicht generell zum möglichen Umfang eines Strafnachlasses im Fall einer Verständigung (vgl. BGH Beschl. v. 09.06.2004 – 5 StR 579/03, StV 2004, 470 f.: Differenz zwischen 2 Jahren Freiheitsstrafe mit Bewährung und 6 Jahren Freiheitsstrafe unzulässig; BGH Beschl. v. 14.08.2007 – 3 StR 266/07, NStZ 2008, 170: Differenz zwischen 3 1/2 Jahren und 7 bis 8 Jahren Freiheitsstrafe unzulässig; BGH Urt. v. 27.04.2007 – 2 StR 523/06, NStZ 2007, 655, 657: Differenz zwischen über 7 Jahren Freiheitsstrafe und 4 Jahren und 6 Monaten zulässig; weitere Beispiele bei *Kempf* StV 2009, 269, 271). Ausdrücklich gegen eine »mathematische Betrachtung« nach Inkrafttreten des Verständigungsgesetzes der 1. Strafsenat in einem Obiter dictum BGH Beschl. v. 20.10.2010 – 1 StR 400/10, StV 2011, 202 m.Anm. *Schlothauer*). Der bloße Hinweis, im Verurteilungsfall sei nur unter der Voraussetzung eines Geständnisses der Strafrahmen des § 250 Abs. 3 StGB eröffnet, stellt keine Drohung mit einer willkürlich bemessenen Sanktionsschere dar (BGH Urt. v. 29.08.2011 – 5 StR 287/11, StV 2012, 5).

76 Dem Gericht muss den Beschuldigen **gem. § 257c Abs. 5 StPO belehren**, sobald es den möglichen Inhalt einer Verständigung mitteilt und bevor der Beschuldigte dem Verständigungsvorschlag zustimmt (BGH Beschl. v. 27.04.2021 – 2 StR 1/21, NStZ-RR 2021, 254 f. Beschl. v. 08.08.2019 – 1 StR 295/19, StV 2021, 15, 16; Beschl. v. 06.11.2018 – 5 StR 486/18, StV 2019, 379; Beschl. v. 06.03.2018 – 5 StR 585/17, StV 2019, 380; Beschl. v. 11.05.2016 – 1 StR 71/16, BeckRS 2016, 9444; Meyer-Goßner/*Schmitt* § 257c Rn. 30). Nur wenn dem Angeklagten bereits in dieser Phase der Umfang der Bindungswirkung der Verständigung (§ 257c Abs. 4 StPO; dazu näher Rdn. 84 ff.) bewusst ist, entfaltet die Belehrung die ihr zugrunde gelegte Warn- und Informationsfunktion (i.d.S. auch *Beulke/Swoboda* Rn. 606) und ermöglicht dem Angeklagten eine autonome Entscheidung darüber, ob er sich auf eine Verständigung einlässt (BVerfG Urt. v. 19.03.2013, Rn. 125, BVerfGE 133, 168, 237, NJW 2013, 1058, 1071). Näher zur Belehrung unten Rdn. 127 ff.

3. Gelegenheit zur Stellungnahme (Satz 3). Gem. Satz 3 erhalten nach Angabe des Verständigungsvorschlags die Verfahrensbeteiligten Gelegenheit zur Stellungnahme. Der Begriff des Verfahrensbeteiligten ist im Wesentlichen wie bei § 257b StPO zu verstehen (dort Rdn. 7). Auch dem **Nebenkläger** ist die Möglichkeit zu geben, sich zu äußern (so auch Meyer-Goßner/*Schmitt* § 257c Rn. 24; *Weigend* FS Streng, S. 781, 796). Der Bundesrat hatte i.R.d. Gesetzgebungsverfahrens vorgeschlagen, bei Bedenken der Nebenklage hinsichtlich des vorgeschlagenen Strafrahmens eine diesbezügliche Äußerungspflicht der Staatsanwaltschaft einzufügen (BT-Drs. 16/12310, S. 19), was die Bundesregierung für überflüssig erachtet hat (BT-Drs. 16/12310, S. 21). Für eine **Ausweitung des Anhörungsrechts** auf alle Verletzte (soweit diese durch einen Strafantrag und einen zusätzlichen Antrag auf Anhörung ihr persönliches Interesse an dem Ausgang des Verfahrens zum Ausdruck gebracht haben) *Weigend* FS Streng, S. 781, 796 f. 77

4. Zustimmung des Angeklagten und der Staatsanwaltschaft (Satz 4); Vertretung des Angeklagten durch seinen Verteidiger. Die Verständigung kommt gem. § 257c Abs. 3 Satz 4 StPO nur dann wirksam zustande, wenn der **Angeklagte** und die **Staatsanwaltschaft** dem Vorschlag des Gerichts **ausdrücklich und nicht bloß konkludent** zustimmen (BVerfG Beschl. v. 29.04.2021 – 2 BvR 1543/20, Rn. 12 ff., NStZ 2021, 557, 558 ff. m. zust. Anm. *Czimek/Schefer*, die auch auf entsprechende Judikate des EGMR zu Art. 6 Abs. 1 EMRK verweisen; vgl. auch die insoweit zust. Anm. von *Wu* StV 2021, 767, 768 f.; zuvor für die Zustimmung des Angeklagten schon BGH Beschl. v. 23.07.2019 – 1 StR 169/19, NStZ 2019, 688, 689 und für die Zustimmung der Staatsanwaltschaft BGH Beschl. v. 07.12.2016 – 5 StR 39/16, NStZ-RR 2017, 87 f.). Anderenfalls liegt ein Verfahrensfehler vor (zur Revision s. Rdn. 155). Das Zustimmungserfordernis gilt auch für die Amtsanwaltschaft im Bußgeldverfahren (KG Beschl. v. 09.08.2019 – 3 Ws [B] 205/19 u.a., NStZ 2020, 428). Umstritten ist, ob die **Verteidigung** die Zustimmung für den Angeklagten (ausdrücklich) erklären kann (näher *Bockemühl/Heuser* StV 2021, 8, 10 m.w.N.). 78

Eine besondere **Form** der Zustimmung ist nicht vorgesehen (*Burhoff* HV Rn. 67e). Es empfiehlt sich aber ungeachtet der **Protokollierungspflicht gem. § 273 Abs. 1a StPO** seitens des Angeklagten zur Vermeidung von Missverständnissen eine schriftliche Erklärung, die eine Darstellung des Verständigungsvorschlags des Gerichts enthält (Beispiel bei Beck-Prozessformularbuch/*Ignor/Dießner* VIII. K. 2). 79

Die Zustimmung des **Verteidigers** ist nicht erforderlich (zum gegenteiligen Vorschlag des Bundesrats in seinem Entwurf vom 15.12.2006, BT-Drs. 16/4197, vgl. *Schlothauer* FS Beulke, S. 1023, 1033). Dasselbe gilt für diejenige des **Nebenklägers** (BT-Drs. 16/12310, S. 14). Zur Frage, inwieweit sich der Angeklagte im Rahmen einer Verständigung durch seinen Verteidiger **vertreten lassen** kann, ausführlich *Schlothauer* FS Beulke, S. 1023, 1033 ff. und (krit.) Graf/*Eschelbach* § 257c Rn. 28. 80

Die Gewährung einer **Überlegungsfrist** ist zwar nicht ausdrücklich vorgesehen (anders der Entwurf des Strafrechtsausschusses der BRAK), aber sachgerecht (vgl. N/Sch/W/*Niemöller* Teil B § 257c Rn. 26; krit. Graf/*Eschelbach* § 257c Rn. 29, der eine Verstärkung des Drucks auf den Angeklagten befürchtet). Wenn die Verfahrensbeteiligten vom Vorschlag des Gerichts überrascht werden, gebietet es der Grundsatz des fairen Verfahrens, dass sie Gelegenheit erhalten, sich auf die Stellungnahme vorzubereiten. Sie können dann jedenfalls eine **Unterbrechung** des Verfahrens, in Ausnahmefällen auch dessen **Aussetzung** nach § 265 Abs. 4 StPO verlangen (N/Sch/W/*Niemöller* Teil B § 257c Rn. 26). 81

Wird das in Abs. 3 geregelte **Verständigungsverfahren nicht eingehalten**, kommt eine Verständigung nicht zustande. Aus einer bloß informellen, also nicht gesetzeskonformen Abrede können grds. keine Rechtsfolgen hergeleitet werden (vgl. Rdn. 132). An einer Verständigung fehlt es, wenn das Gericht zwar im **Zwischenverfahren** Erörterungen über eine Verständigung führt, aber der Vorsitzende in der Hauptverhandlung zu Protokoll gibt, dass die Kammer nach Beratung von einem Verständigungsvorschlag absehen möchte (BGH Beschl. v. 04.10.2010 – 2 StR 205/10, NStZ 2011, 107, 108). Ob in einem solchen Fall gleichwohl ein schutzwürdiger Vertrauenstatbestand erwachsen kann, ist umstritten (näher unten Rdn. 133). 82

Wenn die Staatsanwaltschaft einem Verständigungsvorschlag des Gerichts nicht zustimmt und das Gericht trotz der damit gescheiterten Verständigung ein Urteil fällt, das inhaltlich dem Verständigungsvorschlag des Gerichts entspricht, begründet dies für sich genommen keinen Rechtsfehler (BGH Urt. v. 02.09.2020 – 5 StR 630/19, StV 2021, 17, 19). 83

IV. Bindungswirkung und Entfallen der Bindungswirkung (Abs. 4). 1. Bindungswirkung. Gem. Abs. 4 entfaltet eine rechtswirksame (!) Verständigung grds. eine Bindungswirkung für das an der Verständigung beteiligte Gericht (BT-Drs. 16/12310, S. 14 zur Behandlung einer rechtswidrigen Verständigung unten Rdn. 132 ff.). Unabhängig von der Annahme eines Konsensprinzips, ist dies ein Aspekt von **Verfahrensfairness**. Das Gericht, das einen förmlichen Verständigungsvorschlag macht, schafft damit einen Vertrauenstatbestand beim Angeklagten. Dieser schließt ein, dass sich das Gericht nicht zu seiner eigenen Erklärung in Widerspruch setzt (vgl. BGH Urt. v. 28.08.1997 – 4 StR 240/97, BGHSt 43, 195, 210). Die Bindung 84 des Gerichts steht in einem gewissen **Spannungsverhältnis zu den** in § 46 Abs. 1 Satz 1, Abs. 2 Satz 1 StGB bestimmten **Grundsätzen der Strafzumessung**, weil das Gericht danach nicht mehr frei ist, bei veränderter Sachlage die Strafhöhe nach der Schuld des Täters frei zu bestimmen (vgl. BGH Urt. v. 28.08.1997 – 4 StR 240/97, BGHSt 43, 195, 207; krit. auch Graf/*Eschelbach* § 257c Rn. 31). Die Behandlung dieses Dilemmas begleitet die Entwicklung der Verständigung von Anbeginn.

85 a) **Dogmatische Entwicklung der Bindungswirkung.** Die Rspr. ging zunächst davon aus, dass die Verständigung das Gericht in keiner Weise binden könne (BGH Beschl. v. 19.10.1993 – 1 StR 662/93, BGH NStZ 1994, 196), was im Hinblick auf die Entscheidung des BVerfG aus dem Jahr 1987 damit begründet wurde, dass »ein ‹Vergleich› im Gewande des Urteils« unzulässig sei.

86 Dies änderte sich mit der **Grundsatzentscheidung des BGH aus dem Jahr 1997** (Urt. v. 28.08.1997 – 4 StR 240/97, BGHSt 43, 195, 207, 210). Wenn sich der Angeklagte infolge des Geständnisses seiner Verteidigungsmöglichkeiten begebe, so der BGH, sei es nicht unbillig, wenn das Gericht im Gegenzug einen Strafrahmen bekannt gebe. Dies folge aus dem Grundsatz des fairen Verfahrens. Eine solche Bindungswirkung entfalle jedoch, wenn sich schwerwiegende neue Umstände ergeben, die dem Gericht bislang unbekannt gewesen sind und die Einfluss auf das Urteil haben können. In diesem Fall müsse das Gericht auf das Entfallen der Bindungswirkung hinweisen (BGH Urt. v. 28.08.1997 – 4 StR 240/97, BGHSt 43, 195, 210).

87 Der **Große Senat für Strafsachen** äußerte in seinem Beschluss aus dem Jahr 2005 in Ausweitung der in BGH Urt. v. 28.08.1997 – 4 StR 240/97, BGHSt 43, 195 entwickelten Grundsätze, eine Bindung des Gerichts entfalle bereits dann, »*wenn schon bei der Urteilsabsprache vorhandene relevante tatsächliche oder rechtliche Aspekte übersehen worden seien. Es wäre unvertretbar, das Gericht bei der Urteilsfindung entgegen § 261 StPO an einen maßgeblichen Irrtum allein aufgrund des im Rahmen einer Verständigung gesetzten Vertrauenstatbestandes zu binden […]*« (BGH Beschl. v. 03.03.2005 – GSSt 1/04, BGHSt [GrSen] 50, 40, 50).

88 Der **RefE** schlug vor, dass das Gericht von der Verständigung abweichen könne, wenn sich seine Bewertung der Sach- oder Rechtslage im Verlauf der Hauptverhandlung ändere oder das weitere Prozessverhalten des Angeklagten nicht der Prognose des Gerichts beim Zustandekommen der Verständigung entspreche (abgedruckt als Anhang 4 bei N/Sch/W). Das Risiko eines Scheiterns der Verständigung hätte danach allein beim Angeklagte gelegen (krit. hierzu *Ignor* FS Strauda, S. 321, 333).

89 Demgegenüber sollte dem **RegE** zufolge die Bindungswirkung entfallen, wenn das Gericht zu der Überzeugung gelangt, dass der in Aussicht gestellte Strafrahmen nicht mehr tat- oder schuldangemessen ist oder wenn sich der Angeklagte prognosewidrig verhält (BT-Drs. 16/12310, S. 5). Der **Rechtsausschuss** des Bundestages änderte die Formulierung dahin gehend ab, dass die Überzeugung des Gerichts allein nicht genügt, sondern zusätzlich vom Übersehen tatsächlicher oder rechtlicher Gesichtspunkte abhängig ist (BT-Drs. 16/13095, S. 14). In der **Literatur** wird mit guten Gründen kritisiert, dass (selbst) diese Regelung es dem Tatgericht zu leicht mache, sich von der Verständigung zu lösen (Meyer-Goßner/*Schmitt* § 257c Rn. 26 f.; *Murmann* ZIS 2009, 538; LR/*Stuckenberg* § 257c Rn. 69).

90 Bei der Bewertung und Auslegung der Regelung darf nicht übersehen werden, dass **bei einem Wegfall der Bindungswirkung** nach Abs. 3 Satz 1 und 2 gem. Satz 3 das vom Angeklagten in Vollziehung der Verständigung abgegebene **Geständnis nicht verwertet** werden darf. Zwischen der Bindung des Gerichts und dem Geständnis besteht eine **Wechselbeziehung** (BT-Drs. 16/12319, S. 21; Meyer-Goßner/*Schmitt* § 257c Rn. 28), näher unten Rdn. 113.

91 b) **Anwendungsbereich. aa) Bindung des Gerichts.** Den Materialien zufolge bindet die Verständigung nach wohl überwiegender Auffassung lediglich das **Tatsachengericht**, welches die Zusage abgegeben hat, nicht jedoch das Berufungs- oder Revisionsgericht(BT-Drs. 16/12310, S. 15). Die **Rechtsmittelgerichte** sind – wenn nur der Angeklagte Rechtsmittel einlegt – jedoch mittelbar durch das Verbot der *reformatio in peius* in ihrer Entscheidungsfindung beschränkt (BGH Urt. v. 23.01.2019 – 5 StR 479/18, BeckRS 2019, 1971; Beschl. v. 24.02.2010 – 5 StR 38/10, BeckRS 2010, 6490). Umstritten ist die Bindung des **neuen Tatgerichts nach Zurückverweisung**: Während die h.M. auch hier eine Bindungswirkung verneint (BGH Beschl. v. 28.02.2013 – 4 StR 537/12, StV 2013, 612 [Red. LS]: Gericht der Zurückverweisung bei erneuter Verhandlung nach Aufhebung und Zurückverweisung durch das Revisionsgericht auf die Revision der Staatsanwaltschaft an die im Rahmen der Verständigung zugesagte Strafobergrenze nicht mehr gebunden; ebenso BGH Urt. v. 01.12.2016 – 3 StR 331/16 Rn. 51, NStZ 2017, 373, 374) ist die Gegenauffassung der Meinung, dass zumindest eine durch das Revisionsgericht nicht beanstandete Verständigung auch für das Tatgericht nach Zurückverweisung bindend ist (LR/*Stuckenberg* § 257c Rn. 64 und SK-StPO/*Velten* § 257c Rn. 29 – jew. m.w.N.). Bindungswirkung für das neue Tatgericht nach Zurückverweisung besteht jedenfalls dann, wenn das Revisionsgericht das Urteil gerade wegen einer Missachtung der Bindungswirkung der Verständigung aufgehoben hat (so zu Recht N/Sch/W/*Niemöller* Teil B § 257c Rn. 57 und

MüKo-StPO/*Jahn/Kudlich* § 257c Rn. 149 a.E.; vgl. auch LR/*Stuckenberg* § 257c Rn. 64). Nicht an eine Verständigung gebunden ist der nach einer **Aussetzung** des Verfahrens mit der Sache betraute Spruchkörper (BGH Beschl. v. 17.02.2021 – 5 StR 484/20, NJW 2021, 2445, 2446). Zum Schicksal eines im Zuge einer Verständigung abgegebenen **Geständnisses** nach Wegfall der Bindungswirkung aufgrund einer Aussetzung, einer erneuten Verhandlung in höherer Instanz oder einer Zurückverweisung s. näher Rdn. 119.

bb) **Bindung des Angeklagten und der Verteidigung.** Der **Angeklagte** und die **Verteidigung** sind insofern nicht an die Verständigung gebunden als die Erfüllung des von ihnen zugesagten Verhaltens eine Obliegenheit darstellt (SK-StPO/*Velten* § 257c Rn. 31; Graf/*Eschelbach* § 257c Rn. 31; N/Sch/W/*Niemöller* Teil B § 257c Rn. 112: »Option«), die nicht zwangsweise vollstreckt werden kann. 92

cc) **Bindung der Staatsanwaltschaft.** Die in der Literatur geführte Debatte über die Frage, ob die **Staatsanwaltschaft** an eine rechtswirksame Verständigung, der sie ihre Zustimmung erteilt hat, gebunden ist, lässt sich nur schwer durchschauen, da der Begriff der »Bindung« in der Debatte nicht einheitlich verwendet wird. Bei näherer Betrachtung sind hier drei Themen zu differenzieren: 93

Erstens kann die Staatsanwaltschaft ihre gem. § 257c Abs. 3 Satz 4 StPO erteilte **Zustimmung** nach ganz überwiegender Meinung auch dann **nicht anfechten oder widerrufen**, wenn sie die Voraussetzungen des § 257c Abs. 4 Satz 1 und Satz 2 StPO für ein Entfallen der Bindungswirkung als gegeben ansieht (BGH Urt. v. 01.12.2016 – 3 StR 331/16, NStZ 2017, 373, 374; Urt. v. 21.06.2012 – 4 StR 263/11, BGHSt 57, 273, 278; Graf/*Eschelbach* § 257c Rn. 31; HK-StPO/*Temming* § 257c Rn. 3; Meyer-Goßner/*Schmitt* § 257c Rn. 25; anders wohl N/Sch/W/*Niemöller* Teil B § 257c Rn. 111: Rücknahme und Widerruf der Zustimmung nach allgemeinen Grundsätzen möglich). Mit anderen Worten kann die Staatsanwaltschaft nach ihrer Zustimmung nicht mehr einseitig verhindern, dass das Gericht in dem von § 257c Abs. 4 StPO vorgegebenen Rahmen an die Verständigung gebunden ist. 94

Zweitens dürfte weitgehend konsentiert sein, dass die Staatsanwaltschaft **nicht** vom Gericht oder dem Angeklagten **zu dem Verhalten gezwungen werden** kann, das sie ihm Rahmen der Verständigung zugesagt hat (N/Sch/W/*Niemöller* Teil B § 257c Rn. 111; KK/*Moldenhauer/Wenske* § 257c Rn. 35). Wenn die Staatsanwaltschaft die Abgabe einer bestimmten Zustimmungserklärung (z.B. nach §§ 153 Abs. 2, 153a Abs. 2, 154a Abs. 2 StPO – jeweils bezogen auf das laufende Verfahren – oder nach § 421 Abs. 1 StPO) oder das Stellen eines Antrags (etwa nach § 154 Abs. 2 StPO, ebenfalls bezogen auf das laufende Verfahren) zusagt, kann das Gericht eine solche Willenserklärung insb. nicht fingieren (so aber SK-StPO/*Velten* § 257c Rn. 30; dagegen zu Recht MüKo-StPO/*Jahn/Kudlich* § 257c Rn. 153 m. Fn. 515 und HK-StPO/*Temming* § 257c Rn. 31). Es stellt sich daher die Frage, welche Rechtsfolge es haben soll, wenn die Staatsanwaltschaft sich **nicht** an ihre im Rahmen der wirksamen Verständigung **erteilten Zusagen** hält (vgl. die eng verwandte Debatte bei § 160b Rdn. 13 f.) Unter dem Gesichtspunkt des Gebots der Verfahrensfairness (Art. 6 Abs. 1 Satz 1 EMRK, Art. 20 Abs. 4 GG) sowie des aus Art. 3 Abs. 1 GG resultierenden Willkürverbots ist dies besonders in Fällen bedeutsam, in denen der Angeklagte im Vertrauen auf eine Zusage der Staatsanwaltschaft in **»Vorleistung«** (bspw. durch ein Geständnis) gegangen ist. Hier ist wiederum zu differenzieren: 95

Hat die Staatsanwaltschaft **mit Blick auf das anhängige Verfahren** zugesagt, Anträge bzw. Zustimmungen i.S.d. §§ 153 Abs. 2, 153a Abs. 2, 154a Abs. 2, 421 Abs. 1 StPO zu stellen bzw. zu erteilen, und kommt sie dieser Zusage nicht nach, obwohl die anderen Beteiligten ihre Zusagen einhalten, so entsteht für die Taten bzw. Teile von Taten bzw. Vermögensgegenstände, die laut Absprache hätten eingestellt werden bzw. von der Verfolgung ausgenommen bzw. nicht eingezogen werden sollen, ein Verfahrens- bzw. Befassungshindernis. Eine andere Behandlung könnte auf den ersten Blick bei nicht eingehaltenen staatsanwaltschaftlichen Zusagen **betreffend andere Verfahren** angezeigt sein, da Verständigungen i.S.v. § 257c StPO sich stets nur auf das zugrunde liegende Erkenntnisverfahren (vgl. § 257c Abs. 2 Satz 1 StPO) beziehen (s. o. Rdn. 36). Die bisherige Rspr. kompensierte das enttäuschte Vertrauen des Angeklagten denn auch regelmäßig (lediglich) durch die Annahme eines wesentlichen Strafmilderungsgrundes im anhängigen Verfahren (BGH Urt. v. 18.04.1990 – 3 StR 252/88, BGHSt 37, 10, 13 f.; Urt. v. 12.03.2008 – 3 StR 433/07, BGHSt 52, 165, 173). Dieser Ansatz kompensiert das enttäuschte schutzwürdige Vertrauen des Angeklagten jedoch nur unzureichend, weil die Verletzung des Grundsatzes des fairen Verfahrens in diesen Fällen gerade in der Durchführung des Verfahrens selbst liegt (so zu Recht *Graumann* FS Fezer, S. 53, 69 f.). Daher ist – jedenfalls wenn der Angeklagte von der mangelnden Erstreckung des durch die Verständigung vermittelten Vertrauensschutzes auf staatsanwaltschaftliche Zusagen betreffend andere Verfahren nichts wusste – in derartigen Fällen **ebenfalls von einem Verfahrenshindernis** in dem Verfahren, auf das sich die Zusage bezog, auszugehen (Meyer-Goßner/Schmitt/*Köhler* § 160b Rn. 11; KK/*Moldenhauer/Wenske* § 257c Rn. 15g; Graf/*Eschelbach* § 257c Rn. 36, der zusätzlich die Möglichkeit einer Vollstreckungslösung diskutiert; *Graumann* FS Fezer,

S. 53, 72 geht – am Beispiel von § 154 StPO – von einem Anspruch auf Einstellung aus und interpretiert § 154 StPO verfassungskonform im Lichte des Fairness-Prinzips).
Bezog sich die nicht erfüllte Zusage der Staatsanwaltschaft auf eine **»Leistung« von geringerem Gewicht** (z.B. das Versprechen, einen bestimmten Beweisantrag nicht zu stellen), auf die sich der Angeklagte bei seiner »Vorleistung« gleichwohl verlassen hat, ist das enttäuschte Vertrauen des Angeklagten im Rahmen der Strafzumessung zu kompensieren. Handelt es sich bei der »Vorleistung« des Angeklagten um ein Geständnis, wird man in gravierenden Fällen auch ein Verwertungsverbot annehmen müssen.

96 *Drittens* kann die Staatsanwaltschaft ein Verständigungsurteil ungeachtet ihrer Zustimmung zu der Verständigung **mit Rechtsmitteln anfechten** (OLG Hamm Beschl. v. 22.11.2017 – II-1 RVs 79/17 juris Rn. 16; OLG Karlsruhe Beschl. v. 07.03.2014 – 3 [6] Ss 642/13, NStZ 2014, 294 f.; OLG Düsseldorf Beschl. v. 06.10.2010 – III-4 Rvs 60/10, StV 2012, 10 m. zust. Anm. *Kuhn*). Wenn das neue Tatgericht sich dann nicht an den im ersten Rechtsgang vereinbarten Strafrahmen halten will, führt das zur **Unverwertbarkeit** des im Zusammenhang mit der Verständigung erlangten Geständnisses (näher Rdn. 122). Dann ist auch eine **Beschränkung des Rechtsmittels auf den Rechtsfolgenausspruch** durch die Staatsanwaltschaft unzulässig, weil der ursprünglich verständnisbasierte Rechtsfolgenausspruch sich bei Unverwertbarkeit des Geständnisses gerade nicht mehr unabhängig von einer Nachprüfung des Schuldspruchs beurteilen lässt (KG Beschl. v. 07.10.2020 – [4] 161 Ss 121/20 [166/20], BeckRS 2020, 39336).

97 **2. Gesetzliche Fallgruppen des Wegfalls der Bindungswirkung (Abs. 4). a) Satz 1 (Übersehen oder nachträgliches Eintreten tatsächlich bedeutsamer Umstände).** Nach § 257c Abs. 4 Satz 1 StPO entfällt die Bindungswirkung für das Gericht, wenn entweder zum Zeitpunkt der Verständigung **rechtlich oder tatsächlich bedeutsame Umstände** übersehen worden sind (SK-StPO/*Velten* § 257c Rn. 25: »Inhaltsirrtum«) oder wenn diese sich nachträglich ergeben haben und das Gericht deswegen zu der Überzeugung gelangt, dass der in Aussicht gestellte Strafrahmen nicht mehr tat- oder schuldangemessen ist. Das Entfallen der Bindungswirkung tritt nicht kraft Gesetzes ein, sondern fordert eine dahin gehende **gerichtliche Entscheidung** (BGH Urt. v. 01.12.2016 – 3 StR 331/16, NStZ 2017, 373, 374; Urt. v. 21.06.2012 – 4 StR 623/11, NStZ 2013, 51, 52, näher zum Verfahren Graf/*Eschelbach* § 257c Rn. 30a.6).

98 Der Gesetzgeber hat die Regelung damit begründet, dass »das Ergebnis eines Prozesses stets ein richtiges und gerechtes Urteil sein muss« (BT-Drs. 16/12310, S. 14), wobei die alleinige Verantwortung hierfür nach dem Grundverständnis des Gesetzgebers beim Gericht liegt (oben Rdn. 25). Dennoch bedürfen die Tatbestandsvoraussetzungen für die Lösung des Gerichtes von der Verständigung einer Konkretisierung durch die höchstrichterliche Rspr.

99 Generell gilt, dass eine **bloße Änderung der Meinung des Gerichts nicht ausreichend** ist (*Jahn* StV 2011, 497, 501 m.w.N.). Vielmehr sind objektive tatsächliche Anknüpfungspunkte vonnöten. Zahlreiche **Beispiele** für rechtlich oder tatsächlich bedeutsame Umstände bei N/Sch/W/*Niemöller* § 257c Rn. 115 ff. **Problematisch** ist insb. der Fall, dass der Meinungsumschwung des Gerichts auf einem ursprünglich unzulänglichen Studium der Ermittlungsakten beruht (vgl. AnwK-StPO/*Püschel* § 257c Rn. 26).

100 Angesichts der Vielzahl relevanter Strafzumessungstatsachen kommt der **Einschränkung**, dass infolge der übersehenen oder neu eingetretenen Umstände der in Aussicht gestellte **Strafrahmen** nach der Überzeugung des Gerichts **nicht mehr tat- oder schuldangemessen** ist, wesentliche Bedeutung zu (vgl. BGH Beschl. v. 25.10.2012 – 1 StR 421/12, StV 2013, 193, NZWist 2013, 277, 278 m.Anm. *Gehm*: Eine bloß abweichende rechtliche Einstufung ist nicht ausreichend). Nach der Rspr. des BGH steht die Frage der Bindung bzw. des Wegfalls der Bindungswirkung im Ermessen des Gerichts bzw. unterliegt seinem (weiten) Beurteilungsspielraum (s. BGH Urt. v. 01.12.2016 – 3 StR 331/16, NStZ 2017, 373, 374; Urt. v. 21.06.2012 – 4 StR 623/11, BGHSt 57, 273; a.A. SK-StPO/*Velten* § 257c Rn. 41: im Interesse des Angeklagten eng auszulegen). Das Gericht hat seine Überzeugung in der Hauptverhandlung zu begründen und die Verfahrensbeteiligten dazu anzuhören, bevor es den Wegfall der Bindungswirkung beschließt (Rdn. 105). Die Mitteilungspflicht gem. § 267 Abs. 3 Satz 5 StPO bleibt von der Loslösung nach wohl h.M. unberührt, str. ist ihr Umfang (s. BGH Beschl. v. 25.10.2012 – 4 StR 170/12, StV 2013, 193 m.Anm. *Schlothauer* m.w.N.).

101 Die Rspr. wird zu klären haben, ob bei identischem Strafrahmen ein **»Auswechseln« der Straftatbestände** zulässig ist (verneinend N/Sch/W/*Niemöller* § 257c Rn. 123), wofür eine Art »ergänzende Vertragsauslegung« der zwischen den Beteiligten getroffenen Verständigung sprechen könnte.

102 Abs. 4 Satz 1 StPO erschwert dem **Verteidiger** des Angeklagten (oben Rdn. 34) die ohnehin schwierige Entscheidung, ob er seinem Mandanten zu einer Verständigung raten kann. Die Norm bringt ihn in eine *Konfliktlage*, weil er einerseits als Beistand des Angeklagten eine möglichst günstige Rechtsfolge herbeiführen soll und aus den Akten erkennbare Erschwernisgründe auch nicht vortragen darf, andererseits durch deren

Verschweigen ggf. zu einer nichtigen Abrede beiträgt, die wegen der Vorleistung des Angeklagten erhebliche Risiken für diesen birgt (i.d.S. auch *Jahn/Müller* NJW 2009, 2625, 2629: »im Einzelfall schwierige Konfliktsituation«; KMR/*von Heintschel-Heinegg* § 257c Rn. 51; *Rieß* StraFo 2010, 10, 11).

b) Satz 2 (weiteres Prozessverhalten des Angeklagten). Abs. 4 Satz 2 dehnt das Entfallen der Bindungswirkung auf die Konstellation aus, in der das weitere Prozessverhalten des Angeklagten von der Prognose des Gerichts abweicht. Damit ist gemeint, dass der Angeklagte **die zugesagte Handlung (z.B. ein Geständnis) nicht oder nicht vollständig erbringt**. Die Regelung ist § 326 Abs. 1 Satz 1 BGB vergleichbar und enthält eine selbstverständliche Folge gegenseitiger Vereinbarungen (vgl. *Huttenlocher*, Dealen wird Gesetz, Rn. 594; eine ähnliche Regelung hatte auch der Strafrechtsausschuss der BRAK vorgesehen, abgedruckt als Anhang 1 bei N/Sch/W). Wenn der Angeklagte die zugesagte Leistung (z.B. ein Geständnis) nicht erbringt, ist die Verständigung gescheitert. Wie auch in den Fällen des Abs. 4 Satz 1 entfällt die Bindung nicht schon dadurch, dass das Prozessverhalten des Angeklagten nicht dem der Prognose zugrunde gelegten Verhalten entspricht (Rdn. 100), sondern setzt darüber hinaus voraus, dass das Gericht zu der **Überzeugung** gelangt, **der in Aussicht gestellte Strafrahmen sei nicht mehr tat- oder schuldangemessen** (BGH Beschl. v. 21.02.2013 – 1 StR 633/12, StV 2013, 484); ferner ist ein Gerichtsbeschluss erforderlich, damit es dem Angeklagten möglich ist, sein Verteidigungsverhalten anzupassen (BGH ebd.). 103

Die Vorschrift darf nicht dahin gehend missverstanden werden, dass das Gericht zu einer indirekten Einflussnahme auf das weitere Verteidigungsverhalten des Angeklagten berechtigt wäre. Dies widerspräche dem Grundsatz des fairen Verfahrens, in dessen Lichte die Norm auszulegen ist (für ein restriktives Normverständnis auch AnwK-StPO/*Püschel* § 257c Rn. 26). Vielmehr ist das Abweichen von der »Prognose« des Gerichts nur auf die (rechtlich nicht verbindliche und daher nicht so bezeichnete) »Leistung« des Angeklagten zu beziehen (so auch N/Sch/W/*Niemöller* Teil B § 257c Rn. 128). Für die **Praxis der Strafverteidigung** empfiehlt es sich zur Vermeidung von Missverständnissen, größte Sorgfalt darauf zu legen, dass die Erwartungen des Gerichts an die vom Angeklagten geforderten Leistungen, insb. an den Inhalt eines Geständnisses, festgeschrieben werden. Dies kann in der Weise geschehen, dass dem Gericht i.R.d. Erörterungen der Entwurf eines Geständnisses zugänglich gemacht wird, der dann als Anlage dem Beschluss, in dem das Gericht den Inhalt einer Verständigung festschreibt, beigefügt wird (*Schlothauer* StraFo 2011, 487, 493). 104

3. Folgen des Wegfalls der Bindungswirkung. a) Folgen für das erkennende Gericht. *Prima facie* fraglich ist, ob die Bindungswirkung in den Fällen der § 257c Abs. 4 Satz 1 und 2 StPO automatisch entfällt, wofür der Wortlaut spricht, oder ob es – nach der Art eines *actus contrarius* – eines entsprechenden Beschlusses bedarf (N/Sch/W/*Niemöller* § 257c Rn. 113: »Widerruf«; für einen Beschluss auch *Beulke/Swoboda* Rn. 606; so auch BGH Urt. v. 21.06.2012 – 4 StR 623/11, StV 2012, 712). Entscheidend für einen (deklaratorischen) **Gerichtsbeschluss** spricht der Grundsatz des fairen Verfahrens, der durch die Mitteilungspflicht nach Abs. 4 Satz 4 allein nicht hinreichend gewährleistet wäre, weil diese eine vorangegangene Entscheidung voraussetzt: Vor dem Beschluss darüber, ob ein Fall des Entfallens der Bindungswirkung vorliegt, hat das Gericht die Verfahrensbeteiligten gem. § 33 Abs. 1 StPO zu hören; danach hat es – wegen des die Verständigung herbeiführenden Beschlusses (s.o. Rdn. 66) – mit der erforderlichen Zwei-Drittel-Mehrheit hierüber zu entscheiden (so auch N/Sch/W/*Niemöller* § 257c Rn. 113). 105

Unverzüglich, d.h. sogleich dann, wenn sich das Gericht für eine Abweichung entschieden hat (BT-Drs. 16/12310, S. 15), muss die **Mitteilung nach Abs. 4 Satz 4** erfolgen, damit sich die Verfahrensbeteiligten auf die neue Lage einstellen können. Die Entscheidung bedarf einer **Begründung**, um dem Angeklagten die Nachprüfung der Entscheidung zu ermöglichen (*Burhoff* HV Rn. 68h), eventuelle Missverständnisse zu beseitigen und ggf. eine »Nachbesserung« der Leistung zu ermöglichen (*Schlothauer/Weider* StV 2009, 600, 604). Zudem hat das Gericht dem Angeklagten auf Antrag zumindest eine **Unterbrechung**, in umfangreichen Verfahren u.U. auch eine **Aussetzung analog § 265 Abs. 4 StPO** zu gewähren, damit dieser seine Verteidigungsstrategie hinreichend überdenken kann (so auch *Burhoff* HV Rn. 68h; AnwK-StPO/*Püschel* § 257c Rn. 29; N/Sch/W/*Weider* Teil C Rn. 83). 106

In den **Urteilsgründen** hat das Gericht ein Abgehen von der Verständigung zu begründen und dabei im Ergebnis eine zweifache Strafzumessung vorzunehmen, um die Notwendigkeit des Abweichens zu verdeutlichen (SK-StPO/*Velten* § 257c Rn. 41). 107

b) Folgen für die Staatsanwaltschaft. Die Staatsanwaltschaft unterliegt zwar nicht der Bindungswirkung der Verständigung, jedoch ist das Vertrauen des Angeklagten in den Bestand von Zusagen der Staatsanwaltschaft im Zusammenhang mit einer Verständigung nach Maßgabe des Fairness-Prinzips geschützt (Rdn. 93). Entfällt aber die Verständigung, so entfallen grds. auch damit im Zusammenhang erfolgte Zusagen der Staatsanwaltschaft und der damit ggf. verknüpfte Vertrauensschutz (vgl. N/Sch/W/*Niemöller* Teil B Rn. 140). 108

109 c) **Folgen für den Angeklagten.** aa) **Erbrachte Geldleistungen.** Für den Angeklagten ist im Fall des Wegfalls der Bindungswirkung von Interesse, ob und ggf. wie er bereits erbrachte Leistungen rückerstattet erhält, z.B. Zahlungen, die er im Rahmen eines Täter-Opfer-Ausgleichs geleistet hat. Die Gesetzesmaterialien enthalten dazu keine Ausführungen.

110 Hatte der Empfänger keinen Anspruch auf die Geldleistung, so liegt es nahe, diese nach Art der §§ 812 ff. BGB rückabzuwickeln, weil mit der Verständigung der Rechtsgrund für die Zahlung entfallen ist (vgl. N/Sch/W/*Niemöller* Teil B § 257c Rn. 138 f.).

111 bb) **Vorgenommene Prozesshandlungen.** Geht man davon aus, dass die im Hinblick auf eine Verständigung erbrachten Prozesshandlungen an die (konkludente) innerprozessuale Bedingung des Bestands der Bindungswirkung geknüpft sind, so sind sie im Fall der gescheiterten Verständigung automatisch wirkungslos (so i. Erg. auch der Entwurf des Strafrechtsausschusses der BRAK, abgedruckt bei N/Sch/W Anhang 1; gegen eine derartige Verknüpfung von Prozesshandlung und Bindungswirkung N/Sch/W/*Niemöller* Teil B § 257c Rn. 137).

112 Die Gesetzesmaterialien sind insoweit nicht eindeutig, sondern führen nur aus, dass das Gericht bei der Bescheidung von Beweisanträgen die infolge seiner Abweichung geänderte Sachlage »zu berücksichtigen« habe (BT-Drs. 16/12310, S. 15). Diese sybillinische Äußerung wird unterschiedlich beurteilt. Zum Teil wird hieraus abgeleitet, das Verfahren werde nicht in den *status quo ante* zurückversetzt; vielmehr sei es vom Einzelfall abhängig, ob und inwieweit Teile der Beweisaufnahme aus Gründen der Verfahrensfairness zu wiederholen sind (so N/Sch/W/*Niemöller* Teil B § 257c Rn. 135 f.). Eine Gegenansicht folgert aus dem in Abs. 4 Satz 3 geregelten Beweisverwertungsverbot, dass eine Regelung zu den sonstigen Prozesshandlungen des Angeklagten schlicht übersehen wurde, und vertritt das Gegenteil (vgl. *Kirsch* StraFo 2010, 96, 99; N/Sch/W/*Weider* Teil C Rn. 78; der Entwurf des Strafrechtsausschusses der BRAK hatte vorgesehen, dass Prozesshandlungen des Angeklagten »wirkungslos« seien). Der letztgenannten Ansicht ist zuzustimmen, weil nur sie das Risiko für den Angeklagten im Fall des Scheiterns der Verständigung überschaubar hält, der Rechtsklarheit dient und dem Grundsatz des fairen Verfahrens in hinreichender Weise Rechnung trägt.

113 cc) **Insb.: Das Geständnis.** Abs. 4 Satz 3 bestimmt, dass beim Wegfall der Bindungswirkung der Verständigung für das Gericht ein Geständnis des Angeklagten **nicht verwertet** werden darf (daher problematisch BGH Urt. v. 25.10.2012 – 4 StR 170/12, StV 2013, 194 m.Anm. *Schlothauer*). Der Gesetzgeber wollte hiermit dem **Grundsatz eines auf Fairness angelegten Verfahrens** Rechnung tragen. Zwischen der Bindung des Gerichts an eine zustande gekommene Verständigung und der Verwertbarkeit des Geständnisses, das der Angeklagte im Vertrauen auf den Bestand einer Verständigung abgibt, bestehe eine **Wechselbeziehung**, die nicht einseitig aufgelöst werden dürfe. Bei einem Entfallen der Bindung verlange der Schutz des Angeklagten die Unverwertbarkeit des Geständnisses (BT-Drs. 16/12310, S. 14, 21; vgl. oben Rdn. 90).

114 Vor dem Inkrafttreten des Verständigungsgesetzes war ungeklärt, ob das im Vertrauen auf eine Absprache abgegebene Geständnis auch bei deren Scheitern verwertet werden konnte. Der RefE enthielt die Formulierung, dass eine Abweichung des Gerichts der Verwertung »nicht grundsätzlich« entgegenstehe (abgedruckt als Anhang 4 bei N/Sch/W). Erst mit dem RegE wurde das Verwertungsverbot eingeführt (krit. hierzu Bundesrat, BT-Drs. 16/12310, S. 19). Die Gesetz gewordene Regelung wird überwiegend begrüßt (*Geuenich/Höwer* DStR 2009, 2320, 2324; Meyer-Goßner/*Schmitt* § 257c Rn. 28; krit. Graf/*Eschelbach* § 257c Rn. 5.1., 36; *Bittmann* wistra 2009, 414, 416).

115 Das Verwertungsverbot tritt **kraft Gesetzes** ein und setzt keinen Widerspruch des Angeklagten voraus (Graf/*Eschelbach* § 257c Rn. 37.2; SK-StPO/*Velten* § 257c Rn. 51; a.A. wohl *Burhoff* HV Rn. 68g, der einen Widerspruch empfiehlt).

116 Ungeklärt ist zum einen, welche **sachliche Reichweite** dem Verbot zukommt. Die höchstrichterliche Rspr. hat es bislang abgelehnt, derartigen Verboten eine Fernwirkung beizumessen. Sie vertritt den sog. **Spurenansatz**, wonach selbst im Fall der Unverwertbarkeit eines Geständnisses die aus diesem zu folgernden weiteren Beweismittel nicht von dem Verbot erfasst werden (BGH Urt. v. 06.08.1987 – 4 StR 333/87, BGHSt 35, 32, 34; Beschl. v. 07.03.2006 – 1 StR 316/05 =BGHSt 51, 1, 8). Ob dies auch für das Verbot des Abs. 4 Satz 3 gilt, ist derzeit noch nicht abzusehen. Jedenfalls in den Fällen, in denen die Bindungswirkung aufgrund von Versäumnissen scheitert, die der Sphäre des Gerichts zuzuordnen sind (vgl. oben Rdn. 97), kann nur die **Fernwirkung** ein faires Verfahren gewährleisten (so auch AnwK-StPO/*Püschel* § 257c Rn. 28; *Beulke/Swoboda* Rn. 607; *Murmann* ZIS 2009, 526, 538; *Jahn/Müller* NJW 2009, 2625, 2629; *Schlothauer/Weider* StV 2009, 600, 605; wohl auch *Meyer-Goßner* NStZ 2007, 425, 428; N/Sch/W/*Weider* Teil C Rn. 61; SK-StPO/*Velten* § 257c Rn. 51; a.A. *Bittmann* wistra 2009, 414, 416; N/Sch/W/*Niemöller* Teil B Rn. 150; LR/*Stuckenberg* § 257c Rn. 77; in der Tendenz auch Meyer-Goßner/*Schmitt* § 257c Rn. 28).

117 Zum anderen ist ungeklärt, inwieweit sich **Mitangeklagte** auf das Beweisverwertungsverbot berufen können, die sich nicht an der Verständigung beteiligt haben bzw. nicht von dem Wegfall der Bindungswirkung

betroffen sind. Gegen die Auffassung, eine Erstreckung des Verwertungsverbots sei aus Gründen der Verfahrensfairness angezeigt (Graf/*Eschelbach* § 257c Rn. 39), wird eingewendet, dass insoweit kein schutzwürdiges Vertrauen des Mitangeklagten bestehe (KMR/*von Heintschel-Heinegg* § 257c Rn. 52). Für die Erstreckung spricht jedoch, dass anderenfalls Verfahren mit mehreren Angeklagten wegen der damit verbundenen Risiken von vornherein für eine Verständigung nicht mehr geeignet wären (vgl. LR/*Stuckenberg* § 257c Rn. 77). Eine »gespaltene Beweiswürdigung« erscheint weder realistisch noch wünschenswert (vgl. Graf/*Eschelbach* § 257c Rn. 39; SK-StPO/*Velten* § 257c Rn. 49, jeweils m. Hinweis auf *Schwaben*, Die personelle Reichweite von Beweisverwertungsverboten [2005], S. 164 ff.).

Des Weiteren nicht geklärt sind die Folgen einer Verständigung, die an unterschiedlichen inhaltlichen Vorstellungen der Verfahrensbeteiligten scheitert, was sich jedoch erst nach Leistung des zugesagten Verhaltens des Angeklagten herausstellt (**versteckter Dissens**). Ungeachtet der strengen Protokollierungsvorschriften (§ 273 Abs. 1a Satz 1 StPO), die sorgfältig zu beachten und zu nutzen sind, ist dieses Risiko nicht völlig ausgeschlossen. In diesem Fall spricht ein Erst-Recht-Schluss dafür, aus Gründen des fairen Verfahrens das enttäuschte Vertrauen des Angeklagten durch ein Beweisverwertungsverbot und – wenn der Angeklagte gleichwohl aufgrund anderer Beweismittel verurteilt wird – zusätzlich durch eine Strafmilderung zu kompensieren (i.E. ebenso schon vor dem Inkrafttreten des Verständigungsgesetzes die Vorinstanz in dem der Entscheidung BGH Urt. v. 17.07.1996 – 5 StR 121/96, BGHSt 42, 191 zugrunde liegenden Fall; insoweit zust. Anm. *Beulke/Satzger* JuS 1997, 1072, 1076; wie hier ferner *Beulke/Swoboda* Rn. 609). 118

Dem Gesetzeswortlaut nach besteht das Verwertungsverbot des Abs. 4 Satz 3 nur in den Fällen des **Abs. 4 Satz 1 und Satz 2**, also nur in den Konstellationen, in denen sich das Gericht von der Verständigung lösen will. Umstritten ist die Frage, ob das Beweisverwertungsverbot in analoger Anwendung der Vorschrift auch dann greift, wenn der Angeklagte im Vertrauen auf die Bindungswirkung einer Verständigung ein Geständnis abgelegt hat, bevor die Sache dann (infolge einer Aussetzung des Verfahrens, der Einlegung der Berufung oder der Aufhebung des Verständigungsurteils durch das Revisionsgericht) von einer **neuen Tatsacheninstanz** verhandelt wird, die an die Verständigung nicht gebunden ist (s. zur Begrenzung der Bindungswirkung einer Verständigung auf jenen Spruchkörper, der die Verständigung eingegangen ist, bereits Rdn. 91). 119

Blickt man zunächst auf Fallkonstellationen, in denen die Bindungswirkung einer Verständigung infolge einer Rechtsmitteleinlegung gegen das auf der Absprache beruhende Urteil sich nicht auf das neue Tatgericht erstreckt (also das Berufungsgericht nach Berufungseinlegung oder das Tatgericht nach Zurückweisung der Sache im Revisionsverfahren), so wird wie folgt differenziert: 120

Soweit **nur der Angeklagte** Rechtsmittel einlegt, will die wohl h.M. für das im Vertrauen auf die Verständigung abgegebene Geständnis kein Verwertungsverbot analog § 257c Abs. 4 Satz 3 StPO annehmen, da der Angeklagte in dieser Konstellation bereits durch das Verschlechterungsverbot der §§ 331, 358 Abs. 2 StPO ausreichend dadurch geschützt werde, dass die in der ersten Tatsacheninstanz im Wege der Verständigung vereinbarte Strafobergrenze auch das neue Tatgericht bindet (BGH Beschl. v. 24.02.2010 – 5 StR 38/10, BeckRS 2010, 6490; OLG Nürnberg Beschl. v. 20.02.2012 – 1 St OLGSs 292/11, NStZ-RR 2012, 255 f.; KK/*Moldenhauer/Wenske* § 257c Rn. 38; *Knauer/Lickleder* NStZ 2012, 366, 377; *Niemöller* NZWiSt 2021, 290, 294; *Schneider* NZWiSt 2015, 1, 2; *Wenske* NStZ 2015, 137, 141). Die Gegenauffassung will in diesem Fall § 257c Abs. 4 Satz 3 StPO analog anwenden (s. etwa MüKo-StPO/*Jahn/Kudlich* § 257 Rn. 178). 121

Wenn **(nur oder auch) die Staatsanwaltschaft** zulasten des Angeklagten Rechtsmittel einlegt, so nimmt die h.M. zu Recht an, dass ein im Vertrauen auf den Bestand der Verständigung vor dem ersten Tatgericht abgelegtes Geständnis **unverwertbar** ist, wenn das neue Tatgericht sich nicht an die Verständigung halten, d. h. den Verständigungsrahmen überschreiten will (BGH Urt. v. 17.02.2021 – 5 StR 484/20, NStZ 2021, 568, 570; Urt. v. 01.12.2016 – 3 StR 331/16 Rn. 54 m.w.N., NStZ 2017, 373, 375; OLG Naumburg Urt. v. 16.03.2018 – 2 Rv 3/17, NStZ 2018, 238, 239; OLG Hamm Beschl. v. 22.11.2017 – II-1 RVs 79/17 juris Rn. 23; OLG Düsseldorf Beschl. v. 06.10.2010 – III-4 RVs 60/10, StV 2011, 80, 81 m. zust. Anm. *Kuhn* StV 2012, 10; OLG Karlsruhe Beschl. v. 07.03.2014 – 3 [6] Ss 642/13, NStZ 2014, 294, 295 m. zust. Anm. *Moldenhauer* NStZ 2014, 493; s. dazu auch prägnant *Beulke/Swoboda* Rn. 608; i.E. zustimmend, aber krit. MüKo-StPO/*Jahn/Kudlich* § 257 Rn. 179). Dasselbe muss für eine Revision des Nebenklägers gelten (Graf/*Eschelbach* § 257c Rn. 30a.5). Umstritten ist, ob sich Verwertungsverbot in den genannten Fällen aus einer analogen Anwendung von § 257c Abs. 4 Satz 3 StPO oder aus einem Rückgriff auf den *fair-trial*-Grundsatz ableitet, wobei die besseren Argumente für Letzteres sprechen (überzeugend KK/*Moldenhauer/Wenske* § 257c Rn. 42; gleichsinnig Graf/*Eschelbach* § 257c Rn. 30a.2 auch BGH Urt. v. 17.02.2021 – 5 StR 484/20, NStZ 2021, 568, 570 m.w.N.). 122

Soweit das Verwertungsverbot eingreift, ist das neue Tatgericht verpflichtet, den Angeklagten zu Beginn der neuen Hauptverhandlung in analoger Anwendung des § 257c Abs. 4 Satz 4 StPO **»qualifiziert«** über die Unverwertbarkeit seines erstinstanzlich abgegebenen Geständnisses **zu belehren** (KG Beschl. v. 07.10.2020 – 123

[4] 161 Ss 121/20 [166/20], BeckRS 2020, 39336; OLG Karlsruhe Beschl. v. 10.01.2014 – [2] 161 Ss 132/13 [47/13], NStZ 2014, 293, 295; OLG Hamburg Beschl. v. 27.11.2015 – 1 ReV 32/15, NStZ 2016, 182, 183; offengelassen von BGH Beschl. v. 17.02.2021 – 5 StR 484/20, NStZ 2021, 568, 571 f.). Diese Mitteilung ist als wesentliche Förmlichkeit in die Sitzungsniederschrift aufzunehmen (KK/*Moldenhauer/Wenske* § 257c Rn. 42a).

124 Die in Rdn. 122 skizzierten Maßstäbe gelten auch, wenn es aufgrund einer **Aussetzung** zu einem Wechsel des Tatgerichts kommt: Auch in diesem Fall ist das im Vertrauen auf die Verständigung abgegebene Geständnis des Angeklagten im neuen Verfahrensgang unverwertbar (BGH Beschl. v. 17.02.2021 – 5 StR 484/20, NStZ 2021, 568, 571 m. insoweit zust. Anm. *Ventzke*). Das gilt nach hier vertretener Ansicht allerdings nur dann, wenn das neue Tatgericht sich nicht an die Verständigung binden will (offengelassen von BGH Beschl. v. 17.02.2021 – 5 StR 484/20, NStZ 2021, 568, 571; a.A. Graf/*Eschelbach* § 257c Rn. 30a.3: Geständnis selbst bei Festhalten des neuen Gerichts an der Verständigung aus dem ersten Rechtsgang unverwertbar, wenn der Angeklagte der Verwendung nicht nach qualifizierter Belehrung zustimmt). Will das neue Tatgericht nicht an der Verständigung aus dem ersten Rechtsgang festhalten, muss es den Angeklagten zu Beginn der neuen Hauptverhandlung ausdrücklich (»qualifiziert«) darüber **belehren**, dass sein in der ausgesetzten Hauptverhandlung abgegebenes Geständnis nunmehr unverwertbar ist (a.A. BGH Beschl. v. 17.02.2021 – 5 StR 484/20, NStZ 2021, 568, 571: Hinweis auf die fehlende Bindungswirkung der Verständigung genügt; wie hier *Ventzke* NStZ 2021, 572, 573 f. und Graf/*Eschelbach* § 257c Rn. 30a.4; in der Tendenz auch BGH Beschl. v. 24.04.2019 – 1 StR 153/19, NStZ 2019, 483, 484, wo der Senat im Rahmen der Beruhensprüfung darauf verweist, der Angekl. müsse »von Seiten des Gerichts darüber aufgeklärt und belehrt werden, dass die Bindungswirkung der ursprünglichen Verfahrensverständigung entfallen ist und sein vormaliges Geständnis nicht verwertet werden darf«, da die »in der ausgesetzten Hauptverhandlung gem. § 257 c Abs. 5 StPO erfolgte Belehrung […] hierfür nicht [genügt]«).

125 Schließlich lässt sich der gesetzlichen Regelung zum Beweisverwertungsverbot nicht entnehmen, ob das **unverwertbare Geständnis strafmildernd** vom Gericht berücksichtigt werden muss. Der BGH hat dies in der Vergangenheit bejaht (BGH Urt. v. 17.07.1996 – 5 StR 121/96, BGHSt 42, 191, 194 f. m. insoweit abl. Anm. *Beulke/Satzger* JuS 1997, 1072, 1079).

126 Zur (umstrittenen) Anwendbarkeit von § 257c Abs. 4 Satz 3 StPO auf informelle Absprachen s. *Heuser/Bockemühl* StV 2021, 63, 68 f.

127 **V. Belehrungspflicht über den möglichen Wegfall der Bindungswirkung nach Abs. 4 (Abs. 5).** Abs. 5 verpflichtet das Gericht, den Angeklagten anlässlich einer Verständigung über die Möglichkeiten des Wegfalls der Bindungswirkung und die damit verbundenen Folgen nach Abs. 4 zu belehren. Die Belehrungspflicht dient nach dem Willen des Gesetzgebers dem **Schutz des Angeklagten** und sollen seine autonome Einschätzung des mit seiner Mitwirkung verbundenen Risikos gewährleisten (BT-Drs. 16/12310, S. 15; BVerfG Urt. v. 19.03.2013 – 2 BvR 2628/10, BVerfGE 133, 168, 224 f.; BGH Beschl. v. 06.11.2018 – 5 StR 486/18, StV 2019, 379). Daher muss der die Belehrung ggü. dem Angeklagten persönlich erfolgen (a.A. *Schlothauer* FS Beulke, S. 1023, 1034: Bevollmächtigter Verteidiger zur Entgegennahme der Belehrung berechtigt).

128 Die Belehrung muss **zusammen mit der Bekanntgabe des gerichtlichen Verständigungsvorschlags** (Abs. 3 Satz 1) erfolgen, oben Rdn. 76. Das Gericht hat den Angeklagten sowohl über die verschiedenen Voraussetzungen, bei denen die Bindung des Gerichts an eine Verständigung entfällt, zu belehren, als auch darüber, dass sein Geständnis bei Lösung des Gerichts einem Verwertungsverbot unterliegt (BGH Beschl. v. 19.08.2010 – 3 StR 226/10, StV 2011, 76). Nach *Weider* muss das Gericht darüber hinaus aus Gründen der Fürsorgepflicht auch über ggf. weitere Konsequenzen eines Wegfalls der Bindung belehren (sog. **erweiterte Belehrung**, dazu N/Sch/W/*Weider* Teil C Rn. 67). Die Belehrungspflicht greift unabhängig davon, ob eine Verständigung als solche bezeichnet wird: Sobald ausdrücklich oder konkludent die Möglichkeit und die Umstände einer Verständigung im Raum stehen, muss belehrt werden (BGH Beschl. v. 09.10.2019 – 1 StR 545/18, NStZ 2020, 237, 238; vgl. zur Einordnung *Heuser/Bockemühl* StV 2021, 63 ff.; erneut BGH Beschl. v. 23.09.2021 – 1 StR 43/21, juris Rn. 18). Die Belehrungspflicht läuft insofern **parallel zu der von § 243 Abs. 4 Satz 1 StPO statuierten Mitteilungspflicht** über verständigungsbezogene Erörterungen außerhalb der Hauptverhandlung (s. § 202a Rdn. 19 f., dort in Rdn. 22 auch zur Abgrenzung von verständigungsbezogenen Erörterungen zu einem bloß »kommunikativen« Verhandlungsstil, der nicht die Schutzmechanismen des § 257c StPO auslöst). *Heuser/Bockemühl* (StV 2021, 63, 65) weisen allerdings zu Recht darauf hin, dass eine Belehrung im Fall einer illegalen, gezielt die Formen des Verständigungsgesetzes umgehenden Absprache keinen sinnvollen Bezugspunkt hat, da der illegalen Absprache von vornherein

keine Bindungswirkung zukommt, über deren Grenzen belehrt werden könnte (zu den revisionsrechtlichen Folgen s. Rdn. 142).

Zur (nicht aus § 257c Abs. 5 StPO folgenden) Belehrungs- und Kommentierungspflicht des Gerichts, wenn es von **bilateralen Zusagen der Staatsanwaltschaft** an den Angeklagten zur Vorbereitung einer Verständigung erfährt, s. *Abraham* StV 2021, 606, 609 ff. 129

Ein **Verzicht** auf die Belehrungspflicht ist, auch bei einem verteidigten Angeklagten, unzulässig, weil er dem Zweck der Vorschrift, eine »autonome« Einschätzung des Angeklagten zu gewährleisten, eindeutig zuwiderlaufen würde (so auch SK-StPO/*Velten* § 257c Rn. 53; a.A. OLG Rostock Beschl. v. 05.08.2013 – 1 Ss 86/12 [103/12], StV 2014, 81, 82; Meyer-Goßner/*Schmitt* § 257c Rn. 30a; BGH Beschl. v. 27.04.2010 – 5 StR 129/10, BeckRS 2010, 11839 erachtet einen Verzicht zwar nicht als unwirksam, aber im Allgemeinen kaum als angemessen). Die Belehrungspflicht entfällt nicht, wenn der Verteidiger des Angeklagten bereits vor dem Verständigungsvorschlag des Gerichts von sich aus eine geständige Einlassung in Aussicht gestellt hat (BGH Beschl. v. 21.04.2017 – 5 StR 15/17, NStZ-RR 2017, 120). 130

Ein **Verstoß gegen die Belehrungspflichten** soll für sich genommen nicht zur Unwirksamkeit der Verständigung führen, weil das Gesetz den Wegfall der Bindung (erst) an das Vorliegen der Voraussetzungen von Abs. 4 knüpft (vgl. BGH Beschl. v. 19.08.2010 – 3 StR 226/10, StV 2011, 76,), begründet aber die Revision, sofern das Urteil darauf beruht (näher Rdn. 157). In der obergerichtlichen Rspr. besteht (wenn auch mit untersch. Begründungen) zunehmend Einigkeit darüber, dass aufgrund der Verständigung vorgenommene Prozesshandlungen bei einem Verstoß gegen Abs. 5 unwirksam sind (KG Beschl. v. 09.01.2017 – [4] 161 Ss 180/16 [248/16], ZInsO 2017, 879 f.: Einspruchsbeschränkung im Strafbefehlsverfahren unwirksam; OLG Brandenburg Beschl. v. 13.01.2020 – [1] 53 Ss 152/19 [83/1], NStZ 2020, 759, 760, BayObLG Beschl. v. 20.12.2019 – 295 StRR 1148/19, Rn. 25 und OLG Braunschweig Beschl. v. 02.02.2016 – 1 Ss 69/15, NStZ 2016, 563, 564 f.: Berufungsbeschränkung wegen Belehrungsmangel unwirksam; dazu auch OLG Stuttgart Beschl. v. 26.03.2014 – 4a Ss 462/13, StV 2014, 397, 4 und OLG München Beschl. v. 28.08.2013 – 4 StRR 174/13, StV 2014, 79 f.; a.A. OLG Hamburg Beschl. v. 31.10.2016 – 1 Ws 154/16, NStZ 2017, 307 f. [m.Anm. *Bittmann*], das einen ursächlichen Zusammenhang zw. fehlender Belehrung und Vornahme der Prozesshandlung verlangt). Eine **Heilung des Verstoßes** ist möglich, indem – im Rahmen einer qualifizierten Belehrung – ausdrücklich auf den Belehrungsfehler und die daraus folgende Unverbindlichkeit der Zustimmung des Angeklagten hingewiesen, die versäumte Belehrung nachgeholt und die die nunmehr verbindliche Zustimmungserklärung des Angeklagten erneut eingeholt wird (BGH Beschl. v. 21.03.2017 – 5 StR 73/17, NStZ-RR 2017, 151; Urt. v. 07.08.2013 – 5 StR 253/13, NStZ 2013, 728). Das **Geständnis** eines fehlerhaft nicht nach § 257c Abs. 5 StPO belehrten Angeklagten ist regelmäßig unverwertbar, wenn ein Beruhen des Geständnisses auf der fehlenden Belehrung nicht ausgeschlossen werden kann (OLG München Beschl. v. 28.08.2013 – 4 StRR 174/13, StV 2014, 79 f.; OLG Rostock Beschl. v. 05.08.2013 – 1 Ss 86/12 [103/12], StV 2014, 81 f.; Meyer-Goßner/*Schmitt* § 257c Rn. 31; vgl. KK/*Moldenhauer/Wenske* § 257c Rn. 58a f.). 131

VI. Die rechtswidrige Verständigung. Die **Rechtswidrigkeit** einer Verständigung kann sich **im Hinblick auf § 257c StPO** (zur Rechtswidrigkeit infolge einer »Sanktionsschere« oder der Ausübung von unzulässigem Druck oben Rdn. 72 ff.) daraus ergeben, dass entweder die Voraussetzungen für eine Verständigung nicht vorlagen (Abs. 1), die inhaltlichen Vorgaben an eine Verständigung (Abs. 2) nicht beachtet wurden oder gegen die Verfahrensvorschriften der Verständigung (Abs. 3) verstoßen wurde. In diesen Fällen ist die Verständigung nicht i.S.d. § 257c Abs. 1 Satz 1 StPO »nach Maßgabe der folgenden Absätze« zustande gekommen. Infolgedessen wird sie in der Regel **nichtig** sein (oben Rdn. 23; zu den **Strafbarkeitsrisiken** der an derartigen Absprachen Beteiligten Graf/*Eschelbach* § 257c Rn. 69 ff.; N/Sch/W/*Schlothauer* Teil D Rn. 47 ff.; *Dießner* StV 2011, 43), und es können hieraus keine Rechte hergeleitet werden (*Kirsch* StraFo 2010, 96, 100; Meyer-Goßner/*Schmitt* § 257c Rn. 4). Entsprechendes gilt für vom Gericht eingegangene »einseitige Verpflichtungen«, ohne dass es zu einer Verständigung kommt (vgl. OLG München Urt. v. 09.01.2014 – 4 StRR 261/13, StV 2014, 523). Allerdings kann sich im Einzelfall aus dem **Grundsatzes des fairen Verfahrens** etwas anderes ergeben (dazu sogleich). Zur revisionsrechtlichen Behandlung der rechtswidrigen Verständigung s. Rdn. 138. Ob gravierende Verstöße ausnahmsweise sogar zur **Nichtigkeit des Urteils** führen können (so OLG München Beschl. v. 17.05.2013 – 2 Ws 1149 u. 1150/12, StV 2013, 495; zurückhaltend OLG Karlsruhe Beschl. v. 20.07.2017 – 2 Ws 162/17 – juris Rn. 17 ff.) erscheint zweifelhaft. 132

Nach der **Rspr.** ist eine Verständigung unwirksam, wenn (bewusst) eine nur **informelle Vereinbarung** über mögliche Rechtsfolgen getroffen wurde (s. insb. BVerfG Urt. v. 19.03.2013 – 2 BvR 2628/10, Rn. 115, BVerfGE 133, 168, 232 f., NJW 2013, 1058, 1069). Daraus soll weder eine Bindung gem. § 257c Abs. 4 StPO (BGH Beschl. v. 06.02.2018 – 1 StR 606/17, NStZ 2018, 419, 420; Urt. v. 25.07.2017 – 5 StR 176/17, 133

NStZ-RR 2017, 351, 352) noch ein durch das Fair-Trial-Gebot geschützter Vertrauenstatbestand entstehen; die Äußerung des Gerichts, dass man ihm »vertrauen« dürfe, sei unbeachtlich (BGH Beschl. v. 06.10.2010 – 2 StR 354/10, StV 2011, 72t). Ein **Verstoß gegen den Grundsatz des fairen Verfahrens** soll bei informellen Absprachen nur dann vorliegen, wenn sich das erkennende Gericht in einer Weise unklar oder irreführend verhält, die den Angeklagten über Bedeutung und Folgen seines eigenen Prozessverhaltens im Unklaren lässt oder zu letztlich nachteiligem Verhalten veranlasst. Dies erfordere den Beweis, das Gericht habe sich stets so verhalten als fühle es sich an eine zuvor geschlossene informelle Vereinbarung gebunden und als könne der Angeklagte hierauf vertrauen (BGH Beschl. v. 04.08.2010 – 2 StR 205/10, NStZ 2011, 107 f., StV 2010, 673; krit. dazu *Meyer* HRRS 2011, 17 ff.).

134 Diese Rspr. trägt dem Grundsatz des fairen Verfahrens **nicht hinreichend Rechnung**. Grds. ist zu bedenken, dass es dem Angeklagten regelmäßig an der Rechtskenntnis fehlen wird, eine rechtmäßige Verständigung von einer unrechtmäßigen zu unterscheiden. Ein rechtswidriges Verhalten seines Verteidigers darf ihm nicht zugerechnet werden (*Schlothauer* StraFo 2011, 487, 496). Hinzu kommt: Auch ohne eine (korrekte) Verständigung kann das Verhalten des Gerichts in der Hauptverhandlung in vielfältiger Weise einen Vertrauenstatbestand schaffen, infolgedessen der Angeklagte Prozesshandlungen vornimmt bzw. unterlässt. Wird sein Vertrauen verletzt, indem sich das Gericht zu seinem eigenen Vertrauen schaffenden Verhalten in Widerspruch setzt, so erwächst dem Angeklagten daraus ein Anspruch auf prozessuale »Folgenbeseitigung« bzw. Kompensation, etwa in Form eines Verwertungsverbots oder – in krassen Fällen – einer Aufhebung des Urteils wegen Verletzung des *Fair-Trial*-Grundsatzes (ausführlich *Meyer* HRRS 2011, 17 ff., der in dem der o.g. BGH-Entscheidung zugrunde liegenden Sachverhalt zutreffend einen Fall »unfairer Kommunikation« erblickt; vgl. auch Graf/*Eschelbach* § 257c Rn. 30, 37.4).

135 **Fraglich** ist insb. die **Verwertbarkeit eines Geständnisses** bei einer fehlerhaften Verständigung. Der **BGH** lehnt ein generelles Verwertungsverbot für Geständnisse, die im Rahmen rechtswidriger Absprachen abgelegt wurden, mit Verweis auf den abschließenden Charakter des § 257c Abs. 4 Satz 1 und 2 StPO ab (BGH Beschl. v. 01.03.2011 – 1 StR 52/11, StV 2011, 337; vgl. auch BGH Beschl. v. 19.08.2010 – 3 StR 226/10, StV 2011, 76; s. ferner BGH Beschl. v. 22.02.2012 – 1 StR 349/11, NStZ 2013, 353, 355 m.Anm. *Kudlich*) und dürfte allenfalls in dem in Rdn. 133 genannten Ausnahmefall zu einem Verwertungsverbot kommen, in dem sich das erkennende Gericht in einer Weise unklar oder irreführend verhält, welche den Angeklagten über Bedeutung und Folgen seines eigenen Prozessverhaltens im Unklaren lässt oder zu letztlich nachteiligem Verhalten veranlasst (vgl. nochmals BGH Beschl. v. 04.08.2010 – 2 StR 205/10, NStZ 2011, 107, 108; in dieser Situation ein Verwertungsverbot befürwortend MüKo-StPO/*Jahn*/*Kudlich* § 257 Rn. 157).

136 Demgegenüber hat das **OLG Düsseldorf** die Verwertung eines in 1. Instanz anlässlich einer den »Formalien des § 275c StPO« nicht entsprechenden Absprache abgelegten Geständnisses in der **Berufungsinstanz** für unzulässig erachtet. Es widerspräche dem *Fair-trial*-Grundsatz, wenn das Gericht, Staatsanwaltschaft und Angeklagter sich auf einen bestimmten Strafrahmen verständigt haben, der Angeklagte mit Rücksicht darauf ein Geständnis abgibt, das Gericht absprachegemäß verurteilt, die Staatsanwaltschaft sodann aber gegen das Urteil Rechtsmittel mit dem Ziel einer höheren Bestrafung einlegt, welche dann – letztlich auf der Grundlage des erstinstanzlichen Geständnisses – erfolgt. Dementsprechend sei eine Beschränkung der (staatsanwaltschaftlichen) Berufung unwirksam, wenn die Feststellungen des angefochtenen Urteils auf einem unverwertbaren Geständnis beruhen. Auf die Unverwertbarkeit des erstinstanzlichen Geständnisses habe das Berufungsgericht vor einem erneuten Geständnis hinzuweisen (OLG Düsseldorf Beschl. v. 06.10.2010 – III-4 RVs 60/10, StV 2011, 80; m. zust. Anm. *Kuhn* StV 2012, 10; tw. zust. *Jahn* StV 2011, 497: analoge Anwendung von Abs. 4 Satz 3, wenn eine gesetzeskonforme Verständigung durch wirksame Rechtsmitteleinlegung entfällt). Zutreffend erachtet es auch das KG (Urt. v. 23.04.2012 – [3] 121 Ss 34/12 [28/12], StV 2012, 654) als mit dem Grundsatz des fairen Verfahrens unvereinbar, den Angeklagten an seinem auf einer gesetzeswidrigen Grundlage abgegebenen Geständnis festzuhalten.

137 In der **Literatur** wird ein generelles **Beweisverwertungsverbot** bei illegalen Absprachen z.T. aus dem *Fair-Trial*-Grundsatz hergeleitet (*Jahn*/*Müller* NJW 2009, 2625, 2629; *Schlothauer*/*wieder* StV 2009, 600, 605) oder gem. § 257c Abs. 4 Satz 3 analog begründet (so SK-StPO/*Velten* § 257c Rn. 32, 49; Meyer-Goßner/*Schmitt* § 257c Rn. 31, Vor 312 Rn. 1c, allerdings mit dem Erfordernis eines Widerspruchs des Angeklagten; *Meyer-Goßner*/*Schmitt* StraFo 2003, 401, 403). Dafür spricht, dass die im Gesetz geregelte Wechselwirkung zwischen einer vom Gericht geschaffenen Vertrauenslage und dem Geständnis des Angeklagten auch im Fall einer informellen Absprache besteht. Zwar ist im Fall einer rechtswidrigen Verständigung nicht das »Erfüllungsinteresse« an der Verständigung geschützt, ungeachtet dessen aber – durch das Fairness-Prinzip, das auch § 257c Abs. 4 zugrunde liegt (oben Rdn. 132) – das »Vertrauensinteresse« (SK-StPO/*Velten* § 257c Rn. 32). Etwas anderes mag gelten, wenn das Vertrauen des Angeklagten aus bestimmten Gründen nicht schutzwürdig ist. **Generell gegen** einen Vertrauensschutz des Angeklagten bei illegalen Absprachen KK/*Mol-*

denhauer/Wenske § 257c Rn. 44; **differenzierend** Graf/*Eschelbach* § 257c Rn. 30 a.E., 37.4; MüKo-StPO/*Jahn/Kudlich* § 257 Rn. 157.

C. Revision. I. Allgemeines. Die **Befugnis aller Verfahrensbeteiligten**, nach einer vorausgegangenen Verständigung das Rechtsmittel der **Revision einzulegen**, unterliegt **keinen Beschränkungen** (BGH Beschl. v. 13.09.2011 – 3 StR 196/11, BGHSt 57, 3, 4 f.; Beschl. v. 13.01.2010 – 3 StR 156/09, StV 2009, 680; Beschl. v. 10.06.2010 – 4 StR 73/10, NStZ-RR 2010, 383, 384). Der Gesetzgeber hat für Urteile, denen eine Verständigung vorausgegangen ist, bewusst auf die Beschränkung bzw. den Ausschluss von Rechtsmitteln verzichtet, was er zum einen mit der Integration der Verständigung in das System der StPO, zum anderen mit einer »sichernde(n) Kontrolle« durch die Rechtsmittelgerichte begründet hat (BT-Drs. 16/12310, S. 9). Er wollte damit anderslautenden Vorschlägen sowie Tendenzen in der Rspr. (oben Rdn. 25 f.) entgegengetreten (ausführlich hierzu N/Sch/W/*Weider* Teil C Rn. 1 m.w.N.). Dafür hat er sowohl Zustimmung (*Jahn/Müller* NJW 2009, 2625, 2630; *Kirsch* StraFo 2010, 96, 100; N/Sch/W/*Weider* a.a.O.) als auch Kritik (*Bittmann* wistra 2009, 414, 417; Graf/*Eschelbach* § 257c Rn. 45) erfahren. Die Kritik überzeugt nicht. Die uneingeschränkte Rechtsmittelfähigkeit von Verständigungsurteilen ist eine **Konsequenz der Absage an ein Konsensprinzip** (vgl. Rdn. 25 f.). Da das Gericht uneingeschränkt die Verantwortung für die Rechtmäßigkeit des Verständigungsurteils trägt, müssen dessen Inhalt und das zugrunde liegende Verfahren ihrerseits der uneingeschränkten Kontrolle der Rechtsmittelgerichte unterliegen (vgl. BVerfG Urt. v. 19.03.2013 – 2 BvR 2628/10, Rn. 94, BVerfGE 133, 168, 221). Der Gedanke des »volenti non fit iniuria« hat insofern keinen Platz; die Zustimmung des Angeklagten zu einer Verständigung führt als solche nicht zum Verlust prozessualer Rechte (BGH Beschl. v. 13.09.2011 – 3 StR 196/11, BGHSt 57, 3, 4 f.). 138

Die uneingeschränkte Überprüfungsmöglichkeit eines durch Verständigung ergangenen Urteils bildet eine wichtige Richtigkeitsgewähr des fehleranfälligen Verständigungsverfahrens, die das Gericht und die Verfahrensbeteiligten zu sorgfältiger Beachtung der Vorschriften anhält. Sie wird unterstrichen durch das **Verbot des Rechtsmittelverzichts (§ 302 Abs. 1 Satz 2 StPO)**. Damit ist der Gesetzgeber über die Vorgaben der Rspr. hinausgegangen, die einen Rechtsmittelverzicht im Fall einer »qualifizierten« Belehrung für zulässig erachtet hatte (oben Rdn. 6). In der Literatur wurde vorausgesagt, dass dieses Verbot durch die informelle Abrede, die Rechtsmittelfrist ungenutzt verstreichen zu lassen, umgangen werden könne (so *Fahl/Geraats* JA 2009, 791, 796). Zwar hat BGH Beschl. v. 14.04.2010 – 1 StR 64/10, StV 2010, 346, 347 (m. abl. Anm. *Niemöller* StV 2010, 474) ein derartiges Umgehungsverhalten unter Beteiligung des Gerichts zu Recht für unzulässig erachtet, es jedoch (in nicht nachvollziehbarer Weise, vgl. *Niemöller* StV 2010, 597; dazu *Meyer-Goßner* StV 2011, 53 und erneut *Niemöller* StV 2011, 54; zu Recht krit. ferner *Altvater* StraFo 2014, 221, 222 und *Fischer* StraFo 2010, 329, 331; im Fahrwasser des BGH generell dafür, die Rücknahme eines bereits eingelegten Rechtsmitteln nicht unter § 302 Abs. 1 Satz 2 StPO zu fassen, OLG Köln Beschl. v. 12.06.2017 – 2 Ws 368/17, StV 2018, 803; OLG Nürnberg Beschl. v. 10.08.2017 – 2 OLG 8 Ss 289/15, StraFo 2016, 473 ff.; KG Beschl. v. 09.12.2014 – 2 Ws 7/15, NStZ 2015, 236, 237; zu Recht dagegen OLG München Beschl. v. 28.08.2013 – 3 StRR 174/13, StV 2014, 79, 80; *Schneider* NZWiSt 2015, 1, 5 ff.) abgelehnt, die unabhängig von einer Abrede mit dem Gericht erfolgte, von vornherein geplante Einlegung und umgehende **Rücknahme eines Rechtsmittels** zum Zweck der Erzeugung von Rechtskraft für unzulässig zu erklären (s. zu dieser Form des Rechtsmissbrauchs auch *Beulke/Swoboda* Rn. 601 a. E. und KK/*Moldenhauer/Wenske* § 257c Rn. 58c; der Gesetzentwurf des Strafrechtsausschusses der BRAK hatte zur Vermeidung dieses Umgehungsverhaltens ein Verbot der Rücknahme von Rechtsmitteln vor Fristablauf bei vorangegangener Verständigung vorgesehen). Die Vorschrift des § 302 Abs. 1 Satz 2 StPO erfasst nicht nur das Verbot der Abrede des Rechtsmittelverzichts, sondern auch die Ankündigung, kein Rechtsmittel einzulegen (BT-Drs. 16/12310, S. 14). Sie ist, um ihrem Schutzzweck Rechnung zu tragen, immer dann anzuwenden, wenn materiell eine Verständigung (zum Begriff s. Rdn. 17) zustande gekommen ist, sei sie auch rechtswidrig (MüKo-StPO/*Allgayer* § 302 Rn. 32 m.w.N.; a.A. *Heuser/Bockemühle* StV 2021, 63, 67 f., die einen im Zuge einer rechtswidrigen Absprache erklärten Rechtsmittelverzicht aber aus anderen Gründen für unwirksam halten) oder aufgrund einer fehlenden oder bloß konkludenten Zustimmung der Beteiligten formunwirksam (verfehlt daher OLG Zweibrücken Beschl. v. 03.12.2020 – 1 Ws 361/20, NStZ 2021, 253, 254 f. soweit der Senat dort meint, § 302 Abs. 1 Satz 2 StPO greife nicht, solange Staatsanwaltschaft und Angeklagter einem Verständigungsvorschlag des Gerichts zwar faktisch folgen, ihre Zustimmung aber nicht explizit erklären. Hier wird die Formunwirksamkeit einer Verständigung mit ihrer Nicht-Existenz verwechselt. Zumindest i.E. richtig dagegen: KG Beschl. v. 09.08.2019 – 3 Ws [B] 205/19 u. a., NStZ 2020, 428). Nicht anwendbar ist § 302 Abs. 1 Satz 2 StPO dagegen, wenn es auch in der Sache nicht zu einer Einigung kommt und die Verständigung im Vorschlags- oder Verhandlungsstadium stecken bleibt (MüKo-StPO/*Allgayer* § 302 Rn. 32 m.w.N.). 139

140 Generell gilt, dass mit der **Revision** all das gerügt werden kann, was den durch § 257c StPO geschaffenen Rahmen einer zulässigen Verständigung überschreitet (Meyer-Goßner/*Schmitt* § 257c Rn. 32a). Da es sich bei **§ 257c StPO** (überwiegend) um eine **Verfahrensvorschrift** handelt, bedarf es hierfür regelmäßig der Erhebung einer formgerechten (§ 344 Abs. 2 Satz 2 StPO) **Verfahrensrüge** (BGH Beschl. v. 01.03.2011 – 1 StR 52/11, StV 2011, 337 f.). Allerdings stellen die Abs. 1 und 2 inhaltliche Anforderungen an eine Verständigung auf, sodass bei Verstößen insoweit (auch) eine **Sachrüge** des Verständigungsurteils in Betracht kommt, s. unten Rdn. 149. Fraglich kann im Einzelfall das **Beruhen** i.S.d. § 337 Abs. 1 StPO sein, vgl. unten Rdn. 150, 154, 157.

141 Eine Verletzung von § 257c StPO kommt nur in Betracht, wenn eine (ggf. auch illegale, s. u. Rdn. 142) Verständigung beabsichtigt war (vgl. BGH Beschl. v. 13.01.2010 – 3 StR 528/09, NStZ 2010, 348; Beschl. v. 11.10.2010 – 1 StR 359/10 NStZ 2011, 170 f.). Der **Nachweis der Verständigung** – oder ihr Fehlen (BGH Beschl. v. 31.03.2010 – 2 StR 31/10, StV 2010, 346) – wird durch das **Protokoll** geführt. Wenn das Sitzungsprotokoll ausdrücklich vermerkt, dass eine Verständigung nicht stattgefunden hat, so zählt diese Feststellung zu den wesentlichen Förmlichkeiten und nimmt an der Beweiskraft des Sitzungsprotokolls teil, die insofern nur durch den Nachweis der Fälschung zu Fall gebracht werden kann (BGH Beschl. v. 24.07.2019 – 3 StR 214/19, NStZ-RR 2019, 318, 319; BayObLG Beschl. v. 02.12.2020 – 202 StRR 105/20, Rn. 8). Das Fehlen des sog. Negativattests nach § 273 Abs. 1a Satz 3 StPO besagt indes nichts, wenn auch eine Verständigung nicht protokolliert worden ist (BGH Beschl. v. 27.10.2010 – 5 StR 419/10, NStZ 2011, 473). Enthält das Protokoll weder den nach § 273 Abs. 1 Satz 2, Abs. 1a Satz 1 und 2 StPO vorgeschriebenen Vermerk, dass eine Verständigung stattgefunden hat, noch ein Negativattest (sog. versteckter Dissens, N/Sch/W/*Niemöller* Teil B § 273 Rn. 30), so ist das Protokoll widersprüchlich bzw. lückenhaft und verliert insofern seine Beweiskraft. Das Revisionsgericht kann dann im Wege des Freibeweisverfahrensklären, ob dem Urteil eine Verständigung vorausgegangen ist (**BGH** Beschl. v. 29.09.2010 – 2 StR 371/10, StV 2011, 79; OLG Frankfurt a.M. Beschl. v. 23.02.2010 – 3Ws 141/10, NStZ-RR 2010, 213). Das hierbei vom Angeklagten grds. zu tragende Risiko der Unaufklärbarkeit des Sachverhalts findet dort seine Grenze, wo die Unaufklärbarkeit des Sachverhalts und dadurch entstehende Zweifel des Gerichts ihre Ursache in einem Verstoß gegen die gesetzlich angeordnete Dokumentationspflicht gem. § 273 Abs. 1a StPO und die fehlende Protokollierung einer Verständigung nach § 257c StPO haben (BVerfG Beschl. v. 05.03.2012 – 2 BvR 1461/11, ZWH 2012 298 m.Anm. *Knauer/Lickleder*). Der bloße Hinweis in der Revision, das Hauptverhandlungsprotokoll ergebe entgegen § 257c Abs. 3 Satz 4 StPO nicht, ob eine Verständigung zustande gekommen sei, behauptet kein prozessordnungswidriges Geschehen, sondern nur, dass das Protokoll nicht den Anforderungen des § 273 Abs. 1a StPO genüge, und ist als »Protokollrüge« unbehelflich (BGH Beschl. v. 11.10.2010 – 1 StR 359/10, NStZ 2011, 170 f.). Zur Rspr. s. näher *Ventzke* StraFo 2012, 212, 215 ff. mit Hinweisen auch auf weitere »Revisionsunterlagen«.

142 Umstritten ist die revisionsrechtliche Behandlung von Fällen, in denen von vornherein keine förmliche Verständigung (i.S.d. § 257c StPO) beabsichtigt war, sondern eine **informelle Urteilsabsprache unter gezielter Umgehung der Formen des Verständigungsgesetzes** erreicht werden sollte. Nach der bisher an dieser Stelle vertretenen Ansicht, soll daraus für sich genommen kein revisionsrechtlicher Angriff ableitbar sein. Dem sind jedoch *Heuser/Bockemühl* (StV 2021, 63, 66) mit beachtlichen Argumenten entgegengetreten und nehmen in diesem Fall einen rügefähigen Verstoß gegen **ein aus § 257c Abs. 1 Satz 1 StPO abgeleitetes Verbot informeller Absprachen** an (so ausdrücklich auch OLG Oldenburg Beschl. v. 28.06.2017 – 1 Ss 123/17, Rn. 8, StV 2018, 340; OLG München Beschl. v. 09.01.2014 – 4 StRR 261/13, Rn. 28, StV 2014, 523). Gleichzeitig verneinen die Autoren im Fall einer gezielten Umgehung der Formen des Verständigungsgesetzes eine Revisibilität von Verstößen gegen § 257c Abs. 2–5 StPO, da diese in Fällen der planmäßigen Umgehung der Regeln des Verständigungsgesetzes keine Anwendung finden könnten (StV 2021, 63, 66 ff.).

143 Soweit man der hier bisher geäußerten Auffassung folgt, stellt sich gleichwohl die Frage, ob und inwieweit **ausnahmsweise** mit der informellen Absprache in Zusammenhang stehende Verfahrensweisen des Gerichts, bspw. die Verwertung eines Geständnisses, als **Verstoß gegen den Grundsatz eines fairen Verfahrens** gerügt werden können. Dies ist umstritten (oben Rdn. 133 ff.). Näher zur Revision bei nicht zustande gekommener Verständigung N/Sch/W/*Weider* Teil C Rn. 94 ff.

144 **Erörterungen** vor der Hauptverhandlung **zur Vorbereitung einer Verständigung** lösen keine Bindung des Gerichts aus, jedoch kann – wenn der Beschuldigte gleichwohl berechtigt auf die Verbindlichkeit einer Zusage vertraute und auf dieser Grundlage z.B. ein Geständnis abgegeben hat – aus Gesichtspunkten der Verfahrensfairness eine Kompensation des Beschuldigten geboten sein, näher § 202a Rdn. 17.

145 Greift die **Staatsanwaltschaft** ein Urteil, dem eine Verständigung zugrunde liegt, zuungunsten des Angeklagten mit der Revision an, ist die Beschränkung der Revision auf den Rechtsfolgenausspruch

unwirksam (OLG Naumburg Urt. v. 16.03.2018 – 2 Rv 3/17, NStZ 2018, 238, 239; OLG Hamm Beschl. v. 22.11.2017 – II-1 RVs 79/17 juris Rn. 18 ff.).

Eine Verständigung kann schließlich auch Auswirkungen auf die **Revision in anderen Strafverfahren** haben. Paradebeispiel dafür ist ein den Angeklagten belastendes Geständnis eines Mitangeklagten, dass jener im Zuge einer Verständigung abgegeben hat. Im Verfahren gegen den Angeklagten gebietet es § 261 StPO, den Inhalt und die Begleitumstände der Verständigung bei der Würdigung dieses Geständnisses in einer für das Revisionsgericht überprüfbaren Weise zu berücksichtigen (BGH Beschl. v. 17.03.2021 – 2 StR 21/21, juris Rn. 11; Beschl. v. 29.01.2020 – 1 StR 471/19, Rn. 5; vgl. auch BGH Beschl. v. 09.01.2020 – 2 StR 355/19, Rn. 12). 146

II. Verstoß gegen Abs. 1. Die Rüge, die angeklagte Tat sei kein für eine Verständigung »geeigneter Fall« i.S.d. Abs. 1 Satz 1, dürfte für sich genommen selten in Betracht kommen (s. aber *Strelitz* Zugang zur Verständigung S. 245 ff.), sondern eher im Zusammenhang mit weiteren daraus resultierenden Rechtsverletzungen, insb. der Verletzung der Aufklärungspflicht (Abs. 1 Satz 2 i.V.m. § 244 Abs. 2 StPO). Dies kann mit der **Aufklärungsrüge** angegriffen werden. Die Zustimmung zum gerichtlichen Verständigungsvorschlag rechtfertigt nicht die Unterlassung gebotener Beweiserhebungen (N/Sch/W/*Weider* Teil C Rn. 42; näher zur Aufklärungsrüge bei einer Verständigung N/Sch/W/*Weider* Teil C Rn. 21 ff.). Ggf. kommt auch eine Beweiswürdigungsrüge (Verletzung des § 261 StPO) in Betracht (vgl. BGH Beschl. v. 22.09.2011 – 2 StR 383/11, NStZ-RR 2012, 52 zu einem Fall gänzlich fehlender Beweiswürdigung). 147

III. Verstoß gegen Abs. 2 (Gegenstände einer Verständigung). Abs. 2 bestimmt die zulässigen **Gegenstände von Verständigungen**: Rechtsfolgen, sonstige verfahrensbezogene Maßnahmen, das Prozessverhalten der Verfahrensbeteiligten. Erfolgt eine Verständigung über einen Gegenstand, der von Rechts wegen einer Verständigung nicht zugänglich ist (oben Rdn. 36 ff., 58 ff.), so ist die Verständigung zumindest insoweit, in der Regel auch insgesamt nichtig (s. Rdn. 37 ff., 58 ff.) und das Urteil dementsprechend fehlerhaft. Das Urteil muss allerdings nur eine vorausgegangene Verständigung feststellen (§ 267 Abs. 3 Satz 5 StPO), nicht auch ihren Inhalt angeben (BGH Beschl. v. 11.10.2010 – 1 StR 359/10, NStZ 2011, 170 f.); diesbezüglich genügt die Bezugnahme auf das Protokoll (BGH Beschl. v. 13.01.2010 – 3 StR 52/09, NStZ 2010, 384). 148

Ergibt sich bereits aus dem Urteil ein rechtswidriger Inhalt, bspw. eine unzulässige **Schuldspruch- oder Maßregelabrede**, kann dies mit der **Sachrüge** beanstandet werden, weil das Urteil inhaltlich fehlerhaft ist (strittig., s. Meyer-Goßner/*Schmitt* § 257c Rn. 33a m.w.N.), möglicherweise auch mit der **Verfahrensrüge** (unklar BGH Beschl. v. 22.06.2011 – 5 StR 226/11, StV 2011, 647, 648 m.Anm. *Schlothauer* zur Verständigung bei im Raum stehender Maßregelanordnung). Ferner kommt eine Verfahrensrüge bspw. wegen der Verwertung des Geständnisses (vgl. unten Rdn. 113 ff.) sowie des unzulässigen Versprechens eines nach § 136a StPO verbotenen Vorteils in Betracht (*Schlothauer* StraFo 2011, 487, 489). 149

Das **Beruhen** des Urteils auf einem solchen Rechtsfehler wird regelmäßig nicht auszuschließen sein, weil Verständigungen üblicherweise Gebäude sind, aus denen man nicht einen Baustein herausnehmen kann, ohne dass das Gebäude insgesamt zusammenbricht (so plastisch N/Sch/W/*Weider* Teil C Rn. 43). Die Aufhebung des gesamten Urteils ist die Folge. Allerdings kann es nach der Rspr. an der **Beschwer** des Angeklagten fehlen (so schon vor dem VerstG z.B. BGH Beschl. v. 18.06.2008 – 1 StR 204/08, StV 2008, 561 f. m.w.N.; seither BGH Urt. v. 01.03.2011 – 1 StR 52/11, StV 2011, 337 f.; BGH Urt. v. 16.03.2011 – 1 StR 60/11, BeckRS 2011, 6952; offengelassen von BGH Beschl. v. 28.09.2010 – 3 StR 359/10, StV 2011, 78, 79; krit. zum Gesichtspunkt der fehlenden Beschwer *Schlothauer* StraFo 2011, 487, 489). 150

Durch die unzulässige Vereinbarung einer **Punktstrafe** (oben Rdn. 70) wird der Angeklagte trotz seiner Zustimmung **beschwert**, weil die Selbstbindung des Gerichts eine Verletzung von § 46 StGB darstellt (BGH Urt. v. 17.02.2011 – 3 StR 426/10, StV 2011, 338, 339). 151

IV. Verstoß gegen Abs. 3 (Verständigungsverfahren). Abs. 3 regelt das **Verständigungsverfahren.** Ob die gesetzlichen Anforderungen eingehalten worden ist, prüft das Revisionsgericht nicht von Amts wegen, sondern nur aufgrund einer **Verfahrensrüge** mit Tatsachenvortrag, § 344 Abs. 2 Satz 2 StPO (BGH Beschl. v. 13.01.2010 – 3 StR 528/09, NStZ 2010, 348; Beschl. v. 11.10.2010 – 1 StR 359/10, NStZ 2011, 171). Es empfiehlt sich, in den Tatsachenvortrag ggf. auch die Vermerke nach §§ 202a, 212 sowie die protokollierte Mitteilung des Vorsitzenden gem. § 243 Abs. 4 StPO aufzunehmen (vgl. N/Sch/W/*Weider* Teil C Rn. 46). Ggf. können Verfahrensfehler mit der **Sachrüge** gerügt werden, wenn sie sich unmittelbar aus dem Urteil ergeben (N/Sch/W/*Weider* Teil C Rn. 46). 152

Wird der Angeklagte mit **unerlaubten Mitteln** zu einer Verständigung gedrängt, insb. mittels einer **»Sanktionsschere«** (oben Rdn. 72 ff.), so kann dies als Verletzung des § 257c StPO gerügt werden (BGH Beschl. v. 29.08.2011 – 5 StR 287/11, StV 2012, 5; *Schlothauer* StraFo 2011, 487, 492); ferner kann die Unverwertbarkeit der geständigen Einlassung des Angeklagten wegen Verstoßes gegen **§ 136a StPO** 153 gerügt werden (BGH Beschl. v. 02.02.2010 – 4 StR 620/09, NStZ-RR 2010, 181; N/Sch/W/*Weider* Teil C Rn. 28 ff.; Graf/*Eschelbach* § 257c Rn. 50.1). Erforderlich ist (zumindest) die Darlegung, wer von den Verfahrensbeteiligten an dem »Verständigungsgespräch« teilgenommen hat und welche Alternativrechtsfolgen in Aussicht gestellt wurden. Nach Auffassung des 4. Senats ist es dem Angeklagten regelmäßig zuzumuten, als unzulässig empfundenen Inhalten der Verständigung sogleich zu **widersprechen**, auf ihre Protokollierung hinzuwirken und solche Umstände zum Gegenstand eines **Ablehnungsgesuchs** zu machen (BGH Beschl. v. 04.08.2010 – 4 StR 620/09, StV 2010, 225; vgl. BGH Beschl. v. 28.10.2008 – 3 StR 341/08, NStZ 2009, 168; abl. *Schlothauer* StraFo 2011, 487, 496). Das Erfordernis eines rechtzeitigen Widerspruchs in der Hauptverhandlung ist wegen § 136a Abs. 3 Satz 2 StPO zweifelhaft (abl. LR/*Stuckenberg* § 257c Rn. 90), beugt allerdings Beweisproblemen im Revisionsverfahren vor (vgl. BGH Beschl. v. 22.01.2008 – 1 StR 607/07, NStZ 2008, 353; *Ventzke* StraFo 2012, 218 f.). Das Erfordernis eines Befangenheitsantrags (dazu Rdn. 73) ist abzulehnen. Es ist grds. Sache des Angeklagten, ob er einen Richter wegen Besorgnis der Befangenheit ablehnt oder nicht.

154 Fraglich kann im Einzelfall das **Beruhen** des Verständigungsurteils auf dem Verfahrensfehler sein. So begründet nach Auffassung des BGH (BGH Beschl. v. 08.10.2010 – 1 StR 347/10, StV 2011, 75, 76; vgl. auch BGH Beschl. v. 01.03.2011 – 1 StR 52/11, StV 2011, 337 f.; Beschl. v. 11.10.2010 – 1 StR 359/10, NStZ 2011, 170 f.) die entgegen Abs. 3 Satz 2 **fehlende Angabe einer Strafuntergrenze** jedenfalls dann nicht die Revision des Angeklagten, wenn nicht ersichtlich ist, wie sich dies zu seinem Nachteil ausgewirkt haben könnte; in der Regel könne die fehlende Angabe einer Strafuntergrenze, deren Benennung vordringlich den Interessen der Staatsanwaltschaft Rechnung trage, überhaupt nur von der Staatsanwaltschaft im Rahmen einer Revision zum Nachteil des Angeklagten gerügt werden (a.A. wegen der Informationsfunktion der Angabe einer Strafuntergrenze *Schlothauer* StraFo 2011, 487, 491; krit. auch *Jahn* StV 2011, 497, 49).

155 Fehlt die nach Abs. 3 Satz 4 erforderliche **ausdrückliche Zustimmung** – sei es vonseiten der Staatsanwaltschaft und/oder vonseiten des Angeklagten – zum Verständigungsvorschlag des Gerichts (oben Rdn. 78), so soll das Urteil nach Auffassung des BVerfG auf diesem Verfahrensfehler regelmäßig auch beruhen, da das Erfordernis einer ausdrücklichen Zustimmung zum Kern des dem Verständigungsgesetz zugrunde liegenden Schutzkonzepts gehört und in einem engen Zusammenhang mit den Transparenz- und Dokumentationspflichten steht (BVerfG Beschl. v. 29.04.2021 – 2 BvR 1543/20, Rn. 17 f., NStZ 2021, 558, 560 m. insofern krit. Anm. *Czimek/Schefer*; gleichsinnig bereits BGH Beschl. v. 23.07.2019 – 1 StR 169/19, NStZ 2019, 688, 689 und BGH Urt. v. 14.05.2014 – 2 StR 465/13, BeckRS 2014, 15069). In der Literatur wird mit guten Gründen bezweifelt, dass sich diese Form der »normativierten« Beruhensprüfung mit der allgemeinen Revisionsdogmatik in Einklang bringen lässt (MüKo-StPO/*Knauer/Kudlich* § 337 Rn. 120 ff.; *Kudlich* NStZ 2019, 689, 690; *Wu* StV 2021, 766, 769; dieselbe Kritik lässt sich auch mit Blick auf die Beruhensprüfung beim Verstoß gegen die Belehrungs-, Protokollierungs- und Mitteilungspflichten des Verständigungsgesetzes formulieren, s. nur LR/*Stuckenberg* § 257c Rn. 95 m.w.N.). Bewiesen werden kann das fehlerhafte Unterbleiben einer ausdrücklichen Zustimmung unmittelbar durch die negative Beweiskraft des Hauptverhandlungsprotokolls (vgl. § 274 Satz 1 StPO), da es sich bei den Zustimmungserklärungen um wesentliche Elemente einer Verständigung handelt, die ihrerseits von der Protokollierungspflicht des § 273 Abs. 1a Satz 1 StPO erfasst werden (*Czimek/Schefer* NStZ 1021, 561, 563 m.w.N.).

156 **V. Verstoß gegen Abs. 4 (Wegfall der Bindungswirkung der Verständigung).** Abs. 4 regelt die Voraussetzungen des Wegfalls der Bindungswirkung einer Verständigung (Satz 1 und Satz 2) sowie dessen Rechtsfolgen (Satz 3 und Satz 4). Dementsprechend kann im Hinblick auf die gesetzlichen Voraussetzungen mit der **Verfahrensrüge** beanstandet werden (vgl. N/Sch/W/*Weider* Teil C Rn. 49 ff.),

– dass es an einem Beschluss des Gerichts über den Wegfall der Bindung – der der Mitteilung gem. Abs. 4 Satz 4 vorauszugehen hat (oben Rdn. 105) – fehlt,
– dass die gesetzlichen Voraussetzungen für einen Wegfall (Übersehen oder nachträgliches Eintreten rechtlich oder tatsächlich bedeutsamer Umstände; Divergenz des Prozessverhaltens des Angeklagten von der Prognose des Gerichts) nicht vorgelegen haben (oben Rdn. 97 ff.),
– dass entgegen Satz 4 keine Mitteilung über den Wegfall erfolgte (zur Rechtslage vor dem VerständigungsG vgl. BGH Urt. v. 28.08.1997 – 4 StR 240/97, BGHSt 43, 210; BGH Beschl. v. 14.01.2009 – 1 StR 470/08, NStZ 2009, 562; zur Rechtslage danach s. BGH Urt. v. 21.06.2012, BGHSt 57, 273; BGH Beschl. v. 21.02.2013 – 1 StR 633/12, NStZ-RR 2014, 89), hingegen wohl nicht, dass die Mitteilung nicht »unverzüglich« erfolgte (N/Sch/W/*Weider* Teil C Rn. 66; s.a. *Schlothauer/Weider* StV 2009, 600, 605),
– dass die Mitteilung gem. Abs. 4 Satz 4 nicht die gebotene Begründung (oben Rdn. 106) enthalten hat,

– dass entgegen Abs. 4 Satz 3 das Geständnis des Angeklagten trotz Wegfalls der Bindungswirkung der Verständigung verwertet wurde (oben Rdn. 113).

VI. Verstoß gegen Abs. 5 (Belehrungspflicht). Eine Verletzung der Belehrungspflicht nach Abs. 5 (zu dem hierfür erforderlichen Tatsachenvortrag und zur Frage des Beruhens bei Protokollfehlern s. BGH Urt. v. 10.07.2013 – 2 StR 195/12, BGHSt 58, 310 sowie BGH Beschl. v. 12.12.2013 – 3 StR 210/13, NStZ 2014, 284 m.Anm. *Kudlich*) begründet grds. die Revision, weil sie die freie Willensentschließung des Angeklagten für eine Verständigung tangiert (N/Sch/W/*Weider* Teil C Rn. 67). Nach der Rspr. des BGH bis zur Entscheidung des BVerfG v. 19.03.2013 (dazu mit Recht krit. *Jahn* StV 2011, 497, 501 f.; *Schlothauer* StraFo 2011, 487, 493) konnte das **Beruhen** des Urteils auf einer unterlassenen Belehrung in weitem Umfang entfallen, wenn eine der von Abs. 4 erfassten Fallgestaltungen nicht vorlag und eine Auswirkung des Verfahrensmangels auf das Prozessverhalten des Angeklagten weder vorgetragen noch sonst ersichtlich war (BGH Beschl. v. 03.11.2010 – 1 StR 449/10; 1 StR 469/10, BeckRS 2010, 28945) bzw. ausgeschlossen erschien; s. dazu im Einzelnen BGH Beschl. v. 17.08.2010 – 4 StR 228/10, StV 2010, 657 für den Fall einer »günstigen« Verständigung; BGH Beschl. v. 19.08.2010 – 3 StR 226/10, StV 2011, 76 für den Fall der Bereitschaft der Mitangeklagten zu Geständnissen, die zu einer Verurteilung des Angeklagten auch ohne sein Geständnis hätten führen können (nach *Jahn* StV 2010, 497, 501 f. degradierte der BGH mit dieser Entscheidung die Vorschrift zu einer regelmäßig folgenlosen Ordnungsvorschrift); ferner BGH Beschl. v. 08.10.2010 – 1 StR 443/10, BeckRS 2010, 27615; BGH Beschl. v. 08.10.2010 – 1 StR 347/10, StV 2011, 75). Nach der Entscheidung des BVerfG hingegen ist bei einem Verstoß gegen die Belehrungspflicht nunmehr **regelmäßig davon auszugehen**, dass das Geständnis und damit auch das Urteil auf dem Unterlassen der Belehrung beruht (so jetzt auch der BGH in gefestigter Rspr., vgl. etwa BGH Beschl. v. 08.08.2019 – 1 StR 295/19, StV 2021, 15, 16; Beschl. v. 09.10.2018 – 1 StR 425/18, NStZ-RR 2019, 57; Beschl. v. 06.03.2018 – 5 StR 585/17, StV 2019, 380; Beschl. v. 12.10.2016 – 2 StR 367/16, NStZ 2017, 244, 245 m.Anm. *Bittmann*; Beschl. v. 11.05.2016 – 1 StR 71/16, BeckRS 2016, 9444; Beschl. v. 10.02.2015 – 4 StR 595/14, NStZ 2015, 358, 359). Ein Beruhen kann ausnahmsweise nur dann verneint werden, wenn sich konkret feststellen lässt, dass der Angeklagte **auch bei ordnungsgemäßer Belehrung ein Geständnis abgelegt hätte** (BVerfG Urt. v. 19.03.2013 – 2 BvR 2628/10, BVerfGE 133, 168, 224, NJW 2013, 1058, 1067; vgl. BVerfG Beschl. v. 02.07.2013 – 2 BvR 2392/12, StV 2014, 578 zu den Anforderungen an diesbezgl. Feststellungen; s. jüngst auch BGH Beschl. v. 08.08.2019 – 1 StR 295/19, StV 2021, 15, 16 f.; Beschl. v. 09.10.2018 – 1 StR 425/18, NStZ-RR 2019, 57 und Beschl. v. 06.03.2018 – 5 StR 585/17, StV 2019, 380 sowie zuvor bereits BGH Beschl. v. 11.04.2013 – 1 StR 563/12, StV 2013, 611). Die generalisierende Annahme, dass ein anwaltlich verteidigter Angeklagter, dem gegenüber die Belehrung nach § 257c Abs. 5 StPO (erst) unmittelbar nach Zustandekommen der Verständigung erfolgt, bei Ablegung des Geständnisses nach einer Überlegungsfrist von einer Woche jedenfalls dann nicht mehr unter dem Eindruck der zunächst ohne Belehrung geschlossenen Verständigung stehe, wenn das Geständnis unter Mitwirkung seines Verteidigers entstanden ist und dieser die Verständigung selbst initiiert hat (so BGH Urt. v. 07.08.2013 – 5 StR 253/13, BeckRS 2013, 14940), ist mit dem Ausnahmecharakter des Beruhensausschlusses nicht in Einklang zu bringen. Eine solchermaßen vom Einzelfall losgelöste Beruhensprüfung würde es erlauben, Verstöße gegen die Belehrungspflicht des § 257c Abs. 5 StPO im Ergebnis unbeanstandet zu lassen, ohne dass konkrete, auf den tatsächlichen Informationsstand des jeweiligen Angeklagten und seine Motivation zur Abgabe des Geständnisses bezogene Feststellungen getroffen werden müssten (vgl. BVerfG Beschl. v. 25.08.2014 – 2 BvR 2048/13, StV 2015, 73). Insgesamt hat das BVerfG Verstöße gegen die Belehrungspflicht wie auch solche gegen Transparenz- und Dokumentationspflichten nach eigenen Worten **»in die Nähe absoluter Revisionsgründe gerückt«**. Daraus ergibt sich allerdings nicht, dass eine insoweit fehlerhafte Verfahrensverständigung, die allein Mitangeklagte betrifft, einen Angeklagten in eigenen Grundrechten, insb. in seinem Recht auf ein faires Verfahren verletzt (BVerfG Beschl. v. 01.07.2014 – 2 BvR 989/14, StV 2014, 649). Zur Möglichkeit der **Heilung eines Verstoßes gegen die Belehrungspflicht** oben Rdn. 131. 157

Nimmt man eine sog. **erweiterte Belehrungspflicht** vor Abschluss der Verständigung an (oben Rdn. 128), so sind auch diesbezügliche Verletzungen revisibel. Ebenso kommt die Rüge der **Verletzung gebotener rechtlicher Hinweise** nach Widerruf der Verständigung durch das Gericht in Betracht. 158

Das **Geständnis** eines Beschuldigten, der rechtsfehlerhaft nicht nach § 257c Abs. 5 StPO belehrt wurde, ist in einer etwaigen neuen Verhandlung nach Aufhebung des Urteils und Zurückverweisung der Sache regelmäßig unverwertbar, wenn ein Beruhen des Geständnisses auf der fehlenden Belehrung nicht ausgeschlossen werden kann (OLG Rostock Beschl. v. 05.08.2013 – 1 Ss 86/12 [103/12], StV 2014, 81, 82; Meyer-Goßner/*Schmitt* § 257c Rn. 31; vgl. KK/*Moldenhauer/Wenske* § 257c Rn. 58a f.). Wird im Zuge einer Verständigung durch den Beschuldigten eine **Rechtsmittelbeschränkung** erklärt und in diesem Zusammenhang 159 die Belehrungspflicht verletzt, so ist bei Fehlen gegenteiliger Anhaltspunkte im Sinne einer Regelvermutung davon auszugehen, dass die Beschränkungserklärung auf dem unmittelbar erklärungsrelevanten, mangelbehafteten verständigungsspezifischen Vorgehen des Berufungsgerichtes beruht. Dies führt zur Unwirksamkeit der Berufungsbeschränkung (OLG Brandenburg Beschl. v. 13.01.2020 – [1] 53 Ss 152/19 [83/1], NStZ 2020, 759, 760; BayObLG Beschl. v. 20.12.2019 – 295 StRR 1148/19, Rn. 25; OLG Braunschweig Beschl. v. 02.02.2016 – 1 Ss 69/15, NStZ 2016, 563, 564 f.).

§ 258 Schlussvorträge; Recht des letzten Wortes

(1) Nach dem Schluss der Beweisaufnahme erhalten der Staatsanwalt und sodann der Angeklagte zu ihren Ausführungen und Anträgen das Wort.

(2) Dem Staatsanwalt steht das Recht der Erwiderung zu; dem Angeklagten gebührt das letzte Wort.

(3) Der Angeklagte ist, auch wenn ein Verteidiger für ihn gesprochen hat, zu befragen, ob er selbst noch etwas zu seiner Verteidigung anzuführen habe.

Übersicht

1 **A. Grundsätzliches und Regelungsgehalt.** Der **Zweck der Vorschrift** wird von der herrschenden Ansicht im Schrifttum in der **Wahrung des rechtlichen Gehörs der Verfahrensbeteiligten** nach Schluss der Beweisaufnahme gesehen (vgl. nur LR/*Stuckenberg* § 258 Rn. 1; KK-StPO/*Ott* § 258 Rn. 1; Meyer-Goßner/*Schmitt* § 258 Rn. 1). Das ist im Hinblick auf die Organstellung der Staatsanwaltschaft und ihre fehlende Grundrechtsträger-Eigenschaft zumindest ungenau (OK-StPO/*Eschelbach* § 258 Rn. 1). Man wird den Regelungsgehalt der Vorschrift daher allgemein darin sehen können, dass sie allen Verfahrensbeteiligten – insoweit ist die Bestimmung *lex imperfecta* (Meyer-Goßner/*Schmitt* § 258 Rn. 4; KK-StPO/*Ott* § 258 Rn. 3) – das Recht verleiht, nach Schluss der Beweisaufnahme **zu deren Ergebnis insgesamt und umfassend** aus der jeweiligen Sicht mit tatsächlichen und rechtlichen Erwägungen Stellung zu nehmen und Anträge zu stellen (BVerfGE 54, 140). Dabei erwächst die besondere Bedeutung dieser Befugnis nicht zuletzt aus dem unmittelbaren zeitlichen Zusammenhang zwischen den Schlussvorträgen und der Urteilsfällung (vgl. LR/*Stuckenberg* § 258 Rn. 2). Die Pflicht zur Gewährung des letzten Wortes betont die Subjektstellung des Angeklagten, indem sie diesem das höchstpersönliche Recht einräumt, zusätzlich zu den Ausführungen seines Verteidigers im Schlussvortrag und unabhängig von dem aus § 257 erwachsenden Erklärungsrecht seinen Standpunkt unmittelbar vor der Urteilsberatung verdeutlichen zu können (BGH NStZ 1993, 551; OK-StPO/*Eschelbach* § 258 Rn. 19).

2 **B. Schlussvorträge (Abs. 1). I. Kreis der Berechtigten.** Zum Schlussvortrag berechtigt sind die Staatsanwaltschaft, der Nebenkläger (§ 397 Abs. 1 Satz 3), der Privatkläger (§ 385 Abs. 1 Satz 1), die jeweiligen Vertreter der beiden Letztgenannten, der Angeklagte und sein(e) Verteidiger. Ferner können die Nebenbeteiligten (§ 433 Abs. 1, § 444 Abs. 2) sowie bei jugendlichen Angeklagten der Erziehungsberechtigte und der gesetzliche Vertreter (§§ 67, 104 Abs. 1 Nr. 9 JGG) einen Schlussvortrag halten. Den dazu Berechtigten ist das Wort zu ihren Ausführungen **von Amts wegen** vom Vorsitzenden zu erteilen (KK-StPO/*Ott* § 258 Rn. 4); das gilt auch für den Erziehungsberechtigen und den gesetzlichen Vertreter im Jugendstrafverfahren (BGH NStZ 1996, 216; StV 2001, 172; OLG Köln StV 2008, 119; HK-JGG/*Schatz* § 67 Rn. 21).

3 **II. Reihenfolge.** Von der im Gesetz vorgesehenen Reihenfolge kann **aus Gründen der Zweckmäßigkeit abgewichen** werden; nach der Intention des Gesetzes sollte der Nebenkläger seinen Schlussvortrag indes vor dem Verteidiger halten (Meyer-Goßner/*Schmitt* § 258 Rn. 8). Auch beim Auftreten mehrerer Verteidiger oder Sitzungsvertreter der Staatsanwaltschaft entscheidet der Vorsitzende nach pflichtgemäßem Ermessen (LR/*Stuckenberg* § 258 Rn. 20).

III. Inhalt. Eine **thematische Begrenzung** für den Inhalt der Schlussvorträge **enthält das Gesetz nicht** (HK-StPO/*Julius/Beckemper* § 258 Rn. 6). Was Inhalt des Schlussvortrags ist, ergibt sich aus seiner Funktion als abschließender Bewertung des Ergebnisses der Hauptverhandlung aus der Sicht des jeweiligen Prozessbeteiligten. Dass sich der Inhalt des Schlussvortrags etwa des Verteidigers von dem des Nebenklägervertreters oder des Staatsanwalts (§ 160 Abs. 2; Nr. 138, 139 RiStBV) thematisch und vom Ansatz her unterscheidet, liegt in der Natur der Sache. Bei der Art des Vortrags und dessen Ausgestaltung ist der jeweils Vortragende im Wesentlichen frei; er kann ablesen, frei vortragen und sich auch technischer Hilfsmittel (Skizzen; PowerPoint etc.) bedienen (SK-StPO/Velten § 258 Rn. 24; KK-StPO/*Ott* § 258 Rn. 9; vgl. auch BGHSt 3, 368 [369]; 9, 77 [78]). 4

IV. Pflicht zum Schlussvortrag?. Eine **gesetzliche Pflicht zum Schlussvortrag erwächst aus § 258 nicht** (LR/*Stuckenberg* § 258 Rn. 22; Meyer-Goßner/*Schmitt* § 258 Rn. 9). Unbeschadet der Tatsache, dass der **Sitzungsvertreter der Staatsanwaltschaft** innerdienstlich verpflichtet ist, einen Schlussvortrag zu halten und einen entsprechenden Antrag zu stellen – Nrn. 138, 139 RiStBV enthalten dafür teilweise detaillierte Vorgaben – ergibt sich eine solche Verpflichtung schon aus der **Stellung der Anklagebehörde im Offizialverfahren** und der daraus erwachsenden **Mitverantwortung des Sitzungsstaatsanwalts** für das Zustandekommen eines gerechten Urteils (BGH NStZ 1984, 468; LR/*Stuckenberg* § 258 Rn. 23; einschränkend SK-StPO/Velten § 258 Rn. 20). Eine Verletzung von Abs. 1 (i.V.m. § 22 Nr. 5 analog) kommt daher in Betracht, wenn der Sitzungsstaatsanwalt im Schlussvortrag das Beweisergebnis würdigt, obwohl er zuvor als Zeuge vernommen wurde (BGH StV 2019, 308; zum notwendigen Rügevortrag BGH NStZ 2018, 482). Auch für den Verteidiger besteht keine Pflicht zum Schlussvortrag, nicht einmal im Fall der Pflichtverteidigung (BGH NStZ 1981, 295; BGH bei *Holtz* MDR 1980, 274; LR/*Stuckenberg* § 258 Rn. 24). Für den Fall der Wahlverteidigung kommt bei Verweigerung des Schlussvortrags eine positive Vertragsverletzung des mit dem Mandanten geschlossenen Geschäftsbesorgungsvertrags in Betracht. 5

C. Recht zur Erwiderung (Abs. 2 Hs. 1). Das **Recht zur Erwiderung** steht nicht nur der Staatsanwaltschaft, sondern wegen des Verweises in § 397 Abs. 1 Satz 3 **auch dem Nebenkläger** zu (BGHSt 28, 272 [274]; BGH NJW 2001, 3137), ebenso dem **Privatkläger** (Meyer-Goßner/*Schmitt* § 258 Rn. 18). Dem Angeklagten (letztes Wort!) und seinem Verteidiger ist das Wort immer dann noch einmal zu erteilen, wenn einer der anderen Verfahrensbeteiligten sein Recht zur Erwiderung ausgeübt hat (BGH NJW 1976, 1951). Ein Anspruch auf mehrmalige Erwiderung besteht nicht; der Vorsitzende kann aber nach Zweckmäßigkeit und pflichtgemäßem Ermessen dazu das Wort erteilen (h.A.; RGSt 11, 135b [136]; LR/*Stuckenberg* § 258 Rn. 35). 6

D. Letztes Wort (Abs. 2 Hs. 2). I. Rechtsnatur. Das Recht auf das letzte Wort im Sinne von Abs. 2 Hs. 2 ist **höchstpersönlich und nicht übertragbar**, auch nicht – anders als beim Schlussvortrag (HK-StPO/*Julius/Beckemper* § 258 Rn. 9, 10) – auf den Verteidiger (KK-StPO/*Ott* § 258 Rn. 14); es besteht **unabhängig von seinem Erklärungsrecht nach** § 257 (OK-StPO/*Eschelbach* § 258 Rn. 19). Die Vorschrift hat den Zweck, dem Gericht den eigenen Standpunkt unmittelbar vor der Verkündung des Urteils nahezubringen und so noch Einfluss auf die zu treffende Entscheidung zu nehmen (BGH StraFo 2009, 109). Das Recht auf das letzte Wort verwirkt der Angeklagte auch nicht etwa dadurch, dass er sich während der vorangegangenen Hauptverhandlungstage eigenmächtig entfernt hat, sofern er nur rechtzeitig vor Verkündung des Urteils wieder erscheint (BGH NStZ 1986, 372; NStZ 1990, 291). 7

II. Inhalt. Auch für den Inhalt des letzten Wortes macht das Gesetz keine Vorgaben. Nach weitaus herrschender Ansicht ist ihm dabei weitestgehende Verteidigungsfreiheit einzuräumen (BGHSt 9, 77 [79]; BGH StV 1985, 355; KK-StPO/*Ott* § 258 Rn. 21 m.w.N.). Dies gilt auch für die Form seines Vortrags; er kann schriftliche Aufzeichnungen verwenden, Skizzen heranziehen u.Ä. Ausführungen zu tatsächlichen Vorgängen und Sachverhalten sind ebenso zulässig wie Rechtsausführungen, auch wenn sein Verteidiger solche schon gemacht hat (LR/*Stuckenberg* § 258 Rn. 47). Welchen Raum der Vorsitzende dem Angeklagten lässt, wenn es um aus Sicht des Gerichts nicht entscheidungserhebliche Punkte geht, bleibt im Wesentlichen seinem Fingerspitzengefühl überlassen; im Hinblick auf die Bedeutung der Gewährleistung des rechtlichen Gehörs (Art. 103 Abs. 1 GG) sollte das Gericht regelmäßig keine Ungeduld zeigen. Redezeitbegrenzungen sind unzulässig (LR/*Stuckenberg* § 258 Rn. 48; Meyer-Goßner/*Schmitt* § 258 Rn. 25). 8

III. Zeitpunkt, Verhältnis zu Abs. 3. Die Vorschrift soll sicherstellen, **dass der Angeklagte** unabhängig von der Reihenfolge der Schlussvorträge und der Zahl der Erwiderungen im Einzelfall **immer als letzter sprechen kann** und ihm dies in fasslicher Sprache vom Vorsitzenden deutlich gemacht wird (BGHSt 18, 84; HansOLG Hamburg StV 2005, 280; HK-StPO/*Julius/Beckemper* § 258 Rn. 10). Dabei gilt die Verpflichtung zu – ggfs. erneuten – Erteilung des letzten Wortes nicht im Verhältnis zu Mitangeklagten, wohl aber dann, 9 wenn der Verteidiger eines Mitangeklagten Ausführungen gemacht hat (BGHSt 48, 181 [182]; BGH StV 2017, 797; dazu MüKo-StPO/*Cierniak/Niehaus*, § 258 Rn. 14, 18; zur Reihenfolge im Verhältnis zum Erziehungsberechtigten bzw. gesetzlichen Vertreter BGH StV 2018, 784). Einer vorherigen Prozesshandlung des Gerichts bedarf es in einem solchen Fall nicht (BGH StV 2015, 474). Die gesonderte Befragung nach Abs. 3, die ebenfalls ein höchstpersönliches Recht darstellt, soll dem Angeklagten auch dann sein Recht auf abschließende Ausführungen gewährleisten, wenn sein Verteidiger bereits für ihn gesprochen hat (LR/*Stuckenberg* § 258 Rn. 44; KK-StPO/*Ott* § 258 Rn. 14). Folglich läuft Abs. 3 leer, wenn der Angeklagte keinen Verteidiger hat (LR/*Stuckenberg* § 258 Rn. 46). Eine Befragung nach Abs. 3 ist nicht geboten, wenn der Angeklagte erkennbar die Bedeutung der abschließenden Worterteilung kennt (OK-StPO/*Eschelbach* § 258 Rn. 20). Umgekehrt ist zwischen dem letzten Wort und der Gelegenheit zu Ausführungen streng zu differenzieren (OK-StPO/*Eschelbach* § 258 Rn. 21). Der Ausschluss der Öffentlichkeit nach § 171b Abs. 3 Satz 2 GVG umfasst auch das letzte Wort des Angeklagten (BGH StV 2017, 369).

10 **E. Rechtsmissbrauch.** Wegen des Fehlens gesetzlicher Einschränkungen bei der Wahrnehmung des Rechts auf das letzte Wort und der verfassungsrechtlichen Gewährleistung des rechtlichen Gehörs (Art. 103 Abs. 2 GG) erweist sich diese Befugnis als grds. missbrauchsanfällig. Mit gewissen Einschränkungen gilt dieser Befund auch für die Befugnis der Prozessbeteiligten, Schlussvorträge zu halten (vgl. HK-StPO/*Julius/Beckemper* § 258 Rn. 1). Zwar besteht im Wesentlichen Einigkeit darüber, dass das Gericht im Interesse der Wahrheitsfindung und wegen des Beschleunigungsgrundsatzes in der Lage sein muss, jede dieser Befugnisse im Fall ihres Missbrauchs entziehen zu können (BGH, Beschl. v. 27.05.2020 – 5 StR 166/20 m.w.N.; LR/*Stuckenberg* § 258 Rn. 50 ff.; Meyer-Goßner/*Schmitt* § 258 Rn. 26; enger KK-StPO/*Ott* § 258 Rn. 21; OK-StPO/*Eschelbach* 15). Die Schwierigkeit liegt in der Einzelfallabwägung, die zunächst der Vorsitzende im Rahmen seiner Sachleitungsbefugnis (§ 238 Abs. 1) vorzunehmen hat. Dabei wird er zu bedenken haben, dass dem Rederecht professioneller Verfahrensbeteiligter i.R.d. Schlussvorträge regelmäßig engere Grenzen gezogen sind als den Ausführungen des Angeklagten i.R.d. letzten Wortes. Dies gilt vor allem für die Entscheidung der Frage, wann noch zum Verhandlungsgegenstand gesprochen wird, der annähernd vom historischen Vorgang im Sinne von § 264 umrissen wird. Beim Angeklagten wird man hier einen deutlich großzügigeren Maßstab anlegen müssen. Aber auch demjenigen Verteidiger, der etwa in einem Prozess wegen einer Straftat mit politischem Hintergrund den Gerichtssaal zu einer politischen Bühne für seine Ausführungen umzufunktionieren beabsichtigt, steht der Tatrichter nicht wehrlos gegenüber; entsprechendes gilt für ständige Wiederholungen oder offensichtlich unnütze Weitschweifigkeiten (vgl. BGHSt 3, 368 [369]; BGH StV 1985, 355 [356]). Jedweder inhaltlichen Kontrolle des Vorgetragenen sollte sich das Gericht schon im Hinblick auf den Anschein der Befangenheit enthalten. Schon deshalb ist die Beschneidung des letzten Wortes mit der Begründung, der Angeklagte bleibe nicht bei der Wahrheit, schlechthin ausgeschlossen (BGH JR 1965, 348). Dass der Vorsitzende dabei dem Grundsatz der Verhältnismäßigkeit Rechnung tragen und das Wort erst nach einmaligen oder mehrmaliger Abmahnung entziehen sollte, versteht sich von selbst (vgl. dazu LR/*Stuckenberg* § 258 Rn. 52). Zu bedenken bleibt letztlich auch, dass der Inhalt eines Schlussvortrages auch der strafrechtlichen Beurteilung unterliegen kann (BGHSt 18, 204 f.; 31, 16 [17]; LR/*Stuckenberg* § 258 Rn. 51).

11 **F. Beratung.** Die Erforderlichkeit der Beratung des Gerichts nach Entgegennahme der Schlussausführungen und des letzten Wortes ergibt sich aus dem Umstand, dass **die Ausführungen der Prozessbeteiligten nach § 258 zum Inbegriff der Verhandlung i.S.d. § 261 gehören** und daher regelmäßig bei der Urteilsfindung zu berücksichtigen sind (allg. M.; vgl. nur KK-StPO/*Ott* § 258 Rn. 21, 28 m.w.N.). Wird der Fall einer sofortigen Urteilsverkündung nach Entgegennahme der abschließenden Ausführungen der Beteiligten und des letzten Wortes ohne vorgeschaltete Beratung vor allem bei einem Kollegialgericht praktisch nicht vorkommen, kann die Frage relevant werden, wenn das Gericht nach einer Urteilsberatung erneut in die Beweisaufnahme eintritt und daraufhin das Urteil zu verkünden beabsichtigt. Zwar kann die (unzureichende) Dauer einer Urteilsberatung nicht Gegenstand revisionsgerichtlicher Überprüfung sein (BGHSt 37, 141), dass die vom Gesetz geforderte abschließende Beratung *erkennbar* stattzufinden hat, wird von Rspr. und herrschender Auffassung im Schrifttum aber zu Recht gefordert (BGHSt 24, 170; BGH NJW 1987, 3210; BGH NStZ 1988, 470; 2001, 106; LR/*Stuckenberg* § 258 Rn. 14 f.; zur Zulässigkeit der sog. Tischberatung, wenn sich nach Wiedereintritt kein wesentlicher neuer Prozessstoff ergeben hat, vgl. BGHSt 24, 170; BGH StV 1992, 552; *Schlothauer/Weider*, Verteidigung im Revisionsverfahren Rn. 1706). Die Beratung – unter Einschluss der Schöffen – muss jedenfalls nach außen erkennbar sein (BGHR StPO § 260 Abs. 1 Beratung 1, 4).

12 Da sich der **Strafrichter am AG** regelmäßig nicht zur Beratung zurückziehen muss (KK-StPO/*Ott* § 258 Rn. 29), seine Beratung demnach formlos und unauffällig erfolgen kann (OK-StPO/*Eschelbach* § 260 Rn. 6), ist der Strafrichter in besonderer Weise gehalten den Anschein zu vermeiden, er nehme die Schlussaus-

führungen nicht zu Kenntnis. Die Niederschrift der Urteilsformel noch während der Plädoyers sollte daher in jedem Fall unterbleiben (LR/*Stuckenberg* § 258 Rn. 15).

G. Wiedereintritt in die Beweisaufnahme. I. Voraussetzung. Wann ein **Wiedereintritt in die Beweisaufnahme** angenommen werden muss, ist **nach den Umständen des Einzelfalles zu bestimmen.** Es muss der Wille des Gerichts erkennbar werden, im Zusammenwirken mit den Prozessbeteiligten in der Beweisaufnahme fortzufahren oder Anträge mit ihnen zu erörtern (BGH NStZ 2004, 505 [507]; BGH NStZ-RR 2010, 152; KK-StPO/*Ott* § 258 Rn. 24; krit. i.H.a. die Rspr. SK-StPO/*Velten* § 258 Rn. 49; *Bock* ZStW 2017, 745). Der Wille des Gerichts muss sich dabei nicht in einem förmlichen Beschluss über die Wiedereröffnung der Hauptverhandlung niederschlagen; er liegt regelmäßig in der jeweiligen, vom Gericht durchgeführten oder veranlassten Prozesshandlung selbst (BGH StRR 2019, Nr. 4, 14; Meyer-Goßner/*Schmitt* § 258 Rn. 28); die Unterscheidung zwischen einem ausdrücklichen und einem stillschweigenden Wiedereintritt führt in diesem Zusammenhang kaum weiter (so aber LR/*Stuckenberg* § 258 Rn. 5 f. unter missverständlicher Bezugnahme auf BGHSt 22, 278 [279]). Der Wiedereintritt kann von Amts wegen oder auf Antrag erfolgen; auf Umfang und Bedeutung des nach Wiedereintritt Erörterten kommt es nicht an, ebenso wenig auf die Frage, ob die Weiterverhandlung den Tatvorwurf insgesamt oder nur Teile desselben betrifft (BGHSt 20, 273 [275]). 13

II. Einzelfälle. Danach ist ein **Wiedereintritt zu bejahen,** wenn die **Sach- und Rechtslage** – auch ohne Bezug zu einer Verständigung – oder die Frage **erörtert** wird, wie ein auf eine Beweiserhebung gerichteter Antrag eines Angeklagten zu verstehen ist (BGH StRR 2019, Nr. 5, 14; BGH NJW 2018, 414), wenn sich aus dem Schlussvortrag eines Prozessbeteiligten die Notwendigkeit ergibt, einen **Beweisantrag abzulehnen** oder über eine **Teileinstellung** zu befinden (BGH StraFo 2014, 251; BGHR StPO § 258 Abs. 3 Wiedereintritt 6; BGH StV 2018, 495), bei einem **Hinweis** auf die Veränderung des rechtlichen Gesichtspunktes (BGHSt 22, 279 [279]; vgl. auch BGH NStZ 2013, 612), wenn der Angeklagte sein **Einverständnis mit einer formlosen Einziehung** erklärt (BGH NStZ-RR 2010, 152), wenn über die **Aufrechterhaltung eines Haftbefehls** entschieden und diese Entscheidung verkündet wird (BGH NStZ 1984, 376; vgl. auch BGH StV 2002, 234), wenn der **Erlass eines Haftbefehls beantragt** wird (BGHR StPO § 258 Abs. 3 letztes Wort 6; anders noch BGH NStZ 1986, 182), bei **Wiederinvollzugsetzung eines Haftbefehls** und der Anordnung von Maßnahmen nach § 116 (BGH NStZ 1986, 470; BGHR StPO § 258 Abs. 3 Wiedereintritt 3); bei **Aufhebung des Haftbefehls** ohne Begründung nach den Schlussanträgen auf der Grundlage einer Verständigung (BGH wistra 2011, 118), bei einer **Verfahrensabtrennung** (BGHR StPO § 258 Abs. 3 Wiedereintritt 4) und bei der **Rücknahmeerklärung in Bezug auf ein** in einem anderen Verfahren eingelegtes **Rechtsmittel** mit Zustimmungserklärung der anderen Prozessbeteiligten (BGH NStZ 1984, 51). Entsprechendes gilt etwas bei der **Übergabe einer Entschädigungssumme** in bar vor Urteilsverkündung nach Vergleichsabschluss im Adhäsionsverfahren in einem vorherigen Hauptverhandlungstermin (BGH, Beschluss vom 24.06.2014 – 3 StR 185/14) und bei **Gewährung von Prozesskostenhilfe für die Neben- und Adhäsionsklägerin** im Beschlusswege (BGH NStZ-RR 2014, 15). 14

Verneint worden ist ein Wiedereintritt hingegen bei der **bloßen Verkündung einer Teileinstellung/-beschränkung** nach §§ 154, 154a (BGH NStZ 2001, 218; abw. wohl BGH NStZ 1999, 244), bei der **Verwerfung eines Ablehnungsantrags** nach dem letzten Wort des Angeklagten **als unzulässig** (BGHR StPO § 258 Abs. 3 Wiedereintritt 5), im Fall der **Verweigerung der Zustimmung der Staatsanwaltschaft zu einer Teileinstellung,** bei **Zwischenrufen** und **der bloßen Entgegennahme nicht eingeforderter Erklärungen oder Anträge** (BGH NStZ 2004, 505). Entsprechendes gilt für die Negativmitteilung nach § 243 Abs. 4 (BGH NStZ 2015, 658). 15

III. Rechtsfolge. Durch den Wiedereintritt in die Beweisaufnahme verlieren die vorher gem. § 258 gemachten Ausführungen einschließlich des letzten Wortes des Angeklagten ihre rechtlichen Wirkungen; das **Verfahren wird insoweit gleichsam »auf Null gestellt«.** Sämtliche Worterteilungen müssen wiederholt werden; Umfang und Inhalt der Weiterverhandlung sind dafür unerheblich (Meyer-Goßner/*Schmitt* § 258 Rn. 27). 16

H. Hauptverhandlungsprotokoll. Dass die Prozessbeteiligten Gelegenheit zu ihren Schlussvorträgen hatten, der Angeklagte im Sinne von Abs. 3 befragt und ihm Gelegenheit zu seinem letzten Wort gegeben wurde, sind **wesentliche Förmlichkeiten** der Hauptverhandlung i.S.d. § 273 Abs. 1 (BGHSt 22, 278 [280]; BGHR StPO § 258 Abs. 3 letztes Wort 1; KK-StPO/*Ott* § 258 Rn. 31). Auch die Verweigerung des Schlussvortrags und die Wortentziehung müssen im Hauptverhandlungsprotokoll vermerkt werden (LR/*Stuckenberg* § 258 Rn. 54; Meyer-Goßner/*Schmitt* § 258 Rn. 31). Die Einhaltung dieser Förmlichkeiten kann demnach regelmäßig auch **nur durch die Sitzungsniederschrift bewiesen** werden (BGHSt 13, 53 [59]; 22, 278 [280]; zum Wegfall der Beweiskraft BGH StV 2002, 530; zur nachträglichen Protokollberichtigung BGHSt [GS] 51, 298; BGH StraFo 2011, 356 f.; BGH StV 2019, 812 und die Erl. zu § 271). 17

18 **I. Revision.** Gem. § 337 zwingt ein Verstoß gegen § 258 nur dann zur Aufhebung des tatrichterlichen Urteils, wenn der Angeklagte **durch den Verfahrensfehler beschwert** ist (LR/*Stuckenberg* § 258 Rn. 66) und **wenn das Urteil auf dem Verfahrensfehler beruht** (vgl. nur BGHR StPO § 258 Abs. 3 letztes Wort 6; krit. z. Rspr. Bock ZStW 2017, 745).

19 An einer Beschwer fehlt es etwa dann, wenn der Revisionsführer geltend macht, das Recht zum Schlussvortrag eines **Mitangeklagten** oder seines Verteidigers sei übergangen oder unzulässig beschnitten worden (*Stuckenberg* a.a.O.). Dass der **Staatsanwalt** keine Gelegenheit zum Schlussvortrag hatte, schließt die Beschwer des Angeklagten dagegen nicht aus, wohl aber, dass dieser keine Stellungnahme abgegeben hat (BGH NStZ 2013, 58; OLG Stuttgart NStZ 1992, 92; OLG Zweibrücken StV 1986, 51; a.A. LR/*Stuckenberg* § 258 Rn. 23, 66). Anders verhält es sich, wenn der Verteidiger des das Rechtsmittel führenden Angeklagten **von sich aus auf einen Schlussvortrag verzichtet**; in einem solchen Fall fehlt es an einem dem erkennenden Gericht anzulastenden Fehlverhalten (str.; vgl. LR/*Stuckenberg* § 258 Rn. 59; zur Verletzung des Rechts auf Erwiderung BGH NJW 2001, 3137). Einem in der Hauptverhandlung nicht anwesenden, weil erkrankten Verteidiger kann keine Gelegenheit zum Schlussvortrag gegeben werden; ein Verstoß gegen Abs. 1 scheidet daher aus (BGH NStZ 2012, 462). Nimmt der Sitzungsstaatsanwalt im Schlussvortrag eine Würdigung seiner eigenen, in der Hauptverhandlung zuvor gemachten Zeugenaussage vor, kann ein relativer Revisionsgrund im Sinne der §§ 337, 22 Nr. 5 analog, 258 Abs. 1 vorliegen (BGH NStZ 2019, 234).

20 Nach im Schrifttum vertretener (älterer) Ansicht ist bei einer Verletzung von § 258 ein Beruhen der Entscheidung auf dem Rechtsfehler regelmäßig anzunehmen, da der Tatrichter den Inhalt der unterbliebenen abschließenden Äußerung niemals vorhersehen könne (*Hanack* JZ 1972 276; *Eb. Schmidt* JR 1969, 235; ähnlich wohl BayObLGSt 1957, 89; vgl. auch LR/*Stuckenberg* § 258 Rn. 68). Dem ist die **Rspr.** zu Recht nicht gefolgt; sie **stellt auf die Umstände des einzelnen Falles ab**, was aber – in Übereinstimmung mit dem neueren Schrifttum – nicht selten und insb. bei dem nicht geständigen Angeklagten zu demselben Ergebnis führt (BGHSt 21, 288 [290]; 22, 278 [280]; BGH NStZ 2009, 50 [51]; Meyer-Goßner/*Schmitt* § 258 Rn. 34; KK-StPO/*Ott* § 258 Rn. 35 f.). Dabei wird in den Fällen eines umfassenden und durch weitere Beweismittel bestätigten Geständnisses zumindest ein **Beruhen des Schuldspruchs** auf der Verletzung der Vorschrift ausgeschlossen werden können (BGH NStZ-RR 2010, 152; NStZ-RR 2016, 113; Meyer-Goßner/*Schmitt* § 258 Rn. 34; LR/*Stuckenberg* § 258 Rn. 69; weitere Einzelfälle bei *Stuckenberg* a.a.O.). Verstöße gegen § 258 sind bis zum Schluss der Urteilsverkündung **heilbar** (HK-StPO/*Julius/Beckemper* § 258 Rn. 32).

21 Besonders zu beachten sind **die nach § 344 Abs. 2 Satz 2 bestehenden Anforderungen an den Revisionsvortrag** im Fall der Nichterteilung des letzten Wortes: Es ist darzulegen, dass die Beweisaufnahme geschlossen wurde, Staatsanwaltschaft und Verteidiger ihre Ausführungen machten und die Anträge stellten, der Angeklagte nicht gem. Abs. 3 befragt wurde, ihm das letzte Wort nicht erteilt wurde und er es auch nicht hatte, und daraufhin das Urteil verkündet wurde (vgl. BGH StV 1995, 176 m.Anm. *Ventzke*). Liegt ein Fall des Wiedereintritts vor, bedarf es **der umfassenden Darlegung des gesamten Verfahrensablaufs vom ersten Schluss der Beweisaufnahme an** (Einzelheiten dazu bei *Schlothauer/Weider*, Verteidigung im Revisionsverfahren Rn. 1697).

22 Ist ein Prozessbeteiligter bei den Schlussvorträgen vollständig übergangen worden, hat der Tatrichter Abs. 3 missachtet oder dem Angeklagten das letzte Wort nicht gewährt, bedarf es **keiner Anrufung des Gerichts i.S.d. § 238 Abs. 2** (KK-StPO/*Ott* § 258 Rn. 33; ebenso *Radtke/Hohmann/Forkert-Hosser* § 258 Rn. 34). Entgegen a.A. (OK-StPO/*Eschelbach* § 258 Rn. 28; KK-StPO/*Ott* § 258 Rn. 33 m.w.N.) gilt dies wegen des zwingenden Charakters der Vorschrift und der Gesamtverantwortung des Gerichts für deren Einhaltung auch in Fällen anderweitiger gesetzwidriger Beschränkung der den Prozessbeteiligten nach § 258 zustehenden Rechte (LR/*Stuckenberg* § 258 Rn. 64 f.). Eine Ausnahme (vorherige Anrufung des Gerichts) ist nur dann zu machen, wenn einer der Prozessbeteiligten im Revisionsverfahren rügt, er habe keine ausreichende Zeit zur Vorbereitung seines Schlussvortrags gehabt (vgl. BGH NStZ 2005, 650).

§ 259 Dolmetscher

(1) Einem der Gerichtssprache nicht mächtigen Angeklagten müssen aus den Schlussvorträgen mindestens die Anträge des Staatsanwalts und des Verteidigers durch den Dolmetscher bekannt gemacht werden.
(2) Dasselbe gilt nach Maßgabe des § 186 des Gerichtsverfassungsgesetzes für einen hör- oder sprachbehinderten Angeklagten.

Übersicht	Rdn.		Rdn.
A. **Grundsätzliches und Regelungsgehalt**	1	III. Hör- und Sprachbehinderung	5
B. **Anwendungsbereich**	3	C. **Ermessen**	6
I. Schlussvorträge	3	D. **Revision**	7
II. Sprachunkundigkeit	4		

A. Grundsätzliches und Regelungsgehalt. Gem. § 185 GVG müssen in der Hauptverhandlung **alle wesentlichen Verhandlungsteile**, insb. alle unter dem Gesichtspunkt des Verteidigungsinteresses des Angeklagten bedeutsamen Vorgänge, möglichst in die Muttersprache des der deutschen Sprache nicht mächtigen Angeklagten übertragen werden (BVerfGE 64, 148; Einzelheiten bei LR/*Wickern* § 185 GVG Rn. 16; *Kissel/Mayer* § 185 GVG Rn. 10). Entsprechendes gilt gem. § 186 GVG für hör- oder sprachbehinderte Personen. Für den Umfang der Übersetzung der Schlussvorträge macht § 259 davon eine Ausnahme (Meyer-Goßner/*Schmitt* § 259 Rn. 1). Eine Übersetzung des gesamten Inhalts der Plädoyers wird vom Gesetz nicht gefordert; ausreichend ist die Bekanntmachung der jeweiligen Anträge. 1

Die im Schrifttum **gegen diese Vorschrift erhobenen Bedenken** sind nicht gänzlich von der Hand zu weisen (vgl. *Katholnigg* § 185 GVG Rn. 3; HK-StPO/*Julius/Bär* § 259 Rn. 1; OK-StPO/*Eschelbach* § 259 Rn. 1; *Sommer* StraFo 1999, 45; einschränkend LR/*Stuckenberg* § 259 Rn. 5). Wenn dem sprachunkundigen Angeklagten lediglich die Anträge übersetzt werden, wird er kaum in der Lage sein, die aus dem Ergebnis der Beweisaufnahme gezogenen Folgerungen hinreichend zu überprüfen und dazu im letzten Wort Stellung zu nehmen (HK-StPO/*Julius/Bär* § 259 Rn. 1). Mit Art. 6 Abs. 3 lit. e) EMRK dürfte die Bestimmung nur deshalb noch vereinbar sein, weil sie mit der Verwendung des Wortes »mindestens« zum Ausdruck bringt, dass der Vorsitzende auch eine weitergehende Übersetzung anordnen kann, was in der Praxis auch häufig geschieht. Mit Blick darauf, dass die RiL 2010/64/EU v. 20.10.2010 (ABl. L 280 v. 26.10.2010 die Mitgliedstaaten lediglich allgemein dazu verpflichtet, dass Dolmetscherleistungen u.a. bei sämtlichen Gerichtsverhandlungen »zur Verfügung gestellt werden«, ist die im Schrifttum vertretene Ansicht, die Vorschrift sei schon deshalb insgesamt überholt, unzutreffend (so aber LR/*Stuckenberg* § 259 Rn. 1; KK-StPO/*Ott* § 259 Rn. 1; *Kotz* StV 2012, 626 [628]). 2

B. Anwendungsbereich. I. Schlussvorträge. Die Vorschrift bezieht sich ausschließlich auf die von den Prozessbeteiligten gehaltenen **Schlussvorträge**, nicht auf den Inhalt der Hauptverhandlung i.Ü., für den, wie auch für die mündliche Urteilsbegründung (BGH GA 1963, 148), die §§ 185, 186 GVG uneingeschränkt gelten. Sie entfaltet nur insoweit Wirkung, als der jeweilige Verfahrensbeteiligte auch einen Antrag stellt; nach dem Normzweck wird man ihren Anwendungsbereich jedoch nicht auf die Schlussvorträge von Staatsanwalt und Verteidiger beschränken können, sondern auf entsprechende Anträge weiterer Prozessbeteiligter ausdehnen müssen (OK-StPO/*Eschelbach* § 259 Rn. 2). **Erwiderungen und Entgegnungen**, die mit Ausnahme von § 258 Abs. 2 Satz 1 im Gesetz nicht erwähnt werden, aber in der Praxis nicht selten vorkommen, werden von der Vorschrift ebenfalls erfasst (OK-StPO/*Eschelbach* § 259 Rn. 3). 3

II. Sprachunkundigkeit. Wann die fehlenden deutschen Sprachkenntnisse eines Angeklagten i.S.d. Abs. 1 gegeben sind, lässt sich nicht allgemein beantworten. Nach der Rspr. des BVerfG ist die **Zuziehung eines Dolmetschers** gem. § 185 GVG schon dann **erforderlich**, wenn der Angeklagte die deutsche Sprache nicht so weit beherrscht oder sich in ihr nicht so ausdrücken kann, dass er in der Lage ist, der Verhandlung zu folgen und seine Verteidigung zweckentsprechend zu führen (BVerfG NJW 1983, 2763). Ergänzend wird auf die Erläuterungen zu § 185 GVG verwiesen. 4

III. Hör- und Sprachbehinderung. Der **Anwendungsbereich des Abs. 2** wurde durch Art. 20 Abs. 3 des OLGVertrÄndG v. 23.07.2002 (BGBl. I, S. 2580) **erweitert**. War bis dahin lediglich der schlechthin taube bzw. stumme Angeklagte erfasst, bezieht sich die Bestimmung nach der Neufassung auch auf jeden sprach- oder hörbehinderten Angeklagten, also auch auf denjenigen mit einer bloßen Schwerhörigkeit oder einer Sprachbeeinträchtigung, mag diese auch nur vorübergehender Natur sein (LR/*Wickern* § 186 GVG Rn. 2; *Kissel/Mayer* § 186 Rn. 3). Ergänzend wird auch insoweit auf die Erläuterungen zu § 186 GVG verwiesen. 5

C. Ermessen. Anders als § 185 GVG formuliert § 259 **rechtsstaatliche Mindestanforderungen**, von denen nicht nach Ermessen abgewichen werden kann. Daher ist es auch bedenklich, in das Ermessen des Vorsitzenden zu stellen, ob die Anträge wörtlich übersetzt oder dem Angeklagten in einer Zusammenfassung ihres wesentlichen Inhalts vermittelt werden. Im Hinblick auf die gegen die Vorschrift nicht zu Unrecht erhobenen Bedenken (s.o. Rn. 2) ist ein Ermessensspielraum allenfalls dahin eröffnet, über die Mindestanforderungen der Vorschrift hinauszugehen und weitere Teile der Schlussvorträge vom Dolmetscher wörtlich 6 oder zumindest in einer gedrängten Zusammenfassung übersetzen zu lassen (LR/*Stuckenberg* § 259 Rn. 5; ähnlich OK-StPO/*Eschelbach* § 259 Rn. 4 f.).

7 **D. Revision.** Die **Nichtbeachtung der Mindestanforderungen** der Vorschrift kann die Revision begründen. Das ist etwa dann der Fall, wenn entgegen § 185 GVG kein Dolmetscher tätig gewesen ist, wenn dieser die Schlussanträge entgegen § 259 nicht übersetzt hat oder wenn der anwesende Dolmetscher völlig ungeeignet war. Insoweit wird auf die Erläuterungen zu § 185 GVG verwiesen. Da es sich bei der Übersetzung der Anträge gem. § 259 nicht um eine wesentliche Förmlichkeit i.S.d. § 273 handelt, gelten für den Nachweis eines Verfahrensverstoßes die Grundsätze des Freibeweises (Meyer-Goßner/*Schmitt* § 259 Rn. 2, 3).

§ 260 Urteil

(1) Die Hauptverhandlung schließt mit der auf die Beratung folgenden Verkündung des Urteils.
(2) Wird ein Berufsverbot angeordnet, so ist im Urteil der Beruf, der Berufszweig, das Gewerbe oder der Gewerbezweig, dessen Ausübung verboten wird, genau zu bezeichnen.
(3) Die Einstellung des Verfahrens ist im Urteil auszusprechen, wenn ein Verfahrenshindernis besteht.
(4) [1]Die Urteilsformel gibt die rechtliche Bezeichnung der Tat an, deren der Angeklagte schuldig gesprochen wird. [2]Hat ein Straftatbestand eine gesetzliche Überschrift, so soll diese zur rechtlichen Bezeichnung der Tat verwendet werden. [3]Wird eine Geldstrafe verhängt, so sind Zahl und Höhe der Tagessätze in die Urteilsformel aufzunehmen. [4]Wird die Entscheidung über die Sicherungsverwahrung vorbehalten, die Strafe oder Maßregel der Besserung und Sicherung zur Bewährung ausgesetzt, der Angeklagte mit Strafvorbehalt verwarnt oder von Strafe abgesehen, so ist dies in der Urteilsformel zum Ausdruck zu bringen. [5]Im Übrigen unterliegt die Fassung der Urteilsformel dem Ermessen des Gerichts.
(5) [1]Nach der Urteilsformel werden die angewendeten Vorschriften nach Paragraph, Absatz, Nummer, Buchstabe und mit der Bezeichnung des Gesetzes aufgeführt. [2]Ist bei einer Verurteilung, durch die auf Freiheitsstrafe oder Gesamtfreiheitsstrafe von nicht mehr als zwei Jahren erkannt wird, die Tat oder der ihrer Bedeutung nach überwiegende Teil der Taten auf Grund einer Betäubungsmittelabhängigkeit begangen worden, so ist außerdem § 17 Abs. 2 des Bundeszentralregistergesetzes anzuführen.

Übersicht

1 **A. Grundsätzliches und Regelungsgehalt.** Die Vorschrift enthält **zwei Regelungskomplexe**: Zum einen legt sie in Abs. 1 fest, dass die **Urteilsverkündung als Teil der Hauptverhandlung** deren Abschluss darstellt. Zum anderen enthält sie in den Abs. 2 bis 4 **Anforderungen an den Inhalt der Urteilsformel**; Abs. 5 befasst sich mit der Liste der angewendeten Vorschriften. Nicht geregelt wird in § 260 die Form der **mündlichen Urteilsverkündung**; insoweit gilt **§ 268**. Wie die **Gründe des schriftlichen Urteils** abzufassen sind, regelt **§ 267**. Ein Vergleich der Urteilsformel mit der Anklage bzw. dem Eröffnungsbeschluss beantwortet zwar grds. die Frage danach, ob das Urteil diese erschöpfend erledigt (vgl. Meyer-Goßner/*Schmitt* § 260 Rn. 9 ff.; OK-StPO/*Eschelbach* § 260 Rn. 39). Insoweit richtet sich die Beurteilung der verfahrens- und sachlich-rechtlichen Einzelheiten aber in erster Linie nach **§ 264** (LR/*Stuckenberg* § 264 Rn. 37 ff.; KK-StPO/*Kuckein/Ott* § 264 Rn. 3). Ob der Urteilsspruch auf einer **rechtsfehlerfreien Beweiswürdigung** beruht, richtet sich nach **§ 261**. § 260 Abs. 4 und 5 gelten regelmäßig auch im Verfahren gegen Jugendliche und Heranwachsende; § 54 JGG enthält zusätzliche Sonderregelungen (vgl. HK-JGG/*Schatz* § 54 Rn. 5 ff.).

B. Urteilsverkündung (Abs. 1). I. Zeitpunkt. Die – als **Akt der Verhandlungsleitung** regelmäßig vom Vorsitzenden vorzunehmende (KK-StPO/*Ott* § 260 Rn. 7) – Urteilsverkündung folgt der Beratung und Abstimmung unmittelbar (vgl. aber § 268 Abs. 3 Satz 2); es darf also kein anderer Verhandlungsteil dazwischen treten (BGH NStZ 1988, 470). Ein solches Dazwischentreten stellt u.a. jeder **Wiedereintritt in die Hauptverhandlung** dar, und zwar ohne Rücksicht darauf, ob neuer Prozessstoff angefallen ist oder nicht (KK-StPO/*Ott* § 260 Rn. 2). Insoweit wird auf die Erläuterungen zu § 258 Bezug genommen. Einzelheiten des Beratungsablaufs werden in den §§ 192 ff. GVG geregelt (vgl. die dortigen Erläuterungen; zu den Einzelheiten vgl. auch LR/*Wickern* § 193 GVG Rn. 3 ff.). Vom Vorsitzenden erteilte Rechtsmittelbelehrungen gehören ebenso wenig wie die Verkündung von Beschlüssen nach den §§ 268a, 268b noch zur Urteilsverkündung (BGHSt 25, 333 [336]; BGH NStZ 1984, 279; LR/*Stuckenberg* § 260 Rn. 24; *Radtke/Hohmann/Gorka* § 260 Rn. 25). 2

II. Inhalt. 1. Urteilsformel. Nach der **in § 268 Abs. 2 Satz 1, 3 zwingend festgelegten Reihenfolge** hat die Verlesung der Urteilsformel der Bekanntgabe des wesentlichen Inhalts der Gründe vorauszugehen. Die Verlesung setzt eine **vorherige schriftliche Fixierung** denknotwendig voraus (KK-StPO/*Kuckein/Bartel* § 268 Rn. 3). Da ohne deren Verlesung kein Urteil im Rechtssinne vorliegt und demzufolge auch die Urteilswirkungen (s.u. Rdn. 5) nicht eintreten und die Formel den Umfang der Rechtskraft bestimmt, kommt ihr entscheidende Bedeutung zu. Sie ist wesentlicher Teil der Hauptverhandlung mit der Folge, dass die notwendigen Prozessbeteiligten anwesend sein müssen, da sonst ein absoluter Revisionsgrund (§ 338 Nr. 3) gegeben sein kann, sofern der Verfahrensmangel nicht bemerkt und durch erneute vollständige Verlesung **geheilt** wurde (BGHSt 10, 304 [305]; 15, 263 [264]; KK-StPO/*Ott* § 260 Rn. 8). **Mit Ausnahme offensichtlicher Fassungsversehen** kann die Urteilsformel nach Urteilsverkündung **nicht mehr geändert** werden (vgl. BGHSt 25, 333 [335 f.]; BGHR StPO § 260 Urteilstenor 4); kommt es während der Verkündung zu einer Korrektur wegen eines erst dann bemerkten Fehlers, hat die Verkündung insgesamt erneut zu erfolgen (KK-StPO/*Ott* § 260 Rn. 8). 3

2. Urteilsgründe. Die Mitteilung der Urteilsgründe hat sich i.R.d. mündlichen Urteilsverkündung gem. § 268 **auf deren wesentlichen Inhalt** zu beschränken (Einzelheiten bei § 268). Sie dient der vorläufigen Unterrichtung der Verfahrensbeteiligten über die Gründe, die das Gericht zu seiner Entscheidung bewogen haben (BGHSt 17, 263 [264]. Die anfechtungsberechtigen Verfahrensbeteiligten müssen in der Lage sein zu entscheiden, ob sie **Rechtsmittel einlegen** wollen. Im **Verfahren gegen Jugendliche** gilt die Ausnahmevorschrift des § 54 Abs. 2 JGG (vgl. HK-JGG/*Schatz* § 54 Rn. 5 ff.). 4

III. Wirkungen der Verkündung. An die Urteilsverkündung, die immer öffentlich stattfinden muss (§ 173 Abs. 1 GVG), knüpfen sich **unterschiedliche rechtliche Wirkungen.** Mit dem Beginn der Verlesung der Urteilsformel verlieren die Verfahrensbeteiligten das **Recht zur Stellung von Beweisanträgen** (LR/*Becker* § 246 Rn. 2). Sie können jedoch nicht daran gehindert werden, solche Anträge nach Beratung und (noch unmittelbar) vor Urteilsverkündung zu stellen; dann ist **der Wiedereintritt in die Hauptverhandlung** erforderlich (BGH StV 2007, 17; StV 1992, 218, beide unter Bezugnahme auf BGH NJW 1967, 2019; vgl. *Schlothauer/Weider*, Verteidigung im Revisionsverfahren, Rn. 1550). Das durch die (vollständige) Urteilsverkündung herbeigeführte Ende der Hauptverhandlung bewirkt gem. § 78b Abs. 3 StGB ohne Rücksicht auf den Inhalt der Urteilsformel (BGHSt 32, 209 [210]; 46, 159 [167]; BGH NStZ-RR 2001, 328; s. dazu BVerfG NJW 1995, 1145), dass der **Ablauf der Strafverfolgungsverjährung gehemmt** wird (SSW-StGB/*Rosenau* § 78b Rn. 10). Ist die mündliche Bekanntgabe der Gründe beendet, tritt außerdem eine **Bindung des Gerichts an seine eigene Entscheidung** ein (BGHSt 25, 333 [335 f.]; BGHR StPO § 260 Abs. 1 Urteilsverkündung 1 für den Fall nochmaliger Verkündung nach Wiedereintritt wegen Nichtgewährung des letzten Wortes). Ein Urteil im Rechtssinne liegt indes schon dann vor, wenn die Urteilsformel verkündet worden ist (RGSt 71, 377 [379]; BGHSt 8, 41 [42]). 5

C. Urteilsformel. I. Allgemeines. Da die StPO ein Teilurteil mit Ausnahme von § 406 Abs. 1 Satz 2 nicht kennt (OK-StPO/*Eschelbach* § 260 Rn. 12), der Verfahrensgegenstand im Urteil, so wie er sich aus der Anklage i.V.m. dem Eröffnungsbeschluss, Nachtragsanklagen, Teileinstellungen oder Beschränkungen ergibt, also vollständige »abgehandelt« werden muss, hat dies auch die Urteilsformel zum Ausdruck zu bringen. Sie allein erwächst in **Rechtskraft** und ist regelmäßig **Grundlage der Vollstreckung** (OK-StPO/*Eschelbach* § 260 Rn. 13). Bei Widersprüchen zwischen der Urteilsformel und den Gründen ist eine nachträgliche Berichtigung daher auch nur zulässig, wenn das Versehen auf der Hand liegt und das wirklich Beschlossene ohne vernünftigen Zweifel aus der Urteilsurkunde hervorgeht (KK-StPO/*Ott* § 260 Rn. 13 m.w.N.; Einzelheiten bei § 267). 6

7 **II. Einstellung (Abs. 3).** Der Fall der Einstellung durch Urteil wegen eines Prozesshindernisses wird vom Gesetz gesondert erwähnt. Es handelt sich dann um ein **Prozessurteil** mit regelmäßig nur **formeller Rechtskraftwirkung** (OK-StPO/*Eschelbach* § 260 Rn. 15). Der Freispruch des Angeklagten aus tatsächlichen Gründen geht der Einstellung wegen eines Verfahrenshindernisses nach ständiger Rspr. regelmäßig vor (BGHSt 13, 268 [273]; 20, 333 [335]; 44, 209 [218 f.]; Ausnahme bei Entscheidung über eine nicht angeklagte Tat; BGHSt 46, 130 [136]), weshalb das Einstellungsurteil in der Praxis nur untergeordnete Bedeutung hat. Es ist jedoch zu berücksichtigen, dass immer der schwerere Tatvorwurf den Urteilsausspruch bestimmt (eingehend BGHSt 50, 16 [30]; vgl. auch BGH NJW 2013, 1174 [1175]). Da das Einstellungsurteil das Verfahren beendet (HK-StPO/*Julius/Beckemper* § 260 Rn. 20), können **vorläufige Einstellungen**, etwa gem. § 205, nur **durch Beschluss** nach Aussetzung der Hauptverhandlung erfolgen (BGH NStZ 1996, 242 [243]).

8 **III. Freispruch.** Der Freispruch kann **aus tatsächlichen oder aus Rechtsgründen** erfolgen. Dies wird in die Urteilsformel indes ebenso wenig aufgenommen wie der angeklagte Tatvorwurf (Meyer-Goßner/*Schmitt* § 260 Rn. 17). **Zusätze** wie »mangels Beweises« o.ä. verstoßen gegen die Unschuldsvermutung (Art. 6 Abs. 2 EMRK) und sind **schlechthin** unzulässig (BGHSt 16, 374 [384]; KK-StPO/*Ott* § 260 Rn. 25). Die Tenorierung lautet für gewöhnlich »Der Angeklagte wird freigesprochen«, bei einem Teilfreispruch »Im Übrigen wird der Angeklagte freigesprochen«. Kein Raum für einen Teilfreispruch ist beim Wegfall eines tateinheitlichen Deliktes (BGHR StPO § 260 Abs. 1 Teilfreispruch 5) und dann, wenn ein in Tatmehrheit angeklagtes Delikt in einer Bewertungs- oder Handlungseinheit aufgeht (BGH NStZ 1997, 90 [91]; OK-StPO/*Eschelbach* § 260 Rn. 18).

9 **IV. Verurteilung. 1. Allgemeines.** Abs. 4 enthält Mindestanforderungen an die Abfassung der Urteilsformel in dem praktisch wichtigsten Fall der (teilweisen) Verurteilung des Angeklagten. Wenngleich sich im Laufe der Zeit für bestimmte Fallgruppen allgemeine Grundsätze herausgebildet haben, um dem Gebot der sprachlichen Klarheit des Tenors Rechnung zu tragen und ihn von allem Überflüssigen frei zu halten (vgl. BGHSt 27, 287 [289]), richtet sich dessen Abfassung nach den Umständen des Einzelfalles und steht grds. im Ermessen des Tatrichters (Abs. 4 Satz 5), sofern das Gesetz in Abs. 4 Satz 1 bis 4 (weitere Anforderungen in § 464 Abs. 1 und in § 200 StGB) nichts Anderes bestimmt (Essentialia; s. Rdn. 10 ff.). Danach besteht die Urteilsformel zwingend aus der Bezeichnung der abgeurteilten Tat(en) und dem Rechtsfolgenausspruch unter Einschluss der Maßregeln und Nebenfolgen (OK-StPO/*Eschelbach* § 260 Rn. 21).

10 **2. Essentialia. a) Tatbezeichnung (Abs. 4 Sätze 1, 2).** Die rechtliche Bezeichnung der Tat ergibt sich regelmäßig aus der gesetzlichen Überschrift und muss von tatsächlichen Merkmalen i.S.e. historischen Begebenheit frei gehalten werden (Meyer-Goßner/*Schmitt* § 260 Rn. 22; KK-StPO/*Ott* § 260 Rn. 29; Einzelheiten bei *Meyer-Goßner* NStZ 1988, 529). Auch die Einstufung als Verbrechen oder Vergehen gehört nicht in die Urteilsformel (BGH NJW 1986, 1116). Bestandteil des Urteilsausspruchs sind aber die **Schuldform bei Fahrlässigkeit** (BGHR StPO § 260 Abs. 4 Satz 1 Urteilsformel 2), die **Teilnahmeform** ohne Kennzeichnung als Alleintäter, Mittäter oder mittelbarer Täter (BGH NStZ 1999, 205; BGH NStZ-RR 2002, 259; KK-StPO/*Ott* § 260 Rn. 30 m.w.N.) und der **Versuch** (HK-StPO/*Julius/Beckemper* § 260 Rn. 14). Bei der Verabredung eines Verbrechens ist das **jeweilige Verbrechen in die Urteilsformel aufzunehmen** (BGHR StPO § 260 Abs. 4 Satz 1 Tatbezeichnung 1 und 4). Zum Schuldspruch gehören ferner **Qualifikationen** (vgl. BGH NStZ-RR 2007, 173 [174]; BGH wistra 1986, 217) und **Privilegierungen**, nicht aber Strafzumessungsregeln oder unbenannte Strafschärfungs- oder -milderungsgründe; Entsprechendes gilt für minder schwere oder besonders schwere Fälle (BGH NStZ 1998, 27; BGHR StPO § 260 Abs. 4 Satz 1 Tatbezeichnung 2 und 3). Besonders bei der – regelmäßig notwendigen (BGHR StPO § 260 Abs. 4 Satz 1 Tatbezeichnung 8; BGH NJW 1986, 1116 [1117]) – **Aufnahme des Konkurrenzverhältnisses** in die Urteilsformel, ist auf deren Klarheit und Übersichtlichkeit zu achten (BGH NStZ 1996, 493 [494]).

11 **b) Geldstrafe (Abs. 4 Satz 3).** Der **gesamte Rechtsfolgenausspruch** ist für die Urteilsformel **konstitutiv** (OK-StPO/*Eschelbach* § 260 Rn. 25). Ausdrückliche Regelungen finden sich in Abs. 2 (für die Anordnung eines Berufsverbotes) sowie in Abs. 3 Satz 3 und 4 (für die Verhängung einer Geldstrafe, die Aussetzung von Maßregeln zur Bewährung, die Verwarnung mit Strafvorbehalt und das Absehen von Strafe. Allen Einzelregelungen ist das Ziel gemeinsam, eine Vollstreckung des Urteils möglichst auf der Grundlage eines vollständig und klar abgefassten Urteilstenors zu gewährleisten. In Fällen der vorbehaltenen Sicherungsverwahrung wird der Tenor regelmäßig wie folgt gefasst: »Die Anordnung der Sicherungsverwahrung bleibt vorbehalten« (Meyer-Goßner/*Schmitt* § 260 Rn. 30a).

12 Bestandteil der Urteilsformel, soweit sie den Rechtsfolgenausspruch betrifft, sind neben den oben genannten Elementen (Rdn. 11) die **Gesamtstrafe** (nach Jahren, Monaten und Wochen; **§ 39 StGB**), die **Strafaussetzung zur Bewährung**, die Feststellung der **besonderen Schwere der Schuld**, der Ausspruch über den als

vollstreckt geltenden Teil der Strafe i.R.d. **Vollstreckungslösung** (vgl. BGHSt 52, 124), die Bestimmung über den **Umrechnungsmaßstab** bei einem ausländischen Freiheitsentzug (§ 51 Abs. 4 Satz 2 StGB), der **Maßregelausspruch** hinsichtlich aller Maßregeln (BGHSt 34, 138), die **Entscheidung über Einziehung und Verfall** unter Einschluss der genauen Bezeichnung des jeweiligen Gegenstandes (BGH NStZ 1993, 95). **Zwingend vorgesehene Anrechnungsentscheidungen** wie jene nach § 51 Abs. 1 Satz 1 werden in die Urteilsformel nicht aufgenommen (BGHSt 27, 287 [290]; KK-StPO/*Ott* § 260 Rn. 41; zur **Bekanntmachung einer Verurteilung** KK-StPO/*Ott* § 260 Rn. 44).

c) **Vorbehalt und Aussetzung (Abs. 4 Satz 4).** Entscheidungen nach den **§§ 56 ff. StGB** (Strafaussetzung zur Bewährung), nach **§ 67b StGB** (Aussetzung einer Maßregel der Besserung und Sicherung zur Bewährung) und nach **§ 70a StGB** (Aussetzung bei Berufsverbot) sowie die Verwarnung mit Strafvorbehalt (**§ 59 StGB**) und das Absehen von Strafe i.S.v. **§ 60 StGB** müssen ebenfalls in die Urteilsformel aufgenommen werden (zum Rechtsfolgenausspruch i.Ü. Rdn. 11 ff.). 13

D. Vorschriftenliste (§ 17 Abs. 2 BZRG, Abs. 5). I. Liste der angewendeten Vorschriften (Abs. 5 Satz 1). Die Liste der angewendeten Vorschriften gehört **nicht zur Urteilsformel**; sie soll diese gerade entlasten und muss deswegen auch nicht verkündet werden (BGH NStZ-RR 1997, 166). Die betreffenden Vorschriften sind möglichst genau zu bezeichnen, da die Liste als **Grundlage für die Eintragung der Verurteilung in das Bundeszentralregister** dient (OK-StPO/*Eschelbach* § 260 Rn. 29). Für jeden Angeklagten ist eine eigene Liste erforderlich; für alle Angeklagten zutreffende Vorschriften »vor die Klammer zu ziehen«, ist zulässig und kann der Übersichtlichkeit dienen. Mit den angewendeten Vorschriften sind – unter Einschluss des Allgemeinen Teils – gleichermaßen jene zum Schuld- wie auch jene zum (gesamten) Rechtsfolgenausspruch gemeint, es sei denn, sie beinhalten, wie etwa § 46 StGB, nur allgemeine Grundsätze (LR/*Stuckenberg* § 260 Rn. 131 ff.). Die Liste hat ihrer Funktion nach nahezu ausschließlich nur dann Bedeutung, **wenn der Angeklagte verurteilt** oder das **Verfahren eingestellt** wird, da bei einem Freispruch keine Vorschriften »angewendet« werden (LR/*Stuckenberg* § 260 Rn. 135; **Ausnahme**: Freispruch auf der Grundlage von § 20 StGB; vgl. KK-StPO/*Ott* § 260 Rn. 54). Die Vorschriften, aus denen sich Nebenentscheidungen wie die über Kosten und Auslagen ergeben, sind nicht in die Liste aufzunehmen (Meyer-Goßner/*Schmitt* § 260 Rn. 59). Eine **Berichtigung** der Liste ist auch **noch im Revisionsverfahren** möglich (LR/*Stuckenberg* § 260 Rn. 141). 14

II. § 17 Abs. 2 BZRG (Abs. 5 Satz 2). Werden die abgeurteilten Taten ganz oder zumindest überwiegend **aufgrund einer Betäubungsmittelabhängigkeit begangen** und wird eine (Gesamt)-Freiheitsstrafe von nicht mehr als 2 Jahren verhängt, ist in die Liste der angewendeten Vorschriften § 17 Abs. 2 BZRG aufzunehmen. 15

E. Revision. Soweit § 260 die formalen Anforderungen an die Urteilsformel beschreibt und die Abfassung der Liste der angewendeten Vorschriften bestimmt, kann bei einem Verstoß das Urteil regelmäßig nicht auf dem Verfahrensfehler beruhen. Das gilt insb. für einen Verstoß gegen Abs. 5 Satz 1 (BGH NStZ-RR 1997, 166; KK-StPO/*Ott* § 260 Rn. 52). I.Ü. ist **wie folgt zu unterscheiden:** 16

Was dem **Beratungsgeheimnis** unterliegt, ist **nicht revisibel**. Der Gang der Beratung ist daher ebenso wenig auf Rechtsfehler überprüfbar wie das Procedere der Abstimmung im Spruchkörper (§§ 192 ff. GVG). Ebenso unterliegt die **Dauer der Beratung** nicht der Überprüfung durch das Revisionsgericht (BGHSt 37, 141 [143 f.]; BGH NStZ 2009, 105 [106]; *Kissel/Mayer* GVG § 194 Rn. 7). Ist die Beratung insgesamt unterblieben, und sei es auch nur in Form einer kurzen Verständigung der Mitglieder des Spruchkörpers, etwa nach Wiedereintritt und vorheriger ausführlicher Beratung (vgl. OK-StPO/*Eschelbach* § 260 Rn. 36), liegt hingegen ein revisibler Verfahrensverstoß i.S.d. § 337 vor, auf dem das Urteil regelmäßig auch beruhen wird (LR/*Wickern* § 193 GVG Rn. 26). Der Streit um die Frage, ob ein absoluter Revisionsgrund gegeben ist (so *Kissel/Mayer* GVG § 193 Rn. 33 m.w.N.), ist daher nur von akademischer Bedeutung. 17

Mängel der mündlichen Urteils**begründung** sind nicht revisibel (BGHSt 8, 41 [42]; 15, 263 [264 f.]), Mängel in der Verlesung des Tenors revisionsrechtlich kaum nachweisbar (§ 274; vgl. OK-StPO/*Eschelbach* § 260 Rn. 37). Auch hier gilt i.Ü., dass das Beruhen des Urteils auf dem Verstoß gegen Abs. 1 regelmäßig ausgeschlossen ist. 18

Erschöpft der Urteilsspruch die Anklage nicht, kann zwar ein **Verstoß gegen § 264** vorliegen. Eine Anfechtung durch den Angeklagten scheidet schon mangels Beschwer aus; in Betracht kommt ein Rechtsmittel des Nebenklägers bzw. der StA. 19

Der Angeklagte kann rügen, dass **statt einer Einstellung nach Abs. 3 ein** – vorrangiger (BGHSt 13, 268 [273]; 20, 333 [225]) – **Freispruch hätte erfolgen müssen** (BGH NJW 2007, 2310 [2311] m.Anm. *Wohlers* JR 2008, 127), in anderen Fällen der fehlerhaften Einstellung wird es regelmäßig an der Beschwer fehlen (HK-StPO/*Julius/Beckemper* § 260 Rn. 27; vgl. aber BGH StraFo 2011, 235 für die Rüge, es liege nicht nur ein behebbares, sondern auch ein endgültiges Verfahrenshindernis vor). In Fällen der Verbindung eines **Frei-** 20

spruchs mit einer **Unterbringungsanordnung gem. § 63 StGB** kann die Revision auf Letztere beschränkt werden (HK-StPO/*Julius/Beckemper* § 260 Rn. 27).

§ 261 Grundsatz der freien richterlichen Beweiswürdigung

Über das Ergebnis der Beweisaufnahme entscheidet das Gericht nach seiner freien, aus dem Inbegriff der Verhandlung geschöpften Überzeugung.

Übersicht

1 **A. Allgemeines.** Die Vorschrift ist – trotz ihrer erfrischenden Kürze von nur einem Satz – eine der grundlegenden Normen für die Ausgestaltung des Strafprozesses. Sie begrenzt die Erkenntnisgrundlage für das Urteil auf den Inhalt der Hauptverhandlung, flankiert so auch das Unmittelbarkeits- und das Mündlichkeitsprinzip und erweist sich zudem als gesetzliche Ausgestaltung der Gewährung rechtlichen Gehörs. Sie erteilt gesetzlichen Beweisregeln weitgehend eine Absage und unterstreicht die Bedeutung der richterlichen Unabhängigkeit, in dem sie dem Richter für die Urteilsfindung aufgibt, sich auf das Ergebnis der Beweisaufnahme gestützt eine »freie Überzeugung« zu bilden. Diese muss allerdings in ihren Grundlagen und im Ergebnis rational nachvollziehbar sein und bestimmten Mindestanforderungen genügen, die die Rspr. zur Beweiswürdigung und zur Überzeugungsfindung herausgebildet hat.
Die Kopplung der Überzeugungsbildung an den Inbegriff der Hauptverhandlung hat zwei kehrseitige Konsequenzen: Nur das, was zum Inbegriff gehört, ist verwertbar. Wird eine Erkenntnis für die Urteilsfindung herangezogen, die sich nicht auf die Hauptverhandlung zurückführen lässt, so ist dies verfahrensfehlerhaft und kann die Revision begründen (sog. Inbegriffsrüge, s.u. Rdn. 69).

2 **B. Ergebnis der Beweisaufnahme, Gericht.** Aufgabe des Gerichts ist die Urteilsfindung zu Schuld und Rechtsfolge. Das setzt die Entscheidung über das **Ergebnis der Beweisaufnahme** und damit die Tatsachengrundlage für das Urteil voraus. Das Gericht hat den Sachverhalt auf der Grundlage der Würdigung einer etwaigen Einlassung des Angeklagten und der erhobenen Beweise festzustellen. Dieser festgestellte Sachverhalt ist der rechtlichen Würdigung zum Schuldspruch und zum Rechtsfolgenausspruch zugrunde zu legen. Das ist in den Urteilsgründen zu dokumentieren. Dabei sind die zum Zeitpunkt der Urteilsfällung wesentlichen beweiserheblichen Umstände zu erörtern (vgl. § 267; BGH NStZ 1992, 506; NStZ 1995, 27 [29]). Mit »**Gericht**« ist bei Kollegialgerichten der Spruchkörper als Ganzes in seiner nach der Gerichtsverfassung und der Geschäftsverteilungsregelung bestimmten Besetzung gemeint, aber auch jeder einzelne zur Mitwirkung berufene Richter selbst; gerade seine Rolle wird mit der zugestandenen »freien Überzeugungsbildung« gestärkt und damit die Garantie der richterlichen Unabhängigkeit flankiert (zu den Abstimmungsanforderungen im Spruchkörper vgl. § 263).

3 **C. Inbegriff der Verhandlung. I. Bedeutung.** Die Würdigung des Ergebnisses der Beweisaufnahme und die richterliche Überzeugungsbildung haben sich auf den »Inbegriff der Hauptverhandlung« zu stützen. Dies ist ein Oberbegriff, der noch nichts darüber aussagt, ob etwa – wie für die Schuld- und Rechtsfolgen-

frage – die Regeln des Strengbeweises gelten oder die des Freibeweises (vgl. dazu *Sättele* bei § 244 Rdn. 12). Der Inbegriff der Hauptverhandlung erfasst grds. alles, was sich beginnend mit dem Aufruf der Sache bis zum Schluss der Verhandlung in der Verhandlung ereignet. Die Vorschrift begrenzt räumlich, zeitlich und – i.V.m. dem Mündlichkeitsprinzip – auch medial die Erkenntnisgrundlage für die Überzeugungsbildung. Sie entspricht damit dem System, auch ehrenamtlichen Richtern in den erst- oder zweitinstanzlichen Kollegialgerichten eine klar abgrenzbare, überschaubare Entscheidungsgrundlage zu vermitteln. Der »Inbegriff« reicht über die Beweisaufnahme im engeren Sinne und die Erhebung der Beweise deutlich hinaus (vgl. LR/*Sander* Rn. 17). Die Entscheidung über das Ergebnis der Beweisaufnahme, die mit deren Schließung endet (vgl. § 258 Abs. 1), erfolgt im Lichte all dessen, was sich während der gesamten Hauptverhandlung ergeben hat, insb. also auch unter Berücksichtigung der Schlussvorträge und des letzten Wortes des Angeklagten (BGHSt 11, 74 [75]). Die Regelung sichert in gewisser Weise vor überraschender Verwertung von nicht in die Verhandlung eingeführten Tatsachen. Die durch sie bedingte Konzentration des Verfahrensstoffes und all dessen, was für die Überzeugungsbildung bedeutsam werden kann, entspricht überdies dem Sinn des Grundsatzes der Öffentlichkeit der Hauptverhandlung. Die »schützende Öffentlichkeit« wird auch dadurch gewährleistet, dass der dem Urteil zugrunde gelegte Verfahrensstoff schon um des Verständnisses und der Nachvollziehbarkeit willen grds. unter den Augen der Verhandlungsöffentlichkeit erhoben wird.

II. Einzelheiten. Der Inbegriff der Verhandlung wird in der StPO durch mehrere Vorschriften näher ausgestaltet. Die Verhandlung ist in verschiedene Abschnitte gegliedert. Für die Beweisaufnahme gibt es Bestimmungen, die sich jeweils mit den Besonderheiten der unterschiedlichen Beweismittel befassen und auch gewisse Ausnahmen vom Mündlichkeitsprinzip zulassen (etwa durch das Selbstleseverfahren für Urkunden, § 249 Abs. 2). Schließlich gilt es, außerhalb der Verhandlung erworbenes Wissen, das eine Beweisaufnahme entbehrlich erscheinen lässt, in besonderen Fällen unter das Dach des Inbegriffs der Verhandlung zu führen. Solche Fragen stellen sich etwa bei privat erworbenem Wissen eines Richters, bei Wissen aus anderen Verfahren oder bei allgemeinkundigen bzw. offenkundigen Tatsachen. 4

1. Zum Gang der Hauptverhandlung. Der **Gang der Hauptverhandlung** ist in den **§§ 243 ff.** strukturiert. Sie erstreckt sich regelhaft auf den Aufruf der Sache, die Feststellung der Anwesenheit, die Vernehmung des Angeklagten zu seinen persönlichen Verhältnissen, die Verlesung der Anklage, ggf. Hinweise auf geführte Verständigungsgespräche bis zur Vernehmung des Angeklagten zur Sache. Dem folgt das Herzstück der Verhandlung, die Beweisaufnahme. Hinzu kommen etwaige Erklärungen Verfahrensbeteiligter zur Anklage und zu einzelnen Beweiserhebungen sowie gestellte Anträge, auch zum Verfahren. Nach Schluss der Beweisaufnahme folgen die Schlussvorträge und das letzte Wort des Angeklagten. Dieser so beschriebene Gang macht einschließlich aller näheren Einzelheiten den Inbegriff der Hauptverhandlung aus. Auch Erklärungen des Verteidigers können also grds. gewürdigt werden. Im Zuge der Beweisführung für und gegen den Angeklagten lassen sie sich aber nur dann verwerten, wenn der Verteidiger sie als dessen Einlassung mit dessen ausdrücklicher oder stillschweigender Billigung vorgetragen hat (BGH NStZ 2006, 408; LR/*Sander* Rn. 17; s.a. Rdn. 23, 25; *Franke* bei § 243 Rdn. 20 ff.). Ebenso können Äußerungen des Nebenklägers oder anderer Aussagepersonen in der Verhandlung berücksichtigt werden, auch wenn diese jenseits ihrer förmlichen Vernehmung erfolgt sind. 5

Besonderheiten ergeben sich bei der **Verbindung und Trennung** von Verfahren, die gegen mehr als einen Angeklagten geführt werden. Wird gegen mehrere Angeklagte in derselben Hauptverhandlung verhandelt, so ist zu beachten, dass bei der Urteilsfindung alles für und gegen jeden von ihnen verwendet werden darf. Werden die Verfahren getrennt oder wird nach Beginn einer Hauptverhandlung ein weiteres zu verhandelndes Verfahren hinzuverbunden, so ist dies verfahrensfehleranfällig. Berücksichtigt werden darf für die Überzeugungsbildung und Urteilsfindung hinsichtlich eines jeden Angeklagten nur das, was sich in der gerade auch gegen ihn (mit-)geführten Verhandlung ergeben hat. Anderenfalls würde ein Revisionsgrund geschaffen (»Inbegriffsrüge«). Sollen **nach § 154 eingestellte Tatvorwürfe** im Urteil berücksichtigt werden, für die grds. keine Dokumentationspflicht in den Urteilsgründen vorgesehen ist (§ 267), so kann sich die Notwendigkeit ergeben, hierauf bei der Beweiswürdigung doch näher einzugehen, die Gründe für die Teileinstellung im Urteil mitzuteilen und sich damit auseinanderzusetzen. Der Umfang der erforderlichen Darlegung wird vor allem durch die jeweilige Beweislage bestimmt. Eine Auseinandersetzung mit den Gründen der Teileinstellung kann etwa dann geboten sein, wenn die eingestellten Tatvorwürfe auf belastenden Angaben eine Zeugen beruhen, deren Glaubhaftigkeit auch für die abgeurteilten Tatvorwürfe bedeutsam ist (»beweiswürdigungsrelevante Verschränkung«, *Schmandt* StraFo 2010, 446 [450]; BGH NStZ 2018, 618 m.Anm. *Gubitz/Buchholz*). Durch vorläufige gerichtliche Verfahrenseinstellung ausgeschiedene Taten dürfen zulasten des Angeklagten selbst im Fall prozessordnungsgemäßer Feststellung bei der Beweiswürdigung nur verwertet werden, wenn der Angeklagte zuvor auf die Möglichkeit der Verwertung hingewiesen worden ist (BGH NStZ 2009, 228). 6

Dies gilt jedoch dann nicht, wenn durch die vorläufige Teileinstellung ein Vertrauenstatbestand von vornherein nicht entstanden sein kann (BGH NStZ-RR 2016, 318).

7 Zum Inbegriff der Verhandlung gehören auch **non-verbale Reaktionen** der Teilnehmer der Hauptverhandlung, ebenso Besonderheiten im Erscheinungsbild (Statur oder Aussehen) von Personen sowie in deren Auftreten und Sprachverhalten (Nervositätsanzeichen, Sprechen eines Dialekts, Lispeln, usw.). Geht es um **Reaktionen im Zuschauerraum**, die der Richter beobachtet, kann es eines Hinweises bedürfen, schon um das rechtliche Gehör zu gewährleisten. § 261 ermöglicht also nicht nur die Würdigung der in der Beweisaufnahme förmlich erhobenen Beweise, sondern lässt grds. die Berücksichtigung sämtlicher sonstiger Erkenntnisquellen aus der Hauptverhandlung zu, wobei indessen die weiteren prozessualen Rechte zu wahren sind, namentlich das rechtliche Gehör einen ausdrücklichen vorherigen Hinweis erfordern kann (vgl. LR/*Sander* Rn. 17).

8 **2. Die Beweisaufnahme.** Die Beweisaufnahme folgt den besonderen Regeln zu den verschiedenen Beweismitteln. Die Einlassung des Angeklagten, ggf. auch i.V.m. einer vom Verteidiger vorgetragenen Erklärung (vgl. dazu Rdn. 23, 25; *Franke* bei § 243 Rdn. 20 ff.) gehört dazu ebenso wie beim Urkundenbeweis das Selbstleseverfahren, beim Zeugenbeweis die per Bild-Ton-Übertragung vermittelte Zeugenvernehmung (audiovisuelle Vernehmung), beim Sachverständigenbeweis die Erhebung der Befund- und Zusatztatsachen (etwa im Wege der ergänzenden Zeugenvernehmung des Sachverständigen) sowie erforderlichenfalls auch die Darlegung und Erläuterung der vom Sachverständigen angewendeten wissenschaftlichen Methoden, wobei neue, gar noch umstrittene Methoden zu erläutern sind, gängige, allgemein anerkannte nur knapp kenntlich gemacht werden müssen (vgl. dazu unten Rdn. 49 f.). Auch Erklärungen zu einzelnen Beweiserhebungen (§ 257 Abs. 2) gehören hierher. Werden informatorisch bestimmte Dinge bekannt gegeben, etwa der Inhalt einer früheren Vernehmung, um die Notwendigkeit einer weiteren Beweiserhebung zu erörtern und zu klären, kann dies allerdings die Beweiserhebung im Strengbeweisverfahren nicht ersetzen (BGHR StPO § 261 Inbegriff der Verhandlung 33).

9 **3. Allgemeinbekanntes/Gerichtskundiges.** Was offenkundig ist, bedarf keines Beweises (§ 244 Abs. 3 Satz 2). Dazu zählen zunächst **allgemeinkundige Tatsachen** und auch **allgemeine, wissenschaftlich gesicherte Erfahrungssätze.** Das sind solche, von denen verständige und erfahrene Menschen regelmäßig ohne Weiteres Kenntnis haben oder von denen sie sich durch Benutzung allgemein zugänglicher, zuverlässiger Quellen ohne besondere Fachkunde unschwer überzeugen können (BVerfGE 10, 177 [183]; BGHSt 6, 292 ff.; 26, 56 [59]; BGH JR 2018, 579 [580] = StraFo 2018, 434 [435]). Die Allgemeinkundigkeit kann durch allgemein zugängliche Zeitungsberichterstattung, allgemein anerkannte Nachschlagewerke, bei geografischen Verhältnissen durch einen seriösen Atlas belegbar sein. In Betracht kommen in dieser Kategorie auch zeitgeschichtliche Vorgänge sowie politische und gesellschaftliche Verhältnisse. Die Fakten müssen sicher feststellbar sein. Zu den geschichtlich erwiesenen und damit allgemeinkundigen Tatsachen gehört etwa der Holocaust an der jüdischen Bevölkerung während der NS-Herrschaft (BGHSt 40, 97 [99] m.w.N.). Fraglich ist für bestimmte Fallgestaltungen, ob und inwieweit die Allgemeinkundigkeit auch für unmittelbar beweiserhebliche Tatsachen angenommen werden kann. Die Rspr. hierzu ist variantenreich (BGH JR 2018, 579 [580 f.] m.w.N. zu den Anforderungen an die Beweisgrundlage für die Feststellung einer ausländischen terroristischen Vereinigung – »Islamischer Staat-IS« – m.Anm. *Eisenberg*). Unbestreitbare Selbstverständlichkeiten bedürfen keiner ausdrücklichen Einführung in die Verhandlung (die Farben der Bundesflagge, der Himmel ist bei Sonnenschein blau, 10 mal 10 ist 100, die Quadratwurzel aus 81 ist = 9; Wasser gefriert bei weniger als Null Grad Celsius); bei anderen allgemeinkundigen Tatsachen bedarf es – ohne Beweiserhebung – schon zur Gewährleistung des rechtlichen Gehörs der Einführung in die mündliche Verhandlung, etwa durch Erklärung des Vorsitzenden. Bei komplexeren Vorgängen kommt auch eine begleitende schriftliche Dokumentation zu Protokoll in Betracht, etwa ein Hinweisbeschluss, demzufolge das Gericht hinsichtlich eines bestimmten Rahmengeschehens von einem näher beschriebenen, als allgemeinkundig geltenden Sachverhalt ausgehe. Beispielhaft kann so etwas in Betracht kommen, wenn bei einer Straftat wegen eines Organisationsdelikts die dafür aufscheinenden Beweggründe auch in politischen oder ethnischen Auseinandersetzungen in einem anderen Land wurzeln.

10 Als weiterer Fall offenkundiger Tatsachen gelten sog. **gerichtskundige Umstände**, von denen die zur Entscheidung berufenen Richter durch ihre richterliche Tätigkeit v.a. aus anderen Verfahren Kenntnis erlangt haben. Darunter können auch Erfahrungssätze fallen, sofern sie in der besonderen Sachkunde des Gerichts feststehen (BGHSt 26, 56 [59]). Solche Tatsachen – allgemeinkundige wie gerichtskundige – können jedoch *regelmäßig* nicht unmittelbar für das Vorliegen oder Nichtvorliegen von Merkmalen des äußeren oder inneren Tatbestandes herangezogen werden (BGHSt 45, 354 [359]; 47, 270 [274]; BGH StV 2006, 118 [119]; JR 2018, 579 [581]; Meyer-Goßner/*Schmitt* § 244 Rn. 51; in Betracht kommen können jedoch andere »Behelfe«, etwa die Einführung eines bereits ergangenen rechtskräftigen Urteils mit Feststellungen zum näm-

lichen Verfahrensgegenstand im Wege des Urkundsbeweises, ebenso die Vernehmung eines in dem anderen Verfahren mitwirkenden Richters oder Staatsanwalts; die Problematik verlagert sich dann auf die Ebene der richterlichen Aufklärungspflicht und des Beweisantragsrechts). Ein »privater Augenschein« des Gerichts während laufender Hauptverhandlung vermag die Gerichtskundigkeit der dadurch erlangten Erkenntnisse selbst dann nicht zu begründen, wenn die Verfahrensbeteiligten in der Verhandlung hiervon unterrichtet werden (BGH NStZ 2013, 357). In der Praxis dienen allgemein- oder gerichtskundige Tatsachen der vereinfachten Feststellung von Hintergrund- oder Rahmengeschehen (BGHSt 6, 292 [295]). Dadurch darf der Grundsatz, dass der Inbegriff der Verhandlung die Grundlage der Feststellungen zu bilden hat, in seinem wesentlichen Inhalt indes nicht angetastet werden (BGH JR 2018, 579 [581]).

Die Allgemeinkundigkeit kann auch eine beschränkte sein, d.h. sie kann sich auch nur auf bestimmte Ortschaften oder einen begrenzten Personenkreis beschränken (BGHSt 6, 292 [293]). Da neue Erkenntnisse oder Erfahrungen anfallen können, kann auch eine Situation entstehen, die eine abweichende Beurteilung rechtfertigt: Sind entsprechende Gesichtspunkte erkennbar, vorgetragen oder unter Beweis gestellt, kann eine förmliche Beweiserhebung geboten sein (BGHSt 6, 292 [295]). Das folgt bereits aus der Aufklärungspflicht (§ 244 Abs. 2). 11

Sonstige außerhalb der Hauptverhandlung erworbene Kenntnisse der Richter, etwa sonstiges dienstliches oder privat erworbenes Wissen, der Inhalt der Akten, außerhalb der Verhandlung gegebene Antworten anderer Verfahrensbeteiligter auf bestimmte Fragen, entspringen nicht dem Inbegriff der Hauptverhandlung. Sie können allenfalls zum Gegenstand eines Vorhalts des Richters oder eines sonst Frageberechtigten gemacht werden. Verwertbar ist dann aber lediglich die von der Aussageperson gegebene Antwort auf den Vorhalt. Die Erörterung gerichtskundiger Tatsachen in der Hauptverhandlung gehört nicht zu den wesentlichen, protokollierungsbedürftigen Förmlichkeiten (BGHSt 36, 354 [359]). 12

D. Freie Überzeugung. I. Bedeutung. Der Richter ist grds. nicht an Beweisregeln gebunden. Das Gesetz enthält keine Vorgabe hinsichtlich des Wertes eines Beweismittels oder eines Beweismaßes, regelt also nicht, unter welchen Voraussetzungen ein Beweis als geführt erachtet werden darf (BGH NJW 1982, 2882 f.; KK/*Ott* Rn. 2; *S. Maier* NStZ 2005, 246 [250] Fn. 62). Indessen hat die höchstrichterliche Rspr. Grundsätze für die Beweiswürdigung aufgestellt. Die Beweiswürdigung, die in den Urteilsgründen zu dokumentieren ist, ist damit in Grenzen durchaus überprüfbar. Auch absolute oder relative Beweisverbote können die Überzeugungsbildung einschränken (dazu unten Rdn. 55 bis 61). 13

Die Beweiswürdigung und die Feststellung des Sachverhalts ist grds. ureigene Aufgabe des Tatrichters. Daraus, v.a. aber aus der Erkenntnis, dass eine Verhandlung schwerlich in jeder Hinsicht rekonstruiert werden kann, ergibt sich, dass die Beweiswürdigung nur in Grenzen rechtlicher Nachprüfung zugänglich ist. Die Überzeugungsbildung als komplexer Vorgang muss jedoch durch einen objektivierbaren rationalen Erkenntnisvorgang unterlegt sein (LR/*Sander* Rn. 7). Dessen Ergebnis erfordert keine gleichsam mathematische, jede theoretische Möglichkeit des Gegenteils ausschließende objektive Gewissheit (vgl. BGH NJW 1951, 325; NJW 1957, 1643; NJW 1967, 360; NStZ 1983 277 [278]; NStZ-RR 1988, 102 und 275; 2013, 352 Rn. 27; LR/*Sander* Rn. 8). Voraussetzung für die Überzeugung des Tatrichters von einem bestimmten Sachverhalt ist nicht eine absolute, das Gegenteil oder andere Möglichkeiten denknotwendig ausschließende Gewissheit. Vielmehr genügt ein nach der Lebenserfahrung ausreichendes Maß an Sicherheit, das vernünftige Zweifel nicht aufkommen lässt. Der Tatrichter ist also nicht gehindert, an sich mögliche, wenn auch nicht zwingende Folgerungen aus bestimmten Tatsachen zu ziehen, wenn diese tragfähig sind (st. BGH-Rspr., vgl. BGH NStZ-RR 2004, 238 f.; NStZ 2012, 110 [111]). Grenzen der Überzeugungsbildung ergeben sich daraus, dass der Richter seine Befugnis nicht willkürlich ausüben darf und dass er die Beweise erschöpfend würdigen muss. Er muss ferner gesicherte wissenschaftliche Erkenntnisse, die Gesetze der Logik und Erfahrungssätze des täglichen Lebens beachten. Dies kann dazu führen, dass der Tatrichter als gesichert geltende Erkenntnisse als richtig hinnehmen muss, weil ihnen eine unbedingte, jeden Gegenbeweis mit anderen Mitteln ausschließende Beweiskraft zukommt. Wo eine Tatsache aufgrund wissenschaftlicher Erkenntnisse feststeht, ist für eine richterliche Würdigung und Überzeugungsbildung kein Raum mehr (BGHSt 10, 208 [211]; 29, 18 [20 f.]). 14

II. Maßstäbe und Grenzen. 1. Tragfähige Tatsachengrundlage. Die festzustellenden Tatsachen und die Beweiswürdigung, also letztlich die richterliche Überzeugungsbildung, bedürfen einer hinreichend tragfähigen Tatsachengrundlage. Es bedarf eines nach der Lebenserfahrung ausreichenden Maßes an Sicherheit, demgegenüber vernünftige Zweifel nicht mehr laut werden können. Deshalb haben solche Zweifel außer Betracht zu bleiben, die realer Anknüpfungspunkte entbehren und sich lediglich auf die Annahme einer bloß gedanklichen, abstrakt-theoretischen Möglichkeit gründen. Erforderlich ist die Erlangung der persönlichen Gewissheit, nicht der Ausschluss jeglicher objektiv möglicher Zweifel (BGH NStZ-RR 2004, 238 [240]). Kurzum: Die Würdigung muss auf einer **tragfähigen, verstandesmäßig einsehbaren Tatsachengrundlage** 15 beruhen. Vom Gericht gezogene Schlussfolgerungen dürfen sich nicht etwa nur als Annahme oder als bloße Vermutung erweisen, die letztlich nicht mehr als einen Verdacht zu begründen vermag (BGH StV 2000, 67 [68]; NStZ-RR 2012, 381, [382]; NJW 2021, 2896 Rn. 29 f.). Andererseits dürfen an das Zustandekommen der richterlichen Überzeugung keine überspannten Anforderungen gestellt werden (BGHSt 51, 324 [325]; zu Fällen eines beanstandeten Freispruchs: BGH NStZ-RR 2020, 355 Rn. 8; 2021, 183 Rn. 14;). Die vom Tatgericht bei der Beweiswürdigung gezogenen Schlüsse müssen nicht zwingend sein; es genügt, dass sie möglich sind (BGHSt 44, 153 [159 f.]; BGH NStZ-RR 2017, 183 [184], BGH, Urt. v. 10.04.2019 – 1 StR 646/18, juris, Rn. 11; s.a. die Rspr. Überblicke bei *Miebach* NStZ 2020, 72; 2021, 403).

16 Schließlich hat die der Verurteilung zugrunde liegende **Beweiswürdigung lückenlos** zu sein. Der Richter muss sich also bei der Begründung seines Urteils und seiner Überzeugung mit allen wesentlichen Gesichtspunkten auseinandersetzen, die geeignet sind, das Beweisergebnis zu beeinflussen (BGHSt 25, 365 [367]). Seine Würdigung muss alle sich als beweisbedeutsam aufdrängenden Umstände und Tatsachen erfassen. Bleibt ein Beweismittel in den Urteilsgründen unerwähnt, so ist eine Beweiswürdigung nur dann lückenhaft, wenn es nach Lage des Einzelfalls die Möglichkeit eines anderen Tathergangs nahe legt (BGH NStZ 2012, 49, NStZ-RR 2016, 54). Das Erfordernis einer **erschöpfenden Beweiswürdigung** korrespondiert auch mit der richterlichen Aufklärungspflicht (§ 244 Abs. 2). Zu den aus der Verfassung folgenden Mindestanforderungen an die Widerlegung der Unschuldsvermutung vgl. BVerfGK 1, 145 [151 f.]; BVerfG [Kammer] NJW 2008, 3346.

17 Beim **Indizien- oder Anzeichenbeweis** müssen die Tatsachen, von denen ausgegangen wird, als solche zweifelsfrei feststehen (BGHSt 36, 286 [290]; NStZ-RR 2017, 88; StV 2017, 7). Bei mehreren Beweisanzeichen sind diese im Blick auf die zu beweisende entscheidungserhebliche Tatsache in eine Gesamtwürdigung einzubeziehen. Indizien, die einzeln und für sich betrachtet zum Nachweis der Täterschaft nicht ausreichen, können in ihrer Gesamtheit mglw. die Überzeugung tragen (BGH NStZ-RR 2016, 382; NStZ 2017, 104; *Liebhart* NStZ 2017, 134). Die Schlüsse, die der Richter zieht, müssen denkgesetzlich möglich sein, zwingend müssen sie nicht sein (BGHR StPO § 261 Überzeugungsbildung 26; BGH StV 1998, 116; NStZ 2012, 110 [111]). Je schwächer die Indizien, desto eher ist verpflichtend zu erwägen, ob sie auch noch andere Deutungsmöglichkeiten zulassen. Ein Beweis der Täterschaft kann nicht ohne Weiteres darin gesehen werden, dass die Einlassungen des Angeklagten mehrfach widerlegt worden sind und er in der Vergangenheit versucht hatte, auf das Aussageverhalten anderer einzuwirken; denn auch ein Unschuldiger kann Gründe für ein solches Verhalten haben, wenn er einer Tat beschuldigt wird (BGH NStZ-RR 2021, 113).

18 Bei der Feststellung des **Schuldumfangs bei Serienstraftaten**, namentlich der Zahl der Einzelakte strafbaren Verhaltens, ist grds. auch eine **Schätzung** statthaft. Dabei ist der Zweifelssatz (s.u. Rdn. 12 f.) zu beachten, d.h. der Richter darf die Mindestzahl der Einzelakte feststellen, von deren Verwirklichung er überzeugt ist. Ein solches Verfahren ist zulässig, wenn sich Feststellungen auf andere Weise nicht treffen lassen (BGH NStZ-RR 2007, 343). Ähnliches gilt für die Feststellung von **Schadenshöhen** oder **Erlösen** aus der Tat. Hier sind die Schätzungsgrundlagen aufgrund einer Wahrscheinlichkeitsbetrachtung zu ermitteln. Der Zweifelssatz gebietet es nicht, hinsichtlich der Schätzungsgrundlage jeweils die für den Betroffenen günstigste Variante zu unterstellen. Berechnungsunsicherheiten müssen jedoch durch einen Sicherheitsabschlag berücksichtigt werden. Dieser muss umso höher ausfallen, je mehr die einzelnen Berechnungsgrundlagen in ihrer Gesamtschau mit Unsicherheiten behaftet sind (vgl. BGHSt 52, 1 [10] = NJW 2007, 3792 [3795]; zur Schätzung der Nettolohnquote bei Schwarzarbeit BGH NStZ 2010, 635). Auch im **Steuerstrafverfahren** ist die **Schätzung von Besteuerungsgrundlagen** zulässig, wenn feststeht, dass der Steuerpflichtige einen Besteuerungstatbestand erfüllt hat, die tatsächlichen Verhältnisse, die für die Bemessung der Steuer maßgebend sind, aber ungewiss sind (zu den Anforderungen: BGH NStZ 2016, 728; NStZ-RR 2021, 15 Rn. 4 m.w.N.). Um unverhältnismäßigen Untersuchungsaufwand zu vermeiden, kann die Schätzung bei komplexen Sachverhalten auch anhand repräsentativer Stichproben erfolgen. Eine pauschale, an Durchschnittswerten orientierte Schätzung kann jedoch dann rechtsfehlerhaft sein, wenn eine tatsachenfundierte Schätzung anhand der konkreten Gegebenheiten des Einzelfalles als möglich erscheint (näher dazu BGH NStZ-RR 2021, 15). Für gleichförmige, **massenhafte oder routinemäßige Betrugsfälle** hat der BGH Ausnahmen von der Feststellung der konkreten Vorstellung eines irrtumsbestimmten Geschädigten anerkannt, wenn das Geschäft durch selbstverständliche Erwartungen geprägt war. Die Aussage einiger geschädigter Zeugen kann dann genügen, um auf die Irrtumsvorstellung einer Vielzahl Geschädigter zu schließen (zur nicht einheitlichen Spruchpraxis: BGH NStZ 2019, 40 – urheberechtswidriger Vertrieb von Software; BGH, Urt. v. 06.09.2017 – 5 StR 268/17 – Rn. 7, juris – Kapitalanlagebetrug: »keine Schätzung einer Irrtumsquote«). Die Überzeugung von einer bei Massenbetrugsfällen erforderlichen Fehlvorstellung kann aber auch auf äußere Umstände und allgemeine Erfahrungssätze gestützt werden (BGH NStZ 2019, 43 m.Anm. *Frank*; BGH NStZ-RR 2020, 117 Rn. 6). Kann der **Wirkstoffgehalt von BtM** nicht konkret festgestellt werden, muss unter Berücksichtigung anderer hinreichend sicher feststellbarer Tatumstände (wie Herkunft, Preis, Aussehen, Verpackung, Verplombung des

Rauschmittels, Beurteilung durch Tatbeteiligte, Qualität eines bestimmten Lieferanten) sowie des Zweifelssatzes von der für den Beschuldigten günstigsten Wirkstoffkombination ausgegangen werden (BGH StV 2021, 444, nur Ls. = Urt. v. 18.03.2020 – 1 StR 600/19, juris; *Miebach* NStZ 2021, 403 [404]).

2. Denkgesetze, wissenschaftliche und allgemeine Erfahrungssätze. Das Erfordernis einer rationalen, tragfähigen Tatsachengrundlage für die Überzeugungsbildung bringt es mit sich, das die **Denkgesetze** und die Regeln der Logik zu beachten sind. Es bedarf einer klaren, folgerichtigen und von Lücken wie Widersprüchen freien Beweisführung (BGH StV 1994, 360; 1995, 341 [342]). Das betrifft etwa auch Rechenfehler, Begriffsverwechslungen und sog. Zirkelschlüsse, also den Beweis einer Behauptung durch sie selbst (BGHR StPO § 261 Beweiswürdigung 32 = StV 2005, 487 f.). Hierher gehören weiter Schlussfolgerungen, die als einzig möglich und zwingend dargestellt werden, obgleich nicht fernliegende Alternativen bestehen, die verkannt werden (vgl. KK/*Ott* Rn. 8 ff.). 19

Zu beachten sind weiter **gesicherte wissenschaftliche Erkenntnisse.** Hierüber darf sich der Richter bei Überzeugungsbildung und Beweiswürdigung nicht hinwegsetzen (BGHR § 261 Erfahrungssätze 1 bis 5, 7). Voraussetzung ist allerdings, dass die wissenschaftliche Erkenntnis unangefochten und gesichert ist, sodass ihr eine unbedingte, jeden Gegenbeweis mit anderen Beweismitteln ausschließende Beweiskraft zukommt (BGHSt 29, 18 [21]). Das gilt heute etwa für Methoden zur Blutalkoholwertbestimmung, zur Blutgruppenbestimmung und zum Vaterschaftsnachweis sowie zur Fahrgeschwindigkeitsbestimmung (Radar- und Laserpistolenmessungen; s.a. unten Rdn. 49 f.). An solche gesicherten wissenschaftlichen Erkenntnisse hat sich die Überzeugungsbildung zu halten, auch wenn sie nicht eigenständig in vollem Umfang nachgeprüft werden können. Sind allerdings in der wissenschaftlichen Methodik nur Wahrscheinlichkeitsaussagen möglich, muss dem Umstand Rechnung getragen werden, dass solcherart wissenschaftlich begründete Aussagen nicht als gesichert gelten. Solche Wahrscheinlichkeitsaussagen müssen dann in den Gesamtkontext der Beweiswürdigung einbezogen werden. Kann eine Feststellung allein mithilfe naturwissenschaftlicher Methoden getroffen werden, darf sich der Tatrichter nicht von wissenschaftlichen Standards lösen (BGHSt 41, 206 [214 f.]). 20

Hiervon zu unterscheiden sind **allgemeine Erfahrungssätze**, die sich auf die Beobachtung vergleichbarer oder ähnlicher Fallgestaltungen und deren Verallgemeinerung stützen. Im weitesten Sinne geht es hier um die Lebenserfahrung (sog. »Erfahrungssatz des täglichen Lebens« oder »Erfahrungssatz mit Wahrscheinlichkeitsaussage«, vgl. etwa BGHR StPO § 261 Erfahrungssatz 2, 6, 8). Zu beachten ist, dass solche allgemeinen Erfahrungssätze regelmäßig nicht zwingend sind; sie dürfen daher auch bei der Überzeugungsbildung nicht als zwingend behandelt werden. Das Maß ihrer Allgemeingültigkeit ist oft beschränkt und mitunter zweifelhaft. In der Praxis wird man von einem Stufenverhältnis auszugehen haben, angefangen von dem mit Gewissheit geltenden Erfahrungssatz über den mit Ausnahmen geltenden, bis hin zur immer weniger sicheren Erfahrung (vgl. dazu *Schweling* ZStW 83 [1971] 447 ff.; LR/*Sander* Rn. 46 ff.). Da es um Wahrscheinlichkeitsaussagen geht, ist Vorsicht am Platze; dies sollte stets bedacht und in der Beweiswürdigung verdeutlicht werden. 21

3. Weitere Besonderheiten. a) Erklärungen des Angeklagten. Lässt sich der Angeklagte zur Sache ein, sind seine Angaben – ähnlich einer Zeugenaussage, aber eben auch im Blick auf sein Verteidigungsinteresse – einer Bewertung zu unterziehen. Sie sind an den erhobenen Beweisen zu messen. Ihre Entstehung und Entwicklung ist zu bewerten; ebenso wie Zeugenaussagen sind sie auf sogen. Realkennzeichen hin zu untersuchen (vgl. unten Rdn. 41; vgl. grundlegend die Überblicke bei *Miebach* NStZ-RR 2018, 265; NStZ 2021, 403 [406], jew. m.w.N.). Entlastende Angaben eines Angeklagten, für die ansonsten keine zureichenden Anhaltspunkte bestehen und deren Wahrheitsgehalt fraglich ist, darf der Tatrichter nicht ohne Weiteres seiner Entscheidung nur deshalb zugrunde legen, weil es für das Gegenteil keine unmittelbaren Beweise gibt. Die Zurückweisung einer Einlassung erfordert auch nicht, dass sich ihr Gegenteil positiv feststellen lässt. Vielmehr muss sich der Tatrichter aufgrund einer Gesamtwürdigung des Ergebnisses der Beweisaufnahme seine Überzeugung von der Richtigkeit oder Unrichtigkeit der Einlassung bilden. Das gilt umso mehr, wenn objektive Beweisanzeichen mit Gewicht gegen die Richtigkeit der Einlassung sprechen (BGHR StPO § 261 Einlassung 6, 7; BGHSt 51, 324, 325; 53, 145, 163; BGH NStZ-RR 2014, 152 f.; 2014, 344, 345; 2018, 20 [21]). Sagt der Angeklagte nachweisbar die Unwahrheit, so ist das nicht ohne Weiteres zu seinen Lasten zu werten, vielmehr im Gesamtzusammenhang zu würdigen (BGH NStZ-RR 2020, 286). Dabei ist zu bedenken, dass er auch deshalb Zuflucht zur Lüge nehmen kann, weil er meint, dadurch – auch als Unschuldiger – seine Verteidigungsaussichten verbessern zu können. Der Satz »Wer einmal lügt, dem glaubt man nicht!« gilt im Strafprozess nicht. Auch bei einem **Geständnis** ist stets zu untersuchen, ob es den Aufklärungsbedarf für die erforderlichen Feststellungen zur Tat erfüllt, ob es in sich stimmig ist und auch im Hinblick auf sonstige Erkenntnisse keinen Glaubhaftigkeitsbedenken unterliegt (BGH NStZ 2014, 53; 2014, 170 = StV 2014, 723 m.Anm. *Jahn* NStZ 2014, 170; BGH NStZ 2017, 173; 2018, 20 [21]; BGH, Beschl. v. 21.08.2018 – 22

2 StR 231/18 – Rn. 10, juris). Möglich ist schließlich auch die Berücksichtigung äußerer Eindrücke vom Angeklagten während der Hauptverhandlung bis hin zu seiner Äußerung im letzten Wort. Gestik und Mimik des schweigenden Angeklagten sollen hingegen regelmäßig unverwertbar sein, non-verbales Verhalten (z.B. abfälliges Lachen, Aufstöhnen, Handbewegungen) jedoch dann verwendbar sein, wenn es in seiner im Urteil darzustellenden Äußerungsform eindeutig und erheblich ist. Verwertbar ist unabhängig vom sonstigen Einlassungsverhalten das äußere Erscheinungsbild, bspw. sichtbare Verletzungen oder ohne Weiteres wahrnehmbare besondere äußere Merkmale, bei denen indes ihre etwaige Veränderbarkeit zu bedenken ist (vgl. *Schneider* NStZ 2017, 126 [130 f.]; *Miebach* NStZ-RR 2018, 265 [269] m.w.N.; s.a. BGH StV 2020, 446 m.Bespr. *El-Ghazi/Hoffmann* StV 2020, 864; BGH NStZ 2021, 318).

23 Als sog. Einlassungssurrogate kommen auch **Erklärungen des Verteidigers** in Betracht. Sollen diese als Äußerung des Angeklagten zur Sache gewertet werden, bedarf es der zweifelsfreien Bestätigung durch den Angeklagten (BGHSt 39, 305 [306]; BGH NStZ 2002, 556; NStZ 2006, 408). Diese soll auch konkludent erfolgen können. Beweisbehauptungen, die in einem vom Verteidiger gestellten Beweisantrag enthalten sind, dürfen nicht in eine Einlassung des Angeklagten umgedeutet werden, sofern sich dieser dazu nicht erklärt (BGH StraFo 2014, 513). Zur Abgrenzung zwischen Einlassung des Angeklagten durch Verteidigererklärung und eigener Prozesserklärung des Verteidigers: BGH StV 2021, 150 Rn. 21 f.

24 Bei einer **schriftlichen Einlassung** hat der Angeklagte grds. keinen Anspruch darauf, dass das Gericht diese in der Hauptverhandlung verliest (BGH NJW 1994, 2904 [2906]; NStZ 2000, 439; NStZ 2004, 163 [164]; StV 2007, 622; BGHSt 52, 175 [177]). Ein in schriftlicher Form abgelegtes Geständnis ist indessen durch Verlesung im formellen Urkundsbeweis einzuführen, wenn es als Grundlage des Urteils herangezogen werden soll (vgl. zu diesem schwierigen Feld: BGHSt 52, 175 [178 f.] = NStZ 2008, 527 [527 f.]).

25 Ein vom Verteidiger **vorformuliertes Geständnis**, das der Angeklagte nur summarisch bestätigt, oder eine vom Angeklagten lediglich pauschal übernommene Erklärung (sog. **Formalgeständnis**) bedarf generell besonders kritischer Betrachtung hinsichtlich der Substanz, der Übereinstimmung mit dem Beweisergebnis sowie dahin gehend, ob sie wirklich als von dem Angeklagten stammend, also von ihm akzeptiert angesehen werden kann (BGHSt 52, 78 [82]; 59, 21; vgl. zu der Variante »das Tatgeschehen wird eingeräumt« BGH NStZ-RR 2007, 245 f.). Die bloße Erklärung, der Anklage werde nicht entgegengetreten, kann nicht als Geständnis gewertet werden (BGH NStZ 2006, 408). Zur prozessualen Verwertbarkeit verschiedener Formen des Beschuldigtenverhaltens: *Miebach* NStZ-RR 2018, 265. Zum Formalgeständnis (bestätigte Verteidigererklärung) und den Beweiswürdigungsanforderungen vgl. BGH B. v. 27.05.2020 – 2 StR 552/19 Rn. 19, juris.

26 Ein **Geständnis** oder eine sonstige Sachdarstellung eines Angeklagten einschließlich etwaiger Belastungen von Mitangeklagten kann nach der deutschen Strafprozessordnung durch einen **Widerruf** nicht beseitigt werden, sondern der Beweiswürdigung in vollem Umfang zugrunde gelegt werden. Allerdings ist es unter Einbeziehung der Umstände und Gründe eines Widerrufs auf seine Richtigkeit hin zu überprüfen, also unter Berücksichtigung der Entstehungsgeschichte von Geständnis und Widerruf umfassend zu bewerten und anhand der sonstigen erhobenen Beweise erschöpfend zu würdigen (BGHR StPO § 261 Aussageverhalten 23; zur Verlesung richterlicher Geständnisprotokolle und einer entspr. Bild-Ton-Aufzeichnung vgl. § 254 Abs. 1, § 136 Abs. 4). Gleiches gilt auch für **wechselndes Einlassungsverhalten** (BGH NStZ-RR 2018, 56 m.w.N.). Für ein im Rahmen einer **verfahrensbeendenden Absprache** abgelegtes Geständnis (»verständigungsbasiertes Geständnis«) gilt: Schon wegen der Gesetzesbindung des Richters (Art. 20 Abs. 3 GG) ist es unzulässig, dem Urteil einen Sachverhalt zugrunde zu legen, der nicht auf einer Überzeugungsbildung unter Ausschöpfung des Beweismaterials beruht. Es ist deshalb stets zu untersuchen, ob das abgelegte Geständnis mit dem Ermittlungsergebnis vereinbar ist, ob es in sich stimmig ist und ob es die getroffenen Feststellungen trägt (vgl. BGHSt 50, 40 [49]; BGH NStZ 2009, 467; StV 2013, 197; zur beanstandeten belastenden Verwertung einer Einlassung zur Vorsatzfrage, die hinsichtlich einer behaupteten Notwehrlage als widerlegt erachtet wurde vgl. BGH StV 2013, 198). Liegt dem Geständnis eine Verständigung zugrunde, bedarf es zu dessen Würdigung und ggf. deren Nachprüfung in der Revision auch der Mitteilung von Einzelheiten zum Inhalt der Absprache (BGH NStZ-RR 2013, 52 [53]; BGH NStZ 2017, 173; *Miebach* NStZ-RR 2018, 265 [266]). Bei einem **»Geständnis zu Lasten Dritter«**, das im Rahmen einer verfahrensbeendenden Absprache abgegeben worden ist, setzt dessen Verwertung zulasten anderer Angeklagter voraus, dass die Glaubhaftigkeit der Einlassung unter Einbeziehung ihres Zustandekommens und des Inhalts der Absprache in einer für das Revisionsgericht nachprüfbaren Weise – und damit vollständig – gewürdigt wird (BGHSt 48, 161 [167 f.]; 52, 78; 58, 184, 189 f.; BGH NJW 2014, 2132 f. = StV 2014, 676; BGH, Beschl. v. 27.02.2019 – 2 StR 558/18, juris, Rn. 6). Hat sich ein Angeklagter auf der Grundlage einer Absprache geständig eingelassen, so sind an die Überprüfung dieser Einlassung und deren Darlegung im Urteil regelmäßig keine strengeren Anforderungen zu stellen als bei einem in herkömmlicher Verfahrensweise abgegebenen Geständnis. Es gibt keine forensische Erfahrung dahin, dass bei einem Geständnis im Rahmen einer Verständigung regel-

mäßig mit einer wahrheitswidrigen Selbst- oder Fremdbelastung zu rechnen ist (BGH NJW 2014, 2132 [2133]). Dennoch muss die Glaubhaftigkeit eines Geständnisses, das Gegenstand einer verfahrensbeendenden Absprache war und Grundlage der Verurteilung eines Mitangeklagten sein soll, in nachprüfbarer Weise und unter Berücksichtigung seiner Entstehungs- und Entwicklungsgeschichte krit. gewürdigt werden; denn es besteht die Gefahr, dass der Geständige sich davon für die eigene Verteidigung Vorteile verspricht (potenzielles Falschbelastungsmotiv; BGHSt 58, 184 [189 f.]). Zur Nichtverwertbarkeit eines **Geständnisses bei gescheiterter Verständigung** s. § 257c Abs. 4 Satz 3. Grundlegend zur Behandlung eines Geständnisses bei einer Verständigung: BVerfG NJW 2013, 1058, 1069, 1071 – »Deal«; s.a. BGH NJW 2014, 2132 [2333]; NStZ 2017, 173 [174]; 2017, 244 [245]; *Miebach* NStZ-RR 2018, 265 [266].

Der Angeklagte hat das **Schweigerecht**. Im Strafverfahren muss niemand gegen sich selbst aussagen. Dies ist Ausdruck der Menschenwürde, des Persönlichkeitsrechts des Schweigeberechtigten und eines fairen Verfahrens. Dem trägt die Strafprozessordnung dadurch Rechnung, dass sie ein umfassendes Schweigerecht des Beschuldigten *voraussetzt* (vgl. § 136 Abs. 1 Satz 2, § 163a Abs. 3 Satz 2, Abs. 4 Satz 2, § 243 Abs. 5). Macht der Beschuldigte von diesem Schweigerecht Gebrauch, darf dies nicht zu seinem Nachteil verwertet werden. Das gilt auch dann, wenn der Beschuldigte in einer früheren Vernehmung geschwiegen und sich erst in späterer Situation zur Sache eingelassen hat. In diesen Fällen darf aus dem anfänglichen Schweigen kein Schluss zum Nachteil des Beschuldigten gezogen werden (BGHSt 38, 302 [305]; BGH StV 2016, 417 m.w. Rsprnachweisen; s.a. BGHSt 20, 281 [282 f.]; BGH NStZ 2018, 229). Eine andere Betrachtung würde das Schweigerecht in nicht vertretbarer Weise beschränken. Schweigt der Angeklagte, kann auch aus einem von ihm oder seinem Verteidiger gestellten Beweisantrag nicht der Schluss auf eine der Würdigung zugängliche Teileinlassung gezogen werden (BGH NStZ 1990, 447 f.; 2017, 96). Lässt er sich allerdings nach anfänglichem Schweigen schließlich doch zur Sache ein, unterliegen seine Angaben der umfassenden Beweiswürdigung. Dabei dürfen auch die Umstände der Einlassung berücksichtigt werden. Einer in Kenntnis der Ergebnisse der abgeschlossenen Ermittlungen und der Beweisaufnahme abgegebenen Schilderung kann ein geringerer Beweiswert beigemessen werden, weil bei diesem Kenntnisstand die Möglichkeit bestand, die Sachdarstellung an die bisherigen Ermittlungsergebnisse anzupassen (BGH NStZ 2021, 319). Beim bestreitenden Angeklagten dürfen fehlende Reue und Schuldeinsicht nicht für eine ungünstige Sozialprognose berücksichtigt werden (BGH NStZ-RR 2018, 105). Bei einem Schweigen des Angeklagten müssen jedoch nicht etwa alle theoretisch denkbaren entlastenden Umstände zu seinen Gunsten unterstellt werden, für die sich sonst keinerlei Anhalt bietet (BGHSt 51, 324 [325]). Für den Angeklagten vorteilhafte Geschehensabläufe sind vielmehr erst dann bedeutsam, wenn für ihr Vorliegen reale Anhaltspunkte erbracht sind und sie deshalb nach den gesamten Umständen als möglich in Betracht kommen (BGH NStZ-RR 2014, 283). Dem Schweigen des Angeklagten steht es gleich, wenn er seine Täterschaft lediglich allgemein bestreitet, sich sonst aber nicht äußert (BGHSt 38, 302 [307]), oder wenn er die Beweisaufnahme mimisch und gestisch lebhaft und ausdruckskräftig begleitet, ohne sich zur Sache zu erklären. Auch dann sollen aus solchen Reaktionen keine Schlüsse gezogen werden dürfen (BGH StV 1993, 458 [459]; krit. dazu *Miebach* NStZ 2000, 235; vgl. weiter zu »Totalschweigen«, »Teilschweigen« und »zeitweisem Schweigen« *Schneider* NStZ 2017, 73 ff. und 126 ff. m. Rspr. Nachw.). 27

Bei einem **teilweisen Schweigen** des Angeklagten ist die **Teileinlassung** grds. der Beweiswürdigung zugänglich. Dabei ist allerdings zu beachten: Äußert er sich zu einem einheitlichen Verfahrenskomplex nicht, wohl aber zu einem anderen, so dürfen auch daraus keine nachteiligen Folgerungen gezogen werden (BGHSt 32, 140 [144 f.]; BGH NStZ 2000, 494 [495]). Auch wenn er sich in bestimmten Verfahrensabschnitten auf sein Schweigerecht berufen hat, sich in anderen aber zur Sache einlässt, ist dies grds. nicht als Beweisanzeichen verwertbar. So kann es liegen, wenn er sich bei der Polizei nicht geäußert hat, sich aber in der Hauptverhandlung oder dort erst sehr spät erklärt (BGHSt 20, 281 [282 f.]; 38, 302 [305]; BGH NStZ 2016, 220; *Miebach* NStZ-RR 2018, 265 [270] m.w.N.). Wird das sog. Teilschweigen einer Würdigung unterzogen, ist zu berücksichtigen, ob es in verschiedener Weise gedeutet werden kann (vgl. BGH NJW 2002, 2260 = NStZ 2003, 45 m.Anm. *Widmaier* JR 2004, 85 f.). Deutungsmöglichkeiten, die nebeneinander stehen und sich aufdrängen, sind zu bewerten (Meyer-Goßner/*Schmitt* Rn. 17). Äußerungen des Angeklagten außerhalb der Hauptverhandlung sind grds. ebenso verwertbar wie »außerprozessuales« Schweigen in bestimmten Situationen, etwa auf eine private Frage hin (OLG Karlsruhe NStZ 1989, 287). Sie müssen aber prozessordnungsgemäß eingeführt werden, etwa durch eine Zeugenaussage. Als Beweismittel verwertbar sind auch Angaben eines Angeklagten, die er in einem Bericht für seinen Versicherer niedergelegt hat, und zwar auch dann, wenn er im Strafverfahren zur Sache schweigt. Eine besondere Situation besteht lediglich dann, wenn er solche Angaben ggü. Dritten aufgrund einer außerhalb des Strafprozessrechts verankerten gesetzlichen Auskunftspflicht gemacht hat, deren Verletzung ihrerseits strafbewehrt ist. Diese können nicht gegen seinen 28

Willen verwertet werden (BVerfGE 56, 37 [50] – Gemeinschuldnererklärung; anders zu den Angaben eines Asylbewerbers zu seinen Einreisemodalitäten: BGHSt 36, 328 [334 ff.]).

29 Aus dem **Verbot jedes Zwanges zur Selbstbezichtigung** folgt auch, dass aus der Verweigerung der Mitwirkung bei der Beschaffung von Beweisen zur eigenen Überführung keine nachteiligen Schlüsse gezogen werden dürfen. Das gilt etwa, wenn der Beschuldigte einen früher behandelnden Arzt nicht von der Schweigepflicht entbindet (BGHSt 45, 36, [364 f.]). Die grundsätzliche Freiheit des Beschuldigten, selbst darüber zu befinden, ob er an der Aufklärung des Sachverhalts aktiv mitwirken will oder nicht, bedingt, dass er zu einer derartigen Mitwirkung – etwa zu Tests, Tatrekonstruktionen, Schriftproben oder zur Schaffung ähnlicher, z.B. für seine Identifizierung notwendiger Anknüpfungstatsachen – nicht gezwungen werden darf. Die Strafverfolgungsbehörden dürfen dieses Verbot auch nicht dadurch umgehen, dass sie ihn durch ausdrückliche oder konkludente Täuschung zu einer solchen Mitwirkung veranlassen (Grundsatz der Selbstbezichtigungsfreiheit, BGHSt 34, 39 [46]; 40, 66 [71 f.]). Non-verbales Verhalten des schweigenden Angeklagten in der Verhandlung soll nur verwertbar sein, wenn es klar deutbar und erheblich ist (s. oben Rdn. 7, 22; *Miebach* NStZ-RR 2018, 265 [269] m.w.N.). Auch bei einem Angeklagten, der sich zur Sache eingelassen hat, darf aus der Verweigerung der aktiven Mitwirkung an der Sachaufklärung jedenfalls dann kein ihm nachteiliger Schluss gezogen werden, wenn dieses Prozessverhalten nicht in einem engen und in einem einer isolierten Bewertung unzugänglichen Sachzusammenhang mit dem Inhalt seiner Einlassung steht. Erscheint eine Person zu einem Speicheltest für eine molekulargenetische Untersuchung im Beistand eines Anwalts, so darf dies in einem späteren Strafverfahren gegen sie nicht als belastendes Indiz verwertet werden (BGHSt 45, 367 [371 f.]). Zur Bewertung des Verhaltens bei der Festnahme vgl. BGH NStZ-RR 2020, 258 (nur Ls. = B. v. 10.06.2020 – 5 StR 109/20, juris).

30 b) **Alibibeweis.** Die Grundsätze des Alibibeweises folgen den allgemein geltenden rechtlichen Grundsätzen für die Beweiswürdigung. Sie spielen indessen eine besondere Rolle und verdienen besondere Hervorhebung. Beweiserwägungen wie *die*, es sei kein plausibler Grund erkennbar, warum der Angeklagte – wenn er denn die Tat nicht begangen haben sollte – für die Tatzeit ein falsches Alibi angebe, sind bekanntlich rechtsfehlerhaft (BGHR StPO § 261 Überzeugungsbildung 30, Rn. 5). Denn auch ein Unschuldiger kann Zuflucht zur Lüge nehmen. Deshalb gestattet ein solches Verhalten für sich gesehen nicht ohne Weiteres tragfähige Rückschlüsse darauf, was sich in Wirklichkeit ereignet hat (BGH StV 1997, 293; *Miebach* NStZ-RR 2018, 265 [268]). Für die Bewertung lassen sich die Alibibehauptungen in verschiedene Kategorien einteilen:

1. Es gibt die erwiesen wahre Alibibehauptung, also das erwiesene Alibi,
2. das objektiv widerlegte oder gar nachweislich erlogene Alibi,
3. das nicht sicher feststehende Alibi (Fall des non liquet),
4. den nicht angetretenen Alibibeweis trotz sich aufdrängender Möglichkeit dazu, also den »fehlenden, aber naheliegenden Alibibeweis«,
5. den späten Alibibeweisantritt, bei dem der Zeitpunkt zum Nachteil des Angeklagten bewertet werden könnte.

Alle Konstellationen sind zu lösen mit den allgemeinen Regeln für die Beweisführung. Für den Alibibeweis gelten grds. keine besonderen Maßstäbe. Er ist im Prinzip als »Woanders-Beweis« kein anderer Beweis als jeder Beweis. Folgende allgemeine Regeln sind für die einzelnen Fallgruppen im Blick zu behalten:

31 1. Das **Alibi steht fest**, es ist erwiesen. Dann führt das – selbstverständlich – zum Freispruch. In prozeduraler Hinsicht ist eine Gesamtwürdigung aller be- und entlastenden Umstände in diesem Fall aber nur dann verzichtbar, wenn das Alibi mit so zwingender, jeden denkbaren Zweifel ausschließender Sicherheit feststeht, dass es schon für sich allein etwaigen Belastungsindizien jeden Beweiswert nimmt (BGHR StPO § 261 Beweiswürdigung, unzureichende 10). In der Praxis wird es sich stets empfehlen, auch bei einem »bombensicheren« Alibi dieses bei der Beweiswürdigung ins Verhältnis zu setzen zu etwaigen anderen, belastenden Indizien. Denn die Frage, wann ein Alibi zwingend und jeder vernünftige Zweifel an ihm ausgeschlossen erscheint, ist mitunter nicht sicher zu beantworten. Beispiel: Drei »Honoratioren« geben einem Tatverdächtigen unabhängig voneinander ein Alibi, darunter ein Priester.

32 2. Der **gescheiterte Alibibeweis**, insb. **die objektiv widerlegte** und auch die **nachweislich erlogene Alibibehauptung** ist für sich allein und ohne Rücksicht auf Gründe und Begleitumstände ihres Vorbringens kein Beweisanzeichen für die Täterschaft des Angeklagten. Der Angeklagte ist nicht gehalten, sein Alibi zu beweisen; er hat aber das Recht, einen Alibibeweis anzutreten. Misslingt dieser Beweis, so fällt damit eine ihm zustehende Verteidigungsmöglichkeit weg. Dies bedeutet, dass ggf. eine schon anderweit gewonnen Überzeugung des Tatrichters nicht erschüttert wird. Der Fehlschlag kann jedoch für sich allein, d.h. ohne *Rücksicht auf seine* Gründe und Begleitumstände, noch kein Beweisanzeichen dafür sein, dass der Angeklagte der Täter ist (BGHSt 41, 153 [154]). Ihm kommt nur ein sehr begrenzter Beweiswert zu; unwahre Alibi-

angaben – wie unwahre Einlassungen schlechthin – lassen sich nur mit Vorsicht als Beweisanzeichen für die Schuld des Angeklagten werten, weil auch ein Unschuldiger meinen kann, seine Aussichten auf einen Freispruch seien besser, wenn er nicht nur auf die Wahrheit setze, sondern überdies versuche, auf ein unwahres, konstruiertes Alibi zu bauen, wenn er also mit dem Mittel der Lüge ein Übriges tut, um seinen erstrebten Freispruch abzusichern. Hier gilt das Gleiche, wie in anderen Fällen der Lüge eines Angeklagten zu beweisbedeutsamen Umständen (BGH NStZ 1986, 325; StV 1985, 356 [357]). Danach versteht sich von selbst, dass der schlicht gescheiterte Alibibeweis – bei dem die Lüge nicht erwiesen ist – für sich allein ebenso wenig ein Beweisindiz für die Täterschaft ist. Der Angeklagte ist nicht gehalten, sein Alibi zu beweisen. Er hat das Recht, den Alibibeweis anzutreten. Dass er dies versucht hat, wenn auch im Ergebnis erfolglos, darf ihm nicht zum Nachteil gereichen.

Ein widerlegtes Alibi *muss* deshalb nicht stets außer Betracht bleiben. Treten besondere Umstände hinzu, so darf *sehr wohl* berücksichtigt werden, dass sich der Angeklagte bewusst wahrheitswidrig auf ein Alibi berufen hat (BGHR StPO § 261 Überzeugungsbildung 11, 30). Die Anforderungen an die Würdigung sind dann indessen sehr hoch. Gründe und Begleitumstände der Alibibehauptung sind zu bewerten (BGHSt 41, 153 [156]; BGH StV 1982, 158; zu dem Sonderfall der Verschaffung eines später widerlegten Alibis: BGH NStZ-RR 2011, 184, 185 – »Vorwegverteidigung mit Täterwissen«). Wird eine erlogene Entlastungsbehauptung als zusätzliches Belastungsindiz gewertet, so muss sich der Richter bewusst sein und das auch zum Ausdruck bringen, dass eine wissentlich falsche Einlassung ihren Grund nicht darin haben *muss*, dass der Angeklagte die Tat begangen hat, vielmehr auch eine andere Erklärung finden kann. Deshalb ist in solchen Fällen darzutun, dass eben eine solche andere, nicht auf die Täterschaft hindeutende Erklärung in concreto nicht in Betracht kommt oder – obgleich denkbar – nach den Umständen jedenfalls so fern liegt, dass sie ausscheidet (BGHR StPO § 261 Aussageverhalten 13). Das gilt selbst dann, wenn *mehrere* vom Angeklagten vorgebrachte, unterschiedliche Alibibehauptungen sich als falsch erwiesen haben, er also bspw. einmal geltend gemacht hatte, zur Tatzeit in Italien gewesen zu sein, sich dann aber – gleichermaßen widerlegt – darauf beruft, in Brasilien Urlaub verbracht zu haben (zum Grundsatz s. BGHR StPO § 261 Aussageverhalten 13). 33

Zu dieser Rspr. stellt sich allerdings die Frage, ob es in Ordnung geht, so konsequent an die Disponibilität der Wahrnehmung prozessualer Rechte anzuknüpfen. Vorstellbar erscheint für solche Fälle auch, stärker auf die Grundsätze für die zulässige Würdigung des teilweisen Schweigens eines Angeklagten abzuheben.

3. Das **nicht sicher feststehende Alibi** hat Gewicht i.R.d. Würdigung aller Beweise, also der Gesamtwürdigung am Ende der Beweisaufnahme. Besteht hinsichtlich einer solchen Alibibehauptung ein *non liquet*, so hat das nicht zur Folge, dass diese zugunsten des Angeklagten als bewiesen anzusehen wäre. Vielmehr ist sie mit der ihr zukommenden Ungewissheit in die Gesamtwürdigung des insgesamt gewonnenen Beweisergebnisses einzubeziehen. Welches Gewicht ihr dabei im Verhältnis aller beweiskräftigen Indizien beizumessen ist, ist grds. Frage tatrichterlicher Überzeugungsbildung (BGH NStZ 1999, 523). Der Zweifelssatz greift erst dann, wenn der Richter auch nach dieser Gesamtwürdigung Zweifel an einem Ergebnis zulasten des Angeklagten nicht zu überwinden vermag. In diesem Sinne ist der – für sich gesehen missverständliche – LS von BGHSt 25, 285 [287] zu verstehen, der Zweifelssatz gelte für den Alibibeweis nicht (dazu *Foth* NJW 1974, 1572). 34

4. Unternimmt es der Angeklagte gar nicht erst, einen Alibibeweis zu erbringen, beschränkt er sich etwa auf die Erklärung, er wisse nicht, wo er zur Tatzeit gewesen sei, obwohl es sich förmlich aufdrängt, dass es für seine Einlassung einen Alibizeugen geben muss (**Nichtantritt eines sich aufdrängenden Alibibeweises**), so darf auch dieser Umstand an sich nicht zu seinem Nachteil verwertet werden. Letztlich folgt dies aus dem Grundsatz, dass der Angeklagte, der das Recht zum Schweigen hat, auch auf den Antritt eines Entlastungsbeweises verzichten kann (BGHR StPO § 261 Aussageverhalten 13). Beispiel: Wer zur Tatzeit bei einer Freundin war, kann Gründe haben, diese nicht zu benennen oder gar erst ins Spiel zu bringen. Der Fall, den der BGH hierzu – zugunsten des zunächst verurteilten Angeklagten – entschieden hat, lag prekär: Der Angeklagte war tags nach der Raubtat von einem Bekannten darauf angesprochen und gefragt worden, ob *er* der Täter sei. Das LG war davon ausgegangen, dass der Angeklagte damit allen Anlass gehabt habe, sich zeitnah Gedanken über seinen Aufenthalt zur Tatzeit zu machen und sich dies zu merken. Die Berufung auf ein Nicht-mehr-Wissen nahm es ihm nicht ab. Diese Argumentation scheint einleuchtend. Eine Würdigung solchen Verhaltens zulasten des Angeklagten ist aber allenfalls dann statthaft, wenn naheliegende Erklärungsmöglichkeiten für den unterbliebenen Antritt des Alibibeweises erörtert und ausgeräumt werden. 35

5. Bringt ein zur Sache schweigender Angeklagter einen **Alibibeweisantrag** ohne einsichtigen Grund **erst zu einem späten Zeitpunkt** – etwa im weiteren Verlaufe oder gar gegen Ende der Beweisaufnahme – vor, so darf auch dieser Umstand als solcher – der späte Zeitpunkt – nicht ohne Weiteres zu seinem Nachteil berücksichtigt werden. Denn er nimmt damit zunächst lediglich seine prozessualen Rechte wahr (BGHSt 45, 367 [370]; BGH NStZ 2014, 666 [667]). Bei der *Würdigung des* auf den späten Beweisantritt hin *erhobenen Beweises* darf allerdings durchaus in Rechnung gestellt werden, dass die etwa entlastende Alibiaussage erst 36

während des Verlaufs des Verfahrens oder der Hauptverhandlung zustande gekommen ist und es dem Alibizeugen mithin möglich war, seine Aussage auf das bisherige Beweisergebnis abzustimmen (BGHR StPO § 261 Aussageverhalten 21; BGHR StPO § 261 Beweiswürdigung 25).

37 c) **Schweigen oder Teilschweigen eines Zeugen.** Schweigt ein Zeuge, ist für die Frage, ob dieser Umstand auch zulasten des Angeklagten verwertet werden darf zu differenzieren. Kommt dem Zeugen kein Zeugnisverweigerungsrecht zu, ist das Aussageverhalten uneingeschränkt zu würdigen. Bei Vorliegen eines Zeugnisverweigerungsrechts kommt es darauf an, ob dieses den Schutz des Verhältnisses des Zeugen zum Angeklagten bezweckt, wie das etwa bei den Zeugnisverweigerungsrechten aus persönlichen Gründen (§ 52) und aus beruflichen Gründen (§ 53, § 53a) der Fall ist. Bei berechtigtem Schweigen des Zeugen, gleichviel ob es sich um ein vollständiges, teilweises oder vorübergehendes Schweigen handelt, verbietet es der Schutz der Entschließungsfreiheit des Zeugen, aus der Zeugnisverweigerung nachteilige Schlüsse für den Angeklagten zu ziehen (BGHSt 22, 113 [114]; 32, 140 [141]; BGH NStZ 2014, 415; StV 2016, 418 u. 419; anders noch BGHSt 2, 351 [353 f.]; s.a. BGHSt 34, 324 [327]; vgl. weiter KK/*Ott* Rn. 42). Das gilt i.Ü. auch, wenn der Zeuge im Ermittlungsverfahren oder in den verschiedenen Instanzen ein unterschiedliches Aussageverhalten an den Tag legt, also einmal vom Zeugnisweigerungsrecht Gebrauch macht, dann aber wieder nicht. Zum Vorteil des Angeklagten dürfen indessen aus einem solchen Aussageverhalten sehr wohl Schlüsse gezogen werden (BGH NStZ 1988, 561 [562]).

38 Bei einer vollständigen oder teilweisen Zeugnisverweigerung, deren Berechtigung sich aus den §§ 54, 55 ergibt, die nicht dem Schutz des Rechtskreises des Angeklagten dienen, kann der Richter auch den Umstand der Zeugnisverweigerung zum Nachteil des Angeklagten berücksichtigen. Dies setzt allerdings voraus, dass sich eine entsprechende Deutung i.R.d. gesamten Beweiswürdigung tragfähig begründen lässt (LR/*Sander* Rn. 151 f.; zu den Anforderungen an die Würdigung, zumal bei Angaben eines tatbeteiligten Zeugen: BGH StV 2021, 452 Rn. 7 u. 11).

39 d) **Grundsätze der Aussagebewertung (Glaubhaftigkeitsprüfung).** Zeugenaussagen, aber auch die Einlassung des Angeklagten sind vom Tatrichter zu bewerten. In einfachen und klaren Fällen kann dies in den Urteilsgründen knapp geschehen. Ein Rechts- oder Erfahrungssatz, dass einer Aussage nur entweder insgesamt geglaubt oder insgesamt nicht geglaubt werden könne, existiert nicht. Kompliziert wird es, wenn objektive Beweismittel zum zentralen Geschehen fehlen oder nur spärlich vorhanden sind oder gar eine »Aussage gegen Aussage-Situation« besteht. Zunächst kommt es auch dann auf die **Wahrnehmungsfähigkeit** und **Erinnerungsfähigkeit** der Aussageperson an (**Zeugentüchtigkeit**). Problematisch kann dies etwa sein, wenn geistige oder körperliche Gebrechen oder sonst aussagerelevante Besonderheiten in der Persönlichkeit vorliegen. Beispielhaft bedarf die **Aussagetüchtigkeit** bei Zeugen, die zum Vorfallszeitpunkt alkoholbedingt handlungsunfähig waren, besonderer Prüfung (BGH NStZ 2011, 473 f.; zu Taten im Tief- oder Halbschlaf eines Zeugen: BGH NStZ-RR 2020, 151 Rn. 9). Bei **ungenauer Gedächtnisleistung** ist zu bewerten, ob diese derart schwer wiegt, dass sie Rückschlüsse auf den Wirklichkeitsgehalt der Aussage erlaubt; denn nicht jede Inkonsistenz ist bereits ein Hinweis auf mangelnde Glaubhaftigkeit der Angaben insgesamt (BGHSt 45, 164 [172]; BGH NStZ 2012, 110 [111]. Bei einem sog. **Zeugen vom Hörensagen** ist große Vorsicht geboten, wenngleich dessen Aussagen nicht unverwertbar sind (BGHSt 49, 112 [119]). Persönliche Nähe zum Angeklagten, ein zum Zeitpunkt der Wahrnehmung nicht vorhandenes Problembewusstsein (Routinevorgang) oder ein lange zurückliegendes Geschehen können den Beweiswert einer Aussage mindern. Werden bei einer **»Aussage gegen Aussage-Situation«** die Angaben des einzigen Belastungszeugen bewertet, gelten strenge Anforderungen (BGH NStZ-RR 2016, 382; 2017, 288; StV 2017, 367). Erforderlich ist insb. eine sorgfältige Inhaltsanalyse, eine möglichst genaue Prüfung der Entstehungsgeschichte der belastenden Aussage, eine Bewertung des feststellbaren Aussagemotivs sowie eine Prüfung von Konstanz, Detailliertheit und Plausibilität der Aussage (s. näher Rdn. 41; BGH NStZ-RR 2018, 220 m.w.N.;2021, 24 Rn. 8; zu einer typischen schwierigen Beweislage bei Beziehungstaten vgl. BGH NStZ-RR 2020, 355; 2021, 184). Werden solche Angaben hinsichtlich einzelner Taten oder Tatmodalitäten widerlegt, kann den übrigen Angaben des einzigen Belastungszeugen nur gefolgt werden, wenn außerhalb der Aussage Gründe von Gewicht für ihre Glaubhaftigkeit vorliegen. Dies ist in den Urteilsgründen darzulegen (BGHSt 44, 153 [159]). In Fällen, in denen Aussage gegen Aussage steht und der einzige Belastungszeuge in der Hauptverhandlung in einem wesentlichen Punkt von seiner früheren Tatschilderung abweicht, muss der Tatrichter regelmäßig darlegen, dass insoweit keine *bewusst* falschen Angaben vorgelegen haben. Nach der ständigen Rspr. des BGH bedarf es in solchen Fällen einer lückenlosen Gesamtwürdigung aller Indizien. Allein auf Angaben des einzigen Belastungszeugen, dessen Aussage in einem wesentlichen Detail als *bewusst* falsch anzusehen ist, kann eine Verurteilung nicht gestützt werden (BGHSt 44, 256 [257; s.a. BGH NStZ-RR 2016, 250]). Die Unwahrheit eines Aussageteils zum Kerngeschehen kann auch die übrigen Angaben in schwerwiegender Weise in Zwei-

fel ziehen (BGH NStZ-RR 2008, 180 [181]). Es besteht zwar kein Erfahrungssatz des Inhalts, dass einem Zeugen nur entweder insgesamt geglaubt oder insgesamt nicht geglaubt werden darf. Glaubt das Tatgericht dem Zeugen jedoch nur in Teilen seiner Aussage, so hat es regelmäßig dafür außerhalb der Aussage liegende gewichtige Gründe zu nennen (BGHSt 44, 153 [159]; 44, 256 [257]; BGH NStZ 2018, 116; 2020, 693 Rn. 7; zur teilweisen Glaubhaftigkeit der Angaben des einzigen Belastungszeugen: BGH StV 2020, 444). Bei Würdigung einer entscheidungserheblichen Aussage eines Tatbeteiligten, bei dem eine Verständigung wegen seiner Beteiligung im selben Tatkomplex – ggf. auch in einem eigenständigen Verfahren – vorangegangen ist oder im Raume steht, ist dieser Umstand einzubeziehen. Es ist nachvollziehbar zu behandeln, ob der Tatbeteiligte im Blick auf die Verständigung irrig glauben könnte, eine Falschaussage zulasten des Angeklagten sei für ihn besser als eine wahre Aussage zu dessen Gunsten (BGH NStZ 2012, 465). Auch bei einer teilweisen Verfahrenseinstellung in Fällen einer »Aussage gegen Aussage-Konstellation« müssen die Gründe der Verfahrenseinstellung erwogen und im Urteil mitgeteilt werden, da diese für die Glaubhaftigkeitsbeurteilung bedeutsam sein können (BGH NStZ-RR 2016, 250).

Obgleich die Würdigung der Aussagen ureigene Aufgabe des Richters ist und er dazu grds. keiner sachverständigen Hilfe bedarf, kann es in Ausnahmesituationen die Aufklärungspflicht gebieten, ein **aussagepsychologisches oder psychiatrisches Gutachten** einzuholen. Der Hinzuziehung eines Sachverständigen bedarf es, wenn die Eigenart und besondere Gestaltung des Einzelfalles eine Sachkunde erfordert, die ein Richter normalerweise nicht hat (BGH NStZ 2000, 156 [157]). So kann der Fall etwa liegen, wenn ein Zeuge an einer paranoid-halluzinatorische Psychose leidet, wenn es bei einer »Aussage gegen Aussage-Konstellation« um Angaben von Kindern oder Jugendlichen zu Sexualdelikten geht, aber auch bei Aussagen von schwierigen Persönlichkeiten oder bei schwierigen Beziehungssituationen. Zur Überprüfung und Würdigung von Glaubhaftigkeitsgutachten vgl. *Miebach* NStZ-RR 2018, 36 m. Rspr.Nw. 40

Für die Erstellung von aussagepsychologischen Gutachten hat der BGH im Zusammenwirken mit der Wissenschaft aussagepsychologische Standards vorgegeben (grundlegend BGHSt 45, 164 [166 ff.]). Diese Grundsätze sind auch für den Richter leitend, wenn er ohne sachverständige Hilfe **Aussagen bewertet** und eine **Qualitätsanalyse der Aussage** vornimmt. So kommt es etwa auf sog. **Realkennzeichen** in der Aussage an. Anzeichen für die Glaubhaftigkeit der Angaben können sein: die inhaltliche Konsistenz der Angaben (s. dazu BGH NStZ-RR 2017, 52), die Schilderung nebensächlicher Details, etwa abgebrochene Handlungsketten, unerwartete Komplikationen, phänomenangemessene Schilderungen und aussageimmanente Qualitätsmerkmale wie quantitativer Detailreichtum, raum-zeitliche Verknüpfungen, die Schilderung ausgefallener Einzelheiten und psychischer Vorgänge, die Entlastung des Beschuldigten in bestimmten Punkten, deliktsspezifische Aussageelemente; darüber hinaus ist auch die Entstehung der Aussage in Betracht zu ziehen und eine sog. Motivationsanalyse vorzunehmen (Prüfung der sog. Rachehypothese; vgl. ausführlich BGHSt 45, 164 [167 ff.]). Gerade der Entstehungsgeschichte einer beschuldigenden Aussage kommt großes Gewicht bei ihrer Würdigung zu (BGH StV 1998, 250; NStZ 1999, 45; NStZ 2002, 656 [657]; NStZ-RR 2014, 219; 2018, 220). Grundlegende Beiträge: *Nack* StV 1994, 555; *Maier* NStZ 2005, 246; *Brause* NStZ 2007, 505; 2013, 129 ff. Die aussagepsychologische Begutachtung eines Zeugen bedarf nicht notwendig dessen Exploration unter seiner Mitwirkung. Vielmehr ist es je nach Fallgestaltung regelmäßig möglich, dem Sachverständigen auf anderem Wege die erforderlichen Anknüpfungstatsachen für die Beurteilung der Glaubhaftigkeit der Angaben des Zeugen zu verschaffen (BGH NStZ 2015, 299; generell zur Begutachtung: *Köhnken* Fehlerquellen in aussagepsychologischen Gutachten, in *Deckers/Köhnken* Die Erhebung und Bewertung von Zeugenaussagen im Strafprozess, 3. Bd. 2019, S. 25 ff.). 41

Um gehaltvolle, aufklärende Aussagen zu erhalten, sind auch in der Hauptverhandlung die Grundsätze der **Vernehmungspsychologie** zu beachten: Der Richter sollte die Aussageperson zunächst »aufschließen«, also einfühlsam zu einer zusammenhängenden Sachverhaltsschilderung anhalten, aufmerksam zuhören, möglichst nicht unterbrechen und zu einer detaillierten Beschreibung des Geschehens auffordern. Er sollte auch versuchen, sie auf bestimmte, markante Details festzulegen, die einem Abgleich mit anderen Erkenntnissen zugänglich sind (vgl. zur Aussage- und Vernehmungspsychologie weiter: *Arntzen,* Vernehmungspsychologie; *Arntzen,* Psychologie der Zeugenaussage; *Artkämper/Schilling/Floren* Vernehmungen; *Bender/Häcker/Schwarz,* Tatsachenfeststellung vor Gericht). 42

Bei der Würdigung der Zeugenaussage eines Nebenklägers, dessen Rechtsanwalt zuvor Akteneinsicht erhalten hat, besteht grundsätzlich keine Erörterungspflicht im Blick auf eine etwaige Kenntnis des Inhalts der Verfahrensakten. Eine ausdrückliche **Bewertung möglicher Aktenkenntnis** im Rahmen der Beweiswürdigung kann jedoch dann geboten sein, wenn Hinweise auf eine konkrete Falschaussagemotivation des Zeugen oder sonst Besonderheiten in seiner Aussage dazu Anlass geben (BGH StV 2017, 146). Abhängig von den Umständen des Einzelfalles und namentlich dann, wenn die Aussagekonstanz eine Rolle spielt, kann es geboten sein, diese auch daraufhin zu bewerten, welche Bedeutung etwa der vorherigen Kenntnisnahme von 43 früheren Angaben für die aktuellen Bekundungen zuzumessen ist. Denn eine Erinnerung an selbst Erlebtes und die Erinnerung an den Inhalt einer früheren Äußerung hierüber kann sich nach einer Konfrontation etwa mit Vernehmungsprotokollen durchaus vermischen (BGH NStZ-RR 2016, 250).

44 Hatte der Angeklagte **keine Gelegenheit**, Fragen an einen Belastungszeugen zu stellen oder stellen zu lassen (Recht **zur konfrontativen Befragung**, Art. 6 Abs. 3 lit. d EMRK; vgl. EGMR, Urt. v. 15.12.2015 – 9154/10, StV 2017, 213–227), so führt das nicht ohne Weiteres zur Annahme eines Konventionsverstoßes wegen unfairen Verfahrens und auch nicht zur Unverwertbarkeit der so erlangten Informationen, gebietet indes eine besonders sorgfältige Beweiswürdigung. Soll dennoch ein Verfahrensverstoß geltend gemacht werden, muss der Verwertung der Aussage dieses Zeugen in der Tatsacheninstanz widersprochen werden. Entscheidend für die Bewertung ist, ob das Verfahren in seiner Gesamtheit einschließlich der Art und Weise der Beweiserhebung und Beweiswürdigung fair war (BVerfG NJW 2010, 925 [926]; BGHSt 51, 150 [154]; BGH JR 2018, 205 = NStZ 2017, 602 m.Anm. *Esser*, JR 2018, 207). Eine besonders kritische Beweiswürdigung ist geboten, wenn sich etwa ein geständiger vormaliger Mitangeklagter einer konfrontativen Befragung entzieht und keine Möglichkeit besteht, vom Fragerecht Gebrauch zu machen (BGH, Beschl. v. 17.03.2021 – 2 StR 21/21 – Rn. 12, juris). Solche Angaben müssen durch wichtige Indizien außerhalb der Aussage bestätigt werden (krit. zur Beweiswürdigungslösung des BGH u.a. *Hamm/Pauly* Die Revision in Strafsachen, Rn. 1178; s. zur Entwicklung auch *Lohse* JR 2018, 183).

45 e) **Wiedererkennen.** Das Wiedererkennen eines Angeklagten durch einen Zeugen ist auch in der Hauptverhandlung in seinem Beweiswert strengen Anforderungen unterworfen. In der Regel hat die Wiedererkennung bereits im Ermittlungsverfahren stattgefunden und wird später in die Hauptverhandlung durch Zeugenaussagen und Inaugenscheinnahme einer Bilddokumentation eingeführt. Die Beweiskraft einer solchen Wiedererkennung im Ermittlungsverfahren hängt davon ab, dass bestimmte Grundregeln und qualitative Anforderungen beachtet werden. Grds. sind Lichtbildvorlagen und Gegenüberstellungen deshalb als **Wahllichtbildvorlagen** und **Wahlgegenüberstellungen** (»visuelle Gegenüberstellung«) zu gestalten (vgl. BGHR StPO § 261 Identifizierung 13, 17; zur sequenziellen Wahllichtbildvorlage vgl. BGH NStZ 2011, 648; 2020, 499 Rn. 7 ff. m.Anm. *Eisenberg*). Dem Zeugen sind nicht nur der Beschuldigte, sondern zugleich eine Reihe anderer Personen gleichen Geschlechts, ähnlichen Alters und ähnlichen Erscheinungsbildes gegenüberzustellen. Der Beweiswert eines Wiedererkennens ist von vornherein fragwürdig, wenn für den Zeugen keine Wahlmöglichkeit bestand. Die Aussagekraft einer Wiedererkennung ist umso größer, je geringere Unterschiede zwischen den Auswahlpersonen bestehen. Das Ergebnis einer Einzelgegenüberstellung ist zwar nicht unverwertbar. Ihm kommt aber regelmäßig ein wesentlich geringerer Beweiswert zu als dem einer vorschriftsmäßig durchgeführten Wahlgegenüberstellung. Daher müssen die Urteilsgründe im Fall einer Verurteilung erkennen lassen, dass sich das Gericht der Mängel und des eingeschränkten Beweiswertes des Ergebnisses einer Einzelgegenüberstellung bewusst war (BGHSt 40, 66 [68] = NJW 1994, 1807 [1808]; BGH NStZ-RR 2012, 381; StraFo 2016, 154; 2017, 70; 2017, 111). Auch sollte sich den Urteilsgründen entnehmen lassen, anhand welcher Merkmale der Zeuge den Angeklagten wiedererkannt haben will und ob er ihn auch in der Hauptverhandlung wiedererkannt hat. Das gilt jedenfalls dann, wenn dem Zeugen bei einer Wahllichtbildvorlage eine sichere Täteridentifizierung nicht möglich war und er lediglich Gewissheitsgrade (z.B. 50 bis 60 % oder 80 bis 90 %) angegeben hat (BGH NStZ 2009, 283 f. = StV 2008, 622 [623]). Bei der Würdigung ist der Umstand einzubeziehen, dass **wiederholtes Wiedererkennen** von geringerem Beweiswert ist. Denn der Zeuge läuft unbewusst Gefahr, sich durch die erste Wiedererkennung in seiner Erinnerung und Wahrnehmung beeinflussen zu lassen (suggestive Wirkung; vgl. *Brause* NStZ 2007, 505, [509]; s.a. BGH StV 2008, 622 m.w.N.). Das gilt insb. bei kindlichen Zeugen. Deshalb bedarf solcherlei besonders sorgfältiger Prüfung durch den Richter, die sich in den Urteilsgründen niederschlagen muss (vgl. grundlegend *Köhnken/Sporer*, Identifizierung von Tatverdächtigen durch Augenzeugen; vgl. weiter BGHSt 16, 204 [205 f.]; BGH StV 1998, 249 f.; NStZ 2000, 156 [157]; 2010, 53 [54] m.Anm. *Schneider*, NStZ 2011, 648 [650]). Die eingehende Beweiswürdigung, die bei problematischen Lichtbildvorlagen, Gegenüberstellungen und wiederholtem Wiedererkennen notwendig ist, erfordert grds. kein Spezialwissen; der Tatrichter bedarf also – wenn keine Besonderheiten vorliegen – keiner sachverständigen Hilfe (BGH NStZ 2000, 156 [157]).

46 Diese Grundsätze gelten für die Identifizierung eines Tatverdächtigen aufgrund eines **Stimmvergleichs** (»akustische Gegenüberstellung«) entsprechend (BGHSt 40, 66 [69] = NJW 1994, 1807 [1808]; BGH NStZ 1994, 597 [598] m.Anm. *Eisenberg*). Es ist sicherzustellen, dass der Zeuge die Stimme des Verdächtigen nicht isoliert, sondern im Vergleich zu anderen Stimmen anhört. Die Vergleichsstimmen müssen eine gewisse Klangähnlichkeit aufweisen. Es dürfen dem Zeugen auch nicht etwa neben dem mit einem fremdländischen Akzent oder einem Dialekt sprechenden Verdächtigen Stimmen einer anderen Sprachheimat vorgestellt werden (vgl. *Odenthal* Rechtsprobleme des Wiedererkennens, S. 17, in: *Köhnken/Sporer*, *Hammersley/Read*, Das Wieder-

erkennen von Stimmen S. 113 [130 ff.], in: *Köhnker/Sporer*). Auch Mängel der Stimmvergleichsidentifizierung nehmen dieser nicht notwendig jeden Beweiswert. Der Richter muss sich aber des besonderen Risikos einer Falschidentifizierung bewusst sein und sie in der Beweiswürdigung mit einbeziehen (BGHSt 40, 66 [69]).

Nimmt der erkennende Richter selbst eine **Identifizierung des Angeklagten etwa anhand eines Fotos** als 47
Augenscheinsobjekt vor, das bspw. im Straßenverkehr bei einer Geschwindigkeitskontrolle (Radarkontrolle) oder von einer Überwachungskamera aufgenommen wurde, so muss er die charakteristischen übereinstimmenden Merkmale in den Urteilsgründen angeben (vgl. LR/*Sander*, Rn. 136, 180). Auf das Bild kann insoweit Bezug genommen werden (§ 267 Abs. 1 Satz 3). In den Urteilsgründen bedarf es dann dazu im Regelfall keiner näheren Ausführungen mehr. Bestehen allerdings nach Inhalt oder Qualität des Fotos Zweifel an seiner Eignung als Grundlage für eine Identifizierung, so muss der Tatrichter angeben, aufgrund welcher – auf dem Foto erkennbarer – Identifizierungsmerkmale er die Überzeugung von der Identität des Betroffenen mit dem Abgebildeten gewonnen hat. Verweist er nicht auf das Beweisfoto, so muss das Urteil sich auch zur Bildqualität verhalten und die abgebildete Person oder jedenfalls mehrere charakteristische Identifizierungsmerkmale so präzise beschreiben, das dem Rechtsmittelgericht anhand der Beschreibung in gleicher Weise wie bei Betrachtung des Fotos die Prüfung ermöglicht wird, ob dieses zur Identifizierung generell geeignet ist (BGHSt 41, 376 [382 ff.]; BGH StV 2018, 399 – Überwachungskamera; OLG Bamberg DAR 2017, 89; OLG Bremen NStZ 2021, 114 Rn. 9 – Lasermessgerät PoliScan Speed; OLG Oldenburg ZfSch 2018, 353 – Foto minderer Qualität bei Geschwindigkeitsüberschreitung).

f) Gesperrte Beweismittel. Kann ein Beweis, der potenziell zur Entlastung des Angeklagten hätte beitragen 48
können, aufgrund von Maßnahmen der Exekutive nicht in die Hauptverhandlung eingeführt werden (z.B. Sperrerklärung bzgl. einer V-Person oder eines Verdeckten Ermittlers), obwohl seine Erhebung ein Gebot der Aufklärungspflicht gewesen wäre, ist die hierdurch bedingte Verkürzung der Beweisgrundlage und der Verteidigungsmöglichkeiten des Angeklagten zur Sicherung einer fairen Verfahrensgestaltung durch eine besonders vorsichtige Beweiswürdigung und ggf. die Anwendung des Zweifelssatzes auszugleichen (BGHSt 49, 112 [118 ff.]; BGH StV 2018, 787). Mittelbar – durch einen polizeilichen Vernehmungsbeamten – in die Beweisaufnahme eingeführte Angaben einer V-Person haben einen eingeschränkten Beweiswert, sind äußerst sorgfältig und zurückhaltend zu würdigen und müssen durch andere gewichtige Beweisanzeichen außerhalb der Aussage bestätigt werden (BGH StV 2018, 787). Ähnliches gilt, wenn eine Aussageperson aufgrund einer beschränkten Aussagegenehmigung bestimmte Fragen nicht beantworten darf (vgl. § 54).

g) Zum Sachverständigenbeweis. Der Sachverständige ist »Gehilfe« des Richters. Er vermittelt ihm dasjenige 49
Fachwissen, über das dieser nicht selbst verfügt (vgl. §§ 72 ff., § 244 Abs. 4). Wenn der Richter sich **dem Ergebnis der Beurteilung eines Sachverständigengutachtens anschließt**, so ist er grds. verpflichtet, wenigstens die wesentlichen Anknüpfungstatsachen und Darlegungen des Sachverständigen im Urteil wiederzugeben. Der Umfang dieser Darlegung richtet sich nach der jeweiligen Beweislage, nicht zuletzt nach der Bedeutung, die der Beweisfrage unter Berücksichtigung von Inhalt und Richtung der Verteidigung und der Anklage für die Wahrheitsfindung zukommt (BGHSt 12, 311 [314 f.]). Folgt der Richter dem Gutachten eines Sachverständigen, hat er die wesentlichen Anknüpfungstatsachen und Ausführungen des Gutachters so darzulegen, dass auch das Rechtsmittelgericht nachprüfen kann, ob die Beweisführung auf einer tragfähigen Tatsachengrundlage beruht und ob die Schlussfolgerungen nach den Gesetzen der Logik, den Erfahrungssätzen des täglichen Lebens und den Erkenntnissen der Wissenschaft möglich sind (BGH NStZ 2013, 420, 422). Ist ihm mangels Sachkunde eine weitergehende Auseinandersetzung mit dem Gutachten eines Sachverständigen nicht möglich, genügt es, dass er sich von der Sachkunde des Gutachters überzeugt (BGH NStZ 2013, 177, 178). Nichts anderes ist hinsichtlich der Darlegungsanforderungen anzunehmen, wenn die Überzeugung des Tatrichters auf Messergebnissen beruht, die mit anerkannten Geräten in einem weithin **standardisierten** und tagtäglich praktizierten **Verfahren** gewonnen werden. Hier besteht eine »reduzierte Sachverhaltsaufklärungs- und Darlegungspflicht« des Gerichts (BVerfG, Kammer NJW 2021, 455 Rn. 39). Die Verwertbarkeit der Ergebnisse standardisierter Messverfahren ist nicht von deren nachträglicher Überprüfbarkeit anhand von aufzuzeichnenden, zu speichernden und an den Betroffenen auf Verlangen herauszugebenden Rohmessdaten abhängig (OLG Dresden NJW 2021, 176 m.w.N. u. Anm. *Krumm* NJW 2021, 177; OLG Karlsruhe ZfSch 2021, 472 m.Anm. *Krenberger*). Zwar dürfen die Gerichte vor möglichen Gerätemängeln, Bedienungsfehlern und systemimmanenten Messungenauigkeiten nicht die Augen verschließen. Die Anforderungen, die von Rechts wegen an Messgeräte und Messmethoden gestellt werden müssen, um die grundsätzliche Anerkennung ihrer Ergebnisse im gerichtlichen Verfahren rechtfertigen zu können, dürfen jedoch nicht den sachlich-rechtlichen Anforderungen an den Inhalt der Urteilsgründe gleichgesetzt werden. Allgemein gilt: Sollte der Tatrichter Zweifel an der Richtigkeit mitgeteilter Untersuchungsergebnisse haben, hat er diese zu klären. Der Verteidigung ist es unbenommen, durch entsprechende Anträge auf weitere Aufklärung zu dringen (BGHSt

39, 291 [298]; 43, 277 [282 ff.]). Auch sonst richten sich die Anforderungen an die Darlegung der Grundlagen einer technischen oder wissenschaftlichen Auswertung, die einem Gutachten zugrunde gelegt wird, danach, inwieweit diese anerkanntermaßen standardisiert sind (vgl. etwa zur DNA-Analyse: BGH NJW 2014, 2454 ff. m.Anm. *Allgayer* NStZ 2014, 480; weiter BGH NJW 2009, 1159; NStZ 2013, 177, 178; 2013, 179; 2013, 420; s.a. BGHSt 38, 320, [322 ff.]). Eine vom Gutachten eines Sachverständigen **abweichende eigene Beurteilung des Gerichts** setzt eine ausgiebige Auseinandersetzung mit den Ausführungen des Sachverständigen voraus (BGH NStZ 2000, 550 [551]; NStZ-RR 2009, 181). Der Tatrichter muss dann die Darlegungen des Sachverständigen im Urteil wiedergeben und seine Gegenansicht unter Auseinandersetzung mit diesen begründen, damit ersichtlich wird, dass er mit Recht das bessere Fachwissen für sich in Anspruch nimmt (BGH NStZ 2013, 180; StV 2017, 363; 2018, 199). Liegen sich **widersprechende Gutachten** vor, sind deren wesentliche Erwägungen anzuführen; das Gericht hat darzulegen, aus welchen Gründen es einem bestimmten Gutachten folgt (BGH NStZ 1990, 244; 2006, 296; NJW 1995, 2932).

50 Gängige **Fallgruppen**: Zu den Voraussetzungen für die Anerkennung einer **Blutalkoholanalyse** als einem standardisierten Verfahren gehört es unter diesen Umständen, dass das untersuchende Institut die Gewähr bietet, die von der Rspr. eingeräumten Toleranzen nicht zu überschreiten (BGHSt 39, 291 [298]; BGH NJW 1990, 2393; 1999, 3058; zur Atemluftmessung allerdings BGH StV 1995, 58 f.). Bei anderen standardisierten Verfahren gilt entsprechendes. Hier müssen nicht mögliche Fehlerquellen, für die sich kein konkreter Anhalt bietet, abgehandelt werden (BGH NStZ 2013, 420, 422 m.w.N.) und die verwendeten Geräte und Methoden auch nicht detailliert erläutert werden: z.B. bei Fahrtschreiber-Untersuchungen, gängigen chemischen Untersuchungen, Blutgruppenuntersuchungen, Fingerspurenvergleichen (vgl. BGH NStZ 1993, 95), **Kfz-Geschwindigkeitsmessungen** mit herkömmlichen Methoden (BGHSt 39, 291; BGH NJW 1993, 3083; 1998, 521; BayObLG NStZ-RR 1998, 316), auch mit dem Laser-Messverfahren (BGHSt 43, 277 [282 ff.]). Zu den Voraussetzungen der Annahme eines standardisierten Messverfahrens für Geschwindigkeits- und Abstandsmessungen im Straßenverkehr vgl. OLG Jena, DAR 2011, 413. Zur Geschwindigkeitsmessung mit PoliScan Speed als standardisiertes Verfahren vgl. OLG Zweibrücken DAR 2017, 211. Zu anderen Geschwindigkeitsmessverfahren vgl. KG VRS 133, 27; AG Jülich, Urt. v. 08.12.2017 – 12 OWi – 806 Js 2072/16 – 122/16 u.a., juris; OLG Celle, Beschl. v. 07.06.2018 – 2 Ss (OWi) 118/18, ZfSch 2018, 470; zu einem nicht mehr garantierten Messstandard (LEIVTEC XV3) s. OLG Celle ZfSch 2021, 469 = DAR 2021, 524; zur Auswertung von Fahrerassistenzsystemen *Gless/Weigend* JZ 2021, 612. Höhere Anforderungen an die Beweiswürdigung sind regelhaft bei Sachverständigengutachten zu stellen, die zu **Stimm- und Sprachvergleichung** sowie zu **Schriftvergleichung** oder Textanalyse erstattet werden (vgl. BGH NJW 1982, 2882; OLG Frankfurt, StV 1994, 9). Siehe zu **Faserspurengutachten** BGH StV 1989, 331; 1993, 340 f.; 1996, 251; zu Blut- und Urin-Auswertungen im Blick auf BtM-Konsum OLG Hamm StV 1999, 420; NStZ 2005, 709; zum Vergleich von Werkzeugspuren an Einbruchstatorten BGH NStZ 2011, 171; zur **DNA-Analyse** BGH NJW 2014, 2454; s.a. BGH StV 2010, 172; 2010, 175 m.Anm. *Baur/Fimmers/Schneider;* zu einem **anthropologischen Identifizierungsgutachten** BGH NStR-RR 2014, 115; OLG Zweibrücken NZV 2018, 177 m.Anm. *Sandherr*; *Rösing/Quarch/Danner* NStZ 2012, 548. Auch ein Vergleichsgutachten zu Werkzeugspuren ist in der Regel nicht auf ein standardisiertes Verfahren gestützt, sodass sich das Gericht **nicht** auf die Mitteilung des Ergebnisses beschränken darf (BGH StRR 2020, Nr. 10, 2).

51 Der Beweiswert eines **DNA-Vergleichsgutachtens** hängt davon ab, mit welcher Wahrscheinlichkeit eine DNA-Spur einer bestimmten Person zugeordnet werden kann. Dafür ist maßgeblich, wie häufig die Kombination der übereinstimmenden Merkmale statistisch zu erwarten ist (Verbreitungswahrscheinlichkeit; BGHSt 58, 212 [214 ff.]= BGH NStZ 2013, 420 [421]; *Allgayer* NStZ 2014, 480, Anmerkung zu BGH NStZ 2014, 477 = NJW 2014, 2454). Die DNA-Analyse selbst als **Untersuchungsmethode** ist inzwischen anerkanntermaßen so weit standardisiert, dass es in den Urteilsgründen hierzu keiner näheren Darlegung mehr bedarf (BGH NStZ 2013, 179). Bislang wurde zur Nachvollziehbarkeit der **Wahrscheinlichkeitsberechnung** in den Urteilsgründen auch die Mitteilung verlangt, wie viele Systeme untersucht wurden, ob diese unabhängig voneinander vererbbar sind – was Voraussetzung für die Anwendung der Produktregel ist –, ob und inwieweit sich Übereinstimmungen in den untersuchten Systemen ergeben haben und mit welcher Wahrscheinlichkeit die festgestellte Merkmalskombination zu erwarten ist (so BGHSt 58, 212 [214 f.] = NStZ 2013, 420 [421]; *Allgayer* NStZ 2014, 480). Nach der Rspr. des Bundesgerichtshofs bedarf es in den Entscheidungsgründen zur unabhängigen Vererblichkeit der untersuchten Merkmalssysteme für die in der Praxis vorkommenden Regelfälle der DNA-Vergleichsuntersuchungen, die keine Besonderheiten in der forensischen Fragestellung aufweisen, keiner ausdrücklichen Darlegungen mehr. Denn die im Bereich der forensischen DNA-Analytik tätigen öffentlichen und privaten Einrichtungen wenden bei molekulargenetischen Vergleichsuntersuchungen routinemäßig bis zu 16 Merkmalsysteme an, die unabhängig voneinander vererbbar sind (BGH NJW 2014, 2454; *Allgayer* NStZ 2014, 480; zur biostatistischen Wahrscheinlichkeitsberechnung bei DNA-Einzelspuren

als standardisierter Methode: BGHSt 63, 187 = BGH JR 2019, 43 m.Anm. *Müller/Eisenberg*). Nach mittlerweile gefestigter Rspr. ist für die Bewertung einer molekulargenetischen Vergleichsuntersuchung und die Wahrscheinlichkeitsberechnung in der Regel von folgendem auszugehen: Beziehen sich die Untersuchungen auf eine eindeutige **Einzelspur** und ergeben sich auch sonst keine Besonderheiten in der forensischen Fragestellung, ist es ausreichend, wenn in den Urteilsgründen lediglich das Gutachtenergebnis in Form der biostatischen Wahrscheinlichkeitsaussage in numerischer Form mitgeteilt wird (BGHSt 63, 187 Rn. 8 ff.; BGH NJW 2020, 350 Rn. 5). Bei **Mischspuren**, d.h. solche Spuren, die mehr als zwei Allele in einem DNA-System aufweisen und demnach von mehr als einer einzelnen Person stammen, ist in den Urteilsgründen mitzuteilen, wie viele Systeme untersucht wurden, ob und inwieweit sich Übereinstimmungen in den untersuchten Systemen ergeben haben, mit welcher Wahrscheinlichkeit die festgestellte Merkmalskombination bei einer anderen Person zu erwarten ist und, sofern der Angeklagte einer **fremden Ethnie** angehört, ob dieser Umstand bei der Auswahl der Vergleichspopulation von Bedeutung war (BGHSt 63, 187 Rn. 8 ff.; BGH NJW 2020, 350 Rn. 5; NStZ 2019, 427 Rn. 17 f.). Je nach den Umständen des konkreten Einzelfalls lässt der BGH auch geringere Anforderungen gelten (vgl. etwa BGH, B. v. 03.11.2020 – 4 StR 408/20, juris m.w.N.; bei Mischspuren mit eindeutiger Hauptkomponente s. BGH, B. v. 29.07.2020 – 6 StR 211 211/20, Rn. 4, sowie 6 StR 183/20, Rn. 2). Kein solcher Regelfall liegt indessen vor, wenn über die 16 routinemäßig angewendeten Systeme hinaus weitere autosomale Markersysteme oder geschlechtsgebundene vererbliche DNA-Merkmale untersucht werden. Das kann der Fall sein, wenn es um **Mischspuren** oder um Spuren geht, die durch Alterung oder thermische oder chemische Einwirkungen beeinträchtigt sind. In solchen Fällen sind in den Urteilsgründen die Grundlagen der Wahrscheinlichkeitsberechnung näher mitzuteilen, die eine Überprüfung auf ihre Plausibilität hin ermöglichen. Gehört der Beschuldigte einer **fremden Ethnie** an, so ist eine hinreichend deutliche Umschreibung der zum Vergleich herangezogenen Bevölkerungsgruppe geboten (BGH NStZ 2013, 177; 2013, 420; 2016, 490; NStZ-RR 2016, 223). Allein der Umstand, dass der Beschuldigte einer fremden Ethnie angehört führt noch nicht dazu, dass bei dem Gutachten und seiner Würdigung die Herkunftspopulation des Angeklagten zugrundezulegen wäre. Auch in diesen Fällen darf die am Tatort lebende Mehrheitsbevölkerung als Vergleichspopulation herangezogen werden, sofern es keine konkreten Anhaltspunkte für einen aus derselben Herkunftsethnie wie der Beschuldigte stammenden Alternativtäter gibt. Bestehen dagegen konkrete Anhaltspunkte dafür, dass der Tatverdächtige allein in einer bestimmten Bevölkerungsgruppe zu finden ist, ist im Urteil das Ergebnis der Berechnung anhand dieser Population mitzuteilen; es bedarf der Auseinandersetzung damit, insb. in Fällen, in denen weniger als zwölf Merkmalsysteme untersucht wurden und in denen mehr als eine Person als Spurenleger oder in denen eine Verwandtschaft zwischen möglichen spurenbeteiligten Personen angenommen werden muss (BGH NStZ 2016, 490 [492] = BGHR StPO § 261 Beweiskraft 7). Hierzu und zu weiteren Besonderheiten: *Schneider/Anzlinger/Eckert/Fimmers/Schneider* NStZ 2013, 693 [695 f]; s.a. BGH NStZ 2016, 490; *de Vries* Kriminalistik 2013, 680 ff.; zur biostatistischen Bewertung von DNA-analytischen Befunden *Ulbrich/Anslinger* u.a. NStZ 2017, 135). Von den sachlich-rechtlichen Anforderungen an den Inhalt der Urteilsgründe zu unterscheiden sind die Anforderungen, welche das Tatgericht an das DNA-Gutachten zu stellen hat. Möglichen Fehlerquellen und beweiswertmindernden Umständen ist nachzugehen (BGHSt 58, 212 = NStZ 2013, 420; zu den Anforderungen an DNA-Gutachten: *Schneider/Anslinger/Eckert/Fimmers/Schneider* NStZ 2013, 693 ff.).

Je höher die **Zuordnungswahrscheinlichkeit** einer DNA-Spur ist, desto größer ist auch der **Beweiswert**. Das 52
kann so weit gehen, dass sich das Tatgericht allein aufgrund von Merkmalsübereinstimmungen mit einer entsprechenden Wahrscheinlichkeit von der Täterschaft zu überzeugen vermag (BGHSt 58, 212 [218] = NStZ 2013, 420 [422]). Allerdings ist stets unabhängig von der Zuordnungswahrscheinlichkeit zu prüfen, welche tragfähigen Schlüsse aus einer aufgefundenen, einer bestimmten Person zuzuordnenden Spur gezogen werden können und ob ein **Tatzusammenhang** besteht. Dabei kann sich die Frage stellen, ob eine Spur nur durch unmittelbaren Körperkontakt oder auch durch Weiterübertragung verursacht worden sein kann (BGH NStZ-RR 2013, 20) oder ob der Spurenträger auf andere Weise an den Auffindungsort gelangt sein kann (BGH NStZ 2013, 179; vergleiche den instruktiven Überblick bei *Allgayer* NStZ 2014, 480).

h) Zweifelssatz. aa) Grundsätze. Der Grundsatz »im Zweifel für den Angeklagten« ist **keine Beweis-, sondern eine Entscheidungsregel**, die es zu befolgen gilt, wenn nach abgeschlossener Beweiswürdigung 53
nicht die volle Überzeugung vom Vorliegen einer für den Schuld- oder Rechtsfolgenausspruch unmittelbar entscheidungserheblichen Tatsache zu gewinnen ist; auf einzelne Elemente der Beweiswürdigung ist er grds. nicht anzuwenden (BGH NStZ-RR 2009, 90 [91]; NStZ 2011, 171 f.). Der Zweifelssatz greift erst dann, wenn auch nach einer alle Umstände erfassenden Gesamtwürdigung Zweifel an einem Ergebnis zulasten des Angeklagten nicht zu überwinden sind (vgl. BGH NStZ 1999, 205 [206]). Einzelne Belastungsindizien, die für sich genommen zum Beweis der Täterschaft nicht ausreichen, sind also in ihrer Gesamtheit zu wür-

digen (BGH NStZ 2021, 116 Rn. 11). Der Zweifelssatz wurzelt letztlich in der Unschuldsvermutung. Zu deren Widerlegung ist die volle richterliche Überzeugung erforderlich, die vernünftigen Zweifeln Schweigen gebietet. Der Zweifelssatz ist nicht etwa dann verletzt, wenn der Richter nach Auffassung eines Verfahrensbeteiligten Zweifel hätte haben sollen, sondern lediglich dann, wenn die Urteilsgründe erkennen lassen, dass er tatsächlich Zweifel hatte, aber gleichwohl verurteilt hat (BVerfG, Kammer, NJW 1988, 477; 2002, 3015; NStZ-RR 2007, 381 f.). Dies kann dann die Revision begründen. Die Anwendung des Zweifelssatzes soll es indessen nicht gebieten, zugunsten des Angeklagten von dessen Behauptungen oder sonst von Annahmen auszugehen, für deren Vorliegen das Beweisergebnis keine konkreten tatsächlichen Anhaltspunkte erbracht hat. Unterstellungen zugunsten des Angeklagten sind also nur dann rechtsfehlerfrei, wenn hierfür reale Anknüpfungspunkte bestehen (vgl. BGH NJW 2002, 2188 [2189] m.w.N NStZ 2004, 35 [36]; NStZ 2008, 508; 2021, 116 Rn. 12; s.a. BGHSt 50, 80 [85]; BGH NStZ 2009, 401 [403]; Urt. v. 30.01.2019 – 2 StR 500/18, juris, Rn. 14). Bei BtM-Delikten ist bei unsicherer Erkenntnislage zu den BtM-Anteilen, die für den Eigenverbrauch und für die gewinnbringende Weiterveräußerung vorgesehen waren, von der für den Beschuldigten günstigsten Variante auszugehen (BGH StV 2021, 447); zu Unsicherheiten beim Wirkstoffgehalt vgl. Rn. 18 a.E.

54 **bb) Unmittelbar entscheidungserhebliche Tatsachen.** Der Zweifelssatz gilt grds. für die Feststellung von Tatsachen, nicht für die Klärung von Rechtsfragen (BGHSt 14, 68 [73]; Meyer-Goßner/*Schmitt* Rn. 26 ff.). Anzuwenden ist er auf alle unmittelbar entscheidungserheblichen Tatsachen. Er gilt also für diejenigen tatsächlichen Umstände, die die Merkmale des Tatbestandes ausfüllen, nicht aber für entlastende Indizien (BGH NStZ-RR 2009, 90 [91]), die nur eine Folgerung auf eine unmittelbar entscheidungsrelevante Tatsache zulassen (BGH NStZ 2001, 609). Der Grundsatz »in dubio pro reo« beansprucht damit auch Geltung für die sich aus der Anwendung des allgemeinen Teils des Strafrechts ergebenden Fragen: etwa die tatsächlichen Voraussetzungen des Täter- oder des Gehilfenvorsatzes (BGHSt 23, 203 [206 ff.]), eines Irrtums, der erheblich verminderten Schuldfähigkeit, von Rechtfertigungs- oder Entschuldigungsgründen, der Anwendung von Jugendstrafrecht (BGHSt 5, 366 [368 ff.]; 12, 116 [118 f.]; 36, 37 [40]), den Heranwachsendenstatus bei Tatbegehung (BGH NStZ-RR 2020, 259), für das Vorliegen von Tateinheit anstatt Tatmehrheit und – im Hinblick auf die Tatzeiten – auch für die Gesamtstrafenbildung (§ 55 StGB) sowie insgesamt für die tatsächlichen Voraussetzungen der Strafzumessung (BGH NStZ-RR 2004, 41 [42] m.w.N.). Bedeutung erlangen kann er also auch für die tatsächlichen Voraussetzungen bei der Annahme eines minderschweren Falles (etwa nach § 213 StGB; vgl. zu alldem KK/*Ott* Rn. 63 ff.; Meyer-Goßner/*Schmitt* Rn. 26 ff.). Zur Möglichkeit der Schätzung unter Wahrung des Zweifelssatzes hinsichtlich der Zahl der Einzelakte bei Serienstraftaten und zum Schadensumfang oder Taterlös vgl. oben Rdn. 18.

55 **cc) Prognosen.** Keine Geltung hat der Zweifelssatz bei Anwendung solcher gesetzlicher Vorschriften, die nach ihrer systematischen Anlage Prognosen und Wahrscheinlichkeitsaussagen verlangen, wie dies etwa im Zusammenhang mit dem Ausspruch von Maßregeln oder bei der Strafaussetzung zur Bewährung (§ 56 StGB) der Fall ist. Hier geht es nicht um die Feststellung von Tatsachen. Zudem ist jede Prognose ihrer Natur nach, weil sie in die Zukunft zielt, mit letzten Unwägbarkeiten behaftet.

56 **dd) Verfahrensrechtlich erhebliche Tatsachen.** Bei verfahrensrechtlich erheblichen Tatsachen ist zu differenzieren: Nach wohl überwiegender Auffassung in Literatur und Rspr. findet der Zweifelssatz im Verfahrensrecht grds. keine Anwendung, weil er dem Bereich des sachlichen Rechts zuzuordnen sei (vgl. KK/*Ott* Rn. 71 ff.). Das soll etwa gelten für die Frage, ob ein Beweisverbot eingreift, ein Zeugnisverweigerungsrecht vorliegt, ob ein Rechtsmittelverzicht als wirksam zu behandeln ist, etwa im Blick auf eine bezweifelte Verhandlungsfähigkeit des Verzichtenden oder einen Widerruf der entsprechenden Ermächtigung des Verteidigers (dazu BGHSt 10, 245 [247]), oder ob ein Rechtsbehelf fristgerecht eingelegt oder begründet worden ist. Allerdings gibt es in der Rspr. eine Reihe von Ausnahmen: So schlagen Zweifel an der Verjährung einer Tat zugunsten des Angeklagten aus, wenn der Tatbegehungszeitpunkt nicht sicher festgestellt werden kann (BGHSt 18, 274 [278 f.]; BGH NJW 1995, 1297 [1299]; NStZ-RR 2018, 172), beim Strafklageverbrauch, wenn dessen tatsächliche Voraussetzungen im Randbereich zweifelhaft sind (BayObLG NJW 1968, 2118 f.), bei Zweifeln, ob ein Strafantrag rechtzeitig gestellt worden ist (RGSt 47, 238 [239]) oder ob ein behauptetes Verlöbnis als Voraussetzung für einen Strafantrag oder ein Zeugnisverweigerungsrecht besteht, ferner bei Zweifeln an der Verhandlungsfähigkeit des Angeklagten (BGH NStZ 1984, 520 [521]).
Hingegen greift der Zweifelssatz nicht, wenn es um die Frage geht, ob dem Richter ein Verfahrensfehler unterlaufen ist. Das spielt insb. in der Revisionsinstanz bei erhobenen Verfahrensrügen eine Rolle. Hier gilt vielmehr der Grundsatz, dass Verfahrensverstöße nachgewiesen sein müssen (BGHSt 16, 164 [167]; KK/*Ott* Rn. 63 m.w.N.).

i) **Wahlfeststellung.** Kann sich der Tatrichter nicht von einem bestimmten Tatgeschehen überzeugen, wohl aber davon, dass gewiss einer von zwei alternativen Geschehensabläufen vom Täter realisiert worden ist und jeder für sich den Tatbestand eines anderen Strafgesetzes verletzt und darüber hinaus eine weitere Aufklärung trotz Ausschöpfung aller Beweismittel und Erkenntnisquellen nicht möglich erscheint, so kommt eine Verurteilung auf wahldeutiger Tatsachengrundlage in Betracht (sog. Wahlfeststellung). Erforderlich ist allerdings, dass die beiden Geschehensabläufe in Alternativität zueinander stehen und keine Zweifel daran bestehen, dass einer von beiden verwirklicht worden ist. Insoweit gilt der Zweifelssatz. Auch darf nicht für einen der beiden Tatbestände ein sog. Auffangtatbestand gegeben sein (BGHSt 25, 182 [183]; 31, 136 [137]). Weiter ist erforderlich, dass die verschiedenen Geschehensabläufe in rechtsethischer und psychologischer Hinsicht gleichwertig sind (BGHSt 1, 275 [276]; 9, 390 [393]; 22, 154 [156]; 23, 203 [204]; 23, 360 f.). Darüber hinaus müssen die alternativen Geschehensverläufe von der zugelassenen Anklage erfasst sein (vgl. § 264; BGHSt 32, 146 [150 f.]). 57

j) **Wahrunterstellung von Beweisbehauptungen.** Die auf einen Beweisantrag hin erfolgte Wahrunterstellung der Beweisbehauptung (vgl. § 244 Abs. 3 Satz 2) vermag die richterliche Überzeugungsbildung nicht einzuschränken. Ergibt sich bei der Urteilsberatung und Überzeugungsbildung, dass der aufgrund der Beweiserhebung festzustellende Sachverhalt mit der Wahrunterstellung nicht in Einklang gebracht werden kann, die als wahr unterstellte Tatsache also beweisbedeutsam ist, so muss – ggf. durch Wiedereintritt in die Verhandlung – die Zusage der Wahrunterstellung kassiert und der Beweisantrag anderweit beschieden werden (vgl. LR/*Sander* Rn. 70). 58

4. **Beweisverbote.** § 261 beschränkt die Verwertung von Beweisen nicht auf solche, die im Ermittlungsverfahren in jeder Hinsicht rechtmäßig erhoben worden sind; auch in verfahrensfehlerhafter Weise gewonnene Beweismittel können grundsätzlich zur Urteilsfindung herangezogen werden, wenn nicht im Einzelfall ein Beweisverwertungsverbot entgegensteht. Ein solches kann sich aus gesetzlichen Vorschriften ergeben. Es kann aber auch – etwa mit Blick auf die verfassungsrechtliche Gewährleistung eines fairen Verfahrens – von Verfassungs wegen geboten sein (BGH NJW 2013, 1827, 1830 m.w.N.). Die StPO kennt verschiedene Arten von Beweisverboten (vgl. dazu im Einzelnen *Beulke* bei Einleitung Rdn. 260 ff.). Hier soll auf sie nur kurz hingewiesen werden; sie beschränken die freie richterliche Überzeugungsbildung aus höherrangigen Erwägungen. Ein **absolutes Verwertungsverbot** enthält § 136a, der Aussagen, die mit den dort **verbotenen Vernehmungsmethoden** zustande gekommen sind, flankierend mit einem Verwertungsverbot belegt, das auch mit Zustimmung des Beschuldigten nicht durchbrochen werden kann (u.a. Verbot der Misshandlung, Ermüdung, Quälerei, Täuschung oder sonst ungesetzlichen Zwangsanwendung). Schließlich sind Erkenntnisse, die mittels technischer Überwachungsmaßnahmen aus dem **unantastbaren Kernbereich privater Lebensgestaltung** gewonnen werden unverwertbar (vgl. § 100a Abs. 4 zur TKÜ, § 100c Abs. 5 Satz 3 zur akustischen Wohnraumüberwachung; zu Letzterer: BVerfGE 130, 1, 22 ff. = NJW 2012, 907, 908 ff.). Unzulässig ist weiter eine sog. Rundumüberwachung, die sich über einen längeren Zeitraum erstreckt und derart umfassend ist, dass nahezu lückenlos alle Bewegungen und Lebensäußerungen des Betroffenen registriert werden und Grundlage eines Persönlichkeitsprofils werden können (BVerfG NJW 2012, 907, 909). Auch darüber hinaus kommt unmittelbar von Verfassungs wegen ein Beweisverwertungsverbot etwa bei höchst intimen Aufzeichnungen aus Art. 2 Abs. 1 i.V.m. Art. 1 Abs. 1 GG in Betracht (vgl. die sog. Tagebuchentscheidung BVerfGE 80, 367 [373 ff.]; verneinend zu tagebuchartigen Aufzeichnungen BVerfGK 14, 20 und zu einem Abschiedsbrief BGH NJW 1995, 269 = BGHR StPO § 261 Verwertungsverbot 9). Ob ein Sachverhalt dem unantastbaren Kernbereich privater Lebensgestaltung zuzuordnen ist, hängt neben dem subjektiven Willen des Betroffenen zur Geheimhaltung davon ab, ob er seinem Inhalt nach höchstpersönlichen Charakters ist und in welcher Art und Intensität er aus sich heraus die Sphäre anderer oder die Belange der Gemeinschaft berührt (BVerfGK 14, 20 [24]). 59

Zu nennen ist weiter das selbstständige, in der Praxis mitunter wegen nicht-aktueller Registerauszüge übersehene Verwertungsverbot für **tilgungsreife Eintragungen im Bundeszentralregister** (§ 51 BZRG), für das es indessen auch Ausnahmen gibt (§ 52 BZRG). Dieses Verwertungsverbot – namentlich für Vorverurteilungen – gründet letztlich darin, dass der Gesetzgeber nach einem bestimmten Zeitablauf der Resozialisierung des Verurteilten Vorrang eingeräumt hat. Das Verbot hat zur Folge, dass die frühere Eintragung, typischerweise eine Verurteilung, weder als Indiz für die Schuldfrage herangezogen werden kann noch bei der Bemessung des Rechtsfolgenausspruches (BGH NStZ 2006, 587). Für nicht eingetragene, aber nach deutschem Recht tilgungsreife ausländische Verurteilungen gilt entsprechendes (§§ 58, 54 BZRG; BGH StV 2012, 149). Beruft sich der Angeklagte auf eine frühere, tilgungsreife Verurteilung, ist diese auch dann und insoweit nicht verwertbar, wie sich der Angeklagte darauf bezieht (BGH NStZ-RR 2012, 143, 144; Meyer-Goßner/*Schmitt* Rn. 14; anders noch BGHSt 27, 108 [109 f.]). Die Regelung des Verwertungsverbotes ist auf einen 60 im Register eingetragenen Freispruch oder eine Einstellung wohl nicht analog anwendbar (vgl. Meyer-Goßner/*Schmitt* Rn. 14). Zur entsprechenden Regelung für das Verkehrszentralregister s. § 29 Abs. 8 Satz 1 StVG (vgl. dazu OLG München DAR 2008, 398).

61 Ein einfachrechtliches Verwertungsverbot – neben einem Erhebungsverbot – sieht überdies **§ 160a** für Erkenntnisse vor, die bei **zeugnisverweigerungsberechtigten Berufsgeheimnisträgern** erlangt worden sind. Selbstständige Beweisverwertungsverbote ergeben sich zudem aus **§ 81c Abs. 3 Satz 5** (Verwertung von Untersuchungsergebnissen bei Minderjährigen und Betreuten nur mit Genehmigung des gesetzlichen Vertreters), aus **§ 252** (Verbot der Protokollverlesung nach Zeugnisverweigerung; s. aber OLG Hamm NStZ 2012, 53), **§ 393 Abs. 2 AO** (begrenzter Schutz des Steuergeheimnisses i.V.m. § 30 Abs. 4 Nr. 5 AO), **§ 4 Abs. 6, § 7 Abs. 6 G 10-Gesetz** sowie für insolvenzrechtliche Pflichtangaben aus **§ 97 Abs. 1 InsO** (zur früheren Rechtslage – § 100 KO – s. BVerfGE 56, 37 [41 ff.]; BVerfG, Kammer, wistra 2004, 19). **Maut-Daten**, die bei der Kontrolle der Einhaltung der Mautpflicht auf Bundesfernstraßen gewonnen werden, dürfen nicht zu anderweiten Zwecken genutzt werden (**§ 7 Abs. 2 S. 2, 3 BFStrMG**). Zum Verbot der Geständnisverwertung nach gescheiterter Verständigung s. **§ 257c Abs. 4.**

62 Soweit **relative Beweisverbote** in Rede stehen, etwa aufgrund von Verfahrensfehlern im Ermittlungsverfahren, verlangt die Rspr. in der Regel eine Abwägungsentscheidung (vgl. BVerfGK 14, 20 [23, 25]). Je nach deren Ausgang wird der Erkenntnisstoff für die Überzeugungsbildung begrenzt. Bei Verstößen gegen strafprozessuale Verfahrensvorschriften namentlich bei der Beweisgewinnung ist allerdings zu beachten, dass es keinen Rechtssatz des Inhalts gibt, die Verwertung fehlerhaft gewonnener Beweise sei stets unzulässig (BVerfGK 9, 174, [196]; BVerfG, Kammer, NJW 2009, 3225 f. m.w.N.). Dem Strafverfahrensrecht ist ein allgemein geltender Grundsatz, dass jeder Verstoß gegen Beweiserhebungsvorschriften ein strafprozessuales Verwertungsverbot nach sich zöge, fremd. Die Frage ist jeweils nach den Umständen des Einzelfalls, insb. nach der Art des Verbots und dem Gewicht des Verstoßes unter Abwägung der widerstreitenden Interessen zu entscheiden (BVerfG, Kammer, NJW 2008, 3053 [3054]; BGHSt 38, 214 [219 f.]; 44, 243 [249]; 51, 285 [289 f.]; BGH NJW 2011, 1377 [1380] – »Vorratsdatenspeicherung«; BGH NJW 2013, 1827, 1830 – zur verfahrensfehlerhaften verdachtsbegründenden Verwendung von DNA-Identifizierungsmustern nach Reihenuntersuchung, m.Anm. *Busch* NJW 2013, 1771; *Löffelmann* JR 2013, 277; *Swoboda* StV 2013, 461). Auch wenn die Strafprozessordnung nicht auf Wahrheitserforschung »um jeden Preis« angelegt ist, schränkt die Annahme eines Verwertungsverbots eines der wesentlichen Prinzipien des Strafverfahrensrechts ein, nämlich den Grundsatz, dass das Gericht die Wahrheit zu erforschen und dazu die Beweisaufnahme von Amts wegen auf alle Tatsachen und Beweismittel zu erstrecken hat, die von Bedeutung sind. Das Rechtsstaatsprinzip gestattet und verlangt die Berücksichtigung der Belange einer funktionstüchtigen Strafrechtspflege, ohne die der Gerechtigkeit nicht zum Durchbruch verholfen werden kann (BVerfGE 33, 367 [383]; 46, 214 [222]; 109, 279 [336]; BVerfGK 14, 20 [25]). Demgemäß bedeutet ein Beweisverwertungsverbot eine begründungsbedürftige Ausnahme, die nur nach ausdrücklicher gesetzlicher Vorschrift oder aus übergeordneten wichtigen Gründen im Einzelfall anzuerkennen ist. In Betracht kommen insoweit Verfahrensverstöße, die schwerwiegend waren oder bewusst oder willkürlich begangen wurden (BVerfGE 113, 29 [61]; 125, 260 [340]; 139, 245 [269 ff.]; BVerfG, Kammer, NJW 1999, 273 [274]; 2006, 2684 [2686]; 2008, 3053 [3054]; BGH NJW 2013, 1827, 1830). Bei alledem ist zu berücksichtigen, dass sog. schlichte Verfahrensfehler weder einen unmittelbaren Bezug zur etwaigen Schuld des Angeklagten noch zum geschädigten Rechtsgut, bei Individualgeschädigten auch nicht zum Opfer und seinen Angehörigen haben. Die Befriedungsfunktion der Strafrechtspflege würde grundlegend infrage gestellt, wenn Fehler der Ermittlungsbehörden grds. dadurch »geregelt« würden, dass sie ohne Weiteres dem Angeklagten zugutekämen, zulasten der Wahrheitsfindung gingen und damit gleichsam auf dem Rücken der Opfer oder ihrer Angehörigen ausgetragen würden. Dem Auftrag des Rechtsstaats, Gerechtigkeit walten zu lassen und Rechtsfrieden herzustellen, kann bei der Aufklärung und Ahndung von Straftaten gegen Rechtsgüter des Einzelnen oder der Gemeinschaft mittels eines relativen Beweisverwertungsverbots nur in besonders gelagerten Fällen Rechnung getragen werden. Dabei muss auch das Gewicht der in Rede stehenden Straftat mit in den Blick genommen werden. Eine regelhafte »Ahndung« von Verfahrensfehlern der Polizei, der StA oder des Ermittlungsrichters bei der Beweisgewinnung, die schon bei nicht gravierendem Gewicht des Verfahrensfehlers die etwaige Schuld des Angeklagten ausblenden würde und keine Rücksicht auf die rechtsfriedenstiftende Wirkung der Aufklärung und auf die Geschädigtenseite nähme, würde an der falschen Stelle ansetzen und die Grundaufgabe der Strafrechtspflege und damit des Rechtsstaats infrage stellen. Solchen Verfahrensfehlern muss anders beigekommen werden. Etwa auf der Ebene der dienstrechtlichen und der letztlich politischen Verantwortlichkeit, durch Feststellungsaussprüche und ggf. die Zuerkennung von Entschädigung oder Schadensersatzansprüchen (vgl. BVerfGE 125, 260 [340]).

63 **Regelverletzungen**, bei denen ein **relatives Verwertungsverbot in entsprechend gewichtigen Fällen in Betracht** gezogen und erörtert werden kann, können sich auf **folgende Einzelvorschriften der StPO** beziehen:

die Kompetenzüberschreitung bei der Anordnung körperlicher Untersuchung (§ 81a Abs. 2), unterbliebene oder unvollständige Belehrungen (§ 52, § 136 Abs. 1 Satz 2, § 243 Abs. 5 Satz 1; vgl. etwa BGH StV 2013, 485, 486 ff.; NStZ-RR 2016, 377: kein Verwertungsverbot für Einlassung eines unzureichend belehrten Beschuldigten im Hinblick auf Mitangeklagte; zur Belehrung eines ausländischen Beschuldigten über die Möglichkeit konsularischer Betreuung n. Art. 36 Abs. 1b Satz 3 Wiener Konsularrechtsübereinkommen – WÜK – v. 24.04.1963, BGBl. 1969 II, Nr. 59, S. 1585 f. s. BVerfG, Kammer, StV 2008, 1 und StV 2011, 329 m.Anm. *Gless/Peters* StV 2011, 369; BGH StV 2011, 603) und Benachrichtigungen von Vernehmungsterminen (§ 168c Abs. 5, § 224; vgl. OLG München NStZ 2015, 300). Zu nennen sind ferner – neben weiteren Ermittlungsbefugnisgrundlagen – die Durchsuchungs- und Beschlagnahmeanordnungen (§§ 94 ff., §§ 102 ff.; BGH StV 2012, 1; 2021, 409 – Fälle grober Missachtung des Richtervorbehalts; dazu auch BVerfGE 139, 245 [269 ff.]; BGH NStZ 2017, 367 [370] m.Anm. *Basdorf*) ebenso wie die Anordnung der Überwachung von Telekommunikation (§§ 100a ff.; dazu u.a. BGH NJW 2006, 1361), der akustischen Wohnraumüberwachung (§ 100c) und der Observation (§ 163 f.), aber auch der Einsatz Verdeckter Ermittler (§§ 110a ff.). Dazu hat sich eine jeweils auf die Besonderheiten eingehende Rechtsprechungslinie entwickelt (vgl. im Einzelnen die Erläuterungen bei den genannten Vorschriften). Aufgrund gefahrenabwehrrechtlich (ohne richterliche Anordnung) zulässiger Fahrzeugdurchsuchung gewonnene Beweismittel können im Strafverfahren nach § 161 Abs. 2 StPO, der die »Umwidmung« von Daten nach dem Grundsatz des hypothetischen Ersatzeingriffs zulässt, verwertet werden (BGH NStZ 2017, 651; zur Verwertbarkeit privater datenschutzrechtswidriger Dashcam-Aufzeichnungen im Zivilprozess: BGH JR 2018, 628 m.Anm. *Löffelmann; zu* Zufallsfunden und ihrer Verwendung als Spurenansatz oder Verwertung als Beweismittel: *Reinbacher/Werkmeister* ZStW 2018, 1104; zur Verwertbarkeit von Informationen, die im Zusammenhang mit grenzüberschreitender Strafverfolgung erlangt worden sind: *Schuster* ZIS 2016, 564 ff.; *Radtke* NStZ 2017, 109). Zur Erhebung eines Passbildes bei der Passbehörde unter Verstoß gegen datenschutzrechtliche Bestimmungen, die in der Regel kein Beweisverwertungsverbot begründen s. OLG Karlsruhe B. v. 25.05.2021 – 2 Rb 35 Ss 303/21, juris = ZfSch 2021, 472. Zu einem Beweisverwertungsverbot wegen **unzulässiger Tatprovokation** eines bislang Unverdächtigen durch einen verdeckten Ermittler vgl. EGMR NStZ 2015, 412; s. weiter EGMR Urt. v. 15.10.2020 – 40495/15 u.a., juris, vorgehend BGH StV 2014, 321.

Bei Beweisen, die **von Privaten rechtswidrig »erhoben«** worden, ist zu differenzieren: Grds. ist ein Verwertungsverbot dann anzunehmen, wenn der Tatrichter mit der Verwertung selbst das Grundrecht des Betroffenen verletzen würde. Es gelten insoweit die oben genannten Abwägungsgrundsätze. D.h., das Gewicht des Grundrechtseingriffes ist im Einzelfall mit dem Strafverfolgungsinteresse ins Verhältnis zu setzen (vgl. unter anderen EGMR NJW 1989, 654; BGH NJW 1989, 2760; BayObLG NJW 1990, 197; 1997, 3454). 64

Eine **Fernwirkung von Beweisverboten** auf solche Beweise, die in der Folge der rechtswidrigen Gewinnung des Ausgangsbeweises angefallen sind, wird in der Literatur durchweg gefordert (s. zur Telefonüberwachung etwa LR/Hauck § 100a Rn. 242 m.w.N.), von der Rspr. indessen weitgehend abgelehnt (vgl. zur Telefonüberwachung BGH NJW 1987, 2526; weiter BGHSt 32, 68 [71]; BGH NJW 1988, 1224; grundlegend zur »Ketten-Telefonüberwachung« m.w.N. BGH NJW 2006, 1361 [1363]; anders zu einer G-10-Maßnahme BGH NJW 1980, 1700). Dabei wird z.T. auch auf den Gedanken des »hypothetischen rechtmäßigen Ersatzeingriffs« abgehoben, also darauf, dass der Beweis auch ohne die voraufgegangene verfahrensrechtswidrige Maßnahme hätte gewonnen werden können, weil in der Rückschau die Voraussetzungen für seine rechtmäßige Erhebung objektiv vorlagen (vgl. nur *Beulke* Einl. Rdn. 279 ff.; LR/*Gössel* Einl. L Rn. 172 ff.; Meyer-Goßner/*Schmitt* Einl. Rn. 57c m.w.N.; s.a. BGH NJW 2003, 2034 m.Anm. *Weßlau* StV 2003, 483; Überblick bei LR/*Gössel* Einl. L Rn. 172 ff.). 65

Die Durchsetzung eines relativen Beweisverwertungsverbots **in der Hauptverhandlung** und die Eröffnung einer späteren Verfahrensrüge in der Revisionsinstanz setzen nach der Rspr. des BGH *grundsätzlich* einen **Widerspruch** des verteidigten oder entsprechend belehrten Angeklagten spätestens nach der jeweiligen Beweiserhebung (§ 257 Abs. 1) voraus. Dies soll indessen nach – dort jedoch nicht tragender – Auffassung des 2. Strafsenats des BGH nicht für unselbstständige Beweisverwertungsverbote aufgrund von Fehlern bei der Durchsuchung oder Beschlagnahme gelten (BGH NStZ 2017, 367 [368] m. krit. Anm. *Basdorf*). Dem ist der 5. Strafsenat des BGH entgegengetreten und hält unter Hinweis auf den Subsidiaritätsgedanken an der Widerspruchsobliegenheit fest (BGH NJW 2018, 2279 mit Anm. *Meyer-Mews* = StV 2018, 772). Dem ist zuzustimmen. Der Widerspruch ermöglicht es dem Tatgericht, dem etwaigen Verfahrensfehler schon in der Tatsacheninstanz nachzugehen und gegebenenfalls, etwa auch durch Nichtverwertung, Abhilfe zu schaffen. Das dient auch der Schonung der justiziellen Ressourcen und der Vermeidung von Belastungen, die für die Beteiligten oft mit zu wiederholenden Hauptverhandlungen verbunden sind. Zu einem Fall des Widerspruchs gegen eine Beweiserhebung und anschließendem Hinwirken auf die Einführung des Beweismittels 66 zur Entlastung des Angeklagten als widersprüchliches Prozessverhalten mit der Folge des Verlustes der entsprechenden Revisionsrüge vgl. BGH NStZ 2019, 301.

67 **E. Revision. I. Grundsätze.** Die Feststellung des Ergebnisses der Beweisaufnahme nach der »freien Überzeugung« des Gerichts ist, abgesehen von Verfahrensfehlern, sachlich-rechtlich nur eingeschränkt überprüfbar. Grds. ist es allein Sache des Tatrichters, das Ergebnis der Beweisaufnahme zu würdigen. Es ist seine für die Schuldfrage entscheidende, ihm allein übertragene Aufgabe, ohne Bindung an gesetzliche Beweisregeln und nur seinem Gewissen verantwortlich zu prüfen, ob er an sich mögliche Zweifel überwinden und sich von einem bestimmten Sachverhalt überzeugen kann oder nicht. Der Tatrichter kann von Rechts wegen nicht gehindert werden, an sich mögliche, wenn auch nicht zwingende Folgerungen aus bestimmten Tatsachen zu ziehen. Ebenso wenig kann ihm vorgeschrieben werden, unter welchen Voraussetzungen er zu einer bestimmten Folgerung und einer bestimmten Überzeugung kommen muss (BGH StV 2020, 77 Rn. 11 f.; NJW 2021, 2896 Rn. 29 f.). Dem Revisionsgericht steht daher nur eine begrenzte Möglichkeit zu, die Überzeugungsbildung des Tatrichters nachzuprüfen. Diese ist für das Revisionsgericht grds. bindend. Insb. ist es diesem verwehrt, die Beweiswürdigung des Tatrichters durch seine eigene zu ersetzen (vgl. BGHSt 53, 6, [20 f.] = NJW 2008, 3580 [3584]; BGH NJW 2021, 2896 Rn. 29 f.). Es darf zu ihrer sachlich-rechtlichen Überprüfung weder das Protokoll noch die Aufzeichnungen anderer Prozessbeteiligter über den Inhalt einer Aussage heranziehen. Eine Teilwiederholung der Beweisaufnahme im Wege des Freibeweises ist nicht zulässig. Würde das Revisionsgericht aufgrund mitgeteilter Beweisanzeichen seine Wertung an die Stelle derjenigen des Tatrichters setzen, so würde es die Grenzen seiner Aufgabe überschreiten und sich mit einer Verantwortung belasten, die es nach der gesetzlichen Ausgestaltung des Revisionsverfahrens nicht übernehmen darf und nicht übernehmen kann (vgl. Rdn. 14).

68 Allerdings sind dem Tatgericht bei der ihm nach § 261 eingeräumten Freiheit in der Überzeugungsbildung Grenzen gesetzt. Es darf seine Befugnis nicht willkürlich ausüben und muss die Beweise erschöpfend würdigen, d.h. sich mit allen naheliegenden, sich aufdrängenden Deutungsmöglichkeiten der Beweisergebnisse auseinandersetzen. Es muss gesicherte wissenschaftliche Erkenntnisse, die Gesetze der Logik und Erfahrungssätze der Wissenschaft sowie des täglichen Lebens beachten. Eine Rüge der Verletzung des § 261 ist nach allem dann Erfolg versprechend, wenn ohne Rekonstruktion der Beweisaufnahme der Nachweis geführt werden kann, dass die im Urteil getroffenen Feststellungen nicht durch die in der Hauptverhandlung verwendeten Beweismittel oder sonst nicht aus den zum Inbegriff der Hauptverhandlung gehörenden Vorgängen gewonnen worden sind. Keinen Erfolg kann die Revisionsrüge dagegen mit der Behauptung haben, ein Zeuge habe anders ausgesagt oder die Aussage sei anders zu verstehen als im Urteil ausgeführt, oder eine Urkunde sei nicht richtig ausgelegt worden. Möglich ist jedoch die Beanstandung, das Urteil gebe die Aussage eines kommissarisch vernommenen Zeugen, die in der Hauptverhandlung verlesen wurde, oder den Wortlaut einer verlesenen oder im Selbstleseverfahren eingeführten Urkunde falsch wieder oder die Urkunde habe entgegen den Urteilsfeststellungen einen eindeutig anderen Inhalt. In diesen Fällen ist es offensichtlich, dass das Gericht eine nicht gemachte Aussage oder eine Urkunde mit anderem Wortlaut gewürdigt hat. Dem inneren Vorgang der Überzeugungsbildung fehlt dann die notwendige äußere Grundlage (so grundlegend BGHSt 29, 18 [19 ff.]; s.a. BGHSt 41, 376 [380]; zu einer im Selbstleseverfahren eingeführten Urkunde BGH NStZ-RR 2011, 214).

69 **II. Ansätze für Revisionsrügen.** § 261 bietet für das Rechtsmittel der Revision vielfältige **verfahrensrechtliche Angriffsmöglichkeiten** (s. näher unten *Momsen* zu den §§ 333 ff., insb. zu § 344). Mit der sog. »Inbegriffsrüge« kann beanstandet werden, dass das Urteil auf einen Beweis gestützt wird, der nicht prozessordnungsgemäß in die Hauptverhandlung eingeführt worden ist. Der Nachweis eines solchen Verfahrensfehlers kann allerdings nicht durch eine Rekonstruktion der Beweisaufnahme – etwa durch dienstliche oder anwaltliche Versicherungen – geführt werden. Zu bedenken ist hier auch, dass oft bestimmte Umstände *durch Vorhalt* ggü. einem Zeugen Gegenstand der Verhandlung gewesen sein können und dann über die Aussage dieser Beweisperson eingeführt sind. Eine solche Einführung über einen Vorhalt und eine Aussage wird bei Urkunden jedoch nur bei knappen und markanten Inhalten in Betracht kommen. Längere Texte, die nicht im Wege des Urkundsbeweises eingeführt, aber in den Urteilsgründen im Einzelnen wiedergegeben sind, werden kaum auf eine zeugenschaftliche Erklärung nach Vorhalt zurückgeführt werden können. Solche Verfahrensmängel lassen sich oft nur i.V.m. dem Protokoll oder einer eingeführten Urkunde beweisen, etwa wenn diese einen anderen Inhalt hat als im Urteil festgestellt (vgl. BGH, Urt. v. 20.02.1986, 4 StR 684/85, zitiert nach *Pfeiffer/Miebach* NStZ 1987, 16 [18]; StV 1993, 115 und 459). War ein Selbstleseverfahren angeordnet, fehlt aber im Protokoll der Abschlusseintrag, demzufolge Richter und Schöffen vom Wortlaut der Urkunde Kenntnis genommen haben (§ 249 Abs. 2 Satz 3), kann die Inbegriffsrüge durchdringen (BGH StV 2021, 352 Rn. 4; OLG Naumburg StV 2020, 848). Schließlich kann beanstandet werden, dass gegen

ein Beweisverbot verstoßen wurde. Die unterbliebene Aufklärung der Voraussetzungen eines Beweisverbots kann die Aufklärungspflicht verletzen (BGH StV 2012, 3). Ein **sachlich-rechtlicher Mangel** im Zusammenhang mit der Vorschrift über die richterliche Überzeugungsbildung kann vorliegen, wenn die Urteilsgründe erkennen lassen, dass der Richter bestehende Zweifel nicht wirklich überwunden hat (Verstoß gegen den Grundsatz »in dubio pro reo«), wenn sich die gezogenen Schlüsse so sehr von einer festen Tatsachengrundlage entfernen, dass sie sich letztlich als bloße Vermutungen erweisen (BGH NStZ 1981, 33; 1986, 373), dass sie gegen Denkgesetze oder wissenschaftliche Erfahrungssätze verstoßen, etwa einen Zirkelschluss enthalten, aber auch, dass die Beweiswürdigung lückenhaft ist, weil sie eine sich aufdrängende Frage nicht erörtert (BGH NStZ-RR 2014, 344 [345]). Die **lückenhafte Beweiswürdigung** ist gängiger Ansatz für Revisionen, wenn erhobene Beweise zu wesentlichen Punkten der getroffenen Feststellungen nicht erschöpfend, alle naheliegenden Folgerungen erfassend gewürdigt werden (BGH NStZ 2012, 49; zu Beweiswürdigungslücken bei der Glaubhaftigkeitsbewertung von Aussagen vgl. die Übersicht bei *Brause* NStZ 2013, 129, 132 ff. m.w.N.). Umgekehrt kann im Fall eines Freispruchs auf die Rüge der Verletzung sachlichen Rechts hin geprüft werden, ob der Tatrichter überspannte Anforderungen an die für eine Verurteilung erforderliche Gewissheit gestellt hat, etwa meinte, aus einzelnen Indiztatsachen keine »zwingenden Schlüsse« auf die Täterschaft ziehen zu können und die gebotene Gesamtschau der Beweisergebnisse unterlassen hat (BGH NStZ 2012, 110 [111]).

Schließlich kann beanstandet werden, die Überzeugung sei nicht aus dem Inbegriff der Verhandlung geschöpft 70
worden, weil ein **Richter** während eines wesentlichen Vorgangs der Beweisaufnahme **geschlafen** habe und mithin nicht aufnahmefähig gewesen sei. Ist dann während der noch laufenden Hauptverhandlung die entsprechende Phase der Beweisaufnahme nicht wiederholt worden und gelingt später der Nachweis, dass der Richter tatsächlich geschlafen hat, kann dies zur Aufhebung der angegriffenen Entscheidung führen. Anknüpfungspunkte für eine erfolgreiche Revisionsrüge bietet auch die **Verbindung und Trennung von Verfahren**, wenn Beweisstoff aus einer hinzuverbundenen Verhandlung verwertet wird, der nicht erneut erhoben worden ist. Schließlich birgt auch das Verwertungsverbot nach § 51 BZRG seine Tücken: Ist der in die Hauptverhandlung eingeführte **Bundeszentralregisterauszug** schon **älteren Datums**, wird oft übersehen, dass zwischenzeitlich bei der ein oder anderen zurückliegenden Verurteilung Tilgungsreife eingetreten sein kann. Unergiebig für sachlich-rechtliche Revisionsrügen ist es indessen regelmäßig, auf wirkliche oder vermeintliche Widersprüche zwischen dem Inhalt des Urteils und den Akten zu verweisen (**»Aktenwidrigkeit der Urteilsfeststellungen«**), wenn diese nicht mit den Urteilsgründen selbst belegbar sind. Die Revision kann auch nicht alternativ darauf gestützt werden, entweder habe der Tatrichter einen solchen Widerspruch unter Verletzung seiner Aufklärungspflicht nicht in die Hauptverhandlung eingeführt, oder aber er habe es unterlassen, ihn in den Urteilsgründen zu erörtern (sog. Alternativrüge: entweder Verletzung von § 244 Abs. 2 oder von § 261; vgl. BGH NJW 1992, 2840 [2841]). Schließlich kann aus dem Schweigen der Urteilsgründe in der Regel noch nicht geschlossen werden, das Gericht habe seine Aufklärungspflicht verletzt, indem es einen Zeugen nicht zu bestimmten Punkten befragt habe oder bestimmte Fragen oder Vorhalte unterlassen habe (BGH NJW 1992, 2838 [2840]).

§ 262 Entscheidung zivilrechtlicher Vorfragen

(1) Hängt die Strafbarkeit einer Handlung von der Beurteilung eines bürgerlichen Rechtsverhältnisses ab, so entscheidet das Strafgericht auch über dieses nach den für das Verfahren und den Beweis in Strafsachen geltenden Vorschriften.

(2) Das Gericht ist jedoch befugt, die Untersuchung auszusetzen und einem der Beteiligten zur Erhebung der Zivilklage eine Frist zu bestimmen oder das Urteil des Zivilgerichts abzuwarten.

Übersicht

1 **A. Grundsätzliches und Regelungsgehalt.** Die Vorschrift stellt zunächst klar, dass sich das Recht und die Pflicht des Strafrichters zur freien richterlichen Beweiswürdigung i.S.v. § 261 auch auf die Beurteilung von Vorfragen aus anderen Rechtsgebieten erstreckt. Er wird auch insoweit zum gesetzlichen Richter i.S.d. Art. 101 Abs. 1 Satz 1 GG (LR/*Stuckenberg* § 262 Rn. 5). Zwar werden in **Abs. 1** nur die bürgerlichen (zivilrechtlichen) Rechtsverhältnisse erwähnt, nach einhelliger Auffassung ist der Strafrichter aber auch bei der Entscheidung über Vorfragen aus anderen Rechtsgebieten grds. frei (RGSt 39, 62 [64]; 43, 373 [377]; Meyer-Goßner/*Schmitt* § 262 Rn. 5; KK-StPO/*Kuckein/Ott* § 262 Rn. 2; LR/*Stuckenberg* § 262 Rn. 1). Das ist verfassungsrechtlich unbedenklich (dazu und zu Ausnahmen von Abs. 1 Rn. 4). **Abs. 2** dient der Prozessökonomie. Die Bestimmung einer Frist zur Erhebung einer Klage vor dem Zivilgericht soll es dem Strafrichter ermöglichen, sich einer missbräuchlichen Inanspruchnahme seiner Arbeitskapazität durch die Entscheidung möglicherweise verwickelter Rechtsprobleme außerstrafrechtlicher Natur in Fällen zu erwehren, in denen Verfahrensbeteiligte über den Umweg eines Strafprozesses die schnellere und kostengünstigere Durchsetzung zivilrechtlicher Ansprüche beabsichtigen (LR/*Stuckenberg* § 262 Rn. 2). Eine Sonderregelung besteht für das Steuerrecht (§ 396 AO).

2 **B. Umfang der Entscheidungsbefugnis (Abs. 1). I. Entscheidung über bürgerliche Rechtsverhältnisse.** Während der **Zivilprozess** im Unterschied zum Strafprozess von der **Dispositionsmaxime** beherrscht wird, es für die Entscheidung des Rechtsstreits also nur auf die **formelle Wahrheit** ankommt, der Strafprozess aber der Erforschung der **materiellen Wahrheit** dient, ist der Strafrichter grds. verpflichtet, eine entscheidungserhebliche zivilrechtliche Rechtsfrage in eigener Verantwortung selbst zu entscheiden. Er kann etwa über das Tatbestandmerkmal der Fremdheit der Sache i.S.d. § 242 StGB abweichend von einem Zivilurteil entscheiden und ist bei der Beurteilung der Voraussetzungen einer Unterhaltspflichtverletzung (§ 170 StGB) auch nicht an die rechtskräftige Verurteilung des Angeklagten zur Zahlung von Unterhalt gebunden (KK-StPO/*Kuckein/Ott* § 262 Rn. 3). Er kann jedoch nach pflichtgemäßem Ermessen das zivilgerichtliche Urteil seiner Entscheidung zugrunde legen, wenn er es für sachlich zutreffend hält. Maßstab dafür ist die Aufklärungspflicht (BayObLGSt 1952, 224; OLG Oldenburg NJW 1952, 118; KK-StPO/*Kuckein/Ott* § 262 Rn. 3; LR/*Stuckenberg* § 262 Rn. 36).

3 **II. Urteile anderer Gerichtszweige und Verwaltungsakte.** Eine Bindung an die **Urteile anderer Gerichtszweige** besteht für den Strafrichter ebenfalls regelmäßig nicht. Das gilt auch dann, wenn die Verfahrensordnung, auf deren Grundlage die betreffende Entscheidung zustande gekommen ist, wie etwa im verwaltungsgerichtlichen Verfahren (§ 86 Abs. 1 Satz 1 VwGO) vom Grundsatz der Amtsaufklärung beherrscht wird (Meyer-Goßner/*Schmitt* § 262 Rn. 5; zu – teilw. streitigen – Ausnahmen *Knöpfle* BayVBl. 1982, 225).

4 **III. Ausnahmsweise Bindung des Strafrichters.** Der Strafrichter ist ausnahmsweise an Urteile anderer Gerichtszweige gebunden, sofern diese rechtsgestaltend wirken. In der Zivilgerichtsbarkeit gilt dies insb. für Ehescheidungsurteile (RGSt 14, 364 [374 ff.]). Eine Bindung besteht ferner an Urteile mit Wirkung intra omnes, etwa für solche über die Feststellung einer Vaterschaft (§ 1600a BGB; §§ 640 ff. ZPO; vgl. dazu BGHSt 26, 111; OLG Stuttgart NJW 1973, 2305). Eine Bindung wird auch an rechtsgestaltende Verwaltungsakte bejaht, bspw. die Ernennung zum Beamten im staatsrechtlichen Sinne (KK-StPO/*Kuckein/Ott* § 262 Rn. 6; Ausnahme: Nichtigkeit des Verwaltungsaktes gem. § 44 Abs. 1 VwVfG). Entsprechendes gilt für rechtsgestaltende Entscheidungen im patentrechtlichen Verfahren (vgl. RGSt 48, 389 [391]. Die sog. Tatbestandswirkung eines Verwaltungsaktes vermag zwar ebenfalls eine Bindungswirkung zu erzeugen, deren Umfang im Einzelfall durch Auslegung des jeweiligen Straftatbestandes zu ermitteln ist (Einzelheiten bei LR/*Stuckenberg* § 262 Rn. 24 m.w.N.). Es handelt sich hier jedoch entgegen a.A. (Meyer-Goßner/*Schmitt* § 262 Rn. 7) nicht um einen Anwendungsfall des § 262.

5 Schreibt eine gesetzliche Vorschrift oder eine solche, die ihr gleichsteht, vor, dass eine entscheidungserhebliche Vorfrage für den Strafprozess nur von einem anderen Gericht mit verbindlicher Wirkung entscheiden werden kann, ist es dem Strafrichter verwehrt, nach den Grundsätzen des Abs. 1 zu verfahren. Tut er dies doch, kommt eine Verletzung der verfassungsrechtlichen Gewährleistung des gesetzlichen Richters (Art. 101 Abs. 1 Satz 2 GG) in Betracht (vgl. nur BVerfGE 80, 244 [256] LR/*Stuckenberg* § 262 Rn. 3). Es handelt sich hier im Wesentlichen um die Fälle der Verletzung der Pflicht zur Vorlage an das BVerfG in Fällen der abstrakten Normenkontrolle (Art. 100 Abs. 1 GG) oder an den EuGH zu Vorabentscheidung (Art. 267 AEUV; vgl. BVerfG StraFo 2011, 498 [499]) und zur Vorlage nach Art. 100 Abs. 2 GG (SK-StPO/*Velten* § 262 Rn. 10). Zu diesen Fällen gehört auch die Beachtung der Bindungswirkung gem. § 32 BVerfGG. Eine analoge Anwendung der Vorschrift kann im Hinblick auf die Garantie des gesetzlichen Richters geboten sein, wenn die Vorlegung in einem anderen Verfahren erfolgt ist und die Entscheidung des Rechtsstreits

von der Beantwortung der dort aufgeworfenen, entscheidungserheblichen Frage abhängt (BGH RIW 2012, 405 [406]).

C. Aussetzung des Verfahrens. I. Anwendungsbereich. Die Regelung des Abs. 2 enthält keine allgemeine Befugnis des Strafgerichts, die Entscheidung eines anderen Gerichts über eine strafrechtliche Frage abzuwarten; sie dient auch nicht der Vermeidung divergierender Entscheidungen oder der besseren Sachaufklärung (KK-StPO/*Kuckein* § 262 Rn. 7). Anwendung findet die Bestimmung nur dann, wenn die Entscheidung des Strafrichters von der Beurteilung eines außerstrafrechtlichen Rechtsverhältnisses abhängt, dieses also für die strafgerichtliche Entscheidung vorgreiflich ist (LR/*Stuckenberg* § 262 Rn. 4). Über dieses Rechtsverhältnis darf noch n.rk. entschieden worden sein (zum umgekehrten Fall der Aussetzung eines Zivilverfahrens gem. § 149 Abs. 1 ZPO im Hinblick auf ein laufendes Strafverfahren vgl. BGH NJW 2018, 2267). 6

II. Entscheidung des Strafgerichts. Die Entscheidung des Strafgerichts steht in dessen **pflichtgemäßem Ermessen.** Bei der Entscheidung sind die Bedeutung der Strafsache, die Schwierigkeit der zu beurteilenden Vorfrage und deren Bedeutung für das anhängige Verfahren mit dem Grundsatz der Verfahrensbeschleunigung abzuwägen (Meyer-Goßner/*Schmitt* § 262 Rn. 11). Die Aussetzung kann schon vor Erlass des Eröffnungsbeschlusses erfolgen (Meyer-Goßner/*Schmitt* § 262 Rn. 9). Aus § 332 ergibt sich, dass sie auch noch im Berufungsverfahren angeordnet werden kann. Ob auch im Revisionsverfahren nach Abs. 2 verfahren werden kann, ist umstritten (BayObLGSt 1994, 74; LR/*Stuckenberg* § 262 Rn. 40 m.w.N.). Für eine Ermessensausübung ist **kein Raum**, wenn nur ein anderes Gericht mit – den Strafrichter bindender – Wirkung über eine entscheidungserhebliche Vorfrage entscheiden kann (Rn. 4). 7

III. Verfahren. Das Gericht entscheidet über die Aussetzung durch **Beschluss**; wird sie abgelehnt, ist dieser gem. § 34 zu begründen (KK-StPO/*Kuckein/Ott* § 262 Rn. 9; LR/*Stuckenberg* § 262 Rn. 49; a.A. Meyer-Goßner/*Schmitt* § 262 Rn. 13 unter Bezugnahme auf RGSt 57, 44; vgl. auch SK-StPO/*Velten* § 262 Rn. 20). Vor der Entscheidung sind die Verfahrensbeteiligten zu hören (§ 33 Abs. 1, Abs. 2 i.V.m. Abs. 3). Enthält der Beschluss die Aufforderung zur Klageerhebung, ist er im Hinblick auf die Fristbestimmung gem. § 35 Abs. 2 Satz 1 bekannt zu machen (a.A. zur Zustellung LR/*Stuckenberg* § 262 Rn. 50). Die Fristsetzung kann ggü. jeder an dem Verfahren beteiligten Person erfolgen (Meyer-Goßner/*Schmitt* § 262 Rn. 12). Eine Verpflichtung zur Erhebung der Klage wird dadurch nicht begründet; der Betroffene muss jedoch möglicherweise Nachteile in dem strafgerichtlichen Verfahren in Kauf nehmen (KK-StPO/*Kuckein/Ott* Rn. 10). Mit der Aussetzung ist regelmäßig nicht das Ruhen der Strafverfolgungsverjährung verbunden, es sei denn, es besteht eine Pflicht zur Aussetzung (vgl. etwa § 396 Abs. 3 AO; zu Art. 100 Abs. 1 GG vgl. BGHSt 24, 6; s. auch *Radtke/Hohmann/Britz* § 262 Rn. 15; SK-StPO/*Velten* § 262 Rn. 26). 8

D. Rechtsmittel. I. Beschwerde. Die **Beschwerde** gegen den eine Aussetzung anordnenden Beschluss ist gem. **§ 305 Satz 1** ebenso wenig statthaft wie eine solche gegen einen Beschluss, die die Aussetzung ablehnt (RGSt 43, 179 [181]; Meyer-Goßner/*Schmitt* § 262 Rn. 16; LR/*Stuckenberg* § 262 Rn. 57). Eine Beschwerde nach § 304 wird jedoch dann für statthaft gehalten, wenn zur Begründung geltend gemacht wird, die rechtlichen und tatsächlichen Voraussetzungen des Abs. 2 seien nicht gegeben (OLG Düsseldorf MDR 1992, 989; Meyer-Goßner/*Schmitt* § 262 Rn. 16; LR/*Stuckenberg* § 248 Rn. 58). Dieser Ansicht ist zuzustimmen; führt die Entscheidung nach Abs. 2 zu einer Verfahrensverzögerung, fehlt es dieser an dem für den Ausschluss der Beschwerde nach § 305 Satz 1 erforderlichen inneren Zusammenhang mit der Urteilsfindung (vgl. dazu LR/*Matt* § 305 Rn. 2; wie hier Meyer-Goßner/*Schmitt* und *Stuckenberg*, jeweils a.a.O.). Die **Anfechtung der Fristsetzung** zur Klageerhebung ist mangels Beschwer ausgeschlossen (RGSt 42, 179 [181]; OLG Hamm NJW 1978, 283; Meyer-Goßner/*Schmitt* a.a.O.). 9

II. Revision. Da dem Strafrichter bei seiner Entscheidung über die Aussetzung vom Gesetz ein weites Ermessen eingeräumt ist, wird die Beanstandung, er sei fehlerhaft nicht nach Abs. 2 verfahren, kaum Erfolg haben (BGH NStZ 1985, 125; OLG Düsseldorf StV 1995, 459; allg. M.). Fälle, in denen eine solche Rüge unter dem Gesichtspunkt einer **Verletzung der Aufklärungspflicht** (§ 244 Abs. 2) Erfolg haben kann, dürften ebenfalls auf seltene Ausnahmen beschränkt sein (BGH NStZ 1985, 125; LR/*Stuckenberg* § 262 Rn. 61). Als Verfahrensfehler kann jedoch gerügt werden, dass der Strafrichter **zu Unrecht eine Bindung an ein anderes Urteil angenommen** und dieses seiner Entscheidung zugrunde gelegt hat (Meyer-Goßner/*Schmitt* § 262 Rn. 17; KK-StPO/*Kuckein/Ott* § 262 Rn. 13). 10

§ 263 Abstimmung

(1) Zu jeder dem Angeklagten nachteiligen Entscheidung über die Schuldfrage und die Rechtsfolgen der Tat ist eine Mehrheit von zwei Dritteln der Stimmen erforderlich.
(2) Die Schuldfrage umfasst auch solche vom Strafgesetz besonders vorgesehene Umstände, welche die Strafbarkeit ausschließen, vermindern oder erhöhen.
(3) Die Schuldfrage umfasst nicht die Voraussetzungen der Verjährung.

Übersicht

1 **A. Grundsätzliches und Regelungsgehalt. I. Allgemeines.** Gerichtliche Entscheidungen ergehen gem. **§ 196 Abs. 1 GVG** mit der absoluten Mehrheit der Stimmen, **soweit das Gesetz nicht ein anderes bestimmt.** Indem § 263 eine Zweidrittelmehrheit der Stimmen für jede dem Angeklagten nachteilige Entscheidung über die Schuldfrage und die Rechtsfolgen der Tat fordert, ist diese Vorschrift eine andere Bestimmung i.S.d. § 196 GVG. Zwei weitere, im strafrechtlichen Revisionsverfahren bedeutsame »andere« Bestimmungen in diesem Sinne sind § 349 Abs. 2 für eine dem Angeklagten nachteilige, § 349 Abs. 4 für eine ihn begünstigende Entscheidung.

2 **II. Erforderliche Mehrheiten.** Die Mehrheit von zwei Dritteln der Stimmen erfordert beim Schöffengericht, beim Jugendschöffengericht und in der kleinen Strafkammer zwei, im erweiterten Schöffengericht, in der erweiterten keinen Strafkammer (§ 76 Abs. 3 Satz 1 GVG) und in der gem. § 76 Abs. 2 GVG bzw. § 33b JGG besetzten (Jugend-) Strafkammer drei und in der mit drei Berufsrichtern und zwei Schöffen besetzten großen Strafkammer sowie in einem erstinstanzlich tätigen Senat des OLG vier Stimmen. Eine Verurteilung liegt gem. § 465 Abs. 1 Satz 2 auch vor bei Absehen von Strafe oder einer Verwarnung mit Strafvorbehalt (LR/*Wickern* § 196 GVG Rn. 1).

3 **III. Verhältnis zu § 196 GVG.** Im Verhältnis zu § 196 GVG ist die Bestimmung **lex specialis**, jedoch nur für den in § den in § 263 Abs. 1 und 2 aufgeführten Katalog von Entscheidungen. **§ 196 Abs. 2** hat also auch in Strafsachen Bedeutung, etwa dann, wenn im Adhäsionsverfahren oder im Verfahren nach dem StrEG über Geldsummen zu befinden ist (LR/*Wickern* § 196 GVG Rn. 5). Für **§ 196 Abs. 3** bleibt im Strafverfahren ebenfalls ein, wenn auch kaum bedeutsamer und auf »die Straffrage« begrenzter, Anwendungsbereich in Fällen der Stimmenverschiedenheit.

4 **B. Anwendungsbereich. I. Schuldfrage. 1. Allgemeines.** Im Unterschied zur Straffrage ist die Entscheidung über die Schuldfrage nicht teilbar; es gilt der Grundsatz der sog. **Totalabstimmung** (LR/*Stuckenberg* § 263 Rn. 11). Eine Abstimmung nach einzelnen Tat- oder Rechtsfragen ist nicht zulässig (BGH DRiZ 1976, 319). Abzustimmen ist deshalb – ungeachtet der im Einzelfall zulässigen Klärung von Teilfragen durch nicht bindende Einzelabstimmungen (BGH bei *Holtz* MDR 1976, 989; vgl. auch Meyer-Goßner/*Schmitt* § 263 Rn. 2; LR/*Stuckenberg* § 263 Rn. 11) – darüber, ob der Angeklagte die ihm vorgeworfene, bestimmten Straftat tatbestandsmäßig, rechtswidrig und schuldhaft begangen hat (KK-StPO/*Kuckein*/*Ott* § 263 Rn. 3). Bei mehreren Straftaten ist auch im Fall von Tateinheit über jede Tat einzeln abzustimmen (LR/*Stuckenberg* § 263 Rn. 11).

5 **2. Umstände nach Abs. 2.** Zu den **Umständen, die die Strafbarkeit ausschließen**, gehören zum einen alle gesetzlichen Rechtfertigungsgründe unter Einschluss derjenigen außerhalb des StGB, zum anderen alle Strafaufhebungs- und Schuldausschließungsgründe sowie der Tatbestandsirrtum (Meyer-Goßner/*Schmitt* § 263 Rn. 4; KK-StPO/*Kuckein*/*Ott* § 262 Rn. 4). **Umstände, die die Strafbarkeit vermindern**, sind die gesetzlich normierten Privilegierungen wie etwa §§ 213 Fall 1, 216, 248a, 263 Abs. 4 StGB. Unter den **Umständen, die die Strafbarkeit erhöhen**, versteht das Gesetz die Strafschärfungsgründe, in denen die betreffenden tatsächlichen Voraussetzungen für die Strafschärfung umschrieben sind (sog. **benannte Strafschärfungsgründe**). Über das Vorliegen eines unbenannten Regelbeispiels bzw. eines unbenannten besonders schweren Falles ist i.R.d. Entscheidung zur Straffrage abzustimmen (LR/*Stuckenberg* § 263 Rn. 9). Zu den die Strafe erhöhenden Umständen i.S.d. Abs. 2 sind auch die durch den Erfolg qualifizierten Deliktstatbestände zu

rechnen, ebenso die personenbezogenen Strafschärfungsgründe wie etwa die Amtsträgereigenschaft (Meyer-Goßner/*Schmitt* § 263 Rn. 6).

II. Rechtsfolgen der Tat. Entscheidungen zum Rechtsfolgenausspruch, die einer **Mehrheit von zwei Dritteln** bedürfen, sind solche zur Anwendung von Erwachsenen- oder Jugendrecht (BGHSt 5, 207 [209]), zu den einzelnen Sanktionen nach den Vorschriften des StGB, des JGG sowie der strafrechtlichen Nebengesetze und deren Höhe im Einzelfall, zum Vorliegen unbenannter Strafschärfungsgründe bzw. eines minder schweren Falles, zur Anwendung des § 47 StGB, zur Strafaussetzung zur Bewährung und zur Straffreierklärung (§ 199 StGB). Ferner rechnen dazu die Entscheidungen über die Anordnung von Maßregeln der Besserung und Sicherung (allg. M.; vgl. nur Meyer-Goßner/*Schmitt* § 263 Rn. 8). Nicht zum Strafausspruch, aber zu den Rechtsfolgen der Tat im weiteren Sinne gehört auch die **Entscheidung über die Kompensation für eine konventionswidrige Verfahrensverzögerung** nach den Grundsätzen der sog. Vollstreckungslösung (BGHSt 54, 135 [137 f.]). Auch insoweit bedarf es also einer Mehrheit von zwei Dritteln der Stimmen. 6

III. Absolute Stimmenmehrheit. Bei allen weiteren vom erkennenden Gericht zu entscheidenden Fragen reicht die absolute Stimmenmehrheit aus, verbleibt es also bei der Regelung des **§ 196 Abs. 1 GVG.** Dies betrifft abgesehen von der Frage der **Verjährung** das Vorliegen aller anderen **Verfahrensvoraussetzungen** und die Entscheidung über die **objektiven Bedingungen der Strafbarkeit** (Meyer-Goßner/*Schmitt* § 263 Rn. 1; KK-StPO/*Kuckein/Ott* § 263 Rn. 8; str.; a.A. für objektive Bedingungen der Strafbarkeit LR/*Stuckenberg* § 263 Rn. 6 m.w.N.). In den Anwendungsbereich fallen ferner die Entscheidungen im Rahmen eines Adhäsionsantrags oder über die Entschädigung für erlittene Strafverfolgungsmaßnahmen nach dem StrEG, ebenso Kosten- und Auslagenentscheidungen (RGSt 39, 293; KK-StPO/*Kuckein/Ott* § 263 Rn. 8; LR/*Stuckenberg* § 263 Rn. 17). Sind i.R.d. Urteilsberatung Entscheidungen über Verfahrensfragen erforderlich, genügt auch hier die einfache Stimmenmehrheit (LR/*Stuckenberg* § 263 Rn. 16). 7

C. Abs. 3. Diese Bestimmung stellt ausdrücklich klar, dass die Schuldfrage nicht die **Voraussetzungen der Verjährung** umfasst. Diese gehören aber auch nicht zur Straffrage. Die gesonderte Erwähnung hat lediglich historische Gründe (SK-StPO/*Velten* § 263 Rn. 14). 8

D. Revision. I. Allgemeines. Revisionsrechtlich hat die Rüge der Verletzung von § 263 nur geringe praktische Bedeutung. Zwar können Verfahrensfehler (vgl. insoweit RGZ 38, 412 zu § 196 GVG) bei der Abstimmung (bspw. unrichtige Auszählung der Stimmen oder nicht ausreichende Mehrheit) im Revisionsverfahren gem. § 337 gerügt werden; der insoweit nach § 344 Abs. 2 Satz 2 erforderliche konkrete, mit Tatsachen belegte Rügevortrag scheitert jedoch regelmäßig schon im Ansatz am **Beratungsgeheimnis gem. § 43 DRiG.** Die bloße Behauptung, die Abstimmung innerhalb des Spruchkörpers sei fehlerhaft erfolgt, genügt nicht (RGSt 26, 202; 61, 218; vgl. dazu KK-StPO/*Kuckein/Ott* § 263 Rn. 9). Die Mitglieder des erkennenden Gerichts können unter keinem denkbaren rechtlichen Gesichtspunkt gezwungen werden, etwa im Revisionsverfahren auf eine entsprechende Verfahrensrüge hin ihr Abstimmungsverhalten offenzulegen (RGSt 26, 202; BGH DRiZ 1976, 319; KK-StPO/*Kuckein/Ott* § 263 Rn. 9). Es bleibt die Möglichkeit der **Abgabe einer dienstlichen Äußerung in eigener Verantwortung**, etwa nach Anheimgabe seitens des Revisionsgerichts (LR/*Stuckenberg* § 263 Rn. 19; zu weitgehend *Kissel/Mayer* GVG § 193 Rn. 12 ff.). Davon sollte jedoch nur mit größter Zurückhaltung und deshalb **nur in Ausnahmefällen** Gebrauch gemacht werden, etwa dann, wenn die Art der Abstimmung Gegenstand von Meinungsverschiedenheiten unter den Mitgliedern des erkennenden Gerichts ist (LR/*Wickern* § 194 GVG Rn. 48). Denkbar ist dies auch bei einem offensichtlichen Gesetzesverstoß, der möglicherweise den Vorwurf einer Rechtsbeugung (§ 339 StGB) beinhaltet (OLG Naumburg NJW 2008, 3585) oder in Fällen, in denen der Tatrichter Abstimmungsfehler selbst entdeckt hat (Meyer-Goßner/*Schmitt* § 263 Rn. 9; LR/*Wickern* § 193 GVG Rn. 49; KK-StPO/*Kuckein/Ott* § 263 Rn. 9). 9

II. Abgrenzung. Die Rüge, es habe keine Beratung stattgefunden, dürfte regelmäßig auf die Beanstandung hinauslaufen, das Gericht habe § 260 Abs. 1 verletzt (BGHSt 19, 156 [157]; BGH NJW 1987, 3210; unklar LR/*Stuckenberg* § 263 Rn. 19). Behauptet der Beschwerdeführer, die Urteilsgründe stünden in Widerspruch zum Beratungsergebnis, kommt (auch) eine Verletzung von § 267 in Betracht. 10

§ 264 Gegenstand des Urteils

(1) Gegenstand der Urteilsfindung ist die in der Anklage bezeichnete Tat, wie sie sich nach dem Ergebnis der Verhandlung darstellt.

(2) Das Gericht ist an die Beurteilung der Tat, die dem Beschluß über die Eröffnung des Hauptverfahrens zugrunde liegt, nicht gebunden.

Übersicht Rdn.

1 **A. Grundsätzliches.** § 264 regelt den **Prozessgegenstand** (oder gleichbedeutend den **Verfahrensgegenstand**). In Konsequenz des **Akkusationsprinzips** darf nur die in der Anklage bezeichnete Tat Gegenstand des Hauptverfahrens sein. Damit wird mit dem Tatbegriff zum einen der Umfang der Rechtshängigkeit, zum anderen der Umfang der Rechtskraft bestimmt (KMR/*Stuckenberg* § 264 Rn. 3).

2 **I. Eingrenzung der Urteilsgrundlage.** Nur die in der Anklage bezeichnete Tat in der Gestalt, die sie nach dem Ergebnis der Hauptverhandlung erhalten hat, ist **die Grundlage der Urteilsfindung** des Gerichts (*Kühne* Rn. 991). Dies dient der klaren Eingrenzung des Prozessstoffes und damit der **Kognitionspflicht und -macht** des Gerichts (AnwK-StPO/*Martis* § 264 Rn. 1; LR/*Stuckenberg* § 264 Rn. 37). Zugleich wird dem Angeklagten eine effektive Verteidigung ermöglicht, weil der Umfang des Tatvorwurfs feststeht. Die Norm ist damit Ausdruck des **fair-trial**-Gebotes des Art. 6 Abs. 1 Satz 1 EMRK (*Roxin/Schünemann* § 20 Rn. 2). Entsprechend kann es notwendig sein, die Hauptverhandlung auszusetzen oder zu unterbrechen, um eine sachgerechte Vorbereitung der Verteidigung zu gewährleisten, § 265 Abs. 4 (BGHSt 19, 88 [89]).

3 **II. Bestimmung der Reichweite des Strafklageverbrauchs.** Daneben ist die prozessuale Tat auch Grundlage zur Bestimmung der Grenzen des Strafklageverbrauchs. Der Tatbegriff des Abs. 1 ist dabei sowohl für beide Zwecke **einheitlich** zu sehen als auch identisch mit dem des Art. 103 Abs. 3 GG (st. Rspr. seit RGSt 21, 78 [80]; BVerfGE 45, 434 [435]; KMR/*Stuckenberg* § 264 Rn. 6). Dabei kommt es nicht darauf an, welche Handlungen das Gericht tatsächlich abgeurteilt hat, sondern lediglich darauf, was es im Rahmen seiner Kognitionspflicht hätte berücksichtigen können und müssen (BayObLG NJW 1965, 2211 [2213]); denn Art. 103 Abs. 3 GG bezieht das Doppelbestrafungsverbot auf die Tat und nicht auf das Urteil (KK-StPO/*Kuckein/Ott* § 264 Rn. 3; *Fezer* Strafprozeßrecht Rn. 18/49). Aspekte der materiellen Gerechtigkeit, die eine Urteilskorrektur verlangen könnten, hat der Gesetzgeber systematisch auf die Wiederaufnahme nach den §§ 359 ff. verwiesen. Deswegen ist Versuchen der Rspr. zu widersprechen (*Roxin/Schünemann* § 20 Rn. 2), im Bereich terroristischer Straftaten **ausnahmsweise** die Identität des Tatbegriffs aufzuweichen und für den Prozessgegenstand einen weiteren Umfang als für die Rechtskraft zu behaupten (BVerfGE 56, 22 [35 f.]; BGHSt 29, 288 [297], offengelassen in BGH JR 2016, 663 [665]).

4 **B. Die prozessuale Tat. I. Definition.** Der prozessuale Tatbegriff stellt bereits seit den Anfängen des Preußischen Obertribunals nicht auf die rechtliche Bewertung einer bestimmten Tat ab, sondern auf deren äußere Umstände, also das **tatsächliche Geschehen** (PreußObTrib GA 1 [1853], 114 [115]). Das Verständnis ist um eine normative Komponente erweitert worden, wonach bei Übereinstimmung der »wesentlichen Momente [des] historischen Vorkommnisses« Tatidentität anzunehmen ist (RGSt 5, 249 [250]). Die prozessuale Tat bezeichnet demnach einen **einheitlichen geschichtlichen Vorgang**, der nach der Auffassung des Lebens eine Einheit bildet (BGHSt 32, 215 [216]; 64, 1 [6 f.]). Dies ist dann der Fall, wenn zwischen den verschiedenen tatsächlichen Elementen ein innerer Zusammenhang dergestalt besteht, dass eine getrennte Aburteilung in verschiedenen erstinstanzlichen Verfahren den gesamten Vorgang unnatürlich aufspalten würde (BVerfGE 45, 434 [436]; BGHSt 49, 359 [362], 59, 4 [8]; Graf/*Eschelbach* § 264 Rn. 5; Meyer-Goßner/*Schmitt* § 264 Rn. 4).

5 Das verlangt eine **Einzelfallbetrachtung** (BGH NStZ-RR 2012, 355 [356]). Eine allgemeine Bestimmung der »Tat« ist insofern nicht möglich; eine pauschale Betrachtung verbietet sich (BGHSt 13, 21 [25]). Eine Identität der prozessualen Tat ist trotz Veränderung des Tatbildes im Rahmen des Verfahrens noch gewahrt, wenn ungeachtet gewisser Differenzen bestimmte Merkmale die Tat weiterhin als einmaliges unverwechselbares Geschehen kennzeichnen. In der Regel wird die Tat durch Tatort, Tatzeit und das Tatbild bestimmt; zur Tat gehört das gesamte Verhalten des Täters, soweit es nach der Lebensauffassung ein einheitliches Geschehen darstellt. Bestimmend für das Tatbild sind auch das Opfer bzw. das Objekt, auf das sich das Täterverhalten bezieht (BGH NStZ-RR 2018, 353 [354]; StraFo 2019, 285 [286]). Je größer die Möglichkeit ist, dass der Angeklagte verwechselbare weitere Straftaten gleicher Art verübt hat, umso konkreter muss die Schilderung

der Umstände des jeweiligen Einzelfalls erfolgen (BGH NStZ-RR 2018, 353 [354]). Das bloße Vorliegen örtlichen oder zeitlichen Zusammenhangs genügt für sich genommen nicht (BGHSt 23, 270 [273]). So sind verschiedene sexuelle Übergriffe zu verschiedenen Zeiten in verschiedenen Zimmern des gleichen Hauses selbstständige Taten (BGH NStZ-RR 2009, 146 [147]). Gleiches gilt bei sexuellen Übergriffen in der Wohnung des Opfers und einem weiteren Übergriff in einem Wohnwagen auf einem Campingplatz (BGH StraFo 2009, 71). Können einzelne Sexualtaten einer Tatserie nur hinsichtlich des Tatorts und der Begehungsweise, nicht aber hinsichtlich der Tatzeiten näher bestimmt werden, erlangt die Art und Weise der Tatbestandsverwirklichung maßgebliche Bedeutung für die Individualisierung. Weichen die Feststellungen des Gerichts hinsichtlich der Tatmodalitäten (Analverkehr statt Oralverkehr) deutlich von den in der Anklage bezeichneten ab, handelt es sich um eine andere prozessuale Tat. Eine »Umgestaltung der Strafklage« im Verlaufe der Hauptverhandlung darf nicht dazu führen, dass die Identität der von der Anklage umfassten Tat nicht mehr gewahrt ist, weil das von ihr zugrunde liegende Geschehen durch ein anderes ersetzt wird (BGH StV 2019, 317). Es bedarf dann der Erhebung einer Nachtragsanklage (BGH NStZ-RR 2021, 25). Die Erteilung eines diesbezüglichen Hinweises nach § 265 Abs. 2 Nr. 3 in der Hauptverhandlung vermag hieran nichts zu ändern (BGH NStZ-RR 2021, 148). Auch ein logischer Zusammenhang mehrerer Vorgänge allein reicht nicht aus, um eine einheitliche Tat anzunehmen. Umgekehrt können auch sachlich-rechtlich selbstständige Taten prozessual eine Tat i.S.d. § 264 darstellen.

Der Tatbegriff entspricht demjenigen des § 200 Abs. 1 Satz 1 (BGHSt – GS – 56, 109 [114]; NStZ 2012, 85). S. dazu § 200 Rdn. 5. 6

Im **europäischen** Kontext wird der Tatbegriff ebenso beim Strafklageverbrauch relevant. Der **EuGH** hat ihn i.R.d. europäischen ne bis in idem des **Art. 54 SDÜ** in ähnlicher Weise wie die deutsche Rspr. faktenorientiert verstanden. Gleiches hat für den als Primärrecht vorrangigen Art. 50 GrCh zu gelten (*Radtke* NStZ 2012, 479 [482]). Da das europäische ne bis in idem primär dem Schutz der Freizügigkeit und des Bürgerfriedens dient und nicht zuerst die Effektivität der Strafrechtspflege im Blick hat, ist der Tatbegriff weit und subjektiv-individualistisch zu sehen. Die Tat ist demnach ein Komplex von Tatsachen, welche in zeitlicher und räumlicher Hinsicht sowie nach ihrem Zweck unlösbar miteinander verbunden sind (EuGH NJW 2006, 1781 [1782]; BGHSt 59, 120 [125]). In wertender Rechtsvergleichung ist auch der **EGMR** auf diese Linie eingeschwenkt und sieht in der Tat i.S.d. **Art. 4 des 7. Zusatzprotokolls zur EMRK** nicht mehr die juristische Bewertung als entscheidend an, sondern die Umstände des Lebenssachverhalts (EGMR, Urt. v. 10.02.2009 – 14939/03 – Zolotukhin; *Jung* GA 2010, 472 [474 f.]). 7

II. Verhältnis zum materiell-rechtlichen Tatbegriff. Vom materiell-rechtlichen Tatbegriff der §§ 52, 53 StGB ist der prozessuale grds. unabhängig. Natürliche Handlungseinheit **indiziert** jedoch regelmäßig das Vorliegen einer einheitlichen prozessualen Tat (BGHSt 57, 175 [179]; 59, 120 [124]; 64, 1 [7]; stets für Tatidentität BGHSt 59, 4 [9]; Meyer-Goßner/*Schmitt* § 264 Rn. 12, anders dann *ders.* Rn. 12a; SK-StPO/*Velten* § 264 Rn. 14; HK-GS/*Brehmeier-Metz* § 264 Rn. 1). Andererseits ist bei Vorliegen materiell-rechtlicher Tatmehrheit nicht zwingend von mehreren prozessualen Taten auszugehen. Entscheidend ist vielmehr der sachliche und innere Zusammenhang der Vorgänge zueinander. Eine allgemeingültige Faustformel verbietet sich. 8

1. Materiell-rechtliche Tateinheit. Das Vorliegen einer materiell-rechtlichen **natürlichen Handlungseinheit** ist ein starkes Indiz für die Annahme einer einheitlichen prozessualen Tat (BVerfGE 56, 22 [32 f.]). Bei Vorliegen von Organisationsdelikten und damit zusammentreffenden Kapitalverbrechen kann das anders zu bewerten sein (vgl. Rdn. 11). 9

U.a. im Bereich der Betäubungsmittel-Kriminalität werden alle Betätigungen, die sich auf den Absatz einer in einem Akt erworbenen Menge Betäubungsmittel beziehen, als **Bewertungseinheit** zusammengefasst und bilden danach eine Tat (BGH NJW 2002, 1810 [1811]; bei funktionsbezogener Einheit BGHSt 46, 6 [11 ff.]). Hinsichtlich der Taten, die in die Bewertungseinheit fallen, wird daher die Strafklage auch dann verbraucht, wenn das Gericht von den einzelnen Absatzhandlungen bei seinem Urteil keine Kenntnis hatte. 10

Dauerdelikte bilden eine einheitliche Tat (BGH StV 1999, 643). Andere Taten, die in den zeitlichen Bereich des Dauerdeliktes fallen und die hierzu in materieller Tateinheit stehen, bilden mit dem Dauerdelikt in der Regel auch eine einheitliche prozessuale Tat. Ausnahmsweise sollen jedoch zwei verschiedene prozessuale Taten dann anzunehmen sein, wenn zwischen Dauerdelikt und der weiteren Tat so gewichtige Unterschiede in Tatmodalität und angegriffenem Rechtsgut bestehen, dass sich eine einheitliche Betrachtung verbietet, bspw. bei der Mitgliedschaft in einer terroristischen Vereinigung und eines in den Zeitraum der Mitgliedschaft fallenden Mordes (BGHSt 29, 288 [293]). Richtiger sollte hier schon materiell-rechtlich die tatbestandliche Handlungseinheit verneint werden (SSW-StGB/*Eschelbach* § 52 Rn. 44). Entsprechendes gilt bei unerlaubtem Waffenbesitz und Tötung unter Nutzung der illegalen Waffe (BGHSt 36, 151 [153]). Entscheidend ist, ob das Dauerdelikt den natürlichen Lebensvorgang prägt und dadurch die verklammerten Taten als Elemente 11 eines Gesamtvorgangs erscheinen lässt. Jedenfalls ist die Möglichkeit der Verklammerung dann ausgeschlossen, wenn eines der zu verklammernden Delikte schwerer wiegt als die Dauerstraftat (BGH NStZ 1997, 508; Meyer-Goßner/*Schmitt* § 264 Rn. 17).

12 Umfasst der in der Anklage geschilderte tatsächliche Sachverhalt eine **mitbestrafte Vor- oder Nachtat**, ist es unerheblich, ob es sich um eine einheitliche oder mehrere unabhängige prozessuale Taten handelt. Dem Gericht ist dann der gesamte Sachverhalt zur Entscheidung unterbreitet. Ist dem Gericht jedoch nur der Sachverhalt bzgl. eines der Delikte unterbreitet und ist der Angeklagte deswegen nicht strafbar, kommt eine Verurteilung aufgrund der Vor- oder Nachtat nur dann in Betracht, wenn beide Delikte eine einheitliche prozessuale Tat bilden. Ob dies der Fall ist, bestimmt sich nach den allgemeinen Grundsätzen. Kommen danach nur zwei selbstständige Taten in Betracht, muss das Gericht freisprechen, wenn nicht wegen der anderen Tat Nachtragsanklage erhoben wird.

13 **2. Einzelfälle.** Die falsche uneidliche Aussage, die mehrere falsche Angaben enthält, ist eine prozessuale Tat (BGHSt 15, 274 [276]). In Tateinheit begangene **Tötungshandlungen** bzgl. verschiedener Opfer sind mehrere prozessuale Taten, weil sich jede Tötungshandlung von der anderen bereits durch die Identität der Opfer stark unterscheidet, auch wenn ein enger zeitlicher und räumlicher Zusammenhang vorliegt (BGH StraFo 2008, 383 [384]). Etwas anderes kann nur gelten, wo ein enger situativer Zusammenhang besteht und der Täter seine Angriffe nicht gegen einzelne individualisierte Personen, sondern wie zufällig gegen eine Personenmehrzahl richtet (BGH StraFo 2008, 383 [384]). Der Genuss von Betäubungsmitteln bildet mit dem Führen von Kraftfahrzeugen keine prozessuale Tat, wenn es an einem inneren Beziehungszusammenhang fehlt (KG NStZ-RR 2012, 155 [156]).

14 **3. Materiell-rechtliche Tatmehrheit.** Von materiell-rechtlicher Tatmehrheit darf nicht ohne Weiteres auf das Vorliegen mehrerer prozessualer Taten geschlossen werden. Es gelten vielmehr die dargestellten Grundsätze. Zu fragen ist somit nach dem inneren Zusammenhang der Delikte (BGH StraFo 2020, 34 [36]). Lässt sich ein solcher nicht bejahen, liegen mehrere prozessuale Taten vor, wovon in der Regel auszugehen ist (BGHSt 35, 14 [18]; 59, 4 [9]; BGH JR 2016, 663 [665]; Radtke/Hohmann/*Radtke* § 264 Rn. 47).

15 **4. Einzelfälle.** Körperverletzung und unterlassene Hilfeleistung bzgl. des Angegriffenen bilden eine einheitliche prozessuale Tat. Ebenso der durch Trunkenheitsfahrt verursachte **Verkehrsunfall** und das anschließende Entfernen vom Unfallort (BGHSt 23, 141 [150]; 24, 185 [186]), obgleich materiell-rechtlich Tatmehrheit vorliegen soll. Eine weitere prozessuale Tat kann jedoch vorliegen, wenn nach der Unfallflucht eine weitere selbstständige Straßenverkehrsgefährdung eintritt (BGHSt 23, 141 [151]). Versuchte Anstiftung zur Tötung und späterer eigenhändiger Mord der Ehefrau sind verschiedene Taten (BGH NStZ 2000, 216). Eine Körperverletzung, die das Opfer zur Flucht aus der Wohnung veranlasst, und späterer Diebstahl eines Handys aus der Wohnung sind zwei selbstständige Taten (BGH, Beschl. v. 09.04.2008 – 3 StR 86/08). Keine einheitliche, sondern zwei unabhängige Taten bilden der unerlaubte Besitz von explosionsgefährdeten Stoffen sowie von Betäubungsmitteln, selbst wenn die Besitzzeiträume teilidentisch sind (KG NStZ-RR 2008, 48 [49]). Der Kontrollzeitraum für Lenk- und Ruhezeiten im Straßenverkehr macht aus mehreren Verstößen nicht eine prozessuale Tat (BGHSt 59, 4 [9]). Ein Tötungsdelikt bildet nicht mit allen mitgliedschaftlichen Beteiligungshandlungen an einer terroristischen Vereinigung eine Handlungseinheit, sodass mehrere prozessuale Taten vorliegen (BGH JR 2016, 663 [665]). Von einer prozessualen Tat kann bei tatmehrheitlich begangenen, auf unterschiedliche Veranlagungszeiträume bezogenen **Steuerhinterziehungen** desselben Steuerpflichtigen derselben Steuerart regelmäßig schon wegen der in tatsächlicher Hinsicht verschiedenen Tathandlungen durch Abgabe je eigenständiger unrichtiger Steuererklärungen und unterschiedlicher, der Besteuerung unterliegender Sachverhalte nicht ausgegangen werden. Eine einheitliche Motivationslage oder ein »Gesamtplan« können unterschiedliche materiell-rechtliche Taten nicht ohne Weiteres zu einer einheitlichen Tat im prozessualen Sinne zusammenführen (BGH wistra 2018, 275).

16 **C. Konsequenzen der prozessualen Tat.** Eine einheitliche Tat kann nur **vollständig abgeurteilt** werden, Teilurteile sind nicht möglich; auch nicht durch Verweisung des übrig bleibenden Teils an ein anderes Gericht (RGSt 61, 225 [226]). Der Verbrauch der Strafklage tritt auch ein, wenn das Gericht über einen Teil der ihm zur Entscheidung unterbreiteten Tat nicht entscheidet oder sich eine spätere Aburteilung eines Teils der Tat rechtsirrig vorbehält. Eine dahin gehende Erklärung des Gerichts ist ohne rechtliche Wirkung (BGHSt 18, 381 [386]). Wird wegen mehrerer Taten im prozessualen Sinne ermittelt, so bezieht sich die Unterbrechungswirkung der Verjährung grds. auf alle verfahrensgegenständlichen Taten, sofern nicht der Verfolgungswille der tätig werdenden Strafverfolgungsorgane erkennbar auf eine oder mehrere Taten beschränkt ist (BGH NStZ-RR 2018, 307).

Demgemäß muss sich auch der Verfolgungswille der **StA** immer auf die gesamte prozessuale Tat beziehen, eine Beschränkung innerhalb einer Tat ist nicht möglich (BGHSt 16, 200 [202]; Meyer-Goßner/*Schmitt* § 264 Rn. 21). Eine vorläufige Beschränkung innerhalb einer prozessualen Tat kann die StA einzig im Wege von § 154a Abs. 1 vornehmen, das Gericht kann die ausgeschiedenen Teile jedoch jederzeit – auch ohne Zustimmung der StA – wieder einbeziehen, § 154a Abs. 3. Eine Teileinstellung nach § 154 Abs. 1 bezieht sich hingegen immer auf eine vollständige andere prozessuale Tat. In diesem Fall hat das Gericht nicht die Möglichkeit, die eingestellte Tat selbstständig wieder einzubeziehen und zur Grundlage seines Urteils zu machen (LR/*Stuckenberg* § 264 Rn. 42). Das Recht zur Erhebung der Klage bzw. Nachtragsanklage ist der StA vorbehalten. Ein gleichwohl über eine solche Tat gefälltes Urteil leidet an der Prozessvoraussetzung der Anklageerhebung und ist aufzuheben; das Verfahren ist einzustellen. 17

Außerhalb der angeklagten Tat liegende Umstände können insoweit Eingang in das Urteil finden, als sie zur Beurteilung von Tat oder Täter hilfreich sind, etwa i.R.d. Strafzumessung (BGH NStZ-RR 1997, 130; a.A. HK-StPO/*Julius*/*Beckemper* § 264 Rn. 3). 18

Im **Berufungsverfahren** ist die Grundlage der Urteilsfindung die zur Anklage zugelassene prozessuale Tat und nicht etwa die Feststellungen des angegriffenen Urteils der ersten Instanz selbst (RGSt 62, 130). 19

D. Umgestaltung der Strafklage, Abs. 2. I. Grundsatz. Das Gericht ist grds. nicht gehindert, die Tat **abweichend von der rechtlichen Bewertung** der StA zu beurteilen, solange es dabei die Grenzen der angeklagten prozessualen Tat nicht verlässt (vgl. § 206 Rdn. 1). Es ist auch nicht an die vorläufige Bewertung im Eröffnungsbeschluss gebunden (BGHSt 23, 270 [275]; BGH NStZ-RR 2020, 377 [378]; Graf/*Eschelbach* § 264 Rn. 18). Deshalb sind im Laufe der Hauptverhandlung gewonnene Erkenntnisse zu berücksichtigen, sofern sich dadurch nicht die Identität der Tat verändert. Bei Erfolgsdelikten kann die Tatidentität auch bei Abweichungen vom zugelassenen Anklagesatz hinsichtlich Tatzeit, Tatort sowie Art und Weise der Tatbegehung gewahrt bleiben, weil Erfolgsdelikte regelmäßig bereits durch die Art des Erfolges und das Tatopfer hinreichend konkretisiert sind (BGH NStZ-RR 2017, 352). Will das Gericht von der bisherigen rechtlichen Beurteilung der Tat abweichen, ist die Hinweispflicht nach § 265 zu beachten. 20

Das Gericht ist im Gegenteil sogar dazu verpflichtet, auch ohne Antrag der StA und ohne Bindung an die Einschätzung der Anklagebehörde den Unrechtsgehalt des Sachverhalts **vollständig auszuschöpfen** (BGH NStZ 2006, 350 [351]; NStZ 2014, 599 [600]; HRRS 2021, 293). Die Kognitionspflicht des Gerichts umfasst alle mit dem durch die Anklage zugelassenen Lebensvorgang zusammenhängenden Vorkommnisse, auch wenn sie in der Anklageschrift nicht ausdrücklich erwähnt sind (BGH NJW 2018, 566; NStZ-RR 2020, 377 [378]). Ggf. hat ein Hinweis nach § 265 Abs. 1 zu erfolgen. Die dem Tatrichter obliegende Kognitionspflicht gebietet es daher beispielsweise, den angeklagten Sachverhalt nicht nur unter dem Gesichtspunkt des aktiven Tuns, sondern auch unter demjenigen des Unterlassens zu prüfen (BGH NStZ-RR 2019, 385). Wird das gesamte strafrechtlich relevante Verhalten rechtsfehlerhaft nicht umfassend geprüft und abgeurteilt, verbraucht das Urteil gleichwohl die Strafklage hinsichtlich aller in die prozessuale Tat fallenden Delikte (BGH NStZ 1991, 548 [549]). Dies gilt selbst dann, wenn das infrage stehende Verhalten per Strafbefehl geahndet wird (BVerfG NJW 1984, 604 [605]). 21

Stehen einer Aburteilung der Tat **Prozesshindernisse** entgegen, kann dieser Mangel nicht durch die Umgestaltung der Strafklage überwunden werden. Gleiches gilt, wenn im Laufe des Verfahrens ein Prozesshindernis auftritt. Wird bspw. im Rahmen der prozessualen Tat eine strafbare Handlung offenbar, für die es an einem erforderlichen Strafantrag fehlt, kann die Verurteilung nicht auf diese Handlung erstreckt werden (BGHSt 17, 157 [158]). 22

Andere als die von der prozessualen Tat umfassten Verhaltensweisen des Angeklagten können nur nach § 266 im Wege der **Nachtragsanklage** zum Gegenstand der Hauptverhandlung gemacht werden. Hierzu bedarf es der Zustimmung des Angeklagten (vgl. § 266 Rdn. 15). So kann bei einer Anklage wegen nicht nachweisbarer Brandstiftung nicht ohne Nachtragsanklage wegen unterlassener Hilfeleistung verurteilt werden, wenn der Angeklagte zum brennenden Haus zurückkehrt und es unterlässt, die gefährdeten Personen zu warnen (BGH NStZ 2009, 286). 23

II. Einzelfälle. Diebstahl oder Betrug bzgl. desselben Gegenstandes sind eine einheitliche Tat, Strafklageverbrauch tritt ein (PreußObTrib GA 6 [1858], 557 [558]); ebenso Diebstahl oder Hehlerei am selben Gegenstand (RGSt 5, 249 [251]); Betrug statt Unterschlagung oder umgekehrt, sofern das Tatobjekt identisch ist (RGSt 46, 218 [220]). 24

E. Revision. Ob sich das Gericht bei der Urteilsfindung im Rahmen der angeklagten Tat bewegt hat, ist von Amts wegen zu überprüfen und muss daher nicht eigens gerügt werden (Meyer-Goßner/*Schmitt* Einl. Rn. 150 i.V.m Rn. 143). Gründet die Verurteilung auf einer Tat, die nicht Gegenstand der Anklage war, 25 liegt ein Verfahrenshindernis vor, wenn es sich dabei um die einzige Tat handelt. Liegen mehrere Taten vor und ist eine davon nicht angeklagt, wird bei einem Freispruch i.Ü. das Verfahren bzgl. der nicht angeklagten Tat eingestellt (BGH NJW 2000, 3293 [3294]). Die gegenteilige Ansicht (BayObLG NJW 1994, 2303 [2305]) hält eine Einstellung nicht für erforderlich, weil die anderen Taten nie Gegenstand eines Verfahrens geworden seien. Dies verharmlost das Vorliegen eines Verfahrenshindernisses. Hat eine Verurteilung neben einer nicht angeklagten und damit unzulässigen Verurteilung Bestand, ändert das Revisionsgericht lediglich den Schuldspruch ab. Eine Zurückverweisung findet nicht statt.

26 Ebenfalls von Amts wegen ist das Verbot der **Doppelbestrafung** oder die entgegenstehende **Rechtshängigkeit** der gleichen Tat bei einem anderen Gericht zu berücksichtigen. Ist der Angeklagte wegen einer Tat bereits rechtskräftig verurteilt (z.B. durch rechtskräftigen Strafbefehl; BGH NStZ 2012, 709 [710]), steht dies einem erneuten Urteil in der gleichen Sache entgegen, Art. 103 Abs. 3 GG. Für die Frage entgegenstehender Rechtskraft oder Rechtshängigkeit gilt der Grundsatz **in dubio pro reo** (BGH StV 1996, 472 [473]; *Jähnke* GA 1989, 376 [390]). Eine dennoch erfolgte Verurteilung ist aufzuheben, das Verfahren einzustellen.

27 Hat das Gericht die ihm zur Entscheidung unterbreitete Tat nicht **vollumfänglich** abgeurteilt, ist in aller Regel nur die StA beschwert, der Angeklagte kann eine Revision hierauf nicht stützen (BayObLGSt 1986, 100 [102]). Die nicht erschöpfende Aburteilung ist mit der Sachrüge geltend zu machen (BGH StV 1981, 128; NStZ-RR 2014, 57; Radtke/Hohman/*Radtke* § 264 Rn. 84). Hat das Gericht freigesprochen, ohne zuvor ausgeschiedene Teile der Tat vorher wieder mit einzubeziehen, ist die Verfahrensrüge einschlägig (BGH NStZ 1996, 241; a.A. BGH NStZ 1995, 540: Sachrüge). Zugleich kann ein Verstoß gegen § 261 vorliegen, der zur Aufklärungsrüge berechtigt.

28 Ein **Freispruch** von einer nicht angeklagten Tat ist aufzuheben, das Verfahren gem. § 206a oder § 260 Abs. 3 einzustellen (AnwK-StPO/*Martis* § 264 Rn. 10); ausnahmsweise gilt hier nicht der Vorrang des Freispruchs vor der Einstellung (BGHSt 46, 130 [136]). Fehlt es bzgl. einer kompletten Tat an einem Urteilsausspruch, was sich durch Vergleich von zugelassener Anklage und dem Schuldspruch ergibt, ist das Verfahren weiterhin beim Ausgangsgericht anhängig; dem Revisionsgericht fehlt daher die Entscheidungsbefugnis in der Sache (BGH NStZ 1993, 551 [552]; NStZ 2001, 32 [33]; Graf/*Eschelbach* § 264 Rn. 24).

29 Wird in zwei Verfahren sukzessive wegen zweier Taten verurteilt, die sich materiell-rechtlich ausschließen (etwa wegen Hehlerei und der dazu gehörigen Vortat), bedarf es einer **nachträglichen Korrektur**. Diese kann durch Aufhebung des ersten Urteils im Wiederaufnahmeverfahren (LG Saarbrücken NStZ 1989, 546) oder dadurch erfolgen, dass die alte Strafe auf die neue angerechnet wird (BGHSt 35, 60 [66]). Eine Kombination dieser beiden Lösungen wird ebenfalls vertreten (*Meyer-Goßner* FS Salger, S. 345 [353]). Die erste Lösung überzeugt nicht, weil sie nicht zu einer adäquaten Entlastung des Angeklagten führen kann, wenn dessen Strafe bereits vollstreckt worden ist.

§ 265 Veränderung des rechtlichen Gesichtspunktes oder der Sachlage

(1) Der Angeklagte darf nicht auf Grund eines anderen als des in der gerichtlich zugelassenen Anklage angeführten Strafgesetzes verurteilt werden, ohne daß er zuvor auf die Veränderung des rechtlichen Gesichtspunktes besonders hingewiesen und ihm Gelegenheit zur Verteidigung gegeben worden ist.

(2) Ebenso ist zu verfahren, wenn

1. **sich erst in der Verhandlung vom Strafgesetz besonders vorgesehene Umstände ergeben, welche die Strafbarkeit erhöhen oder die Anordnung einer Maßnahme oder die Verhängung einer Nebenstrafe oder Nebenfolge rechtfertigen,**
2. **das Gericht von einer in der Verhandlung mitgeteilten vorläufigen Bewertung der Sach- oder Rechtslage abweichen will oder**
3. **der Hinweis auf eine veränderte Sachlage zur genügenden Verteidigung des Angeklagten erforderlich ist.**

(3) Bestreitet der Angeklagte unter der Behauptung, auf die Verteidigung nicht genügend vorbereitet zu sein, neu hervorgetretene Umstände, welche die Anwendung eines schwereren Strafgesetzes gegen den Angeklagten zulassen als des in der gerichtlich zugelassenen Anklage angeführten oder die zu den in Absatz 2 Nummer 1 bezeichneten gehören, so ist auf seinen Antrag die Hauptverhandlung auszusetzen.

(4) Auch sonst hat das Gericht auf Antrag oder von Amts wegen die Hauptverhandlung auszusetzen, falls dies infolge der veränderten Sachlage zur genügenden Vorbereitung der Anklage oder der Verteidigung angemessen erscheint.

Übersicht **Rdn.**

A. Grundsätzliches. Da nach § 264 das Gericht die angeklagte Tat umfassend zu beurteilen hat, kann es zu einer von der Anklage abweichenden rechtlichen Beurteilung kommen. § 265 soll deshalb die **sachgerechte und effektive Verteidigung des Angeklagten** sichern und ihn vor überraschenden Entscheidungen schützen (BGHSt 2, 371 [373]; 48, 221 [227]; 56, 121 [123]; BR-Drucks. 796/16, S. 37). Das erfolgt durch rechtlichen Hinweis (Abs. 1 und Abs. 2), der ggf. die Aussetzung der Hauptverhandlung nach sich ziehen muss (Abs. 3) oder kann (Abs. 4). 1

§ 265 ist somit eine Schutzvorschrift zugunsten des Angeklagten und Ausdruck mehrerer Verfahrensgrundsätze: Die Vorschrift ist ein **gesetzlich normierter Fall der gerichtlichen Fürsorgepflicht**. In ihr finden die Grundsätze des **fair trial** (*Küpper* NStZ 1986, 249) und des **rechtlichen Gehörs** Niederschlag (BGHSt 16, 47 [49]; 29, 274 [278]; KK-StPO/*Kuckein*/*Bartel* § 265 Rn. 1). 2

B. Hinweispflicht nach Abs. 1 und Abs. 2. I. Allgemeines. 1. Erfordernis eines Hinweises bei Verurteilung. Ein Hinweis **ist nur im Fall einer späteren Verurteilung** erforderlich. Das Absehen von Strafe ist nach § 260 Abs. 4 Satz 4 gleichgestellt. Dagegen ist bei einem **Freispruch** ein Hinweis entbehrlich (LR/*Stuckenberg* § 265 Rn. 17). Dasselbe gilt grds. auch für die **Verfahrenseinstellung** (HK-GS/*Brehmeier-Metz* § 265 Rn. 1). 3

2. Anklage als Ausgangspunkt der Veränderung. Die rechtliche Beurteilung der Tat muss sich ggü. der **Anklage in der Form des Eröffnungsbeschlusses** gem. §§ 203, 207 verändert haben (SK-StPO/*Velten* § 265 Rn. 12), und zwar grds. unabhängig davon, ob sich auch die tatsächlichen Umstände geändert haben (BGHSt 18, 288 [289]). Ob ein Hinweis erforderlich ist, entscheidet der Inhalt der Anklageschrift, zu dem auch die wesentlichen Ergebnisse der Ermittlungen gem. § 200 Abs. 2 gehören (BGH NStZ 2001, 162). Enthält die Anklage lediglich einen Schreibfehler, ist zur Korrektur kein Hinweis erforderlich, sofern die Tat als solche präzise mit ihren gesetzlichen Merkmalen bezeichnet ist (RGSt 6, 169 [170]; 53, 185 [186]; KMR/*Stuckenberg* § 265 Rn. 14). Verfahrensrechtlich stellt sich der Hinweis als Ergänzung der vom Gericht zugelassenen Anklage dar (BGHSt 13, 320 [324]). Mängel, die allein die Informationsfunktion betreffen, können durch einen entsprechenden Hinweis geheilt werden (BGH NStZ 2020, 669 [670]). 4

Der Anklage gleichzustellen sind der Strafbefehl nach Einspruch, der Vermerk im Sitzungsprotokoll über die mündlich erhobene Anklage im beschleunigten Verfahren nach § 418 Abs. 3, die Nachtragsanklage und der Einbeziehungsbeschluss nach § 266 (Meyer-Goßner/*Schmitt* § 265 Rn. 6) sowie der Verweisungsbeschluss gem. § 270 (BGHSt 22, 29 [31]). 5

3. Form und Adressat. Zuständig für die Erteilung des Hinweises ist der **Vorsitzende**; ggf. entscheidet das Gericht durch Gerichtsbeschluss. Die Erteilung eines Hinweises durch das Gericht ist auch dann erforderlich, wenn der rechtliche Aspekt bereits zuvor zwischen den **Verfahrensbeteiligten erörtert** wurde (BGH NStZ 2009, 227; s. Rdn. 9). Die Erteilung eines Hinweises wird auch nicht dadurch ersetzt, dass Staatsanwalt 6 und Verteidiger in ihren Plädoyers die von der Anklage abweichende rechtliche Beurteilung zugrunde legen (BGH StraFo 2005, 468).

7 Im Rahmen der Hauptverhandlung erfolgt der Hinweis durch eine an den Angeklagten gerichtete **ausdrückliche und förmliche Erklärung** (KMR/*Stuckenberg* § 265 Rn. 39; *Pfeiffer* § 265 Rn. 9). Adressat ist daneben auch der Verteidiger (BGH NStZ 1993, 200). Sind **mehrere Angeklagte** betroffen, muss das Gericht **alle Angeklagten einzeln** auf die jeweils für sie in Betracht kommenden Veränderungen hinweisen (RG GA 43 [1895], 393 [394]; LR/*Stuckenberg* § 265 Rn. 59). Ausnahmsweise genügt ein gemeinschaftlicher Hinweis, wenn für alle Angeklagten eindeutig zu erkennen ist, was ihnen jeweils zur Last gelegt wird (LR/*Stuckenberg* § 265 Rn. 59). Das ist nicht der Fall, wenn bei einem von zwei **Mittätern** der Hinweis erfolgt, er könne wegen Beihilfe verurteilt werden. Die implizite Erklärung, bei dem anderen komme eine Verurteilung als Alleintäter in Betracht, ist angesichts von Zweck und Wortlaut des § 265 (»besonders hingewiesen«) nicht ausreichend (RG GA 43 [1895], 343 [394]; HK-StPO/*Julius*/*Beckemper* § 265 Rn. 24; *Berz* NStZ 1986, 86 [87]; a.A. BGH NStZ 1983, 569 f.; NStZ 1986, 85; Meyer-Goßner/*Schmitt* § 265 Rn. 15b).

8 Bei **Abwesenheit des Angeklagten** ist ihm der Hinweis in geeigneter Form, in der Regel schriftlich (Meyer-Goßner/*Schmitt* § 265 Rn. 31), zu erteilen, ggf. mit der neuen Ladung zur Hauptverhandlung (LR/*Stuckenberg* § 265 Rn. 60). In den Fällen der §§ 231 ff. kann der Hinweis nach § 234a dem Verteidiger erteilt werden. Bei zeitweiligem Ausschluss des Angeklagten von der Teilnahme an einzelnen Teilen der Hauptverhandlung gem. § 247 ist ihm der persönliche Hinweis nach seiner Wiederzulassung zu erteilen (LR/*Stuckenberg* § 265 Rn. 61).

9 Der Hinweis ist **förmlich** zum Gegenstand der Hauptverhandlung zu machen (BGH NStZ-RR 2004, 297). Andere Entscheidungen ersetzen ihn nicht, wie etwa ein Beschluss über die Haftfortdauer (BGHSt 22, 29 [31]) oder über die Ablehnung eines Beweisantrages (KMR/*Stuckenberg* § 265 Rn. 16). Die **Anordnung eines Sachverständigengutachtens** kann jedoch nach der Rspr. des BGH einen Hinweis jedenfalls dann ersetzen, wenn der die Anordnung enthaltende Beschluss dem Angeklagten eindeutig die rechtliche Auffassung des Gerichts zu erkennen gibt (BGH NStZ 1992, 249; NStZ-RR 2009, 378 [379]). Im Hinblick auf den Schutzzweck des § 265 ist diese systemwidrige Ausnahme abzulehnen. Der Beschluss ist als wesentliche Förmlichkeit **der Hauptverhandlung** gem. § 273 Abs. 1 **im Sitzungsprotokoll** festzuhalten, und zwar mit seinem wesentlichen Inhalt (BGHSt 2, 371 [373]; OLG München NJW 2010, 1826 [1827]; LR/*Stuckenberg* § 265 Rn. 69), ohne dass es dabei jedoch auf den exakten Wortlaut ankäme. Ein Vermerk in den Urteilsgründen ist nicht ausreichend (KMR/*Stuckenberg* § 265 Rn. 51).

10 Der Hinweis darf nicht während der Dauer des Ausschlusses der Öffentlichkeit erteilt werden (BGH StV 2003, 271). Um eine sachgemäße Verteidigung zu ermöglichen, ist er **frühestmöglich** zu geben (KK-StPO/*Kuckein*/*Bartel* § 265 Rn. 21), **spätestens bis zum Ende der Beweisaufnahme** (SK-StPO/*Velten* § 265 Rn. 34). Kommt das Gericht erst danach zu einer veränderten Beurteilung, ist erneut in die Beweisaufnahme einzutreten und sodann der Hinweis zu erteilen (BGHR StPO § 265 Abs. 1 Hinweis 1).

11 **4. Inhalt.** Aus dem Sinn und Zweck des Hinweises ergibt sich, dass eindeutig erkennbar sein muss, auf **welche Tat** er bezogen ist, **welches Strafgesetz** das Gericht in Betracht zieht (BGHSt 13, 320 [324]), insb. welche von verschiedenartigen **Begehungsweisen** nach Ansicht des Gerichts vorliegt (BGHSt 2, 371 [373]; BGH NStZ 2007, 116 [117]) und in welchen Tatsachen das Gericht die Grundlage für seine rechtliche Beurteilung findet (BGHSt 13, 320 [324]; BGH NStZ 2005, 111 [112]). Folglich genügt ein Hinweis nicht, der ohne jeden Tatsachenbezug und undifferenziert lediglich den Gesetzestext der in Betracht kommenden Strafnormen wiedergibt (BGH NStZ-RR 2020, 153 f.). Durch den gerichtlichen Hinweis darf allerdings das angeklagte Geschehen nicht durch ein anderes ersetzt werden (BGH NStZ-RR 2018, 353).

12 Zu einem Hinweis, in welchem sich das Gericht zum Inhalt einer **Beweiserhebung** und seiner (vorläufigen) **Beweiswürdigung** erklärt, besteht keine Verpflichtung (BGHSt 43, 212 [214 ff.]; BGH NStZ 2020, 97 [98]; *Roxin*/*Schünemann* § 44 Rn. 27; *Herdegen* JZ 1998, 54 [55]; a.A. *König* StV 1998, 113 [114]). Eine Pflicht zum Rechtsgespräch statuieren Abs. 1 u. 2 nicht, wenngleich dieses zulässig und häufig förderlich ist (BGHR StPO § 265 Abs. 1 Hinweis 2; vgl. BVerfGE 86, 133 [144 f.]).

13 **5. Wirkung.** Der erteilte Hinweis wirkt im gesamten weiteren Verfahren fort (KK-StPO/*Kuckein*/*Bartel* § 265 Rn. 23). Das Gericht kann dennoch seine Entscheidung auch auf die **ursprüngliche Rechtsauffassung** stützen, ohne dass eine Rücknahme des Hinweises bzw. ein erneuter Hinweis erforderlich wären (BGH NJW 1998, 3654 [3655]). Etwas anderes gilt freilich, wenn der Angeklagte seine Verteidigung nicht mehr auf die ursprüngliche Rechtsauffassung ausrichtet, weil das Gericht zuvor eindeutig zu erkennen gegeben hat, dieser nicht mehr zu folgen. Dann gebietet die gerichtliche Fürsorgepflicht, erneut einen Hinweis zu erteilen (BGH MDR [D] 1972, 925; LR/*Stuckenberg* § 265 Rn. 80).

Der Hinweis gilt auch in der **Berufungsverhandlung** fort (RGSt 59, 423 f.; a.A. AK-StPO/*Loos* § 265 Rn. 32). Eine Wiederholung des Hinweises ist nur dann erforderlich, wenn der Angeklagte nicht mit einem Rückgriff auf die frühere rechtliche Beurteilung rechnen muss (vgl. LR/*Stuckenberg* § 265 Rn. 14). 14

Das **Revisionsverfahren** verweist, anders als die Berufung über § 332, nicht auf § 265, sodass eine Hinweispflicht des Revisionsgerichts selbst abzulehnen ist, und zwar auch in Hinblick auf den Regelungszweck, eine sachgemäße Verteidigung des Angeklagten auch in tatsächlicher Hinsicht zu ermöglichen (vgl. LR/*Franke* § 354 Rn. 20; i.E. auch AK-StPO/*Maiwald* § 354 Rn. 17). Für die **Entscheidung des Revisionsgerichts** gilt Folgendes: Die Möglichkeit einer Schuldspruchberichtigung besteht auch in Fällen, in denen ein an sich erforderlicher Hinweis durch den Tatrichter unterblieben ist, es aber ausgeschlossen erscheint, dass sich der Angeklagte anders verteidigt hätte. Abs. 1 steht einer Schuldspruchberichtigung dann nicht entgegen (BGHSt 10, 272 [276]; 33, 44 [49]; BGH NStZ-RR 1996, 141; LR/*Franke* § 354 Rn. 21; Meyer-Goßner/*Schmitt* § 354 Rn. 16). 15

Nach Aufhebung des Urteils und **Zurückverweisung** der Sache gem. § 354 Abs. 2 ist ein Hinweis des anschließend zur Entscheidung berufenen Tatrichters in der Regel dann entbehrlich, wenn der Gesichtspunkt bereits im Urteil erörtert wurde (BGH StV 2008, 342 [343]; Meyer-Goßner/*Schmitt* § 265 Rn. 26; a.A. *Eb. Schmidt* II § 265 Rn. 20; LR/*Stuckenberg* § 265 Rn. 15). 16

II. Veränderungen hinsichtlich des angeklagten Strafgesetzes, Abs. 1. Das Urteil beruht auf einem anderen Strafgesetz, wenn ein nicht in der Anklage enthaltener Straftatbestand für den **Schuldspruch** von Bedeutung sein kann (BGHSt 22, 336 [338]; 29, 274 [276 f.]; *Schlothauer* StV 1986, 213 [216]). Das ist etwa bei **wahlweiser Verurteilung** der Fall (BGH NStZ 1990, 449) ebenso wie beim Austausch der Mordmerkmale (BGH StV 2017, 507; NStZ 2019, 236). Dem steht die Erhöhung der Zahl der Verstöße gegen dasselbe Strafgesetz gleich (BGH NStZ 1985, 563). Abgesehen von den Fällen des Abs. 2 ist ein Hinweis auf **Nebenstrafen oder andere Rechtsfolgen** des tatbestandsmäßigen Handelns grds. nicht erforderlich (RGSt 5, 137 [138]; BGHSt 22, 336 [337 f.]). 17

Nach Sinn und Zweck des Abs. 1 ist ein Hinweis an sich entbehrlich, wenn sich die Änderung **zugunsten** des Täters auswirkt (LR/*Stuckenberg* § 265 Rn. 31). Das gilt nicht, wenn es sich bei dem anderen Strafgesetz um ein **milderes Gesetz** handelt, weil es dem Angeklagten möglich sein muss, zu zeigen, dass er auch dieses nicht verletzt hat (BGH NStZ-RR 1996, 10; LR/*Stuckenberg* § 265 Rn. 26). Das ist bspw. der Fall bei § 224 StGB statt § 212 StGB (BGH StV 1997, 237), bei Erfüllung nur des Grunddelikts statt der Qualifikation (BGH StV 2019, 470 [471]) oder bei der Annahme eines **Versuchs** der als Vollendung angeklagten Tat (BGHSt 2, 250). Etwas anderes gilt nur, wenn die Verteidigungsmöglichkeiten des Angeklagten durch die veränderte rechtliche Beurteilung nicht berührt werden (vgl. RGSt 53, 100 f.), insb. beim bloßen Wegfall eines erschwerenden Umstandes (BGH NJW 1970, 904 [905]; StV 2002, 588 [589]). 18

Nimmt das Gericht im Laufe des Verfahrens eine Vorsatztat anstelle der angeklagten Fahrlässigkeitstat an, muss es einen entsprechenden Hinweis erteilen (BGH VRS 49, 184 f.; OLG Koblenz VRS 63, 50), und zwar auch dann, wenn beide **Schuldformen** im selben Straftatbestand geregelt sind (OLG Braunschweig NStZ-RR 2002, 179). Gleiches gilt beim Wechsel vom **Tun zum Unterlassen** oder umgekehrt (BGH StV 2002, 183) oder bei einer abweichenden Beurteilung der **Konkurrenzen** (BGH StV 1991, 102; NStZ 2004, 329). 19

Bei jeder Form des Wechsels der **Beteiligungsform** ist ein Hinweis erforderlich (BGHSt 11, 18 [19]; BGH StraFo 2015, 517), z.B. von Mittäterschaft zur mittelbaren Täterschaft (BGH NStZ 2018, 673 [674]), es sei denn, die in der Anklageschrift als mittäterschaftlich gewerteten Tatbeiträge der anderen Angeklagten werden trotz des Wechsels vom Mittäter zum (mittelbaren) Alleintäter nicht zugeschrieben (BGH 15.05.2018 – 1 StR 159/17). Der Hinweis auf die Möglichkeit der Verurteilung wegen Beihilfe deckt nicht den Schuldspruch wegen Mittäterschaft ab (BGH NJW 1985, 2488; Meyer-Goßner/*Schmitt* § 265 Rn. 15b). Wird anklagegemäß wegen Täterschaft verurteilt, ist das Gericht nicht zur »Rücknahme« des vorab erteilten Hinweises, es komme auch eine Verurteilung wegen Beihilfe in Betracht, verpflichtet. Die Erteilung eines rechtlichen Hinweises begründet kein schutzwürdiges Vertrauen. Daran hat sich auch durch die Neufassung des § 265 Abs. 2 Nr. 2 nichts geändert (BGH 03.07.2018 – 5 StR 38/18). Ändert sich die Person des vermeintlichen Haupttäters, ohne dass damit eine andere rechtliche Beurteilung der Beteiligung einhergeht, ist ein Hinweis entbehrlich, ebenso bei Änderung der Person des Mittäters (BGH NStZ-RR [B] 2002, 98 f.) oder des Vortäters etwa einer Hehlerei (BGH wistra 2010, 154). 20

Kommt eine von mehreren ihrem Wesen nach verschiedenen **Begehungsformen** derselben Strafnorm in Betracht, ist ein Hinweis erforderlich (BGHSt 23, 95 [96]; BGH StV 1997, 237), so z.B. bei einem Wechsel der inneren Einstellung des Täters (BGHSt 25, 287 [290]) oder bei wesensverschiedenen Tatvarianten (BGH StV 2018, 795). Er ist nachzuholen, wenn Angaben zur Begehungsform in der Anklage gänzlich fehlen (BGHSt 40, 44 [47 f.]; BGH NStZ 1996, 295 [296]). 21

22 Nach zutreffender Ansicht bedarf es im Fall der Feststellung **besonderer Schuldschwere** nach § 57a Abs. 1 Nr. 2 StGB grds. keines vorherigen Hinweises, weil bei jeder Verurteilung zu lebenslanger Freiheitsstrafe deren Prüfung erforderlich ist und der Angeklagte schon aufgrund des angeklagten Tatbestandes damit rechnen muss (BGH StV 2006, 60 [61]; Meyer-Goßner/*Schmitt* § 265 Rn. 15a).

23 **III. Weitere relevante Veränderungen, Abs. 2.** Die sich aus Abs. 2 ergebenden Hinweispflichten wurden durch das Gesetz zur effektiveren und praxistauglicheren Ausgestaltung des Strafverfahrens vom 17.08.2017 (BR-Drucks. 527/17; BGBl. I, 3202, 3210) deutlich ausgeweitet. Bislang diskutierte Hinweispflichten aus analoger Anwendung von Abs. 1 und 2 (hierzu die 2. Auflage Rn. 27 ff.) sind nun gesetzlich in den Nrn. 2 und 3 normiert. Der Streit, ob es in diesen Fällen eines förmlichen Hinweises bedarf, hat sich damit erledigt. Der Hinweis ist protokollpflichtig.

24 **1. Straferhöhung, Rechtfertigung einer Maßnahme, Verhängung einer Nebenstrafe oder Nebenfolge (Nr. 1). a) Hervortreten straferhöhender Umstände.** Straferhöhende Umstände sind Tatsachen, die zur Anwendung einer nach Art oder Umfang **schwereren oder** zu einer **zusätzlichen Strafsanktion** führen können (BGHSt 29, 274 [279]; LR/*Stuckenberg* § 265 Rn. 38). Es werden alle gesetzlich benannten Straferhöhungsgründe, also Qualifikationstatbestände erfasst (RGSt 70, 357 [358 f.]; OLG Jena StV 2007, 230 [231]). Nach enger Wortlautinterpretation ist erforderlich, dass neue Tatsachen in der Hauptverhandlung festgestellt, also bekannt werden müssen (so BGHSt 29, 274 [279]; KK-StPO/*Kuckein/Bartel* § 265 Rn. 14). Nach der ratio genügt es indes, wenn die Umstände zur Zeit der Anklageerhebung bereits bekannt waren, jedoch ihre straferhöhende Bedeutung erst während der Hauptverhandlung **erkannt** wird (KMR/*Stuckenberg* § 265 Rn. 32; AK-StPO/*Loos* § 265 Rn. 7; SK-StPO/*Velten* § 265 Rn. 24). Dies ist für den Fall der möglichen Maßregelanordnung auch durch die Rspr. anerkannt (s. Rdn. 26). Ausweislich des Wortlautes bedarf es keines Hinweises beim **Wegfall straferhöhender Umstände** (RGSt 53, 100; OLG Düsseldorf NStZ-RR 1999, 310 [311]; Meyer-Goßner/*Schmitt* § 265 Rn. 17a) bzw. beim Hinzutreten strafmildernder Gesichtspunkte (BGH NJW 1956, 1246; LR/*Stuckenberg* § 265 Rn. 43).

25 Die Hinweispflicht gilt auch bei **benannten besonders schweren Fällen**, unabhängig davon, ob sie zu einer zwingenden Strafschärfung führen oder in Form von Regelbeispielen beschrieben sind. Auch hinsichtlich der **Regelbeispiele** ist eine zielgerichtete Verteidigung möglich, sodass für den Angeklagten eine Neuausrichtung seiner Verteidigungsstrategie erforderlich werden kann (BGH NJW 1988, 501; NJW 1980, 714; *Wessels* FS Maurach, S. 295 [308]). Etwas anderes gilt daher für die **unbenannten besonders schweren Fälle** sowie für die **atypischen besonders schweren Fälle**. Hier könnte ein Hinweis seinen Zweck, den Angeklagten vor Überraschungen zu schützen, nicht erfüllen (BGHSt 29, 274 [279]; BGH NJW 1956, 996 f.; KK-StPO/*Kuckein/Bartel* § 265 Rn. 15; Meyer-Goßner/*Schmitt* § 265 Rn. 19). Gewöhnliche Aspekte der Strafzumessung führen nicht zur Hinweispflicht (OLG Hamm NJW 1980, 1587; KMR/*Stuckenberg* § 265 Rn. 36).

26 **b) Möglichkeit der Anordnung einer Maßnahme oder der Verhängung einer Nebenstrafe oder Nebenfolge.** Daneben ist ein Hinweis des Gerichts erforderlich, wenn eine Maßnahme i.S.d. § 11 Nr. 8 StGB (insb. eine **Maßregel** der Besserung und Sicherung) oder die Verhängung einer **Nebenstrafe** oder **Nebenfolge** (BGH NStZ 2020, 47 [48]) in Betracht kommen. Die Hinweispflicht folgt der zutreffenden Einsicht, dass auch deren Konsequenzen für die Verteidigung des Angeklagten erheblich sein können (BR-Drucks. 796/17, S. 37). Das Tatgericht ist somit unabhängig einer eingetretenen Veränderung der Sachlage verpflichtet, den Angeklagten in der Hauptverhandlung förmlich auf die mögliche Anordnung einer Maßregel der Besserung und Sicherung hinzuweisen, wenn die Maßregel in der zugelassenen Anklage keine Erwähnung gefunden hat. Eines Hinweises bedarf es nicht, wenn die Möglichkeit zur Verteidigung bestand, weil etwa in der Liste der anzuwendenden Vorschriften in der Anklage § 66 StGB aufgeführt und anschließend vermerkt war, dass die formellen Voraussetzungen der Sicherungsverwahrung erfüllt seien, und wenn das wesentliche Ermittlungsergebnis zudem die Mitteilung enthielt, dass ein Sachverständiger mit der Erstellung eines Gutachtens u.a. zur Frage des Vorliegens der Voraussetzungen der §§ 63, 64 und 66 StGB beauftragt worden ist, das Gutachten aber noch ausstehe (BGH StV 2019, 230). Hinsichtlich der **Einziehung** von Tatbeiträgen gem. §§ 73 ff. StGB hat die Neufassung des Absatzes 2 Nr. 1 zu einem Streit zwischen dem 1. und dem 5. Strafsenat des BGH geführt. Umstritten ist die Frage, ob eine Pflicht zum Hinweis auf eine Einziehung auch dann besteht, wenn die ihr zugrunde liegenden Anknüpfungstatsachen bereits in der Anklageschrift enthalten sind und sich lediglich die rechtliche Bewertung nach dem Eröffnungsbeschluss ändert (vgl. *Li* StV 2021, 533 ff.). Der 5. Strafsenat verneinte die Hinweispflicht, weil weder § 265 Abs. 1 noch § 265 Abs. 2 Nr. 1 für die Rechtsfolge der nach den §§ 73, 73c StGB obligatorischen Einziehung, die an bereits in der Anklageschrift enthaltene tatsächliche Umstände, nämlich den dort genannten Vorteil, anknüpft, eine Hinweispflicht vorsähen (BGH NStZ 2019, 748 [750]; StV 2020, 730; *Abraham* HRRS 2020, 51 [56]). Die Frage liegt nun dem Gro-

ßen Senat nach § 132 Abs. 2 u. 4 GVG vor (BGH StV 2020, 730). Es ist angezeigt, dass der Große Senat die Vorlagefrage bejaht, weil dem Sinn und Zweck der Hinweispflichten – Gewährung von Verteidigungsmöglichkeiten gegen drohende nachteilige Folgen (vgl. schon BGHSt 16, 47 [48]) und dadurch Beachtung des fair-trial-Grundsatzes aus Art. 6 Abs. 1 Satz 1 EMRK – allein eine Hinweispflicht gerecht wird, und zwar auch dann, wenn sich bloß die rechtliche Beurteilung, nicht nur die der Anklageschrift zugrunde liegenden Anknüpfungstatsachen ändern (Meyer-Goßner/*Schmitt* Rn. 20a; a.A. *Ceffinato* JR 2020, 6 [11]). Dies ist allein schon wegen des strafähnlichen Charakters der Einziehung geboten (NK-WSS/*Lindemann*/*Bauerkamp* Vor § 73 StGB Rn. 6). Eine solche Auslegung ist menschenrechtskonform und lässt die Einwände des 1. Senats wegen des Wortlauts und des gesetzgeberischem Willens zurücktreten (vgl. *Li* StV 2021, 533 ff.), zumal im Fall des § 421 Abs. 2 Satz 3 (Wiedereinbeziehung nach Absehen von der Einziehung) die Anwendung des § 265 ausdrücklich vorgesehen wird. Das streitet systematisch gegen den 1. Strafsenat.

Auch über die mögliche Verhängung eines **Fahrverbots** als Nebenstrafe nach § 44 StGB ist ein Hinweis notwendig. Zwar ist es nun auch für Straftaten ohne Verkehrsbezug ermöglicht worden und grundsätzlich bei allen Straftaten anwendbar. Der Gesetzgeber hat aber in § 44 Abs. 1 Satz 2 StGB n.F. besondere spezial- und generalpräventive Leitlinien formuliert. Diese sind als die »vom Strafgesetz besonders vorgesehene(n) Umstände« zu qualifizieren. Eine andere Wertung wäre auch mit den verfassungsrechtlichen Geboten, denen § 265 folgt (s. Rdn. 2), nicht vereinbar. Denn zum einen ist den Rechtsunterworfenen diese Möglichkeit außerhalb der Verkehrsstraftaten weitgehend unbekannt, zum anderen kann das Fahrverbot besonders einschneidende Wirkungen beim Angeklagten haben (etwa beim Berufskraftfahrer), auf die er sich bei der Verteidigung einstellen können muss. 27

Nach ganz h.M. ist ohne Belang, ob die zugrunde liegenden Tatsachen erst in der Hauptverhandlung **bekannt**, oder ob deren Bedeutung erst während der Hauptverhandlung vom Gericht **erkannt** wird (BGHSt 2, 85 [87]; 18, 288 [289]; BGH StV 1988, 329; KMR/*Stuckenberg* § 265 Rn. 37). 28

Der Hinweis wird nicht dadurch entbehrlich, dass sich die Verfahrensbeteiligten – insb. ein Sachverständiger – zu möglichen Maßregeln geäußert haben (s. Rdn. 6; BGH NStZ-RR 2014, 153; OLG Koblenz NJW 2018, 2505). Doch bedarf es keines Hinweises mehr, wenn der Angeklagte durch eine vorläufige Sicherungsmaßnahme (z.B. nach § 111a Abs. 1 u. 3) auf die bevorstehende Anordnung einer Maßregel vorbereitet wird (BayObLG DAR [R] 1974, 182; HK-StPO/*Julius*/*Beckemper* § 265 Rn. 7). S. aber Rdn. 9. 29

2. **Abweichen von mitgeteilter, vorläufiger Bewertung (Nr. 2).** 2017 wurde die Hinweispflicht für Fälle eingeführt, in denen das Gericht von einer in der Verhandlung mitgeteilten **vorläufigen Bewertung** der Sach- oder Rechtslage abweichen will. In diesen Situationen, bspw. bei Erörterungen gem. § 257b StPO, wird regelmäßig ein Vertrauenstatbestand geschaffen, weshalb ein Hinweis – vergleichbar mit § 257c Abs. 4 S. 4 StPO – zur Vermeidung von Überraschungsentscheidungen geboten ist (BR-Drucks. 796/16, S. 38). Insofern wurde die bisherige Rspr. in die StPO eingestellt (BGH NStZ 2005, 87 f.; NStZ 2002, 219 [220]; BGH StV 2001, 387; BGHSt 56, 235 [237]). Beispielhaft greift nun Nr. 2, wenn das Gericht beabsichtigt, von einer zugesagten und im Protokoll festgehaltenen Strafobergrenze zulasten des Angeklagten abzuweichen (vgl. BGH NStZ 2005, 87 f.; NStZ 2002, 219 [220]) oder von der Zusage abweichen möchte, bestimmte in der Hauptverhandlung erörterte Vorkommnisse bei der Beweiswürdigung nicht zum Nachteil des Angeklagten zu werten (vgl. BGH StV 2001, 387). Rechtspolitisch schlägt der Alternativ-Entwurf Abgekürzte Strafverfahren im Rechtsstaat (AE-ASR) eine weiterreichende Hinweispflicht für die zu erwartenden Rechtsfolgen vor, die in einem abgekürzten Verfahren schon vor der Hauptverhandlung bekannt geben werden (*Arbeitskreis AE* GA 2019, 1 [81]). 30

3. **Erfordernis genügender Verteidigung bei veränderter Sachlage (Nr. 3).** Nr. 3 greift den Umstand auf, dass bei Änderung der Sachlage grds. nur eine Aussetzung nach Abs. 4 in Betracht kommt. Gleichwohl ist anzuerkennen, dass auch unterhalb dieser Schwelle ein Hinweis erforderlich sein kann, wenn die Veränderung in ihrem Gewicht der Veränderung eines rechtlichen Gesichtspunkts gleichsteht (BGH NJW 2015, 233). Das folgt der unbestrittenen Erkenntnis, dass der Angeklagte auch hinsichtlich der entscheidungserheblichen Tatsachen stets unterrichtet sein muss und ihm Gelegenheit zu geben ist, sich diesbezüglich zu erklären (BGHSt 11, 88 [91]; BGH NStZ 2011, 304; KK-StPO/*Kuckein*/*Bartel* § 265 Rn. 25). Eine Hinweispflicht entsteht nur dann, wenn die Veränderung für das Verteidigungsverhalten bedeutsam ist (BR-Drucks. 796/16, S. 38). Dies kann bei einer wesentlichen Veränderung des Tatbildes hinsichtlich der Tatzeit, des Tatorts, der Tatrichtung usf. gegeben sein (BGH StraFo 2018, 392). Hinweise etwa hinsichtlich der Bewertung von Indiztatsachen sind dagegen nicht erforderlich; ebenso wenig muss das Gericht vor der Urteilsberatung seine Beweiswürdigung offenlegen oder sich zum Inhalt und Ergebnis einzelner Beweiserhebungen erklären (BGH NStZ 2020, 97 [98]). Nach der Neufassung des § 265 Abs. 2 ist umstritten, ob ein Hinweis entbehrlich ist, wenn der Angeklagte bereits in ausreichender Weise durch den Gang der Hauptverhandlung über 31

die nicht nur unwesentlich veränderte Sachlage unterrichtet worden ist (s. *Ceffinato* JR 2020, 6 [12 f.]). Der 5. Senat bejaht dies in Anlehnung an seine bisherige Rspr. (BGH NStZ 2019, 239; vgl. zur alten Rechtslage etwa BGH NStZ 2015, 233 [234]), während der 3. Senat demgegenüber angesichts des Verweises auf Abs. 1 (»Ebenso ist zu verfahren«) die Auffassung vertritt, dass der Angeklagte auf die veränderte Sachlage besonders hinzuweisen ist. Die bisherige Auffassung zum Gang der Hauptverhandlung sei damit überholt (BGH NStZ 2019, 236 [237]). Der 1. Senat hat sich dem angeschlossen (BGH NStZ 2019, 747 [748]), wobei dessen Entscheidung jedoch § 265 Abs. 2 Nr. 1 und nicht Nr. 3 betraf (s. Rdn. 26) und dieser gerade nicht unter dem Vorbehalt steht, dass der Hinweis zur genügenden Verteidigung des Angeklagten erforderlich sein muss. Angesichts der vom Gesetzgeber in § 265 Abs. 2 Nr. 3 explizit gewählten Einschränkung der Hinweispflicht (»zur genügenden Verteidigung des Angeklagten erforderlich ist«) und deren Sinn und Zweck (s. bereits Rdn. 26), ist hier ein Hinweis richtigerweise entbehrlich, wenn der Angeklagte über die veränderte Sachlage durch den Gang der Hauptverhandlung bereits hinreichend informiert ist. Auch vor dem Hintergrund des fair-trail-Grundsatzes sowie des Rechts auf rechtliches Gehör bedarf es in diesem Fall keines förmlichen Hinweises mehr (*Schlosser* NStZ 2020, 267 [269]).

32 **C. Aussetzung der Verhandlung. I. Aussetzung bei veränderter Sach- und Rechtslage, Abs. 3. 1. Allgemeines.** Abs. 3 gewährt dem Angeklagten auf dessen Antrag einen **Rechtsanspruch auf Aussetzung** der Verhandlung (§ 228 Abs. 1 Satz 1), um ihm genügend Zeit zu geben, seine Verteidigungsstrategie neu auszurichten. Liegen die Voraussetzungen nur in der Person eines Mitangeklagten vor, kommt für den anderen Mitangeklagten lediglich eine Aussetzung nach Abs. 4 in Betracht (*Gollwitzer* FS Sarstedt, S. 15 [32]). Das Gericht hat nach dem fair trial-Prinzip über das Antragsrecht zu belehren, wenn der Angeklagte den Antrag nicht stellt, obwohl dies im Rahmen einer angemessenen Verteidigung zu erwarten wäre (RGSt 57, 147 [148]; 65, 246 [248]; KK-StPO/*Kuckein/Bartel* § 265 Rn. 30; KMR/*Stuckenberg* § 265 Rn. 73). Praktikabler indes erscheint in diesem Fall der Weg einer Aussetzung von Amts wegen nach Abs. 4 (LR/*Stuckenberg* § 265 Rn. 89; a.A. SK-StPO/*Velten* § 265 Rn. 55). Gem. § 384 Abs. 4 gilt Abs. 3 nicht im Privatklageverfahren.

33 **2. Voraussetzungen.** Der Angeklagte muss einen **Aussetzungsantrag** stellen. Von Amts wegen kommt allenfalls eine Aussetzung nach Abs. 4 in Betracht (Graf/*Eschelbach* § 265 Rn. 57). Der Aussetzungsantrag ist als wesentliche Förmlichkeit des Verfahrens im Verhandlungsprotokoll zu vermerken (KMR/*Stuckenberg* § 265 Rn. 68).

34 Die Sachlage muss sich durch **neue Umstände** verändert haben, also durch Tatsachen, die der Angeklagte nicht aus der Anklageschrift, dem Eröffnungsbeschluss oder einer früheren Hauptverhandlung entnehmen konnte (RGSt 52, 249 [250]; BGHSt 48, 183 [184]; Meyer-Goßner/*Schmitt* § 265 Rn. 36). Zieht der Tatrichter aus dem unverändert gebliebenen Tatsachenmaterial lediglich andere Schlussfolgerungen, handelt es sich nicht um solche (BGH NStZ 2018, 558). Die neuen Umstände müssen entweder die Anwendung eines schwereren Strafgesetzes ermöglichen oder – entsprechend Abs. 2 – die Strafbarkeit erhöhen bzw. die Anordnung einer Sicherungsmaßregel ermöglichen. Da der Wegfall fakultativer Strafmilderungsgründe potenziell die Strafe erhöht, kommt auch dann eine Aussetzung in Betracht (a.A. BGH NStZ 2013, 358). Nicht darunter fallen dagegen neue Beweismittel (RGSt 52, 249 [251]; KK-StPO/*Kuckein/Bartel* § 265 Rn. 28); auch nicht ohne Weiteres die erstmalige Einlassung eines Mitangeklagten (BGH NStZ 2018, 558). Im Fall neuer Beweismittel greift ggf. § 246 Abs. 2 (LR/*Stuckenberg* § 265 Rn. 86) oder § 265 Abs. 4. Abs. 3 setzt somit die **Veränderung von Sach- und Rechtslage** voraus (Meyer-Goßner/*Schmitt* § 265 Rn. 34).

35 Der Angeklagte muss **in der Hauptverhandlung** die neu hervorgetretenen Umstände **bestreiten** und nicht lediglich der rechtlichen Beurteilung widersprechen (BGH NStZ 2016, 61 [62]; NStZ-RR 2020, 153 [154]; LR/*Stuckenberg* § 265 Rn. 88). Zudem muss er wenigstens konkludent **behaupten**, auf die Verteidigung bzgl. der neu hervorgetretenen Umstände **nicht genügend vorbereitet zu sein** (BGHSt 48, 183 [185]; BGH NStZ-RR 2020, 153 [154]; KK-StPO/*Kuckein/Bartel* § 265 Rn. 29). Es langt, dass diese Möglichkeit nicht mit Sicherheit auszuschließen ist (BGH NStZ 2018, 673 [675]).

36 **3. Entscheidung.** Das Gericht hat über den Aussetzungsantrag **unverzüglich zu entscheiden** (LR/*Stuckenberg* § 265 Rn. 91). Besonders im Fall einer Ablehnung ist eine Entscheidung **noch in der Hauptverhandlung** erforderlich (KK-StPO/*Kuckein/Bartel* § 265 Rn. 30; SK-StPO/*Velten* § 265 Rn. 59).

37 Bei Vorliegen aller Voraussetzungen hat das Gericht die Hauptverhandlung auszusetzen (vgl. § 228 Abs. 1 Satz 1). Verkennt das Gericht rechtsfehlerhaft die tatbestandlichen Voraussetzungen des Aussetzungsanspruchs, obgleich ein normgemäß begründeter Antrag gegeben war, liegt ein Verstoß gegen § 265 Abs. 3 vor (BGH NStZ-RR 2020, 253 [154]). Lediglich eine Unterbrechung nach § 229 kommt aufgrund des eindeutigen Wortlauts nicht in Betracht, sodass mit der Hauptverhandlung neu zu beginnen ist (BGHSt

48, 183 [188]). Die Entscheidung über den Aussetzungsantrag ergeht durch **Beschluss** (Meyer-Goßner/*Schmitt* § 265 Rn. 37a).

II. Aussetzung nach Ermessen bei veränderter Sachlage, Abs. 4. 1. Allgemeines. Abs. 4 erfasst alle sonstigen Fälle der veränderten Sachlage, die eine Aussetzung zur besseren Vorbereitung von Anklage oder Verteidigung erforderlich machen. Auch eine nicht ordnungsgemäß mitgeteilte Anklageschrift ist gemeint (BGH NStZ 2017, 63 f.). Als besondere Ausprägung des fair trial-Grundsatzes dient Abs. 4 der Wahrung der Verteidigungsinteressen des Angeklagten (LR/*Stuckenberg* § 265 Rn. 94). Daraus wurde bislang abgeleitet, dass die Voraussetzung der »veränderten Sachlage« **nicht eng ausgelegt** werden dürfe (BGH NJW 1958, 1736 [1737]; NStZ 2018, 673 [675]; Graf/*Eschelbach* § 265 Rn. 61; KMR/*Stuckenberg* § 265 Rn. 76; a.A. Meyer-Goßner/*Schmitt* § 265 Rn. 39). Die weite Auslegung findet jedoch ihre **Grenzen im Beschleunigungsgebot**, weswegen statt der Aussetzung auch eine **Unterbrechung** in Betracht kommt (Meyer-Goßner/*Schmitt* § 265 Rn. 39; *Schmitt* StraFo 2008, 313 [319]). Allerdings kann es i.S.d. Effektivität der Strafrechtspflege geboten sein, eine Entscheidung in anderer Sache abzuwarten (a.A. KK-StPO/*Kuckein*/*Bartel* § 265 Rn. 31). Dasselbe gilt grds. auch für die Unterbrechung zur Ermöglichung der Schadenswiedergutmachung durch den Angeklagten (vgl. BGH StraFo 2007, 243 f.). 38

Das Gericht kann entweder **auf Antrag oder von Amts wegen** tätig werden. Der Aussetzungsantrag ist als wesentliche Förmlichkeit im Verhandlungsprotokoll festzuhalten. 39

2. Veränderte Sachlage. Eine **Veränderung der Sachlage** liegt vor, wenn eine weder in der Anklage noch dem Eröffnungsbeschluss erwähnte, für den Schuld- oder Strafausspruch bzw. die Maßregelanordnung entscheidungserhebliche Handlung oder Tatsache zum Gegenstand des Urteils gemacht werden soll (RGSt 76, 82 [85]; BGHSt 11, 88 [91]; BGH NStZ 2011, 304). Das ist nach den Umständen des Einzelfalls zu bestimmen (LR/*Stuckenberg* § 265 Rn. 98). 40

Eine **Veränderung der Verfahrenslage** kann ebenfalls die Aussetzung erforderlich machen, wenn dadurch eine veränderte Strategie in Anklage oder Verteidigung nötig wird, insb. bei Veränderungen infolge von Verfahrensfehlern. **Beispiele** sind die Nachholung der Übersetzung der Anklageschrift ggü. einem der deutschen Sprache nicht mächtigen Angeklagten (BGH NStZ 2017, 63 [64]; a.A. OLG Celle StraFo 2005, 30), der fehlende Eingang der Anklageschrift beim Angeklagten (BGH MDR [H] 1978, 111), die unzureichende Akteneinsicht (OLG Hamburg NJW 1966, 843 [844]) oder die zu Unrecht verweigerte Akteneinsicht (BGH VRS 31, 188 [189]; OLG Köln VRS 85, 443 [445]). 41

Besondere Bedeutung erlangt Abs. 4 in Fällen, in denen der **Verteidiger** für den Angeklagten unvorhersehbar verhindert ist oder ein **Wechsel des Verteidigers** nötig wird. Im Fall der Verhinderung des Verteidigers ist in der Regel dann auszusetzen, wenn ein Fall der **notwendigen Verteidigung** vorliegt (RGSt 71, 353 [354]), ansonsten nur, wenn es dadurch zu einer Verschlechterung der Verteidigungsmöglichkeiten kommt, die **nicht vom Angeklagten verschuldet** ist (vgl. BGH NStZ-RR 2007, 81 [82]) und für ihn **unvorhersehbar** war (OLG Zweibrücken StV 1984, 148). Für die Einzelfallabwägung sind folgende Aspekte maßgebend: Bedeutung der Sache, Schwierigkeit der Sach- und Rechtslage, Lage des Verfahrens bei Eintritt des Verhinderungsfalles, Anlass der Verhinderung, Voraussehbarkeit und voraussichtliche Dauer der Verhinderung, Fähigkeit des Angeklagten, sich selbst zu verteidigen (KG NZV 1993, 411 mit Verweis auf BVerfG NJW 1984, 862 [863]; Meyer-Goßner/*Schmitt* § 265 Rn. 43). **Beispiele** sind das Nichterscheinen des Verteidigers zur Hauptverhandlung wegen plötzlicher Erkrankung (BGHSt 58, 296 ff.) oder dessen Tod (BayObLG StV 1983, 270), die überraschende Niederlegung des Mandats (BGH NJW 2000, 1350), die plötzliche Verhinderung aufgrund einer Fahrzeugpanne (BayObLG StV 1989, 94 [95]) oder die vorangegangene Ablehnung einer Terminverlegung durch den Vorsitzenden (OLG Stuttgart MDR 1976, 510). 42

Im Fall der **Notwendigkeit eines Verteidigerwechsels** genügt, wie sich e contrario § 145 Abs. 3 ergibt, grds. die Fortsetzung der Hauptverhandlung mit dem neu bestellten Verteidiger. Ggf. sind dann bestimmte Verfahrensschritte zu wiederholen (BGH NStZ-RR 2002, 270). Eine Aussetzung ist erforderlich, wenn ein neuer Verteidiger nicht rechtzeitig beauftragt werden kann, z.B. weil das Gericht den Antrag auf Bestellung eines Pflichtverteidigers unerwartet kurz vor der Hauptverhandlung ablehnt (OLG Hamm NJW 1973, 381). Entscheidend ist dabei, ob die Verteidigung durch den Wechsel beeinträchtigt ist (BGH NStZ 2009, 650). 43

§ 145 Abs. 3 und § 228 Abs. 2 sind **keine abschließenden Sonderregelungen** und stehen daher einer Aussetzung nach Abs. 4 nicht entgegen, insb. in Fällen, in denen eine Aussetzung von Amts wegen nötig ist, um die sachgemäße Verteidigung des Angeklagten sicherzustellen (BGH NJW 1965, 2164 [2165]; NStZ 2009, 650). Das ist objektiv zu bestimmen; eine fehlerhafte Einschätzung des Ersatzverteidigers ist irrelevant (BGHSt 58, 296 [299]). 44

45 **3. Entscheidung.** Die Entscheidung steht im Fall des Abs. 4 im **pflichtgemäßen Ermessen** des Gerichts. Hinsichtlich der Dauer der Aussetzung hat das Gericht zu berücksichtigen, wie viel Zeit der Angeklagte oder sein Verteidiger bzw. die StA oder Nebenbeteiligte für die sachgemäße Wahrnehmung ihrer Rechte benötigen, und diese mit dem Beschleunigungsgrundsatz abzuwägen (BGH NStZ-RR 2006, 272 [273 f.]; Meyer-Goßner/*Schmitt* § 265 Rn. 45). Über den Aussetzungsantrag hat das Gericht **in der Hauptverhandlung** im Beschlusswege zu entscheiden, um den Verfahrensbeteiligten eine Reaktion auf die Entscheidung zu ermöglichen (KMR/*Stuckenberg* § 265 Rn. 85).

46 **D. Rechtsbehelfe. I. Beschwerde.** Entscheidungen über die Erteilung oder Unterlassung eines Hinweises stehen im inneren Zusammenhang mit der Urteilsfällung und sind folglich gem. § 305 Abs. 1 der Beschwerde entzogen (KG StV 1989, 8 [9]). Dasselbe gilt grds. für Entscheidungen über die Aussetzung des Verfahrens (OLG Dresden JR 2008, 304 f.).

47 **II. Revision.** Mit der **Verfahrensrüge** kann ein Verstoß gegen Abs. 1 bis 4 gerügt werden. Eine Verletzung der Hinweispflicht gem. **Abs. 1 oder Abs. 2** liegt vor, wenn ein notwendiger Hinweis nicht, in unzureichender Form oder mit unzureichendem Inhalt erteilt wurde. Ist ein Aussetzungsantrag nach **Abs. 3 oder Abs. 4** abgelehnt worden, kommt auch **der absolute Revisionsgrund** des § 338 Nr. 8 in Betracht (BGH NJW 2000, 1350; NStZ 2009, 650 f.; KK-StPO/*Kuckein/Bartel* § 265 Rn. 33). Steht eine Verletzung des Abs. 4 im Raum, kommt es für einen revisiblen Verstoß darauf an, ob das Gericht die Voraussetzungen oder Rechtsbegriffe falsch angewendet oder ermessensfehlerhaft gehandelt hat (BGHSt 8, 92 [96]; BGH NJW 1958, 1736 [1737]; Meyer-Goßner/*Schmitt* § 265 Rn. 46). Formelhafte Wendungen genügen nicht (BGH StV 2019, 170 [171 f.]). Mitzuteilen ist zumindest der wesentliche Inhalt der hinzugekommenen Akteneile (BGH NStZ-RR 2020, 130). Sofern das Revisionsgericht feststellt, dass die Aussetzung zu Unrecht abgelehnt worden ist, **beruht** das Urteil in der Regel auf diesem Fehler (BGHSt 8, 92 [96]; AK-StPO/*Loos* § 265 Rn. 52).

48 Dient die Maßnahme allein der Verteidigung des Angeklagten, können StA, Privat- und Nebenkläger die Verletzung des § 265 nicht zuungunsten des Angeklagten rügen (RGSt 5, 218 [220 f.]; SK-StPO/*Velten* § 265 Rn. 66).

§ 265a Befragung des Angeklagten vor Erteilung von Auflagen oder Weisungen

[1]Kommen Auflagen oder Weisungen (§§ 56b, 56c, 59a Abs. 2 des Strafgesetzbuches) in Betracht, so ist der Angeklagte in geeigneten Fällen zu befragen, ob er sich zu Leistungen erbietet, die der Genugtuung für das begangene Unrecht dienen, oder Zusagen für seine künftige Lebensführung macht. [2]Kommt die Weisung in Betracht, sich einer Heilbehandlung oder einer Entziehungskur zu unterziehen oder in einem geeigneten Heim oder einer geeigneten Anstalt Aufenthalt zu nehmen, so ist er zu befragen, ob er hierzu seine Einwilligung gibt.

Übersicht

1 **A. Grundsätzliches.** § 265a ist im Kontext mit den Regelungen zur Strafaussetzung zur Bewährung (§§ 56 ff. StGB) zu sehen: Das Gericht hat nach Satz 1 dem Angeklagten Gelegenheit zu geben, freiwillige Leistungen anzubieten (§ 56b Abs. 3 StGB) bzw. Zusagen für die künftige Lebensführung zu machen (§ 56c Abs. 4 StGB, ggf. i.V.m. § 59a Abs. 2 Satz 3 StGB), um auf diese Weise ansonsten in Betracht kommende Auflagen oder Weisungen abzuwenden. Insofern wird der Angeklagte aufgeklärt und erhält **rechtliches Gehör** (Radtke/Hohmann/*Radtke* § 265a Rn. 1). Er soll zugleich **Anreize** erhalten, sich aktiv um **Wiedergutmachung** zu bemühen und seine **Resozialisierung** voranzutreiben (LR/*Stuckenberg* § 265a Rn. 2). Außerdem soll die vom Gericht zu treffende Entscheidung vorbereitet und zugleich geklärt werden, welche Auflagen bzw. Weisungen im Fall einer gerichtlichen Erteilung dem Angeklagten zumutbar sind (Meyer-Goßner/*Schmitt* § 265a Rn. 2; vgl. §§ 56b Abs. 1 Satz 2, 56c Abs. 1 Satz 2 StGB). Satz 2 ergänzt § 56c Abs. 3 StGB (ggf. i.V.m. § 59a Abs. 2 Satz 3 StGB), welcher für die Erteilung von Weisungen die **Einwilligung** des Angeklagten verlangt. Im Fall der Anwendung von **Jugendstrafrecht** gilt anstelle von § 265a die Sonderregelung des § 57 Abs. 3 JGG.

2 **B. Verfahrensfragen. Zuständig für die Befragung** des Angeklagten ist der **Vorsitzende** (§ 238 Abs. 1), nachdem sich dieser mit den anderen Mitgliedern des Gerichts verständigt hat (SK-StPO/*Velten* § 265a Rn. 4; Radtke/Hohmann/*Radtke* § 265a Rn. 7). Da über die Schuld des Angeklagten zu diesem Zeitpunkt noch

nicht entschieden wurde, hat der Vorsitzende darauf zu achten, dass durch die Befragung nicht der gegenteilige Eindruck beim Angeklagten entsteht (LR/*Stuckenberg* § 265a Rn. 9).

Adressat der Befragung ist der **Angeklagte**. Ist dieser befugt abwesend, kann der ihn vertretende Verteidiger Erklärungen für den Angeklagten abgeben (vgl. § 234). 3

Der Angeklagte ist nicht verpflichtet zu antworten. Daher darf auch die verweigerte Einlassung nicht zu seinen Lasten verwertet werden (KMR/*Stuckenberg* § 265a Rn. 7). Willigt er i.S.d. Satz 2 ein, kann er seine Einwilligung **bis zur Erteilung der Weisung widerrufen** (BGHSt 36, 97 [99]). Dasselbe gilt für eine Erklärung des Angeklagten nach Satz 1 (KMR/*Stuckenberg* § 265a Rn. 9). Erfolgt der Widerruf erst nach Verkündung des Beschlusses nach § 268a, wird über diesen als Antrag auf nachträgliche Änderung gem. § 56e StGB im Verfahren nach § 453 entschieden (LR/*Stuckenberg* § 265a Rn. 12). 4

Das Gesetz lässt den **Zeitpunkt der Befragung** offen. In der Regel wird dieser vor dem letzten Wort des Angeklagten (§ 258 Abs. 3) liegen, um nicht den Eindruck der Voreingenommenheit des Gerichts zu erwecken (vgl. BT-Drs. 5/4094, S. 42). Sofern jedoch der Angeklagte voll geständig ist, kann es sinnvoll sein, ihn schon bei der Vernehmung zur Sache zu befragen; im Fall der Einwilligung i.S.d. Satz 2 kann die Befragung im Anschluss an die Vernehmung eines Sachverständigen zweckmäßig sein (LR/*Stuckenberg* § 265a Rn. 13). Sofern das Gericht erst in der Urteilsberatung die Erteilung von Auflagen oder Weisungen in Betracht zieht, **kann die Befragung nachgeholt werden**, und zwar nach erneutem Eintreten in die Hauptverhandlung (Meyer-Goßner/*Schmitt* § 265a Rn. 10). Aber auch nach der Urteilsverkündung kann die Befragung noch stattfinden, jedoch längstens bis zur Beschlussfassung nach § 268a (KK-StPO/*Kuckein/Bartel* § 265a Rn. 3). 5

Als **wesentliche Förmlichkeiten des Verfahrens** i.S.d. § 273 Abs. 1 sind Befragung und Erklärungen des Angeklagten mit ihrem Inhalt in das **Sitzungsprotokoll** aufzunehmen (LR/*Stuckenberg* § 265a Rn. 16). 6

C. Voraussetzungen der Befragung. Selbstredend **müssen Auflagen oder Weisungen in Betracht kommen**. Es ist also erforderlich, dass es mit einiger Wahrscheinlichkeit zu einem Schuldspruch und zur **Strafaussetzung zur Bewährung** kommt und das Gericht in Betracht zieht, diese mit einer Auflage oder einer Weisung zu verbinden (LR/*Stuckenberg* § 265a Rn. 5). 7

Satz 1 sieht die Befragung nur in **geeigneten Fällen** vor. Das sind solche, bei denen die Persönlichkeit des Angeklagten erwarten lässt, dass er seine Zusagen einhält (AnwK-StPO/*Martis* § 265a Rn. 1). Die Befragung unterbleibt insb., wenn der Angeklagte seine Schuld mit dem Ziel eines Freispruchs bestreitet, weil er sich in diesem Fall mit etwaigen Zusagen in Widerspruch zu seinem sonstigen Vorbringen setzen würde (AK-StPO/*Loos* § 265a Rn. 4; *Wulf* JZ 1970, 160 [161]). Insgesamt ist die Beurteilung über das Vorliegen eines geeigneten Falls jedoch stets **im Einzelfall** zu treffen (LR/*Stuckenberg* § 265a Rn. 6). 8

Dagegen ist die **Befragung des Angeklagten zwingend**, wenn eine **Weisung nach Satz 2** im Raum steht, weil die jeweilige Weisung wegen § 56c Abs. 3 StGB ohne Einwilligung nicht erteilt werden darf. Etwas anderes gilt freilich, wenn der Angeklagte schon vorher seine Einwilligung mitgeteilt hat (Meyer-Goßner/*Schmitt* § 265a Rn. 7). Die Einwilligung des Angeklagten setzt voraus, dass dieser zuvor über die in Betracht kommende Maßnahme aufgeklärt wurde (KK-StPO/*Kuckein/Bartel* § 265a Rn. 1); die Belehrung nach § 268a Abs. 3 reicht insofern nicht aus, als zu diesem Zeitpunkt bereits der Beschluss über die Erteilung der Weisung gefasst worden ist (LR/*Stuckenberg* § 265a Rn. 8). 9

D. Rechtsbehelfe. Ist eine Auflage oder Weisung in gesetzeswidriger Weise erteilt worden, kann der anordnende Beschluss nach § 268a mit der **Beschwerde** angegriffen werden (§ 305a Abs. 1 Satz 2). Gesetzeswidrig ist die Auflage oder Weisung, wenn diese **unzumutbar** (vgl. §§ 56b Abs. 1 Satz 2, 56c Abs. 1 Satz 2 StGB) oder, im Fall der Weisung nach § 56c Abs. 3 StGB, **ohne Einwilligung** erteilt worden ist. Die Anordnung ist aber nicht deshalb gesetzeswidrig, weil die Befragung nach Satz 1 unterlassen wurde (OLG Köln NJW 2005, 1671 [1673]). Gegen die Befragung als solche ist die Beschwerde nicht zulässig, weil der Angeklagte durch sie nicht beschwert ist (SK-StPO/*Velten* § 265a Rn. 6). 10

Während mit der **Aufklärungsrüge** beanstandet werden kann, dass die **Befragung nach § 265a unterblieben** ist, obwohl sie sich im konkreten Verfahren aufgedrängt hätte (LR/*Stuckenberg* § 265a Rn. 18; HK-StPO/*Julius/Beckemper* § 265a Rn. 7), ist die **Revision** hinsichtlich eines Verstoßes gegen § 265a i.Ü. schon deshalb **nicht möglich**, weil die Auflagen und Weisungen nicht Teil des Urteils, sondern des Beschlusses nach § 268a sind, sodass nur dieser auf dem geltend gemachten Verstoß beruhen könnte (KK-StPO/*Kuckein/Bartel* § 265a Rn. 4; *Graf/Eschelbach* § 265a Rn. 5). Werden Auflagen und Weisungen aus Versehen in das Urteil aufgenommen, wird dieser Teil des Urteils als Beschluss nach § 268a, eine hiergegen gerichtete Revision als Beschwerde behandelt (vgl. § 300; Meyer-Goßner/*Schmitt* § 265a Rn. 13). 11

§ 266 Nachtragsanklage

(1) Erstreckt der Staatsanwalt in der Hauptverhandlung die Anklage auf weitere Straftaten des Angeklagten, so kann das Gericht sie durch Beschluß in das Verfahren einbeziehen, wenn es für sie zuständig ist und der Angeklagte zustimmt.

(2) [1]Die Nachtragsanklage kann mündlich erhoben werden. [2]Ihr Inhalt entspricht dem § 200 Abs. 1. [3]Sie wird in das Sitzungsprotokoll aufgenommen. [4]Der Vorsitzende gibt dem Angeklagten Gelegenheit, sich zu verteidigen.

(3) [1]Die Verhandlung wird unterbrochen, wenn es der Vorsitzende für erforderlich hält oder wenn der Angeklagte es beantragt und sein Antrag nicht offenbar mutwillig oder nur zur Verzögerung des Verfahrens gestellt ist. [2]Auf das Recht, die Unterbrechung zu beantragen, wird der Angeklagte hingewiesen.

Übersicht

1 **A. Grundsätzliches.** § 266 ermöglicht es, in der Hauptverhandlung neu hervortretende Straftaten, die nicht vom Eröffnungsbeschluss erfasst sind, als neue prozessuale Taten in das Verfahren einzubeziehen. Dabei ersetzt die Nachtragsanklage (Abs. 2) die Prozessvoraussetzung der öffentlichen Klage, der Einbeziehungsbeschluss (Abs. 1) tritt an die Stelle des Eröffnungsbeschlusses (BGHSt 9, 243 [245]). Insofern findet sich der **Anklagegrundsatz** in der Norm wieder (KMR/*Stuckenberg* § 266 Rn. 2; krit. SK-StPO/*Velten* § 266 Rn. 3). § 266 steht in engem Zusammenhang mit § 264 und flankiert § 265: Betrifft die sich innerhalb der Hauptverhandlung ergebende Änderung nur die rechtliche Beurteilung derselben prozessualen Tat, findet § 265 Anwendung, während für eine neu hinzutretende prozessuale Tat die Nachtragsanklage erforderlich ist (AK-StPO/*Loos* § 265 Rn. 5; *Kudlich/Kraemer* JA 2004, 108 [109]).

2 Die Vorschrift regelt in gewisser Weise eine strafprozessuale Form der »Klageerweiterung« (KMR/*Stuckenberg* § 266 Rn. 1) und dient dem **Beschleunigungsgrundsatz** und der **Effektivität der Strafrechtspflege**, indem die neu hervorgetretenen Straftaten zügig abgeurteilt werden können. Regelmäßig wird die Sachlage eindeutig bzw. der Angeklagte geständig oder aber der Sachverhalt mit den bereits verfügbaren Beweismitteln problemlos aufklärbar sein (LR/*Stuckenberg* § 266 Rn. 1). Damit ist häufig auch den Interessen des Angeklagten gedient, dem ein weiteres Verfahren erspart bleibt (*Gollwitzer* JR 1985, 126). Damit der Angeklagte nicht überrumpelt wird und sich hinreichend auf die Verteidigung gegen die neu einbezogene Tat vorbereiten kann, kann er nach Abs. 3 die Unterbrechung der Hauptverhandlung (§ 229) beantragen. Durch die Verweigerung seiner **Zustimmung** hat er es i.Ü. in der Hand, ob die Nachtragsanklage überhaupt erfolgen kann, Abs. 1.

3 **B. Erhebung der Nachtragsanklage, Abs. 2. I. Gegenstand der Nachtragsanklage.** Die StA kann die Anklage auf weitere **prozessuale Taten** erstrecken, d.h. auf andere geschichtliche Ereignisse als die von der Anklage erfassten (BGH NStZ 2009, 286; LR/*Stuckenberg* § 266 Rn. 2; KK-StPO/*Kuckein/Bartel* § 266 Rn. 2). Diese Auslegung ist systematisch zwingend; denn wären Straftaten im materiell-rechtlichen Sinne gemeint, wäre die Regelung des § 266 überflüssig, weil solche Straftaten ohnehin der Kognitionspflicht des Gerichts aus § 264 unterliegen (s. § 264 Rdn. 21; BGH NJW 1970, 904; *Eb. Schmidt* II § 266 Rn. 3); eine dennoch erhobene Nachtragsanklage wäre vom Gericht als unzulässig zurückzuweisen (*Kleinknecht* JZ 1971, 106). Typischer Anwendungsfall des § 266 ist die erst in der Hauptverhandlung festgestellte Tat eines historischen Geschehens, welches im Eröffnungsbeschluss nicht benannt wurde. Hingegen fallen weitere Einzelakte einer **Dauerstraftat** nicht unter § 266; es sei denn, es ist noch kein einziger Einzelakt vom Eröffnungsbeschluss erfasst (Meyer-Goßner/*Schmitt* § 266 Rn. 2; vgl. BGHSt 27, 115 [116 f.]). Einer Nachtragsanklage bedarf es auch, wenn die in der Anklage bezeichnete Tat ausschließlich einen von mehreren Mitangeklagten betrifft, nunmehr aber die Allein- oder Mittäterschaft eines anderen **Mitangeklagten** im Raum steht (HK-StPO/*Julius/Beckemper* § 266 Rn. 13). Der bloße Hinweis nach § 265 Abs. 1 reicht nicht aus, weil hinsichtlich des nunmehr betroffenen Angeklagten dem Anklagevorwurf ein neues historisches Geschehen zugrunde liegt

(BGH StV 1985, 488). Als tauglicher Gegenstand einer Nachtragsanklage kommt außerdem die zuvor nicht angeklagte alternative Tat im Rahmen der **Wahlfeststellung** in Betracht (*Greff* S. 89 ff.).

Zwischen der angeklagten und der »weiteren« Tat muss **kein sachlicher Zusammenhang** i.S.d. § 3 bestehen (LR/*Stuckenberg* § 266 Rn. 6). Auch die Möglichkeit der Gesamtstrafenbildung ist nicht erforderlich (Meyer-Goßner/*Schmitt* § 266 Rn. 3). Die Deliktskategorie ist innerhalb der sachlichen Zuständigkeit des Gerichts ohne Belang (*Eb. Schmidt* II § 266 Rn. 8). Ebenso belanglos für die Nachtragsanklage ist der Ausgang des Verfahrens hinsichtlich der in der zugelassenen Anklage bezeichneten Tat (LR/*Stuckenberg* § 266 Rn. 6). 4

Wegen einer **Ordnungswidrigkeit** kann der Staatsanwalt nur im Fall der Übernahme im Strafverfahren gem. §§ 42, 64 OWiG Nachtragsanklage erheben (BayObLG NJW 1994, 2303 [2304 f.]; Göhler/*Seitz/Bauer* OWiG § 71 Rn. 52). § 266 findet aber keine analoge Anwendung im Einspruchsverfahren nach einem Bußgeldbescheid (BayObLGSt 1970, 29 [31]). 5

II. Zeitpunkt, Inhalt und Form der Nachtragsanklage. Die StA kann Nachtragsanklage erheben (Abs. 2 Satz 1), sie entscheidet also nach **pflichtgemäßem Ermessen** und unter Abwägung zwischen dem mit der Einbeziehung verbundenen Zeitgewinn einerseits und der möglichen Verlängerung der bereits anhängigen Hauptverhandlung andererseits (LR/*Stuckenberg* § 266 Rn. 8; *Gollwitzer* JR 1996, 474 [476]). Entscheidet sich die StA für ein neues Verfahren, kann dieses im Hinblick auf § 266 als lex specialis nicht anschließend gem. § 4 mit dem anhängigen Verfahren verbunden werden (Meyer-Goßner/*Schmitt* § 266 Rn. 4). Um später doch noch die Verfahren zu verbinden, bedarf es vielmehr eines Neubeginns der Hauptverhandlung (BGHSt 53, 108 [111 f.]). Voraussetzung für die Erhebung der Nachtragsanklage ist in jedem Fall das Vorliegen eines hinreichenden Tatverdachts (KMR/*Stuckenberg* § 266 Rn. 9; *Hilger* JR 1983, 441 [442]; *Lüttger* GA 1957, 193 [206]). 6

Die Erhebung der Nachtragsanklage erfolgt in der **Hauptverhandlung**, frühestens nach Verlesung des Anklagesatzes gem. § 243 Abs. 3 Satz 1 (*Pfeiffer* § 266 Rn. 2). Umstritten ist dagegen, bis wann die Nachtragsanklage erhoben werden kann. Teilweise wird als spätester Zeitpunkt der Abschluss der Urteilsverkündung (§ 268) genannt, weil erst dieser den Schluss der Hauptverhandlung markiert (LR/*Stuckenberg* § 266 Rn. 9; KMR/*Stuckenberg* § 266 Rn. 11). Jedoch dürfte die Unterbrechung der Urteilsverkündung zum Zwecke der Erhebung der Nachtragsanklage gleichermaßen unstatthaft sein wie die Unterbrechung zum Zwecke der Stellung eines Beweisantrages (*Eb. Schmidt* II § 266 Rn. 7), sodass nach zutreffender Ansicht letzter Zeitpunkt für die Erhebung der Nachtragsanklage der Beginn der Urteilsverkündung ist (Meyer-Goßner/*Schmitt* § 266 Rn. 4; SK-StPO/*Velten* § 266 Rn. 12; AK-StPO/*Loos* § 266 Rn. 7; HK-StPO/*Julius/Beckemper* § 266 Rn. 3; KK-StPO/*Kuckein/Bartel* § 266 Rn. 4). Letztlich hat der Streit jedoch nur geringe praktische Relevanz, weil das Gericht im Hinblick auf den Beschleunigungsgrundsatz in der Regel nicht geneigt sein wird, die Nachtragsanklage zu diesem Zeitpunkt noch in das Verfahren einzubeziehen (LR/*Stuckenberg* § 266 Rn. 9). 7

Der **Inhalt** der Nachtragsanklage hat gem. § 266 Abs. 2 Satz 2 den Vorgaben des § 200 Abs. 1 zu entsprechen, also die dem Angeklagten zur Last gelegte Tat, Zeit und Ort der Tatbegehung sowie die anzuwendenden Strafvorschriften zu benennen. Da Abs. 2 Satz 2 nicht auf § 200 Abs. 2 verweist, ist das wesentliche Ergebnis der Ermittlungen nicht notwendiger Bestandteil der Nachtragsanklage. Das Gericht prüft die Einhaltung der Mindestvoraussetzungen von Amts wegen als Prozessvoraussetzung (BGH NStZ [Pf/M] 1986, 207). 8

Die Nachtragsanklage wird zwingend **mündlich** erhoben, um wirksam erhoben zu sein. Die bloße Einreichung gem. §§ 170 Abs. 1, 199 Abs. 2 StPO genügt nicht (BGH NStZ-RR 2017, 181). Das Ermessen der StA bezieht sich nur auf das Ob, nicht das Wie der Nachtragsanklage. Die Formulierung ist insofern ungenau (HK-StPO/*Julius/Beckemper* § 266 Rn. 4). Häufig wird es zweckmäßig sein, die Nachtragsanklage dem Gericht schriftlich vorzulegen. In diesem Fall muss jedoch der Inhalt mündlich in der Hauptverhandlung vorgetragen werden, bevor das Gericht das Verfahren auch auf die weitere Tat erstrecken kann; dabei ist eine Bezugnahme auf die vorgelegte Schrift möglich (BayObLG DAR [R] 1985, 245 f.; Meyer-Goßner/*Schmitt* § 266 Rn. 5). 9

Gem. Abs. 2 Satz 3 wird die Nachtragsanklage in das **Sitzungsprotokoll** (nach alter Diktion bis zum Gesetz zur Einführung der elektronischen Akte … vom 05.07.2017, BGBl. I, 2208: Sitzungsniederschrift) aufgenommen. Eine etwaige schriftliche Vorlage kann als Anlage zum Bestandteil des Protokolls gemacht werden (LR/*Stuckenberg* § 266 Rn. 10). 10

C. Einbeziehung der weiteren Straftat, Abs. 1. I. Voraussetzungen der Einbeziehung. Neben einer zulässigen Nachtragsanklage (s. Rdn. 3 ff.) setzt die Einbeziehung ausweislich des Wortlautes des Abs. 1 die Zuständigkeit des Gerichts (Rdn. 12 ff.) und die Zustimmung des Angeklagten (Rdn. 15 ff.) voraus. Außerdem muss weiterhin dringender Tatverdacht vorliegen (Rdn. 20). 11

12 1. **Zuständigkeit des Gerichts.** Über die Einbeziehung entscheidet das zuständige Gericht. Da die örtliche Zuständigkeit gem. § 13 ohnehin durchgängig vorliegt, ist die **sachliche** Zuständigkeit gemeint (Radtke/Hohmann/*Radtke* § 266 Rn. 22). Im Hinblick auf § 269 steht die Zuständigkeit eines niederen Gerichts einer wirksamen Einbeziehung nicht entgegen, wogegen ein niederes Gericht bei Zuständigkeit eines höheren Gerichts die weitere Tat selbst dann nicht einbeziehen darf, wenn es damit bezweckt, die einbezogene Tat alleine oder zusammen mit der bereits anhängigen Sache nach § 270 an das zuständige Gericht höherer Ordnung zu verweisen (AK-StPO/*Loos* § 266 Rn. 13; SK-StPO/*Velten* § 266 Rn. 13). Ergibt sich hingegen erst nach erfolgter Einbeziehung die Notwendigkeit einer Verweisung, muss das Gericht nach § 270 verfahren, weil die Figur einer Klagerücknahme in § 266 nicht vorgesehen und nach § 156 nicht möglich ist (*Eb. Schmidt* II § 266 Rn. 10; KMR/*Stuckenberg* § 266 Rn. 8).

13 § 266 gilt nicht in der **Berufungsinstanz**, weil es – mit Ausnahme der großen Jugendkammer – an der funktionalen Zuständigkeit für Verhandlungen über die Anklage in erster Instanz fehlt (OLG Stuttgart NStZ 1995, 51 f.; LR/*Stuckenberg* § 266 Rn. 13; *Palder* JR 1986, 94 [96]). Bezweckt die Nachtragsanklage nur die Heilung der fehlenden Prozessvoraussetzung einer zugelassenen Anklage hinsichtlich der im Verfahren behandelten Tat, ist sie unzulässig, weil die Nachtragsanklage nach dem Wortlaut des § 266 nur die Einbeziehung einer weiteren Tat ermöglichen soll (BGHSt 33, 167 [168]).

14 Mangels tatrichterlicher Zuständigkeit des Revisionsgerichts kommt die Einbeziehung einer Nachtragsanklage in der **Revisionsinstanz** nicht in Betracht (*Eb. Schmidt* II § 266 Rn. 5).

15 2. **Zustimmung des Angeklagten.** Zur wirksamen Einbeziehung bedarf es der **Zustimmung des Angeklagten**, und zwar ausnahmslos (*Jahn/Schmitz* wistra 2001, 328 [333]), auch für den Fall von Serienstraftaten zum Nachteil desselben Opfers innerhalb des Gesamtzeitraums der angeklagten Tat (BGH NStZ-RR 1999, 303). Der Angeklagte muss sich ausdrücklich und eindeutig erklären (BGH NJW 1984, 2172). Unterlässt er lediglich einen Widerspruch, beantragt er eine Unterbrechung oder lässt er sich sachlich auf die Nachtragsanklage ein, so ist hierin noch keine Zustimmung zu sehen (BGH NJW 1984, 2172; OLG Hamm StV 1996, 532 f.; KK-StPO/*Kuckein/Bartel* § 266 Rn. 7). Der Angeklagte muss seine Zustimmung grds. persönlich erteilen (Meyer-Goßner/*Schmitt* § 266 Rn. 12). Gibt der Verteidiger für den Angeklagten die Zustimmung ab, ist zu differenzieren: Bei Anwesenheit des Angeklagten wird die Zustimmung dadurch wirksam, dass der Angeklagte nicht widerspricht (*Pfeiffer* § 266 Rn. 3; HK-StPO/*Julius/Beckemper* § 266 Rn. 5; a.A. KMR/*Stuckenberg* § 266 Rn. 16; AK-StPO/*Loos* § 266 Rn. 9; SK-StPO/*Velten* § 266 Rn. 15). Findet dagegen die Verhandlung in Abwesenheit des Angeklagten statt, genügt die zustimmende Erklärung des Verteidigers nicht, weil § 234a hier nicht gilt (Meyer-Goßner/*Schmitt* § 266 Rn. 12). Ein etwaiger Widerspruch des Verteidigers gegen die vom Angeklagten geäußerte Zustimmung ist insofern unbeachtlich, als es um die persönliche Entscheidung des Angeklagten geht (LR/*Stuckenberg* § 266 Rn. 19; KMR/*Stuckenberg* § 266 Rn. 16 unter Verweis auf den Rechtsgedanken des § 297).

16 Die Zustimmung des Angeklagten ist als verfahrensgestaltende Erklärung **unwiderruflich** (Meyer-Goßner/*Schmitt* § 266 Rn. 13). Jedoch kann ein »Widerruf«, der noch vor der gerichtlichen Entscheidung geäußert wird, im Rahmen der Ermessensausübung dahin gehend berücksichtigt werden, die neue Tat nicht in das Verfahren einzubeziehen (LR/*Stuckenberg* § 266 Rn. 18; *Eb. Schmidt* II § 266 Rn. 11).

17 Fehlt die Zustimmung des Angeklagten, soll nach h.M. kein Prozesshindernis vorliegen, sondern lediglich ein **Verfahrensverstoß**, der nur aufgrund einer entsprechenden **Rüge** zur Einstellung des Verfahrens führen soll (BGH NStZ-RR 1999, 303 [304]; OLG Karlsruhe StV 2002, 183; OLG Hamm StV 1996, 532 [533]; AnwK-StPO/*Martis* § 266 Rn. 9). Diese Auffassung widerspricht jedoch der Systematik der StPO, die eine Verfahrenseinstellung, sofern sie nicht aus Opportunitätsgründen erfolgt (§§ 153 ff.), ohne Vorliegen eines Prozesshindernisses nicht kennt (Radtke/Hohmann/*Radtke* § 266 Rn. 20 u. 38; *Meyer-Goßner* FS Eser, S. 373 [381 f.]). Somit ist in der fehlenden Zustimmung ein Verfahrenshindernis zu sehen, das dann jederzeit **von Amts wegen** zu beachten ist (LG München I MDR 1978, 161 f.; Meyer-Goßner/*Schmitt* § 266 Rn. 14; KMR/*Stuckenberg* § 266 Rn. 19; Graf/*Eschelbach* § 266 Rn. 17; *Jahn/Schmitz* wistra 2001, 328 [333]). Eine nachträgliche Zustimmung kann nicht mehr zur **Heilung** des Verfahrensfehlers führen (LG München I MDR 1978, 161 f.; KMR/*Stuckenberg* § 266 Rn. 19; a.A. Graf/*Eschelbach* § 266 Rn. 17).

18 Im Fall mehrerer Mitangeklagter richtet sich das Zustimmungserfordernis nach der jeweiligen Betroffenheit durch die Nachtragsanklage. Geht diese gegen alle Mitangeklagte, muss jeder von ihnen zustimmen (KMR/*Stuckenberg* § 266 Rn. 17).

19 Als wesentliche Förmlichkeit des Verfahrens ist die Zustimmung im Sitzungsprotokoll festzuhalten (§§ 273, 274; BGH NJW 1984, 2172).

3. **Bestehen eines hinreichenden Tatverdachts.** In Parallele zum Eröffnungsbeschluss (§ 203) ist sowohl für die Erhebung der Nachtragsanklage als auch für den Einbeziehungsbeschluss ein hinreichender Tatverdacht erforderlich (LR/*Stuckenberg* § 266 Rn. 16; AK-StPO/*Loos* § 266 Rn. 14). Das Vorliegen eines hinreichenden Tatverdachts berührt jedoch das Ermessen des Gerichts hinsichtlich der Einbeziehung nicht (Meyer-Goßner/*Schmitt* § 266 Rn. 16; dazu Rdn. 21). 20

II. **Einbeziehungsbeschluss.** Gem. § 266 Abs. 1 entscheidet das **Gericht**, also nicht der Vorsitzende, nach **pflichtgemäßem Ermessen** über die Einbeziehung der weiteren Tat (BGH StV 1995, 342; StV 2002, 183 [184]). Dabei legt es wie die StA seiner Entscheidung eine Abwägung über den prozessökonomischen Nutzen zugrunde (AK-StPO/*Loos* § 266 Rn. 15; s. Rdn. 6). Der Einbeziehungsbeschluss ersetzt für die weitere Tat den **Eröffnungsbeschluss** (BGHSt 9, 243 [245]). Indes gelten für ihn die Anforderungen des § 207 nicht (OLG Oldenburg MDR 1970, 946; KK-StPO/*Kuckein*/*Bartel* § 266 Rn. 8); er kann auch auf die protokollierte Nachtragsanklage Bezug nehmen, sofern er nicht von ihr abweicht (Meyer-Goßner/*Schmitt* § 266 Rn. 15). Vom Gericht ist dabei deutlich zu machen, dass und in welchem Umfang das anhängige Verfahren um die weitere Tat ergänzt wird (OLG Hamburg VRS 107, 449 [451]; OLG Oldenburg JR 1963, 109). Es muss für den Angeklagten verständlich werden, welche weitere Handlung ihm zur Last gelegt wird und welcher gesetzliche Tatbestand dadurch erfüllt ist (BayObLGSt 1953, 1; KMR/*Stuckenberg* § 266 Rn. 21). 21

Der Einbeziehungsbeschluss ist gem. § 35 Abs. 1 ausdrücklich durch **Verkündung** bekannt zu geben, die an die Stelle der Verlesung der Anklageschrift nach § 243 Abs. 3 Satz 1 tritt (BGH StV 2002, 183 [184]; NJW 1956, 1366 [1367]). Ausnahmsweise soll es nach weit verbreiteter Auffassung möglich sein, auf die ausdrückliche Verkündung zu verzichten, sofern die Prozessbeteiligten bereits über die weitere Tat verhandeln und der Angeklagte dadurch den nunmehr erweiterten Anklagevorwurf der Sache nach, aber auch rechtlich genügend kennt (BGH NJW 1990, 1055 [1056]; Meyer-Goßner/*Schmitt* § 266 Rn. 15). Eine solche Ausnahme ist krit. zu sehen, weil eine nicht verkündete Entscheidung in der Hauptverhandlung keine Wirksamkeit entfalten kann (so zu Recht KMR/*Stuckenberg* § 266 Rn. 22). Erst infolge der Verkündung des Einbeziehungsbeschlusses wird die weitere Tat rechtshängig, sodass sie der Verfügung durch die StA entzogen ist (LR/*Stuckenberg* § 266 Rn. 24; vgl. § 156). Darüber hinaus ist nicht ersichtlich, wie eine nicht verkündete Entscheidung Eingang in das Protokoll finden soll (Rdn. 23). 22

Als wesentliche Förmlichkeit des Verfahrens ist der Einbeziehungsbeschluss im **Sitzungsprotokoll** niederzuschreiben (§§ 273, 274; BGH StV 1995, 342). Im Hinblick auf § 305 ist der Beschluss nicht anfechtbar, sodass er gem. § 34 1. Alt. **keiner Begründung** bedarf. 23

Anders beim **ablehnenden Beschluss**: Dieser bedarf insofern einer **Begründung**, als er den Antrag der StA auf Einbeziehung einer weiteren Tat zurückweist (§ 34 2. Alt.; Graf/*Eschelbach* § 266 Rn. 26). Die Gegenmeinung, die eine Begründungspflicht im Hinblick auf die Ermessensentscheidung ablehnt (AK-StPO/*Loos* § 266 Rn. 15; Meyer-Goßner/*Schmitt* § 266 Rn. 18), verkennt, dass nicht jeder ablehnende Beschluss das Ergebnis einer Ermessensentscheidung sein muss, z.B. im Fall der Ablehnung wegen Unzulässigkeit (LR/*Stuckenberg* § 266 Rn. 27). Außerdem hat das Gericht auch im Fall von Ermessensentscheidungen schon zur Selbstkontrolle die wesentlichen Gründe für seine Entscheidung zu benennen (KMR/*Stuckenberg* § 266 Rn. 25). Weitgehende Einhelligkeit besteht jedoch darin, dass der ablehnende Beschluss keine Sperrwirkung nach § 211 auslöst (LR/*Stuckenberg* § 266 Rn. 28). Die Nachtragsanklage verliert infolge der Ablehnung ihre Anhängigkeit, sie wird somit gegenstandslos; einer Rücknahme nach § 156 bedarf es daher nicht. 24

Erhebt die StA eine Nachtragsanklage, die im Hinblick auf § 264 überflüssig ist, weil sie keine weitere Tat zum Gegenstand hat, weist das Gericht die Nachtragsanklage durch Beschluss als **unzulässig** zurück (KMR/*Stuckenberg* § 266 Rn. 24; vgl. AK-StPO/*Loos* § 266 Rn. 2; a.A. Meyer-Goßner/*Schmitt* § 266 Rn. 19). Liegt dagegen kein hinreichender Tatverdacht vor, lehnt das Gericht die Einbeziehung wegen **Unbegründetheit** ab (KMR/*Stuckenberg* § 266 Rn. 24). 25

Fehlt der Einbeziehungsbeschluss, stellt dies wie das Fehlen des Eröffnungsbeschlusses ein von Amts wegen zu beachtendes **Prozesshindernis** dar, das in der Regel zur Verfahrenseinstellung führt (BGH StV 1996, 5 [6]; 2002, 183). Einem fehlenden Einbeziehungsbeschluss steht ein in falscher Besetzung ergangener Beschluss gleich (BGH NStZ-RR 2017, 181). 26

D. Weiteres Verfahren. I. Verfahren nach Ablehnung der Einbeziehung. Im Fall eines die Einbeziehung ablehnenden Beschlusses ist die Nachtragsanklage endgültig erledigt, d.h. das Gericht kann auch nicht außerhalb der Hauptverhandlung einen Eröffnungsbeschluss hinsichtlich der weiteren Tat fassen (BGH StraFo 2005, 203; OLG Karlsruhe StV 2002, 184 [185]). Scheitert die Einbeziehung aber nur an der verweigerten Zustimmung durch den Angeklagten, steht es dem Tatrichter frei, nach Rücksprache mit der StA hinsichtlich der weiteren Taten den Verfahrensgegenstand durch Eröffnungsbeschluss und Verbindung der Strafsachen zu 27 erweitern (BGH StV 2008, 226 [227]). Allerdings muss dann die laufende Hauptverhandlung neu begonnen werden (s. Rdn. 6; BGHSt 53, 108 [111 f.]; BGH StraFo 2010, 337).

28 **II. Verfahren nach Einbeziehungsbeschluss.** Durch den Einbeziehungsbeschluss wird die weitere Tat **rechtshängig**, d.h. sie wird unter die Entscheidungsgewalt des Gerichts gestellt. Gem. Abs. 2 Satz 4 muss der Angeklagte als Folge ausreichend Gelegenheit erhalten, sich zu verteidigen. Dem Schutz des Angeklagten dienen letztlich auch die Verfahrensvorschriften der §§ 243, 244 Abs. 1, deren Einhaltung im Rahmen der Nachtragsanklage regelmäßig nicht möglich sein wird (BGH MDR [D] 1955, 397), sodass der Angeklagte hinsichtlich der neuen Tat förmlich gem. § 243 Abs. 5 Satz 2 zu vernehmen ist (BGHSt 9, 243 [245]; Meyer-Goßner/*Schmitt* § 266 Rn. 21), und zwar auch dann, wenn er sich zuvor bereits zur Tat geäußert hat. Ob es dazu einer erneuten Belehrung nach § 243 Abs. 5 Satz 1 bedarf, ist umstritten. Während dies eine Ansicht verneint (AnwK-StPO/*Martis* § 266 Rn. 7; KK-StPO/*Kuckein*/*Bartel* § 266 Rn. 9; Meyer-Goßner/*Schmitt* § 266 Rn. 21), spricht der Schutzgedanke des Abs. 2 Satz 4 und die Bedeutung des nemo-tenetur-Grundsatzes für eine **nochmalige Belehrung**, schon um dem Angeklagten deutlich zu machen, dass er sich trotz seiner Zustimmung zur Einbeziehung zu dieser weiteren Tat nicht äußern muss (KMR/*Stuckenberg* § 266 Rn. 28; Radtke/Hohmann/*Radtke* § 266 Rn. 27; HK-StPO/*Julius*/*Beckemper* § 266 Rn. 10; Graf/*Eschelbach* § 266 Rn. 28: einschränkend AK-StPO/*Loos* § 266 Rn. 18). Einer Wiederholung der kompletten, vor Erhebung der Nachtragsanklage stattgefundenen Beweisaufnahme bedarf es dagegen nicht (BGH NJW 1984, 2172; HK-GS/*Brehmeier-Metz* § 266 Rn. 3).

29 Abs. 3 Satz 1 sieht die Möglichkeit der **Unterbrechung** der Hauptverhandlung vor, und zwar entweder nach pflichtgemäßem Ermessen **von Amts wegen** oder **auf Antrag** des Angeklagten bzw. dessen Verteidigers. Damit konkretisiert Abs. 3 das allgemeine Postulat aus Abs. 2 Satz 4, dem Angeklagten Gelegenheit zur Verteidigung zu geben. Anders als im Rahmen der § 265 Abs. 3 und 4 sieht Abs. 3 lediglich die Unterbrechung mit der in § 229 festgesetzten Höchstdauer vor. Eine **Aussetzung** kommt schon im Hinblick auf den Sinn und Zweck der Norm, das Verfahren zu beschleunigen, nicht in Betracht (AK-StPO/*Loos* § 266 Rn. 19; KK-StPO/*Kuckein*/*Bartel* § 266 Rn. 10). Die Anordnung kürzerer Unterbrechungen geschieht durch den Vorsitzenden (§§ 228 Abs. 1 Satz 2, 238 Abs. 1), ansonsten entscheidet das Gericht (§ 228 Abs. 1 Satz 1). Soweit der Angeklagte eine Unterbrechung beantragt, darf der Antrag nur in den Grenzen des Abs. 3 Satz 1 Alt. 2 abgelehnt werden, also nur im Fall offenbaren **Mutwillens**, d.h. bei Fehlen eines nachvollziehbaren Grundes (AK-StPO/*Loos* § 266 Rn. 22; LR/*Stuckenberg* § 266 Rn. 36) oder bei intendierter Verfahrensverzögerung. I.Ü. besteht ein Anspruch des Angeklagten auf Unterbrechung. Auf diesen Anspruch ist er gem. Abs. 3 Satz 2 hinzuweisen, und zwar möglichst bei der Frage nach seiner Zustimmung, spätestens aber nach Erlass des Einbeziehungsbeschlusses (KMR/*Stuckenberg* § 266 Rn. 31 m.w.N.).

30 **E. Rechtsbehelfe.** Die **Beschwerde** gegen den Einbeziehungsbeschluss, dessen Ablehnung oder gegen die Verfügung des Vorsitzenden zur Anordnung oder Ablehnung der Unterbrechung nach Abs. 3 Satz 1 ist im Hinblick auf § 305 unzulässig. Gegen die ablehnende Entscheidung des Vorsitzenden kann gem. **§ 238 Abs. 2** die Entscheidung des Gerichts angetragen werden (KK-StPO/*Kuckein*/*Bartel* § 266 Rn. 10).

31 Im Rahmen der **Revision** prüft das Revisionsgericht von Amts wegen das Vorliegen von Nachtragsanklage und Einbeziehungsbeschluss als Verfahrensvoraussetzungen (BGH NJW 1970, 904 [905]; StV 1996, 5 [6]). Andere Verletzungen, z.B. die fehlende Zustimmung des Angeklagten, werden nur **aufgrund einer Verfahrensrüge** nach § 344 Abs. 2 Satz 2 geprüft (BGH StV 2002, 183 [184]; OLG Hamm StV 1996, 532 [533]; Meyer-Goßner/*Schmitt* § 266 Rn. 24). Diese Ansicht ist freilich systematisch höchst zweifelhaft, weil in der Zustimmung eine Prozessvoraussetzung zu sehen ist (s. Rdn. 17; Radtke/Hohmann/*Radtke* § 266 Rn. 38).

§ 267 Urteilsgründe

(1) Wird der Angeklagte verurteilt, so müssen die Urteilsgründe die für erwiesen erachteten Tatsachen angeben, in denen die gesetzlichen Merkmale der Straftat gefunden werden. Soweit der Beweis aus anderen Tatsachen gefolgert wird, sollen auch diese Tatsachen angegeben werden. Auf Abbildungen, die sich bei den Akten befinden, kann hierbei wegen der Einzelheiten verwiesen werden.

(2) Waren in der Verhandlung vom Strafgesetz besonders vorgesehene Umstände behauptet worden, welche die Strafbarkeit ausschließen, vermindern oder erhöhen, so müssen die Urteilsgründe sich darüber aussprechen, ob diese Umstände für festgestellt oder für nicht festgestellt erachtet werden.

(3) Die Gründe des Strafurteils müssen ferner das zur Anwendung gebrachte Strafgesetz bezeichnen und die Umstände anführen, die für die Zumessung der Strafe bestimmend gewesen sind. Macht das Strafgesetz *Milderungen* von dem Vorliegen minder schwerer Fälle abhängig, so müssen die Urteilsgründe ergeben, weshalb diese Umstände angenommen oder einem in der Verhandlung gestellten Antrag entgegen

verneint werden; dies gilt entsprechend für die Verhängung einer Freiheitsstrafe in den Fällen des § 47 des Strafgesetzbuches. Die Urteilsgründe müssen auch ergeben, weshalb ein besonders schwerer Fall nicht angenommen wird, wenn die Voraussetzungen erfüllt sind, unter denen nach dem Strafgesetz in der Regel ein solcher Fall vorliegt; liegen diese Voraussetzungen nicht vor, wird aber gleichwohl ein besonders schwerer Fall angenommen, so gilt Satz 2 entsprechend. Die Urteilsgründe müssen ferner ergeben, weshalb die Strafe zur Bewährung ausgesetzt oder einem in der Verhandlung gestellten Antrag entgegen nicht ausgesetzt worden ist; dies gilt entsprechend für die Verwarnung mit Strafvorbehalt und das Absehen von Strafe. Ist dem Urteil eine Verständigung (§ 257c) vorausgegangen, ist auch dies in den Urteilsgründen anzugeben.

(4) Verzichten alle zur Anfechtung Berechtigten auf Rechtsmittel oder wird innerhalb der Frist kein Rechtsmittel eingelegt, so müssen die erwiesenen Tatsachen, in denen die gesetzlichen Merkmale der Straftat gefunden werden, und das angewendete Strafgesetz angegeben werden; bei Urteilen, die nur auf Geldstrafe lauten oder neben einer Geldstrafe ein Fahrverbot oder die Entziehung der Fahrerlaubnis und damit zusammen die Einziehung des Führerscheins anordnen oder bei Verwarnungen mit Strafvorbehalt, kann hierbei auf den zugelassenen Anklagesatz, auf die Anklage gemäß § 418 Abs. 3 Satz 2 oder den Strafbefehl sowie den Strafbefehlsantrag verwiesen werden. Absatz 3 Satz 5 gilt entsprechend. Den weiteren Inhalt der Urteilsgründe bestimmt das Gericht unter Berücksichtigung der Umstände des Einzelfalls nach seinem Ermessen. Die Urteilsgründe können innerhalb der in § 275 Abs. 1 Satz 2 vorgesehenen Frist ergänzt werden, wenn gegen die Versäumung der Frist zur Einlegung des Rechtsmittels Wiedereinsetzung in den vorigen Stand gewährt wird.

(5) Wird der Angeklagte freigesprochen, so müssen die Urteilsgründe ergeben, ob der Angeklagte für nicht überführt oder ob und aus welchen Gründen die für erwiesen angenommene Tat für nicht strafbar erachtet worden ist. Verzichten alle zur Anfechtung Berechtigten auf Rechtsmittel oder wird innerhalb der Frist kein Rechtsmittel eingelegt, so braucht nur angegeben zu werden, ob die dem Angeklagten zur Last gelegte Straftat aus tatsächlichen oder rechtlichen Gründen nicht festgestellt worden ist. Absatz 4 Satz 4 ist anzuwenden.

(6) Die Urteilsgründe müssen auch ergeben, weshalb eine Maßregel der Besserung und Sicherung angeordnet, eine Entscheidung über die Sicherungsverwahrung vorbehalten oder einem in der Verhandlung gestellten Antrag entgegen nicht angeordnet oder nicht vorbehalten worden ist. Ist die Fahrerlaubnis nicht entzogen oder eine Sperre nach § 69a Abs. 1 Satz 3 des Strafgesetzbuches nicht angeordnet worden, obwohl dies nach der Art der Straftat in Betracht kam, so müssen die Urteilsgründe stets ergeben, weshalb die Maßregel nicht angeordnet worden ist.

Übersicht

A. Grundsätzliches. Die Vorschrift befasst sich mit den schriftlichen Gründen des Urteils. In den schriftlichen Urteilsgründen soll sich das Ergebnis der Hauptverhandlung, wie es sich nach der Beratung herauskristallisiert hat, wiederfinden (BGHR StPO § 267 Darstellung 1; BGH, NStZ 1998, 475). Eine Darstellung des Ganges der Hauptverhandlung enthalten die Urteilsgründe demgegenüber nicht. Der Ablauf der Hauptverhandlung wird im Protokoll, §§ 271 ff., wiedergegeben (SK-StPO/*Velten* § 267 Rn. 3). Da die Urteilsgründe »lediglich« das Beratungs- und Abstimmungsergebnis abbilden, findet sich in ihnen auch keine Reproduktion des »Inbegriffs der Hauptverhandlung« i.S.d. § 261 (vgl. dazu § 261 Rdn. 1 ff.). Ver- 1 fahrenshandlungen erfahren im Regelfall keine Erwähnung. Eine Ausnahme stellen die Hilfsbeweisanträge dar, deren Wiedergabe und Bescheidung aufgrund ihrer prozessualen Natur dem Urteil vorbehalten sind (vgl. KK-StPO/*Kuckein/Bartel*, § 267 Rn. 2). Zudem ist das Gericht verpflichtet, sich zu Prozessvoraussetzungen zu verhalten, soweit deren Vorhandensein in Zweifel steht (Meyer-Goßner/*Schmitt* § 267 Rn. 1).

2 Im Wesentlichen drei Funktionen haben die schriftlichen Urteilsgründe zu erfüllen. Im Vordergrund steht die **Kontrollfunktion.** Die Urteilsgründe dienen der Eigenkontrolle des Gerichts und der Rechtfertigung der Entscheidung nach außen, insb. der Rechtfertigung ggü. den Verfahrensbeteiligten (SK-StPO/*Velten* § 267 Rn. 3). Die Eigenkontrolle wird dadurch erreicht, dass das Gericht gezwungen ist, sein Ergebnis argumentativ abzusichern (*Schlüchter*, GA 1994, 397, 435). Insoweit ist zwar nicht zu verkennen, dass das Ergebnis dieser Eigenkontrolle nur für die Zukunft wirkt, weil es dem Gericht verwehrt ist, einen etwa bei Niederlegung der Gründe erkannten Fehler in der Beweiswürdigung in die Entscheidungsformel zu übernehmen. Die damit auftretende Diskrepanz zwischen Tenor und Gründen hilft in einem solchen Fall jedoch den weiteren Aspekt der Kontrollfunktion zu erfüllen, der aus der Verpflichtung zur schriftlichen Dokumentation der Urteilsgründe folgt: Ein – rechtsmittelbefugter – Verfahrensbeteiligter kann anhand der Urteilsniederschrift die (Un-) Richtigkeit des Erkenntnisses einschätzen und sein zukünftiges Prozessverhalten (Entscheidung über eine Rechtsmitteleinlegung) daran ausrichten (KK-StPO/*Kuckein/Bartel*, § 267 Rn. 2).

3 Neben die Kontrollfunktion tritt die **Definitionsfunktion** des § 267. Die schriftlichen Urteilsgründe umreißen den Gegenstand des Verfahrens und zeigen damit auf, welcher Lebenssachverhalt i.S.d. § 264 in Rechtskraft erwachsen ist (SK-StPO/*Velten* § 267 Rn. 3).

4 Letztlich darf auch nicht die **Informationsfunktion** schriftlicher Urteilsgründe außer Acht gelassen werden. Bei Mehrfachtätern liefern die Gründe von Vorverurteilungen häufig nicht zu unterschätzende Informationen für das laufende Verfahren. Auch Vollstreckungsbehörden und Vollstreckungseinrichtungen – Maßregeleinrichtungen, Justizvollzugsanstalten – können für ihren Umgang mit dem Verurteilten gewinnbringend aus Urteilsgründen schöpfen (SK-StPO/*Schlüchter/Frister*, 34. Aufbau-Lfg., § 267 Rn. 4).

5 **B. Tatbestand. I. Urteilsgründe im Fall der Verurteilung. 1. Darstellungsumfang und grundsätzliches Verweisungsverbot.** Die **Anforderungen an ein verurteilendes Erkenntnis** formulieren **Abs. 1 bis 4** des § 267. Gem. **Abs. 1 Satz 1** sind in den Gründen die vom Gericht für erwiesen erachteten Tatsachen anzugeben, die die Tatbestandsmerkmale eines Strafgesetzes verwirklichen. Es muss sich dabei um eine vollständige, d.h. geschlossene, Sachverhaltsdarstellung handeln. Der BGH spricht in ständiger Rspr. davon, dass jedes Urteil in Strafsachen aus sich heraus verständlich sein muss (vgl. bereits BGHSt 30, 225, 227). Bezugnahmen auf Informationsquellen jenseits der Urteilsurkunde – seien es andere Schriftstücke, wie die Anklageschrift (KK-StPO/*Kuckein/Bartel*, § 267 Rn. 3), der Eröffnungsbeschluss (vgl. RGSt 4, 382, 384) oder das Hauptverhandlungsprotokoll oder seien es grafische Darstellungen in den Akten – sind generell unzulässig (Meyer-Goßner/*Schmitt* § 267 Rn. 2). Dies ergibt sich nicht zuletzt im Umkehrschluss aus Abs. 1 Satz 3, der wegen »Einzelheiten« der bildlichen Wiedergabe eine den Verweis erlaubende Ausnahme für bei den Akten befindliche Abbildungen zulässt. Selbstverständlich gilt das Verbot der Bezugnahme auch für andere Urteile, auch wenn sie aus der Feder desselben Gerichts stammen und die Tat des Mittäters betreffen sollten. Dies gilt selbst dann, wenn die in Bezug genommene Entscheidung als Urteilsanlage geführt wird (BGH, NStZ-RR 2007, 22). Hiervon zu unterscheiden ist der Fall, dass etwa in komplexen Wirtschaftsstrafsachen Berechnungen zur vorgeworfenen Steuerverkürzung als Anlage zum Urteil genommen werden. Sofern die Anlagen mit dem sonstigen Erkenntnis ein einheitliches Ganzes bilden, soll eine unzulässige Bezugnahme nicht vorliegen (BGH, NStZ 1987, 374 f.).

6 Erstreckt sich das Verbot der Bezugnahme auf bestandskräftige Urteile, gilt es erst recht für Entscheidungen, die auf die Revision hin aufgehoben wurden (Meyer-Goßner/*Schmitt* § 267 Rn. 2a). Eine Bezugnahme kommt auch in Jugendstrafsachen nicht in Betracht, wenn es um die Einbeziehung bereits verhängter Strafen in eine einheitliche Jugendstrafe nach § 31 Abs. 2 JGG geht. Die der neuen Einheitsjugendstrafe zugrunde liegenden Taten müssen sämtlich in dem die Strafe aussprechenden Urteil aufgeführt werden (vgl. BGHSt 16, 335, 337).

7 Eine Bezugnahme auf ein früheres Urteil ist ausnahmsweise in der Berufungsinstanz erlaubt. Bestätigt die Beweisaufnahme vor dem Berufungsgericht die von der Vorinstanz getroffenen Feststellungen, kann die zweite Instanz insoweit auf das erstinstanzliche Erkenntnis Bezug nehmen (KK-StPO/*Kuckein/Bartel*, § 267 Rn. 5). Dabei muss die Bezugnahme eindeutig sein, was sich am einfachsten durch Seitenzahlangaben sowie Benennung von Absätzen oder sogar Zeilen bewerkstelligen lässt (OLG Hamm, NStZ-RR 1997, 369; Meyer-Goßner/*Schmitt* § 267 Rn. 2a). Die Bezugnahme darf sich auch nur auf Feststellungen zum Schuldspruch (KK-StPO/*Kuckein/Bartel*, § 267 Rn. 5) oder auf Feststellungen zu den persönlichen und wirtschaftlichen Verhältnissen des Angeklagten beziehen (OLG Stuttgart, NStZ-RR 2003, 83, 84; abweichend Meyer-Goßner/

Schmitt § 267 Rn. 2a: nur bei Berufungsverwerfung; a.A. OLG Hamm, NStZ-RR 1997, 369). Die Möglichkeit der Bezugnahme entfällt, wenn das Berufungsgericht den Schuldspruch oder die Beweiswürdigung ändern muss (Meyer-Goßner/*Schmitt* § 267 Rn. 2). Strikt ausgenommen von einer Bezugnahme sind die Strafzumessungserwägungen des erstinstanzlichen Richters (OLG München wistra 2006, 160).

2. Bezugnahme auf Abbildungen. Die in **Abs. 1 Satz 3** normierte Ausnahme vom Verbot der Bezugnahme 8 für **Einzelheiten von Abbildungen** dient der Vereinfachung der Abfassung von Urteilsgründen. Dem Urteilsverfasser soll eine den Rahmen des Erkenntnisses sprengende »Bildbeschreibung« erspart bleiben. Abbildung ist jede Darstellung der Außenwelt, die durch den Gesichts- oder Tastsinn wahrgenommen werden kann (KK-StPO/*Kuckein/Bartel*, § 267 Rn. 6). Hierzu zählen Lichtbilder, Gemälde, Tatort- und Unfallskizzen (SK-StPO/*Velten* § 267 Rn. 19), nicht aber Tonträger, die akustisch wahrgenommen werden müssen (KK-StPO/*Engelhardt*, 6. Auflage, § 267 Rn. 6). Umstritten ist, ob auf Videofilme Bezug genommen werden kann. Die obergerichtliche Rspr. hat dies in der Vergangenheit teilweise bejaht (u.a. OLG Dresden NZV 2009, 520; OLG Zweibrücken VRS 102, 103). Der 5. Strafsenat des BGH hat die Frage für auf CD gespeicherte Videosequenzen in einem Beschluss v. 14.09.2011 noch offengelassen (BGHR StPO § 267 Abs. 1 Satz 3 Verweisung 3). Der 2. Strafsenat des BGH verneint demgegenüber nunmehr die Verweismöglichkeit, wenn sich das Video auf einem elektronischen Speichermedium befindet und erst durch Einsatz technischer Hilfsmittel sichtbar gemacht werden kann (BGHSt 57, 53 ff.). Da nur auf die Einzelheiten von Abbildungen Bezug genommen werden kann, besteht grds. die Pflicht für den Richter, den wesentlichen wahrzunehmenden Inhalt der Darstellung in gebotener Kürze wiederzugeben, da nur so gewährleistet wird, dass die Urteilsgründe aus sich selbst heraus verständlich bleiben (vgl. BGHR StPO § 267 Abs. 1 Satz 3 Verweisung 1). Geringere Anforderungen gelten allerdings im Bußgeldverfahren, wenn dort die Identifizierung des Betroffenen anhand eines (anlässlich einer Geschwindigkeitsmessung) entstandenen Lichtbilds zu erfolgen hat. Nach der Rspr. des BGH soll in diesem Fall sogar die knappe Darstellung des Bildinhalts unterbleiben können. Für ausreichend wird angesehen, dass die Qualität des Fotos grds. die Identifizierung der abgebildeten Person zulässt (BGHSt 41, 376, 383: keine Verweismöglichkeit bei fehlender Eignung des Lichtbildes zur Identifizierung; OLG Bamberg NZV 2008, 166, 167). Diese vom Gesetzeswortlaut des § 267 abweichende Judikatur lässt sich nur damit rechtfertigen, dass im Bußgeldverfahren – wo es um sog. Verwaltungsunrecht geht – grds. geringere Maßstäbe an die Komplexität der Urteilsgründe zur Dokumentation der Entscheidung angelegt werden können. Es reicht das »rechtsstaatlich unverzichtbare Maß« der Darstellung (*Göhler* § 71 Rn. 42).

Mit der Bezugnahme nach Abs. 1 Satz 3, die ausdrücklich zu erfolgen hat (»wegen der Einzelheiten wird 9 gem. § 267 Abs. 1 Satz 3 Bezug genommen«), wird die Abbildung in ihrer Gänze Bestandteil der Urteilsgründe (BGH NStZ 2000, 307, 309; Meyer-Goßner/*Schmitt* § 267 Rn. 10). Das Revisionsgericht kann sie in Augenschein nehmen und eigenständig würdigen (KK-StPO/*Kuckein/Bartel* § 267 Rn. 6). Nach OLG Hamm v. 23.03.2017 – 4 RVs 30/17 – kann für eine ausdrückliche Bezugnahme auch die Angabe der bloßen Fundstelle in den Akten genügen (vgl. auch BGH NStZ-RR 2016, 178).

Kein Fall der verweisenden Bezugnahme nach Abs. 1 Satz 3 ist es, wenn die Abbildung im Original oder in 10 Ablichtung in die Urteilsgründe aufgenommen wird. Eine schriftliche Darstellung des Inhalts der Abbildung, wie sie das Gesetz für den Fall der Bezugnahme – wenn auch in eingeschränkter Form – fordert, wird damit entbehrlich (BGH NStZ-RR 1996, 211; Meyer-Goßner/*Schmitt* § 267 Rn. 10). Von der Aufnahme pornografischer Ablichtungen in die Urteilsniederschrift ist abzusehen (BGH NJW 2006, 1890, 1891).

3. Darstellungsinhalt. Der Forderung aus Abs. 1 Satz 1, eine **geschlossene Darstellung** der für erwiesen 11 erachteten Tatsachen abzugeben, kommt der Richter nach, wenn er alle äußeren und inneren Umstände im Verbund wiedergibt, die nach seiner Auffassung den Tatbestand des Strafgesetzes erfüllen (BGH wistra 1989, 264, 265; KK-StPO/*Kuckein/Bartel* § 267 Rn. 8). Fehlt es am Verbund, ist dies im Allgemeinen unschädlich, da Feststellungen auch dann zu berücksichtigen sind, wenn sie i.R.d. Beweiswürdigung oder der rechtlichen Würdigung wiedergegeben werden (BGHR StPO § 267 Abs. 1 Satz 1 Feststellungen 1). Der Bestand des Urteils ist erst dann gefährdet, wenn bei Berücksichtigung sämtlicher Urteilsteile nicht zu erkennen ist, welche Tatsachen unter den vom Gericht angenommenen Straftatbestand subsumiert wurden (vgl. bereits RGSt 73, 246, 248). Die Verpflichtung des Tatgerichts in das Urteil eine geschlossene Darstellung des strafbaren Verhaltens aufzunehmen, besteht auch dann, wenn die Entscheidung auf einer Verständigung beruht (BGH NStZ-RR 2011, 213).

a) Persönliche Verhältnisse. Zweckmäßigerweise beginnen die Feststellungen mit einer **Darstellung der** 12 **persönlichen Verhältnisse** des Angeklagten. Dabei ist darauf zu achten, dass für das Urteil nicht bedeutsame Tatsachen unerwähnt bleiben (BGH NStZ-RR 2007 [B], 129, 131; Meyer-Goßner/*Schmitt* § 267 Rn. 4).

13 **b) Die Straftat.** Bei der Wiedergabe der Tatsachen, die den **objektiven Tatbestand der Straftat** erfüllen, ist besonderes Augenmerk auf die Informationsfunktion der Urteilsgründe zu verwenden (vgl. Rdn. 4). Ort und Zeit der Tat sollten angegeben werden (BGH StV 2010, 60, 61). Dies gilt insb. dann, wenn dem Angeklagten mehrere in der Begehung gleichartige Straftaten vorgeworfen werden (Meyer-Goßner/*Schmitt* § 267 Rn. 5). Bei jahrelang zurückliegenden Serienstraftaten dürfen an die Individualisierung der einzelnen Unrechtshandlungen aber keine überspannten Anforderungen gestellt werden (sexueller Missbrauch eines Kindes: BGH NStZ 1994, 352, 353). Die Grenze des Möglichen ist dort zu ziehen, wo Mängel in der Konkretisierung dem Angeklagten eine sachgemäße Verteidigung gegen die erhobenen Vorwürfe nicht mehr erlauben (BGHSt 42, 107, 109; KK-StPO/*Engelhardt*, 6. Auflage, § 267 Rn. 9). In diesem Fall kann der Zweifelsgrundsatz dazu führen, dass, obwohl von einer mehrfachen Tatbegehung auszugehen ist, dem Angeklagten nur eine Tat angelastet wird (Meyer-Goßner/*Schmitt* § 267 Rn. 6a). Zur Zuordnung eines wirtschaftlichen Gesamtschadens auf Einzeltaten im Wege der Schätzung vgl. BGHSt 40, 374, 377.

14 Der spezifische Gehalt der Straftat muss aus der Tatsachendarstellung deutlich werden. Wiederholungen des Gesetzeswortlauts sind ebenso unzulässig wie bloße Eigenumschreibungen des tatbestandsmäßigen Verhaltens (BGH NStZ 2000, 607, 608: Unzureichend für die Darstellung einer Hehlerei ist die Umschreibung, »der Angeklagte habe sich bemüht, aus Straftaten stammende Gegenstände an dritte Personen abzusetzen«). Hier wird der Unrechtsgehalt der Strafvorschrift nicht in tatsächliche Vorgänge aufgelöst (KK-StPO/*Kuckein/Bartel* § 267 Rn. 9). Das Gebot, rechtliche Termini bei der Abfassung der Feststellungen nicht zu verwenden, gilt nur für allgemein bekannte und verständliche Rechtsbegriffe – Kauf, Verlöbnis – nicht (LR/*Stuckenberg* § 267 Rn. 385).

15 Grds. ist in den Urteilsgründen auch die Wiedergabe der Tatsachen erforderlich, aus denen auf die **innere Tatseite** geschlossen werden kann. Lediglich dann, wenn die Schilderung des objektiven Geschehens einen eindeutigen Rückschluss auf das subjektive Element zulässt, sind entsprechende Darlegungen entbehrlich (LR/*Stuckenberg* § 267 Rn. 44). Auch Irrtumsfragen (§ 16 StGB) sind zu behandeln (Meyer-Goßner/*Schmitt* § 267 Rn. 7). Ausführungen zum Vorliegen des Unrechtsbewusstseins i.S.d. § 17 StGB können ebenfalls erforderlich sein (OLG Braunschweig NJW 1957, 639, 640; LR/*Stuckenberg* § 267 Rn. 46). Insgesamt gilt: Je mehr Zweifel am Vorliegen eines bestimmten Kriteriums der inneren Tatseite bestehen, umso mehr haben die Urteilsgründe diese Problematik zu thematisieren. Deshalb bedürfen bestimmte vom Tatbestand vorausgesetzte Vorsatzformen – Absicht 1. oder 2. Grades – im Regelfall einer ausführlichen Begründung. Entsprechendes gilt, wenn eine bedingt vorsätzliche Tatbegehung in Abgrenzung zu einer bewusst fahrlässigen Deliktsverwirklichung im Raum steht (BGH NStZ 1987, 362 m.Anm. *Puppe*; KK-StPO/*Kuckein/Bartel* § 267 Rn. 10). Auch bei der Darstellung der Tatsachen zur inneren Tatsache ist das Verbot der Verwendung von Rechtsbegriffen zu beachten. Die Begriffe »Vorsatz« und »Fahrlässigkeit« müssen in tatsächliche Bestandteile aufgelöst werden (OLG Oldenburg VRS 32, 274, 276; Meyer-Goßner/*Schmitt* § 267 Rn. 7). Besondere Sorgfalt ist auch auf die Darlegung von Versuchsstrafbarkeiten zu verwenden. Geht das Gericht von einem beendeten Versuch aus, muss das Urteil Feststellungen dazu enthalten, dass der Angeklagte nach Abschluss der letzten Ausführungshandlung angenommen hat, bereits alles Erforderliche zur Verwirklichung des angestrebten Erfolgs getan zu haben (BGH NStZ 2016, 664 f.).

16 **c) Indizien.** Andere Tatsachen, aus denen der Beweis der Straftat gefolgert wird und die nach dem Gesetz, wie sich aus **Abs. 1 Satz 2** ergibt, ebenfalls in den Urteilsgründen genannt werden sollen, sind die sog. **Indizien** (Meyer-Goßner/*Schmitt* § 267 Rn. 11), also die Tatsachen, aus denen – als »Anzeichen« – der Beweis der Tat gefolgert wird (LR/*Stuckenberg* § 267 Rn. 50). Der Gesetzeswortlaut stellt die Benennung der Indizien zwar grds. in das Ermessen des Richters. In der Ermessensausübung ist dieser jedoch nicht frei. Sind die Indizien und ihre Würdigung tragend für die Entscheidung, müssen sie in den Urteilsgründen ihren Niederschlag finden. Anderenfalls würde die Darstellung des Urteils wegen eklatanter Lückenhaftigkeit eine Überprüfung auf Rechtsfehler durch das Revisionsgericht nicht ermöglichen (KK-StPO/*Kuckein/Bartel* § 267 Rn. 18 m.w.N.).

17 **d) Beweiswürdigung.** Eine Pflicht, die **Würdigung der Beweise und Beweistatsachen** in den schriftlichen Urteilsgründen mitzuteilen, enthält § 267 für das Gericht nicht. Diese Pflicht ergibt sich allerdings aus § 261. Aus dem dort aufgestellten Gebot, das Ergebnis der Beweisaufnahme umfassend zu würdigen, folgt zugleich die Pflicht, diese Würdigung in den Urteilsgründen transparent zu machen (BGH NStZ 2007, 538; SK-StPO/*Velten* § 267 Rn. 33), ohne dass dies aber erfordern würde, sämtliche Umstände aufzuführen, die zur Überzeugungsbildung des Gerichts beigetragen haben. Die Beweiswürdigung erfordert nämlich keine Dokumentation der Beweisaufnahme und soll nicht die Funktion eines Protokolls über den Inhalt von Angeklagten- und Zeugenäußerungen erfüllen (BGH NStZ 2009, 403). Die bloße Darstellung von Aussageinhalten beschwört vielmehr eine Gefahr für den Bestand des Urteils herauf, weil ihr das würdigende Element fehlt und dem Revisionsgericht dadurch die Möglichkeit genommen wird, den Gang der tatrichterlichen Überzeugungs-

bildung nachzuvollziehen (BGH NStZ 2007, 720). Gleichwohl bedarf es natürlich im Regelfall einer auf das Wesentliche beschränkten Wiedergabe der **Einlassung des Angeklagten** und der **Aussage von Zeugen** (BGH v. 02.02.2021 – 4 StR 471/20; BGH NStZ 2021, 121 f.; NStZ 2015, 299 f.; StraFo 2015, 121 f.; StV 1984, 64; *Pfeiffer* § 267 Rn. 9). Nur sind diese Angaben entweder gegeneinander oder mit Erkenntnissen aus anderen Beweismitteln abzuwägen. Einer besonders detaillierten Darstellung und Würdigung bedarf es bei der sog. »Aussage gegen Aussage-Konstellation«, also dann, wenn der bestreitenden Einlassung des Angeklagten die belastende Aussage eines einzigen Zeugen gegenübersteht. Um die Beweiswürdigung hinreichend transparent zu machen, muss das Urteil bei einer solchen Verfahrenssituation grds. auch Ausführungen zur Glaubwürdigkeit des Angeklagten und des Zeugen enthalten. Generell dürfte es für das Gericht unverzichtbar sein, seine Wertung von der Richtigkeit getätigter Angaben mitzuteilen (OLG Düsseldorf VRS 66, 36, 37; Meyer-Goßner/*Schmitt* § 267 Rn. 12a). Denn das Revisionsgericht muss stets die Möglichkeit besitzen, sich durch die Lektüre der Gründe einen Eindruck von der Fehlerfreiheit der tatrichterlichen Überzeugungsbildung zu verschaffen. Erhöhter Begründungsaufwand bei der Abfassung der Urteilsgründe besteht nicht nur bei den schon erwähnten sich widersprechenden Angaben (BGH StV 1995, 340), sondern auch bei widersprüchlichen Aussagen derselben Auskunftsperson (BGH StraFo 2003, 274, 275; KK-StPO/*Kuckein/Bartel* § 267 Rn. 15) oder einem schweigenden Angeklagten (OLG Köln VRS 80, 34, 36), bei Zeugen vom Hörensagen (BGH NStZ 1988, 144) oder Zeugen, die auf Grundlage von § 247a audiovisuell unter gleichzeitiger technischer Verfremdung von Aussehen und Stimme vernommen wurden. Erhöhte Darlegungsanforderungen bestehen auch, wenn der Tatnachweis allein auf ein Wiedererkennen des Angeklagten durch einen Zeugen gestützt wird. Hier muss das Gericht die Täterbeschreibung des Zeugen im Urteil wiedergeben und seiner eigenen Personenwahrnehmung gegenüberstellen (BGH NStZ-RR 2017, 90 f.).

Hat ein **Sachverständiger** im Termin ein Gutachten erstattet, darf das Gericht dessen Aussagen und das 18
Ergebnis des Gutachtens nicht ungeprüft übernehmen (BGHSt 8, 113, 118). Neben die Darstellung der wesentlichen Anknüpfungstatsachen und der Erwägungen des Sachverständigen, die eine Revisibilität des Urteils erst ermöglichen (BGHSt 34, 29, 31) muss eine eigene Stellungnahme des Gerichts zu der im Gutachten thematisierten Fachfrage treten, auch wenn dieses dem Sachverständigen im Ergebnis folgen will. Denn nur so zeigt das Gericht, dass es dem Gebot zur freien Beweiswürdigung aus § 261 Folge geleistet und eine eigene Sachentscheidung getroffen hat (LR/*Stuckenberg* § 267 Rn. 66). Will sich das Gericht dem Gutachten nicht anschließen, ist eine Darstellung des Gutachteninhalts in den Gründen ebenfalls erforderlich. Denn nur bei Kenntnis des Gutachtens kann das Revisionsgericht eine Entscheidung darüber treffen, ob die gerichtliche Überzeugung nachvollziehbar und fehlerfrei ist (BGH NStZ 2009, 571; StraFo 2009, 71; NStZ-RR 2016, 380 ff.). Deutlich werden muss auch, warum das Gericht glaubt, die Fachfrage aufgrund eigenen Wissens beantworten zu können (BGHSt 12, 18, 20; LR/*Suckenberg* § 267 Rn. 66). Liegen dem Sachverständigengutachten neuere, unerprobte oder wissenschaftlich umstrittene Methoden zugrunde, bedarf dies der Erwähnung und Diskussion im Urteil. Das Gericht muss erkennen lassen, dass es sich der Umstände, die Zweifel an dem Gutachtenergebnis aufkommen lassen könnten, bewusst gewesen ist (BGH NStZ 2000, 106, 107). Ein dem entscheidungsrelevanten Gutachten widersprechendes Gegengutachten darf nicht unerwähnt bleiben (BGH NStZ 2006, 296 f.). Weicht das mündliche Gutachten des Sachverständigen im Termin von seinen vor der Hauptverhandlung erstellten schriftlichen Aufzeichnungen ab, muss das Gericht dartun, warum es der mündlichen oder schriftlichen Darstellung folgt (BGH StV 2005, 653, 654; Meyer-Goßner/*Schmitt* § 267 Rn. 13). Liegt dem Gutachten ein anerkanntes, weithin standardisiertes Verfahren zugrunde – wie etwa bei Blutalkoholgutachten –, bedarf es im Allgemeinen keiner besonderen Befassung mit der Untersuchungsmethode im Urteil. Ausreichend ist die Wiedergabe des Untersuchungsergebnisses (BGHSt 28, 235, 237; BGH NStZ 1993, 95).

Beruht das Urteil im Wesentlichen auf dem Ergebnis einer **Augenscheinseinnahme**, müssen dessen Gründe 19
erkennen lassen, auf welche festgestellten Einzelheiten und welchen daran anknüpfenden Erwägungen sich die Beweiswürdigung des Gerichts stützt (LR/Stuckenberg § 267 Rn. 67). Besonderer Begründungsaufwand ist erforderlich, wenn die Identifizierung des Angeklagten anhand von Bildmaterial erfolgt ist. Liegt sog. »wiederholtes Wiedererkennen« vor, muss das Gericht zum Ausdruck bringen, dass es sich dessen eingeschränkten Beweiswerts bewusst gewesen ist (BGH NStZ 2010, 53 f. m.Anm. *Schneider*; OLG Zweibrücken StV 2004, 65, 66). Beruht die Identifikation auf einer Wahllichtbildvorlage, muss sich das Urteil darüber aussprechen, ob diese ordnungsgemäß war und welcher Beweiswert ihr beigemessen werden kann (BGH NStZ-RR 2008, 148, 149 f.; Meyer-Goßner/*Schmitt* § 267 Rn. 12a).

Im Zuge der Bescheidung von Beweisanträgen als **erwiesen** oder **unerheblich** behandelte oder als **wahr unterstellte Tatsachen** müssen erwähnt werden, wenn sie für erwiesen erachtete Tatsachen i.S.v. Abs. 1 Satz 1 sind 20
(KK-StPO/*Kuckein/Bartel* § 267 Rn. 17). Darüber hinaus bedürfen sie der Erörterung nur, wenn eine solche Erörterung für eine rechtliche Überprüfung der Entscheidung unabdingbar ist (BGHSt 28, 309, 311), insb.

also dann, wenn die Urteilsgründe ohne Tatsachendarstellung lückenhaft wären (vgl. BGH StV 1984, 142; KK-StPO/*Kuckein/Bartel* § 267 Rn. 17).

21 e) **Vom Strafgesetz besonders vorgesehene Umstände, Abs. 2. Abs.** 2 fordert Erörterungen in den Urteilsgründen zu vom »Strafgesetz **besonders vorgesehenen Umständen**, die die Strafbarkeit ausschließen, vermindern oder erhöhen«, sofern diese Umstände in der Hauptverhandlung thematisiert wurden. Die von der Vorschrift in Bezug genommenen Umstände sind die im StGB ausdrücklich genannten Fälle, die zu einer Änderung der Rechtsfolge führen können (KK-StPO/*Kuckein/Bartel* § 267 Rn. 19). Es fallen darunter die im materiellen Strafrecht normierten Rechtfertigungs-, Schuld- und Strafausschließungs- sowie Strafaufhebungsgründe (Meyer-Goßner/*Schmitt* § 267 Rn. 15). Letztlich sind auch alle Vorschriften gemeint, die, wie § 21 StGB (OLG Hamm NJW 1972, 1149) oder § 23 Abs. 2, auf § 49 StGB verweisen (Meyer-Goßner/*Schmitt* § 267 Rn. 15). Besondere Umstände i.S.v. Abs. 2 sind aber auch Regelbeispiele des Besonderen Teils, wie etwa § 243 StGB, und Qualifikationstatbestände, wie § 224 StGB (KK-StPO/*Kuckein/Bartel* § 267 Rn. 19).

22 Voraussetzung der Erwähnung ist, dass die besonderen Umstände während der Hauptverhandlung von einem Prozessbeteiligten behauptet wurden (LR/Stuckenberg § 267 Rn. 72). Ob eine Behauptung stattgefunden hat, schöpft das Revisionsgericht allein aus den Urteilsgründen (KK-StPO/*Kuckein/Bartel* § 267 Rn. 20). Eine Beweiserhebung über die Behauptung findet nicht statt, da eine solche auf eine unzulässige Reproduktion eines Teils der Beweisaufnahme hinauslaufen würde (BGHSt 31, 139 f.; a.A. *Sieg* NJW 1983, 2014 f.). Ergibt sich aus den Gründen, dass besondere, den Rechtsfolgenausspruch betreffende Umstände Gegenstand der Verhandlung waren, muss das Gericht nachvollziehbar begründen, warum es deren Existenz angenommen oder verneint hat.

23 f) **Das Strafgesetz. Abs. 3 Satz 1** zwingt zunächst dazu, in den Gründen das **Strafgesetz** zu benennen, von dessen Verwirklichung das Gericht ausgeht. Dazu zählen auch Begehungsstadien (Versuch/Vollendung) und Beteiligungsformen (Beihilfe, Anstiftung, Täterschaft; vgl. RGSt 32, 351; KK-StPO/*Kuckein/Bartel* § 267 Rn. 21). Zur Bestimmung des angewendeten Strafgesetzes können ggf. die Urteilsformel und der Zusammenhang der Urteilsgründe herangezogen werden. Nur wenn auch danach unklar bleibt, welchen strafrechtlichen Vorwurf das Gericht erhebt, ist die Verfahrensvorschrift verletzt.

24 g) **Die Rechtsfolgenentscheidung. aa) Die Strafzumessung.** Besondere Bedeutung besitzt **Abs. 3 Satz 1 Hs. 2.** Dem Gericht obliegt die Verpflichtung, die Umstände anzuführen, die für die **Zumessung der Strafe** bestimmend waren. Anzugeben sind deshalb zuvörderst die tragenden Strafzumessungsgründe (nicht sämtliche, wie sich aus der eindeutigen Formulierung des Gesetzes ergibt; vgl. BGHSt 24, 268). Da nur die tragenden Umstände zu dokumentieren sind, gefährdet es den Bestand des Urteils nicht, wenn sich aus seinem Sachverhalt ein Hinweis auf einen ggf. für die Festlegung der Strafe relevant seienden Umstand ergibt, das Gericht sich mit diesem aber nicht ausdrücklich auseinandergesetzt hat. Denn aus der Nichterwähnung kann nicht geschlossen werden, dass er bei der Festsetzung der Strafe keine Rolle gespielt hat (OLG Karlsruhe NJW 1980, 133, 134). Erforderlich ist auch, dass das Gericht begründet, warum es die verhängte und keine andere Strafe gewählt hat (BGH NJW 1976, 2220). Bestimmen Vorstrafen über die Rechtsfolge mit, ist ihr Gegenstand mitzuteilen, wobei eine kurze Zusammenfassung ausreicht und von einer wörtlichen Zitierung der früheren Urteile abgesehen werden kann (BGH NJW 1999, 2533, 2535). Erwähnung haben weiterhin das Datum des früheren Erkenntnisses und natürlich die dort ausgesprochene Sanktion zu finden. Auch Angaben zum Stand der Vollstreckung sind zu machen (Meyer-Goßner/*Schmitt* § 267 Rn. 18).

25 Kommt es zur Verhängung von Geldstrafe, sind die Anzahl der Tagessätze und die Höhe des einzelnen Tagessatzes zu begründen (KK-StPO/*Kuckein/Bartel* § 267 Rn. 27). Abweichungen von den Bemessungsgrundlagen des § 40 Abs. 2 StGB sind ebenso zu begründen wie das Festhalten an diesen Kriterien, wenn besondere Umstände ein solches Festhalten infrage stellen (BayObLG MDR 1975, 1038). Kommt es zu einer Schätzung nach § 40 Abs. 3 StGB, sind die Maßstäbe, nach denen das Gericht die Schätzung vorgenommen hat, mitzuteilen (OLG Frankfurt StV 1984, 157).

26 Verfährt das Gericht nicht nach § 53 Abs. 2 Satz 2 StGB, hat es dieses Vorgehen zu rechtfertigen, wenn die Umstände nahe legen, dass im Fall einer gesonderten Festsetzung von Freiheits- und Geldstrafe Erstere hätte zur Bewährung ausgesetzt werden können (BGH StV 1986, 58).

27 Bestimmt das Gericht eine Strafe, die sich am Ober- oder Unterrand des vom Gesetz vorgegebenen Strafrahmens bewegt, bedarf dies einer besonders detaillierten Begründung, weil deutlich gemacht werden muss, dass Gegenstand der Verurteilung eine erheblich vom Durchschnitt abweichende Tat gewesen ist (BGH GA 1974, 78).

28 *Hinsichtlich der Strafhöhe* fordert das Gesetz lediglich eine Begründung des Ergebnisses des Strafzumessungsvorgangs. Keiner näheren Darlegung bedarf der Spielraum, aus dem diese Strafe geschöpft wurde. Es ist für

den Bestand des Urteils daher unschädlich, wenn der Richter sich nicht zu der »bereits schuldangemessenen« und der »nicht mehr schuldangemessenen« Strafe verhält (Meyer-Goßner/*Schmitt* § 267 Rn. 19).

Einer besonderen Begründung bedarf auch die Bemessung der Gesamtstrafe, da es sich bei der Gesamtstrafenbildung um einen eigenständigen Strafzumessungsvorgang handelt (BGHSt 24, 268, 271). Für eine solche Begründung kann jedoch auf die Begründung der Einzelstrafen Bezug genommen werden, wenn diese auch Bedeutung für die Bildung der Strafe nach § 54 oder § 55 StGB besitzt (KK-StPO/*Kuckein/Bartel* § 267 Rn. 28). 29

Kommt es zur Verhängung der lebenslangen Freiheitsstrafe, bedarf es im Urteil der Erörterung der Frage, ob eine besondere Schwere der Schuld nach § 57a Abs. 1 Satz 1 Nr. 2 StGB vorliegt (Meyer-Goßner/*Schmitt* § 267 Rn. 20a). Die für oder gegen die Bejahung der Schuldschwere sprechenden Argumente sind für das Revisionsgericht transparent zu machen. Dies gilt für die Fälle, in denen die lebenslange Freiheitsstrafe vom Gesetz als absolute Strafe vorgesehen wird (u.a. § 211 StGB) und die Fälle, in denen die lebenslange Freiheitsstrafe Ergebnis eines Strafzumessungsvorgang ist (u.a. § 212 Abs. 2 StGB), gleichermaßen (BGH NStZ-RR 1996, 321). 30

Auch zu den Voraussetzungen des § 47 StGB haben sich die Urteilsgründe zu verhalten. **Abs. 3 Satz 2 Hs. 2** fordert eine Begründung, wenn – entgegen der gesetzlichen Regelung – **Freiheitsstrafen von einer kürzeren Dauer als 6 Monaten** verhängt werden sollen oder ein Antrag auf Verhängung einer kurzzeitigen Freiheitsstrafe abgelehnt wird. Spricht das Gericht eine kurzzeitige Freiheitsstrafe aus, darf es sich zur Begründung dieser Entscheidung nicht auf eine Zitierung der gesetzlichen Merkmale des § 47 StGB beschränken. Auch schematische, an der Oberfläche bleibende Begründungen sind zu vermeiden. So reicht es nicht aus, die kurze Freiheitsstrafe allein auf das Vorliegen einschlägiger Vorverurteilungen zu stützen. Erforderlich ist vielmehr auch bei Vorstrafen eine Würdigung der besonderen Umstände des Einzelfalls (OLG Stuttgart StraFo 2009, 118 f.). Über den Gesetzeswortlaut hinaus wird man aus Gründen der sachlichrechtlichen Nachprüfbarkeit der gerichtlichen Entscheidung Erörterungen in den Urteilsgründen aber auch dann verlangen müssen, wenn für eine Tat, die im Regelfall eine Freiheitsstrafe nach sich zieht, eine Geldstrafe verhängt wird (KK-StPO/*Kuckein/Bartel* § 267 Rn. 32). 31

Die in **Abs. 3 Satz 2 Hs. 1** genannten **minder schweren Fälle**, sind die ungeschriebenen. Die gesetzlich normierten werden bereits von Abs. 2 erfasst (KK-StPO/*Kuckein/Bartel* § 267 Rn. 29). Der Begründungszwang für den minder schweren Fall ergibt sich, wenn das Gericht dessen Voraussetzungen angenommen hat. Der Grund für die Begründungspflicht ist der Umstand, dass der minder schwere Fall die gesetzliche Ausnahme bei der Strafzumessung darstellt und Ausnahmen von der Regel der Begründung bedürfen (Meyer-Goßner/*Schmitt* § 267 Rn. 21). Als weiteren Grund für eine Auseinandersetzung mit einem (ungeschriebenen) minder schweren Fall nennt § 267 zudem die Ablehnung des Antrags eines Verfahrensbeteiligten auf Annahme des Strafmilderungsgrundes in der Hauptverhandlung. Hier folgt die Begründungspflicht aus dem Erfordernis, sich mit prozessualem Vorbringen der Verfahrensbeteiligten in einer das rechtliche Gehör wahrenden Weise auseinanderzusetzen. Der Antrag ist eine protokollierungsbedürftige wesentliche Förmlichkeit des Verfahrens i.S.d. §§ 273, 274 (LR/*Stuckenberg* § 267 Rn. 103). Er kann sich konkludent daraus ergeben, dass eine Strafe beantragt wird, die nur bei Zugrundelegung eines minder schweren Falls möglich ist (BGH MDR 1967 [D], 12, 15). Über die von Abs. 3 Satz 2 genannten Konstellationen hinaus, muss das Gericht aber auch begründen, warum es keinen minder schweren Fall angenommen hat, obwohl der Sachverhalt hierzu grds. Anlass gegeben hat (BGH StV 1981, 542; für Begründungszwang bei Besitz von Betäubungsmitteln, wenn der Täter abhängig ist BGH NStZ-RR 2015, 16). Ohne einen solchen Anlass besteht – ausgehend von dem Grundsatz, dass nur die Ausnahme von der Regel zu begründen ist (KK-StPO/*Kuckein/Bartel* § 267 Rn. 29) – demgegenüber keine Verpflichtung des Gerichts zur Auseinandersetzung mit einer durch einen minder schweren Fall angezeigten Strafrahmenverschiebung. Zur Begründungspflicht des Gerichts im Zusammenhang mit § 47 StGB vgl. oben Rdn. 31. 32

Anders als für den minder schweren Fall hat der Gesetzgeber in **Abs. 3 Satz 3** für den besonders schweren Fall die Verpflichtung des Gerichts zur Begründung im Urteil ausdrücklich geregelt, wenn ein solcher Erschwerungsfall nicht angenommen wird, obwohl die Voraussetzungen für ihn der Regel nach erfüllt sind. Auch hier liegt der Grund für den Begründungszwang in der Abweichung vom »Normalfall« juristischer Entscheidung (Meyer-Goßner/*Schmitt* § 267 Rn. 21). Das Gericht muss darlegen, warum es der gesetzlichen Vorgabe, den Strafrahmen zulasten des Angeklagten zu verschieben, nicht Folge geleistet hat. Zur Begründung ist das Gericht aber auch verpflichtet, wenn es einen besonders schweren Fall annimmt, obwohl dessen Voraussetzungen nicht vorliegen. Es gilt Abs. 3 Satz 2 entsprechend, d.h. die Urteilsgründe müssen ergeben, weshalb das Gericht zur Annahme der Voraussetzungen des besonders schweren Falles gelangt ist. Über den Gesetzeswortlaut hinaus wird man eine Pflicht des Gerichts, sich mit den Voraussetzungen des besonders schweren Falls auseinanderzusetzen, auch dann annehmen müssen, wenn – entsprechend der Regelung in Abs. 3 Satz 2 33 für den minder schweren Fall – ein Antrag auf eine Verurteilung auf Grundlage des Erschwerungsgrundes gestellt wurde (KK-StPO/*Kuckein/Bartel* § 267 Rn. 29; Meyer-Goßner/*Schmitt* § 267 Rn. 21).

34 Über die im Gesetz genannten Begründungszwänge zur Erörterung von Strafen hinaus, gilt es für den Richter auch, das Begründungserfordernis nach § 54 Abs. 1 JGG zu beachten, wenn auf den Verurteilten Jugendstrafrecht zur Anwendung kommt. Steht eine Jugendstrafe im Raum, darf nicht offenbleiben, inwieweit der im Jugendstrafrecht geltende Erziehungsgedanke Einfluss auf die Strafhöhe genommen hat (BGHSt 15, 224, 225).

35 bb) **Die Strafaussetzung zur Bewährung.** **Abs. 3 Satz 4** normiert die Pflicht, darzulegen, warum eine **Strafaussetzung zur Bewährung** erfolgt ist bzw. warum einem darauf gerichteten Antrag nicht stattgegeben wurde. Auch diese Aufzählung ist nicht abschließend. Aus der Funktion der Urteilsgründe, die gerichtliche Entscheidung nachvollziehbar und für ein Rechtsmittelgericht überprüfbar zu machen, folgt auch im Zusammenhang mit der Strafaussetzung für das Gericht ein umfassender Erörterungszwang (KK-StPO/*Kuckein/Bartel* § 267 Rn. 33). Stets dann, wenn die besonderen Umstände des Einzelfalls die Möglichkeit einer Strafaussetzung zur Bewährung aufwerfen, hat sich das Urteil zu dieser Möglichkeit zu verhalten (BGH NStZ 1986, 374). Dies gilt insb. dann, wenn die Feststellungen den Hinweis ermöglichen, dass der Angeklagte auf die Stellung eines Antrags auf Strafaussetzung bewusst und aus verständlichen Gründen verzichtet hat, etwa, um sich nicht in Widerspruch zu seiner bestreitenden Einlassung zu setzen, es im Fall des Nichtbestreitens aber nahe gelegen hätte, sich auf die Vergünstigung aus § 56 StGB zu berufen (OLG Köln VRS 67, 119 f.; Meyer-Goßner/*Schmitt* § 267 Rn. 23). Der im Gesetz genannte Antrag ist eine wesentliche Förmlichkeit des Verfahrens gem. § 274 (KK-StPO/*Kuckein/Bartel* § 267 Rn. 33). Er kann konkludent (LR/*Stuckenberg* § 267 Rn. 108) oder auch nur hilfsweise gestellt werden (OLG Düsseldorf StV 1997, 123). Streitig ist, ob ein Antrag auf Strafaussetzung in einem Antrag auf milde Bestrafung enthalten ist (befürwortend: OLG Braunschweig NJW 1954, 284, 285; Meyer-Goßner/*Schmitt* § 267 Rn. 23; a.A. KK-StPO/*Kuckein/Bartel* § 267 Rn. 33). Bei Versagung der Strafaussetzung zur Bewährung sind Eventualbegründungen zu vermeiden (»wäre die Strafaussetzung nicht bereits aus dem Grund X heraus zu versagen gewesen, hätte der Grund Y zur Versagung geführt«; vgl. BGHSt 7, 359 f.). Erfolgt die Strafaussetzung, sind Ausführungen zu § 56 Abs. 3 StGB jedenfalls dann erforderlich, wenn die sonstigen Feststellungen eine Beschäftigung des Gerichts mit der Frage der Notwendigkeit einer zu vollstreckenden Strafe zur Verteidigung der Rechtsordnung nahe gelegt hätten (KK-StPO/*Kuckein/Bartel* § 267 Rn. 33). Eine ausnahmslose Pflicht zur Erörterung dürfte demgegenüber zu verneinen sein (BGH NStZ 1989, 527; Meyer-Goßner/*Schmitt* § 267 Rn. 23).

36 cc) **Verwarnung mit Strafvorbehalt und Absehen von Strafe.** Der dem Gericht im Zusammenhang mit der Strafaussetzung zur Bewährung obliegende Begründungszwang gilt auch für die Institute der **Verwarnung mit Strafvorbehalt** und des **Absehens von Strafe, Abs. 3 Satz 4 Hs. 2.** Von Gesetzes wegen zu begründen sind also die Gewährung dieser Vergünstigungen und die Ablehnung auf sie abzielender Anträge. Daneben besteht auch hier aufgrund der Informationsfunktion der Urteilsgründe und zu Zwecken der revisionsrechtlichen Nachprüfung des Urteils die Verpflichtung, Ausführungen zur Verwarnung mit Strafvorbehalt und dem Absehen von Strafe zu machen, wenn die Umstände des Einzelfalls derartige Darlegungen nahe legen (OLG Zweibrücken VRS 66, 196, 197; KK-StPO/*Kuckein/Bartel* § 267 Rn. 34).

37 h) **Die Verständigung.** Durch das Gesetz zur Regelung der Verständigung im Strafverfahren v. 29.07.2009 (BGBl. I, S. 2353) ist **Abs. 3 Satz 5** eingeführt worden, wonach in den Urteilsgründen mitzuteilen ist, ob dem Urteil eine **Verständigung nach § 257c** vorausgegangen ist. Es reicht die Angabe, dass eine Verständigung stattgefunden hat. Deren Inhalt muss nicht mitgeteilt werden (BGH NStZ-RR 2010, 151). Dem Revisionsgericht wird damit die Prüfung ermöglicht, ob das Verständigungsverfahren ordnungsgemäß eingehalten wurde (Meyer-Goßner/*Schmitt* § 267 Rn. 23a). Die Mitteilung in den Gründen ist aber auch für nachfolgende Strafverfahren von Bedeutung. So ist in einem Verfahren gegen einen Mittäter von Interesse, ob ein anlässlich einer Verständigung abgelegtes Geständnis des Verurteilten verwertet werden kann (BGHSt 52, 78, 83; *Kölbel/Selter* JR 2009, 447, 450). Anzugeben ist in den Urteilsgründen auch das Abrücken des Gerichts von einer zunächst getroffenen Verständigung. Anhand dieser Mitteilung kann das Rechtsmittelgericht die Beachtung des Beweisverwertungsverbots nach § 257c Abs. 4 Satz 3 prüfen (Meyer-Goßner/*Schmitt* § 267 Rn. 23a).

38 i) **Gesetzliche Nebenfolgen der Straftat.** Keine Erwähnung in § 267 finden gesetzliche Nebenfolgen der Straftat, wie Verfall, Einziehung, die Verhängung einer Geldbuße gegen eine juristische Person oder Personenvereinigung nach § 444 oder Geldbußen nach §§ 42, 64, 82 und § 83 OWiG. Auch die öffentliche Bekanntmachung der Verurteilung nach § 200 StGB und der Kosten- und Entschädigungsausspruch sind nicht genannt. Dass das Urteil die tatsächlichen und rechtlichen Grundlagen dieser Nebenentscheidungen aufzeigen muss, ergibt sich damit allein aus dem sachlichen Recht, d.h. der Informations- und Kontrollfunktion

der Urteilsgründe (KK-StPO/*Kuckein/Bartel* § 267 Rn. 36; Meyer-Goßner/*Schmitt* § 267 Rn. 38). Insoweit wird die Auseinandersetzung mit der Nebenfolge auch dann erforderlich, wenn sie nicht angeordnet wurde, obwohl die Umstände des Einzelfalls eine solche Anordnung nahe legten.

j) **Das abgekürzte Urteil, Abs. 4.** **Abs.** 4 behandelt den Inhalt des sog. **abgekürzten Urteils**. Unter der Voraussetzung, dass sämtliche zur Anfechtung des Erkenntnisses berechtigten Verfahrensbeteiligten auf die Einlegung eines Rechtsmittels verzichtet haben oder dass innerhalb der dafür vorgesehenen Fristen kein Rechtsmittel eingelegt wurde, kann sich der Richter bei der Abfassung der Urteilsgründe auf die Wiedergabe der erwiesenen Tatsachen, in denen die gesetzlichen Merkmale der Straftat gefunden wurden und die Angabe des angewendeten Strafgesetzes beschränken, **Abs. 4 Satz 1**. Das entspricht den Begründungserfordernissen von Abs. 1 Satz 1. In Fortfall geraten jedoch die Darlegungsanforderungen aus Abs. 1 Satz 2, Abs. 2 und 3 sowie 6 (KK-StPO/*Kuckein/Bartel* § 267 Rn. 38). Keine Befreiung tritt demgegenüber hinsichtlich des Gebots ein, die Rechtsfolgen und die sie tragenden Bestimmungen zu erörtern (Meyer-Goßner/*Schmitt* § 267 Rn. 25). Besonderheiten gelten für Urteile, die nur auf Geldstrafe lauten oder neben einer Geldstrafe ein Fahrverbot oder die Entziehung der Fahrerlaubnis und damit im Verbund die Einziehung des Führerscheins anordnen sowie bei Verwarnungen mit Strafvorbehalt. Hier kann das Gericht auf den zugelassenen Anklagesatz, den protokollierten Inhalt der im beschleunigten Verfahren mündlich erhobenen Anklage (§ 418 Abs. 3 Satz 2) oder den Strafbefehl sowie den Strafbefehlsantrag verweisen, **Abs. 4 Satz 1 Hs. 2**. Der Strafbefehl ist Gegenstand der Verweisung, wenn es nach seinem Erlass aufgrund Einspruchs zur Hauptverhandlung gekommen ist. Der Strafbefehlsantrag ist maßgeblich im Fall des § 408 Abs. 3 Satz 2, das Gericht also dem Antrag der StA u.a. aus rechtlichen Bedenken nicht folgen will oder die Durchführung einer Hauptverhandlung für unerlässlich hält. 39

Der Verzicht der Rechtsmittelberechtigten auf Einlegung von Berufung oder Revision, der Voraussetzung dafür ist, die Gründe des Urteils abzukürzen, muss sich sowohl auf den Schuld- als auch den Rechtsfolgenausspruch beziehen (LR/*Stuckenberg* § 267 Rn. 152; Meyer-Goßner/*Schmitt* § 267 Rn. 24; a.A. *Niehaus* NZV 2003, 409, 413: Bei beschränkter Anfechtung des Rechtsfolgenausspruchs kann hinsichtlich des rechtskräftig gewordenen Schuldspruchs auf die Darlegung der Beweiswürdigung verzichtet werden). Die Einlegung einer Beschwerde gegen die Kostenentscheidung nach § 464 Abs. 3, einer sofortigen Beschwerde nach § 8 Abs. 3 StrEG gegen die Entscheidung des Strafgerichts über die Entschädigungspflicht oder die Anfechtung eines zugleich mit dem Urteil erlassenen Beschlusses (Bewährungsbeschluss) berühren die Rechtskraft der Entscheidung und damit die Möglichkeit, die Gründe gekürzt abzufassen, nicht (Meyer-Goßner/*Schmitt* § 267 Rn. 24). Der Fall, dass ein Rechtsmittel gegen ein Urteil nicht statthaft ist – z.B. Unstatthaftigkeit der Revision bei Berufungseinlegung im Jugendstrafrecht nach § 55 Abs. 2 JGG – steht der Unanfechtbarkeit eines Urteils durch Verstreichenlassen der Anfechtungsfrist nicht gleich (BVerfG NJW 2004, 209, 210). 40

Liegen die Voraussetzungen für eine Verkürzung der Urteilsgründe vor und kommt das Gericht seinen Darlegungsverpflichtungen nach Abs. 4 Satz 1 nach, liegt der weitere Inhalt der Urteilsgründe in seinem Ermessen. Aufgenommen werden sollte alles, was für Nachtragsentscheidungen über die Rechtsfolgen (Bewährungswiderruf, Reststrafenaussetzung und Resozialisierung des Verurteilten) von Bedeutung sein könnte (KK-StPO/*Kuckein/Bartel* § 267 Rn. 38) und sich in dieser Form nicht aus den Akten ergibt (*Rieß* NJW 1975, 81, 87). 41

Abs. 4 Satz 2 verweist auf Abs. 3 Satz 5, woraus sich ergibt, dass auch bei Rechtskraft des Urteils der Umstand, dass eine Verständigung im Strafverfahren nach § 257c stattgefunden hat, in den Gründen Erwähnung finden muss. Bedeutung hat die Erwähnung im abgekürzten Urteil für ein Wiederaufnahmeverfahren oder für Folgeverfahren gegen Mittäter (Meyer-Goßner/*Schmitt* § 267 Rn. 27a). 42

Die Möglichkeit, die abgekürzten Gründe des Urteils zu ergänzen, eröffnet **Abs. 4 Satz 3**. Binnen der Frist des § 275 Abs. 1 Satz 2 kann das Urteil nach Maßgabe von Abs. 1 bis 3 begründet werden, wenn gegen die Versäumung der Rechtsmitteleinlegungsfrist Wiedereinsetzung in den vorigen Stand gewährt wird. Dabei ist streitig, ab welchem Zeitpunkt die auf 5 Wochen bemessene Frist des § 275 Abs. 1 Satz 2 zu laufen beginnt. Während früher vorwiegend auf den Zeitpunkt abgestellt wurde, zu dem der die Wiedereinsetzung gewährende Beschluss in den Geschäftsgang des Gerichtes gegeben wird (BayObLG MDR 1980, 336; vgl. näher LR/*Stuckenberg* § 267 Rn. 155), hat der BGH in einer Entscheidung aus dem Jahr 2008 (BGHSt 52, 349 ff. = NStZ 2009, 228, 229 m.Anm. *Rieß* als maßgeblich den Zeitpunkt angesehen, zu dem die Akten bei dem für die Ergänzung zuständigen Gericht eingehen (s.a. BGH NStZ-RR 2012, 49). Grund dafür soll sein, dass diesem Gericht die vollständige Frist aus § 275 Abs. 1 Satz 2 zur Verfügung stehen soll. Höchstrichterlich noch nicht entschieden ist die Frage, ob der Fristbeginn bei Einlegung eines unbestimmten Rechtsmittels (oder eines zulässigen Wechsels von der Berufung zur Revision) noch weiter nach hinten, nämlich auf den Zeitpunkt der wirksamen Bestimmung des Anfechtungsbegehrens, zu verschieben ist (befürwortend OLG München NJW 2007, 96, 97 und Meyer-Goßner/*Schmitt* § 267 Rn. 30; zu Recht abl. demgegen- 43 über *Rieß* NStZ 2009, 229, 230: unzulässige Besserstellung des zur Begründung verpflichteten Gerichts bei Wiedereinsetzung in den vorigen Stand. Auch bei einer fristgerechten vollständigen Urteilsabsetzung weiß das Gericht nicht, ob der Rechtsmittelführer nach Urteilszustellung noch zur Revision wechselt).

44 Die aus § 275 Abs. 1 Satz 4 resultierende Möglichkeit, die Frist von 5 Wochen zur (ergänzenden) Begründung des Urteils zu überschreiten, steht dem Gericht im Verfahren nach Abs. 4 Satz 3 nicht zur Verfügung (OLG Hamburg MDR 1978, 247).

45 Umstritten ist die Frage, ob die Möglichkeit der nachträglichen Ergänzung der Urteilsgründe in entsprechender Anwendung des Abs. 4 Satz 4 gegeben ist, wenn die verkürzte Abfassung der Gründe einem Irrtum des Gerichts über die Rechtskraft zu schulden ist (dafür: BGH NStZ-RR 2002 [B], 257, 261; LR/*Stuckenberg* § 267 Rn. 156). Dies wird man grds. verneinen müssen, wenn der Irrtum über die Rechtskraft dem Gericht anzulasten ist (in diesem Sinne wohl auch Meyer-Goßner/*Schmitt* § 267 Rn. 30). Etwas anderes gilt, wenn die Fehlvorstellung nicht auf gerichtlichem Verschulden beruht, etwa wenn der Verteidiger, ohne hierzu gem. § 302 Abs. 2 ermächtigt gewesen zu sein, das Rechtsmittel zurückgenommen hat und dem Angeklagten deshalb die Möglichkeit der Urteilsanfechtung zugestanden werden muss (BGH NStZ 2008, 646 f.; zur Möglichkeit der nachträglichen Urteilsbegründung im Bußgeldverfahren bei versehentlicher Nichtbeachtung eines Antrags der StA auf schriftliche Urteilsbegründung vgl. BGHSt 43, 22, 26).

46 In der Darstellung empfiehlt es sich für das Gericht, den Umstand, dass es nach Abs. 4 vorgeht, durch die Formulierung »abgekürzte Gründe gem. § 267 Abs. 4« zu kennzeichnen. Wenn auch eine verkürzte Wiedergabe der Gründe nach herrschender Meinung bei horizontaler Rechtskraft nicht möglich sein soll, so gilt Entsprechendes nicht, wenn Gegenstand des Urteils mehr als eine Tat i.S.d. § 264 ist. In diesem Fall kann, wenn eine Tat vom Rechtsmittelangriff ausgenommen und damit rechtskräftig wird, diese verkürzt dargestellt werden, während für die verbliebenen, der Anfechtung unterliegenden Taten das Begründungserfordernis nach Abs. 1 bis 3 besteht (Meyer-Goßner/*Schmitt* § 267 Rn. 24).

47 **II. Das freisprechende Urteil.** **Abs. 5** behandelt das **freisprechende Urteil.** Dieses muss erkennen lassen, ob das Unterbleiben der Verurteilung auf tatsächlichen Gründen (»mangelnde Überführung«) oder rechtlichen Gründen (»für nicht strafbar erachtet«) beruht (KK-StPO/*Kuckein*/*Bartel* § 267 Rn. 40).
Folgende Anforderungen werden in Rspr. und Literatur an die Begründung eines freisprechenden Urteils gestellt:

48 **1. Freispruch aus tatsächlichen Gründen.** Erfolgt der Freispruch aus tatsächlichen Gründen, muss das Gericht die für erwiesen und die für nicht erwiesen erachteten Tatsachen auflisten (vgl. BGH NStZ-RR 2005 [B], 65, 67; LR/*Stuckenberg* § 267 Rn. 159). Dabei darf ein Berufungsgericht sich nicht wortwörtlich auf die Feststellungen der Vorinstanz stützen, wenn diese noch zu einer Verurteilung geführt haben (OLG Hamm v. 01.06.2021 – III-5 RVs 33/21). Im Anschluss daran ist auszuführen, weshalb diese Sachverhaltskonstellation nicht ausgereicht hat, den Tatvorwurf zu belegen (BGH NJW 1980, 2423). Die Gesamtdarstellung muss es dem Revisionsgericht ermöglichen, den Freispruch in rechtlicher Weise nachzuvollziehen (vgl. bereits BGH NJW 1959, 780, 781; KMR/*Paulus* § 267 Rn. 104). Im Regelfall wird dies ohne Zusammenfassung der wesentlichen Ergebnisse der durchgeführten Hauptverhandlung (BGH NStZ 1990, 448, 449) und ohne Mitteilung der entscheidenden Gesichtspunkte der Beweiswürdigung (BGH NStZ 2009, 401, 402; SK-StPO/*Schlüchter* 14. Aufbau/Erg. Lfg. § 267 Rn. 72; abl. nunmehr aber SK-StPO/*Velten* § 267 Rn. 55) nicht möglich sein. Die Beweiswürdigung muss erkennen lassen, dass das Gericht sämtliche für eine Tatbegehung sprechenden Feststellungen in die Überlegungen zur Schuldfrage mit hat einfließen lassen, also »erschöpfend« gegen die entlastenden Tatsachen abgewogen hat (BGH NJW 1962, 549; Meyer-Goßner/*Schmitt* § 267 Rn. 33). Hinsichtlich dieser Würdigung dürfen allerdings überspannte Anforderungen an die richterliche Überzeugungsbildung nicht gestellt werden. Soweit vernünftige Zweifel an der Täterschaft des Angeklagten vorliegen, liegt eine tragfähige Grundlage für den Freispruch vor (SK-StPO/*Schlüchter* 14. Aufbau/Erg. Lfg. § 267 Rn. 72). Scheitert die Verurteilung des Angeklagten aus subjektiven Gründen, fehlt es also am Vorsatz, darf im Regelfall auf die Dokumentation des äußeren Tatgeschehens nicht verzichtet werden, da dieses in der Mehrzahl der Fälle Rückschlüsse auf den subjektiven Tatbestand zulässt (BGH NStZ-RR 2005, 211; NJW 1991, 2094; Meyer-Goßner/*Schmitt* § 267 Rn. 33a).

49 **2. Freispruch aus Rechtsgründen.** Beim Freispruch aus Rechtsgründen hat das Tatgericht die Pflicht, die für erwiesen erachteten Tatsachen aufzuführen und anschließend die Rechtsgründe dafür anzugeben, weshalb in den festgestellten Tatsachen eine Straftat nicht gefunden werden konnte (OLG Oldenburg VRS 57, 62, 63; SK-StPO/*Velten* § 267 Rn. 56).

3. Nebenfolgen und Maßregeln. Tritt neben den Freispruch die **Anordnung von Nebenfolgen** (§ 76a StGB) oder **Maßregeln der Besserung und Sicherung** (§§ 63 ff. StGB), sind diese Tatfolgen nach den Maßstäben eines verurteilenden Erkenntnisses – Darstellung der Anknüpfungstat sowie der tatsächlichen und rechtlichen Grundlagen von Nebenfolge und Maßregel – zu begründen (Meyer-Goßner/*Schmitt* § 267 Rn. 35). 50

4. Das abgekürzte Urteil. Abs. 5 Satz 2 und 3 umschreiben den notwendigen Inhalt eines freisprechenden Urteils, gegen das Rechtsmittel nicht oder nicht rechtzeitig eingelegt wird. Von Gesetzes wegen allein erforderlich ist die Angabe, ob der Freispruch aus tatsächlichen oder rechtlichen Gründen heraus erfolgt ist. Die dem Verfahren zugrunde liegende Tat muss nicht geschildert werden, obwohl sich dies empfiehlt (Meyer-Goßner/*Schmitt* § 267 Rn. 36). Die Möglichkeit der Verweisung auf den Anklagesatz besteht wie bei Abs. 4 Satz 2 (KK-StPO/*Kuckein*/*Bartel* § 267 Rn. 44). Kommt es durch Wiedereinsetzung in den vorigen Stand gegen die Versäumung der Rechtsmitteleinlegungsfrist zu einem Wegfall der Rechtskraft des freisprechenden Urteils, besteht, wie beim verurteilenden Erkenntnis, für das Gericht die Möglichkeit, die Urteilsgründe zu ergänzen. Dies folgt aus Abs. 5 Satz 3 (LR/*Stuckenberg* § 267 Rn. 167; Meyer-Goßner/*Schmitt* § 267 Rn. 36), der auf Abs. 4 Satz 4 Bezug nimmt. Der frühere fehlerhafte Verweis auf Abs. 4 Satz 3 (vgl. 1. Auflage) wurde durch das Gesetz zur Stärkung des Rechts des Angeklagten und Vertretung in der Berufungsverhandlung und über die Anerkennung von Abwesenheitsentscheidungen in der Rechtshilfe vom 17.07.2015 (BGBl. I, S. 1332) berichtigt. 51

III. Die Behandlung von Maßregeln, Abs. 6. **Abs. 6** enthält die gesetzlichen Anforderungen für die Begründung der **Anordnung oder Nichtanordnung einer Maßregel der Besserung und Sicherung** im Urteil. Kommt es zur Anordnung, sind die hierfür maßgeblichen Tatsachen inklusive der Prognosetatsachen sowie die Rechtsgrundlagen anzugeben (Meyer-Goßner/*Schmitt* § 267 Rn. 37). Das Gericht muss zudem erkennen lassen, dass es sich vorhandener Ermessensspielräume bewusst gewesen ist (SK-StPO/*Velten* § 267 Rn. 67). Einer Begründung bedarf auch die Ablehnung eines Antrags auf Anordnung einer Maßregel oder der Fall der Nichtanordnung, wenn sich eine Anordnung aufgrund des Sachverhalts aufdrängte (BGH JR 2000, 207, 208 m.Anm. *Schöch*). Besondere Erwähnung hat die – nunmehr durch Urteil des BVerfG v. 04.05.2011 (BVerfGE 128, 326 ff.) für unvereinbar mit der Verfassung erachteten – Sicherungsverwahrung im Gesetz gefunden. Es bedarf der Begründung, warum eine Entscheidung über die Sicherungsverwahrung gem. § 66a StGB vorbehalten wurde oder entgegen einem in der Verhandlung gestellten Antrag nicht angeordnet oder vorbehalten worden ist. Ebenfalls der Begründung bedürfen gem. Abs. 3 Satz 2 die Nichtentziehung der Fahrerlaubnis und die Nichtanordnung einer Sperrfrist nach § 69a StGB, wenn die dem Urteil zugrunde liegende Straftat eine solche Entziehung oder Anordnung hätte nach sich ziehen können. Dass § 267 Fahrerlaubnis und Sperrfrist ausdrücklich in Abs. 6 nennt, erklärt sich daraus, dass hinsichtlich der Entziehung der Fahrerlaubnis dem Strafverfahren der Vorrang vor dem Entziehungsverfahren der Verwaltungsbehörde zukommt, die – über § 4 Abs. 3 StVG – an ein strafrechtliches Urteil gebunden ist (OLG Hamm DAR 1972, 131, 132). 52

IV. Das Einstellungsurteil. Das **Einstellungsurteil**, § 260 Abs. 3, ist in § 267 nicht erwähnt. Gleichwohl ist es zu begründen. Dies folgt aus § 34 (KK-StPO/*Kuckein*/*Bartel* § 267 Rn. 45). Dem Revisionsgericht muss die Möglichkeit eröffnet werden, nachzuvollziehen, aufgrund welcher tatsächlichen und rechtlichen Voraussetzungen das Tatgericht ein Verfahrenshindernis angenommen hat (RGSt 69, 157, 159). 53

V. Änderung der Urteilsgründe. Hat das Urteil den internen Geschäftsbereich des Gerichts noch nicht verlassen und ist die Frist zur Absetzung der Entscheidung nach § 275 Abs. 1 Satz 2 noch nicht abgelaufen, kann es geändert werden (BGH NJW 1997, 1862, 1863; SK-StPO/*Velten* § 267 Rn. 70), ohne dass dies revisionsrechtlich relevant wäre. Anschließend ist eine Korrektur nur noch möglich, wenn damit Schreibversehen oder ähnliche für alle Beteiligten klar zu ersehende offenkundige Fehlbezeichnungen oder Unstimmigkeiten behoben werden können (BGH StraFo 2008, 163). Die Korrektur erfolgt durch Beschluss, an dem die Richter beteiligt sind, die die Urteilsurkunde unterschrieben haben (SK-StPO/*Velten* § 267 Rn. 71). Bei Verhinderung eines Richters bestimmt die Mehrheit, und es ist ein Verhinderungsvermerk nach § 275 Abs. 2 Satz 2 zu erstellen (Meyer-Goßner/*Schmitt* § 267 Rn. 39). Ein Richter, der an der Verhandlung nicht teilgenommen hat, ist grds. nicht befugt, an einer Urteilsberichtigung mitzuwirken (OLG Karlsruhe NStZ 2009, 587, 566 m.Anm. *Beukelmann*). Zum Richterwechsel aufgrund Änderung des Geschäftsverteilungsplans s. aber SK-StPO/*Schlüchter* 14. Aufbau/Erg. Lfg. § 267 Rn. 84 unter Verweis auf RGSt 61, 388, 392, wo die Urteilsberichtigung durch das Revisionsgericht für zulässig erachtet wurde. Die Beseitigung eines Widerspruchs zwischen Urteilstenor und Urteilsgründen kann durch die Berichtigung in aller Regel nicht erfolgen, da dadurch die gedankliche Einheit des Urteils aufgehoben wird (BGH NStZ 2008, 710, 711; Meyer-Goßner/*Schmitt* § 267 Rn. 39a). Generell darf eine Berichtigung nicht den Anschein erwecken, dass mit ihr die sachliche Änderung eines so nicht beschlossenen Urteils einhergeht (BGHR StPO § 267 Berichtigung 2; 54

KK-StPO/*Kuckein/Bartel* § 267 Rn. 46). Mit der Zustellung des Berichtigungsbeschlusses beginnt der Lauf der Frist zur Begründung eines Rechtsmittels erneut (BGHSt 12, 374, 375). Der Berichtigungsbeschluss ist mit der Beschwerde anfechtbar, wenn gegen das Urteil ein Rechtsmittel nicht mehr gegeben ist. Dies gilt nicht, wenn das Urteil mit der Revision angegriffen ist. Denn die Überprüfung des Urteils auf Rechtsfehler erstreckt sich auch auf die Überprüfung des Berichtigungsbeschlusses (BayObLG StraFo 1999, 52, 53; Meyer-Goßner/*Schmitt* § 267 Rn. 39b).

55 **C. Revision.** Die Bedeutung des § 267 liegt insb. darin, dass die Urteilsgründe, deren Inhalt durch die Vorschrift bestimmt wird, allein maßgebliche Grundlage für die Prüfung der Sachrüge sind (LR/*Stuckenberg* § 267 Rn. 172). Gleichwohl kann auch eine Verletzung des Verfahrens im Zusammenhang mit § 267 gerügt werden. Fehlen die Urteilsgründe vollständig oder werden diese außerhalb des durch § 275 vorgegebenen Zeitraums zu den Akten gebracht, liegt der absolute Revisionsgrund des § 338 Nr. 7 vor. Ebenfalls mit der Verfahrensrüge angreifbar ist das Fehlen von Ausführungen zu einem erfolgten Antrag auf Strafaussetzung zur Bewährung i.S.d. Abs. 3 Satz 4 (BGH StV 2008, 345). Auch die weiteren Fälle des § 267, in denen Erörterungspflichten Folge einer Antragstellung sind – Abs. 3 Satz 2 und 3, Abs. 6 Satz 1 – können, wenn dieser Pflicht nicht nachgekommen wird, mit der Verfahrensrüge beanstandet werden. Dabei obliegt es dem Revisionsführer, die Stellung des Antrages i.S.d. § 344 Abs. 2 Satz 2 vorzutragen (LR/*Stuckenberg* § 267 Rn. 184). Ebenfalls die Verfahrensrüge ist einschlägig, wenn ein Hilfsbeweisantrag in den Urteilsgründen nicht beschieden wird (Meyer-Goßner/*Schmitt* § 267 Rn. 41).

Die Sachrüge hat Erfolg, wenn die Urteilsgründe keine geschlossene Tatsachendarstellung enthalten, die eine Rechtsprüfung ermöglichte (BGH MDR 1971 [D], 895, 898; KK-StPO/*Kuckein/Bartel* § 267 Rn. 47). Hierzu gehört auch der Fall der unzureichenden Verweisung auf Abbildungen nach Abs. 1 Satz 3. Wird in unzulässiger Weise auf eine Abbildung Bezug genommen, wird diese nicht Bestandteil des Urteils. In der Folge wird das Urteil lückenhaft und ist deshalb aufzuheben ist, es sei denn, die übrigen Feststellungen reichen noch aus, das Urteil zu tragen (LR/*Stuckenberg* § 267 Rn. 174). Fehlen Ausführungen zu Umständen nach Abs. 2, obwohl deren Annahme naheliegt, stellt dies einen auf die Sachrüge hin zu berücksichtigenden Rechtsfehler dar (LR/*Stuckenberg* § 267 Rn. 167). Auch ein verurteilendes Erkenntnis ohne oder mit unzureichender Beweiswürdigung fällt der Aufhebung anheim (BGH NStZ-RR 1999, 45; Meyer-Goßner/*Schmitt* § 267 Rn. 42). Zu weiteren Fehlern im Zusammenhang mit § 267, die den Bestand des Urteils gefährden, vgl. die Kommentierung zu den Rdn. 5 ff. Zum Erfordernis, regelmäßig Ausführungen zu den persönlichen Verhältnissen des Angeklagten zu machen, s. Meyer-Goßner/*Schmitt* § 267 Rn. 42 mit ausführlichen Verweisen auf die Rspr. Wenn sich der Angeklagte diesbezüglich nicht äußert, ist das Gericht verpflichtet, eine Aufklärung auf andere Weise – etwa durch Zeugenvernehmungen – herbeizuführen (BGH NStZ 1991, 231; s. aber auch BGH StV 1998, 636, wonach ein entsprechender Verstoß nicht mit der Sach-, sondern der Verfahrensrüge angreifbar sein soll). Nicht gerügt werden kann, dass die schriftlichen Urteilsgründe mit den mündlich verkündeten Gründen nicht übereinstimmen, da Gegenstand der Revision lediglich die schriftlichen Urteilsgründe sind (BGHSt 7, 363, 370; KK-StPO/*Kuckein/Bartel* § 267 Rn. 47). Keinen Erfolg hat auch die Revision, mit der geltend gemacht wird, die Urteilsfeststellungen entsprächen nicht dem in der Beratung festgestellten Ergebnis der Hauptverhandlung (LR/*Stuckenberg* § 267 Rn. 165) oder die sich darauf stützt, dass der Inhalt einer Zeugenaussage im Urteil unzutreffend wiedergegeben ist (BGHSt 15, 347, 349). Darstellungsmängel im Rechtsfolgenausspruch können zur Aufhebung des Urteils führen. Dies ist etwa der Fall, wenn entgegen Abs. 3 Satz 1 nicht die für das Gericht bestimmenden Strafzumessungsgründe im Urteil genannt werden (BGH MDR 1970 [D], 897, 899). Dabei steht es dem vollständigen Fehlen solcher Ausführungen gleich, wenn sich das Gericht mit allgemeinen und nichtssagenden Wendungen begnügt (LR/*Stuckenberg* § 267 Rn. 171). Ohne Erfolg bleibt in der Regel die Beanstandung, das Gericht habe entgegen Abs. 3 Satz 1 das angewandte Strafgesetz nicht angeführt. Denn diese Rüge greift nur dann durch, wenn auch unter Heranziehung der Urteilsformel offenbleibt, auf welche Strafvorschrift das Gericht seine Entscheidung gestützt hat (LR/*Stuckenberg* § 267 Rn. 169).

Gelangt ein Urteil in abgekürzter Form zu den Akten, obwohl die Voraussetzungen nach Abs. 4 oder 5 hierfür nicht vorgelegen haben, kann hierin ein Mangel erforderlicher tatsächlicher Feststellungen liegen, der der Revision über die Sachrüge zum Erfolg verhilft (LR/*Stuckenberg* § 267 Rn. 173).

§ 268 Urteilsverkündung

(1) Das Urteil ergeht im Namen des Volkes.

(2) Das Urteil wird durch Verlesung der Urteilsformel und Eröffnung der Urteilsgründe verkündet. Die Eröffnung der Urteilsgründe geschieht durch Verlesung oder durch mündliche Mitteilung ihres wesent-

lichen Inhalts. Bei der Entscheidung, ob die Urteilsgründe verlesen werden oder ihr wesentlicher Inhalt mündlich mitgeteilt wird, sowie im Fall der mündlichen Mitteilung des wesentlichen Inhalts der Urteilsgründe soll auf die schutzwürdigen Interessen von Prozessbeteiligten, Zeugen oder Verletzten Rücksicht genommen werden. Die Verlesung der Urteilsformel hat in jedem Falle der Mitteilung der Urteilsgründe voranzugehen.

(3) Das Urteil soll am Schluß der Verhandlung verkündet werden. Es muß spätestens zwei Wochen danach verkündet werden, anderenfalls mit der Hauptverhandlung von neuem zu beginnen ist. § 229 Absatz 3, 4 Satz 2 und Absatz 5 gilt entsprechend.

S.a. RiStBV Nr. 142, 143

A. Grundsätzliches und Tatbestand. Die Vorschrift regelt das Prozedere der Urteilsverkündung. Dass die Verkündung im Namen des Volkes erfolgt, **Abs. 1**, offenbart durch die Bezugnahme auf Art. 20 Abs. 2 Satz 1 GG (»alle Staatsgewalt geht vom Volke aus«) die demokratische Legitimation der Rspr., ist aber zugleich Mahnung an den Richter, sein Wirken und seine Entscheidung als Bestandteil des Gemeinwesens zu begreifen (KK-StPO/*Kuckein/Bartel* § 268 Rn. 1). Unterbleibt die Verwendung der Formel, führt dies nicht zur Nichtigkeit des Urteils (LR/*Stuckenberg* § 268 Rn. 16). 1

Abs. 2 Satz 1 nennt die **Bestandteile der Urteilsverkündung.** Diese besteht aus der Verlesung der Urteilsformel und der Eröffnung der Urteilsgründe. Es ist Aufgabe des Vorsitzenden, das Urteil zu verkünden. Jedoch kann er diese Aufgabe aufgrund seiner Sachleitungsbefugnis jedenfalls teilweise auf ein anderes Mitglied des Gerichts übertragen (Meyer-Goßner/*Schmitt* § 268 Rn. 3). Eine teilweise Übertragung wird vorrangig bei umfangreichen Urteilen unter dem Gesichtspunkt einer »Arbeitsteilung« in Betracht kommen. Gesundheitliche Gründe (Stimmprobleme) werden in der Regel der Grund sein, dass die Aufgabe der Verkündung in Gänze einem anderen Mitglied des Gerichts zufällt (LR/*Stuckenberg* § 268 Rn. 17). Die Urteilsverkündung durch einen Referendar soll unzulässig sein (OLG Oldenburg NJW 1952, 1310). Die Verkündung des Urteils erfolgt in Erwachsenensachen öffentlich, § 173 Abs. 1 GVG. Etwas anderes gilt über § 48 Abs. 1 JGG im Jugendstrafverfahren. Beschlüsse, die die Strafaussetzung zur Bewährung oder die Fortdauer von Untersuchungshaft oder einstweiliger Unterbringung betreffen – §§ 268a und b – gehören nicht zur Urteilsverkündung (BGHSt 25, 333, 336). Entsprechendes gilt für die mündliche Rechtsmittelbelehrung vor dem Schließen der Sitzung (BGH NStZ 1984, 279) 2

Die **Urteilsformel** wird durch Verlesung bekannt gegeben. Daraus folgt, dass sie vor der Verkündung aufgeschrieben werden muss, wobei ausreichend die schriftliche Fixierung außerhalb des Protokolls (»Zettel«) ist (vgl. bereits RGSt 60, 270; Meyer-Goßner/*Schmitt* § 268 Rn. 4). Nach ihrer Verlesung sollte sie allerdings in das Sitzungsprotokoll übernommen werden, damit sie an dessen Beweiskraft teilnimmt (BGH NStZ-RR 2002 [B], 97, 100), denn der authentische Wortlaut der Urteilsformel ergibt sich allein aus der nach § 274 maßgeblichen Sitzungsniederschrift (BGHSt 34, 11, 12; BGHR StPO § 274 Beweiskraft 10). Die Verschriftlichung verfolgt den Zweck, sicherzustellen, dass die später im schriftlichen Urteil festgehaltene Formel der tatsächlich verkündeten entspricht (RGSt 3, 131). Bis zum Beginn der Verkündung kann die schriftliche Urteilsformel geändert werden (Meyer-Goßner/*Schmitt* § 268 Rn. 4). Dies liegt daran, dass bis zur Verkündung der Urteilsformel ein Urteil noch gar nicht vorliegt, sondern allenfalls ein Urteilsentwurf (RGSt 71, 377, 379) 3

Satz 2 gestattet zwei Möglichkeiten der Bekanntgabe der **Urteilsgründe.** Möglich ist, wie bei der Urteilsformel, die Verlesung, was die Verwendung eines Urteilsentwurfs, den das Gericht sich aufgrund der Beratung zu eigen gemacht hat, mit einschließt (BGH wistra 2005, 110 f.). Daneben kann der wesentliche Inhalt der Gründe durch »mündliche Mitteilung« erfolgen. Damit ist die Wiedergabe in freier Rede, wenn auch ggf. unter Heranziehung von Aufzeichnungen, gemeint (Meyer-Goßner/*Schmitt* § 268 Rn. 6). Die Eröffnung der Urteilsgründe ist – anders als die Verlesung der Urteilsformel – keine wesentliche Voraussetzung für die Existenz des Urteils (Meyer-Goßner/*Schmitt* § 268 Rn. 6). So liegt etwa ein wirksames Urteil vor, wenn der Vorsitzende nach Verlesung der Formel verstirbt (BGHSt 8, 41) oder der Angeklagte bei Eröffnung der Gründe abwesend ist, weil er zuvor wegen Störung der Verhandlung aus dem Sitzungszimmer entfernt wurde (BGH NStZ 2000, 498). Da die Mitteilung der Gründe nach dem Gesetz aber gleichwohl Mitbestandteil der Verkündung ist, ist diese Verkündung bis zum Abschluss der Bekanntgabe der Urteilsgründe nicht abgeschlossen, was zur Folge hat, dass die Urteilsformel zu diesem Zeitpunkt noch geändert werden kann (BGHSt 25, 333, 336; KK-StPO/*Kuckein/Bartel* § 268 Rn. 4). Welche Form der Bekanntgabe der Urteilsgründe gewählt wird, liegt nicht (mehr) im freien Ermessen des Vorsitzenden. Die durch das Gesetz zur Stärkung der Rechte von 4

Opfern sexuellen Missbrauchs vom 30.06.2013 (BGBl. I, S. 1805) eingeführte Regelung des Abs. 2 **Satz 3** zwingt dazu, bei der Entscheidung schutzwürdige Interessen von Prozessbeteiligten, Zeugen oder Verletzten zu berücksichtigen. Die schutzwürdigen Interessen nehmen auch Einfluss auf den Inhalt und das Ausmaß einer mündlichen Mitteilung des wesentlichen Inhalts der Urteilsgründe. Ist der Angeklagte der deutschen Sprache nicht mächtig, muss ihm die mündliche Urteilsbegründung zur Wahrung des fairen Verfahrens durch einen Dolmetscher übersetzt werden (OLG Hamm v. 26.01.2016 – III-1 Ws 8/16 –).

5 Die Urteilsformel ist vor den Urteilsgründen bekannt zu geben, **Satz 4**. Die gesetzlich vorgegebene Reihenfolge dient der »Schonung« des Angeklagten, der das Ergebnis der ihn betreffenden strafgerichtlichen Verhandlung nicht erst im Anschluss an die Erwägungen des Gerichts zur Beweislage und rechtlichen Würdigung erfahren soll (Meyer-Goßner/*Schmitt* § 268 Rn. 7). Bedeutung gewinnt Satz 4 auch dann, wenn das Gericht mit der Mitteilung der Gründe inne hält, um die Urteilsformel zu ändern. Dann ist diese neue Urteilsformel zu verlesen (OLG Koblenz VRS 49, 194, 196) und sodann mit der Bekanntgabe der Gründe von vorne zu beginnen (KK-StPO/*Kuckein/Bartel* § 268 Rn. 5). Mit dem letzten Wort der mündlichen Bekanntgabe der Urteilsgründe ist die Urteilsverkündung abgeschlossen (BGHSt 5, 5, 9; 25, 333, 335). Von nun an entfällt die **Möglichkeit einer inhaltlichen Änderung der Urteilsformel**. Nur noch offensichtliche Schreibversehen und Unrichtigkeiten können ab diesem Zeitpunkt berichtigt werden (BGHSt 25, 333, 336), wobei neben der Korrektur zugunsten auch die Korrektur zulasten des Angeklagten möglich ist (RGSt 61, 388, 392; Meyer-Goßner/*Schmitt* § 268 Rn. 10). Offensichtlich ist ein Fehler, dessen Existenz – wenn auch nicht für jedermann (so aber u.a. LR/*Stuckenberg* § 268 Rn. 46), so doch für die Verfahrensbeteiligten (BGH NJW 1991, 1900, 1901) – klar ersichtlich ist und dessen Beseitigung nicht den Verdacht einer unzulässigen späteren Veränderung des Urteilsinhalts hervorruft (BGH NStZ-RR 2007, 236, 237; *Vent* JR 1980, 400, 403). Daher ist es im Regelfall nicht möglich, die Schuldform in der Urteilsformel auszuwechseln (OLG Zweibrücken NStZ-RR 2008, 381, 382) oder eine falsch berechnete Gesamtstrafe zu verbessern (BGH NJW 1953, 155, 156). Die Verbesserung offensichtlicher Schreibversehen und Unrichtigkeiten erfolgt durch Gerichtsbeschluss außerhalb der Hauptverhandlung (BGHSt 3, 245, 246; BGH NJW 1953, 155, 156). Der Beschluss ist mit der Beschwerde nach § 304 Abs. 1 anfechtbar, es sei denn, das Urteil ist mit einem Rechtsmittel angegriffen worden oder die Einlegung eines Rechtsmittels ist noch möglich (Meyer-Goßner/*Schmitt* § 268 Rn. 12; für unbeschränkte Anfechtbarkeit mit der Beschwerde hingegen LR/*Stuckenberg* § 268 Rn. 61). Die Korrektur der Urteilsformel durch Beschluss außerhalb der Hauptverhandlung ist nicht allein dem Ausgangsgericht, sondern auch dem Revisionsgericht möglich (BGH, Beschl. v. 27.10.2009 – 1 StR 515/09). Unzulässige Berichtigungsbeschlüsse sind unwirksam (BGH NJW 1991, 1900, 1901).

6 **Abs. 3 Satz 1** verdeutlicht, dass die Verkündung des Urteils zur Hauptverhandlung gehört (LR/*Stuckenberg* § 268 Rn. 1). Es gilt daher nicht nur der Öffentlichkeitsgrundsatz (vgl. oben Rdn. 2). Es müssen auch die Personen anwesend sein, deren Anwesenheit durch das Gesetz – §§ 226, 145, 230 Abs. 1 – vorgeschrieben ist (KK-StPO/*Kuckein/Bartel* § 268 Rn. 7). Eine Ausnahme gilt für die Person des Angeklagten, wenn aufgrund eines gesetzlichen Ausnahmetatbestandes – § 231 Abs. 2 – in dessen Abwesenheit verhandelt werden kann (Meyer-Goßner/*Schmitt* § 268 Rn. 14). In diesem Fall steht das Fehlen des Angeklagten einer Verlesung der Urteilsformel nicht entgegen (BGHSt 16, 178, 180). Zur Unbeachtlichkeit der Abwesenheit des Angeklagten bei Eröffnung der Urteilsgründe vgl. bereits oben Rdn. 4 und BGHSt 15, 263, 165.

7 Aus der Zugehörigkeit der Urteilsverkündung zur Hauptverhandlung folgt, dass das Gericht bis zum Abschluss der Verkündung in andere Teile dieser Verhandlung – etwa die Beweisaufnahme – wieder eintreten kann (Meyer-Goßner/*Schmitt* § 268 Rn. 15). Es besteht aber grds. keine Pflicht, auf einen solchen Wiedereintritt abzielende Anträge der Verfahrensbeteiligten entgegenzunehmen oder gar zu bescheiden (BGHSt 15, 263, 264). Erfolgt die Entgegennahme des Antrags, liegt deshalb hierin keine konkludente Wiedereröffnung der Verhandlung (BGH NStZ 1986, 182). Hierzu bedarf es vielmehr einer ausdrücklichen Entscheidung des Vorsitzenden. Gegen dessen Weigerung, in die Verhandlung wieder einzutreten, ist ein Antrag auf gerichtliche Entscheidung gem. § 238 Abs. 2 nicht statthaft (KK-StPO/*Kuckein/Bartel* § 268 Rn. 14). Grenzen setzt dem Ermessen des Vorsitzenden bei der Entscheidung, ob einem Antrag auf Wiedereröffnung der Verhandlung Folge geleistet werden soll, die gerichtliche Aufklärungspflicht aus § 244 Abs. 2 (BGH MDR 1975 [D], 21, 24).

8 Grds. soll die Urteilsverkündung am Schluss der Hauptverhandlung erfolgen. Damit ist der Zeitpunkt nach der Beratung gemeint (Meyer-Goßner/*Schmitt* § 268 Rn. 14). Möglich ist aber auch die Verkündung in einem gesonderten späteren Termin, der allerdings nicht später als zwei Wochen nach dem Schluss der (sonstigen) Verhandlung stattfinden darf. Auch dieser gesonderte Verkündungstermin ist Teil der Hauptverhandlung, zu dem geladen werden muss (BayObLG NZV 1999, 306). Eine Fristverlängerung nach § 229 Abs. 2 ist nicht möglich (Meyer-Goßner/*Schmitt* § 268 Rn. 16), da Abs. 3 Satz 3 auf diese Vorschrift nicht verweist (BGH StV 2003, 373). Es gelten aber § 229 Abs. 3 und 4 Satz 2 entsprechend. D.h. die Frist ist gehemmt,

wenn der Angeklagte, ein Richter oder ein Schöffe erkranken. Fällt der Ablauf der Frist auf einen Sonntag, einen Sonnabend oder einen allgemeinen Feiertag, muss die Verkündung des Urteils erst am nächsten Werktag stattfinden. Über § 229 Abs. 5 kann die Verkündung eines Urteils so lange ausgesetzt werden, wie eine vorübergehende technische Störung, die dies verhindert, andauert. Ansonsten ist bei Nichteinhaltung der Zwei-Wochen-Frist der Neubeginn der Hauptverhandlung die Folge (BGHR StPO § 268 Abs. 3 Verkündung 1 zu § 268 a.F.). Mit der vom Gesetz eingeräumten Möglichkeit, die Verkündung des Urteils auszusetzen, soll eine dem Verfahrensstoff angemessene ausführliche Beratung in umfangreichen oder schwierigen Sachen gewährleistet werden. Die Entscheidung über die Aussetzung trifft der Vorsitzende (KK-StPO/*Kuckein/Bartel* § 268 Rn. 9).

Kommt es zur Aussetzung, sollen gem. **Abs. 4** die Urteilsgründe möglichst vorher schriftlich niedergelegt 9
werden, was auch die Unterzeichnung des Urteils durch die Berufsrichter mitumfasst (RGSt 73, 217, 219). Zweckdienlich ist ihre Mitteilung im Verkündungstermin durch Verlesung. Zwangsläufig ist diese Form der Bekanntgabe aber nicht. Auch die mündliche Mitteilung des wesentlichen Inhalts der Gründe ist statthaft (LR/*Stuckenberg* § 268 Rn. 26), was daraus folgt, dass es sich bei der Forderung der schriftlichen Fixierung der Urteilsgründe um eine Soll-Vorschrift und keine bindende Verpflichtung handelt. Aus der fehlenden Verpflichtung, die Urteilsgründe vor Verkündung schriftlich niederzulegen, folgt zugleich die Möglichkeit, diese in dem durch § 275 vorgegebenen Rahmen zu verändern (a.A. RGSt 44, 308 f.; LR/*Gollwitzer*, 25. Aufl., § 268 Rn. 12; hiergegen wiederum KK-StPO/*Engelhardt*, 6. Aufl., § 268 Rn. 12, der zutreffend darauf hinweist, dass die Judikatur des Reichsgerichts auf § 267 Abs. 2 a.F. beruhte, der eine bindende gesetzliche Verpflichtung des Gerichts zur schriftlichen Feststellung der Urteilsgründe enthielt).

B. Revision. Unterbleibt die Verwendung der Formel »im Namen des Volkes«, liegt nicht nur ein wirksames 10
Urteil vor (vgl. oben Rdn. 1). Es fehlt auch an einem Rechtsfehler, der die Revision begründen würde (KK-StPO/*Kuckein/Bartel* § 268 Rn. 15). Anders verhält es sich, wenn es nicht zur Verkündung der Urteilsformel gekommen ist. Dann liegt kein Urteil im Rechtssinne vor (vgl. oben Rdn. 3), was selbstverständlich mit der Revision gerügt werden kann (LR/*Stuckenberg* § 268 Rn. 67). Demgegenüber kann die Revision nicht darauf gestützt werden, dass die Urteilsformel nicht durch Verlesen der vorher niedergelegten Entscheidung verkündet wurde, sofern eine andere Art der Verkündung stattgefunden hat (RGSt 3, 131 f.; 71, 377, 379; Meyer-Goßner/*Schmitt* § 268 Rn. 20). Erfolg hat andererseits die Rüge, die plausibel machen kann, dass die verkündete Urteilsformel nicht der im schriftlichen Urteil enthaltenen Formel entspricht. Es ist gerade der Sinn der von § 268 vorausgesetzten schriftlichen Niederlegung der Entscheidungsformel, die Übereinstimmung der verkündeten mit der schriftlichen Urteilsformel zu sichern (RGSt 3, 131). Dabei gilt als verkündet die Urteilsformel, die im Protokoll enthalten ist (BGHSt 34, 11, 12). Der Widerspruch zwischen Urteilsformel und den schriftlichen Urteilsgründen kann auf die Sachrüge hin zur Urteilsaufhebung führen, da Formel und Gründe eine Einheit bilden (Meyer-Goßner/*Schmitt* § 268 Rn. 18).

Wird in unzulässiger Weise gegen die Öffentlichkeit der Urteilsverkündung verstoßen, liegt der absolute 11
Revisionsgrund aus § 338 Nr. 6 vor (BGHSt 4, 279; KK-StPO/*Kuckein/Bartel* § 268 Rn. 17).

Der Verstoß gegen Abs. 3 Satz 2 begründet im Regelfall auch die Revision (BGH NStZ 2007, 235). Lediglich in Ausnahmefällen kann ein Beruhen des Urteils auf dem Verstoß ausgeschlossen werden (BGH NStZ 2004, 52).

Unterbleibt bei der Aussetzung der Verkündung die schriftliche Feststellung der Urteilsgründe vor dem Verkündungstermin, ist dies nicht revisibel, da Abs. 4 hierzu keine Verpflichtung begründet (vgl. oben Rdn. 9).

Zu beachten ist, dass die Frist zur Einlegung der Revision aus § 341 erst mit Zustellung des Urteils zu laufen 12
beginnt, wenn der Angeklagte bei Verkündung nicht anwesend war. Dies gilt auch für den Fall eines Entfernens nach Verlesung der Urteilsformel und vor Eröffnung der Urteilsgründe (BGH NStZ 2000, 498).

§ 268a Aussetzung der Vollstreckung von Strafen oder Maßregeln zur Bewährung

(1) Wird in dem Urteil die Strafe zur Bewährung ausgesetzt oder der Angeklagte mit Strafvorbehalt verwarnt, so trifft das Gericht die in den §§ 56a bis 56d und 59a des Strafgesetzbuches bezeichneten Entscheidungen durch Beschluss; dieser ist mit dem Urteil zu verkünden.

(2) Absatz 1 gilt entsprechend, wenn in dem Urteil eine Maßregel der Besserung und Sicherung zur Bewährung ausgesetzt oder neben der Strafe Führungsaufsicht angeordnet wird und das Gericht Entscheidungen nach den §§ 68a bis 68c des Strafgesetzbuches trifft.

(3) Der Vorsitzende belehrt den Angeklagten über die Bedeutung der Aussetzung der Strafe oder Maßregel zur Bewährung, der Verwarnung mit Strafvorbehalt oder der Führungsaufsicht, über die Dauer der Bewährungszeit oder der Führungsaufsicht, über die Auflagen und Weisungen sowie über die Möglichkeit

des Widerrufs der Aussetzung oder der Verurteilung zu der vorbehaltenen Strafe (§ 56f Abs. 1, §§ 59b, 67g Abs. 1 des Strafgesetzbuches). Erteilt das Gericht dem Angeklagten Weisungen nach § 68b Abs. 1 des Strafgesetzbuches, so belehrt der Vorsitzende ihn auch über die Möglichkeit einer Bestrafung nach § 145a des Strafgesetzbuches. Die Belehrung ist in der Regel im Anschluss an die Verkündung des Beschlusses nach den Absätzen 1 oder 2 zu erteilen. Wird die Unterbringung in einem psychiatrischen Krankenhaus zur Bewährung ausgesetzt, so kann der Vorsitzende von der Belehrung über die Möglichkeit des Widerrufs der Aussetzung absehen.

S.a. RiStBV Nr. 140

Übersicht

1 **A. Grundsätzliches und Tatbestand.** Die Vorschrift regelt die **Folgeentscheidungen**, die zu treffen sind, wenn in einem Strafurteil die Strafe oder eine Maßregel der Besserung und Sicherung zur Bewährung ausgesetzt wird, Gegenstand des Urteils eine Verwarnung mit Strafvorbehalt ist oder eine Führungsaufsicht neben die Strafe tritt. Die Festlegung dieser Folgeentscheidungen (Weisungen etc.) erfolgt nicht im Urteil, sondern durch gesonderten Beschluss, **Abs. 1 und 2**. Der Beschluss wird in der Hauptverhandlung im Anschluss an das Urteil verkündet (Meyer-Goßner/*Schmitt* § 268a Rn. 5). Dem Richter, der zu verkünden hat, steht es frei, den Beschluss sofort nach Bekanntgabe der Urteilsformel mitzuteilen oder zuvor die Urteilsgründe bekannt zu geben. Trotz dieses engen Zusammenhangs der Bekanntgabe von Beschluss und Urteil ist die Beschlussverkündung nicht Bestandteil der Urteilsverkündung (BGHSt 25, 333, 335). Ist der Angeklagte bei der Verkündung des Beschlusses nicht anwesend, wird ihm eine Ausfertigung gem. § 35 Abs. 2 zugestellt. Der anwesende Angeklagte enthält gem. Nr. 140 Satz 1 RiStBV eine Abschrift der Entscheidung (Meyer-Goßner/*Schmitt* § 268a Rn. 6). Eine Verkündung des Beschlusses außerhalb des Hauptverfahrens im Wege eines schriftlichen Nachverfahrens ist unzulässig (a.A. LR/*Stuckenberg* § 268a Rn. 22). Grds. ist eine Begründung des Beschlusses nicht erforderlich. Aus dem Grundsatz des fairen Verfahrens folgt etwas anderes, wenn das Gericht den Angeklagten gem. § 265a über die Möglichkeit von freiwilligen Bewährungsleistungen befragt hat, auf die daraufhin geäußerte Bereitschaft des Angeklagten, solche Leistungen zu erbringen, aber nicht weiter eingegangen ist. Stets erforderlich ist es, im Beschluss die Rechtsgrundlagen für die getroffenen Anordnungen mitzuteilen (LR/*Stuckenberg* § 268a Rn. 5).

2 Einen **Beschluss** nach § 268a muss jedes Tatgericht erlassen, das eine positive Entscheidung über eine Aussetzung der Vollstreckung von Strafe oder Maßregel oder eine der anderen in der Vorschrift genannten Urteilsfolgen verhängt. An der Beschlussfassung wirken sämtliche Mitglieder des Gerichts – auch die Schöffen – mit (Meyer-Goßner/*Schmitt* § 268a Rn. 6). Dies gilt auch für das Berufungsgericht, für das über § 332 die Vorschriften über die Hauptverhandlung im 6. Abschnitt des Zweiten Buches Anwendung finden. Trifft das Berufungsgericht in Abweichung von der Vorinstanz erstmals eine der in § 268a genannten Entscheidungen, muss es daher einen eigenen Beschluss fassen und verkünden (OLG Köln JR 1991, 473, 474 m.Anm. *Horn*; LG Osnabrück NStZ 1985, 378, 379). Bestätigt das Berufungsgericht das Urteil erster Instanz kann es auch mit einer Bestätigung des Beschlusses dieses Gerichts über die Folgeentscheidungen sein Bewenden haben (OLG Celle MDR 1970, 68). Streitig ist, ob das Berufungsgericht bei Bestätigung des Urteils der Vorinstanz die Möglichkeit besitzt, den Beschluss nach § 268a zum Nachteil des Angeklagten abzuändern. Die in der Rspr. vorherrschende Ansicht bejaht dies (BGH NStZ 1995 [K], 218, 220; OLG Oldenburg NStZ-RR 1997, 9 f.). Dies soll unabhängig davon gelten, ob auch die §§ 56e, 59a Abs. 2 und 68d StGB eine Änderung zulassen (OLG Hamburg NJW 1981, 470; einschränkend BGH JR 1982, 338 m.Anm. *Meyer*; gegen eine Verschlechterung demgegenüber OLG Frankfurt NJW 1978, 959 f.).

Das Revisionsgericht kann einen Beschluss nach § 268a grds. nicht fällen, da eine solche Entscheidung aus dem Inbegriff der Hauptverhandlung heraus geschöpft werden muss. Möglich ist in analoger Anwendung des § 354 allenfalls die Festsetzung der Mindestdauer der Bewährungszeit (Meyer-Goßner/*Schmitt* § 268a Rn. 4). Streitig ist, wie verfahren werden muss, wenn der Beschluss nach § 268a versehentlich unterblieben ist. Teilweise wird eine analoge Anwendung des Nachtragsverfahrens aus § 453 für zulässig erachtet (KK-StPO/*Appl* § 453 Rn. 3). Hiergegen spricht jedoch der insoweit eindeutige Wortlaut des Abs. 1 (in diesem Sinne auch OLG Düsseldorf StV 2008, 512 f.; nach zustimmungswürdiger Ansicht des LG Mönchengladbach, NStZ-RR 2014, 284 f., muss auch im Strafbefehlsverfahren der Bewährungsbeschluss zugleich mit der Verurteilung ergehen). Dass es nicht möglich ist, den Beschluss über die Folgeentscheidungen nachzuholen, bedeutet aber *nicht, dass die im Urteil* ausgesprochene Strafaussetzung zur Bewährung für den Verurteilten folgenlos wäre. Dass er sich etwa straffrei zu führen hat, folgt unmittelbar aus der Aussetzungsentscheidung (Meyer-Goßner/

Schmitt § 268a Rn. 8). Darüber hinaus folgt aus § 56a Abs. 1 Satz 2 StGB, dass eine Bewährungszeit die Dauer von 2 Jahren nicht unterschreiten darf (OLG Hamm NStZ-RR 2000, 126 f.). Zum Erfordernis, eine nachträgliche Belehrung gem. § 453a zu erteilen, s. sogleich Rdn. 3.

Die **Belehrung** nach Abs. 3 über die Bedeutung der im Urteil getroffenen Aussetzungsentscheidung bzw. 3
der Verwarnung mit Strafvorbehalt und der Führungsaufsicht sowie den Inhalt des Beschlusses nach Abs. 1 und 2 ist – wie auch der Beschluss selbst (KK-StPO/*Kuckein/Bartel* § 268a Rn. 15) – eine wesentliche Förmlichkeit des Verfahrens gem. § 273 Abs. 1 (Meyer-Goßner/*Schmitt* § 268a Rn. 9) und – lässt man die Ausnahmeregelung des Abs. 3 Satz 4 außer Betracht – zwingend vorgeschrieben (KK-StPO/*Kuckein/Bartel* § 268a Rn. 11) sowie protokollierungsbedürftig (LR/*Stuckenberg* § 268a Rn. 18). Die Belehrung ist mündlich zu erteilen, was die Aushändigung eines Merkblatts nicht ausschließt (Meyer-Goßner/*Schmitt* § 268a Rn. 9). Zweckmäßigerweise erfolgt sie im Anschluss an die Beschlussverkündung. Erforderlich ist dies allerdings nicht. Dies zeigt die Möglichkeit, dass die Belehrung gem. § 453a nachgeholt werden kann (KK-StPO/*Kuckein/Bartel* § 268a Rn. 14).

B. Anfechtung und Revision. Gegen den Beschluss nach Abs. 1 und 2 ist gem. § 305a die Beschwerde 4
nach § 304 statthaft, die darauf gestützt werden kann, dass eine der im Beschluss getroffenen Anordnungen gesetzeswidrig ist. Ein gegen das Urteil eingelegtes Rechtsmittel – Berufung oder Revision – erfasst nicht zugleich den Beschluss nach § 268a (Meyer-Goßner/*Schmitt* § 268a Rn. 10). Dies schließt eine mittelbare Wirkung der gegen das Urteil gerichteten Rechtsmittel jedoch nicht aus. Das Berufungsgericht muss stets – auch wenn es den Beschluss der Vorinstanz lediglich bestätigt (vgl. oben Rdn. 2) – eine eigene Entscheidung über die Nebenentscheidungen treffen, die den zunächst erlassenen Beschluss ersetzt. Im Fall einer Urteilsaufhebung durch die Revision wird auch der Beschluss über die dem Urteil nachfolgenden Entscheidungen gegenstandslos (KK-StPO/*Kuckein/Bartel* § 268a Rn. 16).

§ 268b Beschluss über die Fortdauer der Untersuchungshaft

Bei der Urteilsfällung ist zugleich von Amts wegen über die Fortdauer der Untersuchungshaft oder einstweiligen Unterbringung zu entscheiden. Der Beschluß ist mit dem Urteil zu verkünden.

A. Grundsätzliches und Tatbestand. Ab Rechtshängigkeit hat das Gericht von Amts wegen zu prüfen, 1
ob die Voraussetzungen für eine **Fortdauer von Untersuchungshaft und einstweiliger Unterbringung** vorliegen. Diese Prüfungspflicht besteht auch während der andauernden Hauptverhandlung und kann nicht bis zu deren Ende aufgeschoben werden (Meyer-Goßner/*Schmitt* § 268b Rn. 1). Mit dem Urteil endet die Verpflichtung zur Prüfung nicht. Dies stellt § 268b klar. Dabei hat die Vorschrift nur Bedeutung für Erkenntnisse, die mit einer Verurteilung des Angeklagten zu Strafe enden oder zur Anordnung der Unterbringung in einem psychiatrischen Krankenhaus oder einer Entziehungsanstalt führen. Kommt es nicht zur Verhängung einer Strafe oder der Unterbringungsanordnung, ist der Haftbefehl bzw. Unterbringungsbefehl bereits gem. §§ 120 Abs. 1 Satz 2, 126a Abs. 3 Satz 1 aufzuheben (Meyer-Goßner/*Schmitt* § 268b Rn. 2). Kommt es zur Anordnung der Fortdauer von Haft oder Unterbringung, muss das Gericht die Gründe dafür in seiner Entscheidung mitteilen. Insoweit ist auch der Umstand eines etwaigen Auswechselns des Haftgrunds zu eröffnen. Legt das Urteil dem Inhaftierten bzw. Untergebrachten eine andere Tat zur Last als Haft- und Unterbringungsbefehl, sind Letztere anzugleichen (OLG Stuttgart Justiz 2007, 238). Streitig ist, ob ein Beschluss nach § 268b auch dann ergehen muss, wenn der Vollzug eines Haftbefehls nach § 116 ausgesetzt ist (befürwortend u.a. LR/*Stuckenberg* § 268b Rn. 2; abl. Meyer-Goßner/*Schmitt* § 268b Rn. 2). Mit Blick auf das Gebot, dem Angeklagten ein faires Verfahren gewähren zu müssen, wird man dies bejahen müssen. Auch ein außer Vollzug gesetzter Haftbefehl ist existent und droht für den Angeklagten jederzeit wieder in Kraft gesetzt werden. Dies erfordert es, dem Angeklagten diese Situation durch eine Fortdauerentscheidung über den Haftbefehl deutlich vor Augen zu führen.

Der Beschluss wird vom erkennenden Gericht unter Beteiligung der Schöffen erlassen und ist gem. § 34 zu 2
begründen (Meyer-Goßner/*Schmitt* § 268b Rn. 3). Dabei erstreckt sich das Begründungserfordernis weniger auf das Merkmal des dringenden Tatverdachts. Die Tatsachen, die zu dessen Annahme führen, lassen sich im Regelfall den Gründen des Urteils entnehmen (BGH NStZ 2006, 297; OLG Koblenz v. 18.01.2016 – 2 Ws 742/15 –; a.A. u.a. OLG Hamm NStZ-RR 2010, 55). Als **wesentliche Förmlichkeit ist der Beschluss** in das Hauptverhandlungsprotokoll aufzunehmen (Meyer-Goßner/*Schmitt* § 268b Rn. 3).

3 Vergisst das Gericht, eine Entscheidung über die Fortdauer von Untersuchungshaft und einstweiliger Unterbringung zu treffen, ist dies unschädlich. Es kann dieses Versäumnis jederzeit auch von Amts wegen nachholen (LR/*Stuckenberg* § 268 Rn. 8). Der Bestand von Haft und Unterbringung wird hierdurch nicht gefährdet (Meyer-Goßner/*Schmitt* § 268b Rn. 4). Ist die Verkündung des Beschlusses unterblieben, ist dieser zuzustellen (SK-StPO/*Velten* § 268b Rn. 9).

4 Satz 2 bestimmt, dass der Beschluss mit dem Urteil zu verkünden ist. Dies ist insoweit missverständlich, als ein zeitgleiches Offenbaren von Erkenntnis und Entscheidung über Haft bzw. einstweilige Unterbringung natürlich nicht möglich ist. Man wird die Regelung dahin gehend zu verstehen haben, dass es zunächst zur Verkündung der Urteilsformel als wesentlichem Teil des Urteils kommen muss, da die Fortdauerentscheidung inhaltlich an den Urteilsausspruch anknüpft. Dann liegt es im freien Ermessen des Gerichts, ob es im Anschluss an die Mitteilung der Formel erst die Gründe des Urteils oder den Beschluss nach § 268b bekannt gibt (Meyer-Goßner/*Schmitt* § 268b Rn. 3).

5 **B. Anfechtung.** Der Beschluss nach § 268b kann entweder mit der **Beschwerde nach § 304** angegriffen oder es kann **Antrag auf Haftprüfung gem. § 117 Abs. 1** gestellt werden. Für den Fall der Haftprüfung besteht ein Anspruch auf mündliche Verhandlung nicht, § 118 Abs. 4. Eine auf die Beschwerde ergangene Entscheidung kann ggf. mit der weiteren Beschwerde gem. § 310 angefochten werden (KMR/*Voll* § 268b Rn. 7). Wird mit dem Urteil ein neuer Haftbefehl erlassen, ist der Verurteilte über seine Rechtsschutzmöglichkeiten gem. § 115 Abs. 4 zu belehren (LR/*Stuckenberg* § 268b Rn. 10; a.A. Meyer-Goßner/*Schmitt* § 268b Rn. 5). Aus Gründen einer fairen Verfahrensführung sollte die Belehrung auch bei Erlass eines »bloßen« Haftfortdauerbeschlusses erfolgen (ebenso SK-StPO/*Velten* § 268b Rn. 11; a.A. KK-StPO/*Engelhardt*, 6. Aufl., § 268b Rn. 6).

6 Im Beschwerdeverfahren hat das Beschwerdegericht hinsichtlich des dringenden Tatverdachts nur eine eingeschränkte Überprüfungskompetenz, da es grds. Sache des erkennenden Gerichts ist, die Beweisaufnahme in der Hauptverhandlung zu würdigen (KMR/*Voll* § 268b Rn. 8). Das Beschwerdegericht prüft allein, ob sich das erkennende Gericht mit den Verhandlungsergebnissen auseinandergesetzt hat und zu einer vertretbaren Bewertung der Schuldfrage gelangt ist (KG StV 2001, 689). Ist allein die Revision gegen das Urteil statthaft, wird der Beurteilungsspielraum des Beschwerdegerichts noch weiter eingeengt. Allein wenn erkennbar ist, dass der Beweiswürdigung des erkennenden Gerichts eklatante, die Revision begründende Rechtsfehler (BGH NStZ 2004, 276, 277) zugrunde liegen, darf von dessen Würdigung abgewichen werden (BGH NStZ 2006, 297; KMR/*Voll* § 268b Rn. 8). Wird nach Urteilsverkündung ein neues Beweismittel bekannt, das für den Verurteilten entlastend wirken kann, muss – wenn die Berufung ein statthaftes Rechtsmittel gegen das Urteil ist – spätestens das Beschwerdegericht dieses neue Beweismittel bei der Bewertung des dringenden Tatverdachts berücksichtigen. Dies liegt daran, dass das neue Beweismittel im Berufungsverfahren uneingeschränkt verwertet werden kann, § 323 Abs. 3 (BGH NStZ 2004, 276, 277). Ist allein die Revision statthaft, darf auf das neue Beweismittel nur dann abgestellt werden, wenn nach den Grundzügen des Wiederaufnahmerechts eine Freisprechung des Verurteilten oder jedenfalls aber eine Verurteilung aus einem milderen Strafgesetz als wahrscheinlich erscheint, § 359 Nr. 5 (BGH NStZ 2004, 276, 277; KMR/*Voll* § 268b Rn. 8).

§ 268c Belehrung bei Anordnung eines Fahrverbots

Wird in dem Urteil ein Fahrverbot angeordnet, so belehrt der Vorsitzende den Angeklagten über den Beginn der Verbotsfrist (§ 44 Abs. 3 Satz 1 des Strafgesetzbuches). Die Belehrung wird im Anschluß an die Urteilsverkündung erteilt. Ergeht das Urteil in Abwesenheit des Angeklagten, so ist er schriftlich zu belehren.

1 **A. Grundsätzliches und Tatbestand.** Zweck der Belehrungspflicht ist es, dem Verurteilten vor Augen zu führen, dass es sinnvoll wäre, einen nicht beschlagnahmten Führerschein möglichst umgehend in amtliche Verwahrung zu geben, da erst dann der Lauf der Fahrverbotsfrist beginnt, § 44 Abs. 3 Satz 1 StGB, § 59a Abs. 5 StVollstrO (KMR/*Voll* § 268c Rn. 1).

2 Die Pflicht zur Belehrung nach Satz 1 obliegt auch dem Berufungsrichter. Dies gilt auch dann, wenn bereits der Richter der Vorinstanz belehrt hatte (Meyer-Goßner/*Schmitt* § 268c Rn. 1). Zur Belehrung im Strafbefehlsverfahren vgl. § 409 Abs. 1 Satz 2.

3 **Zuständig** für die Belehrung ist der Vorsitzende (SK-StPO/*Velten* § 268c Rn. 5). Sie hat mündlich zu erfolgen, was die Verwendung eines Merkblattes nicht ausschließt. Andererseits darf die Austeilung des Merkblatts die mündliche Belehrung nicht ersetzen (Meyer-Goßner/*Schmitt* § 268c Rn. 2). Notwendiger Inhalt

der Belehrung ist der Hinweis auf den Beginn der Verbotsfrist, sie sollte sich aber auch auf den Umstand erstrecken, dass das Fahrverbot bereits gem. § 44 Abs. 2 Satz 1 StGB mit Urteilsverkündung wirksam wird (OLG Celle VRS 54, 128, 129). Es empfiehlt sich auch der Hinweis auf die Zuständigkeit für die amtliche Ingewahrsamnahme, § 59a Abs. 1, 5 StVollstrO (KMR/*Voll* § 268c Rn. 1). Nicht erforderlich demgegenüber sind Angaben dazu, wie die Frist berechnet wird (LR/*Stuckenberg* § 268c Rn. 6).

Gem. Satz 2 erfolgt die Belehrung im Anschluss an die Urteilsverkündung. Sie ist noch Teil der Hauptverhandlung (KMR/*Voll* § 268c Rn. 2). Da die Beschlüsse nach § 268a und § 268b »mit dem Urteil verkündet« werden, gehen sie der Belehrung nach § 268c vor (SK-StPO/*Schlüchter* 14. Aufbau/Erg. Lfg. § 268c Rn. 6). Dass die Belehrung über das Fahrverbot vor der Rechtsmittelbelehrung hinsichtlich des Urteils erfolgt, ist zwar tunlich, aber nicht erforderlich. So können etwa beide Belehrungen zusammengefasst werden (KMR/*Voll* § 268c Rn. 2). Möglich ist es aber auch, die Belehrung über das Rechtsmittel der Belehrung nach § 268c voranzustellen (Meyer-Goßner/*Schmitt* § 268c Rn. 4). 4

Eine **Protokollierung der Belehrung** ist zwar zweckmäßig, aber nicht erforderlich. Die Belehrung ist keine wesentliche Förmlichkeit des Verfahrens, da ihr Unterbleiben keine prozessualen Rechtsfolgen nach sich zieht (KK-StPO/*Kuckein*/*Bartel* § 268c Rn. 8). Das Fehlen prozessualer Folgen bei Unterlassen erklärt auch, warum eine unterbliebene Belehrung durch das Gericht nicht nachzuholen ist. Die Nachholung erfolgt dann jedoch durch die Vollstreckungsbehörde, wenn sie auf Grundlage des § 59a Abs. 4 Satz 1 StVollstrO den Führerschein einfordert (Meyer-Goßner/*Schmitt* § 268c Rn. 6). 5

Der bei Urteilsverkündung abwesende Angeklagte wird schriftlich belehrt. Dies erfolgt durch ein Merkblatt, welches ihm zusammen mit dem Urteil zugestellt wird (SK-StPO/*Schlüchter* § 268c Rn. 7). 6

B. Anfechtbarkeit und Revision. Da Verstöße gegen § 268c in prozessualer Hinsicht bedeutungslos sind, sind sie mit der Beschwerde nicht anfechtbar. Auch die Revision kann auf eine Verletzung der Vorschrift nicht gestützt werden. Es ist ausgeschlossen, dass das Urteil auf einer solchen Verletzung beruhen kann (LR/*Stuckenberg* § 268c Rn. 11). 7

§ 268d Belehrung bei vorbehaltener Sicherungsverwahrung

Ist in dem Urteil die Anordnung der Sicherungsverwahrung nach § 66a Absatz 1 oder 2 des Strafgesetzbuches vorbehalten, so belehrt der Vorsitzende den Angeklagten über die Bedeutung des Vorbehalts sowie über den Zeitraum, auf den sich der Vorbehalt erstreckt.

Bis zum 31.12.2010 geltende Fassung:

§ 268d

Wird in dem Urteil die Entscheidung über die Anordnung der Sicherungsverwahrung nach § 66a Abs. 1 des Strafgesetzbuches einer weiteren gerichtlichen Entscheidung vorbehalten, so belehrt der Vorsitzende den Angeklagten über den Gegenstand der weiteren Entscheidungen sowie über den Zeitraum, auf den sich der Vorbehalt erstreckt.

Übersicht

A. Grundsätzliches und Tatbestand. Durch das »Gesetz zur Neuordnung des Rechts der Sicherungsverwahrung und zu begleitenden Regelungen vom 22.12.2010« (BGBl. I, S. 2300) ist das Recht der Sicherungsverwahrung in formeller und materieller Hinsicht reformiert worden. Zu den Änderungen im StGB und in der StPO sowie der Entscheidung des BVerfG v. 04.05.2011 (BVerfGE 128, 326 ff.), durch welche das Recht der Sicherungsverwahrung insgesamt für nicht verfassungskonform erklärt wurde, vgl. die Kommentierung zu § 275a. Wegen § 316e EGStGB gilt die Vorschrift nur, wenn die Tat oder wenigstens eine der Taten, wegen derer Sicherungsverwahrung angeordnet wurde, nach dem 31.12.2010 begangen wurde. Für davor begangene Taten gilt die oben abgedruckte bis zum 31.12.2010 geltende Fassung (SK-StPO/*Velten* § 268d Rn. 1). 1

Im Zuge der Gesetzesreform ist auch § 268d neu gefasst worden. Die Vorschrift enthält die Pflicht des Vorsitzenden eines Gerichts, das in seinem Urteil die Sicherungsverwahrung vorbehalten hat, den Verurteilten über die Bedeutung dieses Vorbehalts und den Zeitraum, über den sich der Vorbehalt erstreckt, aufzuklären. Der Verurteilte wird mündlich darüber belehrt, dass das Gericht des ersten Rechtszugs spätestens 6 Monate vor dem Zeitpunkt, in dem die verhängte Freiheitsstrafe vollstreckt ist, in einer neuen Hauptverhandlung gem. § 275a darüber befinden wird, ob Sicherungsverwahrung anzuordnen ist und dass dies auch dann gilt, wenn ein Strafrest vollstreckt wird (Meyer-Goßner/*Schmitt* § 268d Rn. 1). Weiterhin ist darauf hinzuweisen, unter welchen Voraussetzungen materiell-rechtlicher Art eine solche Anordnung erfolgen wird (KMR/*Voll* § 268d Rn. 2). Es ist also zu verdeutlichen, dass es zur Anordnung kommt, wenn die Gesamtwürdigung des Verurteilten (wozu auch seine Entwicklung im Strafvollzug gehört) und seiner Taten zum Zeitpunkt der Entscheidung ergibt, dass von ihm erhebliche Delikte zu erwarten sind, durch welche die Opfer seelisch oder körperlich schwer geschädigt werden (Meyer-Goßner/*Schmitt* § 268d Rn. 1). Aufgrund der Entscheidung des Bundesverfassungsgerichts, nach der die Regelung der vorbehaltenen Sicherungsverwahrung in § 66a StGB gegen Art. 2 Abs. 2 Satz 2 GG i.Vm. Art. 104 Abs. 1 GG verstößt (BVerfGE 128, 326 ff.), werden als solche Delikte in der Regel nur schwere Gewalt- und Sexualstraftaten in Betracht kommen. Weiterhin erfolgt die Belehrung über das verfahrensrechtliche Erfordernis, für die Entscheidung über die Sicherungsverwahrung gem. § 275a Abs. 4 einen Sachverständigen hinzuzuziehen, der bislang mit der Behandlung des Verurteilten nicht befasst gewesen ist (KMR/*Voll* § 268d Rn. 2).

2 Die mündliche Belehrung, die im Anschluss an die Urteilsverkündung vor der Rechtsmittelbelehrung stattfindet (Meyer-Goßner/*Schmitt* § 268d Rn. 2) und mit der Austeilung eines Formblatts verbunden sein kann (KMR/*Voll* § 268d Rn. 3), ist keine wesentliche Förmlichkeit des Verfahrens i.S.d. § 273 Abs. 1 (SK-StPO/*Velten* § 268d Rn. 6). Gleichwohl sollte sie protokolliert werden (Meyer-Goßner/*Schmitt* § 268d Rn. 2). Ist eine Belehrung versehentlich unterblieben, ist sie in entsprechender Anwendung des § 453a Abs. 1 durch den Vorsitzenden oder einen beauftragten oder ersuchten Richter unverzüglich nachzuholen (SK-StPO/*Frister* 34. Aufbau-Lfg. § 268d Rn. 4). Kommt es hierzu nicht, unterbleibt also die Belehrung vollständig, hindert dies die Anordnung der vorbehaltenen Sicherungsverwahrung grds. nicht (KMR/*Voll* § 268d Rn. 3). Es fragt sich jedoch, in welchem Umfang dann das Verhalten des Verurteilten im Strafvollzug eine tragende Rolle bei dieser Entscheidung spielen kann (Meyer-Goßner/*Schmitt* § 268d Rn. 3).

3 **B. Revision.** Ein Verstoß gegen die Belehrungspflicht aus § 268d ist nicht revisibel (KMR/*Voll* § 268d Rn. 3), da das Urteil nicht auf ihr beruhen kann.

§ 269 Verbot der Verweisung bei Zuständigkeit eines Gerichts niederer Ordnung

Das Gericht darf sich nicht für unzuständig erklären, weil die Sache vor ein Gericht niederer Ordnung gehöre.

1 **A. Grundsätzliches und Tatbestand.** Die Vorschrift enthält eine – systematisch unglücklich in den Abschnitt der Verfahrensordnung über die gerichtliche Hauptverhandlung integrierte – **Ausnahmeregelung zu § 6** (Meyer-Goßner/*Schmitt* § 269 Rn. 1). Sie verbietet es einem an sich sachlich unzuständigen Gericht höherer Ordnung, das Verfahren an das eigentlich zuständige Gericht niederer Ordnung selbst dann abzugeben, wenn die Prozessbeteiligten mit einem solchen Vorgehen einverstanden sind (Meyer-Goßner/*Schmitt* § 269 Rn. 5). Das Gesetz arbeitet insoweit mit der Fiktion, dass die sachliche Zuständigkeit des Gerichts höherer Ordnung die sachliche Zuständigkeit des Gerichts niederer Ordnung mit einschließt und dem Angeklagten dadurch, dass seine Sache vor einem Gericht höherer Ordnung – und damit einem Gericht von möglicherweise größerer Kompetenz – verhandelt wird, kein Nachteil entsteht (RGSt 62, 265, 271). Mit seiner Aussage dient § 269 der Prozesswirtschaftlichkeit und Verfahrensbeschleunigung (BGHSt 46, 238, 240; Meyer-Goßner/*Schmitt* § 269 Rn. 1). Das Verbot der Verfahrensabgabe an das Gericht niederer Ordnung gilt erst dann, wenn die Zuständigkeit des Gerichts höherer Ordnung prozessordnungsgemäß begründet wurde (BGH NStZ 2011, 46).

2 Die Vorschrift ist eng auszulegen. Dass das Gericht höherer Ordnung ein bei ihm anhängig gemachtes Strafverfahren nicht an das Gericht niederer Ordnung abgeben darf, bedeutet im Umkehrschluss nicht, dass das Gericht höherer Ordnung die Befugnis hätte, ein bei einem Gericht niederer Ordnung anhängig gemachtes Verfahren an sich zu ziehen (BGHSt 37, 15, 20; st. Rspr.). § 269 gilt nicht nur für die Hauptverhandlung, sondern für das gesamte Hauptverfahren. Allein im Eröffnungsverfahren selbst ermöglicht es die Vorschrift des § 209, das Verfahren vom Gericht höherer Ordnung an das Gericht niederer Ordnung zu bringen (LR/*Stuckenberg* § 269 Rn. 3). Mit Erlass des Eröffnungsbeschlusses endet diese Möglichkeit. Das Verbot des § 269 gilt also auch dann, wenn sich eine Zuständigkeit des Gerichts niederer Ordnung erstmalig aus dem Eröffnungsbeschluss ergibt oder sich das Verfahren allein deshalb beim Gericht höherer Ordnung befindet, weil es durch das Gericht niederer Ordnung zu Unrecht auf Grundlage des § 270 an dieses verwiesen wurde (so bereits RGSt 44, 392, 395; s.a. Meyer-Goßner/*Schmitt* § 269 Rn. 3). Zur Einstellung eines Verfahrens beim Gericht höherer Ordnung kommt es, wenn die Sache bereits bei einem Gericht niederer Ordnung

anhängig ist. Das Verbot mehrfacher Rechtshängigkeit geht der Zuständigkeitsregelung des § 269 insoweit vor (BGHSt 22, 232, 235; Meyer-Goßner/*Schmitt* § 269 Rn. 4).

Aber auch andere **höherrangige Rechtsgrundsätze** verdrängen die Vorschrift des § 269 (KMR/*Voll* § 269 Rn. 7; SK-StPO/*Velten* § 269 Rn. 7). So darf das Verfahrensgrundrecht auf den gesetzlichen Richter aus Art. 101 Abs. 1 GG nicht durch das Verbot, sich bei sachlicher Zuständigkeit eines Gerichts niederer Ordnung selbst für unzuständig zu erklären, ausgehöhlt werden. Erkennt das Gericht höherer Ordnung, dass das Verfahren durch die StA aufgrund (objektiv) willkürlicher Erwägungen bei ihm anhängig gemacht wurde, muss es dieses auch nach Eröffnung des Hauptverfahrens vor das Gericht niederer Ordnung bringen. Hierzu bietet sich eine analoge Anwendung des § 209 Abs. 1 an (BGH NStZ 2001, 265, 266; KMR/*Voll* § 269 Rn. 7; s. auch OLG Celle NdsRpfl 2017, 119). Nach der Rspr. des BGH soll die Korrektur willkürlicher Anhängigkeiten unter Umgehung des Normbefehls des § 269 allerdings nur dann möglich sein, wenn die sachfremde Begründung der Zuständigkeit zu einem Wechsel der Gerichtszweige geführt hat. Demnach ist eine willkürliche Anklageerhebung zum LG unter Umgehung des AG korrekturbedürftig (BGHSt 38, 172, 178; BGH StV, 1999, 585, 586; Meyer-Goßner/*Schmitt* § 269 Rn. 8; *Rieß* NStZ 1992, 548, 549) wie umgekehrt die sachfremde Anklage zum AG statt zum LG (OLG Brandenburg NStZ 2001, 611 m.Anm. *Meyer-Goßner*). Gleiches gilt, wenn statt zum LG zum OLG angeklagt wird (BGHSt 46, 238, 241). Die Rspr. einiger OLG, die das Verbot aus § 269 auch dann für unbeachtlich gehalten haben, wenn eine willkürliche Annahme der Zuständigkeit des Schöffengerichts zulasten der Zuständigkeit des Strafrichters erfolgt ist (u.a. OLG Hamm NStZ-RR 1996, 308; OLG Köln NStZ-RR 1996, 178), hat der BGH auf Vorlage des OLG Celle (NdsRpfl 1995, 273 f.) zumindest relativiert. Während die OLG den Zuständigkeitsverstoß als von Amts wegen zu beachten ansahen, will der BGH die Verletzung des § 328 Abs. 2, also die Pflicht des Berufungsgerichts, das Urteil der Vorinstanz aufzuheben und zurückzuverweisen, wenn diese ihre Zuständigkeit zu Unrecht angenommen hat, nur bei Erhebung einer entsprechenden Unzuständigkeitsrüge durchgreifen lassen (BGHSt 42, 205, 212; zustimmend KMR/*Voll* § 269 Rn. 9). Dies vermag angesichts des Wortlauts des § 328 Abs. 2 nicht zu überzeugen. Nach diesem hat das Berufungsgericht das Fehlen der sachlichen Zuständigkeit von Amts wegen zu beachten und das Verfahren an das zuständige Gericht zu verweisen. Kommt es dieser Verpflichtung nicht nach, ist es Aufgabe des Revisionsgerichts, das Versäumte nachzuholen. Auf die Erhebung einer entsprechenden Verfahrensrüge, die für das Berufungsverfahren nicht gefordert ist, kann es nunmehr nicht plötzlich ankommen (Meyer-Goßner/*Schmitt* § 269 Rn. 8; *ders.* NStZ 2001, 612; offengelassen von BGHR StPO § 269 Unzuständigkeit 9; s. aber auch BGH StV 2016, 621 f.). 3

Höheres Gericht i.S.d. Vorschrift ist jedes Gericht, das im Instanzenzug über einem anderen Gericht steht. Ggü. dem AG ist mithin das LG Gericht höherer Ordnung. Darüber hinaus ist aber auch das Schöffengericht ein höheres Gericht als der Strafrichter. Gleiches gilt für die Große Strafkammer ggü. der Kleinen Strafkammer des LG. Demgegenüber ist das erweiterte Schöffengericht ggü. dem Schöffengericht nicht Gericht höherer Ordnung (Meyer-Goßner/*Schmitt* § 269 Rn. 5), und es besteht auch kein Vorrang der Schwurgerichtskammer ggü. der Großen Strafkammer (BGHSt 27, 99, 101). Das Erwachsenengericht ist nicht automatisch höheres Gericht als das Jugendgericht. Für das Rangverhältnis kommt es auch hier auf die Stellung der Spruchkörper im Instanzenzug an. Insoweit gilt etwa das Verbot des § 269, wenn das für Erwachsenenstrafsachen zuständige Schöffengericht beabsichtigt, ein Verfahren an den Jugendrichter abzugeben. In diesem Fall besteht allein die Möglichkeit der Abgabe an das Jugendschöffengericht (BGHSt 18, 173, 176). Zum Verhältnis der Jugendgerichte untereinander vgl. § 47a JGG. 4

Nicht erfasst von § 269 wird die Abgabe zwischen **gleichrangigen Spruchkörpern** (BGHSt 27, 99, 102). Um gleichrangige Spruchkörper handelt es sich auch bei den nach §§ 74 bis 74d GVG zuständigen Strafkammern. Der in § 74e GVG geregelte »Vorrang« führt nicht zu einer Abstufung der Kammern nach Gerichten höherer oder niederer Ordnung (LR/*Stuckenberg* § 269 Rn. 4). Die Abgabe eines Verfahrens an ein Gericht höherer Ordnung durch ein Gericht niederer Ordnung wird durch § 269 ebenfalls nicht verboten (Meyer-Goßner/*Schmitt* § 269 Rn. 6). 5

Werden nach § 4 **verbundene Strafsachen**, die beim Gericht höherer Ordnung anhängig sind, getrennt, fällt eine abgetrennte Strafsache, die vor ein Gericht niederer Ordnung gehören müsste, nicht automatisch an dieses zurück (BGHSt 47, 116, 119; KMR/*Voll* § 269 Rn. 3; *Mutzbauer* NStZ 1995, 213, 214; a.A. LR/*Wendisch* § 2 Rn. 50). Kommt es zur Trennung von Strafsachen, die nach § 237 miteinander verbunden sind, wird die Frage eines Rückfalls einer getrennten Strafsache nicht relevant (Meyer-Goßner/*Schmitt* § 269 Rn. 7), da eine Verbindung nach § 237 zur Grundvoraussetzung hat, dass die zu verbindenden Verfahren beim selben Gericht anhängig sind. 6

7 **B. Revision.** Entsprechend dem Regelungsgehalt der Vorschrift des § 269 kann der Umstand, dass statt eines Gerichts höherer Ordnung ein Gericht niederer Ordnung zuständig gewesen wäre, die Revision grds. nicht begründen (BGH NStZ 2009, 579). Etwas anderes gilt bei willkürlicher Entziehung des gesetzlichen Richters (BGH StV 1999, 585 f.). In diesem Fall muss das Revisionsgericht das Fehlen der sachlichen Zuständigkeit als Fehlen einer Prozessvoraussetzung von Amts wegen beachten (BGHSt 45, 58, 59; KMR/*Voll* § 269 Rn. 9). Zur Revisibilität des Verstoßes des Berufungsgerichts gegen § 328 Abs. 2 nur bei entsprechender Verfahrensrüge vgl. BGHSt 42, 205, 210 ff. und oben Rdn. 3. Ob eine solche Verfahrensrüge auch im Fall einer Sprungrevision erhoben werden muss, wenn das Schöffengericht seine Zuständigkeit willkürlich angenommen hat, hat der BGH zwar nicht ausdrücklich entschieden, im Ergebnis aber befürwortet (BGHSt 42, 205, 212 ff.). Für eine Prüfung der sachlichen Zuständigkeit von Amts wegen in diesem Fall dagegen OLG Düsseldorf NStZ 1996, 206 f. m.Anm. *Bachem* und Meyer-Goßner/*Schmitt* § 269 Rn. 8.

§ 270 Verweisung bei Zuständigkeit eines Gerichts höherer Ordnung

(1) Hält ein Gericht nach Beginn einer Hauptverhandlung die sachliche Zuständigkeit eines Gerichts höherer Ordnung für begründet, so verweist es die Sache durch Beschluß an das zuständige Gericht, § 209a Nr. 2 Buchstabe a gilt entsprechend. Ebenso ist zu verfahren, wenn das Gericht einen rechtzeitig geltend gemachten Einwand des Angeklagten nach § 6a für begründet hält.

(2) In dem Beschluß bezeichnet das Gericht den Angeklagten und die Tat gemäß § 200 Abs. 1 Satz 1.

(3) Der Beschluß hat die Wirkung eines das Hauptverfahren eröffnenden Beschlusses. Seine Anfechtbarkeit bestimmt sich nach § 210.

(4) Ist der Verweisungsbeschluss von einem Strafrichter oder einem Schöffengericht ergangen, so kann der Angeklagte innerhalb einer bei der Bekanntmachung des Beschlusses zu bestimmenden Frist die Vornahme einzelner Beweiserhebungen vor der Hauptverhandlung beantragen. Über den Antrag entscheidet der Vorsitzende des Gerichts, an das die Sache verwiesen worden ist.

Übersicht

1 **A. Grundsätzliches.** Wie § 269 eröffnet § 270 die Möglichkeit, auf **Veränderungen der sachlichen Zuständigkeit** als von Amts wegen zu berücksichtigender Prozessvoraussetzung pragmatisch und prozessökonomisch zu reagieren. Durch die Befugnis des Gerichts, die Sache an ein Gericht höherer Ordnung, dessen Zuständigkeit es für gegeben hält, zu verweisen, werden Verfahrenseinstellungen und sich daran anschließende Neuanklagen vermieden (LR/*Stuckenberg* § 270 Rn. 1). Das StVÄG 1979 v. 05.10.1978 (BGBl. I, S. 1645; III 312–10) hat diesen Rechtsgedanken durch Verweis auf die Vorschrift des § 209a Nr. 2 lit. a) und durch die Regelung in Abs. 1 Satz 2 auch auf Zuständigkeitsfragen im Zusammenhang mit den Jugendgerichten und besonderen Strafkammern ausgedehnt (*Rieß* NJW 1978, 2265, 2267).

2 Eine **analoge Anwendung** der Vorschrift erfolgt, wenn nach § 154a Abs. 3 zuvor aus dem Verfahrensstoff ausgegliederte Delikte, die grds. die Zuständigkeit eines Gerichtes höherer Ordnung begründet hätten, wieder einbezogen werden (BGHSt 29, 341, 344 ff.; Meyer-Goßner/*Schmitt* § 270 Rn. 2). Der BGH hält § 270 auch für den Fall für entsprechend anwendbar, dass ein Kartellsenat eines OLG, der über eine OWi zu befinden hat, einen Straftatbestand für erfüllt ansieht. In diesem Fall soll die Möglichkeit bestehen, die Sache an die Wirtschaftsstrafkammer des LG zu verweisen (BGHSt 39, 202, 204 ff.). Die Literatur folgt diesem Lösungsansatz größtenteils nicht (zustimmend aber *Odersky* FS Salger, S. 357), sondern bevorzugt entweder Analogien zu § 209 (so *Rieß* NStZ 1993, 513, 515) oder zu §§ 17a Abs. 2, 4 und 17b GVG (so Meyer-Goßner/*Schmitt* § 270 Rn. 2). Wieder andere belassen es bei einer Zuständigkeit des OLG (LR/*Franke* § 121 GVG Rn. 23a) oder sprechen sich für den in Strafsachen durch § 270 versperrten Weg einer Verfahrenseinstellung (durch das OLG) und sich daran anschließende Anklageerhebung beim Strafgericht aus (*Bauer* wistra 1994, 132, 134).

3 Für die **örtliche Zuständigkeit** gilt § 270 nicht (BGH NStZ-RR 2018, 218). Sie ist keine von Amts wegen während des gesamten Verfahrens zu prüfende Prozessvoraussetzung. Ihre Prüfung unterliegt der Regelung des § 16 (KMR/*Voll* § 270 Rn. 3). Der Verweis nach Beginn der Hauptverhandlung an das zuständige Gericht ist damit nicht möglich. Allein für den Fall, dass neben das Fehlen der örtlichen Zuständigkeit auch das Fehlen der sachlichen Zuständigkeit des Gerichts tritt, besteht die Möglichkeit einer Verweisung. Insoweit erfolgt die Korrektur der örtlichen als Annex zu der Korrektur der sachlichen Unzuständigkeit (KK-StPO/*Greger* § 270 Rn. 6). Korrekturen von Zuständigkeiten gleichrangiger Spruchkörper nach dem Geschäftsverteilungsplan,

§ 21e GVG, können ebenfalls nicht über § 270 vorgenommen werden. Hier ist eine formlose Verfahrensabgabe an den zuständigen Spruchkörper möglich (BGHSt 27, 99, 102; Meyer-Goßner/*Schmitt* § 270 Rn. 3).

B. Tatbestand. Abs. 1 umschreibt die **Voraussetzungen und die Art und Weise der Verweisung.** Das Gesetz bringt bereits durch die Nichterwähnung eines Antragserfordernisses erkennbar zum Ausdruck, dass die Verweisung von Amts wegen zu erfolgen hat (OLG Stuttgart Justiz 1995, 99 f.; Meyer-Goßner/*Schmitt* § 270 Rn. 5). Daneben folgt die Verpflichtung zu selbstständigem Handeln des Gerichts natürlich aus dem Umstand, dass es sich bei der sachlichen Zuständigkeit (§ 6) um eine in jeder Lage des Verfahrens vom Gericht von Amts wegen zu prüfende Prozessvoraussetzung handelt. Ausschlaggebend für die Prüfung der sachlichen Zuständigkeit sind die §§ 24 ff. (AG), 74 und 120 GVG (LG und OLG). Unberücksichtigt bleiben dabei die §§ 25 Nr. 2, 24 Abs. 1 Nr. 3, 74 Abs. 1 GVG. Die Prüfung dieser für die gerichtliche Zuständigkeit bedeutsamen Vorschriften endet mit der Eröffnung des Hauptverfahrens und kann damit nicht mehr Gegenstand einer Verweisungsentscheidung nach § 270, die den Beginn der Hauptverhandlung voraussetzt, (Meyer-Goßner/*Schmitt* § 270 Rn. 5), sein. Insoweit ist zu berücksichtigen, dass das Gericht, bei dem auf Grundlage dieser Normen ein Verfahren anhängig gemacht wurde, durchaus die rechtlichen Möglichkeiten besitzt, zu einem Urteil zu gelangen. Der Strafrichter soll zwar gem. § 25 Nr. 2 nur über solche Vergehen befinden, die keine höhere als eine Strafe von 2 Jahren nach sich ziehen. Ihm steht aber durchaus die gesamte Strafgewalt des AG – 4 Jahre – zur Verfügung (BGHSt 42, 205, 213; BGH NStZ 2009, 579, 580). Die Rechtsfolgenerwartung ist daneben überhaupt nicht berührt, wenn die unterbliebene Zuweisung eines Verfahrens an ein höheres Gericht auf der Verneinung einer besonderen Bedeutung der Sache fußt. 4

§ 270 bestimmt, dass die Verweisung nur in der Hauptverhandlung, gemeint ist die Hauptverhandlung des ersten Rechtszugs, erfolgen darf. Unerheblich ist, ob es sich dabei um eine Folgehauptverhandlung nach Aussetzung oder fehlgeschlagener Unterbrechung auf Grundlage des § 229 Abs. 4 Satz 1 handelt oder das Gericht nur deshalb mit der Sache befasst ist, weil es zur Aufhebung eines ersten Urteils in der Revisionsinstanz mit gleichzeitiger Zurückverweisung auf Grundlage des § 354 Abs. 2 gekommen ist (Meyer-Goßner/*Schmitt* § 270 Rn. 6). 5

Mit der Hauptverhandlung muss begonnen worden sein (BGH NStZ 2012, 46). Was sich hinter dieser Gesetzesformulierung verbirgt, ist streitig. Grds. beginnt die Hauptverhandlung gem. § 243 Abs. 1 Satz 1 bereits mit dem Aufruf der Sache und müsste eine Verweisung deshalb schon im Anschluss an diese Verfahrenshandlung möglich sein (so auch ausdrücklich Meyer-Goßner/*Schmitt* § 270 Rn. 7). Nicht von der Hand zu weisen ist jedoch das Argument, ein Verweisungsbeschluss bedürfe einer für die Verfahrensbeteiligten nachvollziehbaren Grundlage. Vor einer Entscheidung über die Verweisung sollte daher die Verlesung des Anklagesatzes nach § 243 Abs. 3 Satz 1 abgewartet werden, mit der die Tat, die Gegenstand des Verweisungsbeschlusses sein soll, in das Verfahren eingeführt wird (KMR/*Voll* § 270 Rn. 10). Demgegenüber braucht die Vernehmung des Angeklagten gem. § 243 Abs. 5 Satz 2 genauso wenig abgewartet zu werden wie die Durchführung der Beweisaufnahme (LR/*Stuckenberg* § 270 Rn. 9). 6

Hat die Hauptverhandlung noch nicht begonnen oder ist sie ausgesetzt, kann nicht nach § 270 verfahren werden. Eine Verlagerung der Zuständigkeit erfolgt dann auf Grundlage des § 225a (Meyer-Goßner/*Schmitt* § 270 Rn. 7).

Eine Verweisung nach § 270 ist nicht mehr möglich, wenn das Gericht ein Urteil bereits vollständig verkündet hat (KMR/*Voll* § 270 Rn. 10). Dann liegt eine Entscheidung in der Sache vor, die der Befassung mit dem Verfahren durch ein anderes Gericht entgegensteht.

Innerhalb des gesteckten Rahmens – Beginn der Hauptverhandlung/Urteilsverkündung – hat das Gericht den Zeitpunkt für die Verweisung nach eigenem Ermessen zu bestimmen. Dabei muss es berücksichtigen, dass eine Verweisung aufgrund von Umständen, die erst nach dem Eröffnungsbeschluss hervorgetreten sind und eine andere rechtliche Bewertung der Tat zur Folge haben, nur dann möglich ist, wenn bzgl. dieser Umstände ein hinreichender Tatverdacht gegeben ist (BGHSt 29, 216, 219). Werden diese Umstände erst in der Hauptverhandlung offenbar, muss das Gericht also abwarten, bis ein Verdachtsgrad erreicht ist, der die Annahme rechtfertigt, dass im Verlauf einer weiteren Verhandlung der Verdacht nicht wieder entfällt (OLG Frankfurt NStZ-RR 1997, 311, 312). Andererseits darf das Gericht bei Vorliegen eines hinreichenden Tatverdachts auch nicht weiter verhandeln, denn wenn ein solcher Tatverdacht vorliegt, geht seine Entscheidungskompetenz unmittelbar auf das Gericht höherer Ordnung über (BGH MDR 1972 [D], 16, 18; Meyer-Goßner/*Schmitt* § 270 Rn. 9; *Rieß* GA 1976, 1, 17). Will das AG an das LG verweisen, weil es seine Strafgewalt nicht für ausreichend hält, gilt Entsprechendes. Es muss eine Tatsachengrundlage durch die Verhandlung geschaffen sein, die den Rückschluss zulässt, dass eine mildere Bewertung der Tat, die mit der Strafgewalt des AG noch korrespondieren würde, ausgeschlossen erscheint (BGHSt 45, 58, 60; Meyer-Goßner/*Schmitt* § 270 Rn. 10). Bloße Vermutungen hinsichtlich einer in die Kompetenz des LG fallenden Strafhöhe reichen nicht 7 aus (OLG Frankfurt StV 1996, 533, 534; LG Berlin StV 1996, 16, 17). Liegen andererseits Tatsachen vor, wonach die Ahndung der Tat die Strafgewalt des LG voraussetzt, ist die Verweisung zum Zeitpunkt der Manifestierung dieser Tatsachen zwingend vorzunehmen (»verfestigte Straferwartung« OLG Köln NStZ-RR 2009, 117, 118). Allerdings muss zu diesem Zeitpunkt der Schuldspruch bereits feststehen (OLG Düsseldorf NStZ 1986, 496, 427; 1990, 100). Dessen Feststellung wird im Fall einer wegen der Rechtsfolgen vorgenommenen Verweisung noch von der sachlichen Zuständigkeit des Gerichts niederer Ordnung erfasst (KMR/*Voll* § 270 Rn. 16). Der besondere Umfang der Strafsache gem. § 24 Abs. 1 Nr. 3 GVG rechtfertigt eine Verweisung nur bis zur Eröffnung des Hauptverfahrens. § 270 findet auf diese Fallkonstellation deshalb keine Anwendung (BGH NJW 2017, 280 ff.; vgl. hierzu *Pauka/Link/Armenat* StraFo 2017, 10, 15).

8 In Satz 1 Hs. 2 von Abs. 1 enthält § 270 einen **Verweis auf § 209a Nr. 2 lit. a)**. Durch den Verweis, der die entsprechende Anwendung dieser Vorschrift vorsieht, werden die Jugendgerichte den Gerichten höherer Ordnung gleichgestellt (Meyer-Goßner/*Schmitt* § 270 Rn. 11). Dies bedeutet, dass Verfahren vom Erwachsenengericht auch dann an das Jugendgericht verwiesen werden müssen, wenn beide Gerichte gleichrangig sind. An ein Jugendgericht niederer Ordnung darf demgegenüber nicht verwiesen werden (KMR/*Voll* § 270 Rn. 17). Eine Verweisung an ein Jugendgericht gleicher Ordnung unterbleibt allerdings, wenn es sich bei dem abzugebenden Verfahren um eine Jugendschutzsache handelt. § 209a Nr. 2 lit. b) hat – anders als die ihm voranstehende Regelung des § 209a Nr. 2 lit. a) – in § 270 keine Erwähnung gefunden (Meyer-Goßner/*Schmitt* § 270 Rn. 11). Miterfasst von einer Verweisung an das Jugendgericht werden auch Verfahren gegen Erwachsene, die auf Grundlage von § 103 Abs. 1 JGG zum Jugendverfahren hinzuverbunden wurden (LG Berlin NStZ-RR 1999, 154 f.).

9 Die von § 270 erfasste Verweisung an das zuständige Gericht in der Hauptverhandlung betrifft über Abs. 1 Satz 2 auch die Fälle der Verweisung an den **funktionell zuständigen Spruchkörper**. Es geht mithin um die Zuweisung der Sache an das gem. §§ 74 Abs. 1 und 2, 74a bzw. 74c GVG zuständige Gericht (KMR/*Voll* § 270 Rn. 18). Dabei kommt eine Verweisung nicht nur an eine i.S.d. § 74e GVG vorrangige Strafkammer in Betracht. Auch an eine nachrangige oder sogar die allgemeine Strafkammer kann verwiesen werden. Der Rechtsgedanke des § 269 gilt insoweit nicht (KK-StPO/*Greger* § 270 Rn. 16; LR/*Stuckenberg* § 270 Rn. 21). Ist über die Zuständigkeit der Wirtschaftsstrafkammer zu befinden, soll das normative Kriterium der »besonderen Kenntnisse des Wirtschaftslebens« außer Betracht bleiben (Meyer-Goßner/*Schmitt* § 270 Rn. 12; *Rieß* NJW 1979, 1536).

Die Verweisung ist nur möglich, wenn der Angeklagte die funktionelle Unzuständigkeit des mit der Sache befassten Gerichts rechtzeitig i.S.d. § 6a gerügt hat (Meyer-Goßner/*Schmitt* § 270 Rn. 12). Ist dieser Zeitpunkt verstrichen, hat also die Vernehmung des Angeklagten begonnen – § 6a Satz 3 – kann eine Verweisung nicht mehr vorgenommen werden. Dies gilt selbst dann, wenn die Umstände, aus denen auf die funktionelle Zuständigkeit eines anderen Spruchkörpers geschlossen werden kann, erst nach Vernehmungsbeginn bekannt geworden sind (BGH StV 2009, 509, 511). Demgegenüber muss verwiesen werden, sobald ein berechtigter Einwand i.S.d. § 6a erhoben wurde. Dem Gericht, das aufgrund der zeitlichen Begrenzung des Rügerechts gem. § 6a Satz 3 lediglich die Zuständigkeitsbestimmung im Eröffnungsbeschluss nachprüfen darf, ist es verwehrt, die gesamte Beweisaufnahme abzuwarten, um eine Entscheidung über die Zuständigkeit zu treffen. Allerdings ist es ihm erlaubt – über den Inhalt von Eröffnungsbeschluss und Anklage hinaus – bei seiner Entscheidung den gesamten bis zur Vernehmung des Angeklagten angefallenen Prozessstoff zu verwerten. Berücksichtigung können deshalb insb. Vernehmungen von Mitangeklagten finden (KMR/*Voll* § 270 Rn. 20). Als wesentliche Förmlichkeit des Verfahrens ist der Einwand nach § 6a Satz 3 in die Verhandlungsniederschrift aufzunehmen.

10 Der **Verweisungsbeschluss** gem. **Abs. 2** wird durch das Gericht in der für die Hauptverhandlung vorgesehenen Besetzung – also unter Mitwirkung der Schöffen – erlassen (Meyer-Goßner/*Schmitt* § 270 Rn. 14). Die Schöffen wirken auch dann mit, wenn der Beschluss während einer Unterbrechung der Verhandlung ergeht (KK-StPO/*Greger* § 270 Rn. 17). Die Bekanntmachung des Beschlusses erfolgt nach § 35. Der Regelfall ist die Verkündung in der Hauptverhandlung, § 35 Abs. 1. Ist der Beschluss während einer Verhandlungsunterbrechung ergangenen, erfolgt die Verkündung im Fortsetzungstermin (KK-StPO/*Greger* § 270 Rn. 22). Dem nicht anwesenden Angeklagten wird der Beschluss formlos gem. § 35 Abs. 2 mitgeteilt. Eine förmliche Zustellung ist erforderlich, wenn mit dem Beschluss eine Fristsetzung nach Abs. 4 Satz 1 verbunden ist (KMR/*Voll* § 270 Rn. 23).

Der Beschluss muss das Gericht bezeichnen, an das die Sache verwiesen wird (Meyer-Goßner/*Schmitt* § 270 Rn. 15). In ihm sind die zur Kennzeichnung der Tat gem. § 200 Abs. 1 Satz 1 erforderlichen Tatsachen aufzuführen, wobei zugleich deutlich gemacht werden muss, warum nunmehr die Zuständigkeit eines anderen Gerichts gegeben ist (KMR/*Voll* § 270 Rn. 22). Solche erklärenden Angaben sollen entbehrlich sein, wenn die Verweisung (an das LG) lediglich auf der fehlenden Rechtsfolgenkompetenz des AG (§ 24 Abs. 2 GVG) beruht (BGH MDR 1966 [D], 892, 894); zweifelhaft. Eine Begründung des Verweisungsbeschlusses wird durch das Gesetz nicht vorgeschrieben, kann aber zweckmäßig sein und ist insb. zu empfehlen, wenn bei einer Mehrzahl prozessualer Taten nur ein Teil von diesen an ein anderes Gericht verwiesen wird (KMR/*Voll* § 270 Rn. 22).

Der Verweisungsbeschluss in der Form des Abs. 2 fungiert vor dem Gericht, an das verwiesen worden ist, als Anklagesatz und wird daher in der Hauptverhandlung gem. § 243 Abs. 3 Satz 1 verlesen (KMR/*Voll* § 270 Rn. 23). 11

Ist der Inhalt eines Verweisungsbeschlusses unvollständig, kann er durch das verweisende Gericht ergänzt werden. Diese Möglichkeit tritt neben die Befugnis des durch den Beschluss nunmehr zuständig gewordenen Gerichts, seinerseits zu ergänzen und zu berichtigen (KMR/*Voll* § 270 Rn. 23; LR/*Stuckenberg* § 270 Rn. 28; a.A. SK-StPO/*Frister* § 270 Rn. 29: Vervollständigungen des Beschlusses sind allein Aufgabe des nach Verweisung zuständigen Gerichts). An dieses Gericht sind mit dem Beschluss zugleich die Verfahrensakten zusenden (KMR/*Voll* § 270 Rn. 23).

Lehnt das mit der Sache befasste Gericht den Antrag eines Verfahrensbeteiligten auf Verweisung ab, hat dies durch einen »Zurückweisungsbeschluss« zu geschehen (KMR/*Voll* § 270 Rn. 23), der wegen § 34 zwingend mit Gründen zu versehen ist (Meyer-Goßner/*Schmitt* § 270 Rn. 16). 12

Der Verweisungsbeschluss steht in seiner Wirkung einem Eröffnungsbeschluss gleich, **Abs. 3 Satz 1**. Er kann jedoch eine fehlende Anklage (BGH NStZ-RR 2007 [B], 1, 4) oder einen fehlenden Eröffnungsbeschluss (BGH NStZ 1988, 236) nicht ersetzen (Meyer-Goßner/*Schmitt* § 270 Rn. 18). Sein Erlass macht nach herrschender Meinung die Strafsache bei dem Gericht, an das verwiesen wurde, unmittelbar anhängig (OLG Karlsruhe MDR 1980, 599; KK-StPO/*Greger* § 270 Rn. 23). Nach abweichender Ansicht soll dies erst dann der Fall sein, wenn bei dem neuen Gericht die Akten eingehen (vgl. LR/*Stuckenberg* § 270 Rn. 33). 13

Das Verfahren geht in der Lage, in der es sich zum Zeitpunkt der Verweisung befindet, auf das neue Gericht über (Meyer-Goßner/*Schmitt* § 270 Rn. 18), das an den Verweisungsbeschluss gebunden ist (BGHSt 27, 99, 103; st. Rspr.). Die Bindungswirkung entfällt nicht deshalb, weil der Verweisungsbeschluss formelle oder inhaltliche Fehler enthält (BGHSt 29, 216, 219; OLG Schleswig NStZ 1981, 491 f.). Die Bindungswirkung hindert das neue Gericht an einer Zurückverweisung. Demgegenüber ist es ihm erlaubt – sofern die Voraussetzungen dafür vorliegen – das Verfahren an ein noch höheres Gericht weiterzuverweisen (BGHSt 21, 268, 270). 14

Ausnahmsweise **entfällt die Bindungswirkung** des Verweisungsbeschlusses. Dies ist dann der Fall, wenn er den Grundsätzen eines rechtsstaatlichen Verfahrens widerspricht (OLG Nürnberg StraFo 2013, 514 f.; OLG Köln NStZ-RR 2011, 288; Meyer-Goßner/*Schmitt* § 270 Rn. 20). Zum Fortfall der Bindung kommt es demnach bei willkürlicher Verweisung (BGHSt 29, 216, 219; OLG Zweibrücken MDR 1992, 178; OLG Hamm v. 23.02.2017 – III-4 [s] Sbd I – 1/17 –; v. 16.03.2021 – 4 (s) Sbd I – 3/21 -), die – ohne dass es auf ein Verschulden ankäme – bereits bei objektiv eklatanter Rechtswidrigkeit des Beschlusses vorliegt (BGH NStZ 2009, 404, 405; SK-StPO/*Frister* § 270 Rn. 27). Die hieraus resultierende Verletzung des Anspruchs des Angeklagten auf seinen gesetzlichen Richter (Art. 101 Abs. 1 Satz 2 GG) ist nicht tolerierbar (KMR/*Voll* § 270 Rn. 27; vgl. aber auch *Weidemann* wistra 2000, 48, 50). So entfällt eine Bindungswirkung des Verweisungsbeschlusses auf Grundlage von § 270 Abs. 1 Satz 2, wenn der Angeklagte gar keinen Zuständigkeitseinwand nach § 6a erhoben hat (BGH StV 2009, 509, 511). Auch die Verweisung an ein Gericht, das kein Gericht höherer Ordnung ist, dürfte hierher gehören (BGH NStZ 2009, 579, 580). Entfällt die Bindungswirkung, ist das Verfahren nach der Rspr. – durch Beschluss – zurückzuverweisen (BGHSt 45, 58, 62; OLG Bamberg, NStZ-RR 2005, 377 f.; so auch Meyer-Goßner/*Schmitt* § 270 Rn. 20). Nach a.A. ist ein förmlicher Zurückweisungsbeschluss unnötig (KK-StPO/*Engelhardt*, 6. Aufl., § 270 Rn. 26; *Pfeiffer* § 270 Rn. 9). Namentlich der willkürliche Verweisungsbeschluss sei nichtig und mache das Verfahren bei dem Gericht, an das verwiesen worden sei, nicht anhängig, was einem (deklaratorischen) Zurückweisungsbeschluss nicht entgegenstehe, diesen aber auch nicht erforderlich mache (KMR/*Voll* § 270 Rn. 31; LR/*Stuckenberg* § 270 Rn. 37). Der Unterschied beider Auffassungen liegt in der Beurteilung der Frage, ob es dem Gericht, an das verwiesen wurde, bei Wegfall der Bindungswirkung unmöglich wird, seinerseits das Verfahren gem. § 270 an ein noch höheres Gericht zu verweisen oder sich auf andere Weise mit der Sache zu befassen. Wer von der Nichtigkeit des (ersten) Überweisungsbeschlusses ausgeht, muss dies verneinen. Rechtliche Folge einer Nichtigkeit der Verweisung kann nur sein, dass das Verfahren bei dem Gericht, das Adressat der Verweisung war, nicht anhängig geworden ist. Fehlt es aber an der Rechtshängigkeit, kann dieses Gericht auch nicht weiter über das Verfahren verfügen (vgl. OLG Zweibrücken NStZ-RR 1998, 280). Nach der Gegenauffassung bleibt demgegenüber die »Transportwirkung« des nicht bindenden Verweisungsbeschlusses erhalten. Das Gericht höherer Ordnung ist an einer eigenen Verweisung nicht gehindert und kann auch selbst in der Sache entscheiden, wenn trotz willkürlicher Verweisung die eigene Zuständigkeit tatsächlich gegeben ist (BGHSt 45, 15

58, 63; Meyer-Goßner/*Schmitt* § 270 Rn. 20). Für diese Auffassung sprechen – wie auch ihre Gegner durchaus zugeben (KMR/*Voll* § 270 Rn. 31) – Gründe der Prozessökonomie. Ist die Zuständigkeit des Gerichts, an das verwiesen wurde, tatsächlich gegeben, erscheint es durchaus sinnvoll, diesem Gericht die Befassung mit der Sache unmittelbar zu ermöglichen, ohne auf den weiteren Schritt einer nunmehr korrekten, zweiten Verweisung zu warten. Andererseits wird die damit propagierte Trennung von Bindungs- und Transportwirkung dem Umstand nicht gerecht, dass der (erste) Verweisungsbeschluss an erheblichen Mängeln leidet. Erhebliche Mängel gefährden aber den Bestand der Entscheidung in Gänze. Eine Trennung in der Behandlung der rechtlichen Folgen – Verlust der Bindungswirkung aber Erhalt der Transportwirkung – ist nicht angängig.

16 Vertreten das verweisende Gericht und das Gericht, an das verwiesen wurde, hinsichtlich der Bindungswirkung des Verweisungsbeschlusses unterschiedliche Auffassungen, ist dieser Zuständigkeitskonflikt durch eine Entscheidung des gemeinsamen oberen Gerichts analog §§ 14 und 19 zu lösen (BGH NJW 1999, 1876 m.Anm. *Franke* NStZ 1999, 524; KMR/*Voll* § 270 Rn. 32). Nach einer weitergehenden Ansicht soll in einem solchen Fall die Auffassung des Gerichts höherer Ordnung maßgeblich sein (OLG Karlsruhe NStZ 1990, 100).

17 Bei wirksamer Verweisung – also bei Eintritt der Bindungswirkung – verliert das verweisende Gericht seine Verfahrensherrschaft vollständig. Dies betrifft auch die Zuständigkeit für verfahrensrechtliche Entscheidungen (Meyer-Goßner/*Schmitt* § 270 Rn. 21). Erfasst werden hiervon insb. auch Entscheidungen über die Fortdauer von Untersuchungshaft. Eine analoge Anwendung des § 207 Abs. 4 kommt nicht in Betracht (KK-StPO/*Greger* § 270 Rn. 21; a.A. KMR/*Voll* § 270 Rn. 25; LR/*Stuckenberg* § 270 Rn. 31 unter Hinweis auf die Prozessökonomie). Dies entbindet das verweisende Gericht allerdings nicht von der Aufgabe, bei ihm noch befindliche Verfahrensakten nach § 122 dem OLG vorzulegen, wenn der Ablauf der Frist aus § 121 Abs. 1 droht (OLG Karlsruhe Justiz 1984, 429; SK-StPO/*Frister* § 270 Rn. 29).

18 **Abs. 3 Satz** 2 bestimmt, dass ein Verweisungsbeschluss nur nach Maßgabe des § 210 angefochten werden kann. Dies bedeutet, dass der Verweisungsbeschluss für den Angeklagten unanfechtbar ist, § 210 Abs. 1 (Meyer-Goßner/*Schmitt* § 270 Rn. 22). Für die StA – § 210 Abs. 2 – ist der Beschluss nur dann anfechtbar, wenn sie Verweisung beantragt hatte, diese aber nicht an das im Antrag bezeichnete, sondern an ein anderes Gericht erfolgt ist, das ggü. dem im Antrag bezeichneten Gericht von niederer Ordnung ist (KK-StPO/*Greger* § 270 Rn. 25). Darüber hinaus ist eine Anfechtung grds. ausgeschlossen. Dies gilt selbst dann, wenn mit dem Rechtsmittel geltend gemacht werden soll, der Verweisungsbeschluss sei wegen schwerwiegender Mängel unwirksam (BGH NJW 1999, 1876). Das OLG Schleswig hat die Anfechtbarkeit für den Fall eines Zuständigkeitsstreits zwischen verweisendem und von der Verweisung betroffenem Gericht bejaht (SchlHA 1985, 119). Führe dieser Konflikt zu einem faktischen Ruhen des Verfahrens, müsse die StA die Möglichkeit der Anfechtung besitzen, um hierdurch der Sache Fortgang geben zu können. Diese Auffassung ist abzulehnen. Die Lösung der Kompetenzstreitigkeit ist über das Verfahren analog §§ 14, 19 zu suchen (vgl. oben Rdn. 16). Die Entscheidung des gemeinschaftlichen oberen Gerichts kann dabei auch durch Antrag der StA herbeigeführt werden (Meyer-Goßner/*Schmitt* § 14 Rn. 3).

Das OLG Hamm hat einen »Verweisungsbeschluss« für anfechtbar erachtet, mit dem ein AG ein bei ihm anhängiges Verfahren wegen örtlicher Unzuständigkeit an ein anderes AG in analoger Anwendung des § 270 verwiesen hatte (NJW 1961, 232 f.). Dieser Auffassung wird man zustimmen können, da der Anwendungsbereich des § 270, der die Anfechtbarkeit von den Voraussetzungen des § 210 abhängig macht, nicht berührt ist. Der insoweit mangels gesetzlicher Grundlage rechtswidrige Verweisungsbeschluss muss auf die Beschwerde nach § 304 aufgehoben werden können (so auch KMR/*Voll* § 270 Rn. 33; SK-StPO/*Frister* § 270 Rn. 34). Wird ein Verweisungsantrag durch das Gericht abgelehnt, kann mit Blick auf § 305 Satz 1 eine Anfechtung nicht erfolgen (OLG Braunschweig NJW 1958, 1550 f.; KMR/*Voll* § 270 Rn. 33).

19 **Abs. 4** enthält eine **Vorschrift zum Schutz der prozessualen Rechte des Angeklagten.** Durch die Verkündung der Frist zur Vornahme einzelner Beweiserhebungen vor der (neuen) Hauptverhandlung soll der Angeklagte, der im Verfahren vor dem Strafrichter oder dem Schöffengericht häufig nicht den Beistand eines Verteidigers in Anspruch nimmt, auf Möglichkeiten einer besseren Verteidigung hingewiesen werden (LR/*Stuckenberg* § 270 Rn. 40). Sie ist nicht dahin gehend zu lesen, dass Angeklagten, die von einer Verweisung durch das LG betroffen sind, nicht das Recht hätten, Beweiserhebungen vor der neuen Hauptverhandlung zu beantragen (KMR/*Voll* § 270 Rn. 34). Die Vorschrift gilt wegen des Verweises auf § 209a Nr. 2 lit. a) in Abs. 1 auch für die Verweisung vom Strafrichter oder Schöffengericht an den Jugendrichter oder das Jugendschöffengericht (KMR/*Voll* § 270 Rn. 34; a.A. SK-StPO/*Schlüchter* 7. Aufbau-Lfg. § 270 Rn. 31 mit dem Argument, dass vor den Jugendgerichten die Belange des Angeklagten im Vergleich zu den Erwachsenengerichten eher besser als schlechter wahrgenommen würden).

20 Die Frist zur Anbringung von Beweisanträgen ist als Akt der Verhandlungsleitung vom Vorsitzenden des verweisenden Gerichts zu bestimmen (Meyer-Goßner/*Schmitt* § 270 Rn. 24). Sie muss so bemessen sein, dass das Recht des Angeklagten auf ein faires Verfahren gewahrt ist. Dem Angeklagten muss es auch in umfangreichen und schwierigen Sachen möglich sein, die Frage der Einreichung von Beweisanträgen ausreichend zu prüfen (KMR/*Voll* § 270 Rn. 35). Die Bestimmung der Frist erfolgt zeitgleich mit der Bekanntmachung des Verweisungsbeschlusses, in den sie zweckmäßigerweise aufgenommen wird (Meyer-Goßner/*Schmitt* § 270 Rn. 24). Sie kann von Amts wegen oder auf Antrag verlängert werden (KMR/*Voll* § 270 Rn. 35). Die Fristbestimmung ist wegen § 305 Satz 1 nicht anfechtbar (LR/*Stuckenberg* § 270 Rn. 50). Bei Bekanntgabe der Frist bietet sich der Hinweis an, dass die Anträge auf Beweiserhebung an das Gericht zu richten sind, an welches verwiesen wird. Eine gesetzliche Pflicht zu dieser Belehrung besteht jedoch nicht (Meyer-Goßner/*Schmitt* § 270 Rn. 24).

»Beweisantrag« i.S.d. Abs. 4 meint nicht den förmlichen Antrag, der von § 244 Abs. 3 bis 5 vorausgesetzt wird. Er ist an keine besondere Form gebunden, muss aber die Beweistatsache und ein Beweismittel bezeichnen (LR/*Stuckenberg* § 270 Rn. 44). Er kann sich auch auf die Vorbereitung der eigentlichen Beweisaufnahme durch Herbeischaffung von Beweismitteln oder die Beauftragung von Sachverständigen beziehen (KK-StPO/*Greger* § 270 Rn. 28).

Die Entscheidung über den Antrag obliegt gem. Abs. 4 Satz 2 dem Vorsitzenden des Gerichts, an welches das Verfahren verwiesen wurde (Meyer-Goßner/*Schmitt* § 270 Rn. 26). Eine Ausnahme gilt für die Anordnung einer Vernehmung durch den beauftragten oder ersuchten Richter. Solche Vernehmungen – wie auch die Einnahme des Augenscheins nach § 225 – ordnet das Gericht an (LR/*Stuckenberg* § 270 Rn. 44). Einem Antrag auf Beweiserhebung ist stattzugeben, wenn die unter Beweis gestellte Tatsache für die Entscheidung erheblich und die vorweggenommene Beweiserhebung, etwa weil Beweisverlust droht, erforderlich ist (KK-StPO/*Greger* § 270 Rn. 29). Für die Entscheidung ist die gerichtliche Sachaufklärungspflicht aus § 244 Abs. 2 maßgeblich. Ist weitere Sachaufklärung nach pflichtgemäßem Ermessen nicht erforderlich, kann der Beweisantrag ohne Bindung an die Voraussetzungen des § 244 Abs. 3 bis 5 abgelehnt werden (Meyer-Goßner/*Schmitt* § 270 Rn. 26). Dies schließt einen Rückgriff auf die Ablehnungsgründe dieser Vorschrift aber grds. nicht aus. Jedoch soll eine Zurückweisung des Antrags mit der Ankündigung der Wahrunterstellung der Beweisbehauptung unzulässig sein (KMR/*Voll* § 270 Rn. 36; SK-StPO/*Schlüchter* 7. Aufbau-Lfg. § 270 Rn. 33; a.A. *Pfeiffer* § 270 Rn. 7). Wird ein Beweisantrag abgelehnt, ist die Entscheidung zu begründen, § 34 (Meyer-Goßner/*Schmitt* § 270 Rn. 26). Eine entsprechende Verpflichtung besteht für die stattgebende Entscheidung nicht (SK-StPO/*Frister* § 270 Rn. 41). Die Ablehnung eines Beweisantrags muss so rechtzeitig geschehen, dass der Angeklagte weitere Anträge nach § 219 stellen oder von seinem Selbstladungsrecht nach § 220 Gebrauch machen kann (*ANM*, S. 369). Die Entscheidung über den Beweisantrag ist unanfechtbar (Meyer-Goßner/*Schmitt* § 270 Rn. 26).

C. Revision. Unterbleibt eine notwendige Verweisung an das sachlich zuständige Gericht, verfällt das Urteil 21
des erkennenden Gerichts wegen Vorliegens eines Prozesshindernisses der Aufhebung (KMR/*Voll* § 270 Rn. 37). Das Fehlen der Prozessvoraussetzungen hat das Revisionsgericht von Amts wegen zu berücksichtigen (BGHSt 10, 74, 76). Etwas anderes gilt im Fall des Freispruchs oder wenn das erkennende Gericht nur wegen einer Straftat verurteilt hat, für deren Aburteilung es sachlich zuständig war. In einem solchen Fall ist der Angeklagte nicht beschwert (BGHSt 1, 346, 347). Unterbleibt eine notwendige Verweisung an das Jugendgericht, ist dies gem. § 338 Nr. 4 relevant (Meyer-Goßner/*Schmitt* § 270 Rn. 27). Entsprechendes gilt, wenn ein rechtzeitig erhobener Einwand i.S.d. § 6a Satz 2, 3 zu Unrecht verworfen wurde (SK-StPO/*Frister* § 270 Rn. 46). Bestimmt der Vorsitzende des verweisenden Gerichts entgegen Abs. 4 Satz 1 keine Frist zur Anbringung von Beweisanträgen, kann dies die Revision begründen, wenn der Fehler in der sich anschließenden Hauptverhandlung gerügt und einem Aussetzungsantrag im Widerspruch zu § 265 Abs. 4 nicht stattgegeben wurde (KMR/*Voll* § 270 Rn. 40). Die fehlerhafte Ablehnung eines auf Grundlage von Abs. 4 gestellten Beweisantrags kann mit der Aufklärungsrüge angegriffen werden (LR/*Stuckenberg* § 270 Rn. 56).

Ein fehlerhafter Verweisungsbeschluss, der eine Bindungswirkung entfaltet, kann nicht Gegenstand einer Revision sein. Aufgrund der Bindungswirkung des Beschlusses ist das Gericht höherer Ordnung das zuständige Gericht geworden (KMR/*Voll* § 270 Rn. 38). Fehlt es demgegenüber an einer Bindungswirkung aufgrund willkürlicher Verweisung oder eklatanter Rechtswidrigkeit des Verweisungsbeschlusses, kann dies der Revision zum Erfolg verhelfen. Auch wenn man – entgegen gewichtigen Stimmen in Rspr. und Literatur (vgl. hierzu oben Rdn. 15) – hieraus nicht die Folge der Nichtigkeit des Verweisungsbeschlusses zieht, fehlt es dem Gericht, an das gem. § 270 Abs. 1 Satz 1 verwiesen wurde, zumeist an der sachlichen Zuständigkeit, was das Revisionsgericht auch ohne entsprechende Verfahrensbeanstandung von Amts wegen festzustellen hat (BGHSt 45, 58, 59; KMR/*Voll* § 270 Rn. 39). Etwas anderes gilt für die fehlerhafte Verweisung nach

Abs. 1 Satz 2. Hier ist die auf das Vorliegen des Revisionsgrundes des § 338 Nr. 4 gestützte Verfahrensrüge zu erheben (BGH StV 2009, 509, 510).

§ 271 Hauptverhandlungsprotokoll

(1) [1]Über die Hauptverhandlung ist ein Protokoll aufzunehmen und von dem Vorsitzenden und dem Urkundsbeamten der Geschäftsstelle, soweit dieser in der Hauptverhandlung anwesend war, zu unterschreiben. [2]Der Tag der Fertigstellung ist darin anzugeben oder aktenkundig zu machen.
(2) [1]Ist der Vorsitzende verhindert, so unterschreibt für ihn der älteste beisitzende Richter. [2]Ist der Vorsitzende das einzige richterliche Mitglied des Gerichts, so genügt bei seiner Verhinderung die Unterschrift des Urkundsbeamten der Geschäftsstelle.

S.a. Nr. 144, 161 RiStBV

Übersicht

1 **A. Grundsätzliches und Tatbestand. Abs. 1 Satz 1** statuiert die Pflicht zur Erstellung eines Protokolls über die Sitzung des Gerichts. Das Protokoll dient dem Nachweis, dass der Ablauf der Hauptverhandlung den gesetzlichen Vorschriften entsprochen hat (KK-StPO/*Greger* § 271 Rn. 1). Im Protokoll wird die gesamte Hauptverhandlung wiedergegeben, auch wenn sie mehrere Sitzungstage angedauert hat. Deshalb bildet die Niederschrift über den Verlauf der Hauptverhandlung eine in sich geschlossene Einheit (BVerfG StV 2002, 521; BGHSt 16, 306, 307; Meyer-Goßner/*Schmitt* § 271 Rn. 2). Allerdings bietet es sich bei mehrtägigen Hauptverhandlungen an, sog. »Abschnittsprotokolle« zu erstellen (LR/*Stuckenberg* § 271 Rn. 11). Ein Anspruch der Verfahrensbeteiligten auf Anfertigung solcher Teilprotokolle besteht allerdings nicht (BGH NStZ 1993, 141).

2 **I. Form.** § 271 enthält keine ausdrücklichen Vorgaben zur **Form des Protokolls**. Aus dem Erfordernis, dass dieses zu unterschreiben ist, ergibt sich jedoch mittelbar die Verpflichtung zur schriftlichen Abfassung. Darunter ist seit RGSt 55, 1, 4 die Erstellung »unter Anwendung der im gewöhnlichen Leben für die schriftliche Wiedergabe von Worten in deutscher Sprache gebräuchlichen Schriftzeichen« zu verstehen. »Gebräuchliche Schriftzeichen« können in Hand- oder Maschinenschrift gehalten sein. Eine Abfassung des Protokolls in Kurzschrift ist demgegenüber unzulässig (LR/*Stuckenberg* § 271 Rn. 2). Dies schließt es nicht aus, während der Hauptverhandlung über den Gang der Sitzung gefertigte stenografische Notizen als Gedächtnisstütze zur Erstellung eines Protokolls in Langschrift nach Beendigung des Termins zu verwenden (Meyer-Goßner/*Schmitt* § 271 Rn. 9), da § 271 nicht dazu zwingt, die endgültige Fassung des Protokolls während der Hauptverhandlung anzufertigen (BGH GA 1960, 61). In entsprechender Weise, d.h. als Gedächtnisstütze, können auch Tonbandaufnahmen verwendet werden (vgl. OLG Koblenz NStZ 1988, 42), sofern solche Aufnahmen durch den Vorsitzenden zugelassen werden (KK-StPO/*Greger* § 271 Rn. 5). Durch ihre Verwendung als Hilfsmittel bei der Protokollerstellung werden Tonaufnahmen und vorläufige (stenografische) Notizen nicht Bestandteil des Protokolls oder zu Anlagen der Niederschrift. Sie werden noch nicht einmal Bestandteil der Akten, weshalb keine Pflicht besteht, sie aufzubewahren oder den Verfahrensbeteiligten zugänglich zu machen (BGHSt 29, 394, 395; Meyer-Goßner/*Schmitt* § 271 Rn. 10).

3 Vordrucke dürfen zur Erstellung des Protokolls benutzt werden. Dabei sollte man sich allerdings der Fehlerträchtigkeit dieser Vorgehensweise bewusst sein. Vordrucke müssen, wenn sie eine sinnvolle Arbeitserleichterung darstellen sollen, Einträge enthalten, die auf möglichst viele Prozesskonstellationen zutreffen. Es muss daher äußerste Sorgfalt darauf verwandt werden, die Einträge zu streichen, die für das aktuelle Verfahren ohne Bedeutung sind (LR/*Stuckenberg* § 271 Rn. 7). Solche Streichungen im Protokoll sind ebenso möglich wie Überschreibungen oder Rasuren, sollten aber (zumindest jenseits der Verwendung von Vordrucken) – ebenso wie diese – möglichst vermieden werden, um den Eindruck einer Fälschung zu vermeiden (Meyer-Goßner/*Schmitt* § 271 Rn. 11). Unzulässig ist das Überkleben oder Ausschaben von Textpassagen. Diese Eingriffe lassen sich mit der Bedeutung der Niederschrift als Beweisquelle für die wesentlichen Förmlichkeiten des Verfahrens (§ 274) nicht vereinbaren (Meyer-Goßner/*Schmitt* § 271 Rn. 11).

II. Zuständigkeiten. Die Erstellung des Protokolls liegt in den Händen des Urkundsbeamten der Geschäftsstelle, es sei denn, der Strafrichter hat gem. § 226 Abs. 2 StPO davon abgesehen, diesen hinzuzuziehen (KK-StPO/*Greger* § 271 Rn. 5). In diesem Fall obliegt die Aufgabe zur Anfertigung der Niederschrift allein dem Vorsitzenden. Der Urkundsbeamte muss kein Beamter im beamtenrechtlichen Sinne sein (OLG Celle NJW 1968, 2072). Er kann während der Verhandlung ausgewechselt werden (Meyer-Goßner/*Schmitt* § 271 Rn. 3). Streitig ist, ob der Urkundsbeamte Weisungen des Vorsitzenden unterworfen ist (in diesem Sinne OLG Köln NJW 1955, 843; abl. demgegenüber LR/*Stuckenberg* § 271 Rn. 13; Meyer-Goßner/*Schmitt* § 271 Rn. 3). Jedenfalls aber überwacht der Vorsitzende die ordnungsgemäße Beurkundung und überprüft die Niederschrift, die bis zur Unterzeichnung durch beide Urkundspersonen lediglich ein Entwurf ist, auf Vollständigkeit und Richtigkeit. Mit dem Prüfungsrecht geht die Befugnis einher, **in dem Entwurf Änderungen oder Ergänzungen** vorzunehmen (BGH GA 1954, 119). Über solche Veränderungen des Protokollinhalts muss sich der Vorsitzende aber mit dem Urkundsbeamten ins Einvernehmen setzen. Dieser kann einer Abänderung oder Ergänzung nur dann zustimmen, wenn er sich an den Vorgang, der protokolliert werden soll, noch oder wieder erinnern kann (LR/*Stuckenberg* § 271 Rn. 16). Insoweit ist die Niederschrift, wenn der Vorsitzende die Abänderungen eigenständig vorgenommen haben sollte, dem Urkundsbeamten erneut vorzulegen (BGH NStZ 1996 [K], 21, 22). Zur Klarstellung empfiehlt es sich, im Protokoll (z.B. durch Abzeichnung der Änderungen am Rand) deutlich zu machen, dass die vorgenommenen Veränderungen von beiden Urkundsbeamten getragen werden (LR/*Stuckenberg* § 271 Rn. 16). Erforderlich ist eine solche Kenntlichmachung von Rechts wegen aber nicht (BGH GA 1992, 319). 4

Meinungsverschiedenheiten zwischen den Urkundspersonen über tatsächliche Vorgänge sollten einvernehmlich beigelegt werden. Teilt man den Standpunkt des OLG Köln nicht, wonach der Vorsitzende ggü. dem Urkundsbeamten umfassend weisungsbefugt ist (vgl. oben Rdn. 4), besteht für den Vorsitzenden, wenn es nicht zu einer Verständigung kommt, keine Möglichkeit, seine Auffassung durchzusetzen (KK-StPO/*Greger* § 271 Rn. 7). In diesem Fall ist der Dissens im Protokoll zu vermerken, was zum Verlust von dessen Beweiskraft in diesem Punkt führt (Meyer-Goßner/*Schmitt* § 271 Rn. 4). Betreffen die Meinungsverschiedenheiten eine Rechtsfrage, wird demgegenüber dem Vorsitzenden das Recht zugestanden, seine Meinung auch gegen den Willen des Urkundsbeamten durchzusetzen. So ist es einhellige Auffassung, dass der Vorsitzende die Protokollierung von Geschehnissen anordnen kann, die der Urkundsbeamte für nicht protokollierungsbedürftig hält (Meyer-Goßner/*Schmitt* § 271 Rn. 4). Ob eine solche Anordnungsbefugnis auch dann besteht, wenn der Urkundsbeamte von einem Protokollierungsbedarf ausgeht, der Vorsitzende die Beurkundung aber nicht für notwendig erachtet, ist wiederum umstritten (zw. u.a. LR/Stuckenberg § 271 Rn. 17; abl. SK-StPO/*Frister* § 271 Rn. 9), dürfte aber zu bejahen sein. Gesteht man dem Vorsitzenden in Rechtsfragen ein Weisungsrecht zu, sollte dies umfassend sein und nicht auf bestimmte Fallkonstellationen beschränkt werden (so auch KK-StPO/*Engelhardt*, 6. Aufl., § 271 Rn. 7). 5

Der Vorsitzende seinerseits ist in seiner Entscheidung, was in das Protokoll aufgenommen werden soll, autonom. Kein Prozessbeteiligter kann ihn zwingen, einen bestimmten Vorgang in die Niederschrift aufzunehmen (OLG Köln NJW 1955, 843). Entsprechend hat der Vorsitzende die Verpflichtung zum Einschreiten, wenn ein Prozessbeteiligter versucht, seine eigene Bewertung von Verfahrensvorgängen in das Protokoll zu diktieren (BGH NJW 2005, 3434, 3435; Meyer-Goßner/*Schmitt* § 271 Rn. 4). 6

III. Protokollinhalt. Inhalt des Protokolls ist die Beurkundung der Hauptverhandlung i.S.d. § 273. Die protokollierungsbedürftigen Vorgänge sind in ihrer chronologischen Abfolge festzuhalten (Meyer-Goßner/*Schmitt* § 271 Rn. 12). Eine Zusammenfassung sich wiederholender Vorgänge ist möglich. So kann die Gewährung des Erklärungsrechts nach § 257 StPO im Anschluss an sämtliche Beweiserhebungen durch die Feststellung dokumentiert werden, dass der Angeklagte nach jedem Beweismittel gem. § 257 befragt wurde (LR/Stuckenberg § 271 Rn. 3). Der Inhalt des Protokolls unterliegt in vollem Umfang der Auslegung durch das Revisionsgericht (KK-StPO/*Greger* § 271 Rn. 14), das hierzu sämtliche Erkenntnisquellen – auch die Urteilsgründe – heranziehen kann (BGH NStZ 1991, 143, 144). Enthält das Urteil etwa Angaben eines Zeugen zum Sachverhalt, ist der Eintrag im Protokoll, der Zeuge sei vernommen worden, so zu verstehen, dass eine Vernehmung zur Sache erfolgt ist (vgl. auch KK-StPO/*Engelhardt*, 6. Aufl., § 271 Rn. 14 unter Hinweis auf RG JW 1926, 2761: Ein entsprechender Eintrag im Protokoll ist ohne Weiteres als Dokumentation einer Vernehmung des Zeugen zur Sache auszulegen). 7

IV. Unterzeichnung. Die in der Verhandlung anwesenden Urkundspersonen haben das Protokoll zu **unterschreiben**. Die Unterschriftsleistung markiert den Zeitpunkt seiner Fertigstellung (BGH NStZ 1984, 89; SK-StPO/*Frister* § 271 Rn. 15). Kommt es während der Hauptverhandlung zu einer Auswechslung des Urkundsbeamten, unterschreibt jeder von ihnen den von ihm beurkundeten Protokollteil (Meyer-Goßner/*Schmitt* § 271 Rn. 13). Anlagen zum Protokoll müssen nicht, sollten aber ggf. unterzeichnet werden (OLG Düsseldorf 8

MDR 1986, 166). Finden sich allein auf den Anlagen Unterschriften, können diese eine fehlende Unterzeichnung des eigentlichen Protokolls nicht ersetzen (OLG Hamm NStZ 2001, 220; Meyer-Goßner/*Schmitt* § 271 Rn. 13). Unterzeichnung bedeutet Leistung der eigenhändigen Unterschrift (LR/*Stuckenberg* § 271 Rn. 20). Die Verwendung eines Namensstempels ist unzulässig (SK-StPO/*Frister* § 271 Rn. 16).
Eine unterbliebene Unterschriftsleistung kann jederzeit nachholt werden, da das Gesetz keinen Zeitpunkt vorschreibt, bis zu dem die Unterzeichnung des Protokolls spätestens zu geschehen hätte (LR/*Stuckenberg* § 271 Rn. 21). Möglich ist die Nachholung damit auch noch im Revisionsverfahren (BGHSt 12, 270, 271 f.). Dies gilt selbst dann, wenn dadurch einer erhobenen Verfahrensrüge der Boden entzogen wird (vgl. bereits RGSt 13, 351, 353 f.; krit. *Hanack* JZ 1972, 488, 490). Die Nachholung der Unterschrift kommt lediglich dann nicht mehr in Betracht, wenn sich die Urkundspersonen aufgrund des Zeitablaufs nicht mehr an die Richtigkeit des Protokollinhalts erinnern können (LR/*Stuckenberg* § 271 Rn. 21). Im Fall der seltenen Konstellation, dass das begründete Urteil nicht gesondert zu den Akten gebracht, sondern in die Sitzungsniederschrift aufgenommen wird (§ 275 Abs. 1 Satz 1), ist darauf zu achten, dass der Vorsitzende, nachdem er – ggf. mit seinen Beisitzern – das Urteil unterschrieben hat, gemeinsam mit dem Urkundsbeamten eine weitere Unterzeichnung des Protokolls vornimmt. Unterbleibt diese zweite Unterschrift, liegt ein Mangel des Protokolls vor, der allerdings nicht revisibel ist (RGSt 64, 214 f.).

9 Ist der Vorsitzende an der **Unterschriftsleistung gehindert**, wird er gem. **Abs. 2 Satz 1** vom ältesten Beisitzer vertreten. Wer der älteste Beisitzer ist, bestimmt sich nach dem Dienst- nicht aber nach dem Lebensalter (SK-StPO/*Frister* § 271 Rn. 22). In entsprechender Anwendung des § 21h GVG ist das Lebensalter erst dann von Bedeutung, wenn bei mehreren Beisitzern alle das gleiche Dienstalter aufweisen (KMR/*Gemählich* § 271 Rn. 11). In diesem akademischen Fall entscheidet der Richter mit dem höchsten Lebensalter (LR/*Stuckenberg* § 271 Rn. 24).
Bei Verhinderung eines Vorsitzenden, der einziger Berufsrichter im Spruchkörper ist, genügt zur Fertigung eines beweiskräftigen Protokolls die Unterschrift des Urkundsbeamten, **Abs. 2 Satz 2.**

10 Wie zu verfahren ist, wenn eine Verhinderung des Urkundsbeamten an der Unterschriftsleistung vorliegt, wird durch das Gesetz nicht vorgegeben. In diesem Fall wird man die Unterschriftsleistung des Vorsitzenden – oder falls dieser verhindert ist, die des (dienst-)ältesten Richters – ausreichen lassen müssen (KMR/*Gemählich* § 271 Rn. 12). Die Ersetzung der Unterschrift des Urkundsbeamten durch die Unterschrift des Vorsitzenden bzw. dessen Beisitzers kommt jedoch nur dann in Betracht, wenn bereits ein Protokollentwurf vorliegt oder aus vorhandenen Notizen bzw. anderen Unterlagen zuverlässig erstellt werden kann (LR/*Stuckenberg* § 271 Rn. 26; SK-StPO/*Frister* § 271 Rn. 20).

11 Von einem **Hindernis i.S.d. Abs. 2** ist auszugehen, wenn tatsächliche oder rechtliche Gründe der Leistung der Unterschrift entweder dauernd oder jedenfalls so lange entgegenstehen, dass ein Zuwarten auf den Wegfall des Hindernisses zu einer unangemessenen Verfahrensverzögerung führen würde (KMR/*Gemählich* § 271 Rn. 13). Hindernisse tatsächlicher Art sind u.a. der Tod, ein länger währender Urlaub oder eine Erkrankung, deren Ende sich nicht absehen lässt (SK-StPO/*Frister* § 271 Rn. 21). Ein rechtliches Hindernis liegt vor, wenn die Urkundsperson aus dem aktiven Justizdienst ausgeschieden ist (LR/Stuckenberg § 271 Rn. 24 ff.). Keine Hindernisse sind demgegenüber die dienstliche Überlastung (Meyer-Goßner/*Schmitt* § 271 Rn. 16) oder das Ausscheiden aus dem Spruchkörper (KK/*Greger* § 271 Rn. 10). Auch Erinnerungslücken fallen nicht unter die Hindernisse. Diese sind entweder durch Nachschau in den Unterlagen oder durch Rückfragen bei den Verfahrensbeteiligten zu schließen oder als solche im Protokoll kenntlich zu machen (SK-StPO/*Frister* § 271 Rn. 21). Ebenfalls nicht als Hindernis gilt die Weigerung einer Urkundsperson, die Niederschrift zu unterzeichnen. Auch hier liegt – wie bei der Erinnerungslücke – vielmehr ein Umstand vor, der im Protokoll zu vermerken ist. Die Erklärung über die Verweigerung muss aktenkundig gemacht werden (LR/*Stuckenberg* § 271 Rn. 31). Folge der Weigerung ist der Verlust der Beweiskraft des Protokolls nach § 274 (SK-StPO/*Frister* § 271 Rn. 21).

12 **V. Der Fertigstellungsvermerk.** Gem. **Abs. 1 Satz 2** ist im Protokoll der **Tag seiner Fertigstellung zu vermerken.** Dies ist der Tag, an dem die letzte Unterschrift der beteiligten Urkundspersonen geleistet wird (BGHSt 27, 80, 81). Der eigentliche Fertigstellungsvermerk (»Das Protokoll wurde fertig gestellt am …«) wird am Ende der Niederschrift durch den zuletzt Unterzeichnenden – im Regelfall also den Vorsitzenden (Meyer-Goßner/*Schmitt* § 271 Rn. 20) – angebracht, mit Datum versehen und unterschrieben (LR/*Stuckenberg* § 271 Rn. 37). Eine Unterschrift beider Urkundspersonen ist nicht verlangt (a.A. *Koffka* JR 1971, 209). Der Fertigstellungsvermerk ist im Revisionsverfahren ein bedeutsames Beweismittel für das Vorliegen eines ordnungsgemäßen Protokolls (KK-StPO/*Greger* § 271 Rn. 8). Er ist aber kein Bestandteil des Protokolls (*Börtzler* MDR 1972, 185, 186), weshalb sein Fehlen dessen Fertigstellung nicht nur nicht hindert (BGHSt 23, 115, 118), sondern auch kein Beleg für eine fehlende Fertigstellung ist (OLG Düsseldorf MDR 1991,

557; Meyer-Goßner/*Schmitt* § 271 Rn. 20). Der Tag der Fertigstellung des Protokolls kann auch außerhalb der Niederschrift selbst aktenkundig gemacht werden. Grund für diese Erweiterung der Vorschrift durch das »Gesetz zur Fortentwicklung der Strafprozessordnung und zur Änderung weiterer Vorschriften« vom 26.06.2021 (BGBl. I, S. 2099) ist die vermehrt zu beobachtende elektronische Erstellung und Signierung des Protokolls, bei der die Anbringung der zweiten Signatur zu einer Zerstörung der ersten führt (BT-Drs. 19/27654, S. 95).

Folge der Fertigstellung des Protokolls ist zum einen, dass es nunmehr der Einsichtnahme durch den Verteidiger unterliegt (BGHSt 29, 394, 395). Zum anderen kann erst jetzt das Urteil zugestellt werden, § 273 Abs. 4. 13

VI. Änderungen und Berichtigungen. Der einmal niedergelegte Inhalt des Protokolls ist nicht unumstößlich, sondern kann durch Abänderungen modifiziert werden. Dabei unterscheidet man zwischen Änderungen und Berichtigungen. Ist das Protokoll noch nicht fertiggestellt, kann und muss es geändert und/oder ergänzt werden, wenn die Urkundspersonen dies übereinstimmend für erforderlich halten (Meyer-Goßner/*Schmitt* § 271 Rn. 22). Solche übereinstimmenden **Änderungen** sind uneingeschränkt möglich, da es sich bei der Niederschrift bis zur Unterschriftsleistung der Urkundspersonen lediglich um einen Entwurf handelt (vgl. oben Rdn. 4). Auch eine eingelegte Revision oder eine gar bereits angebrachte Verfahrensrüge, der durch die Änderung der Boden entzogen wird, hindert die Umgestaltung des Protokollinhalts nicht (SK-StPO/*Frister* § 271 Rn. 17). Dies folgt mittelbar aus der Regelung des § 273 Abs. 4. Die Frist zur Begründung der Revision knüpft an die Zustellung des Urteils an. Die Zustellung darf aber nach § 273 Abs. 4 nicht vor Fertigstellung des Protokolls erfolgen, um dem Revisionsführer so die Möglichkeit zu geben, die Erfolgsaussichten seines Rechtsmittels abschließend beurteilen zu können, sofern dessen Gegenstand Verfahrensvorgänge sind, die allein durch das Protokoll bewiesen werden. Wartet der Revisionsführer diesen Zeitpunkt nicht ab, ist er hinsichtlich eines möglichen Fortfalls seines Rechtsmittels nicht schutzbedürftig (BGH NStZ 2002, 160, 161; LR/*Stuckenberg* § 271 Rn. 41). 14

Die inhaltliche Änderung des Protokolls nach seiner Fertigstellung ist die **Berichtigung** (KK-StPO/*Greger* § 271 Rn. 15). Die Korrektur bloßer Schreibfehler (Namens- oder Datumsverwechslungen) fällt nicht unter diesen Begriff (BGH NStZ 2000, 216 f.). Eine solche Korrektur ist zwanglos möglich. Bei ihrer Vornahme sollte man gleichwohl Vorsicht walten lassen. Der Eindruck, dass über die Korrektur eines Abfassungsversehens zugleich eine inhaltliche Änderung vorgenommen wird, ist tunlichst zu vermeiden (KK-StPO/*Greger* § 271 Rn. 15). Gleichwohl ist auch eine solche sachliche Änderung – wenn auch nur unter bestimmten Voraussetzungen – für alle in das Protokoll aufgenommenen Ereignisse, also auch solche, die nicht die Förmlichkeiten des Verfahrens bezeugen (KMR/*Gemählich* § 271 Rn. 17), grds. möglich. Eine Ausnahme gilt für Protokollinhalte, die nach Maßgabe des § 273 Abs. 3 erstellt, verlesen und genehmigt wurden (OLG Nürnberg MDR 1984, 74 f.; Meyer-Goßner/*Schmitt* § 271 Rn. 23) sowie für die Urteilsformel. Mit Abschluss der Urteilsverkündung ist sie nicht mehr abänderbar oder ergänzbar. Dies gilt selbst dann, wenn das Urteil vollständig in das Protokoll aufgenommen wurde (SK-StPO/*Frister* § 271 Rn. 26). 15

Das Berichtigungsverfahren wird durch den Antrag eines Verfahrensbeteiligten oder von Amts wegen in Gang gesetzt. Die Pflicht zur Einleitung des Berichtigungsverfahrens von Amts wegen folgt dabei aus dem aus §§ 271 ff. deutlich werdenden Gebot an die Urkundspersonen, für eine wahrheitsgemäße und vollständige Protokollierung der Hauptverhandlung zu sorgen (BGHSt 10, 145, 146; KMR/*Gemählich* § 271 Rn. 20). 16

Ist das Berichtigungsverfahren eingeleitet, kommt es zur Berichtigung der Niederschrift nur dann, wenn beide Urkundspersonen darin übereinstimmen, dass das Protokoll unrichtig ist und Einverständnis darüber erzielen, in welcher Weise das Protokoll geändert werden soll (BGH JZ 1952, 281). Kann eine Übereinstimmung der Urkundspersonen nicht hergestellt werden, weil sich diese nicht mehr an Vorgänge des Verfahrens erinnern können, obliegt es zunächst dem Vorsitzenden durch Anordnung entsprechender Ermittlungen (Einholung von Stellungnahmen der anderen Verfahrensbeteiligten usw.), diese Erinnerungslücken zu schließen (OLG Hamburg NJW 1971, 1326, 1327). Schlägt dies fehl, kann eine Berichtigung des Protokolls nicht erfolgen (OLG Schleswig MDR 1960, 521 f.). Die Urkundsperson, die eine Berichtigung des Protokolls für erforderlich gehalten hat, hat die Niederschrift sodann mit einem Vermerk zu versehen, aus dem deutlich werden muss, welche Passagen des Protokolls sie für unrichtig hält (SK-StPO/*Frister* § 271 Rn. 29). Den genannten Passagen nimmt der Vermerk die Beweiskraft nach § 274 (BGH MDR 1953 [D], 270, 273 und bereits oben Rdn. 5). 17

Kommt es zur Berichtigung des Protokolls, geschieht diese zweckmäßigerweise in einer eigenen, vom Protokoll deutlich abgegrenzten, diesem aber anzugliedernden Niederschrift, die von beiden Urkundspersonen zu unterschreiben ist (SK-StPO/*Frister* § 271 Rn. 31). Dies schließt aber eine Korrektur in Form eines Randvermerks zum Protokoll nicht aus (Meyer-Goßner/*Schmitt* § 271 Rn. 23). In beiden Fällen muss aber aus der Korrektur das Datum der Änderung der Niederschrift unmissverständlich deutlich werden (KMR/*Gemählich* § 271 Rn. 23).

Ist eine der Urkundspersonen an der Mitwirkung bei der Berichtigung verhindert, kann sie nach herrschender Meinung vertreten werden. Es gelten die gleichen Grundsätze wie bei der Unterzeichnung des Protokolls (OLG Düsseldorf MDR 1985, 783 f.; KMR/*Gemählich* § 271 Rn. 22). Dies bedeutet: Ist der Vorsitzende verhindert, handelt für ihn zunächst der dienstälteste Richter (OLG Hamburg NJW 1965, 1342, 1343). Gehörte dem Spruchkörper kein weiterer Berufsrichter an, handelt in analoger Anwendung des Abs. 2 Satz 2 der Urkundsbeamte allein (LR/*Stuckenberg* § 271 Rn. 51). Nach a.A. ist eine Vertretung im Verhinderungsfall nicht möglich. Die Berichtigung unterläge höheren Anforderungen als die Unterschriftsleistung bei Fertigstellung des Protokolls. Durch die Berichtigung werde beseitigt, was gem. § 274 als bewiesen gelte (SK-StPO/*Frister* § 271 Rn. 31; *Busch* JZ 1964, 746, 747). Diese Differenzierung zwischen Schaffung und Beseitigung der Beweiskraft vermag nicht zu überzeugen, zumal in beiden Fällen die Vertretung der verhinderten Urkundsperson von Personen übernommen wird, deren Anwesenheit im Verfahren ebenfalls notwendig war und die deshalb über eine umfassende Kenntnis vom Inhalt der Hauptverhandlung verfügen.

18 Die **Berichtigung des Protokolls** ist auch **nach rechtskräftigem Abschluss des Verfahrens** noch möglich und geboten, wenn zwischen den Urkundspersonen Einvernehmen darüber besteht, dass das unrichtige Protokoll geändert werden muss (BGHSt 2, 125, 126; OLG Düsseldorf MDR 1990, 359; *Busch* JZ 1964, 746, 749). Möglich ist sie deshalb auch im Revisionsverfahren. Dieser Grundsatz gilt nunmehr uneingeschränkt. Mit Beschluss des Großen Senats für Strafsachen v. 23.04.2007 hat der BGH seine Rspr. aufgegeben, wonach eine Protokollberichtigung während laufenden Revisionsverfahrens nicht in Betracht kam, wenn durch sie einer bereits erhobenen Verfahrensrüge die Grundlage entzogen wurde (vgl. nur BGHSt 34, 11, 12). Für die nunmehr mögliche Protokollberichtigung hält der BGH aber ein bestimmtes einzuhaltendes Berichtigungsverfahren für erforderlich. Sind sich die Urkundspersonen darüber einig, dass ein zu korrigierender Fehler im Protokoll enthalten ist, haben sie den Revisionsführer über ihre Absicht, die Verhandlungsniederschrift zu ändern, in Kenntnis zu setzen. Dem Revisionsführer steht die Möglichkeit des Widerspruchs zu. Trägt er substanziiert gegen die Änderung vor, müssen die Urkundspersonen, um ihre Auffassung von der Korrekturbedürftigkeit zu stützen, ggf. weitere Verfahrensbeteiligte zum Ablauf der Hauptverhandlung befragen. Soll es dann bei der Korrektur verbleiben, ist angesichts des existenten Widerspruchs des Revisionsführers über die Änderung des Protokolls ein formeller Beschluss zu fassen, der mit Gründen zu versehen ist. Der Beschluss muss nicht nur die Tatsachen enthalten, aus denen die Urkundspersonen ihre Erinnerung an den vom Protokoll so nicht dokumentierten Verfahrensablauf ableiten. Sie haben sich darüber hinaus auch mit dem Vorbringen des Revisionsführers und ggf. vorhandenen Erklärungen anderer Prozessbeteiligter auseinanderzusetzen (BGHSt 51, 298, 304 ff.). Erfolgt eine Berichtigung des Protokolls ohne vorherige Anhörung des Revisionsführers, ist sie nach bisher wohl herrschender Auffassung unbeachtlich (OLG Hamm StV 2009, 349, 350). Eine nachträgliche Anhörung des Revisionsführers und eine neuerliche Entscheidung über die Protokollberichtigung würden – so Meyer-Goßner/*Schmitt* § 271 Rn. 26a – das Recht des Angeklagten auf ein faires Verfahren verletzen. Diese Auffassung erscheint nicht unzweifelhaft. Betrachtet man die formwidrige Protokollberichtigung als rechtliches »Nullum«, sprechen eigentlich keine Argumente dagegen, ein formgerechtes Berichtigungsverfahren, in dem die Rechte des Revisionsführers in der vom Großen Senat für Strafsachen vorgegebenen Weise berücksichtigt werden, sich anschließen zu lassen. In diesem Sinne hat nunmehr auch der 3. Strafsenat des Bundesgerichtshofs entschieden (BGH StraFo 2011, 356 ff.).

Gewichtiger sind da schon andere Bedenken, die gegen das vom BGH ins Leben gerufene, formalisierte Protokollierungsverfahren sprechen. Es fragt sich, ob der BGH mit diesem richterrechtlichen Institut nicht in unzulässiger Weise in Kompetenzen des Strafgesetzgebers eingegriffen hat. In dieser Weise haben sich jedenfalls drei Richter des BVerfG, deren Senat die Verfassungsgemäßheit des durch den BGH neu eingeführten Berichtigungsverfahrens zu überprüfen hatte, in ihren dissidierenden Voten ausgesprochen (vgl. BVerfGE 122, 248, 282 ff.). Dessen ungeachtet hat die Senatsmehrheit – entgegen der Vielzahl kritischer Stimmen in der Literatur (vgl. nur *Beulke* FS Böttcher, S. 17 ff.; *Hamm* NJW 2007, 3166 ff.; *Schumann* JZ 2007, 927, 934), die teilweise die Entwertung der absoluten Beweiskraft des Protokolls beklagten, teilweise in Zweifel zogen, dass eine zuverlässige Rekonstruktion einer lange zurückliegenden Prozesssituation möglich sei – die Entscheidung des Großen Senats für Strafsachen für verfassungskonform erklärt (BVerfGE 122, 248 ff.).

19 Das zulässig und formgerecht geänderte Protokoll entfaltet für das Revisionsverfahren verbindliche Wirkung. Es ist der Rechtsprüfung durch das Revisionsgericht zugrunde zu legen. Allerdings gilt diese erst dann, wenn sich das Revisionsgericht anlässlich seiner Befassung mit der Verfahrensbeanstandung vom ordnungsgemäßen Gang des Berichtigungsverfahrens – ggf. im Wege des Freibeweises (KMR/*Gemählich* § 271 Rn. 32) – überzeugt hat (BGH NStZ 2008, 580, 581) Die Wirkung der Protokollberichtigung im Revisionsverfahren geht sogar so weit, dass Verfahrensfehler, die erst aus der Änderung offenbar werden, nunmehr Gegenstand neuer

Verfahrensrügen werden können (Meyer-Goßner/*Schmitt* § 271 Rn. 26c; a.A. *Schlothauer* FS Hamm, S. 655, 667). Den Beginn der Frist zur Anbringung und Begründung dieser Rügen wird man auf den Zeitpunkt der Zustellung des Berichtigungsbeschlusses festsetzen müssen. Anderenfalls wird man dem Revisionsführer die Möglichkeit einer Wiedereinsetzung in den vorigen Stand zur Nachholung der Verfahrensrüge zubilligen müssen (Meyer-Goßner/*Schmitt* § 271 Rn. 26c).

Gerät ein Hauptverhandlungsprotokoll in Verlust, kann es wieder hergestellt werden (vgl. VO über die Ersetzung zerstörter oder abhandengekommener gerichtlicher oder notarischer Urkunden v. 18.06.1942 – RGBl. I, S. 395 = BGBl. III, S. 315–4). Es gelten dabei die Grundsätze der Protokollberichtigung (KG NStZ 1990, 405 f.). Um seine Erinnerung und die des Urkundsbeamten aufzufrischen, hat der Vorsitzende die dafür erforderlichen Nachforschungen und ggf. Beweiserhebungen anzuordnen (LR/*Stuckenberg* § 271 Rn. 69). 20

B. Anfechtbarkeit und Revision. Kommt es zur Berichtigung des Protokolls, ist hiergegen grds. die Möglichkeit der Beschwerde nach § 304 eröffnet (Meyer-Goßner/*Schmitt* § 271 Rn. 28). Etwas anderes gilt für den im Revisionsverfahren ergangenen Berichtigungsbeschluss. Dieser unterliegt i.R.d. Bearbeitung der Verfahrensrüge, die sich auf den von der Berichtigung betroffenen prozessualen Akt bezieht, der Überprüfung durch das Revisionsgericht (vgl. oben Rdn. 19). Ebenfalls mit der Beschwerde kann die Ablehnung der Protokollberichtigung angegriffen werden (Meyer-Goßner/*Schmitt* § 271 Rn. 28). Dies gilt jedoch – wie auch im Fall der Berichtigung – nur dann, wenn das Protokoll bereits fertiggestellt ist. Weigern sich die Urkundsbeamten demgegenüber, den Inhalt einer noch nicht fertiggestellten Hauptverhandlungsniederschrift zu korrigieren oder ändern sie diese ab, ist eine Anfechtung nicht möglich (OLG Brandenburg NStZ-RR 1998, 308, 309). Dienen kann die Beschwerde allein der Korrektur von Rechtsfehlern im Verfahren. So kann mit der Beschwerde geltend gemacht werden, der Vorsitzende habe zu Unrecht ohne vorherige Anhörung des Urkundsbeamten die Niederschrift geändert (LG Köln StV 2011, 405). Auch rechtsfehlerhafte Beurteilungen bei der Zurückverweisung eines Berichtigungsantrags können Gegenstand der Beschwerde sein (OLG Schleswig NJW 1959, 162). Nicht beschwerdefähig ist demgegenüber der Inhalt des Protokolls. Unzulässig ist daher die Beschwerde, mit der eine inhaltliche Überprüfung bzw. Änderung der Sitzungsniederschrift begehrt wird (OLG Frankfurt StV 1993, 463; Meyer-Goßner/*Schmitt* § 271 Rn. 29; SK-StPO/*Frister* § 271 Rn. 56). 21

Auf Mängel des Protokolls kann die Revision nicht gestützt werden, da das Urteil auf dem Protokollfehler nicht i.S.d. § 337 beruhen kann (LR/*Stuckenberg* § 271 Rn. 76). Selbst das vollständige Fehlen des Protokolls ist aus diesem Grund unbeachtlich (SK-StPO/*Frister* § 271 Rn. 57; zweifelnd demgegenüber *Ranft* JuS 1994, 785, 787 f., der das Fehlen des Protokolls mit dem Fehlen des Protokollführers gleichsetzt und daher einen Verstoß nach § 338 Nr. 5 annimmt). Das Fehlen hat nur zur Folge, dass insoweit die absolute Beweiskraft nach § 274 entfällt (LR/*Stuckenberg* § 271 Rn. 73). Etwaige Verfahrensverstöße müssen durch das Revisionsgericht dann im Freibeweisverfahren ermittelt werden (*Schmid* FS Lange, S. 781, 798 f.). 22

Erfolglos bleibt auch die sog. **Protokollrüge,** mit der geltend gemacht wird, ein Verfahrensvorgang sei im Protokoll undeutlich, unvollständig oder gar nicht beurkundet worden (st. Rspr. seit RGSt 2, 33, 39; LR/*Stuckenberg* § 271 Rn. 76). Eine solche Rüge vermag allein die Fehlerhaftigkeit des Protokolls aufzuzeigen, belegt aber nicht, dass ein Verfahrensfehler sich in der Hauptverhandlung ereignet hat. Die Sitzungsniederschrift kann insoweit – aufgrund der ihr innewohnenden Beweiskraft nach § 274 – allein zum Beleg eines Verfahrensverstoßes dienen, nicht aber selbst Gegenstand einer Verfahrensbeanstandung sein (SK-StPO/*Frister* § 271 Rn. 58).

§ 272 Inhalt des Hauptverhandlungsprotokolls

Das Protokoll über die Hauptverhandlung enthält

1. **den Ort und den Tag der Verhandlung;**
2. **die Namen der Richter und Schöffen, des Beamten der Staatsanwaltschaft, des Urkundsbeamten der Geschäftsstelle und des zugezogenen Dolmetschers;**
3. **die Bezeichnung der Straftat nach der Anklage;**
4. **die Namen der Angeklagten, ihrer Verteidiger, der Privatkläger, Nebenkläger, der Anspruchsteller nach § 403, der sonstigen Nebenbeteiligten, gesetzlichen Vertreter, Bevollmächtigten und Beistände;**
5. **die Angabe, daß öffentlich verhandelt oder die Öffentlichkeit ausgeschlossen ist.**

Die in § 272 genannten Angaben werden grds. in den Kopf des Sitzungsprotokolls aufgenommen (Meyer-Goßner/*Schmitt* § 272 Rn. 1). Dies gilt allerdings nicht, wenn während der Hauptverhandlung Änderungen bei den zu protokollierenden Tatsachen eintreten. Kommt es etwa während des Verfahrens zu einem personellen Wechsel bei StA und Verteidigung oder wird ein neuer Verhandlungsort bestimmt, sind diese dann wiederum nach § 272 protokollierungsbedürftigen Angaben an der Stelle des Protokolls zu vermerken, an 1 der sie im Verfahrensgang stattgefunden haben (exemplarisch SK-StPO/*Frister* § 272 Rn. 13). Fortsetzungen der Hauptverhandlung erzwingen eine Wiederholung der gem. Nr. 2 und 4 zu machenden Angaben nicht (BGH NStZ 1985 [P/M], 13, 16 f.; NStZ-RR 2011, 253, 254; Meyer-Goßner/*Schmitt* § 272 Rn. 1).

2 Gem. **Nr. 1** sind Ort und Tag der Verhandlung anzugeben. Unter Ort ist nicht der Name der politischen Gemeinde zu verstehen (KK-StPO/*Engelhardt*, 6. Aufl., § 272 Rn. 1), sondern die Bekanntgabe des Platzes, an dem tatsächlich verhandelt wird (SK-StPO/*Frister* § 272 Rn. 3). Jedoch wird sich die notwendige Angabe im Regelfall bereits aus dem Namen des Gerichts ergeben, das mit der genauen Bezeichnung des Spruchkörpers im Kopf des Protokolls vermerkt wird (LR/*Stuckenberg* § 272 Rn. 5). Die Angabe des Verhandlungstages erfolgt unter Nennung des kalendermäßigen Datums (KMR/*Gemählich* § 272 Rn. 3). Die Uhrzeit des Beginns oder die Dauer der Sitzung braucht nicht dokumentiert werden (BGH NStZ 2009, 105, 106). Erstreckt sich die Verhandlung über mehrere Tage, sind sämtliche Verhandlungstermine aufzuführen (KK-StPO/*Greger* § 272 Rn. 2). Zumindest empfehlenswert ist es, Stunde und Minute einer Unterbrechung und des sich daran anschließenden Wiederbeginns der Sitzung in der Niederschrift zu vermerken (Meyer-Goßner/*Schmitt* § 272 Rn. 3; weitergehend die h.L.: Zeitliche Dokumentation ist geboten; vgl. nur KMR/*Gemählich* § 272 Rn. 4; SK-StPO/*Frister* § 272 Rn. 4). Kürzere Verhandlungspausen während eines Sitzungstages müssen demgegenüber nicht zwingend Eingang in das Protokoll finden (BGH VRS 32, 143 f.). Solche Unterbrechungen sind keine wesentlichen Förmlichkeiten i.S.v. § 273 Abs. 1 (KMR/*Gemählich* § 272 Rn. 4).

3 **Nr. 2** fordert die Protokollierung der Namen der Richter und Schöffen, der Staatsanwälte, der Urkundsbeamten der Geschäftsstelle und der zugezogenen Dolmetscher. Auch Ergänzungsrichter und Ergänzungsschöffen sind anzuführen (Meyer-Goßner/*Schmitt* § 272 Rn. 4). Hinsichtlich der Richter sind Dienstbezeichnung und Funktion (Vorsitzender/Beisitzer) anzugeben (SK-StPO/*Frister* § 272 Rn. 5). Die Individualisierung der Schöffen erfolgt über ihren Namen. Der Vorname, der Beruf und Wohnort können vermerkt werden. Eine Pflicht hierzu besteht nicht (LR/*Stuckenberg* § 272 Rn. 10). Ein Hinweis auf die Vereidigung der Schöffen ist nicht erforderlich (Meyer-Goßner/*Schmitt* § 272 Rn. 4), da es sich hierbei nicht um eine Förmlichkeit der Hauptverhandlung handelt (BGH MDR 1973 [D], 369, 372).

Ist die StA im Termin durch mehrere Beamte vertreten, ist dies im Protokoll durch Nennung sämtlicher Namen deutlich zu machen (SK-StPO/*Frister* § 272 Rn. 6). Findet während der Verhandlung ein Wechsel der Sitzungsvertreter statt, bietet es sich an, diesen Umstand an der Stelle im Protokoll zu vermerken, die sich auf den entsprechenden Verhandlungsabschnitt bezieht (LR/*Stuckenberg* § 272 Rn. 11; vgl. oben Rdn. 1). Jedenfalls muss das Protokoll erkennen lassen, welcher Staatsanwalt an welchen Sitzungsteilen mitgewirkt und wer welche Anträge gestellt hat (KMR/*Gemählich* § 272 Rn. 6).

4 **Dolmetscher** ist der Sprachkundige, der gem. § 184 GVG das Gespräch zwischen dem Gericht und einem des Deutschen nicht mächtigen Prozessbeteiligten vermittelt (BGHSt 1, 4, 6; KK-StPO/*Greger* § 272 Rn. 5). Nicht aufzuführen ist der Sprachkundige, der zu anderen Zwecken – etwa zur Übersetzung außerhalb des Prozesses abgegebener fremdsprachlicher Äußerungen – herbeigezogen wird (Meyer-Goßner/*Schmitt* § 272 Rn. 4). Er ist Sachverständiger (KK-StPO/*Greger* § 272 Rn. 5) und wird deshalb nicht im Kopf des Protokolls, sondern dort bei der Präsenzfeststellung nach § 243 Abs. 1 Satz 2 genannt (BGHSt 1, 4, 7; SK-StPO//*Frister* § 272 Rn. 7).

5 **Nr. 3** gebietet die Bezeichnung der Straftat nach der Anklage. Gemeint ist die zugelassene Anklage (KMR/*Gemählich* § 272 Rn. 10), der der Strafbefehl oder im Fall des § 418 die schriftliche oder mündliche Anklage gleichstehen (Meyer-Goßner/*Schmitt* § 272 Rn. 5). Enthält sie mehrere Taten, genügt es nach einer Auffassung, den schwerwiegendsten Tatvorwurf zu nennen und das Vorhandensein weiterer Vorwürfe lediglich – z.B. durch den Zusatz u.a. – deutlich zu machen (so etwa SK-StPO//*Frister* § 272 Rn. 8). Nach a.A. ist ein Abstellen auf den schwersten Tatvorwurf nicht zwingend erforderlich. Anzugeben sei eine »Schwerpunkttat« (so KK-StPO/*Greger* § 272 Rn. 6). Dem späteren Urteil darf die rechtliche Bezeichnung der Tat nicht entnommen werden (LR/*Stuckenberg* § 272 Rn. 14; Meyer-Goßner/*Schmitt* § 272 Rn. 5).

6 Gem. **Nr. 4** sind die Namen der sonstigen Prozessbeteiligten, wie etwa die der Antragsteller im Adhäsionsverfahren nach § 403, in einem für die Identifizierung erforderlichen Umfang anzugeben (KMR/*Gemählich* § 272 Rn. 11). Der Angeklagte wird – selbst bei Nichterscheinen – mit Namen, Vornamen, Geburtstag und Geburtsort sowie seiner Anschrift angegeben (SK-StPO/*Frister* § 272 Rn. 9). Auch Angaben zu Untersuchungshaft oder Strafhaft in anderer Sache sind erforderlich (LR/*Gollwitzer* 25. Aufl., § 272 Rn. 16; Meyer-Goßner/*Schmitt* § 272 Rn. 6; a.A. SK-StPO/*Frister* § 272 Rn. 9 mit Fn. 31). Soweit der Ausnahmefall eintritt, dass das Urteil gem. § 275 Abs. 1 Satz 1 vollständig in das Protokoll aufgenommen wird, müssen in diesem auch die weiteren nach Nr. 110 Abs. 2 lit. a, 141 Abs. 1 RiStBV für den Urteilskopf erforderlichen Angaben in der Niederschrift dokumentiert werden (KMR/*Gemählich* § 272 Rn. 12; LR/*Gollwitzer* 25. Aufl., § 272 Rn. 8). Wird gegen mehrere Angeklagte verhandelt, bietet es sich an, die sie betreffenden Angaben in der Reihenfolge der Anklageschrift in das Protokoll aufzunehmen (KMR/*Gemählich* § 272 Rn. 13). Die

Angaben zu den sonstigen Verfahrensbeteiligten werden in das Protokoll nur dann aufgenommen, wenn diese erschienen und zumindest an einem Teil der Hauptverhandlung teilgenommen haben (Meyer-Goßner/*Schmitt* § 272 Rn. 6; a.A. KK-StPO/*Greger* § 272 Rn. 7).

Nach **Nr. 5** ist die Öffentlichkeit oder Nichtöffentlichkeit der Verhandlung im Kopf der Sitzungsniederschrift zu vermerken. Hierbei hat es sein Bewenden auch dann, wenn die Hauptverhandlung über mehrere Tage geführt wird (LR/*Stuckenberg* § 272 Rn. 21). Etwas anderes gilt, wenn hinsichtlich der Öffentlichkeit während des Verfahrens eine Änderung eintritt. Wird die Öffentlichkeit während des Verfahrens ausgeschlossen, muss der Verfahrensabschnitt, in dem nicht öffentlich verhandelt worden ist, genau bezeichnet werden (BGH StV 1994, 471, 472). Das Protokoll muss auch erkennen lassen, ob die Frage des Ausschlusses öffentlich oder nicht öffentlich verhandelt wurde und ob der zur Ausschließung der Öffentlichkeit führende Beschluss öffentlich verkündet wurde (RGSt 10, 92, 93; KMR/*Gemählich* § 272 Rn. 16). 7

Zu den Namen anderer Personen als den in Nr. 2 und 4 genannten muss sich das Protokoll grds. nicht verhalten. So müssen etwa die Namen der Vertreter von Finanzbehörden nach § 407 AO oder die Namen von anderen in amtlicher Eigenschaft an der Hauptverhandlung teilnehmenden Behördenvertretern nicht aufgeführt werden (SK-StPO/*Frister* § 272 Rn. 12). Entsprechendes gilt für Studenten und Referendare, die zu Ausbildungszwecken zur Teilnahme an der Hauptverhandlung zugelassen werden (KMR/*Gemählich* § 272 Rn. 18). Auch die Namen der gem. § 175 Abs. 2 GVG oder § 48 Abs. 2 JGG zur Teilnahme zugelassenen Personen ist nicht zu protokollieren (SK-StPO/*Frister* § 272 Rn. 12). Ob und inwieweit die Namen von Beweispersonen zu dokumentieren sind, richtet sich nach § 273 Abs. 1 (LR/*Stuckenberg* § 272 Rn. 22). 8

§ 273 Beurkundung der Hauptverhandlung

(1) [1]Das Protokoll muß den Gang und die Ergebnisse der Hauptverhandlung im Wesentlichen wiedergeben und die Beachtung aller wesentlichen Förmlichkeiten ersichtlich machen, auch die Bezeichnung der verlesenen Urkunden oder derjenigen, von deren Verlesung nach § 249 Abs. 2 abgesehen worden ist, sowie die im Laufe der Verhandlung gestellten Anträge, die ergangenen Entscheidungen und die Urteilsformel enthalten. [2]In das Protokoll muss auch der wesentliche Ablauf und Inhalt einer Erörterung nach § 257b aufgenommen werden.

(1a) [1]Das Protokoll muss auch den wesentlichen Ablauf und Inhalt sowie das Ergebnis einer Verständigung nach § 257c wiedergeben. [2]Gleiches gilt für die Beachtung der in § 243 Absatz 4, 257c Absatz 4 Satz 4 und Absatz 5 vorgeschriebenen Mitteilungen und Belehrungen. [3]Hat eine Verständigung nicht stattgefunden, ist auch dies im Protokoll zu vermerken.

(2) [1]Aus der Hauptverhandlung vor dem Strafrichter und dem Schöffengericht sind außerdem die wesentlichen Ergebnisse der Vernehmungen in das Protokoll aufzunehmen; dies gilt nicht, wenn alle zur Anfechtung Berechtigten auf Rechtsmittel verzichten oder innerhalb der Frist kein Rechtsmittel eingelegt wird. [2]Der Vorsitzende kann anordnen, dass anstelle der Aufnahme der wesentlichen Vernehmungsergebnisse in das Protokoll einzelne Vernehmungen im Zusammenhang als Tonaufzeichnung zur Akte genommen werden. [3]§ 58a Abs. 2 Satz 1 und 3 bis 6 gilt entsprechend.

(3) [1]Kommt es auf die Feststellung eines Vorgangs in der Hauptverhandlung oder des Wortlauts einer Aussage oder einer Äußerung an, so hat der Vorsitzende von Amts wegen oder auf Antrag einer an der Verhandlung beteiligten Person die vollständige Protokollierung und Verlesung anzuordnen. [2]Lehnt der Vorsitzende die Anordnung ab, so entscheidet auf Antrag einer an der Verhandlung beteiligten Person das Gericht. [3]In dem Protokoll ist zu vermerken, dass die Verlesung geschehen und die Genehmigung erfolgt ist oder welche Einwendungen erhoben worden sind.

(4) Bevor das Protokoll fertig gestellt ist, darf das Urteil nicht zugestellt werden.

S.a. Nr. 136, 143, 144, 161 RiStBV

Übersicht

A. Grundsätzliches. Der Zweck der Vorschrift liegt hauptsächlich darin, dem Rechtsmittelgericht eine Nachprüfung der Hauptverhandlung auf Rechtsfehler hin zu ermöglichen (Meyer-Goßner/*Schmitt* § 273 Rn. 1). Die wesentlichen Förmlichkeiten des Verfahrens werden allein durch die Sitzungsniederschrift bewiesen, § 274 (KMR/*Gemählich* § 273 Rn. 1). Nur ausnahmsweise hat das Protokoll auch Bedeutung für Vorgänge, die außerhalb des Verfahrens liegen. So kann es gem. Nr. 144 Abs. 2 RiStBV Bedeutung für ein Ermittlungs- 1 verfahren wegen eines Aussagedeliktes gewinnen, weswegen eine für falsch erachtete Aussage möglichst wortgetreu in die Niederschrift aufgenommen werden soll. Auch für disziplinarrechtliche und zivilrechtliche Verfahren kann das Protokoll einer strafgerichtlichen Hauptverhandlung Bedeutung erlangen (Meyer-Goßner/*Schmitt* § 273 Rn. 23).

2 Über die Verweisvorschriften der §§ 118a Abs. 3 Satz 3 und 138d Abs. 4 Satz 3 findet § 273 auch Anwendung im Verfahren über die mündliche Haftprüfung und das Verfahren über den Verteidigerausschluss. Die Protokollierung von Vorgängen außerhalb der Verhandlung richtet sich nach §§ 168 bis 168b.

3 **B. Tatbestand. Gang und Ergebnis der Verhandlung** sind gem. **Abs. 1 Satz 1** zu protokollieren. Was zum Gang der Verhandlung gehört, ergibt sich aus §§ 243, 244, 257, 258 und 260 (KMR/*Gemählich* § 273 Rn. 4). Insoweit muss dem Protokoll die zeitliche Reihenfolge der Verfahrensabschnitte zu entnehmen sein (KK-StPO/*Greger* § 273 Rn. 2; SK-StPO/*Frister* § 273 Rn. 5). Kommt es zu Abweichungen von dem vom Gesetz vorgesehenen Verfahrensablauf, ist auch dies zu dokumentieren (LR/*Stuckenberg* § 273 Rn. 3). Dem gesetzlichen Merkmal »Ergebnis der Hauptverhandlung« kommt keine Bedeutung zu. Die Ergebnisse von Beweiserhebungen können damit nicht gemeint sein. Anderenfalls wären die Sonderregelungen in Abs. 2 und 3 überflüssig (KK-StPO/*Greger* § 273 Rn. 3; KMR/*Gemählich* § 273 Rn. 4). Auch werden die in der Hauptverhandlung ergangenen Entscheidungen nicht in Bezug genommen. Diese haben in Abs. 1 eigenständig Erwähnung gefunden (Meyer-Goßner/*Schmitt* § 273 Rn. 5).

4 Besondere Bedeutung für das Protokollierungsverfahren haben die **wesentlichen Förmlichkeiten des Verfahrens**. Diese sind in der Verhandlungsniederschrift kundig zu machen. Wesentliche Förmlichkeiten des Verfahrens sind alle Vorgänge der Hauptverhandlung, die für die Gesetzmäßigkeit des Verfahrens von Bedeutung sind (KK-StPO/*Greger* § 273 Rn. 4; LR/*Stuckenberg* § 273 Rn. 6). Es sind dies die Formvorschriften, deren Missachtung den Bestand des Urteils gefährden kann (KMR/*Gemählich* § 273 Rn. 4). Die Frage der Wesentlichkeit ist für das konkrete Verfahren zu beantworten. Dass der Vorgang für ein anderes Verfahren von Bedeutung ist, mag zwar dafür sprechen, ihn zu protokollieren (LR/*Stuckenberg* § 263 Rn. 6). Es macht ihn jedoch nicht zu einer wesentlichen Förmlichkeit (Meyer-Goßner/*Schmitt* § 273 Rn. 6; a.A. BayObLG JZ 1965, 291 m.Anm. *Sarstedt*; wohl auch SK-StPO/*Frister* § 273 Rn. 6).

5 Wesentliche Förmlichkeiten sind insb.:

- Die Angaben über die Öffentlichkeit der Verhandlung, die Verhandlung über ihren Ausschluss, der die Ausschließung herbeiführende Beschluss (Meyer-Goßner/*Schmitt* § 273 Rn. 7), die Durchführung des Beschlusses sowie die Wiederherstellung der Öffentlichkeit (BGHSt 4, 279 f.; BGH NStZ-RR 2001 [B], 257, 264);
- die Angaben über die Anwesenheit der nach § 226 zur Anwesenheit verpflichteten Personen bzw. die Anwesenheit des notwendigen Verteidigers (BGHSt 24, 280, 281) einschließlich der Angaben zur zeitweiligen Entfernung dieser Personen (BGH NStZ 1983, 375);
- die Angaben zur Abwesenheit des Angeklagten in der Verhandlung – §§ 231 Abs. 2, 231a bis 233, 247 – (KMR/*Gemählich* § 273 Rn. 6);
- die Angaben zur Hinzuziehung eines Dolmetschers und zu deren Anlass, § 185 GVG, zur Vereidigung des Dolmetschers oder dessen Berufung auf den früher geleisteten Eid (BGH NStZ 1983 [P], 354, 359);
- die Angaben zu den Vorgängen nach § 243 Abs. 2 Satz 2 bis Abs. 4 Satz 2, also zur Verlesung des Anklagesatzes (BGH NStZ 1984, 521), zur Vernehmung des Angeklagten (OLG Köln NStZ 1989, 44), zur Einlassung des Angeklagten, wenn diese erst im Verlauf der weiteren Hauptverhandlung erfolgt (BGH NStZ 1995, 560);
- die Angaben zu den gesetzlich vorgeschriebenen Belehrungen (u.a. §§ 52 Abs. 3 Satz 1, 55 Abs. 2), zu den auf Grundlage von § 265 gegebenen Hinweisen oder zu Aufforderungen zur Stellungnahme nach § 257 (Meyer-Goßner/*Schmitt* § 273 Rn. 7);
- die Angaben zu prozessualen Einverständniserklärungen, etwa der Zustimmung des Angeklagten zur Zulassung einer Nachtragsanklage (BGH NJW 1984, 2172);
- die Angaben zur Vereidigung oder Nichtvereidigung von Zeugen und Sachverständigen (Meyer-Goßner/*Schmitt* § 273 Rn. 7);
- die Angaben zu jeder Beweiserhebung im Strengbeweisverfahren (LR/*Stuckenberg* § 273 Rn. 14);
- die Angaben über die Ablehnung eines Beweisantrags durch Beschluss gem. § 244 Abs. 6 (BGH StV 1994, 635 m.Anm. *Müller*);
- die Angaben über die Heilung von Verfahrensfehlern (RGSt 72, 219, 221), etwa die Angaben über die Wiederholung eines Teils der Beweisaufnahme zwecks Heilung eines Verstoßes nach § 296 (OLG Köln NStZ 1987, 244);

- die Angaben zur Beanstandung von Anordnungen des Vorsitzenden gem. § 238 Abs. 2 (BGHSt 3, 199, 202);
- die Angaben zu einer getroffenen Absprache, insb. zu einer vom Gericht zugesagten Strafobergrenze für den Fall eines Geständnisses (BGHSt 50, 40, 61); ggf. der Hinweis des Gerichts, sich wegen neu bekannt gewordener Umstände nicht mehr an die Absprache gebunden zu fühlen (BGH NJW 2003, 1404);
- die Angaben über den wesentlichen Ablauf und den Inhalt einer Erörterung nach § 257b, Abs. 1 Satz 2 (krit. Meyer-Goßner/*Schmitt* § 273 Rn. 7a: Da die Erörterung keine unmittelbaren Rechtsfolgen nach sich ziehe, liege in der gesetzlichen Anordnung eine überflüssige Überfrachtung des Protokolls);
- die Angaben zur Erörterung gerichtskundiger Tatsachen (OLG Frankfurt StV 1989, 97, 98; Meyer-Goßner/*Schmitt* § 273 Rn. 7; a.A. BGHSt 36, 354, 357 ff.);
- die Angaben zur Gewährung des letzten Wortes nach § 258 Abs. 2 (BGH NStZ 1987, 36);
- die Angaben zur Rechtsmittelbelehrung auf Grundlage von § 35a (KMR/*Gemählich* § 273 Rn. 6);
- die Angaben zu einem Rechtsmittelverzicht nach Urteilsbegründung, wenn nach § 273 Abs. 3 verfahren wurde (BGHSt 18, 257, 258);
- die Zustimmung des Rechtsmittelgegners zur Zurücknahme des Rechtsmittels nach Beginn der Hauptverhandlung gem. § 303 (KMR/*Gemählich* § 273 Rn. 6; a.A. OLG Hamm NJW 1969, 151; Meyer-Goßner/*Schmitt* § 263 Rn. 8).

Keine wesentlichen Förmlichkeiten sind: 6

- Die Angaben zur Präsenzfeststellung nach § 243 Abs. 1 Satz 2, insb. zur Anwesenheit von Zeugen und nicht notwendigen Verteidigern (BGHSt 24, 280 f.) sowie zur Anwesenheit von Sachverständigen (BGH NStZ 1985 [P], 204, 207);
- die Angaben zur Vereidigung von Schöffen (BGH MDR 1973 [D], 369, 372);
- die Angaben zur Beratung des Gerichts (BGHSt 37, 141, 143; a.A. *Kahlo* FS Meyer-Goßner, S. 447, 468);
- Angaben zum Inhalt der Bekundungen von Zeugen und Sachverständigen (RGSt 43, 437, 438; OLG Hamm v. 23.02.2017 – III-4 RBs 54/17 –);
- die Angaben zur Verwendung von Augenscheinsobjekten (BGH NStZ 2003, 320, 321) und Urkunden (BGHSt 22, 26, 28) zum Zwecke des Vorhalts;
- Angaben zu Befragung des Angeklagten nach § 265a (KMR/*Gemählich* § 273 Rn. 8);
- Angaben zur Einführung allgemeinkundiger Tatsachen in die Hauptverhandlung; die Fertigung eines entsprechenden Protokollvermerks empfiehlt sich jedoch (BGH NJW 1963, 598);
- Angaben zu stillschweigenden Einverständniserklärungen nach § 251 Abs. 1 Nr. 1, Abs. 2 Nr. 3 (OLG Köln NStZ 1988, 31, 32);
- Angaben zu Maßnahmen der Sitzungspolizei hier gilt § 182 GVG (Meyer-Goßner/*Schmitt* § 273 Rn. 8)
- Angaben zu Verhandlungspausen und kurzen Unterbrechungen der Hauptverhandlung (BGH VRS 32, 143, 144).

Im Protokoll zu bezeichnen sind die **verlesenen Schriftstücke** und die Schriftstücke, von deren Verlesung unter Anwendung des **Selbstleseverfahrens** nach § 249 Abs. 2 abgesehen wurde. »Bezeichnung« ist nicht gleichzusetzen mit Inhaltsangabe (Meyer-Goßner/*Schmitt* § 273 Rn. 9). Vielmehr geht es um das Identifizierbarmachen des Schriftstücks (KK-StPO/*Engelhardt*, 6. Aufl., § 273 Rn. 6). Kommt es nur zur teilweisen Verlesung, sind die Teile, die verlesen wurden, genau zu bezeichnen und sollte der Verlesungszweck dokumentiert werden (BGH NStZ-RR 2007, 52). Nicht nur die Anordnung, auch die Ausführung der Verlesung ist im Protokoll zu vermerken (BGH NStZ 1993 [K], 27, 30). Hierfür reicht die Formulierung nicht aus, die Urkunde sei »zum Gegenstand der Verhandlung« gemacht worden (BGHSt 11, 29, 30). Diese Formulierung lässt nicht erkennen, ob es statt zu einer Verlesung nicht lediglich zu einem Vorhalt des Schriftstücks gekommen ist oder dieses gar nur in Augenschein genommen wurde (OLG Saarbrücken NStZ-RR 2000, 48 f.). Kommt es zum Selbstleseverfahren, ist nicht nur dessen Anordnung zu protokollieren (KMR/*Gemählich* § 273 Rn. 10). Protokollierungsbedürftig ist auch der Umstand, dass Richter und Schöffen das Schriftstück gelesen haben und für die sonstigen Verfahrensbeteiligten die Möglichkeit bestand, von dessen Inhalt Kenntnis zu nehmen (BGHSt 55, 31, 32). 7

Kommt es in der Hauptverhandlung zu der nach der Rspr. des BGH zulässigen (BGHSt 1, 94, 96) Ersetzung der Verlesung der Urkunde durch einen **Bericht des Vorsitzenden** über deren Inhalt, wenn der genaue Wortlaut des Schriftstücks nicht Urteilsinhalt werden soll, ist der Umstand der Berichterstattung zu protokollieren (LR/*Gollwitzer* 25. Aufl., § 273 Rn. 16). Erfolgt lediglich ein Vorhalt der Urkunde, bedarf diese Verfahrenshandlung einer Dokumentierung in der Verhandlungsniederschrift nicht (BGHSt 22, 26, 28; vgl. bereits oben Rdn. 6). 8

Sämtliche im Laufe der Verhandlung gestellten **Anträge** sind zu protokollieren (KMR/*Gemählich* § 273 Rn. 13). Dies gilt auch für Hilfsanträge (BGH MDR 1975 [D], 365, 368 f.). Der Protokollierungspflicht 9 unterliegen Anträge selbst dann, wenn sie unzulässig sind (Meyer-Goßner/*Schmitt* § 273 Rn. 10). Zu protokollieren (möglichst wörtlich) sind die Person des Antragstellers und der Antragsinhalt (LR/*Stuckenberg* § 273 Rn. 23). Einer Aufnahme der Antragsbegründung in das Protokoll bedarf es demgegenüber nicht (RGSt 32, 239, 241) und kann deshalb auch nicht verlangt werden (BGH GA 1960, 315). Dem Gericht bleibt es jedoch unbenommen, schriftlich angebrachte Anträge samt ihrer Begründung als Anlage zum Protokoll zu nehmen (LR/*Stuckenberg* § 273 Rn. 25). Jedoch muss das Protokoll dann unzweifelhaft auf diese Anlage verweisen (KK-StPO/*Engelhardt*, 6. Aufl., § 273 Rn. 16). Werden Beweisanträge gestellt, sind die Beweisbehauptung und das Beweismittel zu protokollieren (vgl. bereits RGSt 1, 32, 33). Auch unvollständige oder fehlerhafte Beweisanträge sind in die Sitzungsniederschrift aufzunehmen (SK-StPO/*Frister* § 273 Rn. 11). Die Beantwortung der Frage, ob es sich bei dem Antrag um einen Beweisantrag oder – aufgrund fehlerhafter Anbringung – lediglich um einen Beweisermittlungsantrag handelt, wird in der Regel nämlich erst anhand der wörtlichen Protokollierung des Antrags erfolgen können (LR/*Stuckenberg* § 273 Rn. 24).

10 In das Protokoll aufzunehmen sind auch die im Laufe der Hauptverhandlung **ergangenen Entscheidungen**. Dies sind die Beschlüsse des Gerichts und die Verfügungen des Vorsitzenden (Meyer-Goßner/*Schmitt* § 273 Rn. 11). Die Entscheidungen sind mit ihrem vollen Wortlaut, was etwaige Begründungen nach § 34 mit einschließt, in das Protokoll aufzunehmen (KMR/*Gemählich* § 273 Rn. 17). Erfolgt eine gesonderte Abfassung des Beschlusses, ist es für die Protokollierung ausreichend, diesen als Anlage zum Protokoll zu nehmen und seine mündliche Bekanntmachung unter Bezugnahme auf die Anlage in der Niederschrift zu vermerken (BGH MDR 1991 [H], 293, 297). Fehlt dem als Anlage zu Protokoll genommenen Beschluss die Unterschrift der entscheidenden Richter, ist dies unschädlich (LR/*Stuckenberg* § 273 Rn. 26).

11 Das das Verfahren **abschließende Urteil** wird durch die Aufnahme der Urteilsformel gem. § 268 Abs. 2 Satz 1 in der Sitzungsniederschrift protokolliert. Dafür ist die wörtliche Aufnahme der Urteilsformel vonnöten. Unzureichend ist der Vermerk, »das anliegende Urteil wurde verkündet« (RGSt 58, 143). Weicht die Fassung der Formel im Protokoll von der Fassung in der Urteilsurkunde ab, ist die Fassung in der Sitzungsniederschrift maßgebend (BGH NJW 1986, 1820; SK-StPO/*Frister* § 273 Rn. 14). Hinsichtlich der Urteilsgründe reicht der Vermerk, sie seien mündlich verkündet worden (Meyer-Goßner/*Schmitt* § 273 Rn. 12). Allerdings sind sie vollständig zu dokumentieren, wenn das gesamte Urteil nach § 275 Abs. 1 Satz 1 in das Protokoll aufgenommen wird (KMR/*Gemählich* § 273 Rn. 19). Ebenfalls in das Protokoll aufzunehmen sind die im Zusammenhang mit dem Urteil zu verkündenden Entscheidungen über eine Aussetzung der Strafvollstreckung zur Bewährung, § 268a, oder zur Fortdauer von Untersuchungshaft, § 268b (KMR/*Gemählich* § 273 Rn. 20). Entsprechendes gilt für die für solche Entscheidungen vorgesehenen Belehrungen (LR/*Stuckenberg* § 273 Rn. 30).

12 **Abs. 1a** enthält Protokollierungsregelungen im Zusammenhang mit einer Verständigung nach § 257c. Satz 1 fordert, dass der wesentliche Ablauf und der Inhalt sowie das Ergebnis einer Verständigung protokolliert werden, was i.R.d. Verständigung abzugebende oder abgegebene Prozesserklärungen mit einschließt (Meyer-Goßner/*Schmitt* § 273 Rn. 12a; *Schlothauer/Weider* StV 2009, 600, 604). Die Vorschrift dient dazu, dem Revisionsgericht die getroffene Verständigung transparent und überprüfbar zu machen. Unterlässt der Vorsitzende notwendige Anordnungen zur Protokollierung, ist hiergegen das Gericht nach § 238 Abs. 2 anzurufen (BVerfG StV 2000, 3). Im Protokoll müssen sich auch Hinweise auf sich auf eine Verständigung beziehende Mitteilungen und Belehrungen nach § 243 Abs. 4 und § 257c Abs. 4 und 5 finden. Fehlen solche Angaben, gelten sie als nicht abgegeben bzw. nicht erfolgt (Meyer-Goßner/*Schmitt* § 273 Rn. 12b). Die Pflicht zur Mitteilung über Verständigungsgespräche erstreckt sich auch auf die darlegung, von welcher Seite die Anregung zur Verständigung erfolgt ist, welche Standpunkte vertreten wurden und welche Resonanz bei den am Gespräch beteiligten Personen auf die jeweiligen Beiträge erfolgt ist (BGH StraFo 2016, 470). Auch dass eine Verständigung nach § 257c nicht stattgefunden hat, ist zu protokollieren, wobei sich der Beweiswert eines entsprechenden Vermerks nur auf die Hauptverhandlung bezieht. Ob es möglicherweise außerhalb der Hauptverhandlung zu einer Verständigung gekommen ist, wird dadurch nicht ausgeschlossen (Meyer-Goßner/*Schmitt* § 273 Rn. 12c; a.A. *Jahn/Müller* NJW 2009, 2625, 2630). Zu Recht wird diese Vorschrift als systemwidrig und überflüssig angesehen (Meyer-Goßner/*Schmitt* § 273 Rn. 12c). Die Sitzungsniederschrift kann nur der Dokumentation von Vorgängen in der Hauptverhandlung dienen. Findet dort eine Verständigung keine Erwähnung, hat sie wegen der negativen Beweiskraft des Protokolls als nicht geschehen zu gelten (so auch BGHSt 58, 315 ff.; dagegen BVerfG StV 2014, 713 ff. Das Urteil beruht auf dem nicht dokumentierten Negativattest aber nicht, wenn ausgeschlossen werden kann, dass Gespräche über eine Verständigung stattgefunden haben; BGHR StPO § 243 Abs. 4 Negativmitteilung 1). Für Vorgänge, die außerhalb der Hauptverhandlung stattgefunden haben, kann das Protokoll demgegenüber keinen Beweis erbringen. Entsprechend ist es auch nicht angängig, aus Abs. 1a Satz 3 die Verpflichtung zu ziehen, den Protokollver-

merk aufzunehmen, dass eine Verständigung im gesamten bisherigen Strafverfahren nicht erwogen wurde (so aber *Brand/Petermann* NJW 2010, 268, 270).

Fehlt in der Niederschrift sowohl der Vermerk nach Abs. 1a Satz 1 und 2 als auch der Vermerk nach Abs. 1 Satz 3, soll nach der Rspr. hierdurch das Protokoll widersprüchlich werden und seine Beweiskraft verlieren (BGHSt 56, 3, 6 = NJW 2011, 321 f.; OLG Celle NStZ-RR 2012, 20).

Abs. 2 Satz 1 Hs. 1 statuiert die Pflicht, die **wesentlichen Ergebnisse von Zeugen- und Sachverständigenvernehmungen** in das Protokoll aufzunehmen, sofern die Verhandlung vor dem Strafrichter oder dem Schöffengericht stattgefunden hat. Damit dient die Vorschrift allein dazu, dem Berufungsgericht die Beweisaufnahme zu erleichtern (KMR/*Gemählich* § 273 Rn. 21). Diesem ist gem. § 325 zu Beweiszwecken die Verlesung des Protokolls erster Instanz erlaubt (Meyer-Goßner/*Schmitt* § 325 Rn. 2). Allerdings ist der Beweiswert des in der Sitzungsniederschrift dokumentierten Vernehmungsergebnisses eher gering, da der Inhalt des Protokollvermerks der vernommenen Person nicht vorgelesen und von dieser nicht genehmigt worden ist (Meyer-Goßner/*Schmitt* § 273 Rn. 14). Für den Augenscheins- und Urkundsbeweis hält Abs. 2 Satz 1 Hs. 1 keine Regelung vor (Meyer-Goßner/*Schmitt* § 273 Rn. 13). Dies liegt daran, dass Inhaltsangaben zu Beweiserhebungen, die Urkunden und Augenscheinsobjekte betreffen, entbehrlich sind, weil sich die Beweismittel bei den Akten befinden und – anders als Zeugen – für eine Beweiserhebung des Berufungsgerichts jederzeit zur Verfügung stehen (LR/*Stuckenberg* § 273 Rn. 32). 13

Die Protokollierung ist Sache des Urkundsbeamten, der dabei hinsichtlich der Wesentlichkeit von Aussageinhalten den Weisungen des Vorsitzenden unterworfen ist (KMR/*Gemählich* § 273 Rn. 24). Dieser kann dem Urkundsbeamten auch eine Zusammenfassung der Aussage zur Aufnahme in das Protokoll diktieren (Meyer-Goßner/*Schmitt* § 273 Rn. 14; krit. LR/*Gollwitzer* 25. Aufl., § 273 Rn. 24: Diktat nicht angebracht). Die Prozessbeteiligten können auf den Inhalt der Protokollierung keinen Einfluss nehmen, der über Anregungen hinausgeht (KMR/*Gemählich* § 273 Rn. 24). Sie haben sich des Antragsrechts nach Abs. 3 zu bedienen (KK-StPO/*Greger* § 273 Rn. 17). 14

Die wesentlichen Ergebnisse einer Vernehmung sind in einem knappen Inhaltsprotokoll zusammenzufassen (Meyer-Goßner/*Schmitt* § 273 Rn. 15). Es ist zulässig, auf Niederschriften früherer amtlicher Vernehmungen Bezug zu nehmen, wenn die Aussage in der Hauptverhandlung vom Inhalt solcher Niederschriften nicht oder nur unwesentlich abweicht, Nr. 144 Abs. 2 Satz 1 RiStBV. Bei wesentlichen Abweichungen ist es demgegenüber in der Regel geboten, die Aussage vollständig – in den entscheidenden Punkten u.U. sogar wörtlich – in das Protokoll aufzunehmen. Dies dient nicht zuletzt der Vorbereitung eines späteren Ermittlungsverfahrens wegen einer Falschaussage, Nr. 144 Abs. 2 Satz 2 RiStBV. Auch auf ein schriftliches Sachverständigengutachten, das sich bei den Akten befindet, kann im Protokoll verwiesen werden (BGH GA 1964, 275). 15

Durch das 1. Opferrechtsreformgesetz v. 24.06.2004 (BGBl. I, S. 1354) ist in **Abs. 2 Satz 2** die Möglichkeit aufgenommen worden, die Wiedergabe der wesentlichen Vernehmungsergebnisse in das Protokoll durch die **Aufzeichnung einzelner Vernehmungen auf Tonträger** zu ersetzen. Diese Regelung soll den Urkundsbeamten nicht überflüssig machen – sieht man einmal von der Möglichkeit ab, vor dem Strafrichter auf seine Hinzuziehung gem. § 226 Abs. 2 zu verzichten. Der Urkundsbeamte soll in seiner Tätigkeit jedoch entlastet werden (Meyer-Goßner/*Schmitt* § 273 Rn. 14). Insb. soll die Vorschrift aber der erneuten Vernehmung von Zeugen oder der Vernehmung des Richters oder Protokollführers erster Instanz über den Inhalt solcher Vernehmungen entgegenwirken, weil nach § 323 Abs. 2 Satz 6 gem. Abs. 2 Satz 2 aufgezeichnete Vernehmungen nach ihrer Übertragung in ein schriftliches Protokoll (§ 323 Abs. 2 Satz 2) verlesen werden können (KMR/*Gemählich* § 273 Rn. 26). Der Tonträger ist gem. Abs. 2 Satz 3 zu den Akten zu nehmen oder mit den Akten auf der Geschäftsstelle aufzubewahren. Einsichtsrecht und Datenschutz werden durch den in Abs. 2 Satz 4 enthaltenen Verweis auf § 58a Abs. 2 Satz 1 und 3 bis 6 gewahrt (Meyer-Goßner/*Schmitt* § 273 Rn. 14a). § 58a Abs. 3 gilt nicht entsprechend, sodass der Überlassung einer Kopie der Aufzeichnung keine rechtlichen Hindernisse entgegenstehen (*Neuhaus* StV 2004, 620, 624). Die Vernichtungsregelung des § 58a Abs. 2 Satz 2 i.V.m. § 101 Abs. 8 gilt gleichfalls nicht. Grund hierfür ist die Möglichkeit einer Wiederaufnahme des Strafverfahrens nach §§ 359 ff. (Meyer-Goßner/*Schmitt* § 273 Rn. 14a). 16

Einer Protokollierung gem. Abs. 2 bedarf es nicht, wenn allseitig Rechtsmittelverzicht erklärt wird oder eine Anfechtung des Urteils binnen der Rechtsmittelfrist nicht erfolgt, Satz 2 Hs. 2. Die Vorschrift gilt entsprechend, wenn der Einspruch gegen einen Strafbefehl zurückgenommen wird (Meyer-Goßner/*Schmitt* § 273 Rn. 16). 17

Die absolute Beweiskraft des Protokolls gem. § 274 erstreckt sich allein auf die Tatsache der Einvernahme des Zeugen oder Sachverständigen, nicht aber auf den nach Abs. 2 in die Sitzungsniederschrift aufgenommenen wesentlichen Inhalt der Vernehmungen. Insoweit gilt der Grundsatz der freien Beweiswürdigung (LR/*Stuckenberg* § 273 Rn. 44). Hierin erschöpft sich der Beweiswert für spätere Hauptverhandlungen in der Tatsacheninstanz (RGSt 31, 69, 71; KMR/*Gemählich* § 273 Rn. 29). 18

19 **Abs.** 3 ermöglicht die **vollständige Niederschreibung von Vorgängen, Aussagen und Äußerungen im Protokoll.** Protokollierungsfähig sind allein Vorgänge in der Hauptverhandlung. Geschehnisse vor Beginn der Verhandlung, während einer Sitzungspause oder außerhalb des Sitzungssaals, sofern dort die Sitzung nicht stattfindet (KMR/*Gemählich* § 273 Rn. 30), zählen nicht dazu (Meyer-Goßner/*Schmitt* § 273 Rn. 19). Andererseits ist nicht erforderlich, dass die Vorgänge eine Prozesshandlung oder gar eine wesentliche Förmlichkeit des Verfahrens i.S.d. Abs. 1 darstellen. Auch das Stottern oder Erröten eines Zeugen bzw. das Schlafen eines Richters sind protokollierungsfähig (SK-StPO/*Frister* § 273 Rn. 33).
Aussagen i.S.v. Abs. 3 sind nicht nur Bekundungen von Zeugen i.S.d. § 57 Satz 1 (so aber KK-StPO/*Engelhardt*, 6. Aufl., § 273 Rn. 22), sondern auch die Angaben von Sachverständigen und die Einlassung des Angeklagten (Meyer-Goßner/*Schmitt* § 273 Rn. 20).
Die in Abs. 3 ebenfalls erwähnten Äußerungen sind Erklärungen anderer im Sitzungssaal anwesender Personen (SK-StPO/*Frister* § 273 Rn. 35).
Eine Wortlautprotokollierung kommt nur dann in Betracht, wenn es auf die Feststellung eines Vorgangs, einer Aussage oder einer Äußerung ankommt (Meyer-Goßner/*Schmitt* § 273 Rn. 21). Dies wiederum setzt ein rechtliches Interesse an der Dokumentierung voraus (LR/*Stuckenberg* § 273 Rn. 48). Das Interesse kann sich auf das gegenwärtige aber auch ein anderes – ggf. sogar künftiges – Verfahren beziehen (KK-StPO/*Greger* § 273 Rn. 23). Für das laufende Verfahren wird sich das rechtliche Interesse insb. daraus herleiten, dass zu protokollierende Abläufe der Hauptverhandlung Verfahrensfehler enthalten, die Grundlage einer Revision sein können (SK-StPO/*Frister* § 263 Rn. 33). Auch wenn die Vorgänge und Äußerungen Anlass bieten, Beweisanträge zu stellen oder das Gericht zu weiterer Sachverhaltsaufklärung zu drängen, kann ein rechtliches Interesse an wörtlicher Protokollierung bestehen (Meyer-Goßner/*Schmitt* § 263 Rn. 23). Daneben kann das besondere Gewicht eines Umstands für die Beweiswürdigung des Gerichts (etwa das Ergebnis einer Augenscheinseinnahme anlässlich eines Ortstermins) die Protokollierung rechtfertigen (OLG Bremen NJW 1981, 2827). Dieses besondere Gewicht des Ergebnisses einer Beweiserhebung liegt nach herrschender Meinung aber nicht bereits bei Entscheidungserheblichkeit vor. So wird eine Aussage nicht deshalb wörtlich protokolliert, weil sie Einfluss auf den Ausgang des Verfahrens haben kann (*Sieß* NJW 1982, 1625, 1626; SK-StPO/*Frister* § 273 Rn. 36; a.A. *Krekeler* AnwBl. 1984, 417, 418; *Ulsenheimer* NJW 1980, 2273, 2276). Die herrschende Meinung verdient im Ergebnis Zustimmung, wenn auch ihre Differenzierung zwischen »besonderer Beweisbedeutung« und »bloßer Entscheidungserheblichkeit« arg gekünstelt erscheint. Jedoch hat sie das durchaus anzuerkennende Anliegen im Blick, einem Ausufern der Hauptverhandlung durch beantragte Wortlautprotokollierung entgegenzuwirken (LR/*Stuckenberg* § 273 Rn. 42 mit Fn. 131; s. auch SK-StPO/*Frister* § 273 Rn. 36). Infolgedessen ist eine Aussage nur dann gem. Abs. 3 Satz 1 zu protokollieren, wenn es auf ihren exakten Wortlaut ankommt (OLG Schleswig SchlHA 1976, 172; *Schmid* NJW 1981, 1353, 1354). Auf den Wortlaut einer Aussage kommt es insb. dann an, wenn ihr Inhalt unterschiedlich gedeutet werden kann (LR/*Stuckenberg* § 273 Rn. 50; SK-StPO/*Frister* § 273 Rn. 36).
Für andere Verfahren liegt ein rechtliches Interesse an einer wörtlichen Protokollierung vor, wenn der protokollierte Vorgang bzw. die protokollierte Äußerung Ausgangspunkt für strafrechtliche Ermittlungen – Nr. 144 Abs. 2 Satz 2 RiStBV (vgl. oben Rdn. 15) – oder eine disziplinarrechtliche Verfolgung sein soll (SK-StPO/*Frister* § 273 Rn. 34). Auch der nicht unerhebliche Einfluss auf ein zivilrechtliches Verfahren kann Anlass für eine wörtliche Protokollierung sein (Meyer-Goßner/*Schmitt* § 273 Rn. 23).
Die wörtliche Protokollierung wird von Amts wegen oder auf Antrag angeordnet. Die Anordnung erfolgt durch den Vorsitzenden. Er veranlasst sie von Amts wegen, wenn nach seinem pflichtgemäßen Ermessen die Voraussetzungen des Abs. 3 Satz 1 vorliegen (Meyer-Goßner/*Schmitt* § 273 Rn. 25). Einer Begründung bedarf die Anordnung nicht (KMR/*Gemählich* § 273 Rn. 24).

20 Wer einen **Antrag auf Protokollierung** stellen kann, ist umstritten. Während noch überwiegend Einigkeit darüber besteht, dass der Nebenkläger nicht zum Kreis der Antragsberechtigten gehört, da die Antragsbefugnis nach Abs. 3 in § 397 Abs. 1 nicht erwähnt wird (LR/*Stuckenberg* § 273 Rn. 56; SK-StPO/*Frister* § 273 Rn. 39; a.A. KK-StPO/*Engelhardt*, 6. Aufl., § 273 Rn. 24), ist sich die juristische Literatur darin uneins, ob beisitzende Richter und Schöffen das Recht zur Antragstellung innehaben (befürwortend u.a. KK-StPO/*Engelhardt*, 6. Aufl., § 273 Rn. 24; LR/*Stuckenberg* § 273 Rn. 56; verneinend KMR/*Gemählich* § 273 Rn. 36; Meyer-Goßner/*Schmitt* § 273 Rn. 26). Richtigerweise wird man eine Antragsbefugnis dieser Prozesssubjekte ablehnen müssen. Beisitzer und Schöffen sind Mitglieder des Gerichts, die nach Abs. 3 Satz 2 zu entscheiden haben, wenn der Vorsitzende einen Antrag auf wörtliche Protokollierung abgelehnt hat. Gäbe man ihnen das Antragsrecht, müssten sie über die Ablehnung ihrer eigenen Anträge befinden, was eine objektive Kontrolle der Sachleitung des Vorsitzenden ausschließen dürfte. Man wird beisitzenden Richtern und Schöffen deshalb lediglich die Befugnis zugestehen können, im Rahmen eines internen Meinungsbildungsprozesses die Möglichkeit zu besitzen, wörtliche Protokollierungen anzuregen (KMR/*Gemählich* § 273 Rn. 36). Auch

Zeugen und Sachverständige wird man aus dem Kreis der Antragsberechtigten herausnehmen müssen (LR/*Stuckenberg* § 273 Rn. 56; Meyer-Goßner/*Schmitt* § 273 Rn. 26; a.A. *W. Schmid* GA 1962, 353, 362; *Ulsenheimer* NJW 1980, 2273, 2274). Ihnen fehlt es grds. an einem rechtlichen Interesse an der wörtlichen Protokollierung ihrer Aussagen bzw. Äußerungen.

In seinem Antrag muss der Antragsteller den zu protokollierenden Vorgang genau bezeichnen und substanziiert und nachvollziehbar darlegen, worin sein rechtliches Interesse an der Protokollierung besteht (OLG Bremen NStZ 1986, 183; KMR/*Gemählich* § 273 Rn. 35). Der Antrag ist in der Sitzungsniederschrift zu dokumentieren (Meyer-Goßner/*Schmitt* § 273 Rn. 28). Leistet der Vorsitzende dem Antrag Folge, wird zudem festgehalten, dass eine wörtliche Protokollierung erfolgte (LR/*Gollwitzer* 25. Aufl., § 273 Rn. 54). Wird der Antrag hingegen abgelehnt, sind der Inhalt des Antrags, seine Ablehnung und die Begründung der Ablehnung in der Niederschrift festzuhalten (Meyer-Goßner/*Schmitt* § 273 Rn. 25).

Das Antragsrecht der Verfahrensbeteiligten gibt diesen noch keinen Beurkundungsanspruch. Ob die Voraussetzungen für eine wörtliche Protokollierung vorliegen, entscheidet nach tradierter höchstrichterlicher Rspr. auch in diesem Fall allein der Vorsitzende nach seinem pflichtgemäßen Ermessen (RGSt 5, 352 f.; BGH, NJW 1966, 63; s.a. Meyer-Goßner/*Schmitt* § 273 Rn. 29). Nach der Gegenauffassung (u.a. OLG Bremen JR 1982, 252, 253; LR/*Stuckenberg* § 273 Rn. 57) besteht demgegenüber ein Anspruch auf Protokollierung bei Vorliegen eines anzuerkennenden rechtlichen Interesses an der vollständigen Fixierung eines Vorgangs im Hauptverhandlungsprotokoll. Wie Meyer-Goßner/*Schmitt* zu Recht bemerkt (§ 273 Rn. 29), kommt diesem Anspruch aber keine Bedeutung zu, weil auf der Ablehnung eines Antrags auf wörtliche Protokollierung das Urteil nicht beruhen kann und die Zurückweisung des Begehrens auf Beurkundung revisionsrechtlich keine Bedeutung besitzt (BGH NStZ 1994 [K], 23, 25).

Abs. 3 Satz 2 gibt den Prozessbeteiligten die Möglichkeit, gegen die Ablehnung eines Antrags auf Proto- 21
kollierung auf gerichtliche Entscheidung anzutragen. Hierbei handelt es sich um eine den Rechtsbehelf aus § 238 Abs. 2 verdrängende Sondervorschrift (Meyer-Goßner/*Schmitt* § 273 Rn. 30). Die Entscheidung des Gerichts ergeht durch Beschluss, der zu begründen und in der Hauptverhandlung zu verkünden ist (LR/*Stuckenberg* § 263 Rn. 60). An den Beschluss ist der Vorsitzende nur gebunden, soweit durch diesen die Pflicht zur Protokollierung ausgesprochen wird (Meyer-Goßner/*Schmitt* § 273 Rn. 30). Wortlaut und Inhalt der Niederschreibung werden von ihm dabei mit dem Urkundsbeamten abgestimmt (KMR/*Gemählich* § 273 Rn. 37). Bestätigt das Gericht eine ablehnende Entscheidung des Vorsitzenden, steht es diesem frei, im Fall einer Meinungsänderung gleichwohl eine Beurkundung zu veranlassen (KK-StPO/*Greger* § 273 Rn. 27).

Die vollständige Niederschrift eines Vorgangs oder einer Äußerung bzw. einer Aussage erfolgt entweder 22
durch Diktat des Vorsitzenden oder dessen Aufforderung an den Urkundsbeamten, mitzuschreiben (Meyer-Goßner/*Schmitt* § 273 Rn. 31). Der Antragsteller besitzt nicht das Recht, den Wortlaut in das Protokoll zu diktieren (LR/*Stuckenberg* § 273 Rn. 53). Die Protokollierung muss nicht zwangsläufig in der Hauptverhandlung erfolgen. Dies ist auch in einer Sitzungspause möglich (LR/*Stuckenberg* § 273 Rn. 54), setzt aber eine Abstimmung des Vorsitzenden mit dem Urkundsbeamten voraus (Meyer-Goßner/*Schmitt* § 273 Rn. 31). Eine Beurkundung, die für außerhalb des anhängigen Verfahrens liegende Zwecke vorgenommen wird, kann auch als Anlage zur Sitzungsniederschrift aufgenommen werden (KK-StPO/*Greger* § 273 Rn. 29). Die Anlage muss dann aber allen Erfordernissen des Protokolls entsprechen (LR/*Stuckenberg* § 273 Rn. 54).

Die Niederschrift muss in der Verhandlung vollständig verlesen werden. Der Vorsitzende bestimmt, ob 23
dies durch ihn oder den Urkundsbeamten erfolgt (Meyer-Goßner/*Schmitt* § 273 Rn. 32). Die Verlesung geschieht, damit Einwendungen gegen die Art der Protokollierung erhoben werden können (SK-StPO/*Frister* § 273 Rn. 43).

Weiterhin erforderlich ist die Genehmigung durch die Prozessbeteiligten, die grds. ausdrücklich zu erteilen 24
ist (Meyer-Goßner/*Schmitt* § 273 Rn. 32). Sie gilt aber auch dann als abgegeben, wenn sich die Prozessbeteiligten auf allgemeines Befragen mit der Art der Protokollierung einverstanden erklären (LR/*Stuckenberg* § 273 Rn. 55).

Gem. Abs. 3 Satz 3 ist die Verlesung im Sitzungsprotokoll zu vermerken. Entsprechendes gilt für die erteilte 25
Genehmigung und etwaig erhobene Einwendungen. Fehlen Einträge über die Verlesung und Genehmigung in der Niederschrift, kommt dem Protokollvermerk keine absolute Beweiskraft zu (SK-StPO/*Frister* § 273 Rn. 42).

Abs. 4 bestimmt, dass das **Urteil nicht zugestellt** werden kann, bevor das Protokoll fertiggestellt ist. Dies 26
bedeutet, dass vor Fertigstellung des Protokolls die von der Urteilszustellung abhängigen Fristen nicht in Lauf gesetzt werden. Dies betrifft insb. die Revisionsbegründungsfrist aus § 345 Abs. 1 Satz 2 (BGHSt 27, 80). Fertig gestellt ist das Protokoll mit der letzten, seinen Inhalt deckenden Unterschrift (KMR/*Gemählich* § 273 Rn. 41; vgl. auch § 271 Rdn. 12). Formelle Mängel der Niederschrift stellen ihre Fertigstellung nicht infrage (BGH NStZ 1984, 89).

27 **C. Anfechtbarkeit und Revision.** Lehnt das Gericht im Beschlusswege eine vollständige Protokollierung nach Abs. 3 Satz 1 ab, kann hiergegen keine Beschwerde erhoben werden, wenn die Protokollierung Zwecken des anhängigen Verfahrens dienen sollte. Die Beschwerdemöglichkeit wird durch § 305 Satz 1 versperrt (Meyer-Goßner/*Schmitt* § 273 Rn. 35). Demgegenüber ist die Beschwerde möglich, wenn die Protokollierung zu außerhalb des anhängigen Verfahrens liegenden Zwecken beantragt wurde (KK-StPO/*Greger* § 273 Rn. 36). Mit der Beschwerde kann jedoch nur geltend gemacht werden, dass die Protokollierung rechtsfehlerhaft verweigert wurde, nicht aber, dass der Vorgang inhaltlich falsch oder wegen tatsächlicher Zweifel nicht in das Protokoll aufgenommen wurde (LR/*Stuckenberg* § 273 Rn. 66).

28 Die Revision kann auf Mängel des Protokolls nicht gestützt werden, weil das Urteil nicht auf ihnen beruht (KMR/*Gemählich* § 273 Rn. 47). Dies gilt auch dann, wenn ein Antrag auf vollständige Niederschreibung gem. Abs. 3 abgelehnt wurde (KK-StPO/*Greger* § 273 Rn. 35; vgl. auch oben Rdn. 20). Auch inhaltliche Widersprüche einer nach Abs. 2 protokollierten Aussage und deren Wiedergabe in den Urteilsgründen vermögen die Revision nicht zu begründen (OLG Brandenburg NStZ-RR 2009, 247). Etwas anderes gilt, wenn statt eines Inhaltsprotokolls eine Aufnahme der Vernehmung auf Tonträger erfolgte. Mit dieser Original-Dokumentation oder einer wörtlichen Niederschrift nach Abs. 3 lässt sich der Gegenbeweis gegen die Urteilsfeststellungen führen (Meyer-Goßner/*Schmitt* § 273 Rn. 36; vgl. dazu auch § 274 Rdn. 6).

§ 274 Beweiskraft des Protokolls

Die Beobachtung der für die Hauptverhandlung vorgeschriebenen Förmlichkeiten kann nur durch das Protokoll bewiesen werden. Gegen den diese Förmlichkeiten betreffenden Inhalt des Protokolls ist nur der Nachweis der Fälschung zulässig.

S.a. Nr. 144 RiStBV

Übersicht

1 **A. Grundsätzliches und Tatbestand. I. Gesetzgeberische Zielvorgabe.** Die Vorschrift dient der **Vereinfachung des Revisionsverfahrens.** Sie soll dem Revisionsgericht die Prüfung von Verfahrensrügen erleichtern (BGH NJW 1976, 977, 978), indem sie als einziges Beweismittel für die für die strafgerichtliche Hautverhandlung vorgeschriebenen Förmlichkeiten die Sitzungsniederschrift benennt und damit andere Informationsquellen, die hierüber Auskunft geben könnten, explizit ausschließt. Damit wird zwar der Grundsatz der freien Beweisermittlung und Beweiswürdigung des Revisionsgerichts beschränkt (BGHSt 26, 281, 283). Jedoch ist dies der ausdrückliche Wille des Gesetzgebers, der die Förmlichkeiten des Hauptverfahrens nicht zum Gegenstand von Beweiserhebungen im Rechtsmittelzug machen wollte (Meyer-Goßner/*Schmitt* § 274 Rn. 1). Die dem Protokoll zugedachte Monopolstellung beim Nachweis für die Förmlichkeiten des Hauptverfahrens hat zugleich zur Folge, dass die Niederschrift durch andere Beweise nicht ergänzt, ersetzt oder widerlegt werden kann (BGHSt 2, 125, 126; st. Rspr.). So können weder dienstliche Äußerungen der Mitglieder des Gerichts oder der sonstigen Prozessbeteiligten (BGHSt 22, 278, 280) noch die Urteilsgründe (*Alsberg/Güntge* Rn. 1637) die Beweiskraft des Protokolls beseitigen. Dies gilt selbst für den Fall, dass sich sämtliche am Verfahren beteiligten Personen darüber einig sind, dass das Protokoll inhaltlich unrichtig ist (LR/Gollwitzer § 274 Rn. 92; Meyer-Goßner/*Schmitt* § 274 Rn. 3).

2 Dass dem Sitzungsprotokoll die ausschließliche Beweiskraft für die (wesentlichen) Förmlichkeiten des Verfahrens zukommt, schließt die Auslegung seines Inhalts nicht aus (BGHSt 13, 53, 59). Vielmehr ist eine solche Auslegung sogar geboten, wenn der Inhalt des Protokolls in Zweifel steht (Meyer-Goßner/*Schmitt* § 274 Rn. 5). Für die Auslegung kann das Gericht dann sämtliche, ihm tauglich erscheinenden Erkenntnisquellen heranziehen (BayOblG NJW 1995, 976), also auch diejenigen, die – wie Akteninhalt oder Urteilsgründe (BGH NStZ 1991, 143, 144) – ansonsten nicht geeignet sind, den Protokollinhalt zu widerlegen.

3 Die Beweiskraftregelung des § 274 gilt nur für die Protokolle der strafgerichtlichen Hauptverhandlung. Auf Niederschriften über richterliche Untersuchungshandlungen, die außerhalb der Hauptverhandlung stattgefunden haben, findet sie keine Anwendung (Meyer-Goßner/*Schmitt* § 274 Rn. 4).

4 **II. Reichweite der Beweiskraft.** Seine **ausschließliche Beweiskraft** besitzt das Sitzungsprotokoll allerdings *nur in einem* Rechtsmittelverfahren, in dem die Gesetzmäßigkeit einer tatrichterlichen Verhandlung zu überprüfen ist (BGHSt 26, 281, 282). In anderen Verfahren kommt dem Hauptverhandlungsprotokoll demgegen-

über keine Beweiskraft zu (LR/*Gollwitzer* 25. Aufl., § 274 Rn. 2; Meyer-Goßner/*Schmitt* § 274 Rn. 7). Dies gilt insb. auch für Strafverfahren, die später aufgrund einer Eintragung im Protokoll gegen Prozessbeteiligte oder sonstige Prozesssubjekte geführt werden. Geht es etwa in einem solchen Strafverfahren um den Meineid einer als Zeuge vernommenen Person, muss das mit dieser Straftat befasste Gericht prüfen, ob die durch das Protokoll der früheren Strafverhandlung belegte Vereidigung der Aussageperson tatsächlich stattgefunden hat (Meyer-Goßner/*Schmitt* § 274 Rn. 7).

Die Beweiskraft der Sitzungsniederschrift bezieht sich auch nicht auf alle protokollierten Verfahrensvorgänge. 5
Obwohl dies im Gesetzeswortlaut keine ausdrückliche Erwähnung findet, wird aus dem systematischen Zusammenhang der Beweiskraftregel des § 274 mit der den Inhalt des Protokolls beschreibenden Vorschrift des § 273 deutlich, dass nur die **wesentlichen Förmlichkeiten des Verfahrens**, wie etwa der Umstand, dass sich der Angeklagte im Rahmen seines letzten Wortes ausdrücklich zur Sache eingelassen hat (BGH StraFo 2018, 159), durch das Protokoll belegt werden (OLG Bremen NJW 1975, 1793; LR/*Stuckenberg* § 274 Rn. 14; Meyer-Goßner/*Schmitt* § 274 Rn. 8; a.A. KK-StPO/*Greger* § 274 Rn. 4). Nicht wesentliche Förmlichkeiten sind als prozessuale Vorgänge im Freibeweis zu klären (BGHSt 22, 26, 27; Meyer-Goßner/*Schmitt* § 274 Rn. 8). Als ein solches Mittel des Freibeweises kommt auch das Protokoll in Betracht (RGSt 43, 437, 438). Nur kann es, da ihm insoweit keine absolute Beweiskraft innewohnt, durch andere Beweismittel widerlegt oder zumindest in Zweifel gezogen werden. Dieses Umstands einer lediglich **relativen Beweiskraft** muss man sich bei der Deutung von Protokolleinträgen bewusst sein. So lässt sich aus dem Umstand, dass ein Sachverständiger im Protokoll nicht erwähnt wird, nicht schließen, dass er nicht anwesend war (OLG Hamm NStZ 2009, 44, 45). Denn der Sachverständige ist keine Person deren Anwesenheit nach § 226 vorgeschrieben ist, weshalb diese Anwesenheit auch nicht protokolliert werden muss (Meyer-Goßner/*Schmitt* § 274 Rn. 8).

An der absoluten Beweiskraft des § 274 nehmen auch keine Vorgänge des Verfahrens teil, die vor oder nach 6
der Hauptverhandlung stattgefunden haben (OLG Hamburg NJW 1955, 1201; vgl. auch oben Rdn. 3) oder die in Sitzungspausen gefallen sind (Meyer-Goßner/*Schmitt* § 274 Rn. 9). Ebenfalls durch das Protokoll nicht bewiesen werden Vorgänge, die die Beratung oder Abstimmung betreffen, weil diese richterlichen Tätigkeiten nicht Bestandteil der Hauptverhandlung sind (BGH NStZ 2009, 105, 106). Unterschiedlich behandelt werden nach § 273 protokollierte Aussagen. Während die Inhaltswiedergaben nach § 273 Abs. 2 an der Beweiskraft des § 274 nicht teilhaben (BGH StV 1997, 455), gilt nach herrschender Meinung etwas anderes für die Wortlautprotokolle nach § 273 Abs. 3. Mit ihnen kann gegen die Urteilsfeststellungen der Beweis der Unrichtigkeit geführt werden (so schon RGSt 42, 157, 160; 43, 437, 438; KK-StPO/*Engelhardt*, 6. Aufl., § 274 Rn. 5; a.A. u.a. KMR/*Gemählich* § 274 Rn. 11; SK-StPO/*Frister* § 274 Rn. 10: Der Inhalt einer Aussage ist keine wesentliche Förmlichkeit des Verfahrens. Gleichwohl könne der protokollierte Aussageinhalt Grundlage einer Revisionsrüge sein, weil eine hiervon abweichende Wiedergabe der Aussage im Urteil nicht auf dem Inbegriff der Hauptverhandlung beruhe). Auch ein im Anschluss an die Urteilsverkündung erklärter Rechtsmittelverzicht wird durch das Protokoll bewiesen, wenn er nach § 273 Abs. 3 protokolliert und beurkundet wurde (BGHSt 18, 257, 258; Meyer-Goßner/*Schmitt* § 274 Rn. 11; a.A. LR/*Gollwitzer* 25. Aufl., § 273 Rn. 21). Fehlt es demgegenüber an der Beurkundung des Verzichts nach Abs. 3 Satz 3, soll allerdings etwas anderes gelten. Die Rspr. (BGHSt 19, 101, 105; OLG Köln NStZ-RR 2006, 83 f.) misst dem dann verbliebenen Vermerk über die abgegebene Verzichtserklärung lediglich den Gehalt eines Beweisanzeichens bei, was zur Folge hat, dass das Gegenteil des protokollierten Inhalts der Niederschrift im Freibeweisverfahren festgestellt werden könnte. Erklärungen eines Verfahrensbeteiligten im Rechtsmittelzug über das von ihm verfolgte Rechtsmittel (Beschränkung, Zurücknahme) werden demgegenüber ausnahmslos durch das Protokoll bewiesen (RGSt 66, 417, 418 f.; Meyer-Goßner/*Schmitt* § 274 Rn. 11).

Hinsichtlich der Form der Beweiskraft unterscheidet man zwischen **positiver und negativer Beweiskraft**. An 7
der positiven Beweiskraft nehmen sämtliche im Hauptverhandlungsprotokoll beurkundeten wesentlichen Förmlichkeiten teil. Sie gelten durch ihre Erwähnung als stattgefunden und damit bewiesen (BGH JR 1961, 508). Finden sich Vermerke im Protokoll über Angaben des Angeklagten zur Sache, beweist dies, dass er sich eingelassen hat. Folgen diese Angaben in der Sitzungsniederschrift nicht unmittelbar an die Belehrung über das Schweigerecht in § 243 Abs. 5 Satz 1, ist bewiesen, dass trotz zunächst anfänglicher Wahrnehmung dieses Rechts eine spätere Einlassung erfolgt ist (BGH NStZ 92, 49).

Andererseits belegt umgekehrt das Fehlen eines Vermerks über Angaben des Angeklagten, dass dieser sich nicht geäußert hat (BGH StV 2002, 531). Diese Schlussfolgerung kann aufgrund der negativen Beweiskraft des Protokolls gezogen werden. Negative Beweiskraft besagt nämlich, dass das, was als wesentliche Förmlichkeit des Verfahrens nicht beurkundet wurde, auch nicht stattgefunden hat (BGHSt 22, 278, 280). Wird ein Beweisantrag im Protokoll nicht erwähnt, gilt er als nicht gestellt (*Alsberg/Güntge* Rn. 1636). Wird nicht vermerkt, dass dem Angeklagten das letzte Wort erteilt wurde, gilt dieses als nicht gewährt (BGHSt 22, 278, 280). Ein vereidigter Zeuge gilt durch das Protokoll als uneidlich vernommen, wenn der Umstand der Vereidigung der Sitzungsniederschrift nicht zu entnehmen ist (BGH NStZ 86, 323; Meyer-Goßner/*Schmitt* § 274 Rn. 14).

8 **III. Wegfall der Beweiskraft.** Die absolute Beweiskraft des Protokolls – sei sie positiver oder negativer Natur – kann jedoch in Fortfall geraten.

Diesbezüglich sind in der Vergangenheit insb. von der Rspr. – aber auch von der Literatur – Fallkonstellationen herausgearbeitet worden, bei denen der **Verlust der Beweiskraft** die Konsequenz sein soll. Dabei ist Ausgangspunkt sämtlicher Überlegungen, dass ein Hauptverhandlungsprotokoll nur insoweit beweiskräftig ist, als es **ordnungsgemäß errichtet** und vom Urkundsbeamten und dem Vorsitzenden unterzeichnet wurde, § 271 Abs. 1 Satz 1 (BGH GA 1962, 305; Meyer-Goßner/*Schmitt* § 274 Rn. 15). Durch ihre Unterschriften dokumentieren beide Urkundspersonen, dass sie den Inhalt der Sitzungsniederschrift als richtig anerkennen. Von einer solchen Übereinstimmung kann – so die bisher einhellige Auffassung – nicht mehr die Rede sein, wenn aus dem Protokoll selbst Meinungsverschiedenheiten zwischen den Urkundspersonen hinsichtlich der in der Hauptverhandlung geschehenen (oder nicht geschehenen) Vorgänge deutlich werden. Folge davon war bisher, dass die Abschnitte des Protokolls, die solche Meinungsverschiedenheiten erkennen ließen, an der absoluten Beweiskraft nicht teilnahmen (RGSt 57, 394, 396; KMR/*Gemählich* § 274 Rn. 15). Die Beweiskraft entfiel nach tradierter Auffassung auch dann, wenn die Urkundspersonen das Protokoll nachträglich für unrichtig erklärten, sodass es von ihren Unterschriften nicht mehr gedeckt war (BGHSt 4, 363, 364; *Alsberg/Güntge* Rn. 1643) oder sie sich zumindest vom Protokollinhalt distanzierten (OLG Jena NStZ-RR 1997, 10). Dabei reichte das Abrücken einer Urkundsperson vom beurkundeten Inhalt aus, um den Verlust der formellen Beweiskraft herbeizuführen (BGHR StPO § 274 Beweiskraft 35; Meyer-Goßner/*Schmitt* § 274 Rn. 16). Lediglich für den Fall, dass durch die alleinige Distanzierung einer der Urkundspersonen einer bereits erhobenen Verfahrensrüge der Boden entzogen worden wäre, machte die Rspr. des BGH von dieser Regel eine Ausnahme und ließ die Beweiskraft der Sitzungsniederschrift nicht entfallen (BGH NStZ-RR 2007, 245).

9 Dem Protokoll wurde weiterhin die Beweiskraft abgesprochen, wenn es erkennbare Fehler, wie **offensichtliche Lücken, Unklarheiten oder Widersprüche**, enthielt (BGHSt 16, 306, 308; LR/*Stuckenberg* § 274 Rn. 29 ff.; vgl. zum Ganzen auch ausführlich *Schäfer* FS BGH, S. 707, 712 ff.). Als Widersprüchlichkeit wurde u.a. der Umstand gewertet, dass das Protokoll nicht eindeutig erkennen ließ, ob die Eidesleistung eines Dolmetschers auf § 189 Abs. 1 oder § 189 Abs. 2 GVG beruhte (BGH NStZ 2000, 49); ebenfalls der Umstand, dass sich Zeitangaben zu Vorgängen in der Hauptverhandlung im Protokoll nicht in Übereinstimmung bringen ließen (BGH NStZ 2006, 714, 715). Eine Lücke wurde darin gesehen, dass die Sitzungsniederschrift die (wiederhergestellte) Öffentlichkeit der Urteilsverkündung erwähnte, aber keinen Eintrag über deren vorherigen Ausschluss enthielt (BGHSt 17, 220, 221 f.) oder in ihr der Inhalt eines angebrachten Beweisantrags nicht mitgeteilt wurde (OLG Hamm NStZ-RR 2008, 382). Die Offensichtlichkeit und damit Erheblichkeit für den Wegfall der Beweiskraft wurde damit begründet, dass durch einen protokollierten Vorgang bewiesen wurde, dass ein anderer geschehen war, über den das Protokoll nichts aussagte (Meyer-Goßner/*Schmitt* § 274 Rn. 17).

10 Der Umstand einer Protokollberichtigung (vgl. dazu § 271 Rdn. 15 ff.) wurde demgegenüber nie als Grund für einen Wegfall der Beweiskraft genommen (KMR/*Gemählich* § 274 Rn. 20). Begründet wurde dies damit, dass die Berichtigung nicht die Beweiskraft des Protokolls angreife, sondern lediglich dessen Inhalt abändere (*ANM*, S. 885; Meyer-Goßner/*Schmitt* § 274 Rn. 16).

11 Als Konsequenz des Wegfalls der Beweiskraft des Protokolls wurde die Verpflichtung des Rechtsmittelgerichts angesehen, den insoweit unbewiesenen und im Streit stehenden Verfahrensablauf im Wege des Freibeweises unter Heranziehung des Grundsatzes der freien Beweiswürdigung zu klären (u.a. BGHSt 16, 306, 308; *ANM*, S. 893; s.a. BVerfG StV 2002, 521). Keinesfalls führte der Verlust der Beweiskraft dazu, das Vorbringen des Revisionsführers zum Gang der Hauptverhandlung als wahr zu unterstellen (BGHSt 17, 220, 222; Meyer-Goßner/*Schmitt* § 274 Rn. 18). Vielmehr blieb dessen Rechtsmittel erfolglos, wenn es dem Revisionsgericht unter Heranziehung sämtlicher verfügbaren Beweismittel (BGH NJW 1976, 977, 978) – insb. unter Heranziehung der Urteilsgründe (RGSt 48, 419) und der dienstlichen Äußerungen der Gerichtsmitglieder, der Prozessbeteiligten sowie des Urkundsbeamten (Meyer-Goßner/*Schmitt* § 274 Rn. 18) – nicht gelang, eine Klärung über den Verfahrensvorgang herbeizuführen (BVerfG StV 2002, 521). Krit. zu der gegebenen Begründung, nur erwiesene Verfahrensfehler könnten die Revision begründen, aber SK-StPO/*Schlüchter/Frister* 43. Lfg. § 274 Rn. 21.

12 Die Auffassung, offensichtliche Lücken und Widersprüche würden die Beweiskraft des Protokolls nachhaltig erschüttern, ist jedoch durch eine Entscheidung des 5. Strafsenats des BGH v. 28.01.2010 ins Wanken geraten (BGHSt 55, 31 ff. = JR 2010, 538 m.Anm. *Güntge*). Der Senat sieht nach der richterrechtlichen Einführung eines **standardisierten Protokollberichtigungsverfahrens** durch die Entscheidung des Großen Senats für Strafsachen v. 23.04.2007 (BGHSt 51, 298 ff.; vgl. dazu § 271 Rdn. 18) kaum noch Raum mehr für eine Fest-

stellung wesentlicher Förmlichkeiten im Wege des Freibeweisverfahrens (bei Vorliegen eines Widerspruchs oder einer offensichtlichen Lücke im Protokoll). Die Existenz des Widerspruchs oder der Lücke gebe Anlass dazu, das formalisierte Protokollberichtigungsverfahren zu initiieren. Dieses führe entweder zu einer beweiskräftigen Änderung des Protokollinhalts oder aber es verbleibe bei dessen Scheitern – etwa weil sich eine der Urkundspersonen nicht mehr an den streitigen Vorgang in der Hauptverhandlung erinnern könne – bei der Lückenhaftig- oder Widersprüchlichkeit des Protokolls. Der vermisste Verfahrensvorgang habe als nicht geschehen zu gelten. Lediglich in Fällen krasser Widersprüchlichkeit dürfe das Freibeweisverfahren zur Aufklärung des Prozessgeschehens herangezogen werden (BGHSt 55, 31, 34).

Der 5. Strafsenat des BGH kann für sich in Anspruch nehmen, mit seiner Kritik an der Auffassung, Widersprüche und offensichtliche Lücken führten zu einem Wegfall der Beweiskraft der Sitzungsniederschrift, an die Entscheidung des Großen Senats für Strafsachen v. 23.04.2007 anzuknüpfen. Auch dort wurde die entsprechende Rspr. bereits als konturenlos bezeichnet (BGHSt 51, 298, 314). Andererseits diente diese – in der Literatur mehrheitlich anerkannte (vgl. nur LR/*Gollwitzer* 25. Aufl., § 274 Rn. 23 ff.; SK-StPO/*Schlüchter*/*Frister* 43. Lfg. § 274 Rn. 17 ff.) – Judikatur dem Ziel, über die Aufklärung des Verfahrensgeschehens im Freibeweisverfahren materiell richtige Strafgerichtsentscheidungen zu erlangen (*Güntge* JR 2010 540, 542). Es wird abzuwarten bleiben, ob sich die Rspr. des 5. Strafsenats in Zukunft auch bei den anderen Spruchkörpern des BGH durchsetzen wird (in diesem Sinne aber nun auch der 2. Strafsenat: BGH NStZ-RR 2017, 52).

Kann gem. **Satz 2 die Fälschung des Protokolls** bewiesen werden, hebt dies dessen Beweiskraft auf (Meyer- 13
Goßner/*Schmitt* § 274 Rn. 19). Eine Fälschung liegt vor, wenn das Protokoll eine unechte oder verfälschte Urkunde ist, weil es ganz oder teilweise von einem Unbefugten hergestellt oder inhaltlich verändert wurde (OLG Düsseldorf StV 1984, 108; KMR/*Gemählich* § 274 Rn. 21). Eine Fälschung liegt aber auch dann vor, wenn die Sitzungsniederschrift zwar von den Urkundspersonen stammt, ihr Inhalt aber bewusst falsch beurkundet wurde (Meyer-Goßner/*Schmitt* § 274 Rn. 19). Sind Unrichtigkeiten im Protokoll auf bloße Missverständnisse oder Nachlässigkeiten der Urkundspersonen zurückzuführen, liegt eine Fälschung nicht vor (BGH StV 1997, 455).

Den Nachweis der Fälschung hat der Verfahrensbeteiligte zu erbringen, der sich auf sie beruft (KMR/*Gemählich* § 274 Rn. 23). Dafür reicht es aus, dem Gericht die Beweismittel zu bezeichnen, aus denen auf die Fälschung geschlossen werden kann (Meyer-Goßner/*Schmitt* § 274 Rn. 20). Das Rechtsmittelgericht ermittelt dann im Wege des Freibeweisverfahrens, ob die behauptete Fälschung vorliegt (SK-StPO/*Schlüchter*/*Frister* 43. Lfg. § 274 Rn. 23).

B. Revision. Hinsichtlich der Revision ist fraglich, ob sie auch dann erhoben werden kann, wenn sie sich 14
auf eine unrichtige Protokollierung stützt. Überwiegend wird in der Literatur vertreten, dass eine solche (Angeklagten-) Revision möglich sei, auch wenn der Verteidiger glaube, der seine Verfahrensrüge stützende Protokolleintrag sei unrichtig (u.a. *Beulke* FS Roxin, S. 1173, 1193; *Park* StraFo 2004, 335, 337 f.; vgl. demgegenüber aber BGH StV 1999, 582 f.). Für den Fall des sicheren Wissens der Unrichtigkeit des Protokolls hat der BGH diese Frage nunmehr ausdrücklich verneint. Das »vorsätzliche« Begründen einer Verfahrensrüge mit einem unrichtigen Protokoll sei rechtsmissbräuchlich und lasse die Verfahrensbeanstandung unzulässig werden (BGHSt 51, 88 ff.; abl. *Beulke* FS Amelung, S. 543, 558; *Wagner* StraFo 2007, 496, 499).

§ 275 Absetzungsfrist und Form des Urteils

(1) Ist das Urteil mit den Gründen nicht bereits vollständig in das Protokoll aufgenommen worden, so ist es unverzüglich zu den Akten zu bringen. Dies muß spätestens fünf Wochen nach der Verkündung geschehen; diese Frist verlängert sich, wenn die Hauptverhandlung länger als drei Tage gedauert hat, um zwei Wochen, und wenn die Hauptverhandlung länger als zehn Tage gedauert hat, für jeden begonnenen Abschnitt von zehn Hauptverhandlungstagen um weitere zwei Wochen. Nach Ablauf der Frist dürfen die Urteilsgründe nicht mehr geändert werden. Die Frist darf nur überschritten werden, wenn und solange das Gericht durch einen im Einzelfall nicht voraussehbaren unabwendbaren Umstand an ihrer Einhaltung gehindert worden ist. Der Zeitpunkt, zu dem das Urteil zu den Akten gebracht ist, und der Zeitpunkt einer Änderung der Gründe müssen aktenkundig sein.

(2) Das Urteil ist von den Richtern, die bei der Entscheidung mitgewirkt haben, zu unterschreiben. Ist ein Richter verhindert, seine Unterschrift beizufügen, so wird dies unter der Angabe des Verhinderungsgrundes von dem Vorsitzenden und bei dessen Verhinderung von dem ältesten beisitzenden Richter unter dem Urteil vermerkt. Der Unterschrift der Schöffen bedarf es nicht.

(3) Die Bezeichnung des Tages der Sitzung sowie die Namen der Richter, der Schöffen, des Beamten der Staatsanwaltschaft, des Verteidigers und des Urkundsbeamten der Geschäftsstelle, die an der Sitzung teilgenommen haben, sind in das Urteil aufzunehmen.

S.a. Nr. 141 RiStBV

Übersicht

1 **A. Grundsätzliches und Tatbestand. I. Das protokollierte Urteil.** § 275 eröffnet zwei Wege, das schriftliche Urteil aktenkundig zu machen. Gem. **Abs. 1 Satz 1** kann es entweder **vollständig in das Protokoll aufgenommen** werden. Möglich ist es aber auch – und dies ist die Regel –, das jenseits der Sitzungsniederschrift verfasste Judikat zu den Akten zu nehmen. Welcher Weg genommen wird, steht im Ermessen des Vorsitzenden (Meyer-Goßner/*Schmitt* § 275 Rn. 1). Entscheidet er sich für die Aufnahme in die Sitzungsniederschrift, ist darauf zu achten, dass sämtliche Formalien eingehalten werden, die allgemein, also auch für das später zu den Akten zu bringende Urteil gelten. Jedoch kann auf die Fertigung eines gesonderten Urteilskopfes verzichtet werden, wenn die dort gem. Abs. 3 zu machenden Angaben, wie von § 272 gefordert, bereits an anderer Stelle des Protokolls enthalten sind, (Meyer-Goßner/*Schmitt* § 275 Rn. 1 unter Verweis auf Nr. 141 Abs. 1 Satz 2 RiStBV). Entsprechendes gilt für die Urteilsformel; auch auf deren Fixierung im Urteil kann verzichtet werden, da sie ohnehin im Protokoll enthalten sein muss, § 273 Abs. 1 (KMR/*Gemählich* § 275 Rn. 2). Nicht verzichtbar ist demgegenüber die Unterzeichnung des protokollierten Urteils durch sämtliche Berufsrichter (KK-StPO/*Greger* § 275 Rn. 4). Anschließend muss das Protokoll (erneut) vom Vorsitzenden und vom Urkundsbeamten unterzeichneten werden (RGSt 64, 215 f.; SK-StPO/*Frister* § 275 Rn. 5; OLG Celle StraFo 2012, 21 f. lässt diese Unterzeichnung nach § 271 Abs. 1 Satz 1 auch als Urteilsunterschrift ausreichen, wenn der Vorsitzende zugleich der einzige für das Urteil verantwortliche Berufsrichter ist). Für das protokollierte Urteil gelten die in Abs. 1 genannten Fristen nicht. Eine Folge davon ist, dass das Urteil, das in die Sitzungsniederschrift aufgenommen wurde, nachträglich auch nicht mehr ergänzt oder geändert werden kann (OLG Düsseldorf MDR 1982, 249, 250; KMR/*Gemählich* § 275 Rn. 5 und Meyer-Goßner/*Schmitt* § 275 Rn. 1 unter Verweis auf BayOblG NStZ-RR 2000, 87, das diese Frage jedoch ausdrücklich offengelassen hat; a.A. LR/*Stuckenberg* § 275 Rn. 21, wonach eine Änderung vor Ablauf der Fristen des Abs. 1 möglich sein soll, wenn das Protokoll noch nicht aus dem inneren Dienstbetrieb des Gerichts herausgegeben wurde; ebenso SK-StPO/*Frister* § 275 Rn. 6; aus dem inneren Dienstbetrieb herausgegeben ist das Urteil bereits mit Anordnung gem. § 36 Abs. 1 Satz 1 auf Zustellung an die StA, OLG Saarbrücken v. 06.09.2016 – Ss Bs 53/2016 [24/16 OWi] –).

2 **II. Die Urteilsurkunde. 1. Form und Unterzeichnung.** Das **nicht protokollierte Urteil** ist als besondere Urkunde auszufertigen. Hierfür gelten die Fristen des **Abs. 1 Satz 2**. Zum Urteil gehören die nach Abs. 3 erforderlichen Angaben des Rubrums (OLG Köln NJW 1980, 1405; KMR/*Gemählich* § 275 Rn. 7), auch wenn sie keine das Revisionsgericht bindenden Feststellungen enthalten (BGH NJW 1987, 1776; Meyer-Goßner/*Schmitt* § 275 Rn. 3). Weiterhin zählen zum vollständigen Urteil die Urteilsformel nach § 268 Abs. 2 und die schriftlichen Urteilsgründe (KMR/*Gemählich* § 275 Rn. 7). Ein vollständiges Urteil liegt nicht vor, wenn es sich bei dem Schriftstück, das zu den Akten gebracht wird, lediglich um den Entscheidungsentwurf des Berichterstatters oder dessen Diktat auf Tonträger handelt (OLG Hamm NStZ 2011, 238; OLG Karlsruhe Justiz 1976, 442 f.). Für die Urteilsurkunde ist Schriftform erforderlich. Das zu den Akten gebrachte Urteil muss aber nicht die Reinschrift sein (OLG Rostock StV 1996, 253, 254; Meyer-Goßner/*Schmitt* § 275 Rn. 3). Ein Urteil liegt auch erst dann vor, wenn sämtliche an der Entscheidung beteiligten Berufsrichter deren Verschriftlichung unterzeichnet haben. Vor Leistung der letzten **Unterschrift** gilt diese lediglich als Entscheidungsentwurf, der zudem nicht Bestandteil der Akten ist (LR/*Stuckenberg* § 275 Rn. 3). Die Pflicht

zum Unterschreiben trifft auch die Richter, die bei der Urteilsberatung oder bei Meinungsverschiedenheiten über seine schriftliche Fassung überstimmt worden sind (BGHSt 26, 92, 93; KK-StPO/*Greger* § 275 Rn. 23). Die Unterschriften müssen innerhalb der Fristen des Abs. 1 Satz 2 geleistet werden (BGH StV 2000, 184, 185). Gem. Abs. 2 Satz 2 ist es zulässig, die Unterschrift eines an der Unterschriftsleistung gehinderten Richters durch einen Verhinderungsvermerk zu ersetzen (BGHSt 26, 247, 248; Meyer-Goßner/*Schmitt* § 275 Rn. 4; vgl. dazu auch Rdn. 13). Die Unterschrift erfolgt handschriftlich durch Zeichnung mit dem vollständig ausgeschriebenen Familiennamen. Lesbarkeit ist nicht erforderlich. Jedoch muss die Zeichnung individualisierbar sein (BGHR StPO § 275 Abs. 2 Satz 1 Unterschrift 1). Dazu müssen zumindest einzelne Buchstaben erkennbar sein (KG NStZ 2021, 124, 125). Der Zusatz der Amtsbezeichnung des Richters ist nicht erforderlich (KK-StPO/*Greger* § 275 Rn. 25). Versieht der Richter seine Unterschrift mit dem Zusatz, dass er entgegen der Mehrheit im Spruchkörper mit der Fassung der Urteilsgründe nicht einverstanden sei, soll dies – anders als der Zusatz, die Urteilsfassung sei nicht ordnungsgemäß beschlossen worden (KK-StPO/*Greger* § 275 Rn. 26) – die Unterschrift nicht unwirksam machen (BGHSt 26, 92, 93).

Die Unterschriften müssen auch die **Änderungen und Ergänzungen der Urteilsfassung** decken (BGH NStZ 1984, 378; KMR/*Gemählich* § 275 Rn. 8). Kommt es zu Änderungen oder Ergänzungen, muss für diese die Zustimmung sämtlicher Richter durch den Vorsitzenden herbeigeführt werden (BGH StV 1984, 144). Eine im Vorfeld eingeholte Blankett-Zustimmung ist unzureichend (BGHSt 27, 334, 335 f.; Meyer-Goßner/*Schmitt* § 275 Rn. 5). Urteilsergänzungen, die sich nicht auf den Inhalt der Entscheidung auswirken – Verbesserung von Schreibversehen, stilistische Korrekturen, Angabe von Rechtsprechungsverweisen und Literaturfundstellen – bedürfen nicht der Zustimmung sämtlicher Richter (BGH MDR 1979 [H], 634, 638; KK-StPO/*Greger* § 275 Rn. 27). 3

Fehlt es an einer **fristgerechten Unterzeichnung des Urteils**, kann dieser Mangel im Nachhinein nicht mehr geheilt werden (Meyer-Goßner/*Schmitt* § 275 Rn. 6). Die nicht fristgerechte nachträgliche Unterzeichnung ist unwirksam (BGHSt 28, 194, 195; a.A. LR/*Gollwitzer* 25. Aufl., § 275 Rn. 37). Die fehlende Unterschrift eines Beisitzers wird auch nicht dadurch kompensiert, dass dessen Urteilsentwurf vom Vorsitzenden ohne inhaltliche Änderungen unterzeichnet wird (OLG Düsseldorf VRS 72, 117, 118). Auch die Unterzeichnung einer Urteilszustellungsverfügung ersetzt die fehlende Unterschrift nicht (BGH StV 2010, 618). Enthält das Urteil statt der Unterschrift eines Richters einen Verhinderungsvermerk und ist dieser unvollständig, so kann er ebenfalls nach Ablauf der Höchstfristen des Abs. 1 Satz 2 nicht mehr ergänzt werden (BGH StV 2000, 184; Meyer-Goßner/*Schmitt* § 275 Rn. 6; *Rieß* NStZ 1982, 441, 443; a.A. LR/*Gollwitzer* 25. Aufl., § 275 Rn. 5). 4

2. **»Zu den Akten gebracht«.** Das Urteil ist nicht erst dann **zu den Akten gebracht**, wenn es zu diesem geheftet (s. hierzu auch OLG Bremen StV 1998, 641) oder jedenfalls auf der Geschäftsstelle niedergelegt wurde (KMR/*Gemählich* § 275 Rn. 9). Ausreichend ist es, wenn der Richter, der die letzte Unterschrift geleistet hat, es auf den Weg zur Geschäftsstelle gebracht hat, was etwa der Fall ist, wenn es im Dienstzimmer des Richters in das Aktenausgangsfach gelegt wird (BGHSt 29, 43, 45). In diesem Fall ist es auch unschädlich, dass das Urteil erst nach Fristablauf bei der Geschäftsstelle eingeht (BGH StV 1985, 135; SK-StPO/*Frister* § 275 Rn. 9). Auf den Weg zur Geschäftsstelle ist ein Urteil jedoch noch nicht gebracht, wenn der Richter es in seiner Wohnung nach Unterschrift zur Mitnahme in das Gerichtsgebäude bereitgelegt hat (KK-StPO/*Greger* § 275 Rn. 40; LR/*Stuckenberg* § 275 Rn. 6). Ein Vermerk des zuletzt unterschreibenden Richters, wann die Unterschriftsleistung erfolgt ist, wird vom Gesetz nicht gefordert, ist aber empfehlenswert, wenn die Unterschrift erst kurz vor Ablauf der dafür vorgesehenen Höchstfrist geleistet wird (BGHSt 29, 43, 47). Jedoch reicht zum Nachweis der Fristwahrung auch eine nachträgliche dienstliche Äußerung des Richters aus (Meyer-Goßner/*Schmitt* § 275 Rn. 9). Kann nicht festgestellt werden, ob die Unterschriftsleistung fristgerecht erfolgte, gilt die Frist als verstrichen (KMR/*Gemählich* § 275 Rn. 10). 5

3. **Die Urteilsabsetzungsfrist. a) Fristberechnung.** Für die Berechnung der **gestaffelten Fristen** des **Abs. 1 Satz 2** ist § 43 heranzuziehen (BGH MDR 1980 [H], 812, 815; Meyer-Goßner/*Schmitt* § 275 Rn. 8). Die Mindestfrist beträgt 5 Wochen. Hat die Hauptverhandlung 4 – 10 Verhandlungstage umfasst, erhöht sich die Frist auf 7 Wochen. Diese siebenwöchige Frist erhöht sich für jeden folgenden Zeitraum von zehn Hauptverhandlungstagen um 2 weitere Wochen. Insoweit steht bei einer Hauptverhandlung, die 11 – 20 Terminstage umfasst hat, eine Frist von 9 Wochen zur Verfügung (BGHSt 35, 259 f.). Dauerte die Hauptverhandlung 21 – 30 Tage an, beträgt die Frist nach Abs. 1 Satz 2 11 Wochen usw. (SK-StPO/*Frister* § 275 Rn. 12). 6

Die in Abs. 1 Satz 2 genannten Fristen sind Höchstfristen, d.h. sie markieren den Zeitpunkt, zu dem es letztmalig möglich ist, das Urteil zu den Akten zu bringen. Sie sollten grds. nur dann ausgeschöpft werden, wenn die Absetzung des Urteils zu einem früheren Zeitpunkt nicht erfolgen kann (Meyer-Goßner/*Schmitt* § 275 Rn. 8). Denn grds. sollen Urteile, wie es Abs. 1 Satz 1 bestimmt, unverzüglich zu den Akten gebracht werden (BVerfG StV 2006, 81, 85). Insoweit müssen Verzögerungen, wenn möglich, vermieden werden (*Rieß*

NStZ 1982, 441, 442). Allerdings hat lediglich die Überschreitung der Höchstfristen des Abs. 1 Satz 2 verfahrensrechtliche Konsequenzen, weil insoweit die Revision begründet sein kann (vgl. dazu Rdn. 19; s. aber auch *Keller/Meyer-Mews* StraFo 2005, 353, 357).

7 Zu beachten ist, dass der Beschluss des Gemeinsamen Senats der obersten Gerichtshöfe des Bundes v. 24.07.1993 (NJW 1993, 2603 ff.), nach dem Urteile innerhalb einer Höchstfrist von 5 Monaten abzusetzen sind, wegen der ausdrücklichen gesetzlichen Fristenregelung in Abs. 1 Satz 2 nicht in Verfahren gelten, in denen die Strafprozessordnung anzuwenden ist (BGH NStZ 1994, 46 f.; KMR/*Gemählich* § 275 Rn. 11).

8 Die Berechnung der Anzahl der Verhandlungstage erfolgt abstrakt (Meyer-Goßner/*Schmitt* § 275 Rn. 9). Auf den »sachlichen Gehalt« des Verhandlungstages kommt es nicht an. Als Verhandlungstag gilt deshalb auch der Sitzungstag, an dem es lediglich zum Aufruf der Sache gekommen ist, weil eine Person, deren Mitwirkung an der Verhandlung unerlässlich ist, nicht anwesend war. Selbst der Termin, an dem unter Verstoß gegen § 231 Abs. 2 zur Sache verhandelt wurde, zählt als Verhandlungstag (BGH NStZ 1984, 466). Als Verhandlungstag zählt auch der Tag der Urteilsverkündung, nicht aber ein Tag, den das Gericht allein zur Beratung genutzt hat (KK-StPO/*Engelhardt* § 275 Rn. 44). Sind an dem Verfahren mehrere Angeklagte beteiligt, gilt für das abzusetzende Urteil eine einheitliche Höchstfrist. Sollte ein Angeklagter an einigen Verhandlungstagen – etwa wegen Beurlaubung nach § 231c – nicht anwesend gewesen sein, hat dies keinen Einfluss auf die Fristberechnung (BGH MDR 1980 [H], 628, 631; Meyer-Goßner/*Schmitt* § 275 Rn. 10). Etwas anderes gilt natürlich, wenn gegen Tatbeteiligte getrennte Urteile ergehen (*Rieß* NStZ 1982, 441, 442).

9 b) **Fristwirkung. Abs. 1 Satz 3** bestimmt, dass nach Ablauf der Fristen zur Absetzung des Urteils die Urteilsgründe nicht mehr geändert werden können. Dies gilt auch dann, wenn sie den Geschäftsbereich des Gerichts noch nicht verlassen haben (Meyer-Goßner/*Schmitt* § 275 Rn. 11). Werden gleichwohl Änderungen oder Ergänzungen vorgenommen, entfalten diese keine Wirkung (BGH NStZ 1993, 200). Andererseits steht es vor Ablauf der Höchstfrist aus Abs. 1 Satz 2 einer Änderung oder Ergänzung der Entscheidung nicht entgegen, dass sich diese bereits bei den Akten befindet. Solange die Frist des Abs. 1 Satz 2 nicht abgelaufen und das Urteil nicht zugestellt ist, kann es im Einverständnis aller mitwirkenden Berufsrichter auch nach seiner Fertigstellung geändert oder ergänzt werden (KK-StPO/*Greger* § 275 Rn. 55; LR/*Stuckenberg* § 275 Rn. 56). Vom Verbot der Änderung der Urteilsgründe nach Fristablauf sind lediglich Korrekturen ausgenommen, die zu keiner sachlichen Änderung führen (Meyer-Goßner/*Schmitt* § 275 Rn. 11).

10 c) **Zulässigkeit der Fristüberschreitung.** Treten **nicht vorhersehbare unabwendbare Umstände** ein, kann im konkreten Einzelfall gem. **Abs. 1 Satz 4** die Frist aus Abs. 1 Satz 2 ausnahmsweise überschritten werden, ohne dass dies Folgen für den Bestand des Urteils hätte.

Unvorhersehbar ist etwa die Erkrankung des einzigen Berufsrichters eines Spruchkörpers (OLG Koblenz GA 1976, 251, 252; *Rieß* NStZ 1982, 441, 444), nicht aber grds. die Erkrankung des Mitglieds eines Kollegialgerichts (BGH StraFo 2008, 163, 164); zur Erkrankung des Berichterstatters vgl. aber sogleich. Nicht vorherzusehen ist das plötzliche Versterben des Berichterstatters (BGH NStZ-RR 2007, 88; Meyer-Goßner/*Schmitt* § 275 Rn. 13). Vorhersehbar demgegenüber sind der schlechte Gesundheitszustand eines überlasteten Richters (OLG Hamm MDR 1977, 1039) oder der Antritt einer geplanten Urlaubsreise (OLG Koblenz StV 2009, 11, 12).

Umstände, die ihre Ursache in der Organisation der Justiz haben, sind grds. nicht geeignet, eine Fristüberschreitung zu rechtfertigen (BGH NJW 1988, 1094; LR/*Stuckenberg* § 275 Rn. 15). Insb. eine allgemeine Arbeitsüberlastung von Gericht (BGH NStZ 1992, 398, 399) oder Schreibdienst (OLG Hamm VRS 50, 121 f.; OLG Köln MDR 1978, 864, 865) können nicht als unvorhersehbare und unabwendbare Umstände gelten, obwohl nach der Rspr. des BGH an das Vorliegen dieser Kriterien keine »überstrengen Anforderungen« gestellt werden dürfen (BGHSt 26, 247, 249). Als justizinternes Verschulden gelten auch die Abordnung eines Richters an die StA (OLG Hamm NJW 1977, 1303), eine zeitweilige Versendung der Akten (BGH StV 1989, 469), der kurzzeitige Aktenverlust (OLG Celle NJW 1982, 397), die Falschberechnung der Absetzungsfrist (BGH StV 2012, 5 f.) sowie die Teilnahme des Gerichts an einem Behördenausflug, selbst wenn es sich dabei beamtenrechtlich um ein Dienstgeschäft handeln sollte (KK-StPO/*Engelhardt*, 6. Aufl., § 275 Rn. 50; a.A. BGHSt 31, 212, 215).

Hinsichtlich des **Ausfalls des Berichterstatters eines Kollegialgerichts** ist zu differenzieren. Ist er etwa überraschend am Tag vor dem Fristablauf an der Urteilsabfassung gehindert, liegt ein unvorhersehbares und unabwendbares Ereignis, das die Überschreitung der Höchstfrist aus Abs. 1 Satz 2 rechtfertigt, vor (BGH NStZ 1986, 564, 565). Etwas anderes gilt, wenn zu diesem Zeitpunkt bereits ein Urteilsentwurf vorliegt, den die anderen Gerichtsmitglieder ohne besondere Mühe fertigstellen könnten (LR/*Stuckenberg* § 275 Rn. 14; s. auch BGH StV 2015, 96: »Alle berufsrichterlichen Mitglieder des Spruchkörpers sind für die Einhaltung der Frist nach § 275 Abs. 1 StPO verantwortlich.«). Ob eine Urteilsabfassung durch den Vorsitzenden oder den etwaigen weiteren Beisitzer möglich ist, ist stets eine Frage des Einzelfalls (BGH StV 2011, 211). Stehen ihnen keine Aufzeichnungen zur Verfügung, wird man die Abfassung der Entscheidung als nicht möglich ansehen müssen. Ob demgegenüber eine starke Belastung durch sonstige richterliche Tätigkeiten die Nichtübernahme der Aufgabe der Urteilsfertigung rechtfertigt (so aber Meyer-Goßner/*Schmitt* § 275 Rn. 15), erscheint doch sehr fraglich und allenfalls in Ausnahmefällen – anstehende Hauptverhandlungen in komplexen Haftsachen – denkbar.

Fällt das Hindernis, das die Einhaltung der Frist aus Abs. 1 Satz 2 unmöglich gemacht hat, weg, ist das Urteil mit größtmöglicher Beschleunigung zu den Akten zu bringen (BGH StV 1995, 514; KG StV 2016, 798; KMR/*Gemählich* § 275 Rn. 27). Denn nur so lange die in Abs. 1 Satz 4 genannten Umstände andauern, ist die Fristüberschreitung gerechtfertigt (BayObLG MDR 1983, 340, 341). Der Eintritt des Hindernisses hemmt oder unterbricht den Lauf der Frist nach Abs. 1 Satz 2 nicht (OLG Düsseldorf NStZ-RR 2008, 117). Die Gründe für eine Überschreitung der Frist zur Absetzung des Urteils müssen zwar von Gesetzes wegen nicht aktenkundig gemacht werden. Mit Blick auf eine auf § 338 Nr. 7 gestützte Revision ist dies jedoch im Regelfall geboten, was auch in Nr. 141 Abs. 3 RiStBV zum Ausdruck kommt (BGH NStZ 1991, 297; KK-StPO/*Greger* § 275 Rn. 52; SK-StPO/*Frister* § 275 Rn. 22). 11

4. Eingangs- und Änderungsvermerk der Geschäftsstelle. Abs. 1 Satz 5 sieht vor, dass die Geschäftsstelle den Zeitpunkt des Eingangs des Urteils und eine Änderung der Urteilsgründe vermerkt. Die Erstellung des Vermerks ist nicht an die Frist aus Abs. 1 Satz 2 gebunden (Meyer-Goßner/*Schmitt* § 275 Rn. 18). Der Vermerk kann auf der Urschrift des Urteils aber auch einem gesonderten Blatt angebracht werden (KMR/*Gemählich* § 275 Rn. 28), ist aber in keinem Fall Bestandteil des Urteils (KK-StPO/*Greger* § 275 Rn. 42). Obwohl er dem Nachweis dienen soll, dass das Urteil fristgerecht zu den Akten gelangt ist, kommt ihm nicht die Beweiskraft des § 274 zu. Damit wird der anderweitige Nachweis, dass die Frist des Abs. 1 Satz 2 eingehalten wurde, nicht ausgeschlossen (BGHSt 29, 43, 46; LR/*Stuckenberg* § 275 Rn. 53; Meyer-Goßner/*Schmitt* NZV 2002, 470). Für einen solchen anderweitigen Nachweis kann das Revisionsgericht das Freibeweisverfahren bemühen. Insb. bietet sich die Einholung dienstlicher Erklärungen der Richter an (Meyer-Goßner/*Schmitt* § 275 Rn. 18). 12

III. Urteilsunterzeichnung und Verhinderungsvermerk. 1. Erfordernis von Unterschrift und Vermerkerstellung. Zu dem Erfordernis der **Unterschriftsleistung der Richter** nach **Abs. 2 Satz 1** und der Erstellung eines Verhinderungsvermerks, wenn die Unterschrift eines Richters nicht eingeholt werden kann, vgl. bereits oben Rdn. 2. Der Verhinderungsvermerk muss zum Ausdruck bringen, dass ein Verhinderungsfall vorliegt und die Gründe (Urlaub, Krankheit etc.) anführen, die den Richter an der Leistung der Unterschrift hindern (BGHSt 31, 212, 214). Der Vermerk darf in keinem Fall dadurch ersetzt werden, dass ein anderes Mitglied des Gerichts anstelle des verhinderten Richters – »für den Verhinderten« oder »in Vertretung« – unterschreibt (BGH NStZ-RR 2006 [B], 257, 260; OLG Düsseldorf VRS 1999, 456, 457; Meyer-Goßner/*Schmitt* § 275 Rn. 20). Der Verhinderungsvermerk ist durch seinen Verfasser gesondert zu unterschreiben. Dass dieser als Mitglied des Gerichts das Urteil ohnehin unterschreibt, ist insoweit ohne Belang (BGH NStZ 1990 [M], 226, 229). Die Beurkundung der Verhinderung ist nicht daran gebunden, dass die Majorität der Gerichtsmitglieder das Urteil unterzeichnen kann. Auch wenn sämtliche Richter eines Spruchkörpers bis auf einen verhindert sind, kann der Verhinderungsfall – durch den verbliebenen Richter – beurkundet werden (BGHSt 26, 247, 248; LR/*Stuckenberg* § 275 Rn. 48; Meyer-Goßner/*Schmitt* § 275 Rn. 20). Voraussetzung hierfür – wie für jede Feststellung des Verhinderungsfalls – ist aber, dass der beurkundende Richter an der Hauptverhandlung auch teilgenommen hat (BGH NStZ 1993, 448). Darüber hinaus sind Fehler in der Person des Vermerkverfassers unbeachtlich. Wird der Verhinderungsfall statt durch den dienstälteren durch den dienstjüngeren Beisitzer festgestellt, hindert dies die Wirksamkeit der Feststellung nicht (BGH MDR 1980 [H], 453, 456; Meyer-Goßner/*Schmitt* § 275 Rn. 20). 13

Liegt der Fall einer Verhinderung vor, steht es nach wohl herrschender Meinung im Ermessen des zur Vermerkerstellung berufenen Richters, ob er die Verhinderung beurkunden oder deren Wegfall abwarten will (BGH NStZ 1993, 96; Meyer-Goßner/*Schmitt* § 275 Rn. 21), wobei ermessensreduzierend das in Strafsachen stets zu beachtende Beschleunigungsgebot wirken kann (*Peglau* JR 2007, 146, 147 f.). Nach abweichender Auffassung soll demgegenüber dem Warten auf den Wegfall des Hindernisses stets der Vorrang vor der Erstellung eines Verhinderungsvermerks eingeräumt werden. Allein die Unterschrift sämtlicher Richter dokumentiere, dass der Spruchkörper die Entscheidung einverständlich trage und Bedenken der einzelnen Mitglieder des Gerichts gegen die Urteilsfassung nicht vorlägen (OLG Zweibrücken StV 1990, 14 f.; SK-StPO/*Frister* § 275 Rn. 28).

14 **2. Verhinderungsgründe.** Die Gründe für eine Verhinderung an der Unterschriftsleistung können tatsächlicher oder rechtlicher Natur sein. Urlaub (BGH StV 1998, 477 f.; StV 2016, 779), Tod (SK-StPO/*Frister* § 275 Rn. 30), Krankheit und andere Dienstgeschäfte (Meyer-Goßner/*Schmitt* § 275 Rn. 23) stellen häufige tatsächliche Verhinderungsgründe dar. Kein Verhinderungsgrund ist der Umstand, dass der Richter am letzten Tag der Frist aus Abs. 1 Satz 2 nicht im Gericht angetroffen werden kann (BGHSt 28, 194, 195; KG StV 1986, 144 f.).

Aus Rechtsgründen ist an der Unterschrift gehindert, wer aus dem Justizdienst ausgeschieden ist (BayObLG NJW 1967, 1578) oder innerhalb der Justiz einen dauerhaften Laufbahnwechsel, mit dem der Verlust des Richteramts einhergeht, vorgenommen hat. So steht die Ernennung zum beamteten Staatsanwalt oder zum Beamten in der Justizverwaltung einer Unterschriftsleistung des ehemaligen Richters entgegen (BGH MDR 1994 [H], 1069, 1072; KMR/*Gemählich* § 275 Rn. 33). Anders verhält es sich bei Abordnungen an StA oder Ministerien (BGH NStZ 2006, 586). Durch die Abordnung wird der Status des Richters nicht verändert. Liegen der durch die Abordnung begründete neue Dienstort und der Sitz des Gerichts, wo die Unterschrift zu leisten ist, weit voneinander entfernt, kann jedoch eine tatsächliche Verhinderung an der Unterschriftsleistung vorliegen (BGH NJW 2003, 836). Die Versetzung eines Richters auf Probe zur StA hindert, da sie nicht mit einem Verlust des Richteramts verbunden ist, ebenfalls nicht an der Unterschriftsleistung (BGH StV 1992, 557). Erst recht keine Hinderungsgründe stellen der Wechsel des Spruchkörpers (BayObLG JR 1983, 261, 262 m.Anm. *Foth*) und der Wechsel zu einem anderen Gericht (BGH NStZ 1993, 96; OLG Zweibrücken StV 1990, 14 f.) dar.

Streitig ist, ob die Weigerung eines Richters, das Urteil zu unterschreiben, einen Verhinderungsfall begründet. Nach einer Auffassung muss Abs. 2 Satz 2 jedenfalls analog herangezogen werden können, um zu verhindern, dass durch pflichtwidriges Verhalten eines Richters ein einwandfreies Urteil gegen den Willen der Majorität der Berufsrichter nach § 338 Nr. 7 revisibel wird (KK-StPO/*Engelhardt*, 6. Aufl., § 275 Rn. 33). Trotz dieser nachvollziehbaren Argumentation ist der Gegenansicht (u.a. KMR/*Gemählich* § 275 Rn. 35; LR/*Stuckenberg* § 275 Rn. 45) der Vorzug zu geben. Dem Wort »Verhinderung« wohnt der Begriff der »Unmöglichkeit« inne. Einem Richter, der sich schlichtweg weigert, zu unterschreiben, ist die Unterschriftsleistung aber nicht unmöglich.

15 **3. Unterzeichnung durch Schöffen.** Gem. **Abs. 2 Satz 3** bedarf es der Unterschrift der Schöffen unter dem Urteil nicht. Andererseits ist eine geleistete Unterschrift eines ehrenamtlichen Richters nicht nur nicht »unschädlich« (so aber KK-StPO/*Greger* § 275 Rn. 24; LR/*Stuckenberg* § 275 Rn. 37). Vielmehr erlaubt der insoweit eindeutige Gesetzestext eine Unterschriftsleistung ausdrücklich (so auch BGHSt 39, 281, 285).

16 **IV. Der Urteilskopf.** In **Abs. 3** ist – wenn auch unvollständig (KK-StPO/*Greger* § 275 Rn. 13) – aufgeführt, welche Angaben der Urteilskopf, das sog. Rubrum, zu enthalten hat (Meyer-Goßner/*Schmitt* § 275 Rn. 24). Damit komplettiert die Vorschrift die Regelungen über den Inhalt des Urteils in § 260 – Urteilsformel – und § 267 – Urteilsgründe – (KK-StPO/*Greger* § 275 Rn. 5). Anzugeben ist nach Abs. 3 der Tag der Sitzung. Auch bei Hauptverhandlungen, die sich über einen längeren Zeitraum erstrecken, sind möglichst sämtliche Sitzungstage anzugeben (Meyer-Goßner/*Schmitt* § 275 Rn. 25). Möglich ist allerdings auch die Angabe des Zeitraums, innerhalb dessen die Verhandlungen stattgefunden haben (SK-StPO/*Frister* § 275 Rn. 34). Unerlässlich ist aber die Angabe des Tages der Urteilsverkündung, da er allein für den Lauf diverser Fristen (Rechtsmittelfristen und der Frist nach Abs. 1 Satz 2) von Bedeutung ist (LR/*Stuckenberg* § 275 Rn. 23). Weiterhin fordert Abs. 3 die Mitteilung der Namen von Richtern und Schöffen. Notwendig ist allein die Angabe des Familiennamens. Träger desselben Namens sind durch Anführung des Vornamens identifizierbar zu machen (KMR/*Gemählich* § 275 Rn. 37). Aus dem Rubrum muss deutlich werden, wer an der Verhandlung als Berufsrichter in welcher Funktion (Vorsitzender oder Beisitzer) oder als Schöffe teilgenommen hat (KK-StPO/*Greger* § 275 Rn. 8). Ergänzungsrichter und Ergänzungsschöffen finden nur Erwähnung, wenn sie tatsächlich am Urteil mitgewirkt haben (SK-StPO/*Frister* § 275 Rn. 36). Auch die Namen des Beamten der StA, des Verteidigers und des Urkundsbeamten der Geschäftsstelle sind mitzuteilen. Haben mehrere Staatsanwälte oder Verteidiger gemeinsam oder nacheinander mitgewirkt, müssen alle Namen aufgeführt werden (Meyer-Goßner/*Schmitt* § 275 Rn. 26). Die Mitteilung, ob der Verteidiger bei der Verkündung des Urteils anwesend war, ist ebenso unerheblich wie die Mitteilung, ob er als Wahl- oder Pflichtverteidiger aufgetreten ist (KK-StPO/*Greger* § 275 Rn. 11). Waren an der Sitzung mehrere Protokollführer beteiligt, braucht nur der Urkundsbeamte angegeben werden, der an der Urteilsverkündung teilgenommen hat (KMR/*Gemählich* § 275 Rn. 40). Dies liegt daran, dass der Urkundsbeamte der Geschäftsstelle als Protokollführer nur für den von ihm aufgenommenen Teil der Niederschrift verantwortlich ist (KK-StPO/*Greger* § 275 Rn. 12).

17 Weitere Angaben im Urteilskopf als die in Abs. 3 genannten sind zumindest empfehlenswert, wenn nicht sogar geboten. Anzugeben ist in jedem Fall die Bezeichnung von Gericht und Spruchkörper (KMR/*Gemählich* § 275

Rn. 42; SK-StPO/*Frister* § 275 Rn. 34). Sinnvoll ist die Mitteilung des Aktenzeichens (KK-StPO/*Engelhardt*, 6. Aufl., § 275 Rn. 20). Die Person des Angeklagten muss sich aus dem Urteil ergeben. Möglich ist seine Nennung in der Urteilsformel, üblich aber die Mitteilung der ihn betreffenden Daten im Urteilskopf (LR/*Stuckenberg* § 275 Rn. 31). Anzugeben sind Vor- und Familienname, der Wohn- oder ständige Aufenthaltsort sowie Tag und Ort der Geburt (KK-StPO/*Greger* § 275 Rn. 15). Die Mitteilung der Religionszugehörigkeit und der Vorstrafen ist entbehrlich (SK-StPO/*Frister* § 275 Rn. 35). Mit Blick auf Nr. 141 Abs. 1 Satz 1, 110 Abs. 2a RiStBV sollten auch Beruf und Familienstand des Angeklagten sowie der Umstand angegeben werden, dass sich der Angeklagte bei Urteilsverkündung in Untersuchungshaft oder in anderer Sache in Strafhaft befunden hat (KMR/*Gemählich* § 275 Rn. 43 f.; LR/*Stuckenberg* § 275 Rn. 30; a.A. KK-StPO/*Engelhardt*, 6. Aufl., § 275 Rn. 15; SK-StPO/*Frister* § 275 Rn. 35). Mehrere Angeklagte werden im Urteilskopf in der Reihenfolge der Anklageschrift aufgeführt (KMR/*Gemählich* § 275 Rn. 45). Auch der Einziehungsbeteiligte gem. § 431 wird im Urteil genannt (LR/*Stuckenberg*, § 275 Rn. 33). Dies gilt auch dann, wenn er an der Sitzung nicht teilgenommen hat (KK-StPO/*Greger* § 275 Rn. 19). Entsprechendes gilt für den Privatkläger (KMR/*Gemählich* § 275 Rn. 47). Kommt es im Rahmen eines Adhäsionsverfahrens zu einer Entscheidung über zivilrechtliche Ansprüche des Verletzten, sind auch dessen Personalien in den Urteilskopf mitaufzunehmen (LR/*Stuckenberg* § 275 Rn. 34). Erwähnung finden auch der Nebenkläger und sein Prozessvertreter (BGH NStZ-RR 1999 [K], 33, 38; Meyer-Goßner/*Schmitt* § 275 Rn. 26).

V. Ausfertigungen und Auszüge. **Abs.** 4 regelt die Herstellung der Ausfertigungen und Auszüge des Urteils. 18
Ausfertigungen des Urteils sind amtliche Abschriften, die vom Urkundsbeamten in besonderer Form (Ausfertigungsvermerk, Unterschrift, Siegel) erteilt werden (KMR/*Gemählich* § 275 Rn. 52) und im Rechtsverkehr die Urschrift ersetzen (LR/*Stuckenberg* § 275 Rn. 67; SK-StPO/*Frister* § 275 Rn. 40). Der Ausfertigungsvermerk bezeugt die Übereinstimmung mit der Urschrift, die sich grds. auf alle Bestandteile der Urteilsurkunden zu erstrecken hat (KK-StPO/*Greger* § 275 Rn. 63). Urteilsausfertigungen kann jeder Urkundsbeamte des erkennenden Gerichts herstellen. Er muss in der Hauptverhandlung nicht mitgewirkt haben (Meyer-Goßner/*Schmitt* § 275 Rn. 27). Die Urschrift des Urteils verbleibt bei den Akten (BGHR § 275 Abs. 1 Satz 1 Akten 2). Gerät sie in Verlust, ist dies unschädlich, wenn bereits eine Ausfertigung vorliegt (KK-StPO/*Greger* § 275 Rn. 60). I.Ü. kann eine neue vollwertige Urschrift von den mitwirkenden Richtern hergestellt werden, wenn sie deren Übereinstimmung mit der in Verlust geratenen bescheinigen (BGH NJW 1980, 1007; KMR/*Gemählich* § 275 Rn. 51; Meyer-Goßner/*Schmitt* § 275 Rn. 27). Nach a.A. reicht die Bestätigung der inhaltlichen Übereinstimmung aus (KK-StPO/*Greger* § 275 Rn. 60; LR/*Gollwitzer*, 25. Aufl., § 275 Rn. 67).

B. Revision. Die Revision kann auf eine Verletzung des Unverzüglichkeitsgebot aus Abs. 1 Satz 1 Hs. 2 19
nicht gestützt werden, da ausgeschlossen ist, dass das Urteil auf ihr beruht (BGH NStZ 2006, 463, 464 mit der weitergehenden Erwägung, dass in extremen Fällen der dadurch entstehenden Verfahrensverzögerung eine Kompensation durch das Revisionsgericht angezeigt sein könnte; Meyer-Goßner/*Schmitt* § 275 Rn. 28). Die ungerechtfertigte Überschreitung der Höchstfrist nach Abs. 1 Satz 2 ist demgegenüber ein absoluter Revisionsgrund nach § 338 Nr. 7 (BGHSt 26, 247, 249). Die entsprechende Verfahrensrüge kann auch von der StA erhoben werden (KK-StPO/*Engelhardt*, 6. Aufl., § 275 Rn. 72). Den Zeitpunkt, zu dem das Urteil zu den Akten gelangt ist, hat das Revisionsgericht im Freibeweisverfahren zu klären (KK-StPO/*Greger* § 275 Rn. 74). Gelangen nur Tenor oder Rubrum verspätet zu den Akten, liegt, da diese Urteilsbestandteile in § 338 Nr. 7 nicht genannt sind, lediglich ein relativer Revisionsgrund nach § 337 vor (OLG Köln VRS 64, 282 f.); doch wird es im Regelfall an einem Beruhen des Urteils auf dem Verfahrensverstoß fehlen (SK-StPO/*Frister* § 275 Rn. 50). Unrichtigkeiten und Unvollständigkeiten im Urteilskopf können die Revision nicht begründen. Der Verstoß gegen Abs. 3 ist nicht revisibel, weil er sich nicht auf den Inhalt des Urteils auswirken kann (BGH NStZ 1994, 47 f.; KMR/*Gemählich* § 275 Rn. 62). Ebenfalls unschädlich für den Bestand des Urteils ist ein zu Unrecht angebrachter Verhinderungsvermerk. Wird ein Richter irrtümlich als an der Unterschriftsleistung gehindert bezeichnet, obwohl er an der Hauptverhandlung gar nicht teilgenommen hat, wird das Urteil dadurch nicht unrichtig, wenn die Entscheidung neben dem Vorsitzenden auch von dem Beisitzer unterschrieben wurde, der in der Sitzung anwesend war (BGH NStZ 1999, 154; Meyer-Goßner/*Schmitt* § 275 Rn. 28). Demgegenüber begründet der unberechtigte Verhinderungsvermerk, also der Vermerk, der einem in Wahrheit nicht verhinderten Richter die Verhinderung attestiert, die Revision (BGHR StPO § 338 Nr. 7 Entscheidungsgründe 1; SK-StPO/*Frister* § 275 Rn. 47).

Siebter Abschnitt. Entscheidung über die im Urteil vorbehaltene oder die nachträgliche Anordnung der Sicherungsverwahrung

§ 275a Einleitung des Verfahrens; Hauptverhandlung; Unterbringungsbefehl

(1) Ist im Urteil die Anordnung der Sicherungsverwahrung vorbehalten (§ 66a des Strafgesetzbuches), übersendet die Vollstreckungsbehörde die Akten rechtzeitig an die Staatsanwaltschaft des zuständigen Gerichts. Diese übergibt die Akten so rechtzeitig dem Vorsitzenden des Gerichts, dass eine Entscheidung bis zu dem in Absatz 5 genannten Zeitpunkt ergehen kann. Ist die Unterbringung in einem psychiatrischen Krankenhaus gemäß § 67d Absatz 6 Satz 1 des Strafgesetzbuches für erledigt erklärt worden, übersendet die Vollstreckungsbehörde die Akten unverzüglich an die Staatsanwaltschaft des Gerichts, das für eine nachträgliche Anordnung der Sicherungsverwahrung (§ 66b des Strafgesetzbuches) zuständig ist. Beabsichtigt diese, eine nachträgliche Anordnung der Sicherungsverwahrung zu beantragen, teilte dies der betroffenen Person mit. Die Staatsanwaltschaft soll den Antrag auf nachträgliche Anordnung der Sicherungsverwahrung unverzüglich stellen und ihn zusammen mit den Akten dem Vorsitzenden des Gerichts übergeben.

(2) Für die Vorbereitung und die Durchführung der Hauptverhandlung gelten die §§ 213 bis 275 entsprechend, soweit nachfolgend nichts anderes geregelt ist.

(3) Nachdem die Hauptverhandlung nach Maßgabe des § 243 Abs. 1 begonnen hat, hält ein Berichterstatter in Abwesenheit der Zeugen einen Vortrag über die Ergebnisse des bisherigen Verfahrens. Der Vorsitzende verliest das frühere Urteil, soweit es für die Entscheidung über die vorbehaltene oder die nachträgliche Anordnung der Sicherungsverwahrung von Bedeutung ist. Sodann erfolgt die Vernehmung des Verurteilten und die Beweisaufnahme.

(4) Das Gericht holt vor der Entscheidung das Gutachten eines Sachverständigen ein. Ist über die nachträgliche Anordnung der Sicherungsverwahrung zu entscheiden, müssen die Gutachten von zwei Sachverständigen eingeholt werden. Die Gutachter dürfen im Rahmen des Strafvollzugs oder des Vollzugs der Unterbringung nicht mit der Behandlung des Verurteilten befasst gewesen sein.

(5) Das Gericht soll über die vorbehaltene Anordnung der Sicherungsverwahrung spätestens sechs Monate vor der vollständigen Vollstreckung der Freiheitsstrafe entscheiden.

(6) Sind dringende Gründe für die Annahme vorhanden, dass die nachträgliche Sicherungsverwahrung angeordnet wird, so kann das Gericht bis zur Rechtskraft des Urteils einen Unterbringungsbefehl erlassen. Für den Erlass des Unterbringungsbefehls ist das für die Entscheidung nach § 67d Absatz 6 des Strafgesetzbuches zuständige Gericht solange zuständig, bis der Antrag auf Anordnung der nachträglichen Sicherungsverwahrung bei dem für diese Entscheidung zuständigen Gericht eingeht. In den Fällen des § 66a des Strafgesetzbuches kann das Gericht bis zur Rechtskraft des Urteils einen Unterbringungsbefehl erlassen, wenn es im ersten Rechtszug bis zu dem in § 66a Absatz 3 Satz 1 des Strafgesetzbuches bestimmten Zeitpunkt die vorbehaltene Sicherungsverwahrung angeordnet hat. Die §§ 114 bis 115a, 117 bis 119a und 126a Abs. 3 gelten entsprechend.

S.a. Gesetz zur Therapierung und Unterbringung psychisch gestörter Gewalttäter – ThUG

Übersicht

1 **A. Grundsätzliches.** Die Vorschrift regelt das einzuhaltende Verfahren bei der Anordnung einer vorbehaltenen oder nachträglichen Sicherungsverwahrung nach § 66a und 66b StGB. Sie ist grundlegend mit der Reform des Rechts der Sicherungsverwahrung durch das »Gesetz zur Neuordnung des Rechts der Sicherungsverwahrung und zu begleitenden Regelungen vom 22.12.2010« (BGBl. I, S. 2300) geändert worden. Durch dieses Gesetz ist im Anschluss an eine Entscheidung des EGMR v. 17.12.2009 (NJW 2010, 2495 m.Anm. *Eschelbach*) insb. der Anwendungsbereich der nachträglichen Sicherungsverwahrung eingeschränkt worden. Der EGMR hat in seiner Entscheidung die BRD wegen einer Verletzung von Art. 5 Abs. 1 lit. a) und Art. 7 EMRK verurteilt. Beschwerdeführer war ein auf Grundlage des bis zum 31.01.1998 geltenden Rechts zu einer 10-jährigen Sicherungsverwahrung verurteilter Straftäter, dessen Unterbringung in der Maßregel durch die Änderung des § 67d StGB durch das »Gesetz zur Bekämpfung von Sexualdelikten und anderen gefährlichen Straftaten«(BGBl. I 1998 S. 160) unbefristet wurde. Insb. dem aus Sicht des EGMR damit vorliegendem Verstoß gegen das Rückwirkungsverbot kam für die Entscheidung Bedeutung zu. Als Reaktion hierauf hat

der Gesetzgeber die nachträgliche Anordnung der Sicherungsverwahrung auf den Fall beschränkt, dass eine Unterbringung in einem psychiatrischen Krankenhaus für erledigt erklärt wird, der Täter hochgefährlich ist und bereits wegen Begehung von in § 66 Abs. 3 Satz 1 StGB genannten Delikten in Erscheinung getreten ist, § 66b StGB. Zugleich wurde im Zuge der Reform des Rechts der Sicherungsverwahrung das »Gesetz zur Therapie und Unterbringung psychisch gestörter Gewalttäter« – ThUG – (BGBl. 2010 I S. 2305) geschaffen. Dieses Gesetz ermöglicht die Unterbringung von psychisch gestörten Straftätern, die bei Beachtung der vom EGMR in seiner Entscheidung vom Dezember 2009 aufgestellten Rechtsgrundsätze aus der Sicherungsverwahrung entlassen werden müssen. Die Anwendung sämtlicher Neuregelungen v. 22.12.2010 hat der Gesetzgeber aber davon abhängig gemacht, dass zumindest eine der Taten, die Anlass zur Anordnung der Maßregel geben, nach dem 31.12.2010 begangen wurde. Für vor diesem Zeitpunkt begangene Taten soll das alte Recht weitergelten, Art. 316e EGStGB. Zu der gegenüber dem neuen Recht abweichenden Entscheidungsfrist bei der vorbehaltenen Sicherungsverwahrung nach §§ 66a StGB a.F. und 106 Abs. 3 Satz 2 JGG a.F. sowie den Zeitpunkt der Antragstellung bei der nachträglichen Sicherungsverwahrung nach altem Recht s. SK-StPO/*Frister* § 275a Rn. 20 ff., 33 ff.

Das erst zum 01.01.2011 in Kraft getretene neue Recht der Sicherungsverwahrung erwies sich jedoch nicht mit der Verfassung vereinbar. Durch Urt. v. 04.05.2011 (BVerfGE 128, 326 ff.) hat das BVerfG für sämtliche Vorschriften der Sicherungsverwahrung einen Verstoß gegen das Abstandsgebot (Trennung von Strafvollzug und Maßregelvollzug) festgestellt. Das Institut der nachträglichen Sicherungsverwahrung sei darüber hinaus mit dem Rückwirkungsverbot nicht vereinbar und verletze den Vertrauensschutz der von der Maßregel betroffenen Personen. Gleichwohl hatte das Gericht die Vorschriften der Sicherungsverwahrung nicht für nichtig erklärt, sondern den Gesetzgeber aufgefordert, spätestens bis zum 31.05.2013 ein neues Recht zu schaffen. Gleichzeitig hat es die Kriterien genannt, nach denen das nunmehr als Übergangsrecht anzusehende Recht der Sicherungsverwahrung fortan zu handhaben war. Danach konnte eine Maßregel auf § 66b Abs. 2 StGB i.d.F. des »Gesetzes zur Reform der Führungsaufsicht und zur Änderung der Vorschriften über die nachträgliche Sicherungsverwahrung« v. 13.04.2007 (BGBl. I, S. 513) nur noch dann gestützt werden, wenn von dem Betroffenen die konkrete Gefahr der Begehung schwerster Sexual- oder Gewaltstraftaten ausging und er zugleich an einer psychischen Störung i.S.d. § 1 Abs. 1 Nr. 1 ThUG litt. 2

Das Gesetz zur Regelung des Abstandsgebots, das am 01.06.2013 in Kraft getreten ist (BGBl. I 2012 S. 2425) hat schließlich den gesamten Bereich der Sicherungsverwahrung neu geregelt. 3

B. Das Nachverfahren über die Sicherungsverwahrung. § 275a enthält die Regelung über ein sog. Nachverfahren. Die Entscheidung über die Maßregel wird nicht in dem Erkenntnisverfahren getroffen, das im Erlass des Strafurteils mündet. Vielmehr erfolgt diese Entscheidung in einem neuen, weiteren Erkenntnisverfahren, dem auch eine neuerliche Hauptverhandlung zugrunde liegt. 4

Das Verfahren bei **vorbehaltener Sicherungsverwahrung** beginnt gem. Abs. 1 Satz 1 mit der Übersendung der Akten durch die Vollstreckungsbehörde an die StA bei dem für das Verfahren nach § 275a zuständigen Gericht. Diese leitet die Vorgänge gem. Abs. 1 Satz 2 an den Vorsitzenden des zuständigen Gerichts weiter. Die Aktenübersendungen müssen rechtzeitig erfolgen. Dies ist der Fall, wenn sie es dem Gericht ermöglichen, spätestens 6 Monate vor der vollständigen Vollstreckung der verbliebenen Reststrafe über die Anordnung von Sicherungsverwahrung zu entscheiden (vgl. Abs. 6). Gemeint ist damit die tatrichterliche Entscheidung. Ein etwaiges Rechtsmittelverfahren wird durch die Fristvorgabe nicht erfasst (Meyer-Goßner/*Schmitt* § 275a Rn. 5). 5

Das Verfahren über die **nachträgliche Anordnung der Sicherungsverwahrung** ist in Abs. 1 Satz 3 bis 5 geregelt. Ob es initiiert wird, steht allein im Ermessen der StA. Nur wenn sie es beantragt, kommt es zu einer gerichtlichen Entscheidung über die Maßregel. Abs. 1 Satz 4 sieht vor, dass vor Antragstellung dem Betroffenen rechtliches Gehör gewährt wird. Das Erfordernis einer Gehörsgewährung besteht nicht, wenn die StA von der Stellung eines entsprechenden Antrages absehen will (Meyer-Goßner/*Schmitt* § 275a Rn. 6). Da das Nachverfahren nach § 275a ein zweites strafrechtliches Erkenntnisverfahren ist, sollte der Antrag der StA inhaltlich einer Anklageschrift oder einer Antragsschrift nach § 414 Abs. 2 entsprechen (OLG Rostock StV 2005, 279, 280). Aus dem Antrag muss deutlich werden, dass die StA die Voraussetzungen für eine nachträgliche Anordnung der Sicherungsverwahrung für gegeben hält. Hierzu gehört die Aussage, dass es mit sachverständiger Hilfe gelingen wird, die besondere Gefährlichkeit des Probanden zu belegen (BGH NJW 2006, 852, 854). Enthält der Antrag keine solche Begründung, so ist er unzulässig (BGHSt 50, 284, 292; *Folkers* NStZ 2006, 426, 432). Nach herrschender Meinung muss die Entscheidung, mit der die Unzulässigkeit des Antrags festgestellt wird, durch Urteil ergehen (Meyer-Goßner/*Schmitt* § 275a Rn. 6a; a.A. *Römer* JR 2006, 5, 7). Auf die Heranziehung von Sachverständigen kann, da eine Gesamtwürdigung der Person des Betroffenen nicht erfolgen muss, verzichtet werden (BGH NJW 2006, 852, 853). Ihren Antrag kann die StA 6 jederzeit bis zur Entscheidung des Gerichts zurücknehmen (Meyer-Goßner/*Schmitt* § 275a Rn. 6b). Hat die Hauptverhandlung allerdings bereits begonnen, ist in analoger Anwendung der §§ 411 Abs. 3 Satz 2, 303 die Rücknahme von der Zustimmung des Betroffenen abhängig (BGH NJW 2006, 852, 853; KMR/*Voll* § 275a Rn. 31). Ist der Antrag zurückgenommen, fehlt eine Verfahrensvoraussetzung, weshalb das Gerichtsverfahren einzustellen ist, §§ 275a Abs. 2, 260 Abs. 3 (KMR/*Voll* § 275a Rn. 31). Gem. Abs. 1 Satz 5 soll der Antrag der StA unverzüglich gestellt werden. Dies bedeutet Antragstellung ohne schuldhaftes Zögern (Meyer-Goßner/*Schmitt* § 275a Rn. 7). Mit dem Antrag sind die Akten dem Vorsitzenden des zuständigen Gerichts zuzuleiten, wobei zu den Akten auch eine von der StA eingeholte Stellungnahme des Betroffenen gehört (Meyer-Goßner/*Schmitt* § 275a Rn. 7).

7 **Zuständig für die Entscheidung** über die Sicherungsverwahrung ist die Große Strafkammer gem. § 74 Abs. 1 GVG. Sonderzuständigkeiten der Kammern für Schwurgerichtssachen, Wirtschafts- oder Jugendsachen bleiben davon unberührt. Auch das OLG kann zur Entscheidung berufen sein. Hat im Fall des § 66b StGB a.F. im ersten Rechtszug ausschließlich ein AG als Tatgericht entschieden, ist gem. § 74f Abs. 2 GVG im ersten Rechtszug eine Strafkammer des ihm übergeordneten LG für die Verhandlung und Entscheidung über die nachträgliche Anordnung von Sicherungsverwahrung zuständig. Mit der Zuständigkeit des LG und OLG für das gerichtliche Verfahren geht einher, dass dem Betroffenen gem. § 140 Abs. 1 Nr. 1 ein Pflichtverteidiger zu bestellen ist (Meyer-Goßner/*Schmitt* § 275a Rn. 8).

8 Für das **gerichtliche Verfahren** gelten, soweit § 275a keine abweichenden Regelungen trifft, die Vorschriften die Vorschriften der §§ 213 bis 275 gem. Abs. 2 entsprechend. Dabei geht der Verweis auf § 215 allerdings fehl, weil es ein Zwischenverfahren und damit einen Beschluss über die Eröffnung des Hauptverfahrens nicht gibt (KMR/*Voll* § 275a Rn. 33). Das Gerichtsverfahren beginnt damit, dass der Vorsitzende des Gerichts den Schriftsatz der StA, mit welchem diese die Akten übersandt hat, dem Betroffenen unverzüglich zwecks Gewährung rechtlichen Gehörs zustellt (KMR/*Voll* § 275a Rn. 33). Gem. Abs. 3 erfolgt in der Hauptverhandlung der Vortrag des Berichterstatters über die Ergebnisse des bisherigen Verfahrens. Der Vorsitzende verliest das frühere Urteil, soweit es für die anstehende Entscheidung über die Maßregel von Bedeutung sein kann. Die Verlesung dient der Information der Schöffen, die mit dem Akteninhalt nicht vertraut sind (Meyer-Goßner/*Schmitt* § 275a Rn. 9). Anschließend erfolgen die Vernehmung des Verurteilten und die Beweisaufnahme. Der Verurteilte ist über sein Recht, sich nicht äußern zu müssen, gem. §§ 275a Abs. 2, 243 Abs. 4 Satz 1 zu belehren (KMR/*Voll* § 275a Rn. 37). Die Beweisaufnahme richtet sich nach den §§ 244 ff. Sie erfolgt – bedingt durch den begrenzten Verfahrensgegenstand – lediglich eingeschränkt (Meyer-Goßner/*Schmitt* § 275a Rn. 9). Beweisanträge, die die Begrenzung des Verfahrensstoffs nicht beachten und etwa die Schuldfrage betreffen, sind als unzulässig zurückzuweisen (KMR/*Voll* § 275a Rn. 37).

9 Im Verfahren sind, wie sich aus Abs. 4 ergibt, **Sachverständige** zu hören. Diese werden nicht durch die StA, sondern das Gericht bestellt. Geht es um die Anordnung vorbehaltener Sicherungsverwahrung, genügt die Bestellung eines Sachverständigen. Hat die StA einen Antrag auf Anordnung der nachträglichen Sicherungsverwahrung gestellt, sind zwei Sachverständige mit einem Gutachtenauftrag zu versehen. Abs. 4 Satz 3 bestimmt, dass diese Sachverständigen i.R.d. Strafvollzugs oder des Vollzugs der Unterbringung noch nicht mit der Behandlung des Verurteilten befasst gewesen sein dürfen, was allerdings nicht ausschließt, dass sie vorliegende Gutachten solcher »interner« Sachverständige berücksichtigen dürfen (Meyer-Goßner/*Schmitt* § 275a Rn. 10). Als Gutachter kommen Psychiater, Psychologen und Kriminologen in Betracht (*Kinzig* NStZ 2004, 655, 659). Die Beauftragung zweier Fachärzte mit psychiatrischer Ausbildung ist nicht verlangt (BGHSt 50, 121, 129 f.; Meyer-Goßner/*Schmitt* § 275a Rn. 10).

10 Bei der **Entscheidung über die vorbehaltene Sicherungsverwahrung** ist das Gericht an die Feststellungen des ersten Urteils gebunden (KMR/*Voll* § 275a Rn. 48). Neue Feststellungen sind nur im Hinblick auf die Entwicklung der Persönlichkeit des Verurteilten, die für die Gefährlichkeitsprognose ausschlaggebend sind, möglich (Meyer-Goßner/*Schmitt* § 275a Rn. 12).

11 Die **Entscheidung über die nachträgliche Sicherungsverwahrung** ergeht auch im Fall der Zurückweisung des entsprechenden Antrags der StA durch Urteil, wenn eine Hauptverhandlung durchgeführt wurde (BGHSt 50, 180, 186; BGH NJW 2006, 852, 853). Eine Entscheidung kann auch dann noch ergehen, wenn sich der Verurteilte nicht mehr im Vollzug befindet. Auch gegen aus der Haft bereits entlassene Straftäter kann die nachträgliche Sicherungsverwahrung angeordnet werden (KMR/*Voll* § 275a Rn. 52). Voraussetzung für eine solche Anordnung ist aber, dass der Antrag der StA vor Entlassung gestellt und dem Verurteilten mitgeteilt wurde (BGHSt 50, 180, 184; BGH StV 2010, 509, 510; a.A. *Folkerts* NStZ 2006, 426, 431). Wird der Antrag der StA auf Anordnung der nachträglichen Sicherungsverwahrung abgelehnt, werden hierdurch die zur Antragstellung herangezogenen Tatsachen »verbraucht«. Das frühere Strafurteil darf nicht erneut für ein nachträgliches Sicherungsverfahren herangezogen werden (Meyer-Goßner/*Schmitt* § 275a Rn. 13).

Im Urteil, mit dem über die Sicherungsverwahrung befunden wird, darf auf das erste Strafurteil Bezug genommen werden. In jedem Fall muss aber deutlich gemacht werden, ob und in welchem Umfang im ersten Urteil Ausführungen zur Sicherungsverwahrung oder vorbehaltenen Sicherungsverwahrung enthalten sind (BGHSt 50, 121, 131). Daneben müssen die Urteilsgründe die Tatsachen aufführen, von denen die Anordnung der Maßregel abhängt (BGHSt 51, 185, 189; Meyer-Goßner/*Schmitt* § 275a Rn. 13a). 12

C. Revision. Das Urteil über die vorbehaltene und die nachträgliche Sicherungsverwahrung kann nach den allgemeinen Regeln mit der Revision angegriffen werden. Dies gilt auch dann, wenn das Gericht seine Entscheidung als »Beschluss« bezeichnet und auf mündliche Verhandlung und öffentliche Verkündung verzichtet hat (BGHSt 50, 180, 188). Die Revision eines Nebenklägers ist stets ausgeschlossen. Im Verfahren über die nachträgliche Anordnung der Sicherungsverwahrung ist eine Nebenklage nicht zulässig (BGH NStZ-RR 2008 [B], 65, 68). Dies ist im Verfahren über die Entscheidung über die vorbehaltene Sicherungsverwahrung zwar anders. Die Nichtanordnung der Sicherungsverwahrung kann der Nebenkläger aber mit Blick auf § 400 Abs. 1 nicht anfechten (Meyer-Goßner/*Schmitt* § 275a Rn. 14). 13

D. Der Unterbringungsbefehl. Abs. 6 ermöglicht sowohl im Fall der Anordnung der nachträglichen Sicherungsverwahrung als auch im Fall der Entscheidung über die vorbehaltene Sicherungsverwahrung den Erlass eines Unterbringungsbefehls. Im Verfahren über die nachträgliche Sicherungsverwahrung kann dieser bis zur Rechtskraft des Urteils gelten, mit dem die Sicherungsverwahrung angeordnet wird. Durch den Unterbringungsbefehl soll vermieden werden, dass Straftäter, deren Unterbringung nach § 63 StGB gem. § 67d StGB für erledigt erklärt worden ist, die aber weiterhin für die Allgemeinheit gefährlich sind, auf freien Fuß gelangen (Meyer-Goßner/*Schmitt* § 275a Rn. 16). Die dringenden Gründe, die diese Gefährlichkeit belegen und die Annahme rechtfertigen, dass die nachträgliche Sicherungsverwahrung angeordnet wird, werden sich im Regelfall aus den nach Abs. 4 einzuholenden Sachverständigengutachten ergeben. Zwingend ist dies aber nicht. Das Vorliegen der Gutachten ist nicht Voraussetzung für den Erlass eines Unterbringungsbefehls (OLG München NStZ 2005, 573, 574). Unzulässig ist der Erlass eines Unterbringungsbefehls, wenn dieser allein dazu dienen soll, sich der Person des Betroffenen zu versichern, um die Voraussetzungen für eine Anordnung der nachträglichen Sicherungsverwahrung feststellen zu können (OLG Koblenz NStZ 2005, 97, 100). 14

Auch im Verfahren über die Anordnung der vorbehaltenen Sicherungsverwahrung ist der Erlass eines Unterbringungsbefehls möglich. Er ist jedoch an andere Voraussetzungen geknüpft. Er kann nur dann ergehen, wenn das Gericht bis zu dem durch § 66a Abs. 3 Satz 1 StGB vorgegebenen Zeitpunkt, d.h. bis zum Ende der Strafvollstreckung, die Sicherungsverwahrung angeordnet hat. Er gilt somit allein für ein sich an dieses Urteil anschließendes Revisionsverfahren. Er kann nicht ergehen, wenn Sicherungsverwahrung nicht angeordnet oder die Frist aus § 66a Abs. 3 Satz 1 StGB nicht eingehalten wurde (Meyer-Goßner/*Schmitt* § 275a Rn. 17). 15

Durch Abs. 6 Satz 4 wird hinsichtlich der Anordnung des Unterbringungsbefehls auf Regelungen aus dem Recht der Untersuchungshaft und auf die Vorschrift des § 126a Abs. 3 Bezug genommen. In entsprechender Anwendung des § 114 Abs. 2 sind im Verfahren über die nachträgliche Anordnung der Sicherungsverwahrung die Tatsachen darzulegen, aus denen auf die spätere Verurteilung in die Maßregel geschlossen wird (vgl. oben Rdn. 6). Im Verfahren über die vorbehaltene Sicherungsverwahrung dürfte es genügen, hierzu auf das bereits ergangene anordnende Urteil zu verweisen (Meyer-Goßner/*Schmitt* § 275a Rn. 18). 16

Zuständig für den Erlass des Unterbringungsbefehls ist im Verfahren über die Anordnung der vorbehaltenen Sicherungsverwahrung das Gericht, das die Hauptverhandlung führt. Den Unterbringungsbefehl im Verfahren über die Anordnung der nachträglichen Sicherungsverwahrung kann zum einen das Gericht erlassen, das die Maßregel nach § 63 für erledigt erklärt. Dessen Zuständigkeit endet aber und geht auf das für die Durchführung des Hauptverfahrens zuständige Gericht über, wenn bei diesem der Antrag der StA auf Anordnung der nachträglichen Sicherungsverwahrung eingeht (Meyer-Goßner/*Schmitt* § 275a Rn. 19). 17

Der Betroffene kann gegen den Unterbringungsbefehl Beschwerde einlegen. Vor Beginn der Verhandlung ist über Abs. 6 Satz 4 in entsprechender Anwendung der §§ 117, 118 auch eine mündliche Prüfung über die Fortdauer der Unterbringung möglich. Ein Haftprüfungsverfahren nach §§ 121 ff. findet mangels Verweises in § 275a nicht statt (OLG München NStZ-RR 2009, 20). 18

Fallen während des Verfahrens die für eine Anordnung der nachträglichen Sicherungsverwahrung sprechenden dringenden Gründe weg, ist der Unterbringungsbefehl gem. Abs. 6 Satz 4 i.V.m. § 126a Abs. 3 aufzuheben. Entsprechendes gilt, wenn die StA die Aufhebung des Unterbringungsbefehls beantragt, weil sie keinen Antrag auf nachträgliche Sicherungsverwahrung stellen will. Im Verfahren über die vorbehaltene Sicherungsverwahrung kommt eine Aufhebung des Unterbringungsbefehls nur durch das Revisionsgericht in Betracht, da der Befehl erst nach Erlass des die Sicherungsverwahrung anordnenden Urteils ergangen sein kann (Meyer-Goßner/*Schmitt* § 275a Rn. 21). 19

Achter Abschnitt. Verfahren gegen Abwesende

Vorbemerkung zu §§ 276 ff.

1 Abgesehen von den zu § 230 Abs. 1 bestehenden Ausnahmen (zu deren Bedeutung für die §§ 276 bis 295 vgl. Rdn. 4 ff. zu § 285) lässt die StPO **keine Hauptverhandlung gegen abwesende Beschuldigte** zu. Durch die Normen des achten Abschnitts wird dieser Grundsatz nicht durchbrochen, sondern in § 285 Abs. 1 Satz 1 sogar bekräftigt. Die **bis 1975** in **§§ 277 bis 284 a.F.** enthaltene Ausnahme für Taten von geringer Bedeutung wurde durch Art. 21 Nr. 74 bis 78 EGStGB im Zusammenhang mit der Abschaffung der Deliktskategorie der Übertretungen gestrichen (vgl. zur bis 1975 geltenden Fassung Art. 3 Nr. 131 bis 133 VereinhG v. 12.09.1950, BGBl. I, S. 455, 493 ff.). Die rechtsstaatliche Problematik einer Verurteilung ohne Anhörung des Angeklagten stand bei der Abschaffung nicht im Vordergrund (instruktiv *Dünnebier* FS für Heinitz, S. 669, 678). Zur Regelungsgeschichte vgl. ferner *Riess* JZ 1975, 265; LR/*Stuckenberg* Vor § 276 Rn. 1 bis 7.

2 In ihrer heutigen Fassung bilden die §§ 276 bis 295 den Rahmen für jene prozessualen Maßnahmen, welche die StPO gegen einen Abwesenden trotz bzw. wegen der Unzulässigkeit der Hauptverhandlung ermöglicht. Dies ist zum einen die **Sicherung der Beweise** (§§ 285 bis 289) einschließlich deren Erhebung, zum anderen sind es Mittel, die eine **Gestellung** des Abwesenden bewirken oder erleichtern sollen, nämlich die Vermögensbeschlagnahme (§§ 290 bis 294) sowie die Erteilung sicheren Geleits (§ 295).

§ 276 Begriff der Abwesenheit

Ein Beschuldigter gilt als abwesend, wenn sein Aufenthalt unbekannt ist oder wenn er sich im Ausland aufhält und seine Gestellung vor das zuständige Gericht nicht ausführbar oder nicht angemessen erscheint.

1 **A. Allgemeines.** Mit dem Begriff der Abwesenheit des Beschuldigten umschreibt das Gesetz eine **Fiktion**, die auch erfüllt sein kann, wenn der Beschuldigte sich unerkannt am Gerichtsort aufhält (LR/*Stuckenberg*, § 276 Rn. 1). Die Legaldefinition gilt für den achten Abschnitt des zweiten Buchs sowie für § 205 (vgl. BGHSt 37, 145, 146) und § 154 f. Dagegen wird der Begriff insb. in den §§ 231 Abs. 2, 231a, 231b Abs. 1 und 232 Abs. 1 in einem abweichenden Sinn verwendet, vgl. § 285 Rdn. 4 ff. Der Begriff der Abwesenheit vereint **zwei Alternativen**: Er ist zum einen erfüllt, wenn den Strafverfolgungsbehörden der Aufenthalt des Beschuldigten unbekannt ist, und kann zum anderen erfüllt sein, wenn der Beschuldigte sich im Ausland aufhält.

2 **B. Unbekannter Aufenthalt.** Der Aufenthalt des Beschuldigten ist für das Gericht bzw. die Ermittlungsbehörden nur dann unbekannt, wenn sie ihn weder mit sachentsprechendem Aufwand ermitteln können noch sonst zu erwarten ist, dass er ihnen demnächst bekannt werden wird (allg. Auffassung, vgl. z.B. Meyer-Goßner/*Schmitt*, § 276 Rn. 2; LR/*Stuckenberg*, § 276 Rn. 4).

3 **C. Aufenthalt im Ausland.** Ein Aufenthalt im Ausland begründet Abwesenheit nur dann, wenn keine ausreichende Möglichkeit der Gestellung besteht. **Gestellung** bedeutet das tatsächliche Bewirken des Erscheinens durch Ladung (allg. M., z.B. AK-StPO/*Achenbach*, § 276 Rn. 5), wobei dieses auf Freiwilligkeit des Beschuldigten beruhen kann (OLG Frankfurt, NJW 1972, 1875) oder auf Zwangsmitteln i.R.d. Möglichkeiten internationaler Rechtshilfe (BGHSt 37, 145, 146; Meyer-Goßner/*Schmitt*, § 276 Rn. 3). Die Ladung bedarf dabei nicht der nach § 216 Abs. 1 Satz 1 vorgesehenen Androhung von Zwangsmitteln (OLG Frankfurt, NJW 1972, 1875; LR/*Stuckenberg*, § 276 Rn. 5; näher *Oppe* NJW 1966, 2237, 2238), nachdem solche im Ausland nicht unmittelbar vollstreckt werden können, worauf ansonsten nach Nr. 116 (1) RiVASt hinzuweisen ist (z.B. OLG Brandenburg NStZ 2015, 235).

4 Als **Ausland** ist jedes Gebiet anzusehen, bei dem die Mittel zur Gestellung versagen können, weil sie außerhalb des deutschen Hoheitsbereichs (Landgebiet samt Eigen- und Küstengewässer) liegen. Dazu zählt das Hoheitsgebiet fremder Staaten, aber auch die offene See (näher LR/*Stuckenberg*, § 276 Rn. 12).

5 Der Begriff **»erscheint«** macht deutlich, dass für die Beurteilung der Gestellungschancen eine Prognose der zu überwindenden Schwierigkeiten notwendig, aber auch ausreichend ist. Eine Auslieferung muss nicht erst erfolglos versucht worden sein (BGHSt 37, 145, 146; AK-StPO/*Achenbach*, § 276 Rn. 6; a.A. *Oppe* NJW 1966, 2237, 2238; KMR/*Kulhanek*, § 276 Rn. 16; de lege ferenda *Oppe* ZRP 1972, 56, 57). Vielmehr erscheint eine Gestellung schon dann **nicht ausführbar**, wenn bei Würdigung aller bekannten Umstände zu

erwarten ist, dass sich der Beschuldigte weder freiwillig dem Verfahren stellen wird noch sein Erscheinen erzwungen werden kann (LR/*Stuckenberg*, § 276 Rn. 6, 7; strenger MüKo-StPO/*Börner*, § 276 Rn. 8: sichere Erwartung). Ersteres kann auch dann gegeben sein, wenn einem abgeschobenen Beschuldigten keine kurzzeitige Betretungserlaubnis gem. § 11 Abs. 8 AufenthG zum Zweck der Durchführung des Strafverfahrens erteilt wird (OLG Oldenburg 21.07.2020 – 1 Ws 262/20). Letzteres hängt vom Zuschnitt des zum betreffenden Staat bestehenden Rechtshilfeverkehrs ab (näher hierzu BGHSt 18, 283, 287; zur Zustellung im Ausland und Alternativen KMR/*Kulhanek*, § 276 Rn. 8 ff.). Entgegen dem Votum der dabei entscheidungsbefugten Justiz- und Regierungsbehörden wird das Gericht eine Gestellungsmöglichkeit nicht bejahen können (LR/*Stuckenberg*, § 276 Rn. 7; nach MüKo-StPO/*Börner*, § 276 Rn. 11 hat das Gericht sich mit einer abweichenden behördlichen Haltung zumindest substanziiert auseinanderzusetzen).

Um eine Gestellung als **nicht angemessen** beurteilen zu können, muss zur Prognose der zu erwartenden Probleme und Auswirkungen deren Bewertung anhand des Verhältnismäßigkeitsgrundsatzes hinzutreten. Relevant sind auf der einen Seite das Gewicht des staatlichen Strafanspruchs, auf der anderen Seite nicht nur der mit einer Gestellung verbundene Kosten- und Verwaltungsaufwand (vgl. hierzu LG Offenburg, Beschl. v. 30.06.2015, Az. 3 Qs 6/15), sondern auch die mit ihr für den Beschuldigten bewirkten Nachteile, insb. die Dauer des Auslieferungsverfahrens und die Haftverhältnisse im ausländischen Staat. Von diesen Kriterien geht auch Nr. 88 (1) c) RiVASt aus; vgl. ferner SK-StPO/*Frister*, § 276 Rn. 8; LR/*Stuckenberg*, § 276 Rn. 9; MüKo-StPO/*Börner*, § 276 Rn. 10). 6

§§ 277 bis 284
(weggefallen)

§ 285 Beweissicherungszweck

(1) [1]Gegen einen Abwesenden findet keine Hauptverhandlung statt. [2]Das gegen einen Abwesenden eingeleitete Verfahren hat die Aufgabe, für den Fall seiner künftigen Gestellung die Beweise zu sichern.
(2) Für dieses Verfahren gelten die Vorschriften der §§ 286 bis 294.

A. Ausschluss der Hauptverhandlung gegen Abwesende (§ 285 Abs. 1 Satz 1). I. Grundsatz. Die Norm formuliert in ihrem ersten Satz in Parallele zu § 230 Abs. 1 die Folgerung aus einem **rechtsstaatlichen Grundsatz**: Regelmäßig vermag sich nur der in der Hauptverhandlung anwesende Angeklagte effektiv zu verteidigen und umfassend **rechtliches Gehör** zu verschaffen. Eine Verhandlung in seiner Abwesenheit berührt daher seinen Anspruch aus Art. 103 Abs. 1 GG (vgl. LR/*Stuckenberg*, § 285 Rn. 1). Das gilt jedenfalls dann, wenn der Angeklagte unfreiwillig abwesend ist, weil er vom Verfahren keine Kenntnis erlangt oder gegen seinen Willen am Erscheinen gehindert ist. Jedoch verbietet die StPO eine Hauptverhandlung gegen Abwesende mit engen Ausnahmen (s. Rdn. 4 ff.) auch dann, wenn der Angeklagte sich dem Verfahren willentlich entzieht und damit gegen seine aus § 231 Abs. 1 folgende Anwesenheitspflicht verstößt. Nachdem Art. 103 Abs. 1 GG nur die Gelegenheit zu rechtlichem Gehör garantiert (vgl. BGHSt 13, 123; *Roxin/Schünemann*, § 18 Rn. 12), beruht dies primär auf dem **Gebot der Sachaufklärung**: Der Gesetzgeber bewertet den potenziellen Beitrag des anwesenden Angeklagten hierzu höher als das Interesse an einem zügigen, durch den Angeklagten nicht konterkarierten Verfahrensabschluss (vgl. zur Entstehungsgeschichte *Dünnebier* FS für Heinitz, S. 669, 678). 1

II. Verhältnis zu den Regelungen für »ausbleibende« Angeklagte (§§ 230 ff.). 1. § 285 Abs. 1 Satz 1 als Spezialfall des § 230 Abs. 1. § 285 Abs. 1 Satz 1 ist eine in der Rechtsfolge identische Sonderregelung zu § 230 Abs. 1; der dortige Grundsatz wird hier wiederholt für die Fälle, in denen ein »**Ausbleiben**« in der Hauptverhandlung i.S.d. des § 230 Abs. 1 auf einer **Abwesenheit** i.S.d. § 276 beruht. Beide Begriffe sind nicht deckungsgleich: Selbst wo in den §§ 231 ff. von der »Abwesenheit« des Angeklagten die Rede ist, wird dies wie das »Ausbleiben« lediglich auf eine konkrete Hauptverhandlung bezogen und damit in einem 2 allgemeineren Sinn als in § 276 verstanden. Regelmäßig wird der Angeklagte in den Fällen der §§ 231 ff. erreichbar sein, sodass man ihn zur Anwesenheit zwingen könnte (LR/*Stuckenberg*, § 276 Rn. 3). Er ist dann nicht abwesend i.S.d. § 276.

3 Für diese Fälle der Erreichbarkeit legen die **§§ 231 ff.** einen rechtsstaatlichen Rahmen für die zweckmäßige Auswahl aus zwei Alternativen fest: Im Regelfall muss der Angeklagte herbeigeschafft werden. Nur ausnahmsweise darf darauf verzichtet und gegen einen ausbleibenden Angeklagten verhandelt werden. In den Fällen des **§ 285 Abs. 1 Satz 1** besteht die Alternative des Herbeischaffens nicht, was zugleich die **Funktion der Norm** verdeutlicht: Indem der Gesetzgeber hier das schon aus § 230 Abs. 1 folgende Verbot der Hauptverhandlung wiederholt, stellt er klar, dass dieser Grundsatz selbst dann gilt, wenn eine Anwesenheit des Angeklagten nicht erzwungen werden kann. Auch dann dürfen die Organe der Strafrechtspflege ihre Ohnmacht nicht durch eine Hauptverhandlung in Abwesenheit des Angeklagten kompensieren. Zudem unterstreicht der Gesetzgeber mit der heutigen apodiktischen Fassung der Norm die 1975 zugleich erfolgte Abschaffung des eigentlichen Abwesenheitsverfahrens durch das EGStGB (vgl. Vorbem. zu §§ 276 bis 295).

4 **2. Anwendbarkeit der zu § 230 Abs. 1 bestehenden Ausnahmen.** So wenig § 285 Abs. 1 Satz 1 den durch die §§ 230 ff. gezogenen Rahmen erweitert, so wenig zielt die Norm darauf, ihn zu verengen: Die zu § 230 Abs. 1 bestehenden **Ausnahmen** sind auch hier **anwendbar**. Dass § 285 Abs. 1 Satz 1 speziell die Fälle des auf Abwesenheit i.S.d. § 276 beruhenden Ausbleibens betrifft, steht nicht entgegen: Die Beeinträchtigung der prozessualen Stellung des Angeklagten und die Qualitätseinbuße für die Sachaufklärung einerseits sowie die Beschleunigung des Verfahrensabschlusses andererseits zeichnen eine Verhandlung in Abwesenheit unabhängig davon aus, ob der Angeklagte zwangsweise hätte herbeigeschafft werden können. Zudem besteht kein Anlass, einen Flüchtigen ggü. dem ausbleibenden, aber im Inland erreichbaren Angeklagten besserzustellen (so zutreffend LR/*Stuckenberg*, § 285 Rn. 2).

5 So kann eine Hauptverhandlung auch dann nach **§ 231 Abs. 2** zu Ende geführt werden, wenn der sich entfernende Angeklagte nun unbekannten Aufenthalts oder ins Ausland geflohen ist (BGHSt 27, 216, 217). Wenn der Aufenthalt des Beschuldigten bekannt ist und nur deshalb die Abwesenheit i.S.d. § 276 begründet, weil er im Ausland liegt, so kann nach **§ 232** verfahren werden, wenn die dort vorgesehene Ladung erfolgt. Die gegenteilige frühere Auffassung des BGH zu § 232 (NJW 1957, 472) ist durch die Aufhebung der §§ 277 bis 284 a.F. überholt (näher KK-StPO 6. Aufl. 2008/*Engelhardt*, § 285 Rn. 3). Es besteht auch kein Anlass, § 232 nur dann anzuwenden, wenn sich die Abwesenheit erst nach Ladung herausstellt. Jedoch hindert auch ein unbekannt gewordener Aufenthalt ein Vorgehen nach § 232 nicht, wenn zuvor noch eine ordnungsgemäße Ladung erfolgen konnte. Auch der im Ausland wohnende Angeklagte kann nach **§ 233** vom Erscheinen entbunden werden (OLG Hamburg, MDR 1968, 345). Ferner kann im Berufungsverfahren nach **§ 329**, bei Einspruch im Strafbefehlsverfahren nach **§ 412** verfahren werden (vgl. KG, NJW 1969, 475), soweit dort das Stadium der Hauptverhandlung vor bzw. trotz Abwesenheit des Angeklagten erreicht werden konnte bzw. kann (sofern die Zustellung möglich ist, kann ein Strafbefehl auch gegen einen Abwesenden erlassen werden; zudem gestattet § 408a Abs. 1 ua für den Fall der Abwesenheit sogar nach Zulassung einer Anklage zur Hauptverhandlung noch einen Wechsel in das Strafbefehlsverfahren; krit. hierzu LR/*Gössel*, § 408a Rn. 3 ff.). Regelmäßig ist es also für den Verfahrensfortgang unschädlich, wenn der ausbleibende Angeklagte zugleich abwesend i.S.d. § 276 ist (ebenso bzgl. der genannten Ausnahmen LR/*Stuckenberg*, § 285 Rn. 2; AK-StPO/*Achenbach*, § 285 Rn. 2; SK-StPO/*Frister*, § 285 Rn. 7 ff.; Meyer-Goßner/*Schmitt*, § 285 Rn. 1; KK-StPO/*Greger*, § 285 Rn. 1).

6 Im **Schrifttum** wird allerdings teilweise eine Anwendung der **§§ 232 und 412** auf Abwesende aus der Sorge heraus **abgelehnt**, dass man bei ihnen ein unfreiwilliges Ausbleiben nicht sicher genug ausschließen könne (SK-StPO/*Frister*, § 285 Rn. 8 bzgl. § 412 und nur für den Fall, dass dem Angeklagten ein Erscheinen nicht möglich ist) bzw. es ein Anwesenheitsrecht des Angeklagten zu schützen gelte (MüKo-StPO/Börner, § 285 Rn. 4). Jedoch scheidet § 412 zumindest bei genügender Entschuldigung aus, während § 232 durch das Ladungserfordernis immerhin eine auf Unkenntnis beruhende Unfreiwilligkeit regelmäßig ausschließt. Hinzu kommt die Möglichkeit der Wiedereinsetzung in den vorigen Stand nach § 235 bzw. §§ 412, 329 Abs. 3. Es besteht daher kein Grund, § 232 oder § 412 pauschal in allen Fällen des § 285 auszuschließen. Abwesenheit i.S.d. § 276 wird durch staatliche Ohnmacht definiert. Im Einzelfall mag zwar auch der Angeklagte gehindert sein, rechtliches Gehör in Anspruch zu nehmen. Angesichts heutiger Kommunikations- wie Reisemöglichkeiten ist aber nicht ersichtlich, dass sein Risiko allein durch einen für die Verfolgungsbehörden unbekannten Aufenthalt oder einen Auslandsaufenthalt signifikant gesteigert würde.

7 **III. Abweichung im Bereich internationaler Rechtshilfe.** Der wesentliche Kern der Gewährleistung rechtlichen Gehörs im Strafverfahren gehört zum nach Art. 25 GG in der BRD verbindlichen **völkerrechtlichen Mindeststandard.** Eine Auslieferung in das Ausland zur Vollstreckung eines Abwesenheitsurteils setzt

daher zumindest voraus, dass der Verfolgte über die Tatsache der Durchführung und des Abschlusses des betreffenden Verfahrens unterrichtet war oder ihm eine tatsächlich wirksame Möglichkeit eröffnet ist, sich nach Erlangung dieser Kenntnis nachträglich rechtliches Gehör zu verschaffen und sich wirksam zu verteidigen (BVerfG, NStZ 2006, 102; BVerfGE 63, 332). Eine Auslieferung ist damit aber auch für Verfahren möglich, in denen einer Verurteilung nach deutschem Recht § 285 Abs. 1 Satz 1 entgegengestanden hätte (krit. *Roxin/Schünemann*, § 62 Rn. 2).

8 Auf dieser Basis hat der **Rahmenbeschluss 2009/299/IJ v. 26.02.2009** (EuABl. L 81 v. 27.03.2009, S. 24) für den Bereich der EU die Voraussetzungen der gegenseitigen Anerkennung von Abwesenheitsverurteilungen vereinheitlicht, u.a. durch Änderung des Rahmenbeschlusses 2002/584/JI über den Europäischen Haftbefehl (krit. hierzu *Ahlbrecht* FS für AG Strafrecht, S. 1055; *Klitsch* ZIS 2009, 11).

9 B. **Beweissicherungsverfahren (§ 285 Abs. 1 Satz 2, Abs. 2).** § 285 Abs. 1 Satz 1 bewirkt **kein Verfahrenshindernis** (h.M., vgl. z.B. LR/*Stuckenberg*, § 285 Rn. 3; wohl ohne Unterschied in der Sache SK-StPO/*Frister*, § 285 Rn. 4: auf das Hauptverfahren beschränktes Verfahrenshindernis; a.A. wohl *Roxin/Schünemann*, § 21 Rn. 18). Der in § 285 Abs. 1 Satz 2 angegebene Zweck des Abwesenheitsverfahrens charakterisiert zudem nur die §§ 286–289. Die §§ 290 bis 294 bieten dagegen mit Vermögensbeschlagnahme und sicherem Geleit zwei Hilfsmittel, um eine Gestellung zu bewirken. Das Beweissicherungsverfahren ist in allen Verfahrensstadien zulässig und nicht auf das Hauptverfahren beschränkt (BT-Drs. 19/27654, S. 96; LR/*Stuckenberg*, § 285 Rn. 6; KMR/*Kulhanek*, § 285 Rn. 9). § 285 Abs. 1 Satz 2 und Abs. 2 haben dabei insb. den **Verfahrensabschnitt ab Anklageerhebung** im Blick (vgl. SK-StPO Loseblattausgabe 43. EL 2005/*Schlüchter/Frister*, § 285 Rn. 5), denn einerseits bezieht § 289 im Umkehrschluss den Zeitraum vor Eröffnung des Hauptverfahrens mit ein, andererseits ist die StA im **Vorverfahren** nicht auf ein Vorgehen nach §§ 286 bis 289 angewiesen: Sie kann auch gegen Abwesende ermitteln und Beweise sichern, wobei gleichwohl auf richterliche Untersuchungshandlungen die §§ 286, 287 Anwendung finden (LR/*Stuckenberg*, § 285 Rn. 7, 8; SK-StPO/*Frister*, § 285 Rn. 12). Eine Anklageerhebung gegen einen Abwesenden ist jedoch erforderlich, wenn eine Vermögensbeschlagnahme nach § 290 erfolgen soll.

10 Soweit aus § 285 Abs. 1 Satz 1 ein Verbot der Hauptverhandlung folgt, wird vor Anklageerhebung über § 154f, danach über **§ 205** die Möglichkeit eröffnet dem – ggf. nach Maßnahmen i.S.d. §§ 286 ff. – mit einer vorläufigen Einstellung des Verfahrens Rechnung zu tragen (vgl. Meyer-Goßner/*Schmitt*, § 285 Rn. 2); diesen Normen liegt der Abwesenheitsbegriff nach § 276 zugrunde (vgl. BGHSt 37, 145, 146). Eine bereits erfolgte Einstellung gem. § 154f bzw. § 205 schließt ihrerseits beweissichernde Maßnahmen nach den §§ 286 ff. nicht aus (LR/*Stuckenberg*, § 205 Rn. 15). Anordnungen zur Beweissicherung und Aufenthaltsermittlung im Rahmen eines Verfahrens gegen Abwesende haben nach § 78c Abs. 1 Satz 1 Nr. 10 StGB eine **Unterbrechung der Verfolgungsverjährung** zur Folge (hierzu BGHSt 37, 145 = NStZ 1990, 584 m.Anm. *Temming*).

§ 286 Vertretung von Abwesenden

[1]Für den Beschuldigten kann ein Verteidiger auftreten. [2]Auch Angehörige des Beschuldigten sind, auch ohne Vollmacht, als Vertreter zuzulassen.

1 Die Abwesenheit ändert nichts am Recht, sich der Unterstützung eines **Verteidigers** zu bedienen. Satz 1 der Norm betont daher nur die unveränderte Geltung des Grundsatzes aus § 137. Umgekehrt begründet Abwesenheit nicht per se einen Fall notwendiger Verteidigung, wird jedoch häufig die Voraussetzungen nach § 140 Abs. 2 Satz 1, 3. Alt. erfüllen (SK-StPO/*Frister*, § 286 Rn. 2; vgl. zudem *Dierbach* StraFo 2019, 50, 51). Durch Art. 1 Nr. 39 des Gesetzes zur Fortentwicklung der Strafprozessordnung und zur Änderung weiterer Vorschriften v. 25.06.2021 (BGBl. I, S. 2099, 2105) trat in beiden Sätzen der Norm der »**Beschuldigte**« an die Stelle des »Angeklagten«. Hiermit hat der Gesetzgeber ein Redaktionsversehen berichtigt (näher LR/Stuckenberg, § 285 Rn. 6) und zugleich die schon zuvor bestehende allg. M. bekräftigt, wonach das Beweissicherungsverfahren in allen Verfahrensstadien zulässig und nicht auf das Hauptverfahren beschränkt ist (BT-Drs. 19/27654, S. 96).

2 Die Zulassung **Angehöriger** erlaubt über § 149 hinausgehend deren Interessenwahrnehmung für den Beschuldigten, was nach dem Sinn des Abwesenheitsverfahrens v.a. Anregungen und Hinweise ermöglichen soll (LR/*Stuckenberg*, § 288 bis 288 Rn. 6), aber insb. auch die Mitwirkungsrechte nach §§ 168c, 168d beinhaltet und dem Angehörigen insoweit die Rechte eines Verteidigers verleiht. Eine Vertretungsbefugnis i.S.d. § 234 erlangt der Angehörige dagegen trotz des Wortlauts nur durch Bevollmächtigung; da keine Hauptverhandlung stattfindet, besteht hierfür aber auch nur reduzierter Bedarf (vgl. LR/*Stuckenberg*, § 288 bis 288 Rn. 6; Meyer-Goßner/*Schmitt*, § 286 Rn. 4; KK-StPO/*Greger*, § 286 Rn. 5; a.A. MüKo-StPO/*Börner*, § 286 Rn. 4). Der Kreis berechtigter Angehöriger unterliegt nach dem Normzweck nicht der Limitierung durch

§ 52 Abs. 1 StPO oder § 11 Abs. 1 Nr. 1 StGB (h.M., vgl. z.B. SK-StPO/*Frister*, § 286 Rn. 4 m.w.N.; a.A. HK-StPO/*Julius/Pollähne*, § 286 Rn. 1), jedoch muss von einem Handeln des Angehörigen im mutmaßlichen Willen des Beschuldigten auszugehen sein (KMR/*Kulhanek*, § 286 Rn. 6). Ein Ehegatte kommt als Vertreter nur bei noch bestehender Ehe in Betracht (allg. M., z.B. KK-StPO/*Greger*, § 286 Rn. 3; LR/*Stuckenberg*, § 286 bis 288 Rn. 5). Für die Anzahl der Vertreter gilt § 137 Abs. 1 Satz 2 entsprechend (MüKo-StPO/*Börner*, § 286 Rn. 4; Meyer-Goßner/*Schmitt*, § 286 Rn. 2).

§ 287 Benachrichtigung von Abwesenden

(1) Dem abwesenden Beschuldigten steht ein Anspruch auf Benachrichtigung über den Fortgang des Verfahrens nicht zu.

(2) Der Richter ist jedoch befugt, einem Abwesenden, dessen Aufenthalt bekannt ist, Benachrichtigungen zugehen zu lassen.

1 Benachrichtigungspflichten ggü. dem abwesenden Beschuldigten bestehen auch dann nicht, wenn sein Aufenthaltsort im Ausland bekannt ist oder er einen **Zustellungsbevollmächtigten** benannt hat (h.M., vgl. z.B. Meyer-Goßner/*Schmitt*, § 287 Rn. 1; LR/*Stuckenberg*, §§ 286–288 Rn. 7; SK-StPO/*Frister*, § 287 Rn. 2; *Radtke/Hohmann/Ullenbruch*, § 287 Rn. 2; diff. KMR/*Kulhanek*, § 286 Rn. 3 f.; a.A. MüKo-StPO/*Börner*, § 287 Rn. 1). Ggü. dem **Verteidiger** gelten jedoch die üblichen Informationspflichten (z.B. § 168c Abs. 5, § 224); ebenso ggü. den nach § 286 Satz 2 zugelassenen Angehörigen (allg. M., vgl. z.B. SK-StPO/*Frister*, § 287 Rn. 3).

§ 288 Öffentliche Aufforderung zum Erscheinen oder zur Aufenthaltsortsanzeige

Der Abwesende, dessen Aufenthalt unbekannt ist, kann in einem oder mehreren öffentlichen Blättern zum Erscheinen vor Gericht oder zur Anzeige seines Aufenthaltsortes aufgefordert werden.

1 Die auf die Ermöglichung einer Kommunikation mit dem Beschuldigten abzielende Maßnahme steht im Ermessen des Gerichts, das dabei über den Wortlaut der Norm hinaus auf alle geeigneten Mittel zurückgreifen kann, etwa den Rundfunk oder das Internet. Mit Blick auf den Wortlaut der Norm und die faktische Wirkung einer derart intensiven Verbreitung wird eine solch weite Auslegung aber z.T krit. gesehen (*Radtke/Hohmann/Ullenbruch*, § 288 Rn. 5; MüKo-StPO/*Börner*, § 288 Rn. 1). In der Tat hat das Gericht bei seiner Entscheidung die potenzielle Nähe eines Vorgehens nach § 288 zu einer Öffentlichkeitsfahndung zu bedenken und bei seinen Maßnahmen den Grundsatz der Verhältnismäßigkeit zu beachten (SK-StPO/*Frister*, § 288 Rn. 2). Rechtswirkungen besitzt die Aufforderung nicht, insb. nicht diejenigen einer Ladung oder öffentlichen Zustellung (LR/*Stuckenberg*, §§ 286 bis 288 Rn. 12). Ein Vorgehen nach § 288 steht im Ermittlungsverfahren auch der Staatsanwaltschaft offen, wobei analog § 98 Abs. 2 Satz 2 eine gerichtliche Entscheidung herbeigeführt werden kann (KMR/*Kulhanek*, § 288 Rn. 2; MüKo-StPO/*Börner*, § 288 Rn. 4; a.A. SK-StPO/*Frister*, § 288 Rn. 1: aufgrund des Wortlauts alleinige Befugnis des Gerichts). Die praktische Bedeutung der Norm ist mit Blick auf die Möglichkeit des § 131a (Ausschreibung zur Aufenthaltsermittlung) aber ohnehin gering (KMR/*Kulhanek*, § 288 Rn. 2).

§ 289 Beweisaufnahme durch beauftragte oder ersuchte Richter

Stellt sich erst nach Eröffnung des Hauptverfahrens die Abwesenheit des Angeklagten heraus, so erfolgen die noch erforderlichen Beweisaufnahmen durch einen beauftragten oder ersuchten Richter.

1 Die Vorschrift dient der Prozessökonomie (SK-StPO/*Frister*, § 289 Rn. 1) und trägt zugleich dem Umstand Rechnung, dass eine Hauptverhandlung gegen einen abwesenden Beschuldigten nicht durchgeführt werden kann. Während die Beweissicherung im Ermittlungsverfahren ohnehin der StA obliegt (mit der Möglichkeit des Vorgehens nach § 162) und im Zwischenverfahren die Möglichkeit einer kommissarischen Beweiserhebung in den Fällen der §§ 202, 205 Satz 2 allgemein anerkannt ist (vgl. Meyer-Goßner/*Schmitt*, § 202 Rn. 3; LR/*Stuckenberg*, § 205 Rn. 51), eröffnet § 289 dem erkennenden Gericht diesen Weg auch für das Hauptverfahren. Für Zeugenvernehmungen und Augenscheinsnahme gelten die §§ 223 bis 225 (näher SK-StPO/*Frister*, § 289 Rn. 1). Zu der Benachrichtigungspflicht nach § 224 vgl. § 287 Rdn. 1; eine Benachrichtigung des abwesenden Angeklagten ist nach § 287 entbehrlich (allg. M., z.B. LR/*Stuckenberg*, § 289 Rn. 3).

§ 290 Vermögensbeschlagnahme

(1) Liegen gegen den Abwesenden, gegen den die öffentliche Klage erhoben ist, Verdachtsgründe vor, die den Erlaß eines Haftbefehls rechtfertigen würden so kann sein im Geltungsbereich dieses Bundesgesetzes befindliches Vermögen durch Beschluß des Gerichts mit Beschlag belegt werden.

(2) Wegen Straftaten, die nur mit Freiheitsstrafe bis zu sechs Monaten oder mit Geldstrafe bis zu einhundertachtzig Tagessätzen bedroht sind, findet keine Vermögensbeschlagnahme statt.

Übersicht

A. Bedeutung der Vorschrift. Die Vermögensbeschlagnahme belegt den Abwesenden mit einem absoluten Verfügungsverbot (zur Wirkung vgl. § 292) und ermöglicht damit einen **weitreichenden Eingriff** in seine Rechtsstellung. Im Gesetzgebungsverfahren der RStPO wurde dies mit Sorge gesehen und die bis 1975 existente Möglichkeit einer Verurteilung in Abwesenheit wohl nur zugelassen, um den Anwendungsbereich der Vermögensbeschlagnahme zu begrenzen. Ein Unterbleiben rechtlichen Gehörs wurde bei geringem Schuldvorwurf als weniger gravierend empfunden als der »bürgerliche Tod« in Form des Verfügungsverbots (vgl. *Dünnebier* FS für Heinitz, S. 669, 672). § 290 Abs. 2 trägt dem heute noch Rechnung. Kann eine zwangsweise Gestellung des Abwesenden bewirkt werden, so wird das gegenüber der Vermögensbeschlagnahme häufig das mildere Mittel sein, vgl. LR/*Stuckenberg*, § 276 Rn. 10; vgl. aber auch SK-StPO/*Frister*, § 290 Rn. 4: Prüfung im Einzelfall). 1

Im Kontrast zum Potenzial der Maßnahme steht ihre offenbar **seltene Anwendung**, auf die ihre nur vereinzelte Behandlung in der Rspr. schließen lässt (vgl. *Börner*, NStZ 2005, 547). Die Begrenzung auf inländische Güter reduziert die Praktikabilität der Norm (so bereits *Dünnebier* FS für Heinitz, S. 669, 679 f.), zumal eine rechtzeitige Vermögensverlagerung durch das Erfordernis der Anklageerhebung erleichtert wird (AK-StPO/*Achenbach*, § 290 Rn. 2). Den erwägenswerten Verzicht auf Letzteres sah ein RefE des BMJ vor, der jedoch nicht umgesetzt wurde (vgl. StV 1982, 600, 602; ferner *Hilger*, NStZ 1982, 374, 375). 2

B. Zweck der Vermögensbeschlagnahme. Die Beschlagnahme soll die **Gestellung** bewirken, indem sie dem Abwesenden einen Anreiz hierzu schafft und ihm zugleich die Mittel für ein weiteres Fernbleiben entzieht (allg. M., KG, 14.03.2005 – 5 Ws 585/04; BayObLG, NJW 1964, 301; LR/*Stuckenberg*, § 290 Rn. 1). Eine ausdrückliche Regelung in diesem Sinne sah bereits ein RefE des BMJ vor, vgl. StV 1982, 600, 602. Die rechtliche Wirkung der Vermögensbeschlagnahme ergibt sich näher aus § 292. 3

Eine Anwendung zu **weiteren Zwecken** gestattet § 290 nicht. Zwar kann die Beschlagnahme faktisch auch Opfern der Straftat den Zugriff auf das Vermögen des Beschuldigten erleichtern (*Hilger*, NStZ 1982, 374; AK-StPO/*Achenbach*, § 290 Rn. 1). Dies ist jedoch Nebeneffekt; hierzu angeordnet werden kann die Maßnahme nicht (KMR/*Kulhanek*, § 290 Rn. 2; SK-StPO/*Frister*, § 290 Rn. 1). Ein gezieltes Vorgehen gestattet hier nur § 111b Abs. 5. Genauso wenig dient die Beschlagnahme der Sicherung der Verfahrenskosten, einer zu erwartenden Geldstrafe oder der Vollstreckungskosten (a.A. AK-StPO/*Achenbach*, § 290 Rn. 1). Hierfür spricht nicht nur der Umkehrschluss zu § 111d Abs. 1 Satz 2, 3, sondern auch der Umstand, dass zugleich mit der Schaffung dieser Norm durch das EGStGB 1975 § 284a.F. (Vermögensbeschlagnahme zur Sicherung der den Angeschuldigten möglicherweise treffenden Geldstrafe und der Verfahrenskosten) ersatzlos aufgehoben wurde. 4

Erweitert wird der Anwendungsbereich aber durch § 457 Abs. 3 um die Fälle, in denen die Gestellung zur **Vollstreckung einer Freiheitsstrafe** zu bewirken ist. Zwar hat in diesen Fällen die Hauptverhandlung bereits stattgefunden, die § 290 ermöglichen will. Wenn § 457 Abs. 3 jedoch unstreitig Fahndungsmaßnahmen erlaubt, die ihren originären Anwendungsbereich mit dem Abschluss der Hauptverhandlung ebenso verlieren, so gibt es keinen Grund, die Vermögensbeschlagnahme auszunehmen (KG NStZ-RR 2014, 231; OLG Düsseldorf, NStZ 1997, 103; SK-StPO/*Frister*, § 290 Rn. 1; KMR/*Kulhanek*, § 290 Rn. 32; a.A. MüKo-StPO/*Börner*, § 290 Rn. 13). 5

C. Voraussetzungen der Vermögensbeschlagnahme. Die Beschlagnahme setzt die Erhebung der **Anklage** voraus, was bei einem bereits Abwesenden auch eigens zu diesem Zweck geschehen kann (allg. M., vgl. z.B. AK-StPO/*Achenbach*, § 290 Rn. 4). Über Abs. 2 wird die Beschlagnahme bei Bagatelldelikten ausgeschlossen, wobei hier der gesetzliche Strafrahmen des Tatbestands, nicht die konkrete Straferwartung maßgeblich ist (LR/*Stuckenberg*, § 290 Rn. 4). Das **Verhältnismäßigkeitsgebot** ist auch darüber hinaus zu beachten. So ist 6 die Beschlagnahme als Druckmittel ungeeignet, wo sie bei kleinem Vermögen keinen ausreichenden Druck erzeugen kann oder wo die Abwesenheit unfreiwillig besteht (allg. M., vgl. z.B. SK-StPO/*Frister*, § 290 Rn. 5). Andererseits reicht es aus, wenn die Chancen einer Gestellung erhöht werden. Dass dem stets die Abschreckungswirkung der zu erwartenden Strafe gegenüber steht, liegt in der Natur der Sache und tangiert die Eignung regelmäßig nicht. Insb. besteht kein Erfahrungssatz, wonach die Furcht vor Inhaftierung und hoher Bestrafung die Wiedereinreise eines flüchtigen Angeklagten stets ausschließt (KG, 14.03.2005 – Ws 585/04 m. Besprechung *Börner*, NStZ 2005, 547, 550). Nachdem mit Abs. 2 ohnehin eine der Wahrung der Verhältnismäßigkeit dienende Regelung zur mindestens erforderlichen Strafdrohung besteht, hätte es bei einem anderweitigen Willen des Gesetzgebers für diesen nahegelegen, dort neben einer Untergrenze zugleich auch eine Obergrenze zu normieren.

7 Erforderlich ist ferner ein **dringender Tatverdacht** i.S.d. § 112 Abs. 1. Ein Haftgrund muss dagegen nicht vorliegen (SK-StPO/*Frister*, § 290 Rn. 4; Meyer-Goßner/*Schmitt*, § 290 Rn. 2; KK-StPO/*Greger*, § 290 Rn. 4; KMR/*Kulhanek*, § 290 Rn. 13; a.A. *Radtke/Hohmann/Ullenbruch*, § 290 Rn. 5; MüKo-StPO/*Börner*, § 290 Rn. 3). Dafür spricht, dass die Haftgründe der Verdunkelungs- oder Wiederholungsgefahr in keinem Bezug zur Wirkung der Beschlagnahme stehen, während § 112 Abs. 2 Nr. 1 meist erfüllt sein wird. Der Frage kommt daher wenig praktische Bedeutung zu (AK-StPO/*Achenbach*, § 290 Rn. 5).

8 **D. Verfahren.** Die Anordnung erfolgt durch **Beschluss** des Gerichts (Muster bei KMR/*Kulhanek*, § 290 Rn. 23), der gem. § 291 bekannt zu machen ist. Ein Antrag der StA ist nicht erforderlich. Eine schon erfolgte Einstellung nach § **205** steht nicht entgegen (KG, 14.03.2005 – 5 Ws 585/04; LR/*Stuckenberg*, § 290 Rn. 6). Erlass wie Ablehnung der Beschlagnahme unterliegen der Beschwerde nach § 304.

§ 291 Bekanntmachung der Beschlagnahme

Der die Beschlagnahme verhängende Beschluß ist im Bundesanzeiger bekanntzumachen und kann nach dem Ermessen des Gerichts auch auf andere geeignete Weise veröffentlicht werden.

1 Die **Wirksamkeit** der Beschlagnahme hängt nach § 292 Abs. 1 von der Bekanntmachung im Bundesanzeiger ab. Sinnvoll ist ihre Anordnung direkt im Beschlagnahmebeschluss. Möglich ist aber auch die nachträgliche Anordnung des Vorsitzenden (h.M., z.B. SK-StPO/*Frister*, § 291 Rn. 3; KK-StPO/*Greger*, § 291 Rn. 1; *Radtke/Hohmann/Ullenbruch*, § 291 Rn. 3; a.A. Meyer-Goßner/*Schmitt*, § 291 Rn. 1; MüKo-StPO/*Börner*, § 291 Rn. 2). Für die Durchführung gilt § 36 Abs. 1 Satz 2.

2 Die Veröffentlichung in **anderer Weise** ist fakultativ und bedarf daher unstreitig eines – ggf. auch erst nach dem Beschlagnahmebeschluss erfolgenden – Gerichtsbeschlusses. Sie dient auch dem Schutz Dritter und trägt zugleich zur intendierten Wirkung der Beschlagnahme bei, indem Geschäfte mit dem Abwesenden unterbleiben (vgl. LR/*Stuckenberg*, § 291 Rn. 1). Da ein gutgläubiger Erwerb nicht in Betracht kommt (vgl. § 292 Rdn. 1), scheidet allerdings eine Eintragung im Grundbuch aus (BayObLGZ 12, 31; SK-StPO/*Frister*, § 291 Rn. 2 m.w.N.).

§ 292 Wirkung der Bekanntmachung

(1) Mit dem Zeitpunkt der ersten Bekanntmachung im Bundesanzeiger verliert der Angeschuldigte das Recht, über das in Beschlag genommene Vermögen unter Lebenden zu verfügen.

(2) [1]Der die Beschlagnahme verhängende Beschluß ist der Behörde mitzuteilen, die für die Einleitung einer Pflegschaft über Abwesende zuständig ist. [2]Diese Behörde hat eine Pflegschaft einzuleiten.

1 Die Beschlagnahme bewirkt für den Abwesenden ein **absolutes Verfügungsverbot** bzgl. seines gegenwärtigen und zukünftigen inländischen Vermögens. Dennoch erfolgende Verfügungen sind nach § 134 BGB ohne Rücksicht auf die Gutgläubigkeit Dritter nichtig. Überträgt der Abwesende Vermögenswerte, so ist auch das Kausalgeschäft nichtig (allgemein z.B. MüKo-BGB/*Armbrüster*, § 134 Rn. 9). Er kann aber solche schuldrechtliche Verpflichtungen eingehen, die ihm keine unmittelbare Gegenleistung einbringen (Abschluss eines Versicherungsvertrags, OLG Düsseldorf, NJW-RR 2004, 468; KMR/*Kulhanek*, § 292 Rn. 3).

2 Für die über Abs. 2 herbeizuführende **Pflegschaft** gelten die §§ 1911, 1915 BGB, soweit dies mit dem Beschlagnahmezweck vereinbar ist. Der Pfleger ist insb. berechtigt, **Verbindlichkeiten** des Abwesenden zu erfüllen, was z.B. im Interesse Unterhaltsberechtigter angezeigt sein wird (BayObLG, NJW 1964, 301; KMR/*Kulhanek*, § 292 Rn. 10). Gläubiger des Abwesenden können zudem in das beschlagnahmte Vermögen vollstrecken (allg. M., z.B. SK-StPO/*Frister*, § 292 Rn. 3; *Hilger* NStZ 1982, 374, 375). Soweit Maßnahmen des Pflegers gerichtlicher Genehmigung bedürfen, entscheidet das Betreuungsgericht. Nachdem die strafprozessuale Beschlagnahme gegenüber der zivilrechtlichen Abwesenheitspflegschaft nicht nachrangig ist, ist

jedoch ein Erfordernis der Genehmigung auch durch das Strafgericht anzunehmen bei Maßnahmen, die dem Zweck der strafprozessualen Beschlagnahme potenziell zuwider laufen (*Radtke/Hohmann/Ullenbruch*, § 292 Rn. 10; a.A. SK-StPO/*Frister*, § 292 Rn. 7; LR/*Stuckenberg*, §§ 292 Rn. 6).

§ 293 Aufhebung der Beschlagnahme

(1) Die Beschlagnahme ist aufzuheben, wenn ihre Gründe weggefallen sind.

(2) [1]Die Aufhebung der Beschlagnahme ist auf dieselbe Weise bekannt zu machen, wie die Bekanntmachung der Beschlagnahme. [2]Ist die Veröffentlichung nach § 291 im Bundesanzeiger erfolgt, ist zudem deren Löschung zu veranlassen; die Veröffentlichung der Aufhebung der Beschlagnahme im Bundesanzeiger ist nach Ablauf von einem Monat zu löschen.

Zwingend aufzuheben ist die Beschlagnahme, wenn und sobald sie nicht mehr angeordnet werden könnte. 1
Dies ist anhand des Zwecks der Beschlagnahme zu bestimmen und anzunehmen, wenn die **Gestellung** erfolgt ist, wenn sie faktisch nicht mehr möglich ist (Tod/Reiseunfähigkeit des Abwesenden), wenn sie rechtlich nicht mehr in verhältnismäßiger Weise erzwingbar ist (z.B. bei Wegfall des dringenden Tatverdachts oder deutlicher Reduzierung der Straferwartung) oder wenn sie nicht mehr notwendig ist (z.B. bei Verfahrenshindernis, Rücknahme der Anklage, Ablehnung der Eröffnung). Vorsicht geboten ist bei der Annahme einer entfallenen Eignung der Beschlagnahme als Druckmittel, vgl. KG, 14.03.2005 – 5 Ws 585/04. Ob jenseits dieser zwingenden Fälle eine Aufhebung kraft bloßer abweichender Ermessensausübung möglich ist, ist zweifelhaft, vgl. SK-StPO Loseblattausgabe 43. EL 2005/*Schlüchter/Frister*, § 293 Rn. 3; bejahend SK-StPO/*Frister*, § 293 Rn. 2; LR/*Stuckenberg*, § 293 Rn. 2). Das Gericht hat jedenfalls den Fortbestand der Voraussetzungen der Vermögensbeschlagnahme in angemessenen Abständen von Amts wegen zu **überprüfen** (vgl. z.B. SK-StPO/*Frister*, § 293 Rn. 2).

Der Zeitpunkt der Wirkung der Aufhebung ist umstritten; nach herrschender Meinung tritt sie erst mit der **Bekanntmachung** im Bundesanzeiger (§ 293 Abs 2) ein, näher Meyer-Goßner/*Schmitt*, § 293 Rn. 2; SK-StPO/*Frister*, § 293 Rn. 3, 4; KMR/*Kulhanek*, § 293 Rn. 8). Von ihr unabhängig bedarf es der Mitteilung an das Vormundschaftsgericht zwecks Aufhebung der Pflegschaft (vgl. § 292 Abs. 2). 2

§ 294 Verfahren nach Anklageerhebung

(1) Für das nach Erhebung der öffentlichen Klage eintretende Verfahren gelten im übrigen die Vorschriften über die Eröffnung des Hauptverfahrens entsprechend.

(2) In dem nach Beendigung dieses Verfahrens ergehenden Beschluß (§ 199) ist zugleich über die Fortdauer oder Aufhebung der Beschlagnahme zu entscheiden.

Der **Zweck** der Norm knüpft daran an, dass § 290 die Erhebung der Anklage voraussetzt und auch die §§ 286 1
bis 289 diesen Abschnitt im Blick haben: Das Zwischenverfahren ist nach den hierfür geltenden Normen zu beenden, sobald eine Hauptverhandlung nicht mehr weiter gefördert werden kann. Zuvor sind jedoch die Möglichkeiten der Sachaufklärung auszuschöpfen (LR/*Stuckenberg*, § 294 Rn. 2), was schon aus dem Beschleunigungsgrundsatz folgt, der ein stetes Bemühen um eine verfahrensbeendende Sachentscheidung gebietet (vgl. allgemein LR/*Stuckenberg*, § 205 Rn. 4).

Von den **Vorschriften** zum Zwischenverfahren ist § 202 **anwendbar** (LR/*Stuckenberg*, § 294 Rn. 1; SK-StPO/ 2
Frister, § 294 Rn. 2). Auf Benachrichtigungen nach §§ 201, 204 Abs. 2 kann das Gericht verzichten (§ 287). Ein Eröffnungsbeschluss (§ 203) scheidet aus, solange der Angeschuldigte abwesend ist (diff. KMR/*Kulhanek*, § 294 Rn. 3). Je nach Ergebnis der Sachaufklärung ist die Eröffnung abzulehnen (§ 204) oder das Verfahren – soweit nicht bereits geschehen – nach § 205 einzustellen (näher zum Verfahren SK-StPO/*Frister*, § 294 Rn. 3). Im Fall einer Vermögensbeschlagnahme ist gem. § 294 Abs. 2 zugleich über deren Fortdauer zu befinden. Für ihre Aufhebung gilt § 293 Abs. 2 (*Radtke/Hohmann/Ullenbruch*, § 294 Rn. 4).

§ 295 Sicheres Geleit

(1) Das Gericht kann einem abwesenden Beschuldigten sicheres Geleit erteilen; es kann diese Erteilung an Bedingungen knüpfen.

(2) Das sichere Geleit gewährt Befreiung von der Untersuchungshaft, jedoch nur wegen der Straftat, für die es erteilt ist.

(3) Es erlischt, wenn ein auf Freiheitsstrafe lautendes Urteil ergeht oder wenn der Beschuldigte Anstalten zur Flucht trifft oder wenn er die Bedingungen nicht erfüllt, unter denen ihm das sichere Geleit erteilt worden ist.

1 **A. Zweck und Voraussetzungen des sicheren Geleits.** Wie die Vermögensbeschlagnahme nach § 290 ist auch das sichere Geleit ein **Instrument**, um die **Gestellung** des Abwesenden zu bewirken. Während die Beschlagnahme hierzu ein Zwangsmittel bereitstellt, eröffnet § 295 den umgekehrten Weg: Der Beschuldigte soll von Zwang, nämlich vom Vollzug der Untersuchungshaft, verschont werden, damit er sich freiwillig dem Verfahren stellt. Attraktiv wird dies für ihn sein, soweit er die Chance sieht, zumindest nicht zu einer Freiheitsstrafe verurteilt zu werden (vgl. § 295 Abs. 3 Alt. 1). Zudem kann dem Beschuldigten durch Befristung oder Beschränkung des Geleits die Möglichkeit gewährt werden, vor seiner Verurteilung wieder auszureisen (s. Rdn. 7), wenn an seiner Anwesenheit bei einem bestimmten Verfahrensabschnitt vorrangiges Interesse besteht (LR/*Stuckenberg*, § 295 Rn. 8). Denn das Instrument zielt nicht allein auf eine Verurteilung des Abwesenden, sondern dient allgemein der Rechtspflege (enger Meyer-Goßner/*Schmitt*, § 295 Rn. 1: nur Durchführung des Strafverfahrens; weiter KMR/*Kulhanek*, § 295 Rn. 5: keine Beschränkung auf Belange der Justiz; noch weiter MüKo-StPO/*Börner*, § 295 Rn. 3: auch zu privaten Zwecken, da dies dem Aufbau von Vertrauen gegenüber den Strafverfolgungsbehörden diene). Möglich ist daher sein Einsatz, um eine Verhandlungsteilnahme des Abwesenden im Verfahren gegen Mitbeschuldigte, als Zeuge (BGHSt 35, 216 m. Anm. *Lagodny* StV 1989, 92; KMR/*Kulhanek*, § 295 Rn. 10) oder als Partei eines Zivilprozesses (BGH, NJW 1991, 2500) zu ermöglichen.

2 Stets ist jedoch **Voraussetzung**, dass der Abwesende in einem Strafverfahren Beschuldigter ist, wobei § 295 in allen Verfahrensabschnitten anwendbar ist. Der Beschuldigte muss zum Zeitpunkt der Gewährung abwesend i.S.d. § 276 sein; der spätere Wegfall der Abwesenheit ist Zweck des Geleits und berührt daher nicht seinen Bestand (OLG Köln, NJW 1954, 1856; LR/*Stuckenberg*, § 295 Rn. 3). Sicheres Geleit kann trotz eines bereits bestehenden Haftbefehls gewährt werden (OLG Köln, NStZ-RR 2007, 243).

3 **B. Inhalt.** Die Erteilung ist eine **vertragsähnliche Zusicherung** (LR/*Stuckenberg*, § 295 Rn. 1), die im Unterschied zu § 116 die Organe der Rechtspflege bindet. Ein Widerruf des Geleits scheidet aus, solange der Abwesende von dem Geleit Gebrauch macht (vgl. OLG Zweibrücken, NJW 1966, 1722) und nicht seinen Zweck vereitelt (allg. M., z.B. Meyer-Goßner/*Schmitt*, § 295 Rn. 4). An **Bedingungen** (§ 295 Abs. 1 Hs. 2) kann das Geleit geknüpft werden, soweit diese seinem Zweck dienen. So kann etwa über die in § 116 vorgesehenen Anweisungen ein Äquivalent zur Untersuchungshaft erreicht werden (LR/*Stuckenberg*, § 295 Rn. 10 f.).

4 Entsprechend seines Zwecks befreit das sichere Geleit nicht nur vom Vollzug der **Untersuchungshaft** (§ 295 Abs. 2), sondern auch von einer Freiheitsentziehung nach §§ 230 Abs. 2, 236 (allg. M., z.B. LR/*Stuckenberg*, § 295 Rn. 5). Begrenzt ist dies jedoch auf die Tat im prozessualen Sinn (§ 264), für die das Geleit erteilt wurde. Von einer Unterbringung nach § 126a kann wegen ihrer Funktion nicht befreit werden.

5 Unabhängig von dem nach § 295 erteilten Geleit kann sich ein Schutz vor Verfolgung aufgrund der Regelungen zur **internationalen Rechtshilfe** ergeben. Das ist zwar nicht automatisch der Fall, sobald ein Zeuge oder Sachverständiger aus dem Ausland der Ladung eines deutschen Gerichts Folge leistet (BGHSt 35, 216), ergibt sich aber im europäischen Bereich aus Art. 12 des Europäischen Übereinkommens über die Rechtshilfe in Strafsachen v. 20.04.1959 (BGBl. II 1964, S. 1386; vgl. z.B. LG Regensburg StV 2013, 167). Eine Erteilung sicheren Geleits nach § 295 ist hierdurch nicht gehindert (näher SK-StPO/*Frister*, § 295 Rn. 21).

6 **C. Verfahren.** Die Erteilung und Ausgestaltung steht im pflichtgemäßen Ermessen des Gerichts; der Beschuldigte hat hierauf keinen Anspruch (OLG Köln, NStZ-RR 2007, 243; OLG Düsseldorf, NStZ-RR 1999, 245). Erforderlich ist eine Abwägung des Strafverfolgungsinteresses mit den Interessen der Verfahrensbeteiligten (BGH, NStZ 1991, 501); bei Vorliegen eines Haftgrunds nach § 112a sind zudem Sicherheitsbelange zu beachten. Die Entscheidung erfolgt durch Gerichtsbeschluss (sog. **Geleitbrief**), der etwaige Bedingungen genau zu beschreiben hat. Es entscheidet das für das Strafverfahren gegen den Abwesenden zuständige Gericht. Der Ermittlungsrichter ist nur zuständig, soweit das Geleit allein für das Vorverfahren erteilt werden soll (näher SK-StPO/*Frister*, § 295 Rn. 7). Erteilung wie Versagung des Geleits unterliegen der Beschwerde (§ 304); zur Beschwer des Beschuldigten vgl. OLG Köln, NStZ-RR 2007, 243.

7 **D. Erlöschen des sicheren Geleits.** Das sichere Geleit erlischt kraft Gesetzes, wenn einer der in Abs. 3 abschließend normierten Gründe eintritt. Ein klarstellender Gerichtsbeschluss kann sich anbieten, insb. wenn der Beschuldigte Bedingungen nicht erfüllt hat (LR/*Stuckenberg*, § 295 Rn. 20). Ein parallel bestehender Schutz aufgrund der Regelungen zur internationalen Rechtshilfe wird durch das Erlöschen des nach § 295

gewährten Geleits nicht berührt (SK-StPO/*Frister*, § 295 Rn. 21). Zudem kommt Abs. 3 nur zur Anwendung, soweit die Dauer im Geleitbrief nicht abweichend bestimmt wird. Möglich ist eine **Beschränkung** auf bestimmte Verfahrensteile oder eine **Befristung**. In diesen Fällen kann der Beschuldigte mit dem Ablauf des Geleits unbehelligt ausreisen (allg. M., vgl. z.B. SK-StPO/*Frister*, § 295 Rn. 8).

Drittes Buch. Rechtsmittel

Erster Abschnitt. Allgemeine Vorschriften

Vorbemerkung zu §§ 296 ff.

Übersicht **Rdn.**

1 **A. Rechtsmittel. I. Grundsätzliches. 1. Funktion der Rechtsmittel.** In dem Bewusstsein, dass den Gerichten sowohl bei der Feststellung des Sachverhaltes, als auch bei der Anwendung des Rechts Fehler unterlaufen können, hat der Gesetzgeber ein diffiziles Rechtsmittelsystem geschaffen, das auf die Abänderung fehlerhafter und die Herbeiführung richtiger Entscheidungen zielt. Mit der Überprüfung gerichtlicher Entscheidungen in tatsächlicher und rechtlicher Hinsicht sollen die verschiedenartigen Rechtsmittel der StPO die **materielle Gerechtigkeit im Einzelfall**, die **Justizförmigkeit des Verfahrens** und die **Einheitlichkeit der Rechtsanwendung** zur Verwirklichung der Gleichheit vor dem Gesetz sicherstellen.

2 Neben der weitreichenden **Korrekturfunktion** kommt den Rechtsmitteln auch eine auf den entscheidenden Richter zielende **Warnfunktion** zu. Dieser soll vor voreiligen Schlussfolgerungen und Entscheidungen gewarnt und im stetigen Bewusstsein der möglichen Kontrolle seiner Entscheidungen zur besonderen Gründlichkeit und Sorgfalt angehalten werden. Den in der Praxis immer wieder zu beobachtenden Tendenzen, diese Kontrolle durch Verfahrensabsprachen (sog. Deal) zu unterlaufen, ist die höchstrichterliche Rspr. schon lange vor der gesetzlichen Regelung in §§ 257c Abs. 2, 302 Abs. 1 Satz 2 entgegengetreten, indem sie jegliche Vereinbarungen über einen Rechtsmittelverzicht als unzulässig und unwirksam angesehen hat (vgl. BGHSt 50, 40, NStZ 1998, 86; grundlegend zu Verfahrensabsprachen schon BVerfG NJW 1987, 2662).

3 **2. Spannungsverhältnis zum Beschleunigungsgebot.** Ein ausgedehntes und kompliziertes Rechtsmittelsystem kann selbst zur Quelle von Fehlern werden und kollidiert zwangsläufig mit den Zielen der **Verfahrensbeschleunigung** und der schnellen **Rechtssicherheit** durch zügige Rechtskraft, die durch (wiederholte) Überprüfung richterlicher Entscheidungen hinausgezögert werden. Die Durchsetzung spezial- und generalpräventiver Strafzwecke erfordert den beschleunigten Abschluss des Strafverfahrens; die Wirksamkeit einer auf dem Fuße folgenden Strafe ist nicht nur im Bereich der Bekämpfung von jugendlicher Delinquenz

sprichwörtlich. Das Erfordernis einer gründlichen, gleichwohl raschen Strafjustiz spricht insb. gegen das wiederholte Verhandeln in derselben Sache in umfangreichen Fällen und damit gegen jegliche Ausdehnung der Möglichkeiten, Urteile mit der Berufung, die zur vollständigen Wiederholung der Beweisaufnahme führt, anzufechten. Zudem setzt die drohende Verschlechterung der Beweislage, etwa durch Erinnerungstrübung oder -verlust nach längerer Zeit oder durch suggestive Beeinflussung im Zuge wiederholter Befragung von Zeugen, dem Rechtsmittelsystem Grenzen. Wiederholt wurde daher die Abschaffung der gegen Urteile des AG möglichen Berufung gefordert (etwa vom Deutschen Richterbund, vgl. DRiZ 1985, 229, 443; 1986, 394; 1987, 284; zu Reformbestrebungen s. insb. auch *Kintzi* DRiZ 2000, 187 m.w.N. sowie den Gesetzentwurf des Bundesrates zur Einführung eines Wahlrechtsmittels, BT-Drs. 16/6969 v. 07.11.2007).

3. Arten und Wirkung der Rechtsmittel der StPO. Zur Anfechtung gerichtlicher Entscheidungen sieht die Strafprozessordnung im 3. Buch die einfache (§ 304), die sofortige (§ 311) und die weitere **Beschwerde** (§ 310), die **Berufung** (§§ 312 ff.) und die **Revision** (§§ 333 ff.) vor. Mit den Beschwerden können Beschlüsse und richterliche Verfügungen angegriffen werden (§ 304 Abs. 1); Berufung und Revision richten sich gegen Urteile. 4

Alle vorgenannten Rechtsmittel führen zur Überprüfung der angegriffenen Entscheidung durch ein Gericht höherer Ordnung (sog. **Devolutiveffekt**). Berufung und Revision hemmen darüber hinaus den Eintritt der Rechtskraft des Urteils (§ 316 Abs. 1, § 343 Abs. 1) und seine Vollstreckbarkeit (sog. **Suspensiveffekt**), da im Strafverfahren eine vorläufige Vollstreckbarkeit nicht vorgesehen ist (§ 449). Der Beschwerde fehlt diese Wirkung. Durch ihre Einlegung wird der Vollzug der angefochtenen Entscheidung nicht gehindert (§ 307 Abs. 1), sofern nicht das Gericht die Vollziehung aussetzt (§ 307 Abs. 2) oder dies ausnahmsweise ausdrücklich normiert ist (vgl. § 81 Abs. 4 Satz 2, § 231a Abs. 3 Satz 3, § 454 Abs. 2 Satz 2, § 462 Abs. 3 Satz 2). 5

Auch außerhalb des 3. Buches finden sich diverse Vorschriften über Rechtsmittel und Rechtsbehelfe, bspw. in § 28, § 81 Abs. 4, § 98 Abs. 2, § 101 Abs. 7, § 117, § 138d Abs. 6, § 161a Abs. 3, § 172, § 210, § 238 Abs. 2, § 390, § 400, § 401, § 406a, § 462. 6

II. Zulässigkeit. 1. Übersicht. Ein Rechtsmittel ist zulässig, wenn es **statthaft** und von einem Beteiligten, der durch die Entscheidung **beschwert** ist, **form- und fristgerecht** eingelegt worden ist. Da Rechtsmittel auf die Änderung oder Aufhebung gerichtlicher Entscheidungen abzielen, können sie nicht schon vorsorglich, sondern nur gegen bereits **ergangene Entscheidungen** eingelegt werden. Allerdings ist es nicht erforderlich, dass der Anfechtende bei Einlegung des Rechtsmittels bereits **Kenntnis** von der (existierenden) Entscheidung hat (vgl. BGHSt 25, 187 für den Fall des Einspruchs gegen einen erlassenen, aber noch nicht zugestellten Strafbefehl). 7

2. Rechtsmittelerklärungen als Prozesshandlungen. Erklärungen über die Einlegung eines Rechtsmittels oder Rechtsbehelfs sind grds. **bedingungsfeindliche Prozesshandlungen** (vgl. BVerfGE 40, 272, 274; BGHSt 5, 183 für die Revisionseinlegung; Meyer-Goßner/*Schmitt* Einl. Rn. 118). Dadurch sollen Unklarheiten über den Eintritt der Rechtskraft vermieden werden. Unzulässig ist es daher, ein Rechtsmittel von einem **künftigen** ungewissen Ereignis abhängig zu machen, etwa dass ein anderer Verfahrensbeteiligter die Entscheidung angreift. Demgegenüber sind solche Bedingungen unschädlich, die auf etwas Gegebenes, insb. auf eine bestimmte Rechtslage abstellen. Die Verknüpfung mit einer derartigen Voraussetzung oder einer reinen Rechtsbedingung ist zulässig (vgl. BGHSt 25, 187 f.; Meyer-Goßner/*Schmitt* Einl. Rn. 118). 8

3. »Vorsorgliche« Einlegung von Rechtsmitteln. Die Erklärung, dass lediglich **»vorsorglich Rechtsmittel eingelegt«** werden (vgl. RiStBV Nr. 148), ist in der Regel unschädlich, wenn sich das Rechtsmittel gegen eine bereits ergangene und konkret bezeichnete Entscheidung richtet. Die Formulierung enthält nämlich keine Bedingung, sondern nur eine Erläuterung des Beweggrundes der Rechtsmitteleinlegung. Daher bringt sie einen unbedingten Anfechtungswillen zum Ausdruck, der lediglich mit der Ankündigung einer eventuellen Rücknahme verbunden ist. Zweifelsfälle sind durch Auslegung oder Nachfrage zu klären (LR/*Jesse* Vor § 296 Rn. 24). 9

4. Rechtsmitteleinlegung vor Erlass der Entscheidung. Streitig ist, ob ein schon vor Erlass der Entscheidung eingelegtes Rechtsmittel mit dem Erlass der Entscheidung zulässig wird. Dies ist für einen **versehentlich zugestellten Beschlussentwurf**, der erst nach Zustellung unterzeichnet wurde, mit der Begründung bejaht worden; der Betroffene brauche in diesem Fall nicht erneut Rechtsmittel gegen die Entscheidung einzulegen (LG Hildesheim NStZ 91, 401 m. zust. Anm. *Laubenthal* NStZ 91, 402, der die Anfechtung eines Entscheidungsentwurfes schon zur Beseitigung des von ihm ausgehenden Rechtsscheins für zulässig hält). Das ursprünglich nicht statthafte Rechtsmittel richte sich nach Erlass der Entscheidung »automatisch« gegen 10 die erst jetzt rechtlich existent gewordene Entscheidung und führe zu deren sachlicher Überprüfung (vgl. OLG Düsseldorf, NJW 1970, 1937 für den Einspruch gegen einen Bußgeldbescheid).

11 Diese Sichtweise ist abzulehnen. Rechtsmittel, die vor Erlass einer Entscheidung eingelegt werden, sind unzulässig (KMR/*Plöd* Vor § 296 Rn. 11); es folgt bereits aus allgemeinen Regeln der Denklogik, dass eine noch gar nicht existente Entscheidung nicht angefochten werden kann (vgl. BGHSt 25, 187, 189; KK/*Maur* § 409 Rn. 17 und § 410 Rn. 5), und zwar auch nicht zur Beseitigung des Rechtsscheins einer nicht existierenden Entscheidung (zutreffend Meyer-Goßner/*Schmitt* Vor § 296 Rn. 4). Ein Entwurf kann keinerlei Rechtswirkung entfalten, die aufzuheben wäre. So geht auch der **Einspruch gegen einen noch nicht erlassenen Strafbefehl** ins Leere und wird nicht mit dem späteren Erlass wirksam (vgl. Meyer-Goßner/*Schmitt* § 410 Rn. 1). Auch im Fall der nachträglichen Unterzeichnung des zugestellten Entwurfes ist es aus Gründen der Rechtssicherheit und -klarheit erforderlich, diese Entscheidung bekannt zu geben und anzufechten, wobei auf die Unzulässigkeit des gegen den Entwurf eingelegten Rechtsmittels hingewiesen werden sollte.

12 **5. Statthaftigkeit.** Statthaft ist ein Rechtsmittel dann, wenn die angefochtene Entscheidung nach ihrer Art mit dem gewählten Rechtsbehelf angegriffen werden kann. Dies setzt voraus, dass das gewählte Rechtsmittel gesetzlich überhaupt vorgesehen ist und das Rechtsmittel vom Berechtigten gegen den richtigen Gegner eingelegt wurde. Die Statthaftigkeit eines Rechtsmittels bestimmt sich **nicht nach der Bezeichnung** der angefochtenen Entscheidung, sondern nach ihrem **sachlichen Gehalt** (vgl. BGH NJW 1974, 154 zur Umdeutung eines rechtsirrig erlassenen Urteils in einen Beschluss). Gegen ein fehlerhaft als Beschluss bezeichnetes Urteil ist daher die Berufung oder Revision, nicht aber die Beschwerde statthaft.

13 Die Statthaftigkeit kann fehlen, wenn das Gesetz für einen Verfahrensbeteiligten die gerichtliche Entscheidung der Anfechtung entzieht (vgl. etwa § 210 Abs. 1, § 464 Abs. 3 Satz 1 Hs. 3) oder der Instanzenzug erschöpft ist. Ein mehrstufiger strafprozessualer Instanzenzug wird weder von Art 19 Abs. 4 GG, noch durch das allgemeine Rechtsstaatsprinzip gewährleistet (vgl. BVerfGE 11, 232, 233; 28, 21, 36; 35, 263, 271; BGHSt 28, 57, 58).

14 **6. Form, Frist. a) Beschwerde und sofortige Beschwerde.** Die **einfache Beschwerde** ist an **keine Frist** gebunden (§ 304). In Ausnahmefällen kann sie durch Zeitablauf **verwirkt** und damit unzulässig werden, wenn der Betroffene untätig geblieben ist, obwohl ihm die Anrufung des Gerichts möglich, zumutbar und von ihm zu erwarten war (BVerfG NJW 1972, 675; im Einzelnen dazu unten Rn. 31).
Die **sofortige Beschwerde** muss **binnen einer Woche** ab Bekanntmachung der Entscheidung eingelegt werden (§ 311 Abs. 2).
Für beide gilt, dass sie **schriftlich oder zu Protokoll der Geschäftsstelle** bei dem Gericht, dessen Entscheidung angefochten wird, einzulegen sind (§ 306). Die **telefonische Einlegung** ist nicht zulässig (BGH, Beschl. vom 26.03.1981 – 1 StR 206/80, BGHSt 30, 64; OLG Hamm, Beschl. vom 01.12.1986 – 2 Ss OWi 1446/82, juris; OLG Zweibrücken, Beschl. vom 15.04.1982 – 2 Ss 29/82, juris; OLG Stuttgart, Beschl. vom 21.07.1983 – 1 Ws 225/83, MDR 1984, 75).

15 **b) Berufung und Revision.** Berufung und Revision sind **binnen einer Woche** nach Verkündung des Urteils (§ 314 Abs. 1, § 341 Abs. 1; zum Fristbeginn bei Verkündung in Abwesenheit des Angeklagten s. § 314 Abs. 2, § 341 Abs. 2) schriftlich oder zu Protokoll der Geschäftsstelle des erkennenden Gerichts einzulegen. Die Berufung kann (§ 317), die Revision muss begründet werden (§§ 337, 344; zur Begründungsfrist s. § 345).

16 **7. Beschwer. a) Allgemeines.** Die Rechtsmittel der StPO dienen der Beseitigung einer **gegenwärtigen, fortdauernden Beschwer** (vgl. Meyer-Goßner/*Schmitt* Vor § 296 Rn. 17). Beschwert ist der Rechtsmittelführer, wenn seine Rechte und geschützten Interessen durch die angegriffene Entscheidung **unmittelbar beeinträchtigt** sind (vgl. BGH NJW 1962, 404); es genügt nicht, dass sich der Rechtsmittelführer nur beeinträchtigt fühlt (BGH NJW 1986, 1820). Die Beschwer kann sich nur aus dem Entscheidungssatz (Tenor), nicht aber aus der Begründung ergeben. Allerdings ist es gelegentlich erforderlich, zur Auslegung des Tenors auf die Entscheidungsgründe zurückzugreifen. Die Beschwer muss im Zeitpunkt der Entscheidung des Rechtsmittelgerichts noch vorliegen.
Die Beschwer entfällt nicht, wenn die angefochtene Entscheidung dem Antrag des Rechtsmittelführers entsprach; eine falsche Entscheidung wird nicht dadurch richtig, dass sie antragsgemäß erfolgte. So kann etwa die StA, wenn sie Freispruch beantragt und das Gericht antragsgemäß entschieden hat, gleichwohl Berufung oder Revision einlegen.

17 Ein **Freispruch wegen Schuldunfähigkeit** (§ 20 StGB) ist nach heute ganz vorherrschender Ansicht für den die Tat bestreitenden Angeklagten mangels Beschwer nicht anfechtbar, auch wenn er gem. § 11 BZRG

im Zentralregister einzutragen ist (BGHSt 5, 267, 268; 16, 374, 381; KG, Beschl. v. 28.08.2000 – 4 Ws 150/00). Das wurde im Hinblick darauf, dass die Etikettierung als »Geisteskranker« den Menschen in seinem Wesenskern berühren kann, in der früheren Rspr. teilweise anders gesehen (vgl. OLG Stuttgart NJW 1959, 1840). Die herrschende Meinung hat ihre Grundlage darin, dass eine Beschwer allein im Entscheidungssatz (der auch im Fall der Anwendung des § 20 StGB lautet: »Der Angeklagte wird freigesprochen«), nicht aber in der Begründung des Urteils liegen und nur der Urteilsspruch, nicht aber dessen Begründung angefochten werden kann.

Durch die (endgültige) Einstellung des Verfahrens wegen eines unbehebbaren Verfahrenshindernisses ist der Angeklagte in der Regel nicht beschwert; etwas anderes gilt nur, wenn er auf der Grundlage der getroffenen Feststellungen freizusprechen wäre (BGHSt 23, 257, 259; NStZ-RR 1996, 299, 300). Nicht abschließend geklärt ist die Frage, ob diese Grundsätze auch bei (vorläufiger) Verfahrenseinstellung wegen eines behebbaren Verfahrenshindernisses gelten (vgl. BGH, Beschluss vom 05.06.2007 – 5 StR 383/06, NJW 2007, 3010, 3011) oder ob eine **Beschwer** des Angeklagten in solchen Fällen bereits dann anzunehmen ist, wenn er **nur behauptet**, es hätte eine endgültige Entscheidung ergehen müssen (vgl. BGH NJW 2011, 2310; offengelassen in BGH, Urt. vom 04.05.2017 – 3 StR 323/16, juris Rn. 12).

Das **Absehen von der Unterbringung** gem. § 64 StGB, über die allein noch zu befinden ist, beschwert nach Ansicht der Rspr. den Angeklagten nicht (BGH NStZ 2007, 213); dies begegnet Bedenken im Hinblick darauf, dass die Vorschrift zu einer für den Beschuldigten günstigen Erweiterung der Möglichkeit der Aussetzung der Vollstreckung der Reststrafe nach § 67 Abs. 5 Satz 1 StGB führen kann. 18

Wird das Verfahren wegen **Verjährung** durch Urteil gem. § 260 Abs. 3 eingestellt, fehlt es an einer objektiv feststellbaren Beschwer (HK/*Rautenberg*/*Reichenbach* § 296 Rn. 12). 19

Die **Abtrennung** des Verfahrens gegen einen Mitangeklagten begründet in der Regel keine Beschwer für den Angeklagten (vgl. RGSt 38, 272, 274; KG, Beschl. vom 20.04.2000 – 3 Ws 169/00).

b) **Beschwer der StA.** Die StA kann eine gerichtliche Entscheidung jederzeit nach pflichtgemäßem Ermessen anfechten, ohne dass eine besondere Beschwer vorliegen muss. Denn sie hat zu überwachen, dass gesetzmäßige Entscheidungen ergehen. Ein Rechtsmittel der StA, das ausschließlich zugunsten des Angeklagten eingelegt wird (§ 296 Abs. 2), bedarf allerdings der Beschwer des Angeklagten (OLG Koblenz NJW 1982, 1770). 20

c) **Untätigkeitsbeschwerde.** Der StPO ist eine **Untätigkeitsbeschwerde** fremd (vgl. RGSt 19, 332, 337/338, BGH NJW 1993, 1279 mwN). Eine solche wurde gleichwohl dann für zulässig erachtet, wenn das Unterlassen einer rechtlich gebotenen Entscheidung einer ablehnenden Entscheidung gleichkommt und nicht nur zu einer Verzögerung führt (vgl. BGH aaO; OLG Dresden NJW 2005, 279 m.w.N.; *Hoffmann* NStZ 2006, 256). Seit Inkrafttreten des Gesetzes über den Rechtsschutz bei überlangen Gerichtsverfahren und strafrechtlichen Ermittlungsverfahren vom 24.11 2011 (BGBl. I, S. 2302) am 03.12.2011 ist die Untätigkeitsbeschwerde **grundsätzlich nicht mehr statthaft**; Näheres dazu siehe § 304 Rn. 3). 21

d) **Beschwer von Privat- und Nebenklägern.** Der **Nebenkläger** kann ein Rechtsmittel nur dann einlegen, wenn er durch die Entscheidung in seiner Stellung als Nebenkläger beschwert ist (BGHSt 29, 216, 218; 33, 114). Dies ist etwa bei Haftentlassung des Angeklagten oder Entscheidungen über die vorläufige Unterbringung nicht der Fall (KMR/*Plöd* Vor § 296 Rn. 18). Mit dem Ziel der zusätzlichen Anordnung der Sicherungsverwahrung kann der Nebenkläger das Urteil nicht anfechten (BGH StV 1997, 624). 22

Auch das Rechtsmittel des **Privatklägers** ist nur zulässig, wenn dieser beschwert ist (vgl. KK/*Walther* § 390 Rn. 4; Meyer-Goßner/*Schmitt* § 390 Rn. 3 jeweils m.w.N.; modifizierend HK/*Weißer* § 390 Rn. 4), obwohl der Wortlaut des § 390 mit seinem Verweis auf die Rechtsmittel der StA im Offizialverfahren zu anderer Deutung Anlass geben könnte. Da seine Stellung jedoch nicht mit der zur objektiven und unparteiischen Mitwirkung verpflichteten StA vergleichbar ist, kann der unbeschwerte Privatkläger weder zur Klärung einer Rechtsfrage noch zugunsten des Angeklagten Rechtsmittel einlegen. 23

8. Erledigung oder prozessuale Überholung der angefochtenen Maßnahme. a) Grundsätzliche Unanfechtbarkeit. Nach st. Rspr. des BVerfG ist es mit dem aus **Art 19 Abs. 4 GG** folgenden Gebot effektiven und möglichst lückenlosen richterlichen Rechtsschutzes gegen Akte der öffentlichen Gewalt (vgl. BVerfGE 8, 274, 326; 67, 43, 58; 104, 220, 231) vereinbar, die Rechtsschutzgewährung von einem vorhandenen und fortbestehenden **Rechtsschutzbedürfnis** abhängig zu machen (BVerfGE 96, 27, 39; 104, 220, 232; BVerfG NStZ 2009, 166 f.; nach BVerfGE 61, 126, 135 handelt es sich um allgemein anerkanntes Rechtsprinzip). Grds. können daher Maßnahmen, die aus rechtlichen oder tatsächlichen Gründen nicht mehr rückgängig gemacht werden können (BGH NJW 1973, 2035), zurückgenommene Anordnungen (LG Koblenz NStZ 2003, 330) oder Maßnahmen, die gegenstandslos geworden und damit prozessual überholt sind, nicht angefochten werden. Ein dem § 113 Abs. 1 Satz 4 VwGO vergleichbares **Fortsetzungsfeststellungsverfahren** ist der StPO 24 fremd. Mit der am 01.01.2008 in Kraft getretenen Neuregelung des § 101 Abs. 7 Satz 2 (BGBl. I, S. 3198) hat der Gesetzgeber zwar einheitlich für erledigte **verdeckte Ermittlungsmaßnahmen** die Möglichkeit des nachträglichen Rechtsschutzes eingeführt. Davon abgesehen entfällt weiterhin grds. bei Erledigung oder prozessualer Überholung einer Maßnahme die andauernde Beschwer als Zulässigkeitsvoraussetzung aller Rechtsmittel.

25 **Beispiele danach unzulässiger Rechtsmittel:** Beschwerde gegen den Haftbefehl, der gegenstandslos geworden ist, nachdem wegen Rechtskraft des Urteils die Untersuchungshaft unmittelbar in Strafhaft übergegangen ist (vgl. OLG Hamm NStZ 2008, 582 m.w.N.); Beschwerde gegen einen die Beschlagnahme anordnenden Beschluss, wenn zwischenzeitlich eine richterliche Bestätigung nach § 98 Abs. 2 ergangen ist (BGH NStZ 2000, 154); Beschwerde gegen das Anhalten eines Briefes an einen früheren Untersuchungsgefangenen (OLG Stuttgart Justiz 2001, 114); Beschwerde gegen die Ablehnung der Entlassung nach § 57 Abs. 2 StGB nach vollständiger Strafverbüßung (OLG Hamm NStZ 1998, 638); Beschwerde gerichtet auf die nachträgliche Überprüfung einer prozessual überholten Anordnung der Begutachtung, die der Beschuldigte selbst als sachgerecht und sinnvoll erachtet hatte (KG Beschl. vom 08.04.2014 – 4 Ws 28/14)

26 **Folgen:** War das Rechtsmittel schon im Zeitpunkt der Einlegung prozessual überholt, wird es als **unzulässig** verworfen. Dies kommt jedoch dann nicht in Betracht, wenn sich das Rechtsmittel erst nach Einlegung überholt hat, in diesem Fall wird es mit Beschluss, der keine Kostenentscheidung enthält, für »**gegenstandslos**« (vgl. OLG Hamm NStZ 2008, 582; NStZ 1998, 638) oder »**erledigt**« (vgl. Meyer-Goßner/*Schmitt* Vor § 296 Rn. 17) erklärt.

27 b) **Anfechtbarkeit trotz Erledigung oder Überholung.** Mit seiner Entscheidung v. 30.04.1997 (BVerfGE 96, 27, 44) hat das BVerfG seine frühere Rspr. (vgl. BVerfGE 49, 329) aufgegeben, wonach die Beschwerde gegen eine richterliche Durchsuchungsanordnung mangels Rechtsschutzbedürfnisses grds. dann unzulässig sei, wenn die Durchsuchung bereits abgeschlossen ist (sog. prozessuale Überholung). Es vertritt seither den Standpunkt, dass das Gebot des effektiven Rechtsschutzes es auch bei beendeten und nicht mehr fortwirkenden Grundrechtseingriffen gebieten kann, deren Berechtigung gerichtlich klären zu lassen und ein fortbestehendes Rechtsschutzbedürfnis anzunehmen.

28 Dies ist zum einen der Fall, wenn **Wiederholungsgefahr** besteht oder eine **fortwirkende Beeinträchtigung** durch einen an sich beendeten Eingriff zu beseitigen ist (vgl. BVerfG NJW 2006, 40). Das Gleiche gilt, wenn sich die Wirkung der belastenden Maßnahme nach dem typischen Verfahrensablauf auf eine so kurze Zeitspanne beschränkt, dass der Betroffene die gerichtliche Entscheidung im Beschwerdeverfahren regelmäßig nicht mehr erlangen kann.

29 Auch in **Fällen tiefgreifender Grundrechtseingriffe** durch Maßnahmen, die das Grundgesetz unter Richtervorbehalt gestellt hat, kommt nachträglicher Rechtsschutz in Betracht. Dazu gehört gem. Art 104 Abs. 2 und Abs. 3 GG die Anordnung von **Untersuchungshaft**, bei der im Hinblick auf die Unschuldsvermutung ein **Feststellungsinteresse** auch dann zu bejahen ist, wenn die angeordnete Maßnahme inzwischen durchgeführt und beendet worden ist, nachdem der Haftbefehl auf Antrag der StA gem. § 120 Abs. 3 Satz 1 aufgehoben worden ist (BVerfG wistra 2006, 59; NJW 2006, 40). Ein solches **Rehabilitierungsinteresse** besteht jedoch dann nicht, wenn die Beendigung der Untersuchungshaft darauf beruht, dass die Untersuchungshaft mit Rechtskraft des Urteils in Strafhaft übergegangen ist und die erlittene Untersuchungshaft auf die zu vollstreckende Freiheitsstrafe gem. § 51 Abs. 1 StGB, § 450 Abs. 1 angerechnet wird (vgl. OLG Hamm NStZ 2008, 582). Da sich die Vollstreckung von Untersuchungshaft in ihren Auswirkungen auf das Freiheitsrecht einer Person nicht von der Vollstreckung einer Freiheitsstrafe unterscheidet, besteht im Hinblick auf die rechtskräftig verhängte Freiheitsstrafe und die darauf anzurechnende Untersuchungshaft anders als bei einer Aufhebung eines Haftbefehls kein Anspruch auf nachträgliche gerichtliche Prüfung der Rechtmäßigkeit der Haftanordnung.

30 Weitere **Beispiele** der Anfechtbarkeit trotz prozessualer Überholung: Wohnungsdurchsuchung (vgl. BVerfG 1998, 2131; 1997, 2163 m.Anm. *Amelung*), Beschlagnahmeanordnung (BVerfG NJW 1999, 273), schwerwiegende Beeinträchtigung der Pressefreiheit (BVerfG NJW 2007, 1117), Eingriff in die körperliche Unversehrtheit (BVerfG NJW 2007, 1345), Entzug der persönlichen Freiheit (BVerfG NStZ-RR 2004, 252), Vollstreckungshaftbefehl (BVerfG StraFo 2006, 20), Untersuchungshaft (BVerfG NJW 1999, 3773; BGH StraFo 2017, 190), Beschwerde nach Vollstreckung des Ordnungsmittels gegen den Zeugen (KG NStZ-RR 2000, 145), Ordnungshaft nach § 70 Abs. 2 (BVerfG NJW 2006, 40).

31 9. **Verwirkung.** Unbefristete Rechtsmittel können ausnahmsweise durch **Verwirkung** unzulässig werden, wenn der Rechtsmittelführer längere Zeit untätig geblieben ist, obwohl ihm die Rechtslage bekannt war oder er sie in zumutbarer Weise hätte kennen müssen und dadurch eine Situation geschaffen hat, auf die der jeweilige Gegner vertrauen, sich einstellen und einrichten darf (BVerfGE 32, 305; vgl. OLG Koblenz MDR 1985, 344 für die Gegenvorstellung sowie wistra 1987, 357, 358 für die Verwirkung des Antragsrechts auf

Nachholung rechtlichen Gehörs nach § 31a; zur Kritik an der Ansicht des BVerfG s. *Dütz* NJW 1972, 1025). Es besteht ein öffentliches Interesse an der Erhaltung des Rechtsfriedens, welches die Anrufung des Gerichts nach längerer Zeit und insb. dann, wenn sie gegen Treu und Glauben verstößt, unzulässig werden lässt. Dabei lässt sich eine pauschale Frist nicht festlegen, vielmehr ist nach den Umständen des Einzelfalls zu klären, ob Verwirkung eingetreten ist. So soll die Rüge der Verletzung rechtlichen Gehörs nach zwei Jahren und drei Monaten unzulässig sein (OLG Koblenz wistra 87, 357; LG Potsdam NJW 2004, 696: nach vier Jahren), die Beschwerde der StA nach mehr als einem Jahr (OLG Hamm NStZ-RR 2004, 144); die Beschwerde gegen die Durchsuchung nach zwei Jahren (BVerfG NJW 2003, 1514; BVerfGE NStZ 2009, 166: nicht schon nach einem Jahr nach Mitteilung über die Erhebung der Telekommunikationsdaten). Allerdings darf der Weg zu den Gerichten durch die Annahme einer Verwirkung nicht in unzumutbarer bzw. aus Sachgründen nicht mehr zu rechtfertigender Weise erschwert werden (vgl. BVerfGE 10, 264, 267 ff.; 11, 232, 233).

10. Rechtsmissbräuchliche Rechtsmittel. Ergibt sich aus dem Inhalt eines an sich statthaften Rechtsmittels, 32
dass dieses keinerlei sachliches Vorbringen enthält, sondern als bloße **Schmähschrift ausschließlich der groben Verunglimpfung** des Gerichts oder anderer Beteiligter dienen soll, ist es als **rechtsmissbräuchlich** und damit unzulässig zu verwerfen (vgl. BVerfGE 2, 225, 229 und StV 2001, 697; KG NJW 1969, 151 und NStZ 1998, 399; OLG Düsseldorf wistra 1992, 200; Meyer-Goßner/*Schmitt* Vorbem. § 33 Rn. 11, 12; *Kockel*/*Vossen-Kempkens* NStZ 2001, 178). In einem solchen Fall genügt es, wenn dem Antragsteller formlos oder durch Beschluss mitgeteilt wird, dass das Gericht eine Entscheidung über die Eingabe ablehnt (vgl. BVerfG NStZ 2001, 616; BGH NStZ 2007, 283). Allerdings ist Zurückhaltung geboten, damit die Versagung einer inhaltlichen Prüfung nicht zu einer Sanktion für ungehöriges Verhalten führt. Insb. dann, wenn der Antragsteller dadurch sein Rechtsmittel verliert, sollte unter Hinweis auf die Ungehörigkeit in der Sache entschieden werden (so z.B. BGH NStZ 2004, 690).

III. Begründetheit. Über die Begründetheit eines Rechtsmittels ist nur und erst dann zu entschieden, 33
wenn seine **Zulässigkeit** bejaht worden ist. Abgesehen vom Fall der Berufung, die ohne Überprüfung des Urteils des Amtsgerichts zu einer neuen Verhandlung und Entscheidung auf der Grundlage von Anklage und Eröffnungsbeschluss führt (vgl. Vor §§ 312 ff. Rn. 1, 2), ist ein Rechtsmittel **begründet**, wenn und soweit die angefochtene Entscheidung fehlerhaft ist (vgl. § 309 Abs. 2, § 337). Dabei gilt für die Berufung und die Revision das Verschlechterungsverbot (§ 331, § 358 Abs. 2). So verschieden die anfechtbaren Entscheidungen sind, so unterschiedlich sind auch die jeweiligen Inhalte dessen, was zu den Erfordernissen der Begründetheitsprüfung zählt. Daher wird wegen der Einzelheiten auf die Kommentierung der jeweiligen Rechtsmittel verwiesen.

B. Sonstige förmliche Rechtsbehelfe. I. Überblick. Zu den sonstigen förmlichen Rechtsbehelfen der StPO 34
zählen die **Anklageerzwingung** (§ 172), die **Beanstandung** von Verfügungen in der Hauptverhandlung (§ 238 Abs. 2), der **Antrag auf Wiedereinsetzung in den vorigen Stand** (§ 44, § 235, § 329 Abs. 3, § 356a, § 412), der **Antrag auf Entscheidung des Rechtsmittelgerichts** (§ 319 Abs. 2, § 346 Abs. 2), der **Antrag auf Wiederaufnahme** des Verfahrens (§§ 359 ff.), der **Einspruch gegen den Strafbefehl** (§ 410), der **Antrag auf gerichtliche Entscheidung** (§ 98 Abs. 2, § 111l Abs. 6, § 161a Abs. 3, § 163 Abs. 3 Satz 2, § 172 Abs. 2, § 458) sowie der **Antrag auf ein Nachverfahren** (§ 439). Alle diese Rechtsbehelfe sind keine Rechtsmittel im engeren Sinne; zu ihren Besonderheiten wird auf die Kommentierung der entsprechenden Vorschriften verwiesen.

II. Nachholung rechtlichen Gehörs. Eine Änderung unanfechtbarer gerichtlicher Entscheidungen kann 35
mit dem **Antrag auf Nachholung rechtlichen Gehörs** (§§ 33a, 311a, 356a) herbeigeführt werden, wenn das rechtliche Gehör in entscheidungserheblicher Weise verletzt worden ist. Die Anhörungsrüge dient nicht dazu, die angegriffene Entscheidung in vollem Umfang nochmals zu überprüfen, sondern nur dazu, dem Gericht Gelegenheit zu geben, eine vorherige entscheidungserhebliche Verletzung des rechtlichen Gehörs auszugleichen; eine Begründungsergänzung kann mit ihr nicht herbeigeführt werden (vgl. BGH, Beschl. vom 06.11.2006 – 1 StR 50/06; BFH NJW 2005, 2639, 2640; Meyer-Goßner/*Schmitt* § 356a Rn. 1; KK/*Gericke* § 356a Rn. 6 m.w.N.).

III. Anfechtung von Justizverwaltungsakten. Von Bedeutung ist daneben das in §§ 23 ff. EGGVG geregelte 36
Verfahren zur Anfechtung von **Justizverwaltungsakten.** Mit diesen Vorschriften wird unter Ausschluss der Verwaltungsgerichtsbarkeit der ordentliche Rechtsweg eröffnet (vgl. BVerfG NJW 1976, 305; BGHSt 16, 225) und Art 19 Abs. 4 GG konkretisiert (BGH NJW 1994, 1950). §§ 23 ff. EGGVG gelten nur für Justizverwaltungsakte, **nicht für Akte der Rspr.**, die in richterlicher Unabhängigkeit ausgeübt wird (vgl. KK/*Mayer* § 23 EGGVG Rn. 5). Für alle Maßnahmen, die nach der Prozessordnung vor einem ordentlichen Gericht angefochten werden können, ist der Rechtsweg nach §§ 23 ff. EGGVG ausgeschlossen (OLG Köln NJW

1985, 336). Soweit der Antrag eine Angelegenheit der Strafrechtspflege oder des Strafvollzugs betrifft, ist ein Strafsenat des OLG zur Entscheidung berufen (§ 25 EGGVG). Ist der eingeschlagene Rechtsweg nach §§ 23 ff. EGGVG unzulässig, so wird die Sache gem. § 17a Abs. 2 Satz 1 GVG an das zuständige Gericht des zulässigen Rechtsweges verwiesen (vgl. BVerfG NJW 1981, 1154; KG GA 1985, 271; OLG Braunschweig NStZ 1991, 551).
Umstritten ist, ob eine Verweisung innerhalb der ordentlichen Gerichtsbarkeit zulässig ist (vgl. Meyer-Goßner/*Schmitt* § 25 EGGVG Rn. 2; KK/*Mayer* § 28 EGGVG Rn. 27; KG StV 1996, 326; OLG Hamburg NStZ 1995, 252; a.A. OLG Oldenburg NStZ 1990, 504).

37 **IV. Verfassungsbeschwerde.** Die **Verfassungsbeschwerde** ist kein Rechtsmittel, sondern ein zusätzlicher **subsidiärer Rechtsbehelf**, der nach Erschöpfung des Rechtsweges binnen eines Monats eingelegt (§§ 90 ff. BVerfGG) und nur auf die Behauptung gestützt werden kann, dass der Beschwerdeführer durch die öffentliche Gewalt in seinen Grundrechten oder seinen in Art 20 Abs. 4, 33, 38, 101, 103 und 104 GG geschützten Rechten verletzt worden sei (Art 93 Abs. 1 Nr. 4a GG i.V.m. § 13 Nr. 8a BVerfGG). Sie kann sich gegen verfahrensabschließende Urteile und Beschlüsse sowie ausnahmsweise gegen Entscheidungen in selbstständigen Zwischenverfahren richten, welche über eine wesentliche Rechtsfrage abschließend befinden und in weiteren Instanzen nicht mehr nachgeprüft werden können (vgl. BVerfGE 58, 1, 23; 53, 109). Derart **angreifbare Zwischenentscheidungen** sind z.B. Haftentscheidungen (BVerfGE 53, 152), Durchsuchungsanordnungen (BVerfGE 44, 353) oder Entscheidungen über Richterablehnungen (BVerfGE 24, 56), nicht aber Entscheidungen über die Eröffnung des Hauptverfahrens (BVerfGE 25, 336 und NJW 1989, 2464).

38 **C. Formlose Rechtsbehelfe.** Die formlosen Rechtsbehelfe **Gegenvorstellung** und **Dienstaufsichtsbeschwerde** sind nicht in der StPO verankert.

39 **I. Gegenvorstellung. 1. Wesen und Begriff.** Die **Gegenvorstellung** ist ein Rechtsbehelf außerhalb der Verfahrensordnung (BGH NStZ-RR 2001, 333). Als Erscheinungsform des Petitionsrechts nach Art 17 GG ist sie auch gegen richterliche Entscheidungen zulässig (vgl. BVerfGE 9, 89, 107; *Matt* MDR 1992, 820; *Weis* NJW 1987, 1314). Sie richtet sich nicht an eine übergeordnete Instanz, sondern stellt eine formlose Aufforderung an das Gericht dar, die eigene Entscheidung nachträglich abzuändern oder aufzuheben, sei es aus besserer Einsicht oder wegen erkannter Fehler. Die Gegenvorstellung kann formlos und ohne Bindung an eine Frist oder eine persönliche Beschwer (OLG Schleswig NJW 1978, 1016) erhoben werden (vgl. Meyer-Goßner/*Schmitt* Vor § 296 Rn. 23 m.w.N.).

40 **2. Gegenvorstellungen gegen Entscheidungen, die nicht in Rechtskraft erwachsen.** Zulässig ist die Gegenvorstellung nur, wenn das angerufene Gericht seine Entscheidung **selbst wieder aufheben oder abändern darf** (BGHR StPO § 349 Abs. 2 Beschluss 2; *Wölfl* StraFo 2003, 222). In Betracht kommt sie daher bei Entscheidungen und Anordnungen, die nicht in Rechtskraft erwachsen. Dies ist etwa der Fall, wenn die einfache Beschwerde und damit die Abhilfemöglichkeit des § 306 Abs. 2 eröffnet ist. Auch Haftentscheidungen von OLGen und Entscheidungen der erkennenden Gerichte, die der Urteilsfällung vorangehen (§ 305), werden üblicherweise als Beispiele für Entscheidungen, die mit der Gegenvorstellung angegriffen werden können, genannt (vgl. KK/*Paul*, Vor § 296 Rn. 4). Demgegenüber ist eine Abänderung bei Entscheidungen, die mit der sofortigen Beschwerde angefochten werden können, gem. § 311 Abs. 3 Satz 1 ausgeschlossen, es sei denn, dass eine Verletzung des rechtlichen Gehörs vorliegt (§ 311 Abs. 3 Satz 2). Erstrebt der Antragsteller jedoch nur eine wiederholte Befassung des Gerichts mit seinem Vorbringen, macht er gerade keine Verletzung des rechtlichen Gehörs geltend (vgl. BGH, Beschl. v. 04.03.2008 – 4 StR 514/07).

41 **3. Gegenvorstellungen gegen unanfechtbare strafprozessuale Entscheidungen?.** Ausnahmsweise soll die Gegenvorstellung auch gegen unanfechtbare strafprozessuale Entscheidungen zulässig sein und eine Abänderung der Entscheidung ermöglichen. Im Einzelnen herrscht Streit:

42 Während das Reichsgericht noch der Ansicht war, es könne seinen die Revision verwerfenden Beschluss zurücknehmen, wenn er auf einer **unzutreffenden tatsächlichen Grundlage** beruhte (vgl. RGSt 59, 419), kann das Revisionsgericht nach der Rspr. des BGH eine Entscheidung, mit der es die Rechtskraft des tatrichterlichen Urteils herbeigeführt hat, weder aufheben noch abändern; dies gilt unabhängig davon, ob es sich um ein verfahrensbeendendes Urteil oder einen Beschluss handelt (vgl. BGHSt 17, 94, 97; BGH 5 StR 539/03 und BGH 2 StR 462/03; BGH, Beschluss vom 09.05.2017 – 1 StR 627/16, juris Rn. 2 m.w.N.).

43 Nach Auffassung des BVerfG haben die Fachgerichte **zur Beseitigung von Grundrechtsverletzungen** nach Maßgabe des jeweiligen Verfahrensrechts auch bei unanfechtbaren Entscheidungen die Möglichkeiten der Abhilfe eines groben prozessualen Unrechts zu prüfen. Wenn die fachgerichtliche Rspr. eine Gegenvorstellung zulasse, entspreche es rechtsstaatlicher Auslegung des Verfahrensrechts, diese auch sachlich zu bescheiden

und ggf. selbst abzuhelfen (BVerfG NJW 1983, 1900, BVerfGE 73, 322 ff.). Seit der Entscheidung vom 30.04.2003 macht das BVerfG (BVerfGE 107, 395, 416 f.) die Zulässigkeit der Verfassungsbeschwerde jedoch nicht mehr von der vorherigen (erfolglosen) Erhebung der Gegenvorstellung zur Erschöpfung des Rechtsweges oder zur Wahrung des Subsidiaritätsgrundsatzes abhängig, weil die »rechtsstaatlichen Defizite« außerordentlicher Rechtsbehelfe dies ausschließen. Dazu hat es ausgeführt, dass Rechtsbehelfe im Hinblick auf die erforderliche Rechtsbehelfsklarheit **in der geschriebenen Rechtsordnung geregelt sein müssen**, weswegen es den Gerichten untersagt ist, tatsächliche oder vermeintliche Lücken im Rechtsschutzsystem eigenmächtig zu schließen (BVerfGE 107, 395; vgl. auch BVerfG NJW 2007, 2538; BVerwG, Beschl. vom 01.06.2007 – 7 B 14/07; OVG Niedersachsen NJW 2006, 2506; BGHSt 45, 37; BGH NJW 2002, 765; KG, Beschl. vom 14.11.2007 – 2 Ws 665/07). Daraus ist allerdings nicht herzuleiten, dass eine Gegenvorstellung gegen gerichtliche Entscheidungen von Verfassungs wegen unzulässig sei (BVerfGE 122, 190, 197 ff, juris Rn. 34). Das Verbot der eigenmächtigen Lückenschließung durch die Gerichte spricht allerdings auf fachgerichtlicher Ebene gegen eine Statthaftigkeit der Gegenvorstellung gegen rechtskräftige Entscheidungen. Eine Abänderung rechtskräftiger Entscheidungen ist selbst im Fall der Verwerfung eines Rechtsmittels auf unrichtiger Tatsachengrundlage, bei grobem prozessualem Unrecht oder bei Verstoß gegen Verfahrensgrundrechte auf der Grundlage geltenden Rechts nicht möglich (vgl. MüKo-StPO/*Allgayer*, § 296 Rn. 12 und 15 m.w.N.).
Unzulässig ist auch die dem Strafprozessrecht fremde **außerordentliche Beschwerde**.

Eine Besonderheit gilt im **Klageerzwingungsverfahren**: Hier ist die Gegenvorstellung bereits nach **§ 174 Abs. 2** ausgeschlossen, wenn der Klageerzwingungsantrag als unbegründet verworfen wurde. Denn diese Vorschrift nennt die einzigen Voraussetzungen, unter denen die öffentliche Klage nach einer abweisenden rechtskräftigen Sachentscheidung noch erhoben werden kann (KG, Beschl. v. 18.05.2010 – 1 Ws 51/10; OLG Nürnberg MDR 1966, 351). 44

4. Bescheidung von Gegenvorstellungen. Fraglich ist weiter, ob bzw. inwieweit ein **Anspruch auf die Bescheidung** der Gegenvorstellung besteht. 45

Ausgehend von der Rspr. des BVerfG gilt: Soweit die fachgerichtliche Rspr. eine Gegenvorstellung zulässt, entspricht es rechtsstaatlicher Auslegung des Verfahrensrechts, diese auch sachlich zu bescheiden und ggf. selbst abzuhelfen (BVerfG NJW 1983, 1900, BVerfGE 73, 322 ff.). Daraus wird gefolgert, dass das angerufene Gericht auf eine Gegenvorstellung jedenfalls dann eine Entscheidung treffen muss, wenn die Verletzung eines Verfahrensgrundrechts geltend gemacht wird (vgl. KK/*Paul* Vor § 296 Rn. 4; OLG Karlsruhe, Beschluss vom 22.03.2001 – 3 Ws 44/01). Nach anderer Ansicht soll stets ein Anspruch auf Bescheidung bestehen (Meyer-Goßner/*Schmitt* vor § 296 Rn. 26; LR/Jesse vor § 296 Rn. 85 ff.; differenzierend danach, ob die Voraussetzungen des Art 17 GG erfüllt sind MükoStPO/*Allgayer*, § 296 Rn. 16; vgl. a. *Radke* in Radke/Hohmann § 296 Rn. 12; BeckOK/*Cirener* StPO 33. Ed. § 296 Rn. 3).

M.E. besteht weder ein Anspruch auf Überprüfung der mit der Gegenvorstellung angegriffenen Entscheidung noch auf deren Bescheidung (so auch KMR/*Plöd* Vor § 296 Rn. 4). Aus dem System der gesetzlichen Vorschriften lässt sich kein Anspruch auf wiederholte Entscheidung über eine rechtskräftig abgeschlossene Sache herleiten; zudem bergen wiederholte oder weitere Erläuterungen in der Sache die Gefahr in sich, die Autorität der rechtskräftigen Entscheidung zu relativieren oder gar zu untergraben. Angesichts der knappen Ressourcen der Justiz ist die wiederholte Befassung desselben Spruchkörpers mit derselben Sache ebenso wenig sinnvoll wie die Bescheidung unzulässiger Einwände, zumal ein einsichtiger Beteiligter nach Ausschöpfung der Rechtsbehelfe nicht mehr ernsthaft mit der erneuten Befassung des Gerichts mit seiner Sache rechnen kann. 46

Aus Gründen der Höflichkeit ist es indes in der Regel angebracht, dem Antragsteller kurz und bündig formlos mitzuteilen, dass keine weitere Entscheidung ergeht. Bei wiederholten oder querulatorischen Eingaben empfiehlt sich ein Hinweis an den Antragsteller, dass auf weitere gleichförmige Eingaben seitens des Gerichts nicht mehr reagiert wird (vgl. BGH, Beschl. vom 11.05.2017 – 2 ARs 290/16, juris Rn. 30f; BGH, Beschl. vom 26.01.2017 – 5 ARs 54/16, juris Rn. 7). 47

II. Dienstaufsichtsbeschwerde. Die form- und fristlos als Petition i.S.d. Art 17 GG zulässige (BVerwG NJW 1977, 118) **Dienstaufsichtsbeschwerde** richtet sich gegen das persönliche dienstliche Verhalten eines Beamten (**persönliche** Dienstaufsichtsbeschwerde) oder gegen seine Sachbehandlung (**sachliche** Dienstaufsichtsbeschwerde). Mit ihr wird eine Entscheidung des die Dienstaufsicht führenden Vorgesetzten (vgl. § 147 GVG für die StA; § 108 Abs. 3 StVollzG im Strafvollzug; die Dienstaufsicht über richterliche Tätigkeiten ist nach § 26 Abs. 1 DRiG nur in engen Grenzen möglich, soweit die richterliche Unabhängigkeit nicht beeinträchtigt wird). Die zur Entscheidung berufene Behörde hat einen mit Gründen versehenen Bescheid zu erteilen, aus dem erkennbar sein muss, dass die Eingabe geprüft und was darauf veranlasst worden ist (Meyer-Goßner/*Schmitt* Vor § 296 Rn. 22). 48

49 **D. Rechtskraft. I. Begriff.** Der Begriff der Rechtskraft beschreibt und umfasst die Dauerwirkungen von Sachurteilen und anderen rechtskraftfähigen Entscheidungen. Üblicherweise wird zwischen formeller und materieller Rechtskraft unterschieden, wobei das Wesen der materiellen Rechtskraft umstritten ist.

50 **II. Formelle Rechtskraft. Formelle Rechtskraft** bedeutet Unanfechtbarkeit des Urteils im anhängigen Verfahren (**Beendigungswirkung**). Sie tritt ein, wenn gegen die Entscheidung kein ordentliches Rechtsmittel mehr eingelegt werden kann, weil der Instanzenzug ausgeschöpft, die vorgesehene Rechtsmittelfrist abgelaufen oder ein Rechtsmittelverzicht (§ 302) erklärt worden ist. Damit wird die Entscheidung unabänderlich; die Rechtshängigkeit der Sache endet und die Entscheidung ist nun vollstreckbar (**Vollstreckungswirkung**, § 449). Nur in gesetzlich vorgesehenen Ausnahmefällen (z.B. bei Wiederaufnahme gem. §§ 359 ff., Wiedereinsetzung in den vorigen Stand gem. §§ 44 ff., Revisionserstreckung auf Nichtrevidenten gem. § 357 oder bei erfolgreicher Verfassungsbeschwerde, § 79 Abs. 1, § 95 Abs. 2 BVerfGG) kann die Rechtskraft durchbrochen werden und das Verfahren wieder aufleben. Urteile (vgl. BGH NStZ-RR 2011, 183) und Beschlüsse, die mit der sofortigen Beschwerde anfechtbar sind (vgl. Meyer-Goßner/*Schmitt* Einl Rn. 166), können formell rechtskräftig werden. Demgegenüber sind Beschlüsse, die mit der einfachen Beschwerde angefochten werden können, nicht rechtskraftfähig (arg. § 306 Abs. 2); dasselbe gilt für Verfügungen oder sonstige Entscheidungen, die das Gericht selbst abändern kann.

51 **III. Materielle Rechtskraft.** Der Begriff der **materiellen Rechtskraft** ist umstritten (ausführlich dazu *Roxin/Schünemann*, § 52 Rn. 9); sie setzt jedenfalls den Eintritt der formellen Rechtskraft voraus. Die Frage, ob ein nicht mehr anfechtbares Fehlurteil materielles Recht schaffen und einen materiellen Strafanspruch gegen den zu Unrecht Verurteilten begründen kann (so die **materiellrechtliche Rechtskrafttheorie**), wird von der heute vorherrschenden **prozessualen Gestaltungstheorie** verneint. Nach dieser zutreffenden Sicht bleibt die Vollstreckung aus dem rechtskräftigen Fehlurteil zwar materiell rechtswidrig, prozessual ist die Vollstreckung jedoch, da sie nicht mehr als ein rechtskräftiges prozessual unanfechtbares Urteil voraussetzt (§ 449), zulässig. Damit wird dem unschuldig Verurteilten ein Notwehrrecht (§ 32 StGB) gegen die Vollstreckung verwehrt, die keinen »rechtswidrigen Angriff« darstellt; sodass er nur mit ordentlichen oder außerordentlichen Rechtsbehelfen dagegen vorgehen kann (vgl. *Roxin/Schünemann* a.a.O.).

52 Aus der **Sicht der Rspr.** beschreibt der Begriff der materiellen Rechtskraft die Wirkung des in Art 103 Abs. 3 GG zum Verfassungssatz erhobenen Grundsatzes **ne bis in idem**, wonach die rechtskräftig abgeurteilte Sache nicht noch einmal den Gegenstand eines anderen Verfahrens bilden kann und das Strafklagerecht für die abgeurteilte Tat verbraucht ist (**Sperrwirkung**). Der mit der materiellen Rechtskraft einhergehende **Strafklageverbrauch** bewirkt ein umfassendes Verfahrenshindernis (vgl. BVerfGE 3, 251; 56, 22; BGHSt 5, 328 und 38, 54), welches ein neues Verfahren wegen derselben Tat unzulässig macht und ein neues Sachurteil ausschließt. Zudem gewährt sie ein subjektives Recht, nicht wegen derselben Straftat wiederholt oder mehrfach in parallelen Verfahren verfolgt und bestraft zu werden (BGHSt 5, 323, 328; BVerfGE 23, 191, 203).

53 Vereinzelt wird der Rechtskraft eine (m.E. rein theoretische) **Sanktionsfunktion** zugeschrieben: Sie halte die Strafverfolgungsorgane zu sorgfältiger Aufklärung und rechtlicher Würdigung an, da bei unzulänglichen Ermittlungen das Risiko des Ausschlusses späterer Ermittlungen bestehe (vgl. *Roxin/Schünemann* a.a.O. Rn. 8 m.w.N.).

54 **IV. Absolute/relative Rechtskraft.** Hinsichtlich des Umfangs der Rechtskraft wird zwischen **absoluter** und **relativer Rechtskraft** unterschieden. Bei absoluter Rechtskraft ist die Entscheidung von keinem Beteiligten in keinem Teil mehr anfechtbar. Von **subjektiv relativer Rechtskraft** spricht man, wenn von einem bestimmten Beteiligten das Urteil nicht mehr angefochten werden kann (z.B. bei einseitigem Rechtsmittelverzicht des Angeklagten). **Objektiv relative Rechtskraft** (Teilrechtskraft) liegt vor, wenn nur ein Teil der Entscheidung in Rechtskraft erwachsen ist, etwa bei tatmehrheitlichen Vorwürfen wegen einzelner Taten (sog. **vertikale Teilrechtskraft**) oder wenn nur der Rechtsfolgenausspruch angefochten wurde, während der Schuldspruch in Rechtskraft erwachsen ist (sog. **horizontale Teilrechtskraft**; vgl. zu den Begriffen BayObLG MDR 1977, 421, 422). Sowohl die subjektiv relative Rechtskraft, als auch eine im Laufe des Verfahrens eintretende (objektive oder subjektive) vertikale oder horizontale Rechtskraft, mit der aus prozessökonomischen Gründen abtrennbare Teile der Tat oder einzelne Taten von weiterer Überprüfung ausgenommen werden, lösen verfahrensinterne Bindungswirkungen, nicht aber die eigentlichen Beendigungs-, Vollstreckungs- und Sperrwirkungen der formellen und materiellen Rechtskraft aus.

55 Die Rechtskraft erstreckt sich auf die gesamte **prozessuale Tat** (i.S.d. §§ 155, 264, Art 103 Abs. 3 GG) unter jeglichem rechtlichen Gesichtspunkt und umfasst auch die Nebenstrafen und Nebenfolgen. Nur der **Entscheidungssatz** (Tenor), nicht aber die Urteilsgründe erwachsen in Rechtskraft. Eine Tatsachenbindung gehört nicht zum Wesen der Rechtskraft (BGHSt 43, 106; BGH NStZ-RR 2004, 238 und NStZ 2010,

529). Eine Feststellungswirkung kommt daher den in den Gründen geschilderten Tatsachen nicht zu, sodass etwa der Freispruch des Haupttäters aus tatsächlichen Gründen der Verurteilung des Gehilfen zu der Tat in einem anderen Verfahren nicht zwingend entgegensteht. Offensichtliche Schreib- oder Rechenfehler können auch im Tenor nicht in Rechtskraft erwachsen und dürfen daher korrigiert werden (vgl. BGHSt 3, 245; 5, 5).

§ 296 Rechtsmittelberechtigte

(1) Die zulässigen Rechtsmittel gegen gerichtliche Entscheidungen stehen sowohl der Staatsanwaltschaft als dem Beschuldigten zu.

(2) Die Staatsanwaltschaft kann von ihnen auch zugunsten des Beschuldigten Gebrauch machen.

Übersicht

A. Grundsätzliches. § 296 Abs. 1 enthält **keine abschließende Aufzählung** der Rechtsmittelberechtigten. Rechtsmittel können vielmehr alle Verfahrensbeteiligten, einlegen, denen das Gesetz eine **ausdrückliche Befugnis** dazu gewährt. Neben den in Abs. 1 genannten gehören dazu insb. Verteidiger (§ 297), gesetzliche Vertreter des Beschuldigten (§ 298), Nebenkläger (§§ 400, 401), Privatkläger (§ 390), Einziehungsbeteiligte (§ 433), juristische Personen oder Personenvereinigungen im Verfahren nach § 444 und Erziehungsberechtigte (§ 67 Abs. 3 JGG). Außerdem sind alle Personen, die durch eine gerichtliche Maßnahme unmittelbar beeinträchtigt sind, **beschwerdeberechtigt**, sofern nicht ausschließlich die Berufung oder Revision zulässig ist (vgl. im Einzelnen dazu die Kommentierung zu § 304). Eine Verständigung i.S.d. § 257c schränkt die Rechtsmittelbefugnis nicht ein (vgl. § 302 Abs. 1 S. 2). Von früheren Anträgen ist die Rechtsmittelbefugnis nicht abhängig; auch antragsgemäße Entscheidungen können von allen Berechtigten angefochten werden (vgl. LR/*Jesse*, Rn. 13 zu § 296m.w.N.). 1

Von der **Art der angegriffenen Entscheidung** hängt es ab, welche Rechtsmittel i.S.d. Abs. 1 **zulässig** sind. Dabei kommt es nicht auf die Bezeichnung, sondern auf den sachlichen Gehalt der angefochtenen Entscheidung an (BGHSt 8, 383) und darauf, welches Rechtsmittel das Gesetz für die Anfechtung dieser Entscheidung vorsieht. 2

Jedes Rechtsmittel eines Verfahrensbeteiligten ist **selbstständig und unabhängig** von denjenigen anderer Verfahrensbeteiligter. Dies gilt sowohl hinsichtlich Einhaltung der Form- und Fristvorschriften, die für jedes Rechtsmittel gesondert zu prüfen sind, als auch für die Statthaftigkeit des Rechtsmittels, die für einzelne Verfahrensbeteiligte beschränkt sein kann (z.B. § 210 Abs. 1). Auch hindert der Rechtsmittelverzicht des Beschuldigten die StA nicht, zu seinen Gunsten oder zu seinen Ungunsten ein Rechtsmittel einzulegen. 3

Sind gegen ein Urteil **mehrere zulässige Rechtsmittel** eingelegt worden (z.B. Berufung oder Revision sowohl seitens der StA, als auch des Angeklagten), so ist in einer **einheitlichen Hauptverhandlung** über alle Rechtsmittel zu entscheiden (OLG Düsseldorf NStZ-RR 2001, 246; vgl. auch OLG Köln NStZ-RR 2008, 207 für den Fall der Sprungrevision nach § 335 Abs. 3 Satz 1 neben der Berufung). Für den Fall, dass verschiedene Rechtsmittel möglich sind und zunächst ein **unbestimmtes** Rechtsmittel eingelegt wird, vgl. BayObLG wistra 2001, 279; zu Fragen der Ausübung des **Wahlrechts** zwischen Berufung und (Sprung-) Revision vgl. BGHSt 33, 182. 4

Anschlussrechtsmittel (vgl. etwa §§ 524, 554, 567 Abs. 3, § 574 Abs. 4 ZPO, §§ 127, 141 VwGO) sind der StPO fremd, allerdings schadet die fälschliche Bezeichnung nicht (§ 300). 5

B. Rechtsmittelberechtigte. I. Nach Abs. 1. 1. StA. Nach Abs. 1 ist die **StA** zur Rechtsmitteleinlegung grds. ebenso wie der Beschuldigte befugt. Zuständig ist die örtlich zuständige StA (oder Amtsanwaltschaft, § 145 Abs. 2 GVG) bei dem Gericht, dessen Entscheidung angefochten werden soll (zur Ersetzungsbefugnis vgl. § 145 Abs. 1 GVG sowie BGH NStZ 1995, 204; 1998, 309). Dabei ist die Erklärung eines Staatsanwalts unabhängig von behördeninternen Zuständigkeitsregelungen und auch dann wirksam, wenn sie 6 gegen interne Anweisungen verstoßen hat oder vom Willen des Behördenleiters nicht gedeckt war (vgl. BGHSt 19, 377, 382).

7 Hinsichtlich des Rechtsmittels der Berufung kann auch ein **Amtsanwalt**, der die StA vor dem Strafrichter oder Jugendrichter vertritt, zur Einlegung befugt sein, da dieses Rechtsmittel gem. § 314 Abs. 1 noch an das AG zu richten ist (zu einzelnen landesrechtlichen Regelungen vgl. Meyer-Goßner/*Schmitt* § 296 Rn. 3).

8 Die StA kann jederzeit auch ohne besondere Beschwer (vgl. Vor § 296 Rn. 18) nach pflichtgemäßem Ermessen eine gerichtliche Entscheidung anfechten, wenn nach ihrer Auffassung ein Rechtsfehler vorliegt, da sie zu überwachen hat, dass gesetzmäßige Entscheidungen ergehen (vgl. auch Nr. 147, 148 RiStBV). Da die StA im Strafverfahren nicht Partei, sondern objektiver Hüter des Rechts ist, kann sie auch ausschließlich **zugunsten des Beschuldigten** Rechtsmittel einlegen (Abs. 2). In diesem Fall bedarf es allerdings der Beschwer des Angeklagten (OLG Koblenz NJW 1982, 1770).

9 Jedes Rechtsmittel der StA bewirkt, dass die Entscheidung **auch zugunsten** des Beschuldigten abgeändert werden kann (§ 301). Hat die StA zuungunsten des Angeklagten Berufung eingelegt und diese auf den Strafausspruch beschränkt, der Angeklagte dagegen das Urteil des ersten Richters im vollen Umfang mit der Berufung angefochten, dann kann die StA mit der Revision das Urteil zweiter Instanz auch im vollen Umfang anfechten (OLG Koblenz NJW 1982, 1770).

10 **2. Beschuldigter.** Der Beschuldigte kann unbeschadet seines Alters oder seiner **Geschäftsfähigkeit** Rechtsmittel jedenfalls dann einlegen, wenn er **verhandlungsfähig** ist (vgl. OLG Hamburg NJW 1978, 602; KK/*Paul* § 296 Rn. 3). Darüber hinaus steht m.E. auch dem **nicht verhandlungsfähigen** Beschuldigten uneingeschränkt die Einlegung von Rechtsmitteln zu, da die Verhandlungsunfähigkeit (die vorliegt, wenn konkrete Anhaltspunkte für die Befürchtung bestehen, dass der Beschuldigte bei Durchführung der Hauptverhandlung sein Leben einbüßen oder schwerwiegende Dauerschäden für seine Gesundheit erleiden würde, vgl. BVerfG 51, 324, 346 = NJW 79, 2349) nur die Frage der **Durchführung** des Rechtsmittels betrifft, indes nichts über die Frage der Fähigkeit oder Befugnis zur **Einlegung** besagt. Zutreffend wird daher auch für das **Sicherungsverfahren** nach § 413 für den verhandlungsunfähigen Beschuldigten, gegen den verhandelt worden ist, die Rechtsmittelbefugnis bejaht (Meyer-Goßner/*Schmitt* § 296 Rn. 5).

11 **II. Weitere Rechtsmittelberechtigte. 1. Verteidiger.** Zur Rechtsmittelbefugnis des Verteidigers vgl. die Kommentierung zu § 297.

12 **2. Gesetzliche Vertreter.** Vgl. hierzu die Kommentierung zu § 298. Für Erziehungsberechtigte gilt § 67 Abs. 3 JGG.

13 **3. Privatkläger. Privatklägern** stehen nach § 390 Abs. 1 die **gleichen** Rechtsmittel zu, die im Offizialverfahren der **StA** eröffnet sind. Allerdings kann der Privatkläger (ebenso wie der Nebenkläger) mit seinem Rechtsmittel nur eigene Zwecke verfolgen und eine Entscheidung **nicht zugunsten des Beschuldigten** anfechten, da Privat- und Nebenkläger nicht die Amtsstellung des Staatsanwalts haben und kein Rechtspflegeorgan sind (BGHSt 37, 136). Gegen den Einstellungsbeschluss wegen Geringfügigkeit kann der Privatkläger auch dann, wenn der Beschluss in der Hauptverhandlung ergangen ist, mit der sofortigen Beschwerde vorgehen (vgl. auch § 383 Abs. 2 Satz 2 und 3).

14 **4. Nebenkläger.** Die aus § 395 Abs. 4 Satz 2, § 401 Abs. 1 Satz 1 folgende Rechtsmittelberechtigung des **Nebenklägers** ist nach § 400 begrenzt: Er kann das Urteil nur wegen des Nebenklagedelikts und nicht mit dem Ziel, dass eine andere Rechtsfolge verhängt wird, anfechten. Auch er kann eine Entscheidung nicht zugunsten des Beschuldigten anfechten (BGHSt 37, 136; zur Problematik des Nebenklägers, der einen Freispruch des Angeklagten anstrebt vgl. BGH, Beschl. vom 01.09.2020 – 3 StR 214/20; Schöch, JR 2021, 382).

15 **5. Antragsteller im Adhäsionsverfahren.** Diese können gem. § 406a Abs. 1 Satz 1 sofortige Beschwerde einlegen, nach Satz 2 dieser Vorschrift sind sie darüber hinaus nicht rechtsmittelbefugt.

16 **6. Insolvenzverwalter.** Zur Anfechtungsbefugnis des Insolvenzverwalters, der auch im Straf- oder Bußgeldverfahren Partei kraft Amtes ist, vgl. BGH NStZ 1999, 573; (a.A. Meyer-Goßner/*Schmitt* § 296 Rn. 5: nicht rechtsmittelberechtigt).

17 **7. Zeugen, Sachverständige, sonstige Betroffene.** Zeugen, Sachverständige und sonstige von einem Beschluss oder einer Verfügung betroffene Personen sind nach § 304 Abs. 2 beschwerdebefugt; andere Rechtsmittel stehen ihnen nicht zu.

8. **Nicht zur Anfechtung Berechtigte:. Beistände** gem. § 149 Abs. 1 und § 69 Abs. 1 JGG und **Bewährungshelfer** (OLG Koblenz NStZ-RR 96, 300) sind nicht anfechtungsberechtigt. Der **Bezirksrevisor** kann die Kostenentscheidung eines Urteils nicht anfechten (OLG Köln NJW 1970, 874). Ob die **Erben eines vor Rechtskraft verstorbenen Angeklagten** die ungünstige Auslagenentscheidung anfechten können, ist streitig (verneinend BGHSt 34, 184; vgl. a. LR/*Jesse* Rn. 4 zu § 296 m.w.N.). Zur Zulässigkeit der Revision des **Konkursverwalters** im Verfahren nach § 30 OWiG, wenn eine Geldbuße gegen die Gemeinschuldnerin festgesetzt worden ist, vgl. BGH 2 StR 366/98 = wistra 1999, 347. 18

C. Rechtsmittel der StA zugunsten des Beschuldigten (Abs. 2). Die StA kann nach dieser Vorschrift unabhängig und sogar gegen den Willen des Beschuldigten zu seinen Gunsten Rechtsmittel einlegen (vgl. zur Ausübung des Ermessens der StA Nr. 147 Abs. 3 RiStBV). Dies setzt allerdings voraus, dass dieser durch die Entscheidung **beschwert** ist (KK/*Paul* § 296 Rn. 5 m.w.N.). Daher ist der StA etwa ein Rechtsmittel gegen ein endgültiges Einstellungsurteil nach § 260 Abs. 3 mit dem Ziel des Freispruchs des Angeklagten verwehrt. 19

Die Rechtsmitteleinlegung zugunsten des Beschuldigten enthält eine **Beschränkung** dahin, dass das Rechtsmittelgericht nicht zuungunsten des Beschuldigten entscheiden darf (§§ 331, 358 Abs. 2). Daher muss der Wille zur Einlegung zugunsten des Beschuldigten **eindeutig**, spätestens bis zum Ablauf der Begründungsfrist zum Ausdruck gebracht werden (vgl. Nr. 147 Abs. 3 S. 2 RiStBV). Bei Zweifeln ist die Erklärung der StA auszulegen und anzunehmen, dass das Rechtsmittel zuungunsten eingelegt worden ist (OLG Koblenz MDR 1974, 331). Greift die Staatsanwaltschaft mit ihrer Revision eine Strafmilderung nach §§ 21, 49 StGB und zugleich die Anordnung der Unterbringung in einer Entziehungsanstalt gem. § 64 StGB an, wirkt das Rechtsmittel hinsichtlich der Unterbringungsanordnung auch ohne ausdrückliche Erklärung zugunsten des Angeklagten (vgl. BGH StraFo 2008, 170). 20

Über den Wortlaut hinaus ist ein Rechtsmittel der StA auch zugunsten von Einziehungsbeteiligten und anderen **Nebenbeteiligten**, etwa Zeugen, Sachverständigen und anderen Personen, die durch Beschlüsse und Verfügungen betroffen sind (vgl. § 304 Abs. 2) oder etwa als Antragsteller mit Kosten belastet werden können (§ 470), zulässig (vgl. LR/*Jesse* § 296 Rn. 20). 21

Streitig ist, ob die StA auch **Rechtsmittel zugunsten des Nebenklägers** einlegen darf. Dies wird unter Hinweis auf dessen Verfahrensposition, die von seinem persönlichen Interesse auf Genugtuung geprägt ist, verneint (vgl. BGHSt 37, 136; Meyer-Goßner/*Schmitt* § 296 Rn. 15; LG Dresden NStZ 1994, 251). Unabhängig davon, dass die Entscheidung BGHSt 37, 136 sich zur Frage der Rechtsmitteleinlegung der StA zugunsten des Nebenklägers nicht explizit verhält, ist die verbreitete Gegenansicht (vgl. KG NStZ 2012, 112 – die unterbliebene Auslagenentscheidung betreffend; OLG Dresden NStZ-RR 2000, 115; KK/*Paul* § 296 Rn. 7; *Pfeiffer* § 296 Rn. 5; *Rautenberg* HK § 296 Rn. 24) vorzugswürdig, weil die StA als unparteiische, zur Wahrung des Rechts verpflichtete Behörde darüber zu wachen hat, dass die ergehenden Entscheidungen den Gesetzen entsprechen (OLG Dresden a.a.O.). 22

Neben- und Privatkläger können nicht zugunsten des Beschuldigten Rechtsmittel einlegen. Es entspricht (entgegen KG JR 1956, 472) der nahezu einhelligen Ansicht in Rspr. und Schrifttum, dass **§ 296 Abs. 2 auf Neben- und Privatkläger nicht anwendbar** ist (BGHSt 37, 136 m.w.N.), da diese zwar die Partei-, nicht aber die Amtsstellung des Staatsanwalts haben und keine Rechtspflegeorgane sind. Da sie durch eine Verurteilung des Beschuldigten nicht beschwert sind, kann ihnen eine Rechtsmittelbefugnis zugunsten des Beschuldigten nicht zukommen. Das von ihnen zuungunsten eingelegte Rechtsmittel wirkt gem. § 301 jedoch auch zugunsten des Beschuldigten (vgl. Meyer-Goßner/*Schmitt* § 400 Rn. 7; KK/*Walther* § 400 Rn. 5 m.w.N.). 23

Der StA ist es verwehrt, dass zugunsten des Beschuldigten eingelegte Rechtsmittel ohne dessen Zustimmung **zurückzunehmen** (§ 302 Abs. 1 Satz 3). Die Frage, ob das Rechtsmittel der Staatsanwaltschaft zugunsten eines Angeklagten eingelegt worden ist, lässt sich nur nach dem Gesamtinhalt der Rechtsmittelerklärungen, nicht aber nach Umständen außerhalb dieser Erklärungen beurteilen (BGHSt 2, 41); wird ein solcher Wille weder aus der Rechtsmittelschrift noch aus der Begründung erkennbar, gilt in der Regel ein von der Staatsanwaltschaft eingelegtes Rechtsmittel als zu dessen Ungunsten eingelegt (vgl. BGH 3 StR 426/12). 24

§ 297 Einlegung durch den Verteidiger

Für den Beschuldigten kann der Verteidiger, jedoch nicht gegen dessen ausdrücklichen Willen, Rechtsmittel einlegen.

Übersicht

1 **A. Grundsätzliches.** § 297 bestimmt im Zusammenspiel mit § 302 Abs. 2 die (begrenzte) Rechtsmittelbefugnis des gewählten (§ 137) oder gerichtlich bestellten (§ 141) Verteidigers und räumt ihm die Möglichkeit ein, **im eigenen Namen** für den Beschuldigten Rechtsmittel einzulegen. Solange keine gegenteilige Erklärung des Beschuldigten vorliegt, folgt daraus die Vermutung für die **Rechtsmittelbefugnis** des Verteidigers.

2 **B. Anwendungsbereich.** § 297 gilt als Ausnahmevorschrift **nur für Verteidiger**, nicht aber für die Prozessbevollmächtigten anderer Prozessbeteiligter, etwa Zeugenbeistände (§ 68b) oder die anwaltlichen Vertreter der Privat- und Nebenkläger.

3 Die Vorschrift gilt nach ihrem Wortlaut nur für **Rechtsmittel**, nicht für andere Rechtsbehelfe. Für den Antrag auf Haftprüfung (§ 118b), auf Wiederaufnahme (§ 365) und für den Einspruch gegen den Strafbefehl (§ 410 Abs. 1 Satz 2) gilt § 297 entsprechend. Eine entsprechende Anwendung auf andere Rechtsbehelfe kommt nicht in Betracht.

4 **C. Verteidiger. I. Rechtsstellung des Verteidigers. 1. Handeln aus eigenem Recht im eigenen Namen.** Der Verteidiger ist **kraft Gesetzes** auch ohne besondere Vertretungsvollmacht zur Einlegung von Rechtsmitteln für den Beschuldigten ermächtigt. Er handelt **aus eigenem Recht im eigenen Namen**, darf allerdings von diesem Recht nicht gegen den ausdrücklichen Willen des Beschuldigten Gebrauch machen (vgl. BGHSt 12, 367). Dies gilt auch für Verteidiger gem. § 138 Abs. 2 oder Referendare im Fall des § 139. Solange der Verteidiger Rechtsmittel nicht ausdrücklich im eignen Namen einlegt, ist anzunehmen, dass es für den Beschuldigten einlegt werden soll (vgl. OLG Köln, Beschl. vom 24.09.2012 – III-2 Ws 678/12, juris; Thüringer OLG StraFo 2012, 139). Zweifelhaft ist jedoch die Ansicht, dass mit der Formulierung »lege ich gegen den Beschluss … Beschwerde ein« angebrachte Rechtsmittel des Verteidigers sei als für den Angeklagten eingelegt anzusehen (KG, Beschl. vom 14.07.2010 – 4 Ws 77–78/10).

5 **2. Vorrang des Willens des Beschuldigten.** Die Rechtsmittelbefugnis des Verteidigers wird nur durch den **ausdrücklich geäußerten** entgegenstehenden Willen des Beschuldigten begrenzt. Dieser kann die Ermächtigung zur Rechtsmitteleinlegung mit der Vollmacht oder später durch mündliche, schriftliche oder schlüssige Erklärung ggü. dem Gericht oder dem Verteidiger ausschließen oder beschränken (vgl. OLG Düsseldorf NStZ 1989, 289). Erklärt der Beschuldigte nach Rechtsmitteleinlegung durch den Verteidiger, dass er die Entscheidung nicht anfechten wolle, liegt darin eine Rechtsmittelrücknahme (BGHR StPO § 302 Abs. 1 Satz 1 Rechtsmittelverzicht 15). Solange der Beschuldigte sich nicht ausdrücklich dazu erklärt hat, bleibt die umfassende Befugnis des Verteidigers zur Einlegung von Rechtsmitteln bestehen (OLG Düsseldorf VRS 91, 191). Allein der **erklärte Wille des Angeklagten** ist maßgeblich und macht eine davon abweichende Rechtsmittelerklärung des Verteidigers prozessual unbeachtlich. Zweifel sind aufzuklären (vgl. KK/*Paul* § 297 Rn. 3) und führen als solche noch nicht zur Unzulässigkeit eines Rechtsmittels. Handelt der Verteidiger gegen den Willen des Beschuldigten oder verzichtet dieser auf die Einlegung von Rechtsmitteln, ist das Rechtsmittel des Verteidigers unwirksam.

Über den Wortlaut des § 297 hinaus ist der entgegenstehende Wille des Beschuldigten auch bei einem später eintretenden Widerspruch beachtlich; verfolgt der Verteidiger ein Rechtsmittel gegen den ausdrücklichen Willen des Betroffenen weiter, ist es (auf Kosten des Verteidigers) als unzulässig zu verwerfen (OLG Düsseldorf, Beschl. vom 17.07.2015 – III – 2 Ws 300/15; zur Kostentragungspflicht des nicht zur Rechtsmitteleinlegung berechtigten Verteidigers vgl. auch OLG Hamm, Beschl. vom 16.05.2012 – III–3 Ws 52, 12).

3. **Verschiedenartige Rechtsmittel von Verteidiger und Beschuldigtem.** Der Vorrang des Willens des Beschuldigten gilt auch bei **verschiedenartiger** Anfechtung durch Verteidiger und Beschuldigte (OLG Düsseldorf NStZ-RR 2000, 148: Revision des Verteidigers und Berufung des Angeklagten; vgl. auch NStZ-RR 2002, 177). Gegen den Willen des Beschuldigten darf der Verteidiger nicht von dessen Berufung zur (Sprung-) Revision übergehen (BayObLG VRs 53, 362). 6

4. **Divergierende Erklärungen zum Umfang des Rechtsmittels.** Gehen zum **Umfang** der Urteilsanfechtung verschieden weitgehende Erklärungen des Angeklagten (unbeschränkte Berufung) und seines Verteidigers (auf den Rechtsfolgenausspruch beschränkte Berufung) ein, hat die Erklärung des Angeklagten stets Vorrang, auch wenn sich die Divergenz erst aus der zeitlich nachfolgenden Erklärung des Verteidigers ergibt (OLG Karlsruhe NStZ-RR 2004, 271). Bei unterschiedlichen Rechtsmittelerklärungen mehrerer Wahlverteidiger gegen das Urteil des Amtsgerichts (Sprungrevision bzw. Berufung) wird das Rechtsmittel als Berufung durchgeführt (Thüringer OLG StraFo 2016, 28–30). 7

II. **Voraussetzungen der Rechtsmitteleinlegung. 1. Keine Rechtskraft.** Voraussetzung für die Rechtsmitteleinlegung des Verteidigers ist, dass der Beschuldigte noch Rechtsmittel einlegen kann. Mit Eintritt der **Rechtskraft** – etwa aufgrund Ablaufs der Rechtsmittelfrist oder wegen des erklärten Rechtsmittelverzichts des Beschuldigten – erlischt die Befugnis des Verteidigers zur Rechtsmitteleinlegung (BGH NJW 1978, 330). Die Zustellung der Entscheidung an den Beschuldigten setzt dabei die Rechtsmittelfrist auch für den Verteidiger in Lauf. 8

2. **Bevollmächtigung oder Bestellung im Zeitpunkt der Rechtsmitteleinlegung.** Der Verteidiger muss **z.Zt. der Rechtsmitteleinlegung tatsächlich bevollmächtigt** (oder gerichtlich bestellt) sein; es kommt nicht darauf an, ob die Vollmacht erst später und ggf. erst nach Ablauf der Rechtsmittelfrist nachgewiesen wird (BGHSt 36, 251, 261). In der Regel genügt die anwaltliche Versicherung der rechtzeitigen Bevollmächtigung; sie kann jedoch von Amts wegen im Freibeweisverfahren überprüft werden (vgl. LR/*Jesse* § 297 Rn. 7). Eine nachträgliche Genehmigung durch den Beschuldigten reicht nicht aus. Die Bestellung des Pflichtverteidigers erstreckt sich grundsätzlich auch auf das Rechtsmittelverfahren (vgl. Meyer-Goßner/*Schmitt*, § 140 Rn. 7, 8 m.w.N.); allerdings wird in den Fällen des § 140 Abs. 2 die Beschränkung der Bestellung auf die erste Instanz in der Praxis seit RGSt 62, 22 für zulässig erachtet (a.A. *Wasserburg* GA 1982, 312). 9

Tritt der Verteidiger in der Hauptverhandlung mit dem Willen des Angeklagten auf, kann darin eine **schlüssige Bevollmächtigung** zur Rechtsmitteleinlegung liegen. Auch ein RA, dem die Verteidigung nicht übertragen ist, kann Revision (und andere Rechtsmittel) einlegen, wenn er zum Zeitpunkt der Unterzeichnung der Erklärung zur Einlegung bzw. Begründung der Revision bevollmächtigt ist (vgl. BGH NStZ 2001, 52 für den Fall eines Verteidigers, der das Wahlmandat niedergelegt hatte, aber nicht zum Pflichtverteidiger bestellt worden war). Wer im ersten Rechtszug nicht Verteidiger war, kann nur dann wirksam ein Rechtsmittel einlegen, wenn er vor Ablauf der Rechtsmittelfrist zum Verteidiger gewählt oder bestellt wird. Hat der Verteidiger das Rechtsmittel ohne Bevollmächtigung oder gegen den Willen des Verurteilten eingelegt, hat er die Kosten des unzulässigen Rechtsmittels zu tragen (vgl. OLG Celle, Beschl. vom 02.04.1997 – 1 Ss 350/96; OLG Hamm, Beschl. vom 16.05.2012 – III – 3 Ws 52/12). 10

Der **Sozius** des bestellten Verteidigers ist nicht rechtsmittelbefugt und sein Rechtsmittel unzulässig (BayObLG NJW 1981, 1629). 11

3. **Unwirksamkeit nachträglicher Genehmigung.** War die Rechtsmitteleinlegung wegen fehlender Bevollmächtigung unwirksam, kann eine nachträgliche **Genehmigung** diesen Mangel **nicht heilen** (RGSt 66, 257, 267; zur Kostentragungspflicht vgl. OLG Hamm NStZ 2009, 232). 12

4. **Erlöschen der Rechtsmittelbefugnis.** Mit Entzug der Vollmacht oder Widerruf der Bestellung erlischt die Rechtsmittelbefugnis des Verteidigers; ein zuvor eingelegtes Rechtsmittel bleibt davon aber unberührt. 13

Verstirbt der Beschuldigte, ist eine Rechtsmitteleinlegung grds. auch für den Verteidiger nicht mehr möglich, weil damit das Verfahren **gegenstandslos** wird (BGH NJW 1983, 463; BGHSt 34, 184; KK/*Paul*, § 298 Rn. 3). Allerdings wirkt die Vollmacht des Verteidigers über den Tod hinaus, wenn er für den Verstorbenen seine sofortige Beschwerde gegen die Kostenentscheidung in dem Beschluss nach § 206a einlegt (KG, Beschl. vom 11.01.2008 – 1 Ws 286/07 und vom 09.07.2008 – 1 Ws 244/08). 14

15 **D. Rechtsmitteleinlegung durch andere Vertreter.** Die Rechtsmitteleinlegung durch einen anderen **Vertreter** ist nur **möglich**, wenn dieser mündlich oder schriftlich bevollmächtigt wurde (vgl. KK/*Paul* § 297 Rn. 4; Meyer-Goßner/*Schmitt* § 297 Rn. 7 jeweils m.w.N.) und der Vertreter verhandlungsfähig ist. Die Vollmacht muss bei Einlegung des Rechtsmittels erteilt sein; ihr Nachweis kann später erbracht werden.

16 Wegen der möglichen Interessenkollision kann der **Bewährungshelfer** des Beschuldigten ggü. dem aufgrund der Bestellung weisungsbefugten Gericht nicht zugleich als Bevollmächtigter des Beschuldigten fungieren (vgl. KK/*Paul* § 297 Rn. 4 m.w.N.).

§ 300 Falschbezeichnung eines zulässigen Rechtsmittels

Ein Irrtum in der Bezeichnung des zulässigen Rechtsmittels ist unschädlich.

Übersicht

1 **A. Normzweck.** § 300 konkretisiert den aus Art 19 Abs. 4 GG abzuleitenden **allgemeinen Rechtsgedanken**, nach dem der Bürger einen Anspruch auf eine **möglichst wirksame gerichtliche Kontrolle** haben soll (vgl. BVerfGE 35, 263, 274; 40, 272, 275). Daher darf ein bloßer Irrtum bei der Rechtsmittelbezeichnung nicht zu einer Verwerfung desselben führen. Als eingelegt gilt vielmehr der nach der Rechtslage gebotene Rechtsbehelf. Eine eindeutige, aber unrichtige Bezeichnung ist grds. unschädlich, wenn nur ein zulässiges Rechtsmittel in Betracht kommt, selbst wenn der Rechtsmittelführer das von ihm bezeichnete Rechtsmittel tatsächlich einlegen wollte. § 300 greift jedoch nicht ein, wenn ein bewusst und gewollt eingelegtes Rechtsmittel durch ein anderes ersetzt werden soll (vgl. LR/*Jesse* § 300 Rn. 1).

2 **B. Anwendungsbereich.** Die Vorschrift gilt für alle Rechtsmittel, Rechtsbehelfe und Anträge im Straf- und Bußgeldverfahren (BGHSt 23, 233, 235). § 300 gilt grds. auch für **Rechtsmittel der StA**, bei der Auslegung ist aber zu bedenken, dass diese rechtskundig und eine Abweichung vom Wortlaut ihrer Erklärung daher nur begrenzt möglich ist. Unschädlich ist die Falschbezeichnung des Rechtsmittels durch die StA insb. dann, wenn das LG unter Verstoß gegen § 275a nicht durch Urteil, sondern ohne Hauptverhandlung durch Beschluss entschieden hat (BGHSt 50, 180, 185).

3 Auch die falsche Bezeichnung des Rechtsmittels durch den rechtskundigen **Verteidiger** ist unschädlich, wenn nur ein bestimmtes Rechtsmittel zulässig ist und der **Anfechtungswille keinem Zweifel** unterliegt bzw. offensichtlich ist (KG VRS 35, 287). So können etwa die unzulässige Beschwerde gegen ein Einstellungsurteil als Berufung (OLG Celle NJW 1960, 114), eine auf die Bewährungsauflage beschränkte Berufung als Beschwerde nach § 305a oder eine Berufung unter Beschränkung auf die Strafaussetzung als sofortige Beschwerde nach § 59 Abs. 1 JGG und eine unzulässige Beschwerde gegen eine Entscheidung nach § 111i Abs. 2 als Revision (BGHSt 55, 62, 64) ausgelegt werden (vgl. Meyer-Goßner/*Schmitt* § 300 Rn. 2 m.w.N.). Bei der Revision ist die **irrtümliche Bezeichnung einer Rüge** als Sach- oder Verfahrensrüge nach dem Rechtsgedanken des § 300 unschädlich. Ein unzulässiger Wiedereinsetzungsantrag gegen ein Berufungsurteil ist als Revision zu behandeln (OLG Hamm JMBlNW 65, 82). Allerdings ist das Rechtsmittel zu verwerfen, wenn der Rechtsmittelführer ausdrücklich auf die Durchführung des unzulässigen Rechtsmittels besteht (OLG Düsseldorf MDR 62, 328); dies gilt insb. dann, wenn er rechtskundig ist.

4 **C. Anfechtungswille, Auslegung.** Als Rechtsmittel kann eine Erklärung nur dann ausgelegt werden, wenn aus ihr ein **Anfechtungswille** hervorgeht. Bleibt der Anfechtungswille unklar, ist eine Nachfrage erforderlich, um Zweifel zu klären (BGHSt 2, 63, 67; LG Nürnberg-Fürth, Beschl. vom 24.06.2021 – 12 Qs 39/21, juris). Kommen mehrere statthafte Rechtsmittel in Betracht und bleibt unklar, welches eingelegt werden soll, ist die Erklärung nach dem gesamten Inhalt und den Umständen der Erklärung auszulegen (BGHSt 2, 41, 43; 19, 273, 275), wobei **im Zweifel** davon auszugehen ist, dass **dasjenige Rechtsmittel** gewollt ist, **welches die umfassendere Überprüfung ermöglicht** (OLG Düsseldorf NJW 1988, 153) bzw. mit dem der erstrebte Erfolg mit möglichst geringem Aufwand erreichbar ist (BGH NJW 1956, 756). Sind unterschiedliche Rechtsmittel gegen einzelne Teile der Entscheidung statthaft (z.B. die sofortige Beschwerde gem. § 464 Abs. 3 gegen die Kostenentscheidung des i.Ü. mit der Revision anfechtbaren Urteils), muss das Rechtsmittel jedoch bereits innerhalb der Einlegungsfrist zweifelsfrei erkennen lassen, welche Entscheidungsteile angefochten werden sollen (vgl. BGHSt 25, 77).

5 Eine Revision gegen das Urteil des AG »zum Zweck der Prüfung der Sachlage« ist als Berufung auszulegen. Beabsichtigt der Berufungs- oder Revisionsführer die Anfechtung des Urteils auch hinsichtlich einer Neben-

entscheidung mit der sofortigen Beschwerde, so muss dies innerhalb der Wochenfrist (§ 311 Abs. 2 Satz 1) ausdrücklich erklärt werden (vgl. BGHSt 25, 77). Besteht zwischen den Rechtsmittelerklärungen des Verteidigers und des Beschuldigten ein **nicht aufklärbarer Widerspruch**, gilt die Erklärung, welche die weiterreichende Überprüfung ermöglicht. Lässt sich etwa nicht aufklären, ob der Angeklagte seinem Verteidiger, der von der Berufung zur Revision übergegangen ist, zuvor ausdrücklich erklärt hat, dass er keinen Rechtsmittelwechsel wolle, bleibt es bei der Berufung, weil diese eine umfassendere Nachprüfung des angegriffenen Urteils erlaubt (OLG Düsseldorf MDR 93, 676). Bei der Auslegung kann auch die Person des Erklärenden von Bedeutung sein; so ist bei Rechtskundigen eher auf den Wortlaut der Erklärung abzuheben als bei Rechtsunkundigen (KK/*Paul* § 300 Rn. 2).

Wird ein im Strafverfahren ergangenes Urteil wegen einer **Ordnungswidrigkeit** irrig mit der Rechtsbeschwerde oder einem Zulassungsantrag (§ 79 OWiG) angefochten, ist das Rechtsmittel als Berufung (und nicht als Revision) auszulegen (BayObLG JR 1969, 470; OLG Düsseldorf MDR 1976, 75). 6

Mangels **Anfechtungswillen** kann etwa die Einreichung eines **Kostenfestsetzungsantrages** eines RA **nicht als sofortige Beschwerde** gegen eine fehlerhafte Kostenentscheidung umgedeutet werden, wenn der Antragsteller nicht in irgendeiner Weise zugleich die Kostengrundentscheidung beanstandet hat. § 300 bietet in solchen Fällen keine Handhabe dafür, einen Rechtsanwalt, der übersehen oder verkannt hat, dass die Einlegung eines Rechtsmittels geboten war, aus Billigkeitsgründen von den Folgen dieses Versäumnisses freizustellen (KG, Beschl. vom 14.08.2007 – 1 Ws 107/07 und vom 23.03.2009 – 1 Ws 20/09). 7

§ 298 Einlegung durch den gesetzlichen Vertreter

(1) Der gesetzliche Vertreter eines Beschuldigten kann binnen der für den Beschuldigten laufenden Frist selbständig von den zulässigen Rechtsmitteln Gebrauch machen.

(2) Auf ein solches Rechtsmittel und auf das Verfahren sind die für die Rechtsmittel des Beschuldigten geltenden Vorschriften entsprechend anzuwenden.

Übersicht

A. Normzweck und Anwendungsbereich (Abs. 1). I. Eigenes Recht des gesetzlichen Vertreters auf Rechtsmitteleinlegung. § 298 Abs. 1 gewährt dem **gesetzlichen Vertreter ein eigenes selbstständiges Recht** zur Einlegung von Rechtsmitteln zugunsten des Beschuldigten im Beschwerde-, Berufungs- und Revisionsverfahren (nicht jedoch im Ordnungsmittelverfahren gem. § 51, vgl. Meyer-Goßner/*Schmitt* § 298 Rn. 1). Der nach § 1902 BGB bestellte **Betreuer** ist nur dann rechtsmittelbefugt, wenn sein Aufgabenbereich die Betreuung im Strafverfahren umfasst (vgl. OLG Hamm NStZ 2008, 119; BGH StraFo 13, 469; OLG Dresden StraFo 15, 149; OLG Brandenburg, 25.05.2021 – 2 Ws 48/21 (S); OLG Hamburg, Beschl. vom 05.02.2021 – 2 Ws 4/21, FamRZ 2021, 1147-1148). I.Ü. ist in einem gegen den Betreuten durchgeführten Straf-, Sicherungs- oder Strafvollstreckungsverfahren der Betreuer grundsätzlich nicht zu beteiligen; die funktionsbedingte Wahrnehmung der Interessen eines Beschuldigten, für den ein Betreuer bestellt ist, legt das Strafverfahrensrecht allein in die Hände des – notwendigen – Verteidigers (vgl. OLG Hamburg, Beschl. vom 05.02.2021 – 2 Ws 4/21, juris m.w.N.; zur Rolle des Betreuers im Strafverfahren vgl. *Gerdes* BtPrax 2021, 53-57). 1

Der **entgegenstehende Wille des Vertretenen** hindert den gesetzlichen Vertreter nicht (anders § 297 für den Verteidiger). Auch der vom Beschuldigten allein oder in Übereinstimmung mit der Staatsanwaltschaft erklärte Rechtsmittelverzicht berührt das selbstständige Rechtsmittel des gesetzlichen Vertreters nicht (OLG Düsseldorf JMBlNRW 1987, 71). Dieser kann nach der eindeutigen Regelung des Gesetzes jedoch nur innerhalb der für den Beschuldigten laufenden Fristen tätig werden, obwohl ihm anfechtbare Entscheidungen nicht bekannt gemacht werden (BGHSt 18, 22; vgl. a. die Sollvorschrift des § 67 Abs. 2 JGG).

2 Der gesetzliche Vertreter kann allerdings auch als **Bevollmächtigter** des Beschuldigten auftreten und im Rahmen einer erteilten Vollmacht Rechtsmittel einlegen. Die Vollmacht muss bei Rechtsmitteleinlegung erteilt gewesen sein, kann aber später nachgewiesen werden; eine nachträgliche Genehmigung genügt jedoch nicht. Auch der gesetzliche Vertreter kann sich **von einem RA vertreten** lassen, dessen Vollmacht bei Rechtsmitteleinlegung wirksam gewesen sein muss; der Nachweis der Vollmacht zum Zeitpunkt der Rechtsmitteleinlegung kann auch später erbracht werden.

3 **II. Rechtsmittelbefugnis nur zugunsten des Beschuldigten.** Der gesetzliche Vertreter kann Rechtsmittel **nur zugunsten** des Vertretenen einlegen, da er die Sache des Beschuldigten vertritt und keine weitergehenden Befugnisse als dieser hat (vgl. BGHSt 19, 196, 198; OLG Hamm NStZ 2008, 119, 120; Meyer-Goßner/*Schmitt* § 298 Rn. 1 m.w.N.).

4 **III. Gesetzlicher Vertreter.** Die **Regeln des bürgerlichen Rechts** bestimmen, wer gesetzlicher Vertreter ist. Die Vertretung eines Volljährigen im Straf- oder Vollstreckungsverfahren setzt voraus, dass ein Betreuer bestellt ist, dessen Aufgabenbereich sich speziell oder nach dem allgemeinen Umfang der Bestellung auf eine Betreuung als Vertreter in dem Straf- oder Vollstreckungsverfahren bezieht (OLG Hamm NStZ 2008, 119). Dies folgt schon aus § 1902 BGB, wonach der Betreuer den Betreuten **in seinem Aufgabenkreis** gerichtlich und außergerichtlich vertritt. So umfasst die Bestellung eines Betreuers für den Aufgabenkreis »Gesundheitsfürsorge« nicht die Unterbringung in einem psychiatrischen Krankenhaus gem. § 63 StGB, da diese keine Behandlung ist, die dem rechtsgeschäftlichen Willen des Betreuten unterliegt, sondern unabhängig von seinem Willen im öffentlichen Interesse angeordnet werden kann (OLG Hamm a.a.O.). Der Abwesenheitspfleger nach § 1911 BGB (vgl. a. § 292 Abs. 2 S. 2) ist kein gesetzlicher Vertreter (OLG Karlsruhe Justiz 1984, 291).

5 **IV. Erziehungsberechtigte.** § 298 gilt auch für den **Erziehungsberechtigten**, der nicht mit dem gesetzlichen Vertreter identisch sein muss und nach § 67 Abs. 3 JGG Rechtsbehelfe einlegen kann. Erziehungsberechtigter ist, wer allein oder mit anderen die Fürsorgepflicht für den Jugendlichen hat. Sind mehrere Personen erziehungsberechtigt, kann jeder von ihnen diese Rechte ausüben (§ 67 Abs. 5 Satz 1 JGG).

6 **V. Rechtsbehelfe, die der Vertreter einlegen kann.** Der gesetzliche Vertreter des Beschuldigten kann aus eigenem Recht nach § 298 die nach dem jeweiligen Verfahrensstand statthaften Rechtsmittel **Beschwerde, Berufung** und **Revision** einlegen. Weitere Rechtsbehelfe kann er nur einlegen, wenn das Gesetz dafür eine entsprechende Regelung enthält: So ergibt sich aus der Verweisung in § 118b auf § 298, dass der gesetzliche Vertreter den **Antrag auf Haftprüfung** und mündliche Verhandlung stellen kann. § 410 Abs. 1 Satz 2 ermöglicht ihm den **Einspruch gegen Strafbefehle**. Da § 365 auf die allgemeinen Vorschriften über Rechtsmittel verweist, kann der gesetzliche Vertreter auch einen **Wiederaufnahmeantrag** anbringen.

7 **VI. Rechtsbehelfe, die der Vertreter nicht einlegen kann.** Anträge auf Wiedereinsetzung in den vorigen Stand gem. § 44, auf Entscheidung des Berufungsgerichts gem. § 319 Abs. 2 oder des Revisionsgerichts nach § 346 Abs. 2 kann der gesetzliche Vertreter zwar für sein eigenes Rechtsmittel, nicht aber für das des Beschuldigten einlegen (RG 38, 9; KK/*Paul* § 298 Rn. 2). Im Ordnungsmittelverfahren nach § 51 steht ihm kein eigenes Rechtsmittel zu (KG, Beschl. vom 27.04.1970 – 3 Ws 22/70).

8 **VII. Rücknahme des Rechtsmittels des gesetzlichen Vertreters.** Der gesetzliche Vertreter kann das zugunsten des Beschuldigten eingelegte Rechtsmittel (entsprechend § 302 Abs. 1 Satz 2; vgl. auch die ausdrückliche Regelung in § 55 Abs. 3 JGG) **nur mit dessen Zustimmung** zurücknehmen (BGHSt 19, 196, 198) oder beschränken (OLG Celle NJW 1964, 417), selbst wenn der Beschuldigte zuvor auf sein Rechtsmittel verzichtet hat (OLG Düsseldorf NJW 1957, 840).

9 **B. Verfahren (Abs. 2). I. Mitteilungspflichten.** Dem Vertreter sind gem. § 149 Abs. 2 Ort und Zeit der Hauptverhandlung mitzuteilen; das Urteil muss ihm nicht zugestellt werden, wenn er in der Hauptverhandlung nicht anwesend war (Meyer-Goßner/*Schmitt* § 298 Rn. 5; zu den Besonderheiten i.R.d. § 67 Abs. 2 JGG s. *Eisenberg* JGG § 67 Rn. 22; BGHSt 18, 21). Der Vertreter kann einen Anspruch auf Wiedereinsetzung in Rechtsmittelfristen nicht daraus ableiten, dass ihm der Ausgang der Hauptverhandlung nicht mitgeteilt wurde (BGHSt 18, 22 für den gesetzlichen Vertreter des Jugendlichen oder Heranwachsenden).

10 **II. Befugnisse des Vertreters.** Nach Einlegung des Rechtsmittels hat der gesetzliche Vertreter im weiteren Verfahren **dieselben Befugnisse** wie der Beschuldigte. Er ist zur Hauptverhandlung zu laden (vgl. § 330) und kann Anträge stellen und Erklärungen abgeben. Befindet sich der Vertreter nicht auf freiem Fuß, kann er seine Vorführung zur Verhandlung beantragen, wenn diese am Haftort stattfindet (Meyer-Goßner/*Schmitt* § 298 Rn. 5). Da § 298 Abs. 2 auf die für den Beschuldigten geltenden Bestimmungen, also auch auf § 299 verweist, kann der Vertreter, wenn er auf behördliche Anordnung inhaftiert ist, fristwahrend Erklärungen

zu Protokoll der Geschäftsstelle des AG geben, in dessen Bezirk die Haftanstalt liegt. Entscheidungen sind auch dem Vertreter bekannt zu machen.

III. Nichterscheinen des Vertreters in der Berufungsverhandlung. Bei Nichterscheinen des gesetzlichen Vertreters in der **Berufungsverhandlung** ist gem. § 330 Abs. 1 ohne ihn gegen den Beschuldigten zu verhandeln; erscheinen weder der Vertreter noch der Beschuldigte, gilt nach § 330 Abs. 2 die Vorschrift des § 329 Abs. 1 entsprechend, wonach die Berufung ohne Verhandlung zur Sache zu verwerfen ist. Erscheint der Vertreter, nicht aber der Beschuldigte in der Berufungsverhandlung, kann unter den Voraussetzungen des § 329 Abs. 2 Satz 1 auch ohne diesen verhandelt werden (§ 330 Abs. 2 Satz 2 Hs. 2). 11

IV. Rechtsmittel des Angeklagten. Der Angeklagte kann die auf das Rechtsmittel des gesetzlichen Vertreters ergangene Entscheidung, wenn er durch sie beschwert ist, anfechten, sofern ein weiteres Rechtsmittel statthaft ist; dies gilt auch dann, wenn der Angeklagte zuvor auf Rechtsmittel verzichtet hatte (OLG Hamm NJW 1973, 1850). 12

V. Wechsel des Vertreters, Ende der Vertretung. Bei einem Wechsel des gesetzlichen Vertreters tritt der neue Vertreter in die bestehende Verfahrenslage ein; ein vom früheren Vertreter beauftragter Verteidiger bleibt im Amt (LR/*Jesse*, § 298 Rn. 17). Endet – etwa mit der Volljährigkeit – die gesetzliche Vertretung, geht die Verfügungsbefugnis auf den Angeklagten über, der nunmehr entscheiden kann, ob er das Rechtsmittel zurücknehmen oder durchführen will (BGH NJW 1964, 1732; 1969, 887). 13

§ 299 Abgabe von Erklärungen bei Freiheitsentzug

(1) Der nicht auf freiem Fuß befindliche Beschuldigte kann die Erklärungen, die sich auf Rechtsmittel beziehen, zu Protokoll der Geschäftsstelle des Amtsgerichts geben, in dessen Bezirk die Anstalt liegt, wo er auf behördliche Anordnung verwahrt wird.

(2) Zur Wahrung einer Frist genügt es, wenn innerhalb der Frist das Protokoll aufgenommen wird.

A. Grundsätzliches. Die Vorschrift dient dem Schutz des inhaftierten Beschuldigten vor Fristversäumung. Da Verfahrenserklärungen erst mit Eingang bei dem zuständigen Gericht wirksam werden, ist die ggü. einem unzuständigen Gericht abgegebene und protokollierte Erklärung grds. nur dann rechtzeitig, wenn das Protokoll fristgemäß bei dem zuständigen Gericht eingeht (Meyer-Goßner/*Schmitt* Vor § 42 Rn. 12). § 299 enthält eine **Ausnahmeregelung** für Rechtsmittel des Beschuldigten, dem aufgrund behördlicher Anordnung die Freiheit entzogen ist. Seine fristgebundene Erklärung wird bereits mit der Abgabe der Erklärung wirksam (Abs. 2). Damit soll eine mögliche Benachteiligung des nicht auf freiem Fuß befindlichen Beschuldigten verhindert werden. Die Regelung macht entbehrlich, dass der Urkundsbeamte den Inhaftierten aufsucht oder der Beschuldigten einem weit entfernten Gericht vorgeführt wird. Sie gilt jedoch auch dann, wenn sich der Beschuldigte am Ort des Gerichts, dessen Entscheidung angefochten werden soll, in Haft befindet (LR/*Jesse*, § 299 Rn. 1). § 299 eröffnet dem Beschuldigten eine zusätzliche Option, die seine sonstigen Möglichkeiten der Rechtsmitteleinlegung nicht beschränkt; wählt er einen anderen Weg, etwa die Schriftform, muss der die dafür geltenden Formen und Fristen einhalten (vgl. OLG Düsseldorf, Beschl. vom 23.11.1988 – 1 Ws 818–819/98). 1

B. Anwendungsbereich. Die Vorschrift gilt nur für strafprozessuale **Rechtsmittelerklärungen des Inhaftierten** und seines **gesetzlichen Vertreters** (§ 298 Abs. 2). Für andere Verfahrensbeteiligte, etwa den in Haft befindliche Nebenkläger, gilt sie nicht (vgl. KG NStZ 2015, 719). 2

Die Art die Freiheitsentziehung ist unerheblich. **Nicht auf freiem Fuß** (vgl. § 35 Abs. 3) ist jeder Beschuldigte, dem auf Anordnung eines Richters oder einer Behörde die Freiheit entzogen und der dadurch in der Wahl seines Aufenthalts beschränkt ist (BGHSt 4, 308; 13, 209, 212). Dabei kommt es nicht darauf an, ob der Beschuldigte in der rechtsmittelbezogenen Sache oder **in einem anderen Verfahren** inhaftiert ist. In Betracht kommen etwa die Straf- und Untersuchungshaft Auslieferungshaft, (einstweiliger) Maßregelvollzug in einem psychiatrischen Krankenhaus oder in einer Entziehungsanstalt, Polizeigewahrsam und die Unterbringung nach PsychKG. Die Ausnahmevorschrift des § 299 Abs. 1 findet keine Anwendung, wenn der Betroffene im Zeitpunkt der Protokollierung der Rechtsbeschwerde bereits aus der Haft entlassen war; durch die Aufnahme 3 der Rechtsbeschwerde zu Protokoll der Geschäftsstelle eines unzuständigen Gerichts wird die notwendige Form bzw. die Frist nicht gewahrt (vgl. OLG Hamm, Beschl. 25.04.2019 – III-1 Vollz (Ws) 259/19, juris).

4 Die **Erklärungen** müssen sich auf **strafprozessuale Rechtsmittel** beziehen, d.h. deren Einlegung, Begründung, Verzicht, Rücknahme oder eine Gegenerklärung zum Gegenstand haben. § 299 gilt gem. ausdrücklicher Verweisung in §§ 118b, 126a, 365, 410 Abs. 2 auch für Anträge und Rechtsbehelfe nach §§ 117 und 118 (**Haftprüfung**), § 366 (**Wiederaufnahme**) und § 409 (**Einspruch gegen den Strafbefehl**). Zur entsprechenden Anwendbarkeit der Vorschrift vgl. auch §§ 46 Abs. 1, 67 Abs. 1 Satz 2 OWiG und § 120 StVollzG.

5 § 299 ist **nicht** anwendbar, wenn der Inhaftierte **im Rahmen anderer Verfahren** tätig wird, etwa in einem Klageerzwingungsverfahren gegen einen anderen Beschuldigten (vgl. KG JR 1964, 28; OLG Düsseldorf MDR 1988, 165), wenn er als Privat- oder Nebenkläger tätig wird (OLG Hamm NJW 1971, 2181) oder in einem zivil- oder verwaltungsrechtlichen Verfahren (a.A. OLG Bremen NJW 1962, 169); ebenso wenn er Anträge beim BVerfG anbringen will, selbst wenn sich diese auf ein Strafverfahren beziehen (vgl. PLG Bremen, Rpfl 1958, 228; zur verfahrensübergreifenden Rechtsmittelrücknahme im Rahmen einer Verfahrensabsprache vgl. OLG Hamburg NStZ 2017, 307). Die Vorschrift gilt auch nicht für die Einlegung der Verfassungsbeschwerde oder für Anträge auf PKH. Denn § 299 ist eine Sondervorschrift für das Rechtsmittelverfahren der StPO. Bei der Anfechtung von Justizverwaltungsakten nach den §§ 23 ff. EGGVG wird nach dem Wegfall Verweisung (in § 29 Abs. 2 EGGVG a.F.) eine analoge Anwendung des § 299 erwogen (vgl. LR/*Jesse*, § 299 Rn. 6 und LR/*Böttcher* § 29 EGGVG Rn. 11; *Radtke/Hohmann/Radtke*, § 299 Rn. 7).

6 § 299 gilt **nicht** für **schriftliche Rechtsmittelerklärungen** (BGH NStZ 1997, 560; OLG Düsseldorf NStZ-RR 99, 147).

7 Da § 299 die Möglichkeiten des in Haft befindlichen Beschuldigten nicht beschränken, sondern erweitern will, bleibt sein **Recht**, **Erklärungen** außerhalb der Regelung des § 299 **vor dem zuständigen Gericht abzugeben**, unberührt. Daher kann ein in Haft befindlicher Angeklagter seine Revisionsanträge und ihre Begründung sowohl zu Protokoll der Geschäftsstelle des AG seines Haftortes (§ 299) wie auch des Gerichts, dessen Urteil angefochten ist (§ 345 Abs. 2), erklären. Jedenfalls dann, wenn das zuständige Gericht sich am Haftort befindet, steht die **Kann-Regelung** des Abs. 1 einem Anspruch auf Vorführung vor das zuständige Gericht nach Sinn und Zweck der Vorschrift nicht entgegen (vgl. OLG Stuttgart, NStZ 1981, 492; a.A. Meyer-Goßner/*Schmitt* § 299 Rn. 6; *Meyer* JR 1982, 169; LR/*Jesse* § 299 Rn. 1), selbst wenn sich innerhalb der Verwahranstalt eine Geschäftsstelle des örtlich zuständigen AG befindet.

8 **C. Fristwahrung mit Protokollierung (Abs. 2).** Die **Rechtsmittelfrist** wird entgegen der allgemeinen Regel schon mit der Protokollierung innerhalb der Frist gewahrt (Abs. 2); auf den Eingang des Protokolls bei dem zuständigen Gericht (vgl. etwa §§ 306 Abs. 1, 314 Abs. 1, 317, 341 Abs. 1, 345 Abs. 2) kommt es nicht an.

9 Schon mit der Protokollierung (und nicht erst mit Zugang beim zuständigen Gericht) soll nach hM auch der **Rechtsmittelverzicht**, der nur innerhalb der Rechtsmittelfrist erklärt werden kann (vgl. Meyer-Goßner/*Schmitt* § 302 Rn. 14) wirksam werden (BGH NJW 1958, 470; BeckOK/*Cirener* § 299 Rn. 4).

10 Dem ist zu widersprechen (vgl. mit überzeugenden Argumenten LR/*Jesse*, § 299 Rn. 7 und § 302 Rn. 38: § 299). Für **Rechtsmittelrücknahme und -verzicht** (§ 302) gilt Abs. 2 schon nach dem Wortlaut nicht, weil diese nicht an eine Frist gebunden sind. Die hM kann zu einer vom Gesetz nicht gewollten Schlechterstellung des Inhaftierten führen, falls dieser etwa die Erklärung widerrufen möchte. Rechtsmittelrücknahme- und Verzichtserklärungen können daher zwar gem. Abs. 1 ggü. dem AG, in dessen Bezirk die Anstalt liegt, abgegeben werden, sie werden aber erst mit Eingang bei dem zuständigen Gericht wirksam (str., BGH MDR [H] 1978, 281 stellt darauf ab, ob das Rechtsmittelgericht bereits mit der Sache befasst war).

11 **D. Wiedereinsetzung.** Hat der Beschuldigte rechtzeitig um Vorführung zur Protokollierung seines Rechtsmittels ersucht, ist ihm bei verspäteter Vorführung Wiedereinsetzung von Amts wegen zu gewähren (OLG Stuttgart Justiz 1985, 321; KK/*Paul* § 299 Rn. 6; *Pfeiffer* Rn. 3; einschränkend KG NStZ-RR 2009, 19 für einen am letzten Tag der Rechtsmittelfrist gestellten Vorführungsantrag).

§ 301 Wirkung eines Rechtsmittels der Staatsanwaltschaft

Jedes von der Staatsanwaltschaft eingelegte Rechtsmittel hat die Wirkung, dass die angefochtene Entscheidung auch zugunsten des Beschuldigten abgeändert oder aufgehoben werden kann.

Übersicht

A. Grundsätzliches. § 301 ergänzt die Regelung des § 296 Abs. 2, nach der die StA ein Rechtsmittel auch zugunsten des Beschuldigten einlegen kann. Sie stellt klar, dass **jedes** Rechtsmittel der StA in den durch §§ 327, 352 gezogenen Grenzen der Nachprüfung (vgl. BGH, Beschl. vom 04.12.2001 – 1 StR 428/01; vom 30.07.2015 – 4 StR 561/14; vom 07.09.2016 – 1 StR 154/16) auch zu einer **Überprüfung** der angefochtenen Entscheidung zugunsten des Beschuldigten führt (»favor defensionis«). Die Vorschrift beruht auf dem Gedanken, dass es mit Stellung und Funktion der Rechtsmittelgerichte in einem rechtsstaatlichen Verfahren nicht vereinbar wäre, wenn diese an der Abänderung erkannter Fehler zum Nachteil des Beschuldigten gehindert wären. Berechtigt ist die Kritik (vgl. LR/*Jesse*, § 301 Rn. 1) an der dogmatisch zweifelhaften Sichtweise, durch die Regelung des § 301würden gleichsam zwei staatsanwaltschaftliche Rechtsmittel eingelegt (vgl. OLG Düsseldorf NStZ-RR 2001, 246; HK/*Rautenberg*/*Reichenbach*, § 301 Rn. 5), und zwar eines mit der erklärten Zielrichtung zuungunsten und das andere kraft gesetzlicher Vorschrift zugunsten des Beschuldigten. 1

B. Anwendungsbereich. Die Vorschrift gilt auch für Rechtsmittel des **Privatklägers** (§ 390 Abs. 1 Satz 3) und des **Nebenklägers** (§ 401 Abs. 3 Satz 1; BGH NStZ-RR 1996, 130). Auch auf die Revision des Nebenklägers, die nur zuungunsten des Angeklagten eingelegt wurde, ist das Urteil auch zu dessen Gunsten zu prüfen (BGH NStZ-RR 2018, 272). Der Umstand, dass nur noch eine nicht zum Anschluss berechtigende Straftat zur Erörterung steht, ändert daran nichts (BGH NJW 1986, 2716). 2

Darüber hinaus gilt § 301 auch zugunsten des **Einziehungsbeteiligten** (§ 431 Abs. 1 Satz 1) und des **Verfallsbeteiligten** (§ 442 Abs. 1, 2 Satz 1), im **Wiederaufnahmeverfahren** (§ 365) und im **Rechtsbeschwerdeverfahren** (§ 79 Abs. 3 OWiG). 3

Der Wortlaut, wonach jede Entscheidung auf ein eingelegtes Rechtsmittel der StA zugunsten des Beschuldigten »aufgehoben« werden kann, bedarf einschränkender Interpretation. Wie § 327 zeigt, unterliegt das Urteil einer Prüfung nur so weit, als es wirksam angefochten ist. § 301 erlaubt **keine Durchbrechung der Rechtskraft**. Die Abänderung oder Aufhebung der angefochtenen Entscheidung zugunsten des Beschuldigten setzt daher voraus, dass die StA ein zulässiges Rechtsmittel form- und fristgerecht eingelegt hat. 4

Soweit infolge wirksamer Beschränkung des Rechtsmittels der StA ein Urteil in **(Teil-) Rechtskraft** erwachsen ist, kommt eine Abänderung nicht mehr in Betracht. Hat die StA ihre Berufung oder Revision auf den Rechtsfolgenausspruch beschränkt, kommt eine Abänderung des Schuldspruchs zugunsten des Angeklagten nicht mehr in Betracht. Trotz der Formulierung **»kann«** ist die Abänderung zugunsten oder zulasten des Beschuldigten **zwingend**, wenn das Rechtsmittelgericht Fehler feststellt.

C. Wirkungen des Rechtsmittels der StA. Legt die StA zugunsten des Beschuldigten Berufung oder Revision ein, gilt das Verschlechterungsverbot (sog. **reformatio in peius**, §§ 331, 338 Abs. 2, vgl. § 296 Rn. 8), wonach das Urteil in Art und Höhe nicht zum Nachteil des Beschuldigten abgeändert werden darf. Auch wenn die zuungunsten des Beschuldigten eingelegte Revision der StA zu einer Aufhebung der angefochtenen Entscheidung zu seinen Gunsten führt, gilt das Verschlechterungsverbot (BGHSt 13, 41). 5

Führt die zuungunsten des Beschuldigten eingelegte Berufung der StA unter Anwendung des § 301 zu einer Besserstellung des Beschuldigten, kann dieser gleichwohl gegen das Berufungsurteil das Rechtsmittel der Revision einlegen, auch wenn er selbst das erste Urteil nicht angefochten hatte. Greift die StA das Berufungsurteil mit der Revision nunmehr zuungunsten des Beschuldigten an, bleibt das Revisionsgericht an das Verschlechterungsverbot (§ 358 Abs. 2) gebunden. Dies gilt unabhängig davon, ob das Revisionsgericht nach § 354 Abs. 1 selbst entscheidet oder die Sache gem. § 354 Abs. 2 zurückverweist (vgl. HK/*Rautenberg*/*Reichenbach* § 301 Rn. 5).

Dem Revisionsgericht eröffnet § 301 die Möglichkeit, über die Revision der Staatsanwaltschaft auch dann durch Beschluss gem. § 349 Abs. 4 entscheiden, wenn sich das Rechtsmittel zugunsten des Beschuldigten auswirkt (BGH NStZ 1997, 376). Hat das Landgericht es versäumt, für eine der festgestellten Taten eine Einzelstrafe festzusetzen, ist das Urteil insoweit zugunsten des Angeklagten aufzuheben (vgl. BGH, Urt. vom 12.08.2021 – 3 StR 474/20, juris).

D. Abfassung der Entscheidung. Wird auf das zuungunsten des Beschuldigten eingelegte Rechtsmittel der StA das Urteil zu seinen Gunsten abgeändert, lautet der Tenor auf Aufhebung oder Abänderung der angefochtenen Entscheidung auf das Rechtsmittel der StA hin; eine Verwerfung des zuungunsten eingelegten Rechtsmittels unterbleibt (Meyer-Goßner/*Schmitt* § 301 Rn. 3). Sofern auch das vom Angeklagten eingelegte Rechtsmittel Erfolg hat, wird das Urteil auf beide Rechtsmittel hin abgeändert oder aufgehoben (Einzelheiten dazu bei *Meyer-Goßner*/*Cierniak* NStZ 2000, 611 – Anmerkung zu OLG Zweibrücken NStZ 2000, 610). 6

§ 302 Zurücknahme und Verzicht

(1) [1]Die Zurücknahme eines Rechtsmittels sowie der Verzicht auf die Einlegung eines Rechtsmittels können auch vor Ablauf der Frist zu seiner Einlegung wirksam erfolgen. [2]Ist dem Urteil eine Verständigung (§ 257c) vorausgegangen, ist ein Verzicht ausgeschlossen. [3]Ein von der Staatsanwaltschaft zugunsten des Beschuldigten eingelegtes Rechtsmittel kann ohne dessen Zustimmung nicht zurückgenommen werden.
(2) Der Verteidiger bedarf zur Zurücknahme einer ausdrücklichen Ermächtigung.

Übersicht

1 **A. Grundsätzliches. I. Zweck der Regelung.** § 302 Abs. 1 Satz 1 ermöglicht die **Beschleunigung des Eintritts der Rechtskraft** als Voraussetzung für die Vollstreckung, § 449 durch **unwiderrufliche Erklärung** der Rücknahme oder des Verzichts schon vor Ablauf der Rechtsmittelfrist. Im Hinblick auf die weitreichenden Konsequenzen der Erklärung enthalten Abs. 1 Satz 2, 3 und Abs. 2 der Vorschrift Sicherungen zugunsten des Beschuldigten.

2 Für den Beschuldigten kann der beschleunigte Rechtskrafteintritt etwa durch den Übergang von Untersuchungs- in Strafhaft (ggf. im offenen Vollzug) Vorteile bieten, weil dann ein aussichtsreicher Antrag nach § 57 Abs. 1 oder 2 StGB gestellt werden kann; auch kann er ein Interesse daran haben, wenn die StA im Gegenzug bereit ist, ihrerseits auf Rechtsmittel zu verzichten (vgl. BGHSt 55, 82).

3 Für den Richter ergibt sich regelmäßig eine **Erleichterung der Urteilsabsetzung**, da nach Rechtskrafteintritt eine abgekürzte Fassung (§ 267 Abs. 4, Abs. 5 Satz 2) gefertigt werden darf. Gerade im Bereich der AGe wird so angesichts der großen Zahl abzusetzender Entscheidungen ein »Urteilsabsetzungsstau« (*Meyer-Goßner* StV 2006, 489) als Folge des Abwartens, ob ein Rechtsmittel eingelegt wird, vermieden.

4 **II. Anwendungsbereich.** § 302 gilt über den Wortlaut hinaus entsprechend für Anträge auf gerichtliche Entscheidung (z.B. § 98 Abs. 2 Satz 2, § 161a Abs. 3), Wiederaufnahmeanträge (§ 365) und für den Einspruch gegen den Strafbefehl (§ 410 Abs. 1 Satz 2). Bei Haftprüfungsanträgen kommt § 302 Abs. 2, nicht jedoch *Abs. 1* dieser Vorschrift zur Anwendung (§ 118b). § 302 Abs. 2 gilt nicht für die Rücknahme eines Adhäsionsanspruches nach § 406, der allein den bürgerlich-rechtlichen Teil des Urteils betrifft (KG NStZ-RR 10, 115).

III. Teilrücknahme und -verzicht. Teilrücknahme und Teilverzicht sind im gleichen Umfang zulässig wie eine von vornherein erklärte Rechtsmittelbeschränkung (BGHSt 33, 59). Eine Erweiterung des zunächst beschränkt eingelegten Rechtsmittels ist bis zum Ablauf der Einlegungsfrist möglich (BGHSt 38, 366). Auch für die Teilrücknahme und den Teilverzicht benötigt der Verteidiger eine ausdrückliche Ermächtigung i.S.d. § 302 Abs. 2). 5

IV. Rechtsnatur und Wirkungen der Erklärung. **Rechtsmittelrücknahme** und **Rechtsmittelverzicht** sind grds. bedingungsfeindliche, **unwiderrufliche** und **unanfechtbare Prozesshandlungen.** Auch der in emotionaler Aufgewühltheit ohne Rücksprache mit dem Verteidiger in Form einer wütende Spontanäußerung erklärte Rechtsmittelverzicht des Angeklagten ist wirksam, sofern der Erklärende verhandlungsfähig war (vgl. BGH 1 StR 40/14 = StraFo 2014, 162; siehe auch unten Rn. 40). Zur Frage, ob die Verletzung einer Vorschrift aus dem Verständigungsgesetz eine Prozesserklärungsunwirksamkeit zur Folge haben kann, vgl. *Wenske*, NStZ 2015, 137–143. 6

Schon der bloße Zweifel, ob die Erklärung mit einer Bedingung verbunden ist, macht das Rechtsmittel unzulässig (BGHSt 5, 183; wistra 2002, 108). Als Prozesshandlungen sind diese Erklärungen grds. **bedingungsfeindlich**; jedoch können sie von einer reinen Rechtsbedingung abhängig gemacht werden. So kann etwa die Rechtsmittelrücknahme an die Bedingung geknüpft werden, dass das Rechtsmittel überhaupt wirksam eingelegt wurde (BGH NStZ-RR 2002, 101).

Rücknahme und Verzicht führen für den Erklärenden zum endgültigen **Verlust des Rechtsmittels.** Der Verzicht des Angeklagten führt zum Verlust des Rechtsmittels (BGH NStZ-RR 2017, 92f) und macht ein Rechtsmittel des Verteidigers wirkungslos (BGH NStZ 2014, 533). Selbst wenn die Rechtsmittelfrist noch läuft, kann ein zurückgenommenes Rechtsmittel nicht erneut eingelegt werden, da in der **Rücknahmeerklärung zugleich der Verzicht auf die Wiederholung** des Rechtsmittels gesehen wird (BGH NStZ-RR 2004, 341). Streitig ist, ob eine Ausnahme davon gilt, wenn bei der Rücknahme ein ausdrücklicher **Vorbehalt** erklärt wurde oder sich aus den Umständen ergibt, dass der Erklärende sich die Möglichkeit zur erneuten Einlegung offenhalten wollte (BayObLGSt 1974, 57; offengelassen in BGHSt 10, 245, 247). Die verneinende Auffassung (vgl. Meyer-Goßner/*Schmitt* § 302 Rn. 12) ist im Hinblick auf die anzustrebende **Rechtsklarheit** vorzugswürdig, zumal unter dem Etikett des Vorbehalts häufig eine nicht ausgesprochene (unzulässige) Bedingung Anlass für die ansonsten sinnlose Erklärung sein dürfte. 7

Die Rücknahme der Revision durch einen Pflichtverteidiger hat den Verlust des (einheitlichen) Rechtsmittels selbst dann zur Folge, wenn dieses zuvor von einem anderen, dem Angeklagten auch für das Adhäsionsverfahren beigeordneten Pflichtverteidiger eingelegt und auf den Adhäsionsausspruch beschränkt worden war (BGH, Beschl. v. 10.07.2019 – 2 StR 181/19, juris [in Fortführung v. BGH, 09.08.1995, 1 StR 699/94, BGHR StPO § 302 Abs. 2 Rücknahme 8]).

Nach einem Rechtsmittelverzicht oder der Rechtsmittelrücknahme kann ein **Antrag auf Wiedereinsetzung** in den vorigen Stand nicht mehr gestellt werden (BGH NStZ-RR 2007, 55). 8

Regelmäßig **umfasst** ein im Anschluss an die Verkündung des Urteils erklärter **Rechtsmittelverzicht** auch die (nach § 464 Abs. 3 StPO statthafte) **sofortige Beschwerde gegen die Kosten- und Auslagenentscheidung** (KG NStZ-RR 2007, 55). Auch die isolierte Kostenentscheidung des Berufungsgerichts nach Rücknahme der Revision ist mit der sofortigen Beschwerde nicht anfechtbar (OLG Jena NStZ-RR 1997, 287). Eine besondere Belehrung über das Rechtsmittel nach § 464 Abs. 3 StPO ist nicht Voraussetzung für die umfassende Verzichtswirkung (a.A. OLG Hamburg MDR 1993, 568: Auslegung der Reichweite der Verzichtserklärung anhand der Umstände des Einzelfalls). 9

B. Wirksamkeitsvoraussetzungen. I. Berechtigung zu Rücknahme und Verzicht. 1. Allgemeines. Wer Rechtsmittelbefugt ist (vgl. § 296 Rn. 1), kann den Verzicht erklären. 10

Zur **Rücknahme** des Rechtsmittels und ist derjenige berechtigt, der das Rechtsmittel eingelegt hat und verhandlungsfähig ist (vgl. dazu BGH NStZ-RR 2004, 341). Ein **Jugendlicher** benötigt dazu nicht die Zustimmung seines **gesetzlichen Vertreters** oder **Erziehungsberechtigten.** Allerdings kann der Angeklagte das vom gesetzlichen Vertreter oder Erziehungsberechtigten eingelegte Rechtsmittel nicht zurücknehmen, weil diesen ein selbstständiges Rechtsmittelrecht zusteht (§ 298 Abs. 1, § 67 Abs. 3 JGG). Nimmt der Angeklagte sein Rechtsmittel zurück, erstreckt sich seine Erklärung auch auf die vom Verteidiger eingelegte Rechtsmittelerklärung (BGH NStZ 1985, 207). 11

2. Rücknahme durch die StA. Im Fall der Rechtsmitteleinlegung durch die **StA** ist diese und der ihr vorgesetzte Generalstaatsanwalt zur Rücknahme berechtigt. Die aufsichtführende Landesjustizverwaltung und der Generalbundesanwalt haben nicht die Befugnis, Rechtsmittel der Staatsanwaltschaften der Länder zurückzunehmen (§§ 145, 147 GVG; vgl. HK/*Rautenberg*/*Reichenbach* § 302 Rn. 14); der Generalbundesanwalt 12 kann allerdings entscheiden, ob er die Revisionen der Staatsanwaltschaften der Länder vor dem BGH vertreten will oder nicht.

13 a) **Rechtsmittel der StA zuungunsten des Beschuldigten.** Bei einem Rechtsmittel **zuungunsten** des Beschuldigten kann die StA ihr Rechtsmittel bis zum Beginn der Hauptverhandlung ohne, danach nur mit **Zustimmung des Beschuldigten** zurücknehmen (§ 303 Satz 1).

14 b) **Rechtsmittel der StA zugunsten des Beschuldigten (Abs. 1 Satz 3).** Falls die StA das **Rechtsmittel zugunsten** des Beschuldigten eingelegt hat, kann es nur mit dessen **Zustimmung** wirksam zurückgenommen werden. Damit wird verhindert, dass der Angeklagte, der im Hinblick auf die Rechtsmitteleinlegung der StA selbst auf Rechtsmittel verzichtet hat, benachteiligt wird. Die Zustimmung des Angeklagten bedarf keiner Form; bloßes **Schweigen** auf eine entsprechende Erklärung des Staatsanwalts in der Hauptverhandlung genügt allerdings nicht.

15 Hat die StA zugunsten eines Angeklagten **Berufung** eingelegt, so kann für den Fall, dass dieser in der Berufungsverhandlung unentschuldigt nicht erscheint, das Rechtsmittel ohne Zustimmung des Angeklagten zurückgenommen werden (§ 329 Abs. 2 Satz 2).

16 3. **Rücknahme durch den Verteidiger (§ 302 Abs. 2).** Nach § 302 Abs. 2 braucht der Verteidiger für die Zurücknahme von Rechtsmitteln eine **ausdrückliche Ermächtigung** des Beschuldigten. Der gesetzliche Vertreter des Beschuldigten kann diese nicht wirksam für den Beschuldigten erteilen (BGH, Beschl. v. 06.07.2016 – 4 StR 149/16, wistra 2016, 459 mit instruktiven Erläuterungen). Die Vorschrift gilt auch für Teilrücknahmen. Sie ist sowohl für das von dem Verteidiger aus eigenem Recht eingelegte (§ 297), als auch für das von dem Beschuldigten eingelegte Rechtsmittel anzuwenden. Über den Wortlaut hinaus darf der Verteidiger auch beim Verzicht und Teilverzicht auf das Rechtsmittel nicht ohne ausdrückliche Genehmigung des Beschuldigten handeln (RGSt 64, 165). Für die Rücknahme eines Adhäsionsanspruches nach § 406 durch den Verteidiger gilt die Vorschrift nicht (KG NStZ-RR 10, 115). Sie gilt auch nicht für den Nebenklägervertreter (BGH NStZ 19, 45). Die Erklärung eines Teilverzichts oder eine Teilrücknahme durch einen Verteidiger, dem die nach § 302 Abs. 2 erforderliche Ermächtigung fehlt, ist unwirksam mit der Folge, dass das Urteil insgesamt angefochten ist (OLG München, StV 2017, 810; Meyer-Goßner/*Schmitt* § 302 Rn. 31a; a.A. BGHSt 3, 46; 10, 320, 321).

17 Von diesen Fällen zu unterscheiden ist die Rechtsmittelrücknahme durch den mit einer **Vertretungsvollmacht** ausgestatteten Verteidiger. Denn hierbei handelt es sich nicht um einen Fall des § 302, weil der Verteidiger nicht die Rücknahme des Rechtsmittels erklärt, sondern der **Betroffene selbst** durch seinen mit Vertretungsvollmacht ausgestatteten Verteidiger (OLG Frankfurt, Beschl. v. 07.12.2020 – 2 Ss-OWi 1347/20, juris).

18 Weder eine Teilrücknahme noch ein Teilverzicht liegt in einer der bloßen Erklärung, es werde Revision eingelegt, folgenden Beschränkung des Rechtsmittels auf bestimmte Beschwerdepunkte; § 302 Abs. 2 ist somit auf diese Fallgestaltung nicht anwendbar. Denn inwieweit das Urteil mit der Revision angefochten werden soll, wird erst aus der Erklärung nach § 344 Abs. 1 ersichtlich, in der der Revisionsführer darlegen muss, inwieweit er das Urteil anfechten will; erst durch diese Erklärung wird der Umfang der Revision rechtlich bindend festgelegt (BGH, Beschl. v. 22.01.2020 – 2 StR 562/19, juris m.w.N.).

19 a) **Ausdrückliche, formlose Ermächtigung.** Die ausdrückliche Ermächtigung des Verteidigers muss sich auf ein **bestimmtes Rechtsmittel** gegen eine **bestimmte Entscheidung** beziehen. Eine bei Übernahme des Mandats im Rahmen der Vollmacht erteilte allgemeine Ermächtigung zur Rücknahme von Rechtsmitteln genügt nicht (BGH NStZ 2000, 665).

20 Die Ermächtigung des Verteidigers bedarf **keiner besonderen Form** (BGH NStZ-RR 2012, 318; BGH, Beschl. Vom 13.09.2018 – 5 StR 484/18). Sie kann dem Verteidiger ggü. **schriftlich**, **mündlich** (BGH NJW 1957, 1040) oder **fernmündlich** (BVerfGE NJW 1993, 456) erteilt werden. Bei der Ermächtigung muss der Angeklagte in der Lage sein, seine Interessen vernünftig wahrzunehmen und bei hinreichender Freiheit der Willensentschließung und Willensbetätigung die Bedeutung seiner Erklärung zu erkennen; durch eine Geschäfts- und Schuldfähigkeit wird dies nicht notwendig ausgeschlossen (BGH, Beschl. v. 08.10.2019 – 1 StR 327/19, juris). Die Rücknahme durch den Verteidiger ggü. dem Gericht in Anwesenheit des **zustimmend nickenden** Angeklagten reicht aus (BGH StV 2002, 354).

21 Die Ermächtigung muss **nachgewiesen** werden. Dies kann auch nach Abgabe der Erklärung erfolgen (BGHSt 36, 259); die anwaltliche Versicherung kann zum Nachweis genügen (BGH NJW 1952, 273).

22 b) **Widerruf der Ermächtigung des Verteidigers.** Der **Widerruf** der Ermächtigung ist **formlos** mündlich *oder schriftlich möglich* (BVerfG NJW 1993, 456; BGH NJW 1957, 1040). Er kann **ggü. dem Verteidiger** (OLG Düsseldorf NStZ 1983, 289) oder **ggü. dem Gericht** (BGH NJW 1967, 1047) erklärt werden. Ggf.

ist durch Auslegung der Erklärung zu ermitteln, ob die erteilte Ermächtigung widerrufen werden sollte. Grds. kommt auch eine **konkludente** Widerrufserklärung in Betracht. In der Beauftragung eines weiteren Verteidigers mit der Begründung des Rechtsmittels liegt allerdings noch kein Widerruf der ausdrücklichen Ermächtigung des ersten Verteidigers (BGH NStZ 2000, 608).

Geht die die **Widerrufserklärung vor der Rücknahmeerklärung** des Verteidigers bei Gericht ein, entfaltet die Verteidigerklärung keine Wirkung, da seine Berechtigung bereits erloschen war. Geht die **Widerrufserklärung nach Eingang der Rücknahmeerklärung** (des zunächst wirksam ermächtigten Verteidigers) ein, kann sie nichts mehr bewirken und die bereits eingetretene Rechtskraft nicht durchbrechen. Steht es fest, dass dem Verteidiger eine ausdrückliche Ermächtigung erteilt worden war, gehen **Zweifel**, ob der Widerruf rechtzeitig erfolgte, **zulasten des Beschuldigten** (BGH NStZ 1983, 469). Daher ist in dem Fall, dass nicht aufgeklärt werden kann, ob die Widerrufsschrift vor Eingang der Verteidigererklärung bei Gericht beim Verteidiger eingegangen und damit seine Ermächtigung bereits erloschenen war, die auf das Rechtsmittel bezogene Rücknahmeerklärung des Verteidigers als wirksam anzusehen (vgl. BGHSt 10, 245). 23

c) **Erlöschen der Ermächtigung.** Mit der **Beendigung des Mandats** erlischt die ausdrückliche Ermächtigung. Dies gilt auch dann, wenn der Wahlverteidiger nach Niederlegung des Mandats zum Pflichtverteidiger bestellt wird (BGH NStZ 1991, 94). Wird die **Zulassung** des Verteidigers zur Rechtsanwaltschaft **widerrufen**, ist seine danach erklärte Rechtsmittelrücknahme unabhängig von einer ausdrücklichen Ermächtigung unwirksam, da er keine den Beschuldigten belastenden unwiderruflichen Prozesshandlungen mehr vornehmen kann (OLG Karlsruhe StraFo 1996, 169). 24

II. Form der Erklärung. 1. Schriftlich oder zu Protokoll der Geschäftsstelle. Im Gesetz ist keine bestimmte Form für Rücknahme- und Verzichtserklärungen vorgesehen; es entspricht indes einhelliger Auffassung, dass für die Zurücknahme eines Rechtsmittels **die gleichen Formvorschriften wie für dessen Einlegung** gelten (vgl. BGHSt 18, 257, 260; 31, 109; OLG Düsseldorf NStZ 1982, 521 und JZ 1985, 300; KG, Beschl. v. 17.02.2020 – 3 Ws 37+38/20, juris; KK-StPO/*Paul* § 302 Rdn. 8 m.w.N.; MüKo-StPO/*Allgayer* § 302 Rn. 17; LR/*Jesse* 26. Aufl. § 302 Rn. 15). 25

Rechtsmittelrücknahme und Verzicht können **schriftlich oder zu Protokoll der Geschäftsstelle** erklärt werden. Ein **Telefonanruf**, der in den Akten vermerkt wird, genügt nicht (OLG Stuttgart, NJW 1982, 1472; a.A. OLG Hamburg MDR 1981, 424). Rechtsmittelrücknahme und Verzicht sind wie die Einlegung des Rechtsmittels **bedingungsfeindlich** (BGHR § 302 Abs. 2 Rücknahme 2). 26

2. Adressat der Erklärung. Rechtsmittelverzicht und Rechtsmittelrücknahme sind ggü. dem **entscheidenden Gericht** (iudex a quo) zu erklären. Nach Vorlage der Akten an das **Rechtsmittelgericht** (§§ 306 Abs. 2, 321 Satz 2, 347 Abs. 2) sind die Erklärungen ihm ggü. abzugeben. Bleibt zweifelhaft, ob der die Rücknahme eines Rechtsmittels enthaltende Schriftsatz bei dem zuständigen Gericht eingegangen ist, so gilt der Grundsatz »in dubio pro reo« nicht (OLG Düsseldorf JZ 1985, 300). 27

Die Ausnahmevorschrift des § 299 gilt nicht für die schriftliche Einlegung von Rechtsmitteln (BGH NStZ 1997, 560). 28

3. Inhaltliche Anforderungen. Die Erklärung muss **eindeutig** sein. Dabei ist es nicht erforderlich, das Wort »Rücknahme« oder »Verzicht« zu verwenden. Ggf. ist die Erklärung auszulegen. Eine Rücknahmeerklärung kann nicht darin gesehen werden, dass die StA die Verwerfung ihres eigenen Rechtsmittels beantragt (OLG Koblenz NStZ 1994, 354). Eine wirksame Rücknahme fehlt, wenn der Angeklagte seine Erklärung, die Revision zurückzuziehen, mit der Bitte, dass er in Therapie gehen kann, verknüpft, weil zweifelhaft bleibt, ob die Revision nur unter der Bedingung einer Therapiebewilligung zurückgenommen oder unbedingt erklärt werden soll (BGH NStZ 2017, 298). 29

4. Protokollierung des Rechtsmittelverzichts im Anschluss an die Urteilsverkündung. Der **Verzicht** kann im Anschluss an die Urteilsverkündung erklärt und **in der Sitzungsniederschrift protokolliert** werden (vgl. BGHSt 18, 257; BGH NStZ 1986, 277 und 1996, 297). Wenn dabei die Beurkundungsförmlichkeiten des § 273 Abs. 3 (wörtliche Protokollierung, Vorlesung und Genehmigung) beachtet werden, stellt diese Form der Erklärung einen **zu Protokoll der Geschäftsstelle** erklärten Verzicht dar (vgl. BGHSt 31, 109; BGH NStZ 1984, 181; 1996, 297), der von der Beweiskraft des Protokolls erfasst wird (vgl. BGH NJW 1963, 963; OLG Düsseldorf NStZ 1984, 44). Dass die Erklärung des Angeklagten nicht vorgelesen und genehmigt wurde, ist jedoch für die Wirksamkeit ohne Belang und betrifft nur die Frage des Nachweises (vgl. BGH NStZ 2000, 441 und StraFo 2014, 162). Wird nur die Abgabe der Erklärung im **Protokoll vermerkt**, kann dies allerdings dem Erfordernis der **Schriftform** genügen, da dazu nicht unbedingt die handschriftliche Unterzeichnung nötig ist (BGHSt 2, 77; BGH NJW 1984, 1974; NStZ-RR 1997, 305). Dann ist ggf. im 30

Freibeweis zu klären, ob der im Protokoll enthaltene Vermerk, der lediglich Indizwirkung hat, zutreffend ist (BGH NStZ 1986, 277). Die Sprachunkundigkeit eines nicht deutsch sprechenden Angeklagten steht der Wirksamkeit einer Verzichtserklärung nicht entgegen, wenn ein Dolmetscher anwesend ist und dieser zuvor die Rechtsmittelbelehrung des Vorsitzenden übersetzt hat, denn dann weiß der Angeklagte, dass er über die Frage der Anfechtung des Urteils entscheidet (BGH NStZ-RR 2004, 214; NStZ 2000, 441 m.w.N.; BGH StraFo 2014, 162).

31 **III. Zeitpunkt der Erklärung (§ 302 Abs. 1 Satz 1).** § 302 Abs. 1 Satz 1 enthält über die Bestimmung hinaus, dass Rücknahme und Verzicht schon vor Ablauf der Rechtsmittelfrist erklärt werden können, keine Regelung über den frühesten und den spätesten Zeitpunkt, zu dem diese Erklärungen abgegeben werden können.

32 **1. Rücknahme.** Die **Rücknahme** setzt schon begrifflich voraus, dass zunächst ein Rechtsmittel eingelegt worden war; unmittelbar danach kann die Rücknahme erklärt werden. Auch unzulässige Rechtsmittel können zurückgenommen werden (BGH NStZ 1995, 356 f. und NStZ-RR 2000, 305).

33 Rechtsmittel können **bis zur Rechtskraft** der Entscheidung des Rechtsmittelgerichts zurückgenommen werden (BGH NStZ 1998, 52; OLG Hamburg MDR 1983, 154). Maßgebend ist bei Beschlüssen, die die Rechtskraft unmittelbar herbeiführen, der Zeitpunkt, in dem die Entscheidung unterschrieben in den Geschäftsgang gegeben wird (BGH, Beschl. v. 23.08.2016, 3 StR 125/16, juris; BGH NStZ 2011, 713; 1994, 96), mithin wird auf den Zeitpunkt abstellt, in dem der Senat sich des Beschlusses entäußern wollte (vgl. OLG Oldenburg, Beschl. v. 01.03.2021 – 2 Ss (OWi) 6/21, juris).

34 Für den Fall, dass über das Rechtsmittel in mündlicher Verhandlung zu entscheiden ist, bedarf es nach Beginn der mündlichen Verhandlung der Zustimmung des Gegners (§ 303).

35 **2. Verzicht.** Der **Rechtsmittelverzicht** kann erklärt werden, solange die Rechtsmitteleinlegung zulässig ist. Er ist im Gegensatz zur Rechtsmittelrücknahme vor Rechtsmitteleinlegung möglich.
Verbreitet ist der Rechtsmittelverzicht des Angeklagten im Anschluss an die mündliche Urteilsverkündung (dazu oben Rn. 28). Eine vor der Entscheidung abgegebene Verzichtserklärung ist unwirksam; auch die Zusage eines späteren Verzichts ist unbeachtlich.

36 Im Fall der Verurteilung in Abwesenheit des Angeklagten ist der Rechtsmittelverzicht jedenfalls dann schon vor Zustellung des Urteils und damit vor Beginn der Einlegungsfrist (§§ 314 Abs. 2, 341 Abs. 2) möglich, wenn der Angeklagte Gelegenheit hatte, sich über den Inhalt der Urteilsgründe zuverlässig zu unterrichten (BGHSt 25, 234).

37 **IV. Eintritt der Wirksamkeit. 1. Zugang beim mit der Sache befassten Gericht.** Die Wirksamkeit der Rücknahme- oder Verzichtserklärung tritt ein, wenn sie dem mit der Sache befassten Gericht zugeht (vgl. OLG Hamburg MDR 1983, 154). Sind die Akten bereits dem Rechtsmittelgericht vorgelegt worden, ist die Rücknahme des Rechtsmittels diesem gegenüber zu erklären; hat dieses bereits entschieden, bevor die weitergeleitete Rücknahme eingeht, bleibt es bei dieser Entscheidung (BayObLG DAR 1977, 207). Entscheidet das Gericht in der Sache, obwohl das Rechtsmittel wirksam zurückgenommen wurde, ist die Entscheidung gegenstandslos (BGH StraFo 2005, 71). Wird die Wirksamkeit einer Rechtsmittelrücknahme oder des Verzichts **bestritten**, ist in der Regel eine feststellende Klärung durch förmliche Entscheidung des Rechtsmittelgerichts erforderlich (KG, Beschl. v. 09.05.2008 – [1] 1 Ss 56/08 [7/08]).

38 **2. Widerruf der Verzichts- oder Rücknahmeerklärung.** Vor Eingang der Erklärung beim zuständigen Gericht ist ein **Widerruf** der Verzichts- oder Rücknahmeerklärung **formlos**, also etwa auch fernmündlich (vgl. OLG Hamburg NJW 1960, 1969) möglich. Mit Eingang des Rechtsmittelverzichts bei dem zuständigen Gericht tritt die **Rechtskraft** ein; damit sind alle zuvor eingelegten Rechtsmittel erledigt und später eingelegte Rechtsmittelerklärungen unzulässig.

39 Falls eine Rechtsmittelerklärung früher beim zuständigen Gericht eingeht als eine zuvor abgesendete Verzichtserklärung, gilt der Rechtsmittelverzicht durch die Rechtsmittelerklärung **überholt** und das Rechtsmittel als wirksam eingelegt (BGH GA 1973, 46). Bei gleichzeitigem Eingang von Rechtsmitteleinlegung und Rechtsmittel Verzicht innerhalb der Rechtsmittelfrist ist die Verzichtserklärung unbeachtlich (BGH NStZ 1992, 29; NJW 1960, 2202); Gleiches gilt, wenn nicht geklärt werden kann, welche Erklärung zuerst eingegangen ist.

40 Der Wirksamkeit eines Rechtsmittelverzichts steht nicht entgegen, dass eine **Rechtsmittelbelehrung unterblieben** ist. Denn Lauf der Rechtsmittelfristen ist von einer Belehrung nicht abhängig; auch kann auf die Erteilung einer Rechtsmittelbelehrung verzichtet werden (BGH NStZ 1984, 181; 1984, 329).

41 **V. Unwirksamkeit der Rücknahme- oder Verzichtserklärung.** Von der grundsätzlichen Unwiderruflichkeit und Unanfechtbarkeit von Rücknahme- und Verzichtserklärungen als **Prozesshandlungen** werden in folgenden Fallgruppen Ausnahmen zugelassen, die zur Unwirksamkeit der Erklärung führen:

1. Verhandlungsunfähigkeit des Erklärenden. Rechtsmittelrücknahme und Rechtsmittelverzicht setzen die **Verhandlungsfähigkeit** (zum Begriff vgl. BVerfG NJW 1995, 1951; BGHSt 41, 16, 18) des Erklärenden voraus (BGH NStZ 1999, 258; NStZ-RR 1999, 109). Der Erklärende muss bei Abgabe der Erklärung in der Lage sein, die Bedeutung der Prozesserklärung zu erkennen (BGH NStZ 1984, 181; BGHSt 46, 257; NStZ 1996, 242). Ob dies der Fall war, ist vom Revisionsgericht im Wege des Freibeweises zu prüfen (BGH, Urt. vom 19.02.1976 – 2 StR 585/73; KK/*Schneider* § 205 Rn. 9; BGH NStZ-RR 2002, 101), wobei der Grundsatz »in dubio pro reo« nicht gilt (BGH MDR [D] 1973, 902) und **im Zweifel von Verhandlungsfähigkeit auszugehen** ist (BGH NStZ 84, 329; NStZ-RR 2004, 341; KG Beschl. v. 08.12.2012 – 4 Ws 76/12 m.w.N.). Das Revisionsgericht darf die Verhandlungsfähigkeit grundsätzlich bejahen, wenn das Tatgericht keine Zweifel daran hatte (BGH NStZ-RR 2012, 318). Bei fehlender Verhandlungsfähigkeit ist die Rücknahmeerklärung unwirksam. Die Geschäfts- oder Schuldunfähigkeit des Erklärenden schließt seine Verhandlungsfähigkeit nicht notwendig aus (BGH NStZ-RR 1999, 109; 2004, 341; NStZ-RR 2018, 290; NStZ 2018, 615). Eine festgestellte »paranoid-halluzinatorische« und »schizophrene Grunderkrankung« bietet keinen Anlass, an der Verhandlungs- und prozessualen Handlungsfähigkeit des Angeklagten bei Abgabe der Rücknahmeerklärung zu zweifeln, solange nicht hinreichende Anhaltspunkte für einen akuten Schub vorliegen, der ihn hinderte, die Bedeutung der von ihm abgegebenen Erklärung zu erfassen (BGH 4 StR 491/15, NStZ-RR 2016, 180; vgl. auch BGH, 5 StR 292/14, juris m.w.N.). 42
Zur Frage der Verhandlungsfähigkeit bei Rechtsmitteleinlegung s. § 296 Rn. 10.

2. Unzulässige Willensbeeinflussung beim Zustandekommen. Der Rechtsmittelverzicht eines Angeklagten kann wegen unzulässiger Willensbeeinflussung unwirksam sein. In Betracht kommt die Unwirksamkeit dann, wenn er die Verzichtserklärung irrtumsbedingt aufgrund einer dem Gericht oder der Staatsanwaltschaft zuzurechnenden Täuschung abgegeben hat (BGH, Beschl. v. 24.08.2016 – 1 StR 301/16, NStZ-RR 2017, 92, 93). Darüber hinaus kann der Rechtsmittelverzicht auch aufgrund der Art und Weise seines Zustandekommens unwirksam sein, insb. dann, wenn er auf einer vom Gericht zu verantwortenden unzulässigen Einwirkung mit solchen Beeinflussungsmitteln beruht, die nicht von § 136a verboten sind (BGH, Urt. vom 21.04.1999 - 5 StR 714/98, BGHSt 45, 51, 53). 43
Dies ist z.B. der Fall, wenn der Vorsitzende unzuständiger Weise eine **Zusage** gegeben hat, die **nicht eingehalten** worden ist (vgl. BGH NJW 1995, 2568) Gleiches gilt für eine objektiv **unrichtige Erklärung** oder Auskunft des Gerichts (vgl. BGH NStZ 2001, 493) oder die **Drohung des Vorsitzenden**, den Haftbefehl wieder in Vollzug zu setzen, falls sich der Angeklagte nicht geständig einlasse und auf Rechtsmittel verzichte (BGH StV 2004, 636). Kündigt der Sitzungsvertreter der StA einen **unsachgemäßen Haftantrag** für den Fall, dass der Angeklagte nicht auf Rechtsmittel verzichte, an, so muss das Gericht dem entgegentreten (BGH NJW 2004, 1885).
Unwirksam ist der Rechtsmittelverzicht, wenn der Angeklagte vor Abgabe der Erklärung keine Gelegenheit hatte, sich **mit dem Verteidiger darüber zu beraten** (BGH NStZ 2005, 114; OLG Köln StV 2005, 544). Ein bindender Rechtsmittelverzicht kann deshalb nicht angenommen werden, solange der Verteidiger oder der Angeklagte zu erkennen geben, dass sie die Frage des Verzichts noch miteinander erörtern wollen (vgl. BVerfG NStZ-RR 2008, 209). Dies steht der Wirksamkeit einer spontanen, in Wut geäußerten Verzichtserklärung des Angeklagten jedoch nicht im Wege (vgl. BGH 1 StR 40/14 = StraFo 2014, 162; s. o. Rn. 6). Unwirksam ist der Rechtsmittelverzicht auch dann, wenn er im Fall der notwendigen Verteidigung (§ 140) vom Angeklagten ohne Beistand eines Verteidigers erklärt worden ist (str., vgl. OLG Köln StV 2003, 65; OLG Koblenz NStZ 2007, 55; OLG Hamburg StV 2006, 176; KG StV 2006, 685). 44
Aus **enttäuschten Erwartungen** (vgl. BGH StV 2000, 542 m.w.N.) hingegen kann die Unwirksamkeit eines Rechtsmittelverzichts ebenso wenig hergeleitet werden wie aus einer **unrichtigen Auskunft** des Verteidigers (BGH NStZ 1983, 213 Pf/M). Auch ist keine unzulässige Beeinflussung gegeben, wenn die **StA** für den Fall des Rechtsmittelverzichts des Angeklagten ihrerseits **Rechtsmittelverzicht ankündigt** (BGH NStZ 1986, 278). 45

C. Besonderheiten bei der Rücknahme der Berufung. I. Rücknahme der Berufung nach Entscheidung in der Revisionsinstanz. Bei der Rücknahme der Berufung sind folgende Besonderheiten zu beachten: Die Rücknahme der Berufung ist auch noch **nach der Aufhebung des Berufungsurteils in der Revisionsinstanz** möglich (KK/*Paul* § 302 Rn. 4); jedoch kann die Berufung nicht mehr zurückgenommen werden, wenn ein Berufungsurteil nur im Strafausspruch aufgehoben wurde und im Schuldspruch in Rechtskraft erwachsen ist (OLG Stuttgart NJW 1982, 897; zur Beschränkung der Dispositionsmöglichkeiten des Rechtsmittelführers s.a. KG, Beschl. v. 17.06.2009 – [4] 1 Ss 170/09 [136/09]). 46
Verzicht und Rücknahme sollen darüber hinaus stets ausgeschlossen seien, wenn eine Revisionsentscheidung ergangen ist, die die Rechtskraft des angefochtenen Urteils nur teilweise herbeigeführt hat, weil die Frage, ob über das Rechtsmittel bereits entschieden ist, nur einheitlich beantwortet werden könne (vgl. LR/*Jesse* § 302

Rn. 11 unter Berufung auf BGH NStZ 2011, 713). Mit überzeugender Begründung hat das KG (Beschl. v. 24.06.2015 – 5 WS 78/15) dies für den Fall vertikaler Rechtskraft (zum Begriff siehe vor § 296 Rn. 54) anders entschieden: Die Wirksamkeit der Berufungsrücknahme nach der Teilaufhebung des Berufungsurteils wegen eines von zwei tatmehrheitlichen Vorwürfen (und Verwerfung der Revision hinsichtlich Schuldspruch und Einzelstrafe hinsichtlich des anderen) ist zu bejahen, weil die Teilrechtskraft des Berufungsurteils dadurch nicht tangiert wird; dies hatte im konkreten Fall zur Folge, dass nur noch über den Gesamtstrafenausspruch zu befinden war, der durch das insoweit (auch hinsichtlich der Aufhebung des Gesamtstrafenausspruches durch das AG) teilrechtskräftige Berufungsurteil aufgehoben worden ist.

47 Nach der **Verweisung** der Sache an ein erstinstanzliches Gericht gem. § 328 Abs. 2 oder nach der durch § 4 Abs. 1 erfolgten **Verschmelzung** eines Berufungs- mit einem erstinstanzlichen Verfahren (die im Bereich des JGG noch in Betracht kommt, vgl. KK/*Scheuten* § 4 Rn. 3 m.w.N.) kann die Berufung nicht mehr zurückgenommen werden (KK/*Paul* § 328 Rn. 14; vgl. a. BGHSt 34, 204, 208 und NJW 1992, 2644).

48 **II. Rücknahme der Berufung nach Eintritt eines Verfahrenshindernisses.** Fraglich ist die Möglichkeit der Rücknahme, wenn nach Erlass des angefochtenen Urteils ein **Verfahrenshindernis** eingetreten ist. Während vereinzelt die Wirkungslosigkeit der Rücknahmeerklärung angenommen wurde (BayObLGSt 1974, 8), geht die hM davon aus, dass die Rücknahme noch möglich ist (KK/Paul § 302 Rn. 3; Meyer-Goßner/*Schmitt* § 302 Rn. 6; LR/*Jesse* § 302 Rn. 12 jeweils m.w.N.). Letztere Auffassung ist vorzugswürdig, weil das Bestehen eines Verfahrenshindernisses allein das Verfahren noch nicht beendet und die Rücknahmeerklärung die Rechtskraft herbeiführt, bevor eine Entscheidung darüber, ob ein Verfahrenshindernis vorliegt, ergehen kann.

49 **III. Rücknahme der Berufung bei Teileinstellung oder Beschränkung.** Die Berufungsrücknahme erstreckt sich nicht auf einzelne Taten oder Tatteile, die in der Berufungsinstanz nach § 154 Abs. 2 eingestellt oder nach § 154a Abs. 2 beschränkt worden sind (vgl. OLG Frankfurt NStZ 88, 328; KG NStZ 1990, 250). Denn die (vorläufige) Einstellung beendet die gerichtliche Anhängigkeit des von ihr betroffenen Teils der Anklage. Wird ein Verfahren nach Einlegung der Berufung gem. § 154 Abs. 2 vorläufig eingestellt, so führt die nachfolgende Berufungsrücknahme daher nicht zur Rechtskraft des erstinstanzlichen Urteils.

50 **D. Ausschluss des Rechtsmittelverzichts nach Verständigung i.S.d. § 257c (Abs. 1 Satz 2). I. Rspr. zur Vereinbarung des Rechtsmittelverzichts.** Da für die **Vereinbarung eines Rechtsmittelverzichts** im Rahmen einer Urteilsabsprache keine legitimen Interessen bestehen (BGH NJW 2008, 1753), wurde sie schon vor der gesetzlichen Regelung in § 302 Abs. 1 Satz 2 als unzulässig angesehen (vgl. BGH NStZ 2000, 96 sowie NStZ 2003, 677 mit kritischer Anm. *Mosbacher* NStZ 2004, 52; BGH -GS- StV 2005, 311).

51 **II. § 302 Abs. 1 Satz 2.** Die durch das Gesetz zur Regelung der Verständigung im Strafverfahren vom 29.07.2009 (BGBl. I, S. 2353) eingeführte Vorschrift **schließt den Rechtsmittelverzicht aus**, wenn dem Urteil eine Verständigung nach § 257c StPO vorausgegangen ist. Sie beseitigt die vor Inkrafttreten dieser Regelung am 04.08.2009 eingetretene Rechtskraft von Urteilen jedoch nicht (vgl. BGH NJW 2010, 310), vielmehr bleibt für **ältere Urteile**, auch wenn sie nach einer Verständigung ergangen sind, ein erklärter Rechtsmittelverzicht, der die Rechtskraft unmittelbar herbeigeführt hat (vgl. BGH GS BGHSt 50, 40, 58), wirksam.

52 **III. Voraussetzungen des § 302 Abs. 1 Satz 2.** Voraussetzung des § 302 Abs. 1 Satz 2 ist nach seinem Wortlaut das **Zustandekommen einer Verständigung** im Sinne des § 257c. Daher reichen Gespräche zwischen StA und Verteidigung (BGH, Beschl. v. 27.10.2010 – 5 StR 419/10) oder die Protokollierung einer Unterbrechung für ein Rechtsgespräch (BGH, Beschl. v. 17.02.2010 – 2 StR 16/10) für den Ausschluss des Rechtsmittelverzichts nicht aus.

Allerdings führt auch eine heimliche **»informelle Verständigung«** außerhalb der Regeln nach § 257c in entsprechender Anwendung des § 302 Abs. 1 Satz 2 zur Unwirksamkeit des Rechtsmittelverzichts (BGH NStZ 2014, 113–115; OLG Celle, StV 2012, 141; BVerfG NJW 2013, 1058, 1064; *Norouzi*, NJW 2014, 874; weitergehend hat das OLG München [StV 2013, 495] mit zweifelhaften Erwägungen die Nichtigkeit des Urteils angenommen; krit. dazu *Meyer-Goßner* StV 2013, 613. Denn Verständigungen außerhalb des gesetzlichen Regelungskonzepts sind unzulässig (BVerfG StV 2013, 353) und die flankierenden Regelungen des Gesetzgebers, die auf Transparenz und Öffentlichkeit zielen, könnten anderenfalls die ihnen zugedachte Kontrollfunktion nicht erfüllen.

53 Ist im **Sitzungsprotokoll** ausdrücklich vermerkt, dass eine Verständigung **nicht** stattgefunden hat, so zählt diese Feststellung zu den wesentlichen Förmlichkeiten und nimmt an der Beweiskraft des Sitzungsprotokolls teil. Gegen den die wesentlichen Förmlichkeiten betreffenden Inhalt des Protokolls ist nur der Nachweis der Fälschung zulässig (BGH, Beschl. v. 24.07.2019 – 3 StR 214/19, juris). Ist das **Protokoll unklar**, weil weder eine Verständigung protokolliert noch das Negativattest gem. § 273 Abs. 1a Satz 3 aufgenommen wurde,

ist nach Erhebung einer formgerechten Rüge (BGH NJW 2011, 321) durch das Revisionsgericht im **Freibeweisverfahren** zu klären, ob eine Verständigung zustande gekommen ist, die dem Rechtsmittelverzicht entgegen steht (vgl. OLG Frankfurt NStZ-RR 2010, 213). Zweifel dürfen sich nicht zulasten des Betroffenen auswirken (BVerfG NJW 2012, 1136).

Enthält das Protokoll den Vermerk, dass keine Verständigung i.S.d. § 257c StPO stattgefunden hat, ist diese **wesentliche Förmlichkeit** bewiesen und damit ein erklärter Rechtsmittelverzicht wirksam, sofern nicht der Nachweis der Protokollfälschung geführt wird (BGH NStZ-RR 2010, 213). 54

IV. Rechtsfolgen des § 302 Abs. 1 Satz 2. Nach einer **Verständigung** ist nach § 302 Abs. 1 Satz 2 **kein Rechtsmittelverzicht möglich**. Ein nach Verständigung gleichwohl erklärter Verzicht ist **unwirksam**, sodass ein auf Absprache beruhendes Urteil nur durch Ablauf der Rechtsmittelfrist (§§ 314, 341) oder durch Rücknahme eines eingelegten Rechtsmittels vor Ablauf der Rechtsmittelfristen (dazu unten Rn. 53–55) rechtskräftig werden kann. 55

Damit geht die Vorschrift über das in BGHSt GrS 50, 40 aufgestellte Gebot einer qualifizierten Rechtsmittelbelehrung nach Verständigung hinaus, welches bei Wahrung der Subjektstellung des Beschuldigten einen wirksamen Interessenausgleich gewährleistet hatte. Zutreffend sah Meyer-Goßner/*Schmitt* (StPO, 61. Aufl., § 302 Rn. 26d; *Meyer-Goßner* StV 2006, 485, 489 zum Gesetzesentwurf) darin eine **»paradoxe Regelung«**, nach der demjenigen, der nach Verständigung antragsgemäß die vorhergesehene Strafe erhalte, ein Verzicht auf Rechtsmittel verwehrt sei, während derjenige, welcher das Urteil nicht vorhersehen konnte, den Verzicht erklären darf. Wenn sich die Verfahrensbeteiligten über das Ergebnis einig sind, liegt es nahe, den Konsens durch Rechtsmittelverzicht zu bestätigen, während es »geradezu als eine Art widersprüchlichen Verhaltens« erscheint, wenn sich ein Beteiligter »mit einem bestimmten Ergebnis oder einer bestimmten Verfahrensweise einverstanden erklärt, um anschließend das Abgesprochene durch Einlegung eines Rechtsmittels in Frage zu stellen« (Mosbacher NStZ 2004, 52). 56

V. Vereinbarung der Rechtsmittelrücknahme i.R.d. Verständigung. Der Wortlaut des § 302 Abs. 1 Satz 2 erfasst nur den **Rechtsmittelverzicht, nicht** aber die **Rücknahme** (vgl. OLG Nürnberg, StraFo 2016, 473; OLG Hamburg NStZ 17, 307). Nach Ansicht der Rspr. kann daher die Zurücknahme des Rechtsmittels grds. auch noch vor Ablauf der Frist zu seiner Einlegung wirksam erfolgen, wenn dem Urteil eine Verständigung (§ 257c) vorausgegangen ist (vgl. BGHSt 55, 82 für den Fall der am Tag der Urteilsverkündung eingelegten und binnen einer Stunde wieder zurückgenommenen Revision). Anderenfalls würde die Subjektstellung des Angeklagten, die erfordert, dass er Einfluss auf das Verfahren und auch auf sein Ergebnis nehmen können muss (vgl. BVerfG NJW 2004, 2443; NStZ 2007 274) beeinträchtigt (BGH a.a.O.). 57

Mit der **Vereinbarung** der Einlegung und **Rücknahme** eines Rechtsmittels im Rahmen einer Urteilsabsprache könnte danach theoretisch die Wirkung des Rechtsmittelverzichts erzielt werden, da in der Rücknahme zugleich der Verzicht auf künftige Rechtsmittel enthalten ist (BGH NStZ-RR 2004, 341) und die Rücknahme wirksam bleibt, auch wenn sie innerhalb der Rechtsmittelfrist erklärt wird (vgl. BGHSt 55, 82). 58

Diese Rspr. des BGH ist auf Kritik gestoßen, da eine **Rücknahmevereinbarung** (oder Rücknahmeankündigung wie im Fall BGHSt 55, 82) auf eine Umgehung des gesetzlichen Verbots des Rechtsmittelverzichts hinausläuft (vgl. Niemöller StV 2010, 474; StV 2010, 597 und StV 2011, 54; krit. dazu die Erwiderung von *Meyer-Goßner* StV 2011, 53; vgl. a. *Malek* StraFo 10, 251; *Gericke* NStZ 2011, 110). M.E. ist zumindest die Rücknahmevereinbarung unzulässig und die darauf beruhende Rücknahme innerhalb der Rechtsmittelfrist unwirksam. Zustimmung verdient die Sichtweise von Meyer-Goßner/*Schmitt* (§ 302 Rn. 26 e), dies auch für den Fall anzunehmen, dass Einlegung und Rücknahme erkennbar nur dem Zweck der **Umgehung** des § 302 Abs. 1 Satz 2 dienen. Nur so wird gewährleistet, dass der ersichtliche Wille des Gesetzes nicht unterlaufen wird, nach der Urteilsabsprache eine Überlegungsfrist sicherzustellen, die der Einlegungsfrist von einer Woche (§§ 314, 341) entspricht. 59

E. Kostenentscheidung. Über die Kosten eines wirksam zurückgenommenen Rechtsmittels ist gem. § 473 zu entscheiden. Die Frage, ob das **erkennende Gericht** oder das **Rechtsmittelgericht für die Kostenentscheidung zuständig** ist, ist danach zu beantworten, welches Gericht der **richtige Adressat** der Erklärung war (BGHSt 12, 217). Durch einen Rechtsmittelverzicht vor Einlegung eines Rechtsmittels können keine Kosten entstehen; missverständlich sind daher der Hinweis, dass »nach wirksam erklärter Rechtsmittelrücknahme oder erklärtem Rechtsmittelverzicht … noch über die Kosten zu entscheiden ist« (KK/*Paul* § 302 Rn. 24). 60

§ 303 Zustimmungserfordernis bei Zurücknahme

[1]Wenn die Entscheidung über das Rechtsmittel auf Grund mündlicher Verhandlung stattzufinden hat, so kann die Zurücknahme nach Beginn der Hauptverhandlung nur mit Zustimmung des Gegners erfolgen. [2]Die Zurücknahme eines Rechtsmittels des Angeklagten bedarf jedoch nicht der Zustimmung des Nebenklägers.

Übersicht

1 **A. Normzweck und Anwendungsbereich.** § 303 soll der Durchsetzung der materiellen Gerechtigkeit dienen (vgl. BGHSt 23, 277, 279) und bezweckt nicht den Schutz des Rechtsmittelgegners (a.A. LR/*Jesse* § 303 Rn. 1) oder der Würde des Gerichts. Die Vorschrift gilt nur für Rechtsmittel, über die aufgrund **mündlicher Verhandlung** zu entscheiden ist. Sie betrifft daher nur die **Berufung** gegen den in der Hauptverhandlung anwesenden Angeklagten und die Fälle der **Revision**, in denen eine Hauptverhandlung durchgeführt wird. Im Strafbefehlsverfahren ist die Vorschrift entsprechend anwendbar (§ 411 Abs. 3 S. 2). Eine **Ausnahme** gilt für die **Berufungsverhandlung** gegen den abwesenden Angeklagten (§ 329 Abs. 2 Satz 2); dazu unten Rn. 5. Nach § 75 Abs. 2 OWiG ist für die Rücknahme des Einspruchs gegen den Bußgeldbescheid in der Hauptverhandlung die Zustimmung der StA nicht erforderlich, wenn sie nicht teilnimmt; dies gilt auch für eine Beschränkung (OLG Hamm ZfSch 2015, 170).

2 § 303 entzieht dem Rechtsmittelführer die einseitige Möglichkeit zur Disposition über sein Rechtsmittel, sobald die mündliche Verhandlung begonnen hat. Vor diesem Zeitpunkt ist die einseitige Rücknahme des Rechtsmittels ohne Weiteres möglich (BayObLG wistra 1994, 118), sofern es nicht seitens der StA zugunsten des Angeklagten eingelegt worden ist (§ 302 Abs. 1 S. 3). Die Norm gilt auch für **nachträgliche Beschränkungen** und **Teilrücknahmen** (RG 65, 231, 235; OLG Koblenz BA 86, 458, 459; OLG Frankfurt VRS 50, 416; OLG Hamm, Beschl. vom 13.10.2009 – 3 Ss 422/09).

3 **B. Beginn der Hauptverhandlung.** Die Zustimmung des Gegners zur Rücknahme ist nach Beginn der Hauptverhandlung erforderlich, also mit dem **Aufruf** der Sache (§ 243 Abs. 1, § 324 Abs. 1) bzw. mit dem **Vortrag des Berichterstatters** im Fall der Revisionsverhandlung (§ 351 Abs. 1). Unterbleibt ein förmlicher Aufruf, ist jedenfalls ab dem Zeitpunkt, in dem für die Beteiligten erkennbar über die Sache verhandelt wird, die Zustimmung erforderlich.

4 Das Zustimmungserfordernis gilt ab Beginn der **ersten Hauptverhandlung** endgültig **für das gesamte Verfahren** (OLG München NStZ 2008, 120). Setzt das Berufungsgericht eine begonnene Hauptverhandlung aus, kann die Berufung nicht mehr ohne Zustimmung des Gegners zurückgenommen werden, wobei es unerheblich ist, ob die Hauptverhandlung noch innerhalb der Frist der StPO § 229 fortgesetzt werden kann oder nicht (vgl. BGHSt 23, 277).

5 Eine **Ausnahme** gilt nach **§ 329 Abs. 2 Satz 2 StPO** nur für den Fall des unentschuldigten Fernbleibens des Angeklagten von der Berufungshauptverhandlung (vgl. OLG München NStZ 2008, 120). Die weitergehende Auffassung des LG Dresden, wonach § 329 Abs. 2 Satz 2 StPO auch über die Berufungshauptverhandlung hinaus anzuwenden sei, weil im unentschuldigten Fernbleiben des Angeklagten von der Berufungshauptverhandlung ein konkludenter Verzicht auf das Zustimmungserfordernis für die Zukunft zu sehen sei (vgl. LG Dresden, NStZ 1999, 265), überzeugt auf Grundlage der derzeitigen gesetzlichen Regelung nicht. Sie übersieht, dass der **Ausnahmecharakter des § 329 Abs. 2 Satz 2 StPO** ggü. der **Grundregel des § 303 StPO** eine enge Auslegung gebietet, sodass sich eine Anwendung des § 329 Abs. 2 Satz 2 StPO auf Fälle der Berufungsrücknahme außerhalb der Hauptverhandlung verbietet.

6 Hat das Revisionsgericht die Sache an das Berufungsgericht **zurückverwiesen**, liegt bei der darauf stattfindenden Hauptverhandlung keine erste Hauptverhandlung mehr vor. Eine Rücknahme ist zwar noch möglich, aber nur mit Zustimmung des Gegners (vgl. BayObLG NJW 1985, 754, 755; KK/*Paul* § 303 Rn. 2).

7 **C. Gegner.** Hat der Angeklagte Rechtsmittel eingelegt, sind die StA, Privatkläger und Nebenkläger Gegner. Da der **gesetzliche Vertreter** des Angeklagten nicht sein Gegner ist, benötigt der Angeklagte seine Zustimmung zur Rücknahme nicht.

8 Wenn StA, Nebenkläger oder Privatkläger Rechtsmittel eingelegt haben, ist nur der Angeklagte Gegner i.S.d. § 303, da die Zustimmung ausschließlich ihm persönlich vorbehalten ist (vgl. OLG Hamm NJW 1969,

151). Der Angeklagte kann sich jedoch bei der Zustimmungserklärung durch seinen dazu ermächtigten Verteidiger vertreten lassen. Wird der abwesende Angeklagte in der Hauptverhandlung gem. § 234 von einem mit schriftlicher Vollmacht versehenen Verteidiger vertreten, kann dieser die Zustimmungserklärung abgeben.
Der **Zustimmung des Nebenklägers** bedarf es bei der Zurücknahme des Rechtsmittels durch den Angeklagten 9
nach § 303 Satz 2 nicht. Über ihren Wortlaut hinaus gilt diese Vorschrift für alle – also auch etwa von der StA – zugunsten des Angeklagten eingelegte Rechtsmittel.

D. Zustimmungserklärung. I. Formfreiheit. Die Zustimmungserklärung stellt eine unwiderrufliche und 10
unanfechtbare Prozesserklärung dar, die mit Eingang beim Gericht wirksam wird. Sie kann ohne Bindung an eine Form ggü. dem Gericht **ausdrücklich oder konkludent** erklärt werden (OLG Köln MDR 1954, 500; OLG Hamm, Beschl. vom 13.10.2009 – 3 Ss 422/09; OLG Celle VRS 131, 201–205). Selbst bloßes Schweigen kann im Einzelfall als Zustimmung gewertet werden (OLG Düsseldorf NStZ 1998, 464; KG VRS 65, 59, 60), insb. wenn dem Gegner dadurch nur Vorteile entstehen (vgl. OLG Düsseldorf MDR 1976, 1040). Schweigt der Angeklagte zur Zustimmungserklärung seines Verteidigers, liegt darin regelmäßig seine eigene Zustimmung (BayObLG NJW 1985, 754, 755; anders für den Fall des Rechtsmittelverzichts BayObLG NStZ 1995, 142). Der Schlussantrag des Verteidigers in der Berufungsverhandlung, auf eine Bewährungsstrafe zu erkennen, kann allerdings nicht als Rechtsmittelbeschränkung auf diesen Teil des Rechtsfolgenausspruches und Teilrücknahme i.Ü. ausgelegt werden (vgl. BayObLG, Urt. vom 12.11.2003 – 1 St RR 181/93, juris; KG Beschl. vom 20.08.1999 – [4] 1 Ss 95/99 [41/99] m.w.N.). Ggf. ist im Freibeweisverfahren zu klären, ob eine konkludente Zustimmung zur (teilweisen) Rechtsmittelrücknahme erteilt wurde (vgl. OLG Hamm, Beschluss vom 13.10.2009 – 3 Ss 422/09; MüKo-StPO-*Allgayer*, Bd. 2, § 303 Rn. 6).

II. Überlegungsfrist. Eine sofortige Reaktion des Gegners auf die Rücknahmeerklärung ist nicht erforder- 11
lich. Ihm ist vom Vorsitzenden eine **angemessene Überlegungsfrist** einzuräumen (vgl. LR/Jesse, § 303 Rn. 11; SK/*Frisch* § 303 Rn. 12; KK/Paul § 303 Rn. 5), bei deren Bemessung die Interessen des Gegners und des Rechtsmittelführers unter Beachtung des Beschleunigungsgebotes abzuwägen sind, das einen längeren Schwebezustand verbietet. In der Regel ist es ausreichend, eine kurze **Verhandlungspause** einzulegen und sodann den Gegner zur Erklärung aufzufordern. Wird bei einer mehrtägigen Hauptverhandlung die (Teil-) Rücknahme am Ende des Verhandlungstages erklärt, kann unabhängig von der Dauer der Unterbrechung noch zu Beginn des folgenden Verhandlungstages die Zustimmung erfolgen (vgl. für den Fall der Beschränkung des Rechtsmittels OLG Düsseldorf MDR 1983, 1045). Erklärt der Rechtsmittelführer nach Fristablauf vor Zustimmung des Gegners, dass er nicht mehr an der Rücknahme festhalten will, kann die Zustimmung nicht mehr wirksam erklärt werden (OLG Hamm NJW 1969, 151).

III. Protokollierung. Die ausdrücklich erklärte Zustimmung oder Verweigerung ist gem. § 273 Abs. 1 zu 12
protokollieren (BayObLG NJW 1985, 754; KG Beschl. vom 17.06.1998 – [4] 1 Ss 124/98 [60/98]). Fehlt ein solcher Protokollvermerk, hat das Protokoll (negative) Beweiskraft i.S.d. § 274 nur insoweit, als keine ausdrückliche Erklärung abgegeben wurde; über eine schlüssige erklärte Zustimmung besagt das Fehlen der Protokollierung nichts. Daher ist in diesem Fall im Wege des Freibeweises zu klären, ob eine wirksame Zustimmung vorliegt. (BayObLG NJW 1985, 754, 755; OLG Hamm NJW 1969, 151).

IV. Entscheidung des Gerichts. Hat sich das Rechtsmittel durch **wirksame Rücknahme** erledigt, ist eine 13
Entscheidung in der Sache überflüssig. Es wird nach Maßgabe der §§ 464, 473 nur noch über die Kosten des Rechtsmittels und die dem Gegner dadurch entstandenen notwendigen Auslagen durch Beschluss entschieden. Eine irrtümliche Sachentscheidung trotz wirksamer Zurücknahme ist gegenstandslos (BGH NStZ-RR 2006, 5 [B]).
Im Fall eines **Streits über die Wirksamkeit** der Rücknahmeerklärung bzw. der Zustimmung braucht das 14
Gericht darüber nicht entscheiden; vielmehr kann es, wenn es die Rechtsmittelrücknahme für unwirksam erachtet, die Verhandlung fortsetzen und in der Sache entscheiden. Falls es die Rücknahme für wirksam hält, kann es das Rechtsmittel durch Urteil für erledigt zu erklären (RGSt 67, 281). Wurden die streitige Rücknahme- und Zustimmungserklärung außerhalb der Hauptverhandlung abgegeben, erfolgt die Erledigterklärung durch Beschluss. Dagegen ist die Beschwerde (§ 304) zulässig.

Zweiter Abschnitt. Beschwerde

Vorbemerkung zu §§ 304 ff.

Übersicht

1 **A. Allgemeines. I. Arten der Beschwerde.** Das Gesetz unterscheidet im 2. Abschnitt des 3. Buches die unbefristete **einfache Beschwerde** (§ 304), die binnen einer Woche einzulegende **sofortige Beschwerde** (§ 311) und die nur in den Ausnahmefällen des § 310 Abs. 1 zulässige **weitere Beschwerde.**

2 Die auf richterlicher Rechtsfortbildung beruhende »**außerordentliche Beschwerde**« wegen greifbarer Gesetzeswidrigkeit der angefochtenen Entscheidung (vgl. z.B. BGHZ 109, 41, 43; BGH NJW 1993, 135 und BGH NJW 1993, 1865 jeweils m.w.N.) ist im Straf- und Bußgeldverfahren **nicht statthaft** (BGH NJW 1999, 2290; NStZ-RR 2004, 52).

3 Auch eine reine **Untätigkeitsbeschwerde**, die vereinzelt als zulässig angesehen wurde, ist der StPO fremd. Sie ist jedenfalls seit Inkrafttreten des Gesetzes über den Rechtsschutz bei überlangen Gerichtsverfahren und strafrechtlichen Ermittlungsverfahren (BGBl. I, S. 2302) am 03.12.2011 nicht mehr statthaft (vgl. BGH NJW 2013, 385 f.; KG, Beschl. vom 07.11.2013 – 2 Ws 516/13; OLG Hamburg NStZ 2012, 656; OVG Mecklenburg-Vorpommern, Beschl. vom 23.01.2012 – 1 O 4/12; OLG München, Beschl. vom 21.03.2013 – 4 VAs 5/13; OLG Düsseldorf NJW 2012, 1455 f.; OLG Rostock, Beschluss vom 25.07.2012 – 1 Ws 176/12; OLG Brandenburg MDR 2012, 305; OLG Nürnberg, Beschl. vom 24.06.2013 – 1 Ws 268/13 [Fall Mollarth]). Zu weiteren Einzelheiten siehe § 304 Rn. 3).

4 **II. Gegenstand, Ziel, Einlegung und Wirkungen der Beschwerde.** Mit der (einfachen, sofortigen und weiteren) Beschwerde nach §§ 304 ff. können alle **richterlichen Maßnahmen**, die keine Justizverwaltungsakte (vgl. § 23 EGGVG) oder Urteile sind, angefochten werden, sofern die Beschwerde nicht in gesetzlich bestimmten Fällen ausdrücklich ausgeschlossen ist (vgl. dazu § 304 Abs. 4, 5). Damit richtet sich die Beschwerde in erster Linie gegen **Verfügungen** und **Beschlüsse**; ausnahmsweise sind aber auch **Nebenentscheidungen** des Urteils mit der Beschwerde anfechtbar (vgl. etwa § 464 Abs. 3 Satz 1, § 8 Abs. 3 Satz 1 StrEG; § 59 Abs. 1 JGG; zu den Einzelheiten s.u. § 304 Rn. 1 ff.). Aus Art 19 Abs. 4 GG folgt nach heutigem Verständnis, dass alle ausdrücklichen oder konkludenten Ausschlüsse einer Beschwerde gegen richterliche Entscheidungen verfassungsrechtlich am Maßstab der Justizgewährungspflicht überprüft werden können und einer Legitimation aus konkret nachweisbaren Gründen der Rechtssicherheit oder einer dringend nachweisbaren Ressourcenschonung bedürfen im Einzelnen dazu LR/*Matt* Vor § 304 Rn 77f m.w.N.). Die Vorstellung, dass die Verfassung Rechtsschutz durch den Richter, aber nicht gegen den Richter garantiert (vgl. BVerfG 49, 329, 340 Rz. 34), erscheint dadurch relativiert.

5 Die Beschwerde richtet sich gegen den **Inhalt der Entscheidung** und verfolgt das **Ziel**, die angefochtene Entscheidung aufzuheben oder abzuändern bzw. den Erlass der begehrten unterlassenen Entscheidung zu erzwingen. Sie richtet sich jedoch nicht gegen das **Verhalten des Richters**, dem nur mit einem Ablehnungsgesuch (§§ 24 ff.) oder der formlosen sachlichen oder persönlichen Dienstaufsichtsbeschwerde (vgl. Vor § 296 Rn. 48) begegnet werden kann.

6 Mit der Beschwerde gem. §§ 304 ff. kann die **Tatsachengrundlage** und die **Rechtsanwendung** angegriffen werden (**Tatsachen- und Rechtsbeschwerde**). Mit der Beschwerdebegründung können auch **neue Tatsachen** vorgebracht werden, die vom Beschwerdegericht berücksichtigt werden müssen. Abgesehen von den Fällen ausdrücklicher Beschränkung des Beschwerdeumfanges (etwa wenn das Gesetz anordnet, dass die Beschwerde nur auf die Gesetzwidrigkeit der Entscheidung gestützt werden kann, vgl. § 305a Abs. 1 Satz 2) kann neben der **Unrechtmäßigkeit** auch **Unzweckmäßigkeit** der angefochtenen Entscheidung beanstandet werden.

Die Beschwerde ist bei dem Gericht, welches die angefochtene Maßnahme getroffen hat (**iudex a quo**), **schriftlich** oder zur Niederschrift der Geschäftsstelle einzulegen; eine **Begründung** ist nicht erforderlich. Die einfache Beschwerde kann ohne Bindung an eine Frist (zum Ausnahmefall der Verwirkung vgl. Vor § 296 Rn. 14, 31), die sofortige Beschwerde nur binnen der Wochenfrist des § 311 Satz 2 eingelegt werden. 7

Die Beschwerde führt zur Überprüfung der angefochtenen Maßnahme durch ein Gericht höherer Ordnung (**Devolutiveffekt**), sofern nicht der iudex a quo von der **Abhilfemöglichkeit** des § 306 Abs. 2 (die nur im Fall der einfachen Beschwerde, nicht aber bei der sofortigen Beschwerde gegeben ist, vgl. § 311 Abs. 3 Satz 1) Gebrauch macht. Die Beschwerde hemmt den Vollzug der angefochtenen Entscheidung nicht (**kein Suspensiveffekt**, § 307 Abs. 1). Allerdings kann das Gericht, dessen Maßnahme angefochten wird, durch besondere Anordnung den Vollzug seiner Entscheidung suspendieren (§ 307 Abs. 2). 8

B. Prüfungsumfang. I. Zulässigkeitsprüfung. 1. Allgemeines. Grds. prüft das Beschwerdegericht zunächst die **Zulässigkeit** des Rechtsmittels (siehe dazu auch Vor § 296 Rn. 7 ff.), bevor es sich mit seiner Begründetheit befasst (vgl. LR/*Jesse* Vor § 304 Rn. 6). Die Beschwerde ist zulässig, wenn sie **nicht ausgeschlossen** (z.B. in §§ 28 Abs. 1, 68b Abs. 3 Satz 1, 117 Abs. 2 Satz 1, 210 Abs. 1) und **statthaft** (vgl. Vor § 296 Rn. 12, 13) sowie **formgemäß** (§ 306 Abs. 1 und im Fall des § 311 **fristgemäß** binnen einer Woche) eingelegt worden ist. Nur ausnahmsweise kann die an keine Frist gebundene einfache Beschwerde wegen Zeitablaufs **verwirkt** und damit unzulässig sein (vgl. Vor § 296 Rn. 14, 31). Zur Unzulässigkeit infolge **prozessualer Überholung** vgl. Vor § 296 Rn. 24–30. Zum Zulässigkeitserfordernis der Beschwer durch die angefochtene Entscheidung siehe Vor § 296 Rn. 16 ff.). 9

2. Umdeutung bei Wechsel der Zuständigkeit des erkennenden Gerichts. Bei einem Wechsel der Zuständigkeit des erkennenden Gerichts ist eine noch nicht erledigte Beschwerde in einen **Antrag auf Aufhebung der Entscheidung umzudeuten**, über den das nunmehr zuständige Gericht zu befinden hat. 10

§ 126 Abs. 1 und Abs. 2 Satz 1 StPO regeln im Fall der Untersuchungshaft, dass der Übergang der Zuständigkeit mit Anklageerhebung den bisherigen Instanzenzug beendet und eine (auch weitere) Haftbeschwerde dann in einen Antrag auf Haftprüfung (§ 117 Abs. 1 StPO) umzudeuten ist, die nach § 117 Abs. 2 StPO Vorrang vor der Beschwerde hat (KK/*Schultheis* § 126 Rn. 8). Dabei kommt es nicht darauf an, ob die Beschwerde vor oder nach dem Übergang der Zuständigkeit eingegangen ist (vgl. auch OLG Stuttgart NStZ-RR 2003, 142). **§ 98 Abs. 2 Satz 3 StPO** enthält eine vergleichbare Regelung für die Beschlagnahme; Ähnliches gilt auch bei vorläufiger Entziehung der Fahrerlaubnis (KG Blutalkohol 46, 341 [2009]; OLG Celle StraFo 2001, 134). 11

Aus alledem kann der **allgemeine Rechtsgedanke** abgeleitet werden, dass eine **noch nicht beschiedene Beschwerde** nach Wechsel der gerichtlichen Zuständigkeit stets in einen an das erkennende Gericht gerichteten **Antrag auf Aufhebung der beschwerenden Entscheidung** umzudeuten ist (OLG Jena wistra 2010, 80). Das Beschwerdegericht wird damit unzuständig, auch wenn ihm die Akten bereits vorgelegt worden waren. 12

II. Begründetheitsprüfung. 1. Eigene Sachprüfung und Entscheidung des Beschwerdegerichts. Die zulässige Beschwerde führt nicht zu einer Fehlerkontrolle durch das Beschwerdegericht, sondern nach § 309 Abs. 2 zu einer **eigenen sachlichen Prüfung und Entscheidung des Beschwerdegerichts** (vgl. Meyer-Goßner/*Schmitt* § 309 Rn. 4 m.w.N.). Dabei ist es nicht an die tatsächlichen Feststellungen des unteren Gerichts und die Anträge gebunden, sondern vielmehr zur umfassenden Prüfung der angefochtenen Entscheidung unter allen tatsächlichen und rechtlichen Gesichtspunkten verpflichtet, auch soweit das bisher nicht geschehen ist (vgl. BGH NJW 1964, 2119). Das Beschwerdegericht kann dabei zur Aufklärung des Sachverhalts ergänzende Ermittlungen anordnen oder selbst vornehmen (§ 308 Abs. 2). Ein auf der Rechtsfolgenseite ggf. eingeräumtes Ermessen muss das Beschwerdegericht selbst ausüben, sofern keine ausdrückliche gesetzliche Einschränkung bestimmt ist (etwa in §§ 305a Abs. 1 Satz 2, 453 Abs. 2 Satz 2). Eine zwar gesetzlich zulässige, aber unzweckmäßige Entscheidung hat es durch die zweckmäßige zu ersetzen. Vor der Entscheidung ist den Beteiligten rechtliches Gehör zu gewähren; auch die Staatsanwaltschaft ist anzuhören. Der Beschwerdegegner ist vor einer für ihn nachteiligen Entscheidung anzuhören (§ 308). Grundsätzlich entscheidet das Beschwerdegericht ohne mündliche Verhandlung nach Aktenlage (§ 309, zu den Ausnahmen siehe dort Rn. 1, 2). 13

Die Sache an das erkennende Gericht **zurückzuverweisen**, kommt nach diesen Grundsätzen nur in eng umgrenzten **Ausnahmefällen** in Betracht (vgl. BGH NStZ 1992, 508, BGH NStZ 1992, 508; KG StV 86, 142 und vom 23.06.2009 – 1 Ws 64/09; OLG Karlsruhe NStZ 2011, 325; Näheres dazu unten zu § 309). 14

In Abweichung von dem Grundsatz, dass im Beschwerdeverfahren die Tatsachen neu geprüft werden, ist das Beschwerdegericht in **Kostensachen nach § 464 Abs. 3 Satz 2 StPO** an die tatsächlichen Feststellungen, auf denen die angefochtene Entscheidung beruht, gebunden. Die Grundsätze der Verfahrensbeschleunigung und 15

Prozessökonomie verlangen, dass die Feststellungen der Vorinstanz nicht allein wegen eines Rechtsmittels gegen die Kosten- und Auslagenentscheidung erneut infrage gestellt werden (KG, Beschl. v. 02.12.2011 – 1 Ws 82/11).

16 2. **Teilanfechtung.** Der Prüfungsumfang kann durch eine zulässige Beschränkung der Beschwerde allerdings auf bestimmte Beschwerdepunkte (entsprechend §§ 318, 344 Abs. 1) eingeschränkt werden. Dies setzt voraus, dass sich die **Teilanfechtung** auf **selbstständige Entscheidungsteile** bezieht, die eine gesonderte Prüfung und Beurteilung erlauben; ist dies nicht der Fall, wird die angefochtene Entscheidung umfassend überprüft (vgl. KG JR 1982, 114; vgl. zur sog. **Trennbarkeitsformel** die Kommentierungen zu §§ 318, 344 Abs. 1).

17 **III. Schlechterstellung des Beschwerdeführers (reformatio in peius). 1. Grundsatz: Kein Verbot der »Verböserung«.** Das Verbot der Schlechterstellung des Rechtsmittelführers durch eine Rechtsmittelentscheidung ist keine zwingende Folge aus dem Rechtsstaatsprinzip (vgl. BGHSt 9, 324, 332). Da die StPO die »Rechtswohltat« des Verbots der reformatio in peius für die Rechtsmittel der Berufung und der Revision sowie in bestimmten Fällen dem Wiederaufnahmeverfahren bestimmt (§§ 331 Abs. 1, 358 Abs. 2, 373 Abs. 2), für die Beschwerde, weitere Beschwerde und sofortige Beschwerde eine vergleichbare Regelung jedoch nicht vorsieht, ist nach zutreffender Ansicht die **Schlechterstellung** des Beschwerdeführers durch die Beschwerdeentscheidung grds. **zulässig** (ganz h.M., vgl. KG JR 1981, 391; Meyer-Goßner/*Schmitt* Vorbem. § 304 Rn. 3; KK/*Zabeck* § 309 Rn. 12 jeweils m.w.N.; a.A. für den Sonderfall der Haftverschonung gem. § 116 BVerfG in StV 2006, 26).

18 2. **Ausnahmen.** Eine **Verschlechterung** ist jedoch **unzulässig** bei Beschlüssen, die durch eine endgültige Sachentscheidung einem Urteil vergleichbar die Rechtsfolgen festlegen und der **materiellen Rechtskraft** (zum Begriff vgl. Vor § 296 Rn. 51) fähig sind (vgl. KK/*Zabeck* § 309 Rn. 12).

19 Dies betrifft z.B. Beschlüsse über die nachträgliche Gesamtstrafenbildung (BGHSt 8, 203; OLG Frankfurt NStZ-RR 1996, 318; vgl. auch Meyer-Goßner/*Schmitt* Vorbem. § 304 Rn. 5 und § 460 Rn. 24; für die Berufungsentscheidung grundlegend BGHSt 35, 208) und Beschlüsse über Ordnungsmittel (OLG Hamm MDR 1960, 946; aA OLG Hamburg StV 2015, 680 für einen Ordnungsmittelbeschluss nach § 178 GVG; krit. dazu Rinio StV 2015, 681). Auch für Beschlüsse nach § 57a StGB, mit denen die Strafvollstreckungsbehörde die Aussetzung der Vollstreckung des Restes einer lebenslangen Freiheitsstrafe ablehnt, aber gleichzeitig feststellt, dass die Schwere der Schuld des Verurteilten eine weitere Vollstreckung der Strafe nicht mehr gebiete, soll das Verschlechterungsgebot gelten (OLG Hamm NStZ 94, 53).

20 Das Verbot der Schlechterstellung erstreckt sich auch auf die Entscheidung über die Beschwerde, mit welcher der haftverschonte Beschuldigte den Bestand des Haftbefehls mit dem Ziel seiner Aufhebung anstrebt; **bei unveränderter Sachlage** kommt ein **Widerruf der gewährten Haftverschonung** nicht in Betracht (BVerfG StV 2006, 139 und StV 2006, 26). Denn **§ 116 Abs. 4** gebietet, die Aussetzung des Vollzuges eines Haftbefehls nur dann zu widerrufen, wenn sich die Umstände im Vergleich zu der Beurteilungsgrundlage zur Zeit der Gewährung der Verschonung verändert haben (OLG Düsseldorf StV 2002, 207; StV 1993, 480 und StV 1988, 207; KG StraFo 1997, 27). Diese Regelung zählt das BVerfG (a.a.O.) zu den »bedeutsamsten (Verfahrens-)Garantien, deren Beachtung Art 104 Abs. 1 Satz 1 GG fordert und mit grundrechtlichem Schutz versieht«.

21 Für den Widerruf der Aussetzung der Unterbringung nach § 67g StGB soll das Verschlechterungsverbot für endgültige Sachentscheidungen jedoch nicht gelten (OLG Hamburg NStZ-RR 2007, 250).

22 **C. Abänderung von Beschlüssen des Beschwerdegerichts.** Beschlüsse, die in **formeller oder materieller Rechtskraft** (vgl. Vor §§ 296 Rn. 49–53) erwachsen sind, können grds. nicht abgeändert werden. Formell rechtskräftig werden alle Beschlüsse, die nicht oder nur mit der sofortigen Beschwerde angefochten werden können, mithin auch die Entscheidungen des Beschwerdegerichts, gegen die kein weiteres Rechtsmittel zulässig ist. In materieller Rechtskraft erwachsen dabei Beschlüsse, die eine das Verfahren abschließende Sachentscheidung enthalten, insb., wenn sie zur Grundlage der Vollstreckung werden oder (wie etwa der Eröffnungsbeschluss) eine Grundlage für das weitere Verfahren darstellen (vgl. KMR/*Plöd* Vor § 304 Rn. 6).

23 Eine Ausnahme gilt für die **Verletzung rechtlichen Gehörs**, bei deren Vorliegen §§ 33a, 311a eine Durchbrechung der Rechtskraft ermöglichen.

24 Beschlüsse, die in Rechtskraft erwachsen sind, können darüber hinaus ausnahmsweise (ggf. in analoger Anwendung der Wiederaufnahmevorschriften, §§ 359 ff.; vgl. KMR/*Plöd* Vor § 304 Rn. 10) abgeändert werden, wenn sie auf **irriger Tatsachengrundlage** ergangen sind oder **neue Tatsachen** vorliegen, die eine nachträgliche Abänderung als geboten erscheinen lassen. So kann etwa in Verwerfungsbeschluss nach § 349 Abs. 1 trotz Rechtskraft vom Revisionsgericht zurückgenommen werden, wenn er auf einer unrichtigen tatsächlichen Grundlage ergangen war, nicht aber, wenn er allein auf einem Rechtsirrtum beruhte (BGH NJW

1951, 771). Bei einem Verwerfungsbeschluss nach § 349 Abs. 2 ist dies unzulässig; das Revisionsgericht kann einen solchen Beschluss, mit dem es die Rechtskraft des tatrichterlichen Urteils herbeigeführt hat, nicht aufheben oder ändern (BGH NJW 1962, 818).

§ 304 Zulässigkeit

(1) Die Beschwerde ist gegen alle von den Gerichten im ersten Rechtszug oder im Berufungsverfahren erlassenen Beschlüsse und gegen die Verfügungen des Vorsitzenden, des Richters im Vorverfahren und eines beauftragten oder ersuchten Richters zulässig, soweit das Gesetz sie nicht ausdrücklich einer Anfechtung entzieht.

(2) Auch Zeugen, Sachverständige und andere Personen können gegen Beschlüsse und Verfügungen, durch die sie betroffen werden, Beschwerde erheben.

(3) Gegen Entscheidungen über Kosten oder notwendige Auslagen ist die Beschwerde nur zulässig, wenn der Wert des Beschwerdegegenstands 200 Euro übersteigt.

(4) Gegen Beschlüsse und Verfügungen des Bundesgerichtshofes ist keine Beschwerde zulässig. Dasselbe gilt für Beschlüsse und Verfügungen der Oberlandesgerichte; in Sachen, in denen die Oberlandesgerichte im ersten Rechtszug zuständig sind, ist jedoch die Beschwerde zulässig gegen Beschlüsse und Verfügungen, welche

1. die Verhaftung, einstweilige Unterbringung, Unterbringung zur Beobachtung, Bestellung eines Pflichtverteidigers oder deren Aufhebung, Beschlagnahme, Durchsuchung oder die in § 101 Abs. 1 oder § 101a Absatz 1 bezeichneten Maßnahmen betreffen,

2. die Eröffnung des Hauptverfahrens ablehnen oder das Verfahren wegen eines Verfahrenshindernisses einstellen,

3. die Hauptverhandlung in Abwesenheit des Angeklagten (§ 231a) anordnen oder die Verweisung an ein Gericht niederer Ordnung aussprechen,

4. die Akteneinsicht betreffen oder

5. den Widerruf der Strafaussetzung, den Widerruf des Straferlasses und die Verurteilung zu der vorbehaltenen Strafe (§ 453 Abs. 2 Satz 3), die Anordnung vorläufiger Maßnahmen zur Sicherung des Widerrufs (§ 453c), die Aussetzung des Strafrestes und deren Widerruf (§ 454 Abs. 3 und 4), die Wiederaufnahme des Verfahrens (§ 372 Satz 1) oder die Einziehung oder die Unbrauchbarmachung nach den §§ 435, 436 Absatz 2 in Verbindung mit § 434 Absatz 2 und § 439 betreffen;

§ 138d Abs. 6 bleibt unberührt.

(5) Gegen Verfügungen des Ermittlungsrichters des Bundesgerichtshofes und des Oberlandesgerichts (§ 169 Abs. 1) ist die Beschwerde nur zulässig, wenn sie die Verhaftung, einstweilige Unterbringung, Bestellung eines Pflichtverteidigers oder deren Aufhebung, Beschlagnahme, Durchsuchung oder die in § 101 Abs. 1 bezeichneten Maßnahmen betreffen.

Übersicht

1 **A. Mit der Beschwerde anfechtbare Maßnahmen. I. Gerichtliche Verfügungen und Beschlüsse.** Die Beschwerde nach §§ 304 ff. kann sich gegen alle **richterlichen Maßnahmen**, die nicht Urteile sind, insb. gegen **Verfügungen** und **Beschlüsse** unabhängig von ihrer Bezeichnung richten, soweit sie nicht ausdrücklich der Anfechtung entzogen sind (vgl. § 304 Abs. 4, 5). Bloße Hinweise, Mitteilungen, Ermahnungen oder Belehrungen sind jedoch der Beschwerde nicht zugänglich, da sie keine Sachentscheidung enthalten und in der Regel keine Beschwer bewirken.

2 **II. Nebenentscheidungen in Urteilen.** Ausnahmsweise sind auch **Nebenentscheidungen in einem Urteil** mit der Beschwerde anfechtbar, so etwa die Kosten- und Auslagenentscheidung (§ 464 Abs. 3 Satz 1), die Entscheidung über eine Entschädigung für erlittene Strafverfolgungsmaßnahmen (§ 8 Abs. 3 Satz 1 StrEG) oder die Entscheidung über die Aussetzung der Jugendstrafe (§ 59 Abs. 1 JGG).

3 **III. Unterlassen einer gerichtlichen Entscheidung.** Nach früherer Rspr., die Zustimmung im Schrifttum gefunden hatte, sollte auch das **Unterlassen** einer gerichtlichen Entscheidung ausnahmsweise mit der Beschwerde anfechtbar sein, wenn ihm die **Bedeutung einer endgültigen Sachentscheidung** und nicht einer bloßen Verzögerung der Entscheidung zukommt und die unterlassene Entscheidung selbst anfechtbar wäre (BGH NJW 1993, 1279; OLG Nürnberg HESt 2, 152; OLG Hamm JMBl NW 1981, 69; OLG Düsseldorf MDR 1988, 164; KK/*Zabeck* § 304 Rn. 3, LR/*Matt* § 304 Rn. 8; s.a. Vor § 296 Rn. 21 und Vor § 304 Rn. 3). Die **Untätigkeitsbeschwerde** wurde z.B. anerkannt, wenn das Verzögern der Entscheidung bei drohender Verjährung ein Verfahrenshindernis bewirkt; ebenso im Fall des Unterlassens der Entscheidung über die Eröffnung des Hauptverfahrens (KG, Beschl. vom 28.08.2008 – 3 Ws 229/08) oder über die Entschädigungspflicht nach dem StrEG (OLG Düsseldorf, StraFo 1999, 286, 288). wenn der grundlosen Missachtung eines Grundrechts das Gewicht der endgültigen Ablehnung einer Entscheidung zukommt, sollte die Beschwerde möglich sein (BVerfG NStZ-RR 2005, 94). Vereinzelt wurde bei bloßer Verzögerung die Untätigkeitsbeschwerde der StA zugelassen (OLG Braunschweig NStZ-RR 1996, 172: Das Gericht hatte eine Strafsache mehr als 2 Jahre nicht terminiert).

Seit Inkrafttreten des Gesetzes über den Rechtsschutz bei überlangen Gerichtsverfahren und strafrechtlichen Ermittlungsverfahren vom 24.11.2011 (BGBl. I, S. 2302) am 03.12.2011 ist die **Untätigkeitsbeschwerde grundsätzlich nicht mehr statthaft** (vgl. BGH, Beschl. vom 20.11.2012 – VIII ZB 49/12 = NJW 2013, 385 f.; Beschl. vom 30.04.2014 – XII ZB 136/14; OLG München, Beschl. vom 21.03.2013 – 4 VAs 5/13; OLG Karlsruhe, Beschl. vom 14.11.2012 – 2 Ws 424/12; OLG Nürnberg, Beschl. vom 24.06.2013 – 1 Ws 268/13 [Fall Mollath]; KG, Beschl. vom 07.11.2013 – 2 Ws 516/13 Vollz, vom 03.12.2014 – 2 Ws 364/14; Meyer-Goßner/*Schmitt*, Vor § 198 GVG Rn. 3). Der Gesetzgeber hat sich zum Ausgleich der durch eine Untätigkeit der Judikative verursachten Defizite bei Umsetzung des Rechtsstaatsprinzips (Art 19 Abs. 4, Art 20 Abs. 3 GG) für eine Kompensationslösung entschieden. Damit wollte er das Rechtsschutzproblem bei überlanger Verfahrensdauer »abschließend lösen«, und Rechtsbehelfskonstruktionen, wie die Untätigkeitsbeschwerde »grundsätzlich hinfällig« machen (vgl. BT-Drs. 17/3802 S. 16).

Gleichwohl kann die **Untätigkeitsbeschwerde ausnahmsweise statthaft** sein, wenn die gebotene Entscheidung über eine **Freiheitsentziehung** erheblich verzögert wird und andere Rechtsschutzmöglichkeiten zuvor ausgeschöpft sind, da die finanzielle Entschädigung den Grundrechtseingriff nicht hinreichend zu kompensieren vermag (KG, Beschl. vom 26.05.2015 – 2 Ws 104/15; Meyer-Goßner/*Schmitt* Vor § 198 GVG Rn. 3).

4 **IV. Im ersten Rechtszug.** Nach § 304 Abs. 1 richtet sich die Beschwerde gegen Entscheidungen, die **im ersten Rechtszug oder im Berufungsverfahren** ergangen sind. Maßgeblich ist dabei nicht allein, in welchem Rechtszug das Verfahren als Ganzes anhängig ist, sondern ob über den Gegenstand der Entscheidung erstmals entschieden worden ist. Wird also erstmals im Beschwerdeverfahren die Wiedereinsetzung in den vorigen Stand versagt, liegt ein Verfahren im ersten Rechtszug vor (vgl. KK/*Zabeck* § 304 Rn. 4). Zu den Entscheidungen im ersten Rechtszug zählen auch Beschlüsse im Wiederaufnahmeverfahren. Dagegen sind die Übertragung der Zuständigkeit nach § 12 Abs. 2 und die Bestimmung des zuständigen Gerichts nach § 14 keine Entscheidungen im ersten Rechtszug.

Bei Entscheidungen, die auf eine Beschwerde hin erlassen wurden, ist die Anfechtbarkeit durch § 310 Abs. 2 eingeschränkt. Für Entscheidungen, die dem Gericht des ersten Rechtszuges im Zusammenhang mit der **Strafvollstreckung** obliegen, gilt § 304 Abs. 1 nicht (OLG Hamm NStZ 89, 443; OLG Stuttgart NStZ 1989, 492f). Wann und wie derartige Entscheidungen angefochten werden können, ist in den §§ 453, 454, 462, 462a, 463 speziell und enumerativ geregelt; ein Rückgriff auf § 304 ist nicht zulässig (vgl. OLG Zweibrücken MDR 1983, 254).

B. Ausschluss der Beschwerde. **Urteile** können mit der Berufung oder Revision, nicht aber mit der Beschwerde angefochten werden. **Ausgenommen** von der Anfechtbarkeit mit der Beschwerde sind weiter alle **Justizverwaltungsakte**, gegen die der Rechtsweg nach den §§ 23 ff. EGGVG eröffnet ist. 5

Sonderregelungen der StPO über Rechtsbehelfe können die Anwendung des § 304 ganz oder teilweise für einzelne Beteiligte ausschließen (vgl. BGHSt 10, 38, 91). Der **Ausschluss der Beschwerde** ist über die in **§§ 304 Abs. 4 und 5, 305 Satz 1 und 310 Abs. 2** geregelten Fälle hinaus etwa in den § 28 Abs. 1, § 46 Abs. 2, § 68b Abs. 3 Satz 1, § 81c Abs. 3 Satz 4, § 100 Abs. 3 Satz 3, § 117 Abs. 2 Satz 1, § 138d Abs. 6 Satz 3, § 153 Abs. 2 Satz 4, § 153a Abs. 2 Satz 4, § 161a Abs. 3 Satz 4, § 163a Abs. 3 Satz 5, § 168e Satz 5, § 201 Abs. 2 Satz 2, § 202 Satz 2, § 229 Abs. 3 Satz 2, § 247a Abs. 1 Satz 2 und Abs. 2 Satz 3, § 322a Satz 2, § 348 Abs. 2, § 406e Abs. 4 Satz 4, § 419 Abs. 2 Satz 2, § 464 Abs. 3 Satz 1 2. Hs., § 467a Abs. 3, § 469 Abs. 3 geregelt. Für **bestimmte Beteiligte** ist die Beschwerde ausgeschlossen in § 210 Abs. 1 und 2, § 225a Abs. 3 Satz 3 und Abs. 4 Satz 2, § 270 Abs. 3 Satz 2, § 372 Satz 2, § 406a Abs. 1 Satz 2. 6

Neben den Rechtsbehelfen eigener Art nach **§ 319 Abs. 2 und § 346 Abs. 2** und dem **Einspruch** gegen den Strafbefehl (§ 410 Abs. 1 Satz 1) ist die Beschwerde nicht zulässig.

Maßnahmen der Ermittlungsbehörden im Ermittlungsverfahren sind nicht mit der Beschwerde, sondern ggf. mit dem Antrag auf **gerichtliche Entscheidung** anfechtbar (§ 98 Abs. 2 Satz 2 in direkter oder analoger Anwendung). Gegen **Entscheidungen der Staatsanwaltschaft** ist, sofern keine besondere Regelung getroffen ist (vgl. etwa § 161a Abs. 3), ggf. der Rechtsweg nach den §§ 23 ff. EGGVG eröffnet. 7

Neben den zuvor genannten Vorschriften befassen sich weitere Einzelnormen der StPO und mit der Zulässigkeit, dem (teilweisen) Ausschluss und den Wirkungen der (sofortigen) Beschwerde. Dazu zählen etwa § 124 Abs. 2 Satz 2 und 3, § 231a Abs. 2, 3, § 400 Abs. 2, § 404 Abs. 5 Satz 3, § 406a Abs. 1 Satz 2, § 406f Abs. 2 Satz 2, § 411 Abs. 1 Satz 1 und 3, § 441 Abs. 2, § 453 Abs. 2, § 454 Abs. 3, § 462 StPO. 8

Außerhalb der StPO findet sich eine Vielzahl weiterer Regelungen zur Ausgestaltung der Beschwerde, auf die an dieser Stelle nicht im Einzelnen einzugehen ist und von denen beispielhaft nur folgende genannt seien: § 41 Satz 4, § 52 Abs. 4, § 53 Abs. 2, § 54 Abs. 3, § 56 Abs. 2 Satz 3, § 159 Abs. 1 Satz 2 und 3, § 171b Abs. 3, § 174 Abs. 3 Satz 3, 4; § 181 **GVG**; § 59 Abs. 3, § 63 Abs. 1, § 73 Abs. 2, § 88 Abs. 6 Satz 4 JGG; § 8 Abs. 3 StrEG, § 11 Abs. 2 Satz 4 **RPflG.** 9

Gegen **sitzungspolizeiliche Maßnahmen** des Vorsitzenden (§ 176 GVG) ist die Beschwerde grundsätzlich unzulässig, da sie gesetzlich nicht vorgesehen ist (vgl. BGH NJW 1962, 1260; OLG Zweibrücken StV 1988, 519, Hamm NStZ-RR 2012, 118; KG NStZ 2011, 120). Denn § 181 GVG sieht vor, dass (nur) gegen die Festsetzung eines Ordnungsmittels wegen Ungebühr in der Sitzung (§ 178 GVG) oder bei der Vornahme von Amtshandlungen des einzelnen Richters außerhalb der Sitzung (§ 180 GVG) die (sofortige) Beschwerde zum OLG eingelegt werden kann. 10

Die in der Praxis nicht seltene **Verweigerung der gerichtlichen Zustimmung zur Zurückstellung der Strafvollstreckung** zum Zwecke einer Therapie der Betäubungsmittelabhängigkeit kann gem. § 35 Abs. 2 BtMG nur durch die Staatsanwaltschaft mit der Beschwerde angefochten werden. Der Verurteilte kann dagegen isoliert nicht vorgehen; er wird durch § 35 Abs. 2 Satz 2, 3 BtMG auf den Rechtsweg nach §§ 23 ff. EGGVG, in dem er die endgültige Entscheidung der Vollstreckungsbehörde (Staatsanwaltschaft) anfechten kann, verwiesen (weiterführend *Körner*, BtMG, § 35 Rn. 385 ff.).

B. Beschwerdeberechtigung (Abs. 2). Beschwerdeberechtigt ist, wer durch die angefochtene Entscheidung **in seinen Rechten verletzt** ist (vgl. allgemein zur Beschwer Vor § 296 Rn. 16-23). Dazu zählen die zur Anfechtung berechtigten Verfahrensbeteiligten, also die Staatsanwaltschaft und der Beschuldigte (§ 296 Abs. 1), der Verteidiger (§ 297), gesetzliche Vertreter (§ 298), Privatkläger (§ 390), Nebenkläger (§ 401), Einziehungsbeteiligte (§§ 433, 439), Vertreter im Verfahren bei Festsetzung von Geldbuße gegen juristische Personen und Personenvereinigungen (§ 444) und Erziehungsberechtigte (§ 67 Abs. 3 JGG). 11

Andere **von der Entscheidung betroffene Personen** i.S.d. § 304 Abs. 2 sind z.B. **Zeugen** und **Sachverständige**, gegen die Ordnungsmittel nach den §§ 51, 77 oder 178 GVG angeordnet worden sind. Zu beachten ist in diesem Zusammenhang, dass der Antrag auf Aufhebung eines Ordnungsgeldbeschlusses, der nachträgliches Entschuldigungsvorbringen enthält, keine Beschwerde ist, sondern darüber nach § 51 Abs. 2 S. 3 StPO der erlassende Richter zu befinden hat; erst gegen diesen Beschluss wäre die Beschwerde zulässig (vgl. KG Beschl. vom 07.03.2013 – 1 Ws 15/12). Betroffene Personen sind auch **Eigentümer** beschlagnahmter Sachen oder Personen, denen die Genehmigung des Gerichts gem. § 138 Abs. 2 verweigert worden ist; ebenso Personen, denen die Erlaubnis zum Besuch eines Untersuchungsgefangenen versagt wird (BGHSt 27, 175 = NJW 1977, 1405). Die Jugendgerichtshilfe ist nicht betroffen (OLG Frankfurt NStZ-RR 1996, 251). Ebenso sind Personen, die nicht Verfahrensbeteiligte sind und denen Auskünfte aus den Akten verweigert worden sind, nicht betroffen (BGH NStZ RR 2006, 261[B]). Der **Verteidiger** selbst ist beschwert, wenn seine eigenen Rechte 12 beeinträchtigt sind, z.B. durch eine Zurückweisung nach § 146a, durch die Verweigerung eines ungehinderten Verkehrs mit dem Mandanten (§ 148 Abs. 1), durch die Ausschließung nach § 138a.

13 Dem **Pflichtverteidiger** gegen die **Ablehnung seiner Entpflichtung** ein eigenes Beschwerderecht zu. Seine Betroffenheit ergibt sich aus § 49 Abs. 2 i.V.m. § 48 Abs. 2 BRAO; danach kann er beantragen, die Beiordnung aufzuheben, wenn hierfür wichtige Gründe vorliegen. Wird der Antrag abgelehnt, ist für den Pflichtverteidiger gegen diese Entscheidung die (sofortige, vgl. § 143a Abs. 4 StPO) Beschwerde gegeben, soweit sie i.Ü. statthaft ist (BGH, Beschl. vom 05.03.2020 – StB 6/20, juris). In der Bestellung zum Pflichtverteidiger sieht das BVerfG einen den Rechtsanwalt grundsätzlich beschwerenden Eingriff in seine Berufsausübungsfreiheit gem. Art. 12 Abs. 1 GG (BVerfG, Besch. vom 08.04.1975 – 2 BvR 207/75, BVerfGE 39, 238, 241 f.; vom 06.10.2008 – 2 BvR 1173/08, juris Rn. 9). Dagegen ist eine die Beschwerdebefugnis begründende Rechtsbeeinträchtigung durch die – auf Antrag des Beschuldigten – gegen den Willen des Pflichtverteidigers **vorgenommene Entpflichtung** nicht gegeben (vgl. BGH, Beschl. vom 18.08.2020 – StB 25/20, BGHSt 65, 106-110; krit. dazu *Fischer* StV 2020, 818-821; *Lammer* NJW 2020, 3332; *Staudinger* jurisPR-StrafR 3/2021 Anm. 4; vgl. auch *Hilgendorf* NStZ 1996, 1; 6 f., der ein Beschwerderecht des Verteidigers annimmt).

14 Der **Wahlverteidiger** ist im Fall der Beiordnung eines zusätzlichen Pflichtverteidigers nicht beschwert.

15 Eine Unterscheidung zwischen **unmittelbar und mittelbar Betroffenen** ist nicht geboten, da sie ist dem Wortlaut des § 304 Abs. 2 nicht zu entnehmen ist und praktisch kaum durchführbar wäre (BGHSt 27, 175; KK/*Zabeck* § 304 Rn. 28; HK/*Rautenberg*/*Reichenbach* § 304 Rn. 18).

16 **Nicht beschwerdeberechtigt**, weil nicht selbst beschwert, sind etwa der **Nebenkläger** bei Haftentscheidungen (OLG Frankfurt StV 1995, 594) und der **Betreuer** eines Strafgefangenen (OLG Karlsruhe Justiz 1977, 316), **Angehörige** des Verurteilten hinsichtlich seiner bedingten Entlassung (vgl. OLG Schleswig SchlHA 1958, 288; BayObLG NJW 1953, 714). Dem **Pflichtverteidiger** steht gegen die Aufhebung seiner Bestellung kein eigenes Beschwerderecht zu (BGH, Beschl. vom 18.08.2020, BGHSt 65, 106 ff). Auch die **Jugendgerichtshilfe** ist nicht beschwerdeberechtigt; sie kann nur anregen, dass die Staatsanwaltschaft Beschwerde einlegt (OLG Frankfurt NStZ-RR 1996, 251). Der Absender einer zur Habe des Gefangenen genommenen Sendung (OLG Stuttgart Justiz 1976, 485) ist nicht beschwerdeberechtigt. Auch der **Konkursgläubiger** kann bei Einstellung des wegen Bankrotts geführten Verfahrens keine Beschwerde einlegen (OLG Kassel GA 1954, 99). Die **Erben** eines vor Prozessbeendigung Verstorbenen können die Auslagenentscheidung nicht anfechten (KG JR 1968, 432), allerdings wirkt die Vollmacht des Wahlverteidigers über den Tod hinaus, wenn dieser für den verstorbenen Angeklagten eine sofortige Beschwerde gegen die Kostenentscheidung in dem Beschluss nach § 206a Abs. 1 StPO einlegt (KG, Beschl. vom 11.01.2008 – 1 Ws 286/07 und vom 09.07.2008 – 1 Ws 244/08). Der **Bezirksrevisor** ist nur in den Fällen, in denen das Gesetz ausdrücklich eine Anfechtungsbefugnis der Staatskasse vorsieht, beschwerdeberechtigt (vgl. z.B. § 66 Abs. 1 GKG, § 56 Abs. 1 Satz 1 RVG). Dem von der Versagung der Besuchserlaubnis betroffenen **Besucher** steht die Beschwerde dagegen nicht zu (OLG Bremen, MDR 1976, 686). Der **Richter**, dessen Entscheidung abgeändert oder aufgehoben wird, ist niemals rechtsmittelberechtigt (vgl. OLG Hamm wistra 1988, 38).

17 **C. Wertgrenze von 200 € (Abs. 3).** Wird nur die Kosten- und Auslagenentscheidung der Höhe oder dem Grunde nach angefochten, wird die Zulässigkeit der Beschwerde § 304 Abs. 3 beschränkt, der eine Beschwerde nur bei einem Beschwerdewert von **mehr als 200 €** gestattet. Vergleichbare Regelungen finden sich etwa in § 567 Abs. 2 ZPO, § 108 Abs. 1 Satz 2 OWiG, § 33 Abs. 3 RVG, § 4 Abs. 3 JVEG, § 66 Abs. 2, § 68 Abs. 1, §§ 69, 70 GKG und § 14 Abs. 3 KostenO. Entscheidend ist der Wert zum Zeitpunkt der Beschwerdeeinlegung.

18 Maßgebend ist dabei die **Differenz** zwischen dem mit der Beschwerde **erstrebten** und dem in der angefochtenen Entscheidung **zuerkannten** Betrag. Soweit die angefochtene Entscheidung nur den Grund des Anspruchs betrifft, ist entscheidend, ob seine Höhe 200 € wahrscheinlich übersteigen wird. Dabei ist auch die auf abgesetzte Auslagen entfallende USt zu berücksichtigen; sie erhöht die Beschwer (vgl. KG AnwBl. 1980, 467; OLG Bremen NJW 1956, 72).

19 § 304 Abs. 3 findet nach zutreffender Ansicht im Fall der Beschwerde nach § 8 Abs. 3 StrEG keine Anwendung, da die Entscheidung über die Entschädigungspflicht keine solche über Kosten und Auslagen darstellt (vgl. KG JR 1981, 524; Meyer-Goßner/*Schmitt* § 8 StrEG Rn. 20 m.w.N.; a.A. OLG Düsseldorf JMBLNW 1978, 170).

20 **D. Beschwerdegerichte.** Die *große* **Strafkammer** beim LG (§ 73 Abs. 1, § 74a Abs. 3, § 76 Satz 1 GVG) ist für die Entscheidung gegen **Beschlüsse und Verfügungen** des AG sachlich zuständig. Die kleine Strafkammer ist nur für Berufungen gegen Urteile des Strafrichters und des Schöffengerichts, nicht aber für die Entscheidung über Beschwerden zuständig (vgl. OLG Köln StV 1993, 464).

Bei Beschwerden gegen Maßnahmen der **Strafkammern** oder ihres Vorsitzenden ist der **Strafsenat des OLG** gem. § 121 Nr. 2 GVG zuständig. 21

Der **BGH** ist gem. § 135 Abs. 2, § 139 Abs. 2 GVG in den in § 304 Abs. 4 Satz 2 und § 310 Abs. 1 genannten Fällen für die Entscheidung über Beschwerden gegen **Beschlüsse und Verfügungen des OLG** sowie bei Beschwerden gegen bestimmte **Maßnahmen des Ermittlungsrichters des BGH** und bei Beschwerden gegen den **Ausschluss eines Verteidigers** nach § 138d Abs. 6 Satz 1 sachlich zuständig. 22

Die **örtliche Zuständigkeit** des Beschwerdegerichts richtet sich stets nach dem Gericht, welches die angefochtene Entscheidung erlassen hat. Daher bleibt das Beschwerdegericht, in dessen Bezirk das Gericht gelegen ist, welches die angefochtene Maßnahme erlassen hat, auch dann zuständig, wenn das untere Gericht zu Unrecht seine örtliche Zuständigkeit angenommen hat (vgl. KMR/*Plöd* § 304 Rn. 6 m.w.N.). Die Unzuständigkeit des Beschwerdegerichts macht seine Entscheidung nicht unwirksam (vgl. Meyer-Goßner/*Schmitt* § 304 Rn. 8). 23

E. Beschlüsse des BGH und des OLG. I. Unanfechtbare Entscheidungen des BGH (Abs. 4 Satz 1). Entscheidungen des BGH als höchstes Fachgericht in Strafsachen sind, auch wenn sie vom Vorsitzenden eines Senats getroffen wurden (BGH NStZ 2001, 551; offengelassen vom BVerfG NJW 2015, 2175, 2176), der Anfechtung durch die Beschwerde entzogen. Nur gegen bestimmte Entscheidungen des Ermittlungsrichters des BGH ist die Beschwerde zu einem Strafsenat des BGH möglich (§ 304 Abs. 5). Der ein Ablehnungsgesuch verwerfende Beschluss des Ermittlungsrichters beim BGH ist nicht anfechtbar, selbst wenn er (irrig) eine dahin gehende Rechtsmittelbelehrung enthält (BGH, Beschl. vom 25.11.2020 – StB 40/20, juris). 24

II. Unanfechtbare Entscheidungen des OLG (Abs. 4 Satz 2 Hs. 1). Beschlüsse der OLG-Senate und die Verfügungen ihrer Vorsitzenden sind ebenfalls grds unanfechtbar; die **Ausnahmen** sind in Abs. 4 Satz 2 Hs. 2 abschließend aufgezählt. Auch Verfügungen und Entscheidungen der OLG, die in **Staatsschutzsachen** nach § 120 Abs. 1, 2 GVG im ersten Rechtszug ergangen sind, sind grds. unanfechtbar (vgl. BGH, Beschluss vom 07.02.2019 – StB 3/19, juris Rn. 3). Das gilt auch für Beschlüsse, mit denen ein Ablehnungsgesuch wegen Besorgnis der Befangenheit durch das OLG verworfen wurde; die Revision lässt sich darauf nicht stützen (BGH, Beschl. vom 16.01.2007 – 3 StR 251/06, juris). 25

Nur solche Beschlüsse und Verfügungen, die besonders nachhaltig in die Rechte des Betroffenen eingreifen, wurden in den Ausnahmenkatalog **des § 304 Abs. 4 Satz 2 Hs. 2** aufgenommen. Diese Vorschrift soll eine zu starke Belastung des BGH durch die Befassung mit Beschwerden vermeiden; sie durchbricht den Grundsatz der Unanfechtbarkeit von OLG-Entscheidungen und ist **restriktiv auszulegen** (BGHSt 25, 120). 26

Daher sind etwa **Kosten- und Auslagenentscheidungen** nach § 464, die mit dem Urteil getroffen werden, der Beschwerde entzogen. Dies gilt auch für die Kosten- und Auslagenentscheidung in dem das Verfahren wegen eines Verfahrenshindernisses einstellenden Beschluss; sie ist nicht isoliert anfechtbar (BGH NStZ 2000, 330; krit. dazu *Hilger* NStZ 2000, 332). Entscheidungen des in erster Instanz zuständigen OLG über die Entschädigungspflicht nach §§ 2 ff. StrEG sind ebenfalls nicht mit der (sofortigen) Beschwerde angreifbar (BGHSt 26, 250). 27

Weitere Beispiele unanfechtbarer Beschlüsse oder Verfügungen des OLG: Gegen den Beschluss, durch den das OLG als Beschwerdegericht einen **Wiederaufnahmeantrag** verwirft, ist eine (weitere) Beschwerde unzulässig (BGH NStZ 1981, 489; NJW 1976, 523); ebenso gegen Entscheidungen über die **Richterablehnung** (BGHSt 27, 96) und **Verfahrensabtrennung** (BGH NStZ 1993, 296) oder **sitzungspolizeiliche Maßnahmen** des Vorsitzenden am OLG (BGH, Beschluss vom 10.03.2016 – StB 3/16, juris Rn. 4, 5). 28

III. Beschwerdefähige Entscheidungen des OLG (Abs. 4 Satz 2 Hs. 2). Ist das OLG im ersten Rechtszug zuständig, bestimmt § 304 Abs. 4 Satz 2 Hs. 2 eine **abschließende Aufzählung** der Fälle, in seine Entscheidungen mit der Beschwerde zum BGH angefochten werden können; die Vorschrift ist **eng auszulegen** (BGHSt 25, 120; 32, 365, 366; 34, 34, 35; 37, 347, 348, jeweils m.w.N.). Das schließt die Zulässigkeit einer Anfechtung in **entsprechender Anwendung der Ausnahmeregelungen** aber nicht schlechthin aus; sie bleibt »im engsten Rahmen« möglich (BGHSt 27, 96, 97). So hat der BGH etwa den Begriff der Beschlagnahme in dem Ausnahmekatalog des § 304 Abs. 5 StPO auf die Anordnung eines dinglichen Arrestes nach § 111d StPO ausgedehnt (BGHSt 29, 13). 29

1. Anfechtbare Entscheidungen nach Nr. 1. a) Verhaftung, einstweilige Unterbringung, Unterbringung zur Beobachtung. Die **Verhaftung betreffen** nur solche Anordnungen, mit denen **unmittelbar** entschieden wird, ob der Beschuldigte in Haft (oder einstweilige Unterbringung) zu nehmen oder zu halten ist (BGHSt 26, 270). Entscheidungen, die nur die Art und Weise des Vollzuges betreffen, insb. solche, die Beschränkungen im Hinblick auf den Zweck der Untersuchungshaft oder die Ordnung in der Vollzugsanstalt auferlegen, sind von der Vorschrift nicht erfasst (BGH a.a.O.). Auch Entscheidungen des OLG über Auflagen bei der 30

Haftverschonung (§ 116 Abs. 1 Satz 2) sind der Beschwerde entzogen (BGHSt 25, 120). Zulässig ist jedoch die Beschwerde gegen den Bestand des Haftbefehls, auch wenn dieser außer Vollzug gesetzt wurde (BGHSt 29, 200).

31 Auch die Anordnung der **Erzwingungshaft** gegen einen Zeugen (§ 70 Abs. 2) betrifft eine Verhaftung und kann daher mit der Beschwerde angefochten werden (BGHSt 36, 192); dies gilt jedoch nicht für die Ablehnung der Anordnung der Erzwingungshaft (BGHSt 43, 262).

32 Die bedingte **Anordnung der Ersatzordnungshaft** nach § 70 Abs. 1 Satz 2 ist nicht anfechtbar (vgl. BGH NStZ 1994, 198), denn sie wird nur ersatzweise für den Fall, dass das Ordnungsgeld nicht beigetrieben werden kann, zugleich mit dessen Anordnung festgesetzt. Die Anordnung betrifft daher nicht eine »Verhaftung«, sondern ist nur eine an die Bedingung, dass das Ordnungsgeld nicht beigetrieben werden kann, geknüpfte Folge der Ordnungsgeldfestsetzung (BGHSt 36, 192, 197). Jedoch kann die unbedingte Anordnung des Vollzuges der Ersatzordnungshaft mit der Beschwerde angegriffen werden.

33 Unzulässig ist eine Beschwerde, wenn sie zwar den vom OLG erlassenen Haftbefehl betrifft, jedoch weder den Erlass noch den Vollzug des Haftbefehls, sondern lediglich einen von mehreren der darin genannten **Haftgründe** beanstandet (BGH NStZ 1986, 374). Auch wenn nur die **Erweiterung des Tatvorwurfs** erstrebt wird (BGH NStZ 1991, 502) oder eine andere rechtliche Beurteilung erstrebt wird (vgl. OLG Hamburg NStZ 2001, 274), ist die Beschwerde zum BGH unzulässig.

34 Entscheidungen, welche die Freiheitsentziehung im Zusammenhang mit der **Unterbringung zur Beobachtung** (§ 81 Abs. 1) anordnen, sind anfechtbar. Dies muss nach Sinn und Zweck der Norm auch für längere **Freiheitsentziehungen nach § 81a**, bei denen eine entsprechende Anwendung des § 304 Abs. 4 Satz 2 Nr. 1 naheliegend ist, gelten (dazu neigt der BGH, vgl. StV 1995, 628, dort allerdings nicht entscheidungserheblich).

35 **b) Bestellung eines Pflichtverteidigers oder deren Aufhebung.** Seit der am 13.12.2019 in Kraft getretenen Änderung mit Gesetz vom 10.12.2019 (in Umsetzung der RL [EU] 2016/1919) ist die Beschwerde nunmehr auch gegen erstinstanzliche Beschlüsse und Verfügungen der OLGe statthaft, die die **Bestellung eines Pflichtverteidigers** oder deren Aufhebung betreffen. Allerdings kann der Pflichtverteidiger selbst mangels Beschwer die gegen seinen Willen vorgenommene Entpflichtung nicht mit der Beschwerde anfechten (BGH, Beschl. vom 18.08.2020 – StB 25/20, BGHSt 65, 106-110; vgl. zu den Einzelheiten oben Rn. 12). Zum **Prüfungsumfang** auf die sofortige Beschwerde gegen die Ablehnung der Bestellung eines weiteren Verteidigers vgl. BGH, Beschl. vom 31.08.2020 – StB 23/20, juris). Nach rechtskräftiger Ablehnung des Antrages auf Bestellung eines zusätzlichen Pflichtverteidigers kann der Angeklagte einen neuerlichen Antrag und die sofortige Beschwerde gegen dessen Ablehnung grundsätzlich nicht erfolgreich auf Umstände stützen, die bereits Gegenstand der Erstentscheidung waren (BGH, Beschl. vom 21.04.2021 – StB 17/21, juris).

36 **c) Beschlagnahme und Durchsuchungen.** Unter »**Beschlagnahme**« ist auch der Arrest nach § 111d, soweit er der Sicherstellung der Einziehung und des Verfalls von Wertersatz dient, zu verstehen (BGHSt 29, 13; NStZ 82, 190 [Pf]). Die Telefonüberwachung nach § 100a fällt nicht unter den Begriff der **Durchsuchung** (BGH wistra 2005, 436; a.A. LR/*Matt* § 304 Rn. 7), ist allerdings eine Maßnahme i.S.d. § 101 Abs. 1, gegen welche die Beschwerde zulässig ist (s.u.). Der Begriff der Durchsuchung (und Sicherstellung) bezieht sich nur auf Beweismittel nach §§ 102 ff.; werden Gegenstände in Ausübung der Sitzungspolizei sichergestellt, ist die Beschwerde jedenfalls dann nicht möglich, wenn die Hauptverhandlung noch andauert (vgl. BGHSt 44, 23; BGH, Beschlüsse vom 12.05.2016 – StB 9/16 und 10/16: Unanfechtbarkeit sitzungspolizeilicher Anordnung zur Durchsuchung von Verteidigern vor der Sitzung).

37 Entscheidungen der OLGe in Zusammenhang mit der einstweiligen Beschlagnahme von **Zufallsfunden** nach § 108 sind mit der Beschwerde nicht anfechtbar (BGHSt 28, 349; die Annahme eines generellen Ausschlusses der Beschwerde in den Fällen des § 108 – so KK/*Zabeck* § 309 Rn 8 – findet mE in der genannten Entscheidung keine Stütze). Zu weiteren Einzelheiten siehe § 108 Rn. 14.

38 **d) Maßnahmen nach § 101 Abs. 1 oder § 101a Abs. 1.** Die Vorschrift stellt die Beschwerdemöglichkeit pauschal für alle in § 101 Abs. 1 genannten speziellen verdeckten Ermittlungsmaßnahmen (§§ 98a, 99, 100a, 100c bis 100i, 110a, 163d bis 163f) und Entscheidungen im Zusammenhang mit der Erhebung von Verkehrsdaten (§§ 101a, 100g) bereit. Sie gilt auch für die sofortige Beschwerde nach § 101 Abs. 7 Satz 3 und für die die Beschwerde von Telekommunikationsdienstleistern.

39 **2. Anfechtbare Entscheidungen nach Nr. 2.** Entscheidungen, die die **Eröffnung des Hauptverfahrens ablehnen**, sind nur in dem durch § 210 Abs. 2 zugelassenen Umfang von der Staatsanwaltschaft anfechtbar. Die Abtrennung des Verfahrens gegen einen Angeschuldigten und die Eröffnung nur gegen die Mitangeschuldigten ist nicht anfechtbar, auch wenn damit beabsichtigt ist, die Eröffnungsentscheidung im Trennverfahren zurückzustellen, sofern die Eröffnung möglich bleibt (BGH NStZ 1993, 296); ob ein Fall der

willkürlichen Verzögerung oder Aussetzung des Verfahrens die entsprechende Anfechtbarkeit nach § 304 Abs. 4 Satz 2 Nr. 2 StPO begründen könnte, hat der BGH in der vorgenannten Entscheidung offengelassen.

3. Anfechtbare Entscheidungen nach Nr. 3. Entscheidungen nach § 231a Abs. 1, Abs. 3 Satz 2 und 3, welche die Verhandlung in Abwesenheit des Angeklagten wegen dessen herbeigeführter Verhandlungsunfähigkeit anordnen, sind anfechtbar. Dies gilt nicht für Entscheidungen nach § 231 Abs. 2, mit denen das Weiterverhandeln angeordnet wird, wenn sich der Angeklagte aus der Verhandlung entfernt oder am Fortsetzungstermin ausbleibt, selbst wenn der Beschluss auf § 231a Bezug nimmt (BGH NStZ 1981, 95 [Pf]). 40
Die (nach § 209 Abs. 1 StPO, 120 Abs. 2 Satz 2 GVG mögliche) **Verweisung** an ein Gericht niederer Ordnung ist anfechtbar (vgl. KK/*Zabeck* § 304 Rn. 11 m.w.N.). 41

4. Anfechtbare Entscheidungen nach Nr. 4. Entscheidungen über die Akteneinsicht (vgl. § 147) sind nur durch die Verfahrensbeteiligten anfechtbar (BGH – Kartellsenat – NStZ 1990, 240). Die Ablehnung des Antrages des Verteidigers auf Überlassung von Kopien (hier: einer als Verschlusssache eingestuften Unterlage) an den Angeklagten selbst kann nicht angefochten werden (BGHSt 27, 244). Das gilt auch für die Ablehnung der Überlassung von Aufzeichnungen des Protokollführers vor Fertigstellung des Protokolls, solange dies nur als Entwurf vorliegt (BGHSt 29, 394). Entscheidungen des Vorsitzenden eines Revisionsgerichts nach § 147 Abs. 5 sind nicht anfechtbar (BGHR StPO § 147 Abs 1 Verfahrensakten 4 [Gründe]). 42

5. Anfechtbare Entscheidungen nach Nr. 5. Die Vorschrift des § 304 Abs. 4 Satz 2 Nr. 5 gilt nicht für Bewährungsauflagen, Weisungen und die Dauer der Bewährungszeit (vgl. BGHSt 25, 120, 30, 32; NStZ 1981, 153). Auch Entscheidungen nach § 68f StGB (BGH NJW 1982, 115), die Ablehnung des Reststrafenerlasses (BGH NJW 1984, 1975; BGH NStZ 1985, 36) und die Zurückstellung der Entscheidung über den Widerruf der Strafaussetzung zur Bewährung können nicht angefochten werden. Die sofortige Beschwerde ist in **entsprechender Anwendung** des § 304 Abs. 4 Satz 2 Nr. 5 StPO zuzulassen, soweit sich das Rechtsmittel gegen die Versagung der Strafaussetzung im Gesamtstrafenbeschluss nach § 460 richtet (BGHSt 30, 168 = NJW 1981, 2311f). 43

6. Entscheidungen über den Verteidigerausschluss (Abs. 2 Satz 2 letzter Hs.). Mit der Anordnung, dass Entscheidungen nach § 138d Abs. 6 unberührt bleiben, wird klargestellt, dass die Anfechtung des Verteidigerausschlusses mit der sofortigen Beschwerde auch dann besteht, wenn die Entscheidung vom OLG getroffen wurde. Nicht anfechtbar ist der erstinstanzliche Beschluss des OLG, mit dem die eine Verteidigung mehrerer Betroffener durch einen gemeinschaftlichen Verteidiger gem. §§ 137 Abs. 1 Satz 2, 146 StPO, § 46 Abs 1 OWiG für unzulässig erklärt wird (BGH NJW 77, 156). 44

7. Analoge Anwendung des § 304 Abs. 4 Satz 2 Hs. 2?. Der 3. Strafsenat des BGH hat wiederholt erwogen, ob § 304 Abs. 4 Satz 2 Halbs. 2 StPO analog angewendet werden könne, wenn die angegriffenen Entscheidungen insb. im Hinblick auf die durch sie beeinträchtigten Rechtspositionen mit den im Katalog dieser Vorschrift genannten vergleichbar sind (vgl. etwa BGH, Beschlüsse vom 13.10.2015 – StB 10-11/15, NJW 2015, 3671 f.; vom 10.03.2016 – StB 3/16, juris Rn. 7; vom 05.04.2018 – StB 2/18, juris Rn. 7; einschränkend BGH, Beschl. vom 07.02.2019 – StB 3/19, juris Rn. 4, wonach dies allenfalls im engsten Rahmen in Betracht komme). Im Hinblick darauf, dass es den Gerichten untersagt ist, tatsächliche oder vermeintliche Lücken im Rechtsschutzsystem eigenmächtig zu schließen (vgl. BVerfGE 107, 395) begegnet die Rspr. des BGH Bedenken. 45

IV. Verfügungen des Ermittlungsrichters des BGH und des OLG (Abs. 5). Die Ermittlungsrichter des BGH und der OLG sind (neben dem Ermittlungsrichter des AG) zuständig, soweit es um eine Sache nach § 120 Abs. 1 GVG geht oder der Generalbundesanwalt sein Evokationsrecht ausgeübt und eine Sache, die gem. § 74a GVG vor der Staatsschutzkammer des LG angeklagt werden könnte, an sich gezogen hat (§ 120 Abs. 2 GVG). 46
Die Beschränkung des Wortlauts auf Verfügungen schließt die Anfechtung von in Beschlussform ergangenen Entscheidungen nicht aus (BGHSt 29, 13). Die Entscheidungen des Ermittlungsrichters des BGH und des OLG sind i.Ü. nur in den ausdrücklich bestimmten Fällen des Abs. 5 anfechtbar. Auch diese Vorschrift ist **restriktiv auszulegen**; eine analoge Anwendung ist zwar nicht völlig ausgeschlossen, aber allenfalls in eng begrenzten Ausnahmefällen zulässig (vgl. BGHSt 29, 13; 30, 32; 37, 347; NJW 2002, 765). Die Ablehnung der Anordnung von Erzwingungshaft nach § 70 Abs 2 durch den Ermittlungsrichter des OLG oder des BGH unterliegt nicht der Anfechtung nach § 304 Abs 5 (BGHSt 43, 262). Auf Maßnahmen nach § 81g ist die Vorschrift nicht anwendbar (BGH NJW 2002, 765), ebenso kann die Anordnung des Ermittlungsrichters des BGH, einem Beschuldigten Körperzellen zur Bestimmung eines DNA-Identifizierungsmusters zu entnehmen, nicht angefochten werden (BGH NStZ 2002, 274). Auch die Anordnung, dem Gefangenen ein 47

Schreiben auszuhändigen, kann nicht angefochten werden; sie betrifft weder eine Beschlagnahme noch eine Verhaftung i.S.d. § 304 Abs. 5 (BGH, Beschl. vom 06.12.2001 StB 2325/01; BGH NStZ-RR 2002, 190; vgl. a. BGHSt 26, 270).

§ 305 Nicht der Beschwerde unterliegende Entscheidungen

Entscheidungen der erkennenden Gerichte, die der Urteilsfällung vorausgehen, unterliegen nicht der Beschwerde. Ausgenommen sind Entscheidungen über Verhaftungen, die einstweilige Unterbringung, Beschlagnahmen, die vorläufige Entziehung der Fahrerlaubnis, das vorläufige Berufsverbot oder die Festsetzung von Ordnungs- oder Zwangsmitteln sowie alle Entscheidungen, durch die dritte Personen betroffen werden.

Übersicht

1 **A. Allgemeines, Normzweck.** Der grundsätzliche Ausschluss der Beschwerde nach § 305 Satz 1 soll die **Beschleunigung und Konzentration** des Hauptverfahrens gewährleisten und Verfahrensverzögerungen verhindern, die entstünden, wenn Entscheidungen der erkennenden Gerichte, die der Urteilsfällung vorausgehen, sowohl mit der Beschwerde als auch mit dem gegen das Urteil zulässigen Rechtsmittel überprüft werden könnten. Zugleich verhindert die Norm, dass ein Eingriff des Beschwerdegerichts in die **Vorherrschaft des erkennenden Gerichts** das Verfahren der Urteilsfindung störend beeinflusst und eliminiert die Möglichkeit widersprechender Entscheidungen (vgl. KG, Beschl. vom 27.02.2008 – 1 Ws 24/08 m.w.N.). Den Verfahrensbeteiligten entsteht in der Regel kein wesentlicher Nachteil dadurch, dass die Überprüfung bis zum Rechtsmittel gegen das Urteil aufgeschoben wird (vgl. OLG Stuttgart NJW 1976, 1647).

2 Dem Normzweck entsprechend ist § 305 Satz 1 auch mit Blick auf die korrespondierende Vorschrift des § 336, der die dem Urteil vorausgehenden Entscheidungen der Revision unterwirft **eng auszulegen**, damit keine Rechtsschutzlücken entstehen, die im Hinblick auf das Art 19 Abs. 4 GG folgende Grundrecht auf effektiven Rechtsschutz (vgl. dazu BVerfG StV 2005, 251) problematisch sein könnten. Die Beschwerde ist daher nur dann ausgeschlossen, wenn das Urteil anfechtbar ist, die angefochtene Entscheidung mit dem Urteil derart in einem inneren Zusammenhang steht, dass sie mit dem Rechtsmittel gegen das Urteil durch die übergeordnete Instanz überprüft werden kann und dadurch ausreichender Rechtsschutz gewährleistet ist (vgl. OLG Hamm NStZ 1986, 328; OLG Hamburg NStZ 1985, 518; OLG Celle, NStZ 1985, 519 m. Anm. Paulus; Meyer-Goßner/*Schmitt* § 305 Rn. 1).

3 Die dem Urteil vorausgehenden Entscheidungen sind **vorläufiger Natur** und können auch vor dem Urteilsspruch abgeändert werden (RGSt 59, 241). Eine Verfassungsbeschwerde gegen nicht beschwerdefähige gerichtliche Entscheidungen, die der Urteilsfällung vorausgehen, ist unzulässig, weil der Rechtsweg nicht erschöpft ist (BVerfGE 1, 9). Anders verhält es sich bei abschließenden **Zwischenentscheidungen**, gegen welche die Beschwerde (und ggf. die Verfassungsbeschwerde) zulässig ist (BVerfGE 7, 109; 9, 261).

4 **B. Voraussetzungen des Beschwerdeausschlusses nach § 305 Satz 1. I. Erkennendes Gericht.** Der Begriff des »**erkennenden**« Gerichts entspricht im Wesentlichen der Regelung des § 28 Abs. 2 Satz 2 für den erkennenden Richter; die Entscheidung, mit der seine Ablehnung zurückgewiesen wurde, kann ebenfalls nur zusammen mit dem Urteil angefochten werden. Die Eigenschaft als erkennendes Gericht beginnt mit der Rechtshängigkeit, im erstinstanzlichen Verfahren daher grds. mit der **Eröffnung des Hauptverfahrens** (BGH NJW 1952, 234 und 1952, 478; KG JR 1981, 168; OLG Stuttgart NStZ 1985, 524; OLG Hamm NStZ-RR 2002, 238; LR/*Siolek*, § 28 Rn. 12; KK/*Scheuten* § 28 Rn. 6 – jeweils m.w.N.).

Erkennendes **Gericht** kann nicht nur der **Kollegialspruchkörper**, sondern auch der funktional zuständige **Vorsitzende** oder der beauftragte **Richter** sein (vgl. OLG Hamm NStZ-RR 2009, 352; OLG Frankfurt NStZ-RR 2001, 374; OLG Düsseldorf NStZ 1986, 138; OLG Stuttgart NJW 1976, 1647; KK/*Zabeck* § 305 Rn. 4). Bei sachleitenden Anordnungen des Vorsitzenden in der Hauptverhandlung ist zunächst gem. § 238 Abs. 2 die Entscheidung des Gerichts herbeizuführen, die ihrerseits nach Maßgabe des § 305 Satz 1 von der Anfechtung mit der Beschwerde ausgenommen sein kann. 5

In **Verfahrensarten ohne Eröffnungsbeschluss** beginnt die Eigenschaft als erkennender Richter mit jeder gerichtlichen Verfügung, die erkennen lässt, dass eine Hauptverhandlung stattfinden soll und vor welchem Gericht. So wird im beschleunigten Verfahren nach den §§ 417 ff. der Richter mit der Anberaumung des Termins oder der Anordnung, die Hauptverhandlung sofort durchzuführen, zum erkennenden Richter. Im Strafbefehlsverfahren nach §§ 407 ff. wird der Richter mit Erlass des Strafbefehls bzw. mit der Anberaumung der Hauptverhandlung (§§ 408 Abs. 3 Satz 2, 411 Abs. 1 Satz 2) zum erkennenden Richter. Das Berufungsgericht wird mit Übergabe der Akten nach § 321 Satz 2, das Revisionsgericht mit Eingang der Akten nach § 347 Abs. 2 zum erkennenden Gericht. Das Gericht, an welches die Sache nach § 328 Abs. 2, § 354 Abs. 2 und 3, 355 zurückverwiesen worden ist, wird mit Eingang der Akten zum erkennenden Gericht. Im Verfahren nach dem Strafvollzugsgesetz ist die Strafvollstreckungskammer ein erkennendes Gericht (KG NStZ 2001, 448). 6

Auch das **Beschwerdegericht** ist ein erkennendes Gericht, seine Entscheidungen sind jedoch nicht von § 305 Satz 1 erfasst, weil das Beschwerdeverfahren nicht mit einem Urteil endet. Sie sind nur in den Fällen der Eröffnung der weiteren Beschwerde (§ 310) anfechtbar. 7

II. Der Urteilsfällung vorausgehende Entscheidungen. 1. Begriff. Eine dem Urteil zeitlich und sachlich vorausgehende Entscheidung liegt bei der gebotenen engen Auslegung (s.o. Rn. 2) vor, wenn sie in einem **inneren Zusammenhang** mit dem Urteil steht, **ausschließlich** seiner Vorbereitung dient, bei der Urteilsfällung selbst der nochmaligen Prüfung des Gerichts unterliegt und keine weiteren Verfahrenswirkungen erzeugt, die nicht mehr mit einem Rechtsmittel angefochten werden können (vgl. KG, Beschl. vom 21.07.2003 – 4 Ws 126/03; OLG Hamm NStZ-RR 2009, 352; Meyer-Goßner/*Schmitt* § 305 Rn. 4; jeweils m.W.N.). Damit sind insb. solche Entscheidungen, die die Beweisaufnahme vorbereiten oder den Fortgang und die Gestaltung des Verfahrens betreffen, von dieser Vorschrift erfasst. 8

Hat die Entscheidung auch in irgendeiner anderen Richtung selbstständige prozessuale Bedeutung, ist sie mit der Beschwerde anfechtbar. Dies gilt insb. bei abschließenden **Zwischenentscheidungen** (vgl. BVerfGE 7, 109; 9, 261). Der **Eröffnungsbeschluss** ist gem. § 305 nicht der Beschwerde unterworfen und kann daher auch mit der Verfassungsbeschwerde nicht angefochten werden (BVerfGE 1, 9). 9

2. Beispiele. a) Entscheidungen, die der Beschwerde nach § 305 Satz 1 entzogen sind. Entscheidungen über die **Beweisaufnahme**, soweit nicht Dritte betroffen sind, etwa zur Auswahl eines Sachverständigen (OLG Düsseldorf MDR 1986, 256); die Zurückweisung des Antrages auf **Beiziehung von Akten** bzw. eines **Beweisermittlungsantrages** (OLG Saarlouis NStZ 2005, 344); die Versagung der **Akteneinsicht** durch Entscheidung des Vorsitzenden nach Eröffnung des Hauptverfahrens (OLG Koblenz StV 2003, 608; OLG Hamm NStZ 2005, 226; OLG Frankfurt NStZ-RR 2003, 177) und die Entscheidung über die **Ablehnung eines Sachverständigen** (OLG Düsseldorf NJW 1967, 692; OLG Celle NJW 1966, 415), die **Aussetzung der Hauptverhandlung** nach § 228 Abs. 1 zum Zwecke der weiteren Sachaufklärung oder der besseren Vorbereitung der Verfahrensbeteiligten (OLG Köln, StV 1991, 551; OLG Braunschweig StV 1987, 332; OLG Düsseldorf MDR 1993, 461); die **Ablehnung der Aussetzung** des Verfahrens (OLG Hamm NJW 1978, 283); die Ablehnung des **Antrags auf Einstellung des Verfahrens** (BayObLGSt 21, 159); der Beschluss des Berufungsgerichts, durch den festgestellt wird, dass die Rücknahme der Berufung unwirksam, also über das Rechtsmittel zu verhandeln ist (OLG Frankfurt NStZ-RR 2005, 46); die Ablehnung des Antrages auf **Entbindung von der Pflicht zum Erscheinen** gem. § 233 (BayObLGSt 1962, 116 f.); die **Anordnung des persönlichen Erscheinens** nach § 236 (BayObLGSt 1952, 116), die **Anordnung nach § 415 Abs. 1** (OLG Koblenz MDR 1976, 602). 10

Auch **Terminsverfügungen** des Vorsitzenden des erkennenden Gerichts sind **grundsätzlich** nicht mit der Beschwerde anfechtbar (vgl. OLG Stuttgart NJW 1976, 1647 und NStZ 1984, 282; KG StV 2009, 577; OLG Hamm StV 1990, 56 m.w.N. entgegen OLG Hamm MDR 1975, 245; OLG Hamburg StV 1995, 11), da solche Entscheidungen der Urteilsfällung vorausgehen und deshalb nur zusammen mit dem Urteil mit dem dagegen statthaften Rechtsmittel der Revision angefochten werden können (KK-StPO/*Gmel* § 228 Rn. 14; KK-StPO/*Zabeck* § 305 Rn. 6; BVerfG, Beschl. vom 22.11.2001 – 2 BvQ 46/01, NStZ-RR 2002, 113; OLG Düsseldorf, NJW 1997, 2533; OLG Hamm, NJW 1978, 283). Überdies würde im Hinblick auf die ansonsten gebotene Vorlage der Akten nach § 306 Abs. 2 Hs. 2 die Möglichkeit der Prozessverschleppung 11 eröffnet. Der Beschuldigte wird dadurch nicht rechtlos gestellt, weil er mit der Rüge des § 338 Nr. 8 StPO geltend machen kann, durch die Terminierung in seiner Verteidigung beschränkt worden zu sein. § 305 Satz 1 StGB steht der Beschwerde gegen die Ablehnung einer Verlegung des Termins zur Berufungshauptverhandlung dann nicht entgegen, wenn gegen das Berufungsurteil gem. § 55 Abs. 2 JGG kein Rechtsmittel mehr statthaft ist (OLG Koblenz NStZ-RR 2012, 21).

12 Zunehmend setzt sich – gegen den Wortlaut des Gesetzes – die Ansicht durch, dass § 305 Satz 1 der Zulässigkeit der Beschwerde dann nicht entgegenstehe, wenn der Beschwerdeführer geltend macht, die Terminsanordnung sei rechtswidrig, weil das Gericht das ihm zustehende Ermessen fehlerhaft ausgeübt habe, und in dieser fehlerhaften Ausübung eine **besondere, selbstständige Beschwer** liege (ausführlich zum Streitstand OLG Hamburg, Beschl. vom 14.04.2020 – 2 Ws 54 - 55/20, juris; vgl. auch KG, Beschl. vom 09.12.2016 – 4 Ws 191/16, StV 2018, 167; OLG Celle, Beschl. vom 18.11.2011 – 1 Ws 453/11, NJW 2012, 246; Meyer-Goßner/*Schmitt* § 213 Rn. 8; LR/Jäg*er* § 213 Rn. 18). Diese Sichtweise wird vom BVerfG geteilt, das Eilanträge wegen fehlender Rechtswegerschöpfung zurückweist, falls der Beschwerdeführer nicht zuvor den Beschwerdeweg beschritten hat (vgl. BVerfG v. 19.03.2020 – 2 BvR 474/20, Rn. 45 und 16.11.2020 – 2 BvQ 87/20, juris betreffend einen erfolglosen Eilantrag auf Aufhebung von Hauptverhandlungsterminen in einem Strafverfahren mit Blick auf Covid-19-Ansteckungsgefahr).

13 Zweifelhaft erscheint die Ansicht des OLG München, wonach die Ablehnung eines Terminsverlegungsantrags mit der Begründung, der Termin sei mit dem früheren Verteidiger abgesprochen, rechtswidrig und anfechtbar, wenn kein Versuch der Terminsabsprache mit dem neuen Verteidiger stattgefunden habe (vgl. OLG München StV 2007, 518; LG Hildesheim NStZ 1988, 569; LG Köln StV 1988, 195 f.; s. im Einzelnen dazu auch die Erläuterungen zu § 213 Rdn. 27 ff.).

14 **b) Beschwerdefähige Entscheidungen. Unterbringung** zur Beobachtung gem. § 81 Abs. 4 Satz 1; **Entnahme von Körpermaterial** zur Datenspeicherung nach § 81g (OLG Köln NStZ-RR 2005, 56); **Anordnungen nach § 81a**, die mit einem Eingriff in die körperliche Unversehrtheit oder mit einer Freiheitsbeschränkung einhergehen (OLG Hamm NJW 1970, 1985; OLG Celle NJW 1971, 256);

15 **Abtrennungsbeschlüsse**, wenn sich die Abtrennung ausschließlich hemmend und verzögernd auf das Verfahren auswirkt (KG, Beschl. vom 19.05.2004 – 5 Ws 244/04, WKRS 2004, 15891); **Verweisungen** nach § 270 (OLG Braunschweig GA 1959, 89; s. aber auch BGHSt 45, 26);

16 **Zurückweisung eines Verteidigers**, der nicht in Amtstracht auftritt, nach § 176 GVG (OLG Karlsruhe NJW 1977, 309); **Verteidigerbestellung und -entpflichtung** (vgl. RGSt 67, 310; OLG Celle NStZ 1985, 519; OLG Hamm StV 1987, 478 und NStZ 1990, 143 unter Aufgabe früherer entgegenstehender Rspr.; dagegen: OLG Zweibrücken NStZ 1987, 477; OLG Hamm NStZ 1987, 476);

17 Ablehnung des **Akteneinsichtsantrages** des Verteidigers (KG JR 1965, 69); nicht aber bei Versagung der Akteneinsicht in der Zeit zwischen Eröffnung des Verfahrens und Urteilsfällung (OLG Frankfurt StV 2004, 363 m.Anm. *Lüderssen*).

18 Gegen **sitzungspolizeiliche Maßnahmen** gem. § 176 GVG (im konkreten Fall: Verpixelungsanordnung für Presseberichterstattung) ist die Beschwerde gem. § 304 StPO statthaft; eine Unanfechtbarkeit der Verfügung folgt weder aus § 305 S. 1 StPO noch aus § 181 Abs 1 GVG (BVerfG Beschl. vom 17.04.2015 – 1 BvR 3276/08; gegenteilig noch BVerfG, 19.12.2007, 1 BvR 620/07, BVerfGE 119, 309 [317], wonach gegen eine sitzungspolizeiliche Maßnahme der Rechtsweg nicht eröffnet sei).

19 **C. Ausnahmen nach § 305 Satz 2. I. Grundsätzliches zum Anwendungsbereich der Vorschrift.** § 305 Satz 2 lässt die Anfechtung von solchen Maßnahmen zu, die bei der Urteilsfällung nicht geprüft werden bzw. deren Beschwer nicht mehr beseitigt werden kann. Bei der gebotenen restriktiven Auslegung des § 305 Satz 1 wird die Anfechtbarkeit schon nach dieser Vorschrift nicht ausgeschlossen. Satz 2 enthält **keine abschließende Aufzählung** (OLG Celle, StV 2012, 524), sondern Beispielsfälle, die mit Grundrechtseingriffen einhergehen (BVerfG StV 2005, 251 unter Betonung des Grundrechts aus Art 19 Abs. 4 GG auf effektiven und möglichst lückenlosen richterlichen Rechtsschutz gegen Akte der öffentlichen Gewalt).

20 Grds. ist nicht nur die Anordnung dieser Maßnahmen, sondern auch ihre Ablehnung anfechtbar. So kann sich die Staatsanwaltschaft etwa gegen die Ablehnung des Antrags auf Erlass eines Haftbefehls, eines Durchsuchungs- oder Beschlagnahmebeschlusses beschweren.

21 **II. Entscheidungen über Verhaftungen und einstweilige Unterbringung.** Unter **Verhaftungen** sind anders als in § 304 Satz 2 alle Entscheidungen im Zusammenhang mit der Untersuchungshaft zu verstehen (OLG Karlsruhe StV 1997, 312; KK/*Zabeck* § 305 Rn. 10). Unterbringung in nach § 81 bzw. § 81a sind nicht erfasst; gemeint ist vielmehr nur die Unterbringung nach § 126a (Meyer-Goßner/*Schmitt* § 305 Rn. 7) und § 76 Abs. 2 JGG (HK/*Rautenberg*/*Reichenbach* § 305 Rn. 10) zu verstehen.

III. Entscheidungen über Beschlagnahmen, vorläufige Entziehung der Fahrerlaubnis, das vorläufiges Berufsverbot oder die Festsetzung von Ordnungs- oder Zwangsmitteln. S. zu den einzelnen Maßnahmen §§ 98, 99, 100, 111a, 132a StPO; §§ 177, 178, 181 GVG. Zu den Zwangsmitteln gehört auch die Vorführung des Beschuldigten (vgl. §§ 134, 230 Abs. 2). 22

IV. Entscheidungen, durch die dritte Personen betroffen sind. Dritte Personen sind durch eine Entscheidung getroffen, wenn sie beschwert sind (vgl. allgemein zur Beschwer Vor § 296 Rn. 16-23). In erster Linie stehen Entscheidungen nach §§ 70, 81c 94 Abs. 2, 103 in Rede. Drittbetroffene sind auch dann beschwerdebefugt, wenn den Prozessbeteiligten die Beschwerde durch § 305 Satz 1 versperrt ist. Die Drittbetroffenheit i.S.d. § 305 Satz 2 StPO führt nicht zur Zulässigkeit der Beschwerde des Beschuldigten gegen eine Entscheidung, welche die Dritten gerade schützt (KG NStZ-RR 2016, 143). 23

§ 305a Beschwerde gegen Strafaussetzungsbeschluss

(1) [1]Gegen den Beschluss nach § 268a Abs. 1, 2 ist Beschwerde zulässig. [2]Sie kann nur darauf gestützt werden, dass eine getroffene Anordnung gesetzwidrig ist.
(2) Wird gegen den Beschluss Beschwerde und gegen das Urteil eine zulässige Revision eingelegt, so ist das Revisionsgericht auch zur Entscheidung über die Beschwerde zuständig.

Übersicht

A. Allgemeines. **§ 305a Abs. 1 Satz 1** hat nur **deklaratorische** Bedeutung; für das Verfahren gelten grds. die allgemeinen Beschwerderegeln der einfachen, nicht fristgebundenen Beschwerde. 1
Während die Strafaussetzung zur Bewährung im Urteil ausgesprochen wird und mit diesem anfechtbar ist, trifft das Gericht in dem **gesonderten Beschluss nach § 268a** Regelungen zur Dauer der Bewährungszeit, Bewährungsauflagen und Weisungen (vgl. §§ 56a bis 56d, 59a, 68a bis 68c StGB). Da die Rechtsmittel der Berufung und Revision sich nicht auf den Beschluss nach § 268a erstrecken, muss gegen diese Entscheidung ausdrücklich die Beschwerde (nach § 304 Abs. 1) eingelegt werden. Dies gilt auch dann, wenn die Anordnungen nach § 268a entgegen dessen eindeutigem Wortlaut nicht in einem besonderen Beschluss, sondern (versehentlich) im Urteil getroffen wurden.

§ 305a Abs. 1 Satz 2 bestimmt eine **Beschränkung des Prüfungsumfanges** dahin, dass nur die **Gesetzwidrigkeit** der in dem Beschluss nach § 268a getroffenen Anordnung (und nicht etwa ihre Zweckmäßigkeit) angefochten werden kann. Obwohl der Wortlaut (»… kann nur darauf gestützt werden, dass …«) ein besonderes Begründungserfordernis andeutet, gilt wie allgemein bei der Beschwerde, dass eine Begründung nicht verlangt wird (vgl. KK/*Zabeck* § 305a Rn. 6; Meyer-Goßner/*Schmitt* § 305a Rn. 3). Die Regelung enthält daher keine besondere Zulässigkeitsvoraussetzung, sondern lediglich eine **Nachprüfungsbeschränkung** für das Beschwerdegericht. 2

Diese Einschränkung gilt jedoch **nicht** für die (erforderliche) **Abhilfeentscheidung** des erkennenden Gerichts nach § 306 Abs. 2; dieses muss nicht nur bei erkannter Gesetzwidrigkeit abhelfen, sondern auch anhand des Beschwerdevorbringens prüfen, ob es einen Anlass zur Abänderung gibt. Es kann bei neuen tatsächlichen Gesichtspunkten die Entscheidung auch zum Nachteil des Beschwerdeführers abändern. 3

Für **nachträgliche Entscheidungen** über die Strafaussetzung zur Bewährung gilt § 305a nicht; für diese enthält § 453 Abs. 2 Satz 2 eine vergleichbare besondere Regelung. 4

B. Beschwerdeberechtigte. Beschwerdeberechtigt sind der **Angeklagte**, sein **Verteidiger**, der **gesetzliche Vertreter** und die **Staatsanwaltschaft**. Die Rechtskraft des Urteils steht der Beschwerde nicht entgegen (KG NStZ-RR 2006, 137). Die Staatsanwaltschaft kann die Beschwerde mangels einschränkender ausdrücklicher Regelung (entgegen OLG Hamm NJW 1969, 890) auch **zuungunsten** des Beschuldigten einlegen. 5

Der **Nebenkläger** kann entsprechend § 400 Abs. 1 die Entscheidung nicht anfechten, dies gilt auch für sonst **Geschädigte** (OLG Düsseldorf StV 2001, 228). Der Angeklagte ist durch die Auswahl einer gemeinnützigen Institution, an die er einen Geldbetrag zu zahlen hat, in der Regel nicht beschwert (OLG Köln NJW 2005, 1671). 6

7 **C. Entscheidung des Beschwerdegerichts. I. Einschränkung des Prüfungsumfanges (§ 305a Abs. 1 Satz 2).** Das Beschwerdegericht hat **durch Beschluss** in der Sache selbst zu entscheiden; dabei schränkt **§ 305a Abs. 1 Satz 2** den Prüfungsumfang für das Beschwerdegericht ein. Sofern der angefochtene Beschluss nicht **gesetzwidrig** ist, wird die Beschwerde als unbegründet verworfen (OLG Nürnberg NJW 1959, 1451). Eine **Zurückverweisung** kommt auch im Fall der Gesetzwidrigkeit des angefochtenen Beschlusses nicht in Betracht; vielmehr hat das Beschwerdegericht trotz des beschränkten Prüfungsumfanges nach allgemeinen Beschwerdegrundsätzen eine eigene Sachentscheidung zu fällen, wenn der angefochtene Beschluss gesetzwidrig ist (§ 309 Abs. 2). Das Beschwerdegericht hat dann nach eigenem Ermessen über Auflagen und Weisungen zu befinden, wobei für etwa erforderliche Ermittlungen das Freibeweisverfahren gilt. Mit rechtskräftigem Widerruf der Strafaussetzung zur Bewährung wird der Beschluss nach § 268a gegenstandslos; die Beschwerde ist in einem solchen Fall als unzulässig zu verwerfen (vgl. OLG Frankfurt, NStZ-RR 2010, 187).

8 **Gesetzwidrig** ist eine Auflage oder Weisung dann, wenn sie gegen Verfahrensrecht oder **sachliches Recht** (vgl. §§ 56 ff., 59a, 68b, 68c StGB) verstößt. Dies ist etwa bei fehlender Einwilligung in eine zustimmungsbedürftige Weisung (§ 56c Abs. 3 StGB) oder bei Verknüpfung der Höhe der gem. StGB § 56b Abs. 2 Nr. 2 erteilten Geldauflage mit den finanziellen Vorteilen, die der Angeklagte aus der Tat erhalten hat (unzulässige Gewinnabschöpfung, vgl. OLG Hamm StV 1992, 324), der Fall. Die Verhängung einer Bewährungsauflage ist wegen Verstoßes gegen den Grundsatz des fairen Verfahrens gesetzwidrig und begründet die Beschwerde, wenn der Angeklagte vor Vereinbarung einer Verständigung gem. § 257c StPO über eine Bewährungsstrafe nicht auf konkret in Betracht kommende Bewährungsauflagen hingewiesen worden ist (BGH NStZ 2014, 665–666; OLG Frankfurt NJW 2015, 1974; KG, Beschl. vom 04.04.2014 – 3 Ws 165/14; a.A. OLG Rostock StV 2016, 100–102, wonach die vorgebliche Nichteinhaltung der Verständigung nur in der Revision geltend gemacht werden könne). Auch die Verletzung des **Verhältnismäßigkeitsgrundsatzes** begründet die materielle Rechtswidrigkeit. Die Gesetzeswidrigkeit kann sich schließlich auch aus der Art und Weise des Zustandekommens einer Anordnung ergeben (BGH NJW 2014, 3173).

9 Auch die Missachtung der **Schranken des Ermessens** kann einen Verstoß gegen sachliches Recht begründen. Zwar darf das Beschwerdegericht grds. das (nach § 56b Abs. 1 Satz 2, § 56c Abs. 1 Satz 2 StGB eingeräumte) tatrichterliche Ermessen nicht nachprüfen (OLG Köln NJW 2005, 1671; OLG Hamburg, MDR 1971, 66), zumal das Vordergericht einen persönlichen Eindruck von dem Beschuldigten gewonnen hat und sein Erkenntnisvorsprung die Erwartung begründet, dass es am besten weiß, welche Auflagen und Weisungen Erfolg versprechen. Allerdings ist ein auf **Ermessensüberschreitung oder -fehlgebrauch** beruhender Beschluss gesetzwidrig; dies ist insb. dann der Fall, wenn der Beschluss einen einschneidenden **unzumutbaren Eingriff** in die Lebensführung des Verurteilten darstellt (BGH StV 1998, 658).

10 **II. Zulässigkeit der reformatio in peius?.** Ob eine Schlechterstellung des Beschwerdeführers zulässig ist oder ob Auflagenbeschlüsse nach § 268a Abs. 1 StPO generell dem strafprozessualen **Verschlechterungsverbot** (§§ 331, 358 Abs. 2 StPO) unterliegen, ist **umstritten**.

11 Der BGH hat die Frage bisher soweit ersichtlich offengelassen und eine verbösernde Entscheidung jedenfalls dann nicht beanstandet, wenn nachträglich Umstände eingetreten sind, welche die Verschärfung der Auflage nach § 56e StGB rechtfertigten (vgl. BGH NJW 1982, 1544 = JR 1982, 338 m.Anm. *Meyer*).

12 Die Befürworter der **Ausdehnung** des nur für das Berufungs- und das Revisionsverfahren normierten Anwendungsbereichs der §§ 331, 358 Abs. 2 StPO verweisen auf den repressiven Charakter der Auflagen, die auch der Genugtuung für das begangene Unrecht dienen (vgl. MüKo-StGB/*Groß* § 56b Rn. 38; *Frisch* in SK-StPO/*Frisch*, § 331 Rn. 16; *Schönke/Schröder/ Stree*, StGB 26. Aufl., § 56b Rn. 4; KK/*Zabeck* § 305a Rn. 12; HK/*Julius* § 268a Rn. 6).

13 Nach überwiegender Ansicht verbietet sich sowohl eine unmittelbare oder entsprechende Anwendung des Verschlechterungsverbots auf Beschlüsse nach § 268a (vgl. KG NStZ-RR 2006, 137; OLG Oldenburg NStZ-RR 1997, 9; OLG Düsseldorf NStZ 1994, 198; OLG Koblenz NStZ 1981, 154; OLG Hamburg NJW 1981, 470; OLG Hamm, VRS 37, 263; OLG Stuttgart NJW 1954, 611; LR/*Matt* § 305a Rn. 7 und LR/*Gössel* § 331 Rn. 83; KK/*Paul* § 331 Rn. 5; HK/*Rautenberg/Reichenbach* § 331 Rn. 8). Diese Auffassung ist vorzugswürdig, weil sich die »Rechtswohltat« des Schlechterstellungsverbots, dem kein Verfassungsrang zukommt (vgl. BGHSt 29, 269, 270; 27, 178), ausdrücklich nur auf die **im Urteil** festgesetzten Rechtsfolgen bezieht und die in dem Strafaussetzungsbeschluss enthaltenen Maßnahmen unter dem (nicht ausdrücklich erwähnungsbedürftigem) Vorbehalt der gesetzlich vorgesehenen nachträglichen Abänderbarkeit stehen. Hinzu kommt, dass aufgrund der Verweisung in § 332 auch das Berufungsgericht, wenn es in seinem Urteil die Strafaussetzung aufrechterhält, im Rahmen seines Ermessens einen **neuen** Beschluss nach § 268a StPO zu fassen hat und schon deshalb für die Annahme einer Bindung an das Verschlechterungsverbot des § 331

kein Raum ist. Bei einem Austausch von Weisungen oder Auflagen wäre eine Gewichtung und Bewertung als objektive Verschlechterung auch praktisch kaum möglich.

D. Zuständigkeit für die Beschwerdeentscheidung (§ 305a Abs. 2). Im Fall der Berufungseinlegung ist 14
das Berufungsgericht für die Entscheidung über die Beschwerde zuständig; nach Urteilsrechtskraft ist das Beschwerdegericht dazu berufen. Wenn gegen das Urteil Revision eingelegt ist, entscheidet aus Gründen der Vereinfachung das Revisionsgericht auch über die Beschwerde (BGHR § 305a Abs. 1 Zuständigkeit 1). Wird die Beschwerde erst nach der Revisionsentscheidung oder Rücknahme der Revision eingelegt oder ist die Revision unzulässig, ist das Beschwerdegericht zuständig (vgl. BGHSt 10, 19; BayObLGSt 1960, 186). Auch nach Abschluss des Revisionsverfahrens bleibt das Revisionsgericht jedoch zuständig, wenn es über die entscheidungsreife Beschwerde versehentlich nicht zugleich mit der Revision entschieden hat (BGH NStZ 1986, 423 unter Hinweis auf die Bedeutung des gesetzlichen Richters nach Art 101 Abs. 1 Satz 2 GG).

§ 306 Einlegung; Abhilfeverfahren

(1) Die Beschwerde wird bei dem Gericht, von dem oder von dessen Vorsitzenden die angefochtene Entscheidung erlassen ist, zu Protokoll der Geschäftsstelle oder schriftlich eingelegt.

(2) Erachtet das Gericht oder der Vorsitzende, dessen Entscheidung angefochten wird, die Beschwerde für begründet, so haben sie ihr abzuhelfen; andernfalls ist die Beschwerde sofort, spätestens vor Ablauf von drei Tagen, dem Beschwerdegericht vorzulegen.

(3) Diese Vorschriften gelten auch für die Entscheidungen des Richters im Vorverfahren und des beauftragten oder ersuchten Richters.

Übersicht

A. Einlegung der Beschwerde (§ 306 Abs. 1). Zu den allgemeinen Zulässigkeitsvoraussetzungen vgl. Vor 1
§ 296 Rn. 7–32.

I. Adressat. Die Beschwerde ist bei dem **Gericht, welches die angefochtene Entscheidung erlassen hat** 2
(iudex a quo) bzw. dem der Vorsitzende, der Beauftragte oder der ersuchten Richter oder Ermittlungsrichter angehören, einzulegen. Die Einlegung bei einem anderen Gericht genügt nicht (KG GA 1953, 125); wird die Beschwerde anderen Orts (etwa bei der Staatsanwaltschaft oder einem anderen Gericht) eingelegt, ist sie weiterzuleiten, wird aber erst mit Eingang beim zuständigen Gericht wirksam.

II. Keine Fristbindung der (einfachen) Beschwerde. Anders als die sofortige Beschwerde (§ 311 Abs. 2) ist 3
die einfache Beschwerde nicht an eine Frist gebunden. Sie kann allerdings erst erhoben werden, nachdem die Entscheidung, die angefochten worden soll, erlassen wurde (vgl. Vor § 296 Rn. 10, 11). Ist die Beschwerde **verwirkt** oder **prozessual überholt**, etwa weil der Vollzug der angefochtenen Maßnahme beendet ist oder eine Änderung der angefochtenen Entscheidung nicht mehr möglich ist, wird die Beschwerde gegenstandslos (vgl. Vor § 296 Rn. 24–31).

III. Form der Beschwerde. Die Beschwerde kann zu Protokoll der Geschäftsstelle oder schriftlich eingelegt 4
werden. Bloße **Schmähschriften** oder Schreiben, die der groben Verunglimpfung des Gerichts dienen, werden sachlich nicht beschieden (vgl. Vor § 296 Rn. 32). Die **telefonische Einlegung** ist nicht zulässig (BGH, Beschl. vom 26.03.1981 – 1 StR 206/80, BGHSt 30, 64; OLG Hamm, Beschl. vom 01.12.1986 – 2 Ss OWi 1446/82, juris; OLG Stuttgart, Beschl. vom 21.07.1983 – 1 Ws 225/83, MDR 1984, 75).

5 **1. Zu Protokoll der Geschäftsstelle.** Zuständig und zur Entgegennahme der Erklärung verpflichtet (§ 153 GVG) ist die Geschäftsstelle des **zuständigen Gerichts** (vgl. oben Rn. 1). Zuständig ist der **Urkundsbeamte** der Geschäftsstelle. Dieser muss die Beschwerde als abgegeben **beurkunden** (zu den Einzelheiten s. Nr. 150 RiStBV) und darf die Entgegennahme nicht unter Hinweis darauf verweigern, dass die Beschwerde auch schriftlich eingelegt werden kann (OLG Bremen, Rechtspfleger 1956, 240).

6 Erklärt der Beschwerdeführer die Beschwerde in der Hauptverhandlung, so steht dies der Einlegung zu Protokoll der Geschäftsstelle gleich, wenn die Rechtsmitteleinlegung **Eingang in das Sitzungsprotokoll** gefunden hat (BGHSt 31, 109; a.A. noch der Vorlagebeschluss des BayObLG NStZ 1981, 445). Allerdings ist das Gericht **nicht verpflichtet**, die Einlegung von Rechtsmitteln in das Protokoll aufzunehmen, da weder § 168a, noch § 273 dies gebieten. Denn das Protokoll dient grds. nur der Nachprüfung der Hauptverhandlung durch das Berufungs- oder Revisionsgericht, nicht aber zu Zwecken, die außerhalb der Hauptverhandlung liegen (zu Ausnahmen s. §§ 182, 183 GVG sowie Nr. 144 Abs. 2 Satz 2 RiStBV; KK/*Greger* § 273 Rn. 21). Daher wird der Vorsitzende die Aufnahme von Rechtsmittelerklärungen in die Sitzungsniederschrift stets verweigern; nach erfolgloser Anrufung des Gerichts (§ 273 Abs. 3 Satz 2) ist gegen den abweisenden Beschluss die einfache Beschwerde (§ 304) zwar zulässig, weil kein Fall des § 305 Satz 1 vorliegt, aber selbstredend unbegründet.

7 **2. Schriftform.** Die Beschwerde kann **schriftlich**, **telegrafisch** oder als **Telefax** (OLG Düsseldorf StV 1995, 459) eingelegt werden. Dabei gelten die gleichen Grundsätze wie bei der Berufung (s. § 314) und der Revision (s. § 341). Es genügt nicht, wenn die Beschwerde nur **telefonisch** erhoben wird, da die entgegennehmende Stelle Identität und Berechtigung des Anrufers nicht überprüfen kann (BGHSt 30, 64). Da das Gesetz zwischen einer »unterzeichneten Schrift« und »schriftlich« differenziert (vgl. etwa §§ 345 Abs. 2 einerseits, §§ 341 Abs. 1, 306 Abs. 1 andererseits), ist nach nahezu einhelliger Ansicht die **Unterschrift** des Beschwerdeführers kein Wirksamkeitserfordernis für die Beschwerde. Zur Wahrung der Schriftform genügt es, dass aus dem Schriftstück unzweifelhaft (z.B. aus dem Briefkopf, vgl. OLG Oldenburg, NJW 1983, 1072) ersichtlich ist, von wem das Schriftstück herrührt (BVerfGE 15, 288; BGHSt 12, 317; 30, 183 und BGHSt 2, 78 für die Einreichung einer beglaubigten Abschrift durch eine Behörde). Die Beschwerde kann auch durch nicht unterschriebenes Telefax formwirksam eingelegt werden, wenn der Urheber daraus zweifelsfrei hervorgeht und dessen Wille deutlich wird, Beschwerde einzulegen (OLG Frankfurt, Beschl. vom 02.08.2006 – 3 Ws 699/06. Die Einlegung per Email oder als elektronische Anlage zu einer Email genügt dem Schriftformerfordernis nicht (LG Gießen, Beschl. vom 20.05.2015 – 802 Js 38909/14). Eine einfache Email ersetzt nicht die schriftliche Einlegung des Rechtsmittels. Soweit § 41a Abs. 1 StPO erlaubt, dass an das Gericht gerichtete Erklärungen, die schriftlich abzufassen oder zu unterzeichnen sind, auch als elektronisches Dokument eingereicht werden können, erfordert dieses eine qualifizierte elektronische Signatur nach dem Signaturgesetz (LG Zweibrücken, Beschl. vom 07.07.2010 – Qs 47/10).

8 **3. Unbedingter Anfechtungswille.** Aus dem Schreiben muss sich ggf. nach Auslegung ergeben, dass der Verfasser den unbedingten (vgl. Vor § 296 Rn. 8, 9) Willen zur Einlegung der Beschwerde hatte.

9 **IV. Fakultative Beschwerdebegründung.** Eine **Beschwerdebegründung** ist **nicht erforderlich**, aber üblich und im Interesse einer zweckmäßigen Rechtsverfolgung zu empfehlen. Kündigt der Beschwerdeführer an, dass er eine (weitere) Begründung nachreichen wird, ist das Gericht, welches die angefochtene Entscheidung erlassen hat, verpflichtet, eine der Sachlage **angemessene Frist** zu setzen oder eine angemessene Zeit zuzuwarten, bevor über die Abhilfe nach § 306 Abs. 2 entschieden und die Sache dem Beschwerdegericht vorgelegt wird.

10 Ist dies unterblieben, trifft das Beschwerdegericht dieselbe Pflicht (vgl. BVerfGE 8, 89; 17, 191; 18, 399, 406; 24, 23, 25). Bei der **Fristsetzung** ist der Umfang und die Schwierigkeit der Sach- und Rechtslage, die Notwendigkeit der Beschaffung von Unterlagen und etwaiger Besprechungen, aber auch das Beschleunigungsgebot zu beachten (BVerfGE 4, 192). Wenn die Begründung vor der Entscheidung des Beschwerdegerichts eingeht, muss sie berücksichtigt werden; geht sie nicht innerhalb der gesetzten Frist ein, kann ohne weiteres Zuwarten ohne Verstoß gegen den Grundsatz des rechtlichen Gehörs entschieden werden.

11 Gegen die Fristversäumnis ist eine Wiedereinsetzung nicht möglich, da es sich nicht um eine gesetzliche Frist handelt; § 33a ist unanwendbar (OLG Bamberg MDR 1991, 665; Meyer-Goßner/*Schmitt* § 306 Rn. 6; KMR/*Plöd* § 306 Rn. 6). Geht die Beschwerdebegründung beim unteren Gericht ein, obwohl die Sache bereits dem Beschwerdegericht vorliegt, ist sie unverzüglich an dieses weiterzuleiten; geschieht dies nicht rechtzeitig, kann ein Verstoß gegen Art 103 Abs. 1 GG unabhängig von einem etwaigen Verschulden der Gerichte vorliegen (vgl. BVerfGE 62, 347).

B. Abhilfeverfahren (§ 306 Abs. 2). I. Allgemeines. Bevor die **einfache Beschwerde** dem Rechtsmittelgericht zur Entscheidung vorgelegt wird, hat der Richter, der die angefochtene Entscheidung getroffen hat (iudex a quo), zu prüfen, ob die (zulässige) Beschwerde Anlass bietet, die Entscheidung zu ändern. Damit sollen die Berichtigung der Entscheidung ermöglicht und dem Beschwerdegericht eine unnötige Befassung mit der Sache erspart werden (BGH NJW 1992, 2169). Auch können so Mängel des rechtlichen Gehörs behoben werden. Hilft das Gericht der Beschwerde ab, wird diese gegenstandslos; hilft es nicht oder nur teilweise ab, ist die Sache anschließend dem Beschwerdegericht zur Entscheidung vorzulegen. 12
Geht bei einer Beschwerde gem. StPO § 305a Abs. 1 Satz 1 nach dem Erlass der Nichtabhilfeentscheidung und vor der Weiterleitung der Akten an das Beschwerdegericht eine weitere Beschwerdebegründung mit neuem Tatsachenvortrag beim Erstgericht ein, ist erneut über die Abhilfe zu entscheiden (BGH NStZ 1992, 507).
Eine Abhilfeentscheidung ist bei Maßnahmen, die mit der **sofortigen Beschwerde** anzufechten sind, regelmäßig ausgeschlossen (§ 311 Abs. 3 Satz 1; zu Ausnahmen s. § 311 Abs. 3 Satz 2). 13

II. Abhilfeentscheidung. 1. Form der Abhilfeentscheidung. Zur Abhilfeentscheidung ist das Gericht verpflichtet, wenn die Beschwerde begründet ist. Sie ergeht in derselben Form wie die angefochtene Entscheidung und bildet mit dieser verfahrensrechtlich eine Einheit. Die Abhilfeentscheidung muss begründet werden (§ 34) und den Verfahrensbeteiligten bekannt gegeben werden (§ 35 Abs. 2). 14

2. Teilabhilfe. Eine **Teilabhilfe** ist möglich, soweit gegen einzelne abtrennbare Teile der Entscheidung nach allgemeinen Grundsätzen (§§ 318, 344 Abs 1; vgl. KG JR 1982, 114; LG Stralsund NStZ-RR 2008, 58) Beschwerde hätte erhoben werden können. Für die Teilanfechtung von Beschlüssen oder Verfügungen mit der Beschwerde gelten dabei die gleichen Grundsätze wie für die Rechtsmittelbeschränkung bei der Berufung und der Revision: Die Wirksamkeit der Beschränkung hängt davon ab, ob der angefochtene Teil der Entscheidung ggü. dem nicht angefochtenen derart selbstständig ist, dass er eine gesonderte (isolierte) Nachprüfung und Beurteilung erlaubt. Auch wenn das Gericht der Beschwerde teilweise abhilft, ist die Sache anschließend dem Beschwerdegericht zur Entscheidung vorzulegen. 15

3. Rechtliches Gehör. Sollen in der Abhilfeentscheidung **neue Tatsachen** oder Beweisergebnisse berücksichtigt werden, muss der **Beschwerdegegner** gehört werden (§ 33 Abs. 3). In jedem Fall ist ihm die Abhilfeentscheidung bekannt zu machen; er hat die Möglichkeit, die Abhilfeentscheidung, die ihn beschwert, anzufechten. 16

III. Nichtabhilfeentscheidung. Im Gegensatz zur Abhilfeentscheidung ist die Nichtabhilfeentscheidung nur eine **verfahrensinterne**, nicht **selbstständig anfechtbare Entscheidung.** Diese kann zwar in Beschlussform ergehen, es genügt jedoch, wenn lediglich das **Ergebnis** der Prüfung in den Akten dokumentiert wird, wobei es ausreicht, wenn der Vorsitzende für das Kollegialgericht einen entsprechenden **Vermerk** fertig. Grds. muss die Nichtabhilfeentscheidung weder bekannt gegeben (§ 35) noch begründet werden. Wenn allerdings der angefochtene Beschluss entgegen § 34 nicht begründet worden ist und mit der Beschwerde erhebliche **neue Tatsachen** vorgetragen wurden, ist eine Begründung der Nichtabhilfeentscheidung zwingend erforderlich (vgl. BGHSt 34, 392; OLG Hamm StV 96, 421). Nach OLG Celle StV 2015, 305 soll ein Begründungsmangel im Nichtabhilfebeschluss ausnahmsweise zu dessen Aufhebung Anlass geben. 17

IV. »Zurückverweisung« zur Nachholung des Abhilfeverfahrens?. Die Durchführung des Abhilfeverfahrens ist nach einhelliger Ansicht keine notwendige Voraussetzung für die Entscheidung des Beschwerdegerichts (OLG Bremen MDR 1951, 56; LR/*Matt* § 306 Rn. 21; KMR/*Plöd* § 306 Rn. 10; Meyer-Goßner/*Schmitt* § 306 Rn. 10; HK/*Rautenberg*/*Reichenbach* § 306 Rn. 11). Daher kommt m.E. im Fall der **unterbliebenen Abhilfeentscheidung** eine das Verfahren in der Regel verzögernde **Zurückverweisung** an den Erstrichter zum Zwecke der Nachholung der Abhilfeentscheidung **grds. nicht** in Betracht, zumal das Beschwerdegericht befugt ist, eigene Ermittlungen durchzuführen (§ 308 Abs. 2) und auf neuer Tatsachengrundlage zu entscheiden. Darüber herrscht im Einzelnen jedoch Streit: 18
Z.T. wird die Ansicht vertreten, das Beschwerdegericht könne die Sache ohne Weiteres dem iudex a quo zur Nachholung der unterbliebenen Entscheidung **zuleiten**, weil dies gar **keine »Zurückverweisung«** sei, die eine Aufhebung einer erstinstanzlichen Entscheidung voraussetze (vgl. KK/*Zabeck* § 306 Rn. 19; KMR/*Plöd* § 306 Rn. 10). Andere meinen, dass das Beschwerdegericht unter Beachtung des Beschleunigungsgebotes nach **pflichtgemäßem Ermessen** darüber zu befinden habe, ob es selbst entscheiden oder dem Erstgericht Gelegenheit geben will, die unterbliebene Entscheidung ordnungsgemäß nachzuholen (vgl. LR/*Matt*, § 306 Rn. 21). 19
Demgegenüber ist nach wohl überwiegender und vorzugswürdiger Ansicht eine **Zurückverweisung nur ausnahmsweise** zulässig und angebracht, wenn dadurch das Verfahren beschleunigt wird, etwa weil notwendige 20

Ermittlungen durch den ersten Richter leichter durchgeführt werden können, eine Abhilfe zu erwarten oder das Beschwerdegericht an einer sofortigen eigenen Entscheidung gehindert ist. Das Beschwerdegericht darf die Sache nicht allein deshalb zurückverweisen, weil es eigene Ermittlungen ersparen möchte. Auch bei offensichtlicher Unbegründetheit der Beschwerde, d.h. wenn für jeden Rechtskundigen ohne längere Prüfung erkennbar ist, dass das Beschwerdevorbringen das Rechtsmittel nicht zu begründen vermag, scheidet eine Zurückverweisung aus (vgl. OLG Hamm, VRS 104, 372; OLG München NJW 1973, 1143; Meyer-Goßner/*Schmitt* § 306 Rn. 10; HK/*Rautenberg*/*Reichenbach* § 306 Rn. 11).

21 **C. Vorlage an das Beschwerdegericht. I. Keine Verwerfung der Beschwerde durch den Erstrichter.** Anders als im Fall der Berufung (§ 319 Abs. 1) und der Revision (§ 346 Abs. 1) ist der Erstrichter in keinem Fall befugt, eine Beschwerde zu verwerfen, auch wenn er sie für unzulässig hält. Er hat jede Beschwerde, der er nicht vollständig abhilft, dem Beschwerdegericht vorzulegen.

22 Allerdings wird es in der Praxis (z.B. des KG; Entscheidungen ergehen dazu allerdings naturgemäß nicht) zur Beschleunigung und aus prozessualen Fürsorgegründen durchaus als vertretbar angesehen, wenn das Gericht, dessen Entscheidung angefochten wird, den Beschwerdeführer auf die offensichtliche Unzulässigkeit hinweist und eine Rücknahme nahelegt; wobei es verbreitet ist, dass ihm sogleich mitgeteilt wird, dass die Beschwerde als zurückgenommen betrachtet wird, falls der Beschwerdeführer nicht ausdrücklich auf der Vorlage an das Beschwerdegericht besteht (vgl. LR/*Matt* § 306 Rn. 22; s.a. Meyer-Goßner/*Schmitt* § 306 Rn. 12, der diese als Gegenvorstellung behandelt wissen will; vgl. dazu auch Vor §§ 296 Rdn. 40).

23 **II. Vorlage über die Staatsanwaltschaft.** Die Vorlage an das Beschwerdegericht erfolgt über die Staatsanwaltschaft; nur sofern diese ausnahmsweise nicht angehört wird (etwa bei Beschwerden gegen Maßnahmen nach § 148a, vgl. BayObLGSt 1979, 65), erfolgt die Vorlage direkt an das Beschwerdegericht.

24 **III. Frist des § 306 Abs. 2 Hs. 2.** Bei der **Vorlagefrist** des § 306 Abs. 2 Hs. 2, deren Lauf mit Eingang der Beschwerde beginnt, handelt es sich um eine **Sollvorschrift** zur Verfahrensbeschleunigung, deren Einhaltung nicht zwingend ist, die aber nach Möglichkeit eingehalten werden soll (KG StV 15, 157; a.A. *Ahmed* StV 2016, 799). Mit der Formulierung »vorgelegt« ist gemeint, dass die Vorlage der innerhalb der Frist **verfügt** werden soll (LR/Matt § 306 Rn. 21; Meyer-Goßner/*Schmitt* § 306 Rn. 11; KMR/*Plöd* § 306 Rn. 12). Die Überschreitung der Dreitagesfrist kann zulässig sein, wenn der Beschwerdeführer gegenüber dem iudex a quo weiteren Vortrag angekündigt hat und mit einer dadurch verursachten Verzögerung des Verfahrens einverstanden ist; Gleiches kann gelten, wenn zur Bearbeitung der Beschwerde weitere kurzfristige Ermittlungen erforderlich erscheinen (KG StV 15, 157).

25 Sind Ermittlungen geboten, die innerhalb dieser Frist nicht erledigt werden können, hat das Erstgericht diese dem Beschwerdegericht zu überlassen (KK/*Zabeck* § 306 Rn. 18; Meyer-Goßner/*Schmitt* § 306 Rn. 11; a.A. OLG München NJW 1973, 1143).

26 Unter besonderen Umständen kann eine Weiterleitung der Beschwerde schon vor Ablauf der 3-Tages-Frist erforderlich sein, etwa im Fall einer Beschwerde gegen einen Ordnungshaftbeschluss nach § 178 GVG, der sofort vollstreckt wird; zur Frage, ob in einer solchen Konstellation das Ausschöpfen der 3-Tages-Frist eine Rechtsbeugung (§ 339 StGB) darstellen kann, vgl. BGHSt 47, 105 (Fall »Schill«).

§ 307 Keine Vollzugshemmung

(1) Durch Einlegung der Beschwerde wird der Vollzug der angefochtenen Entscheidung nicht gehemmt.
(2) Jedoch kann das Gericht, der Vorsitzende oder der Richter, dessen Entscheidung angefochten wird, sowie auch das Beschwerdegericht anordnen, dass die Vollziehung der angefochtenen Entscheidung auszusetzen ist.

Übersicht

1 **A. Keine aufschiebende Wirkung (Abs. 1).** Nach dem **Grundsatz** des Abs. 1 hat die **Beschwerde keine aufschiebende Wirkung** (Suspensiveffekt), wenn nicht die Aussetzung des Vollzuges, also der Durchführung oder Vollstreckung der angefochtenen Maßnahme, besonders angeordnet wird (Abs. 2).

Die Regelung des Abs. 1 wird in diversen gesetzlichen **Ausnahmen** durchbrochen (vgl. etwa § 81 Abs. 4, § 231a Abs. 3 Satz 3, § 454 Abs. 3 Satz 2, § 462 Abs. 3 Satz 2; § 181 Abs. 2 GVG; § 65 Abs. 2 Satz 3, § 73 Abs. 2, § 88 Abs. 6 Satz 4 JGG). Gelegentlich wird der Grundsatz des Abs. 1 im Zusammenhang mit speziellen Regelungen wiederholt, vgl. § 174 Abs. 3 Satz 3, 4 GVG. Zur Wirkung des Antrages auf gerichtliche Entscheidung vgl. § 119 Abs. 5 Sätze 2 und 3, § 119a Abs. 2. 2

Darüber hinaus ist ausnahmsweise vor Vollstreckung (oder weiterer Vollstreckung) eines Urteils in **entsprechender Anwendung des § 449** eine Beschwerdeentscheidung abzuwarten, wenn von ihr die Zulässigkeit der Vollstreckung abhängt (vgl. LR/*Matt* § 307 Rn. 2 m.w.N.), so etwa bei einer nachträglichen Gesamtstrafenbildung, bei der eine Strafaussetzung zur Bewährung entfällt (vgl. Meyer-Goßner/*Schmitt* § 460 Rn. 25, 27; KG NStZ-RR 2004, 286). 3

B. Aussetzung der Vollziehung (Abs. 2). I. Zulässigkeit der Aussetzungsentscheidung. Die **Aussetzung** der Vollziehung einer angefochtenen Maßnahme ist **ausnahmsweise unzulässig**, wenn sie – wie bei der **Aufhebung des Haftbefehls, § 120 Abs. 2** (nicht jedoch bei der Aussetzung des Vollzuges gem. § 116) – ausdrücklich vom Gesetz untersagt wird. 4

Besondere Verfahrensvorschriften sind für die Aussetzungsentscheidung nicht vorgesehen. Ein **Antrag** ist nicht erforderlich; das Gericht kann auch **von Amts wegen** prüfen, ob die Aussetzung der Vollziehung geboten ist. Es empfiehlt sich, die **Dauer der Aussetzung** mit einer nach den Umständen des Einzelfalls zu bemessenden Frist zu verbinden, die nachträglich verlängert oder verkürzt werden kann. 5

Ausnahmsweise kann **schon vor der Beschwerdeeinlegung** auf Antrag oder von Amts wegen die Aussetzung der Vollziehung angeordnet werden, wenn mit einer Beschwerde sicher zu rechnen ist (vgl. SK/Frisch § 307 Rn. 8; HK/*Rautenberg*/*Reichenbach* § 307 Rn. 6; *Schlicht*/*Leipold* StraFo 2005, 90; a.A. LR/*Matt* § 307 Rn. 1; Meyer-Goßner/*Schmitt* § 307 Rn. 2; KK/*Zabeck* § 307 Rn. 8). Der Wortlaut der Vorschrift (»dessen Entscheidung angefochten **wird**«, nicht »… **ist**«) steht dem nicht entgegen. In der Praxis bedeutsam ist der Fall der **Außervollzugsetzung des Haftbefehls** (nicht jedoch Aufhebung des Haftbefehls, da § 120 Abs. 2 eine Entscheidung nach § 307 Abs. 2 ausschließt) bei vorheriger Ankündigung der Staatsanwaltschaft, dagegen Rechtsmittel einzulegen; häufig wird bei Erfolgsaussichten des Rechtsmittels in dieser Konstellation § 307 Abs. 2 angewandt, um dem Beschuldigten die wiederholte Festnahme zu ersparen und den Eindruck einer widersprüchlichen Judikatur zu vermeiden (vgl. *Schlicht*/*Leipold* StraFo 2005, 90). Sinn und Zweck der Vorschrift, irreparable Schäden durch die Vollziehung zu vermeiden, gebieten darüber hinaus allgemein die Aussetzung auch ohne Antrag und Beschwerdeeinlegung, etwa wenn das Gericht einen Fehler noch vor Rechtsmitteleinlegung erkennt, aber an einer Abänderung der Entscheidung gehindert ist (§ 311 Abs. 3 Satz 1). Die Befristung der Dauer der Aussetzung ist dann allerdings erforderlich, um einen längeren Schwebezustand zu vermeiden. 6

II. Zuständigkeit für die Aussetzungsentscheidung. Zuständig für die Entscheidung über die Aussetzung der Vollstreckung sind das entscheidende **Gericht** (*iudex ad quo*), im Fall des Kollegialgerichts auch dessen **Vorsitzender** (str.) und das **Beschwerdegericht** (*iudex ad quem*). 7

Umstritten ist, ob für das erstentscheidende Kollegialgericht auch dessen **Vorsitzender** die Aussetzung der Entscheidung anordnen kann (bejahend Meyer-Goßner/*Schmitt* § 307 Rn. 3; KMR/*Plöd* § 307 Rn. 4; a.A. LR/*Matt* § 307 Rn. 1; KK/*Zabeck* § 307 Rn. 3). M.E. ergibt sich schon aus dem Wortlaut der Vorschrift die Zuständigkeit des Vorsitzenden, denn seine ausdrückliche Nennung wäre überflüssig, wenn er nur Entscheidungen, die er allein getroffen hat, aufheben dürfte. Auch Sinn und Zweck der Regelung sprechen für diese Sicht, da es um eine oft besonders eilbedürftige, aber nur vorläufige Regelung geht, deren baldige (§ 306 Abs. 2) Überprüfung durch das Beschwerdegericht ansteht. Allerdings ist Zurückhaltung des Vorsitzenden geboten: Kann er in vertretbarer Zeit eine Entscheidung des Spruchkörpers herbeiführen, hat er dessen vorrangige Zuständigkeit zu respektieren. 8

Nach Abgabe an das Beschwerdegericht ist nach zutreffender Ansicht – schon zur Vermeidung widersprüchlicher Entscheidungen – nur noch dieses für die Anordnung nach § 307 Abs. 2 zuständig (vgl. LR/Matt § 307 Rn. 1; Meyer-Goßner/*Schmitt* § 307 Rn. 3; a.A. KK/*Zabeck* § 307 Rn. 4). 9

III. Anhörung des Beschwerdegegners. Die Anhörung des Beschwerdegegners vor der Entscheidung über die Suspendierung ist nicht zwingend, allerdings in der Regel dann geboten, wenn dies nicht dem Zweck der Vorschrift widerspricht, zur Vermeidung von Nachteilen und Härten eine schnelle vorläufige Regelung zu treffen (vgl. LR/*Matt* § 307 Rn. 7; Meyer-Goßner/*Schmitt* § 307 Rn. 2). Schon vor Mitteilung der Beschwerde an den Gegner des Beschwerdeführers kann insb dann entschieden werden, wenn der Gegner flüchtig ist (OLG Düsseldorf, JurBüro 1986, 1216). Das **rechtliche Gehör** (Art 103 Abs. 1 GG) ist ggf. nachzuholen, 10 wenn das Gericht die Vollziehung vor Anhörung des Gegners ausgesetzt hat (vgl. KK/*Zabeck* § 307 Rn. 6; allg. zum rechtlichen Gehör BVerfGE 49, 329, 342).

11 **IV. Ermessensentscheidung.** Die Entscheidung über die Aussetzung der Vollziehung ist eine gerichtliche Ermessensentscheidung (OLG Karlsruhe NJW 1976, 2274), die nach Abwägung des öffentlichen Interesses an sofortiger Vollziehung gegen die dem Beschwerdeführer drohenden Nachteile ergeht (BGH NStZ 2010, 343; NStZ-RR 2017, 53; 62 KG StraFo 2012, 62; zur Aussetzung der Vollziehung einer gerichtlichen Anordnung nach dem PUAG siehe BGH NStZ-RR 2019). Erweist sich das Rechtsmittel bei vorläufiger Prüfung aller Voraussicht nach als unzulässig oder unbegründet, so ist es nicht sachgerecht, den Vollzug einer erstinstanzlichen gerichtlichen Entscheidung auszusetzen. Ist dies nicht der Fall, so ist unter Berücksichtigung der maßgebenden Umstände des Einzelfalls abzuwägen, ob das Interesse an der sofortigen Vollziehung die dem Beschwerdeführer durch den Vollzug drohenden Nachteile überwiegt (BGH, Beschl. vom 15.12.2016 – 3 ARs 20/16, NStZ-RR 2017, 53 m.w.N.). Die Aussetzung ist insb. dann geboten, wenn das Gericht die Richtigkeit seiner Entscheidung in Zweifel zieht, jedoch an einer Abhilfe durch § 311 Abs. 3 gehindert ist.

12 **V. Beschwerde gegen die Ablehnung der Aussetzung des Vollzuges.** Gegen eine die Aussetzung der Vollziehung ablehnende Entscheidung des iudex ad quo ist die Beschwerde nach § 304 Abs. 1 zulässig (vgl. BGH NStZ 2010, 343; Meyer-Goßner/*Schmitt* § 307 Rn. 4). Dies gilt jedoch nur, solange noch nicht über die Beschwerde entschieden worden ist, denn damit wird die Anfechtung der vorläufigen Regelung gegenstandslos. Lehnt das Beschwerdegericht eine Aussetzung der Vollziehung nach § 307 Abs. 2 ab, ist dagegen nur i.R.d. § 310 Abs. 1 die Beschwerde möglich.

§ 308 Befugnisse des Beschwerdegerichts

(1) [1]Das Beschwerdegericht darf die angefochtene Entscheidung nicht zum Nachteil des Gegners des Beschwerdeführers ändern, ohne dass diesem die Beschwerde zur Gegenerklärung mitgeteilt worden ist. [2]Dies gilt nicht in den Fällen des § 33 Abs. 4 Satz 1.

(2) Das Beschwerdegericht kann Ermittlungen anordnen oder selbst vornehmen.

Übersicht

1 **A. Allgemeines.** Mit der Regelung des Abs. 1 Satz 1 soll der Verfassungsgrundsatz des **rechtlichen Gehörs** (Art 103 Abs. 1 GG) im Beschwerdeverfahren verwirklicht werden (vgl. grundlegend BVerfGE 7, 109, 110 f.). Dabei geht die Vorschrift über verfassungsrechtliche Vorgaben noch hinaus, da sich die Gewährung rechtlichen Gehörs nicht nur auf neue Tatsachen und Beweisergebnisse bezieht, sondern auch geboten ist, wenn der Beschwerdeführer nur rechtliche Gesichtspunkte vorträgt (vgl. BVerfGE 17, 188, 190). Für das Beschwerdegericht erwächst aus Art 103 Abs. 1 GG die Pflicht, vor dem Erlass seiner Entscheidung zu prüfen, ob dem Verfahrensbeteiligten das rechtliche Gehör gewährt wurde (vgl. BVerfGE 36, 85, 88).

2 **B. Voraussetzungen der Anhörungspflicht. I. Beschwerdegegner.** Jeder **Verfahrensbeteiligte** oder **Drittbetroffene**, der durch eine der Beschwerde stattgebende Entscheidung in seinen rechtlichen Interessen betroffen sein kann, ist **»Gegner«** i.S.d. § 308 Abs. 1 Satz 1.

3 So sind bei der Beschwerde **des Beschuldigten** etwa die Staatsanwaltschaft, ggf. auch der Privatkläger, der Nebenkläger und Drittbetroffene zuhören. Bei der Beschwerde **der Staatsanwaltschaft** sind der Beschuldigte, sein Verteidiger und sein gesetzlicher Vertreter ebenso wie ggf. Beschlagnahmebeteiligte oder Durchsuchungsbetroffene (§ 103) anzuhören. Beschwert sich ein **Drittbetroffener**, etwa der ausgebliebene Zeuge gegen die Auferlegung von Säumniskosten, so ist der Staatsanwaltschaft, dem Beschuldigten, seinem Verteidiger und seinem gesetzlichen Vertreter rechtliches Gehör zu gewähren.

4 Die Staatsanwaltschaft ist **kein Gegner** im **Überwachungsverfahren nach §§ 148a, 148 Abs. 2**, weil sie daran nicht beteiligt ist (vgl. BayObLG MDR 1979, 862). Wird die Entscheidung des Überwachungsrichters vom Beschuldigten oder seinem Verteidiger mit der Beschwerde angefochten, darf diese der Staatsanwaltschaft nicht mitgeteilt werden, weil außer dem Leserichter (und dem Beschwerdegericht) niemand vom Inhalt der Sendung Kenntnis nehmen darf, anderenfalls der Zweck der Vorschrift vereitelt würde.

II. Abänderung zum Nachteil des Gegners. Ein **Nachteil** ist dann gegeben, wenn durch die Beschwerdeentscheidung ein Eingriff in die Rechtssphäre des Betroffenen bewirkt oder verstärkt wird oder sein Interesse am Ausgang des Verfahrens beeinträchtigt werden kann (vgl. KK/*Zabeck* § 308 Rn. 4; Meyer-Goßner/*Schmitt* § 308 Rn. 3). In Betracht kommen insb. auch wirtschaftliche Interessen (etwa hinsichtlich der Kostenentscheidung) und die Erschwerung der Strafverfolgung für Staatsanwaltschaft, Neben- oder Privatkläger. Will das Beschwerdegericht die Entscheidung auf eine **neue Begründung** stützen, kann schon dies einen Nachteil für den Beschwerde Gegner darstellen (vgl. Meyer-Goßner/*Schmitt* § 308 Rn. 3; LR/*Matt* § 308 Rn. 6; einschränkend KK/*Zabeck* § 308 Rn. 6; a.A. HK/*Rautenberg*/*Reichenbach* § 308 Rn. 3). 5

Eine Anhörung des **Beschwerdegegners** ist dann **nicht erforderlich**, wenn die Beschwerde vollständig verworfen (OLG Düsseldorf NStE StPO § 305 Nr. 1) oder ausschließlich zum Nachteil des **Beschwerdeführers** abgeändert wird, ohne dass die Interessen eines anderen betroffen sind. Auch eine nur teilweise Änderung der angefochtenen Entscheidung setzt eine Anhörung voraus, wenn sie einen Nachteil des Beschwerdegegners verursacht. 6

III. Ausnahmen von der Mitteilungspflicht. Eine **Ausnahme** von der Pflicht zur Anhörung des Gegners besteht nach **Abs. 1 Satz 2** dann, wenn der Zweck der Anordnung einer Maßnahme dadurch gefährdet würde (§ 33 Abs. 4 Satz 1; vgl. BVerfGE 49, 329, 342, etwa bei einer Beschwerde der Staatsanwaltschaft gegen die Ablehnung des Erlasses eines Haftbefehls. Die Entscheidung über das Absehen von der Anhörung steht im pflichtgemäßen Ermessen des Beschwerdegerichts. 7

Die Anhörung darf schließlich unterbleiben, wenn sie **unmöglich** ist, etwa weil der Gegner flüchtig ist (OLG Hamburg MDR 1979, 863; OLG Karlsruhe 26.04.1979 – 2 Ss 40/79). 8

Zum Überwachungsverfahren nach **§§ 148a, 148 Abs. 2** s.o. Rn. 4.

C. Mitteilung der Beschwerde. I. Umfang. Das Beschwerdegericht muss dem Beschwerdegegner den **gesamten Inhalt der Beschwerde** einschließlich der rechtlichen Erwägungen und auch nachgereichter Ergänzungen mitteilen (vgl. BVerfGE 11, 29 f.; 17, 188; LR/*Matt* § 308 Rn. 11). Allenfalls dann, wenn sich eine Ergänzung in einer bloßen Wiederholung des vorgetragenen erschöpft, kann auf ihrer Mitteilung verzichtet werden; im Zweifel ist der Gegner zu hören. Sofern das Beschwerdegericht **eigene Ermittlungen** anstellt, ist der Beschwerdegegner auch über ihr Ergebnis zu informieren und dazu zu hören. Allerdings müssen rechtliche Erwägungen des Beschwerdegerichts dem Beschwerdegegner grds. nicht mitgeteilt werden, soweit nicht prozessuale Fürsorgepflichten einen Hinweis gebieten. 9

In der Praxis wird gelegentlich bereits vom Erstgericht (welches dazu nicht verpflichtet ist) die dort eingegangene Beschwerde an den Gegner weitergeleitet, was durchaus zweckmäßig sein kann, wenn so das Verfahren beschleunigt oder eine Nichtabhilfeentscheidung vorbereitet werden kann. Eine nochmalige Mitteilung durch das Beschwerdegericht ist dann nicht erforderlich, da dem Zweck des § 308 Abs. 1 genüge getan ist. 10

Wenn das Beschwerdegericht die Beschwerde verwerfen oder ihr nur teilweise stattgegeben will, muss es den **Beschwerdeführer** zum Vorbringen der anderen Verfahrensbeteiligten und zum Ergebnis seiner Ermittlungen anhören (BVerfGE 6, 12, 14). 11

II. Frist. Das Gericht muss den Beschwerdegegner eine **angemessene Frist** zur Gegenerklärung einräumen, die sinnvollerweise gleichzeitig mit der Mitteilung der Beschwerde zu bestimmen ist. Bei einer Entscheidung vor Ablauf der Frist ist das rechtliche Gehör (Art 103 Abs. 1 GG) verletzt (BVerfGE 12, 110, 113). Ist die Fristsetzung unterblieben, muss das Gericht eine angemessene Zeit mit seiner Entscheidung zu warten (BVerfGE 24, 23, 25). 12

III. Form. Eine **Form** der Mitteilung ist nicht vorgeschrieben. Zwar ist die förmliche Zustellung nicht erforderlich. Da aber der **Nachweis des Zugangs** gesichert sein muss, weil anderenfalls dem Art 103 Abs. 1 GG nicht genügt ist (BVerfGE 36, 85, 88), empfehlt sich stets eine Übersendung in Kopie gegen Empfangsbekenntnis oder per Telefax. Von der (zulässigen) bloßen mündlichen Unterrichtung des Gegners sollte Abstand genommen werden, da diese für Missverständnisse anfällig ist und zudem in den Akten ausreichend dokumentiert werden müsste (etwa in Vermerkform). 13

D. Gegenerklärung des Beschwerdegegners. Die **Gegenerklärung** ist an keine Form gebunden; sie kann schriftlich oder zu Protokoll der Geschäftsstelle abgegeben werden. Sie ist dem Beschwerde**führer** mitzuteilen, wenn dies zur Wahrung seines rechtlichen Gehörs erforderlich ist. Dies ist insb. dann der Fall, wenn das Gericht die Beschwerde verwerfen oder ihr nur teilweise stattgegeben will und wenn entscheidungsrelevante neue Tatsachen oder Beweismittel vorgebracht werden. Eine substanziierte Gegenerklärung der Staatsanwaltschaft sollte stets mitgeteilt werden (vgl. LR/*Matt* § 308 Rn. 15). 14

15 **E. Ergänzende Ermittlungen.** Das Beschwerdegericht ist verpflichtet, die angefochtene Entscheidung **ohne die Bindung an die Anträge der Beteiligten** (BVerfG NStZ-RR 2008, 209) in tatsächlicher und rechtlicher Hinsicht vollständig zu prüfen (KG JR 1969, 194). Das Beschwerdegericht hat die Ermittlungen dabei so weit zu erstrecken, wie das erforderlich ist, um die Begründetheit der Beschwerde beurteilen zu können (BVerfG a.a.O.). Es muss **i.R.d. Beschwerdegegenstandes**, der die Ermittlungsbefugnisse begrenzt, die rechtlich relevanten Tatsachen aufklären und sich aufdrängende Beweise im **Freibeweisverfahren** ohne Bindung an die Grundsätze der Beweiserhebung im Hauptverfahren erheben. In Ausnahmefällen sieht das Gesetz **Beschränkungen der Nachprüfung** vor (vgl. § 305a Abs. 1 Satz 2, § 453 Abs. 2 Satz 2 und § 59 Abs. 2 Satz 2 JGG).

16 Der **Umfang der Ermittlungen** des Beschwerdegerichts bestimmt sich nach pflichtgemäßem Ermessen. Es sind dabei alle zur Aufklärung des Sachverhalts erforderlichen Ermittlungen von Amts wegen anzustellen (BayObLGSt 1952, 8). Das Beschwerdegericht kann Ermittlungen selbst durchführen oder durch einen beauftragten oder ersuchten Richter vornehmen lassen. Es kann auch die Staatsanwaltschaft oder direkt die Polizei darum ersuchen. Die **Staatsanwaltschaft** ist zwar nicht verpflichtet, Ermittlungsersuchen nachzukommen, weil es nicht um die Vollstreckung von Entscheidungen i.S.d. § 36 Abs. 2 Satz 1 geht; diese wird aber regelmäßig ebenso wie die ersuchte Polizei im Wege der Amtshilfe tätig werden und ggf. ihre Ermittlungspersonen (§ 152 GVG) einsetzen (vgl. LR/Matt § 308 Rn. 19; Meyer-Goßner/*Schmitt* § 308 Rn. 6). Die Staatsanwaltschaft kann auch von sich aus Ermittlungen anstellen und das Beschwerdegericht von den Ergebnissen unterrichten. Das Beschwerdegericht muss die Verfahrensbeteiligten von den Ermittlungsergebnissen berichten, wenn und soweit es die ermittelten Tatsachen zu ihrem Nachteil verwerten will (§ 33 Abs. 3).

17 **F. Rechtsbehelfe.** Entscheidungen, die der Vorbereitung der Beschwerdeentscheidung dienen (z.B. die Anordnung weiterer Ermittlungen) sind analog § 305 nur zusammen mit der Beschwerdeentscheidung anfechtbar (vgl. KMR/*Plöd* § 308 Rn. 6).

18 Die abschließende Entscheidung des Beschwerdegerichts ist wirksam, auch wenn die Anhörung des Gegners unterblieben ist. Falls eine weitere Beschwerde statthaft ist (vgl. § 310), kann sich der Betroffene damit rechtliches Gehör verschaffen; ist das nicht der Fall, ist das rechtliche Gehör nachzuholen (vgl. BVerfGE 49, 329, 342). Wurde dem **Beschwerdegegner** die Beschwerde nicht oder nicht vollständig oder nicht mit angemessener Frist zur Gegenerklärung mitgeteilt, folgt dies bereits aus **§ 311a.** Wenn der Beschwerdegegner nicht zum Ergebnis weiterer Ermittlungen gehört worden oder dem Beschwerdeführer sonst das rechtliche Gehör versagt worden ist, ist seine Anhörungsrüge auf **§ 33a** zu stützen.

19 Die Anordnung weiterer Ermittlungen ist (mit der weiteren Beschwerde) nur **anfechtbar**, wenn das Verfahren eine Verhaftung oder die einstweilige Unterbringung betrifft (§ 310). Denn Ermittlungsanordnung ist eine Entscheidung, die »auf die Beschwerde« ergeht.

§ 309 Entscheidung

(1) Die Entscheidung über die Beschwerde ergeht ohne mündliche Verhandlung, in geeigneten Fällen nach Anhörung der Staatsanwaltschaft.

(2) Wird die Beschwerde für begründet erachtet, so erlässt das Beschwerdegericht zugleich die in der Sache erforderliche Entscheidung.

Übersicht

A. Schriftliches Verfahren (Abs. 1), Ausnahmen I. Entscheidung nach Aktenlage. Die Entscheidung des Beschwerdegerichts ergeht **grds. im schriftlichen Verfahren** nach Aktenlage (BGHSt 13, 102, 108) durch Beschluss, der zu begründen ist (§ 34). Nur in den Fällen der Haftbeschwerde sieht § 118 Abs. 2 eine mündliche Verhandlung auf Antrag oder von Amts wegen vor; nach 124 Abs. 2 Satz 3 ist dem Beschuldigten und der Staatsanwaltschaft vor der Beschwerdeentscheidung über den Verfall der Sicherheit Gelegenheit zur mündlichen Begründung der Anträge und zur Erörterung der Ermittlungen zu geben. 1

Entgegen dem Wortlaut des Abs. 1 Hs. 1, der vor dem Hintergrund der ausdrücklichen Ausnahmeregelungen in § 118 Abs. 2 und § 124 Abs. 2 Satz 3 die Annahme der Unzulässigkeit der mündlichen Verhandlung nahelegt, ist es dem Beschwerdegericht jedoch nicht verwehrt, im Rahmen der Ermittlungen (§ 308 Abs. 2) aus besonderen Gründen, insb. aus Gründen der Zweckmäßigkeit und zur Beschleunigung des Verfahrens, **mündliche Erklärungen entgegenzunehmen** oder herbeizuführen oder Zeugen und Sachverständige mündlich zu befragen (vgl. LR/*Matt* § 309 Rn. 2; SK/*Frisch* § 309 Rn. 2; vgl. aber BayObLGSt 1953, 202). 2

II. Anhörung der Staatsanwaltschaft. Die **Staatsanwaltschaft bei dem Beschwerdegericht** (Staatsanwaltschaft beim LG, Generalstaatsanwaltschaft bei dem OLG oder der Generalbundesanwalt) ist als Vertreterin des öffentlichen Interesses unabhängig von der **Anhörung der Staatsanwaltschaft als Gegner** gem. § 308 Abs. 1 Satz 1 nach dem Ermessen des Gerichts in geeigneten Fällen anzuhören. § 33 Abs. 2 wird insoweit eingeschränkt, allerdings hat dies in der Praxis kaum eine Bedeutung, weil die Staatsanwaltschaft bei dem Beschwerdegericht dadurch beteiligt wird, dass die Akten regelmäßig vom Erstgericht über sie dem Beschwerdegericht vorgelegt werden. 3

Geeignete Fälle, in denen von der Anhörung der Staatsanwaltschaft beim Beschwerdegericht abgesehen werden darf, sind nur solche, bei denen die Beschwerde der Staatsanwaltschaft vollen Erfolg hat oder die Beschwerde eines Verfahrensbeteiligten verworfen wird. Auf den Nebenkläger oder andere Verfahrensbeteiligte ist § 309 Abs. 1 nicht anwendbar. 4

B. Entscheidung des Beschwerdegerichts (Abs. 2). I. Verwerfung der Beschwerde. Der die Beschwerde verwerfende Beschluss ist zu begründen (§ 34) und bekannt zu machen (§ 35 Abs. 2). 5

1. Verwerfung als unzulässig. Als **unzulässig** ist die Beschwerde zu verwerfen, wenn die Voraussetzungen für eine Sachentscheidung fehlen. Dies ist der Fall, wenn die Beschwerde gesetzlich **ausgeschlossen**, nicht **statthaft**, nicht in der richtigen **Form** an den richtigen Adressaten gerichtet, mangels **Beschwer** durch die angefochtene Entscheidung oder **Aktivlegitimation** oder wegen **Rechtsmittelverzicht** oder **-rücknahme** an den formellen Voraussetzungen scheitert (vgl. im Einzelnen Vor § 296 Rdn. 7–29). 6

2. Erledigungserklärung. In Fällen **prozessualer Überholung** oder sonstiger Erledigung im Beschwerdeverfahren ist die Beschwerde grds. ohne Sachprüfung für erledigt zu erklären. Zu den aus Art 19 Abs. 4 GG folgenden **Ausnahmen** einer gleichwohl erforderlichen Sachentscheidung bei tiefgreifenden, tatsächlich jedoch nicht mehr fortwirkenden Grundrechtseingriffen (vgl. BVerfGE StV 1997, 393) s. Vor § 296 Rdn. 24–30. In derartigen Fällen hat das Beschwerdegericht vor der Befassung mit der Sache das **Rechtsschutzinteresse** oder das Vorliegen staatlicher **Willkür** festzustellen (womit eine nicht nur fehlerhafte, sondern unter keinem denkbaren Aspekt mehr rechtlich vertretbar Maßnahme gemeint ist, bei sich der Schluss aufdrängt, dass die Entscheidung auf sachfremden Erwägungen beruht, ohne dass damit ein subjektiver Schuldvorwurf einhergeht, vgl. BVerfGE 62, 189; 80, 48). 7

3. Verwerfung als unbegründet. Als **unbegründet** ist die Beschwerde zu verwerfen, wenn die angefochtene Entscheidung nach Ansicht des Beschwerdegerichts sachlich richtig ist. Dies gilt auch dann, wenn sich die angefochtene Entscheidung nur im Ergebnis aus anderen Gründen als zutreffend erweist. Das Beschwerdegericht hat dabei alle für die Entscheidung wesentlichen Tatsachen zu überprüfen und aufzuklären. Auch ein schwerer Verfahrensfehler wie die Verletzung rechtlichen Gehörs steht der Verwerfung nicht entgegen, wenn dieser im Rechtsmittelverfahren geheilt werden kann (vgl. BVerfGE 5, 9; 22, 282, 286 f.; BGHSt 8, 194; KK/*Zabeck* § 309 Rn. 7, 8). 8

II. Erlass der in der Sache erforderlichen Entscheidung. 1. Pflicht zur eigenen umfassenden Sachprüfung und -entscheidung. Die Aufgabe des Beschwerdegerichts liegt nicht darin, Fehler des Erstgerichts aufzuzeigen. Wenn die Beschwerde als zulässig erachtet und nicht für erledigt erklärt wird, hat das Beschwerdegericht grds. die **Pflicht zur eigenen Sachentscheidung.** Es muss unter Abänderung oder Aufhebung der angefochtenen Entscheidung selbst eine neue, in der Sache erforderliche Entscheidung anstelle des Erstgerichts treffen. Dabei ist es ohne Bindung an die tatsächlichen Feststellungen des unteren Gerichts zur umfassenden Prüfung der angefochtenen Entscheidung unter tatsächlichen und rechtlichen Gesichtspunkten verpflichtet (s. aber die Ausnahmen in § 305a Abs. 1 Satz 2, § 453 Abs. 2 Satz 2). Das Beschwerdegericht muss auch 9 dann alle für die Entscheidung **wesentlichen Tatsachen aufklären und prüfen**, wenn das bisher vom Erstgericht versäumt worden ist (vgl. BGH NJW 1964, 2119; KG JR 1982, 114 und Beschl. v. 05.12.2011 – 1 Ws 82/11, WKRS 2011, 36363). Die nicht erforderliche (vgl. § 306 Rdn. 9 bis 11) **Beschwerdebegründung** schränkt den Prüfungsumfang nicht ein.

10 Seine umfassende Entscheidungskompetenz bedingt, dass das Beschwerdegericht nach **eigenem Ermessen** entscheiden muss, soweit ein solches eingeräumt ist. Es erlässt etwa den in der Sache erforderlichen Eröffnungsbeschluss und den unterbliebenen Haft- oder Vorführungsbefehl oder ordnet selbst die Beschlagnahme an (vgl. BGH MDR 1964, 1019 zur Abänderungsbefugnis bei einem nicht rechtskraftfähigen Beschluss, der auf einem ohne Weiteres erkennbaren Irrtum beruht). Fraglich ist, ob eine eigene Ermessensentscheidung des Beschwerdegerichts erst dann möglich ist, wenn sich die Beschwerde als begründet erweist (vgl. Meyer-Goßner/*Schmitt* § 309 Rn. 4). Für diese Sichtweise könnte man auf den Wortlaut des § 309 Abs. 2 StPO verweisen. Nach m.E. zutreffender Sicht eröffnet jedoch bereits eine zulässige Beschwerde die Pflicht des Beschwerdegerichts zur eigenen Sach- und Ermessensentscheidung (so auch KK/Zabek § 309 Rn. 6; OLG Schleswig NJW 1976, 1467). Auch eine rechtsfehlerfreie Entscheidung des Vorderrichters kann daher zu einer im Ergebnis abweichenden Ermessensentscheidung des Beschwerdegerichts führen.

11 **2. Beschwerde gegen Unterlassen.** Richtet sich die Beschwerde gegen ein **Unterlassen**, so kann, wenn im Untätigbleiben ausnahmsweise eine beschwerdefähige Entscheidung liegt (vgl. BGH NJW 93, 1279; s.a. Vor § 296 Rdn. 21 und § 304 Rdn. 23), die **Verpflichtung** des für die unterlassene Entscheidung zuständigen Richters zur Entscheidung ausgesprochen werden, falls die Sache entscheidungsreif ist (vgl. Meyer-Goßner/*Schmitt* § 309 Rn. 5).

12 **3. Entscheidung bei beschränkter Nachprüfungsbefugnis.** Erweist sich in den Fällen **beschränkter Nachprüfungsbefugnis** (s. § 305a Rdn. 2, 3 und 7 ff.) die Beschwerde als begründet und die angefochtene Entscheidung als gesetzwidrig, so ist das Beschwerdegericht bei der von ihm zu treffenden Sachentscheidung frei (vgl. LR/*Matt* § 309 Rn. 7).

13 **4. Entscheidungen bei Unzuständigkeit des Erstgerichts.** War das Erstgericht **örtlich unzuständig**, hat das Beschwerdegericht die Entscheidung grds. aufzuheben und eine Entscheidung über den gestellten Antrag abzulehnen; die Verweisung an das örtlich zuständige Gericht ist ausgeschlossen (KG StV 1998, 384 m.w.N.; a.A. *Fröhlich* NStZ 1999, 585; s.a. OLG Nürnberg StraFo 2000, 281: Zulässigkeit, falls das zuständige Gericht ebenfalls im Bezirk des Beschwerdegerichts liegt).

14 Hat das **sachlich unzuständige** LG statt des AG im ersten Rechtszug entschieden, kann das OLG die Sache an das AG verweisen (vgl. OLG Düsseldorf VRS 1996, 38; OLG Saarbrücken NStZ-RR 2004, 112).

15 Wenn das **Beschwerdegericht selbst** für die fehlerhaft vom AG oder LG entschiedene Sache **zuständig** war, hat es unter Aufhebung dessen Entscheidung selbst im ersten Rechtszug zu entscheiden.

16 Liegt ein Verstoß gegen die geschäftsplanmäßige Zuständigkeit vor, hebt das Beschwerdegericht den Beschluss auf und entscheidet in der Sache selbst (OLG Köln, StraFo 2011, 402; a.A. OLG München MDR 74, 332; OLG Rostock NStZ-RR 2000, 14). Dasselbe gilt, wenn statt des zuständigen Vorsitzenden das ganze Gericht entschieden hat, statt der Strafvollstreckungskammer die Strafkammer (KG NStZ 2007, 422; OLG Düsseldorf NStZ-RR 2001, 111; vgl. Meyer-Goßner/*Schmitt* § 309 Rn. 6) oder die Strafkammer ohne die Mitwirkung der Schöffen (KG StraFo 2015, 419).

17 Hat im Fall des **§ 122 Abs. 2 Satz 1 GVG** das OLG mit drei Richtern (statt fünf) entschieden, ist eine Zurückverweisung **erforderlich** (BGHSt 38, 312; krit. dazu *Graf/Cirener* § 309 Rn. 15.1: Zurückverweisung immer, wenn ein sachlich oder funktionell unzuständiges Gericht entschieden hat).

18 Hat der Ermittlungsrichter des BGH bei Erlass eines Haftbefehls **fehlerhaft seine Zuständigkeit angenommen**, obwohl kein dringender Verdacht für ein seine Zuständigkeit begründendes Staatsschutzdelikt (§ 120 Abs. 2 Satz 1 Nr. 1, § 74a Abs. 1 Nr. 5, § 142a Abs. 1 Satz 1 GVG) vorliegt, soll die Haftbeschwerde nach Ansicht des für Staatsschutzsachen zuständigen 3. Strafsenats des BGH zur Aufhebung des Haftbefehls und Freilassung des Beschuldigten führen (BGHR StGB § 234a Politische Verfolgung 1 Gründe). Diese Entscheidung ist in mehrfacher Hinsicht zu kritisieren: Das Abstellen auf den Irrtum des Ermittlungsrichters war verfehlt, weil in dem zugrunde liegenden Fall die Anklage bereits beim KG anhängig und damit die Zuständigkeit des Ermittlungsrichters überholt war (§ 126 Abs. 1 Satz 1). Nach BGHSt 38, 312 hätte zudem Anlass zur Prüfung einer Verweisung an das zuständige Gericht bestanden. Da sich der Senat als Beschwerdegericht jedoch (zu Recht) zu einer Entscheidung in der Sache selbst entschlossen hat, war gem. § 309 Abs. 2 eine **umfassende Sachentscheidung** über den Beschwerdegegenstand (nicht aber über den nun bedeutungslosen Fehler des Erstgerichts) von Rechts wegen geboten – also auch hinsichtlich der nicht erörterten Frage, ob der Tatverdacht für §§ 239 Abs. 1, 3 Nr. 1, 224 Abs. 1 Nr. 2, 3, 4 StGB die Haftentscheidung rechtfertigt.

Auch der Rechtsgedanke des § 269 spricht für eine umfassende Prüfungskompetenz des allen beteiligten Gerichten übergeordneten BGH. In konsequenter Fortführung der Entscheidung müsste anderenfalls selbst ein wegen Mordes dringend Verdächtiger freigelassen werden, wenn er aufgrund fehlerhafter Annahme des dringenden Verdachts eines weiteren zuständigkeitsverschiebenden Delikts (z.B. § 129a Abs. 1 Nr. 1 StGB) auf Anordnung des unzuständigen Richters inhaftiert worden wäre.

5. Kein Verbot der »reformatio in peius«. Eine Verböserung zum Nachteil des Beschwerdeführers ist grds. möglich (KG JR 1981, 391, 392; Meyer-Goßner/*Schmitt* Vor § 304 Rdn. 5 m.w.N.), da im Beschwerdeverfahren eine den §§ 331, 358, 373 entsprechende ausdrückliche Regelung fehlt (vgl. zu **Ausnahmen** Vor § 304 Rdn. 19 bis 23). 19

III. Zurückverweisung. 1. Grundsatz der Unzulässigkeit der Zurückverweisung. Liegt eine erstinstanzliche Sachentscheidung vor und ist die Sache entscheidungsreif, folgt aus § 309 Abs. 2 die **Befugnis und Pflicht des Beschwerdegerichts, selbst in der Sache zu entscheiden.** Die in den gesetzlichen Regelungen der Beschwerde (anders im Revisions- und Berufungsverfahren, vgl. §§ 353 Abs. 2, 328 Abs. 2) nicht vorgesehene **Zurückverweisung** der Sache an das erkennende oder zuständige Gericht kommt daher allenfalls in eng umgrenzten Ausnahmefällen in Betracht (vgl. BGH NJW 1964, 2119; OLG Düsseldorf NJW 2002, 2963; LR/*Matt* § 309 Rn. 13 ff.). Dies sind Fälle, in denen das Beschwerdegericht nicht selbst entscheiden kann oder nicht entscheiden darf. 20

Eine Zurückverweisung ist stets unzulässig, wenn der Antrag, über den das Erstgericht in entschieden hat, ohne Sachprüfung als unzulässig zu verwerfen ist (vgl. Meyer-Goßner/*Schmitt* § 309 Rn. 9). Die Zurückverweisung ist nicht schon deshalb gestattet, weil das untere Gericht bestimmte **Tatsachen oder Beweismittel nicht berücksichtigt** hat und das Beschwerdegericht daher weitgehend über einen anderen Sachverhalt entscheiden muss (OLG Karlsruhe NJW 1974, 709, 712). Auch eine Zurückverweisung an das Erstgericht zum Zwecke weiterer Ermittlungen ist unzulässig (KK/*Zabeck* § 309 Rn. 7). In **Haftsachen** steht der Grundsatz der Beschleunigung nach Art 5 Abs. 4 MRK regelmäßig der Zurückverweisung entgegen (EGMR StV 2008, 475, 480). 21

2. Ausnahmen. Die **Einzelheiten** sind streitig (einen Überblick liefert OLG Düss. NJW 2002, 2663). Die Beschwerdegerichte tendieren (möglicherweise aus »pädagogischen« Gründen, so HK/*Rautenberg/Reichenbach* § 309 Rn. 7) ggü. der eher kritischen Literatur zur Ausdehnung der Zurückverweisungsmöglichkeit. 22

a) In Betracht kommt eine Zurückverweisung nach überwiegender Ansicht dann, wenn ein **schwerwiegender,** durch das Beschwerdegericht **nicht heilbarer Verfahrensfehler** vorliegt (vgl. BGH NStZ 1992, 508; BGH NStZ-RR 2013, 16, 18), etwa weil eine verfahrensrechtlich gebotene mündliche **Anhörung unterblieben** ist (BGH NStZ 1995, 605; OLG Braunschweig, StV 2014, 158; OLG Rostock NStZ-RR 2000, 14; OLG Frankfurt NStZ-RR 1996, 91; s. zur Verletzung rechtlichen Gehörs aber auch oben Rdn. 10) oder wenn die angefochtene Entscheidung **nicht von dem gesetzlich vorgesehenen Spruchkörper** getroffen worden ist (vgl. BGHSt 38, 312). Entscheidet allerdings das Kollegialgericht anstatt des nach § 142 Abs. 3 Satz 3 zuständigen Strafkammervorsitzenden über die Pflichtverteidigerbestellung, ist eine Zurückverweisung der Sache regelmäßig nicht geboten (OLG Bamberg, Beschl. vom 08.04.2021 – 1 Ws 195/21, juris). Eine Zurückverweisung ist **möglich,** wenn eine den Sachverhalt ausschöpfende erstinstanzliche **Entscheidung zur Sache selbst fehlt,** weil es den Antrag rechtsirrig als unzulässig abgelehnt hat (vgl. OLG Stuttgart, NStZ 91, 291; OLG Frankfurt NStZ 1983, 426) oder die **Entscheidungsreife** nicht gegeben ist. Denn Sinn und Zweck des Beschwerdeverfahrens bestehen in der Überprüfung einer Entscheidung, nicht aber im Erlass einer ersten Sachentscheidung oder in der Führung eigener Ermittlungen. 23

b) Gelegentlich wird die Zurückverweisung schon dann für zulässig erachtet, wenn die angefochtene Entscheidung entgegen den Vorgaben des § 34 StPO **keine Begründung** enthält (OLG Düsseldorf StV 1987, 257; 1995, 538) oder diese nur **floskelhaft** und nichtssagend sind (vgl. OLG Düsseldorf StV 1983, 333 und 1995, 539; OLG Karlsruhe NStZ 2011, 325; OLG Hamm, Beschl. vom 07.07.2011 – 1 Ws 247/11, WKRS 2011, 22752). 24

Dies ist indes allenfalls dann richtig, wenn es dem Beschwerdegericht verwehrt ist, eigene Ermittlungen anzustellen, etwa weil ein Fall der Beschränkung der Überprüfbarkeit nach § 305a Abs. 1 Satz 2 oder § 453 Abs. 2 Satz 2 vorliegt oder das Beschwerdegericht nach § 464 Abs. 3 Satz 2 StPO an die tatsächlichen Feststellungen, auf denen die Auslagenentscheidung des Tatrichters beruht, gebunden ist (vgl. KG, Beschl. vom 23.06.2009 – 1 Ws 64/09, WKRS 2009, 22659; OLG Celle, Beschl. vom 06.01.2009 – 1 Ws 629/08, WKRS 2009, 12129: Wenn das Beschwerdegericht aus Rechtsgründen nicht in der Lage ist, den Fehler auszubessern). Gründe der **Verfahrensbeschleunigung und Prozessökonomie** sprechen ansonsten regelmäßig gegen eine Zurückverweisung, zumal zu erwarten ist, dass das Erstgericht nach Zurückverweisung seine 25 mangelhaft begründete Entscheidung ohne Abänderung derselben auf eine ausführliche Begründung stützen und sodann das Beschwerdegericht lediglich zu einem späteren Zeitpunkt in die ihm obliegende umfassende Prüfung der Sach- und Rechtslage einsteigen muss.

26 c) Teilweise wird in der Rspr. eine Durchbrechung des Grundsatzes der eigenen Sachentscheidung auch dann anerkannt, wenn dem Beschwerdeführer bei eigener Sachentscheidung des Beschwerdegerichts **eine Instanz verloren** ginge (vgl. OLG Düsseldorf StV 1995, 539; OLG Hamm StV 1995, 594, 595). Diese Auffassung widerspricht dem Gesetzeszweck und ist abzulehnen, weil der Gesetzgeber bewusst im Interesse der Verfahrensbeschleunigung und der Prozessökonomie die Möglichkeit eines Instanzverlustes bei einer Entscheidung nach § 309 Abs. 2 StPO in Kauf genommen hat (so zutreffend OLG Rostock NStZ-RR 2000, 14, 15 m.w.N.; vgl. auch OLG Düsseldorf MDR 1993, 375; OLG Brandenburg NStZ 1996, 405; KG NStZ 1994, 255) und weder Art 19 Abs. 4 GG, noch das Rechtsstaatsprinzip einen strafprozessualen Instanzenzug gewährleisten (BVerfGE 11, 232, 233; 28, 21, 36; BGHSt 28, 23, 26).

27 d) Da es dem Beschwerdegericht **in Kostensachen** grds. verwehrt ist, seine eigenen tatsächlichen Feststellungen an die Stelle derjenigen der angefochtenen Entscheidung zu setzen (vgl. LR/*Hilger* § 464 Rn. 63), führt das Fehlen der für die Kosten- und Auslagenentscheidung maßgeblichen Sachverhaltsfeststellungen regelmäßig zur Aufhebung der Auslagenentscheidung und zur Zurückverweisung an die Vorinstanz (vgl. BGHSt 26, 29; KG, Beschl. vom 05.12.2011 – 1 Ws 82/11, WKRS 2011, 36363; OLG Celle MDR 1973, 604; OLG Stuttgart NStZ-RR 2003, 60; OLG Stuttgart NStZ-RR 2003, 60).

28 **IV. Bindungswirkung von (zurückverweisenden) Beschlüssen.** Zu Recht wird überwiegend eine Bindung des Erstrichters an die Rechtsauffassung des Beschwerdegerichts **verneint** (so schon RGSt 59, 241, 242; vgl. Meyer-Goßner/Schmitt § 309 Rn. 10; LR/*Matt* § 309 Rn. 20; *Graf/Cirener* § 309 Rn. 18; *Pfeiffer* § 309 Rn. 4 a.E. jeweils m.w.N.), weil im Beschwerderecht eine Regelung wie § 358 Abs. 1 StPO fehlt und das Beschwerdegericht im Gegensatz zum Revisionsgericht die Sache in tatsächlicher und rechtlicher Hinsicht überprüfen kann. Da das Beschwerdegericht nach dem Willen des Gesetzes **anstelle** des iudex a quo endgültig entscheiden soll und eine Zurückverweisung prinzipiell nicht vorgesehen ist, kommt eine analoge Anwendung des § 358 Abs. 1 nicht in Betracht.

29 Dafür spricht auch folgende Überlegung: Eine Bindung des Erstrichters bedeutet in der Sache eine Einschränkung seiner **richterlichen Unabhängigkeit** (Art 97 Abs. 1 GG), die eine ausdrückliche **gesetzliche** Regelung erfordert (vgl. *Mohrbotter* ZStW 84, 614, 624). Die Verneinung eines Eingriffs in Art 97 GG unter Berufung auf BVerfGE 12, 67 (so OLG Düsseldorf NJW 2002, 2963 f. m.w.N.) überzeugt nicht, weil Richter in Ausführung der rechtsprechenden Gewalt nur dem Gesetz unterworfen sind und – wie das BVerfG a.a.O. ausführt – nur »ein Gesetz, das den Richter an die Entscheidungen eines anderen Gerichts bindet,« seine sachliche Unabhängigkeit nicht verletzt. Fehlt wie im Fall der Beschwerdezurückverweisungsentscheidung eine gesetzliche Bindung, ist der Richter nicht an die Auffassung des Beschwerdegerichts gebunden, zumal dieses die seiner Meinung nach richtige Sachentscheidung selbst treffen kann und muss.

30 Die **Gegenauffassung**, die eine Bindungswirkung bejaht (SK/*Frisch* § 309 Rn. 17, 27; OLG Düsseldorf NJW 2002, 2963 f.) kann selbst in Fallgestaltungen, in denen dem Beschwerdegericht aus zwingenden Sacherwägungen eine eigene abschließende Sachentscheidung verwehrt ist, nicht überzeugen. Wenn das Gesetz die Sachentscheidung – und sei es auch nur in einem Teilbereich – dem Erstgericht allein vorbehält, hat das Beschwerdegericht dies zu akzeptieren. Sofern dies zu vermeintlich inakzeptablen Ergebnissen führt – z.B. wie im Fall des OLG Düsseldorf a.a.O., in dem das Erstgericht an einer irrigen Ansicht zum gesetzlichen Richter festgehalten hat – bleibt dem Beschwerdeführer nur der Weg über die Verfassungsbeschwerde.

31 Hat das Beschwerdegericht unter Aufhebung der angefochtenen Entscheidung die Sache zurückverwiesen, so ist das Erstgericht verpflichtet, **erneut zu entscheiden**. Der Verweisungsbeschluss des Beschwerdegerichts erzwingt auch dann eine neue Entscheidung des Erstgerichts, wenn im Rahmen des Beschwerdeverfahrens eine Sachentscheidung geboten gewesen wäre (BGH NStE Nr. 1 zu § 309 StPO); dass der Erstrichter nicht an die Rechtsansicht des Beschwerdegerichts gebunden ist, stellt die Wirksamkeit der Zurückverweisung und seine Verpflichtung zur neuen Sachentscheidung nicht infrage (vgl. BGH a.a.O.).

§ 310 Weitere Beschwerde

(1) Beschlüsse, die von dem Landgericht oder von dem nach § 120 Abs. 3 des Gerichtsverfassungsgesetzes zuständigen Oberlandesgericht auf die Beschwerde hin erlassen worden sind, können durch weitere Beschwerde angefochten werden, wenn sie

1. eine Verhaftung,

2. eine einstweilige Unterbringung oder

3. einen Vermögensarrest nach § 111e über einen Betrag von mehr als 20.000 Euro betreffen.

(2) **Im übrigen findet eine weitere Anfechtung der auf eine Beschwerde ergangenen Entscheidungen nicht statt.**

Übersicht

A. Grundsätzlicher Ausschluss der weiteren Beschwerde (§ 310 Abs. 2). Im Beschwerdeverfahren gilt im Interesse der der Prozessbeschleunigung und Verfahrensökonomie der **Grundsatz der Unanfechtbarkeit der Entscheidungen des Beschwerdegerichts.** Abgesehen von den Ausnahmefällen des § 310 Abs. 1 Nr. 1 bis 3 sind die auf eine Beschwerde ergangenen Entscheidungen unanfechtbar. 1

I. Weitere Beschwerde. Eine **weitere** Beschwerde liegt nur vor, wenn bereits in zwei Instanzen über denselben Beschwerdegegenstand entschieden worden ist (vgl. OLG Hamm NJW 1970, 2127). 2

Eine Beschwerdeentscheidung liegt daher nicht vor, wenn eine Entscheidung getroffen wurde, obwohl tatsächlich gar keine Beschwerde vorlag (OLG Stuttgart Justiz 1971, 270; OLG Saarbrücken VRS 27, 453), wenn das Beschwerdegericht als erste Instanz zuständig gewesen wäre (OLG Düsseldorf MDR 1982, 518 und NStZ-RR 2001, 111; KG NStZ 2007, 422; OLG Karlsruhe StV 2012, 616 mit Anm. *Becker* StV 2012, 617; a.A. OLG Celle NStZ-RR 2016, 326; OLG Jena NStZ-RR 2016, 19) oder wenn weder das AG, noch das LG zuständig waren (OLG Karlsruhe Justiz 2002, 23 für den Fall, dass erstinstanzliches und Beschwerdegericht anstelle der zuständigen Strafvollstreckungskammer über den Widerruf der Strafaussetzung entschieden haben). Hatte das AG eine Entscheidung getroffen, für die es sachlich oder funktionell nicht zuständig war, ist die darauf ergangene »Beschwerdeentscheidung« des LG als eine Entscheidung erster Instanz mit der Beschwerde anfechtbar (BayObLGSt 1957, 40; KK/*Zabeck* § 310 Rn. 4). Auch wenn das LG anstelle des zuständigen AG erstmals entschieden hat, handelt es sich nicht um eine Beschwerdeentscheidung des LG (OLG Hamm NJW 1972, 1725). 3

II. Derselbe Beschwerdegegenstand. Derselbe Beschwerdegegenstand liegt vor, wenn das Beschwerdegericht sich mit dem Gegenstand des Beschlusses befassen soll, der »auf die Beschwerde hin« ergangen ist. Ob dies der Fall ist, bestimmt sich nicht allein nach dem Tenor der Entscheidung, sondern nach der gesamten Prozesslage (vgl. KG Beschl. vom 05.10.2001 – 3 Ws 493/01; OLG Celle MDR 1977, 74; OLG Nürnberg NStZ-RR 1999, 53; OLG Frankfurt NStZ-RR 2012, 54; OLG Stuttgart NStZ 2018, 239). Dabei kommt es auf die **wahre Prozesslage** und nicht auf eine irrtümlich angenommene an. Entscheidend ist, ob der Beschwerdegegenstand in den beiden Vorinstanzen **mitzuentscheiden gewesen wäre**, nicht, ob er tatsächlich geprüft worden ist (LR/*Matt* § 310 Rn. 10). 4

Entscheidungen, die erstmals im Beschwerdeverfahren zu treffen sind und einen selbstständigen Beschwerdegegenstand betreffen, fallen nicht unter die Regelung des § 310 Abs. 2 und können daher mit der **einfachen Beschwerde** angefochten werden. Dies ist etwa der Fall, wenn die Beiordnung eines Verteidigers (OLG Bamberg NStZ 1985, 39), Wiedereinsetzung gegen die Versäumung der Beschwerdefrist (BayObLGSt 1952, 8) oder die Gewährung von PKH neben der eigentlichen Beschwerde begehrt wird. 5

Umstritten ist die Identität des Beschwerdegegenstandes, wenn das LG nach Anklageerhebung (oder nach Vorlage der Akten gem. § 321 Satz 2) über die Beschwerde gegen die **vorläufige Entziehung der Fahrerlaubnis** entschieden hat. Nach herrschender Ansicht ist die darauf ergehende Entscheidung des LG mit der Beschwerde anfechtbar (vgl. OLG Karlsruhe MDR 1974, 159; OLG Düsseldorf VRS 72, 370; OLG Celle NJW 1961, 1417 und StraFo 2001, 134; KG VRS 117, 165; Meyer-Goßner/*Schmitt* § 111a Rn. 19; LR/*Matt* § 310 Rn. 7; *Jagusch/Hentschel* Straßenverkehrsrecht, § 111a Rn. 7 StPO). Denn die unerledigte »Beschwerde« gegen die Entscheidung des AG ist nach Wechsel der Zuständigkeit in einen **Antrag auf Aufhebung der angefochtenen Entscheidung** durch das nunmehr erstmals zuständige Gericht umzudeuten, das in der Sache daher keine Beschwerdeentscheidung trifft. Diese zutreffende Sichtweise entspricht der hM zum 6

Zuständigkeitswechsel nach der Anfechtung eines Haftbefehls (vgl. oben die Kommentierung zu § 117 und § 126; Meyer-Goßner/*Schmitt* § 117 Rn. 12 und § 126 Rn. 7 m.w.N.). Dagegen hält das OLG Stuttgart (NStZ 1990, 141; zustimmend KMR/*Plöd* § 310 Rn. 2) eine weitere Beschwerde gegen den Beschluss des LG für unzulässig, wenn vorher bereits das AG die Fahrerlaubnis vorläufig entzogen hatte.

7 Unanfechtbar ist der Beschluss, mit dem das Beschwerdegericht nach **§ 308 Abs. 2** weitere Ermittlungen anordnet (KG JR 1969, 194). Hebt das Beschwerdegericht einen Einstellungsbeschluss nach § 206a auf und stellt es das Verfahren (vorläufig) nach **§ 205** ein, so liegt in der Anfechtung dieses Beschlusses keine weitere Beschwerde (OLG Hamburg MDR 1978, 864; a.A. KK/*Zabeck* § 310 Rn. 6). Die **Kostenentscheidung** des Beschwerdegerichts ist Teil der Beschwerdeentscheidung und daher nicht mit der weiteren Beschwerde anfechtbar (OLG Oldenburg NJW 1982, 2833).

8 **B. Ausnahmeregelung des § 310 Abs. 1.** Mit der weiteren Beschwerde können Verhaftung, einstweilige Unterbringung und dinglicher Arrest nach den §§ 111b, 111d über einen Betrag von mehr als 20.000 € angefochten werden. Die Ausnahmeregelung des § 310 Abs. 1 ist **keiner erweiternden Auslegung** fähig (BVerfGE 48, 367, 376; BGH 25, 120; KG NJW 1979, 2626). Sie soll nur wegen der schwerwiegenden Bedeutung der genannten Freiheitsentziehungen und Vermögensbeeinträchtigung im Hinblick auf die möglicherweise endgültigen Folgen in den ausdrücklich genannten Fällen eingreifen und dort besondere Härten vermeiden.

9 **I. Weitere Beschwerde bei Verhaftung und einstweiliger Unterbringung. 1. Anfechtbare Entscheidungen.** Beschlüsse **betreffen eine Verhaftung**, wenn sie anordnen oder ablehnen (vgl. unten Rdn. 13), dass der Beschuldigte in Haft zu nehmen oder zu halten ist. Die Vorschrift erfasst jede Maßnahme, die ohne weitere richterliche Entscheidung eine Freiheitsentziehung herbeiführt oder aufrechterhält. Dies ist der Fall bei einem **Haftbefehl** nach den §§ 112 ff., § 230 Abs. 2, §§ 236 und 329 Abs. 4 Satz 1 sowie bei der Erzwingungshaft nach § 70 Abs. 2 (KG StraFo 2008, 199 m.w.N.; OLG Frankfurt NStZ-RR 2000, 26; OLG Hamburg NStZ 2010, 716; Meyer-Goßner/*Schmitt* § 71 Rn. 20; a.A. BGHSt 30, 52, 54; zu nicht anfechtbaren Entscheidungen siehe unten Rdn. 15–18).

10 Im Fall eines Haftbefehls muss mit seiner Anfechtung nicht zugewartet werden, bis er tatsächlich vollstreckt wird. Vielmehr kann der **Bestand des Haftbefehls** auch dann, wenn er noch nicht oder nicht mehr vollzogen wird, mit der weiteren Beschwerde angegriffen werden (vgl. BGHSt 29, 200; NJW 1973, 664 und MDR 1973, 420; LR/Matt § 310 Rn. 32; KMR/*Plöd* § 310 Rn. 5; KK/*Zabeck* § 310 Rn. 10). Daher ist die weitere Beschwerde gegen den Haftbefehl auch dann zulässig, wenn nur **Überhaft** notiert ist (a.A. OLG Koblenz OLGSt Nr. 3, 4), der Vollzug des Haftbefehls nach § 116b **unterbrochen** (OLG Karlsruhe Justiz 1980, 208; Meyer-Goßner/*Schmitt* § 310 Rn. 7; a.A. OLG Koblenz MDR 1978, 33) oder der Haftbefehl nach § 116 **ausgesetzt** ist (KG NJW 1979, 2626; OLG Hamburg StV 94, 323; OLG Hamm StraFo 2002, 140 mit ausführlicher Begründung und m.w.N.; OLG Koblenz NStZ 1990, 102; OLG Köln StV 1994, 321; a.A. OLG Bremen StV 1982, 131; OLG Düsseldorf NStZ 1990, 248; OLG Zweibrücken StV 1991, 219; vgl. *Matt* NJW 1991, 1801).

11 Wird **Haftbefehl** aufgehoben oder hat sich ein Haftbefehl nach § 230 Abs. 2 mit der Freilassung erledigt, bleibt die **weitere Beschwerde** gegen diesen möglich (OLG Düsseldorf StV 2001, 332; a.A. Meyer-Goßner/*Schmitt* § 310 Rn. 7 m.w.N.). Denn das Rechtsschutzbedürfnis für die Feststellung der Rechtswidrigkeit des Freiheitsentzuges entfällt dadurch nicht, vielmehr ist ein Feststellungsinteresse wegen des Eingriffs in das Freiheitsgrundrecht auch bei der unter Beachtung der Unschuldsvermutung vollzogenen Untersuchungshaft zu bejahen (vgl. BVerfGE 53, 152, 157 f.). Die (weitere) Beschwerde darf in solchen Fällen daher nicht wegen prozessualer Überholung als unzulässig verworfen werden; vielmehr ist die Rechtmäßigkeit der zwischenzeitlich erledigten Maßnahme zu prüfen und ggf. deren Rechtswidrigkeit festzustellen (vgl. BVerfGE 104, 220, 235 f.; BVerfG wistra 2006, 5963).

12 Mit der **einstweiligen Unterbringung** (§ 310 Abs. 1 Nr. 2) ist die nach § 126a und § 71 Abs. 1 JGG gemeint, nicht aber die Freiheitsentziehung nach § 81 (s.u. Rdn. 16).

13 **2. Anfechtung ablehnender Entscheidungen durch die StA.** Der Staatsanwaltschaft steht gegen den Nichterlass oder die Aufhebung eines Haft- oder Unterbringungsbefehls nach hM die weitere Beschwerde zu (BGHSt 36, 396, 398; 43, 262, 265 und NJW 1991, 2094; Meyer-Goßner/*Schmitt* § 310 Rn. 8; KMR/*Plöd* § 310 Rn. 7; HK/*Rautenberg*/*Reichenbach* § 310 Rn. 8; a.A. OLG Braunschweig NJW 1965, 1288; LR/*Matt* § 310 Rn. 18 ff., 28). Wenngleich die Begriffe Verhaftung und einstweilige Unterbringung isoliert betrachtet nahelegen könnten, dass die Voraussetzungen der weiteren Beschwerde nur vorliegen, wenn der Beschuldigte *sich tatsächlich in Haft* befindet oder einstweilig untergebracht ist, ist eine weitere Beschwerde stets zulässig, wenn es um den grundsätzlichen Bestand eines Haft- oder Unterbringungsbefehls geht. Denn auch eine

negatorische Beschwerdeentscheidung betrifft die Anordnung der Haft oder Unterbringung und die Staatsanwaltschaft ist unzweifelhaft durch eine ablehnende Entscheidung beschwert (vgl. Vor § 296 Rdn. 20). Für die Annahme eines asymmetrischen Rechtsmittels, welches nur dem in seiner Freiheit Betroffenen zusteht, bietet der Wortlaut der Vorschrift keine Grundlage, zumal solche im Gesetz stets ausdrücklich gekennzeichnet werden (vgl. z.B. § 210 Abs. 1, § 408 Abs. 1). Auch gegen die Haftverschonung nach § 116 steht der Staatsanwaltschaft die weitere Beschwerde zu.

Dem **Nebenkläger** stehen diese Befugnisse jedoch nicht zu, denn er ist bei Haftentlassung des Beschuldigten oder Entscheidungen über seine vorläufige Unterbringung nicht **beschwert** (vgl. Vor § 296 Rdn. 22). 14

3. Nicht mit der weiteren Beschwerde anfechtbare Entscheidungen. Nicht unter die Ausnahmeregelung fallen die Anordnung der bloßen **Vorführung** (§§ 134, 230 Abs. 2, § 236), des Festhaltens des Angeklagten in der Hauptverhandlung (§ 231 Abs. 1 S. 2) und die Ablehnung sicheren Geleits (c295; vgl. OLG Frankfurt NJW 1952, 908; OLG Köln MDR 1954, 1856). Auch die Anordnung eines Ungehorsamsarrestes nach § 11 Abs. 3 JGG (OLG München StV 2011, 596) und die Anordnung der Ordnungshaft nach § 51, § 71 Abs. 1, S.2, § 95 Abs. 2 (vgl. BGHSt 30, 54; OLG Frankfurt a.M. MStZ-RR 2000, 26; Meyer-Goßner/*Schmitt* § 310 Rn. 5; a.A. LR/*Matt* § 310 Rn. 41) sind nicht mit der weiteren Beschwerde anfechtbar. Gleiches gilt für die Erzwingungshaft nach 96 OWiG, bei der es sich zwar um eine »Verhaftung« handelt, für deren Anfechtung das Ordnungswidrigkeitenrecht aber allein die sofortige Beschwerde (§ 104 Abs. 3 Nr 1 OWiG) als Spezialregelung vorsieht, sodass der allgemeine Verweis in § 46 Abs. 1 OWiG auf die Strafprozessordnung (und damit auf § 310 StPO) insoweit nicht greift (OLG Hamm, Beschl. vom 29.04.2021 – III-4 Ws 57/21, juris). 15

Da die **Freiheitsentziehung gem. § 81** keine »Verhaftung« darstellt, kann sie nicht mit der weiteren Beschwerde angefochten werden (vgl. OLG Hamburg JR 1956, 192; OLG Hamm MDR 1984, 602; LR/Matt § 310 Rn. 46; a.A. KK/*Zabeck* § 310 Rn. 11). 16

Auch die Anordnung der **Verhaftung zum Zwecke der Strafvollstreckung** nach §§ 457, 453c fällt nicht unter § 310 Abs. 1 (OLG Düsseldorf NJW 1977, 968 und NStZ 1990, 251; OLG Karlsruhe NStZ 1983, 92; OLG Stuttgart MDR 1975, 951; sie ist daher nicht mit der weiteren Beschwerde anfechtbar (a.A. OLG Braunschweig StV 1993, 596). 17

Die **Unterbrechung** der Untersuchungshaft zwecks Strafvollstreckung in anderer Sache kann nicht mit der weiteren Beschwerde angefochten werden (KG GA 1973, 292; OLG Koblenz MDR 1978, 339; a.A. OLG Hamburg StV 1992, 237; NStZ 1992, 206 OLG Karlsruhe Justiz 1980, 208; Meyer-Goßner/*Schmitt* § 310 Rn. 7). Ausgeschlossen ist die weitere Beschwerde auch gegen die Anordnung, Abänderung oder Aufhebung von **Auflagen** und Weisungen eines **Haftverschonungsbeschlusses** (vgl. KG NJW 1979, 2626; OLG Celle NStZ-RR 2006, 222; 29, 200; OLG Hamm StV 2002, 315 und StraFo 2002, 140; a.A. *Neuhaus* StV 1999, 341), denn sie betreffen allein die Ausgestaltung des Lebens des Beschuldigten in der Freiheit und nicht die »Verhaftung«. Unzulässig ist auch die Anfechtung der **Gestaltung der Haftverhältnisse** bei Vollzug des Haftbefehls (OLG Köln NStZ-RR 12, 93). 18

II. Weitere Beschwerde bei dinglichem Arrest. 1. Gesetzeszweck. Die Vorschrift des § 310 Abs. 1 Nr. 3 wurde durch das Gesetz vom 24.10.2006 (BGBl. I, S. 2350) zur Stärkung der Rückgewinnhilfe und der Vermögensabschöpfung bei Straftaten eingeführt, um den vom BVerfG (NJW 2004, 2073) angemahnten verstärkten **Schutz der Rechte Tatgeschädigter** umzusetzen (vgl. Beschlussempfehlung des Rechtsausschusses vom 28.06.2006, BT-Drs. 16/2021, dort zu A.). Zugleich sollte mit der erweiterten Anfechtungsmöglichkeit besonderen Härten bei der Arrestierung von erheblichen Vermögenswerten zu begegnet und insb. verhindert werden, dass durch unberechtigte Arrestierung von Firmenvermögen der Fortbestand des Unternehmens gefährdet und die wirtschaftliche Existenz der Firmenangehörigen (Arbeitnehmer) infrage gestellt wird. Seit Streichung des Begriffs »Anordnung« (mit Gesetz zur Reform der strafrechtlichen Vermögensabschöpfung vom 13.04.2017 [BGBl I 872] ist klargestellt, dass nicht nur die Anordnung des Arrestes, sondern auch seine Aufhebung oder die Bestätigung der Ablehnung des Arrestes durch das Beschwerdegericht mit der weiteren Beschwerde angefochten werden können (vgl. BT-Drs. 18/9525, S. 86). Die zuvor heftig umstrittene Frage, ob der StA gegen die Aufhebung einer Arrestanordnung oder die Bestätigung der Ablehnung des Arrestantrages durch das Beschwerdegericht eine weitere Beschwerde möglich ist (dagegen OLG München NJW 2008, 389; OLG Oldenburg NStZ-RR 2011, 282; Meyer-Goßner/*Schmitt*, § 310 Rn. 9; MüKo/*Neuheuser* § 310 Rn. 16; BeckOK/*Cirener* § 311 Rn. 9; KMR/Plöd § 310 Rn. 8; *Pfordte* StV 2008, 243; *Theile* StV 2009, 161; dafür KG Rpfleger 2010, 543 = wistra 2010, 317; OLG Jena NStZ-RR 2011, 278; OLG Celle StV 2009, 120 ff.; Thüringer OLG NStZ-RR 2011, 278; OLG Braunschweig wistra 2014, 327; OLG Hamburg StV 2009, 122 [obiter dictum]; OLG Bamberg wistra 2016, 374), hat sich damit erledigt. 19

20 **2. Wertgrenze.** Gegen die Anordnung des dinglichen Arrestes zur Vermögensabschöpfung oder Rückgewinnungshilfe gem. den §§ 111b Abs. 2, 5, 111d ist, wenn der Betrag **20.000 €** übersteigt, die weitere Beschwerde statthaft. Dabei bestimmt sich die **Wertgrenze** (die sich an § 26 Nr. 8 EGZPO anlehnt) nach dem in dem Arrestbeschluss bezifferten zu sichernden Anspruch. Die Lösungssumme (§ 111d Abs. 2, § 923 ZPO) oder bereits erfolgte Vollstreckungsmaßnahmen sind ohne Belang.

21 Die weitere Beschwerde eines **Drittbeteiligten**, die sich (lediglich) gegen eine aufgrund eines dinglichen Arrestes ausgebrachte **Pfändung** wendet, ist nicht gem. § 310 Abs. 2 StPO statthaft (OLG Hamburg NStZ 2008, 1830; OLG Köln, NStZ-RR 2011, 279).

22 **III. Zuständigkeit.** § 310 Abs. 1 bezieht sich in erster Linie auf Beschwerdeentscheidung des LG; für die Entscheidung über die weitere Beschwerde gegen dessen Entscheidung ist das OLG zuständig (§ 121 Abs. 1 Nr. 2 GVG). Hat das OLG als Beschwerdegericht über die Beschwerde gegen eine Entscheidung des LG entschieden, ist eine weitere Beschwerde nicht zulässig.

23 Für **Staatsschutzsachen** i.S.d. § 120 Abs. 1 und 2 GVG gelten Sonderregelungen. Hat eine Staatsschutzkammer des LG (§ 74 Abs. 3, § 73 Abs. 1 GVG) über die Beschwerde entschieden, hat über die weitere Beschwerde gem. §§ 120 Abs. 4, 120 Abs. 1 das **Landeshauptstadt-OLG** zu entscheiden.

24 Es besteht die Möglichkeit der weiteren Konzentration gem. § 120 Abs. 5 Satz 2 GVG, von der zuletzt Berlin, Brandenburg und Sachsen-Anhalt durch Übertragung dieser Aufgaben an das **KG** Gebrauch gemacht haben (vgl. Art 1 Staatsvertrag vom 08.11.2010 zwischen den Ländern Berlin, Brandenburg und Sachsen-Anhalt über die Übertragung der Zuständigkeit in Staatsschutz-Strafsachen). Weitere Staatsverträge zur Konzentration bestehen zugunsten des **OLG Hamburg** zwischen Hamburg und Bremen und zugunsten des **OLG Koblenz** zwischen Rheinland-Pfalz und Saarland (vgl. Meyer-Goßner/*Schmitt* § 120 GVG Rn. 1 m.w.N.). Gem. **§ 135 Abs. 2 GVG** entscheidet (wie sich aus der Bezugnahme dieser Vorschrift auf § 304 Abs. 4 Satz 2 ergibt) über eine weitere Beschwerde gegen die Entscheidung der Landeshauptstadt-OLG der BGH. Auch in diesem Bereich ist die weitere Beschwerde nur nach Maßgabe des § 310 Abs. 1 zulässig, also in den Fällen, die Verhaftung und einstweilige Unterbringung betreffen.

25 **IV. Verfahren.** Hinsichtlich des Verfahrens gelten für die weitere Beschwerde im Wesentlichen die **allgemeinen Vorschriften** der §§ 304 ff.; insb. hinsichtlich der Einlegung (§ 306), der Nichthemmung des Vollzugs (§ 307), der Befugnisse des Beschwerdegerichts (§ 308) und der Entscheidung (§ 309). Eine **Besonderheit** gilt für die der Einlegung der weiteren Beschwerde zur Niederschrift der Geschäftsstelle: § 24 Abs. 1 Nr. 1a) RPflG überträgt insoweit die Aufgaben der Geschäftsstelle dem **Rechtspfleger**.

26 Über die **Abhilfe** der weiteren Beschwerde entscheidet das Beschwerdegericht als iudex a quo (§ 306 Abs. 2). Das zur Entscheidung über die weitere Beschwerde berufene **Rechtsmittelgericht** (OLG, Landeshauptstadt-OLG oder BGH) entscheidet als *judex ad quem* über die **Zulässigkeit und Begründetheit**, sofern nicht vollständig abgeholfen worden ist. Für die Nachholung rechtlichen Gehörs gelten §§ 33a, 311a. Zur Frage der Zulässigkeit von **Gegenvorstellung** gegen eine unanfechtbare Entscheidung des Rechtsmittelgerichts vgl. Vor § 296 Rdn. 38–46, insb. Rdn. 42 und 44).

27 Die Schlechterstellung des Beschwerdeführers (reformatio in peius) ist grundsätzlich nicht verboten, da es für die Beschwerde eine Regelung wie in §§ 331, 358, 373 nicht gibt (vgl. zu den Einzelheiten Vor § 304 Rdn. 19–23).

§ 311 Sofortige Beschwerde

(1) Für die Fälle der sofortigen Beschwerde gelten die nachfolgenden besonderen Vorschriften.

(2) Die Beschwerde ist binnen einer Woche einzulegen; die Frist beginnt mit der Bekanntmachung (§ 35) der Entscheidung.

(3) [1]Das Gericht ist zu einer Abänderung seiner durch Beschwerde angefochtenen Entscheidung nicht befugt. [2]Es hilft jedoch der Beschwerde ab, wenn es zum Nachteil des Beschwerdeführers Tatsachen oder Beweisergebnisse verwertet hat, zu denen dieser noch nicht gehört worden ist, und es auf Grund des nachträglichen Vorbringens die Beschwerde für begründet erachtet.

Übersicht

A. Normzweck, Allgemeines. Unbefristete Rechtsmittel wie die einfache Beschwerde können einen Zustand der Rechtsunsicherheit bewirken, solange eine Aufhebung durch das nächsthöhere Gericht möglich bleibt (vgl. zur Verwirkung infolge Zeitablaufs Vor § 296 Rdn. 31). Daher bindet das Gesetz in Fällen erhöhten Interesses an Rechtssicherheit die Beschwerde an eine Frist und ermöglicht so, dass die Entscheidung nach Ablauf dieser Frist in **formelle Rechtskraft** erwächst (vgl. Vor § 296 Rdn. 49). 1

Die sofortige Beschwerde unterscheidet sich von der einfachen Beschwerde (§ 304) durch die Bindung an die **Wochenfrist** (§ 311 Abs. 2) und das **Abänderungsverbot** (§ 311 Abs. 3 Satz 1) des Erstgerichts. Sie ist auch gegen das Unterlassen einer Entscheidung möglich, wenn sie im Fall eines förmlichen Erlasses der Entscheidung statthaft wäre (s.o. § 304 Rdn. 3; so etwa im Fall unterbliebene Entscheidung über die Entschädigungspflicht nach StrEG, wobei eine gesetzliche Frist hierfür nicht läuft, vgl. LG Braunschweig NJW 1973, 210; OLG Karlsruhe StV 1984, 474; OLG Düsseldorf NJW 1973, 1660). 2

B. Abschließende Regelung der Fälle der sofortigen Beschwerde. Die Fälle, in denen die sofortige Beschwerde eröffnet ist, sind im Gesetz **abschließend** aufgezählt. Eine ausdehnende analoge Anwendung ist nicht möglich (BayObLGSt 1955, 154; OLG Köln NJW 1957, 1204; OLG Oldenburg NJW 1959, 2275). 3

Die sofortige Beschwerde ist nach folgenden Vorschriften der **StPO** statthaft: § 28 Abs. 2, § 46 Abs. 3, § 81 Abs. 4, § 101 Abs. 7, § 111g Abs. 2, § 124 Abs. 2, § 138d Abs. 6, § 206a Abs. 2, § 206b, § 210 Abs. 2, § 231a Abs. 3, § 270 Abs. 3, § 322 Abs. 2, 3; § 172, § 379a Abs. 3, § 383 Abs. 2, § 390 Abs. 4, § 400 Abs. 2, § 406a Abs. 1, § 408 Abs. 1, § 411 Abs. 1, § 431 Abs. 5, § 440 Abs. 3, § 441 Abs. 2, § 444 Abs. 2 und 3, § 453 Abs. 2, § 454 Abs. 3, § 462 Abs. 3, §§ 463, 463c Abs. 3 und § 464 Abs. 3. Außerdem ist sie z.B. nach § 17a Abs. 4, und § 56 Abs. 2, § 59 Abs. 1 und 3, § 65 Abs. 2, § 73 Abs. 2, § 83 Abs. 3 und § 99 Abs. 3 **JGG** eröffnet. Auch bei der Beschwerde nach § 181 GVG handelt es sich um eine sofortige; sie wird indes nicht als solche bezeichnet, da ZPO und StPO unterschiedliche Fristen vorsehen und ihre Frist daher aus Gründen der Rechtsklarheit gesondert festgeschrieben ist (vgl. MüKo-StPO/*Neuheuser* § 311 Rn. 2 m.w.N.). 4

Umstritten ist, ob im Fall der Ablehnung des Widerrufs der Strafaussetzung zur Bewährung die Staatsanwaltschaft die einfache oder die sofortige Beschwerde erheben kann (vgl. KMR/*Plöd* § 311 Rn. 3 m.w.N.). Überwiegend wird angenommen, dass die einfache Beschwerde möglich sei, da § 453 Abs. 2 Satz 3 nur gegen den Widerruf der Strafaussetzung die sofortige Beschwerde vorsieht, nicht aber für die Ablehnung des Widerrufs (vgl. die Kommentierung zu § 453 Abs. 2 Satz 3 Rdn. 6 ff.). 5

Eine »weitere sofortige Beschwerde« sieht das Gesetz nicht vor; zur Frage der Behandlung einer solchen als unzulässige Gegenvorstellung vgl. Vor § 296 Rdn. 41–44). 6

C. Zulässigkeit. I. Allgemeine Zulässigkeitsvoraussetzungen. Für die sofortige Beschwerde gelten die **allgemeinen Zulässigkeitsvoraussetzungen** (Vor § 296 Rdn. 7–29 und Vor 304 Rdn. 9–11). 7

Die sofortige Beschwerde kann **schriftlich oder zu Protokoll der Geschäftsstelle** des Gerichts, welches die angefochtene Entscheidung erlassen hat, eingelegt werden (§ 306 Abs. 1). Die Beschwerdeschrift muss in deutscher Sprache abgefasst sein; ein fremdsprachiger Text ohne beigefügte Übersetzung wahrt die Frist nicht (§ 184 GVG; OLG Düsseldorf StV 1982, 359). Allerdings genügt es, wenn ein in englischer Sprache gefasster Schriftsatz das Aktenzeichen enthält und durch die deutschen Einfügungen »Beschluss« und »Beschwerde« erkennen lässt, dass ein identifizierbarer Beschluss angegriffen werden soll (KG Beschl. vom 23.04.1980 – 5 Ws 63/80). Eine **Beschwerdebegründung** ist nicht erforderlich; wird sie abgegeben, kann dies auch noch nach Ablauf der Einlegungsfrist geschehen. Dem Beschwerdeführer ist auf Bitte eine angemessene Frist zur Begründung zu setzen (BayVerfGH Rpfleger 1964, 171). 8

II. Frist. Die sofortige Beschwerde muss **binnen einer Woche** eingelegt werden (§ 311 Abs. 2). Der Lauf der **Wochenfrist beginnt**, wenn die angefochtene Entscheidung ordnungsgemäß bekannt gemacht worden ist durch Verkündung in Anwesenheit des Beschwerdeführers (§ 35 Abs. 1) oder durch Zustellung (§ 35 Abs. 2, 3). Der Zulässigkeit des Rechtsmittels steht die erneute Zustellung eines inhaltsgleichen Beschlusses nicht entgegen; maßgebend für den Lauf der Wochenfrist ist bei mehrfacher Zustellung an denselben Empfangsberechtigten nur die erste Zustellung (KG Beschl. vom 20.01.2004 – 5 Ws 25/04). 9

Die **Fristberechnung** erfolgt nach Maßgabe des § 43 (OLG München MDR 1957, 375; zu den Einzelheiten s. die Kommentierung zu § 43). Wird die Rechtsmittelbelehrung unterlassen oder unrichtig erteilt kommt 10 ebenso wie bei nicht schuldhafter Fristversäumnis die **Wiedereinsetzung** in den vorigen Stand gegen die Versäumung der Einlegungsfrist in Betracht (§ 44; vgl. auch EGMR NJW 2008, 2320).

11 Wird die sofortige Beschwerde verspätet eingelegt, darf nur das Beschwerdegericht, nicht aber das Erstgericht (*judex a quo*) über die sofortige Beschwerde entscheiden; eine den Regelungen der §§ 319, 346 (die nicht analog angewendet werden können) entsprechende Vorschrift sieht das Beschwerderecht nicht vor.

12 **D. Abänderungsverbot (Abs. 3). I. Grundsatz: Verbot der Abänderung.** Dem Erstgericht (*judex a quo*) ist es in den Fällen der sofortigen Beschwerde nach § 311 Abs. 3 Satz 1 grds. nicht gestattet, seine eigene Entscheidung **abzuändern** (vgl. BGHSt 8, 194; OLG Köln NJW 1955, 314). Eine **Ergänzung** der angefochtenen Entscheidung ist ebenfalls nicht möglich (OLG München MDR 1987, 782; OLG Hamm NJW 1973, 1515).

13 **II. Ausnahmen. 1. Abhilfe nach § 311 Abs. 3 Satz 2.** Nach **§ 311 Abs. 3 Satz 2** ist die **Abhilfe** einer zum Nachteil des Beschwerdeführers ergangenen Entscheidung ausnahmsweise dann möglich, wenn das Erstgericht zum Nachteil des Beschwerdeführers in entscheidungserheblicher Weise Tatsachen oder Beweisergebnisse verwertet hat, ohne ihm zuvor rechtliches Gehör zu gewähren (KK/*Zabeck* § 311 Rn. 6; Meyer-Goßner/*Schmitt* § 311 Rn. 6). Anders als bei § 33a ist auch dann die Entscheidung abzuändern, wenn das nachträgliche Vorbringen des Beschwerdeführers selbst keine neuen Tatsachen enthält und nur in einer (überzeugenden) rechtlichen Würdigung besteht, die sich auf Tatsachen oder Beweisergebnisse bezieht, zu denen er nicht gehört worden war.

14 Die Abänderung erfolgt durch **Beschluss**, der gem. § 35 bekannt zu machen ist und der wiederum mit der sofortigen Beschwerde angefochten werden kann (Meyer-Goßner/*Schmitt* § 311 Rn. 6). Wenn die Voraussetzungen des § 311 Abs. 3 Satz 2 nicht gegeben sind, ist ein förmlicher Nichtabhilfebeschluss nicht erforderlich; sieht das Gericht trotz Verletzung des rechtlichen Gehörs die Beschwerde als unbegründet an, ist dies in den Akten zu vermerken, bevor die Sache dem Beschwerdegericht vorgelegt wird (Meyer-Goßner/*Schmitt* § 311 Rn. 6).

15 **Streitig** ist, ob Voraussetzung für die Abhilfe ist, dass die sofortige Beschwerde zulässig und **fristgemäß** eingelegt worden ist (so OLG Düsseldorf MDR 1986, 341; KK/*Zabeck* § 311 Rn. 7; *Katzenstein* StV 2003, 361 Fn 31). Diese nach dem Wortlaut der Vorschrift naheliegende Sichtweise ist nach Sinn und Zweck der Norm zu bejahen, da nur eine solche Auslegung dem Interesse alsbaldiger Rechtskraft (s.o. Rn. 1) gerecht wird. Die Gegenansicht (LR/*Matt* § 311 Rn. 12; KMR/*Plöd* § 311 Rn. 6) will dagegen die Abänderung für den Fall der Unzulässigkeit der Beschwerde wegen Fristablaufs zulassen.

16 **2. Entscheidung aufgrund nachträglicher Anhörung.** Nach **§ 33a ist eine Entscheidung aufgrund nachträglicher Anhörung** möglich, wenn in entscheidungserheblicher Weise gegen den Grundsatz des rechtlichen Gehörs verstoßen worden und die Entscheidung sonst nicht anfechtbar ist (vgl. BGHSt 26, 127 für den Fall des Widerrufs der Strafaussetzung und öffentlicher Zustellung des Beschlusses). Hat der Betroffene allerdings die Rechtsmittelfrist **versäumt** oder **zurückgenommen**, soll § 33a nicht gelten (vgl. OLG Celle NJW 1968, 1391; OLG Stuttgart NJW 1974, 284).

17 **E. Wirkung der Einlegung der sofortigen Beschwerde.** Auch die sofortige Beschwerde hemmt die Vollstreckung der angefochtenen Entscheidung grds. nicht; nur in den gesetzlich bestimmten besonderen Fällen (§ 307 Abs. 1) hat die sofortige Beschwerde **aufschiebende Wirkung.** Das Erstgericht, sein Vorsitzender und das Beschwerdegericht (vgl. § 307 Rdn. 7–9) können aber gem. § 307 Abs. 2 Aussetzung der Vollziehung anordnen. Bis zum Ablauf der Wochenfrist ist der Eintritt der **formellen Rechtskraft gehemmt**, sofern nicht vorher der Rechtsmittelverzicht oder die Rücknahme erklärt wird (vgl. § 302); wird die sofortige Beschwerde eingelegt, bewirkt sie die Hemmung der Rechtskraft bis zur Entscheidung über das Rechtsmittel oder dessen Zurücknahme.

§ 311a Nachträgliche Anhörung des Gegners

(1) [1]Hat das Beschwerdegericht einer Beschwerde ohne Anhörung des Gegners des Beschwerdeführers stattgegeben und kann seine Entscheidung nicht angefochten werden, so hat es diesen, sofern der ihm dadurch entstandene Nachteil noch besteht, von Amts wegen oder auf Antrag nachträglich zu hören und auf einen Antrag zu entscheiden. [2]Das Beschwerdegericht kann seine Entscheidung auch ohne Antrag ändern.
(2) Für das Verfahren gelten die §§ 307, 308 Abs. 2 und § 309 Abs. 2 entsprechend.

Übersicht

A. Normzweck, Anwendungsbereich. Die durch Art 8 Nr. 6 StPÄG im Jahr 1964 eingeführte Vorschrift regelt die verfassungsrechtlich gebotene Nachholung rechtlichen Gehörs des **Beschwerdegegners**, wenn dieser vor der Beschwerdeentscheidung nicht gehört worden war. Dabei ist es unerheblich, ob das Beschwerdegericht absichtlich von der Anhörung aufgrund der § 308 Abs. 1 Satz 1, § 33 Abs. 4 Satz 1 abgesehen hat oder diese aus sonstigen Gründen unterblieben ist (vgl. zur Subsidiarität der Verfassungsbeschwerde ggü. der Ausschöpfung der Möglichkeiten der §§ 33a, 311a BVerfGE 33, 192). Für andere Verfahrensbeteiligte gilt die Vorschrift nicht; eine entsprechende Anwendung kommt nicht in Betracht. Ggü. § 33a ist **§ 311a spezieller**, da die Vorschrift auch die Nachholung des rechtlichen Gehörs zu Rechtsfragen ermöglicht (BayObLG MDR 1983, 689). Im Revisionsverfahren gilt § 356a. § 311a enthält eine **abschließende Regelung** für die Nachholung der Anhörung; eine Wiedereröffnung des Beschwerdeweges gegen eine rechtskräftige Entscheidung, auch im Wege der Wiedereinsetzung in den vorigen Stand gegen die Versäumung der Beschwerdefrist, ist nicht statthaft (OLG Karlsruhe MDR 1974, 686; HK/*Rautenberg*/*Reichenbach* § 311a Rn. 3). 1

Umstritten ist, ob die Vorschrift auch dann Anwendung findet, wenn die **Staatsanwaltschaft als Beschwerdegegner** in ihrem aus § 33 Abs. 2 folgenden Anhörungsrecht verletzt ist (dafür LR/*Matt* § 311a Rn. 5; HK/*Rautenberg*/*Reichenbach* § 311a Rn. 4; KK/*Zabeck* § 311a Rn. 2; SK/*Frisch* § 311a Rn. 7; dagegen Meyer-Goßner/*Schmitt* § 311a Rn. 1; LR/*Graalmann-Scheerer* § 33a Rn. 8; KK/*Maul* § 33a Rn. 3; MüKo-StPO/*Neuhuser* § 311a Rn. 3). Zwar scheint es naheliegend, das Wort »Gegner« wie in § 308 zu verstehen und folglich auch der Staatsanwaltschaft die Möglichkeit der nachträglichen Anhörung zu verschaffen. Sinn und Zweck der Vorschrift sprechen jedoch dagegen: Da die Staatsanwaltschaft nicht Träger des Grundrechtes des Art 103 Abs. 1 GG sein kann, dessen Durchsetzung die Vorschrift dient, ist die ablehnende Ansicht vorzugswürdig. 2

B. Voraussetzungen und Verfahrensregeln des Nachverfahrens. I. Voraussetzungen. Das Nachverfahren des § 311a ist an **keine Frist** gebunden. Es wird **auf Antrag** oder **von Amts wegen**, wenn das Gericht die Gehörsverletzung bemerkt, durchgeführt. Im letzteren Fall empfiehlt sich allerdings, sogleich mit dem Hinweis auf die Gehörsverletzung dem Beschwerdegegner eine angemessene Frist zu setzen, binnen derer er sich nachträglich zur Beschwerde äußern soll. Im Einzelnen müssen folgende Voraussetzungen gegeben sein: 3

1. Unanfechtbarkeit der Entscheidung. Die Entscheidung darf nicht weiter anfechtbar sein; insb. darf die weitere Beschwerde (§ 310) nicht gegeben sein. Denn das Nachverfahren ist subsidiär ist ggü. der Heilung des Gehörsverstoßes im Verfahren über die (weitere) Beschwerde. Der Rechtsweg muss daher i.S.d. § 90 Abs. 2 BVerfGG erschöpft sein (vgl. *Rautenberg* § 311a Rn. 5). 4

2. Verletzung rechtlichen Gehörs. Das Verfahren setzt weiter voraus, dass der Beschwerdegegner nicht gehört worden ist. Dabei ist es unerheblich, ob die Nichtanhörung nach § 308 Abs. 1 Satz 2, § 33 Abs. 4 Satz 1 gestattet war oder aus sonstigen Gründen erfolgte etwa weil der Angeklagte unbekannten Aufenthalts war. 5

3. (Teil-) Erfolg der Beschwerde. Wurde die Beschwerde verworfen, kann dem Gegner kein Nachteil erwachsen sein. Das Nachholverfahren setzt daher voraus, dass der Beschwerde (zumindest teilweise) stattgegeben worden ist. 6

4. Nachteil des Beschwerdeführers. Dem Beschwerdegegner muss durch den (Teil-) Erfolg ein **Nachteil** (vgl. § 308 Rdn. 5, 6) entstanden ist, der noch besteht. Das ist nicht mehr der Fall, wenn die Entscheidung prozessual überholt oder aus anderen Gründen zwischenzeitlich aufgehoben worden ist. 7

II. Verfahrensregeln. Nach **Abs. 2** gelten für das Nachverfahren gelten §§ 307 (keine Vollzugshemmung), 308 Abs. 2 (Ermittlungsbefugnis des Beschwerdegerichts) und 309 Abs. 2 (Berechtigung und Verpflichtung zur umfassenden Entscheidung über den Beschwerdegegenstand) entsprechend. Erfolgt eine vorläufige Regelung nach § 307 Abs. 2, so ist diese ausdrücklich aufzuheben, falls keine förmliche Sachentscheidung im Anhörungsverfahren ergeht. 8

C. Entscheidung. Nach Anhörung des Gegners und ggf. weiteren Ermittlungen (§ 308 Abs. 2), zu denen ggf. der Beschwerdeführer zu hören ist, entscheidet das Beschwerdegericht durch **Beschluss**, mit dem die Beschwerdeentscheidung bestätigt wird, falls sie sich als richtig erwiesen hat; wenn dies nicht der Fall ist, 9 wird die Beschwerdeentscheidung abgeändert oder aufgehoben. Die Abänderung ist auch von Amts wegen möglich (§ 311a Abs. 1 Satz 2).

10 Eine formelle Entscheidung durch Beschluss ist jedoch nicht erforderlich, wenn kein ausdrücklicher Antrag auf Durchführung des Nachverfahrens gestellt worden ist und die Anhörung des Gegners und ggf. Nachermittlungen keinen Anlass zur Abänderung der Beschwerdeentscheidung geben. Hat das Beschwerdegericht jedoch zuvor im Nachverfahren die Aussetzung des Vollzuges (§ 307 Abs. 2) angeordnet, ist in jedem Fall ein förmlicher Beschluss erforderlich (KMR/*Plöd* § 311a Rn. 6).

11 **D. Rechtsmittel.** Der die Beschwerdeentscheidung bestätigende Beschluss ist **unanfechtbar** (KG NJW 1966, 991).

12 Gegen die **Ablehnung des Antrages auf Durchführung des Nachverfahrens** ist unabhängig davon, in welcher Form die Ablehnung erfolgte nach einhelliger Ansicht die **Beschwerde nach § 304** möglich (BVerfG NJW 2000, 650; KG NJW 1966, 991; OLG Braunschweig NJW 1971, 1710; OLG Hamburg NJW 1972, 219; Meyer-Goßner/*Schmitt* § 311a Rn. 3 m.w.N.; HK/*Rautenberg*/*Reichenbach* § 311a Rn. 14; MüKo-StPO/*Neuhuser* § 311a Rn. 13). Zur Begründung wird angeführt, dass das Verfahren nach § 311a in zwei Teile zerfalle, nämlich als Erstes das Nachholverfahren, in dem das rechtliche Gehör gewährt werde, und als Zweites das Überprüfungsverfahren, in dem nach Anhörung des Gegners die Beschwerdeentscheidung überprüft und ggf. abgeändert werde. Nur der zweite Teil sei als Teil der Beschwerdeentscheidung unanfechtbar (§ 310); der erste Teil indes betreffe nur Verfahrensfragen im ersten Rechtszug, die zur Überprüfung mit der einfachen Beschwerde stünden (vgl. KG a.a.O.; s.a. § 304 d. 4). Allerdings ist auch der erste Teil nicht anfechtbar, wenn die Beschwerde nach § 304 Abs. 4 Satz 1 (Beschlüsse des BGH) oder nach § 304 Abs. 4 Satz 2 (bestimmte Beschlüsse der OLGe) ausgeschlossen ist.

13 Streitig ist, ob im Nachholverfahren auch gegen die **Ablehnung der Aussetzung des Vollzuges** nach § 307 Abs. 2 die Beschwerde zulässig ist (bejahend KK/*Zabeck* § 311a Rn. 14 mit der Begründung, dass die Entscheidung nach § 307 »in jedem Fall als erstinstanzlich anzusehen« sei; verneinend OLG Celle MDR 1996, 1284; HK/*Rautenberg*/*Reichenbach* § 311a Rn. 16; vgl. a. SK/*Frisch* § 311a Rn. 23).

14 Dies ist mit den Argumenten des OLG Celle a.a.O. abzulehnen. § 310 Abs. 2 steht im Beschwerderecht einer doppelten Überprüfung in der Sache entgegen, sofern nicht ausdrücklich anderes bestimmt ist (§ 310 Abs. 1). Wenn es um die Gewährung nachträglichen rechtlichen Gehörs durch das Beschwerdegericht nach § 311a Abs. 1 geht und zugleich ein Antrag nach § 307 Abs. 2 gestellt wird, ist die darauf ergehende Überprüfungsentscheidung ihrerseits als Teil der Beschwerdeentscheidung anzusehen und damit nicht anfechtbar. Vorläufige Entscheidungen nach § 307 Abs. 2 sind nur anfechtbar, wenn gegen die Entscheidung in der Sache selbst weitere Beschwerde zulässig ist (Meyer-Goßner/*Schmitt* § 307 Rn. 4; LR/*Matt* § 307 Rn. 9; KMR/*Plöd* § 307 Rn. 6); das ist hier aber gerade nicht der Fall, weil das Anhörungsverfahren nur dann stattfindet, wenn eine weitere Anfechtung ausgeschlossen ist. Wird daher mit dem Antrag nach §§ 311a Abs. 2 an das Beschwerdegericht zugleich ein Antrag nach § 307 Abs. 2 gestellt, ist die ablehnende Entscheidung über die vorläufige Aussetzung eine die sachliche Prüfung teilweise vorwegnehmende Entscheidung des Beschwerdegerichts, die der Anfechtung wegen der Wirkung des § 310 StPO entzogen ist.

Dritter Abschnitt. Berufung

Vorbemerkung zu §§ 312 ff.

1 Die zulässige Berufung führt im Umfang der Anfechtung (§ 318) zu einer neuen und umfassenden Nachprüfung des durch den **Eröffnungsbeschluss** umgrenzten Prozessgegenstandes (§ 264) in tatsächlicher und rechtlicher Hinsicht aufgrund einer neuen Hauptverhandlung. Das Berufungsgericht entscheidet als zweite **Tatsacheninstanz** über sämtliche Tat- und Rechtsfragen nach seiner freien, aus dem Inbegriff der Verhandlung geschöpften Überzeugung (§ 261). Die Grundsätze der Mündlichkeit und Unmittelbarkeit der Beweisaufnahme gelten ebenso wie im erstinstanzlichen Verfahren, wobei der Grundsatz der Unmittelbarkeit der Beweisaufnahme durch § 325 eingeschränkt ist.

2 Im Gegensatz zur **Revision** wird in der Berufung nicht das Ersturteil und das ihm zugrunde liegende Verfahren auf Fehler überprüft, sodass grds. auch keine Zurückverweisung vorgesehen ist; eine Ausnahme lässt § 328 Abs. 2 bei örtlicher oder sachlicher Unzuständigkeit des Erstgerichts zu. Daher fehlt eine dem § 336 entsprechende Vorschrift.

3 **Berufungsurteile** sind nochmals mit der Revision anfechtbar (§ 333). Gegen Urteile des Strafrichters und Schöffengerichts stehen also nicht nur wahlweise (§ 335), sondern auch nacheinander zwei Rechtsmittel zur

Verfügung. In Verfahren gegen Jugendliche und ihnen gleichstehende Heranwachsende sind die Rechtsmittel der Berufung und Revision nur wahlweise möglich (§ 55 Abs. 2 JGG).

Dass gegen **erstinstanzliche Urteile des LG und OLG keine 2. Tatsacheninstanz** stattfindet, ist angesichts der zahlenmäßig stärkeren Besetzung jener Spruchkörper und in der Regel umfassenderen, sorgfältigeren Sachverhaltsaufklärung im Vergleich zum AG vertretbar. Dies gilt umso mehr, als schon wegen des verlängerten Zeitabstands zur Tat, der damit verbundenen Qualitätseinbußen von – insb. personalen – Beweismitteln und der Gefahr, dass im Hinblick auf eine ohnehin noch zur Verfügung stehende 2. Tatsacheninstanz die AG (auch in Verfahrensfragen) in Einzelfällen weniger exakt zu arbeiten geneigt sein können, im Berufungsverfahren die Wahrheitserforschung (§ 244 Abs. 2) unter ggü. der Erstinstanz in der Regel erschwerten Voraussetzungen stattfinden muss. 4

§ 312 Zulässigkeit

Gegen die Urteile des Strafrichters und des Schöffengerichts ist Berufung zulässig.

A. Statthaftigkeit. I. Gegen Urteile des Strafrichters (§ 25 GVG), des Schöffengerichts (§ 28 GVG), des Jugendrichters (§ 39 JGG) und des Jugendschöffengerichts (§ 40 JGG) ist die Berufung zulässig. Maßgebend ist nicht, dass die angefochtene Entscheidung als Urteil bezeichnet ist. Entscheidend kommt es vielmehr auf den sachlichen Inhalt an (BGHSt 18, 381 ff.; 25, 242). Werden nur **Nebenentscheidungen im Urteil** angegriffen, ist nicht die Berufung das statthafte Rechtsmittel, sondern die sofortige Beschwerde (z.B. die Kostenentscheidung, § 464 Abs. 3). 1

II. Bei Verurteilung wegen einer Ordnungswidrigkeit ist zu unterscheiden: 2

1. Handelt es sich um ein Bußgeldverfahren und hat deshalb das gerichtliche Verfahren ausschließlich Ordnungswidrigkeiten zum Gegenstand, ist gegen das Urteil nicht die Berufung, sondern die Rechtsbeschwerde statthaft (§§ 79, 80 OWiG). 3

2. Handelt es sich um ein Strafverfahren (auch wenn ein Bußgeldverfahren nach § 81 OWiG zum Strafverfahren übergeleitet worden ist), ist nur die Berufung statthaft, wenn nur wegen einer Ordnungswidrigkeit verurteilt worden ist. 4

3. Das Strafverfahren hat eine Straftat **und** eine Ordnungswidrigkeit zum Gegenstand; es handelt sich dabei um zwei **materiell-rechtlich** selbstständige Handlungen i.S.d. § 53 StGB, aber um eine **prozessuale** Tat gem. § 264. In einem derartigen Verfahren ist die Verurteilung wegen der Ordnungswidrigkeit selbst dann mit der Berufung anfechtbar, wenn wegen der Straftat freigesprochen worden ist. Auch ein Freispruch wegen der Ordnungswidrigkeit kann nur mit der Berufung angegriffen werden. Erst recht ist nur die Berufung statthaft, wenn in vollem Umfang eine Verurteilung erfolgt ist. 5

Liegen dem Strafverfahren hingegen Straftaten und Ordnungswidrigkeiten zugrunde, die **mehrere** Taten im prozessualen Sinn bilden, ist die Entscheidung im Urteil über die Straftaten mit der Berufung, über die Ordnungswidrigkeiten mit der Rechtsbeschwerde anfechtbar (BayObLG NJW 1970, 1202). Wird gegen ein derartiges Urteil sowohl Berufung als auch form- und fristgerecht Rechtsbeschwerde eingelegt, ist die Rechtsbeschwerde so lange als Berufung zu behandeln wie die Berufung gegen den die Straftaten betreffenden Teil des Urteils nicht zurückgenommen oder als unzulässig verworfen worden ist; einer Zulassung der Rechtsbeschwerde bedarf es in diesem Fall gem. § 83 Abs. 2 OWiG nicht (HK/*Rautenberg* § 312 Rn. 5).

B. Berufungsgerichte. I. Zuständiges Gericht ist sowohl bei Berufungen gegen Urteile des Strafrichters als auch gegen Urteile des Schöffengerichts die kleine Strafkammer des LG (§§ 74 Abs. 3, 76 Abs. 1 Satz 1 GVG). 6

II. Im Jugendstrafverfahren entscheidet bei Berufungen gegen Urteile des Jugendrichters die **kleine** Jugendkammer des LG (§ 33b Abs. 1 JGG) und bei Berufungen gegen Urteile des Jugendschöffengerichts die **große** Jugendkammer des LG (§ 33b Abs. 1 JGG). 7

III. Die Zuständigkeit des Berufungsgerichts richtet sich nicht danach, welches Gericht in erster Instanz hätte entscheiden müssen, sondern danach, welches Gericht tatsächlich entschieden hat (OLG Celle NStZ 1994, 298; HK/*Rautenberg* § 312 Rn. 7). 8

§ 313 Annahmeberufung bei geringen Geldstrafen und Geldbußen

(1) Ist der Angeklagte zu einer Geldstrafe von nicht mehr als fünfzehn Tagessätzen verurteilt worden, beträgt im Falle einer Verwarnung die vorbehaltene Strafe nicht mehr als fünfzehn Tagessätze oder ist eine

Verurteilung zu einer Geldbuße erfolgt, so ist die Berufung nur zulässig, wenn sie angenommen wird. Das gleiche gilt, wenn der Angeklagte freigesprochen oder das Verfahren eingestellt worden ist und die Staatsanwaltschaft eine Geldstrafe von nicht mehr als dreißig Tagessätzen beantragt hatte.
(2) Die Berufung wird angenommen, wenn sie nicht offensichtlich unbegründet ist. Andernfalls wird die Berufung als unzulässig verworfen.
(3) Die Berufung gegen ein auf Geldbuße, Freispruch oder Einstellung wegen einer Ordnungswidrigkeit lautendes Urteil ist stets anzunehmen, wenn die Rechtsbeschwerde nach § 79 Abs. 1 des Gesetzes über Ordnungswidrigkeiten zulässig oder nach § 80 Abs. 1 und 2 des Gesetzes über Ordnungswidrigkeiten zuzulassen wäre. Im Übrigen findet Absatz 2 Anwendung.

Übersicht

1 **A. Annahmeberufung.** Die Annahmeberufung wurde durch das Rechtspflegeentlastungsgesetz 1993 eingeführt. Sie verdankt ihre Existenz gesetzgeberischen Bemühungen, die Belastung der Justiz zu begrenzen und den Aufbau in den neuen Bundesländern zu unterstützen. Danach bedarf die Berufung im Strafprozess nach geltendem Recht dann einer gesonderten Annahmeentscheidung, wenn der Angeklagte zu einer Geldstrafe von nicht mehr als fünfzehn Tagessätzen verurteilt worden ist (§ 313 Abs. 1 Satz 1). Gleichgestellt werden Verwarnungen, bei denen die vorbehaltene Strafe ebenfalls nicht mehr als fünfzehn Tagessätze beträgt. Die besondere Zulässigkeitsvoraussetzung der Annahme der Berufung gilt weiter für Freisprüche oder Einstellungen, wenn die StA eine Geldstrafe von nicht mehr als dreißig Tagessätzen beantragt hatte (§ 313 Abs. 1 Satz 2). Angenommen wird die Berufung (§ 313 Abs. 2), wenn sie nicht offensichtlich unbegründet ist, andernfalls wird sie als unzulässig verworfen. Aus diesen gesetzlichen Regelungen ergibt sich, dass die Annahmeberufung auf Entscheidungen im Bereich der Bagatellkriminalität beschränkt ist (*Feuerhelm* StV 1997, 99 ff.).

2 **B. Reichweite des § 313 Abs. 1.** I. Die Regelung des § 313 Abs. 1 Satz 1 gilt nur, wenn ausschließlich die genannte Rechtsfolge verhängt worden ist. Ist daneben eine Maßregel (§ 61 StGB), Nebenstrafe (§ 44 StGB) oder sonstige Maßnahme (z.B. nach §§ 73 ff. StGB) verhängt worden oder von der StA gegen den nichtverurteilten Angeklagten beantragt worden, gilt § 313 Abs. 1 Satz 1 nicht; in diesen Fällen ist die Berufung stets ohne Annahme zulässig.

3 II. Bei der Verhängung einer Gesamtgeldstrafe ist allein auf deren Höhe und nicht auf die Summe der Einzelgeldstrafen abzustellen. Wurden mehrere Geldstrafen oder mehrere Gesamtgeldstrafen verhängt, die untereinander nicht gesamtstrafenfähig sind, sind die verhängten (oder bei Freispruch beantragten) Strafen zusammenzurechnen. Die Berufung bedarf also nicht der Annahme, wenn zwei nichtgesamtstrafenfähige Geldstrafen zu je 10 Tagessätzen ausgesprochen worden sind. Das folgt aus dem Wortlaut des § 313 Abs. 1 Satz 1 (»einer« Geldstrafe) und daraus, dass eine § 79 Abs. 2 OWiG entsprechende Vorschrift fehlt und zudem diese Vorschrift in § 313 Abs. 3 nicht für entsprechend anwendbar erklärt worden ist (Meyer-Goßner/*Schmitt* § 313 Rn. 5).

4 III. Die Berufung ist nicht nur im Fall einer Verurteilung zu einer Geldstrafe von bis zu 15 Tagessätzen von einer Annahme abhängig. Ergänzt wird diese Regelung durch § 313 Abs. 1 Satz 2, wonach im Fall eines Freispruchs des Angeklagten das Rechtsmittel eine Annahme dann erfordert, wenn die StA eine Geldstrafe von nicht mehr als 30 Tagessätzen beantragt hatte. Keine ausdrückliche Regelung enthält das Gesetz für den Fall, dass die StA in der Hauptverhandlung einen Freispruch beantragt hatte und das Gericht antragsgemäß entschieden hat. Während eine Berufung des Angeklagten in diesem Fall wegen fehlender Beschwer unzulässig ist, ist die Frage, ob eine Berufung der StA (und/oder des Nebenklägers) annahmepflichtig ist, umstritten. Die herrschende Meinung hält in einem solchen Fall § 313 Abs. 1 Satz 2 nicht für anwendbar, sodass die Berufung nicht der Annahme bedarf (OLG Karlsruhe StV 1997, 69; OLG Hamm StV 1997, 69 f.; OLG Koblenz NStZ 1994, 601; OLG Köln NStZ 1996, 150 f.; OLG Oldenburg NdsRpfl 1995, 135; OLG Celle NStZ-RR 1996, 43; OLG Zweibrücken MDR 1996, 732; HK/*Rautenberg* § 313 Rn. 6; KK/*Paul* § 313 Rn. 2c; *Pfeiffer/Fischer* § 313 Rn. 2; *Feuerhelm* StV 1997, 100). Für die herrschende Meinung spricht das Anliegen des Gesetzes: Die Annahmeberufung wäre bei einem auf entsprechenden Antrag der StA erfolgenden Freispruch nicht mehr nur auf Bagatellfälle beschränkt. Der Antrag auf Freispruch ist insoweit nicht als ein Minus, sondern als aliud ggü. dem Antrag auf Verurteilung zu einer Geldstrafe von nicht mehr als 30 Tagessätzen aufzufassen (*Feuerhelm* StV 1997, 100). Die Gegenansicht, wonach es darauf ankommt, ob die StA für den Fall der Verurteilung eine höhere Strafe als Geldstrafe von 30 Tagessätzen beantragt hätte

und demgemäß im Berufungsverfahren beantragen will (Meyer-Goßner/*Schmitt* § 313 Rn. 4b; OLG Hamm StV 1997, 69 f. bei vorausgegangenem Strafbefehlsverfahren) überzeugt aus Gründen der Rechtssicherheit und Klarheit des Rechtsmittelsystems nicht.

IV. Ist im Strafverfahren der Angeklagte nur wegen einer **OWi** verurteilt oder freigesprochen oder das Verfahren eingestellt worden, bedarf die Berufung stets der Annahme. 5

Wurde der Angeklagte hingegen sowohl zu einer Geldstrafe von nicht mehr als 15 Tagessätzen als auch zu einer Geldbuße wegen einer OWi verurteilt, ist die Frage, ob die Berufung gegen ein derartiges Urteil der Annahme bedarf, bei Vorliegen einer Tat im prozessualen Sinn (§ 264) umstritten. Die wohl herrschende Meinung geht zu Recht davon aus, dass in diesem Fall § 313 nicht anwendbar ist (OLG Celle StV 1995, 179 ff.; HK/*Rautenberg* § 313 Rn. 7; KK/*Paul* § 313 Rn. 2a). Begründet wird dies vor allem mit den gesetzgeberischen Motiven und dem Gesetzeswortlaut, der besagt, dass nur bei ausdrücklicher Annahme die Berufung gegen solche Urteile zulässig ist, die eine Geldstrafe von nicht mehr als 15 Tagessätzen, im Fall einer Verwarnung einen Strafvorbehalt von nicht mehr als 15 Tagessätzen **oder** eine Geldbuße enthalten. Es ist also ein »oder« und nicht ein »und« verwandt worden. Die gegenteilige Auffassung (Meyer-Goßner/*Schmitt* § 313 Rn. 7) widerspricht dem eindeutigen Gesetzeswortlaut. Dass die Berufung auch in Bagatellfällen uneingeschränkt gestattet wird, was § 313 gerade verhindern will, muss im Interesse der größeren Klarheit und Rechtssicherheit hingenommen werden. 6

Liegen mehrere Taten im prozessualen Sinn (§ 264) vor und wurde der Angeklagte wegen der Straftat zu einer Geldstrafe von nicht mehr als 15 Tagessätzen und wegen der OWi zu einer Geldbuße verurteilt, gilt § 83 Abs. 2 OWiG. Das bedeutet, dass die gegen die Verurteilung wegen einer OWi zulässige Rechtsbeschwerde, wenn sie und die die Straftat betreffende Berufung angenommen werden, als Berufung behandelt wird. Wird die Berufung hinsichtlich der Straftat nicht angenommen, kann die Verurteilung wegen der OWi nur mit der Rechtsbeschwerde angefochten werden (Meyer-Goßner/*Schmitt* § 313 Rn. 7). 7

V. § 313 gilt für alle Anfechtungsberechtigten. Bei einer Berufung der StA ist es gleichgültig, ob die Berufung zugunsten oder zuungunsten des Angeklagten eingelegt wird (KK/*Paul* § 313 Rn. 2; Meyer-Goßner/*Schmitt* § 313 Rn. 3). 8

VI. Weiter hat § 313 Gültigkeit in Privatklageverfahren (Meyer-Goßner/*Schmitt* § 313 Rn. 2) und im beschleunigten Verfahren (OLG Frankfurt NStZ-RR 1997, 273). 9

VII. Im Jugendstrafverfahren ist § 313 dagegen nicht anwendbar (*Schäfer* NStZ 1998, 334). Das gilt auch, wenn der Angeklagte neben der Geldstrafe im Adhäsionsverfahren zu einer Schadensersatzleistung verurteilt (KK/*Paul* § 313 Rn. 2a; a.A. OLG Jena NStZ-RR 1997, 274) oder neben der Verhängung einer Geldstrafe in einem weiteren Fall nach § 60 StGB von der Verhängung einer Strafe abgesehen wurde (KK/*Paul* § 313 Rn. 2a; OLG Oldenburg NStZ-RR 1998, 309). 10

C. Annahme der Berufung. I. Nach § 313 Abs. 2 wird die Berufung angenommen, wenn sie nicht offensichtlich unbegründet ist. In dieser Vorschrift hat der Gesetzgeber bewusst an die Regelung in § 349 Abs. 2 angeknüpft. Nach herrschender, verfassungsrechtlich nicht zu beanstandender Ansicht der Strafgerichte ist die Berufung offensichtlich unbegründet, wenn für jeden Sachkundigen anhand der Urteilsgründe und einer eventuell vorliegenden Berufungsbegründung sowie des Protokolls der Hauptverhandlung erster Instanz ohne längere Prüfung erkennbar ist, dass das Urteil sachlich-rechtlich nicht zu beanstanden ist und keine Verfahrensfehler vorliegen, die die Revision begründen würden (BVerfG NJW 1996, 2785 f.; Meyer-Goßner/*Schmitt* § 313 Rn. 9). Anders als bei der Revision, die bei der Sachrüge nur die Urteilsgründe zur Grundlage der Prüfung machen und Beweiswürdigung und Rechtsfolgenausspruch nur auf rechtliche Fehler überprüfen darf, ist dem Berufungsgericht eine weitergehende Überprüfungsbefugnis zuzusprechen, weil die Berufungsverhandlung zu einer völligen Neuverhandlung der Sache führt. Daher ist die Berufung auch dann nicht offensichtlich unbegründet, wenn sich aus der Sicht des LG Bedenken gegen die Beweiswürdigung oder die Strafzumessung des AG ergeben. Das gilt auch dann, wenn der Angeklagte zur Entkräftung von Feststellungen, auf denen das erstinstanzliche Urteil beruht, neue Beweisanträge ankündigt. Diese dürfen regelmäßig nur dann unbeachtet bleiben, wenn ein Grund vorliegt, der gem. § 244 die Ablehnung eines Beweisantrags rechtfertigt (BVerfG NJW 1996, 2786). Das entspricht den verfassungsrechtlichen Anforderungen an das rechtliche Gehör. Nur ausnahmsweise wird es in Betracht kommen, einen neuen Beweisantrag als ungeeignet anzusehen, das bisherige Beweisergebnis zu entkräften; das Tatbestandsmerkmal der Offensichtlichkeit in § 313 Abs. 2 Satz 1 ist insoweit nur dann erfüllt, wenn an der Richtigkeit der tatsächlichen Feststellungen vernünftigerweise kein Zweifel bestehen kann. Für diese Lösung, in allen Zweifelsfällen die Berufung anzunehmen, spricht i.Ü. ein weiteres Argument. Über die Annahme der Berufung entscheidet der Vorsitzende der kleinen Strafkammer am LG alleine. Es fehlt hier das Erfordernis einer einstimmigen Kollegialentscheidung, die in Revisionsverfahren als Ausgleich für Probleme beim Umgang mit dem Begriff 11 der offensichtlichen Unbegründetheit angesehen wird (*Feuerhelm* StV 1997, 103 f.). Im Ergebnis wird man somit nur selten zur Annahme kommen können, dass die Berufung offensichtlich unbegründet ist (z.B. wenn das erstinstanzliche Verfahren und Urteil fehlerfrei sind und eine Berufungsbegründung nicht vorhanden ist bzw. der Annahmeantrag nicht begründet ist).

12 II. Auch eine **Teilanfechtung** ist i.R.d. § 313 Abs. 1 zulässig. Voraussetzung ist aber, dass eine solche nach § 318 Satz 1 möglich ist. So kann der Berufungsführer bspw. sein Rechtsmittel auf eines von mehreren in Tatmehrheit (§ 53 StGB) stehenden Taten beschränken. In diesem Fall bedarf die Berufung der Annahme, wenn die Einzelstrafe für diese Tat innerhalb der Grenze des § 313 Abs. 1 liegt (KK/*Paul* § 313 Rn. 2a). Weiter kann der Berufungsführer, wenn er zu einer Geldstrafe von nicht mehr als 15 Tagessätzen verurteilt worden ist, die Berufung auf den Strafausspruch beschränken.

13 Liegt ein Fall des § 313 Abs. 1 vor, ist die Berufung aber nur bezüglich eines abtrennbaren Teils des angefochtenen Urteils offensichtlich unbegründet, muss sie insoweit als unzulässig verworfen und i.Ü. aber angenommen werden. Denn durch die Beschränkung der Annahme auf einen abtrennbaren Teil des Urteils wird eine möglicherweise zeitraubende Beweisaufnahme zur Frage des Schuldspruchs vermieden und die Berufungsverhandlung auf denjenigen Teil des Urteils beschränkt, bei dem nach Aktenlage eine Überprüfung erforderlich erscheint (LG Stuttgart NStZ 1995, 301). Begründet wird dies mit der rechtsähnlichen Ausgestaltung der Annahmeberufung nach § 313 Abs. 2 Satz 1 mit dem Revisionsverfahren (§ 349 Abs. 2) und dem Zweck des Gesetzes zur Entlastung der Rechtspflege vom 11.01.1993, nämlich der Verfahrensvereinfachung und -verbesserung u.a. durch Beschränkung der Rechtsmittel (HK/*Rautenberg* § 313 Rn. 11).

14 III. Nach § 313 Abs. 3 ist die Berufung gegen ein auf Geldbuße, Freispruch oder Einstellung wegen einer Ordnungswidrigkeit lautendes Urteil stets anzunehmen, wenn die Rechtsbeschwerde zulässig oder zuzulassen wäre. Das bedeutet, dass entsprechend § 79 Abs. 1 Nr. 1–3 OWiG bei einer Verurteilung zu einer Geldbuße von mehr als 250 € oder Anordnung einer Nebenfolge vermögensrechtlicher Art (Einziehung, Verfall) mit einem Wert über 250 € oder nicht – vermögensrechtlicher Art die Berufung angenommen werden muss. Bei Freispruch oder Einstellung muss eine Geldbuße von mehr als 600 € von der StA beantragt worden sein. Ist der Angeklagte zu einer Geldbuße von mehr als 250 € verurteilt worden, bedarf die zu seinen Ungunsten eingelegte Berufung der StA nicht der Annahme; die Grenze von 600 € ist insoweit ohne Belang (Meyer-Goßner/*Schmitt* § 313 Rn. 8). Bei Verurteilung wegen mehrerer Ordnungswidrigkeiten sind die Geldbußen zusammenzurechnen; übersteigen diese 250 €, muss die Berufung angenommen werden. Ferner ist die Berufung unter den Voraussetzungen des § 80 Abs. 1, Abs. 2 OWiG zuzulassen. Schließlich kann eine Berufung auch dann angenommen werden, wenn die Rechtsbeschwerde unzulässig wäre (§ 313 Abs. 3 Satz 2, Abs. 2).

15 **D. Entscheidung des Berufungsgerichts.** Das Berufungsgericht muss zunächst die allgemeinen Zulässigkeitsvoraussetzungen der Berufung prüfen. Liegen diese nicht vor, wird das Rechtsmittel als unzulässig gem § 322 Abs. 1 verworfen. Demnach setzt die Nichtannahmeentscheidung eine i.Ü. zulässig eingelegte Berufung voraus (KK/*Paul* § 313 Rn. 7). Zur Entscheidung über die Annahme der Berufung vgl. § 322a.

§ 314 Form und Frist

(1) Die Berufung muss bei dem Gericht des ersten Rechtszuges binnen einer Woche nach Verkündung des Urteils zu Protokoll der Geschäftsstelle oder schriftlich eingelegt werden.

(2) Hat die Verkündung des Urteils nicht in Anwesenheit des Angeklagten stattgefunden, so beginnt für diesen die Frist mit der Zustellung, sofern nicht in den Fällen der §§ 234, 387 Abs. 1, 411 Abs. 2 und 428 Abs. 1 Satz 1 die Verkündung in Anwesenheit des Verteidigers mit nachgewiesener Vertretungsvollmacht stattgefunden hat.

Übersicht

A. Form der Berufungseinlegung. I. Schriftform. Für die Berufungseinlegung genügt nach § 314 Abs. 1 die Wahrung der einfachen Schriftform; Anwaltszwang besteht daher nicht. 1

Schriftform bedeutet, dass ein Text, also ein Gebilde aus Buchstaben in einer üblichen Schrift (vgl. BGHSt 12, 317, 318), vorliegen muss, der zudem ohne besonderen Aufwand lesbar sein muss (vgl. BGHSt 33, 44, 45 = StV 1985, 135 m.Anm. *Hamm*). 2

Zweck des Schriftformerfordernisses ist es zum einen, vor unüberlegten Entscheidungen zu schützen (BGHSt 18, 257, 260). Zum anderen sollen im Interesse der Rechtssicherheit die Person des Erklärenden und der Inhalt der Erklärung eindeutig festgestellt werden können (BGHSt 14, 233, 239; BGH MDR 1983, 950). Für die Abgrenzung zum Entwurf genügt, wenn erkennbar ist, von welchem Verfasser das Schriftstück herrührt und dass es mit dessen Willen in den Rechtsverkehr gelangt ist (vgl. OLG Stuttgart NStZ 1997, 152; allgemein: BayObLG StV 1990, 395, 396 m.Anm. *Naucke*; OLG Zweibrücken NStZ-RR 1998, 75, 76). 3

Einzelfälle: 4

a) Berufungseinlegung mit Telefax und Computerfax ist ausreichend (BVerfG wistra 2002, 417)
b) Berufungseinlegung durch eine einfache, nicht signierte E-Mail ist unzulässig (OLG Oldenburg NJW 2009, 536; LG Zweibrücken VRS 119, 223; Meyer-Goßner/*Schmitt* Einl. 139a; vgl. hierzu **§ 41a**)
c) Berufungseinlegung per Telefon genügt nicht (Meyer-Goßner/*Schmitt* Einl. 140)
d) I.Ü. wird auf die auch im Berufungsverfahren sinngemäß geltenden Erläuterungen zu § 341 Rdn. 14 ff. verwiesen.

II. Berufungseinlegung zu Protokoll. Die Berufungseinlegung zu Protokoll hat im Hinblick darauf, dass einfache Schriftform ausreicht und kein Anwaltszwang besteht, nur eine geringe praktische Bedeutung. 5

Ausreichend ist die Erklärung in der Hauptverhandlung, sofern diese – was allerdings nicht erfolgen muss und auch nicht sollte – in das Hauptverhandlungsprotokoll aufgenommen wird (Meyer-Goßner/*Schmitt* § 314 Rn. 5). 6

Der nicht auf freiem Fuß befindliche Angeklagte kann die Erklärung auch beim AG an seinem Aufenthaltsort zu Protokoll geben (§ 299 Abs. 1). 7

B. Adressat der Berufungseinlegung. Die Berufungseinlegung ist bei dem Gericht zu erklären bzw. einzureichen, dessen Urteil angefochten wird (§ 314 Abs. 1). Bei Verbindung mit einem Wiedereinsetzungsantrag kann die Einlegung mit diesem gemeinsam auch beim Berufungsgericht eingereicht werden (BGHSt 40, 395, 397). 8

Verfügt das Gericht über eine Zweigstelle, genügt die Einreichung der Berufungseinlegung beim Stamm- oder Hauptgericht, selbst wenn die Entscheidung von der Zweigstelle getroffen wurde (vgl. BayObLG NJW 1975, 946; OLG Zweibrücken VRS 68, 54, 55; ebenso für auswärtige Gerichtstage SchlHOLG SchlHA 1953, 70). Die Berufungseinlegung ist aber beim Gericht, dessen Urteil angefochten wird, auch dann eingegangen, wenn die Entscheidung vom Stamm- oder Hauptgericht getroffen wurde, die Rechtsmittelerklärung aber bei der Zweigstelle eingereicht wird (BayObLGSt 1975, 9, 10; OLG Zweibrücken VRS 68, 54, 55). Dies gilt allerdings nicht, wenn die Außenstelle nur mit Zivilsachen befasst ist (OLG Karlsruhe Justiz 1980, 207). 9

C. Erklärung der Berufungseinlegung. I. Grundsätze. Die Berufungseinlegungschrift muss in deutscher Sprache abgefasst sein (§ 184 GVG). Eingaben in fremder Sprache sind unbeachtlich (§ 341 Rdn. 24). 10

Es muss sich um eine ernsthafte Eingabe handeln. Beleidigungen des Gerichts machen die Einlegung der Berufung nur dann unwirksam oder unbeachtlich, wenn deutlich wird, dass es dem Erklärenden lediglich um die Ehrverletzung geht, die Berufungseinlegung also tatsächlich gar nicht gewollt ist. Auch eine als solche eindeutig erkennbare bloße Unmutsäußerung erfüllt nicht die Voraussetzungen der Berufungseinlegung (vgl. § 341 Rdn. 25; Meyer-Goßner/*Schmitt* § 341 Rn. 1). 11

II. Auslegung und Umdeutung. Prozesshandlungen sind grds. der Auslegung fähig; daher genügt es, wenn sich die Berufungseinlegung der Erklärung erst auf diesem Weg entnehmen lässt (vgl. BGHSt 2, 41, 43; BGH NJW 1960, 494). Für diese Auslegung gelten folgende Grundregeln: 12

Für die Frage, ob überhaupt Berufung eingelegt ist, ist entscheidend, ob sich der Erklärung entnehmen lässt, dass der Absender eine Überprüfung des Urteils in einer übergeordneten Instanz will. Grundlage der Auslegung ist das an das Gericht gerichtete Schreiben. Ausgelegt werden kann aber nur eine mehrdeutige Erklärung; eindeutige Erklärungen können allenfalls umgedeutet werden. Bleibt unklar, ob Berufung eingelegt ist, geht dies zulasten des Erklärenden, da der Eintritt der Rechtskraft keinem Zweifel unterliegen darf (vgl. hierzu § 341 Rdn. 36 ff.).

13 **III. Bedingungsfeindlichkeit.** Bedingte Rechtsmitteleinlegungen sind – wie allgemein bedingte Prozesshandlungen – unwirksam; zulässig sind allerdings innerprozessuale Bedingungen als Rechtsbedingungen (BVerfGE 40, 272, 275; BGHSt 25, 187, 188). Dabei genügt für die Unwirksamkeit schon, dass Zweifel daran bestehen, ob die Berufungseinlegung unbedingt gewollt ist; denn darüber, ob Rechtskraft eingetreten ist, darf im Strafverfahren kein Zweifel bestehen. Zulässig ist eine »hilfsweise« eingelegte Berufung (BVerfGE 40, 272 ff.; § 341 Rdn. 37).

14 **D. Frist für die Berufungseinlegung. I. Grundsätze.** Die Berufung kann frühestens nach der Verkündung des Urteils – ausreichend ist hier die Verlesung der Urteilsformel (vgl. BGHSt 8, 41, 42) – eingelegt werden (vgl. BGHSt 25, 187, 189).

15 Die – nicht verlängerbare – einwöchige Berufungseinlegungsfrist läuft bei einem in Anwesenheit des Berufungsführers verkündeten Urteil ab der Verkündung (§ 314 Abs. 1), bei einem in seiner Abwesenheit verkündeten Urteil ab der Zustellung (§ 314 Abs. 2). Von der Erteilung einer Rechtsmittelbelehrung ist der Fristlauf nicht abhängig (BGH NJW 1974, 1335, 1336).

16 Die Fristberechnung erfolgt nach §§ 42, 43. Maßgeblich ist daher grds. der Wochentag der Verkündung oder Zustellung, sodass bspw. bei einem an einem Freitag in Anwesenheit des Angeklagten verkündeten Urteil die Berufung spätestens am Freitag der nächsten Woche, 24 Uhr, bei Gericht eingegangen sein muss.

17 Dieses Gericht ist das, dessen Urteil angefochten wird, wobei bei einem Rechtsmittel eines nicht auf freiem Fuß befindlichen Angeklagten die Frist gewahrt ist, wenn die Berufungseinlegung innerhalb einer Woche beim AG am Aufenthaltsort zu Protokoll erklärt wurde (§ 299 Abs. 2).

18 Maßgeblich für die Fristwahrung ist der rechtzeitige Eingang, wobei es bei einer schriftlichen Berufungseinlegung allein darauf ankommt, dass das Gericht innerhalb der Frist die tatsächliche Verfügungsgewalt über das Schriftstück erlangt; unerheblich ist dagegen, ob der Eingang nach dem Ende der Dienstzeit liegt oder ob das Schreiben von einem zuständigen Gerichtsbediensteten rechtzeitig entgegengenommen wird (BVerfGE 52, 203, 209; 57, 117, 120; 69, 381, 385 f.; BVerfG NJW 1991, 2076).

19 Die Rechtzeitigkeit des Eingangs ist ggf. im Freibeweisverfahren zu klären. Verbleiben insofern Zweifel, so ist zugunsten des Berufungsführers von der Wahrung der Frist auszugehen (BGH NJW 1960, 2202, 2203; OLG Karlsruhe NJW 1981, 138). Kann dagegen nicht geklärt werden, ob die Berufungsschrift überhaupt bei Gericht eingegangen ist, gehen diese Zweifel zulasten des Rechtsmittelführers (OLG Hamm NStZ 1982, 43, 44).

20 **II. Urteilsverkündung in Anwesenheit bzw. Abwesenheit des Berufungsführers. 1. An- oder Abwesenheit des Angeklagten.** In Anwesenheit des Angeklagten ist das Urteil verkündet, wenn er während der gesamten Urteilsverkündung, also während der Verlesung der Urteilsformel und der mündlichen Urteilsbegründung, zugegen war (BGHSt 15, 263, 265); nur dann ist nämlich gewährleistet, dass sich der Angeklagte zuverlässig über den Inhalt des Urteils und damit die Grundlage der Entscheidung, ob er Rechtsmittel einlegen soll, unterrichten konnte. Die Berufungseinlegungsfrist beginnt dann also mit der Verkündung des Urteils (§ 314 Abs. 1). War der Angeklagte während der Urteilsverkündung dagegen zumindest zeitweise nicht anwesend, beginnt die Berufungseinlegungsfrist erst mit der Zustellung des Urteils (§ 314 Abs. 2).

21 Durch das am 01.09.2004 in Kraft getretene 1. Justizmodernisierungsgesetz wurde § 314 Abs. 2 ergänzt. Danach beginnt für den Angeklagten die Berufungsfrist mit der Zustellung des Urteils, wenn die Verkündung des Urteils nicht in Anwesenheit des Angeklagten stattgefunden hat, sofern nicht in den dort genannten Fällen die Verkündung in Anwesenheit des Verteidigers mit schriftlicher Vertretungsvollmacht stattgefunden hat.

22 Grund für die Gesetzesänderung war, die Justiz von erheblichem Formulierungs- und Schreibaufwand zu entlasten, wenn in möglichst großem Umfang von der Abfassung von abgekürzten Urteilen gem. § 267 Abs. 4, 5 Gebrauch gemacht werden kann. Das ist aber nur möglich, wenn innerhalb der Frist kein Rechtsmittel eingelegt wird, § 267 Abs. 4 Satz 1, 5 Satz 2. Die Frist für die Einlegung der Berufung läuft grds. ab Urteilsverkündung. Somit ist schnell klar, ob ein abgekürztes Urteil möglich ist. Ab Urteilszustellung läuft die Frist, wenn das Urteil in Abwesenheit des Angeklagten verkündet worden ist. Dies ist im Regelfall sachgerecht. Ist jedoch ein Verteidiger mit schriftlicher Vertretungsvollmacht bei der Urteilsverkündung anwesend, soll es nunmehr auf dessen Kenntnis ankommen. Vor allem wenn das Gericht den Angeklagten auf dessen Wunsch von der Pflicht zum Erscheinen in der Hauptverhandlung entbunden hat, kann dem Angeklagten zugemutet werden, kurzfristig mit dem von ihm mit einer schriftlichen Vertretungsvollmacht versehenen Verteidiger die Rechtsmitteleinlegung abzuklären.

23 Die Frist beginnt beim Abwesenheitsurteil erst mit der ordnungsgemäßen – wirksamen – Zustellung des vollständigen Urteils, also der mit den Gründen versehenen Fassung (BGHSt 25, 234).

24 Zuzustellen ist das Urteil an den Angeklagten oder – unter den Voraussetzungen des § 145a – an dessen Verteidiger; i.Ü. gelten für die Zustellung die allgemeinen Regeln (§§ 36 f.).

25 **2. An- oder Abwesenheit anderer Rechtsmittelberechtigter.** Für die **StA** gilt § 314 Abs. 2 in entsprechender Anwendung uneingeschränkt, falls sie bei der Urteilsverkündung nicht zugegen war. Für den **gesetzlichen Vertreter** oder den **Erziehungsberechtigten** des Angeklagten ist die Frist maßgeblich, die für den Angeklagten läuft (§ 298 Abs. 1, § 67 Abs. 3 JGG); es kommt daher nicht auf deren An- oder Abwesenheit bei der Urteilsverkündung an, sondern auf die des Angeklagten. Ebenso ist es unerheblich, ob und wann ihnen das Urteil zugestellt wurde. Für den **Nebenkläger** gilt, sowohl für den Fall seiner Anwesenheit als auch für den seiner Abwesenheit bei der Urteilsverkündung, § 401 Abs. 2. War der **Privatkläger** bei der Urteilsverkündung abwesend, kann es, da für ihn die Anwesenheit in der Hauptverhandlung verzichtbar ist, bei der Regelung des § 314 Abs. 1 verbleiben; war er dagegen abwesend, etwa weil es an einer ordnungsgemäßen Ladung gefehlt hat, findet § 314 Abs. 2 Anwendung; Meyer-Goßner/*Schmitt* § 341 Rn. 10).

26 **III. Fristwahrung bei falscher Adressierung.** Die Einreichung einer Rechtsmittelschrift ist eine einseitige Prozesshandlung des Erklärenden, die – anders als die Erklärung zu Protokoll – keiner Mitwirkung eines Gerichtsbediensteten bedarf (BVerfGE 69, 381, 385 f.; BVerfG NJW 1991, 2076); dementsprechend trägt grds. allein der Absender die Verantwortung für die Richtigkeit der Anschrift (vgl. BVerfGE 93, 99, 114). Ist das Gericht, an das die Rechtsmitteleinlegung gerichtet ist, falsch bezeichnet (z.B. Adressierung an das Berufungsgericht oder – bei Übersendung per Fax – durch Übermittlung an eine falsche Faxnummer) so entspricht es aber dem – zumindest mutmaßlichen – Willen des Absenders, wenn die Rechtsmittelschrift von dort an das richtige Gericht weitergeleitet wird. Eine Falschadressierung liegt jedoch nicht vor, wenn keine Anschrift angegeben ist, sich das richtige Gericht dem Schreiben aber entnehmen lässt (BGH NJW 1992, 1047).

27 Auf dieser Grundlage geht eine falsch adressierte Berufungseinlegung beim richtigen Gericht (erst) ein, ist die Berufungseinlegungsfrist also nur gewahrt, wenn das Schriftstück innerhalb der Frist vom falschen an das richtige Gericht gelangt (BGH NJW 1994, 1354, 1355). Da es aber auf den Eingang des Schriftstücks ankommt, genügt auch hier die bloß telefonische Ankündigung der Weiterleitung vom falschen an das richtige Gericht selbst dann nicht, wenn hierüber ein Vermerk gefertigt wird.

§ 315 Berufung und Wiedereinsetzungsantrag

(1) Der Beginn der Frist zur Einlegung der Berufung wird dadurch nicht ausgeschlossen, dass gegen ein auf Ausbleiben des Angeklagten ergangenes Urteil eine Wiedereinsetzung in den vorigen Stand nachgesucht werden kann.

(2) [1]Stellt der Angeklagte einen Antrag auf Wiedereinsetzung in den vorigen Stand, so wird die Berufung dadurch gewahrt, dass sie sofort für den Fall der Verwerfung jenes Antrags rechtzeitig eingelegt wird. [2]Die weitere Verfügung in Bezug auf die Berufung bleibt dann bis zur Erledigung des Antrags auf Wiedereinsetzung in den vorigen Stand ausgesetzt.

(3) Die Einlegung der Berufung ohne Verbindung mit dem Antrag auf Wiedereinsetzung in den vorigen Stand gilt als Verzicht auf die letztere.

1 **A. Anwendungsbereich.** § 315, der sich inhaltlich im Wesentlichen mit § 342 deckt, regelt das Zusammentreffen von Berufung (bzw. Revision) und Wiedereinsetzung in den vorigen Stand in den Fällen, in denen ein Angeklagter gegen ein auf sein Ausbleiben ergangenes Urteil auch die Wiedereinsetzung in den vorigen Stand beantragen kann. Dieses Zusammentreffen ist in den Fällen der §§ 235 Satz 1, 412 Satz 1 möglich. In beiden Konstellationen kann der Angeklagte gegen das Ersturteil Berufung einlegen und Wiedereinsetzung in den vorigen Stand beantragen. Binnen einer Woche nach Zustellung des Ersturteils ist die Berufung einzulegen (§ 314 Abs. 2) und auch der Antrag auf Wiedereinsetzung in den vorigen Stand zu stellen (§§ 235 Satz 1, 412 Satz 1, 329 Abs. 3). § 315 Abs. 1 regelt nun, dass die Frist zur Berufungseinlegung nicht erst nach der Zurückweisung des Antrags auf Wiedereinsetzung in den vorigen Stand, sondern gem. § 314 Abs. 2 mit Zustellung des Ersturteils zu laufen beginnt. Damit fangen beide Fristen mit der Zustellung des Urteils an zu laufen, sodass sich der Angeklagte entscheiden muss, wie er sich verhalten will.

2 **B. Entscheidungsmöglichkeit des Angeklagten. I. Gleichzeitiger Antrag.** Stellt der Angeklagte den Antrag auf Wiedereinsetzung in den vorigen Stand gemeinsam mit der Rechtsmittelerklärung, sind beide wirksam (§ 315 Abs. 2). Das gilt auch, wenn er zunächst nur die Wiedereinsetzung beantragt und die Rechtsmitteleinlegung innerhalb der Frist des § 314 Abs. 1 bzw. § 341 Abs. 1 (= »sofort« i.S.v. § 315 Abs. 2 Satz 1) nachholt. In diesem in § 315 Abs. 2 geregelten Fall entscheidet das Erstgericht zunächst über den Antrag auf Wiedereinsetzung in den vorigen Stand. Ist dieser Antrag begründet, findet eine neue Hauptverhandlung vor dem Erstgericht statt und die eingelegte Berufung ist gegenstandslos (OLG Köln NJW 1963, 1073, 1074). Wird aber der Antrag auf Wiedereinsetzung in den vorigen Stand rechtskräftig verworfen (§ 46 Abs. 3), ist die Berufung bzw. Revision weiterzuverfolgen. Die Begründungsfristen der §§ 317, 345 Abs. 1 laufen deshalb erst ab jenem Zeitpunkt.

3 **II. Verzichtsvermutung.** Die zeitlich frühere Einlegung der Berufung/Revision bedeutet den gesetzlich unwiderleglich vermuteten Verzicht (§ 302) auf die Wiedereinsetzung (§ 315 Abs. 3). Die Wiedereinsetzung von Amts wegen nach § 45 Abs. 2 Satz 3 wird jedoch nicht dadurch ausgeschlossen, dass der Angeklagte das Rechtsmittel ohne gleichzeitigen Wiedereinsetzungsantrag einlegt (OLG Düsseldorf NJW 1980, 1704 = VRS 57, 438). Die Verzichtsvermutung nach § 315 Abs. 3 greift auch dann, wenn das eingelegte Rechtsmittel unzulässig war (OLG Stuttgart Justiz 1976, 265) oder später zurückgenommen wird (OLG Zweibrücken NJW 1965, 1033).

4 **III. Mehrdeutige Erklärungen.** Entstandene Zweifel sind bei unklaren Äußerungen des Angeklagten durch Nachfrage aufzuklären. Lassen sich diese Zweifel nicht beseitigen, ist die Erklärung des Angeklagten auszulegen. Dabei ist regelmäßig davon auszugehen, dass sowohl die Wiedereinsetzung als auch die Berufung durchzuführen sind (KK/*Paul* § 315 Rn. 4; Meyer-Goßner/*Schmitt* § 315 Rn. 1).

§ 316 Hemmung der Rechtskraft

(1) Durch rechtzeitige Einlegung der Berufung wird die Rechtskraft des Urteils, soweit es angefochten ist, gehemmt.

(2) Dem Beschwerdeführer, dem das Urteil mit den Gründen noch nicht zugestellt war, ist es nach Einlegung der Berufung sofort zuzustellen.

Übersicht

1 **A. Hemmung der Rechtskraft (§§ 316 Abs. 1, 343 Abs. 1). I.** Nur die rechtzeitige Berufungs- bzw. Revisionseinlegung (oder allgemeine Anfechtung) hemmt den Eintritt der Urteilsrechtskraft, diese aber stets, auch wenn das Rechtsmittel nicht statthaft – z.B. die Revision nach § 441 Abs. 3 Satz 2 StPO, § 55 Abs. 2 JGG (OLG Stuttgart MDR 1980, 518), die Rechtsbeschwerde ohne die Voraussetzungen des § 79 Abs. 1 OWiG (BGH 25, 260; BayObLGSt 1972, 169 = VRS 44, 50 unter Aufgabe von BayObLGSt 1969, 161 = DAR 1970, 51; a.M.: KG GA 70, 46; OLG Saarbrücken VRS 46, 152; OLG Hamm NJW 1973, 1517) oder aus sonstigen Gründen unzulässig ist. Nur wenn Rechtskraft bereits eingetreten ist, darf der iudex a quo (§§ 319 Abs. 1, 346 Abs. 1) – mit nur deklaratorischer Wirkung – das Rechtsmittel als unzulässig verwerfen; in allen anderen Fällen führt – konstitutiv – erst die Entscheidung des Rechtsmittelgerichts (§§ 322, 349) die Urteilsrechtskraft herbei.

2 II. Die wirksame Rechtsmittelbeschränkung nach §§ 318, 344 hemmt den Rechtskrafteintritt nur im Umfang der Urteilsanfechtung; der übrige Teil wird – freilich nur in Fällen »vertikaler« Teilrechtskraft – rechtskräftig und vollstreckbar (§ 449).

3 III. Auch noch **nach Urteilserlass** hat durch das erstinstanzliche Gericht, selbst im Fall erfolgter Berufungseinlegung, Einstellung nach § 206a zu erfolgen, sofern

1. (vollständige) Rechtskraft des Urteils durch Fristablauf, Rechtsmittelverzicht oder Rücknahme des Rechtsmittels noch nicht eingetreten ist; ein trotz eingetretener Rechtskraft ergangener Beschluss nach § 206a ist prozessual unbeachtlich (OLG Hamm VRS 41, 286, 287) **und**
2. das Verfahren trotz erfolgter Berufungseinlegung und noch nicht geschehener Aktenversendung beim Erstgericht noch anhängig ist **und**

3. das Verfahrenshindernis erst nach Urteilserlass entstanden ist. Lag es bereits vorher vor und wurde es nur vom Erstgericht übersehen, ist jedenfalls § 206a für das Erstgericht nicht anwendbar (Meyer-Goßner/*Schmitt* § 206a Rn. 6).

IV. Die Rechtskrafthemmung dauert bis zur endgültigen Entscheidung nach §§ 322, 349 oder rechtskräftigen Sachentscheidung des Rechtsmittelgerichts (auch dann, wenn es nicht über alle angefochtenen Urteilsteile entschieden hat, BayObLGSt 1968, 33). 4

B. Urteilszustellung an den Beschwerdeführer (§§ 316 Abs. 2, 343 Abs. 2). Die Urteilszustellung soll dem Beschwerdeführer ermöglichen, die Aussichten seines Rechtsmittels zu beurteilen und dieses zu begründen (§§ 317; 344, 345). Sie ist auch dann notwendig, wenn eine Rechtsmittelbegründung schon vorliegt, da sie noch ergänzt oder geändert werden kann. Der Verzicht des Beschwerdeführers auf Zustellung ist prozessual unbeachtlich, da ohne sie die Rechtsmittelbegründungsfrist nicht beginnt. 5

I. Die Urteilszustellung unterbleibt, wenn 6

1. das Urteil dem Beschwerdeführer mit Gründen bereits zugestellt worden ist (insb. nach §§ 314 Abs. 2, 341 Abs. 2),
2. das Rechtsmittel verspätet eingelegt worden ist (BayObLG NJW 1962, 1927; OLG Celle NJW 1956, 760; a.M.: *Kaiser* NJW 1977, 96; nicht bei sonstiger Unzulässigkeit, BGHSt 22, 213: Hier ergeht sogleich Beschluss nach § 319 Abs. 1 bzw. § 346 Abs. 1); gibt jedoch das Rechtsmittelgericht einem Antrag nach § 319 Abs. 2 bzw. § 346 Abs. 2 statt oder setzt es den Beschwerdeführer in den vorigen Stand gegen die Versäumung der Einlegungsfrist ein, ist das Urteil nunmehr zuzustellen,
3. dem das Rechtsmittel Einlegenden offensichtlich die Aktivlegitimation fehlt, er also kein (möglicher) Beschwerdeführer sein kann.

II. Beschwerdeführer ist, wer das Rechtsmittel aus eigenem Recht eingelegt hat, also Angeklagter, StA, Privat- und Nebenkläger (dieser aber erst nach Entscheidung über seine Anschlussberechtigung) sowie gesetzlicher Vertreter (§ 298), nicht der Verteidiger (§ 297). 7

III. Zugestellt wird eine Ausfertigung (§ 275 Abs. 4) des vollständigen Urteils. Die Rechtfertigungsfristen der §§ 317, 345 Abs. 1 werden nicht in Lauf gesetzt, wenn die Ausfertigung keine Gründe enthält oder sie die Urteilsgründe abweichend von der Urschrift verstümmelt oder sonst unvollständig wiedergibt (OLG Neustadt GA 1955, 186). 8

IV. Zur Form der Zustellung vgl. § 36. 9

V. Zustellungsadressat ist stets der Beschwerdeführer, Zustellungsempfänger können – bei Ersatzzustellungen (§§ 37 Abs. 1 StPO, §§ 178, 180, 181 ZPO, 145a Abs. 3) – auch Dritte sein. An einen Zustellungsbevollmächtigten kann (nicht muss) daher mit Wirkung für und gegen den Beschwerdeführer wirksam zugestellt werden, insb. für den Angeklagten an seinen Verteidiger (§ 145a Abs. 1; Nachreichung der Vollmacht heilt den Zustellungsmangel nicht, BayObLGSt 1971, 228, 229) oder Pflichtverteidiger (Nr. 154 Abs. 1 Satz 1 RiStBV). Hat der Angeklagte mehrere Verteidiger (§ 137 Abs. 1 Satz 2), wird nur einem davon zugestellt; die übrigen (sowie der Angeklagte) sind unter Beifügung einer Urteilsabschrift zu unterrichten (Nr. 154 Abs. 1 Satz 2, 3 RiStBV). Zur Urteilszustellung an die StA wird auf § 41 sowie Nr. 159 RiStBV verwiesen. Hat der gesetzliche Vertreter (§ 298) des Angeklagten Rechtsmittel eingelegt, wird ihm das Urteil zugestellt; haben es beide eingelegt, ist es jedem von ihnen zuzustellen (Nr. 154 Abs. 2 RiStBV). Bei öffentlicher Zustellung (§ 40) werden die Urteilsgründe nicht ausgehängt und veröffentlicht (Meyer-Goßner/*Schmitt* § 40 Rn. 7). 10

Das Unterbleiben der Urteilszustellung begründet, auch für das Berufungsverfahren, kein Prozesshindernis (BGH NStZ 1985, 563), berechtigt den Beschwerdeführer aber, die Aussetzung der Berufungsverhandlung zu beantragen (OLG Köln NStZ 1984, 475). 11

C. Verlust der Urteilsurkunde. Bei Verlust der Urteilsurkunde ist das Urteil möglichst als Ganzes zu rekonstruieren, jedenfalls aber die Urteilsformel. Die VO vom 18.06.1942 (RGBl. I, S. 395, BGBl. III, S. 315–4) bestimmt das Verfahren bei Aktenverlust im Einzelnen. Das Vorhandensein der Akten ist aber nicht Verfahrensvoraussetzung des Berufungsverfahrens (OLG Saarbrücken NJW 1994, 2711; Meyer-Goßner/*Schmitt* § 316 Rn. 6). 12

§ 317 Berufungsbegründung

Die Berufung kann binnen einer weiteren Woche nach Ablauf der Frist zur Einlegung des Rechtsmittels oder, wenn zu dieser Zeit das Urteil noch nicht zugestellt war, nach dessen Zustellung bei dem Gericht des ersten Rechtszuges zu Protokoll der Geschäftsstelle oder in einer Beschwerdeschrift gerechtfertigt werden.

Übersicht

1 **A. Zweck.** Die fakultative Berufungsbegründung (für die StA vgl. jedoch Nr. 156 Abs. 1 RiStBV) dient der vorläufigen Unterrichtung des Gerichts und anderer Prozessbeteiligter über das Ziel der Berufung und damit einer sachgerechten Vorbereitung der Berufungshauptverhandlung. Sie kann zur Auslegung einer unklaren Berufungseinlegung herangezogen werden, eine bereits dort eindeutig erklärte Beschränkung des Rechtsmittels aber nicht mehr rückgängig machen.

2 **B. Frist.** **I.** Wird die Berufungseinlegungsfrist durch Urteilsverkündung in Lauf gesetzt (§ 314 Abs. 1), beginnt die Begründungsfrist frühestens nach Ablauf der Einlegungsfrist oder, wenn zu diesem Zeitpunkt das Urteil noch nicht zugestellt ist, mit der Zustellung gem. § 316 Abs. 2. Beginnt die Einlegungsfrist erst mit Urteilszustellung (§ 314 Abs. 2), schließt sich an diese Frist die Begründungsfrist ohne Weiteres an. Wurde die Berufung verspätet eingelegt, läuft die Begründungsfrist in beiden Fällen ab Bekanntgabe des die Wiedereinsetzung gegen die Versäumung der Einlegungsfrist gewährenden Beschlusses.

3 **II.** Die Berufungsbegründung kann schon vor Beginn der Frist des § 317 (z.B. zusammen mit der Rechtsmitteleinlegung) und noch nach ihrem Ablauf (etwa in der Berufungshauptverhandlung) abgegeben werden. Da die Versäumung der Begründungsfrist keine Rechtsverluste bewirkt, kommt Wiedereinsetzung oder Fristverlängerung nicht in Betracht.
Wer allerdings die Frist zur Begründung der Berufung gem § 317 ungenutzt verstreichen lässt, ohne dem Berufungsgericht auch nur eine Stellungnahme anzukündigen, muss damit rechnen, dass das Gericht ohne weitere Nachfrage entscheidet. Einen Verstoß gegen Art. 103 Abs. 1 GG kann jedenfalls nicht geltend machen, wer es selbst versäumt hat, sich vor Gericht Gehör zu verschaffen (BVerfG NJW 2002, 2940).

4 **C. Form.** Die Berufung kann schriftlich oder zu Protokoll der Geschäftsstelle des *iudex a quo* begründet werden. Unter Umständen kann auch ein Aktenvermerk der StA eine – dem Angeklagten bekannt zu gebende – Berufungsbegründung sein.

§ 318 Berufungsbeschränkung

Die Berufung kann auf bestimmte Beschwerdepunkte beschränkt werden. Ist dies nicht geschehen oder eine Rechtfertigung überhaupt nicht erfolgt, so gilt der ganze Inhalt des Urteils als angefochten.

Übersicht

1 **A. Teilrechtskraft und innerprozessuale Bindungswirkung.** **I.** Voraussetzungen und Wirkungen einer nur teilweisen Urteilsanfechtung sind für Berufung und Revision gleich. Eine wirksame Rechtsmittelbeschränkung begründet ein vom Rechtsmittelgericht von Amts wegen in jeder Verfahrenslage zu beachtendes Prozesshindernis (BGH NStZ 1984, 566; OLG Köln NStZ 1989, 24; BayObLGSt 1977, 80, 81): Die unangefochten gebliebenen »Beschwerdepunkte« (= Teile der in der Urteilsformel enthaltenen Entscheidung, nicht einzelne Feststellungen zur Schuld- oder Straffrage) sind nicht mehr »Streitgegenstand« des Rechtsmittelverfahrens und sie schaffen insoweit ein Beweisatsachenverbot für die Berufungshauptverhandlung bzw. die neue tatgerichtliche Hauptverhandlung nach Zurückverweisung gem. § 354 Abs. 2. Ein nicht wirksam beschränktes Rechtsmittel ist nicht etwa unzulässig, sondern gilt in der Regel als in vollem Umfang eingelegt (§ 318 Satz 2), stets aber zumindest insoweit, als die übrigen Urteilselemente in ihrem logischen Aufbau mitzuprüfen sind (BayObLG NJW 1971, 393; OLG Hamburg MDR 1958, 52; OLG Celle VRS 38, 261). Wird das Urteil z.B. von der StA und dem Angeklagten teilweise (etwa nur im Strafmaß), vom Nebenkläger aber unbeschränkt angefochten, ist es, sofern das Rechtsmittel des Nebenklägers nicht zurückgenommen wird oder sich anderweitig erledigt, im Rechtsmittelverfahren umfassend zu überprüfen.

II. Die gesetzlich zugelassene Teilanfechtung (und Teilaufhebung) eines Urteils dient der Prozessökonomie und Verfahrensbeschleunigung (BGHSt 19, 48; 24, 188; BGH NJW 1981, 590). Dabei sollen die grundsätzliche Freiheit Anfechtungsberechtigter zur Disposition über die ihnen zustehenden Rechtsmittel ggü. den prozesspraktischen Möglichkeiten, auch ohne erneute Überprüfung vom Berufungsführer nicht beanstandeter Elemente des Urteils dessen inhaltliche Einheit und Widerspruchsfreiheit auch im Fall abweichender Beurteilung nur seiner angefochtenen Teile durch das Rechtsmittelgericht zu wahren, abgewogen werden. 2

III. Die Folge einer wirksamen Rechtsmittelbeschränkung auf »bestimmte Beschwerdepunkte« für die unangefochtenen Urteilselemente wird allgemein mit »Teilrechtskraft« bezeichnet. Dieser Terminus umschreibt indessen begriffsinhaltlich Verschiedenes: In echte Rechtskraft im staatsrechtlichen Sinn (Art. 103 Abs. 3 GG) erwachsen nicht angegriffene Entscheidungsteile nur dann, wenn sie eine oder mehrere selbstständige Taten im prozessualen Sinn (§ 264) zum Gegenstand haben; beschränkt der Berufungsführer sein Rechtsmittel dagegen nur auf bestimmte Punkte im Rahmen derselben prozessualen Tat, tritt i.Ü., weil über einen »Prozessgegenstand« noch nicht endgültig entschieden ist, keine Rechtskraft i.S.v. Art. 103 Abs. 3 GG ein, sondern eine nur innerprozessuale Bindungswirkung für das Rechtsmittelgericht. 3

Deshalb sind inhaltlich am Maßstab des prozessualen Tatbegriffs zu unterscheiden: 4

1. **Vertikale Teilrechtskraft** liegt vor, wenn nur einer von mehreren Mitangeklagten oder ein Angeklagter lediglich in Bezug auf eine von mehreren Taten im prozessualen Sinn das Urteil anficht: hinsichtlich der übrigen Mitangeklagten bzw. prozessualen Taten entsteht echte Rechtskraft mit den Wirkungen des Art. 103 Abs. 3 GG. 5

2. Nur **horizontale Teilrechtskraft** ohne die spezifischen Rechtskraftwirkungen für das Rechtsmittelgericht tritt ein, wenn, was nur unter der Voraussetzung innerer Widerspruchsfreiheit statthaft ist, innerhalb derselben prozessualen Tat die Anfechtung beschränkt wird, z.B. auf eine von mehreren in Realkonkurrenz (§ 53 StGB) stehenden strafbaren Handlungen. 6

B. Formelle Voraussetzungen wirksamer Rechtsmittelbeschränkung. I. Die Rechtsmittelbeschränkung bedeutet bis zum Ablauf der Berufungsbegründungsfrist keinen Teilverzicht, danach Teilrücknahme des Rechtsmittels: Sie ist als prozessuale Bewirkungshandlung grds. bedingungsfeindlich, unwiderruflich und unanfechtbar, nur in Ausnahmefällen unwirksam und setzt nicht Geschäfts-, sondern nur Verhandlungsfähigkeit des Erklärenden voraus. In Fällen der notwendigen Verteidigung (§ 140) kann der Angeklagte sein Rechtsmittel auch dann wirksam beschränken, wenn er keinen Verteidiger hat (OLG Hamm JZ 1957, 759). 7

II. Grenzen der Befugnis, ein Rechtsmittel durch Teilrücknahme oder Teilverzicht zu beschränken, normieren die §§ 302 Abs. 1 Satz 2, Abs. 2, 303. Einer besonderen Ermächtigung bedarf der Verteidiger nicht zur Einlegung eines nur beschränkten Rechtsmittels, wohl aber zur nachträglichen Beschränkung durch Teilrücknahme (§ 302 Abs. 2): Fehlt dem Verteidiger die nach § 302 Abs. 2 notwendige Vollmacht, bleibt das Rechtsmittel unbeschränkt eingelegt. Hat sowohl der Angeklagte als auch sein Verteidiger Rechtsmittel eingelegt, geht, falls nur einer von ihnen das Rechtsmittel beschränkt, die Erklärung des Angeklagten vor. Eine nachträgliche Erweiterung eines zunächst beschränkt eingelegten Rechtsmittels kommt nur innerhalb der Rechtsmitteleinlegungsfrist in Betracht (BGH NJW 1993, 476 m.w.N.). 8

III. Zur Auslegung von Rechtsmittelverzichts- und Rechtsmittelrücknahmeerklärung vgl. § 302 Rdn. 7. Es gelten die zu § 300 entwickelten Grundsätze: Die Erklärung ist nicht nur nach ihrem Wortlaut, sondern maßgeblich nach ihrem Sinn und Zusammenhang mit anderen Erklärungen und dem erkennbaren Ziel des Rechtsmittels zu deuten (BGH NJW 1981, 590; OLG Koblenz VRS 39, 379). 9

1. Die Beschränkung muss bestimmt und eindeutig sein. Sie kann aber auch schlüssig aus Rechtsmittelerklärungen, insb. Rechtsmittelbegründungen, hervorgehen, z.B. aus der Erhebung der Sachrüge (OLG Köln VRS 58, 40) oder der Beanstandung nur des Strafausspruchs (OLG Koblenz VRS 51, 122) bei ausdrücklicher Einräumung der Schuld (BGH VRS 34, 437). Die Rüge, die Strafe sei zu hoch, enthält nur bei Juristen, nicht auch bei rechtsunkundigen Angeklagten, eine Rechtsmittelbeschränkung auf das Strafmaß, weil hierfür die Schuldfeststellungen von Bedeutung sein können und deshalb grds. mit angegriffen sind (BayObLG DAR 87, 314). Bei der Erklärung des Berufungsführers, er strebe die Feststellung eines minderschweren Falles an, ist die Berufung in der Regel auf das Strafmaß beschränkt (OLG Köln NStZ 1989, 339). Umgekehrt kann auch der Inhalt der Rechtsmittelbegründung zeigen, dass entgegen den scheinbar anderslautenden Rechtsmittelanträgen das Rechtsmittel unbeschränkt ist; so, wenn z.B. der Antrag auf eine höhere Strafe mit Angriffen gegen Schuldfeststellungen verbunden ist (BGH NJW 1956, 1845). Die Erklärung eines Verteidigers darf allerdings nicht entgegen ihrem eindeutigen Inhalt erweitert werden (BGHSt 2, 41; 3, 46). Die Strafmaßbeschränkung enthält zumeist auch eine Maßregelanfechtung. Grds. noch keine Rechtsmittelbeschränkung darf gesehen werden in begrenzten Schlussanträgen (OLG Frankfurt VRS 50, 416) oder im Schweigen des Berufungsführers auf einen Hinweis des Vorsitzenden, das Gericht gehe davon aus, dass das Rechtsmittel 10

beschränkt sei. Im Zweifel, den der Berufungsführer aber noch in der Berufungshauptverhandlung durch eindeutige Erklärung ausräumen kann, ist das Rechtsmittel als unbeschränkt anzusehen (BGHSt 29, 359; OLG Koblenz VRS 49, 379). Die Auslegung der Beschränkungserklärung durch das Berufungsgericht bindet das Revisionsgericht nicht.

11 **2.** Die Rechtsmittelbeschränkung bedeutet nicht ohne Weiteres zugleich einen Verzicht auf jede weitergehende Anfechtung; anderes gilt nur, wenn zweifelsfrei der Wille zum Rechtsmittelverzicht hinsichtlich der nicht beanstandeten Urteilsteile aus den Rechtsmittelerklärungen des Berufungsführers erkennbar ist (BayObLG NJW 1968, 66). Ein zur (Teil-) Zurücknahme eines Rechtsmittels ermächtigter Verteidiger kann nur mit besonderer Vollmacht einen wirksamen Rechtsmittelverzicht i.Ü. erklären (BGHSt 10, 321).

12 **IV.** Soweit das Urteil nicht angefochten ist, tritt, falls auch ein weitergehender Anfechtungsverzicht nicht vorliegt, Teilrechtskraft bzw. Bindungswirkung ein, und zwar nicht schon mit der Beschränkungserklärung, sondern erst mit Ablauf der Rechtsmittelbegründungsfrist; bis dahin kann unter jenen Voraussetzungen der Berufungsführer sein Rechtsmittel noch erweitern.

13 **V.** Zeitpunkt: Das Rechtsmittelgericht hat von Amts wegen die Wirksamkeit der Rechtsmittelbeschränkung zu prüfen in formeller Hinsicht in jeder Prozesslage, bei horizontaler Bindungswirkung dagegen in sachlicher Beziehung nur nach der Sach- und Rechtslage am Ende der letzten Tatsacheninstanz, wie sie sich in Wechselwirkung von Normen und Tatsachen konstituiert hat und nach dem Beratungsergebnis endgültig darstellt (BGHSt 21, 256; 27, 72, 244).

14 **C. Sachliche Voraussetzungen wirksamer Anfechtungsbeschränkung. I. Allgemeines.** Wirksam ist ein Rechtsmittel beschränkbar nur auf solche »Beschwerdepunkte«, die das Rechtsmittelgericht losgelöst vom nicht angefochtenen Urteilsinhalt nach dem inneren Zusammenhang rechtlich und tatsächlich selbstständig für sich beurteilen kann. Weil diese grundlegende und unerlässliche Voraussetzung der Trennbarkeit aber – ähnlich der gängigen Umschreibung des prozessualen Tatbegriffs – ersichtlich nicht mehr als eine Leerformel ist, bedarf es dazu jeweils einer Einzelfallprüfung (BGH NJW 1981, 590, 591). Diese ist an zwei Erfordernissen auszurichten: Zum einen dürfen die angefochtenen und die unbeanstandet gebliebenen Urteilsteile einander weder logisch vor- bzw. nachgeordnet sein noch zueinander in Wechselwirkung stehen (BGHSt 19, 48; NJW 1981, 590; *Schall* JuS 1977, 307, 308); zweitens dürfen sie im Interesse der inneren Einheitlichkeit des Urteils einander nicht widersprechen (BGHSt 7, 287; 10, 72; 24, 185 ff.; 28, 119, 121; NJW 1980, 1807; NJW 1981, 590; BayObLG JZ 1960, 31; VRS 43, 122).

15 Das Rechtsmittel ist auch auf die – vom Rechtsmittelgericht ohnehin von Amts wegen vorzunehmende – Nachprüfung eines Prozesshindernisses beschränkbar, wenn dieses unabhängig vom Schuld- und Rechtsfolgenausspruch beurteilt werden kann. Grds. ist das zu bejahen (mit der Folge, dass bei Verneinung des Prozesshindernisses keine weitere Urteilsnachprüfung stattfindet, OLG Köln VRS 49, 360) für Strafklageverbrauch (OLG Hamburg VRS 45, 31) und Strafantrag, jedoch zu verneinen (d.h. es gilt das Urteil als in vollem Umfang angefochten) für Verfolgungsverjährung (OLG Frankfurt NStZ 1982, 35).

16 Stellt das Rechtsmittelgericht nach wirksamer Teilanfechtung ein Prozesshindernis fest, ist zu unterscheiden:

17 **1.** Bei vertikaler Teilrechtskraft bleibt die nicht angefochtene Verurteilung wegen selbstständiger Taten im prozessualen Sinn auch dann unberührt (Folge: Einstellung nur hinsichtlich des angefochtenen Urteilsteiles), wenn das Verfahrenshindernis sich auf sie erstreckt.

18 **2.** Im Fall horizontaler Bindungswirkung dagegen wirkt sich das vom Rechtsmittelgericht festgestellte Prozesshindernis stets (Folge: Einstellung auch bezüglich des nicht angegriffenen Teils des Urteils) auf den nicht angefochtenen Urteilsteil aus. Ob eine Prozessvoraussetzung fehlt, richtet sich bei horizontaler Bindungswirkung nach dem unangefochtenen, das Rechtsmittelgericht in der rechtlichen Tatbewertung insoweit bindenden Schuldspruch; ein Strafantrag ist daher nicht zu prüfen, wenn wegen einer ohne Antrag verfolgbaren Tat verurteilt worden ist.

19 **II. Einzelfälle vertikaler Teilrechtskraft. 1.** Ficht nur einer von zwei Mitangeklagten das Urteil an, wird es in Richtung gegen den anderen rechtskräftig.

20 **2.** Ein Angeklagter (oder sonstiger Anfechtungsberechtigter) kann das Rechtsmittel stets wirksam beschränken auf eine (oder mehrere) von verschiedenen selbstständigen prozessualen Taten, die Urteilsgegenstand sind. Dies gilt selbst dann, wenn ein Prozesshindernis auch die nicht angefochtenen prozessualen Taten ergreift, Widersprüche mit den rechtskräftigen Feststellungen auftreten können, mit der nicht angefochtenen Einzelstrafe eine Gesamtstrafe zu bilden ist, die verschiedenen prozessualen Taten durch eine Dauerstraftat miteinander verbunden sind, die Einzelstrafen in ihrer Höhe aufeinander abgestimmt sind oder alle Strafen zur Bewährung ausgesetzt worden sind. Eine auf mehrere Taten im prozessualen oder materiellen Sinn gestützte einheitliche Maßregel oder Nebenstrafe wird von der Anfechtung auch nur einer dieser Taten mit umfasst (BayObLG VRS 31, 186; NJW 1966, 2369).

III. Einzelfälle horizontaler Bindungswirkung bei Anfechtungsbeschränkung innerhalb einer Tat im prozessualen Sinn. 1. Die Anfechtung des Urteils hinsichtlich nur einer von mehreren materiellrechtlich selbstständigen Handlungen i.S.v. § 53 StGB, die nur eine Tat i.S.v. § 264 bilden, ist grds. zulässig (BGHSt 24, 185; OLG Köln VRS 62, 283; BayObLG 80, 115), sofern nicht entgegen der Auffassung des Erstgerichts in Wirklichkeit Idealkonkurrenz vorliegt oder wegen unzulänglicher Feststellungen des Ersturteils diese Konkurrenzfragen offen sind; ist in einem dieser Ausnahmefälle fehlerhaft Teilfreispruch ergangen, kann die StA ihr Rechtsmittel nicht wirksam auf diesen beschränken (OLG Hamm VRS 39, 191); andererseits führt die Verurteilungsanfechtung durch den Angeklagten auch zur Überprüfung des freisprechenden Teils des Urteils (BGHSt 21, 256; 26, 221). 21

2. Das Postulat der Widerspruchsfreiheit gilt auch bei einer Verurteilungsanfechtung nur hinsichtlich einer von mehreren Handlungen i.S.v. § 53 StGB (BGHSt 7, 283; 10, 71; 24, 185), die Feststellungen zum nicht angefochtenen Urteilsteil sind im weiteren Verfahren bindend (BGHSt 24, 185; 28, 121). 22

3. Speziell bei schuldhafter Unfallverursachung (z B. § 229 StGB) und unerlaubtem Entfernen vom Unfallort (§§ 142 Abs. 1, 53 StGB) ist eine Rechtsmittelbeschränkung auf die Verurteilung nach § 142 StGB oder § 229 StGB zulässig. Dies gilt nicht (d.h keine Beschränkbarkeit), wenn infolge besonderer Umstände die Teilanfechtung zur Annahme einer einheitlichen, nicht mehr aufteilbaren Tat führen könnte, wie z.B. dann, wenn in Wirklichkeit eine einheitliche Rauschtat (§ 323a StGB) vorliegt oder der Angeklagte nach der Unfallverursachung (z.B. § 315c StGB) unerlaubt vom Unfallort weggefahren ist (§§ 142 Abs. 1, 316, 52, 53 StGB) und sein Verhalten als materiell-rechtlich einheitliche Handlung (§ 315c StGB) zu beurteilen wäre, falls der Schuldspruch nach § 142 StGB entfiele (BGHSt 25, 72, 75; BGH VRS 41, 26; 59, 336). 23

4. Ist der ein Konkurrenzverhältnis nach § 53 StGB begründende Tatvorsatz infolge Teilanfechtung bindend festgestellt, darf ihn das Berufungsgericht oder das Tatgericht nach Zurückverweisung gem. § 354 Abs. 2 nicht zeitlich oder inhaltlich abweichend ermitteln etwa mit der Folge, dass nunmehr Idealkonkurrenz (§ 52 StGB) anzunehmen wäre (BGHSt 28, 119, 121). 24

5. Anfechtungsbeschränkung auf Teile des Urteils über eine einheitliche Straftat im materiell-rechtlichen Sinn (§ 52 StGB): 25

a) **Allgemeines**: Wird das Rechtsmittel auf den Straf- bzw. Rechtsfolgenausspruch oder innerhalb des Rechtsfolgenausspruchs (z.B. auf die Frage der Strafaussetzung zur Bewährung) beschränkt, erwachsen die übrigen Urteilsteile nicht in echte Rechtskraft: Sie binden das Rechtsmittelgericht (und das neue Tatgericht nach Zurückverweisung gem. § 354 Abs. 2) nur insofern, als dieses sie weder durch neue Feststellungen hierzu korrigieren noch neue Tatsachen einführen darf, die den bereits feststehenden widersprechen; es ist ihm jedoch nicht verwehrt, auch nicht angefochtene Teile rechtlich abweichend zu würdigen, wenn und soweit dies möglich ist ohne darauf gerichtete besondere Wahrheitserforschungmaßnahmen und ohne Zugrundelegung neuer tatsächlicher Umstände, die mit den bindenden Feststellungen unvereinbar sind. Daher gelten hier Grundsätze, die der revisionsgerichtlichen Überprüfungsbefugnis auf die allgemeine Sachrüge hin vergleichbar sind. Somit ist z.B. im Fall einer Strafmaßberufung das Berufungsgericht zwar grds. auch an einen rechtsfehlerhaften Schuldspruch gebunden (BGHSt 7, 283); im Ergebnis zutreffend wird jedoch z.T. das Rechtsmittelgericht für befugt gehalten, ohne Weiteres erkennbare bzw. offensichtliche Unrichtigkeiten zu beseitigen. 26

b) Keine Bindungswirkung trotz Teilanfechtung tritt deshalb ein, wenn dem nicht angegriffenen Schuldspruch keine Strafnorm (z.B. keine Strafbarkeit der nur versuchten oder lediglich fahrlässig begangenen Tat) oder ein nicht mehr gültiges Strafgesetz zugrunde liegt (BayObLG NJW 1962, 2213; OLG Stuttgart NJW 1962, 2118), insb. durch nachträgliche Gesetzesänderung (§ 354a) die Strafbarkeit entfallen oder die Bestimmung durch eine mildere Vorschrift ersetzt worden ist (BGHSt 7, 284; 20, 116; 26, 1; ausnahmsweise bleibt der Schuldspruch bindend, wenn die Rechtsänderung nur den Strafrahmen betrifft, wie in der Regel bei Milderung der Strafandrohung für minderschwere Fälle): Das Rechtsmittelgericht muss trotz Nichtanfechtung des Schuldspruchs prüfen, ob der vom Tatgericht festgestellte Sachverhalt die Merkmale einer von der Gesetzesänderung nicht betroffenen Begehungsweise der Tat enthält (BGHSt 24, 106; vgl. auch BayObLGSt 1975, 134 = VRS 50, 186: Wegfall der Versuchsstrafbarkeit, aber Erweiterung der eine vollendete Tat begründenden Verhaltensweisen) und ggf. freisprechen, den Schuldspruch berichtigen oder die ungültige Vorschrift durch eine zutreffende ersetzen (BGHSt 19, 46; OLG Celle NJW 1962, 2073, 2363). 27

Weiter tritt keine Bindungswirkung ein, wenn das Urteil nicht erkennen lässt, welches Gesetz oder welche von mehreren alternativen Strafvorschriften angewendet, welche Schuldform (Vorsatz, Fahrlässigkeit) zugrunde gelegt worden oder ob die Tat vollendet oder nur versucht ist.

Schließlich ist auch keine Bindungswirkung gegeben, wenn bei Strafmaßanfechtung die erstgerichtlichen Feststellungen fehlerhaft, unklar, lückenhaft, widersprüchlich oder so dürftig sind, dass sie den Unrechts- und Schuldgehalt der Tat nicht einmal in groben Umrissen erkennen lassen und daher keine geeignete Grundlage für die Beurteilung der Rechtsfolgenfrage sind (OLG Hamm NStZ-RR 2001, 300; VRS 30, 203, 456;

VRS 42, 197; VRS 45, 297; OLG Celle VRS 35, 208; 38, 261; OLG Koblenz VRS 75, 34, 35; 46, 47; NStZ-RR 2005, 178).

28 c) Schuldspruch: Seine nur teilweise Anfechtung ist bei einer einheitlichen Straftat i.S.d. § 52 StGB grds. unzulässig. Das Rechtsmittel kann daher in der Regel nicht wirksam beschränkt werden auf bestimmte Gesichtspunkte tatsächlicher oder rechtlicher Art (BGHSt 6, 230; VRS 14, 194; 33, 293), z.B. auf die Frage der Notwehr, auf einzelne Tatbestandsmerkmale oder Rechtsbegriffe, auf die Voraussetzungen einer actio libera in causa oder Volltrunkenheit i.S.v. § 323a StGB oder auf die Anwendung von § 52 oder § 53 StGB (BGH NStZ 1996, 203; BayObLG NStZ 1988, 576). Dieses Postulat einheitlicher Beurteilung des Schuldspruchs gilt auch in Fällen des § 52 StGB sowie der Gesetzeskonkurrenz, und zwar selbst dann, wenn nach richtiger Rechtsansicht z.B. Tatmehrheit (§ 53 StGB) vorlag. Nur ausnahmsweise kann bei Idealkonkurrenz (z.B. §§ 315c, 229, 52 StGB) die Entscheidung isoliert allein hinsichtlich einer Handlung i.S.v. § 52 StGB (hier: § 229 StGB) angefochten werden, falls insoweit ein Prozesshindernis (§ 230 StGB) geltend gemacht wird (BayObLG VRS 37, 54).

29 d) Was zum (nicht isoliert angreifbaren) Schuldspruch und was zur (getrennt anfechtbaren) Rechtsfolgenfrage zählt, ist nicht nach allgemeinen Merkmalen, sondern mit Blick auf die Trennungsvoraussetzungen stets nach den jeweiligen Umständen des konkreten Falles zu entscheiden.

In der Regel gehören zur Schuldfrage die Schuldfähigkeit (§ 20 StGB) und die verminderte Schuldfähigkeit jedenfalls dann, wenn sich im Einzelfall nicht ausschließen lässt, dass eine Anwendung des § 20 StGB in Betracht kommt. Zur Schuldfrage gehören auch der Verbotsirrtum (§ 17 StGB) sowie die Feststellungen zum gesetzlichen Regelbeispiel eines besonders schweren oder minderschweren Falles, sodass bei wirksamer Rechtsmittelbeschränkung auf den Strafausspruch das Rechtsmittelgericht an jene Feststellungen gebunden ist, sofern im Einzelfall sie »doppelrelevante«, d.h. auch den Schuldspruch tragende Tatsachen betreffen und der Beschwerdeführer sich auch dagegen wendet, dass das Erstgericht einen solchen Umstand angenommen oder nicht angenommen hat (BGH NJW 1981, 591).

Zur Straffrage gehören das Mitverschulden des Unfallopfers (BGH VRS 19, 110), es sei denn, diese Frage ist von entscheidender Bedeutung für die Beurteilung des eigenen Verschuldens des Angeklagten oder erforderte eine neue Beweisaufnahme mit der Möglichkeit abweichender Feststellungen zum Verschulden auch des Angeklagten und die (Nicht-) Anwendung der §§ 157, 158, 163 Abs. 2, 316a Abs. 2 StGB.

30 **IV. Anfechtungsbeschränkung auf den Strafausspruch und innerhalb des Strafausspruchs.** **1.** Das Rechtsmittel kann grds. wirksam auf den Strafausspruch beschränkt werden (BGHSt 24, 188; 33, 59; VRS 34, 438). Führt jedoch die umfassende Berufung des als Haupttäter verurteilten A zum Freispruch mangels Beweises, ist die Beschränkung der Berufung des nur wegen Beihilfe verurteilten B auf das Strafmaß prozessual unbeachtlich. Nicht beschränkbar ist das Rechtsmittel auch auf die Entscheidung, ob auf einen Heranwachsenden Jugendrecht oder allgemeines Strafrecht anzuwenden ist.

31 2. Anfechtungsbeschränkung innerhalb des Strafausspruchs Das Rechtsmittel kann in der Regel beschränkt werden auf die

32 a) Bemessung der Tagessatzhöhe (§ 40 Abs. 2, Abs. 3 StGB; BGHSt 27, 70; KG VRS 52, 113), es sei denn, im angefochtenen Urteil fehlt eine Bemessung der Tagessatzhöhe völlig oder die (besonders große) Zahl der Tagessätze hat möglicherweise zu einer Senkung ihrer Höhe geführt;

33 b) Entscheidung nach § 42 StGB;

34 c) (Nicht-) Anrechnung von Freiheitsentzug nach § 51 Abs. 1 StGB, es sei denn, die Nichtanrechnung wird auf Gründe gestützt, die auch für die Strafzumessung bestimmend waren;

35 d) Gesamtstrafenbildung nach § 53 StGB oder § 55 StGB sowie die Gesamtstrafenhöhe gem. § 54 Abs. 1 Satz 2 StGB. Die in der Rechtsmittelbeschränkung auf eine von mehreren prozessualen Taten liegende Anfechtung zugleich der Gesamtstrafe lässt das Urteil auch i.Ü.n.rk., sondern nur bezüglich der nicht angegriffenen Schuldsprüche und Einzelstrafen bindend werden. Mit angefochten bei einer Rechtsmittelbeschränkung auf die Gesamtstrafe sind stets auch Entscheidungen über Nebenstrafen, Nebenfolgen und Maßnahmen (§ 11 Abs. 1 Satz 8 StGB), Anrechnung der Untersuchungshaft und Strafaussetzung zur Bewährung.

36 3. Grds. unzulässig wegen jeweils untrennbarer Verknüpfungen mit der Straffrage im engeren Sinne (§ 46 StGB) ist die Rechtsmittelbeschränkung auf die

37 a) Frage der Unerlässlichkeit einer Freiheitsstrafe nach § 47 StGB;

38 b) Anwendbarkeit des § 59 StGB (OLG Celle MDR 1976, 1041);

39 c) Verhängung von Geldstrafe neben Freiheitsstrafe gem. § 41 StGB.

40 4. Auf Nebenstrafen kann das Rechtsmittel wirksam beschränkt werden, sofern sie von Feststellungen und Erwägungen zur Hauptstrafe unabhängig sind (OLG Hamm NJW 1975, 67).

5. In der Regel unzulässig ist die isolierte Anfechtung eines Fahrverbots nach § 44 StGB oder § 25 StVG, zumal eine Erhöhung der Geldstrafe/Geldbuße unter Aufhebung des Fahrverbots im Rechtsmittelverfahren die §§ 331, 358 Abs. 2 nicht verletzt (OLG Düsseldorf VRS 84, 336; OLG Hamm NStZ 2006, 592; OLG Schleswig NStZ 1984, 90). 41
6. Grds. wirksam ist dagegen die Anfechtungsbeschränkung auf Maßnahmen nach § 45 StGB. 42
7. Entscheidung über die Strafaussetzung zur Bewährung (§§ 56 StGB, 21 JGG) 43
a) Ob diese für sich, d.h. getrennt vom übrigen Strafausspruch, anfechtbar ist, lässt sich generell weder bejahen noch verneinen, und zwar auch dann nicht, wenn die für die Strafzumessungs- und -aussetzungsfrage bestimmenden Tatsachen sich überschneiden, also doppelrelevant sind. Entscheidend ist vielmehr stets die Einzelfallbeurteilung, ob bei isolierter Anfechtung der Strafaussetzungsentscheidung in concreto die hierzu neu zu treffenden Feststellungen sich mit den die Strafzumessung tragenden Tatsachen und Erwägungen widerspruchsfrei vereinbaren lassen oder nicht (BGH NStZ 1982, 285, 286; KG NZV 2002, 240; OLG Hamburg NStZ-RR 2006, 18; OLG Nürnberg NZV 2007, 642). 44
b) Nicht getrennt vom Strafausspruch kann die Entscheidung über die Strafaussetzung auch dann angefochten werden, wenn im Einzelfall z.B. die Begründung der Strafzumessung so unzulänglich ist, dass sie keine Grundlage für eine darauf aufbauende Aussetzungsentscheidung sein kann oder im Ersturteil Strafmaß- und Aussetzungsentscheidung unzulässig miteinander verknüpft sind. 45
c) Isoliert anfechtbar ist die Strafaussetzung auch unter dem Gesichtspunkt des § 56 Abs. 3 StGB, sofern Feststellungen dazu nicht im Einzelfall der Basis der Schuld- oder/und Straffrage unvereinbar widersprechen können. 46

V. Wirkungen zulässiger Rechtsmittelbeschränkung auf den Strafausspruch bzw. innerhalb des Strafausspruchs. 1. Die Wiedereinbeziehung vor der Beschränkung nach § 154a ausgeschiedener Gesetzesverletzungen bleibt zulässig (BayObLG NJW 1969, 1185) 47
2. Das Rechtsmittelgericht ist gebunden an die Urteilsfeststellungen zur Schuld, und zwar sowohl zu ihrer Form als auch ihrem Umfang, selbst wenn dabei die rechtliche Beurteilung nicht infrage gestellt wird (OLG Koblenz VRS 53, 337; OLG Karlsruhe VRS 55, 362). Das Rechtsmittelgericht darf nicht von einer die Schuldfeststellungen betreffenden Wahrunterstellung abweichen, den Sachverhalt durch einen anderen, den gleichen Schuldspruch ebenfalls tragenden ersetzen, auf die Mindeststrafe erkennen, weil es den Schuldspruch für verfehlt erachtet oder auf die Berufung der StA gegen die einem Heranwachsenden bewilligte Strafaussetzung nunmehr Jugendrecht anwenden. Ihm ist es nur erlaubt, ergänzende Feststellungen, die mit den aufrechterhaltenen Tatsachen vereinbar sind, zu treffen, wie z.B. das eigentliche Tatgeschehen nicht betreffend verschuldete Auswirkungen der Tat (BGH bei Holtz MDR 1980, 275). 48
3. Stellt sich jedoch z.B. in der Hauptverhandlung über eine Strafmaßberufung ohne gezielte Feststellungen zur Schuldfrage die Schuldunfähigkeit des Angeklagten heraus, ist nicht auf das nach § 21 StGB mögliche Mindestmaß der Strafe zu erkennen, sondern freizusprechen. 49
4. Anfechtungsbeschränkung auf die Entscheidung über Maßregeln der Besserung und Sicherung (§ 61 StGB) 50
a) **Allgemeines:** Auch die Maßregelentscheidung ist vom Schuld- und/oder Strafausspruch getrennt anfechtbar, es sei denn, die Feststellungen zur Schuld- oder Straffrage sind lückenhaft oder widersprüchlich (OLG Koblenz VRS 48, 16). Trägt der Sachverhalt ein anderes als das vom Erstgericht angewendete Strafgesetz und rechtfertigt dieses die Maßregel, ist die Beschränkung jedoch wirksam. Umgekehrt kann unter gleichen Bedingungen auch die Rechtsmittelbeschränkung auf die Strafmaß- oder -aussetzungsentscheidung ohne gleichzeitige Anfechtung der Maßregel prozessual wirksam sein, z.B. in Fällen der §§ 69, 69a StGB jedenfalls dann, wenn der Fahrerlaubnisentzug nur wegen körperlicher oder geistiger Mängel des Angeklagten angeordnet oder abgelehnt wird. 51
b) **Einzelfälle:** 52
(1) Unterbringung in einem psychiatrischen Krankenhaus (**§ 63 StGB**) 53
Freispruch des Angeklagten wegen Schuldunfähigkeit (§ 20 StGB): Die StA kann die Nichtanordnung der Unterbringung isoliert anfechten. Beanstandet der Angeklagte nur die Anordnung seiner Unterbringung, so beschränkt sich das Rechtsmittel auf die Unterbringungsanordnung, da er durch den Freispruch nicht beschwert ist (Meyer-Goßner/*Schmitt* § 318 Rn. 24).
Verurteilung des Angeklagten (unter den Voraussetzungen des § 21 StGB): In der Regel wirksam ist die Beschränkung des Rechtsmittels der StA auf die Ablehnung der Unterbringungsanordnung und des Angeklagten auf die Verhängung der Maßregel.
(2) Die Anordnung der Sicherungsverwahrung (**§ 66 StGB**) ist stets getrennt von der Schuldfrage anfechtbar und vom Strafausspruch dann, falls auszuschließen ist dass die Strafe wegen Ablehnung der Sicherungsverwahrung besonders hoch oder angesichts ihrer Verhängung besonders niedrig bemessen worden ist. Zwischen 54

Strafe und Nichtanordnung der Maßregel besteht grds. keine der Rechtsmittelbeschränkung entgegenstehende Wechselwirkung (BGH NStZ 2007, 212, 213; Meyer-Goßner/*Schmitt* § 318 Rn. 26).

55 (3) Die Rechtsmittelbeschränkung auf die Anordnung der Führungsaufsicht (§ 68 StGB) ist grds. zulässig.

56 (4) Anfechtungsbeschränkung auf die Entscheidung über Entzug der Fahrerlaubnis (§ 69 Abs. 1, Abs. 2 StGB), Einziehung des Führerscheins (§ 69 Abs. 3 Satz 2 StGB) und Fahrerlaubnissperre (§ 69a StGB).

Entziehung der Fahrerlaubnis (§ 69 StGB):

Wird der Angeklagte freigesprochen, kann die StA ihr Rechtsmittel nicht wirksam auf die Ablehnung der Maßregel beschränken.

Bei einer Verurteilung des Angeklagten zu einer Strafe ist die Maßregelentscheidung grds. unabhängig vom Schuldspruch anfechtbar. Die Beschränkung ist allerdings unwirksam, wenn Charaktermängel des Angeklagten der Grund der Anordnung sind (OLG Düsseldorf VRS 81, 184; OLG Frankfurt NZV 1996, 414), nicht aber bei Entziehung wegen körperlicher oder geistiger Ungeeignetheit. Entsprechendes gilt für die isolierte Sperre nach § 69a Abs. 1 Satz 3 StGB (KG VRS 109, 278; Meyer-Goßner/*Schmitt* § 318 Rn. 28). Unwirksam ist die Beschränkung auch, wenn die Strafe wegen des Fahrerlaubnisentzugs höher oder milder bemessen wurde, wenn sie auf doppelrelevanten Tatsachen beruht und in der Regel auch, wenn die Freiheitsstrafe zur Bewährung ausgesetzt wurde (OLG Hamm VRS 32, 17; Meyer-Goßner/*Schmitt* § 318 Rn. 28).

Auf die Dauer der Fahrerlaubnissperre (**§ 69a StGB**) kann das Rechtsmittel nur in Ausnahmefällen beschränkt werden, wenn die dazu notwendigen Feststellungen sich von dem Fahrerlaubnisentzug zugrunde liegenden Sachverhalt trennen lassen (BGH DAR 1980, 202; OLG Jena VRS 118, 279; OLG Koblenz VRS 48, 16; VRS 50, 362; VRS 52, 432; OLG Karlsruhe VRS 48, 425).

57 (5) Die Verhängung eines Berufsverbots (§ 70 StGB) ist in der Regel isoliert von den Schuldfeststellungen anfechtbar, aber nur ausnahmsweise losgelöst von der Straffrage (BGH NJW 1975, 2249).

58 4. Im Allgemeinen selbstständig anfechtbar ist die Entscheidung über Nebenfolgen, z.B. Verfall nach **§§ 73, 73a StGB**, Einziehung gem. **§§ 74 ff. StGB**, es sei denn, die Strafe wurde möglicherweise wegen Einziehung (bzw. Nichteinziehung) einer im Eigentum des Angeklagten stehenden Sache niedriger (bzw. höher) bemessen, und Bekanntmachungsbefugnis.

59 5. Revision: Das Revisionsgericht hat die Zulässigkeit der Rechtsmittelbeschränkung von Amts wegen und ohne Bindung an die Auffassung z.B. des Berufungsgerichts zu prüfen. Es muss jedoch § 358 Abs. 2 auch insoweit beachten, als das Berufungsgericht einen bereits »rechtskräftigen« Teil des Amtsgerichtsurteils zugunsten des Angeklagten abgeändert hat. Verwirft umgekehrt das Berufungsgericht das Rechtsmittel in der irrigen Annahme, es erstrecke sich nicht auf die Maßregelfrage, hindert das Verbot der *reformatio in peius* das Revisionsgericht nicht, die insoweit unterbliebene Entscheidung nachzuholen (BayObLG VRS 35, 260; OLG Hamburg VRS 27, 99). Hat das Berufungsgericht zu Unrecht eine Strafmaßanfechtung für wirksam erachtet und die Schuldfrage nicht mehr untersucht, kann auch die Revision gegen das Berufungsurteil nicht auf die Straffrage beschränkt werden; die Sache wird unter Urteilsaufhebung zwecks umfassender Nachprüfung zurückverwiesen. Wurde vom Berufungsgericht die Wirksamkeit einer Beschränkungserklärung erkannt, begründet dies zwar die Revision, macht das Urteil aber nicht prozessual unbeachtlich; bei Nichtanfechtung wird es rechtskräftig und vollstreckbar (OLG Bremen JZ 1958, 546).

§ 319 Verspätete Einlegung

(1) Ist die Berufung verspätet eingelegt, so hat das Gericht des ersten Rechtszuges das Rechtsmittel als unzulässig zu verwerfen.

(2) Der Beschwerdeführer kann binnen einer Woche nach Zustellung des Beschlusses auf die Entscheidung des Berufungsgerichts antragen. In diesem Falle sind die Akten an das Berufungsgericht einzusenden; die Vollstreckung des Urteils wird jedoch hierdurch nicht gehemmt. Die Vorschrift des § 35a gilt entsprechend.

Übersicht

A. Verwerfung der Berufung durch das Erstgericht. I. Zweck. § 319 Abs. 1 ergänzt die Zuständigkeitsvorschriften des GVG. Aus prozessökonomischen Gründen hat die Vorinstanz von Amts wegen zu untersuchen und entscheiden, was an sich dem Rechtsmittelgericht zukommt, aber nur formaler Natur ist; sie darf daher die Prüfung der Rechtzeitigkeit des Rechtsmittels nicht der Geschäftsstelle überlassen. Bei unbestimmter Anfechtung ist nach § 319, nicht gem. § 346 zu verfahren. 1

II. Gegenstand der Prüfung des iudex a quo. 1. Der Erstrichter hat nach § 319 Abs. 1 ausschließlich die Frage der Rechtzeitigkeit der Berufung zu prüfen. Bleibt unklärbar zweifelhaft, ob die Berufung fristgerecht eingelegt ist, wird sie als rechtzeitig behandelt. 2

2. Die sonstigen Zulässigkeitsvoraussetzungen der Berufung hat ausschließlich das Rechtsmittelgericht zu prüfen. Der *iudex a quo* hat daher ohne eigene Entscheidung sogleich nach § 320 zu verfahren. 3

3. Vorrangig hat das Rechtsmittelgericht über einen Wiedereinsetzungsantrag gegen die Versäumung der Berufungseinlegungsfrist (§ 314) oder nach Vorlage des *iudex a quo* von Amts wegen gem. § 45 Abs. 2 Satz 3 zu entscheiden. In diesen Fällen legt das Ausgangsgericht die Akten zunächst dem Berufungsgericht vor. 4

III. Entscheidung des Erstrichters. 1. Erachtet der Erstrichter die Berufung für zulässig, verfügt er die Aktenvorlage nach § 320. Einer ausdrücklichen Entscheidung bedarf es auch dann nicht, wenn z.B. die StA einen Verwerfungsbeschluss beantragt hat. Bejaht der *iudex a quo* gleichwohl beschlussförmig die Zulässigkeit der Berufung, ist diese Entscheidung weder beschwerdefähig noch für das Rechtsmittelgericht bindend. 5

2. Hält im Rahmen seiner Untersuchungsbefugnis das Gericht, dessen Urteil angefochten wurde, die Berufung für unzulässig, beschließt es nach Anhörung der StA (§ 33 Abs. 2) die kosten- und auslagenpflichtige Verwerfung der Berufung (§§ 464, 464a, 473 Abs. 1). Das gilt auch im Fall des § 313. Der Verwerfungsbeschluss ist gem. § 34 zu begründen. Ist das Rechtsmittel nur eines von mehreren Beschwerdeführern aus den bezeichneten Gründen unzulässig, ist nur dieses zu verwerfen und i.Ü. nach § 320 zu verfahren. Unstatthaft ist dagegen ein Teilbeschluss hinsichtlich nur eines Beschwerdeführers, da hierdurch die Zwecke des § 319, die Rechtskraft früher eintreten zu lassen und dem Berufungsgericht die Befassung mit dem Rechtsmittel zu ersparen, nicht erreicht würden. 6

3. Wegen der Frist des § 319 Abs. 2 ist der Verwerfungsbeschluss dem Berufungsführer mit einer Belehrung (§ 319 Abs. 2 Satz 3) nach § 35a über Form, Frist und Adressat des Antrags förmlich zuzustellen (§ 35 Abs. 2 Satz 1) und den übrigen Beteiligten formlos mitzuteilen. Über die nach § 319 Abs. 2 Satz 3 vorgeschriebene Belehrung hinaus ist in der Regel auch eine solche nach §§ 44, 45 zu empfehlen. Hat der gesetzliche Vertreter oder Erziehungsberechtigte des Angeklagten die Berufung eingelegt, ist der Beschluss auch dem Angeklagten förmlich zuzustellen (OLG Hamm NJW 1973, 1850). 7

4. Wirkung des Verwerfungsbeschlusses

Der Beschluss nach § 319 Abs. 1 wird rechtskräftig entweder mit Ablauf der Antragsfrist nach § 319 Abs. 2 oder dem Erlass eines Verwerfungsbeschlusses gem. § 319 Abs. 2 nach Maßgabe des § 34a. 8

Wirksam und rechtskräftig ist der Beschluss nach § 319 Abs. 1 auch dann, wenn die Berufung aus einem der unter Rdn. 3 genannten Gründe verworfen wurde (BayObLG NJW 1963, 63). 9

5. Einen aus rechtlichen oder tatsächlichen Gründen fehlerhaften Verwerfungsbeschluss nach § 319 Abs. 1 kann der *iudex a quo* nicht wirksam aufheben (OLG Düsseldorf MDR 1984, 963; BayObLGSt 80, 36 = VRS 59, 214). Unstatthaft sind somit »Abhilfe« oder eine analoge Anwendung des § 311 Abs. 3 Satz 2. 10

I. Allgemeines. 1. Der Antrag nach § 319 Abs. 2 ist zwar ähnlich der sofortigen Beschwerde (§ 311) ausgestaltet, jedoch keine besondere Form davon, sondern als Rechtsbehelf eigener Art ein Teil des Berufungsverfahrens (BGH bei *Holtz* MDR 1977, 461 f.; BayObLG MDR 1976, 951). Eine Beschwerde (§ 304) ist neben dieser abschließenden Anfechtungsregelung unstatthaft, selbst wenn der Erstrichter z.B. seine Prüfungskompetenz überschritten oder das AG nach § 346 Abs. 1 eine Berufung irrig als Sprungrevision (§ 335 Abs. 1) oder Rechtsbeschwerde (§ 79 OWiG) behandelt und mangels form- und fristgerechter Begründung (§ 345) verworfen hat. 11

2. Der Antrag nach § 319 Abs. 2 ist nur dann zweckmäßig und angebracht, wenn die Voraussetzungen, unter denen das Erstgericht die Berufung nach § 319 Abs. 1 verworfen hat, nicht vorliegen. Bei Fristversäumnis kann die Wiedereinsetzung nach §§ 44, 45 beantragt werden; dieses Gesuch schließt in der Regel einen Antrag nach § 319 Abs. 2 ein (OLG Bremen GA 1954, 279). I.Ü. gilt § 300: Wendet der Antragsteller sich nicht gegen die Begründung des Beschlusses nach § 319 Abs. 1, sondern macht er ausschließlich unverschuldete Fristversäumnis geltend, ist darin grds. kein Antrag nach § 319 Abs. 2 zu sehen. 12

3. Zwar wird die Vollstreckung des Urteils durch den Antrag nach § 319 Abs. 2 nicht gehemmt (§ 319 Abs. 2 Satz 2 Hs. 2) und auch ein gerichtlicher Vollstreckungsaufschub entsprechend § 307 Abs. 2 ist unzulässig. 13

Abgesehen vom Fall des Übergangs der Untersuchungshaft in Strafhaft sollte jedoch die Vollstreckungsbehörde in aller Regel erst die Entscheidung nach § 319 Abs. 2 abwarten, bevor sie die Vollstreckung beginnt (Meyer-Goßner/*Schmitt* § 319 Rn. 6).

14 **II. Zulässigkeitsvoraussetzungen. 1.** Der – schon vor Bekanntgabe (aber stets erst nach Erlass) des Verwerfungsbeschlusses nach § 319 Abs. 1 zulässige – Antrag nach § 319 Abs. 2 ist schriftlich zu stellen, bedarf aber sonst keiner besonderen Form. Er ist binnen Wochenfrist beim *iudex a quo* entsprechend § 306 Abs. 1 einzulegen; der Eingang beim Berufungsgericht genügt zur Fristwahrung nicht (BGH NJW 1977, 964; Meyer-Goßner/*Schmitt* § 319 Rn. 3).

15 **2.** Antragsberechtigt nach § 319 Abs. 2 ist nur, wessen Berufung nach § 319 Abs. 1 verworfen wurde (Ausnahme: Antragsrecht auch des Angeklagten gegen Verwerfung des Rechtsmittels seines gesetzlichen Vertreters, § 298; OLG Hamm NJW 1973, 1850). War es z.B. das Rechtsmittel des Angeklagten, sind weder die StA zu seinen Gunsten (§ 296 Abs. 2) noch sein gesetzlicher Vertreter oder Erziehungsberechtigter (§ 67 Abs. 3 JGG; § 298) antragsbefugt.

16 **3.** Der *iudex a quo* darf weder eine Abhilfeentscheidung treffen noch einen verspäteten Antrag nach § 319 Abs. 2 als unzulässig verwerfen. Er hat in jedem Fall die Akten gem. § 319 Abs. 2 Satz 2 Hs. 1 dem Rechtsmittelgericht vorzulegen, und zwar entgegen dem missverständlichen Wortlaut dieser Vorschrift auch dann, wenn der Antrag nicht rechtzeitig ist (OLG Hamm NJW 1956, 1168). Des Vorlageverfahrens nach § 320 bedarf es nicht, da nur die Zulässigkeit der Berufung zu prüfen ist.

1. Entscheidungsmöglichkeiten

17 **a)** Einen verspäteten oder von einem Nichtberechtigten gestellten Antrag nach § 319 Abs. 2 verwirft das Berufungsgericht als unzulässig.

18 **b)** Auf einen zulässigen Antrag hin prüft das Rechtsmittelgericht umfassend die Zulässigkeitsvoraussetzungen der eingelegten Berufung. Hat der Antrag sachlich keinen Erfolg, weil der Verwerfungsbeschluss nach § 319 Abs. 1 zu Recht ergangen ist, wird er als unbegründet zurückgewiesen. Hat der *iudex a quo* das Rechtsmittel aus einem von ihm nicht zu prüfenden Grund verworfen, hebt der *iudex ad quem* diesen Beschluss auf und verwirft die Berufung nach § 322 Abs. 1.

19 **c)** Auf einen begründeten Antrag nach § 319 Abs. 2 hin hebt das Rechtsmittelgericht den nach § 319 Abs. 1 ergangenen Beschluss auf und leitet die Akten dem Ausgangsgericht zurück.

20 **2.** Eine Kosten- und Auslagenentscheidung unterbleibt, da der Antrag nach § 319 Abs. 2 keine Beschwerde ist und deshalb eine Gebühr nicht anfällt. § 473 Abs. 1 ist unanwendbar. Für Auslagen, die einem Beteiligten im Verfahren nach § 319 Abs. 2 zusätzlich erwachsen sind, gilt die im Beschluss nach § 319 Abs. 1 enthaltene Entscheidung gem. § 473 Abs. 1.

21 **3.** Aufheben – ggf. auf Gegenvorstellung hin – darf das Rechtsmittelgericht seinen Beschluss nach § 319 Abs. 2 nur bei unrichtiger Tatsachengrundlage, nicht im Fall lediglich eines Rechtsirrtums (OLG Nürnberg MDR 1966, 351; OLG Koblenz VRS 52, 42; OLG Hamburg MDR 1976, 511).

22 **IV. Verbindung des Antrags nach § 319 Abs. 2 mit einem Antrag auf Wiedereinsetzung. 1.** Da der Antrag nach § 319 Abs. 2 gegenstandslos ist, wenn die Wiedereinsetzung gegen die Versäumung der Frist des § 314 bewilligt wird, ist vorrangig über den Wiedereinsetzungsantrag zu entscheiden. Wird der Wiedereinsetzungsantrag erst nach dem Verwerfungsbeschluss nach § 319 Abs. 1 gestellt, berührt das Wiedereinsetzungsgesuch den Lauf der Frist nach § 319 Abs. 2 nicht.

23 **2.** Über die Wiedereinsetzung entscheidet das Rechtsmittelgericht, ebenso bei unbestimmter Urteilsanfechtung.

24 **C. Anfechtbarkeit.** Nicht mehr anfechtbar ist die Entscheidung des Berufungsgerichts nach § 319 Abs. 2, da sie in der Sache bereits selbst der Entscheidung über eine sofortige Beschwerde (§ 311) ähnlich ist, gegen die eine weitere Beschwerde nicht stattfindet und außerdem § 319 Abs. 2 im Interesse der Rechtsklarheit hinsichtlich des Eintritts der Urteilsrechtskraft eine abschließende Sonderregelung enthält (OLG Koblenz VRS 64, 283; OLG Frankfurt NStZ-RR 2003, 47, 48). Eine Ausnahme davon ist nur dann gegeben, wenn das AG die Berufung unzulässigerweise verworfen hat (z.B. wegen Rechtsmittelverzichts). In diesem Fall stellt nämlich die Entscheidung des LG der Sache nach die allein ihm zukommende Entscheidung nach § 322 Abs. 1 dar, gegen die dem Angeklagten das Rechtsmittel der sofortigen Beschwerde nach § 322 Abs. 2 zusteht (OLG Düsseldorf VRS 86, 129 ff.; OLG Frankfurt NStZ-RR 2011, 49 ff.; Meyer-Goßner/*Schmitt* § 319 Rn. 5).

§ 320 Aktenübermittlung an die Staatsanwaltschaft

Ist die Berufung rechtzeitig eingelegt, so hat nach Ablauf der Frist zur Rechtfertigung die Geschäftsstelle ohne Rücksicht darauf, ob eine Rechtfertigung stattgefunden hat oder nicht, die Akten der Staatsanwaltschaft vorzulegen. Diese stellt, wenn die Berufung von ihr eingelegt ist, dem Angeklagten die Schriftstücke über Einlegung und Rechtfertigung der Berufung zu.

A. Die Aktenvorlage an die StA (§ 320 Satz 1) erfolgt erst nach Ablauf aller Rechtsmitteleinlegungs- (§ 314) und Rechtsmittelbegründungsfristen (§ 317) für die Berufungsberechtigten, es sei denn, über ein unzulässiges Rechtsmittel kann vorab entschieden werden. Sachlich ist über sämtliche Berufungen, sofern kein Verfahren abgetrennt wird (§§ 2, 4), einheitlich zu entscheiden. 1

B. Die Zustellung der Rechtsmittelschriften (§ 320 Satz 2) an den Angeklagten, soweit sie ihn betreffen, ist Aufgabe der StA (auch bei Anfechtung zu seinen Gunsten, § 296 Abs. 2), nicht des Gerichts. Dabei genügt die formlose Mitteilung nach § 35 Abs. 2 Satz 2. Die Bekanntgabe soll dem Angeklagten auch im Berufungsverfahren eine sachgerechte und umfassende Verteidigung ermöglichen. Mit der Zustellung der Berufungsschriften ist dem Gegner des Berufungsführers, falls noch nicht geschehen, eine Abschrift des Urteils mit Gründen zu übersenden (Nr. 157 RiStBV). Gegenerklärungen auf Rechtfertigungsschriften sind gesetzlich nicht vorgesehen, aber zulässig. Eine entgegen § 320 Satz 2 nicht zugestellte Rechtfertigungsschrift, deren Inhalt für die Verteidigung des Angeklagten von Bedeutung sein kann, muss der Vorsitzende dem Angeklagten bekannt geben (OLG Köln MDR 1974, 950). Hat ein Nebenkläger Berufung eingelegt, sind die Schriftstücke über Einlegung und Rechtfertigung dem Angeklagten durch das Erstgericht zuzustellen. Einer Zustellung an die StA bedarf es nicht, da die Akten gem. § 320 Satz 1 ohnehin vorgelegt werden müssen (KK/*Paul* § 320 Rn. 3). 2

C. Ein Verstoß gegen § 320 Satz 2 begründet nicht bereits die Revision, sondern erst eine weitere Beschränkung der Verteidigung (§ 338 Nr. 8), z.B. durch Ablehnung eines Antrags auf Aussetzung der Hauptverhandlung (OLG Koblenz VRS 51, 98; OLG Köln NStZ 1994, 475; Meyer-Goßner/*Schmitt* § 320 Rn. 2, 3). 3

§ 321 Aktenübermittlung an das Berufungsgericht

Die Staatsanwaltschaft übersendet die Akten an die Staatsanwaltschaft bei dem Berufungsgericht. Diese übergibt die Akten binnen einer Woche dem Vorsitzenden des Gerichts.

A. Die Vorschrift des § 321 Satz 1 ist ohne Bedeutung, weil die StA beim AG und beim LG dieselbe Behörde ist. 1

B.I. Die Wochenfrist des § 321 Satz 2 ist nur eine der Beschleunigung dienende Ordnungsvorschrift. Ihre Nichtbeachtung kann nur dienstaufsichtsrechtlich beanstandet werden. 2

II. Bei Aktenvorlage nach § 321 Satz 2 stellt nach aktenmäßiger Prüfung der Sach- und Rechtslage die StA ihre Anträge. Hält sie die Berufung eines anderen Berufungsführers für unzulässig, beantragt sie Verwerfung der Berufung nach § 322 Abs. 1. Andernfalls benennt sie die ihr zur Durchführung der Hauptverhandlung notwendig erscheinenden Beweismittel (Nr. 158 RiStBV) und stellt Antrag auf Anberaumung eines Termins zur Berufungshauptverhandlung. 3

C. Die Zuständigkeit des Berufungsgerichts (und seine Eigenschaft als erkennendes Gericht) für Entscheidungen i.R.d. Berufungs-Prozessgegenstands beginnt mit Akteneingang bei diesem Gericht (BayObLGSt 1974, 98). Bis dahin bleibt das Erstgericht für Rechtsmittelerklärungen (z.B. Zurücknahme des Rechtsmittels) und für Entscheidungen zuständig, z.B. über Haft und vorläufige Entziehung der Fahrerlaubnis, Bestellung eines Pflichtverteidigers (NStZ-RR 1998, 144; OLG Karlsruhe NJW 1975, 458 f.), Verfahrenseinstellung wegen eines nach Urteilserlass eingetretenen Prozesshindernisses (§ 316 Rn. 3) sowie über Kosten und Auslagen bei Zurücknahme des Rechtsmittels (§ 473 Abs. 1; BGHSt 12, 217; OLG Bremen NJW 1956, 72; OLG Stuttgart NJW 1958, 1935). 4

§ 322 Verwerfung ohne Hauptverhandlung

(1) Erachtet das Berufungsgericht die Vorschriften über die Einlegung der Berufung nicht für beobachtet, so kann es das Rechtsmittel durch Beschluss als unzulässig verwerfen. Andernfalls entscheidet es darüber durch Urteil; § 322a bleibt unberührt.

(2) Der Beschluss kann mit sofortiger Beschwerde angefochten werden.

Übersicht

1 **A. Zweck und Anwendungsbereich.** I. § 322 Abs. 1 Satz 1 (entsprechend § 349 Abs. 1 im Revisionsverfahren) dient der Prozessbeschleunigung und Verfahrenswirtschaftlichkeit durch Ersparung der Berufungshauptverhandlung, der es in der Regel in ihrer spezifischen Funktion für die rein prozessuale Entscheidung über die Zulässigkeit des Rechtsmittels nicht bedarf. Das Berufungsgericht muss daher grds. außerhalb der Hauptverhandlung durch Beschluss entscheiden; es darf ohne Ermessensfehlgebrauch (»kann«) die Entscheidung (durch Urteil) dem erkennenden Gericht in der Berufungshauptverhandlung (§ 322 Abs. 1 Satz 2) allenfalls dann überlassen, wenn die Hauptverhandlung bei zweifelhafter Sachlage eine zuverlässigere Klärung verspricht.

2 II. Nicht § 322 Abs. 1 Satz 1, sondern § 206a gilt, wenn die »Vorschriften über die Einlegung der Berufung« (= Rechtszugsvoraussetzungen) zwar beachtet sind, das Rechtsmittel also zulässig ist (daher Entscheidung nach § 322 Abs. 1 vorrangig!), aber ein das gesamte Verfahren betreffendes Prozesshindernis vorliegt (§ 206a Rn. 13; BGHSt 16, 115, 117; BGHSt 22, 213, 217; SK-StPO/*Paeffgen* § 206a Rn. 8; abw. KK/*Schneider* § 206a Rn. 4).

3 **B. Entscheidung über die Verwerfung der Berufung.** I. Als Rechtszugvoraussetzungen sind insb. nachzuprüfen:

4 1. Form und Frist (§ 314: wenn das AG § 319 Abs. 1 nicht beachtet hat) der Berufung, die Rechtsmittelberechtigung (§§ 296 bis 298), die Beschwer des Rechtsmittelführers (Vor § 296 Rdn. 13–17; BGHSt 17, 153; OLG Braunschweig MDR 1950, 629; OLG Schleswig SchlHA 1956, 184; a.M. KG GA 69, 187), die Wirksamkeit eines Rechtsmittelverzichts des Berufungsführers (§ 302) oder die Unstatthaftigkeit der Berufung nach § 55 Abs. 1 JGG.

5 2. Hat der Berufungsführer das Rechtsmittel wirksam zurückgenommen (§ 302), liegt eine prozessual noch beachtliche Rechtsmittelerklärung nicht vor. Eine Entscheidung des Berufungsgerichts hierüber ist nicht veranlasst; es gibt die Akten zurück. Ist die Wirksamkeit der Zurücknahme des Rechtsmittels zweifelhaft oder streitig, hat (nur) das Berufungsgericht entsprechend § 322 Abs. 1 das Rechtsmittel ggf. für erledigt zu erklären.

II. Entscheidung:

6 1. Einer Entscheidung nach § 322 Abs. 1 bedarf es nicht, wenn das Berufungsgericht das Rechtsmittel für wirksam erachtet oder falls die Zulässigkeit des Rechtsmittels in tatsächlicher Hinsicht unklärbar zweifelhaft bleibt und daher als zulässig zu behandeln ist. Ein – in oder außerhalb der Hauptverhandlung – gleichwohl ergehender Beschluss wäre unanfechtbar (§ 305).

7 2. Das Berufungsgericht entscheidet – notfalls nach eigenen Ermittlungen im Freibeweis – nach Anhörung der Beteiligten (§ 33). Liegen mehrere selbstständige Berufungen vor, kann (1) außerhalb der Hauptverhandlung eine unzulässige Berufung vorab verworfen (RG 67, 250), (2) in der Hauptverhandlung aber nur einheitlich durch Urteil entschieden werden, sofern die Berufungen dieselbe Tat im prozessualen Sinn betreffen (andernfalls ist Abtrennung und Prozessurteil hinsichtlich des unzulässigen Rechtsmittels statthaft).

8 3. In der Hauptverhandlung (§ 322 Abs. 1 Satz 2) ist das Berufungsgericht weder an seine eigene frühere Auffassung bei der Prüfung nach § 322 Abs. 1 Satz 1 noch an eine Beschwerdeentscheidung des OLG nach § 322 Abs. 2 gebunden (RG 59, 241); § 358 Abs. 1 gilt nicht analog.

9 4. Einen auf unrichtiger tatsächlicher Grundlage beruhenden Beschluss nach § 322 Abs. 1 Satz 1 kann das LG nachträglich zurücknehmen bzw. aufheben (OLG Hamburg MDR 1976, 511).

10 **C. Rechtsmittel.** Der Beschluss des Berufungsgerichts, der zu begründen ist, kann mit der sofortigen Beschwerde angefochten werden, § 322 Abs. 2. Er ist auch dem Angeklagten zuzustellen, wenn der gesetzliche Vertreter oder der Erziehungsberechtigte die Berufung eingelegt hat. Dies gilt selbst dann, wenn der Angeklagte nach Erlass des erstinstanzlichen Urteils auf Rechtsmittel verzichtet hatte (Meyer-Goßner/*Schmitt* § 322 Rn. 6; KK/*Paul* § 322 Rn. 4). Hebt das OLG den Verwerfungsbeschluss auf die sofortige Beschwerde hin auf, findet die Berufungshauptverhandlung statt.

§ 322a Entscheidung über die Annahme der Berufung

Über die Annahme einer Berufung (§ 313) entscheidet das Berufungsgericht durch Beschluss. Die Entscheidung ist unanfechtbar. Der Beschluss, mit dem die Berufung angenommen wird, bedarf keiner Begründung.

Übersicht

A. Allgemeines. Die durch das Gesetz zur Entlastung der Rechtspflege vom 11.01.1993 in die StPO eingefügte Vorschrift ergänzt den ebenfalls neu eingefügten § 313, wonach die Berufung in den in § 313 Abs. 1, 3 genannten Fällen der Annahme bedarf und bei Nichtannahme gem. § 313 Abs. 2 Satz 2 als unzulässig zu verwerfen ist. Die Annahmeentscheidung setzt eine i.Ü. zulässige Berufung voraus. Liegen die allgemeinen Zulässigkeitsvoraussetzungen der Berufung nicht vor, wird die Berufung als unzulässig gem. § 322 Abs. 1 verworfen (wenn nicht schon das Gericht des ersten Rechtszugs gem. § 319 Abs. 1 das Rechtsmittel als unzulässig verworfen hat); über die Annahme ist dann nicht zu entscheiden (§ 313 Rdn. 15). 1

B. Annahme. Die StPO sieht keine Frist vor, innerhalb derer die Annahmeentscheidung ergehen muss. Die Begründungsfrist (§ 317) muss aber immer abgewartet werden, um dem Berufungsführer die Möglichkeit zur Darlegung zu geben, dass die Berufung nicht offensichtlich unbegründet ist. Zu beachten ist aber, dass das LG noch vor Ablauf eines Monats nach Zustellung des amtsgerichtlichen Urteils mit Gründen entscheiden sollte, um dem Berufungsführer den Übergang zur Revision zu ermöglichen (Meyer-Goßner/*Schmitt* § 322a Rn. 4). Die Annahme der Berufung erfolgt durch Beschluss (§ 322a Satz 1). Zuständig für diese Entscheidung ist die kleine Strafkammer. Nach § 76 Abs. 1 Satz 2 GVG wirken bei Entscheidungen außerhalb der Hauptverhandlung die Schöffen nicht mit, sodass in diesem Fall der Vorsitzende alleine entscheidet. Der Beschluss, mit dem die Berufung angenommen wird, bedarf keiner Begründung (§ 322a Satz 3). Unzulässig ist aber eine Begründung nicht, sie kann sich sogar im Einzelfall empfehlen (z.B. um auf den Schwerpunkt der Berufungsverhandlung hinzuweisen). Eine Kostenentscheidung ist nicht veranlasst, die entstandenen Kosten gehören zu denjenigen des Berufungsverfahrens (Meyer-Goßner/*Schmitt* § 322a Rn. 9). Der Beschluss sollte zweckmäßigerweise mit der Terminsbestimmung und der Ladungsanordnung verbunden werden. Ergeht kein ausdrücklicher Annahmebeschluss, kann die stillschweigende Annahme der Berufung in der Anberaumung der Berufungsverhandlung und der Ladung gesehen werden (OLG Zweibrücken NStZ-RR 2002, 245, 246; Meyer-Goßner/*Schmitt* § 322a Rn. 3; HK-*Rautenberg* § 322a Rn. 6; *Pfeiffer/Fischer* § 322a Rn. 1; *Rieß* AnwBl. 1993, 56). Der Beschluss, mit dem die Berufung angenommen wird, ist unanfechtbar (§ 322a Satz 2). 2

Ist die Berufung nur bezüglich eines abtrennbaren Teils des amtsgerichtlichen Urteils nicht offensichtlich unbegründet, dann bedarf es nicht der Annahme der gesamten Berufung (LG Stuttgart NStZ 1995, 301).

C. Nichtannahme. I. Auch diese Entscheidung ergeht außerhalb der Berufungsverhandlung durch Beschluss. § 322a enthält keine ausdrückliche Regelung darüber, ob die Entscheidung über die Nichtannahme zu begründen ist. Der Umkehrschluss aus § 322a Satz 3 ergibt jedoch, dass die Verwerfung der Berufung eine Begründung enthalten muss. Mit dieser Auslegung ist die Anwendung des § 34, der gegen eine Begründungspflicht sprechen würde, ausgeschlossen (KK/*Paul* § 322a Rn. 1; Meyer-Goßner/*Schmitt* § 322a Rn. 7; HK-*Rautenberg* § 322a Rn. 7; *Feuerhelm* StV 1997, 104). Auch in diesem Fall ist die Berufungsbegründungsfrist des § 317 abzuwarten, bevor der Beschluss erlassen wird. Die Frage, ob das Berufungsgericht dem Berufungsführer vor Verwerfung der Berufung als unzulässig wegen Nichtannahme ausdrücklich rechtliches Gehör zu gewähren hat, ist umstritten. Mit der herrschenden Meinung ist davon auszugehen, dass vor Erlass des die Annahme ablehnenden Beschlusses der Berufungsführer nicht nochmals gehört werden muss (Meyer-Goßner/*Schmitt* § 322a Rn. 7; KK/*Paul* § 322a Rn. 1; OLG Koblenz StV 1995, 14; OLG Frankfurt NStZ-RR 1997, 273; *Feuerhelm* StV 1997, 102; a.A. OLG München StV 1994, 237). 3

II. Die Entscheidung über die Nichtannahme ist unanfechtbar (§ 322a Satz 2). Das gilt aber nur für den Fall, dass tatsächlich ein Fall des § 313 Abs. 1 vorgelegen hat. Lagen dessen Voraussetzungen nicht vor, ist der Beschluss, mit dem die Annahme abgelehnt worden ist, mit der sofortigen Beschwerde gem. § 322 Abs. 2 anfechtbar (OLG Koblenz NStZ 1994, 601; OLG Köln NStZ 1996, 150; OLG Hamm NStZ 1996, 455; OLG Karlsruhe MDR 1996, 517; OLG Oldenburg Nds. Rpfl. 1995, 135; OLG Celle JR 1995, 322; KK/*Paul* § 322a Rn. 1; *Pfeiffer/Fischer* § 322a Rn. 2; HK-*Rautenberg* § 322a Rn. 9; *Feuerhelm* StV 1997, 104; Meyer-Goßner/*Schmitt* § 322a Rn. 8). Um die Frist der sofortigen Beschwerde in Lauf zu setzen, ist es dann aber sinnvoll, den Verwerfungsbeschluss im Annahmeverfahren förmlich zuzustellen (*Feuerhelm* StV 1997, 104). Bei Nichtannahme der Berufung ergeht eine Kostenentscheidung nach §§ 464 Abs. 1, 473 Abs. 1, 2 (Meyer-Goßner/*Schmitt* § 322a Rn. 9). 4

§ 323 Vorbereitung der Berufungshauptverhandlung

(1) Für die Vorbereitung der Hauptverhandlung gelten die Vorschriften der §§ 214 und 216 bis 225a. In der Ladung ist der Angeklagte auf die Folgen des Ausbleibens ausdrücklich hinzuweisen.

(2) [1]Die Ladung der im ersten Rechtszug vernommenen Zeugen und Sachverständigen kann nur dann unterbleiben, wenn ihre wiederholte Vernehmung zur Aufklärung der Sache nicht erforderlich erscheint. [2]Sofern es erforderlich erscheint, ordnet das Berufungsgericht die Übertragung einer als Tonaufzeichnung zur Akte genommenen Vernehmung gemäß § 273 Abs. 2 Satz 2 in ein Protokoll an. [3]Wer die Übertragung hergestellt hat, versieht diese mit dem Vermerk, dass die Richtigkeit der Übertragung bestätigt wird. [4]Der Staatsanwaltschaft, dem Verteidiger und dem Angeklagten ist eine Abschrift des Protokolls zu erteilen. [5]Der Nachweis der Unrichtigkeit der Übertragung ist zulässig. Das Protokoll kann nach Maßgabe des § 325 verlesen werden.

(3) Neue Beweismittel sind zulässig.

(4) Bei der Auswahl der zu ladenden Zeugen und Sachverständigen ist auf die von dem Angeklagten zur Rechtfertigung der Berufung benannten Personen Rücksicht zu nehmen.

1 **A.** Die Vorbereitung der Berufungshauptverhandlung (§ 323 Abs. 1 Satz 1) richtet sich nach der Aufgabe des Berufungsgerichts: Entscheidung nicht über das Ersturteil, sondern – im Rahmen wirksamer Anfechtung – über die angeklagte(n) Tat(en) im prozessualen Sinn. Art und Umfang der **Beweisaufnahme** bestimmt § 244 Abs. 2, modifiziert durch die Verlesungsmöglichkeit nach § 325 (Ausnahme von § 250). Neue Tatsachen und Beweismittel können bis zum Beginn der Urteilsverkündung in der Berufungshauptverhandlung vorgebracht bzw. benannt werden (§ 323 Abs. 3). Ist in der Berufungshauptverhandlung nur eine Prozessentscheidung – etwa nach § 322 Abs. 1 Satz 2 oder § 328 Abs. 2 – zu treffen, erübrigt sich in der Regel eine Beweisaufnahme über die Tat(en) selbst.

2 **B. Beweismittel:** Mit Blick auf das – ggf. aus einer Berufungsbegründung (§ 317) erkennbare oder in geeigneten Fällen beim Berufungsführer zu erfragende – Ziel der Berufung (§ 323 Abs. 4) sind die heranzuziehenden, (noch) notwendigen Beweismittel am Maßstab des § 244 Abs. 2 auszuwählen. Ihr Kreis umfasst die in der ersten Hauptverhandlung vernommenen Beweispersonen, die in der Berufungsrechtfertigung benannten und auf andere Weise bekannt gewordenen Beweismittel. Anträge des Berufungsführers oder eines Prozessbeteiligten (z.B. des Nebenklägers; nicht der Staatsanwaltschaft, da sie selbst auswählt und lädt) verbescheidet der Vorsitzende nach § 219; lässt er erstinstanzlich vernommene Beweispersonen trotz Antrags des Angeklagten nicht laden, sind ihre Aussagen nach § 325 nur mit Zustimmung des Angeklagten und der Staatsanwaltschaft verlesbar.

3 **C.I.** Die Ladung des Angeklagten (§ 323 Abs. 1 Satz 2) kann auch seinem zur Empfangnahme ausdrücklich ermächtigten Verteidiger (§ 145a Abs. 2; Meyer-Goßner/*Schmitt* § 323 Rn. 3; KK/*Paul* § 323 Rn. 4) oder einem nach §§ 116a Abs. 3, 127a Abs. 2, 132 Abs. 1 Bevollmächtigten zugestellt werden. Andernfalls erfolgt sie an den Angeklagten persönlich (§ 216). Die Ladungsfrist beträgt mindestens 1 Woche (§ 217 Abs. 1).

4 **II.** Der Hinweis auf die Folgen des Ausbleibens richtet sich bei Berufung (1) des Angeklagten nach § 329 Abs. 1 (dieser ersetzt nicht einen notwendigen Hinweis nach § 232, vgl. BayObLGSt 1960, 273 [275]; 1963, 29; NJW 1970, 1055; OLG Oldenburg NJW 1952, 1151; OLG Hamm NJW 1954, 1131), (2) seines gesetzlichen Vertreters nach §§ 329 Abs. 1, 330 und (3) der StA nach § 329 Abs. 2, 4. Auf die Zulässigkeit der Vertretung ist der Angeklagte nur dann hinzuweisen, wenn sie die Verwerfung seiner Berufung bzw. bei Berufung der Staatsanwaltschaft seine Vorführung und Verhaftung ausschließt. Die schriftliche Ladung zur Hauptverhandlung muss den Hinweis enthalten (BayObLGSt 1962, 99); es genügt nicht, wenn er nur in der früheren Ladung enthalten war (OLG Karlsruhe MDR 1974, 774; OLG Koblenz VRS 53, 205; OLG Hamm VRS 57, 299) oder die neue Ladung nur auf den Hinweis in der früheren Bezug nimmt (BayObLG MDR 1975, 683).

5 **D.** Auch der gesetzliche Vertreter, der Berufung eingelegt hat, ist unter Hinweis auf die Folgen seines Ausbleibens zu laden. Die Ladung des Verteidigers ist gem. § 218 erforderlich. Der gewählte Verteidiger, der in erster Instanz die Verteidigung geführt hat, ist ohne weitere Anzeige zu laden, da er durch seine bisherige Tätigkeit seine Wahl dem Gericht angezeigt hat und seine Prozessvollmacht, falls keine Sonderregelung getroffen ist, bis zur Urteilsrechtskraft gilt. Der bestellte Verteidiger ist zu laden, wenn er nicht für die erste Instanz bestellt war; war seine Bestellung darauf beschränkt, so ist (bei fortdauerndem Grund der notwendigen Verteidigung) er oder ein neuer Verteidiger zu bestellen und zu laden.

6 **E.** In der Hauptverhandlung vor dem Strafrichter und dem Schöffengericht kann der Vorsitzende gem. § 273 Abs. Satz 2 anordnen, dass anstelle der Aufnahme der wesentlichen Vernehmungsergebnisse in das Protokoll einzelne Vernehmungen im Zusammenhang auf Tonträger aufgezeichnet werden. Nach § 273 Abs. 2 Satz 3 ist der Tonträger zu den Akten zu nehmen oder bei der Geschäftsstelle mit den Akten aufzubewahren.

Für das Berufungsverfahren regelt § 323 Abs. 2 Satz 2, dass das Berufungsgericht die Übertragung eines Tonbandmitschnitts einer Vernehmung gem. § 273 Abs. 2 Satz 2 in ein schriftliches Protokoll anordnet, sofern es erforderlich erscheint. Die Person, die die Übertragung herstellt, muss sie unterschreiben und die Richtigkeit der Übertragung bestätigen (§ 323 Abs. 2 Satz 3). Die Abschrift hat aber nicht die Beweiskraft des § 274; vielmehr bleibt der Nachweis der Unrichtigkeit der Übertragung zulässig. Die Abschrift ist nach § 323 Abs. 2 Satz 4 der Staatsanwaltschaft, dem Verteidiger und dem Angeklagten mitzuteilen. Das gilt aber auch, obwohl es im Gesetz nicht steht, für alle weiteren Beteiligten, wie z.B. Nebenkläger, um dem Gebot des rechtlichen Gehörs Rechnung zu tragen. Das schriftliche Protokoll kann gem. § 323 Abs. 2 Satz 6 nach Maßgabe des § 325 verlesen werden, falls nicht die erneute Vernehmung des Zeugen oder Sachverständigen rechtzeitig vor der HV beantragt wurde. Von der Verlesung wird aber abgesehen, wenn es auf den Inhalt der Aussage nach dem Gang des Berufungsverfahrens nicht mehr ankommt oder wenn die erneute persönliche Vernehmung der Aussageperson nach § 244 erforderlich erscheint (Meyer-Goßner/*Schmitt* § 323 Rn. 4).

§ 324 Gang der Berufungshauptverhandlung

(1) [1]Nachdem die Hauptverhandlung nach Vorschrift des § 243 Abs. 1 begonnen hat, hält ein Berichterstatter in Abwesenheit der Zeugen einen Vortrag über die Ergebnisse des bisherigen Verfahrens. [2]Das Urteil des ersten Rechtszuges ist zu verlesen, soweit es für die Berufung von Bedeutung ist; von der Verlesung der Urteilsgründe kann abgesehen werden, soweit die Staatsanwaltschaft, der Verteidiger und der Angeklagte darauf verzichten.

(2) Sodann erfolgt die Vernehmung des Angeklagten und die Beweisaufnahme.

Übersicht

A. Beginn der Berufungshauptverhandlung. I. Der in § 324 geregelte Ablauf der Hauptverhandlung ist insoweit zwingend, als andernfalls der gesetzliche Aufbau der Hauptverhandlung im Ganzen nicht mehr gewahrt wäre. 1

II. Auch die Berufungshauptverhandlung beginnt mit dem Aufruf der Sache (§ 243 Abs. 1 Satz 1) und der Präsenzfeststellung (§ 243 Abs. 1 Satz 2) in der Regel verbunden mit der Ermahnung und Belehrung der Beweispersonen nach §§ 57, 72. Ihr folgen die Entlassung der Zeugen aus dem Sitzungssaal (§ 243 Abs. 2 Satz 1) und sodann die Vernehmung des Angeklagten zur Person (§ 243 Abs. 2 Satz 2). 2

B. Berichterstattung. I. Die Berichterstattung tritt als wesentlicher Teil der Berufungshauptverhandlung an die Stelle der Verlesung des Anklagesatzes in erster Instanz (§ 243 Abs. 3 Satz 1). Sie verfolgt den rein prozesstechnischen Zweck, die Beteiligten (und die Öffentlichkeit) über den bisherigen Stand des Verfahrens und das Ziel der Berufung (soweit bereits erkennbar) zu informieren (BayObLG MDR 1973, 1039; OLG Hamm NJW 1974, 1880; OLG Hamburg NStZ 1985, 379) und ihnen damit sachgemäßes, auf den Prozessgegenstand konzentriertes Mitwirken am Berufungsverfahren, insb. durch zweckdienliche Antragstellungen, zu ermöglichen. Die Berichterstattung für sich – einschließlich der Urteilsverlesung nach § 324 Abs. 1 Satz 2 – ist keine Beweisaufnahme i.S.v. § 324 Abs. 2 § 244 Abs. 1 und darf daher niemals Erkenntnisquelle des Berufungsgerichts auf dem Gebiet des Strengbeweises sein (BayObLGSt 1958, 88). Ist die Verlesung einer Urkunde bereits beim Vortrag des Berichterstatters notwendig, kann dies – auf Anordnung des Vorsitzenden (§ 238 Abs. 1) – zugleich zu Beweiszwecken (worüber die Beteiligten zu unterrichten und wobei §§ 257, 273 zu beachten sind) geschehen. 3

II. Berichterstatter ist in der stets zuständigen kleinen Strafkammer (§ 76 Abs. 1 Satz 1 GVG) der Vorsitzende. In Verfahren über Berufungen gegen ein Urteil des erweiterten Schöffengerichts (§ 29 Abs. 2 GVG) ist gem. § 76 Abs. 3 Satz 1 GVG ein zweiter Richter hinzuzuziehen. In diesem Fall und bei der als Berufungsgericht tätig werdenden großen Jugendkammer ist es der Berichterstatter. Den Vortrag nach § 324 Abs. 1 Satz 1 kann jedoch auch ein anderer Berufsrichter (insb. wiederum der Vorsitzende) halten. 4

III. Vorzutragen sind die Ergebnisse des bisherigen Verfahrens. Art und Umfang der Berichterstattung richten sich nach dem Zweck des § 324 Abs. 1 Satz 1, insb. der Klarstellung des Prozessgegenstands im Berufungsverfahren. 5

1. Zu referieren sind (1) in der Regel der Inhalt des Anklagesatzes, nach §§ 154 Abs. 2, 154a Abs. 2 ausgeschiedene und ggf. wieder einbezogene Teile sowie der Gegenstand des angefochtenen Urteils, (2) der 6

wesentliche Inhalt der nach § 324 Abs. 1 Satz 2 nicht verlesenen, für das Berufungsverfahren aber bedeutsamen Urteilsgründe, (3) u.U. auch Ergebnisse des Vorverfahrens und sonstiger Akteninhalt, z.B. frühere Aussagen eines Mitangeklagten oder Zeugen, (4) Aussagen von Beweispersonen, die die StA nach Erlass des Ersturteils nochmals vernommen hat (OLG Köln MDR 1974, 950) und (5) die Beachtung der Zulässigkeitsvoraussetzungen der Berufung, ggf. auch ihre Begründung(en), Rechtsmittelbeschränkungen (§ 318), gestellte Anträge und dazu vom Berufungsführer vorgebrachte Tatsachen und Beweismittel (OLG Köln NJW 1961, 1127).

7 **2.** Wesentlicher Bestandteil des Vortrags über die Ergebnisse des bisherigen Verfahrens ist die Verlesung des erstinstanzlichen Urteils (§ 324 Abs. 1 Satz 2); ihrer bedarf es nur im Fall des § 322 Abs. 1 Satz 2 nicht. Auch sie ist keine förmliche Beweisaufnahme, § 249 Abs. 1, Abs. 2 gilt daher nicht (OLG Stuttgart NStZ-RR 2003, 270); soll jedoch die erstinstanzliche Einlassung des in der Berufungshauptverhandlung schweigenden Angeklagten zur Sache aufgrund des angefochtenen Urteils festgestellt werden, ist dieses zu Beweiszwecken gem. § 249 zu verlesen (BGHSt 6, 141, 142), selbst wenn es bereits nach § 324 Abs. 1 Satz 2 verlesen worden war (OLG Hamm NJW 1974, 1880). Ein versehentlich nicht unterschriebenes Urteil ist verlesbar (RGSt 61, 399, 400). Ist das Urteil weder in Urschrift noch eine Ausfertigung vorhanden, ersetzt die Feststellung dieser Tatsache die Verlesung (RGSt 65, 373, 374).

8 **a)** Der Tenor des angefochtenen Urteils ist stets insoweit zu verlesen, als er für die Entscheidung des Berufungsgerichts von Bedeutung ist. Ist das Urteil des AG nur durch einen von mehreren Mitangeklagten oder lediglich hinsichtlich einer von mehreren Taten im prozessualen Sinn angefochten, muss der Tenor, falls für das Verständnis des angefochtenen Teils der Urteilsformel unerlässlich, auch i.Ü. verlesen werden.

9 **b)** Die Urteilsgründe müssen nicht verlesen werden, soweit ihr Inhalt für das Berufungsverfahren bedeutungslos ist, so in der Regel die erstgerichtliche Beweiswürdigung und Rechtsfolgeerwägungen einschließlich der Vorstrafenerörterungen, oder die StA, der Angeklagte und Verteidiger wirksam darauf verzichtet haben (§ 324 Abs. 1 Hs. 2). Das Berufungsgericht bindende Feststellungen des Ersturteils sind auch bei allseitigem Verlesungsverzicht in die Hauptverhandlung einzuführen; das kann auch i.R.d. sonstigen Berichterstattung oder in anderer geeigneter Weise (Freibeweis) geschehen (BayObLG MDR 1973, 1039).

10 **c)** Nach pflichtgemäßem Ermessen (Maßstäbe: z.B. Beschleunigungsgebot, Verständlichkeit des Verlesenen, Vermeidung unnötiger Bloßstellungen des Angeklagten oder Dritter und Beeinflussungen der Schöffen) kann der Vorsitzende über den nach § 324 Abs. 1 Satz 2 notwendigen Mindestumfang hinaus weitere Teile des Urteils verlesen, sofern der Zweck des § 324 Abs. 1 Satz 2 dies nahelegt; denn der Verlesungsverzicht nach § 324 Abs. 1 Satz 2 begründet kein Verlesungsverbot. § 238 Abs. 2 gilt insoweit nicht, sondern nur dann, wenn der Vorsitzende die Verlesung des Tenors oder der Gründe des Urteils (ganz oder teilweise) trotz ihrer Bedeutung für das Berufungsverfahren ablehnt.

11 **3.** Nach Aufhebung des ersten Berufungsurteils durch das Revisionsgericht und Zurückverweisung nach § 354 Abs. 2 ist in der nunmehr stattfindenden Berufungshauptverhandlung die Verlesung des angefochtenen Urteils zulässig. Soweit das aufgehobene Urteil für die neue Verhandlung bindende Feststellungen enthält, ist dessen Verlesung erforderlich (BayObLG MDR 1973, 1039; MDR 1982, 249; Meyer-Goßner/*Schmitt* § 324 Rn. 7).

12 **IV.** Zu protokollieren sind die Tatsache der Berichterstattung, der Umfang der Verlesung des Urteils und die Verzichtserklärungen nach § 324 Abs. 1 Hs. 2.

13 **C. Weiterer Gang der Berufungshauptverhandlung.** Den weiteren Gang der Berufungshauptverhandlung regelt § 324 Abs. 2. Der Angeklagte ist – nach erneuter Belehrung gem § 243 Abs. 4 Satz 1 – stets zur Sache zu vernehmen (§ 243 Abs. 4 Satz 2), auch dann, wenn er sein Rechtsmittel z.B. auf das Strafmaß beschränkt hat (OLG Köln NJW 1955, 1333). Schweigt der Angeklagte in der Berufungshauptverhandlung zur Sache, ist es zulässig und durch § 244 Abs. 2 regelmäßig geboten, über seine Einlassung in der erstinstanzlichen Hauptverhandlung Beweis zu erheben. Ist der Angeklagte vom Erscheinen in der Berufungshauptverhandlung befreit (§§ 232, 233), genügt die Verlesung seiner Aussage im ersten Rechtszug; hat er jedoch zum Ausdruck gebracht, er wolle seine Angaben ergänzen, darf ihm eine erneute Vernehmung nicht versagt werden (BayObLGSt 1956, 20).

14 **D. Revision.** Die Revision kann nicht auf eine unvollständige Berichterstattung nach § 324 Abs. 1 gestützt werden (Meyer-Goßner/*Schmitt* § 324 Rn. 9), wohl aber auf (1) § 338 Nr. 8, wenn ein Gerichtsbeschluss nach § 238 Abs. 2 über die Ablehnung einer nach § 324 Abs. 1 Satz 2 gebotenen Urteilsverlesung die Verteidigung beschränkt haben konnte oder (2) § 261, falls als Urteilsgrundlage Tatsachen verwertet sind, die nur auf dem Weg der Berichterstattung einschließlich Urteilsverlesung nach § 324 Abs. 1 (und damit nicht beweisförmig) in die Hauptverhandlung eingeführt worden waren. Auch das vollständige Unterlassen des Vortrags und der Urteilsverlesung kann die Revision begründen (OLG Hamburg NStZ 1985, 379).

§ 325 Verlesung von Urkunden

Bei der Berichterstattung und der Beweisaufnahme können Urkunden verlesen werden; Protokolle über Aussagen der in der Hauptverhandlung des ersten Rechtszuges vernommenen Zeugen und Sachverständigen dürfen, abgesehen von den Fällen der §§ 251 und 253, ohne die Zustimmung der Staatsanwaltschaft und des Angeklagten nicht verlesen werden, wenn die wiederholte Vorladung der Zeugen oder Sachverständigen erfolgt ist oder von dem Angeklagten rechtzeitig vor der Hauptverhandlung beantragt worden war.

Übersicht

A. Art und Umfang der Beweisaufnahme. I. Die allgemeine Aufklärungspflicht (§ 244 Abs. 2) bestimmt – nach Maßgabe der §§ 244 Abs. 3, Abs. 4, 245 – auch für die Berufungshauptverhandlung den Umfang der Beweisaufnahme und die Heranziehung bereits in 1. Instanz verwendeter Beweismittel (vgl. § 323 Abs. 2). Allein sie ist Maßstab dafür, ob das Berufungsgericht auf nochmalige Vernehmung schon in der Hauptverhandlung des 1. Rechtszugs gehörter Beweispersonen ausnahmsweise verzichten und sich damit begnügen darf, gem. § 325 die Niederschrift über ihre erstinstanzliche Aussage zu verlesen. Weil also die der Prozessökonomie dienende Vorschrift des § 325 das Wahrheitserforschungsgebot nicht berührt, auch wenn ihre formellen Voraussetzungen erfüllt sind, darf das Berufungsgericht die Vernehmung einer Beweisperson durch Verlesung ihrer früheren Aussage nur dann ersetzen, wenn diese offensichtlich zuverlässig ist und eine erneute Vernehmung in der Berufungshauptverhandlung auch i.Ü. keine weitere Aufklärung verspricht: Es fehlt in der Regel (1) an ersterem z.B. bei Zweifeln, ob die frühere Aussage verlässlich oder richtig protokolliert ist (OLG Köln GA 1970, 248), ferner wenn das Berufungsgericht abweichend vom Erstgericht den Zeugen nicht für glaubwürdig hält (BayObLG MDR 1973, 244; BGH MDR 1964, 1001; VersR 1970, 619; VersR 1972, 951; StV 1992, 152) oder einander widersprechende Zeugenaussagen zu beurteilen hat (OLG Koblenz StV 1982, 65; OLG Frankfurt StV 1987, 524), wenn Zeugenaussagen in der Vorinstanz mehrdeutig sind und das Berufungsgericht sie anders versteht als der Erstrichter (BGH NJW 1968, 1138), oder falls die Beweisperson vor der erstinstanzlichen Hauptverhandlung, in der das Urteil erging, anders ausgesagt hat als in ihr, und (2) an Letzterem, sofern etwa die der früheren Aussage zugrunde liegenden Umstände sich verändert haben. 1

II. Die §§ 249 bis 256 gelten auch im Beweisaufnahmeverfahren der Berufungshauptverhandlung (§ 332). Verweigert eine Beweisperson erstmals in der Berufungshauptverhandlung nach § 252 das Zeugnis, gebietet § 244 Abs. 2 in der Regel die Vernehmung des Erstrichters über ihre frühere Aussage. Hat der Zeuge in 1. Instanz auf sein Zeugnisverweigerungsrecht nach §§ 52 ff. verzichtet, ist die Verlesung der Aussage nach § 325 Hs. 2 zulässig, es sei denn, der Zeuge widerlegt die Vermutung, dass die Voraussetzungen der Aussage unverändert sind, durch die Mitteilung, er wolle nunmehr von seinem Zeugnisverweigerungsrecht Gebrauch machen. Maßgebend für die Zulässigkeit der Verlesung nach §§ 252 bis 256 ist die Sach- und Rechtslage z.Zt. der Berufungshauptverhandlung: Sie bleibt unzulässig, wenn die Verbotsgründe fortbestehen; sie wird unzulässig, falls die Gründe, die eine Verlesung in 1. Instanz gestatteten, inzwischen entfallen sind; sie wird zulässig, sofern solche Gründe erst nach der erstinstanzlichen Hauptverhandlung entstanden sind. 2

III. Da die Berichterstattung eine Art Freibeweis ist, normiert § 325 Hs. 1 als etwas Selbstverständliches die – nur durch entgegenstehende Beweisverbote, nicht auch durch § 250 Satz 2 gehinderte – Verlesbarkeit von Schriftstücken. § 325 Hs. 2 gilt daher nur für beweisförmige Urkundenverlesungen innerhalb des Vortrags nach § 324 Abs. 1. 3

B. Formelle Voraussetzungen der Verlesung. Fehlt eine der Voraussetzungen des § 325 Hs. 2, ist die Niederschrift nur unter den weiteren Bedingungen des § 251 verlesbar (BayObLG NJW 1957, 1290). 4

I. Art und Qualität des Aussagenprotokolls. 1. Verlesbar nach § 325 Hs. 2 sind nur Niederschriften über Aussagen in derjenigen erstinstanzlichen Hauptverhandlung, aufgrund derer das angefochtene Urteil ergangen ist. Aussagenprotokolle über eine frühere Vernehmung z.B. nach §§ 223, 224 (BayObLG NJW 1957, 1566; OLG Celle NJW 1961, 1490; StV 1990, 399) oder in einer früheren (ausgesetzten) Hauptverhandlung dürfen nur unter den Voraussetzungen des § 251 Vernehmungsersatz sein. 5

2. Unverlesbar ist eine substanziell mangelhafte oder unter Missachtung wesentlicher Verfahrensregeln zustande gekommene Vernehmungsniederschrift (OLG Stuttgart NJW 1970, 343). 6

7 **II. Nichtladung der Beweisperson zur Berufungshauptverhandlung und fehlender oder verspäteter Ladungsantrag des Angeklagten.** Der Angeklagte soll sich darauf verlassen dürfen, dass (1) die Vernehmung geladener Zeugen oder Sachverständiger nicht ohne seine Zustimmung durch Verlesung ihrer erstinstanzlichen Aussagen ersetzt wird und (2) er die Ladung der Beweisperson nicht beantragen muss, solange er davon ausgehen darf, dass sie bereits vom Gericht geladen worden ist (OLG Stuttgart MDR 1977, 513).

8 **1.** Der Ladung (§§ 214 Abs. 1, 3, 220) steht die Gestellung (§ 222 Abs. 2) gleich. Wird eine geladene Beweisperson nachträglich abgeladen, gilt § 325 Hs. 2 nur dann, wenn der Angeklagte davon unterrichtet und in/der Lage war, durch rechtzeitigen Ladungsantrag ihre Vernehmung zu erzwingen (BayObLGSt 30, 57; NJW 1957, 1290). Unzulässig ist die Verlesung nach § 325 Hs. 2, falls z.B. (1) die geladene Beweisperson in der Hauptverhandlung nicht erscheint, (2) die angeordnete Ladung sie nicht erreicht hat oder (3) sie versehentlich nicht geladen wurde, obgleich eine Berufungshauptverhandlung zum Zweck ihrer Herbeischaffung ausgesetzt worden war.

9 **2.** Der die Vernehmung der Beweisperson gebietende Ladungsantrag des Angeklagten (bzw. seines Verteidigers für ihn), auch des Privat- oder Nebenklägers, ist rechtzeitig, falls die Ladung der Beweisperson noch ausgeführt werden kann oder konnte. Ein besonderer Hinweis an den Angeklagten, dass bestimmte Beweispersonen nicht geladen und ihre erstinstanzlichen Aussagen verlesen werden, ist unnötig; es genügt, dass er die Nichtladung aus der Mitteilung nach § 222 ersehen kann.

10 **III. Zustimmung der Prozessbeteiligten.** Mit Zustimmung des Angeklagten – ggf. auch von Nebenbeteiligten (wie Beistand nach § 69 Abs. 3 JGG, Erziehungsberechtigte und gesetzliche Vertreter) und der StA bzw. des Privatklägers ist die Verlesung nach § 325 Hs. 2 auch dann zulässig, wenn sie an sich ausgeschlossen wäre. Nicht notwendig ist die Zustimmung des Verteidigers (KK/*Paul* § 325 Rn. 6; OLG Stuttgart MDR 1977, 513; a.A. Meyer-Goßner/*Schmitt* § 325 Rn. 4) und des Nebenklägers (Meyer-Goßner/*Schmitt* § 325 Rn. 4). Die Zustimmung kann auch in schlüssigem Verhalten gesehen werden, wenn daraus der Wille des Weigerungsberechtigten, dieses ihm bekannte Recht nicht auszuüben, zweifelsfrei hervortritt (BayObLGSt 1953, 220; 1957, 1566; 1978, 17; NJW 1954, 323). Ausdrückliche Zustimmungserklärungen sind nach § 273 zu protokollieren, für konkludentes Zustimmungsverhalten gilt der Freibeweis. Die Zustimmungserklärung ist unwiderruflich, hindert aber keinen Antrag auf nochmalige Vernehmung der Beweisperson in der Hauptverhandlung.

11 **C. Verfahren der Beweisaufnahme.** **I.** Die Verlesung nach § 325 Hs. 1 ordnet der Vorsitzende (§ 238 Abs. 1) an; ein Beschluss des Gerichts ist nicht notwendig, aber unschädlich.

12 **II.** Ist die Verlesung nach § 325 Hs. 1 zulässig, dürfen andere Schriftstücke mitverlesen werden, sofern sie Bestandteile der erstinstanzlichen Aussage geworden sind (OLG Celle DAR 1956, 166). Daran fehlt es, wenn z.B. das Protokoll der Hauptverhandlung 1. Instanz lediglich vermerkt, der Zeuge habe gleiche Angaben wie bei der Polizei gemacht (BayObLG bei *Rüth* DAR 1978, 211). Auch wenn zum Verständnis der Aussage die Kenntnis des Vorhalts notwendig ist, der dem Zeugen in 1. Instanz aus dem polizeilichen Protokoll gemacht wurde, darf dieser, wenn er nicht aus dem Protokoll der Hauptverhandlung hervorgeht, in der Berufungshauptverhandlung nicht verlesen werden.

13 **III.** Einer Beeidigungsfeststellung i.S.v. § 251 Abs. 4 Satz 3 bedarf es nach § 325 zwar nicht, doch hat das Berufungsgericht von Amts wegen zu prüfen, ob die Aussage in der – beeideten oder unbeeideten – Form, wie sie in der erstinstanzlichen Hauptverhandlung erfolgt ist, auch z.Zt. der Berufungshauptverhandlung noch zulässig wäre (OLG Hamm NJW 1965, 1344; MDR 1980, 953). Gelten die Gründe der Eidesentscheidung des Erstgerichts fort, bedarf es keiner (förmlichen) Entscheidung des Berufungsgerichts. Eine unzureichende Nichtvereidigungsbegründung des Erstgerichts muss das Berufungsgericht durch eine richtige ersetzen.

14 **IV.** Die nochmalige persönliche Vernehmung des Zeugen und/oder Sachverständigen kann jeder Prozessbeteiligte auch dann beantragen, wenn die Aussage verlesbar oder schon verlesen worden ist. Darüber ist nicht nach § 325 Hs. 2, sondern gem. §§ 244 Abs. 2, 261 zu entscheiden (BayObLGSt 27, 212).

15 **D. Revision.** Die Revision kann gestützt werden auf die Verletzung (1) des § 261, wenn ein nur im Weg des Berichts nach § 324 Abs. 1 (d.h. nicht beweisförmig) in die Hauptverhandlung eingeführtes Schriftstück als Urteilsgrundlage verwertet wird, (2) des § 325 Hs. 2 (bei Fehlen seiner förmlichen Voraussetzungen) i.V.m. §§ 250, 244 Abs. 2 (Vernehmungsgebot) oder (3) der allgemeinen Aufklärungspflicht.

§ 326 Schlussvorträge

[1]Nach dem Schluss der Beweisaufnahme werden die Staatsanwaltschaft sowie der Angeklagte und sein Verteidiger mit ihren Ausführungen und Anträgen, und zwar der Beschwerdeführer zuerst, gehört. [2]Dem Angeklagten gebührt das letzte Wort.

A. § 258 (auch § 258 Abs. 2) gilt in der Berufungshauptverhandlung mit der Maßgabe, dass der Berufungs- 1
führer zuerst das Wort zum Schlussvortrag erhält; bei Berufung des Angeklagten spricht in der Regel sein Verteidiger für ihn. Haben StA und Angeklagter Berufung eingelegt, beginnt die StA mit dem Schlussvortrag; bei unterschiedlichem Umfang der Anfechtung wird jedoch grds. der das weitergehende Rechtsmittel vertretende Berufungsführer vor dem/den anderen gehört. Die in erster Instanz erfolgte Wahl bzw. Bestellung des Verteidigers dauert, sofern nichts Gegenteiliges bestimmt ist, im Berufungsverfahren fort (OLG Bremen NJW 1955, 1529).

B. Dem Angeklagten gebührt stets das letzte Wort (§ 326 Satz 2), auch wenn er allein Berufungsführer ist. 2
Das gilt auch, wenn sein Verteidiger einen Schlussvortrag gehalten hat; § 258 Abs. 3 ist dann anzuwenden (§ 332). Gleiches gilt für die Nebenbeteiligten im Rahmen ihrer Beteiligung; sie erhalten jedoch das letzte Wort vor dem Angeklagten (Meyer-Goßner/*Schmitt* § 326 Rn. 2).

C. Die Revision kann (1) in der Regel nicht auf die Nichteinhaltung der Reihenfolge des § 326 Satz 1 gestützt 3
werden, weil § 326 Satz 1 eine nicht revisible Ordnungsvorschrift ist (OLG Oldenburg NJW 1957, 839), (2) aber begründet sein bei Verstoß gegen die zwingende Vorschrift des § 326 Satz 2 oder wenn ein Berechtigter am Schlussvortrag gehindert wird (OLG Hamm StV 2000, 298; BayObLG wistra 2002, 39).

§ 327 Umfang der Urteilsprüfung

Der Prüfung des Gerichts unterliegt das Urteil nur, soweit es angefochten ist.

A. Prozessgegenstand der Berufungshauptverhandlung ist die prozessuale Tat i.S.v. §§ 155 Abs. 1, 264 Abs. 1, 1
wie sie in der durch den Eröffnungsbeschluss zugelassenen Anklage (nicht durch das Ersturteil) umgrenzt wird (BayObLGSt 1969, 15; OLG Koblenz VRS 45, 289).

I. Das Berufungsgericht hat die prozessuale Tat – vorbehaltlich einer wirksamen Anfechtungsbeschränkung 2
nach § 318 – ohne Bindung an den Inhalt des angefochtenen Urteils eigenverantwortlich in tatsächlicher und rechtlicher Hinsicht umfassend zu überprüfen und ggf. auch die Strafklage umzugestalten: Ist z.B. eine Dauerstraftat Prozessgegenstand, gehören dazu auch Teilakte, die nach Erlass des Ersturteils bis zur Verkündung des Berufungsurteils verwirklicht worden sind (BayObLG NJW 1955, 998; OLG Bremen NJW 1954, 1696; OLG Hamm NJW 1955, 313); auch eine vom Erstgericht unterlassene Gesamtstrafenbildung gem. § 55 StGB ist nachzuholen (OLG Hamm MDR 1977, 861).

II. Nur was prozessordnungsgemäß Gegenstand der Berufungshauptverhandlung geworden ist, darf Grund- 3
lage der Überzeugungsbildung und sonstiger Wertungen (rechtliche Würdigung, Strafzumessung, Maßregelanordnung) des Berufungsgerichts sein. Tatsächliche Umstände, die nicht beweisförmig, sondern nur im Wege des Berichts gem. § 324 Abs. 1 in die Hauptverhandlung eingeführt wurden, sind für den Schuld- und Rechtsfolgenausspruch unverwertbar. Auch in der 2. Instanz nicht mehr »streitige« Tatsachen darf das Berufungsgericht ohne Beweisaufnahme im engeren Sinne seinem Urteil nur dann zugrunde legen, wenn sie entweder zufolge Teilanfechtung bindend feststehen oder vom Angeklagten zugestanden worden sind (BayObLG MDR 1974, 250; OLG Hamm VRS 39, 378). Nur i.R.d. Begründung seiner getroffenen Feststellungen und daraus gezogenen Folgerungen darf das Berufungsgericht in bestimmten Grenzen auf die Gründe des Ersturteils Bezug nehmen.

III. Über mehrere Berufungen ist grds. in einer Hauptverhandlung zu verhandeln und zu entscheiden. Ist 4
davon auch nur eine Berufung unbeschränkt eingelegt, ist der gesamte Prozessgegenstand in tatsächlicher und rechtlicher Hinsicht erneut auszuschöpfen. Eine vom Gericht nicht erledigte, weil übersehene Berufung (z.B. des Nebenklägers) wird gegenstandslos, wenn der betroffene Berufungsführer das Urteil nicht anficht (BayObLGSt 1949/51, 593; 1968, 31) oder den Mangel mit seiner Revision nicht beanstandet (BayObLGSt 18, 298).

B. Eine wirksame Berufungsbeschränkung verengt die Prüfungsbefugnis des Berufungsgerichts auf die 5
angefochtenen Beschwerdepunkte (§ 318).

C. Verkennt das Berufungsgericht den Umfang seiner Untersuchungspflicht, können § 264 und § 318 verletzt 6
sein. Revisionsbegründend gegen § 261 ist verstoßen, wenn das Gericht im Rahmen seiner Kognitionsbefugnis tatsächliche Umstände verwertet, die nicht beweisförmig (einschließlich der Angaben des Angeklagten) in die Berufungshauptverhandlung eingeführt worden sind. Hat das Berufungsgericht die wirksame Beschränkung der Berufung nicht erkannt und über die Schuldfrage neu entschieden, ist das Urteil auch ohne eine ausdrück-

liche Rüge auf die Revision hin aufzuheben (Meyer-Goßner/*Schmitt* § 327 Rn. 9; KK/*Paul* § 327 Rn. 11; a.A. OLG Hamm NStZ-RR 2010, 345).

§ 328 Inhalt des Berufungsurteils

(1) Soweit die Berufung für begründet befunden wird, hat das Berufungsgericht unter Aufhebung des Urteils in der Sache selbst zu erkennen.

(2) Hat das Gericht des ersten Rechtszuges mit Unrecht seine Zuständigkeit angenommen, so hat das Berufungsgericht unter Aufhebung des Urteils die Sache an das zuständige Gericht zu verweisen.

Übersicht

1 **A. Entscheidungsmöglichkeiten des Berufungsgerichts. I. Ohne Sachentscheidung. 1.** Einstellung nach dem Opportunitätsprinzip. Auch in der Berufungshauptverhandlung kann das Verfahren nach den §§ 153 Abs. 2, 153a Abs. 2, 154 Abs. 2 durch Beschluss eingestellt bzw. nach § 154a Abs. 2 die Beschränkung vorgenommen werden.

2 2. Einstellung wegen eines Prozesshindernisses. Liegt ein Prozesshindernis vor, hat das Berufungsgericht das Ersturteil aufzuheben und die Einstellung des Verfahrens im Urteil auszusprechen, § 260 Abs. 3.

3 3. Verwerfung der Berufung als unzulässig. Ist die Berufung verspätet eingelegt, hat das Gericht des 1. Rechtszugs das Rechtsmittel als unzulässig zu verwerfen, § 319 Abs. 1. Ebenso hat das Berufungsgericht die Berufung als unzulässig zu verwerfen, wenn die Vorschriften über die Einlegung der Berufung nicht beachtet wurden. Dies geschieht außerhalb der Hauptverhandlung durch Beschluss, innerhalb der Hauptverhandlung durch Urteil, § 322 Abs. 1.

4 4. Ausbleiben des Angeklagten. Ist bei Beginn einer Hauptverhandlung weder der Angeklagte noch in den Fällen, in denen dies zulässig ist, ein Vertreter des Angeklagten erschienen und das Ausbleiben nicht genügend entschuldigt, hat das Gericht eine Berufung des Angeklagten ohne Verhandlung zu Sache zu verwerfen, § 329 Abs. 1 Satz 1. Zu beachten ist, dass dies nicht gilt, wenn das Berufungsgericht erneut verhandelt, nachdem die Sache vom Revisionsgericht zurückverwiesen worden ist, § 329 Abs. 1 Satz 2.

5 **II. Mit Sachentscheidung. 1. Unbegründete Berufung.** Ist die Berufung des Angeklagten oder der StA unbegründet, wird sie verworfen. Die StPO kennt die im Zivilprozess übliche Unterscheidung, wonach nur das unzulässige Rechtsmittel verworfen, das unbegründete aber zurückgewiesen wird, nicht.

6 Die Berufung der StA gegen das Urteil des AG Aschaffenburg vom ... wird kostenpflichtig verworfen.

7 **2. Begründete Berufung.** Ist die Berufung in vollem Umfang begründet, hat das Berufungsgericht unter Aufhebung des Urteils in der Sache selbst zu erkennen, § 328 Abs. 1.

▶ **Formulierungsbeispiel:**

8 I. Auf die Berufung des Angeklagten wird das Urteil des AG Aschaffenburg vom […] aufgehoben.
II. Der Angeklagte wird freigesprochen.
III. Die Kosten des Verfahrens und die notwendigen Auslagen des Angeklagten hat die Staatskasse zu tragen.

9 Zu beachten ist, dass ein voller Erfolg auch dann vorliegt, wenn der Angeklagte seine Berufung von Anfang an auf bestimmte Beschwerdepunkte beschränkt hatte und damit durchdringt; auch dann trägt die Staatskasse die Verfahrenskosten und die notwendigen Auslagen des Angeklagten, was sich aus § 473 Abs. 3 ergibt. Diese Vorschrift gilt aber nur für den Fall, dass die Beschränkung schon bei der Einlegung oder Begründung der Berufung erklärt wird.

Die beschränkte Berufung hat vollen Erfolg, wenn der Berufungsführer sein Ziel im Wesentlichen erreicht (OLG Düsseldorf NStZ 1985, 380). Bei der Beurteilung des Erfolgs einer Strafmaßberufung kommt es nicht auf den Schlussantrag des Berufungsführers, sondern nur auf den Vergleich zwischen den in 1. und 2. Instanz verhängten Rechtsfolgen an (OLG Köln StV 1993, 649). Ein voller Erfolg liegt daher stets vor, wenn die Strafe wesentlich, d.h. um mindestens ein Viertel herabgesetzt wird, bei Geldstrafe auch dann, wenn die Herabsetzung der Tagessatzhöhe nur auf der Veränderung der wirtschaftlichen Verhältnisse des Angeklagten beruht. Dies ist auch bei einer Strafmaßberufung gegeben, wenn statt der verhängten Freiheitsstrafe eine Geldstrafe oder eine Strafaussetzung zur Bewährung erstrebt und erreicht wird (Meyer-Goßner/*Schmitt* § 473 Rn. 21; OLG Düsseldorf StV 1988, 71; OLG Hamburg NJW 1970, 1467).

▶ **Formulierungsbeispiel:**
I. Auf die Berufung des Angeklagten wird das Urteil des AG Aschaffenburg vom ... im Rechtsfolgenausspruch aufgehoben. 10
II. Der Angeklagte wird zu einer Freiheitsstrafe von 5 Monaten verurteilt.
III. Die Kosten des Verfahrens und die notwendigen Auslagen des Angeklagten hat die Staatskasse zu tragen.

3. **Teilweise begründete Berufung.** Hat der Angeklagte mit seiner unbeschränkten Berufung nur teilweise Erfolg, muss die Berufung »im Übrigen« verworfen werden. Über die Kosten und notwendigen Auslagen kann dann nach Billigkeit gem. § 473 Abs. 4 entschieden werden; in welchem Umfang davon Gebrauch gemacht wird, ist eine Frage des Einzelfalles. 11

▶ **Formulierungsbeispiel:**
I. Auf die Berufung des Angeklagten wird das Urteil des AG Aschaffenburg vom ... im Rechtsfolgenausspruch aufgehoben. 12
II. Der Angeklagte wird zu einer Geldstrafe von 60 Tagessätzen zu 20 € verurteilt.
III. I.Ü. wird die Berufung des Angeklagten verworfen.
IV. Der Angeklagte hat die Kosten des Verfahrens zu tragen. Die Berufungsgebühr wird um ein Drittel ermäßigt. Im Umfang dieser Ermäßigung fallen die Kosten des Verfahrens und die notwendigen Auslagen des Angeklagten der Staatskasse zur Last.

Die zunächst unbeschränkt eingelegte Berufung, die erst nach dem Ablauf der Berufungsbegründungsfrist beschränkt wird, ist eine Teilrücknahme. In diesem Fall werden die Kosten der erfolgreichen Berufung und die dem Angeklagten erwachsenen notwendigen Auslagen der Staatskasse nur mit Ausnahme derjenigen auferlegt, die bei einer alsbald nach Urteilszustellung erklärten Berufungsbeschränkung vermeidbar gewesen wären; diese trägt der Angeklagte (OLG Bremen StV 1994, 495; OLG Hamm NStZ-RR 1998, 221; OLG München NStZ-RR 1997, 192; OLG Koblenz NStZ-RR 2011, 64). Ihre Höhe wird im Kostenansatzverfahren festgestellt (Meyer-Goßner/*Schmitt* § 473 Rn. 20). 13

4. **Mehrere Berufungen.** Über mehrere Berufungen ist, von den Fällen der §§ 322, 329 Abs. 1 abgesehen, durch ein und dasselbe Urteil zu entscheiden. 14

▶ **Formulierungsbeispiel:**
I. Auf die Berufung des Angeklagten wird das Urteil des AG Aschaffenburg vom ... aufgehoben. 15
II. Der Angeklagte wird freigesprochen.
III. Die Berufung der StA gegen das Urteil des AG Aschaffenburg vom ... wird verworfen.
IV. Die Kosten des Verfahrens und die notwendigen Auslagen des Angeklagten hat die Staatskasse zu tragen.

III. **Urteilsgründe.** Für die Abfassung der Urteilsgründe gilt § 267. Die Gründe des Berufungsurteils können in bestimmtem Umfang auf die des Ersturteils Bezug nehmen. Davon sollte allerdings nur zurückhaltend Gebrauch gemacht werden, damit die Urteilsgründe noch aus sich heraus verständlich sind. Sind die Gründe des Ersturteils nicht eindeutig und bleiben deshalb Zweifel darüber, ob im Berufungsurteil tatsächlich die rechtskräftig gewordenen Feststellungen übernommen sind, muss dies im Revisionsverfahren zur Aufhebung des Urteils führen. Insb. hinsichtlich der Strafzumessungsgründe ist der Vorschrift des § 267 Abs. 3 grds. nicht Genüge getan, wenn die Urteilsgründe lediglich auf ein anderes Urteil verweisen (KK/*Paul* § 328 Rn. 8; BGH NStZ-RR 1998, 204). 16

Das Berufungsgericht hat stets selbst die Liste der angewendeten Vorschriften nach §§ 332, 260 Abs. 5 zu erstellen.

17 **IV. Zurückverweisung an das AG.** Die Zurückverweisung der Sache an das AG zur neuen Verhandlung und Entscheidung nach Aufhebung des angefochtenen Urteils ist nicht mehr möglich, weil durch das Strafverfahrensänderungsgesetz 1987 der frühere Abs. 2 des § 328 gestrichen worden ist. An seine Stelle ist der frühere Abs. 3 getreten. Demnach muss das Berufungsgericht grds. selbst entscheiden, auch wenn absolute Revisionsgründe oder grobe Verfahrensfehler vorliegen. Ausnahmsweise gilt dies aber dann nicht, wenn das AG fehlerhaft keine Entscheidung in der Sache getroffen hat, weil es etwa zu Unrecht ein Verfahrenshindernis angenommen und deshalb eingestellt hat oder zu Unrecht den Einspruch gegen einen Strafbefehl wegen Ausbleibens des Angeklagten (§ 412) verworfen hat (OLG Hamm NStZ 2010, 295; OLG Koblenz NStZ 1990, 296; OLG Stuttgart NStZ 1995, 301; BGH NJW 1989, 1869; HK/*Rautenberg* § 328 Rn. 5; Meyer-Goßner/*Schmitt* § 328 Rn. 4; KK/*Paul* § 328 Rn. 7).

18 **B. Verweisung an das zuständige Gericht. I. Anwendungsbereich.** Allgemeine Voraussetzung für die obligatorische Verweisung nach § 328 Abs. 2 ist in Fällen der sachlichen Zuständigkeit (einschließlich der von Spezialstrafkammern), dass der Angeklagte der Tat hinreichend verdächtig ist (BayObLG NStZ-RR 2000, 177). Auch wenn das Verbot der reformatio in peius nach § 331 Abs. 1 eingreift und das neue Gericht die Rechtsfolgen nicht verschärfen darf, ist die Verweisung nach § 328 Abs. 2 geboten, da die Schuldfrage nachprüfbar bleibt.

19 **II. § 328 Abs. 2 gilt nicht:.** 1. trotz Unzuständigkeit des Erstgerichts, wenn das Verfahren wegen feststehenden Prozesshindernisses einzustellen ist oder sein sachliches Ergebnis endgültig feststeht (BayObLG MDR 1962, 841);

20 2. wenn das erkennende Erstgericht geschäftsplanmäßig unrichtig besetzt war (Meyer-Goßner/*Schmitt* § 328 Rn. 5).

21 **III. Unzuständigkeitsfälle des § 328 Abs. 2 sind:. 1.** Sachliche Unzuständigkeit des AG, wenn dessen – dem Strafrichter und dem Schöffengericht gleichermaßen zukommende – Rechtsfolgenkompetenz nach § 24 Abs. 2 GVG überschritten wurde (z.B. wegen Unterlassung einer nach § 270 gebotenen Verweisung) oder (in der Berufungsinstanz) würde; denn die sachliche Zuständigkeit ist nach der objektiven Sach- und Rechtslage z.Zt. der Entscheidung des Berufungsgerichts zu beurteilen. Da die Strafgewalt des AG auch die Strafkammer als Berufungsgericht bindet, verfährt sie nach § 328 Abs. 2 auch dann, wenn etwa die zunächst gegebene AG-Zuständigkeit (z.B. angeklagte Körperverletzung nach § 223 StGB) durch einen nach Erlass des angefochtenen Urteils aufgetretenen Umstand (z.B. das Tatopfer verstirbt, § 227 StGB) entfällt. Die Unterschreitung der sachlichen Zuständigkeit ist wegen § 269 kein Grund, die Sache an das Erstgericht zurückzuverweisen, es sei denn, dass die Annahme der Zuständigkeit willkürlich ist (OLG Koblenz StV 1996, 588).

22 **2.** Erscheint die Zuständigkeit einer Spezialstrafkammer (§ 74e GVG) gegeben und hat das AG einen rechtzeitigen und begründeten Einwand des Angeklagten nach § 6a Satz 2, 3 zurückgewiesen, verweist das Berufungsgericht unter Aufhebung des Ersturteils die Sache an die betreffende Sonderstrafkammer. Ergibt sich deren Kompetenz erst im Berufungsverfahren oder hat der Angeklagte den Unzuständigkeitseinwand nicht oder nicht rechtzeitig erhoben, bleibt das Berufungsgericht zur Sachentscheidung zuständig, sofern nicht zugleich die Voraussetzungen für eine Verweisung wegen sachlicher Unzuständigkeit vorliegen.

23 **3.** Ist das Jugendgericht zuständig, was tatgerichtlich in jeder Verfahrenslage von Amts wegen zu prüfen ist, erfolgt Urteilsaufhebung und Verweisung dorthin (OLG Oldenburg MDR 1981, 162).

24 **4.** Die örtliche Unzuständigkeit des Erstgerichts hat das Berufungsgericht ebenfalls nur zu beachten, wenn der rechtzeitige und begründete Einwand des Angeklagten nach § 16 Satz 2, 3 erfolglos war; andernfalls bleibt der fehlende Gerichtsstand unschädlich. Das Berufungsgericht hebt das Urteil des AG auf; für den weiteren Inhalt seiner Entscheidung ist angesichts des Gerichtsstandswahlrechts der StA zu differenzieren: (1) Liegt das örtlich zuständige AG im Bezirk des Berufungsgerichts und beantragt die StA die Verweisung dorthin, ist nach § 328 Abs. 2 zu verfahren; (2) andernfalls stellt das Berufungsgericht das Verfahren nach § 260 Abs. 3 ein (a.A. Meyer-Goßner/*Schmitt* § 328 Rn. 6).

25 **C. Überleitung in das erstinstanzliche Verfahren. I.** Die Kompetenz oder Strafgewalt des Berufungsgerichts reicht nicht weiter als die des Erstgerichts (BGHSt 23, 283, 284; 31, 63, 66; 34, 159, 160; 34, 204, 206; BayObLG NStZ-RR 2000, 177). Stellt sich erst im Laufe des Berufungsverfahrens heraus, dass der Sachverhalt die Kompetenz des Erstgerichts übersteigt, und steht das Verschlechterungsverbot der Anordnung nicht entgegen, entfällt die Zuständigkeit des Berufungsgerichts zur weiteren sachlichen Behandlung des Falles als Berufungsgericht. Die Fortführung der Verhandlung käme nur dann in Betracht, wenn das Berufungsgericht die Sache als erstinstanzliches Gericht weiterführen könnte. Diese Möglichkeit der Überleitung in das erstinstanzliche Verfahren besteht aber **nicht**, wenn die Berufung gegen Urteile des Strafrichters, des Schöffengerichts oder des Jugendrichters eingelegt wurde. Sowohl die kleine Strafkammer (§ 76 Abs. 1 GVG) als auch die kleine

Jugendkammer (§ 33b Abs. 1 JGG) entscheiden nämlich nur über Berufungen der genannten Gerichte, für erstinstanzliche Verfahren sind sie nicht zuständig. In diesen Fällen verbleibt daher nur die Verfahrensweise nach § 328 Abs. 2. Das gilt auch für die erweiterte kleine Strafkammer nach § 76 Abs. 3 GVG, die im Verfahren über Berufungen gegen ein Urteil des erweiterten Schöffengerichts (§ 29 Abs. 2) entscheidet; sie kann nicht als erstinstanzliche große Strafkammer weiterverhandeln (Meyer-Goßner/*Schmitt* § 328 Rn. 10). Ein Übergang vom Berufungsverfahren in das erstinstanzliche Verfahren ist in Strafverfahren gegen Erwachsene damit nicht möglich, weil die große Strafkammer nicht mehr als Berufungsgericht tätig ist.

II. Die Möglichkeit für das Berufungsgericht, selbst als Gericht des ersten Rechtszuges zu verhandeln, besteht jetzt nur noch bei Berufungen gegen Urteile des Jugendschöffengerichts, weil die hierfür zuständige große Jugendkammer gleichzeitig erstinstanzliches Gericht sein kann, § 33b Abs. 1 Satz 1 JGG. Regelmäßig entscheidet aber die große Jugendkammer als Berufungsgericht in der Besetzung mit nur zwei Berufsrichtern, sodass in allen in Betracht kommenden Fällen besser eine Verweisung an die große Jugendkammer als Gericht 1. Instanz erfolgen sollte, um die nach § 33b Abs. 2 JGG erforderliche Entscheidung über die Mitwirkung des 3. Richters nicht im Berufungsverfahren zu treffen (Meyer-Goßner/*Schmitt* § 328 Rn. 11). 26

D. Folgen der Verweisung. Nach Erlass des Verweisungsurteils nach § 328 Abs. 2 an eine erstinstanzliche Strafkammer ist eine Rücknahme der Berufung nicht mehr möglich, weil es sich nunmehr um ein erstinstanzliches Verfahren handelt (BGHSt 34, 204). Eine zuvor erklärte Berufungsbeschränkung wird gegenstandslos, weil sie im 1. Rechtszug nicht fortwirken kann. Das Verschlechterungsverbot besteht dagegen auch nach Verweisung an das zuständige Gericht fort. Das Gericht, an das das Verfahren verwiesen worden ist, ist an die Verweisung nicht gebunden. 27

E. Anfechtung. Alle nach § 328 ergehenden Urteile des Berufungsgerichts, auch solche nach § 328 Abs. 2, sind mit der Revision anfechtbar. Der Verstoß gegen § 328 Abs. 2 ist von Amts wegen zu beachten und führt zur Verweisung an das zuständige Gericht (OLG Brandenburg NStZ 2001, 611; Meyer-Goßner/*Schmitt* § 328 Rn. 14). 28

§ 329 Ausbleiben des Angeklagten; Vertretung in der Berufungshauptverhandlung

(1) Ist bei Beginn eines Hauptverhandlungstermins weder der Angeklagte noch ein Verteidiger mit nachgewiesener Vertretungsvollmacht erschienen und das Ausbleiben nicht genügend entschuldigt, so hat das Gericht eine Berufung des Angeklagten ohne Verhandlung zur Sache zu verwerfen. Ebenso ist zu verfahren, wenn die Fortführung der Hauptverhandlung in dem Termin dadurch verhindert wird, dass

1. sich der Verteidiger ohne genügende Entschuldigung entfernt hat und eine Abwesenheit des Angeklagten nicht genügend entschuldigt ist oder der Verteidiger den ohne genügende Entschuldigung nicht anwesenden Angeklagten nicht weiter vertritt,

2. sich der Angeklagte ohne genügende Entschuldigung entfernt hat und kein Verteidiger mit nachgewiesener Vertretungsvollmacht anwesend ist oder

3. sich der Angeklagte vorsätzlich und schuldhaft in einen seine Verhandlungsfähigkeit ausschließenden Zustand versetzt hat und kein Verteidiger mit nachgewiesener Vertretungsvollmacht anwesend ist.

Über eine Verwerfung wegen Verhandlungsunfähigkeit nach diesem Absatz entscheidet das Gericht nach Anhörung eines Arztes als Sachverständigen. Die Sätze 1 bis 3 finden keine Anwendung, wenn das Berufungsgericht erneut verhandelt, nachdem die Sache vom Revisionsgericht zurückverwiesen worden ist.

(2) Soweit die Anwesenheit des Angeklagten nicht erforderlich ist, findet die Hauptverhandlung auch ohne ihn statt, wenn er durch einen Verteidiger mit nachgewiesener Vertretungsvollmacht vertreten wird oder seine Abwesenheit im Fall der Verhandlung auf eine Berufung der Staatsanwaltschaft nicht genügend entschuldigt ist. § 231b bleibt unberührt.

(3) Kann die Hauptverhandlung auf eine Berufung der Staatsanwaltschaft hin nicht ohne den Angeklagten abgeschlossen werden oder ist eine Verwerfung der Berufung nach Absatz 1 Satz 4 nicht zulässig, ist die Vorführung oder Verhaftung des Angeklagten anzuordnen, soweit dies zur Durchführung der Hauptverhandlung geboten ist.

(4) Ist die Anwesenheit des Angeklagten in der auf seine Berufung hin durchgeführten Hauptverhandlung trotz der Vertretung durch einen Verteidiger erforderlich, hat das Gericht den Angeklagten zur Fortsetzung der Hauptverhandlung zu laden und sein persönliches Erscheinen anzuordnen. Erscheint der Angeklagte zu diesem Fortsetzungstermin ohne genügende Entschuldigung nicht und bleibt seine Anwesenheit weiterhin erforderlich, hat das Gericht die Berufung zu verwerfen. Über die Möglichkeit der Verwerfung ist der Angeklagte mit der Ladung zu belehren.

(5) Wurde auf eine Berufung der Staatsanwaltschaft hin nach Absatz 2 verfahren, ohne dass ein Verteidiger mit nachgewiesener Vertretungsvollmacht anwesend war, hat der Vorsitzende, solange mit der Verkündung des Urteils noch nicht begonnen worden ist, einen erscheinenden Angeklagten oder Verteidiger mit nachgewiesener Vertretungsvollmacht von dem wesentlichen Inhalt dessen zu unterrichten, was in seiner Abwesenheit verhandelt worden ist. Eine Berufung der Staatsanwaltschaft kann in den Fällen des Absatzes 1 Satz 1 und 2 auch ohne Zustimmung des Angeklagten zurückgenommen werden, es sei denn, dass die Voraussetzungen des Absatzes 1 Satz 4 vorliegen.
(6) Ist die Verurteilung wegen einzelner von mehreren Taten weggefallen, so ist bei der Verwerfung der Berufung der Inhalt des aufrechterhaltenen Urteils klarzustellen; die erkannten Strafen können vom Berufungsgericht auf eine neue Gesamtstrafe zurückgeführt werden.
(7) Der Angeklagte kann binnen einer Woche nach der Zustellung des Urteils die Wiedereinsetzung in den vorigen Stand unter den in den §§ 44 und 45 bezeichneten Voraussetzungen beanspruchen. Hierüber ist er bei der Zustellung des Urteils zu belehren.

Übersicht **Rdn.**

1 **A. Neufassung des § 329.** Der EGMR hat in einer viel beachteten Entscheidung vom 08.11.2012 die Vorschrift des bisherigen § 329 Abs. 1 teilweise für konventionswidrig erklärt, wonach die Berufung des Angeklagten im Fall seines Nichterscheinens ohne Verhandlung zur Sache verworfen wird und die Anwesenheit eines Verteidigers – von Ausnahmen abgesehen – eine Verwerfung nicht hindert (NStZ 2013, 350 f.). Es sei nämlich danach ein Verstoß gegen das in Art. 6 Abs. 3 lit. c EMRK gewährleistete Recht auf Verteidigung, wenn die Berufung eines unentschuldigt abwesenden Angeklagten ohne Verhandlung zur Sache sofort verworfen wird, obwohl für den Angeklagten ein von diesem beauftragter Verteidiger erschienen ist, der den Angeklagten verteidigen will. Durch ein solches Vorgehen werde der Angeklagte seines Rechts auf Verteidigung beraubt. Dass der Angeklagte unentschuldigt abwesend ist, sei ungeeignet, ihm dieses Recht zu nehmen; die dem widersprechende Praxis laufe auf eine Art Prozessstrafe hinaus (eingehend dazu *Frisch* NStZ 2015, 69 ff.).

2 Diese Entscheidung widerspricht der bisherigen Rspr. des BVerfG (StraFo 2007, 190) und der OLGe (z.B. OLG Oldenburg NStZ 1999, 156; OLG Düsseldorf StV 2013, 299). Auch nach der Entscheidung des

EGMR vom 08.11.2012 haben mehrere OLGe diese scharf kritisiert und entschieden, dass die gegenläufige Rspr. des EGMR unbeachtlich ist (z.B. OLG München NStZ 2013, 358 f.; OLG Celle NStZ 2013, 615 f.; HansOLG Bremen StV 2014, 211 ff.; OLG Brandenburg StraFo 2015, 70). Als Argument wird vor allem darauf abgestellt, dass die Entscheidung nicht differenziert zwischen der Verteidigung des – anwesenden – Angeklagten durch einen Rechtsanwalt und der Vertretung – besser und deutlicher: Ersetzung – des – nicht anwesenden – Angeklagten durch seinen Verteidiger. Der deutsche Strafprozess sei von den Grundsätzen der Unmittelbarkeit und Mündlichkeit geprägt, die Anwesenheit des Angeklagten in der Hauptverhandlung sei kein Selbstzweck, sondern diene der Wahrheitsfindung. Über diese Verfahrensgrundsätze könne der Angeklagte nicht disponieren. Der EGMR verkenne somit in seiner Entscheidung, dass die Begriffe der Verteidigung und der Vertretung im deutschen Strafprozessrecht von unterschiedlicher Bedeutung sind. Zwar vertrete im deutschen Strafprozess der Rechtsanwalt die Interessen des Angeklagten, indem er ihn verteidigt. Dem deutschen Strafprozessrecht sei es indes fremd, dass der Verteidiger den Angeklagten in persona vertritt, also in der Hauptverhandlung ersetzt. Die Anwendung des (bisherigen) § 329 Abs. 1 Satz 1 entziehe dem Angeklagten somit nicht das Recht, sich durch einen Rechtsanwalt verteidigen, sondern nur das Recht, sich in der Hauptverhandlung durch seinen Verteidiger ersetzen zu lassen. Dieses Recht werde indes von der Konvention nicht geschützt (vgl. hierzu Minderheitenvotum der Richterinnen Power-Forde und Nussberger zur Entscheidung des EGMR vom 08.11.2012).

Inzwischen hat der Gesetzgeber mit dem Gesetz zur Stärkung des Rechts des Angeklagten auf Vertretung in der Berufungshauptverhandlung vom 17.07.2015 reagiert und die Vorschrift des § 329 neu gefasst. Danach soll vor allem eine Berufung des Angeklagten künftig nicht mehr verworfen werden können, wenn zu Beginn der Berufungshauptverhandlung ein vom Angeklagten mit nachgewiesener Vertretungsvollmacht versehener Verteidiger für diesen erscheint. Der neue § 329 setzt damit die maßgebliche Forderung des EGMR aus dessen Urteil vom 08.11.2012 um. 3

B. Verwerfung der Berufung des Angeklagten (Abs. 1). I. Zweck und Anwendungsbereich des Abs. 1 S. 1. 1. Die Vorschrift des § 329 soll einen Angeklagten, der Berufung eingelegt hat, daran hindern, die Entscheidung über sein Rechtsmittel dadurch zu verzögern, dass er sich der Verhandlung entzieht. Die Bestimmung dient also der Beschleunigung des Verfahrens. Sie nimmt dabei grds. die Möglichkeit in Kauf, dass ein sachlich unrichtiges Urteil allein darum rechtskräftig wird, weil der Angeklagte oder sein Verteidiger in der Berufungsverhandlung ohne genügende Gründe ausgeblieben sind. In § 329 Abs. 1 stoßen also zwei berechtigte Gedanken zusammen, nämlich das Bedürfnis nach einer Beschleunigung des Verfahrens und das Streben nach einer möglichst gerechten Entscheidung, das dem Strafverfahrensrecht im Ganzen eigen ist. Das rechte Verhältnis zwischen beiden muss auch bei der Auslegung dieser Vorschrift gewahrt bleiben. Als Ausnahme vom Grundsatz, dass gegen einen abwesenden Angeklagten kein Urteil ergehen darf, ist Abs. 1 »auf das engste« auszulegen (BGHSt 17, 189; 23, 333 f.; BayObLG VRS 59, 353; OLG Hamm NStZ-RR 1997, 368). 4

2. Ohne praktische Bedeutung ist die dogmatische Streitfrage, ob der Berufungsverwerfung nach Abs. 1 eine unwiderlegliche gesetzliche Vermutung, dass der Angeklagte auf eine sachliche Nachprüfung des angefochtenen Urteils verzichtet oder der Gedanke zugrunde liegt, dass der Angeklagte jenes Recht verwirkt (BGHSt 15, 289; BayObLG bei *Rüth* DAR 1977, 207; *Schroeder* NJW 1973, 308 [309]). 5

II. Unzulässigkeit der Verwerfung der Berufung. 1. Die Berufung darf nicht verworfen werden, wenn das Ausbleiben des Angeklagten in der Berufungshauptverhandlung genügend entschuldigt, genauer: nicht nachweislich unentschuldigt ist. 6

2. Vorrangig ist die Verwerfung der Berufung wegen Unzulässigkeit (§ 322) oder wenn wegen eines allgemeinen Prozesshindernisses das Verfahren nach § 206a oder § 260 Abs. 3 einzustellen ist. Letzteres gilt allerdings nur, wenn das Verfahrenshindernis erst in der Berufungsinstanz eingetreten ist. Hatte das AG das Fehlen einer Prozessvoraussetzung übersehen, muss dies im Berufungsverfahren unberücksichtigt bleiben, da das Berufungsgericht nur bei Erscheinen des Angeklagten die Richtigkeit des Ersturteils überprüfen darf (*KK/Paul* § 329 Rn. 13; Meyer-Goßner/*Schmitt* § 329 Rn. 8). 7

3. Verhandelt das Berufungsgericht nach Zurückverweisung aufgrund einer Sachentscheidung des Revisionsgerichts erneut (Abs. 1 Satz 4), ist die Verwerfung der Berufung in der gesamten Berufungsinstanz unzulässig (KG StraFo 2013, 469). Hätte es nämlich infolge der Berufungsverwerfung wieder mit dem Urteil des AG sein Bewenden, könnte dieses in schwer erträglichem Widerspruch zur Rechtsauffassung des Revisionsgerichts stehen (BGHSt 27, 236 [239 f.]; *Küper* NJW 1977, 1275 [1276]); daher muss das Berufungsgericht auch bei Ausbleiben des Angeklagten zur Sache verhandeln und entscheiden. § 329 Abs. 1 Satz 4 gilt jedoch nicht (d.h. es ist nach Abs. 1 Satz 1 zu verfahren), wenn das Revisionsgericht nur ein Prozessurteil des Berufungsgerichts aufgehoben hat, ein möglicher Widerstreit zwischen dem Ergebnis des Revisionsverfahrens und einer späteren Verwerfung der Berufung also ausscheidet (BGHSt 27, 236 [241] m.Anm. *Küper* JZ 1978, 205). 8

9 4. Ist der Angeklagte nach §§ 233, 332 von der Pflicht zum Erscheinen in der Hauptverhandlung durch das Berufungsgericht entbunden worden, ist eine Verwerfung der Berufung nicht möglich.

10 5. Ist der Angeklagte in der Berufungshauptverhandlung wirksam durch einen bei Beginn der Hauptverhandlung mit nachgewiesener Vertretungsvollmacht (§ 234) versehenen Verteidiger vertreten, ist die Verwerfung der Berufung unzulässig; fehlt diese, ist die Berufung nach § 329 Abs. 1 Satz 1 zu verwerfen (BGHSt 12, 367 ff.), es sei denn, der Angeklagte ist als entschuldigt anzusehen wegen seiner irrigen Annahme, die Vertretung sei zulässig.

11 6. War der Angeklagte oder sein Verteidiger zur Berufungshauptverhandlung nicht ordnungsgemäß geladen (§§ 323 Abs. 1, 214 Abs. 1, 216) und hat er auf förmliche Ladung auch nicht verzichtet, ist die Verwerfung der Berufung unzulässig.

12 a) Die Ladung muss den Hinweis auf die Folgen des Ausbleibens enthalten, § 323 Abs. 1 Satz 2. Der unrichtige Hinweis auf die Folgen des Ausbleibens macht eine Verwerfung der Berufung des Angeklagten nach § 329 Abs. 1 ebenfalls unzulässig (OLG Hamburg MDR 1976, 1041; BayObLG VRS 41, 281 ff.; OLG Karlsruhe MDR 1974, 774 f.). Die Belehrung muss dabei den Hinweis enthalten, dass sein Rechtsmittel bei seinem ungenügend entschuldigten Ausbleiben verworfen wird, wenn er keinen Verteidiger schriftlich zu seiner Vertretung bevollmächtigt hat oder der ihn vertretende Verteidiger ohne genügende Entschuldigung nicht zu Beginn eines jeden Termins erscheint. Die in der Ladung enthaltene Belehrung muss ferner darauf hinweisen, dass die Berufung unter den Voraussetzungen des § 329 Abs. 1 Satz 2 verworfen werden kann und unter genauer Bezeichnung der entsprechenden Voraussetzungen in seiner Abwesenheit mit dem von ihm dazu ermächtigten Vertreter über seine Berufung verhandelt wird bzw. über eine Berufung der Staatsanwaltschaft ohne ihn und einen Verteidiger als seinen Vertreter verhandelt wird oder andernfalls seine Verhaftung oder Vorführung angeordnet werden kann (BT-Drucksache 18/3562).

13 b) Ein unentschuldigt nicht erschienener Angeklagter muss sich auch ein unentschuldigtes Nichterscheinen des ihn vertretenden Verteidigers wie eigenes zurechnen lassen. Der ausgebliebene Angeklagte ist nicht allein dadurch genügend entschuldigt, dass er vorträgt, einen pflichtbewussten und sorgfältigen Verteidiger mit der Vertretung beauftragt und sich auf dessen Erscheinen als Vertreter im Termin verlassen zu haben (BT-Drucksache 18/3562).

14 c) Wird in Fällen des § 216 Abs. 2 der nicht auf freiem Fuß befindliche Angeklagte nicht vorgeführt, darf seine Berufung nicht gem. § 329 Abs. 1 verworfen werden, es sei denn, dem Berufungsgericht war die Verhaftung ohne Verletzung der Aufklärungspflicht unbekannt oder der Angeklagte lehnte es ab, sich vorführen zu lassen.

15 **III. Voraussetzungen der Berufungsverwerfung.** Zwingend ist nach § 329 Abs. 1 Satz 1 die Berufung des Angeklagten zu verwerfen, wenn weder er noch ein Verteidiger mit nachgewiesener Vertretungsvollmacht erschienen und das Ausbleiben nicht genügend entschuldigt ist. Ebenso ist zu verfahren, wenn die Fortführung der Hauptverhandlung in dem Termin dadurch verhindert wird, dass

1. sich der Verteidiger ohne genügende Entschuldigung entfernt hat und eine Abwesenheit des Angeklagten nicht genügend entschuldigt ist oder der Verteidiger den ohne genügende Entschuldigung nicht anwesenden Angeklagten nicht weiter vertritt,
2. sich der Angeklagte ohne genügende Entschuldigung entfernt hat und kein Verteidiger mit nachgewiesener Vertretungsvollmacht anwesend ist oder
3. sich der Angeklagte vorsätzlich und schuldhaft in einen seine Verhandlungsfähigkeit ausschließenden Zustand versetzt hat und kein Verteidiger mit nachgewiesener Vertretungsvollmacht anwesend ist (§ 329 Abs. 1 Satz 2).

Diese Voraussetzungen sind für jede Berufung selbstständig zu prüfen (OLG Stuttgart NJW 1961, 1687 f.).

16 **1. Ausbleiben des Angeklagten zu Beginn eines Hauptverhandlungstermins.** a) Ein Hauptverhandlungstermin beginnt mit dem Aufruf der Sache (§§ 324 Abs. 1 Satz 1; 243 Abs. 1 Satz 1).

17 b) Das Gericht hat eine angemessene Zeit auf den Angeklagten zu warten (etwa 15 Minuten, u.U. auch etwas länger: BerlVerfGH NJW 2004, 1158; BayObLG DAR 1987, 315; OLG Koblenz DAR 1980, 280; KG NStZ-RR 2002, 218 f.), sofern der Angeklagte nicht erkennbar der Hauptverhandlung fernbleiben will. In ähnlichen Grenzen ist auf eine Verspätung des Verteidigers, zumal wenn sie angekündigt ist, Rücksicht zu nehmen; wie lange das Berufungsgericht zuwarten muss, hängt von den Umständen des Einzelfalles, insb. der anderweitigen Terminplanung, Bedeutung und Schwierigkeit der Sache, ab. Länger als 15 Minuten muss dann gewartet werden, wenn der Angeklagte erklärt hat, dass er sich **unverschuldet** verspäten werde (KG NStZ-RR 2002, 218; OLG Köln StraFo 2004, 143; 2013, 251; StV 2014, 209). Verspätet sich der Angeklagte hingegen **verschuldet**, muss in der Regel nicht gewartet werden (OLG Hamm NStZ-RR 2009, 251; OLG Oldenburg NJW 2009, 1762 f.; OLG München VRS 113, 117 ff.). Beginnt das Gericht die Hauptverhandlung, ohne pflichtgemäß zu warten, ist dieser Fehler unschädlich, wenn der später erscheinende Verteidiger den

Verfahrensgang und die Entscheidung noch beeinflussen konnte (OLG Hamm VRS 55, 368 ff.). Hat sich der Terminsbeginn wegen längerer Dauer der zuvor verhandelten Sache um 1 – 2 Stunden verzögert, kann sich der zu diesem Zeitpunkt nicht mehr anwesende Angeklagte, dessen Berufung nach § 329 Abs. 1 verworfen wird, vorbehaltlich besonderer Umstände auch dann nicht darauf berufen, eine solche Wartezeit sei ihm unzumutbar, wenn sein Verteidiger sich entfernt hatte.

c) Nach dem bisherigen § 329 Abs. 1 Satz 1 war für das Erscheinen des Angeklagten und des Verteidigers der »Beginn der Hauptverhandlung« maßgebend. Der neue § 329 Abs. 1 Satz 1 stellt hingegen auf den »Beginn eines Hauptverhandlungstermins« als entscheidenden Zeitpunkt ab, also auch jedes Hauptverhandlungstermins. Zukünftig kann somit eine Verwerfung der Berufung des Angeklagten nach § 329 Abs. 1 Satz 1 auch dann erfolgen, wenn eine Berufungshauptverhandlung unterbrochen und später fortgesetzt wurde, wenn weder der Angeklagte oder sein Verteidiger im Fall der Vertretung ohne genügende Entschuldigung nicht erschienen sind. 18

d) Ausgeblieben ist der Angeklagte, wenn er in der Zeit zwischen dem Aufruf der Sache und dem Beginn der Verkündung des Verwerfungsurteils im Sitzungssaal nicht anwesend ist oder sich nicht zu erkennen gibt. Das Gericht hat ggf. angemessene, den Verfahrensfortgang nicht wesentlich verzögernde Nachforschungen nach dem Angeklagten anzustellen, bevor es sein Rechtsmittel verwirft. Weiter ist der Angeklagte ausgeblieben, wenn er sich im Zustand schuldhaft und in Kenntnis seiner dadurch vereitelten Teilnahme an der Hauptverhandlung herbeigeführten Verhandlungsunfähigkeit befindet, z.B. infolge Genusses von Alkohol oder anderer berauschender Mittel, und kein Verteidiger mit nachgewiesener Vertretungsvollmacht anwesend ist, § 329 Abs. 1 Satz 2 Nr. 3. Nach der nunmehrigen Regelung in § 329 Abs. 1 Satz 3 hat das Berufungsgericht über eine Verwerfung wegen Verhandlungsunfähigkeit nach Anhörung eines Arztes als Sachverständigen zu entscheiden. Die Anhörung eines Arztes setzt regelmäßig voraus, dass dieser den Angeklagten zuvor untersucht hat. Die Pflicht des Angeklagten zur Duldung einer solchen Untersuchung ergibt sich aus § 81a, der Untersuchungen und körperliche Eingriffe auch dann rechtfertigt, wenn diese zur Feststellung der Verhandlungsfähigkeit des Angeklagten erfolgen, da dies Feststellung für das Verfahren von Bedeutung ist. Ein gesonderter Beschluss über die Anordnung der Untersuchung ergeht nicht (BT-Drucksache 18/3562). 19

2. Fehlende oder ungenügende Entschuldigung für das Ausbleiben des Angeklagten. a) Allgemeines. Das Berufungsgericht muss kraft seiner Aufklärungspflicht (§ 244 Abs. 2) ohne Beschränkung auf etwaige im Hauptverhandlungstermin vorgetragene Umstände von Amts wegen prüfen, ob Umstände erkennbar sind, die das Nichterscheinen des Angeklagten genügend entschuldigen können (OLG Celle StV 1987, 192; OLG Düsseldorf StV 1987, 9 f.). Es kommt nicht darauf an, ob der Angeklagte sich genügend entschuldigt »hat«, sondern ob er es tatsächlich »ist« (BGHSt 17, 391 ff.; OLG Frankfurt NJW 1974, 1151 f.). Erst wenn zur Überzeugung des Berufungsgerichts feststeht, dass der Angeklagte ohne genügende Entschuldigung der Hauptverhandlung fern geblieben ist, gilt § 329 Abs. 1 Satz 1. Bleibt diese Voraussetzung trotz gerichtlicher Nachforschungen in tatsächlicher Hinsicht unklärbar zweifelhaft, ist das Rechtsmittel nicht zu verwerfen (OLG Koblenz NJW 1975, 322 f.; OLG Hamm NJW 1965, 410 f.). Der Angeklagte ist weder beweis- noch mitwirkungspflichtig. Bezweifelt das Gericht angesichts besonderer Umstände z.B. die Richtigkeit eines – als Entschuldigungsnachweis in der Regel genügenden – privatärztlichen Attestes und folgt der Angeklagte nicht seiner Aufforderung, ein amtsärztliches Zeugnis nachzureichen, darf es nicht nach § 329 Abs. 1 Satz 1 verfahren. Anders ist es jedoch, wenn der Angeklagte den behandelnden Arzt nicht von seiner Schweigepflicht entbindet oder sich einer ihm zumutbaren, gerichtlich angeordneten amtsärztlichen Untersuchung verweigert. 20

b) Hinderungsgründe für Berufungsverwerfung. Daher darf die Berufung nicht verworfen werden z.B. allein mit der Begründung, der Angeklagte habe Entschuldigungsgründe nicht »nachgewiesen« bzw. »glaubhaft gemacht« (OLG Köln NJW 1953, 1036 f.), es bestehe der »dringende« (BayObLG bei *Rüth* DAR 1974, 183) bzw. »naheliegende« Verdacht oder »Grund zur Annahme« (BGH NJW 1980, 950 f.), dass der behauptete Entschuldigungsgrund nicht existiere. Andererseits genügt für eine Entscheidung nach § 329 Abs. 1 Satz 1, dass das Berufungsgericht etwa eine allgemeine Behauptung des Angeklagten, er sei verhindert, nach seiner Überzeugung angesichts weiterer Umstände für widerlegt hält, z.B. wenn der Angeklagte trotz entsprechender gerichtlicher Aufforderung den Verhinderungsgrund nicht mehr dargetan hat (OLG Hamm VRS 39, 208 ff.). Bestehen für das Gericht Anhaltspunkte, dass das Ausbleiben des Angeklagten entschuldigt sein kann, muss es diesen durch Ermittlungen im Freibeweis nachgehen (OLG München NJW 2008, 3797 ff.). 21

c) Sinn und Zweck des § 329 Abs. 1 erweitern die Anwendbarkeit der Vorschrift in dreifacher Hinsicht. aa) Zum einen erstreckt sich die gerichtliche Pflicht zur Aufklärung, ob ein Entschuldigungsgrund vorliegt, zwar auf alle erkennbaren Umstände, die hierfür von Bedeutung sind, und die sich »aufdrängenden« Erkenntnisquellen; das Berufungsgericht muss daher z.B. die Akten durchsehen oder bei der Geschäftsstelle nachfragen, 22 ob eine entsprechende Erklärung des Angeklagten (etwa ein Vertagungsantrag) vorliegt; u.U. sind auch in der Hauptverhandlung erschienene, geeignete Personen (insb. der Verteidiger oder Zeugen) nach dem Verbleib des Angeklagten zu fragen oder auf eine vorgelegte Bescheinigung nur über eine krankheitsbedingte Arbeitsunfähigkeit hin ist die naheliegende Möglichkeit auch einer Reise- oder Verhandlungsunfähigkeit des Angeklagten zu überprüfen (BayObLG NJW 1966, 1981 ff.; bei *Rüth* DAR 1976, 177; OLG Frankfurt NJW 1974, 1151 f.; OLG Brandenburg NStZ-RR 1997, 275 f.). Außer präsenten Beweismitteln muss aber das Gericht nur noch solche heranziehen, deren Auswertung ohne erhebliche Verzögerung der Entscheidung möglich ist, da andernfalls der Beschleunigungszweck des § 329 Abs. 1 Satz 1 vereitelt und eine sofortige Verwerfung gehindert wären (OLG Saarbrücken NJW 1975, 1613 ff.). Das Gericht darf nicht etwa wochenlange Ermittlungen anstellen und erst in einer neuen Verhandlung nach § 329 Abs. 1 verfahren. Sind keine Umstände ersichtlich, die das Ausbleiben des Angeklagten entschuldigen können, hat der Angeklagte insb. solche nicht schlüssig vorgetragen, ist das Gericht zu Nachforschungen auch nicht verpflichtet (OLG Bamberg DAR 2008, 217; Meyer-Goßner/*Schmitt* § 329 Rn. 20).

23 **bb)** Zweitens darf trotz eines tatsächlichen oder möglicherweise bestehenden Entschuldigungsgrundes das Rechtsmittel nach § 329 Abs. 1 Satz 1 verworfen werden, wenn zweifelsfrei feststeht, dass der Angeklagte unter keinen Umständen bereit gewesen wäre, zur Hauptverhandlung zu erscheinen (OLG Karlsruhe MDR 1978, 75).

24 **cc)** Schließlich ist Art. 103 Abs. 1 GG (§ 33 Abs. 1) nicht dadurch verletzt, dass das Entschuldigungsvorbringen des Angeklagten nachgeprüft und sein Rechtsmittel ohne seine nochmalige Anhörung zum Ermittlungsergebnis oder ohne ihm ein nachträgliches Erscheinen zu ermöglichen, verworfen wird (BayObLGSt 1966, 58 ff.; NJW 1966, 1981 ff.; OLG Hamm NJW 1965, 410 f.; NJW 1970, 1245 f.).

25 **d) Einzelfälle.** Der Begriff der »genügenden Entschuldigung« ist nicht zulasten des Angeklagten eng auszulegen: Sie liegt vor, wenn dem Angeklagten angesichts der Gesamtumstände des Einzelfalls (insb. auch der Bedeutung der Sache) es unzumutbar ist, in der anberaumten Hauptverhandlung zu erscheinen (OLG Düsseldorf StV 1987, 9 f.; OLG Hamm VRS 93, 122 f.; NStZ-RR 1997, 240; NStZ-RR 1998, 281 ff.; NStZ-RR 2000, 84 f.). S. insb. die folgenden Einzelfälle:

26 **aa) Erkrankung.** Krankheit des Angeklagten entschuldigt nicht erst dann, wenn er verhandlungsunfähig ist; vielmehr reicht es aus, wenn sein Erscheinen vor Gericht wegen der Erkrankung unzumutbar ist (OLG Düsseldorf NStZ 1984, 331; StV 1987, 9 f.; OLG Hamm NStZ-RR 1998, 281 ff.; OLG Stuttgart NStZ-RR 2006, 313 ff.). Auch eine solche Erkrankung entschuldigt, die den Angeklagten zwar nicht am Erscheinen hindert, sich aber hierdurch wesentlich verschlimmern könnte (OLG Düsseldorf MDR 1982, 954). Eine Operation ist kein Entschuldigungsgrund, wenn sie aufschiebbar ist (BayObLGSt 99, 42 ff.). Ferner ist eine schwere Erkrankung eines Angehörigen oder einer Person, deren Pflege dem Angeklagten obliegt, ein Entschuldigungsgrund. Zur Glaubhaftmachung der Erkrankung genügt ein privatärztliches Attest mit konkreten Angaben über die Erkrankung (OLG Hamm NZV 2009, 158; OLG Frankfurt StV 1988, 100 f.). Eine Arbeitsunfähigkeitsbescheinigung genügt in der Regel nicht (OLG Köln NStZ-RR 2009, 112). Von Amts wegen ist zu ermitteln, wenn Zweifel an der Richtigkeit des Attestes oder der Erheblichkeit der Erkrankung bestehen (Bay-ObLG NJW 1999, 879 f.). Ein Urteil nach § 329 Abs. 1 darf jedoch nicht ergehen, wenn der Angeklagte ohne Verschulden annehmen durfte, der Inhalt des Attestes entschuldige sein Ausbleiben (OLG Düsseldorf NJW 1985, 2207 f.). Allein die Behauptung, der Angeklagte sei erkrankt, ohne dass konkrete Angaben zur Art der Erkrankung gemacht werden, verpflichtet das Gericht nicht zu weiterer Aufklärung (OLG Bamberg NJW 2009, 2151; OLG München StV 2012, 79).

27 **bb) Selbstmordversuch.** Ein Selbstmordversuch des Angeklagten ist dann kein Entschuldigungsgrund, wenn er der Prozessverschleppung diente (OLG Koblenz NJW 1975, 322 f.).

28 **cc) Berufliche oder private Verpflichtungen.** Berufliche oder private Verpflichtungen werden nur dann als »genügende Entschuldigung« anerkannt, wenn sie unaufschiebbar und von derartiger Bedeutung sind, dass die in der Regel vorgehende öffentlich-rechtliche Pflicht zum Erscheinen in der Hauptverhandlung bei der vorzunehmenden Abwägung zurückzutreten hat (OLG Karlsruhe VRS 89, 130 ff.), z.B. bei drohendem Arbeitsplatzverlust (BGH NJW 1980, 950 f.; OLG Hamm NJW 1995, 207), bei religiösen Verpflichtungen (OLG Köln NJW 1993, 1345 f.), bei drohenden wirtschaftlichen Verlusten (OLG Düsseldorf NJW 1960, 1921 f.), bei einer fest gebuchten Urlaubsreise (OLG Düsseldorf NJW 1973, 109 f.; OLG Saarbrücken NJW 1975, 1613 ff.; BayObLG NJW 1994, 1748 f.), bei der Beerdigung eines nahen Angehörigen (OLG Hamm MDR 1961, 168) oder bei der Niederkunft der Ehefrau (OLG Celle MDR 1966, 949).

dd) Verspätete Ankunft. Als genügend entschuldigt angesehen wird ein Angeklagter, der, durch Naturereignisse bedingt, verspätet am Gerichtsort ankommt, z.B. bei starkem Nebel (OLG Bremen DAR 1956, 133) oder überraschend heftigem Schneefall (KG NStZ-RR 2002, 218 f.). Das wird man aber nur dann anerkennen können, wenn der Angeklagte nicht mehr auf öffentliche Verkehrsmittel ausweichen konnte. Auch eine Kfz-Panne ist regelmäßig nicht vorauszusehen und daher zur Entschuldigung geeignet (OLG Karlsruhe NJW 1973, 1515; OLG Hamm VRS 97, 44 ff.); das gilt auch bei einem Unfall (OLG Karlsruhe MDR 1957, 760). Üblicherweise zu erwartende Verkehrsstauungen sind hingegen kein Entschuldigungsgrund (BVerfG StV 1994, 113). Ein Angeklagter, der mit öffentlichen Verkehrsmitteln verspätet ankommt, gilt als entschuldigt, falls er bei fahrplanmäßigem Eintreffen rechtzeitig erschienen wäre (OLG Köln MDR 1972, 166). Die Wahl des falschen Verkehrsmittels und die zu knapp bemessene Reisezeit lassen das Ausbleiben hingegen als unentschuldigt erscheinen, wobei die Anforderungen aber nicht überspannt werden dürfen (OLG Bamberg NJW 1995, 740; BerlVerfGH NJW 2004, 1158 f.). Entscheidend ist letztlich immer der Einzelfall und damit die Frage, ob der Angeklagte beim gewöhnlichen Lauf der Dinge auf ein rechtzeitiges Eintreffen vertrauen durfte. 29

ee) Verhalten des Verteidigers. Nennt der Verteidiger dem Angeklagten eine falsche Uhrzeit für den Verhandlungsbeginn oder erklärt er wahrheitswidrig, der Termin sei vom Gericht abgesetzt worden, gilt der Angeklagte als genügend entschuldigt (OLG Hamm VRS 42, 289 f.; NStZ-RR 1997, 113; OLG Köln NStZ-RR 1997, 208 f.). Die Zusage des Verteidigers, er werde verlässlich eine Terminsverlegung erwirken, entschuldigt den Angeklagten, wenn dieser vom Gericht nichts Gegenteiliges hört (LG Köln MDR 1982, 73; BayObLG NStZ-RR 2003, 85 f.; LG Berlin, NStZ 2005, 655 f.). Es entschuldigt auch nicht den Angeklagten, der sich nach längerem Warten auf den Verhandlungsbeginn entfernt, weil ihn sein Verteidiger hierzu aufgefordert hat (OLG Hamm VRS 55, 275 ff.). 30

ff) Falsche Sachbehandlung des Gerichts. Hat der Angeklagte rechtzeitig einen Antrag auf Vertagung oder auf Entbindung vom Erscheinen (§ 233) gestellt und das Gericht darüber nicht oder fehlerhaft entschieden, ist sein Ausbleiben entschuldigt (OLG Hamm NJW 1971, 108 f.; OLG Köln VRS 85, 443 ff.; OLG München NStZ-RR 2006, 20 ff.). Auch die unzutreffende Auskunft des Urkundsbeamten der Geschäftsstelle über den Hauptverhandlungstermin entschuldigt den Angeklagten (OLG Zweibrücken NStZ-RR 2000, 111 f.). Ebenso kann die Säumnis eines Angeklagten als genügend entschuldigt betrachtet werden, der fast ein Jahr vor der Hauptverhandlung geladen worden war (OLG Saarbrücken NStZ 1991, 147 f.; OLG Düsseldorf NStZ-RR 1996, 169). 31

gg) Rechtsirrtum des Angeklagten. Konnte der Angeklagte ohne Verschulden annehmen, dass ihn ein ärztliches Attest entschuldigen werde, obwohl dies objektiv nicht der Fall ist, gilt er als entschuldigt (OLG Düsseldorf NJW 1985, 2207 f.). Das trifft auch dann zu, wenn der Angeklagte der unzutreffenden Auffassung war, sein Verteidiger könne ihn zulässig in der Berufungshauptverhandlung vertreten (BayObLG NJW 1956, 838 f.; OLG Zweibrücken NJW 1968, 1977 f.; OLG Hamm VRS 106, 294 ff.). 32

IV. Entscheidung über die Verwerfung der Berufung. 1. Form und Verfahren. Nach Anhörung der anwesenden Prozessbeteiligten (§ 33 Abs. 1), nicht jedoch des ausgebliebenen Angeklagten, muss das Berufungsgericht in der Hauptverhandlung die Berufung durch Urteil kosten- und auslagenpflichtig (§ 473 Abs. 1) verwerfen. Das Urteil ist gem. § 314 Abs. 2 dem Angeklagten nach allgemeinen Regeln mit Rechtsbehelfsbelehrung zuzustellen. Ersatzzustellung ist statthaft, § 232 Abs. 4 gilt nicht (BGHSt 11, 152 ff.; OLG Köln NJW 1980, 2720). 33

2. Inhalt. Das Urteil, das nicht nach § 267 (weil es nicht auf Verurteilung, Freispruch oder Einstellung lautet), sondern gem. § 34 zu begründen ist, muss, für das Revisionsgericht nachprüfbar, die sachlichen Voraussetzungen nachweisen, sich insb. mit allen von Amts wegen zu prüfenden Umständen, die eine »genügende Entschuldigung« i.S.v. § 329 Abs. 1 Satz 1 begründen könnten, auseinandersetzen und dartun, dass das Berufungsgericht von der Nichtexistenz eines Entschuldigungsgrundes überzeugt ist (OLG Hamm NStZ-RR 2000, 84; NStZ-RR 2003, 86; KG StV 1987, 11). Eine formularmäßige Begründung nur mit dem Wortlaut des § 329 Abs. 1 genügt nur ganz ausnahmsweise, wenn Entschuldigungsgründe weder behauptet noch sonst ersichtlich sind (OLG Celle VRS 26, 443 f.; OLG Karlsruhe NJW 1969, 476; OLG Frankfurt NJW 1970, 959). 34

3. Wegfall der Verurteilung wegen einzelner Taten. Eine Verwerfung der Berufung nach § 329 Abs. 1 ist auch nach § 329 Abs. 6 dann möglich, wenn die Verurteilung wegen einzelner von mehreren Taten wegfällt. Der Wegfall der Verurteilung wegen einzelner Straftaten kann darauf beruhen, dass das Verfahren nach den §§ 153 ff. oder wegen eines Verfahrenshindernisses eingestellt oder ein Verfahrensteil abgetrennt worden ist (Meyer-Goßner/*Schmitt* § 329 Rn. 32). Diese nachträglichen Änderungen sind vom Berufungsgericht bei 35

Erlass des Verwerfungsurteils zu berücksichtigen. Nach § 329 Abs. 6 ist in einem solchen Fall bei der Verwerfung der Berufung der Inhalt des aufrechterhaltenen Urteils klarzustellen; die erkannten Strafen können vom Berufungsgericht auf eine neue Gesamtstrafe zurückgeführt werden. In diesen Fällen ist die Berufung zu verwerfen »mit der Maßgabe, dass der Angeklagte wegen … zu … verurteilt ist«. Die Zulässigkeit einer Gesamtstrafenbildung (§ 329 Abs. 6) ohne Anhörung des Angeklagten ist mit Art. 103 Abs. 1 GG vereinbar (*Rieß* NJW 1975, 89).

36 **C. Berufung der Staatsanwaltschaft (Abs. 2 und 5). I.** Ohne einen unentschuldigt ausgebliebenen Angeklagten kann in der Berufungsinstanz nach § 329 Abs. 2 nur auf eine Berufung der StA ohne weitere Voraussetzungen verhandelt werden. Auf die Berufung der StA ist aber weitergehend nicht nur im Fall des ungenügend entschuldigten Ausbleibens, sondern auch dann ohne den Angeklagten zu verhandeln, wenn dieser sich während der Verhandlung ohne genügende Entschuldigung entfernt oder sich vorsätzlich und schuldhaft in einen seine Verhandlungsfähigkeit ausschließenden Zustand versetzt, also alle Fälle, in denen seine Abwesenheit nicht genügend entschuldigt ist (BT-Drucksache 18/3562).
Wurde auf eine Berufung der StA hin nach § 329 Abs. 2 verfahren, ohne dass ein Verteidiger mit nachgewiesener Vertretungsvollmacht anwesend war, hat der Vorsitzende, solange mit der Verkündung des Urteils noch nicht begonnen worden ist, einen erscheinenden Angeklagten oder Verteidiger mit nachgewiesener Vertretungsvollmacht von dem wesentlichen Inhalt dessen zu unterrichten, was in seiner Abwesenheit verhandelt worden ist; dies ist in § 329 Abs. 5 Satz 1 ausdrücklich geregelt.

37 II. Haben der Angeklagte und die Staatsanwaltschaft Berufung eingelegt, ist außerdem das Rechtsmittel des unentschuldigt ausgebliebenen Angeklagten und eines Verteidigers nach § 329 Abs. 1 sofort zu verwerfen. Das geschieht in der Regel vorweg, ist aber auch gemeinsam mit der Sachentscheidung über das Rechtsmittel der Staatsanwaltschaft statthaft (OLG Karlsruhe NJW 1972, 1871). Beide Urteile sind einheitlich zuzustellen.

38 III. § 329 Abs. 5 Satz 2 ist eine Ausnahme vom Grundsatz des § 303 Satz 1. Danach kann die Staatsanwaltschaft ihre Berufung in der Hauptverhandlung ohne Zustimmung des nicht erschienenen Angeklagten zurücknehmen oder beschränken (OLG München NStZ 2008, 120). Diese Ausnahme gilt jedoch nicht, wenn das Revisionsgericht die Sache zur Neuverhandlung zurückverwiesen hat; in diesem Fall bleibt es bei der Regelung des § 303 Satz 1.

39 **D. Wiedereinsetzung in den vorigen Stand (Abs. 7). I. Zulässigkeit. 1. Statthaftigkeit.** Statthaft ist die Wiedereinsetzung in den vorigen Stand, wenn nach § 329 Abs. 1 Satz 1 die Berufung des Angeklagten sofort verworfen oder nach § 329 Abs. 2 in seiner Abwesenheit auf die Berufung der Staatsanwaltschaft hin verhandelt wurde und ein Urteil erging, es sei denn, der Angeklagte wurde freigesprochen (dann keine Beschwer) oder er war nach § 233 vom Erscheinen entbunden bzw. gem. § 234 zulässig vertreten. Der Wiedereinsetzungsantrag ist anstelle oder neben der Revision statthaft. Ein nicht oder nicht eindeutig bezeichneter Rechtsbehelf ist gem. § 300 in der Regel zunächst als Wiedereinsetzungsgesuch zu behandeln, da mit der Bewilligung der Wiedereinsetzung eine zugleich eingelegte Revision gegenstandslos wird (OLG Karlsruhe Justiz 1975, 78). Der Wiedereinsetzungsantrag nach § 329 Abs. 7 kann jedoch grds. nicht umgedeutet werden in eine Revision gegen das Verwerfungsurteil nach § 329 Abs. 1 Satz 1 (BayObLG bei *Rüth* DAR 1979, 240). Einlegung der Revision ohne Wiedereinsetzungsantrag gilt nach § 342 Abs. 3 als Verzicht auf Wiedereinsetzung in den vorigen Stand.

40 **2. Frist.** Die Frist des § 45 beginnt mit der Urteilszustellung, § 329 Abs. 7. Die Ablehnung eines Antrags auf Wiedereinsetzung in den vorigen Stand gegen die Versäumung der Berufungshauptverhandlung darf allerdings erst nach Ablauf einer Woche nach Zustellung des Urteils erfolgen, weil erst dann Entscheidungsreife vorliegt. Die Vorschrift des § 329 Abs. 7 setzt jedoch eine wirksame Zustellung des Urteils voraus. Nach § 273 Abs. 4 darf das Urteil erst nach Fertigstellung des Protokolls zugestellt werden. Die vorherige Zustellung ist unwirksam und setzt deshalb die von der Urteilszustellung abhängigen Fristen nicht in Lauf (OLG Düsseldorf NStZ 1998, 637; OLG Bamberg ZfS 2007, 408 [409]). Die Wiedereinsetzung in den vorigen Stand kann – insb. bei Verfahrensfehlern des AG – nach § 45 Abs. 2 Satz 2 auch von Amts wegen gewährt werden, da die Wendung »kann … beanspruchen« in § 329 Abs. 7 nicht nur formelle Antragstellung, sondern auch materielle Rechtsgewährung bedeutet (BVerfG NJW 1976, 1839, 1840; OLG Düsseldorf NJW 1980, 1704 f.; OLG Hamm NStZ 1985, 568; OLG Köln NZV 2006, 47). Der Wiedereinsetzungsantrag kann nicht gestützt werden auf Tatsachen, die bereits im Urteil nach § 329 Abs. 1 Satz 1 oder § 329 Abs. 2 bei Prüfung der »genügenden Entschuldigung« berücksichtigt worden sind. Auch auf neue Beweismittel für schon gewürdigte Tatsachen kann der Antrag nicht gestützt werden; solche Umstände können nur mit der Revision geltend gemacht werden (OLG Düsseldorf NStZ 1992, 99 f.; OLG Hamm NStZ-RR 1997, 113; StV 1997, 346 f.; OLG Brandenburg NStZ-RR 1997, 275).

3. Glaubhaftmachung. Schließlich ist die Glaubhaftmachung (§§ 329 Abs. 7, 45 Abs. 2) Zulässigkeitsvoraussetzung für den Antrag auf Wiedereinsetzung in den vorigen Stand (BGH NStZ 1991, 295). Eine Glaubhaftmachung ist aber dann nicht erforderlich, wenn die Begründungstatsachen gerichtsbekannt oder aktenkundig sind (Meyer-Goßner/*Schmitt* § 45 Rn. 6). 41

II. Begründetheit. Der Wiedereinsetzungsantrag ist begründet, wenn der Angeklagte (oder ein Verteidiger) ohne Verschulden verhindert war, in der Hauptverhandlung zu erscheinen. 42

Gleichgültig ist, ob der Angeklagte sein Fernbleiben rechtzeitig hätte entschuldigen oder das Gericht den Wiedereinsetzungsgrund hätte erkennen können (OLG Köln VRS 99, 270 ff.). 43

Unterbliebene oder fehlerhafte Ladung des Angeklagten oder des Verteidigers zur Hauptverhandlung begründet die Wiedereinsetzung in den vorigen Stand. In einem solchen Fall ist der »Nichtsäumige« dem »Säumigen« gleich zu stellen (Meyer-Goßner/*Schmitt* § 329 Rn. 41; BGH NJW 1987, 1776 f.; OLG Hamburg StV 2001, 339 f.; OLG Köln NStZ-RR 2002, 142 ff.). 44

III. Entscheidung über die Wiedereinsetzung in den vorigen Stand. Das Berufungsgericht entscheidet durch **Beschluss** außerhalb – und zwar in der für Entscheidungen außerhalb der Hauptverhandlung maßgebenden Besetzung – oder – bei verspätetem Erscheinen des Angeklagten – in der Hauptverhandlung über die Wiedereinsetzung in den vorigen Stand, sofern bereits ein Urteil nach § 329 Abs. 1 oder § 329 Abs. 2 verkündet worden ist. Andernfalls ist – ohne Entscheidung über die Wiedereinsetzung in den vorigen Stand – mit der Hauptverhandlung neu zu beginnen (bei unverschuldeter Verspätung) bzw. fortzufahren (bei schuldhafter Verspätung). 45

Die Gewährung der Wiedereinsetzung in den vorigen Stand macht das Urteil gegenstandslos, sodass sich eine formelle Aufhebung erübrigt. Bleibt der Angeklagte auch in der neuen Hauptverhandlung aus, ist wiederum nach § 329 Abs. 1 oder Abs. 2 zu verfahren (*Küper* NJW 1977, 1276). 46

Gegen den Beschluss, mit dem die Wiedereinsetzung in den vorigen Stand abgelehnt wurde, ist gem. § 46 Abs. 3 die **sofortige Beschwerde** zulässig. 47

E. Vorführung und Verhaftung des Angeklagten (Abs. 3). Durch Vorführungs- oder Haftbefehl darf und muss das Berufungsgericht die Anwesenheit des Angeklagten in der Hauptverhandlung nach dem nunmehr geltenden § 329 Abs. 3 nur dann erzwingen, wenn die Hauptverhandlung auf eine Berufung der StA hin nicht ohne den Angeklagten abgeschlossen werden kann oder eine Verwerfung der Berufung nach § 329 Abs. 1 Satz 4 nicht zulässig ist. Stärker als bisher macht die gewählte Formulierung deutlich, dass das Vorliegen der Voraussetzungen für eine Verwerfung der Berufung, aber auch derjenigen für eine Verhandlung in Abwesenheit des Angeklagten, die Vorführung oder Verhaftung des Angeklagten ausschließen. 48

Bei der Anwendung des § 329 Abs. 3 gilt der **Grundsatz der Verhältnismäßigkeit**. Zwangsmittel dürfen nicht angewendet werden, wenn das Erscheinen des Angeklagten mit milderen Mitteln erreicht werden kann (OLG Frankfurt StV 2005, 432; OLG Celle NStZ-RR 2009, 157). Die Anordnung von Zwangsmaßnahmen setzt auch voraus, dass sich ein Erscheinen des Angeklagten dadurch tatsächlich überhaupt erreichen lässt (OLG Düsseldorf NStZ 1990, 295 f.; BT-Drucksache 18/3562). 49

Die mit der Anwesenheitserzwingung verbundenen Nachteile dürfen für den Angeklagten nicht außer Verhältnis stehen zur Bedeutung der Sache und dem zu erwartenden Aufklärungsgewinn. Dem Angeklagten muss also das Erscheinen zugemutet und dessen Zweck auch nicht durch eine kommissarische Vernehmung erreicht werden können (BVerfG NJW 2001, 1341 f.). 50

Sind die Voraussetzungen für die Anordnung der Zwangsmaßnahmen gegeben, entfällt diese Verpflichtung gleichwohl, wenn zu erwarten ist, dass der Angeklagte in der neu anzuberaumenden Hauptverhandlung ohne Zwangsmaßnahmen erscheinen wird (BVerfG NJW 2001, 1341 f.). 51

F. Revision. I. Statthaftigkeit. Gegen Verwerfungsurteile gem. § 329 Abs. 1 und Sachurteile nach § 329 Abs. 2 ist die Revision statthaft (§ 333). Das gilt auch dann, wenn die Entscheidung fehlerhaft in Beschlussform erging. Ist die Berufung eines im ersten Rechtszug unter Anwendung von Jugendstrafrecht verurteilten Heranwachsenden nach § 329 Abs. 1 verworfen worden, ist nach dem eindeutigen Wortlaut des § 55 Abs. 2 Satz 1 JGG nach einer Berufungsverwerfung gem. § 329 in einem Jugendgerichtsverfahren eine Revision des Berufungsführers nicht mehr statthaft (BGH NJW 1981, 2422 ff.; OLG Saarbrücken MDR 1974, 161 f.). 52

II. Gegenstand und Umfang der Prüfung des Revisionsgerichts. 1. Art der Revisionsrüge. a) Verfahrensrüge. Das Revisionsgericht prüft nicht von Amts wegen, sondern nur auf Verfahrensrüge (§ 344 Abs. 2 Satz 2) nach, ob die Berufungsverwerfung nach § 329 Abs. 1 rechtsfehlerhaft ist oder das Berufungsgericht die Voraussetzungen für ein Abwesenheitsurteil gem. § 329 Abs. 2 zu Unrecht bejaht hat (BGHSt 15, 287 ff.; 26, 84 f. zu § 230; 28, 384 ff.; OLG Nürnberg NJW 2009, 1761). Der Beschwerdeführer muss grds. die die 53 geltend gemachte Gesetzesverletzung tragenden Tatsachen anführen, soweit sie nicht bereits im angefochtenen Urteil behandelt sind, und dartun, dass sie dem Berufungsgericht bekannt bzw. erkennbar waren (OLG Hamburg NJW 1965, 315 f.; OLG Saarbrücken VRS 44, 190 ff.). Beschränkt sich daher die Revisionsbegründung auf das Vorbringen, der Angeklagte sei entgegen der Annahme des Berufungsgerichts genügend entschuldigt gewesen, darf das Revisionsgericht dies nur aufgrund des Urteilsinhalts überprüfen (OLG Saarbrücken NJW 1975, 1613 ff.). Dass das Berufungsgericht seine Amtspflicht, ihm erkennbaren Entschuldigungsgründen nachzugehen, verletzt hat, ist im Wege der Aufklärungsrüge zu beanstanden. Erforderlich ist die Angabe, welche Anhaltspunkte das Gericht hätten drängen müssen, die eine ausreichende Entschuldigung begründenden Tatsachen durch welche Beweismittel festzustellen (KG NStZ-RR 2002, 218 f.; BGHSt 28, 384 ff.; BayObLG NJW 2001, 1438). Auch das Fehlen einer ordnungsgemäßen Ladung kann vom Beschwerdeführer im Revisionsverfahren nur mit der Verfahrensrüge geltend gemacht werden, wobei sämtliche hierfür maßgeblichen Umstände gem. § 344 Abs. 2 Satz 2 vorgetragen werden müssen (OLG Hamm NStZ-RR 2005, 114 f.; KG NStZ 2009, 111; OLG Karlsruhe NZV 1996, 164; BayObLG NStZ 2001, 374). Ein Verwerfungsurteil gem. § 329 Abs. 1 kann auch auf der unterbliebenen Ladung des ordnungsgemäß bestellten Verteidigers beruhen.

54 b) **Sachrüge.** Wird ausschließlich die allgemeine Sachrüge erhoben, darf das Revisionsgericht nur prüfen, ob wegen – vom Revisionsgericht von Amts wegen zu beachtenden – Prozesshindernisses das Verwerfungsurteil unzulässig war (BGHSt 21, 242 f.; BGH NStZ 2001, 440 ff.). Ob das AG Verfahrenshindernisse übersehen hatte, wird, ebenso wie beim LG, nicht geprüft (Meyer-Goßner/*Schmitt* § 329 Rn. 49). Jedoch kann gem. § 300 die Anfechtung in Form der allgemeinen Sachrüge als Prozessrüge zu behandeln sein, wenn sie zugleich deren Voraussetzungen erfüllt (OLG Brandenburg StraFo 1997, 213; Meyer-Goßner/*Schmitt* § 329 Rn. 49); daran fehlt es, wenn die Revision nur mit sachlich-rechtlichen, auf den Inhalt des erstinstanzlichen Urteils bezogenen Erwägungen begründet ist (OLG Köln NJW 2001, 1223; OLG Koblenz NJW 1975, 322 f.).

55 2. **Prüfungskompetenz des Revisionsgerichts.** Das Revisionsgericht ist an die tatsächlichen Feststellungen im Berufungsurteil gebunden und darf sie im Freibeweis (z.B. anhand des sonstigen Akteninhalts) weder nachprüfen noch ergänzen (BGHSt 28, 384 ff.; OLG Bremen StV 87, 11 f.; OLG Düsseldorf StV 83, 193; OLG Hamm VRS 68, 55 ff.; OLG Karlsruhe NStZ 1982, 433 f.; KG StV 87, 11); es darf nur untersuchen, ob das Berufungsgericht den Rechtsbegriff der »genügenden Entschuldigung« zutreffend ausgelegt, insb. an ihn keine zu strengen Anforderungen gestellt und ihn richtig angewendet hat (BGHSt 15, 287 ff.; 17, 391 ff.; OLG Karlsruhe NJW 1972, 1871; OLG Koblenz VRS 47, 359 ff.; OLG Saarbrücken NJW 1975, 1613 ff.). Dass dem Tatgericht dabei »ein gewisser Beurteilungsspielraum zur Verfügung steht, liegt in der Natur der Sache« (BGHSt 28, 384 ff.; OLG Frankfurt NJW 1970, 959). Das Berufungsgericht muss auch seiner Aufklärungspflicht bezüglich aller ihm erkennbaren Entschuldigungsgründe nachgekommen sein (BayObLG NJW 2001, 1438 f.). Nichts Gegenteiliges folgt daraus, dass das § 329-Abs. 1-Urteil keine Feststellungen zur Schuld- und Straffrage enthält, weil andernfalls dies einem gesetzlich nicht vorgesehenen, weiteren Berufungsverfahren gleich käme, mit revisionsrechtlichen Grundsätzen unvereinbar wäre und § 329 Abs. 7 weitestgehend bedeutungslos würde (BGHSt 28, 384 ff.). Hat daher z.B. das Berufungsgericht die Behauptung plötzlicher Erkrankung des Angeklagten angesichts seiner vorausgegangenen wiederholten Verschleppungsversuche für unglaubhaft gehalten und – ohne Verletzung seiner Aufklärungspflicht – die Berufung nach § 329 Abs. 1 verworfen, darf das Revisionsgericht diese tatsächliche Würdigung selbst dann nicht korrigieren, wenn der Beschwerdeführer ihm nunmehr nachweist, dass er tatsächlich erkrankt war.

56 3. **Entscheidung.** Leidet das Verwerfungsurteil an einem Rechtsfehler und beruht es auch darauf, darf das Revisionsgericht die Entscheidung des Berufungsgerichts nicht durch eine eigene ersetzen, sondern muss die Sache unter Aufhebung des angefochtenen Urteils zu neuer Verhandlung und Entscheidung des Berufungsgerichts zurückverweisen (BGHSt 28, 384 ff.). Hebt das Revisionsgericht das Verwerfungsurteil (§ 329 Abs. 1) auf, entfällt zugleich das auf die Berufung der Staatsanwaltschaft (§ 329 Abs. 2) ergangene Sachurteil, sodass über beide Rechtsmittel erneut zu verhandeln und entscheiden ist (OLG Stuttgart NJW 1961, 1687 f.). Die Aufhebung des nach § 329 Abs. 2 ergangenen Urteils lässt hingegen das Verwerfungsurteil unberührt, es sei denn, das Urteil ist aufgehoben worden, weil die Voraussetzungen des § 329 Abs. 1 gefehlt haben (Meyer-Goßner/*Schmitt* § 329 Rn. 50).

§ 330 Maßnahmen bei Berufung des gesetzlichen Vertreters

(1) Ist von dem gesetzlichen Vertreter die Berufung eingelegt worden, so hat das Gericht auch den Angeklagten zu der Hauptverhandlung zu laden.

(2) [1]Bleibt allein der gesetzliche Vertreter in der Hauptverhandlung aus, so ist ohne ihn zu verhandeln. [2]Ist weder der gesetzliche Vertreter noch der Angeklagte noch ein Verteidiger mit nachgewiesener Vertretungsvollmacht bei Beginn eines Hauptverhandlungstermins erschienen, so gilt § 329 Absatz 1 Satz 1 entsprechend; ist lediglich der Angeklagte nicht erschienen, so gilt § 329 Absatz 2 und 3 entsprechend.

A. Hat der gesetzliche Vertreter oder der Erziehungsberechtigte (§ 67 Abs. 3 JGG) des Angeklagten Berufung 1
eingelegt, sind folgende Möglichkeiten zu unterscheiden:

I. Erscheinen der gesetzliche Vertreter und der Angeklagte in der Hauptverhandlung, wird verhandelt. 2

II. Bleiben sowohl der gesetzliche Vertreter als auch der Angeklagte der Hauptverhandlung unentschuldigt 3
und auch nicht zulässig vertreten fern (zur Vertretung des gesetzlichen Vertreters durch einen RA vgl. OLG Bremen NJW 1960, 1171, 1172), wird unter den Voraussetzungen des § 329 Abs. 1 die Berufung durch Urteil verworfen.

III. Erscheint nur der Angeklagte in der Hauptverhandlung, nicht auch der ordnungsgemäß geladene gesetz- 4
liche Vertreter und für diesen auch kein bevollmächtigter RA, ist gem. § 330 Abs. 2 Satz 1 ohne den Berufungsführer zu verhandeln, weil der gesetzliche Vertreter nur im Interesse des Angeklagten Berufung eingelegt hat.

IV. Erscheint nur der gesetzliche Vertreter in der Hauptverhandlung, nicht auch der ordnungsgemäß geladene 5
Angeklagte, gelten nach § 330 Abs. 2 Satz 2 Hs. 2 die Grundsätze des § 329 Abs. 2 Satz 1. Das bedeutet, dass das Berufungsgericht ohne den Angeklagten verhandeln kann. Gebieten jedoch die Aufklärungspflicht des Gerichts oder sonstige Gründe die Anwesenheit des Angeklagten, muss dieser vorgeführt werden. Ausgeschlossen sind eine Berufungsverwerfung nach § 329 und ein Haftbefehl, weil § 330 nicht auf § 329 Abs. 4 verweist.

B. Entfernt sich der Angeklagte nach dem Beginn der Hauptverhandlung oder kommt er zu einem neuen 6
Termin nicht, ist § 329 unanwendbar; das weitere Verfahren richtet sich nach den für die 1. Instanz geltenden Vorschriften (§ 332).

C. Dem in der Hauptverhandlung ausgebliebenen Angeklagten bzw. gesetzlichen Vertreter ist das Urteil 7
zuzustellen.

§ 331 Verbot der Verschlechterung

(1) Das Urteil darf in Art und Höhe der Rechtsfolgen der Tat nicht zum Nachteil des Angeklagten geändert werden, wenn lediglich der Angeklagte, zu seinen Gunsten die Staatsanwaltschaft oder sein gesetzlicher Vertreter Berufung eingelegt hat.

(2) Diese Vorschrift steht der Anordnung der Unterbringung in einem psychiatrischen Krankenhaus oder einer Entziehungsanstalt nicht entgegen.

Übersicht

A. Zweck und Geltungsbereich des Verschlechterungsverbots. I. Zweck und Wesen. 1. Zweck. Die 1
»Rechtswohltat« des inhaltsgleich in §§ 331, 358 Abs. 2, 373 Abs. 2 normierten Verschlechterungsverbots soll verhindern, dass der Angeklagte in der Freiheit seiner Entscheidung, das ihm gesetzlich offen stehende Rechtsmittel einzulegen, nicht durch die Besorgnis beeinträchtigt wird, es könne ihm hierdurch ein Nachteil in Gestalt härterer Rechtsfolgen entstehen (BGHSt 11, 319 [323]; 27, 176 ff.; OLG Hamburg NJW 1981, 470). Nur insoweit überwiegt dieser Grundsatz das Erfordernis materieller Gerechtigkeit, den Angeklagten mit den nach dem Ergebnis des Rechtsmittelverfahrens »an sich« verdienten Rechtsfolgen zu belasten. Daraus und aus der Pflicht auch des Rechtsmittelgerichts zur allseitigen Kognition i.R.d. zulässigen Anfechtung folgt:

2 a) Der Schuldspruch darf stets ergänzt oder verschärft werden (BGHSt 21, 256 [259, 260]; 29, 63 [66]), etwa von Beihilfe zur Mittäterschaft, auch von einer OWi zu einer Straftat (BayObLGSt 1955, 160 [165]). Das kann dazu führen, dass sogar Mindeststrafgrenzen, etwa die des § 40 Abs. 1 Satz 2 StGB oder des § 18 Abs. 1 Satz 1 JGG, zu unterschreiten sind (BayObLGSt 1970, 159 [163]; OLG Düsseldorf NJW 1964, 216; LG Stuttgart NStZ-RR 1996, 292 f.) oder z.B. der Angeklagte wegen versuchten Mordes zu einer Geldstrafe von 10 Tagessätzen zu verurteilen ist. Da das Verschlechterungsverbot den (veränderten) Schuldspruch nicht betrifft, ist ohne Belang, ob er den Angeklagten später stärker belasten kann, etwa weil die Verurteilung in das BZR eingetragen wird, die Annahme von Tatmehrheit anstelle von Tateinheit zu einer dem Angeklagten ungünstigeren Punktebewertung im VZR führt (OLG Hamm VRS 52, 131 [132]) oder die Verurteilung wegen einer vorsätzlichen statt fahrlässigen Straftat für beamten- bzw. versicherungsrechtliche Folgen Bedeutung gewinnt. Hat z.B. das Erstgericht unter irriger Annahme von Tatmehrheit (§ 53 StGB) teilweise freigesprochen, ist durch das Verschlechterungsverbot das Berufungsgericht nicht gehindert, unter tateinheitlicher (§ 52 StGB) Würdigung wegen beider Vorgänge zu verurteilen (BGHSt 21, 256 ff.; BayObLGSt 1969, 15 ff.); war in diesem Fall jedoch wegen beider Handlungen in getrennten Verfahren eine Verurteilung erfolgt, darf das die Verfahren verbindende Rechtsmittelgericht nur eine unter der Summe der Einzelstrafen liegende Strafe verhängen, weil ohne das Rechtsmittel des Angeklagten gem. § 460 eine Gesamtstrafe zu bilden gewesen wäre (BayObLG NJW 1961, 1685 [1686]). Zulässig ist auch die Feststellung lediglich eines größeren Tatumfangs, etwa einer Dauerstraftat.

3 b) Das Verschlechterungsverbot hinsichtlich der Rechtsfolgen bedeutet nicht ein Verbesserungsgebot (BGHSt 27, 176 [179]; OLG Hamm MDR 1974, 597). Die im angefochtenen Urteil erkannte Rechtsfolge muss daher auch dann nicht gemildert werden, wenn z.B. das Rechtsmittelgericht entgegen dem Erstgericht einen minder schweren Fall annimmt oder einen besonders schweren Fall verneint (BGH MDR 1974, 16), ein geringeres Ausmaß der Tat festgestellt wird, etwa eine oder mehrere einer Gesamtstrafe zugrunde liegende Einzelverurteilungen entfallen oder die unrichtig dem Beleidigten selbst zugesprochene Bekanntmachungsbefugnis nach § 200 StGB dessen Dienstvorgesetzten zuerkannt wird (BayObLG NJW 1963, 824). In diesen Fällen ist aber eine Begründung im Urteil erforderlich (OLG München NJW 2009, 160).

4 c) Das Verschlechterungsverbot bezieht sich nur auf die Strafe für denjenigen Teil der prozessualen Tat, der der Strafzumessung im angefochtenen Ersturteil zugrunde lag. Erweitert sich das ursprüngliche geschichtliche Vorkommnis nach Erlass dieses Urteils in strafrechtlich erheblicher Weise, erweitert sich auch insoweit die prozessuale Tat; für diesen neuen Geschehensablauf kann die ursprüngliche Strafe ohne Verstoß gegen das Verschlechterungsverbot erhöht werden. Hat etwa der wegen eines Dauerdelikts Verurteilte nach Erlass des Ersturteils weitere Teilakte seiner Tat verwirklicht, muss das Tatgericht (falls der Schuldspruch nicht teilrechtskräftig ist) diese neuen Teilakte in der Weise mit berücksichtigen, dass es für sie eine gedachte Einsatzstrafe annimmt und aus beiden Strafen analog § 53 StGB die für die Tat im Ganzen zu bemessende Strafe gewinnt (BGHSt 9, 324 ff.; BayObLG NStZ 1986, 319 [320]). Ähnlich ist die prozessuale Lage, wenn z.B. der nach §§ 223, 230 StGB Verurteilte oder die StA zu seinen Gunsten auch im Schuldspruch Rechtsmittel eingelegt hat und erst nach diesem Urteil, aber vor Erlass des neuen Urteils, eine vom Angeklagten fahrlässig verursachte schwere Folge nach §§ 226, 227 StGB eintritt. Allerdings kommt hier nicht ein nur rechtlich unselbstständiger, tatsächlich aber selbstständiger Geschehensteil hinzu, der die Annahme einer »gedachten Einsatzstrafe« gestattet, sondern die prozessuale Tat gerät infolge ihrer nachträglichen tatsächlichen Fortentwicklung nunmehr in eine andere Deliktskategorie. Für eine auch nur gedankliche Annahme einer Einzelstrafe nach § 226 StGB und ihre Vereinigung mit der aus § 223 StGB entsprechend § 53 StGB ist daher kein Raum. Vielmehr muss eine neue Straffestsetzung an die Stelle der alten treten: Das verstößt nicht gegen den Sinn des Verschlechterungsverbots, weil dessen Voraussetzung hier fehlt; sie ist aber nur dann zulässig, wenn auch ein Angeklagter, dessen Verurteilung nach § 223 StGB vor Eintritt der schweren Folge rechtskräftig geworden ist, ihretwegen nachträglich noch verantwortlich gemacht werden kann.

5 d) Da Anfechtbarkeit und Verschlechterungsverbot einander korrespondieren, gilt das Verschlechterungsverbot auch für getrennt anfechtbare selbstständige Handlungen i.S.v. § 53 StGB (z.B. §§ 229, 230, 142 Abs. 1 Satz 1 StGB); daher ist bei gesonderten Tatfolgen aufgrund einer Verurteilung von selbstständiger Bedeutung nicht auf den Rechtsfolgenausspruch im Ganzen abzustellen. Spricht das Berufungsgericht im Beispielsfall etwa vom Vorwurf nach § 142 StGB frei, darf es die vom Erstgericht verhängte Maßregel nach §§ 69, 69a StGB bzw. das Fahrverbot gem. § 44 StGB nur dann aufrechterhalten, wenn das Erstgericht sie auch mit dem Schuldspruch nach §§ 229, 230 StGB begründet hatte (BayObLG bei *Rüth* DAR 1974, 183); andernfalls entfallen sie, selbst wenn das Berufungsgericht das zum Unfall führende Fahrverhalten nunmehr zugleich als Gefährdung des Straßenverkehrs (§ 315c StGB) würdigt, die an sich eine Anordnung nach §§ 69, 69a StGB oder § 44 StGB rechtfertigte (BayObLG VRS 59, 197 [198 f.]).

e) Das Verschlechterungsverbot gilt auch dann, wenn auf das Rechtsmittel des Angeklagten das Verfahren wegen eines Prozesshindernisses eingestellt und nach Behebung des prozessualen Mangels ein völlig neues Verfahren durchgeführt wird; denn andernfalls würde der die Amtsprüfung der Prozessvoraussetzungen tragende Gedanke des Schutzes des Angeklagten in sein Gegenteil verkehrt (BayObLG NJW 1961, 1487 ff.; OLG Hamburg NJW 1975, 1473 [1475]; LG Zweibrücken StV 1997, 13 [14]; **a.M.:** BGHSt 20, 77 [80]; Meyer-Goßner/*Schmitt* § 331 Rn. 4a). Dagegen ist das Verschlechterungsverbot zu beachten bei einer Sachentscheidung z.B. des AG trotz verspäteten Einspruchs (BGHSt 18, 127 ff.; BayObLGSt 1953, 34 ff.; OLG Hamm NJW 1970, 1092 [1093]) oder des LG auf eine unzulässige Berufung hin (BayObLG NJW 1953, 756; OLG Oldenburg NJW 1959, 1983 f). 6

f) Auf das Verschlechterungsverbot kann der Angeklagte nicht wirksam verzichten (OLG Köln VRS 50, 97 [98]). Denn das Verschlechterungsverbot soll dem Angeklagten nur die Einleitung eines Rechtsmittelverfahrens erleichtern, gleichgültig, welches rechtsfolgenrelevante Ergebnis es haben und ob der Angeklagte es voraussichtlich akzeptieren wird oder nicht; das eine hat mit dem anderen nichts zu tun. 7

2. Wesen. Dem Verschlechterungsverbot liegt keinerlei Art von Teilrechtskraft der Strafe zugunsten des Angeklagten zugrunde (Meyer-Goßner/*Schmitt* § 331 Rn. 2; **a.M.**: BGHSt 11, 319 [322]; 14, 5 [7]; BayObLGSt 1952, 66; OLG Hamm MDR 1977, 861), nicht einmal eine der »horizontalen« Teilanfechtung ähnliche Bindungswirkung; denn das Verschlechterungsverbot verbietet die Änderung weder des Schuldspruchs noch der dem Strafausspruch zugrunde liegenden tatsächlichen Feststellungen, sondern nur dem Angeklagten ungünstigere Schlüsse daraus hinsichtlich der Rechtsfolgen. Mehr als diese Entscheidungsregel lässt sich in das Verschlechterungsverbot nicht hinein interpretieren. 8

II. Geltungsbereich des Verschlechterungsverbots. 1. Verfahrensarten. a) Ausdrücklich normiert ist das Verschlechterungsverbot nur für die Berufung (§ 331), Revision (§ 358 Abs. 2) und die Wiederaufnahme (373 Abs. 2). Analog gilt das Verschlechterungsverbot nach Übergang vom Sicherungs- (§ 413) in das Strafverfahren (BGHSt 11, 319 [322]), im Verfahren nach § 460, wenn im Urteil entweder infolge fehlerhafter Ermessensausübung oder Versehens eine dem Angeklagten nachteilige Gesamtstrafenbildung aus Freiheits- und Geldstrafe unterblieben ist (BayObLG MDR 1975, 161). Kein Verschlechterungsverbot besteht jedoch im erstinstanzlichen Verfahren nach Einspruch gegen einen Strafbefehl nach § 411 Abs. 4 (OLG Hamm VRS 41, 302 [303]; OLG Frankfurt NJW 1976, 1327 [1328]) oder bei nachträglichen Entscheidungen gem. § 56e StGB (OLG Frankfurt NJW 1971, 720; OLG Hamm NJW 1976, 527). 9

b) Innerhalb eines Verfahrens ist das Verschlechterungsverbot zu beachten auch nach Verweisung gem. § 328 Abs. 2 und § 354 Abs. 2. 10

2. Das Verschlechterungsverbot gilt bei jedem Rechtsmittel, das zugunsten des Angeklagten – von ihm selbst (§ 296 Abs. 1), seinem gesetzlichen Vertreter (§ 298), der StA (§ 296 Abs. 2) oder dem Verteidiger (§ 297) – eingelegt worden ist oder gem. § 301 sich ausgewirkt hat (BGHSt 13, 41 f.; BGH MDR [D] 1969, 904). 11

a) Kein Verschlechterungsverbot besteht, wenn das zuungunsten des Angeklagten eingelegte Rechtsmittel der StA unwirksam beschränkt war (OLG Hamm NJW 1969, 474 f.; OLG Hamburg VRS 44, 187 [188]) oder das Rechtsmittel des Nebenklägers nunmehr zum Schuldspruch aus einem nicht nebenklagefähigen Delikt führt (BGHSt 13, 143 ff.) oder das Berufungsgericht wegen Rechtsmittelbeschränkung auf das Strafmaß die Maßregelanordnung nach §§ 69, 69a StGB irrtümlich als bindend angesehen und unter Urteilsaufhebung insoweit die Sache vom Revisionsgericht zur Nachholung der Maßregelentscheidung zurückverwiesen wird (BayObLG VRS 35, 260 ff.; OLG Hamm VRS 21, 198 f.). 12

b) Legt der Angeklagte unbeschränkt und zu seinen Ungunsten die StA auf den Rechtsfolgenausspruch beschränkt Berufung ein, muss das Rechtsmittelgericht seinen Schuld- und Rechtsfolgenausspruch demjenigen Straftatbestand entnehmen, dessen Voraussetzungen es – möglicherweise abweichend vom Erstgericht – als erfüllt erachtet (BGH MDR 1978, 417 [418]). Weil aber ohne das Rechtsmittel des Angeklagten die neue – u.U. schärfere Sanktionen vorsehende – Strafnorm unanwendbar gewesen wäre, darf das Berufungsgericht die aus dem neuen Straftatbestand zu entnehmende Strafe nur bis zur Obergrenze des vom Erstgericht angewendeten Strafgesetzes verhängen (BGH NJW 1986, 332 f.; BayObLGSt 2000, 99 ff. = NStZ-RR 2000, 379; OLG Celle NJW 1967, 2275 f.; **a.M.**: Meyer-Goßner/*Schmitt* § 331 Rn. 9: Die Rechtsmittel sind streng zu trennen, sodass hinsichtlich der StA – Berufung nach wie vor von dem durch diese nicht angefochtenen Schuldspruch auszugehen ist, der erhöhte Schuldumfang allerdings schärfend berücksichtigt werden kann). 13

B. Inhalt des Verschlechterungsverbots. I. Allgemeines. 1. Die nachteilige Rechtsfolgenänderung. Ob eine Änderung **»in Art und Höhe der Rechtsfolgen«** – dazu gehören alle Haupt- und Nebenstrafen, Maßregeln und Nebenfolgen, nicht aber Kosten (BGHSt 5, 52 [53]; LG Flensburg JurBüro 1982, 882 [883]) – zum Nachteil des Angeklagten vorliegt, ist methodisch zu ermitteln durch eine vergleichende Abwägung 14 jeweils der Gesamtheit der vom Rechtsmittelgericht beabsichtigten Sanktionen mit den vom Erstgericht verhängten Unrechtsfolgen anhand des Maßstabs, welche der Reaktionsmittel objektiv unter Berücksichtigung aller insoweit relevanten konkreten Einzelfallumstände in der Gesamtschau dem Angeklagten nachteiliger ist (BGHSt 24, 11 [14]; 29, 269 [270]; BayObLG MDR 1970, 1028 [1029]; NJW 1980, 849; OLG Koblenz VRS 47, 416 ff.; OLG Celle MDR 1976, 156; OLG Hamburg MDR 1982, 776, 777; Meyer-Goßner/*Schmitt* § 331 Rn. 12). Auf das subjektive Empfinden des Angeklagten kommt es grds. nicht an; es ist nur insoweit von Bedeutung, als angesichts besonderer Gegebenheiten auch bei objektiver Betrachtung es den Nachteil verstärkt oder vermindert. Bleibt unklärbar zweifelhaft, ob die vom Rechtsmittelgericht ins Auge gefassten Rechtsfolgen den Angeklagten stärker belasten als die im angefochtenen Urteil angeordneten, sind jene unzulässig (BGHSt 25, 38 ff.; OLG Oldenburg MDR 1976, 162).

15 2. **Folgerungen.** Das Verschlechterungsverbot ist nicht verletzt, wenn jener Vergleich kein Mehr ggü. den in 1. Instanz verhängten Unrechtsfolgen ergibt; daher dürfen Rechtsfolgen gegen im wesentlich gleichartige Maßnahmen ausgetauscht oder durch minder schwere andersartige ersetzt werden. Es ist z.B. zulässig,

16 a) eine zur Bewährung ausgesetzte Freiheitsstrafe zu ersetzen durch Geldstrafe und Fahrverbot (§ 44 StGB), falls die Zahl der Tagessätze und die Dauer des Fahrverbots zusammen die Höhe der früheren Freiheitsstrafe nicht übersteigen (BayObLG VRS 54, 45 ff.)

17 b) einzelne von mehreren Strafen (z.B. Einzelstrafen einer Gesamtstrafe, BGH MDR 1980, 988) oder sonstige Rechtsfolgen zu verringern und andere zu erhöhen, sofern das Gesamtergebnis den Angeklagten nicht stärker belastet (OLG Oldenburg MDR 1976, 162: Ersetzung einer Freiheitsstrafe ohne Bewährung durch eine mit Bewährung unter Verlängerung der Frist des § 69a StGB),

18 c) eine einheitliche Strafe statt zweier selbstständiger auszusprechen, wenn sie deren Summe nicht überschreitet,

19 d) den Fahrerlaubnisentzug (§ 69 StGB) durch ein Fahrverbot (§ 44 StGB) zu ersetzen (BayObLG NJW 1970, 2258 [2259]; OLG Karlsruhe VRS 34, 192 ff.; OLG Stuttgart NJW 1968, 1792 [1793]; OLG Frankfurt NJW 1968, 1793 ff.; OLG Düsseldorf VRS 81, 184),

20 e) anstelle eines Fahrverbots nach § 44 StGB bzw. § 25 StVG eine – den Angeklagten wirtschaftlich nicht schlechter stellende – höhere Gesamtsumme (angesichts § 43 StGB jedoch keine Anhebung der Zahl der Tagessätze, OLG Köln DAR 2005, 697 [698]) der Geldstrafe (BayObLG MDR 1976, 601 [602]; NJW 1980, 849; OLG Hamm NJW 1971, 1190 [1191]) oder Geldbuße (BGHSt 24, 11 ff.; BayObLG MDR 1973, 246; OLG Frankfurt NJW 1970, 1334 [1335]; OLG Hamburg MDR 1971, 510; OLG Hamm VRS 38, 469 ff.; VRS 50, 50 [51]) festzusetzen oder eine vom Erstgericht vergessene Festsetzung einer Einzelstrafe bei Gesamtstrafe (OLG Frankfurt NJW 1973, 1057) oder Einziehung eines Führerscheins bei Fahrerlaubnisentzug (BGH NJW 1954, 159 ff.) nachzuholen.

Dagegen verbietet das Verschlechterungsverbot dem Rechtsmittelgericht, auf eine im Ersturteil nicht ausgesprochene Rechtsfolge (z.B. nach §§ 69, 69a StGB) schon deshalb zu erkennen, weil sie in einem verwaltungsbehördlichem Anschlussverfahren ohnehin angeordnet werden müsste.

21 II. **Einzelfälle.** Einzelfälle sind nicht anhand abstrakt-genereller Kriterien, sondern mittels konkreter Einzelfallabwägung zu lösen.

22 1. **Art der Rechtsfolgen.** Die Art der Rechtsfolgen darf nicht zum Nachteil des Angeklagten verändert werden.

23 a) Das Rechtsmittelgericht darf Geldstrafe nie durch Freiheitsstrafe ersetzen (OLG Hamm VRS 40, 22 ff.; OLG Hamburg MDR 1982, 776 [777]), d.h. auch dann nicht, wenn Letztere niedriger wäre als die Ersatzfreiheitsstrafe (§ 43 StGB) der Geldstrafe, wohl aber kann Freiheitsstrafe durch Geldstrafe ersetzt werden, sofern deren Tagessatzzahl die ursprüngliche Freiheitsstrafe nicht übersteigt (OLG Düsseldorf NJW 1994, 1016; VRS 72, 202 [203]; OLG Hamm NStZ-RR 2008, 118). Ferner ist ersetzbar Geldstrafe durch Geldbuße oder Verwarnung mit Strafvorbehalt (§§ 59 ff. StGB), diese wiederum durch Absehen von Strafe (§ 60 StGB).

24 b) Jugendstrafe (§ 17 JGG) ist keine mildere Strafart als Freiheitsstrafe. An die Stelle z.B. einer 4-monatigen Freiheitsstrafe darf daher eine – unter dem Mindestmaß des § 18 Abs. 1 Satz 1 JGG liegende – Jugendstrafe von ebenfalls höchstens 4 Monaten treten (BGHSt 5, 366 [370]; 10, 100 [103]; 27, 176 [179]; 29, 269 [271]). Hatte das Erstgericht für zwei Taten auf eine Gesamtfreiheitsstrafe erkannt, so darf, wenn in der Rechtsmittelinstanz wegen einer der Taten Jugendstrafe verhängt werden soll, die Summe aus dieser und der verbleibenden Freiheitsstrafe die Dauer der bisherigen Gesamtstrafe nicht überschreiten (BGHSt 8, 349 ff.). Umgekehrt verbietet das Verschlechterungsverbot, anstelle einer im Ersturteil ausgesprochenen Jugendstrafe zu *einer gleich hohen* Freiheitsstrafe zu verurteilen (BGH NJW 1980, 1967 [1968]). An die Stelle einer Jugendstrafe darf eine niedrigere Freiheitsstrafe treten (Meyer-Goßner/*Schmitt* § 331 Rn. 14).

c) Für Erziehungsmaßregeln (§ 9 JGG) und Zuchtmittel (§ 13 JGG) gilt: 25

aa) Sie sind in der Regel (aber nicht stets) mildere Reaktionsmaßnahmen als Erwachsenenstrafen; da sie aber andersartig als diese sind, ist auch hier keine abstrakt-generelle, sondern eine konkret-individuelle Bewertung vorzunehmen. Es kann deshalb ohne Verletzung des Verschlechterungsverbots zulässig sein, z.B. Jugendarrest (§ 13 Abs. 2 Nr. 3 JGG) durch Geldstrafe zu ersetzen (BayObLG MDR 1970, 1028 [1029]; OLG Köln NJW 1964, 1684 ff.) und umgekehrt (OLG Hamburg NJW 1963, 68) oder eine zur Bewährung ausgesetzte Freiheitsstrafe durch Jugendarrest von nicht höherer Dauer (OLG Düsseldorf NJW 1961, 891). 26

bb) Auch im Verhältnis sowohl zwischen Erziehungsmaßregeln und Zuchtmitteln als auch einzelnen Erziehungsmaßregeln bzw. Zuchtmitteln untereinander bedarf es jeweiliger Einzelfallprüfung, welche Maßnahme schwerwiegender in die Rechtssphäre des Angeklagten eingreift (BGHSt 10, 198 [202]; OLG Düsseldorf NJW 1961, 891; OLG Köln NJW 1964, 1684 ff.), Grds. ist von folgender Rangordnung auszugehen: Verwarnung (§§ 13 Abs. 2 Nr. 1, 14 JGG) – Erziehungsbeistandschaft (§§ 9 Nr. 2, 12 JGG) – Erteilung von Auflagen (§§ 13 Abs. 2 Nr. 2, 15 JGG) – Weisungen (§§ 9 Nr. 1, 10, 11 JGG) – Jugendarrest (§§ 13 Abs. 2 Nr. 3, 16 JGG). 27

2. Höhe der Rechtsfolgen. Ferner darf die Höhe der Rechtsfolgen nicht zuungunsten des Angeklagten geändert werden. 28

a) Weniger Untersuchungshaft als das Erstgericht darf das Rechtsmittelgericht nicht anrechnen (§ 51 StGB), selbst wenn es wegen eines Teils der einer Gesamtstrafe zugrunde liegenden Taten freispricht; rechnet es einen geringeren Teil an, muss es die Strafe zumindest um diese Differenz kürzen (BGH JZ 1956, 100). Nichtanrechnung seit dem Ersturteil weiter erlittener Untersuchungshaft verletzt dagegen nicht das Verschlechterungsverbot. Wurde in 1. Instanz Freiheits-, in zweiter Instanz Geldstrafe verhängt, ist wenigstens der Teil der Strafe als verbüßt zu erklären, der nach dem Rechnungsmaßstab der Ersatzfreiheitsstrafe (§ 43 StGB) der in 1. Instanz angerechneten Untersuchungshaft entspricht (BayObLGSt 1952, 66). 29

b) Hat das Erstgericht fehlerhaft auf Freiheitsstrafe unter 6 Monaten erkannt, muss das Berufungsgericht die Voraussetzungen des § 47 StGB prüfen und, falls diese nicht erfüllt sind, zu Geldstrafe verurteilen, auch wenn die Tat mit einer Mindeststrafe von 6 Monaten bedroht ist (OLG Köln MDR 1974, 774). 30

c) Beurteilt das Berufungsgericht das Konkurrenzverhältnis der Straftaten abweichend vom Erstgericht, gilt der Grundsatz, dass die vom Erstgericht erkannte Strafe nicht erhöht werden darf (BayObLGSt 1955, 160 [168]). Das Verschlechterungsverbot betrifft sowohl die Gesamtstrafe wie die Einzelstrafen (BGHSt 1, 252 ff.; 4, 345 ff.; 13, 41 f.; 27, 176 [178]), hindert das Rechtsmittelgericht aber nicht, eine vom Erstgericht unterlassene Einzelstrafenfestsetzung nachzuholen (BGHSt 4, 345 ff.; OLG Frankfurt NJW 1973, 1057). 31

Einzelfälle:

aa) Hatte das Erstgericht (z.B. wegen Annahme von Idealkonkurrenz oder einer einheitlichen Tat) eine einheitliche Strafe verhängt, will aber das Berufungsgericht auf eine Gesamtstrafe erkennen, darf jede der neuen Einzelstrafen die frühere Strafe erreichen, die Gesamtstrafe aber die ehemalige Einheitsstrafe nicht überschreiten (OLG Hamm VRS 42, 99 ff.); hält das Berufungsgericht in diesem Fall bereits für eine der mehreren Taten die vom Erstgericht ausgesprochene Strafe für angemessen, darf es auf diese erkennen und muss die nicht zum Tragen kommende weitere Einzelstrafe nur in den Gründen festlegen (BayObLGSt 1955, 112 f.). War vom Erstgericht wegen dieser Einheitstat und weiterer Straftaten eine Gesamtstrafe gebildet worden und entfallen Einzelstrafen dieser weiteren Straftaten, darf die neue Gesamtstrafe auch die Summe der früheren Gesamtstrafe und der bestehen gebliebenen Einzelstrafen nicht erreichen (BGHSt 14, 5 ff.; BayObLGSt 1969, 15 ff.). Hatte das AG eine Gesamtstrafe festgesetzt und will das LG für denselben historischen Vorgang auf eine Einheitsstrafe erkennen, darf diese die frühere Gesamtstrafe nicht überschreiten, aber erreichen (BGH NJW 1963, 1260; BGH NStZ 1984, 262); Das LG darf eine vom AG entgegen § 54 Abs. 1 Satz 1 StGB niedriger als eine der Einzelstrafen festgesetzte Gesamtstrafe nicht erhöhen, sondern muss die betreffende Einzelstrafe so herabsetzen, dass die Gesamtstrafe der Vorschrift des § 54 StGB entspricht (BayObLG NJW 1971, 1193 f.; OLG Saarbrücken MDR 1970, 65). Hebt das Rechtsmittelgericht eine Gesamtstrafe auf und scheidet wegen zwischenzeitlicher Verbüßung einer Einzelstrafe deren Einbeziehung in eine Gesamtstrafe aus, darf die andere Einzelstrafe oder neue Gesamtstrafe nicht höher bemessen werden als die frühere Gesamtstrafe abzüglich der bereits verbüßten Strafe. 32

bb) Wird aus einer Gesamtfreiheitsstrafe (§ 53 Abs. 2 Satz 1 StGB) eine Geldstrafe ausgeschieden und selbstständig festgesetzt (§ 53 Abs. 2 Satz 2 StGB), darf die Summe der neuen Gesamtstrafe und Ersatzfreiheitsstrafe (§ 43 StGB) die frühere Gesamtstrafe nicht überschreiten (BayObLGSt 1952, 239 f.; MDR 1971, 860). Hatte das Erstgericht keine Gesamtstrafe aus einer Geld- und Freiheitsstrafe gebildet (§ 53 Abs. 2 Satz 2 StGB), hindert das Verschlechterungsverbot auch das Rechtsmittelgericht, nach § 53 Abs. 2 Satz 1 StGB zu verfahren, weil eine Erhöhung der Freiheitsstrafe den Angeklagten stärker belasten würde (BGH 33

MDR [H] 1977, 109; BayObLG MDR 1975, 161). Gleiches gilt, wenn das Erstgericht die Anwendbarkeit des § 55 StGB rechtsirrig verneint hat (OLG Koblenz MDR 1975, 73); anders ist es jedoch, wenn im Fall des § 55 StGB die rechtskräftige frühere Verurteilung zu einer einbeziehungsfähigen Geldstrafe dem Erstgericht unbekannt war (BayObLG JZ 1979, 652 f.; OLG Hamm MDR 1977, 861; offengelassen vom BayObLG MDR 1975, 161).

34 **d)** Bei der Geldstrafe verbietet das Verschlechterungsverbot die Erhöhung zwar der Zahl der Tagessätze (§ 40 Abs. 1 StGB) und/oder des Geldstrafenendbetrages, nicht aber des Geldbetrages der einzelnen Tagessätze (§ 40 Abs. 2 StGB; OLG Celle StV 2009, 403; BayObLG NJW 1980, 849; OLG Köln VRS 60, 46 f.; Meyer-Goßner/*Schmitt* § 331 Rn. 16). Hatte das Erstgericht entgegen § 40 Abs. 1 Satz 2 StGB auf Geldstrafe von weniger als 5 Tagessätzen erkannt, darf das Rechtsmittelgericht nicht von Strafe absehen, sondern muss die Geldstrafe aufrechterhalten (BGHSt 27, 176 ff.; OLG Celle NJW 1976, 121 f.). Eine vom Erstgericht unterlassene Festsetzung der Tagessatzhöhe nach § 40 Abs. 2 StGB darf das Berufungsgericht, ohne an das Verschlechterungsverbot gebunden und auf den Mindestbetrag von 1 € beschränkt zu sein, nachholen, da insoweit noch keine richterliche Entscheidung, die zum Nachteil des Angeklagten geändert werden könnte, vorlag (OLG Hamm JR 1979, 75).

35 **e)** Ohne Verletzung des Verschlechterungsverbots darf unter den Voraussetzungen des § 459a Abs. 2 Satz 2 das Rechtsmittelgericht vom Erstgericht gewährte Zahlungserleichterungen (§ 42 StGB) einschränken oder aufheben (OLG Schleswig NJW 1980, 1535 f.).

36 **f)** Auch Nebenstrafen und Nebenfolgen betrifft das Verbot der *reformatio in peius*.

37 **aa)** In den Fällen des § 45 StGB gilt das Verschlechterungsverbot nur für Anordnungen nach § 45 Abs. 2, 5 StGB, nicht auch für die Kraft Gesetzes eintretenden Rechtsfolgen. Nachträglich darf nicht auf die Bekanntmachungsbefugnis erkannt, die Veröffentlichungsfrist verlängert oder, falls das Erstgericht die Art der Bekanntmachung nicht geregelt hat, die Publikation der Urteilsgründe zugelassen werden. (BayObLGSt 1954, 71 [72]).

38 **bb)** Ausnahmsweise darf auf Nebenfolgen ohne Strafcharakter trotz des Verschlechterungsverbots erkannt werden, falls sie sich nicht gegen den Angeklagten richten, sondern reine Sicherungsmaßnahmen sind, wie in entsprechenden Fällen des Verfalls nach § 73a StGB, der Einziehung gem. §§ 74 Abs. 2 Nr. 2, 74c StGB und Unbrauchbarmachung nach § 74d StGB (BGHSt 5, 168 [178]; OLG Düsseldorf NJW 1972, 1382 f.; OLG Karlsruhe NJW 1972, 1633 f.).

39 **cc)** Es ist zulässig, weil es keine Frage des Verschlechterungsverbots ist, wenn das Berufungsgericht die vom Erstgericht angeordnete Fahrerlaubnissperre (§ 69a StGB) nicht verkürzt, obwohl angesichts der Mindestsperrfrist des § 69a Abs. 4 Satz 2 StGB die zwischen Erst- und Berufungsurteil verstrichene Zeit des vorläufigen Entzugs der Fahrerlaubnis nicht mehr gem. § 69a Abs. 4 Satz 1 StGB voll auf die Dauer der Sperre nach § 69a Abs. 1 StGB anrechenbar ist und damit die Gesamtsperrfrist faktisch verlängert wird (BGH VRS 21, 335 ff.; BayObLG NJW 1966, 896 f.; OLG Celle VRS 39, 275 [276]; OLG Koblenz VRS 50, 361 ff.; OLG Karlsruhe VRS 51, 204 ff.; OLG München DAR 1975, 132 [133]; a.M. *Eickhoff* NJW 1975, 1007 [1008]).

40 **g)** Von den Maßregeln der Besserung und Sicherung (§ 61 StGB) sind durch §§ 331 Abs. 2, 358 Abs. 2 Satz 2, 373 Abs. 2 Satz 2 nur diejenigen nach §§ 63, 64 StGB vom Verschlechterungsverbot ausgenommen; auf sie darf das Rechtsmittelgericht sowohl anstelle der Strafe oder einer anderen Maßregel als auch neben einer Strafe erkennen.

41 Für andere Maßregeln gilt das Verschlechterungsverbot uneingeschränkt.

Beispiele:

42 **aa)** Hatte das Erstgericht den Angeklagten freigesprochen (§ 20 StGB) und seine Unterbringung nach § 63 StGB angeordnet, darf das Berufungsgericht die Unterbringung aufrechterhalten, aber nicht auf Strafe erkennen, wenn es nunmehr die Voraussetzungen nur des § 21 StGB bejaht (BGHSt 5, 267 ff.; 11, 319 [321]); erweist sich erst jetzt die volle Schuldfähigkeit des Angeklagten, darf er, obwohl die Unterbringung entfällt, nicht bestraft werden (RGSt 69, 12 [14]). Anstelle einer Unterbringungsanordnung nach § 63, 64 StGB darf grds. nicht die Sicherungsverwahrung (§ 66 StGB) verhängt werden (BGHSt 25, 38 ff.). Die Ersetzung der Sicherungsverwahrung durch eine Unterbringung (§§ 63, 64 StGB) ist dagegen zulässig.

43 **bb)** Das Berufungsgericht darf nicht eine im Ersturteil vergessene Anordnung des Fahrerlaubnisentzugs (§ 69 StGB; BGHSt 5, 168 ff.; VRS 20, 117 f.; BayObLG NJW 1957, 511 f.), einer Sperre nach § 69a Abs. 1 Satz 1, 2 StGB (OLG Koblenz VRS 51, 96, 98; OLG Bremen VRS 51, 278 [280 f.]) oder einer isolierten Sperre gem. § 69a Abs. 1 Satz 3 StGB (OLG Köln NJW 1965, 2309 f.; OLG Karlruhe VRS 59, 111 f.) nachholen, eine Fahrerlaubnis – Sperrfrist verlängern (BayObLG NJW 1966, 896 f.; OLG Karlsruhe VRS 48, 425 ff.) oder eine vom Erstgericht vorgenommene Anrechnung einer anderen Sperrfrist streichen (OLG Stuttgart NJW 1967, 2071 f.), wohl aber nachträglich eine Einziehung nach § 69 Abs. 3 Satz 2 StGB anordnen.

h) Die Strafaussetzung zur Bewährung (§ 56 StGB, § 21 JGG) ist eine »Modifikation der Strafvollstreckung«, 44
über die das Gericht erst dann sinnvoll entscheiden kann, wenn es sich schlüssig geworden ist, welche Freiheitsstrafe es für tat- und schuldangemessen hält (BGHSt 24, 40 [43]; OLG Köln VRS 50, 97 f.).

aa) Hat das Erstgericht Strafaussetzung gewährt, verbleibt es bei dieser Vergünstigung (BGHSt 9, 104 ff.; 45
BayObLG NJW 1962, 1261 ff.), und zwar auch dann, wenn das Berufungsgericht abweichend vom Erstgericht auf Einzelstrafe bzw. eine Gesamtfreiheitsstrafe erkennt; hatte das Erstgericht dagegen Strafaussetzung zur Bewährung versagt, darf das Berufungsgericht sie bewilligen. Unstatthaft jedoch ist die Ersetzung sowohl einer längeren Freiheitsstrafe mit Bewährung durch eine kürzere ohne Bewährung (BayObLG NJW 1959, 1838 f.) als auch umgekehrt einer kürzeren Freiheitsstrafe ohne Bewährung durch eine längere mit Bewährung (OLG Brandenburg StV 2009, 89; BGH JR 1954, 227 [228]; OLG Frankfurt NJW 1964, 368; OLG Köln VRS 50, 97 f.). Dagegen darf das Rechtsmittelgericht anstelle der im Ersturteil zur Bewährung ausgesetzten Freiheitsstrafe auf Geldstrafe erkennen, sofern die Zahl der Tagessätze jene nicht überschreitet.

bb) Wie das nach §§ 462, 462a Abs. 3 StPO zuständige Gericht im Fall des § 460 StPO, muss auch das 46
Berufungsgericht neu, selbstständig und ohne Bindung an das Verschlechterungsverbot über die Frage der Strafaussetzung entscheiden, wenn es abweichend vom Erstgericht eine den Strafausspruch des Erstgerichts übersteigende Gesamtstrafe bilden muss: Es darf aufgrund jetziger Gesamtbeurteilung aller Taten eine Strafaussetzung selbst dann versagen, wenn die Vollstreckung aller einbezogener Einzel- oder Gesamtstrafen vorher zur Bewährung ausgesetzt war (OLG Hamm MDR 1975, 948 [949]).

dd) Für Beschlüsse nach § 268a StPO gilt das Verbot der reformatio in peius nicht (OLG Hamburg NJW 47
1981, 470).

C. Revision. Verstöße gegen das Verschlechterungsverbot hat das Revisionsgericht von Amts wegen zu prü- 48
fen (BGHSt 14, 5, 7; 29, 269, 270; Meyer-Goßner/*Schmitt* § 331 Rn. 24; OLG Düsseldorf StV 1986, 146).

§ 332 Anwendbarkeit der Vorschriften über die erstinstanzliche Hauptverhandlung

Im Übrigen gelten die im sechsten Abschnitt des zweiten Buches über die Hauptverhandlung gegebenen Vorschriften.

A. Für das Verfahren des Berufungsgerichts verweisen bereits §§ 323 Abs. 1 Satz 1, 324 Abs. 2 auf Vor- 1
schriften für die 1. Instanz. § 332 erklärt grds. alle Bestimmungen über die Hauptverhandlung 1. Instanz auf die Berufungshauptverhandlung für anwendbar (nicht auch §§ 276 ff.), soweit diese Bezugnahme (»im Übrigen«) nicht bereits durch die Sonderregelungen der §§ 324 bis 331 ausgeschlossen wurde. Insb. gelten in der Berufungshauptverhandlung auch die §§ 231 Abs. 2 bis 233 (vorbehaltlich § 329), § 234 und §§ 244, 245.

B. Auch für das Berufungsurteil sind die §§ 260, 267, 268, 268a, 275 zu beachten. Im Berufungsurteil darf 2
auf tatsächliche und rechtliche Ausführungen des Ersturteils in gewissem Umfang Bezug genommen werden.

Vierter Abschnitt. Revision

Vorbemerkung zu §§ 333 ff.

Übersicht

I. Allgemeines. Die Revision ist nach tradierter Auffassung im Vergleich zur Berufung kein »volkstümliches« 1
Rechtsmittel (*Sarstedt* Die Revision in Strafsachen, 2. Aufl. 1953, Rn. 1). Gründe hierfür liegen neben der vielen Nichtjuristen nur schwer vermittelbaren Beschränkung des Rechtsmittels auf Rechtsfehler, Anwaltszwang und weiteren, vielfältigen formalen Hürden. Zudem dient der Zweck der Revision jedenfalls nicht nur in der Herbeiführung einer einzelfallgerechten Entscheidung, sondern liegt daneben auch in der Herbeiführung von Rechtseinheit (s.u. Rdn. 5). Überdies kann eine Revision anders als eine Berufung niemals ohne Begründung eingelegt werden. Daher lässt weder die absolute Zahl eingelegter Revisionen noch deren Misserfolgsquote einen Rückschluss auf die Bedeutung des Rechtsmittels zu (vgl. *Barton* Die Revisionsrechtsprechung des BGH in Strafsachen, 1999, S. 65 ff.). Ob es angemessen ist, gerade bei komplexen Verfahren vor den großen Strafkammern auf eine zweite Tatsacheninstanz zu verzichten oder angesichts des Beschleunigungsgrundsatzes geradezu geboten, ist Gegenstand seit jeher angestellter Reformüberlegungen – wie auch die Frage, ob man die Rechtsmittel der Berufung und der Revision unabhängig von der Eingangsinstanz zu einem Einheits-

rechtsmittel zusammenfassen sollte (KMR/*Momsen* Vor § 333 Rn. 15; ausf. SK/*Frisch* Vor § 333 Rn. 21 ff.; LR/*Franke* Vor § 333 Rn. 15 ff). Häufig wird angeführt, es könne nicht angehen, dass dem einfachen Ladendieb drei Instanzen zur Verfügung stehen, während bei bspw. Tötungsdelikten keine zweite Tatsacheninstanz existiert. Dagegen ist aber einzuwenden, dass Amtsgesichtssachen in der Regel Massesachen sind, deren Aufklärung nicht mit derselben Intensität verfolgt wird, sodass der Unterschied sachlich begründet ist (*Meyer-Goßner* ZRP 2004, 128, 129). Außerdem soll die wachsende Anzahl an Berufsrichtern erhöhte Gewähr für die Richtigkeit der Entscheidung bieten (vgl. zur Bedeutung des echten Schwurgerichts für den hist. Gesetzgeber *Rieß* FS Hanack, 397, 403 ff.). Es würde dagegen einen immensen, kaum handhabbaren Mehraufwand begründen, eine zweite Tatsacheninstanz in Umfangsverfahren zuzulassen. Wollte man dem Beispiel des § 55 Abs. 2 Satz 2 JGG folgend ein Wahlrechtsmittel einführen, fehlte dagegen eine rechtliche Kontrollinstanz, die der zweiten Tatsacheninstanz gegenüber vorzugswürdig ist (*Meyer-Goßner*, aaO.).

2 Für den Betroffenen ist es dennoch häufig kaum verständlich, dass mit der Revision nicht vorgetragen werden kann, »wie es wirklich war«, und selbst erfahrene Verteidiger können nur zögernd akzeptieren, dass es fast kein rechtliches Mittel dagegen gibt, dass das Gericht laut Urteil Beweisergebnisse (etwa Zeugenaussagen) konträr zu dem aufgefasst hat, was ihrem eigenen Erleben der Verhandlung entspricht. Eine Ausnahme bilden parate Beweismittel, jedoch nur unter engen Voraussetzungen (vgl. hierzu die Fallanalyse von *Wehowsky* NStZ 2018, 177 ff.). Hier liegt die Ursache der (von der Rspr. grundsätzlich zurückgewiesenen) Versuche, das Gericht an bestimmte Beweisergebnisse der Hauptverhandlung zu binden (oder jedenfalls an die Einlassung des Angeklagten, wie er sie verstanden wissen wollte; aus revisionsrechtlicher Sicht *Ventzke* HRRS 2010, 461). Die Beweiswürdigung ist Sache des Tatrichters. Es kommt nicht darauf an, ob das Revisionsgericht angefallene Erkenntnisse anders gewürdigt oder Zweifel überwunden hätte oder wenn eine andere Beurteilung nähergelegen oder überzeugender gewesen wäre. Denn es obliegt dem Tatrichter, das Ergebnis der Hauptverhandlung festzustellen und zu würdigen. Seine Schlussfolgerungen brauchen nicht zwingend zu sein, es genügt, dass sie möglich sind. Die revisionsgerichtliche Prüfung beschränkt sich darauf, ob dem Tatrichter Rechtsfehler unterlaufen sind (st. Rspr., vgl. nur BGH 16.06.2016 – 1 StR 50/16 = NStZ-RR 2016, 318 [Ls.]). Aufgrund dieses Maßstabs sind nicht wenige Revisionsbegründungen durch unzulässige Angriffe auf die tatrichterliche Beweiswürdigung geprägt, die die formelhafte Erwiderung des Generalbundesanwalts oder der Generalstaatsanwaltschaft auslösen, die vom Tatrichter gezogenen Schlüsse müssten nicht zwingend sein, es genüge, dass sie möglich sind (worauf häufig ein Verwerfungsbeschluss nach § 349 Abs. 2 folgt). Die Diskussion um die Dokumentation der Hauptverhandlung ist auch vor diesem Hintergrund zu sehen (– Die Expertengruppe des BMJV fordert, dass die Revisibilität von Abweichungen zwischen der Aufzeichnung und den Feststellungen im Urteil entsprechend der Rspr. zu paraten Beweismitteln auf wenige Evidenzfälle beschränkt bleibt, vgl. *Schmitt* NStZ 2019, 1 ff. m.w.N.).

3 Auch wenn dem Urteil eine **Verständigung (§ 257c)** vorausgegangen ist, bleibt dem Angeklagten die Befugnis zur Einlegung eines Rechtsmittels und zur Erhebung von Verfahrensrügen uneingeschränkt erhalten (BGHSt 57, 3 [7]; BGH StV 2009, 680; NStZ 2010, 289 [290]; NStZ-RR 2010, 383; NJW 2011, 2377). Die vor dem Inkrafttreten des § 257c (eingeführt durch G.v. 29.07.2009) ergangenen gegenteiligen Entscheidungen BGH NJW 2009, 690 (§ 338 Nr. 3) und BGHR StPO § 338 Revisibilität 1 (zu § 338 Nr. 1 und 4) sind überholt (BGHSt 57, 3 [7]). Im Revisionsverfahren selbst ist für eine Verständigung kein Raum (Meyer-Goßner/*Schmitt*, Vor § 333 Rn. 5). §§ 153, 154, 154a und 154b sind dagegen anwendbar. Nach Streichung des § 153a Abs. 2 S. 1 aF durch das Gesetz zur effektiveren und praxistauglicheren Gestaltung des Strafverfahrens vom 17.08.2017 (BGBl 2017 I 3202), der eine Zuständigkeit nur bis zum Ende der letzten Tatsacheninstanz vorsah, ist nun auch diese Vorschrift im Revisionsverfahren anwendbar.

4 **II. Das Wesen der Revision.** Die Zentralvorschrift des Revisionsrechts ist § 337. Die Norm beschreibt die relativen Revisionsgründe mit den Erfordernissen der Gesetzesverletzung sowie des Beruhens und bestimmt zugleich das **Wesen der Revision** (instruktiv hierzu *Kästle* Das Wesen der Strafprozessualen Revision) und der ihr nachgebildeten Rechtsbeschwerde (§§ 79, 80 OWiG). Die zweite gleichermaßen zentrale Vorschrift ist § 344, welcher das Begründungserfordernis für beide möglichen Revisionsformen, Sach- oder Verfahrensrüge, enthält und zugleich klarstellt, dass nur Verletzungen von Rechtsnormen revisibel sind: Ziel der Revision ist die Feststellung im Rahmen der zulässigen Anfechtung (§§ 344, 352 Abs. 1), ob beim Zustandekommen des Urteils eine »Rechtsnorm nicht oder nicht richtig angewendet worden ist« (§ 337 Abs. 2) und ob ggf. das Urt. darauf »beruht« (§ 337 Abs. 1), mit anderen Worten: ob die Revision »begründet« (§ 353 Abs. 1) ist oder nicht. Aufgrund der Möglichkeit, § 244 »in materieller Hinsicht« zu rügen (HK/*Julius* § 244 Rn. 84 ff.; *Dahs* Rn. 409 ff.), ist das Revisionsgericht in seinen Mitteln zur Nachprüfung der Rechtsrichtigkeit der den Urteilstenor (§ 260) tragenden »Aussage« (§ 267) des Tatgerichts entgegen der allg. Auffassung weder in der

Regel noch typischerweise beschränkt auf Normauslegung und Nachvollzug rechtlicher Subsumtionsschlüsse: Es hat ohne Bindung an Erkenntnisse des Tatgerichts

- nicht nur – im »Freibeweis« – die tatsächlichen Grundlagen der (allgemeinen) Prozess- und (speziellen) Rechtszugsvoraussetzungen, sowie von Verfahrensrügen (§ 344 Abs. 1 Satz 2) zu ermitteln
- grds. auch im »Strengbeweis« getroffene Tatsachenfeststellung (zur Schuld- und Rechtsfolgenfrage) der Vorinstanz am Maßstab des § 261 zu überprüfen und, soweit – als unmittelbare Folge der Rechtskontrolle – ihm möglich, zu korrigieren. Grundsätzlich bleibt jedoch nach der derzeitigen Gesetzeskonzeption die Beweiswürdigung die Domäne des Tatgerichts.

III. Zweck der Revision. Der Zweck der Revision ist mehrschichtig: 5

1. Die alte Streitfrage, ob die Revision (auf Sach- oder/und Verfahrensrüge hin) primär die Förderung der (generellen) Rechtseinheit (so z.B. *Schwinge* Grundlagen des Revisionsrechts, 1960, S. 32 [37]; *Jagusch* JZ 1955, 34; *Duske* Die Aufgaben der Revision [Diss. Marburg, 1960], S. 97 ff.; *Sellke* Die Revisibilität der Denkgesetze [Diss. Marburg, 1961], S. 36; *Dahs* Rn. 2) oder der (konkreten) Einzelfallgerechtigkeit (so z.B. *Mannheim* Beiträge zur Lehre von der Revision wegen materiellrechtlicher Verstöße im Strafverfahren, 1925, S. 29 [63]; v. *Hippel* Der deutsche Strafprozess, 1941, S. 582; *Peters* ZStW 57 [66]; i.E. wohl auch *Roxin/Schünemann* § 55 B. II: »Gewährung eines realistischen Rechtsschutzes«) bezwecke (*Schünemann* JA 1982, 73 ff.; Überblick bei *Knauer*, NStZ 2016, 1 [6 ff.]), ist ohne praktische Bedeutung geblieben (vgl. auch *Sarstedt* Die Revision in Strafsachen, 3. Aufl. 1954, S. 2; *Eb. Schmidt* II Vor § 296 Rn. 39; *Schmid* ZStW 85, 361 f.) und zudem, weil verschiedene rechtliche Ebenen betreffend, methodisch falsch gestellt (die wohl h.M. erachtet beide Zwecke für gleichrangig, vgl. *Eb. Schmidt* II Vor § 296 36 ff.; *Hamm* Rn. 1 ff.; LR/*Franke* Vor § 333 Rn. 7; Meyer-Goßner/*Schmitt* Vor § 333 Rn. 4): Abstrakt-generell ist die Revision als Rechtsmittel wie jedes andere und die gesamte Rspr. zunächst der materiellen Gerechtigkeit zu dienen bestimmt. Dies ergibt sich für die Revision auch daraus, dass ein Revisionsantrag eines Verfahrensbeteiligten erforderlich ist, um das Verfahren überhaupt in Gang zu bringen (§ 344); die besondere gesetzliche Ausgestaltung dieses Rechtsmittels als »Revision«, die im Interesse der Prozessökonomie und Arbeitsfähigkeit der Revisionsgerichte nur zu beschränkter Überprüfung des angefochtenen Urteils führt, kann sich dagegen dahin auswirken, dass in concreto Einzelfallgerechtigkeit nicht erreicht wird und »Sekundärzwecke« der Revision in den Vordergrund treten. Am amerikanischen Vorbild orientiert sich *Knauer* (NStZ 2016, 1 [9 ff.]), wenn er die Kontroll- und insb. Disziplinierungsfunktion hervorhebt. Mit der traditionellen deutschen Prozessrechtsdogmatik leichter zu vereinbaren ist die von *Rosenau* (FS Widmaier, S. 521) genannte Qualitätssicherung. Insgesamt wird man im Hinblick auf die steigende Bedeutung informeller Verfahrenserledigungen und Absprachen den Gesichtspunkten Disziplinierung und Qualitätssicherung auch im deutschen Revisionsrecht größere Bedeutung beimessen müssen (vgl. *Momsen*, Bild und Selbstbild der Strafverteidigung, S. 95 ff.). 6

2. **Fortbildung des Rechts** und **Sicherung einer einheitlichen Rspr.** (BGHSt 4, 138) sind weitere Zwecke der Revision (vgl. § 137 GVG). Will ein OLG von der Rspr. eines anderen OLG oder einer BGH-Entscheidung abweichen (»Außendivergenz«), muss es die Sache dem BGH vorlegen (§ 121 Abs. 2 GVG). Um auch unter den Senaten des BGH die Rechtseinheit zu sichern, sieht § 136 GVG (»Innendivergenz«) Entscheidungen des Großen Senats für Strafsachen bzw. der Vereinigten Großen Senate vor. Zum Problem der sog. »Binnendivergenz« zwischen verschiedenen Sitzgruppen eines Strafsenats des Bundesgerichtshofs vgl. BGH, Urt. vom 22.09.2016 – 2 StR 27/16 und vom 01.06.2016 – 2 StR 335/15 sowie *Dölp* StraFo 2018, 379 ff.). 7

IV. Die Fortentwicklung der Revision. 1. Obwohl es keine grundlegenden gesetzgeberischen Reformen gab, hat sich die konkrete Ausgestaltung der Revision inzwischen weit von der ursprünglichen Konzeption des historischen Gesetzgebers entfernt. »Kein Rechtsmittel der Strafprozessordnung hat sich seit deren Inkrafttreten so gravierend verändert wie die Revision« (*Frisch* FS Fezer, S. 353). Das liegt vor allem daran, dass die anfänglich vorgesehene strikte Trennung von revisibler Rechts- und irrevisibler Tatfrage mit der Zeit immer weiter aufgeweicht wurde, sodass nun – wenn auch in einem eingeschränkten Rahmen – die Feststellungen des Tatgerichts angegriffen werden können. Umgekehrt hat die Revision aber auch an Wirkkraft eingebüßt. Einerseits wurden die Anforderungen an eine erfolgreiche Verfahrensrüge stetig verschärft. Andererseits hat die Revisionsrechtsprechung nicht überprüfbare Wertungsspielräume geschaffen: Entscheidungen der Tatgerichte sind in manchen Punkten nur eingeschränkt revisibel. 8

2. Unter dem Stichwort **»erweiterte Revision«** wird die Möglichkeit, diskutiert auch die tatgerichtlichen Feststellungen zu überprüfen (s. nur *Fezer* Die erweiterte Revision; *ders.*, FS Hanack, 331; s. nur *Frisch* FS Fezer, S: 353; *ders.* FS Eser, S. 257; *Rieß* FS Hanack, S. 403 ff.; Rosenau, FS Widmaier, S. 521; *Schletz* Die erweiterte Revision in Strafsachen sowie § 261 Rdn. 69; § 337 Rdn. 47 ff. m.w.N.). Obwohl die Tatfrage Sache des Tatgerichts ist, sind Tatsachenfeststellungen rechtlich durchformt. In dem Maße stehen sie auch in der Revisionsinstanz Korrektur- und Gestaltungsmöglichkeiten offen. (SK/*Frisch* Vor § 333 Rn. 6). Die erweiterte Sach- 9

rüge dient so der materiellen Gerechtigkeit. Geprüft wird die Plausibilität der Beweiswürdigung anhand ihrer Darstellung im schriftlichen Urteil (»**Darstellungsrüge**«; *Rieß* FS Hanack, S. 397, 407; *Roxin/Schünemann* Strafverfahrensrecht, § 55 Rn. 32; *Schletz* Die erweiterte Revision in Strafsachen, S. 286). Nach st. Rspr. ist die Beweiswürdigung rechtsfehlerhaft, wenn sie **widersprüchlich**, **unklar** oder **lückenhaft** ist (s. nur. BGH, Beschl. v. 18.03.2021, 4 StR 480/20, Rn. 2). Das Revisionsgericht hat auf die allg. Sachrüge hin außerdem zu prüfen, ob die Beweiswürdigung gegen **Denkgesetze** oder gesicherte **Erfahrungssätze** verstößt oder weil an die zur Verurteilung erforderliche Gewissheit **überspannte Anforderungen** gestellt werden (statt vieler BGH, Urt. v.06.02.2018, 1 StR 199/17, Rn. 15). Weitere Rechtsfehler liegen in einer unzureichenden Würdigung schwerwiegender Verdachtsmomente oder der gesonderten Erörterung schwerwiegender einzelner Belastungsindizien ohne Vornahme einer Gesamtwürdigung (*Schletz*, S. 292; Meyer-Goßner/*Schmitt* § 337 Rn. 27 m.w.N.).

10 Von besonderer praktischer Bedeutung ist darüber hinaus der ebenfalls mit der Sachrüge angreifbare Strafzumessungsvorgang (vgl. *Nack* NStZ 1997, 153 zu den Jahren 1992-1995: »1/3 der Aufhebungen betreffen Fehler bei der Strafzumessung«). Es haben sich Kategorien rechtsfehlerhafter Strafzumessungserwägungen herausgebildet, die sich in Teilen mit den Fallgruppen der fehlerhaften Beweiswürdigung decken (*Schletz*, S. 311; ausf. zu den revisiblen Rechtsfehlern unter § 337 Rdn. 53 ff.).

11 Mit der Erweiterung der Sachrüge sind die Revisionsgerichte einem längst überfälligen Handeln der Legislative zuvorgekommen (*Fezer* FS Hanack, S. 331, 333). Dennoch ist ist fraglich, ob die sachliche Richtigkeit der Feststellungen *de lege lata* hinreichend gesichert ist (*Fezer* FS Hanack, S. 331, 336).

12 3. Der Extension der Sachrüge steht ein Bedeutungsverlust der Verfahrensrüge gegenüber (mit versch. Beispielen *Widmaier* StraFo 2010, 310, 312f.; instruktiv die Arbeit von *Schletz*, S. 321 ff.; s. außerdem nur *Park* StraFo 2021, 223 ff.). Insb. die strengen Anforderungen an die Revisionsbegründung (§ 344 Rn. 12 ff.), die Rspr. zur sog. Rügeverkümmerung (krit. MüKo-StPO/*Knauer/Kudlich* Vor § 333 Rn. 36 ff.), prozessuale Obliegenheiten (v.a. § 238 Abs. 2, die Widerspruchslösung und Rügepräklusionen), das Verbot der Rekonstruktion der Hauptverhandlung, die Relativierung der absoluten Revisionsgründe sowie weitere Einschränkungen der §§ 337, 338 (etwa die Qualifizierung als Soll- und Ordnungsvorschriften, die Rechtskreistheorie oder verschärfte Anforderungen an die Beruhensprüfung), führen dazu, dass die normativ der Sachrüge gleichgestellte Verfahrensrüge nur äußerst selten von Erfolg gekrönt ist (*Nack* NStZ 1997, 153 zu den Jahren 1992-1995: *»Die Sachrüge hat 9 mal häufiger Erfolg als die Verfahrensrüge«*). Dadurch verringert sich die Möglichkeit der Korrektur von Fehlurteilen. Zudem sollte die präventive Ausstrahlungswirkung des Revisionsrechts nicht unterschätzt werden (*Park* StraFo 2021, 223, 229 m.w.N.).

13 Und doch gibt es im Bereich des Verfahrensrechts auch gegenläufige Tendenzen. Das Urteil des Bundesverfassungsgerichts v. 19.03.2013 (BVerfGE 133, 168) hat (flankiert durch weitere verfassungsgerichtliche Entscheidungen) zu einer »Renaissance der Verfahrensrüge« im Bereich der Verfahrensabsprachen geführt (*Frisch* GS Weßlau, S. 127 ff.). Die Absage an eine Qualifikation der Verfahrensvorschriften als bloße Ordnungsvorschrift, der weitgehende Ausschluss des Nichtberuhens sowie die Beweislastumkehr bei Verstößen gegen die Dokumentationspflichten führen zu einer erheblichen Verbesserung der Erfolgsaussichten der Revision (und damit auch zu einer Disziplinierung der Instanzgerichte; *Frisch* a.a.O.). Und auch die Entwicklung der **Inbegriffsrüge** (Verstoß gegen § 261) lässt Effektivierungstendenzen erkennen. Es kann gerügt werden, dass das Tatgericht den Inbegriff der Hauptverhandlung nicht erschöpfend berücksichtigt hat, bzw. dass im Urteil ein Beweismittel verwertet wurde, das nicht zum Inbegriff der Hauptverhandlung zählt und dass das Urteil dem Ergebnis der Beweisaufnahme bei paraten Beweismitteln, deren Gehalt ohne jede Wertung eindeutig auszumachen ist, widerspricht (*Schneider* NStZ 2019, 324, 328).

14 4. Die Wirkkraft der Revision ist zudem durch Beurteilungs- und Ermessensspielräume des Tatgerichts beschränkt. Die Prüfkompetenz der Revisionsgerichte im materiellen Recht wurde richterrechtlich beschnitten, indem bei normativen Tatbestandsmerkmalen den Instanzgerichten ein Beurteilungsspielraum eingeräumt wurde, z.B. in den Bereichen von Tun und Unterlassen, Mittäterschaft und Beihilfe oder bei der Bestimmung des Vorliegens von niedrigen Beweggründen i.S.d. § 211 Abs. 2 StGB (*Schneider* NStZ 2019, 324, 326; hierzu v.a. *Kuhli* Normative Tatbestandsmerkmale in der strafrichterlichen Rechtsanwendung; vgl. auch speziell zur Mittäterschaft zuletzt *Harden* NStZ 2021, 193). Erwähnenswert ist in dem Zusammenhang, dass es auch auf Ebene der Verfahrenstatsachen Beurteilungsspielräume (so z.B. bei § 55, § 251 Abs. 2 Nr. 1 oder § 168c Abs. 3) sowie gesetzliche Ermessensvorschriften (vgl. bspw. §§ 241a, 244 Abs. 5) gibt. Die verminderte Kontrolldichte muss im Lichte von Art. 19 Abs. 4 GG, welcher effektiven Rechtsschutz für jede (eingeräumte) Instanz gewährleistet (s. nur BVerfGE 40, 272, 274 f.), krit. bewertet werden (so in Bezug auf normative Tatbestandsmerkmale *Schneider* NStZ 2019, 324, 327).

15 Diese und weitere Fortentwicklungen der Rspr. durch die Revisionsgerichte selbst ermöglichen die effektive Bearbeitung einer Vielzahl von Verfahren. Kritik daran lässt sich aus der Sicht der Revisionsführer, insb. mit

Blick auf die entstandenen Ermessensspielräume anbringen (vertiefend *Momsen* KriPoZ 2018, 339 [343]. Eine umfassende historische Einordnung und kritische Analyse findet sich bei *Andoor* Tatfragen in der strafrechtlichen Revision, S. 74 ff.; zu Reformüberlegungen aus dieser Perspektive vgl. auch § 337 Rn. 102 f.).

§ 333 Zulässigkeit

Gegen die Urteile der Strafkammern und der Schwurgerichte sowie gegen die im ersten Rechtszug ergangenen Urteile der Oberlandesgerichte ist Revision zulässig.

Übersicht

A. Grundsätzliches. § 333 bezeichnet die Gerichtsentscheidungen, welche mit der als Rechtsbeschwerde ausgestalteten Revision angegriffen werden können. Die Norm gibt allerdings keinen Aufschluss über die Zulässigkeitsvoraussetzungen einer als solchen möglichen Revision. Vielmehr meint die in § 333 angesprochene Zulässigkeit ein Element der **Statthaftigkeit**; statthaft ist ein Rechtsmittel nämlich, wenn das Gesetz es für einen Angriff gegen die betreffende Entscheidung zur Verfügung stellt und das Rechtsmittel von einem hierzu Berechtigten eingelegt wurde (BGH NStZ 1995, 248). 1

Nach § 333 und § 335 Abs. 1 können im Erwachsenenstrafrecht alle Urteile, die nicht selbst Revisionsurteile sind, mit der Revision angegriffen werden (Einzelheiten bei Rdn. 5 ff.; zu Urteilen in Jugendsachen: Rdn. 12 f.; zur Rechtsbeschwerde gegen Urteile in OWi-Sachen: Rdn. 14). Dazu gehören neben den Urteilen der Spruchkörper der Amtsgerichte, welche mit der »Sprungrevision« angegriffen werden können (§ 335), nach § 333 die Urteile der großen Strafkammern, die Berufungsurteile der kleinen Strafkammern sowie die erstinstanzlichen Urteile der OLGe. Werden von einem Beteiligten verschiedene Rechtsmittel eingelegt, geht grundsätzlich das umfassendere vor (Meistbegünstigungsprinzip; vgl. ausf. KMR/*Momsen* §§ 335 Rn. 37, 341 Rn. 52 und unten Rdn. 21 ff.); legen verschiedene Beteiligte unterschiedliche Rechtsmittel ein, gilt § 335 Abs. 3 (ausf. KMR/*Momsen* § 335 Rn. 35 ff.). 2

Ist die Revision nach dem Gesetz nicht statthaft, kann ein Urteil mit dieser auch nicht bei greifbarer Gesetzeswidrigkeit angefochten werden (BGH NJW 1989, 2758 [Zivilrecht]; zur von der Rspr. im Strafrecht nicht anerkannten »außerordentlichen Beschwerde«: BGHSt 45, 37; vgl. auch [zu § 304 Abs. 4] BGH NJW 2000, 1427 [1428]). Zu den nur mit der Beschwerde anfechtbaren Nebenentscheidungen vgl. Rdn. 25 ff. 3

Für die isolierte Anfechtung von **Nebenentscheidungen** ist die sofortige Beschwerde vorgesehen (§ 464 Abs. 3 Satz 1, § 59 Abs. 1 JGG, § 8 Abs. 3 StrEG). 4

B. Urteile i.S.d. § 333. I. Urteil. 1. Definition. Urteile i.S.d. § 333 sind in erster Linie die »normalen« Strafurteile (§§ 260 Abs. 1, 268 Abs. 2 Satz 1). Nicht mit der Revision angreifbar sind demnach Beschlüsse (KK/*Gericke* § 333 Rn. 3). 5

Ob ein Urteil vorliegt, hängt nicht von seiner Bezeichnung ab, sondern davon, ob es mit diesem Inhalt, vor allem dem Tenor, nur aufgrund einer Hauptverhandlung ergehen durfte und seine öffentliche Verkündung vorgeschrieben war (vgl. BGHSt 8, 383 [384]; 18, 381 [385]; 25, 242 [243]; BGH vom 01.07.2005, 2 StR 9/05; z.B. nicht bei Einstellungen nach §§ 153 ff.; vgl. §§ 153 Abs. 2 Satz 3, 153a Abs. 2 Satz 3; zu § 154 Abs. 2: BGHSt 10, 88 [90 ff.]; RGSt 66, 326 [327]; zum Meistbegünstigungsgrundsatz: unten Rdn. 21 ff.). I.Ü. kommt es darauf an, in welcher Form die betreffende Entscheidung ergehen soll, nicht darauf, in welcher Form sie tatsächlich ergangen ist (vgl. AK-StPO/*Maiwald* § 333 Rn. 3). 6

Der Inhalt des Urteils i.Ü. und dessen Begründung ist für das generelle »Ob« der Revisibilität dagegen nicht von Relevanz, insb. muss dort nicht über die Sache selbst entschieden worden sein (vgl. *Hahn* Die gesamten Materialien zur Strafprozeßordnung, 1. Abteilung, Satz 250 [zu § 299]); deshalb unterliegt beispielsweise auch ein solches Berufungsurteil der Revision, das nur eine Zurückverweisung nach § 328 Abs. 2 ausspricht (vgl. 7

BGHSt 26, 106 [109]; 42, 205 [211]; BayObLG JR 1978, 474 m.Anm. *Gollwitzer*; BayObLG, 12.09.2019, 202 StRR 1609/19 a.A. KG JR 1972, 255; Foth NJW 1975, 1524; OLG Karlsruhe 22.02.2005, 2 Ss 236/04) oder das die Berufung nach § 329 Abs. 1 verworfen hat (BGHSt 17, 391 [397]; 28, 384 [386 f.]; BGH NJW 1987, 1776; BGH 13.12.2000, 2 StR 56/00; BGHSt 46, 230; OLG Saarbrücken 16.09.2019, Ss 44/2019 [26/19]; BayObLG 29.09.2020, 206 StRR 277/20).

8 Zulässig ist die Revision ferner, wenn – obwohl das Verfahren bereits rechtskräftig abgeschlossen ist – in Verkennung dieses Umstandes eine erneute Sachentscheidung in einem (weiteren) Urteil getroffen wurde (BGHSt 13, 306 [308 f.]; 26, 183 [184 f.]; OLG Zweibrücken MDR 1997, 87; zum Scheinurteil: unten Rdn. 11).

9 **2. Verkündung, Kenntnis des Urteils, Scheinurteil.** Die Anfechtung eines Urteils ist grundsätzlich erst nach dessen **Verkündung** möglich (§ 268 Abs. 2 Satz 1; ausreichend ist allerdings die Verkündung des Urteilstenors, vgl. BGHSt 8, 41 [42]; OLG Saarbrücken NJW 1994, 2711), weil erst dann ein Urteil i.S.d. § 333 vorliegt (BGHSt 8, 41 [42]; 25, 187 [189]; JR 1974, 295 m.Anm. *Hanack*). Das lediglich mündlich verkündete Urteil ist im Hinblick auf seine Begründung nicht revisibel, d.h. Fehler, welche nur bei der **mündlich verkündeten Urteilsbegründung** unterlaufen, sich aber nicht mehr in den schriftlichen Urteilsgründen wiederfinden, können nicht gerügt werden (*Dahs* 4, 391).

10 Ohne Bedeutung für die Statthaftigkeit der Revision ist, ob der Rechtsmittelführer von dem Urteil bereits Kenntnis hat (BGHSt 25, 187 [189]). Da es für die Beurteilung der Statthaftigkeit nicht auf die Einführung dem Prozessrecht »wesensfremder subjektiver Momente« (z.B. Kenntnis einer Entscheidung) ankommt (BGHSt 25, 187 [190]), ist die Revision in den Fällen des § 341 Abs. 2 schon vor der Urteilszustellung zulässig (vgl. KMR *Momsen* § 341 Rn. 63 m.w.N.).

11 Auch gegen ein **Scheinurteil** ist die Revision statthaft, etwa wenn ein gar nicht bzw. ein nicht wirksam verkündetes Urteil oder ein bloßer Entwurf zugestellt wurde; Voraussetzung hierfür ist jedoch, dass der geschaffene Rechtsschein auf ein hoheitliches Handeln zurückzuführen ist (vgl. BVerfG NJW 1985, 788; LG Hildesheim NStZ 1991, 401 m.Anm. *Laubenthal*; *W. Schmid* FS Lange, S. 786 m.w.N.; im Zivilrecht ständige Rspr., vgl. BGH NJW 1999, 1192 m.w.N.; a.A. Meyer-Goßner/*Schmitt* Vor § 296 Rn. 4; zur [zulässigen] Anfechtung durch einen Betroffenen, gegen den sich das Urteil nur dem äußeren Anschein nach richtet: OLG Köln NJW 1983, 2400; vgl. auch BayObLG NStZ-RR 1996, 366). In einem solchen Fall hat der Rechtsmittelführer ein berechtigtes Interesse (Rechtssicherheit und Rechtsklarheit) an der Beseitigung des Rechtsscheins; das Revisionsgericht muss dann entweder dieses Urteil aufheben oder feststellen, dass ein wirksames Urteil (noch) nicht vorliegt (*W. Schmid* FS Lange, S. 786; vgl. auch BGHSt 13, 306 [308]; 26, 183 [184]). Das Gleiche gilt für nichtige Urteile (vgl. dazu BGHSt 29, 351 [352 f.]). Abgesehen von der uneinheitlichen Verwendung des Begriffs »Scheinurteil« (gemeint kann allein die äußerlich als Entscheidung in Urteilsform erscheinende »Nicht-Entscheidung« sein) bleibt es jedoch in den meisten Fällen bei dem Grundsatz, dass maßgebend stets die »Soll-Entscheidung« ist, nicht jedoch die »Ist-Entscheidung« (vgl. HK/*Rackow* § 333 Rn. 6; AK-StPO/*Maiwald* § 333 Rn. 3). So ist also der irrtümlich als »Urteil« überschriebene Beschluss nicht mit der Revision, sondern mit der Beschwerde angreifbar, vorausgesetzt, dieses Rechtsmittel ist gegen die Entscheidung im materiellen Sinn gegeben.

12 **3. Urteile in Jugendsachen.** Die Statthaftigkeit von Rechtsmitteln gegen landgerichtliche Urteile bei Anwendung von **Jugendstrafrecht** ist in §§ 55 Abs. 2, 104 Abs. 1 Nr. 7 JGG besonders geregelt (zur Verfassungsmäßigkeit: BVerfG NJW 1988, 477; zu Urteilen von Amtsgerichten in Jugendsachen: KMR/*Momsen* § 335 Rn. 1). Danach ist die Revision des Berufungsführers gegen das Berufungsurteil – auch bei einem Urteil nach § 329 Abs. 1 (BGHSt 30, 98; OLG Hamm NStZ 2020, 304 [305]) – ausgeschlossen, wobei dies für den Angeklagten, seinen Erziehungsberechtigten oder seinen gesetzlichen Vertreter selbst dann gilt, wenn jeweils eine andere dieser Personen die (zulässige) Berufung eingelegt hatte (§ 55 Abs. 2 Satz 2 JGG). Der Rechtsmittelführer gegen ein berufungsfähiges Urteil muss sich daher grundsätzlich zwischen Berufung und Revision als echten Alternativen entscheiden – die Wahl des einen schließt das jeweils andere aus. Der Ausschluss der Revision tritt allerdings nicht ein, wenn die Berufung innerhalb der Revisionsbegründungsfrist zurückgenommen wurde (BGHSt 25, 321; a.A. OLG Celle MDR 1964, 527) oder unzulässig war (§ 55 Abs. 2 Satz 1 JGG; BGHSt 30, 98 [99]); jedoch gilt § 55 Abs. 2 JGG auch nach einer nur beschränkt eingelegten Berufung (BayObLG NJW 1964, 1084 [1085]; *Schäfer* NStZ 1998, 330 [335]). Besonderheiten gelten bei Urteilen in Jugendsachen ferner für die Anfechtung einer Entscheidung über die Strafaussetzung zur Bewährung (§ 59 Abs. 1 Satz 1, Abs. 5 JGG; vgl. dazu auch unten Rdn. 26.

13 Ist dagegen ein **Heranwachsender** im angefochtenen Urteil vom Jugendgericht nach Erwachsenenstrafrecht abgeurteilt worden, so gilt § 55 Abs. 2 JGG nicht (§ 109 Abs. 1 Satz 1, Abs. 2 Satz 1 JGG); die Revision ist dann unbeschränkt statthaft (vgl. BGHSt 30, 98 [100]; *Schäfer* NStZ 1998, 330 [335]). Wurde – was zulässig ist (§§ 109 Abs. 2 Satz 1, 79 Abs. 2 JGG) – ein Heranwachsender im beschleunigten Verfahren

abgeurteilt, so ist § 55 Abs. 2 JGG auch dann nicht anzuwenden, wenn dabei Jugendstrafrecht angewendet wurde (§ 109 Abs. 2 Satz 3 JGG).

4. **Urteile in OWi-Sachen.** Im **OWi-Verfahren** ist die Revision grundsätzlich ausgeschlossen (§§ 67 Abs. 1 Satz 1, 79 Abs. 1 OWiG). Die dort unter bestimmten Voraussetzungen zulässige Rechtsbeschwerde (OLG Thüringen v. 20.07.2005, 1 Ss 164/05 – Auslegung einer »Rechtsbeschwerde« als Berufung) ist allerdings in entscheidenden Punkten der Revision nachgebildet, es wird auf die Vorschriften der StPO und des GVG verwiesen, soweit nichts anderes bestimmt ist (§ 79 Abs. 3 OWiG). Abweichungen betr. insb. die Zulässigkeit (§§ 79, 80, 80a OWiG). 14

5. **Sonstige Urteile.** Nicht mit der Revision angreifbar sind nach eigener Berufungseinlegung die Berufungsurteile im Verfahren über die nachträgliche oder selbstständige Einziehung (§ 436 Abs. 2), die Entscheidung über die Einziehung im Nachverfahren (§ 434 Abs. 3 Satz 2) sowie im selbstständigen Verfahren auf Festsetzung einer Geldbuße gegen eine juristische Person oder Personenvereinigung (§ 444 Abs. 3 Satz 1). 15

Zur Revision gegen in einem Urteil ergangene **Nebenentscheidungen**: unten Rdn. 25 ff. 16

II. **Beschlüsse.** Beschlüsse unterliegen nicht der Revision (zur Falschbezeichnung und zur Anwendung des Meistbegünstigungsgrundsatzes: Rdn. 5, 20 ff.). 17

Haben die Beschlüsse urteilsähnliche Bedeutung (v.a. bei §§ 206a, 206b), so sind sie grundsätzlich mit der sofortigen Beschwerde anfechtbar; ansonsten können besonders geregelte Rechtsbehelfe statthaft sein (z.B. gegen die Verwerfung einer Revision als unzulässig durch den Tatrichter: § 346 Abs. 2). 18

III. **Sonstige Entscheidungen.** Sonstige Entscheidungen können nur dann mit der Revision angefochten werden, wenn es sich tatsächlich – in Bezug auf den Inhalt und das Zustandekommen – um ein Urteil handelt (vgl. Rdn. 5, 20 ff.); auch bei § 336 Satz 1 richtet sich das Rechtsmittel nicht gegen die Vorentscheidung, sondern gegen das Urteil selbst (vgl. § 336 Rdn. 6). 19

Ausgeschlossen ist die Revision schließlich auch unmittelbar gegen einen **Strafbefehl**. Gegen diesen ist als Rechtsbehelf der Einspruch zulässig (vgl. § 410 Abs. 1 Satz 1). Gegen das auf den Einspruch ergehende Urteil (§ 411 Abs. 4) können nach den allg. Vorschriften Rechtsmittel, auch Revision, eingelegt werden (Ausnahme: Verwerfungsurteil gem. § 412, nur Berufung ohne die Einschränkungen des § 313, vgl. HK-GS/*Andrejtschitsch* § 412 Rn. 9). 20

IV. **Meistbegünstigungsgrundsatz.** Der **Meistbegünstigungsgrundsatz** findet im Strafverfahren anders als in anderen Verfahrensordnungen (vgl. BGH NJW 1997, 1448 [Zivilprozess]; BVerwGE 26, 58; BAG NZA 1993, 789; BSG NZS 1994, 333; BFHE 134, 216) keine unmittelbare Anwendung dergestalt, dass bei einer falsch bezeichneten Entscheidung sowohl die gegen die intendierte wie auch die gegen die bezeichnete Entscheidungsform gegebenen Rechtsmittel eingelegt werden könnten und dem Rechtsmittelführer insoweit ein Wahlrecht für das Rechtsmittel zustünde, welches die weitest gehenden Anfechtungsmöglichkeiten erlaubt (vgl. BGHSt 25, 242 [243]; JR 1974, 522 m.Anm. *Kohlhaas* und m.w.N. [zur Anfechtung einer vorläufigen Verfahrenseinstellung durch Urteil – statt durch Beschluss]; vgl. auch die Nachweise bei KK/*Gericke* § 333 Rn. 3). 21

Im Rahmen des Regelungsbereichs von § 300 ist allerdings meistbegünstigend auszulegen, dass das Rechtsmittel gewollt ist, welches die umfassendste Überprüfung ermöglicht (HK-GS/*Momsen* § 300 Rn. 2; vgl. bereits BGHSt 2, 63). 22

Das Ziel der Anwendung des Meistbegünstigungsgrundsatzes, zunächst die **Hemmung des Eintritts der Rechtskraft**, wird im Strafverfahren u.a. bereits dadurch erreicht, dass die Fristen für die Einlegung der Revision (§ 341 Abs. 1) und für die – als »Alternative« in erster Linie in Betracht kommende – Einlegung der sofortigen Beschwerde (§ 311 Abs. 2) übereinstimmen. Bei beiden Rechtsbehelfen müssen ferner die Rechtsmittelschriften bei dem Gericht eingereicht werden, dessen Entscheidung angefochten wird (§§ 306 Abs. 1, 341 Abs. 1) und auch die Formvorschriften bezüglich der Einlegung entsprechen einander (§§ 306 Abs. 1, 341 Abs. 1). Da zudem eine Falschbezeichnung des Rechtsmittels nicht schadet (§ 300), wird der Rechtskrafteintritt auch ohne die Anwendung des Meistbegünstigungsgrundsatzes gehemmt, wenn es um die Alternative Revision – sofortige Beschwerde geht (für die Berufung gilt dies entsprechend). Auf die in der Sache nicht überzeugende Annahme, die Rechtskraft habe im Strafverfahren eine – gegenüber den anderen Verfahrensordnungen – »gewichtigere« Bedeutung (so OLG Celle NJW 1960, 114), kommt es daher unter dem Blickwinkel des Meistbegünstigungsprinzips nicht an (vgl. dazu auch BGHSt 45, 37 zur »außerordentlichen Beschwerde« im Strafverfahren). 23

Rechtskraftprobleme könnten sich daher nur dann ergeben, wenn die angefochtene Entscheidung nach Inhalt und Zustandekommen ein Urteil ist, sie aber ihrer Bezeichnung nach mit der einfachen Beschwerde 24 anfechtbar wäre (der umgekehrte Fall bereitet keine Probleme, weil eine »Revision« gegen eine als Urteil bezeichnete Entscheidung die Voraussetzungen der an sich statthaften Beschwerde stets erfüllt). Dies ist im Strafverfahren jedoch ausgeschlossen, weil alle eine Instanz beendenden Entscheidungen, die diese Voraussetzungen erfüllen könnten, der sofortigen Beschwerde unterliegen (vgl. v.a. §§ 206a Abs. 2, 206b Satz 2 sowie § 304 Abs. 4 Nr. 2).; zur »Auslegung« eines Einstellungsbeschlusses nach § 206a als Einstellungsurteil gem. § 260 Abs. 3: KG NJW 1993, 673 [675], mit kritischer Anm. *Jahntz* NStZ 1993, 297 (298); ähnlich KG DAR 2001, 175; vgl. dazu auch KK/*Schneider* § 206a Rn. 3 m.w.N.).

25 **V. Anfechtung von Nebenentscheidungen. 1. Selbstständige Entscheidungen.** Vom Anwendungsbereich des Meistbegünstigungsgrundsatzes zu unterscheiden sind die Fälle, in denen das Gericht (formell und inhaltlich) ein Urteil erlassen hat, dieses aber (zusätzliche) Entscheidungen enthält, für die das Gesetz einen anderen Rechtsbehelf zur Verfügung stellt, wie bspw. den Bewährungsbeschluss. In einem solchen Fall handelt es sich grundsätzlich um eine lediglich äußere Verbindung mehrerer an sich **selbstständiger Entscheidungen**, die dementsprechend regelmäßig nach den jeweils für sie geltenden Vorschriften anfechtbar sind (vgl. auch BGHSt 12, 1 [4]). Ist mit der Entscheidung des Revisionsgerichts aber (logisch zwingend) die Unrichtigkeit einer an sich selbstständig anfechtbaren Nebenentscheidung des Tatrichters verbunden, so wird auch diese von der Revision erfasst; deshalb wird mit der Urteilsaufhebung nach einer erfolgreichen Angeklagtenrevision beispielsweise der vom Tatgericht erlassene Bewährungsbeschluss von selbst gegenstandslos. In diesen Konstellationen trifft das Revisionsgericht u.U. materiell gesehen zugleich eine Beschwerdeentscheidung (vgl. z.B. § 59 Abs. 5 JGG; dazu BGHSt 6, 206 [208]).

26
- Anfechtung der (positiven) Entscheidung im **Adhäsionsverfahren**: nur Revision (§ 406a Abs. 2 Satz 1; vgl. auch BGH NStZ 2000, 388);
- Anfechtung nur der **Kostenentscheidung**: sofortige Beschwerde (§ 464 Abs. 3 Satz 1); aber: Änderung der Kostenentscheidung ohne Kostenbeschwerde bei Erfolg der Revision möglich (BGHSt 25, 77 [79]; 26, 250 [253]; vgl. auch *Blaese/Wielop* Die Förmlichkeiten der Revision in Strafsachen, 3. Aufl. 1991, Rn. 280 f. m.w.N.), ansonsten nur bei ebenfalls eingelegter sofortiger Beschwerde (vgl. § 464 Abs. 3 Satz 3; BGHSt 25, 77; zu § 304 Abs. 4 in solchen Fällen: BGHSt 26, 250 [253 f.]; BGH NJW 2000, 1427; zur Umdeutung einer »Revision« in eine Kostenbeschwerde: BayObLG NJW 1974, 199; OLG Düsseldorf NStZ-RR 1999, 252);
- Anfechtung nur der Entscheidung nach dem **StrEG**: sofortige Beschwerde (§ 8 Abs. 3 StrEG).; aber: Änderung der Entscheidung ohne Beschwerde bei Erfolg der Revision möglich (BGHSt 26, 250 [252 f.]; vgl. auch *Blaese/Wielop* Die Förmlichkeiten der Revision in Strafsachen, 3. Aufl. 1991, Rn. 281c), ansonsten nur bei ebenfalls eingelegter sofortiger Beschwerde (vgl. § 8 Abs. 3 Satz 2 StrEG; § 464 Abs. 3 Satz 3; zu § 304 Abs. 4 in solchen Fällen: BGHSt 26, 250 [253 f.]);
- Anfechtung lediglich der **(Nicht-) Aussetzung** einer Jugendstrafe zur Bewährung: nur sofortige Beschwerde (§ 59 Abs. 1 Satz 1 JGG; OLG Hamm MDR 1979, 253).
- Anfechtung einer im Urteil angeordneten **vorläufigen Entziehung der Fahrerlaubnis** nach § 111a: nur Beschwerde (§ 304; OLG Karlsruhe DAR 1999, 86; OLG Koblenz NStZ-RR 1997, 206); Strittig, wenn gegen das Berufungsurteil, in dem die Fahrerlaubnis vorläufig entzogen wurde, Revision eingelegt ist (KK-StPO/*Bruns* § 111a Rn. 22 m.w.N.).
- Anfechtung einer im Urteil angeordneten **Beschlagnahme**: nur Beschwerde (§ 304; RGSt 54, 165 [166]);
- Anfechtung von im Urteil festgesetzten **Bewährungsauflagen** (Verstoß gegen § 268a): nur Beschwerde (§ 305a Abs. 1; Meyer-Goßner/*Schmitt* § 333 Rn. 3 m.w.N.; a.A. [Revision] *Hamm* Rn. 27);
- Anfechtung von (auch unterlassenen) Bewährungsauflagen, die – richtig – in einem **Beschluss gem. § 268a** angeordnet wurden: nur Beschwerde (§ 305a Abs. 1; BayObLG VRS 66, 37 [38]; OLG Hamm NJW 1969, 890; zur Änderung im Instanzenzug bei gleichzeitig eingelegter Revision: § 305a Abs. 2, dazu auch BGHSt 34, 392);
- Anfechtung der im Urteil angeordneten Aussetzung der Vollziehung der Reststrafe nach **§§ 57 ff. StGB**: nur sofortige Beschwerde (§ 454 Abs. 3 Satz 1; BGH StV 1982, 61);
- Anfechtung der Entscheidung über die Erstellung von **DNA-Identifizierungsmustern** nach § 81g: nur Beschwerde (BGH NStZ-RR [B] 2002, 67; Meyer-Goßner/*Schmitt* § 333 Rn. 3).

27 **C. Zuständigkeitsregelungen. I. Strafkammern.** Strafkammern im Sinn des § 333 sind – unabhängig davon, ob ihre Zuständigkeit tatsächlich gegeben war oder ist – alle im erst- und zweitinstanzlichen Rechtszug tätigen Spruchkörper der Landgerichte, wobei unerheblich ist, ob es sich um eine allgemeine (§ 74 Abs. 1 GVG) oder um eine besondere Strafkammer (§§ 74 Abs. 2, 74a GVG) oder um eine Berufungskammer (§ 74 Abs. 3 GVG) handelt (zu Urteilen in Jugendsachen: oben Rdn. 12 f.; zu Urteilen in OWi-Sachen: oben Rdn. 14 ff.; zu Urteilen in Einziehungsverfahren: oben Rdn. 15 f.).

II. Schwurgerichte. Schwurgerichte sind ebenfalls Strafkammern (vgl. §§ 74 Abs. 2, 74e GVG), sodass ihre Hervorhebung in § 333 keine Bedeutung und keine Rechtfertigung mehr hat (vgl. auch LR/*Franke* § 333 Rn. 10). 28

III. OLG. Die Zuständigkeit der Oberlandesgerichte für erstinstanzliche Strafsachen ist in § 120 GVG geregelt (zum BayObLG: § 9 EGGVG, Art. 11 BayAGGVG). 29

IV. Amtsgerichte. Gegen Strafurteile der Amtsgerichte ist die Sprungrevision statthaft (Einzelheiten bei § 335). 30

V. Zuständiges Revisionsgericht. Zum zuständigen Revisionsgericht: vgl. näher bei § 348 und bei § 335. 31

§ 334
(weggefallen)

§ 335 Sprungrevision

(1) Ein Urteil, gegen das Berufung zulässig ist, kann statt mit Berufung mit Revision angefochten werden.
(2) Über die Revision entscheidet das Gericht, das zur Entscheidung berufen wäre, wenn die Revision nach durchgeführter Berufung eingelegt worden wäre.
(3) [1]Legt gegen das Urteil ein Beteiligter Revision und ein anderer Berufung ein, so wird, solange die Berufung nicht zurückgenommen oder als unzulässig verworfen ist, die rechtzeitig und in der vorgeschriebenen Form eingelegte Revision als Berufung behandelt. [2]Die Revisionsanträge und deren Begründung sind gleichwohl in der vorgeschriebenen Form und Frist anzubringen und dem Gegner zuzustellen (§§ 344 bis 347). [3]Gegen das Berufungsurteil ist Revision nach den allgemein geltenden Vorschriften zulässig.

Übersicht

A. Grundsätzliches. Die Frage, ob Berufung oder Revision eingelegt werden soll, wird der Rechtsmittelführer danach entscheiden, ob er baldmöglichst die obergerichtliche Klärung nur von Rechtsfragen erreichen will (dann Revision), oder ob zumindest auch weitere Tatsachenfeststellungen getroffen werden sollen (dann Berufung; vgl. auch BGHSt 2, 63 [65]; 5, 338 [339]; 6, 206 [207]). 1
Im Zweifel sollte bis zur Zustellung der schriftlichen Urteilsgründe und der Einsichtnahme in das Hauptverhandlungsprotokoll ein **unbenanntes Rechtsmittel** eingelegt werden (vgl. § 341 Rdn. 1 f. und unten Rdn. 6 ff.; zur Zulässigkeit BGHSt 2, 63; 5, 338 [339]; 6, 206 [207]; vgl. auch SK-StPO/*Frisch* § 335 Rn. 6 m.w.N.).

B. Sprungrevision und Annahmeberufung. I. Zuständiges Revisionsgericht. Für die **Sprungrevision** zuständiges Revisionsgericht ist nach § 335 Abs. 2 i.V.m. § 121 Abs. 1 Nr. 1b GVG das OLG. 2

II. Verfahren bei Berufung. Die besonderen **Zulässigkeitsvoraussetzungen für die Annahmeberufung** (§ 313) gelten nach inzwischen (fast) einhelliger Rspr. der Oberlandesgerichte für die Sprungrevision **nicht**, dies schon im Hinblick auf die den Revisionsgerichten durch § 349 Abs. 2 eingeräumte Möglichkeit der Beschlussverwerfung (BGHSt 40, 395 [397]; BayObLG StV 1993, 572 [572/573]; OLG Zweibrücken StV 1994, 119 [120]; OLG Karlsruhe NStZ 1995, 562; OLG Hamm NStZ 2011, 42 [43]; abl. Meyer-Goßner/*Schmitt* 335 Rn. 21 m.w.N., der eine vorrangige Berufungseinlegung verlangt, nach deren Annahme erst zur Revision übergegangen werden könne; so nun auch OLG Hamm 02.04.2020, 5 RVs 19/20). Dies lässt sich jedoch nicht mit der prozessökonomischen Intention des Gesetzgebers vereinbaren und widerspricht überdies 3 dem sich aus § 335 Abs. 1 ergebenden Wahlrecht des Rechtsmittelführers zwischen der Berufung und der Revision; (KK/*Gericke* § 335 Rn. 16). Auch in Fällen der Bagatellkriminalität kommt deshalb eine vorgängige Prüfung (durch das Berufungs- oder durch das Revisionsgericht), ob eine Berufung (etwa in tatsächlicher Hinsicht) offensichtlich unbegründet (§ 313 Abs. 2 Satz 1) und damit i.S.v. § 313 Abs. 2 Satz 2 unzulässig wäre, **nicht** in Betracht (OLG Karlsruhe NStZ 1995, 562), und ein »verfrühter« Nichtannahmebeschluss des Berufungsgerichts (§ 322a) hat keine Sperrwirkung gegenüber dem danach – aber noch innerhalb der Revisionsbegründungsfrist – erklärten Übergang zur Revision (KG NStZ-RR 1999, 146; unten Rdn. 9).

4 Zur Einlegung eines **unbestimmten Rechtsmittels** bei Annahmebedürftigkeit der Berufung: unten Rdn. 6 ff.

5 Wie allgemein gilt auch für die Sprungrevision, dass ihre Einlegung nicht von **Bedingungen** abhängig gemacht werden darf (vgl. auch KMR/*Momsen* § 341 Rn. 54 ff.). So führt beispielsweise der Vorbehalt, dass die Revision nur für den Fall eingelegt ist, dass die Berufung nicht angenommen wird, zur Unzulässigkeit der Revision (OLG Frankfurt NStZ-RR 1996, 174 [175]; OLG Zweibrücken StV 1994, 119 [121]; KK/*Gericke* § 335 Rn. 16; Meyer-Goßner/*Schmitt* § 335 Rn. 22 m.w.N.; vgl. dazu auch Rdn. 9). Dagegen ist es bei der Einlegung eines unbenannten Rechtsmittels unschädlich, dass seine spätere Benennung vorbehalten wurde (BGHSt 2, 63 [66 f., 69]; 5, 338 [343]; 13, 388 [393]) oder dass das Rechtsmittel als »Berufung oder Revision« bezeichnet ist (vgl. unten Rdn. 6).

6 **C. Unbestimmte Anfechtung und Übergang zum anderen Rechtsmittel. I. Bedeutung.** Statthaft ist sowohl die **unbestimmte Anfechtung** (Einlegung »eines Rechtsmittels«) wie der nachträgliche **Übergang von der Berufung zur Revision oder umgekehrt** (BGHSt 2, 63 [65 f., 69 f.]; 5, 338 [339]; 13, 388 [390]; 33, 183 [187]; 40, 395 [398]). Das eröffnet dem Beschwerdeführer eine zusätzliche Überlegungsfrist von einem Monat ab Urteilszustellung (der Revisionsbegründungsfrist des § 345 Abs. 1). Innerhalb dieser Frist muss der Beschwerdeführer, wenn er die Revision wählt, dies durch Bezeichnung des Rechtsmittels als Revision oder durch Übergang von der Berufung auf die Revision erklären (BGHSt 2, 63 [66 ff.]; 5, 338 [339 ff.]; 13, 388 [391]; 17, 44 [46]; 25, 321 [324]; 40, 395 [398]; JR 1996, 37 m.Anm. *Fezer*); vor allem muss er die Revision gem. §§ 344, 345 form- und fristgerecht begründen (dazu unten Rdn. 7 ff.). Unterlässt er bei zunächst allgemein eingelegtem Rechtsmittel die Wahl, so wird das Rechtsmittel ohne Weiteres als Berufung behandelt (BGHSt 33, 183 [189]; 40, 395 [399]). Hat er von Anfang an die Revision gewählt, so ist umstritten, ob der Übergang zur Berufung innerhalb der genannten Frist ausdrücklich erfolgen muss (s. MüKo-StPO/*Knauer/Kudlich* § 335 Rn. 9; für die Auslegung als Berufung beim nicht rechtskundigen Angeklagten: OLG Brandenburg 01.04.2020, [1] 53 Ss 39/20 [26/20]; abl. OLG München NStZ-RR 2007, 56).

7 Die Frist beginnt mit der **Zustellung des amtsgerichtlichen Urteils** (§ 316 Abs. 2), weil der Beschwerdeführer erst mit Kenntnis der schriftlichen Urteilsgründe verbindlich entscheiden kann, welches Rechtsmittel er als sachgerecht ansieht. Entgegen der (insoweit überholten) Entscheidung BGHSt 13, 388 [392] besteht deshalb auch dann keine endgültige Bindung an eine zunächst (möglicherweise vorschnell) gewählte Revision, wenn der Beschwerdeführer schon in der Einlegungsschrift den Revisionsantrag stellt (unzutr. auch OLG Stuttgart NJW 1957, 641; OLG Düsseldorf MDR 1995, 1253 [1254]). Verbindlich (und einen nochmaligen Wechsel ausschließend) ist erst die nach (wirksamer; vgl. OLG Köln NStZ-RR 1996, 175) Urteilszustellung erfolgte ausdrückliche Bestimmung des Rechtsmittels (BGHSt 33, 185, [188 f.]; BGH 19.04.1985 – 2 StR 317/84: »endgültige Wahl«; OLG Brandenburg 20.05.2019 – 1 Ws 78/19; a.A. OLG Bamberg NStZ-RR 2018, 56 [57]).

8 Die Benennung oder auch die Wahl des Rechtsmittels sind grundsätzlich **endgültig** (BGHSt 13, 388 [392]; OLG Hamm NStZ 1991, 601 [602]; SK-StPO/*Frisch* § 335 Rn. 10; KK/*Gericke* § 335 Rn. 5; HK/*Temming* § 335 Rn. 5); ein (weiterer) Wechsel ist nur möglich, wenn das Urteil im Zeitpunkt der Benennung bzw. des Wechsels noch nicht zugestellt war (im Ergebnis ebenso [Wechselmöglichkeit, solange die Revisionsbegründungsfrist noch nicht zu laufen begonnen hat]: OLG Köln StV 1996, 369; OLG Zweibrücken MDR 1985, 517 [518]; Meyer-Goßner/*Schmitt* § 335 Rn. 3). Da der Anfechtende nach der Urteilszustellung seine Rechtsmittelwahl an der vermeintlichen Unrichtigkeit der Entscheidung ausrichten konnte (vgl. dazu den bei Rdn. 1, 7 dargestellten Zweck) ist es – auch aus Gründen der Rechtssicherheit – nicht geboten, ihm eine weitere Wechselmöglichkeit bis zum Ablauf der Revisionsbegründungsfrist einzuräumen (LR/*Franke* § 335 Rn. 10; a.A. OLG Celle JR 1982, 38 m.Anm. *Meyer*, grds. für Endgültigkeit des Wechsels aber OLG Celle NdsRpfl 1953, 232; vgl. HK-GS/*Rackow* § 335 Rn. 8; a.A. für die Bestätigung des zunächst eingelegten Rechtsmittels während der Revisionsbegründungsfrist auch BayObLG VRS 77, 453 [454]).

9 **Ausgeschlossen** ist der Übergang von der Berufung zur Revision ferner, wenn die eingelegte Berufung bereits vor dem Wechsel zur Revision wegen Nicht-Annahme nach § 322a als unzulässig verworfen wurde (vgl. dazu BayObLGSt 1994, 86; *Tolksdorf* FS Salger, 405; KK/*Gericke* § 335 Rn. 16; Meyer-Goßner/*Schmitt* § 335 Rn. 22 m.w.N.; a.A. *Feuerhelm* StV 1997, 99 [102]); denn dann ist das angefochtene Urteil mit die-

ser Verwerfung rechtskräftig geworden (§ 322a Satz 2; zu einem zusätzlich von einem anderen Beteiligten eingelegten Rechtsmittel: unten Rdn. 18). Handelte es sich dagegen um ein unbestimmtes Rechtsmittel, darf das Berufungsgericht vor der Benennung als Berufung eine Nicht-Annahme nicht aussprechen, sofern die Revisionsbegründungsfrist noch läuft (vgl. auch *Fezer* JR 1996, 39); geschieht dies gleichwohl, kann die Nicht-Annahmeentscheidung trotz § 322a Satz 2 entsprechend § 322 Abs. 2 mit der sofortigen Beschwerde beseitigt (vgl. KK/*Paul* § 322 Rn. 4; Meyer-Goßner/*Schmitt* § 322a Rn. 8) und innerhalb der Revisionsbegründungsfrist zur Berufung übergegangen werden (KG JR 1999, 125; vgl. auch LR/*Franke* § 335 Rn. 2; vgl. aber OLG Frankfurt NStZ-RR 2003, 53 – zur Zulässigkeit des Übergangs zur Sprungrevision bei Verwerfung der Berufung nach verspäteter Bezeichnung des unbestimmten, als Berufung ausgelegten Rechtsmittels; hierin dürfte zugleich *in concreto* ein Verstoß gegen den insoweit geltenden Meistbegünstigungsgrundsatz zu sehen sein – vgl. Rdn. 6 und § 333 Rdn. 21 ff.).

Will der Beschwerdeführer nicht von vornherein zu erkennen geben, dass er die Durchführung der Revision erwägt, so legt er nicht »ein Rechtsmittel«, sondern ohne weiteren Hinweis Berufung ein und geht dann innerhalb der Revisionsbegründungsfrist auf die Revision über. 10

II. Adressat der Wahlerklärung. Die endgültige Wahl des Rechtsmittels ist gegenüber dem **Amtsgericht** zu erklären, ebenso wie die Begründung der Revision nach § 345 Abs. 1 dort einzureichen ist (BGHSt 40, 395 [398]; BGH JR 1996, 37 m.Anm. *Fezer*; BayObLG NStZ-RR 1998, 51; Radtke/Hohmann/*Nagel* § 335 Rn. 8.). 11

III. Wiedereinsetzung in den vorigen Stand. Eine Wiedereinsetzung nach Versäumung dieser Revisionsbegründungsfrist ist – schon aus Gründen der Rechtssicherheit – grundsätzlich ausgeschlossen (BayObLGSt 1970, 158; 1983, 93 [94]; OLG Düsseldorf MDR 1985, 518; 1991, 78; OLG Köln NStZ 1994, 557; OLG Stuttgart Justiz 1991, 161; OLG Hamm NStZ 1991, 601; BayObLG Zeitschrift für Wirtschafts- und Steuerstrafrecht 2001, 279; KK/*Gericke* § 335 Rn. 6; SK-StPO/*Frisch* § 335 Rn. 17 m.w.N.; zu den Folgen einer zu späten Benennung oder Wahl: unten Rdn. 15 ff.; BayObLG NStZ-RR 2003, 173). 12

Hat der Rechtsmittelführer jedoch nach (ausdrücklich) eingelegter Revision die Revisionsbegründungsfrist unverschuldet versäumt und erhält er Wiedereinsetzung, kann er innerhalb der Frist zur Nachholung der versäumten Revisionsbegründung den Wechsel zur Berufung erklären (OLG Köln NStZ 1994, 199 [200]; OLG Schleswig MDR 1981, 251; LR/*Franke* § 335 Rn. 15; wohl auch OLG Zweibrücken MDR 1985, 517 [518]; SK-StPO/*Frisch* § 335 Rn. 17 m.w.N.; Meyer-Goßner/*Schmitt* § 335 Rn. 13 m.w.N; BGH NJW-RR 2007, 1075 – Zivilsenat, Wiedereinsetzung in Sprungrevision bei fehlender Einwilligung der Gegenseite). 13

Wurde schon die Rechtsmitteleinlegungsfrist versäumt, so entscheidet über einen Wiedereinsetzungsantrag bei Einlegung eines unbestimmten Rechtsmittels oder einer Berufung das Berufungsgericht (BayObLGSt 1962, 156; LR/*Franke* § 335 Rn. 14), ansonsten entscheidet das Revisionsgericht (OLG Köln NStZ 1994, 199 [200]; OLG Schleswig MDR 1981, 251; KK/*Gericke* § 335 Rn. 6; Meyer-Goßner/*Schmitt* § 335 Rn. 13; LR/*Franke* § 335 Rn. 15; a.A. [Berufungsgericht] OLG Zweibrücken MDR 1985, 517). 14

IV. Folgen einer unterbliebenen Benennung, einer unwirksamen oder mehrdeutigen Wahl des Rechtsmittels und von widersprüchlichen Erklärungen. Wurde nach der Einlegung eines unbenannten Rechtsmittels und auch nach versuchter Auslegung der innerhalb der Revisionsbegründungsfrist eingegangenen Erklärungen des Rechtsmittelführers keine oder keine wirksame (auch eine verspätete) Wahl getroffen, so wird das Rechtsmittel als – die umfassendere – Berufung durchgeführt, sofern diese statthaft ist, ansonsten als Revision (BGHSt 2, 63 [71]; 5, 338 [339]; 33, 183 [189]; 40, 395 [399]; OLG Düsseldorf MDR 1993, 676; OLG Koblenz VRS 65, 45; BayObLG NStZ-RR 2003, 173; OLG Hamm NJW 2003, 1469; BayObLG wistra 2001, 279; Meyer-Goßner/*Schmitt* § 335 Rn. 5; KK/*Gericke* § 335 Rn. 6; LR/*Franke* § 335 Rn. 11 jeweils m.w.N.; a.A. [Verwerfung als unzulässig] OLG Düsseldorf MDR 1972, 343; OLG Köln NJW 1954, 692; vgl. aber OLG Frankfurt NStZ- RR 2003, 53, Rn. 13). 15

Ist der Wechsel eines Rechtsmittels **unwirksam** (z.B. verspätet) oder auch nach versuchter Auslegung der Erklärung nicht sicher feststellbar, verbleibt es bei dem zunächst eingelegten Rechtsmittel (vgl. BGHSt 40, 395 [399]; OLG Celle MDR 1960, 159; HK/*Temming* § 335 Rn. 4; zur Möglichkeit der Wiedereinsetzung: oben Rdn. 12 ff.). 16

Bei **widersprüchlichen Erklärungen** von Verteidiger und Angeklagtem geht – wegen § 297 – die Erklärung des Angeklagten vor (BayObLGSt 1977, 102; KK/*Gericke* § 335 Rn. 15; HK/*Temming* § 335 Rn. 8; Meyer-Goßner/*Schmitt* § 335 Rn. 16; vgl. auch BGH NJW 1978, 330; OLG Koblenz MDR 1975, 424; im Ergebnis ebenso OLG Düsseldorf MDR 1993, 676; für Behandlung als Berufung Meyer-Goßner/*Schmitt* § 335 Rn. 5, 14). 17

18 **V. Verschiedenartige Anfechtung durch mehrere Verfahrensbeteiligte.** In diesem Fall hat nach § 335 Abs. 3 grundsätzlich die von einem von mehreren Beteiligten eingelegte **Berufung den Vorrang** vor der Revision des anderen, sofern sie nicht **zurückgenommen** oder **als unzulässig verworfen** wird (aufschiebende Bedingung). Die Sprungrevision lebt wieder auf, wenn die Bedingung eintritt (BayObLG StV 1994, 238). **Beteiligt** i.S.d. Abs. 3 sind alle Verfahrensbeteiligten mit selbstständigen Anfechtungsrecht, also Staatsanwaltschaft, Nebenklage, Mitangeklagte (RGSt 63, 194; BayObLGSt 1951, 398). Wählen der Angeklagte und sein Verteidiger unterschiedliche Rechtsmittel, so ist gem. § 297 zunächst die Erklärung des Angeklagten maßgebend (OLG Hamm NZV 2006, 184; vgl auch oben Rdn. 17); die Wahl kann aber später nach den Grundsätzen von oben Rdn. 7 (mit eindeutiger Zustimmung des Angeklagten; OLG Düsseldorf NStZ-RR 2000, 248) wieder geändert werden.

19 **1. Verwerfung der Berufung des anderen Beteiligten als unzulässig.** § 335 Abs. 3 betrifft **nicht nur die Unzulässigkeit wegen Fristversäumung**, sondern – entgegen *Meyer-Goßner* NStZ 1998, 22 und NJW 2003, 1369 – auch die Fälle des § 329 Abs. 1 Satz 1 und der §§ 313 Abs. 2 Satz 2, 322a. Die zusätzliche Zulässigkeitsvoraussetzung des § 313 Abs. 2 Satz 1 bleibt auf die (originäre) Berufung des anderen Beteiligten beschränkt und hat keine Auswirkungen auf die Revision des Beschwerdeführers (OLG Stuttgart NJW 2002, 3487; BayObLG StV 1994, 238; a.A. OLG Karlsruhe NStZ 1995, 562); eine gleichwohl nach § 322a erfolgende Verwerfung der »umgewandelten Berufung« des Beschwerdeführers ist gegenstandslos (OLG Stuttgart NJW 2002, 3487).

20 **2. Verfahren über die »umgewandelte« Berufung.** So wenig wie die Sprungrevision selbst unterliegt die »umgewandelte« Berufung der Zulässigkeitsvoraussetzung des § 313 (*Meyer-Goßner* NJW 2003, 1370 [1371]; zust. OLG Schleswig VRR 2008, 150); sie kann aber **nach § 329 Abs. 1 verworfen** werden, was zugleich zum Verlust der (bedingten) Sprungrevision führt (OLG Köln NStZ-RR 2001, 87). § 329 Abs. 1 ist allerdings nicht anwendbar, wenn (selbst in der Berufungshauptverhandlung) vor Ergehen des Verwerfungsurteils die Berufung des anderen Beteiligten zurückgenommen wurde und damit die Sprungrevision wieder aufgelebt ist (OLG Köln NStZ-RR 2001, 86; OLG Bamberg NStZ 2006, 591).

21 Bleibt die Berufung des anderen Beteiligten aufrechterhalten, so gelten für das **Berufungsverfahren** keine Besonderheiten. Bedeutung kann hier die Vorschrift des § 303 erlangen, die den Angeklagten davor schützt, unerwartet günstiger Folgen einer zu seinem Nachteil eingelegten Berufung der StA oder der Nebenklage durch deren Rücknahme verlustig zu gehen (wenn seine eigene »umgewandelte« Berufung nur einen – etwa auf den Strafausspruch – beschränkten Wirkungsbereich hat). Die Vorschrift des Abs. 3 Satz 2, wonach die originär eingelegte Revision trotz ihrer Umwandlung in eine Berufung form- und fristgerecht begründet werden muss, erlangt Bedeutung nur, wenn die Bedingung (Rücknahme oder Verwerfung der Berufung des anderen Beteiligten als unzulässig) eintritt und damit die Sprungrevision wieder auflebt: Fehlt es jetzt am Begründungserfordernis, so muss sie als unzulässig verworfen werden. Das Berufungsverfahren selbst wird auch dann durchgeführt, wenn die (bedingte) Revision nicht begründet wurde (RGSt 59 [63/64]; BayObLG NJW 1970, 1202 [für die Parallelvorschrift des § 83 Abs. 2 OWiG]). Ergeht ein Berufungsurteil, so gelten für das Revisionsverfahren die allgemeinen Vorschriften. Im Sinne des § 55 Abs. 2 Satz 1 JGG (Wahlrechtsmittel) kann die über § 335 Abs. 3 »zwangsweise umgewandelte« Berufung aber einer von Anfang an *gewählten* Berufung nicht gleichgestellt werden, sodass dem Beschwerdeführer das Rechtsmittel der Revision erhalten bleibt (BayObLG NStZ-RR 2001, 49 m.w.N.; OLG Koblenz NStZ 2008, 218 [LS]).

22 **3. Wiederaufleben der Revision.** Kommt es zur Verwerfung der (als solche eingelegten) Berufung als unzulässig oder zu deren (wirksamer) Rücknahme, so lebt die Revision wieder auf; es ist dann nach §§ 346 f. weiter zu verfahren (vgl. OLG Köln VRS 99, 276 [278] [keine Verwerfung nach § 329 Abs. 1]; OLG Bamberg NStZ 2006, 591). Zu einem Wiederaufleben der Revision kommt es auch dann, wenn der Rechtsmittelführer, welcher Berufung eingelegt hatte, der Hauptverhandlung unentschuldigt fernbleibt und sein Rechtsmittel deshalb gem. § 329 Abs. 1 Satz 1 verworfen wird, obwohl die Berufung als solche zulässig war (BGHSt 46, 230 [235]; KK/*Kuckein* Vorauf. § 335 Rn. 11; HK-GS/*Maiwald*/*Rackow* § 335 Rn. 15; *Schroeder* NJW 1973, 308; a.A. KK/*Gericke* § 335 Rn. 11; OLG Bremen StV 1991, 150; RGSt 59, 63 [64], Meyer-Goßner/*Schmitt* § 335 Rn. 17; näher LR/*Franke* § 335 Rn. 25).

23 Wegen der Möglichkeit, dass die Revision wieder auflebt, muss sie bereits von vornherein – wenn sie dann nach Wiederaufleben zulässig sein soll – form- und fristgerecht sowie entsprechend den sich aus § 344 ergebenden inhaltlichen Anforderungen begründet werden (ausschließliche Bedeutung von § 335 Abs. 3 Satz 2), auch wenn die Revisionsbegründungsfrist in den Zeitraum fällt, in dem die Revision als Berufung behandelt wird; für die Zulässigkeit der (fiktiv) als Berufung behandelten Revision bedarf es dagegen dieser Begründung nicht (RGSt 59, 63 [64]; BayObLGSt 1970, 39 [41]; HK-GS/*Rackow* § 335 Rn. 14).

§ 336 Überprüfung der dem Urteil vorausgegangenen Entscheidungen

[1]Der Beurteilung des Revisionsgerichts unterliegen auch die Entscheidungen, die dem Urteil vorausgegangen sind, sofern es auf ihnen beruht. [2]Dies gilt nicht für Entscheidungen, die ausdrücklich für unanfechtbar erklärt oder mit der sofortigen Beschwerde anfechtbar sind.

Übersicht

A. Zweck der Vorschrift. Der Regelungsgehalt von § 336 Satz 1 wird bereits von der Generalklausel des 1
§ 337 Abs. 1 erfasst. Die deshalb eigentlich entbehrliche (vgl. *Nelles* NStZ 1982, 97 [98]) Vorschrift stellt aber klar, dass die Revision auch Entscheidungen vor und außerhalb der Hauptverhandlung und (gem. § 305 Satz 1) nicht mit der einfachen Beschwerde angreifbare Entscheidungen während der Hauptverhandlung erfasst, sofern sie sich **im Urteil niedergeschlagen** haben. Erreicht werden soll damit, dass mehrfache Überprüfungen einer Entscheidung nach einer Beschwerde und in der Revision vermieden werden, um der Gefahr widersprüchlicher Entscheidungen sowie Verfahrensverzögerungen vorzubeugen; auch prozessökonomischen Erwägungen kann damit Rechnung getragen werden.

Die in Satz 2 in Bezug genommenen unanfechtbaren bzw. nur mit der sofortigen Beschwerde angreifbaren 2
Vorentscheidungen sind von der revisionsgerichtlichen Überprüfung ausgeschlossen, da sie in Rechtskraft erwachsen sind (*Dünnebier* FS Dreher, S. 673 m.w.N.; ähnlich [»endgültige Klarheit«] BT-Drs. 8/976 S. 59; LR/*Franke* § 336 Rn. 12; HK/*Temming* § 336 Rn. 5 a.E.).

B. Entscheidungen des erkennenden Gerichts, die dem Urteil vorausgehen. Entscheidungen i.S.d. Vor- 3
schrift sind alle Entscheidungen des erkennenden Gerichts, auch diejenigen des Vorsitzenden (BGH NJW 1973, 1985; Radtke/Hohmann/*Nagel* § 336 Rn. 1; HK-GS/*Rackow* § 336 Rn. 2; LR/*Franke* § 336 Rn. 2). Diese sind nach § 305 Satz 1 der Beschwerde entzogen, unterliegen aber nach § 336 Satz 1 der Prüfung des Revisionsgerichts. Unter der Voraussetzung, dass sie sich auf das Urteil ausgewirkt haben (**Fortwirkung früherer Entscheidungen**), gilt das auch für frühere im selben Verfahren ergangene Entscheidungen, wobei es keinen Unterschied macht, ob im Ermittlungsverfahren unterlaufene Fehler solche des Ermittlungsrichters oder der Ermittlungsbehörden sind (s. ferner unten Rdn. 4). Das gilt vor allem für die Verletzung von Beschuldigtenrechten, soweit sie zu Verwertungsverboten oder zur Herabminderung des Beweiswerts davon betroffener Beweiserhebungen führt (etwa die unterbliebene Pflichtverteidigerbestellung vor einer ermittlungsrichterlichen Vernehmung: Beeinträchtigung des Befragungsrechts aus Art. 6 Abs. 3 lit. d EMRK; BGHSt 46, 93 [103]). Generell zum Fortwirken rechtlicher Mängel des Ermittlungsverfahrens *Landau/Sander* und *Schlothauer* StraFo 1998, 397 f.; 402 f. Bei Fortwirken in das Urteil hinein steht § 336 auch der Revisibilität prozessualer Geschehnisse in einer vorangegangenen Instanz oder in einer früheren Hauptverhandlung in derselben Instanz nicht entgegen, so etwa bei Auswirkungen einer in einem abgetrennten Verfahrensteil erfolgten Urteilsabsprache zulasten des jetzigen Angeklagten (BGHSt 52, 78) oder beim fortbestehenden Verwertungsverbot des § 257c Abs. 4 Satz 3 nach gescheiterter Urteilsabsprache in einer früheren Hauptverhandlung. Aus § 336 ist deshalb auch keine »Heilung« früherer Rechtsmängel des Verfahrens abzuleiten, sofern sie im Verfahren vor dem erkennenden Gericht fortgewirkt haben und dieses sie nicht abgestellt hat (z.B. das Aufrechterhalten der Bestellung eines im konkreten Interessenwiderstreit befindlichen Verteidigers wie in der Sache BGHSt 48, 170).

Fehlerhafte Handlungen und Maßnahmen **nur** der Staatsanwaltschaft oder ihrer Ermittlungspersonen – aber 4
auch solche des Ermittlungsrichters – können daher über § 336 nicht mit der Revision angegriffen werden, zumal allein auf ihnen das Urteil nicht beruhen kann (vgl. BGHSt 6, 326 [328]; 15, 40 [44 f.]; BGH NJW 1967, 1869; BGHR StPO § 349 Abs. 1 Unzulässigkeit 1; LR/*Franke* § 336 Rn. 3; Meyer-Goßner/*Schmitt* § 336 Rn. 2 m.w.N.). Auch auf Mängel der Anklageschrift kann daher die Revision nur ausnahmsweise dann gestützt werden, wenn diese so durchgreifend sind, dass vom Nichtvorliegen einer Anklageschrift auszugehen ist (BGHSt 5, 225 [227]; 15, 40 [44]; HK-GS/*Rackow* § 336 Rn. 2; SK-StPO/*Frisch* § 336 Rn. 5).

Den der Prüfung durch das Revisionsgericht unterliegenden Entscheidungen steht das **Unterbleiben gesetz-** 5
lich vorgeschriebener Entscheidungen gleich (etwa das Unterbleiben eines Beschlusses nach § 251 Abs. 4 (vgl. dort). Gleichgestellt sind auch **sachleitende Anordnungen des Vorsitzenden**, sofern sie dem Gericht

zugerechnet werden (vgl. hierzu § 238) oder sie mit dem gesetzwidrigen Unterbleiben einer Entscheidung des Gerichts einhergehen.

6 **C. Gesetzesverletzung und Beruhen. I. Allgemeines.** Da der Beurteilung durch das Revisionsgericht »auch« (§ 336 Satz 1) die dem Urteil vorausgegangenen Entscheidungen des erkennenden Gerichts unterliegen, sofern das Beruhen gegeben ist, bezieht sich § 336 Satz 1 auf § 337. Deshalb richtet sich die Revision stets gegen das Urteil, nicht die diesem vorausgegangene Entscheidung. Wie bei einem »normalen« relativen Revisionsgrund (vgl. *Gössel* NStZ 1982, 141 [142]) prüft das Revisionsgericht aber, ob diese Vorentscheidung eine Gesetzesverletzung aufweist und ob das Urteil ohne sie möglicherweise anders ausgefallen wäre (Einzelheiten dazu bei § 337 und unten bei Rdn. 7 ff.); dies wird – wegen § 261 – vor allem bei in der Hauptverhandlung getroffenen Entscheidungen in Betracht kommen.

7 **II. Besonderheiten beim Beruhen. 1. Entscheidungen vor Erlass des Eröffnungsbeschlusses.** Nach der Rspr. ist bei Vorentscheidungen des erkennenden Gerichts ein Beruhen an sich ausgeschlossen, sofern sie vor dem Erlass des Eröffnungsbeschlusses getroffen wurden. Dies wird damit begründet, dass erst mit dem Eröffnungsbeschluss das Gericht zum erkennenden Gericht wird (BGHSt 2, 1 [2]; 31, 15) und nur er die Grundlage für das Verfahren vor diesem ist (BGHSt 6, 326 [328]; 15, 40 [44 f.]; LR/*Franke* § 336 Rn. 6; Meyer-Goßner/*Schmitt* § 336 Rn. 3).

8 Hiervon lässt die Rspr. indes wiederum Ausnahmen zu, nimmt also eine Überprüfung von vor dem Eröffnungsbeschluss liegenden Entscheidungen in der Revision vor, wenn diese möglicherweise bis zum Urteil hin fortgewirkt haben (Beispiel: Fehler in Zusammenhang mit der Bestellung eines Pflichtverteidigers; weitere Beispiele bei *Dünnebier* FS Dreher, S. 671 sowie Meyer-Goßner/*Schmitt* § 336 Rn. 3). Der Revision zugänglich ist jedoch, dass die Anklageschrift unter Verstoß gegen § 201 nicht mitgeteilt worden ist (HK-GS/*Rackow* § 336 Rn. 3; *W. Schmid* Die Verwirkung von Verfahrensrügen im Strafprozeß, 1967; RGSt 2, 406). Entgegen BGHSt 15, 40 [44] ist nicht erforderlich, dass der Angeklagte in der früheren Hauptverhandlung aus diesem Grund die Aussetzung der Hauptverhandlung beantragt hatte (ebenso HK-GS/*Rackow* § 336 Rn. 3).

9 **2. Entscheidungen in früheren Hauptverhandlungen.** Auf Entscheidungen in einer früheren – ausgesetzten – Hauptverhandlung kann das Urteil wegen § 261 grundsätzlich nicht beruhen (OLG Koblenz VRS 62, 287; OLG Saarbrücken VRS 46, 46 [48]; Meyer-Goßner/*Schmitt* § 336 Rn. 4; *Hilger* NStZ 1983, 428 f.), es sei denn, sie wirken auch noch auf die spätere Verhandlung und das Urteil ein (OLG Saarbrücken, VRS 46, 46 [48]). Dies gilt auch für die Zurückweisung eines Ablehnungsantrags wegen Befangenheit (BGH NJW 2006, 854, anders noch BGHSt 31, 15; vgl. Meyer-Goßner/*Schmitt* § 335 Rn. 4) und die Ablehnung eines Beiordnungsantrags (die scheinbar abw. Entscheidung BGHSt 43, 143 [145] hat zur Grundlage, dass derselbe Antrag in der erneuten Hauptverhandlung erneut abgelehnt worden ist; vgl. HK-GS/*Rackow* § 336 Rn. 3).

10 Dasselbe gilt bezüglich der Entscheidungen des Amtsgerichts, wenn die Revision gegen das landgerichtliche Berufungsurteil eingelegt wurde (RGSt 59, 299 [300]; 60, 111 [112 f.]; 61, 399 [400]).

11 **D. Verfahrensvoraussetzungen.** Die Revisibilität von (ohnehin in jeder Lage des Verfahrens von Amts wegen zu prüfenden) Verfahrensvoraussetzungen wird durch § 336 nicht eingeschränkt. Das gilt auch für Mängel des **Eröffnungsbeschlusses** (vgl. i.E. § 207 Rdn. 15 f.; *Nelles* NStZ 1982, 96). Einstellungsbeschlüsse nach §§ 153f unterliegen nicht der Prüfung durch das Revisionsgericht, es sei denn, dass wie bei § 154e (früher § 164 Abs. 6 StGB) Verfahrenshindernisse betroffen sind (auch vorübergehende; vgl. BGHSt 8, 133; 8, 151).

12 **E. Unanfechtbare Entscheidungen.** Nach § 336 Satz 2 können vom Gesetz als **unanfechtbar** bezeichnete Entscheidungen auch revisionsgerichtlich nicht geprüft werden (Anwendungsfälle: §§ 28 Abs. 1, 201 Abs. 2, 210 Abs. 1, 225a, § 247a Satz 2, 322a Satz 2 und §§ 52f, 171a GVG), da sie in Rechtskraft erwachsen sind (*Dünnebier* FS Dreher, S. 673 m.w.N.; ähnlich [»endgültige Klarheit«] BT-Drs. 8/976 S. 59; LR/*Franke* § 336 Rn. 11; HK/*Temming* § 336 Rn. 5 a.E.). Entsprechendes gilt für die mit der **sofortigen Beschwerde** anfechtbaren Entscheidungen nach §§ 138d Abs. 6 Satz 1, 231a Abs. 3 Satz 2 (für weitere Beispiele s. SK-StPO/*Frisch* § 336 Rn. 17). Für die Ablehnung eines Richters wegen Befangenheit gilt die Sonderregelung der §§ 28 Abs. 2 Satz 2, 338 Nr. 3, wonach die sofortige Beschwerde im Revisionsverfahren als Geltendmachung eines absoluten Revisionsgrundes ausgestaltet ist.

13 Die Wahrung des Anspruchs auf den **gesetzlichen Richter** aus Art. 101 Abs. 1 Satz 2 GG geht der Anwendung des § 336 Satz 2 vor (BGHSt 46, 238 [246]). Dies gilt auch bei objektiv willkürlichen Entscheidungen nach §§ 52 f. GVG.

§ 337 Revisionsgründe

(1) Die Revision kann nur darauf gestützt werden, dass das Urteil auf einer Verletzung des Gesetzes beruhe.
(2) Das Gesetz ist verletzt, wenn eine Rechtsnorm nicht oder nicht richtig angewendet worden ist.

Übersicht **Rdn.**

A. Grundsätzliches. Zum Wesen der Revision als ein **rechtlicher Überprüfung des Urteils und des Verfahrens** s. Vor §§ 333 ff. Rdn. 1 f. Die Trennung zwischen Tat- und Rechtsfrage wird in der Praxis der Rspr. nicht strikt durchgehalten. Eine gewisse Handhabe hierzu geben verschiedene Prüfungsschemata für die »Tragfähigkeit« tatrichterlicher Sachverhaltsfeststellungen (unten Rdn. 26 ff.). 1

B. Gesetze i.S.d. § 337. Nach der Legaldefinition des § 7 EGStPO ist **Gesetz** i.S.d. StPO **jede Rechtsnorm** 2 in Verfassungen, Gesetzen und Rechtsverordnungen des Bundes und der Länder. Hierzu gehören auch die allgemeinen Regeln des Völkerrechts (Art. 25 GG), formelle Gesetze zur Übernahme von Staatsverträgen, auch **ausländische** Rechtsvorschriften, soweit sie für die Anwendung inländischen Rechts von Bedeutung sind (etwa für § 7 StGB oder für den Bereich des Rechtshilferechts), ggf. auch aufgehobene Normen des DDR-Rechts.

Keine Rechtsnormen sind interne oder sich nur an einen beschränkten Personenkreis richtende Verwaltungs- 3 anordnungen (BGH MDR 1970, 210 [Zivilrecht]; BGH NStZ 1982, 321; OLG Hamburg NStZ 1984, 273 – sofern diese keinen Blanketttatbestand ausfüllen; *Baumann* NJW 1958, 2004; Meyer-Goßner/*Schmitt* § 337 Rn. 3; vgl. auch BGHSt 31, 314 [315] f. [Verwaltungsakt]; BayObLG NJW 1952, 235 [236] [Richtlinie] sowie OLG Köln NJW 1961, 1127; KK/*Gericke* § 337 Rn. 14; LR/*Franke* § 337 Rn. 9) Unfallverhütungsvorschriften (vgl. aber BayObLG MDR 1987, 80; MüKo-StPO/*Knauer/Kudlich* § 337 Rn. 36 betreffend durch Berufsgenossenschaften auf öffentlich rechtlicher Grundlage erlassener Unfallverhütungsvorschriften), Dienstvorschriften der Bundesbahn (BGH VRS 16, 53; RGSt 53, 134; LG Mainz MDR

1982, 597 [598]), RiStBV und RiVASt (BGH bei Becker NStZ-RR 2002, 67 [zu § 136 Abs. 1 Satz 2]; Radtke/Hohmann/*Nagel* § 337 Rn. 8), Vereinssatzungen, allgemeine Geschäftsbedingungen (BGHZ 112, 204 [210]; BGH NJW 1994, 1408 [1409] [beide zum Zivilrecht]), auch nicht die Geschäftsverteilungspläne der Gerichte (RGSt 76, 233 [234]; BayObLGSt 1977, 141 [142]). Trotz fehlender Eigenschaft als Rechtsnorm kann die Verletzung solcher Regelungen für die Anwendungen von Rechtsnormen relevant sein (so der Verstoß gegen Unfallverhütungsvorschriften als Grundlage eines Fahrlässigkeitsvorwurfs oder der Verstoß gegen den Geschäftsverteilungsplan als Grundlage einer Besetzungsrüge).

4 Auch **Soll- und Ordnungsvorschriften** wie § 64 Abs. 4 (Erhebung der rechten Hand beim Eid), § 36 Abs. 2 GVG (Vorschlagsliste für die Schöffenwahl; BGHSt 30, 255 [257]) sind Rechtsnormen; ihre Verletzung bleibt aber in der Regel folgenlos. Dies gilt insb. mit Blick auf die Frage des Beruhens, s.u. Rdn. 83 ff. (ebenso MüKo-StPO/*Knauer/Kudlich* § 337 Rn. 34). Ohnehin bestimmen sich die rechtlichen Folgen der Verletzung einer Norm nicht nach deren begrifflicher Einordnung in solche Kategorien, sondern nach dem vom Gesetz mit der Vorschrift verfolgten Zweck (vgl. hierzu die Entwicklung der Rspr. zur Nichtbelehrung über die Beschuldigtenrechte BGHSt 22, 170; 25, 325; 31, 395[399], 38, 214). Näher zur Problematik LR/*Franke* § 337 Rn. 15, 20 f.; *Frisch* Symp. Rudolphi, S. 201; *Bohnert* NStZ 1982, 5; *Weber-Petras* Ordnungs- und Sollvorschriften im Strafprozessrecht, 1992.

5 **C. Verletzung des Gesetzes.** Nach der **Legaldefinition des § 337 Abs. 2** ist das Gesetz verletzt, wenn eine Rechtsnorm nicht oder nicht richtig angewendet worden ist. Die Zuordnung der Rechtsnorm zu den Verfahrensvoraussetzungen, zum Verfahrensrecht und zum sachlichen Recht hat Bedeutung für die Prüfungspflichten des Revisionsgerichts und für die Rügenotwendigkeit nach § 344.

6 **I. Nichtanwendung eines Gesetzes.** Die Nichtanwendung eines Gesetzes ist vorrangig darauf zurückzuführen, dass das Gericht die Rechtsnorm übersehen hat. Dem stehen die Fälle gleich, in denen das Gericht die Norm zwar bemerkt, im Urteil jedoch unerörtert gelassen hat oder sie irrtümlich für nicht einschlägig erachtet wurde (zur Nichtanwendung infolge fehlerhafter Interpretation oder Subsumtion: unten Rdn. 19 f.).

7 In einem solchen Fall betrifft die Gesetzesverletzung den Bereich des materiellen Rechts, wenn die Anwendung der Rechtsnorm nach den im Urteil getroffenen Feststellungen hinsichtlich des Schuldspruchs oder der Strafzumessungserwägungen geboten oder naheliegend war, wobei im letzten Fall der Rechtsfehler in der unterlassenen Erörterung oder Prüfung liegt (vgl. BGH StraFo 2004, 356; zu § 64 StGB: BGHSt 37, 5 [6]; zu § 66 StGB: BGH NJW 1999, 2606; zum minder schweren Fall: BGHR StPO § 267 Abs. 3 Satz 2 Strafrahmenwahl 1; BGH StV 1999, 137 [138]; KK/*Gericke* § 337 Rn. 22).

8 Im Bereich des Verfahrensrechts liegt in der Nichtanwendung einer Rechtsnorm jedenfalls dann eine Gesetzesverletzung, wenn die Handlung oder das Unterlassen gesetzlich vorgeschrieben war (vgl. BGH MDR 1981, 157). Bei einer nicht zwingenden Verfahrensvorschrift ist mit der Nichtanwendung dagegen regelmäßig nur dann eine Gesetzesverletzung verbunden, wenn in der konkreten Verfahrenssituation ihr Anwendungsbereich eröffnet war und sich die Anwendung aufgedrängt hat, der Tatrichter sich mit ihr aber gleichwohl nicht befasst hat. (vertiefend zur Abgrenzung zwischen Verfahrensrecht und materiellem Recht unten Rn. 11 ff.)

9 **II. Falschanwendung eines Gesetzes.** Hat das Tatgericht die in seinem Fall relevanten Rechtsnormen gesehen und erörtert, kann eine Gesetzesverletzung nur in deren Falschanwendung liegen; diese kann sowohl auf einem Interpretations- als auch auf einem Subsumtionsfehler beruhen.

10 Dabei ist ein Interpretationsfehler gegeben, wenn die abstrakten Tatbestandsmerkmale der Norm nicht (richtig) erkannt oder ausgelegt wurden. Ein Subsumtionsfehler liegt vor, wenn im konkreten Fall die Tatbestandsmerkmale der angewendeten Norm nicht gegeben waren oder die Tatbestandsmerkmale einer nicht angewendeten Norm gegeben gewesen sind (ähnlich LR/*Franke* § 337 Rn. 82, 84; Meyer-Goßner/*Schmitt* § 337 Rn. 33; vgl. auch Rn. 19).

11 **III. Übersicht und Abgrenzung zwischen Verfahrens- und sachlich-rechtlichem Fehler sowie zu den von Amts wegen zu beachtenden Verfahrenshindernissen. 1. Allgemeines.** In § 344 Abs. 2 differenziert das Gesetz lediglich »Rechtsnormen über das Verfahren« und »andere Rechtsnormen«. Letztere Gruppe bezieht sich systematisch allein auf sog. »materielle Rechtsnormen«, sodass nur zwei Arten von Normverstößen differenziert werden. Gleichwohl können mit der Revisionsbegründung drei in der Sache zu unterscheidende Arten von Beanstandungen gegen das Urteil und sein Zustandekommen erhoben werden (ähnlich LR/*Franke* § 337 Rn. 25, 41, 73): die Verfahrensrüge, die Sachrüge und die davon zu unterscheidende Geltendmachung eines Verfahrenshindernisses. Die Missachtung eines Verfahrenshindernisses führt zwar an sich zu einem Verfahrens- bzw. einem materiell-rechtlichen Fehler; ihre Einordnung als eigene Gruppe ist aber gerechtfertigt, wenn und weil sie im Fall ihres Vorliegens auch der Durchführung des Revisionsverfahrens entgegensteht und sie deshalb dort von Amts wegen beachtet wird (ausführlich dazu unten Rn. 21 f.).

Die Unterscheidung zwischen der Sach- und der Verfahrensrüge hat aus einer Vielzahl von Gründen Bedeutung. Hervorgehoben sei insofern, dass die Verfahrensrüge gem. § 344 Abs. 2 Satz 2 grundsätzlich näher ausgeführt werden muss, während bei der Sachrüge die allgemeine Erhebung – ohne spezifische Begründung einzelner Rechtsverletzungen – genügt. Überdies dass bei Verfahrensrügen – anders als bei der Überprüfung auf materiell-rechtliche Fehler – grundsätzlich keine Bindung an die tatrichterlichen Feststellungen besteht (vgl. noch Rn. 68; verkürzend daher MüKo-StPO/*Knauer/Kudlich* § 337 Rn. 43, die neben der Auswirkung auf das Begründungserfordernis einzig auf sprachliche Differenzen hinweisen). Endlich soll § 339 nur bei Verfahrensfehlern anwendbar sein (vgl. die Kommentierung zu § 339 und *Momsen* Verfahrensfehler und Rügeberechtigung im Strafprozeß, 1997, S. 44 [49] m.w.N.), während § 357 bei bloßen Verfahrensfehlern gerade keine Anwendung findet (vgl. die Kommentierung zu § 357 und *Jähnke* FS Meyer-Goßner, S. 559 [568]) und allein Verfahrensvorschriften der etwa zu einem Verzicht oder der Verwirkung führenden Disposition des Revisionsführers unterliegen können (vgl. Rn 93 ff. sowie *Jähnke* FS Meyer-Goßner, S. 559 [568]). 12

2. Verfahrensfehler und Abgrenzung zum sachlich-rechtlichen Fehler. Die Notwendigkeit einer **Abgrenzung** zwischen einem Verfahrens- und einem sachlich-rechtlichen Fehler ergibt sich aus der Regelung in § 344 Abs. 2 Satz 1 (zur aktuellen Relevanz s. *Mosbacher* StraFo 2021, 312). Die Abgrenzung erfolgt durch die Bestimmung, wann eine Verfahrensrüge erhoben werden muss; alle anderen Gesetzesverstöße sind dann – sofern sie nicht zu von Amts wegen zu beachtenden Verfahrenshindernissen führen – als Sachrüge geltend zu machen (BGHSt 19, 273 [275]; 25, 100 [102]; LR/*Franke* § 337 Rn. 41; Meyer-Goßner/*Schmitt* § 337 Rn. 8; ausführlich zum Ganzen: *El Ghazi,* Die Zuordnung von Gesetzesverletzungen zu Sach- und Verfahrensrüge in der strafprozessualen Revision, 2014; *Walter* ZStW 2016, 128[3], 824 [833 ff.]). Auch die §§ 352 Abs. 1 (»Tatsachen, die bei Anbringung der Revisionsanträge bezeichnet worden sind«, § 354 Abs. 1 (»Gesetzesverletzung bei Anwendung des Gesetzes auf die dem Urteil zugrunde liegenden Feststellungen«) und § 357 (»Anwendung des Strafgesetzes«) zeigen, dass die Unterscheidung der Rügearten unentbehrlich ist (*Mosbacher* StraFo 2021, 312). 13

Dabei ist für die Abgrenzung zwischen der Verfahrens- und der Sachrüge unerheblich, wie sie vom Revisionsführer bezeichnet wurde (vgl. BGHSt 19, 273 [275]; *Krause* StV 1984, 483 [485] f.; KK/*Gericke* § 344 Rn. 20; Meyer-Goßner/*Schmitt* § 344 Rn. 10). Erhebt der Revisionsführer dagegen ausdrücklich nur die Sachrüge, so ist das Revisionsgericht im Hinblick auf die bezüglich eines Verfahrensfehlers bestehende Dispositionsbefugnis des Revisionsführers (vgl. §§ 344 Abs. 2, 352) nicht befugt, diese als Verfahrensrüge zu behandeln, sofern sich dem Revisionsvorbringen – etwa mangels einer explizit auf einen Verfahrensfehler gerichteten und ausgeführten Begründung – hinreichend sicher entnehmen lässt, dass die Beanstandung nur als Rüge der Verletzung des sachlichen Rechts geltend gemacht wird (vgl. BGH NStZ 2000, 215 [216]). 14

Eine Verfahrensverletzung liegt grundsätzlich – unabhängig vom Standort der Rechtsnorm etwa in der StPO – vor, wenn gegen eine Rechtsnorm verstoßen wurde, die den Weg des Gerichts zur Urteilsfindung bestimmt hat (BGHSt 19, 273 [275]; 25, 100 [102]; OLG Köln NJW 2001, 1223 [1224]; *Schäfer* FS Rieß, S. 475; KK/*Gericke* § 337 Rn. 26; LR/*Franke* § 337 Rn. 41; MüKo-StPO/*Knauer/Kudlich* § 337 Rn. 64; Meyer-Goßner/*Schmitt* § 337 Rn. 8), wenn das Gericht also eine vorgeschriebene oder gebotene prozessuale Handlung unterlassen oder eine nicht zulässige prozessuale Handlung vorgenommen hat (BGH MDR 1981, 157; KK/*Gericke* § 337 Rn. 10, 26; LR/*Franke* § 337 Rn. 44; Meyer-Goßner/*Schmitt* § 337 Rn. 9; weitere Nachweise bei *Jähnke* FS Meyer-Goßner, S. 559). Die mit der Verfahrensrüge zu beanstandenden prozessualen Fehler betreffen daher solche Regelungen, die ein inhaltlich richtiges und rechtsstaatlich zustande gekommenes Urteil garantieren sollen, während ein sachlich-rechtlicher Fehler – liegt er vor – die inhaltliche Richtigkeit des Urteils selbst im Hinblick auf Schuld- oder Rechtsfolgenausspruch, deren Begründung sowie die zugehörigen Feststellungen betrifft (vgl. *Schäfer* FS Rieß, S. 477 [479 f.]). Handelt es sich danach um einen Verfahrensfehler, so wird dieser nicht – zusätzlich – zu einem sachlich-rechtlichen Fehler, weil er sich auf die Anwendung des materiellen Rechts ausgewirkt hat; ein Verfahrensfehler ist also nicht deshalb (auch) dem materiellen Recht zuzuordnen, weil er sachlich-rechtlich zu erörtern ist (BGH StraFo 2004, 356) zu den seltenen Fällen der Doppelrüge: unten Rdn. 20. 15

Die Erforderlichkeit einer Verfahrensrüge kann »faustregelartig« auch aus folgender Überlegung hergeleitet werden (BGH StV 2001, 552; ähnlich: StV 1998, 636; NStZ-RR 1999, 46); vgl. auch zur negativen Abgrenzung der Sachrüge anhand dieses Kriteriums: MüKo-StPO/*Knauer/Kudlich* § 337 Rn. 87): Ist die Gesetzesverletzung mit den ihr zugrunde liegenden Tatsachen nicht allein aus dem Urteil zu ersehen, sondern bedarf es zu ihrer Feststellung eines Blicks in die Akten, vor allem in das Hauptverhandlungsprotokoll, muss eine Verfahrensrüge erhoben werden; andere Aktenteile als das Urteil nimmt das Revisionsgericht nämlich – abgesehen von Tatsachen zu Verfahrenshindernissen – grundsätzlich nur nach einer Verfahrensrüge zur 16

Kenntnis (vgl. auch Rdn. 20, 45). Vereinfacht gesagt ist eine Verfahrensrüge zu erheben, wenn das Revisionsgericht auf freibeweislich zu klärende Tatsache angewiesen ist (*El-Ghazi* Sach- und Verfahrensrüge, S. 298).

17 Genauer betrachtet kann diese »Faustregel«, die die Verfahrens- von der Sachrüge »funktionsbezogen« abgrenzen würde (vgl. *Rieß* FS Hanack, S. 397 [410 f.] und OLG Dresden NJW 2000, 3295 [3296] [dagegen: OLG Köln NJW 2001, 1223]), indes nur dazu herangezogen werden, im Hinblick auf § 344 Abs. 2 Satz 2 zu bestimmen, welche Ausführungen – bei gleichzeitig erhobener Sachrüge – zur Begründung einer Verfahrensrüge erforderlich und ausreichend sind; zu einer allgemein im Revisionsrecht gültigen Abgrenzung der Sach- von der Verfahrensrüge ist sie dagegen ebenso wenig geeignet wie eine Abgrenzung nach der Zumutbarkeit des Tatsachenvortrags (so aber BGH NStZ 2004, 639 [642]; dagegen BGH StraFo 2004, 356; Beschluss v. 12.08.2004, 3 ARs 5/04; die in Rdn. 23 angesprochenen Probleme, in denen die Unterscheidung zwischen Sach- und Verfahrensrüge Bedeutung hat, ließen sich mit einer »funktionsbezogenen« oder auf die Zumutbarkeit abstellenden Abgrenzung nicht befriedigend lösen). Aus obiger »Faustregel« darf daher nicht der Schluss gezogen werden, dass Fehler, die sich aus dem Urteil selbst ergeben, nicht Verfahrensfehler sind, sondern mit der Sachrüge beanstandet werden können bzw. von dieser erfasst sind (missverständlich daher BGH StV 2000, 604; KK/*Gericke* § 337 Rn. 27). Lässt sich der Fehler aus dem Urteil selbst ersehen, betrifft er aber das Verfahren, so muss er vielmehr gleichwohl mit der Verfahrensrüge beanstandet werden; es bedarf dann bei einer zusätzlich erhobenen Sachrüge lediglich keiner (weiteren) Ausführungen gem. § 344 Abs. 2, soweit sich die danach erforderlichen Tatsachen aus dem Urteil ergeben (vgl. auch *Fezer* FS Hanack, S. 331 [334 f.]; *Jähnke* FS Hanack, S. 355 [365] und *Jähnke* FS Meyer-Goßner, S. 559 [567]; *Paulus* FS Spendel, S. 687 [712]; *Schäfer* FS Rieß, S. 477 [482]).

18 **3. Sachlich-rechtlicher Fehler.** Mit der **Sachrüge** werden Verletzungen des materiellen Rechts beanstandet, also Gesetzesverstöße, die weder Verfahrensverstöße noch solche Prozesshindernisse betreffen, die im Verfahrensrecht wurzeln (vgl. Rdn. 13, 21).

19 Sie richtet sich nach den Vorstellungen des Gesetzgebers in erster Linie auf die Geltendmachung von Subsumtions- und Interpretationsfehlern im Bereich des materiellen Strafrechts (Einzelheiten unten Rdn. 51.), also auf Rechtsfehler, die die Entscheidungen zum Schuldspruch und zu den Rechtsfolgen (vgl. BGHSt -GS-12, 1 [4]; BGH NStZ 1993, 592 [594]; KK/*Gericke* § 337 Rn. 10) und daher die inhaltliche Richtigkeit des Urteils selbst betreffen (*Schäfer* FS Rieß, S. 477 [479 f.]). In der Praxis stehen dagegen Angriffe gegen die Beweiswürdigung und die Strafzumessung im Vordergrund (*Barton* Die Revisionsrechtsprechung des BGH in Strafsachen, 1999, S. 118 ff., vgl. dazu noch unten Rdn. 48 ff.; 53 ff.).

20 Einige Gesetzesverletzungen können sowohl als Sach- und als Verfahrensrüge geltend gemacht werden, z.B. das völlige Fehlen der Urteilsgründe (vgl. Rn. 20, 45), bei anderen Gesetzesverletzungen richten sich Sach- und Verfahrensrüge dagegen lediglich auf dasselbe Ziel (z.B. das Unterlassen der Prüfung eines minder schweren Falles, das bei Ablehnung eines entsprechenden Antrags als Verfahrensfehler [Verstoß gegen § 267 Abs. 3 Satz 2] beanstandet werden kann, während ein sachlich-rechtlicher Fehler vorliegt, wenn aufgrund der Feststellungen die Prüfung des minder schweren Falles nahe lag; vgl. BGH StV 1999, 137 [138] und unten Rdn. 53 ff.; ähnlich zur Ablehnung eines Beweisantrags und einem sachlich-rechtlichen Fehler der Beweiswürdigung: OLG Koblenz VRS 72, 441 [442]). In diesen Fällen empfiehlt es sich, wegen des geringeren Begründungsaufwands in jedem Fall auch die Sachrüge neben der entsprechenden Verfahrensrüge zu erheben.

21 **4. Von Amts wegen zu beachtende Verfahrenshindernisse.** Eine in der Revision von Amts wegen zu beachtende Verfahrensvoraussetzung ist entweder im Gesetz ausdrücklich geregelt (z.B. § 19 StGB, §§ 18 ff. GVG; Straffreiheitsgesetz) oder sie betrifft einen Umstand, der für den Prozess – auch das Revisionsverfahren (was die Prüfungspflicht von Amts wegen zusätzlich rechtfertigt) – von so herausragender Bedeutung ist, dass von seinem Vorliegen oder Nichtvorliegen die Zulässigkeit des gesamten Verfahrens abhängig ist (BGHSt 32, 345 [350]; 33, 183 [186]; 35, 137 [140]; 37, 10 [13]; 41, 72 [75]; 43, 53 [56]; 46, 160 [168] f.; 230 [236]; *Dahs* Rn. 94 ff.; *Hamm* Rn. 1237; KK/*Gericke* § 337 Rn. 25; Meyer-Goßner/*Schmitt* Einl Rn. 141 ff. und NStZ 2003, 169 unterscheidet zwischen von Amts wegen zu beachtenden Befassungs- und nur bei erhobener Rüge zu berücksichtigenden Bestrafungsverboten).

22 In der Revisionsbegründung kann (nur) das Fehlen einer solchen Verfahrensvoraussetzung oder – synonym (vgl. BGHSt 26, 84 [88]; *Hamm* Rn. 1237; krit. Meyer-Goßner/*Schmitt* Einl. Rn. 142) – das Vorliegen eines Verfahrenshindernisses auch ohne Beachtung der Begründungserfordernisse für Verfahrensfehler geltend gemacht werden (vgl. BGHSt 46, 230 [236 f.]). Da die Verfahrensvoraussetzungen vom Revisionsgericht von Amts wegen geprüft werden müssen (BGHSt 6, 304 [305 f.]; 8, 269 [270]; 11, 393 [395]; 13, 128; 15, 203 [206 f.]; 20, 292 [293]; 21, 242 [243]; 22, 1 [2]; 213 [215] ff.; 29, 94; 46, 230 [236]), gilt § 344 Abs. 2 Satz 2 auch dann nicht, wenn das Prozesshindernis das Verfahren – also den Weg zum Urteil – betrifft.

5. **Prüfung der Verfahrensvoraussetzung bei Teilrechtskraft.** Die Teilrechtskraft des Urteils steht der Feststellung des Verfahrenshindernisses (und ggf. der Einstellung des Verfahrens nach § 260 Abs. 3) durch das Revisionsgericht **nicht** entgegen (allg. M.; BGHSt 11, 393 [395 m.N.]), so wenn bei teilrechtskräftigem Schuldspruch nur noch über die Strafhöhe (BGH [D.] MDR 1958, 566) oder die Strafaussetzung zur Bewährung (BGHSt 11, 393 [395] m.N.) oder über eine Nebenfolge zu befinden ist (BGHSt 6, 304 [305]; 13, 128), entgegen LR/*Hanack*, 25. Aufl., § 337 Rn. 30 m.w.N.; anders nun: LR/*Franke*, 26. Aufl., § 337 Rn. 26) selbst dann, wenn nur noch die Gesamtstrafe offensteht, die Einzelstrafen also rechtskräftig sind (sie haben gleichwohl keine selbstständige Bedeutung; so zutr. BGHSt 8, 269 [271]; abl. in dieser Hinsicht dann aber LR/*Franke*, § 337 Rn. 26; *Grünwald*, Die Teilrechtskraft im Strafverfahren, 1964, S. 325.). 23

6. **Prüfungsmaßstab.** Ist zur Feststellung des Verfahrenshindernisses eine **Beweisaufnahme** erforderlich, so kann das Revisionsgericht grds. im **Freibeweisverfahren** vorgehen. Bei doppelrelevanten Tatsachen bleibt das Revisionsgericht jedoch auch insoweit an die Feststellungen des Tatgerichts zum Schuldspruch gebunden (BGHSt 5, 225; 14, 137 [139]; einschr. in Bezug auf die Tatzeit bei datenmäßiger Fixierung BGHSt 22, 90; vgl. KK/*Gericke* § 337 Rn. 25; Meyer-Goßner/*Schmitt* § 337 Rn. 6; differenzierend LR/*Franke* § 337 Rn. 32). Bloße **Zweifel** am Vorliegen einer Verfahrensvoraussetzung reichen grundsätzlich nicht aus; vgl. näher § 306. 24

IV. Einzelheiten zu sachlich-rechtlichen Fehlern und Hinweise zum Auffinden solcher Fehler. 1. Maßgeblicher Gesetzesstand. Der für die Prüfung des angewendeten sachlichen Rechts maßgebliche Gesetzesstand ergibt sich aus § 2 StGB sowie aus § 354a (vgl. auch [zum Zivilrecht] BGHZ 10, 367; 36, 348 [350]; krit. zur Berücksichtigung von das sachliche Recht betreffenden Gesetzesänderungen nur bei erhobener Sachrüge: *Küper* FS Pfeiffer, S. 425). 25

2. **Grundlagen für die Sachprüfung (Bindung an die tatrichterlichen Feststellungen).** Da das Revisionsgericht das Urteil auf die Sachrüge hin nur in rechtlicher, nicht aber in tatsächlicher Hinsicht überprüfen darf, ist es an die Tatsachenfeststellungen im angefochtenen Urteil gebunden (so schon die Materialien zur StPO; vgl. *Hahn* Die gesamten Materialien zur Strafprozeßordnung, S. 250 f.; BGHSt 2, 248 [249]; 15, 347 [350]; 17, 351 [352]; 21, 149 [151]; 29, 18 [20] = JR 1980, 168 m.Anm. *Peters*; BGHSt 31, 139 [140] = NStZ 1983, 278 m.Anm. *Fezer*; BGHSt 38, 14 [15]; vgl. auch *Fezer* in: Ebert [Hrsg.], Aktuelle Probleme der Strafrechtspflege, 1991, S. 89 [104 f., 108]). 26

Dem Revisionsgericht ist daher im Rahmen der Sachprüfung auch eine Wiederholung oder Ergänzung der tatrichterlichen Beweisaufnahme verwehrt (BGHSt 28, 384 [387]; 29, 18 [20]; 44, 256 [258]; *Gössel* JR 1983, 120; *Rieß* FS Hanack, S. 397 [403]; *W. Schmid* ZStrW 85, 893 [902] ff.; *Pelz* NStZ 1993, 361 [362]; Meyer-Goßner/*Schmitt* § 337 Rn. 1, 13, 24 m.w.N.; weitergehend [zu Lichtbildern] BGHSt 41, 376 [382]; *Herdegen* StV 1992, 594; dazu unten Rdn. 37 sowie zu Erfahrungssätzen unten Rdn. 47). Allerdings muss das Revisionsgericht prüfen, ob die vorgefundenen Feststellungen als solche überhaupt eine tragfähige Grundlage für die rechtlichen Wertungen der Urteilsbegründung bieten (BGHSt 14, 162 [165].). 27

Insb. neue Tatsachen dürfen dementsprechend nicht festgestellt werden; diese müssen gegebenenfalls vielmehr im Wiederaufnahmeverfahren geltend gemacht werden (BGHR BtMG § 29 Abs. 3 Nr. 4 Menge 9), sofern sie Auswirkungen auf den Schuld- und/oder den Rechtsfolgenausspruch haben können (vgl. BGHSt 21, 149 [151]). 28

Dabei versteht man unter **Tatsachen** das sich sowohl auf das objektive als auch das subjektive Geschehen beziehende Wahrnehmbare (Vorgänge, Zustände), das sich in der Wirklichkeit ereignet, ereignet hat oder ereignen wird, also dem Wissen aufgrund Wahrnehmung zugänglich ist. Die Tatsachenfeststellung ist daher eine objektiv beweisbare Wirklichkeitsaussage, die lediglich Gegenstand der Rechtsanwendung (naturales Subjekt), nicht aber diese selbst ist (ähnlich BGHSt 39, 75 [79 f.]; *Kuchinke* Grenzen der Nachprüfbarkeit tatrichterlicher Würdigung und Feststellungen in der Revisionsinstanz, 1964, S. 60 [64, 82 f., 99 f.]; *Gottwald* Die Revisionsinstanz als Tatsacheninstanz, 1975, S. 138 ff. jeweils m.w.N.; Beispiel für eine Tatfrage: Zuverlässigkeit eines bestimmten Messverfahrens zur Bestimmung der Atemalkoholkonzentration, vgl. BGHSt 46, 358 [361]). Die Beantwortung einer Rechtsfrage ist dagegen von der Gesetzesauslegung (Interpretation) und der Subsumtion geprägt (*Kuchinke* Grenzen der Nachprüfbarkeit tatrichterlicher Würdigung und Feststellungen in der Revisionsinstanz, 1964, S. 61 [79 f.]; vgl. auch *Paulus* FS Spendel, S. 687 [705 ff.]; instruktiv das Bsp. von HK-GS/*Rackow* § 337 Rn. 3 – nach OLG Celle, NJW 1967, 1921: Wird ein Täter wg. Diebstahls nach § 242 StGB verurteilt, weil er ein Buch in der Absicht mitgenommen hat, es zu lesen und danach zurückzugeben, so ist der Umstand, dass der Täter diese Absicht hatte, eine Tatfrage, welche vom Revisionsgericht unüberprüft vorauszusetzen ist. Ob eine derartige Absicht allerdings das Merkmal der Zueignungsabsicht erfüllt, ist eine vom Revisionsgericht zu überprüfende Rechtsfrage). 29

30 Da sachlich-rechtliche Fehler – abgesehen von wenigen, diesen zuzurechnenden Verfahrenshindernissen – stets zu relativen Revisionsgründen führen, hat die mit der Sachrüge begründete Revision nur dann Erfolg, wenn das Urteil ohne die Gesetzesverletzung möglicherweise anders ausgefallen wäre (vgl. Rdn. 82 ff.).

31 Der Revisionsführer muss die Gesetzesverletzung nicht nachweisen; es ist vielmehr Aufgabe des Revisionsgerichts, sich vom Vorliegen des Rechtsfehlers zu überzeugen.

32 Grundlage hierfür ist nur das Urteil. Die Gesetzesverletzung muss sich also aus dem schriftlich abgefassten Urteil selbst ergeben (BGHSt 35, 238 [241]; 38, 14 [15]; 44, 256 [258]; BGH NJW 1998, 3654 [3655]; 2003, 2036 [2037]; StV 1999, 408 [409]; 2001, 552; *Rieß* FS Hanack, S. 397 [404]), das rechtzeitig und ordnungsgemäß i.S.d. § 275 zu den Akten gelangt ist (BayObLGSt 1977, 137 [138]; 1979, 148 [152]). Zum Urteil gehören indes auch die dort zulässig – aber nur diese (vgl. BGH NStZ-RR 1997, 204 [205]; 2000, 304; NStZ 2000, 441) – in Bezug genommenen Abbildungen oder Schriftstücke (*Rieß* NJW 1978, 2265 [2270]; KK/*Gericke* § 337 Rn. 27; vgl. auch BGHSt 30, 225 [226]; 33, 59 [60]; 41, 376 [382 f.]; zur revisionsgerichtlichen Überprüfung der Bewertung von Ton- und Bildaufnahmen: unten Rdn. 37). Unerheblich sind dagegen die nur mündlich mitgeteilten Urteilsgründe (BGHSt 2, 63 [66]; 7, 363 [370 f.]; 15, 263 [265]; BGH bei *Kusch* NStZ 1996, 326 [Nr. 20]) oder unzulässige Berichtigungsbeschlüsse (BGHSt 2, 248 [249]; BGH GA 1969, 119; BGH [D] MDR 1973, 902 [zu § 268]).

33 War das Urteil gem. **§ 267 Abs. 4** abgekürzt, so müssen nachträgliche Ergänzungen berücksichtigt werden, wenn Wiedereinsetzung in die Revisionseinlegungsfrist gewährt wurde (§ 267 Abs. 4 Satz 3; vgl. [auch zur Fristberechnung] BGH NStZ 2004, 508 [509]). Die Rspr. hat diese Vorschrift zudem dann entsprechend angewendet, wenn das Urteil nach einem Rechtsmittelverzicht oder nach einer Rechtsmittelrücknahme abgekürzt abgefasst wurde und dieser Rechtsmittelverzicht bzw. die Rücknahme »für unwirksam erklärt« wurde (vgl. BGH NStZ-RR [B] 2002, 261 [Nr. 14]). Ansonsten kann nur das – zu Unrecht – abgekürzte Urteil Grundlage der Sachprüfung sein (BGH Beschl. v. 05.10.2000, 4 StR 374/00; vgl. ferner BGHSt 43, 22 [26]; NStZ 2004, 508 [509]; BayObLGSt 1977, 137 [139]; 1979, 148 [152]; BayObLG wistra 1991, 275; OLG Düsseldorf VRS 85, 208).

34 Die »richtige« Fassung des Urteils zu finden, ist Sache des Revisionsgerichts; einer Verfahrensrüge bedarf es hierfür nicht (vgl. BayObLG wistra 1991, 275). Jedoch muss eine solche Verfahrensrüge erhoben werden, wenn formelle Mängel des Urteils, z.B. das Fehlen einer Unterschrift sowie eines Verhinderungsvermerks, geltend gemacht werden (BGHSt 46, 204 [206]).

35 Ist die Urschrift des Urteils nicht mehr vorhanden, genügt eine Abschrift (vgl. OLG Celle MDR 1970, 608). Fehlen die Urteilsgründe völlig, hat sowohl die Sachrüge als auch die Verfahrensrüge (§ 338 Nr. 7) Erfolg (BGHSt 46, 204 [206]; BGHR StPO § 338 Nr. 7 Entscheidungsgründe 2; KK/*Gericke* § 337 Rn. 28 jeweils m.w.N.).

36 Beachten darf das Revisionsgericht indes – vor allem im Rahmen der Überprüfung der Beweiswürdigung – vom Tatrichter übersehene oder falsch festgestellte allgemeinkundige Tatsachen (BGHSt 6, 292 [296]; BayObLGSt 1987, 171 [173]; OLG Düsseldorf NJW 1993, 2452; LR/*Franke* § 337 Rn. 77, 152; Meyer-Goßner/*Schmitt* § 337 Rn. 25; ebenso für die Gerichtskundigkeit beim Revisionsgericht: *Meyer-Goßner* FS Tröndle, S. 563 ff.; *Meyer-Goßner/Cierniak* StV 2000, 696 [698 ff.]; einschränkend *Puppe* NStZ 1990, 434; a.A. [Bindung an solche Tatsachen als Teil der Feststellungen] KK/*Gericke* § 337 Rn. 3; zu Erfahrungssätzen KMR/*Momsen* § 337 Rn. 104 ff.).

37 Nicht berücksichtigt werden darf dagegen der (übrige) Akteninhalt (BGHSt 35, 238 [241]; BGH NJW 1998, 3654; NStZ 1993, 501; StV 2001, 552; *Wagner* ZStrW 106, 259 [299]; LR/*Franke* § 337 Rn. 78; Meyer-Goßner/*Schmitt* § 337 Rn. 23 m.w.N.), insb. das Hauptverhandlungsprotokoll (vgl. BGHSt 29, 18 [20]), auch wenn es dem Revisionsgericht aufgrund einer zulässig erhobenen Verfahrensrüge bekannt ist (BGH GA 1955, 269; *W. Schmid* ZStrW 85, 893 [905 f.]; *Pelz* NStZ 1993, 361 [362]; LR/*Franke* § 337 Rn. 78; Meyer-Goßner/*Schmitt* § 337 Rn. 23; a.A. BGHSt 22, 282 [289]; BGH NJW 1986 1699, 1700; StV 1993, 176 [177] m.Anm. *Schlothauer*; dem zugeneigt: MüKo-StPO/*Knauer/Kudlich* § 337 Rn. 90; weitere Nachweise bei *Miebach* NStZ 2000, 234 [241]; vgl. auch *Peters* S. 647; *Rüping* Das Strafverfahren, 1997, Rn. 641). Dasselbe gilt für Anklage und Eröffnungsbeschluss (vgl. BGHR StPO § 344 Abs. 2 Satz 2 Beweiswürdigung 5; HK/*Temming* § 352 Rn. 5; a.A. BGH NStZ 2004, 639 [641]; KK/*Gericke* § 352 Rn. 16 m.w.N.) oder auch für Aufzeichnungen der Verfahrensbeteiligten (vgl. KMR/*Momsen* § 337 Rn. 148). Im Fall der Inaugenscheinnahme darf das Revisionsgericht bspw. die bei den Akten befindlichen Lichtbilder darauf überprüfen, ob diese generell geeignet waren, eine Identifikation zu ermöglichen (Radarfotos), sofern im tatrichterlichen Urteil eine entsprechende Verweisung (»wg. der Einzelheiten wird auf den Akteninhalt verwiesen«, § 267 Abs. 1 Satz 3) enthalten ist. Die konkrete Feststellung der Identität ist demgegenüber nicht nachprüfbar (BGHSt 41, 376 [382]; HK-GS/*Rackow* § 337 Rn. 6; *Rieß* NJW 1978, 2271 – Abbildungen als Teil der Urteilsfeststellungen). Widersprüche zwischen Inhalt des Urteils und Akten, die sich nicht aus den Urteilsgründen

selbst ergeben, sind demgegenüber revisionsrechtlich unerheblich (BGH NStZ 2007, 115; Meyer-Goßner/*Schmitt* § 337 Rn. 23); die Rüge der sog. »Aktenwidrigkeit« ist regelmäßig unbeachtlich (*Dahs* Rn. 92, 255; MüKo-StPO/*Knauer/Kudlich* § 337 Rn. 90). Jedoch neigt die Rspr. in letzter Zeit zu berechtigten Relativierungen, so etwa für den Fall einer nur vom Verteidiger – nicht vom Gericht – verlesenen Urkunde (BGH NStZ 2004, 392; *Dahs* Rn. 255).

Da der »Gegenbeweis« gegen die Urteilsfeststellungen nach der Rspr. lediglich mittels einer Verfahrensrüge und auch dann grundsätzlich nur in den Fällen geführt werden kann, in denen er sich – ohne Rekonstruktion der Hauptverhandlung – entweder aus dem Sitzungsprotokoll (zur Protokollrüge vgl. *Momsen* FS Müller, S. 247 ff.; unten Rdn. 69) oder aus dem Urteil selbst ergibt, sich das Beweisergebnis also mit den Mitteln des Revisionsrechts vom Revisionsgericht feststellen lässt, kann die sog. Rüge der Aktenwidrigkeit des Urteils als Sachrüge keinen Erfolg haben (LR/*Franke* § 337 Rn. 79; zur entsprechenden Verfahrensrüge: unten Rdn. 74, dort auch weitere Nachweise). 38

3. **Hinweise zum Auffinden sachlich-rechtlicher Fehler.** Die Prüfung, ob eine Gesetzesverletzung vorliegt, die die Sachrüge begründet, soll – da sich ein sachlich-rechtlicher Fehler nur aus dem schriftlichen Urteil selbst ergeben kann (vgl. Rdn. 32) – im Folgenden anhand der einzelnen Abschnitte eines mit einem Schuldspruch verbundenen Urteils vorgenommen werden (zu den Besonderheiten bei einem freisprechenden Urteil: KMR/*Momsen* § 337 Rn. 126 ff.). 39

a) **Fehler im Rubrum.** Auf Fehlern im Rubrum kann das Urteil nicht beruhen, sie sind daher (auch) für die Sachrüge ohne Bedeutung (BGH NStZ-RR 1996, 9; NStZ 1994, 47 [48]; 1995, 221; NStZ [M] 1995, 221 [Nr. 19]; KG NStZ-RR 2004, 240 [241]; Meyer-Goßner/*Schmitt* § 275 Rn. 28 m.w.N.); es kann allerdings eine Berichtigung offensichtlicher Versehen in Betracht kommen – § 354 (s. dort und *Dahs* Rn. 616). Es kommt dessen ungeachtet eine Revision in Betracht, wenn das Rubrum i.S.d. § 275 Abs. 1 verspätet zu den Akten gelangt; allerdings wird das Urteil in der Regel nicht auf diesem Fehler beruhen können (OLG Köln NJW 1980, 1405; Meyer-Goßner/*Schmitt* § 275 Rn. 28). 40

b) **Fehler im Urteilstenor, Widersprüche zwischen verkündetem Tenor und dem des schriftlichen Urteils, Widersprüche zwischen Tenor und Gründen.** Die bloß fehlerhafte Fassung des Urteilstenors – etwa durch Aufnahme unnötiger Zusätze – kann die Revision grundsätzlich nicht rechtfertigen; solche Fehler werden vom Revisionsgericht gelegentlich aber korrigiert (vgl. z.B. BGHSt 27, 287 [289]; NStZ 1999, 205; NStZ 2002, 656; siehe dazu auch die Kommentierung bei § 354). Wird der Urteilstenor nach Ablauf der Fristen des § 275 Abs. 1 Satz 2 und 4 zu den Akten gebracht liegt der absolute Revisionsgrund des § 338 Nr. 7 vor (OLG Köln, NJW 1980, 1405; SK-StPO/*Frister* § 337 Rn. 50; a.A. OLG Zweibrücken DAR 1978, 194). Doch wird auch hier das Urteil in der Regel nicht auf diesem Fehler beruhen (MüKo-StPO/*Valerius,* § 275 Rn. 49 m.w.N.). 41

Bei Widersprüchen zwischen dem gem. § 268 Abs. 2 Satz 1 verkündeten und dem im vollständigen schriftlichen Urteil enthaltenen Tenor – die nach der Rspr. (BGH, Beschl. v. 09.05.2001, 2 StR 42/01) auf die Verfahrensrüge hin beachtet werden – ist der verkündete Tenor maßgeblich, weil die verkündete Urteilsformel gerade deshalb schriftlich abgefasst sein muss, um das Ergebnis der Urteilsberatung zu dokumentieren (vgl. BGHSt 34, 11 [12]; BGHR StPO § 274 Beweiskraft 10; BGH NStZ-RR [B] 2002, 100 [Nr. 37]; *W. Schmid* FS Lange, S. 785 f.). Bei Widersprüchen zwischen dem Tenor und den Gründen des (schriftlichen) Urteils – die auf die Sachrüge hin zu beachten sind – geht der Tenor vor, sofern er dem verkündeten entspricht (vgl. BGH NStZ-RR [K] 2000, 292 [Nr. 11]). 42

Ist der (verkündete) Tenor und/oder der des schriftlich abgefassten Urteils falsch, weil er von den getroffenen Feststellungen nicht getragen wird (etwa bei Zählfehlern), kann und muss er vom Revisionsgericht korrigiert werden (BGH NStZ 2000, 386; BGHR StPO § 267 Berichtigung 2; BayObLG NStZ-RR 2000, 311; Einzelheiten hierzu in der Kommentierung zu § 354) oder – falls eine solche Berichtigung mangels vollständiger bzw. fehlerfreier Feststellungen nicht möglich ist – das Urteil muss – ggf. teilweise – aufgehoben und die Sache zurückverwiesen werden (vgl. auch KK/*Gericke* § 354 Rn. 20 m.w.N.). Bei fehlender Entscheidung über einen Anklagevorwurf ist das Urteil insoweit noch beim Tatgericht anhängig, das Revisionsgericht darf sich mit dieser Tat nicht befassen (näher KMR/*Momsen* § 337 Rn. 52). 43

c) **Fehler in der Liste der angewendeten Vorschriften.** Auf Fehlern in der Liste der angewendeten Vorschriften kann das Urteil **nicht** beruhen, auch sie werden vom Revisionsgericht aber gelegentlich korrigiert (vgl. BGH NJW 1979, 1259 [1260]; 1986, 1116 [1117]; NStZ-RR 1997, 166; NStZ-RR 2015, 380; BGH, Beschl. v. 18.07.2007, 2 StR 280/07; KK/*Gericke* § 354 Rn. 22). 44

45 d) **Fehler in der Sachverhaltsmitteilung.** Das völlige Fehlen tatrichterlicher Feststellungen stellt einen sachlich-rechtlichen Mangel des Urteils dar; zudem kann in solchen Fällen auch die Verfahrensrüge durchgreifen (vgl. oben Rdn. 20).

46 Ferner enthalten die Feststellungen des Tatrichters zum Sachverhalt einen materiell-rechtlichen Fehler, wenn sie in sich widersprüchlich oder derart abstrakt, floskelhaft oder unklar sind, dass nicht nachvollzogen werden kann, welches Geschehen festgestellt und die tatsächliche Grundlage der rechtlichen Würdigung ist bzw. sein soll (vgl. z.B. BGH NStZ 2000, 607 [608] sowie BGHSt 42, 107 [108 ff.] und *Fezer* Möglichkeiten einer Reform der Revision in Strafsachen, 1975, S. 108 [130 ff.]; *Gottwald* Die Revisionsinstanz als Tatsacheninstanz, 1975, S. 143; LR/*Franke* § 337 Rn. 108 f., 114 f.; HK-GS/*Rackow* § 337 Rn. 9 ff.). Entsprechendes gilt, wenn sich die tatsächlichen Feststellungen erst aus einer unzulässigen Verweisung, etwa auf ein anderes Urteil oder Aktenbestandteile, oder aus eingefügten Fotokopien ergeben (BGH NStZ-RR 1999, 139; *Gottwald* Die Revisionsinstanz als Tatsacheninstanz, S. 143; LR/*Franke* § 337 Rn. 107). In diesem Sinne werden die Sachverhaltsfeststellungen nach Erhebung einer entsprechenden (auch allgemeinen) Sachrüge mithin daraufhin überprüft, ob sie eine tragfähige Grundlage für die Anwendung des materiellen Rechts bilden (BGH NJW 1978, 113 [114 f.]; *Willms* JR 1975, 52 [54]; *Wittig* GA 2000, 267 [276]; KK/*Gericke* § 337 Rn. 28; Meyer-Goßner/*Schmitt* § 337 Rn. 21).

47 Die Sachverhaltsfeststellungen können auch dann einen Rechtsfehler aufweisen, wenn sie **lückenhaft** sind oder gegen Denkgesetze oder Erfahrungssätze verstoßen (Meyer-Goßner/*Schmitt* § 337 Rn. 21; KK/*Gericke* § 337 Rn. 28). Der Grund für diese Einordnung liegt nicht darin, dass dem Urteil der notwendige Inhalt fehlt, um es auf die Einhaltung der Denkgesetze usw. zu überprüfen, sondern vielmehr folgt der materiell-rechtliche Mangel daraus, dass ein lückenhaftes Urteil einer rationalen Begründung ermangelt (KK/*Gericke* § 337 Rn. 4, 28 und für den Fall einer Verurteilung auch Meyer-Goßner/*Schmitt* § 337 Rn. 21; zutr. HK/*Rackow* § 337 Rn. 11 »auf die Verwirklichung des materiellen Rechts zielender Gesichtspunkt«). Die davon zu unterscheidende Beanstandung, der Tatrichter hätte ausweislich bspw. laut Sitzungsprotokoll gestellter Beweisanregungen noch weitere Feststellungen treffen können und müssen, kann in der Revision nur mit einer Verfahrensrüge, in der Regel der Aufklärungsrüge, geltend gemacht werden (BGH, Urteil v. 08.08.2001, 5 StR 252/01; BayObLGSt 1988, 148). Ansonsten liegt bei lückenhaften Feststellungen der Rechtsfehler entweder in der rechtlichen Würdigung, weil diese von den Feststellungen nicht getragen wird (vgl. z.B. BGHSt 48, 108 [117] [fehlende Feststellungen zum Vorsatz], oder – wie auch bei Verstößen gegen Denkgesetze oder Erfahrungssätze – in der Beweiswürdigung (vgl. BGHSt 14, 162 [165]).

48 e) **Fehler in der Beweiswürdigung.** In der ständigen Rspr. des BGH werden die Grundsätze zur revisionsgerichtlichen Überprüfung der tatrichterlichen Beweiswürdigung auf die Sachrüge hin wie folgt umschrieben: *»Die Aufgabe, sich zur angeklagten Tat auf der Grundlage der vorhandenen Beweismittel eine Überzeugung vom tatsächlichen Geschehensverlauf zu verschaffen, obliegt grundsätzlich allein dem Tatrichter. Seine freie Beweiswürdigung hat das Revisionsgericht regelmäßig hinzunehmen. Es ist ihm verwehrt, sie durch eine eigene zu ersetzen oder sie etwa nur deshalb zu beanstanden, weil aus seiner Sicht eine andere Bewertung der Beweise näher gelegen hätte. Die Prüfung des Revisionsgerichts ist vielmehr auf die Frage beschränkt, ob dem Tatrichter bei der Beweiswürdigung Rechtsfehler unterlaufen sind.«* (BGH NStZ-RR 1996, 73; 2000, 328; ähnlich: BGHSt 41, 376 [380]; weitere Nachweise bei *Detter* FS BGH, S. 679 [685]; *Nack* StV 2002, 510 [511]). *»Das ist namentlich der Fall, wenn die Beweiswürdigung widersprüchlich, unklar oder lückenhaft ist oder gegen Denkgesetze oder gegen gesicherte Erfahrungssätze verstößt oder wenn an die zur Verurteilung erforderliche Gewissheit überspannte Anforderungen gestellt worden sind.«* (BGH NJW 2000, 370 [371]; ähnlich BGH NStZ-RR 1999, 301 [302]; 2000, 171; 2000, 328; weitere Nachweise bei *Nack* StV 2002, 510 [511]; KK/*Gericke* § 337 Rn. 29; Meyer-Goßner/*Schmitt* § 337 Rn. 27).

49 Die Überprüfbarkeit der tatrichterlichen Beweiswürdigung und die entsprechende Überprüfungspflicht des Revisionsgerichts steht heute im Grundsatz außer Streit (vgl. BVerfG NJW 2003, 2444 [2445]; LR/*Franke* § 337 Rn. 117 ff.; Meyer-Goßner/*Schmitt* § 337 Rn. 26; zur gewohnheits- oder richterlichen Verankerung einer solchen Überprüfung *Rieß* GA 1978, 257 [261, 277]; zur immer noch streitigen Einordnung einer entsprechenden Beanstandung als Sach- oder Verfahrensrüge: BVerfG NJW 2003, 2444 [2445] [»Sachrüge«]; krit. mit Blick auf die dogmatische Herleitung *Mosbacher* StraFo 2021, 312, 314 f.; *Schneider* NStZ 2019, 324, 326). Ihre Rechtfertigung findet sie darin, dass – auch wenn in diesem Bereich weitgehend Rechtsnormen im Sinn des § 337 fehlen – die Revision im Hinblick auf die auch von ihr herzustellende Einzelfallgerechtigkeit die Richtigkeit des zu überprüfenden Urteils mit zu verantworten hat (vgl. *Cramer* FS Salger, S. 447 [450]; *Fezer* Möglichkeiten einer Reform der Revision in Strafsachen, 1975, S. 31; *Momsen,* KriPoZ 2018, 339, 341 f.; *Peters* FS Schäfer, S. 145 ff.; *Rieß* FS Hanack, S. 397 [399 f., 406]; KK/*Gericke* § 337 Rn. 1; LR/*Franke* § 337 Rn. 74; lediglich Vertretbarkeit: Meyer-Goßner/*Schmitt* Vor § 333 Rn. 2 jeweils

m.w.N.), was in Grenzen – auch unter Berücksichtigung der Gesetzgebungsgeschichte (vgl. *Jähnke* FS Hanack, S. 355 [357 ff.]; *Maul* FS Pfeiffer, S. 409 ff., 419 ff.; *Paulus* FS Spendel, S. 687 [702 f.]; *Peters* FS Schäfer, S. 137 [145 ff.]; *Rieß* FS Hanack, S. 397 [404 f.]) und des Bedürfnisses nach einer extensiven Überprüfung von der Berufung nicht zugänglichen Urteilen (vgl. *Rieß* FS Hanack, S. 392 [401 f.]) – die Nachprüfung der Beweiswürdigung erfordert und ermöglicht. Gleichwohl erscheint fraglich, ob dieses insoweit eröffnete Potenzial des Rechtsmittels der Revision auch zur Fehlerkorrektur in der Verfahrenspraxis ausgeschöpft wird bzw. ausgeschöpft werden kann.

Hingewiesen sei an dieser Stelle nämlich darauf, dass insb. bezüglich des Beweisgewinnungsprozesses, also vor allem hinsichtlich des Umfangs der durchgeführten Beweisaufnahme und der Frage nach der Verwertbarkeit der dabei gewonnenen Erkenntnisse, zu beachten ist, dass dieser in der Revision grundsätzlich nicht auf die Sach-, sondern auf die Verfahrensrüge hin überprüft wird (BGH, Urt. v. 08.08.2018 – 2 StR 131/18, NStZ 2019, 107 Rn. 12 ff.; KMR/*Momsen* § 337 Rn. 29 f.; vgl. aber BGH, Urt. vom 18.04.2007 – 5 StR 546/06, NStZ 2007, 601 m krit. Anm. *Mosbacher* NJW 2007, 3686). Auch kann – schon im Hinblick darauf, dass Grundlage der sachlich-rechtlichen Prüfung allein das Urteil ist (KMR/*Momsen* § 337 Rn. 51) – allenfalls mit der Verfahrensrüge geltend gemacht werden, dass der Inhalt eines Beweismittels ein anderer war, als er im Urteil mitgeteilt wurde; sofern sich aus dem Sitzungsprotokoll oder in Bezug genommenen Beiakten Entsprechendes entnehmen lässt (§ 261; vgl. hierzu auch KMR/*Momsen* § 337 Rn. 58, 91, 147 ff.) oder dass entgegen ein Beweis entgegen § 244 Abs. 2 StPO schon nicht erhoben wurde, s. *Mosbacher* StraFo 2021, 312, 318). In dieser Hinsicht können generelle Strukturdefizite (vgl. etwa betreffend das Verhältnis von Ermittlungsverfahren und Hauptverhandlung *Conen* FS Eisenberg, 2019, 377 ff.; sowie Zwischenverfahren und Hauptverhandlung *Momsen/Washington* FS Eisenberg, 2019, 453 ff.) die vor allem den Beweiserhebungs- und sich anschließenden Beweiswürdigungs- und Überzeugungsbildungsprozess des Gerichts in der Hauptverhandlung betreffen nur eingeschränkt durch die revisionsgerichtliche Überprüfung ausgeglichen bzw. abgefangen werden. Nicht zuletzt werden hierdurch die Möglichkeiten der Abwendung von Fehlurteilen entscheidend beschnitten. 50

f) Fehler im Schuldspruch. Bei Fehlern im Schuldspruch, also hinsichtlich der Anwendung des materiellen Strafrechts, geht es um das Übersehen eines nach den Urteilsfeststellungen in Betracht kommenden Tatbestandes oder um Interpretations- und Subsumtionsfehler (vgl. dazu oben Rdn. 5.; zu Ermessensvorschriften, Beurteilungsspielräumen und zu unbestimmten Rechtsbegriffen: unten Rdn. 79 f.). 51

Der Tatrichter ist zu einer ausführlichen rechtlichen Würdigung grundsätzlich allerdings nicht verpflichtet; es genügt grds. das nach der rechtlichen Komplexität des Falles Erforderliche, um die Anwendung der Vorschriften nachvollziehen zu können. Nach § 267 Abs. 3 Satz 1 genügt regelmäßig die Angabe des angewendeten Strafgesetzes, gegebenenfalls in der richtigen Alternative (BGH NStZ-RR 2001, 19). Das Revisionsgericht muss dabei auf die Sachrüge hin – unter Beachtung einer etwaigen Beschränkung des Rechtsmittels (dazu § 318) – Fehler im Schuldspruch von sich aus aufspüren; an die (Rechts-) Auffassung des Tatrichters ist es nicht gebunden, wohl aber an die von diesem festgestellten Tatsachen (vgl. Rdn. 26 ff.). 52

g) Überprüfung der Strafzumessungserwägungen. Nach ständiger Rspr. ist die Strafzumessung grundsätzlich Sache des Tatgerichts (s. nur BGH Urt. v. 17.03.2021 – 5 StR 148/20 Rn. 18). Es ist seine Aufgabe, auf der Grundlage des umfassenden Eindrucks, den es in der Hauptverhandlung von der Tat und der Persönlichkeit des Täters gewonnen hat, die wesentlichen entlastenden und belastenden Umstände festzustellen, sie zu bewerten und gegeneinander abzuwägen. Ein Eingriff des Revisionsgerichts in diese Einzelakte der Strafzumessung ist in der Regel nur möglich, wenn die Zumessungserwägungen in sich fehlerhaft sind, wenn das Tatgericht gegen rechtlich anerkannte Strafzwecke verstößt oder wenn sich die verhängte Strafe nach oben oder unten von ihrer Bestimmung löst, gerechter Schuldausgleich zu sein. Nur in diesem Rahmen kann eine »Verletzung des Gesetzes« (§ 337 Abs. 1 StPO) vorliegen. Dagegen ist eine ins Einzelne gehende Richtigkeitskontrolle ausgeschlossen. (BGHSt 34, 345 [349] [Großer Senat]; ähnlich BGH NJW 2003, 150 [155]; zustimmend BVerfG NJW 2004, 1790; BGH, Urteil v. 05.04.2007 – 4 StR 5/07). In Bezug auf die revisionsgerichtliche Überprüfung des Rechtsfolgenausspruchs bedeutet dies, dass – ähnlich wie bei der Beweiswürdigung – hinsichtlich des »Ergebnisses«, also insb. der konkret verhängten Strafe, eine »exakte Richtigkeitskontrolle« nicht stattfindet (BGHSt 27, 2 [3]), vielmehr ist entsprechend der vom BVerfG aufgezeigten Grundsätze im Zweifel das tatrichterliche Ergebnis zu akzeptieren (BGHSt 29, 319 [320]; BGH NStZ 1982, 114; BVerfG 08.05.1991 – 2 BvR 1380/90). 53

Das Revisionsgericht muss deshalb die Entscheidung des Tatrichters auch dann hinnehmen, wenn eine andere Bewertung möglich gewesen wäre und vielleicht sogar nähergelegen hätte (vgl. Meyer-Goßner/*Schmitt* § 337 Rn. 34; zur Gesamtstrafe: BGH wistra 1999, 297, 298; BGHR StGB § 54 Abs. 1 Bemessung 5, 11; zur Bewährung: BGH NStZ 1994, 336; 1998, 408 [409]; wistra 1999, 297 [300]; NStZ-RR 2007, 232; zum 54 minder schweren Fall: BGHR StGB Vor § 1/minder schwerer Fall, Gesamtwürdigung, fehlerfreie 1; BGH NStZ-RR 2001, 215 m.w.N.; zum besonders schweren Fall: BGH NStZ 1982, 464 [465]; BGHSt 29, 319 [320 f.]; wistra 1994, 100; zur Tagessatzhöhe: BGH NStZ 2003, 657 [658]; instruktiv zur Überprüfung der Strafzumessungserwägungen bei Vermögensdelikten: BGH NZWiSt 2018, 463 m.Anm. *Peterek*). Hergeleitet wird die **beschränkte Prüfungsbefugnis** indes nicht nur daraus, dass für den Rechtsfolgenausspruch die aus dem Inbegriff der Hauptverhandlung gewonnenen Erkenntnisse, einschließlich des im schriftlichen Urteil nur unvollständig wiedergebbaren Eindrucks von der Person und der Persönlichkeit des Angeklagten, maßgeblich sind (BGHSt 27, 2 [3]; vgl. auch LR/*Franke* § 337 Rn. 168; *Theune* FS Pfeiffer, S. 449 [456]). In Bezug auf die Strafhöhe ist die nur eingeschränkte Möglichkeit einer Kontrolle vielmehr auch eine Folge der sog. Spielraumtheorie, nach der dem Tatrichter ein Rahmen eröffnet ist, innerhalb dessen er auf der Grundlage der individuellen Schuld des Täters die konkrete Strafe zu bestimmen hat (vgl. BGHSt 27, 2 [3]; 29, 319 [320]; BGHR StGB § 46 Abs. 1 Beurteilungsrahmen 2, 5, 8; BGH NStZ-RR 2001, 215 [216]; ferner LR/*Franke* § 337 Rn. 164, 168 f.; MüKo-StPO/*Knauer/Kudlich* § 337 Rn. 110).

55 Die Begründung des Rechtsfolgenausspruchs unterliegt dagegen schon im Hinblick auf § 267 Abs. 3 Satz 1 einer strengeren revisionsgerichtlichen Kontrolle (vgl. auch *Zipf* Die Strafmaßrevision, 1969, S. 229 [überprüft werden die Wertungsgrundlage und der Wertungsvorgang, nicht aber das Wertungsergebnis]; siehe ferner *Nack* FS Rieß, S. 361 [365]). Sie muss geeignet sein, das Ergebnis – insb. also den Strafausspruch – plausibel (nachvollziehbar) zu machen, wobei es vor allem dann, wenn sich die verhängte Strafe dem oberen oder unteren Rand des Strafrahmens nähert bzw. gerade nicht mehr bewährungsfähig ist, einer besonders eingehenden Begründung bedarf (vgl. BGH NStZ-RR 2003, 52 [53]; StV 2002, 190; *Detter* FS BGH, S. 679 [693 f.]; *Goydke* FS Meyer-Goßner, S. 541 [544 f.]; LR/*Franke* § 337 Rn. 159 f.; die entsprechende Beanstandung in der Revision wird auch hier als »**Darstellungsrüge**« bezeichnet, vgl. weiterführend MüKo-StPO/*Knauer/Kudlich* § 337 Rn. 112).

56 Das bedeutet, dass der Tatrichter die wesentlichen – aber auch nur diese (BGHSt 3, 179; 24, 268; BGH NStZ 2002, 196; NStZ-RR 1997, 195; wistra 2000, 141; LR/*Franke* § 337 Rn. 157) – Strafzumessungserwägungen im Urteil mitteilen muss (§ 267 Abs. 3 Satz 1; vgl. [auch zur Unzulässigkeit einer Bezugnahme] BGH NStZ 2000, 441; NStZ-RR 1998, 204 [205]). Diese müssen richtig bewertet sein und den anerkannten, insb. den in § 46 Abs. 1, Abs. 2 StGB aufgeführten Strafzwecken (vgl. BGHSt 17, 35 [36]; 27, 2 [4]; JR 1981, 334 m.Anm. *Bruns*; NStZ-RR 2017, 105 [106]; NStZ-RR 2019, 105; *Theune* FS Pfeiffer, S. 449 [453 f.]; KK/*Gericke* § 337 Rn. 32) sowie den getroffenen Feststellungen entsprechen (vgl. zur Unzulässigkeit einer **hypothetischen** Strafzumessung: BGHSt 7, 359; BGH JR 1955, 228; zum in-dubio-Grundsatz: BGH StV 1986, 5; KK/*Gericke* § 337 Rn. 18 m.w.N.) Insb. die Einbeziehung generalpräventiver Erwägungen bei der Strafzumessung ist allerdings an besondere Darstellungserfordernisse geknüpft (BGH wistra 2018, 484; NZWiSt 2019, 142 [143], bleibt aber auch insgesamt nicht frei von Kritik (vgl. etwa aus straftheoretischer Perspektive *Bruckmann* KriPoZ 2019, 105). Ferner dürfen die Strafzumessungserwägungen keine Widersprüche enthalten (vgl. BGHSt 16, 360 [364]; LR/*Franke* § 337 Rn. 161) und nicht gegen **Denkgesetze** und **Erfahrungssätze** verstoßen (OLG Hamm VRS 21, 71 [72]; KK/*Gericke* § 337 Rn. 32; Meyer-Goßner/*Schmitt* § 337 Rn. 35 m.w.N.). Daneben muss der Tatrichter Verwertungsverbote beachten (z.B. § 51 BZRG, deren fehlerhafte Nichtbefolgung nach der Rspr. auf die Sachrüge hin beachtet wird; dagegen zutreffend [Verfahrensrüge] *Schäfer* FS Rieß, S. 477 [484]). Erfolgt die Strafzumessung auf der Grundlage eines nicht vollständig aufgeklärten Sachverhalts, so muss von der für den Angeklagten günstigsten Möglichkeit ausgegangen werden (BGHSt 1, 51; BGH StV 1986, 5; Meyer-Goßner/*Schmitt* § 337 Rn. 35).

57 In einem dritten Bereich der revisionsgerichtlichen Überprüfung des Rechtsfolgenausspruchs findet dagegen eine »normale« Kontrolle gem. § 337 Abs. 1 statt; hier geht es um die (Nicht-) Anwendung von Rechtsnormen bzw. deren **Interpretation** und Subsumtion (vgl. dazu Rdn. 19 ff. und *Hamm* Rn. 1320 ff.; *Nack* FS Rieß, S. 361 [365] spricht anschaulich von »technischen Urteilsfehlern« und »Absetzungsfehlern«). Rechtsfehler liegen insofern beispielsweise in der Nichtbeachtung des vorgegebenen Strafrahmens, d.h. im Über- oder Unterschreiten des gesetzlichen Strafrahmens (KK/*Gericke* § 337 Rn. 32 m.w.N.), in der Verwendung eines nicht einschlägigen Strafrahmens (Meyer-Goßner/*Schmitt* § 337 Rn. 35), in der Nichtbeachtung der Doppelverwertungsverbote gem. §§ 46 Abs. 3, 50 StGB (vgl. BGHSt 37, 153 [154 ff.]; 44, 361 [366]) oder zu vertypten Milderungsgründen (etwa § 46a StGB: OLG Hamm StV 1999, 89) betreffen sowie in der Nichterörterung solcher Vorschriften liegen, deren Anwendung sich nach den vom Tatrichter getroffenen Feststellungen aufgedrängt oder zumindest nahegelegen hat (vgl. z.B. zu § 157 StGB: BayObLGSt 1996, 50; zum minder schweren Fall: BGH StV 1999, 137 [138]).

58 Zu beachten ist insofern jedoch, dass solche Rechtsnormen dem Tatrichter häufig einen Beurteilungsspielraum oder ein **Ermessen** einräumen bzw. unbestimmte Rechtsbegriffe verwenden, die nach der Rspr. in der Revision nur eingeschränkt überprüft werden können. Dies gilt etwa für den Ausspruch über die besondere

Schuldschwere bei § 57a StGB (BGHSt 39, 208 [210] = JR 1994, 164 m.Anm. *Stree*; BGHSt -GS- 40, 360 [370]; 41, 58 [62]; BGH NStZ 1998, 352 [353]; 1999, 501; *Stree* NStZ 1992, 464 [465 f.]), die Strafaussetzung zur Bewährung (BGHSt 6, 391 [392]; BGH NStZ 1994, 336; 1998, 408 [409]) oder die Festlegung der Tagessatzhöhe (BGH NStZ 2003, 657 [658]).

Auch die unvollständige Ermittlung der Strafzumessungstatsachen muss in der Revision mit einer Verfahrensrüge – regelmäßig der Aufklärungsrüge – geltend gemacht werden (vgl. BGH StraFo 2004, 356 sowie *Zipf* Die Strafmaßrevision, 1969, S. 211 [247]). Ergibt sich die Unvollständigkeit (Lücke) dagegen aus dem Urteil selbst, etwa weil ein wesentlicher Strafzumessungsgrund in den persönlichen Verhältnissen festgestellt, in der konkreten Strafzumessung aber nicht mehr berücksichtigt wurde, wird dieser Fehler auf die Sachrüge hin beachtet (die Nicht-Erörterung in der Strafzumessung kann aber auch darauf zurückzuführen sein, dass der Tatrichter den Umstand als für diese nicht wesentlich erachtet hat). 59

Schließlich ist auch der Verstoß gegen § 267 Abs. 3 Satz 2 (Ablehnung eines Antrags zum Vorliegen eines minder oder besonders schweren Falles oder einer Strafrahmenverschiebung wegen eines vertypten Milderungsgrundes) in der Revision mit einer Verfahrensrüge zu beanstanden (vgl. BGH StV 1999, 137 [138]). 60

Fehlen Feststellungen zum Ausspruch der **besonderen Schwere der Schuld**, so beschwert dies den Angeklagten nicht, sofern im Urteil kein positiver Ausspruch erfolgte; eine Revisionseinlegung der StA ist jedoch möglich. Auch muss sich ein Urteil, das eine lebenslange Freiheitsstrafe ausspricht nicht notwendig zur besonderen Schwere der Schuld verhalten, sofern hierzu kein Anlass bestand (BGH NStZ 1993, 134). Dementsprechend ist aber grundsätzlich das Urteil daraufhin überprüfbar, ob der Tatrichter auf der Grundlage der Feststellungen die Tat zu Recht als besonders schwer (bzw. nicht) bewertet hat. Dabei ist die Rechtsanwendung als solche wie auch die Feststellungen in Bezug auf Widersprüchlichkeit, Lückenhaftigkeit, Verstoß gegen Denkgesetze usw. Gegenstand der revisionsgerichtlichen Kontrolle (BGHSt 39, 121, 39, 208). 61

Dem Revisionsgericht ist es i.R.d. § 354 Abs. 1–1b gestattet, eine **eigene Strafzumessungsentscheidung** zu treffen (vgl. BVerfG NJW 2007, 2977 ff.; *Berenbrink* GA 2008, 625 ff.; vgl. die Kommentierung zu § 354 Rdn. 11 ff.), es darf jedoch nicht grds. seine eigene Wertung an die Stelle der tatrichterlichen setzen (BGH StV 1993, 420; Meyer-Goßner/*Schmitt* § 337 Rn. 35a; beachtl. Kritik bei *Berenbrink* GA 2008, 636): 62

V. Einzelheiten zu Verfahrensfehlern. 1. Übersicht. Das Verfahrensrecht ist verletzt, wenn eine Verfahrenshandlung gesetzwidrig vorgenommen oder gesetzwidrig unterblieben ist. Für die Beurteilung ist die **wirkliche Sachlage** maßgebend, nicht das, was dem Tatrichter bekannt war (BGHSt 20, 98; 22, 266 für Vereidungshindernisse [heute nicht mehr praktisch]; BGH StV 1988, 89 für ein erst nachträglich bekannt gewordenes Angehörigenverhältnis [dies gilt allerdings nicht, wenn der Zeuge das Gericht hierüber getäuscht hat; vgl. BGHSt 45, 342 [347]; 48, 294 [299]). Umgekehrt wird eine begründete Verfahrensrüge nicht durch nachträgliche Geschehnisse hinfällig (etwa durch den späteren Tod eines Zeugen, dessen Vernehmung zu Unrecht abgelehnt worden war; *Widmaier* FS Hanack, S. 387 [396]). 63

Die Prüfung erfolgt grundsätzlich nicht von Amts wegen, vielmehr bedarf es einer **ausgeführten Verfahrensrüge** (§ 344 Abs. 2 Satz 2, dazu die dortige Kommentierung). Dies gilt auch dann, wenn mit dem Verfahrensverstoß eine Verletzung von Grundrechten verbunden ist; sogar eine Missachtung des Grundsatzes des rechtlichen Gehörs (Art. 103 Abs. 1 GG) erfordert daher einen § 344 Abs. 2 Satz 2 entsprechenden Tatsachenvortrag (vgl. BGHSt 22, 26 [29] = JZ 1968, 434 m.Anm. *Eb. Schmidt*; BGHSt 35, 366 [373]; 42, 205 [211 f.]; 43, 53 [57 f.]; OLG Düsseldorf VRS 64, 128; *Hanack* JZ 1973, 727 [729]; KK/*Gericke* § 344 Rn. 64; ähnlich schon BGHSt 19, 141 [143 f.]; vgl. aber Meyer-Goßner/*Schmitt* § 337 Rn. 11). Auch die in § 338 gesondert aufgeführten Verfahrensverstöße unterliegen insoweit den allgemeinen Regeln, die Sonderstellung der absoluten Revisionsgründe bezieht sich lediglich auf die Entbehrlichkeit eines Vortrags zum Beruhen des Urteils auf dem Verfahrensfehler (vgl. die Kommentierung zu § 338 sowie Meyer-Goßner/*Schmitt* § 338 Rn. 1). 64

Die Tatsachen zu einer Verfahrensverletzung, die erwiesen sein müssen (unten Rdn. 71.), hat das Revisionsgericht grundsätzlich ohne Bindung an die tatrichterlichen Feststellungen selbst zu klären; sie ergeben sich aus dem Hauptverhandlungsprotokoll bzw. müssen vom Revisionsgericht im Freibeweisverfahren festgestellt werden. In einzelnen Fällen ist es jedoch zwingend notwendig, die Urteilsgründe zur Begründung der Verfahrensrüge mit heranzuziehen. So kann im Fall der Rüge eine Verletzung des § 244 Abs. 3 Alt. 7 (Ablehnung eines Beweisantrags wg. Wahrunterstellung) nur dadurch bewiesen werden, dass aus den Urteilsgründen zu entnehmen ist, dass die zu beweisende Tatsache entweder gar nicht oder zum Nachteil des Angeklagten verwendet worden ist (vgl. BGH NStZ 2007, 349 zur Ablehnung der Vernehmung eines Auslandszeugen). 65

2. Maßgeblicher Gesetzesstand. Der maßgebliche Gesetzesstand entspricht grundsätzlich dem Zeitpunkt der (Nicht-) Vornahme der Verfahrenshandlung, zumeist also dem der tatrichterlichen Hauptverhandlung; eine nachträgliche Gesetzesänderung muss indes beachtet werden und kann der Revision die Grundlage ent- 66 ziehen (BGH NJW 1995, 2170 [2171] [Zivilrecht]; LR/*Franke* § 354a Rn. 6; KK/*Gericke* § 337 Rn. 11; Meyer-Goßner/*Schmitt* § 354a Rn. 4; *Widmaier* FS Hanack, S. 387 [394] jeweils m.w.N.; krit. *Steinmetz* NStZ 2001, 344 [348]).

67 **3. Grundlagen der revisionsgerichtlichen Überprüfung. a) Maßgeblicher Zeitpunkt.** Bei der Prüfung, ob ein Verfahrensverstoß vorliegt, ist grundsätzlich auf die Kenntnisse im Zeitpunkt der Revisionsverhandlung bzw. -entscheidung abzustellen, da die »wahre Sachlage« maßgebend ist, also nicht nur das, was dem Richter oder Ermittlungsbeamten bei der (Nicht-) Vornahme der betreffenden Verfahrenshandlung bekannt war (BGHZ 10, 304 [305]; 16, 178 [180]; 20, 98 [99]; 22, 266 [267]; 47, 16 [21]; BGH NStZ 1985, 324 [325]; 1999, 418; NJW 1978, 113 [114]; StV 1988, 89 [90]; 2003, 3; LR/*Franke* § 337 Rn. 44; Meyer-Goßner/*Schmitt* § 337 Rn. 9; a.A. BGHSt 27, 22 [24] = JR 1977, 211 m.Anm. *Meyer*; weitere Nachweise bei *Widmaier* FS Hanack, S. 387 [389 f.]; *Krüger* Überprüfung der tatsächlichen Grundlagen von Verfahrensentscheidungen durch das Revisionsgericht im Strafprozeß (Diss. Düsseldorf [1999], S. 18). Abgesehen von einer später erfolgten Heilung, einem wirksam erfolgten Verzicht oder einer eingetretenen Verwirkung dürfen jedoch vor allem die dem damals (Nicht-) Handelnden nicht bekannten Umstände vom Revisionsgericht nur berücksichtigt werden, soweit sie im Zeitpunkt der (Nicht-) Vornahme der Handlung bereits vorlagen (vgl. BGHSt 10, 358 [365]; 41, 30 [32 f.]; 48, 240 [249]; BGH NJW 2003, 3142 [3144]; NStZ 2001, 604 [606]; MDR 1983, 949; *Widmaier* FS Hanack, S. 387 [392 ff.]; Meyer-Goßner/*Schmitt* § 337 Rn. 9; vgl. auch *Krüger* Überprüfung der tatsächlichen Grundlagen von Verfahrensentscheidungen durch das Revisionsgericht im Strafprozeß [Diss. Düsseldorf, 1999], S. 113 ff.). Andere erst später eingetretene Umstände, die etwa zu einer überholenden Kausalität führen würden, müssen dagegen unberücksichtigt bleiben (Beispiel: Ein vom Tatrichter zu Unrecht nicht vernommener Zeuge stirbt vor der Entscheidung des Revisionsgerichts). In solchen Fällen ist es (soweit eine Nachholung möglich ist) vielmehr – nach Aufhebung und Zurückverweisung – Sache des neuen Tatrichters, sich gegebenenfalls um Beweissurrogate zu bemühen (in obigem Beispiel etwa die Verlesung einer Vernehmungsniederschrift; vgl. *Widmaier* FS Hanack, S. 387 [394 ff.]). Berücksichtigen darf das Revisionsgericht dagegen im Rahmen der Beruhensprüfung ein rechtmäßiges Alternativverhalten, also dass die beanstandete Verhaltensweise wenigstens im Ergebnis rechtmäßig war (vgl. unten Rdn. 88 ff.), wobei auch später eingetretene Umstände zu beachten sind (vgl. BGH StV 2002, 3 sowie *Frisch* FS Rudolphi, S. 609 [639 f.]).

68 **b) Bindung an die tatrichterlichen Feststellungen.** An die vom Tatrichter festgestellten oder die ansonsten vom Handelnden oder Entscheidenden angenommenen Tatsachen (nicht zu verwechseln mit den »Feststellungen« i.R.d. Urteilsgründe, welche Gegenstand der sachlich-rechtlichen Überprüfung sein können; vgl. ausf. KMR/*Momsen* § 337 Rn. 137) ist das Revisionsgericht im Rahmen der Prüfung des Erfolgs einer Verfahrensrüge grundsätzlich nicht gebunden, es muss ihr Vorliegen vielmehr mittels des Hauptverhandlungsprotokolls oder im Freibeweisverfahren selbst feststellen (*Fezer* in: Ebert [Hrsg.], Aktuelle Probleme der Strafrechtspflege, 1991, S. 89 [92 f., 104] [mit Hinweis auf die Gesetzesmaterialien]; *Herdegen* FS Kleinknecht, S. 173 [188 f.]; *Herdegen* FS Salger, S. 301 [303 f.]; KK/*Gericke* § 352 Rn. 13; Meyer-Goßner/*Schmitt* § 337 Rn. 9, 11; zudem ständige Rspr., vgl. BGHSt 15, 347 [349]; 16, 164 [167]; 19, 141 [143 f.]; 28, 384 [386]; 42, 15 [18]; vgl. auch *Krüger* Überprüfung der tatsächlichen Grundlagen von Verfahrensentscheidungen durch das Revisionsgericht im Strafprozeß [Diss. Düsseldorf, 1999], S. 19; *Pfitzner* Bindung der Revisionsgerichte an vorinstanzliche Feststellungen im Strafverfahren, 1988, S. 26 ff., 87 ff., 196 ff.; vgl. aber *Dahs* Rn. 532.). Auch eine Bindung an die vom damals Handelnden oder Entscheidenden vorgenommene rechtliche Bewertung besteht nicht (vgl. *Gottwald* Die Revisionsinstanz als Tatsacheninstanz, 1975, S. 185), jedoch ist gegebenenfalls dessen Ermessens- oder ein ihm eingeräumter Beurteilungsspielraum zu berücksichtigen (dazu ausf. KMR/*Momsen* § 337 Rn. 135, 162 ff.; so auch *Dahs* Rn. 532 in Bezug auf das Alter i.S. § 60 Nr. 1).

69 **c) Nachweis der Gesetzesverletzung und Beweiskraft des Hauptverhandlungsprotokolls.** Bezüglich des Nachweises von Verfahrensfehlern ist das Hauptverhandlungsprotokoll von besonderer Bedeutung. Zum einen, weil das Urteil nur auf dem beruhen darf, was Gegenstand der Hauptverhandlung war (§ 261); zum anderen, weil alle wesentlichen Verfahrensvorgänge in das Hauptverhandlungsprotokoll aufgenommen sein müssen (§ 273 Abs. 1) und grundsätzlich sowohl positiv – also bezüglich ihrer Vornahme – als auch negativ – also bezüglich ihrer Nicht-Vornahme – allein durch dieses bewiesen werden (§ 274; vgl. auch BGHSt 22, 278 [280]; 26, 281 [282 ff.]; 36, 354 [358 f.]; BGH NStZ 1992, 49; 1993, 51; 1995, 560; 2000, 47; 2000, 217; 2002, 219; StV 1999, 189 m.Anm. *Ventzke*). Soweit die Beweiskraft des Protokolls reicht, kann es weder durch das Urteil (BGHSt 2, 125 [126]; BGH NJW 1976, 977 [978]; NStZ 1993, 51 [52]; 2000, 217; Meyer-Goßner/*Schmitt* § 274 Rn. 3 m.w.N.; a.A. LR/*Franke* § 337 Rn. 48) noch durch dienstliche

Erklärungen etwa der Richter oder durch anwaltliche Versicherungen (BGHSt 8, 283; 13, 53 [59]; 22, 278 [280]; BGH NStZ 1983, 375; 1984, 133; 1992, 49; 2000, 214; NStZ-RR 2004, 212 [213]; StV 2002, 530; Meyer-Goßner/*Schmitt* § 274 Rn. 3 m.w.N.; BGH Urteil v. 09.11.2006, 1 StR 434 – negative Beweiskraft des Sitzungsprotokolls) oder durch anderslautende Aufzeichnungen der Prozessbeteiligten entkräftet werden. Mittels des Freibeweisverfahrens kann daher die – positive oder negative – Beweiskraft des Protokolls nicht beseitigt werden; entsprechende Beweiserhebungen sind dem Revisionsgericht verwehrt (BGH, Beschl. v. 14.02.2002, 4 StR 272/01). Zulässig ist allerdings eine Auslegung des Protokolls (BGHSt 4, 140 [141 f.]; 13, 53 [59]; 31, 39 [41]; BayObLGSt 1994, 89 [90]; KG VRS 43, 199; *Schäfer* FS BGH, S. 707 [715 f.]). Dies galt bisher als Grundsatz der negativen Beweiskraft des Sitzungsprotokolls. Durch die Entscheidung des Großen Senats (GSSt 23.04.2007 – 1/06 = BGHSt 51, 88 ff.) zur sog. »unwahren Verfahrensrüge« haben sich die Determinanten jedoch erheblich verschoben.

Ob sich der Verteidiger auch auf ein Protokoll berufen darf, wenn er weiß, dass es unrichtig ist, ist streitig (vgl. 70
BGH NStZ 2000, 216 [217]; 2002, 219; StV 1999, 582 m.Anm. *Docke/von Döllen/Momsen*; *Sarstedt/Hamm* Die Revision in Strafsachen, 6. Aufl. 1998, Rn. 292; Meyer-Goßner/*Schmitt* § 274 Rn. 21; offengelassen in BGH StV 1999, 585; NJW 2001, 3794 [3796]; BGHR StPO § 274 Beweiskraft 24; vgl. auch die Nachweise bei *Detter* StraFo 2004, 329 [333]; *Park* StraFo 2004, 335 [336, 338 ff.]). Ebenso fragwürdig ist die höchstrichterliche Praxis, dass eine Protokollberichtigung auch einer bereits erhobenen Verfahrensrüge den Boden entziehen darf, wenn der tatsächliche Verfahrensvorgang zweifelsfrei feststeht (sog. »Rügeverkümmerung« – so ersichtlich BGH NStZ 2000, 216 [217]; *Schäfer* FS BGH, S. 707 [725 ff.]; ähnlich BGH NStZ 2002, 219; 270, 272 [hiergegen: BGH, Beschl. v. 11.08.2004, 3 StR 202/04]). Zu diskutieren wäre, ob in solchen Fällen das Protokoll ausnahmsweise nicht die Beweiskraft des § 274 hat (vgl. BGHR StPO § 274 Beweiskraft 25; ausführlich zur gesamten Problematik: *Trepperwien* FS Meyer-Goßner, S. 595 [597 ff.]). Diese Frage war letztlich auch Ausgangspunkt der o.g. Entscheidung des Großen Senats (GSSt 23.04.2007 – 1/06 = BGHSt 51, 88 ff.). Ein Beschwerdeführer, der bewusst wahrheitswidrig einen Verfahrensverstoß behauptet und sich zum Beweis auf ein als unrichtig erkanntes Protokoll beruft, handelt rechtsmissbräuchlich; seine Rüge ist unzulässig. Dies gilt auch, wenn er das sichere Wissen von der Unwahrheit erst nachträglich erlangt, die Rüge jedoch gleichwohl weiterverfolgt (GSSt a.a.O.).

d) **Erwiesenheit der Gesetzesverletzung.** Erfolg kann eine Verfahrensrüge grundsätzlich nur haben, wenn die 71
Gesetzesverletzung und die Tatsachen, aus denen der Verfahrensverstoß hergeleitet wird, feststehen (BGHSt 16, 164 [167]; 17, 351 [353]; 19, 141 [143 f.]; 21, 4 [10]; BGH NJW 1978, 1390; NStZ 1994, 196; NStZ-RR 2004, 237 [238]; *Fezer* in: Ebert [Hrsg.], Aktuelle Probleme der Strafrechtspflege, 1991, S. 89 [93] [unter Hinweis auf die Materialien zur StPO]; KK/*Gericke* § 337 Rn. 5; Meyer-Goßner/*Schmitt* § 337 Rn. 10, 12 jeweils m.w.N.; krit. LR/*Franke* § 337 Rn. 51 [anders Rn. 14]; *Roxin* NStZ 1989, 376 [378]). Zweifel am Vorliegen der Gesetzesverletzung wirken also zum Nachteil des Rechtsmittelführers, weil im Verfahrensrecht der in-dubio-Grundsatz (als eine das sachliche Recht betreffende Entscheidungsregel) nicht anwendbar ist, vielmehr die Ordnungsmäßigkeit des Verfahrens unterstellt wird (st. Rspr. BGHSt 16, 164 [167]; 21, 4 [10]; NStZ 1994, 196; NStZ 2008, 353; zur Verfassungsmäßigkeit dieser Rspr.: BVerfG DAR [Sp] 1983, 208; BVerfG StV 2002, 521; zust.: Meyer-Goßner/*Schmitt* § 337 Rn. 12 m.w.N.). Diese Rspr. ist auch krit. zu sehen, da sie den Ausgangspunkt der Rspr. der Revisionsgerichte darstellt, ihren eigenen Ermessensspielraum zu erweitern (krit. auch: LR/*Franke* § 337 Rn. 51; SK-StPO/*Frisch* § 337 Rn. 75 f.; *Klemke* StV 2004, 589 ff.]; MüKo-StPO/*Knauer/Kudlich* § 337 Rn. 83; *Roxin*, NStZ 1989, 376 [378]; speziell zur Ermessenserweiterung *Momsen* KriPoZ 2018, 339). Für Dolmetscher gilt, dass die Frage der Vereidigung der negativen Beweiskraft des Sitzungsprotokolls unterfällt. Fehlt ein entsprechender Protokollvermerk, so wird die Nichtvereidigung unwiderlegbar vermutet. Folgt aus dem Protokoll lediglich eine Bezugnahme auf die »allgemeine Vereidigung«, so ergibt sich hieraus nicht die tatsächliche Vereidigung in der Hauptverhandlung (OLG Celle StV 2016, 806 m.w.N.). Auch insoweit ist die Relativierung der negativen Beweiskraft des Sitzungsprotokolls von erheblicher Bedeutung (vgl. Rdn. 69 ff.; *Dahs* Rn. 520 ff., 526 ff.).

Dies gilt sogar dann, wenn der Nachweis der Gesetzesverletzung – etwa wegen des Schutzes des Beratungs- 72
geheimnisses – unmöglich ist (vgl. BGHSt 5, 294; 37, 141 [144]; RGSt 61, 217 [220]; 67, 279; OLG Celle MDR 1958, 182; Meyer-Goßner/*Schmitt* § 337 Rn. 10), sofern die Unmöglichkeit nicht auf ein Verschulden der Justizbehörden zurückzuführen ist (OLG Celle StV 1998, 531 [zur Zustellung der Anklage]; OLG Karlsruhe MDR 1974, 774 [Ladung]; vgl. auch Meyer-Goßner/*Schmitt* § 337 Rn. 12).

Ist der Beweis dagegen möglich, dem Revisionsführer aber nicht zugänglich, so genügt, dass er die ent- 73
sprechenden Tatsachen behauptet; es ist dann – wie stets bei Verfahrensrügen (vgl. KMR/*Momsen* § 337 Rn. 136, 143)) – Aufgabe des Revisionsgerichts, zu prüfen, ob die Gesetzesverletzung tatsächlich vorliegt (vgl. z.B. BGHSt 28, 290 [291] für präsidiumsinterne Vorgänge; BGHSt 29, 162 [164] für kammerinterne

Vorgänge). Für die Rüge der Verletzung des § 243 Abs. 4 Satz 2 sind, um dem Revisionsgericht die Prüfung zu ermöglichen, ob verständigungsbezogene – und damit eine Unterrichtungspflicht auslösende – Gespräche stattgefunden haben, Tatsachen zum Inhalt der Erörterungen vorzutragen. Um ein Informations- bzw. Dokumentationsdefizit darzutun, das die Gewährleistung von Öffentlichkeit und Transparenz der Verständigung gefährden könnte, ist die bestimmte Behauptung von Tatsachen erforderlich, die eine Überprüfung dahin gestatten, ob ausdrücklich oder konkludent die Möglichkeit und die Umstände einer Verständigung im Raum standen (BGH NStZ 2017, 424; StV 2015, 81; vgl. § 344 Rdn. 36).

74 Unter der Rüge der **Aktenwidrigkeit der Urteilsfeststellungen** versteht man die Beanstandung, die im Urteil getroffenen Feststellungen seien nicht mit dem übrigen Akteninhalt (im weitesten Sinn) vereinbar, etwa weil ein Zeuge in der Hauptverhandlung tatsächlich anders ausgesagt haben soll, als dies im Urteil mitgeteilt wird. Die Rüge ist nach der Rspr. selbst in der Form der **alternativen Verfahrensrüge**, wonach das Gericht entweder seine Aufklärungspflicht oder aber die Pflicht verletzt haben soll, sich im Urteil mit den erhobenen Beweisen auseinanderzusetzen, regelmäßig nicht Erfolg versprechend, weil sie auf eine unzulässige Rekonstruktion oder Ergänzung der tatrichterlichen Hauptverhandlung hinauslaufen würde (vgl. BGHSt 43, 212 [213] = JZ 1998, 53 m.Anm. Herdegen; BGHSt 48, 268 [273]; zusammenfassend LR/*Franke* § 337 Rn. 60; KK/*Gericke* § 337 Rn. 26a; krit. *Wehowsky*, NStZ 2018, 177 [178]) Erfolg kann eine solche Alternativrüge nach der Rspr. nur in Ausnahmefällen haben, wenn es entweder um »essentielle« nicht geklärte Widersprüche zwischen Urteil und Akteninhalt geht und der Tatrichter die eine oder die andere Vorschrift verletzt haben muss (vgl. BGHSt 43, 212 [216]) oder wenn der Akteninhalt ohne Weiteres die Unrichtigkeit der Urteilsfeststellungen beweist, etwa weil das im Urteil verwertete Protokoll einer polizeilichen Vernehmung den in den Entscheidungsgründen mitgeteilten Inhalt widerlegt (BGH NJW 2000, 1962 [1963]; NStZ 2007, 115; zust. MüKo-StPO/*Knauer/Kudlich*, § 337 Rn. 80). Regelmäßig kann der »Gegenbeweis« gegen die Urteilsfeststellungen in solchen Fällen nach der Rspr. jedoch nur dann geführt werden, wenn sich die Gesetzesverletzung – ohne Rekonstruktion der Hauptverhandlung – entweder aus dem Sitzungsprotokoll oder aus dem Urteil selbst ergibt, sich das Beweisergebnis also mit den Mitteln des Revisionsrechts vom Revisionsgericht feststellen lässt (BGH 20.08.1991 – 5 StR 354/91 = StV 1991, 549; Tatsachenerfassung, Verteidigung und erweiterte Anwaltsaufgaben im Strafprozeß [18. Strafverteidigertag], 1994, S. 103 [118]). Dies ist insb. dann möglich, wenn es um den Inhalt einer in der Hauptverhandlung verlesenen Urkunde (BGHSt 29, 18 [21]; 43, 212 [214] = JZ 1998, 53 m.Anm. *Herdegen*; BGH NStZ [M/Pf] 1987, 18 [Nr. 11]; [M/Pf] 1988, 212 [Nr. 17]; 2001, 333; NStZ-RR 2003, 52; StV 1993, 115; 459; vgl. auch BVerfGE 82, 236 [259]) oder einer gem. § 273 Abs. 3 wörtlich protokollierten Zeugenaussage geht (BGHSt 38, 14 [15 f.] = JZ 1992, 106 [BGH 03.07.1991 – 2 StR 45/91]). Für sich genommen nicht ausreichend sind ferner insb. dem Urteil widersprechende Aufzeichnungen der Prozessparteien (BGHSt 15, 347 [349]; 29, 18 [20]; 43, 212 [214] = JZ 1998, 53 m.Anm. Herdegen; BGH NStZ 1990, 35; 2004, 630 [631]) oder dienstliche Äußerungen der Richter (vgl. auch *Herdegen* FS Salger, S. 301 [313]; Schäfer Tatsachenerfassung, Verteidigung und erweiterte Anwaltsaufgaben im Strafprozeß [18. Strafverteidigertag], 1994, S. 103 [118] m.w.N.; vgl. auch *Diemer* NStZ 2002, 19 ff.; *Hofmann* NStZ 2002, 569 ff.; *Hofmann* StraFo 2004, 303 ff.; *Leitner* StraFo 2002, 306; *Wasserburg* FS Richter, S. 557 ff., krit. *Schlothauer* Anm. zu BGH StV 2003, 650). Zur Reform vgl. das Materialheft des Strafverteidigertages 2015, Lübeck, sowie *v. Döllen/Momsen*, Freispruch 2015, 4 ff.

75 **VI. Einzelheiten zu von Amts wegen zu beachtenden Verfahrenshindernissen. 1. Maßgeblicher Zeitpunkt.** Bei der Prüfung, ob ein Verfahrenshindernis vorliegt (vgl. dazu auch oben Rdn. 21 ff.), ist auf den Zeitpunkt der Revisionsverhandlung bzw. -entscheidung abzustellen (BGHSt 21, 367 [369]; 45, 261 [267]; *Küper* FS Pfeiffer, S. 425 [438] m.w.N.); ein Verfahrenshindernis kann daher auch noch während des Revisionsverfahrens begründet oder beseitigt werden (BGHSt 20, 22 [27]; 21, 367 [369]; KK/*Gericke* § 354a Rn. 6; LR/*Franke* § 337 Rn. 25; Meyer-Goßner/*Schmitt* § 354a Rn. 3; einschränkend zur Frage der deutschen Gerichtsbarkeit: BGH NStZ 2001, 588).

76 **2. Nachweis des Verfahrenshindernisses.** Der Revisionsführer muss das Bestehen des Verfahrenshindernisses nicht nachweisen, es ist vielmehr Aufgabe des Revisionsgerichts, sich von dessen Vorliegen zu überzeugen (KK/*Gericke* § 352 Rn. 3; Meyer-Goßner/*Schmitt* § 337 Rn. 6), wobei die Nachprüfung grundsätzlich (vgl. diff. KMR/*Momsen* § 337 Rn. 144, 154) in tatsächlicher und rechtlicher Hinsicht und ohne Bindung an die Feststellungen oder Würdigungen des Tatrichters erfolgt (BGHSt 14, 137 [139]; BGH MDR [D] 1955, 143 [zu § 61]; OLG Düsseldorf VRS 71, 28 [29]; *Herdegen* FS Kleinknecht, S. 173 [182 f.]; *Gottwald* Die Revisionsinstanz als Tatsacheninstanz, 1975, S. 32 ff., 55 f., 265; *Kuchinke* Grenzen der Nachprüfbarkeit tatrichterlicher Würdigung und Feststellungen in der Revisionsinstanz, 1964, S. 217; LR/*Franke* § 337 Rn. 29; Meyer-Goßner/*Schmitt* § 337 Rn. 6; *Alberts* Die Feststellung doppelt relevanter Tatsachen in der strafprozessualen Revisionsinstanz, 1990, S. 38 ff.).

Die Feststellung durch das Revisionsgericht erfolgt regelmäßig im Freibeweisverfahren (BGHSt 16, 164 [166]; 21, 81; 22, 90 [91]; 46, 349 [351] = JR 2002, 210 m.Anm. *Verrel*; BGH NStZ 2001, 656; *Gottwald* Die Revisionsinstanz als Tatsacheninstanz, 1975, S. 55; *Paeffgen* NStZ 2002, 281; *Rieß* JR 1985, 45 [48]; KK/*Gericke* § 337 Rn. 25, § 351 Rn. 14; LR/*Franke* § 337 Rn. 29; MüKo-StPO/*Knauer*/*Kudlich* § 337 Rn. 73; Meyer-Goßner/*Schmitt* § 337 Rn. 6; *Dahs* Rn. 526 ff.; Radtke/Hohmann/*Nagel* § 337 Rn. 11; a.A. [Strengbeweis] *Roxin*/*Schünemann* § 21 C; *Többens* NStZ 1982, 184). 77

Kann das Vorliegen der Verfahrensvoraussetzungen im Freibeweisverfahren nicht sicher festgestellt werden und/oder erfordert dies – etwa bei doppelrelevanten Tatsachen – das Strengbeweisverfahren, kann das Revisionsgericht die Sache zur Durchführung einer solchen Beweisaufnahme an den Tatrichter zurückverweisen, sofern die Aussicht besteht, dass dort eine Klärung möglich ist (vgl. BGHSt 16, 399 [403]; 46, 307 [309 f.]; 349 [353] = JR 2002, 210 m.Anm. *Verrel*; BGH StV 2001, 460; OLG Celle MDR 1960, 334; OLG Düsseldorf MDR 1994, 716; OLG Karlsruhe GA 1985, 134; *Herdegen* FS Kleinknecht, S. 173 [189]; LR/*Franke* § 337 Rn. 29; Meyer-Goßner/*Schmitt* § 337 Rn. 6). 78

VII. Besonderheiten. Anders als gelegentlich die Rspr., die auch bei Prognosen (vgl. etwa zu § 43 Abs. 2 GVG: BGH NJW 1974, 155; 1978, 1444 [1445]) oder bei Entscheidungen, bei denen ein Beurteilungsspielraum besteht (vgl. zu § 32 JGG: BGH, NStZ 2003, 493 [494]; BGHR JGG § 32 Schwergewicht 1, 3) ein Ermessen annimmt, wird im Folgenden davon ausgegangen, dass eine Ermessensentscheidung nur dann vorliegt, wenn der Entscheidende bei der Festlegung der Folgen, die an einen bestimmten Tatbestand geknüpft sind, die Auswahl hat (ähnlich BGHSt 44, 328 [334]; ebenso *Cuypers* Die Revisibilität der strafrichterlichen Beweiswürdigung [Diss. Bochum, 1975], S. 277 f.; *Krüger* Überprüfung der tatsächlichen Grundlagen von Verfahrensentscheidungen durch das Revisionsgericht im Strafprozeß [Diss. Düsseldorf, 1999], S. 22; vgl. auch *Kuchinke* Grenzen der Nachprüfbarkeit tatrichterlicher Würdigung und Feststellungen in der Revisionsinstanz, 1964, S. 142 ff.). 79

Bei solchen Ermessensvorschriften prüft das Revisionsgericht zunächst nach, ob der Entscheidende sich des ihm vom Gesetz eingeräumten Ermessens bewusst war (BGH NStZ 2003, 208 [209]; 2004, 438 [439]; NStZ-RR 1998, 207; JR 1956, 426; Meyer-Goßner/*Schmitt* § 337 Rn. 16; LR/*Franke* § 337 Rn. 63; vgl. auch die Nachweise bei *Herdegen* FS Kleinknecht, S. 173 [184]). Dies muss aus der Entscheidung jedenfalls dann ersichtlich sein, wenn die formellen Voraussetzungen der Ermessensvorschrift festgestellt wurden und die Anwendung der Vorschrift nahelag (vgl. z.B. BGHSt 42, 86 [87]; BGH NJW 1999, 2606) oder die Ermessensentscheidung eine Alternative zu einem anderen, vom Gesetz als Regelfall vorgesehenen Verhalten darstellt (vgl. BGHSt 22, 266 [267]; BGH NStZ 1984, 371 [372]; KG StV 2000, 189 [190]). Ferner darf der Entscheidende die anzuwendenden Rechtsbegriffe nicht verkannt haben (BGH JR 1956, 426) und aus der Entscheidung muss erkennbar sein, dass und aus welchen Gründen er von seiner Entscheidungsbefugnis in einer bestimmten Weise Gebrauch gemacht hat (BGHR StGB § 66 Abs. 2 Ermessensentscheidung 2, 4, 5; BGH NJW 1999, 2606 [2607]; NStZ 1996, 331 [332]; 2002, 536 [537]; 2004, 438 [439]; BGH NStZ-RR 1996, 196 [197]). Die vom ihm bei der Entscheidung angestellten Erwägungen müssen zudem vollständig und zulässig gewesen sein, sie müssen also insb. in Einklang mit den Grundsätzen und Wertmaßstäben des betreffenden Gesetzes stehen (BGHSt 37, 324 [326 f.]; 48, 40 [41]; BGH NJW 1999, 2606; 2004, 3350 [3353], NStZ 2003, 438 [439]; 493 [494]; 657 [658] 2004, 438 [439]; JR 1956, 426). 80

Ist diesen Anforderungen genügt, so wird die Entscheidung selbst vom Revisionsgericht inhaltlich nur dahin gehend überprüft, ob die Grenzen des Ermessens eingehalten wurden, ob also – im konkreten Fall – das Ermessen auf Null reduziert war bzw. ob das Ergebnis noch innerhalb der Grenzen des Vertretbaren liegt oder willkürlich ist, ob also ein grober Ermessensmissbrauch vorliegt (vgl. BGHSt 6, 298 [300]; 10, 327 [329]; 18, 238 [239]; 43, 153 [155 f.]; 45, 342 [351]; BGH NStZ 2003, 657 [658]; *Kuchinke* Grenzen der Nachprüfbarkeit tatrichterlicher Würdigung und Feststellungen in der Revisionsinstanz, 1964, S. 144; KK/*Gericke* § 337 Rn. 19; LR/*Franke* § 337 Rn. 63; MüKo-StPO/*Knauer*/*Kudlich* § 337 Rn. 72; Meyer-Goßner/*Schmitt* § 337 Rn. 16; HK/*Temming* § 337 Rn. 13; *Dahs* Rn. 88), was auch bei Widersprüchen oder Verstößen gegen Denkgesetze oder Erfahrungssätze der Fall ist (vgl. BGH NJW 2000, 443 [447]; NStZ 2004, 347 [348]). 81

D. Zur Beruhensfrage. I. Grundsätzliches. Ein Gesetzesverstoß begründet nach § 337 Abs. 1 die Revision nur, wenn das Urteil auf dem Gesetzesverstoß beruht: wenn das Tatgericht ohne den Rechtsfehler mit Sicherheit oder möglicherweise zu einem anderen Urteil gekommen wäre (BGHSt 1, 346 [350]; 8, 155 [158]; 9, 77 [84]; 362 [364]; 20, 160 [164]; 21, 288 [290]; 22, 273 [280]; BGH NJW 1951, 206; BGHSt 51, 325 ff. sowie NStZ 2007, 163 – Zeuge wurde ausw. des Protokolls nicht gehört; KK/*Gericke* § 337 Rn. 33; Meyer-Goßner/*Schmitt* § 337 Rn. 37; weitere Nachweise bei *Herdegen* Grundprobleme des Revisionsverfahrens [Strafverteidiger-Frühjahrssymposium], 1990, S. 7 [24 f.]; ähnlich zur verfassungsgerichtlichen Beruhensprüfung: BVerfG NJW 2004, 1443 m.w.N.). Die Schwere der Gesetzesverletzung ist demgegenüber grds. 82

nicht von Bedeutung (HK-GS/*Rackow* § 337 Rn. 19; stärker normativierend auf das Gewicht der schützenden Norm abstellend *Kraus* Die Beruhensfrage im strafprozessualen Revisionsrecht, [Diss. Kiel, 2004] S. 100 ff.). Dies gilt gleichermaßen für den Bereich des Verfahrens- wie den des sachlichen Rechts (wobei die Beruhensprüfung bei der Verfahrensrüge größere Bedeutung hat). Das Beruhen ist nicht gleichbedeutend mit schlichter Kausalität zwischen Rechtsfehler und Urteil zu verstehen; maßgebend ist ein normatives Verständnis, das an der Zielrichtung der verletzten Norm ausgerichtet ist (vgl. etwa BGHSt 18, 290 [295]; grdl. *Frisch* FS Rudolphi S. 609 [629 f.]; *Herdegen* NStZ 1990, 513).

83 Zwischen der Gesetzesverletzung und der im Urteil getroffenen Entscheidung muss also ein ursächlicher Zusammenhang bestehen, der indes nicht erwiesen zu sein braucht (BGH NStZ 2007, 352 – Beruhen »denkgesetzlich nicht ausgeschlossen«; KK/*Gericke* § 337 Rn. 33; Meyer-Goßner/*Schmitt* § 337 Rn. 37; LR/*Franke* § 337 Rn. 178 f.; Radtke/Hohmann/*Nagel* § 337 Rn. 35; SK-StPO/*Frisch* § 337 Rn. 186 ff.; ausführlich zur »Kausalität« und zum »normativen Zusammenhang«: *Frisch* FS Rudolphi, S. 609 [611 ff.]; *Momsen* Verfahrensfehler und Rügeberechtigung im Strafprozeß, 1997, S. 168 ff.).

84 Die bloß theoretische Möglichkeit, dass das Urteil ohne die Gesetzesverletzung anders ausgefallen wäre, genügt jedoch nicht (BGH NStZ 1985, 135; NJW 1988, 1223 [1224]; *Herdegen* NStZ 1990, 513 [517]; Meyer-Goßner/*Schmitt* § 337 Rn. 37). Ferner fehlt es am Beruhen, wenn ein solcher Zusammenhang zwischen der Gesetzesverletzung und dem Urteil mit Sicherheit auszuschließen ist (vgl. BGHSt 14, 265 [268]; 23, 224 [225]; 30, 131 [135]; BGH NStZ 1985, 135; NStZ-RR 1998, 15; MDR [D] 1975, 369 [zu § 245]; NStZ 2006, 463 – kein Beruhen auf Verstoß gegen Unverzüglichkeitsgebot der Urteilsabsetzung; LR/*Franke* § 337 Rn. 179; KK/*Gericke* § 337 Rn. 33; Meyer-Goßner/*Schmitt* § 337 Rn. 37; Das Unterbleiben der Belehrung gem. § 257c Abs. 5 StPO verletzt bspw. grundsätzlich das Gebots des fairen Verfahrens (BVerfG NJW 2013, 1058 [1071]). Lediglich, wenn aufgrund konkreter Feststellungen ausgeschlossen werden kann, dass das Urteil auf der unterlassenen Belehrung beruht, bleibt dieser Fehler irrevisibel (BGH NStZ 2013, 728; BVerfG NJW 2013, 1058 [1071]).

85 **II. Beruhen bei sachlich-rechtlichen Fehlern.** Bei sachlich-rechtlichen Fehlern erfolgt die Beruhensprüfung grundsätzlich nach obigen Regeln; maßgeblich ist allein das schriftliche Urteil (vgl. Rdn. 32 und LR/*Franke* § 337 Rn. 188; Meyer-Goßner/*Schmitt* § 337 Rn. 40). Nähere Ausführungen zum Beruhen sind in der Revisionsbegründung nicht erforderlich (vgl. die Kommentierung bei § 344 sowie *Kraus* Die Beruhensfrage im strafprozessualen Revisionsrecht, [Diss. Kiel, 2004] S. 100 ff.).

86 In der Regel beruht das Urteil auf materiell-rechtlichen Fehlern in der Beweiswürdigung. Da der Tatrichter in seiner Entscheidung ohnehin nur die für seine Überzeugungsbildung wesentlichen Umstände mitteilen muss (vgl. Rdn. 48), kann nämlich zumeist nicht ausgeschlossen werden, dass das Urteil bei rechtsfehlerfreier Beweiswürdigung anders ausgefallen wäre. Hinzu kommt, dass das Revisionsgericht ansonsten die allein dem Tatgericht überantwortete Beweiswürdigung selbst vornehmen müsste, was ihm jedoch die Aufgaben- und Kompetenzverteilung zwischen Tat- und Revisionsgericht untersagt (vgl. Rdn. 11 ff.; *Hamm* Rn. 521 f., 527 f.; *Schäfer* Tatsachenerfassung, Verteidigung und erweiterte Anwaltsaufgaben im Strafprozeß [18. Strafverteidigertag], 1994, S. 103 [115 f.]; ähnlich *Frisch* FS Rudolphi, S. 609 [633 f.]; FS Hanack, S. 397 [418 f.]). Etwas anderes kann nur gelten, wenn es sich bei der fehlerhaften Erwägung – schon aus dem tatrichterlichen Urteil erkennbar – um einen für die Überzeugungsbildung nicht wesentlichen Umstand gehandelt hat (vgl. etwa BGH Beschl. vom 05.01.2000, 3 StR 473/99; ähnlich BVerfG NJW 2002, 2859 [zu einem »logischen Fehlschluß«, der nur eine »Randerwägung« betraf]; LR/*Franke* § 337 Rn. 188; *Miebach* NStZ 2000, 234 [241 f.] m.w.N. [zur unzulässigen Verwertung des teilweisen Schweigens eines Angeklagten). Auch fehlerhafte Hilfserwägungen sind dementsprechend unschädlich (OLG Düsseldorf wistra 2007, 439 f.; Meyer-Goßner/*Schmitt* § 337 Rn. 40).

87 Bei Fehlern in der Strafzumessung schließt das Revisionsgericht ein Beruhen gelegentlich aus, wenn es annimmt, dass der Strafausspruch ohne den Rechtsfehler ebenso ausgefallen wäre (vgl. [auch zu den Grenzen solcher Annahmen] BVerfG NJW 2004, 1790; krit. auch; *Goydke* FS Meyer-Goßner, S. 541 [545]; LR/*Franke* § 337 Rn. 190; *Hamm* Rn. 531). Insofern hat das Revisionsgericht zudem durch die Neuregelung in § 354 erweiterte Möglichkeiten zur Änderung des Rechtsfolgenausspruchs (vgl. die dortige Kommentierung).

88 **III. Beruhen bei Verfahrensfehlern.** Bei einem Verfahrensfehler kommt es darauf an, ob das Gericht bei einem ordnungsgemäß durchgeführten Verfahren möglicherweise zu einem anderen Ergebnis gekommen wäre (vgl. BGH NJW 2000, 1661 [1663]; RGSt 52, 305 [306]; 61, 353 [354]; 64, 379 [380]; BGH NStZ 2007, 417; StV 2007, 622 f. – kein Beruhen bei unterlassenem Hinweis gem. § 265 Abs. 1; NStZ 2007, 235 – kein Beruhen bei Nicht-Verlesen eines Schriftstückes, dessen Inhalt unbestr. in der Hauptverhandlung erörtert worden ist; BGHSt 18, 290 ff. – kein Beruhen, wenn in der Hauptverhandlung anstelle des Eröffnungsbeschlusses ein weitgehend wortidentischer Verweisungsbeschluss verlesen wird, vgl. HK-GS/*Rackow* § 337

Rn. 20; LR/*Franke* § 337 Rn. 180; ausführlich: *Frisch* FS Rudolphi, S. 609 [634 ff.] – kein Beruhen beim Übergehen des Widerspruchs gegen die Anordnung des Selbstlesverfahrens, BGH, Beschl. vom 11.11.2020 – 5 StR 197/20, NJW 2021, 479 m. krit. Anm. *Norouzi* HRRS 2021, 255). Hierauf stellen schon die Gesetzesmaterialien ab, nach denen »die unrichtige Anwendung einer Rechtsnorm zur Begründung der Revision nicht geeignet [ist], wenn auch bei deren richtiger Anwendung das Gericht zu derselben Entscheidung gelangt sein würde.« (*Hahn* Die gesamten Materialien zur Strafprozeßordnung, S. 251). Das Beruhen kann bei einem Verstoß gegen Frist des § 268 Abs. 3 Satz 2 StPO allerdings nur ausnahmsweise ausgeschlossen werden (BGH NStZ-RR 2007, 279 f.; NStZ-RR 2007, 278 f.) Ein Beruhen kann indes nicht ausgeschlossen werden im Fall einer nicht ordnungsgemäßen Belehrung über ein Zeugnisverweigerungsrecht (BGH NStZ 2006, 647) oder eines fehlerhaften Beschlusses nach § 251 Abs. 4 (BGH NStZ-RR 2007, 52 – hier aber Unzulässigkeit der Rüge, da weder der Beschluss im Wortlaut noch in seinem wesentl. Inhalt mitgeteilt wurde). Die Rüge einer ungesetzlichen Erweiterung der Öffentlichkeit bei den Schlussvorträgen (Verletzung des § 171b Abs. 3 Satz 2 GVG) ist mangels Beruhens unbegründet, wenn auszuschließen ist, dass zum Schutze des persönlichen Lebensbereichs des Zeugen oder des Angeklagten in den in öffentlicher Hauptverhandlung erfolgten Schlussvorträgen Gesichtspunkte nicht erörtert worden sind, die den Angeklagten entlastet hätten (BGH 07.12.2016 – 1 StR 305/16 = NStZ-RR 2017, 54). Gerade mit Blick auf die Sicherung der Qualität der Überzeugungsbildung durch Bewahrung der Konzentrationsmaxime (vgl. eingehend zu Zweck und Reichweite des § 229 *Momsen/Willumat* NStZ 2018, 369 [370]) kann ein Beruhen bei Überschreitungen der Unterbrechungsfristen des § 229 nur in Ausnahmefällen ausgeschlossen werden (vgl. BGHSt 23, 224 f.; BGH NJW 1970, 767; NStZ 2000, 605 [606]; MüKo-StPO/*Arnoldi* § 229 Rn. 25; krit. zur dieser »schutzzweckbezogenen« Argumentation mit dem Argument der gesetzgeberischen Ausdehnung der Unterbrechungsfristen des § 229: BGH NStZ 2009, 205 [206]) Die differenzierte Behandlung der – im Wortlaut des § 337 – identisch behandelten »Gesetzesverletzungen« findet ihren Grund in der Struktur des Verfahrensrechts, welche dazu führen kann, dass einerseits eine Verletzung einer Verfahrensnorm keinen unmittelbaren Einfluss auf das Urteil erlangt, andererseits aber auch eine vom Urteil unabhängige Rechtsverletzung sui generis bewirken kann (hierzu: *Momsen* Verfahrensfehler und Rügeberechtigung im Strafprozeß, 1997, S. 369 ff. – Verfahrensfehlerbeschwer). Dass ein Beruhen im Einzelfall auch bei absoluten Revisionsgründen ausgeschlossen können sein soll (BGH NStZ-RR 2003, 5 f.; BGHR StPO § 338 Beruhen 1), ist angesichts der insoweit eindeutigen Gesetzeskonstruktion abzulehnen (näher § 338 Rdn. 1 ff.).

Im Fall einer **Urteilsabsprache** stellen Verstöße gegen die verfahrensrechtlichen Sicherungen der Verständigung keine absoluten Revisionsgründe dar. Dies soll auch für fehlende Transparenz der Absprache (§ 257c Abs. 3 Satz 1) gelten. Allerdings wird das Urteil in der Regel auf dem Verstoß beruhen. Dies soll lediglich im Einzelfall ausgeschlossen werden können, wenn sich im Rahmen einer wertenden Gesamtbetrachtung ergebe, dass keine Beeinträchtigung des mit § 257c Abs. 3 Satz 1 gesetzlich bezweckten Schutzkonzepts drohe. Gleiches gelte für geringfügige Unvollständigkeiten oder Unrichtigkeiten, sofern nicht zu besorgen sei, dass die Herbeiführung einer gesetzwidrigen Absprache Gegenstand des Gesprächs war. So etwa, wenn in einem Telefongespräch mit dem vorsitzenden Richter keine weitergehenden Verständigungsversuche mehr unternommen wurden (BGH 26.10.2016 – 1 StR 172/16 = BeckRS 2016, 21374). Die damit eröffneten Wertungsspielräume erscheinen allerdings vor dem Hintergrund von BVerfGE 133, 168 ff. bedenklich, liegen aber noch auf einer Linie mit BVerfG NStZ 2016, 422 ff.

E. Beschwer. Eine allgemein anerkannte Voraussetzung für den Erfolg der Revision ist, dass eine Gesetzesverletzung nur von demjenigen beanstandet werden kann, der durch sie **beschwert** ist, den sie also zu seinem Nachteil betroffen hat (BGHSt 10, 119 [121]; 358 [362]; 11, 213 [214]; 12, 1 [2]; 31, 323 [331]; 47, 116 [119]; BGH MDR [D] 1973, 192 [zu § 243 Abs. 4]; 730 [zu § 338 Nr. 3]; BGH StV 1984, 493; *Kleinknecht* NJW 1966, 1537, 1539; LR/*Franke* § 337 Rn. 67; KK/*Gericke* § 337 Rn. 7, 21, 41; Meyer-Goßner/*Schmitt* § 337 Rn. 18; zur Rechtfertigung der Erforderlichkeit einer Beschwer insb. bei der Angeklagtenrevision: *Kaiser* Die Beschwer als Voraussetzung strafprozessualer Rechtsmittel, 1993, S. 175; *Momsen* Verfahrensfehler und Rügeberechtigung im Strafprozeß, 1997, S. 371 f. [404 ff., 413 ff.]; vgl. zur verfassungsrechtlichen Beruhensprüfung auch BVerfG NJW 2004, 1443 m.w.N.). **89**

Erforderlich ist eine solche Beschwer aber nicht nur bei einer Revision des Angeklagten, sondern – wie § 339 belegt – auch bei Verfahrensfehler beanstandenden Rechtsmitteln der **Staatsanwaltschaft** (BayObLGSt 1950/1951, 135 [136 f.]; OLG Bremen NJW 1947/1948, 312; a.A. *Hamm* Rn. 78; KK/*Gericke* § 337 Rn. 42; differenzierend *Momsen* Verfahrensfehler und Rügeberechtigung im Strafprozeß, 1997, S. 138; siehe ferner die Kommentierung zu § 339) sowie beim **Nebenkläger** (vgl. BGHSt 41, 140 [144]; 43, 15 [16], bei beiden – Staatsanwaltschaft und Nebenkläger – ist zudem § 301 zu beachten). **90**

91 Vorliegen muss diese Beschwer sowohl bei der Geltendmachung der Verletzung von Verfahrensvorschriften (vgl. RGSt 52, 188 [189]; BGHSt 10, 119 [121]) als auch bei einem materiell-rechtlichen Gesetzesverstoß (z.B. kann der Angeklagte mit der Rüge keinen Erfolg haben, das Gericht habe zu Unrecht einen Fall von § 243 StGB abgelehnt und »nur« wegen einfachen Diebstahls verurteilt, ebenso wenig kann er beanstanden, gegen ihn sei trotz Vorliegens der Voraussetzungen keine Sicherungsverwahrung angeordnet worden vgl. *Hamm* Rn. 66; weitere Beispiele bei KK/*Gericke* § 337 Rn. 41; BGH Urteil vom 19.07.2006, NStZ 2007, 213 – Fehlende Beschwer bei Absehung von Unterbringung; siehe auch BGH, Urteil v. 02.10.2013 – 1 StR 75/13).

92 Ausreichend ist eine **mittelbare** Beschwer (KK/*Gericke* § 337 Rn. 41; HK/*Temming* § 337 Rn. 34; Meyer-Goßner/*Schmitt* § 337 Rn. 18, einschränkend bei § 338 Rn. 4), wobei bei mehreren Angeklagten genügt, dass die Gesetzesverletzung unmittelbar nur einen der anderen Angeklagten betrifft, jedoch muss dann beim revisionsführenden Angeklagten zumindest dieselbe Tat abgeurteilt worden sein (vgl. BGHSt 38, 96 [99 ff.]; BGH MDR [D] 1973, 902; *Schöneborn* NJW 1974, 535 [alle zu § 52], ähnlich [zu §§ 53, 53a] BGHSt 33, 148 [153]; [zum fehlerhaft abgelehnten Beweisantrag] BGH NStZ 2004, 99 [100]; [zu § 136 Abs. 1 Satz 2 beim Mitbeschuldigten] NStZ 2002, 380 [381] und [zum gem. § 136a Abs. 3 unverwertbaren Geständnis eines Mitangeklagten] BGH [D] MDR 1971, 18). An einer auch nur mittelbaren Betroffenheit fehlt es dagegen beispielsweise bei einem Verstoß gegen §§ 226, 230 Abs. 1, wenn die Abwesenheit eines Mitangeklagten (BGHSt 31, 323 [331]; BGH NStZ [Pf] 1981, 297) bzw. dessen Verteidigers geltend gemacht wird (BGHSt 31, 323 [331]; RGSt 52, 188 [189]; 57, 373) oder wenn beanstandet wird, die Öffentlichkeit sei zu Unrecht während einer Zeugenvernehmung ausgeschlossen worden, die lediglich die einem Mitangeklagten vorgeworfene Tat betraf (BGH NJW 1962, 261; zur mittelbaren Beschwer bei einem Verzicht des Angeklagten: Rdn. 93).

93 F. **Verlust von Verfahrensrechten und -rügen. I. Kein Rügeverlust im materiellen Recht.** Richtigerweise ist im materiellen Recht ein Rügeverlust – auch infolge Verzichts oder Verwirkung – ausgeschlossen; der Revisionsführer kann jedoch sein Rechtsmittel (etwa auf den Strafausspruch) beschränken oder von der Erhebung der Sachrüge absehen und damit die Überprüfung der Anwendung des materiellen Rechts in der Revision einschränken oder verhindern HK-GS/*Rackow* § 337 Rn. 22 f.; ausf. *W. Schmid* Die »Verwirkung« von Verfahrensrügen im Strafprozeß; *H. Müller* Zum Problem der Verzichtbarkeit und Unverzichtbarkeit von Verfahrensnormen im Strafprozeß, 1984; *Momsen* Verfahrensfehler und Rügeberechtigung im Strafprozeß, 1997, S. 84 ff. [104 ff., 433 ff.]. Ansonsten kann – auch nicht mittels einer Absprache – keine »Bindung« geschaffen werden (vgl. BGHSt 43, 195 [204] = JR 1998, 245 m.Anm. *Kintzi*; BGHSt – GS- 50, 40 ff.; *Momsen/Moldenhauer* JA 2002, 415 ff. und ausf. *Altenhain/Hagemeier/Hemmerl* NStZ 2007, 72 ff. sowie § 257c Abs. 2 des BMJ-Entwurfs »Absprachen im Strafverfahren«).

94 Gleichwohl wird die Frage der Verwirkung nach wie vor kontrovers diskutiert, Eine Verwirkung führt zu einem Rechtsverlust, der – anders als der Verzicht – unabhängig von einem entsprechenden Willen des Betroffenen eintritt und der keiner ausdrücklichen oder konkludenten Erklärung bedarf. Eine Verwirkung darf in allen Verfahrensordnungen – da das Gericht selbst für die Einhaltung der Verfahrensformen verantwortlich ist – nur mit größter Zurückhaltung angenommen werden, dies gilt insb. im durch den Fair-Trial Grundsatz geprägten Strafprozess (HK-GS/*Rackow* § 337 Rn. 23; *Momsen* Verfahrensfehler und Rügeberechtigung im Strafprozeß, 1997, S. 104 ff., [119 f.]). Als Unterfall des rechtsmissbräuchlichen Verhaltens knüpft die Verwirkung an ein missbilligtes Verhalten an (*Schlüchter* GS Karlheinz Meyer, S. 445 [449]) und rechtfertigt sich aus der Erwägung, dass ein solches Verhalten nicht schützenswert ist. Auf dieser Grundlage kann indes die Verwirkung weder als subsidiär gegenüber dem Verzicht angesehen werden, noch kann schon deshalb gefordert werden, auch die Verwirkung setze voraus, dass der Betreffende über das Verfahrensrecht disponieren können muss (vgl. aber *Schlüchter* GS Karlheinz Meyer, S. 445 [463 f.]), zumal die Verwirkung Folge der Missbilligung ist, nicht – wie der Verlust eines Rechts infolge Verzichts – Folge des Verhaltens (der Verzichtserklärung) selbst (zur Unterscheidung von Verzicht und Verwirkung auch LR/*Franke* § 337 Rn. 194; *Heinrich* ZStW 112, 398 [404]; *Momsen* Verfahrensfehler und Rügeberechtigung im Strafprozeß, 1997, S. 84 [104] m.w.N.).

95 Die Verwirkung kann grds. selbst wichtigste Rechte betreffen (vgl. Art. 18 GG). Sie findet auf allen Rechtsgebieten – auch im Verfahrensrecht – Anwendung (vgl. etwa § 295 Abs. 1 ZPO; zum Verwaltungsrecht: BVerwGE 44, 294 [298]; BVerwG NVwZ 1988, 348; NVwZ-RR 2000, 259; zum Sozialrecht: BSGE 51, 260; BSG NJW 1972, 2103; zum Finanzverfahrensrecht: BFH BStBl. II, 1976 S. 194). Da sie als Teil eines übergeordneten Rechtsprinzips – nämlich des Verbots rechtsmissbräuchlichen Verhaltens (vgl. *Fahl* Rechtsmißbrauch im Strafprozeß, S. 15 ff. [68 ff.]; krit. *Herdegen* NStZ 2000, 1) – keiner ausdrücklichen Normierung bedarf, kann auch im Strafverfahren eine Verwirkung eintreten; ist allerdings auf spezifische Formen

arglistigen Verhaltens beschränkt (vgl. zum Rechtsmissbrauch etwa BGHSt 38, 111 [112 ff.]; Meyer-Goßner/*Schmitt* Einl. Rn. 111 jeweils m.w.N.; zur nicht überzeugenden Herleitung der Verwirkung im Strafprozess aus dem Grundsatz von Treu und Glauben: *Fahl* Rechtsmißbrauch im Strafprozeß, S. 624; *Herdegen* NStZ 2000, 1 [3 ff.]; LR/*Franke* § 337 Rn. 207; *Momsen* Verfahrensfehler und Rügeberechtigung im Strafprozeß, 1997, S. 108 ff. [111 ff.]). Nicht anzuwenden ist hingegen der Grundsatz »Treu und Glauben«, der im Zivilprozess zur Begründung der Verwirkung herangezogen wird (a.A. *W. Schmid* FS Maurach, S. 303 ff.; *Fuhrmann* NJW 1963, 1232 f.; *Bohne* JZ 1957, 589 »fundamentaler Satz von Treu und Glauben verlangt im Strafprozessrecht ...«) da es zwischen den Prozessbeteiligten an einem vergleichbaren Prozessverhältnis fehlt (*Momsen* Verfahrensfehler und Rügeberechtigung im Strafprozeß, 1997, S. 108 ff. [115]) innerhalb dessen analog § 242 BGB die Verantwortung für die Einhaltung von Verfahrensvorschriften auf den Angeklagten übergehen könnte.

Nach Rspr. und Schrifttum tritt eine – die **Revision betreffende – Rügeverwirkung** insb. dann ein, wenn feststeht, dass der Revisionsführer den Verfahrensfehler selbst und in der Absicht herbeigeführt hat, ihn mit der Revision zu rügen, und es sich hierbei zudem um eine verzichtbare Verfahrensvorschrift gehandelt hat (vgl. BGH NStZ 2002, 44 [45]; OLG Frankfurt MDR 1986, 606; OLG Hamm NJW 1960, 1361; VRS 20, 68; *Jescheck* JZ 1952, 400 [403]; *Momsen* Verfahrensfehler und Rügeberechtigung im Strafprozeß, 1997, S. 116 f.; LR/*Franke* § 337 Rn. 208; Meyer-Goßner/*Schmitt* § 337 Rn. 47; krit. *Weber* GA 1975, 289 [303]). In neuerer Zeit neigt der BGH ersichtlich zu einer Ausweitung dieser Rspr., indem er andeutet, dass die Verwirkung des Rügerechts auch bei bloß widersprüchlichem Verhalten in Betracht kommt, etwa wenn der Revisionsführer in der Tatsacheninstanz eine Gesetzesverletzung erkannt und hingenommen hat, er diese dann aber zur Grundlage einer Revisionsrüge macht (vgl. z.B. BGH StV 1999, 189 m.Anm. *Ventzke* [Abwesenheit des Wahlverteidigers]; ähnlich BGH NStZ 2000, 606). Diese Rspr. vermag nicht zu überzeugen. Sie berücksichtigt nämlich nicht, dass ein widersprüchliches Verhalten allein die für eine Verwirkung erforderliche Missbilligung nicht zu begründen vermag (vgl. näher KMR/*Momsen* § 337 Rn. 233). Hinzu kommt, dass sie die Verantwortung des Gerichts für die ordnungsgemäße Durchführung des Strafverfahrens und vor allem für die Folgen eines Verfahrensverstoßes in einer Weise auf andere Verfahrensbeteiligte verlagert, die sich nicht mehr damit in Einklang befindet, dass der Staat für die rechtsstaatsgemäße Durchsetzung des hoheitlichen Strafanspruchs Sorge zu tragen hat und deshalb vor allem das Gericht für den gesetzeskonformen Verfahrensablauf verantwortlich ist (ähnlich *Momsen* Verfahrensfehler und Rügeberechtigung im Strafprozeß, 1997, S. 117; noch weitergehend Meyer-Goßner/*Schmitt* § 337 Rn. 47). Aus diesem Grund ist auch die »Widerspruchslösung« des BGH (BGHSt 38, 214 ff.), derzufolge der verteidigte Beschuldigte bei einer im Ermittlungsverfahren unterbliebenen Belehrung über das Schweigerecht der Verwertung bis zu dem in § 257 genannten Zeitpunkt widersprechen muss, abzulehnen. Es ist der Struktur des deutschen Strafprozessrechts, unabhängig von der Annahme einer »Organstellung« des Verteidigers, fremd, auf diese Weise die Verantwortung für die Einhaltung des Prozessrechts dem Verteidiger zuzuschieben (HK-GS/*Rackow* § 337 Rn. 23; *Heinrich* ZStW 112, 398 ff.). Dies erhellt namentlich für den Fall des vom Gericht bestimmten Pflichtverteidigers (ausf. zum Ganzen KMR/*Momsen* § 337 Rn. 230a ff., 236 ff.). 96

II. **Rügeverlust bei zeitlich begrenzten Beanstandungsmöglichkeiten.** An einigen Stellen schreibt das Gesetz ausdrücklich vor, dass ein Verfahrensfehler oder ein Verfahrenshindernis bis zu einem bestimmten Zeitpunkt schon beim Tatrichter beanstandet worden sein muss (vgl. z.B. §§ 6a Satz 3, 16 Satz 3 zur funktionellen und örtlichen Zuständigkeit; § 222b Abs. 1 Satz 1 zur Besetzungsrüge; § 217 Abs. 2 Aussetzungsverlangen bei Nichteinhaltung der Ladungsfrist). Ist dies nicht geschehen, kann die Gesetzesverletzung in der Revision nicht mehr geltend gemacht werden (LR/*Franke* § 337 Rn. 192; Meyer-Goßner/*Schmitt* § 337 Rn. 42) In der Sache handelt es sich hierbei um eine **Verwirkung** (näher dazu KMR/*Momsen* § 337 Rn. 236 ff.). 97

III. **Heilung.** Verfahrensverstöße können – wegen fehlenden Beruhens (*Herdegen* Grundprobleme des Revisionsverfahrens [III. Strafverteidiger-Frühjahrssymposium], 1990, S. 7 [36]; *W. Schmid* JZ 1969, 757 [758]; LR/*Franke* § 337 Rn. 185) – in der Revision ferner dann nicht mit Erfolg beanstandet werden, wenn sie noch vom Tatrichter durch Heilung korrigiert wurden (vgl. BVerfG NJW 2002, 814; BGHSt 9, 243 [244]; 21, 332 [334]; 30, 74 [76] = JR 1982, 33 m.Anm. *Maiwald*; BGH MDR [H] 1979, 989 [zu § 231]; 1983, 450 [zu § 247]; KK/*Gericke* § 337 Rn. 35; Meyer-Goßner/*Schmitt* § 337 Rn. 39). 98

Die Heilung muss allerdings rechtzeitig erfolgt sein Nach der Urteilsverkündung ist sie grundsätzlich ausgeschlossen (OLG Hamm JMBl. NW 1955, 237; *W. Schmid* JZ 1969, 757 [764]; *Widmaier* FS Hanack, S. 387 [392]; LR/*Franke* § 337 Rn. 187); dann können nur noch Mängel der Urteilsverkündung selbst geheilt werden (OLG Bremen StV 1985, 50; *Poppe* NJW 1954, 1914 [1915 f.]; 1955, 6 [7]; Meyer-Goßner/*Schmitt* § 337 Rn. 39; a.A. *W. Schmid* JZ 1969, 757 [764]). 99

100 Die Heilung kann grundsätzlich nur durch fehlerfreie Wiederholung oder Nachholung erfolgen (vgl. BGHSt 9, 243 [244]; 29, 224 [226 ff.]; 30, 74 [76]; 38, 260 [262]; BGH NJW 2003, 2107 [2109]; NStZ 2002, 46; 2001, 261 [263] m.Anm. *van Gemmeren*; BayObLG NStZ 1990, 250; OLG Köln JR 1981, 213 m.Anm. *Meyer-Goßner*; OLG Köln NStZ 1987, 244; OLG Köln StV 2001, 330; OLG Zweibrücken StV 1986, 240 [241]; LR/*Franke* § 337 Rn. 186). Betrifft die Gesetzesverletzung eine bereits verkündete, nicht der Rechtskraft fähige Entscheidung, die nicht getroffen werden durfte, so tritt die Heilung durch deren ausdrückliche Rücknahme (BayObLGSt 1952, 270; 1953, 214; BayObLG MDR 1955, 56; *W. Schmid* JZ 1969, 757 [759 f.]) oder durch den – in der Entscheidung durchgehaltenen – Hinweis ein, dass sie im Urteil nicht berücksichtigt werden wird (BGHSt 4, 130 [131 f.]; LR/*Franke* § 337 Rn. 186; Meyer-Goßner/*Schmitt* § 337 Rn. 39; krit. *W. Schmid* FS Maurach, S. 535 [542, 545 f.]). Keine (ausreichende) Heilung ist dagegen bei einer Verletzung des Grundsatzes der Öffentlichkeit oder bei einem zu Unrecht erfolgten Ausschluss des Angeklagten die bloße Bekanntgabe des Inhalts des in Abwesenheit des Angeklagten bzw. der Öffentlichkeit vorgenommenen Verhandlungsteils durch den Vorsitzenden (BGHSt 30, 74 [76] = JR 1982, 33 m.Anm. *Maiwald*; BGH NStZ 1982, 42; BayObLG NStZ 1990, 250; OLG Köln NStZ 1987, 244; OLG Köln StV 2001, 330; OLG Zweibrücken StV 1986, 240 [241]; *W. Schmid* JZ 1969, 757 [760]).

101 Auf die Wiederholung kann – mit der Folge, dass die Gesetzesverletzung geheilt ist – grundsätzlich nur verzichtet werden, wenn auf die Einhaltung der verletzten Norm selbst verzichtet werden kann (vgl. dazu ausf. KMR/*Momsen* § 337 Rn. 207 ff. sowie BGHSt 42, 73 [78]; weitergehend [zulässiger Verzicht auf die Wiederholung einer bedeutungslosen, aber rechtsfehlerhaft durchgeführten Zeugenvernehmung] BGHSt 33, 99 [100] = NStZ 1985, 422 m.Anm. *Schöch* = StV 1985, 402 m.Anm. *Fezer*; Meyer-Goßner/*Schmitt* § 338 Rn. 3).

102 **G. Reformüberlegungen.** Im Revisionsrecht erfolgten seit dem Inkrafttreten der RStPO keine grundlegenden Reformen, gleichzeitig aber hat sich die Verfahrenspraxis stark verändert (Vor § 333 Rdn. 8 ff.; ausf. *Andoor*, Tatfragen in der strafrechtlichen Revision, S. 22 ff., S. 25). Die im Wesentlichen richterrechtlich geprägten Weiterentwicklungen des Revisionspraxis führten zwar dazu, dass mithilfe der Revision mittlerweile unter spezifischen Voraussetzungen auch die Feststellungen angreifbar sind. Als effektives Mittel gegenüber tatsachenbezogenen Fehlurteilen (also Fehlurteilen i.e.S.) erweist sie sich aber immer noch nicht. Die Anforderungen an die Darstellung der Beweiswürdigung führen dazu, dass der Erfolg des Rechtsmittels derzeit vor allem von dem Geschick der Tatrichter bei der Urteilsabfassung abhängt (so bereits *Rieß* FS Hanack, S. 397, 407). Zudem lässt die revisionsgerichtliche Praxis die Aufklärungsrüge (Verletzung von § 244 Abs. 2) aus der Perspektive der Revisionsführer aufseiten der Verteidigung weitgehend leerlaufen. Auch die von den Revisionsgerichten geschaffenen Ermessensspielräume sind unter diesem Blickwinkel krit. zu sehen (ausführlich die historisch fundierte Analyse von *Andoor*, Tatsachenfragen in der strafrechtlichen Revision, S. 288 ff, 327 ff.) und bedürfen umfassender Diskussion. Neben den Elementen, die zum Bedeutungsverlust der Verfahrensrüge führen (insb. die Heraufsetzung der Begründungsanforderung), hat das Kriterium des § 349 Abs. 2, verstanden als nur formale Einstimmigkeit der Beschlussfassung, jedenfalls die Voraussetzungen dafür geschaffen, dass kaum kalkulierbar erscheint, ob und in welchem Umfang aufgeworfene Rechtsfragen durch das Revisionsgericht erörtert und Beschlüsse entsprechend begründet werden (vgl. dazu auch in der Rspr. des Bundesgerichtshofs in Beschlüssen nach § 349 Abs. 2 teilweise verwendete, an den Beschlusstenor anschließende Formel: »Ergänzend bemerkt der Senat: […]«). Die Entscheidungen werden dadurch aus der Sicht der Revisionsverteidigung häufig intransparent und unberechenbar für die Betroffenen und sind diesen nur schwer zu vermitteln (vgl. vertiefend *Momsen* KriPoZ 2018, 339 [343]); § 349 Rdn. 18, 28). Das Rechtsmittel ist daher aus dieser Perspektive grds. nachvollziehbar dem Vorwurf ausgesetzt, es erschöpfe sich nicht in einer reinen Rechtskontrolle, sondern stehe individuellen Billigkeitserwägungen der Revisionsrichter gegenüber offen. Es besteht zumindest die Möglichkeit, dass die Frage, ob ein Urteil in der Sache für richtig und gerecht und gerecht empfunden wird, entscheidungsleitend ist (statt vieler s. nur *Knauer* NStZ 2019, 1, 6).

103 Reformüberlegungen scheinen insoweit angebracht. Der Gesetzgeber sollte aktiv werden – auch, weil die Revisionsrichter naturgemäß wie alle anderen Gerichte auch Entscheidungen im Wahrnehmungskontext ihrer und zugleich über ihre eigene Verfahrensrealität fällen (vgl. *Norouzi* FS Fischer, S. 765, 768; vgl. auch (*Fezer* FS Hanack, S. 331, 336, der darauf hinweist, dass die subjektiv geprägten Entscheidungen von Revisionsrichtern stammen, die i.d.R selbst jahrelang Tatrichter waren); diese aber lediglich der (eingeschränkten) verfassungsrechtlichen Kontrolle unterliegen, die zugegebenermaßen sehr effektiv sein kann, wie BVerfGE 133, 168 eindrücklich gezeigt hat. Die Forderung nach einer konsequenten Sanktionierung von Verfahrensverstößen liegt aus der Sicht der Revisionsführer auf der Hand (s. nur *Park* StraFo 2021, 223, 229). Darüber hinaus sollte das Revisionsverfahren wesentlich kommunikativer ausgestaltet werden (ebf. *Park* StraFo 2021, 230, 231). Das bedeutet nicht, dass eine mündliche Verhandlung stets notwendig wäre. Das wäre bei etwas mehr

als 3.000 Erledigungen pro Jahr allein durch die Senate des BGH ohnehin nur schwerlich durchführbar (vgl. Jahresstatistik 2020, S. 16; s.a. *Nourouzi* StV 2015, 773, 775). Der Vorteil einer Revisionshauptverhandlung besteht in dem kommunikativen Prozess, der es den Beteiligten ermöglicht, entscheidende Rechtsfragen dialektisch zu entwickeln und zu konkretisieren. Eine solche Dynamik kann grds. auch Einzug in das schriftliche Verfahren erhalten. Dabei sollte auch die Handhabung von § 344 Abs. 2 Satz 2 kommunikativer ausgestaltet werden (ausführlich *Park* a.a.O.), um der Vorschrift ihren disziplinierenden Charakter zu nehmen. Mit der Einführung der Dokumentation der Hauptverhandlung und daran anknüpfend eines Inhaltsprotokolls kann sich zudem die Revisibilität der Feststellungen und der tatsächlichen Grundlage der Beweiswürdigung (und damit die Möglichkeit zur Aufklärung von Fehlurteilen) verbessern, ohne dass die Revision zur Berufung ausgestaltet werden müsste (dazu Vor § 333 Rdn. 1). Zum einen kann sich die Bedeutung der Aufklärungsrüge erhöhen. Zum anderen wäre die Öffnung der Inbegriffsrüge für Abweichungen von festgestelltem und dokumentiertem Sachverhalt ein konsequenter Schritt. Bei alledem ist dies sicher zugleich mit der Forderung nach einer entsprechenden Zuweisung von Ressourcen an den Revisionsgerichten zu verbinden.

§ 338 Absolute Revisionsgründe

Ein Urteil ist stets als auf einer Verletzung des Gesetzes beruhend anzusehen,

1. wenn das erkennende Gericht nicht vorschriftsmäßig besetzt war; war nach § 222a die Mitteilung der Besetzung vorgeschrieben, so kann die Revision auf die vorschriftswidrige Besetzung nur gestützt werden, wenn
   a) das Gericht in einer Besetzung entschieden hat, deren Vorschriftswidrigkeit nach § 222b Absatz 2 Satz 2 oder Absatz 3 Satz 4 festgestellt worden ist, oder
   b) das Rechtsmittelgericht nicht nach § 222b Absatz 3 entschieden hat und
      aa) die Vorschriften über die Mitteilung verletzt worden sind,
      bb) der rechtzeitig und in der vorgeschriebenen Form geltend gemachte Einwand der vorschriftswidrigen Besetzung übergangen oder zurückgewiesen worden ist oder
      cc) die Besetzung nach § 222b Absatz 1 Satz 1 nicht mindestens eine Woche geprüft werden konnte, obwohl ein Antrag nach § 222a Absatz 2 gestellt wurde;

2. wenn bei dem Urteil ein Richter oder Schöffe mitgewirkt hat, der von der Ausübung des Richteramtes kraft Gesetzes ausgeschlossen war;

3. wenn bei dem Urteil ein Richter oder Schöffe mitgewirkt hat, nachdem er wegen Besorgnis der Befangenheit abgelehnt war und das Ablehnungsgesuch entweder für begründet erklärt war oder mit Unrecht verworfen worden ist;

4. wenn das Gericht seine Zuständigkeit mit Unrecht angenommen hat;

5. wenn die Hauptverhandlung in Abwesenheit der Staatsanwaltschaft oder einer Person, deren Anwesenheit das Gesetz vorschreibt, stattgefunden hat;

6. wenn das Urteil auf Grund einer mündlichen Verhandlung ergangen ist, bei der die Vorschriften über die Öffentlichkeit des Verfahrens verletzt sind;

7. wenn das Urteil keine Entscheidungsgründe enthält oder diese nicht innerhalb des sich aus § 275 Abs. 1 Satz 2 und 4 ergebenden Zeitraums zu den Akten gebracht worden sind;

8. wenn die Verteidigung in einem für die Entscheidung wesentlichen Punkt durch einen Beschluss des Gerichts unzulässig beschränkt worden ist.

Übersicht

1 **A. Absolute Aufhebungsgründe. Prozessrechtsverstöße von besonderem Gewicht,**

- die sich einerseits gegen »**zentrale Institutionen und Garantien des Strafverfahrensrechts** (richten), die vielfach mehr oder weniger eng mit den hergebrachten Prozessmaximen zusammenhängen« (*Kudlich* StV 2011, 214),
- und bei denen andererseits der **Beruhensnachweis**, wenn nicht unmöglich (Nr. 7), so doch jedenfalls zum Teil **kaum zu führen** ist (Nr. 6),

sanktioniert § 338 Nr. 1–7 in der Weise, dass das **Beruhen unwiderlegbar vermutet**, auf die Beruhensprüfung also – zu Nr. 8 unten vgl. Rdn. 82 ff. – verzichtet wird. Näher zu den absoluten Revisionsgründen s. *Barton* FS Mehle, S. 17; *Hilger* FS Widmaier, S. 277; *Kuckein* StraFo 2000 S. 397; *Kudlich* FS Fezer, S. 435; *Mehle*, Einschränkende Tendenzen, 1981; *Ventzke* StV 2000, 250; *Widmaier* Symp. Hanack, S. 77.

2 Die Geschichte der Auslegung der absoluten Revisionsgründe durch die Rspr. ist zugleich eine Geschichte ihrer **Relativierung**. Symptomatisch hierfür sind etwa die (sei es auch einen Ausnahmefall betreffende) gesetzwidrige Preisgabe förmlicher Voraussetzungen des Öffentlichkeitsausschlusses (BGHSt 45, 117) oder die Argumentationsfigur des »**denkgesetzlich ausgeschlossenen« Beruhens**, das trotz Vorliegens der Voraussetzungen eines absoluten Revisionsgrundes die Aufhebung des Urteils entbehrlich mache (zuletzt BGH, Beschl. v. 13.04.2021 – 5 StR 29/21, NStZ 2021, 512; s.a. BGH StV 2011, 211 m.Anm. *Kudlich*). Eine weitere Begrenzung der Wirkmacht der absoluten Revisionsgründe besteht wegen § 353 Abs. 1 in dem Aufhebungsumfang (BGH, Urt. v. 23.10.2002 – 1 StR 234/02, NJW 2003, 597; schon seit den frühen Jahren des RG: RGSt 44, 16 [19]). Er ist eingeschränkt in den Fällen, in denen – was bei Nr. 5 und Nr. 6 in Betracht kommt – der den absoluten Revisionsgrund auslösende Verfahrensfehler nur einem bestimmten Abschnitt der Hauptverhandlung anhaftet, das Urteil auch nur in diesem Umfang aufgehoben wird (vgl. BGH NStZ 1996, 202 [nur in einem von mehreren Schuldsprüchen] oder BGH NStZ 1983, 375 [nur im Rechtsfolgenausspruch]). Weitere Voraussetzung ist die Trennbarkeit des Urteils, die nicht dann erst entfällt, wenn sich nach den Beruhensmaßstäben des § 337 die Ergebnisse des fehlerbehafteten Verhandlungsteils auch auf die übrige Bewertung ausgewirkt haben können (so im Fall BGHSt 46, 142 [146]); vielmehr kommt eine Trennung schon dann **nicht** in Betracht, wenn eine **abstrakt-generelle Beziehung zu dem anderen Verfahrensteil nicht ausgeschlossen** werden kann: wenn also der mit dem absoluten Revisionsgrund behaftete Verfahrensabschnitt die Verhandlung zum anderen Verfahrensteil »**mitbetroffen**« hat (BGH NStZ 2003, 218 als aufschlussreiches Beispiel einer solchen Konstellation). Auch eine Beschränkung der Aufhebung auf den Rechtsfolgenausspruch kommt nur in Betracht, wenn diese – dem Wesen des absoluten Revisionsgrundes entsprechenden – abstrakt-generellen Maßstäbe eingehalten werden (BGH NStZ 1983, 375).

3 Die **Beschränkung der Revision** auf den Strafausspruch oder auf einen von mehreren Schuldsprüchen ist auch bei Geltendmachung eines absoluten Revisionsgrundes wirksam; der Anfechtungswille des Beschwerdeführers hat den Vorrang vor der möglichen Reichweite des Verfahrensverstoßes (BGH NJW 1995, 1910; BGH StV 2002, 581 [582]).

4 Eine **Verständigung nach § 257c** schränkt die Berechtigung zur Geltendmachung absoluter Revisionsgründe **nicht** ein (BGHSt 57, 3 [5]).

5 **B. Die Revisionsgründe des § 338 im Einzelnen. I. Allgemeines zum revisionsrechtlichen Schutz des gesetzlichen Richters (Nr. 1-4).** Nr. 1–4 des § 338 sanktionieren Verstöße gegen das Verbot des Art. 101 Abs. 1 Satz 2 GG (vgl. auch § 16 Satz 2 GVG), wonach niemand seinem **gesetzlichen Richter** entzogen werden darf (dazu § 1 Rdn. 16 ff., 27 ff.). Die von der Rspr. gemachte Einschränkung, dass sachlich der betr. Verstoß auf »**Willkür**« beruht (z.B. auch bei Nichtbeachtung einer ständigen höchstrichterlichen Rspr., vgl. BGH GA 1980, 68 f.; BGHSt 12, 227 ff.; 12, 402 ff.; 25, 66 ff.; 26, 203 ff.; 34, 121 ff.; ausf. bei *Rieß* GA 1976, 133 ff., anscheinend a.A. BGH GA 1978, 120 f = JR 1978, 210 m.Anm. *Meyer*), ist problematisch. Die auch vom BVerfG unbeanstandet gelassene Differenzierung zwischen willkürlichen Verfahrensverstößen und bloßen Verfahrensirrtümern (BVerfGE 19, 38 ff.; 30, 165 ff. m.w.N., ähnlich auch die 1. Auflage) findet

im Gesetzeswortlaut keine Stütze. Die von den Obergerichten (vgl. BGHSt 12, 227 ff.) in Bezug genommene Rechtssicherheit, welche durch Aufhebung von noch in vertretbarer Besetzung zustande gekommenen Urteilen Schaden nehme, überzeugt nicht, da der Willkürbegriff seinerseits unscharf ist und trotz mittlerweile recht ausgefeilter Kasuistik nicht zur Rechtssicherheit beiträgt. Überdies wird sich anhand objektiver Kriterien schwer bestimmen lassen, wo die Grenze des »noch vertretbaren Irrtums« verläuft (instruktiv zu den Bedenken des verfassungsrechtlichen Willkürmaßstabs *Sowada* Der gesetzliche Richter im Strafverfahren, S. 216 ff.). Dass durch eine wortlautgetreue Anwendung der Vorschrift eine geordnete Rechtspflege stark erschwert würde, kann demgegenüber allenfalls ein Argument für eine Vereinfachung der Zuständigkeitsvorschriften de lege lata sein (vgl. LR/*Franke* § 338 Rn. 11; HK-GS/*Rackow* § 338 Rn. 7; differenzierend Meyer-Goßner/*Schmitt* § 338 Rn. 6 m.w.N.). Teilweise wird mit beachtlichen Argumenten in dieser Rspr. auch ein Verstoß gegen § 337 erblickt (LR/*Franke* § 338 Rn. 11; *Mehle* FS Dahs, 2005, 398 ff. m.w.N.). In formeller Hinsicht folgt insb. aus §§ 222a/b, die in einem engen systematischen Zusammenhang mit § 338 Nr. 1 zu sehen sind, dass der Beschwerdeführer den Besetzungseinwand erfolglos mit (rechtzeitigen) **Einwänden** nach §§ 222a/b (Gerichtsbesetzung, Nr. 1), aber auch nach § 6a (Zuständigkeit bes. Spruchkörper, Nr. 4) bzw. § 16 (örtliche Zuständigkeit, Nr. 4) geltend zu machen hat. Zur Rügepräklusion ausf. unten Rdn. 29 f.).

Grundsätzlich folgt aus dem Prinzip des gesetzlichen Richters, dass eine neu eingehende Sache ohne Ansehung der konkreten Tat oder des konkreten Beschuldigten (»blindlings« HK-GS/*Rackow* § 338 Rn. 5) einem Richter nach abstrakten Merkmalen zugewiesen wird. Turnus oder Buchstabensysteme sind gleichermaßen zulässig; Spezialzuweisungen (Wirtschaftsstrafsachen, Jugendschutzsachen u.a.) gesetzlich geregelt und durch die Konzentrationsmaxime geboten. Bei der Auslegung der Nr. 1–4 sind diese Grundsätze zu beachten. Nr. 2–4 enthalten Spezialvorschriften gegenüber Nr. 1; Nr. 1 wiederum ist lex specialis zu Nr. 5 (vgl. aber Rdn. 22, 52). Zwar ist ein Turnussystem nicht frei von der Möglichkeit missbräuchlicher Eingriffe. Theoretisch könnte die Staatsanwaltschaft einzelne Anklagen zurückhalten oder vorziehen. Die abstrakte Möglichkeit eines Missbrauchs macht eine Geschäftsverteilung jedoch weder verfassungs- noch gesetzeswidrig Den Erfordernissen des Art. 101 Abs. 1 Satz 2 GG genügt es, wenn sachfremde Einflüsse der Justizverwaltung oder der Staatsanwaltschaft nach dem Verteilungsmodus nicht ernsthaft zu befürchten sind (BGH, Beschl. v. 16.06.2021, StB 25 und 26/21 Rn. 12,) 6

II. Unvorschriftsmäßige Besetzung des erkennenden Gerichts (Nr. 1). 1. Sachliche Voraussetzungen des § 338 Nr. 1 Hs. 1. a) Erkennendes Gericht ist – abweichend von §§ 28 Abs. 2 Satz 2, 305 Satz 1 – der Spruchkörper, der das angefochtene Urteil erlassen hat (RGSt 2, 322); es muss während der gesamten Dauer der Hauptverhandlung (BGH MDR [D] 1954, 154; OLG Oldenburg NJW 1952, 1310) ordnungsgemäß besetzt sein. Fehlerhafte Gerichtsbesetzung bei Entscheidungen vor der Hauptverhandlung können Revisionsgrund nach §§ 336, 337 sein. 7

b) Begründet kann die Rüge nach Nr. 1 sein, wenn gegen **Einzelvorschriften** über die Besetzung des erkennenden Spruchkörpers (vgl. Rdn. 28 ff.), die rechtliche Qualifikation und faktische Mitwirkungsfähigkeit seiner Mitglieder sowie deren Heranziehung im jeweiligen Einzelfall – nach Auffassung der Rspr. – **»willkürlich«** (Rdn. 13 ff. m. Hinw.) verstoßen worden ist. 8

aa) Das erkennende Gericht muss mit der für die Hauptverhandlung vorgeschriebenen **Zahl von Richtern** entscheiden (§§ 25; 29 Abs. 1, Abs. 2; 76, 122 GVG). Zu keiner nach Nr. 1 revisiblen Fehlbesetzung führt jedoch die versehentliche Zuziehung eines zweiten RiAG ohne Antrag der StA gem. **§ 29 Abs. 2 GVG** (vgl. KK/*Barthe* § 29 GVG Rn. 5 f.; a.M.: BAG NJW 1961, 1945; OLG Bremen NJW 1958, 432; LR/*Schäfer* [24. Auflage] § 29 GVG Rn. 4; LR/*Gittermann* § 29 GVG Rn. 5), weil eine solche, über die Mindesterfordernisse des § 29 Abs. 1 GVG hinausgehende, »bessere« Besetzung der Schöffengerichte nicht »vorschriftswidrig« i.S.d. Nr. 1 sein kann (vgl. auch den Rechtsgedanken des § 269). Zu beachten ist allerdings grundsätzlich, dass die Überbesetzung nicht dazu führen darf, dass innerhalb des Spruchkörpers in zwei verschiedenen Gruppen Recht gesprochen werden könnte (BVerfGE 22, 285 m.w.N.; BGHSt 22, 94; siehe auch SK-StPO/*Frisch* § 338 Rn. 31 f.). Die Entscheidung über eine Besetzungsreduzierung einer Strafkammer nach § 76 Abs. 2 S. 4 GVG ist grundsätzlich außerhalb der Hauptverhandlung (im Regelfall bei der Eröffnung des Hauptverfahrens, § 76 Abs. 2 Satz 1 GVG; zur Konstellation einer Besetzungsreduzierung nach Zurückverweisung durch das Revisionsgericht vgl. BGH, Urteil vom 27.07.2017 – 1 StR 596/16) in der für Entscheidungen außerhalb der Hauptverhandlung vorgesehenen Besetzung mit drei Berufsrichtern ohne Hinzuziehung von Schöffen zu treffen (vgl. BGH, Beschl. v. 20.05.2015 – 2 StR 45/14 m.w.N.). Eine in fehlerhafter Besetzung getroffene Reduzierungsentscheidung nach 3 76 Abs. 2 S. 4 GVG stellt einen nach § 338 Nr. 1 durchgreifenden Verfahrensfehler dar. 9

10 **bb)** Die Beanstandung (individueller) **Mängel in der Person des Richters** werden, auch wenn sie etwa bei Verhandlungsunfähigkeit i.S.d. Nr. 5 einschlägig wären, nur unter Nr. 1 berücksichtigt (BGH NJW 2001, 3062; Meyer-Goßner/*Schmitt* § 338 Rn. 10; Radtke/Hohmann/*Nagel* § 338 Rn. 24 ff.; HK/*Temming* § 338 Rn. 4).

11 (1) Für **Berufsrichter** gelten die Vorschriften des DRiG, insb. über die Ernennung (§§ 10–12, 18, 19 DRiG). Das Verbot, dass in der Hauptverhandlung mehr als ein **Richter auf Probe** (§ 12 DRiG; §§ 22 Abs. 5, 59 Abs. 3 GVG) mitwirke (§ 29 DRiG), ist nicht verletzt, wenn sowohl ein Urteil des Strafrichters (§ 25 GVG) als auch eine ihm vorausgehende Entscheidung nach § 27 jeweils von einem Richter auf Probe gefällt worden ist (OLG Koblenz GA 1978, 208). Ein Richter auf Probe, der die Voraussetzungen des § 29 Abs. 1 Satz 2 GVG erfüllt, kann als bestellter Vertreter den Vorsitz einer (kleinen) Strafkammer führen (OLG Rostock, Urt. v. 16.08.2019, 20 RR 16/19, NStZ 2020, 242). Art. 101 Abs. 1 Satz 2 GG verbietet aber, über mehrere Jahre hinweg dem feststehenden Bedarf an Richterkräften zu einem wesentlichen Teil und ständig mit Richtern auf Probe zu genügen (BVerfG NJW 1956, 137; 1962, 1495; DRiZ 1971, 27; BGHSt 8, 159; 9, 108; 14, 326; NJW 1955, 1805; OLG Karlsruhe NJW 1968, 2389). – Zur »**Selbstablehnung**« eines Richters vgl. § 30 Rdn. 4 ff.; – Verletzung des § 37 JGG begründet für sich allein nicht die Revision (BGH NJW 1958, 639; *Eisenberg/Kölbel* JGG, § 37 Rn. 21). Dementsprechend liegt auch in der Mitwirkung eines Nichtrichters i.Ü. ein Verstoß (bspw. nach Zurücknahme der Ernennung oder Nichtvereidigung des Schöffen nach § 45 Abs. 1 DRiG – näher HK-GS/*Rackow* § 338 Rn. 5).

12 Die Mitwirkung eines **blinden Richters** wird im Strafverfahren überwiegend als problematisch beurteilt. Dies ist für die Augenscheineinnahme evident (BGHSt 4, 191; 18, 51; LR/*Franke* § 338 Rn. 39; KK/*Gericke* § 338 Rn. 50). Überwiegend wird auch die Mitwirkung als Vorsitzender in der Tatsacheninstanz abgelehnt (BGHSt 35, 164 m.Anm. *Fezer* JZ 1989, 156 ff.; SK-StPO/*Frisch* § 338 Rn. 52; a.A. OLG Hamburg NStZ 2000, 616 m.Anm. *Rotthaus* NStZ 2001, 280 in Bezug auf die Strafvollstreckungskammer). Eine Differenzierung dahin gehend, dass der Vorsitz in der Berufungskammer möglich sein soll (OLG Zweibrücken NStZ 1992, 50 ff.), überzeugt angesichts des Charakters der Berufungsinstanz als voll ausgeprägter Tatsacheninstanz nicht (BVerfG NJW 1992, 2075 verneint insoweit lediglich verfassungsrechtliche Bedenken). Die Mitwirkung als Beisitzender in der Tatsacheninstanz (bejahend *Schulze* MDR 1995, 670 ff.; *Wolf* ZRP 1992, 15; dagegen BVerfG NJW 2004, 2150; BGH 34, 236; *Roxin/Schünemann* § 44 B V 2) begegnet zwar im Hinblick auf die Sachleitung keinen Bedenken, erscheint i.Ü. jedoch gerade in komplexeren Verfahren angesichts der einhelligen Ansicht in Bezug auf Augenscheineinnahme nur mit besonderer Unterstützung durch die übrigen Kammermitglieder durchführbar. Die Ansicht, die Mitwirkung sei in Verfahren zu gestatten, in welchen es in concreto zu keiner Augenscheineinnahme komme (vgl. LR/*Franke* § 338 Rn. 39) scheint zumindest angesichts des zeitlichen Vorlaufs der Geschäftsverteilung nicht praktikabel (ausf. *Stüber* Die Entwicklung des Prinzips der Unmittelbarkeit im deutschen Strafverfahren, 2004, S. 60 ff.). Stumme oder taube Personen können als Richter in Strafverfahren wegen des Grundsatzes der Unmittelbarkeit nicht mitwirken (KK/*Gericke* § 338 Rn. 50; HK/*Temming* § 338 Rn. 4; Meyer-Goßner/*Schmitt* § 338 Rn. 12 f.; BGHSt 4, 191 ff.; Rdn. 34 f.). (Jedenfalls) der nachgeburtliche Mutterschutz einer Richterin führt zu einem nicht disponiblen Dienstleistungsverbot und damit zu einer vorschriftswidrigen Gerichtsbesetzung (BGH, Urteil vom 07.11.2016 – 2 StR 9/15). Die Unaufmerksamkeit eines Richters oder eines Schöffen, etwa bei Übermüdung, kann die Revision nur dann begründen, wenn sie sich über eine ins Gewicht fallende Zeitspanne und wesentliche Verfahrensvorgänge erstreckt (vgl. BGH, Beschlüsse vom 19.06.2018 – 5 StR 643/17, NStZ 2019, 106 und vom 20.10.1981 – 5 StR 564/81, NStZ 1982, 41 mwN). Schläft ein Richter bspw. während der Verlesung des Anklagesatzes eine erhebliche Zeitspanne, liegt der absolute Revisionsgrund des § 338 Nr. 1 StPO vor (BGH, Beschl. vom 14.10.2020, 1 StR 616/19 Rn. 6, StV 2021, 479).

13 (2) **Schöffen:** Ihre Eignung, Berufung, Auswahl und Heranziehung regeln §§ 31–57 (AG), 77 (LG) GVG, §§ 44, 45 DRiG, § 35 JGG. Die in umfangreicher Rspr. entwickelten Kriterien für eine Revisibilität von Fehlern bei der Auswahl von Schöffen, die in einem komplexen mehrstufigen Verfahren geschieht (näher *Dahs* Rn. 146 ff.), lassen sich mit den Begriffen »Verantwortungssphäre des Gerichts«, »Schwere des Fehlers« und »willkürliche Fehlbesetzung« grob kennzeichnen. Zur Beachtlichkeit des Öffentlichkeitsgrundsatzes bei der Auslosung der Reihenfolge der Schöffen vgl. BGH NStZ 2006, 512.

14 Die Mitwirkung eines nach **§§ 31 Satz 2, 32 GVG** ausgeschlossenen Schöffen kann die Revision begründen (RGSt 2, 241; 25, 415; 46, 77; BGHSt 35, 28 ff.; 33, 261 ff.; *Dahs* Rn. 146), und zwar – trotz § 52 Abs. 4 GVG i.V.m. § 336 Satz 2 – auch dann, wenn seine Streichung von der Schöffenliste nach § 52 Abs. 3 GVG abgelehnt worden ist (Meyer-Goßner/*Schmitt* § 52 GVG Rn. 5). I.Ü. kann die Besetzungsrüge auf eine gesetzwidrige Entscheidung über die Streichung von der Schöffenliste nach § 52 GVG nicht gestützt werden, es sei denn, darin läge eine (»willkürliche«) Entziehung des gesetzlichen Richters (§ 336 Rdn. 13 vgl. *Dahs* Rn. 146). Die Nichtbeachtung der Sollvorschriften der **§§ 33, 34 GVG** kann die Besetzungsrüge nicht begründen (RG 39, 306; JW 1927, 793 m.Anm. *Mannheim*; BGH GA 1961, 206; MDR [D] 1971, 723;

OLG Köln MDR 1970, 864). Das Unterlassen einer gebotenen Streichung von der Schöffenliste oder deren **willkürliche Ablehnung** begründen die Revision (Meyer-Goßner/*Schmitt* § 52 GVG Rn. 5; LR/*Franke* § 338 Rn. 34; irrevisibel dagegen ist die bloße Streichung von der Schöffenliste gem. § 52 Abs. 1 oder 2 GVG [vgl. § 52 Abs. 4 GVG sowie HK/*Temming* § 338 Rn. 8]).

Irrevisibel sind: 15

- Außerhalb der gerichtlichen Sphäre begangene Rechtsverstöße im Berufungsverfahren z.B. nach **§ 36 Abs. 1, Abs. 4 GVG** (BGH 22, 122; *Rieß* DRiZ 1977, 292 m.w.N.; vgl. auch §§ 65, 73 Abs. 2 ArbGG), da der RiAG nach § 39 Satz 2 nur die Beachtung des § 36 Abs. 3 GVG zu prüfen hat HK-GS/*Rackow* § 338 Rn. 8; Meyer-Goßner/*Schmitt* § 338 Rn. 9),
- analog § 21b Abs. 4 Satz 3 GVG eine unrichtige Besetzung des Schöffenwahlausschusses nach **§ 40 GVG** (BGHSt 26, 206; 29, 283 ff.) und
- eine objektiv unrichtige, aber sich im Rahmen vertretbarer Auslegung des **§ 43 Abs. 2 GVG** haltende Bestimmung der Zahl der Hauptschöffen nach § 43 GVG (BGH NJW 1974, 155; *Dahs* Rn. 147).

Dagegen kann die **Rüge** nach § 338 Nr. 1 **begründet** sein, wenn 16

- ein nicht gem. **§ 45 Abs. 2–4 DRiG** für die Dauer der laufenden Wahlperiode vereidigter Schöffe (RGSt 64, 308; 67, 363; JW 1930, 2573 m.Anm. *Doerr*; BGHSt 3, 176; 4, 158; 48, 290; NJW 1953, 1034, 1113, 1801; OLG Köln VRS 50, 444; OLG Celle StV 1999, 201) oder
- im Jugendstrafverfahren entgegen **§ 35 Abs. 1 Satz 1 JGG** ein nicht auf Vorschlag des Jugendwohlfahrtsausschusses, sondern aus der Vorschlagsliste für Erwachsenenschöffen gewählter Schöffe (BGH 26, 393 = JR 1977, 299 m.Anm. *Rieß*; a.M. *Müller* JR 1978, 361 f.; Meyer-Goßner/*Schmitt* § 338 Rn. 9)

mitgewirkt hat.

Fehlerhafte Schöffenauslosung (**§§ 45, 46 GVG**) stellt grundsätzlich einen Revisionsgrund nach § 338 Nr. 1 17 dar (BGHSt 3, 68; 16, 109; BGH MDR 1955, 564; OLG Hamm NJW 1956, 1937; OLG Koblenz NJW 1965, 546). Eine nach Spruchkörpern getrennte Schöffenwahl ist unzulässig (§ 45 Abs. 2; vgl. auch die unveröffentlichte BGH-Entscheidung bei *Katholnigg* NJW 1978, 2377 Fn. 19). Bei Bildung einer Hilfsstrafkammer können nicht willkürlich »freie« Hauptschöffen herangezogen werden, die nach Schöffenliste für einen anderen Spruchkörper eingetragen sind (BGH NStZ 2007, 537). Wird ein Hauptschöffe von der Schöffenliste gestrichen (§ 52 Abs. 2 GVG), nimmt gem. § 49 Abs. 2, 3 GVG der nächste Hilfsschöffe seine Stelle ein. Auch nach Übertragung eines Hilfsschöffen in die Hauptschöffenliste behalten seine Aufgaben Vorrang, zu denen er bereits als Hilfsschöffe herangezogen war (§ 52 Abs. 5 GVG). Für die Entbindung eines Schöffen von der Dienstleistung nach § 54 Abs. 1 Satz 2 GVG gilt zur Wahrung des Rechts des Angeklagten auf den gesetzlichen Richter grundsätzlich ein strenger Maßstab. Dabei bestehen Unterschiede zwischen beruflichen Abhaltungsgründen und beabsichtigtem Urlaub (st.Rspr., vgl. BGH, Urteil vom 14.12.2016 – 2 StR 342/15, NStZ 2017, 491; Beschl. v. 05.08.2015 – 5 StR 276/15, NStZ 2015, 714 jeweils mwN: Berufliche Gründe rechtfertigen nur ausnahmsweise die Verhinderung eines Schöffen; nach BGH, Beschl. v. 08.05.2018 – 5 StR 108/18, StraFo 2018, 393, 394, ist die Verschiebung eines länger geplanten Erholungsurlaubs idR unzumutbar).

Die vom Vorsitzenden zu treffende, vom Revisionsgericht gem. § 54 Abs. 3 Satz 1 GVG, § 336 Satz 2 18 Alt. 1 nur eingeschränkt überprüfbare (vgl. BGH, Beschl. v. 05.08.2015, a.a.O.) Ermessensentscheidung über die Entbindung von der Dienstleistung ist aktenkundig zu machen. Eine mangelhafte Entscheidungsdokumentation kann die Revision begründen (vgl. BGH, Urt. v. 14.12.2016, a.a.O. und v. 04.02.2015 – 2 StR 76/14, NStZ 2015, 350, 351). Auch Krankheit kann einen unabwendbarer Grund iSv § 54 Abs. 1 Satz 2 Var. 1 GVG darstellen (BGH, Beschl. v. 02.02.2021 – 5 StR 400/20 Rn. 10). Der Vorsitzende kann dann eine Prognoseentscheidung treffen, ob der Schöffe auch nach Ablauf der Fristenhemmung nach § 229 Abs. 3 Satz 1 StPO nicht wieder an der Hauptverhandlung würde teilnehmen können (BGH, a.a.O. Rn. 13). Stellt sich nach der Terminierung heraus, dass ein Schöffe verhindert ist, kann der Vorsitzende nach pflichtgemäßem Ermessen entscheiden, ob er für die Hauptverhandlung einen Vertreter heranzieht oder ob er eine Verhinderung an einzelnen Tagen durch eine Umterminierung zu beseitigen sucht. Dabei ist u.a. zu beachten, dass das Beschleunigungsgebot in Haftsachen eine besonders zügige Terminierung verlangt (BGH, Beschl. v. 18.03.2020 – 4 StR 374/19, Rn. 19)

cc) Zwischenzeitlich legte der Bundesgerichtshof seinen Entscheidungen zugrunde, dass von Verfassungs 19 wegen die Regelungen der Zuständigkeit, anders als deren Anwendung, nicht lediglich am Maßstab der Willkür, sondern auf jede Rechtswidrigkeit hin zu überprüfen sind (BGH, Beschl. v. 22.03.2016, 3 StR 516/15 Rn. 16; v. 12.01.2016, 3 StR 490/15, StV 2016, 623 Rn. 17). Davon ist er jedoch unter Bezugnahme auf die Verfassungsgerichtsrechtsprechung sowie die Handhabung von Revisionsgerichten anderer Gerichtsbarkeiten wieder abgerückt: Von Verfassungs wegen sei eine umfassende revisionsrechtliche Überprüfung nur bei der Frage erforderlich, ob eine Zuständigkeitsregel des Geschäftsverteilungsplans überhaupt als generell-abstrakte

Regelung anzusehen ist (BGH, Beschl. vom 25.03.2021, 3 StR 10/20, Rn. 47; s.a. Beschl. v. 27.01.2020, 1 StR 622/17 Rn. 17, StV 2020, 821: verneint bei offener Stichtagsregelung).

20 (1) **Formelle** Fragen zur Aufstellung und Anwendung des Geschäftsverteilungsplans (zu seiner Rechtsnatur vgl. § 337 Rdn. 3):

- **Irrevisibel** sind Wahlmängel nach § 21b GVG (vgl. § 21b Abs. 4 Satz 3 GVG) und falsche Zusammensetzung des Präsidiums bei der Beschlussfassung über den Geschäftsverteilungsplan (BVerfGE 31, 47 [53] = DVBl 1971, 786 m. abl. Anm. *Bettermann*; BGH 26, 206, 208; Meyer-Goßner/*Schmitt* § 338 Rn. 7).
- Grds. **revisibel** dagegen sind sonstige Fehler bei der Aufstellung (z.B. Entscheidung des Präsidenten anstatt des Präsidiums, vgl. RGSt 23, 166; 37, 59, 301; 38, 416; 40, 85; BGHSt 3, 353; 15, 218), Anwendung und Abänderung des Geschäftsverteilungsplans nach § 21e GVG (vgl. RGSt 25, 299; BGHSt 3, 353; 11, 109; 12, 402; NJW 1958, 550; BGH, Beschl. vom 25.03.2021, 3 StR 10/20). Revisibel ist auch das nicht gesetzmäßige Zustandekommen des Geschäftsverteilungsplans (BGHSt 7, 24; 11, 106; 19, 116; *Dahs* Rn. 125; HK-GS/*Rackow* § 338 Rn. 6 m.w.N.).

21 (2) **Inhaltlich (§ 21e GVG)** wird der Geschäftsverteilungsplan vom »Grundsatz der Stetigkeit« (BGH MDR [H] 1979, 108 f.) beherrscht, wonach, den Anforderungen des Art. 101 Abs. 1 Satz 2 GG gem. (BGHSt 28, 290 [291 f.]), die in den einzelnen Spruchkörpern mitwirkenden Berufsrichter im Voraus möglichst eindeutig nach allg. Merkmalen und grundsätzlich für ein Geschäftsjahr zu bestimmen sind. Das Präsidium muss die zugewiesenen Aufgaben erschöpfend (OLG Karlsruhe GA 1980, 476; *Rieß* JR 1978, 303; *Müller* MDR 1978, 337) und lückenlos (OLG Neustadt MDR 1965, 225; *Freiber* NJW 1975, 2205; *Heintzmann*, DRiZ 1975, 321) verteilen; »vertretbarer« (§ 1 Rdn. 11, 27) Irrtum hinsichtlich des zu erwartenden Geschäftsanfalls begründet jedoch nicht die Revision (BGH MDR [H] 1978, 626). Übersieht ein Richter, dass er nach dem Geschäftsverteilungsplan unzuständig ist, kann dies ein Revisionsgrund nach § 338 Nr. 1 sein (BayObLG VRS 59, 24).

22 dd) Der wegen körperlicher oder geistiger Mängel **verhandlungsunfähige** (vgl. auch § 205 Rdn. 4), d.h. zur Erfüllung seiner Aufgaben nicht fähige (BGHSt 4, 193) **Richter** (zur Unvereinbarkeit mit dem Grundsatz der **Mündlichkeit** vgl. KMR/*Eschelbach* Vor § 226 Rn. 144 ff.) steht zwar einem abwesenden Richter i.S.v. § 338 Nr. 5 gleich (RGSt 60, 64; BGHSt 18, 51 [55]), doch ist Nr. 1 insoweit lex specialis zu Nr. 5 (BGH NJW 2001, 3062; Meyer-Goßner/*Schmitt* § 338 Rn. 10; zur Gegenansicht vgl. Rdn. 50).

23 **2. Rügepräklusion (§ 338 Nr. 1 Hs. 2).** Durch das Gesetz zur Modernisierung des Strafverfahrens (BGBl. 2019 I, S. 2121) vom 10.12.2019 wurde ein erheblicher Teil der praktischen Anwendungsfälle der Revision entzogen. Bereits nach alter Rechtslage war die Besetzungsrüge nach § 338 Nr. 1 ausgeschlossen, wenn nach § 222b eine Möglichkeit bestand, dem Besetzungsfehler frühzeitig entgegenzutreten und der Revisionsführer dem nicht nachkam (BeckOK-StPO/*Wiedner* § 338 Rn. 9). Diese Möglichkeit wurde nun durch die Einführung des Vorabentscheidungsverfahren nach § 222b Abs. 3 erheblich erweitert. Findet das **erstinstanzliche Verfahren vor dem LG oder dem OLG** statt und ist daher die Mitteilung nach **§ 222a** vorgeschrieben, so gilt die Präklusion des § 338 Nr. 1 Hs. 2 (Meyer-Goßner/*Schmitt* § 338 Rn. 16)

24 **§ 338 Nr. 1a** sieht vor, dass sich das Gericht über die selbst oder durch das Beschwerdegericht festgestellte Vorschriftswidrigkeit der Besetzung hinweggesetzt hat. Das gilt unabhängig davon, ob Tatgericht oder Beschwerdegericht über die Vorschriftswidrigkeit der Besetzung entschieden haben.

25 **§ 338 Nr. 1b** hat zunächst zur Voraussetzung, dass die Entscheidung des Rechtsmittelgerichts nach § 222b Abs. 3 ausgeblieben ist; die dagegen eine Entscheidung des Rechtsmittelgerichts ergangen, lässt sich die Gerichtsbesetzung außer in dem Fall des § 338 Nr. 1a nicht mit der Revision angreifen (*Schork* NJW 2020, 1, 2). Im Fall des § 338 Nr. 1b muss ferner hinzutreten, dass entweder

- die Vorschriften über die Mitteilung verletzt wurden (aa), also wenn die Mitteilung unterlassen wurde, falsch oder unvollständig war (Meyer-Goßner/*Schmitt* § 338 Rn. 16),
- der angebrachte Besetzungseinwand übergangen bzw. zurückgewiesen wurde (bb) oder
- die Unterbrechung beantragt war und keine Woche zur Prüfung der Besetzung zur Verfügung stand (cc).

26 Mit der Gesetzesänderung haben sich zudem die Anforderungen an den Besetzungseinwand verschärft. § 222a Abs. 2 sieht die Möglichkeit einer Unterbrechung der Hauptverhandlung zu Prüfzwecken vor. Die angesichts des Umfangs und der Komplexität der Besetzungsprüfung – die regelmäßig auch die Einsichtnahme in Unterlagen nach § 222 a Abs. 3 erfordert – nur einwöchige Frist zur Erhebung des Besetzungseinwands ab Zustellung oder Bekanntmachung in der Hauptverhandlung steht den durch die Gesetzesänderung gegenüber der alten Rechtslage unveränderten Vortragsanforderungen des früheren Besetzungseinwands nach § 344 Abs. 2 gegenüber [OLG Celle, Beschl. v. 27.01.2020 – 3 Ws 21/20 Rn. 5; *Hamm/Pauly* Revision in Strafsachen Rn. 446 m.w.N.]. Aus der Perspektive des Einwendende entsteht hier natürlich ein höherer Zeitdruck.

27 Ziel des Gesetzgebers war es, insb. umfangreiche Verfahren von dem »Damoklesschwert« der Verfahrensaufhebung wegen der fehlerhaften Besetzung des Spruchkörpers zu befreien (BT-Drs. 19/14747, 29). Er beruft sich dabei jedoch (wohl aufgrund einer Forderung des Strafkammertags, dazu *Claus* NStZ 2020, 57, 58; krit. zu dem Akteur *Norouzi* AnwBl 2018, 290, 291) auf eine Gefahr, die es so rechtstatsächlich nie gegeben hat. Von der geringen Zahl der in der Revision erhobenen Besetzungsrügen war in der Praxis nur ein verschwindend geringer Anteil erfolgreich (*Hamm/Pauly* T. 6 Rn 439; *Momsen/Schwarze* Stellungnahme S. 11; *Norouzi/Pinar/Rosenthal* Stellungnahme DAV, 9). Es ist dem Prozessrecht zudem immanent, dass die Tatgerichte die Hauptverhandlung mit dem Risiko führen, eine von ihnen geprüfte verfahrensrechtliche Frage könnte durch ein Revisionsgericht anders entschieden werden (*Hamm/Pauly* T. 6 Rn. 439). Auch ist fraglich, ob der gewünschte Effekt so überhaupt eintreten kann, muss gegen die abschlägig beschiedene Beschwerde wohl regelmäßig (parallel zur laufenden Hauptverhandlung) eine Verfassungsbeschwerde verfolgt werden (*Norouzi* AnwBl 2018, 290, 291; *Schork* NJW 2020, 1, 3).

28 3. **Formelle Voraussetzungen der Besetzungsrüge.** Die Besetzungsrüge muss in einer den Erfordernissen des § **344 Abs. 2 Satz 2** (dort Rdn. 43 ff. genügenden Weise erhoben werden [BGH 28, 290 [291]]. Dazu bedarf es hinsichtlich jedes Richters, dessen Beteiligung an der Entscheidung beanstandet wird, der genauen Angaben der **Tatsachen**, die der Mitwirkung nach Meinung des Bf. entgegenstanden [BGHSt 12, 33; BGH NStZ [K] 1995, 221; GA 1962, 371; NJW 1968, 1684; OLG Koblenz VRS 56, 38], es sei denn, es handelt sich dabei um dem Bf. unzugängliche kammerinterne Vorgänge [BGH NJW 1980, 951]. **Mitzuteilen** sind deshalb z.B.:

- die Namen des nicht mitwirkungsbefugten und (soweit zumutbar, ansonsten die zur seiner Individualisierbarkeit notwendigen Daten aus dem Geschäftsverteilungsplan; BGH, Beschl. vom 29.06.2006, 4 StR 146/06; vgl. Meyer-Goßner/*Schmitt* § 338 Rn. 21) des an seiner Stelle zur Teilnahme berufenen Richters (BGH, Urt. vom 07.09.2016 – 1 StR 422/15; BayObLG StV 1984, 4134) – entsprechendes gilt für Schöffen (BGHSt 36, 138 ff.; BGH NJW 1991, 50; 2001, 2963 m.Anm. *Katholnigg*; JR 2003, 29; BGH GA 1981, 382),
- die der Mitwirkung entgegenstehenden Gründe (BGH NStZ [K] 1995, 221; OLG Schleswig SchlHA 1974, 184)
- (bei Kritik am Geschäftsverteilungsplan) der Geschäftsverteilungsplan in dem für die beanstandete Besetzung relevanten Bereich sowie etwaige Stellungnahmen, die zu den Akten gereicht wurden (BeckOK-StPO/*Wiedner* § 338 Rn. 60; BGH, Urt. vom 26.07.1994, 5 StR 98/94, BGH NJW 1994, 2703) und
- der Umstand, dass der in der Hauptverhandlung beteiligte Richter auch nicht durch Anordnung nach § 21i Abs. 2 GVG zum Vertreter bestellt worden ist (BGHSt 22, 169; OLG Koblenz VRS 47, 271).
- Wird die Mitwirkung eines schlafenden oder unaufmerksamen Richters gerügt, muss der Verhandlungszeitraum genau bestimmt sein (Meyer-Goßner/*Schmitt* § 338 Rn. 21a m.w.N.).

29 b) Die Revisionsbegründung nach § **344 Abs. 2 Satz 2** muss ferner die Zulässigkeitsvoraussetzungen der Besetzungsrüge nach Nr. 1 Hs. 2 in tats. Hinsicht dartun (s. bereits BGH JR 1981, 122; *Rieß* JR 1981, 91; vgl. zu §§ 16 Satz 2, 6a Satz 2 BGH 23, 298 = JR 1970, 426 m.Anm. *Göhler* zu § 79 Abs. 1 Satz 5 OWiG), **namentlich**

- die ordnungsgemäße Erhebung (insb. wann und mit welcher Begründung) des **Besetzungseinwands** nach § 222b (dabei ist der Besetzungseinwand nach § 222b ist in der gleichen Form geltend zu machen wie die als Verfahrensrüge ausgestaltete Besetzungsrüge der Revision nach Maßgabe von §§ 344 Abs. 2 [OLG Celle, Beschl. vom 27.01.2020 – 3 Ws 21/20 Rn. 5; *Hamm/Pauly* Revision in Strafsachen Rn. 446 m.w.N.]),
- wie der Einwand durch den Tatrichter behandelt wurde (BeckOK-StPO/*Wiedner*, § 338 Rn. 21) und
- ob und wie das Rechtsmittelgericht entschieden hat (s. bereits zur alten Rechtslage BGH JR 1981, 122: auch Inhalt der den Einwand verwerfenden Entscheidung des Tatgerichts; BeckOK-StPO/*Wiedner* § 338 Rn. 21).

Will sich der Revisionsführer auf einen Revisionsgrund nach Nr. 1b stützen, muss zudem dargelegt werden, welcher Tatbestand warum einschlägig ist (ausf. Meyer-Goßner/*Schmitt* § 338 Rn. 21)

30 Ein Nachschieben von Gründen ist nicht statthaft. Mit der erst im Revisionsverfahren vorgetragenen Begründung kann der Angeklagte deshalb nicht mehr gehört werden (BGH, Beschl. v. 18.03.2020, 4 StR 374/19 Rn. 15)

31 Der BGH hat (noch zur alten) Rechtslage offengelassen, ob die Präklusion einer Rüge nach § 338 Abs. 1 eine denkbare Rüge nach § 338 Nr. 5 wegen der Abwesenheit eines Richters während wesentlicher Teile der Hauptverhandlung sperrt (BGH, Beschl. v. 03.04.2019, 5 StR 87/19, NStZ-RR 2019, 218)

32 **II. Gesetzlich ausgeschlossener Richter (Nr. 2).** Mitwirkung eines gesetzlich ausgeschlossenen Richters oder Schöffen (§ 31) am angefochtenen Urteil ist absoluter Revisionsgrund nach **Nr. 2**, auch wenn kein Ablehnungsantrag nach § 24 Abs. 1 gestellt war. Die **Revisionsrüge** (§ 344 Abs. 2 Satz 2) muss den ausgeschlossenen Richter mit Namen bezeichnen (BGH NJW 1962, 550) und die seinen Ausschluss begründenden Tats. anführen. Nr. 2 ist lex specialis zu Nr. 1.
Die Ausschließungsgründe folgen aus §§ 22, 23, 31, 148a Abs. 2 Satz 1 (vgl. BGH, Urteil vom 22.11.2007, 3 StR 417/07). Hat der betroffene Richter nicht am Urteil, sondern lediglich an Verfügungen zur Vorbereitung der HV mitgewirkt, liegt kein absoluter Revisionsgrund vor (vgl. nur Meyer-Goßner/*Schmitt* § 338 Rn. 22). Der Verdacht der Parteilichkeit kann jedoch nach § 22 Nr. 4 bei der Mitwirkung an mehreren für eine einheitliche Behandlung in Betracht zu ziehenden Verfahren aufkommen, wenn zumindest ein enger und für die zu treffende Entscheidung bedeutsamer Sachzusammenhang besteht (BGH, Beschl. v. 18.09.2018 – 1 StR 454/18; NStZ 2019, 353 Rn. 13). Zur Mitwirkung eines Staatsanwalts, in dessen Person die Ausschließungsgründe der Sache nach vorliegen (vgl. *Hamm/Pauly* T. 6 Rn. 503). Nach st. Rspr. des BGH ist ein StA, der in der Hauptverhandlung als Zeuge vernommen worden ist, insoweit an der weiteren Wahrnehmung der Aufgaben als Sitzungsvertreter der StA in der Hauptverhandlung gehindert, als zwischen dem Gegenstand seiner Zeugenaussage und der nachfolgenden Mitwirkung an der Hauptverhandlung ein unlösbarer Zusammenhang besteht (BGH, Beschl. v. 31.07.2018, 1 StR 382/17, NStZ 2019, 234 Rn. 12 m.w.N.)

33 **III. Unrechtmäßige Mitwirkung eines als befangen abgelehnten Richters (§§ 24 Abs. 2, 25–28) oder Schöffen (§ 31) (Nr. 3).** Die Befangenheitsrüge hat die Rechtsnatur einer **sofortigen Beschwerde nach § 28 Abs. 2 im Gewand der Verfahrensrüge** (BGHSt 27, 96 [98]). Im Revisionsverfahren gegen das Urteil eines OLG ist die Befangenheitsrüge deshalb gem. § 304 Abs. 4 Satz 2 unzulässig (BGHSt 27, 96; BGH NStZ 2007, 417; BVerfGE 45, 363 = NJW 1977, 1815). Fälle der Selbstablehnung eines Richters nach § 30 StPO unterfallen nicht § 338 Nr. 3 (BGH, Beschl. v. 11.07.2017 – 3 StR 90/17, NStZ 2017, 720, 721).

34 – Nr. 3 betrifft dementsprechend nur »**erkennende**« Richter (Rdn. 7; d.h. z.B. bei Revision gegen ein Berufungsurteil nicht den Erstrichter (§ 28 Abs. 2).
– Nr. 3 ist unanwendbar, wenn kein **Ablehnungsantrag** (§ 24 Abs. 1, 2) gestellt worden ist.
– Zwar ist kaum denkbar, dass ein mit Erfolg abgelehnter Richter am Urteil mitwirkt; doch Nr. 3 gilt auch, wenn ein Ablehnungsgesuch zu Unrecht als unzulässig (§ 26a Abs. 1, 2) oder unbegründet (§ 27) zurückgewiesen worden ist.

35 **2. Voraussetzungen. a)** Die Revision muss § 344 Abs. 2 genügen (BGHSt 21, 334 ff.; 27, 96 ff.). Es ist wörtlich zumindest der volle Inhalt des Ablehnungsgesuchs und des ablehnenden Beschlusses mitzuteilen (BGH StV 1996, 2 ff.; OLG Düsseldorf NJW 1992, 585; zu verfassungsmäßigen Bedenken vgl. KMR/*Momsen* § 344 Rn. 47).

36 **b)** Ungeachtet des Umstands, dass das Revisionsgericht nach Beschwerdegrundsätzen entscheidet (Rdn. 37), ist folglich als Teil der Revision (§ 28 Abs. 2 Satz 2) materiell auch die Rüge nach Nr. 3 in der Form des **§ 344 Abs. 2 Satz 2** zu erheben (RGSt 74, 296; BGHSt 21, 334 [340]; MDR [H] 1977, 109, [179 f.]; DAR [S] 1980, 209; BGHSt 27, 96). Im Fall des § 26a Abs. 1 Satz 1 ist der Verfahrensablauf, aus dem sich die vom Bf. behauptete Rechtzeitigkeit seines Ablehnungsgesuchs ergibt, vollständig zu schildern (BGH MDR [D] 1977, 109). Zur Rüge einer Entscheidung nach §§ 24, 27 gehört hinreichend klare Angabe des Inhalts des Ablehnungsantrags, der den geltend gemachten Ablehnungsgrund tragenden Tatsachen sowie des Inhalts (nicht nur Wiedergabe einzelner Sätze, vgl. BGH MDR [D] 1972, 387; OLG Schleswig SchlHA 1976, 172) des Zurückweisungsbeschlusses nach § 27 (RG Recht 1931 Nr. 457; BayObLG VRS 42, 46; OLG Stuttgart NJW 1969, 1776; VRS 46, 145; OLG Karlsruhe MDR 1974, 418 LS). Dienstliche Äußerungen des abgelehnten Richters sind vorzubringen (BGH StV 1996, 2; 1993, 235; 1981, 163; Meyer-Goßner/*Schmitt* § 338 Rn. 29). Im Fall mehrerer Befangenheitsanträge muss deutlich werden, welcher Ablehnungsbeschluss mit welcher Begründung angegriffen wird (BGH, Beschl. v. 03.08.2017 – 4 StR 96/17).

37 **3. Grundsätze der Überprüfung.** Das **Revisionsgericht überprüft nach Beschwerdegrundsätzen** den tatgerichtlichen Beschluss (§§ 26a, 27) unter Zugrundelegung der Sach- und Rechtslage z. Zt. seines Erlasses (BGH wistra 1984, 146; NStZ 1984, 230; StV 1988, 417; RGSt. 1977 – II ZR 165/75] – Nichtberücksichtigung der Aussage eines Zeugen, der zum relevanten Zeitpunkt die Aussage verweigert hatte), aber ohne Bindung an die tatgerichtliche Auslegung und Anwendung z.B. der konkretisierungsbedürftigen Rechtsbegriffe (KMR/*Momsen* § 337 Rn. 24) des § 24 Abs. 2 (RGSt 60, 44; 74, 297; BGHSt 21, 340; BayObLG VRS 42, 46; OLG Koblenz VRS 44, 292). Später hinzugetretener Tatsachenstoff darf demgemäß nicht berücksichtigt werden (BGHSt 21, 88; HK-GS/*Rackow* § 338 Rn. 15); ein Austausch des Verwerfungs-

grundes i.S.d. § 26a durch das Revisionsgericht soll möglich sein (vgl. BGH wistra 2006, 431 – fehlende Begründung vs. fehlende Glaubhaftmachung).

Zum Tatbestandsmerkmal **»mit Unrecht verworfen«** i.S.v. Nr. 3 vgl. KK/*Gericke* § 338 Rn. 59; KK/*Scheuten* § 28 Rn. 8; BeckOK-StPO/*Graf/Wiedner* § 338 Rn. 62 ff. Nach BVerfG NJW 2005, 3410, (anschl. BGH NStZ 2006, 51; BGHSt 50, 216) ist ein Ablehnungsgesuch nicht nur bei dessen sachlicher Begründetheit zu Unrecht verworfen, sondern auch, wenn die Mitwirkung eines abgelehnten Richters an dem Verwerfungsbeschluss (§ 26a) nicht nur rechtswidrig, sondern willkürlich und in einer die verfassungsmäßige Wertung des Art. 101 Abs. 1 Satz 2 GG grob verkennender Weise erfolgt (BVerfG NJW 2006, 3129; NStZ-RR 2007, 275; OLG München NJW 2007, 449; BGH NStZ 2006, 705; NJW 2005, 3436; Meyer-Goßner/*Schmitt* § 338 Rn. 28). Diese Grundsätze dürften verallgemeinerbar sein, soweit es das Willkürmerkmal betrifft. 38

Eine **Zurückverweisung** zur Nachholung einer tatgerichtlichen Entscheidung über die Begründetheit des Ablehnungsantrags findet **nicht** statt *(Hanack* JZ 1973, 730; a.M.: BGHSt 23, 265 = JR 1970, 467 m. Anm. *Peters;* vgl. auch BGHSt 50, 216 – Verwerfung einer Richterablehnung nach Vorbefassung; Abkehr von BGHSt 23, 265) 39

IV. Unzuständigkeit des erkennenden Gerichts (Nr. 4). 1. Örtliche Zuständigkeit (§ 16):. Maßgeblicher **Zeitpunkt** ist grundsätzlich der Eintritt der Rechtshängigkeit (RGSt 65, 267 [268] = JR 1931, 2503 m.Anm. *Beling).* Wird der Unzuständigkeitseinwand nach dem Zeitpunkt des § 16 erhoben, ist die Rüge präkludiert (HK-GS/*Rackow* § 338 Rn. 16). 40

Die Gerichtsstandsrüge muss die Tatsache, dass der Angeklagte den Einwand nach § 16 Sätze 2, 3 rechtzeitig erhoben hat, in der Form des **§ 344 Abs. 2 Satz 2** anführen (BGH GA 1980, 255) und als einzig relevante Begründung dartun, dass der Einwand zu Unrecht zurückgewiesen wurde. Da die örtliche Zuständigkeit in der Revisionsinstanz keine Verfahrensvoraussetzung ist, wird sie nicht von Amts wegen geprüft, sondern nur auf formgerechte Verfahrensrüge. 41

2. Sachliche Zuständigkeit (§ 6). Die Rüge nach Nr. 4 hat insoweit keine Bedeutung mehr, als die sachliche Zuständigkeit eine von Amts wegen zu berücksichtigende Verfahrensvoraussetzung ist, die auch das Revisionsgericht zu prüfen hat. Das Revisionsgericht prüft von Amts wegen auch die Zuständigkeit des **Berufungsgerichts** (Meyer-Goßner/*Schmitt* § 338 Rn. 32 m.w.N.). Eine gesonderte Rüge ist daher nicht erforderlich (HK-GS/*Rackow* § 338 Rn. 17). 42

Nach dem **Zeitpunkt** des Erlasses des angefochtenen Urteils ist die Sach- und Rechtslage zu beurteilen (§ 337 Rdn. 75; RGSt 8, 252; OLG Celle JR 1950, 414; *Gössel* GA 1968, 357). Liegt ein Verweisungsbeschluss nach § 270 vor, beschränkt sich die Prüfung des RevGer. auf die Frage, ob höherrangiges Recht des Art. 101 I 2 GG verletzt. Eine Verletzung der Garantie des gesetzlichen Richters liegt aber unter anderem vor, wenn ein Gericht, das über die Zuständigkeitsfrage entscheidet, die Bedeutung und Tragweite der verfassungsrechtlichen Gewährleistung grundlegend verkannt hat (BGH, Beschl. v. 06.10.2016, 2 StR 330/16, NJW 2017, 280). 43

a) **Unschädlich** sind daher vorausgegangene Zuständigkeitsänderungen in den Fällen des § 6 wie auch dann, wenn das erkennende Gericht das Hauptverfahren wegen einer seine Strafgewalt übersteigenden Tat eröffnet, aber sodann wegen einer in **seine Kompetenz** fallenden Tat **verurteilt** hat (BGH 1, 346 = MDR 1952, 117 m. abl. Anm. *Dallinger;* 10, 64; MDR 1974, 54 – a.M.: *Eb. Schmidt* Nachtr. I § 270 Rn. 7; zweifelnd *Rieß* GA 1976, 16 Fn. 88; vgl. BGH NStZ 1987, 132; 1991, 503). 44

b) Hat dagegen das Tatgericht wegen einer zur Kompetenz eines Gerichts **höherer Ordnung** gehörenden Tat **freigesprochen**, können StA und Nebenkläger (nicht auch der Angekl., da er nicht beschwert ist) ihre Revision auf **Nr. 4 stützen** (RGSt 9, 327; 45, 296; BGHSt 10, 65; GA 1962, 194; *Eb. Schmidt* Nachtr. I § 270 Rn. 11; i.E. auch LR/*Franke* § 338 Rn. 62, 63). Anders bei Willkür (BGHSt 38, 172 ff.; m.Anm. *Rieß* NStZ 1992, 548; OLG Celle NdsRPfl 1995, 25, BGH GA 1981, 321; *Rieß* NJW 1978, 2268). 45

3. Zuständigkeit des Jugendgerichts. Grundsätzlich liegt ein besonderer Geschäftskreis vor, also keine Frage der Zuständigkeit, folglich wäre eine Verfahrensrüge nach § 337 zu erheben. Die Zuständigkeit der Jugendgerichte ist im Revisionsverfahren nicht von Amts wegen zu prüfen; eine etwaige Unzuständigkeit des Tatgerichts für Jugendsachen ist vom Revisionsgericht nur auf eine Verfahrensrüge nach § 338 Nr. 4 StPO zu berücksichtigen (BGH, Beschl. v. 17.12.2019, 3 StR 376/19). 46

4. Verbindung oder Trennung von Verfahren. Die Verbindung oder Trennung von Verfahren gem. § 4 ist dem Ermessen des Tatgerichts überlassen und kann auf eine entsprechende Verfahrensrüge hin nur auf Ermessensmissbrauch geprüft werden. Ein solcher Ermessensmissbrauch kommt beispielsweise im Fall gezielter Umgehung jugendgerichtlicher Zuständigkeit zur Vermeidung der Anwendung von Jugendrecht oder in Fällen in Betracht, in denen das Gericht bei seiner Entscheidung die Bedeutung und Tragweite von Grundrechten des Beschuldigten nicht oder nicht hinreichend berücksichtigt hat, wie etwa die Rechte auf 47 ein rechtsstaatliches, faires Verfahren und auf zügigen Abschluss des Strafverfahrens sowie das Übermaßverbot (BGH, Beschl. v. 20.08.2019, 3 StR 317/19, NStZ 2020, 299 Rn. 14, 15 m. umfangreichen w.N.).

48 **V. Vorschriftswidrige Abwesenheit (Nr. 5).** **1.** Unter »**Abwesenheit**« (Nachweis: §§ 273, 274) ist nicht nur die **körperliche**, sondern auch die **geistige** Absenz (insb. bei Verhandlungsunfähigkeit, vgl. RGSt 1, 149; 29, 324; 57, 373; OGH 2, 377; BGH NJW 1970, 1981; OLG Oldenburg MDR 1963, 433) zu verstehen (insoweit bestehen Überschneidungen zu Nr. 1; dazu im Einzelnen oben Rdn. 22, § 230 Rdn. 7, § 329 Rdn. 50 ff.; vgl. auch OLG Hamm OLGSt § 231 Satz 3: Der bei Ortsbesichtigung außer Hörweite des Gerichts befindliche Angeklagte kann der Hauptverhandlung nicht folgen).

49 Erforderlich ist ununterbrochene Anwesenheit während der gesamten **Hauptverhandlung** (§ 226), nach h.M. allerdings nur in ihren **wesentlichen Teilen** (RGSt 58, 180; 60, 179 [180 f.]; BGHSt 26, 84 ff.; 16, 178 ff.; 15, 263 ff.; BGH StV 1986, 465; GA 1963, 19; MDR [D] 1975, 23; MDR [H] 1978, 460; Meyer-Goßner/*Schmitt* § 338 Rn. 36; *Dahs* Rn. 175 ff.; für die StA vgl. OLG Kiel JW 1929, 2775 m.Anm. *Mamroth;* OLG Oldenburg NJW 1963, 443; *Seibert* NJW 1963, 1590; für den Verteidiger: RGSt 38, 217; OLG Hamm MDR 1970, 525; a.M. *Eb. Schmidt* Nachtr. I 5).

50 Dazu **gehören** grundsätzlich: Vernehmung des Angeklagten zur Sache (§ 243 Rdn. 13–19; vgl. RGSt 38, 217; 53, 170; DR 1939, 627 m.Anm. *Hülle;* a.M. – Erscheinen des notwendigen Vertreters, vgl. aber Rdn. 56, erst nach Vernehmungsbeginn unschädlich: OLG Stuttgart NJW 1950, 359 m.Anm. *Roesen* = DRZ 1950, 373 m. Anm. *Ott),* Verlesung des Anklagesatzes (BGHSt 9, 244) bzw. des erstinstanzlichen Urteils (OLG Düsseldorf StraFo 1999, 125; OLG Zweibrücken StV 1986, 240; OLG Stuttgart Justiz 1964, 172; vgl. aber BGH NStZ 1987, 135 – ehrengerichtliches Verfahren; vgl. auch § 324 Rdn. 9–12) und Vortrag des BE nach § 324 (dort Rdn. 4–8; RG HRR 1930 Nr. 1178), Vorstrafenfeststellung (BGH NJW 1972, 2006; GA 1963, 19; nicht aber für den Mitangeklagten, sofern hieraus keine für diesen nachteiligen Folgen gezogen werden können; BGH NStZ 1993, 90), Vernehmung eines Mitangeklagten über die gleiche Tat (RGSt 55, 168; BGH StV 1986, 288), Beweisaufnahmen (BGH NStZ 1981, 449; 1985, 375; 1986, 564; BGHSt 9, 244; 15, 306; 21, 332 [334]; NJW 1973, 522; OLG Hamburg StV 1984, 111; OLG Köln, 1987, 244; BayObLG NJW 1974, 249; Sachverständigenvernehmung: RGSt 60, 180; 69, 256; gerichtliche Augenscheinseinnahmen: RGSt 42, 198; 66, 28; BGHSt 3, 187 [189]; 25, 317 [318]; OLG Celle GA 1954, 316; OLG Hamm NJW 1959, 1192; OLG Hamburg GA 1961, 177; OLG Braunschweig NJW 1963, 1322 m.Anm. *Kleinknecht;* OLG Oldenburg OLGSt S. 31; § 247) samt ihrer Vorbereitung (RGSt 44, 18; vgl. RG HRR 1937 Nr. 288: Entscheidung über Beweisantrag eines Mitangeklagten) und förmliche Beendigung (z.B. Zeugenvereidigung, vgl. OLG Köln NJW 1952, 758; JMB1. NRW 1961, 94 – neuere Rspr.: BGH, Beschl. vom 19.07.2007, 3 StR 163/07 Beweiserhebung in Abwesenheit des Angeklagten; sowie BGH NStZ 2007, 717 – Abwesenheit des ausgeschlossenen Angeklagten bei richterlichem Augenschein; BGH NStZ 2007, 352 – Abwesenheit des Angeklagten bei Verhandlung über die Entlassung des Zeugen; BGH NJW 2006, 2943 – Abwesenheit des Angeklagten bei der Vereidigung), Schlussvorträge auch des Verteidigers eines wegen derselben Tat Mitangeklagten (OLG Hamburg StV 1984, 111; RG JW 1930, 717 m.Anm. *Beling)* oder Prozessbevollmächtigten des Nebenklägers (RGSt 40, 230) sowie Verlesung der Urteilsformel (BGH NStZ 1989, 284; § 268 Abs. 2 Sätze 1, 3; vgl. § 260; RGSt 9, 270; 57, 265; 63, 249; 64, 311; JW 1930, 3858 m.Anm. *Alsberg;* BGH 8, 41; MDR [D] 1956, 11; 1957, 141; 1973, 372; OLG Hamburg StV 1984, 111; **nicht** auch Mitteilung der mündlichen Urteilsgründe nach § 268 Abs. 2 Satz 2, vgl. BGH Beschl. v. 06.06.2018, 5 STR 18/18; NStZ-RR 1998, 237; BGHSt 15, 264; 16, 180; a.M.: RG JW 1938, 1644 m.Anm. *Rilk; Poppe* NJW 1954, 1914).

51 **Ebenfalls nicht** beispielsweise: Feststellung der Identität des Angeklagten und seiner Verhandlungsfähigkeit (OLG Düsseldorf RPfl 1993, 460; BGH NStZ [K] 1994, 228), der Aufruf der Beweispersonen (§ 243 Abs. 1; vgl. RGSt 58, 180; 64, 309; BGHSt 15, 263; BGH NJW 1953, 1801), Befragung eines Zeugen, die ausschl. § 247 betr. (BGH NStZ 1998, 528), Ordnungsgeldbeschlüsse nach § 51 (BGH MDR [D] 1975, 23 f.), Verkündung von Beschlüssen nach §§ 268a, b (vgl. auch BGHSt 25, 333) oder Belehrungen gem. §§ 35a, 268a Abs. 3, 268c *(Poppe* NJW 1954, 1915); die Ladung von Zeugen (BGH, Beschl. vom 14.02.2006, 4 StR 543/05) oder die Erklärung des Einverständnisses der Verfahrensbeteiligten mit der Abladung von auf einen späteren Zeitpunkt geladenen nicht präsenten (anders bei präsenten Zeugen) Zeugen (BGH, Beschl. v. 04.04.2017 – 3 StR 71/17, NStZ 2019, 234).

Dieser Beschränkung des absoluten Revisionsgrundes ist jedoch nicht zuzustimmen, schon allein da der Wortlaut der Norm keine entsprechenden Anhaltspunkte enthält (wie hier HK-GS/*Rackow* § 338 Rn. 21; *Maiwald* JR 1982, 35 ff.; *Eb. Schmidt* § 230 Rn. 5; *Mehle* FS Dahs [2005], S. 391; *Hamm* Rn. 404 ff.), sondern die ununterbrochene Anwesenheit formal rigoros festschreibt. Wenn zur Begründung der Beschränkung auf wesentliche Teile darauf hingewiesen wird, eine Revision sei auch nach § 338 dann ausgeschlossen, wenn es denkgesetzlich ausgeschlossen erscheine, dass das Urteil auf dem festgestellten Mangel beruhen könne

(Rdn. 1 ff.; Meyer-Goßner/*Schmitt* § 338 Rn. 36), so ist die Begründung nicht nur zirkulär, da aus der StPO keinerlei unabhängige Hinweise darauf entnommen werden können, wann es außerhalb des § 338 nicht auf ein Beruhen ankommt. Die Argumentation baut zu dem einer rein pragmatisch geleiteten Differenzierung zwischen wesentlichen und unwesentlichen Teilen einer HV auf. Nicht nachvollziehbar ist bspw. die Einordnung der mündlichen Verkündung der Urteilsgründe als »unwesentlich« (s.o.), da ihr gerade im Fall einer Verfahrensabsprache erhebliche Bedeutung zukommt (vgl. auch SK-StPO/*Frisch* § 338 Rn. 106; HK-GS/*Rackow* § 338 Rn. 21). Systematisch ist insoweit auf Nr. 7 zu verweisen, demzufolge bei fehlender oder verspäteter Urteilsbegründung ein absoluter Revisionsgrund vorliegt, obwohl evident und unbestr. das Urteil hierauf nicht beruhen kann (näher *Effelsberg* Die absoluten Revisionsgründe in der Revisionsrechtsprechung des BGH in Strafsachen, 2003, 23 ff.). Zur Bedeutung des § 338 Nr. 5 für § 339 s. Rdn. 5.

2. Nr. 5 betrifft nur die notwendige Anwesenheit, nicht aber die nur **fakultative Anwesenheit** (vgl. 42 ff.). 52

a) Im Einzelnen sind **anwesenheitspflichtig:**

aa) Richter (vgl. HK-GS/*Rackow* § 338 Rn. 20; § 226; für sie ist jedoch Nr. 1 lex spec. zu Nr. 5; vgl. Rdn. 9; a.A. zu den Fallgruppen der psychischen oder physischen Abwesenheit von Richtern LR-*Becker*, § 226 Rn. 27; mit ausdrücklich formulierter Neigung zu Anwendung von Nr. 5 im Ergebnis aber offenlassend BGH, Beschl. v. 20.09.2016 – 3 StR 84/16, NStZ 2017, 372, 373; vgl. ferner BGH, Beschl. v. 03.04.2019 – 5 StR 87/19) und der Urkundsbeamte (BayObLG NStZ-RR 2002, 16; Meyer-Goßner/*Schmitt* § 338 Rn. 39a; vgl. auch BayObLG bei *Durr* GS 95, 309; OLG Oldenburg NdsRpfl 1954, 34; Schleswig SchlHA 1973, 189; § 226).

bb) StA (§ 226; RGSt 9, 275; JW 1934, 2240 m.Anm. *Krille;* OLG Zweibrücken VRS 47, 352). Sie muss 53
sachlich (§§ 141–142a GVG; vgl. § 226 Rdn. 9) – nicht notwendig auch örtlich (§ 143 GVG; vgl. RGSt 73, 86) – **zuständig** sein; Teilnahme eines anderen StA statt des JugStA (§ 36 JGG) in der Hauptverhandlung ist irrevisibel (BGH bei *Herlan* GA 1961, 358; Meyer-Goßner/*Schmitt* § 338 Rn. 39). Nicht auf Nr. 5 (u.U. aber auf § 337) kann die Revision gestützt werden, wenn der StA auch nach seiner Vernehmung als Zeuge (§ 227 Rdn. 3) oder in den zu § 48 (vgl. dort) bezeichneten Fällen weiter mitwirkt, da er in Bezug auf seine eigene Aussage keine unabhängige Beweiswürdigung mehr vornehmen kann und daher zugleich nicht zu einer abschließenden zusammenfassenden Beweiswürdigung in der Lage ist (BGH, Beschl. v. 14.02.2018 – 4 StR 550/17; NStZ 2018, 482); vgl. ausf. *Dahs* Rn. 177 ff.). Demgegenüber ist die neuere Rspr. abzulehnen (BGH StraFo 2008, 72), die über die bisherige Annahme lediglich eines relativen Revisionsgrundes nach § 337 hinausgeht: Soweit der Senat Bedenken an der bisherigen Rspr. äußert, wonach ein als Zeuge vernommener Staatsanwalt auch für den Rest der HV an der Sitzungsvertretung gehindert sein kann (BGHSt 21, 85 [89]), da die StPO diesbezüglich im Gegensatz etwa zu Richtern und Schöffen keine Regelung enthalte und weiterhin die Gefahr des Rechtsmissbrauchs durch ausschließlich taktisch intendierte Zeugenbenennung bestehe (zu der zunehmenden Tendenz der Rspr., durch das der Verfahrensordnung nicht inhärente Element des Rechtsmissbrauchs das Rügerecht zu beschränken, näher KMR/*Momsen* § 337 Rn. 245 m.w.N.).

cc) Angeklagter (§§ 230 Abs. 1, 231) 54

(1) Der Anwesenheit des Angekl. in der Hauptverhandlung kommt im deutschen Strafprozess ein hoher Stellenwert zu. Sie ist nicht nur zur Wahrheitsfindung, sondern auch für die Verteidigung des Angekl. von erheblicher Bedeutung (BGH, Beschl. v. 11.12.2018 – 2 StR 250/18, NStZ 2019, 421 Rn. 13). Seine unzulässige Abwesenheit ist **nicht Prozesshindernis** (»[…] keine begriffliche Voraussetzung der Hauptverhandlung […]«, BGH, Urteil v. 09.08.2007 – 3 StR 96/07; BGH, Urteil v. 16.01.2014 – 4 StR 370/13), sondern vom Revisionsgericht nur auf Rüge zu beachten; (vgl. BGHSt 26, 8; BGH NStZ 1983, 36; vgl. auch RGSt 29, 295; 40, 230; 54, 211; 58, 150; 62, 259; BGHSt 10, 306 = JZ 1957, 673 m.Anm. *Eb. Schmidt;* GA 1970, 281; Meyer-Goßner/*Schmitt* § 230 Rn. 26; vgl. § 206a Rdn. 4 m.w.N. – a.A.: OLG Hamburg NJW 1969, 726 = JR 1969, 310 m. zust. Anm. *Eb. Schmidt; Eb. Schmidt* I 147, II 25). Ist der Angeklagte hingegen (dauerhaft) verhandlungsunfähig, so liegt kein Fall des § 338 Nr. 5, sondern ein Verfahrenshindernis vor (vgl. Meyer-Goßner/*Schmitt* § 338 Rn. 40 m.w.N.).

(2) Das Recht und die Pflicht des Angekl. zur Anwesenheit am Verhandlungsort kann nach der Strafprozess- 55
ordnung nur in Ausnahmefällen durchbrochen werden (BGH, Beschl. v. 11.12.2018 – 2 StR 250/18, NStZ 2019, 421 Rn. 16). Das Gericht kann den Angeklagten von seiner **Anwesenheitspflicht nicht** wirksam **entbinden** (BGHSt 22, 18 [20]; 25, 317 [318]; NJW 1973, 522; KG StV 1985, 52). Die ununterbrochene Anwesenheit des Angeklagten dient nicht nur der uneingeschränkten Verteidigung des Angeklagten und seinem Anspruch auf rechtliches Gehör (*Rieß* Beiheft ZStW 90, 183 ff.; Meyer-Goßner/*Schmitt* § 230 Rn. 3) sondern steht auch im Interesse der Wahrheitsermittlung, da nur so dem Gericht ein unmittelbarer Eindruck von der Person des Angeklagten, seinem Verhalten und seinen Erklärungen entstehen kann (BVerfG NJW 2007, 2977). Zwar besteht in den gesetzlich vorgesehenen Fällen die Möglichkeit einer ausnahmsweisen Beurlaubung (§ 231c) ansonsten darf das Gericht den Angeklagten grundsätzlich auch **nicht** kurzfristig von

der Hauptverhandlung **beurlauben** (RGSt 40, 230; 42, 197; 58, 150; 70, 68; – a.M.: OLG Neustadt DRZ 1949, 283 m.Anm. *Niethammer*; OLG Hessen JR 1949, 515), die Gewährung einer Beurlaubung ist jedoch in hohem Maße revisionsanfällig, da nur Vorgänge verhandelt werden dürfen, welche den Angeklagten weder im Hinblick auf den Schuldspruch, noch auf die Strafzumessung betreffen dürfen (BGH NStZ [M] 1989, 219). – Sowohl auf Nr. 5 i.V.m. § 230 (BGHSt 24, 257 [259]) als auch §§ 261, 337 kann die Revision gestützt werden, wenn während einer – an sich zulässigen (RGSt 69, 18, 360; 70, 67; BGHSt 21, 180; NJW 1953, 836) – vorübergehenden **Abtrennung** des Verfahrens gegen einen Mitangeklagten über Vorgänge verhandelt wird, die auch den gegen ihn selbst erhobenen Vorwurf berühren (BGHSt 24, 259 m.Anm. *Maiwald* JR 1982, 33; BGH StV 1986, 465). Ebenfalls begründet sein kann die Revision bei der Entfernung des Angeklagten gem. § 247, wenn der Angeklagte (freiwillig und im allg. Einverständnis) den Saal verlässt, ohne dass ein entsprechender Beschluss ergeht (BGH NStZ 2002, 44; BGH, Beschl. v. 21.08.2018 – 2 StR 172/18), oder wenn der Beschluss erst während der Abwesenheit verkündet wird (BGH StV 2000, 120); auch wenn der Beschluss fehlerhaft bzw. lückenhaft begründet ist und nicht mit Sicherheit feststellbar ist, dass das Gericht von zutr. Erwägungen ausgegangen ist (BGH NStZ 1983, 36; 1987, 84; 1991, 296; StV 1992, 455; 2000, 120). Es ist zudem zu beachten, dass nach der eng auszulegenden Ausnahmevorschrift des § 247 die Entfernung des Angekl. auf die Vernehmung des Zeugen beschränkt ist. Eine andere Beweiserhebung, wie eine Urkundenverlesung, gehört nicht dazu, auch wenn sie einen sachlichen Zusammenhang mit der Zeugenvernehmung aufweist (BGH, Beschl. v. 11.12.2018 – 2 StR 250/18, NStZ 2019, 421 Rn. 16). Eine Heilung ist möglich (BGH, Urt. v. 11.11.2009 – 5 StR 530/08, BGHSt 54, 184; vgl. auch zu einem während der Zeugenvernehmung eingenommenen Augenschein BGH, Beschl. v. 17.02.2021 – 4 StR 533/20).

56 **cc) Verteidiger:**

(1) Auf Nr. 5 kann die **Revision gestützt** werden, wenn ein Fall der notwendigen Verteidigung vorliegt und nicht ausschließlich über die Belange eines Mitangeklagten verhandelt wird (BGHSt 21, 180; BGH StV 1986, 288) und

- kein Verteidiger bestellt wurde,
- ein nicht als Rechtsanwalt zugelassener Scheinverteidiger bestellt wurde (BGH Beschl. v. 13.03.2019, 1 StR 532/18, StraFo 2019, 246)

oder der Verteidiger

- durch Wahrnehmung von Interessen Dritter nach den Umständen des konkreten Falles gehindert sein konnte (vgl. auch § 146), seine Aufgaben als notwendiger Verteidiger uneingeschränkt wahrzunehmen (OLG Koblenz NJW 1980, 1058 f.; LR/*Lüderssen*/*Jahn* § 146 Rn. 23 ff.; *Meyer* JR 1977, 213; a.M. evtl. BGH 27, 22 [24]). Es ist daher absoluter Revisionsgrund (Heilung: § 337 Rdn. 98), wenn in diesen Fällen die Hauptverhandlung ohne den Vertreter bzw. ohne Bestellung eines (anderen) Pflichtverteidigers (§§ 140 Abs. 2, 141 Abs. 2, 145) stattfindet, es sei denn, es ist über eine Tat verhandelt worden, von der der Angeklagte freigesprochen wurde (BGH 15, 308) oder die nur einem Mitangeklagten zur Last lag (BGHSt 15, 306 [308]; 21, 180). Demgegenüber begründet eine Verletzung des § 146a die Revision nach Nr. 5 in der Regel nicht (Meyer-Goßner/*Schmitt* § 338 Rn. 41). Sind mehrere Pflichtverteidiger bestellt, genügt die Anwesenheit eines Verteidigers für den Angeklagten, sodass Nr. 5 nicht auf die Abwesenheit der anderen gestützt werden kann (BGH MDR [H] 1981, 457). Dass in Fällen des § 140 Abs. 1 Nr. 2, 3 (anders, wenn lediglich die StA im Schlussvortrag einen dahin gehenden Antrag stellt, vgl. BGH MDR [D] 1957, 141) i.E. nur wegen eines Vergehens verurteilt oder das Berufsverbot nicht verhängt wird, schließt die Rüge gem. Nr. 5 nicht aus (RGSt 70, 318; HRR 1942 Nr. 256; BGH 4, 322),
- offenkundig verhandlungsunfähig ist (BGHR StPO § 338 Nr. 5 Verteidiger 1);
- als Pflichtverteidiger in der HV aussagt (und für diesen Zeitraum kein weiterer Verteidiger bestellt ist – LR/*Ignor*/*Bertheau* Vor § 48 Rn. 44 ff.; *Dahs* Rn. 190; BGHStV 1996, 469).

57 (2) **Nr. 5 gilt** aber **nicht**, wenn der Verteidiger

- unter den Voraussetzungen des § 137 Abs. 1 Satz 2 tätig war,
- in der HV anwesend, aber z.B. infolge Krankheit zu einer zureichenden Verteidigung nicht imstande war (RGSt 57, 373; JW 1938, 1644; BGH MDR 1962, 428; NJW 1964, 1485; a.M.: RG HRR 1940 Nr. 344),
- die Verteidigung nicht ordnungsgemäß geführt wird (BGHSt 39, 310; *Neuhaus* StV 2002, 43; Meyer-Goßner/*Schmitt* § 338 Rn. 41),
- nicht zureichend vorbereitet ist (BGH NStZ 2000, 212 m.Anm. *Hammerstein;* NStZ 2000, 327 und *Stern* StV 2000, 412),
- nicht Pflichtverteidiger ist und in der Hauptverhandlung als Zeuge ausgesagt hat (§ 48),
- der Hauptverhandlung ganz oder teilweise nur als Wahlverteidiger ferngeblieben ist, ohne dass die Voraussetzungen des § 140 Abs. 1, 2 gegeben waren (RGSt 28, 413; 44, 217; 61, 182; BayObLG JR 1960, 190;

vorgesehene Variante der Beruhensprüfung in die Rüge nach § 338 Eingang. Besonders deutlich wird dies für die Fälle zufälliger und außerhalb der Sphäre des Gerichts liegender Verstöße, da der Ausschluss einer Rüge, die darauf gründet, die Öffentlichkeit habe wegen einer Straßenblockade nicht zum Gericht gelangen können, nur überzeugt, soweit nicht dargetan wird, dass die Blockade bereits vor Verhandlungsbeginn und ohne entspr. Kenntnis des Gerichts bestand (vgl. aber HK-GS/*Rackow* § 338 Rn. 26). Dies gilt auch für das zufällige Zuschlagen einer – offenkundig unzureichend gesicherten – Außentür (kein Verstoß i.S.d. Nr. 6: BGHSt 21, 72; Meyer-Goßner/*Schmitt* § 338 Rn. 50) jedenfalls kein außerhalb der Sphäre des Gerichts liegender Verstoß ist. Gesetze (wie Ausgangsbeschränkungen), die aufgrund der Corona-Pandemie ergangen sind, fallen ebenfalls nicht in den Verantwortungsbereich des Gerichts. Selbst wenn Einzelne aufgrund der gesundheitspolizeilichen Maßnahmen auf den Besuch einer Hauptverhandlung verzichtet haben sollten, läge auch in diesem Fall keine Verletzung des Öffentlichkeitsgrundsatzes durch das Tatgericht vor. Bei einer von ihm nicht zu vertretenden Sachlage wäre das Tatgericht auch nicht verpflichtet, dem Öffentlichkeitsgrundsatz durch eine Unterbrechung oder eine Aussetzung noch weitergehende Wirkung zu verschaffen. Anders als im Einzelfall kurzfristiger Beschränkungen kann dies insb. dann nicht gelten, wenn die Dauer der möglichen Einschränkungen wie bei der Pandemie nicht absehbar ist. Denn die aus dem Rechtsstaatsprinzip folgende Pflicht des Staates, eine funktionstüchtige Strafrechtspflege zu gewährleisten, umfasst auch in Ausnahmesituationen die Pflicht, die Einleitung und Durchführung des Strafverfahrens sicherzustellen (BGH, Beschl. vom 06.01.2021, 5 StR 363/20 Rn. 10, 11; vgl. auch *Kulhanek* NJW 2020, 1183, 1186).

b) **Fehlerhaftes Verfahren.** Fehlerhaftes Verfahren (§ 174 Abs. 1 GVG) beim Ausschluss der Öffentlichkeit ist **Revisionsgrund** nach 69

aa) **§ 338 Nr. 6**, wenn z.B. 70

- nicht das Gericht, sondern nur der **Vorsitzende** den Ausschluss der Öffentlichkeit anordnet (BGHSt 117, 222; MDR [D] 1955, 653), Beschränkung nur durch Anordnung des Vorsitzenden anstelle des erforderlichen Beschlusses (BGH, Beschl. vom 21.01.2021, 2 StR 188/20 Rn. 7; BGH StV 2008, 123; BGHSt 17, 220; OLG Hamm StraFo 2000, 199),
- der Beschluss – ebenso eine Entscheidung, durch die die Öffentlichkeit nach vorübergehendem Ausschluss weiterhin (z.B. auch noch für die Vernehmung des nächsten Zeugen) von der Hauptverhandlung ausgeschlossen wird (BGH NJW 1980, 2088; MDR [D] 1966, 728) – entgegen **§ 174 Abs. 1 Satz 2 GVG** nicht in öffentlicher Sitzung (Nachweis: §§ 273, 274; vgl. BGH MDR [H] 1977, 810) verkündet wird (BGH NJW 1980, 2088; StV 1985, 223; RGSt 70, 109 [111 f.]; JW 1932, 204; BGH MDR 1980, 773; MDR [D] 1966, 728; 1972, 926; MDR [H] 1976, 988; BGH, NStZ-RR 2018, 324, (30.07.2018 – 4 StR 68/18)),
- der Gerichtsbeschluss entgegen **§ 174 Abs. 1 Satz 3 GVG** den Ausschließungsgrund nicht ausdrücklich – dass er sich den Beteiligten erkennbar aus dem Sachzusammenhang ohne Weiteres ergibt, genügt nicht (BGHSt 27, 117; BGH GA 1975, 283 f.; *Kleinknecht* § 174 GVG Rn. 20; krit. *Miebach* DRiZ 1977, 271) – angibt (RGSt 25, 249; OGH 3, 81; BGHSt 2, 56 [57 f.]; MDR [H] 1976, 988; im Fall des § 172 Nr. 4 GVG genügt Hinweis auf diese Vorschrift, BGHSt 27, 119) bzw. nicht aus sich heraus verständlich ist (BGHSt 1, 334),
- **die Öffentlichkeit** nach Abschluss des Verfahrensvorgangs, für den sie ausgeschlossen war – er umfasst z.B. bei der Zeugenvernehmung alle Akte, die mit ihr in engem Zusammenhang stehen, sich aus ihr entwickeln und daher zu dem Prozessabschnitt gehören, für den sinngemäß die Öffentlichkeit ausgeschlossen werden sollte (RGSt 70, 109 [110]; BGH MDR 1975, 198 [199]; DAR [S] 1978, 153) –, **nicht wiederhergestellt** (Nachweis; §§ 273, 274; vgl. BGH MDR [H] 1977, 810) worden ist (BGHSt 7, 218; MDR [D] 1970, 562; BGH, StV 2018, 205, 206 (31.05.2017 – 2 StR 428/16)); wenn derselbe Zeuge in der laufenden Verhandlung nochmals unter Ausschluss der Öffentlichkeit vernommen werden soll und kein neuer Beschluss ergeht (BGH Beschl. vom 30.10.2007, 3 StR 410/07). Nach BGH, Beschl. v. 07.12.2016 – 1 StR 487/16 ist das letzte Wort des Angeklagten von einem Ausschluss nach § 171b Abs. 3 Satz 2 umfasst. Ein nach dieser Vorschrift beschlossener Ausschluss gilt für die Schlussanträge sämtlicher Verfahrensbeteiligter. § 171b Abs. 3 Satz 2 GVG geht von einem einheitlichen und unteilbaren Verfahrensbegriff aus (BGH, Beschl. v. 07.04.2020, 3 StR 613/19; BGH, Beschl. v. 28.09.2017 – 4 StR 240/17, NStZ 2018, 620, 621).

bb) § 337, 71

- wenn die Beteiligten vor Beschlussfassung **nicht gehört** worden sind (RG HRR 1939 Nr. 1567; BGH LM § 33 Nr. 2; bei *Herlan* GA 1963, 102; MDR [D] 1975, 199; BGH MDR 1988, 791; Meyer-Goßner/*Schmitt* § 338 Rn. 48; a.A. noch RGSt 1, 50; 10, 92; 20, 23; 35, 103; 57, 26; 264, 57, 60, 280; 69, 176; JW 1928, 2146 m.Anm. *Schreiber*, 1931, 1619, 2505 m.Anm. *Beling*), weil hierdurch nicht § 174 Abs. 1 Satz 1 GVG, sondern nur § 33 verletzt wird, der den Verfahren über den Ausschluss der Öffentlichkeit nicht eigentümlich ist (vgl. auch RGSt 69, 401 = JW 1936, 733 m. zust. Anm. *Siegert;* OGH 2, 113; BGH LM Nr. 1). Allerdings wird auch insoweit eine mittelbare Relativierung des absoluten Revisionsgrundes zu konstatieren sein, die in ihrer Bedeutung nicht unterschätzt werden darf, da das formelle Beschlussverfahren wesentlich für die Sicherung des Öffentlichkeitsgrundsatzes ist. (*Dahs* Rn. 203 geht nachvollziehbar davon aus, dass eine erhebliche Anzahl von Verstößen deshalb nur noch unter § 337 und nicht mehr, wie vom Wortlaut vorgesehen, unter Nr. 6 fallen, weshalb die betreffenden Rügen mehrheitlich am fehlenden Beruhen scheitern und die Verstöße in großer Zahl ohne jede Sanktion blieben). Auf dieser Linie liegt, dass auch Nr. 6 nicht anwendbar sein soll, wenn das Beruhen denkgesetzlich ausgeschlossen werden kann (BGH NJW 1996, 138 – § 154a; StV 2000, 248 – § 154 Abs. 2 – m. abl. Anm. *Ventzke;* BGH NStZ-RR 2002, 261 – Terminsankündigung; BGH NJW 2004, 865; 2003, 2761 – Anordnung der Unterbrechung; BGH NStZ-RR 14, 381 mit abl. Anm. *Foth*: Verlesung der Aussagegenehmigung). Soweit die neuere Rspr. nunmehr auch zu diesen Punkten Ausführungen in der Begründungsschrift verlangen will (BGH StV 2008, 123), ist dies abzulehnen (so auch *Ventzke* StV 2008, 123 [Anm.]; Meyer-Goßner/*Schmitt* § 338 Rn. 50b m.w.N.).

– Ein Verstoß gegen die Mitteilungspflicht gem. § 243 Abs. 4 Satz 1 stellt keinen absoluten Revisionsgrund nach § 338 dar, begründet wohl aber regelmäßig ein Beruhen gem. § 337 (BVerfG NJW 2013, 1058 [1067]; BGH, Beschl. v. 29.11.2013 – 1 StR 200/13).

72 **VII. Fehlende oder verspätete schriftliche Urteilsbegründung (Nr. 7).** § 338 Nr. 7 gilt auch im Bußgeldverfahren, vgl. BayObLG NJW 1976, 2273.

73 **1. Fehlen von Urteilsgründen (Nr. 7, Alt. 1 i.V.m. § 267).** **a)** Da ein Urteil nie auf dem Fehlen der schriftlichen Begründung beruhen kann, zeigt Nr. 7, dass § 338 nicht ausschließlich auf dem Gesichtspunkt der unwiderleglichen Vermutung des Beruhens basiert. Als ratio von Nr. 7 ist die intersubjektive Überprüfbarkeit und die authentische Wiedergabe der »wahren« Urteilsgründe anzusehen (HK-GS/*Rackow* § 338 Rn. 28). Nr. 7 ist zugl. ein **sachlich-rechtlicher** Fehler (§ 337; vgl. auch OLG Celle NJW 1959, 1648; Meyer-Goßner/*Schmitt* § 338 Rn. 52; *Kleinknecht* JR 1969, 469 f.; *Lintz* JR 1977, 128) und Unterfall des nach § 337 zu rügenden »lückenhaften Urteils« (§ 337 Rdn. 47), hindert aber weder Rechtskraftfähigkeit noch Vollstreckbarkeit des Urteils (RGSt 2, 207; BGHSt 8, 42). Da Nr. 7 Alt. 1 somit im Grunde nur einen Anwendungsfall der **allg. Sachrüge** darstellt, ist Nr. 7 als absoluter Revisionsgrund im Katalog des § 338 insoweit systematisch nicht erforderlich (so die Vorauflage mit Verweis auf *Cramer* FS K. Peters [1974], S. 241); führt aber dazu, dass die Formalien der Verfahrensrüge insoweit nicht eingehalten werden müssen (BGH NStZ [K] 1993, 30; differenzierend SK-StPO/*Frisch* § 338 Rn. 143).

b) Voraussetzungen

74 **aa)** Nr. 7 Alt. 1 **gilt**

– **nur dann**, wenn die schriftlichen Urteilsgründe **völlig** fehlen (Meyer-Goßner/*Schmitt* § 338 Rn. 53; BayObLG DAR 1985, 246; RG 40, 184), bspw. wegen Erkrankung oder Tod des erkennenden Richters (BGH NStZ 1993, 30; OLG Zweibrücken NStZ-RR 1997, 10; OLG Celle NJW 1959, 1648), und zwar **insgesamt** oder hinsichtlich einer **selbstständigen Tat** i.S.v. §§ 155 Abs. 1, 264 Abs. 1 (RGSt 3, 149; JW 1935, 2981; dann Urteilsaufhebung nach Nr. 7 nur insoweit, vgl. LR/*Franke* § 338 Rn. 116; HK-GS/*Rackow* § 338 Rn. 29; RGSt 44, 29, sofern nicht der Zusammenhang dieses Teils mit anderen Taten, etwa bei der Rechtsfolgenbestimmung auf Sachrüge, eine weitergehende Aufhebung nach § 337 erfordert; näher *Rieß* NStZ 1982, 446),
– **nicht aber**, wenn sie **nur mangelhaft** (dann nur Revisionsgrund nach §§ 267, 337 oder/und sachlich-rechtliche Fehlerhaftigkeit) sind (RGSt 43, 297 [298]; 63, 186; BGH MDR [D] 1971, 548; OLG Schleswig SchlHA 1973, 173; Meyer-Goßner/*Schmitt* § 338 Rn. 53).

bb) Die Urteilsgründe **fehlen** auch dann, wenn die **Urteilsurkunde**

75 (1) **nicht** ordnungsgemäß **unterschrieben** (§ 275 Abs. 2; BGHSt 26, 247 [248]) und sie damit nur ein Entwurf ist, weil z.B. ein Berufsrichter seine Unterschrift verweigert hat (BGH MDR [D] 1954, 337), ein mitunterzeichnender Richter etwa infolge zwischenzeitlichen Ausscheidens aus dem Richteramt nicht mehr wirksam unterschreiben konnte (BayObLG NJW 1967, 1578; LR/*Franke* § 338 Rn. 116 ff.; a.A. *Kohlhaas* GA 1974, 147 ff.) oder ohne erneute Beratung sachl. Änderungen der Gründe (einseitig) vorgenommen und nicht ordnungsgemäß mitunterzeichnet sind (BGHSt 27, 334 [335 f.]; unschädl. und unbeachtl. sind jedoch solche Korrekturen oder Zusätze, wenn sie die Gründe nicht inhaltl. ändern oder ergänzen, BGH MDR [H] 1979, 638 – **nachträgliche Ergänzungen** von Unterschriften sind unzulässig, entsprechende Einwendungen werden nach neuerer Rspr. aber nur auf eine entsprechende Verfahrens- nicht auf Sachrüge hin überprüft – BGHSt 46, 204 – die Entscheidung dürfte auch für das Fehlen von Gründen Bedeutung haben,

anders, wenn gar keine Unterschrift vorhanden ist (OLG Frankfurt a. M., Urt. v. 18.12.2015 – 1 Ss 318/14, NStZ-RR 2016, 287; OLG Schleswig SchlHA 2002, 172) oder

(2) **vorhanden war**, aber nicht zu den Akten gelangt ist (RGSt 40, 184; 63, 373 = JW 1932, 1561 m.Anm. 76
Löwenstein) oder erst nach ihrer Verbringung zu den Akten verloren ging und auch weder die Beschaffung einer beglaubigten Abschrift (RGSt 54, 101; 65, 373; OLG Celle MDR 1970, 608; OLG Stuttgart MDR 1976, 510 f. = JR 1977, 126 m.Anm. *Lintz; R. Schmid* FS Lange [1976] S. 591) noch eine wortwörtliche Rekonstruktion mögl. ist (BGH NJW 1980, 1007; Meyer-Goßner/*Schmitt* § 338 Rn. 53).

Ein Urteil unterfällt der Aufhebung, wenn es nicht innerhalb der Absetzungsfrist vollständig zu den Akten gebracht ist. Vollständig ist ein Urteil erst, wenn es mit den Unterschriften aller Berufsrichter, die an der Entscheidung mitgewirkt haben, oder mit einem ordnungsgemäß angebrachten Verhinderungsvermerk innerhalb der Frist des § 275 zu den Akten gelangt ist (BGH, Beschl. v. 11.11.2020, 2 StR 241/20). Verhindert an der Unterschrift ist ein Richter, wenn er seine Unterschrift aus tatsächlichen Gründen oder aus Rechtsgründen nicht (mehr) leisten darf (vgl. BGH, a.a.O., auch zur Abgrenzung zum Revisionsgrund des § 338 Nr. 2 bei Ausschließung nach § 22 Nr. 5).

a) Zwar kann auf Verletzung des **§ 275 Abs. 1 Sätze 2, 4** das Urteil nicht »beruhen« (§ 337 Rdn. 82 ff.). 77
Zweck dieser Vorschriften ist es jedoch, der mit zunehmendem Zeitabstand zwischen Urteilsverkündung und -absetzung wachsenden Gefahr zu begegnen, dass die schriftlichen Gründe mit den Beratungen nicht mehr übereinstimmen (Amtl. Begr. BT-Dr. 7/551 S. 49) und sicherzustellen, dass die revisionsgerichtlich zu überprüfenden schriftlichen Urteilsgründe mit größtmöglicher Zuverlässigkeit die entscheidungserheblichen Umstände wiedergeben *(Rieß* NJW 1975, 88). § 338 Nr. 7 Alt. 2 begründet daher die unwiderlegliche gesetzliche Vermutung, dass die schriftlichen Gründe nicht im Einklang stehen mit dem **Beratungsergebnis**, das dem Tenor tatsächlich zugrunde liegt (vgl. auch OLG Stuttgart MDR 1976, 510 f.).

b) Voraussetzungen

aa) Die **Frist des § 275 Abs. 1 Satz 2** ist versäumt, wenn der zuletzt unterschreibende Richter das Urteil bis 78
Ablauf ihres letzten Tages nicht zumindest in die Akten einlegt und diese durch entspr. Ablage in seinem Dienstzimmer auf den Weg zur Geschäftsstelle bringt (BGHSt 29, 23 [45 f.]; BGH, Beschl. v. 09.11.2006 – 1 StR 388/06, NStZ-RR 2007, 53; a.M.: *Lintz* JR 1977, 129); nach Fristablauf kann eine fehlende Unterschrift nicht wirksam nachgeholt werden (BGH MDR [H] 1978, 988 unter Bezugnahme auf BGH DRiZ 1978, 186; offengelassen in BGHSt 26, 247; vgl. auch BGH, Beschl. v. 26.09.2013 – 2 StR 271/13). Das gilt aber nur für die Gründe, nicht für sonst. Bestandteile des Urteils. – Für den **Nachweis** der Fristüberschreitung begründet der Eingangsvermerk nach § 275 Abs. 1 Satz 5 keine unwiderlegliche Vermutung; er hat keine höhere Beweiskraft als z.B. eine nachträgliche dienstliche Äußerung (BGHSt 29, 45 [47]). Bleibt die Fristwahrung unaufklärbar zweifelhaft, ist von Fristversäumung auszugehen, OLG Stuttgart GA 1977, 26). Das Revisionsgericht hat Zweifel im Freibeweis zu klären (HK-GS/*Rackow* § 338 Rn. 30).

bb) **Nachträgliche** Urteilsergänzungen oder -änderungen sind unzulässig (**§ 275 Abs. 1 Satz 3**; BGHSt 26, 79
247 [248]; 29, 43 [44], und prozessual unbeachtlich. Der das gesamte Urteil ergreifende Revisionsgrund des § 338 Nr. 7 Alt. 2 kann auch nicht dadurch umgangen werden, dass das Gericht innerhalb der Frist des § 275 Abs. 1 Satz 2 einen Teil der Gründe zu den Akten bringt und den Rest nachliefert [LR/*Franke* § 338 Rn. 123].

cc) Ob ein die **Überschreitung** der Frist des § 275 Abs. 1 Satz 2 rechtfertigender Umstand i.S.v. **§ 275 Abs. 1** 80
Satz 4 vorlag, hat das Revisionsgericht – ggf. im Freibeweis (Amtl. Begr., BT-Drs. 7/551 S. 88) – nachzuprüfen (BGHSt 26, 247 = JR 1976, 342 m.Anm. *Meyer;* OLG Hamm VRS 50, 121; OLG Karlsruhe Justiz 1976, 442; OLG Koblenz MDR 1976, 950; BGH, Beschl. vom 06.02.2008, 2 StR 492/07; NStZ 2008, 55 – keine Fristverlängerung bei nur kirchlichem, nicht aber gesetzlichem Feiertag).

c) Die **Revisionsrüge nach § 344 Abs. 2 Satz 2** muss die **Tatsachen** angeben (nicht, wenn nur die Sachrüge 81
erhoben ist), die dem Revisionsgericht die Berechnung der Frist des § 275 Abs. 1 Satz 2 ermöglichen (BGH NStZ-RR 2007, 53), d.h.

- zumindest die Tage, an denen das Urteil verkündet und mit Gründen zu den Akten gebracht wurde (BGHSt 29, 43 [44]; NJW 1980, 1292 = JR 1980 520 m. abl. Anm. *Peters;* MDR [H] 1980, 256),
- ggf. die Tatsachen, welche begründen, dass der Verhinderungsvermerk auf willkürlichen, sachfremden oder rechtlich unzutreffenden Erwägungen beruht (BGHSt 31, 312; BGH NStZ 1993, 96),
- nicht aber notwendig im Regelfall des § 275 Abs. 1 Satz 2 Hs. 1 auch die Zahl der Hauptverhandlungstage (BGHSt 29, 44) oder bei nur 1-tägiger Hauptverhandlung, dass die Hauptverhandlung nicht länger als 1 Tag gedauert habe (BGH NJW 1980, 1292),
- auch nicht, wann das Urteil auf den Weg zur Geschäftsstelle gebracht wurde (BGH StV 1999, 198).

82 **VIII. Unzulässige Beschränkung der Verteidigung (Nr. 8). 1. Nr. 8** ist nicht selbst eine Rechtsnorm, die unmittelbar verletzt werden könnte, sondern eine durch Verteidigungsbeschränkung infolge Verletzung anderweit. **Verfahrensgesetze** oder **allg. Prozessprinzipien** konkretisierungsbedürftige **Blankettvorschrift** (dazu KMR/*Momsen* § 338 Rn. 3).

83 Sie normiert nach h.M. einen nur **relativen Revisionsgrund i.S.d. § 337** (BGHSt 30, 131; BGH NStZ 1982, 158; a.A. *Gillmeister* NStZ 1997, 44; LR/*Franke* § 338 Rn. 125; zutr. differenzierend KK/*Gericke* § 338 Rn. 99 ff.; *Kuckein* StraFo 2000, 399; *Mehle* FS Dahs [2005], S. 392 ff.; *Velten* FS Grünwald [1999], S. 767). Ihr kommt hauptsächlich rechtsethische und -politische Bedeutung zu, weil sie den Grundsatz der Unbeschränktheit der Verteidigung in wesentlichen Punkten, der sonst nur in einzelnen Bestimmungen oder Grundsätzen zum Ausdruck kommt, allg. aufstellt und damit in der Praxis eine größere Garantie für dessen Beachtung schafft, als wenn auch formal die Beschränkung der Verteidigung nur nach § 337 zu beurteilen wäre. In der Praxis wird die Rüge aber die formellen Voraussetzungen einer Rüge nach § 337 erfüllen müssen und jedenfalls auch auf diese Vorschrift in der Begründung Bezug zu nehmen haben.

84 Bei zutreffender Auslegung – wenn das Merkmal des »wesentlichen Punktes« als Hinweis auf ein allgemeines Beruhen gedeutet wird – ist die Vorschrift überflüssig (HK-GS/*Rackow* § 338 Rn. 31; SK-StPO/*Frisch* § 338 Rn. 153 ff.), da eine »unzulässige« Beschränkung bereits voraussetzt, dass eine Verfahrensnorm verletzt worden ist.

85 Allerdings besteht die Gefahr, dass bei dieser Sichtweise nicht ausreichend berücksichtigt wird, dass ein Verstoß i.S.d. Nr. 8 nicht nur dann gegeben sein kann, wenn eine Norm des deutschen Verfahrensrechts verletzt ist, sondern auch dann, wenn die durch die Rspr. (des BVerfG und des EGMR) konkretisierten Verteidigungsrechte aus Art. 6 Abs. 3 EMRK, die grds. als »wesentlich« zu verstehen sind, verletzt werden (ähnlich in Bezug auf die gerichtliche Fürsorgepflicht *Maiwald* FS Lange [1976], S. 745 ff.; *Plötz* Die gerichtliche Fürsorgepflicht im Strafverfahren, 1980).

86 Zumindest in Bezug auf das aus Art. 6 Abs. 3 lit. d EMRK folgende Recht der unmittelbaren **Konfrontation** des Beschuldigten mit wichtigen Belastungszeugen bestehen nicht in jeder Hinsicht vollständig kongruente Normen in der StPO, die dann jedenfalls ihrerseits im Lichte der EMRK auszulegen sind (vgl. zum Folgenden ausf. KK/*Schädler/Jakobs* Art. 6 EMRK Rn. 63 ff.; Meyer-Goßner/*Schmitt* Art. 6 MRK Rn. 22 ff.). Das originär aus der – auch angelsächsisch geprägten – EMRK in das dt. Verfahrensrecht übernommene Konfrontationsrecht wird für Verfahrensrügen immer bedeutsamer. Einerseits werden Revisionen immer häufiger auf die Verletzung der Gewährleistung des fairen Verfahrens gestützt, andererseits stellt das Konfrontationsrecht eine echte Ergänzung der StPO dar (KK/*Schädler/Jakobs* Art. 6 EMRK Rn. 24). Art. 6 Abs. 3 lit. d EMRK zufolge müssen alle Beweise in Gegenwart des Angeklagten in einer öffentlichen kontradiktorisch ausgeprägten Verhandlung erhoben werden (EGMR NJW 2003, 2893 Nr. 22 – P.S.). Dementsprechend sind die Gerichte nunmehr verpflichtet, die Anwesenheit des Zeugen mit zumutbaren Mitteln sicherzustellen und dem Beschuldigten damit die unmittelbare Befragung des Belastungszeugen zu ermöglichen (EGMR NStZ 2007, 104 – Haas). Es muss zu irgendeinem Verfahrenszeitpunkt vor dem Abschluss der Beweisaufnahme dem Beschuldigten die Gelegenheit gegeben werden, Belastungszeugen selbst zu befragen oder zumindest durch seinen Verteidiger befragen zu lassen (BGHSt 51, 150). Ggf. ist dem noch unverteidigten Beschuldigten eigens zur Ausübung des Konfrontationsrechts durch den Verteidiger ein Verteidiger zu bestellen (§ 141 Abs. 3 StPO ist im Lichte des von Art. 6 Abs. 3 lit. d EMRK so anzuwenden, dass dem unverteidigten Beschuldigten vor der ermittlungsrichterlichen Vernehmung eines zentralen Belastungszeugen zumindest dann ein Verteidiger zu bestellen ist, wenn der Beschuldigte von der Anwesenheit bei dieser Vernehmung ausgeschlossen ist – BGHSt 46, 93; 51, 150; KK/*Schädler/Jakobs* Art. 6 EMRK Rn. 24). Kein Verstoß liegt dann aber unter hier berechtigter Anwendung des Missbrauchsgedankens vor, wenn der Verteidiger des Angeklagten auf seine Teilnahme bzw. die Ausübung des Befragungsrechts nach Abs. 3 lit. d verzichtet hat (BGH StV 2005, 533). Das Konfrontationsrecht ist unmittelbarer Ausfluss des Fair-Trial-Grundsatzes, sodass das Verfahren in seiner Gesamtheit einschließlich der Art und Weise der Beweiserhebung und Beweiswürdigung auf seine Fairness gegenüber dem Angeklagten hin zu überprüfen ist. Dementsprechend kann auch eine punktuelle Verletzung des Konfrontationsrechts u.U. keinen Verstoß gegen § 338 Nr. 8 begründen, sofern das Recht zu einem anderen Zeitpunkt ausreichend gewährt wurde (st. Rspr.; vgl. nur EGMR NJW 2003, 2893 Nr. 19 – P.S.; NStZ 2007, 103 – Haas, m.Anm. *Esser;* JR 2006, 289 m.Anm. *Gaede;* EGMR StraFo 2007, 107 – *Sapunerescu;* BGHSt 46, 93; 51, 150; *Nack* FS Rieß [2002], S. 361; ausf. Auf dem Weg zu einem europäischen Strafverfahrensrecht/*Esser*, 2002, 641 ff.; KK/*Schädler/Jakobs* Art. 6 EMRK Rn. 24). Zur Beanstandung der Sitzordnung zur Wahrung des Konfrontationsrechts (frontaler Blick auf einen Belastungszeugen) BGH, Beschl. v. 01.08.2018 – 5 StR 228/18, NStZ-RR 2018, 357, 358.

87 **Nr. 8 gilt nicht** für Privat- und Nebenkläger (RG JW 1931, 2821 m.Anm. *v. Scanzoni*) sowie Beteiligte nach § 433 Abs. 1 Satz 1 (Meyer-Goßner/*Schmitt* § 338 Rn. 58).

2. **Voraussetzungen** (fehlt eine davon, kann die Revisionsrüge nach § 344 Abs. 2 Satz 1 ggf. auf §§ 336, 337, die unberührt bleiben, gestützt werden): 88

a) **Gerichtsbeschluss in der Hauptverhandlung**, aufgrund derer das angefochtene Urteil ergangen ist; dem steht gleich, wenn das Gericht z.B. einen gestellten Antrag stillschweigend ablehnt bzw. übergeht (BGH NStZ 1993, 31; BGH JR 1996, 473 m.Anm. *Gollwitzer;* LR/*Franke* § 338 Rn. 129; HK-GS/*Rackow* § 338 Rn. 32; RGSt 57, 263; 58, 80; 61, 273; JW 1926, 1225 m.Anm. *Beling;* 1931, 1097 m.Anm. *Mannheim;* BGH VRS 35, 132; OLG Hamburg MDR 1964, 524; NJW 1967, 1577; OLG Zweibrücken MDR 1966, 528; OLG Saarbrücken NJW 1975, 1615) oder es schlechthin und von vornherein ablehnt, Anträge eines Vert. überhaupt entgegenzunehmen, wenn er seine Antragsrechte schon wiederholt missbraucht hat (BGH JR 1980, 218 m.Anm. *K. Meyer*). – Für Nr. 8 **genügt** daher **nicht** ein **vor der betr.** HV ergangener Beschluss (dazu § 336 Rdn. 6 f.; vgl. RG 20, 38 [39]; JW 1932, 3099 m.Anm. *Bohne;* OGH 2, 193 [198]; BGHSt 21, 334 [359]; BGH MDR [H] 1955, 530; OLG Hamburg NJW 1967, 1577; OLG Hamm NJW 1972, 1096; KK/*Gericke* § 338 Rn. 102; Meyer-Goßner/*Schmitt* § 338 Rn. 60), ebenso wenig eine (nicht gem. § 238 Abs. 2 beanstandete) **Anordnung des Vorsitzenden** nach § 238 Abs. 1 (Unterlassen der Bescheidung des Antrags steht insoweit gleich – OLG Bremen NJW 1981, 2827; OLG Saarbrücken NJW 1975, 1615; RGSt 1, 109; 17, 46; RG JW 1926, 1225; 1931, 950; 1933, 520 m.Anm. *Henkel;* OLG Hamburg NJW 1953, 434; OLG Koblenz VRS 45, 285; OLG Neustadt NJW 1964, 313) oder die Zurückweisung eines Hilfsbeweisantrags in den **Urteilsgründen** (BGH, Urteil vom 10.01.1955, 3 StR 596/54).

b) Beschränkung der Verteidigung in einem **wesentlichen** (vgl. krit. für § 338 i.Ü. Rdn. 51) **Punkt:** Die Entscheidung muss also auf der unzuläss. Beschränkung **»beruhen«** (BGHSt 30, 131; 44, 82; NStZ 2000, 212; BGH, Beschl. v. 11.02.2014 – 1 StR 355/13; a.A. *Berz* FS Meyer-Goßner [2001], S. 611 ff.; *Weiler* NStZ 1999, 106). 89

c) Die **unzulässige** Beschränkung setzt Gesetzwidrigkeit voraus. Sie fehlt bei Entscheidungen im Rahmen pflichtgemäßen **Ermessens** (vgl. RGSt 64, 113), z.B. wenn das Tatgericht mehrere Verfahren verbindet oder trennt (§§ 4, 237), sofern nicht das Gericht die Ausübung des Ermessens unterlässt (zum revisiblen Ermessensfehlgebrauch näher vgl. KMR/*Momsen* § 337 Rn. 162 ff.). 90

§ 339 Rechtsnormen zugunsten des Angeklagten

Die Verletzung von Rechtsnormen, die lediglich zugunsten des Angeklagten gegeben sind, kann von der Staatsanwaltschaft nicht zu dem Zweck geltend gemacht werden, um eine Aufhebung des Urteils zum Nachteil des Angeklagten herbeizuführen.

Übersicht

A. Grundsätzliches. Die Existenz von § 337 belegt zunächst, dass die Staatsanwaltschaft, ohne damit zu einer »Partei« im Sinne des anglo-amerikanischen kontradiktorischen Strafverfahrensverständnisses zu werden, ein eigenes Prozessinteresse hat, welches nicht mit dem Interesse des Angeklagten identisch ist und auch nicht lediglich mit der Einhaltung des Rechts beschrieben werden kann (näher *Momsen* Verfahrensfehler und Rügeberechtigung im Strafprozeß, 1997, S. 421 ff.). Die Staatsanwaltschaft ist demzufolge auch nicht durch die Verletzung jeglicher Verfahrensnorm beschwert. Den für § 337 zentralen Begriff der Beschwer (ausf. KMR/*Momsen* § 337 Rn. 191 ff.) konkretisiert § 339: Da die Staatsanwaltschaft grundsätzlich das öffentliche Interesse an der Verwirklichung des Rechts – namentlich des Verfahrensrechts (Rdn. 2) – wahrnimmt, ist sie in allen Verfahrensstadien auf Objektivität verpflichtet und wäre grds. berechtigt, jeden Verfahrensfehler zu rügen. Die Staatsanwaltschaft (ebenso Privat- und Nebenkläger; RGSt 59, 100 [101]; BGH MDR 1968, 18 [D]; *Krekeler* NStZ 1984, 182 [183]) kann mit einer zuungunsten des Angeklagten betriebenen Revision nicht die Verletzung von Verfahrensvorschriften geltend machen, die allein zugunsten des Angeklagten gegeben sind. Die Vorschrift ist zwar keine gesetzliche Ausprägung der sog. Rechtskreistheorie (BGHSt [GS] 11, 213; hierzu *Dencker* StV 1995, 232 [235]; LR/*Franke* § 337 Rn. 71); ihr ist aber nach überw. Ansicht der allgemeine Grundsatz zu entnehmen, dass kein Prozessbeteiligter ein Rechtsmittel zuungunsten seines Prozessgegners auf die Verletzung von Verfahrensvorschriften stützen kann, wenn deren rechtsfehlerfreie Anwendung diesem nur einen Vorteil hätte bringen können (LR/*Franke* Rn. 6; Meyer-Goßner/*Schmitt* § 339 Rn. 6). Diese Folgerung ist freilich aus der Perspektive des Angeklagten als Revisionsführer im Verhältnis zur Staatsanwaltschaft wenig aussagekräftig. Die Staatsanwaltschaft kann allerdings beanstanden, 1 dass aus einer allein zugunsten des Angeklagten wirkenden Norm zu weit in diese Richtung gehende Folgen abgeleitet worden seien. Für staatsanwaltschaftliche Revisionen zugunsten des Angeklagten (§ 296 Abs. 2) gilt § 339 nicht (analog).

2 **B. Rechtsnormen »lediglich zugunsten des Angeklagten«.** Gemeint sind die Verfahrensvorschriften, die die Beschuldigten- und Verteidigungsrechte gewährleisten und verstärken. Zwar dienen gerade auch diese Vorschriften der Gewährleistung eines rechtsstaatlichen fairen Strafverfahrens. Der allgemein angewendete Satz, »die der Revisionsrüge der StA entzogene Gesetzesverletzung (i.S.d. § 337 Abs. 2) muss darin bestehen, dass die **lediglich zugunsten des Angeklagten erlassene** Rechtsnorm **zuungunsten des Angeklagten verletzt** worden ist« (BGH LM Nr. 1; dem folgend KK/*Gericke* § 339 Rn. 4; Meyer-Goßner/*Schmitt* § 339 Rn. 1 m.w.N.; krit. HK-GS/*Rackow* § 339 Rn. 3) muss folgendermaßen modifiziert werden: Die Gesetzesverletzung muss so gestaltet sein, dass die **zumindest auch im Interesse des Angeklagten erlassene** Rechtsnorm **lediglich zuungunsten des Angeklagten verletzt** worden ist. Zusammengefasst ist § 339 immer dann anwendbar, wenn sich die Verletzung einer Verfahrensnorm lediglich zuungunsten des Angeklagten ausgewirkt hat (*Momsen* Verfahrensfehler und Rügeberechtigung im Strafprozeß, 1997, S. 457).

3 Zu **Ungunsten** des Angeklagten kann also nicht gerügt werden die Verletzung folgender Normen (ebenso Meyer-Goßner/*Schmitt* § 339 Rn. 4; KK/*Gericke* § 339 Rn. 2 ff.; LR/*Franke* Rn. 4): §§ 136 Abs. 1, 163a Abs. 4, 243 Abs. 5 (Belehrungen über Aussageverhalten); §§ 140, 145 (notwendige Verteidigung), § 146 (Unzulässigkeit gemeinschaftlicher Verteidiger mehrerer Angeklagter), § 217 (Ladungsfrist), §§ 231a Abs. 2, 231b Abs. 2, 247 Satz 4 (Unterrichtung des abwesenden bzw. aus dem Sitzungssaal entfernten Angeklagten), § 244 Abs. 3 Satz 2 (allerdings nach h.M. nur hinsichtlich des Verbots der Wahrunterstellung zuungunsten des Angeklagten; hierzu BGH MDR [D.] 1968, 18 und NStZ 1984, 564), § 257 (hinsichtlich des Erklärungsrechts des Angeklagten und des Verteidigers; RGSt 59, 100 [101]), § 258 (letztes Wort), § 265 (Hinweis auf wesentliche Veränderung der Rechts- und Sachlage; RGSt 5, 218 [221]; BGH MDR [D.] 1968, 18), § 266 Abs. 1 (Zustimmung des Angeklagten zur Nachtragsanklage).

4 Nur **zugunsten** des Angeklagten sind gegeben z.B. §§ 140 Abs. 1, 2, 146, 217; das Verbot der Wahrunterstellung zulasten des Angeklagten (§ 244 Abs. 3 Satz 2; vgl. BGH NStZ 1984, 564), die Zustimmung des Angeklagten nach § 266 Abs. 1 (*Amelunxen* S. 54); ferner alle Normen, die eine Belehrung des Angeklagten über seine Befugnisse vorsehen, z.B. §§ 136 Abs. 1, 243 Abs. 4 Satz 1 (a.A.: BGH, Urt. v. 28.07.2016 – 3 StR 153/16 Rn. 19), 228 Abs. 3, 247 Satz 4, 257 (RGSt 59, 101), 258 Abs. 2, 265. Allerdings ist diese Aufzählung nicht abschließend. Denn der legitime Normzweck liegt nicht im Schutz von »Rechtsnormen« sondern im Schutz der Rechtsposition des Angeklagten in concreto. § 339 ist daher entgegen der h.M. (vgl. Meyer-Goßner/*Schmitt* § 339 Rn. 5 m.w.N.) auch anzuwenden auf Vorschriften, die neben dem Interesse des Angeklagten auch dem Allgemeininteresse an der Rechtsstaatlichkeit des Verfahrens dienen, wie z.B. die §§ 52–53a, 136a, 145, Art. 6 Abs. 3 EMRK sowie die von § 338 Nr. 2, 3, 5, 6, 8 in Bezug genommenen Vorschriften, sofern diese im **Einzelfall** lediglich zuungunsten des Angeklagten verletzt worden sind (näher *Momsen* Verfahrensfehler und Rügeberechtigung im Strafprozeß, 1997, S. 153–314). Zu § 137 (Bevollmächtigung) vgl. BGH NStZ-RR 2002, 12; näher unten Rdn. 5 f.

5 **C. Nicht (nur) zugunsten des Angeklagten wirkende Rechtsnormen.** Hierher gehören nach überw. Ansicht alle Normen, die (auch) **dem öffentlichen Interesse und der Wahrheitsfindung** dienen. Dies wären zunächst die absoluten Revisionsgründe des §§ 338 Nr. 1 (Besetzungsrüge), Nr. 2 (Richterausschluss, auch im Fall von § 22 Nr. 4 [frühere Tätigkeit des Richters als Staatsanwalt], RGSt 59, 267), Nr. 4 (Zuständigkeitsrüge), Nr. 5 (Abwesenheitsrüge; zwar nicht in Bezug auf den Verteidiger, wohl aber in Bezug auf den Angeklagten, weil dessen Anwesenheit auch »einer möglichst umfassenden zuverlässigen Wahrheitsermittlung« dient; BGHSt 37, 249 [250]), Nr. 6 (Verfahrensöffentlichkeit; RGSt 1, 90 [91]), Nr. 7 (verspätete Urteilsbegründung; BGH NStZ 1985, 184), nicht dagegen Nr. 8 - unzulässige Beschränkung der Verteidigung; vgl. aber mit Zweifeln für die konkrete Fallgestaltung BGH, Beschl. vom 11.03.2014 – 5 StR 630/13, BGHSt 59, 187 Rn. 9). Nicht nur zugunsten des Angeklagten gegeben sind nach dieser Auffassung insb. Normen, die (jedenfalls auch) der Wahrheitsfindung dienen, so § 244 Abs. 2 (Aufklärungspflicht, auch bei einer Aussicht der StA gegen § 244 Abs. 2 verstoßenden Wahrunterstellung zugunsten des Angeklagten; BGH NStZ 1982, 189 [P.]) und das Beweisantragsrecht im Hinblick auf Beweisanträge der StA (s. aber die Einschränkung in BGH NStZ 1984, 564; die fehlerhafte Ablehnung von Beweisanträgen des Angeklagten belastet den StA nicht). Auch § 246a (Zuziehung eines Sachverständigen im Fall der §§ 63, 64 und 66 ff. StGB; BGH NStZ 1994, 95 [96]) und § 264 (Gegenstand der Urteilsfindung) sind keine nur zugunsten des Angeklagten gegebenen Normen. Wie oben dargelegt, ist jedoch richtigerweise eine Betrachtung des konkreten Verfahrens vorzunehmen, um einen sachgerechten Interessenschutz zu erzielen (vgl. oben Rdn. 4).

§ 339 gilt entgegen der h.M. (RGSt 59, 101; BGH MDR [D] 1968, 18; OLG Stuttgart JR 1968, 151 m. Anm. *Koffka;* SK-StPO/*Frisch* § 339 Rn. 11; KK/*Gericke* § 339 Rn. 1; Radtke/Hohmann/*Nagel* § 339 Rn. 1; *Krekeler* NStZ 1984, 183; Meyer-Goßner/*Schmitt* § 339 Rn. 2) **nicht auch** für sonst. zur Einlegung eines Rechtsmittels zuungunsten des Angeklagten Berechtigte (Vor § 296 Rdn. 16 ff.), insb. **nicht** für **Privat-** und **Nebenkläger.** Zwar müssen auch sie eine eigene »Gesetzesverletzungsbeschwer« (ausf. KMR/*Momsen* § 337 Rn. 191 ff.) bzw. Verfahrensfehlerbeschwer geltend machen können, um überhaupt eine Verfahrensrüge zu erheben, jedoch besteht im Hinblick auf die Verfahrensrolle keine vergleichbare Sachlage, welche einen Analogieschluss rechtfertigen würde. Die analoge Anwendung des § 339 ist zwar unschädlich, da sie sich nicht zum Nachteil des Angeklagten auswirken kann (*Momsen* Verfahrensfehler und Rügeberechtigung im Strafprozeß, 1997, S. 428), sie ist jedoch zugleich überflüssig, da bei genauerer Betrachtung in den betreffenden Situationen bereits keine Beschwer der genannten Verfahrensbeteiligten durch den konkreten Verfahrensfehler besteht. Namentlich Privat- und Nebenkläger werden nicht im öffentlichen Interesse an der Einhaltung und Durchsetzung des Rechts tätig, sie verfolgen ausschließlich subjektive Verfahrensinteressen. 6

§ 340 Revision gegen Berufungsurteile bei Vertretung des Angeklagten

Ist nach § 329 Absatz 2 verfahren worden, kann der Angeklagte die Revision gegen das auf seine Berufung hin ergangene Urteil nicht darauf stützen, dass seine Anwesenheit in der Berufungshauptverhandlung erforderlich gewesen wäre.

Die Norm wurde durch das Gesetz zur Stärkung des Rechts des Angeklagten auf Vertretung in der Berufsverhandlung und über die Anerkennung von Abwesenheitsentscheidungen in der Rechtshilfe vom 17.07.2015 (BGBl. I, S. 1332) neu gefasst. 1

Sie stellt formal die notwendige revisionsrechtliche Ergänzung zur Änderung des § 329, insb. des Abs. 2 (s. dort), dar. Der Regelungsgehalt von § 329 musste aufgrund eines Urteils des EGMR (Urt. v. 08.11.2012 – 30804/07, StraFo 2012, 490 – Neziraj/Deutschland,) geändert werden, mit der der EGMR entschieden hat, dass die Verwerfung einer Berufung wegen der unentschuldigten Abwesenheit des Angeklagten trotz Erscheinens seines Verteidigers eine Verletzung der Konvention darstelle (s.a. BT-Drs. 18/3562, S. 1). Der ursprüngliche Regelungsgehalt des Abs. 2 findet sich nunmehr teilweise in Abs. 5, sodass revisionsrechtlichen Konsequenzen insoweit vergleichbar bleiben. Aus der an sich intendierten Stärkung des Vertretungsrechts resultiert für die revisionsrechtliche Perspektive gleichwohl eine Verringerung der Rügeoptionen. 2

Damit wird zunächst die Abwesenheitsentscheidung bei Berufungen der Staatsanwaltschaft in ihrer Geltung für die Revisionsinstanz bestätigt. Zugleich wird die Bedeutung der Verteidigung bei Abwesenheitsverhandlungen gestärkt. Der eigentliche Regelungsgehalt liegt darin, dass der abwesende Angeklagte die Revision nicht darauf stützen darf, dass besondere Gründe seine Anwesenheit erfordert hätten. Der Gesetzgeber wollte so widersprüchliches Verhalten verhindern (BT-Drs. 18/3562, S. 76). Dies erscheint nur für solche Fälle richtig, in denen der Angeklagte hätte vorhersehen können, dass die betreffenden Punkte in seiner Abwesenheit verhandelt werden. 3

Die Vorschrift ist auf Berufungen des Angeklagten beschränkt (MüKo-StPO/*Knauer/Kudlich* § 340 Rn. 4). Bei Urteilen, die (auch) auf Revisionen der Staatsanwaltschaft hin ergangen sind, bleibt die Revision möglich. **Verfahrensrügen** sind nach dem Wortlaut der Vorschrift unzulässig, wenn sie die Erforderlichkeit der Anwesenheit des Angeklagten in der Berufungshauptverhandlung behaupten. Neben § 239 Abs. 2 (auch über den Weg des § 338 Nr. 5) können andere Verfahrensvorschriften, wie etwa § 244 Abs. 2 oder § 258 Abs. 2, betroffen sein (BeckOK-StPO/*Wiedner* § 340 Rn. 8, 9). Rügen mit anderer Angriffsrichtung bleiben dagegen weiterhin zulässig – auch wenn sie einen Verstoß von § 239 Abs. 2 betreffen oder gem. § 338 Nr. 5 erhoben werden. Ob sich der Anwendungsbereich von § 340 auch auf Sachrügen ausweitet, ist umstritten (s. nur SK-StPO/*Frisch* § 340 Rn. 9). Richtigerweise sollte von einer gewissen Bedeutung für Sachrügen, die sich gegen die Beweiswürdigung richten, ausgegangen werden. Schließlich kann sich das Gericht beim Fehlen des Angeklagten nicht mit seinem unmittelbarem Verteidigungsverhalten auseinandersetzen (SK-StPO/*Frisch* § 340 Rn. 9; BeckOK-StPO/*Wiedner* § 340 Rn. 11). Das Revisionsgericht muss dabei sorgsam prüfen, ob sich der Erörterungsmangel wahrlich aus dem Fehlen des Angeklagten ergibt. 4

§ 341 Form und Frist

(1) Die Revision muss bei dem Gericht, dessen Urteil angefochten wird, binnen einer Woche nach Verkündung des Urteils zu Protokoll der Geschäftsstelle oder schriftlich eingelegt werden.

(2) Hat die Verkündung des Urteils nicht in Anwesenheit des Angeklagten stattgefunden, so beginnt für diesen die Frist mit der Zustellung, sofern nicht in den Fällen der §§ 234, 329 Absatz 2, § 387 Absatz 1,

§ 411 Absatz 2 und § 434 Absatz 1 Satz 1 die Verkündung in Anwesenheit des Verteidigers mit nachgewiesener Vertretungsvollmacht stattgefunden hat.

Übersicht

1 **A. Grundsätzliches.** Für die **Einlegung der Revision** bestehen – anders als für ihre Begründung – abgesehen von der Schriftlichkeit **keine formalen Anforderungen**; insb. kann der Angeklagte selbst die Revision einlegen. Nach § 300 genügt jede Erklärung, die den Anfechtungswillen des Beschwerdeführers erkennen lässt. **Vertretung** ist **zulässig**, auch durch eine andere Person als den Verteidiger, sofern die Vollmacht zum Zeitpunkt der Revisionseinlegung besteht; nachgewiesen werden kann sie später.

Durch das »Gesetz zur Stärkung des Rechts des Angeklagten auf Vertretung in der Berufsverhandlung und über die Anerkennung von Abwesenheitsentscheidungen in der Rechtshilfe« vom 17.07.2015 (BGBl. I, S. 1332) wird klargestellt, dass zur Anwendbarkeit von Abs. 2 der Verteidiger schriftlich wirksam zur Vertretung legitimiert sein muss. Die Regelung wird an den neugefassten § 329 (s. dort) angepasst.

2 Die Vorschrift regelt die erste Stufe des zweigliedrigen Revisionsverfahrens. Sie bestimmt den Adressaten sowie Form und Frist (SK-StPO/*Frisch* § 341 Rn. 1). Die Trennung von Revisionseinlegung und Begründung dient der Prozessökonomie. Finden sich die Verfahrensbeteiligten mit dem Ergebnis der Hauptverhandlung ab, bestehen wegen § 267 Abs. 4 niedrigere Anforderungen an die Abfassung der Urteilsgründe. Weil aber Grundlage der Revisionsbegründung Hauptverhandlungsprotokoll und Urteil sind, kann sich der Angeklagte bloß frühzeitig darauf festlegen, ob er das Urteil anfechten möchte. Das ist in diesem Verfahrensstadium jedoch schwierig, da das schriftliche Urteil regelmäßig noch nicht vorliegt; die Entscheidung wird sich deshalb an den mündlich mitgeteilten Urteilsgründen sowie daran orientieren, ob in der Hauptverhandlung Verfahrensfehler vorgekommen sind. Deshalb werden vor allem Angeklagter und Verteidiger relativ häufig gegen ein vermeintlich falsches Urteil Revision einlegen; sie sollten aber – schon im Hinblick auf die mögliche Kostenbelastung bei einem Misserfolg der Revision – im Fall der später erkannten Aussichtslosigkeit des Rechtsmittels dieses zurücknehmen, auch wenn im Rechtsfolgenausspruch – wegen des Verschlechterungsverbots (§ 358 Abs. 2 Satz 1) – regelmäßig keine ungünstigere Verurteilung herauskommen kann. Schließlich können die stets möglichen Schuldspruchänderungen den Angeklagten belasten; zudem ist gerade der BGH in den letzten Jahren dazu übergegangen, Urteile auf eine Angeklagtenrevision hin aufzuheben, um die Sache zur Prüfung der Anordnung einer Maßregel nach §§ 63, 64 StGB zurückzuverweisen (krit. auch MüKo/*Knauer*/*Kudlich* § 341 Rn. 2, die in der Regelung des § 267 Abs. 4 zusätzlich einen »aus einem rechtskulturellen Blickwinkel gesehen unschönen Effekt« erkennen). In der Praxis wird es sich jedoch häufig nicht empfehlen, nur pro forma ein Rechtsmittel gegen ein an sich zufrieden stellendes Urteil einzulegen, da dies in vielen Fällen der StA zur Kenntnis gegeben wird, die ggf. ihrerseits trotz Nr. 147 Abs. 1 Satz 4, 148 RiStBV (vgl. Rdn. 6) ein Rechtsmittel einlegt, um in einem Rechtsmittelverfahren nicht an das Verbot der *reformatio in peius* gebunden zu sein. Wegen des auch für die StA ungeachtet von Nr. 156 (Begründungserfordernis für jedes Rechtsmittel), Nr. 162 (Gegenerklärung) RiStBV erhöhten Begründungsaufwands, ist diese Gefahr für das Rechtsmittel der Revision weniger ausgeprägt als bei der Berufungseinlegung. Gleichwohl ist sowohl in tatsächlicher, in rechtlicher als auch vor allem in kostenmäßiger Hinsicht vor der Revisionseinlegung eine Beratung durch den Verteidiger angezeigt.

3 Wenig bedeutsam, aber umstritten ist die Frage der **vorsorglichen Revisionseinlegung** gegen ein erst bevorstehendes Urteil. Nach h.M. ist sie unzulässig (vgl. SK-StPO/*Frisch* § 344 Rn. 4; LR/*Franke* 26. Aufl. Rn. 3f und Rn. 30 vor § 296 m.umf.N).

4 **I. Revision des Angeklagten, seines gesetzlichen Vertreters oder seines Verteidigers.** Angeklagter, Verteidiger oder gesetzlicher Vertreter können vor der Entscheidung stehen, ob sie – soweit statthaft – gegen ein den Angeklagten beschwerendes, vermeintlich falsches Urteil Berufung oder Revision einlegen; hier ist

regelmäßig zur Einlegung eines unbenannten, unbedingten und unbeschränkten Rechtsmittels zu raten, das nach Vorliegen der Urteilsgründe konkretisiert werden kann (vgl. bei § 335). Ist dagegen nur die Revision zulässig, wird sich die Entscheidung über die Einlegung dieses Rechtsmittels erst nach einer Prüfung der Richtigkeit des Urteils und der Erfolgsaussichten treffen lassen (s.o unter Rdn. 2). Rechtsmittel gegen den ausdrücklichen Willen des Angeklagten darf der Verteidiger im Hinblick auf § 297 nicht einlegen.

II. Revision des Staatsanwalts. Der Staatsanwalt, der nach § 296 Rechtsmittel sowohl zugunsten als auch zulasten des Angeklagten einlegen kann, ist bei der Entscheidung, ob er gegen ein Urteil mit der Revision vorgehen soll, an Nr. 147 f. RiStBV gebunden. **Zugunsten** des Angeklagten soll der Staatsanwalt Revision einlegen, »wenn dieser durch einen Verfahrensverstoß oder durch einen offensichtlichen Irrtum des Gerichts benachteiligt worden ist oder wenn die Strafe unter Würdigung aller Umstände des Falles unangemessen hoch erscheint« (Nr. 147 Abs. 3 Satz 1 RiStBV). Zur Problematik der uneingeschränkten Anfechtbarkeit von Berufungsurteilen, die dem Antrag der StA entsprechend ergehen vgl. § 317i.V. Nr. 156 RisBV (HK-GS/*Momsen* § 296 Rn. 7). Für Rechtsmittel **zulasten** des Angeklagten gilt Folgendes: 5

Nach Nr. 147 Abs. 1 Satz 1 RiStBV soll der Staatsanwalt Revision nur dann einlegen, »wenn wesentliche Belange der Allgemeinheit oder der am Verfahren beteiligten Personen es gebieten und wenn das Rechtsmittel aussichtsreich ist«. Die erste Voraussetzung wird bei einem Fehler im Schuldspruch nur gegeben sein, wenn ein Verbrechen oder ein schweres Vergehen nicht abgeurteilt wurde, nicht aber, wenn ein Straftatbestand lediglich durch einen in etwa gleichwertigen anderen ersetzt werden soll (vgl. auch Nr. 147 Abs. 1 Satz 2 RiStBV). Bei Fehlern im Rechtsfolgenausspruch ist zum einen die beschränkte Revisibilität des Strafausspruchs zu beachten (vgl. bei § 337); zum anderen ist nach Nr. 147 Abs. 1 Satz 3 RiStBV eine Strafmaßrevision nur dann einzulegen, »wenn die Strafe in einem offensichtlichen Missverhältnis zu der Schwere der Tat steht«; dagegen sollte bei Unterlassen der Anordnung einer gebotenen Maßregel der Besserung und Sicherung regelmäßig Revision eingelegt werden. Im Sinn des Nr. 147 Abs. 1 Satz 1 RiStBV aussichtsreich ist eine Revision nur, wenn der Erfolg nicht nur in der Revisionsinstanz wahrscheinlich ist, sondern auch in der neuen Tatsacheninstanz nach der Aufhebung des Urteils (*Amelunxen* S. 21). Für Verfahrensfehler gilt entsprechend, dass grds. nur solche auf ihnen beruhende Urteile anzufechten sind, welche i.S.d. § 147 Abs. 1 der Tat nicht gerecht werden. 6

Nr. 147 Abs. 2 RiStBV lässt Rechtsmittel der Staatsanwaltschaft zu, wenn allgemeine Interessen der Strafrechtspflege berührt sind, nämlich »wenn ein Gericht in einer häufig wiederkehrenden, bedeutsamen Rechtsfrage eine nach Ansicht der Staatsanwaltschaft unzutreffende Rechtsauffassung vertritt«. Hier kann es zum einen um die (erstmalige) höchstrichterliche Klärung von Rechtsfragen gehen, zum anderen kann die Staatsanwaltschaft auf diesem Weg aber auch versuchen, eine ihrer Ansicht nach unrichtige höchstrichterliche Rspr. anzugreifen. Für Verfahrensfehler gilt entsprechendes (vgl. § 339 Rdn. 1 ff.). 7

Soweit Nr. 147 Abs. 2 RiStBV die Rechtsmitteleinlegung durch die Staatsanwaltschaft auch dann zulässt, wenn das Gericht »im Strafmaß nicht nur vereinzelt, sondern allgemein den Aufgaben der Strafrechtspflege nicht gerecht wird«, hat dies für die Revision im Hinblick auf die nur beschränkte und allein auf die angegriffene Entscheidung bezogene Nachprüfung der Richtigkeit des Strafmaßes keine über Nr. 147 Abs. 1 RiStBV hinausgehende Bedeutung. 8

Kein ausreichender Grund für eine Revisionseinlegung durch die Staatsanwaltschaft ist, dass ein anderer Beteiligter ein Rechtsmittel gegen das Urteil eingelegt hat (Nr. 147 Abs. 1 Satz 4, 148 RiStBV). 9

III. Revision des Nebenklägers. Die Entscheidung des Nebenklägers, ob er gegen ein Urteil Revision einlegen soll, wird – außer von Kostenfragen – vor allem davon abhängen, ob er mit Aussicht auf Erfolg einen Angriff gegen den Schuldspruch wegen des Nebenklagedelikts führen kann (vgl. § 400 Abs. 1). 10

IV. Revisionen anderer Verfahrensbeteiligter. Andere Verfahrensbeteiligte, die Rechtsmittel einlegen können, wie etwa der Privatkläger (§ 390 Abs. 1 Satz 1) oder Nebenbeteiligte (vgl. HK-GS/*Momsen* § 296 Rn. 6), werden die Entscheidung, ob sie Revision einlegen, vor allem an der vermeintlichen Richtigkeit des Urteils orientieren; beachtet werden sollte aber auch hier insb. die auf Rechtsfehler beschränkte Prüfungsbefugnis des Revisionsgerichts und die im Fall der Erfolglosigkeit des Rechtsmittels hinzukommende Kostenbelastung. 11

B. Absender der Revisionseinlegung. Absender bzw Erklärender kann jeder zur Einlegung der Revision Berechtigte sein (dazu § 296 Rdn. 1 ff.; allg. HK-GS/*Momsen* § 296 Rn. 12 ff.). 12

Der Angeklagte kann die Revisionseinlegung selbst vornehmen, auch wenn er verhandlungsunfähig ist. 13

Er kann sich bei der Rechtsmitteleinlegung aber auch eines beliebigen – ebenfalls nicht notwendig geschäftsfähigen, aber verhandlungsfähigen (BayObLGSt 1964, 85 [86 f.]) – **Vertreters** bedienen (vgl. BGH NStZ 1996, 50; BayObLGSt 1964, 85 [86]; OLG Hamm GA 1981, 90; OLG Zweibrücken StV 1992, 360), sogar einer juristischen Person (OLG Hamm NJW 1952, 1150 [1151]; anderer Ansicht für die Rechtsmittel- 14 begründung, die aber die Unterschrift eines Verteidigers erfordere: OLG Stuttgart Justiz 1977, 245); eine schriftliche Bevollmächtigung ist nicht erforderlich (RGSt 66, 209 [210]; BGHSt 36, 259 [260]). Fehlte die Vollmacht im Zeitpunkt der Rechtsmitteleinlegung, ist die Erklärung unwirksam (vgl. BGHSt 10, 320 [321]; 36, 259 [260 f.]; anders für die Prozessvollmacht im Zivilrecht: BGHZ 91, 111 [115]); eine nachträgliche Genehmigung ist nicht möglich, kann aber – wenn die Voraussetzungen i.Ü. gegeben sind (Form, Frist, Adressat) – als eigene Rechtsmitteleinlegung gewertet werden. Eine im Erklärungszeitpunkt vorhandene Vollmacht kann nach der Einlegung nachgewiesen werden (BGHSt 36, 259; Meyer-Goßner/*Schmitt* § 341 Rn. 3).

15 Der **Verteidiger** des Angeklagten hat eine eigene Rechtsmittelbefugnis (vgl. KMR/*Plöd* § 297 Rn. 2) zum Vertreter des Verteidigers: Rdn. 4, 17 f.); er kann daher im eigenen Namen – nicht als Vertreter des Angeklagten – Revision einlegen und muss nicht deutlich machen, dass er »namens und im Auftrag des Angeklagten« handelt. Legt der bisher tätige Verteidiger keine ausdrückliche Erklärung des Angeklagten vor, so wird seine Rechtsmitteleinlegungsbefugnis vermutet (KK/*Gericke* § 341 Rn. 13).

16 Die Revisionseinlegung ist auch dann wirksam, wenn gegen den Anwalt ein Berufsverbot verhängt wurde (§ 155 Abs. 5 Satz 1 BRAO), wenn die Revision entgegen § 137 Abs. 1 Satz 2 von mehr als drei Verteidigern eingelegt worden ist (BGHSt 27, 124 [128 f.]), wenn gegen das Verbot der gemeinschaftlichen Verteidigung mehrerer Tatbeschuldigter nach § 146 verstoßen wurde (BGHSt 26, 291 [292]; 27, 124 [130]; für eine Prüfung der Interessenkollision im Einzelfall KK/*Gericke* § 341 Rn. 13; Rebmann NStZ 1981, 41) oder wenn ein Ausschlussgrund, etwa nach §§ 138a, 138b, besteht. Für den Fall des Vorliegens eines Zurückweisungsgrundes ergibt sich dies eindeutig aus § 146a Abs. 2; aber auch der Ausschluss tritt nicht kraft Gesetzes ein, sondern erst mit Rechtskraft der entsprechenden Entscheidung. Eine Revisionseinlegung ist also nur dann unwirksam, wenn die Zurückweisung oder der Ausschluss schon vor der Rechtsmittelerklärung erfolgt war (mit der Einfügung von § 146a Abs. 2 ist der Streit, ob die Handlung wirksam ist, die den Anlass für die Zurückweisung oder den Ausschluss darstellt, obsolet geworden).

17 Ein **Wahlverteidiger**, der gem. § 138 Abs. 2 nur zusammen mit einem anderen Verteidiger auftreten darf, kann die Revisionseinlegung allein nur als Vertreter erklären (vgl. BGHSt 32, 326 [328]).

18 Ein **Rechtsanwalt**, dem die Verteidigung nicht übertragen ist, kann die Revision einlegen, wenn er bevollmächtigt ist (BGH NStZ 2001, 52).

19 Der Anwalt des **Nebenklägers** bzw. des Privatklägers handelt als dessen Beistand oder Vertreter (vgl. §§ 378 Satz 1, 397 Abs. 1 Satz 2); er kann daher die Einlegungsschrift selbst fertigen, sollte aber ausdrücklich angeben, dass er »namens und im Auftrag des Nebenklägers [des Privatklägers] ...« handelt.

20 Die Revisionseinlegung durch einen **Staatsanwalt** ist auch dann wirksam, wenn dieser aufgrund innerdienstlicher Weisungen zur Rechtsmitteleinlegung – allein – nicht befugt war (BGHSt 19, 377; vgl. § 144 GVG). Da der Amtsanwalt nur beim Amtsgericht postulationsfähig ist (§§ 145 Abs. 2, 142 Abs. 1 Nr. 3, Abs. 2 GVG), kann er auch nur dort wirksam eine Revision einlegen (BayObLGSt 1973, 202 [203 f.]; zur Einlegungsbefugnis des örtlichen Sitzungsvertreters: § 296 Rdn. 2; HK-GS/*Momsen* § 296 Rn. 13).

21 Eine Auslegung zur Ermittlung des Absenders ist zwar möglich, scheidet bei dessen eindeutiger Bezeichnung aber aus; eine Umdeutung (*falsa demonstratio*) ist schon im Hinblick auf die Fristgebundenheit der Revisionseinlegung grundsätzlich nicht möglich (BGH, Beschl. v. 02.05.1995, 1 StR 831/94; vgl. Rdn. 4).

22 **C. Adressat der Revisionseinlegung.** Einzulegen ist die Revision bei dem **Gericht, dessen Urteil angefochten** ist (»*iudex a quo*« § 341 Abs. 1), nicht beim BGH oder beim OLG. Eine Ausnahme folgt aus der Sonderregelung des § 45 Abs. 1 Satz 2; danach kann der Antrag auf Wiedereinsetzung gegen die Versäumung der Revisionseinlegungsfrist auch beim Revisionsgericht eingereicht und deshalb auch mit der Revisionseinlegung als der versäumten Rechtshandlung verbunden werden (BGHSt 40, 395 [397]; OLG Hamburg JR 1978, 430 m.zust.Anm. *Meyer*). Die Revision gegen das Urteil einer auswärtigen Strafkammer (oder der Zweigstelle eines Amtsgerichts) kann dort oder beim Stammgericht eingelegt werden (BGHSt 40, 395 [397]; BGH NJW 1967, 107; BayObLG NJW 1975, 946). Schließlich gilt nach § 299 Abs. 2 eine Ausnahme für nicht auf freiem Fuß befindliche Angeklagte, die die Revision zu Protokoll des Amtsgerichts am Verwahrungsort einlegen; hier ist die Frist mit der Aufnahme des Protokolls gewahrt. Die Revisionseinlegung zu Protokoll kann bei nicht inhaftierten Angeklagten nur bei dem Gericht erfolgen, dessen Urteil angefochten wird.

23 Wird die Revision bei einer **unzuständigen Stelle**, wie bspw. dem Revisionsgericht oder der StA eingelegt, so ist für die Einhaltung der Frist entscheidend, wann sie bei der zuständigen Stelle eingeht (OLG Düsseldorf NStZ-RR 2002, 216; *Dahs* Rn. 22). Im Einzelfall kann eine Revision gleichwohl als rechtzeitig eingegangen behandelt werden, wenn der zuständigen Stelle telefonisch der Inhalt der Rechtsmittelschrift mitgeteilt wird und dort ein entspr. Aktenvermerk angelegt wird (OLG Celle GA 1970, 218; OLG Zweibrücken NJW 1982, 2008; vgl. *Dahs* Rn. 22 Fn. 14); dies im Einzelfall sicherzustellen, fällt jedoch in die Verantwortung des Erklärenden, zumal es sich hier um einzelne Entscheidungen handelt.

D. Form. Die Revision ist in **deutscher** Sprache (§ 184 GVG) schriftlich oder zu Protokoll der Geschäftsstelle einzulegen. Grundsätzlich reicht eine in fremdländischer Sprache abgegebene, unübersetzte Revisionseinlegungsschrift daher nicht aus. Aus einer Übersetzung resultierende Fristversäumnisse können ggf. im Wege der Wiedereinsetzung kompensiert werden (BGHSt 30, 182; BGH, Beschl. vom 27.03.1996, 2 StR 480/95; BVerfG JZ 1983, 659; vgl. KK/*Gericke* § 341 Rn. 11; vgl. auch Rdn. 37). 24

I. Schriftform. Für die Revisionseinlegung genügt **einfache Schriftform**, für die – anders als nach § 345 Abs. 2 die Revisionsbegründung – die handschriftliche Unterzeichnung **nicht** erforderlich ist, sofern der Beschwerdeführer aus dem Schriftstück zweifelsfrei erkennbar ist (BGHSt 2, 77 [78]; 12, 317; BGH NStZ-RR 2000, 305; OLG Nürnberg NStZ-RR 2008, 316). Zweck des Schriftformerfordernisses ist es zum einen, vor unüberlegten Entscheidungen zu schützen (BGHSt 18, 257 [260]); zum anderen sollen im Interesse der Rechtssicherheit die Person des Erklärenden und der Inhalt der Erklärung eindeutig festgestellt werden können (BGHSt 14, 233 [239]; BGH MDR 1983, 950). Zudem muss sich das Schriftstück als »verbindlich« erkennen, also von einem Entwurf abgrenzen lassen. 25

Einzelfälle (teils problematisch, weil eine Abgrenzung zum Entwurf tatsächlich nicht möglich ist): 26

- Revisionseinlegung mit lediglich dem maschinengeschriebenen Namen des Absenders: nicht ausreichend (OLG Stuttgart NStZ 1997, 152; vgl. aber BGHSt 2, 77 [78]);
- Revisionseinlegung mit nur maschinengeschriebener Wiedergabe des Namens des Absenders, aber mit einem dazugesetzten Beglaubigungsvermerk: ausreichend (OLG Stuttgart NStZ 1997, 152);
- Revisionseinlegung durch Übersendung einer **beglaubigten Abschrift**: ausreichend (BGHSt 2, 77 [78]);
- Revisionseinlegung unter Verwendung eines **Namensstempels**: ausreichend (BGHSt 2, 77 [78]);
- Revisionseinlegung unter Verwendung des **Handzeichens** einer Person, die die Erklärung ersichtlich nicht selbst abgeben will: nicht ausreichend (BayObLG NJW 1962, 1527 für den nicht zeichnungsberechtigten Assessor);
- Revisionseinlegung per **Telefax**: ausreichend (BVerfG NJW 1996, 2857; weitere Nachweise bei Pape/ Notthoff NJW 1996, 417 [418]);
- Revisionseinlegung per **Telefon**: nicht ausreichend (BGHSt 30, 64 [66]; auch nicht als Revisionseinlegung zu Protokoll;
- Revisionseinlegung per **E-Mail** (beachte: hier gilt nicht automatisch § 41a!): ausreichend, sofern die Gerichte – wie beim Telefax – den Ausdruck und Nachweis des Eingangszeitpunktes sicherstellen (vgl. BVerwG NJW 1995, 2121 [2122] [Klageerhebung per Btx-Mitteilung]; der BFH [BB 1996, 520, 521 m. Anm. *Woerner*] hat Bedenken nur hinsichtlich der hier nicht erforderlichen Unterschrift, ähnlich *Melullis* MDR 1994, 109; vgl. auch bei § 345);
- Einlegung durch **Computerfax**: zulässig (GmS OGB NJW 2000, 2340; OLG München StraFo 2003, 429; Dahs Rn. 28 m.w.N.).

Nach dem seit dem 01.01.2022 geltenden § 32d Satz 2 StPO müssen die Revisionseinlegung und die Revisionsbegründung durch Verteidiger und Rechtsanwälte als elektronisches Dokument übermittelt werden. Die Übermittlung in Papierform ist für diesen Personenkreis nur noch im Ausnahmefall zulässig (§ 32d Satz 3 StPO).

II. Revisionseinlegung zu Protokoll. Die Revisionseinlegung zu Protokoll hat im Hinblick darauf, dass einfache Schriftform ausreicht und kein Anwaltszwang besteht, nur eine geringe praktische Bedeutung. Ausreichend ist die Erklärung in der Hauptverhandlung, sofern diese – was allerdings nicht erfolgen muss – in das Hauptverhandlungsprotokoll aufgenommen wird (vgl. § 8 Abs. 1 RPflG; BGHSt 31, 109, [112 ff.] = JR 1983, 383 m.Anm. *Fezer*; ein insoweit unwirksames Protokoll kann das Schriftformerfordernis erfüllen: BGH MDR 1983, 950). Der nicht **auf freiem Fuß** befindliche Angeklagte kann die Erklärung auch beim Amtsgericht an seinem Aufenthaltsort zu Protokoll geben (§ 299 Abs. 1). 27

E. Frist. I. Fristbeginn mit Urteilsverkündung. Dies betrifft den Regelfall der **Anwesenheit des Angeklagten bei der Urteilsverkündung**. Gleiches gilt nach der durch das 1. JuMoG vom 24.08.2004 angefügten Vorschrift des § 341 Abs. 2 Hs. 2 (Vertretung des Angeklagten durch den mit schriftlicher Vollmacht versehenen Verteidiger), sofern der Verteidiger bei der Urteilsverkündung anwesend war (vgl. BT-Drs. 15/3482, S. 21). Die **Wochenfrist** beginnt mit dem **Abschluss der Urteilsverkündung** (ausreichend ist hier die Verlesung der Urteilsformel, vgl. BGHSt 8, 41 [42]). Sie gilt auch in den Fällen der durch das 1. JuMoG vom 24.08.2004 eingeführten Vorschrift des § 341 Abs. 2 Hs. 2 (Vertretung des Angeklagten durch den mit schriftlicher Vollmacht versehenen Verteidiger, sofern der Verteidiger bei der Urteilsverkündung anwesend war). Von der Erteilung einer Rechtsmittelbelehrung ist der Fristlauf nicht abhängig (BGH NJW 1974, 1335 [1336]; GA 1980, 469). 28

29 Die Fristberechnung erfolgt nach §§ 42, 43. Maßgeblich ist daher grundsätzlich der Wochentag der Verkündung oder Zustellung, sodass beispielsweise bei einem an einem Freitag in Anwesenheit des Angeklagten verkündeten Urteil die Revision spätestens am Freitag der nächsten Woche, 24 Uhr, bei Gericht eingegangen sein muss (näher *Blaese/Wielop* Die Förmlichkeiten der Revision in Strafsachen, 1991, Rn. 82).

30 **II. Abwesenheitsurteile.** Vom Ausnahmefall des § 341 Abs. 2 Hs. 2 abgesehen, beginnt bei Urteilen, die in Abwesenheit des Angeklagten verkündet wurden, die Revisionseinlegungsfrist grds. erst mit der **Urteilszustellung** (Abs. 2). »Nicht in Anwesenheit des Angeklagten stattgefunden« hat die Urteilsverkündung auch dann, wenn der Angeklagte nur bei **Teilen der Verkündung** nicht anwesend war, so wenn er sich vor Ende der Urteilsverkündung eigenmächtig entfernt hat (BGHSt 15, 263 [265]; BGH NStZ 2000, 498) oder wenn das Gericht, nachdem er während der Urteilsverkündung verhandlungsunfähig wurde, die Urteilsverkündung ohne ihn zu Ende gebracht hat. Als nicht anwesend ist auch der infolge Trunkenheit verhandlungsunfähige Angeklagte anzusehen (BayObLG VRS 95, 258).

31 Um die Frist des § 341 Abs. 2 in Lauf zu setzen, ist die **Zustellung des vollständigen Urteils mit Gründen** erforderlich; lediglich im Bußgeldverfahren genügt die Zustellung der Urteilsformel allein (BGHSt 43, 22; 49, 230).

32 **III. Fristenlauf für andere Verfahrensbeteiligte.** Für die **Staatsanwaltschaft** gilt grds. Abs. 1 (KK/*Gericke* § 341 Rn. 20). Sollte jemals ein Gericht auf die Idee kommen, entgegen § 226 ein Urteil in Abwesenheit der Staatsanwaltschaft zu verkünden, so wäre für die Frist Abs. 2 entsprechend anzuwenden (Meyer-Goßner/*Schmitt* § 341 Rn. 10 unter Hinweis auf eine 50 Jahre alte Entscheidung des schon vor Jahrzehnten aufgelösten OLG Neustadt; a.A. KK/*Gericke* § 341 Rn. 20; *Pfeiffer* § 341 Rn. 6; HK/*Temming* § 341 Rn. 13). Anders freilich in Bußgeldverfahren, in denen die Staatsanwaltschaft zur Teilnahme an der Hauptverhandlung nicht verpflichtet ist (§ 75 Abs. 1 Satz 1 OWiG); für diesen Fall ist die Frist für die Einlegung der Rechtsbeschwerde durch § 79 Abs. 4 OWiG entsprechend Abs. 2 gestaltet.

33 Für den **Privatkläger** bestimmt sich die Frist nach § 401 grds. in Parallele zu § 341 und unabhängig von der Staatsanwaltschaft (§ 401 Abs. 1 Satz 1). Schließt sich der Nebenkläger erst zur Einlegung der Revision an (was nach §§ 395 Abs. 4, 401 Abs. 1 Satz 2 zulässig), so kann er nach § 399 Abs. 2 Revisionen nur innerhalb der für die Staatsanwaltschaft laufenden Anfechtungsfrist einlegen (also nur innerhalb einer Woche seit Urteilsverkündung). Hat die Staatsanwaltschaft auf Rechtsmittel verzichtet oder ihre Revision zurückgenommen, so entfällt nach – anders als nach § 401 Abs. 1 Satz 1 bei bereits zuvor erfolgtem Abschluss – auch das Anfechtungsrecht des Nebenklägers (RGSt 66, 129; BGH NStZ 1984, 18 [P/M]).

34 **IV. Wahrung der Frist.** Die Revisionseinlegung muss innerhalb der Frist **bei Gericht eingegangen** sein; bei Zweifeln hinsichtlich der Fristwahrung s. § 261.

35 Die Frist beginnt, auch wenn der Privatkläger weder anwesend noch vertreten war, mit der Urteilsverkündung (entspr. § 401 Abs. 2 Satz 1; OLG Frankfurt NStZ-RR 1996, 43); war ihm allerdings der Verkündungstermin nicht bekannt gegeben worden, so gilt auch für ihn Abs. 2 (Meyer-Goßner/*Schmitt* § 341 Rn. 10; LR/*Franke* Rn. 22). Der Fristenlauf für den **Nebenkläger** bestimmt sich nach § 401 (grds. in Parallele zu § 341; anders wenn der Anschluss als Nebenkläger er erst zur Einlegung der Revision geschieht (§ 401 Abs. 1 Satz 2 und Abs. 2 Satz 2).

36 Die Rechtzeitigkeit des Eingangs ist ggf. im Freibeweisverfahren zu klären. Verbleiben insofern **Zweifel**, so ist zugunsten des Revisionsführers von der Wahrung der Frist auszugehen (BGH NJW 1960, 2202 [2203]; OLG Karlsruhe NJW 1981, 138; weitere Nachweise bei OLG Hamm NStZ 1982, 43 [44]); dies ergibt sich daraus, dass eine Revision nur dann als unzulässig verworfen werden darf, wenn das Gericht vom Vorliegen des zur Unzulässigkeit führenden Grundes überzeugt ist (vgl. § 346 Abs. 1). Da der »in-dubio«-Grundsatz schon deshalb nicht gilt (a.A. OLG Hamburg JR 1976, 254 m.Anm. *Foth*; wohl auch OLG Düsseldorf StV 1985, 316), ist nicht zugunsten des Angeklagten, sondern zugunsten des Revisionsführers zu entscheiden. Kann dagegen nicht geklärt werden, ob die Revisionsschrift überhaupt bei Gericht eingegangen ist, gehen diese Zweifel zulasten des Rechtsmittelführers (OLG Hamm NStZ 1982, 43 [44]; zum Verlust der Rechtsmittelschrift: OLG Zweibrücken VRS 68, 54; W. Schmid FS R. Lange [1976], S. 800 f.; vgl. auch KK/*Gericke* § 341 Rn. 21).

37 **V. Wiedereinsetzung gegen die Versäumung der Einlegungsfrist.** Es gelten die allgemeinen Regeln nach §§ 44, 45 (vgl. BGHSt 40, 395 [397]). **Wiedereinsetzung** wird, wenn die Voraussetzungen gegeben sind, auch dann gewährt, wenn das Tatgericht die Revision nach § 346 bereits als unzulässig verworfen hat; der Verwerfungsbeschluss wird dadurch gegenstandslos (ohne dass es seiner gesonderten Anfechtung bedarf). Die Revisionsbegründungsfrist beginnt mit Zustellung des die Wiedereinsetzung gewährenden Beschlusses

(BGHSt 30, 335). Zur Ergänzung der wegen (scheinbarer) Rechtskraft des Urteils gem. § 267 Abs. 4 Satz 1 abgekürzten Urteilsgründe s. § 267 Abs. 4 Satz 3.

F. Rücknahme der Revision und Verzicht auf sie. Hierfür gelten die allgemeinen Regeln (§ 302). **Verzicht** ist nach Abs. 1 Satz 2 ausgeschlossen, wenn dem Urteil eine Verständigung (§ 257c) vorausging (vgl. aber BGHSt 55, 82 zur Revisionseinlegung und Rücknahme am Tag der Urteilsverkündung). Darüber ist der Angeklagte nach § 35a qualifiziert zu belehren (BVerfG, Urt. v. 19.03.2013, 2 BvR 2628/10, BVerfGE 133, 168 Rn. 95). Bei Unklarheiten hat das Revisionsgericht im Freibeweisverfahren zu klären, ob eine Verständigung vorausgegangen ist, die dem Rechtsmittelverzicht entgegen steht. Zweifel dürfen sich wegen der gesetzlichen Dokumentationspflichten nicht zulasten des Betroffenen auswirken (BVerfG NJW 2012, 1136, Beschl. v. 05.03.2012, 2 BvR 1464/11; s a. SK-StPO/*Frisch* § 302 Rn. 49). Nach der Rspr. des 1. Strafsenats soll nicht zu beanstanden sein, wenn zwar nicht auf Rechtsmittel verzichtet, aber ein eingelegtes Rechtsmittel sogleich wieder zurückgenommen wird (BGHSt 55, 82 m.abl. Anm. *Malek* StraFo 2010, 251; *Niemöller* StV 2010, 474 und 597; vgl. auch *Gerieke* NStZ 2011, 110; *Jahn* StraFo 2021, 48, 57). Der BGH hat zwar betont, dass die Entscheidung nur unter der Prämisse der Äußerung des Vorsitzenden ergangen ist, das Gericht habe in keiner Weise auf die Entscheidung, des Angeklagten eingewirkt. Damit wird jedoch eine Umgehungsstrategie gebilligt, die sich nur schwerlich mit dem Urteil des BVerfG zur Verfassungsmäßigkeit des Verständigungsgesetzes (BVerfG, Urt. v. 19.03.2013, 2 BvR 2628/10, BVerfGE 133, 168 Rn. 95) in Einklang bringen lässt. 38

§ 342 Revision und Wiedereinsetzungsantrag

(1) Der Beginn der Frist zur Einlegung der Revision wird dadurch nicht ausgeschlossen, dass gegen ein auf Ausbleiben des Angeklagten ergangenes Urteil eine Wiedereinsetzung in den vorigen Stand nachgesucht werden kann.

(2) [1]Stellt der Angeklagte einen Antrag auf Wiedereinsetzung in den vorigen Stand, so wird die Revision dadurch gewahrt, dass sie sofort für den Fall der Verwerfung jenes Antrags rechtzeitig eingelegt und begründet wird. [2]Die weitere Verfügung in Bezug auf die Revision bleibt dann bis zur Erledigung des Antrags auf Wiedereinsetzung in den vorigen Stand ausgesetzt.

(3) Die Einlegung der Revision ohne Verbindung mit dem Antrag auf Wiedereinsetzung in den vorigen Stand gilt als Verzicht auf die letztere.

Übersicht

A. Gesetzeszweck. Die Vorschrift betrifft (in Parallele zu § 315) ausschließlich **Abwesenheitsurteile** (§§ 235, 329 Abs. 3, 412 Satz 1), bei denen es zum Zusammentreffen von Wiedereinsetzungsantrag (wegen unverschuldeter Versäumung der Hauptverhandlung) und Revision (wegen Fehlens der Voraussetzungen für das Ergehen des Verwerfungsurteils) kommen kann. Wiedereinsetzung wird (durch den *iudex a quo*, § 46 Abs. 1) gewährt, wenn der Angeklagte (in tatsächlicher Hinsicht) glaubhaft machen kann, dass die Säumnis unverschuldet war. Dem entspricht der Vorrang des Wiedereinsetzungsantrags. Aufgabe der Revision ist – gewissermaßen sekundär – die rechtliche Überprüfung der Voraussetzungen für das Ergehen des Abwesenheitsurteils. Gleichwohl **muss** die Revision von vornherein (vorsorglich) eingelegt und auch begründet werden. Mit Gewährung der Wiedereinsetzung wird sie gegenstandslos; über die frist- und formgerecht eingelegte und begründete Revision ist dann nur zu entscheiden, wenn der Wiedereinsetzungsantrag rechtskräftig verworfen wurde (Abs. 2 Satz 2; BayObLG DAR 21984, 246; NJW 1972, 1724; OLG Düsseldorf NJW 1988, 1681). Die Vorschrift des Abs. 3 enthält einen gefährlichen Fallstrick (s. unten Rdn. 4 f.). 1

B. Fristen. Für die Stellung des Wiedereinsetzungsantrags wie für die Einlegung der Revision gilt die **Wochenfrist seit Urteilszustellung** (§§ 235 Satz 1, 329 Abs. 3 Satz 1 und § 341 Abs. 2). Auch vor Urteilszustellung, also vor Beginn der Frist kann Wiedereinsetzung beantragt oder Revision eingelegt werden (wobei auch hier Abs. 3 gilt; unten Rdn. 4 f.). Die Monatsfrist für die Revisionsbegründung beginnt mit Ablauf der einwöchigen Einlegungsfrist (vgl. § 345 Rdn. 3 f.). Wurde die Einlegungsfrist des § 341 unverschuldet versäumt, so läuft auch hier die Revisionsbegründungsfrist erst ab Zustellung des diese Wiedereinsetzung gewährenden Beschlusses (BGHSt 30, 335; BayObLG MDR 1972, 343). 2

3 **C. Weiteres Verfahren.** Mit Gewährung der Wiedereinsetzung entfällt das Abwesenheitsurteil; die Revision wird gegenstandslos (RGSt 65, 231 [233]; BayObLG NJW 1972, 1724), eine bisher noch nicht erfolgte Revisionsbegründung also entbehrlich. Mit rechtskräftiger Ablehnung der Wiedereinsetzung nimmt das Revisionsverfahren seinen Gang (OLG Düsseldorf NJW 1988, 1681[1682]).

4 **D. Fingierter Verzicht auf die Wiedereinsetzung (Abs. 3).** Die Vorschrift des Abs. 3 enthält die **unwiderlegbare** (OLG Stuttgart NJW 1984, 2900) gesetzliche **Vermutung des Verzichts auf die Wiedereinsetzung** für den Fall, dass die Revision **vor** der Stellung des Wiedereinsetzungsantrags eingelegt wird (wobei nach OLG Stuttgart a.a.O. schon ein zeitlicher Abstand von ca. 1,5 Stunden – bei zwei mit Telefax übermittelten Schriftsätzen – genügt, um die Vermutung auszulösen). Auch von einer Rechtsbehelfsbelehrung (die man sich in den notleidenden Fällen – s. unten Rdn. 5 f. praktisch allerdings kaum vorstellen kann) soll die Vermutung nicht abhängen (OLG Neustadt NJW 1964, 1868; Meyer-Goßner/*Schmitt* § 342 Rn. 3, KK/*Gericke § 342* Rn. 7). Nach h.M. gilt die Vermutung unabhängig davon, ob die Revision unzulässig ist (§ 55 Abs. 2 JGG) oder vor Beginn der Frist des § 341 eingelegt wurde (OLG Düsseldorf VRS 1989, 132; vgl. § 341 Rdn. 28 ff.) oder ob sie wirksam zurückgenommen und sogar ob sie darauf später in Verbindung mit einem Wiedereinsetzungsantrag erneut eingelegt wird (OLG Zweibrücken NJW 1965, 1033; OLG Stuttgart Justiz 1976, 265; Meyer-Goßner/*Schmitt* § 342 Rn. 4 m.w.N.). Dem ist jedoch mit Blick auf die gerichtliche Fürsorgepflicht bzw. den Grundsatz des »fair trial« zu widersprechen (zutr. *Maiwald* FS Lange [1976], S. 753; HK-GS/*Rackow* § 342 Rn. 5 m.w.N.). Ist von Amts wegen Wiedereinsetzung zu gewähren, gilt die Vermutung nicht (OLG Hamburg, Beschl. vom 03.08.2000 – 1 Ws 168/00, NStZ-RR 2001, 302; BeckOK-StPO/*Wiedner* § 342 Rn. 9 m.w.N.)

§ 343 Hemmung der Rechtskraft

(1) Durch rechtzeitige Einlegung der Revision wird die Rechtskraft des Urteils, soweit es angefochten ist, gehemmt.

(2) Dem Beschwerdeführer, dem das Urteil mit den Gründen noch nicht zugestellt war, ist es nach Einlegung der Revision zuzustellen.

Übersicht

1 **A. Bedeutung.** Die rechtzeitig angelegte Revision hemmt (wie die rechtzeitig eingelegte Berufung, § 316) die Rechtskraft des Urteils (vgl. HK-GS/*Rackow* § 343 Rn. 1). Es kann deshalb nicht vollstreckt werden (§ 449). Wird die Revision **beschränkt**, so wird die Rechtskraft des angegriffenen Urteils nur bzgl. des angegriffenen Teils (also etwa des Rechtsfolgenausspruchs) gehemmt (»soweit«). Die Hemmung wirkt fort bis zur endgültigen Entscheidung gem. §§ 346, 349 Abs. 1, 4 oder einer eigenen Sachentscheidung durch das Revisionsgericht (BayObLGSt 68, 33; Meyer-Goßner/*Schmitt* § 343 Rn. 1).

2 Im Fall des Verjährungseintritts nach Revisionseinlegung und bis zum Ablauf der Frist des § 345 nicht eingegangener Begründung kommt neben der Einstellung des Verfahrens wegen des Verfahrenshindernisses der Verjährung auch die Verwerfung der Revision als unzulässig mangels Begründung in Betracht. Hier ist nach h.M. das Verfahren einzustellen, soweit das Verfahrenshindernis nach Erlass des Urteils entsteht, die Revision hingegen als unzulässig zu verwerfen, soweit das Verfahrenshindernis schon zuvor bestand (BGHSt 16, 115; 25, 259; näher: HK-GS/*Rackow* § 343 Rn. 2, die darauf hinweisen, dass die Konstellation durch die geltenden Fristen des § 78 StGB für das Strafrecht an Bedeutung verloren hat, i.R. der Rechtsbeschwerde nach § 79 OWiG jedoch praktische Relevanz besitze; vgl. auch *Stratenwerth* JZ 1961, 392; a.A. *Roxin*/Schünemann 53 J I 2):

3 **B. Voraussetzungen der Hemmung der Rechtskraft.** Umstritten ist, ob die Wirkung des § 341, insb. der Aufschub der Vollstreckbarkeit, auch dann eintritt, wenn die Revision von vornherein **unstatthaft** ist (§ 441 Abs. 3 Satz 2, § 55 Abs. 2 JGG) bzw. ein **Unbefugter** die Revision eingelegt hat oder wirksam auf Rechtsmittel verzichtet wurde (dagegen die h.L.: SK-StPO/*Frisch* § 343 Rn. 4; KK/*Gericke* § 343 Rn. 3; LR/*Franke* § 343 Rn. 1; Meyer-Goßner/*Schmitt* § 343 Rn. 1). Dagegen spricht jedoch, dass zunächst eine Rechtsprüfung der zur Unzulässigkeit führenden Umstände vorgenommen werden muss, sodass eine Hemmung der Rechtskraft auch in diesen Fällen als sachgerecht erscheint (OLG Stuttgart MDR 1980, 518; GA 1980, 191; für § 79 OWiG BGHSt 25, 259; BayObLG VRS 44, 50) – abgesehen von dem Fall eines wirksamen

Rechtsmittelverzichts, sofern nicht die Revision auf die Unwirksamkeit des Verzichts, etwa mangels qualifizierter Belehrung nach Absprache (HK-GS/*Momsen* § 302 Rn. 19 m.w.N.), gestützt wird (vgl. hierzu auch OLG Karlsruhe NStZ 1997, 301).

Weiteres Erfordernis ist allein ihre **rechtzeitige Einlegung**; sonstige mögliche Unzulässigkeitsgründe (etwa allseitiger Rechtsmittelverzicht) sind bei rechtzeitiger Revisionseinlegung bis zur Entscheidung des Revisionsgerichts (durch Beschluss nach § 349 Abs. 1 oder durch Urteil) irrelevant (a.A. OLG Karlsruhe NStZ 1997, 301 für eine nach allseitigem Rechtsmittelverzicht eingelegte Revision; indessen kann dessen Wirksamkeit bis zur abschließenden Entscheidung des Revisionsgerichts streitig sein). 4

Der Antrag auf Wiedereinsetzung gegen die Versäumung der Einlegungsfrist führt noch nicht zur Hemmung der Rechtskraft (§ 47 Abs. 1), wohl aber die Gewährung der Wiedereinsetzung (§ 47 Abs. 3). 5

C. Urteilszustellung (Abs. 2). Zugestellt (§§ 37, 41) werden muss dem Beschwerdeführer das Urteil mit den Gründen, soweit eine Revision zulässig und innerhalb der Frist des § 341 eingelegt worden ist (LR/*Franke* § 343 Rn. 5; HK-GS/*Rackow* § 343 Rn. 4). Das **Zustellungsverfahren** richtet sich nach §§ 36 ff. i.V.m. § 145a. Es liegt im Ermessen des Vorsitzenden (§ 36 Abs. 1 Satz. 1), an wen von mehreren in Betracht kommenden Zustellungsempfängern die förmliche Zustellung erfolgt; zwingend ist nur die Unterrichtung der übrigen potenziellen Zustellungsempfänger nach § 145a Abs. 3. Bei einer Zustellung an die Staatsanwaltschaft gem. § 41 StPO kommt es allein auf den Eingang bei der Behörde, nicht aber auf den Eingang bei der zuständigen Abteilung oder gar dem das Verfahren bearbeitenden Staatsanwalt an (BGH, Beschluss vom 06.07.2016 – 4 StR 253/16 Rn. 4). Bei der Zustellung an mehrere Empfangsberechtigte gilt der in der Praxis bedeutsame § 37 Abs. 2; die letztbewirkte Zustellung ist entscheidend. Wurde das Urteil zulässigerweise berichtigt, so tritt die Wirkung der Zustellung erst ein, wenn der Berichtigungsbeschluss zugestellt wird (BGHSt 12, 374). Einem noch nicht zugelassenen Nebenkläger ist das Urteil nur dann zuzustellen, wenn seine Berechtigung zum Anschluss unzweifelhaft gegeben ist, es gilt i.ü. § 401 Abs. 1 und 2 (OLG Bremen OLGSt § 396, 41; Meyer-Goßner/*Schmitt* § 343 Rn. 2). 6

Eine nachträgliche Zustellung (möglicherweise – nach Urteilsergänzung gem. § 267 Abs. 4 Satz. 3 – ein zweites Mal) kann notwendig werden bei einem erfolgreichen Wiedereinsetzungsantrag oder einem Antrag auf Entscheidung des Revisionsgerichts nach § 346 Abs. 2 (SK-StPO/*Frisch* § 343 Rn. 17). Da die Benachrichtigungspflicht des § 145a Abs. 3 sich nicht auf die Mitteilung des Zustellungsdatums erstreckt, muss sich der revisionsführende Verteidiger, wenn das Urteil dem Angeklagten oder einem Mitverteidiger zugestellt wird, durch Nachfrage des für den Fristenlauf maßgeblichen Zustellungsdatums vergewissern. 7

§ 344 Revisionsbegründung

(1) Der Beschwerdeführer hat die Erklärung abzugeben, inwieweit er das Urteil anfechte und dessen Aufhebung beantrage (Revisionsanträge), und die Anträge zu begründen.

(2) [1]Aus der Begründung muss hervorgehen, ob das Urteil wegen Verletzung einer Rechtsnorm über das Verfahren oder wegen Verletzung einer anderen Rechtsnorm angefochten wird. [2]Ersterenfalls müssen die den Mangel enthaltenden Tatsachen angegeben werden.

Übersicht Rdn.

1 **A. Die Revisionsanträge (Abs. 1). I. Allgemeines.** § 344 ist Anknüpfungspunkt für die hohen formalen Voraussetzungen, die seitens der Revisionsgerichte an die Begründung – insb. von Verfahrensrügen – gestellt werden (zutr. HK/*Temming* § 344 Rn. 1) und damit auch für einen beträchtlichen Anteil an der hohen Misserfolgsquote eingelegter Revisionen. Die Revisionsbegründung, die schon mit der Revisionseinlegung verbunden werden kann (in der Regel nicht zweckmäßig: vgl. KMR/*Momsen* § 341 Rn. 58), ist eine von Amts wegen zu prüfende (KMR/*Momsen* §§ 346 Rn. 1 ff., 349 Abs. 1 Rn. 1 ff.) **Rechtszugsvoraussetzung.** Sie besteht aus den **Revisionsanträgen** (Rdn. 2–5) und deren **Begründung** (hier anders als bei der Berufung zwingend erforderlich) in Form (dazu allg. Rdn. 12–29) der **Sachrüge** (Rdn. 30–34) oder/und der Verfahrensrüge (Rdn. 35 ff.). Der Beschwerdeführer (HK-GS/*Momsen* § 296 Rn. 1 ff.) hat anzugeben, **»inwieweit«** er das Urteil – d.h. den Urteilssatz (ausf. KMR/*Momsen* § 337 Rn. 60 ff.), nicht die Gründe (RGSt 63, 184; Ausnahme: § 260 Abs. 4 Satz 5) – **anfechte**; schon daraus (vgl. erg. §§ 343 Abs. 1, 352 Abs. 1) ergibt sich die **Beschränkbarkeit** der Revision (Rdn. 5 ff.).

2 **II. Zeitpunkt der Antragstellung und Inhalt des Antrags.** 1. Die Anträge müssen **spätestens** (vgl. Rdn. 1) in der **Begründungsschrift** (Abs. 2; § 345) gestellt werden. Sie bestehen in der Erklärung des Rechtsmittelführers, **inwieweit** er das Urteil **anfechte** (Rdn. 4–5) und dessen **Aufhebung**, in der Regel auch (jedoch nicht notwendig, vgl. LR/*Franke* § 344 Rn. 2; *Dahs* Rn. 503) die seiner Feststellungen (§ 353 Abs. 2), **beantrage** (§§ 352 Abs. 1, 353 Abs. 1); eines Antrags auch hinsichtlich der – von Amts wegen auszusprechenden – **Folgen** der Aufhebung (§§ 354 ff.) bedarf es nicht (KK/*Gericke* § 344 Rn. 2; RGSt 3, 45; KG JW 1921, 855; *Dahs* Rn. 69, 618 ff.). Der Revisionsantrag umgrenzt die vom Revisionsgericht vorzunehmende Prüfung und bestimmt damit, welcher Teil des Urteils ggf. in Teilrechtskraft erwächst (HK-GS/*Rackow* § 344 Rn. 1).

3 2. Ein **nicht ausdrücklich** gestellter Antrag ist wirksam, wenn sein Inhalt (die Grundsätze des § 300 sind zu beachten) sich in eindeutiger Weise zumindest **stillschweigend** aus dem Gesamtinhalt der Revisionsschriften, u.U.i.V.m. dem Gang des bisherigen Verfahrens ergibt (OLG Karlsruhe Justiz 1979, 68; OLG Zweibrücken VRS 46, 367; OLG Koblenz VRS 51, 96). Insb. muss klar werden, wodurch sich der Bf. beschwert fühlt und welches Ziel seine Revision verfolgt (BGH StV 1981, 393; NStZ-RR/K 2000, 38; OLG Hamm StV 1982, 170; RGSt 56, 225; OLG Hamm NJW 1976, 68 f. m.Anm. *Sarstedt*; Koblenz VRS 50, 447; a.A. KG JW 1921, 854 m.Anm. *Drucker*; OLG Dresden GA 54, 321). Wichtig ist, dass das angefochtene Urteil **beanstandet wird** (BGHSt 38, 4; *Dahs* Rn. 69); lediglich die Mitteilung, dass bspw. nach Urteilserlass ein Prozesshindernis eingetreten sei, reicht nicht aus (BayObLG bei *Rüth* DAR 1978, 212).

4 Beantragt der Beschwerdeführer die Urteilsaufhebung schlechthin, so kann sich doch aus der Begründung ergeben, dass die Revision **beschränkt** (Rdn. 5) eingelegt werden sollte (RGSt 62, 433; 66, 172; BGHSt 38, 4; BGH NStZ 1993, 96; dazu im Einzelnen KMR/*Brunner* § 318 Rn. 12). Die Revision ist jedoch unzulässig, wenn der Beschwerdeführer zwar erklärt, dass er seine Revision beschränken wolle, aber nicht angibt, worauf (OLG Zweibrücken MDR 1974, 421; BayObLG JR 1955, 28 m. zust. Anm. *Sarstedt*; *Dahs* Rn. 72). Das Rechtsmittel als solches wird daher auch als nicht zulässig angesehen, wenn eine gesetzliche Beschränkung vorliegt, sich den Revisionsanträgen oder der Begründung jedoch kein insoweit zulässiges Ziel der Anfechtung entnommen werden kann (Meyer-Goßner/*Schmitt* § 344 Rn. 3a). Eine **gesetzliche Beschränkung** stellt bspw. § 339 dar. Die Staatsanwaltschaft darf eine Revision zuungunsten des Angeklagten nicht allein auf die Verletzung von Verfahrensnormen stützen, die sich lediglich zugunsten des Angeklagten auswirken können (ausf. *Momsen* Verfahrensfehler und Rügeberechtigung im Strafprozess, KMR/*Momsen* § 339 Rn. 1 ff. m.w.N.; vgl. auch LR/*Franke* § 344 Rn. 6). Zu einer Verwerfung der Revision wegen Unzulässigkeit kommt es, wenn sich keine wirksame Begründung entnehmen lässt, etwa wenn mehrere selbstständige Taten Gegenstand des Urteils sind und die beschränkende Begründung keinen Rückschluss darauf zulässt, in Hinblick auf welche Tat das Urteil angefochten werden soll. Ist die Begründung hingegen mehrdeutig, so ist nach dem Meistbegünstigungsprinzip zu verfahren und im Zweifel die Begründung im Sinne der weitestgehenden Anfechtung auszulegen (zum Ganzen ausf. LR/*Franke* § 344 Rn. 10). Abgesehen von den vorbezeichneten Konstellationen muss eine unwirksame Beschränkung daher meistbegünstigend die Überprüfung des Urteils im Ganzen zur Folge haben (so wohl auch Radtke/Hohmann/*Nagel* § 344 Rn. 6). Anlässlich der unwirksamen Beschränkung auf den vorherigen Vollzug der Unterbringung hat das BVerfG (NJW-Spezial 2009, 120) klargestellt, dass der Grundsatz des Fair Trial es gebieten kann, den Revisionsführer auf diese Konsequenz hinzuweisen, um ihm die Möglichkeit zur Rücknahme des Rechtsmittels zu geben (Meyer-Goßner/*Schmitt* § 344 Rn. 7c; Hohmann/Radtke/*Nagel* § 344 Rn. 6; zur Rücknahme HK-GS/*Momsen* § 302 Rn. 4 ff.)

B. Beschränkung der Revisionsanträge. Es gelten dieselben Prinzipien wie bei § 318 (s.a. die sinngemäß geltenden Erläuterungen zu § 318; vgl. auch Meyer-Goßner/*Schmitt* § 318 Rn. 5 ff.). Die Folge einer **unwirksamen** Beschränkung der Revision ist in der Regel (Rdn. 4) die Unbeachtlichkeit der Beschränkung. D.h. das Urteil wird in vollem Umfang überprüft (LR/*Franke* § 344 Rn. 67 – bei gleichwohl **wirksamer** Beschränkung auf Verfahrensvoraussetzungen a.lg. Sachrüge). Bei wirksamer Beschränkung tritt i.Ü. Teilrechtskraft des Urteils ein. Hat das Urteil insoweit nur eine prozessuale Tat zum Gegenstand, so tritt eine **innerprozessuale Bindung** für das Rechtsmittelgericht ein. Gemeint ist hiermit keine teilweise Vollstreckbarkeit, sondern lediglich eine Bindung an Feststellungen des nicht angefochtenen Teils. Richtigerweise dürfte allerdings u.U. für das Tatgericht in der Neuverhandlung die Bindung entfallen, sofern sich i.R. der erforderlichen Beweisaufnahme neue Tatsachen ergeben, welche in Widerspruch zu den in innerprozessualer Weise für die Revisionsinstanz als teilrechtskräftig anzusehenden Feststellungen treten (LR/*Franke* § 344 Rn. 66; Meyer-Goßner/*Schmitt* § 344 Rn. 7a; vgl. i.Ü. § 353 Rdn. 1 ff.). Als Beispiel kommt die Frage der Schuldunfähigkeit in Betracht. 5

I. Teilrechtskraftfähigkeit. Die Annahme einer Beschränkbarkeit der Revision beruht auf der Annahme der Teilrechtsfähigkeit des Urteils (HK-GS/*Rackow* § 344 Rn. 2; Radtke/Hohmann/*Nagel* § 344 Rn. 6; HK/*Temming* § 344 Rn. 5), da dieses so weit in Rechtskraft erwächst, wie es nicht angefochten (»inwieweit«) ist. Zu unterscheiden sind die sog. »vertikale« Teilrechtskraft (Trennung zwischen selbstständigen Prozessgegenständen) und die sog. »horizontale« Teilrechtskraft (Trennung innerhalb desselben Prozessgegenstands). Die Rspr. lässt eine Beschränkung auf solche Teile eines Urteils zu, die selbstständig bzw. losgelöst von dem nicht angefochtenen Rest geprüft und beurteilt werden können (st. Rspr., BGHSt 29, 359; 10, 100). Eine solche (**vertikale**) Selbstständigkeit liegt immer vor, wenn nur einer von mehreren Angeklagten Revision einlegt, sowie wenn nur eine von mehreren Taten im prozessualen Sinne (§ 264 Abs. 1 Satz 3) angegriffen werden soll (eine grobe Richtschnur bieten die Vorschriften über die Verbindung und Abtrennung von Verfahren nach sachlichen oder persönlichen Gesichtspunkten (Begriff des Zusammenhangs, § 3). Liegt zwar nur eine Tat im prozessualen Sinne vor, verbindet diese jedoch mehrere realkonkurrierende Delikte (§ 53 StGB) miteinander, so ist eine Beschränkung auf eine oder einzelne dieser Taten grds. möglich (BGHSt 24, 1985; vgl. aber BGHSt 25, 72; HK-GS/*Rackow* § 344 Rn. 2 f.). Die Erhebung von Rügen nach § 338 Nr. 1–7, welche grds. zur umfassenden Aufhebung führen können, steht einer i.Ü. zulässigen Beschränkung nicht entgegen (BGH NJW 1995, 1910). Innerhalb desselben Prozessgegenstands ist eine (**horizontale**) Beschränkung auf den Rechtsfolgenausspruch von erheblicher Bedeutung. Dies ist grds. möglich (BGHSt 19, 46), es sei denn die Prüfung des Strafausspruchs ist unmöglich ohne die Prüfung, ob der nicht angefochtene Schuldspruch Rechtsfehler aufweist (BGHSt 33, 59; BGH NStZ 1994, 47). Umgekehrt ist jedoch eine Beschränkung der Anfechtung auf den Schuldspruch nicht möglich, da dieser notwendigerweise die Basis des Strafausspruchs ist (vgl. nur *Dahs* Rn. 75). Erst auf Basis einer Orientierung anhand der Teilrechtskraftfähigkeit kann dann ggf. die durch die Rspr. verwendete »**Trennbarkeitsformel**« (BGHSt 5, 252) angewendet werden (zutr. krit. zur Formel LR/*Franke* § 344 Rn. 15 f.). Nicht abschließend geklärt ist allerdings, wie sich eine **Verfahrensabsprache** auf die Beschränkbarkeit der Revision auswirkt. Das Problem der Trennbarkeit besteht hier über den Bereich der Anwendung des § 154a (vgl. § 354 Rn. 6) hinaus und tritt in besonderer Schärfe bei der Beschränkung innerhalb des Rechtsfolgenausspruchs (Rdn. 7) zutage. Wären hier bspw. im Rahmen der Einbeziehung oder Gesamtstrafenbildung einzelne (Gesamt-) Strafen grds. teilrechtskraftfähig, so kann sich dies durch das Vorliegen einer Verfahrensabsprache insoweit verändern, als die Verständigung eben gerade auch das Verhältnis der Berücksichtigung der jeweiligen an sich teilrechtskraftfähigen Strafaussprüche zueinander erfassen kann (vgl. auch zur Berufungsinstanz OLG Düsseldorf, Beschl. v. 06.10.2010 – III- 4 RVs 60/10 m. Anm. *Moldenhauer/Wenske* NStZ 2012, 184) 6

II. Beschränkung innerhalb des Rechtsfolgenausspruchs. Im Einzelnen umstritten (ausf. HK-GS/*Rackow* § 344 Rn. 6) ist, ob auch eine Beschränkung **innerhalb des Rechtsfolgenausspruchs** zulässig ist. Nach h.M. ist eine Beschränkung auf die Feststellung der besonderen **Schwere der Schuld** (§ 57a Abs. 1 StGB – s.u.) denkbar, auch dann, wenn hierdurch die Annahme eines weiteren Mordmerkmals in Betracht kommt (BGHSt 39, 208; 41, 57; SK-StPO/*Frisch* § 344 Rn. 28; Meyer-Goßner/*Schmitt* § 344 Rn. 7a m.w.N.). Zulässig ist in der Regel die Beschränkung auf die **Höhe des Tagessatzes** bei Verhängung einer Geldstrafe (BGHSt 27, 70). Gleiches gilt für die **Aussetzung** der Freiheitsstrafe zur Bewährung (BGH NJW 1993, 1624; BGHR § 318 Strafausspruch 2; vgl. aber BGH NStZ 1994, 449 zu Wechselwirkungen der Aussetzungsentscheidung mit § 64 StGB), sowie die Anordnung von **Sicherungsverwahrung** (BGH NStZ 1994, 280) oder die Anordnung des **Verfalls** (BGH NStZ-RR 1997, 270). Dagegen ist die Anordnung der **Einziehung** grds. nicht selbstständig anfechtbar (NStZ 1993, 400), da in der Regel ein Zusammenhang mit den schuldspruchrelevanten Feststellungen, bspw. zur Höhe des Erlangten, besteht. Die **Entziehung der Fahrerlaubnis** (§ 69 StGB) kann 7 nur dann separat angefochten werden, wenn sich die (ggf. unterbliebene) Maßregelverhängung ohne Rückgriff auf die Strafzumessungserwägungen i.Ü. prüfen lässt (BGH NStZ 1992, 586; OLG Frankfurt NStZ-RR 1997, 46; OLG Stuttgart MDR 1997, 382; LG Dresden NStZ-RR 2005, 385), entspr. die **isolierte Sperre** nach § 69a StGB (OLG Zweibrücken NJW 1982, 2007). Grds. möglich ist ebenfalls die isolierte Anfechtung der **Bemessung der Sperrfrist** nach § 69a StGB (LG Potsdam NStZ-RR 2003, 19); allerdings wird sich in der Regel keine Trennung von den Gründen, die zur Anordnung geführt haben, durchführen lassen (vgl. OLG Düsseldorf VRS 66, 20; BayObLG NVZ 1991, 397; ausf. zu Maßregeln LR/*Franke* § 344 Rn. 50–62). Eine isolierte Anfechtung des **Berufsverbots** (§ 70 StGB) kommt in Betracht (BGHSt 17, 38); nach früher h.M. nicht jedoch die von **Nebenfolgen und Nebenstrafen**, da die diesbezüglichen Erwägungen integraler Teil der Strafzumessungserwägungen insgesamt sind (umstr.: wie hier OLG Hamm NStZ 2006, 592; a.A. BayObLG DAR 1985, 239 – umfassend KK/*Gericke* § 344 Rn. 12). Richtigerweise ist zu **differenzieren.** Ist die Verhängung und Bemessung der Nebenstrafe **unabhängig** von der Hauptstrafe, so ist eine isolierte Anfechtung möglich. Stehen aber Haupt- und Nebenstrafe in einem gegenseitigen Abhängigkeitsverhältnis, so ist eine Beschränkung unwirksam, bspw. dann wenn das Gericht bei Wegfall des Fahrverbots die Geldstrafe erhöhen würde (zutr. LR/*Franke* § 344 Rn. 44 f.). Eine wirksame Beschränkung kommt daher auch bei Nebenfolgen in Betracht, ggf. bzgl. der Feststellung der besonderen Schwere der Schuld gem. § 57a StGB (zutr. unter Hinweis auf BVerfGE 86, 288 und BGHSt 39, 208; 41, 57 LR/*Franke* § 344 Rn. 47a).

8 **III. Doppelrelevante Tatsachen.** Von entscheidender Bedeutung ist jeweils die Bestimmung sog. »**doppelrelevanter Tatsachen**« (vgl. umfassend: *Kemper* Horizontale Teilrechtskraft des Schuldspruchs und Bindung im tatrichterlichen Verfahren nach der Zurückverweisung, 1993; *Grünwald* Die Teilrechtskraft im Strafverfahren, 1964, S. 110 ff. und passim; HK-GS/*Rackow* § 344 Rn. 6). Eine Doppelrelevanz wird bspw. hinsichtlich der das Regelbeispiel des § 243 Abs. 1 Nr. 2 (bes. gesicherte Sache) StGB begründenden Umstände für die Feststellungen zum Schuldspruch und die Strafzumessungserwägungen angenommen (BGHSt 29, 359) sowie für die Art und Weise der Entstehung des Tatentschlusses, Motiv, Beweggründe und Ziele (BGHSt 30, 340) – was überzeugt, soweit diese für den Schuldspruch relevant sind.

9 **IV. Formulierung der Anträge.** Bei der Formulierung der Anträge sind daher folgende Grundsätze zu beachten:
Ist nur eine Straftat Gegenstand des Urteils, lässt sich aus der allg. Sachrüge schließen, dass es in vollem Umfang angegriffen werden soll (RGSt 5, 186; BGH StV 1981, 393; BGH MDR [H] 1978, 282; OLG Hamm NJW 1954, 613; 1965, 1193; OLG Koblenz NJW 1973, 189; VRS 41, 269); ebenso, wenn ohnehin nur eine unbeschränkte Anfechtung zulässig ist (OLG Saarbrücken VRS 44, 190).

10 Bei Verurteilung wegen mehrerer selbstständiger Taten wird die allgemein erhobene Sachrüge in der Regel ausreichen (BGH NStZ-RR 2000, 38; NStZ 1990, 96), a.A. aber verschiedene Oberlandesgerichte, soweit der Umfang der begehrten Aufhebung unklar bleibt (OLG Oldenburg StraFo 2006, 245; BayObLG DAR 1985, 247; 1989, 370; RGR 3, 792; OLG Hamm VRS 33, 48; NJW 1976, 68 f. m. abl. Anm. *Sarstedt*; OLG Stuttgart Justiz 1971, 312; OLG Zweibrücken NJW 1974, 659; OLG Koblenz VRS 50, 447). Für Revisionen der StA wird eine Unzulässigkeit aber angenommen, wenn bei mehreren Angeklagten oder einer Vielzahl von Straftaten die allgemeine Sachrüge ohne jegliche Konkretisierung erhoben wird (BGH NStZ-RR 2010, 288; dazu Meyer-Goßner/*Schmitt* § 344 Rn. 3).

11 Besteht für das Rechtsmittel eine gesetzliche Beschränkung (§ 400 Abs. 1 für den Nebenkläger), so ist die Revision unzulässig, wenn die Begründung der Anträge nicht i.S. eines zulässigen Anfechtungsziels eindeutig ausgelegt werden kann (BVerfG NStZ-RR 2007, 385; für § 55 JGG: OLG Celle NdsRpfl 2001, 90; Meyer-Goßner/*Schmitt* § 344 Rn. 3a; vgl. Rdn. 4). Eine Bezugnahme auf die Revisionsbegründung der Staatsanwaltschaft ist nicht zulässig (BGH, Beschluss vom 06.02.2018 – 3 StR 426/17).

12 **C. Die Begründung der Revisionsanträge (Abs. 1, 2).** § 344 Abs. 2 unterscheidet zwischen der Revision wegen der Verletzung des materiellen (»anderen Rechtsnorm«) oder des Verfahrensrechts (»Rechtsnorm über das Verfahren«). Wird die Revision mit der Verletzung des materiellen Rechts begründet, so genügt eine allgemeine, unausgeführte Sachrüge für eine umfassende Überprüfung des angegriffenen Urteils in Schuld- und Strafausspruch. Kenntlich gemacht werden muss lediglich, dass die Verletzung materiellen Rechts Gegenstand der Rüge sein soll (bspw. »erhebe die allgemeine Sachrüge«, »rüge die Verletzung materiellen Rechts«; vgl. BGHSt 25, 272; für die StA Nr. 156 Abs. 2 RiStBV; *Hamm* Rn. 212). Für Revisionen der StA legt der BGH entsprechend Nr. 156 Abs. 2 RiStBV einen dezidierteren Maßstab an. Bereits aus dem Antrag soll in der Regel auch für die Sachrüge ersichtlich sein, in welchem Umfang das Urteil angefochten wird (*Hamm* Rn. 212, s.a. Fn. 475; BGH 07.05.2009 – 3 StR 122/09 Beschränkung auf die Höhe der Freiheitsstrafe sei erst aus der Begründung zu ermitteln). Soll hingegen eine Verfahrensrüge erhoben werden, so verlangt

§ 344 Abs. 2, dass »die den Mangel begründenden Tatsachen angegeben werden«, was bedeutet, dass sowohl der Verfahrensverstoß (in der Regel, aber nicht notwendig explizit, die verletzte Norm) als auch die diesen begründenden Verfahrenstatsachen (bspw. anhand des Sitzungsprotokolls) konkret dargelegt werden müssen (vgl. zum Ganzen *Nack* FS Müller, S. 519 ff.).

I. Frist, Form, Erhebung und Auslegung der Rügen. 1. Nachschieben von Rügen. Sind die Anträge (Abs. 1) nicht form- und fristgerecht (§ 345) mit der Verfahrens- oder/und Sachrüge (Abs. 2) begründet, wird die Revision als unzulässig verworfen (§§ 346, 349 Abs. 1). Die Revision kann mit nur einer dieser Rügearten, aber auch mit beiden begründet werden (erg. § 337 Rdn. 6). 13

Nachschieben von Revisionsrügen ist **während** der Begründungsfrist in der Form des § 345 Abs. 2 ohne Weiteres zulässig (§ 345 Rdn. 2). Ist sie **abgelaufen**, gilt, dass Ergänzungen unzulässig sind, soweit sie die Begründung in einem für die Entscheidung wesentlichen Punkt ändern oder überhaupt erst die formalen Voraussetzungen herstellen sollen (KK/*Gericke* § 344 Rn. 44). Im Einzelnen: 14

Sachlich-rechtliche Rügen können noch de facto bis zum Erlass der Entscheidung des Revisionsgerichts – dieses muss eine angekündigte weitere Begründung jedoch höchstens in Ausnahmefällen abwarten (vgl. auch *Röhl* NJW 1964, 277) – nachgeschoben werden (*Eb. Schmidt* II § 344 Rn. 10; *Seibert* DRZ 1948, 372), sofern nur innerhalb der Frist des § 345 Abs. 1 entweder die allg. Sachrüge erhoben oder die Verletzung des sachlichen Rechts in irgendeinem Punkt behauptet worden ist (Rdn. 18; dies gilt allerdings nicht für die Rücknahme einer zuvor wirksam erklärten Beschränkung, vgl. Rdn. 5 ff.). 15

Nachgeschobene **Verfahrensrügen** sind grds. unzulässig (näher KMR/*Momsen* § 345 Rn. 1; BGH DAR [S] 1978, 160). Insb. kommt ein Nachschieben weiterer Verfahrensrügen oder von Verfahrenstatsachen zur Ausführung bereits erhobener Rügen nicht in Betracht. 16

Möglich sind indes ergänzende Rechtsausführungen (BGHSt 18, 214). Diese führen jedoch nach Ablauf der Revisionsbegründungsfrist nicht mehr nachträglich zur bis dahin nicht gegebenen Zulässigkeit der Revision. 17

2. Bezugnahmen. Bezugnahmen sind bei **Verfahrensrügen unzulässig** und gelten als nicht geschrieben (*Hamm* Rn. 215; RGSt 14, 348; 29, 411; BGH LM § 345 Nr. 2; bei *Dallinger* MDR 1970, 900; Radtke/Hohmann/*Nagel* § 344 Rn. 21); denn Gegenstand der revisionsgerichtlichen Prüfung sind nur Tatsachen, die die Revisionsbegründung selbst bezeichnet (vgl. auch BGH VRS 3, 252; bei *Herlan* MDR 1955, 19; OLG Koblenz VRS 48, 121). 18

Prozessual unwirksam sind daher **Verweisungen z.B. auf** den Akteninhalt (BGH NJW 2007, 3010; NJW 2006, 457; OLG Bremen VRS 50, 36), namentlich das Hauptverhandlungsprotokoll (BGH NStZ [Pf/M] 1987, 221; 1985, 208; DAR [S] 1977, 179 f.; OLG Koblenz VRS 46, 275; a.A. KG VRS 11, 278; vgl. Meyer-Goßner/*Schmitt* § 344 Rn. 21 m.w.N.) oder schriftliche Erklärungen von Beweispersonen (RGSt GA 68, 364). 19

Ebenso unbeachtlich sind der Revisionsbegründung **beigefügte Urkunden** (RGSt 74, 297; BGHSt 3, 213). Dies gilt auch dann, wenn die in der Anlage enthaltenen Ausführungen ausdrücklich zum Inhalt der Revisionsbegründung erklärt werden (vgl. RGSt 54, 282; JW 1936, 2144; BayObLGSt 1955, 268; BayObLG NStZ-1996, 312). Abgesehen von dem Problem der ohnehin erschwerten Lesbarkeit der Revisionsbegründung, stellt sich (erst recht vor dem Hintergrund moderner Textverarbeitung) insoweit die Frage nach dem Sinn einer Praxis, die nur dazu zwingt, Schriftstücke einzuscannen und in die Begründung hineinzukopieren (zutr. *Hamm* Rn. 216; zum Ganzen LR/*Franke* § 344 Rn. 83; BGH NStZ 1987, 36). Zumal wenn dadurch materiell ggf. begründete Rügen unzulässig werden, scheint in dieser Betonung formalisierter Kunstfertigkeit kein zweckmäßiger Ansatz zur Begrenzung der Belastung der Revisionsgerichte zu liegen. 20

Ebenso unzulässig ist eine Bezugnahme auf die Begründung einer früheren Revision in ders. oder einer and. Sache (RGSt 18, 95; 20, 42; BGH MDR [D] 1951, 406; BayObLGSt 6, 201). Gleiches gilt für die Revisionsbegründung eines anderen Prozessbeteiligten, z.B. Mitangekl. (RG GA 47, 163; JW 1930, 3404 m. Anm. *Löwenstein* DR 1940, 108; *Schneidewin* JW 1923, 346; BGH NJW 2006, 1220); Bezugnahme auf die Antragsschrift der Staatsanwaltschaft (BGH, Beschl. v. 13.06.2007 – 1 StR 198/07: unzulässig. D.h. im Ergebnis hat der Revisionsführer eine andere Rüge komplett abzuschreiben, sofern er dieser in der Begründung vollumfänglich folgen will. Allein der Umstand, dass eine Revisionsbegründung sich als wahllose Abschrift einer anderen Begründung darstellt, oder, dass mehrere Mitangeklagte eine gleichlautende Verfahrensrüge erheben, macht diese nicht unzulässig (LR/*Franke* § 344 Rn. 84). Der damit verbundene Arbeitsaufwand mag zu einer sorgfältigeren inhaltlichen Auseinandersetzung anhalten, faktisch aber wird wohl in der Regel eine Schreibkraft mit diesem Vorgang betraut werden. 21

Zum Umfang des Vorbringens bei einer Rüge nach § 338 Nr. 7 vgl. BGH NStZ-RR 2007, 53. 22

Bei **Sachrügen** können Bezugnahmen **statthaft** sein (z.B. auf Rechtsausführungen in anderen Schriftstücken, Rechtsgutachten, Fachliteratur, Gerichtsentscheidungen), weil sie ohnehin zur vollen Nachprüfung in sach- 23 lich-rechtlicher Hinsicht führt, selbst wenn sie überhaupt nicht begründet worden ist (Rdn. 18 ff.; RGSt 40, 99). Allerdings wird es sich in der Regel als zweckmäßig erweisen, die Revisionsbegründung selbst entsprechend zu konkretisieren, um die besondere Aufmerksamkeit der Nachprüfung auf den betreffenden Punkt zu lenken (i.E. Radtke/Hohmann/*Nagel* § 344 Rn. 22).

24 3. **Vorbehaltliche, hilfsweise und bedingte Rügen.** **Unzulässig** sind Rügen, die unter **Vorbehalt** erhoben werden, gleichermaßen **hilfsweise** (BGH, Beschl. v. 27.07.2006 – 1 StR 147/06; Meyer-Goßner/*Schmitt* § 344 Rn. 12; OLG Köln MDR 1979, 77) oder **bedingt** ein gelegte Revisionen, wenn also eine Rüge nur für den Fall, dass andere Rügen nicht durchgreifen, erhoben werden soll (RG DR 1942, 1794; BGHSt 12, 33; 17, 253, m.Anm. *Eb. Schmidt* JR 1962, 387; OLG Koblenz VRS 47, 28; *Hamm* Rn. 220; *Sarstedt* FS H. Mayer, S. 530; – a.M.: *H. Mayer* FS Eb. Schmidt, S. 634 ff.; zum Ganzen bereits RGR 3, 490; RGSt 53, 51; HRR 1933 Nr. 1556; vgl. auch HK/*Temming* § 344 Rn. 6).

25 4. **Schlüssige Behauptung von Tatsachen.** **Als Tatsache**, nicht nur als Möglichkeit, muss der Beschwerdeführer die Verletzung des sachlichen Rechts (BGHSt 25, 274 [275] = JR 1974, 477 m. abl. Anm. *Meyer*; a.A. RG JW 1931, 1760 m.Anm. *Alsberg*; KG JR 1976, 255) bzw. den einen Verfahrensmangel begründenden Umstand (RGSt 53, 50; 189; BGHSt 7, 162 [169]; 19, 273 [276]; OLG Bremen GA 1953, 88; VRS 50, 35; OLG Hamm NJW 1972, 1096) schlüssig **behaupten** (vgl. HK-GS/*Rackow* § 344 Rn. 18). Wie »Beweisermittlungsanträge« keine Beweisanträge (§ 244 Rdn. 162 ff.), so sind »Rechtsfehler-Ermittlungsanträge« keine ordnungsgemäßen Revisionsrügen, wenn der Beschwerdeführer etwa beantragt, das Revisionsgericht möge prüfen, ob das Urteil sachl.-rechtl. Mängel enthalte oder ob ein Prozessverstoß unterlaufen sei (BGHSt 12, 33; 19, 276; OLG Hamm OLGSt § 79 OWiG Nr. 1; KG JR 1976, 255; *Schmid* Rpfleger 1962, 304). An einer schlüssigen Behauptung fehlt es auch, wenn die inhaltliche Richtigkeit des Urteils bzw. die Ordnungsmäßigkeit des Verfahrens nur **bezweifelt** wird (RGSt 48, 288; HRR 1940 Nr. 343; BGHSt 19, 276; NJW 1962, 500; LR/*Franke* § 344 Rn. 85).

26 5. **Auslegung der Revisionsbegründung.** Die Begründung der Revision ist grds. der Auslegung zugänglich (BGHSt 25, 272), ggf. auch zum Nachteil des Revisionsführers. Entscheidend für die Auslegung ist, wie die Revisionsbegründung **aus sich selbst heraus** zu verstehen ist; auf parallel eingelegte Revisionen von Mitangeklagten kommt es genau so wenig an wie auf Anlagen zur Begründung (BayObLG NStZ-RR 1996, 12; LR/*Franke* § 344 Rn. 71; Meyer-Goßner/*Schmitt* § 344 Rn. 11; s.o. Rdn. 21.).

27 Auslegungsmaßstab ist der **Sinn**, nicht der Wortlaut der Begründung (BGHSt 19, 273). Maßgebend ist, wie auch im Hinblick auf die Revisionsanträge (Rdn. 5–6) und sonstiger Prozesserklärungen (vgl. § 300; HK-GS/*Momsen* § 300 Rn. 2), wie die Rüge nach dem **Willen des Beschwerdeführers** bei Berücksichtigung aller Umstände, die mit dem den Rügegegenstand bildenden Verfahrensvorgang zusammenhängen, **vernünftigerweise** – d.h.u.U. (insb. bei Begr. zu Protokoll der Geschäftsstelle nach § 345 Abs. 2, vgl. OLG Koblenz NJW 1975, 322 m.Anm. *Krause* ebd. 1713) auch abw. von ihrer syntaktischen Bezeichnung durch den Beschwerdeführer (BGHSt 19, 275; BGH MDR [D] 1953, 723; OLG Hamm VRS 42, 141) – **zu verstehen** ist (§ 300 Rdn. 1; BGHSt 19, 275; JR 1956, 228; HK-GS/*Momsen* § 300 Rn. 3), damit sie ihren **Zweck möglichst erreicht** (§ 300 Rdn. 2; RGSt 47, 236; 67, 125; BGH NJW 2007, 92; 1956, 756; OLG Karlsruhe Justiz 1997, 482; OLG Hamm NJW 1953, 839; VRS 42, 121). Jede Revisionsbegründung (z.B. des Angeklagten) ist unabhängig von denjenigen anderer selbstständig Rechtsmittelberechtigter (z.B. des gesetzlichen Vertreters § 298; vgl. HK-GS/*Momsen* § 298 Rn. 1, 3), also stets nur aus sich selbst heraus, zu interpretieren. Eine (richtige) Benennung und Bezeichnung des **verletzten Gesetzes** ist weder notwendig noch für sich allein ausreichend (RGSt 2, 241; BGHSt 19, 94; 276; 20, 95 [98]; KG VRS 26, 288; OLG Stuttgart DAR 1956, 247; HK-GS/*Rackow* § 344 Rn. 8; Meyer-Goßner/*Schmitt* § 344 Rn. 10; vgl. auch § 352 Abs. 2). Sie ist, sofern korrekt, zur Verdeutlichung zweckmäßig. Bei der Behandlung von Irrtümern neigt die Revisionsrechtsprechung tendenziell zur Großzügigkeit (LR/*Franke* § 344 Rn. 72; SK-StPO/*Frisch* § 344 Rn. 43).

28 Ob im **Einzelfall** eine **Sach- oder Prozessrüge** vorliegt (grundsätzlich zur Unterscheidung Barton, JuS 2007, 977 ff.; speziell zur Verletzung des § 261 vgl. KMR/*Paulus* § 244 Rn. 37–40), hängt nicht davon ab, wie der Beschwerdeführer sie bezeichnet hat oder ob die verletzte Rechtsnorm dem materiellen oder prozessualen Recht angehört; denn auch die Rüge der Verletzung einer Verfahrensnorm kann (etwa bei den »doppelfunktionellen Prozesshandlungen«) eine Sachrüge sein. Dies gilt auch für die Behauptung einer **Grundrechtsverletzung** (vgl. auch BGHSt 19, 273 für die). Wird eine grundrechtsverletzende Verletzung des Beschleunigungsgrundsatzes über Art. 6 Abs. 1 Satz 1 EMRK als rechtsstaatswidrige **Verfahrensverzögerung** geltend gemacht, so muss dies grds. im Wege der Verfahrensrüge geschehen. Eine Sachrüge soll aber dann hinreichend sein, wenn sich die Verfahrensverzögerung aus den Urteilsgründen ergibt (BGH NStZ 2005,

223; näher HK-GS/*Rackow* § 344 Rn. 15; ausführl. zur Abgrenzung zwischen Sach- und Verfahrensrüge: *Walter* ZStW 2016, 128[3], 824 [833 ff.]).

Maßgeblich ist richtigerweise, ob angesichts der behaupteten Gesetzesverletzung die **Entscheidung selbst unrichtig** (Sachrüge) oder das **Verfahren unzulässig** gewesen sein soll, das zu diesem Urteil geführt hat (Verfahrensrüge); also die »wirkliche rechtliche Bedeutung« der Rüge (Meyer-Goßner/*Schmitt* § 344 Rn. 10; BGH NJW 2007, 92; NStZ-RR 2009, 36 [bei *Cierniak*]; BGHSt 19, 273). Behauptet bspw. der Beschwerdeführer zur Begründung der Verfahrensrüge nur auf Sachrüge zu prüfende Gesetzesverletzungen, ist das Urteil in materiellrechtlicher Hinsicht beanstandet (BGH DAR [S] 1977, 179; vgl. auch OLG Celle NJW 1987, 78; OLG Hamm Rpfleger 1998, 367 bei unterbliebener Bezeichnung). Dagegen liegt keine stillschweigend mit erhobene Sachrüge vor, wenn der Revisionsführer ausdrücklich nur Verfahrensrügen erhebt, ihretwegen Aufhebung und Zurückverweisung beantragt und (unzulässig) hilfsweise Freispruch begehrt; denn damit bringt er schlüssig zum Ausdruck, den Freispruch lediglich mittels neuer Tatsachenfeststellung erwirken zu wollen (OLG Köln MDR 1979, 77); anders wenn die Tat bestritten und (oder) Freispruch beantragt wird (s. Meyer-Goßner/*Schmitt* § 344 Rn. 14; LR/*Franke* § 344 Rn. 73). Ebenfalls überzeugt nicht, dass die Summe unzulässiger Einzelausführungen grds. als allg. Sachrüge anzusehen sein sollte (zw. auch LR/*Franke* § 344 Rn. 73). Dagegen wird eine **zulässige** allg. Sachrüge vorliegen, wenn die Verletzung des Satzes »in dubio pro reo« geltend gemacht wird. Ebenso bei der Rüge unvollständiger oder widersprüchlicher Urteilsfeststellungen (OLG Bamberg NZV 2011, 44 – zutr. bei Meyer-Goßner/*Schmitt* § 344 Rn. 14).

Nicht ordnungsgemäß begründet und damit unzulässig ist die Revisionsbegründung, wenn auch durch Auslegung nicht zu ermitteln ist, ob die Sach- oder Verfahrensrüge oder beide erhoben sind: So, wenn der Beschwerdeführer ohne weitere Angaben etwa formuliert, es werde das Urteil »nach allen Richtungen« (BayObLGSt 20, 333; OLG Hamm NJW 1964, 1736), »seinem ganzen Inhalt nach« (OLG Dresden LZ 1914, 1727) oder »in seinem ganzen Umfang« (RGSt 44, 263) angefochten. Ebenso, wenn ohne weitere Angaben die Verletzung des »Rechts« bzw. »Gesetzes« gerügt (KG GA 38, 231; OLG Düsseldorf DRiZ 1933 Nr. 274; *Beling* Deutsches Reichsstrafprozeßrecht, 1928, S. 416; *Hamm* Rn. 118; a.A. OLG Oldenburg NdsRpfl. 1949, 43) oder beantragt wird, »das Urteil aufzuheben und zur erneuten Hauptverhandlung zurückzuverweisen« (BGH DAR [S] 1980, 210). Die Beifügung einer »Begründungsskizze« reicht nicht aus (OLG Stuttgart Justiz 2003, 596), wie auch nicht die bloße Ankündigung, eine Begründung werde demnächst erfolgen (BGH NStZ 1986, 209) und nach h.M. auch nicht die Beschränkung der Begründung auf bestimmte Punkte (BGH NStZ 1981, 298; 85, 205; a.A. OLG Köln MDR 1979, 957), sofern diese nicht auslegungsfähig ist. Das ist unter dem Gesichtspunkt des »fair trial« nicht unbedenklich (zweifelnd auch LR/*Franke* § 344 Rn. 73 – »formalistisch«). 29

II. Die Sachrüge (Abs. 2 Satz 1, 2. Alt.). 1. Gegenstand. Ihr **Gegenstand** ist die Frage der Verletzung des **sachlichen Rechts** durch das Urteil (dazu KMR/*Momsen* § 337 Rn. 38 ff., 43 ff.) mit Ausnahme – weil § 464 Abs. 3 Satz 1 StPO, § 8 Abs. 3 StrEG insoweit Sonderregelungen treffen (vgl. auch KMR/*Plöd* § 300 Rn. 2 m.N.) – der Entscheidung über Kosten und Auslagen sowie ggf. Entschädigung. Die Bezeichnung als »Sachrüge« ist nicht zwingend erforderlich, ihr Gegenstand muss sich jedoch durch die Begründung eindeutig ermitteln lassen (BGH NStZ-RR 2000, 294; NStZ 1993, 31; OLG Hamm wistra 2000, 39). Wird nur erklärt, die Revision werde auf das Strafmaß beschränkt, so soll hierin keine zulässige Erhebung der Sachrüge gesehen werden können (BGH 27.07.2005 – 3 StR 201/05, NStZ-RR 2007, 132 [*Becker*]; Radtke/Hohmann/*Nagel* § 344 Rn. 17; Meyer-Goßner/*Schmitt* § 344 Rn. 14). 30

2. Inhalt der Sachrüge. a) Ausgeführte und unausgeführte Sachrüge. In aller Regel (abgesehen von einer zulässigen Beschränkung) hat auf die – **»ausgeführte«** – Rüge der Verletzung des sachlichen Rechts bereits in nur **einem Punkt**, und sei er auch noch so unbedeutend und unbegründet, das Revisionsgericht das Urteil **in vollem Umfang sachlich-rechtlich nachzuprüfen**, soweit das Urteil angefochten ist (Rdn. 5; RGSt 33, 125; 49, 334; BGHSt 1, 44, [46]; HK-GS/*Rackow* § 344 Rn. 9). So ist die Begründung im allg. als zulässig anzusehen z.B. bei Beanstandung, es sei der Satz »in dubio pro reo« missachtet (Meyer-Goßner/*Schmitt* § 344 Rn. 14; s.o. Rdn. 28) bzw. der Angeklagte zu Unrecht bestraft worden (OLG Hamm NJW 1964, 1736) oder die Urteilsfeststellungen seien widersprüchl. (RG JW 1931, 1618), u.U. auch bei Antrag auf Freisprechung durch das Revisionsgericht (BGHR § 338 Nr. 7 Entscheidungsgründe Nr. 2; OLG Hamm NJW 1964, 1736; NJW 1972, 2056; OLG Köln MDR 1979, 77; zum Ganzen Rdn. 28 f.). 31

Es genügt aber auch die – »unausgeführte« – **allgemeine Sachrüge** (Rdn. 1; BGHSt 25, 272; *Schneidewin* MDR 1951, 194). Die StA soll jedoch ihre Revision stets so rechtfertigen, dass klar ersichtlich ist, in welchen Urteilsausführungen sie die Rechtsverletzung erblickt und wie sie ihre eigene Rechtsauffassung begründet (Nr. 156 Abs. 2 RiStBV). Einzelausführungen des Revisionsführers dienen aber grds. nur dazu, die eigene Rechtsauffassung darzulegen. Deshalb ist die – insoweit inkonsequente – h.M. abzulehnen, der zufolge eine 32

Rüge unzulässig ist, wenn eine allgemeine Sachrüge erhoben wird, die Begründung sich jedoch in Angriffen auf die Beweiswürdigung erschöpft (OLG Düsseldorf NStZ 1993, 99; OLG Hamm NStZ-RR 2001, 117; BGHSt 25, 272; *Gribbohm* NStZ 1983, 99; KK/*Gericke* § 344 Rn. 28; Meyer-Goßner/*Schmitt* § 344 Rn. 19). Richtigerweise ist die Revision als allg. Sachrüge zulässig erhoben und unbegründet, soweit sie lediglich zur Begründung einer Revision ungeeignete (»unqualifizierte« KK/*Kuckein* § 344 Rn. 28) Angriffe auf die tatgerichtliche Beweiswürdigung und die darauf aufbauenden Urteilsfeststellungen enthält; das Revisionsgericht hat jedoch die materielle Richtigkeit des Urteils i.Ü. zu überprüfen (OLG Koblenz MDR 1993, 166; SK-StPO/*Frisch* § 344 Rn. 78; *Momsen* GA 1998, 488; zutr. auch HK-GS/*Rackow* § 344 Rn. 9).

33 In der **unwirksamen** Revisionsbeschränkung auf Nachprüfung eines **Prozesshindernisses** (vgl. KMR/*Brunner* § 318 Rn. 14–18 ist regelmäßig zugleich eine allg. Sachrüge zu sehen (RGSt 53, 40; 54, 8; 74, 190; BGHSt 2, 385; NJW 1951, 811; BayObLG JR 1956, 188; OLG Hamburg MDR 1958, 52; OLG Celle MDR 1966, 865; vgl. jedoch Rdn. 3 a.E.; so auch LR/*Franke* § 344 Rn. 74).

34 **b) Sonst unzulässige Sachrügen. Unzulässig** ist die Sachrüge, wenn ihr Inhalt erkennen lässt, dass sie **nicht vom festgestellten Sachverhalt ausgeht**, sondern ausschließlich unzulässige Beanstandungen (statthafte: § 337 Rdn. 41 ff.) gegen die tatsächlichen Feststellungen erhebt (RGSt 40, 99; 50, 253; 53, 235; RG JW 1921, 841 m. abl. Anm. *Stein*; 1923, 690 m. abl. Anm. *Löwenstein*; BGH NJW 1956, 1767; OLG Karlsruhe VRS 107, 376; BayObLG NJW 1953, 1403; KG GA 55, 235; VRS 6, 212; OLG Saarbrücken VRS 50, 448; – a.M.: OGH SJZ 1949, 60 m. abl. Anm. *Hartung*). Anders ist dies ggf. zu sehen, wenn ersichtlich ein weitergehender Revisionsangriff (z.B. bei der Formulierung »insbesondere«) gewollt ist (diff. OLG Saarbrücken VRS 50, 448). Führt der Beschwerdeführer erst aus, welchen Sachverhalt nach seiner Ansicht die HV ergeben hat und knüpft er daran seine rechtlichen Ausführungen, so läuft er Gefahr, dass das Revisionsgericht feststellt, er habe nur die Unrichtigkeit des Sachverhalts, aber nicht eine falsche Rechtsanwendung auf den Sachverhalt gerügt (RGSt 67, 197 [198]) und es handle sich somit nur scheinbar um eine Sachrüge. Rügt er z.B. einen angeblichen Widerspruch oder sonstige Denkfehler im Urteil in der Weise, dass er eine mit dessen Gründen nicht übereinstimmende Darstellung des Sachverhalts gibt, so ist die Rüge in der Regel nicht unbegründet, sondern bereits unzulässig (BGH NJW 1956, 1767; BGH, Beschl. v. 07.09.1956 – 5 StR 338/56). Auch eine Revision wegen **Aktenwidrigkeit** der Tatsachenfeststellungen gibt es nicht. Jedoch deuten auffällige Widersprüche zwischen Urteilsfeststellungen und Akteninhalt zuweilen auf die Möglichkeit der **Aufklärungsrüge** hin (vgl. auch KMR/*Paulus* § 244 Rn. 595; s.u. Rdn. 41 ff.).

35 **III. Die Verfahrensrüge (Abs. 2 Satz 1 – 1. Alt. – und Satz 2). 1. Allgemeine Anforderungen an die Zulässigkeit.** Für die Verfahrensrevision gelten strengere Anforderungen. Deren Ratio ist zusammengefasst, dass das Revisionsgericht nicht gezwungen sein soll, den gesamten Akteninhalt auf etwaige Fehler durchzusehen. Daher muss die Begründung der Rüge aus sich heraus verständlich sein. Dem Revisionsgericht muss prinzipiell eine rechtliche Würdigung ohne Heranziehung weiterer Aktenbestandteile, insb. des Sitzungsprotokolls, möglich sein (LR/*Franke* § 344 Rn. 3; zur Kritik allg. s. bspw. Rdn. 20, 29 m.w.N.). Sind die den behaupteten Verfahrensverstoß (Verletzungen des Verfahrensrechts i.e.S. einschl. der EMRK sowie Grundrechtsverletzungen, vgl. BGHSt 19, 277 = JZ 1965, 66 m.Anm. *Evers*; 21, 340; 26, 90; GA 1970, 25; BVerfG DAR 1976, 239; BayObLG NJW 1969, 808; OLG Celle NJW 1969, 1975; OLG Hamm NJW 1972, 1096) enthaltenden **Tatsachen nicht angegeben (Abs. 2 Satz 2)**, ist die prozessuale Rüge nicht wirksam erhoben, also **unzulässig.** Ebenso, wenn bei mehreren möglichen Verfahrensfehlern nicht dargelegt wird, welcher geltend gemacht wird (Meyer-Goßner/*Schmitt* § 344 Rn. 20; BGH NStZ 1999, 94; BGH, Beschl. v. 08.12.2011 – 4 StR 430/11; *Norouzi* NJW 2011, 1526). Es ist nicht Aufgabe des Revisionsgerichts, nach etwaigen Verfahrensfehlern zu forschen (Ausnahme: von Amts wegen zu prüfende Prozesshindernisse (dazu im Einzelnen KMR/*Momsen* § 337 Rn. 4, 38 ff.). Die StA führt jedoch die Aktenstellen, auf die sich die Rügen beziehen (z.B. Teile des Hauptverhandlungsprotokolls) abschriftlich in der Revisionsrechtfertigung an (Nr. 156 Abs. 3 RiStBV; vgl. auch Nr. 162 Abs. 2 RiStBV zur Gegenerklärung). **Beweismittel** für den Prozessverstoß braucht der Beschwerdeführer jedoch nicht zu benennen; ist er in der Revisionsinstanz **nicht nachweisbar**, erweist sich die Rüge als unbegründet; anders aber im Fall der sog. »Aufklärungsrüge« (LR/*Franke* § 344 Rn. 77; s.u. Rdn. 41).

36 **2. Bezeichnung der Tatsachen.** Alle den behaupteten Mangel begründenden **Tatsachen** sind so **vollständig und genau** anzugeben, dass das Revisionsgericht allein aufgrund der Begründungsschrift prüfen kann, ob ein Verfahrensfehler vorliegt (BGH, Beschluss vom 06.03.2018 – 5 StR 585/17; BGH StV 84, 454; HK-GS/*Rackow* § 344 Rn. 10), wenn die bezeichneten Tatsachen erwiesen (KMR/*Momsen* § 337 Rn. 139 ff.) werden (BGH NStZ 1990, 29; BGHSt 3, 212 [213]; 21, 334 [340]; 22, 169 [170]; BGH NJW 1969, 2293; 1980, 951; 1292; DAR [S] 1977, 179 f.; 1980, 209; BayObLGSt 24, 59; OLG Bremen VRS 36, 181; 50, 35;

OLG Hamm NJW 1972, 1096; OLG Koblenz VRS 48, 121; 49, 195; 278; OLG Saarbrücken MDR 1974, 421; KK/*Gericke* § 344 Rn. 39 m.w.N.). Für die Rüge der Verletzung des § 243 Abs. 4 Satz 2 sind, um dem Revisionsgericht die Prüfung zu ermöglichen, ob verständigungsbezogene – und damit eine Unterrichtungspflicht auslösende – Gespräche stattgefunden haben, Tatsachen zum Inhalt der Erörterungen vorzutragen (BGH NStZ 2017, 424; StV 2015, 81; vgl. § 337 Rdn. 73; grds. nicht notwendig sind Informationen, ob und ggf. inwieweit der Angeklagte von seinem Verteidiger über die am ersten Hauptverhandlungstag geführten Verständigungsgespräche informiert wurde, BGH, Beschl. v. 26.11.2019 – 3 StR 336/19). Der konkrete Inhalt von Tatsachen, auf denen die Verfahrensvoraussetzungen basieren, wie etwa die Anklageschrift, muss nicht dargelegt werden, da diese von Amts wegen zu berücksichtigen sind (vgl. BGH, Beschl. v. 10.03.2020 – 6 StR 4/20, NStZ-RR 2021, 164). U.U kann sich jedoch eine Darstellung zur besseren Übersicht empfehlen. **Nicht ausreichend** sind neben bloßen Bezugnahmen auf den Akteninhalt (BGH NStZ-RR 2006, 48) auch Verweise auf die Ausführungen anderer Verfahrensbeteiligter (BGH, Beschluss vom 14.10.2014 – 3 StR 167/14); es soll bereits dann an einer bestimmten Behauptung eines Verfahrensmangels fehlen, wenn der Verteidiger keine Verantwortung für die Begründung des Mangels übernimmt (BGH, Beschl. v. 22.01.2008 – 1 StR 607/07). Unzulässig daher auch die Rüge mit Bezug auf einen Antrag zur Untersuchung von Asservaten, wenn die in dem abgelehnten Antrag zu untersuchenden Gegenstände anhand von Asservatennummern bezeichnet und die Asservatenverzeichnisse nicht vorgelegt wurden (BGH 13.10.2016 – 4 StR 298/16 = StraFo 2017, 31).

Nicht ausreichend sind z.B. ledigl. **Folgerungen** aus einem nicht näher konkretisierten Geschehen (BGH MDR [D] 1974, 725) und bloßer Vortrag einander **widersprechender** Tatsachen (BGH NStZ-RR 2006, 181) z.B. in Rechtfertigungsschriften mehrerer Verteidiger desselben Beschwerdeführers (RG Recht 1924 Nr. 1612). Ebenso zur Unzulässigkeit führen **wahlweise** (OLG Koblenz VRS 47, 28) oder **unbestimmte** Tatsachenbehauptungen etwa derart, »ein Teil der Schöffen« sei unfähig gewesen (BayObLGSt 1951, 112), »mindestens 1 Schöffe« habe der Hauptverhandlung nicht zu folgen vermocht (BGH MDR [D] 1971, 723), der Vorsitzende habe »erheblichen Druck« auf die Schöffen ausgeübt (OLG Koblenz MDR 1974, 421), »verschiedene Zeugen« seien gesetzwidrig unvereidigt geblieben (BGH MDR [D] 1951, 406) oder »in mehreren Fällen« seien Benachrichtigungen nach § 224 nicht erfolgt (BGHSt 2, 304). U.U. muss die Begründung auch Negativtatsachen behaupten, also bspw. darlegen, dass eine Heilung des Verstoßes nicht stattgefunden hat (BGH StV 2004, 30; BGHR Abwesenheit 2; zu Recht krit. SK-StPO/*Frisch* § 344 Rn. 61; *Dahs* FS Salger, S. 225; *Widmaier* StraFo 2006, 437; diff. BGH NStZ 2000, 49; 2007, 717; OLG Köln NStZ-RR 2001, 140; zum Ganzen Meyer-Goßner/*Schmitt* § 344 Rn. 24). Derartiger Vortrag wird verlangt, wenn eine dem geltend gemachten prozessualen Fehler entgegenstehende Verfahrensrüge nach der konkreten Gestaltung des Falls ernsthaft infrage kommt (vgl. *Herb* NStZ-RR 2019, 97, 100); zur Verfassungsmäßigkeit dieses Vortragserfordernisses BVerfG, Beschluss vom 25.01.2005 – 2 BvR 656/99, NStZ 2005, 522). Auch insoweit bedenklich stimmt die Neigung zur Relativierung der (negativen) Beweiskraft des Sitzungsprotokolls i.R.d. Rspr. zur sog. »**Rügeverkümmerung**« (BGH 23.04.2007 – GSSt 1/06 = BGHSt 51, 88 ff., ausf. *Momsen* FS Müller, S. 457 ff.). Insb. aus der Perspektive der Verteidigung zutreffend rügt *Knauer* (NStZ 2016, 1 [4]) die »exzessive Anwendung« des § 344 Abs. 2. Überaus problematisch ist der von den Revisionsgerichten verlangte Vortrag von sog. »Negativtatsachen«. Hierdurch wird diesen eine nahezu »unprognostizierbare Vielfalt an Möglichkeiten« an die Hand gegeben, Rügen als unzulässig abzuweisen (*Knauer* NStZ 2016, 1 [5]). 37

3. Die Protokollrüge. Die Rüge muss die Existenz der den Verfahrensverstoß begründenden Tatsachen behaupten. **Protokollmängel** sind als solche kein Revisionsgrund, mögen sie noch so gravierend und offensichtlich sein; es kommt nicht auf die Fehler an, die das Protokoll enthält und auf denen das Urteil nicht beruhen kann (BGH NStZ-RR 2007, 52; OLG Saarbrücken MDR 1986, 1050; *Hamm* Rn. 215; *Schmid* Rpfleger 1962, 304), sondern nur auf die Vorgänge, für die das Protokoll Beweis liefert (§ 274). Eine **Protokollrüge** – z.B. wenn der Beschwerdeführer nur den Mangel des Protokolls als solchen rügt oder einen Verfahrensverstoß nicht ernstlich behauptet, sondern lediglich darauf hinweist, dass dieser sich aus der Niederschrift ergebe (BGHSt 7, 162 [164]) – ist nicht nur unbegründet, sondern von vornherein **unzulässig** (§ 271 Rdn. 22; RGSt 13, 77; 42, 170; 47, 237; 48, 39; 288; 58, 144 = JW 1924, 1771 m.Anm. *Fränkel*; 64, 215; 68, 274; JW 1932, 2437 m.Anm. *Alsberg* BayObLGSt 1951, 32; OLG Hamm NJW 1953, 839; OLG Celle NJW 1956, 1167; OLG Koblenz VRS 42, 29; 45, 292; HK-GS/*Rackow* § 344 Rn. 13; Meyer-Goßner/*Schmitt* § 344 Rn. 26); LR/*Franke* § 344 Rn. 86. Daher ist z.B. **nicht** zu rügen: »Das Hauptverhandlungsprotokoll enthält keinen Vermerk über die Vereidigung des Zeugen Z.; Vereidigung wäre aber geboten gewesen«, sondern: »Gerügt wird die Verletzung des § 59. Eine Entscheidung über die Vereidigung des Zeugen Z ist nicht ergangen. Das Gericht hat auch ausweislich des Hauptverhandlungsprotokolls nicht über den Antrag des Verteidigers auf Vereidigung vom (wörtliche Wiedergabe, Blattzahl) entschieden, und 38 ohne weitere Begründung von der Vereidigung abgesehen« (zum Antragserfordernis BGHSt 50, 282; zur abw. Ansicht Meyer-Goßner/*Schmitt* § 59 Rn. 13; Bsp. zur alten Rechtslage bei *Amelunxen* Die Revision der Staatsanwaltschaft, 1980, S. 57). Auch das Fehlen des Protokolls kann als solches nicht gerügt werden, da ein Urteil hierauf nicht beruhen kann (BGH NStZ 1991, 502). Ist ein tatsächlich unterlaufener Verfahrensverstoß vorschriftswidrig im Hauptverhandlungsprotokoll nicht enthalten, kann der Beschwerdeführer Protokollberichtigung beantragen (KMR/*Gemählich* § 271 Rn. 16–33) und sich dadurch die Grundlage für eine Prozessrüge verschaffen (zur Protokollberichtigung nach erhobener Verfahrensrüge BGH NStZ 2005, 281 sowie zur daraus folgenden »Rügeverkümmerung« BGH 23.04.2007 – GSSt 1/06, vgl. § 337 Rdn. 69; näher KMR/*Momsen* § 337 Rn. 139 ff.).

39 **4. Behauptung von Tatsachen. Als Tatsache** ist der Verfahrensfehler zu behaupten. Daran – und an der Form des § 345 Abs. 2 (§ 345 Rdn. 23 ff.) – fehlt es auch, wenn der RA nur Behauptungen des Angeklagten wiedergibt, ohne Klarstellung, dass er sie (zugl.) als seine eigenen vorträgt (BGH, Beschl. v. 22.01.2008 – 1 StR 607/07; OLG Hamm NJW 1961, 862; vgl. auch BGHSt 25, 274). Dementsprechend darf der Verfahrensverstoß **nicht** lediglich als möglich bezeichnet werden (BGHSt 19, 273) oder nur vermutet bzw. die Ordnungsmäßigkeit des Verfahrens angezweifelt werden (BGHSt 7, 162; 17, 337; NJW 1962, 500; Meyer-Goßner/*Schmitt* § 344 Rn. 25). Im Fall der gerügten Nichtverlesung einer Urkunde muss bspw. auch dargelegt werden, dass diese nicht auf andere ordnungsgemäße Weise in das Verfahren eingeführt worden ist (BVerfG NStZ 2005, 697; HK-GS/*Rackow* § 344 Rn. 14). Für den erst in der Revisionsinstanz hinzutretenden Verteidiger steht der Umstand, dass er selbst keine Wahrnehmungen zum Verfahren in der Tatsacheninstanz gemacht hat, der Möglichkeit, Verstöße bestimmt behaupten zu können, nicht entgegen (BGHSt 7, 162); er soll sich jedoch nicht missbräuchlich auf ein als unrichtig erkanntes Protokoll berufen dürfen (vgl. KMR/*Momsen* § 337 Rn. 139 ff.).

40 **5. Ausführungen zum Beruhen.** Ausführungen, weshalb das Urteil auf dem Mangel **beruhen** (§ 337 Abs. 1) soll, sind **nicht erforderlich** (RGSt 9, 70; 66, 10; OLG Braunschweig NdsRpfl. 1956, 77; *Alsberg/Güntge* Kap. 11 Rn. 53; a.A. OLG Oldenburg NdsRpfl. 1951, 191; OLG Hamm NJW 1953, 839; OLG Neustadt NJW 1964, 313), **jedoch u.U. zweckmäßig**, insb. wenn dem Revisionsgericht nicht ohne Weiteres erkennbar ist, inwiefern der Verfahrensfehler das Urteil beeinflusst haben konnte (*Herdegen* NStZ 1990, 517; *Dahs* Rn. 491; Meyer-Goßner/*Schmitt* § 344 Rn. 27). Es kann sich dementsprechend auch empfehlen, darzulegen, warum im Einzelfall das Urteil auch bei regelmäßig nicht gegebener Kausalität auf dem Fehler beruht (BGHSt 36, 119; BGH NStZ 1996, 400; 1998, 369; KG StV 2000, 198; BGH NStZ-RR 2003, 2), etwa bei unterlassenem Hinweis nach § 265 zur Möglichkeit anderer Verteidigung (LR/*Franke* § 344 Rn. 87; *Hamm* Rn. 1178 ff.). Erforderlich ist in jedem Fall die Angabe der **Tatsachen**, auf deren Grundlage die Beruhensfrage überprüft werden kann (BGHSt 30, 131; vgl. auch *Dahs* Rn. 505).

41 **6. Einzelfälle.** Von erheblicher praktischer Bedeutung ist die sog. »**Aufklärungsrüge**« (vgl. KMR/*Paulus* § 244 Rn. 596–599). Diese Rüge der Verletzung des § 244 Abs. 2 zielt auf die Verletzung der Amtsermittlungspflicht wg. unterlassener Tataschenaufklärung bzw. Beweiserhebung.

42 Sie ist nur dann zureichend begründet, wenn die **Tatsachen**, die hätten aufgeklärt werden müssen, **genau bezeichnet** sind (BGH NStZ 1984, 329; NJW 1985, 1175), wenn die hierfür zur Verfügung gestandenen **Beweismittel** genau bezeichnet werden (BGH NStZ-RR 1998, 2) und dargelegt wird, dass sie zur Verfügung standen (BGHSt 43, 321). Darüber hinaus ist das zu erwartende Beweisergebnis zu benennen (BGH, Beschluss vom 10.01.2018 – 5 StR 527/18; Urteil vom 15.05.2018 – 1 StR 651/17). Ferner müssen diejenigen **Umstände** bezeichnet werden, welche es für den Tatrichter nahegelegt hätten bzw. ihn dazu hätten gedrängt haben müssen, die Beweiserhebung durchzuführen (BGHR § 344 Abs. 2 Satz 2 Aufklärungsrüge 1, 3, 6). Dabei sind die Anforderungen an den Vortrag umso höher, je ferner liegend das behauptete Beweisergebnis erscheint (BGH, Urteil vom 02.11.2011 – 2 StR 332/11). Schließlich ist darzulegen, dass die **Beweiserhebung nicht anderweitig** erfolgt ist (vgl. zum Ganzen BGH StV 1988, 91; BGH VRS 15, 338; BGHSt 2, 168; KK/*Gericke* § 344 Rn. 51 f.; LR/*Franke* § 344 Rn. 87; HK-GS/*Rackow* § 344 Rn. 11; s.a. KMR/*Momsen* § 338 Rn. 33–35, 36, 40, 48, 51a, 70, 73 a.E., 92).

43 Wird die **Ablehnung von Anträgen** – z.B. nach § 24 (KMR/*Momsen* § 338 Rn. 40), § 74 (BGH NJW 1969, 2293; VRS 35, 428), § 228 (OLG Koblenz VRS 49, 278), § 244 Abs. 3 Satz 2, Abs. 4 (KMR/*Paulus* § 244 Rn. 600–605) – mit der Revision beanstandet, ist in aller Regel der Inhalt des betreffenden Antrags und der Gerichtsentscheidung im Wortlaut mitzuteilen (BGH NStZ 2000, 328; vgl. ausf. *Dahs* Rn. 496 ff.). Jedenfalls in Bezug auf Beweisanträge ist zudem darzutun, worin der Mangel besteht (BGH NStZ-RR 2012, 178; HK-GS/*Rackow* § 344 Rn. 11).

Die Rüge, das **Fragerecht** (§§ 240, 241, 241a) sei unzulässig beschränkt worden, muss den Inhalt und Adressaten der Frage(n) sowie die Zurückweisungsbegründung(en) angeben (OLG Celle MDR 1969, 780; Stuttgart Justiz 1973, 399). Wird eine Verletzung des **§ 250 Satz 2** geltend gemacht, ist auch der Inhalt des verlesenen Schriftstücks anzugeben (BGH MDR [H] 1978, 988 f.). 44

Wird gerügt, einem Zeugen seien **unzulässige Vorhalte** (dazu KMR/*Paulus* § 238 Rn. 34; § 244 Rn. 103–109) gemacht worden, bedarf es der Anführung, welchen Inhalt der Vorhalt hatte und was der Zeuge im Zusammenhang damit ausgesagt hat (BGH MDR [H] 1979, 108). 45

Mit der Verfahrensrüge sind Fehler im Vorgang der **Beweiswürdigung**, mit der Sachrüge Mängel der **Sachverhaltsdarstellung** geltend zu machen (dazu KMR/*Paulus* § 244 Rn. 37–40). 46

Wird die Aufhebung eines **Verwerfungsurteils** nach §§ 329, 412 wegen Ausbleibens begehrt, so ist das Urteil, wenn es nur eine formelhafte Wendung enthält, auf die Sachrüge aufzuheben (str.: so OLG Bremen NJW 1962, 881; HK-GS/*Rackow* § 344 Rn. 12; a.A. OLG Hamm NJW 1963, 65). Führt die Begründung dagegen näher aus, warum der Angeklagte nicht ausreichend entschuldigt ist, so kann mit der Verfahrensrüge eine Verletzung der §§ 329, 412 wegen Verkennung des Rechtsbegriffs der »genügenden Entschuldigung« erhoben werden (OLG Hamburg JZ 1965, 315; *Laube* NJW 1974, 1366; HK-GS/*Rackow* § 344 Rn. 12). 47

7. **Verwirkung von Verfahrensrügen.** Der **Verlust von Verfahrensrügen** hat hohe praktische Bedeutung, nicht zuletzt für die insoweit in den letzten Jahren ausgeweitete **Haftung** des Verteidigers in der Tatsachen-, aber auch in der Revisionsinstanz. Grundsätzlich zu unterscheiden sind der (üblicherweise) auf einer entsprechenden prozessualen Willenserklärung basierende Verzicht und die Verwirkung einer Rüge infolge Passivität oder i.w.S. dysfunktionalen Verhaltens. (ausf. zur neueren Entwicklung vgl. § 337 Rdn. 93 ff. u. ausf. KMR/*Momsen* § 337 Rn. 230–244; *Momsen* Verfahrensfehler und Rügeberechtigung, S. 79 ff.). 48

Rügepräklusionen: Es gibt Verfahrensmängel, die nach dem Gesetz nur durch einen Antrag in der Hauptverhandlung vor dem Tatgericht abgewehrt, aber später nicht mehr geltend gemacht werden können. Man kann hier von (befristeten) Verfahrenseinreden sprechen: Hat der Prozessbeteiligte von dieser Interventionsbefugnis nicht Gebrauch gemacht, kann er den Mangel mit der Revision nicht mehr rügen. Es handelt sich hier um eine Verwirkung von Revisionsrügen durch Unterlassen, ohne dass es darauf ankommt, ob die Verfahrenseinrede bewusst oder unabsichtlich nicht erhoben worden ist. 49

Zu gesetzlichen Rügepräklusionen kann es nach §§ 6a, 16, 222b; 25 Abs. 1 Satz 1, Abs. 2; 217 Abs. 2, 218 Satz 2 kommen. Die Nichterhebung von Prozessrügen innerhalb der Frist des § 345 Abs. 1 führt ebenfalls zur Präklusion, sodass Verfahrensmängel auch nach Urteilsaufhebung und Zurückverweisung (§ 354 Abs. 2) nicht mehr mit der Revision geltend gemacht werden können (BGHSt 10, 281 = JZ 1958, 93 m.Anm. *Kern*), selbst wenn der Beschwerdeführer den Fehler erst jetzt erkannt hat (Meyer-Goßner/*Schmitt* § 337 Rn. 41 ff.). 50

Von zentraler Bedeutung ist der Widerspruch nach § 238 Abs. 2. Verfahrensfehler **des Vorsitzenden** können in der Regel mit der Revision nur beanstandet werden, wenn zuvor nach § 238 Abs. 2 ein Gerichtsbeschluss eingeholt wurde (statt vieler KK-StPO/*Schneider* § 238 Rn. 29 m. div. Nachweisen aus der Rspr.). Dafür spricht ein beschleunigender Effekt, wenn der Fehler noch in der Instanz korrigiert werden kann. Gleichwohl wird insoweit von vielen Autoren krit. hinterfragt, dass sich die präklusive Wirkung für die Revision nicht unmittelbar aus dem Gesetz entnehmen lässt; die dogmatische Herleitung ist zudem umstritten (s. nur MüKo-StPO/*Arnoldi* § 238 Rn. 36-41) Die Rügepräklusion kommt nicht zur Anwendung, wenn 51

- der Angeklagte (oder der Nebenkläger) **keinen Verteidiger** und auch **keine Kenntnis** von der Obliegenheit hat,
- **zwingendes Recht** verletzt wird; § 238 Abs. 2 kommt nur bei Beurteilungsspielräumen oder Ermessen des Tatgerichts zur Anwendung oder
- der Vorsitzende eine Handlung **unterlässt** (ausf. MüKo-StPO/*Arnoldi* § 238 Rn. 42-44).

Der Widerspruch nach § 238 Abs. 2 muss bspw. erhoben werden gegen die Entlassung eines Zeugen während der Abwesenheit des Angeklagten (§ 247 – vgl. aber ausdr. BGH StV 10, 562 [Az. 5 StR 460/08], die Verlesung der Aussage eines entgegen § 224 kommissarisch vernommenen Zeugen [§ 251 Abs. 1 Nr. 4 StPO], die Anordnung des Selbstleseverfahrens – zum Verhältnis von § 238 Abs. 2 zu § 249 Abs. 2 vgl. LR/*Mosbacher* § 249 Rn. 70; m. weiteren Bsp. *Dahs* Rn. 406). 52

Ebenfalls von immenser praktischer Bedeutung ist die sog. **Widerspruchslösung**. Gewisse Beweisverwertungsverbote können mit der Revision nur geltend gemacht werden, wenn der verteidigte (oder informierte) Beschuldigte der Verwertung spätestens bis zu dem in § 257 Abs. 1 genannten Zeitpunkt ausdrücklich widerspricht (so zuerst BGHSt 38, 214; der BGH ist mit der Entscheidung von seiner ursprünglichen Auffassung, ein Verstoß gegen § 136 führe nicht zu einem Verwertungsverbot, abgerückt – jedoch nur unter der Prämisse, dass der Beweisverwertung widersprochen wird, s. hierzu *Ruppert* ZStW 2021 [133], 522). Der Widerspruch ist konkret zu fassen und zu begründen. Zu den von der Rspr. entwickelten Fallgruppen, bei denen ein 53

Widerspruch erforderlich ist, s. Bsp. bei *Kuhn* JA 2010, 891; zu der aus Sicht des Revisionsführers schwer prognostizierbaren Entwicklung vgl. *Roxin/Schünemann* § 24 Rn 34 unter Verweis auf BGH StV 2012, 706.

54 **Verzicht:** Wenn ein Prozessbeteiligter in der Tatsacheninstanz auf Einhaltung einer Verfahrensvorschrift in einem bestimmten Punkt verzichtet hat, kann die von ihm erhobene Prozessrüge verwirkt sein (davon zu unterscheiden sind gesetzliche Verzichtsregelungen – z.B. §§ 61 Nr. 5, 217 Abs. 3, 245 Abs. 1 Satz 3 –, die Zulässigkeitsbedingungen für gerichtliche Prozesshandlungen sind). Dieses Problem des Verzichts auf die Einhaltung des gesetzlich vorgeschriebenen Verfahrens ist in der StPO nicht gelöst. **(1)** Eine allgemeine entsprechende Anwendung des § 295 ZPO, wonach Verzicht oder Schweigen einer Partei zur Verwirkung führen kann, ist unstatthaft, da im Strafprozess die Dispositionsmaxime grds. nicht gilt. **(2)** Die Rspr. hat sich z.T. damit begnügt, das **Beruhen** des Urteils auf einem Verfahrensfehler (KMR/*Momsen* § 337 Rn. 24 ff., 130 ff., 185 ff.) **zu verneinen**, wenn der Angeklagte auf Einhaltung der gesetzlichen Verfahrensweise in dem betreffenden Punkt in der Hauptverhandlung vor dem Tatgericht verzichtet hatte (RGSt 58, 125; 61, 354). Dies umgeht jedoch die Frage, **ob der Verzicht überhaupt zulässig** ist: Ihm sind enge Grenzen gesetzt, weil die Einhaltung eines rechtsstaatlich-gesetzmäßigen Verfahrens der Disposition der Beteiligten entzogen ist (BGHSt 17, 121; OLG Hamm NJW 1956, 1330; *Schmid* Die Verwirkung von Verfahrensrügen im Strafprozeß, S. 96). Aber soweit der **Verzicht prozessual wirksam** ist, führt er zur Verwirkung der Revisionsrüge, macht sie also unzulässig. Unter dieser Voraussetzung stellt sich die Frage, ob das Urteil auf dem Mangel beruht, nicht mehr.

55 **Unverzichtbar** sind diverse Verfahrensvorschriften (auf Erhebung einer entspr. **Rüge** kann der Beschwerdeführer selbstverständlich stets verzichten, dazu *Schmid* Die Verwirkung von Verfahrensrügen im Strafprozeß, S. 132–152; *Momsen* Verfahrensfehler und Rügeberechtigung, S. 79 ff., [149 ff.]), die der Dispositionsbefugnis der Beteiligten schlechthin entzogen sind. Dazu gehören insb.:

56 (1) **Prozessvoraussetzungen** (bzw. -hindernisse), die von Amts wegen zu beachten (KMR/*Seidl* § 206a Rn. 1) sind (KMR/*Eschelbach* Einl. Rn. 203 ff.; KMR/*Seidl* § 206a Rn. 2 ff., 17 ff.; *Schmid* Die Verwirkung von Verfahrensrügen im Strafprozeß, S. 97 ff.): z.B. sachliche Zuständigkeit (RGSt 18, 55), Auslieferungsbeschränkungen (RGSt 34, 191; 41, 274; 45, 280; 64, 190; 66, 177), Anklageschrift (RGSt 24, 201; 67, 62) und Eröffnungsbeschluss (RGSt 43, 219; 55, 159; 61, 353 = JW 1928, 2260 m.Anm. *Oetker*; BayObLG NJW 1960, 2014).

57 (2) **Grundlegende**, die Justizförmigkeit des Verfahrens gestaltende, rechtspolitisch unabdingbare **Verfahrensgrundsätze**, die von der Nachprüfbarkeit durch das Revisionsgericht nicht dadurch ausgeschlossen werden können, dass sich ein Prozessbeteiligter mit ihrer Nichtbeachtung einverstanden erklärt hat.

58 Hierzu zählen vor allem solche Verfahrensvorschriften, deren Verletzung einen absoluten Revisionsgrund nach **§ 338** zur Folge hat (*Jescheck* GA 1953, 89; *Schmid* Die Verwirkung von Verfahrensrügen im Strafprozeß, S. 99 ff.), wie z.B. über den **gesetzlichen Richter** bei fehlerhafter Gerichtsbesetzung (RGSt 14, 213; 17, 174; 26, 3; 64, 309; JW 1930, 2573 m.Anm. *Doerr*; BGH NJW 1953, 1801; OLG Hamm VRS 11, 225; – jedoch vorbehaltlich § 222b) oder Mitwirkung eines ausgeschlossenen Richters (RGSt 9, 522; *Wolff* NJW 1953, 1656), die **notwendige Anwesenheit** Prozessbeteiligter (vgl. RGSt 40, 230; 42, 198; 58, 150; 69, 20; BGH NJW 1973, 522; 1976, 1108; BayObLG NJW 1974; 249; OLG Braunschweig NJW 1963, 1322 m. Anm. *Kleinknecht*; OLG Hamburg GA 1967, 177; OLG Karlsruhe Justiz 1969, 127; – a.M.: OLG Bremen GA 1953, 87 m. abl. Anm. *Jescheck* für StA; OLG Neustadt NJW 1962, 1632 für Angekl. bei Urteilsverkündung) oder die **Öffentlichkeit der Hauptverhandlung** (RGSt 64, 388 = JW 1931, 221 m.Anm. *Mamroth*).

59 Dies gilt auch im Hinblick auf die gerichtliche **Aufklärungspflicht** (§ 244 Abs. 2, dort Rdn. 110; BGH VRS 4, 30) konkretisierende Regeln wie etwa das **Unmittelbarkeitsgebot** (§ 250 Rdn. 2 m. Hinw.; RGSt 40, 55; 44, 11; JW 1932, 1751; 1935, 2380; BGHSt 17, 121; DAR 1953, 57; OLG Düsseldorf NJW 1949, 917; OLG Celle GA 1954, 311; OLG Hamm VRS 26, 212; *Schmid* Die Verwirkung von Verfahrensrügen im Strafprozeß, S. 106 ff.; zu § 256 vgl. OLG Schleswig DAR 1962, 215; OLG Hamm JMBl. NRW 1964, 5), § 59 (RGSt 37, 195; 57, 263; 66, 115; Ausnahme: § 61 Nr. 5), § 69 Abs. 1 Satz 2 (RG JW 1934, 175; 1938, 658 m.Anm. *Riek*; OLG Braunschweig NJW 1952, 119), die **Unterbrechungsfristen** des § 229 (denn deren Zweck liegt in Sicherung der Zuverlässigkeit der Erinnerung und des Mündlichkeitsprinzips, RGSt 60, 113; 69, 23), **§ 244 Abs. 4** (KMR/*Paulus* § 244 Rn. 405 ff.; RGSt 75, 168; BGH MDR [D] 1957, 268) oder § 258 Abs. 3 (*Wolff* NJW 1953, 1656; *Eb. Schmidt* II § 337 Rn. 66; ein Verzicht auf Ausübung dieses Rechts ist jedoch zulässig).

60 Ein Verzicht auf die Einhaltung **sonstiger** die **Rechtsstaatlichkeit** des Verfahrens gewährleistender Bestimmungen z.B. über verbotene Vernehmungsmethoden nach **§ 136a** (vgl. § 136 Abs. 3 Satz 2), die Zustellung der **Anklageschrift** (a.A. noch RGSt 58, 128; BGHSt 15, 45) oder anderer anzufechtender Entscheidungen, **§ 252** (BGHSt 10, 79 = JZ 1957, 98 m.Anm. *Eb. Schmidt*), sowie die **§§ 331, 358 Abs. 2, 373 Abs. 2** oder § 189 GVG (BGHSt 22, 120; OLG Hamm VRS 20, 68) kommt ebenfalls nicht in Betracht.

Verzichtbar dagegen ist die Beachtung z.B. der §§ **35a** (dort Rdn. 1 ff.; OLG Hamm NJW 1956, 1330; *Schmid* Die Verwirkung von Verfahrensrügen im Strafprozeß, S. 96), **215 Satz 1** (dort Rdn. 6), 216 (dort Rdn. 24; OLG Hamburg HESt 3, 28), **218**, 222, 223 (BGH MDR [H] 1955, 529), **224 Abs. 1 Satz 1** (vgl. RGSt 4, 301; 50, 364; 58, 100; BGHSt 1, 286; 9, 28; 25, 359; NJW 1952, 1068; OLG Koblenz VRS 50, 32). Auch der infolge Gerichtsverschuldens (vgl. i.Ü. § 398 Abs. 1) verspätet zugelassene Nebenkläger kann auf Wiederholung der in seiner Abwesenheit (KMR/*Momsen* § 338 Rn. 69) bereits erledigten Prozessabschnitte wirksam verzichten (BGH MDR [D] 1952, 660; OLG Koblenz VRS 44, 433). 61

Erklärt werden kann der Verzicht auch durch **stillschweigendes** bzw. durch **schlüssiges Verhalten** (Voraussetzungen: § 337 Rdn. 93 ff. u. ausf. KMR/*Momsen* § 337 Rn. 222 ff.). Einzelfälle z.B. § 61; § 201; § 219; § 244 (KMR/*Paulus* § 244 Rn. 403); § 245 (KMR/*Paulus* § 245 Rn. 24–26); § 249; § 251; § 302. Dass es einer bes. sorgfältigen Prüfung der zum Verzicht gehörenden inneren Seite bedarf, liegt in der Natur der Sache, weil vor allem das Verhalten des Angeklagten auf Gesetzesunkenntnis beruhen kann (KG NJW 1954, 124; vgl. BGHSt 9, 21; OLG Celle MDR 1962, 236). Insoweit gebietet der Grundsatz des fairen Verfahrens ggf. eine Nachfrage. Hat der Angeklagte einen **Verteidiger**, darf nicht ohne Weiteres davon ausgegangen werden, dass er durch diesen beraten worden ist und bewusst eine gegebene prozessuale Möglichkeit nicht genutzt hat (*Jescheck* JZ 1952, 400). U.U. muss der Verteidiger einen Antrag wiederholen, wenn er erkennt, dass das Gericht seinen Antrag übersehen hat (KG VRS 32, 138; OLG Hamm JR 1971, 516; a.M.: Alsberg/*Güntge* Kap. 5 Rn. 74) oder irrtümlich als überholt erachtet (BGH MDR [D] 1957, 268). 62

Eine **Verwirkung** (dazu eingehend KMR/*Momsen* § 337 Rn. 230 ff.): Kommt richtigerweise nur bzgl. einer Rüge der Verletzung **verzichtbarer** Vorschriften in Betracht; die Rüge der Nichtbeachtung unverzichtbarer Bestimmungen hingegen selbst dann nicht, wenn sie auf einen Antrag des Beschwerdeführers zurückgeht (vgl. zu § 338 Nr. 6: RGSt 64, 388; BGH NJW 1967, 687; MDR [H] 1978, 461) bzw. von ihm arglistig provoziert worden ist (RGSt 38, 216; BGHSt 15, 308; 22, 85) oder der Beschwerdeführer auf ihre Einhaltung (unwirksam) »verzichtet« (BGHSt 10, 70 = JZ 1957, 98 m.Anm. *Eb. Schmidt*) bzw. zugesichert hat, er werde auf diesen Fehler die Revision nicht stützen (BGH NStZ-RR 2008, 85: Rechtsmissbräuchliche Verfahrensrüge ist unzulässig; OLG Hamm VRS 11, 225). 63

Die Verwirkung setzt ferner spezifisch **arglistiges Verhalten** des betr. Prozessbeteiligten voraus. Eine Verfahrensrüge ist bspw. nach überwiegender Ansicht (zur Kritik vgl. KMR/*Momsen* § 337 Rn. 230 ff.) **missbräuchlich** (dazu *Weber* GA 1975, 302 f.) und daher als unzulässig anzusehen, wenn der Beschwerdeführer den Prozessverstoß durch eigenes Zutun allein in der Absicht mit herbeigeführt, verdeckt oder unbeanstandet aufrechterhalten hat, auf ihn ggf. die Revision zu stützen (OLG für Hessen JR 1949, 515; OLG Hamm NJW 1960, 1361; *Jescheck* JZ 1952, 402; GA 1953, 87; *Schmid* Die Verwirkung von Verfahrensrügen im Strafprozeß, S. 336 ff., 373; vgl. auch KMR/*Paulus* § 244 Rn. 425–433). Da die Verantwortung für prozessförmiges Verfahren bei Gericht und StA (Nr. 127 Satz 1 RiStBV) liegt, verwirken jedoch andere Beteiligte ihr Rügerecht **nicht** schon dann, wenn sie zu dem – möglicherweise nur von ihnen erkannten – Verfahrensverstoß ledigl. **schweigen** (OLG Frankfurt HESt 3, 39; OLG Hamm VRS 14, 370 [371]; *Jescheck* JZ 1952, 402; a.A. *Wolff* NJW 1953, 1658). 64

Arglistiges Verhalten des **Verteidigers** führt nur dann und ausnahmsweise zum Rügeverlust auch für den Angeklagten, wenn in dessen Person ebenfalls die objektiven und subjektiven Verwirkungsvoraussetzungen vorliegen (*Schmid* Die Verwirkung von Verfahrensrügen im Strafprozeß, S. 369 ff., [373]); Gleiches gilt für den Privat- und Nebenkläger bei rechtsmissbräuchlichem Verhalten seines anwaltlichen Beistands (*Schmid* Die Verwirkung von Verfahrensrügen im Strafprozeß, S. 371). Die **StA** kann sich demgegenüber nicht auf solche (verzichtbare) Verstöße berufen, die ihr in der Hauptverhandlung bekannt waren (davon sei in der Regel nicht auszugehen, wenn auch das Gericht sie nicht bemerkt hatte, OLG Hamm JMBl. NRW 1964, 6), es sei denn, die StA hat versucht, den Mangel durch entsprechenden Hinweis zu verhindern oder zu heilen (zum Ganzen *Schmid* Die Verwirkung von Verfahrensrügen im Strafprozeß, S. 359, [361 ff., 373 f.]). Diese strenge Behandlung gilt nicht für **Privat-** und **Nebenkläger**, die keine derjenigen der StA vergleichbare Rechtspflicht zur Wahrung der Justizförmigkeit des Verfahrens trifft (*Schmid* Die Verwirkung von Verfahrensrügen im Strafprozeß, S. 366 ff. [374]; weitere Beispiele bei *Schmid* Die Verwirkung von Verfahrensrügen im Strafprozeß, S. 44–71; *Momsen* Verfahrensfehler und Rügeberechtigung, S. 79 ff. [104 ff., 440 ff.]). 65

8. Verfassungsrechtliche Bedenken. Verfassungsrechtliche Bedenken gegen die Regelung des § 344 Abs. 2 bestehen nicht (BVerfG NJW 1985, 125). Allerdings weist das BVerfG zutr. darauf hin, dass die formalen Anforderungen an die Begründung einer Verfahrensrüge nicht überspannt werden dürfen (BVerfG StV 2006, 57; krit auch LR/*Franke* § 344 Rn. 80 f.; vgl. auch *Hamm* Rn. 216 bspw. mit Hinweis auf die formalistische Praxis, bereits vor Inkrafttreten des ggw. § 146 auf wortgleichen Begründungsschriften von Mitangeklagten zu bestehen). Vor dem Hintergrund der Entscheidung des Bundesverfassungsgerichts zu den Grenzen der 66 zulässigen Auslegung des § 344 (BVerfG NJW 2005, 1999 [2003]) muss die Revisionsbegründung in der Weise eine geschlossene und vollständige Darlegung der Verfahrenstatsachen beinhalten (vgl. BGH NStZ [Pf/M] 1986, 209; BGH NStZ 1999, 632 f.; 2000, 215 f.), dass das Revisionsgericht die Entscheidung ohne notwendige Hinzuziehung weiterer Aktenbestandteile treffen kann. Die Wiedergabe von Aktenteilen, welchen im konkreten Fall kein über den Revisionsvortrag hinausgehender Bedeutungsgehalt zukommt, wäre daher grds. nicht erforderlich (BVerfG NJW 2005, 1999 [2003 f.]).

67 Aus dem Revisionsvorbringen muss erkennbar sein, ob das Tatgericht gegen eine bestimmte Verfahrensnorm verstoßen hat. Unter Berücksichtigung der Regelungsabsicht des historischen Gesetzgebers soll § 344 Abs. 2 Satz 2 ausschließen, dass das Revisionsgericht von Amts wegen die Akten zur Auffindung etwaiger Verfahrensfehler zu durchsuchen habe (BVerfG NJW 2005, 1999 [2003] m.Anm. *Güntge* JR 2005, 496) nicht jedoch den Revisionsführer zu einer i.Ü. zweckfreien lückenlosen Wiedergabe des Sitzungsprotokolls nebst der ggf. in Betracht kommenden Beiakten zwingen. Gleichwohl kann nach der langjährigen Auslegungspraxis der Revisionsgerichte nur dazu geraten werden, im Zweifel, das Sitzungsprotokoll in allen Einzelheiten im Wortlaut in die Revisionsbegründung zu transkribieren, soweit es für den behaupteten Verfahrensfehler in irgendeiner Weise relevant sein kann (vgl. auch *Hamm* Rn. 215 ff.). Gegen eine Überspannung der Anforderungen auch *Kuckein* NStZ 2005, 697; *Meyer-Mews* NJW 2005, 2820). Nach *Franke* (LR § 344 Rn. 81) »entspricht (es) dann nicht der Würde des Revisionsgerichts, sondern bedeutet im Zweifel geradezu eine Verletzung des »fair trial«, wenn nicht sogar eine Rechtsverweigerung, die Prüfung des behaupteten Verfahrensmangels allein mit dem Hinweis auf die nicht vollständige »Ablesbarkeit« der Rügevoraussetzungen in der Revisionsbegründung zu umgehen.« Aufschlussreich ist ein Beschluss (BGH, Beschl. v. 18.11.2008 – 1 StR 568/08) zur Verfahrensrüge bei der rechtsstaatswidrigen Verfahrensverzögerung und dem ggf. damit verbundenen Vortrag von **Negativtatsachen**: »Zwar dürfen die Anforderungen an den Umfang der Darstellung der den Mangel enthaltenden Tatsachen bei der Beanstandung einer konventionswidrigen Verzögerung während eines wie hier mehrere Jahre währenden Verfahrens nicht überzogen werden. Von einem Beschwerdeführer ist aber zu erwarten, dass er einen realistischen Überblick über den tatsächlichen Ablauf des Strafverfahrens gibt (BGH NJW 2008, 2451 [2452]). Dieser Darstellung bedarf es deswegen, weil für die Frage der Konventionswidrigkeit das Verfahren insgesamt zu beurteilen ist, regelmäßig beginnend mit dem Zeitpunkt, in dem der Beschuldigte von der Einleitung des gegen ihn gerichteten Ermittlungsverfahrens Kenntnis erlangt« (bei HRRS 2009 Nr. 75). Zur Kritik an der Tendenz der Revisionsgerichte, die Anforderungen an die Revisionsbegründung weiter zu verschärfen, ausf. *Momsen* KriPoZ 2018, S. 339 ff.

68 **9. Formulierungsbeispiel.** Als Formulierungsbeispiel für die Rüge der fehlerhaften Ablehnung eines **Aussetzungsantrags** (§ 229) ist zunächst darzulegen, dass die Verteidigung einen entsprechenden Antrag gestellt hat (»der Verteidiger hat in der Hauptverhandlung vom – Datum – folgenden Antrag gestellt«, es ist die wörtliche Wiedergabe des Antrags erforderlich und Angabe der betr. Blattzahlen des Hauptverhandlungs-Protokolls). Sodann ist darzulegen, dass und mit welcher Begründung dieser Antrag abgelehnt wurde (»hat das Gericht diesen Antrag mit Beschluss vom – Datum – zurückgewiesen«: wörtliche Wiedergabe des ablehnenden Gerichtsbeschlusses erforderlich! und Angabe der betr. Blattzahlen des Protokolls). Schließlich muss dargelegt werden, warum der abl. Beschluss rechtsfehlerhaft war (im Beispiel also die minutiöse Nachzeichnung des Sitzungsverlaufs bis zum betreffenden Verhandlungstag, ggf. aber auch Darlegung, dass eine Verfahrensförderung nicht erfolgte, weil der Verhandlungsstoff [Verlesung] bereits Gegenstand eines anderen Termins war, was mit entsprechender genauer Begründung und Wiedergabe des Protokolls darzulegen wäre [vgl. zur parallelen **Abwesenheitsrüge** nach § 338 Nr. 5 die dortige Kommentierung und KK/*Gericke* § 344 Rn. 48; zur Rüge nach **§ 244 – Beweisantrag** – vgl. HK-GS/*Rackow* § 344 Rn. 18; KK/*Gericke* § 344 Rn. 54]. Nach neuerer Rspr. [BGH NStZ-RR 2003, 334; 2007, 53; NStZ 2007, 235] ist eine Glaubhaftmachung der Tatsachen durch die Angabe von Beweismitteln grds. nicht notwendig [BGH NStZ 2007, 235; zur Aufklärungsrüge s.o. Rdn. 41 ff.], von daher sollen auch die Aktenstellen, aus welchen sich die behaupteten Tatsachen ergeben, nicht mehr bezeichnet werden müssen [vgl. Meyer-Goßner/*Schmitt* § 344 Rn. 23; BGH NStZ-RR 2010, 210 L]. Im Zweifel sollte der Revisionsführer dessen ungeachtet ausführliche Angaben und Nachweise aus dem Protokoll anbringen [vgl. detailliert *Dahs* Rn. 493 ff.]. Für die Rüge eines zu Unrecht zurückgewiesenen **Ablehnungsantrags** vgl. KK/*Gericke* § 344 Rn. 47). Für den Antrag auf **Verlesung** gem. § 251 Abs. 4 vgl. BGH NStZ-RR 2007, 52: Unzulässigkeit der Rüge, da der angegriffene Beschluss nach § 251 Abs. 4 weder im Wortlaut noch in seinem **wesentlichen Inhalt** mitgeteilt wurde.

§ 345 Revisionsbegründungsfrist

(1) [1]Die Revisionsanträge und ihre Begründung sind spätestens binnen eines Monats nach Ablauf der Frist zur Einlegung des Rechtsmittels bei dem Gericht, dessen Urteil angefochten wird, anzubringen. [2]Die Revisionsbegründungsfrist verlängert sich, wenn das Urteil später als einundzwanzig Wochen nach der Verkündung zu den Akten gebracht worden ist, um einen Monat und, wenn es später als fünfunddreißig Wochen nach der Verkündung zu den Akten gebracht worden ist, um einen weiteren Monat. [3]War bei Ablauf der Frist zur Einlegung des Rechtsmittels das Urteil noch nicht zugestellt, so beginnt die Frist mit der Zustellung des Urteils und in den Fällen des Satzes 2 der Mitteilung des Zeitpunktes, zu dem es zu den Akten gebracht ist.

(2) Seitens des Angeklagten kann dies nur in einer von dem Verteidiger oder einem Rechtsanwalt unterzeichneten Schrift oder zu Protokoll der Geschäftsstelle geschehen.

Übersicht

1 **A. Begründungsfrist. I. Grundsätzliches.** Für die Revisionsbegründung (§ 344) bestimmt Abs. 1 Satz 1 eine **Monatsfrist.** Seit dem Gesetz zur Änderung der Strafprozessordnung und zur Änderung weiterer Vorschriften v. 25.06.2021 (BGBl. I, 2099) ist die Länge der Revisionsbegründungsfrist gem. Abs. 1 Satz 2 aber nun auch abhängig von der Dauer der Urteilsabsetzung. Zudem sieht Abs. 1 Satz 3 Alt. 2 bei einer Fristverlängerung nach Abs. 1 Satz 2 eine Mitteilungspflicht vor. Bei besonders langer Dauer der Urteilsabsetzung wird die Revisionsbegründungsfrist in zwei Etappen auf höchstens drei Monate verlängert. Eine Angleichung der Revisionsbegründungsfrist an die Urteilsabsetzungsfrist erfolgte dagegen nicht, weil der Gesetzgeber die Aufgabe des Gerichts, das Urteil abzusetzen, und diejenige der Revisionsführer, eine Revisionsbegründung anzufertigen als nicht vergleichbar betrachtet (BT-Drs. 19/27654, S. 97). Er verkennt damit aber, dass insb. der Umfang Prüfung der Verfahrenstatsachen auf Basis des Protokolls nicht mit der Dauer der *Urteils*absetzung korreliert. Das Protokoll kann bereits parallel zur Hauptverhandlung entstehen, wird dem Revisionsführer aber regelmäßig erst zusammen mit dem Urteil zugestellt. Entscheidend ist vielmehr der Umfang des Verfahrensstoffs, der regelmäßig (zumindest auch) von der Anzahl der Hauptverhandlungstage abhängt. Eine Anpassung der Revisionsbegründungsfrist an das Fristenregime des § 275 wäre daher sinnvoll gewesen. Alternativ wäre eine Verlängerungsmöglichkeit auf Antrag in Betracht zu ziehen gewesen (*Hillenkamp* NStZ 2000, 670; vgl. auch *Valerius* NJW 2018, 3429, 3431). Das wurde aber mit Verweis auf mögliche Rechtsunsicherheiten ausdrücklich abgelehnt (BT-Drs. 19/27654, S. 97).

2 Eine **faktische »Verlängerung«** der Revisionsbegründungsfrist lässt sich dadurch erreichen, dass innerhalb der Monatsfrist des § 345 Abs. 1 allein die (gem. § 344 Abs. 2 Satz 2 nach Fristablauf nicht mehr durch weiteren Tatsachenvortrag ergänzbaren) verfahrensrechtlichen Beanstandungen ausgearbeitet werden und die Sachrüge nur allgemein erhoben wird; nähere Ausführungen zur Sachrüge (und ergänzende Rechtsausführungen zur Verfahrensrüge) können ohne unmittelbare fristenmäßige Begrenzung später eingereicht werden, sinnvollerweise innerhalb der Zeitspanne bis zur Übersendung der Akten an die Staatsanwaltschaft beim Revisionsgericht (damit sich deren Stellungnahme auch hierauf erstreckt); das setzt eine genaue Beobachtung des Aktenlaufs voraus.

3 **II. Fristberechnung. 1. Berechnung der Monatsfrist.** Sie wird nach **§ 43 Abs. 1 und 2** berechnet. **Allgemeine Feiertage** sind nur gesetzliche, nicht (allein) kirchliche Feiertage (BGH NStZ 2008, 55 für Buß- und Bettag), auch nicht sonstige Dienstfeiertage (BayObLG NStZ-RR 1999, 363 für Silvester). Bei unter-

schiedlichen landesrechtlichen Regelungen (z.B. Fronleichnam) ist der **Gerichtsort** maßgeblich, nicht der Kanzleisitz des Verteidigers (OLG Celle NdsRpfl 1996, 253).

4 **2. Fristbeginn im Regelfall.** Bei Urteilen, die (wie regelmäßig) in **Anwesenheit** des Angeklagten verkündet wurden, beginnt die Frist mit dem Tag der **Urteilszustellung** (Abs. 1 Satz 3). Das gilt trotz des missverständlichen Gesetzeswortlauts auch für Abs. 1 Satz 3 Alt. 2 (BeckOK-StPO/*Wiedner* § 345 Rn. 7a). Nur eine **ordnungsgemäße Zustellung** des **vollständigen** Urteils (vgl. erg. § 338 Rdn. 73 ff.) nach **Fertigstellung des Hauptverhandlungs-Protokolls** (Verstoß gegen § 271 Abs. 1 Satz 2 ist jedoch unschädlich, vgl. BGHSt 23, 115; OLG Köln MDR 1972, 260 = Rpfleger 1970, 139 m.Anm. *Reiss*; ist das Hauptverhandlungsprotokoll nicht mehr herstellbar, beginnt die Revisionsbegründungsfrist mit Urteilszustellung, vgl. *Schmid* FS R. Lange [1976], S. 797; sehr krit. zur Praxis der Protokollerstellung und -versendung *Hamm* Rn. 170 ff. – diese dürfte sich allerdings angesichts der personellen Einsparungen auch im Bereich der Geschäftsstelle kaum verbessern) **an den Beschwerdeführer** setzt die Frist in Lauf. Unvollständigkeit des Rubrums (BGH NStZ 1989, 584) oder einer Ausfertigung (BGH NStZ 2007, 53) sind unschädlich (BGH, Urt. v. 05.09.2007, 2 StR 306/07: Revisionsbegründungsfrist beginnt mit Zustellung des unvollständigen Urteils). Zudem setzt der Fristbeginn, soweit einschlägig, die ordnungsgemäße Mitteilung gem. Abs. 1 Satz 3 Alt. 2 voraus.

5 Wird an **mehrere** berechtigte Zustellungsempfänger zugestellt (an mehrere Verteidiger oder an den Angeklagten und einen Verteidiger), so ist für den Fristenlauf nach § 37 Abs. 2 die **späteste** der Zustellungen maßgeblich (BGHSt 34, 371), auch wenn die Zustellungen auf verschiedenen Anordnungen beruhen (BGHSt 22, 221), nicht jedoch, wenn die durch die erste Zustellung in Gang gesetzte Frist bereits abgelaufen ist (BGHSt 22, 221 [223]). Ein Anspruch auf mehrfache Urteilszustellung besteht nicht (BGH StraFo 2008, 509). Hat ein Angeklagter mehrere Verteidiger und wird das Urteil nur einem von ihnen förmlich zugestellt, so beginnt die Revisionsbegründungsfrist dadurch für alle Verteidiger (BGH Beschl. v. 28.07.2020 – 6 StR 114/20, Rn. 3) Unklarheiten über den Fristenlauf (etwa hinsichtlich des genauen Zeitpunkts einer nach § 145a Abs. 3 Satz 2 nur an den Angeklagten bewirkten Zustellung) sollte der Verteidiger – zur Vermeidung eines Wiedereinsetzungsgesuchs – rechtzeitig durch Nachfrage bei Gericht aufklären.

6 Ausnahmsweise beginnt die Revisionsbegründungsfrist mit **Zustellung** nicht schon des Urteils, sondern ggf. erst mit der Zustellung eines **Beschlusses** über eine

- **Urteilsberichtigung** (RG HRR 1939 Nr. 1010; BGH 12, 374; *Dahs* Rn. 51, 392; anders, wenn diese nur einen revisionsunerheblichen Nebenpunkt betraf, OLG Hamm NJW 1956, 923; BayObLG MDR 1982, 600: Datum der Sitzung unerh.), soweit die Berichtigung zulässig ist (BGH, NStZ 1991, 195),
- Gewährung der **Wiedereinsetzung** (Rdn. 9–12) gegen die Versäumung der Revisionsbegründungsfrist (RGSt 52, 76 [77]; 76, 280 = DR 1943, 143 m.Anm. *Mittelbach*; BGH NJW 1982, 532; BGHSt 30, 335; BayObLG NJW 1972, 171 f. unter Aufgabe von MDR 1954, 499 m.Anm. *Lichti*; wistra 1994, 159; OLG Hamm NJW 1955, 564; VRS 49, 133; OLG Celle NJW 1956, 760; 1968, 809; OLG Koblenz MDR 1967, 857 unter Aufgabe von NJW 1952, 1229 m. abl. Anm. *Pusinelli*) oder
- Entscheidung des Revisionsgerichts nach § 346 Abs. 2 – Aufhebungsbeschluss (zutr. *Dahs* Rn. 53; KK/*Gericke* § 345 Rn. 3; BGH StraFo 1997, 248); entsch. ist die Zustellung des Beschlusses, in dem das Revisionsgericht die Rechtzeitigkeit des Rechtsmittels nach § 346 Abs. 1 feststellt und den Verwerfungsbeschluss des Tatgerichts (§ 346 Abs. 2) aufhebt (BayObLG JR 1988, 304 m.Anm. *Wendisch*; OLG Karlsruhe Justiz 1988, 314; LR/*Franke* § 345 Rn. 11; Meyer-Goßner/*Schmitt* § 345 Rn. 6).

7 Für den **Nebenkläger**, der sich dem Verf. erst durch Revisionseinlegung angeschlossen hat (§ 395 Abs. 1 Satz 2), beginnt die Revisionsbegründungfrist nicht vor Zustellung des Zulassungsbeschlusses (str.: RGSt 77, 281; OLG Dresden JW 1931, 3580; *Beling* S. 462 und ZStW 36, 295; Meyer-Goßner/*Schmitt* § 345 Rn. 6; a.A. RGSt 48, 236; 66, 393; BayObLG LZ 1925, 379). – War das Urteil in diesen Fällen bereits zugestellt, bedarf es keiner nochmaligen Zustellung.

8 **3. Fristablauf bei Abwesenheitsurteil.** Was nach § 345 Abs. 1 Satz 1 als Regelfall erscheint, ist die (relativ seltene) Ausnahme: Beginn der Frist zur Begründung der Revision erst mit Ablauf der Frist zur Einlegung. Praktisch wird das nur in den Fällen des in **Abwesenheit des Angeklagten** verkündeten Urteils (hierzu § 341 Rdn. 30 ff.). Dieser Fristenlauf gilt auch dann, wenn die Revision routinemäßig bereits nach Verkündung des Abwesenheitsurteils eingelegt (und möglicherweise sogar – mit einem Satz – schon begründet) wurde, also noch vor dem Beginn der erst mit der Zustellung in Gang gesetzten Einlegungsfrist des § 341 Abs. 2 (BGHSt 25, 187 [189] m.Anm. *Hanack* JR 1974, 295). Die Monatsfrist für die Revisionsbegründung schließt an den Ablauf der Wochenfrist für die Einlegung an (BGHSt 36, 241; Beispiel: Urteilszustellung Dienstag, 07.07., Ablauf der Einlegungsfrist Tagesende Dienstag, 14.07., Beginn der Begründungsfrist Tagesanfang Mittwoch, 15.07., Ablauf der Begründungsfrist an sich 15.08., weil das aber [in diesem Beispiel] ein Samstag ist, nach § 43 Abs. 2 erst Montag, 17.08. – also fast sechs Wochen seit Urteilsverkündung).

4. Wiedereinsetzung. Die Wiedereinsetzung in den vorigen Stand (§§ 44 ff.) kann beantragt werden gegen die Versäumung der **Frist** des Abs. 1 für die **Revisionsbegründung überhaupt** (ebenso gegen eine zwar fristgerechte, aber der **Form** des Abs. 2 nicht genügende Erklärung; RG 67, 197, 198; BGHSt 26, 335; OLG Köln NZV 2006, 47; OLG Zweibrücken StV 1991, 550; vgl. aber OLG Braunschweig NStZ 1996, 298: Wiedereinsetzung nur für eine Sachrüge), solange das Verf. noch nicht rechtskräftig (z.B. durch Revisionsverwerfung nach § 349 Abs. 2) abgeschlossen ist (BGH 23, 102 [103]; MDR [D] 1966, 728; DAR [S] 1979, 190 f.). Zur Wiedereinsetzung in den vorigen Stand zwecks Wahl der Berufung statt der Revision vgl. § 335 Rdn. 11–12 (zuständig ist das Berufungsgericht, vgl. OLG Zweibrücken MDR 1979, 956 f.). Stellt sich nachträglich heraus, dass eine nach § 345 zulässige Revisionsbegründung bereits vor Erlass eines Beschlusses nach § 346 Abs. 1 vorlag, ist dieser aufzuheben und über die Revision neu zu entscheiden (OLG Köln MDR 1979, 603). 9

Wiedereinsetzungsgrund (BGH, Beschl. vom 13.11.2007, 3 StR 341/07; näher *Peglau* RPfl 2007, 633 ff.) kann insb. auch ein dem Angeklagten nicht anzulastendes Verschulden (Säumnis) seines Verteidigers (§ 44 Rdn. 25–30) oder des **Urkundsbeamten** der Geschäftsstelle (RGSt 67, 199; 68, 300; JW 1925, 2779 m.Anm. *Alsberg*; 1933, 1417; BGH NJW 1952, 1386; BayObLG JW 1926, 1239 m.Anm. *Löwenstein*; OLG Hamm NJW 1956, 1572; OLG Schleswig SchlHA 2007, 291) – etwa wenn er unzuständig (Rdn. 18–19) war (OLG Hamm MDR 1960, 426), eine Erklärung des Beschwerdeführers zu Unrecht nicht protokolliert (OLG Bremen NJW 1954, 46); er die vom Angeklagten gewollte Sachrüge als dann unzulässige Verfahrensrüge erhoben (BayObLG NStZ-RR 1996, 312) oder ihn unrichtig belehrt (Rdn. 37) hat – sein. Nach BVerfG, NJOZ 2007, 4397 kommt eine Wiedereinsetzung bei grds. einem der Justiz zurechenbaren Fehler in Betracht. Ist es zweifelhaft, ob ein Schriftsatz überhaupt bei Gericht einging, geht dies zulasten des Rechtsmittelführers; eine Wiedereinsetzung in den vorigen Stand ist aber möglich, wenn der Angeklagte dies nicht zu vertreten hat (BGH, Beschl. vom 04.03.2008, 4 StR 60/08) 10

Grundsätzlich keine Wiedereinsetzung in den vorigen Stand findet gegen die Versäumung nur **einzelner Verfahrensrügen** statt, wenn i.Ü. die Revisionsbegründungfrist – z.B. durch Erhebung nur der allg. Sachrüge oder/und bestimmter Verfahrensrügen – gewahrt ist (dazu RG JW 1928, 2718; 1935, 1636; BGHSt 17, 95; 23, 102 [103]; OLG Oldenburg NJW 1968, 64; OLG Hamm, Urteil vom 08.11.1972, 4 Ss 1205/72). Denn hier ist nicht die Revisionsbegründungfrist versäumt, sondern nur die Gelegenheit, neben dem ordnungsgemäß vorgebrachten Revisionsangriff weitere Rügen geltend zu machen (BGH DAR [S] 1980, 210). Dies gilt nach Ansicht des BGH grds. uneingeschränkt, soweit sowohl der Beschwerdeführer als auch sein (damaliger) Verteidiger an der erstinstanzlichen Hauptverhandlung teilgenommen haben (BGH wistra 2006, 271; BGHR § 44 Verfahrensrüge 12). Gegen die Verspätung einzelner Sachrügen bedarf es i.Ü. keiner Wiedereinsetzung in den vorigen Stand, da der Beschwerdeführer sie bis zum Erlass der Entscheidung des Revisionsgerichts nachschieben kann (§ 344 Rdn. 8). 11

Nur **ausnahmsweise** kann in **Abwägung** des öffentlichen Interesses an Rechtsklarheit und geordnetem Verfahrensfortgang ggü. dem Anliegen des Beschwerdeführers, seine Rügen möglichst erschöpfend vorbringen zu können (vgl. BGHSt 1, 44 [46]; 17, 94; 23, 103; berechtigte Kritik bei *Dahs* Rn. 556 f.), die Wiedereinsetzung in den vorigen Stand auch gegen Versäumung einzelner Verfahrensrügen an sich **statthaft** sein (dazu de lege ferenda für Verlängerung der Frist des Absatzes 1 durch Anpassung an § 275 Abs. 1 Satz 2 vgl. *Dencker* ZRP 1978, 5 ff.). So bspw. auch dann, wenn der Verteidiger an der Hauptverhandlung nicht teilgenommen hat und allein deshalb, weil er das Hauptverhandlungs-Protokoll – etwa trotz mehrfachen Antrags auf Akteneinsicht innerhalb der Frist des Abs. 1 (BGH, Beschl. v. 14.01.2021 – 1 StR 242/20; OLG Hamm MDR 1973, 691) – nicht einsehen konnte (BGH wistra 2006, 271; vgl. Nr. 160 RiStBV), gehindert war, die Revisionsrüge(n) rechtzeitig anzubringen (BGHSt 1, 44 [45]; BGH, Beschl. vom 18.11.1975 – 3 StR 154/75; DAR [S] 1980, 210). Einzelne Ausnahmen wurden gemacht für besondere Fallkonstellationen, wie schwere Erkrankung des Beschwerdeführers (BGH, Beschl. vom 25.05.1965 – 3 StR 5/65 bei *Dahs* Rn. 556 Fn. 41) oder des Verteidigers (BGH NStZ 1985, 204), auch der Nichtgewährung rechtlichen Gehörs (grds. BVerfG NStZ 1991, 446) soweit dies i.R. des Revisionsverfahrens überhaupt von Bedeutung ist (*Dahs* Rn. 551 ff.). Begründet bei mehreren Verteidigern nur einer die Revision fristgerecht, kommt eine Wiedereinsetzung nicht in Betracht (BGH, Beschl. vom 07.05.2004, 2 StR 458/03); ein Verstoß gegen § 146 kann hingegen zur Wiedereinsetzung führen (BGHSt 26, 335). 12

III. Wirksamkeit der Zustellung. Nur eine ordnungsgemäße und wirksame Zustellung des Urteils setzt die Revisionsbegründungsfrist in Gang. Zugestellt wird im Regelfall eine **Ausfertigung** des Urteils (§ 275 Abs. 4); genügend ist aber auch die Zustellung einer vom Urkundsbeamten **beglaubigten Abschrift** (§ 169 Abs. 2 Satz 1 ZPO; BGHSt 26, 140 [141]). Nachfolgend **typische Zustellungsmängel:** 13

14 **1. Nicht fertig gestelltes Protokoll.** Nach § 273 Abs. 4 darf das Urteil vor Fertigstellung des Sitzungsprotokolls nicht zugestellt werden; ein Verstoß hiergegen macht die Zustellung **wirkungslos** (BGHSt 37, 287 [288] m.N.). Zur Fertigstellung des Sitzungsprotokolls gehört auch, dass der Urkundsbeamte sich zu den vom Vorsitzenden eingefügten sachlichen Ergänzungen erklärt hat (BGHSt 37, 287 [288] m.N.).

15 **2. Nicht ordnungsgemäße Anordnung der Zustellung.** Nach § 36 Abs. 1 Satz 2 muss die Zustellung **vom Vorsitzenden** in jedem Einzelfall unter ausdrücklicher Bezeichnung des Zustellungsempfängers angeordnet werden; die bloße Anordnung, dass zugestellt werden soll, genügt nicht (Nachw. bei § 36 Rdn. 4 ff.). Die »anordnungslos« von der Geschäftsstelle vorgenommene Zustellung ist unwirksam (BGH NStZ 1986, 230 [für Zustellung an die StA]). Die Art und Weise der Zustellung kann der Vorsitzende bestimmen, braucht das aber nicht zu tun, sondern kann dies der Geschäftsstelle überlassen (OLG Düsseldorf NStZ-RR 2000, 335), die die Zustellung ausführt.

16 **3. Zustellungsmängel auf Empfängerseite.** In der Praxis scheitert die wirksame Urteilszustellung mitunter daran, dass das EB nicht vom Verteidiger, sondern von einem anderen Rechtsanwalt, häufig dem Sozius des Verteidigers, unterschrieben worden ist. Bei Wahlverteidigung kann die Unwirksamkeit durch (nachträgliche) Bestätigung einer Unterbevollmächtigung des anderen Rechtsanwalts behoben werden; beim Pflichtverteidiger, der durch einen anderen Rechtsanwalt nicht wirksam vertreten werden kann, bleibt es bei der Unwirksamkeit der Zustellung (BGH NStZ 1988, 213 [M] m.N.), es sei denn, der andere Rechtsanwalt sei bestellter Vertreter nach § 53 BRAO. Durch ein nachträglich ausgestelltes Empfangsbekenntnis (das auf den Zeitpunkt des Empfangs des Urteils zurückweist) kann die Unwirksamkeit der Zustellung – auch noch nach Begründung der Revision – geheilt werden (BGH NStZ 1996, 149).

17 Zustellungsdatum ist bei der Zustellung gegen EB nicht der Eingang des Urteils in der Anwaltskanzlei, sondern dessen Annahme durch den Rechtsanwalt mit dem Willen, es als zugestellt anzusehen (BGH NStZ 1996, 149; BVerfG NJW 2001, 1563).

18 **4. Mängel des zugestellten Urteilsexemplares.** Die Ausfertigung oder beglaubigte Abschrift muss die **Urschrift vollständig wiedergeben**, und zwar gerade auch in ihren etwaigen Mängeln (wie Fehlen von Unterschriften oder Verhinderungsvermerke). Entscheidend ist, dass der Zustellungsempfänger »die für seine Rechtsmittelbegründung maßgebliche Fassung in Händen« hat (BGHSt 46, 204 [205]). Daran fehlt es, wenn die Ausfertigung oder beglaubigte Abschrift (etwa wegen einer Fehlfunktion des Schreibcomputers) **grobe Mängel** aufweist, die die Verständlichkeit gefährden (etwa beim Fehlen wichtiger Seiten oder bei der sinnstörenden Wiederholung von Sätzen und Absätzen; BGH NStZ 1983, 214 [P/M]). Nur geringfügige Mängel hindern die Wirksamkeit der Zustellung nicht, etwa das Fehlen einer Seite, die nur den Mitangeklagten betrifft (BGH NStZ 2007, 53) oder das Fehlen kurzer und nicht wesentlicher Textstellen (BGH NStZ-RR 2007, 261 [B]) oder das Fehlen der Namen der Schöffen (BGH NStZ 1989, 584 und 1994, 47 [jedenfalls wenn Angeklagter oder Verteidiger bei der Urteilsverkündung anwesend waren]).

19 **Mängel der Urteilsurschrift**, die in gleicher Weise in der zugestellten Ausfertigung oder beglaubigten Abschrift enthalten sind, machen demgegenüber die Zustellung **nicht unwirksam** (etwa das Fehlen eines nicht ganz unwesentlichen Teils des Tenors, sofern aus den Urteilsgründen eine Ergänzung möglich ist (BGH NJW 1978, 60; BGH NStZ 1989, 584; 1994, 47; BGHR StPO § 345 Abs. 1 Fristbeginn 7; vgl. auch BGH NJW 1999, 800; StraFo 2007, 502), sondern begründen ggf. die Revision, so beim Fehlen einer richterlichen Unterschrift bzw. des Verhinderungsvermerks (§ 275 Abs. 2 i.V.m. § 338 Nr. 7); eine entsprechende Rüge muss aber ausdrücklich erhoben werden (BGHSt 46, 204; BGH NStZ-RR 2003, 85).

20 Werden die Gründe eines Urteils durch einen zulässigen Berichtigungsbeschluss ergänzt, so wird (erst) durch die **Zustellung des Berichtigungsbeschlusses** in Lauf gesetzt (BGHSt 12, 374), dies allerdings nicht, wenn sich die Berichtigung lediglich auf Punkte bezieht, »die für die Frage der richtigen Rechtsanwendung unmaßgeblich sind« (BGHSt 12, 374 [376]). Die Zustellung eines Berichtigungsbeschlusses, der lediglich den Urteilstenor anhand des insoweit maßgeblichen Sitzungsprotokolls in das Urteil einfügt oder ihn ergänzt, ist für den Fristenlauf ohne Bedeutung (BGH StraFo 2007, 502).

21 Die Unübersichtlichkeit und Einzelfallbezogenheit dieser Rspr. lassen es ratsam erscheinen, sich an die durch die erste Zustellung des Urteils in Gang gesetzte Revisionsbegründungsfrist zu halten und sich nicht darauf zu verlassen, dass die Frist durch die Zustellung eines Berichtigungsbeschlusses erneut eröffnet worden sein könnte.

22 **IV. Adressat der Revisionsbegründung.** Sie ist bei dem Gericht einzureichen, dessen **Urteil angefochten ist** (iudex a quo). I.Ü. gelten dieselben Grundsätze wie bei § 341 (dort Rdn. 4, 22 f.).

B. Form der Revisionsbegründung. I. Wirkungsbereich von Abs. 2. Die Vorschrift betrifft die Revisionsbegründung des **Angeklagten**; für den **Privatkläger** enthält § 390 Abs. 2 eine inhaltsgleiche Regelung, die auf die Revisionsbegründung entsprechend anzuwenden ist (BGH NJW 1992, 1398; *Hilger* NStZ 1988, 441). Für die Revisionsbegründung der **Staatsanwaltschaft** reicht an sich – wie bei der Revisionseinlegung – einfache Schriftform aus. Es genügt, dass der in Maschinenschrift wiedergegebene Name des Staatsanwalts mit einem Beglaubigungsvermerk versehen wird (GmS-OGB NJW 1980, 172); auch beglaubigte Abschriften sind ausreichend (BGHSt 2, 77). Nr. 149 RiStBV ordnet allerdings die handschriftliche Unterzeichnung an. 23

II. Zweck der Formerfordernisse. Die Vorschrift soll zugunsten des Beschwerdeführers eine gesetzmäßige, sachgerechte und von sachkundiger Seite stammende Begründung gewährleisten (BGHSt 25, 272 [273] m.Anm. *Meyer* JR 1974, 478; BGH NStZ 1987, 336). Zugleich soll den Revisionsgerichten »die Prüfung grundloser oder unverständlicher Anträge erspart bleiben« (BGHSt 32, 326 [328]). 24

III. Schriftform. Schriftlichkeit setzt **Lesbarkeit** voraus; daran fehlt es, wenn die Revisionsbegründungsschrift auf weite Strecken aus praktisch unlesbaren hineinkopierten handschriftlichen Texten besteht (BGHSt 33, 44 m.Anm. *R. Hamm* StV 1985, 137; anders, wenn hineinkopierte Schriftstücke lediglich an manchen Stellen schwer lesbar sind oder einzelne Worte fehlen (OLG Hamm NStZ-RR 2001, 376). Generell empfiehlt sich, handschriftliche Texte, die in die Revisionsbegründungsschrift eingefügt werden, durch Leseabschriften zu ersetzen oder zu ergänzen, sofern sie ohnehin nicht leicht lesbar sind. Auch für die Revisionsbegründungsschrift gilt seit dem 01.01.2022 § 32d Satz 2 StPO (vgl. auch BGH, Beschl. v. 28.04.2022 – 4 StR 59/22 und v. 03.05.2022 – 3 StR 89/22). 25

IV. Revisionsbegründung durch den Verteidiger oder einen Rechtsanwalt. Verteidiger ist der bisherige oder neu beauftragte Verteidiger aus dem Personenkreis des § 138 Abs. 1, bei Genehmigung durch das Gericht auch durch andere Personen (mit Einschränkung des § 138 Abs. 2 Satz 2; hierzu BGHSt 32, 326 [Unzulässigkeit der Revisionsbegründung durch einen Rechtsbeistand]). Zu Referendaren s. § 139. Die Bestellung zum Pflichtverteidiger vor dem Tatgericht umfasst auch die Begründung der Revision und das schriftliche Revisionsverfahren. Sie wirkt nunmehr auch, nachdem die Sonderregel des § 350 Abs. 3 durch das Gesetz vom 17.12.2018 (BGBl I 2571) gestrichen wurde, für die Revisionshauptverhandlung fort. 26

Begründet ein **Rechtsanwalt** die Revision, so wird ihm in der Regel zugleich auch die Verteidigung übertragen sein. Das ist aber – wie aus Nr. 2 folgt – nicht notwendig der Fall; ein Rechtsanwalt kann (auch ohne Erteilung einer umfassenden Verteidigungsvollmacht) lediglich für die Begründung der Revision bevollmächtigt werden (BGH NStZ 2001, 52). Dieser Rechtsanwalt wird deshalb im Rahmen des § 137 nicht »mitgezählt«. Auch an ihn kann die Zustellung des Urteils erfolgen, allerdings nicht nach der auf Verteidiger beschränkte Vorschrift des § 145a Abs. 1, sondern aufgrund einer rechtsgeschäftlichen Zustellungsvollmacht (vgl. BGH NStZ 1997, 293 und *Schnarr* NStZ 1997, 15 ff.). Nachgewiesen werden kann die Bevollmächtigung auch noch später (BGH NStZ 2001, 52; OLG Nürnberg NJW 2007, 1767). 27

Auch ein (vom Wahlverteidiger) **unterbevollmächtigter** Verteidiger bzw. Rechtsanwalt kann die Revision begründen und die Revisionsbegründungsschrift unterzeichnen. Der Pflichtverteidiger kann zwar durch seinen **amtlich bestellten Vertreter** wirksam vertreten werden (BGH NStZ-RR 2002, 12); Untervollmacht kann er aber **nicht** erteilen (BGH StV 1981, 393; NStZ 1996, 21 [K]). 28

Aus Abs. 2 folgt, dass ein **Rechtsanwalt als Angeklagter** die Revision selbst schriftlich begründen kann (RGRspr. 4, 695; RGSt 69, 377; BayObLGSt 1975, 154 = VRS 50, 298; allgem. Auff.). Streitig ist lediglich, ob dies auch gilt, wenn gegen ihn ein sofort wirksames Vertretungs- oder Berufsverbot verhängt worden ist. Für Zulässigkeit RGSt 69, 377; OLG Celle NStZ 1989, 41; a.A. LR/*Franke* § 345 Rn. 20; Meyer-Goßner/*Schmitt* § 345 Rn. 13; SK-StPO/*Frisch* § 345 Rn. 26; *Feuerich* NStZ 1989, 339). Im Hinblick auf § 155 Abs. 5 BRAO ist der Auffassung der Rspr. zuzustimmen. 29

V. Einheitliche Revisionsbegründung für mehrere Mitangeklagte. Im Grundsatz muss jeder Mitangeklagte »seinen eigenen« Revisionsverteidiger haben. Die Bezugnahme auf die Revisionsbegründung eines Mitangeklagten genügt nicht. Entsprechendes gilt bei mehreren Nebenklägern (BGH NStZ 2007, 166). 30

Damit es nicht zur Verdoppelung oder Verdreifachung des (möglicherweise umfangreichen) Revisionsvortrages bei gleich gelagerten Revisionsrügen (vor allem Verfahrensrügen) kommt, empfiehlt sich, dass **mehrere Verteidiger eine gemeinsame Revisionsbegründungsschrift** (unter gemeinsamem Briefkopf und unterzeichnet durch alle Verteidiger) einreichen. Diese vom Bundesgerichtshof schon wegen der Übersichtlichkeit des Revisionsvortrags geschätzte Form der Revisionsbegründung (BGH NStZ 1998, 99 m.Anm. *Widmaier*) setzt allerdings voraus, dass in den erhobenen Rügen nicht gegenläufige Interessen der mehreren Mitangeklagten zum Ausdruck kommen. 31

32 In Ausnahmesituationen – etwa wenn sich mehrere Mitangeklagte kurz vor Ablauf der Revisionsbegründungsfrist an einen Rechtsanwalt mit der Bitte um Begründung der Revision wenden – kann eine **durch einen Rechtsanwalt in Vollmacht mehrerer Mitangeklagter** gefertigte Revisionsbegründungsschrift in Betracht kommen. Dies verstößt zwar gegen § 146 StPO. Sofern nicht schon zuvor eine Zurückweisung nach § 146a Abs. 2 erfolgt ist, steht die Zulässigkeit und Wirksamkeit der Revisionsbegründungen für jeden der Mitangeklagten aber nicht infrage. Der Verteidiger wird in einem derartigen Fall auf die Besonderheit der Situation hinweisen und alsbald nach Einreichung der Revisionsbegründung sein Mandat auf einen der Mitangeklagten beschränken (durch Niederlegung der weiteren Mandate), sodass es nicht zu einem Zurückweisungsbeschluss nach § 146a Abs. 2 StPO kommen kann. Für einen nur mit der Begründung der Revision beauftragten Rechtsanwalt gilt § 146 ohnehin nicht.

33 **VI. Verantwortungsübernahme des Verteidigers.** Der die Revision begründende und den Schriftsatz unterzeichnende Verteidiger oder Rechtsanwalt muss für ihren Inhalt **die Verantwortung übernehmen.** Das erscheint selbstverständlich – und trotzdem fehlte es hieran in nicht wenigen Fällen. Diese Feststellung ist vergangenheitsbezogen; bei heutigen Verteidigern (in der Mehrzahl Fachanwälte für Strafrecht) gibt es diese Schwäche des beruflichen Selbstbildes nicht mehr. Die fehlende Verantwortungsübernahme durch den Verteidiger tritt in **zwei Fallgruppen** in Erscheinung:

34 1. Der Verteidiger **distanziert** sich (mit Blick auf das Wohlwollen des Gerichts) von der Revision, indem er zum Ausdruck bringt, dass er selbst das Urteil zwar für richtig halte, der Angeklagte aber dessen revisionsrechtliche Überprüfung begehre. Das geschieht durch Formulierungen wie: »begehrt wird vom Angeklagten eine Überprüfung des angefochtenen Urteils« (BGH NStZ 1988, 214 [M.]) oder: »bin ich gehalten, entsprechend dem Wunsch des Angeklagten die Revision wie folgt zu begründen« (BGH NStZ-RR 2003, 292 [B.]) oder: »es wird auftragsgemäß die Verletzung materiellen Rechts gerügt« (BGH NStZ 2004, 166) oder: »der Verurteilte ist der Auffassung, dass durch das Urteil materielles Recht verletzt worden ist« (BGHSt 25, 272 [273]). Auch wenn der Verteidiger das Urteil für richtig hält und keine rechtlichen Mängel sieht, kann er doch in jedem Fall die allgemeine Sachrüge erheben (zumal letztlich nicht seine Auffassung hierzu, sondern allein die des Revisionsgerichts maßgeblich ist, das immer aufgrund der nicht ausgeführten allgemeinen Sachrüge ein Urteil wegen durchgreifender rechtlicher Mängel aufhebt).

35 Vereinzelt werden zu dieser Gruppe auch solche Fälle gerechnet, die weniger auf fehlender Verantwortungsübernahme als auf einem **Versehen des unterzeichnenden Verteidigers** beruhen. So hat OLG Hamm NStZ-RR 2009, 615 die Revision als unzulässig verworfen, weil der Sozius des Pflichtverteidigers die Begründungsschrift mit dem Vermerk »für den nach Diktat verreisten RA T.« unterzeichnet hatte (vgl. auch BGH, Beschluss vom 21.02.2017 – 3 StR 554/16). Mit Recht sieht BGH NStZ 2003, 615 (ähnlich OLG Köln NZV 2006, 321) darin eine bloße »Kanzleipanne«, die die **Wiedereinsetzung in den vorigen Stand** rechtfertigt in jener Sache, in der die Revision schon bei der Einlegung mit der allgemeinen Sachrüge begründet worden war, sogar zur Nachholung der in dem fraglichen Schriftsatz erhobenen Verfahrensrügen).

36 2. Unzulässig sind Revisionsbegründungen (oder Teile von Revisionsbegründungen), die erkennbar der **laienhafte Text des Angeklagten** sind, den der Verteidiger mit seinem Kopfbogen und seiner Unterschrift versehen oder neben eigenen (zulässigen) Ausführungen in den Schriftsatz einkopiert hat. Im Extremfall (wenn das Schriftstück überhaupt keine eigenen Ausführungen des Verteidigers enthält), führt dies zur Unzulässigkeit der Revision insgesamt; unzulässig und unbeachtlich sind aber jedenfalls die vom Angeklagten stammenden Teile des Textes. Die Sachverhalte der hierzu veröffentlichten Entscheidungen wirken zum Teil fast grotesk: BGH NStZ 1984, 563 (9 Leitz-Ordner mit 2.938 Blatt eines vom Angeklagten verfassten weithin unsinnigen Textes, dem der Verteidiger lediglich seinen Kopfbogen mit einem einleitenden Satz und die letzte Seite mit seiner Unterschrift angefügt hat); BGH NStZ-RR 2007, 133 [B] (2 Leitz-Ordner mit bemühtem, aber völlig unzureichenden Text, den der Angeklagte »mit einer – nicht immer funktionstüchtigen – mechanischen Schreibmaschine zu Papier gebracht hat«); BGH NStZ-RR 2007, 132 [B] (nach einem kurzen einleitenden Text des Rechtsanwalts mit der allgemeinen Sachrüge folgen 353 Seiten Text des Angeklagten, dessen Inhalt »mit der ihm vom Sachverständigen attestierten Logorrhöe korrespondiert«); OLG Düsseldorf wistra 1992, 39 [40] (99 Blatt Verfahrensrügen schwer verständlichen Inhalts, erkennbar vom Angeklagten verfasst, die der auf den beiden ersten Seiten des Schriftsatzes vom Verteidiger zulässig erhobenen allgemeinen Sachrüge nachfolgen). Der Angeklagte darf dem die Revision begründenden Verteidiger zwar zuarbeiten; der Verteidiger muss aber dem Ansinnen des Angeklagten, dessen Text unmittelbar in die Revisionsbegründung aufzunehmen, widerstehen. Die »gestaltende Mitwirkung« kann sich aber darin erschöpfen, das von anderer Seite Entworfene gründlich zu prüfen und gegebenenfalls Änderungen vorzunehmen (BVerfG, Beschl. v. 07.12.2015 – 2 BvR 767/15, NJW 2016, 1570 Rn. 24; VerfGH Sachs Beschl. v. 09.07.2021 – Vf. 30-IV-21 (HS) Rn. 16).

VII. Revisionsbegründung zu Protokoll der Geschäftsstelle. Dies ist die einzige Möglichkeit einer **eigenen Revisionsbegründung des Angeklagten.** In manchen Fällen haben solche Revisionsbegründungen (selbst bei Verfahrensrügen) schon zum Erfolg geführt. Eigene Schriftsätze, die der Angeklagte beim Tatgericht oder beim Revisionsgericht zur Begründung der Revision einreicht, sind dagegen rechtlich ohne Belang. Wenn sie nicht zu umfangreich sind, mag es sein, dass sie gelesen werden. Es lässt sich auch nicht ausschließen, dass sie im Einzelfall zur Überzeugungsbildung des Revisionsgerichts (»psychologisch unterstützend«) beigetragen haben. 37

Zuständig ist der **Rechtspfleger** des Gerichts, dessen Urteil angefochten wird (§ 306 Rdn. 5; RGR 3, 50; RG 7, 174; JW 1913, 164; BayObLGSt 1951, 350; BayObLG Rpfl 1996, 125; *Hamm* Rn. 191). Eine Ausnahme gilt für nicht auf freien Fuß befindliche Angeklagte nach § 299. Die vom Rechtspfleger eines unzuständigen Gerichts oder von einem unzuständigen Beamten aufgenommene Revisionsbegründung ist unwirksam (BGH NStZ 1994, 25 [K]; OLG Köln NZV 2006, 47; OLG Brandenburg NStZ 2010, 413 [414]); ggf. wird Wiedereinsetzung in den vorigen Stand zu gewähren sein. Der Rechtspfleger ist nicht gehalten, offenkundig unzulässige Verfahrensrügen des Angeklagten aufzunehmen (BGH NStZ-RR 2008, 18). Umgekehrt darf sich der Rechtspfleger den Inhalt der Revisionsbegründung auch nicht einfach vom Angeklagten diktieren lassen (OLG Hamm NStZ 1982, 257) oder lediglich den vom Angeklagten verfassten Text ohne nähere Prüfung »nur mit den üblichen Eingangs- und Schlussformeln eines Protokolls umkleiden« (BGH NStZ 1988, 449 [M]) oder sich auf die bloße Entgegennahme der Schrift des Angeklagten beschränken (BGH NStZ-RR 1999, 110). 38

C. Folgen verspäteter oder nicht formgerechter Revisionsbegründung. Versäumung der Frist oder Verfehlen der Formerfordernisse führt dazu, dass die Revision durch das Tatgericht (§ 346) oder jedenfalls durch das Revisionsgericht (§ 349 Abs. 1 und 5) als unzulässig verworfen wird (oder dass jedenfalls die nicht den Formerfordernis entsprechenden Teile – etwa Verfahrensrügen – als unzulässig behandelt werden). 39

Wiedereinsetzung in den vorigen Stand wird gewährt, wenn der Beschwerdeführer die Versäumung der Frist **nicht verschuldet** hat, wobei dem Angeklagten **Verteidigerverschulden nicht zugerechnet** wird (BGHSt 14, 306 [308]). Dagegen wird dem **Nebenkläger** das Verschulden seines anwaltlichen Vertreters zugerechnet (BGHSt 30, 309 [310]; BGH NStZ 2000, 34 [K]; 2003, 80). **Mitverschulden** des Angeklagten für die Fristversäumung schließt auch bei ihm die Wiedereinsetzung aus (BGH NStZ 1997, 560; 2004, 166 [keine Zusage des Verteidigers]). 40

Die absprachewidrige unterlassene Begründung der Revision kann einen »offenkundigen Mangel« der formellen Verteidigung begründen, sodass nach der Rspr. des EGMR (s. insb. Urt. v. 10.10.2002 – 38830/97, NJW 2003, 1229 – Czekalla/Portugal) der Staat zum Eingreifen verpflichtet ist. Neben der Auswechslung des Verteidigers kommt eine Wiedereinsetzung von Amts wegen in Betracht (BGH, Beschl. v. 28.06.2016 – 2 StR 265/15; Beschl. v. 16.12.2020 – 2 StR 299/20). 41

§ 346 Verspätete oder formwidrige Einlegung

(1) Ist die Revision verspätet eingelegt oder sind die Revisionsanträge nicht rechtzeitig oder nicht in der in § 345 Abs. 2 vorgeschriebenen Form angebracht worden, so hat das Gericht, dessen Urteil angefochten wird, das Rechtsmittel durch Beschluss als unzulässig zu verwerfen.

(2) [1]Der Beschwerdeführer kann binnen einer Woche nach Zustellung des Beschlusses auf die Entscheidung des Revisionsgerichts antragen. [2]In diesem Falle sind die Akten an das Revisionsgericht einzusenden; die Vollstreckung des Urteils wird jedoch hierdurch nicht gehemmt. [3]Die Vorschrift des § 35a gilt entsprechend.

Übersicht

A. Zweck der Vorschrift. Die Verwerfungsbefugnis des Tatgerichts bezweckt (in Parallele zu § 319) die Vereinfachung und Beschleunigung des Verfahrens. Die Revisionsgerichte sollen von solchen Rügen entlasten werden, bei denen ersichtlich nicht einmal die grundlegenden Formvorschriften eingehalten wurden (HK-GS/*Rackow* § 346 Rn. 1). Deshalb ist die Verwerfungsbefugnis des Tatgerichts auf die rein formal definierten Fälle des Abs. 1 beschränkt: Versäumung der Revisionseinlegungsfrist (§ 341) oder der Revisionsbegründungsfrist (§ 345 Abs. 1) sowie die Nichteinhaltung der – rein äußerlichen – Formvorschriften des § 345 Abs. 2 bzw. des § 390 Abs. 2 für Privat- und Nebenkläger (BGH NJW 1992, 1398). Die verspätete Einreichung der Revisionsbegründung ist der verspäteten Stellung der Anträge gleichzustellen (KK/*Gericke* 1

§ 346 Rn. 7; Meyer-Goßner/*Schmitt* § 346 Rn. 1; BGH, Beschl. v. 03.12.2013 – 1 StR 412/13). Mit den sonst in Betracht kommenden Gründen der Unzulässigkeit hat sich das Tatgericht nicht zu befassen; dies ist Sache des Revisionsgerichts, das nach § 349 Abs. 1 die Zulässigkeit der Revision ohnehin umfassend zu prüfen hat (BGH NJW 2007, 165). Ausschließlich zuständig ist das Revisionsgericht auch dann, wenn ein solcher anderer Grund mit Mängeln der Form- und Fristeinhaltung zusammentrifft (BGH NStZ 2002, 217; NStZ-RR 2005, 150; NJW 2007, 165). Das gilt insb. für Fragen der Vollmacht bei Stellvertretung, der möglichen Unzulässigkeit nach wirksamem Rechtsmittelverzicht (BGH NStZ 1984, 181 [329]; 2000, 217; NStZ-RR 2005, 150) oder der Einhaltung der Zulässigkeitsanforderungen des § 344 Abs. 2. Ein zu Unrecht ergangener Verwerfungsbeschluss erlangt aber Rechtskraft, wenn er nicht angefochten wird (BGH bei Kusch NStZ-RR 1999, 33).

2 **B. Umfang der Prüfungsbefugnis.** Das Tatgericht hat nach Abs. 1 – abw. von § 319 Abs. 1 – auch die formelle Ordnungsmäßigkeit der Begründung des Rechtsmittels nach § 345 Abs. 2 zu prüfen. – Nach Abs. 1 verfährt das Tatgericht nicht nur bei verspäteter, sondern auch unterlassener Revisionsbegründung (KK/*Gericke* § 346 Rn. 7; HK-GS/*Rackow* § 346 Rn. 2; RGSt 44, 263; RG Recht 1912 Nr. 1571; BayObLGSt 20, 333; OLG Dresden GA 40, 62; LZ 1914, 1727).

3 Die Prüfung, ob die Revision formgerecht begründet ist, umfasst **nicht** die – dem Revisionsgericht vorbehaltene – Untersuchung, d.h. jede über Abs. 1 hinausgehende Untersuchung ist dem Tatgericht untersagt (BGH NJW 2007, 165), so bspw. ob

- der Verteidiger für den Inhalt der Revisionsbegründungsschrift die volle Verantwortung übernommen hat (BayObLG MDR 1976, 248; dazu § 345 Rdn. 33 ff.),
- der Inhalt der Revisionsbegründung den Anforderungen des § 344 genügt (RGR 9, 420; BayObLGSt 1951, 337; NJW 1954, 1417; MDR 1976, 248),
- die Protokollierung nach § 345 Abs. 2 ordnungsgemäß ist (§ 345 Rdn. 23–25) oder
- unter Ausschließung des Verteidigers nach § 137 Abs. 1 Satz 2 oder § 146 die Revision verworfen werden muss (Meyer-Goßner/*Schmitt* § 346 Rn. 2; vgl. auch OLG Stuttgart Justiz 1984, 429; KG VRS 107, 126 f. zu § 138; OLG Schleswig SchlHA 1980, 177 sowie BGH NStZ-RR 2005, 352).

4 Weil die Prüfungskompetenz des **iudex a quo** auf reine Äußerlichkeiten der Fristen und der Form der Rechtfertigung beschränkt ist (§ 319 Rdn. 3; vgl. auch BGHSt 2, 70; BayObLGSt 1951, 338; NJW 1962, 207; MDR 1976, 248; vgl. BGH, Beschl. vom 20.09.2007, 4 StR 297/07; NStZ-RR 2005, 211), **gilt nicht § 346 Abs. 1** (entspr. auch nicht § 319 Abs. 1), **sondern § 349 Abs. 1** (entspr. § 322 Abs. 1) bei Fehlen sonst. Rechtszugsvoraussetzungen (Vor § 296 Rdn. 9 ff.) wie z.B. (vgl. erg. Rdn. 3)

- **Unstatthaftigkeit** der Revision nach § 441 Abs. 3 Satz 2 StPO, § 55 Abs. 2 JGG, (LR/*Franke* § 346 Rn. 14 m.w.N.), sofern nicht zugl. ein Verwerfungsgrund i.S.v. Abs. 1 vorliegt (BayObLG VRS 44, 50; OLG Karlsruhe Justiz 1973, 400 zu § 79 Abs. 1, 2 OWiG),
- **Beschwer** des Beschwerdeführers (Meyer-Goßner/*Schmitt* § 346 Rn. 2; OLG Stuttgart Justiz 1984, 429: Verstoß gegen § 137 Abs. 1 Satz 2; vgl. auch Vor § 296 Rdn. 14 ff.) bei (1) bei Zweifeln, ob eine Erklärung des Angeklagten als **RM-Einlegung** aufzufassen (§ 300 Rdn. 2, 6; OLG Hamburg MDR 1965, 1147), die Schriftform (§ 345 Rdn. 25) beachtet (RGR 1, 266), der Verteidiger bevollmächtigt (BGH NStZ-RR 2002, 12; BayObLGSt 18, 113) oder ein Dritter zur RM-Einlegung ermächtigt ist (BGH MDR 1959, 507), (2) Zulässigkeit der **Nebenklage**, wenn z.B. der Anschluss durch RM-Einlegung erfolgt ist oder die Zulassung beantragt wird, nachdem ein anderer Prozessbeteiligter RM eingelegt hat oder (3) Wirksamkeit eines **RM-Verzichts** (BGH NStZ 1984, 181; 1984, 329; vgl. § 302; vgl. RGR 8, 469; RG Recht 1919 Nr. 527) BGH, Beschl. vom 02.05.2007, 1 StR 180/07 (wirksamer Rechtsmittelverzicht: Entscheidungskompetenz allein des Revisionsgerichts) bzw. einer **RM-Zurücknahme** (§ 302; OLG Düsseldorf VRS 85, 126; vgl. RG HRR 1941 Nr. 678; zum Ganzen auch BGH NStZ 2000, 217; NStZ-RR 2001, 265; 2004, 50; 2005, 150).

5 **C. Verwerfungsbeschluss.** Er darf erst nach Fristablauf getroffen werden, auch wenn ein vorher eingegangener Schriftsatz die Formen des § 345 Abs. 2 nicht einhält (OLG Frankfurt NStZ-RR 2003, 204 [205]). Ein gegen die Fristversäumung gestellter Wiedereinsetzungsantrag sperrt den Verwerfungsbeschluss (unzutreffend OLG Frankfurt NStZ-RR 2003, 47 [48]).

6 **D. Entscheidung des Revisionsgerichts (Abs. 2).** Abs. 2 normiert einen Rechtsbehelf eigener Art (BeckOK-StPO/*Wiedner* § 346 Rn. 23; str.). Der Antrag ist schriftlich bei dem Ausgangsgericht zu stellen, das die Entscheidung nach Abs. 1 erlassen hat. Die Akten sind an das Revisionsgericht weiterzuleiten. Eine Abhilfebefugnis besteht in keinem Fall. Ist der nach Abs. 1 ergangene Beschluss zutreffend, verwirft das Revisionsgericht

den Antrag. Anderenfalls hebt es die Entscheidung durch Beschluss auf und entscheidet gem. § 349 Abs. 1 bei anderweitiger Unzulässigkeit der Revision oder führt das Revisionsverfahren fort (§ 347).

Der Antrag auf Entscheidung des Revisionsgerichts nach Abs. 2 kann mit einem Antrag auf Wiedereinsetzung wegen der Versäumung der Revisionseinlegungs- oder Begründungsfrist verbunden werden. Das kommt vornehmlich in Betracht, wenn erst durch den Verwerfungsbeschluss nach Abs. 1 die Tatsachen bekannt werden, die die Unzulässigkeit seines Rechtsmittels begründen (KK-StPO/*Gericke* § 346 Rn. 29). Der Antrag auf Entscheidung des Revisionsgerichts kann dabei im als Wiedereinsetzungsantrag ausgelegt werden (BGH, Beschl. vom 05.12.2001 – 2 StR 491/01,). Darüber hinaus kommt die Wiedereinsetzung in die Frist des Abs. 2 in Betracht. Ist der Angeklagte entgegen Abs. 2 Satz 2, § 35a nicht oder fehlerhaft über das Rechtsmittel belehrt worden, ist zudem eine Widereinsetzung in den vorigen Stand von Amts wegen nach § 44 Sätze 1, 2, § 45 Abs. 2 Satz 3 in Betracht zu ziehen (OLG Koblenz Beschl. v. 01.04.2011, 2 Ss 154/10; BeckOK-StPO/*Wiedner* § 346 Rn. 39). Gleiches gilt, soweit ein nicht hinreichend verteidigter Angeklagter, der aufgrund einer Intelligenzminderung schuldunfähig ist, die Frist versäumt (BGH, Beschl. v. 31.08.2017 – 4 StR 294/17, NStZ-RR 2017, 381). 7

§ 347 Zustellung; Gegenerklärung; Vorlage der Akten an das Revisionsgericht

(1) [1]Ist die Revision rechtzeitig eingelegt und sind die Revisionsanträge rechtzeitig und in der vorgeschriebenen Form angebracht, so ist die Revisionsschrift dem Gegner des Beschwerdeführers zuzustellen. [2]Diesem steht frei, binnen einer Woche eine schriftliche Gegenerklärung einzureichen. [3]Wird das Urteil wegen eines Verfahrensmangels angefochten, so gibt der Staatsanwalt in dieser Frist eine Gegenerklärung ab, wenn anzunehmen ist, dass dadurch die Prüfung der Revisionsbeschwerde erleichtert wird. [4]Der Angeklagte kann die Gegenerklärung auch zu Protokoll der Geschäftsstelle abgeben.

(2) Nach Eingang der Gegenerklärung oder nach Ablauf der Frist sendet die Staatsanwaltschaft die Akten an das Revisionsgericht.

A. Zustellung der Revisionsschrift an den Gegner (Abs. 1 Satz 1). **I.** § 347 sichert einerseits dem Revisionsgegner das rechtliche Gehör auf die vorgebrachte Rüge und dient insb. der Klärung von streitigen Verfahrenstatsachen (Abs. 1 Sätze 2, 3). Seit BGHSt 51, 298 können auch wesentliche Förmlichkeiten nachträglich berichtigt werden (MüKo-StPO/*Knauer/Kudlich* § 347 Rn. 2). Andererseits bestimmt Abs. 2 den Zeitpunkt der Anhängigkeit des Verfahrens beim Revisionsgericht (HK-GS/*Rackow* § 347 Rn. 1). Die Anhängigkeit tritt ein, wenn die Akten dem Revisionsgericht vorliegen (unabh. v.d. Zuständigkeit, vgl. Rdn. 4; Meyer-Goßner/*Schmitt* § 347 Rn. 5 m.w.N.; a.A. OLG Hamm NJW 1971, 1623; näher Rdn. 9, vgl. LR/*Franke* § 347 Rn. 9). 1

II. Nur bei rechtzeitig eingelegter (§ 341) sowie form- und fristgerecht begründeter (§ 345), d.h. nicht nach § 346 Abs. 1 zu verwerfender Revision ist die Revisionsschrift dem **Gegner** zuzustellen. Zur **»Revisionsschrift«**, die mit der Anfechtungserklärung verbunden werden kann (KMR/*Momsen* § 344 Rn. 1), gehören die **Revisionsanträge und deren Begründung** (§ 345; auch zu Protokoll der Geschäftsstelle), **nicht** hingegen eigene Schriftsätze des Angeklagten oder die Stellungnahme der StA beim Revisionsgericht (vgl. § 349 Abs. 3 Satz 1; KK/*Gericke* § 347 Rn. 3). Sind Anträge oder Teile der Revisionsbegründung sowohl in der Einlegungsschrift als auch in einer fristgemäß eingereichten Rechtfertigungsschrift enthalten, werden beide Schriftstücke als Revisionsschriften behandelt (LR/*Franke* § 347 Rn. 2; Meyer-Goßner/*Schmitt* § 347 Rn. 1). 2

III. Die – auch im Fall des § 296 Abs. 2 notwendige – **Zustellung** (§§ 35, 36–37, 41) muss förmlich gegen Nachweis erfolgen (an nicht auf freiem Fuß Befindliche: § 35 Abs. 3; an die StA: § 41). Rechtlich nicht notwendig, im Allg. aber zur Vermeidung weiterer Zustellungen zweckmäßig (LR/*Franke* § 347 Rn. 3) ist es, den Ablauf der Frist des § 345 Abs. 1 abzuwarten. 3

Auszuführen hat das **Gericht** die Zustellung, auch wenn die StA die Revision eingelegt hat (OLG Celle GA 60, 302; OLG Düsseldorf GA 58, 258); denn eine dem § 320 Satz 2 entsprechende Vorschrift fehlt und § 36 ist unanwendbar, weil die Revisionsschrift keine »Entscheidung« ist (Meyer-Goßner/*Schmitt* § 347 Rn. 1; LR/*Franke* § 347 Rn. 4). Eine durch die **StA** oder ohne Anordnung des Vorsitzenden durch die **Geschäftsstelle** des Gerichts bewirkte (und i.Ü. ordnungsgemäße) Zustellung ist gleichwohl nach Abs. 1 Satz 1 wirksam. »Gegner« ist bei Revisionen der StA (auch wenn sie zugunsten des Angeklagten eingelegt wurde; LR/*Franke* § 347 Rn. 1; HK-GS/*Rackow* § 347 Rn. 2), des Neben- und des Privatklägers der Angeklagte. Bei 4

Revisionen des Angeklagten (bzw. seines Erziehungsberechtigten oder gesetzlichen Vertreters) sind es die StA, Neben- und Privatkläger (KK/*Gericke* § 347 Rn. 4; Meyer-Goßner/*Schmitt* § 347 Rn. 1).

5 **B. Gegenerklärung (Abs. 1 Sätze 2, 3, 4). I. Frist, Form und Inhalt:** Die Gegenerklärung stellt eine Konkretisierung des Grundsatzes auf rechtliches Gehör dar. Dementsprechend muss die Möglichkeit einer Gegenerklärung gewährleistet sein, es besteht aber grundsätzlich keine Verpflichtung zu deren Abgabe (LR/*Franke* § 347 Rn. 5; Meyer-Goßner/*Schmitt* § 347 Rn. 2). Die **StA** ist allerdings gem. **Abs. 1 Satz 3** zur Gegenerklärung verpflichtet, soweit anzunehmen ist, dass diese bei einer Verfahrensrüge die Prüfung des Revisionsgerichts erleichtern würde. Diese zuvor bereits innerdienstlich in **Nr. 162 RiStBV** festgeschriebene Pflicht der StA (LR/*Franke* § 347 Rn. 6; hierzu im Einzelnen Nr. 162 RiStBV; vgl. auch *Drescher* NStZ 2003, 296; *Kalf* NStZ 2005, 190) wurde durch Art. 3 des Gesetzes zur effektiveren und praxistauglicheren Ausgestaltung des Strafverfahrens vom 27.08.2017 (BGBl. I, S. 3202) in der StPO verankert. Mit dem neugefassten Abs. 1 Satz 3 soll die Bedeutung der staatsanwaltschaftlichen Gegenerklärung für die effektive Durchführung des Revisionsverfahrens verdeutlicht werden (BT-Drs. 18/11277, S. 38).

Sinn und Zweck der staatsanwaltschaftlichen Gegenerklärung ist nicht die rechtliche Aufbereitung der in der Revisionsbegründung aufgeworfenen Aspekte. Vielmehr geht es insb. darum, die Verfahrenstatsachen und Beweismittel anzuführen, die für das Revisionsverfahren von Bedeutung sein können (*Kalf* NStZ 2005, 190; *Schulte* FS Rebmann, 1989, 465, 470). Hierin – und nicht in Rechtsausführungen – liegt die besondere Bedeutung der Gegenerklärung, die aus dem revisionsgerichtlichen Freibeweisverfahren resultiert (vgl. *Schulte* FS Rebmann, 1989, 465, 469). Erhebt der Angeklagte Verfahrensrügen und trägt entsprechende Tatsachen vor, obliegt es regelmäßig der staatsanwaltschaftlichen Gegenerklärung darzulegen, ob die in der Revisionsbegründung mitgeteilten Tatsachen zutreffen. In der Gegenerklärung nicht erwähnte oder jedenfalls im Ergebnis unwidersprochen vom Angeklagten vorgetragene Verfahrenstatsachen werden der revisionsgerichtlichen Prüfung zugrunde gelegt (vgl. BGH, Beschlüsse vom 22.11.2001 – 1 StR 471/01, StV 2002, 296 und vom 29.02.2000 – 1 StR 33/00, NStZ 2000, 437, 438).

Eine Erleichterung der Prüfung des Revisionsgerichts durch Abgabe der Gegenerklärung ist bspw. nicht gegeben, wenn die Revision offensichtlich unbegründet ist. Keine Ausschlussfrist ist die Wochenfrist des **Abs. 1 Satz 2** (Meyer-Goßner/*Schmitt* § 347 Rn. 2; *Dahs* Rn. 573), sie hat nur die Bedeutung, dass nach ihrem Ablauf über die Revision entschieden werden kann. Replik auf eine Gegenerklärung ist bis Erlass der Entscheidung des Revisionsgerichts zulässig (BGHSt 35, 137; *Dahs* Rn. 573). Für die Gegenerklärung genügt zwar einfache Schriftform, doch kann der Angeklagte (näher zu weiteren Berechtigten: KMR/*Momsen* § 345 Rn. 8, 20) sie auch zu Protokoll der Geschäftsstelle abgeben (**Abs. 1 Satz 4**). Haben Angeklagter und StA Revision eingelegt, darf die jeweilige Gegenerklärung **nicht** dazu benutzt werden, **Verfahrensrügen nachzuschieben** (§ 344 Rdn. 13 ff., 16 a.E.; KMR/*Momsen* § 345 Rn. 1).

6 **II. Bekanntmachung der Gegenerklärung:** Eine Mitteilung der Gegenerklärung an den Beschwerdeführer schreibt die StPO zwar nicht vor (für die StA vgl. jedoch Nr. 162 Abs. 3 RiStBV). Sie ist aber **notwendig** angesichts **Art. 103 Abs. 1 GG** (dann förmliche Zustellung: Nr. 163 Abs. 3 Satz 2 RiStBV), falls sie neue **Tatsachen** oder/und **Beweisergebnisse** (z.B. dienstliche Äußerungen zu Verfahrensrügen) enthält (BVerfG JZ 1958, 433 m.Anm. *Peters*).

7 Im Hinblick auf das prozessuale **Fairnessgebot** dürfte die Mitteilung aber auch dann geboten sein, wenn sie neue entscheidungsrelevante **rechtliche** Gesichtspunkte anführt (vgl. *Dahs* Rn. 575; BVerfG NJW 1978, 151 m. Bspr. *Dahs* NJW 1978, 140; wie hier HK-GS/*Rackow* § 347 Rn. 3; LR/*Franke* § 347 Rn. 7 betont zutr., dass der h.M. mindestens im Fall entscheidungserheblicher Rechtsausführungen schon deswegen nicht zu folgen sei, weil sich die Bedeutung des Grundsatzes vom rechtlichen Gehör auch auf den Schutz vor Überraschungsentscheidungen erstreckt; a.A. die wohl h.M.: Meyer-Goßner/*Schmitt* § 347 Rn. 3; BayVerfGH JZ 1963, 63 m.Anm. *Arndt*; KK/*Gericke* § 347 Rn. 9). Die Bekanntgabe an den **Verteidiger** reicht aus (KK/*Gericke* § 347 Rn. 9).

8 **C. Aktenübersendung an das Revisionsgericht (Abs. 2). I.** Hat der Vors. nach Kenntnisnahme von der Gegenerklärung oder Ablauf der Frist des Abs. 1 Satz 2 die Akten der StA z.w.V. zugeleitet (Nr. 162 Abs. 4 RiStBV), hat die **StA** (auch im Privatklageverfahren § 390 Abs. 3 Satz 1) die Akten dem **Revisionsgericht zu übersenden** (dazu im Einzelnen **Nr. 163–166 RiStBV; zur Überprüfung** der Revision durch den Generalstaatsanwalt und **Rücknahme** der Revision vgl. **Nr. 168 RiStBV**).

9 **II.** Der **Übergang der Anhängigkeit** des Verfahrens vom **Tatgericht** auf das Revisionsgericht richtet sich nach dem Zeitpunkt des Eingangs der Akten beim Revisionsgericht aufgrund einer **Vorlage** nach Abs. 2 **zwecks Entscheidung über die Revision** (nicht nur z.B. über einen Wiedereinsetzungsantrag nach § 46 Abs. 1; vgl. RGSt 67, 146; BGHSt 12, 218; BayObLG NJW 1954, 1417; MDR 1975, 71; JR 1977, 425 m.Anm. *Kunert*; OLG Stuttgart NJW 1958, 1935; OLG Karlsruhe NJW 1975, 1459). Dies gilt auch, wenn das

Revisionsgericht zur Entscheidung über das Rechtsmittel (etwa weil es in Wirklichkeit eine Berufung war) nicht zuständig ist (Meyer-Goßner/*Schmitt* § 347 Rn. 5; *Geppert* GA 1972, 166; a.A. OLG Hamm NJW 1971, 1623 m. abl. Anm. *Jauernig* NJW 1971, 1819). – Hatte mangels wirksamer Zustellung die **Revisionsbegründungsfrist** noch **nicht begonnen** (KMR/*Momsen* § 345 Rn. 4, 7), gibt das Revisionsgericht die Akten dem Tatgericht zur Nachholung der Zustellung und erneuten Vorlage nach Abs. 2 zurück (OLG Düsseldorf MDR 1994, 87; BayObLG NJW 1976, 157; zum Ganzen auch KK/*Gericke* § 347 Rn. 10).

Zuständigkeiten des Tatgerichts und des Revisionsgerichts nach Übergang der Anhängigkeit: Adressat von 10
Rechtsmittel-Erklärungen (d.h. mit Einlegung der Revision) ist stets das Revisionsgericht (RG DJ 1944, 221; BayObLG MDR 1975, 424; OLG Hamm GA 1972, 86; speziell zur Rücknahme bzw. Beschränkung der Revision vgl. HK-GS/*Momsen* § 302 Rn. 4 ff.). Unwirksam ist die Erklärung, wenn sie erst nach Entscheidung des Revisionsgerichts dort eingeht (RGSt 77, 370; OLG Köln JR 1976, 514 m.Anm. *Meyer*); für gegenstandslos ist die Revisionsentscheidung zu erklären, falls vor ihrem Erlass eine beim zuständigen Gericht eingelaufene Rechtsmittel-Rücknahme übersehen worden ist (RGSt 55, 214).

Das **Tatgericht entscheidet ungeachtet** eines Übergangs der **Anhängigkeit** über U-Haft (§ 126 Abs. 2 Satz 2; 11
Ausnahme: § 126 Abs. 3) und vorläufige Unterbringung (§ 126a Abs. 2), Beschlagnahme (RG 54, 165), vorläufiges Berufsverbot (§ 132a) und vorläufige Entziehung der Fahrerlaubnis (§ 111a; BGH NJW 1978, 386; bei *Hürxthal* DRiZ 1978, 86; OLG Hamm JZ 1961, 233; OLG Stuttgart Justiz 1969, 256; OLG Celle MDR 1976, 949; Ausnahme: Das Revisionsgericht ist zuständig, wenn es die im angefochtenen Urteil angeordnete Entziehung endgültig aufhebt, vgl. OLG Saarbrücken MDR 1972, 533; OLG Frankfurt bei *Kaiser* NJW 1973, 494) sowie über in die Kompetenz des Tatgerichts fallende Wiedereinsetzungsanträge (vgl. LR/*Franke* § 347 Rn. 11). Ebenso entscheidet das **Revisionsgericht** über die Anschlussbefugnis des Nebenklägers (RGSt 6, 139; 48, 235; 76, 180; BayObLGSt 1955, 19; 1970, 172) und die Prozesskostenhilfe für Privat- oder Nebenkläger (vgl. dazu diff. BGHSt 38, 307) sowie die Entscheidung über den Anschluss als Nebenkläger zwecks Revisionsbegründung (BayObLG JR 1975, 425 m.Anm. *Kunert* unter Aufgabe von NJW 1954, 1417; KG JW 1925, 2378 m.Anm. *Jonas*; GA 69, 448; OLG Hamburg MDR 1968, 781; HK-GS/*Rackow* § 347 Rn. 5; zum Ganzen LR/*Franke* § 347 Rn. 11; KK/*Gericke* § 347 Rn. 12; Meyer-Goßner/*Schmitt* § 347 Rn. 7).

I.Ü. entscheidet jeweils das **Gericht**, bei dem das Verfahren **anhängig** ist. Mit dem Anhängigwerden wird 12
das Revisionsgericht daher zuständig für Entscheidungen bzgl. der **Zulassung eines Verteidigers** nach § 138 Abs. 2; und zwar ungeachtet vorheriger versagender Entscheidungen der Tatsachen- oder Beschwerdeinstanz (Meyer-Goßner/*Schmitt* § 347 Rn. 8; BayObLG MDR 1978, 862). Ebenso entsteht die Zuständigkeit für eine **Zurückweisungsentscheidung** nach § 146a (OLG Stuttgart NStZ 1985, 39 L) sowie für Einstellungsentscheidungen wg. des Vorliegens von **Verfahrenshindernissen**, § 206a (BGHSt 22, 218; ausf. Meyer-Goßner/*Schmitt* § 347 Rn. 8; s. bereits RGSt 67, 145; BayObLG JW 1935, 1191; NJW 1953, 1403; OLG Köln NJW 1954, 1696; 1955, 396). Gleiches gilt für Entscheidungen über **Bestellung eines Pflichtverteidigers** nach § 141 (LR/*Franke* § 347 Rn. 12; RG HRR 1925 Nr. 1403), sowie über Kosten des Verfahrens und notwendige Auslagen Beteiligter (auch wenn in Wirklichkeit eine Berufung vorliegt, vgl. BayObLG MDR 1975, 424; vgl. auch BGHSt 12, 217; LR/*Franke* § 347 Rn. 12; KK/*Gericke* § 347 Rn. 11) nach § 473 Abs. 1 (BGHSt 12, 218; GA 1958, 151; OLG Bremen NJW 1956, 74; OLG Celle JZ 1959, 253 m.Anm. *Schaefer*).

§ 348 Unzuständigkeit des Gerichts

(1) Findet das Gericht, an das die Akten gesandt sind, dass die Verhandlung und Entscheidung über das Rechtsmittel zur Zuständigkeit eines anderen Gerichts gehört, so hat es durch Beschluss seine Unzuständigkeit auszusprechen.

(2) Dieser Beschluss, in dem das zuständige Revisionsgericht zu bezeichnen ist, unterliegt keiner Anfechtung und ist für das in ihm bezeichnete Gericht bindend.

(3) Die Abgabe der Akten erfolgt durch die Staatsanwaltschaft.

Übersicht

A. Zweck und Geltungsbereich. Die Vorschrift dient der Vermeidung von negativen Kompetenzkonflikten 1
zwischen den Revisionsgerichten im Bereich der **sachlichen** Zuständigkeit (HK-GS/*Rackow* § 348 Rn. 1; Meyer-Goßner/*Schmitt* § 348 Rn. 1). Darüber hinaus gilt die Norm ihrem Wortlaut und ihrer *ratio legis* nach für die **örtliche** (BGH, Beschl. v. 29.09.1989 – 2 ARs 479/89) und **funktionelle** Zuständigkeit (MüKo-StPO/*Knauer/Kudlich* § 348 Rn. 4). Das gem. § 347 Abs. 2 angegangene Revisionsgericht entscheidet, da § 269

nicht entsprechend anwendbar ist (KK-StPO/*Gericke* § 348 Rn. 1; LR/*Franke* § 348 Rn. 1); und zwar mit **bindender Wirkung** für das Revisionsgericht, an das die Sache verwiesen wird, selbst wenn die Verweisung unrichtig war (RGR 6, 298; RGSt 35, 157; 67, 59; *Geppert* GA 1972, 168; HK-GS/*Rackow* § 348 Rn. 1: Eigentliche Bedeutung der Norm ist, dass der Beschluss des Gerichts, an welches die Akten gesandt sind, bindend und unanfechtbar ist). Überschreitet die StrK als Berufungsgericht die Strafgewalt des AG, kann ihr Urteil ausnahmsweise als erstinstanzliche Entscheidung umzudeuten sein (§ 6 Rdn. 6 ff., § 328 Rdn. 18 ff.) mit der Folge, dass der BGH Revisionsgericht ist (RGSt 75, 304) und das OLG (BayObLG) dorthin zu verweisen hat (BGHSt 31, 63: Berufungsurteil als erstinstanzliche Entscheidung). Die Rspr. wendet § 348 auch im Fall des unstatthaften Rechtsmittels entsprechend an, bspw. beim unbestimmt eingelegten Rechtsmittel, welches das Ausgangsgericht fälschlicherweise als Revision erachtet (vgl. § 335 Rdn. 6; MüKo-StPO/*Knauer/Kudlich* § 348 Rn. 10).

2 **B. Verfahren.** Das Revisionsgericht entscheidet durch **Verweisungsbeschluss**. Eine **Anhörung** anderer Verfahrensbeteiligter ist nach wohl h.M. nicht notwendig (str.: KK/*Gericke* § 348 Rn. 2; Meyer-Goßner/*Schmitt* § 348 Rn. 2). Richtigerweise ist die Anhörung jedoch nicht nur empfehlenswert sondern auch verfassungsrechtlich naheliegend (LR/*Franke* § 348 Rn. 2 mit Verweis auf BVerfGE 61, 37 = NJW 1982, 2367; *Pfeiffer/Fischer* § 348 Rn. 4; für die StA gilt § 33 Abs. 2). Der Verweisungsbeschluss ergeht ohne mündliche Verhandlung, u.U. auch noch in der Hauptverhandlung (*Eb. Schmidt* II 7; KK/*Gericke* § 348 Rn. 2), die Akten werden durch die StA übersandt (Meyer-Goßner/*Schmitt* § 348 Rn. 2).

3 **C. Wirkung.** Die bindende Wirkung bezieht sich allein auf die **Zuständigkeit** und erschöpft sich im **Verbot der Zurückverweisung**. Dagegen ist das Revisionsgericht, an das die Sache verwiesen worden ist, an den »Tenor« oder die dem Verweisungsbeschluss zugrunde liegende Rechtsauffassung nicht gebunden (RGSt 35, 157), auch in Bezug auf § 355 (Meyer-Goßner/*Schmitt* § 348 Rn. 3). Eine **Zurücknahme** eines als fehlerhaft erkannten Verweisungsbeschlusses ist unzulässig, eine Ausnahme soll nur bei Willkür gelten (BGH, Beschl. v. 17.06.1999 – 4 StR 227/99: Bindungswirkung auch der – grob fehlerhaften – Zuständigkeitsverweisung). Dies erscheint im Hinblick auf Art. 101 Abs. 1 Satz 2 GG richtig (LR/*Franke* § 348 Rn. 3; KK/*Gericke* § 348 Rn. 3).

4 **D. Unterbliebene Verweisung.** Die Entscheidung des Revisionsgerichts (z.B. eines OLG) über die Zulässigkeit oder Begründetheit der Revision kann **nicht** mit der Begründung **angefochten** (z.B. zum BGH) werden, eine Verweisung nach § 348 sei zu Unrecht unterblieben (RGSt 22, 113; 32, 93; vgl. aber Meyer-Goßner/*Schmitt* § 348 Rn. 6; für entspr. Anwendung, wenn das Revisionsgericht das Rechtsmittel irrtümlich nicht als Revision bzw. als Rechtsbeschwerde ansieht, LR/*Franke* § 348 Rn. 5).

§ 349 Verwerfung ohne Hauptverhandlung

(1) Erachtet das Revisionsgericht die Vorschriften über die Einlegung der Revision oder die über die Anbringung der Revisionsanträge nicht für beobachtet, so kann es das Rechtsmittel durch Beschluss als unzulässig verwerfen.

(2) Das Revisionsgericht kann auf einen Antrag der Staatsanwaltschaft, der zu begründen ist, auch dann durch Beschluss entscheiden, wenn es die Revision einstimmig für offensichtlich unbegründet erachtet.

(3) [1]Die Staatsanwaltschaft teilt den Antrag nach Absatz 2 mit den Gründen dem Beschwerdeführer mit. [2]Der Beschwerdeführer kann binnen zwei Wochen eine schriftliche Gegenerklärung beim Revisionsgericht einreichen.

(4) Erachtet das Revisionsgericht die zugunsten des Angeklagten eingelegte Revision einstimmig für begründet, so kann es das angefochtene Urteil durch Beschluss aufheben.

(5) Wendet das Revisionsgericht Absatz 1, 2 oder 4 nicht an, so entscheidet es über das Rechtsmittel durch Urteil.

Übersicht

A. Grundzüge. Die heutige Praxis der Revisionsentscheidungen hat nicht nur mit der Vorstellung des Gesetzgebers, sondern auch mit der eigenen Praxis des Bundesgerichtshofs bis vor etwa zwanzig Jahren nicht mehr viel zu tun. Revisionshauptverhandlungen sind (abgesehen von Revisionen der Staatsanwaltschaft, über die grundsätzlich verhandelt werden *muss*) die Ausnahme geworden. Selbst in umfangreichsten und schwierigsten Revisionsfällen mit rechtsgrundsätzlicher Bedeutung wird heute weithin – kontra wie pro – im Beschlusswege entschieden. 1

Beispiele aus den jüngeren Bänden der Amtlichen Sammlung: BGHSt 55, 11 (3 StR: Milderes Gesetz und Verjährung, Auslandszeugen bei Auslandstaten, AWG-Ausfuhrliste); BGHSt 55, 138 (5 StR: Verwertungsverbot für verdecktes Verhör eines inhaftierten Beschuldigten); BGHSt 55, 288 (1 StR: Untreue bei rechtswidrigen Zahlungen [Siemens/AUB]); BGHSt 56, 11 (1 StR: Geiselerschießung in Italien im Jahr 1944); BGHSt 56, 203 (1 StR: Verstöße gegen ParteienG als Untreue); BGHSt 56, 196 (4 StR: Amtsanmaßung durch Vortäuschung der Zugehörigkeit zu den Feldjägern). 2

Lobe (JW 1925, 1612), auf den das im Jahr 1922 eingeführte Beschlussverfahren zurückgeht, hielt eine Revision für »offensichtlich unbegründet«, wenn sich »die Unbegründetheit dem Blick eines sachkundigen Beurteilers sofort aufdrängt«. Demgegenüber kann nach heute gültigem Verständnis des Begriffs »offensichtlich« von Abs. 2 Gebrauch gemacht werden, wenn der Revisionssenat (so die Formulierung von BGH StV 2005, 3) »einhellig die Auffassung vertritt, dass die von der Revision aufgeworfenen Rechtsfragen zweifelsfrei zu beantworten sind und dass auch die Durchführung der Hauptverhandlung keine neuen Erkenntnisse erwarten lässt, die Zweifel an dem gefundenen Ergebnis aufkommen lassen könnten«. Das BVerfG hat hiergegen keine grundsätzlichen Bedenken (BVerfG NStZ 2002, 487; umf. Nachw. der Rspr. des BVerfG bei KK/*Kuckein* § 349 Rn. 16). Einwendungen des Schrifttums sind vergeblich geblieben (vgl. die Gesamtdarstellung bei *Rosenau* ZIS [zis-online.com] 2012, 195). Der GBA hat sich bei Angeklagtenrevisionen durch die fast ausnahmslose Stellung von Anträgen nach Abs. 2 (in eindeutig erscheinenden Fällen auch nach Abs. 4) angepasst; Terminsanträge sind insoweit fast ausgestorben. Revisionshauptverhandlungen werden heute nur noch über staatsanwaltschaftliche Revisionen (und – seltener – über Revisionen der Nebenklage) und in Fällen herausragender (rechtlicher) Bedeutung durchgeführt wie etwa BGHSt 55, 191 (2 StR: Sterbehilfe durch Behandlungsabbruch) oder 56, 28 (3 StR: kriminelle Vereinigung bei inländischer Teilorganisation der PKK). Daneben stehen die (nicht häufigen, zahlenmäßig schwer abzuschätzenden) Fälle, in denen im Senat keine Einstimmigkeit (gleich in welche Richtung) erzielt wurde oder in denen der Senat einem Antrag des GBA nach Abs. 4 nicht folgen will. 3

Maßgeblich beruht diese Entwicklung auf den als unabweisbar empfundenen Bedürfnissen der Praxis. Der BGH bewältigt mit sechs Strafsenaten die Revisionen aus 16 Bundesländern. Auch durch das verbreitete Institut der Urteilsabsprache hat sich die Zahl der Revisionen nicht entscheidend verringert. Es kommt hinzu, dass nicht nur Umfang und Komplexität der tatrichterlichen Urteile, sondern – mehr noch – der Revisionsbegründungen im Durchschnitt erheblich zugenommen haben, die in Urteilsverfahren von allen fünf Mitgliedern der betreffenden Sitzgruppe des Senats gelesen werden müssen. Demgegenüber werden beim Beschlussverfahren die Unterlagen des Revisionsverfahrens grundsätzlich nur vom Vorsitzenden und vom Berichterstatter gelesen (kein Anspruch auf das sog. »Zehn-Augen-Prinzip«, vgl. BGH, Beschluss vom 10.10.2018 – 5 StR 183/18 m.w.N.); die übrigen Senatsmitglieder werden über den Sachverhalt, die erhobenen Rügen und die rechtlichen Probleme ausschließlich durch den (mündlichen) Vortrag des Berichterstatters unterrichtet (informativ zur Praxis des Beschlussverfahrens *Fischer/Krehl* StV 2012, 550 ff.). In den Händen qualifizierter, erfahrener und verantwortungsbewusster Richter braucht diese Art der Entscheidungsfindung nicht zu einer Rspr. minderer Qualität zu führen; die Anfälligkeit für Schwächen im Einzelfall ist aber deutlich größer. 4

5 Der Stil der Senate (und ihre Bereitschaft zu verhandeln) divergiert allerdings erheblich. Das liegt an der Offenheit des Systems und der richterlichen Unabhängigkeit. Angesichts der in den letzten Jahrzehnten zu beobachtenden Pendelbewegungen bleibt nur darauf zu vertrauen, dass die Ausschläge nicht allzu groß werden.

6 Grundlegende Änderungen des jetzigen Entscheidungssystems – die wohl mit einer Vergrößerung der Zahl der Strafsenate verbunden sein müssten – könnte nur ein Eingreifen des Gesetzgebers bewirken. Das ist nicht zu erwarten. Sinnvoll erscheint es, Abs. 2 durch eine geringe Änderung der Realität anzupassen und – wie *Dahs* NStZ 2001, 298 [299] vorschlägt – »in ein schriftliches Verfahren ohne diskriminierende Elemente um[zu]gestalten«, etwa dahin, dass das Revisionsgericht durch Beschluss entscheiden kann, »wenn es einstimmig die Revision für unbegründet erachtet und die Hauptverhandlung keine weiteren Erkenntnisse rechtlicher oder tatsächlicher Art erwarten lässt«. Dem trägt die heutige Praxis durch die (das Wort »offensichtlich«) vermeidende Fassung der Verwerfungsbeschlüsse in beschränktem Umfang Rechnung (zur Praxis und Kritik näher Rdn. 22 – 28).

7 § 349 ermöglicht zusammengefasst aus Gründen der **Prozessökonomie**, Verfahrensvereinfachung und Entlastung der Revisionsgerichte (vgl. *Dahs* Rn. 577; LR/*Franke* § 349 Rn. 5) unter bestimmten Voraussetzungen (Rdn. 12–18, 26–28) **beschlussförmige** Entscheidungen über Revisionen (zu Abs. 4 krit. *Seibert* NJW 1966, 1065; *Eb. Schmidt* Nachtr. I 20), wenn eine – auch in diesen Fällen stets mögl. **(Abs. 5) – Hauptverhandlung** (sie ist die proz. Regel, aber prakt. Ausnahme) mit ihren Sicherheitsgarantien **entbehrlich erscheint** (*Wimmer* NJW 1950, 201) und keine weitere Klärung verspricht. Insb. die Häufigkeit der Entscheidung nach Abs. 2 hat jedoch teilw. berechtigte Kritik an der Regelung herausgefordert (*Dahs* NStZ 2001, 298; *Fezer* StV 2007, 40; *Hamm* StV 1981, 315; *Krehl* GA 1987, 162; *Kruse;* Die »offensichtlich« unbegründete Revision in Strafsachen, 1980; *Meyer* StV 1984, 222; *v. Stackelberg* FS Dünnebier [1982], S. 365; vgl. auch LR/*Franke* § 349 Rn. 5 f. sowie die ausf. Darstellung bei *Hamm* Rn. 1368 ff.). De facto ist die ursprüngliche gesetzgeberische Intention von Abs. 5 als Regel – und Abs. 2 als Ausnahmefall (HK-GS/*Rackow* § 349 Rn. 1) in der Entscheidungspraxis nachhaltig auf den Kopf gestellt, mehr als 3/4 aller Revisionen dürften gegenwärtig allein nach Abs. 2 verworfen werden (vgl. *Barton* Die Revisionsrechtsprechung des BGH in Strafsachen, 1999, S. 65). Die nachfolgende Erläuterung der Vorschrift beschränkt sich auf die Schilderung des Ist-Zustandes.

8 **B. Verwerfung unzulässiger Revisionen (Abs. 1). I. Verwerfungsbeschluss.** Der Verwerfungsbeschluss nach Abs. 1 ergeht (für das Berufungsverfahren vgl. die entspr. Vorschrift des § 322 Abs. 1 Satz 1), wenn die Vorinstanz eine unzulässige Revision nach § 346 nicht verwerfen durfte (§ 346 Rdn. 5) oder zu Unrecht nicht verworfen hat (keine Zurückverweisung zur Nachholung der Entscheidung nach § 346 Abs. 1, vgl. RGSt 59, 241; BayObLG MDR 1975, 71). Insoweit ist Abs. 1 als Ergänzung zu § 346 zu sehen.

9 Während das Tatgericht nach § 346 Abs. 1 nur über die Unzulässigkeit wegen Versäumung der Fristen zur Einlegung und Begründung der Revision und wegen Nichteinhaltung der Formvorschriften des § 345 Abs. 2 und des § 390 Abs. 2 zu befinden hat, obliegt dem Revisionsgericht eine umfassende Zulässigkeitsprüfung, die sämtliche Fälle der Unzulässigkeit erfasst. Allerdings müssen die Unzulässigkeitsgründe das Rechtsmittel insgesamt betreffen; die Unzulässigkeit von Verfahrensrügen nach § 344 Abs. 2 Satz 2 ist im Rahmen des § 349 Abs. 1 ist ohne Bedeutung, sofern sie sich nur auf einzelne Rügen bezieht oder daneben die (stets zulässige) Sachrüge erhoben ist.

10 **II. Vorschriften über die Einlegung Revision und Anbringung der Revisionsanträge.** Ist die Revision offensichtlich nur **zum Schein** eingelegt oder aus einem anderen Grund **prozessual unbeachtlich** (vgl. zu zulässigen Rechtsmitteln HK-GS/*Momsen* § 296 Rn 1 ff. m.w.N, ausf. KMR/*Plöd* Vor § 296 Rn. 12), stellt das Revisionsgericht die Unwirksamkeit fest (§ 346 Rdn. 3). Ist das angefochtene **Urteil** selbst **unbeachtlich** (näher KMR/*Plöd* Vor § 296 Rn. 11), hat das Revisionsgericht dies (nach Abs. 1 oder 5) festzustellen und eine Entscheidung abzulehnen, weil die Revision gegenstandslos ist (RGSt 71, 378).

11 Gleiches gilt für zur Unzulässigkeit führende Begründungsmängel (vgl. BGH NStZ-RR 2007, 52: Unzulässigkeit der Rüge, da der angegriffene Beschluss nach § 251 Abs. 4 weder im Wortlaut noch in seinem wesentlichen Inhalt mitgeteilt wurde). Vgl. auch die **Einzelfälle** § 344 Rdn. 10, 12, 13, 16, 22, 24, 25. Hierher gehören auch **»verwirkte«** Revisionsrügen (dazu § 344 Rdn. 48 ff.).

12 **III. Verfahren.** Das Revisionsgericht muss dem Beschwerdeführer Gelegenheit zur Äußerung geben, wenn es über die Zulässigkeit der Revision noch (Frei-) Beweise erhoben hat (BVerfGE 9, 261 = BVerfG NJW 1959, 1315; BVerfGE 10, 274 = BVerfG NJW 1960, 247; DAR 1976, 239; – **Rechtskraft** des Verwerfungsbeschlusses: Rdn. 36). Der Verwerfungsbeschluss muss außerhalb der Hauptverhandlung erlassen werden, da in der Hauptverhandlung durch Urteil zu entscheiden ist (BayObLG NJW 1962, 118; Meyer-Goßner/*Schmitt* § 349 Rn. 3); einfache Mehrheit gem. § 196 Abs. 1 GVG ist ausreichend.

C. Beschlussverwerfung nach Abs. 2. I. Anwendungsbereich. 1. Die – nach der ratio legis primär qualitativ, nicht quantitativ – zurückhaltend anzuwendende Vorschrift des **Absatzes 2 gilt auch** für die Revision (a) des **Privat-** (§ 385 Abs. 5; vgl. OLG Stuttgart NJW 1967, 792 m. zust. Anm. *Roxin*; OLG Frankfurt OLGSt S. 7) und **Nebenklägers** (OLG Köln NJW 1968, 561 f.) sowie (b) der **StA** (BGH StV 2005, 596; NStZ-RR 2005, 351: auch für die zugunsten eines Angeklagten eingelegte Revision; BGHR § 349 Abs. 2 Verwerfung 1; GA 1975, 333; *Roxin* § 54 G II 1 und NJW 1967, 792; LR/*Franke* § 349 Rn. 14; *Dahs* Rn. 583 m.w.N.; a.A.: OLG Köln NJW 1968, 561 f.; *Eb. Schmidt* Nachtr. I 4; *Amelunxen* S. 76 f.), wenn bspw. die StA beim Revisionsgericht das Rechtsmittel nicht vertritt und die Revision nicht zurückgenommen wird oder (wegen Nichtzustimmung des Angeklagten nach § 302 Abs. 1 Satz 2) werden kann (OLG Koblenz NJW 1966, 362). 13

Im Einzelfall – bspw. wegen besonderen Interesses an der Veröffentlichung der Gründe – kann auch eine offensichtlich unbegründete Revision nach Abs. 5 entschieden werden, ohne dass ein Anspruch auf eine mündliche Verhandlung bestehen würde (BVerfG NStZ 2002, 487; BGHSt 38, 177; *Hamm* Rn. 1386: auch bei besonderem Interesse der Öffentlichkeit am Verfahren, a.A. [insoweit] Meyer-Goßner/*Schmitt* § 349 Rn. 7). 14

2. Teilentscheidungen 15

a) **Unanwendbar** ist Abs. 2 (d.h. Urt. nach Abs. 5 notwendig), wenn die unbeschränkt eingelegte Revision **eines Beschwerdeführers nur teilweise** – z.B. nur wegen des Schuld-, nicht auch des Strafausspruchs – **offensichtlich unbegründet** ist (*Eb. Schmidt* Nachtr. I 11; KK/*Gericke* § 349 Rn. 33, 38; Meyer-Goßner/*Schmitt* § 349 Rn. 21; *Dahs* Rn. 582; str.: vgl. OLG Hamburg JR 1967, 31 m. abl. Anm. *Sarstedt*; BGH, Beschl. vom 30.10.1973, 3 StR 321/72). Ggf. kann durch sog. »kombinierten« Beschluss nach 2 und 4 entschieden werden (BGH wistra 1997, 312 [BGH 25.03.1997 – 1 StR 579/96]); in Ausnahmefällen kombiniert die Rspr. eine Verwerfung abtrennbarer Teile mit einer Hauptverhandlung über die Revision i.Ü. (BGH NStZ 2004, 638; KK/*Gericke* § 349 Rn. 33; näher unten Rdn. 52).

b) Haben **mehrere Beschwerdeführer** Revision eingelegt, kann zwar der Beschluss nach **Abs. 2** mit einer Entscheidung nach **Abs. 4 verbunden** werden (BGH wistra 1997, 312; OLG Hamburg JR 1967, 31; NJW 1965, 2417; *Seibert* NJW 1966, 1964), doch ist in der Regel eine Hauptverhandlung nach Abs. 5 vorzuziehen (*Dahs* Rn. 582; Rdn. 7). 16

II. Voraussetzungen der Entscheidung nach Abs. 2: 1. Offensichtlich unbegründet ist eine Revision nur dann, wenn jedem Sachkundigen, also dem Revisionsrichter ohne längere Nachprüfung, jedoch nicht notwendig aus präsentem Wissen (*Wimmer* NJW 1950, 203; *Jagusch* NJW 1960, 76; a.M.: *v. Stackelberg* NJW 1960, 505), erkennbar ist, dass die Revisionsrügen keinen Erfolg haben können (BVerfG NStZ 2002, 487; BGH NStZ- RR 2007, 119: Erhebung von Verfahrensrügen ohne jede Erfolgsaussicht; so i.E. auch *Lobe* JW 1925, 1615; *Seibert* DRZ 1948, 371; *Wimmer* NJW 1950, 203; *Peters* JZ 1958, 436; *Eb. Schmidt* Nachtr. I 9; LR/*Franke* § 349 Rn. 8 ff.; Meyer-Goßner/*Schmitt* § 349 Rn. 10 f.; *Dahs* Rn. 581). Weil stets Einzelfallwertung, ist keine begriffl. Definition, sondern allenfalls jener Versuch einer Umschreibung des damit Gemeinten möglich. Es müssen die Rechtsfragen einfach und der Entscheidungsstoff leicht überblickbar sein (BVerfG NStZ 2002, 487; *Wimmer* NJW 1950, 201); daran fehlt es auch dann, wenn zur Feststellung von Prozesshindernissen oder Verfahrensmängeln noch Ermittlungen des RevG notwendig sind (*Peters* JZ 1958, 436; *Geppert* GA 1972, 177). 17

Keine Kriterien sind für sich allein Ausführlichkeit der Revisionsbegründung oder die Anzahl der erhobenen Verfahrensrügen (BGH NStZ-RR/K 2000, 295), die Dauer des Revisionsverfahrens (Meyer-Goßner/*Schmitt* § 349 Rn. 10 f.; a.A. OLG Hamm StV 2001, 221 m. zust. Anm. *Neuhaus;* vgl. auch *Gieg/Widmaier* NStZ 2001, 57 ff.), die Sachbedeutung oder Strafhöhe (Meyer-Goßner/*Schmitt* § 349 Rn. 10; a.M.: *Wimmer* NJW 1950, 203). Problematisch wäre es, wenn aus der Stellungnahme und d. Antrag der GenStA/GBA auf eine offensichtliche Unbegründetheit geschlossen werden sollte (dazu LR/*Franke* § 349 Rn. 14); Gleiches muss auch hinsichtlich einer »ständigen Rspr.« gelten (vgl. das instruktive Bsp. der Aufhebung des Fortsetzungszusammenhangs bei Antrag der GenStA/GBA nach Abs. 2 durch BGHSt 40, 138 ff.; *Hamm/Pauly* Rn. 1721). Nicht unbedenklich ist auch die Formulierung, es könne nach Abs. 2 entschieden werden, wenn in der HV keine neuen Erkenntnisse tatsächlicher oder rechtlicher Art zu erwarten seien (BGH NJW 2001, 85; SK-StPO/*Frisch* § 349 Rn. 20 ff.); dies kann auch nicht ohne Weiteres durch den Hinweis auf die Natur der Revision als ein schriftliches Verfahren (Meyer-Goßner/*Schmitt* § 349 Rn. 11) kompensiert werden, vielmehr spricht dies lediglich dafür, eine Beschlussverwerfung überhaupt zuzulassen (vgl. auch *Fezer*, NStZ 2007, 47; *Rieß* FS Hanack [1999], S. 413; *Ventzke* NStZ 2003, 104). Auch wenn festzustellen ist, dass der Begriff der »Offensichtlichkeit« in der Praxis an keine scharfen Konturen gebunden ist (HK-GS/*Rackow* § 349 Rn. 6; vgl. *Detter* StV 2004, 345; *Friemel* NStZ 2002, 73; SK-StPO/*Frisch* § 349 Rn. 20 ff.), dürfte angesichts der Dynamik der Überzeugungsbildung innerhalb des Richtergremiums (überzeugende Analyse bei *Hamm/Pauly* 18

Rn. 1717; s.a. Rn. 4) bei einem Verzicht auf das Merkmal und der Konzentration allein auf das Erfordernis der Einstimmigkeit (vgl. dazu Meyer-Goßner/*Schmitt* § 349 Rn. 11 m.w.N.) eher zu einer fortschreitenden Entgrenzung beitragen. Die teilw. angeregte Erklärung der Entscheidung durch Beschluss zum Regelfall (dazu *Schlothauer* StV 2004, 340; *Detter* StV 2004, 345) würde allein der gängigen Praxis gerecht werden. Indes hat das Bundesverfassungsgericht in der Praxis der Beschlussverwerfung nicht per se eine Verletzung von Art. 103 Abs. 1 GG oder des Anspruchs auf ein faires Verfahren gesehen (*Hamm/Pauly* Rn. 1723). Aufgrund der benannten Probleme erscheint jedoch – wie bei *Hamm/Pauly* Rn. 1728 ff. vorgeschlagen – eine Kategorienbildung in Fallgestaltungen disskussionswürdig, bei denen Abs. 2 angewendet werden kann (unausgeführte Sachrügen ohne erkennbare Rechtsfehler des Urteils, Verfahrensrügen, die nicht durch das Sitzungsprotokoll belegbar sind, evidente Begründungsmängel) – nicht muss (vgl. auch den Vorschlag v. *Norouzi* StV 2015, 773, 776; zur Notwendigkeit der Kenntnis des gesamten Kollegialgerichts s.u. Rdn. 4).

19 2. Gegenstand der **Einstimmigkeit** muss sowohl die **Unbegründetheit** als auch deren **Offensichtlichkeit** sein (*Jagusch* NJW 1960, 75; *Dahs* Rn. 584).

20 Das Erfordernis, dass **nur auf Antrag der StA** beim Revisionsgericht die Revision als unbegründet zurückgewiesen werden darf, trägt dem Umstand Rechnung, dass es in aller Regel an der Offensichtlichkeit fehlen wird, wenn Revisionsgericht und StA in dieser Hinsicht verschiedener Meinung sind (die Praxis, dass u.U. der Antrag auch erst nach entsprechender Anregung durch das Revisionsgericht erfolgen kann, vgl. *Kleinknecht* JZ 1965, 160 Fn. 1; ist daher krit. zu sehen, da, wenn aus Sicht der mit dem Revisionsrecht vertrauten Sachbearbeiter d. GenStA/GBA kein Antrag zu stellen ist, schwerlich von »Offensichtlichkeit« gesprochen werden kann; vgl. LR/*Franke* § 349 Rn. 13; *Hamm* Rn. 1374; vgl. auch BVerfG StV 2001, 151 m. zust. Anm. *Neuhaus; Gieg/Widmaier* NStZ 2001, 57; Meyer-Goßner/*Schmitt* § 349 Rn. 12; unzutr. OLG Zweibrücken NJW 2001, 2110; *Friemel* NStZ 2002, 72, da verkannt wird, dass die ratio einer »einstimmig so gesehenen Offensichtlichkeit« nach einer unabhängigen Entschlussbildung der StA verlangt).

21 Die **Frist des Abs. 3 Satz 2** (Verlängerung unzulässig BGH NStZ-RR 2008, 151; wistra 2007, 158, 231) ist keine Ausschlussfrist (BGH MDR [D] 1966, 728). Das Revisionsgericht muss bis zum Ablauf der Frist mit dem Zurückweisungsbeschluss **zuwarten**, sofern die Gegenerklärung nicht vorher eingeht oder eine Ergänzung angekündigt ist. Auch wenn der Beschwerdeführer eine Ergänzung in Aussicht stellt, darf das Revisionsgericht in jedem Fall nach Fristablauf entscheiden (BGH 23, 102) und es muss eine danach eingegangene Gegenerklärung nicht mehr berücksichtigen (BGH MDR [D] 1966, 728). Ist die Verspätung hingegen während des Laufs der Frist angekündigt, wartet das RevG in der Regel eine angemessene Zeit zu, bevor es entscheidet (Meyer-Goßner/*Schmitt* § 349 Rn. 17 m.w.N.; HK-GS/*Rackow* § 349 Rn. 8). Weitere Verfahrensrügen darf der Beschwerdeführer hingegen nicht mehr erheben (BGH wistra 10, 312).

22 **III. Entscheidung des Revisionsgerichts in Fällen des Abs. 2. Inhalt:** Mit der Entscheidung nach Abs. 2 können **verbunden** werden Entsch. nach Abs. 4, § 8 Abs. 3 StrEG oder über Beschwerden nach §§ 305a; 464 Abs. 3 Satz 1.

23 **Sachliche Änderungen** des Urteils sind grds. nur **zugunsten** des Angeklagten **statthaft.** So kann die Revision z.B. mit der Maßgabe zurückgewiesen werden, dass ein vom Tatgericht übersehener Teilfreispruch nachgeholt wird (BGH, Urteil vom 06.08.1953, 4 StR 289/53; unter Abänderung der Kostenentscheidung: OLG Frankfurt, Beschl. vom 05.06.1978, 2 Ss 38/78 bei *Dahs* Rn. 587 Fn. 122), die Verurteilung wegen einer Handlung unter einem rechtlichen Gesichtspunkt entfällt (BGH, Urteil vom 22.07.1953, 4 StR 458/53) oder der Schuldspruch in einer dem Revisionsgericht ohne Weiteres möglichen und den Rechtsfolgenausspruch nicht berührenden Weise berichtigt wird (BGH NStZ-RR 2004, 67; NStZ 1994, 25; BGHR § 349 Abs. 2 Verwerfung 4; BGH, Beschl. vom 16.09.1953, 4 StR 544/53; vgl. KK/*Gericke* § 349 Rn. 29). – Abänderung des Urteils **zuungunsten** des Angeklagten, indem ein Versehen des Tatgerichts beseitigt wird, ist dagegen **unzulässig.** Zwar steht § 358 Abs. 2 einer Schuldspruchergänzung nicht entgegen (§ 331 Rdn. 2), wohl aber ein unterlassener Hinweis nach § 265 sowie der Grundsatz, dass Schuld- und Straferkenntnisse grundsätzlich urteilsförmig ergehen müssen (allerdings soll die Ersetzung einer Alternative der angewendeten Norm durch eine andere zulässig sein: BGH NJW 1982, 190). Das Revisionsgericht ist nicht an den Antrag der StA gebunden und kann von einer entspr. Entscheidung absehen (BGH NStZ-RR 2004, 228; BGHR § 349 Abs. 2 Antrag 1 Verwerfung 4: keine nachtr. Gesamtstrafenbildung; BGHR § 349 Abs. 2 Verwerfung 3; BGH NStZ-RR 1998, 142: keine nachtr. Aufhebung d. Nichtanordnung der Sicherungsverwahrung; BGH NStZ 1996, 328: keine Beschränkung nach § 154a, keine Erstreckung nach § 357; weitere Nachweise bei Meyer-Goßner/*Schmitt* § 349 Rn. 22).

24 Einer **Begründung** bedarf der Beschluss nach Abs. 2 **nicht**, da § 34 unanwendbar ist (BVerfG StraFo 2007, 463; EGMR EuGRZ 2008, 274 [276]; NStZ 2002, 487; NStZ-RR 2006, 244; BGH StraFo 2014, 121; Meyer-Goßner/*Schmitt* § 349 Rn. 20; KK/*Gericke* § 349 Rn. 27; *Dahs* Rn. 586; *Jagusch* NJW 1960, 76; *Eb.*

Schmidt Nachtr. I 14; a.A.: in der Regel erforderlich: *Eschelbach* GA 2004, 242; – de lege ferenda bedenkenswert –; stets erforderlich: v. *Döllen/Meyer-Mews* StV 2005, 5; in Bezug auf die Begründung des Antrags der StA: SK-StPO/*Wohlers* § 349 Rn. 35). In bestimmten Fällen – z.B. wenn das Revisionsgericht das Rechtsmittel aus anderen als von der StA in ihrem Antrag nach Abs. 3 Satz 1 genannten Gründen zurückweist – kann jedoch ein kurzer Hinweis für den Beschwerdeführer zweckmäßig sein (BGH StraFo 2004, 212; 236; LR/*Franke* § 349 Rn. 17 ff.; *Krehl* GA 1987, 162; *Wimmer* NJW 1950, 204). Das Fehlen einer (ausdrückl.) Begründung verletzt auch weder Art. 103 Abs. 1 GG noch sonst. Grundrechte des Beschwerdeführers, da die Beschlussgründe sich aus den Gründen des bestätigten Urteils ergeben (BVerfG StraFo 2007, 463; NJW 2006, 136; NStZ 2002, 487; BVerfG, Urteil vom 19.04.1977, 2 BvR 274/74 DAR [S] 1978, 161).

Die **Formulierung des Beschlusses** kann dahin gehen, dass die Revision »als offensichtlich unbegründet verworfen« wird; wegen der verstörenden Wirkung, die dies für den Angeklagten haben kann, sind heute abgemilderte Formulierungen üblich geworden: »wird nach § 349 Abs. 2 StPO verworfen« oder: »wird verworfen, da die Nachprüfung des Urteils aufgrund der Revisionsrechtfertigung keinen Rechtsfehler zu Lasten des Angeklagten ergeben hat«. 25

Nähere – und zum Teil sehr in die Breite (und in die Tiefe) gehende Begründungen sind mit dem Bedeutungswandel des Abs. 2 sehr viel häufiger als in früheren Jahren geworden (vgl. oben Rdn. 3 f.). Zu einer **näheren Begründung** ist das Revisionsgericht aber **nicht verpflichtet** (EGMR EuGRZ 2008, 274 [276]; BVerfG NStZ 2002, 487; StraFo 2007, 463); allerdings entspricht es einer Übung der BGH-Strafsenate, beim Abweichen von der Antragsbegründung des GBA jedenfalls einen kurzen Hinweis auf die vom Senat als maßgeblich erachtete Rechtslage zu geben (BGH StraFo 2004, 212 und 236). Geht der Verwerfungsbeschluss auf die Gegenerklärung des Beschwerdeführers nicht ein, so besagt dies nur, dass sie den Verwerfungsantrag nicht zu entkräften vermochte (und nicht etwa, dass sie nicht zur Kenntnis genommen worden wäre; BGH wistra 2009, 283 und 483). 26

Ein signifikanter Anteil der hier zitierten Entscheidungen ist auf Anhörungsrügen (§ 356a) ergangen, mit denen – ausnahmslos vergeblich – geltend gemacht wurde, das Revisionsgericht habe den Revisionsvortrag des Beschwerdeführers nicht zur Kenntnis genommen. 27

Zusammenfassend: Wenn eine Revision (um im Kernbereich des § 349 Abs. 2 zu bleiben) »**offensichtlich**« unbegründet ist, so bedarf dies, so umfänglich der Beschwerdeführer auch vorgetragen haben mag, schon begrifflich keiner näheren Begründung, und die Fälle, in denen der Verwerfungsbeschluss vom Revisionsgericht näher (oder gar umfänglich) begründet wird, sind im Regelfall solche des »erweiterten Offensichtlichkeitsbereiches« (so. explizit die Erstauflage). Hier allerdings setzt durchaus berechtigte Kritik an, welche letztlich Bedenken im Hinblick auf die Gewährleistung effektiven Rechtsschutzes sowie transparenter Entscheidungspraxis geltend macht und auf eine Verkehrung des gesetzlich intendierten Regel-Ausnahme Verhältnisses hinweist. Mit Blick auf die o.g. Praxis einer extensiven Anwendung der Norm wäre daher unter dem Gesichtspunkt der rechtsfriedensstiftenden Wirkung von verfahrensbeendenden Entscheidungen eine zumindest erläuternde Begründung wünschenswert (näher *Momsen* KriPoZ 2018, S. 339 ff.). 28

D. Aufhebung des Urteils durch Beschluss (Abs. 4). I. Voraussetzungen. 1. Abs. 4 gilt nur für eine **zugunsten** des Angeklagten – von ihm selbst, seinem Verteidiger (§ 297), gesetzlichen Vertreter bzw. Erziehungsberechtigten oder der StA (§ 296 Abs. 2; vgl. HK-GS/*Momsen* § 298 Rn. 1 ff.) – **eingelegte** Revision. **Wirkt** sich eine zuungunsten des Angeklagten von der StA eingelegte Revision nur zu seinen Gunsten **aus**, muss das Gericht durch Urteil nach Abs. 5 entscheiden (*Dahs* Rn. 590; Meyer-Goßner/*Schmitt* § 349 Rn. 28; *Eb. Schmidt* Nachtr. I 19; *Amelunxen* S. 78; a.A.: BGH NStZ/K 1997, 379; NStZ-RR 1996, 130: keine Beschwer; HK-GS/*Rackow* § 349 Rn. 12); denn eine Entscheidung nach § 301 ohne Entscheidung über die (unbegründete) Revision der StA ist nicht möglich und diese kann durch Beschluss nach Abs. 2 nicht ergehen, wenn entweder die StA ihre Revision auf Hinweis des Revisionsgerichts zurückgenommen hat oder aber ihr nach Abs. 2 notwendiger Antrag fehlt. Zudem wird dem Rechtsmittelführer die Gelegenheit zur Äußerung und zur Rücknahme des Rechtsmittels genommen (zutr. Meyer-Goßner/*Schmitt* § 349 Rn. 28). 29

2. Die – nicht notwendigerweise offensichtliche (HK-GS/*Rackow* § 349 Rn. 11; Meyer-Goßner/*Schmitt* § 349 Rn. 28; *Kleinknecht* JZ 1965, 161; *Eb. Schmidt* Nachtr. I 19; LR/*Franke* § 349 Rn. 33; *Dahs* Rn. 590; a.A.: *Greifelds* JR 1965, 4) – **Begründetheit** muss das Revisionsgericht **einstimmig** bejahen. Nach dem Sinn dieser Ausnahmevorschrift sollte von ihr jedoch **zurückhaltend** und nur in eindeutigen Fällen – z.B. bei »unausgeführter« allg. Sachrüge (§ 344 Rdn. 31 ff.), höchstrichterlich geklärten Rechtsfragen (*Peters* JR 1977, 477; KK/*Gericke* § 349 Rn. 36; krit.: SK-StPO/*Wohlers* § 349 Rn. 26) oder offenkundigen und gravierenden Rechtsfehlern (*Amelunxen* S. 77), insb. unzweifelhaft gegebenen absoluten Revisionsgründen (§ 338) – **Gebrauch gemacht** werden (*Dahs* Rn. 591 mit Verw. auf BGH, Beschl. v. 12.10.2000, 5 StR 414/99; vgl. auch NJW 2006, 1605). 30

31 **3. Abs.** 4 ist – nach Anhörung der StA (§ 33 Abs. 2) – auch dann anwendbar, wenn die **StA Hauptverhandlung** nach Abs. 5 (*Seibert* NJW 1966, 1064; *Eb. Schmidt* Nachtr. I 18; Meyer-Goßner/*Schmitt* § 349 Rn. 30) oder **Verwerfung nach Abs. 2** (hier jedoch regelm. Hauptverhandlung nach Abs. 5 vorzuziehen, vgl. *Seibert* NJW 1966, 1064) **beantragt hat** (vgl. auch LR/*Franke* § 349 Rn. 37; KK/*Gericke* § 349 Rn. 37; HK/*Temming* § 349 Rn. 9).

32 **II. Entscheidung. 1.** Sie richtet sich nach §§ 353, 354, 355; auch Freispruch (§ 267 Abs. 5 ist zu beachten; HK-GS/*Rackow* § 349 Rn. 14; vgl. erg. Rdn. 1) ist zulässig (OLG Köln NJW 1966, 512; OLG Hamburg NJW 1966, 1277; OLG Hamm NJW 1977, 207; *Kleinknecht* JZ 1965, 161; Meyer-Goßner/*Schmitt* § 349 Rn. 29; a.A.: *Creifelds* JR 1965, 4; krit. auch *Eb. Schmidt* Nachtr. I 20). Eine **Begründung** ist jedenfalls dann notwendig (vgl. Meyer-Goßner/*Schmitt* § 349 Rn. 31; *Dahs* Rn. 592), wenn Bindungswirkung nach § 358 Abs. 1 eintritt (KK/*Gericke* § 349 Rn. 40; *Eb. Schmidt* Nachtr. I 20), das RevG nach § 354 Abs. 1 »durchentscheidet« oder sie zum Verständnis geboten erscheint. Da Abs. 4 insoweit keine Beschränkungen enthält, kann das Revisionsgericht auch wegen eines Prozesshindernisses aufheben (BGHSt 36, 175; *Dahs* Rn. 591), jedenfalls sofern dieses vor Eintritt ins Revisionsverfahren bestand und vom Tatgericht übersehen wurde. Entsteht es erst im Revisionsverfahren, ist § 349 Abs. 4 anzuwenden (HK-GS/*Rackow* § 349 Rn. 13; Meyer-Goßner/*Schmitt* § 349 Rn. 29; OLG Koblenz StraFo 2005, 129; a.A. OLG Celle MDR 1969, 503; *Bohnert* GA 1982, 173 führt zu der Konsequenz, dass bei einem im laufenden Verfahren eintr. Verfahrenshindernis nur in einem Fall – § 349 Abs. 4 – Einstimmigkeit nötig wäre, i.Ü. bei § 206a aber Mehrheit ausreichen würde, vgl. § 196 GVG). Dem steht nicht entgegen, dass auch eine Einstellung nach §§ 153, 153a (vgl. Vor §§ 333 ff. Rdn. 3) 154, 154a möglich ist (*Hamm* Rn. 1392), da insoweit eine verschiedenartige Verfahrenssituation besteht (näher Meyer-Goßner/*Schmitt* § 349 Rn. 29a).

33 **III. Koppelung von Verwerfungs- und Aufhebungsbeschluss (Abs. 2 u. Abs. 4).** Diese (zulässige; BGHSt 43, 31 m. abl. Anm. *Wattenberg* NStZ 1999, 95) Entscheidungsform ist – mit dem Zurückdrängen der Revisionshauptverhandlung zugunsten der Beschlussentscheidung – allgemein üblich geworden. Die Staatsanwaltschaft kann bereits einen entsprechenden Antrag »nach §§ 349 Abs. 2 bis 4« gestellt haben; häufig ergeht eine in diesem Sinne »gespaltene« Entscheidung aber auf der Grundlage eines umfassenden Verwerfungsantrags nach Abs. 2 (wenn das Revisionsgericht entgegen diesem Antrag der Revision teilweise stattgeben will).

34 **IV. Mitteilung des Antrags nach Abs. 4.** Anders als beim Verwerfungsantrag nach Abs. 2 ist beim Aufhebungsantrag die Mitteilung an den Beschwerdeführer nicht vorgeschrieben. Das führt dazu, dass der Beschwerdeführer relativ lange vom Schicksal seiner Revision nichts hört und dann durch einen Aufhebungsbeschluss überrascht wird. Darüber braucht er sich auch unter dem Aspekt des Art. 103 Abs. 1 GG an sich nicht zu beklagen. Mit Recht ist es seit einigen Jahren bei den Strafsenaten des Bundesgerichtshofs aber üblich, dass die Senate (anders als bei Abs. 2 nicht der GBA) den Beschwerdeführer über den Eingang eines Antrags nach Abs. 4 durch Übersendung einer Abschrift unterrichten. Einem »rechtsmittelfreundlichen« Verständnis des Art. 103 Abs. 1 GG entspricht dies deshalb, weil der Beschwerdeführer Gelegenheit haben sollte, die vom GBA für seinen Antrag angeführten Gründe argumentativ zu verstärken (oder Schwächen in der Argumentation des GBA auszugleichen), um dadurch eine rasche (und positive) Beschlussentscheidung nach Abs. 4 sicherzustellen. Zwar hätte der Beschwerdeführer auch in der Revisionshauptverhandlung (die durchzuführen ist, wenn der Senat dem Antrag nach Abs. 4 nicht einstimmig folgt) volles rechtliches Gehör; es muss ihm aber auch schon hinsichtlich der Weichenstellung zwischen einer Entscheidung durch Beschluss nach Abs. 4 oder durch Urteil aufgrund einer Hauptverhandlung gewährt werden. Jedenfalls bei einigen Oberlandesgerichten hat sich diese Praxis des BGH inzwischen ebenfalls durchgesetzt.

35 **Bekanntgabe:** § 35 Abs. 2 Satz 2 Hs. 1. – **Zurücknahme** und **Widerruf** des Beschl. nach Abs. 4 sind unzulässig (BGH NStZ/K 1997, 379; *Rieß* JR 1978, 523; *Eb. Schmidt* Nachtr. I 21; *Dahs* Rn. 593; KK/*Gericke* § 349 Rn. 47; Meyer-Goßner/*Schmitt* § 349 Rn. 34).

36 **E. Wirkung der Beschlüsse nach Abs. 1, 2 und 4. I. Unanfechtbarkeit.** Sofern sie eine **Begründung** enthalten, vermögen auch Beschlüsse nach Abs. 2 einen Abweichungsfall i.S.v. § 132 Abs. 2 und § 121 Abs. 2 GVG auszulösen (BGHSt 34, 184 [190]; 35, 60 [65]; vgl. hierzu *Widmaier* NStZ 1998, 263). Sie sind nicht nur nach § 304 Abs. 4, sondern, weil im letzten Rechtszug verfahrensbeendend, ihrem Wesen nach unanfechtbar und führen, soweit die Revision nicht wegen verspäteter Einlegung (§ 341) nach Abs. 1 als unzulässig verworfen worden ist (dazu § 341 Rdn. 28 ff.), gem. **§ 34a** (dort Rdn. 1 ff.), mit Ablauf des Tages der Beschlussfassung **formelle Rechtskraft** des angefochtenen Urteils herbei (Vor § 296 Rdn. 33; zum Ganzen KK/*Gericke* § 349 Rn. 41). Enthält das Urteil eine Sachentscheidung, wird es zugl. **materiell** rechtskräftig (Vor § 296 Rdn. 34).

II. Wiedereinsetzung. Wiedereinsetzung (§§ 44 ff.) ist **statthaft** gegen Beschlüsse sowohl nach **Abs. 1** 37
(vgl. d. Kommentierung zu § 44; vgl. auch § 319 Rdn. 11 ff.; zur WE gegen verspätete oder formwidrige Revisionsbegründung s. § 345 Rdn. 23 ff.) als auch – entgegen der h.M. (BGHSt 25, 89; 23, 102; 17, 94 m. abl. Anm. *Schaper* NJW 1962, 1357; NStZ 1983, 208; 1999, 41; StraFo 2003, 173 MDR [D] 1966, 728; OLG Stuttgart MDR 1957, 117 LS; OLG Hamburg JR 1964, 329 LS; OLG Köln OLGSt S. 9; *Dahs* Rn. 593; Meyer-Goßner/*Schmitt* § 349 Rn. 25; a.A.: *Eb. Schmidt* Nachtr. I 5; *Hanack* JZ 1971, 92; *Geppert* GA 1972, 175 ff.; LR/*Franke* § 349 Rn. 29) – ggf. nach **Abs. 2.** Allerdings wird in vielen Fällen nur das Wiederaufnahmeverfahren offenstehen (vgl. *Geppert* GA 1972, 175 ff.; *Hanack* JZ 1971, 92; KK/*Gericke* § 349 Rn. 48). Bspw. kann aber ein erneutes Wiedereinsetzungsgesuch Erfolg haben, wenn der Verwerfungsbeschluss auf einer unzutr. tatsächlichen Grundlage ergangen ist (KK/*Gericke* § 349 Rn. 48 m. Verw. auf BGH NJW 1951, 771; Urteil vom 15.06.1977, 2 StR 186/77). **Keine WE** dagegen findet statt gegen Versäumung der Frist des **Abs. 3 Satz 2** (*Dahs* Rn. 593; vgl. auch BGH DAR [S] 1979, 190 f.), da sie auch zur (weiteren) Begründung der Revision ausgeschlossen ist (§ 345 Rdn. 39 f.; BGHSt 17, 94; *R. Schmitt* JZ 1961, 16).

III. Zurücknahme (Änderung). 1. Ob Zurücknahme (Abänderung) von Beschlüssen nach Abs. 1, 2 (zum 38
Erlass in Unkenntnis des Revisionsgerichts vom Tod des Beschwerdeführers vgl. § 206a) zulässig sei (dazu erg. Vor § 304 Rdn. 6 ff.), wird uneinheitlich beantwortet: **Verneint** wird die Frage bei bloßer Rechtsfehlerhaftigkeit (zu Abs. 1: BGH NJW 1951, 771; OLG Tübingen DRZ 1948, 317; *R. Schmitt* JZ 1961, 15), für Beschlüsse nach Abs. 2 auch bei unrichtiger Tatsachengrundlage (BGHSt 17, 94 [96] m.Anm. *Schaper*; NJW 1962, 1357; NJW 1955, 1766; MDR [D] 1966, 728; KG JW 1937, 1835; OLG Hamburg MDR 1976, 511; Köln OLGSt S. 9; *Beling* S. 257; *Eb. Schmidt* II 15; *Woesner* NJW 1960, 2131; *R. Schmitt* JZ 1961, 16; *Dahs* Rn. 593; KK/*Gericke* § 349 Rn. 47; Meyer-Goßner/*Schmitt* § 349 Rn. 24; *Hanack* JZ 1973, 778; a.A.: RG Recht 1928 Nr. 1492; 1930 Nr. 754; OLG Braunschweig MDR 1950, 500). Dagegen **bejaht**, wenn ein Beschluss nach Abs. 1 auf unzutr. Tatsachengrundlage beruht. (Vor § 304 Rdn. 10 a.E.).

2. Für **prozessual beachtliche** Beschlüsse nach Abs. 1, 2 gilt daher (vgl. zusammenfassend auch *R. Schmitt* 39
JZ 1961, 15 ff.; *Geppert* GA 1972, 165 ff.):

a) Der **Zurückweisungsbeschluss nach Abs. 2** ist **grds. unwiderruflich**, denn die ausschließlich rechtliche 40
Begründung, die das Revisionsgericht vornimmt, kann nicht durch neue Tatsachen und Beweismittel ihrer Grundlage beraubt werden. Unrichtige Rechtsauffassungen und ebenso nachträgliche Änderungen der Rspr. können die Rücknahme nicht rechtfertigen (OLG Braunschweig MDR 1950, 500). Hinzu kommt, da der Beschluss nach Abs. 2 dem Wesen nach eine endgültige, einem Urteil gleichwertige Entscheidung über die Revision darstellt und daher den Rang eines Revisionsurteils genießt (BGH NStZ [K] 1997, 379; KK/*Gericke* § 349 Rn. 47; Meyer-Goßner/*Schmitt* § 349 Rn. 24). Die Wiederaufnahme des durch Beschluss nach Abs. 2 abgeschlossenen Verfahrens richtet sich nach §§ 359 ff. (vgl. § 359 Rdn. 11 a.E.).

b) Trotzdem muss **ausnahmsweise** auch ein Beschluss nach Abs. 2 **rücknahmefähig** sein, wenn nur dadurch 41
prozessuales Unrecht beseitigt werden kann (vgl. Vor § 304 Rdn. 6, 10). Ist etwa die Sachrüge als offensichtlich unbegründet zurückgewiesen und die gleichzeitige Verfahrensrüge, weil nicht rechtzeitig begründet, nicht berücksichtigt worden, so kann u.U. Wiedereinsetzung in die versäumte Revisionsbegründungsfrist mit der Folge gewährt werden, dass der Zurückweisungsbeschluss und damit die Rechtskraft des Urteils entfallen. Ist dagegen die Revisionsbegründungsfrist in Wahrheit noch gar nicht in Lauf gesetzt, also **nicht versäumt**, weil das angefochtene Urteil noch nicht wirksam zugestellt war, so muss die Aufhebung des Zurückweisungsbeschlusses **erst recht** zulässig sein; denn es wäre unerträglich, wenn der Verurteilte bei einer von ihm nicht verschuldeten Behandlung seiner Nichtsäumnis als Säumnis prozessual schlechter gestellt sein sollte als bei wirklicher Säumnis (so aber zu Unrecht BGHSt 17, 94 [96 f.]). Eine Rücknahme kommt i.Ü. auch in Betracht, wenn die Revision vor Erlass des Beschlusses wirksam zurück genommen wurde (BGH NStZ [K] 1998, 27; 1992, 225; Meyer-Goßner/*Schmitt* § 349 Rn. 24), das gem. § 335 Abs. 3 nur einer Entscheidung als Berufung zugänglich war (nur insoweit zutr. BGHSt 17, 94; vgl. § 335 Rdn. 18 ff.) oder wenn der Angeklagte während des Rechtsmittelverfahrens verstorben ist (OLG Schleswig NJW 1978, 1016).

IV. Änderungsmöglichkeiten bei »revisionsspezifischen« Verfassungsverstößen. Die grundsätzliche 42
Unabänderlichkeit findet ihre Grenze, wenn der Erlass des Beschlusses nach Abs. 2 (oder auch nach Abs. 4) gegen Verfassungsrecht verstößt.

a) Das gilt zum einen bei **Verletzung des rechtlichen Gehörs** (Art. 103 Abs. 2 GG) wurde etwa eine rechtzeitig 43
eingereichte Gegenerklärung des Verteidigers (Abs. 3) wegen eines Versehens der Geschäftsstelle erst nach der Entscheidung vorgelegt, so ist die Anhörungsrüge nach § 356a gegeben; ebenso kann das Revisionsgericht aber **von Amts wegen** prüfen, ob die liegengebliebene Gegenerklärung die Entscheidung beeinflusst hätte. Hierzu wird ein weiterer Beschluss (der auch eine geänderte Sachentscheidung enthalten kann) zu treffen sein.

44 b) Verfassungswidrig im Sinne eines **Verstoßes gegen das Willkürverbot (Art. 3 Abs. 1 GG)** sind Beschlussentscheidungen nach Abs. 2 oder Abs. 4, wenn ihre formalen Voraussetzungen nicht vorlagen: wenn also entweder eine Revision des Angeklagten nach Abs. 2 verworfen wurde, obwohl die Staatsanwaltschaft keinen entsprechenden Antrag gestellt hatte (BVerfGE 59, 98 = NJW 1982, 324) oder wenn einer Revision zuungunsten des Angeklagten durch Beschluss nach Abs. 4 stattgegeben wurde. In beiden Fällen kann das Revisionsgericht den verfassungswidrigen Beschluss **von Amts wegen aufheben** (BGH NStZ 1995, 18 [K.] für den Fall einer Entscheidung zuungunsten nach Abs. 4). Da in diesen Fällen unmittelbar ein Verstoß gegen das Willkürverbot des Art. 3 Abs. 1 GG vorliegt und das rechtliche Gehör – das dem Angeklagten bei der richtigerweise anzuberaumenden Hauptverhandlung gewährt worden wäre – nur **sekundär betroffen** ist, kann die Verfassungsbeschwerde (falls das Revisionsgericht die Entscheidung nicht von sich aus richtig gestellt hat) von der vorausgehenden Erhebung einer Anhörungsrüge nach § 356a (im Sinne der Erschöpfung des Rechtsweges) nicht abhängig gemacht werden (and. aber BVerfG Beschl. v. 25.01.2010 – 2 BvR 827/09). In einem solchem Fall ist die Erhebung einer Anhörungsrüge also dringend anzuraten.

45 **F. Revisionsentscheidung durch Urteil (Abs. 5). I. Notwendige Revisionshauptverhandlung.** § 349 gewährt dem Angeklagten dadurch besonderen Schutz des rechtlichen Gehörs, dass Revisionsentscheidungen zu seinen **Ungunsten nur aufgrund einer Revisionshauptverhandlung** getroffen werden können. Bei zuungunsten des Angeklagten eingelegten Revisionen der Staatsanwaltschaft stellt die StA deshalb Antrag auf Durchführung einer Hauptverhandlung (sog. Terminsantrag; zur Antragspraxis des GBA s. BVerfG 112, 185 [200 ff.]; vgl. auch oben Rdn. 20). Eine Revisionshauptverhandlung ist auch dann erforderlich, wenn die Staatsanwaltschaft (was zum Teil bei Oberlandesgerichten üblich ist) die Sache dem Revisionssenat ohne ausdrücklichen Antrag vorlegt (und wenn dieses nicht – wozu es keines Antrags bedarf – nach Abs. 4 entscheiden will). Bei Revisionen der Nebenklage, die – da insoweit § 296 Abs. 2 nicht gilt – nur zuungunsten des Angeklagten statthaft sind (in ihrer Wirkung allerdings ebenfalls der Vorschrift des § 301 unterliegen), stellt die Staatsanwaltschaft Terminsantrag, wenn sie die Revision für begründet hält; ansonsten gilt auch für Revisionen der Nebenklage die Verwerfungsmöglichkeit nach Abs. 2. Schließlich ist die Durchführung einer Revisionshauptverhandlung auch dann zwingend geboten, wenn das Revisionsgericht einem Aufhebungsantrag der Staatsanwaltschaft nach Abs. 4 nicht oder nicht in vollem Umfang (einstimmig) nachkommen will.

46 Eine Revisionshauptverhandlung muss i.Ü. stets dann durchgeführt werden, wenn sich trotz Antrags der StA auf Entscheidung im Beschlussverfahren (nach Abs. 2 oder Abs. 4) **keine Einstimmigkeit** ergibt.

47 **II. Fakultative Revisionshauptverhandlung.** Das Revisionsgericht **kann** stets (selbst wenn Einstimmigkeit für eine bestimmte Beschlussentscheidung gegeben wäre) die Durchführung einer Revisionshauptverhandlung für angezeigt erachten (etwa wegen besonderer und rechtsgrundsätzlicher Bedeutung der Sache). Umgekehrt kann der BGH auch bei einem Terminsantrag der StA eine allein zugunsten des Angeklagten wirkende Entscheidung auch durch einstimmigen Beschluss nach Abs. 4 treffen.

48 **III. Gespaltene Entscheidung durch Urteil und durch Beschluss nach Abs. 2.** Bei Revision sowohl des Angeklagten wie der Staatsanwaltschaft (zu seinen Ungunsten) ist es in wachsendem Maße üblich geworden – vor allem nachdem das Bundesverfassungsgericht in dem (primär zu § 344 Abs. 2 Satz 2) ergangenen Beschl. v. 25.01.2005 (BVerfGE 112, 185 [204 ff.]) diese Praxis gebilligt hat –, einen **Terminsantrag** (hinsichtlich der staatsanwaltschaftlichen Revision) **mit einem Verwerfungsantrag nach Abs. 2** (hinsichtlich der Revision des Angeklagten) zu **kombinieren.**

49 1. Unter der Voraussetzung, dass die beiden Entscheidungswege auf solche Teile des angefochtenen Urteils bezogen werden, »die **einer gesonderten Beurteilung zugänglich** sind« (BGHSt 43, 31 [33]), stehen dieser Aufspaltung rechtliche Gründe **nicht** entgegen (etwa wenn sich die staatsanwaltschaftliche Revision gegen den freisprechenden Teil des Urteils und die Revision des Angeklagten gegen den Schuldspruch wendet), oder wenn die Staatsanwaltschaft sich gegen die Verneinung besonderer Schuldschwere nach § 57a StGB und die Revision des Angeklagten sich gegen den Schuldspruch wendet. Insb., wenn in solchen Konstellationen die Revision des Angeklagten eine Vielzahl offensichtlich vergeblicher Verfahrensrügen erhebt, während die Revision der Staatsanwaltschaft auf ein knapp umrissenes Thema begrenzt ist, bietet sich gespaltene Antragstellung an, um dem Senat die Zusatzbelastung durch eine nutzlose, aber möglicherweise sehr breite Revisionshauptverhandlung über die Verfahrensrügen des Angeklagten zu ersparen.

50 2. **Rechtliche Grenzen der Aufspaltung** ergeben sich allerdings aus **§ 301:** Haben beide Revisionen (sei es auch mit unterschiedlicher Zielrichtung) hinsichtlich desselben Teils des Urteils die **Sachrüge** erhoben, so steht § 301 einer Trennung der Entscheidungswege entgegen. Denn in diesem Fall kann die Verteidigung auch in einer (vordergründig) nur die Revision der Staatsanwaltschaft betreffenden Hauptverhandlung über § 301 ohne Einschränkung die konträre sachlich-rechtliche Position des Angeklagten in der Diskussion und dem

Plädoyer geltend machen. Deshalb ist es rechtlich ausgeschlossen, die Beschlussberatung und -entscheidung (nach Abs. 2) zeitlich von der Urteilsberatung zu trennen; die Revision des Angeklagten mit ihrer Sachrüge kann nicht im Beschlusswege verworfen werden, solange über § 301 dieselbe Sachrüge auch Gegenstand der Hauptverhandlung über die Revision der Staatsanwaltschaft und damit der Urteilsberatung ist. Dem könnte allenfalls durch eine einheitliche Beschluss- und Urteilsberatung ausgewichen werden (während es bei Trennbarkeit durchaus vorkommt, dass der die Revision des Angeklagten betreffende Beschluss nach Abs. 2 bereits vor der Hauptverhandlung über die Revision der Staatsanwaltschaft ergangen ist). Die Senate des Bundesgerichtshofs pflegen deshalb in solchen Fällen die Hauptverhandlung über die Revision der Staatsanwaltschaft von vornherein ausdrücklich auch auf die Revision des Angeklagten zu erstrecken.

3. Letztlich ist die Aufspaltung in ein Urteil und in einen Verwerfungsbeschluss weniger eine Rechtsfrage 51 als eine Frage des **Stils der Entscheidung**. Denn jedenfalls der Angeklagte wird sich des Eindrucks einer ungerechten Unausgewogenheit des Verfahrens kaum erwehren können, wenn der Senat über die zu seinem Nachteil erhobene Revision der Staatsanwaltschaft eine Hauptverhandlung durchführt, in der zu seiner eigenen vom Verteidiger sorgfältig und engagiert begründeten Revision aber nichts gesagt werden darf, weil über diese im Verfahren nach Abs. 2 entschieden wird. Deshalb sind die Strafsenate des Bundesgerichtshofs in den letzten Jahren in wachsendem Maße geneigt, bei gespaltener Antragstellung des GBA jedenfalls dann die Revisionshauptverhandlung auch auf die Revision des Angeklagten zu erstrecken, wenn diese ernsthaft diskussionswürdig ist.

G. Teilentscheidungen über die Revision. Die StPO kennt – anders als andere Verfahrensordnungen (vgl. 52 etwa §§ 301, 303, 304 ZPO) – grundsätzlich keine Teil- oder Zwischenurteile, durch die einzelne, denselben Prozessgegenstand betreffenden Fragen vorab entschieden oder einzelne Rechtsfolgen gesondert abgeurteilt werden. In Ausnahmefällen rechtfertigt aber der **Beschleunigungsgrundsatz** (Art. 2 Abs. 1 i.V.m. Art. 20 Abs. 3 GG und Art. 6 Abs. 1 Satz 1 *MRK*) eine Teilentscheidung, sei es durch »vertikale« Aufteilung (wie im Fall BGH wistra, 119 [226], in dem hinsichtlich eines von mehreren rechtlich selbstständigen Tatvorwürfen ein Vorabentscheidungsverfahren beim EuGH durchgeführt werden musste), sei es durch »horizontale« Abschichtung (wie in der Sache BGHSt 48, 209 [213], in der über den Schuldspruch und den Strafausspruch vorab durch Verwerfung entschieden wurde, weil hinsichtlich der Entziehung der Fahrerlaubnis der Großen Senat für Strafsachen angerufen wurde). Außerhalb solcher Sonderfälle kommt eine Teilentscheidung nicht in Betracht (vgl. oben Rdn. 15).

§ 350 Revisionshauptverhandlung

(1) [1]Dem Angeklagten, seinem gesetzlichen Vertreter und dem Verteidiger sowie dem Nebenkläger und den Personen, die nach § 214 Absatz 1 Satz 2 vom Termin zu benachrichtigen sind, sind Ort und Zeit der Hauptverhandlung mitzuteilen. [2]Ist die Mitwirkung eines Verteidigers notwendig, so ist dieser zu laden.

(2) [1]Der Angeklagte kann in der Hauptverhandlung erscheinen oder sich durch einen Verteidiger mit nachgewiesener Vertretungsvollmacht vertreten lassen. [2]Die Hauptverhandlung kann, soweit nicht die Mitwirkung eines Verteidigers notwendig ist, auch durchgeführt werden, wenn weder der Angeklagte noch ein Verteidiger anwesend ist. [3]Die Entscheidung darüber, ob der Angeklagte, der nicht auf freiem Fuß ist, zu der Hauptverhandlung vorgeführt wird, liegt im Ermessen des Gerichts.

Übersicht

A. Terminsbenachrichtigung (Abs. 1). In Umsetzung der Richtlinie (EU) 2016/343 durch das Gesetz zur 1 Stärkung des Rechts des Angeklagten auf Anwesenheit in der Verhandlung (17.12.2018, BGBl. I 2018, 2571) wurde die Vorschrift reformiert. Die Neufassung regelt das Anwesenheitsrecht des (inhaftierten) Angeklagten in der Revisionshauptverhandlung neu und schreibt – nach der Gesetzesbegründung lediglich klarstellend (BT-Drs 19/4467, S. 22) – die bisher übliche Praxis der Terminsbenachrichtigung von Verfahrensbeteiligten unter Verweis auf § 214 Abs. 1 Satz 2 StPO nunmehr gesetzlich vor. Nach Streichung des § 350 Abs. 3 aF wirkt nunmehr die in der Instanz erfolgte Beiordnung eines Pflichtverteidigers auch für die Revisionshauptverhandlung fort. Einer gesonderten Bestellung bedarf es nicht mehr. Zu beachten ist jedoch, dass § 143a Abs. 3 es nun ermöglicht, den Verteidiger für die Revisionsinstanz auf Antrag des Angeklagten, der bis spätestens eine Woche nach Beginn der Revisionsbegründungspflicht zu erfolgen hat, auszuwechseln. Damit soll v.a. der Tatsache Rechnung getragen werden, dass es für die Revisionsbegründung und die Vertretung des Angeklagten in der Revision häufig spezieller, vertiefter Rechtskenntnisse und Erfahrungen bedarf (BT-Drs. 19/13829, 49). Das Gesetz verlangt keine Kostenneutralität. Allerdings ist wird sich der Kostenmehraufwand regelmäßig in Grenzen halten. Im Fall notwendiger Verteidigung ist die **förmliche Ladung des Verteidigers** (§ 218) nunmehr vorgeschrieben, § 350 Abs. 1 S. 2. Bereits auf Grundlage der früheren Gesetzesfassung wurde in der Praxis des BGH und der meisten OLGs die ehemals erforderliche Terminsnachricht dem Verteidiger gegen Empfangsbekenntnis (EB) förmlich **zugestellt**; was idR sehr frühzeitig geschah, sodass sich die Frage nach der einwöchigen Ladungsfrist des § 217 kaum stellte. Die praktischen Auswirkungen der Neufassung dürften insoweit gering sein.

Nach dem neuen Wortlaut des § 350 Abs. 1 sind, wie auch bisher üblich, außerdem Terminsbenachrichtigungen an Verfahrensbeteiligte (Angeklagte, Verteidiger, gesetzliche Vertreter, Nebenkläger und Nebenklägervertreter, Verletzte sowie deren Beistand) zu übermitteln. Regelmäßig genügt formlose Mitteilung (RG HRR 1931 Nr. 1401; OLG Braunschweig GA 1955, 219). Der Angeklagte ist zudem bereits nach § 35a Satz 2 StPO nF bei Bekanntmachung des (erstinstanzlichen) Urteils auch u.a. über die Rechtsfolgen des § 350 Abs. 2 zu belehren.

2 Unter den Voraussetzungen des § 145a Abs. 1 (§ 145a Abs. 2 gilt nicht, vgl. *Eb. Schmidt* Nachtr. I 7; Meyer-Goßner/*Schmitt* § 350 Rn. 2) kann die Terminsbenachrichtigung für den Angeklagten an den Verteidiger gesandt werden (das Erfordernis einer schriftl. Zustellungsvollmacht i.S. § 145a Abs. 2 besteht nicht, da es sich insoweit um keine Ladung im formellen Sinne handelt; OLG Braunschweig GA 1955, 219; KK/*Gericke* § 350 Rn. 3). Ist die Mitteilung nicht ausführbar, wird sie öffentlich (§ 40) zugestellt (RG 65, 417 [419]; BayObLG JZ 1953, 92; *Eb. Schmidt* NJW 1967, 857; LR/*Franke* § 350 Rn. 4), bei Revision der StA jedoch nur dann, wenn ihre Revisionsschrift dem Angeklagten nach § 347 Abs. 1 Satz 1 zugestellt worden war (BayObLG JR 1962, 309).

3 **B. Anwesenheit des Angeklagten und des Verteidigers. I. Anwesenheitspflichtige** Beteiligte der Revisionshauptverhandlung sind nur der StA und der Pflichtverteidiger (§ 350 Abs. 2 S. 2). Der nicht inhaftierte Angeklagte ist nach der Neufassung zur Anwesenheit berechtigt. Eine Pflicht zur Anwesenheit besteht dagegen nicht. Die Möglichkeit der Anordnung des persönlichen Erscheinens (§ 236) bleibt unberührt (OLG Koblenz, NJW 1958, 2027, 2028; *Maiwald*, AK StPO, Rn. 5). Der nicht auf freiem Fuß befindliche Angeklagte kann seine Vorführung zur Revisionshauptverhandlung beantragen. Die Entscheidung hierüber liegt im Ermessen des Gerichts, § 350 Abs. 2 S. 3. Nach dem Gesetzesentwurf sollen bei dieser Entscheidung u.a. Berücksichtigung finden: ob es sich für den Angeklagten um eine Verhandlung von erheblicher Bedeutung handelt, ob das Gebot der Waffengleichheit beachtet wird, ob die Anwesenheit zur effektiven Verteidigung oder nach dem Grundsatz des fairen Verfahrens geboten ist, wenn eine Entscheidung nach § 354 Abs. 1a in Betracht komme und wenn der Angeklagte aufgrund eigener juristischer Sachkunde ein berechtigtes Interesse daran habe, selbst Rechtsausführungen zu machen oder er den ausdrücklich Wunsch auf Teilnahme äußere (vgl. BT-Drs. 19/4467 S. 23 f.; s. nur BGH, Beschl. v. 28.05.2020, 3 StR 77/20; Beschl. v. 17.02.2021, 2 StR 300/20 Rn. 3). Die Vertretung des Angeklagten durch einen Verteidiger mit nachgewiesener Vertretungsvollmacht ist stets zulässig.

4 Der Durchführung der Revisionshauptverhandlung steht nicht entgegen, dass der Angeklagte unbekannten Aufenthalts ist oder es ihm (etwa weil er ausgewiesen und abgeschoben wurde) nicht möglich ist, nach Deutschland zu kommen (BVerfG NJW 1995, 651; OLG Brandenburg NStZ-RR 2005, 49: Einstellung nach § 205 im Fall der Abschiebung vor Revisionsbegründung). Voraussetzung ist aber das Vorhandensein eines (Pflicht-) Verteidigers, der im Revisionsverfahren sachgerecht wirken kann. Daran fehlt es, wenn der Angeklagte schon vor Begründung der Revision abgeschoben wurde und für den Verteidiger nicht mehr erreichbar ist; in diesem Fall ist Verfahrenseinstellung nach § 205 geboten (OLG Brandenburg NStZ-RR 2005, 49).

5 Auch **Verhandlungsunfähigkeit** (im Revisionsverfahren besser: Verteidigungsunfähigkeit) des verteidigten Angeklagten hindert die Revisionshauptverhandlung nicht, sofern er über die Revisionseinlegung verantwortlich entscheiden konnte und danach jedenfalls »zu einer Grundübereinkunft mit der Verteidigung über die Fortsetzung des Rechtsmittels in der Lage ist« (BGHSt 41, 16 m.Anm. *Rieß* JR 1995, 472 [Fall Mielke; bestätigt durch BVerfG NJW 1995, 1951 und EGMR EuGRZ 1947, 148]; hierzu auch *Widmaier* NStZ 1995, 371). Der Eintritt völliger (dauernder) Verteidigungsunfähigkeit würde dagegen die Fortführung des Revisionsverfahrens hindern (*Widmaier*, NStZ 1995, 361 [363]).

6 **II.** Die **Anwesenheit** eines **Verteidigers**, der nicht Pflichtverteidiger ist, ist nach § 350 Abs. 2 S. 2 an sich ebenso entbehrlich wie die des Angeklagten oder anderer Verfahrensbeteiligter (außer der Staatsanwaltschaft). Dies gilt allerdings nicht in Fällen notwendiger Verteidigung, wobei eine bereits in der Instanz erfolgte Bei-

ordnung nunmehr nach der Neuregelung fortwirkt und insb. auch die Revisionshauptverhandlung mit umfasst.

Auf der Grundlage von § 350 aF erstreckte sich die Bestellung des Pflichtverteidigers im Instanzverfahren dagegen nicht auf die Revisionshauptverhandlung (vgl. Vorauflage Rdn. 7 mwN). Die Bestellung eines notwendigen Verteidigers galt insoweit nicht fort, sondern schloss nur die Befugnis ein, die Revision einzulegen, zu begründen und Erklärungen nach §§ 347 Abs. 1 S. 2, 349 Abs. 3 abzugeben (vgl. Vorauflage Rdn. 7 mwN).

Eine Revisionshauptverhandlung, an der kein Verteidiger mitwirkt, ist – wenn auch nach der neuen Gesetzesfassung nach § 350 Abs. 2 S. 2 nicht ausgeschlossen – praktisch kaum vorstellbar. In der Regel dürfte eine (nunmehr fortwirkende) Pflichtverteidigerbestellung in beim BGH als Revisionsgericht anhängigen Verfahren bereits im erstinstanzlichen Verfahren (gem. § 140 Abs. 1 Nr. 1) erfolgt sein. Bei einem nicht verteidigten Angeklagten ist die Notwendigkeit einer Beiordnung im Revisionsverfahren am Maßstab des § 140 Abs. 2 zu prüfen. Angesichts dessen, dass es sich bei dem stark formalisierten Revisionsverfahren um eine regelmäßig komplexe Rechtsprüfung handelt, dürften die Voraussetzung des § 140 Abs. 2 der Schwierigkeit der Rechtslage regelmäßig vorliegen (EGMR, Urteil vom 25.04.1983 - 2/1982/48/77, NStZ 1983, 373 – Pakelli/Deutschland; SK/*Wohlers* § 350 Rn. 21; KK-StPO/*Gericke*, 8. Aufl. 2019, StPO § 350 Rn. 13). Bei einem inhaftierten Angeklagten greift in der Regel § 140 Abs. 1 Nr. 4 oder 5.

§ 351 Gang der Revisionshauptverhandlung

(1) Die Hauptverhandlung beginnt mit dem Vortrag eines Berichterstatters.

(2) **[1]Hierauf werden die Staatsanwaltschaft sowie der Angeklagte und sein Verteidiger mit ihren Ausführungen und Anträgen, und zwar der Beschwerdeführer zuerst, gehört. [2]Dem Angeklagten gebührt das letzte Wort.**

Übersicht

A. Grundsätzliches. Die **Revisionshauptverhandlung** unterscheidet sich grundlegend von der Hauptverhandlung vor dem Tatgericht. Ihr Ablauf ist nur in § 351 geregelt (für das **Hauptverhandlungsprotokoll** gelten erg. §§ 271 ff. mit Ausnahme von § 271 Abs 1 Satz 2, vgl. LR/*Franke* § 351 Rn. 9; KK/*Gericke* § 351 Rn. 9). Sie ist zwar eine mündliche und öffentliche (vgl. Rdn. 2) Verhandlung, jedoch wegen starker Elemente der Schriftlichkeit und des grundsätzlichen Verbots, noch tatsächliche Feststellungen zur Schuld- oder Rechtsfolgenfrage zu treffen, von der **tatgerichtlichen Hauptverhandlung qualitativ verschieden** (zum **Ablauf der Hauptverhandlung** aus Verteidigersicht *Hamm/Pauly*, T. 8 Rn. 1753-1764; Hdb. FA StrafR/*Bockemühl*, Kap. 10 Rn. 119 ff.). Die Hauptverhandlung hat inhaltlich den Charakter eines »**Rechtsgesprächs**« (HK-GS/*Rackow* § 351 Rn. 1 f.), woraus jedoch nicht zu schließen ist, dass der Vorsitzende bei der Bestellung des Pflichtverteidigers sich erst nachrangig an dem Vertrauensverhältnis zum Angeklagten zu orientieren hätte und primär Gesichtspunkte wie revisionsrechtliche Erfahrung oder gar kurzfristige Terminsverfügbarkeit berücksichtigen dürfte (zutr. HK-GS/*Rackow* § 351 Rn. 2; a.A. die h.M. vgl. BGHSt 19, 258; LR/*Franke* § 350 Rn. 9; Meyer-Goßner/*Schmitt* § 350 Rn. 10). Wegen § 143a Abs. 3 ist der Beschuldigte ohnehin in der Lage, sich den Verteidiger für die Revisionsinstanz auszusuchen, wenn kein wichtiger Grund entgegensteht (s. § 350 Rdn. 1). Das wird aber nur in Ausnahmefällen anzunehmen sein (BeckOK-StPO/*Krawczyk* § 143a Rn. 40). 1

Die Hauptverhandlung vor dem Revisionsgericht ist in der Regel **öffentlich**. Das folgt schon daraus, dass das Revisionsgericht zur Überprüfung des nach § 173 Abs. 1 GVG »*in jedem Falle öffentlich*« verkündeten Urteils berufen ist. Unter besonderen Voraussetzungen kann – in Parallele zu § 173 Abs. 2 GVG – für Teile der Revisionshauptverhandlung die Öffentlichkeit gem. §§ 171b und 172 GVG ausgeschlossen werden. Die Vorschriften des JGG über den Ausschluss der Öffentlichkeit gelten auch für die Revisionsinstanz (LR/*Wickern* § 169 GVG Rn. 1; BGH, Urt. vom 20.01.2004 – 5 StR 530/03; a.A. Meyer-Goßner/*Schmitt* § 169 GVG Rn. 2. Das Revisionsgericht ist *erkennendes* Gericht i.S.v. § 48 JGG. 2

B. Ablauf der Hauptverhandlung. I. Auch die Hauptverhandlung vor dem Revisionsgericht **beginnt entspr. § 243 Abs. 1** mit dem Aufruf der Sache und der Feststellung der Präsenz. 3

Die (auch vorübergehende) Verhandlungsunfähigkeit des in der Revisionshauptverhandlung erschienenen Angeklagten hindert deren Durchführung (§ 205 Rdn. 2; *Dahs* Rn. 569; a.A. Meyer-Goßner/*Schmitt* § 350 Rn. 3a), es sei denn, der Angeklagte hat sie schuldhaft herbeigeführt oder er ist durch einen – ggf. bei- 4 zuordnenden – Verteidiger vertreten und eine grds. Abstimmung ist gewährleistet. Die Grenze der Verhandlungsfähigkeit muss dort gezogen werden, wo dem Beschuldigten auch bei Inanspruchnahme verfahrensrechtlicher Hilfen eine selbstverantwortliche Entscheidung über grundlegende Fragen seiner Verteidigung und eine sachgerechte Wahrnehmung der von ihm persönlich auszuübenden Verfahrensrechte nicht mehr möglich ist (BVerfG, Kammerbeschl. vom 24.02.1995 – 2 BvR 345/95). Für das Revisionsverfahren reicht es aus, wenn der Angeklagte verantwortlich über die Einlegung des Rechtsmittels entscheiden konnte, wenn er um die Bedeutung des Revisionsverfahrens weiß und zu einer Grundübereinkunft mit seiner Verteidigung über die Fortführung oder Rücknahme des Rechtsmittels in der Lage ist (BVerfG a.a.O.).

5 Für den **Vortrag des Berichterstatters** (Abs. 1; vgl. auch § 324 Abs. 1 Satz 1 Hs. 2; zu dessen Funktion vgl. *Hamm/Pauly* T. 8 Rn. 1753). hat das Gesetz keine besonderen Regeln aufgestellt, da sie sich aus dem Zweck des Vortrags und der Aufgabe des Revisionsgerichts von selbst ergeben: Zu referieren ist nur, was für die Revisionsentscheidung von Bedeutung sein kann (wobei der Berichterstatter nicht nur seine eigene Ansicht vertreten darf; vgl. LR/*Franke* § 351 Rn. 3; KK/*Gericke* § 351 Rn. 2; die Erfüllung der dem Berichterstatter gem. § 351 Abs. 1 übertragenen Aufgabe begründet für den anwaltlich beratenen). Angeklagten nicht die Besorgnis der Befangenheit, BGH, Beschl. v. 15.07.2008 – 1 StR 231/08. Vorzutragen sind daher insb. die Zulässigkeitsvoraussetzungen (Formalien) der Revision und die Rügen, namentlich die erhobenen Verfahrensrügen (a.a. KK-StPO/*Gericke* § 351 Rn. 2) – Ausführungen zur Sachrüge werden jedoch in der Regel dem – erschienenen – Beschwerdeführer überlassen (*Dahs* Rn. 600) und eine evtl. Anfechtungsbeschränkung, ferner die wesentlichen Teile des Hauptverhandlungsprotokolls (§ 274!) und ggf. Ergebnisse freibeweislicher Ermittlungen des Revisionsgerichts. Ist allen Senatsmitgliedern die Sache bekannt, genügt ein abgekürzter Bericht (*Dahs* Rn. 599 ff.).

6 Die Verfahrensbeteiligten können eine **Ergänzung des Berichts** anregen oder auch Einwendungen erheben, wenn sie den Bericht in wichtigen Punkten für nicht vollständig oder nicht ganz zutreffend erachten. Solche Klärungen noch während der Verhandlung sind wichtig, weil der Sachbericht Teil des vom Berichterstatter erstellten (senatsinternen) Votums ist und damit in wesentlichem Maße Einfluss auf die Urteilsberatung hat.

7 **II.** (Frei-) **Beweis** (§ 244) darf das Revisionsgericht **nur erheben** über Rechtszugs- und Prozessvoraussetzungen (§ 337 Rdn. 4, 11, 21 f.), den Verfahrensrügen zugrunde liegende Tatsachen (§ 337 Rdn. 22 ff., 8 ff.; vgl. jedoch § 274!; hier obliegt jedoch die Beweislast dem Beschwerdeführer; vgl. BGHSt 21, 4 ff.) sowie den Inhalt von Abbildungen im Fall des § 267 Abs. 1 Satz 3 (dort Rdn. 14–17), **nicht** auch sonst über die Schuld- und Rechtsfolgenfrage (§ 261 Rdn. 37 ff.; vgl. *Dahs* Rn. 608). Grundsätzlich ist es dem Senat möglich, auch weitere Beweismittel im Freibeweisverfahren einzuführen, etwa durch Urkundenverlesung, Sachverständigen- oder Zeugeneinvernahme (BGH NStZ 1993, 349; StV 2002, 123), bereits im Strengbeweis vernommene Zeugen sind der Beweisaufnahme des RevG jedoch entzogen (BayObLG JR 2001, 256 m.Anm. *Eisenberg*; Meyer-Goßner/*Schmitt* § 351 Rn. 3; HK-GS/*Rackow* § 351 Rn. 4). Zu **spezifischen** revisionsgerichtlichen **Beweisverboten** vgl. § 244.

8 **III.** Abs. 2 Satz 1 regelt die **Worterteilung** in derselben Weise wie § 326 für das Berufungsverfahren. Grundsätzlich wird der Beschwerdeführer zuerst gehört, bei mehreren und »gegenläufigen« Beschwerdeführern derjenige mit dem weitestgehenden Antrag. Hiervon kann, da Abs. 2 Satz 1 eine bloße Ordnungsvorschrift ist, nach Zweckmäßigkeitsgesichtspunkten (und nach Abklärung mit den Verfahrensbeteiligten) abgewichen werden. Werfen die Revisionen eine Mehrzahl von Rechtsfragen auf, so kann eine Gliederung nach Problemkomplexen sinnvoll sein.

9 **Art. 103 Abs. 1 GG** berechtigt den Angeklagten zwar auch zu Rechtsausführungen, verpflichtet das RevG aber **nicht**, in ein »**Rechtsgespräch**« mit dem Bf. einzutreten (BGHSt 22, 339; BayVerfGH NJW 1960, 1051; JZ 1963, 63 m. abl. Anm. *Arndt*; *Jagusch* NJW 1959, 269; Meyer-Goßner/*Schmitt* § 351 Rn. 5 m.w.N.; *Röhl* NJW 1964, 277; *Wolf* JR 1965, 89 ff.; *Eb. Schmidt* I 345; *Rüping* Vor § 33 Rn. 1, 156 ff.; a.A. *Arndt* NJW 1959, 6; *Croissant* NJW 1963, 1712; relativierend: *Dahs* Rn. 602; vgl. auch *Hamm/Pauly* Rn. 1760; vgl. auch BVerfG MDR 1987, 290). In Einzelfällen kann ein solcher Versuch gleichwohl zweckmäßig sein (*Jagusch* NJW 1959, 268; *Hamm/Pauly* Rn. 1760) und bei Anregung des RevG an die Beteiligten, die Ausführungen auf die von ihm für wesentlich (bzw. erfolgversprechend) erachtete Rüge (§ 352 Rdn. 12) zu konzentrieren, auch der Prozessökonomie dienen. Auf seine **Absicht**, von seiner bisherigen Rspr. oder der h.M. **abzuweichen**, muss das Revisionsgericht gem. Art. 103 Abs. 1 GG den Bf. hinweisen und insoweit die Gelegenheit zur rechtlichen Erörterung einräumen (BVerwG NJW 1961, 891 [1549]; *Dahs* Rn. 602; LR/*Franke* § 351 Rn. 7; *Eb. Schmidt* I 345; *Rüping* 158; SK-StPO/*Wohlers* § 351 Rn. 10; a.A. *Jagusch* NJW 1959, 268; KK/*Gericke* § 351 Rn. 4; Meyer-Goßner/*Schmitt* § 351 Rn. 5).

10 **IV.** Auch in der Revisionshauptverhandlung hat der Angeklagte zwingend das Recht des **letzten Wortes** (Abs. 2 Satz 2; RGSt 64, 134; HK-GS/*Rackow* § 351 Rn. 5: Verletzung kein Anfechtungsgrund; Meyer-Goßner/*Schmitt* § 351 Rn. 6; vgl. auch SK-StPO/*Wohlers* § 351 Rn. 11 f.). Die Gegenauffassung (LR/*Meyer* – bis

23. Aufl. – § 351 Rn. 8) ist nicht mit Hinweis auf § 350 Abs. 2 begründbar, da auch § 258 Abs. 3 in der tatgerichtlichen Hauptverhandlung nicht abdingbar ist, wenn diese an sich in Abwesenheit des Angeklagten stattfinden dürfte. Sehr häufig ist der Angeklagte in der Revisionshauptverhandlung nicht anwesend. Dann wird in der Regel (als *nobile officium*, unabhängig von der Frage, ob es sich um ein nur dem Angeklagten zustehendes höchstpersönliches Recht handelt) das letzte Wort dem Verteidiger gewährt.

V. Der Hauptverhandlung schließt sich die **Urteilsberatung** an. Vorberatungen sind bei komplexen Rechts- 11
fragen üblich. Bei der Abstimmung ist gem. § 263 Abs. 1 für dem Angeklagten ungünstige Entscheidungen zur Schuldfrage oder hinsichtlich der Rechtsfolgen (einschl. einer Entscheidung nach § 354 Nr. 1a; vgl. BGHSt 49, 371 [375]) Zweidrittelmehrheit erforderlich; für dem Angeklagten günstige Entscheidungen genügt die einfache Mehrheit (§ 196 Abs. 1 GVG). Bei Entscheidungen der Senate des BGH, die in der Besetzung mit drei Richtern ergehen (§ 139 Abs. 2 GVG), hat dies keine Bedeutung, wohl aber bei Entscheidungen in Fünferbesetzung (4: 1 oder 3: 2).

C. **Unterbrechung und Aussetzung.** Die **Höchstgrenzen der Unterbrechung** nach §§ 229, 268 Abs. 3 Satz 2 12
gelten für die Revisionshauptverhandlung nicht, weil es hier **nicht** auf die Gegenwärtigkeit einer Beweisaufnahme ankommt. Deshalb kommt es immer wieder vor, dass das Revisionsurteil erst Wochen nach der Hauptverhandlung verkündet wird.

Zur **Aussetzung** der Revisionshauptverhandlung kommt es (von Fällen der Erkrankung eines Verfahrensbe- 13
teiligten abgesehen), wenn eine Vorabentscheidung des EuGH eingeholt oder das Anfrage- und Vorlegungsverfahren nach § 132 Abs. 2 bis 4 bzw. nach § 121 Abs. 3 GVG durchgeführt wird. Nach Erledigung dieses Verfahrens kann das Revisionsverfahren – nach Anhörung der Beteiligten und ggf. entsprechender Antragstellung der StA – im Beschlusswege fortgesetzt werden.

Verschiedene beim Revisionsgericht anhängige Revisionsverfahren können (theoretisch sogar senatsüber- 14
greifend) zur **gemeinsamen Verhandlung** und Entscheidung verbunden werden, nach §§ 3, 4, wenn die Revisionen sich gegen mehrere Urteile richten, die aufgrund einer zunächst einheitlichen, dann aber durch Verfahrenstrennung »aufgespaltenen« Hauptverhandlung ergangen sind, oder nach § 237, wenn dies – etwa wegen der Identität der zu klärenden Rechtsfrage – zweckmäßig erscheint (vgl. *Meyer-Goßner/Cierniak* StV 2000, 696 [698]).

§ 352 Umfang der Urteilsprüfung

(1) Der Prüfung des Revisionsgerichts unterliegen nur die gestellten Revisionsanträge und, soweit die Revision auf Mängel des Verfahrens gestützt wird, nur die Tatsachen, die bei Anbringung der Revisionsanträge bezeichnet worden sind.

(2) Eine weitere Begründung der Revisionsanträge als die in § 344 Abs. 2 vorgeschriebene ist nicht erforderlich und, wenn sie unrichtig ist, unschädlich.

Übersicht

A. **Grundsätzliches zur Prüfung des Revisionsgerichts. Gegenstand** der Prüfung des Revisionsgerichts und 1
damit Prozessstoff ist das vorinstanzliche **Urteil** (d.h. bei Revision gegen ein Berufungsurteil nicht das Ersturteil des AG), **soweit** (§ 344 Rdn. 1, 5) es zulässig (Vor § 333 Rdn. 2–4) **angefochten** und **nicht** schon vorher **rechtskräftig** geworden ist. Zum **Umfang** (im Einzelnen § 337 Rdn. 1 ff.) der Prüfung bei **Sachrüge(n)** vgl. § 337 Rdn. 18 ff., 25 ff. und § 344 Rdn. 30–34, bei **Verfahrensrüge(n)** vgl. § 337 Rdn. 63 ff., § 344 Rdn. 35–37, bei Prozessvoraussetzungen vgl. § 337 Rdn. 21 ff., 75 ff. Die **Maßstäbe** der Prüfung enthalten §§ 337 (dort Rdn. 24 ff.), 338. Abs. 1 fasst dementsprechend hinsichtlich der Prüfungspflicht des Revisionsgerichts zusammen, was sich bereits aus §§ 337, 344 und 349 Abs. 1 folgt. Das Revisionsgericht entscheidet danach (im Urteils- wie im Beschlussverfahren)

– **von Amts wegen** über die **Zulässigkeit der Revision** (§ 349 Rdn. 10 ff.),
– **von Amts wegen** (wenn jedenfalls die Sachrüge erhoben ist) über das **Vorliegen der Verfahrensvoraussetzungen** (§ 337 Rdn. 21 ff., 75 ff.),

- **von Amts wegen** (wenn jedenfalls die Sachrüge erhoben ist) über die Zulässigkeit einer vorangegangenen **Berufung** und über die Beachtlichkeit **innerprozessualer Bindungswirkungen** (dazu § 337 Rdn. 68 f.),
- **von Amts wegen umfassend** (aber im Umfang der Urteilsanfechtung) über eine erhobene **Sachrüge** (ohne Bindung an die Revisionsbegründung),
- über die erhobenen **Verfahrensrügen** nur auf der Grundlage der nach § 344 Abs. 2 **von der Revision vorgetragenen Verfahrenstatsachen** (§ 344 Rdn. 35 ff.).

2 Der bereits **rechtskräftige Teil** des Urteils unterliegt nicht mehr der »Prüfung« des Revisionsgerichts, ist aber **aufzuheben**, wenn ein das Gesamtverfahren betreffendes **Prozesshindernis** festgestellt wird (§ 318 Rdn. 20–22, § 337 Rdn. 21, 75 ff.; vgl. auch Meyer-Goßner/*Schmitt* § 352 Rn. 2) oder im Zuge der Überprüfung etwa des allein angefochtenen Strafausspruchs rechtliche Feststellungen getroffen werden (z.B. der Notwehr, der Schuldunfähigkeit), die auch dem **»teilrechtskräftigen«** Schuldspruch (§ 318 Rdn. 7, 42) die Grundlage entziehen (dazu § 318 Rdn. 32–36).

3 Auch eine **beschlussförmige Einstellung** des Verfahrens – bzw. Beschränkung des Prozessgegenstands – ist, ohne dass es (insoweit) einer ausdrücklichen Urteilsaufhebung bedarf (LR/*Franke* § 353 Rn. 2; KK/*Gericke* § 353 Rn. 6; a.A. *Eb. Schmidt* II 10), dem Revisionsgericht, das jedoch keine ergänzenden tatsächlichen Feststellungen treffen kann (BayObLG MDR 1952, 247; OLG Bremen NJW 1951, 326; *Naucke* FS StASchlH [1992], S. 466 ff.), nach §§ **153 Abs. 2 gestattet** (RGSt 77, 75; OLG Neustadt JZ 1951, 594 m.Anm. *Dehler*); – ebenso dem Rechtsbeschwerdegericht gem. § **47 Abs. 2 OWiG**, nach h.M. selbst ohne vorherige Zulassung der Rechtsbeschwerde, vgl. OLG Hamm NJW 1970, 622; VRS 40, 373; 54, 447; OLG Zweibrücken DAR 1976, 250), 153a Abs. 2 (siehe Vor §§ 333 ff. Rdn. 3), **383 Abs. 2** (OLG Neustadt MDR 1957, 410), **154 Abs. 2** (sofern sich der Tatrichter mit der betr. Tat befasst hat; OLG Celle, BGH NStZ 2008, 118; BGHSt 46, 130; BGH NStZ 1993, 551; RGSt 73, 400; OLG Bremen NJW 1951, 326), **154a Abs. 2** (MDR [D] 1966, 383 [559]), **154b Abs. 4** (*Dahs* Rn. 624); ebenso Beschränkung der Rechtsfolgen nach § **430** (Meyer-Goßner/*Schmitt* § 353 Rn. 3; *Dahs* Rn. 624). Antrags- bzw. zustimmungsberechtigt ist der **GBA** (*Dallinger* JZ 1953, 439; umfassend *Hamm* Rn. 1391 f.; *Eb. Schmidt* Nachtr. I 2) bzw. **GenStA**. Das Urteil ist nur dann aufzuheben, wenn infolge Einstellung weggefallene Teil-Verurteilungen die Strafe beeinflusst haben konnten (RG ZAkDR 1940, 147; KG VRS 31, 275; 36, 203; MDR [D] 1966, 797 f. m.w.N.). § 354 Abs. 1a und b gehen vor (*Dahs* Rn. 624; Meyer-Goßner/*Schmitt* § 354 Rn. 24).

4 **B. Reihenfolge der Prüfung des Revisionsgerichts.** a) **Regelablauf der Untersuchung**: Das Revisionsgericht prüft, sofern keine prozessökonomischen Gesichtspunkte ein anderes Vorgehen nahelegen (vgl. Rdn. 7, 10 ff.), zunächst nur die Rechtszugsvoraussetzungen, von denen die Hemmung der Rechtskraft abhängt, also **Statthaftigkeit** und **Rechtzeitigkeit** (§ 341) der Revision. Fehlt es daran, ist das Urteil bereits rechtskräftig geworden, die Revision also als unzulässig zu verwerfen. Andernfalls sind bereits in diesem Stadium (mithin vor Prüfung der Zulässigkeit i.e.S.) **nach Urteilserlass** eingetretene **Prozesshindernisse** durch Einstellung des gesamten Verfahrens zu berücksichtigen.

5 **Verworfen** werden kann die Revision erst nach Prüfung sämtlicher Rügen. Bei Aufhebung des Urteils braucht das Revisionsgericht (i.S.d. »revisionsrechtlichen Minimums«) nur die Verfahrens- oder Sachrüge zu prüfen, die die Aufhebung trägt (oder bei mehreren durchgreifenden Rügen nur eine). Über weitere erhobene Rügen braucht es nicht zu entscheiden. Einen Vorrang (einer durchgreifenden) Sachrüge vor einer (ebenfalls durchgreifenden) Verfahrensrüge soll es – ungeachtet der möglichen unterschiedlichen Folgen nach § 357 oder 358 Abs. 1) nicht geben (Meyer-Goßner/*Schmitt*, § 352 Rn. 11 mwN). Führt die Sachrüge zum Freispruch aus Rechtsgründen (§ 354 Abs. 1), so ist diese Entscheidung auch dann geboten, wenn an sich wegen eines **Prozesshindernisses** einzustellen wäre (vgl. KG NStZ-RR 2006, 176: Insoweit kann sogar ein Rückgriff auf die Akten zulässig und geboten sein; *Dahs* Rn. 612) oder eine zugleich erhobene **Verfahrensrüge**, die (und sei es ein absoluter Revisionsgrund) zur Urteilsaufhebung und zur Zurückverweisung geführt hätte (BGHSt 17, 253 = JR 1962, 387 m.Anm. *Eb. Schmidt:* eine Entscheidung, durch die eine im Nachhinein kaum verständliche wissenschaftl. Auseinandersetzung zutreffend beendet wurde; *Jagusch* NJW 1962, 1418; *Sarstedt* FS H. Mayer [1966], S. 532; *Hanack* JZ 1973, 778; Meyer-Goßner/*Schmitt* § 352 Rn. 12; LR/*Franke* § 352 Rn. 12 ff.; KK/*Gericke* § 352 Rn. 19; HK-GS/*Rackow* § 352 Rn. 6; a.A. noch BGHSt 14, 243).

6 **C. Die Prüfung des Revisionsgerichts im Einzelnen.** Fehlt eine **Rechtszugsvoraussetzung** (Vor § 333 Rdn. 4), ist nicht das ganze Verfahren einzustellen, sondern nur das Revisionsverfahren abzulehnen (§§ 346 Abs. 1, 349 Abs. 1); das kann noch durch Urteil geschehen (§ 349 Abs. 5; vgl. KK/*Gericke* § 352 Rn. 2; Meyer-Goßner/*Schmitt* § 352 Rn. 1; HK-GS/*Rackow* § 352 Rn. 2). Eine Entscheidung ergeht, wenn ihr Vorliegen in tatsächlicher Hinsicht **zweifelhaft** bleibt. Hat der Tatrichter über eine selbstständige Tat, die von einer zulässigen Anklage umfasst ist, nicht entschieden, so ist das Verfahren insoweit noch dort anhängig,

eine Prüfungskompetenz des Revisionsgerichts ist nicht entstanden (BGH NStZ 2007, 476; Meyer-Goßner/*Schmitt* § 352 Rn. 1).

Zu Prüfung und Entscheidung: vgl. § 337 Rdn 11, 21, 75 ff. Ihr Mangel kann z.T. noch in der Revisionsinstanz **geheilt** – z.B. ein Strafantrag nachgeholt (BGHSt 3, 73) oder das besondere öffentliche Interesse nach § 232 Abs. 1 StGB erklärt (BGHSt 6, 282) werden – anderenfalls ist das Verfahren einzustellen (BGHSt 10, 137). Sofern sich die Revision gegen ein **Berufungsurteil** richtet, sind ebenfalls die bereits in der Berufungsinstanz beachtlichen Voraussetzungen zu prüfen (BGHSt 16, 114; OLG Frankfurt StV 1987, 289; KK/*Gericke* § 352 Rn. 22; HK-GS/*Rackow* § 352 Rn. 3; Meyer-Goßner/*Schmitt* § 352 Rn. 3; SK-StPO/*Wohlers* § 352 Rn. 5); ggf. ist das Berufungsurteil aufzuheben und die Berufung als unzulässig zu verwerfen (BayObLG DAR 1985, 246; str. wenn ein anderer Verfahrensbeteiligter das noch nicht rechtskräftige Urteil zulässig angefochten hat – RGSt 65, 250; LR/*Franke* § 352 Rn. 3; KK/*Gericke* § 352 Rn. 22; Meyer-Goßner/*Schmitt* § 352 Rn. 3: Verwerfung; a.A. BayObLG NStZ 1994, 48). 7

Ein **zeitweiliges Prozesshindernis**, das im Revisionsrechtszug noch Bedeutung hat, führt nur zur vorläufigen Einstellung nach § 205 (§ 337 Rdn. 21 ff.). 8

Beruht das Prozesshindernis auf einer **fehlenden oder fehlerhaften Prozesshandlung** während des vorangegangenen Verfahrens, wird das Verfahren so weit zurückgedreht, als es unzulässig war. Vgl. zur Entscheidung des Revisionsgerichts bei vom Tatgericht nicht erkannter **Unzulässigkeit eines Einspruchs** oder der **Berufung**: Aufhebung des Berufungsurteils und Zurückweisung der Berufung (BayObLG NJW 1966, 1376; Meyer-Goßner/*Schmitt* § 352 Rn. 3; HK-GS/*Rackow* § 352 Rn. 3). Im Fall der **Unwirksamkeit der Berufungsbeschränkung** (§ 318) gilt: Das Revisionsgericht ist nicht an die Auffassung des Berufungsgerichts, es habe wegen einer wirksamen Berufungsbeschränkung Teile des erstinstanzlichen Urteils nicht überprüfen dürfen, gebunden. Das Revisionsgericht hat die Wirksamkeit der Beschränkung von Amts wegen zu prüfen und soweit die Auffassung des Berufungsgerichts unzutr. war, das Urteil aufzuheben. Das Berufungsgericht muss dann über alle nach Auffassung des Revisionsgerichts einzubeziehenden Teile neu verhandeln. Soweit die Beschränkung wirksam war, sind die betr. Teile des Urteils der revisionsgerichtlichen Prüfung entzogen (HK-GS/*Rackow* § 352 Rn. 8; Meyer-Goßner/*Schmitt* § 352 Rn. 4; KK/*Gericke* § 352 Rn. 23 f.; BayObLG NStZ 1988, 570; JR 1978, 248; OLG Karlsruhe Justiz 1988, 27; vgl. auch BGHSt 27, 70; OLG Hamm NJW 1973, 1141). 9

Eine weitergehende Revisionsbegründung (auch eine unrichtige) ist unschädlich (**Abs. 2; vgl.** unten Rdn. 18). 10

1. Verfahrensrügen:. a) Dazu § 337 Rdn. 63 ff., 67 ff., § 344 Rdn. 35–68. Der **Nachweis** des Verfahrensfehlers obliegt dem Revisionsführer. Zwar prüft das Revisionsgericht die dem Fehler zugrunde liegenden Tatsachen ggf. im Wege des Freibeweises; die Entscheidung bei unklärbarem **Zweifel** über die Existenz des behaupteten Prozessfehlers fällt jedoch zulasten des Beschwerdeführers, d.h. die Revision ist unbegründet (BGHSt 16, 164; 17, 351; 21, 4; BGH NStZ 1985, 207; *Dahs* Rn. 611 i.V.m. 517 ff.; Meyer-Goßner/*Schmitt* § 337 Rn. 12; HK-GS/*Rackow* § 352 Rn. 4. krit. SK-StPO/*Frisch* § 337 Rn. 75 f.; LR/*Franke* § 337 Rn. 51); Ausnahmen gelten jedoch dann, wenn ein Nachweis wegen Verschuldens der Justizbehörden nicht erfolgen kann [OLG Celle StV 1998, 531: fehlende Zustellung der Anklageschrift]. 11

b) Aus Gründen der Prozessökonomie kann das Revisionsgericht ihre Schlüssigkeit vor ihrer tatsächlichen **Richtigkeit** prüfen, dies ist jedoch im Einzelfall zu entscheiden, da auf eine Entscheidung nach § 349 verzichtet wurde, sodass die Rüge nicht offensichtlich unbegründet oder begründet ist (vgl. LR/*Franke* § 352 Rn. 5 f.; gegen eine grds. Vorprüfung der Schlüssigkeit auch *Eb. Schmidt* II 5). 12

c) Das Revisionsgericht darf andere als die zur Begründung einer Verfahrensrüge behaupteten Tatsachen (§ 344 Abs. 2 Satz 2, dort Rdn. 35–37 nicht feststellen, um der Rüge zum Erfolg zu verhelfen [BGHSt 17, 337; 18, 214; BGH NJW 1951, 283; OLG Karlsruhe Justiz 1986, 308; OLG Hamm NJW 1972, 1096; OLG Bremen VRS 50, 36], u.U. aber eine unzulässige **Verfahrensrüge** [z.B. nach § 244 Abs. 3 Satz 2, Abs. 4] in eine andere [z.B. Aufklärungsrüge nach § 244 Abs. 2] **umdeuten**, sofern im Vortrag zu der unzulässigen Rüge entsprechender Sachvortrag enthalten ist [BGH MDR 1978, 805; KK/*Gericke* § 352 Rn. 15 m.w.N.]. 13

2. Sachrüge(n):. Das Revisionsgericht muss bis zu seiner Entscheidung das gesamte Vorbringen des Beschwerdeführers auf die Sachrüge (§ 337 Rdn. 25 ff., § 344 Rdn. 30–34) berücksichtigen, jedoch einen angekündigten weiteren Vortrag grundsätzlich nicht abwarten (vgl. BGH NStZ 1988, 20; so wohl auch BGH, Urt. vom 21.11.2006, 3 StR 407/06; Meyer-Goßner/*Schmitt* § 352 Rn. 8). 14

D. Beratung und Abstimmung des Revisionsgerichts. Eine förmliche **»Vorberatung«** vor Abschluss der Revisionshauptverhandlung ist unzulässig (§ 260 Rdn. 2; *Hamm* Rn. 1399; *Hanack* JZ 1972, 313; *Peters* LB § 53 Abs. 1 S. la; auch OLG Hamburg VRS 10, 374; *Croissant* NJW 1963, 1711; a.A. BGHSt 11, 74; 15

KK/*Gericke* § 351 Rn. 6; Meyer-Goßner/*Schmitt* § 351 Rn. 7; *Wimmer* NJW 1950, 202). Formlose Vorgespräche sind dagegen nicht zu beanstanden.

16 Nach seinem Ermessen kann das Revisionsgericht auch über eine Mehrzahl von Revisionsgründen (verfahrens- oder materiellrechtlicher Natur) befinden, die gleichermaßen Anlass zur Aufhebung des Urteils geben; tragend und damit verbindlich im Sinne des § 358 Abs. 1 (und des § 132 Abs. 2 GVG) sind dann die Ausführungen zu allen Aufhebungsgründen.

17 Die **Abstimmung** des Revisionsgerichts erfolgt daher nicht über die Revision schlechthin, sondern **stufenweise** (dazu Rdn. 5–12; vgl. Meyer-Goßner/*Schmitt* § 351 Rn. 7). Die jeweils notwendige **Stimmenmehrheit** ist entspr. § 263 2/3 bei für den Angeklagten ungünstigen Entscheidungen in der Schuld- und Rechtsfolgenentscheidung (§ 354 Abs. 1, 1a, 1b), i.Ü. gem. § 196 GVG mit einfacher Stimmenmehrheit (BGHSt 49, 371; Meyer-Goßner/*Schmitt* § 351 Rn. 7). Nur in ersteren Fällen tritt das Revisionsgericht mit seiner Entscheidung an die Stelle des Tatgerichts, sodass § 263 anwendbar ist (a.A. LR/*Franke* § 351 Rn. 11; SK-StPO/*Wohlers* § 351 Rn. 16; *Spendel* GS Schlüchter, 2002, S. 647).

18 **Obiter dicta**, in denen der Senat entweder (1) seine Rechtsauffassung zu weiteren von der Sache aufgeworfenen Rechtsfragen andeutet, ohne sie verbindlich auszusprechen, oder (2) Kritik am Stil und an der Abfassung des tatrichterlichen Urteils oder am Stil der Revisionsbegründung Kritik übt, sind entgegen *Fezer* (Küper-FS, S. 45, 50) und *Meyer-Goßner* § 352 Rn. 13 (»Unsitte«) nicht schlechthin unzulässig. In begründeten Ausnahmefällen kann das Revisionsgericht (zu 1) in sinnvoller Weise eine Rechtsprechungsänderung vorbereiten (*Rissing-van Saan* Widmaier-FS, S. 505 [513, 514]; LR/-*Franke* § 132 GVG vor Rn. 1; *Jungmann* JZ 2009, 380 ff.) und (zu 2) in heilsamer Weise »pädagogisch« wirken (so *Widmaier* in der 1. Auflage). Nicht angebracht sind dagegen Bemerkungen, die bei Aufhebung des Schuldspruchs der Steuerung des tatrichterlichen Ermessens bei der (zukünftigen) Straffestsetzung dienen (etwa durch Hinweis auf die »durchaus angemessene« oder »auffällig milde« Strafe des Ersturteils), vor allem aber nicht auf einem ersten Eindruck beruhende (Vor-) Verurteilungen des Verteidigerverhaltens.

19 **E. Unrichtiger und überflüssiger Begründungsvortrag (Abs. 2).** Die Vorschrift bildet eine gewisse Parallele zu § 300, wonach ein Irrtum in der Bezeichnung des zulässigen Rechtsmittels unschädlich ist. Allerdings findet die in Abs. 2 konzedierte Unschädlichkeit einer überflüssigen Begründung ihre Grenze in der aus § 344 Abs. 2 Satz. 2 folgenden Notwendigkeit, dem Revisionsgericht nicht ein Übermaß an ungeordnetem Material, sondern einen der Angriffsrichtung der Verfahrensrüge exakt entsprechenden prozessualen Sachverhalt vorzutragen (vgl. § 344 Rdn. 35 ff.).

§ 353 Inhalt des Revisionsurteils

(1) Soweit die Revision für begründet erachtet wird, ist das angefochtene Urteil aufzuheben.

(2) Gleichzeitig sind die dem Urteil zugrunde liegenden Feststellungen aufzuheben, sofern sie durch die Gesetzesverletzung betroffen werden, wegen deren das Urteil aufgehoben wird.

1 A. Die Vorschrift betrifft die Entscheidung des Revisionsgerichts durch **Revisionsurteil** bei zumindest teilweise begründeter Revision (zur Teilrechtskraftfähigkeit und der damit korrespondierenden Beschränkungsmöglichkeit vgl. § 344 Rn. 6 ff.). Das instanzgerichtliche Urteil ist ganz oder teilweise **aufzuheben**, sofern und soweit die Rügen ganz oder teilw. begründet sind. Entscheidend ist, dass zugleich die **Feststellungen** aufzuheben sind, aber nur, soweit sie durch die Gesetzesverletzung »betroffen« werden. Die Abgrenzung kann hier im Einzelfall schwierig sein (vgl. § 344 Rn. 6 ff.). Ist die Revision unzulässig oder unbegründet, so wird sie verworfen (HK-GS/*Rackow* § 353 Rn. 1). Nicht näher gesetzlich geregelt ist die Verwerfung einer Revision durch Urteil (Meyer-Goßner/*Schmitt* § 353 Rn. 1).

2 Im Einzelnen gibt es verschiedene **Möglichkeiten** für das Revisionsgericht zu entscheiden: nach Hauptverhandlung (§§ 350, 351) durch **Urteil** (Verwerfung der Revision als unzulässig; Urteilsaufhebung und Verfahrenseinstellung; Zurückweisung der Revision als unbegründet; vollständig oder teilw. – unter Zurückweisung der Revision i.Ü. – Aufhebung des Urteils und Zurückverweisung oder eigene Sachentscheidung des Revisionsgerichts; vgl. KMR/*Momsen* § 352 Rn. 6–12) oder als verfahrensabschließende Entscheidung des RevG durch **Beschluss** (näher KMR/*Momsen* § 352 Rn. 4). Die in der Revisionsschrift zu beantragende (§ 344 Rn. 2) **Urteilsaufhebung**, erfolgt, wenn und soweit die Revision »begründet« ist, d.h. ein Revisionsgrund (vgl. aber die als Ausnahme anzusehende Entscheidung BGHSt 41, 72 [94] – zum Nachweis: KMR/*Momsen* § 352 Rn. 19) nach § 337 oder § 338 besteht. Zugleich entfallen, obwohl nicht Gegenstand der Revisionsanfechtung (Meyer-Goßner/*Schmitt* § 353 Rn. 4; § 344 Rn. 30 ff.), **Kosten-** (§§ 464 ff.) und ggf. **Entschädigungsentscheidungen** (§ 8 StrEG) im angefochtenen Urteil auch ohne dass es eines besonderen Ausspruchs bedürfte (BGHSt 25, 79; 26, 253; BayObLG VRS 43, 282; MDR 1972, 806; OLG Stuttgart VRS

52, 39; Meyer-Goßner/*Schmitt* § 353 Rn. 4). Eine Aufhebung kommt nicht in Betracht, soweit der Tatrichter fehlerhaft über eine korrekt angeklagte selbstständige Tat nicht entschieden hat, da das Verfahren in diesem Umfang weiterhin beim Tatgericht anhängig ist (BGHSt 46, 130; NStZ-RR 2002, 98; vgl. auch 2006, 10).

Grundsätzlich kann das Revisionsgericht das Verfahren auch **nach §§ 153 ff. einstellen** und auch hinsichtlich der Ermessensausübung prüfen. Dies gilt **nicht**, wenn die Einstellungskompetenz allein bei der StA liegt, wie bspw. bei § 153c (LR/*Franke* § 353 Rn. 2; Meyer-Goßner/*Schmitt* § 353 Rn. 2). Liegt die **Einstellungsbefugnis** hingegen beim Gericht, bspw. in Fällen der §§ 153 Abs. 2 oder 383 Abs. 2, so kann das Revisionsgericht die Einstellung, ggf. mit Zustimmung der StA, selbst vornehmen, sofern und soweit das angegriffene Urteil die Voraussetzungen dafür bietet (LR/*Franke* § 353 Rn. 2). Allerdings sind für das Revisionsgericht keine eigenen Beweiserhebungen angezeigt, um festzustellen, ob die Einstellungsvoraussetzungen vorliegen (OLG Bremen NJW 1951, 326; Meyer-Goßner/*Schmitt* § 353 Rn. 2). Im Fall des **§ 154 Abs. 2** muss sich das Instanzgericht mit der betr. Tat befasst haben (OLG Celle NStZ 2008, 118; BGH NStZ 1993, 551; entspr. **§ 154a**, vgl. LR/*Franke* § 353 Rn. 2). Angesichts der Rspr. zum Beschleunigungsgrundsatz ist eine Einstellung nach § 153 konsequenterweise auch »für an sich schwerwiegendere Taten« in Betracht zu ziehen, soweit es zu einer extremen Verletzung des Beschleunigungsgebots gekommen ist (vgl. BGHSt 54, 135; so LR/*Franke* § 353 Rn. 2; HK-GS/*Rackow* § 353 Rn. 4). Nach Streichung des § 153a Abs. 2 S. 1 aF durch das Gesetz zur effektiveren und praxistauglicheren Gestaltung des Strafverfahrens vom 17.08.2017 (BGBl 2017 I 3202), der eine Zuständigkeit nur bis zum Ende der letzten Tatsacheninstanz vorsah, ist nun auch diese Vorschrift im Revisionsverfahren anwendbar 3

B. Eine **Teilaufhebung des Urteils (Abs. 1) setzt voraus**, dass der aufgehobene Teil des Urteils einer **selbstständigen** Prüfung zugänglich ist, ohne ein erneutes Eingehen auf die übrigen Teile notwendig zu machen. Es gelten gleiche Grundsätze wie bei der Zulässigkeit der Beschränkung der Revision (§ 344 Rn. 6 ff.). Die Befugnis, das Urteil aufzuheben, besteht – vorbehaltlich § 357 – nur, soweit es noch **nicht rechtskräftig** ist: Wurde etwa der Angeklagte wegen **derselben Handlung** (§ 52 StGB) gleichzeitig verurteilt und freigesprochen (z.B. wenn er zwei Zeugen durch dieselben Äußerungen zur Falschaussage angestiftet hat, aber vom Vorwurf des § 153 StGB hinsichtlich des einen Zeugen freigesprochen wurde), kann dieser Freispruch nicht in Rechtskraft erwachsen, solange die Entscheidung hinsichtlich des anderen Teils der Handlung nicht rechtskräftig ist; die Urteilsaufhebung erstreckt sich hier auch auf den freisprechenden Teil, obwohl der Beschwerdeführer diesen nicht angefochten hatte (BGH, Urt. v. 20.09.2005 – 1 StR 288/05; BGH, Urt. v. 02.11.1955 – 1 StR 384/55; Meyer-Goßner/*Schmitt* § 353 Rn. 6a). Eine Vollaufhebung kann dementsprechend auch erfolgen, wenn zwei Taten zu einer rechtlichen **Bewertungseinheit** zusammenzufassen sind (BGH NStZ-RR 2003, 92). Eine **Teilaufhebung** (vgl. BGH NStZ 1997, 296; München NZV 10, 212) kommt daher in Betracht, wenn (1) von mehreren Revisionen nur die hinsichtlich eines von mehreren Mitangeklagten Erfolg hat (§ 318 Rn. 24), (2) eine unbeschränkt erhobene Revision nur teilw. begründet ist oder (3) ein beschränkt eingelegtes Rechtsmittel (§ 344 Rn. 5) insoweit voll durchgreift. Für die Teilaufhebung gelten die Grundsätze der Abtrennbarkeit bzw. der beschränkten Anfechtbarkeit (vgl. § 344 Rn. 5 ff.). 4

Der **Schuldspruch** muss **ausnahmsweise** trotz Fehlerhaftigkeit **nicht aufgehoben** werden (es sei denn, auch die Feststellungen zum Schuldumfang sind mangelhaft, vgl. BayObLG VRS 17, 430), wenn auch andere als vom Tatgericht angenommene Erschwerungsgründe einen Qualifikationstatbestand tragen (BGH MDR [D] 1968, 201; KK/*Gericke* § 353 Rn. 16; Meyer-Goßner/*Schmitt* § 353 Rn. 7). So auch, wenn das Tatgericht bei **einheitlicher Handlung** zum Nachteil mehrerer Geschädigter das Fehlen eines oder mehrerer der notwendigen Strafanträge übersehen hat (BGH NStZ-RR 2007, 5; RG 75, 243; OLG für Hessen JR 1949, 512; a.A. BayObLG NJW 1973, 634; NStZ-RR 2000, 53; vgl. zu Tateinheit auch LR/*Franke* § 353 Rn. 8 f.; KK/*Gericke* § 353 Rn. 14). Auch wenn eine nicht wesentlich anders zu beurteilende **Rauschtat** als die vom Tatgericht bei Schuldspruch nach § 323a StGB angenommene vorliegt (RGSt 69, 189; BGH VRS 36, 37; OLG Oldenburg VRS 40, 29; KK/*Gericke* § 353 Rn. 16 m.w.N.; str. bei rechtsfehlerhafter Beurteilung der einzigen Rauschtat – dafür RGSt 69, 189; Meyer-Goßner/*Schmitt* § 353 Rn. 7, dagegen jedoch BGHSt 14, 114) kann der Schuldspruch Bestand haben. Ein insoweit fehlerhafter Schuldspruch kann ausw. auch dann erhalten bleiben, wenn einige Einzelakte einer **fortgesetzten Handlung** (soweit dieses Institut nach BGHSt-GS-40, 138 noch anwendbar ist; ausf. *Fischer* Vor § 52 StGB Rn. 47 ff.) nach Auffassung des Revisionsgerichts nicht strafbar sind bzw. wenn insoweit ein Prozesshindernis (z.B. fehlender Strafantrag) vorliegt (RGSt 70, 57; 75, 85; OLG Bremen NJW 1951, 85). I.Ü. wird bei **Tateinheit** in der Regel die Einheitlichkeit der teilweisen Aufrechterhaltung des Schuldspruchs entgegenstehen (so möglicherweise weitergehend, i.Ü. zutr. BGH NJW 2012, 328; Meyer-Goßner/*Schmitt* § 353 Rn. 7a; dagegen BayObLG NStZ-RR 2000, 53). In diesen Fällen ist jedoch zumeist der **Strafausspruch** (Rn. 6), wenn seine Höhe durch die weggefallenen Teile beeinflusst sein konnte (daran fehlt es regelmäßig bei ganz unbedeutenden Teilakten, vgl. BGH, Urt. v. 03.06.1995 – 4 StR 471/55; vgl. auch BGH, Urt. v. 06.07.2004 – 4 StR 155/03 zur »horizontalen Teilentscheidung«), auf- 5 zuheben (vgl. noch für fortgesetzte Tat: RGSt 24, 369; 70, 57; BGH, Urt. v. 19.08.1954 – 1 StR 611/53; BGH, Urt. v. 16.12.1954 – 4 StR 556/54; BGH, Urt. v. 21.09.1956 – 2 StR 68/55; OLG Bremen NJW 1951, 85; dazu ausf. KK/*Gericke* § 353 Rn. 15 ff.). Zudem ist im Hinblick auf die Aufrechterhaltung der Feststellungen besondere Sorgfalt zu legen.

6 Im **Rechtsfolgenausspruch** kann das Urteil selbstständig angefochten werden. Im Hinblick auf die Verhängung von **Maßregeln** gelten die Grundsätze von Teilrechtskraftfähigkeit und Rechtsmittelbeschränkung (vgl. § 344 Rn. 6 ff.; BGH NStZ-RR 2009, 36, 39; Meyer-Goßner/*Schmitt* § 353 Rn. 8; LR/*Franke* § 353 Rn. 26; zu Maßregeln und Nebenfolgen vgl. BGH NJW 1984, 622; NStZ 1982, 483; DAR 1985, 191). Ist eine Anrechnung nach **§ 51 Abs. 1, 4, 5 StGB** rechtsfehlerhaft behandelt worden, wird nur dieser Teil der Entscheidung aufgehoben und zurückverwiesen, sofern nicht besondere Umstände im Einzelfall zur Aufhebung des gesamten Strafausspruchs zwingen (vgl. für U-Haft: BGHSt 7, 214 = JZ 1955, 383 m.Anm. *Würtenberger*; BGH NJW 1982, 1236; Meyer-Goßner/*Schmitt* § 353 Rn. 8; a.A. RG DJ 1939, 1665; OGHSt 1, 105; 152; 174). Auch wenn dies ursprünglich nicht § 353 Abs. 2 zugrunde liegt, werden in der Regel auch die den Rechtsfolgenausspruch tragenden **Feststellungen** der Aufhebung unterfallen (LR/*Franke* § 353 Rn. 26). Auf Doppelrelevanz ist zu achten (ausf. LR/*Franke* § 353 Rn. 30). Hat eine der **Gesamtstrafe** (§§ 53 bis 55 StGB) zugrunde liegende Einzelstrafe keinen Bestand, erfolgt Gesamtaufhebung, wenn der Mangel auch die anderen Strafen und/oder die Gesamtstrafe beeinflusst haben konnte (RGSt 25, 297 [310]; 35, 65; 54, 67; BGHSt 3, 277 [280]; VRS 50, 95; *Eb. Schmidt* II 22; *Dahs* Rn. 618; LR/*Franke* § 353 Rn. 14 f.; vgl. oben Rn. 5 a.E.). Hat das Tatgericht bei der Zumessung einer **Geldstrafe** lediglich die Bemessung der Höhe des Tagessatzes unterlassen, so kann, soweit keine Überschneidungen der Feststellungen vorliegen, u.U. auch die Aufhebung auf diesen Teil begrenzt werden (BGHSt 27, 70; 30, 93; Meyer-Goßner/*Schmitt* § 353 Rn. 8; HK-GS/*Rackow* § 353 Rn. 4).

7 C. Eine **Aufhebung der tatsächlichen Feststellungen (Abs. 2)** erfolgt – auch ohne Antrag des Beschwerdeführers (§ 344 Rn. 2) von Amts wegen – **nur insoweit** (auch in Fällen des § 338, vgl. RGSt 53, 202), als die (vom Revisionsgericht festgestellte) Verletzung des formellen oder sachlichen Rechts sie beeinflusst haben konnte (BGHSt 14, 34 f.; *Seibert* NJW 1958, 1076). Daran **fehlt es in der Regel** bei Aufhebung nur wegen **Prozesshindernisses** (BGHSt 41, 305; 4, 290; RG 43, 367; KK/*Gericke* § 353 Rn. 27); anders jedoch u.U. bei Amnestie (dazu RG DStR 1936, 431; BGHSt 9, 105; weiterf. BVerfG, Beschl. v. 15.02.2006 – 2 BvR 2209/05; BVerfG, Beschl. v. 03.02.2006 – 2 BvR 1765/05); entscheidend ist, ob ein Bestrafungsverbot vorliegt. Dann können die Feststellungen ggf. bestehen bleiben (BGHSt 4, 287 f.). Ist hingegen ein Befassungsverbot gegeben – sind die Feststellungen aufzuheben (zutr. Meyer-Goßner/*Schmitt* § 353 Rn. 13; vgl. aber BGHSt 41, 308). Die Aufrechterhaltung ist nach bislang überw. Ansicht auch i.Ü. ausdr. **auszusprechen**, allerdings ist die Rspr. d. BGH derzeit nicht (mehr) einheitlich (dafür, dass die Feststellungen bestehen bleiben, soweit sie nicht ausdr. aufgehoben werden BGH NJW 2007, 1540; BGH, Urt. v. 25.06.2008 – 2 StR 176/06; dagegen BGH, Urt. v. 21.02.2008 – 3 StR 505/07; zutr. bei Meyer-Goßner/*Schmitt* § 353 Rn. 12).

8 Abs. 2 ist **keine absolute Mussvorschrift**. Hebt das Revisionsgericht den ganzen Schuldspruch auf, sind damit kraft Gesetzes auch die dem Urteil zugrunde liegenden Feststellungen aufgehoben, ohne dass ein entspr. ausdrücklicher Ausspruch unbedingt notwendig ist. Es muss nur erkennbar sein, dass das Revisionsgericht das Urteil aufgehoben hat, weil die Feststellungen fehlerhaft oder unvollkommen waren. Die Hauptbedeutung des Abs. 2 liegt darin, dass das Tatgericht davon befreit werden kann, bestimmte Tatsachenkomplexe nochmals überprüfen zu müssen. Der Schwerpunkt liegt also in der **Aufrechterhaltung** von tatsächlichen Feststellungen; dass deren **Änderung** in der neuen Hauptverhandlung schlechterdings ausgeschlossen sein soll (BGHSt 4, 290), geht zu weit: Der Tatrichter muss die Feststellungen zugunsten des Angeklagten ändern dürfen, wenn sich durch die in der neuen Hauptverhandlung zulässige Beweisaufnahme ihre Unrichtigkeit ergibt (vgl. auch § 318 Rn. 26; Gleiches gilt für die ausnahmsweise Verwendung von aufgehobenen Feststellungen, sofern sich deren Zutreffen i.R.d. neuen Hauptverhandlung ergibt; dazu BGH NStZ-RR 2000, 39). Die Sichtweise, dass die Feststellungen, sofern sie nicht ausdrücklich aufgehoben werden, als aufrechterhalten anzusehen sind (BGH NJW 2007, 1540), ergibt sich nicht aus § 353 dürfte ggü. der bisherigen Übung, die Aufrechterhaltung ausdrücklich auszusprechen, ein Rückschritt an Klarheit sein (Meyer-Goßner/*Schmitt* § 353 Rn. 12).

9 Wird das **Urteil im Ganzen aufgehoben**, so ist der neue Tatrichter lediglich an die Aufhebungsentscheidung selbst gebunden (§ 358 Abs. 1). Zu differenzieren ist bei teilweiser Aufhebung. Im Grundsatz gilt, dass auch hier die sog. »innerprozessuale **Bindungswirkung**« eintritt, d.h. weder eine neue Beweisaufnahme stattfinden darf, noch das festgestellte Tatgeschehen anders bewertet werden kann (so zu Recht Meyer-Goßner/*Schmitt* § 353 Rn. 21 unter Hinweis auf BGH NStZ-RR 2006, 317; zur **Bindung des Tatgerichts** an nicht aufgehobene Urteilsteile gem. Abs. 1 und aufrechterhaltene Feststellungen gem. Abs. 2 vgl. § 358 Rn. 1, 4 f., s.a. HK-GS/*Rackow* § 353 Rn. 7; Meyer-Goßner/*Schmitt* § 353 Rn. 17 ff.). Leitend die Bindung des

neuen Tatgerichts müssen jedoch auch insoweit die Erwägungen zur **Teilrechtskraftfähigkeit** sein (vgl. § 344 Rn. 6 ff.). Konsequenterweise müssen daher **Ausnahmen** von der Bindung gemacht werden, soweit sich in der neuen Tatsacheninstanz erweist, dass der Angeklagte zum Tatzeitpunkt nicht schuldfähig war oder die Tat gar nicht begangen hat. In diesen Fällen muss es bei der innerprozessualen Bindung des Revisionsgerichts bleiben (zutr. LR/*Franke* § 353 Rn. 31 m.w.N.).

Verfahrensfehler führen zumeist zur Aufhebung aller Urteilsfeststellungen (KK/*Gericke* § 353 Rn. 27; Meyer-Goßner/*Schmitt* § 353 Rn. 14). Auch Rechtsfehler i.S.v. § 338 Nr. 6 können die Feststellungen berührt haben (dazu *Hamm* Rn. 459; *Schmid* JZ 1969, 765; LR/*Franke* § 353 Rn. 21; Meyer-Goßner/*Schmitt* § 353 Rn. 14; vgl. aber SK-StPO/*Wohlers* § 353 Rn. 20). In Ausnahmefällen können die Feststellungen aufrechterhalten bleiben, etwa wenn das Tatgericht lediglich die Wiedereinbeziehung einer nach § 154a ausgeschiedenen Gesetzesverletzung unterlassen hat (BGH JR 84, 478 m.Anm. *Maiwald*; Meyer-Goßner/*Schmitt* § 353 Rn. 14). 10

Auch bei **sachlich-rechtlichen Mängeln** des Urteils müssen die Feststellungen in der Regel aufgehoben werden (*Seibert* NJW 1958, 1077; *Sarstedt* FS Dreher [1977], 681 [691]; LR/*Franke* § 353 Rn. 19; *Gössel* FS Rieß [2002], 631; *Dahs* Hanack-Symp., 1992, 89; a.A. Meyer-Goßner/*Schmitt* § 353 Rn. 15: »Grundsatz tunlichster Aufrechterhaltung« unter Verw. auf BGHSt 14, 30; zur Aufrechterhaltung von Feststellungen bei Rückwirkungen auf eine zweite Tat, hinsichtlich derer die Feststellungen aufzuheben sind vgl. BGH, Urt. v. 05.08.2005 – 2 StR 195/05). Ausnahmsweise bedarf es in Durchbrechung des Grundsatzes der Unteilbarkeit des Schuldspruchs u.U. **keiner Aufhebung** z.B. **von Feststellungen zur äußeren Tatseite**, wenn etwa das Urteil nur wegen Nichtprüfung des § 20 StGB (Meyer-Goßner/*Schmitt* § 353 Rn. 15; LR/*Franke* § 353 Rn. 23; BGH NStZ 1999, 154; BGH NJW 1990, 95; 1964, 2213; VRS 39, 101; *Roxin* § 54 J II 2a; *Dahs* Rn. 621; – a.A. *Seibert* NJW 1958, 1077), eines möglichen Verbotsirrtums (Celle LRE 2010, 288; OLG Hamburg NJW 1967, 213; LR/*Franke* § 353 Rn. 25), ggf. sogar der subjektiven Tatseite überhaupt (OLG Hamburg MDR 1973, 694) bzw. des bedingten Vorsatzes (BGH StV 1983, 360) aufgehoben wird oder falls wegen fehlenden Hinweises nach § 265 Abs. 1 das Revisionsgericht den Schuldspruch nicht berichtigen darf (BGHSt 14, 37; OLG Braunschweig NJW 1950, 656; OLG Hamm VRS 26, 297; OLG Stuttgart NJW 1973, 1387; krit. hierzu LR/*Franke* § 353 Rn. 22). Ebenso im Hinblick auf **§ 3 JGG**, wenn das JugG die Verantwortlichkeit nach § 3 Satz 1 JGG verneint hat und sein Urteil zwecks Prüfung, ob § 63 StGB i.V.m. § 7 JGG anwendbar ist, aufgehoben wird (BGHSt 26, 70; LR/*Franke* § 353 Rn. 23). Feststellungen **zum äußeren Tatbestand und zur Schuldfähigkeit** können ggf. bei fehlerhafter Beurteilung des Gesamtvorsatzes einer Fortsetzungstat erhalten bleiben (BGH NJW 1969, 2210; OLG Hamburg MDR 1970, 609; vgl. Rn. 5). 11

Wird das Urteil hingegen nur im **Strafausspruch** aufgehoben und die Sache insoweit zurückverwiesen, umfasst die Aufhebung allein diejenigen Feststellungen, die ausschließlich die Straffrage betreffen. Feststellungen, die ausschließlich die Schuldfrage betreffen und solche, die als doppeltrelevante Umstände zugleich für Schuld- und Straffrage von Bedeutung sind (zur Abgrenzung BGH, Beschluss vom 20.06.2017 – 1 StR 458/16, NJW 2017, 2847, 2848 f.), bleiben aufrechterhalten und für das weitere Verfahren bindend (vgl. BGH, Beschluss vom 21.03.2017 – 5 StR 81/17, StraFo 2017, 160, 161 mwN). Die Aufhebung des Strafausspruchs umfasst idR Feststellungen zur Person (BGH, Beschl. v. 20.11.2019 – 4 StR 504/19; v. 31.08.2017 – 4 StR 267/17, NStZ-RR 2017, 385; und v. 23.11.2016 – 4 StR 542/16, NStZ 2017, 108), zur verminderten Schuldfähigkeit (BGH, Beschluss vom 21.03.2017 – 5 StR 81/17, StraFo 2017, 160) und ggf. zu den Tatfolgen (BGH StV 2007, 23; dazu Meyer-Goßner/*Schmitt* § 353 Rn. 20). Aufrechterhalten können die Feststellungen ggf. bleiben, wenn lediglich ein Wertungsfehler vorliegt (Meyer-Goßner/*Schmitt* § 353 Rn. 16 m. Verw. auf BGH, Urt. v. 29.09.1993 – 2 StR 203/93; LR/*Franke* § 353 Rn. 26). 12

§ 354 Eigene Entscheidung in der Sache; Zurückverweisung

(1) Erfolgt die Aufhebung des Urteils nur wegen Gesetzesverletzung bei Anwendung des Gesetzes auf die dem Urteil zugrunde liegenden Feststellungen, so hat das Revisionsgericht in der Sache selbst zu entscheiden, sofern ohne weitere tatsächliche Erörterungen nur auf Freisprechung oder auf Einstellung oder auf eine absolut bestimmte Strafe zu erkennen ist oder das Revisionsgericht in Übereinstimmung mit dem Antrag der Staatsanwaltschaft die gesetzlich niedrigste Strafe oder das Absehen von Strafe für angemessen erachtet.

(1a) [1]Wegen einer Gesetzesverletzung nur bei Zumessung der Rechtsfolgen kann das Revisionsgericht von der Aufhebung des angefochtenen Urteils absehen, sofern die verhängte Rechtsfolge angemessen ist. [2]Auf Antrag der Staatsanwaltschaft kann es die Rechtsfolgen angemessen herabsetzen.

(1b) [1]Hebt das Revisionsgericht das Urteil nur wegen Gesetzesverletzung bei Bildung einer Gesamtstrafe (§§ 53, 54, 55 des Strafgesetzbuches) auf, kann dies mit der Maßgabe geschehen, dass eine nachträgliche gerichtliche Entscheidung über die Gesamtstrafe nach den §§ 460, 462 zu treffen ist. [2]Entscheidet das

Revisionsgericht nach Absatz 1 oder Absatz 1a hinsichtlich einer Einzelstrafe selbst, gilt Satz 1 entsprechend. [3]Die Absätze 1 und 1a bleiben im Übrigen unberührt.

(2) [1]In anderen Fällen ist die Sache an eine andere Abteilung oder Kammer des Gerichtes, dessen Urteil aufgehoben wird, oder an ein zu demselben Land gehörendes anderes Gericht gleicher Ordnung zurückzuverweisen. [2]In Verfahren, in denen ein Oberlandesgericht im ersten Rechtszug entschieden hat, ist die Sache an einen anderen Senat dieses Gerichts zurückzuverweisen.

(3) Die Zurückverweisung kann an ein Gericht niederer Ordnung erfolgen, wenn die noch in Frage kommende strafbare Handlung zu dessen Zuständigkeit gehört.

Übersicht

1 **A. Entscheidung des Revisionsgerichts in der Sache selbst (Abs. 1). I. Zweck und Voraussetzungen.** § 354 ist im Zusammenhang mit § 357 zu sehen, demzufolge das Revisionsgericht eine rein rechtliche Prüfung des Urteils vornehmen darf. **Sachentscheidungen** sind daher nur möglich, **soweit keine tatsächlichen Erörterungen erforderlich** sind. Dies ist gem. § 354 zulässig bei (1) Freispruch, (2) Einstellung des Verfahrens, (3) Erkennen auf eine absolute Strafe oder (4) auf die gesetzlich bestimmte niedrigste Strafe und beim (5) Absehen von Strafe. In den Fällen (4–5) ist ein Antrag der StA gem. Abs. 1 vorausgesetzt. Bei Verfahrensfehlern scheidet eine grds. Sachentscheidung des Revisionsgerichts aus, da die Feststellungen nicht auf rechtmäßiger Grundlage getroffen worden sind (HK-GS/*Rackow* § 354 Rn. 1; SK-StPO/*Wohlers* § 354 Rn. 4). Auf einer Analogie zu § 354 beruht die sog. »Schuldspruchberichtigung«, die weitgehend anerkannt ist (vgl. Rn. 11 ff.). Zu der prozentual kontinuierlich angewachsenen Zahl eigener Sachentscheidungen der Revisionsgerichte zu Recht krit. *Berenbrink* GA 2008, 625 ff. Die Abs. 1a und 1b wurden durch Art. 3 Nr. 15c des 1. JuMoG vom 24.08.2004 eingefügt. Bei der verfassungsmäßigen Anwendung von Abs. 1a sind die Gründe der Beschlüsse des BVerfG v. 14.06.2007 (2 BvR 1447/05) und v. 14.08.2007 (2 BvR 760/07) zu beachten (dazu LR/*Franke* § 354 Vor Rn. 1).

2 2. Dementsprechend nur **ausnahmsweise** darf das Revisionsgericht aus Gründen der **Prozessökonomie** (vgl. Rn. 11) in der Sache selbst entscheiden, wenn (1) die Aufhebung wegen **sachlich-rechtlicher** Mängel (oben § 344 Rdn. 30 ff.; näher KMR/*Momsen* § 337 Rn. 44 ff.) erfolgt. Ebenso, wenn (2) die zugrunde liegenden tatsächlichen **Feststellungen** von der Rechtsverletzung **nicht berührt** werden, sie vollständig und widerspruchsfrei also nicht nach § 353 Abs. 2 aufzuheben sind und schließlich, wenn (3) nach den Urteilsgründen **weitere** tatsächliche Feststellungen, die eine andere Entscheidung tragen könnten, **ausgeschlossen** erscheinen (BGHSt 13, 268; 28, 162; BGH NStZ-RR 2004, 270; NJW 1999, 1562; vgl. auch RGSt 47, 332; RG JW 1932, 2160; OLG Köln VRS 50, 346; OLG Frankfurt VRS 51, 284; ebenso für die »Schuldspruchberichtigung« – Rn. 11 – RGSt 65, 285 [351]; OGHSt 1, 25 [251]; BGHSt 3, 64; 6, 257; NJW 1953, 835; 1954, 609; 1969, 1679; 1970, 820; 1973, 1512; KG JZ 1953, 644; OLG Hamburg NJW 1962, 755; OLG Bremen NJW 1964, 2262; OLG Celle VRS 50, 288). An Letzterem fehlt es jedoch zumeist, wenn das Tatgericht infolge Nichtanwendung richtigen sachlichen Rechts die hierfür notwendigen tatsächlichen Umstände (vgl. KMR/*Paulus* § 244 Rn. 113, 114) nicht aufgeklärt (*Jagusch* NJW 1962, 1417; Meyer-Goßner/*Schmitt* § 354 Rn. 3; *Batereau* Die Schuldspruchberichtigung, S. 37) oder Tatteile nach § 154a Abs. 2 ausgeschieden hat (BGHSt 32, 84 m.Anm. *Maiwald* JR 1984, 478; BGH StV 1986, 45; NStZ 1988, 322; OLG Stuttgart NJW 1973, 1386 m.Anm. *Kraemer/Ringwald* = JZ 1973, 741 m.Anm. *Lackner*).

3 **II. Die Entscheidungen nach Abs. 1.** Bei einem **Freispruch** kommt eine Sachentscheidung nur in Betracht (Rn. 1), wenn die Tat unter keine andere Straf- oder OWi-Norm gebracht werden kann und weitere tatsächliche Feststellungen, die zu einer Verurteilung führen könnten, in einer Hauptverhandlung nicht zu erwarten sind (BGH NStZ-RR 2004, 270; KG NStZ-RR 2006, 276, bzgl. Verwertung des Akteninhalts keine Kompetenzüberschreitung). Über **Kosten** und **notw. Auslagen** nach §§ 464 ff., 473 entscheidet das **Revisionsgericht** (KG NJW 1966, 945), desgleichen über **Entschädigung** (§ 8 StrEG; KK/*Gericke* § 354 Rn. 23 ff., 26; Meyer-Goßner/*Schmitt* § 354 Rn. 5; KG JR 1973, 427; OLG Frankfurt DAR 1973, 161; *D. Meyer* MDR 1978, 284 f. m.w.N.). Zur Behandlung von nach **§ 154a** ausgeschiedenen Tatteilen s.u. Rn. 6.

Ist ein **Teilfreispruch** zulässig (BGH NJW 1973, 474; RGSt 27, 394; 70, 349; OLG Hamm NJW 1966, 213; OLG Karlsruhe VRS 43, 266) so verweist das Revisionsgericht die Sache unter Aufhebung der Gesamtstrafe insoweit zurück (HK-GS/*Rackow* § 354 Rn. 5; *Bode* S. 36; LR/*Franke* § 354 Rn. 4; a.A. *Batereau* S. 116). Anders nur, sofern ausnw. die wegfallende Einzelstrafe keinen Einfluss auf die Gesamtstrafenhöhe hatte (RG HRR 1940 Nr. 1372; BGH bei *Batereau* S. 117; *Wimmer* MDR 1948, 72; vgl. auch § 353 Rn. 6 sowie unten Rn. 23) oder bei Tatmehrheit (§§ 53, 54 StGB) alle Verurteilungen bis auf eine entfallen würden (*Lüttger* DRZ 1950, 350). 4

Unter »Freisprechung« i.S.v. Abs. 1 ist auch die **Aufhebung** einer **Maßregel** (OLG Hamburg VRS 7, 303; NJW 1955, 1080) oder **sonst. Rechtsfolge**, die nicht Strafe ist, zu verstehen, wie z.B. (1) eines **Fahrerlaubnisentzugs** (§ 69 StGB), wenn das Tatgericht ihn etwa auf beide Schuldsprüche aus §§ 230, 142 Abs. 1; § 53 StGB gestützt hat und die Verurteilung nach § 142 Abs. 1 StGB aufgehoben wird (vgl. auch OLG Hamm NJW 1977, 208). Ebenso (2) im Fall einer etwa wegen Verstoßes gegen § 331 unzulässigen (BayObLG MDR 1952, 378) **Nebenstrafe** (BayObLG VRS 50, 339; OLG Hamburg VRS 13, 364), (3) einer **Einziehungsanordnung** (BGH NJW 1955, 71; OLG Hamm JZ 1952, 39) oder (4) sonstiger Maßnahmen i.S.d. § 11 Abs. 1 Nr. 8 StGB (vgl. noch zur sog. »Mehrerlösabführung« BGHSt 5, 100; näher KK/*Gericke* § 354 Rn. 6). 5

Wurden vom Tatgericht einzelne Gesetzesverletzungen gem. **§ 154a** ausgeschieden, so ist zu prüfen, ob diese angesichts des Freispruchs ggf. wieder einbezogen werden müssen und insoweit eine Verurteilung in Betracht kommt. Falls ja, erfolgt nach Einbeziehung durch das Revisionsgericht die Zurückverweisung (BGHSt 21, 326; BGHSt 32, 84; m.Anm. *Maiwald* JR 1984, 479; BGH NJW 1988, 2485). Alternativ kann das Revisionsgericht lediglich zurückverweisen, die Einbeziehung erfolgt dann in der erneuten Tatsacheninstanz (BGH NJW 1984, 1471; näher Meyer-Goßner/*Schmitt* § 354 Rn. 3). Dass auch die StA auf diese Weise ein insoweit unerwünschtes Urteil zu Fall bringen kann, auch wenn dieses i.Ü. mangels Rechtsfehlers nicht angreifbar wäre, ist im Einzelfall nicht zu vermeiden (HK-GS/*Rackow* § 354 Rn. 4; a.A. SK-StPO/*Wohlers* § 354 Rn. 11). Probleme können sich insoweit ergeben, wenn die Anwendung des § 154a Gegenstand einer **Verfahrensabsprache** war (vgl. § 344 Rn. 6 a.E.). 6

Grundsätzlich kann das Revisionsgericht auch eine **Einstellung** des Verfahrens vornehmen, soweit **Prozesshindernisse** vorliegen (§ 260 Abs. 3, KMR/*Stuckenberg* § 260 Rn. 77 ff.; näher KMR/*Momsen* § 352 Rn. 15–17). Eine teilweise Einstellung erfolgt entsprechend den Grundsätzen der Teilrechtskraftfähigkeit (§ 344 Rn. 6 ff.), wenn das Prozesshindernis auf einen selbstständigen Teil des Urteils beschränkt ist (RGSt 52, 37; BGHSt 8, 269; NJW 1970, 905). Hingegen ist auf einen **vorrangigen Freispruch** zu erkennen, wenn neben den Gründen für eine Einstellung zugleich solche für einen Freispruch gegeben sind (BGHSt 20, 333; KG JR 1990, 124; HK-GS/*Rackow* § 354 Rn. 6; Meyer-Goßner/*Schmitt* § 354 Rn. 6; vgl. KMR/*Momsen* § 352 Rn. 11 m. Hinw.). Bei nicht mehr zu behebenden Verfahrenshindernissen (vgl. § 352 Rdn. 8) ist daher nach Abs. 1 zu verfahren, ggf. nach § 349 Abs. 4, nicht jedoch nach § 206a (Meyer-Goßner/*Schmitt* § 354 Rn. 6). Dagegen ist bei einem noch zu beseitigendem Prozesshindernis auf **Zurückverweisung** zu erkennen (BGHSt 8, 151; LR/*Franke* § 354 Rn. 8; Meyer-Goßner/*Schmitt* § 354 Rn. 6; vgl. aber BGH NJW 1983, 2270 – Einstellung bei fehlendem Strafantrag; näher KMR/*Momsen* § 352 Rn. 16 m. Hinw.). Im Fall eines nur **vorübergehenden** Verfahrenshindernisses wie der vorübergehenden Verhandlungsunfähigkeit (BGH NStZ 1996, 242) kann das Revisionsgericht selbst die vorläufige Einstellung nach § 205 vornehmen (Meyer-Goßner/*Schmitt* § 354 Rn. 6; HK/*Temming* § 354 Rn. 7; Radtke/Hohmann/*Nagel* § 354 Rn. 6). 7

Auch eine **absolut bestimmte Strafe**, § 211 StGB und einige Tatbestände des VStGB, darf das Revisionsgericht aussprechen, soweit die §§ 331, 358 Abs. 2 nicht entgegenstehen (BVerfGE 54, 100; BGH NJW 1977, 1544; BGHSt 35, 116 m.Anm. *Geis* NJW 1988, 2679; *Dahs* Rn. 625; KK/*Gericke* § 354 Rn. 8 f.; Meyer-Goßner/*Schmitt* § 354 Rn. 9a; krit. *Peters* JZ 1978, 230; *Geis* NJW 1990, 2735; vgl. auch HK-GS/*Rackow* § 354 Rn. 7). Das BVerfG hat in diesem Zusammenhang aufgrund des angesichts der Feststellungen rechtlich eindeutigen Vorliegens eines Mordmerkmals die Ersetzung einer zeitigen Freiheitsstrafe durch die lebenslange Freiheitsstrafe in der Revisionsinstanz für zulässig erklärt (BVerfGE 54, 100, 115) und auch der BGH hat die Ersetzung wiederholt vorgenommen: BGH NJW 77, 1544; BGH NJW 78, 1336; BGHSt 35, 116 m.Anm. *Geis* NJW 88, 26, 79. Diese vom Wortlaut der Norm her zulässige Praxis ist jedoch krit. zu sehen im Hinblick auf die Annahme von nicht angeklagten Mordmerkmalen aber auch, sofern die Feststellung der besonderen Schwere der Schuld in Betracht kommt. Zudem kann die verfassungsrechtlich gebotene einschränkende Auslegung der Mordmerkmale hier zu Problemen führen (zutr. krit. LR/*Franke* § 354 Rn. 11; HK-GS/*Rackow* § 354 Rn. 7; *Peters* LB S. 665 und JZ 78, 230) 8

Gleiches gilt für sonstige **zwingende Rechtsfolgen** wie z.B. (1) eine obligatorische Einziehung (RGSt 42, 30; 53, 248), (2). die richtige Festsetzung eines falsch berechneten Einziehungsbetrags (RGSt 57, 424 [429]; Meyer-Goßner/*Schmitt* § 354 Rn. 9a) oder (3) in (wohl) entsprechender Anwendung für auch die Verwerfung der Berufung des Angeklagten (unter Aufhebung des Berufungsurteils) als unbegründet, wenn das LG auf

Berufung des Angeklagten das Verwerfungsurteil des AG (§ 412) aufgehoben hat und die Revision ergibt, dass das AG-Urteil richtig war (BayObLG MDR 1975, 597; LR/*Franke* § 354 Rn. 12).

9 Die **gesetzliche Mindeststrafe** (BGHSt 39, 359 [371]; RG LZ 1918, 780; *Dahs* Rn. 628; KK/*Gericke* § 354 Rn. 10; Meyer-Goßner/*Schmitt* § 354 Rn. 10), das Absehen von Strafe (§ 60 StGB) oder die den Angeklagten am wenigsten beschwerende Bekanntmachungsform nach §§ 165, 200 StGB (BGHSt 3, 76; NJW 1955, 1119; OLG Hamm NJW 1974, 467) kann das Revisionsgericht auf **Antrag der StA** aussprechen mit Rücksicht darauf, dass eine alsbaldige Entscheidung dem Interesse des Verletzten und der Strafrechtspflege zuweilen besser entspricht als die durch Zurückverweisung bedingte Verzögerung, selbst wenn diese voraussichtlich zu einer strengeren Bestrafung führen würde. Zwar enthält diese Regelung eine Abweichung von dem Grundsatz, dass die Strafzumessung dem Tatgericht vorbehalten bleibt (HK-GS/*Rackow* § 354 Rn. 8), jedoch entspricht dies in der Regel auch dem Interesse des Angeklagten an einer zügigen Erledigung. Das Revisionsgericht darf auch ausnahmsweise die unterlassene Festsetzung einer Einzelstrafe nachholen (BGHR § 354 Strafausspruch 10) sowie den vom Tatgericht unterlassenen Ausspruch einer lebenslangen Strafe als Gesamtstrafe (Meyer-Goßner/*Schmitt* § 354 Rn. 10 m. Verweis auf BGH, Urt. v. 25.06.1992 – 4 StR 251/91). Es darf jedoch **nicht** über das Vorliegen eines minder schweren Falles befinden (LR/*Franke* § 354 Rn. 13; HK-GS/*Rackow* § 354 Rn. 8; SK-StPO/*Wohlers* § 354 Rn. 47, 48 sowie *Bode* Die Entscheidung des Revisionsgerichts in der Sache selbst, S. 8), da insoweit Feststellungen des Tatgericht unumgänglich sind.

10 Ein **Absehen von Strafe** (z.B. § 60 StGB) ist dem Revisionsgericht möglich; entspr. gilt für die Straffreierklärung gem. § 199 StGB (LR/*Franke* § 354 Rn. 15; KK/*Gericke* § 354 Rn. 11; HK-GS/*Rackow* § 354 Rn. 9; Meyer-Goßner/*Schmitt* § 354 Rn. 11; HK/*Temming* § 354 Rn. 9; SK-StPO/*Wohlers* § 354 Rn. 47).

11 **III. Berichtigung des Schuld- und Rechtsfolgenausspruchs.** Die **Schuldspruchberichtigung** ist ein gesetzlich nicht vorgesehenes, als Minus im Vergleich zur Entscheidung nach Abs. 1 bei reinen Rechtsanwendungsfehlern aber **analog § 354 Abs. 2** zulässiges (ganz h.M.; BVerfG wistra 2000, 216; BGHSt 46, 321; BGH NStZ 1995, 204; BayObLG NJW 1961, 743; *Wimmer* MDR 1948, 71; *Sarstedt* JZ 1957, 270 [272]; *Peters* JZ 1959, 103; *Eb. Schmidt* II 49; *Henkel* S. 382; Meyer-Goßner/*Schmitt* § 354 Rn. 12; KK/*Gericke* § 354 Rn. 12, 15 ff.; a.A. *Geerds* JZ 1968, 393; *Paster/Sättele* NStZ 2007, 614; zu den Voraussetzungen unten Rn. 16–34) und **prozessökonomisch** (vgl. Rn. 1) wichtiges Mittel, angesichts §§ 353 Abs. 2, 358 Abs. 1, um Zeit vergeudende Zurückverweisungen zu vermeiden oder den Stoff der neuen Tatsachenverhandlung zu beschränken (LR/*Franke* § 354 Rn. 16). Auch eine **teilweise**, d.h. auf selbstständige Urteilsteile beschränkte Berichtigung ist statthaft (*Wimmer* MDR 1948, 72; *Bode* S. 12 ff.).

12 **Keine Berichtigungen** i.d.S. sind Fälle des **§ 83 Abs. 3 OWiG** (OLG Bremen VRS 65, 36; *Göhler* § 83 OWiG Rn. 14), insoweit ist nicht § 354 sondern § 83 Abs. 3 OWiG entsprechend anzuwenden (Meyer-Goßner/*Schmitt* § 354 Rn. 12).

13 Ebenfalls keine Schuldspruchberichtigung ist die Berichtigung **offensichtlicher Versehen**, wenn im **Tenor** des Urteils dessen rechtsfehlerfreie **Begründung** unrichtig oder unvollständig Ausdruck findet (BGH, Urt. v. 29.04.1994 – 4 StR 481/94; bei KK/*Gericke* § 354 Rn. 20; RGSt 54, 205 [291] m.Anm. *Dohna*; BGH NJW 1953, 76; LR/*Franke* § 354 Rn. 47; vgl. auch BGH, Urt. v. 11.01.2006 – 2 StR 562/05: Zählfehler, Verkündungsversehen). Letztere ist dem Revisionsgericht bereits bei Verwerfung der Revision nach § 349 Abs. 4 und daher auch im Zusammenhang mit eigener Sachentscheidung ohne Weiteres möglich (KK/*Gericke* § 354 Rn. 20). In Einzelfällen können die Grenzen zur Schuldspruch- und Rechtsfolgenberichtigung jedoch verschwimmen, was die z.T. analoge Anwendung des § 354 Abs. 1 (HK/*Temming* § 354 Rn. 10 f.; vgl. z.B. RGSt 4, 179; BGHSt 19, 219; JZ 1951, 655; OLG Karlsruhe NJW 1973, 1990; *Dohna* JW 1927, 1316) erklären dürfte.

14 **Beispiele** sind (1) die **Beseitigung** eines unzulässigen Teilfreispruchs bei Tateinheit (OLG Karlsruhe NJW 1973, 1990), (2) die **Nachholung** eines gebotenen Teilfreispruchs bei Tatmehrheit (OLG Celle GA 1959, 22), (3) der Ausspruch von **Tatmehrheit statt Tateinheit** (OLG Hamm VRS 54, 426) oder von § 315c StGB statt § 316 StGB (BGH VRS 46, 107), sowie (4) die Aufnahme der **Schuldform** (vgl. BGHSt 19, 219; NJW 1969, 1582; OLG Koblenz VRS 45, 176) oder (5) einer **übersehenen tateinheitlichen Verurteilung** (RGSt 4, 179; 54, 205; *Wimmer* MDR 1948, 70) in den Urteilsspruch, auch wenn der Schuldspruch bereits »rechtskräftig« ist (§ 318 Rn. 12, 26; BayObLG MDR 1972, 342; OLG Saarbrücken MDR 1975, 334; näher KK/*Gericke* § 354 Rn. 20).

15 Keine Schuldspruchberichtigung ist auch die Korrektur der – nicht zum Urteilsspruch gehörenden – Liste der angewendeten Vorschriften nach **§ 260 Abs. 5** (zum Ganzen ausf. KMR/*Stuckenberg* § 260 Rn. 85 ff.).

16 Zu den **Voraussetzungen der Berichtigung des Schuldspruchs** zählt zunächst eine ordnungsgemäß erhobene und begründete **Sachrüge** (daher keine Subsumtionsberichtigung bei Revision gegen Verwerfungsurteil nach § 329, vgl. OLG Frankfurt NJW 1963, 460; OLG Köln JMBlNRW 1963, 96; OLG Hamm MDR 1973,

694) sowie lückenlos und bedenkenfrei festgestellter Sachverhalt. Ebenso müssen **vollständiger und tragfähiger Urteilsfeststellungen** vorliegen, deren Ergänzung in einer neuen Verhandlung ausgeschlossen ist (BGHSt 32, 357 m.Anm. *Fezer* NStZ 1986, 27; BGHSt 6, 251; zum möglichen Einfluss der Feststellungen zum äußeren Tatverlauf auf die Strafzumessung im Verhältnis zu §§ 211, 212 StGB vgl. BGHSt 27, 322; 39, 353 [370]; BGH NStE Nr. 5; BGHR § 354 Abs. 1 Sachentscheidung 3; vgl. HK-GS/*Rackow* § 354 Rn. 11; Meyer-Goßner/*Schmitt* § 354 Rn. 15).

Ein **Hinweis nach § 265 Abs. 1** darf **nicht** mehr erforderlich sein (BGH NJW 1981, 1744; BGHSt 10, 17
271; 28, 224; 33, 44; 163; Meyer-Goßner/*Schmitt* § 354 Rn. 16; dazu auch § 265 Rn. 10 m.w.N.). Dies bzw. ob dem Angeklagten eine veränderte Verteidigung überhaupt möglich ist, muss das Revisionsgericht selbst beurteilen können (BGH NJW 1987, 2384; NStZ 1985, 454; wistra 1984, 22; vgl. aber *Beulke* FS Schöch, S. 970).

Demnach ist eine **Schuldspruchberichtigung zum Nachteil des Angeklagten** nur zulässig, **wenn** (1) entweder 18
eine **qualitativ** andere (aliud) als die vom Tatgericht angewendete Strafnorm in Betracht kommt (BGHSt 8, 37; OLG Hamm JZ 1958, 574 m.Anm. *Eb. Schmidt*; OLG Koblenz VRS 45, 367; OLG Frankfurt NJW 1973, 1806) **oder** (2) das Tatgericht nach einer **quantitativ** schwereren (vgl. ausf. KMR/*Paulus* § 244 Rn. 291, 293, 310–313) Vorschrift hätte verurteilen müssen **und** die Revision (auch) **zuungunsten** des Angeklagten eingelegt ist (vgl. auch BGHSt 10, 362; a.A. mit teilw. beachtl. Begr. OGHSt 1, 251; *Wimmer* MDR 1948, 70; *Bode* S. 10; *Batereau* S. 24 ff.; hier dürfte aber in aller Regel ein Hinweis nach § 265 unumgänglich sein). Eine Verschärfung des Schuldspruchs, die trotz § 358 zulässig ist, ist aber möglich (BGH, Beschl. v. 23.06.2020 – 5 StR 189/20, NStZ-RR 2020, 357)

Hat nur der Angeklagte das Rechtsmittel eingelegt, so **unterbleibt** daher eine **Schuldspruchberichtigung**, 19
wenn in Wirklichkeit vorliegt: (1) Vorsatz statt Fahrlässigkeit (RGSt 66, 404), (2) Vollendung statt Versuch (RGSt 57, 29; BGHSt 9, 258; OLG Köln NJW 1973, 1807), (3) Mittäterschaft statt Beihilfe (vgl. auch RGSt 46, 420; BGHSt 8, 37), (4) eine weitere, in Tateinheit mit den angewendeten Bestimmungen stehende, Vorschrift (RGSt 39, 158; 46, 420; 47, 222; 53, 180) oder (5) Tatmehrheit statt einer fortgesetzten Handlung (soweit diese nach BGH GSSt 40, 140 noch in Betracht kommt; vgl. BGHSt 16, 319; NJW 1973, 475; OLG Karlsruhe GA 1976, 150; *A. Mayer* DRiZ 1972, 200).

Zur **Verurteilung anstelle des Freispruchs bzw. der Einstellung** durch das Tatgericht hat das Reichsgericht 20
sich – mit Recht – nicht für befugt erachtet (vgl. *Hartung* DRZ 1950, 220). Demgegenüber hält die spätere Rspr. ein solches Verfahren für **ausnahmsweise zulässig** (den Ausnahmecharakter unterstreichen BayObLG JZ 1961, 506 m.Anm. *Peters*; KG JR 1979, 172; OLG Düsseldorf StV 1985, 361; OLG Oldenburg NJW 1983, 57; LR/*Hanack* § 354 Rn. 44; *Roxin* § 53 J III 1), wenn das angefochtene Urteil **erschöpfende Feststellungen** zur äußeren und inneren Tatseite enthält und für den Angeklagten **günstigere Feststellungen nicht zu erwarten** sind (OGH MDR 1948, 303 – dazu *Lüttger* DRZ 1950, 349; BGHSt 3, 73; NJW 1952, 1264; KG JZ 1953, 644; OLG Köln MDR 1948, 303; JMBlNRW 1952, 15; OLG Frankfurt NJW 1953, 1363; OLG Koblenz VRS 43, 288; Celle VRS 28, 32) oder der Angeklagte nur wegen eines **Subsumtionsfehlers** nicht verurteilt wurde (OLG Saarbrücken VRS 44, 448; OLG Hamburg NJW 1962, 754; JR 1979, 206 [207] m. abl. Anm. *Volk*).

Ebenso, wenn der Angeklagte nur **irrtümlich freigesprochen** und nicht bei Straffreierklärung verurteilt 21
wurde (OLG Celle MDR 1989, 840; vgl. auch OLG Karlsruhe NJW 1976, 902 [904] und OLG Hamburg NJW 1980, 1009) und jedenfalls dann, wenn eine eingehende Beweisaufnahme erfolgt oder in sonstiger Weise den **Verteidigungsinteressen umfassend Rechnung** getragen worden ist (z.B. § 86a in Bezug auf Spielzeugmodelle – BGHSt 28, 294; unbefugt nachgeprägte i.Ü. gültige Münzen als Falschgeld i.S.d. §§ 146 ff. StGB – BGHSt 27, 255; näher und insoweit zust. HK-GS/*Rackow* § 354 Rn. 12 f.). Eine Verurteilung soll auch zulässig sein, wenn auf die Revision der StA das **freisprechende Berufungsurteil aufgehoben** und das vom Angeklagten angefochtene AG-Urteil aufrechterhalten wird (OLG Düsseldorf NJW 1991, 1123; JR 1994, 201 m. abl. Anm. *Laubenthal*; OLG Oldenburg JR 1990, 127; vgl. auch OLG Frankfurt NJW 1968, 265; OLG Karlsruhe NJW 1976, 902 [904]; OLG Hamburg NJW 1981, 138 LS; krit. *Batereau* S. 71).

Diese Rspr. (vgl. auch BGHSt 36, 277; OLG Düsseldorf NJW 1991, 186) ist grds. **abzulehnen** (vgl. auch 22
BGH NStZ-RR 1998, 204 m. zust. Anm. *Pauly* StV 1999, 415; OLG Koblenz NStZ-RR 1998, 364; BayObLG NJW 1961, 742 = JZ 1961, 270 m. zust. Anm. *Peters*; KG JR 1957, 270 m. zust. Anm. *Sarstedt*; *Hartung* DRZ 1950, 220; *Lüttger* DRZ 1950, 349; *Hülle* NJW 1952, 411; *Eb. Schmidt* Nachtr. I 54a; *Peters* FS Stock [1966], S. 197 ff.; LR/*Franke* § 344 Rn. 43 ff.; Meyer-Goßner/*Schmitt* § 354 Rn. 23; *Roxin* § 54 J III 1; *Bode* S. 26 ff.; *Dahs* Rn. 627; *Batereau* S. 61 ff. sowie *Dölling* JR 1992, 165; *Rudolphi* JR 1983, 250). Denn das (zu Unrecht) freisprechende oder wegen (vermeintlichen) Prozesshindernisses einstellende Urteil des Tatgerichts bietet schon wegen des prinzipiellen Verbots »überschießender« Aufklärung (ausf. KMR/*Paulus* § 244

Rn. 115–118; vgl. *Roxin* § 54 J III 1) in aller Regel nicht die Gewähr einer erschöpfenden Beweisaufnahme. Das Revisionsgericht darf **keinesfalls** eigene **»ergänzende«** **Feststellungen** treffen (BVerfG NJW 1991, 2893).

23 Zudem würde der Angeklagte andernfalls der prozessualen **Möglichkeit beraubt**, die Feststellungen durch **Rechtsmittel**, namentlich mittels Verfahrensrüge(n) anzugreifen, die er **mangels Beschwer** wegen des Freispruchs **zuvor nicht erheben konnte** (s. BayObLG JZ 1961, 506). Im Ergebnis besteht ein relevantes Risiko, dass damit die Zuverlässigkeitsgarantien der Wahrheitserforschung (*Batereau* S. 64 ff.) entfallen könnten und daneben wäre es bedenklich, ggf. die Schöffen vom Schuldspruch, auch wenn er nur noch Rechtsfragen betrifft, auszuschließen (*Volk* JR 1979, 207; a.A. OLG Hamburg NJW 1980, 1009).

24 Im Hinblick auf die **Auswirkungen für den Rechtsfolgenausspruch** können die vor der Einführung der Abs. 1a und 1b durch das 1. JuMoG in der Rspr. entwickelten und angewendeten Konstellationen einer Veränderung des Rechtsfolgenausspruchs im Grundsatz auch heute noch Geltung beanspruchen. Änderungen des Rechtsfolgenausspruchs werden durch die neu eingefügten Absätze differenziert und präzisiert (zur alten Rechtslage ausf. KMR/*Momsen* § 354 Rn. 20a ff.). In Bezug auf die Auswirkungen einer Schuldspruchberichtigung auf den Rechtsfolgenausspruch sind die Abs. 1a und 1b nicht unmittelbar anzuwenden, diese gelten unmittelbar nur für Gesetzesverletzungen auf der Rechtsfolgenseite. Auch insoweit ist zu beachten, dass sich aus dem Umstand, dass das Urteil auf einer **Verfahrensabsprache** basiert, Einschränkungen für die Schuldspruchberichtigung in Bezug auf an sich selbstständige Teile ergeben können (Rn. 32 ff., Rn. 50; § 344 Rn. 6 a.E.)

25 Grundsätzlich gilt, dass die Schuldspruchberichtigung **nicht** voraussetzt, dass sie den Rechtsfolgenausspruch gar nicht berührt. Bleibt der anzuwendende **Strafrahmen** gleich (OLG Hamburg HESt 2, 19 [21]), verändert die Berichtigung die **Strafzumessungstatsachen** nicht, und scheidet eine weitere **Verteidigung** in tatsächlicher Hinsicht aus, erübrigt sich eine neue Strafzumessung; denn hier erscheint es ausgeschlossen, dass bei richtiger Subsumtion das Tatgericht eine andere Rechtsfolge verhängt hätte. In diesem Fall darf ausnahmsweise das **Revisionsgericht** in die Domäne des Tatgerichts, eine angemessene Strafe zu finden (§ 267 Rn. 55), einbrechen und eine **eigene Strafzumessungsentscheidung** fällen (BGH NStZ 1996, 507; KK/*Gericke* § 354 Rn. 18; *Sarstedt* JR 1959, 199; *Batereau* S. 87 [91]; krit. *Wimmer* MDR 1948, 72; *Bode* S. 25). Der weitergehenden Meinung, das Revisionsgericht dürfe stets **»durcherkennen«**, wenn das angefochtene Urteil die Strafzumessungsumstände vollständig anführe (*Bruns* S. 660; *Roxin* § 54 J III 2; *Batereau* S. 83 ff.), ist **nicht** zu folgen.

26 Folgende Konstellationen haben sich herausgebildet: Wird die irrig angewendete Norm durch eine **mildere** Vorschrift ersetzt, ist grds. unter **Aufhebung des Strafausspruchs** insoweit zurückzuverweisen (RGSt 63, 136; 68, 125; 75, 320; JW 1923, 399 m.Anm. *Merkel*; 1929, 257 m.Anm. *Oetker*; BGHSt 23, 39; NJW 1952, 1223; 1953, 835; 1955, 1328), **es sei denn**, (1) es wurde eine so geringe Strafe ausgesprochen, dass eine **weitere Herabsetzung ausscheidet** (BayObLG JW 1920, 56 m.Anm. *Kern*; OLG Hamm VRS 28, 138) – insoweit besteht ein begr. Ermessen des Revisionsgerichts (KK/*Gericke* § 354 Rn. 18). (2) Gleiches gilt, wenn die Strafandrohung der tatsächlich anzuwendenden Vorschrift **nicht wesentlich milder** ist als die der irrtümlich angewendeten (RGSt 76, 253; HRR 1934 Nr. 1259; OGHSt 1, 305; BGHSt 8, 37; MDR 1955, 52; BayObLGSt 1951, 379; OLG Koblenz NJW 1961, 2363; OLG Celle NJW 1964, 2328; VRS 36, 309; OLG Hamm VRS 36, 460; OLG Düsseldorf NJW 1965, 2312). Dabei ist allerdings vorauszusetzen, dass beide Tatbestände den **gleichen Unrechtsgehalt** aufweisen und ausgeschlossen werden kann, dass das Tatgericht bspw. einen minder schweren Fall bejaht hätte, KK/*Gericke* § 354 Rn. 18) oder sogar strenger (BGH NJW 1976, 381) als diejenige der vom Tatgericht angewendeten Norm. (3) **Ebenso wenig** darf die eliminierte Vorschrift in **Tateinheit mit einer schärferen Strafdrohung** gestanden haben, welcher das Tatgericht die Strafe entnommen hat (BGH NJW 1977, 540). (4) Die Berichtigung ist hingegen möglich bei **Wegfall** einer **tateinheitlichen** Verurteilung (RGSt 48, 17; 53, 191; 60, 59; 75, 29; OGHSt 2, 19; BGHSt 3, 64; 8, 191; 10, 405; NJW 1954, 609; 1964, 212). Allerdings nur unter der Voraussetzung, dass die eliminierte Vorschrift sich auf den Strafausspruch **offensichtlich nicht ausgewirkt hat**, darf er auch hier ausnahmsweise bestehen bleiben (RGSt 4, 182; 53, 191 [257, 279]; 60, 59; 74, 181; OGH 2, 19; BGHSt 8, 191; KG VRS 36, 227; OLG Saarbrücken VRS 36, 310; OLG Düsseldorf VRS 36, 314; OLG Hamburg VRS 36, 151). (5) Demgegenüber kommt die Berichtigung grds. jedoch **nicht in Betracht**, wenn die Verurteilung aus dem in concreto strengeren Tatbestand wegfällt (BGHSt 28, 11; Meyer-Goßner/*Schmitt* § 354 Rn. 20).

27 Tritt an die Stelle der zu Unrecht angewendeten Vorschrift eine **strengere** Bestimmung, so ist zu unterscheiden: (1) Bei alleiniger Revision des **Angeklagten** bleibt der Strafausspruch bestehen, da eine höhere Bestrafung untersagt ist (§ 358 Abs. 2) und eine mildere ausscheidet. (2) Hatte hingegen (auch) die **StA** Revision eingelegt, ist regelmäßig Aufhebung und Zurückverweisung hinsichtlich des Strafausspruchs notwendig (RGSt 73, 346; OLG Braunschweig Nds. Rpfl. 1952, 141), es sei denn, das Revisionsgericht kann auf eine absolut bestimmte Strafe erkennen (Rn. 8).

Erkennt das Revisionsgericht auf **Tatmehrheit** anstelle von Tateinheit (BGHSt 2, 248), fortgesetzten Tat (nach Maßgabe von BGHGS St 40, 140) oder einheitlichen Handlung, so ist ebenso unter **Aufhebung des Strafausspruchs** zurückzuverweisen (ausnahmsweise kann das Revisionsgericht auch einen »Härteausgleich« vornehmen, wenn eine Gesamtstrafenbildung nicht mehr möglich ist – vgl. OLG Saarbrücken, Urt. v. 13.12.2007 – Ss 67–07 [74/07]; vgl. Rn. 34); das Tatgericht hat unter Berücksichtigung des § 358 Abs. 2 Einzelstrafen und eine Gesamtstrafe festzusetzen (BGH NJW 1952, 274; Meyer-Goßner/*Schmitt* § 354 Rn. 22; a.A. Übernahme der bisherigen Einzelstrafe als neue Gesamtstrafe, *Kalf* NStZ 1997, 68; vgl. *Basdorf* NStZ 1997, 423; zur Aufrechterhaltung der Gesamtstrafe als Einzelstrafe durch das Revisionsgericht vgl. auch BVerfG, Beschl. v. 27.09.2006 – 2 BvR 1603/06). 28

Im umgekehrten Fall der Annahme von **Tateinheit** (RGSt 66, 120; 70, 387; 73, 341; 76, 358) bzw. einer **einheitlichen Handlung** (BGH MDR [H] 1981, 99) anstatt Tatmehrheit ist in der Regel ebenfalls zurück zu verweisen (BGH NJW 1982, 2080; BGH NJW 1966, 1931; 1974, 960; VRS 66, 20 sowie RGSt 76, 258). Hier darf das Revisionsgericht die Gesamtstrafe als Einzelstrafe nur ausnahmsweise aufrechterhalten, wenn bei richtiger Subsumtion das Tatgericht zweifelsfrei ebenso erkannt hätte (BGH JR 1983, 210; vgl. auch BGH MDR [D] 1957, 266; MDR [H] 1978, 110; Meyer-Goßner/*Schmitt* § 354 Rn. 22 – wenn anzunehmen sei, dass das Tatgericht ebenso entschieden hätte; *Batereau* S. 121; a.A. *Lüttger* DRZ 1950, 350). 29

Erstreckt bei Revision zuungunsten des Angeklagten das Revisionsgericht den Schuldspruch auf eine **weitere tateinheitlich** verwirklichte Strafnorm (BGH NJW 1977, 1300; RGSt 4, 182; 47, 373; 71, 247), ist insoweit der Strafausspruch aufzuheben und die Sache zurückzuverweisen (OGH 1, 5; *Lüttger* DRZ 1950, 351), sofern nicht diese Unterlassung des Tatgerichts auf dessen Strafzumessung **offensichtlich ohne Einfluss** war (RGSt 71, 247; 72, 77; 74, 25; KG JR 1950, 407; Meyer-Goßner/*Schmitt* § 354 Rn. 21; a.A. *Bode* S. 44). 30

Hat das Tatgericht fälschlich Tateinheit statt **Gesetzeskonkurrenz** bejaht, bleibt der Strafausspruch regelmäßig bestehen, weil dafür auch Umstände herangezogen werden dürfen, die an sich nur für die zurücktretende Bestimmung relevant sind (RGSt 47, 373; 53, 257 [279]; 74, 167 [181, 311]; OGH 1, 114; 2, 19; BGHSt 1, 152; 8, 191; 21, 183; BGH NJW 1965, 2116; Meyer-Goßner/*Schmitt* § 354 Rn. 20). 31

Die Möglichkeit einer **Berichtigung des Rechtsfolgenausspruchs nach Abs. 1a und Abs. 1b**) wurde neu eingeführt durch JuMoG 01.09.2004 (vgl. *Peglau* JR 2005, 143). Durch die Einführung dieser beiden neuen Absätze stehen dem Revisionsgericht erheblich differenziertere Entscheidungsmöglichkeiten offen, als dies zuvor der Fall war (vgl. BayObLG NStZ-RR 2004, 22; Meyer-Goßner/*Schmitt* § 354 Rn. 24). Sofern das angegriffene Urteil (1) allein in Bezug auf die **Bemessung der Rechtsfolgen** rechtliche Fehler aufweist (**Abs. 1a**), steht dem Revisionsgericht eine zusätzliche **Sachentscheidungsmöglichkeit** offen. (2) Besteht die Möglichkeit, dass, wenn ein Urteil nur hinsichtlich des Rechtsfolgenausspruchs aufgehoben wird und sich der Rechtsfehler allein in Bezug auf die **Gesamtstrafenbildung** bei tatmehrheitlicher Verurteilung ausgewirkt hat (**Abs. 1b**), so kann eine Entscheidung im **Beschlussverfahren** ergehen (ausf. zum Beschlussverfahren bei Entscheidungen über die Gesamtstrafe: Meyer-Goßner/*Schmitt* § 354 Rn. 31 m.w.N.; vgl. HK-GS/*Rackow* § 354 Rn. 16; näher KMR/*Momsen* § 354 Rn. 34a ff.). 32

Eine **Veränderung** des fehlerbehafteten Rechtsfolgenausspruchs ist grds. nur in **engen Grenzen** denkbar, wenn ohne zusätzliche Tatsachenfeststellung oder -bewertung die Rechtsfolge **allein** aufgrund **rechtlicher** Beurteilung korrigiert werden kann (BGHSt 49, 371; BGH NJW 2005, 1813; OLG Nürnberg StraFo 2007, 205; BayObLG MDR 1952, 378; bei *Rüth* DAR 1974, 183; OLG Hamburg VRS 13, 364; *Dahs* Rn. 629; Meyer-Goßner/*Schmitt* § 354 Rn. 24 f., 28 – auch hinsichtlich Abs. 1a/b). 33

Reduzieren darf das Revisionsgericht bei Verstoß gegen zwingendes Recht, etwa im Fall einer unter Verstoß gegen **§§ 331, 358 Abs. 2** erhöhten Strafe (BayObLG NStZ-RR 2004, 22; JZ 1975, 538; OLG Düsseldorf VRS 72, 202; JR 2001, 477; OLG Köln DAR 1957, 109; OLG Hamburg NJW 1975, 1475) oder Maßregel (OLG Karlsruhe VRS 48, 425) auf das Maß des Ersturteils. Gleiches gilt für eine ihr **gesetzliche Höchstmaß** überschreitende Strafe (BGH NStZ-RR 2000, 39; OLG Düsseldorf VRS 5, 2782; OLG Bremen NJW 1962, 1217; LR/*Franke* § 354 Rn. 36; *Meyer-Goßner* § 354 Rn. 25a; a.A. *Bode* S. 47; *Eb. Schmidt* II 44) oder Maßregel (OLG Karlsruhe GA 1979, 347; OLG Köln MDR 1956, 696) oder z.B. eine Sperre nach § 69a StGB auf ihr **Mindestmaß**, wenn das Tatgericht darauf erkennen wollte (OLG Köln VRS 52, 271; Meyer-Goßner/*Schmitt* § 354 Rn. 26 f.; vgl. auch Rn. 31). 34

Erlittene **U-Haft** darf das Revisionsgericht anrechnen (BGH StV 1994, 603; 1999, 312; OLG Köln NJW 1965, 2310; OLG Düsseldorf NJW 1969, 440), auch lediglich in der Höhe einer verhängten kürzeren Strafe, die damit abgegolten ist (LR/*Franke* § 354 Rn. 37; BGH MDR [D] 1974, 544). Die Anrechnung von im **Ausland** erlittener U-Haft ist ebenfalls möglich (vgl. BGH MDR [H] 1986, 271); der **Umrechnungsmaßstab** des § 51 Abs. 4 Satz 2 StGB ist zu beachten (vgl. BGH NStZ-RR 2009, 370; BGH NJW 1986, 1555; zur Frage, auf **welche Strafe** anzurechnen ist, vgl. BGH NJW 1992, 123; zum Ganzen Meyer-Goßner/*Schmitt* § 354 Rn. 26c). 35

36 Hebt das Revisionsgericht eine **Verwarnung mit Strafvorbehalt** (§ 59 StGB) auf, kann es zu der vom Tatgericht bereits ordnungsgemäß bemessenen Geldstrafe verurteilen (OLG Celle StV 1988, 109) oder die Verurteilung mit der Maßgabe aufrechterhalten, dass die Verurteilung vorbehaltlos erfolgt (BGH NJW 1978, 503 m. abl. Anm. *Peters* JR 1978, 246; vgl. Meyer-Goßner/*Schmitt* § 354 Rn. 26a).

37 Das Revisionsgericht ist weiterhin befugt, eine zwingend vorgeschriebene **Einziehung** (BGHSt 14, 299; 16, 57; 26, 266) oder **Unbrauchbarmachung** (BGH, Urt. v. 24.09.1953 – 4 StR 227/53), namentlich die unterlassene **Einziehung des Führerscheins** gem. § 69 Abs. 3 Satz 2 StGB (BGH DAR 1979, 185) anzuordnen und eine **offensichtlich unverhältnismäßige** Einziehung (BGH, Beschl. v. 17.07.1992 – 2 StR 5/92, bei Meyer-Goßner/*Schmitt* § 354 Rn. 26e; OLG Hamm NJW 1975, 67) oder die Versagung der Entschädigung eines Dritten nach **§ 74 f. Abs. 2 StGB** aF (BayObLG VRS 46, 275) aufzuheben. Es darf ebenfalls eine unvollständige Einziehungsanordnung im Tenor **ergänzen** (BGH wistra 2007, 427; BGH NStZ [K] 1992, 226).

38 In Bezug auf **Maßregeln** kann das Revisionsgericht auf Unterbringung (§ 63 StGB) erkennen, wenn das Tatgericht unter Nichtbeachtung des § 358 Abs. 2 die **Sicherungsverwahrung** (§ 66 StGB) angeordnet hat (BGH NJW 1973, 108; vgl. Rn. 26). Ist aus den Urteilsgründen ersichtlich, wie das Tatgericht rechtsirrtumsfrei erkannt hätte, darf das Revisionsgericht demgemäß eine **Sperre** nach § 69a StGB festsetzen (BGHSt 6, 402; OLG Frankfurt BA 1977, 122) oder erhöhen (OLG Oldenburg VRS 51, 283). Das **Berufsverbot** (§ 70 StGB) kann das Revisionsgericht in einer milderen Form verhängen (BGH MDR [H] 1954, 529). Ebenso kann eine Änderung der **Reihenfolge der Vollstreckung** erfolgen (vgl. BGH, Urt. v. 06.05.2008 – 1 StR 144/08 – Vorwegvollzug, Entscheidung analog § 354; BGH, Urt. v. 08.04.2008 – 4 StR 21/08, jeweils unter Hinweis auf BGH NJW 2008, 1173). Das Revisionsgericht kann darüber hinaus die **Anordnung** von Maßregeln nach §§ 63, 64, 66, 67 Abs. 2, 69 StGB **aufheben** (BGH StV 1985, 12; OLG Celle VRS 64, 366; BGH, Urt. v. 08.05.1990 – 1 StR 52/90 bei Meyer-Goßner/*Schmitt* § 354 Rn. 26 f.).

39 Mit Zustimmung der StA kann das Revisionsgericht die dem Angeklagten günstigste **Nebenfolge** anordnen (BGHSt 3, 73 [76]).

40 Im Rahmen der **Strafaussetzung zur Bewährung** darf das Revisionsgericht **nicht** die tatgerichtliche Prognose nach **§ 56 Abs. 1 StGB** durch eine eigene ersetzen (OLG Köln VRS 42, 94; vgl. auch § 267 Rn. 93). Es sei denn, ihre Voraussetzungen ergeben sich eindeutig aus den Urteilsgründen (BGH NStZ [K] 1997, 377; NStZ-RR 12, 357; wistra 1922, 22; BGH MDR 1954, 309; OLG Bremen NJW 1962, 929; OLG Celle NJW 1968, 2255). Das Revisionsgericht hat dann auf Antrag der StA die gesetzliche Mindestdauer der Bewährungszeit anzuordnen (BGH NJW 1953, 1839; Meyer-Goßner/*Schmitt* § 354 Rn. 26d; *Dahs* Rn. 628), den Beschluss nach § 268a Abs. 1 und die Belehrung gem. § 268a Abs. 3 aber dem Tatgericht zu überlassen (BGH VRS 77, 349; Meyer-Goßner/*Schmitt* § 354 Rn. 26d; *Wagner* DRZ 1970, 279). Die Verletzung der **§ 56 Abs. 2 StGB, § 21 Abs. 2 JGG** darf das Revisionsgericht korrigieren (BGHSt 24, 365), ebenso Verstöße gegen **§ 56 Abs. 3 StGB** (erg. § 267 Rn. 93), wenn nach den Gesamtumständen eine andere richtige Entscheidung nicht möglich ist (BGH NJW 1972, 834; VRS 38, 334; zur umgekehrten Konstellation BayObLG NJW 2003, 3498).

41 **I.Ü.** ist dem Revisionsgericht eine **Rechtsfolgenberichtigung nicht erlaubt**, diese ist grundsätzl. Aufgabe des Tatgerichts. Das gilt auch z.B. für die Bemessung der Tagessatzhöhe nach § 40 StGB (OLG Köln DAR 1976, 47; Tagessatzanzahl oder -höhe kann aber auf das gesetzliche Mindestmaß erhöht werden; die Höhe auch rein rechnerisch korrigiert werden, Meyer-Goßner/*Schmitt*, § 354 Rn. 25b mwN) oder die Gewährung von Zahlungserleichterungen gem. § 42 StGB (OLG Bremen NJW 1954, 523; a.A. *D. Meyer* MDR 1976, 714; allg. zur **Revisibilität** des Rechtsfolgenausspruchs vgl. § 267 Rn. 123 lit. d) m.w. Hinw.). Gleichwohl wird **§ 354 Abs. 1** in einer Reihe von Fällen **analog** angewandt (vgl. zu berechtigten Bedenken *Foth* NStZ 1992, 445 und zu verfassungsrechtlichen Beschränkungen BVerfG NStZ 2004, 273 – dazu krit. *Senge* FS Dahs, S. 479; vgl. aber OLG Stuttgart wistra 2004, 359; *Frisch* StV 2006, 431; *Ignor* FS Dahs, S. 299; ausf. *Junker* Die Ausdehnung der eigenen Sachentscheidung in der strafrechtlichen Rspr. des Bundesgerichtshofs, 2002; *Berenbrink* GA 2008, 625 ff.).

42 Eine **entspr. Anwendung von Abs. 1** wird angenommen, wenn jedes Ermessen über Art und Höhe der Rechtsfolge ausgeschlossen ist (BGH NStZ-RR 2002, 103, 3 Entscheidungen), weil bspw. rechnerisch und nach den gesamten Umständen nur noch »eine« bestimmte Strafe möglich ist (BGH NStZ 2003, 293; 1992, 78; 297; OLG Stuttgart NJW 2006, 1222) oder eine »bestimmte« Gesamtstrafe (BGH NJW 1991, 2715; NStZ [K] 1997, 380; zum Härteausgleich bei unterbliebener Gesamtstrafenbildung BGH 3 StR 246/14 v. 10.06.2014; BGH StV 196, 265; OLG Saarbrücken, Urt. v. 13.12.2007 – Ss 67–07 [74/07]). Da Abs. 1a/b insoweit nicht einschlägig sind, kommt auch eine Strafreduzierung wegen **Verfahrensverzögerung** gem. Art. 6 EMRK in entspr. Anwendung des § 354 Abs. 1 in Betracht (OLG Karlsruhe NJW 2004, 3724; BGH NJW 2005, 912; *Güntge* NStZ 2005, 208). Auch der festgesetzte Einziehungsbetrag kann in analoger Anwendung von § 354 Abs. 1 herabgesetzt werden (BGH Beschl. v. 27.01.2021 – 6 StR 443/20, Rn. 2)

Abs. 1a ermöglicht eine **echte Sachentscheidung** des Revisionsgerichts, ohne dass Antragserfordernis für die StA bestünde, die Rechtsfolgenentscheidung des angegriffenen Urteils **aufrechtzuerhalten**, sofern die Rechtsfolge als solche angemessen ist (**Satz 1**) oder die Rechtsfolge angemessen **herabzusetzen**, sofern die StA dies beantragt (**Satz 2**). 43

Wenn die Strafzumessungserwägungen zwar fehlerhaft sind, das Revisionsgericht jedoch unter Berücksichtigung aller vorhandenen Feststellungen, namentlich der für § 46 relevanten Gesichtspunkte, nach eigenem Ermessen die Rechtsfolge als solche für angemessen erachtet, kann das Revisionsgericht »**durchentscheiden**« und die **Rechtsfolge gem. Satz 1 aufrechterhalten** (BGHSt 49, 371; BGH NStZ 2006, 36; 587; vgl. *Berenbrink* GA 2008, 625 ff.). Ohne dass ein Antrag der StA notwendig wäre, ergibt sich damit eine im System des Revisionsrechts **sachwidrige Ersetzung** der tatrichterlichen Strafzumessungsentscheidung (HK-GS/*Rackow* § 354 Rn. 17; Meyer-Goßner/*Schmitt* § 354 Rn. 28; *Eisenberg/Haeseler* StraFo 2005, 221; *Franke* GA 2006, 265; *Jahn/Kudlich* NStZ 2006, 340; *Sommer* StraFo 2004, 298), die mit Beschleunigungsgesichtspunkten zu rechtfertigen sein soll. Demgegenüber ist aber gerade nicht auszuschließen, dass sich die rechtsfehlerhaften Strafzumessungserwägungen des Tatgerichts bestimmend auf die Festsetzung der Rechtsfolge ausgewirkt haben (zutr. *Ventzke* NStZ 2005, 461; SK-StPO/*Wohlers* § 354 Rn. 65; Meyer-Goßner/*Schmitt* § 354 Rn. 28). 44

Zutreffender Weise hat auch das BVerfG in mehreren Beschlüssen (NJW 2007, 2977; dazu *Berenbrink* GA 2008, 625 ff.; sowie BVerfG NStZ 2007, 710 und Beschl. v. 10.10.2007 – 2 BvR 1977/05, StV 2008, 233) unterstrichen, dass die Norm **verfassungskonform** auszulegen ist und eine Anwendung nur dann in Betracht zu ziehen ist, wenn ein korrekt ermittelter, vollständiger und aktueller Strafzumessungssachverhalt zur Verfügung steht (vgl. *Peglau* JR 2008, 73; *Paster/Sättele* NStZ 2007, 609; *Berenbrink* GA 2008, 625 ff.). Dies wird das Revisionsgericht aber in der Regel nicht selbst feststellen können, da ihm der tatgerichtliche Eindruck insoweit fehlt. Daher ist das Revisionsgericht i.Ü. verpflichtet ist, den Angeklagten auf die konkreten, für eine Sachentscheidung sprechenden Gründe hinzuweisen, sofern kein entspr. Antrag der StA vorliegt. D.h. das Revisionsgericht wird den Hinweis zudem i.d.R. mit konkreten Ausführungen verbinden müssen, warum sich die verhängte Strafe trotz der im tatrichterlichen Urteil festgestellten Zumessungsfehler als angemessen darstellt. Dementsprechend müssen die Einwände, die der Angeklagte gegen die »Aktualität und Richtigkeit des Strafzumessungssachverhaltes erhebt«, auf ihre Plausibilität geprüft werden und soweit sich Zweifel ergeben, hat das Revisionsgericht zurückzuverweisen (so zutr. BeckOK-StPO/*Wiedner* § 354 Rn. 76 f.). 45

Mit diesen Beschränkungen wird die Norm auch aus Sicht des BVerfG (NJW 2007, 2977) **keine große praktische Bedeutung** entfalten können (vgl. *Peglau* JR 2008, 73); umso mehr, als die Annahme des BGH (NJW 2005, 912), Abs. 1 Satz 1 könne auch bei einer Schuldspruchberichtigung angewendet werden (dazu noch HK-GS/*Rackow* § 354 Rn. 17), ausdrücklich verworfen wird (zum Ganzen ausf.: Meyer-Goßner/*Schmitt* § 354 Rn. 28a). 46

Bei der Anwendung des § 354 Abs. 1a StPO ist namentlich darauf zu achten, »dass **kein die Gesamtheit der Strafzumessung betreffender Wertungsfehler** vorliegt, der einer Korrektur durch eine neue Gesamtabwägung mit Gewichtung aller in Betracht kommenden Strafzumessungsgründe bedarf« (BeckOK-StPO/*Wiedner* § 354 Rn. 79; vgl. BGH NStZ 2008, 233; BGH NStZ-RR 2008, 183). Dagegen stehen nach Ansicht der StrS **fehlende oder fehlerhafte einzelne Strafzumessungserwägungen** einer Entscheidung nach Abs. 1a soweit nicht im Wege, soweit kein »zentraler Gesichtspunkt betroffen« ist. Dies ist richtigerweise für jeden konkreten Erörterungsmangel zu berücksichtigen (BeckOK-StPO/*Wiedner* § 354 Rn. 79; vgl. BGH, Beschl. v. 01.03.2011 – 3 StR 496/10 zu § 31 BtMG). Demnach soll auch bei Anwendung eines **fehlerhaften Strafrahmens** nach Abs. 1a verfahren werden können, wenn keine grundlegende Verkennung vorliege (vgl. BGH NStZ-RR 2008, 183). Die Abgrenzung ist freilich schwierig und muss im Zweifel zur Zurückverweisung führen. 47

Ist es zu einer gegen das Rechtsstaatsprinzip verstoßenden **Verfahrensverzögerung** gekommen, die im tatrichterlichen Urteil nicht ausreichend berücksichtigt (BGH NStZ-RR 2008, 208; wistra 2008, 304; Meyer-Goßner/*Schmitt* § 354 Rn. 29) wurde oder ist die Verzögerung erst im Revisionsverfahren eingetreten, so kann nach Ansicht der Rspr. ebenfalls nach Abs. 1a verfahren werden (vgl. BVerfG NStZ 2007, 710; BGH NStZ 1997, 29), um weitere Verzögerung zu vermeiden. Die Vollstreckungslösung (BGHGS NJW 2008, 860) steht dem nicht im Wege (BeckOK-StPO/*Wiedner* § 354 Rn. 81). Allerdings ist stets zu prüfen, ob sich nicht gerade infolge der Verzögerung Bedarf an weiteren Feststellungen zum strafzumessungsrelevanten Sachverhalt ergibt. 48

Nicht angewendet werden kann Abs. 1 Satz 1 demgemäß, wenn (1) tragfähige Zumessungserwägungen fehlen (BGH StV 2007, 489), (2) eine Vielzahl von strafzumessungsrechtlichen Fehlern vorliegen (BGH StV 2007, 489), (3) die Rechtsfolge gegen zwingendes Recht verstößt (BGH DAR 2007, 252), (4) bei unzulässiger Vereinbarung einer sog. »Punktstrafe« im Rahmen einer Absprache (Meyer-Goßner/*Schmitt* § 354 Rn. 28b; a.A. 49

BGHSt 51, 84 m. zust. Anm. *Streng* JZ 2007, 154), denn die Rechtsfolge verstößt gegen den zwingenden § 261 und (5) in der Regel auch bei unzutreffenden Erwägungen zur Bewährungsaussetzung, da die Prognose kaum vom Revisionsgericht wird rechtlich ersetzt werden können (vgl. mit ähnlichem Ergebnis *Jung* StV, 2006, 406 gegen OLG Schleswig StV 2006, 403; vgl. auch *Berenbrink* GA 2008, 625 ff.; diff. Meyer-Goßner/*Schmitt* § 354 Rn. 28b).

50 Nach Maßgabe der Beschlüsse des BVerfG (NStZ 2007, 710; StV 2008, 233) ist eine **angemessene Herabsetzung** der Rechtsfolgen (**Satz 2**) auf Antrag der StA, an den das Revisionsgericht bei seiner Entscheidung nicht gebunden ist, bspw. möglich im Fall einer gegen Art. 6 EMRK verstoßenden rechtsstaatswidrigen Verfahrensverzögerung (BGH NStZ-RR 2005, 320; 2008, 22; OLG Celle StV 2006, 402). Das Revisionsgericht hat auch insoweit nach pflichtgemäßem Ermessen ggf. durch Beschluss (*Dahs* Rn. 629; BGH NJW 2006, 160; sofern das RevG dem Antrag der StA folgt oder unter diesem verbleibt – BGH NStZ 2006, 36; Meyer-Goßner/*Schmitt* § 354 Rn. 29 m.w.N.) zu entscheiden. Bei übersehender Strafrahmenverschiebung scheidet eine Anwendung von Satz 2 hingegen aus (OLG Bremen StV 2006, 206).

51 **Abs. 1b** dient der Verfahrensvereinfachung. Ist die **Gesamtstrafenbildung** bei tatmehrheitlicher Verurteilung im angegriffenen Urteil rechtsfehlerhaft erfolgt bzw. muss diese erstmals (nachträglich) vorgenommen werden, so kann das Revisionsgericht mit der Zurückverweisung aussprechen, dass die Gesamtstrafenbildung im Beschlussverfahren nach §§ 460, 462 erfolgen soll (HK-GS/*Rackow* § 354 Rn. 18). Das Revisionsgericht kann nach eigenem Ermessen die Entscheidung über die Gesamtstrafenbildung dem **Beschlussverfahren** überlassen und auf eine neue Hauptverhandlung in einer (weiteren) Tatsacheninstanz verzichten (**Satz 1**). Voraussetzung ist, dass es lediglich um die Neubestimmung einer vom Tatgericht fehlerhaft gebildeten oder aber die erstmalige Festsetzung einer Gesamtstrafe geht (OLG Frankfurt NStZ-RR 2005, 81; OLG Köln NStZ 2005, 164; OLG Nürnberg StV 2007, 415; Meyer-Goßner/*Schmitt* § 354 Rn. 31). Abs. 1b ist sowohl bei Rechtsmitteln zugunsten des Angeklagten als auch bei **Revisionen der StA** zu seinen Lasten anwendbar (BGH NStZ-RR 2007, 107). Die Entscheidung nach Abs. 1b kann auch im Beschlussverfahren nach **§ 349 Abs. 4** getroffen werden (Meyer-Goßner/*Schmitt* § 354 Rn. 31). Eine ausdr. Zurückweisung an das gem. § 462a zuständige Gericht ist nicht erforderlich (BGH NJW 2004, 3788; HK-GS/*Maiwald/Rackow* § 354 Rn. 19; *Senge* FS Dahs, S. 492). Die **Kostenentscheidung** hinsichtlich des Revisionsverfahrens kann das Revisionsgericht mit der Entscheidung nach Abs. 1b treffen, anderenfalls ist ein Nachverfahren notwendig (BGH NJW 2004, 3788; 2005, 1205; OLG Köln VRS 108, 112; vgl. Meyer-Goßner/*Schmitt* § 354 Rn. 31). Liegen Fehler bei der Zumessung i.e.S. vor, d.h. sind die Strafzumessungserwägungen auch in tatsächlicher Hinsicht unzutreffend, so werden in der Regel neue Feststellungen notwendig sein und eine Zurückweisung nach Abs. 1b Satz 1 wird **nicht** in Betracht kommen (BGH StV 2006, 402). Zwar führt die Regelung allein durch den Ausschluss einer erneuten Hauptverhandlung zu einer Vereinfachung des weiteren Verfahrens (*Frisch* StV 2006, 438; *Knauer/Wolf* NJW 2004, 2937; Meyer-Goßner/*Schmitt* § 354 Rn. 31), jedoch geht dem Angeklagten eine unvoreingenommene Tatsacheninstanz verloren, da das für den Beschluss zuständige Gericht nach Maßgabe des Revisionsgerichts zu entscheiden hat (vgl. *Wasserburg* GA 2006, 393; HK-GS/*Rackow* § 354 Rn. 18); ob dies im Einzelfall namentlich bei Entscheidungen auf Revision der StA zum Nachteil des Angeklagten zu unerwünschten Folgen führen wird, bleibt abzuwarten (zum Ganzen ausf. auch LR/*Franke* § 354 Rn. 58 ff.).

52 Das Revisionsgericht kann jedoch auch in Fragen der Gesamtstrafe, die von Satz 1 erfasst sind, nach Abs. 1 oder Abs. 1a eine eigene **Sachentscheidung** treffen, also »durchentscheiden« (**Satz 2, 3**). Damit stehen dem Revisionsgericht insoweit alle von § 354 (ggf. i.V.m. § 349) eröffneten Entscheidungswege offen (BGH NJW 2007, 1475; *Frisch* StV 2006, HK-GS/*Rackow* § 354 Rn. 18; Meyer-Goßner/*Schmitt* § 354 Rn. 32; krit. *Berenbrink* GA 2008, 625 ff.). Abs. 1b ist auch anwendbar, wenn im Revisionsverfahren eine **Teileinstellung** gem. **§ 154 Abs. 2** erfolgt, welche den Grund für die erforderlich werdende neue Bestimmung der Gesamtstrafe darstellt (BGH NJW 2005, 376; HK-GS/*Rackow* § 354 Rn. 19; *Peglau* JR 2005, 145) sowie im Fall eines **Teilfreispruchs** (Meyer-Goßner/*Schmitt* § 354 Rn. 31 m. Verweis auf BGH, Urt. v. 10.10.2006 – 1 StR 377/06). Ggf. kann der eigenen Sachentscheidung entgegenstehen, dass die Gesamtstrafenbildung auf einer andere Teile mitumfassenden **Verfahrensabsprache** beruht (vgl. § 344 Rn. 6 a.E.).

53 **IV. Anwendbarkeit des § 357.** Auch zugunsten von früheren Mitangeklagten, die selbst keine Revision eingelegt haben, ist analog § 357 der Schuldspruch in den oben bezeichneten Grenzen abänderbar (BGH NJW 1952, 274; OLG Hamm NJW 1974, 467; *Haase* GA 1956, 275; *Eb. Schmidt* Nachtr I § 357 Rn. 2a), d.h. nur dann, wenn ausgeschlossen ist, dass diese ggü. dem veränderten Vorwurf irgendeine neue Verteidigung in tatsächlicher Hinsicht vorbringen könnten. Wirkt sich die Änderung auf den Strafausspruch nicht aus, hat es bei der Schuldspruchberichtigung sein Bewenden; andernfalls muss das Urteil im Strafausspruch aufgehoben und die Sache insoweit zurückverwiesen werden (OGH NJW 1949, 354; OLG Hamburg HESt 2, 19, 21).

B. Zurückverweisung an das Tatgericht (Abs. 2, 3). I. Allgemeines. Die **Zurückverweisung** zur erneuten Verhandlung und Entscheidung an die Vorinstanz ist notwendig, wenn und soweit das Revisionsgericht nicht gem. Abs. 1, 1a, 1b selbst in der Sache entscheiden oder den Rechtsfehler durch Berichtigung des Schuld- oder Rechtsfolgenausspruchs beheben kann, d.h. noch tatrichterliche Ermessensausübung in Betracht kommt. Soweit die Revision beschränkbar ist (§ 344 Rdn. 6 ff.), ist auch **teilweise** Zurückverweisung zulässig (KMR/*Momsen* § 353 Rn. 6); ebenso, wenn das Revisionsgericht nach § 154a Abs. 2 ausgeschiedene Tatteile wieder einbezogen hat (Rdn. 6). Zur Zurückverweisung bei noch **behebbarem Prozesshindernis** vgl. § 337 Rdn. 11 ff., 75 ff., § 352 Rdn. 8. Die Zurückverweisung stellt nach der Beschlussverwerfung gem. § 349 die häufigste Entscheidungsform der Revisionsgerichte dar (HK-GS/*Rackow* § 354 Rn. 20; *Barton* Die Revisionsrechtsprechung des BGH in Strafsachen, 1999, S. 60 ff., kommt auf eine Quote von ungefähr 10–15 %). Zur Frage der Zurückverweisung bei Aufhebung eines Berufungsurteils nach **§ 328 Abs. 2, 3** vgl. Rdn. 21. 54

3. Eine **Kosten- und Auslagenentscheidung** (vgl. KMR/*Momsen* § 353 Rn. 1 a.E.) unterbleibt, selbst wenn nur Teilaufhebung erfolgt. Sie hat – auch hinsichtlich der Kosten und Auslagen der Revision (§ 473) – das **neue Tatgericht** zu treffen, da erst nach der Neuverhandlung der Erfolg des Rechtsmittels beurteilt werden kann (HK-GS/*Rackow* § 354 Rn. 23; SK-StPO/*Wohlers* § 354 Rn. 62); das Revisionsgericht kann sie ihm auch ausdrücklich vorbehalten. 55

II. Einzelfälle der Zurückverweisung. Abs. 2 normiert für das **Strafverfahren** die unwiderlegliche gesetzliche Vermutung einer – der StPO sonst ohne Bezugnahme auf die konkrete Gerichtsperson nicht bekannten – **»Befangenheit« des Spruchkörpers.** Damit soll eine denkbare »Diffamierung« und »Desavouierung« des Richters, dessen Urteil aufgehoben wurde, verhindert und zugleich (wie im Fall des § 23 Abs. 2) dem denkbaren Misstrauen des Angeklagten (woran es bei Zurückverweisung nach Aufhebung eines freisprechenden Urteils auf Revision der StA freilich in der Regel fehlen würde) in die Unvoreingenommenheit der mit seiner Sache befassten Richter von vornherein begegnet werden (vgl. Verhandlungen des BT, StenogrBer Bd. II 3141 f.; vgl. auch *Dahs* Rn. 631; KK/*Gericke* § 354 Rn. 29). Im Bußgeldverfahren kann nach **§ 79 Abs. 6 OWiG** das Rechtsbeschwerdegericht ebenfalls an ein anderes AG bzw. an eine andere Abteilung des AG (BayObLG NJW 1970, 2042 = JZ 1970, 353 m. zust. Anm. *Göhler*; KG VRS 39, 434; OLG Hamburg VRS 40, 38) verweisen. Jedoch besteht hier – wegen der dort in der Regel weniger bedeutsamen Rechtsfolgen (BayObLG VRS 57, 206) – auch die Möglichkeit, an den Ausgangsspruchkörper zurückverweisen (näher zu § 79 OWiG HK-GS/*Rackow* § 354 Rn. 27 ff.). Dies ist im Hinblick auf die Vermeidung bereits des abstrakten Eindrucks der Befangenheit weder überzeugend noch mit Blick auf die Bedeutung des Bußgeldverfahrens etwa in Wirtschaftssachen angemessen. 56

Wird nur eine von mehreren **verbundenen Sachen** zurückverwiesen, hat das Revisionsgericht sie abzutrennen (§ 4) und an das Gericht zu verweisen, das ohne Verbindung auch in der Tatsacheninstanz für sie primär zuständig gewesen wäre. Spricht das Revisionsgericht die Verweisung aus, ohne diese noch anhängige Sache von der rechtskräftig werdenden anderen zu trennen, liegt darin eine stillschweigende Abtrennung. 57

An eine **andere Abteilung** im geschäftsverteilungsplanmäßigen, nicht im organisatorischen Sinn (vgl. OLG Hamm NJW 1968, 1438; OLG Koblenz NJW 1968, 2393) bzw. **Kammer (Abs. 2 Satz 1, 1. Alt.)**, auch an eine gleichrangige (§ 74e GVG) SpezialStrK (§§ 74 Abs. 2, 74a, c GVG; vgl. BGH NJW 1975, 743) oder ein gleichrangiges JugG, oder an einen anderen **Senat** (§ 120 Abs. 1, 2, 5 Satz 2 GVG) des betreffenden OLG (Abs. 2 Satz 2) ist auch dann zurückzuverweisen, wenn diese(r) – z.B. infolge veränderter Geschäftsverteilung – ganz (vgl. für den StrafRi nach § 25 GVG: OLG Saarbrücken MDR 1970, 347; OLG Hamm GA 1971, 1185) oder teilweise (vgl. für SchwurGK BGH 24, 336) wieder **mit dem (den) selben Richter(n) besetzt** ist. Denn die (erneute) Mitwirkung eines bereits am Erlass des vorangegangenen Urteils des Tatgerichts beteiligten Richters ist **weder ein Ausschluss-** (BVerfG NJW 1971, 1030; BGHSt 20, 252; 21, 144 m. Anm. *Hanack* NJW 1967, 580; 24, 226; HK-GS/*Rackow* § 354 Rn. 21) **noch** nach h.M. für sich allein **ein Befangenheitsgrund i.S.v. § 24** (vgl. BGHSt 20, 252; 21, 142; 24, 336; NStZ 1985, 298; OLG Bremen NStZ 1991, 95; OLG Stuttgart StV 1985, 492; diff.: Meyer-Goßner/*Schmitt* § 354 Rn. 39; KK/*Gericke* § 354 Rn. 30). 58

Dies ist allerdings ungeachtet der vom Verfassungsgericht bescheinigten Unbedenklichkeit (BVerfG DRiZ 1968, 141) **problematisch**, da nach der ratio legis des § 24 in der Sache regelmäßig von einer Befangenheit des bereits mit der Sache befassten Richters auszugehen sein dürfte (vgl. *Arzt* JZ 1973, 35; *Dahs* Rn. 631; *Hanack* NJW 1967, 582; *Hannover* StV 1985, 493; HK-GS/*Rackow* § 354 Rn. 21; *Rieß* JR 1980, 385; SK-StPO/*Wohlers* § 354 Rn. 80, 93; vgl. auch LG Münster NJW 1966, 1723; AG Münster StV 1986, 429). Dies gilt erst recht, wenn derselbe Richter erneut als Berichterstatter mitwirkt (BGH NStZ 1985, 298 m. zutr. krit. Anm. *Godyke* FS Meyer-Goßner [2001], S. 547) und auch dann, wenn der vorbefasste Richter als StA an der neuen HV teilnimmt (keine Befangenheit: BGH NStZ 1991, 595). Die h.M. (BGHSt 24, 336; BGH NStZ 59

1987, 19; OLG Stuttgart StV 1985, 492; LG Bremen StV 1986, 470), der zufolge eine Ablehnung wegen Befangenheit nur unter den Voraussetzungen des § 24, namentlich im Hinblick auf die Urteilsgründe, bzw. nur dann möglich sein soll, wenn diese diffamierende Werturteile über den Angeklagten enthalten (BGHSt 24, 336), ist daher abzulehnen (so auch SK-StPO/*Wohlers* § 354 Rn. 92 f.; HK-GS/*Rackow* § 354 Rn. 21). Verweist der BGH zulässigerweise ohne weitere Angabe »an das LG X« zurück, hat sich wiederum ein gleichartiger Spruchkörper mit der Sache zu befassen (BGH bei MDR [H] 1977, 810 f.; OLG Karlsruhe Justiz 1980, 339; KK/*Gericke* § 354 Rn. 31). **Unzulässig** ist es aber in jedem Fall, wenn der Geschäftsverteilungsplan für die erstentscheidenden und die zurückverwiesenen Sachen dieselben Richter zuteilt (BGH NStZ-RR 2005, 212; ausf. u. differenzierende Analyse d. Rspr. zum Ganzen bei LR/*Franke* § 354 Rn. 67 ff., 70).

60 Bei der Verweisung nach Abs. 2 Satz 1 (1. Alt.) und 2 beschränkt sich das Revisionsgericht auf den Ausspruch dieser Verweisung. Welche bestimmte Abteilung, Kammer oder welcher Senat dann zuständig ist (kein Vertretungsfall – vgl. OLG Karlsruhe MDR 1980, 691), muss sich aus dem **Geschäftsverteilungsplan** dieses Gerichts ergeben: Er hat abstrakt-generell die (originäre) Kompetenz von Auffangspruchkörpern für Zurückverweisungsfälle nach Abs. 2 zu bestimmen; notfalls (z.B. wenn eine Sache zum wiederholten Mal zurückverwiesen wird) ist eine entspr. Regelung nachzuholen (allerdings muss sichergestellt werden, dass sich die Auffangkammer in der Bezeichnung eindeutig von sämtl. anderen Kammern unterscheidet: BGH NStZ-RR 2006, 65; NStZ 1981, 489; vgl. § 338 Rdn. 20 m.w.N.). Fehlt es daran, muss das Revisionsgericht gleichwohl nicht an ein anderes Gericht zurückverweisen (BGH NJW 1975, 743; NStZ 1982, 211: eindeutige und konkrete Regelung durch Gerichtspräsidium; OLG Saarbrücken MDR 1970, 34); dieser Umstand rechtfertigt auch noch kein Verfahren nach § 15 (OLG München MDR 1977, 1038 = JR 1978, 301 m. Anm. *Rieß*). Kann jedoch ein anderer Spruchkörper nicht eingerichtet werden, ist entweder das zuständige Gericht nach **§ 15** zu bestimmen oder an ein anderes Gericht gleicher Ordnung (Rdn. 54) zurückzuverweisen (OLG Oldenburg NStZ 1985, 473 m.Anm. *Rieß*; OLG Schleswig SchlHA 1975, 165; OLG München JR 1978, 301; *Kleinknecht* JZ 1965, 161; *Helle* DRZ 1974, 229; *Benz* MDR 1976, 806; zum Ganzen ausf.: Meyer-Goßner/*Schmitt* § 354 Rn. 37 ff.).

61 Die Zurückverweisung an ein **anderes Gericht gleicher Ordnung** desselben Landes (**Abs. 2 Satz 1, 2. Alt.**), die zugl. die Zuständigkeit der StA (§ 142 GVG) ändert, liegt im pflichtgemäßen **Ermessen** des Revisionsgerichts und ist **mit Art. 101 Abs. 1 Satz 2 GG vereinbar** (BVerfGE 20, 336), sofern dies aus Sachgründen zweckmäßig ist und willkürfrei geschieht (zu möglichen Beschränkungen des Ermessens vgl. *Sowada*, Der gesetzliche Richter im Strafverfahren, 2002, S. 760 ff.: nur in Bezug auf das »Ob« der Verweisung Ermessen; Auswahlermessen nur hinsichtlich des »Wie« bzw. des zust. Gerichts; vgl. auch Meyer-Goßner/*Schmitt* § 354 Rn. 40; SK-StPO/*Wohlers* § 354 Rn. 82 f.). Sie kommt insb. dann in Betracht, wenn die Einrichtung eines Spruchkörpers nicht möglich ist, das Verfahren aus einer vorurteilsbelasteten örtlichen Atmosphäre herausgenommen werden soll (*Seibert* MDR 1954, 721; NJW 1963, 431; *Eb. Schmidt* Nachtr. I 27; *Benz* MDR 1976, 805; KK/*Gericke* § 354 Rn. 37) oder sonstige Gesichtspunkte – z.B. Wohngebiet von Beweispersonen (*Dahs* Rn. 631) – dazu drängen.

62 Das »**andere Gericht**« muss dem früheren nicht benachbart sein (BGHSt 21, 191; *Seibert* MDR 1954, 722; *Kleinknecht* JZ 1965, 161; Meyer-Goßner/*Schmitt* § 354 Rn. 41; anders § 210 Abs. 3), auch nicht zum selben OLG-Bezirk gehören (*Seibert* NJW 1968, 1317; **Ausnahme**: Ist – z.B. in einem Stadtstaat – dem OLG als RevG nur ein einziges LG nachgeordnet, darf das OLG nur dorthin zurückverweisen, so OLG Braunschweig JZ 1951, 235 m.Anm. *Schönke*; *Seibert* MDR 1954, 72. Ein »anderes Gericht« ist auch eine StrK am Sitz des LG im Verhältnis **zur auswärtigen StrK** nach § 78 GVG (RG 17, 230; 50, 160; BGH bei MDR [D] 1958, 566) und umgekehrt.

63 Die **Zurückverweisung nach Abs. 3** betrifft die **sachliche Zuständigkeit**, während die Verweisung nach Abs. 2 Satz 1, 2. Alt. nur den Gerichtsstand betrifft. Solange das Verfahren beim neuen Tatgericht nicht anhängig ist, **§ 269** daher (noch) **nicht eingreift**, soll mit der Sache ein höheres Gericht nicht erneut befasst werden, wenn auch ein Gericht niederer Ordnung sie erledigen kann (BGHSt 14, 68; KG JR 1965, 393). Das gilt auch **im Verhältnis** (1) des SchöffG (§ 29 GVG) zum Strafrichter (§ 25 GVG; vgl. RGSt 62, 270; KG JR 1965, 393), des JugSchöffG (§ 40 JGG) zum JugRi (§ 39 JGG; vgl. BGHSt 18, 176) und (2) der JugGe zu Erwachsenengerichten. Ebenfalls möglich ist (3) die Verweisung des OLG (Staatsschutzsenat) zur Staatsschutzkammer des LG, wenn ein zuständigkeitsbegründender Tatbestand weggefallen ist (BGH, Urt. v. 07.07.1996 – 3 StR 251/96 bei Meyer-Goßner/*Schmitt* § 354 Rn. 42). (4) Dies gilt zwar formal nicht im Verhältnis der SpezialStrKn (§§ 74 Abs. 2, 74a, 74c GVG) zur allg. StrK (a.A. aber zur Rechtslage vor dem StVÄG 1979: OLG Koblenz NJW 1975, 1298 m. abl. Anm. *Sieg* ebd. 1937; wie hier bereits BGHSt 26, 191 m.Anm. *Brunner* JR 1976, 264; BGHSt 27, 99 und *Sieg* NJW 1976, 301; vgl. auch LR/*Franke* § 354 Rn. 76; Meyer-Goßner/*Schmitt* § 354 Rn. 42). Für das Revisionsgericht besteht jedoch insoweit ein **Wahlrecht** (BGH NJW 1994, 3304), sodass hiernach sowohl an eine nachgeordnete StrK (§ 74e GVG) als auch nach Abs. 3 an das AG zurückverwiesen werden kann (LR/*Franke* § 354 Rn. 75). Das gewöhnliche SchöffG (§ 29 Abs. 1 GVG) und das erweiterte SchöffG (§ 29 Abs. 2 GVG) jedoch sind gleichrangig; Abs. 3 gilt insoweit nicht (RGSt 62, 270; OLG Hamburg GA 71, 184). Eine Verweisung an den StrafRi ist in Fällen des § 25 Nr. 3 GVG auch ohne entspr. Anklage dorthin zulässig (BGH MDR [D] 1953, 274; LR/*Franke* § 354 Rn. 77; zum Verhältnis des Abs. 3 zu § 355s. dort Rdn. 2).

64 Im pflichtgemäßen **Ermessen** (schon wegen § 269, vgl. BGH GA [H] 1959, 338; NJW 1987, 1092) des Revisionsgerichts liegt die Entscheidung nach Abs. 3. Maßstäbe dafür können z.B. sein: Prozessökonomie, Verfahrensbeschleunigung, Schwierigkeit der Sach- und Rechtslage, Umfang der Sache; sogar die effektive Durchsetzung der Rechtsauffassung (§ 358 Abs. 1) des Revisionsgerichts soll ein zulässiges Ermessenskriterium sein (vgl. auch BVerfG NJW 1967, 99; BGH bei MDR [H] 1977, 810). Es besteht jedoch kein Zwang zu dieser Zurückverweisung (BGH NStZ-RR 12, 50).

65 Die **Zurückverweisung nach Abs. 3** kommt daher stets in Betracht, falls nunmehr Umstände, die in der Vorinstanz die Zuständigkeit eines Gerichts höherer Ordnung begründet hatten, ohne Bedeutung geworden sind: so z.B. dann, wenn (1) nur noch zu verhandeln ist über Taten eines Mitangeklagten oder einzelne selbstständige Taten, deren Aburteilung sämtlich in den Zuständigkeitsbereich eines Gerichts niederer Ordnung fällt (BGH VRS 35, 266; NJW 1974, 154; vgl. auch § 5 Rdn. 2 a.E.). Ebenso (2), wenn sich in einem verbundenen Verfahren gegen Jugendliche oder Heranwachsende und Erwachsene das weitere Verfahren allein gegen Erwachsene richtet (BGH NJW 1988, 3216; HK-GS/*Rackow* § 354 Rn. 24). Abs. 3 ist auch anwendbar, wenn (3) das Revisionsgericht das Vorliegen eines normativen Zuständigkeitsmerkmals (52 vor § 1) verneint (BGH MDR [D] 1954, 152) oder (4) § 358 Abs. 2 die Verhängung einer den Strafrahmen des § 24 Abs. 2 GVG übersteigenden Strafe verbietet (BGH GA [H] 1959, 338).

66 **III. Weiteres Verfahren nach Zurückverweisung.** In der neuen Hauptverhandlung ist das **Tatgericht gebunden** an die »teilrechtskräftig« (§ 318 Rdn. 1 ff.) gewordenen Entscheidungen (BGHSt 24, 106; 30, 225; bei MDR [H] 1977, 639; KK/*Gericke* § 354 Rn. 42; *Dahs* Rn. 635), an die gem. § 353 Abs. 2 (dort Rdn. 9) aufrechterhaltenen Feststellungen (§ 358 Rdn. 4 f.), an die rechtliche Aufhebungsansicht des Revisionsgerichts (§ 358 Abs. 1, dort Rdn. 6–9) sowie an das Verbot der reformatio in peius (§ 358 Abs. 2, dort Rdn. 18). **I.Ü.** ist das neue Tatgericht nach den Grundsätzen des **§ 264** wiederum zu umfassender »Kognition in **tatsächlicher und rechtlicher Hinsicht** verpflichtet« (RGSt 5, 134; LZ 1917, 210). Im Umfang der Bindung dürfen die neuen Feststellungen auf die früheren Bezug nehmen (BGH NStZ-RR 2002, 260; näher Meyer-Goßner/*Schmitt* § 354 Rn. 46).

67 Die das Tatgericht **bindenden Feststellungen** müssen – ähnlich der Berichterstattung nach § 324 Abs. 1 Satz 1 – **in die neue Hauptverhandlung eingeführt** werden (§ 261), wofür das Freibeweisverfahren – z.B. durch Mitteilung des Inhalts des **Revisionsurteils** (RGSt 21, 436; JW 1892, 358; Recht 1908 Nr. 2613) zweckmäßig ist. In der Regel jedoch genügt eine Verlesung (vgl. *Dahs* Rn. 636; BGH NJW 1962, 60; bei MDR [D] 1958, 15).

68 3. Der Umfang der **Beweisaufnahme** ist unabhängig von dem des früheren Verfahrens. Nach § 273 Abs. 2 **protokollierten Aussagen** sind unter den Voraussetzungen der §§ 251, 254 Abs. 1, 256 beweisförmig verlesbar; i.Ü. dürfen sie nur vorgehalten werden. Das **aufgehobene Urteil** darf – nicht muss (vgl. BGH NStZ-RR 2002, 260; RG JW 1931, 1816 m.Anm. *Alsberg*; GA 1976, 368) – nach § 249 Abs. 1 Satz 2 verlesen werden (RG JW 1931, 2825 m.Anm. *Mannheim*; vgl. § 373 Rdn. 6 a.E.), auch z.B. zum Beweis dafür, wie das Gericht die früheren Aussagen verstanden hat (RGSt 60, 297; BGHSt 6, 142; BGH MDR 1955, 121; KK/*Gericke* § 354 Rn. 43; Meyer-Goßner/*Schmitt* § 354 Rn. 45). Findet die neue Hauptverhandlung im **Berufungsrechtszug** statt, gelten gleiche Grundsätze mit der Maßgabe, dass § 325 so anzuwenden ist, als sei es die erste Berufungshauptverhandlung in dieser Sache.

69 Die **neue Entscheidung** kann auch z.B. auf **Einstellung** nach §§ 153 ff., 206a (RGSt 66, 327) oder **Verweisung** nach § 270 (vgl. auch Meyer-Goßner/*Schmitt* § 354 Rn. 43 ff.) und § 416 (vgl. oben Rdn. 4 ff.) lauten.

70 Kommt das neue Tatgericht zur **gleichen Entscheidung** wie das frühere, darf das vom Revisionsgericht aufgehobene Urteil nicht aufrechterhalten oder bestätigt werden (RG GA 55, 331; HK-GS/*Rackow* § 354 Rn. 25; HK/*Temming* § 354 Rn. 36; SK-StPO/*Wohlers* § 354 Rn. 77); auch ein bereits »teilrechtskräftig« feststehender Schuldspruch ist zu wiederholen (vgl. auch BGH VRS 50, 342).

71 **Bezugnahmen oder bloße Verweisungen** in den Gründen des neuen Urteils auf aufgehobene Feststellungen der Vorinstanz sind **unzulässig** (RG JW 1934, 44; 1938, 1814 m.Anm. *Klee*; HRR 1942 Nr. 746; BGHSt 24, 275; BGH NJW 1951, 413; 1962, 60; JR 1956, 307; DAR [M] 1975, 121; BayObLGSt 1959, 71; OLG Bremen NJW 1964, 739; BGHSt 24, 274; BGH StV 1982, 103). Allerdings ist die – selbst wörtliche – Übernahme solcher Feststellungen statthaft, die in der neuen HV vollumfänglich **bestätigt** werden

(BGH StrFo 2009, 73; BGH NStZ-RR 2009, 148; vgl. auch BGH bei MDR [D] 1957, 653; 1958, 15; Meyer-Goßner/*Schmitt* § 354 Rn. 46). Dies gilt auch bzgl. d. Lebenslaufs d. Ange (BGH NStZ-RR 2000, 39; 2002, 99) und der Vorstrafen (BGH StraFo 2004, 211)

72 **Dieselbe StrK** darf über die **Berufung** gegen ein SchöffG-Urteil entscheiden, wenn der **BGH** eine erstinstanzliche StrK-Sache an ein SchöffG zurückverwiesen hatte (OLG Celle NJW 1966, 1723) oder nach Zurückverweisung einer Berufungssache durch ein OLG als Revisionsgericht an eine andere BerufgStrK diese die Sache gem. § 328 Abs. 2 (dort Rdn. 12, 22) an eine andere Abteilung des AG zurückverwiesen hatte (BayObLG, Urt. v. 12.01.1981 – 5 St 313/80). Sofern die befassten Richter personenidentisch sind, gelten jedoch die (unter Rdn. 58 f.) dargelegten Bedenken auch insoweit.

73 Die Entscheidungen **nach Rechtskraft** nach § 453 trifft bei **Zurückverweisung** an ein anderes **gleichrangiges** Gericht (Abs. 2 Satz 1, 2. Alt.) das Gericht, dessen Urteil aufgehoben worden war (OLG Düsseldorf MDR 1983, 154; OLG Celle Nds. Rpfl 1955, 39; 1958, 219; OLG Hamm Rpfleger 1956, 339; OLG München MDR 1957, 33; 1974, 332; OLG Düsseldorf MDR 1958, 941; OLG Köln NJW 1972, 1291; OLG Karlsruhe Justiz 1973, 98; a.A. OLG Frankfurt NJW 1972, 1065; *Raacke* NJW 1966, 1697). Zuständig bei Zurückverweisung an ein Gericht **niederer** Ordnung (Abs. 3) ist dieses **selbst** (LR/*Franke* § 354 Rn. 84; Meyer-Goßner/*Schmitt* § 354 Rn. 47; HK-GS/*Rackow* § 354 Rn. 26: Ausnahme insoweit bzgl. d. Straf-VollstrK).

74 Im **Wiederaufnahmeverfahren** entscheidet das Gericht, das nach der gem. § 140a GVG getroffenen Regelung an die Stelle desjenigen Gerichts tritt, an das die Sache zurückverwiesen worden war.

§ 354a Entscheidung bei Gesetzesänderung

Das Revisionsgericht hat auch dann nach § 354 zu verfahren, wenn es das Urteil aufhebt, weil zur Zeit der Entscheidung des Revisionsgerichts ein anderes Gesetz gilt als zur Zeit des Erlasses der angefochtenen Entscheidung.

1 **A. Zweck und Geltungsbereich.** Die Vorschrift ist Ausdruck des Grundsatzes der **Rückwirkung des milderen Gesetzes** (HK-GS/*Rackow* § 354a Rn. 1). Die Anwendung dieses Prinzips im Revisionsrecht ist nicht selbstverständlich. Vor Erlass der Norm war der Prüfungsmaßstab der Revisionsgerichte grds. das zum Zeitpunkt des zu überprüfenden Urteils geltende Recht (ausf. LR/*Franke* § 354a Rn. 1; RGSt 51, 48; 61, 135). § 354a ist die prozessuale Konsequenz aus **§ 2 Abs. 3 StGB** (i.V.m. § 1 StGB, Art. 103 Abs. 2 GG; ebenso **§ 4 Abs. 3 OWiG**), wonach hinsichtlich der **Strafe** und ihrer **Nebenfolgen** das »mildeste« Gesetz anzuwenden ist, wenn das bei Tatbegehung geltende Gesetz »vor der Entscheidung« (= auch die des Revisionsgerichts, vgl. HK-GS/*Rackow* § 354a Rn. 1; Meyer-Goßner/*Schmitt* § 354a Rn. 1; *Roxin* § 54 J III; Sch/Sch/*Eser* § 2 StGB Rn. 19; *Fischer* § 2 StGB Rn. 12; ebenso bereits BGHSt 5, 208; 20, 116) geändert wird. Das Revisionsgericht ist demgemäß nicht nur dazu berufen, zu überprüfen, ob das Urteil des Tatgerichts mit dem zum Zeitpunkt seines Erlasses geltenden Recht vereinbar war, sondern zudem zur Beachtung der Rückwirkung des milderen Gesetzes verpflichtet (BGHSt 20, 77; HK-GS/*Rackow* § 354a Rn. 1). Lediglich bei **Maßregeln** (§§ 61 ff. StGB) war bislang, falls gesetzlich nichts anderes bestimmt ist, das – u.U. auch strengere (jedoch vorbehaltlich § 358 Abs. 2) – Gesetz anzuwenden, das z.Zt. der Entscheidung gilt (vgl. § 2 Abs. 4 StGB). Die neuere Rspr. wendet jedoch § 354a auch auf Sicherungsmaßregeln an (BGH NJW 2008, 1173; vgl. BGH, Urt. v. 15.11.2007 – 3 StR 390/07 bei Meyer-Goßner/*Schmitt* § 354a Rn. 1; KK/*Gericke* § 354a Rn. 1). Da § 354a auch bzgl. Nebengesetzen angewendet wird, ist die Norm auch im Hinblick auf die Tilgungsreife einer **BZR-Eintragung** nach Erlass des tatrichterlichen Urteils anzuwenden, § 51 BZRG (Meyer-Goßner/*Schmitt* § 354a Rn. 1; vgl. BGH NStZ [K] 1994, 229: keine Berücksichtigung; OLG Celle NZV 1994, 332: Berücksichtigung, wenn Revisionsgericht in der Sache entscheidet). Das Revisionsgericht hat diese Prüfung umfassend vorzunehmen. So hat der BGH bspw. nach der Neubestimmung des Begriffs des **Arzneimittels** in § 2 Abs. 1 Nr. 2a AMG geprüft, ob diese Änderung mittelbar für die Angekl. zu einer günstigeren Bewertung führen müsse (BGH PharmR 10, 30; zust. HK-GS/*Rackow* § 354a Rn. 1)

2 § 354a gilt auch dann, wenn das angefochtene Urteil bereits »**teilrechtskräftig**« geworden ist (§ 344 Rdn. 6 ff.) z.B. infolge Anfechtungsbeschränkung auf den Strafausspruch (BGHSt 20, 116; BayObLG NJW 1961, 688 m.Anm. *Mittelbach*; VRS 50, 187; KG JR 1970, 277 m.Anm. *Dreher*; OLG Düsseldorf NJW 1991, 709; OLG Köln NJW 1971, 628; OLG Hamm GA 1975, 25) oder auf die Frage der Strafaussetzung (BGHSt

26, 1); der Angeklagte ist dann ggf. insgesamt freizusprechen (LR/*Franke* § 354a Rn. 10; HK-GS/*Rackow* § 354a Rn. 5; SK-StPO/*Wohlers* § 354a Rn. 13). Nach OLG Stuttgart (NJW 1970, 820) soll § 354a nicht anzuwenden sein, wenn nach Zurückverweisung nur noch die Gesamtstrafenbildung aussteht (so auch Meyer-Goßner/*Schmitt* § 354a Rn. 5); dies erscheint vor dem Hintergrund der Einführung der Abs. 1a/b des § 354 fragwürdig, da insoweit § 354a gelten muss und bei »einfacher« Zurückverweisung kein sachl. Grund für eine Andersbehandlung ersichtlich ist (krit. auch SK-StPO/*Wohlers* § 354a Rn. 14).

Wie Art. 103 Abs. 2 GG, so betrifft auch § **354a** Änderungen des **sachlichen Rechts** (vgl. LR/*Franke* § 354a Rn. 4; dazu Rdn. 3). Zum sachlichen Recht zählen auch **Entscheidungen des BVerfG**, die einer materiellen Rechtsänderung im Umfang ihrer Verbindlichkeit gem. § 31 BVerfGG gleichkommen (LR/*Franke* § 354a Rn. 4). Dementsprechend kann § 354a **nicht bei Änderungen von Prozessvoraussetzungen angewendet werden**. Die Strafverfolgung wird nach überkommener Ansicht mit **Beseitigung** des Prozesshindernisses im Lauf des Verfahrens **zulässig** (vgl. auch RGSt 76, 64, 161; 77, 160 [183]; BGHSt 21, 369), z.B. bei Wegfall eines Antragserfordernisses (RGSt 76, 328; BGHSt 20, 27; 21, 367; OLG Hamm NJW 1961, 2030) oder rückwirkender Verlängerung der Verjährungsfrist (dazu *Fischer* § 1 StGB Rn. 16 m.w.N., § 2 Rn. 6). Dies erscheint jedoch zweifelhaft; insb. da die Rspr. in jüngerer Zeit sogar bei der Umwandlung eines absoluten in ein relatives Verfahrenshindernis – rückwirkender Verzicht auf das Antragserfordernis des § 299 StGB bei nachträglicher Bejahung des bes. öff. Interesses – eine Fortsetzbarkeit des Verfahrens annimmt (BGHSt 46, 310; Meyer-Goßner/*Schmitt* § 354a Rn. 3; dagegen zutr. *Jescheck/Weigend* AT, 5. Aufl. 1996, 139 f.; *Knauth* StV 2003, 418; HK-GS/*Rackow* § 354a Rn. 3; *Roxin* AT I, 4. Aufl. 2006, § 5/58 ff.; SK-StPO/*Wohlers* § 354a Rn. 7 plädiert für eine **Abwägung**; vgl. aber auch BGHSt 50, 138 für eine sog. Zwischenrechtslage, d.h. Eintritt der Verjährung möglich, obwohl milderes Gesetz nur zwischen den Entscheidungen galt). Richtig erscheint es in jedem Fall den Gedanken **schützenswerten Vertrauens** heranzuziehen (LR/*Franke* § 354a Rn. 5). 3

Mit **Entstehen** eines Prozesshindernisses (z.B. Amnestie, *Dreher* JZ 1971, 31) wird die Strafverfolgung **unzulässig** (BGHSt 21, 367; 45, 261; RGSt 46, 269; 75, 312 = DR 1941, 2181 m.Anm. *Bockelmann*; BayObLG NJW 1961, 2269; OLG Hamm NJW 1970, 578; OLG Frankfurt NJW 1973, 1514) auch dann, wenn das Urteil bereits »teilrechtskräftig« geworden ist (so auch LR/*Franke* § 354a Rn. 5). 4

Bzgl. **Verfahrensnormen** gilt, dass **anhängige** Verfahren in der Lage, in der sie sich beim Inkrafttreten der neuen Verfahrensvorschrift befinden, von ihr ergriffen und nach ihr fortgeführt werden (RGSt 77, 324; BVerfGE 1, 6; 11, 146; 39, 156; BGHSt 22, 325; 26, 289; GA 1971, 86); **abgeschlossene** Verfahren berührt die neue Verfahrensrechtslage nicht (BayObLG NJW 2005, 1592; BayObLG MDR 1955, 123; OLG Hamm NJW 1975, 701; HK-GS/*Rackow* § 354a Rn. 2; Meyer-Goßner/*Schmitt* § 354a Rn. 4). War das Verfahren z.Zt. des angefochtenen Urteils fehlerhaft, bleibt der Verstoß gleichwohl unschädlich, wenn er nach dem z.Zt. der Revisionsentscheidung geltenden Recht keine Gesetzesverletzung mehr darstellt, es tritt also untechnisch gesehen eine »Heilung« des Verstoßes ein (RGSt 55, 180; 74, 373; OLG Saarbrücken DRZ 1948, 31 m.Anm. *Niethammer*; OLG Hamburg NJW 1975, 988). Der Wegfall einer **Rechtsmittelbefugnis** berührt das eingelegte Rechtsmittel im Zweifel nicht (BVerfGE 87, 48); die nach Ablauf der Rechtsmittel-Frist begründete Rechtsmittel-Befugnis gilt nicht nachträglich zu einem bereits abgeschlossenen Verfahren (OLG Frankfurt NStZ-RR 2007, 180; Meyer-Goßner/*Schmitt* § 354a Rn. 4; LR/*Franke* § 354a Rn. 6). 5

Eine veränderte Auslegung, namentlich die rückwirkende Änderung der Rspr. ist zu berücksichtigen. Ändert sich die Rechtslage zwischen dem Urteil des Tatgerichts und der Entscheidung des Revisionsgerichts etwa dadurch, dass dieses von seiner bisherigen ständigen Rspr. abweicht, muss das Revisionsgericht seine Entscheidung auf die neue Auslegung stützen, gleichviel, ob sie milder oder schärfer geworden ist (BVerfG NJW 1990, 3140; 2000, 139; BGHSt 41, 111; LK/*Gribbohm* § 2 Rn. 38 ff.). Es spricht aber auch insoweit viel dafür, hier auf der Basis eines **Vertrauensschutzes zugunsten des Angeklagten** vorzugehen (vgl. Rdn. 3 a.E.; näher LR/*Franke* § 354a Rn. 5; vgl. Sch/Sch/*Eser* § 2 Rn. 8 f. m. umfangr. Nachw. für einen differenzierten; zum Ganzen *Tröndle* FS Dreher [1977], S. 117). Denn das Auslegungsrecht zu den Strafnormen ist zwar selbst materielles Recht (vgl. KMR/*Momsen* § 337 Rn. 108), doch bezieht sich das Rückwirkungsverbot (Art. 103 Abs. 2 GG, § 1 StGB) nur auf das gesetzliche materielle Strafrecht. Dem Schutz des Vertrauens des Angeklagten in die Richtigkeit der bisherigen Auslegung ist bei der Frage des Verbotsirrtums (§ 17 StGB) Rechnung zu tragen (OLG Karlsruhe NJW 1967, 2167). Grds. muss jedoch sicher gestellt sein, dass eine Rspr.-Änderung sich nicht rückwirkend belastend für den Angeklagten auswirkt (Sch/Sch/*Eser* § 2 Rn. 8 f.; MüKo/*Schmitz* § 1 Rn. 33) soweit der Änderung wie im Fall der BAK-Grenzwerte gesetzesergänzende Wirkung zukommt. 6

7 **B. Formen der Gesetzesänderung.** Nur **Änderungen des sachlichen Rechts** sind ein Rückwirkungsgebot begründende »andere Gesetze« i.S.d. § 354a (vgl. Rdn. 3), vorausgesetzt, dass der **Unrechtskern** der Tat im Wesentlichen **erhalten** geblieben und nicht ein völlig neuer Unrechtstyp geschaffen worden ist (RGSt 51, 154; BGH GSSt 26, 167, 172; KK/*Gericke* § 354a Rn. 2); denn andernfalls wären beide Vorschriften unanwendbar: die frühere, weil sie ersatzlos entfallen ist, die spätere (auch wenn sie milder wäre) wegen § 1 StGB (BGHSt-GS-26, 167 [172]; vgl. zum Ganzen *Fischer* § 2 StGB Rn. 5; *Tiedemann* JZ 1975, 692; *Tiedemann* FS Peters [1974], S. 193 ff.; *Blei* JA 1976, 27; das »mildeste Gesetz« i.S.d. § 2 Abs. 3 StGB; StGB/*Sommer* 1979, 143 ff.).

8 **II.** Das **»mildeste Gesetz«** (§ 2 Abs. 3 StGB) ist nicht durch abstrakten Vergleich der Vorschriften, sondern danach zu bestimmen, welches nach den **konkreten Einzelfallumständen** dem Angeklagten am günstigsten ist (BGH NStZ 1983, 80, 416; RGSt 61, 76; 135, 324; BGHSt 20, 25 [75]; NJW 1953, 1437; 1955, 1406; MDR 1964, 160; BayObLG MDR 1972, 884; 1976, 330; OLG München wistra 2007, 34). Zu vergleichen ist also »der gesamte Rechtsstand« zur Tatzeit mit dem z.Zt. der Aburteilung (RGSt 77, 221; *Fischer* § 2 Rn. 9). Ist das neue Recht teils strenger und teils milder, so ist es nur anwendbar, wenn es dem Angeklagten in concreto vorteilhafter ist; teilweise Anwendung des einen oder anderen Gesetzes ist unstatthaft (*Fischer* § 2 StGB Rn. 9 f.; RGSt 58, 238; 61, 77; 75, 57; BGHSt 20, 30; 24, 94; NJW 1965, 1723; BGH NStZ 1983, 80; OLG Karlsruhe NJW 1970, 2077; OLG Koblenz NJW 1973, 1759; a.A. *Schröder* JR 1966, 68). Insb. ist eine **die Strafbarkeit** völlig **aufhebende** Vorschrift (RGSt 61, 135) auch dann zu berücksichtigen, wenn der Schuldspruch bereits »teilrechtskräftig« (Rdn. 2) geworden ist (BGHSt 20, 116 [119]; BayObLG JR 1961, 351 m.Anm. *Mittelbach*); ebenso bei Umwandlung einer bisherigen Straf- in eine **OWi-Norm** (damit zugl. Übergang vom Straf- ins Bußgeldverfahren, vgl. Art. 317 EGStGB, Art. 158 Abs. 1 Satz 3 EGOWiG; vgl. BGHSt 12, 148; BayObLG JR 1969, 350 m.Anm. *Kohlhaas*; NJW 1971, 1816; OLG Oldenburg MDR 1972, 346; OLG Düsseldorf MDR 1976, 75; Meyer-Goßner/*Schmitt* § 354a Rn. 2; a.A. OLG Köln NJW 1953, 1156).

9 **III. Einzelfälle:** § 354a gilt auch für Rechtsänderungen, die nur den **Strafausspruch** betreffen (BGHSt 5, 208; 6, 192, 258; NJW 1953, 1800 [1839]; 1955, 1406; 1976, 526; BGH VRS 38, 107; 39, 96; KG JR 1970, 227 m.Anm. *Dreher*), wozu i.w.S. auch § 49 (jetzt 51) BZRG (vgl. BGH 24, 378; 25, 85) zählt (erst nach dem angefochtenen Urteil eintretende Tilgungsreife darf das Revisionsgericht jedoch nicht berücksichtigen, vgl. KK/*Gericke* § 354a Rn. 8; BayObLG GA 1973, 344; OLG Hamm VRS 46, 382 und oben Rdn. 1). Desgleichen für das **Strafanwendungsrecht** nach **§§ 3 ff. StGB** (BVerfG wistra 2003, 255; BGHSt 20, 25; 27, 8; OLG Düsseldorf NJW 1979, 61; *Oehler* FS Bockelmann [1979], S. 771) oder (jedenfalls in der Regel) für **Blankettnormen** (BGHSt 20, 177; BayObLGSt 1959, 46; 1961, 150; 1966, 96; KG JR 1950, 404; anders bei Änderung einer das Unrecht der Tat nicht berührenden bloßen Bezugsnorm, vgl. BGH MDR [H] 1978, 280; *K. Meyer* JR 1975, 69; *Wenner* MDR 1975, 162 gegen BayObLG MDR 1974, 685; *Fischer* § 2 StGB Rn. 13b; zu den verfassungsr. Anforderungen vgl. BVerfGE 105, 135; BVerfG NJW 2005, 374; *Fischer* § 1 StGB Rn. 5 m.w.N.).

10 **C. Entscheidung des Revisionsgerichts.** Umstr. ist, ob das **Revisionsgericht § 354a nur bei zulässiger Sachrüge** zu beachten hat. Entgegen der Rspr. (BGHSt 26, 94; so auch KK/*Gericke* § 354a Rn. 9; Meyer-Goßner/*Schmitt* § 354a Rn. 2; *Schlüchter* Rn. 755) ist § 354a **auch** dann anwendbar, **wenn keine wirksame Sachrüge** erhoben worden ist (so auch *Eisenberg* JR 1991, 348; *Küper* FS Pfeiffer [1988], S. 425; LR/*Franke* § 354a Rn. 9 m.w.N.; SK-StPO/*Wohlers* § 354a Rn. 12). Hierfür spricht, dass § **206b** auch im Revisionsverfahren anwendbar ist. Denn im Zusammenhang mit § 354a geht es nicht um die Übereinstimmung des angefochtenen Urteils mit der bei seinem Erlass geltenden Rechtslage, sondern um das zum Zeitpunkt der Entscheidung des Revisionsgerichts geltende Recht (so zutr. HK-GS/*Rackow* § 354a Rn. 4).

11 Aufgehoben wird das Urteil, wenn und soweit es auf der Nichtanwendung des (späteren) milderen Gesetzes **»beruht«** (§ 337 Rdn. 82 ff. u. ausf. KMR/*Momsen* § 337 Rn. 177 ff.). Das Revisionsgericht ist nicht nur berechtigt, sondern **verpflichtet**, das mildere Gesetz anzuwenden (BGH NJW 1965, 52). Bei einer zwischenzeitlichen Herabsetzung der gesetzl. Höchststrafe ist regelmäßig die Aufhebung des Rechtsfolgenausspruchs notwendig (LR/*Franke* § 354a Rn. 11). Auch Schuldspruchberichtigung ist unter den Voraussetzungen des § 354 ggf. zulässig (s. dort, LR/*Franke* § 354a Rn. 12; vgl. BGHSt 20, 116; BayObLG NJW 1998, 3366)

12 Zur Frage der **Revisionserstreckung** nach **§ 357** im Fall des § 354a vgl. § 357 Rdn. 23 ff.

§ 355 Verweisung an das zuständige Gericht

Wird ein Urteil aufgehoben, weil das Gericht des vorangehenden Rechtszuges sich mit Unrecht für zuständig erachtet hat, so verweist das Revisionsgericht gleichzeitig die Sache an das zuständige Gericht.

A. Allgemeines/Geltungsbereich. Die Norm betrifft die **sachliche und örtliche Zuständigkeit**. Insoweit gilt nicht § 354 Abs. 2 (BGH NStZ 2009, 405; Meyer-Goßner/*Schmitt* § 355 Rn. 2). § 355 ist Konsequenz des § **338** Nr. 4 (RGSt 40, 359; HK/*Temming* § 354 Rn. 1; näher KMR/*Momsen* § 338 Rn. 45). Im Berufungsverfahren gilt die Parallelvorschrift des § 328 Abs. 3. **Analog** ist § 355 anzuwenden, wenn das Urteil nicht wegen Unzuständigkeit der Vorinstanz, sondern aus einem anderen Grund der Verletzung des sachlichen oder formellen Rechts aufgehoben wird und nunmehr ein Gericht höherer Ordnung zuständig ist (RGSt 10, 195; 14, 28; BGHSt 13, 378; OLG Stuttgart Justiz 1995, 99; HK-GS/*Rackow* § 355 Rn. 2; SK-StPO/*Wohlers* § 355 Rn. 4) sowie auch dann, wenn sich ein zuständiges Gericht fehlerhaft für unzuständig erklärt hat (BGHSt 42, 39). § 269 ist zu beachten. 1

Zu **§ 354 Abs. 2 und 3** ist **§ 355 lex specialis.** In den Fällen des § 354 Abs. 2, 3 war die **Vorinstanz zuständig:** Die Zurückverweisung erfolgt nach **§ 354 Abs. 2** an ein geschäftsverteilungsplanmäßig bzw. örtlich vorher unzuständiges Gericht, nach **§ 354 Abs. 3** an ein nunmehr – auch (§ 269) – sachlich zuständiges Gericht niederer Ordnung. § 355 dagegen betrifft grds. den Fall, dass die **Vorinstanz** – bei objektiver Betrachtung (RGSt 6, 315; 74, 140; *Gössel* GA 1968, 357) z.Zt. des Erlasses des angefochtenen Urteils (vgl. § 338 Rdn. 40 ff.) – **unzuständig** war (BGHSt 47, 16; BGH NStZ-RR 2007, 5: objektive Sachlage zum Zeitpunkt des Eröffnungsbeschlusses; vgl. Meyer-Goßner/*Schmitt* § 355 Rn. 3). Daher gilt **§ 354**, wenn z.B. das an sich zuständige Tatgericht rechtsfehlerhaft seine Strafgewalt überschritten hat (OLG Celle JR 1950, 414; MDR [D] 1952, 118), jedoch **§ 355**, falls etwa die allgemeine StrK verkannt hat, dass ein die Zuständigkeit der SchwGK (§ 74 Abs. 2 GVG) begründender Sachverhalt vorlag (RG HRR 1939 Nr. 1285). Die Anwendbarkeit kann auch aus unwirksamen Verbindungs- oder Übernahme beschlüssen folgen (vgl. BGH NStZ-RR 2007, 269; 2006, 85; BGH, Beschl. v. 13.01.2021 – 2 StR 343/20 Rn. 3 [Verbindungsbeschluss]; BGH, Beschl. v. 12.05.2021 – 2 StR 452/20, Rn. 2 [Übernahmebeschluss]; Radtke/Hohmann/*Nagel* § 355 Rn. 5 und zur Verweisung u. Rdn. 8). 2

B. Die Unzuständigkeitsfälle nach § 355 im Einzelnen. Sachliche Unzuständigkeit ist bspw. gegeben, wenn eine nach **Geschäftsverteilungsplan** unzuständige Kammer entschieden hat (BGHSt 38, 376), **nicht** aber im Fall einer **unbegründeten Revision** der StA, weil das Tatgericht das Verfahren zutreffend wegen sachlicher Unzuständigkeit eingestellt hat (so aber BGHSt 26, 191; dagegen zutr. LR/*Franke* § 355 Rn. 3; Meyer-Goßner/*Schmitt* § 355 Rn. 1; SK-StPO/*Wohlers* § 355 Rn. 5; vgl. auch BayObLG VRS 57, 38; vgl. KMR/*Momsen* § 338 Rn. 48 ff.). 3

Bzgl. der **örtlichen** Unzuständigkeit ist die **Präklusionsregelung** des **§ 16** zu beachten (HK-GS/*Rackow* § 355 Rn. 1; vgl. § 338 Rdn. 41 u. näher KMR/*Momsen* § 338 Rn. 46 f.). Im Hinblick auf **SpezialStrK** ist die Präklusionsregelung des **§ 6a** zu beachten (§§ 74 Abs. 2, 74a, c GVG; dazu auch BGHSt 13, 382; *Wagner* GA 1957, 167; vgl. ausf. KMR/*Momsen* § 338 Rn. 51a). 4

Wurde bei Verbindung einer **Jugend**- (bzw. Heranwachsenden-) mit einer **Erwachsenensache** (§ 103 JGG) Revision gegen ein erstinstanzliches Urteil eingelegt, so ist die noch anhängige Sache an das für den **betreffenden Beschwerdeführer zuständige** JugG (BGHSt 8, 349 m.Anm. *Peters* NJW 1956, 492; BGHSt 21, 291; zu unzulässiger Verbindung vgl. i.Ü. BGH NStZ-RR 2007, 269; 2006, 85) bzw. Erwachsenengericht zu verweisen (vgl. §§ 103, 112 Satz 1 JGG; s.a. LR/*Franke* § 355 Rn. 5). Richtet sich das Verfahren nur noch (wg. Rechtsmittelverzicht des Nichterwachsenen) gegen den Erwachsenen, so ist der allg. Spruchkörper zuständig, da keinerlei Notwendigkeit einer spezifischen erzieherischen Einwirkung (§§ 35, 37 JGG) mehr besteht (BGHSt 35, 267; BGH NJW 2003, 836; HK-GS/*Rackow* § 355 Rn. 3; Meyer-Goßner/*Schmitt* § 355 Rn. 8). Allerdings soll auch die Verweisung an ein Jugendgericht nicht unzulässig sein (BGH StV 1994, 415 m. krit. Anm. *Schneider*). Dafür spricht, dass jedenfalls im Fall Revision gegen ein Berufungsurteil der großen JugStrK die Zurückverweisung an eine kleine JugStrK nachteilig sein kann (zutr. Meyer-Goßner/*Schmitt* § 355 Rn. 8). I.Ü. ist bei der Rechtsfolgenwahl das Alter des Angeklagten zu beachten. Hat ein JugG seine Zuständigkeit rechtsfehlerhaft bejaht, so spricht § 47a JGG dafür, dass es bei der Zuständigkeit verbleibt (*Brunner/Dölling* § 47a JGG Rn. 2; *Eisenberg* § 47a JGG Rn. 5; *Rieß* NJW 1978, 2267; a.A. BGH MDR [H] 1984, 444). 5

Richtet sich jedoch die Revision gegen ein **Berufungsurteil**, so hat das Revisionsgericht grds. die Kompetenz, bei einer Aufhebung des Urteils die Sache direkt an das erstinstanzlich zuständige Gericht zu verweisen (LR/*Franke* § 355 Rn. 10; HK-GS/*Rackow* § 355 Rn. 4), allerdings spricht die nach §§ 74 Abs. 3 GVG, 41 Abs. 2 Satz 1 JGG zu beurteilende Kompetenz des Berufungsgerichts dafür, dass in diesen Fällen maßgebend sein 6 soll, ob im 1. Rechtszug ein Jugendgericht (dann stets Verweisung an die JugK, vgl. OLG Koblenz VRS 49, 268) oder Erwachsenengericht (dann stets Verweisung an die allgemeine StrK) entschieden hatte (BGHSt 22, 48 unter Aufgabe von BGHSt 13, 157; vgl. auch Radtke/Hohmann/*Nagel* § 355 Rn. 13).

7 **C. Inhalt, Form und Wirkung der Verweisung.** An ein außerhalb seines Bezirks liegendes örtlich zuständiges Gericht darf das Revisionsgericht nur verweisen, wenn es an einem Gerichtsstand innerhalb seines Bezirks fehlt. Die Auswahl zwischen mehreren örtlich zuständigen Gerichten trifft es nach Anhörung (§ 33) der StA (LR/*Franke* § 355 Rn. 8; KK/*Gericke* § 355 Rn. 5).

8 Die Verweisung nach § 355 wird als Teil des **Revisionsurteils** ausgesprochen (LR/*Franke* § 355 Rn. 11). Sein Inhalt muss den Anforderungen des § 270 Abs. 2 genügen (BGHSt 26, 109; RGSt 10, 195; 61, 326; 69, 157). Bleibt jedoch der tatsächliche und rechtliche Inhalt der Anschuldigung derselbe wie im Eröffnungsbeschluss, ist es nicht notwendig, ihn nochmals anzugeben (BGHSt 7, 27 [288] = MDR 1955, 180 m.Anm. *Dallinger*; NJW 1957, 391; BayObLGSt 1959, 210; vgl. i.Ü. KK-/*Gericke* § 355 Rn. 7: Unterlassene Verweisung kann durch Beschluss nachgeholt werden).

9 Die Verweisung **bewirkt**, dass das Verfahren bei dem im Revisionsurteil bezeichneten Gericht anhängig wird. Dieses ist – rebus sic stantibus (§ 358 Rdn. 16 a.E.) – an die Rechtsauffassung des Revisionsgerichts gebunden (§ 358 Abs. 1). Das Urteil hat die Wirkung eines eröffnenden Beschlusses (LR/*Franke* § 355 Rn. 11; KK/*Gericke* § 355 Rn. 8).

§ 356 Urteilsverkündung

Die Verkündung des Urteils erfolgt nach Maßgabe des § 268.

1 Für die **Urteilsverkündung** durch das Revisionsgericht gelten § 268 Abs. 1 und 2. Grds. gilt auch Abs. 3, sodass das Urteil am elften Tag nach der Verhandlung zu verkünden ist (HK-GS/*Rackow* § 356 Rn. 1; SK-StPO/*Wohlers* § 356 Rn. 2; KK/*Kuckein* § 268 Rn. 10; HK/*Temming* § 356 Rn. 1; a.A. KK/*Gericke* § 356 Rn. 2; Meyer-Goßner/*Schmitt* § 356 Rn. 1; nicht ganz eindeutig LR/*Franke* § 356 Rn. 1 »wohl kein zwingender Anlass … für verbindlich zu halten«); sofern nicht § 268 Abs. 3 Satz 3 i.V.m. § 229 Abs. 3, 4 Satz 2 und 5 gelten. Da Verstöße gegen diese Fristen nicht zur Urteilsaufhebung führen, ist die praktische Auswirkung der Frage freilich beschränkt. Die **Verkündung** erfolgt in der Regel am Ende der Revisionshauptverhandlung (§ 351) und stets in Gegenwart der dort **Anwesenheitspflichtigen**. Der Anwesenheit des Angeklagten oder des (notwendigen) **Verteidigers** bedarf es nicht (vgl. hierzu Radtke/Hohmann/*Nagel* § 356 Rn. 2; HK/*Temming* § 356 Rn. 2; LR/*Franke* § 356 Rn. 1). Hieran hat sich durch die Neufassung des § 350 durch das Gesetz zur Stärkung des Rechts des Angeklagten auf Anwesenheit in der Verhandlung vom 17.12.2018 (BGBl. I 2018, 2571) nichts geändert (vgl. BT-Drs. 19/4467, S. 22).

2 Unmittelbar **rechtskräftig** wird das Urteil mit Ende der Verkündung (nicht erst mit Zustellung an den abwesenden Beschwerdeführer; Rdn. 4), wenn das Revisionsgericht in der Sache selbst entschieden (§ 354 Abs. 1) oder die Revision als unzulässig (§ 349 Abs. 1, 5) oder unbegründet verworfen hat. Nur **deklaratorische** Wirkung hat das Revisionsurteil jedoch bei Verwerfung einer **verspäteten** Revision, da dort die Rechtskraft gem. § 343 Abs. 1 nicht gehemmt ist (vgl. § 343 Rn. 1), zum Rechtskrafteintritt in diesem Fall vgl. § 34a (näher LR/*Franke* § 356 Rn. 2).

3 Die **Urteilsurkunde** wird gem. § 275 zu den Akten gebracht mit der Maßgabe, dass § 275 Abs. 1 Satz 2–5 nicht gilt (LR/*Franke* § 356 Rn. 3; Meyer-Goßner/*Schmitt* § 356 Rn. 3; *Eb. Schmidt* II 5).

4 Eine förmliche **Zustellung** des Revisionsurteils an die Prozessbeteiligten ist nicht erforderlich. Gleichwohl ist sie zu **empfehlen**, da sich an die Rechtskraft des Urteils – welche in der Regel durch Zustellungsnachweis zu belegen ist – verschiedene Pflichten anknüpfen wie bspw. §§ 145a, 145c StGB (vgl. *Rieß/Hilger* NStZ 1987, 153; LR/*Franke* § 356 Rn. 4). § 145a Abs. 1, 2 ist anzuwenden, nicht aber § 232 Abs. 4 (Meyer-Goßner/*Schmitt* § 356 Rn. 3).

§ 356a Verletzung des Anspruchs auf rechtliches Gehör bei einer Revisionsentscheidung

[1]Hat das Gericht bei einer Revisionsentscheidung den Anspruch eines Beteiligten auf rechtliches Gehör in entscheidungserheblicher Weise verletzt, versetzt es insoweit auf Antrag das Verfahren durch Beschluss in die Lage zurück, die vor dem Erlass der Entscheidung bestand. [2]Der Antrag ist binnen einer Woche nach Kenntnis von der Verletzung des rechtlichen Gehörs schriftlich oder zu Protokoll der Geschäftsstelle beim Revisionsgericht zu stellen und zu begründen. [3]Der Zeitpunkt der Kenntniserlangung ist glaubhaft zu machen. [4]Hierüber ist der Angeklagte bei der Bekanntmachung eines Urteils, das ergangen ist, obwohl

weder er selbst noch ein Verteidiger mit nachgewiesener Vertretungsvollmacht anwesend war, zu belehren. [5] **§ 47 gilt entsprechend.**

§ 356a beinhaltet eine gegenüber § 33a **speziellere** Regelung hinsichtlich der **Verletzung des rechtlichen Gehörs** für das Revisionsverfahren (BGH NStZ 2007, 236). In Verfahren nach dem **JGG** ist § 55 Abs. 4 JGG entspr. anzuwenden (HK-GS/*Rackow* § 356a Rn. 1; Meyer-Goßner/*Schmitt* § 356a Rn. 1; krit. aber KMR/*Eschelbach* Einl. Rn. 149; HK/*Temming* § 356a Rn. 2 »unverständliche Verweisung«). Auch im **Rechtsbeschwerdeverfahren** nach OWiG ist § 356a entsprechend anwendbar (OLG Frankfurt NStZ 2007, 211; HK/*Temming* § 356a Rn. 2). Die Norm wird als systemwidrig (*Widmaier* FS Böttcher, S. 223 ff.) und wenig effizient **kritisiert**. Letzteres, da es (praktisch) keine Fälle erfolgreicher Anhörungsrügen gebe (*Eschelbach/Geipel/Weiler* StV 2010, 325; *Lohse* StraFo 2010, 433). 1

Da Verletzungen des rechtlichen Gehörs in vorangegangen Verfahrensstadien spätestens im Revisionsverfahren geheilt werden (Meyer-Goßner/*Schmitt* § 356a Rn. 1), regelt § 356a den Fall, dass das **Revisionsgericht selbst** den Anspruch eines Verfahrensbeteiligten auf rechtliches **Gehör verletzt**. In diesem Fall kann der Betroffene innerhalb 1 Woche **schriftlich** oder zu **Protokoll** der Geschäftsstelle beantragen, das Verfahren in die Lage zurücksetzen zu lassen, welche vor dem Erlass der Entscheidung, die das rechtliche Gehör verletzt hat, bestand. Der zu begründende **Antrag** muss eine **Glaubhaftmachung** hinsichtlich des Zeitpunkts der Kenntniserlangung von der Verletzung beinhalten (HK-GS/*Maiwald/Rackow* § 356a Rn. 2). Durch den Verweis auf § 47 ist klargestellt, dass durch die Anbringung des Antrags nicht die Vollstreckung der Entscheidung gehemmt wird, es jedoch im Ermessen des Revisionsgerichts steht einen **Vollstreckungsaufschub** anzuordnen. Gibt das Revisionsgericht dem Antrag statt, so entfällt durch die Zurücksetzung des Verfahrens die Rechtskraft und damit auch die Vollstreckbarkeit des Urteils (Meyer-Goßner/*Schmitt* § 356a Rn. 10). **Antragsberechtigt** sind alle Verfahrensbeteiligten mit Ausnahme der StA. Art. 103 Abs. 1 GG gewährt ein grundrechtsgleiches subjektives Recht, welches der StA institutionell nicht zukommt. Insoweit »ist die StA hier ebenso wie sonst als Verfahrensbeteiligte nicht antragsberechtigt« (so LR/*Franke* § 356a Rn. 7; wie hier auch Meyer-Goßner/*Schmitt* § 356a Rn. 5; Radtke/Hohmann/*Nagel* § 356a Rn. 8; a.A. HK/*Temming* § 356a Rn. 6). 2

Im **Einzelnen** führt § 356a nicht dazu, dass Form- oder Fristerfordernisse, namentlich für Verfahrensrügen umgangen werden können (BGH StV 2005, 655; NStZ 2007, 416; OLG Nürnberg NStZ-RR 2007, 1013 – kein Nachschieben von Rügen bei Rspr.-Änderung: Meyer-Goßner/*Schmitt* § 356a Rn. 1 m. Verw. auf BGH, Urt. v. 14.02.2007 – 1 StR 91/03), keine Befangenheitsanträge angebracht werden (BGH JR 2007, 712 m. Anm. *Kretschmer*: Sofern nicht gerade wg. Begründetheit des Antrags nach § 356a über den Befangenheitsantrag zu entscheiden ist) und keine vollständige erneute Überprüfung der Sache herbeigeführt (BGH NStZ-RR 2007, 57) werden. 3

Der Antrag muss binnen einer **Frist** von 1 Woche ab **Kenntniserlangung** des Antragstellers von den tatsächlichen Umständen der Verletzung des rechtlichen Gehörs angebracht werden (BGH StraFo 2006, 375; NStZ 2005, 462; OLG Hamm VRS 109, 43). Die Wochenfrist wird durch Kenntniserlangung von der Verletzung rechtlichen Gehörs ausgelöst (BGH StV 10. 297 L); die Pflicht zur Glaubhaftmachung erstreckt sich lediglich auf den Zeitpunkt der Kenntniserlangung, nicht jedoch auf die Umstände, die in der Begründung anzugeben sind, (i.Ü. Meyer-Goßner/*Schmitt* § 356a Rn. 6). Eine **Wiedereinsetzung** entspr. § 44 bei Versäumung der Frist ist möglich (BGH, Urt. v. 05.03.2008 – 2 StR 485/06, bei Meyer-Goßner/*Schmitt* § 356a Rn. 6; SK-StPO/*Wohlers* § 356a Rn. 9; zur analogen Anwendung der Fristenregelung auf die Geltendmachung der Verletzung anderer grundrechtsgleicher prozessualer Rechte vgl. BGH NStZ-RR 2007, 292). Die Überschreitung der Antragsfrist kann durch nachträgliche Gegenvorstellungen nicht mehr kompensiert werden (BGH wistra 2010, 109; HKGS/*Maiwald/Rackow* § 356a Rn. 1). 4

Entscheidet das Revisionsgericht auf Hauptverhandlung durch Urteil, so wird eine Verletzung des rechtlichen Gehörs **bei** einer **Entscheidung** des Revisionsgerichts vor allem dann in Betracht kommen, wenn einem der Beteiligten der **Zeitpunkt der Hauptverhandlung** nicht (rechtzeitig) mitgeteilt wurde oder insb. der Angeklagte oder sein Verteidiger aus sonstigen Gründen **verhindert** waren (BGH JR 2007, 172 m.Anm. *Kretschmer*; Meyer-Goßner/*Schmitt* § 356a Rn. 2). Zu einer Gehörsverletzung bei Verletzung des Anwesenheitsrechts des Angeklagten in der Revisionshauptverhandlung nach der Neufassung des § 350: Meyer-Goßner/*Schmitt*, § 356a Rn. 3. In der Regel wird bei einer Entscheidung durch Urteil rechtliches Gehör gewährt worden sein (BGH NStZ-RR 10, 117). § 356a kommt nicht zur Anwendung, wenn ein nach Ablauf der Revisionsbegründungsfrist eingereichter Schriftsatz erst **nach** der **Entscheidung** des Revisionsgerichts dort eingeht, da das Vorbringen dann nicht bei der Entscheidung des Revisionsgerichts unberücksichtigt blieb (BGH NStZ 1993, 552; HK-GS/*Rackow* § 356a Rn. 3). 5

Für den Erfolg des Antrags muss sich die glaubhaft gemachte Gehörsverletzung »**in entscheidungserheblicher Weise**« auf die Entscheidung des Revisionsgerichts ausgewirkt haben. Dem »Beruhen« vergleichbar 6 muss das Revisionsgericht ein tatsächliches Vorbringen entweder gar nicht zur Kenntnis genommen haben oder zumindest bei der Entscheidung nicht berücksichtigt haben (BGH NStZ-RR 2009, 36 [C]). Weiterhin muss jedenfalls möglich erscheinen, dass sich der Antragsteller entweder hätte anders verteidigen können oder zumindest das Gericht bei ordnungsgemäßer Berücksichtigung des Vorbringens hätte anders entscheiden können (BT-Drs. 15/3706 S. 18; BGH StraFo 2011, 55; BGH, Urt. v. 31.07.2006 – 1 StR 240/06 bei Meyer-Goßner/*Schmitt* § 356a Rn. 3; HK-GS/*Rackow* § 356a Rn. 4).

7 Die **Entscheidung** des Revisionsgerichts über den Antrag ergeht in der Regel in Beschlussform und ist gem. § 304 Abs. 4 **unanfechtbar** und keiner verfassungsgerichtlichen Überprüfung zugänglich (BVerfG NJW 2007, 3563; StraFo 2007, 148; BGH, Beschl. v. 26.11.2020 – 3 StR 158/20, Rn. 3: Unzulässigkeit der Gehörsrüge nach § 33a). An ihr müssen nicht diejenigen Richter mitwirken, welche an der angegriffenen Entscheidung mitgewirkt haben (BGH NStZ-RR 2002, 100; HK-GS/*Rackow* § 356a Rn. 5; Meyer-Goßner/*Schmitt* § 356a Rn. 8; a.A. AnwK/*Lohse* § 356a Rn. 8).

8 Ist der **Antrag erfolgreich**, also zulässig und begründet, so entspricht die Wirkung der Zurücksetzung des Verfahrens einer Wiedereinsetzung in den vorigen Stand. Dies hat zur Folge, dass **Rechtskraft** und **Vollstreckbarkeit** entfallen, aber auch **U-Haft** und sonstige Anordnungen wieder aufleben (BT-Drs. 15/3706, S. 18; HK-GS/*Rackow* § 356a Rn. 5; Meyer-Goßner/*Schmitt* § 356a Rn. 10; zur Anordnung des Vollstreckungsaufschubs Rdn. 2). Ggf. ist ganz oder teilw. zugleich mit dem Beschluss oder nach vorheriger Anhörung der anderen Beteiligten nach § 33 Abs. 2, 3 **neu über die Revision zu entscheiden**; abtrennbare Teile können aufrechterhalten bzw. abgeändert werden (SK-StPO/*Wohlers* § 356a Rn. 13; Meyer-Goßner/*Schmitt* § 356a Rn. 11). Verfahrensrügen dürfen jedoch auch hier **nicht nachgeschoben** werden (HK-GS/*Rackow* § 356a Rn. 5). § 357 ist anwendbar (Meyer-Goßner/*Schmitt* § 356a Rn. 10; vgl. aber *Treber* NJW 2005, 100; zu **Kostenregelungen** vgl. OLG Köln NStZ 2006, 181; OLG Nürnberg NJW 2007, 1013 sowie Nr. 3900 KVGKG).

§ 357 Revisionserstreckung auf Mitverurteilte

[1]Erfolgt zugunsten eines Angeklagten die Aufhebung des Urteils wegen Gesetzesverletzung bei Anwendung des Strafgesetzes und erstreckt sich das Urteil, soweit es aufgehoben wird, noch auf andere Angeklagte, die nicht Revision eingelegt haben, so ist zu erkennen, als ob sie gleichfalls Revision eingelegt hätten. [2] § 47 Abs. 3 gilt entsprechend.

Übersicht

1 **A. Zweck und Anwendungsbereich. I. Begriff, Reichweite und Sinngehalt der Revisionserstreckung.** § 357 ist dem Gedanken der materiellen Gerechtigkeit verpflichtet und steht im Spannungsverhältnis zur Rechtssicherheit (HK-GS/*Rackow* § 357 Rn. 1). Die sog. »Revisionserstreckung« trägt **Ausnahmecharakter**, denn sie führt im Ergebnis zu einer Durchbrechung der Rechtskraft zugunsten der materiellen Gerechtigkeit. § 357 (früher § 397) wurde erst während der parlamentarischen Beratungen in den StPO-Entwurf eingefügt (dazu *Haase* GA 1956, 273; näher auch LR/*Franke* § 357 Rn. 1). Die Vorschrift begrenzt die Wirksamkeit der Teilrechtskraft in beachtlicher Weise, und zwar gerade bei der **»vertikalen« Teilrechtskraft** (Urteil gegen einen Mitangeklagten rechtskräftig, gegen den andern noch rechtshängig), wo das die einzelnen Urteilsbestandteile zusammenhaltende Merkmal am schwächsten ist. Solange die Teilrechtshängigkeit besteht, ist auch der nicht mehr rechtshängige Teil nicht endgültig erledigt, sondern noch in loser Weise **»anhängig«** (RGSt 68, 426; 71, 252). Daher ist die Teilrechtskraft soweit § 357 anwendbar ist, auflösend bedingt (vgl. Meyer-Goßner/*Schmitt* § 357 Rn. 1).

2 2. Die **Reichweite** der auflösenden Bedingtheit der Teilrechtskraft ist eine Frage der Auslegung des § 357. Über sie herrscht in vieler Hinsicht Uneinigkeit, nicht zuletzt deshalb, weil man die zunächst einmal sys-

tematische Ausnahme unter Vorwegnahme des Ergebnisses vielfach von vornherein verkürzt, indem man § 357 als im konkreten Fall eng auszulegende Ausnahmevorschrift deklariert (vgl. BGH NJW 1955, 1935; JR 1964, 271; OLG Hamm NJW 1957, 392; OLG Oldenburg NJW 1957, 1450; OLG Stuttgart NJW 1970, 66; Meyer-Goßner/*Schmitt* § 357 Rn. 1), obgleich der Ausnahmecharakter in Bezug auf die Anwendung einer Rechtsnorm immer erst das Ergebnis einer Auslegung sein kann. Der für die Auslegung maßgebliche Gesichtspunkt ist insoweit neben der Einbuße an Rechtssicherheit der Umstand, dass »über den Kopf des Mittäters« hinweg (BGHSt 20, 77) die Rechtskraft beseitigt werden kann, was jedenfalls theoretisch mit der Subjektstellung des Angeklagten kollidiert (vgl. SK-StPO/*Wohlers* § 357 Rn. 7 ff.). Da sich eine Rechtskraftdurchbrechung verfahrenstheoretisch nur zugunsten des Mitangeklagten auswirken kann, dürfte der insoweit maßgebliche Gesichtspunkt die mögliche Verfahrensverlängerung sein. Reformvorschläge setzen daher berechtigterweise einerseits an einem Zustimmungserfordernis, zumindest aber einer Anhörung des Nichtrevidenten an (*Bayer* FS Meyer-Goßner [2001], S. 665; *Wohlers/Gaede* NStZ 2004, 9) oder der Schaffung einer Wiederaufnahmemöglichkeit für den Nichtrevidenten im Fall des Freispruchs für die mitbeteiligten Rechtsmittelführer an (*Benninghoven* Revisionserstreckung auf Mitverurteilte, 2002; Meyer-Goßner/*Schmitt* § 357 Rn. 1 m.w.N.) – insoweit wäre allerdings bei tateinheitlicher wie auch bei tatmehrheitlicher Verurteilung auf die Reduzierung des Strafmaßes durch die weggefallene Vorschrift abzustellen. Mit Blick auf das moderne Verständnis der Subjektstellung des Angeklagten beachtenswert erscheint daher auch und nicht zuletzt vor dem Hintergrund weiterer Verfahrenskosten die Erwägung, dass einem verurteilten Mitangeklagten nicht die Möglichkeit genommen werden solle, »sich mit einem Urteil zufriedenzugeben« (so LR/*Franke* § 357 Rn. 1, 2).

Der **Sinngehalt** des § 357 ist zu vage festgelegt, wenn man als sein Ziel die Durchsetzung der »wirklichen Gerechtigkeit« durch Vermeidung das Rechtsgefühl verletzender Ungleichheiten bestimmt (so aber RGSt 6, 259; 16, 420; 68, 20; 71, 252; OGH 2, 61; BGH 12, 335 [341]; 24, 210; NJW 1958, 560; bei MDR [H] 1979, 108; *Roxin* § 54 K 2b). Denn (zum Folgenden vgl. KMR/*Sax* [vorh. Auflage Rn. 1] und folgend in der Vorauf1. KMR/*Paulus* Rn. 4) der Gerechtigkeitsverletzungen durch Verschiedenbeurteilung derselben Vorgänge in verschiedenen Verfahren verschiedener Gerichte sind viele möglich, ohne dass § 357 sie auch bei weitester Auslegung alle erfassen könnte und sollte; sie beruhen auf allgemein-menschlicher Unzulänglichkeit und sind um der Rechtssicherheit willen hinzunehmen, soweit nicht im Einzelfall allgemeine oder besondere Abhilfemöglichkeiten bestehen und erfolgreich ergriffen werden können (KG JR 1956, 308 [309]). § 357 kann daher nur bestimmte Gerechtigkeitsverletzungen meinen. Aber das **Auswahlprinzip** ist nicht die Gerechtigkeit selbst, da sie unteilbar, nicht qualitativ oder quantitativ abstufbar ist; es liegt vielmehr in dem **Ärgernis**, dem »peinlichen Eindruck« (Beratungen der Gesetzgebungskommission, vgl. RGSt 6, 259), das bzw. der entstände, wenn die Revisionswirkung auf den Nichtrevidenten nicht erstreckt würde. Dafür kann nicht genügen, dass die Nichterstreckung ein Gerechtigkeitsverstoß wäre, der stets einen »schlechten Eindruck« macht. »Peinlich« i.d.S., d.h. unvertretbar, wird er erst, wenn die Berücksichtigung der Belange des Nichtrevidenten von Amts wegen angesichts ihrer äußeren und inneren Verknüpfung mit den Belangen des Revidenten sich äußerlich greifbar geradezu aufdrängt und diese Berücksichtigung sich auch nach den Formen der Verfahrensgestaltung mühelos bewerkstelligen lässt. Es erweist sich insoweit, dass das tradierte Argument des zu vermeidenden »peinlichen« Eindrucks nicht nur einem in gewisser Weise patriarchalischen Justizverständnis entspringt, sondern v.a. eine Chiffre darstellt für die eigentlichen Gründe (klarstellend LR/*Franke* § 357 Rn. 2). 3

§ 357 dient daher gar **nicht** in erster Linie dem **Nichtrevidenten** durch gerechte Korrektur der ihm schädlichen Folgen unterlassener Revisionseinlegung, was die vielfach formulierten Bedenken in Bezug auf die »Wohltat von recht zweifelhafter Art« nur deutlich machen (Meyer-Goßner/*Schmitt* § 357 Rn. 1; LR/*Franke* § 357 Rn. 2 f.). Der Mitangeklagte wird die Erstreckungswirkung des § 357 gar nicht immer als Gunst empfinden (vgl. BGHSt 20, 77). Die Norm dient vielmehr **der Rechtspflege insgesamt** (vgl. KK/*Gericke* § 357 Rn. 1). Im Vordergrund steht in abstracto die Idee der materiellen Gerechtigkeit, aber auch das in der Herstellung von Rechtseinheitlichkeit liegende Ziel der Revisionsrechtsprechung. Das, was als »peinlicher Eindruck« in der Sache die Aufrechterhaltung einer äußerlich greifbaren, mühelos vermeidbaren Gerechtigkeitsverletzung nur aus formalem Grund ist, kann überhaupt nur dann korrekturbedürftig sein, wenn der Nichtrevident ggü. dem Beschwerdeführer unter den gegebenen Voraussetzungen schlechter behandelt wird; insoweit begünstigt § 357 ihn natürlich zugleich (vgl. Rdn. 12). Andererseits gilt § 357 formal unabdingbar auch dann, wenn der Nichtrevident mit dem tatgerichtlichen Urteil sich zufriedengeben wollte (BGHSt 20, 77; Rdn. 12, 29). § 357 kann, da er nur Verletzungen des materiellen Rechts erfasst, auch nicht als Kompensation zu den extrem hohen formalen Anforderungen an die Erhebung und Begründung einer Verfahrensrüge angesehen werden. Diese Singrenzen des § 357, die ihn, wie jetzt feststeht, in der Tat zu einer systematischen »Ausnahmevorschrift« machen, bestimmen die Lösung seiner Einzelprobleme. Dies dürfte im 4

Bereich der Strafzumessung am deutlichsten werden. Denn hier ist der individuelle Mitangeklagte maßgeblicher Bezugspunkt (zutr. LR/*Franke* § 357 Rn. 3). Richtig erscheint i.Ü. der vom 5. Senat eingeschlagene Weg (BGH NJW 2005, 374; BGH JR 2008, 339). Demnach sei aus Art. 103 Abs. 1, Art. 20 Abs. 3 GG i.V.m. Art. 6 Abs. 1 Satz 1 EMRK eine Pflicht zur Anhörung des Nichtrevidenten ableitbar. So könnte dieser im Ergebnis eine Erstreckungsentscheidung gegebenenfalls durch seinen Widerspruch verhindern (näher LR/*Franke* § 357 Rn. 3; vgl. auch *Basdorf* FS Meyer-Goßner, S. 674; *Wohlers/Gaede* NStZ 2004, 9; Meyer-Goßner/*Schmitt* § 357 Rn. 1a).

5 **II. Anwendungsbereich.** Eine **Erstreckung scheidet daher aus**, wenn der wegen **mehrerer** selbstständiger **Taten** verurteilte **einzige Angeklagte** (oder nur ein Angeklagter) nur gegen die Verurteilung wegen einer oder einiger Taten Revision eingelegt hat und die nunmehr feststehende Gesetzesverletzung auch bei der nicht angegriffenen Verurteilung unterlaufen ist. Die gegenteilige Ansicht (OLG Neustadt GA 1954, 252) **überdehnt § 357 zu einer allgemeinen Gerechtigkeitsnorm**, die er nicht ist (s. Rdn. 3). Denn die Vorschrift soll keineswegs schlechthin ermöglichen, aus Anlass eines beschränkten Rechtsmittels des Angeklagten umfassende Gerechtigkeitskorrekturen von Amts wegen vorzunehmen, insb. etwa die dem Angeklagten schädlichen Folgen unterlassener oder ungeschickter Urteilsanfechtung von Amts wegen auszugleichen. Gleiches gilt im **Beschwerdeverfahren** (LR/*Franke* § 357 Rn. 4; Radtke/Hohmann/*Nagel* § 357 Rn. 2; OLG Hamm MDR 1973, 1042 zu § 464 Abs. 3 Satz 1; vgl. auch KK/*Gericke* § 357 Rn. 23; Meyer-Goßner/*Schmitt* § 357 Rn. 2; a.A. HK/*Temming* § 357 Rn. 2; OLG Bremen NJW 1958, 432 = JR 1958, 189 m.Anm. *Eb. Schmidt* für die Beschwerde gegen Berichtigung eines Eröffnungsbeschlusses); und im **ehrengerichtlichen** Verfahren (BGHSt 37, 361).

6 Nach ganz h.M. ist § 357 im **Berufungsverfahren** nicht entspr. anwendbar (KG JR 1956, 308 m. zust. Anm. *Sarstedt*; OLG Oldenburg DAR 1955, 170; OLG Hamm NJW 1957, 392; OLG Düsseldorf OLGSt § 318 Satz 27 [29]; *Haase* NJW 1956, 1003; *Schmidt* SchlHA 1962, 287; *Eb. Schmidt* II 12; LR/*Franke* § 357 Rn. 4; KK/*Gericke* § 357 Rn. 23; Meyer-Goßner/*Schmitt* § 357 Rn. 2; Radtke/Hohmann/*Nagel* § 357 Rn. 2; HK/*Temming* § 357 Rn. 2; vgl. OLG Stuttgart NJW 1970, 66). Dafür streitet zunächst die systematische Stellung des § 357. Dies erscheint im Hinblick auf Verfahrenshindernisse jedoch zu eng, da insoweit der Gedanke materieller Gerechtigkeit als allgemeiner Rechtsgrundsatz leitend sein soll (vgl. Rdn. 3; zu weit aber LG Bonn MDR 1947, 36; LG Essen NJW 1956, 602).

7 Soweit § 357 nach neuerer Auslegung die Revisionserstreckung auch bei nachträglicher Feststellung von **Prozesshindernissen** gebietet (Rdn. 24–25), überträgt er auf den Fall der gemeinsamen, teils rechtskräftigen, teils angefochtenen Verurteilung **mehrerer** Angeklagter einen für die teilrechtskräftige Verurteilung **eines** Angeklagten entwickelten Prozessgrundsatz (vgl. Rdn. 21), der auch im Berufungsverfahren gelten muss (zur h.M. dagegen LR/*Franke* § 357 Rn. 4, 14). Es wäre unverständlich, wenn zwar das Revisionsgericht, nicht aber das Berufungsgericht bei der von Amts wegen erfolgten Feststellung eines für alle Angeklagten gleichen Prozesshindernisses das Urteil (das Verfahren), auch soweit es den Nichtanfechtenden betrifft, aufheben (einstellen) könnte. Es wäre auch unerträglich, weil die Schlechterbehandlung des Mitangeklagten, der nicht Berufung eingelegt hat, ohne prozessuale Schwierigkeiten **vermeidbar** ist. Denn anders als bei materiellrechtlichen Verstößen (Rdn. 8) ist hier auch für das Berufungsgericht das Rechtsmittel des einen Mitangeklagten **nur der Anlass** für eine von Amts wegen durchzuführende Prüfung der Prozessvoraussetzungen und Entscheidung über die Zulässigkeit des ganzen Verfahrens, auch soweit es den anderen Mitangeklagten angeht. Das Gesetz selbst konnte der Gleichheit dieser prozessualen Lagen im Berufungs- und Revisionsverfahren durch entspr. Vorsorge auch für das Berufungsverfahren nicht Rechnung tragen, da die Lehre von den Prozessvoraussetzungen z.Zt. seines Erlasses noch nicht entwickelt war (vgl. RGSt 68, 18). In seiner modernen Ausdehnung auf Gesetzesverletzung durch Nichtbeachtung von Prozesshindernissen sollte daher **§ 357** auch im Berufungsverfahren entspr. **anwendbar** sein. Allerdings fragt sich, ob dieser Begründung in Bezug auf die Berufung entgegengehalten werden könnte, dass der zunehmend als Prozesssubjekt verstandene Angeklagte (vgl. SK-StPO/*Wohlers* § 357 Rn. 8 ff.) nicht gehindert ist, sein prozessuales Gestaltungsrecht durch Einlegung eines weiteren Rechtsmittels – der Revision – auszuüben, sofern er selbst das Berufungsurteil als i.S.d. § 357 fehlerhaft ansieht. Dem ist durch eine stärkere Betonung der Subjektstellung Rechnung zu tragen, bspw. durch eine Zustimmung (vgl. Rdn. 4). Damit relativiert sich die Bedeutung des Streits in praktischer Hinsicht.

8 Eine Erstreckung kommt demgegenüber auf keinen Fall in Betracht, wenn das Urteil auf Berufung nur eines Mitangeklagten wegen Verletzung des **materiellen Rechts** aufgehoben wird: Unterbleibt hier eine Erstreckung der Aufhebungswirkung auf den anderen Mitangeklagten, so ist die Entscheidung zwar widersprüchlich, aber nicht unerträglich, da sie **nicht ohne Weiteres vermeidbar** ist. Das Berufungsgericht kann sich nicht auf die Nachprüfung der Gesetzesanwendung durch das Erstgericht beschränken, sondern seine Tätigkeit ist, wenn

auch mehrfach abgeschwächt, durch das Prinzip der **Neuverhandlung** bestimmt. Jede sachliche Entscheidung des Berufungsgerichts setzt die Bildung einer neuen, eigenen Überzeugung über die Schuld oder Nichtschuld des Angeklagten voraus, auch wenn der Sachverhalt i.E. derselbe bleibt. Eine solche Überzeugung aber in Bezug auf einen Angeklagten zu bilden, der mangels Berufungseinlegung als Prozesssubjekt nicht anwesend sein kann und darf, verstieße gegen Mündlichkeitsprinzip und Unmittelbarkeitsgebot. Die Feststellung, ob und wieweit gerade im Hinblick auf die hier erörterte Prozesslage eine Ausnahme – etwa in Anlehnung an § 371 – möglich wäre, ist Aufgabe des Gesetzgebers. Im Fall des Verstoßes gegen das **materielle Strafrecht** ist daher **§ 357 im Berufungsverfahren nicht** analog **anwendbar** (vgl. zu diesem Punkt OLG Frankfurt a.M. NStZ-RR 2004, 74).

B. Die Voraussetzungen der Revisionserstreckung im Einzelnen. I. Aufhebung des angefochtenen Urteils. Voraussetzung ist eine Aufhebung des (angefochtenen) Urteils (§ 353 Abs. 1) durch Urteil (§ 349 Abs. 5) oder Beschluss (§ 349 Abs. 4) des Revisionsgerichts (BGHSt 24, 208 [213]; OLG Celle NJW 1969, 1977; OLG Düsseldorf NJW 1986, 2266). Dabei kann es sich auch um eine **Teilaufhebung** handeln, z.B. im Strafausspruch (BGH, Beschl. v. 06.10.2020 – 2 StR 311/20, NStZ-RR 2021, 17; BGHSt 21, 66; BGH NStZ 1981, 298; BGH, Urt. v. 17.12.1953 – 3 StR 370/53) oder zur Nachholung einer Entscheidung nach § 51 oder § 55 StGB (BGH MDR [D] 1973, 730). Ebenso kommt eine zur Teilaufhebung führende **Schuldspruchberichtigung** (BVerfG NStZ 2004, 273; § 354 Rdn. 53) oder eine **Einstellung** nach § 206a in Betracht (RGSt 68, 18 = JW 1934, 773 m.Anm. *Schwinge*; RGSt 71, 252; 72, 25; BGHSt 10, 141; 24, 208; HK/*Temming* § 357 Rn. 5; LR/*Franke* § 357 Rn. 6 ff.; vgl. Rdn. 21, 24 ff.). **Nicht anwendbar** ist § 357 auf die Einstellung nach **§ 154** und die Beschränkung nach **§ 154a** (BGH NStZ-RR 2002, 103). 9

II. Urteilsaufhebung zugunsten des Revidenten und des Nichtrevidenten. Die Urteilsaufhebung erfolgt **zugunsten** (= zumindest teilweise, vgl. BGH, Urt. v. 29.10.1996 – 4 StR 414/96 bei Meyer-Goßner/*Schmitt* § 357 Rn. 6; noch »zumindest überwiegend« vgl. RGSt 71, 215; HRR 1939 Nr. 536; KG JW 1937, 54) des **Revidenten**, auch wenn dieser nicht selbst, sondern z.B. zu seinen Ungunsten die StA (RG 16, 418; 33, 378 [380]) oder der Privat- bzw. Nebenkläger (BGH LM Nr. 2; *Haase* GA 1956, 274) Revision eingelegt hat und das RM sich zu seinen Gunsten **auswirkt** (§ 301; vgl. KK/*Gericke* § 357 Rn. 3; HK-GS/*Rackow* § 357 Rn. 7). 10

Ebenso erfolgt die Aufhebung zugunsten der **Nichtrevidenten.** Dazu **gehören** auch **Mitangeklagte**, deren rechtzeitige Revision (§ 341) wegen Nichtbeachtung der §§ 344, 345 nach § 346 oder § 349 Abs. 1 **verworfen** worden ist (BGHR § 338 Nr. 7 Entscheidungsgründe 2; RGR 6, 557; RG 40, 220; BGH, Urt. v. 23.09.1952 – 1 StR 398/52, insoweit nicht in MDR 1953, 54; BayObLG DRiZ 1928 Nr. 601; OLG Zweibrücken wistra 1987, 268; OLG Düsseldorf JR 1983, 479), sowie diejenigen Mitangeklagten, die auf Revision **verzichtet** (OLG Hamburg JW 1937, 3152; vgl. zu Revision nach § 55 JGG OLG Koblenz StV 2009, 90), sie **zurückgenommen** (BGH NJW 1958, 560; OLG Stuttgart Justiz 1996, 186 f. Sprungrevision) oder auf bestimmte Beschwerdepunkte **beschränkt** haben (§ 344 Rdn. 5; BGH NJW 1954, 441; differenzierend aber insoweit ebenso LR/*Franke* § 357 Rn. 11). 11

Nimmt man den Gedanken der materiellen Gerechtigkeit ernst, so muss dies auch für solche Mitangeklagten gelten, die deshalb »nicht Revision eingelegt« haben, weil sie keine Revision einlegen konnten (a.A. die h.M. BGHSt 51, 34; KG JW 1937, 54, 769; LR/*Franke* § 357 Rn. 11, 13; HK-GS/*Rackow* § 357 Rn. 8; Meyer-Goßner/*Schmitt* § 357 Rn. 7; SK-StPO/*Wohlers* § 357 Rn. 8 ff., 23 ff.; HK/*Temming* § 357 Rn. 3), wie z.B. ein zusammen mit einem Erwachsenen verurteilter Jugendlicher nach **§ 55 Abs. 2 JGG** (so auch *Altenhain* NStZ 2007, 283; *Prittwitz* StV 2007, 52; *Swoboda* HRRS 2006, 376; *Bender* § 55 JGG Anm. 57; *Brunner/Dölling* § 55 JGG Rn. 16; MDR [D] 1963, 539; *Eisenberg* § 55 JGG Rn. 69; *Mohr* JR 2006, 500; *Prittwitz* StV 2007, 52; *Swoboda* HRRS 2006, 376; zur Reform des § 55 JGG vgl. *Momsen* ZJJ 2004, 49). Dies bedeutet eine unter dem Topos materieller Gerechtigkeit schwer begründbare Schlechterbehandlung eines Jugendlichen und läuft zudem dem Schutzzweck des § 357 zuwider. Normlogisch spricht der Charakter des § 357 als Ausnahmeregelung weder für noch gegen eine Einbeziehung der bspw. nach § 55 Abs. 2 von der Revisionseinlegung ausgeschlossenen Angeklagten. Systematisch besteht indes insoweit eine Vergleichbarkeit zu dem von § 357 direkt umfassten Personenkreis, in beiden Fällen – anders als bei den durch Berufungsurteil beschwerten – nicht die Möglichkeit der Einlegung eines weiteren ordentlichen Rechtsbehelfs gegeben ist, sodass eine Korrektur von Amts wegen unter den materiellen Voraussetzungen des § 357 gleichermaßen geboten erscheint. Auch insoweit sollte allerdings die Subjektstellung des Angeklagten entscheidend berücksichtigt werden. 12

Die Wirkung des § 357 kommt nur dem Angeklagten zugute, der mit der **Revision Erfolg gehabt hätte**, wenn er sie mit ders. Begründung wie der Beschwerdeführer **form- und fristgerecht eingelegt** hätte. 13

Unanwendbar ist § 357, wenn das Verfahren schon **vor Erlass** des mit der Revision angefochtenen **Urteils** – z.B. wegen verspäteter Einlegung des Einspruchs gegen einen Strafbefehl bzw. Bußgeldbescheid oder der 14

Berufung gegen ein AG-Urteil – **rechtskräftig** abgeschlossen war (OLG Celle NJW 1954, 1498; OLG Schleswig SchlHA 1988, 118; OLG Frankfurt NStZ-RR 2004, 13; BayObLGSt 1953, 34; *Haase* GA 1956, 279; vgl. auch Rdn. 15), oder **zweifelhaft** ist, ob die Urteilsaufhebung sich (überwiegend) zugunsten des Angeklagten auswirkt (BGH, Urt. v. 07.11.1953 – 5 StR 453/53; *Haase* GA 1956, 274 [288]; a.A. LR/*Meyer* [23. Aufl.] § 357 Rn. 24); allerdings muss ein Zweifel, ob gegen den Nichtrevidenten eine mildere Strafe verhängt werden wird, dabei außer Betracht bleiben, weil Erwägungen tatsächlicher Art dem Revisionsgericht nicht zustehen (*Eb. Schmidt* II 4 gegen RGSt 3, 283; vgl. auch Meyer-Goßner/*Schmitt* § 357 Rn. 6).

15 **III. Zusammenhang der Verurteilungen.** Zwischen den Verurteilungen muss ein **äußerer Zusammenhang** bestehen. Die mehreren Angeklagten müssen durch **dasselbe Urteil**, das Gegenstand der Revision ist, verurteilt sein (*Roxin* § 54 K 1b). Denn nur dann besteht ein äußerer Zusammenhang zwischen den Verurteilungen, der ihre vermeidbaren Verschiedenbehandlung bzw. das Gerechtigkeitsdefizit äußerlich greifbar macht. **Daran fehlt es** wenn der **Nichtrevident** bei der Revision eines Mitangeklagten gegen ein Berufungsurteil bereits das AG-Urteil **nicht mit Berufung angefochten** hatte (RG Recht 1910 Nr. 822; JR Rspr. 1926 Nr. 1799; OLG Celle NJW 1954, 1498; OLG Oldenburg DAR 1955, 171; OLG Stuttgart NJW 1970, 66; a.A. OLG Hamburg JW 1931, 2525 m. abl. Anm. *Oetker*) oder eine nach **§ 329 Abs. 1 verworfene Berufung** eingelegt hat (OLG Schleswig SchlHA 1988, 118; RG JW 1926, 1219 m. abl. Anm. *Stern*). Denn insoweit ist die erneute Tatsacheninstanz ein ausreichender Differenzierungsgrund. Dies gilt auch, wenn der Nichtrevident seine erfolglose Berufung schon auf das Strafmaß **beschränkt** hatte und das Revisionsgericht nur den Schuldspruch des Berufungsurteils aufhebt (OLG Frankfurt NStZ-RR 2004, 13; RG JW 1930, 2573; OLG Oldenburg DAR 1955, 171; *Haase* GA 1956, 279; vgl. auch HK-GS/*Rackow* § 357 Rn. 4; Meyer-Goßner/*Schmitt* § 357 Rn. 12; SK-StPO/*Wohlers* § 357 Rn. 26).

16 § 357 verlangt daneben einen **inneren Zusammenhang**. Gemeint ist, dass sich das Urteil, soweit es aufgehoben wird, auf andere Angeklagte **»erstreckt«**, d.h. die **Verurteilungen** auch in einem **inneren** Zusammenhang stehen. Leitendes Kriterium ist die Frage, ob abtrennbare Teile der Tat betroffen sind (HK-GS/*Rackow* § 357 Rn. 5) auf der Grundlage des Tatbegriffs aus § 264 (KK/*Gericke* § 357 Rn. 8). Wann das der Fall ist, bestimmt die h.M. nach prozessualen Gesichtspunkten außerhalb von § 357. Nach ganz überw. Ansicht soll dafür eine Verbindung nur nach **§ 237** noch **nicht** genügen (RGSt 6, 256 [260]; BGHSt 12, 335 [342]; BayObLGSt 1953, 85; *Eb. Schmidt* Nachtr. I 3; LR/*Franke* § 357 Rn. 18; KK/*Gericke* § 357 Rn. 8 ff.; a.A. *Henkel* JZ 1959, 692), **wohl aber** ein Zusammenhang i.S.d. **§ 3** (RGSt 6, 260; 71 [251]; 72, 25; JW 1928, 2265 m.Anm. *Mannheim*; 1929, 2730 m.Anm. *Heimberger*; BayObLGSt 1953, 86; ausreichend, aber nicht erforderlich: BGHSt 12, 342; OLG Köln VRS 21, 449; *Henkel* JZ 1959, 691; *Eb. Schmidt* Nachtr. I 4; *Tappe* S. 41). Schon in RGSt 6, 260; 71 [352] angedeutet, hat sich (insb. seit BGH NJW 1955, 1566; NJW 1983, 2079) jedoch, das sich entscheidende Gewicht auf die **Nämlichkeit der Tat** (§ 264 Abs. 1) verlagert (vgl. BGHSt 12, 341; NJW 1966, 1824; NJW 1983, 2079; BayObLGSt 1953, 86; *Haase* GA 1956, 281; *Henkel* JZ 1959, 692; *Eb. Schmidt* Nachtr. I 5; HK-GS/*Rackow* § 357 Rn. 5; Meyer-Goßner/*Schmitt* § 357 Rn. 13; *Roxin* § 54 K 1b; a.A. *Tappe* S. 46 ff.). Für diese Nämlichkeit könne ein Zusammenhang nach § 3 nur ein Anhalt sein. Sie liege vor, wenn die Beteiligung des einen von der des anderen nicht gelöst werden kann, ohne dass ihr Sinnzusammenhang oder der des Gesamtgeschehens wesentlich gestört wird, und werde gewöhnliche durch Zusammenhänge in der Ausführung der Tathandlungen durch ihren gemeinsamen Erfolg oder durch beides zugleich begründet. Ferner soll genügen beiderseits **fahrlässiges** oder teils vorsätzliches, teils fahrlässiges Zusammenwirken nicht nur **mit-**, sondern auch **neben-** (RGSt 71, 252; HRR 1938 Nr. 497; BayObLGSt 1953, 86) und sogar **gegeneinander**, wie z.B. bei wechselseitigen Beleidigungen (LR/*Franke* § 357 Rn. 19; a.A. OLG Hamm NJW 1957, 392; *Haase* NJW 1956, 1004) oder Unfallverursachung infolge beiderseitiger Fahrlässigkeit zweier Kraftfahrer (BGHSt 12, 335, 343; bei MDR [H] 1979, 108; OLG Köln VRS 21, 449; *Roxin* § 54 K 1b: LR/*Hanack* § 357 Rn. 19; *Fincke* GA 1975, 176; a.A. BayObLGSt 1951, 366; 1953, 88; *Hanack* JZ 1973, 799). Die Auslegung des Begriffs »Nämlichkeit der Tat« dürfe im Bereich des § 357 keine formale sein, da er »aus dem eigenen Sinn des § 357« selbst bestimmt werden müsse (BGHSt 12, 342); der innere Zusammenhang werde daher (entgegen BayObLGSt 1953, 85) auch durch den gemeinsamen Erfolg entgegengesetzt wirkender und daher rechtlich verschieden zu wertender Handlungen der mehreren Angeklagten hergestellt. Allerdings dürfe es sich in keinem Fall um prozessual selbstständige Taten handeln (BGH NStZ 1996, 327; BGHR § 357 Erstreckung 6).

17 Richtig ist, dass es der Rückwendung zum »eigenen Sinn des § 357« bedarf. Dann ist aber das **Erfordernis der »Nämlichkeit der Tat« zu präzisieren**, da es weder aus Wortlaut noch Sinn des § 357 unmittelbar folgt. Entscheidend ist auf die Unerträglichkeit der vermeidbaren Schlechterbehandlung des mitverurteilten Nichtrevidenten (Rdn. 3) abzustellen.

18 Der geforderte innere Zusammenhang ist aufgrund des zuvor Ausgeführten einmal gegeben, wenn das ganze Verfahren wegen **Fehlens einer Prozessvoraussetzung** unzulässig ist (vgl. Rdn. 7). Denn für die von Amts wegen zu treffende Feststellung der Verfahrensunzulässigkeit war das Rechtsmittel des Rechtsmittelführers nur Auslösemoment. Für die Erstreckung dieser prozessual gegründeten Urteilsaufhebungswirkung genügt aber die Verurteilung auch des Nichtrevidenten im gleichen fehlerhaften Verfahren, d.h. auch die prozessuale **Verbindung nach § 237** schafft für den Fall dieser Verletzung einer Verfahrensvoraussetzung den für § 357 nötigen inneren Zusammenhang (so auch *Henkel* JZ 1959, 692). § 357 gibt insoweit im Fall einer gemeinschaftlichen Verurteilung **mehrerer** Angeklagter von Gesetzes wegen die gleiche prozessuale Möglichkeit, wie sie Rspr. und Lehre für den Fall der teilrechtskräftigen Verurteilung eines Angeklagten entwickelt haben. Die Einstellung des ganzen Verfahrens, auch soweit es bereits teilrechtskräftig ist, bei Feststellung einer die **Zulässigkeit des ganzen Verfahren bedingenden Prozessvoraussetzung** (näher KMR/*Momsen* § 354 Rn. 18). Entscheidend ist, dass der Anknüpfungspunkt für die Rechtswirkungen des § 357 bei den genannten Prozessvoraussetzungen nicht der prozessuale Verstoß im Verhältnis zu einem Beteiligten ist – dann würde § 357 keine Anwendung finden können –, sondern das insgesamt unzulässige Verfahren vgl. Rdn. 24.

19 Bei Aufhebung des Urteils wegen **Verletzung des materiellen Strafrechts** (vgl. Rdn. 21) genügt es dementsprechend für den inneren Zusammenhang der Verurteilungen und damit die Erstreckung der Aufhebungswirkung auf den Nichtrevidenten allerdings **nicht**, dass die Verurteilungen, etwa aufgrund einer Verfahrensverbindung nach **§ 237**, lediglich im gleichen Verfahren ergangen sind. Denn die Erstreckung der prozessualen Wirkung eines **sachlichen** Mangels setzt einen **sachlichen** inneren **Zusammenhang** der prozessual verbundenen Verfahren voraus. Er ist nur gegeben, wenn durch die Aufhebung der Verurteilung des einen Angeklagten aufgrund seiner Rüge der Verletzung des materiellen Strafrechts **auch der Verurteilung des Nichtrevidenten die Grundlage entzogen wird**. Dies ist angesichts des rechtlichen Zusammenhangs der beiden Verurteilungen zu bejahen, weil etwa der Nichtrevident nunmehr als Mittäter ohne Tat, als Teilnehmer ohne Haupttat, als Hehler oder Begünstigter ohne Vortat verurteilt wäre. Ebenso hinsichtlich des tatsächlichen Zusammenhangs, wenn etwa im Fall der Verurteilung wegen gemeinschaftlicher fahrlässiger Tötung auf Rüge des einen Angeklagten das Urteil wegen rechtsfehlerhafter Würdigung des bei beiden gleichartigen Verhaltens als Todesverursachung aufgehoben würde. Dabei ist es gleichgültig, ob die tatsächlich oder rechtlich zusammenhängenden Verurteilungen auf Verletzung desselben Strafgesetzes gestützt sind (BGH NJW 1955, 1566; erg. Rdn. 24 f.). Der Zusammenhang ist aber auch dann zu bejahen, wenn die Mitangeklagten an ein und **derselben Tat** zusammengewirkt haben – wenn auch als **Täter und Gehilfe**, oder bei Verurteilung wegen Bestechung und Bestechlichkeit (RG HRR 1938, 497), wegen fahrl. Herbeiführung eines Verkehrsunfalls für beide Unfallgegner (BGHSt 12, 335; OLG Köln VRS 21, 447) bei **Mord und Nichtanzeige** eines Verbrechens (KK/*Gericke* § 357 Rn. 8; SK-StPO/*Wohlers* § 357 Rn. 34) und u.U. sogar bei **Diebstahl und Hehlerei** oder ähnlichen Konstellationen verschiedener Verletzungshandlungen, die auf dieselbe Gefahrenlage ausgerichtet sind (vgl. BGHSt 31, 348, 357 = NJW 1983, 2097; HK-GS/*Rackow* § 357 Rn. 5; Meyer-Goßner/*Schmitt* § 357 Rn. 13; KK/*Gericke* § 357 Rn. 8). Auch in diesen Fällen würde eine Ungleichbehandlung beider Mittäter der Verurteilung des Nichtrevidenten die Grundlage entziehen, da die der Verurteilung inhärenten Bezüge auf die Verurteilung des Revidenten »ins Leere« laufen würden und damit das Urteil gegen den Nichtrevidenten in vergleichbarer Weise äußerlich unhaltbar werden lassen.

20 Für die Bestimmung des inneren Zusammenhangs gilt daher, dass es neben dem Tatbegriff des § 264 auch darauf ankommt, ob das Urteil gegen den Nichtrevidenten innere Bezüge zu dem aufgehobenen Urteil des Revidenten aufweist, aufgrund derer es – auch in der »Außendarstellung« – keinen selbstständigen Bestand haben kann. Auch diese Auslegung umgrenzt den Anwendungsbereich des § 357 immer noch enger als das Abstellen auf die »Nämlichkeit der Tat«, die die h.M. ausreichen lässt und für deren Abgrenzung sie die §§ 3, 60 Nr. 2 als Anhalte heranzieht (BGH NJW 1955, 1566). Denn die h.M. vermag damit in weiterem Umfang die Fälle in § 357 einzubeziehen, in denen die Verurteilung des Nichtrevidenten trotz Aufhebung der Verurteilung des Mitangeklagten tatsächlich und rechtlich selbstständig fortbestehen kann, aber an demselben oder gleichartigen (vgl. Rdn. 21) sachlichen Rechtsmangel leidet. Der h.M. ist jedoch in Bezug auf die Einbeziehung der Rechtsfolgenseite im Einzelfall zuzustimmen, wenn hier aufgrund der individuellen Zumessungserwägungen eine Forderung nach strenger »Identität« des Fehlers in unzuträglicher Weise dazu führen würde, dass identische Gesetzesverletzungen nicht unter § 357 fallen würden (Rdn. 21 f.). Die notwendige Restriktion ist daher mit den o.g. Erweiterungen in Richtung der von der h.M. vertretenen »Gleichartigkeit« des Fehlers oder dem nahestehenden Kriterium des »spezifischen Zusammenhangs« (LR/*Franke* § 357 Rn. 19) zu orientieren.

21 IV. **Gesetzesverletzung bei Anwendung des Strafrechts.** Die Urteilsaufhebung kommt zunächst gegeben bei jeder Verletzung des **materiellen Strafrechts** (§ 344 Rdn. 30 ff.) in Betracht. Sie muss die Grundlagen des Schuldspruchs betreffen und muss eine für Revidenten und Nichtrevidenten gemeinsame Rechtsbeschwer begründen. Strittig ist, ob diese **denselben Rechtsfehler** (so z.B. RGSt 6, 259; HRR 1934, 1178; *Tappe* S. 29 ff. [39]; w.N. bei *Haase* GA 1956, 296) voraussetzt oder eine für beide nur **gleichartige** (vgl. BayObLG JZ 1963, 565: wenn z.B. für beide Angeklagte die Schuldfähigkeit aus gleichem Grund fehlerhaft bejaht worden ist) **Gesetzesverletzung** (h.M., vgl. RGSt 16, 417 [419]; JW 1935, 125; OGH NJW 1949, 596; BGH 11, 18; LM Nr. 3; BayObLG JZ 1963, 565; OLG Oldenburg NdsRpfl 1947, 133; 1955, 58; OLG Düsseldorf NJW 1986, 2266). Teils lehnt die Rspr. auch bei gleichartigen Rechtsfehlern – etwa infolge Nichtbeachtung des § 56 StGB – die Anwendung von § 357 ab, wenn das Vorliegen der persönlichkeitsbedingten Anwendungsvoraussetzungen dieser Vorschrift auch beim Nichtrevidenten zweifelhaft war (BGH NJW 1955, 997 m. Hinw. auf die RG-Rspr. zu § 27b StGB a.F.; vgl. dazu auch die Erwägungen bei BGH, Urt. v. 10.01.2008 – 5 StR 365/07; sowie Rdn. 23).

22 Die Frage ist falsch gestellt, weil isoliert nicht zu beantworten. Nur ein solcher Rechtsfehler, ob er nun »derselbe« oder der »gleiche« ist, kann für § 357 ausreichen, dessen prozessuale Folge der Urteilsaufhebung **auch der Verurteilung des Nichtrevidenten die Grundlage entzieht.** Das kann bei Urteilsaufhebung wegen Nichtbeachtung von §§ 40 Abs. 2, 56 StGB, sowie bei einer solchen wegen fehlerhaften Rechtsfolgenausspruchs der Fall sein (vgl. Meyer-Goßner/*Schmitt* § 357 Rn. 15 m.w.N.). Entscheidend ist, dass die (unterlassenen) Entscheidungsgründe **nicht nur** auf je unterschiedlichen **persönlichen** Umständen fußen, sondern auch den **sachlichen** Bedingungszusammenhang der Verurteilungen (Rdn. 21) berühren (BGH NJW 1955, 997; vgl. BGH StV 1992, 417, Bewährung; BGHSt 21, 66 u. Beschl. v. 19.05.2021 – 1 StR 139/21, Rn. 13 Einziehung; BGH, Beschl. v. 14.07.2021 – 6 StR 239/21, Rn. 2 u. Beschl. v. 27.05.2021 – 2 StR 105/21, Einziehung [gesamtschuldnerische Haftung]; vgl. auch BGH NStZ-RR 2010, 27 für die Festsetzung des Anrechnungsmaßstabs für erlittene **Auslieferungshaft** auf eine Jugendstrafe; BGH NStZ-RR 2010, 118 für den **Vorwegvollzug** der Strafe vor der Unterbringung gem. § 67 Abs. 2 Satz 3). § 357 **ist ebenfalls anwendbar,** wenn dem Revisionsgericht wegen fehlender oder mangelhafter Urteilsfeststellungen eine Prüfung nicht möglich ist (OLG Celle NJW 1959, 1648; OLG Köln VRS 21, 447; KG NStZ 1998, 55: nicht bei gem. § 267 Abs. 4 Satz 3 ergänzungsbed. Urteil; so auch LR/*Franke* § 357 Rn. 21 f.). Dagegen wird **eine Anwendung** des § 357 bei unterlassener Prüfung der nur individuell zu bemessenden **Schuldfähigkeit** (§§ 20, 21 StGB) in der Regel nicht in Betracht kommen (BGH, Urt. v. 09.01.1991 – 4 StR 615/91, Meyer-Goßner/*Schmitt* § 357 Rn. 14), es sei denn, eine Strafmilderung allein aufgrund des rechtlichen Fehlers ist ausnahmsweise nicht auszuschließen, da weitgehend parallele Erwägungen anzustellen sind (vgl. BGH, Beschlüsse vom 02.07.2015 – 2 StR 146/15, NJW 2015, 3525 und vom 11.02.2003 – 4 StR 522/02, NStZ-RR 2003, 204). **Keine Erstreckung** daher mit den vorgenannten Maßgaben im Fall des § 64 StGB (BGH NStZ-RR 2004, 229), des § 67 Abs. 2 StGB (BGH JR 1992, 475 m. abl. Anm. *Funck*) oder bei § 73 StGB (BGH, Urt. v. 10.01.2008 – 5 StR 365/07 zur aF).

23 1. **Gesetzesänderungen.** Eine nach Erlass des angefochtenen Urteils eingetretene **Gesetzesänderung** (§ 354a) steht einer Gesetzesverletzung i.S.d. § 357 in der Sache gleich (OLG Schleswig SchlHA 1950, 196; vgl. auch *Peters* S. 585; *Hanack* JZ 1973, 779; *Roxin* § 54 K 2c; a.A. aber BGH NStZ-RR 2003, 335; BGHSt 41, 6; 20, 77 [78] auf Vorl. von BayObLGSt 1964, 127; JR 1954, 271; *Haase* GA 1956, 277; *Eb. Schmidt* Nachtr I 2a; Meyer-Goßner/*Schmitt* § 357 Rn. 9; LR/*Franke* § 357 Rn. 14). Denn bei der Frage der materiellen Rechtsanwendung kommt es nicht allein darauf an, ob das TatG das Recht – schuldhaft oder nicht schuldhaft – richtig angewendet hat, sondern auch darauf, ob die abschließende Entscheidung des TatG durch das Revisionsgericht aus Rechtsgründen bestätigt werden kann. Solange und soweit das Verfahren noch irgendwie anhängig ist, muss das Revisionsgericht eine inzwischen eingetretene Rechtsänderung – auch zugunsten des Nichtrevidenten – berücksichtigen. Dasselbe gilt für neues Auslegungsrecht (§ 354a Rdn. 6), für gesicherte neue (natur-)wissenschaftliche Erkenntnisse und neue allgemeinkundige Tatsachen (vgl. § 358 Rdn. 15) sowie für die Nichtigerklärung von Gesetzesnormen durch das BVerfG (*Hamm* FS Hanack [1999], S. 382 dagegen die h.M., vgl. BGHSt 41, 6; HK/*Temming* § 357 Rn. 8).

24 Rspr. und Lehre (vgl. Rdn. 18) dehnen die Anwendung des § 357 zutr. (dazu überzeugend RGSt 68, 18) auf den Fall aus, dass ein **Prozesshindernis** übersehen worden ist und das Verfahren daher aus Anlass der Revisionsrüge eines Angeklagten eingestellt werden muss. Damit wird das prozessuale Grundprinzip, dass Verfahrenshindernisse in jeder Prozesslage von Amts wegen zu berücksichtigen sind (§ 206a Rdn. 1) und auch bei teilrechtskräftiger Verurteilung **eines** Angeklagten noch zur Einstellung des ganzen Verfahrens führen müssen, von Gesetzes wegen auch auf den Fall der teils rechtskräftigen, teils angefochtene Verurteilung **mehrerer** Angeklagter durch ein- und dasselbe Urteil anwendbar gemacht (Rdn. 18). Entscheidend ist, dass

das Prozesshindernis über den Revidenten hinaus auf das gesamte Verfahren Einfluss hat (vgl. dazu BayObLG wistra 1998, 275; BGH StV 2004, 61: Anklage u. Eröffnungsbeschluss; BGH NStZ 1998, 477, Antrag im Verfahren nach §§ 403 ff.).

§ 357 gilt aber auch dann, wenn das Prozesshindernis (z.B. Amnestie, Strafantragszurücknahme) erst **nach** Eintritt der **Rechtskraft** des Urteils gegen den Nichtrevidenten entstanden ist (RGSt 68, 427; LR/*Franke* § 357 Rn. 15; a.A. BGH NJW 1952, 247; OLG Hamburg JW 1937, 3152 m. zust. Anm. *Schafheutle*; *Haase* GA 1956, 277; HK-GS/*Rackow* § 357 Rn. 3; Meyer-Goßner/*Schmitt* § 357 Rn. 10). Denn wie die materiell-rechtliche Grundlage (§ 354a; vgl. oben Rdn. 23), so hat das Revisionsgericht auch die Zulässigkeit des **ganzen** Verfahrens nach Rechtslage z.Zt. seiner Entscheidung zu beurteilen. Die Urteilsrechtskraft gegen den Nichtrevidenten hindert nicht, die Aufhebungswirkung auf ihn zu erstrecken, da sie ja im Rahmen des § 357 »auflösend bedingt« ist (Rdn. 1 a.E.) ist. 25

2. Verfahrensfehler. Dagegen ist **§ 357 nicht anwendbar** bei Urteilsaufhebung wegen eines sonstigen (d.h. nicht von Amts wegen zu prüfenden), auch den Nichtrevidenten berührenden **Verfahrensfehlers**, selbst wenn er ein absoluter Revisionsgrund nach § 338 ist (BGH NStZ-RR 2009, 366; RGSt 20, 93; 68, 18 = JW 1934, 773 m. abl. Anm. *Schwinge*; BGHSt 17, 1179; BGH JR 1954, 271; OLG Hessen JR 1949, 514; *Henkel* JZ 1959, 691; *Eb. Schmidt* Nachtr. I 2; LR/*Franke* § 357 Rn. 16; HK-GS/*Rackow* § 357 Rn. 3; *Roxin* § 54 K 2a; *Dahs* Rn. 634; a.A. RG JW 1926, 2259 m. abl. Anm. *Oetker*). Verfahrensverstöße sind **nur auf Rüge** zu berücksichtigen. 26

C. Die Entscheidung des Revisionsgerichts. I. Zwingende Anwendung. Das Revisionsgericht hat **von Amts wegen** die Voraussetzungen des § 357 zu prüfen und ggf. die Vorschrift auch gegen den Willen des de lege lata – weder am Verfahren zu beteiligenden noch anzuhörenden (zu Reformvorschlägen vgl. Rdn. 1 ff.) – Nichtrevidenten anzuwenden. Eine versehentlich unterlassene Entscheidung gem. § 357 ist nachzuholen (BGH StV 2002, 12; RG LZ 1924, 42; Meyer-Goßner/*Schmitt* § 357 Rn. 16). Zur Entscheidung bei **Zweifeln**, ob die Aufhebung sich **zugunsten** des Angeklagten auswirkt vgl. Rdn. 14. 27

Bei seiner Prüfung hat das Revisionsgericht die zwingende Anwendung des § 357 dahin gehend zu berücksichtigen, dass es, sofern verschiedene Rügen durchgreifen, nicht nach dem i.Ü. geltenden prozessökonomischen Prinzip zu verfahren und die Aufhebung allein auf diejenige Rüge zu stützen hat, welche offensichtlich begründet ist. Vielmehr muss es auf die Belange des Nichtrevidenten in der Weise Rücksicht nehmen, dass jedenfalls alle Rügen, die diesen i.S.d. § 357 mit betreffen, erörtert werden (*Basdorf* FS Meyer-Goßner [2001], S. 670; *Benninghoven* Die Revisionserstreckung auf Mitverurteilte, 2002, S. 58 ff.; *Haase* GA 1956, 278; HK-GS/*Rackow* § 357 Rn. 10). 28

II. Aufhebungswirkung. Obgleich zu erkennen ist, als ob der Nichtrevident »gleichfalls Revision eingelegt hätte«, kann er dieser Wirkung **nicht** etwa durch **Rechtsmittel-Zurücknahme** (§ 302) vor Beginn der neuen Hauptverhandlung (und zwar ohne Zustimmung des Gegners, da es für ihn die 1. Hauptverhandlung im Rechtsmittelverfahren wäre, vgl. § 303 Rdn. 4; HK-GS/*Momsen* § 303 Rn. 3) entgehen, selbst wenn er eine Neuverhandlung angesichts ihrer Unannehmlichkeiten, ihres unsicheren oder geringen zu erwartenden Erfolgs, der neuen Kosten usw. lieber vermieden sähe; denn es ist nicht sein Rechtsmittel. Wie dargestellt dient nach tradierter Auffassung § 357 nicht ausschließlich oder auch nur in 1. Linie den Belangen des Nichtrevidenten, sondern zugleich abstrakten Gerechtigkeit und auch der Bewährung der Rechtspflege (Rdn. 3). Das Bemühen um Verwirklichung der »wahren Gerechtigkeit« muss der Betroffene demnach hinnehmen, selbst wenn es ihm unangenehm ist (vgl. BGH NStZ-RR 2005, 53), tritt aber in einen problematischen Konflikt zur Subjektstellung des Angeklagten (näher Rdn. 3 f.). 29

Auch für den Nichtrevidenten gilt **§ 358 Abs. 2** (RGSt 70, 231; 72, 26). Im Fall seiner erneuten Verurteilung wird eine bereits **verbüßte Strafe angerechnet** (RGSt 40, 220; JW 1929, 1007). Im Fall einer erneuten Verurteilung hat er nach (insoweit probl. – vgl. Rdn. 1) h.M. auch die Verfahrenskosten zu tragen, § 465 (KK/*Gericke* § 357 Rn. 19; SK-StPO/*Wohlers* § 357 Rn. 40; Meyer-Goßner/*Schmitt* § 357 Rn. 17). 30

III. Prozessuale Rechte im neuen Verfahren. Da nach Aufhebung und Zurückverweisung der Sache auch zugunsten des Nichtrevidenten das Verfahren für ihn uneingeschränkt wieder anhängig ist, stehen ihm alle prozessualen Möglichkeiten, auch die der **Anfechtung des neuen Urteils**, erneut zur Verfügung. 31

IV. Wiederaufleben sonstiger Anordnungen (Satz 2 i.V.m. § 47 Abs. 3). Nach dem durch das 1. JuMoG eingeführten Satz 2 i.V.m. § 47 ist der Nichtrevident nicht nur verpflichtet, an der HV teilzunehmen, es leben auch U-Haft-Befehle und sonstige gegen ihn gerichtete Anordnungen wieder auf; die tatsächlichen Voraussetzungen sind in der aktuellen Verfahrenslage jedoch zu überprüfen (Meyer-Goßner/*Schmitt* § 357 Rn. 17). 32

§ 358 Bindung des Tatgerichts; Verbot der Schlechterstellung

(1) Das Gericht, an das die Sache zur anderweiten Verhandlung und Entscheidung verwiesen ist, hat die rechtliche Beurteilung, die der Aufhebung des Urteils zugrunde gelegt ist, auch seiner Entscheidung zugrunde zu legen.

(2) [1]Das angefochtene Urteil darf in Art und Höhe der Rechtsfolgen der Tat nicht zum Nachteil des Angeklagten geändert werden, wenn lediglich der Angeklagte, zu seinen Gunsten die Staatsanwaltschaft oder sein gesetzlicher Vertreter Revision eingelegt hat. [2]Wird die Anordnung der Unterbringung in einem psychiatrischen Krankenhaus aufgehoben, hindert diese Vorschrift nicht, an Stelle der Unterbringung eine Strafe zu verhängen. [3]Satz 1 steht auch nicht der Anordnung der Unterbringung in einem psychiatrischen Krankenhaus oder einer Entziehungsanstalt entgegen.

Übersicht

1 **A. Bindungswirkung des Revisionsurteils (§§ 353, 358 Abs. 1). I. Zweck und Anwendungsbereich.** Um die **Effizienz** der Revision als Rechtsmittel und **Einheitlichkeit** der Rspr. zu gewährleisten (vgl. Vor § 333 Rdn. 5; GmS-OGB NJW 1973, 1273 f.; *Mohrbotter* ZStW 84, 614; *Tiedtke* Die innerprozessuale Bindungswirkung von Urteilen der obersten Bundesgerichte, S. 99; *Roxin* § 54 J II 2c; *Sommerlad* Bindung an vorangegangene Urteile, S. 46 ff.), entsteht nach Zurückverweisung (§ 354 Abs. 2) hinsichtl. der nach § 353 Abs. 2 aufrechterhaltenen Feststellungen (Rdn. 5) und der der Urteilsaufhebung zugrunde liegenden rechtlichen Beurteilung (= »Aufhebungsansicht«; **§ 358 Abs. 1**) des Revisionsgerichts (Rdn. 6–8) eine **innerprozessuale Bindungswirkung** für die mit der Sache künftig befassten Gerichte (Rdn. 2). Das bedeutet keinen unzulässigen Eingriff in deren nach Art. 97 Abs. 1 GG gewährleistete Unabhängigkeit (BVerfG NJW 1961, 655; BGH JZ 1952, 111; KK/*Gericke* § 358 Rn. 2; Meyer-Goßner/*Schmitt* § 358 Rn. 2; *Eb. Schmidt* I 477; *Tiedtke* 100; a.A. *Mohrbotter* ZStW 84, 614 ff.) und rechtfertigt kein Ausscheiden eines hierdurch möglicherweise einem Gewissenskonflikt unterliegenden neuen Richters aus dem Verfahren (LR/*Franke* § 358 Rn. 2; a.A. *Peters* S. 101). Schließlich kommt bei **Teilaufhebung** nach **§ 353 Abs. 1** die Bindungswirkung auch den Feststellungen zu, die dem »teilrechtskräftigen« Urteilsteil zugrunde liegen (Rn. 4).

2 Die Bindungswirkung gilt **für alle Gerichte**, die im weiteren Verfahren mit der Sache befasst werden, also auch nach Zurückverweisung an ein AG (§ 354 Abs. 1) das **BerufungsG** (OLG Koblenz NJW 1983, 1921) sowie bei erneuter Revision das **Revisionsgericht** (»Selbstbindung«; vgl. BVerfGE 4, 1; RGSt 59, 34; OGHSt 1, 212; BVerfG NJW 1954, 1153; GmS-OGB NJW 1973, 1274; BGHSt-GS- 33, 356; 51, 202; *Beling* S. 430; *Hanack* Der Ausgleich divergierender Entscheidungen in der oberen Gerichtsbarkeit, 1962, S. 343 ff.; HK-GS/*Rackow* § 358 Rn. 5; Meyer-Goßner/*Schmitt* § 358 Rn. 10; *Roxin* § 54 J II 2c; a.A. *Tiedtke* Die innerprozessuale Bindungswirkung von Urteilen der obersten Bundesgerichte, 1976, S. 246 ff.; *Bettermann* DVBl, 1955, 22 ff.; *Mohrbotter* ZStW 84, 624 ff.). Dies gilt selbst wenn über die 2. Revision ein **anderer Senat** entscheidet (RGSt 59, 34; RG GA 69, 223) oder das erste Revisionsgericht ein **OLG** (bzw. das BayObLG) war, das zweite aber der **BGH** ist (RGSt 6, 357; 22, 156; OGHSt 1, 36; BGH NJW 1951, 970; 1952, 35; 1953, 1880; KG JR 1958, 269 m.Anm. *Sarstedt*).

3 **Nicht analog anwendbar** ist § 358 Abs. 1 in Fällen des **§ 328 Abs. 2, 3** (vgl. RG JW 1932, 60; LR/*Franke* § 358 Rn. 3; Meyer-Goßner/*Schmitt* § 358 Rn. 2; *Mohrbotter* ZStW 84, 615; a.A. *Schröder* FS Nikisch [1958], S. 221 f.; *Sommerlad* S. 134 ff.; SK-StPO/*Wohlers* § 358 Rn. 4). Denn bei der Bindung handelt es sich nicht um einen allgemeinen materiellen Grundsatz wie die materielle Gerechtigkeit, sondern um prozessökonomische Erwägungen.

4 **II. Gegenstand der Bindungswirkung (§§ 353, 358 Abs. 1).** Nach § 353 (dort Rdn. 8 ff.) aufrechterhaltene Feststellungen unterliegen der Bindung. Soweit infolge nur **teilweiser Urteilsaufhebung** durch das Revisionsgericht nach § 353 Abs. 1 echte **Teilrechtskraft** oder **innerprozessuale Bindungswirkung** eintritt, entsteht für das neue Tatgericht ein **»Beweistatsachenverbot«** (§ 244 Abs. 3 Satz 1) in zweifacher Hinsicht. Das neue Tatgericht darf in keinem Fall die den teilrechtskräftig bzw. bindend feststehenden Urteilsteil tragenden und damit **feststehenden Tatsachen** durch andere **ersetzen**. In Fällen einer nur innerprozessualen Bindungswirkung darf es auch keine den »bindenden« Tatsachen (auch »doppelrelevanten« Tatsachen, vgl. BGHSt 26, 275; DAR [Sp] 1979, 151) **widersprechende neue Tatsachen** feststellen (anders bei echter Teilrechtskraft;

vgl. i.Ü. RG JW 1923, 14 m.Anm. *Stein*; BGHSt 25, 274 [275]; MDR [H] 1977, 639 f. für den Zeitpunkt des Tatentschlusses; DAR [Sp]; *Gietl* NJW 1959, 928; vgl. auch BGH NStZ 1999, 259).

Gleiches gilt für die vom Revisionsgericht **nach § 353 Abs. 2 nicht aufgehobenen Feststellungen** (§ 353 Rn. 10): Auch sie entfalten eine innerprozessuale **Bindungswirkung** (RGSt 20, 412; RG GA 55, 115; BGHSt 4, 290; 14, 38; *Bruns* FS Eb. Schmidt [1961], S. 619; *Kleinknecht* JR 1968, 468; KK/*Gericke* § 358 Rn. 14; *Willms* Heusinger-EG, 1968, S. 407) und begründen ein **Beweistatsachenverbot** für Feststellungen mit dem Ziel ihrer Aufhebung (RGSt 7, 177; 20, 412; 43, 360; BGHSt 14, 38) oder solchen, die mit ihnen kein einheitliches widerspruchsfreies Ganzes mehr bildeten (vgl. auch RGSt 7, 176; BGHSt 10, 33; 14, 36; OLG Hamburg NJW 1976, 682), **es sei denn**, die in der neuen Hauptverhandlung über andere Tatsachen zulässige Beweisaufnahme ergibt als gleichsam zufälliges »Abfallprodukt« ohne Weiteres ihre **Unrichtigkeit** und die neuen Umstände wirken sich **zugunsten** des Angeklagten aus. Die Bindungswirkung entfällt insoweit dann, wenn die erneute Hauptverhandlung zu einer wesentlichen Änderung der Entscheidungsgrundlage führt (KG NStZ-RR 2010, 346; so auch HK-GS/*Rackow* § 358 Rn. 2). 5

Die **Bindungswirkung nach § 358 Abs. 1** hat die Rechtsauffassung des Revisionsgerichts nur in den Punkten (vgl. auch § 565 Abs. 2 ZPO), **deretwegen das Urteil aufgehoben** worden ist (BGHSt 3, 357; 18, 376; BGH NStZ 1999, 154; JR 1956, 420; Meyer-Goßner/*Schmitt* § 358 Rn. 3; *Tiedtke* S. 116). Sie erstreckt sich also **nicht auf obiter dicta** (HK-GS/*Rackow* § 358 Rn. 2). 6

Bei Aufhebung nur wegen **Verfahrensfehlers** – insb. im Fall eines Verwerfungsurteils nach § 329 Abs. 1 (RG JW 1931, 1604 m.Anm. *Oppenheimer*; LR/*Franke* § 358 Rn. 6) – ist das Tatgericht in der sachlichen und rechtlichen Beurteilung der Schuld- und Rechtsfolgenfrage frei (BGH VRS 34, 356), selbst wenn das Revisionsgericht zusätzlich darauf hingewiesen hätte, dass i.Ü. auch die Sachrüge begründet bzw. unbegründet erschiene (BGHSt 33, 172; LR/*Franke* § 358 Rn. 6; *Dahs* Rn. 635; Meyer-Goßner/*Schmitt* § 358 Rn. 6). Hat das Revisionsgericht aber – ggf. zusammen mit der Aufhebung wegen Verfahrensfehlern (vgl. BGHSt 37, 350) – auf eine **Sachrüge** das Urteil z.B. aufgehoben, weil die festgestellten Tatsachen den Schuldspruch nicht tragen, so bindet diese Rechtsauffassung das Tatgericht (BGH NJW 1953, 1880). Aus dem Revisionsurteil ergibt sich, wie weit die Bindungswirkung besteht (BGH NStZ 1999, 154; 1999, 259); erfasst sind **Erfahrungssätze** (BGH VRS 12, 208), die Bewertung der tatgerichtlichen Feststellungen als unzureichend (BGH NStZ 1999, 552), **nicht** jedoch Rechtsausführungen, welche die Ansicht des Tatgerichts billigen (BGHSt 3, 357) und nicht die Verwerfung der Revision eines Mitangeklagten (BGH MDR [H] 1985, 982; Meyer-Goßner/*Schmitt* § 358 Rn. 6). 7

Zur »Aufhebungsansicht« gehört auch die Beurteilung der mit ihr notwendig verbundenen – und vom Revisionsgericht daher u.U. stillschweigend bejahten – **rechtlichen Vorfragen** (BGH NStZ-RR 13, 157; BGH NStZ-RR 2003, 101 bzgl. der Tatentstehung und Beweggründen; *Dahs* Rn. 635) z.B. der **Verfassungsmäßigkeit** der angewendeten Vorschrift. Daher ist eine Vorlage nach § 100 Abs. 1 GG unzulässig (vgl. BVerfGE 2, 406 = BVerfG NJW 1953, 1385; 1957, 627; Meyer-Goßner/*Schmitt* § 358 Rn. 4; *Schröder* FS Nikisch [1958], S. 627; a.A. *Tiedtke* S. 134; *Mohrbotter* ZStW 84, 634). Auch bzgl. des **Fehlens von Prozesshindernissen** erfolgt keine Einstellung durch das Tatgericht nach §§ 206a, 260 Abs. 3 (BGH StraFo 2010, 203; vgl. LR/*Franke* § 358 Rn. 4; KK/*Gericke* § 358 Rn. 7; Meyer-Goßner/*Schmitt* § 358 Rn. 4; a.A. *Kaiser* NJW 1974, 2080), sofern diese nicht erst nach Erlass des Revisionsurteils eingetreten sind. 8

Keine Bindungswirkung nach § 358 Abs. 1 haben dementsprechend Rechtsausführungen bei Erörterung **unbegründeter** Rügen (BGHSt 3, 367; BGH VRS 11, 195; *Tiedtke* S. 62, 99), **obiter dicta** (*Dahs* Rn. 635; KK/*Gericke* § 358 Rn. 6; dazu *Schneider* MDR 1973, 821) oder bloße empfehlende rechtliche **Hinweise** (Ratschläge) des Revisionsgerichts für die weitere Sachbehandlung (BGHSt 3, 235; 33, 172; JR 1956, 430 m.Anm. *Eb. Schmidt*; OLG Oldenburg NdsRpfl. 1949, 96), auch Hinweise auf die Rspr. zu anderen Vorschriften (BGH NJW 1997, 1455). 9

III. Inhalt und Grenzen der Bindungswirkung nach § 358 Abs. 1. § 358 Abs. 1 gilt (für die unter Rn. 2 bezeichneten Gerichte) **auch dann, wenn** das Revisionsgericht unter Verletzung seiner **Vorlegungspflicht** nach §§ 121 Abs. 2, 136 GVG entschieden hat. Denn auch die rechtliche Vorfrage (Rn. 8) der Vorlagepflicht muss das spätere Gericht angesichts der Urteilsaufhebung und Zurückverweisung als verneinend entschieden hinnehmen (KG JR 1958, 269 m.Anm. *Sarstedt*; *Sarstedt* NJW 1955, 1629; *Schröder* FS Nikisch [1958], S. 224; *Hanack* Der Ausgleich divergierender Entscheidungen in der oberen Gerichtsbarkeit, S. 352 Anm. 172; HK-GS/*Rackow* § 358 Rn. 4; Meyer-Goßner/*Schmitt* § 358 Rn. 3; *Tiedtke* S. 167; *Mohrbotter* ZStW 84, 640; *Sommerlad* S. 115; a.A. *Becker* NJW 1955, 1262). Das erneut bzw. neu angegangene OLG kann auch nicht die übersehene **Vorlage** an den BGH nach § 121 Abs. 2 GVG jetzt nachholen oder sie wegen einer nach der 1. Urteilsaufhebung ergangenen abweichenden Entscheidung eines anderen OLG nunmehr durchführen und 10 dadurch der Bindung an die Aufhebungsansicht entgehen (RGZ 124; 322; BGHZ NJW 1954, 1445; vgl. grds. *Hanack* Der Ausgleich divergierender Entscheidungen in der oberen Gerichtsbarkeit, S. 339 ff., 351);

11 Dementsprechend wird die Bindungswirkung nicht dadurch ausgeschlossen, dass das Revisionsgericht seine **Rechtsauffassung** inzwischen **geändert** (BGHSt 33, 353; HK-GS/*Rackow* § 358 Rn. 4; *Mohrbotter* ZStW 84, 624; *Kaiser* NJW 1974, 2080; *Sommerlad* NJW 1974, 123; a.A. GmS-OGB, Beschl. v. 06.02.1973 – GmS-OGB 1/72 = BGHZ 60, 392, 397; Radtke/Hohmann/*Nagel* § 358 Rn. 11) oder ein **anderer** mit der Sache befasster **Senat eine abweichende Meinung** hat. Denn andernfalls müsste es eine Rechtsverletzung in der Befolgung der Aufhebungsansicht durch das Tatgericht sehen, obgleich dieses nach § 358 Abs. 1 zu deren Befolgung gesetzlich verpflichtet war (RGSt 6, 359; KG JW 1926, 1002; *Bettermann* DVBl, 1955, 22; *Götz* JZ 1959, 683; *Schmitt* JZ 1959, 222; vgl. BVerwG JZ 1960, 228). Unschlüssig ist der Einwand der Gegenauffassung (*Dahs* Rn. 597), eine objektiv unrichtige Rechtsanwendung sei ebenfalls eine Rechtsverletzung (*Hanack* S. 348) und es müsse das jetzt für richtig erkannte Recht verwirklicht werden (GmS-OGB NJW 1973, 1273; KK/*Gericke* § 358 Rn. 13); denn die nach Abs. 1 pflichtgemäße Rechtsanwendung ist keine nur objektiv unrichtige Rechtsanwendung. Berechtigten Praktikabilitätserwägungen steht der Verfahrensgrundsatz der Selbstbindung gegenüber (vgl. auch LR/*Franke* § 358 Rn. 13). Zu bedenken ist der modifizierende Ansatz (*Schröder* FS Nikisch [1958], S. 219 ff.) demzufolge eine Selbstbindung entfallen könne, wenn die »materielle Gerechtigkeit« zugunsten des Angeklagten wirke.

12 Entsprechend steht der Bindungswirkung auch nicht eine **zwischen** der 1. Urteilsaufhebung und der erneuten Befassung des Revisionsgerichts mit der Sache infolge nochmaliger Revision ergangene dieser Ansicht entgegengesetzte **Entscheidung eines übergeordneten Gerichts** bzw. eine **Plenarentscheidung** entgegen (OLG Düsseldorf StV 1985, 274; RFH 7, 29; BFH BStBl. 1954 III 72; KG JW 1926, 1002; KK/*Gericke* § 358 Rn. 17; Meyer-Goßner/*Schmitt* § 358 Rn. 8; *Schröder* FS Nikisch [1958], S. 220; *Tiedtke* S. 167; *Sommerlad* S. 115 ff.; HK-GS/*Rackow* § 358 Rn. 5). Die Gegenmeinung (BVerwG JZ 1959, 220 m. abl. Anm. *Schmitt*; *Hanack* Der Ausgleich divergierender Entscheidungen in der oberen Gerichtsbarkeit, S. 351 f.) stützt sich auf allg. Erwägungen (»Zweckmäßigkeit«, Achtung des »Anliegens der Rechtseinheit«), die zur Begründung nicht ausreichen, so vor allem der Hinweis auf die in ihrem Sinn durch § 354a entschiedene gleiche Problemlage bei zwischenzeitlicher **Gesetzesänderung**, denn sie übergeht den Wesensunterschied zwischen einem allgemein verbindlichen Gesetz und dem nur in der betreffenden Sache bindenden Präjudiz eines oberen Gerichts (ausf. KMR/*Momsen* § 358 Rn. 12).

13 Die – auflösend bedingte – **Bindungswirkung** nach § 358 Abs. 1 **entfällt, wenn** das der Aufhebungsansicht zugrunde liegende **Gesetz** (i.S.d. § 337, dort Rn. 3 ff.) seit dem 1. Revisionsurteil **sich geändert** hat (§§ 206b, 354a) oder vom BVerfG **für verfassungswidrig erklärt** worden ist (zum Ganzen LR/*Hanack* [25. Auflage] § 358 Rn. 10; HK-GS/*Rackow* § 358 Rn. 3; LR/*Franke* § 358 Rn. 10, 16; *Tiedtke* S. 165 f.; *Mohrbotter* ZStW 84, 632 f.).

14 Keine Bindung entsteht auch, wenn die Aufhebungsansicht wenn gar **nicht existente Strafnormen** angewandt wurden (HKGS/*Maiwald*/*Rackow* § 358 Rn. 4; vgl. OLG Neustadt NJW 1964, 311, das entgegen der seinerzeitigen Rechtslage den Versuch der gefährlichen Körperverletzung für strafbar angesehen hatte) offensichtlich **Grundrechtsnormen** – insb. Art. 103 Abs. 2 GG – **verletzt** (Meyer-Goßner/*Schmitt* § 358 Rn. 8; *Pauli* NJW 1964, 735; *Mohrbotter* ZStW 84, 636; unzutr. jedoch LG Duisburg StV 1986, 99, wenn es seine eigene Grundrechtsauslegung derjenigen des Revisionsgerichts gegenüberstellt).

15 Die Bindung entfällt auch, wenn sich der entscheidungserhebliche **Sachverhalt durch zulässige neue Tatsachenfeststellungen ändert** (RGSt 31, 437; BGHSt 9, 324; 26, 106; BayObLGSt 1951, 135; OLG Düsseldorf StV 1985, 274; *Eisenberg* StraFo 1997, 130; KK/*Gericke* § 358 Rn. 16; *Tiedtke* S. 163; *Mohrbotter* ZStW 84, 630). Das neue Tatgericht ist frei in der Feststellung und Würdigung der Tatsachen (RGSt 59, 242; *Mohrbotter* ZStW 84, 631). Es darf neue Tatsachen feststellen, auch wenn diese für andere anzuwendende Vorschriften »von Bedeutung« (§ 244 Abs. 2) sind. Das neue Tatgericht ist auch an eine Zurückverweisungsentscheidung nach § 355 (dort Rdn. 9) nicht etwa unverbrüchlich gebunden, sondern sogar verpflichtet, die Sache gem. § 270 weiter zu verweisen, wenn es infolge nachträglich eingetretener Tatsachen die Zuständigkeit eines Gerichts höherer Ordnung für zuständig hält (BGH, Urt. v. 05.05.1965 – 2 StR 66/65). Bei einer Aufhebung wegen **Verfahrensfehlern** besteht keine Bindung an die diesbezügliche Rechtsansicht des Revisionsgerichts, sofern der Ablauf der erneuten Hauptverhandlung das Problem nicht berührt (KK/*Gericke* § 358 Rn. 16; Meyer-Goßner/*Schmitt* § 358 Rn. 9; vgl. auch KG NStZ-RR 2010, 346).

16 **IV.** Das **Tatgericht stellt** die »Aufhebungsansicht« des Revisionsgerichts in der Regel durch **Verlesung des Revisionsurteils** in der neuen Hauptverhandlung **fest** (vgl. auch § 354 Rn. 65 f.). Die Bindungswirkung des § 358 Abs. 1 besteht jedoch unabhängig davon (RGSt 21, 436; *Dahs* Rn. 636; KK/*Gericke* § 358 Rn. 11).

17 **V. Bei erneuter Revision** prüft das Revisionsgericht, ob das Tatgericht die »Aufhebungsansicht« beachtet hat, in **sachlich-rechtlicher** Hinsicht auf Sachrüge, auch ohne dahin gehende ausdrückliche Beanstandung (vgl.

BGH NStZ 2000, 551; OLG Düsseldorf StV 1985, 274; BayObLG DRiZ 1929 Nr. 313; KG GA 74, 307; JR 1958, 260 m.Anm. *Sarstedt*), auf **verfahrensrechtlichem** Gebiet aber nur auf entspr. Prozessrüge hin (§ 344 Abs. 2 Satz 2). Bedenkenswert aber die neuere Rspr., die jedenfalls im Hinblick auf die Strafobergrenze eine nur zugunsten des Angeklagten wirkende eingeschränkte Rechtskraft bejaht, mit der Folge, dass der Verstoß als **Verfahrenshindernis** in diesem Fall von Amts wegen zu berücksichtigen ist (so erneut BGH wistra 2000, 475; vgl. Meyer-Goßner/*Schmitt* § 358 Rn. 13; LR/*Franke* § 358 Rn. 23).

B. Verbot der reformatio in peius – Abs. 2. Die Beachtung des Verschlechterungsverbots prüft das Revisionsgericht **auf Sachrüge von Amts wegen** auch ohne diesbezügliche Verfahrensrüge. Abs. 2 Satz 1 bewirkt eine nur **zugunsten** des Angeklagten eintretende **Rechtskraft**; das damit entstehende **Verfahrenshindernis** ist von Amts wegen zu berücksichtigen (BGHSt 11, 319; 12, 94; 14, 5; BGH wistra 2000, 475; vgl. insoweit auch NStZ-RR 2008, 168; vgl. auch § 331 Rn. 9, 51; Meyer-Goßner/*Schmitt* § 358 Rn. 13; SK-StPO/*Wohlers* § 358 Rn. 33; a.A. HK-GS/*Rackow* § 358 Rn. 8 f., wegen Vergleichbarkeit zur Überschreitung eines gesetzlichen Strafrahmens ist eine entsprechende Rüge notwendig, die dann allerdings wegen der bestehenden materiell-prozessualen »Gemengelage« sowohl als Sach- als auch als Verfahrensrüge zulässig sein soll). 18

Das Verschlechterungsverbot betrifft sowohl das **Revisionsgericht**, sofern es nach § 354 Abs. 1 eine eigene Sachentscheidung trifft, als auch das **Tatgericht** nach Zurückverweisung durch das Revisionsgericht (OLG Saarbrücken JBlSaar 1962, 108; HK-GS/*Rackow* § 358 Rn. 7). Es ist auch anzuwenden, wenn eine zuungunsten des Angeklagten eingelegte Revision der **StA** sich nur zugunsten des Angeklagten ausgewirkt hat (§ 301; vgl. BGHSt 38, 66; LR/*Franke* § 358 Rn. 19). Hat das LG ein Rechtsmittel zu Unrecht als Berufung und nicht als Revision angesehen und mit seiner Entscheidung die Strafe herabgesetzt, so ist das Revisionsgericht hieran gebunden (Meyer-Goßner/*Schmitt* § 358 Rn. 11). 19

Nach Ansicht der Rspr. kann das Revisionsgericht eine fehlende Einzelstrafe festsetzen (BGH NStZ-RR 2010, 384; BGHR § 358 Einzelstrafe fehlende 2; BGH Beschl. v. 16.06.2021 – 3 StR 157/21) und eine rechtsfehlerhaft gebildete Gesamtstrafe aufheben um Doppelbestrafung zu vermeiden (BGH NJW 1998, 1874). Anders ist der Fall zu beurteilen, wenn durch das LG als Berufungsgericht eine nachträgliche Gesamtstrafenbildung nach § 55 StGB vorgenommen wurde, welche sich zum Nachteil des Angeklagten auswirkt. Hier liegt ein auch vom Revisionsgericht zu berücksichtigender Verstoß gegen das Verbot der reformatio in peius vor, sofern der Erstrichter faktisch keine Möglichkeit hatte, die einbezogene Strafe zu berücksichtigen (zutr. HK-GS/*Rackow* § 358 Rn. 6; a.A. OLG Hamm MDR 1977, 861; BayObLG JR 1980, 378; allg. zur Bildung der Gesamtstrafe s. nur BGH, Beschl. v. 09.09.2020 – 4 StR 216/20, NStZ-RR 2020, 378). Nicht zulässig ist jedoch die Erhöhung der Einzelstrafen. Das gilt selbst dann, wenn die nunmehr ausgeurteilte Gesamtstrafe niedriger ausgefallen ist (BGH, Beschl. v. 09.03.2021 – 6 StR 48/21, NStZ-RR 2021, 220; s. aber BGH, Beschl. v. 08.07.2020 – 5 StR 144/20, NStZ-RR 2020, 306). Ebenfalls unzulässig ist eine nachholende Feststellung der besonderen Schwere der Schuld i.S.d. § 57a Abs. 1 Satz 1 Nr. 2 StGB (BVerfGE 86, 288), weder durch den BGH (BGH NStZ 2000, 194; 1994, 34) noch durch das LG nach Zurückverweisung (vgl. Meyer-Goßner/*Schmitt* § 358 Rn. 11 m.w.N.). Das Verschlechterungsverbot steht der »Verböserung« des Tenors nicht entgegen (BGH Beschl. v. 17.06.2021, 3 StR 83/21; BGH Beschl. v. 24.03.2021 – 3 StR 31/21 Rn. 4). 20

Das Verbot der Schlechterstellung steht nach **Abs. 2 Satz 3** einer Anordnung nach §§ 63, 64 StGB nicht entgegen, eine mögliche Beschwer durch die damit verbundene Nichtanwendung von § 67 Abs. 2 Satz 2 ist unerheblich (BGH NStZ 2009, 261; StraFo 2010, 117; BGH, Urt. v. 22.01.2008 – 5 StR 624/07 bei Meyer-Goßner/*Schmitt* § 358 Rn. 12). Infolge der Einfügung von **Abs. 2 Satz 2** durch das JuMoG v. 16.07.2007 ist es des Weiteren möglich, eine Strafe zu verhängen, wenn die vorher angeordnete Unterbringung bspw. in der Revisionsinstanz auf Rüge des Angeklagten aufgehoben wird, weil die Feststellung der Schuldunfähigkeit nach § 20 StGB rechtsfehlerhaft war (BGH, Urt. v. 20.11.2007 – 1 StR 518/07 bei Meyer-Goßner/*Schmitt* § 358 Rn. 12; näher *Schneider* NStZ 2008, 73; zu den damit verbundenen Problemen vgl. *Kretschmer* StV 2010, 161; vgl. BGH, Beschl. v. 16.06.2021 – 3 StR 135/21 u. v. 12.05.2021 – 2 StR 452/20: anders, wenn die Nichtanordnung der Maßregel nicht vom Rechtsmittelangriff ausgenommen wurde). Somit löst Abs. 2 Satz 3 den generellen Konflikt zwischen den Sicherheitsinteressen der Allgemeinheit und dem Verbot der reformatio in peius eindeutig zugunsten des Sicherheitsinteresses (so HK-GS/*Rackow* § 358 Rn. 10). In entsprechender Anwendung der Regelung müsste eine Unterbringung auch dann durch das Revisionsgericht angeordnet werden können, wenn der Angeklagte seine Revision im Hinblick auf die nicht erfolgte Anordnung der Unterbringung wirksam beschränkt hat und sich erst in der Revisionsinstanz seine Schuldunfähigkeit ergibt (so Meyer-Goßner/*Schmitt* § 358 Rn. 12) bzw. es wäre ggf. die Rechtsmittel-Beschränkung insoweit als unwirksam anzusehen. Dies erscheint allerdings im Hinblick auf die Wirksamkeit der Rechtsmittelbeschränkung nicht unbedenklich (krit. LR/*Franke* § 358 Rn. 22). 21

Viertes Buch. Wiederaufnahme eines durch rechtskräftiges Urteil abgeschlossenen Verfahrens

Vorbemerkung zu §§ 359 ff.

Übersicht

1 **A. Grundsätzliches.** Die in §§ 359 ff. geregelte **Wiederaufnahme des Verfahrens** eröffnet die Möglichkeit, rechtskräftige strafrechtliche Urteile überprüfen zu lassen. Zur Korrektur von Urteilen, die auf gesetzlich genau festgelegten Fehlerquellen beruhen, wird hier ausnahmsweise (zur Relativierung s. aber unten Rdn. 19 ff.; überzeugende Kritik an der pauschalen Annahme eines Ausnahmecharakters bei *Greco* Strafprozesstheorie und materielle Rechtskraft, S. 892 ff.) eine **Durchbrechung der materiellen Rechtskraft** zugelassen (zum französischen und englischen Wiederaufnahmerecht siehe *Bayer* Die strafrechtliche Wiederaufnahme im deutschen, französischen und englischen Recht, 2018, S. 191 ff., 254 ff.; für einen rechtsvergleichenden Überblick siehe *Fijnaut* in: Barton u.a., »Vom hochgemuten, voreiligen Griff nach der Wahrheit«. Fehlurteile im Strafprozess, 2018, S. 275 ff.). Diese Korrekturfunktion des Wiederaufnahmeverfahrens bleibt auch dann unverzichtbar, wenn dem Urteil eine Verständigung vorausgegangen ist (*Eschelbach* FS Stöckel S. 213; umfassend zur Wiederaufnahme bei rechtswidrigen Verständigungen *Ruhs* Rechtsbehelfe bei Verständigungen, 2018, S. 165 ff.); Konsens allein ist kein Garant für inhaltliche Richtigkeit.

2 Ihrem **Wesen** nach ist die Wiederaufnahme ein **Rechtsbehelf eigener Art** und kein Rechtsmittel (*Kaspar/Arnemann* R&P 2016, 58, 59). Dafür spricht, dass der Antrag auf Wiederaufnahme keinen Devolutiveffekt i.S.d. Entscheidung eines Gerichts höherer Ordnung entfaltet. Auch einen Suspensiveffekt bewirkt der Antrag nicht, das Urteil bleibt vorerst rechtskräftig und wird regelmäßig weiter vollstreckt (vgl. § 360 Abs. 1). Die **Systematik** der gesetzlichen Regelung ist von den zwei denkbaren Wiederaufnahmekonstellationen geprägt: Die §§ 359 bis 361 enthalten Vorschriften über die Wiederaufnahme **zugunsten des Verurteilten**, während in § 362 die Gründe einer Wiederaufnahme **zuungunsten des Verurteilten** geregelt sind. Die allgemeinen Vorschriften der §§ 363 bis 373a gelten für beide Formen der Wiederaufnahme.

3 Obwohl der Gesetzgeber selbst in der Vergangenheit die Notwendigkeit erkannte, das geltende Recht der Wiederaufnahme umfassend zu **reformieren**, ist dieses Vorhaben bislang nicht umgesetzt worden (BT-Drs. 7/551, 7/2600). Die Expertenkommission zur Reform des Strafverfahrensrechts sah im Jahr 2015 bedauerlicherweise keinen Änderungsbedarf beim Recht der Wiederaufnahme (BMJV Oktober 2015 S. 168; Hinweise zum Reformbedarf bei *Kaspar/Arnemann* R&P 2016, 58, 62 ff.; *Bayer* 309 ff.). Entsprechend einer Vereinbarung im Koalitionsvertrag von 2018 wurde jüngst lediglich eine **Erweiterung der Wiederaufnahmegründe zuungunsten des Freigesprochenen** beschlossen (s. Koalitionsvereinbarung 2018, S. 125; näher zum Ganzen § 362 Rdn. 15 ff.). Davon abgesehen finden Diskussionen über nötige Reformen zur Vermeidung von Fehlurteilen und zur Verbesserung der Möglichkeiten der Wiederaufnahme derzeit fast ausschließlich in der (überwiegend juristischen) Literatur statt (vgl. dazu z.B. Rdn. 19 ff.). Dabei kann auch der Rechtsvergleich als Inspirationsquelle dienen. So wäre es beispielsweise denkbar, den die Staatsanwaltschaft bindenden Legalitätsgrundsatz und die damit verbundene Ermittlungspflicht auch auf den hinreichenden Verdacht eines Fehlurteils auszuweiten (näher zu diesem Ansatz und sog. **Conviction Integrity Units** im angloamerikanischen Raum vgl. § 364b Rdn. 7 ff.; *Clausing* NStZ 2020, 644, 646 f.; *Momsen/Diederichs* StV 2021, 466, 467).

4 Ob neben den Wiederaufnahmeregelungen Raum für eine (gesetzlich nicht geregelte) **Nichtigerklärung** von Urteilen ist, wird uneinheitlich beurteilt. Die wohl h. Lit. betrachtet die §§ 359 ff. als abschließend (*Leitmeier* NStZ 2014, 690, 692; *Brinkmann* Zum Anwendungsbereich der §§ 359 ff. StPO. Möglichkeiten und Grenzen der Fehlerkorrektur über das strafrechtliche Wiederaufnahmeverfahren, 2017, S. 29 ff.). Nach Ansicht des OLG München kann ein Urteil dagegen auch außerhalb der Wiederaufnahmevorschriften für nichtig erklärt werden, wenn es durch eine »schlechthin unerträgliche Rechtsentscheidung« (im konkreten Fall: eine rechtswidrige Verständigung) zustande kam (OLG München NJW 2013, 2371; dazu krit. *Kudlich*

NJW 2013, 3216). Ein Wiederaufnahmeverfahren kommt nicht in Betracht, wenn das Urteil bereits durch das **NS-AufhG** (BGBl I 1998, 2501) aufgehoben wurde (OLG Köln Beschl. v. 18.02.2005 – 2 Ws 540/04).

Eine **spezielle Regelung** eines Wiederaufnahmegrundes zugunsten des Verurteilten enthält **§ 79 BVerfGG.** 5 Danach ist eine Wiederaufnahme von rechtskräftigen Strafurteilen möglich, die auf einer mit dem Grundgesetz für unvereinbar oder gem. § 78 BVerfGG für nichtig erklärten Norm beruhen oder auf einer Auslegung, die das BVerfG für verfassungswidrig erklärt hat (s. näher *Marxen/Tiemann* Rn. 517 ff.; KG NStZ 2013, 125; LG Fulda StV 2012, 401). Eine ungünstige Wiederaufnahme kann nach zutreffender h.M. nicht auf diese Norm gestützt werden (Maunz u.a.-BVerfGG/*Bethge* § 79 BVerfGG Rn. 25; *Greco* S. 991 mwN; a.A. *Letzgus* NStZ 2020, 717, 718). Nach Ansicht der Rspr. ist § 79 Abs. 1 BVerfGG dahin gehend einschränkend auszulegen, dass eine Anwendung in Fällen der vom BVerfG ausgesprochenen Verfassungswidrigkeit dann nicht infrage kommt, wenn zugleich nach **§ 35 BVerfGG** die (befristete) Weitergeltung der entsprechenden Norm angeordnet wurde (OLG München BeckRS 2014, 19636).

In der **Rechtspraxis** haben jedenfalls Wiederaufnahmeanträge zugunsten der Verurteilten offenbar nur geringe 6 Erfolgsaussichten, was an der restriktiven Gesetzeslage, aber auch an »wiederaufnahmefeindlichen Tendenzen« in der Rspr. (*Geipel*, in: Miebach/Hohmann S. 2) bzw. an »massive[n] psychologischen Widerständen« der Prozessbeteiligten (Heghmanns/Scheffler/*Theobald* Hdb. Strafverfahren, S. 1087) liegen dürfte (vgl. auch *Greco* S. 893 mwN; *Marxen* FS Kargl S. 325; mit verschiedenen Erklärungsansätzen *Eisenberg* NK 2021, 139, 143 ff.; zum Ganzen auch *Deckers* FS Fischer S. 623 ff.).

Genaue **empirische Untersuchungen** im Hinblick auf die Anzahl und die Bedingungen erfolgreicher Wieder- 7 aufnahmeanträge existieren kaum, geschweige denn zur Häufigkeit von Fehlurteilen (s. dazu *Kaspar/Arnemann* R&P 2016, 58, 61; *Jehle* Forens Psychiatr Psychol Kriminol 2013, 220, 227; näher *Kemme/Dunkel* StV 2020, 52, 54 ff., die auch Auffälligkeiten bei den Erfolgschancen von Wiederaufnahmeverfahren untersuchen). Verkompliziert werden derartige Betrachtungen schon durch die Schwierigkeit bei der Bestimmung, unter welchen Voraussetzungen ein Urteil als »fehlerhaft« anzusehen ist (*Dunkel/Kemme* NK 2016, 138, 140 f.; zur Annäherung an den Begriff auch *Kotsoglou* JZ 2017, 123; *Jehle* Forens Psychiatr Psychol Kriminol 2013, 220, 222; *Theobald* Barrieren im strafrechtlichen Wiederaufnahmeverfahren, 1998, S. 7 ff.; *Dunkel* Fehlentscheidungen in der Justiz, S. 27 ff.) und durch methodische Probleme (vgl. *Kölbel/Puschke/Singelnstein* GA 2019, 129, 131 ff.).

B. Verfassungsrechtlicher Hintergrund. Die Frage, inwieweit eine Wiederaufnahme des Verfahrens trotz 8 rechtskräftiger Verurteilung zulässig ist (oder zumindest sein sollte), lässt sich in einen **verfassungsrechtlichen Rahmen** einordnen (s. zum Folgenden nunmehr auch *Arnemann* Defizite der Wiederaufnahme in Strafsachen, 2019, S. 140 ff.). Dieser wird oft auf einen Konflikt eher abstrakter Prinzipien reduziert. Für eine Aufrechterhaltung auch möglicherweise fehlerhafter Urteile werden die **Rechtssicherheit** und der **Rechtsfriede** ins Feld geführt, während als Argument für eine Korrekturmöglichkeit die **Gerechtigkeit** (Meyer-Goßner/*Schmitt* Vorbem. § 359 Rn. 1; *Geipel*, in: Miebach/Hohmann S. 2; *Zehetgruber* JR, 2020, 157), teilweise ergänzend auch das Prozessziel der **Wahrheit** (*Volk/Engländer* § 38 Rn. 1) genannt werden. Zugleich wird oft betont, dass nur ausnahmsweise und nur bei unerträglichen Fehlentscheidungen der Aspekt der Rechtssicherheit hinter den Aspekt der materiellen Gerechtigkeit zurücktreten soll (BGHSt 11, 361, 364; *Beulke/Swoboda* § 31 Rn. 585; dazu umfassend und mit zutreffender Kritik *Greco* S. 871 ff.).

Dass aber dem einen Prinzip ggü. dem anderen so eindeutig der Vorrang gebühren soll, ist nicht ohne Weiteres 9 einzusehen, insb., wenn man bedenkt, dass sowohl die Rechtssicherheit als auch die materielle Gerechtigkeit gleichermaßen Elemente des Rechtsstaates sind (BVerfGE 22, 322, 329; Meyer-Goßner/*Schmitt* Vorbem. § 359 Rn. 1; a.A. *Aust/Schmidt* ZRP 2020, 251, 252). Eine genauere verfassungsrechtliche Analyse unter Einbezug der betroffenen **grundrechtlichen Positionen** ergibt, dass die These vom absoluten Ausnahmecharakter im Hinblick auf die günstige Wiederaufnahme gem. § 359 krit. zu hinterfragen ist (vgl. auch *Arnemann*, Defizite der Wiederaufnahme in Strafsachen, S. 150 f.). Dafür sprechen die folgenden Erwägungen:

I. Rechtsfriede. Zunächst kann **Rechtsfriede** nicht beliebig als Argument für die Aufrechterhaltung eines 10 Fehlurteils herangezogen werden. Ein objektiv falsches Urteil ist jedenfalls für Eingeweihte nicht geeignet, echten Rechtsfrieden zu schaffen (vgl. *Eisenberg* JR 2007, 360; *Schwenn* StV 2010, 705, 711). Im Gegenteil: Wahrer Rechtsfriede in einem nicht nur formell verstandenen Sinn setzt voraus, dass auch der Aspekt der »Richtigkeit« des Urteils zur Geltung kommt. Geht man davon aus, stellt sich der Aspekt des Rechtsfriedens nicht nur als Argument pro Rechtskraft bzw. contra Wiederaufnahme dar (vgl. LR/*Gössel* Vorbem. § 359 Rn. 25). Er betont lediglich den Auftrag, Rechtssicherheit und »Gerechtigkeit« in ein ausgewogenes Verhältnis zu bringen (vgl. *Roxin/Schünemann* § 57 Rn. 1; *Brinkmann* S. 72 ff.).

11 **II. Rechtssicherheit.** Es bleibt beim Aspekt der **Rechtssicherheit** als Argument für die materielle **Rechtskraft**, die für eine funktionierende Justiz unverzichtbar ist. Der Angeklagte ist gehalten, Fehler i.R.d. vorgesehenen Rechtsweges geltend zu machen. Es ist zumutbar und aus faktischen Gründen zugleich unumgänglich, ab einem gewissen Zeitpunkt auch bei möglicherweise fehlerhaften Urteilen eine weitere Anfechtungsmöglichkeit zu versagen. Dem widerspricht auch nicht die Garantie auf **effektiven Rechtsschutz** aus Art. 19 IV GG, da diese nach h.M. nur *eine* gerichtliche Überprüfung einer Entscheidung zusichert (vgl. nur *Arnemann* a.a.O., S. 141). Stets ist dabei auch an die Gefahr missbräuchlicher oder jedenfalls offensichtlich nicht Erfolg versprechender Wiederaufnahmeanträge ggü. völlig fehlerfreien Urteilen zu denken. Vor diesem Hintergrund ist die Annahme einer **Vermutung der Richtigkeit** rechtskräftiger Urteile (vgl. nur *Marxen/Tiemann* Rn. 9) nicht zu beanstanden. Je gravierender und je leichter nachweisbar ex post ein Fehler aber ist, desto eher tritt der Aspekt der Rechtssicherheit in den Hintergrund, soweit es um Fehler geht, die sich zulasten des Verurteilten ausgewirkt haben (vgl. *Bock u.a.* GA 2013, 328, 339). Der Fall »Mollath«, der eine fehlerhafte Unterbringung im psychiatrischen Krankenhaus gem. § 63 StGB betraf, hat die Öffentlichkeit für dieses Problem zusätzlich sensibilisiert (s. dazu Dudeck/*Kaspar*/Lindemann, Verantwortung und Zurechnung im Spiegel von Strafrecht und Psychiatrie, S. 103 ff.)

12 Die Problematik stellt sich im Bereich der ungünstigen Wiederaufnahme allerdings nicht in gleicher Weise. Denn hier wird der Aspekt der Rechtssicherheit verfassungsrechtlich verstärkt durch das **Verbot der Doppelbestrafung in Art. 103 Abs. 3 GG**, das über den Wortlaut hinaus einen umfassenden Schutz vor erneuter Strafverfolgung in derselben Sache beinhaltet (BVerfGE 3, 248; *Roxin/Schünemann* § 52 Rn. 7; umfassende Darstellung bei Oğlakcıoğlu/Schuhr/Rückert/*Isfen* Axiome des nationalen und internationalen Strafverfahrensrechts, S. 41 ff.; zu der etwas unsauberen Formulierung der doppelten »Bestrafung« vgl. auch *Bohn* Die Wiederaufnahme des Strafverfahrens zuungunsten des Angeklagten vor dem Hintergrund neuer Beweise, S. 57 ff.; daraus wird z.T. – nicht überzeugend – eine enge Auslegung der Norm abgeleitet, s. *Letzgus* NStZ 2020, 717, 719). Da § 362 ohnehin eine legitimationsbedürftige Ausnahme von diesem Prinzip des **»ne bis in idem«** ist (s. näher *Neumann* FS Jung, S. 655; z.T. wird die Norm auch als verfassungswidrig eingestuft, z.B. *Bohn* a.a.O., S. 100), hat das Anliegen einer zurückhaltenden Handhabung hier deutlich mehr Gewicht (vgl. nur AnwK-StPO/*Loos* § 362 Rn. 1 f.). Nur in diesem Bereich hat die in der Praxis zu beobachtende restriktive Anwendung des Wiederaufnahmerechts (dazu krit. *Schwenn* StV 2010, 705 ff.; *Bock u.a.* GA 2013, 328 ff.) ihre Berechtigung. Zusätzlich zur verfassungsrechtlichen Fundierung entfaltet der *»ne bis in idem«* Grundsatz durch die Verankerung in Art. 4 Abs. 1 des 7. ZP-EMRK, in Art. 14 Abs. 7 IPBPR und in Art. 50 EU-GRCharta auch menschenrechtliche bzw. unionsrechtliche Wirkung, woraus sich aber keine über Art. 103 Abs. 3 GG hinausgehenden Einschränkungen des Wiederaufnahmerechts ergeben (s. näher MüKo-StPO/*Engländer/Zimmermann* Vorbem. § 359 Rn. 4).

13 **III. »Gerechtigkeit« und Beeinträchtigung von Grundrechten.** Erst recht gilt ein **Gebot der differenzierten Betrachtungsweise**, wenn man sich dem Aspekt der **Gerechtigkeit** zuwendet und diesen mit grundrechtlichen Überlegungen ergänzt. »Gerechtigkeit« allein bleibt als Argument für die Beseitigung von Fehlurteilen zunächst recht blass; natürlich kann man sowohl die Verurteilung eines Unschuldigen als auch den Freispruch eines Schuldigen als Verstoß gegen die »Gerechtigkeit« bezeichnen; bei anderen Fehlerquellen ist dies allerdings schon schwieriger: Nicht jeder formale Fehler ist als Gerechtigkeitsproblem darstellbar. Zugleich gerät durch den Rekurs auf die (offenbar in einem eher objektiven Sinn verstandene) »Gerechtigkeit« die Tatsache aus dem Blick, dass zugleich bei der günstigen Wiederaufnahme greifbare Beeinträchtigungen **subjektiver Grundrechte** im Raum stehen.

14 Bei der **Verurteilung eines an sich Unschuldigen** ist dies am deutlichsten. Hier wird im Fall der Freiheitsstrafe in Art. 2 Abs. 2 GG eingegriffen. Dieser Eingriff wäre als solcher – wenn man von der Legitimationswirkung der materiellen Rechtskraft absieht – nicht anhand der anerkannten Strafzwecke als verhältnismäßig zu rechtfertigen (vgl. *Kato* ZIS 2006, 354: »untragbarer Eingriff in Menschenrechte«; im Ausgangspunkt ähnlich *Greco* S. 883 ff.: Verletzung des Schuldprinzips). Das Verfassungsrecht gebietet daher eine Ausgestaltung und Auslegung des einfachen Rechts, die keinen starren Vorrang der Rechtskraft enthält, sondern die Belange des Grundrechtsschutzes einerseits sowie der hinter der Rechtskraft stehenden öffentlichen Interessen andererseits zu einem schonenden Ausgleich bringt. Jedenfalls bei offensichtlichen und ex post vergleichsweise leicht feststellbaren Fehlurteilen muss eine Abwägung hier tendenziell **zugunsten des Verurteilten** ausgehen.

15 Krit. gegen die hier zugrunde gelegte Vorstellung einer Abwägung konfligierender (auch öffentlicher) Interessen hat sich *Greco* (S. 871 ff.) geäußert. Nach ihm sei die darauf gegründete Bejahung endgültiger Rechtskraft auch im Fall der Verurteilung eines Unschuldigen eine unzulässige Instrumentalisierung des Einzelnen; man müsse hier **»unübersteigbare Rechte«** beachten (s. vor allem *Greco* S. 874). Das damit verbundene Anliegen, die individuelle Rechtsposition des zu Unrecht Verurteilten zu stärken, verdient volle Zustimmung. Auch

ist zuzugeben, dass nicht nur die hier betonte legitimationsbedürftige Entziehung von Freiheitsrechten, sondern auch eine Verletzung des Schuldprinzips im Raum steht, wenn ein an sich Unschuldiger (endgültig) bestraft wird.

Drei Punkte sind dem aber entgegenzuhalten. Zum einen wäre noch genauer zu prüfen (was hier nicht geleistet werden kann), ob sich der Gewährleistungsgehalt des Schuldprinzips tatsächlich auf eine (wie zu bestimmende) »Schuld an sich« oder nicht vielmehr auf die prozessordnungsgemäß festgestellte Schuld bezieht. Damit zusammenhängend erscheint es – zweitens – fraglich, ein System prozessualer Regelungen, die eine für alle Seiten akzeptierbare Entscheidung über einen (nie vollständig auflösbaren) Zweifelsfall sichern sollen, an einem ex post feststehenden Ergebnis (»Der Betroffene ist in Wahrheit unschuldig«) zu messen. Würde man davon ausgehen, dürfte es in einem solchen Fall der aus der Perspektive des allwissenden Beobachters zweifelsfrei feststehenden Unschuld keinerlei endgültige Rechtskraft geben. Denn diese hätte stets per definitionem eine (fortdauernde) Verletzung der Rechtsposition des unschuldig Verurteilten zur Folge. Auch die von *Greco* selbst (S. 879 f.) vorgeschlagene »Auslese« von Gründen, die in einem Fall eine Wiederaufnahme erlauben sollen, im anderen nicht, wäre dann nicht zulässig. Man muss also allein schon deswegen, um einen *regressus ad infinitum* zu verhindern, **Grenzen der Überprüfbarkeit** ziehen, um die Funktionsfähigkeit des Rechtssystems zu sichern. Dass dies ein im Kern öffentlicher Belang ist, erscheint dabei nicht als prinzipielles Gegenargument, da – drittens – der Betroffene selbst als Teil der Gesellschaft davon profitiert. Die Rechtspositionen des Verurteilten sind in solchen Fällen beeinträchtigt, aber nicht prinzipiell verletzt. Richtig ist, dass sie im Rahmen der unumgänglichen Abwägung deutlich stärker gewichtet werden müssen. Auch wer die Vorstellung einer Abwägung anerkennt, kann sich – wie hier vertreten – auf der Basis verfassungsrechtlicher Erwägungen klar gegen den angeblichen Ausnahmecharakter der günstigen Wiederaufnahme aussprechen (vgl. unten Rn. 19 ff.; tendenziell a.A. *Greco* S. 895). 16

Im umgekehrten Fall des **Freispruchs eines an sich schuldigen Täters** stellt sich die grundrechtliche Situation ganz anders dar. Denn die Abwehrfunktion der Grundrechte wird in diesem Fall mangels Beeinträchtigung eines Grundrechts des Täters nicht relevant, und ob es einen verfassungsrechtlich gleich gewichtigen Anspruch des Opfers auf effektive Strafverfolgung gibt, der sich auch trotz rechtskräftig abgeschlossenen Verfahrens auf eine Erneuerung der Hauptverhandlung erstreckt, ist zweifelhaft und im Ergebnis abzulehnen, vgl. dazu § 362 Rdn. 34. Durch die Aufrechterhaltung eines zu Unrecht erfolgten Freispruchs wird zwar für diejenigen, die von der tatsächlichen Schuld des Täters wissen, das Vertrauen in die Rechtsordnung erschüttert. Dabei handelt es sich aber eben nicht um einen unmittelbaren Eingriff in grundrechtlich garantierte Freiheitsrechte (ähnlich *Neumann* FS Jung S. 663). Erst recht gilt dies für eine zu milde Bestrafung eines Täters aufgrund fehlerhafter tatsächlicher oder rechtlicher Erwägungen. 17

Davon unberührt bleibt, dass der Staat die Aufgabe hat, durch gleichmäßige und angemessene Bestrafung die **präventiven Strafzwecke** zu verwirklichen. Er darf aus diesem Grunde auch die Rechtskraft des Freispruchs in engen Grenzen durchbrechen, wie es § 362 ermöglicht. Er ist dazu verfassungsrechtlich aber eben nicht verpflichtet, wie sich auch am Institut der Verjährung zeigen lässt: Hier wird nach Ablauf einer gewissen Zeit auf eine Bestrafung an sich schuldiger Täter verzichtet, ohne, dass man hieraus einen Verstoß gegen Grundrechte oder die »Gerechtigkeit« ableiten könnte. Auch dies spricht (neben Art. 103 Abs. 3 GG) für eine eher restriktive Handhabung der Wiederaufnahme zuungunsten des Verurteilten, was zugleich die aktuell vorgenommene Erweiterung von § 362 StPO fraglich erscheinen lässt (s. näher § 362 Rn. 14 ff.). 18

IV. Konsequenzen für die Auslegung und Anwendung der §§ 359 ff.. Vor dem Hintergrund der aufgezeigten **Asymmetrie verfassungsrechtlicher Belange** in den zwei Wiederaufnahmekonstellationen (s. dazu auch *Arnemann* S. 143 ff.) lassen sich für das Verständnis und die Auslegung der §§ 359 ff. folgende **leitende Gesichtspunkte** formulieren: 19

– Die günstige Wiederaufnahme ist großzügiger zu handhaben als diejenige zuungunsten des Verurteilten, da es nur im ersten Fall um die Korrektur unmittelbarer Grundrechtseingriffe geht. Diese verfassungsrechtliche Wertung bedingt ein deutliches **Stufenverhältnis** der beiden Wiederaufnahmeformen (vgl. auch *Fezer* Rn. 60), das sich bereits de lege lata anhand der unterschiedlich ausgestalteten Wiederaufnahmegründe nachweisen lässt. Zugleich ist das oben erwähnte Dogma des »absoluten Ausnahmecharakters« der Wiederaufnahme im Bereich des § 359 zu hinterfragen. Die verfassungsrechtlichen Überlegungen sprechen dort eher für eine **extensive Auslegung**. Hinzu kommt, dass der Rechtskraft im Strafrecht aufgrund der gravierenden Folgen von Verurteilungen für die betroffenen Bürgerinnen und Bürger generell eine geringere Bedeutung zukommt als z.B. im Zivilrecht, wo die Rechtskraft gerade das Ziel des Prozesses ist, nicht aber die materielle Wahrheit (vgl. KMR/*Eschelbach* Vorb. §§ 359 ff. Rn. 3; a.A.Hoven/Effer-Uhe/Kemony/Rösinger/*Bohn* Einheit der Prozessrechtswissenschaft?, 2016, S. 55, 68). 20

21 – Auch die z.T. pauschal abgelehnte **Analogiefähigkeit** der Regelungen muss vor diesem Hintergrund im Hinblick auf die günstige Wiederaufnahme überdacht werden. Nach allgemeinen Grundsätzen ist die »planwidrige Regelungslücke« als Voraussetzung der Analogie nur dann abzulehnen, wenn sich ein entgegenstehender Wille des Gesetzgebers ermitteln lässt. Dies ist in Bezug auf die abschließend formulierten Wiederaufnahmegründe als solche der Fall, bleibt aber in Bezug auf Ergänzungen innerhalb der gesetzlichen Gründe sowie auf die sonstigen Antragsvoraussetzungen jeweils im Einzelfall zu diskutieren.

22 – Endgültig zweifelhaft ist die Auffassung, wonach die gesetzliche Regelung der Wiederaufnahmegründe in dem Sinne **abschließend** sei, dass sie selbst der Gesetzgeber nicht ohne Weiteres ausdehnen dürfe (so andeutungsweise BVerfGE 2, 380, 403). Bei der ungünstigen Wiederaufnahme ist das konsequent und entspricht dem oben erwähnten Stufenverhältnis (s. aber auch § 362 Rdn. 15 ff.). Bei der Wiederaufnahme zugunsten des Verurteilten muss man dagegen von einem deutlich größeren **Gestaltungsspielraum des Gesetzgebers** ausgehen (vgl. *Grünewald* ZStW 120, 2008, 545, 566; MüKo-StPO/*Engländer*/*Zimmermann* Vorbem. § 359 Rn. 7). Es wäre ihm also unbenommen, der Gefahr von Fehlurteilen in noch größerem Ausmaß entgegenzuwirken, indem er neue Wiederaufnahmegründe anerkennt oder bestehende ausdehnt.

23 – Dabei ist auch an den **historischen Hintergrund** zu erinnern, dass das Wiederaufnahmeverfahren bei Schaffung der Reichsstrafprozessordnung die fehlende Berufungsmöglichkeit gegen erstinstanzliche Urteile des Landgerichtes kompensieren sollte (*Marxen* FS Kargl S. 325 f.). Eine allzu starke Beschränkung der Wiederaufnahmemöglichkeiten steht im Gegensatz zu dieser Konstruktion und stellt sich dann spätestens in der Gesamtschau (unter Einbezug der hohen Hürden für erfolgreiche Revisionen) als problematische Beschränkung des verfassungsrechtlichen Anspruchs auf effektiven Rechtsschutz dar (vgl. *Fornauf* StraFo 2013, 235, 238; *Eschelbach u.a.* GA 2018, 238, 243 f.).

24 **C. Überblick über das Verfahren und seine Voraussetzungen. I. Verfahrensabschnitte.** Beim **Ablauf des Verfahrens** sind mehrere Abschnitte zu unterscheiden. Zunächst wird i.R.d. sog. **Aditionsverfahrens** die Zulässigkeit und Schlüssigkeit des Antrags geprüft (§§ 366 bis 368). Bejahendenfalls erfolgt das sog. **Probationsverfahren** (§§ 369, 370), in dem die Begründetheit des Antrags geklärt wird. Im Erfolgsfall wird regelmäßig (zur Ausnahme s. § 371) eine **neue Hauptverhandlung** angeordnet. Diese ist entgegen einer z.T. verwendeten Formulierung (vgl. *Fezer* Rn. 71) kein »dritter Abschnitt« des Wiederaufnahmeverfahrens: Wie bei der Rückverweisung nach erfolgreicher Revision erfolgt hier eine ganz neue und eigenständige Hauptverhandlung (Meyer-Goßner/*Schmitt* Vorbem. § 359 Rn. 3). Eine Zusammenlegung des Probationsverfahrens und der neuen Hauptverhandlung auf denselben Termin ist zwar ungewöhnlich, aber nicht unzulässig (LG Dresden, Beschl. v. 26.06.2012, 3 Qs 62/12).

25 Um dem **Beschleunigungsgebot** auch im Wiederaufnahmeverfahren Genüge zu tun, ist innerhalb von drei Monaten nach der Eröffnung des Hauptverfahrens mit der Hauptverhandlung zu beginnen, sofern keine besonderen Umstände vorliegen. Als Eröffnungsbeschluss ist insoweit die Wiederaufnahmeentscheidung anzusehen (BVerfG NJW 2012, 513; s. zum Beschleunigungsgebot auch *Kotz*/*Rahlf* NStZ-RR 2013, 199, 201).

26 **II. Antrag.** Das Verfahren setzt stets einen **Antrag** voraus. Der Kreis der **Antragsberechtigten** ergibt sich zunächst aus §§ 296 ff. i.V.m. § 365 (vgl. dort). Die Antragsberechtigung des **Privatklägers** folgt aus § 390 Abs. 1 Satz 2, während für eine Antragsberechtigung des **Nebenklägers** seit der Änderung von § 397 Abs. 1 durch das Opferschutzgesetz von 1986 keine gesetzliche Grundlage mehr existiert (LG Münster NStZ 1989, 588). Auch ein Anschluss des Nebenklägers im Rahmen eines von anderer Seite eingeleiteten Wiederaufnahmeverfahrens ist nicht zulässig (*Marxen*/*Tiemann* Rn. 46; a.A. OLG Stuttgart NStZ 1988, 42). **Einziehungsbeteiligte** sind nach Maßgabe der §§ 427 Abs. 1 Satz 1, 431, 433 antragsberechtigt.

27 Nach mittlerweile wohl h.M. ist ein Antrag auf Wiederaufnahme des Verfahrens auch beim Vorliegen von **relativer Rechtskraft** möglich (MüKo-StPO/*Engländer*/*Zimmermann* Vorbem. § 359 Rn. 11 ff.; KK-StPO/*Schmidt* Vorbem. § 359 Rn. 11 ff.). Das heißt ein Antrag auf Wiederaufnahme des Verfahrens ist möglich, wenn das Urteil nur hinsichtlich eines von mehreren Angeklagten oder einer von mehreren selbstständigen Taten in Rechtskraft erwachsen ist, sog. **vertikale Teilrechtskraft** (BGHSt 14, 85, 88). Auch bei **horizontaler Teilrechtskraft**, wenn etwa nur über den Schuldspruch, aber noch nicht über die Rechtsfolge rechtskräftig entschieden ist, sprechen die besseren Gründe dafür, i.S.e. möglichst frühzeitigen Korrektur eines potenziellen Fehlurteils die Wiederaufnahme zuzulassen (OLG Hamm NStZ-RR 1997, 372; MüKo-StPO/*Engländer*/*Zimmermann* Vorbem. § 359 Rn. 14 f.; a.A. HK-StPO/*Temming* Vor §§ 359 ff. Rn. 4). Der Wortlaut steht einer solchen Auslegung nicht entgegen; der Gefahr widersprechender Entscheidungen (*Gössel* NStZ 1983, 291) kann durch eine sinnvolle Verfahrensgestaltung entgegengewirkt werden (KK-StPO/*Schmidt* Vorbem. § 359 Rn. 13; MüKo-StPO/*Engländer*/*Zimmermann* Vorbem. § 359 Rn. 15).

III. Form und Frist. Für die bei der Antragsstellung zu beachtende **Form** gilt § 366, vgl. dort. Eine **Frist** für die Stellung des Antrags ist nach strafrechtlichen Verurteilungen – anders als im Zivilrecht, s. § 586 ZPO – nicht vorgesehen. Auch die **eingetretene Verfolgungsverjährung** steht einer Wiederaufnahme zugunsten des Verurteilten nicht entgegen, da auch in diesem Fall ein Interesse an Rehabilitierung besteht (*Marxen/Tiemann* Rn. 17). Allerdings ist zur Vermeidung von Wertungswidersprüchen die ungünstige Wiederaufnahme nur innerhalb der gesetzlichen Verjährungsfrist möglich; ansonsten stünde der bislang gar nicht verfolgte Täter besser als derjenige, bei dem durch den rechtskräftigen Freispruch sogar ein zusätzlicher Vertrauenstatbestand für das Ausbleiben strafrechtlicher Verfolgung geschaffen wurde (OLG Nürnberg NStZ 1988, 555; *Roxin/Schünemann* § 57 Rn. 11; a.A. BGH MDR 1979, 1311; *Gössel* NStZ 1988, 537). Dabei ist davon auszugehen, dass der Lauf der Verjährungsfrist durch die zwischenzeitliche Freisprechung nicht unterbrochen wird (so aber BGH MDR 1973, 190) und auch nicht ruht (vgl. OLG Nürnberg NStZ 1988, 555). 28

IV. Statthaftigkeit. Statthaft ist der Antrag jedenfalls gegen jedes strafrechtliche **Sachurteil**. Gleiches gilt für eine Erledigung durch **Strafbefehl** (vgl. § 373a), der gem. § 410 Abs. 3 einem Urteil gleichsteht. Auch im Fall einer rechtskräftigen Bußgeldentscheidung nach einer **Ordnungswidrigkeit** ist die Wiederaufnahme gem. § 85 OWiG möglich. **Prozessurteile** sind nur dann wiederaufnahmefähig, wenn sie eine endgültige Verfahrensbeendigung herbeiführen wie Einstellungsurteile wegen unbehebbarer Verfahrenshindernisse (*Marxen/Tiemann* Rn. 22 f., a.A. Meyer-Goßner/*Schmitt* Vorbem. § 359 Rn. 4; Heghmanns/Scheffler/*Theobald* Hdb. Strafverfahren, S. 1092). In Verfahren nach **§§ 109 ff. StVollzG** ist ein Wiederaufnahmeverfahren nicht statthaft (OLG Rostock NStZ-RR 2012, 359). 29

Im Hinblick auf **Beschlüsse** gelten zunächst die Sonderregeln der §§ 174 Abs. 2, 211. I.Ü. ist eine **analoge Anwendung der §§ 359 ff.** umstritten (s. umfassend dazu *Brinkmann* S. 187 ff.; *Greco* S. 82 f. mwN). Sie ist zu bejahen im Hinblick auf Beschlüsse, die anstelle eines Urteils ergehen, s. §§ 206b, 349 Abs. 2, 349 Abs. 4 (BGH, NStZ 1985, 486) sowie 371. Bei der nachträglichen Gesamtstrafenbildung besteht hierfür allerdings kein Bedürfnis, da Aspekte der Wiederaufnahme auch i.R.d. Verfahrens gem. § 462 geltend gemacht werden können (*Marxen/Tiemann* Rn. 33). Auch soweit lediglich **einzelne Rechtsfolgen** wie der Widerruf einer Aussetzung zur Bewährung betroffen sind, liegen mangels Vergleichbarkeit mit einem Urteil die Voraussetzungen einer Analogie nicht vor (OLG Hamburg StV 2000, 568 m. abl. Anm. *Kunz*; OLG Koblenz Beschl. v. 18.07.2016 – 2 Ws 130/16). De lege ferenda wäre eine Gleichstellung zu erwägen (vgl. *Arnemann* S. 365 f., die dies nur zur Klarstellung vorschlägt und Beschlüsse nach §§ 56 f, 67g bereits de lege lata einbeziehen will). 30

Sehr umstritten ist dies im Hinblick auf **Verfahrenseinstellungen gem. § 153a**. Gegen eine Analogie spricht die Tatsache, dass sie nur mit Zustimmung des Angeklagten erfolgen dürfen, in der Regel weniger belastend sind als eine Verurteilung und zugleich kein vergleichbares Rehabilitationsinteresse nach sich ziehen. Richtigerweise wird man hier also weder die Möglichkeit noch das Bedürfnis nach einer analogen Anwendung der §§ 359 ff. bejahen können (OLG Zweibrücken NJW 1996, 2246; a.A. *Hellmann* MDR 1989, 952; differenzierend *Greco* S. 863 f.). Gleiches gilt für eine Einstellung gem. § 47 JGG (LG Baden-Baden NStZ 2004, 513). 31

V. Beschwer. Stellt der Verurteilte den Wiederaufnahmeantrag, ist nach allgemeinen Grundsätzen seine **Beschwer** erforderlich. In den Fällen des **Absehens von Strafe** (§§ 46a, 46b, 60 StGB), die zumindest einen Schuldspruch enthalten, ist von einer Beschwer ebenso auszugehen wie im Fall der Straffreierklärung nach § 199 StGB und der Anordnung jugendstrafrechtlicher Rechtsfolgen nach §§ 9, 13 und 27 JGG (Meyer-Goßner/*Schmitt* Vorbem. § 359 Rn. 6). Die Beschwer muss sich aus dem **Urteilstenor** ergeben. Daher kann ein Freigesprochener in der Regel keine Wiederaufnahme beantragen, etwa mit dem Ziel eines »Freispruchs erster Klasse« wegen erwiesener Unschuld. Durch ein **Einstellungsurteil gem. § 260 Abs. 3** ist der Verurteilte nicht beschwert, sodass für ihn eine Wiederaufnahme nicht in Betracht kommt (LR/*Gössel* Vorbem. § 359 Rn. 127). 32

VI. Zuständiges Gericht. Die Zuständigkeit für die Entscheidung über die Zulässigkeit und Begründetheit des Wiederaufnahmeantrags folgt in sachlicher wie örtlicher Hinsicht aus § 367 Abs. 1 Satz 1 i.V.m. **§ 140a GVG**. Die **örtlich zuständigen Gerichte** für Wiederaufnahmeverfahren werden gem. § 140a Abs. 2 GVG vom Präsidium des OLG vor Beginn des Geschäftsjahres festgelegt. Zuständig ist stets ein **anderes Gericht** als dasjenige, gegen dessen Urteil sich der Wiederaufnahmeantrag richtet. Weiterhin gilt gem. § 140a Abs. 1 Satz 1 GVG das Prinzip der **gleichen sachlichen Zuständigkeit**, d.h. über den Antrag, der sich gegen ein **erstinstanzliches Urteil** richtet, entscheidet grds. ein anderes erstinstanzliches Gericht mit gleicher sachlicher Zuständigkeit. In den in § 140a Abs. 3 bis 6 GVG näher geregelten Ausnahmefällen liegt die Zuständigkeit bei einem anderen Spruchkörper desselben Gerichts. 33

Gegen **Berufungsurteile** entscheidet über die Wiederaufnahme grds. ein LG, da sich das Berufungsurteil regelmäßig mit der Schuldfrage auseinandersetzt. Ist dies ausnahmsweise nicht der Fall, etwa wenn die Berufung 34 gem. § 322 Abs. 1 Satz 2 als unzulässig oder gem. § 329 Abs. 1 wegen des Ausbleibens des Angeklagten verworfen wird, ist das AG zuständig (OLG Frankfurt NStZ-RR 2006, 275). Gleiches gilt bei einer ausbleibenden Überprüfung des Schuldspruchs durch das LG aufgrund einer Berufungsbeschränkung, wohingegen die Zuständigkeit eines LG im Wiederaufnahmeverfahren zu bejahen ist, wenn es die in Rede stehende Beschränkung nicht erkannt und somit in nicht zulässiger Weise abermals über die Schuldfrage entschieden hat (LR/*Gössel* § 367 Rn. 9). Über die Wiederaufnahme ggü. einer **revisionsgerichtlichen Entscheidung** entscheidet gem. § 140a Abs. 1 Satz 2 GVG grds. ein anderes Gericht gleicher Ordnung wie das Gericht, gegen dessen Urteil Revision eingelegt worden war, und zwar auch dann, wenn sich das Wiederaufnahmebegehren lediglich auf Mängel des Revisionsverfahrens stützt (BGH NStZ-RR 1999, 176).

§ 359 Wiederaufnahme zugunsten des Verurteilten

Die Wiederaufnahme eines durch rechtskräftiges Urteil abgeschlossenen Verfahrens zugunsten des Verurteilten ist zulässig,

1. **wenn eine in der Hauptverhandlung zu seinen Ungunsten als echt vorgebrachte Urkunde unecht oder verfälscht war;**
2. **wenn der Zeuge oder Sachverständige sich bei einem zuungunsten des Verurteilten abgelegten Zeugnis oder abgegebenen Gutachten einer vorsätzlichen oder fahrlässigen Verletzung der Eidespflicht oder einer vorsätzlichen falschen uneidlichen Aussage schuldig gemacht hat;**
3. **wenn bei dem Urteil ein Richter oder Schöffe mitgewirkt hat, der sich in Beziehung auf die Sache einer strafbaren Verletzung seiner Amtspflichten schuldig gemacht hat, sofern die Verletzung nicht vom Verurteilten selbst veranlasst ist;**
4. **wenn ein zivilgerichtliches Urteil, auf welches das Strafurteil gegründet ist, durch ein anderes rechtskräftig gewordenes Urteil aufgehoben ist;**
5. **wenn neue Tatsachen oder Beweismittel beigebracht sind, die allein oder in Verbindung mit den früher erhobenen Beweisen die Freisprechung des Angeklagten oder in Anwendung eines milderen Strafgesetzes eine geringere Bestrafung oder eine wesentlich andere Entscheidung über eine Maßregel der Besserung und Sicherung zu begründen geeignet sind;**
6. **wenn der Europäische Gerichtshof für Menschenrechte eine Verletzung der Europäischen Konvention zum Schutze der Menschenrechte und Grundfreiheiten oder ihrer Protokolle festgestellt hat und das Urteil auf dieser Verletzung beruht.**

Übersicht

1 **A. Grundsätzliches.** § 359 enthält die **Gründe**, auf die ein Wiederaufnahmeantrag **zugunsten des Verurteilten** gestützt werden kann. Sind **mehrere Gründe** gleichzeitig erfüllt (etwa §§ 359 Nr. 2 oder Nr. 3 und zugleich Nr. 5), hat der Antragsteller grds. eine **Wahlmöglichkeit**, welchen Grund bzw. welche Gründe er geltend machen will. Umgekehrt ist das Gericht durch die Wahl des Antragsgrundes nicht auf diesen beschränkt, es kann daher die Wiederaufnahme auch dann wegen Nr. 5 zulassen, wenn der Antragsteller sich allein auf Nr. 2 oder 3 beruft (s. LR/*Gössel* § 364 Rn. 7, a.A. OLG Hamburg NStZ-RR 2000, 241 f.).

2 **B. Antragsziele.** Aus dem Antrag muss sich zumindest im Wege der Auslegung (vgl. *Marxen/Tiemann* Rn. 67) entnehmen lassen, welches der **zulässigen Antragsziele** verfolgt wird. In Betracht kommen zunächst ein Freispruch, eine geringere Bestrafung aufgrund eines milderen Strafgesetzes oder eine wesentlich andere Entscheidung über eine Maßregel der Besserung und Sicherung. Diese sind zwar nur in § 359 Nr. 5 ausdrück-

lich normiert, können aber allgemein als zulässige Antragsziele gelten (*Marxen/Tiemann* Rn. 69). Umgekehrt ist die Regelung zugunsten des Verurteilten nicht als für alle Wiederaufnahmegründe abschließend zu verstehen, sodass im Rahmen von § 359 Nr. 1 bis 4 und 6 auch Schuldspruchänderungen in Betracht kommen (s.u. Rdn. 9). Gem. § 406c kann der Angeklagte einen Wiederaufnahmeantrag stellen, der auf die Änderung eines Ausspruchs im Adhäsionsverfahren beschränkt ist (siehe hierzu *Effer-Uhe* StV 2015, 510, 513 f.).

I. Freispruch und ähnliche Entscheidungen. Zulässiges Antragsziel ist zunächst ein **Freispruch**, unabhängig davon, worauf dieser gestützt wird. Ob nach einem Freispruch wegen Schuldunfähigkeit gem. § 20 StGB möglicherweise eine Maßregel der Besserung und Sicherung verhängt wird, ist unerheblich (*Marxen/Tiemann* Rn. 75). Gesteht der Verurteilte eine andere Tat im prozessualen Sinn, ist dies unschädlich. Das kann z.B. bei Einräumung eines falschen Geständnisses der Fall sein trotz der dann drohenden anderweitigen Strafbarkeit gem. §§ 145d, 164 und 258 StGB. Ein **Teilfreispruch** in Bezug auf einzelne gem. § 53 StGB abgeurteilte Straftaten ist möglich, auch wenn Tatidentität gem. § 264 besteht (Meyer-Goßner/*Schmitt* § 359 Rn. 3). 3

Weiterhin kommt eine **Einstellung** des Verfahrens als Antragsziel in Betracht, sofern sie ähnlich wie ein Freispruch wirkt. Das ist der Fall, wenn das Verfahren **dauerhaft beendet** wird (OLG Bamberg NJW 1955, 1121; LG Berlin NStZ 2012, 352), etwa bei Verjährung, fehlendem Strafantrag oder nicht nur vorübergehender Strafunmündigkeit, nicht dagegen bei Einstellungen gem. **§§ 153, 153a**, die keine bzw. nur beschränkte Rechtskraft entfalten (*Marxen/Tiemann* Rn. 84). 4

II. Geringere Bestrafung in Anwendung eines milderen Strafgesetzes. Das Antragsziel bezieht sich nach herrschender Meinung nur auf **Hauptstrafen**, nicht auf Nebenstrafen und Nebenfolgen (LR/*Gössel* § 359 Rn. 144). Das ist jedenfalls im Hinblick auf Nebenstrafen, die eben auch »Strafen« sind, im Wortlaut der Norm nicht angelegt. Es widerspricht der hier gebotenen großzügigen Auslegung, zumal es Fälle gibt, in denen gerade die Nebenstrafe (z.B. das Fahrverbot gem. § 44 StGB) eine gravierende Belastung bedeutet (vgl. KMR/*Eschelbach* § 359 Rn. 188). Die **geringere Bestrafung** muss weiterhin auf ein **milderes Gesetz** gestützt werden, das nicht »dasselbe« Gesetz sein darf, wie sich aus § 363 ergibt. Wann ein solches anderes Gesetz außerhalb der klaren Fälle (z.B. selbstständige Privilegierung im Vergleich zum Grundtatbestand; Wegfall eines Qualifikationstatbestandes) vorliegt ist sehr umstritten, s. dazu näher die Erläuterungen zu § 363. Die reine Äußerlichkeit der Zusammenfassung mehrerer Regelungen in einem Paragrafen ist hierfür irrelevant (Meyer-Goßner/*Schmitt* § 363 Rn. 3). Keine milderen Gesetze im Sinne der Vorschrift sollen § 47 StGB und § 56 StGB sein, da es sich hierbei nicht um Strafzumessungsnormen handelt (OLG Nürnberg NStZ-RR 2015, 318 f., zw.). 5

Kein zulässiges Antragsziel ist nach OLG Celle NStZ-RR 2010, 251 die **Anrechnung** eines Teils der Strafe nach überlanger Verfahrensdauer auf der Grundlage der sog. »**Vollstreckungslösung**« (BGHSt 52, 124). Dabei wird allerdings zu formal auf die fehlende Zuordnung zur »Strafbemessung« abgestellt. Letztlich erfolgt auch hier eine geringere Bestrafung, die zumindest auf dem Rechtsgedanken des § 51 StGB (BGHSt 52, 135) und daher auf einem anderen Strafgesetz beruht. I.S.d. hier befürworteten, extensiven Auslegung sollte daher von einem zulässigen Antragsziel ausgegangen werden. Dafür spricht auch die Entscheidung des OLG Stuttgart (NJW 1968, 2206), nach der die (damals auf § 7 StGB, heute auf § 51 Abs. 3 StGB gestützte) Anrechnung von im Ausland erlittener Untersuchungshaft zulässiges Antragsziel ist. 6

III. Wesentlich andere Entscheidung über Maßregel der Besserung und Sicherung. Die **Maßregeln** der Besserung und Sicherung sind der abschließenden Aufzählung in § 61 StGB zu entnehmen. Die erstrebte andere Entscheidung kann auch auf **demselben Strafgesetz** beruhen, wie der systematische Vergleich zum Antragsziel der geringeren Bestrafung ergibt; § 363 gilt hier nicht (LR/*Gössel* § 359 Rn. 150; a.A. KK-StPO/*Schmidt* § 363 Rn. 3). Ob die Maßregel **neben einer Strafe** oder **isoliert** (ggf. i.R.d. Sicherungsverfahrens gem. §§ 413 ff. StPO) verhängt wurde, ist für die Wiederaufnahme unerheblich. 7

Der Antrag muss auf eine **wesentlich andere Entscheidung** über die Maßregel gerichtet sein. Das kann das vollständige **Entfallen** der Maßregel sein. In Betracht kommt aber auch die **Ersetzung** durch eine andere, weniger eingriffsintensive Maßregel. Für die Beurteilung der Eingriffsintensität lassen sich als Faustformel objektive Maßstäbe benennen: Die ambulante Maßregel dürfte stets milder als die stationäre sein. § 64 StGB ist den §§ 63, 66 StGB schon aufgrund der gesetzlichen Begrenzung der Unterbringungsdauer in § 67d Abs. 1 StGB vorzuziehen. Im Verhältnis von § 63 StGB zu § 66 StGB lässt sich kein klares Stufenverhältnis feststellen; dass die Belastung durch die Sicherungsverwahrung stets am stärksten sei (*Marxen/Tiemann* Rn. 105), ist schon wegen des Fehlens einer absoluten zeitlichen Obergrenze bei § 63 StGB, aber auch wegen des nunmehr stärker therapeutisch ausgerichteten Charakters der Sicherungserwahrung (s. § 66c StGB) fraglich. Letztlich ist eine Würdigung der Umstände des Einzelfalls vorzunehmen (vgl. AnwK-StPO/*Loos* § 359 Rn. 19). I.Ü. ist auch eine **erhebliche Verkürzung** der Dauer derselben Maßregel als wesentlich 8 andere Entscheidung denkbar. Bei den stationären Maßregeln wird dies allerdings nicht relevant, da deren Dauer im Urteil nicht festgelegt wird. Die **erstmalige Anordnung** einer Maßregel ist kein zulässiges Antragsziel (OLG Köln NStZ-RR 2011, 382).

9 **IV. Schuldspruchänderung.** Zulässiges Antragsziel ist – außerhalb von § 359 Nr. 5 (für eine entsprechende Erweiterung de lege ferenda *Greco* S. 914) – weiterhin eine bloße **Schuldspruchänderung**, auch wenn diese keine Auswirkungen auf die Rechtsfolgenseite hat wie bei mehrfachem Mord. § 363 steht dem nicht entgegen, da dort nur eine Strafmilderung ausgeschlossen ist (BGH NStZ 2003, 678 f.). Die Anerkennung des Antragsziels der Schuldspruchänderung macht aber den Ausschluss reiner Strafmaßänderungen, die eine mindestens genauso spürbare Entlastungswirkung entfalten, umso fragwürdiger (s. § 363 Rdn. 6).

10 **C. Die Wiederaufnahmegründe im Einzelnen. I. Unechte oder verfälschte Urkunden (Nr. 1).** Vorausgesetzt ist, dass eine zuungunsten des Verurteilten vorgebrachte **Urkunde unecht** oder **verfälscht** war. Dabei ist von einem Vorbringen der Urkunde **zuungunsten des Verurteilten** auszugehen, wenn nicht ausgeschlossen werden kann, dass sie das Urteil zu dessen Nachteil beeinflusst hat (LR/*Gössel* § 359 Rn. 25). **Als echt vorgebracht** gilt die Urkunde, wenn sie in den Prozess als Beweismittel eingeführt worden ist; eine Verwendung als bloßer Vorhalt genügt nicht (s. Meyer-Goßner/*Schmitt* § 359 Rn. 7; a.A. KMR/*Eschelbach* § 359 Rn. 53). Dabei ist der **materielle Urkundenbegriff** des § 267 StGB heranzuziehen, der jede verkörperte Gedankenerklärung mit Beweisfunktion erfasst, die den Aussteller erkennen lässt (h.M., s. nur LR/*Gössel* § 359 Rn. 15; a.A. *Marxen/Tiemann* Rn. 137, die einen engeren, an § 249 angelehnten prozessualen Begriff vertreten; offengelassen bei OLG Nürnberg NJW 2013, 2692, 2693). Zugleich ist eine zumindest analoge Anwendung auf **technische Aufzeichnungen** i.S.v. § 268 StGB zu befürworten (KK-StPO/*Schmidt* § 359 Rn. 6; a.A. MüKo-StPO/*Engländer/Zimmermann* § 359 Rn. 18; für eine Einbeziehung de lege ferenda *Bayer* S. 310).

11 Die **Begehung einer Straftat** wird **nicht vorausgesetzt** (so aber KK-StPO/*Schmidt* § 359 Rn. 9; wie hier BGH NStZ 2003, 679; Meyer-Goßner/*Schmitt* § 359 Rn. 6; OLG Nürnberg NJW 2013, 2694). Soweit die Gegenansicht sich auf § 364 beruft (s. *Marxen/Tiemann* Rn. 140), liegt darin eine unzulässige petitio principii, denn ob § 359 Nr. 1 die Begehung einer Straftat voraussetzt, ist ja gerade die Frage. Die Tatsache, dass im Unterschied zu § 359 Nr. 2 und Nr. 3 nicht ausdrücklich eine Strafbarkeit verlangt wird, spricht e contrario klar für die hier vertretene Ansicht.

12 Die **Antragsbegründung** setzt die genaue Bezeichnung der Urkunde sowie der Tatsachen voraus, aus denen sich ihre Unechtheit ergibt; weiterhin muss sich aus dem Antrag ergeben, inwiefern das Urteil durch die Urkunde zuungunsten des Angeklagten beeinflusst wurde; dies wird gem. § 370 Abs. 1 (widerlegbar) vermutet (OLG Brandenburg NStZ-RR 2010, 22). Wird quasi »überschießend« sogar ein strafbares Verhalten behauptet, führt dies dennoch nicht zur Anwendbarkeit von § 364 in dem Sinne, dass eine entsprechende Verurteilung vorgetragen und bewiesen werden müsste (a.A. BeckOK-StPO/*Singelnstein* § 359 Rn. 9; *Hohmann*, in: Miebach/Hohmann S. 192) – denn auch in diesem Fall wird der Antrag im Kern auf den letztlich allein ausschlaggebenden Grund des § 359 Nr. 1 gestützt und nicht auf eine »Straftat« i.S.v. § 364 (so im Ergebnis auch KMR/*Eschelbach* § 359 Rn. 58, der insoweit aber eine »teleologische Reduktion« für erforderlich hält).

13 **II. Falsche Aussage oder Gutachten (Nr. 2).** Die Wiederaufnahme kann weiterhin darauf gestützt werden, dass ein Zeuge sich bei einer Aussage zuungunsten des Verurteilten oder ein Sachverständiger sich bei einem zuungunsten des Verurteilten erstellten Gutachten einer vorsätzlichen oder fahrlässigen Verletzung der Eidespflicht oder einer vorsätzlichen falschen uneidlichen Aussage »schuldig« gemacht hat. Da in derartigen Fällen implizit eine Straftat behauptet wird, müssen die Voraussetzungen von § 364 S. 1 gegeben sein (*Hohmann*, in: Miebach/Hohmann S. 192). Deshalb ist es nach dem Wortlaut erforderlich, dass die Voraussetzungen einer **schuldhaften Tatbegehung** erfüllt sind (*Wasserburg* S. 279; a.A. AnwK-StPO/*Loos* § 359, 23, 29, der ein schuldhaftes Verhalten nicht für zwingend erforderlich hält). Wie im Rahmen von § 359 Nr. 1 (s.o. Rdn. 10) ist eine Wirkung **zuungunsten des Verurteilten** gegeben, wenn ein nachteiliger Einfluss der Aussage oder des Gutachtens auf das Urteil nicht ausgeschlossen werden kann. Nicht verlangt ist, dass das Urteil gerade auf dem Teil der Aussage beruht, der sich als falsch erwiesen hat (Meyer-Goßner/*Schmitt* § 359 Rn. 12; a.A. BGHSt 31, 365, 371; SK-StPO/*Frister* § 359 Rn. 25).

14 Als **Zeuge** sind alle Personen anzusehen, die i.R.d. Erkenntnisverfahrens, nicht notwendigerweise innerhalb der Hauptverhandlung, vernommen wurden. Die Wiederaufnahme kommt daher auch in den Fällen in Betracht, in denen die Niederschrift über eine frühere Vernehmung gem. § 251 verlesen wurde (*Wasserburg* S. 280) oder der Zeuge gem. § 247a audiovisuell vernommen wurde (*Marxen/Tiemann* Rn. 147). Den ebenfalls erfassten **Sachverständigen** stehen gem. § 191 Satz 1 GVG die **Dolmetscher** gleich (Meyer-Goßner/*Schmitt* § 359 Rn. 10; *Greco* S. 947 f.; a.A. SK-StPO/*Frister* § 359 Rn. 23).

Für die **Antragsbegründung** muss vorgetragen werden, dass die genauer zu bezeichnende Falschaussage das Urteil nachteilig beeinflusst hat, wobei der ursächliche Zusammenhang gem. § 370 Abs. 1 gesetzlich vermutet wird. Weiterhin ist § 364 zu beachten (vgl. dort Rdn. 2 f.). 15

III. **Amtspflichtverletzung** (Nr. 3). Weiterhin in Betracht kommt die Wiederaufnahme wegen einer **strafbaren Amtspflichtverletzung** der an der Urteilsfällung beteiligten Richter oder Schöffen in dieser Sache. Amtspflichtverletzungen, die nur disziplinarische Folgen nach sich ziehen, genügen nicht (*Hohmann*, in: Miebach/Hohmann S. 194; *Ruhs* S. 214). Das Erfordernis einer Straftat wird zum Teil mit guten Gründen krit. gesehen, als mögliche Alternative wird die bloße »Bewusstheit« der Amtspflichtverletzung vorgeschlagen (*Greco* S. 944, 954; abl. *Ruhs* S. 405). Das verdient im Ergebnis Zustimmung; aufgrund des explizit anders lautenden Wortlauts müsste hier jedoch der Gesetzgeber tätig werden. In Betracht kommen v.a. Rechtsbeugung (§ 339 StGB), aber auch Bestechungsdelikte (§§ 331, 332 StGB) sowie Freiheitsberaubung und Nötigung (§§ 239, 240 StGB). Die Straftat muss »in dieser Sache«, also i.R.d. Tätigkeit als Richter oder Schöffe begangen worden sein. Eine bloße Begehung »bei Gelegenheit« der Tätigkeit, etwa eine Körperverletzung des Richters ggü. einem anderen Verfahrensbeteiligten, genügt hierfür nicht (*Amelung/Werning*, in: Burhoff/Kotz S. 1111). Bei einer rechtswidrigen Verständigung liegt regelmäßig eine richterliche Pflichtverletzung vor (dazu *Ruhs* S. 205 ff.; *Bock u.a.* GA 2013, 328, 341 ff.), die eine Vielzahl von strafrechtlichen Tatbeständen erfüllen kann, insb. den der Rechtsbeugung (*Ruhs* S. 229 ff.). Angesichts dessen erweitert sich der potenzielle Anwendungsbereich der Wiederaufnahme wegen einer strafbaren Amtspflichtverletzung erheblich (*Ruhs* S. 291 f.). Zum Problem des restriktiven Strafverfolgungsverhaltens in Bezug auf Amtspflichtverletzungen siehe aber § 364 Rdn. 5. 16

Ausgeschlossen ist die Wiederaufnahme, wenn die Amtspflichtverletzung **vom Verurteilten selbst veranlasst** war, er also etwa selbst den Richter bestochen hat. Es erscheint sachgerecht, hier die Wiederaufnahme zu versagen, da sie nicht der Aufrechterhaltung des Ansehens der Justiz durch objektive Fehlerkorrektur, sondern der Rehabilitierung des Verurteilten dient (a.A. *Bayer* S. 310 f., die für eine Abschaffung der Ausnahme plädiert). Dieser erscheint aber bei eigener Veranlassung der Amtspflichtverletzung jedenfalls dann nicht schutzwürdig, wenn man richtigerweise eine **schuldhafte** Veranlassung voraussetzt (vgl. AnwK-StPO/*Loos* § 359 Rn. 33). Der Wiederaufnahmegrund der Amtspflichtverletzung kann ebenfalls nicht geltend gemacht werden, wenn die behauptete Amtspflichtverletzung im ersten Rechtszug begangen und das Urteil bereits im Wege einer Berufung völlig neu überprüft wurde, sodass mögliche Auswirkungen des Verfahrensmangels ausgeschlossen sind (BGHSt 31, 365, 372). 17

Die **Antragsbegründung** muss Angaben über die Person des Richters oder Schöffen sowie die Pflichtverletzung enthalten (*Amelung/Werning*, in: Burhoff/Kotz S. 1113). Ein über den oben erwähnten Sachbezug hinausgehender Nachweis, dass sich die Amtspflichtverletzung zuungunsten des Verurteilten ausgewirkt hat, ist nicht erforderlich, sondern wird unwiderleglich vermutet. Er wäre dem Antragsteller angesichts des Beratungsgeheimnisses auch gar nicht möglich (KK-StPO/*Schmidt* § 359 Rn. 13). Es handelt sich daher um den einzigen **absoluten Wiederaufnahmegrund**, der ganz unabhängig von der Frage des Einflusses auf das Urteil zu beachten ist (Radtke/Hohmann-*Hohmann* § 359 Rn. 2). Eine Ausnahme ist nur dort anzuerkennen, wo der Fehler in der Rechtsmittelinstanz korrigiert wurde (so im aufgrund der historischen Umstände sehr speziell gelagerten Fall van der Lubbe BGHSt 31, 365, 372). I.Ü. ist § 364 zu beachten (vgl. dort Rdn. 2 f.). 18

IV. **Aufhebung eines zivilgerichtlichen Urteils (Nr. 4).** Die Wiederaufnahme ist weiterhin eröffnet, wenn ein **zivilgerichtliches Urteil**, das der strafrechtlichen Verurteilung zugrunde lag, durch ein anderes rechtskräftiges Urteil **aufgehoben** wurde. Erforderlich ist dafür eine Ersetzung der ursprünglichen Entscheidung durch eine inhaltlich abweichende neue Entscheidung, die in Rechtskraft erwachsen ist. Die strafrechtliche Verurteilung muss auf der früheren Entscheidung **»gegründet«** sein. Das ist der Fall, wenn es sich um ein zivilgerichtliches Gestaltungsurteil handelte, an welches das Strafgericht gebunden war (zum Beispiel der Verletzung der Unterhaltspflicht gem. § 170 StGB vgl. MüKo-StPO/*Engländer/Zimmermann* § 359 Rn. 35) oder wenn das Urteil als urkundliche Beweisgrundlage verwendet wurde. 19

Über den Wortlaut hinaus ist nach zutreffender herrschender Meinung auch eine Anwendung auf **Urteile aus anderen Gerichtszweigen**, etwa der Arbeits- oder Sozialgerichtsbarkeit, zu bejahen (Meyer-Goßner/*Schmitt* § 359 Rn. 17; *Bayer*, S. 311; a.A. KMR/*Eschelbach* § 359 Rn. 115). I.S.d. hier befürworteten extensiven Auslegung gilt dies auch für entscheidungserhebliche **Strafurteile** (so auch SK-StPO/*Frister* § 359 Rn. 33; a.A. die h.M., vgl. nur Meyer-Goßner/*Schmitt* § 359 Rn. 17; MüKo-StPO/*Engländer/Zimmermann* § 359 Rn. 33 unter Verweis auf eine fehlende planwidrige Regelungslücke) sowie für die Aufhebung **rechtswidriger Verwaltungsakte** (BVerfGE 22, 21, 27; LG Berlin NStZ-RR 2017, 121; a.A. die h.M., vgl. nur BGHSt 23, 86, 94). Wird mit der h.M. die Wiederaufnahme wegen eines aufgehobenen, rechtswidrigen Verwaltungsaktes versagt, kann jedoch zumindest § 359 Nr. 5 einschlägig sein (*Hohmann*, in: Miebach/Hohmann S. 194). 20

21 Zur **Antragsbegründung** muss die aufgehobene Entscheidung benannt werden sowie dargelegt werden, inwiefern sie Grundlage der Verurteilung war. Eine Kausalitätsvermutung wie im Rahmen von § 359 Nr. 1 bis 3 existiert hier nicht (LR/*Gössel* § 359 Rn. 50). Weiterhin ist das aufhebende Urteil einschließlich dessen Rechtskraft darzulegen.

22 **V. Neue Tatsachen oder Beweismittel (Nr. 5).** § 359 Nr. 5 enthält den praktisch besonders bedeutsamen Wiederaufnahmegrund der **neuen Tatsachen oder Beweismittel** (umfassend zur Frage der Neuheit *Arnemann* S. 371 ff.). Diese müssen zugleich **geeignet** sein, eines der genannten zulässigen Antragsziele herbeizuführen, was von der Frage der Neuheit zu trennen ist (a.A. LR/*Gössel* § 359 Rn. 57).

23 **1. Neue Tatsachen.** Unter **Tatsachen** sind wie im materiellen Strafrecht alle gegenwärtigen oder vergangenen Verhältnisse, Zustände oder Geschehnisse zu verstehen, die prinzipiell dem Beweis zugänglich sind (vgl. BVerfG StV 2003, 225; BVerfG Beschl. v. 31.07.2014 – 2 BvR 571/14, BVerfG NVZ 2016, 45, 47). Sie müssen sich nicht auf den Sachverhalt der abgeurteilten Tat beziehen; auch das Alter des zu Unrecht als Erwachsenen behandelten Angeklagten ist z.B. eine relevante Tatsache (LG Landau NStZ-RR 2003, 28). Tatsachen im Sinne der Vorschrift sind ferner auch solche, die Verfahrenshindernisse wie Verjährung oder einen fehlenden Strafantrag betreffen (Meyer-Goßner/*Schmitt* § 359 Rn. 22; vgl. BGH wistra 2011, 27; *Brinkmann* S. 89 ff., 94 ff.). In Betracht kommt ferner der Widerruf eines Geständnisses, auch nach einer Absprache (OLG Stuttgart NJW 1999, 375); zur erweiterten Darlegungslast in diesen Fällen s.u. Rdn. 36 f.).

24 **Nicht erfasst** sind »**Rechtstatsachen**« wie der Wegfall eines Gesetzes oder eine Rechtsprechungsänderung (OLG Zweibrücken wistra 2009, 488; LR/*Gössel* § 359 Rn. 78). Letztere ist auch dann nicht erfasst, wenn der EuGH eine EU-Richtlinie im Nachhinein anders als das entscheidende nationale Gericht auslegt (LG Mannheim BeckRS 2019, 24244). Der Antrag kann auch weder auf bloße Verfahrensfehler (s. Meyer-Goßner/*Schmitt* § 359 Rn. 22) noch auf sachlich-rechtliche Fehler gestützt werden (BGHSt 39, 272, 275; a.A. *Brinkmann* S. 238, wonach die Verkennung einer eindeutig normierten Rechtsregel als »Rechtstatsache« eine Wiederaufnahme begründen können soll). Andernfalls würde man die Wiederaufnahme entgegen der Absicht des Gesetzgebers zu einer »zeitlich unbefristeten Revision« umfunktionieren (*Brauns* JZ 1995, 494; *Bajohr* Die Aufhebung rechtsfehlerhafter Strafurteile im Wege der Wiederaufnahme, 2008, S. 142; s.a. BVerfG NStZ-RR 2007, 29, 30 sowie *Arnemann* S. 360 ff.; für eine Erweiterung auf offensichtliche Rechtsfehler de lege ferenda *Waßmer* Jura 2002, 460 im Anschluss an *Peters* S. 674; mit Blick auf die erfolgreiche Begrenzung auf »substantial injustice« in England auch *Bayer*, S. 312 f.; s. zum Ganzen auch *Greco* S. 917 ff.). Eine andere Ansicht sieht auch in verfahrensbezogenen Sachverhalten Tatsachen, die eine Wiederaufnahme ermöglichen können. Als Argumente dafür werden angeführt, dass somit eine Verschleifung des Begriffes der Tatsache mit dem Erfordernis der Geeignetheit vermieden werde und Korrekturen fehlerhafter Annahmen hinsichtlich Beweisverwertungsverboten möglich seien (MüKo-StPO/*Engländer/Zimmermann* § 359 Rn. 41). Da jedoch sonstige Verfahrensfehler abseits der Verfahrenshindernisse wegen der fehlenden Geeignetheit in der Regel nicht zu einer erfolgreichen Wiederaufnahme führen können (vgl. *Brinkmann* S. 128 ff., 142), wäre auch mit ihrem Einbezug in den Tatsachenbegriff nicht viel gewonnen.

25 Die vorgebrachten Tatsachen sind **neu**, wenn sie vom erkennenden Gericht bei seiner Entscheidung nicht berücksichtigt wurden (BVerfG StV 2003, 225; BVerfG NZV 2016, 45, was v.a. dann der Fall ist, wenn sie **nicht bekannt** waren. Auch dem Gericht **bekannte Tatsachen** können neu sein, wenn sie – warum auch immer – letztlich der Entscheidung nicht zugrunde gelegt wurden (BVerfG NJW 2007, 207), was aus dem Gesamtzusammenhang des Protokolls und der Urteilsgründe ermittelt werden muss (vgl. auch *Fornauf* StraFo 2013, 235, 238). Hätten diese Tatsachen einen **Ausnahmetatbestand einer Strafnorm** begründet, so handelt es sich bei der Nichtanwendung auch nicht um einen bloßen Rechtsanwendungsfehler, der im Wege der Wiederaufnahme nicht beanstandet werden könnte (BVerfG StV 2003, 225). Ob die Tatsache dem Verurteilten bekannt war oder von ihm sogar bewusst dem Gericht vorenthalten wurde, ist für die Neuheit irrelevant (Meyer-Goßner/*Schmitt* § 359 Rn. 30). Auch eine Vermutung, dass der Verurteilte ihm bereits damals bekannte Tatsachen auch tatsächlich vorgebracht hat, ist richtigerweise nicht zulässig (LR/*Gössel* § 368 Rn. 16; a.A. BeckOK-StPO/*Singelnstein* § 368 Rn. 7). Relevant für die Frage der Neuheit ist stets der **Zeitpunkt**, in dem die Entscheidung gefällt wurde. Bei Urteilen ist dies der Abschluss der Beratung und nicht der Abschluss der mündlichen Verhandlung, da (ungeachtet eines möglichen Verstoßes gegen § 261) letztlich die Beratung die tatsächliche Grundlage der Entscheidung darstellt (s. *Marxen/Tiemann* Rn. 178; a.A. LR/*Gössel* § 359 Rn. 88; *Jacobsen-Raetsch* Wiederaufnahme und Verjährung [§§ 78 ff. StGB], 2011, S. 57). Eine rückwirkende Änderung des zivilrechtlichen Status beurteilt die Rspr. hinsichtlich der Frage der Neuheit uneinheitlich. Die erfolgreiche Anfechtung der Vaterschaft durch einen nach § 170 StGB Verurteilten soll eine neue Tatsache darstellen (OLG Hamm NJW 2004, 2461). Andererseits soll nach dem OLG Koblenz eine rückwirkende Erbenstellung und damit Berechtigung gem. § 28 Abs. 4 Nr. 1 WaffG a.F. keine neue

Tatsache in einem Wiederaufnahmeverfahren gegen eine Verurteilung wegen unerlaubten Waffenbesitzes darstellen (OLG Koblenz Beschl. v. 13.05.2002 – 2 Ws 392/02; *Amelung/Werning*, in: Burhoff/Kotz S. 1126 f.).

Die Neuheit der Tatsache ist dann ausgeschlossen, wenn vom Gericht das unmittelbare denknotwendige Gegenteil festgestellt und berücksichtigt wurde (krit. zur Handhabung dieser sog. **Spiegelbildtheorie** in der Praxis *Arnemann* S. 383 ff.). Dies ist nicht der Fall, wenn die neu vorgetragene Tatsache erst durch eine weitere Schlussfolgerung zum Gegenteil einer festgestellten Tatsache hinführt (BGH NStZ 2000, 218). 26

2. Neue Beweismittel. Beweismittel i.S.d. § 359 Nr. 5 (dazu *Arnemann* S. 384 ff.) sind alle förmlichen Beweismittel der StPO, also Sachverständige, Zeugen, Urkunden und Augenschein. Der Verurteilte ist kein Beweismittel (*Pfeiffer* § 359 Rn. 7). Für die Frage der **Neuheit** gelten sinngemäß die Ausführungen von oben (Rdn. 25). Relevant ist, ob das Beweismittel vom Gericht bei seiner Entscheidung berücksichtigt wurde. Daran kann es trotz vorhandener Kenntnis fehlen: Den unbekannten Beweismitteln stehen die unbenutzten gleich (Meyer-Goßner/*Schmitt* § 359 Rn. 32; vgl. auch BVerfG NJW 2007, 207, 208). 27

Dass ein Beweismittel unter **Verstoß gegen § 261** verwertet wurde, führt nicht dazu, dass es neu i.S.v. § 359 Nr. 5 ist; entscheidend ist lediglich, dass das Beweismittel überhaupt bei der Entscheidungsfindung vom Gericht berücksichtigt wurde, nicht dagegen, dass dies in prozessordnungsgemäßer Weise erfolgte (OLG Stuttgart NStZ-RR 2012, 290). 28

Der **Sachverständigenbeweis** ist **neu**, wenn der vorgeschlagene Sachverständige im Verfahren nicht gehört wurde, unabhängig davon, ob ein anderer Sachverständiger beteiligt war oder ob der nun vorgeschlagene Sachverständige sein Gutachten auf einer neuen Tatsachengrundlage erstatten soll – das sind Fragen der Geeignetheit (s. LR/*Gössel* § 359 Rn. 113; a.A. z.T. die Rspr., s. OLG Hamm StV 2003, 231). Nicht um ein neues Beweismittel, sondern um eine neue Tatsache handelt es sich, wenn der bereits gehörte Sachverständige nunmehr zu anderen Ergebnissen gelangt (*Marxen/Tiemann* Rn. 193). Die Neuheit des Sachverständigenbeweises kann auch entfallen, wenn das Instanzgericht die Einholung eines Gutachtens wegen eigener Sachkunde abgelehnt hat und diese in der Urteilsbegründung detailliert dargelegt hat (LG Stuttgart StraFo 2016, 74; LG Landshut Beschl. v. 18.09.2013 – 3 Qs 154/13). 29

Von der **Neuheit des Zeugenbeweises** ist stets auszugehen, wenn der Zeuge in der Hauptverhandlung nicht gehört wurde. Hat ein Zeuge im Ermittlungsverfahren eine Aussage gemacht und wurde diese über die Vernehmung der Verhörperson in die Hauptverhandlung eingeführt und anschließend vom erkennenden Gericht bei der Entscheidungsfindung berücksichtigt, so liegt hinsichtlich des Zeugenbeweises keine Neuheit vor (OLG Köln Beschl. v. 15.07.2013 – 2 Ws 288/13; a.A. MüKo-StPO/*Engländer/Zimmermann* § 359 Rn. 51). Soll ein bereits gehörter Zeuge nunmehr zu anderen Beweisinhalten Stellung nehmen, ist er nicht als neues Beweismittel einzuordnen (so aber die h.M., vgl. Meyer-Goßner/*Schmitt* § 359 Rn. 33). Es handelt sich beim Inhalt der Aussage dann aber um eine neue Tatsache (*Marxen/Tiemann* Rn. 188). Da ein Angeklagter kein förmliches Beweismittel darstellt, ist bei einem früheren Mitangeklagten, der nun als Zeuge aussagen soll, konsequenterweise von einem neuen Beweismittel auszugehen (s. nur LR/*Gössel* § 359 Rn. 111; a.A. Meyer-Goßner/*Schmitt* § 359 Rn. 33). Benennt der Antragsteller einen neuen Entlastungszeugen, der ihm jedoch bereits während des ursprünglichen Verfahrens bekannt war, so soll er für die verspätete Nennung nachvollziehbare Gründe vorbringen müssen (erhöhte Darlegungslast, OLG Oldenburg Beschl. v. 03.07.2020 – 1 Ws 240/20). Geht man mir der hier vertretenen Auffassung davon aus, dass der § 359 aus verfassungsrechtlicher Sicht extensiv auszulegen ist (vgl. Vor §§ 359 ff. Rdn. 20), so erscheint eine solche, im Gesetz nicht enthaltene erhöhte Darlegungslast zum Nachteil des Verurteilten zweifelhaft (s. zum Ganzen auch Rdn. 36). 30

Ein **neuer Urkundenbeweis** kommt in Betracht, wenn die Urkunde nicht als Beweismittel vom Gericht berücksichtigt wurde (LG Erfurt JZ 2012, 439), was auch dann anzunehmen ist, wenn sie lediglich vorgehalten wurde (KMR/*Eschelbach* § 359 Rn. 176). Ob die Urkunde ordnungsgemäß in die Hauptverhandlung eingeführt wurde, ist dagegen irrelevant, es kommt allein auf die tatsächliche Berücksichtigung durch das Gericht an (OLG Stuttgart NStZ-RR, 2012, 290). Die Urkunde ist neu, wenn ihr Inhalt vom Gericht falsch wahrgenommen wurde, nicht dagegen, wenn der korrekt erfasste Inhalt rechtlich fehlerhaft gewürdigt wurde. Entsprechend ist der **Augenscheinsbeweis** neu, wenn im Ausgangsverfahren kein Augenschein eingenommen wurde oder das Objekt falsch wahrgenommen wurde. Ein neues Beweismittel liegt auch dann vor, wenn das erkennende Gericht bei der Inaugenscheinnahme einer Fehlwahrnehmung unterlegen war, sofern dies der Verurteilte darlegen und beweisen kann (OLG Düsseldorf Beschl. v. 30.09.2013 – III – 2 Ws 456–457/13 in NStZ-RR 2014, 22). 31

3. Geeignetheit. Die neuen Tatsachen oder Beweismittel müssen weiterhin **geeignet** sein. Es bietet sich an, dabei zwischen der Erheblichkeit des Vorbringens und den hinreichenden Erfolgsaussichten als Teilelemente der Geeignetheit zu differenzieren (so *Marxen/Tiemann* Rn. 198 ff.; Radtke/Hohmann-*Hohmann* § 359 Rn. 40). 32

33 **Erheblich** ist das Vorbringen, wenn es sich – seine Richtigkeit zunächst unterstellt – überhaupt, d.h. abstrakt, i.S.d. Antragstellers auf die Rechtsfolge auswirken kann. Auf die tatsächliche Richtigkeit des Vorbringens kommt es hierbei noch nicht an (*Hohmann*, in: Miebach/Hohmann S. 205). Die Anforderungen an ein erhebliches Vorbringen richten sich nach dem **Antragsziel**. Wird ein Freispruch angestrebt, muss sich aus den vorgebrachten Tatsachen oder Beweismitteln ergeben, dass der Betroffene unter keinem Gesichtspunkt als Täter der abgeurteilten Tat i.S.v. § 264 anzusehen ist. Geht es um die Strafmilderung, müssen die vorgebrachten Tatsachen oder Beweismittel geeignet sein, einen vom Gericht angenommenen Strafschärfungsgrund (etwa eine Qualifikation) zu Fall zu bringen oder eine Privilegierung bzw. einen benannten oder unbenannten Strafmilderungsgrund zu eröffnen (vgl. § 363 Rdn. 3 ff.). Bei der erstrebten wesentlich anderen Maßregelentscheidung müssen Tatsachen oder Beweismittel vorgebracht werden, aus denen sich der Wegfall, die Ersetzung durch eine mildere Maßregel oder die erhebliche Verkürzung ergeben kann. Ein Vorbringen ist auch dann erheblich, wenn es auf das Antragsziel der Verfahrenseinstellung abzielt, wodurch das Verfahren dauerhaft beendet wird (vgl. Rdn. 4). Entgegen einer früher vertretenen Ansicht, nach der neue Beweismittel oder Tatsachen im Rahmen von § 359 Nr. 5 einen Bezug zur Schuldfrage aufweisen mussten (KG GA 1974, 25, 26; *Brinkmann* S. 85 mwN), ist ein solcher richtigerweise nicht zu fordern, da dies weder durch den Wortlaut noch teleologisch oder historisch begründet werden kann (ausführlich dazu *Brinkmann* S. 91 ff.; LR/*Gössel* § 359 Rn. 139). Daher ist auch ein Vorbringen erheblich, dass auf eine Verfahrenseinstellung aufgrund eines Verfahrenshindernisses (bspw. wegen eines fehlenden Strafantrags) abstellt (*Brinkmann* S. 89 ff., 94 ff.). Hält das Gericht den vorgebrachten Beweis für unerheblich, so muss es seine Ansicht **begründen**, da es ansonsten das Grundrecht des Antragstellers auf **effektiven Rechtsschutz** verletzt (BVerfG NJW 1995, 2024).

34 Weiterhin ist eine **hinreichende Erfolgsaussicht** erforderlich; daran fehlt es z.B., wenn das Vorbringen **denkgesetzlich unmöglich** und damit offensichtlich unrichtig ist (vgl. Meyer-Goßner/*Schmitt* § 368 Rn. 8). Erforderlich ist eine Beurteilung der Richtigkeit und Beweiskraft des Vorbringens, dem Charakter des Wiederaufnahmeverfahrens entsprechend, aber nur anhand einer vorläufigen Einschätzung. Eine endgültige Klärung ist ggf. der erneuerten Hauptverhandlung vorbehalten (*Marxen/Tiemann* Rn. 218). In welchem Umfang eine Prüfung der Erfolgsaussichten bereits i.R.d. Zulässigkeitsprüfung vorgenommen werden darf und welche Maßstäbe dabei gelten, ist im Hinblick auf § 359 Nr. 5 äußerst umstritten, s. dazu § 368 Rdn. 4 ff.

35 **4. Antragsbegründung. Tatsachen** müssen mit Bestimmtheit behauptet werden; bloße Vermutungen genügen nicht (Meyer-Goßner/*Schmitt* § 359 Rn. 45). Sofern es sich um neue Tatsachen handelt, können diese mit neuen, aber auch mit bereits früher verwendeten Beweismitteln belegt werden, solange diese i.S.d. § 368 Abs. 1 geeignet sind. Neue **Beweismittel** müssen möglichst genau bezeichnet werden, damit das Gericht sie seiner Entscheidung zugrunde legen kann.

36 Werden Beweismittel oder Tatsachen, die bereits der ursprünglichen Entscheidung zugrunde gelegt wurden, mit neuer Beweisrichtung vorgebracht, besteht nach h.M. eine **erweiterte Darlegungslast** des Antragstellers. Inhaltlich soll dies aus dem nur eingeschränkten Beweiswert einer solchen »Wiederverwendung« von Tatsachen oder Beweismitteln folgen, die eine gewisse »verfahrensinterne Widersprüchlichkeit« enthalte (*Marxen/Tiemann* Rn. 242 ff.; LG Saarbrücken Beschl. v. 20.08.2013 – 2 Ks 05 Js 216/06; gebilligt in BVerfG NJW 1994, 510; krit. *Wasserburg/Eschelbach* GA 2003, 346 f.; *Kaspar/Arnemann* R&P 2016, 58, 63 sowie umfassend *Arnemann* S. 416 ff.). Wichtigstes Beispiel ist der **Geständniswiderruf**, bei dem über die Tatsache des Widerrufs hinaus eine einleuchtende Erklärung erforderlich sein soll, um die hinreichende Erfolgsaussicht zu begründen (s. nur BGH NJW 1977, 59; LG Landau StV 2009, 237; KG Beschl. v. 31.01.2001 – 1 AR 1220–00 – 3 Ws 514/00). Das soll auch dann gelten, wenn das Geständnis Teil einer Verständigung war (BayVerfGH NStZ 2004, 447); allerdings sind die Anforderungen an das zusätzliche Vorbringen hier weniger streng anzusetzen, da ein nur taktisch abgegebenes Geständnis zur Sicherung der Strafmilderung nicht fern liegt (KG NStZ 2006, 468; HK-GS/*Weiler* § 359 Rn. 12). In einem solchen Fall genügt das Vorbringen, bei Verweigerung einer Absprache mit einer deutlich höheren Strafe gerechnet zu haben (MüKo-StPO/*Engländer/Zimmermann* § 368 Rn. 36).

37 Die erweiterte Darlegungslast soll nach der Rspr. auch für die Behauptung gelten, ein damaliger **Zeuge** oder ein **früherer Mitangeklagter** werde nun anders, d.h. zugunsten des Verurteilten aussagen: Diese Kehrtwende des Zeugen oder Mitangeklagten darf nicht nur behauptet, sondern muss (v.a. dann, wenn er nunmehr für längere Zeit unerreichbar ist, s. OLG Karlsruhe NStZ-RR 2005, 179) auch begründet werden, wobei hier weniger strenge Maßstäbe als beim Geständniswiderruf gelten sollen (OLG Rostock NStZ 2007, 357; s. auch unten Rn. 38). Ist mittlerweile ein langer zeitlicher Abstand zum Erlebten gegeben und stellte sich das Ereignis für den Zeugen als eher belanglos dar, muss schlüssig dargelegt werden, warum sich der Zeuge dennoch erinnern kann (OLG München NStZ 1984, 380). Schließlich ist der Fall zu nennen, dass ein **Beweismittel** benannt wird, auf dessen Erhebung der Antragsteller ursprünglich ausdrücklich **verzichtet**

hatte oder das er bewusst zurückgehalten hat. Hierfür muss dargelegt werden, warum nunmehr davon ausgegangen wird, dass das Beweismittel zu einer Entlastung führen könnte (OLG Stuttgart NStZ-RR 2003, 210; OLG Hamm NStZ-RR 2000, 85; überzeugende Kritik bei MüKo-StPO/*Engländer/Zimmermann* § 368 Rn. 41 f.). Einschränkungen dieser dem Gesetz so nicht entnehmbaren Darlegungslast sollen auch dann nicht gemacht werden, wenn sich der **Antragsteller in Haft** befindet, da der aus der Haft resultierende Nachteil bei der Beweisführungsmöglichkeit durch die Möglichkeit der Bestellung eines Verteidigers ausgeglichen wird (BVerfG Beschl. v. 04.02.2002 – 2 BvR 1240/01).

Keine erweiterte Darlegungslast besteht in den Fällen, in denen der Verurteilte im Ausgangsverfahren geschwiegen oder der Zeuge von seinem Zeugnisverweigerungsrecht Gebrauch gemacht hat, nun aber eine Aussage erfolgen soll. Zulässiges Prozessverhalten darf nicht zum Nachteil des Antragstellers gereichen (OLG Jena NStZ-RR 2010, 251). Außerdem enthält das zulässige Schweigen des Antragstellers aufgrund des nemo-tenetur-Grundsatzes keinen Beweiswert, der erst durch eine erweiterte Darlegungslast kompensiert werden könnte (MüKo-StPO/*Engländer/Zimmermann* § 368 Rn. 37). Nach hier vertretener Ansicht müssen aber auch in Bezug auf den Widerruf einer belastenden Zeugenaussage richtigerweise andere Maßstäbe gelten, da der Antragsteller andernfalls auf die Mitwirkung des Zeugen angewiesen wäre, dieses Verhalten jedoch nicht erzwingen kann. Demzufolge muss es in diesem Rahmen genügen, wenn der Antragsteller darlegt, unter welchen Umständen der Zeuge von seiner Aussage abgerückt ist; er kann gerade nicht dazu verpflichtet sein, die Motive für die ursprüngliche Falschaussage auszuführen (KG NStZ 2014, 670). 38

VI. Verletzung der Europäischen Menschenrechtskonvention (Nr. 6). 1. Grundsätzliches. Der 1998 eingeführte Wiederaufnahmegrund des § 359 Nr. 6 ermöglicht eine Wiederaufnahme auch bei einer vom Europäischen Gerichtshof für Menschenrechte (EGMR) festgestellten **Verletzung der Europäischen Menschenrechtskonvention (EMRK)** oder ihrer Zusatz-Protokolle, sofern das Urteil auf dieser Verletzung beruht. Eine solche Verletzung kann zwar vom EGMR i.R.d. Entscheidung über eine Individualbeschwerde gem. Art. 34 EMRK festgestellt und dem Antragsteller ggf. eine Entschädigung zugesprochen werden. Darüber hinaus besteht aber keine unmittelbare kassatorische Wirkung der Entscheidung (BVerfG NJW 1986, 1425 f.). Die Vorschrift des § 359 Nr. 6 eröffnet vor diesem Hintergrund nach dem Willen des Gesetzgebers die Möglichkeit, konventionswidrige Rechtsakte aufzuheben, um so dem Grundsatz der konventionsfreundlichen Ausgestaltung des innerstaatlichen Rechts Rechnung zu tragen (BT-Drs. 13/10333, S. 4). Ausnahmsweise kann die Wiederaufnahme hier also (wie bei § 79 BVerfGG) auf **reine Rechtsfehler** gestützt werden. 39

2. Voraussetzungen. Erforderlich ist nach dem Wortlaut des Gesetzes wie auch dem Willen des Gesetzgebers (BT-Drs. 13/10333, S. 3 f.) eine **ausdrückliche Feststellung** der Konventionswidrigkeit durch den EGMR. Die Wiederaufnahme darüber hinaus auch bei »offensichtlicher« Konventionsverletzung ohne eine entsprechende Feststellung zuzulassen, sprengt daher die Grenzen der zulässigen Analogie (s. SK-StPO/*Frister* § 359 Rn. 75; a.A. LG Ravensburg NStZ-RR 2001, 115). Auch bei **Verstößen gegen sonstiges Gemeinschaftsrecht** kommt eine analoge Anwendung nicht in Betracht (Meyer-Goßner/*Schmitt* § 359 Rn. 52; für eine analoge Anwendung von § 79 BVerfGG bei Gemeinschaftsrechtswidrigkeit *Satzger* S. 677 ff.; ebenfalls für eine analoge Anwendung auf Urteile des EuGH und eine Normierung de lege ferenda *Schneider* EuR 2017, 433, 443 ff.; a.A. *Bajohr* S. 105 ff.). 40

Weiterhin verlangt das Gesetz, dass das angefochtene Urteil auf der festgestellten Konventionswidrigkeit **beruht**. Hierfür ist der Maßstab des § 337 anzulegen (BT-Drs. 13/10333, S. 5; *Weigend* StV 2000, 388; OLG Bamberg, Beschl. v. 05.03.2013, 1 Ws 98/13), das Urteil muss also in dem Sinne rechtsfehlerhaft sein, dass es ohne die Konventionsverletzung möglicherweise anders ausgefallen wäre (*Jahn* JuS 2013, 273, 274). Festzuhalten ist dabei, dass eine Wiederaufnahme dann ausgeschlossen ist, wenn die Konventionswidrigkeit schon im Verlauf des Verfahrens korrigiert wurde bzw. keine Verwertung stattfand und sie somit keinen Niederschlag in der Entscheidung fand (*Marxen/Tiemann* Rn. 281; OLG Frankfurt Beschl. v. 29.06.2012 – 1 Ws 3/12). Maßgeblich ist, ob die Entscheidung ohne die festgestellte Verletzung für den Antragsteller möglicherweise günstiger ausgefallen wäre. Dies kann ausgeschlossen sein, wenn eine **Kompensation** für den Konventionsverstoß erfolgt ist (vgl. OLG Celle NStZ-RR 2010, 251). War dies nicht der Fall, muss allerdings ein Beruhen im oben genannten Sinn angenommen werden, da stets eine wesentliche Strafmilderung im Raum stehen wird. § 363 ist richtigerweise nicht anwendbar (vgl. Meyer-Goßner/*Schmitt* § 359 Rn. 52), zumal der Wiederaufnahmegrund ansonsten praktisch leerlaufen würde. Hat bereits der EGMR festgestellt, dass das Urteil nicht auf dem Konventionsverstoß beruht, so muss das deutsche Strafgericht dies nicht noch einmal selbst überprüfen (str., OLG Frankfurt a.M., Beschl. 29.06.2012, 1 Ws 3/12; *Jahn* JuS 2013, 273). 41

De lege lata steht eine Wiederaufnahme gem. § 359 Nr. 6 nur demjenigen offen, der das Urteil des EGMR **in eigener Person** erstritten hat (OLG Bamberg Beschl. v. 05.03.2013 – 1 Ws 98/13; Meyer-Goßner/*Schmitt* § 359 Rn. 52). Ebenso stellt eine gütliche Einigung vor dem EGMR keine Feststellung der Verletzung der 42

EMRK i.S.d. § 359 Nr. 6 dar, auch wenn diese unter Verweis auf ein früheres Urteil des EGMR in einem vergleichbaren Fall zustande kam (BVerfG Beschl. v. 13.02.2019 – 2 BvR 2136/17). Das Erfordernis, dass das Urteil des EGMR in eigener Person erstritten worden sein muss, findet im Wortlaut der Norm zwar keine klare Stütze und steht im Widerspruch zur (wesensverwandten) Vorschrift des § 79 BVerfGG, ergibt sich aber aus dem in der Gesetzesbegründung dokumentierten eindeutigen Willen des Gesetzgebers (vgl. BT-Drs. 13/10333, S. 3 f.; so auch SK-StPO/*Frister* § 359 Rn. 75a; a.A. *Marxen/Tiemann* Rn. 285; Radtke/Hohmann-*Hohmann* § 359 Rn. 54; *Greco* S. 951). Das erscheint aber nicht sachgerecht und insb. dann als unzumutbare Verzögerung der Wiederaufnahmemöglichkeit, wenn die strafrechtliche Verurteilung auf einem **materiellen Strafgesetz** beruht, dessen **Konventionswidrigkeit** anderweitig vom EGMR festgestellt wurde (vgl. *Weigend* StV 2000, 39, 45). Die Problematik wird weiter verschärft in den Fällen der »Piloturteilsstrategie«, die bei einer Vielzahl von Betroffenen zum Ausschluss der Möglichkeit führen kann, ein eigenes Urteil zu erstreiten (vgl. *Swoboda* HRRS 2009, 188, 192). De lege ferenda sollte man daher die i.R.d. »Beruhensprüfung« ohnehin festzustellende Relevanz der Konventionsverletzung auch für die Verurteilung des Antragstellers genügen lassen (für eine Ausdehnung des Anwendungsbereichs auch *Bayer* S. 313 ff.; krit. auch *Gerst* NStZ 2013, 310, 312).

43 In der **Begründung** des Antrags ist die konkrete Entscheidung des EGMR zu nennen sowie darzulegen, inwiefern die Verurteilung auf der dort festgestellten Verletzung der EMRK beruht. Dafür ist (vergleichbar den Anforderungen an die Begründung der Revision) eine geschlossene und aus sich heraus verständliche Sachverhaltsdarstellung erforderlich (OLG Stuttgart NStZ-RR 2000, 243).

44 **D. Verfassungsrechtliche Anforderungen an die Wiederaufnahmegerichte.** Die restriktive Auslegung des § 359 durch die Wiederaufnahme führt immer wieder auch zu Verfassungsbeschwerden, die sich nicht nur auf die zu enge Auslegung der expliziten Tatbestandsvoraussetzungen der Wiederaufnahmegründe beziehen.

45 Als **willkürlich** bewertete das BVerfG bspw. die Entscheidung eines OLG, trotz einer neuen Zeugin den Antrag des Bf. zu verwerfen, da die Zeugin laut OLG in einer neuen Hauptverhandlung voraussichtlich **nicht verhandlungsfähig** sei. In seiner Entscheidung habe sich das OLG in unvertretbarer Weise nicht mit der Feststellung eines von ihm eigens eingeholten psychiatrischen Gutachtens auseinandergesetzt, nachdem die Zeugin voraussichtlich verhandlungsfähig sein werde (BVerfG NJW 1990, 3191).

46 Das Grundrecht auf willkürfreie Entscheidung sah das BVerfG ebenfalls durch die Entscheidung eines LG verletzt, in der das Gericht den Antrag des Bf. als unzulässig verwarf. Es habe zu Unrecht in einem vorherigen Prozessverhalten (Rücknahme eines Strafbefehlseinspruchs) ein die **Wiederaufnahme ausschließendes Schuldeingeständnis** gesehen (BVerfG 27.08.1990 – 2 BvR 781/89).

47 Richtet sich der Tatsachenvortrag des Wiederaufnahmeantrags auch auf die **Anwendung eines milderen Strafgesetzes** (näher dazu § 359 Rdn. 5 f.) und geht das Wiederaufnahmegericht auf die Möglichkeit der milderen Bestrafung nicht ein, so verletzt es den Bf. in seinem Recht auf willkürfreie Entscheidung (BVerfG NStZ-RR 1996, 82).

48 Stellt das Wiederaufnahmegericht an den Sachvortrag des Antragstellers ohne vorherigen Hinweis **Anforderungen**, mit denen kundige und gewissenhafte Prozessbeteiligte nicht rechnen mussten, so verstößt dies gegen sein Recht auf **rechtliches Gehör** gem. Art. 103 Abs. 1 GG. Gleiches gilt, wenn es in den Entscheidungsgründen auf den wesentlichen Kern des Tatsachenvortrags des Antragsstellers **nicht eingeht** (BVerfG StV 2003, 223).

§ 360 Keine Hemmung der Vollstreckung

(1) Durch den Antrag auf Wiederaufnahme des Verfahrens wird die Vollstreckung des Urteils nicht gehemmt.

(2) Das Gericht kann jedoch einen Aufschub sowie eine Unterbrechung der Vollstreckung anordnen.

Übersicht

A. Grundsätzlicher Ausschluss der Hemmung der Vollstreckung. Abs. 1 stellt als Regelfall klar, dass durch den Wiederaufnahmeantrag die Vollstreckung des Urteils grds. **nicht gehemmt** wird. Gleiches gilt für den Beschluss über die Zulassung nach § 368. Aufschiebende Wirkung entfaltet vielmehr erst die Anordnung der Wiederaufnahme des Verfahrens gem. § 370 Abs. 2 (Meyer-Goßner/*Schmitt* § 360 Rn. 1). 1

B. Aufschub oder Unterbrechung der Vollstreckung (Abs. 2). Als **Ausnahme** vom Grundsatz des Abs. 1 erlaubt die Regelung in Abs. 2 dem Gericht, nach seinem Ermessen einen **Aufschub oder eine Unterbrechung der Vollstreckung** anzuordnen. Ein Antrag ist hierfür nicht erforderlich, das Gericht entscheidet von Amts wegen (*Alexander*, in: Miebach/Hohmann S. 291). Aufschub und Unterbrechung der Vollstreckung sind v.a. bei erstrebten Freisprüchen denkbar, aber auch dann nicht ausgeschlossen, wenn der Verurteilte mit seinem Antrag eine mildere Bestrafung erreichen will, etwa bei der Herabstufung von einem Verbrechen zu einem Vergehen (LG Aschaffenburg StV 2003, 238). Falls am Ende des wieder aufgenommenen Verfahrens erneut eine Verurteilung steht, handelt es sich um eine Unterbrechung der Vollstreckung im Sinne des § 462a Abs. 1 S. 2 (OLG Frankfurt NStZ-RR 2005, 30). 2

I. Maßnahmen. In erster Linie betroffen sind Aufschub oder Unterbrechung der Vollstreckung von **Freiheitsstrafen.** Das kann sich auch auf eine Einzelstrafe innerhalb einer Gesamtstrafe beziehen, sodass deren Vollstreckung insgesamt entfällt und über die Vollstreckung der anderen Einzelstrafen sodann gem. §§ 449 ff. zu entscheiden ist (Meyer-Goßner/*Schmitt* § 360 Rn. 2). Die Vorschrift erfasst ohne Weiteres auch die Vollstreckung von **Maßregeln der Besserung und Sicherung.** Vollstreckungsaufschub oder -unterbrechung sind bei der Entziehung der Fahrerlaubnis gem. § 69 StGB zwar nicht ausdrücklich ausgeschlossen, gehen dort aber ins Leere, da mit dem rechtskräftigen Urteil die Erlaubnis entzogen ist und die Möglichkeit einer bedingten Wiedererteilung der Erlaubnis de lege lata nicht vorgesehen ist (vgl. die Forderung von *Marxen/Tiemann* Rn. 496). Bei Entscheidungen über eine **Einziehung** ist § 68 Abs. 1 StVollstrO zu beachten. 3

II. Maßstäbe der Entscheidung. Aufschub oder Unterbrechung der Vollstreckung setzen voraus, dass der Antrag **erhöhte Erfolgsaussichten** hat, sodass eine weitere Vollstreckung des Urteils bedenklich wäre. Die aus der Systematik des Gesetzes folgende Stellung von Abs. 2 als Ausnahmevorschrift verbietet es zwar, bereits die Zulässigkeit des Antrags oder gar allein dessen fehlende Mutwilligkeit hierfür genügen zu lassen (Meyer-Goßner/*Schmitt* § 360 Rn. 3). Jedoch sollten die Anforderungen auch nicht überspannt werden; es muss genügen, dass die vorgebrachten Tatsachen und Beweise einen Erfolg des Antrags als **überwiegend wahrscheinlich** erscheinen lassen. Ein quasi sicherer Erfolg ist nicht vorausgesetzt. 4

III. Verfahrensfragen. Die Entscheidung ergeht durch **Beschluss.** Die StA ist gem. § 33 Abs. 2 anzuhören, sofern sie den Antrag nicht selbst gestellt hat. Die Entscheidung kann bei späterem Wegfall der Voraussetzungen **aufgehoben** werden (a.A. KMR/*Eschelbach* § 360 Rn. 30 ff.); andernfalls gilt sie bis zur rechtskräftigen Entscheidung über die Wiederaufnahme fort (LR/*Gössel* § 360 Rn. 5). Die **Zuständigkeit** des Gerichts ergibt sich aus § 140a GVG und geht im Fall der sofortigen Beschwerde gem. § 372 Satz 1 gegen Beschlüsse nach §§ 368 Abs. 1, 370 Abs. 1 auf das Beschwerdegericht über. § 360 Abs. 2 schließt die Möglichkeit des **Aufschubs durch die Vollstreckungsbehörde** nicht aus (Meyer-Goßner/*Schmitt* § 360 Rn. 4; a.A. SK-StPO/*Frister* § 360 Rn. 2; *Marxen/Tiemann* Rn. 500). Gegen die positive Entscheidung über den Aufschub oder die Unterbrechung der Vollstreckung kann die StA, nicht aber der Nebenkläger (s. OLG Oldenburg StraFo 2007, 336) **sofortige Beschwerde** gem. § 372 Satz 1 einlegen; dem Verurteilten steht die Beschwerde im Hinblick auf den ablehnenden Beschluss zu. 5

§ 361 Wiederaufnahme nach Vollstreckung oder Tod des Verurteilten

(1) Der Antrag auf Wiederaufnahme des Verfahrens wird weder durch die erfolgte Strafvollstreckung noch durch den Tod des Verurteilten ausgeschlossen.

(2) Im Falle des Todes sind der Ehegatte, der Lebenspartner, die Verwandten auf- und absteigender Linie sowie die Geschwister des Verstorbenen zu dem Antrag befugt.

Übersicht

A. Grundsätzliches. Die Vorschrift stellt klar, dass weder die bereits erfolgte Strafvollstreckung noch der Tod des Verurteilten einem Wiederaufnahmeantrag entgegenstehen. Sie bringt den Gedanken der **Rehabilitierung** zum Ausdruck; aus dieser ratio der Norm ergibt sich zugleich, dass eine Wiederaufnahme hier **nur zugunsten** 1

des Verurteilten möglich ist (Meyer-Goßner/*Schmitt* § 361 Rn. 2). § 361 ist auf Fälle von fehlender Verhandlungsfähigkeit des Verurteilten (LR/*Gössel*, vor § 359 Rn. 112; a.A. OLG Frankfurt NJW 1983, 2398 zu § 371), Erledigung einer vollstreckten Maßregel (MüKo-StPO/*Engländer/Zimmermann* § 361 Rn. 11; a.A. KMR/*Eschelbach* § 361 Rn. 10), Vollstreckungsverjährung, Begnadigung oder Amnestie **analog** anzuwenden (s. Meyer-Goßner/*Schmitt* § 361 Rn. 1). Erst recht steht die Tilgung der Verurteilung aus dem Bundeszentralregister gem. §§ 45 ff. BZRG einem Wiederaufnahmeantrag nicht entgegen, da sie keine vergleichbare Rehabilitierung bewirkt. Besonderheiten ergeben sich im Hinblick auf die Entscheidung über den Antrag eines Verstorbenen, soweit dieser gem. § 368 zulässig ist. In diesem Fall kann keine neue Hauptverhandlung gem. § 370 Abs. 2 angeordnet werden, da § 230 Abs. 1 dem entgegensteht (Miebach/Hohmann/*Cirener* Wiederaufnahme in Strafsachen, S. 329 f.). Für diesen Fall wurde die besondere Regelung in § 371 Abs. 1 geschaffen (s. die Erläuterungen dort).

2 **B. Wiederaufnahme bei Tod des Verurteilten. I. Antragsrecht.** Anstelle des Verstorbenen (bzw. des gem. § 2 VerschG für tot Erklärten, AnwK-StPO/*Rotsch* § 361 Rn. 1) sind gem. Abs. 2 der Ehegatte, der Lebenspartner, die Verwandten auf- und absteigender Linie sowie die Geschwister des Verstorbenen **antragsberechtigt**. Bei Ehegatten ist auf den Zeitpunkt des Todes abzustellen, sodass eine spätere Wiederverheiratung dem Antrag nicht entgegensteht. Im Umkehrschluss aus Abs. 2 ergibt sich, dass weder gesetzliche Vertreter und Erziehungsberechtigte außerhalb des Kreises der Angehörigen noch geschiedene Ehegatten oder ehemalige Lebenspartner gem. §§ 1, 15 LPartG antragsbefugt sind. Über § 361 Abs. 2 hinaus ist die **StA** gem. §§ 365, 296 Abs. 2 antragsberechtigt, allerdings lediglich zugunsten des Verurteilten, s.o. Rdn. 1. Stirbt der Verurteilte schon **vor Rechtskraft des Urteils**, gilt § 361 Abs. 2 analog (*Marxen/Tiemann* Rn. 510 mwN auch zur Gegenansicht; a.A. BGH NStZ 1983, 179; de lege lata die Voraussetzung einer Analogie abl., aber für die Einführung einer entsprechenden gesetzlichen Regelung *Laubenthal* GA 1989, 20, 29). Ein berechtigtes Rehabilitationsinteresse besteht auch hier; allein die nicht widerlegte Unschuldsvermutung genügt dafür nicht (a.A. BeckOK StPO/*Singelnstein* § 361 Rn. 1).

3 **II. Eintrittsrecht.** Im Wege eines erst-recht-Schlusses lässt sich der Regelung in Abs. 2 weiter entnehmen, dass die dort genannten Personen (wie auch die StA) ein **Eintrittsrecht** haben, wenn der Wiederaufnahmeantrag zugunsten des Verurteilten noch zu dessen Lebzeiten gestellt wurde, dieser dann aber vor der Entscheidung über den Antrag verstorben ist (BGHSt 43, 169). Vorausgesetzt ist die **Erklärung**, das Verfahren i.S.d. Verstorbenen fortzusetzen. Ein solches Eintrittsrecht ist (erst recht) auch dann anzunehmen, wenn der Antragsteller verstirbt, nachdem das Gericht gem. § 370 Abs. 2 die Wiederaufnahme bereits angeordnet hat (*Marxen/Tiemann* Rn. 506; a.A. MüKo-StPO/*Engländer/Zimmermann* § 361 Rn. 20 ff. unter Verweis auf die wiederhergestellte Unschuldsvermutung). Dabei kann die Situation entstehen, dass ein bereits für begründet erachteter Antrag aufgrund des Todes des Verurteilten doch nach § 371 Abs. 1 abgelehnt werden muss (BGHSt 21, 373, 375). Wird vom Eintrittsrecht **kein Gebrauch** gemacht, ist der Antrag gem. § 368 Abs. 2 als unzulässig zu verwerfen oder, sofern die Wiederaufnahme bereits gem. § 370 Abs. 2 angeordnet wurde, das Verfahren einzustellen (*Marxen/Tiemann* Rn. 507; BGH NJW 1997, 2762).

§ 362 Wiederaufnahme zuungunsten des Verurteilten

Die Wiederaufnahme eines durch rechtskräftiges Urteil abgeschlossenen Verfahrens zuungunsten des Angeklagten ist zulässig,

1. **wenn eine in der Hauptverhandlung zu seinen Gunsten als echt vorgebrachte Urkunde unecht oder verfälscht war;**
2. **wenn der Zeuge oder Sachverständige sich bei einem zugunsten des Angeklagten abgelegten Zeugnis oder abgegebenen Gutachten einer vorsätzlichen oder fahrlässigen Verletzung der Eidespflicht oder einer vorsätzlichen falschen uneidlichen Aussage schuldig gemacht hat;**
3. **wenn bei dem Urteil ein Richter oder Schöffe mitgewirkt hat, der sich in Beziehung auf die Sache einer strafbaren Verletzung seiner Amtspflichten schuldig gemacht hat;**
4. **wenn von dem Freigesprochenen vor Gericht oder außergerichtlich ein glaubwürdiges Geständnis der Straftat abgelegt wird;**
5. **wenn neue Tatsachen oder Beweismittel beigebracht werden, die allein oder in Verbindung mit früher erhobenen Beweisen dringende Gründe dafür bilden, dass der freigesprochene Angeklagte wegen Mordes (§ 211 des Strafgesetzbuches), Völkermordes (§ 6 Absatz 1 des Völkerstrafgesetzbuches), des Verbrechens gegen die Menschlichkeit (§ 7 Absatz 1 Nummer 1 und 2 des Völkerstrafgesetzbuches) oder Kriegsverbrechens gegen eine Person (§ 8 Absatz 1 Nummer 1 des Völkerstrafgesetzbuches) verurteilt wird.**

Übersicht

A. Grundsätzliches. Die Vorschrift enthält eine Aufzählung der **Gründe**, die eine **Wiederaufnahme zuungunsten des Angeklagten** ermöglichen (zur Erweiterung nach rechtskräftigem Strafbefehl s. § 373a). Es handelt sich um eine Ausnahme vom Verbot der Doppelbestrafung (Art. 103 Abs. 3 GG), die restriktiv zu handhaben ist (vgl. Vor §§ 359 ff. Rdn. 19; *Kaspar/Arnemann* R&P 2016, 58, 61). Der Wiederaufnahmegrund des **§ 79 BVerfGG** ist richtigerweise nach historischer und teleologischer Auslegung nur zugunsten des Verurteilten anzuwenden (vgl. BVerfGE 11, 263, 265; MüKo-StPO/*Engländer/Zimmermann* Vorbem. § 359 Rn. 36). Nach Ansicht des BGH kann aber die Durchbrechung der Rechtskraft eines vom Angeklagten mittels Täuschung erschlichenen Einstellungsbeschlusses gem. **§ 206a** auf den Rechtsgedanken des § 362 gestützt werden (BGH, NStZ 2008, 296). 1

Antragsberechtigt sind die StA und der Privatkläger, nicht dagegen der Nebenkläger (vgl. oben Vor §§ 359 ff. Rdn. 26). Eine **Antragspflicht** der StA aufgrund des Legalitätsprinzips (vgl. nur AnwK-StPO/*Loos* § 362 Rn. 3) ist *de lege lata* abzulehnen (vgl. Meyer-Goßner/*Schmitt* § 362 Rn. 1); das Prinzip entfaltet nach rechtskräftiger Verurteilung keine unmittelbare Wirkung; dessen ungeachtet sollte die Staatsanwaltschaft de lege ferenda stärker in die Aufdeckung von möglichen Fehlurteilen eingebunden werden (s. auch Vor §§ 359 ff. Rdn. 3 und § 364b Rdn. 7 ff.) 2

Anders als bei der Wiederaufnahme zugunsten des Angeklagten sind zulässige **Antragsziele** in § 362 nur in der neuen Nr. 5 explizit benannt. Für die anderen Nummern muss in Parallele zur Regelung in § 359 Nr. 5 eine für den Verurteilten im Tenor nachteilig abweichende Entscheidung in Form einer Verurteilung nach einem Freispruch, einer Schärfung im Vergleich zu einer verhängten Strafe (die gem. § 363 nicht auf demselben Gesetz beruhen darf) oder einer wesentlich anderen (nachteiligen) Entscheidung über eine Maßregel der Besserung und Sicherung angestrebt werden. Das rechtskräftige Urteil, gegen das im Wiederaufnahmeverfahren zuungunsten des Betroffenen vorgegangen werden soll, kann somit ein freisprechendes oder verurteilendes Urteil sein (Miebach/Hohmann/*Feilcke* Wiederaufnahme in Strafsachen, S. 299). Die bislang soweit ersichtlich nicht diskutierte Frage, ob auch bei der ungünstigen Wiederaufnahme die bloße **Schuldspruchänderung** ohne denkbare Auswirkung auf die Rechtsfolge (vgl. oben § 359 Rdn. 9) angestrebt werden kann, dürfte angesichts der nicht vergleichbaren Interessenlage zu verneinen sein. Auch erscheint hier (anders als bei der günstigen Wiederaufnahme, s. § 359 Rdn. 5) die Beschränkung auf eine Abänderung der **Hauptstrafen** i.S.e. restriktiven Handhabung sachgerecht. 3

B. Die Wiederaufnahmegründe im Einzelnen. I. Die Wiederaufnahmegründe in § 362 Nr. 1 bis 3. Die in Nr. 1 bis 3 genannten Gründe entsprechen im Wesentlichen denjenigen in § 359 Nr. 1 bis 3; auf die dortigen Ausführungen kann daher verwiesen werden. Zu beachten ist allerdings, dass die im Rahmen von § 359 vorgenommenen Erweiterungen im Wege der **Analogie** hier aufgrund von Art. 103 Abs. 3 GG, der Bestimmtheit und eine restriktive Auslegung gebietet, **nicht zulässig** sind. So kommt bspw. eine analoge Anwendung von § 362 Nr. 1 auf gefälschte technische Aufzeichnungen gem. § 268 StGB (vgl. oben § 359 Rdn. 10) nicht in Betracht. 4

Erwähnenswert ist weiterhin die Abweichung, dass es bei der strafbaren **Amtspflichtverletzung gem. § 362 Nr. 3** nicht darauf ankommt, ob diese vom Verurteilten veranlasst wurde (krit. *Grünewald* ZStW 120, 2008, 545, 574 ff. und *Bayer* Die strafrechtliche Wiederaufnahme im deutschen, französischen und englischen Recht, 2018, S. 315). Aufgrund der ausdrücklichen Regelung dieses Aspekts in der Parallelvorschrift des 5

§ 359 Nr. 3 kann e contrario von einer bewussten Entscheidung des Gesetzgebers ausgegangen werden. Daher verbietet es sich de lege lata auch, die Wiederaufnahme gem. § 362 Nr. 1 bis 3 generell davon abhängig zu machen, dass die dort genannten Handlungen dem Verurteilten zurechenbar sind (so AnwK-StPO/*Loos* § 362 Rn. 9; wie hier *Marxen/Tiemann* Rn. 305), auch wenn dies de lege ferenda zu begrüßen wäre.

6 Wie bei § 359 Nr. 2 verlangt auch der Wiederaufnahmegrund des § 362 Nr. 2, dass sich der Zeuge oder Sachverständige »**schuldig**« gemacht hat. **Entschuldigungsgründe**, einschließlich eines vom Verurteilten selbst durch Drohungen ausgehenden Nötigungsnotstandes gem. § 35 StGB, schließen daher nach dem klaren Wortlaut der Norm die Wiederaufnahme aus (h.M., vgl. nur KG JZ 1997, 629 m.Anm. *Marxen*; a.A. *Loos* FS Schreiber, S. 277; für eine Zulässigkeit der Wiederaufnahme in diesen Fällen de lege ferenda *Waßmer* Jura 2002, 456; *Greco* S. 986). Das Eingreifen von persönlichen Strafaufhebungsgründen oder Strafausschließungsgründen steht der Wiederaufnahme nicht entgegen (Miebach/Hohmann/*Feilcke* Wiederaufnahme in Strafsachen, S. 303). De lege ferenda wäre zu erwägen, die Wiederaufnahme auch dann zuzulassen, wenn die Bestrafung des Täters allein aufgrund von Umständen ausscheidet, die der Verurteilte in vorwerfbarer Weise herbeigeführt hat (vgl. *Marxen* JZ 1997, 630, 632, der aber gewichtige Bedenken hinsichtlich der wegen Art. 103 Abs. 3 GG erforderlichen Bestimmtheit einer solchen Regelung äußert).

7 **II. Geständnis des Verurteilten (§ 362 Nr. 4).** Der Wiederaufnahmegrund setzt voraus, dass ein Freigesprochener vor Gericht oder außergerichtlich ein **glaubwürdiges Geständnis** der Straftat ablegt. Gedacht ist dabei vor allem an Fälle, in denen sich ein Freigesprochener im Anschluss an das Urteil seiner Tat öffentlich rühmt und damit den Rechtsstaat geradezu düpiert (vgl. SK-StPO/*Frister* § 362 Rn. 1; abl. *Letzgus* NStZ 2020, 717, 718; krit. auch *Zehetgruber* JR 2020, 157, 161; nicht überzeugend vom »reuigen Täter« sprechend BT-Drs. 19/30399, S. 9). Hier kann auch eine Ausnahme vom Verbot der Doppelbestrafung (Art. 103 Abs. 3 GG) grds. gerechtfertigt werden, da das Vertrauen in den Fortbestand des Freispruchs unter diesen Umständen weniger schutzwürdig erscheint. Dies setzt allerdings einen gewissen **Öffentlichkeitsbezug** der Äußerung voraus, was bei der Auslegung der Norm berücksichtigt werden muss (s. Rdn. 11).

8 **1. Freispruch.** Der Verurteilte muss freigesprochen worden sein; ein **Teilfreispruch** genügt, sodass in diesem Umfang die Wiederaufnahme zulässig ist. Nicht ausreichend ist jedoch angesichts des klaren Wortlauts eine vermeintlich **zu milde Bestrafung**, auch wenn sie noch so unangemessen niedrig erscheint (Meyer-Goßner/*Schmitt* § 362 Rn. 4; a.A. *Peters* S. 678). Die hier gebotene restriktive Handhabung verbietet es zugleich, Fälle des **Absehens von Strafe** oder der **Straffreierklärung** einem Freispruch gleichzustellen (AnwK-StPO/*Loos* § 362 Rn. 14; a.A. *Marxen/Tiemann* Rn. 312 f.). Das liefe auf eine unzulässige Analogie zulasten des Verurteilten hinaus. Aus diesem Grund ist auch die Gleichstellung einer **Einstellung**, die das Verfahren dauerhaft beendet, mit einem Freispruch im Ergebnis abzulehnen (so aber Meyer-Goßner/*Schmitt* § 362 Rn. 4; wie hier KMR/*Eschelbach* § 362 Rn. 94). Das gilt auch für die Anordnung **jugendstrafrechtlicher Zuchtmittel**; dass diese nicht die Rechtswirkungen einer Strafe haben (§ 13 Abs. 3 JGG) macht ihre Anordnung einem Freispruch nicht vergleichbar.

9 Soweit mit dem Freispruch zugleich eine **Maßregel der Besserung und Sicherung** ergeht, ist eine Wiederaufnahme unproblematisch möglich. Entgegen der ganz herrschenden Meinung ist dies dagegen unzulässig im Fall eines **Sicherungsverfahrens gem. §§ 413 ff.**, in dessen Rahmen gerade kein Freispruch ergeht (so auch KMR/*Eschelbach* § 362 Rn. 93; zur Gegenansicht s. nur LR/*Gössel* § 362 Rn. 10). Sachlich gerechtfertigt ist die Unterscheidung nicht, dies kann jedoch nur vom Gesetzgeber beseitigt werden.

10 **2. Glaubhaftes Geständnis.** Zugleich muss der Verurteilte selbst (nicht nur ein Mittäter) ein »Geständnis der Straftat« abgelegt haben. Beim **Inhalt** des Geständnisses begnügt sich die herrschende Meinung mit dem Einräumen des äußeren Tatbestandes, sofern der Freispruch auf fehlender Erfüllung des Tatbestands beruhte; dass der Täter sich auf Rechtfertigungs- oder Entschuldigungsgründe beruft, sei in diesem Fall unerheblich (Meyer-Goßner/*Schmitt* § 362 Rn. 5). Das legen aber weder der Wortlaut noch die ratio der Norm nahe: Eine gravierende Störung des Rechtsfriedens setzt voraus, dass sich das Geständnis auf eine (ungeahndet gebliebene) **strafbare Handlung** bezieht, einschließlich rechtswidrigen und schuldhaften Handelns (AnwK-StPO/*Loos* § 362 Rn. 18; MüKo-StPO/*Engländer/Zimmermann* § 362 Rn. 13; differenzierend nach Glaubwürdigkeit des Vorbringens *Marxen/Tiemann* Rn. 317 ff.). Das Geständnis muss nach dem **Zeitpunkt** des Freispruchs durch das letzte tatrichterliche Urteil erfolgt sein, jedoch nicht zwingend vor dessen Rechtskraft (vgl. Meyer-Goßner/*Schmitt* § 362 Rn. 5; a.A. KMR-*Eschelbach*, § 362 Rn. 96). Ein bereits früher abgelegtes, dem Tatgericht lediglich unbekannt gebliebenes Geständnis genügt hingegen nicht; dessen Bekanntwerden stellt lediglich eine (hier grds. nicht genügende, s. aber unten Rdn. 15 ff.) neue Tatsache dar (*Marxen/Tiemann* Rn. 314).

11 Das Geständnis kann **gerichtlich** erfolgen, es genügt aber auch das **außergerichtliche Gestehen der Tat** ggü. einer Privatperson. Mangels ausreichenden **Öffentlichkeitsbezugs** sind aber Äußerungen ggü. Geheimnis-

trägern i.S.d. § 203 StGB richtigerweise ausgeschlossen (*Wasserburg* S. 288; a.A. die h.M., s. Meyer-Goßner/*Schmitt* § 362 Rn. 6; Miebach/Hohmann/*Feilcke* Wiederaufnahme in Strafsachen, S. 306), da grundsätzlich das Schutzgut des § 203 StGB gegenüber dem Interesse des Staates, eine begangene Straftat in einem zweiten Versuch aufzuklären, überwiegt (s. *Jacobsen-Raetsch* Wiederaufnahme und Verjährung [§§ 78 ff. StGB], 2011, S. 50 f.). Aufgrund dieses teleologischen Aspekts sind zugleich Aussagen im Kreis enger Familienangehöriger und vergleichbarer Vertrauenspersonen auszunehmen, die von vornherein dazu bestimmt sind, diesen Kreis nicht zu verlassen (vgl. *Marxen/Tiemann* Rn. 323; für eine entsprechende Klarstellung de lege ferenda *Bayer*, S. 316; a.A. LR/*Gössel* § 362 Rn. 18). Auf das Kriterium der Öffentlichkeit könnte verzichtet werden, wenn der primäre Grund der Wiederaufnahmemöglichkeit nicht im Schutz des Rechtsfriedens, sondern im Schutz der »materiellen Gerechtigkeit« (so z.B. *Zehetgruber* JR 2020, 157, 161 ff.) läge. Das überzeugt schon deshalb nicht, weil sich die Beeinträchtigung der »materiellen Gerechtigkeit« aus der schlichten (angenommenen) Fehlerhaftigkeit des Urteils ergibt, die in allen Wiederaufnahmekonstellationen im Raum steht und daher keine limitierende Wirkung entfalten kann. Die strenge Begrenzung des Katalogs der zulässigen Wiederaufnahmegründe in § 362 ist so nicht erklärbar.

Das Geständnis muss weiterhin **glaubhaft** sein, was als Mindestanforderung voraussetzt, dass es denkgesetzlich mögliche und nach der Lebenserfahrung nachvollziehbare Aussagen enthält. Ein späterer Widerruf führt nicht automatisch zum Ausschluss der Glaubhaftigkeit (Meyer-Goßner/*Schmitt* § 362 Rn. 7). Das Geständnis darf darüber hinaus nicht unverwertbar sein (Burhoff/Kotz/*Amelung/Werning* S. 1132). 12

In der **Antragsbegründung** muss vorgetragen werden, bei welcher Gelegenheit das Geständnis mit welchem Inhalt abgegeben wurde. Auch die Umstände, die es als glaubhaft erscheinen lassen, sind darzulegen. Soweit das Geständnis in schriftlicher Form vorliegt, ist es dem Antrag beizufügen (Meyer-Goßner/*Schmitt* § 362 Rn. 8). 13

Ob die Regelungen zur **Verfolgungsverjährung** bei einem Wiederaufnahmeantrag gem. § 362 Nr. 4 StPO gelten, ist umstritten (s. dazu auch Vor §§ 359 ff. Rdn. 28). Der BGH sieht mit der Rechtskraft des Urteils ein Erlöschen des Rechts auf Strafverfolgung (BGHSt, 20, 198, 200). Mit Anordnung der Wiederaufnahme gem. § 370 Abs. 2 soll, was sowohl für freisprechende als auch verurteilende Urteile gelten soll, eine neue Verfolgungsverjährungsfrist zu laufen beginnen (BGH GA 1974, 149 f.; vgl. auch OLG Düsseldorf NJW 1988, 2251). Abweichend davon sah das OLG Nürnberg zu Recht weder ein Ruhen noch eine Unterbrechung der Strafverfolgungsverjährung durch ein freisprechendes, rechtskräftiges Urteil (OLG Nürnberg NStZ 1988, 555; s. auch *Amelung/Werning*, in: Burhoff/Kotz S. 1133). Eine Ungleichbehandlung gegenüber dem Fall, dass die Staatsanwaltschaft nicht anklagt, sei nicht gerechtfertigt. Außerdem verliere der Sinn und Zweck des Rechtsinstitutes der Verjährung (Rechtsfriede, schwindender Strafanspruch) in Wiederaufnahmesituationen nicht seine Gültigkeit. Die Abweichung zur Linie des BGH erklärte das OLG Nürnberg damit, dass diese Entscheidung noch zu einer anderen Rechtslage ergangen sei. 14

III. Wiederaufnahme aufgrund neuer Tatsachen und Beweismittel. Außerhalb von § 373a und § 85 Abs. 3 OwiG war eine Wiederaufnahme zuungunsten des Verurteilten allein wegen **neuer Tatsachen oder Beweismittel** bis vor Kurzem nicht möglich (zu den insoweit in England bestehenden Möglichkeiten *Bayer* S. 296 ff.). Mit Beschluss vom 24.06.2021 hat der Bundestag jedoch der Vorschrift des § 362 eine neue Nr. 5 hinzufügt. Dort ist nun die Wiederaufnahme zuungunsten des Verurteilten vorgesehen, wenn neue Tatsachen und Beweismittel vorliegen, die allein oder in Verbindung mit früher erhobenen Beweisen dringende Gründe dafür bilden, dass der freigesprochene Angeklagte wegen **Mordes** (§ 211 des Strafgesetzbuches), **Völkermordes** (§ 6 Abs. 1 VStGB), des **Verbrechens gegen die Menschlichkeit** (§ 7 Abs. 1 Nr. 1 und 2 VStGB) oder **Kriegsverbrechens gegen eine Person** (§ 8 Abs. 1 Nr. 1 VStGB) verurteilt wird (BT-Drs. 19/30399, S. 5). 15

1. Vorgeschichte. Eine solche Erweiterung des § 362 war in der Vergangenheit immer wieder diskutiert worden (vgl. nur *Aust/Schmidt* ZRP 2020, 251; *Zehetgruber* JR 2020, 157). Gegenstand der Diskussion waren vor allem Fälle, in denen sich nach schwersten Verbrechen durch neue Möglichkeiten der Wissenschaft *ex post* klare Hinweise auf eine Täterschaft des Freigesprochenen ergeben, etwa durch Analyse der am Tatort aufgefundenen DNA-Spuren. Die Reformdiskussionen gipfelten 2008 in einem Gesetzentwurf des Bundesrates (BT-Drs. 16/7957, S. 5), der jedoch aufgrund durchgreifender verfassungsrechtlicher Bedenken verworfen wurde (*Pabst* ZIS 2010, 126). Die nunmehr geltende Regelung geht insofern über den damaligen Entwurf und die daran anschließende Debatte hinaus, als er zur Wiederaufnahme grundsätzlich **jede neue Tatsache** bzw. **jedes neue Beweismittel** ausreichen lässt, sich also gerade nicht auf neue technische Möglichkeiten als deren Quelle beschränkt. 16

17 **2. Neue Tatsachen und Beweismittel.** Bezüglich des Tatsachen- und Beweisbegriffs sowie deren **Neuheit** vgl. § 359 Rdn. 23 ff. Eine weitgehend identische Auslegung entspricht dem Willen des Gesetzgebers (vgl. BT-Drs. 19/30399, S. 10). Die Wiederaufnahme soll allerdings nur bei **»nachträglich verfügbaren Beweismitteln«** greifen (BT-Drs. 19/30399, S. 2). Das legt nahe, dass bei § 362 Nr. 5 nicht als neu zu gelten hat, was bei der Erkenntnisbildung des Gerichts nicht berücksichtigt worden ist, obwohl es berücksichtigt werden hätte können (anders bei § 359 Nr. 5, vgl. BVerfG StV 2003, 225). Als neu gelten sollen überdies Beweise, die mittels einer Untersuchungsmethode zwar schon früher (= vor dem Freispruch) erhoben werden konnten, deren **wissenschaftliche Anerkennung** und somit gerichtliche Verwertbarkeit jedoch erst im Nachhinein erfolgte. Das gilt auch, wenn die Erhebung des konkreten Beweises erst durch im Nachhinein erfolgte **Verbesserungen der Untersuchungsmethode** möglich wurde (BT-Drs. 19/30399, S. 10).

18 **3. Dringende Gründe.** Anders als bei § 359 Nr. 5 reicht nicht schon die Geeignetheit des neuen Beweises oder der neuen Tatsache aus, um die Wiederaufnahme zu begründen. Notwendig ist, dass der Beweis oder die Tatsache **dringende Gründe** dafür bilden, dass der Freigesprochenen in einem neuen Verfahren verurteilt wird. In der Gesetzesbegründung wird insoweit eine **»hohe Wahrscheinlichkeit«** (BT-Drs. 19/30399, S. 2) gefordert. Nur Tatsachen und Beweise von besonders hoher Beweiskraft sollen demnach die Rechtskraft aufheben können (BT-Drs. 19/30399, S. 6). Der Verdachtsgrad gegenüber dem Freigesprochenen entspricht dem für den Erlass eines Haftbefehls notwendigen **dringenden Tatverdacht** (BT-Drs. 19/30399, S. 10; vgl. § 112 Rdn. 7 ff.; krit. und für einen strengeren Maßstab *Hörnle* GA 2022 184, 193 f.).

19 Diese **erhöhte Anforderung** gegenüber dem § 359 Nr. 5 ist in Anbetracht des Stufenverhältnisses zu § 362, nach dem die Wiederaufnahme zuungunsten des Verurteilten restriktiver zu handhaben ist (vgl. Vor §§ 359 ff. Rdn. 19 ff.), begrüßenswert. Ob sich dieser formale Unterschied auch in der Praxis bemerkbar machen wird, ist allerdings wegen der ohnehin schon restriktiven Handhabung von Wiederaufnahmeanträgen durch die Gerichte (vgl. Vor § 359 ff. Rdn. 6 f.) zweifelhaft. Um dem Unterschied im Tatbestand des § 359 Nr. 5 im Vergleich zu dem des § 362 Nr. 5 Ausdruck zu verleihen, ist es umso wünschenswerter, dass die Wiederaufnahme zugunsten des Verurteilten zukünftig großzügiger gehandhabt wird

20 **4. Freispruch.** Die nun (erneut) dringend tatverdächtige Person muss in Bezug auf die strafprozessuale Tat **freigesprochen** worden sein; es gelten die gleichen Anforderungen wie bei § 362 Nr. 4 (vgl. § 362 Rdn. 8 f.). Erfolgt eine Verurteilung (bspw.) wegen Totschlags gem. § 212 StGB oder gefährlicher Körperverletzung gem. §§ 223, 224 StGB, ist der Wiederaufnahmegrund nicht einschlägig (s. BT-Drs. 19/30399, S. 10). Keine Rolle spielt dabei, ob ursprünglich auch wegen des Vorwurfs einer der in Nr. 5 genannten Taten angeklagt worden war, insofern dann aber keine Verurteilung erfolgte. Erst recht genügt es für § 362 Nr. 5 nicht, wenn ein Verurteilter von der beim Mordmerkmal der Heimtücke praktizierten strafmildernden Rechtsfolgenlösung des BGH (vgl. nur BGHSt 30, 105, 118 ff.) profitierte und sich im Nachhinein herausstellt, dass er weitere Mordmerkmale verwirklichte.

21 **5. Antragsziel.** Ziel eines Antrags nach § 362 Nr. 5 kann nur die **Verurteilung** wegen eines der genannten Delikte sein. Eine nicht erfolgte, im Nachhinein aber womöglich als angebracht erscheinende Feststellung der besonderen Schwere der Schuld nach § 57a Abs. 1 Satz 1 Nr. 2 StGB ist demnach nicht möglich. Abzugrenzen vom Antragsziel ist die Frage, ob nach Anordnung der Erneuerung der Hauptverhandlung nur eine Verurteilung aufgrund eines Katalogdelikts erfolgen kann oder ob die neue Hauptverhandlung vom Wiederaufnahmeverfahren und seinen Gründen gänzlich unabhängig ist; s. dazu § 373 Rdn. 8 f.

22 **6. Verfassungsrechtliche Bedenken.** Durch die Einführung eines Wiederaufnahmegrundes zuungunsten des Freigesprochenen bei neuen Beweismitteln unter Vorbehalt eines engen Straftatenkataloges hat der Gesetzgeber einen in der Literatur bereits zuvor vertretenen Gedanken aufgegriffen. Normativer Anknüpfungspunkt zur Rechtfertigung des Grundrechtseingriffs ist danach das **Verjährungsrecht**. Taten, bei denen das Ausbleiben von Strafe von der Allgemeinheit als unerträglicher **Verstoß gegen die Gerechtigkeit** empfunden werden muss, werden formal durch ihre Unverjährbarkeit (§ 78 Abs. 2 StGB; § 5 VStGB) definiert (so u.a. *Zehetgruber* JR 2020, 157, 165 f.; *Letzgus* NStZ 2020, 717; 719; krit. *Aust/Schmidt* ZRP 2020, 251, 252). Vorteil dieses Anknüpfungspunktes ist neben normativer Klarheit auch ein gewisser Schutz gegen einen möglichen »Dammbruch« (s. dazu auch *Frister/Müller* ZRP 2019, 101, 103; *Kubiciel* GA 2021, 380, 387): Sollten nach der Einführung des genannten Wiederaufnahmegrundes Forderungen nach einer Erweiterung der Norm durch die Erfassung weiterer Delikte laut werden, könnte man dem die gesetzgeberischen Wertungen im Verjährungsrecht zumindest vorläufig entgegenhalten – wobei natürlich auch Letztere nicht vor punitiven Verschärfungstendenzen geschützt sind. Wichtiger als der Hinweis auf das einfache Gesetz ist es daher, sich der **verfassungsrechtlichen Grenzen** in diesem Bereich zu vergewissern.

a) **Keine Absolutheit des Art. 103 Abs. 3 GG.** Tatsächlich werden gegen die Erweiterung der Wiederaufnahme zuungunsten des Freigesprochenen verfassungsrechtliche Bedenken erhoben. Eine Einschränkung des Vertrauensschutzes in die Rechtskraft (Art. 103 Abs. 3 GG) zugunsten der materiellen Gerechtigkeit (Art. 20 Abs. 3 GG) sei nur in engen Grenzen möglich oder gar nicht zulässig (Sodan-GG/*Sodan* Art. 103 Rn. 31), da der Verfassungsgesetzgeber in Art. 103 Abs. 3 GG bereits eine (abschließende) **Entscheidung zugunsten der Rechtskraft** getroffen habe (*Aust/Schmidt* ZRP 2020, 251, 253; Dreier-GG/*Schulze-Fielitz* Art. 103 Abs. 3 Rn. 35). Diese Ansicht kann sich auf das **BVerfG** berufen, das 1953 feststellte, der Art. 103 Abs. 3 GG nehme »auf den bei Inkrafttreten des Grundgesetzes geltenden Stand des Prozeßrechts und seiner Auslegung durch die herrschende Rechtsprechung Bezug« (BVerfGE 3, 248, 252). 23

Dennoch ist die These von der **Absolutheit des Schutzes durch Art. 103 Abs. 3 GG** und der daraus abgeleiteten vollständigen Unmöglichkeit einer Erweiterung von § 362 StPO **nicht überzeugend** (vgl. auch *Kubiciel* GA 2021, 380, 382 f.; *Hörnle* GA 2022, 184, 188 f.). Zum einen zeigt bereits die Verfassungsmäßigkeit des § 373a (KK-StPO/*Schmidt* § 373a Rn. 4; andeutungsweise auch BVerfG NStZ 1984, 325), dass die ungünstige Wiederaufnahme eines rechtskräftig abgeschlossenen Verfahrens auf Grundlage neuer Tatsachen grundsätzlich möglich ist. Das Argument, § 373a sei verfassungsgemäß, weil das Strafbefehlsverfahren von Anfang an nicht auf eine umfassende Aufklärung des Sachverhalts ausgerichtet sei (BVerfG NStZ 1984, 325) ändert nichts an einer gewissen Indizwirkung (so aber *Aust/Schmidt* ZRP 2020, 251, 253). Außerdem stellte auch das BVerfG fest, dass die Bezugnahme auf das vorkonstitutionelle Prozessrecht nicht bedeutet, dass hinsichtlich jeder Auslegungs- und Erweiterungsfrage eine »verfassungsrechtliche Festlegung getroffen worden wäre« (BVerfGE 56, 22, 34), zumal es mit Blick auf die Normenhierarchie merkwürdig wäre, wenn der Inhalt einer Verfassungsnorm tatsächlich in unabänderlicher Weise vom Inhalt eines einfachen Gesetzes abhängen sollte (s. auch *Arnemann* Defizite der Wiederaufnahme in Strafsachen, S. 88). Auch den Materialien zur Entstehung des Grundgesetzes lässt sich eine mit Art. 103 Abs. 3 GG bereits getroffene abschließende Abwägung zwischen Rechtssicherheit und materieller Gerechtigkeit nicht entnehmen (vgl. OLG Celle BeckRS 2022, 7938 Rn. 25). Zumindest »Grenzkorrekturen« des geltenden Rechts sollen daher nach Ansicht des BVerfG auch weiterhin möglich sein (BVerfGE 45, 22, 34 f.; s. dazu auch *Kubiciel* GA 2021, 380, 385 f.). Dass Art. 103 Abs. 3 GG ein vorbehaltloses grundrechtsgleiches Recht ist, steht einer Einschränkung nicht entgegen, wenn andere verfassungsrechtlich geschützte Positionen im Raum stehen: Es ist vollkommen üblich, bei kollidierendem Schutzgehalt zweier Grundrechte oder grundrechtsgleicher Rechte im Wege der **praktischen Konkordanz** einen schonenden Ausgleich zu finden (zum Ganzen *Hesse* Grundzüge des Verfassungsrechts der Bundesrepublik Deutschland, 1995, Rn. 317 ff.), statt einem Grundrecht uneingeschränkten Vorrang einzuräumen. Warum dies im Kontext von Art. 103 Abs. 3 GG anders sein sollte, ist nicht ersichtlich (Maunz-Dürig-GG/*Remmert* Art. 103 Abs. 3 Rn. 48). 24

b) **Eingriff in den Kernbereich des Art. 103 Abs. 3 GG.** Im Ergebnis ist die Verfassungsmäßigkeit des § 362 Nr. 5 dennoch zu verneinen (s. zum Ganzen auch *Kaspar* GA 2022, 21 ff.). Das BVerfG stellte bereits fest, dass Art. 103 Abs. 3 GG eine Garantie des **Kerngehalts des Satzes »ne bis in idem«** enthält (BVerfG NJW 1981, 1433, 1435). Da bisher keine Anhaltspunkte über Inhalt und Umfang dieses Kerns bestehen, liegt es nahe, sich an den unbestritten verfassungsmäßigen bisherigen Wiederaufnahmegründen des § 362 zu orientieren. Diese erlauben (in verfassungskonformer Weise) eine Wiederaufnahme zuungunsten des Verurteilten bei gravierenden Prozessmängeln oder bei einem nachträglichen Geständnis des Verurteilten. 25

Zwar mag es ein Mangel sein, dass der auch der Ermittlung der materiellen Wahrheit dienende Strafprozess diese nicht mit letzter Sicherheit hervorbringen konnte. Aber im Strafprozess geht es nicht um Wahrheitsfindung »um jeden Preis« – nach Eintritt der Rechtskraft gilt dies erst recht. Auch ist der Mangel im Fall des § 362 Nr. 5 nicht bestimmten problematischen Prozessumständen geschuldet, die die bestmögliche Wahrheitserforschung von vornherein ausschließen, wie dies bei **§ 362 Nr. 1–3** der Fall ist. Letztere Mängel sind auch insofern nicht mit § 362 Nr. 5 vergleichbar, als sie sich auf potenziell **falsche Beweise** beziehen, wohingegen der neue Wiederaufnahmegrund **fehlenden Beweisen** Rechnung trägt (*Arnemann* StraFO 2021, 442). 26

Nicht vergleichbar ist der neue Wiederaufnahmegrund auch mit **§ 362 Nr. 4.** Die Behauptung, dass § 362 Nr. 4 die Wiederaufnahme aufgrund des erhöhten Beweiswertes eines Geständnisses erlaube, ist nicht überzeugend (so aber *Kubiciel* GA 2021, 380, 392; OLG Celle BeckRS 2022, 7938 Rn. 48; ähnlich *Zehetgruber* JR 2020, 157, 162 f.). Zweck der Norm ist es vielmehr, dem Staat im Sinne der Sicherung des **Rechtsfriedens** eine Handhabe gegen öffentliche Prahlereien des fälschlich freigesprochenen Täters mit seiner Tat zu geben (*Ruhs* ZRP 2021, 88, 90; vgl. § 362 Rdn. 7, Rdn. 11). Diese Deutung entspricht auch dem historischen Willen des Gesetzgebers (m.w.N. SK-StPO/*Frister* § 362 Rn. 1). Ein besonders hoher Beweiswert des Geständnisses ist im konkreten Fall zudem zweifelhaft, da öffentliche Prahlereien eher gegen die Glaubwürdigkeit sprechen können (a.A. OLG Celle BeckRS 2022, 7938 Rn. 48). Selbst wenn man einen Bezug zum Beweis- 27 wert des Geständnisses herstellen wollte, so spräche gegen eine systematische Nähe zum § 362 Nr. 5 noch immer, dass § 362 Nr. 4 der **Verantwortungssphäre des Betroffenen** entspringt, wohingegen der neue Wiederaufnahmegrund rein von äußeren Umständen abhängt, die vom Freigesprochenen nicht beeinflusst werden können (*Grünewald* ZStW 2008, 545, 574; *Arnemann* StraFO 2021, 442; a.A. *Kubiciel* GA 2021, 381, 392).

28 Die mit § 362 Nr. 5 eingeführte Wiederaufnahmemöglichkeit mittels *propter nova* ist also **systemfremd.** Das allein reicht zwar nicht, um einen unzulässigen Eingriff in den Kernbereich von Art. 103 Abs. 3 GG anzunehmen. Die Systemfremdheit hat jedoch Indizwert. Krit. ist vor allem die **Weite des Anwendungsbereichs** der Norm. Dieser ist mit der Beschränkung auf nichtverjährbare Delikte zwar begrenzt. Steht aber ein solches Delikt im Raum, kann sich der Betroffene der Endgültigkeit seines Freispruchs nie sicher sein – das geht über eine bloße, vom BVerfG für zulässig erachtete »Grenzkorrektur« des geltenden Rechts weit hinaus, sondern entwertet das Vertrauen auf die Rechtskraft des Urteils für die Gruppe der davon Betroffenen vollständig – für sie ist das Urteil nicht mehr als ein »Freispruch unter Vorbehalt« (*Arnemann* StraFo 2021, 442; s.a. *Leitmeier* StV 2021, 341, 346; *Kaspar* GA 2022, 21). Dass es nur in seltenen Fällen tatsächlich zu einer Wiederaufnahme nach § 362 Nr. 5 kommen wird, ändert nichts an dem Vorbehaltscharakter künftiger Freisprüche und der damit verbundenen Tiefe des Grundrechtseingriffs (anders OLG Celle BeckRS 2022, 7938 Rn. 53; ähnlich *Hörnle* GA 2022, 184, 192) – dem Charakter der Grundrechte als subjektive Abwehrrechte entsprechend muss hier die individuelle Perspektive des potenziell betroffenen Personenkreises zugrunde gelegt werden.

29 Hätte der Gesetzgeber sich – wie ursprünglich geplant (BR-Drs. 655/07, S. 2; *Kaspar/Arnemann* R&P 2016, 58, 63) – bei den infrage kommenden *propter nova* auf solche beschränkt, die neuen technischen Möglichkeiten von Beweiserhebungsmethoden zu verdanken sind, läge dies etwas anders. Sofern wissenschaftlich anerkannt, bieten Fortschritte beispielsweise bei der DNA-Analyse zumindest eine gewisse Objektivität bei der Bewertung der neuen Beweise (zur Zuverlässigkeit und Problematik von DNA-Spuren im Strafverfahren: *Schneider* NStZ 2018, 692, 695; *Schneider/Schneider/Fimmers/Brinkmann* NStZ 2010, 433; sowie zu damit verbundenen möglichen Problemen hinsichtlich materieller Gerechtigkeitsaspekte einer Erweiterung des § 362 *Aust/Schmidt* ZRP 2020, 251, 253 f.). Nach dem neuen Wiederaufnahmegrund hängt die Entscheidung über die Relevanz der neuen Tatsachen oder neuen Beweise jedoch ausschließlich von der **Einschätzung der StA und letztlich des zuständigen Gerichts** ab, die bewerten müssen, ob Letztere einen »dringenden Grund« für eine Wiederaufnahme bilden. Selbst neue, vermeintlich glaubhafte Zeugenaussagen könnten die Rechtskraft eines letztinstanzlichen Freispruchs dann ohne Weiteres erschüttern. Die Systemfremdheit des neuen Wiederaufnahmegrundes in Verbindung mit der ausufernden Ausgestaltung des Tatbestandsmerkmals der neuen Tatsachen oder Beweise spricht für einen **Eingriff in den absolut geschützten Kernbereich des Art. 103 Abs. 3 GG** (so auch *Ruhs* ZRP 2021, 88, 90; a.A. *Kubiciel* Stellungnahme i.R.d. Anhörung im Deutschen Bundestag vom 21.06.2021, S. 6).

30 **c) Verstoß gegen Art. 20 Abs. 3 GG (Verhältnismäßigkeit).** Selbst wenn man einen Eingriff in den Kernbereich des Art. 103 Abs. 3 GG ablehnt, würde sich die Frage der **Verhältnismäßigkeit des Eingriffs** stellen. Art. 103 Abs. 3 GG enthält keinen expliziten Gesetzesvorbehalt, weshalb er nur im Wege der praktischen Konkordanz durch **kollidierendes Verfassungsrecht** eingeschränkt werden kann (vgl. § 362 Rdn. 24). Nach dem verfassungsrechtlichen Verhältnismäßigkeitsgrundsatz muss dafür ein Regelungsziel mit Verfassungsrang benannt werden können, zu dessen Erreichung die fragliche Maßnahme geeignet, erforderlich und angemessen ist (vgl. nur BVerfG, NJW 2020 905, 909; zur Anwendung im materiellen Strafrecht allgemein *Kaspar*, Grundrechtsschutz und Verhältnismäßigkeit im Präventionsstrafrecht, 2014).

31 **aa) Legitimer Regelungszweck.** Der Gesetzgeber rechtfertigt die Beeinträchtigung des Art. 103 Abs. 3 GG durch § 362 Nr. 5 mit Erwägungen der **materiellen Gerechtigkeit** (BT-Drs. 19/30399, S. 1). Letztere anzustreben ist zwar ein legitimes Ziel staatlichen Handelns (Jarass/Pieroth-GG/*Kment* Art. 103 Rn. 106). Eine andere, davon zu trennende Frage ist es allerdings, ob man mit dem schlichten Hinweis auf angebliche Belange der Gerechtigkeit schwerwiegende Eingriffe in Grundrechte oder grundrechtsgleiche Rechte rechtfertigen kann. Denn der Begriff ist in hohem Maße **unbestimmt** (*Kubiciel* GA 2021, 381, 389; krit. auch *Hörnle* GA 2022, 184, 186) und damit auch **missbrauchsanfällig.** Der Gesetzgeber könnte ihn ohne erkennbare Grenze zur Legitimation grundrechtsbeschränkender Maßnahmen heranziehen, gerade, wenn es um die Verfolgung schwerer Straftaten geht (vgl. auch *Leitmeier* StV 2021, 341, 343; *Kaspar* GA 2022, 21). Strafprozessual könnte beispielsweise jede Einschränkung oder Abschaffung von Beweisverwertungsverboten mit materiellen Gerechtigkeitserwägungen gerechtfertigt werden (zur rechtstheoretischen Problematik *Schiffbauer* NJW 2021, 2097, 2098 f.).

32 Das Strafprozessrecht selbst dient zudem vielmehr der **Stabilität und Funktionalität der Strafrechtspflege** (BVerfGE 133, 168, 199 f.), mithin der Durchsetzung der im materiellen Strafrecht angelegten normativen Entscheidungen (s. auch mit Betonung der symbolischen Normbestätigungswirkung *Kubiciel* GA 2021,

380, 389 f.). Eine absolute Bindung an den in der Gesetzesbegründung ausgewiesenen Zweck besteht nicht (BVerfGE 75, 246, 268). Überzeugender als der unmittelbare Rekurs auf die materielle Gerechtigkeit ist es daher, die Sicherung der Stabilität und **Funktionsfähigkeit der Strafrechtspflege** als legitimen Regelungszweck anzunehmen.

bb) Geeignetheit und Erforderlichkeit. Auf Ebene der Geeignetheit und auch der Erforderlichkeit, also der Frage, ob es mildere, gleich geeignete Mittel zur Zweckerfüllung gibt (m.w.N Sachs-GG/*Sachs* Art. 20 Rn. 152), kommt dem Gesetzgeber eine umfangreiche **Einschätzungsprärogative** zu (vgl. nur BVerfGE 153, 182, 268). Insofern bestehen keine Bedenken hinsichtlich der Neuregelung. Zwar wäre es milder, die zur Wiederaufnahme tauglichen Beweismittel auf solche zu beschränken, die aus neuen technischen Beweiserhebungsmethoden stammen (vgl. § 362 Rdn. 16). Da die Wiederaufnahme dadurch jedoch erschwert würde, ist dieses Mittel zur Zweckerreichung nicht in gleichem Maße geeignet. 33

cc) Angemessenheit (Verhältnismäßigkeit i.e.S.). Letztlich läuft die Prüfung der Angemessenheit auf eine **Abwägung** zwischen der Eingriffsintensität des neuen Wiederaufnahmegrundes und seiner Dringlichkeit hinsichtlich der Stabilität und Funktionsfähigkeit der Strafrechtspflege hinaus. Die Vertrauenserschütterung derjenigen, die um die Schuld des fälschlich freigesprochenen Täters wissen, ist zwar kein eigenständiger Grundrechtseingriff (Vor §§ 359 ff. Rdn. 17; zur Opferperspektive s.u. Rdn. 36 f.), wirkt sich im Rahmen der Verhältnismäßigkeit jedoch mittelbar als Stabilitätsbeeinträchtigung der Strafrechtspflege aus. 34

Wie viel an Stabilität in Form von Vertrauen durch eine Erweiterung des § 362 letztlich gewonnen werden kann, ist ungewiss. Fälle, in denen ein (vermeintlich) schuldiger Täter durch einen rechtskräftigen Freispruch vor einem erneuten Prozess geschützt wird, haben das Potenzial, das Vertrauen der Bevölkerung in die Rechtspflege zu beeinträchtigen. Die Zahl derartiger Fälle und damit auch die Intensität der Gefahr für das Vertrauen in den Rechtsstaat scheint indes begrenzt und reicht für eine verfassungsrechtliche Rechtfertigung des § 362 Nr. 5 richtigerweise nicht aus. (*Bohn* Die Wiederaufnahme des Strafverfahrens, S. 204, relativierend zu fehlenden Praxisrelevanz vgl. S. 216 f.; a.A. OLG Celle BeckRS 2022, 7938 Rn. 40).

In der Praxis werden die Fälle deutlich überwiegen, in denen die StA ein Verfahren mangels ausreichender Beweise bereits vor Erhebung der Anklage einstellte und bei denen eine Wiederaufnahme der Ermittlungen bei neuen Beweisen problemlos möglich ist (Oğlakcıoğlu/Schuhr/Rückert/*Isfen*, S. 38; MüKo-StPO/*Kölbel* § 170 Rn. 26). Anders als bei der Frage der Eingriffstiefe für die Betroffenen (s. dazu oben Rdn. 28) wird auf dieser Seite der Waagschale, beim gesamtgesellschaftlichen Nutzen von § 362, die eher geringe Zahl potenzieller Anwendungsfälle also relevant.

Die Stabilität der Rechtspflege wird zudem nicht nur durch das Vertrauen in die Richtigkeit der den Urteilen zugrunde gelegten Tatsachen gestärkt, sondern auch durch die **Verlässlichkeit rechtskräftiger richterlicher Entscheidungen**; ergo durch die Rechtssicherheit (Maunz-Dürig-GG/*Remmert* Art. 103 Abs. 3 Rn. 50). Die Notwendigkeit einer **stabilen Rechtspflege** spricht daher nicht nur für den neuen Wiederaufnahmegrund, sondern auch dagegen. Nach neuer Rechtslage muss man konstatieren, dass es im Fall eines Freispruchs vom Vorwurf eines der in § 362 Nr. 5 genannten Delikte **keine Rechtssicherheit** mehr gibt (s. auch *Leitmeier* StV 2021, 341 sowie bereits oben Rn. 28). Das gilt wohlgemerkt auch für den zu Recht Freigesprochenen, der in der Diskussion nicht aus dem Blick geraten darf. Denn auch gegen Letzteren könnte jederzeit ein neuer Beweis (wie etwa eine neue Zeugenaussage) auftauchen, den StA und Gericht für dringend erachten. Anders bei einem (ggf. auch falschen) Geständnis nach § 362 Nr. 4 hat der Freigesprochene in dieser Konstellation keinen Einfluss auf die Möglichkeit der Wiederaufnahme (vgl. Rdn. 27). 35

Die Abwägung führt auch dann zu keinem anderen Ergebnis, wenn man einen verfassungsrechtlichen **Anspruch der Opfer von Straftaten und ihrer Angehörigen auf effektive Strafverfolgung** annimmt (so aber *Hörnle* GA 2022, 184, 190 f.; vgl. auch *Hoven* JZ 2021, 1154, 1158). Schon die Existenz und verfassungsrechtliche Begründung eines solchen Anspruchs ist umstritten (s. näher *Kaspar* Grundrechtsschutz und Verhältnismäßigkeit im Präventionsstrafrecht, 2014, S. 84 ff.; *Weigend* Rechtswissenschaft 2010, 39 ff.). Soweit in diesem Kontext auf die **Schutzfunktion der Grundrechte** abgestellt wird, ist nicht recht einsichtig, wie nach einer bereits begangenen Straftat die anschließende Strafverfolgung noch überhaupt eine »Schutzwirkung« zugunsten des ja bereits verletzten Rechtsguts (hier: des Lebens) entfalten soll (vgl. *Gärditz* JZ 2015, 896, 897 ff.; *ders.* JZ 2020, 362 ff.; s.a. *Hörnle* GA 2022, 184, 191). Allenfalls zur Verhinderung zukünftiger Straftaten kann eine (präventive) Wirkung zugunsten der Allgemeinheit erwartet werden – für das Opfer der konkreten Tat kommt diese Wirkung aber naturgemäß zu spät. Dass aus den Grundrechten zusätzlich und deutlich weitergehend ein Anspruch des Opfers oder seiner Angehörigen auf Aufklärung und Bewertung des Geschehens sowie auf die Formulierung eines Unwerturteils folgt (so *Hörnle* GA 2022, 184, 191), ist demgegenüber begründungsbedürftig und jedenfalls im Hinblick auf die Schutzdimension der Grundrechte wenig plausibel. Auch die **Abwehrfunktion der Grundrechte** kann hier kaum überzeugend ins Spiel gebracht 36 werden; denkbar sind allenfalls extreme Ausnahmekonstellationen, in denen das Ausbleiben von Strafverfolgung (oder eine lächerlich milde, die Tat verharmlosende Sanktionierung) als Persönlichkeitsrechtsverletzung gegenüber den Opfern aufgefasst werden kann (s. dazu *Weigend* Rechtswissenschaft 2010, 39 ff.).

37 Das **BVerfG** hat sich gegenüber der Annahme eines verfassungsrechtlichen Anspruchs der Opfer (oder sonstiger Dritter) auf staatliche Strafverfolgung stets reserviert gezeigt (s. etwa BVerfGE 51, 176, 187; BVerfG NJW 2002, 2861). In einer Reihe neuerer Entscheidung hat es (ausnahmsweise) die Möglichkeit eines solchen Anspruchs bejaht, namentlich dann, wenn staatliches Fehlverhalten im Raum steht, aber auch bei erheblichen Straftaten gegen höchstpersönliche Rechtsgüter (s. nur BVerfG NStZ-RR 2015, 117; NJW 2015, 3500; NStZ-RR 2020, 51; NStZ-RR 2020, 148). Letzteres ist im Rahmen von § 362 zwar der Fall. **Gegen eine Übertragung der Grundsätze des BVerfG** auf die vorliegende Konstellation spricht aber, dass es hier (anders als in den entschiedenen Fällen, die durchweg Einstellungen des Verfahrens betrafen) nicht um das drohende Ausbleiben jeglicher Strafverfolgung geht (und erst recht natürlich nicht um eine Verharmlosung der Taten und Verhöhnung der Opfer). Vielmehr hat der Staat hier ernsthaft Strafverfolgung betrieben, bevor das Verfahren dann aufgrund der korrekten Anwendung prozessualer und verfassungsrechtlicher Regeln zu einem Freispruch geführt hat. Das vom BVerfG geforderte »Tätigwerden« des Staates i.S. einer Aufnahme effektiver Ermittlungstätigkeiten (BVerfG NJW 2015, 3500, 3501) hat hier also stattgefunden. Dass der dann erfolgte Freispruch (möglicherweise) inhaltlich falsch war, spricht nicht gegen die Annahme »effektiver Strafverfolgung«, zumal es in deren Rahmen bekanntlich keine Pflicht zur Wahrheitsermittlung um jeden Preis gibt (s. Rdn. 26). Einen verfassungsrechtlichen Anspruch von Verbrechensopfern auf unbedingte Ermittlung und Bestrafung des »an sich Schuldigen« (welcher der Idee der Rechtskraft diametral entgegenstünde) hat das BVerfG also gerade nicht formuliert.

38 **d) Verstoß gegen Art. 2 Abs. 2 i.V.m. Art. 20 Abs. 3 GG (Rückwirkungsverbot).** Neben der generellen Verfassungsmäßigkeit des neuen § 362 Nr. 5 stellt sich die Frage, ob dieser auch **rückwirkend** angewendet werden kann (s. *Kaspar* GA 2022, 21, 33 ff.). Lehnt man dies ab, verstieße nur eine solche Anwendung (*Kubiciel* Stellungnahme i.R.d. Anhörung im Deutschen Bundestag vom 21.06.2021, S. 8), nicht aber die gesamte Norm gegen das Rückwirkungsverbot, da sie selbst keine ausdrückliche Rückwirkung anordnet. Da das absolute Rückwirkungsverbot gem. Art. 103 Abs. 2 GG im Strafverfahrensrecht nicht anwendbar ist (vgl. nur BVerfG NJW 2005, 2289, 2294), kommt hier das aus Art. 2 Abs. 2 i.V.m. Art. 20 Abs. 3 GG abgeleitete (s. nur BVerfGE 109, 133, 180 f.) **allgemeine Rückwirkungsverbot** zum Tragen.

39 Zu differenzieren ist dabei zwischen der **echten** und der **unechten Rückwirkung**. Während eine unechte Rückwirkung in noch laufende Vorgänge eingreift, knüpft eine echte Rückwirkung an einen bereits abgeschlossenen Sachverhalt nachträglich eine neue Rechtsfolge (BVerfGE 11, 139, 145 f.; zur nicht immer eindeutigen Abgrenzung zwischen echter und unechter Rückwirkung durch das BVerfG s. *Werndl* S. 278 ff.). Im Fall des § 362 Nr. 5 würde eine, bedingt durch das rechtskräftig gewordene Urteil, grundsätzlich nicht mehr verfolgbare Tat **nachträglich wieder verfolgbar** werden. Der Schutz vor einer Wiederaufnahme war jedoch schon vor Einführung des § 362 Nr. 5 nicht absolut, sondern stand immer unter dem Vorbehalt des Nichtzutreffens der anderen Wiederaufnahmegründe. Mangels Absolutheit des rechtskräftigen Freispruchs wäre es daher denkbar, von einem noch laufenden Sachverhalt auszugehen. Denn endgültig abgeschlossen ist der Sachverhalt, also die Verfolgbarkeit der Straftat, dann erst mit Eintritt der Verjährung (vgl. Rdn. 14). In diesem Fall wäre von einer unechten Rückwirkung auszugehen (so im Ergebnis auch *Kubiciel* GA 2021, 380, 393; *Gärditz*, Stellungnahme i.R.d. Anhörung im Deutschen Bundestag vom 21.06.2021, S. 7).

40 Überzeugender ist es jedoch, in dem rechtskräftigen Urteil den Abschluss eines rechtlichen Sachverhalts zu sehen, da es der Funktion der Rechtskraft als wesentliches Institut der Rechtssicherheit (vgl. Vor §§ 359 ff. Rdn. 11) zuwiderlaufen würde, wenn man in ihr (auch aus Sicht der Beteiligten) nicht den Abschluss eines Rechtsstreits sehen würde, sondern nur eine vorläufige Entscheidung. Selbst wer dem nicht folgt müsste anerkennen, dass ein vor Einführung des § 362 Nr. 5 rechtskräftig beendetes Verfahren, das nun gem. § 362 Nr. 5 wieder aufgenommen wird, zum Zeitpunkt des rechtskräftigen Urteils aus diesem Grund gerade nicht wieder aufgenommen hätte werden können. Bezüglich des Auftauchens neuer Beweise oder Tatsachen war das rechtskräftige Urteil nicht angreifbar. Zumindest in dieser Hinsicht wird man also von einem **abgeschlossenen Sachverhalt** ausgehen müssen. Würde der § 362 Nr. 5 also auf Urteile vor seiner Einführung angewendet werden, so müsste sich die Anwendung an den Maßstäben einer **echten Rückwirkung** messen lassen.

41 Eine solche echte Rückwirkung ist **grundsätzlich unzulässig**, da das Vertrauen des Einzelnen in die geltende Rechtslage (Vertrauensschutz) ein ggf. bestehendes öffentliche Interesse überwiegt (vgl. nur BVerfG NJW 2013, 145, 146). Anders kann es liegen, wenn das **Vertrauen des Betroffenen nicht schutzwürdig** erscheint (näher dazu Maunz/Dürig-GG/*Grzeszick* Art. 20 Rn. 83 ff.; *Werndl*, S. 282 f.). Der Wegfall der Schutzwürdigkeit könnte damit begründet werden, dass der Freigesprochenen um die Unrichtigkeit seines Freispruchs

weiß (vgl. im Ergebnis abl. *Aust/Schmidt* ZRP 2020, 251, 254). Hinsichtlich des *nemo-tenetur*-Grundsatzes wird man es dem Täter allerdings schwerlich anlasten können, das für ihn günstige, aber unrichtige Urteil einfach hingenommen zu haben, statt es beispielsweise durch ein Geständnis zu korrigieren. Der Ausnahmetatbestand »Wegfall des Vertrauensschutzes« bezieht sich zudem vor allem auf Fälle, in denen die geltende Rechtslage ihren jeweiligen Zweck erkennbar verfehlt und auf deren Bestand daher nicht vertraut werden kann (vgl. nur BVerfGE 88, 384, 404). Individuelles rechtsmissbräuchliches Verhalten (von dem man hier wohl ohnehin nicht ausgehen kann), das aber im Einklang mit (fehlerfreiem) geltendem Recht steht, lässt den Vertrauensschutz zumindest im Kontext der echten Rückwirkung daher nicht erlöschen.

Befürworter einer Rückwirkung führen als Rechtfertigung der rückwirkenden Anwendung teilweise **zwingende Gemeinwohlbelange** an (*Kubiciel* GA 2021, 380, 394; *Gärditz* Stellungnahme i.R.d. Anhörung im Deutschen Bundestag vom 21.06.2021, S. 7 f.; OLG Celle BeckRS 2022, 7938 Rn. 57). Diese sind auch vom BVerfG als Rechtfertigungsgründe einer echten Rückwirkung anerkannt (vgl. nur BVerfG NJW 2021, 1222, 1229). Dagegen wird vorgebracht, dass die vom Verfassungsgeber vorgenommene Abwägung zwischen materieller Gerechtigkeit und Rechtssicherheit durch Art. 103 Abs. 3 GG bereits zugunsten der Rechtssicherheit ausgefallen sei. Dieses Abwägungsergebnis wirke sich auch auf Ebene der Rückwirkungsfrage aus und könne daher nicht gegen zwingende Gemeinwohlbelange verstoßen (*Aust/Schmidt* ZRP 2020, 251, 254). Das ist eine Variation des Arguments, nachdem sich eine abschließende Abwägung bereits aus der Verfassung ergebe, weshalb § 362 einer Erweiterung nicht zugänglich sei – das überzeugt, wie oben bereits dargelegt, nicht (vgl. Rdn. 23 f.). 42

Eine rückwirkende Anwendung ist im Ergebnis dennoch abzulehnen. Die Fallgruppe der **zwingenden Gemeinwohlbelange** ist äußerst **restriktiv zu handhaben**, da andernfalls das eine echte Rückwirkung grundsätzlich verbietende Regel-Ausnahme-Verhältnis (BVerfGE 101, 239, 263) umgekehrt würde. In der Vergangenheit bejahte das BVerfG eine Rückwirkung wegen zwingender Gemeinwohlbelange etwa, um zu verhindern, dass kurz vor Subventionsbeendigungen diese noch einmal ausgenutzt werden (»Ankündigungseffekt« Maunz-Dürig-GG/*Grzeszick* Art. 20 Rn. 85 mit Verweis auf BVerfGE 97, 67, 81 f.) oder bei Wiedergutmachung nationalsozialistischen Unrechts (BVerfGE 101, 239, 268). Geht man wie hier davon aus, dass nur wenige Fälle einer Wiederaufnahme *propter nova* bedürfen (vgl. Rdn. 34), so wird man kaum von einem zwingenden Gemeinwohlbelang sprechen können. 43

Der Vertrauensschutz des Betroffenen wäre zudem gleich in zweifacher Hinsicht massiv beeinträchtigt: durch die rückwirkende Anwendung der Gesetzesänderung (Art. 20 Abs. 3 GG) und durch die daraus ggf. folgende Aufhebung des rechtskräftigen Urteils (Art. 103 Abs. 3 GG), das seinerseits einen eigenen starken Vertrauenstatbestand begründet. Dieser **doppelte Vertrauensbruch** ist ohne belastbare Daten zur tatsächlichen Belastung des Gemeinwohls (so es denn betroffen ist) durch *propter nova*-Wiederaufnahmefälle nicht zu rechtfertigen. Die **rückwirkende Anwendung** des neuen Wiederaufnahmegrundes zuungunsten des Freigesprochenen ist daher **abzulehnen** (im Ergebnis auch *Aust/Schmidt* ZRP 2020, 251, 254).

e) **Keine ungerechtfertigte Ungleichbehandlung gem. Art. 3 I GG.** Unbedenklich ist die Norm hinsichtlich der **Ungleichbehandlung** von Beschuldigten einer Katalogtat im Vergleich zu Beschuldigten einer anderen Tat. Gedacht wird dabei etwa an andere Tötungsdelikte als Mord, für die das Gesetz die lebenslange Freiheitsstrafe vorsieht (z.B. § 212 Abs. 2 StGB, vgl. *Arnemann* StraFO 2021, 442; s.a. *dies.* NJW-Spezial 2021, 440). Zwar liegt eine Ungleichbehandlung vor, da die absolute Strafandrohung den Mord und den Totschlag im besonders schweren Fall verbindet; insofern sind beide Delikte vergleichbar (vgl. Dreier-GG/*Heun* Art. 3 Rn. 24) und die jeweils Beschuldigten werden durch § 362 Nr. 5 ungleich behandelt. Diese Ungleichbehandlung ist jedoch gerechtfertigt. Die Katalogtaten des § 362 Nr. 5 erfassen nur **unverjährbare Delikte**. Das Kriterium der Unverjährbarkeit wählte der Gesetzgeber bewusst, um an ein Merkmal anzuknüpfen, das in hinreichend bestimmter und **abstrakt-genereller Weise schwerstes Unrecht** kennzeichnet (BT-Drs. 19/30399, S. 6). Es kann zugleich Erweiterungen des § 362 Nr. 5 entgegengehalten werden (»Dammbruch«, vgl. Rdn. 22). Die Wiederaufnahme in diesen Fällen bereits vor Ablauf der gesetzlichen Verjährungsfrist von vergleichbar schweren Delikten zu ermöglichen, beinhaltet keinen Wertungswiderspruch, da das nach Kriterien des Gesetzes erhöhte Unrecht bereits mit der Tatbegehung, nicht erst mit Eintritt der Verjährung zum Tragen kommt (a.A. *Arnemann* StraFO 2021, 442). Auch dass der Gesetzgeber innerhalb der pauschal unverjährbaren **Verbrechen nach dem VStGB** (vgl. § 5 VStGB) eine Auswahl getroffen und sich auf Fälle von ausschließlich mit lebenslanger Freiheitsstrafe bedrohten Tötungen beschränkt hat, hält sich im Rahmen der Einschätzungsprärogative des Gesetzgebers (vgl. auch OLG Celle Celle BeckRS 2022, 7938 Rn. 60). 44

f) **Zusammenfassung.** Die **Erweiterung des Katalogs des § 362** um die Fälle der Nr. 5 ist im Ergebnis als **verfassungswidrig** zu bewerten. Zwar ist § 362 gewissen Erweiterungen grundsätzlich zugänglich (Rdn. 23 f.) und auch eine ungünstige Wiederaufnahme *propter nova* ist nicht von vornherein abzulehnen (vgl. *Schöch* 45

FS Maiwald, S. 769; *Kaspar/Arnemann* R&P 2016, 58, 63; ähnlich bereits *Peters* S. 671; abl. *Grünewald* ZStW 120, 2008, 545, 578; *Marxen/Tiemann* ZIS 2008, 188; *Pabst* ZIS 2010, 126; *BMJV* 2015, 168; *Bayer*, S. 322 ff.; umfassend *Bohn* 2016, S. 193 ff.). Die derzeit geltende Fassung, die sich abgesehen von der Festlegung von Katalogdelikten im Wesentlichen an § 359 Nr. 5 orientiert, ist jedoch zu weitgehend und verstößt gegen Art. 103 Abs. 3 GG.

46 7. **Mitwirkung des über den Antrag entscheidenden Richters.** Bedenken bestehen auch hinsichtlich der **Mitwirkung eines Richters am neuen Urteil**, der bereits mit dem Antrag gem. §§ 369 ff. auf Wiederaufnahme befasst war (s. *Kaspar* GA 2022, 21, 25). Seit langem werden Einwände gegen die Praxis eingebracht, dass der den Eröffnungsbeschluss fassende Richter auch erkennender Richter in der Hauptverhandlung ist (zu den Gründen vgl. *Eisenberg* NK 2021, 139, 143 ff.; *Schünemann* StV 2000, 159). Ein ähnliches Problem stellt sich hier: Der über den Wiederaufnahmeantrag aufgrund neuer Tatsachen oder Beweise entscheidende Richter müsste evaluieren, ob die neu vorgebrachten Beweismittel so »dringend« sind, dass sie die verfassungsmäßig gewährleistete Rechtssicherheit zuungunsten des Freigesprochenen durchbrechen (Art. 103 Abs. 3 GG). Der Anspruch an die Bejahung dieser Frage muss ob des ne bis idem-Grundsatzes also zwangsläufig höher liegen als bei dem für den Eröffnungsbeschluss notwendigen hinreichenden Tatverdacht gem. § 203. Umso schwerer wiegen die **Bedenken gegen die Unvoreingenommenheit des Richters**, der mit seiner Entscheidung über den Antrag die Rechtskraft durchbricht und umso größer muss die Besorgnis sein, dass Selbstbestätigung (»Perseveranz-Effekt«), Beharrungsvermögen (»Ankereffekt«) und selektive Informationssuche (*Eisenberg* NK 2021, 139, 144 ff.; *Schünemann* StV 2000, 159, 160 ff.) in der anschließenden Hauptverhandlung eine objektive Sachverhaltsermittlung behindern.

47 Weder auf § 22 noch auf § 23 könnte man sich bezüglich der Ablehnung eines in dieser Konstellation vorbefassten Richters berufen. § 23 Abs. 2 befasst sich zwar mit der Befangenheit in Wiederaufnahmefragen, schließt aber nur den Richter des angefochtenen Urteils aus. Als gesetzlicher Anknüpfungspunkt käme § 24 Abs. 1, Abs. 2 in Betracht. Systematisch könnten hier jedoch dieselben Bedenken greifen, die auch gegen den Ausschluss des über den Eröffnungsbeschluss entscheidenden Richters von der Hauptverhandlung gem. § 24 angeführt werden: § 23 soll danach den Ausschluss von Richtern wegen Vortätigkeit abschließend regeln, sofern keine besonderen Umstände oder Fälle der § 22 Nrn. 4–5 oder § 148a GVG hinzutreten (BGH NStZ 2011, 44, 46; BGH NStZ 2016, 357, 359; SSW-StPO/*Kudlich/Noltensmeier-von Osten* § 24 Rn. 10; im Ergebnis auch KK-StPO/*Scheuten* § 24 Rn. 8; abl. MüKo-StPO/*Conen/Tsambikakis* § 24 Rn. 52). Ein darüber hinausgehender Ausschluss wegen vorheriger prozessualer Involvierung gem. § 24 ist im Umkehrschluss ausgeschlossen. Zwar könnte aufgrund der verfassungsrechtlich kritischen Durchbrechung der Rechtskraft durch die Wiederaufnahme zuungunsten des Freigesprochenen ein besonderer Umstand mit der erhöhten Schutzwürdigkeit des erneut Angeklagten begründet werden. In Anbetracht der Tradition der oben genannten Rspr. scheint dieses Argument aber wenig erfolgversprechend. Es ist daher dringend angezeigt, den **Ausschluss des über den Antrag entscheidenden Richters vom späteren Hauptverfahren de lege ferenda** ausdrücklich gesetzlich zu normieren. Dies ließe sich problemlos durch einen entsprechenden Satz 4 des § 23 Abs. 2 oder systematisch ebenso angemessen durch einen Satz 2 des § 373 Abs. 1 bewerkstelligen.

§ 363 Unzulässigkeit

(1) Eine Wiederaufnahme des Verfahrens zu dem Zweck, eine andere Strafbemessung auf Grund desselben Strafgesetzes herbeizuführen, ist nicht zulässig.

(2) Eine Wiederaufnahme des Verfahrens zu dem Zweck, eine Milderung der Strafe wegen verminderter Schuldfähigkeit (§ 21 des Strafgesetzbuches) herbeizuführen, ist gleichfalls ausgeschlossen.

Übersicht

1 **A. Grundsätzliches.** Die Regelung enthält zwei **unzulässige Antragsziele**, die »andere Strafbemessung auf Grund desselben Strafgesetzes« (Abs. 1) sowie die Strafmilderung wegen verminderter Schuldfähigkeit gem. § 21 StGB (Abs. 2). Die Beschränkung in Abs. 1 bezieht sich auf beide Formen der Wiederaufnahme und

kann sich daher auch zugunsten des Verurteilten auswirken. **Nicht anwendbar** ist § 363 in den Fällen, in denen die Wiederaufnahme ausnahmsweise gem. § 359 Nr. 6 und § 79 BVerfGG auf reine Rechtsfehler gestützt werden kann (*Marxen/Tiemann* Rn. 283; a.A. für § 79 BVerfGG: LG Berlin NJW 2001, 2271 f.). Ebenfalls unanwendbar ist die Vorschrift in den Fällen des Antragsziels der bloßen Schuldspruchänderung (BGH NStZ 2003, 679; vgl. oben § 359 Rdn. 9).

2 **B. Einschränkung der »Strafmaß«-Wiederaufnahme. I. »Dasselbe Strafgesetz«.** Ausgeschlossen ist das Antragsziel, eine **andere Strafbemessung aufgrund »desselben Strafgesetzes«** herbeizuführen. Ein anderes Strafgesetz, das der Wiederaufnahme nicht entgegensteht, ist stets dann anzunehmen, wenn es sich um **selbstständige Tatbestände** einschließlich von Qualifikationen oder Privilegierungen handelt (vgl. bereits oben § 359 Rdn. 5 f.), die die Möglichkeit einer geringeren oder härteren Strafe eröffnen. Ein milderes anderes Strafgesetz wird auch bei Anwendung von **Jugendstrafrecht** an Stelle von allgemeinem Strafrecht (OLG Hamburg NJW 1952, 1150) angenommen. Bei **Tateinheit** soll es darauf ankommen, ob sich die Wiederaufnahme auf eine Straftat bezieht, die nach § 52 StGB ausschlaggebend für die Strafe war bzw. (im Fall der ungünstigen Wiederaufnahme) für die neue Verurteilung wäre (Meyer-Goßner/*Schmitt* § 363 Rn. 3). Weisen die Straftaten denselben Strafrahmen auf, steht § 363 einer Wiederaufnahme nach BGH NStZ 2003, 678 f. entgegen (a.A. LR/*Gössel* § 363 Rn. 7).

3 Umstritten ist, inwiefern **sonstige Strafänderungsgründe** eine zulässige Wiederaufnahme begründen können. Die herrschende Meinung differenziert hier zwischen **benannten und unbenannten Gründen**. Die erstrebte Anwendung (oder der Wegfall) von tatbestandlich vertypten Strafmilderungsgründen aus dem Allgemeinen Teil des StGB soll zulässig sein, und zwar auch dann, wenn die Milderung (wie bei § 23 Abs. 2 StGB oder § 17 Satz 2 StGB) nur fakultativ ist (s. KK-StPO/*Schmidt* § 363 Rn. 5). Entsprechend soll die Wiederaufnahme im Hinblick auf § 213 Alt. 1 StGB zulässig sein, bzgl. § 213 Alt. 2 StGB dagegen nicht (LR/*Gössel* § 363 Rn. 8 ff.). Uneinheitlich werden auch **Regelbeispiele** beurteilt. Teilweise wird ein darauf bezogener Antrag generell für unzulässig erachtet (OLG Düsseldorf NStZ 1984, 571; HK-StPO/*Temming* § 363 Rn. 2). Die herrschende Meinung differenziert auch hier nach benanntem Regelbeispiel, das die Wiederaufnahme eröffnet, und einem atypischen, unbenannten besonders schweren Fall, bei dem die Wiederaufnahme unzulässig sein soll (AnwK-StPO/*Loos* § 363 Rn. 9; *Rieß* FS Gössel, S. 657 ff.).

4 **II. Differenzierung nach Form der Wiederaufnahme.** Die Unterscheidung zwischen benannten und unbenannten Strafänderungsgründen vermag nicht zu überzeugen. Sie macht die Frage der Zulässigkeit des Wiederaufnahmeantrags von der an ganz anderen Gesichtspunkten orientierten Entscheidung des Gesetzgebers über die Ausgestaltung der Norm abhängig. Das ist v.a. bei der günstigen Wiederaufnahme bedenklich; denn für den Verurteilten ist prinzipiell jede Reduzierung der Strafe spürbar und Ausdruck der Optimierung grundrechtlich geschützter Freiheiten – einen umgekehrten vergleichbaren Effekt gibt es bei einer Strafschärfung nicht (vgl. Vor §§ 359 ff. Rdn. 13 ff.). Es liegt daher nahe, die Frage, wann »dasselbe Strafgesetz« vorliegt, je nach Form der Wiederaufnahme **differenzierend** zu beurteilen (vgl. KMR/*Eschelbach* § 363 Rn. 33 ff.; s. auch *Greco* S. 903 ff.)

5 **1. Wiederaufnahme zugunsten des Verurteilten.** Bei der günstigen Wiederaufnahme ist eine **restriktive Auslegung** des Begriffs »desselben« Strafgesetzes angezeigt. Als Strafgesetz in diesem Sinne kann daher die konkrete gesetzliche Regelung gelten, der bei der ursprünglichen Entscheidung der Strafrahmen entnommen wurde (vgl. SK-StPO/*Frister* § 363 Rn. 14 ff.). Daher ist die Wiederaufnahme auch bei der Geltendmachung **unbenannter Milderungsgründe** möglich. Auf diese Weise wird die vor dem Hintergrund von Art. 3 Abs. 1 GG schwer zu rechtfertigende ungleiche Behandlung verschiedener Konstellationen allein anhand der gesetzestechnischen Ausgestaltung (vgl. *Marxen/Tiemann* Rn. 90) zumindest abgemildert.

6 Selbst dann bleibt es aber beim problematischen Ausschluss der Wiederaufnahme etwa in den Fällen, in denen der Antragsteller neue Tatsachen vorträgt, die keinen unbenannten Strafmilderungsgrund eröffnen, sich i.R.d. Strafzumessung gem. § 46 StGB aber aller Voraussicht nach i.S.e. **erheblichen Strafmilderung** auswirken würden. Ein vollständiger Ausschluss der Wiederaufnahme in dieser Konstellation erscheint nicht sachgerecht; die »Offenheit« des Strafzumessungsvorgangs ist kein überzeugendes Gegenargument, wie der Einbezug fakultativer Strafmilderungsgründe durch die herrschende Meinung zeigt (*Marxen/Tiemann* Rn. 88). Auch beruht die Gesetzeslage ersichtlich auf der (mittlerweile auch im Bereich der Revisionsrechtsprechung des BGH überwundenen) Vorstellung von der Strafzumessung als reinem Ermessensakt des Tatrichters, der einer rechtlichen Überprüfung mehr oder weniger vollständig entzogen ist (vgl. *Arnemann* S. 353; s. dazu allgemein auch *Kaspar* DJT-Gutachten C, S. C 93 f.).

7 De lege ferenda wäre eine Erweiterung der zulässigen Antragsziele um dasjenige der **»wesentlichen Strafmilderung«** zu erwägen (s. *Marxen/Tiemann* Rn. 88 ff.; vgl. auch den Entwurf der SPD-Fraktion aus dem

Jahr 1996, BT-Drs. 13/3594; ähnlich *Greco* S. 908). Aufgrund der sonstigen durchaus anspruchsvollen Hürden für einen erfolgreichen Wiederaufnahmeantrag ist der Missbrauch der Wiederaufnahme i.S.e. »zweiten Revisionsinstanz« (vgl. *Kühne* Rn. 1116 sowie oben § 359 Rdn. 24) nicht zu befürchten.

8 **2. Wiederaufnahme zuungunsten des Verurteilten.** Anders ist dies zu beurteilen bei der ungünstigen Wiederaufnahme. Hier ist eine **strengere Handhabung** der Ausnahmen vom Wiederaufnahmeverbot des § 363 angezeigt (vgl. Vor §§ 359 ff. Rdn. 12). Man wird dabei zum Schutz des Verurteilten eine ausreichend typisierte Abweichung der nunmehr anvisierten rechtlichen Grundlage verlangen müssen. Das ist bei **Qualifikationstatbeständen** und **benannten Regelbeispielen** der Fall, nicht dagegen bei unbenannten Strafschärfungsgründen und erst recht nicht bei reinen Strafzumessungstatsachen, die sich nur innerhalb des unveränderten Strafrahmens auswirken könnten. Nur so ist auch die wegen Art. 103 Abs. 3 GG erforderliche Bestimmtheit der Voraussetzungen der Rechtskraftdurchbrechung zu gewährleisten.

9 **C. Ausschluss der Wiederaufnahme zur Herbeiführung einer Milderung gem. § 21 StGB.** Die Regelung in Abs. 2 bestimmt, dass eine auf **verminderte Schuldfähigkeit (§ 21 StGB)** gestützte Strafmilderung kein zulässiges Antragsziel ist. Das hat v.a. bei § 211 StGB weitreichende Folgen, wo § 21 StGB die Möglichkeit einer zeitigen Freiheitsstrafe eröffnet. Das BVerfG hat die Norm zwar für verfassungskonform erklärt (BVerfGE 5, 22). Abgesehen von den oben bereits formulierten generellen Bedenken gegen eine zu restriktive Handhabung der günstigen Wiederaufnahme (s.o. Rdn. 4 ff.) ist aber kein sachlicher Grund dafür ersichtlich, warum gerade dieser benannte (und zudem praktisch sehr relevante) Strafmilderungsgrund pauschal der Wiederaufnahmemöglichkeit entzogen werden sollte (vgl. *Kaspar/Arnemann* R&P 2016, 58, 63 sowie *Greco* S. 910 f.). Allein das justizökonomische Argument der Verhinderung einer (ohnehin kaum zu erwartenden) »Flut von Anträgen« (HK-StPO/*Temming* § 363 Rn. 3) genügt hierfür jedenfalls nicht.

10 Das BVerfG hat sich in seiner Entscheidung nur unvollständig mit dem Vorwurf eines Verstoßes gegen Art. 3 Abs. 1 GG auseinandergesetzt. So verneinte es zwar – insoweit nachvollziehbar – eine ungerechtfertigte Ungleichbehandlung im Vergleich zu dem Verurteilten, dessen verminderte Schuldfähigkeit bereits in der Hauptverhandlung festgestellt wurde mit dem Hinweis auf die nach Eintritt der Rechtskraft bedeutende Rechtssicherheit (BVerfGE 5, 22, 23). Die problematischere **Ungleichbehandlung bezüglich anderer Schuldminderungsgründe**, auf die der Wiederaufnahmeantrag grundsätzlich gestützt werden kann (KK-StPO/*Schmidt* § 363 Rn. 5), spricht der Beschluss jedoch nicht an. Dabei spielt es keine Rolle, dass § 21 StGB nur eine fakultative Strafmilderung enthält, weil dies auch in anderen Konstellationen (wie bspw. § 17 Satz 2 StGB) der Fall ist, die nach h.M. ein zulässiges Antragsziel darstellen (s.o. Rdn. 3).

11 Mit der hier vertretenen Auffassung, dass die günstige Wiederaufnahme aus verfassungsrechtlichen Gründen großzügiger zu handhaben ist als die ungünstige (vgl. Rdn. 4 ff. sowie Vor §§ 359 ff. Rdn. 19 ff.), ist es schließlich nicht vereinbar, dass die Wiederaufnahme mit Bezug zu § 21 StGB nach dem klaren Wortlaut von § 363 nur für die günstige Wiederaufnahme ausgeschlossen sein soll. Ist die StA etwa der Meinung, dass das Gericht dem Verurteilten fälschlicherweise eine Strafmilderung gem. § 21 StGB zukommen ließ, kommt eine Wiederaufnahme zuungunsten des Betroffenen grundsätzlich in Betracht (vgl. MüKo-StPO/*Engländer/Zimmermann* § 363 Rn. 16). Der Vorwurf des **Verstoßes gegen Art. 3 Abs. 1 GG** (*Arnemann* S. 64 f.; *Funcke* Die Korrektur des Strafausspruches zugunsten des Verurteilten im Wege der Wiederaufnahme des Strafverfahrens, S. 96 ff.; KMR/*Eschelbach* § 363 Rn. 42; SK-StPO/*Frister* § 363 Rn. 21 f.; MüKo-StPO/*Engländer/Zimmermann* § 363 Rn. 3) ist daher nicht von der Hand zu weisen.

12 Da Strafe Schuld voraussetzt (BGHSt 2, 194, 200) und sie somit in einem angemessenen Verhältnis zur täterbezogenen Vorwerfbarkeit stehen muss, gerät die Norm überdies in Konflikt mit dem strafrechtlichen **Schuldprinzip**. Nach dem BVerfG hat der Strafprozess dieses zu verwirklichen (BVerfGE 133, 168, 225). Zwar ist die vom BVerfG seinerzeit für verfassungsmäßig erklärte Differenzierung zwischen Schuldunfähigkeit (§ 20 StGB) und verminderter Schuldfähigkeit (§ 21 StGB) hinsichtlich eines Verstoßes gegen Art. 3 Abs. 1 GG (BVerfGE 5, 22, 23 f.) durchaus eingängig. Selbiges kann aber nicht für das Schuldprinzip gelten. Wenn die Strafe in einem gerechten Verhältnis zur Schwere der Schuld des Täters stehen muss (BVerfGE 133, 168, 198), dann kann ein Urteil, in dem durch fehlerhafte Nichtanwendung des § 21 StGB eine zu schwere Strafe verhängt wurde, nicht durch den bloßen Verweis auf seine Rechtskraft und die somit zu schützende Rechtssicherheit Bestand haben. Eine mögliche erneute Entscheidung des BVerfG über die Verfassungsmäßigkeit des § 363 Abs. 2 könnte heute anders ausfallen, weil das Schuldprinzip im Zuge der Europäisierung des Strafrechts erheblich an Bedeutung gewonnen hat (vgl. näher *Adam/Schmidt/Schumacher* NStZ 2017, 7, 8; *Landau* NStZ 2015, 665, 666).

§ 364 Behauptung einer Straftat

[1]Ein Antrag auf Wiederaufnahme des Verfahrens, der auf die Behauptung einer Straftat gegründet werden soll, ist nur dann zulässig, wenn wegen dieser Tat eine rechtskräftige Verurteilung ergangen ist oder wenn die Einleitung oder Durchführung eines Strafverfahrens aus anderen Gründen als wegen Mangels an Beweis nicht erfolgen kann. [2]Dies gilt nicht im Falle des § 359 Nr. 5.

A. Grundsätzliches. Die Vorschrift schränkt die Möglichkeit der Wiederaufnahme in den Fällen ein, in denen der Antrag auf die Behauptung einer Straftat gestützt wird. Der **Anwendungsbereich** der Norm bezieht sich unstreitig auf die Wiederaufnahmegründe in § 359 Nr. 2 und Nr. 3 sowie § 362 Nr. 2 und Nr. 3. Nicht erfasst sind dagegen richtigerweise die §§ 359 Nr. 1 und 362 Nr. 1, da deren Wortlaut gerade keine Behauptung einer Straftat voraussetzt; selbst wenn »überschießend« eine Straftat vorgetragen wird, muss in diesem Fall keine Verurteilung ergangen sein (s. § 359 Rdn. 11 f., a.A. AnwK-StPO/*Loos* § 364 Rn. 2). Der praktisch bedeutsamste Wiederaufnahmegrund des **§ 359 Nr. 5** ist durch § 364 Satz 2 ausdrücklich **ausgenommen**. Damit wird die begrenzende Wirkung von § 364 im Bereich der günstigen Wiederaufnahme stark relativiert, da die behauptete Straftat regelmäßig auch als »neue Tatsache« i.S.v. § 359 Nr. 5 vorgebracht werden kann (OLG Rostock NStZ 2007, 357). 1

B. Voraussetzungen der Zulässigkeit. Denkbar ist zunächst eine **rechtskräftige Verurteilung** wegen der behaupteten Straftat, auf die in der **Antragsbegründung** dann Bezug zu nehmen ist. Verlangt wird regelmäßig ein **eindeutiger Schuldspruch**. Eine Verurteilung auf **wahldeutiger Grundlage** soll nicht genügen (vgl. LR/*Gössel* § 364 Rn. 1). Das ergibt sich allerdings nicht aus dem Wortlaut und widerspricht auch der Wertung des § 364 Satz 1 2. Alt. (so überzeugend *Wasserburg* S. 274). Jedenfalls ohne Belang sind die **Rechtsfolgen:** Auch eine Verwarnung mit Strafvorbehalt (§ 59 StGB) oder ein Absehen von Strafe (§§ 46a, 46b; 60 StGB) genügen, da ihnen ein Schuldspruch vorausgeht. Gleiches gilt für eine **Maßregelentscheidung**, die auf der Grundlage der Annahme verminderter Schuldfähigkeit gem. § 21 StGB beruht und daher neben dem strafrechtlichen Schuldspruch steht. Anders zu beurteilen ist dies bei einer reinen Maßregelanordnung aufgrund angenommener Schuldunfähigkeit gem. § 20 StGB. Auch diese kann man zwar ohne Verstoß gegen den Wortlaut als »rechtskräftige Verurteilung« i.S.v. § 364 gelten lassen (vgl. AnwK-StPO/*Loos* § 364 Rn. 4). Da die §§ 359 und 362 aber jeweils in Nr. 2 und 3 voraussetzen, dass sich der Täter »schuldig« gemacht hat (vgl. oben § 359 Rdn. 13), kommt aus diesem Grund eine Wiederaufnahme nicht in Betracht. 2

Die Zulässigkeit des Antrags ist gem. § 364 Satz 1 auch dann gegeben, wenn die Einleitung oder Durchführung eines Strafverfahrens aufgrund bestimmter **Hindernisse** und nicht nur aus Mangel an Beweisen nicht möglich war, z.B. wegen des Eintritts der Verjährung, des Todes des Angeklagten, seiner Verhandlungsunfähigkeit, einer Amnestie (Meyer-Goßner/*Schmitt* § 364 Rn. 1) oder weil der Betreffende unbekannten Aufenthalts ist (BGHSt 48, 153, 155). In der **Antragsbegründung** sind neben dem Hindernis die Umstände zu benennen, die einen ausreichenden Tatverdacht im Hinblick auf konkrete Straftaten ergeben. Dabei genügt **bloßer Anfangsverdacht** gem. § 152 Abs. 2 (BGHSt 48, 153, 155; OLG Oldenburg StV 2003, 234; a.A. *Marxen/Tiemann* Rn. 291; diff. zwischen den Anforderungen im Aditions- und Probationsverfahren *Ruhs* S. 382 f.). 3

Erfasst sind nach herrschender Meinung weiterhin **Einstellungen aus Opportunitätsgründen gem. §§ 153 ff.** (*Böse* JR 2005, 12, 14; Meyer-Goßner/*Schmitt* § 364 Rn. 1; LR/*Gössel* § 364 Rn. 2; zu § 154 siehe OLG Düsseldorf GA 1980, 393, 395 f.; a.A. KG, Beschl. v. 31.07.2009 – 2 Ws 200/09). Auch hier bietet sich eine **Differenzierung** an: Im Rahmen einer Wiederaufnahme zugunsten des Verurteilten sollte man die Einstellung gem. §§ 153 ff. als einen »anderen Grund« i.S.d. § 364 Satz 1 Alt. 2 anerkennen, weil die Opportunitätsvorschriften der Prozessökonomie dienen und dem Verurteilten nicht zum Nachteil gereichen sollen. Bei der Wiederaufnahme zulasten des Verurteilten ist dies anders zu beurteilen, da sich die Verfolgungsbehörden durch eine Einstellung dem Erfordernis einer rechtskräftigen Verurteilung entziehen könnten und trotz fehlender gerichtlicher Feststellung, ob die Tat tatsächlich begangen wurde, eine Wiederaufnahme möglich wäre (MüKo-StPO/*Engländer/Zimmermann* § 364 Rn. 5; KMR/*Eschelbach* § 364 Rn. 23). 4

Aufgrund eines wahrgenommen restriktiven Verfolgungsverhaltens in Bezug auf Straftaten im Amt wird im Kontext des Wiederaufnahmegrundes des § 359 Nr. 3 sowie des § 362 Nr. 3 zudem die Anerkennung der Fallgruppe **»Stillstand der Rechtspflege«** (BeckOK-StPO/*Eschelbach* § 257c Rn. 56) diskutiert. Jedenfalls in Fällen des § 359 Nr. 3 scheint dies angemessen, um die Nachteile einer möglichen restriktiven Verfolgungspraxis nicht dem potenziell zu Unrecht Verurteilten anzulasten (näher dazu auch *Ruhs* S. 334 ff.). Eine andere 5

Frage ist, unter welchen Bedingungen das Wiederaufnahmegericht einen solchen Stillstand feststellen kann und ob es zu einer solch drastischen Schelte von Richterkolleginnen und -kollegen überhaupt bereit ist.

§ 364a Bestellung eines Verteidigers für das Wiederaufnahmeverfahren

Das für die Entscheidungen im Wiederaufnahmeverfahren zuständige Gericht bestellt dem Verurteilten, der keinen Verteidiger hat, auf Antrag einen Verteidiger für das Wiederaufnahmeverfahren, wenn wegen der Schwierigkeit der Sach- oder Rechtslage die Mitwirkung eines Verteidigers geboten erscheint.

Übersicht

1 **A. Grundsätzliches.** Die Vorschrift eröffnet die Möglichkeit, dem Verurteilten bei schwieriger Sach- oder Rechtslage einen Verteidiger zu bestellen (zu deren Tätigkeit bei der Wiederaufnahme s. *Strate* StV 1999, 228). Nach herrschender Meinung gilt § 364a nur für die **Wiederaufnahme zugunsten des Verurteilten** (*Marxen/Tiemann* Rn. 465; *Miebach,* in: Miebach/Hohmann S. 126), was sich aber dem Wortlaut so nicht eindeutig entnehmen lässt: Auch die ungünstige Wiederaufnahme kann einen »Verurteilten« treffen. Man sollte die Norm daher auch im Fall des § 362 (ggf. analog, sofern das Verfahren mit einem Freispruch endete), anwenden (vgl. auch SK-StPO/*Frister* § 364a Rn. 13). Damit wird auch der Rückgriff auf eine analoge Anwendung von § 140 Abs. 2 (OLG Düsseldorf NJW 1989, 676) entbehrlich, der ansonsten zu Recht als von den spezielleren Normen der §§ 364a und 364b verdrängt angesehen wird (OLG Stuttgart NStZ-RR 2003, 114).

2 Die Bestellung des Verteidigers kann bereits **für die Antragstellung** erfolgen (LR/*Gössel* § 364a Rn. 4). Möglich ist aber auch eine Bestellung erst für spätere Verfahrensabschnitte wie die **Beweisaufnahme** gem. § 369. Da auch die **Beschwerde** gegen die Verwerfung des Wiederaufnahmeantrags noch Teil des Verfahrens ist, kann eine Bestellung auch erst zu diesem Zeitpunkt erfolgen (OLG Karlsruhe NStZ-RR 2003, 116; a.A. OLG Rostock NStZ-RR 2004, 273). Die Bestellung **endet** mit der Rechtskraft der Entscheidung gem. §§ 368, 370 Abs. 1 bzw. der Anordnung gem. § 370 Abs. 2 (z.B. LG Ulm Beschl. v. 07.01.2013 – 2 Qs 2088/12).

3 Zu beachten ist, darüber hinaus, dass für die Zurechnung anwaltlichen Verschuldens, etwa bei Fristversäumung, auch im Bereich der Wiederaufnahme erhöhte Anforderungen gelten (BVerfG Beschl. v. 02.03.2014 – 2 BvR 53/13).

4 **B. Voraussetzungen der Verteidigerbestellung. I. Kein Verteidiger.** Bei dieser Frage ist nach neuer Rechtslage zwischen Wahl- und Pflichtverteidigung zu differenzieren. Im Bereich der **Wahlverteidigung** dauert die Wirksamkeit einer erteilten Vollmacht nach wie vor grds. bis zur Rechtskraft des Beschlusses gem. § 370 Abs. 2 an (Meyer-Goßner/*Schmitt* § 364a Rn. 2; OLG Brandenburg Beschl. v. 14.02.2019 – 1 Ws 21/19; a.A. SK-StPO/*Frister* § 364a Rn. 5; MüKo-StPO/*Engländer/Zimmermann* § 364a Rn. 14; s.a. OLG Oldenburg NStZ-RR 2009, 208, KG NJW 2013, 182; OLG Jena Beschl. v. 23.10.2013 – 1 Ws 283/13). Daher besteht hier kein Bedarf für eine Bestellung gem. § 364a, die ausdrücklich nur in Betracht kommt, wenn der Antragsteller »keinen Verteidiger hat«. Dies ist unstreitig dann der Fall, wenn am Ausgangsverfahren **kein Verteidiger beteiligt** war. Richtigerweise sind aber auch die Fälle erfasst, in denen die ursprüngliche Vollmacht erloschen ist. Es ist kein Grund ersichtlich, § 364a auf Fälle zu beschränken, in denen zum ersten Mal ein Verteidiger bestellt werden soll (LR/*Gössel* § 364a Rn. 1; a.A. *Wasserburg* GA 1982, 304).

5 Anders ist die Situation im Bereich der **Pflichtverteidigung.** Hier endet die Bestellung nunmehr ausdrücklich gem. § 143 Abs. 1 mit der rechtskräftigen Aburteilung des Angeklagten (vgl. BT-Drs. 19/13829, S. 44). Es ist somit nicht mehr vertretbar, die Fortwirkung der Pflichtverteidigerbestellung bis zur Rechtskraft des Beschlusses gem. § 370 Abs. 2 anzunehmen (OLG Frankfurt a.M. BeckRS 2020, 3895; BeckOK-StPO/Singelnstein § 364a Rn. 1). Der Verurteilte hat vielmehr als unverteidigt zu gelten, was den Anwendungsbereich von § 364a eröffnet.

6 **II. Schwierigkeit der Sach- und Rechtslage.** Ausschlaggebend ist allein, ob der Verurteilte mit seinen persönlichen Fähigkeiten selbst in der Lage ist, i.R.d. Antragstellung oder des weiteren Verfahrens (einschließlich der Beweisaufnahme gem. § 369) seine Interessen sachgerecht wahrzunehmen, oder ob er hierzu aufgrund sachlicher oder rechtlicher Schwierigkeiten außerstande ist (vgl. OLG Düsseldorf NJW 1989, 676 hinsicht-

lich Personen mit mangelnden Sprachkenntnissen). Unerheblich sind dabei Art und Schwere der Tat sowie der verhängten Rechtsfolgen (*Marxen/Tiemann* Rn. 472). Im Interesse des effektiven Rechtsschutzes sollte man an die Schwierigkeit der Sach- und Rechtslage keine zu hohen Anforderungen stellen (Meyer-Goßner/*Schmitt* § 364a Rn. 6).

III. Keine offensichtliche Aussichtslosigkeit. Bei ganz **offensichtlich aussichtslosen** und geradezu mutwillig gestellten Anträgen wird kein Verteidiger bestellt (OLG Frankfurt a.M. BeckRS 2020, 3895). Das kann auch dann der Fall sein, wenn der bisherige Verteidiger aus nachvollziehbaren Gründen die Antragstellung abgelehnt hat (Meyer-Goßner/*Schmitt* § 364a Rn. 5). Es muss sich allerdings um **eindeutige Fälle** handeln; unsichere Erfolgsaussichten allein genügen nicht, wie auch der systematische Vergleich zu § 364b zeigt, wo das Kriterium der hinreichenden Erfolgsaussichten explizit als Voraussetzung genannt wird (*Marxen/Tiemann* Rn. 474). 7

C. Verfahrensfragen. I. Antrag. Die Bestellung erfolgt nur **auf Antrag**, wobei die Fürsorgepflicht des Gerichts ggü. dem Verurteilten in offensichtlichen Fällen eine entsprechende Anregung gebietet (KK-StPO/*Schmidt* § 364a Rn. 5). Die Verletzung dieser Fürsorgepflicht ist gerichtlich überprüfbar (*Miebach*, in: Miebach/Hohmann S. 358). Im Antrag sind der Grund der Wiederaufnahme sowie das Antragsziel anzugeben, damit das Gericht dessen Erfolgsaussichten sowie die Schwierigkeit der Sach- und Rechtslage prüfen kann. Soweit der Wiederaufnahmeantrag selbst noch nicht gestellt ist, muss die Bezeichnung des angegriffenen Urteils und das Ziel des geplanten Wiederaufnahmeantrags angegeben werden (*Miebach*, in: Miebach/Hohmann S. 129). 8

Antragsberechtigt sind neben dem Verurteilten selbst ggf. dessen Erziehungsberechtigte oder gesetzliche Vertreter sowie die StA. Auf **Antragsberechtigte gem. § 361 Abs. 2** ist die Norm analog anzuwenden (OLG Stuttgart NStZ 1999, 587; a.A. und nur de lege ferenda befürwortend SK-StPO/*Frister* § 364a Rn. 11). Wird die Beiordnung eines bestimmten Verteidigers gewünscht, sollte das Gericht dem möglichst entsprechen, auch wenn ein entsprechender Anspruch des Antragstellers nicht besteht (Meyer-Goßner/*Schmitt* § 364a Rn. 8). 9

II. Zuständigkeit. Zuständig für die Entscheidung über die Bestellung des Verteidigers ist das für das Wiederaufnahmeverfahren insgesamt zuständige Gericht, vgl. **§ 140a Abs. 6 GVG**. Der Antrag gem. § 364a kann – wie der Wiederaufnahmeantrag selbst – auch bei dem Gericht gestellt werden, dessen Urteil angegriffen wird (§ 367 Abs. 1 Satz 2). Über die Bestellung wird gem. § 367 Abs. 2 ohne mündliche Verhandlung nach Anhörung der StA (§ 33 Abs. 2) entschieden. In Abweichung zu § 141 Abs. 4 entscheidet über die Bestellung des Verteidigers nicht der Vorsitzende allein, sondern das Gericht. Ergeht die Beiordnung allein durch den Vorsitzenden, ist sie daher unwirksam (Meyer-Goßner/*Schmitt* § 364a Rn. 8; a.A. *Marxen-Tiemann* Rn. 480; vermittelnd MüKo-StPO/*Engländer/Zimmermann* § 364a Rn. 38). 10

III. Beschwerde. Gegen den ablehnenden Beschluss kann nicht gem. § 372 Satz 1 vorgegangen werden (BGH NJW 1976, 431; *Kühne* Rn. 1107), vielmehr ist eine **Beschwerde gem. § 304** möglich, sofern kein OLG entschieden hat (§ 304 Abs. 4 Satz 2). Diese kann sich auch auf die Auswahl des Verteidigers beschränken (LR/*Gössel* § 364a Rn. 15). **Beschwerdeberechtigt** sind der Verurteilte (bzw. die anderen oben bei Rdn. 9 erwähnten Antragsberechtigten) sowie die StA (Meyer-Goßner/*Schmitt* § 364a Rn. 9). 11

§ 364b Bestellung eines Verteidigers für die Vorbereitung des Wiederaufnahmeverfahrens

(1) [1]Das für die Entscheidungen im Wiederaufnahmeverfahren zuständige Gericht bestellt dem Verurteilten, der keinen Verteidiger hat, auf Antrag einen Verteidiger schon für die Vorbereitung eines Wiederaufnahmeverfahrens, wenn

1. **hinreichende tatsächliche Anhaltspunkte dafür vorliegen, dass bestimmte Nachforschungen zu Tatsachen oder Beweismitteln führen, welche die Zulässigkeit eines Antrags auf Wiederaufnahme des Verfahrens begründen können,**
2. **wegen der Schwierigkeit der Sach- oder Rechtslage die Mitwirkung eines Verteidigers geboten erscheint und**
3. **der Verurteilte außerstande ist, ohne Beeinträchtigung des für ihn und seine Familie notwendigen Unterhalts auf eigene Kosten einen Verteidiger zu beauftragen.**

[2]Ist dem Verurteilten bereits ein Verteidiger bestellt, so stellt das Gericht auf Antrag durch Beschluss fest, dass die Voraussetzungen der Nummern 1 bis 3 des Satzes 1 vorliegen.

(2) Für das Verfahren zur Feststellung der Voraussetzungen des Absatzes 1 Satz 1 Nr. 3 gelten § 117 Abs. 2 bis 4 und § 118 Abs. 2 Satz 1, 2 und 4 der Zivilprozessordnung entsprechend.

Übersicht

1 **A. Grundsätzliches.** § 364b eröffnet die Möglichkeit der Bestellung eines Verteidigers bereits zur **Vorbereitung des Wiederaufnahmeantrags.** Dies gilt auch für die nach **§ 361 Abs. 2 Antragsberechtigten.** V.a. für den inhaftierten Verurteilten ist anwaltliche Hilfe schon bei der Vorbereitung eines Wiederaufnahmeantrags von essenzieller Bedeutung (vgl. auch Miebach/Hohmann/*Feilcke* Wiederaufnahme in Strafsachen, S. 140). Als **anwaltliche Ermittlungen** kommen z.B. die Befragung von Zeugen oder das Einholen von Auskünften und Sachverständigengutachten in Betracht (s. näher *Wasserburg* S. 71 ff.).

2 Wie bei § 364a ist die Bestellung auch hier nur auf **Antrag** möglich. Dieser muss insb. Tatsachen enthalten, die die hinreichende Erfolgsaussicht der geplanten Nachforschungen untermauern (OLG Düsseldorf Beschl. v. 11.02.1991 – 1 Ws 122/91). Bloße Vermutungen des Verurteilten reichen nicht aus (OLG Zweibrücken Beschl. v. 24.04.2017 – 1 Ws 81/17). Vor überzogenen Anforderungen ist aber zu warnen, ggf. ist i.R.d. gerichtlichen Fürsorgepflicht eine Ergänzung des Antrags anzuregen. Zur **Zuständigkeit** des Gerichts und zur Anfechtung der Ablehnung der Bestellung mittels **Beschwerde** s.o. § 364a Rdn. 10 f.

3 **B. Voraussetzungen der Verteidigerbestellung.** Vorausgesetzt ist zunächst, dass der Verurteilte **»keinen Verteidiger«** hat (dazu § 364a Rdn. 4). Zusätzlich wird von § 364b Abs. 1 Satz 2 aber auch die Möglichkeit eröffnet, den bereits bestellten Verteidiger **nachträglich** als Verteidiger i.S.v. § 364b bestellen zu lassen; damit ist die Erstattung auch bereits bisher zur Vorbereitung des Antrags angefallener Gebühren und Auslagen gesichert (vgl. Meyer-Goßner/*Schmitt* § 364b Rn. 1, 9), und zwar gem. § 45 Abs. 4 RVG auch für den Fall, dass letztlich von einem Wiederaufnahmeantrag abgesehen wird. Die Ansicht, dass bei Ausscheiden eines einmal beigeordneten Pflichtverteidigers kein Rechtsanspruch auf eine weitere Beiordnung besteht, wird richtigerweise abgelehnt, da dessen Voraussetzungen nicht automatisch mit der Mandatsaufgabe wegfallen (z.B. Burhoff/Kotz/*Amelung/Werning* S. 1187).

4 Wie bei § 364a verlangt auch die Bestellung des Verteidigers gem. § 364b die Feststellung der **Schwierigkeit der Sach- und Rechtslage** (dazu § 364a Rdn. 6). Allerdings ist bei dieser Feststellung nicht auf das spätere Wiederaufnahmeverfahren abzustellen, sondern allein auf Art und Umfang der anzustellenden Ermittlungen (LG Köln MDR 1991, 666; Miebach/Hohmann/*Feilcke* Wiederaufnahme in Strafsachen, S. 142). In Parallele zum Anfangsverdacht gem. § 152 Abs. 2 wird weiterhin verlangt, dass **ausreichende Anhaltspunkte** dafür sprechen, dass durch die angestrebten Nachforschungen tatsächlich relevante Tatsachen und Beweise ermittelt werden können. Es genügt, wenn hierfür aufgrund tatsächlicher Umstände die **Möglichkeit** besteht (*Marxen/Tiemann* Rn. 487); reine Vermutungen reichen nicht aus (Meyer-Goßner/*Schmitt* § 364b Rn. 5).

5 Die Bestellung setzt weiter **Mittellosigkeit** des Verurteilten voraus, was der Fall ist, wenn er die Verteidigungskosten nicht ohne Beeinträchtigung des für ihn oder seine Familie erforderlichen Unterhalts aufbringen kann. Für die **Feststellung** dieser Voraussetzung verweist Abs. 2 auf die Vorschriften der ZPO: Entsprechend § 117 Abs. 2 bis 4 ZPO muss der Antragsteller eine Erklärung über seine persönlichen und wirtschaftlichen Verhältnisse auf dem amtlichen Vordruck abgeben. Weiterhin kann das Gericht gem. § 118 Abs. 2 Satz 1, 2 und 4 ZPO die Glaubhaftmachung von Tatsachen verlangen, eigene Ermittlungen anstellen und dem Antragsteller für die Erklärung gem. § 117 Abs. 2 ZPO und die Beantwortung weiterer Fragen eine Frist setzen, nach deren erfolglosem Ablauf der Antrag abgelehnt werden kann.

6 **C. Mitwirkungspflicht der Staatsanwaltschaft. 1. De lege lata.** Eine **Pflicht der StA**, das Verfahren selbst zu betreiben und **eigene Ermittlungen** anzustellen, besteht **de lege lata nicht** (*Marxen/Tiemann* Rn. 463; umfassend dazu MüKo-StPO/*Engländer/Zimmermann* § 364b Rn. 7 ff.). Zwar wird teilweise gefordert, die im ersten Rechtszug geltende Ermittlungs- und Neutralitätspflicht gem. § 160 bei hinreichenden Verdachtsmomenten auch auf das Wiederaufnahmeverfahren auszuweiten (SK-StPO/*Frister* § 364b Rn. 9). Dagegen spricht jedoch, dass das Legalitätsprinzip systematisch durch seine Positionierung im Zweiten Buch der Strafprozessordnung nach dem Willen des Gesetzgebers im Vierten Buch keine Wirkung entfalten soll (MüKo-StPO/*Engländer/Zimmermann* § 364b Rn. 9 mwN). Der Einwand, die Ermittlungspflicht sei bei Wiederaufnahmeverfahren noch nicht erfüllt, weshalb sie auch dort gelten müsse (*Momsen/Diederichs* StV 2021, 466, 467) überzeugt nicht. Nach rechtskräftiger Verurteilung besteht im Zweifel eine **Richtigkeitsvermutung** zugunsten der Verurteilung. Das gebieten Rechtssicherheit und Rechtsfrieden, die letztlich nur durch eine einigermaßen verlässliche Rechtskraft erreicht werden können (vgl. Vor §§ 359 ff. Rdn 8 ff.). Zwar hat das BVerfG in einem Nebensatz einer Entscheidung erwähnt, dass die StA gegebenenfalls auch selbst einen Antrag auf Wiederaufnahme zugunsten des Verurteilten »zu stellen hat« (BVerfG MDR 1983, 548, 549). Damit sagt

das Gericht aber lediglich, dass unter bestimmten Umständen (also etwa bei Vorliegen von klaren Hinweisen auf ein Fehlurteil) eine **Antragspflicht der StA** entstehen kann. Nicht wird damit gesagt, dass die StA i.S.d. Legalitätsgrundsatzes verpflichtet ist, diesen erhöhten Verdachtsgrad durch eigene Ermittlungen herbeizuführen (vgl. zum Inhalt des Legalitätsprinzips nur MüKo-StPO/*Kölbel* § 160 Rn. 29).

2. De lege ferenda. Eine **Mitwirkungspflicht** der StA bei wiederaufnahmerechtlichen Ermittlungen ist allerdings **de lege ferenda angezeigt**. Da die Vermeidung der Bestrafung eines an sich Unschuldigen unmittelbar verfassungsrechtlich geboten ist, muss das einfache Recht ihr effektiv entgegenwirken (vgl. Vor §§ 359 ff. Rdn. 14). In den USA setzt man bereits jetzt vielfach auf sogenannte **Conviction Integrity Units** (CIUs) oder auch Conviction Review Units (CRUs) (vgl. *Momsen/Diederichs* StV 2021, 466; zu ähnlichen Einrichtungen in Kanada, England und Wales s. *Clausing* NStZ 2020, 644, 646). Dabei handelt es sich um Ermittlungseinheiten der StA, die bei Anhaltspunkten für Fehlurteile eigene Ermittlungen anstellen. Verurteilter und ggf. Verteidiger sehen sich im Wiederaufnahmeverfahren (teilweise zu) hohen Beweisanforderungen gegenüber (zu den möglichen Gründen *Eisenberg* NK 2021, 139, 143 ff.). Auch deshalb erscheint es sinnvoll, die StA mit ihren Ressourcen und ihrer Ermittlungserfahrung (*Momsen/Diederichs* StV 2021, 466, 469) bei hinreichenden Verdachtsmomenten bereits vor der Entscheidung im Aditionsverfahren einzubinden. 7

Eine solche Einbindung müsste in formaler Hinsicht durch eine explizite **Erweiterung des Legalitätsprinzips auch auf Wiederaufnahmeverfahren** untermauert werden (*Clausing* NStZ 2020, 644, 647). Wünschenswert sind klare gesetzliche Kriterien, die festlegen, ab welchem Verdachtsgrad die StA tätig werden muss (vgl. zum Beispiel der USA *Momsen/Diederichs* StV 2021, 466, 468). Da insb. bei dem Verdacht auf zu Unrecht verhängte Freiheitsstrafen schwerste Grundrechtsverletzungen der Verurteilten im Raum stehen, reicht es zudem nicht, auf einen sehr abstrakten Begriff wie den Anfangsverdacht (im Fall der Wiederaufnahme also den Anfangsverdacht bezüglich eines falschen Urteils) gem. § 152 Abs. 2 abzustellen. Um die Aufklärung effektiv zu gestalten, muss es ausreichen, wenn ein Verdacht die Annahme nahelegt, dass eine das Urteil tragende Tatsache unrichtig oder der eine Annahme begründende Beweis falsch ist. Zu denken ist etwa an (mittlerweile) veraltete forensische Methoden oder eklatantes Fehlverhalten von Ermittlungspersonen (vgl. *Momsen/Diederichs* StV 2021, 466, 468; umfassende Darstellung exemplarischer Fälle aus den USA bei *Scheck* Ohio State Journal of Criminal Law 2017, 705, 720 ff.; näher zu möglichen ermittlungsauslösenden und -ausschließenden Kriterien ebd. 727 f. u. 732 ff.). Da bereits erfolgte Verurteilungen von Angeklagten weitaus intensivere Grundrechtseingriffe als bloße Ermittlungen gegen Beschuldigte sind, sollte man in diesen Fällen nicht auf Normen ausweichen, die eine Einstellung aus Opportunitätsgründen wie bei den §§ 153 ff. ermöglichen. Besteht der Verdacht eines Fehlurteils, würde das (erweiterte) Legalitätsprinzip Ermittlungen gebieten, die den Verdacht entweder mit hinreichender Wahrscheinlichkeit ausräumen oder die mit einem Wiederaufnahmeantrag enden. 8

Personell sollten die Ermittlungsgruppen für Wiederaufnahmeverfahren von den regulär ermittelnden Staatsanwälten getrennt arbeiten, um eine der Wahrheitsfindung undienliche Rücksichtnahme gegenüber Kolleginnen und Kollegen sowie andere kognitive Hindernisse guter Ermittlungsarbeit so weit wie möglich zu verhindern (*Momsen/Diederichs* StV 2021, 466, 469). Um weitgehend objektive Ermittlungen zu ermöglichen, ist eine enge Zusammenarbeit z.B. mit Strafverteidigerinnen und -verteidigern und mit am Ausgangsverfahren unbeteiligten Richterinnen und Richtern wünschenswert (exemplarisch etwa die seit 2006 bestehende »North Carolina Innocence Inquiry Commission« *Scheck* Ohio State Journal of Criminal Law 2017, 705, 711 f.; zu daraus ableitbaren Forderungen allgemein 728 ff.; 738 ff.). Diese Ermittlungsgruppen würden neben einer Aufstockung des Personals der StA auch ein eigenes Budget benötigen, um unabhängig arbeiten zu können. 9

§ 365 Geltung der allgemeinen Vorschriften über Rechtsmittel für den Antrag

Die allgemeinen Vorschriften über Rechtsmittel gelten auch für den Antrag auf Wiederaufnahme des Verfahrens.

A. Grundsätzliches. Die Vorschrift erklärt die **»allgemeinen Vorschriften über Rechtsmittel«**, also die **§§ 296 bis 303**, auch für das Wiederaufnahmeverfahren für anwendbar. **§ 303** ist i.R.d. Wiederaufnahmeverfahrens allerdings bedeutungslos, da die Entscheidung über Zulässigkeit und Begründetheit gem. §§ 367 1

Abs. 2, 370 Abs. 1 ohne mündliche Verhandlung ergeht und nach dem Beschluss gem. § 370 Abs. 2 keine Rücknahme mehr möglich ist (s.u. Rdn. 7). Nach BGHSt 11, 361, 363 gelten darüber hinaus die Vorschriften über die **Rechtsmittelbeschränkung** (§§ 318, 327, 344 Abs. 1, 352 Abs. 1) entsprechend.

2 **B. Die anwendbaren Vorschriften im Einzelnen. I. Antragsberechtigung (§§ 296 bis 298).** Die Wiederaufnahme kann zunächst gem. **§§ 365, 296 Abs. 1** von jedem (auch minderjährigen oder schuldunfähigen) **Verurteilten** beantragt werden. Auch Verhandlungsfähigkeit des Verurteilten ist richtigerweise nicht erforderlich (SK-StPO/*Frister* § 361 Rn. 5; MüKo-StPO/*Engländer/Zimmermann* § 365 Rn. 3; a.A. Meyer-Goßner/*Schmitt* § 365 Rn. 2). Im Fall des Todes ergibt sich die Antragsberechtigung aus der Sonderregelung des § 361 Abs. 2 (vgl. dort). Der Antrag kann auch vom entsprechend bevollmächtigten gesetzlichen Vertreter (unbeschadet dessen eigener Antragsberechtigung gem. § 298, s.u. Rdn. 4) gestellt werden. Weiterhin antragsberechtigt nach § 296 Abs. 1 ist die **StA**. Abs. 2 stellt klar, dass der Antrag auch zugunsten des Verurteilten gestellt werden kann. Der **Privatkläger** kann einen Antrag auf Wiederaufnahme zuungunsten des Verurteilten stellen, muss diesen aber gem. § 390 Abs. 2 von einem Rechtsanwalt unterzeichnen lassen. Der **Nebenkläger** ist seit dem Opferschutzgesetz von 1986 nicht mehr antragsberechtigt und kann sich auch nicht der Wiederaufnahme eines anderen Verfahrensbeteiligten anschließen (Burhoff/Kotz/*Amelung*/*Werning* S. 1104; a.A. *Kühne* Rn. 1109).

3 Auch der **Verteidiger** des Verurteilten ist gem. **§§ 365, 297** antragsberechtigt. Der Antrag darf nicht gegen den ausdrücklichen Willen des Verurteilten gestellt werden. Aus dieser *ratio* des § 297 folgt auch, dass der vom Verteidiger gestellte Antrag vom Verurteilten **zurückgenommen** werden kann (s. *Wasserburg* S. 236). Auch der Verteidiger selbst kann den Antrag zurücknehmen, allerdings gem. § 302 Abs. 2 nur mit ausdrücklicher Ermächtigung durch den Verurteilten.

4 Ein **selbstständiges Antragsrecht** hat gem. §§ 365, 298 Abs. 1 der **gesetzliche Vertreter**. Er darf den Antrag auch gegen den ausdrücklichen Willen des Vertretenen stellen. Im Jugendstrafverfahren sind **Erziehungsberechtigte**, solange der Verurteilte noch nicht volljährig ist, gem. § 67 Abs. 2 JGG antragsberechtigt. Endet die gesetzliche Vertretung bzw. tritt Volljährigkeit vor dem Beschluss gem. § 370 ein, so ist das Verfahren als unzulässig zu verwerfen, sofern kein Eintritt des Verurteilten erfolgt (LR/*Gössel* § 365 Rn. 6; a.A. Meyer-Goßner/*Schmitt* § 365 Rn. 4: Einstellung des Verfahrens). Bei einem Wechsel des gesetzlichen Vertreters tritt dieser in das Verfahren ein (LR/*Jesse* § 298 Rn. 17). Eine **Antragsfrist**, die gem. § 298 vom gesetzlichen Vertreter einzuhalten wäre, gibt es nicht (vgl. Vor §§ 359 ff. Rdn. 28).

5 **II. Erleichterungen der Antragstellung (§§ 299 bis 300).** Die Anwendbarkeit von § 299 Abs. 1 ermöglicht es dem **inhaftierten Verurteilten**, den Wiederaufnahmeantrag auch zu Protokoll der Geschäftsstelle des AG zu stellen, in dessen Bezirk sich die Anstalt befindet. Die Fristenregelung des § 299 Abs. 2 hat für das Wiederaufnahmeverfahren dagegen keine Bedeutung. Dem effektiven Rechtsschutz dient der ebenfalls für anwendbar erklärte § 300, wonach ein Irrtum des Antragstellers in der Bezeichnung des Rechtsmittels unschädlich ist. Entscheidend ist allein, dass sein Wille zum Ausdruck kommt, eine Überprüfung der Verurteilung anzustreben.

6 **III. Rechtsmittel der StA (§ 301).** Nach § 301 kann nach jedem von der StA eingelegten Rechtsmittel, selbst wenn dies ausdrücklich zuungunsten des Verurteilten geschah, auch zugunsten des Verurteilten entschieden werden. Die wohl herrschende Meinung bezieht diese Regelung allein auf eine **neue Hauptverhandlung** (Meyer-Goßner/*Schmitt* § 365 Rn. 5). Dabei wird aber übersehen, dass diese kein Abschnitt des Wiederaufnahmeverfahrens ist, § 301 aber gem. § 365 ausdrücklich für »den Antrag auf Wiederaufnahme des Verfahrens« gelten soll. Hinzu kommt, dass die Regelung ansonsten überflüssig wäre; denn dass in der neuen Hauptverhandlung ganz unabhängig von Antragsteller und Antragsziel eine neue und eigenständige Entscheidung sowohl zugunsten als auch zuungunsten des Verurteilten getroffen werden kann, ist selbstverständlich. Ein sinnvoller Anwendungsbereich der Verweisung ergibt sich daher erst dann, wenn man § 301 auf das **Wiederaufnahmeverfahren selbst** bezieht. Das bedeutet, dass ein Wiederaufnahmeantrag, der von der StA zuungunsten des Verurteilten eingelegt wurde, eine umfassende Überprüfung des Urteils eröffnet, auch im Hinblick auf möglicherweise bestehende Wiederaufnahmegründe gem. § 359 (vgl. BeckOK-StPO/*Singelnstein* § 365 Rn. 9).

7 **IV. Zurücknahme und Verzicht (§ 302).** Für die Zurücknahme und den Verzicht auf die Wiederaufnahme gilt grds. § 302 (vgl. dort). Allerdings sind gewisse Einschränkungen zu beachten, die den Besonderheiten des Wiederaufnahmeverfahrens geschuldet sind. So ist eine (auch nur teilweise) **Zurücknahme** des Wiederaufnahmeantrags zwar bis zur Entscheidung des Gerichts gem. § 370 oder § 371 möglich (KG JR 1984, 393); der Antrag kann in diesem Fall auch mit gleichem Inhalt wiederholt werden. Unwirksam ist dagegen ein **Verzicht** auf das Wiederaufnahmerecht als solches (LR/*Gössel* § 365 Rn. 10), zumal es auch überindividuellen

Zielen wie Rechtsstaatlichkeit und Gerechtigkeit dient (s.o. Vor §§ 359 ff. Rdn. 10 ff.). Erst recht ist eine **Verwirkung** des Wiederaufnahmerechts nicht möglich (vgl. Meyer-Goßner/*Schmitt* § 365 Rn. 6).

§ 366 Inhalt und Form des Antrags

(1) In dem Antrag müssen der gesetzliche Grund der Wiederaufnahme des Verfahrens sowie die Beweismittel angegeben werden.

(2) Von dem Angeklagten und den in § 361 Abs. 2 bezeichneten Personen kann der Antrag nur mittels einer von dem Verteidiger oder einem Rechtsanwalt unterzeichneten Schrift oder zu Protokoll der Geschäftsstelle angebracht werden.

Übersicht

1 **A. Notwendiger Inhalt des Antrags (Abs. 1). I. Gesetzlicher Wiederaufnahmegrund.** Der Antragsteller muss einen (oder mehrere, vgl. OLG Düsseldorf GA 1980, 393, 396 f.) der **gesetzlichen Wiederaufnahmegründe** benennen. Der Grund sollte (wie das Ziel des Antrags) möglichst ausdrücklich benannt werden, jedoch genügt es nach dem Rechtsgedanken der §§ 365, 300, wenn er sich der Begründung entnehmen lässt. Eine Bindung des Gerichts im Hinblick auf den vorgebrachten Wiederaufnahmegrund gibt es richtigerweise nicht (vgl. § 359 Rdn. 1). Der Antrag muss (wie i.R.d. Revisionsbegründung) aus sich heraus verständlich sein (OLG Hamburg StraFo 2003, 430). Daher sind **Bezugnahmen und Verweisungen** auf andere Dokumente nach herrschender Ansicht grds. nicht zulässig (Meyer-Goßner/*Schmitt* § 366 Rn. 1; LG Cottbus Beschl. v. 26.09.2019 – 23 KLs 24/19). Man wird dem Gericht aber i.R.d. prozessualen Fürsorgepflicht aufgeben müssen, den Antragsteller auf leicht heilbare Mängel des Antrags hinzuweisen und ggf. deren Korrektur zu ermöglichen. Soweit der Rechtspfleger den Antrag zu Protokoll nimmt, gilt Nr. 150 Abs. 3 RiStBV (*Amelung/Werning*, in: Burhoff/Kotz S. 1107). Das bedeutet u.a., dass das Protokoll aus sich heraus verständlich sein muss und Bezugnahmen auf andere Schriftstücke einschließlich handschriftlicher Erklärungen des Beschwerdeführers auch hier nicht zulässig sind.

2 **II. Beweismittel.** Der Antragsteller muss weiterhin **Beweismittel** benennen. Erfasst werden die **förmlichen Beweismittel** der StPO, also Sachverständige, Zeugen, Augenschein sowie Urkunden (Meyer-Goßner/*Schmitt* § 359 Rn. 26; weitergehend MüKo-StPO/*Engländer/Zimmermann* § 366 Rn. 9, nach denen auch die Aussage des Verurteilten bzw. eines Mitangeklagten erfasst ist). Entbehrlich ist die separate Angabe von Beweismitteln naturgemäß in den Fällen, in denen die **Wiederaufnahme gem. § 359 Nr. 5 2. Alt.** auf »neue Beweismittel« gestützt wird, da diese dann ohnehin i.R.d. schlüssigen Vorbringens zum Wiederaufnahmegrund genannt werden müssen. Der Antragsteller muss darüber hinaus darlegen, dass die Beweismittel **neu** sind, d.h. vom Gericht bei seiner Entscheidung nicht berücksichtigt wurden, und **geeignet** sind, d.h. den Wiederaufnahmegrund stützen (s. dazu näher § 368 Rdn. 4 ff.). Die Gerichte sollten auch bzgl. dieses Vorbringens aufgrund ihrer **Fürsorgepflicht** bei behebbaren Mängeln auf eine Ergänzung des Antrags hinwirken (*Marxen/Tiemann* Rn. 262).

3 **B. Spezielle Formerfordernisse (Abs. 2).** Für die Wiederaufnahme zuungunsten des Angeklagten hat die Vorschrift keine Bedeutung, da weder der Staatsanwalt noch der Privatkläger einbezogen sind. Während für den Antrag der **StA** daher nur das einfache Schriftformerfordernis gilt (vgl. Meyer-Goßner/*Schmitt* § 366 Rn. 4), ist für den Antrag des **Privatklägers** § 390 Abs. 2 zu beachten, wonach dieser den Antrag nur mittels einer von einem RA unterzeichneten Schrift anbringen kann. § 366 Abs. 2 gilt allein für Anträge des **Verurteilten** bzw. der nach § 361 Abs. 2 Antragsberechtigten sowie der gesetzlichen Vertreter (§ 298) und Erziehungsberechtigten. Neu beigefügte Beweismittel müssen dieses Formerfordernis nicht erfüllen, wenn der ordnungsgemäß gestellte Wiederaufnahmeantrag auf diese nicht lediglich Bezug nimmt, sondern die neuen Tatsachen und Beweismittel selbstständig in einer geschlossenen und verständlichen Sachdarstellung wiedergibt (LG Saarbrücken Beschl. v. 20.08.2013 – 2 Ks 05 Js 216/06).

4 Zwei Möglichkeiten der zulässigen Antragstellung sind in Abs. 2 geregelt: Zum einen ist ein **schriftlicher Antrag** denkbar, der von einem **Verteidiger oder RA unterzeichnet** sein muss, was eine eigenhändige Unterschrift voraussetzt. Die gesonderte Nennung des RA ist ein Hinweis darauf, dass dieser auch allein mit der Stellung des Antrags beauftragt werden kann. Wie bei der Revision muss der Anwalt die volle **Verantwortung** für den Inhalt der Schrift übernehmen (LR/*Gössel* § 366 Rn. 13). Der Anwalt darf sich also nicht erkennbar vom Inhalt des Antrags distanzieren (*Marxen/Tiemann* Rn. 118). Verlangt wird darüber hinaus eine

gestaltende Mitwirkung, um die Funktion der Unterzeichnungspflicht (Schutz der Gerichte vor grundlosen und unverständlichen Anträgen) zu sichern. Unter diesem teleologischen Gesichtspunkt wird man dann aber Anträge zulassen müssen, die zwar wesentlich vom Verurteilten stammen, der aber über eigene Sachkunde verfügt (*Marxen/Tiemann* Rn. 119).

5 Die **Erklärung zu Protokoll** hat bei der Geschäftsstelle des gem. § 140a GVG zuständigen Gerichts zu erfolgen. Bei Anträgen des Verurteilten ist dies gem. § 367 Abs. 1 auch bei der Geschäftsstelle des Gerichts, dessen Urteil angefochten wird, möglich; für inhaftierte Verurteilte gilt § 299 (HK-StPO/*Temming* § 366 Rn. 6). Dabei hat der Urkundsbeamte den Antragsteller zu beraten sowie die Erklärungen selbst zu formulieren und inhaltlich zu verantworten (OLG Düsseldorf JR 1992, 124 f.; MüKo-StPO/*Engländer/Zimmermann* § 366 Rn. 15). Er darf die Entgegennahme des Antrags nicht verweigern (*Marxen/Tiemann* Rn. 121).

§ 367 Zuständigkeit des Gerichts; Entscheidung ohne mündliche Verhandlung

(1) [1]Die Zuständigkeit des Gerichts für die Entscheidungen im Wiederaufnahmeverfahren und über den Antrag zur Vorbereitung eines Wiederaufnahmeverfahrens richtet sich nach den besonderen Vorschriften des Gerichtsverfassungsgesetzes. [2]Der Verurteilte kann Anträge nach den §§ 364a und 364b oder einen Antrag auf Zulassung der Wiederaufnahme des Verfahrens auch bei dem Gericht einreichen, dessen Urteil angefochten wird; dieses leitet den Antrag dem zuständigen Gericht zu.

(2) Die Entscheidungen über Anträge nach den §§ 364a und 364b und den Antrag auf Zulassung der Wiederaufnahme des Verfahrens ergehen ohne mündliche Verhandlung.

Übersicht

1 **A. Grundsätzliches.** § 367 enthält einige Verfahrensregelungen, insb. zur Zuständigkeit des Gerichts. Abs. 2 stellt klar, dass über die Zulässigkeit des Wiederaufnahmeantrags wie auch über Anträge auf Bestellung eines Verteidigers nach §§ 364a, 364b **ohne mündliche Verhandlung** beschlossen wird. Ein ablehnender Beschluss muss gem. § 34 begründet werden. Das LG entscheidet in der **Besetzung** des § 76 GVG; die Besetzung des OLG folgt aus § 122 Abs. 1 GVG.

2 **B. Zuständigkeitsfragen. I. Zuständigkeit von Gericht und StA.** Die **Zuständigkeit des Gerichts** für die Entscheidung über die Wiederaufnahme wie auch über Anträge nach §§ 364a, 364b ergibt sich aus **§ 140a GVG** (vgl. näher Vor §§ 359 ff. Rdn. 33). Anträge zugunsten des Verurteilten können nach Abs. 1 Satz 2 wahlweise auch beim Gericht eingereicht werden, dessen Urteil angefochten wird. Die **Zuständigkeit der StA** ergibt sich aus § 143 Abs. 1 GVG; danach ist die StA beim Wiederaufnahmegericht zuständig. Auf die Zuständigkeit für die Vollstreckung des Urteils hat der Wiederaufnahmeantrag keine Auswirkung (LR/*Gössel* § 367 Rn. 5).

3 **II. Ausschluss wegen persönlicher Mitwirkung.** War ein Richter bereits an der angefochtenen Entscheidung (oder an einer Entscheidung im unteren Rechtszug, die der angefochtenen Entscheidung vorausging) beteiligt, ist er gem. § 23 Abs. 2 von der **Mitwirkung** an Entscheidungen im Wiederaufnahmeverfahren kraft Gesetzes **ausgeschlossen.** Eine vergleichbare Regelung für die frühere **persönliche Mitwirkung von Staatsanwälten** gibt es nicht, § 23 Abs. 2 ist auch nicht analog anwendbar (vgl. allgemein Meyer-Goßner/*Schmitt* vor § 22 Rn. 3 ff.). War ein Staatsanwalt früher mit der Sache befasst, ist er daher nicht ohne Weiteres vom Wiederaufnahmeverfahren ausgeschlossen (LR/*Gössel* § 365 Rn. 4); er soll aber gem. Nr. 170 Abs. 1 RiStBV möglichst nicht daran mitwirken und ggf. auf seine Ablösung gem. § 145 GVG hinwirken.

4 **III. Entscheidung eines unzuständigen Gerichts.** Eine Entscheidung des LG, die anstelle des an sich sachlich zuständigen AG ergeht, ist wirksam; das gilt auch für eine Verwerfung als unzulässig. Die sofortige Beschwerde hiergegen gem. § 372 ist daher vom OLG zu verwerfen (LR/*Gössel* § 367 Rn. 40; a.A. KMR/*Eschelbach* § 367 Rn. 23). Das LG muss die Sache allerdings an das AG abgeben, sobald es seine Unzuständigkeit erkennt (OLG Frankfurt, NStZ-RR 2006, 275; a.A. LR/*Gössel* § 367 Rn. 36, 39: entsprechende Anwendung von § 269). Verkennt das LG bei einer Beschwerdeentscheidung, dass das AG trotz sachlicher Unzuständigkeit über den Antrag entschieden hat, ist dies als erstinstanzliche Entscheidung des LG anzusehen, die mit der Beschwerde zum OLG angefochten werden kann (KG NStZ 2009, 592). Lässt ein örtlich unzuständiges

Gericht die Wiederaufnahme zu, muss es auch die Beweise erheben und über die Begründetheit entscheiden (LR/*Gössel* § 367 Rn. 41; a.A. SK-StPO/*Frister* § 367 Rn. 5: Abgabe an das zuständige Gericht).

§ 368 Verwerfung wegen Unzulässigkeit

(1) Ist der Antrag nicht in der vorgeschriebenen Form angebracht oder ist darin kein gesetzlicher Grund der Wiederaufnahme geltend gemacht oder kein geeignetes Beweismittel angeführt, so ist der Antrag als unzulässig zu verwerfen.

(2) Andernfalls ist er dem Gegner des Antragstellers unter Bestimmung einer Frist zur Erklärung zuzustellen.

Übersicht

A. Grundsätzliches. Die Vorschrift regelt in Abs. 1 die **Voraussetzungen der Zulässigkeit**, die das Gericht i.R.d. **Additionsverfahrens** zu überprüfen hat. Die **Richtigkeit** des Vorbringens des Antragstellers sowie die Beweiskraft der angebotenen Beweismittel werden hier grds. (s. aber auch unten Rdn. 7) zunächst unterstellt und erst i.R.d. anschließenden Probationsverfahrens genauer untersucht (BGHSt 17, 303, 304). Ausgeschlossen ist nur ein Vorbringen, das »denkgesetzlich unmöglich« (nicht: nur unwahrscheinlich) ist (Meyer-Goßner/*Schmitt* § 368 Rn. 8). Die **gerichtliche Fürsorgepflicht** gebietet es, vor einer Verwerfung des Antrags zumindest bei einfachen und leicht heilbaren Mängeln auf eine Korrektur oder Ergänzung des Antrags hinzuwirken (Meyer-Goßner/*Schmitt* § 368 Rn. 1). 1

B. Die Voraussetzungen der Zulässigkeit. Geprüft werden zunächst die **formalen Zulässigkeitsvoraussetzungen**, d.h. die in Abs. 1 ausdrücklich erwähnte Einhaltung der vorgeschriebenen Form gem. § 366 sowie die weiteren allgemeinen Zulässigkeitsvoraussetzungen wie die Zuständigkeit des Gerichts, die Statthaftigkeit des Antrags sowie die Antragsberechtigung und Beschwer des Antragstellers, s. Vor §§ 359 ff. Rdn. 26 ff. Bei wiederholter Antragstellung ist ein denkbarer Verbrauch des Vorbringens zu prüfen (s. § 368 Rdn. 13 sowie § 372 Rdn. 7). Als eher sachliche Voraussetzung der Zulässigkeit ist weiterhin die Angabe eines der gesetzlichen **Wiederaufnahmegründe** sowie **»geeigneter« Beweismittel** erforderlich. Die Maßstäbe dieser »Geeignetheitsprüfung« sind in Bezug auf § 359 Nr. 5 sehr umstritten, sodass eine separate Erläuterung angezeigt ist (s.u. Rdn. 4 ff.). 2

I. Wiederaufnahme gem. §§ 359 Nr. 1 bis 4, 362 Nr. 1 bis 4. In Bezug auf die klar konturierten Wiederaufnahmegründe der **§§ 359 Nr. 1 bis 4 sowie 362 Nr. 1 bis 4** ergeben sich in dieser Hinsicht keine besonderen Schwierigkeiten; das Gericht prüft, ob ein vollständiger und schlüssiger Antrag vorliegt, der die jeweils erforderlichen Tatsachen sowie entsprechende Beweismittel enthält. In den Fällen von §§ 359 Nr. 1 bis 3, 362 Nr. 1 bis 3 wird das in der Regel ein entsprechendes Straf- oder Zivilurteil sein (zu den Ausnahmen s. § 364 Rdn. 3; zu den genaueren Anforderungen an die jeweilige Antragsbegründung s. § 359 Rdn. 12, 15, 18 und 21). Beim Geständnis gem. § 362 Nr. 4 kann Beweis durch Urkunden oder Zeugen geführt werden, u.U. auch durch die Einlassung des Angeklagten, die als »Beweismittel« i.S.d. § 368 zu gelten hat (AnwK-StPO/*Loos* § 368 Rn. 13). Die Glaubhaftigkeit des Geständnisses wird erst im Probationsverfahren geprüft (Meyer-Goßner/*Schmitt* § 368 Rn. 2; s. auch unten Rdn. 7). 3

II. Wiederaufnahme gem. § 359 Nr. 5. Deutlich problematischer ist die Prüfung beim Wiederaufnahmegrund des **§ 359 Nr. 5**, der offener gestaltet ist und neben der **Neuheit** (s. dazu § 359 Rdn. 23 ff.) explizit die **Geeignetheit der Tatsachen und Beweismittel** zur Unterstützung des Antragsziels enthält. Neben der **Erheblichkeit** des Vorbringens setzt dies nach herrschender Meinung bereits im Aditionsverfahren eine durch Beweise ausreichend gestützte **Prognose der hinreichenden Erfolgsaussichten** voraus (s. bereits oben § 359 Rdn. 32 ff.; krit. KMR/*Eschelbach* § 359 Rn. 204). Es handelt sich hierbei um die wohl umstrittenste Frage des Wiederaufnahmerechts. Sie ist zugleich praktisch sehr bedeutsam, da die geringe Erfolgsquote der güns- 4 tigen Wiederaufnahme oft auf eine (zu) strenge Handhabung dieses Kriteriums zurückgeführt wird (*Marxen/Tiemann* Rn. 199; *Marxen* FS Kargl S. 324). Man hat es hier mit dem **»Nadelöhr« des Wiederaufnahmerechts** zu tun, an dem die meisten Anträge scheitern.

5 **1. Bezugspunkt.** Unklar ist bereits der genaue **Bezugspunkt der Prüfung**; z.T. wird allein vergangenheitsbezogen auf das **angefochtene Urteil** abgestellt (*Eisenberg* JR 2007, 364; so auch überwiegend die Rspr., vgl. nur BGHSt 17, 303, 304; BGH NStZ 2000, 218; OLG Zweibrücken Beschl. v. 15.03.2017 – 1 Ws 363/16) und gefragt, ob das Vorbringen geeignet ist, dessen Grundlagen zu erschüttern. Teilweise wird die Frage der Geeignetheit des Vorbringens allein auf die **zukünftige Entscheidung** in der neuen Hauptverhandlung bezogen (AnwK-StPO/*Rotsch* § 370 Rn. 3). Von anderer Seite wird eine Verbindung **retrospektiver und prospektiver Elemente** befürwortet (*Marxen/Tiemann* Rn. 229; ähnlich *Bayer* Die strafrechtliche Wiederaufnahme im deutschen, französischen und englischen Recht, 2018, S. 319). Letztere Ansicht ist insofern zutreffend, als der Erfolg des Antrags zunächst nur durch das »Nahziel« der Erschütterung des früheren Urteils erreichbar ist, dann aber untrennbar mit einem möglichen Erfolg in der späteren Hauptverhandlung verbunden ist. Auch die Formulierung in § 359 Nr. 5 weist auf diesen Konnex von Geeignetheit und zukünftig neu zu treffender Entscheidung hin. Richtigerweise geht es um eine **originäre Beurteilung des Wiederaufnahmegerichts**, ob aufgrund der vorläufigen Tatsachen- und Beweisgrundlage aus seiner Sicht (str., s. Rdn. 6) die konkrete Möglichkeit (str., s. Rdn. 8) besteht, dass die neue Entscheidung i.S.d. Antragsziels ausfallen wird. Diese Erfolgsaussicht darf nicht verneint werden durch die Annahme von den Schuldspruch tragenden Feststellungen, die nicht Gegenstand der früheren Beweisaufnahme waren. Ihre Feststellung ist der neuen Hauptverhandlung vorbehalten (BVerfG NJW 1995, 2024; s. auch unten Rdn. 7). Erforderlich ist in jedem Fall, dass das Tatgericht überhaupt eine Beweiswürdigung vorgenommen hat. Eine solche liegt beispielsweise schon nicht vor, wenn die auf Zeugenaussagen gestützten Feststellungen den Zeugenaussagen gar nicht entsprechen. An eine **Beweiswürdigung**, die **gegen die Denkgesetze** verstößt, ist das Wiederaufnahmegericht überdies nicht gebunden (BVerfG NJW 1993, 2735).

6 **2. Perspektive.** Die wohl **herrschende Meinung** verlangt, dass die Prüfung vom **Standpunkt des erkennenden Gerichts** aus zu erfolgen hat (BVerfG NJW 1993, 2735 f.; BGHSt 18, 225, 226; OLG Frankfurt Beschl. v. 29.01.2014 – 1 Ws 100/13). Das bedeutet aber eine Überforderung; ein so weitgehendes Nachvollziehen der damaligen Perspektive des Gerichts ist für das jetzt zur Entscheidung berufene Gericht nicht möglich. Weiterhin zeigen die Regelungen in § 23 Abs. 2 sowie § 140a GVG, dass über die Wiederaufnahme gerade unabhängig vom früheren Gericht entschieden werden soll. Richtigerweise ist daher allein der **Standpunkt des Wiederaufnahmegerichts** entscheidend (*Eisenberg* JR 2007, 367; KMR/*Eschelbach* § 359 Rn. 214; *Meyer* ZStW 84, 1972, 934). Der Unterschied zwischen beiden Ansichten wird relativiert, wenn man bedenkt, dass eine **Bindung** in Bezug auf die **rechtliche Würdigung** des erkennenden Gerichts besteht, von der das Wiederaufnahmegericht grds. nicht abweichen darf, de lege lata auch nicht bei Unhaltbarkeit der rechtlichen Würdigung (*Marxen/Tiemann* Rn. 230; einschränkend im Hinblick auf absolut unvertretbare Rechtsansichten und obiter dicta MüKo-StPO/*Engländer/Zimmermann* § 359 Rn. 59; a.A. Meyer-Goßner/*Schmitt* § 368 Rn. 9). Eine Bindung an die **Beweiswürdigung** des erkennenden Gerichts ist dagegen abzulehnen (LR/*Gössel* § 359 Rn. 157 ff.; differenzierend MüKo-StPO/*Engländer/Zimmermann* § 359 Rn. 60; a.A. Meyer-Goßner/*Schmitt* § 368 Rn. 9).

7 **3. Zulässigkeit der vorweggenommenen Beweiswürdigung.** Inwiefern bereits im Aditionsverfahren eine **vorweggenommene Beweiswürdigung** zulässig ist, wird unterschiedlich beurteilt. Die **herrschende Meinung** bejaht diese Möglichkeit. Danach darf das Gericht die Beweiskraft der vorgebrachten Beweismittel bewerten, soweit dies ohne Beweisaufnahme möglich ist, und den Antrag ggf. schon mangels hinreichender Erfolgsaussicht als unzulässig verwerfen (BGHSt 17, 303, 304; OLG Düsseldorf Beschl. v. 30.09.2013 – III 2 Ws 456–457/12; OLG Jena NStZ-RR 2005, 379; LG Arnsberg BeckRS 2019, 7415; Meyer-Goßner/*Schmitt* § 368 Rn. 9 ff.; MüKo-StPO/*Engländer/Zimmermann* § 368 Rn. 31). Das wird im Grundsatz vom BVerfG gebilligt, zugleich aber eine Einschränkung dahin gehend formuliert, dass »die Feststellung solcher Tatsachen, die den Schuldspruch wesentlich tragen, indem sie die abgeurteilte Tat in ihren entscheidenden Merkmalen umgrenzen, oder deren Bestätigung oder Widerlegung im Verteidigungskonzept des Angekl. eine hervorragende Rolle spielt, der Hauptverhandlung vorbehalten bleiben« muss (BVerfG Beschl. v. 16.05.2007 – 2 BvR 93/07; BVerfG NJW 1995, 2024; zur schwierigen Konkretisierung dieser Kriterien s. *Hellebrand* NStZ 2008, 374, 378). Die **Gegenansicht** lehnt eine antizipierte Beweiswürdigung zu Recht ab, da auf diese Weise gegen den Grundsatz verstoßen wird, dass ein Beweis erst gewürdigt werden kann, nachdem er erhoben wurde (*Eisenberg* JR 2007, 365; AnwK-StPO/*Loos* § 368 Rn. 27; s. dazu auch *Arnemann* S. 397 ff.; für eine striktere Trennung zwischen Zulässigkeit und Begründetheit de lege ferenda in diesem Kontext *Bayer*, S. 319).

Sachgerechte Maßstäbe bietet eine **entsprechende Anwendung von §§ 244 Abs. 3 bis 5** (AnwK-StPO/*Loos* § 368 Rn. 28 ff.; *Eisenberg* JR 2007, 365; *Ruhs* S. 327 f.). Zu hohe Anforderungen an die Zulässigkeit des Antrags widersprächen zudem Art. 19 Abs. 4 GG und der Systematik, die klar zwischen Begründetheit und Zulässigkeit unterscheidet (*Ruhs* S. 350 f.). So kann Ungeeignetheit bejaht werden, wenn ein Beweismittel zur Sachaufklärung nichts beitragen kann. Für den neuen Sachverständigenbeweis gilt § 244 Abs. 4. Darüber hinaus ist nach (allerdings umstrittener) h.M. eine erleichterte Ablehnung von Beweismitteln anzuerkennen, deren Beweiswert durch eine **verfahrensinterne Widersprüchlichkeit** gemindert ist, etwa im Fall des Geständniswiderrufs (s.o. § 359 Rdn. 36 ff.).

4. Maßstab. Der Antrag ist nach herrschender Meinung nur zulässig, wenn er mit hinreichender **Wahrscheinlichkeit** zum erstrebten Ziel führen wird (OLG Frankfurt StV 1996, 138, 139; LR/*Gössel* § 359 Rn. 153; *Hohmann*, in: Miebach/Hohmann S. 207 f.; MüKo-StPO/*Engländer/Zimmermann* § 368 Rn. 26). Sichere Gewissheit wird unstreitig nicht verlangt (*Hellebrand* NStZ 2008, 374, 378). Es soll genügen, wenn ernste Gründe für eine Abänderung der angefochtenen Entscheidung (OLG Stuttgart StV 1990, 539 f.) bzw. ernsthafte Zweifel an dessen Richtigkeit bestehen (OLG Düsseldorf NStZ 2004, 454; *Eisenberg* JR 2007, 368). Bei Bestimmung des notwendigen Wahrscheinlichkeitsgrades müssen die Gerichte das verfassungsrechtliche **Gebot** des **effektiven Rechtsschutzes** im Blick haben (*Hohmann*, in: Miebach/Hohmann S. 208). Gestalten die Gerichte die Auslegung so eng, dass eine sachliche Prüfung nicht möglich ist und das vom Gesetzgeber vorgesehene Ziel des Wiederaufnahmeverfahrens nicht erreicht werden kann, liegt ein Verstoß gegen das Rechtsstaatsprinzip (Art. 20 Abs. 3 GG) und das Recht auf effektiven Rechtsschutz vor (BVerfG Beschl. v. 16.05.2007 – 2 BvR 93/07). Eine Mm. lässt die konkrete **Möglichkeit** des Erfolgs des Antrags genügen (*Wasserburg* S. 323; s.a. *Schünemann* ZStW 84, 1972, 870, 889 ff.; s. auch *Arnemann* S. 400 ff.; differenzierend *Greco* S. 925 f.: Möglichkeit genügt u.a. bei Strafbefehlsverfahren). Dieser Ansicht ist zuzustimmen: Sie lässt sich besser mit dem Wortlaut und der Entstehungsgeschichte der Norm vereinbaren und dient zugleich dem effektiven Rechtsschutz (KMR/*Eschelbach* § 359 Rn. 209 ff.). 8

Der Grundsatz **»in dubio pro reo«** soll nach herrschender Meinung bei dieser Frage **nicht unmittelbar** gelten, da es nicht um eine Sachverhaltsfeststellung gehe, sondern nur um einen vorläufigen Überzeugungsgrad des Richters (*Volk/Engländer* § 38 Rn. 19; *Peters* S. 684; dagegen *Schünemann* ZStW 84, 1972, 889 ff. s. auch *Arnemann* S. 327 ff.). Der Grundsatz enthält nach dem BVerfG keinen Maßstab für die Frage, wann ein Richter Tatsachen für gewiss halten darf (BVerfG MDR 1975, 468). Teilweise wird ihm aber **mittelbare Bedeutung** in der Weise beigemessen, dass das Wiederaufnahmegericht die Anwendung des Grundsatzes im Rahmen einer möglichen erneuten Hauptverhandlung in Rechnung zu stellen habe, um die Erfolgsaussichten des Antrags zu beurteilen (*Wasserburg* S. 191 ff.; *Marxen/Tiemann* Rn. 223; MüKo-StPO/*Engländer/Zimmermann* § 359 Rn. 62; für eine unmittelbare Anwendung plädierend *Arnemann* S. 337 f.).

5. Beispiele aus der bundesverfassungsgerichtlichen Rspr.. Die Nichtbeachtung geeigneter Beweismittel oder die fälschliche Erklärung für ungeeignet durch die Wiederaufnahmegerichte führte bereits zu mehreren (teils erfolgreichen) Verfassungsbeschwerden. 9

So kann die Einnahme des **richterlichen Augenscheins** zur Wiederaufnahme geeigneter neuer Beweis iSd § 359 Nr. 5 sein. Es ist daher verfassungsrechtlich geboten, dass sich das Gericht mit einem entsprechenden Vorbringen im Rahmen des Wiederaufnahmeantrags auseinandersetzt (BVerfG Beschl. v. 27.09.1995 – 2 BvR 2575/94). Das BVerfG hat ebenfalls anerkannt, dass ein Vorbringen, das den einzigen **Belastungszeugen als unglaubwürdig** darstellen soll, prinzipiell zur Wiederaufnahme geeignet sein kann (BVerfG StV 2003, 226). Zwar kann ein im Wiederaufnahmeantrag vorgetragenes **Alibi** ein geeignetes Beweismittel iSd § 359 Nr. 5 sein (BVerfG NJW 1995, 2024). Dies gilt aber nur **eingeschränkt**, wenn die Tat vom Tatgericht von vornherein **nicht genau datiert** wurde und sich das Alibi nur auf einen Teil des vom Tatgericht als möglich zugrunde gelegten Tatzeitraums bezieht (BVerfG Beschl. v. 05.11.2001 – 2 BvR 2195/00). 10

C. Entscheidung über die Zulässigkeit. I. Verfahren. Die Entscheidung ergeht **ohne mündliche Verhandlung** (s. § 367 Abs. 2) durch **Beschluss**. Dieser kann gem. § 372 Satz 1 mit der **sofortigen Beschwerde** angefochten werden. Er ist daher gem. § 34 mit einer **Begründung** zu versehen (Meyer-Goßner/*Schmitt* § 368 Rn. 11). Vor der Entscheidung ist die **StA** gem. § 33 Abs. 2 **anzuhören**. Eine Anhörung des **Verurteilten** ist nicht ausdrücklich vorgesehen, folgt aber aus dem Rechtsgedanken des Art. 103 Abs. 1 GG (vgl. *Marxen/Tiemann* Rn. 331; Radtke/Hohmann-*Hohmann* § 368 Rn. 14) und zwar nicht nur dann, wenn das Gericht den Antrag zugunsten des Verurteilten als unzulässig verwerfen will, sondern auch bei der Wiederaufnahme zuungunsten des Verurteilten. Der Verurteilte hat schon i.R.d. Zulässigkeitsverfahrens ein berechtigtes Interesse, seinen Standpunkt darzulegen (*Marxen/Tiemann* Rn. 332; a.A. Meyer-Goßner/*Schmitt* § 368 Rn. 13). 11

Soweit vorhanden müssen auch der **Verteidiger** sowie die **Erziehungsberechtigten** gem. § 67 Abs. 1 JGG angehört werden.

12 **II. Entscheidungsmöglichkeiten des Gerichts.** Das Wiederaufnahmegericht hat nur zwei Möglichkeiten der Entscheidung; entweder es verwirft den Antrag als unzulässig gem. Abs. 1 oder erklärt ihn für zulässig, was das weitere Verfahren in Gang setzt (Abs. 2). Für eine **Einstellung des Verfahrens** in entsprechender Anwendung von **§ 206a** bei einem Verfahrenshindernis ist dagegen mangels Regelungslücke kein Raum (vgl. *Marxen/Tiemann* Rn. 339 m.w.N.; a.A. LR/*Gössel* § 368 Rn. 4; MüKo-StPO/*Engländer/Zimmermann* § 368 Rn. 66): Tritt erst im Laufe des Aditionsverfahrens ein Verfahrenshindernis ein, ist der Antrag nach Abs. 1 als unzulässig zu verwerfen, es sei denn, dass das Rehabilitationsinteresse des Verurteilten überwiegt (vgl. dazu § 361 Rdn. 1). Wenn der Antragsteller das (zulässige) Antragsziel der Einstellung wegen eines ursprünglich bestehenden Verfahrenshindernisses verfolgt, kann dem durch Einstellung gem. § 371 Abs. 2 analog Rechnung getragen werden (s. dazu § 371 Rdn. 2).

13 **1. Verwerfung als unzulässig (Abs. 1).** Das Gericht kann den Antrag nach Abs. 1 als unzulässig verwerfen mit der Folge, dass das Vorbringen, sofern die Verwerfung nicht nur auf formalen Gründen beruht, **verbraucht** ist und ein erneuter Antrag nicht darauf gestützt werden kann. Es ist eine Entscheidung über die **Kosten** zu treffen, die gem. § 473 Abs. 6 vom Antragsteller getragen werden müssen. Die Entscheidung ist, wenn der Antrag vom Verurteilten gestellt wurde, diesem gem. § 35 Abs. 2 Satz 1 förmlich **zuzustellen**. Gleiches gilt für die StA, die auch in diesem Fall beschwerdeberechtigt ist. Ggü. dem Privatkläger genügt dagegen, da er durch die Entscheidung nicht beschwert wird, die formlose Bekanntmachung gem. § 35 Abs. 2 Satz 2.

14 **2. Zulassungsbeschluss (Abs. 2).** Der Beschluss über die **Zulassung des Antrags** ist stets erforderlich, auch wenn der Antrag offensichtlich begründet ist (Meyer-Goßner/*Schmitt* § 368 Rn. 12). Er ist Voraussetzung für das Begründetheitsverfahren und selbstständig anfechtbar. Ist die Beweiserhebung entbehrlich (vgl. § 369 Rdn. 2), kann der Beschluss aber mit demjenigen nach § 370 Abs. 2 verbunden (OLG Brandenburg NStZ-RR 2010, 22) und mit einer einheitlichen Begründung versehen werden (*Marxen/Tiemann* Rn. 361; a.A. LR/*Gössel* § 370 Rn. 4). Eine nur **teilweise Zulassung** ist möglich, z.B. in Bezug auf einzelne von mehreren Taten, die in Tatmehrheit begangen wurden, oder nur in Bezug auf die Rechtsfolgen (BGHSt 11, 361). Auch die Zulassung nur einzelner von mehreren geltend gemachten Wiederaufnahmegründen kommt in Betracht (LR/*Gössel* § 368 Rn. 33; a.A. SK-StPO/*Frister* § 368 Rn. 14), nicht dagegen eine Beschränkung auf einzelne Tatsachen oder Beweismittel innerhalb des Wiederaufnahmegrundes des § 359 Nr. 5 (KK-StPO/*Schmidt* § 368 Rn. 17).

15 Die Entscheidung ist gem. § 368 Abs. 2 dem Antragsgegner förmlich **zuzustellen**. Das ist bei einem Antrag des Verurteilten (bzw. seines gesetzlichen Vertreters oder Erziehungsberechtigten) die StA sowie ggf. der Privatkläger. Bei einem Antrag der StA zugunsten des Verurteilten muss mangels Antragsgegner keine Zustellung erfolgen. Wurde der Antrag von Staatsanwalt oder Privatkläger zuungunsten des Verurteilten gestellt, ist Letzterer Antragsgegner und damit Adressat der förmlichen Zustellung. Die Zustellung dient der Vorbereitung von Erklärungen des Antragsgegners, die nicht der Formvorschrift des § 366 Abs. 2 unterliegen. Es besteht keine **Pflicht zur Erklärung** (Meyer-Goßner/*Schmitt* § 368 Rn. 13). Eine **bindende Wirkung** entfaltet der Zulassungsbeschluss nicht; nur Formmängel gem. § 366 Abs. 2 werden nicht mehr geprüft (LR/*Gössel* § 370 Rn. 10; a.A. *Marxen/Tiemann* Rn. 388; MüKo-StPO/*Engländer/Zimmermann* § 368 Rn. 51). Ansonsten kann aber auch i.R.d. anschließenden Begründetheitsprüfung noch eine Verwerfung als unzulässig erfolgen (OLG Koblenz NStZ-RR 2007, 317). Mit dem Zulassungsbeschluss entfällt noch nicht die Rechtskraft der ursprünglichen Entscheidung; das ist erst mit der Anordnung eines neuen Verfahrens gem. § 370 Abs. 2 der Fall (vgl. dort Rdn. 7).

§ 369 Beweisaufnahme

(1) Wird der Antrag für zulässig befunden, so beauftragt das Gericht mit der Aufnahme der angetretenen Beweise, soweit dies erforderlich ist, einen Richter.

(2) Dem Ermessen des Gerichts bleibt es überlassen, ob die Zeugen und Sachverständigen eidlich vernommen werden sollen.

(3) [1]Bei der Vernehmung eines Zeugen oder Sachverständigen und bei der Einnahme eines richterlichen Augenscheins ist der Staatsanwaltschaft, dem Angeklagten und dem Verteidiger die Anwesenheit zu gestatten. [2] § 168c Abs. 3, § 224 Abs. 1 und § 225 gelten entsprechend. [3]Befindet sich der Angeklagte nicht auf freiem Fuß, so hat er keinen Anspruch auf Anwesenheit, wenn der Termin nicht an der Gerichtsstelle des

Ortes abgehalten wird, wo er sich in Haft befindet, und seine Mitwirkung der mit der Beweiserhebung bezweckten Klärung nicht dienlich ist.

(4) Nach Schluss der Beweisaufnahme sind die Staatsanwaltschaft und der Angeklagte unter Bestimmung einer Frist zu weiterer Erklärung aufzufordern.

Übersicht

A. Grundsätzliches. Die in § 369 geregelte **Beweisaufnahme** dient allein der Vorbereitung der Entscheidung gem. § 370. Die Beweisaufnahme einer möglichen neuen Hauptverhandlung wird damit nicht vorweggenommen (BGHSt 17, 303). Zulässig sind alle **förmlichen Beweismittel**, die etwa mittels Durchsuchung und Beschlagnahme beschafft werden können (Meyer-Goßner/*Schmitt* § 369 Rn. 1). Ein **Haftbefehl** ggü. dem Freigesprochenen im Fall des § 362 kommt in diesem Stadium richtigerweise noch nicht in Betracht; dem steht die Rechtskraft des Freispruchs, die bis zur Entscheidung gem. § 370 Abs. 2 fortbesteht, entgegen (*Marxen/Tiemann* Rn. 371; a.A. AnwK-StPO/*Loos* § 369 Rn. 5). 1

Auf die vom Antragsteller benannten Beweismittel ist das Gericht nicht beschränkt; das Gericht hat vielmehr **von Amts wegen** über den Wortlaut von Abs. 1 hinaus und in entsprechender Anwendung von § 244 Abs. 2 (OLG Hamburg StV 2003, 225; KK-StPO/*Schmidt* § 369 Rn. 2) alle Beweise zu erheben, die für die Klärung der Richtigkeit des Vorbringens des Antragstellers benötigt werden (BVerfG StV 2003, 223; a.A. *Marxen/Tiemann* Rn. 369 ff.; MüKo-StPO/*Engländer/Zimmermann* § 369 Rn. 11). Die Beweisaufnahme wird jedoch nur durchgeführt, soweit sie **erforderlich** ist. Sie kann vollständig **entbehrlich** sein, wenn das Wiederaufnahmegericht den Wiederaufnahmegrund schon wegen der vom Antragsteller vorgebrachten Tatsachen und Beweismittel als ausreichend bestätigt ansieht (vgl. *Marxen/Tiemann* Rn. 360). Das kann insb. der Fall sein, wenn die Tatsachen ohne Weiteres den Akten zu entnehmen bzw. offenkundig sind (KG JR 1984, 393) oder sich aus vorgelegten rechtskräftigen Urteilen oder anderen Urkunden ergeben. Auch in den Fällen von § 359 Nr. 6 kann eine Hauptverhandlung regelmäßig als entbehrlich angesehen werden (*Marxen/Tiemann* Rn. 289; a.A. *Amelung/Werning*, in Burhoff/Kotz S. 1121). 2

B. Einzelheiten der Beweisaufnahme. I. Richterliche Beweisaufnahme (Abs. 1). Die Beweisaufnahme soll durch einen damit **beauftragten Richter** erfolgen. Das ist nicht technisch gemeint, sondern bringt nur zum Ausdruck, dass eine **richterliche Beweisaufnahme** erfolgen soll, sei es durch einen »beauftragten« einzelnen Richter, durch das gesamte Richterkollegium oder durch einen ersuchten Richter gem. §§ 156 ff. GVG (*Marxen/Tiemann* Rn. 364). Auch für den Fall, dass eine richterliche Vernehmung für längere Zeit ausgeschlossen ist, bleibt eine **nichtrichterliche Vernehmung** unverwertbar; ein Rückgriff auf **§ 251 Abs. 2** ist nicht zulässig (Meyer-Goßner/*Schmitt* § 369 Rn. 3; a.A. SK-StPO/*Frister* § 369 Rn. 6). Der »beauftragte« Richter darf nur in dem Rahmen tätig werden, der ihm vom Wiederaufnahmegericht vorgegeben wird. Seine weitere Mitwirkung im Wiederaufnahmeverfahren ist zulässig (BGH NJW 1954, 891; Meyer-Goßner/*Schmitt* § 373 Rn. 1). 3

Beweiserhebungen durch die **Polizei** oder **StA** sind dagegen ausgeschlossen und führen zur Unverwertbarkeit der erhobenen Beweise (OLG Celle MDR 1991, 1077; a.A. OLG Braunschweig NStZ 1987, 377 m. abl. Anm. *Gössel*). Dagegen kann sog. **technische Hilfe** der StA oder Polizei, z.B. bei der Fertigung von Lichtbildern und Skizzen, zulässigerweise in Anspruch genommen werden (Meyer-Goßner/*Schmitt* § 369 Rn. 7). 4

II. Vernehmung von Zeugen oder Sachverständigen (Abs. 2). Wegen der weitreichenden Folgen einer möglichen Aussage für den Ausgang des Verfahrens ist die **Vereidigung** vernommener Zeugen und Sachverständiger nach Abs. 2 ausdrücklich zulässig. Das Gericht hat darüber nach pflichtgemäßem **Ermessen** zu entscheiden. Im Einzelfall kann die Einvernahme eines Sachverständigen verfassungsrechtlich geboten sein, z.B. wenn dieser ein die Feststellungen des ursprünglichen Urteils widerlegendes Gutachten vorgelegt hat und ohne seine Einvernahme das Prozessziel der materiellen Wahrheit in einer das Recht auf ein faires Verfahren verletzenden Weise unerreichbar ist (BVerfG StV 2003, 223). In den Fällen, in denen eine Entscheidung ohne erneute Hauptverhandlung gem. **§ 371 Abs. 2** ansteht, wird zudem eine Vereidigung regelmäßig angezeigt sein (LR/*Gössel* § 369 Rn. 14). 5

6 **III. Anwesenheitsrechte (Abs. 3 Satz 1).** Die StA, der Verurteilte und der Verteidiger sind nach Abs. 3 Satz 1 bei Vernehmungen von Zeugen und Sachverständigen sowie bei der Einnahme eines Augenscheins zur **Anwesenheit berechtigt.** Gleiches gilt gem. § 385 Abs. 1 für den Privatkläger. Ebenfalls anwesenheitsberechtigt sind gesetzliche Vertreter und Erziehungsberechtigte gem. § 67 Abs. 1 JGG sowie Antragsberechtigte gem. § 361 Abs. 2 (Meyer-Goßner/*Schmitt* § 369 Rn. 9). **Kein Anwesenheitsrecht** hat der **Nebenkläger**; seine Interessen kann er ohne Weiteres i.R.d. neuen Hauptverhandlung geltend machen.

7 Der **Verurteilte** kann nach Abs. 3 Satz 2 i.V.m. § 168c Abs. 3 von der Beweiserhebung **ausgeschlossen** werden, wenn seine Anwesenheit den Untersuchungszweck gefährden würde, insb. wenn die Gefahr besteht, dass Zeugen in seiner Gegenwart nicht wahrheitsgemäß aussagen. Ein **inhaftierter Verurteilter** hat ausnahmsweise kein Recht auf Anwesenheit, wenn der Termin nicht an der Gerichtsstelle des Ortes stattfindet, wo er sich in Haft befindet und seine Mitwirkung der mit der Beweiserhebung bezweckten Klärung nicht dienlich ist. Dabei ist der Begriff der **Dienlichkeit** weit auszulegen (OLG Frankfurt, StV 1990, 538). Sie sollte nur verneint werden, wenn es ausgeschlossen erscheint, dass die Anwesenheit des Verurteilten zur Klärung der Beweisfrage beitragen kann. Allein die Anwesenheit seines Verteidigers genügt dafür nicht (KMR/*Eschelbach* § 369 Rn. 20). Abs. 3 begründet nur ein Anwesenheitsrecht, aber **keine Anwesenheitspflicht.**

8 **IV. Benachrichtigungen und Vorlegung der Protokolle (Abs. 3 Satz 2).** Gem. Abs. 3 Satz 2 i.V.m. §§ 224 Abs. 1, 225 sind die StA, der Verurteilte sowie der Verteidiger, darüber hinaus auch die weiteren Anwesenheitsberechtigten, rechtzeitig zu **benachrichtigen**, wenn ein Beweiserhebungstermin ansteht. Die Benachrichtigung sollte möglichst durch förmliche Zustellung erfolgen, auch wenn dies nicht zwingend ist (Meyer-Goßner/*Schmitt* § 369 Rn. 11). Auch der verteidigte Verurteilte ist separat zu benachrichtigen, wobei Zustellung gem. § 145a Abs. 1 an den Verteidiger möglich ist. Eine Benachrichtigung von Verurteiltem und Verteidiger **unterbleibt** gem. Abs. 3 Satz 2 i.V.m. § 224 Abs. 1 Satz 2, wenn ansonsten der **Zweck der Beweiserhebung gefährdet** wäre. Das ist nicht bei jeder zeitlichen Verzögerung der Fall, sondern nur, wenn diese zum Verlust oder zur Wertminderung des Beweismittels führen würde (BGH NJW 1980, 2088). Weiterhin sind Fälle denkbar, in denen Anhaltspunkte dafür bestehen, dass der Verurteilte oder sein Verteidiger die Benachrichtigung für Verdunkelungsmaßnahmen ausnützen könnten (BGHSt 29, 1, 3). **Ausgeschlossen** ist die Beschränkung des § 224 Abs. 1 Satz 2 in den Fällen des § 371 Abs. 1, da die Beweisaufnahme dort diejenige der späteren Hauptverhandlung vollständig ersetzt (Meyer-Goßner/*Schmitt* § 371 Rn. 2).

9 Die **Protokolle der Beweiserhebung** sind gem. Abs. 3 Satz 2 i.V.m. § 224 Abs. 1 Satz 3 dem Verteidiger und der StA **vorzulegen**, auch wenn beide bei der Beweiserhebung anwesend waren (BGHSt 25, 357). Ggü. dem Verteidiger geschieht dies durch Übersendung einer Abschrift bzw. Kopie oder durch Mitteilung, dass die Akten eingesehen werden können. Ist eine erforderliche Benachrichtigung zuvor unterblieben, muss dies alsbald nach Vorlage der Protokolle gerügt werden (OLG Celle NJW 1963, 2041).

10 **V. Schlusserklärung (Abs. 4).** Gem. Abs. 4 ist der StA und dem Verurteilten, darüber hinaus gem. Art. 103 Abs. 1 GG aber auch allen anderen anwesenheitsberechtigten Verfahrensbeteiligten, **zwingend** die Gelegenheit zur Äußerung zu geben, unabhängig davon, ob sie während der Beweiserhebung anwesend waren oder zu deren Ergebnis schon vorher Erklärungen abgegeben haben (OLG Düsseldorf NJW 1982, 839). Die Beteiligten werden aufgefordert, innerhalb einer vom Vorsitzenden bestimmten Frist zum Ergebnis der Beweisaufnahme **Stellung zu nehmen**. Eine bestimmte Form ist für diese Aufforderung nicht vorgesehen, förmliche Zustellung ist aber zum sicheren Nachweis des Erhalts empfehlenswert. Soweit den Beteiligten nicht ohnehin die Protokolle vorgelegt wurden, sind sie vom **Ergebnis der Beweisaufnahme** zu **unterrichten**, der Verurteilte aber nur, wenn er keinen Verteidiger hat (Meyer-Goßner/*Schmitt* § 369 Rn. 13). Werden dann auf Anregung eines der Beteiligten neue Beweise erhoben, muss diesbezüglich eine **erneute Möglichkeit zur Schlusserklärung** eingeräumt werden.

§ 370 Entscheidung über die Begründetheit

(1) Der Antrag auf Wiederaufnahme des Verfahrens wird ohne mündliche Verhandlung als unbegründet verworfen, wenn die darin aufgestellten Behauptungen keine genügende Bestätigung gefunden haben oder wenn in den Fällen des § 359 Nr. 1 und 2 oder des § 362 Nr. 1 und 2 nach Lage der Sache die Annahme ausgeschlossen ist, dass die in diesen Vorschriften bezeichnete Handlung auf die Entscheidung Einfluss gehabt hat.

(2) Andernfalls ordnet das Gericht die Wiederaufnahme des Verfahrens und die Erneuerung der Hauptverhandlung an.

1 **A. Grundsätzliches.** Die Vorschrift regelt die Entscheidungsmöglichkeiten des Gerichts am Ende des Probationsverfahrens. In dessen Rahmen wird erneut über die **hinreichenden Erfolgsaussichten** des Antrags entschieden, wobei dieselben inhaltlichen Maßstäbe wie i.R.d. Aditionsverfahrens gelten (s. dazu § 368 Rdn. 4 ff.). Der Unterschied liegt in der erweiterten Entscheidungsgrundlage durch die zwischenzeitlich erfolgte Beweisaufnahme gem. § 369 (*Marxen/Tiemann* Rn. 222), soweit sie nicht entbehrlich war (s. § 369 Rdn. 2).

2 **B. Entscheidungsmöglichkeiten des Gerichts. I. Verwerfung des Antrags (Abs. 1).** Das Gericht kann den Antrag gem. Abs. 1 durch gem. § 34 zu begründenden und gem. § 35 bekannt zu machenden Beschluss als **unbegründet verwerfen**. Zur Verwerfung wegen Unzulässigkeit auch in diesem Verfahrensabschnitt s. § 368 Rdn. 13; für die auch hier mögliche nur teilweise Verwerfung vgl. oben § 368 Rdn. 14. Im Hinblick auf die Kostenentscheidung gilt § 473 Abs. 6 Nr. 1, die Anfechtbarkeit mittels Beschwerde ergibt sich aus § 372 Satz 1.

3 Der Antrag kann verworfen werden, wenn die Behauptungen keine genügende Bestätigung finden. Eine **genügende Bestätigung** der Tatsachen liegt vor, wenn aus der Perspektive des Wiederaufnahmegerichts (str., s.o. § 368 Rdn. 6) in einer neuen Hauptverhandlung (ggf. unter Anwendung des Grundsatzes »in dubio pro reo«, s. OLG Koblenz NStZ-RR 2007, 317) die konkrete Möglichkeit (nach h.M.: Wahrscheinlichkeit, s. § 368 Rdn. 8) einer für den Antragsteller günstigen Entscheidung bestünde. Zu beachten ist, dass auch im Probationsverfahren eine Vorwegnahme der Beweiswürdigung grundsätzlich nur in engen Grenzen möglich ist (OLG Koblenz NStZ-RR 2007, 317). Geht das Wiederaufnahmegericht von zu hohen Beweisanforderungen aus und verlangt explizit oder implizit einen vollen Beweis statt einer genügenden Bestätigung, so führt dies zur Verfassungswidrigkeit der die Wiederaufnahme ablehnenden Entscheidung (BVerfG NJW 1990, 3193 [BVerfG 20.06.1990 – 2 BvR 1110/89]).

4 Weiterhin kann die Verwerfung des Antrags als unbegründet darauf gestützt werden, dass in den Fällen der §§ 359 Nr. 1 und 2, 362 Nr. 1 und 2 die **Annahme ausgeschlossen** ist, dass die jeweils bezeichnete Handlung **Einfluss** auf die Entscheidung gehabt hat. Ein Einfluss wird **gesetzlich vermutet** und muss vom Gericht sicher widerlegt werden, will es den Antrag aus diesem Grunde als unbegründet verwerfen. Das ist beispielsweise dann der Fall, wenn feststeht, dass das Beweismittel im Urteil nicht berücksichtigt wurde; hypothetische Erwägungen, ob das Urteil möglicherweise auch bei Nichtberücksichtigung gleich ausgefallen wäre, sind nach dem Sinn und Zweck der Vermutungsregel nicht zulässig (*Marxen/Tiemann* Rn. 144; a.A. BGHSt 19, 365, 366).

5 **II. Anordnung der Wiederaufnahme (Abs. 2). 1. Beschluss über die Anordnung der Wiederaufnahme.** Liegt keiner der genannten Gründe vor, ordnet das Gericht nach Abs. 2 durch **Beschluss** die **Wiederaufnahme des Verfahrens** und die **Erneuerung der Hauptverhandlung** an. Der Beschluss ist zwingend, da er eine Prozessvoraussetzung für das weitere Verfahren ist (BGHSt 18, 339, 341; LG Ravensburg NStZ-RR 1998, 112). **Verzichtbar** ist er nur in den Fällen, in denen gem. **§ 371 Abs. 2** ohne neue Hauptverhandlung in der Sache entschieden wird (LR/*Gössel* § 371 Rn. 5; a.A. KMR/*Eschelbach* § 370 Rn. 33). Der Beschluss wird gem. **§ 16 Abs. 1 BZRG** ins Bundeszentralregister eingetragen. Die Anordnung der Wiederaufnahme kann **beschränkt** werden auf eine von mehreren Taten (auch soweit diese eine Tat i.S.v. § 264 darstellen, Meyer-Goßner/*Schmitt* § 370 Rn. 8) oder auf den Rechtsfolgenausspruch (BGHSt 11, 361). Er kann gem. § 372 Satz 2 **nicht von der StA angefochten** werden. Seine **Rücknahme** ist nicht möglich, selbst wenn er vom Antragsteller durch Anstiftung eines Zeugen zur Falschaussage erschlichen wurde (OLG Köln NJW 1955, 314).

6 Wird die **Erneuerung der Hauptverhandlung** angeordnet, so ist für diese grds. das Gericht zuständig, das gem. § 140a GVG die Anordnung getroffen hat. Fällt die abzuurteilende Tat jedoch in den **Zuständigkeitsbereich eines Gerichts niederer Ordnung**, kann das Wiederaufnahmegericht im Beschluss bestimmen, dass die neue Hauptverhandlung vor diesem Gericht durchgeführt werden soll (§ 354 Abs. 3 analog). Entsprechend § 355 besteht auch die Möglichkeit, die Hauptverhandlung vor einem **Gericht höherer Ordnung** zu eröffnen, wenn im Rahmen von § 362 eine Verurteilung wegen einer schwereren Straftat angestrebt wird, die in den Zuständigkeitsbereich dieses Gerichts fällt (LR/*Gössel* § 370 Rn. 49).

7 **2. Wirkungen des Beschlusses.** Die **Wirkung** der Anordnung gem. Abs. 2 liegt zunächst in der **Beseitigung der Rechtskraft des Urteils** (BGHSt 14, 64, 66; LR/*Gössel* § 370 Rn. 31 ff.). Dasselbe gilt für Wiederaufnahmeverfahren gegen Bußgeldbescheide i.V.m. § 85 I OWiG (VGH München DAR 2021, 167, 168). Das Verfahren wird wieder **rechtshängig** und in den Zustand vor Erlass des Urteils zurückversetzt (Meyer-Goßner/*Schmitt* § 370 Rn. 10). Zugleich entfällt die **Vollstreckbarkeit des Urteils.** Der inhaftierte Verurteilte ist freizulassen. Das Eigentum an eingezogenen Gegenständen lebt auf, Rechte wie die gem. § 69 StGB entzogene Fahrerlaubnis stehen dem Betroffenen auch mit Wirkung für die Vergangenheit wieder zu; eine Strafbarkeit gem. § 21 StVG entfällt daher konsequenterweise rückwirkend (BayObLG NJW 1992, 1120; s. auch OLG Frankfurt NStZ-RR 2000, 23; a.A. *Groß* NStZ 1993, 221). Bei Anordnung nur **teilweiser Wiederaufnahme** wird eine Gesamtstrafe gegenstandslos (BGHSt 14, 85, 89), die davon unberührten Einzelstrafen können weiter vollstreckt werden (LR/*Gössel* § 370 Rn. 38). **Haftbefehle** und andere einstweilige Anordnungen, die mit der Rechtskraft des Urteils gegenstandslos geworden sind, leben nicht wieder auf; § 47 Abs. 3 gilt nicht (Meyer-Goßner/*Schmitt* § 370 Rn. 15). Sie können aber neu erlassen werden (*Mosbacher* NJW 2005, 3111). **Gnadenentscheidungen**, die im Hinblick auf die angefochtene Entscheidung ergangen sind, entfallen.

§ 371 Freisprechung ohne erneute Hauptverhandlung

(1) Ist der Verurteilte bereits verstorben, so hat ohne Erneuerung der Hauptverhandlung das Gericht nach Aufnahme des etwa noch erforderlichen Beweises entweder auf Freisprechung zu erkennen oder den Antrag auf Wiederaufnahme abzulehnen.

(2) Auch in anderen Fällen kann das Gericht, bei öffentlichen Klagen jedoch nur mit Zustimmung der Staatsanwaltschaft, den Verurteilten sofort freisprechen, wenn dazu genügende Beweise bereits vorliegen.

(3) [1]Mit der Freisprechung ist die Aufhebung des früheren Urteils zu verbinden. [2]War lediglich auf eine Maßregel der Besserung und Sicherung erkannt, so tritt an die Stelle der Freisprechung die Aufhebung des früheren Urteils.

(4) Die Aufhebung ist auf Verlangen des Antragstellers im Bundesanzeiger bekannt zu machen und kann nach dem Ermessen des Gerichts auch auf andere geeignete Weise veröffentlicht werden.

Übersicht

1 **A. Grundsätzliches.** Die Vorschrift eröffnet die Möglichkeit des Wiederaufnahmegerichts, **ohne erneute Hauptverhandlung** in der Sache zu entscheiden. Dabei ist zwischen zwei Konstellationen zu differenzieren: die **Unzulässigkeit** der Hauptverhandlung aufgrund des Todes des Verurteilten (Abs. 1), die zum Freispruch oder zur Ablehnung des Antrags führt, sowie die **Entbehrlichkeit** der Hauptverhandlung aufgrund genügender Beweise (Abs. 2), die einen Freispruch möglich macht.

2 Das Gericht entscheidet stets durch (gem. § 372 anfechtbaren, s. aber auch § 372 Rdn. 4) **Beschluss** (BGHSt 14, 64, 66). Mit der (auch nur teilweise möglichen) Freisprechung verbunden ist die **Aufhebung des früheren Urteils** (Abs. 3 Satz 1). Wurden nur **Maßregeln der Besserung und Sicherung** verhängt, tritt an die Stelle des Freispruchs die Aufhebung des früheren Urteils (Abs. 3 Satz 2). Bei unbehebbaren Verfahrenshindernissen ist eine **Verfahrenseinstellung** gem. § 371 Abs. 2 analog denkbar (*Marxen/Tiemann* Rn. 450). Das gilt auch für die erst nach dem Beschluss gem. § 370 Abs. 2 eingetretene **dauerhafte Verhandlungsunfähigkeit** des Verurteilten (a.A. OLG Frankfurt NJW 1983, 2398: Einstellung gem. §§ 206a, 260 Abs. 3; wiederum anders *Hassemer* NJW 1983, 2353: § 371 Abs. 1 analog). Eine bloße **Strafmilderung** gem. § 371 analog ist dagegen angesichts der eindeutigen Gesetzeslage mangels planwidriger Regelungslücke ausgeschlossen (Meyer-Goßner/*Schmitt* § 371 Rn. 3; a.A. offenbar *Wasserburg* S. 235).

3 **B. Tod des Verurteilten (Abs. 1).** Der Tod des Verurteilten steht, wie § 361 deutlich macht, einem Wiederaufnahmeantrag nicht entgegen. Die Durchführung einer Hauptverhandlung ist allerdings ausgeschlossen (§§ 230 ff.); das Gericht hat den Verurteilten **freizusprechen** oder den **Antrag zu verwerfen.** Die sofortige Freisprechung ist vorzunehmen, wenn nur sie bei Würdigung insb. des Antragsvorbringens und der ggf. nach § 369 erhobenen Beweise als Entscheidung infrage kommt. Der sichere Nachweis der Unschuld ist dafür aber nicht erforderlich; der Grundsatz **in dubio pro reo** gilt hier unmittelbar (Meyer-Goßner/*Schmitt* § 371 Rn. 4). Stirbt der Verurteilte **nach Antragstellung**, ist bei der ungünstigen Wiederaufnahme das Verfahren einzustellen; zur Fortsetzung der günstigen Wiederaufnahme bei Ausübung des Eintrittsrechts s. § 361 Rdn. 3.

C. Freisprechung in sonstigen Fällen (Abs. 2). Auch in sonstigen Fällen kommt eine sofortige Freisprechung gem. Abs. 2 in Betracht, wenn hierfür **»genügende Beweise«** vorliegen. Es gelten grds. dieselben Maßstäbe wie im Rahmen von Abs. 1 (s.o. Rdn. 3). Das Gericht entscheidet hier jedoch nach pflichtgemäßem **Ermessen**; zu berücksichtigen ist dabei in erster Linie das Rehabilitationsinteresse des Verurteilten, daneben auch die Prozessökonomie. Die Freisprechung setzt hier eine (widerrufliche) **Zustimmung der StA** voraus, soweit es sich nicht um ein Privatklageverfahren handelt (Meyer-Goßner/*Schmitt* § 371 Rn. 9). Die Zustimmung sollte (entgegen Nr. 171 Abs. 1 Satz 2 RiStBV) nicht nur ausnahmsweise erteilt, sondern stets am Rehabilitationsinteresse des Verurteilten orientiert werden. Dieser ist vorher anzuhören (KK-StPO/*Schmidt* § 371 Rn. 5). Die Zustimmung des **Privatklägers** ist ebenso wenig erforderlich wie die des **Verurteilten** (OLG Frankfurt NJW 1965, 341); gegen den Willen von Letzterem sollte jedoch nicht gem. Abs. 2 vorgegangen werden (vgl. OLG Koblenz NStZ-RR 1997, 111, das die verweigerte Zustimmung zumindest i.R.d. Ermessensentscheidung berücksichtigen will; a.A. HK-StPO/*Temming* § 371 Rn. 6; MüKo-StPO/*Engländer/Zimmermann* § 371 Rn. 13 f.), zumal er ein berechtigtes Interesse an der Rehabilitierung gerade im Rahmen einer öffentlichen Hauptverhandlung haben kann (so auch Nr. 171 Abs. 2 RiStBV). 4

D. Bekanntmachung (Abs. 4). Der freisprechende Beschluss ist auf Verlangen des Antragstellers **öffentlich bekannt zu machen**. Das bezieht sich nur auf den Tenor, nicht auf die Entscheidungsgründe (AnwK-StPO/*Loos* § 371 Rn. 24). Eine **Frist** für die Geltendmachung dieses Anspruchs besteht **nicht**; sie kann auch noch nach Eintritt der Rechtskraft des Beschlusses erfolgen (Meyer-Goßner/*Schmitt* § 371 Rn. 12). Die Bekanntmachung, die gem. § 36 Abs. 2 von der StA durchzuführen ist und deren Kosten von der Staatskasse getragen werden, hat stets im **Bundesanzeiger** zu erfolgen. I.Ü. ist nach dem Ermessen des Gerichts auch eine andere Form der Bekanntmachung denkbar, etwa über lokale Tageszeitungen. 5

§ 372 Sofortige Beschwerde

[1]Alle Entscheidungen, die aus Anlass eines Antrags auf Wiederaufnahme des Verfahrens von dem Gericht im ersten Rechtszug erlassen werden, können mit sofortiger Beschwerde angefochten werden. [2]Der Beschluss, durch den das Gericht die Wiederaufnahme des Verfahrens und die Erneuerung der Hauptverhandlung anordnet, kann von der Staatsanwaltschaft nicht angefochten werden.

A. Grundsätzliches. § 372 regelt die Möglichkeit der **sofortigen Beschwerde gem. § 311** in Bezug auf Entscheidungen des gem. § 367 Abs. 1 zuständigen Gerichts über die Zulässigkeit oder Begründetheit des Verfahrens. Andere Entscheidungen, v.a. die Ablehnung der Bestellung eines Verteidigers gem. §§ 364a, 364b können ggf. mit **einfacher Beschwerde gem. § 304** angefochten werden; dabei gilt § 305 Satz 2 entsprechend, sodass vorbereitende Entscheidungen wie Beschlüsse über Art und Umfang der Beweisaufnahme unanfechtbar sind (Meyer-Goßner/*Schmitt* § 372 Rn. 2). **Zuständiges Beschwerdegericht** ist grds. das dem Wiederaufnahmegericht übergeordnete Gericht (*Marxen/Tiemann* Rn. 349). Dies trägt zu der uneinheitlichen Rspr. in der Praxis bei; eine Konzentrierung der Beschwerdeentscheidungen könnte de lege ferenda zu einer Vereinheitlichung beitragen (*Kaspar/Arnemann* R&P 2016, 58, 63). Die Entscheidung, mit der die beantragte **Ablehnung eines Richters gem. §§ 23 ff.** zurückgewiesen wird, ist nach § 28 Abs. 2 Satz 1 isoliert anfechtbar; eine entsprechende Anwendung von § 28 Abs. 2 Satz 2 kommt nicht in Betracht (OLG Hamm NStZ-RR 2014, 215; so auch OLG Frankfurt [2. Senat], NStZ-RR 2008, 378; HK-StPO/*Temming* § 372 Rn. 2; a.A. OLG Frankfurt [1. Senat], NStZ-RR 2007, 148). 1

B. Voraussetzungen der Beschwerde. I. Statthaftigkeit. Die **sofortige Beschwerde** ist **statthaft** gegen alle Entscheidungen aus Anlass eines Antrags auf Wiederaufnahme des Verfahrens im ersten Rechtszug. Erfasst sind zunächst der Beschluss über die aufschiebende Wirkung gem. **§ 360 Abs. 2** sowie die Beschlüsse nach **§ 368** über die Zulassung oder Verwerfung des Antrags. Weiterhin ist die Beschwerde statthaft gegen die Verwerfung des Antrags als unbegründet gem. **§ 370 Abs. 1**, die Anordnung der Wiederaufnahme des Verfahrens gem. **§ 370 Abs. 2** sowie die sofortige Freisprechung gem. **§ 371**. 2

3 **II. Form und Frist.** Die Beschwerde muss gem. **§ 311 Abs. 2** innerhalb der **Frist von einer Woche** ab der Bekanntmachung der Entscheidung eingelegt werden. In Bezug auf die einzuhaltende **Form** gilt **§ 306 Abs. 1**. Die Beschwerde kann danach **schriftlich** oder **zu Protokoll der Geschäftsstelle** beim Gericht, dessen Entscheidung angefochten wird, eingelegt werden. Abweichend von § 366 Abs. 2 bzw. § 390 Abs. 2 ist die Beteiligung eines Verteidigers bei Beschwerden des Verurteilten oder des Privatklägers nicht erforderlich. Die Beschwerde muss **nicht begründet** werden; macht der Beschwerdeführer dennoch Ausführungen, sind diese auch dann vom Beschwerdegericht zu berücksichtigen, wenn sie erst nach Ablauf der Frist des § 311 Abs. 2 vorgebracht werden (LR/*Gössel* § 372 Rn. 14).

4 **III. Beschwerdeberechtigung.** Die **StA** ist grds. beschwerdeberechtigt; eine **Ausnahme** ist in **Satz 2** geregelt: Die Anordnung der Wiederaufnahme des Verfahrens (auch zuungunsten des Verurteilten auf Antrag des Privatklägers) und die damit verbundene Erneuerung der Hauptverhandlung gem. **§ 370 Abs. 2** sind der Beschwerde durch die StA ausdrücklich entzogen. Dies gilt entsprechend für den **Privatkläger** (OLG Stuttgart MDR 1970, 165). Gegen die Freisprechung gem. **§ 371 Abs. 2** kann die StA nur Beschwerde einlegen, wenn die Entscheidung ohne ihre Zustimmung ergangen ist (LR/*Gössel* § 371 Rn. 30; zweifelnd AnwK-StPO/*Loos* § 371 Rn. 26). I.Ü. ist jeder **Antragsteller** oder **Antragsgegner** beschwerdeberechtigt, der durch die ergangene Entscheidung **beschwert** ist. Unterbleibt eine **Freisprechung gem. § 371 Abs. 2** mangels Zustimmung der StA und wird stattdessen die Erneuerung der Hauptverhandlung angeordnet, so ist der **Verurteilte** nicht beschwerdeberechtigt und seine Beschwerde daher unzulässig (OLG Frankfurt NJW 1965, 314; a.A. KK-StPO/*Schmidt* § 371 Rn. 9: unbegründet). Wird dagegen trotz Zustimmung der StA die Freisprechung gem. § 371 Abs. 2 vom Gericht verweigert, ist eine Beschwerde des Verurteilten möglich (LR/*Gössel* § 371 Rn. 30; a.A. AnwK-StPO/*Loos* § 371 Rn. 25); er kann insoweit einen Anspruch auf fehlerfreie Ermessensausübung geltend machen.

5 **C. Entscheidung über die Beschwerde.** Grds. entscheidet das **Beschwerdegericht** gem. **§ 309 Abs. 2 in der Sache selbst**. Eine Zurückverweisung an das Wiederaufnahmegericht ist nicht vorgesehen. Das gilt auch dann, wenn ein Beschluss über die Zulässigkeit nach § 368 unterblieben ist und zugleich die Beweisaufnahme gem. § 369 entbehrlich ist (OLG Brandenburg NStZ-RR 2010, 22). Als **Ausnahmen** sind die Fälle von gravierenden und vom Beschwerdegericht nicht behebbaren Verfahrensmängeln anerkannt. Das betrifft Fälle, in denen das Wiederaufnahmegericht den Antrag nach unvollständiger Prüfung aus rein formalen Gründen zu Unrecht als unzulässig gem. § 368 verworfen hat (OLG Frankfurt NStZ 1983, 426, 427) oder Entscheidungen, bei denen keine Benachrichtigung gem. § 369 Abs. 3 Satz 2 i.V.m. § 224 Abs. 1 erfolgt ist oder keine Gelegenheit zur Schlusserklärung gem. § 369 Abs. 4 eingeräumt wurde. In diesen Fällen wird der Beschluss aufgehoben und zur erneuten Entscheidung an das Wiederaufnahmegericht zurückverwiesen (Meyer-Goßner/*Schmitt* § 372 Rn. 8).

6 **Entscheidungsgrundlage** des Beschwerdegerichts ist das gesamte Vorbringen im ursprünglichen Wiederaufnahmeverfahren, das vom Beschwerdeführer im Rahmen seiner Beschwerde nach herrschender Meinung aber noch ergänzt werden darf (HK-StPO/*Temming* § 372 Rn. 5; a.A. *Marxen/Tiemann* Rn. 347). Dagegen ist sog. **nachgeschobenes Vorbringen** unzulässig: Tatsachen oder Beweismittel, die erstmals i.R.d. Beschwerde angeführt werden, bleiben unberücksichtigt und können allenfalls Gegenstand eines neuen Wiederaufnahmeantrags sein (vgl. LR/*Gössel* § 372 Rn. 16 ff. und MüKo-StPO/*Engländer/Zimmermann* § 372 Rn. 7 ff. m.w.N.).

7 Ordnet das Beschwerdegericht die **Wiederaufnahme des Verfahrens gem. § 370 Abs. 2** an, ist die Rechtmäßigkeit dieses Beschlusses in der erneuten Hauptverhandlung nicht zu prüfen; das Gericht ist an den Umfang der zugelassenen Wiederaufnahme gebunden (BGHSt 14, 85, 88). Auch das Revisionsgericht unterliegt bei seiner Überprüfung des Urteils den genannten Einschränkungen (Meyer-Goßner/*Schmitt* § 372 Rn. 10). Wurde der Antrag durch Sachentscheidung (also nicht nur wegen eines Formmangels) als unzulässig oder als unbegründet **verworfen**, steht die **Rechtskraft** der Beschwerdeentscheidung einer Wiederholung des Antrags entgegen. Das Vorbringen ist dann, soweit es entscheidungserheblich war (Meyer-Goßner/*Schmitt* § 372 Rn. 9), **verbraucht** (OLG Hamburg JR 2000, 380 m.Anm. *Gössel*). Eine **erneute Überprüfung** der Entscheidung des Beschwerdegerichts durch weitere Beschwerde gem. § 310 findet nicht statt.

§ 373 Urteil nach erneuter Hauptverhandlung; Verbot der Schlechterstellung

(1) In der erneuten Hauptverhandlung ist entweder das frühere Urteil aufrechtzuerhalten oder unter seiner Aufhebung anderweit in der Sache zu erkennen.

(2) [1]Das frühere Urteil darf in Art und Höhe der Rechtsfolgen der Tat nicht zum Nachteil des Verurteilten geändert werden, wenn lediglich der Verurteilte, zu seinen Gunsten die Staatsanwaltschaft oder sein gesetz-

licher Vertreter die Wiederaufnahme des Verfahrens beantragt hat. [2]Diese Vorschrift steht der Anordnung der Unterbringung in einem psychiatrischen Krankenhaus oder einer Entziehungsanstalt nicht entgegen.

Übersicht

A. Verfahren in der neuen Hauptverhandlung. Es handelt sich um ein ganz neues und eigenständiges Verfahren, für das die **allgemeinen Vorschriften** (§§ 226 ff. für Verfahren im ersten Rechtszug, §§ 324 ff. für die Berufung und §§ 351 ff. für die Revision) gelten. Die neue Hauptverhandlung darf sich jedoch nur auf die Entscheidungsteile erstrecken, auf die sich der Wiederaufnahmebeschluss gem. § 370 Abs. 2 bezieht (Miebach/Hohmann/*Cirener* S. 311). 1

Zur Zuständigkeit des Gerichts s. § 370 Rdn. 6. Bei Verfahren im ersten Rechtszug wird der **Anklagesatz** gem. § 243 Abs. 3 Satz 1 **verlesen**, bei Berufungsverfahren das **angefochtene Urteil** (§ 324 Abs. 1 Satz 2). Eine Verlesung des **Beschlusses nach § 370 Abs. 2** ist zulässig, sofern bei Teilnahme von Schöffen dort keine Beweiswürdigung enthalten ist (BGH MDR 1961, 250). Das **frühere Urteil** wird verlesen, sofern das Wiederaufnahmeverfahren sonst unverständlich bliebe; eine Verwertung der dort enthaltenen Feststellungen ist jedoch unzulässig (HK-StPO/*Temming* § 373 Rn. 2).

Es wird eine **neue Beweisaufnahme** nach Maßgabe von § 244 durchgeführt. Eine Beschränkung auf die im früheren Verfahren oder im Wiederaufnahmeverfahren verwendeten Beweise gibt es dabei nicht (Meyer-Goßner/*Schmitt* § 373 Rn. 2). **Zeugen** sind neu zu vereidigen; **rechtliche Hinweise gem. § 265** müssen wiederholt werden (Meyer-Goßner/*Schmitt* § 373 Rn. 2). Der **Verteidiger** des Verurteilten ist gem. § 140 neu zu bestellen. Der im ursprünglichen Verfahren beteiligte **Nebenkläger** muss sich nicht erneut der Klage anschließen, er ist ohne Weiteres zuzulassen (KMR/*Eschelbach* § 373 Rn. 7). Bei Berufungs- oder Revisionsurteilen, die durch die Wiederaufnahme angefochten wurden, besteht die Möglichkeit, durch **Rücknahme gem. § 302** das Verfahren zu beenden. Entsprechend können bei vorangegangener Erledigung durch Strafbefehl Klage und Einspruch gem. § 411 Abs. 3 zurückgenommen werden (a.A. Meyer-Goßner/*Schmitt* § 373 Rn. 4). 2

B. Entscheidung des Gerichts. Es bestehen grds. alle Möglichkeiten, die einem Gericht im entsprechenden Verfahrensstadium zustehen. Das beinhaltet auch die **Verweisung** an das eigentlich zuständige Gericht gem. § 270 (*Marxen/Tiemann* Rn. 423). Aufgrund des übergeordneten Interesses an einer Urteilskorrektur ist allerdings eine Verwerfung im Berufungsverfahren gem. **§ 329 Abs. 1** auch bei unentschuldigtem Ausbleiben des Angeklagten **nicht zulässig** (SK-StPO/*Frister* § 373 Rn. 10; a.A. KK-StPO/*Schmidt* § 373 Rn. 11). Entsprechend ist ein Vorgehen gem. § 412 bei vorangegangenem Strafbefehl ausgeschlossen (Meyer-Goßner/*Schmitt* § 373a Rn. 4). 3

I. Einstellung des Verfahrens. Das Gericht hat die Möglichkeit, das Verfahren nach allgemeinen Regeln einzustellen, auch nur **vorläufig gem. § 205**. Möglich ist auch eine Einstellung aus Opportunitätsgründen gem. **§§ 153 ff.**, die aber in keinem Fall gegen den Willen des Verurteilten erfolgen sollte (*Marxen/Tiemann* Rn. 432). Bei unbehebbaren Verfahrenshindernissen kommt eine **Einstellung gem. §§ 206a, 260 Abs. 3** in Betracht (LR/*Gössel* § 373 Rn. 17), sofern nicht bei der Wiederaufnahme zugunsten des Verurteilten gem. § 371 analog vorzugehen ist (vgl. oben § 371 Rdn. 2). Abgesehen von § 260 Abs. 3 ergehen die Einstellungen durch **Beschluss**. Das Gericht ist nicht verpflichtet, im Rahmen einer Hauptverhandlung zu entscheiden (LR/*Gössel* § 371 Rn. 18). 4

II. Neues Sachurteil. 1.Grundsätzliches. Es ergeht eine völlig **neue und unabhängige Sachentscheidung** (BGHSt 14, 64, 66). Eine Bindung an das frühere Urteil besteht nicht, mit Ausnahme der Teile, die wegen einer Beschränkung der Wiederaufnahme unberührt geblieben sind. Grds. ist aber eine ganz neue tatsächliche und rechtliche Würdigung vorzunehmen. Zwischenzeitliche **Gesetzesänderungen** sind entsprechend § 2 Abs. 3 StGB zu berücksichtigen (Meyer-Goßner/*Schmitt* § 373 Rn. 2; LG Frankfurt NJW 1970, 70). Die Stellung der Verfahrensbeteiligten bestimmt sich ebenfalls zu dem Zeitpunkt der erneuten Hauptverhandlung (Miebach/Hohmann/*Cirener* S. 319). Zwei Vorgehensweisen des Gerichts sind zu unterscheiden. Es kann das alte Urteil in der Sache **aufrechterhalten** gem. § 373 Abs. 1, 1. Alt., wenn es in keinem Punkt von der früheren Entscheidung abweicht. Ansonsten ergeht eine **neue Entscheidung in der Sache** unter Aufhebung der früheren Verurteilung (BGH, Beschl. v. 10.05.2011, 4 StR 144/11). Für den Urteilsinhalt gilt 5

§ 267. Bezugnahmen auf die Feststellungen der früheren Entscheidung sind nicht zulässig (Meyer-Goßner/*Schmitt* § 373 Rn. 7).

6 Beim **Rechtsfolgenausspruch** ist das **Verbot der reformatio in peius** gem. Abs. 2 zu beachten. Eine Verschärfung des Schuldspruches ist jedoch möglich (BGH NJW 1960, 732). Übersehen wurde vom Gesetzgeber offenbar die Konstellation, dass ursprünglich allein eine Maßregel gem. § 63 StGB verhängt wurde; stellt sich nach erfolgreicher Wiederaufnahme heraus, dass der Verurteilte in Wahrheit voll schuldfähig war, muss die Maßregel entfallen, ohne dass nunmehr eine Bestrafung möglich wäre. Denn eine § 358 Abs. 2 Satz 2 vergleichbare Regelung enthält § 373 Abs. 2 gerade nicht (vgl. HK-StPO/*Temming* § 373 Rn. 9). Eine **mildere Strafe** bei unverändertem Schuldspruch ist ohne Weiteres möglich, § 363 gilt hier nicht. Wird eine **Gesamtstrafe** gebildet, sind alle Verurteilungen einzubeziehen, die bis zum jetzigen Zeitpunkt ergangen und noch nicht erledigt sind. Wurde die Wiederaufnahme nur teilweise angeordnet, sind auch die davon unberührt gebliebenen Einzelstrafen einzubeziehen (*Marxen/Tiemann* Rn. 437).

7 Soweit die Strafe aus dem früheren Urteil bereits vollstreckt wurde, ist sie auf die neue Verurteilung (ohne gesonderten Ausspruch) gem. § 51 Abs. 2 StGB **anzurechnen.** Beim Zusammentreffen von Geld- und Freiheitsstrafe gilt der Umrechnungsmaßstab des § 51 Abs. 4 Satz 1 StGB (Meyer-Goßner/*Schmitt* § 373 Rn. 9). Ganz neu zu entscheiden ist über **Maßregeln der Besserung und Sicherung.** Wird die Fahrerlaubnis erneut gem. § 69 StGB entzogen, ist ein bereits abgelaufener Teil der Sperrfrist auf die neu verhängte **anzurechnen** (LR/*Gössel* § 373 Rn. 25). Gleiches gilt für die zeitliche Dauer eines Berufsverbots gem. § 70 StGB. Bei der **Kostenentscheidung** ist § 473 Abs. 6 Nr. 1 zu beachten; es ergeht eine Entscheidung über die Kosten und Auslagen des gesamten früheren und neuen Verfahrens (einschließlich der Kosten der Wiederaufnahme).

8 **2. Wiederaufnahme gem. § 362 Nr. 5.** Strittig ist, ob bei einer neuen Hauptverhandlung, die aufgrund eines **Wiederaufnahmeantrags gem. § 362 Nr. 5** zustande kam, im Ergebnis auch nur eine Verurteilung nach den dort genannten **Katalogdelikten** möglich ist oder ob das Gericht auch insofern in der Hauptverhandlung ganz unabhängig entscheiden kann (s. dazu *Kaspar* GA 2022, 21, 24 f.). Denkbar ist etwa die Konstellation, dass sich in der neuen Hauptverhandlung herausstellt, dass der Täter **kein Mordmerkmal** erfüllt hat oder sogar **keinen Tötungsvorsatz** hatte. Kann das Gericht dann wegen Totschlags gem. § 212 StGB oder bspw. gefährlicher Körperverletzung gem. §§ 223, 224 StGB verurteilen? Dafür spricht zunächst der allgemeine Grundsatz, dass die neu anberaumte Hauptverhandlung ein ganz neues Urteil ermöglicht, das unabhängig von den früheren Verfahrensstadien erfolgt und insb. auch nicht vom Vorliegen eines bestimmten Wiederaufnahmegrundes abhängt (MüKo-StPO/*Engländer/Zimmermann* § 373 Rn. 4). Auch wird argumentiert, dass eine Bindung des Gerichts in der neuen Hauptverhandlung bedeuten würde, den prozessualen Tatbegriff auseinanderzureißen (*Gärditz* Stellungnahme im Rahmen der Anhörung im Deutschen Bundestag vom 21.06.2021, S. 2, abrufbar unter https://www.bundestag.de/resource/blob/848600/9936b15d9f8bb01892ff71409db0b46b/stellungnahme-gaerditz-data.pdf (zuletzt abgerufen am 25.05.2022).

9 Das zuletzt genannte Argument ist allerdings nicht zwingend: Zwar wird bei einem Wiederaufnahmebeschluss die Rechtskraft der Entscheidung üblicherweise für die gesamte prozessuale Tat aufgehoben. Das steht einer **sachlich begründeten Einschränkung dieses Grundsatzes** aber nicht entgegen. So liegt es hier. Zu bedenken ist nämlich, dass die Beschränkung des § 362 Nr. 5 auf schwerste, unverjährbare Delikte der Rechtssicherheit als Teil des Rechtsstaatsprinzips (vgl. Vor § 359 ff. Rdn. 11 f.) Ausdruck verleihen sollte (BT-Drs. 19/30399, S. 6). Dieser Zweck würde durch eine Verurteilungsmöglichkeit über die genannten Straftatbestände hinaus verfehlt. Vielmehr sprechen die vielfach artikulierten und auch hier geteilten verfassungsrechtlichen Bedenken (s. § 362 Rdn. 15 ff.) für ein restriktives Verständnis der neuen Wiederaufnahmemöglichkeit. Hält man diese nicht ohnehin für verfassungswidrig, lässt sich auf diesem Wege zumindest sicherstellen, dass der vom Gesetzgeber ins Feld geführte Konflikt des Freispruchs mit der materiellen Gerechtigkeit (vgl. BT-Drs. 19/30399, S. 1) nicht nur ex ante, sondern auch *ex post* betrachtet tatsächlich besonders schwer wiegt, weil eine an sich unverjährbare Straftat ungeahndet geblieben ist. Eine an Entstehungsgeschichte und Zweck der Norm sowie der grundrechtlichen Situation orientierte Auslegung (vgl. auch Vor §§ 359 ff. Rdn. 20) spricht daher im Ergebnis dafür, eine **Verurteilung auf Grundlage anderer als der im Normtext erwähnten Katalogdelikte nicht zuzulassen.** Zwar ist eine solche Auslegung im Kontext der §§ 359 ff. ein Novum. Es wird jedoch der (ohnehin systemfremden) Aufnahme von Katalogstraftaten in die Wiederaufnahmegründe am ehesten gerecht. Lässt sich daher in der neuen Hauptverhandlung der Vorwurf einer Strafbarkeit aus den genannten Katalogtaten nicht bestätigen, ist das Verfahren einzustellen. Dies sollte der **Gesetzgeber** (etwa durch eine Ergänzung von § 373 Abs. 1) de lege ferenda klarstellen.

10 **III. Sonstiges. Eingezogene Gegenstände** sind nach einem Freispruch zurückzugeben; wenn dies nicht möglich ist, erfolgt eine Entschädigung nach dem StrEG (KMR/*Eschelbach* § 373 Rn. 21). Auch sonst gelten für die **Entschädigung** des zu Unrecht Verurteilten die **§§ 1 ff. StrEG** (*Marxen/Tiemann* Rn. 560 ff.).

Eine geleistete Geldstrafe, die durch die erneute Entscheidung weggefallen ist, wird außerhalb des StrEG zurückerstattet (MüKo-StPO/*Engländer/Zimmermann* § 373 Rn. 29). Eine bereits vollstreckte Strafe kann in **entsprechender Anwendung von § 51 Abs. 2 StGB** auf Strafen für andere Taten angerechnet werden, sofern diese mit der früheren Verurteilung gesamtstrafenfähig sind (OLG Frankfurt GA 1980, 262; *Kindhäuser/Schumann* § 33 Rn. 15). Der Freispruch ist nur dann **bekannt zu machen**, wenn auch die frühere Verurteilung bekannt gemacht wurde (Meyer-Goßner/*Schmitt* § 373 Rn. 11). Die **Anfechtung** des Urteils ist nach allgemeinen Regeln mittels Berufung bzw. Revision möglich; nach Eintritt der Rechtskraft ist auch ein neuer Wiederaufnahmeantrag denkbar (LR/*Gössel* § 373 Rn. 38). Die Eintragung der Wiederaufnahme im Register gem. § 16 Abs. 1 BZRG wird nach Entscheidung in der erneuten Hauptverhandlung entfernt und durch deren Inhalt ersetzt, § 16 Abs. 2 BZRG.

§ 373a Verfahren bei Strafbefehl

(1) **Die Wiederaufnahme eines durch rechtskräftigen Strafbefehl abgeschlossenen Verfahrens zuungunsten des Verurteilten ist auch zulässig, wenn neue Tatsachen oder Beweismittel beigebracht sind, die allein oder in Verbindung mit den früheren Beweisen geeignet sind, die Verurteilung wegen eines Verbrechens zu begründen.**

(2) **Im Übrigen gelten für die Wiederaufnahme eines durch rechtskräftigen Strafbefehl abgeschlossenen Verfahrens die §§ 359 bis 373 entsprechend.**

Übersicht

1 **A. Grundsätzliches.** Auch nach rechtskräftiger Erledigung durch **Strafbefehl** ist, wie § 373a klarstellt, eine Wiederaufnahme möglich. Die **allgemeinen Vorschriften** der §§ 359–373 gelten dabei gem. Abs. 2 entsprechend, einschließlich der Wiederaufnahmegründe der §§ 359 und 362 (a.A. für § 362 Nr. 4 KK-StPO/*Schmidt* § 373a Rn. 2). Die Anordnung der entsprechenden Anwendung ermöglicht es, die Eigenarten des Strafbefehlsverfahrens zu berücksichtigen, was insb. auch für dessen möglicherweise weniger zuverlässige Erkenntnisse durch die Ausgestaltung als summarisches Verfahren gilt (BVerfG Beschl. v. 31.07.2014 – 2 BvR 571/14, BVerfG NVZ 2016, 45, 47). Darüber hinaus eröffnet § 373a Abs. 1 in Erweiterung von § 362 einen **zusätzlichen Grund der Wiederaufnahme zuungunsten des Verurteilten**. Auch dies ist der Tatsache geschuldet, dass die Erledigung nur auf einer summarischen Prüfung des Tat- und Schuldvorwurfs beruht (Meyer-Goßner/*Schmitt* § 373a Rn. 3; krit. SK-StPO/*Frister* § 373a Rn. 5; *Greco* S. 989 f.; *Brinkmann* Zum Anwendungsbereich der §§ 359 ff. StPO. Möglichkeiten und Grenzen der Fehlerkorrektur über das strafrechtliche Wiederaufnahmeverfahren, 2017, S. 147 f.). Der verringerte Bestandsschutz eines Strafbefehls wird auch darauf zurückgeführt, dass es der Angeklagte selbst in der Hand habe, durch Einspruch gegen den Strafbefehl ein Urteil zu erwirken, das dann nur im Rahmen von § 362 geändert werden kann (*Brinkmann* S. 150).

2 Ob sich aus der Existenz von § 373a StPO ein Argument für die **Zulässigkeit der erweiterten Wiederaufnahme in § 362 Nr. 5 StPO** ableiten lässt, wird unterschiedlich beurteilt. Zwar lässt sich argumentieren, dass es gerade die eben erwähnten Besonderheiten des Strafbefehlsverfahrens sind gewisse Abstriche beim von Art. 103 Abs. 3 GG intendierten Vertrauensschutz erlauben; immerhin zeigt die Norm aber, dass verfassungskonforme Einschränkungen des Grundsatzes »ne bis in idem« möglich sind, was gegen die Annahme eines absoluten Schutzes durch Art. 103 Abs. 3 GG spricht (s. § 362 Rdn. 24).

3 **B. Zusätzlicher Wiederaufnahmegrund (Abs. 1).** Die ungünstige Wiederaufnahme kann ausnahmsweise darauf gestützt werden, dass **neue Tatsachen oder Beweismittel** beigebracht sind, die allein oder i.V.m. den früheren Beweisen geeignet sind, die Verurteilung wegen eines **Verbrechens** i.S.v. § 12 Abs. 1 StGB zu begründen. Nicht erfasst ist der Fall der **fehlerhaften rechtlichen Würdigung**, bei der ein Verbrechen fälschlicherweise als Vergehen gewertet wurde (*Neumann* NJW 1984, 780). Ausgeschlossen ist die Wiederaufnahme auch hier (vgl. oben Vor §§ 359 ff. Rdn. 28), wenn in Bezug auf das Verbrechen die Verfolgungsverjährung eingetreten ist (AnwK-StPO/*Rotsch* § 373a Rn. 2).

4 Wie auch sonst gilt, dass Tatsachen oder Beweismittel nur dann **neu** sind, wenn sie vom Gericht bei der Entscheidung nicht berücksichtigt wurden. Dies ist grds. anhand des **Akteninhalts** zu bestimmen (z.B. LG Karlsruhe NStZ-RR 2013, 55), sodass davon ausgegangen werden kann, dass in der Akte enthaltene Tatsachen auch berücksichtigt wurden. Allerdings ist hier zu differenzieren: Ist eine Tatsache nicht in der

Akte enthalten, ist es zur Sicherung des Anspruchs auf rechtliches Gehör nicht zulässig, die Neuheit der vorgebrachten Tatsachen wegen einer vorherigen Berücksichtigung als »allgemein- oder gerichtskundig« abzulehnen (BVerfG NJW 2007, 207, 208). Auch ist im Interesse des Antragstellers Neuheit zu bejahen, wenn eine in den Akten enthaltene Tatsache nachweislich bei Erlass des Strafbefehls nicht berücksichtigt wurde (*Eisenberg* JR 2007, 362). Ist die Akte nicht mehr vorhanden, so soll der Verurteilte die Darlegungs- und Beweislast dafür tragen, dass die von ihm als neu vorgebrachte Tatsache nicht bereits Gegenstand der Akte war (LG Karlsruhe NStZ-RR 2013, 55). Das ist angesichts des Gebots der extensiven Auslegung der günstigen Wiederaufnahme zweifelhaft, zumal sich die Aufbewahrung der Akten ohne Einflussmöglichkeit des Verurteilten innerhalb der staatlichen Sphäre vollzieht.

5 **C. Verfahren und Entscheidung des Gerichts.** Abgesehen von den Fällen des § 371 ist zwingend eine **Hauptverhandlung** durchzuführen. Dabei hat der rechtskräftige Beschluss gem. § 370 Abs. 2 die Funktion des Eröffnungsbeschlusses (KK-StPO/*Schmidt* § 373a Rn. 11). Die **Zuständigkeit** des Gerichts bestimmt sich auch hier grds. nach **§ 140a GVG**. Soweit durch die nun angestrebte Verurteilung wegen eines Verbrechens ein **Gericht höherer Ordnung zuständig** ist, wird die Sache gem. § 225a Abs. 1 dorthin verwiesen; bei Ablehnung hat das Gericht niederer Ordnung die Sache zu verhandeln, kann dann aber ggf. nach § 270 Abs. 1 verfahren (näher Meyer-Goßner/*Schmitt* § 373a Rn. 5). Das Gericht **hält den Strafbefehl** entweder **aufrecht** oder **hebt** ihn **auf** und entscheidet anderweitig in der Sache (§ 373a Abs. 2 i.V.m. § 373). Das gilt allerdings nicht, wenn der Strafbefehl (etwa gegen einen Jugendlichen, vgl. § 79 JGG) überhaupt nicht in zulässiger Weise ergehen konnte. Hier hat eine Einstellung entsprechend § 371 Abs. 2 sowie ggf. eine erneute Anklage im ordentlichen Verfahren zu erfolgen (Meyer-Goßner/*Schmitt* § 373a Rn. 4; Radtke/Hohmann-*Hohmann* § 373a Rn. 6; a.A. LG Landau NStZ-RR 2003, 28).

Fünftes Buch. Beteiligung des Verletzten am Verfahren

Erster Abschnitt. Definition

§ 373b Begriff des Verletzten

(1) Im Sinne dieses Gesetzes sind Verletzte diejenigen, die durch die Tat, ihre Begehung unterstellt oder rechtskräftig festgestellt, in ihren Rechtsgütern unmittelbar beeinträchtigt worden sind oder unmittelbar einen Schaden erlitten haben.

(2) Verletzten im Sinne des Absatzes 1 gleichgestellt sind

1. der Ehegatte oder der Lebenspartner,

2. der in einem gemeinsamen Haushalt lebende Lebensgefährte,

3. die Verwandten in gerader Linie,

4. die Geschwister und

5. die Unterhaltsberechtigten

einer Person, deren Tod eine direkte Folge der Tat, ihre Begehung unterstellt oder rechtskräftig festgestellt, gewesen ist.

A. Allgemeines. Die Vorschrift wurde durch das Gesetz zur Fortentwicklung der Strafprozessordnung und zur Änderung weiterer Vorschriften vom 25.06.2021 (BGBl. I, S. 2099; in Kraft getreten am 01.07.2021) neu in die StPO eingefügt. 1

Hierzu wurde systematisch ein neuer erster Abschnitt des fünften Buches geschaffen, der schwerpunktmäßig die Beteiligung des Verletzten am Strafverfahren betrifft. Erstaunlicherweise hat der Gesetzgeber bis zur Aufforderung durch die Europäische Kommission (vgl. BT-Drs. 19/27654, S. 41; ausf. zu europarechtlichen Vorgaben HK-GS/*Weiler* § 373b Rn. 3 ff.) die Begriffsbestimmung des Verletzten im Wesentlichen der Rspr. überlassen, welche im jeweiligen Kontext der Bestimmung den Kreis des Verletzten unterschiedlich weit zog. 2

Der Verletztenbegriff wird in der StPO an den verschiedensten Stellen verwendet. Der nun definierte Verletztenbegriff soll für die nachfolgend genannten Vorschriften gelten: § 22 Nrn. 1–4, § 48 Abs. 3 Satz 1, § 68a Abs. 2 Satz 1, § 69 Abs. 2 Satz 2, § 138 Abs. 3, § 140 Abs. 1 Nr. 9, § 153a Abs. 1 Satz 2 Nr. 5, § 155a, § 158, § 171, § 172, § 255a Abs. 2 Satz 2, § 268 Abs. 2 Satz 3, § 374, § 388, § 395, § 397a, § 406d, §§ 406f–406l (BT-Drs. 19/27654, S. 42). Der Verletzte ist somit Prozessbeteiligter und ein mit eigenen Beistands-, Informations- und Schutzrechten ausgestattetes Subjekt des Verfahrens. 3

Der Gesetzgeber hat mit dieser Norm den Art. 2 der Opferschutzrichtlinie 2012/29/EU des EU-Parlaments und des Rates vom 25.10.2012 umsetzen wollen. Art. 2 Nr. 1 lit. a definiert als **»Opfer«** »i) eine natürliche Person, die eine körperliche, geistige oder seelische Schädigung oder einen wirtschaftlichen Verlust, der direkte Folge einer Straftat war, erlitten hat; ii) Familienangehörige einer Person, deren Tod eine direkte Folge einer Straftat ist, und die durch den Tod dieser Person eine Schädigung erlitten haben«. 4

In Art. 2 Nr. 1 lit. b werden die **»Familienangehörigen«** dahin gehend konkretisiert, dass dazu »Ehepartner des Opfers, die Person, die mit dem Opfer stabil und dauerhaft in einer festen intimen Lebensgemeinschaft zusammenlebt und mit ihm einen gemeinsamen Haushalt führt, sowie die Angehörigen in direkter Linie, die Geschwister und die Unterhaltsberechtigten des Opfers« zählen (BT-Drs. 19/27654, 41). 5

Die unterschiedliche Verwendung der Begriffe »Opfer« und »Verletzter« hat sprachliche und rechtshistorische Hintergründe: So findet sich in europäischen Normen regelmäßig der Begriff des Opfers. Dieser wird auch im deutschen Recht zunehmend verwandt, wie bspw. der Opferschutzrichtlinie, den Opferrechtsreformgesetzen, dem schon in den 1970er Jahren in Kraft getretenen OEG oder dem Täter-Opfer-Ausgleich, § 46a StGB. In der StPO wurde schon immer der Begriff des »Verletzten« verwendet (StPO v. 01.02.1877, Dt. RBl. 1877, Nr. 8, S. 253 ff.). Diese Begrifflichkeit hat der Gesetzgeber nicht zuletzt deshalb beibehalten, um umfängliche Änderungen in der StPO zu vermeiden. 6

Die Unterscheidung macht aber auch in rechtlicher Hinsicht einen Unterschied: Während als »Opfer« regelmäßig natürliche Personen bezeichnet werden (vgl. EuGH Urt. v. 28.06.1997 – C-467/05, NJW 2007, 2835; Urt. v. 21.10.2010 – C-205/09, NJW 2011, 287), die meist eine Verletzung höchstpersönlicher Rechte bspw. 7

durch Aggressions- oder Gewaltdelikte erleiden mussten, umfasst der Verletztenbegriff i.S.d. StPO auch juristische Personen, die durch Eigentums- oder Vermögensdelikte geschädigt wurden (vgl. OLG Stuttgart, Beschl. v. 04.12.2000 – 1 Ws 222/00).

8 In der Gesetzesbegründung wird hervorgehoben, dass in Fällen, in denen die Rspr. zur StPO den berechtigten Personenkreis bei bestimmten Normen weiter gefasst hat, weil der Verletztenbegriff nach dem sog. Funktionszusammenhang der Norm beurteilt worden war, dieser weitergehende Anwendungsbereich weiterhin besteht. Verwiesen wird insoweit auf die §§ 111i, 111l und 111n sowie die §§ 459g–459m, welche im Zuge der Neufassung angepasst wurden (BT-Drs. 19/27654, S. 41, 42 unter Verweis auf das 3. OpferrechtsreformG v. 21.12.2015 [BGBl. I, S. 2525]). Rspr. und Kommentierung insb. zu den § 172 und § 403 sind damit nicht hinfällig, sondern nach wie vor bedeutsam, zumal wesentliche Elemente dieser Rspr. bei der Formulierung des § 373b Abs. 1 eingeflossen sind.

9 **B. Der Begriff des Verletzten (Abs. 1).** Die Legaldefinition des Verletztenbegriffs bezieht sich, wie die Formulierung »im Sinne dieses Gesetzes« zum Ausdruck bringt, nur auf die Vorschriften der StPO und findet im materiellen Strafrecht keine Anwendung (BT-Drs. 19/27654, S. 103 unter ausdrücklichem Hinweis auf den engeren Verletztenbegriff des § 46a Nr. 1 StGB). Verletzter ist, wer durch die Tat, ihre Begehung unterstellt oder rechtskräftig festgestellt, in seinen Rechtsgütern unmittelbar beeinträchtigt wurde oder unmittelbar einen Schaden erlitten hat.

10 Die Einschränkung, dass die Begehung unterstellt werden kann oder rechtskräftig festgestellt wurde, ist dem Umstand geschuldet, dass einem Verletzten schon während eines noch laufenden Ermittlungsverfahrens und vor einer Verurteilung Rechte gewährt werden, wie bspw. das Recht, sich einem Verfahren als Nebenkläger anzuschließen (§§ 395 ff.), Akteneinsicht zu nehmen (§ 406e) oder einen Adhäsionsantrag (§§ 403 ff.) zu stellen. Ein dringender Tatverdacht ist nicht gefordert, maßgeblich ist ein Anfangsverdacht, der zur Einleitung eines Ermittlungsverfahrens führt.

11 *(unbelegt)*

12 Die Rspr. und in der Folge § 373b verlangen unter der eben genannten Voraussetzung, dass der Verletzte **durch** die (behauptete) Tat und **unmittelbar** in einem Rechtsgut verletzt wird (OLG Hamm, Beschl. v. 18.01.1988 – 4 Ws 221/87; OLG Frankfurt a.M. Beschl. v. 21.04.2010 – 2 Ws 147/08).

13 Bei Verletzung von Individualrechtsgütern gegen die Rechtsgüter Leib, Leben, Gesundheit, Freiheit, sexuelle Selbstbestimmung oder Eigentum und Vermögen ist dieses Kriterium regelmäßig gegeben (BT-Drs. 19/27654, S. 11). Die Rspr. geht von einer **weiten Auslegung** des Verletztenbegriffs aus, sodass nicht nur eine unmittelbare Beeinträchtigung eines strafrechtlich geschützten Rechtsguts, sondern schon die unmittelbare Beeinträchtigung in Rechten oder rechtlich anerkannten Interessen ausreichen soll (Meyer-Goßner/*Schmitt* § 172 Rn. 10). Der Verletztenbegriff geht insofern über die Begriffsbestimmungen der Opferschutzrichtlinie hinaus und umfasst auch Aussagedelikte (BT-Drs. 19/276545). Die Abgrenzung kann insb. bei **Wirtschaftsdelikten** schwierig sein. In Zweifelsfällen ist ein Rückgriff auf die **Schutzzwecklehre** möglich, wonach unmittelbar Verletzter nur derjenige ist, dessen Rechte durch die übertretene Norm zumindest mitgeschützt werden sollen (BGHSt 18, 283; vgl. auch OLG Stuttgart, Beschl. v. 04.12.2000 – 1 Ws 22/00 mit Ausführungen zur Verletzteneigenschaft bei Gesellschaftern einer GmbH). Durch das Erfordernis der Unmittelbarkeit soll bei der Anwendung des Klageerzwingungsverfahrens (§ 172) dem Legalitätsprinzip Geltung verschafft werden, gleichzeitig aber eine gesetzlich nicht gewollte Popularklageerzwingung vermieden werden. Nach einer wohl h.M. sind bei einer Schädigung juristischer Personen des Wirtschaftslebens in der Regel nur die juristische Person selbst, nicht jedoch auch der Geschäftsführer und die einzelnen Gesellschafter oder Aktionäre als Verletzte i.S.d. § 172 Abs. 1 Satz 1 StPO anzusehen (ausf. hierzu OLG Frankfurt a.M., Beschl. v. 21.04.2010 – 2 Ws 147/08 zur Verletzteneigenschaft bei Aktionären; s.a. OLG Stuttgart, Beschl. v. 04.12.2000 – 1 Ws 22/00). Neben juristischen Personen können auch Personenvereinigungen, Behörden, Kirchen Religionsgesellschaften Verletzte i.S.d. Norm sein (Meyer-Goßner/*Schmitt* § 172 Rn. 10).

14 Keine Verletzten sind Personen, die von der Tat wie jedermann betroffen sind oder die nur ein allgemeines Verfolgungsinteresse haben (*Riedel/Wallau* NStZ 2003, 393, 394). Es muss »**durch die Tat**« die Rechtsgutsverletzung oder Beeinträchtigung eingetreten sein. Dies ist bspw. nicht der Fall bei Äußerungsdelikten oder der Verbreitung von pornografischen Schriften oder Hetzschriften ohne persönlichen Bezug (Meyer-Goßner/*Schmitt* § 172 Rn. 9).

15 **C. Der erweiterte Verletztenbegriff des Abs. 2.** Nach dem allgemeinen Verletztenbegriff des Abs. 1 zählen die in Abs. 2 genannten Personen mangels unmittelbarer Rechtsbeeinträchtigung zunächst nicht zu den Verletzten. Da die Opferschutzrichtlinie in Art. 2 Nr. 1 lit. b den Kreis der Verletzten jedoch erweitert, hat der Gesetzgeber dem in § 373b Abs. 2 entsprochen.

Voraussetzung für alle dort genannten Angehörigen und Gruppen ist, dass eine nahestehende Person als direkte Folge der Tat zu Tode gekommen sein muss. Auch hier muss die Begehung der Tat unterstellt oder rechtskräftig festgestellt werden (s.o.). Als Straftaten kommen nicht nur die §§ 211 ff. StGB in Betracht, sondern gleichermaßen erfolgsqualifizierte Delikte mit Todesfolge (BT-Drs. 19/27654, S. 101). Erforderlich ist im Hinblick auf die besondere Tatfolge aber wenigstens Fahrlässigkeit (§ 18 StGB). Namentlich kommen in Betracht die Vorschriften der §§ 178, 221 Abs. 3, 227, 239 Abs. 4, 251, 306c StGB. Der Täterschaft steht die Teilnahme gleich, ein Versuch der Tat reicht allerdings nicht aus (BeckOK-StPO/*Weiner* § 373b Rn. 20). 16

Zu den kraft Gesetzes gleichgestellten Personen und Personengruppen zählen: 17

- **Ehegatten** (§§ 1360, 1360a, 1361 BGB) oder **Lebenspartner** (§§ 5, 12 LPartG, auf die nach dem 22.12.2018 die eherechtlichen Vorschriften anwendbar sind, § 21 LPartG), gleichgültig, ob sie zusammen oder getrennt leben, solange die Ehe oder Partnerschaft besteht, § 373b Abs. 2 Nr. 1.
- In einem gemeinsamen Haushalt zusammenlebende **Lebensgefährten**, § 373b Abs. 2 Nr. 2. Die Opferschutzrichtlinie verlangt, dass eine »intime Lebensgemeinschaft« bestehen soll. Dieses Erfordernis wurde vom bundesdeutschen Gesetzgeber fallen gelassen, da man angesichts des nahen Todes des Angehörigen diesbezügliche Ermittlungen als taktlos und unangemessen ansah (BT-Drs. 19/27654, 101).
- Die **Verwandten in gerader Linie** (§ 373b Abs. 2 Nr. 3), unabhängig vom Verwandtschaftsgrad, also Kinder, Enkel, Urenkel, Eltern oder Großeltern, vgl. § 1589 Satz 1 BGB.
- **Geschwister** (§ 373b Abs. 2 Nr. 4), wozu auch Halbgeschwister zu zählen sind (§ 1589 Satz 2 BGB; Meyer-Goßner/*Schmitt* § 395 Rn. 8).
- Wer zum Kreis der **Unterhaltsberechtigten** (§ 373b Abs. 2 Nr. 5) zählt, orientiert sich an zivilrechtlichen Bestimmungen. Hier gibt es große Überschneidungen zu den unter Nr. 1 bis Nr. 4 genannten Personengruppen. Speziell unter Nr. 5 fallen unterhaltsberechtigte geschiedene Ehegatten oder Lebenspartner nach Scheidung oder Aufhebung der Partnerschaft, sowie bei Tötung eines Lebensgefährten einer nichtehelichen Lebensgemeinschaft der überlebende Elternteil eines gemeinsamen Kindes (§ 1615l BGB).

Im Bereich der **Nebenklage** gab § 395 Abs. 2 Nr. 1 schon bisher Kindern, Eltern, Geschwistern, Ehegatten oder Lebenspartnern, die durch eine rechtswidrige Tat getötet wurden, die Befugnis, sich als Nebenkläger anzuschließen. Der Kreis der Verletzten in § 373b ist allerdings weiter gefasst und zählt auch den in einem gemeinsamen Haushalt lebenden Lebensgefährten, sämtliche Verwandten in gerader Linie und Unterhaltsberechtigte zum Kreis der Verletzten. 18

Folgt man der Gesetzesbegründung, so sollen (unter Verweis auf eine Entscheidung des OLG Celle (Beschl. v. 22.02.2016 – 1Ws 67/16 und Beschl. v. 09.02.2011 – 1 Ws 435/10) nicht nur alle bisher in § 395 Abs. 2 Nr. 1 genannten Personen nebenklagebefugt sein, sondern diese Rechte auf Angehörige in gerader Linie vom Urenkel bis zu den Urgroßeltern erweitert werden; diese sollen den Verletzten gleichgestellt werden. Diese Ausweitung ändere – so die Gesetzesbegründung – jedoch nichts am bisherigen Anwendungsbereich des § 395 Abs. 2 Nr. 1 und die Befugnis zur Nebenklage stehe nur den dort genannten Personen zu. Begründet wird dies damit, dass die Möglichkeit der Nebenklage durch die Opferschutzrichtlinie nicht gefordert werde (BT-Drs. 19/27654, S. 101). Diese eigenwillige Interpretation der Norm erstaunt und schließt nicht verpartnerte Lebensgefährten oder nichteheliche Mütter und Väter eines gemeinsamen Kindes aus (krit. hierzu HK-GS/*Weiler* § 373b Rn. 52 ff.). Diese Beschränkung ist angesichts der klaren Intention der europarechtlichen Vorgaben, den Verletztenkreis eben auch auf nicht formalisierte Lebensgemeinschaften und Unterhaltsberechtigte zu erweitern, nicht nachvollziehbar und de lege ferenda zu korrigieren. 19

D. Anwendbarkeit des § 373 b bei anderen Gesetzen. Wie oben ausgeführt, stellt die Norm eine Definition des Verletztenbegriffs nur für die Vorschriften der StPO dar. Der Gesetzgeber sieht hier allerdings in beschränktem Umfang Ausnahmen vor: 20

Im Bereich des **JGG** befassen sich die Vorschriften der § 10 Abs. 1 Satz 3 Nr. 7, § 45 Abs. 2 Satz 2 i.V.m. § 47 Abs. 1 Satz 1 Nr. 2 JGG mit Weisungen, sich um einen Ausgleich mit dem Verletzten zu bemühen. Diese können unabhängig von § 373b verhängt werden. Was die Nichtöffentlichkeit von Verhandlungen in Jugendverfahren angeht, ist die Anwendung des § 373b Abs. 2 StPO bei Hinterbliebenen über § 2 Abs. 2 JGG möglich (BT-Drs. 19/27654, S. 105). 21

Das **GVG** erwähnt den Verletzten in § 24 Abs. 1 Satz 1 Nr. 3 GVG (Erhebung der Anklage zum LG bei besonderer Schutzbedürftigkeit) und in § 175 Abs. 2 Satz 2 GVG (Zutritt zu nichtöffentlicher Verhandlung). Eine entsprechende Anwendung der Norm auf Hinterbliebene nach § 373b Abs. 2 wird wegen der vergleichbaren Zielsetzung befürwortet (BT-Drs. 19/27654, S. 105). 22

Zweiter Abschnitt. Privatklage

Vorbemerkung zu §§ 374 ff.

1 **A. Bedeutung und Entwicklung der Privatklage.** Die Privatklage hat in der heutigen Strafrechtspraxis kaum noch **Bedeutung**. Die Fallzahlen dieser Verfahren sind seit ihrer Einführung im Jahr 1924 rückläufig. Gab es bis etwa 1930 noch um die 100.000 Privatklagen jährlich, so verringerte sich ihre Zahl auf ca. 10.000 zu Beginn der 1980er Jahre bis auf 442 im Jahr 2020, bei insgesamt 614.781 gerichtlichen Verfahren obwohl seitens der Staatsanwaltschaft bei annähernd 5 Mio. erledigten Verfahren immerhin noch 210.289 auf den Privatklageweg verwiesen wurden (aus: Statistisches Bundesamt 2020, Fachserie 10 Reihe 2.3, Rechtspflege – Strafgerichte). Seit längerem wird diskutiert, das Privatklageverfahren durch ein »Aussöhnungsverfahren« zwischen dem Privatkläger und -beklagten zu ersetzen (Meyer-Goßner/*Schmitt*, Vor § 347 Rn. 1 unter Hinweis auf *Lütz-Binder*, Rechtswirklichkeit der Privatklage und Umgestaltung zu einem Aussöhnungsverfahren, 2010, Diss. Mannheim 2009). Zum Sühneversuch s. § 380.

2 Das **Wesen** der Privatklage besteht darin, dass bei bestimmten Straftaten, die enumerativ beschränkt sind und bei denen kein öffentliches Interesse an einer Verfolgung besteht (vgl. § 376), der Verletzte die Rolle des Staatsanwalts übernimmt, um den Beschuldigten eigeninitiativ einer Bestrafung zuzuführen. Eine Bindung an das Legalitätsprinzip besteht nicht. Allerdings dürfen die Delikte nicht in Tateinheit oder Tatmehrheit mit einem Offizialdelikt stehen, wenn es sich um eine einheitliche Tat i.S.d. § 264 handelt. Es ist die freie Entscheidung des Verletzten, ob und gegen welchen der Beschuldigten sowie in welchem Umfang er Klage erheben will. Allerdings ist das Privatklageverfahren kein Parteiprozess, da ihm ein formales Ermittlungsverfahren voraus geht und das Gericht zur Sachverhaltsaufklärung von Amts wegen verpflichtet bleibt. Erreicht werden sollte damit eine Entlastung der StA und Gerichte in den Bereichen der Bagatellkriminalität (*Rieß*, Gutachten C zum 55. DJT, Rn. 21).

3 Dass die Privatklage dennoch sehr selten erhoben wird, hat mehrere Gründe: StA bejahen auch bei Fällen, in denen der Privatklageweg eröffnet wäre, häufig das besondere öffentliche Interesse, da nach den RiStBV für die verschiedenen Deliktsarten keine hohen Hürden für die Bejahung existieren (vgl. RiStBV Nr. 86 f., 229, 232, 233 f., 243 Abs. 3; 260 f.), die Erledigung über eine Einstellung nach §§ 153 oder 153a verfahrensökonomischer ist und gleichzeitig ein öffentliches (Rest-)interesse beseitigt wird.

Dazu kommt, dass der Privatkläger – häufig anwaltlich vertreten (§ 378) – vorab Sicherheit zu leisten hat für die voraussichtlich entstehenden Kosten (§ 379) und vorher noch in einigen Fällen einen Sühneversuch als Klagevoraussetzung unternehmen muss (§ 380).

4 Dieser **finanzielle Einsatz** kann vergeblich sein, wenn das Gericht nach § 383 Abs. 2 in der Hauptverhandlung die Schuld des Täters als gering ansieht und das Verfahren einstellt. Die Neigung der Gerichte, Privatklageverfahren mit einer Verurteilung des Beschuldigten abzuschließen, ist gering: Schon in den 1980er Jahren führten nur 6 % der Privatklageverfahren zu einer Verurteilung des Angeklagten (*Schöch*, NStZ 1984, 385, 389).

5 Prozessual gerät der Privatkläger unter Umständen in **Probleme:** Bei einer Vielzahl der in § 374 aufgezählten Delikte handelt es sich um Konflikte zwischen zwei Parteien, bei denen kaum weitere Zeugen zur Verfügung stehen. Der Privatkläger scheidet als Zeuge im Strafprozess aus und kann so in Beweisnot geraten. Ohne anwaltliche Unterstützung hat er nicht die Möglichkeit, Akteneinsicht zu erhalten (§ 385 Abs. 3) und wird auch Probleme haben, Zeugen fachgerecht zu befragen oder prozessual korrekte Beweisanträge zu stellen.

6 Als Konsequenz dieser Praxis wurde in den 1980er Jahren die Abschaffung des Privatklageverfahrens und Reduzierung auf ein einfaches Sühneverfahren diskutiert (*Schöch*, NStZ 1984, 385, 389). Mit Ausnahme einiger Ergänzungen der privatklagefähigen Delikte (z.B. Bestechlichkeit/Bestechung, § 299 StGB) wurden seit vielen Jahren an den Vorschriften zur Privatklage wegen faktischer Bedeutungslosigkeit keine Novellierungen mehr durchgeführt. Zu einer Abschaffung hat der Gesetzgeber sich bislang allerdings auch nicht durchringen können. Die neu eingeführten Täter-Opfer-Ausgleichsregelungen in §§ 155a, b oder die Erweiterungen und Verbesserungen der Möglichkeiten der Nebenklage bieten im Bereich des Opferschutzes alternative sinnvolle Regelungen an, sind aber mit dem Privatklageverfahren nicht vergleichbar.

B. Unzulässigkeit der Privatklage. Gegen **Jugendliche** kann nach § 80 Abs. 1 JGG keine Privatklage erhoben werden. Gegen Heranwachsende ist sie dagegen zulässig (§ 2 JGG, da § 109 JGG nicht auf § 80 Abs. 1 JGG verweist). 7

C. Zuständigkeit. Die **sachliche Zuständigkeit** des Strafrichters bestimmt sich aus § 25 Nr. 1 GVG. Privatklagen gegen Heranwachsende müssen vor dem Jugendrichter erhoben werden, §§ 108, 39 JGG. Durch Verbindung mit einer prozessual anderen Tat nach § 4 könnte eine Privatklage ausnahmsweise vor höheren Gerichten verhandelt werden, nicht jedoch vor einem Schwurgericht, vgl. § 384 Abs. 5. 8
Für die **örtliche Zuständigkeit** gelten die allgemeinen Gerichtsstandvorschriften der §§ 7 ff. Bei Beleidigungen mit Druckschriften gilt die Besonderheit des § 7 Abs. 2 Satz 2.

D. Verfahrenserledigung im Vergleichswege. Angesichts der praktischen Probleme, die sich bei der Erhebung einer Privatklage ergeben können, soll kurz auf alternative Formen der Streitbeilegung eingegangen werden. Soweit es dem Kläger nicht primär um eine Bestrafung des Angeklagten geht, sondern finanzielle **Schadenswiedergutmachungsansprüche** im Vordergrund stehen, können Privatklagedelikte auch durch einen gerichtlichen oder außergerichtlichen Vergleich erledigt werden. 9
Auch wenn in der StPO der Vergleich als Variante der Verfahrenserledigung nicht kodifiziert wurde, kann dieser über die in § 391 geregelte Klagerücknahme (und ggf. Rücknahme des Strafantrags) in Kombination mit der Protokollierung eines gerichtlichen oder außergerichtlichen Vergleichs erreicht werden. Mit dem darauf folgenden Einstellungsbeschluss (Meyer-Goßner/*Schmitt*, Vor § 374 Rn. 12) wird das Privatklageverfahren beendet. 10
Typischerweise wird der gerichtliche Vergleich in Anwesenheit beider Parteien in der Hauptverhandlung geschlossen, wobei sich der Angeklagte zur Leistung von Schadenswiedergutmachung oder Erfüllung anderer, für den Privatkläger relevanter Pflichten, wie bspw. dem Unterlassen ehrenrühriger Äußerungen verpflichtet. Auch die Übernahme der Verfahrenskosten sollte zum Regelungsinhalt gehören.
Soweit der Angeklagte seinen Teil der Vereinbarung erst in der Zukunft zu erbringen hat, birgt eine sofortige unbedingte Klagerücknahme für den Privatkläger das **Risiko**, dass er mit seiner Rücknahme in Vorleistung ginge (Meyer-Goßner/*Schmitt*, Vor § 374 Rn. 11), wobei eine erneute Erhebung der Klage nach § 392 ausgeschlossen wäre. Die Praxis behilft sich hier so, dass der Vergleich unter dem **Vorbehalt des Widerrufs** binnen einer bestimmten Frist geschlossen wird (*Haas*, NJW 1988, 1345). Diese Form der Erledigung ist im Hinblick auf die grundsätzliche Unwiderruflichkeit bzw. Bedingungsfeindlichkeit einer Prozesshandlung nicht unbedenklich, wird aber von der herrschenden Ansicht hingenommen (vgl. LR/*Hilger*, § 391 Rn. 17 f.). Eine Wiedereinsetzung in die Widerrufsfrist scheidet jedenfalls aus (LG Würzburg, NJW 1954, 768). 11
Der gerichtliche Vergleich kann einen **Vollstreckungstitel** nach § 794 Abs. 1 Nr. 1 ZPO darstellen und sollte daher so formuliert sein, dass er vollstreckbare Verpflichtungen beinhaltet (Meyer-Goßner/*Schmitt*, Vor § 374 Rn. 13).

§ 374 Zulässigkeit; Privatklageberechtigte

(1) Im Wege der Privatklage können vom Verletzten verfolgt werden, ohne daß es einer vorgängigen Anrufung der Staatsanwaltschaft bedarf,

1. ein Hausfriedensbruch (§ 123 des Strafgesetzbuches),
2. eine Beleidigung (§§ 185 bis 189 des Strafgesetzbuches), wenn sie nicht gegen eine der in § 194 Abs. 4 des Strafgesetzbuches genannten politischen Körperschaften gerichtet ist,
2a. eine Verletzung des höchstpersönlichen Lebensbereichs durch Bildaufnahmen (§ 201a Absatz 1 und 2 des Strafgesetzbuches),
3. eine Verletzung des Briefgeheimnisses (§ 202 des Strafgesetzbuches),
4. eine Körperverletzung (§§ 223 und 229 des Strafgesetzbuches),
5. eine Nötigung (§ 240 Abs. 1 bis 3 des Strafgesetzbuches) oder eine Bedrohung (§ 241 Absatz 1 bis 3 des Strafgesetzbuches),
5a. eine Bestechlichkeit oder Bestechung im geschäftlichen Verkehr (§ 299 des Strafgesetzbuches),
6. eine Sachbeschädigung (§ 303 des Strafgesetzbuches),
6a. eine Straftat nach § 323a des Strafgesetzbuches, wenn die im Rausch begangene Tat ein in den Nummern 1 bis 6 genanntes Vergehen ist,
7. eine Straftat nach § 16 des Gesetzes gegen den unlauteren Wettbewerb und § 23 des Gesetzes zum Schutz von Geschäftsgeheimnissen,
8. eine Straftat nach § 142 Abs. 1 des Patentgesetzes, § 25 Abs. 1 des Gebrauchsmustergesetzes, § 10 Abs. 1 des Halbleiterschutzgesetzes, § 39 Abs. 1 des Sortenschutzgesetzes, § 143 Abs. 1, § 143a Abs. 1

und § 144 Abs. 1 und 2 des Markengesetzes, § 51 Abs. 1 und § 65 Abs. 1 des Designgesetzes, den §§ 106 bis 108 sowie § 108b Abs. 1 und 2 des Urheberrechtsgesetzes und § 33 des Gesetzes betreffend das Urheberrecht an Werken der bildenden Künste und der Photographie.

(2) [1]Die Privatklage kann auch erheben, wer neben dem Verletzten oder an seiner Stelle berechtigt ist, Strafantrag zu stellen. [2]Die in § 77 Abs. 2 des Strafgesetzbuches genannten Personen können die Privatklage auch dann erheben, wenn der vor ihnen Berechtigte den Strafantrag gestellt hat.

(3) Hat der Verletzte einen gesetzlichen Vertreter, so wird die Befugnis zur Erhebung der Privatklage durch diesen und, wenn Körperschaften, Gesellschaften und andere Personenvereine, die als solche in bürgerlichen Rechtsstreitigkeiten klagen können, die Verletzten sind, durch dieselben Personen wahrgenommen, durch die sie in bürgerlichen Rechtsstreitigkeiten vertreten werden.

S.a. RiStBV Nr. 172

Übersicht

1 **A. Privatklagedelikte.** Das Gesetz zählt die **Delikte**, die im Wege einer Privatklage vom Verletzten verfolgt werden können, in Abs. 1 abschließend auf. Es handelt sich dabei ohne Ausnahme um leichtere Vergehen, bei denen kein gesteigertes öffentliches Interesse an einer strafrechtlichen Verfolgung des Täters besteht und einer Person oder einem Unternehmen als konkret Verletztem die Option eingeräumt wird, eine Straftat im eigenen Interesse zu verfolgen. Mit Einführung der Privatklagefähigkeit von Bestechungsdelikten in § 374 Abs. 1 Nr. 5a und wettbewerbsrechtlicher und geschäftlicher Schutzvorschriften nach § 374 Abs. 1 Nr. 8 (ausführlich hierzu LR/*Hilger*, § 374) wurde der Katalog der Privatklagedelikte in den Bereich der Wirtschaftskriminalität erweitert. Eine Entlastung der StA in diesen teilweise ermittlungsintensiven Deliktsfeldern hat sich allerdings nicht ergeben.

2 Die Nachstellung nach § 238 StGB, Nr. 5, 1. Alt. wurde durch das Gesetz zur Verbesserung des Schutzes gegen Nachstellungen vom 01.03.2017 (BGBl. I, S. 386) wieder aus dem Katalog der privatklagefähigen Delikte gestrichen, da ca. 22 % der Verfahren eingestellt und auf den Privatklageweg verwiesen wurden, was zu einer Belastung der Opfer geführt hatte, die den Strafanspruch gegenüber dem Täter in eigener Initiative mit einem Kostenrisiko durchsetzen mussten (BT-Drs. 18/9946, S. 9 f.). Neu aufgenommen wurde durch das Gesetz zur effektiveren und praxistauglicheren Ausgestaltung des Strafverfahrens (BT-Drs. 18/11277) die Nötigung – ausgenommen deren besonders schwere Fälle.
Die Verletzung des höchstpersönlichen Lebensbereichs durch Bildaufnahmen, § 201a Abs. 1 und 2 StGB, blieb dagegen im Katalog der Privatklagedelikte (krit. *Mosbacher* NStZ 2007, 665). Auch wenn bei vielen Privatklagedelikten ein Strafantragserfordernis besteht, sind nicht alle auch Antragsdelikte und umgekehrt nicht alle Antragsdelikte im Wege der Privatklage verfolgbar. Die Bedrohung nach § 241 StGB setzt keinen Strafantrag voraus; andererseits erfordern bspw. der Diebstahl oder die Unterschlagung geringwertiger Sachen nach § 248a StGB einen Strafantrag, sind aber keine Privatklagedelikte.

3 Treffen Privatklage- und **Offizialdelikte** in einer prozessualen Tat nach § 264 zusammen, ist der Privatklageweg verschlossen und nur die StA darf strafverfolgend tätig werden (Meyer-Goßner/*Schmitt*, §§ 374 Rn. 3; LR/*Hilger*, § 374 Rn. 17 bis 21). Hier erfasst die Rechtskraftwirkung eines Urteils über eines der beiden Delikte zwangsläufig auch das andere Delikt, sodass eine separate Privatklage dann ausscheiden muss (KK-StPO/*Senge*, § 374 Rn. 8). Liegen hingegen mehrere prozessuale Taten vor, bleibt der Privatklageweg hinsichtlich des jeweiligen Delikts nach Abs. 1 eröffnet, parallel zum Verfahren der StA wegen des Offizialdelikts.

4 **B. Privatklageberechtigung.** Neben dem Privatklagedelikt muss für die Beschreitung des Privatklagewegs auch eine **persönliche Berechtigung** vorliegen. Diese steht dem Verletzten, dem Strafantragsberechtigten und dem gesetzlichen Vertreter zu.

5 **I. Verletztenbegriff.** Nach § 374 Abs. 1 ist der **Verletzte (vgl. § 373 b)** zur Beschreitung des Privatklageweges berechtigt. Wer Verletzter ist, richtet sich nach dem jeweiligen Privatklagedelikt. Allgemein ist erforderlich, dass die Straftat den Betroffenen unmittelbar in seinen Rechten beeinträchtigt (Meyer-Goßner/*Schmitt*, § 374 Rn. 5) oder der Täter in seinen Rechtskreis durch eine verbotene Handlung eingegriffen hat (AK-StPO/*Rössner*, § 374 Rn. 7; KK-StPO/*Senge*, § 374 Rn. 2). Verletzter ist beim Hausfriedensbruch der Inhaber des Hausrechts oder der Verfügungsbefugte über die Räume (Meyer-Goßner/*Schmitt*, § 374 Rn. 5), bei der Beleidigung – auch Amtsbeleidigung – der Beleidigte (LR/*Hilger*, § 374 Rn. 5 f.), bei der Verletzung des

Briefgeheimnisses bis zum Zugang beim Empfänger der Absender, nach Zugang der Empfänger (AnwK/*Schwätzler*, § 374 Rn. 7), bei der Körperverletzung nur der Verletzte, bei der Bedrohung nur die Zielperson, die bedroht wird, nicht also Dritte (LR/*Hilger*, § 374 Rn. 10), bei der Bestechlichkeit nach § 299 StGB der benachteiligte Mitbewerber sowie die in § 8 Abs. 3 Nr. 1, 2 und 4 UWG genannten Gewerbetreibenden, Verbände und Kammern (AnwK/*Schwätzler*, § 74 Rn. 7), bei der Sachbeschädigung der Eigentümer oder Besitzer, nicht der Versicherer (RG, JW 1935, 204), bei Verletzung von UWG-Vorschriften die jeweiligen Mitbewerber (KK-StPO/*Senge*, § 374 Rn. 6i) und bei Verletzungen des Patent- und Urheberrechts die jeweiligen Inhaber des entsprechenden Rechts. § 23 GeschGehG wurde zum 19.04.2019 neu in den Katalog aufgenommen; die Strafantragsbestimmungen entsprechen §§ 17 Abs. 5, 18 Abs. 3 und 19 Abs. 4 UWG a.F. (BT-Drs. 19/4724, S. 41).

II. Strafantragsberechtigte. Daneben gibt § 374 Abs. 2 dem Strafantragsberechtigten die Befugnis, Privatklage zu erheben. So können die in § 77a StGB genannten Dienstvorgesetzten nach §§ 194 Abs. 3, 230 Abs. 2 StGB für ihre Mitarbeiter Privatklage erheben, wenn ein dienstlicher Bezug gegeben ist. 6
Eine Strafantragsberechtigung »anstelle« des Verletzten nach § 374 Abs. 2 Satz 1, 2. Alt. steht bei Tod des Verletzten den in § 77 Abs. 2 StGB genannten **Angehörigen** zu, wenn das Gesetz einen Übergang des Strafantragsrechts vorsieht.

III. Sonstige Personen. § 374 Abs. 3 bestimmt, wer für prozessunfähige Verletzte (§§ 51, 52 ZPO) Privatklage erheben kann. Dies ist – soweit vorhanden – der gesetzliche Vertreter (1. Alt.), etwa bei Minderjährigen. Bei juristischen Personen, Personengesellschaften und Vereinen richtet sich die Vertretungsbefugnis (soweit diese Verletzte gem. § 374 Abs. 1 ZPO sein können, vgl. Meyer-Goßner/*Schmitt*, § 374 Rn. 10) nach der ZPO. Die Vertretung erfolgt durch die hierfür berufenen Organe bzw. die berechtigten Gesellschafter, § 51 Abs. 1 ZPO. Gleichwohl bleibt der Verletzte selbst Privatkläger und wird nicht durch dessen Vertreter ersetzt (KK-StPO/*Senge*, § 374 Rn. 13). 7

§ 375 Mehrere Privatklageberechtigte

(1) Sind wegen derselben Straftat mehrere Personen zur Privatklage berechtigt, so ist bei Ausübung dieses Rechts ein jeder von dem anderen unabhängig.

(2) Hat jedoch einer der Berechtigten die Privatklage erhoben, so steht den übrigen nur der Beitritt zu dem eingeleiteten Verfahren, und zwar in der Lage zu, in der es sich zur Zeit der Beitrittserklärung befindet.

(3) Jede in der Sache selbst ergangene Entscheidung äußert zugunsten des Beschuldigten ihre Wirkung auch gegenüber solchen Berechtigten, welche die Privatklage nicht erhoben haben.

Übersicht

A. Allgemeines (Abs. 1). § 375 regelt das **Nebeneinander mehrerer Privatklageberechtigter.** Klagen können also mehrere Verletzte, wie auch mehrere Privatklageberechtigte nach § 374 Abs. 2. 1
Einen Vorrang einzelner Klageberechtigter normiert Abs. 1 nicht; die einzelnen Berechtigten können unabhängig voneinander Klage erheben, ohne auf die anderen Kläger Rücksicht nehmen zu müssen. Eine gemeinsame Klageerhebung ist – ohne dass dies ausdrücklich gesetzlich geregelt ist – nach allgemeiner Meinung zulässig (Meyer-Goßner/*Schmitt*, § 375 Rn. 2).

B. Beschränkung der Unabhängigkeit nach erhobener Privatklage (Abs. 2). Eine bereits wirksam erhobene Privatklage sperrt allerdings die selbstständige Klagemöglichkeit weiterer Berechtigter – insofern gilt ein **Prioritätsprinzip.** Damit sind diese allerdings nicht rechtlos gestellt: Nach Abs. 2 können sie **akzessorisch** dem bereits eingeleiteten Verfahren beitreten. Neben prozessökonomischen Gründen trägt diese Vorschrift dem Grundsatz »ne bis in idem« Rechnung und soll mehrere Verfahren und damit mehrere Urteile über dieselbe prozessuale Tat verhindern (KK-StPO/*Senge*, § 375 Rn. 3). Den anderen selbstständigen Privatklagen steht so der Einwand der Rechtshängigkeit der Klage entgegen. 2
Weitere zulässige Privatklagen werden nach dem Rechtsgedanken des § 300 als **Beitrittserklärungen** angesehen (KK-StPO/*Senge*, § 375 Rn. 4). Die Beitrittserklärung ist bis zum rechtskräftigen Abschluss des Verfahrens zulässig; sie kann schriftlich oder zu Protokoll der Geschäftsstelle erklärt werden, ohne dass die formalen Voraussetzungen der Privatklage nach §§ 380, 381 eingehalten werden müssen (Meyer-Goßner/*Schmitt*, 3

§ 375 Rn. 4). Das Gericht entscheidet über den Beitritt durch Beschluss, der nach § 304 Abs. 1 mit der Beschwerde anfechtbar ist (Meyer-Goßner/*Schmitt*, § 375 Rn. 5).

4 Im Fall eines wirksamen Beitritts wird der Beitretende zum selbstständigen Privatkläger und ist dann grds. unabhängig von der Zulässigkeit der ursprünglichen Privatklage. Eine Rücknahme der zuerst erklärten Privatklage wirkt nicht gegen den Beitretenden (Meyer-Goßner/*Schmitt*, § 375 Rn. 6), das Verfahren wird in diesen Fällen weiter betrieben.

5 **C. Rechtskraftwirkung (Abs. 3).** Trifft das Gericht über das angeklagte Privatklagedelikt eine Entscheidung in der Sache, wirkt diese nach Abs. 3 zugleich ggü. anderen Privatklageberechtigten. Es tritt dann hinsichtlich dieser prozessualen Tat **Strafklageverbrauch** ein, der auch eine Verfolgung durch die StA im Offizialverfahren (KK-StPO/*Senge*, § 375 Rn. 7) sperrt. Auch hinter dieser Regelung steht der Grundsatz »ne bis in idem« gem. Art. 103 Abs. 3 GG (vgl. AK-StPO/*Rössner*, § 375 Rn. 7).

§ 376 Anklageerhebung bei Privatklagedelikten

Die öffentliche Klage wird wegen der in § 374 bezeichneten Straftaten von der Staatsanwaltschaft nur dann erhoben, wenn dies im öffentlichen Interesse liegt.

S.a. RiStBV Nr. 86 f., 172, 192 Abs. 4, 192b Abs. 5, 229 bis 235, 243, 260, 260a, 261 f.

1 **A. Öffentliches Interesse.** Die StA kann ein in § 374 bezeichnetes Privatklagedelikt selbst verfolgen, wenn sie ein öffentliches Interesse bejaht. Sie hat insoweit ein **Verfolgungsermessen.** Der Begriff des öffentlichen Interesses ist ein unbestimmter Rechtsbegriff, dessen Auslegung analog dem gleichlautenden Begriff in § 153 Abs. 1 Satz 1 vorzunehmen ist (Meyer-Goßner/*Schmitt*, § 376 Rn. 1). Eine gerichtliche Überprüfung der Ausübung dieses staatsanwaltlichen Ermessens ist gesetzlich nicht vorgesehen und nach der herrschenden Meinung nicht möglich (BGHSt 16, 225; KMR/*Stöckel*, § 376 Rn. 9 ff.; **a.A.** AK-StPO/*Rössner*, § 376 Rn. 6). Eine Richtschnur für die staatsanwaltschaftliche Entscheidung bilden die RiStBV Nr. 86 Abs. 2 sowie Nr. 229 ff. Bei einem Körperverletzungsdelikt muss die Tat »roh« gewesen sein oder erhebliche Misshandlungen vorgelegen haben (RiStBV Nr. 233). Nachdem bei Strafverfahren gegen Jugendliche die Privatklage ausgeschlossen ist (§ 80 Abs. 1 Satz 1 JGG) spielen hier für die Entscheidung der StA Gründe der Erziehung oder ein berechtigtes Interesse des Verletzten eine Rolle.

2 Der Gesetzgeber differenziert zwischen dem öffentlichen Interesse und dem **besonderen öffentlichen Interesse**, welches schon dem Wortlaut nach enger ist. Letzteres gibt bei relativen Antragsdelikten (z.B. §§ 183 Abs. 2, 230 Abs. 1, 248a oder § 263 Abs. 4 StGB) der StA die Möglichkeit einer Strafverfolgung, auch wenn kein Strafantrag gestellt wurde – bspw. weil der Verletzte ausdrücklich keine Strafverfolgung möchte. Liegt ein solches besonders öffentliches Interesse vor, ist regelmäßig auch ein »einfaches« öffentliches Interesse nach § 376 gegeben.

3 **B. Entscheidungsmöglichkeiten der StA.** Je nachdem, welche Delikte in welcher Intensität begangen wurden, sind verschiedene »Kombinationsmöglichkeiten« denkbar, bei denen jeweils anhand der genannten Kriterien über die Erhebung der öffentlichen Klage entschieden werden muss.

4 **I. Zusammentreffen zwischen Privatklage- und Offizialdelikten.** Stellt die prozessuale Tat sowohl ein Privatklage- als auch ein Offizialdelikt dar, ist vom **Vorrang des Offizialverfahrens** auszugehen (Meyer-Goßner/*Schmitt*, § 376 Rn. 10). Die StA wird dann das Privatklagedelikt i.R.d. Offizialdeliktes unabhängig vom Vorliegen eines öffentlichen Interesses mitverfolgen. Soweit die Anklage sich auch auf das Antragsdelikt erstreckt, liegt darin in der Regel die konkludente Bejahung des öffentlichen Interesses (BGH 3 StR 417/15). Gehören die Delikte zu **unterschiedlichen prozessualen Taten** nach § 264, ist eine getrennte Beurteilung – und damit auch Verfolgung – von Privatklage- und Offizialdelikt möglich. Dabei spielt es keine Rolle, ob die Delikte in Tateinheit (§ 52 StGB) oder Tatmehrheit (§ 53 StGB) zueinander stehen.

5 Sieht die StA für beide Deliktsarten keine hinreichende Verurteilungswahrscheinlichkeit und stellt das Verfahren insgesamt nach § 170 Abs. 2 ein, hat der Verletzte ein Wahlrecht zwischen dem Klageerzwingungsverfahren nach § 172 und der Privatklage nach § 374. In Bezug auf das Offizialdelikt liegen alle Voraussetzungen

des § 172 vor, und die Vorschrift des § 172 Abs. 2 Satz 3 steht einem solchen Verfahren ausdrücklich nicht entgegen. Die Erhebung einer Privatklage wird durch die Einstellungsentscheidung ebenfalls nicht blockiert, da alle Voraussetzungen für eine Klageerhebung gegeben sind. Der Privatklageberechtigte wird daher prüfen, welcher Weg für ihn am erfolgversprechendsten erscheint und kann zwischen beiden Optionen wählen. Das jeweils »verfahrensfremde« Delikt wird – da es sich um eine einheitliche prozessuale Tat handelt – mit verhandelt.

Die Einstellung des Verfahrens aus Opportunitätsgründen nach **§§ 153 ff. StPO**, ist für den Verletzten die ungünstigste Lösung: In diesem Fall ist eine Privatklage unzulässig (Meyer-Goßner/*Schmitt*, § 376 Rn. 11; KMR/*Stöckel*, § 374 Rn. 17), da diese Form der Einstellung die gesamte prozessuale Tat einschließlich des Privatklagedelikts erfasst. Eine differenzierte Entscheidung, wonach das Offizialdelikt nach § 153 eingestellt, das Privatklagedelikt aber auf den Privatklageweg verwiesen wird, ist nach allgemeiner Meinung nicht statthaft (Meyer-Goßner/*Schmitt*, § 153 Rn. 5). Im Fall des § 153a bezieht sich die Entscheidung auf die gesamte prozessuale Tat und es tritt Strafklageverbrauch ein. 6

II. Reine Privatklagedelikte. Liegen nur Privatklagedelikte vor, hat die StA ihre Entscheidung ausschließlich am Kriterium des öffentlichen Interesses zu orientieren. Ermittlungen zur Feststellung, ob ein öffentliches Interesses gegeben ist, sind zulässig (LR/*Hilger*, § 376 Rn. 6). 7

Verneint die StA das öffentliche Interesse an der Strafverfolgung, so stellt sie das Ermittlungsverfahren ein und verweist den Verletzten auf den Privatklageweg (KK-StPO/*Senge*, § 376 Rn. 2). Sie kann ein Ermittlungsverfahren wegen eines Privatklagedelikts, bei dem sie zunächst das öffentliche Interesse noch bejaht hatte, auch erst in dessen Lauf unter Verweisung auf den Privatklageweg einstellen (OLG Brandenburg, 12.11.2007 – 1 Ws 228/07) oder im Weiteren die öffentliche Klage nach § 156 **zurücknehmen**, solange diese noch nicht zur Hauptverhandlung zugelassen ist (Meyer-Goßner/*Schmitt*, § 376 Rn. 8). Wurde zuvor bereits die Privatklage erhoben, bleibt diese von dieser Entscheidung unberührt (KK-StPO/*Senge*, § 376 Rn. 4). Die StA kann in jeder Lage des Verfahrens – auch noch im Revisionsverfahren (BGHSt 19, 377, 381) – das öffentliche Interesse verneinen, was bei relativen Antragsdelikten und fehlendem Strafantrag wegen Fehlens einer Strafverfolgungsvoraussetzung zur Einstellung des Verfahrens führt. 8

Negiert die StA ein öffentliches Interesse, steht dem Verletzten wegen § 172 Abs. 2 Satz 3 kein förmlicher Rechtsbehelf zu; das Klageerzwingungsverfahren ist ausgeschlossen. Der Verletzte ist dadurch nicht rechtlos gestellt: Neben einer Beschwerde im Dienstaufsichtswege nach § 172 Abs. 1 steht ihm für die Verfolgung seiner privaten Interessen gerade der Privatklageweg nach § 374 offen (Meyer-Goßner/*Schmitt*, § 376 Rn. 6). 9

Bejaht die StA das öffentliche Interesse nach § 376, so hat sie die öffentliche Klage zu erheben, der sich der Verletzte bei bestimmten Delikten als Nebenkläger anschließen kann, § 395 Abs. 1 und 2. 10

Die StA kann allerdings auch während des gesamten Verfahrens einschließlich der Revisionsinstanz das besondere öffentliche Interesse bejahen und so eine Verfahrenseinstellung verhindern, wenn sich herausstellt, dass kein wirksamer Strafantrag gestellt oder dieser zurückgenommen war (LR/*Hilger*, § 376 Rn. 22). 11

III. Zusammentreffen mit Ordnungswidrigkeiten. Besteht kein öffentliches Interesse an der Verfolgung der Privatklagedelikte, sind aber gleichzeitig Ordnungswidrigkeiten in einer prozessualen Tat verwirklicht, so stellt die StA das Ermittlungsverfahren wegen der Straftat ein und gibt das Verfahren an die zuständige Verwaltungsbehörde ab, § 43 OWiG (Meyer-Goßner/*Schmitt*, § 376 Rn. 12). Kommt es nach Einlegung eines Einspruchs gegen den Bußgeldbescheid zu einem gerichtlichen Verfahren, so wird das Bußgeldverfahren nach § 81 OWiG in ein Strafverfahren übergeleitet, wo das Privatklagedelikt mit verhandelt werden wird (BayObLG, MDR 77, 246). 12

§ 377 Beteiligung der Staatsanwaltschaft; Übernahme der Verfolgung

(1) [1]Im Privatklageverfahren ist der Staatsanwalt zu einer Mitwirkung nicht verpflichtet. [2]Das Gericht legt ihm die Akten vor, wenn es die Übernahme der Verfolgung durch ihn für geboten hält.

(2) [1]Auch kann die Staatsanwaltschaft in jeder Lage der Sache bis zum Eintritt der Rechtskraft des Urteils durch eine ausdrückliche Erklärung die Verfolgung übernehmen. [2]In der Einlegung eines Rechtsmittels ist die Übernahme der Verfolgung enthalten.

S.a. RiStBV Nr. 172, 192 Abs. 4

Übersicht Rdn.

1 **A. Allgemeines.** Die Vorschrift regelt, dass die StA bei Privatklageverfahren in jeder Lage das Verfahren **übernehmen** kann. In aller Regel übernimmt der Privatkläger die Funktion der StA ohne deren Mitwirkung. Letztere wird weder zur Hauptverhandlung geladen noch sonst beteiligt – auch nicht durch Zustellung von Entscheidungen (Meyer-Goßner/*Schmitt*, § 377 Rn. 1). Eine Ausnahme gilt im Rechtsmittelverfahren, vgl. § 390 Abs. 3 Satz 1.

2 Ob und welche **Mitwirkungsrechte der StA** vor der Übernahme des Verfahrens zustehen, ist nicht ausdrücklich geregelt. Mangels Beteiligung am Prozess werden ihr Eingriffe in die Prozessführung des Privatklägers oder die Stellung von Anträgen nicht zugestanden (Meyer-Goßner/*Schmitt*, § 377 Rn. 2). Allerdings kann in der Stellung von Anträgen in der Hauptverhandlung eine mündliche Erklärung der Übernahme gesehen werden. Diese ist dann aber im Sitzungsprotokoll zu beurkunden (AnwK/*Schwätzler*, § 377 Rn. 6).

3 Ein ausdrückliches Recht auf **Akteneinsicht** ist in § 377 nicht vorgesehen, allerdings wird der StA dieses Recht in jeder Lage des Verfahrens zuzugestehen sein, damit sie prüfen kann, ob die Voraussetzungen einer Übernahme vorliegen oder um ggf. weitere Ermittlungen zu veranlassen. Ein Antragsrecht der StA im Verfahren ohne formalen Beitritt, ist umstritten (vgl. KK-StPO/*Senge*, § 377 Rn. 2). Es ist abzulehnen, da die Übernahme begrifflich beinhaltet, dass der Privatkläger durch die StA ersetzt wird und ein nebeneinander von Privatkläger und StA nicht der Intention des Gesetzgebers entspricht. Hierfür ist das Institut der Nebenklage vorgesehen.

4 **B. Mitwirkungsrecht der StA. I. Vorlage der Akten durch das Gericht.** Nach Abs. 1 Satz 2 wird das Gericht die Akten der StA vorlegen, wenn es davon ausgeht, dass eine Übernahme des Verfahrens **geboten** ist. Maßgeblich ist, ob das Gericht das Vorliegen eines Übernahmegrundes erkennt, wie bspw. ein öffentliches Interesse an der Strafverfolgung nach § 376. Die Vorlage der Akten bindet die StA in keiner Weise. Erforderlich ist auch hier, dass die Übernahme noch ausdrücklich erklärt wird.

5 **II. Übernahmerecht.** Der Gesetzgeber räumt der StA nach Abs. 2 Satz 1 ein Recht zur Übernahme der Verfolgung und somit zur Mitwirkung am Verfahren ein. Dieser Fall kann eintreten, wenn im Lauf des Verfahrens erkennbar wird, dass **Offizialdelikte** betroffen sind oder Umstände erkennbar werden, die zu einer Bejahung des öffentlichen Interesses nach § 376 führen (Meyer-Goßner/*Schmitt*, § 377 Rn. 10).

6 Erst wenn die Privatklage anhängig ist, kann die StA das Verfahren wieder übernehmen (BGHSt 26, 214), davor wird sie selbst Anklage erheben (LR/*Hilger*, § 377 Rn. 4). § 377 Abs. 2 Satz 1 verlangt eine ausdrückliche **Erklärung der Übernahme** durch die StA. Diese kann schriftlich oder nach Eröffnung des Hauptverfahrens in der Hauptverhandlung zu Protokoll erklärt werden (KK-StPO/*Senge*, § 377 Rn. 6). Wird erst nach Eröffnung des Hauptverfahrens die Übernahme erklärt, erfordert dies keinen neuen Eröffnungsbeschluss seitens des Gerichts (Meyer-Goßner/*Schmitt*, § 377 Rn. 8). Bei Übernahme wird das Verfahren in der prozessualen Lage fortgesetzt, in der es sich befindet. Erst mit Eintritt der Rechtskraft des im Privatklageverfahren ergangenen Urteils (KK-StPO/*Senge*, § 377 Rn. 5) ist eine Übernahme ausgeschlossen. Die Zustimmung des Verletzten zur Übernahme ist nicht erforderlich, ihm stehen gegen die Übernahme auch keine Rechtsmittel zu (Meyer-Goßner/*Schmitt*, § 377 Rn. 5). Das Ziel der Übernahme muss nicht darin liegen, eine Verurteilung zu erreichen. Richtschnur ihres Handelns bleibt § 160 Abs. 2 (LR/*Hilger*, § 377 Rn. 4). Nach herrschender Meinung scheidet aber eine Rücknahme der Klage nach § 156 (BayObLGSt 1962, 75) und auch eine Einstellung nach § 170 Abs. 2 aus (SK-StPO/*Velten*, § 377 Rn. 14; **a.A.** LR/*Hilger*, § 377 Rn. 27). Hierdurch wird gewährleistet, dass die StA dem Privatkläger das Verfahren nicht allein deswegen abnehmen darf, um das Verfahren umgehend zu beenden. Eine Einstellung nach §§ 153 ff. wird dadurch allerdings nicht ausgeschlossen (str.; vgl. LR/*Hilger*, § 377 Rn. 27).

7 Die schriftliche Übernahme wird insb. bei Vorliegen eines Offizialdelikts unter Beachtung der Formalien einer Anklageschrift nach § 200 (KMR/*Stöckel*, § 377 Rn. 10) erfolgen. Nach einer Entscheidung im Privatklageverfahren kann die StA auch durch die **Einlegung eines Rechtsmittels** das Verfahren an sich ziehen. Dabei hat die StA jedoch die für den Verletzten laufenden Fristen zu beachten. Ihre eigene Kenntnis ist für den Fristlauf ausnahmsweise nicht erheblich (LR/*Hilger*, § 377 Rn. 12).

Die Übernahmeerklärung darf wie jede **Prozesshandlung** nicht unter Bedingungen erfolgen und ist nach herrschender Meinung unwiderruflich (OLG Saarbrücken, NJW 1959, 163; a.A. KK-StPO/*Senge*, § 377 Rn. 11).

8 Durch die Übernahme wird das Privatklageverfahren als **Offizialverfahren** in der Lage weitergeführt, in der es sich im Zeitpunkt der Erklärung befindet (BGHSt 11, 56, 61). Will der Privatkläger nun die Stellung eines Nebenklägers erlangen, muss er ausdrücklich seinen **Anschluss als Nebenkläger erklären**, sofern er hierzu nach §§ 396 Abs. 1 Satz 1 i.V.m. 395 befugt ist. Andernfalls scheidet er aus dem Verfahren aus (SK-StPO/*Velten*, § 377 Rn. 10; Meyer-Goßner/*Schmitt*, § 377 Rn. 12). Auf seine Nebenklagebefugnis und die Kostenfolge hat ihn die StA nach Nr. 172 Abs. 2 Satz 1 RiStBV hinzuweisen. Die **Zuständigkeit** des Strafrichters nach § 25 Nr. 1 GVG wird durch die Übernahme des Verfahrens durch die StA nicht berührt. Das

Verfahren wird auch dann beim Strafrichter weiter geführt, wenn die Offizialklage in die Zuständigkeit des Schöffengerichts fällt (KK-StPO/*Senge*, § 377 Rn. 8).

§ 378 Beistand und Vertreter des Privatklägers

[1]Der Privatkläger kann im Beistand eines Rechtsanwalts erscheinen oder sich durch einen Rechtsanwalt mit nachgewiesener Vertretungsvollmacht vertreten lassen. [2]Im letzteren Falle können die Zustellungen an den Privatkläger mit rechtlicher Wirkung an den Anwalt erfolgen.

A. Anwaltliche Mitwirkung. Der Privatkläger kann im Verfahren auf die Mitwirkung eines RA vollständig 1
verzichten, das Verfahren alleine führen und in der Hauptverhandlung alleine auftreten; einen **Anwaltszwang** sieht die Vorschrift nicht vor (Meyer-Goßner/*Schmitt*, § 378 Rn. 2). Die Bevollmächtigung eines RA als Bevollmächtigten, der neben oder anstelle des Privatklägers auftritt, ist jederzeit möglich. Zur Vertretung sind auch Rechtslehrer an deutschen Hochschulen oder andere Personen befugt – Letztere aber nur mit Zustimmung des Gerichts, § 138 StPO. Erforderlich ist eine schriftliche Vollmacht, die einer Verteidigervollmacht entsprechen muss.

Für Wahrnehmung einzelner Rechte wie die Erlangung von Akteneinsicht (§ 385 Abs. 3) oder die Stel- 2
lung von Revisions- bzw. Wiederaufnahmeanträgen (§ 390 Abs. 2) ist die Bevollmächtigung eines RA oder Rechtslehrers an einer deutschen Hochschule zwingend erforderlich. Auch wenn sich der Verletzte anwaltlicher Unterstützung bedient, behält er seine prozessualen Rechte als Privatkläger und kann an der Hauptverhandlung teilnehmen (KK-StPO/*Senge*, § 378 Rn. 1). Er ist zum Erscheinen nur verpflichtet, wenn das Gericht sein persönliches Erscheinen gem. § 387 Abs. 3 angeordnet hat. Im Fall der Verhinderung kann er die Aussetzung der Verhandlung verlangen (Meyer-Goßner/*Schmitt*, § 378 Rn. 2).

B. Zustellungen an den RA. Nach Vorlage einer schriftlichen **Vollmacht** ist das Gericht nach § 378 Satz 2 3
befugt, an den Bevollmächtigten zuzustellen. Daneben ist die Zustellung an den Privatkläger weiterhin möglich und jedenfalls wirksam (KK-StPO/*Senge*, § 378 Rn. 3). Bei Zustellungen, die an den Bevollmächtigten und an den Privatkläger erfolgen, wird die jeweils zuletzt bewirkte Zustellung den Fristlauf in Gang setzen, § 37 Abs. 2.

§ 379 Sicherheitsleistung; Prozesskostenhilfe

(1) Der Privatkläger hat für die dem Beschuldigten voraussichtlich erwachsenden Kosten unter denselben Voraussetzungen Sicherheit zu leisten, unter denen in bürgerlichen Rechtsstreitigkeiten der Kläger auf Verlangen des Beklagten Sicherheit wegen der Prozesskosten zu leisten hat.

(2) [1]Die Sicherheitsleistung ist durch Hinterlegung in barem Geld oder in Wertpapieren zu bewirken. [2]Davon abweichende Regelungen in einer auf Grund des Gesetzes über den Zahlungsverkehr mit Gerichten und Justizbehörden erlassenen Rechtsverordnung bleiben unberührt.

(3) Für die Höhe der Sicherheit und die Frist zu ihrer Leistung sowie für die Prozesskostenhilfe gelten dieselben Vorschriften wie in bürgerlichen Rechtsstreitigkeiten.

A. Allgemeines. Der Privatkläger agiert ähnlich einem Kläger im Zivilprozess und hat daher grds. das 1
Kostenrisiko für den vom ihm veranlassten Aufwand und das Risiko des u.U. zu Unrecht Beschuldigten zu tragen. Insofern verweist die Vorschrift systematisch richtig auf Vorschriften in der ZPO und gewährt dem Privatkläger unter bestimmten Umständen auch PKH. I.Ü. hat der Privatkläger einen Auslagenvorschuss nach § 17 Abs. 1, 4 GKG zu zahlen, es sei denn, ihm wurde PKH bewilligt (LR/*Hilger*, § 379 Rn. 1 bis 5, 18). Für den Gebührenvorschuss s. die Erläuterungen zu § 379a.

2 **B. Erfordernis einer Sicherheitsleistung.** § 379 Abs. 1 verweist auf die §§ 108 bis 113 ZPO. Hier ist insb. § 110 ZPO einschlägig, wonach auch Privatkläger, die ihren gewöhnlichen Aufenthalt nicht in einem Mitgliedstaat der EU oder einem Vertragsstaat des Abkommens über den Europäischen Wirtschaftsraum haben, auf Verlangen des Beschuldigten Sicherheit für die Prozesskosten zu leisten haben. In besonderen Fällen, wie bspw. bei Vorliegen völkerrechtlicher Vereinbarungen (§ 100 Abs. 2 ZPO) greift diese Verpflichtung nicht. Auch wenn dem Privatkläger PKH bewilligt wurde (§ 122 Abs. 1 Nr. 2 ZPO), ist er von der Sicherheitsleistung befreit.

3 **C. Bewirken, Höhe und Frist der Sicherheitsleistung.** Hinsichtlich der Art der Sicherheitsleistung bestimmt § 379 Abs. 2 Satz 1 in Abweichung von § 108 ZPO, dass die Sicherheit nicht durch eine Bankbürgschaft geleistet werden kann, sondern nur durch Hinterlegung von barem Geld oder von Wertpapieren. Unbare Zahlungen können nach § 379 Abs. 2 Satz 2 gem. § 2 des Gesetzes über den Zahlungsverkehr mit Gerichten und Justizbehörden (ZahlVGJG v. 22.12.2006) unter den dort genannten Voraussetzungen geleistet werden und stehen dann der Barzahlung gleich.

4 Das Gericht bestimmt die **Höhe** der Sicherheitsleistung (§ 112 Abs. 1 ZPO) so, dass die voraussichtlichen Kosten des Beschuldigten unter Berücksichtigung aller dem Privatkläger offenstehenden Rechtszüge abgedeckt sind, § 379 Abs. 1 i.V.m. § 112 Abs. 2 ZPO. Das grds. freie Ermessen des Gerichts ist insoweit eingeschränkt. Erforderlichenfalls kann bei nicht ausreichender Sicherheit im Fall der Einlegung eines Rechtsmittels eine Aufstockung der Sicherheit verlangt werden (LR/*Hilger*, § 379 Rn. 11).

5 Das Gericht wird gem. § 379 Abs. 3 i.V.m. § 113 Satz 1 ZPO dem Privatkläger eine **Frist zur Zahlung der** Sicherheit bestimmen. Im Fall einer Fristversäumnis greifen nicht § 391 Abs. 1 oder § 379a Abs. 3 sondern § 113 Satz 2 ZPO. Der Unterschied liegt darin, dass nach § 113 ZPO die Klage nur auf Antrag des Beschuldigten als zurückgenommen zu erklären ist, während bei § 391 die Klage schon bei Fristversäumnis als zurückgenommen gilt und auch nicht mehr von neuem erhoben werden kann (KK-StPO/*Senge*, § 379 Rn. 3; vgl. § 392). Bei unverschuldetem Fristversäumnis besteht gem. §§ 44 ff. eine Wiedereinsetzungsmöglichkeit (LR/*Hilger*, § 379 Rn. 12).

6 **D. PKH.** Für die Sicherheitsleistung gelten nach Abs. 3 die §§ 114 ff. ZPO über die **PKH**. Den Beschuldigten betreffen diese Vorschriften nur, wenn er nach § 388 Widerklage erhebt (OLG Düsseldorf, NStZ 1989, 92).

§ 114 Abs. 1 Satz 1 ZPO setzt voraus, dass der Privatkläger nach seinen **persönlichen und wirtschaftlichen Verhältnissen** die Prozesskosten nicht, nur z.T. oder nur in Raten aufbringen kann. Hierzu muss er nach § 117 ZPO einen Antrag beim Prozessgericht stellen und eine Erklärung über seine persönlichen und wirtschaftlichen Verhältnisse nebst entsprechenden Belegen beifügen. Auf Basis dieser Informationen hat das Gericht eine Einzelfallprüfung vorzunehmen. Zu berücksichtigen ist die Honorierung eines RA, die bei der Entscheidung über die PKH Berücksichtigung finden kann (str., vgl. LR/*Hilger*, § 379 Rn. 15).

7 Weiterhin muss die Privatklage **hinreichend Aussicht auf Erfolg** bieten und darf **nicht mutwillig** erhoben sein. Fehlende Erfolgsaussichten sind nach § 115 ZPO anzunehmen, wenn bspw. bei wechselseitig begangenen Beleidigungen nach § 199 StGB verfahren wird oder aber wegen geringer Schuld eine Einstellung des Verfahrens nach § 383 Abs. 2 Satz 1 wahrscheinlich erscheint (HK-StPO/*Kurth*, § 379 Rn. 10). Eine mutwillig erhobene Privatklage kann angenommen werden, wenn ein Verletzter, der seine Kosten selbst tragen muss, keine Privatklage erheben würde (Meyer-Goßner/*Schmitt*, § 379 Rn. 9).

8 Die grds. mögliche **Beiordnung eines RA** wird nach § 121 ZPO nur in Erwägung zu ziehen sein, wenn eine Revision oder ein Wiederaufnahmeverfahren initiiert werden sollen, § 390 Abs. 2. Allerdings ist nach § 385 Abs. 2 die Gewährung von Akteneinsicht nur durch einen RA möglich, sodass das Gericht gem. § 121 Abs. 2 Satz 1, 1. Alt. diesen dann beiordnen wird, wenn die Führung des Privatklageverfahrens wegen besonderen Schwierigkeiten bei der Sach- und Rechtslage die Kenntnis der Prozessakten auch aus dem Fair-Trial-Grundsatz heraus erforderlich ist (Meyer-Goßner/*Schmitt*, § 379 Rn. 10).

9 **E. Verfahrensfragen, Rechtsmittel.** Über den Antrag auf PKH entscheidet das Gericht des jeweiligen Rechtszuges (§ 119 Abs. 1 ZPO) durch **Beschluss**. Wird diese nicht gewährt, muss das Gericht den Beschluss nach § 34 mit Gründen versehen. Vor einer rechtskräftigen Entscheidung über den Prozesskostenhilfeantrag ist die Entscheidung über die Privatklage selbst nicht statthaft (LG Frankfurt a.M., NJW 1953, 798). Gegen einen Beschluss, mit dem der Antrag auf Gewährung von PKH zurückgewiesen wird, ist die **Beschwerde** nach § 304 Abs. 1 gegeben (BayObLG, NJW 1951, 164; OLG Düsseldorf, MDR 87, 79). Dies gilt auch gegen nachteilige Entscheidungen betreffend die **Sicherheitsleistung** (Meyer-Goßner/*Schmitt*, § 379 Rn. 16). Die Wertgrenze des § 304 Abs. 3 gilt nicht (Meyer-Goßner/*Schmitt*, § 379 Rn. 17); eine weitere Beschwerde

nach § 310 Abs. 1 (Meyer-Goßner/*Schmitt*, § 379 Rn. 17) bzw. § 127 Abs. 2 Satz 3 ZPO (KK-StPO/*Senge*, § 379 Rn. 6) ist ausgeschlossen.
Dem Beschuldigten steht gegen einen Beschluss, der dem Privatkläger PKH gewährt, mangels Beschwer kein Rechtsmittel zu. § 127 Abs. 2 Satz 1 ZPO steht dem entgegen.

§ 379a Gebührenvorschuss

(1) Zur Zahlung des Gebührenvorschusses nach § 16 Abs. 1 des Gerichtskostengesetzes soll, sofern nicht dem Privatkläger die Prozesskostenhilfe bewilligt ist oder Gebührenfreiheit zusteht, vom Gericht eine Frist bestimmt werden; hierbei soll auf die nach Absatz 3 eintretenden Folgen hingewiesen werden.
(2) Vor Zahlung des Vorschusses soll keine gerichtliche Handlung vorgenommen werden, es sei denn, daß glaubhaft gemacht wird, daß die Verzögerung dem Privatkläger einen nicht oder nur schwer zu ersetzenden Nachteil bringen würde.
(3) [1]Nach fruchtlosem Ablauf der nach Absatz 1 gestellten Frist wird die Privatklage zurückgewiesen. [2]Der Beschluß kann mit sofortiger Beschwerde angefochten werden. [3]Er ist von dem Gericht, das ihn erlassen hat, von Amts wegen aufzuheben, wenn sich herausstellt, daß die Zahlung innerhalb der gesetzten Frist eingegangen ist.

Übersicht

A. Vorschusspflicht. Wie im Zivilprozess soll auch dem Privatkläger im Strafverfahren vor Erhebung seiner Klage, der Einlegung eines Rechtsmittels oder einem Antrag auf Wiederaufnahme des Verfahrens ein **Vorschuss auf die Gerichtsgebühren** nach § 16 Abs. 1 GKG auferlegt werden, um sicherzustellen, dass die Gebührenforderung, die der Staatskasse nach Verfahrensabschluss u.U. gegen den Privatkläger zusteht, von vornherein gesichert ist. Für einen Widerkläger gilt dies nach § 16 Abs. 1 Satz 2 GKG ausdrücklich nicht. Hinsichtlich der Höhe des Vorschusses verweist § 16 Abs. 1 Satz 1 GKG auf die Nr. 3311, 3321, 3331, 3340, 3410, 3431, 3441 oder 3450 des KV zum GKG. Wird dem Kläger PKH nach § 379 Abs. 3 gewährt oder steht ihm Gebührenfreiheit zu, so ist er von der Zahlung des Gebührenvorschusses befreit. § 379a ist auf den Auslagenvorschuss für beantragte gerichtliche Handlungen gem. § 17 Abs. 1 GKG nicht anwendbar (Meyer-Goßner/*Schmitt*, § 379a Rn. 13). 1

B. Fristsetzung. Für die Vorschusszahlung soll das Gericht dem Verletzten nach § 379a Abs. 1 eine **Frist setzen.** Trotz der gesetzlichen Formulierung als »Soll-Vorschrift«, wird die Norm als zwingende Regelung zu interpretieren sein, da der Privatkläger das Verfahren ansonsten längere Zeit in der Schwebe halten könnte und Soll-Vorschriften für Behörden grds. wie ein »Muss« verbindlich sind (LR/*Hilger*, § 379a Rn. 6). Das Fristende muss durch das Gericht eindeutig festgelegt sein, i.Ü. darf die Frist nicht unangemessen kurz sein (jedenfalls länger als sechs Tage, OLG Celle, OLGSt S 1). Wird hiergegen verstoßen, läuft keine Frist (KK-StPO/*Senge*, § 379a Rn. 2). Das Gericht muss darauf hinweisen, dass bei nicht rechtzeitiger Zahlung die Privatklage nach § 379a Abs. 3 zurückzuweisen ist. Dem Privatkläger ist auch die Höhe des Vorschusses zu nennen. Die Frist ist gewahrt, wenn der Überweisungsauftrag bei der Bank eingegangen ist (LR/*Hilger*, § 379a Rn. 9). Ein gesonderter Zahlungsnachweis ist zur Fristwahrung nicht erforderlich (OLG Saarbrücken, NStZ-RR 1996, 43). 2

Eine **Fristverlängerung** durch das Gericht ist auf Antrag des Verletzten oder von Amts wegen möglich (OLG Celle, NJW 1966, 1670; OLG Hamm, NJW 1973, 1206). Die gesetzte Frist wird gegenstandslos, wenn der Privatkläger noch innerhalb der Frist einen Antrag auf Gewährung von PKH stellt (Meyer-Goßner/*Schmitt*, § 379a Rn. 4), da bei Gewährung der PKH auch die Vorschusspflicht entfällt (Rn. 1). Das Gericht kann bei Versagung der PKH erneut eine Frist nach Abs. 1 setzen. 3

C. Gerichtliche Handlungen vor Zahlung (Abs. 2). Vor Zahlung des Vorschusses durch den Privatkläger sollen keine Handlungen des Gerichts vorgenommen werden. Eine Ausnahme gilt dann, wenn eine Verzögerung für den Privatkläger erhebliche Nachteile mit sich bringt – bspw. bei konkreter Gefahr der Wiederholung der Straftat (LR/*Hilger*, § 379a Rn. 11). Prozessual bleiben die gerichtlichen Handlungen allerdings wirksam (KK-StPO/*Senge*, § 379a Rn. 2), weil die Vorschrift fiskalischen Interessen dient (SK-StPO/*Velten*, § 379a Rn. 7). 4

5 **D. Folgen einer Fristversäumnis (Abs. 3).** Wird der Frist versäumt, ist die Privatklage **durch Beschluss zurückzuweisen**, § 379a Abs. 3 Satz 1. Ob den Verletzten eine Schuld an dem Fristversäumnis trifft, spielt keine Rolle (Meyer-Goßner/*Schmitt*, § 379a Rn. 8). Der Privatkläger kann dann aber Wiedereinsetzung in den vorigen Stand nach §§ 44, 45 beantragen. Das Gericht kann von Amts wegen die Wiedereinsetzung gewähren, es ist aber von sich aus nicht zu Nachforschungen über etwaige Wiedereinsetzungsgründe verpflichtet (KMR/*Stöckel*, § 379a Rn. 8). Ob der Zurückweisungsbeschluss die erneute Erhebung der Privatklage sperrt, ist umstritten. Ausgangspunkt ist die Frage, ob die § 391 Abs. 2 letzter Fall i.V.m. § 392 im vorliegenden Fall anwendbar sind. Während die Rspr. (BayObLG, NJW 1956, 758) und Teile der Literatur (Meyer-Goßner/*Schmitt*, § 379a Rn. 11) die erneute Klageerhebung unter Hinweis auf das Bedürfnis des Beschuldigten nach Rechtssicherheit verneinen, lehnt die Gegenauffassung die analoge Anwendung der §§ 391 Abs. 2 Alt. 3, 392 ab (LR/*Hilger*, § 379a Rn. 14 ff.; KMR/*Stöckel*, § 379a Rn. 6), da § 379a primär die Bezahlung der im Verfahren anfallenden Gerichtskosten sicherstellen solle und aus fiskalischen Interessen heraus das Opfer einer Straftat nicht seinen prozessualen Schutzes verlieren dürfe (AK-StPO/*Rössner*, § 379a Rn. 8).

6 **E. Rechtsmittel.** Der Privatkläger kann gegen die Fristsetzung und die Zahlungsaufforderung eine (einfache) Beschwerde nach § 304 Abs. 1 StPO erheben (BayObLG, NJW 1955, 1199). Gegen den Zurückweisungsbeschluss ist nach § 379a Abs. 3 Satz 2 die sofortige Beschwerde gem. § 311 statthaft. In Abweichung von § 311 Abs. 3 Satz 1 eröffnet § 379a Abs. 3 Satz 3 dem Ausgangsgericht die Möglichkeit, der Beschwerde selbst abzuhelfen, wenn sich nachträglich herausstellt, dass die Zahlungsfrist doch nicht versäumt wurde (Meyer-Goßner/*Schmitt*, § 379a Rn. 12). Dem Beschuldigten steht gegen die Nicht-Zurückweisung der Privatklage trotz Nichteinhaltung der Zahlungsfrist kein Rechtsmittel zu (KK-StPO/*Senge*, § 379a Rn. 5).

§ 380 Erfolgloser Sühneversuch als Zulässigkeitsvoraussetzung

(1) [1]Wegen Hausfriedensbruchs, Beleidigung, Verletzung des Briefgeheimnisses, Körperverletzung (§§ 223 und 229 des Strafgesetzbuches), Bedrohung und Sachbeschädigung ist die Erhebung der Klage erst zulässig, nachdem von einer durch die Landesjustizverwaltung zu bezeichnenden Vergleichsbehörde die Sühne erfolglos versucht worden ist. [2]Gleiches gilt wegen einer Straftat nach § 323a des Strafgesetzbuches, wenn die im Rausch begangene Tat ein in Satz 1 genanntes Vergehen ist. [3]Der Kläger hat die Bescheinigung hierüber mit der Klage einzureichen.

(2) Die Landesjustizverwaltung kann bestimmen, dass die Vergleichsbehörde ihre Tätigkeit von der Einzahlung eines angemessenen Kostenvorschusses abhängig machen darf.

(3) Die Vorschriften der Absätze 1 und 2 gelten nicht, wenn der amtliche Vorgesetzte nach § 194 Abs. 3 oder § 230 Abs. 2 des Strafgesetzbuches befugt ist, Strafantrag zu stellen.

(4) Wohnen die Parteien nicht in demselben Gemeindebezirk, so kann nach näherer Anordnung der Landesjustizverwaltung von einem Sühneversuch abgesehen werden.

Übersicht

1 **A. Allgemeines.** Bei einer Reihe von Delikten fordert der Gesetzgeber einen Sühneversuch als der Privatklage **vorgeschaltetes Verfahren.** War der Sühneversuch zu Beginn nur für Beleidigungen vorgesehen (zur Entstehungsgeschichte LR/*Hilger*, § 380 Rn. 1), ist nun bei den in Abs. 1 aufgezählten Delikten vom Verletzten zunächst der Versuch zu unternehmen, eine **außergerichtliche Einigung** mit dem Beschuldigten herbeizuführen. Die Regelung verfolgt mehrere Ziele: Zum einen sollen übereilte Privatklagen und streitige Verfahren verhindert werden und so eine Entlastung der Gerichte erreicht werden. Zum anderen soll durch einen Täter-Opfer-Ausgleich eine individuelle Wiedergutmachung erreicht und so der Rechtsfrieden wieder hergestellt werden (KMR/*Stöckel*, § 380 Rn. 1). Tatsächlich wird ein großer Teil der dafür vorgesehenen Delikte durch einen Vergleich im Sühneverfahren ohne spätere Klageerhebung erledigt. Das Sühneverfahren als formalisiertes Rechtsinstitut zur Schadenswiedergutmachung wird von der Wissenschaft grds. befürwortet. Die Substitution der Privatklage durch ein allgemeines Sühneverfahren wird schon seit Längerem diskutiert (*Schöch*, NStZ 1984, 385, 389).

Die erfolgreiche Durchführung eines Sühneverfahrens bewahrt den Täter nicht immer vor einem Strafverfahren: So ist die Bedrohung (§ 241 StGB) kein Antragsdelikt und es liegt daher nicht in der Hand des Verletzten, ob die StA das Delikt nicht von Amts wegen verfolgt.

B. Vergleichsbehörde. Wer für die Durchführung des Sühneverfahrens zuständig ist, bestimmen nach Abs. 1 Satz 1 die Landesjustizverwaltungen. Alle Bundesländer haben hierzu gesetzliche Regelungen getroffen und – traditionell bedingt – unterschiedliche Stellen als Vergleichsbehörden eingerichtet: In **Baden-Württemberg** (§ 37 Satz 1 BWAGGVG) und **Bayern** (Art. 49 Abs. 1 BayAGGVG) sind die Gemeinden zuständig. **Berlin** (§ 35 SchiedamtsG) kennt das Schiedsamt, **Brandenburg** (G.v. 13.09.1990 GBl. 1527) hat Schiedsstellen eingerichtet. **Bremen** (§ 2 AGStPO) hat das AG als Vergleichsbehörde bestimmt, **Hamburg** (§ 1 VO v. 04.02.1946, zuletzt geändert durch VO v. 08.12.1974) die öffentliche Rechtsauskunfts- und Vergleichsstelle. **Hessen** (§ 37 SchiedsamtsG v. 23.03.1994), **Mecklenburg-Vorpommern** (G.v. 13.09.1990), **Niedersachsen** (§ 37 SchiedsamtsG v. 01.02.1989), **Nordrhein-Westfalen** (§ 34 SchiedsamtsG v. 16.12.1992), **Rheinland-Pfalz** (§§ 9 ff. SchiedsamtsO i.d.F.v. 12.04.1991), das **Saarland** (§§ 30 ff. SchiedsO v. 06.09.1989), **Sachsen** und **Sachsen-Anhalt** (G.v. 13.09.1990), **Schleswig-Holstein** (§ 35 SchiedsO v. 10.04.1991) und **Thüringen** (G.v. 13.09.1990) haben Schiedsämter, Schiedsleute, Schiedsstellen oder Schiedspersonen eingerichtet, welche die Aufgaben der Vergleichsbehörde wahrnehmen (ausführlich hierzu LR/*Hilger*, § 380 Rn. 6 ff.). Mit dem Sühneverfahren wird das Strafverfahren noch nicht eingeleitet. Die Vergleichsbehörde ist auch kein Strafverfolgungsorgan und ggü. dem Beschuldigten nicht belehrungspflichtig nach § 136 Abs. 1 Satz 2 (LR/*Hilger*, § 380 Rn. 23). 2

C. Erforderlichkeit des Sühneversuchs. In § 380 Abs. 1 Satz 2 und 3 sind die Delikte abschließend aufgezählt, bei denen ein vorheriger Sühneversuch erforderlich ist. Bei den übrigen Straftaten in § 374 Abs. 1 genannten Delikten ist dieser entbehrlich. Der Sühneversuch ist eine **besondere Klagevoraussetzung** (OLG Hamburg, NJW 1956, 522; LG Neubrandenburg, NStZ 1995, 149), nicht aber Prozessvoraussetzung (AnwK/*Schwätzler* § 380 Rn. 4). Während Prozessvoraussetzungen in jeder Lage des Verfahrens zu berücksichtigen sind, gilt dies beim Sühneversuch nur bis zum Eröffnungsbeschluss, da ab diesem Zeitpunkt der Sühneversuch seinen gesetzgeberischen Zweck, nämlich ein Privatklageverfahren im Vorfeld nach Möglichkeit zu verhindern, nicht mehr erfüllen kann (LR/*Hilger* § 380 Rn. 32 ff.). Der Eröffnungsbeschluss heilt also das Fehlen des Sühneversuchs (BayObLG, NJW 1958, 1149; Meyer-Goßner/*Schmitt*, § 380 Rn. 10). Die von der Vergleichsstelle erteilte Bescheinigung nach Abs. 1 Satz 3 kann aber nachgereicht werden (LG Stuttgart, NJW 1963, 1792). Ein fehlender Sühneversuch kann im Fall eines unverteidigten, rechtsunkundigen Privatklägers nach Setzung einer angemessenen Frist nachgeholt werden. Dies ergibt sich aus der prozessualen Fürsorgepflicht des Gerichts (LG Mannheim 30.11.2021 – 4 Qs 48/21). 3

Bei Zusammentreffen eines der in Abs. 1 genannten Delikte innerhalb einer prozessualen Tat nach § 264 Abs. 1 mit einem dort nicht genannten Privatklagedelikt, muss vor Klageerhebung kein Sühneverfahren durchgeführt werden (KK-StPO/*Senge*, § 380 Rn. 9). Dies gilt auch bei der Widerklage und dem Beitritt nach § 375 Abs. 2 (Meyer-Goßner/*Schmitt*, § 380 Rn. 6), da in diesen Fällen ein Privatklageverfahren bereits anhängig ist und ein gerichtliches Verfahren ohnehin nicht mehr vermieden werden kann. 4

Bei der Beleidigung oder Körperverletzung eines Amtsträgers ist nach Abs. 3 der Sühneversuch entbehrlich, wenn der **Dienstvorgesetzte** zur Stellung des Strafantrags berechtigt ist, weil bei Verletzungen der amtlichen Berufsehre ein Zwang zum Sühneversuch nicht angebracht ist und der Schutz vor übereilten Klagen nicht greift (zur historischen Begründung LR/*Hilger*, § 380 Rn. 1). Ob der Strafantrag vom Verletzten tatsächlich gestellt wurde, ist unerheblich (KK-StPO/*Senge*, § 380 Rn. 9). 5

Wohnen der Verletzte und der Beschuldigte in verschiedenen Gemeinden, eröffnet Abs. 4 den Landesjustizverwaltungen die Option, von einem Sühneversuch abzusehen. Die Befreiung vom Sühneversuch ist in den Bundesländern jeweils unterschiedlich normiert. Teilweise wird in diesen Fällen generell von einem Sühneversuch abgesehen (Bayern: Art. 49 Abs. 2 BayAGGVG; Baden-Württemberg, § 1 Abs. 2 VO). Teilweise ist für das Entfallen erforderlich, dass das Gericht dies auf Antrag bewilligt. I.Ü. kann das Gericht vor Erhebung der Privatklage über die Befreiung vom Sühneversuch entscheiden (KMR/*Stöckel*, § 380 Rn. 11). 6

D. Durchführung des Sühneverfahrens. Der Verletzte leitet das Sühneverfahren durch einen **schriftlichen Antrag** ein. Der weitere Ablauf ist je nach Bundesland unterschiedlich. Regelmäßig kommt es dann zu einem Gespräch zwischen dem Verletzten und dem Beschuldigten vor der Vergleichsstelle (AK-StPO/*Rössner* § 380 Rn. 13). 7

Das Sühneverfahren endet erfolgreich, wenn es mit einem **Sühnevergleich** abgeschlossen wird, der sich nach § 339 Abs. 1 BGB richtet. Damit verbunden ist vonseiten des Verletzten der Verzicht auf ein Privatklageverfahren. Eine Rücknahme des Strafantrags kann vereinbart werden, ist aber nicht obligatorisch (Meyer-Goßner/*Schmitt*, § 380 Rn. 8). Eine Strafverfolgung im Offizialverfahren bleibt oft weiterhin möglich. 8

Einigen sich Verletzter und Beschuldigter außergerichtlich nicht, bleibt das Sühneverfahren erfolglos und die Vergleichsstelle hat dem Privatklageberechtigten eine **Bescheinigung** auszustellen, Abs. 1 Satz 3. Diese ist 9 dann zusammen mit der Privatklage bei Gericht einzureichen. Die Strafantragsfrist ruht bis zur Ausstellung der Bescheinigung nach § 77b Abs. 5 StGB.

10 **E. Auswirkungen auf das Privatklageverfahren.** Der im Sühneverfahren wirksam erzielte Vergleich führt dazu, dass eine gleichwohl erhobene Privatklage durch den Verletzten unzulässig ist. Der vergleichsweise erklärte Verzicht auf das Privatklagerecht bedingt, dass die Privatklage nach § 383 Abs. 1 durch Beschluss zurückzuweisen ist (*Schroth* Rn. 393).

§ 381 Erhebung der Privatklage

[1]Die Erhebung der Klage geschieht zu Protokoll der Geschäftsstelle oder durch Einreichung einer Anklageschrift. [2]Die Klage muss den in § 200 Abs. 1 bezeichneten Erfordernissen entsprechen. [3]Mit der Anklageschrift sind zwei Abschriften einzureichen. [4]Der Einreichung von Abschriften bedarf es nicht, wenn die Anklageschrift elektronisch übermittelt wird.

Übersicht

1 **A. Allgemeines.** Eine Privatklage orientiert sich in Bezug auf Inhalt und Form an einer öffentlichen Anklageschrift nach § 200: Sie benennt den späteren Verhandlungsgegenstand, informiert den Beschuldigten über die gegen ihn erhobenen Vorwürfe und wahrt so den Anklagegrundsatz.

2 **B. Erfordernisse der Klageerhebung.** Die Erhebung der Privatklage ist in Schriftform und zu Protokoll der Geschäftsstelle des AG möglich, Satz 1. Eine Bezugnahme auf andere Schriftstücke ist grds. möglich, diese Schriftstücke müssen dann aber beigefügt sein (AnwK/*Schwätzler* § 381 Rn. 2). Die zwei geforderten Abschriften sind zur Zustellung an den Beschuldigten und die StA bestimmt. Da die Privatklage als Prozesshandlung bedingungsfeindlich ist, darf sie auch nicht bspw. an die Bedingung der Gewährung von PKH geknüpft werden (Meyer-Goßner/*Schmitt*, § 381 Rn. 2).

Die Bezugnahme auf den Inhalt einer **Anklageschrift** nach § 200 Abs. 1 in § 381 Satz 2 erfordert, dass der Beschuldigte und die ihm zur Last gelegte Tat mit Tatort und Tatzeit genau bezeichnet sein muss. Eine Privatklage »gegen Unbekannt« ist unzulässig (AK-StPO/*Rössner*, § 381 f. Rn. 2). Allerdings dürfen die formellen Anforderungen nicht überspannt werden: So ist die Zurückweisung der Privatklage wegen der fehlenden Angabe des Geburtsdatums aufgrund der unterschiedlichen Erkenntnismöglichkeiten der Justiz und des Privatklägers verfahrensfehlerhaft (LG Krefeld 21 Qs 159/05; NJW 2005, 3438 f.). Außerdem sind die gesetzlichen Merkmale der Straftat, die anzuwendenden Strafvorschriften und die für den Tatnachweis erforderlichen Beweismittel vom Privatkläger anzugeben (Meyer-Goßner/*Schmitt*, § 381 Rn. 3). Ein wesentliches Ergebnis der Ermittlungen ist nicht vorzutragen (KK-StPO/*Senge*, § 381 Rn. 3). Dies ist jedoch empfehlenswert, da anderenfalls für den Privatkläger die Gefahr der sofortigen Zurückweisung nach § 383 Abs. 1 besteht. Auf einen beigefügten Strafantrag kann in der Privatklageschrift Bezug genommen werden (HK-StPO/*Kurth* § 381 Rn. 3), die Bescheinigung über einen erfolglosen Sühneversuch § 380 Abs. 1 Satz 3 ist beizulegen, da sonst die Klage durch Beschluss zurückzuweisen ist.

§ 382 Mitteilung der Privatklage an den Beschuldigten

Ist die Klage vorschriftsmäßig erhoben, so teilt das Gericht sie dem Beschuldigten unter Bestimmung einer Frist zur Erklärung mit.

1 **A. Vorschriftsmäßige Privatklage.** Die Vorschrift stellt sicher, dass dem Beschuldigten **rechtliches Gehör** nach Art. 103 Abs. 1 GG gewährt wird. Dies setzt voraus, dass das Gericht prüft, ob die Privatklage den Anforderungen der §§ 379 bis 381 genügt. Somit müssen die inhaltlichen Anforderungen der §§ 381 Satz 2, 200 Abs. 1 erfüllt sein und – soweit erforderlich – die Bescheinigung über den erfolglosen Sühneversuch nach § 380 Abs. 1 Satz 3 beiliegen. Weitere Prozessvoraussetzungen, wie die Zulässigkeit der Privatklage, die Zuständigkeit des Gerichts und Anderes (Meyer-Goßner/*Schmitt*, § 382 Rn. 1), werden erst bei der Entscheidung über die Eröffnung nach § 383 geprüft.

Ist die Privatklage mit **Mängeln** behaftet, die behebbar sind, wird das Gericht dem Verletzten eine Frist zur Behebung des Hindernisses setzen. Verstreicht diese fruchtlos, kann sie das Gericht durch Beschluss zurückweisen (Meyer-Goßner/*Schmitt*, § 382 Rn. 3). Ist der Mangel nicht behebbar, bspw. bei einer Privatklage gegen einen Jugendlichen, wird die Privatklage zurückgewiesen. Eine Mitteilung an den Beschuldigten erfolgt dann nicht (KK-StPO/*Senge*, § 382 Rn. 4). Gegen den Zurückweisungsbeschluss ist die Beschwerde nach § 304 Abs. 1 statthaft. 2

B. Mitteilung an den Beschuldigten. Ist die Privatklage ordnungsgemäß erhoben, so setzt das Gericht den Beschuldigten und in Fällen des § 145a Abs. 1 den Verteidiger hiervon in Kenntnis. Damit wird dem Beschuldigten entsprechend § 201 das **rechtliche Gehör gewährt**. Die regelmäßige Beteiligung der StA ist gesetzlich nicht vorgesehen, sie erhält aber in den Fällen des § 377 Abs. 1 Satz 2 Mitteilung, wenn das Gericht eine Übernahme des Verfahrens durch die StA für geboten erachtet. 3

§ 383 Eröffnungs- oder Zurückweisungsbeschluss; Einstellung bei geringer Schuld

(1) Nach Eingang der Erklärung des Beschuldigten oder Ablauf der Frist entscheidet das Gericht darüber, ob das Hauptverfahren zu eröffnen oder die Klage zurückzuweisen ist, nach Maßgabe der Vorschriften, die bei einer von der Staatsanwaltschaft unmittelbar erhobenen Anklage anzuwenden sind. In dem Beschluss, durch den das Hauptverfahren eröffnet wird, bezeichnet das Gericht den Angeklagten und die Tat gemäß § 200 Abs. 1 Satz 1.

(2) [1]Ist die Schuld des Täters gering, so kann das Gericht das Verfahren einstellen. Die Einstellung ist auch noch in der Hauptverhandlung zulässig. [2]Der Beschluß kann mit sofortiger Beschwerde angefochten werden.

S.a. RiStBV Nr. 172

Übersicht

A. Allgemeines. Die wirksame **Erhebung der Privatklage** eröffnet das **Zwischenverfahren**. Im Rahmen dessen hat das Gericht zu entscheiden, ob es das Hauptverfahren eröffnet oder die Klage zurückweist. Während bei einem von der StA geführten Verfahren der Richter seine Entscheidung auf eine amtliche Ermittlungsakte stützen kann, muss er sich bei der Privatklage auf die vom Kläger vorgelegten Unterlagen stützen. Er wird deshalb bei der Privatklage nach § 202 Satz 1 von Amts wegen ggf. beim Kläger die Vorlage weiterer Beweise anfordern oder die Durchführung weiterer »Ermittlungen« anstrengen (AK-StPO/Rössner, § 383 Rn. 4), um sich eine ausreichende Tatsachengrundlage für die Entscheidung zu verschaffen. Dies gilt insb. dann, wenn Anhaltspunkte gegeben sind, die den Verdacht eines Offizialdelikts begründen (HK-StPO/*Kurth*, § 383 Rn. 6). 1

Die Parteien haben im Zwischenverfahren bei der Privatklage dieselben Anwesenheitsrechte wie bei einem staatsanwaltschaftlich geführten Verfahren. So gelten das Anwesenheitsrecht bei richterlichen Vernehmungen nach § 168c und beim richterlichen Augenschein nach § 168d für beide Parteien, eingeschlossen deren anwaltliche Vertreter (LR/*Hilger*, § 383 Rn. 9). 2

Der Angeschuldigte kann sich innerhalb der nach § 382 gesetzten Frist zur Privatklage äußern. Lässt er sich nicht zur Sache ein, muss das Gericht nach Abs. 1 Satz 1 über die Eröffnung des Hauptverfahrens entscheiden. Mit Zulassung der Privatklage endet das Zwischenverfahren und es beginnt das Hauptverfahren. Der **Prüfungsmaßstab** des Gerichts für die Entscheidung über die Eröffnung des Hauptverfahrens entspricht demjenigen des § 203 (Meyer-Goßner/*Schmitt*, § 383 Rn. 5). Der Angeschuldigte muss also der Tat i.S.d. Anklage hinreichend verdächtig sein. Hierzu wird das Gericht auf Basis der Privatklage eine Schlüssigkeits- und Wahrscheinlichkeitsprüfung vornehmen (ausführlich hierzu LR/*Hilger*, § 383 Rn. 8). Das Gericht prüft weiterhin die allgemeinen Verfahrensvoraussetzungen (z.B. Gerichtsbarkeit, Prozessfähigkeit des Beschuldigten, Zuständigkeiten, Strafantrag, Verjährung) sowie die besonderen Voraussetzungen der Privatklage (Vorliegen eines privatklagefähigen Delikts sowie der Bescheinigung nach § 380 Abs. 1 Satz 3). 3

4 **B. Entscheidungsmöglichkeiten des Gerichts.** Das Gericht wird im Beschlussweg das Hauptverfahren entweder eröffnen oder die Privatklage zurückweisen.

5 **I. Eröffnungsbeschluss.** Im Fall der **Eröffnung** wird das Gericht die Privatklage zulassen und den Anklagesatz nach § 200 Abs. 1 formulieren, wie ihn bei Offizialdelikten die StA verfassen würde; die Privatklage wird damit rechtshängig. Mit dem Eröffnungsbeschluss – nicht der Privatklage – wird die prozessuale Tat mit den materiellen Tatvorwürfen festgestellt, die dann Gegenstand der Hauptverhandlung sein werden (Meyer-Goßner/*Schmitt*, § 383 Rn. 6).

6 **II. Zurückweisung der Privatklage.** Fehlen die Voraussetzungen für die Eröffnung des Hauptverfahrens, weist das Gericht die Privatklage durch einen zu begründenden Beschluss zurück. Die Zurückweisung entspricht dem Nichteröffnungsbeschluss im Offizialverfahren nach § 204 Abs. 1 (LR/*Hilger*, § 383 Rn. 13). Wie der Nichteröffnungsbeschluss muss auch der Zurückweisungsbeschluss eine Kostenentscheidung enthalten, die zulasten des Privatklägers ergeht, § 471 Abs. 2, 1. Alt. Dem Privatkläger werden die Kosten einschließlich der notwendigen Auslagen auferlegt.

7 **III. Einstellung wegen Geringfügigkeit (Abs. 2). 1. Anwendungsbereich.** Die Einstellungsmöglichkeit in § 383 Abs. 2 ist ggü. den allgemeinen Einstellungsvorschriften der §§ 153, 153a lex specialis (LR/*Hilger*, § 383 Rn. 20). Voraussetzung hierfür bleibt aber eine – wenn auch geringe – Schuld, sodass die Zurückweisung nach Abs. 1 der Einstellung nach Abs. 2 grds. vorgeht (*Schroth* Rn. 411; LR/*Hilger*, § 383 Rn. 21). Ist die Schuld in der Hauptverhandlung nicht nachweisbar, kommt nur ein Freispruch in Betracht (Meyer-Goßner/*Schmitt*, § 383 Rn. 12). Die Anwendbarkeit des § 153a durch Verknüpfung mit bestimmten Auflagen ist bei der Privatklage umstritten (LR/*Hilger*, § 383 Rn. 20). Der Vergleich i.V.m. einer Klagerücknahme stellt im Privatklageverfahren die speziellere Lösung dar (Meyer-Goßner/*Schmitt*, § 383 Rn. 11). Auch eine Widerklage kann wegen geringer Schuld eingestellt werden.

8 **2. Geringe Schuld.** Unter der Voraussetzung, dass der Beschuldigte hinreichend der Tat verdächtig ist, kommt es für die Beurteilung der geringen Schuld darauf an, dass die Tat im Vergleich zu gleichartigen Vergehen **nicht unerheblich unter dem Durchschnitt** liegt (Meyer-Goßner/*Schmitt*, § 383 Rn. 13). Hier können die Entstehungsgeschichte der Tat, die Art der Tatausführung oder die Auswirkungen der Tat maßgebliche Bestimmungsgrößen (Meyer-Goßner/*Schmitt*, § 153 Rn. 4) sein. Das öffentliche Interesse ist bei der Feststellung des Grades der Schuld nicht relevant, weil dieses bereits nach § 376 Prüfungsgegenstand war. Auf Basis der verfassungsrechtlich garantierten Unschuldsvermutung kann bei einer Einstellung vor der Hauptverhandlung die Schuld wie bei § 153 zunächst nur hypothetisch festgestellt werden. In der Hauptverhandlung ist zunächst Schuldspruchreife herzustellen (BVerfGE 74, 358; *Krehl*, NJW 1988, 3254). Erweist sich die Tat dann als nicht so gravierend, kann nach § 383 Abs. 2 verfahren werden.

9 **3. Weitere Voraussetzungen.** Die Einstellung nach Abs. 2 ist nach Ablauf der Frist gem. § 382 im Zwischenverfahren in jeder weiteren Lage des Verfahrens, also auch im Berufungs- oder Revisionsverfahren möglich, § 390 Abs. 5 Satz 1 (LR/*Hilger*, § 383 Rn. 28). Weiterhin ist eine Einstellung i.R.d. Beschwerde des Verletzten gegen die Zurückweisung seiner Privatklage nach Abs. 1 gem. Abs. 2 nicht ausgeschlossen (BayObLGSt 1952, 94). Die Einstellung erfolgt im Beschlusswege, § 383 Abs. 2 Satz 3. Dies gilt auch bei Teileinstellungen (vgl. BGHSt 17, 194, 200; LR/*Hilger*, § 383 Rn. 27; **a.A.** KK-StPO/*Senge*, § 383 Rn. 12).

10 Die Einstellung nach § 383 Abs. 2 erfordert nicht die **Zustimmung** der Parteien (KK-StPO/*Senge*, § 383 Rn. 10), auch die StA wird nicht beteiligt. Anders als im Fall einer Einstellung nach § 153 Abs. 2 Satz 1 wird dem Beschuldigten zugemutet, dass er mit der Feststellung der geringen Schuld nach Erhebung der Privatklage leben muss. Einen Anspruch auf Freispruch normiert die Vorschrift nicht. Erforderlich ist aber, dass die Partei, die durch die Einstellung einen Nachteil erleidet, angehört wird, §§ 385 Abs. 1 Satz 1 i.V.m. 33 Abs. 3 (vgl. BVerfGE 8, 208). Dies ist nicht nur der Privatkläger, dessen Verfolgungsinteresse durch die Einstellung negiert wird, sondern auch der Beschuldigte, wenn eine ihm nachteilige Kostenentscheidung ergeht (BVerfGE 25, 40, 43). Die mögliche Kostentragungspflicht nach §§ 471 Abs. 2, Abs. 3 Nr. 2 kann ist im Hinblick auf die Unschuldsvermutung für den Beschuldigten sanktionsähnlichen Charakter haben. Insofern ist vor einer Anwendung von Abs. 3 Nr. 2 dessen Schuld festzustellen (BVerfGE 74, 358; krit. *Krehl*, NJW 1988, 3254).

11 **C. Rechtsmittel.** Dem Angeklagten stehen gegen den **Eröffnungsbeschluss** weder im Privatklageverfahren noch im Offizialverfahren nach § 207 Rechtsmittel zu, § 210 Abs. 1. Dies gilt aufgrund fehlender Beschwer erst recht für den Privatkläger (KK-StPO/*Senge*, § 383 Rn. 8). Gegen die **Zurückweisung** kann der Privatkläger die **sofortige Beschwerde** nach § 311 erheben, § 390 Abs. 1 Satz 1 i.V.m. § 210 Abs. 2.

12 Der **Einstellungsbeschluss** ist für den Privatkläger mit der **sofortigen Beschwerde** nach § 311 anfechtbar, Abs. 2 Satz 3. Der StA steht kein Beschwerderecht zu, da sie bislang nicht am Verfahren beteiligt ist. Will

sie das Verfahren übernehmen, kann die sofortige Beschwerde gegen die Einstellung nach Abs. 2 zugleich als Übernahme des Verfahrens nach § 377 Abs. 2 Satz 2 angesehen werden (Meyer-Goßner/*Schmitt*, § 383 Rn. 23). Die im Einstellungsbeschluss enthaltene Kostenentscheidung kann von beiden Parteien gesondert mit der sofortigen Beschwerde angegriffen werden, § 464 Abs. 3 Satz 1 (KK-StPO/*Senge*, § 383 Rn. 14). Das Gericht kann nach pflichtgemäßem Ermessen auch dem Beschuldigten die notwendigen Auslagen auferlegen, wenn dieser nachvollziehbaren Anlass zur Klageerhebung gegeben hat (LG Koblenz, Beschl. v. 02.10.2014 – 1 Qs 238/14, BeckRS 2015, 4265).

Mit der Zurückweisung der Privatklage entsteht eine **Sperrwirkung** für eine erneute Klageerhebung (KMR/*Stöckel*, § 383 Rn. 31). Eine **Wiederaufnahme** nach §§ 359 ff. ist hingegen bei Beschlüssen nicht statthaft (str. OLG Bremen, NJW 1959, 353; OLG Neustadt, NJW 1961, 2363, LR/*Hilger*, § 383 Rn. 43). 13

§ 384 Weiteres Verfahren

(1) [1]Das weitere Verfahren richtet sich nach den Vorschriften, die für das Verfahren auf erhobene öffentliche Klage gegeben sind. [2]Jedoch dürfen Maßregeln der Besserung und Sicherung nicht angeordnet werden.
(2) § 243 ist mit der Maßgabe anzuwenden, dass der Vorsitzende den Beschluss über die Eröffnung des Hauptverfahrens verliest.
(3) Das Gericht bestimmt unbeschadet des § 244 Abs. 2 den Umfang der Beweisaufnahme.
(4) Die Vorschrift des § 265 Abs. 3 über das Recht, die Aussetzung der Hauptverhandlung zu verlangen, ist nicht anzuwenden.
(5) Vor dem Schwurgericht kann eine Privatklagesache nicht gleichzeitig mit einer auf öffentliche Klage anhängig gemachten Sache verhandelt werden.

Übersicht

A. Allgemeines. Nach der allgemeinen Verweisung in Abs. 1 folgt das Verfahren im Weiteren den für **Offizialdelikte geltenden Regeln**, also im Wesentlichen den §§ 213 bis 275 sowie den Vorschriften über Rechtsmittel, Wiederaufnahme und Kosten. Abweichungen ergeben sich aus den Abs. 2 bis 4, aber auch aus dem Umstand, dass dem Privatklageverfahren kein Ermittlungsverfahren vorausgeht und der Privatkläger nicht vollumfänglich der StA gleichgestellt werden kann (LR/*Hilger*, § 384 Rn. 1). Schließlich ist zu berücksichtigen, dass ein Privatkläger als Partei auftritt und daher eine andere Motivlage hat, als ein Staatsanwalt, der nach § 160 Abs. 2 zur Objektivität verpflichtet ist (AK-StPO/*Rössner*, § 384 Rn. 3). 1

So ergeben sich Besonderheiten bei **prozessualen Zwangsmaßnahmen.** Bspw. darf nach § 377 kein Haftbefehl erlassen werden, weil solche gravierenden Rechtseingriffe bei fehlendem öffentlichem Interesse nicht verhältnismäßig sind (Meyer-Goßner/*Schmitt*, § 384 Rn. 5). Unter besonderer Berücksichtigung des Verhältnismäßigkeitsgrundsatzes können prozessuale Zwangsmaßnahmen wie Beschlagnahmen und Durchsuchungen im Einzelfall zulässig sein (KMR/*Stöckel*, § 384 Rn. 2; LR/*Hilger*, § 384 Rn. 20 ff.) 2

B. Besonderheiten des Privatklageverfahren. I. Maßregeln der Besserung und Sicherung (Abs. 1 Satz 2). Maßregeln der Besserung und Sicherung gem. §§ 61 ff. StGB sind im Privatklageverfahren **nicht zulässig.** Hält das Gericht eine solche nach dem Lauf der Verhandlung für erforderlich, liegt insofern ein Verfahrenshindernis vor. Das Gericht muss im Hauptverfahren das Verfahren nach § 206a einstellen bzw. in der Hauptverhandlung ein Einstellungsurteil nach § 389 Abs. 1 erlassen (Meyer-Goßner/*Schmitt*, § 384 Rn. 11) und die StA informieren. 3

II. Verlesung des Eröffnungsbeschlusses (Abs. 2). Der Gang der **Hauptverhandlung** entspricht dem im Offizialverfahren, jedoch mit der Besonderheit, dass statt der Verlesung des Anklagesatzes durch die StA (§ 243 Abs. 3 Satz 1) der Eröffnungsbeschluss durch den Vorsitzenden verlesen wird. 4

III. Weitere Beweisaufnahme (Abs. 3). Die weitere Beweisaufnahme wird i.R.d. gerichtlichen **Aufklärungspflicht nach § 244 Abs. 2** vom Vorsitzenden bestimmt, der zwar das Strengbeweisverfahren der StPO anzuwenden hat (*Schroth* Rn. 417), jedoch keinen weiteren Vorgaben folgen muss. Es ist an die Ablehnungsgründe des § 244 Abs. 3, 4 nicht gebunden und hat daher einen größeren Ermessensspielraum (Meyer-Goßner/ 5

Schmitt, § 384 Rn. 14; AnwK/*Schwätzler* § 384 Rn. 5). Zwar können die Parteien weiterhin **Beweisanträge** stellen, diese sind wegen der fehlenden Bindung des Gerichts an die Ablehnungsgründe der §§ 244 Abs. 2 bis 4 und 245 (KK-StPO/*Senge*, § 384 Rn. 3) aber lediglich als Beweisanregungen zu verstehen. Das Gericht ist in gewissen Grenzen sogar befugt, eine sonst grds. unzulässige Beweisantizipation vornehmen (zurückhaltend LR/*Hilger*, § 384 Rn. 7). Es kann bspw. die Sachlage gegeben sein, dass das Gericht einen konkreten Sachverhalt bereits für erwiesen hält und es als aussichtslos erscheint, dass durch das angebotene Beweismittel eine Änderung der richterlichen Überzeugungsbildung eintritt (vgl. *Schroth* Rn. 417).

6 Formal erfordert die Ablehnung eines Beweisantrags nach § 244 einen gerichtlichen Beschluss, der begründet werden muss, § 244 Abs. 6 (AK-StPO/*Rössner*, § 384 Rn. 9). Hieraus müssen die tragenden rechtlichen Gründe hervorgehen (BayObLGSt 1970, 41), da nur so eine wirksame Kontrolle des gerichtlichen Ermessens sichergestellt werden kann (LR/*Hilger*, § 384 Rn. 6). Stützt sich das Gericht auf einen der Ablehnungsgründe nach § 244 Abs. 2 bis 4 oder § 245 Abs. 2, hat es die im Offizialverfahren geltenden Voraussetzungen zu beachten (Meyer-Goßner/*Schmitt*, § 384 Rn. 15).

7 **IV. Veränderung des rechtlichen Gesichtspunkts und Nachtragsanklage (Abs. 4).** Das Gericht muss nach § 265 Abs. 1 auf die Veränderung des rechtlichen Gesichtspunkts ebenso wie im Offizialverfahren hinweisen. Abs. 4 beseitigt aber das nach § 265 Abs. 3 bestehende Recht, eine Aussetzung der Hauptverhandlung zu verlangen, um sich gegen den neuen Vorwurf umfassend verteidigen zu können. Ist der Angeklagte unverteidigt, kann gleichwohl eine Aussetzung geboten sein, wenn eine Verletzung des rechtlichen Gehörs (Art. 103 Abs. 1 GG) möglich ist.

Mit Zustimmung des Angeklagten kann – unter entsprechender Anwendung von § 266 – der Privatkläger Nachtragsanklage bzgl. weiterer Taten erheben (KK-StPO/*Senge*, § 384 Rn. 4).

8 **V. Verbindung mit Schwurgerichtsverfahren (Abs. 5).** Die Bestimmung des Abs. 5 hat heute keine praktische Bedeutung mehr. Sie stammt aus einer Zeit, als Pressevergehen noch vor den Schwurgerichten verhandelt wurden (LR/*Hilger*, § 384 Rn. 19). Die StA wird das Verfahren nach § 377 übernehmen, sollte sie tatsächlich eine Verbindung mit einer Schwurgerichtssache für sinnvoll erachten (Meyer-Goßner/*Schmitt*, § 384 Rn. 17).

§ 385 Stellung des Privatklägers; Ladung; Akteneinsicht

(1) [1]Soweit in dem Verfahren auf erhobene öffentliche Klage die Staatsanwaltschaft zuzuziehen und zu hören ist, wird in dem Verfahren auf erhobene Privatklage der Privatkläger zugezogen und gehört. [2]Alle Entscheidungen, die dort der Staatsanwaltschaft bekannt gemacht werden, sind hier dem Privatkläger bekanntzugeben.

(2) Zwischen der Zustellung der Ladung des Privatklägers zur Hauptverhandlung und dem Tag der letzteren muss eine Frist von mindestens einer Woche liegen.

(3) [1]Für den Privatkläger kann ein Rechtsanwalt die Akten, die dem Gericht vorliegen oder von der Staatsanwaltschaft im Falle der Erhebung einer Anklage vorzulegen wären, einsehen sowie amtlich verwahrte Beweisstücke besichtigen, soweit der Untersuchungszweck in einem anderen Strafverfahren nicht gefährdet werden kann und überwiegende schutzwürdige Interessen des Beschuldigten oder Dritter nicht entgegenstehen. [2]Der Privatkläger, der nicht durch einen Rechtsanwalt vertreten wird, ist in entsprechender Anwendung des Satzes 1 befugt, die Akten einzusehen und amtlich verwahrte Beweisstücke unter Aufsicht zu besichtigen. [3]Werden die Akten nicht elektronisch geführt, können dem Privatkläger, der nicht durch einen Rechtsanwalt vertreten wird, an Stelle der Einsichtnahme in die Akten Kopien aus den Akten übermittelt werden. [4]§ 406e Absatz 5 gilt entsprechend.

(4) In den Fällen der §§ 154a und 421 ist deren Absatz 3 Satz 2 nicht anzuwenden.

(5) [1]Im Revisionsverfahren ist ein Antrag des Privatklägers nach § 349 Abs. 2 nicht erforderlich. [2]§ 349 Abs. 3 ist nicht anzuwenden.

Übersicht

1 **A. Allgemeines.** Im Privatklageverfahren hat der Privatkläger im Wesentlichen dieselben Rechte wie der Staatsanwalt im Offizialverfahren. Abweichungen von diesem Grundsatz sind in den Abs. 2 bis 4 geregelt. Darüber hinaus stehen dem Privatkläger **keine staatsanwaltschaftlichen Befugnisse** zu, soweit diese mit deren

hoheitlichen Aufgaben verknüpft sind (KMR/*Stöckel* § 385 Rn. 1). Er hat bspw. das Recht auf Anwesenheit in der Hauptverhandlung, auf Stellung von Beweisanträgen, auf die Befragung von Zeugen und Sachverständigen (§ 240 Abs. 2) und auf das Halten eines Plädoyers gem. § 258 Abs. 1 (Meyer-Goßner/*Schmitt*, § 385 Rn. 3).

Umgekehrt treffen den Privatkläger auch verschiedene prozessuale Pflichten der StA nicht. So ist er anders als der Staatsanwalt nach § 160 Abs. 2 nicht gehalten, auch die zur Entlastung dienenden Tatsachen zu erforschen oder vorzutragen. Er ist insofern nicht zur Objektivität verpflichtet, sondern kann einseitig seine Parteiinteressen verfolgen (AK-StPO/*Rössner*, § 385 Rn. 3). 2

Bedingt durch seine hervorgehobene Stellung im Privatklageverfahren kann der Verletzte nach herrschender Meinung **nicht Zeuge sein** (BayObLG, NJW 1961, 2318; KK-StPO/*Senge*, § 384 Rn. 2). Er ist allerdings aus Abs. 1 Satz 1 i.V.m. § 33 Abs. 1 und 2, sowie Art. 103 Abs. 1 GG (vgl. BVerfGE 14, 8) durch das Gericht zu hören. Seine Angaben dürfen – sofern sie vom Gericht für glaubhaft erachtet werden – der Entscheidung ebenso zugrunde gelegt werden, wie die des Angeklagten (BayObLG, MDR 1953, 377). Der Privatkläger unterliegt allerdings der Wahrheitspflicht, die ihn auch nicht vor einer Verfolgung wegen falscher Verdächtigung (§ 164 StGB), Vortäuschens einer Straftat (§ 145d StGB) oder Verleumdung (§ 187 StGB) schützt (LR/*Hilger*, § 385 Rn. 2). 3

B. Bekanntgabe von Entscheidungen (Abs. 1 Satz 2). Entscheidungen, welche dem Privatkläger nach Abs. 1 Satz 2 bekannt zu geben sind, werden nach § 35 Abs. 2 Satz 1 zugestellt. Bei fristgebundenen Rechtsbehelfen ist die Entscheidung mit einer Rechtsbehelfsbelehrung zu versehen, § 35a Satz 1. Eine Zustellung an den Anwalt des Verletzten ist nach § 378 Satz 2 möglich. Im Fall der Widerklage soll dies in entsprechender Anwendung von § 145a Abs. 2 nur gelten, wenn der RA ausdrücklich zur Verteidigung gegen die Widerklage bevollmächtigt ist (Meyer-Goßner/*Schmitt*, § 385 Rn. 5). 4

C. Ladung des Privatklägers (Abs. 2). Die Ladung des Privatklägers zur Hauptverhandlung hat unter Beachtung der Wochenfrist gem. § 217 Abs. 1 zu erfolgen. Bei Nichtbeachtung der Frist kann der Privatkläger die Aussetzung des Verfahrens nach § 217 Abs. 2 verlangen oder auf die Einhaltung der Frist verzichten, § 217 Abs. 3 (Meyer-Goßner/*Schmitt*, § 385 Rn. 8). In der Ladung ist auf die Nachteile hinzuweisen, die ihm im Fall des Ausbleibens drohen. Zu beachten ist hier die **Rücknahmefiktion nach § 391 Abs. 2 und 3.** 5

D. Akteneinsichtsrecht (Abs. 3). Der Privatkläger kann ebenso die Akten einsehen wie der Angeklagte. Nach Abs. 3 Satz 1 kann er dieses Recht allerdings nur über einen Anwalt ausüben, § 147 Abs. 1, und zwar auch dann, wenn der Privatkläger selbst RA ist (Meyer-Goßner/*Schmitt*, § 385 Rn. 9). Einem anwaltlich nicht vertretenen Privatkläger können nach Abs. 3 Satz 2 i.V.m. § 147 Abs. 7 Satz 1 unter den dort genannten Voraussetzungen lediglich Auskünfte und Abschriften aus den Akten erteilt werden. Die Beschränkungen des § 406e gelten nicht (LR/*Hilger*, § 385 Rn. 13). Eine Verwendung der Informationen aus der Akte zu verfahrensfremden Zwecken erfordert die Zustimmung der Akteneinsicht gewährenden Stelle, § 477 Abs. 5 (AnwK-StPO/*Schwätzler*, § 385 Rn. 7). 6

E. Beschränkung der Strafverfolgung (Abs. 4). Aufgrund der Verweisung in Abs. 4 auf die Vorschriften der §§ 154a, 421, kann auch im Privatklageverfahren eine Beschränkung der Verfolgung auf bestimmte Teile einer prozessualen Tat erfolgen. Hierzu muss der **Privatkläger** entsprechend § 154a bzw. § 421 seine **Zustimmung erklären** (AK-StPO-*Rössner*, § 385 Rn. 8). Solange die StA das Verfahren nicht nach § 377 Abs. 2 übernommen hat, kann sie keinen Einfluss auf die Verfolgungsbeschränkung nehmen. Allerdings hat sie die Möglichkeit, die Wiedereinbezienung bereits ausgesonderter Teile einer Tat zu beantragen. Dies kann der Privatkläger ausdrücklich nicht, weil die Vorschriften der §§ 154a Abs. 3 Satz 2, 421 Abs. 2 Satz 2 im Privatklageverfahren für nicht anwendbar erklärt sind (KK-StPO/*Senge*, § 385 Rn. 9; zum redaktionellen Verweisungsfehler vgl. Meyer-Goßner/*Schmitt* § 385 Rn. 10). Der Privatkläger ist aber sowohl bei einer Beschränkung der Verfolgung als auch bei einer Wiedereinbeziehung anzuhören (KMR/*Stöckel*, § 385 Rn. 9). § 154 ist im Privatklageverfahren nach wohl herrschender Meinung nicht anwendbar, (LG Regensburg, JR 1990, 255 m.Anm. *Hilger*; Meyer-Goßner/*Schmitt*, § 385 Rn. 10). 7

F. Revision (Abs. 5). Die Vorschriften über die Revision nach §§ 333 ff. sind mit einer Ausnahme uneingeschränkt anwendbar: Soweit das Gericht die Revision eines der Beteiligten für offensichtlich unbegründet hält, kann es von der Möglichkeit des § 349 Abs. 2 auch ohne Antrag des Privatklägers Gebrauch machen, Abs. 5 Satz 1 (KK-StPO/*Senge*, § 385 Rn. 10). In der Konsequenz ist nach Abs. 5 Satz 2 auch das weiter vorgesehene Verfahren nach § 349 Abs. 3 entbehrlich. 8

§ 386 Ladung von Zeugen und Sachverständigen

(1) Der Vorsitzende des Gerichts bestimmt, welche Personen als Zeugen oder Sachverständige zur Hauptverhandlung geladen werden sollen.

(2) Dem Privatkläger wie dem Angeklagten steht das Recht der unmittelbaren Ladung zu.

Übersicht

1 **A. Allgemeines.** Das Gericht hat auch bei der Privatklage seiner Amtsaufklärungspflicht nach § 244 Abs. 2 (Meyer-Goßner/*Schmitt*, § 386 Rn. 1) nachzukommen. Da im Privatklageverfahren die StA nicht neben dem Privatkläger tätig wird, ist es Aufgabe des Vorsitzenden, die verfahrensrelevanten Zeugen und Sachverständigen zu laden und sonstige Beweismittel herbeizuschaffen. Eine Beschränkung auf die von den Parteien benannten Beweismittel sieht das Gesetz nicht vor; andererseits ist der Verfahrensstoff auf den Gegenstand der Privatklage beschränkt. Das Gericht hat jedenfalls den Beteiligten mitzuteilen, welche Personen geladen werden, § 222 Abs. 1 Satz 1.

2 **B. Unmittelbare Ladung (Abs. 2).** Daneben steht dem Privatkläger und dem Angeklagten sowie deren RA (§§ 378, 387) das Recht zur **unmittelbaren Ladung** nach §§ 220, 38 zu. Das Gericht ist zu einer Vernehmung der unmittelbar geladenen Personen wiederum unter den Voraussetzungen der §§ 384 Abs. 3, 244 Abs. 2 verpflichtet (KK-StPO/*Senge*, § 386 Rn. 2).

3 **C. Berufungsverfahren.** Im Berufungsverfahren sind die Vorschriften der §§ 324, 325 anwendbar, jedoch ist anstelle der Zustimmung der StA nach §§ 324 Abs. 1 Satz 2, 325 Abs. 1 diejenige des Privatklägers erforderlich (OLG Königsberg JW 1928, 2293; KMR/*Stöckel*, § 386 Rn. 3).

§ 387 Vertretung in der Hauptverhandlung

(1) In der Hauptverhandlung kann auch der Angeklagte im Beistand eines Rechtsanwalts erscheinen oder sich auf Grund einer nachgewiesenen Vollmacht durch einen solchen vertreten lassen.

(2) Die Vorschrift des § 139 gilt für den Anwalt des Klägers und für den des Angeklagten.

(3) Das Gericht ist befugt, das persönliche Erscheinen des Klägers sowie des Angeklagten anzuordnen, auch den Angeklagten vorführen zu lassen.

Übersicht

1 **A. Allgemeines; Vertretung (Abs. 1 und 2).** Der Privatkläger und der Angeklagte sind **grds. zur Anwesenheit** in der Hauptverhandlung **verpflichtet**. Die Entbindung von der Anwesenheitspflicht ist nach § 233 auch im Privatklageverfahren möglich (Meyer-Goßner/*Schmitt*, § 387 Rn. 1).

2 Der Privatkläger kann sich nach § 378 eines **anwaltlichen Beistands** bedienen oder sich durch einen Anwalt vertreten lassen. Referendare können aufgrund des Abs. 2 i.V.m. § 139 unter den dort genannten Voraussetzungen auf beiden Seiten tätig werden, ebenso Hochschullehrer nach § 138 Abs. 3, sowie andere Personen, Letztere allerdings nur mit Zustimmung des Gerichts. Im Fall der Vertretung muss eine Vollmacht schriftlich oder elektronisch nachgewiesen sein (Vor §§ 32ff.).

3 Für den Angeklagten gelten die allgemeinen Vorschriften des ersten und zweiten Buches. In seltenen Fällen kann bei besonderer Schwierigkeit der Sach- oder Rechtslage (vgl. KK-StPO/*Senge*, § 387 Rn. 5) dem Angeklagten ein Pflichtverteidiger nach § 140 Abs. 2 beigeordnet werden (LR/*Hilger*, § 387 Rn. 22).

4 **B. Anordnung der persönlichen Erscheinens (Abs. 3 Alt. 1).** In der Praxis wird regelmäßig das persönliche **Erscheinen** beider Parteien nach Abs. 3 Alt. 1 angeordnet, da die Sachverhaltsaufklärung dadurch erheblich erleichtert wird und die Möglichkeit einer Verfahrenserledigung durch Vergleich geschaffen wird (Meyer-Goßner/*Schmitt*, § 387 Rn. 6). Die Anordnung kann wegen § 305 von beiden Parteien nicht mit der Beschwerde angegriffen werden (OLG Celle, NJW 1953, 1933). Eine solche Anordnung ist auch im Berufungsverfahren, nicht aber in der Revision möglich (AnwK/*Schwätzler*, § 387 Rn. 6).

5 **C. Folgen des Ausbleibens.** Erscheinen Privatkläger oder Angeklagter trotz Anordnung des persönlichen Erscheinens nicht, ergeben sich nach Ablauf einer gewissen Wartezeit (in der Regel 15 Minuten, vgl. § 329 Rn. 14f) verschiedene Konsequenzen: Bleibt der Privatkläger der Hauptverhandlung fern, gilt nach § 391 Abs. 2 die Privatklage als zurückgenommen. Das Verfahren wird gem. § 260 Abs. 3 mit Urteil eingestellt; die Berufung des Privatklägers wird in diesem Fall nach § 391 Abs. 3 verworfen. Zwangsmaßnahmen gegen den Privatkläger sind gesetzlich nicht vorgesehen (KMR/*Stöckel*, § 387 Rn. 9).

6 Verletzt der Angeklagte seine Anwesenheitspflicht, ist eine Verhandlung auch ohne ihn nach § 232 möglich (Meyer-Goßner/*Schmitt*, § 387 Rn. 1). Liegen die Voraussetzungen nicht vor, ist die Hauptverhandlung ohne Anwesenheit des Angeklagten nicht möglich. Es kann dann nach Abs. 3 Alt. 2 der Angeklagte **vorgeführt** werden. Ein Haftbefehl nach § 230 Abs. 2 Alt. 2 ist in § 387 nicht zulässig. I.Ü. gelten die Vorschriften der §§ 230 bis 233. Eine Berufung des Angeklagten wird im Fall des Ausbleibens nach § 329 Abs. 1 verworfen (Meyer-Goßner/*Schmitt*, § 387 Rn. 8).

§ 388 Widerklage

(1) Hat der Verletzte die Privatklage erhoben, so kann der Beschuldigte bis zur Beendigung des letzten Wortes (§ 258 Abs. 2 Halbsatz 2) im ersten Rechtszug mittels einer Widerklage die Bestrafung des Klägers beantragen, wenn er von diesem gleichfalls durch eine Straftat verletzt worden ist, die im Wege der Privatklage verfolgt werden kann und mit der den Gegenstand der Klage bildenden Straftat in Zusammenhang steht.

(2) [1]Ist der Kläger nicht der Verletzte (§ 374 Abs. 2), so kann der Beschuldigte die Widerklage gegen den Verletzten erheben. [2]In diesem Falle bedarf es der Zustellung der Widerklage an den Verletzten und dessen Ladung zur Hauptverhandlung, sofern die Widerklage nicht in der Hauptverhandlung in Anwesenheit des Verletzten erhoben wird.

(3) Über Klage und Widerklage ist gleichzeitig zu erkennen.

(4) Die Zurücknahme der Klage ist auf das Verfahren über die Widerklage ohne Einfluss.

Übersicht

1 **A. Allgemeines.** Die Widerklage ist eine Spielart der Privatklage, ausgehend von der Grundannahme, dass private Konflikte selten klar erkennen lassen, wer Täter und wer Opfer ist. Gerade länger andauernde Auseinandersetzungen zwischen den Parteien führen regelmäßig zu wechselseitigen strafrechtlich relevanten Rechtsgutverletzungen (vgl. BVerfGE 74, 358; AK-StPO/*Rössner*, § 388 Rn. 1). Durch die Option einer Widerklage kann der Beschuldigte seine prozessuale Rolle verlassen, seine Interessen offensiv vertreten und ebenfalls einer gerichtlichen Entscheidung zuführen. Eine Gesamtlösung des komplexen Geschehens kann so verfahrensökonomischer erreicht werden als bei der Durchführung getrennter Verfahren.

Die Privatklage gegen einen jugendlichen Beschuldigten ist zwar gem. § 80 Abs. 2 JGG unzulässig, jedoch kann gegen einen Jugendlichen, der Privatklage erhoben hat, mit der Widerklage nach § 388 vorgegangen werden. Eine Jugendstrafe (§ 80 Abs. 2 Satz 2 JGG) oder Erziehungsmaßregeln (§ 104 Abs. 4 Satz 1 JGG) können auf diesem Weg aber nicht verhängt werden.

2 Der Beschuldigte hat auch die Option, gegen den Privatkläger eine **selbstständige Privatklage zu** erheben. Beide Privatklagen können nach § 237 durch das Gericht verbunden werden – auch wenn beide Verfahren in keinem Zusammenhang nach § 388 Abs. 1 a.E. stehen (KK-StPO/*Senge* § 388 Rn. 8). Die Umdeutung in eine unselbstständige Widerklage ist regelmäßig nicht möglich (OLG Düsseldorf, NJW 1954, 123).

Die Widerklage folgt im Wesentlichen den Regelungen über die Privatklage. Besonderheiten ergeben sich bei den Vorschriften über die Sicherheitsleistung, den Gebührenvorschuss und den Sühneversuch (§§ 379 bis 380), die allesamt bei der Widerklage keine Anwendung finden. Hieraus kann sich für den Privatkläger ein gesteigertes Kostenrisiko ergeben, da der Widerkläger finanziell nicht in Vorleistung gehen muss.

3 **B. Voraussetzungen. I. Zulässige Privatklage.** Die Widerklage setzt voraus, dass bereits eine **zulässige Privatklage anhängig** ist; bei einer öffentlichen Klage ist sie nicht statthaft. War die Privatklage unzulässig, ist auch die Widerklage unzulässig (BayObLGSt 1952, 14). Wird die Privatklage erst im Lauf des Verfahrens

unzulässig (so bspw. durch Rücknahme des Strafantrags oder Übernahme der Verfolgung durch die StA), so bleibt die Widerklage wirksam und wird als (abgetrennte) Privatklage fortgeführt (LR/*Hilger*, § 388 Rn. 3).

4 **II. Zeitpunkt.** Erst mit der Erhebung der Privatklage (§ 381) besteht die Möglichkeit zur Widerklage. Sie endet nach Abs. 1 mit der Beendigung des letzten Wortes vor dem Strafrichter in erster Instanz. Im Fall einer Aufhebung und Zurückverweisung des Verfahrens kann erneut Widerklage erhoben werden (LR/*Hilger*, § 388 Rn. 6).

5 **III. Privatklagedelikt.** Die Widerklage kann nur auf den Tatvorwurf eines Privatklagedelikts nach § 374 Abs. 1 gestützt werden. Dies bedeutet, dass auch der Widerkläger rechtzeitig Strafantrag gegen den Privatkläger stellen muss (KMR/*Stöckel*, § 388 Rn. 2). Ggf. hilft die Verlängerung der Antragsfrist nach § 77c StGB.

6 **IV. Zusammenhang.** Zwischen den mit Privat- und Widerklage verfolgten Taten muss nach Abs. 1 ein Zusammenhang bestehen. Eine bestimmte rechtliche Qualität dieses Zusammenhangs, etwa eine Wechselseitigkeit entsprechend § 77c StGB oder eine Erwiderung »auf der Stelle« (§ 199 StGB) innerhalb eines einheitlichen Geschehensablaufs wird nicht gefordert (LR-Hilger, § 388 Rn. 13). Ausreichend ist ein **»loser« Zusammenhang** (BGHSt 17, 194, 197), sodass eine gemeinsame Verhandlung der Taten zweckmäßig erscheint (Meyer-Goßner/*Schmitt*, § 388 Rn. 7).

7 **V. Parteienidentität (Abs. 2).** Regelmäßig wird der Privatkläger derjenige sein, gegen den die Widerklage geführt wird. Nachdem aber auch der Strafantragsberechtigte nach § 374 Abs. 2 die Privatklage erheben kann, können der Privatkläger und der Verletzte, gegen den die Widerklage geführt wird, auseinanderfallen. Diesem Umstand trägt Abs. 2 Satz 1 Rechnung. Praktisch spielt die Regelung heute nur noch bei Privatklagen von Vorgesetzten, bestimmten Gewerbetreibenden und gewerblichen Interessenverbänden eine Rolle. Notwendig ist in diesen Fällen, dass die Widerklage dem Verletzten zugestellt wird (Abs. 2 Satz 2), sofern dieser im Zeitpunkt der Erhebung der Widerklage nicht ohnehin in der Hauptverhandlung zugegen ist, weil er bspw. als Zeuge auftritt.

8 **VI. Gerichtsstand; Formvorschriften.** Unabhängig von der örtlichen Zuständigkeit für die Widerklage (KK-StPO-*Senge*, § 388 Rn. 9), ist das bereits mit der Privatklage befasste Gericht zuständig. Es bleibt auch zuständig, wenn die Privatklage später zurückgenommen wird oder sich sonst erledigt (LR/*Hilger*, § 388 Rn. 19).

Die Widerklage kann in der Hauptverhandlung oder auch außerhalb davon erhoben werden. **In der Hauptverhandlung** genügt gegen den anwesenden Verletzten als nunmehr Beschuldigten des Widerklagedelikts eine mündliche Erklärung (OLG Hamburg, NJW 1956, 1890), die ins Protokoll aufzunehmen ist. **Außerhalb der Hauptverhandlung** muss Bezug genommen werden auf das Privatklageverfahren, in dem sie erhoben werden soll. In beiden Fällen sind die Voraussetzungen des § 381 zu beachten (Meyer-Goßner/*Schmitt*, § 388 Rn. 11 f.).

9 **C. Verfahren und Entscheidung (Abs. 3).** Wie die Privatklage muss auch die Widerklage das Zwischenverfahren nach §§ 382, 383 durchlaufen. Dabei ist auch der Erlass eines **separaten Eröffnungsbeschlusses** für die Widerklage unerlässlich (AK-StPO/*Rössner*, § 388 Rn. 5; LR/*Hilger*, § 388 Rn. 23 ff.; **a.A.** BayObLG, NJW 1958, 1149: nur bei zwischenzeitiger Zurückweisung der Privatklage).

10 Nach Abs. 3 ist über Klage und Widerklage **gleichzeitig zu entscheiden**, um nach der gemeinsamen Verhandlung den privaten Konflikt einheitlich und umfassend abzuschließen. Trotz des eindeutigen Wortlauts kann von diesem Grundsatz abgewichen werden, wenn eine Fallgestaltung vorliegt, die eine Trennung geboten erscheinen lässt; so bspw., wenn bereits eine der Klagen entscheidungsreif ist oder eine gleichzeitige Entscheidung nicht möglich ist, weil eine der Klage durch Beschluss nach § 383 Abs. 1 zurückgewiesen werden muss (BayObLG, NJW 1958, 1149). Eine Verfahrenstrennung wird zwangsläufig auch dann vorzunehmen sein, wenn nur einer der Verfahrensbeteiligten Rechtsmittel einlegt.

11 **D. Zurücknahme der Privatklage (Abs. 4).** Nimmt der ursprüngliche Privatkläger nach § 391 Abs. 1 seine Klage zurück, wird die Verbindung von Privat- und Widerklage nach Abs. 4 aufgehoben und die Widerklage ab diesem Zeitpunkt als **selbstständige Privatklage** weitergeführt (Meyer-Goßner/*Schmitt*, § 388 Rn. 17). Abs. 4 ist auf sonstige Erledigungen der Privatklage wie die Einstellung nach § 383 Abs. 2 (KK-StPO/*Senge*, § 388 Rn. 12) entsprechend anwendbar, es sei denn, die Privatklage war von Anfang an unzulässig und wird deshalb nach § 383 Abs. 1 zurückgewiesen.

§ 389 Einstellung durch Urteil bei Verdacht eines Offizialdelikts

(1) Findet das Gericht nach verhandelter Sache, dass die für festgestellt zu erachtenden Tatsachen eine Straftat darstellen, auf die das in diesem Abschnitt vorgeschriebene Verfahren nicht anzuwenden ist, so hat es durch Urteil, das diese Tatsachen hervorheben muss, die Einstellung des Verfahrens auszusprechen.
(2) Die Verhandlungen sind in diesem Falle der Staatsanwaltschaft mitzuteilen.

Übersicht

1 **A. Allgemeines.** Das Gericht hat in jeder Verfahrenslage zu prüfen, ob die Voraussetzungen für ein Privatklagedelikt nach § 374 vorliegen. Stellt sich nach Zulassung der Anklage (§ 383) erst in der Hauptverhandlung heraus, dass eine Straftat vorliegt, bei der ein Privatklageverfahren nicht statthaft ist, weil ein Offizialdelikt erkennbar wird, ist eine Einstellung durch Beschluss nicht mehr möglich (vgl. § 260 Abs. 3). In diesem Fall kann das Gericht zunächst nach § 377 Abs. 1 Satz 2 verfahren und der StA die Akten vorlegen. Im Fall der Übernahme kann das Verfahren unter Berücksichtigung des § 265 als Offizialverfahren mit einer Verurteilung wegen des Offizialdelikts abgeschlossen werden. Alternativ ergeht ein Einstellungsurteil nach Abs. 1. Das Gericht muss nicht von der Begehung des Offizialdelikts durch den Angeklagten überzeugt sein, ausreichend ist ein hinreichender Tatverdacht (BayObLGSt 1953, 260).
Wird dieser Umstand nach Zulassung, aber noch vor der Hauptverhandlung deutlich, muss das Verfahren ebenfalls nach § 206a eingestellt werden (Meyer-Goßner/*Schmitt*, § 389 Rn. 2).

Das Gericht wird die Akten in der Regel der StA nach § 377 Abs. 1 Satz 2 zur Übernahme vorlegen, da es gem. Abs. 2 nach Erlass des Einstellungsurteils ohnehin die **StA** in **Kenntnis** zu setzen hat. 2

B. Rechtsfolgen. Ein Einstellungsurteil nach Abs. 1 entfaltet **Rechtskraftwirkung** lediglich in Bezug auf die erhobene Privatklage. Eine erneute Privatklage wegen desselben Sachverhalts ist unzulässig. Da das Urteil aber nichts darüber aussagt, ob tatsächlich wegen eines Offizialdelikts zu verurteilen ist, kann die StA Anklage bei Gericht wegen des Offizialdelikts erheben (LR/*Hilger* § 389 Rn. 14). Lehnt die StA die Verfolgung der Tat als Offizialdelikt ab, kann der Verletzte das Klageerzwingungsverfahren nach § 172 beschreiten (KMR/*Stöckel* § 389 Rn. 7). 3
Spricht das Gericht den Angeklagten umfassend frei, obwohl eigentlich ein Einstellungsurteil nach Abs. 1 hätte ergehen müssen, ist die StA an dieses Urteil gebunden, ein Offizialverfahren damit ausgeschlossen (LG Hamburg, NJW 1947/48, 353).

C. Rechtsmittel. Das Einstellungsurteil kann für den Privatkläger und den Angeklagten wie jedes amtsgerichtliche Urteil **mit Berufung und Revision** angefochten werden (§ 390 Abs. 1). Legt die StA Rechtsmittel ein, erklärt sie damit gleichzeitig die Übernahme des Verfahrens nach § 377 Abs. 2 Satz 2 (Meyer-Goßner/*Schmitt* § 389 Rn. 4). Damit wird das Privatklageverfahren zum Offizialverfahren. 4
Wird der Angeklagte im Privatklageverfahren zunächst verurteilt und erst in der Rechtsmittelinstanz ein Einstellungsurteil nach Abs. 1 erlassen, steht das Verschlechterungsverbot (§ 331) einer höheren Bestrafung im Offizialverfahren entgegen (str. BayObLG, NJW 1971, 148; **a.A.** Meyer-Goßner/*Schmitt* § 389 Rn. 6).

§ 390 Rechtsmittel des Privatklägers

(1) [1]Dem Privatkläger stehen die Rechtsmittel zu, die in dem Verfahren auf erhobene öffentliche Klage der Staatsanwaltschaft zustehen. [2]Dasselbe gilt von dem Antrag auf Wiederaufnahme des Verfahrens in den Fällen des § 362. [3]Die Vorschrift des § 301 ist auf das Rechtsmittel des Privatklägers anzuwenden.
(2) Revisionsanträge und Anträge auf Wiederaufnahme des durch ein rechtskräftiges Urteil abgeschlossenen Verfahrens kann der Privatkläger nur mittels einer von einem Rechtsanwalt unterzeichneten Schrift anbringen.
(3) [1]Die in den §§ 320, 321 und 347 angeordnete Vorlage und Einsendung der Akten erfolgt wie im Verfahren auf erhobene öffentliche Klage an und durch die Staatsanwaltschaft. [2]Die Zustellung der Berufungs- und Revisionsschriften an den Gegner des Beschwerdeführers wird durch die Geschäftsstelle bewirkt.
(4) Die Vorschrift des § 379a über die Zahlung des Gebührenvorschusses und die Folgen nicht rechtzeitiger Zahlung gilt entsprechend.
(5) [1]Die Vorschrift des § 383 Abs. 2 Satz 1 und 2 über die Einstellung wegen Geringfügigkeit gilt auch im Berufungsverfahren. [2]Der Beschluss ist nicht anfechtbar.

Übersicht

1 **A. Rechtsmittelbefugnis des Privatklägers (Abs. 1).** Dem Privatkläger und dem nach § 375 Beigetretenen stehen dieselben Rechtsmittel offen wie sie auch der StA im Offizialverfahren zustehen. Im Fall der Widerklage ist der Privatkläger gestellt wie der Angeklagte (KK-StPO/*Senge*, § 390 Rn. 1). Gegen ein Urteil kann Berufung nach § 312 eingelegt werden, wobei das Berufungsurteil wiederum mit der Revision nach § 333 angegriffen werden kann; eine Sprungrevision nach § 335 ist möglich.

Privatklageberechtigte Personen nach § 374 Abs. 2 sind nur rechtsmittelbefugt, wenn sie selbst Privatklage erhoben haben; § 298 Abs. 1 gilt in Bezug auf den Privatkläger nicht (LR/*Hilger*, § 390 Rn. 2).

2 Weiterhin setzt die Rechtsmittelbefugnis eine **Beschwer** des Privatklägers voraus (KMR/*Stöckel*, § 390 Rn. 3). Diese ist gegeben, wenn durch die Entscheidung seinem Rehabilitierungsinteresse nicht entsprochen wird (AnwK/*Schwätzler*, § 390 Rn. 3). Das bloße Interesse, eine Rechtsfrage obergerichtlich klären zu lassen, reicht als Beschwer nicht aus; ein solches öffentliches Interesse wird nur der StA eingeräumt (Meyer-Goßner/*Schmitt*, § 390 Rn. 3). Auch wenn der Angeklagte entsprechend dem Antrag des Privatklägers verurteilt worden ist, steht dies der Beschwer nicht entgegen, da dieser im Wege des Rechtsmittelverfahrens eine Verschärfung des Urteils anstreben darf (LR/*Hilger*, § 390 Rn. 5).

Die **Rechtsmittelfrist** beginnt für den Privatkläger – sofern ihm der Verkündungstermin bekannt gegeben wurde – grds. mit der Urteilsverkündung gem. §§ 314 Abs. 1, 341 Abs. 1, unabhängig von seiner Anwesenheit oder Vertretung. Ansonsten mit der Urteilszustellung (vgl. OLG Frankfurt, NStZ-RR 1996, 43; zum Fristbeginn bei Abwesenheit LR/*Hilger*, § 390 Rn. 8 ff.).

Eine **Wiederaufnahme** des Verfahrens kann der Privatkläger nach § 362 nur zuungunsten des Angeklagten anstrengen, Satz 2.

3 Rechtsmittel des Privatklägers wirken nach Abs. 1 Satz 3 i.V.m. § 301 regelmäßig auch **zugunsten des Angeklagten**. Anders als die StA kann er allerdings nicht nach § 296 Abs. 2 ausschließlich zugunsten des Angeklagten gegen ein Urteil vorgehen, da er kein Organ der Rechtspflege ist (vgl. LR/*Hilger*, § 390 Rn. 6; a.A. *Kühne* Rn. 252).

4 **B. Revisions- und Wiederaufnahmeverfahren (Abs. 2).** Die Stellung eines Revisions- oder Wiederaufnahmeantrages muss nach Abs. 2 durch einen bevollmächtigten **RA schriftlich** erfolgen, wenn nicht der Privatkläger selbst RA ist (KK-StPO/*Senge*, § 390 Rn. 5). Sie kann vom Privatkläger nicht selbst zu Protokoll der Geschäftsstelle (vgl. §§ 345 Abs. 2, 366 Abs. 2) erklärt werden. Der RA übernimmt damit die volle inhaltliche Verantwortung für den Schriftsatz (KMR/*Stöckel*, § 390 Rn. 7).

5 **C. Mitwirkung der StA (Abs. 3).** Die StA ist an diesem Verfahren nach Abs. 3 Satz 1 nur insoweit beteiligt, als sie **die Übersendung der Verfahrensakten** an das Rechtsmittelgericht übernimmt. Sie erlangt auf diese Weise Kenntnis von der Einlegung des Rechtsmittels, um eine mögliche Verfahrensübernahme nach § 377 Abs. 2 zu prüfen (Meyer-Goßner/*Schmitt*, § 390 Rn. 8). Die Zustellung der Rechtsmittelschriften bleibt nach Satz 2 Aufgabe der Geschäftsstelle.

6 **D. Gebührenvorschuss (Abs. 4).** Die Pflicht zur Zahlung eines Gebührenvorschusses nach § 379a ist als Besonderheit des Privatklageverfahrens nur auf die Rechtsmittel der »Angreifer«, also Privatkläger und Widerkläger, nicht aber auf den Angeklagten oder Widerbeklagten anwendbar (OLG Bamberg, NJW 1949, 835). Wird der dem Rechtsmittelführer auferlegte Vorschuss nicht innerhalb der gesetzten Frist (§ 379a Abs. 1) gezahlt, wird die Rechtsfolge des § 379a Abs. 3 Satz 1 ausgelöst und das Rechtsmittel durch Beschluss zurückgewiesen. Hiergegen kann der Privatkläger nach § 379a Abs. 3 Satz 2 sofortige Beschwerde einlegen (Meyer-Goßner/*Schmitt*, § 390 Rn. 10).

7 **E. Einstellung wegen Geringfügigkeit im Berufungsverfahren (Abs. 5).** Nach Abs. 5 i.V.m. § 383 Abs. 2 hat das Gericht in jeder Lage des Verfahrens, ausdrücklich auch im Berufungsverfahren bis zum Abschluss des Revisionsverfahrens, die Option, das Verfahren wegen Geringfügigkeit einzustellen. Die Einstellung i.R.d. Berufung kann jedoch, im Unterschied zur Einstellung in erster Instanz (§ 383 Abs. 2 Satz 3), nicht mit der sofortigen Beschwerde angefochten werden, Abs. 5 Satz 2. Dabei spielt es keine Rolle, ob die Entscheidung irrtümlich als Urteil ergangen ist (BayObLGSt 1951, 302) oder ob die Einstellung Verfahrensmängel aufweist (OLG Celle, NJW 1957, 35).

§ 391 Rücknahme der Privatklage; Verwerfung bei Versäumung; Wiedereinsetzung

(1) [1]Die Privatklage kann in jeder Lage des Verfahrens zurückgenommen werden. [2]Nach Beginn der Vernehmung des Angeklagten zur Sache in der Hauptverhandlung des ersten Rechtszuges bedarf die Zurücknahme der Zustimmung des Angeklagten.

(2) Als Zurücknahme gilt es im Verfahren des ersten Rechtszuges und, soweit der Angeklagte die Berufung eingelegt hat, im Verfahren des zweiten Rechtszuges, wenn der Privatkläger in der Hauptverhandlung weder erscheint noch durch einen Rechtsanwalt vertreten wird oder in der Hauptverhandlung oder einem anderen Termin ausbleibt, obwohl das Gericht sein persönliches Erscheinen angeordnet hatte, oder eine Frist nicht einhält, die ihm unter Androhung der Einstellung des Verfahrens gesetzt war.

(3) Soweit der Privatkläger die Berufung eingelegt hat, ist sie im Falle der vorbezeichneten Versäumungen unbeschadet der Vorschrift des § 301 sofort zu verwerfen.

(4) Der Privatkläger kann binnen einer Woche nach der Versäumung die Wiedereinsetzung in den vorigen Stand unter den in den §§ 44 und 45 bezeichneten Voraussetzungen beanspruchen.

Übersicht

1 **A. Allgemeines.** In der Praxis bildet die Rücknahme der Privatklage eine häufig gewählte Variante der Verfahrenserledigung. Dies gilt insb. dann, wenn sie als Bestandteil eines Vergleichs zwischen Privatkläger und Beschuldigtem vereinbart wird. In Abweichung vom Grundsatz des Offizialverfahrens liegt es grds. in der Hand des Privatklägers, ob er das Verfahren weiter vorantreiben will.

2 **I. Wirksame Rücknahme.** Die Zurücknahme ist ggü. dem Gericht zu erklären. Außerhalb der Hauptverhandlung kann dies schriftlich oder zu Protokoll der Geschäftsstelle geschehen. In der Hauptverhandlung kann die Rücknahme mündlich erfolgen, die Erklärung ist dann in der Sitzungsniederschrift zu protokollieren. Der beauftragte RA braucht für die Rücknahmeerklärung keine gesonderte Vollmacht (AnwK-StPO/*Schwätzler*, § 391 Rn. 3). Die Rücknahmeerklärung ist als verfahrensbeendende Handlung bedingungsfeindlich. Sie kann weder angefochten noch widerrufen werden (vgl. OLG Neustadt, NJW 1961, 1984). Ob die Zurücknahme des Strafantrags nach § 77d StGB gleichzeitig als Rücknahme der Privatklage angesehen werden kann, ist ggf. durch das Gericht klarzustellen bzw. durch Auslegung der Erklärung zu ermitteln (LR/*Hilger*, § 391 Rn. 1; KK-StPO/*Senge*, § 391 Rn. 1).

3 Für die Rücknahme sieht das Gesetz keine zeitlichen Beschränkungen vor. Erst mit dem rechtskräftigen Verfahrensabschluss ist die Klagerücknahme ausgeschlossen (KMR/*Stöckel*, § 391 Rn. 1). Die Rücknahme nach ergangenem Urteil setzt dabei weder die Zulässigkeit des Rechtsmittels noch die Einlegung eines Rechtsmittels voraus (LR/*Hilger*, § 391 Rn. 4 f.).

4 Die **Zustimmung des Angeklagten** zur Rücknahme ist nach Abs. 1 Satz 2 in erster Instanz nur ab Beginn der Vernehmung nach § 243 Abs. 4 Satz 2 erforderlich. Die Regelung ist insofern vergleichbar zur Vorschrift des § 269 Abs. 1 ZPO. Allerdings kann der Privatkläger das Zustimmungserfordernis bei Antragsdelikten umgehen, indem er den gestellten Strafantrag nach § 77d StGB zurücknimmt und auf diese Weise eine Sachentscheidung verhindert (Meyer-Goßner/*Schmitt*, § 391 Rn. 6).

5 Die **Teilrücknahme** der Privatklage ist zulässig, soweit abtrennbare Teile der Tat existieren. So bspw. bei mehreren verbundenen Privatklagen (LR/*Hilger*, § 391 Rn. 7) oder bei tatmehrheitlichen Privatklagedelikten (§ 53 StGB) bzgl. einzelner materieller Taten (Meyer-Goßner/*Schmitt*, § 391 Rn. 4).

6 **II. Folgen der Klagerücknahme.** Die wirksame Rücknahme der Privatklage hat zur Konsequenz, dass eine wesentliche Prozessvoraussetzung der Privatklage entfällt. Das Verfahren muss in der Folge außerhalb der Verhandlung durch Gerichtsbeschluss bzw. in der Hauptverhandlung durch Urteil nach § 260 Abs. 3 **eingestellt** werden. So wird konstitutiv die Wirkung des gerichtlichen Eröffnungsbeschlusses beseitigt (KK-StPO/*Senge*, § 391 Rn. 10; **a.A.** KMR/*Stöckel*, § 391 Rn. 7: Beschluss wirkt nur deklaratorisch). Die Kostenentscheidung erfolgt gem. § 471 Abs. 2. Eine wirksam erhobene Widerklage bleibt von der Rücknahme unberührt, § 388 Abs. 4.

7 Die Rücknahme der Privatklage kann sich auf einen vom Privatkläger gestellten **Strafantrag** auswirken. Es ist im Wege der Auslegung der Rücknahmeerklärung des Privatklägers zu ermitteln, ob dieser auch den Strafantrag zurücknehmen will. Im Zweifel kann vermutet werden, dass der Verletzte keine weitere Strafver-

folgung mehr anstrebt und deshalb die Rücknahme des Strafantrages gewollt ist (AK-StPO/*Rössner*, § 391 Rn. 3; Meyer-Goßner/*Schmitt*, § 391 Rn. 2).

8 **B. Unterstellung der Rücknahme (Abs. 2).** Nachdem das Gesetz keine Zwangsmittel gegen den Kläger vorsieht und anders als im Offizialverfahren ein ordnungsgemäßer Verfahrensfortgang nicht immer sichergestellt ist, fingiert der Gesetzgeber unter bestimmten Voraussetzungen das Verhalten des Privatklägers nach Abs. 2 als Rücknahme. Dies ist der Fall, wenn er trotz ordnungsgemäßer Ladung gegen seine Anwesenheitspflicht in der Hauptverhandlung verstößt oder wenn er Fristen, die ihm vom Gericht unter Hinweis auf die Rechtsfolge des Abs. 2 gesetzt wurden, nicht einhält. Die Fiktion greift im Fall der Fristversäumung erst ab der Eröffnung des Hauptverfahrens nach § 383 Abs. 1 (OLG Düsseldorf, NJW 1959, 2080).

9 **Entfernt** sich der Privatkläger eigenmächtig vorzeitig aus der Hauptverhandlung, gilt dieses Verhalten als Nichterscheinen (OLG Bremen, NJW 1957, 474). Eine Abwesenheit während der Urteilsverkündung ist unschädlich, da in diesem Fall eine Verfahrensverzögerung nicht mehr zu befürchten ist (h.M.; BayObLGSt 1962, 37; Meyer-Goßner/*Schmitt*, § 391 Rn. 12; **a.A.** LR/*Hilger*, § 391 Rn. 31 f.).

10 Ein **Fristversäumnis** ist nach dem Normzweck des Abs. 3 nur dann als Rücknahme zu sehen, wenn es sich auf eine Handlung bezieht, die für den Fortgang des Verfahrens relevant ist (vgl. KK-StPO/*Senge*, § 391 Rn. 11). Bspw. kann dies bei der fehlenden Behebung von Prozesshindernissen durch den Privatkläger gegeben sein (SK-StPO/*Velten*, § 391 Rn. 24). Handlungen, zu denen der Privatkläger nicht verpflichtet ist, dürfen vom Gericht nicht unter Hinweis auf § 391 Abs. 2 erzwungen werden (KK-StPO/*Senge*, § 391 Rn. 13). Im Fall der Unterstellung einer Rücknahme hat das Gericht das Verfahren durch Beschluss bzw. Urteil einzustellen. Soweit nach Abs. 1 Satz 2 die **Zustimmung des Angeklagten** erforderlich ist, ist diese einzuholen (*Rieß*, NStZ 2000, 120).

11 **C. Fiktion der Berufungsrücknahme (Abs. 3).** Auch im Berufungsverfahren kann der Privatkläger seine Mitwirkungspflichten nach Abs. 2 verletzen. Hier ist die Fiktion des Abs. 2 grds. uneingeschränkt anwendbar. Da eine solche Vorgehensweise den Angeklagten unangemessen belasten würde, wenn ein für ihn günstigeres Urteil zu erwarten ist, gilt über § 390 Abs. 1 Satz 3 die Vorschrift des **§ 301 und hat** bei einer nur vom Privatkläger eingereichten Berufung **Vorrang** (ausführlich hierzu mit weiteren Fallgestaltungen *Rieß*, NStZ 2000, 120; Meyer-Goßner/*Schmitt*, § 391 Rn. 17). Hat auch der Angeklagte Berufung eingelegt, ist das Privatklageverfahren nach Abs. 2 einzustellen (LR/*Hilger*, § 391 Rn. 38).

12 **D. Wiedereinsetzung in den vorigen Stand (Abs. 4).** Hat der Privatkläger für das Gericht erkennbar schuldlos Fristen versäumt oder i.Ü. die Voraussetzungen der Abs. 2 oder 3 erfüllt, darf die Berufungsrücknahme nicht unterstellt werden (BayObLGSt 1951, 471). Erkannte das Gericht dies nicht, kann der Privatkläger im Wege der Wiedereinsetzung nach Abs. 4 i.V.m. §§ 44, 45 seine Rechte sowohl für die Versäumung eines Hauptverhandlungstermins als auch einer dem Privatkläger gesetzten Frist (KK-StPO/*Senge*, § 391 Rn. 15) geltend machen.

13 **E. Rechtsmittel.** Gegen den Einstellungsbeschluss nach Abs. 1 und 2 kann mit der sofortigen Beschwerde nach § 311 vorgegangen werden; das Einstellungsurteil i.S.d. § 391 Abs. 2 kann nach § 260 Abs. 3 durch Berufung und Revision überprüft werden. Bei Nichteinstellung nach Abs. 1 oder 2 ist die einfache Beschwerde statthaft (LR/*Hilger*, § 391 Rn. 45).

§ 392 Wirkung der Rücknahme

Die zurückgenommene Privatklage kann nicht von neuem erhoben werden.

1 Die Rücknahme der Privatklage bewirkt den Verbrauch der Strafklagebefugnis. Dies gilt sowohl für die erklärte als auch die fingierte Rücknahme nach § 391 Abs. 2 (KK-StPO/*Senge* § 392 Rn. 1). Auch im Gewand einer etwaigen Widerklage ist die Privatklage nicht mehr möglich (LR/*Hilger* § 392 Rn. 1). Hat der Kläger zunächst irrtümlich die falsche Person verklagt, ist er allerdings nicht gehindert, erneut Privatklage gegen den richtigen Beschuldigten zu erheben (KK-StPO/*Senge* § 392 Rn. 1).

2 Kein Strafklageverbrauch besteht für die StA, welche die prozessuale Tat nunmehr im Offizialverfahren verfolgen kann. Bei absoluten Antragsdelikten wird es häufig an einem wirksamen Strafantrag des Verletzten fehlen, soweit dieser zusammen mit der Privatklage zurückgenommen wurde (Meyer-Goßner/*Schmitt* § 392 Rn. 4). Wer nach § 374 Abs. 2 berechtigt wäre, Strafantrag zu stellen, ist von dem beschränkten Strafklageverbrauch nicht betroffen (OLG Stuttgart JR 1953, 349).

§ 393 Tod des Privatklägers

(1) Der Tod des Privatklägers hat die Einstellung des Verfahrens zur Folge.

(2) Die Privatklage kann jedoch nach dem Tode des Klägers von den nach § 374 Abs. 2 zur Erhebung der Privatklage Berechtigten fortgesetzt werden.

(3) Die Fortsetzung ist von dem Berechtigten bei Verlust des Rechts binnen zwei Monaten, vom Tode des Privatklägers an gerechnet, bei Gericht zu erklären.

A. Verfahrenseinstellung. Da die Privatklage als höchstpersönliches Verfahren **nicht vererblich** ist und mit dem Tod des Klägers sich eine weitere strafrechtliche Verfolgung der Opferinteressen erübrigt, wird das Verfahren außerhalb der Hauptverhandlung durch Beschluss (§ 206a), während laufender Hauptverhandlung durch Urteil nach § 260 Abs. 3 eingestellt (LR/*Hilger*, § 393 Rn. 1). Die Verfahrenskosten sind dann den Erben aufzuerlegen (OLG Celle, NJW 1971, 2182, eine analoge Anwendung von § 471 Abs. 3 scheidet aus, BayObLG, NJW 1959, 2274). 1

Umstritten ist, ob der Einstellungsbeschluss das Verfahren konstitutiv beendet (KK-StPO/*Senge*, § 393 Rn. 1) oder lediglich das eingetretene Verfahrenshindernis deklaratorisch feststellt (AK-StPO/*Rössner*, § 393 Rn. 2; AnwK/*Schwätzler*, § 393 Rn. 2). Die Frage kann relevant werden, wenn nach dem Tod des Privatklägers und vor Erlass des Einstellungsbeschlusses die StA das Verfahren nach § 377 Abs. 2 übernehmen will, bspw. weil die Einstellung – auch vor dem Hintergrund der Kostentragungspflicht der Erben – grob unbillig wäre (*Hartung*, NJW 1950, 672). Soweit diese Fallgestaltung in Betracht kommt, empfiehlt es sich für das Gericht, vor Erlass des Einstellungsbeschlusses die Zwei-Monats-Frist des Abs. 3 abzuwarten. Bei fristgerecht erklärter Fortführung muss der Beschluss nach einer sofortigen Beschwerde wieder aufgehoben werden (Meyer-Goßner/*Schmitt*, § 393 Rn. 1).

B. Fortsetzung der Privatklage (Abs. 2 und 3). Zur Fortsetzung des Privatklageverfahrens sind nach Abs. 2 nur die in § 374 Abs. 2 genannten Personen berechtigt, wie bspw. der Dienstvorgesetzte oder nahe Angehörige (ausführlich KK-StPO/*Senge*, § 393 Rn. 2). Die **Absicht der Fortsetzung** muss ggü. dem Gericht entweder schriftlich oder zu Protokoll der Geschäftsstelle erklärt werden (Meyer-Goßner/*Schmitt*, § 393 Rn. 6). Die Beschwerde gegen den Einstellungsbeschluss kann als Fortsetzungserklärung ausgelegt werden (vgl. LR/*Hilger*, § 393 Rn. 6). 2

Der **Lauf der Zwei-Monats-Frist** beginnt mit dem Tod des Privatklägers; er berechnet sich nach § 43. Bei Versäumung der Frist ist eine Wiedereinsetzung nach § 44 ausgeschlossen. Hierfür spricht der Wortlaut der Norm, die ausdrücklich vom »Verlust des Rechts« spricht, wie auch das Interesse des Angeklagten, der Rechtssicherheit haben soll (LR/*Hilger*, § 393 Rn. 7). 3

Fortgesetzt wird das Verfahren in der Lage, in der es sich im Moment des Todes des Privatklägers befand. Eine nachträgliche Erweiterung der Privatklage ist nicht möglich (KK-StPO/*Senge*, § 393 Rn. 3).

§ 394 Bekanntmachung an den Beschuldigten

Die Zurücknahme der Privatklage und der Tod des Privatklägers sowie die Fortsetzung der Privatklage sind dem Beschuldigten bekanntzumachen.

Die Bekanntmachung ist in den Fällen der §§ 391 und 393 formlos möglich, da durch sie keine Frist in Gang gesetzt wird (Meyer-Goßner/*Schmitt* § 394 Rn. 1). Im Fall einer Fortsetzung der Privatklage nach § 393 Abs. 3 oder in Fällen des § 391 Abs. 1 Satz 2 empfiehlt sich jedoch förmliche Zustellung nach § 35 Abs. 2, da das Verhalten des Beschuldigten den weiteren Verfahrensgang bestimmt (LR/*Hilger* § 394 Rn. 2). 1

Dritter Abschnitt. Nebenklage

Vorbemerkung zu §§ 395 ff.

Übersicht **Rdn.** **Rdn.**

1 **A. Zweck und Funktion der Nebenklage.** Die verfassungsrechtlich anerkannte Nebenklage (BVerfGE 26, 66) gewährleistet ab der Erhebung der öffentlichen Klage ein **umfassendes Beteiligungsrecht** für besonders schutzbedürftige Opfer einer Straftat. Der Nebenkläger ist nicht zur Wahrung des öffentlichen Interesses an der Strafverfolgung berufen, vielmehr soll die Nebenklage den Verletzten insb. durch Frage-, Beanstandungs- und Beweisantragsrechte vor ungerechtfertigten Schuldzuweisungen, Herabwürdigungen und gegen die Leugnung oder Verharmlosung seiner Verletzungen schützen (*Altenhain* JZ 2001, 796). Darüber hinaus kann seine Mitwirkung eine opferbezogene Verfahrensgestaltung fördern (HK-GS/*Rössner* § 395 Rn. 3). Das früher im Vordergrund stehende Genugtuungsinteresse des Verletzten ist seit der Umgestaltung der Nebenklage durch das OpferschutzG v. 18.12.1986, insb. durch Streichung der Rechtsmittelbefugnis bzgl. der Strafzumessung und der Rechtsfolgen gem. § 400 Abs. 1 StPO in den Hintergrund getreten (HK-GS/*Rössner* § 395 Rn. 3). Dem Nebenkläger sollte aber aus Gründen der Wahrheitsermittlung und der Verfahrensfairness gleichwohl – zumindest auf Antrag – Gelegenheit gegeben werden, zum Tatgeschehen und zu den Folgen der Tat persönlich Stellung zu nehmen (vgl. seit 2013 § 69 Abs. 2 S. 2).

2 Die **Rechtsstellung** des Nebenklägers entspricht derjenigen eines mit »selbständigen Rechten ausgestatteten Prozessbeteiligten« (BT-Drs. 10/5305, S. 13 f.). Er kann seit der Neufassung des § 397 Abs. 1 durch das OpferschutzG 1986 nicht (mehr) als Gehilfe der StA bezeichnet werden, da er seine eigenen Interessen wahrnimmt (KK/*Walther* § 395 Rn. 1). Ihm sind zwar gewisse Rechte eingeräumt, die sonst nur die StA hat, er übt diese aber völlig unabhängig von dieser aus (Meyer-Goßner/*Schmitt* Vor § 395 Rn. 2).

3 **B. Zulässigkeit der Nebenklage.** Die Nebenklage ist im gewöhnlichen Strafverfahren und seit der Änderung des § 395 durch das 1. OpferRRG v. 24.06.2004 auch im **Sicherungsverfahren** zulässig, nachdem der Gesetzgeber der Aufgabe der anderweitigen früheren Rspr. durch BGH 47, 202 (204) gefolgt ist.

4 Im Verfahren gegen **Jugendliche** ist die Nebenklage seit den Änderungen durch das 2. JuMoG v. 22.12.2006 **sachlich begrenzt zulässig** bei schweren Straftaten nach Maßgabe des § 80 Abs. 3 JGG, insb. also bei Verbrechen gegen das Leben, die körperliche Unversehrtheit oder die sexuelle Selbstbestimmung. Durch das Gesetz zur Modernisierung des Strafverfahrens vom 10.12.2019 (BGBl. 2019 I, S. 2121) wurde der Katalog des § 80 Abs. 3 neu strukturiert und um Vergehen nach § 177 Abs. 6 StGB erweitert (BT-Drs. 19/15161, S. 12). In diesem Rahmen tritt der Erziehungsgedanke hinter den berechtigten Opferinteressen zurück. Seit der Neuregelung ist auch für die nahen Angehörigen eines durch eine rechtswidrige Tat Getöteten der Anschluss als Nebenkläger gem. §§ 80 Abs. 3 Satz 2 JGG i.V.m. 395 Abs. 2 Nr. 1 möglich.

5 Im Verfahren gegen **Heranwachsende** ist die Nebenklage ohne die Beschränkungen des § 80 Abs. 3 JGG zulässig (vgl. § 109 JGG) und zwar unabhängig davon, ob der Jugendrichter Jugendstrafrecht oder allgemeines Strafrecht anwendet. Dies gilt auch für die Nebenklage gegen den heranwachsenden oder erwachsenen Angeklagten in verbundenen Verfahren gegen Jugendliche und Heranwachsende bzw. Erwachsene (BGHSt 41, 288; OLG Düsseldorf 1994, 299; **a.A.** SK-StPO/*Velten* Vor §§ 395 Rn. 27). Werden im Jugendstrafverfahren Taten verhandelt, die der Angeklagte teils als Jugendlicher und teils als Heranwachsender oder Erwachsender begangen hat, so steht der Erziehungsgedanke einer teilweisen Zulassung der Nebenklage hinsichtlich der Taten, die der Angeklagte als Heranwachsender bzw. Erwachsener begangen hat, nicht entgegen (*Brocke* NStZ 2007, 8; **a.A.** OLG Hamburg StraFo 2007, 117; KG NStZ 2007, 44; SK-StPO/*Velten* Vor §§ 395 Rn. 26). Andernfalls würde der Serientäter, der bereits als Jugendlicher schwere Straftaten begangen hat, ggü. anderen Heranwachsenden oder Erwachsenen ohne Vortaten privilegiert.

6 **C. Funktionswandel der Nebenklage.** Das OpferschutzG 1986 hat die frühere dysfunktionale Verknüpfung der Anschlussbefugnisse und der prozessualen Rechte der Nebenklage mit der – hauptsächlich auf leichtere Delikte beschränkten – Privatklage beseitigt und erstere in den §§ 395 bis 402 StPO neu geordnet. Die bis dahin dominante Genugtuungsfunktion einer in Gehilfenrolle gegenüber der StA (s. Rdn. 2) gesehenen Nebenklage wurde weitgehend durch ihre **Schutzfunktion für besonders schutzbedürftige Verletzte** zur

Abwehr von Schuldzuweisungen und unberechtigten Angriffen ersetzt (*Rieß* Gutachten, C 83 ff.; HK-GS/*Rössner* § 395 Rn. 1). Im 2. OpferRRG v. 29.07.2009 wurde diese Konzeption durch die Neuordnung der Anschlussbefugnisse (§ 395 StPO) und die – bereits mit dem ZeugenSchG v. 30.04.1998 eröffnete – Bestellung eines RA auf Antrag des Nebenklägers (§ 397a StPO) fortgesetzt.

Die teilweise massive **Kritik in der Literatur** an diesem Ausbau der Verletztenrechte (z.B. *Roxin/Schünemann* Vor § 62 Rn. 2; *Bung* StV 2009, 430, 435; diff. *Jahn/Bung* StV 2012, 754 ff.; **a.A.** *Böttcher* FS Schöch, S. 929 ff.; *Celebi* ZRP 2009, 110; Dölling/Jehle/*Schöch* Taten, Täter, Opfer, S. 217 ff.; LR/*Hilger* 26. Aufl. Vor § 395 Rn. 11: »weitgehend ausgewogene Gestaltung«; skeptischer aber *Hilger* GA 2009, 656 [661]; differenzierend auch *Weigend* FS Schöch, S. 947 ff.) hat den Gesetzgeber nicht beeindruckt. Er hat bei allen Reformschritten darauf hingewiesen, dass aus seiner Sicht durch die gesetzlichen Verbesserungen der Rechtsstellung des Verletzten *»die historisch gewachsenen Verteidigungsbefugnisse des Beschuldigten«* nicht beeinträchtigt werden (E-OpferschutzG BT-Drs. 10/5305, S. 8) und dass die *»im System des Strafverfahrens grundsätzlich angelegte Rollenverteilung dabei unberührt«* bleibe (BR-Drucks. 178/09, S. 8). Keine der gesetzlichen Reformen hat etwas daran geändert, dass der Beschuldigte sich weiterhin mit den ihm vom Prozessrecht eingeräumten Befugnissen verteidigen darf, selbst wenn dies für den Verletzten belastend ist. Es liegen keinerlei empirische Anhaltspunkte dafür vor, dass die Stärkung der Verletztenrechte die Wahrheitsfindung im Strafprozess beeinträchtigt hat (*Böttcher* FS Schöch, S. 929, 941). Rein *»faktische Veränderungen der früheren Situation, die teilweise durch eine unzureichende Berücksichtigung der Verletzteninteressen gekennzeichnet war«*, sind *»in gewissem Umfang hinzunehmen«* (LR/*Rieß* 25. Aufl. Einl. I Rn. 118). Es gibt jedenfalls kein Recht des Beschuldigten, einem hilflosen, uninformierten oder verängstigten Verletzten gegenüberzutreten, der seine Interessen nicht in angemessener Form artikulieren kann. Der Gesetzgeber hat 2013 im Gesetz zur Stärkung der Rechte von Opfern sexuellen Missbrauchs (StORMG), das aus Beratungen des »Runden Tisches« hervorgegangen, ist, weitere Regelungen geschaffen, welche die Belastungen, die auf Opfer sexuellen Missbrauchs im Strafverfahren gegen den Täter zukommen, verringern und den Opfern die Entscheidung erleichtern sollen, Anzeige zu erstatten. Im Bereich der Nebenklage wurden die Möglichkeiten der unentgeltlichen Beiordnung eines Opferanwalts auf Antrag des Verletzten bei sexuellem Missbrauch behutsam erweitert (§ 397a Abs. 1 Nr. 4 StPO). Dabei hat der Gesetzgeber die Verteidigungsrechte des Beschuldigten durchaus im Blick behalten, indem für diese Fälle mit § 140 Abs. 1 Nr. 9 StPO zugleich ein zwingender Fall notwendiger Verteidigung geschaffen wurde, der an die Stelle des vorherigen Regelbeispiels in § 140 Abs. 2 Satz 1 StPO a.F. trat (vgl. BT-Drs. 17/6261, S. 11). 7

All diese Neuerungen begründen trotz der Genugtuungsfunktion der Nebenklage (*Weigend* Rechtswissenschaft 2010, S. 39 [42–44]) **kein Recht** des Verletzten auf eine Vergeltungsstrafe oder gar auf einen neuen Strafzweck der **Genugtuung** unter Vernachlässigung der anerkannten Strafzwecke (; *Jahn/Bung* StV 2012, 754 [760]; *Volk/Engländer* § 39 Rn. 18; MüKo-StPO/*Valerius* § 395 Rn. 4). Vielmehr dienen sie nur dazu, bei gravierenden Rechtsgutsverletzungen die angemessene Behandlung des Verletzten und die Berücksichtigung der »verschuldeten Auswirkungen der Tat« (§ 46 Abs. 2 Satz 2 StGB) im Strafverfahren sicherzustellen. Das gilt unabhängig davon, ob man ein Recht des Tatopfers auf ein faires Verfahren auf Art. 6 Abs. 1 Satz 1 EMRK stützen kann (krit. dazu *Helmken* StV 2016, 456 [459 ff.]; ambivalent EGMR [GK] Perez./. Frankreich, Urt. v. 12.07.2004 – 4728/99, Rn. 54 ff.; befürwortend *Böttcher* FS Schöch, S. 929, 937 ff.). 8

Im praktischen Umgang mit der Nebenklage und bei Verwirklichung ihrer Schutzfunktion (Rdn. 6) darf allerdings nicht aus dem Blick verloren werden, was der Gesetzgeber 2021 mit der Einfügung der Legaldefinition des »Verletzten« in § 373b deutlich gemacht hat, an deren Grundelemente nun auch die Anschlussberechtigung als Nebenkläger nach § 395 anknüpft (§ 395 Rdn. 2): Die Stellung des Verletzten beruht im strafrechtlichen Erkenntnisverfahren allein darauf, dass **»die Begehung«** der angeklagten Tat **»unterstellt«** wird. Zugrunde liegt ihr also nicht mehr als eine **Arbeitshypothese**, die lediglich bestimmte prozessuale Beteiligungsmöglichkeiten begründen soll, so wie auch dem Status des Beschuldigten nur ein Tatverdacht zugrunde liegt, was bei ihm zudem durch die Unschuldsvermutung flankiert wird. Besonders wichtig ist das in Aussage-gegen-Aussage-Konstellationen, in denen erst noch zu klären ist, ob die angeklagte Straftat überhaupt begangen wurde oder aber das vermeintliche Opfer nach §§ 145d, 164 StGB strafbar ist. Gerade in solchen Verfahren darf nicht in den Hintergrund treten, dass die prozessuale Position der Nebenklage auf keiner breiteren Basis gewährt wird als einer revidierbaren Prognose über den Ausgang des Prozesses. 9

D. Rechtswirklichkeit der Nebenklage. Während es bis 1986 allein in den alten Bundesländern jährlich ca. 25.000 Verfahren mit Nebenklage (davon über 21.000 bei den Amtsgerichten, hauptsächlich wegen fahrlässiger Körperverletzung im Straßenverkehr) gab (*Rieß* Gutachten C 32 m.w.N.), ist die Zahl der Strafverfahren mit Nebenklagen in der Folgezeit wegen der Änderungen im Opferschutzgesetz zunächst deutlich zurückgegangen. Allerdings ist der Anteil dann kontinuierlich gestiegen, erreichte aber bei Weitem nicht die 10 früheren Zahlen. In den letzten Jahren vor dem 2. OpferRRG vom 29.09.2009 bewegten sich die Nebenklage-Anteile etwa auf dem Niveau des in der Tabelle ausgewiesenen Jahres 2007. Bis zum Jahr 2013, also 4 Jahre nach Inkrafttreten des 2. OpferRRG, ist der Anteil nur leicht von 2,05 % auf 2,38 % gestiegen (also um 0,33 Prozentpunkte), bei den Landgerichten 1. Instanz von 21,22 % auf 22,64 %. Seitdem ging der Anteil wieder leicht zurück: Im Jahr 2020 betrug er bei allen Verfahren noch 2,22 %, bei den Landgerichten 1. Instanz 21,26 %.

Hauptverhandlungen mit Nebenklägern

Quelle: Stat. Bundesamt, Fachserie 10, Reihe 2.3 Rechtspflege Strafgerichte (www.destatis.de), *2007, 2013, 2020 Tab. 2.4, 4.4, 5.4, 7.4)*

Gericht	Hauptverhandlungen insgesamt			Nebenkläger n (% der HV)		
	2007	2013	2020	2007	2013	2020
AG	656.372	535.743	428.111	9.879	8.894	6.695
				1,51 %	*1,66 %*	*1,56 %*
LG 1. Inst.	11.850	10.438	10.383	2.515	2.364	2.207
				21,22 %	*22,64 %*	*21,26 %*
LG Beruf.	43.134	37.997	31.774	2.174	2.031	1.534
				5,04 %	*5,34 %*	*4,83 %*
OLG 1. Inst.	27	23	130	0	1	2
				0 %	*4,34 %*	*1,54 %*
Summe	711.383	584.201	470.398	14.568	13.900	10.438
				2,05 %	*2,38 %*	*2,22 %*

Daraus wird ersichtlich, dass angesichts einer um ein Vielfaches größeren Anzahl von Hauptverhandlungen mit nebenklagefähigen Delikten maßvoll mit diesem Institut umgegangen wird (vgl. MüKo-StPO/*Valerius* § 395 Rn. 12) und dass die vom Gesetzgeber intendierte Verlagerung auf die schwereren Delikte, die vor den Landgerichten verhandelt werden, weitgehend gelungen ist (2007: 32,19 %; 2013: 31,62 %; 2020: 35,85 % aller Nebenklagen beim LG 1. Instanz und Berufungsinstanz, wo aber nur ein deutlich geringerer Anteil der Hauptverhandlungen stattfindet, 2007: 7,73 %; 2013: 8,29 %; 2020: 8,52 %). Von einer »Entfesselung der Nebenklage« (*Bung* StV 2009, 434) kann also auch aus empirischer Sicht keine Rede sein. Problematische Auswüchse (a.A. *Özata* HRRS 4/2017, 197 ff.) ermöglichte die bis Ende 2019 bestehende Rechtslage allerdings insofern, als mehrere jeweils gerichtlich bestellte Beistände für einen Getöteten auftreten konnten (besonders eklatant im Münchener NSU-Prozess von 2013–2018 mit bis zu neun auf Staatskosten agierenden anwaltlichen Nebenklagevertretern für einen Getöteten). Dem insoweit bestehenden Reformbedarf ist der Gesetzgeber mit der Einfügung des § 397b nachgekommen.

11 Einzelheiten zu den Nebenklagevertretern und ihren Aktivitäten in der Hauptverhandlung finden sich in der empirischen Untersuchung von *Barton/Flotho* (2010) auf der Grundlage von 38 Interviews mit Nebenklage-Anwälten und einer Aktenauswertung von 200 Verfahren mit Nebenklage und 100 Verfahren ohne Nebenklage aber mit Nebenklageberechtigung im OLG-Bezirk Hamm. Soweit dort festgestellt wird, dass Verfahren mit Nebenklage länger dauern und zu höheren Strafen führen (*Barton/Flotho* S. 87 f., 94 f., 131 f., 239; s.a. *Barton* StraFo 2011, 164), kann nach dem Untersuchungsdesign nicht ausgeschlossen werden, dass dies darauf beruht, dass der Anschluss als Nebenkläger im Gesamtbereich der nebenklagefähigen Delikte überwiegend in komplexeren Verfahren und solchen mit schwereren Straftaten erfolgt (Dölling/Jehle/*Schöch* Täter, Taten, Opfer, S. 217 [224]).

§ 395 Befugnis zum Anschluss als Nebenkläger

(1) Der erhobenen öffentlichen Klage oder dem Antrag im Sicherungsverfahren kann sich mit der Nebenklage anschließen, wer verletzt ist durch eine rechtswidrige Tat nach

1. den §§ 174 bis 182, 184i bis 184k des Strafgesetzbuches,

2. den §§ 211 und 212 des Strafgesetzbuches, die versucht wurde,

3. den §§ 221, 223 bis 226 und 340 des Strafgesetzbuches,
4. den §§ 232 bis 238, 239 Abs. 3, §§ 239a, 239b und 240 Abs. 4 des Strafgesetzbuches,
5. § 4 des Gewaltschutzgesetzes,
6. § 142 des Patentgesetzes, § 25 des Gebrauchsmustergesetzes, § 10 des Halbleiterschutzgesetzes, § 39 des Sortenschutzgesetzes, den §§ 143 bis 144 des Markengesetzes, den §§ 51 und 65 des Designergesetzes, den §§ 106 bis 108b des Urheberrechtsgesetzes, § 33 des Gesetzes betreffend das Urheberrecht an Werken der bildenden Künste und der Photographie und den §§ 16 bis 19 des Gesetzes gegen den unlauteren Wettbewerb und § 23 des Gesetzes zum Schutz von Geschäftsgeheimnissen.

(2) Die gleiche Befugnis steht Personen zu
1. deren Kinder, Eltern, Geschwister, Ehegatten oder Lebenspartner durch eine rechtswidrige Tat getötet wurden oder
2. die durch einen Antrag auf gerichtliche Entscheidung (§ 172) die Erhebung der öffentlichen Klage herbeigeführt haben.

(3) Wer durch eine andere rechtswidrige Tat, insbesondere nach den §§ 185 bis 189, 229, 244 Abs. 1 Nr. 3, §§ 249 bis 255 und 316a des Strafgesetzbuches, verletzt ist, kann sich der erhobenen öffentlichen Klage mit der Nebenklage anschließen, wenn dies aus besonderen Gründen, insbesondere wegen der schweren Folgen der Tat, zur Wahrnehmung seiner Interessen geboten erscheint.

(4) [1]Der Anschluss ist in jeder Lage des Verfahrens zulässig. [2]Er kann nach ergangenem Urteil auch zur Einlegung von Rechtsmitteln geschehen.

(5) [1]Wird die Verfolgung nach § 154a beschränkt, so berührt dies nicht das Recht, sich der erhobenen öffentlichen Klage als Nebenkläger anzuschließen. [2]Wird der Nebenkläger zum Verfahren zugelassen, entfällt eine Beschränkung nach § 154a Abs. 1 oder 2, soweit sie die Nebenklage betrifft.

Übersicht

A. Befugnisse zum Anschluss als Nebenkläger (Abs. 1 bis 3). Der Straftatenkatalog der nebenklagefähigen Delikte in § 395 ist durch das 2. OpferRRG v. 29.07.2009 **mit** der Zielrichtung neu geordnet worden, die Anschlussbefugnisse an der besonderen Schutzbedürftigkeit des Opfers und der Verletzung höchstpersönlicher Rechtsgüter zu orientieren. Dies ist bis auf die systemwidrige Beibehaltung der – noch im RegE zur Streichung vorgesehenen (BT-Drs. 16/12098, S. 30) – Nebenklagebefugnis bei Straftaten gegen den gewerblichen Rechtsschutz und das Urheberrecht nach Abs. 1 Nr. 6, die von Interessenverbänden durchgesetzt worden ist, im Wesentlichen auch gelungen. Während der Straftatenkatalog für die stets nebenklageberechtigten Verletzten – neben der Streichung der Beleidigungsdelikte – geringfügig erweitert wurde (insb. in Abs. 1 Nr. 4 um Kinderhandel gem. § 236 StGB und besonders schwere Nötigung gem. § 240 Abs. 4 StGB), ist in Abs. 3 die Auffangklageberechtigung für sonstige erheblich verletzte Personen, die es früher nur bei fahrlässige Körperverletzung (§ 229 StGB) gab, beträchtlich ausgeweitet worden (s.u. Rdn. 15). 1

I. Unmittelbar Verletzte bestimmter Straftaten (Abs. 1). Abs. 1 öffnet die Nebenklage demjenigen, der durch eines der dort enumerativ genannten Delikte **verletzt** ist. Die Norm knüpft dabei an die Grundelemente des **Verletztenbegriffs** nach § 373b Abs. 1 an: Diesem liegt die verfahrensbezogene Hypothese der Begehung einer entsprechenden Tat zugrunde (s. hierzu Vorb. zu §§ 395 ff. Rdn. 9). Durch diese Tat muss der Betroffene in seinen Rechtsgütern unmittelbar beeinträchtigt worden sein oder unmittelbar einen Schaden erlitten haben. Im Mittelpunkt der **nebenklagefähigen Delikte** stehen die gegen höchstpersönliche Rechtsgüter gerichteten Aggressionsdelikte gem. Abs. 1 Nr. 1 bis 5, durch die ein Opfer unmittelbar verletzt worden ist. Es handelt sich um Sexualdelikte (Nr. 1, 2016 erweitert um § 184i und § 184j StGB sowie 2020 um § 184k StGB), versuchte Tötungsdelikte (Nr. 2), vorsätzliche Körperverletzungsdelikte (Nr. 3), Straftaten gegen die persönliche Freiheit (Nr. 4) und Verstöße gegen gerichtliche Anordnungen zum Schutz vor Gewalt und Nachstellungen nach § 4 GewaltschG (Nr. 5). Die früher im Katalog enthaltenen Beleidigungsdelikte wurden in den Auffangtatbestand des Abs. 3 verwiesen. Zu Nr. 6 s.o. Rdn. 1. 2

3 Anschließen kann sich der Nebenkläger nach § 395 nicht nur einer öffentlichen Klage, sondern ausdrücklich auch einem Antrag im **Sicherungsverfahren**. Für die Nebenklage genügt entsprechend die **Rechtswidrigkeit der Tat**; eine schuldhafte Begehung ist für die Anschlussbefugnis nicht vorausgesetzt. Daher berechtigt auch die Tat eines Schuldunfähigen oder eine Straftat nach § 323a StGB, bei der eine Katalogtat nach Abs. 1 Nr. 1 bis 6 die Rauschtat ist, zur Nebenklage (BGH NStZ-RR 1998, 305), nicht dagegen der allein Rechtsgüter der Allgemeinheit schützende Tatbestand des § 323a StGB an sich (BGH NStZ-RR 2019, 353). Der **Versuch** ist auch in den Fällen der Nr. 1, 3–5 ausreichend. Anstiftung und Beihilfe stehen der Täterschaft gleich. Unzureichend ist jedoch nach herrschender Meinung eine nach § 30 StGB strafbare Vorbereitungshandlung, da Abs. 1 Nr. 2 selbst bei Tötungsdelikten eine unmittelbare Rechtsgutsgefährdung durch Versuch verlangt. (OLG Stuttgart NStZ 1990, 298; dahingestellt von OLG Koblenz NStZ 2012, 653, das jedoch die Anschlussberechtigung nach § 395 Abs. 3 bejaht; **a.A.** SK-StPO/*Velten* § 395 Rn. 10). Prozesshindernisse stehen einer Anschlussberechtigung entgegen. Hinsichtlich des **Tatverdachts** genügt die **Möglichkeit** eines tatbestandsmäßigen und rechtswidrigen Angriffs auf das Opfer; hinreichender (§ 170 Abs. 1) oder gar dringender Tatverdacht (§ 112) sind nicht erforderlich (KK/*Walther* § 396 Rn. 6; BGH NStZ-RR 2008, 352). Deshalb ist die Nebenklage auch dann zuzulassen, wenn der angezeigte Sachverhalt Bestandteil der prozessualen Tat i.S.v. § 264 ist, von der StA aber wegen hinreichenden Verurteilungswahrscheinlichkeit nicht angeklagt wurde (OLG Brandenburg NStZ 2010, 554 f.). Eine Berechtigung zur Nebenklage besteht auch dann, wenn die Katalogtat in **Tateinheit oder Gesetzeskonkurrenz** mit einem anderen Delikt begangen worden ist, das zur Nebenklage nicht berechtigt (BGHSt 33, 114 [115]: gefährliche Körperverletzung für Angehörige des Getöteten); dabei ist es unerheblich, ob die StA ihre rechtliche Beurteilung darauf stützt (BGHSt 29, 216 [218]: Verleumdung neben angeklagter falscher Verdächtigung).

4 Bei **Antragsdelikten** gilt, dass die zum Anschluss berechtigende Gesetzesverletzung nur dann ohne den Strafantrag des Verletzten verfolgt werden kann, wenn der Dienstvorgesetzte Strafantrag gestellt hat (§§ 194 Abs. 3, 230 Abs. 2 StGB) oder wenn die StA das besondere öffentliche Interesse an der Strafverfolgung bejaht (§ 230 Abs. 1 StGB; BGH NStZ 1992, 452). Kann die Tat dagegen nur auf Antrag des Verletzten verfolgt werden (z.B. §§ 185, 194 Abs. 1 StGB) so ist er nur dann zur Nebenklage befugt, wenn er selbst einen Strafantrag gestellt hat (OLG Frankfurt NJW 1991, 2036). Der Strafantrag kann jedoch in der Anschlusserklärung liegen (BGHSt 33, 114 [116] m.w.N.).

5 **II. Nahe Angehörige eines Getöteten (Abs. 2 Nr. 1).** Zu den rechtswidrigen **Tötungsdelikten** i.S.v. Abs. 2 Nr. 1 gehören neben den vorsätzlichen und fahrlässigen Straftaten gegen das Leben (§§ 211 bis 222 StGB, außer § 218) alle durch einen Todeserfolg qualifizierten Delikte (BGHSt 52, 153; BGHSt 44, 97 [98 f.]). Eine Anschlussberechtigung der in Abs. 2 Nr. 1 genannten Kinder, Eltern, Geschwister, Ehegatten oder Lebenspartner (§ 1 LPartG) besteht nur bei einem vollendeten Tötungsdelikt, dagegen nicht hinsichtlich einer (nur) versuchten Straftat gegen das Leben des Angehörigen, da die Nebenklagebefugnis des Tatopfers aus Abs. 1 Nr. 2 bei einer versuchten Straftat nach den §§ 211, 212 StGB mit dessen Tod nicht – wie das Strafantragsrecht gem. § 77 Abs. 2 StGB – auf die Angehörigen übergeht, sondern gem. § 402 erlischt (BGH NStZ 2006, 351; BGHSt 44, 97 [98 f.]; offenbar übersehen bei BGH NStZ 2008, 93 und *Roxin/Schünemann* § 64 Rn. 11).

6 Die Aufzählung der nebenklageberechtigten Personen ist **abschließend** und keiner Erweiterung z.B. auf Großeltern, Stiefeltern, Stiefkinder (BGH NStZ 2012, 587), Onkel und Tante sowie geschiedene Ehegatten (BGH NJW 2012, 3524) oder Lebenspartner (nach der Aufhebung gem. § 15 LPartG) zugänglich (Meyer-Goßner/*Schmitt* § 395 Rn. 8 m.w.N.). § 373b Abs. 2 geht sie als *lex specialis* vor. Soweit der jeweils berechtigte Personenkreis in Abs. 2 Nr. 1 enger ist als in § 373b Abs. 2 (dort erfasst sind alle Verwandte in gerader Linie, im gemeinsamen Haushalt lebende Lebensgefährten und Unterhaltsberechtigte), ist dies vom Gesetzeber gewollt (s. BT-Drs. 19/27654, S. 99) und hat durch die Einfügung des § 373b keine Änderung erfahren. Jede der in Abs. 2 Nr. 1 bezeichneten Personen hat eine **selbstständige Nebenklagebefugnis** unabhängig von den anderen.

7 **III. Erfolgreiche Antragsteller im Klageerzwingungsverfahren (Abs. 2 Nr. 2).** Die Nebenklagebefugnis gem. Abs. 2 Nr. 2 ist stets zu bejahen, wenn die Anklage auf Anordnung des OLG nach § 175 erhoben worden ist. Ist eine Anordnung des OLG nicht erfolgt ist, weil der GStA während des Verfahrens vor dem OLG die Anklageerhebung angeordnet hat, so gilt Abs. 2 Nr. 2 ebenfalls, da auch in diesem Fall der Anzeigeerstatter *»durch einen Antrag auf gerichtliche Entscheidung die Erhebung der öffentlichen Klage herbeigeführt hat«* und die ratio legis greift, wonach der Gefahr entgegengewirkt werden soll, dass die StA das Verfahren nachlässig weiter betreibt (OLG München NStZ 1986, 376, str. a.A. Meyer-Goßner/*Schmitt* § 395 Rn. 9 m.w.N.). Erfolgt die Anklage aber bereits aufgrund der Vorschaltbeschwerde gem. § 172 Abs. 1 an den GStA, so liegt

eine Selbstkorrektur der StA vor, die eine Nebenklage des Antragstellers entbehrlich macht (vgl. OLG Frankfurt NJW 1979, 994).

IV. Verletzte von gewerblichen Schutzrechten (Abs. 1 Nr. 6). Diese Anschlussberechtigung gilt für diejenigen, die nach § 374 Abs. 1 Nr. 7, 8 wegen Verletzung von gewerblichen Schutzrechten, Geschäftsgeheimnissen und Urheberrechten zur Erhebung einer Privatklage berechtigt sind. Hier geht es also ausnahmsweise nicht um die Verletzung höchstpersönlicher Rechtsgüter, sondern um die Durchsetzung wirtschaftlicher Interessen mithilfe des Strafrechts (krit. Meyer-Goßner/*Schmitt* § 395 Rn. 6; LR/*Wenske* § 395 Rn. 41; *Weigend* FS Schöch, S. 956; *Bung* StV 2009, 434; für Abschaffung RegE BR-Drucks. 178/09, S. 48; zum Bedarf bei Produktpiraterie *Ramahni* MarkenR 2017, 199). 8

V. Auffangtatbestand (Abs. 3). Wie früher bei der fahrlässigen Körperverletzung gem. § 229 StGB ergibt sich bei dem durch das 2. OpferRRG v. 29.07.2009 eingeführten (exemplarischen) Deliktskatalog in Abs. 3 die Nebenklageberechtigung nicht bereits aus der formalen Verwirklichung der dort genannten Raub- und Beleidigungsdelikte sowie des Wohnungseinbruchsdiebstahls. Der Anschluss, der auch bei anderen Straftatbeständen in Betracht kommt, ist vielmehr an weitere **materielle Voraussetzungen** geknüpft. Er ist nur ausnahmsweise zulässig, wenn dies aus »**besonderen Gründen**«, insb. wegen der schweren Folgen der Tat zur Wahrnehmung der Interessen des Verletzten geboten erscheint. Trotz dieser hohen Hürden wird diese Ausweitung der Nebenklage – m.E. zu Unrecht – am heftigsten kritisiert (insb. *Bung* StV 2009, 434; *Jahn/Bung* StV 2012; 754 ff.; aber auch *Hilger* GA 2009, 657 f.; *Weigend* FS Schöch, S. 956; MüKO-StPO/*Valerius* § 395 Rn. 70). Über diesen unbestimmten Rechtsbegriff entscheidet das Gericht nach Anhörung der StA und des Angeschuldigten (§ 396 Abs. 2) unter Berücksichtigung der Gesamtsituation des Betroffenen (BR-Drucks. 178/09, S. 48) nach pflichtgemäßem Ermessen mit konstitutiver Wirkung. Als Richtlinie für die besonderen Gründe bietet sich v.a. die **Schwere der verursachten Verletzung** und das Ausmaß der prozessualen Schutzbedürftigkeit an (BGH NStZ 2012, 466;). Zu berücksichtigen sind nicht nur körperliche Schädigungen, sondern auch psychische Traumatisierungen oder erhebliche Schockerlebnisse. Diese kommen insb. bei den in Abs. 3 beispielhaft genannten Straftaten wie Raub und räuberische Erpressung, fahrlässige Körperverletzung und Wohnungseinbruchsdiebstahl in Betracht. Besondere Gründe können auch vorliegen, wenn das Opfer schwere Schuldzuweisungen abzuwehren hat (BR-Drucks. 178/09, S. 49). Nicht zu berücksichtigen ist das Interesse des Verletzten an der Klärung zivilrechtlicher Haftungsfragen im Strafprozess (BGH NStZ 2012, 466; *Jahn/Bung* StV 2012, 754, [756]; LR/*Wenske* § 395 Rn. 61), jedoch kann eine im Verfahren angestrebte Schadenswiedergutmachung oder ein Täter-Opfer-Ausgleich nach § 46a StGB den Nebenklägeranschluss mit Beteiligung eines RA zur Wahrnehmung der Interessen des Verletzten erforderlich machen (*Rieß/Hilger* NStZ 1987, 154). In aller Regel ist die für die Zulassung der Nebenklage nach Abs. 3 notwendige besondere Schutzbedürftigkeit des Verletzten bei Taten nach den §§ 242, 263, 266 StGB zu verneinen, auch wenn es sich um besonders schwere Fälle i.S. der §§ 263 Abs. 3, 266 Abs. 2 StGB handelt (BGH NStZ 2012, 466 zust. *Jahn/Bung* StV 2012, 754, [756]: »Umkehrung der Regelvermutung«). Ausnahmsweise kommt sie auch bei Vermögensdelikten in Betracht, wenn sie zur Abwehr von Schuldzuweisungen notwendig ist (BT-Drs. 10/5305, S. 11), wenn sie bei Straftaten mit Auslandsbezug zur Beweissicherung durch strafrechtliche Rechtshilfe benötigt wird (BGH NStZ 2012, 466 [467]) oder wenn existenzbedrohende wirtschaftliche Schäden zu schweren psychischen Belastungen geführt haben (*Daimagüler* wistra 2017, 180 [183]). Die nach § 395 Abs. 3 i.V.m. § 396 Abs. 2 Satz 1 durch das Tatgericht festgestellte Nebenklageberechtigung hat konstitutive Wirkung (BGH NStZ 2012, 466). Die gerichtliche Ermessensentscheidung ist **unanfechtbar** (§ 396 Abs. 2 Satz 2) und deshalb gem. § 336 S. 2 auch für das Revisionsgericht **bindend** (BGH NStZ 2012, 466 [467]; anders aber für das Berufungsgericht, s. § 396 Rdn. 17). 9

VI. Sog. verteidigende Nebenklage. Ein »verteidigender« Einsatz der prozessualen Rechte des Nebenklägers ist in verschiedener Richtung denkbar. Im sog. »Fall Weimar« geschah dies eigennützig zur Abwehr des Verdachts, der Nebenkläger selbst habe die angeklagte Tat begangen (hierzu *Maeffert* StV 1998, 461; *Schneider* StV 1998, 456; *Altenhain* JZ 2001, 791). Inzwischen wird von »verteidigender Nebenklage« dagegen eher dann gesprochen, wenn ein Nebenkläger seine prozessualen Rechte zur **Verteidigung des Angeschuldigten** nutzt (*Noack* ZIS 2014, 189 ff.; *Schöch* JR 2021, 382, 383). Von einem solchen vordergründig altruistischen Handeln wird jedenfalls im Folgenden ausgegangen. Bislang ist nicht abschließend geklärt, inwieweit durch ein solches Verhalten die Anschlussberechtigung (ggf. rückwirkend) dadurch entfällt, dass ein Nebenkläger erkennbar auf den Freispruch des Angeschuldigten hinwirkt. Zu differenzieren ist dabei anhand der Haltung, die der Nebenkläger einnimmt gegenüber der Legitimität der Anklage und der Durchführung des Verfahrens an sich. Diese Einstellung ist häufig ablesbar am **Zeitpunkt**, zu dem sich eine verteidigende Intention der Nebenklage manifestiert: 10

11 So ist unstreitig, dass der Nebenkläger am **Ende der Hauptverhandlung** nicht anders als der Vertreter der Staatsanwaltschaft frei ist in seiner Bewertung des Ergebnisses der Beweisaufnahme. So besteht die Anschlussbefugnis jedenfalls auch dann fort, wenn sich in der Hauptverhandlung ergibt, dass eine Verurteilung wegen des die Befugnis vermittelnden Delikts nicht in Betracht kommt (OLG Düsseldorf NStZ 1997, 204). Dann aber muss es dem Nebenkläger möglich sein, Freispruch zu beantragen, wenn sich die Schuld des Angeklagten auch aus seiner Sicht nicht erwiesen hat. Hiervon geht offensichtlich auch BGHSt 37, 136 aus, wenn dort im Fall einer gleichwohl ergangenen Verurteilung allein ausgesprochen wird, dass dem Nebenkläger keine Rechtsmittelbefugnis zugunsten des Angeklagten zusteht (*Schöch* JR 2021, 382, 383).

12 Nach BGHSt 65, 145 soll die Anschlussberechtigung sogar generell unbeeinflusst sein von dem **nach der Anschlusserklärung** gezeigt Prozessverhalten: Die Möglichkeit der Nebenklage werde durch § 395 – auch nach der Gesetzesbegründung – nicht von einer bestimmten Intention abhängig gemacht. Auch dem Wortlaut der Norm, wonach sich der Nebenkläger der öffentlichen Klage anschließe, komme zumindest nach dem durch das OpferschutzG 1986 eingeleiteten Funktionswandel (s. Vorb. zu §§ 395 ff. Rdn. 6) keine wesentliche Bedeutung zu. In welcher Weise der (etwaig) Verletzte seine Belange am besten geschützt sehe, unterliege infolge seiner Stellung als ein mit selbstständigen Rechten ausgestatteter Prozessbeteiligter seiner eigenen Einschätzung. Die nach § 400 eingeschränkte Rechtsmittelbefugnis des Nebenklägers erlaube als konkret gefasste Sonderregelung ebenfalls keine Schlüsse auf seine übrigen Verfahrensrechte.

13 Ausdrücklich offengelassen wurde durch BGHSt 65, 145, ob die Berechtigung eines Nebenklägers entfällt, wenn **schon die Anschlusserklärung** mit dem Ziel der Verteidigung erfolgt. Dies ist mit der überwiegenden Ansicht im Schrifttum (Meyer-Goßner/*Schmitt* § 395 Rn. 1; KK-StPO/*Walther* § 396 Rn. 5; HK-GS/*Rössner* § 396 Rn. 8; differenzierend LR/*Wenske* § 395 Rn. 30; zum Nachfolgenden insb. *Schöch* JR 2021, 382, 383) zu verneinen. Erfolgt verteidigendes Agieren nicht innerprozessual in Reaktion auf den Verlauf des Erkenntnisverfahrens, sondern weil quasi schon aus der Außenperspektive das **Verfahren als solches abgelehnt** wird, so besteht kein schutzwürdiges Interesse an der Position eines Nebenklägers, mit der ja allein Mitwirkungsrechte in diesem Prozess eingeräumt werden: Die Nebenklage ist kein selbstständiges Verfahren. Sie wird nach § 395 Abs. 1 überhaupt nur eröffnet mit Anklageerhebung der StA (bzw. mit ihrem Antrag im Sicherungsverfahren) und bezieht sich dann allein auf das so initiierte, auf einen bestimmten Angeschuldigten gerichtete Verfahren. Wer selbst verneint, durch die angeschuldigte Person verletzt zu sein, entzieht seiner Anschlusserklärung die verfahrensrechtliche Grundlage (OLG Schleswig, NStZ-RR 2000, 270, 271). Das gilt erst recht, wenn die Schuldfrage schon für geklärt erachtet wird und keine Bereitschaft zur Rezeption der durchzuführenden Beweisaufnahme besteht. Soweit das eigentliche Ziel in der Verfolgung eines für schuldig gehaltenen Dritten besteht, wird dem mit einem Freispruch des Angeklagten auch nicht gedient. Letzter muss sich zudem keine fremde Verteidigung aufdrängen lassen (*Schöch* JR 2021, 382, 384), deren Strategie derjenigen des eigenen Verteidigers sogar widersprechen kann. Gestützt werden diese teleologischen Argumente dadurch, dass eine Nebenklage bei Antragsdelikten nur zulässig ist, wenn der Strafantrag gestellt wird (OLG Schleswig a.a.O., s. Rdn. 4). Zudem räumt § 400 Abs. 2 Satz 1 dem Nebenkläger ein Beschwerderecht allein gegen Nichteröffnungsentscheidungen ein (OLG Rostock, NStZ 2013, 126). Dass die §§ 395 ff. gegenüber einer verteidigenden Nebenklage ansonsten im Wortlaut indifferent bleiben, spricht nicht für deren Zulassung (a.A. *Bock* JR 2013, 428 f.; *Noack* ZIS 2014, 189 ff.; SK-StPO/*Velten* Rn. 17 f.). Denn schon mit Blick auf ihre Akzessorietät zur Anklage, mit deren Erhebung die Nebenklage erst wirksam wird (§ 396 Abs. 1 Satz 2), hatte der Gesetzgeber keinen Anlass für ausdrückliche Hinweise darauf, dass die Nebenklage sich auf die Person des Angeschuldigten beziehen muss (*Schöch* JR 2021, 382, 384). I.Ü. schließt der Begriff des »Anschließens« einen der Anklage entgegen gerichteten Akt aber auch sprachlich deutlich aus.

14 Sieht man eine verteidigende Nebenklage entsprechend der hier vertretenen Auffassung dann als unzulässig an, wenn sie sich gegen das Verfahren als solches richtet (Rdn. 13), so kann sich eine solche Intention auch noch nach der Anschlusserklärung in einem die Erkenntnismöglichkeiten des Prozesses ignorierenden Handeln manifestieren. Das liegt insb. nahe bei schon **vor Eintritt in die Beweisaufnahme** einsetzendem Verteidigungsverhalten (*Schöch* JR 2021, 382, 383). Umgekehrt ist es aber hinzunehmen, wenn ein schon zum Zeitpunkt des Anschlusses bestehender Verteidigungswille zunächst verschwiegen und erst im Lauf der Beweisaufnahme gezeigt wird (vgl. *Schöch* JR 2021, 382, 385). Eine zulässige Nebenklage übt auch aus, wer die Schuldfähigkeit des Angeklagten nach § 20 StGB oder seine Verantwortungsreife nach § 3 JGG verneint und deshalb lediglich **andere Rechtsfolgen** anstelle einer Strafe anstrebt, etwa die Anordnung einer Maßregel oder familiengerichtlicher Maßnahmen. Hiermit werden die Stoßrichtung des Verfahrens und der Sinn einer Beteiligung nicht grundsätzlich infrage gestellt (*Schöch* JR 2021, 382, 383).

B. Anschlusszeitpunkt (Abs. 4). Nach Abs. 4 ist der Anschluss in **jeder Lage des Verfahrens**, also auch vor der Erhebung der öffentlichen Klage (vgl. § 395 Abs. 1) bis zum Fristablauf von Rechtsmitteln nach ergangenem Urteil zulässig. Ein **vorzeitig erklärter Anschluss** wird mit Klageerhebung wirksam (§ 396 Abs. 1 Satz 2, 3). Bis zu diesem Zeitpunkt kann sich der nebenklageberechtigte Verletzte aber über einen **qualifizierten Verletztenbeistand** (§ 406h) am Verfahren beteiligen. Eine Nebenklageberechtigung besteht auch noch nach ergangenem Urteil bis zur Einlegung von Rechtsmitteln. Eine eigene Rechtsmittelfrist für den Nebenklageberechtigten läuft allerdings nicht. Der Anschluss kann damit nur erklärt werden, solange die StA noch eine Anfechtungsmöglichkeit hat. Versäumt der Nebenklageberechtigte die Rechtsmittelfrist der StA, kann ihm auch keine Wiedereinsetzung in den vorigen Stand gewährt werden (*Schroth/Schroth* Rn. 304). **Nach rechtskräftigem Verfahrensabschluss** kann sich ein Nebenklageberechtigter dem Verfahren nicht mehr anschließen (BGH StraFo 2005, 513; NStZ-RR 2008, 255). Auch eine Wiedereinsetzung scheidet dann mangels Fristversäumnis aus (BGH v. 04.11.2020 – 6 StR 292/20). 15

C. Verfolgungsbeschränkung (Abs. 5). Eine Verfolgungsbeschränkung nach § 154a beseitigt die Zulassung als Nebenklage nicht und ist auch unwirksam, wenn der zugelassene Nebenkläger nicht zustimmt (BGH BeckRS 2001, 6349; KK/*Diemer* § 154a Rn. 1). Dagegen beseitigt eine Einstellung nach § 154 Abs. 2 die Nebenklagebefugnis (§ 400 Abs. 2 Satz 2). 16

§ 396 Anschlusserklärung; Entscheidung über die Befugnis zum Anschluss

(1) [1]Die Anschlusserklärung ist bei dem Gericht schriftlich einzureichen. [2]Eine vor Erhebung der öffentlichen Klage bei der Staatsanwaltschaft oder dem Gericht eingegangene Anschlusserklärung wird mit der Erhebung der öffentlichen Klage wirksam. [3]Im Verfahren bei Strafbefehlen wird der Anschluss wirksam, wenn Termin zur Hauptverhandlung anberaumt (§ 408 Abs. 3 Satz 2, § 411 Abs. 1) oder der Antrag auf Erlass eines Strafbefehls abgelehnt worden ist.

(2) [1]Das Gericht entscheidet über die Berechtigung zum Anschluss als Nebenkläger nach Anhörung der Staatsanwaltschaft. [2]In den Fällen des § 395 Abs. 3 entscheidet es nach Anhörung auch des Angeschuldigten darüber, ob der Anschluss aus den dort genannten Gründen geboten ist; diese Entscheidung ist unanfechtbar.

(3) Erwägt das Gericht, das Verfahren nach § 153 Abs. 2, § 153a Abs. 2, § 153b Abs. 2 oder § 154 Abs. 2 einzustellen, so entscheidet es zunächst über die Berechtigung zum Anschluss.

Übersicht

A. Anschlusserklärung (Abs. 1). I. Form der Anschlusserklärung (Abs. 1 Satz 1). Nach Abs. 1 Satz 1 muss die Erklärung **schriftlich** abgegeben werden; ausreichend sind auch per Telefax, Telebrief oder Fernschreiben übermittelte Erklärungen (Meyer-Goßner/*Schmitt* § 396 Rn. 1 m.w.N.). Eine wirksame Anschlusserklärung liegt auch dann vor, wenn die Erklärung zu Protokoll der Geschäftsstelle oder in das Hauptverhandlungsprotokoll (§ 271) aufgenommen wird (KK/*Walther* § 396 Rn. 1). Ein unklar formulierter Antrag ist ggf. auszulegen (§ 300), insb. ist der Antrag eines Nebenklageberechtigten, ihm PKH unter Beiordnung eines (bestimmten) RA zu gewähren, als Anschlusserklärung gem. Abs. 1 Satz 1 (i.V.m. einem Antrag auf Bestellung eines Beistandes gem. § 397a Abs. 1 Satz 1) zu deuten (BGH NStZ-RR 2008, 255 f.). Wird der Anschluss durch einen **anwaltlichen** Beistand erklärt, gilt hierfür § 32d Satz 2 StPO, d.h. die Erklärung ist als **elektronisches Dokument** einzureichen (LR/*Wenske* § 396 Rn. 1). 1

Vertretung bei der Abgabe der Erklärung ist zulässig. Erforderlich ist aber eine zweifelsfreie Erklärung. Die Anzeige eines RA, dass er den Nebenkläger vertrete, genügt insoweit nicht (Meyer-Goßner/*Schmitt* § 396 Rn. 3). Die Anschlusserklärung durch einen **Betreuer** bedarf grundsätzlich einer gesonderten Übertragung durch das Betreuungsgericht, sofern der Betreuer nicht eigens aus Anlass einer zum Nachteil des Betreuten begangenen Straftat bestellt wurde und das Betreuungsgericht dabei erkennbar bezweckte, ihm die Durch- 2 setzung der dem Betreuten erwachsenen Schadensersatzansprüche gerade auch mit den Mitteln des Strafverfahrensrechts zu ermöglichen (BGH NStZ-RR 2020, 91).

3 **II. Adressat der Erklärung (Abs. 1 Satz 1).** Die Erklärung hat grds. ggü. dem **Gericht** zu erfolgen und zwar ggü. demjenigen, das über die Anschlussberechtigung zu entscheiden hat oder das mit der Sache befasst ist. Während des Ermittlungsverfahrens kann die Erklärung aber bereits an die StA und damit zu den Akten geleitet werden, mit der sie bei Anklageerhebung zum Gericht gelangt (vgl. Abs. 1 Satz 2).

4 **III. Wirksamkeit der Anschlusserklärung (Abs. 1 Satz 2, 3).** Die Wirksamkeit einer vor Erhebung der öffentlichen Klage erfolgten Anschlusserklärung tritt erst ein, wenn die Akten mit der öffentlichen Klage und der Erklärung bei Gericht eingegangen sind. Wird ein **Strafbefehl** antragsgemäß erlassen, so wird die Anschlusserklärung gegenstandslos (*Metz* JR 2019, 65 [67]; HK-GS/*Rössner* § 396 Rn. 3). Wenn Einspruch eingelegt und ein Hauptverhandlungstermin bestimmt wird, so wird der Anschluss gem. § 396 Abs. 1 Satz 3 StPO wirksam, und das Gericht hat nach § 396 Abs. 2 darüber zu entscheiden; Gleiches gilt gem. § 396 Abs. 1 Satz 3 Alt. 2 bei Ablehnung des Strafbefehlsantrags (*Metz* JR 2019, 65 [69]).

5 **B. Die Entscheidung über die Anschlussbefugnis (Abs. 2). I. Zuständigkeit.** Der Zulassungsbeschluss erfolgt durch das zum Zeitpunkt der Antragstellung **mit dem Verfahren befasste Gericht**, im Fall des § 395 Abs. 4 Satz 2 das Rechtsmittelgericht (*Pfeiffer* § 396 Rn. 2). Die Entscheidung eines nicht befassten Gerichts ist wirkungslos und muss vom zuständigen Gericht neu getroffen werden (KMR/*Stöckel* § 396 Rn. 5). Entscheidet der Vorsitzende (des zuständigen Gerichts) allein, ist die Entscheidung zwar nicht nichtig, aber anfechtbar (LR/*Wenske* § 396 Rn. 12; Meyer-Goßner/*Schmitt* § 396 Rn. 9 m.w.N.).

6 **II. Umfang der gerichtlichen Prüfung.** Bei Anschlusserklärungen prüft das Gericht zunächst, ob der Antragsteller prozessfähig ist und zum gem. § 395 anschlussbefugten Personenkreis gehört. Sodann erfolgt die Prüfung der **Begründetheit** der Anschlusserklärung. Diese ist gegeben, wenn die Verurteilung des Angeklagten (zumindest auch) wegen einer Nebenklagestraftat wenigstens rechtlich **möglich** erscheint (BGH NStZ-RR 2002, 340; 2008, 352; OLG Celle StraFo 2017, 195; KK/*Walther* § 396 Rn. 5). Im Fall der Anschlussbefugnis gem. § 395 Abs. 3 umfasst die gerichtliche Prüfung gem. Abs. 2 Satz 2 auch die **materiell-rechtlichen Voraussetzungen des § 395 Abs. 3** (vgl. § 395 Rdn. 9). Der Verletzte muss die relevanten Tatsachen insb. zur Schwere der Tatfolgen **glaubhaft** machen, soweit sie sich nicht bereits aus den Akten ergeben (Meyer-Goßner/*Schmitt* § 396 Rn. 10; KMR/*Kulhanek* § 396 Rn. 8). Zu Fällen der Unzulässigkeit einer sog. verteidigenden Nebenklage s. § 395 Rdn. 10 ff.

7 **III. Anhörung der Prozessbeteiligten (Abs. 2).** Über die Anschlussbefugnis wird nach **Anhörung** der StA entschieden (Satz 1). In den Fällen des § 395 Abs. 3 muss überdies der Angeschuldigte bzgl. der Gebotenheit des Anschlusses angehört werden (Satz 2).

8 **IV. Der Zulassungsbeschluss.** Der nach Abs. 2 Satz 1 ergehende Zulassungsbeschluss hat lediglich **deklaratorische Bedeutung**, da (bereits) die Anschlusserklärung als Prozesshandlung eine zulässige Nebenklage unmittelbar bewirkt (BGHSt 41, 288 [289]; KG NStZ-RR 2008, 198; KK/*Walther* § 396 Rn. 7; HK-GS/*Rössner* § 396 Rn. 4; LR/*Wenske* § 396 Rn. 11). Ein nicht zur Nebenklage Berechtigter kann daher nicht durch (fehlerhafte) gerichtliche Zulassung zum Nebenkläger werden (BGH bei *Kusch* NStZ-RR 2001, 135). In den Fällen des § 395 Abs. 3 besitzt der Beschluss jedoch **konstitutive Wirkung**, da neben der Anschlusserklärung eine inhaltliche Prüfung durch das Gericht zu erfolgen hat (OLG Düsseldorf NStZ 1994, 49 m. Anm. *Rössner* NStZ 1994, 506 f.; BGH NStZ 2012, 466). Wird ein Nebenklageberechtigter nach erfolgter Anschlusserklärung in der Hauptverhandlung wie ein zugelassener Nebenkläger behandelt, liegt darin eine **stillschweigende Zulassung** (BayObLG GA 1971, 23).

9 **V. Aufhebung des Zulassungsbeschlusses.** Der Zulassungsbeschluss ist nicht rechtskräftig. Er kann daher in jeder Lage des Verfahrens auf Antrag oder von Amts wegen aufgehoben werden, wenn sich herausstellt, dass ihm von vornherein – und nicht erst im Laufe der Hauptverhandlung durch dort gewonnene Erkenntnisse – die verfahrensrechtlichen Grundlagen gefehlt haben (OLG Schleswig NStZ-RR 2000, 270; Meyer-Goßner/*Schmitt* § 396 Rn. 16). Eine Aufhebung, die sich auf die mangelnde Nachweisbarkeit des Nebenklagedelikts stützt, ist daher unzulässig (OLG Düsseldorf NStZ 1997, 204).

10 Die **Nichtzulassung des Nebenklägers** und die Aufhebung eines zu Recht ergangenen Zulassungsbeschlusses haben ebenfalls keine Bestandskraft (BGHSt 41, 288 [289]). Eine auf neues Vorbringen gestützte Wiederholung der Anschlusserklärung ist jederzeit möglich (*Beulke* DAR 1988, 117).

C. Verfolgungsbeschränkungen (Abs. 5). Eine Beschränkung der Strafverfolgung aus Gründen der Prozessökonomie nach § 154a darf nach Abs. 3 nicht zulasten eines Nebenklagebefugten gehen. Der Anschluss als Nebenkläger führt daher zum Wegfall der bereits eingetretenen Verfolgungsbeschränkung. Zwar ist hierfür ein Wiedereinbeziehungsantrag der StA nach § 154a Abs. 3 Satz 2 nicht erforderlich (OLG Düsseldorf NStZ-RR 1999, 116), jedoch bedarf es eines deklaratorischen Beschlusses (Meyer-Goßner/*Schmitt* § 396 Rn. 9 m.N.). 11

Dies gilt nicht bei Einstellungen nach den §§ 153 ff., für die eine Zustimmung des Nebenklägers nicht erforderlich ist (BGHSt 28, 273). Diese darf aber erst erfolgen, wenn über die Anschlussberechtigung entschieden worden ist, um der Anhörungspflicht (gem. §§ 397 Abs. 1 Satz 4 i.V.m. Art. 103 Abs. 1 GG) bzgl. der Verfahrenseinstellung zu genügen (BVerfGE 14, 323; BVerfG NJW 1995, 317; LR/*Wenske* § 396 Rn. 33; SK-StPO/*Velten* § 396 Rn. 7). 12

D. Beschwerde. Die einfache **Beschwerde gem. § 304** ist der statthafte Rechtsbehelf gegen den Nichtzulassungsbeschluss. Sie steht dem Antragsteller und der StA zu. Dies gilt auch für den Widerruf der Zulassung (OLG Düsseldorf NStZ 1997, 204). Gegen die Zulassung steht die Beschwerde der StA und dem Angeschuldigten zu; nach Rechtskraft des Urteils kommt sie wegen der Kostenfolge (§ 472 StPO) dann in Betracht, wenn erst nach diesem Zeitpunkt über die Anschlussbefugnis entschieden worden ist (HK-GS/*Rössner* § 396 Rn. 11). § 305 Satz 1 steht der Beschwerde nicht entgegen, da dem Anschluss selbstständige prozessuale Bedeutung zukommt (allg. M., vgl. KG NStZ-RR 2008, 198; OLG Düsseldorf NStZ 1997, 204; *Schroth/Schroth* Rn. 326 m.w.N.). Die Entscheidung nach Abs. 2 Satz 2 i.V.m. § 395 Abs. 3 ist unanfechtbar. 13

E. Revision und Berufung. Die gesetzwidrige Zulassung bzw. Nichtzulassung als Nebenkläger stellt eine fehlerhafte Anwendung des Verfahrensrechts i.S.v. § 337 dar und kann somit als relativer Revisionsgrund im Wege des Rechtsmittels der Revision gerügt werden (BGH StV 1981, 535). 14
Hat der Nebenkläger selbst Revision eingelegt, ist seine Anschlussbefugnis von Amts wegen zu prüfen, da sie eine Voraussetzung für das Revisionsverfahren ist (BGHSt 29, 216 [217]; KK/*Walther* § 396 Rn. 12).

Ist dagegen der **Angeklagte** Beschwerdeführer, so wird die Anschlussbefugnis nur bei Rüge der **rechtswidrigen Nebenklagezulassung** geprüft (BGH bei *Dallinger* MDR 1969, 360). Auf dem Fehlen der Anschlussbefugnis wird das Urteil jedoch regelmäßig nicht beruhen (BGH bei *Kusch* NStZ 1994, 26;KK/*Walther* § 396 Rn. 14; Meyer-Goßner/*Schmitt* § 396 Rn. 21; **a.A.**; KMR/*Stöckel* § 395 Rn. 19; HK-GS/*Rössner* § 396 Rn. 13, die eine Einzelfallprüfung fordern). 15

Stützt der **Nebenkläger** die Revision auf eine **rechtswidrige Nichtzulassung** der Nebenklage, so prüft das Revisionsgericht die Anschlussbefugnis ebenfalls (vgl. aber unten Rdn. 17). Von einem Beruhen auf der fehlerhaften Nichtzulassung wird aber nur dann auszugehen sein, wenn nicht auszuschließen ist, dass der Nebenkläger Tatsachen hätte vorbringen oder Beweismittel hätte benennen können, die für den Schuldspruch wesentliche Bedeutung haben können (BGH NStZ 1999, 259; *Volk/Engländer* Grundkurs StPO § 39 Rn. 27). Nebenkläger können ein Urteil nach ausdrücklicher gesetzlicher Regelung (§ 400 Abs. 1 StPO) nicht mit dem Ziel der Verhängung einer anderen Rechtsfolge einlegen. Es bedarf daher bei der durch den Nebenkläger eingelegten Revision in der Regel eines Revisionsantrages, der deutlich macht, dass der Beschwerdeführer ein zulässiges Ziel verfolgt (BGH NStZ 1997, 97; *Kühne* Rn. 257). 16

Die nach Abs. 2 Satz 2 unanfechtbare Entscheidung über das Vorliegen der **materiellen Anschlussvoraussetzung nach § 395 Abs. 3** ist einer Prüfung durch das Revisionsgericht nicht zugänglich (§ 336 Satz 2). Ein erneuter Antrag auf Nebenklagezulassung in der Revisionsinstanz bleibt aber zulässig, da Abs. 2 Satz 2 nur die Revisibilität eines Verfahrensverstoßes wegen fehlerhafter Zulassung oder Nichtzulassung ausschließt (LR/*Wenske* § 396 Rn. 22; KMR/*Stöckel* § 396 Rn. 20; SK/Velten § 396 Rn. 20; *Beulke* DAR 1988, 118; **a.A.** OLG Düsseldorf NStZ 1994, 49 f.; HK-GS/*Rössner* § 396 Rn. 14; Meyer-Goßner/*Schmitt* § 396 Rn. 23). Bindend ist für das Revisionsgericht auch eine fehlerhafte Zulassung der Nebenklage gem. § 395 Abs. 3 (BGH NStZ 2012, 466). Richtigerweise wird man aber eine erneute Prüfung in der Berufungsinstanz zulassen müssen, da es insoweit um eine neue Prüfung der tatsächlichen Zulassungsvoraussetzungen geht, während diese für die Revision kraft § 336 Satz 2 ausdrücklich ausgeschlossen ist. 17

§ 397 Verfahrensrechte des Nebenklägers

(1) [1]Der Nebenkläger ist, auch wenn er als Zeuge vernommen werden soll, zur Anwesenheit in der Hauptverhandlung berechtigt. [2]Er ist zur Hauptverhandlung zu laden; § 145a Absatz 2 Satz 1 und § 217 Absatz 1 und 3 gelten entsprechend. [3]Die Befugnis zur Ablehnung eines Richters (§§ 24, 31) oder Sachverständigen (§ 74), das Fragerecht (§ 240 Absatz 2), das Recht zur Beanstandung von Anordnungen des Vorsitzenden (§ 238 Absatz 2) und von Fragen (§ 242), das Beweisantragsrecht (§ 244 Absatz 3 bis 6) sowie das Recht zur Abgabe von Erklärungen (§§ 257, 258) stehen auch dem Nebenkläger zu. [4]Dieser ist, soweit gesetzlich

nichts anderes bestimmt ist, im selben Umfang zuzuziehen und zu hören wie die Staatsanwaltschaft. [5]Entscheidungen, die der Staatsanwaltschaft bekannt gemacht werden, sind auch dem Nebenkläger bekannt zu geben; § 145a Absatz 1 und 3 gilt entsprechend.
(2) [1]Der Nebenkläger kann sich des Beistands eines Rechtsanwalts bedienen oder sich durch einen solchen vertreten lassen. [2]Der Rechtsanwalt ist zur Anwesenheit in der Hauptverhandlung berechtigt. [3]Er ist vom Termin der Hauptverhandlung zu benachrichtigen, wenn seine Wahl dem Gericht angezeigt oder er als Beistand bestellt wurde.
(3) Ist der Nebenkläger der deutschen Sprache nicht mächtig, erhält er auf Antrag nach Maßgabe des § 187 Absatz 2 des Gerichtsverfassungsgesetzes eine Übersetzung schriftlicher Unterlagen, soweit dies zur Ausübung seiner strafprozessualen Rechte erforderlich ist.

Übersicht

1 **A. Die Rechte des Nebenklägers (Abs. 1).** Die Neufassung der Vorschrift durch das OpferschutzG v. 18.12.1986 hat die bis dahin geltende Pauschalverweisung auf die Befugnisse des Privatklägers aufgehoben und durch Einzelregelungen ersetzt. Die Neuregelung betont die **Rechtsstellung des Nebenklägers,** der im Gegensatz zum Privatkläger das Verfahren nicht selbst betreibt, sondern bloßer Zusatzbeteiligter am Verfahren ist. Der Nebenkläger ist in der Ausübung seiner Rechte unabhängig von der StA (BGHSt 28, 272) und von weiteren Nebenklägern. Zur sog. verteidigenden Nebenklage s. § 395 Rdn. 8a ff.

2 **B. Anwesenheitsrecht in der Hauptverhandlung (Abs. 1 Satz 1).** Nach wirksamem Anschluss ist der Nebenkläger zur **ununterbrochenen Anwesenheit in der Hauptverhandlung** berechtigt und zwar auch dann, wenn er als Zeuge vernommen werden soll; die Nebenklägerrolle ist insoweit vorrangig (BGH MDR 1952, 352). Das Anwesenheitsrecht erstreckt sich auch auf vorweggenommene Teile der Hauptverhandlung (kommissarische Vernehmungen nach § 223 und Augenscheinseinnahmen nach § 225). §§ 58 Abs. 1, 243 Abs. 2 Satz 1 gelten für ihn nicht, ebenso wenig § 247 analog. Im Regelfall der anwaltlichen Vertretung des Nebenklägers empfiehlt es sich für den Nebenkläger, bis zu seiner Vernehmung als Zeuge nicht an der Hauptverhandlung teilzunehmen, um dem Gericht eine vom bisherigen Verfahrensgang unbeeinflusste Zeugenaussage präsentieren zu können.

3 Eine **Anwesenheitspflicht** hat der Nebenkläger demgegenüber grds. nicht (RG 31, 37); sein persönliches Erscheinen kann nur erzwungen werden, wenn er zugleich als Zeuge geladen ist (§§ 48, 51).

4 **C. Sonstige Rechte des Nebenklägers.** Im 2. OpferRRG v. 29.07.2009 wurde die frühere Verweisung auf die Rechte des Privatklägers in Abs. 1 Satz 2 aus systematischen Gründen und zur besseren Verständlichkeit durch entsprechende inhaltliche Regelungen in § 397 Abs. 1 und 2 ersetzt. Der Nebenkläger kann sich des **Beistands eines RA** bedienen oder sich durch einen schriftlich bevollmächtigten RA **vertreten** zu lassen (Abs. 2). Auch Hochschullehrer und andere qualifizierte Personen können gem. § 138 Abs. 1 bis 3 gewählt werden. Die Vertretung mehrerer Nebenkläger durch einen gemeinschaftlichen RA ist – anders als beim Angeklagten (§ 146 StPO) grundsätzlich zulässig, da diese hier regelmäßig nicht mit Interessenskonflikten verbunden ist (OLG Hamburg NStZ-RR 2013, 153; zur gerichtlichen Bestellung oder Beiordnung eines gemeinsamen Nebenklagevertreters s. § 397b). Der RA ist vom Termin zur Hauptverhandlung zu benachrichtigen, wenn seine Wahl dem Gericht angezeigt oder er als Beistand bestellt wurde (Abs. 2 Satz 3). Eine förmliche Ladung des RA sieht das Gesetz nicht vor, da es davon ausgeht, dass die Ladung des Nebenklägers selbst ausreicht (Abs. 1 Satz 2; BR-Drucks. 178/09, S. 51). Deshalb rechtfertigt das Unterlassen der zwingend vorgeschriebenen Ladung des Nebenklägers (Abs. 1 S. 2) in der Regel dessen Revision, wenn auch die informelle Benachrichtigung des Beistands unterblieben ist.

5 Nach Abs. 1 Satz 4 ist der Nebenkläger im selben Umfang hinzuzuziehen und **anzuhören** wie der StA (vgl. § 33 Abs. 1, 2), insb. bedarf es einer Anhörung (aber keiner Zustimmung) vor der Einstellung des Verfahrens nach §§ 153 ff. (BGHSt 28, 272 [273]).

6 Die **Bekanntmachung von Entscheidungen** hat ebenfalls in demselben Umfang zu erfolgen, wie die Bekanntmachungen an die StA (Abs. 1 Satz 4). Bzgl. der Rechtsmittel des Nebenklägers (§§ 400, 401) muss ihm eine Rechtsmittelbelehrung gem. § 35a erteilt werden.

Das **Recht zur Akteneinsicht** kann der Nebenkläger – wie alle Verletzten – gem. § 406e nur durch einen RA ausüben, jedoch bedarf es der Darlegung eines berechtigten Interesses in den in § 395 genannten Fällen nicht (§ 406e Abs. 2 Satz 2). 7

D. Die Rechte in der Hauptverhandlung (Abs. 1 Satz 3). Nach Abs. 1 Satz 3 hat der Nebenkläger die Befugnis zur Ablehnung von Richtern (§§ 24, 31) und Sachverständigen (§ 74). Er ist zur **Befragung** von Zeugen, Sachverständigen und des Angeklagten berechtigt (§ 240 Abs. 2). Anordnungen des Vorsitzenden und Fragen der Prozessbeteiligten (§ 240) kann der Nebenkläger beanstanden und auf diese Weise eine gerichtliche Entscheidung herbeiführen (§§ 238 Abs. 2, 242). Des Weiteren steht ihm auch das **Beweisantragsrecht** nach § 244 Abs. 3 bis 6 uneingeschränkt zu (BGH 3 StR 497/10, NStZ 2011, 713 f. gegen BGH 5 StR NStZ 2010, 714, wo eine weniger restriktive Handhabung des Ablehnungsrechts für möglich gehalten wird). Allerdings gilt dies nur im Rahmen seiner Anschlussberechtigung; bei Tatmehrheit ist das Recht auf das Nebenklagedelikt beschränkt, bei Tateinheit oder Gesetzeskonkurrenz bezieht es sich grds. auf den gesamten Tatkomplex (Meyer-Goßner/*Schmitt* § 397 Rn. 5; LR/*Wenske* § 397 Rn. 16). Der Nebenkläger hat das Recht zur Abgabe von Erklärungen zu einzelnen Prozessereignissen (§ 257) und zum Schlussvortrag (§ 258). Letzterer erfolgt zwischen dem des StA und dem des Verteidigers (MüKo-StPO/*Valerius* § 397 Rn. 19; zur Beruhensfrage bei Nichtgewährung BGH NStZ-RR 2022, 52). Auf den Schlussvortrag des Angeklagten oder seines Verteidigers darf der Nebenkläger gem. § 258 Abs. 2 erwidern (BGH NJW 2001, 3137). 8

Ein Anspruch des Nebenklägers auf **Dolmetschleistungen und Übersetzungen** ergibt sich bereits aus § 187 Abs. 4 i.V.m. Abs. 1 und 2 GVG. Dass hierzu neben mündlicher Unterstützung auch die Übersetzung schriftlicher Dokumente gehören kann, wurde inzwischen in Umsetzung der EU-Opferschutzrichtlinie in Form des Abs. 3 auch im Recht der Nebenklage positiv verankert (Rdn. 11). 9

E. Weitere Rechte. Über die dem Nebenkläger durch Satz 3 grds. abschließend (BT-Drs. 10/5305, S. 13) eingeräumten Rechte hinaus ist dieser befugt, auf einen prozessordnungsgemäßen Verlauf des Verfahrens und auf sachgerechte Ausübung der gerichtlichen Aufklärungspflicht (§ 244 Abs. 2) hinzuwirken (*Rieß/Hilger* NStZ 1987, 154). Folgende Befugnisse stehen dem Nebenkläger dagegen nicht mehr zu: das Stellen von Anträgen auf Protokollierung der Urkundenverlesung und ihres Grundes nach § 255, die besondere Beurkundung von Verfahrensvorgängen und vollständiges Niederschreiben von Aussagen und Äußerungen nach § 273 Abs. 3 und unter den Voraussetzungen der §§ 246 Abs. 2, 265 Abs. 4 auf Aussetzung der Hauptverhandlung (Meyer-Goßner/*Schmitt* § 397 Rn. 6 m.w.N.). Soweit die Rspr. dem Nebenkläger insb. in BGHSt 28, 272 [273 f.] weitere dem StA in der Hauptverhandlung zustehende Rechte eingeräumt hat, ist dies mit Blick auf die Neuregelung des § 397 überholt. Zwar wird man in diesen Fällen (z.B. §§ 245 Abs. 1, 249 Abs. 2, 251 Abs. 2 Nr. 3, 324 Abs. 1 Satz 2, 325 Satz 2) den Nebenkläger weiterhin anhören müssen, ebenso bei einer beabsichtigten Einstellung des Verfahrens nach den §§ 153 ff. StPO; der Zustimmung oder des Verzichts des in der Hauptverhandlung anwesenden Nebenklägers bedarf es jedoch insoweit nicht (KK/*Walther* § 397 Rn. 8; MüKo-StPO/*Valerius* § 397 Rn. 21, 25). 10

Eine **Übersetzung schriftlicher Unterlagen** (§ 397 Abs. 3) erhält der Nebenkläger auf Antrag, wenn er der deutschen Sprache nicht mächtig ist, soweit dies zur Ausübung seiner prozessualen Rechte erforderlich ist. In Umsetzung des Art. 7 Abs. 3 der EU Opferschutzrichtlinie vom 25.10.2012 (Richtlinie 2012/29/EU) vom 25.10.2012 ist für den bereits nach § 187 Abs. 4 i.V.m. Abs. 1 und 2 GVG bestehenden Anspruch auf Dolmetschleistungen (Rdn. 9) hier klarstellend eingefügt worden, dass er auch eine Übersetzung schriftlicher Unterlagen beinhalten kann. Das betrifft vor allem die Anklageschrift und ein nicht rechtskräftiges Urteil (MüKo-StPO/*Valerius* § 397 Rn. 37). Nach der Begründung des RegE vom 15.04.2015 soll sich das Gericht dabei an den für den Beschuldigten in § 187 Abs. 2 GVG niedergelegten Grundsätzen orientieren (BT-Drs. 18/4621, S. 27). Hinsichtlich des Umfanges bleibt dem Gericht damit ein beträchtlicher Beurteilungsspielraum. 11

§ 397a Bestellung eines Beistands; Prozesskostenhilfe

(1) Dem Nebenkläger ist auf seinen Antrag ein Rechtsanwalt als Beistand zu bestellen, wenn er

1. durch ein Verbrechen nach den §§ 177, 232 und 233 des Strafgesetzbuches oder durch einen besonders schweren Fall eines Vergehens nach § 177 Absatz 6 des Strafgesetzbuches verletzt ist,

1a. durch eine Straftat nach §§ 184j des Strafgesetzbuches verletzt ist und der Begehung dieser Straftat ein Verbrechen nach § 177 des Strafgesetzbuches oder ein besonders schwerer Fall eines Vergehens nach § 177 Absatz 6 des Strafgesetzbuches zugrunde liegt,

2. durch eine versuchte rechtswidrige Tat nach den §§ 211 und 212 des Strafgesetzbuches verletzt oder Angehöriger eines durch eine rechtswidrige Tat Getöteten im Sinne des § 395 Abs. 2 Nr. 1 ist,

3. durch ein Verbrechen nach den §§ 226, 226a, 234 bis 235, 238 bis 239b, 249, 250, 252, 255 und 316a des Strafgesetzbuches verletzt ist, das bei ihm zu schweren körperlichen oder seelischen Schäden geführt hat oder voraussichtlich führen wird,

4. durch eine rechtswidrige Tat nach den §§ 174–182, 184i–184k und 225 des Strafgesetzbuchs verletzt ist und zur Zeit der Tat das 18. Lebensjahr noch nicht vollendet hatte oder seine Interessen selbst nicht ausreichend wahrnehmen kann, oder

5. durch eine rechtswidrige Tat nach den §§ 221, 226, 232 bis 235, 238 Absatz 2 und 3, §§ 239a, 239b, 240 Absatz 4, §§ 249, 250, 252, 255 und 316a des Strafgesetzbuches verletzt ist und er bei der Antragstellung das 18. Lebensjahr noch nicht vollendet hat oder seine Interessen selbst nicht ausreichend wahrnehmen kann.

(2) [1]Liegen die Voraussetzungen für eine Bestellung nach Absatz 1 nicht vor, so ist dem Nebenkläger für die Hinzuziehung eines Rechtsanwalts auf Antrag Prozesskostenhilfe nach denselben Vorschriften wie in bürgerlichen Rechtsstreitigkeiten zu bewilligen, wenn er seine Interessen selbst nicht ausreichend wahrnehmen kann oder ihm dies nicht zuzumuten ist. [2] § 114 Absatz 1 Satz 1 zweiter Halbsatz und § 121 Absatz 1 bis 3 der Zivilprozessordnung sind nicht anzuwenden.

(3) [1]Anträge nach den Absätzen 1 und 2 können schon vor der Erklärung des Anschlusses gestellt werden. [2]Über die Bestellung des Rechtsanwalts, für die § 142 Absatz 5 Satz 1 und 3 entsprechend gilt, und die Bewilligung der Prozesskostenhilfe entscheidet der Vorsitzende des mit der Sache befassten Gerichts. [3]In den Fällen des Absatzes 2 ist die Entscheidung unanfechtbar.

Übersicht

1 **A. Obligatorische Bestellung eines RA auf Antrag des Nebenklägers (Abs. 1). I. Bedeutung und Zweck der Vorschrift.** Die durch das Zeugenschutzgesetz von 1998 (dazu *Rieß* NJW 1998, 3240) eingefügte Vorschrift realisiert die rechtspolitische Forderung nach einem »Opferanwalt« (BVerfG 38, 105 ff.). Durch das 2. OpferRRG (29.07.2009) wurde der Katalog der in Abs. 1 genannten privilegierten Opfer bestimmter schwerwiegender Nebenklagedelikte vorsichtig erweitert und transparenter gestaltet (BR-Drucks. 178/09, S. 13). Für diese besteht ein **Anspruch** auf **Bestellung eines RA als Beistand.** Besonders schützenswerten Verletzten wird damit unabhängig von deren wirtschaftlicher Situation das Kostenrisiko der Nebenklage abgenommen, da die Zahlungspflicht des Verurteilten (§ 472) oft an dessen Zahlungsunfähigkeit scheitert. § 406h Abs. 3 Satz 1 Nr. 1 erstreckt diese Privilegierung auf das Ermittlungsverfahren. Das Kostenrisiko trägt nunmehr der Staat (sog. »Opferanwalt auf Staatskosten«), allerdings bleibt Raum für die Kostenpflicht des Anzeigenden bei vorsätzlicher oder leichtfertig unwahrer Anzeige oder bei Zurücknahme des Strafantrags (§§ 469, 470). Im Fall der Beiordnung eines RA nach Abs. 1 ist die Bestellung eines Zeugenbeistands nach § 68b ausgeschlossen. Zudem begründet sie zugunsten des Beschuldigten einen Fall der notwendigen Verteidigung (§ 140 Abs. 1 Nr. 9, s. hierzu § 140 Rdn. 31). Die Gewährung von **PKH** nach Abs. 2 ist ggü. Abs. 1 subsidiär (BGH StraFo 2005, 525). PKH ist bei allen nebenklagefähigen Delikten möglich, jedoch mit der besonderen Bedürfnisprüfung verbunden und auf die jeweilige Instanz beschränkt.

2 **II. Voraussetzungen und Verfahren.** Zu den durch Abs. 1 privilegierten sechs **Gruppen von Nebenklägern** gehören nach Abs. 1 folgende:

Nr. 1 betrifft die Verletzten von **Verbrechen gegen die sexuelle Selbstbestimmung** sowie von besonders schweren Fällen eines Vergehens nach § 176 Abs. 6 StGB, daneben die Opfer von **Menschenhandel** nach den §§ 232 Abs. 3, 233 Abs. 3 StGB.

Durch das 50. StRÄndG vom 04.11.2016 wurden mit Nr. 1a Vergehen nach § 184j StGB eingefügt, allerdings begrenzt auf die Fälle, in denen der Gruppenstraftat eine Vergewaltigung, eine sexuelle Nötigung oder ein Fall des § 176 Abs. 6 StGB zugrunde liegt.

In Nr. 2 geht es um die Opfer der in § 395 Abs. 1 Nr. 2 genannten **versuchten Tötungsdelikte** gem. §§ 211, 212 StGB und die nach § 395 Abs. 2 Nr. 1 nebenklageberechtigten **Angehörigen eines rechtswidrig Getöteten.**

Die in Nr. 3 genannten Raubdelikte und Straftaten gegen die Gesundheit und die persönliche Freiheit sind nur insoweit relevant, als es sich um **Verbrechen** i.S.d. § 12 StGB handelt (z.B. §§ 238 Abs. 3, 239 Abs. 3), die bei den Verletzten zu **schweren körperlichen oder seelischen Schäden** geführt haben oder voraussichtlich führen werden. Nach der Konzeption des Gesetzes handelt es sich um schwerwiegende Aggressionsdelikte, die typischerweise bei Opfern schwere Folgen auslösen und daher die Schutzbedürftigkeit dieser Verletzten erhöhen (BR-Drucks. 178/09, S. 52 f.). Die Anforderungen sind also wesentlich höher als bei der Zulassung der Nebenklage nach § 395 Abs. 3. Sie müssen dem Schweregrad der §§ 226, 239 Abs. 3 Nr. 2 StGB entsprechen (BGH NStZ-RR 2018, 256).

Nr. 4 wurde durch das STORMG 2013 (BGBl. I 2013, S. 1805) eingefügt. Dabei wurden die Verletzten der nicht von Nr. 1 erfassten Vergehen gegen die sexuelle Selbstbestimmung gem. §§ 174–182 StGB und der Misshandlung von Schutzbefohlenen gem. § 225 StGB aus der jetzigen Nr. 5 herausgenommen wurden, weil bei diesen hinsichtlich der Schutzaltersgrenze von 18 Jahren nicht mehr wie früher auf den Zeitpunkt der Antragstellung, sondern auf den Zeitpunkt der Tat abzustellen ist. Dies ist sachgerecht, weil u.a. die Beratungen des Runden Tisches zur Aufarbeitung der Fälle sexuellen Missbrauchs in kirchlichen und anderen Einrichtungen deutlich gemacht hatten, dass Kinder und Jugendliche, die Opfer von Misshandlung und sexuellem Missbrauch wurden, häufig erst nach vielen Jahren über die Tat sprechen und diese anzeigen können (BT-Drs. 17/6261, S. 12 f.). Auch in solchen Fällen benötigen sie zur Wahrnehmung ihrer Rechte anwaltlichen Beistand und es liegt im öffentlichen Interesse, ihnen diesen zu gewährleisten. Zwischenzeitlich ergänzt wurde der Katalog um die mit dem 50. bzw. mit dem 59. StRÄndG neu geschaffenen Vergehen der §§ 184i–184k StGB. Wenn Verletzte die Schutzaltersgrenze von 18 Jahren zum Zeitpunkt der Tat bereits überschritten haben, sieht die neue Nr. 5 entsprechend der bisherigen Regelung einen von der fehlenden Fähigkeit zu Interessenwahrnehmung abhängigen Anspruch vor (BT-Drs. 17/6261, S. 13).

Nr. 5 eröffnet einen erweiterten Anspruch auf einen kostenlosen Opferanwalt für die Verletzten, die zum Zeitpunkt der Antragstellung das 18. Lebensjahr noch nicht vollendet haben, also für **Kinder und Jugendliche** (das Schutzalter wurde im 2. OpferRRG generell von 16 auf bis zu 18 Jahren erhöht) sowie für Personen, die ihre Interessen selbst nicht ausreichend wahrnehmen können. Hier gilt ein erweiterter Deliktskatalog, der auch Vergehen wie besonders schwere Fälle der Nötigung (§ 240 Abs. 4, insb. bei Zwangsheirat) und Raubdelikte umfasst und bei dem es – anders als in Nr. 3 – nicht auf die Feststellung der besonderen Schwere der Verletzungen ankommt.

Der Anspruch setzt überdies voraus, dass die nach Abs. 1 privilegierten Nebenkläger einen **Antrag** bei dem 3
gem. § 396 für den Anschluss zuständigen Gericht (§ 396 Rdn. 1) stellen. Dies gilt auch dann, wenn sich bereits ein RA für ihn gemeldet hat und tätig geworden ist (KG StraFo 2008, 47). Der Antrag kann schon vor Erklärung des Anschlusses gestellt werden (Abs. 3 Satz 1), wird aber erst ab dem in § 396 Abs. 1 Satz 2, 3 bestimmten Zeitpunkt wirksam (Meyer-Goßner/*Schmitt § 397a* Rn. 12). Im Vorverfahren kann der Anwalt aber nach § 406g Abs. 3 Nr. 1 als qualifizierter Verletztenbeistand bestellt werden. Sofern sich das Nebenklagedelikt i.S.v. Abs. 1 nicht bereits aus der öffentlichen Klage ergibt, muss der Antrag auch diejenigen Tatsachen enthalten, die eine solche Straftat möglich erscheinen lassen. Die Bestellung eines RA als Beistand für den Nebenkläger gem. § 397a Abs. 1 Satz 1 StPO wirkt über die jeweilige Instanz hinaus bis zum rechtskräftigen Abschluss des Verfahrens und erstreckt sich somit auch auf die Revisionsinstanz (BGH StraFo 2008, 131).

B. Bewilligung von Prozesskostenhilfe (Abs. 2). I. Hinzuziehung eines RA. Die Bewilligung von PKH 4
gem. Abs. 2 kommt nur dann in Betracht, wenn der Nebenkläger die Voraussetzungen für die Bestellung eines Beistands nach Abs. 1 nicht erfüllt (BGH NStZ 2000, 218). Ein auf PKH gerichteter Antrag des Nebenklägers ist daher zu seinen Gunsten als Antrag auf Beiordnung auszulegen, wenn die Voraussetzungen des Abs. 1 erfüllt sind (OLG Celle 2 Ws 119/12 vom 08.05.2012). Die PKH ist auf die Hinzuziehung eines RA beschränkt, da dem Nebenkläger regelmäßig keine sonstigen Kosten entstehen, die so erheblich sind, dass sie die Bewilligung von PKH rechtfertigen können. Die Bewilligung bestimmt sich grds. nach den §§ 114 ff. ZPO (modifiziert durch Abs. 2, 3) und ist – im Gegensatz zur Beiordnung als Opferanwalt gem. § 397 Abs. 1 – für jeden Rechtszug gesondert zu gewähren (§ 119 Abs. 1 ZPO; LR/*Wenske* § 397a Rn. 43).

II. Voraussetzungen der Bewilligung von PKH. 1. Persönliche Voraussetzungen. Der Antragsteller muss 5
bedürftig i.S.d. Abs. 2 i.V.m. §§ 114 Satz 1, 115 ZPO sein. Dies ist der Fall, wenn der Nebenkläger die Kosten für die Hinzuziehung eines RA nicht, nur z.T. oder lediglich in Raten aufbringen kann. Maßgeblich hinsichtlich der Belastungsgrenze sind die nach § 115 Abs. 1 Satz 4, 5 ZPO vom BMJ jährlich bekannt

gemachten Beträge, für Ratenzahlungen gelten die in § 115 Abs. 2 ZPO tabellarisch ausgewiesenen Beträge. Bei Zumutbarkeit muss der Nebenkläger auf sein Vermögen zurückgreifen (§ 115 Abs. 3 Satz 1 ZPO).

6 **2. Sachliche Voraussetzungen.** Im Gegensatz zum Zivil-, Privatklage- und Adhäsionsverfahren kommt es bei der Nebenklage für die Bewilligung von PKH nicht auf eine hinreichende Erfolgsaussicht an. § 114 Hs. 2 ist daher gem. Abs. 2 Satz 3 nicht anzuwenden. Die früher erforderliche schwierige Sach- und Rechtslage ist durch das 2. OpferRRG (2009) gestrichen worden. Die Bewilligung setzt jetzt nur noch voraus, dass der Nebenkläger nicht imstande ist, seine Interessen selbst hinreichend wahrzunehmen (mangelnde Eigenkompetenz, z.B. wegen gesundheitlicher Beeinträchtigung) oder ihm dies nicht zuzumuten ist. Die Unzumutbarkeit kann dabei insb. aus der psychischen Betroffenheit des Nebenklägers durch die Tat resultieren (Vermeidung sekundärer Viktimisierung). Der alleinige Umstand, dass der Angeklagte einen Verteidiger hat, rechtfertigt dagegen noch keine Bewilligung von PKH; die entspr. Anwendung des § 121 Abs. 2, 2. Alt. ZPO, der das Prinzip der »Waffengleichheit« normiert, ist durch Abs. 2 Satz 3 gerade ausgeschlossen (Meyer-Goßner/*Schmitt* § 397a Rn. 9 m.w.N.; HK-GS/*Rössner* § 397a Rn. 8).

7 **III. Das Bewilligungsverfahren.** Die Bewilligung von PKH erfordert gem. Abs. 2 Satz 2 i.V.m. Abs. 1 Satz 3 einen **Antrag**, der bereits vor der Anschlusserklärung (§ 396 Abs. 1 Satz 1) gestellt werden kann und der in jeder Instanz erneuert werden muss (BGH NStZ 2017, 244).Er muss insb. die wirtschaftlichen Verhältnisse darlegen (§ 117 Abs. 2, 4 ZPO); hierbei ist der gem. § 117 Abs. 2 vorgesehene amtliche Vordruck zu verwenden. Das Gericht kann die Glaubhaftmachung der Angaben verlangen (§ 118 Abs. 2 ZPO). Erfolgt diese nicht fristgemäß oder unzureichend, so wird der Antrag auf Gewährung von PKH abgelehnt (§ 118 Abs. 2 Satz 4 ZPO).

8 **C. Gerichtliche Entscheidung über die Anträge (Abs. 3). I. Zuständigkeit und Verfahren.** Die **Entscheidung** über die Anträge nach Abs. 1 und 2 trifft das mit der Sache befasste Gericht (Abs. 3 Satz 1), also grds. das erstinstanzliche Gericht, bei dem die öffentliche Klage erhoben worden ist; das Berufungs- oder Revisionsgericht ist erst dann zuständig, wenn das Verfahren dort anhängig geworden ist, also mit Vorlage der Akten zur Entscheidung über das Rechtsmittel.

9 Der Entscheidung hat eine **Anhörung** der StA vorauszugehen (§ 33 Abs. 2); im Fall von Zweifeln über die Richtigkeit oder Vollständigkeit der Angaben des Antragstellers ist dieser ebenfalls zu hören (BVerfG NStZ 1999, 469). Dagegen findet eine Anhörung des Angeschuldigten nicht statt, auch nicht in den Fällen des Abs. 2, weil eine analoge Anwendung des § 118 Abs. 1 Satz 1 ZPO hier nicht in Betracht kommt. Wenn es noch nicht einmal hinsichtlich der Nebenklagezulassung eine Anhörungspflicht des Angeschuldigten gibt, dann erst recht nicht i.R.d. Beschlusses nach Abs. 2 (Meyer-Goßner/*Schmitt* § 397a Rn. 13; 396 Rn. 11; **a.A.** SK-StPO/*Velten* Rn. 16; LR/*Wenske* § 397a Rn. 29 m.w.N.; AK/*Rössner* § 397a Rn. 12).

10 Für die **Bestellung** eines RA gilt nach Abs. 3 Satz 2 die Vorschrift des § 142 Abs. 5 Satz 1 und 3 entsprechend. Dabei ordnet das Gericht den vom Vorsitzenden ausgewählten RA im Gerichtsbeschluss über dessen Bestellung als Beistand oder über die Bewilligung der PKH bei (Meyer-Goßner/*Schmitt* § 397a Rn. 14;). Der Vorsitzende hat dabei den auf der Grundlage des § 138 Abs. 1, 3 vom Nebenkläger gewählten Beistand, der RA oder Rechtslehrer an einer deutschen Hochschule mit Befähigung zum Richteramt sein kann, zu bestellen, sofern kein wichtiger sachlicher Grund entgegensteht (OLG Düsseldorf BeckRS 2015, 14047). Auch nach der Neufassung des § 142 Abs. 1 StPO gehört die Ortsnähe des Rechtsanwalts zu den durch den Vorsitzenden bei der Auswahl eines Rechtsbeistands zu berücksichtigenden Gesichtspunkten (OLG Köln NStZ-RR 2011, 153; OLG Hamburg NStZ-RR 2013, 193). Die Beiordnung eines auswärtigen Anwalts unter Beschränkung auf die Vergütung eines ortsansässigen Rechtsanwalts ist aber unzulässig (OLG Brandenburg StraFo 2006, 214; MüKo-StPO/*Valerius* § 397a Rn. 38; Meyer-Goßner/*Schmitt* § 397a Rn. 14). In Fällen gleichartiger Interessen mehrerer Nebenkläger kann das Gericht einen gemeinschaftlichen Rechtsanwalt als Beistand bestellen oder beiordnen (§ 397b). Die Bestellung des anwaltlichen Beistands wirkt bis zum rechtskräftigen Abschluss des Verfahrens, sofern sie nicht ausnahmsweise aufgehoben wird (Rdn. 13).

11 Eine **rückwirkende Kraft** kommt der Bestellung des RA und der Bewilligung der PKH grds. nicht zu, vielmehr kommt es auf den Zugang des dem Antrag stattgebenden Beschlusses an (BGH NJW 1985, 921). Ist aber der Antrag nicht rechtzeitig beschieden worden und hat der Antragsteller mit der Antragstellung bereits alles für die Bestellung des Beistands (Abs. 1) oder die Bewilligung der PKH (Abs. 2) erforderliche getan, so ist eine auf den Zeitpunkt der Antragstellung rückwirkende Entscheidung zulässig (BVerfG NStZ-RR 1997, 69; BGH NStZ-RR 2008, 255 [256]). Gleiches gilt, wenn der Antrag zulässigerweise erst kurz vor Ablauf der Revisionsbegründungsfrist gestellt worden und eine rechtzeitige Bewilligung mithin nicht mehr möglich ist (KG JR 1988, 436).

Die **Aufhebung des stattgebenden Beschlusses** nach Abs. 2 kommt nur unter den Voraussetzungen des § 124 ZPO in Betracht (OLG Frankfurt NStZ 1986, 43 m. zust. Anm. *v. Stackelberg*), während die Bestellung nach Abs. 1 entspr. § 143 zurückgenommen werden kann (BGH bei *Becker* NStZ-RR 2002, 104). 12

II. Rechtsfolgen. Die Bestellung des RA als Beistand nach **Abs. 1** erfolgt für das ganze weitere Verfahren bis zum rechtskräftigen Abschluss des Verfahrens, sie hat also Instanzen übergreifende Wirkung (BGH NStZ 2010, 714). Dies gilt unabhängig davon, ob der Angeklagte wegen eines in Abs. 1 Satz 1 bezeichneten Delikts in 1. Instanz verurteilt wird (BGH bei *Becker* NStZ-RR 2003, 293). Zugunsten des Angeklagten begründet die Beiordnung einen Fall der notwendigen Verteidigung (§ 140 Abs. 1 Nr. 9, s. hierzu § 140 Rdn. 35). Keinen Einfluss hat die Bestellung darauf, dass ein Nebenkläger nach § 473 Abs. 1 Satz 1 ggf. die Gerichtskosten für ein erfolgloses Rechtsmittel zu tragen hat (BGH 06.08.2019 – 1 ARs 4/19). Die Bewilligung der PKH nach **Abs. 2** gilt demgegenüber nur für den jeweiligen Rechtszug, da Abs. 2 – im Gegensatz zu Abs. 1 – auf § 119 Abs. 1 Satz 1 ZPO verweist; sie wirkt aber nach Aufhebung des Urteils durch das Rechtsmittelgericht und Zurückverweisung an die Vorinstanz fort (Meyer-Goßner/*Schmitt* § 397a Rn. 17b m.w.N.). 13

Die dem Beistand zustehenden und aus der Staatskasse zu erstattenden **Gebühren** ergeben sich aus § 53 Abs. 2 RVG i.V.m. Vorb. 4 des VVRVG und richten sich nach den Gebühren des beigeordneten Verteidigers (§ 52 RVG). Ein Vergütungsanspruch gegen das Opfer kann nicht geltend gemacht werden (§ 53 Abs. 2 Satz 1 *»nur vom Verurteilten«)*. Auch bei der Bewilligung von PKH gem. Abs. 2 entsteht für den beigeordneten RA ein Erstattungsanspruch gegen die Staatskasse, dessen Höhe sich nach den für den bestellten Verteidiger zu bemessenden Gebühren richtet (§ 48 RVG). 14

III. Rechtsmittel. 1. Entscheidung über die Bestellung eines RA als Beistand (Abs. 1). Die Anfechtung der Bestellung eines RA als Beistand nach Abs. 1 richtet sich nach allgemeinen Grundsätzen (OLG Celle NStZ-RR 2012, 291). Gegen den ablehnenden Beschluss ist für die StA und den Antragsteller die **Beschwerde** statthaft. Gegen die Bestellung kann die StA Beschwerde einlegen, während der Angeschuldigte durch die Bestellung nicht unmittelbar beschwert ist (KG NStZ-RR 2011, 22 [25]; OLG Hamm NJW 2006, 2057 m.w.N.; MüKo-StPO/*Valerius* § 397a Rn. 51). Nach Rechtskraft des Urteils kommt eine Beschwerde nur noch in Betracht, wenn erst nach diesem Zeitpunkt über die Beiordnung entschieden worden ist (Meyer-Goßner/*Schmitt* § 397a Rn. 19). § 305 Satz 1 steht der Beschwerde nicht entgegen (OLG Köln NStZ-RR 2000, 285). 15

Der Nebenkläger kann die Ablehnung seines Antrags auf Bestellung eines RA als Beistand mit der **Revision** rügen. Von einem Beruhen wird aber nur dann auszugehen sein, wenn sich im Einzelfall nicht ausschließen lässt, dass der Nebenkläger – hätte er im Beistand seines RA an der Hauptverhandlung teilgenommen – Tatsachen hätte vorbringen oder Beweismittel hätte benennen können, die für den Schuldspruch (arg. § 400) wesentliche Bedeutung haben können (vgl. § 396 Rdn. 16; Meyer-Goßner/*Schmitt* § 397a Rn. 20). Der Angeschuldigte kann die gesetzwidrige Bestellung mangels unmittelbarer Beschwer nicht mit der Revision angreifen (OLG Hamm NJW 2006, 2057). 16

2. Entscheidung über die Prozesskostenhilfe (Abs. 2). Die frühere Unanfechtbarkeit der Entscheidungen über die PKH ist durch das STORMG vom 26.06.2013 (BGBl. I 2013, S. 1805) beseitigt worden (Streichung von Abs. 3 Satz 2). Es bestehen jetzt also dieselben Anfechtungsmöglichkeiten wie nach Abs. 1. 17

§ 397b Gemeinschaftliche Nebenklagevertretung

(1) [1]Verfolgen mehrere Nebenkläger gleichgelagerte Interessen, so kann ihnen das Gericht einen gemeinschaftlichen Rechtsanwalt als Beistand bestellen oder beiordnen. [2]Gleichgelagerte Interessen liegen in der Regel bei mehreren Angehörigen eines durch eine rechtswidrige Tat Getöteten im Sinne des § 395 Absatz 2 Nummer 1 vor.

(2) [1]Vor der Bestellung oder Beiordnung eines gemeinschaftlichen Rechtsanwalts soll den betroffenen Nebenklägern Gelegenheit gegeben werden, sich dazu zu äußern. [2]Wird ein gemeinschaftlicher Rechtsanwalt nach Absatz 1 bestellt oder hinzugezogen, sind bereits erfolgte Bestellungen oder Beiordnungen aufzuheben.

(3) Wird ein Rechtsanwalt nicht als Beistand bestellt oder nicht beigeordnet, weil nach Absatz 1 ein anderer Rechtsanwalt bestellt oder beigeordnet worden ist, so stellt das Gericht fest, ob die Voraussetzungen nach § 397a Absatz 3 Satz 2 in Bezug auf den nicht als Beistand bestellten oder nicht beigeordneten Rechtsanwalt vorgelegen hätten.

1 **A. Inhalt und Zweck der Regelung.** § 397b gib dem Gericht in Ergänzung des § 397a die Möglichkeit, Nebenklägern mit gleich gelagerten Interessen einen gemeinschaftlichen Rechtsanwalt als Beistand zu bestellen bzw. beizuordnen. Die Regelung wurde durch Art. 1 Nr. 19 des Gesetzes zur Modernisierung des Strafverfahrens vom 10.12.2019 (BGBl. I, S. 2121) geschaffen. Auch wenn die Gesetzesbegründung dies nicht ausspricht, liegt nahe, dass es sich um eine Reaktion des Gesetzgebers auf problematische Erfahrungen in Großverfahren handelt (näher BeckOK-StPO/*Weiner* § 397b Rn. 3), etwa im sog. »NSU«-Prozess vor dem OLG München (2013–2018), in dem insgesamt 63 Nebenklagevertreter auftraten, darunter bis zu neun als Beistand beigeordnete Anwälte für die Angehörigen eines Getöteten. Durch eine Bündelung der Nebenklagevertretung wird die Hauptverhandlung erleichtert, deren effektive Durchführung ansonsten bei einer Vielzahl von Nebenklägern deutlich erschwert sein kann (BT-Drs. 19/14747, S. 38).

2 Im Schrifttum gegen die Berechtigung der Regelung geäußerte **Kritik** (z.B. BeckOK-StPO/*Weiner* § 397b Rn. 3; die Schaffung der Norm begrüßend dagegen LR/*Wenske* § 397b Rn. 4; *Schork* NJW 2020, 1, 5; die Ziele des Gesetzgebers unterstützend Meyer-Goßner/*Schmitt* § 397b Rn. 1 ff.) erscheint **unverdient**, auch soweit sie sich jenseits anwaltlicher Vergütungsinteressen (hierzu Rdn. 15) auf die Auswirkungen für den einzelnen Nebenkläger richtet: Schon vor Einfügung des § 397b war in der obergerichtlichen Rspr. anerkannt, dass die Bestellung eines gemeinschaftlichen Vertreters für Nebenkläger mit gleich gelagerten Interessen grundsätzlich zulässig ist, sofern sie nicht ausnahmsweise unzumutbar ist bzw. sachliche Gründe für eine Einzelvertretung bestehen (OLG Hamburg, NStZ-RR 2013, 153, 154; OLG Köln, StV 2014, 277; OLG Düsseldorf, 12.03.2015 – III-1 Ws 40 – 41/15, BeckRS 2015 14047; zust. *Pues* StV 2014, 304, 309). Mit der Übernahme in das Gesetz hat der Gesetzgeber insb. darauf reagiert, dass eine Vervielfachung der Nebenklagevertretungen die Dauer des Verfahrens erheblich verlängern kann (BT-Drs. 19/14747, S. 38). In solchen, durch die Möglichkeit der Beiordnung eines »Opferanwalts auf Staatskosten« nach § 397a Abs. 1 erheblich begünstigten Fällen tritt die Nebenklage in ein problematisches Spannungsverhältnis zum Beschleunigungsgebot, was bei einer sachlich nicht gebotenen Mehrfachvertretung gleicher Interessen kaum zu rechtfertigen ist. Eine gemeinsame Vertretung kann außerdem vermeiden helfen, dass zentrale Zwecke des Strafverfahrens wie die Sachverhaltsaufklärung und die Entscheidung über den Anklagevorwurf in den Hintergrund gedrängt werden gegenüber der hiervon lediglich abzuleitenden bloßen Schutzfunktion der Nebenklage (vgl. Vorb. zu §§ 395 ff. Rdn. 1, 6). Daneben soll § 397b auch die Chance des Verurteilten auf Resozialisierung verbessern, die ansonsten durch die bei Verurteilung letztlich erfolgende Auferlegung der Kosten einer großen Zahl von Nebenklägervertretern gemindert sein könnte (BT-Drs. 19/14747, S. 38). Durch das Erfordernis gleich gelagerter Interessen und die Ausgestaltung als Ermessensvorschrift besteht für das Gericht im Einzelfall genügend Raum, um individuellen Bedürfnissen einzelner Nebenkläger gerecht zu werden.

3 **B. Gleich gelagerte Interessen.** Voraussetzung einer gemeinschaftlichen Beiordnung oder Bestellung ist nach Abs. 1, dass mehrere Nebenkläger gleich gelagerte Interessen verfolgen. Nach Abs. 1 Satz 2 ist dies im Regelfall anzunehmen für die Nebenklagen mehrerer Angehöriger eines Getöteten (§ 395 Abs. 2 Nr. 1). Abs. 1 ist aber nicht auf dieses **Regelbeispiel** beschränkt. So sind gleich gelagerte Interessen auch denkbar außerhalb von Tötungsdelikten und unabhängig von Verwandtschaftsbeziehungen, naheliegend etwa bei Großschadensereignissen oder Umweltdelikten (BT-Drs. 19/14747, S. 39). Jenseits solcher Evidenzfälle müssen gleich gelagerte Interessen durch das Gericht im Einzelnen geprüft und belegt werden. Ihre Annahme kommt aber stets in Betracht, wenn individuelle Unterschiede zwischen mehreren Verletzten einer Straftat gemessen an den Zwecken und Möglichkeiten der Nebenklage in den Hintergrund treten.

4 Für die Feststellung der **Interessen** der einzelnen Nebenkläger ist deren **subjektive** Sicht maßgeblich. Abzugleichen sind die jeweils individuell bestehenden Bedürfnisse, subjektiv eingenommenen Haltungen und persönlich verfolgten Ziele (hierzu BeckOK-StPO/*Weiner* § 397b Rn. 10), soweit sie sich auf die angeklagten Taten beziehen und ihnen im Rahmen einer Nebenklage überhaupt entsprochen werden kann; maßgeblich sind allein Interessen, die nach Sinn und Zweck der Nebenklage überhaupt als **schutzwürdig** anerkannt sind (LR/*Wenske* § 397b Rn. 14; zur sog. verteidigenden Nebenklage s. § 395 Rdn. 16 ff.). § 397b begründet keine Obliegenheit mehrerer Nebenkläger, sich hierin möglichst einander anzunähern oder in eine seitens des Gerichts für adäquat gehaltene Richtung zu positionieren. Solange Divergenzen allerdings allein auf der Ebene der gegenüber den anderen Nebenklägern empfundenen **Emotionen** liegen, begründen sie nicht automatisch zugleich Unterschiede in den Interessen (s.a. Meyer-Goßner/*Schmitt* § 397b Rn. 6: keine Abhängigkeit von

subjektiven »Befindlichkeiten«). Letztere divergieren erst, wenn – was freilich leicht geschehen kann – auch die Vorstellungen dazu auseinanderdriften, in welcher Weise die Beteiligungsrechte der Nebenklage genutzt werden sollen. So werden z.B. selbst im Fall des Abs. 1 Satz 2 gleich gelagerte Interessen zu verneinen sein, wenn Nebenkläger untereinander zerstritten sind und sich dies auch auf ihre Haltung gegenüber dem Beschuldigten oder dem Verfahren so stark auswirkt, dass keine Basis für mehr für die Vertretung durch einen gemeinsamen Anwalt besteht (wobei aber nicht schon jede Divergenz gleich gelagerte Interessen ausschließt, s. Rdn. 5). Dass Angehörige eines Getöteten vor der Tat nicht in Kontakt standen oder sich fremd sind, spricht aber nicht von vornherein gegen eine gemeinsame Beiordnung. Liegen gleich gelagerte Interessen vor, steht aber zu befürchten, dass die Vertretung durch einen gemeinsamen Anwalt durch persönliche Animositäten nachhaltig erschwert werden wird, so gibt das auf Rechtsfolgenseite eingeräumte Ermessen (Rdn. 6) dem Gericht die Möglichkeit, von einer gemeinsamen Bestellung abzusehen (nach BeckOK-StPO/*Weiner* § 397b Rn. 11 soll dagegen schon die Annahme gleich gelagerter Interessen voraussetzen, dass zwischen den Beteiligten eine geordnete Kommunikation stattfindet).

Gleich gelagert sind Interessen auch in **sachlicher** Hinsicht nicht erst dann, wenn sie identisch sind (KG v. 26.04.2021 – 2 Ws 33/21; OLG Karlsruhe v. 08.05.2020 – 2 Ws 94/20). So können sogar unterschiedliche Auffassungen über die Art und Weise der Verfahrensführung auch im Rahmen einer Gruppenvertretung Berücksichtigung finden, etwa dergestalt, dass der Nebenklagevertreter im Namen nur eines bestimmten Nebenklägers einzelne Anträge stellt oder Erklärungen vornimmt (BT-Drs. 19/14747, S. 39). Ausgeschlossen ist eine Beiordnung nach Abs. 1 aber jedenfalls bei gegenläufigen, widersprüchlichen oder unvereinbaren Interessen von Nebenklägern, deren gleichzeitige Wahrnehmung dem Mehrfachvertreter wegen widerstreitender Interessen gem. § 43a Abs. 4 BRAO berufsrechtlich untersagt wäre (BT-Drs. 19/14747, S. 39). 5

C. Ermessen. Auf der Rechtsfolgenseite räumt § 397b Abs. 1 dem Gericht ein Entschließungs- und ein Auswahlermessen ein. Wurden tatbestandlich gleich gelagerte Interessen bejaht, so ermöglicht dies gleichwohl, von einer gemeinschaftlichen Nebenklagevertretung abzusehen, wenn auf anderer, z.B. emotionaler Ebene (s. schon Rdn. 4) im Einzelfall Gründe vorliegen, nach denen die Vertretung der Nebenkläger nur durch einen jeweils gesonderten Rechtsbeistand sachgerecht wahrgenommen werden kann. 6

Solche Gründe sind allerdings mit den potenziellen positiven Effekten **abzuwägen**, die eine gemeinschaftliche Vertretung für die Verfahrensdauer und die Resozialisierung des Angeklagten haben kann und die den Gesetzgeber zur Einfügung der Norm veranlasst haben (vgl. BT-Drs. 19/14747, S. 39). Dabei wird das Gericht auch berücksichtigen, dass einem Nebenkläger auch bei gemeinschaftlicher Nebenklagevertretung insb. seine Anwesenheits- und Fragerechte verbleiben. Der Nebenkläger hat zudem stets die Möglichkeit, sich im Verfahren entweder unter Verzicht auf einen Bestellungs- oder Beiordnungsantrag oder zusätzlich zu dem gemeinschaftlichen Nebenklagevertreter durch einen Wahlnebenklagevertreter auf eigene Kosten vertreten zu lassen (BT-Drs. 19/14747, S. 39; krit. hierzu LR/*Wenske* § 397b Rn. 4). Die gemeinschaftliche Bestellung kann außerdem wieder aufgehoben werden, sobald sich im Prozess zeigt, dass die berechtigten Belange der einzelnen Nebenkläger so nicht ausreichend wahrgenommen werden können (vgl. Rdn. 13). 7

Auch hinsichtlich der **Anzahl** einander zuzuordnender Nebenkläger und Nebenklagevertreter bietet § 397b Abs. 1 Spielräume, um eine sachgerechte und vertrauensvolle Interessensvertretung zu ermöglichen. So zwingt die Norm nicht dazu, einen gemeinsamen anwaltlichen Vertreter für sämtliche Nebenkläger mit gleich gelagerten Interessen zu bestellen. Bieten sich hierfür Kriterien an, so können innerhalb der Nebenkläger Gruppen gebildet werden. Genauso kommt in Betracht, mehrere Vertreter zu bestellen (vgl. BT-Drs. 19/14747, S. 39 f.; s.a. OLG Karlsruhe v. 08.05.2020 – 2 Ws 94/20). 8

Die **Auswahl** des anwaltlichen Vertreters trifft das Gericht ebenfalls nach pflichtgemäßem Ermessen. Hierbei können die auch sonst üblichen sachlichen Auswahlkriterien für die Bestellung anwaltlicher Vertreter Orientierung bieten; der Verweis des § 397a Abs. 3 Satz 2 auf § 142 Abs. 5 Satz 1 und 3 gilt sinngemäß auch hier (s. § 397a Rdn. 10). Die Gesetzesbegründung verweist auf den Willen der (Mehrheit der) Nebenkläger, den Zeitpunkt des Bestellungs- und Beiordnungsantrags (Prioritätsprinzip), die Ortsnähe des Kanzleisitzes zum Gerichtsort oder etwaige Verhinderungen infolge von Terminkollision des vorgeschlagenen Nebenklagevertreters (BT-Drs. 19/14747, S. 40, näher zu den Kriterien BeckOK-StPO/*Weiner* Rn. 20). Wünschen alle betroffenen Nebenkläger gemeinsam einen bestimmten Vertreter und steht dieser an den geplanten Terminen der Hauptverhandlung zur Verfügung, wird dem regelmäßig zu entsprechen sein. Bestehen sachliche Gründe für verschiedene personelle Präferenzen der Nebenkläger, können auch sie Anlass geben, von einer gemeinschaftlichen Vertretung abzusehen. 9

D. Verfahren. Da § 397b lediglich eine besondere Art der Beiordnung oder Bestellung nach § 397a ermöglicht, richtet sich das Verfahren im Grundsatz ebenfalls nach **§ 397a** (s. dort Rdn. 8 ff.). Insb. kann wie auch sonst in den Fällen des § 397a eine Beiordnung nur für Nebenkläger erfolgen, die eine **Beiordnung** 10

beantragen (BeckOK-StPO/*Weiner* § 397b Rn. 14). Die Entscheidung, mehreren Anträgen durch Beiordnung eines gemeinschaftlichen Rechtsanwalts zu entsprechen, erfolgt dann von Amts wegen. Dies schließt nicht aus, dass sich Nebenklageberechtigte schon im Antrag oder andere Verfahrensbeteiligte in Reaktion auf eine Antragstellung zu dieser Möglichkeit verhalten (s.a. LR/*Wenske* § 397b Rn. 19).

11 Dem betroffenen Nebenkläger ist vor der Entscheidung Gelegenheit zur Stellungnahme einzuräumen und so rechtliches Gehör zu gewähren. Die Bedeutung dieser **Anhörung** wird durch die ausdrückliche Regelung in Abs. 2 Satz 1 unterstrichen, auch wenn sie als »Soll«-Vorschrift gefasst ist. Ausnahmefälle, in denen die Anhörung verzichtbar ist, sind schwer vorstellbar. Auch der Gesetzgeber hatte hierzu keine konkreten Sachverhalte vor Augen; die Gesetzesbegründung geht hierauf nicht ein (vgl. BT-Drs. 19/14747, S. 40). Nebenkläger können auf diesem Weg ihre individuelle Situation und ihre Vorstellungen über die Wahrnehmung ihrer Rechte darstellen, was das Gericht sowohl bei der Ermittlung der Interessen als auch bei der Ermessensentscheidung zu berücksichtigen hat. Ggf. kann von ihnen auch ein personeller Vorschlag für einen Mehrfachvertreter unterbreitet werden. Die Staatsanwaltschaft ist nach allgemeinen Grundsätzen gem. § 33 Abs. 2 StPO zu hören. Einer Anhörung des Beschuldigten bedarf es nicht (s. § 397a Rdn. 9).

12 Im Fall der Bestellung oder Beiordnung eines gemeinschaftlichen Rechtsanwalts sind **bereits erfolgte Einzelbestellungen** oder -beiordnungen aufzuheben (**Abs. 2 Satz 2**). Hierdurch soll verhindert werden, dass derselbe Nebenklagevertreter zugleich als Mehrfach- und Einzelvertreter bestellt oder beigeordnet ist oder neben dem bestellten oder beigeordneten gemeinschaftlichen Nebenklagevertreter doppelte Einzelbestellungen oder -beiordnungen zulasten der Staatskasse bestehen bleiben (BT-Drs. 19/14747, S. 40).

13 Wie auch sonst bei Entscheidungen nach § 397 erstreckt sich eine gemeinschaftliche Nebenklagevertretung bei der Bestellung eines Beistands (§ 397 Abs. 1) auf das gesamte Verfahren, während sie im Fall der bewilligten Prozesskostenhilfe (§ 397 Abs. 2) auf den jeweiligen Rechtszug beschränkt ist (s. § 397a Rdn. 13). Liegen die Voraussetzungen der Mehrfachvertretung im Verlauf der Hauptverhandlung nicht mehr vor, kann die gemeinschaftliche Nebenklagevertretung ganz oder teilweise **aufgehoben** werden. Gleiches gilt, wenn sich zeigt, dass schon bei der Entscheidung nach § 397b zu Unrecht von gleich gelagerten Interessen ausgegangen worden ist oder der Ermessensentscheidung eine Fehleinschätzung zugrunde lag. Die Bestellung eines Rechtsbeistands für eine Einzelvertretung richtet sich ggf. weiterhin nach § 397a Abs. 3 Satz 2 i.V.m. § 142 Abs. 5 (BT-Drs. 19/14747, S. 40).

14 Die Entscheidung über die Bestellung eines gemeinschaftlichen Nebenklagevertreters kann nach den allgemeinen Grundsätzen mit der (einfachen) **Beschwerde** angefochten werden.

15 **E. Vergütungsfragen.** Dem als gemeinschaftlicher Nebenklagevertreter **beigeordneten** Rechtsanwalt wird der ihm unter Umständen entstehende Mehraufwand regelmäßig durch den Mehrvertretungszuschlag gem. Nr. 1008 des Vergütungsverzeichnisses zum Rechtsanwaltsvergütungsgesetz (RVG) abgegolten (krit. wegen als zu niedrig empfundener Vergütung BeckOK-StPO/*Weiner* § 397b Rn. 4). I.Ü. besteht nach § 51 RVG auch die Möglichkeit der Bewilligung einer Pauschgebühr (BT-Drs. 19/14747, S. 40).

16 Den Belangen eines Anwalts, der nach § 397a Abs. 1 **nicht beigeordnet** wurde, weil ein anderer Anwalt zum gemeinschaftlichen Vertreter auch für seinen Mandanten bestimmt wurde, dient **Abs. 3** im Zusammenwirken mit § 53a RVG: Nach dieser eigens geschaffenen Norm steht der Anwalt hinsichtlich seiner bis zu diesem Zeitpunkt bereits erbrachten Tätigkeiten einem als Beistand bestellten oder beigeordneten Rechtsanwalt gleich, wenn die Voraussetzungen für eine Bestellung oder Beiordnung vorgelegen hätten. War dies der Fall, was anhand des § 142 zu beurteilen ist, so hat das Gericht dies nach Abs. 3 durch Beschluss festzustellen. Hieran knüpft § 53a RVG sodann einen entsprechenden Vergütungsanspruch. Das Gesetz sieht kein Antragserfordernis vor, jedoch wird es sich für den betroffenen Anwalt anbieten, einen solchen gleichwohl zu stellen. Der Beschluss ist nach allgemeinen Grundsätzen mit der Beschwerde anfechtbar (BT-Drs. 19/14747, S. 41).

17 **F. Revision.** Eine rechtsfehlerhafte Bestellung eines gemeinschaftlichen Rechtsanwalts kann durch betroffene **Nebenkläger** mit der Verfahrensrüge und dabei der Angriffsrichtung angefochten werden, hierdurch in der Ausübung seiner prozessualen Rechte beeinträchtigt worden zu sein. Auf einem solchen Defizit wird das Urteil aber regelmäßig nicht i.S.d. § 337 beruhen (LR/*Wenske* § 397b Rn. 36; Meyer-Goßner/*Schmitt* § 397b Rn. 11). Rügt der **Angeklagte** eine unzulässige Verkürzung seiner Verteidigungsrechte (§ 338 Nr. 8) dadurch, dass von einer gemeinschaftlichen Vertretung rechtsfehlerhaft abgesehen worden sei und ihm deshalb eine Vielzahl von Nebenklagevertretern gegenübergestanden habe, so müssen Tatsachen dargetan werden, die dafür sprechen, dass der behauptete Verfahrensfehler eine »konkretkausale Bedeutung« für die Sachentscheidung erlangt hat (BGH, Beschl. v. 10.10.2017, 4 StR 452/17; LR/*Wenske* § 397b Rn. 37).

§ 398 Fortgang des Verfahrens bei Anschluss

(1) Der Fortgang des Verfahrens wird durch den Anschluss nicht aufgehalten.

(2) Die bereits anberaumte Hauptverhandlung sowie andere Termine finden an den bestimmten Tagen statt, auch wenn der Nebenkläger wegen Kürze der Zeit nicht mehr geladen oder benachrichtigt werden konnte.

Die Vorschrift zeigt, dass die Durchführung und der Fortgang des öffentlichen Strafverfahrens in den Händen der StA und des Gerichts liegen und damit vom Anschluss des Nebenklägers **keine hemmende Wirkung** auf das Verfahren ausgeht (Abs. 1). Der Nebenkläger tritt dem Strafverfahren grds. in demjenigen Stadium bei, in dem es sich zum Zeitpunkt seines Anschlusses befindet (LR/*Wenske* § 398 Rn. 1). Insb. muss er die prozessgestaltenden Maßnahmen der anderen Verfahrensbeteiligten – soweit sie bereits erfolgt sind – gegen sich gelten lassen und kann neue nicht verhindern, auch wenn sie sich zu seinen Lasten auswirken (OLG Stuttgart NJW 1970, 822). 1

Trotz Zulassung eines Nebenklägers ist dessen Mitwirkung am Verfahren freiwillig, insb. ist er zur Teilnahme an Gerichtsterminen berechtigt, aber nicht verpflichtet (vgl. § 397 Rdn. 3). 2

Abs. 2 bestimmt, dass anberaumte Termine, insb. Hauptverhandlungen – selbst im Fall begründeter Verhinderung des Nebenklägers – ohne ihn stattfinden können (BGHSt 28, 272 [273]). Ein Recht auf Vertagung besteht also nicht (LR/*Wenske* § 398 Rn. 3). Das Gericht ist jedoch nicht gehindert, nach seinem Ermessen auf den Nebenkläger Rücksicht zu nehmen und z.B. einen bereits anberaumten Termin zu verlegen, um die Ladung und Teilnahme des Nebenklägers zu ermöglichen. 3

Wurde die Ladung des Nebenklägers unterlassen, obwohl die Voraussetzungen des Abs. 2 nicht vorlagen, so ist das Urteil im Rahmen einer zulässigen **Revision** in der Regel aufzuheben (Meyer-Goßner/*Schmitt* § 398 Rn. 3; OLG Düsseldorf StraFo 2001, 102). 4

§ 399 Bekanntmachung und Anfechtbarkeit früherer Entscheidungen

(1) Entscheidungen, die schon vor dem Anschluss ergangen und der Staatsanwaltschaft bekanntgemacht waren, bedürfen außer in den Fällen des § 401 Abs. 1 Satz 2 keiner Bekanntmachung an den Nebenkläger.

(2) Die Anfechtung solcher Entscheidungen steht auch dem Nebenkläger nicht mehr zu, wenn für die Staatsanwaltschaft die Frist zur Anfechtung abgelaufen ist.

Abs. 1 enthält eine Konkretisierung des Grundsatzes des § 398 Abs. 1 für gerichtliche Entscheidungen vor dem Anschluss. Diese müssen dem Nebenkläger – von dem Fall des § 401 Abs. 1 Satz 2 abgesehen – nicht bekannt gegeben werden, wenn bereits eine Bekanntmachung ggü. der StA erfolgt war. Dagegen müssen dem Nebenkläger sämtliche nach der Anschlusserklärung ergangenen Entscheidungen mitgeteilt werden und zwar selbst dann, wenn noch kein Zulassungsbeschluss nach § 396 erfolgt ist (Meyer-Goßner/*Schmitt* § 399 Rn. 1). 1

Abs. 2 bindet die Anfechtungsbefugnis des Nebenklägers, der den Anschluss erst nach ergangener Entscheidung (in der Regel zusammen mit dem Rechtsmittel) erklärt (§§ 395 Abs. 4 Satz 2, 401 Abs. 1 Satz 2), an die Rechtsmacht der StA. Dies bedeutet insb., dass für den Nebenkläger keine eigene Rechtsmittelfrist läuft (BGH bei *Miebach* NStZ 1988, 214). Das Rechtsmittel kann daher nur innerhalb der für die StA laufenden Anfechtungsfrist eingelegt werden und ist somit unzulässig, wenn die Frist abgelaufen ist oder die StA Rechtsmittelverzicht erklärt oder ihr Rechtsmittel zurückgenommen hat (Meyer-Goßner/*Schmitt* § 399 Rn. 2 m.w.N.). Es besteht jedoch für den Nebenkläger die Möglichkeit, sich dem Verfahren auch noch nach Fristablauf anzuschließen, wenn der Angeklagte, die StA oder ein anderer Nebenkläger ein Rechtsmittel eingelegt hat. 2

Erfolgt die Anschlusserklärung rechtzeitig, nicht aber die spätere Einlegung des Rechtsmittels, so hat der Nebenkläger die Möglichkeit, einen Antrag **auf Wiedereinsetzung in den vorigen Stand** zu stellen (OLG Hamm NJW 1964, 265). Legt der Nebenkläger dagegen Anschlusserklärung und Rechtsmittel erst nach Fristablauf ein, ist das Urteil für ihn unanfechtbar; da gegen den Nebenkläger keine Frist läuft, kann er auch nicht gehindert sein, die Frist i.S.v. § 44 einzuhalten (BGHR StPO § 399 Fristablauf 1; KK/*Walther* § 399 Rn. 4; Meyer-Goßner/*Schmitt* § 399 Rn. 3). Sofern die StA oder ein anderer Nebenkläger die Entscheidung rechtzeitig angefochten hat, führt die Anschlusserklärung zur üblichen Verfahrensbeteiligung des Nebenklägers gem. § 396, da eine Anschlusserklärung nach § 395 Abs. 4 Satz 1 zu jeder Zeit möglich ist (HK-GS/*Rössner* § 399 Rn. 2). 3

Für die **Rechtsmittelbegründungsfrist** nach §§ 317, 345 Abs. 1 gilt Abs. 2 nicht, insoweit ist § 401 Abs. 1 Satz 2 maßgeblich. 4

§ 400 Rechtsmittelbefugnis des Nebenklägers

(1) Der Nebenkläger kann das Urteil nicht mit dem Ziel anfechten, dass eine andere Rechtsfolge der Tat verhängt wird oder dass der Angeklagte wegen einer Gesetzesverletzung verurteilt wird, die nicht zum Anschluss des Nebenklägers berechtigt.

(2) Dem Nebenkläger steht die sofortige Beschwerde gegen den Beschluss zu, durch den die Eröffnung des Hauptverfahrens abgelehnt oder das Verfahren nach den §§ 206a und 206b eingestellt wird, soweit er die Tat betrifft, aufgrund deren der Nebenkläger zum Anschluss befugt ist. Im Übrigen ist der Beschluss, durch den das Verfahren eingestellt wird, für den Nebenkläger unanfechtbar.

Übersicht

1 **A. Zulässige Rechtsmittel des Nebenklägers.** Aus §§ 395 Abs. 4 Satz 2, 401 Abs. 1 Satz 1 ergibt sich, dass der Nebenkläger grds. das Recht auf Einlegung von Rechtsmitteln hat. Erforderlich ist jedoch, dass er durch die angefochtene Entscheidung in seiner Rechtsstellung als Nebenkläger beschwert ist (BGHSt 29, 216 [218]; 33, 114 [115 ff.]). Das ist nicht der Fall bei einem Aussetzungsbeschluss gem. § 228 Abs. 1 S. 1 (OLG Karlsruhe NJW-Spezial 2016, 217 [218].

2 **B. Beschränkung der Urteilsanfechtung (Abs. 1). I. Rechtsfolgenausspruch.** Abs. 1 beschränkt die nach früherem Recht (vgl. BGHSt 33, 114 [118]) weiterreichende Rechtsmittelbefugnis des Nebenklägers zunächst dahin gehend, dass dieser keine Möglichkeit mehr hat, das Urteil im **Rechtsfolgenausspruch** anzugreifen. Auch die Einlegung eines Rechtsmittels zugunsten des Angeklagten ist dem Nebenkläger verwehrt, insb. dann, wenn er einen **Freispruch** bewirken möchte (KK/*Walther* § 400 Rn. 1; MüKo-StPO/*Valerius* § 401 Rn. 5; OLG Schleswig NStZ-RR 2000, 270; **a.A.** *Altenhain* JZ 2001, 791 [799]; zur sog. verteidigenden Nebenklage § 395 Rdn. 10 ff.). Allerdings kann, wie sich aus § 401 Abs. 3 Satz 1 ergibt, das Urteil gem. § 301 auch zugunsten des Angeklagten geändert oder aufgehoben werden (BGH NStZ-RR 1996, 130). **Unzulässig** sind des Weiteren solche Rechtsmittel, die lediglich gegen den **Schuldumfang** im Rahmen eines zur Verurteilung gelangten, nebenklagefähigen Delikts gerichtet sind (BGHSt 41, 140 [144]), die sich darauf stützen, dass eine weitere Rechtsfolge nicht verhängt worden ist (BGH AnwBl. 1989, 688) oder die nur das Fehlen der Feststellung der besonderen Schwere der Schuld i.S.v. § 57a Abs. 1 Satz 1 Nr. 2 StGB beanstanden (BGH StraFo 2007, 245). Gleiches gilt für Rechtsmittel, welche die Anwendung des § 105 Abs. 1 JGG (BGH StraFo 2007, 245), des 199 StGB (Meyer-Goßner/*Schmitt* § 400 Rn. 3 m.w.N.) oder des § 213 StGB (BGH bei *Kusch* NStZ-RR 2000, 40) rügen. Unzulässig ist auch ein Rechtsmittel, mit dem der Nebenkläger das Hinzutreten einer **weiteren Tatbestandsalternative** anstrebt (BGH NStZ-RR 1997, 371: weiteres Mordmerkmal i.S.v. § 211 StGB; a.A. OLG Jena für Tatbestandsalternativen des § 224 StGB) oder sich gegen die Nichtverhängung von Sicherungsverwahrung wendet (BGH StV 1997, 624; StraFo 2010, 295). Nicht geltend machen kann der Nebenkläger auch die unterbliebene Anwendung von **Strafzumessungsregeln**, etwa die Verneinung eines unbenannten schweren Falls (BGH v. 14.04.2020 – 5 StR 644/19; OLG Hamburg v. 13.01.2021 – 2 Rev 32/20). Zulässig ist dagegen die Rüge der Nichtanwendung eines **Qualifikationstatbestandes**, z. B wegen Mordes statt wegen Totschlags (BGH BeckRS 1988, 31098552) oder nach § 177 Abs. 3 statt Abs. 2 StGB a.F. (BGH NStZ 2001, 420). Konsequenz der heutigen Struktur des § 177 StGB ist damit, dass bei Aburteilung einer Tat als sexueller Übergriff durch den Nebenkläger nicht gerügt werden kann, dass die Anwendung des § 177 Abs. 6 Satz 2 Nr. 1 StGB (Vergewaltigung) unterblieben ist, weil es sich hierbei nur um ein benanntes Regelbeispiel gegenüber den Tatbeständen nach § 177 Abs. 1 oder Abs. 2 StGB handelt. Die bei dieser Strafzumessungsnorm ausnahmsweise gebotene Aufnahme der Bezeichnung in den Schuldspruch ist hierauf ohne Einfluss (BGH NStZ-RR 2022, 56; BGH BeckRS 2018, 1502; BGH NStZ-RR 2003, 306; krit. *Rieß* GA 2007, 387). Durch das 50. StrÄndG (BGBl. I, S. 2460) wurde dieser Effekt noch ausgeweitet auf die Fälle des früheren Qualifikationstatbestands in § 179 Abs. 5 Nr. 1 StGB a.F., soweit sie nun in den neuen Tatbestand des § 177 Abs. 2 StGB überführt sind und im Einzelfall keine der Qualifikationen nach § 177 Abs. 4 oder Abs. 5 StGB eingreift. Auch wenn man insoweit an einem planvollen Handeln des Gesetzgebers zweifeln kann, dürfte eine ausweitende Auslegung des § 400 Abs. 1 bei Vergewaltigungsvorwürfen nicht in Betracht kommen (a.A. noch Vorauflage): Der Gesetzgeber hat inzwischen durch das Gesetz zur Modernisierung des

Strafverfahrens vom 10.12.2019 (BGBl. I, S. 2121) unter Erörterung der Problematik (BT-Drs. 19/14747, S. 37 f.) die Fälle des § 177 Abs. 6 Satz 2 Nr. 1 StGB in § 397a Abs. 1 Nr. 1 und Nr. 1a aufgenommen und damit im Recht der Nebenklage berücksichtigt. Der benachbarte § 400 wurde dabei nicht thematisiert und entspricht damit in seiner etablierten Auslegung offensichtlich dem legislativen Willen.

Angegriffen werden kann jedoch der **Freispruch wegen Schuldunfähigkeit**, und zwar auch dann, wenn eine Maßregel nach § 63 StGB angeordnet worden ist (Meyer-Goßner/*Schmitt* § 400 Rn. 3) sowie die Nichtanordnung der Unterbringung gem. § 63 StGB bei Freispruch wegen Schuldunfähigkeit (BGH NStZ 1995, 609). Bei einer Verurteilung wegen Vollrauschs nach § 323 StGB kann der Nebenkläger anstreben, dass stattdessen eine Verurteilung wegen eines der in § 395 Abs. 1 StPO bezeichneten Delikte anstrebt, nicht dagegen eine anderer Bewertung der Rauschtat (BGH NStZ-RR 2019, 353; zur Nebenklagebefugnis bei § 323a StGB s. § 395 Rdn. 3). Eine Rechtsmittelbefugnis des Nebenklägers ist auch dann gegeben, wenn dieser die Verurteilung wegen **vorsätzlicher** statt wegen fahrlässiger Tat begehrt, da dann ein Schuldspruch nach einem anderen Tatbestand ergeht, nicht dagegen wenn lediglich direkter statt bedingter Vorsatz angenommen werden soll (BGH BeckRS 2003, 901). Zulässigerweise mit einem Rechtsmittel anstreben kann der Nebenkläger auch eine Verurteilung wegen **Vollendung** statt wegen Versuchs (HK-GS/*Rössner* § 400 Rn. 4), wegen **Täterschaft** statt Teilnahme (BGH NJW 1999, 2449), wegen Anstiftung statt Beihilfe (MüKo-StPO/*Valerius* § 400 Rn. 11) oder die Änderung des **Konkurrenzverhältnisses** (Tatmehrheit statt Tateinheit: BGH NStZ 2000, 219; StraFo 2014, 79). Allerdings genügt die allgemeine Sachrüge hierfür nicht (BGH NStZ 2007, 700; NJW-Spezial 2016, 344): Wenn eine Verurteilung wegen eines Nebenklagedelikts erfolgte, ist in der Regel auch die nicht näher begründete Berufung sowie die lediglich auf die allgemeine Sachrüge gestützte Revision unzulässig (BGH NStZ 1997, 97; KK-StPO/*Walther* § 400 Rn. 1 m.w.N.; zu Ausnahmen MüKo-StPO/*Valerius* § 400 Rn. 23), sofern nicht erkennbar ist, dass sie nach § 400 zulässig ist (s.u. Rdn. 5 f.). 3

II. Rechtsmittelbeschränkungen wegen Gesetzesverletzungen ohne Bezug zu einem Nebenklagedelikt. Entscheidungen, die die Verletzung von Strafgesetzen betreffen, die nicht gem. § 395 zum Anschluss berechtigen, beschweren den Nebenkläger nicht und können nach Abs. 1 ebenfalls nicht angegriffen werden (BGH VRS 103, 210). Das Rechtsmittel eines Nebenklägers ist vielmehr nur dann zulässig, wenn die Rechtsvorschrift über ein Nebenklagedelikt verletzt ist (BGH bei *Pfeiffer/Miebach* NStZ 1987, 221), d.h., dass der Angeklagte insoweit zu Unrecht freigesprochen bzw. das Nebenklagedelikt jedenfalls nicht in den Tenor aufgenommen worden ist (OLG Hamm VRS 59, 260 [261]), oder dass (bei Tatmehrheit oder Tateinheit) eine Verurteilung hinsichtlich des Nebenklagedelikts unterblieben ist. Dies muss der Nebenkläger aber in der Revisionsbegründung explizit zum Ausdruck bringen; das Erheben der allgemeinen Sachrüge genügt dafür nicht (BGH NStZ-RR 2014, 117). 4

Eine **Berufung** kann gem. §§ 317, 318 grds. generell und ohne Begründung eingelegt werden. Wenn jedoch ein Nebenkläger Berufung einlegt, so ist dieser gehalten, deren Ziel anzugeben, um dem Berufungsgericht die Prüfung der Zulässigkeit des Rechtsmittels nach § 400 zu ermöglichen (OLG Jena NStZ-RR 2007, 209). Unterlässt er dies, so ist die Berufung gem. § 322 Abs. 1 zu verwerfen, wenn der Angeklagte offenkundig wegen aller in Betracht kommender Nebenklagedelikte verurteilt worden ist. Kommt dagegen die Verurteilung wegen eines weiteren oder schwereren Nebenklagedelikts in Betracht, so ist in der Regel zu unterstellen, dass sich das Rechtsmittel hierauf bezieht und damit (insoweit) zulässig ist (vgl. HK-GS/*Rössner* § 400 Rn. 5; Meyer-Goßner/*Schmitt* § 400 Rn. 5 m.w.N.). 5

Für die **Revision** gelten die vorstehend dargelegten Grundsätze (Rdn. 5) entsprechend. Der Nebenkläger kann die **Sachrüge** nur auf die unterlassene oder fehlerhafte Anwendung gerade desjenigen Strafgesetzes stützen, aus dem sich die Anschlussbefugnis ergibt (Meyer-Goßner/*Schmitt* § 400 Rn. 6 m.w.N.). Der Nebenkläger muss damit gem. §§ 344 Abs. 1, 400 das Ziel seiner Revision ausdrücklich, eindeutig und innerhalb der Revisionsbegründungsfrist angeben (BGHR StPO § 400 Abs. 1 Zulässigkeit 2, 3 und 5; BGH bei *Becker* NStZ-RR 2001, 266; NStZ-RR 2004, 67; NStZ-RR 2005, 262). Erhebt er dagegen lediglich die allgemeine Sachrüge (§§ 337, 344 Abs. 2 Satz 1, 2. Alt.), so ist sein Rechtsmittel unzulässig (BGH NStZ 2020, 310; BGHSt 13, 143 [145]; BGH NStZ-RR 2009, 57; BeckRS 2018, 33938; **a.A.** SK-StPO/*Velten* § 400 Rn. 17). Eines ausdrücklichen Revisionsantrages bedarf es nur dann nicht, wenn sich der Umfang der Anfechtung aus der Begründung der Revision zweifelsfrei erkennen lässt (vgl. BGH bei *Pfeiffer/Miebach* NStZ 1983, 359 Nr. 43; RGSt 56, 225), also insb. dann, wenn die Revision einen eindeutigen Bezug zu einer für ein Nebenklagedelikt relevanten Rechtsverletzung (wie z.B. einem Freispruch) aufweist (HK-GS/*Rössner* § 400 Rn. 6). Rügt der Nebenkläger das Verfahren, so kann er nur solche Rügen erheben, die die Verurteilung wegen der zum Anschluss berechtigenden Straftaten betreffen (BGH NStZ-RR 1998, 305). 6

7 **III. Die Prüfung des Rechtsmittelgerichts.** Die Prüfung des Rechtsmittelgerichts ist bei zulässiger Berufung oder Revision auf die **richtige Anwendung der Vorschriften über das Nebenklagedelikt** (BGHSt 41, 140 [144]) beschränkt. Zu prüfen ist also nur, ob Nebenklagedelikte nicht, nicht zutreffend oder unvollständig gewürdigt worden sind (BGHSt 43, 15). Diese Prüfungsbeschränkung gilt nicht nur, wenn das Nebenklagedelikt einen abtrennbaren Teil der Tat betrifft, vielmehr bleiben nicht zum Anschluss berechtigende Delikte auch bei Tateinheit mit dem Nebenklagedelikt bei der Prüfung der Zulässigkeit des Rechtsmittelgerichts außer Betracht (vgl. BGH NStZ 1997, 402; StraFo 2008, 164;MüKo-StPO/*Valerius* § 400 Rn. 28). Wenn die Berufung aber zulässig ist oder die Sache nach Aufhebung durch das Revisionsgericht an das Tatgericht zurückverwiesen worden ist, müssen alle mit dem Nebenklagedelikt in Tateinheit oder Gesetzeskonkurrenz stehenden Delikte erneut geprüft werden (BGHSt 39, 390 f.; Meyer-Goßner/*Schmitt* § 401 Rn. 7a). Bei einer unbegründeten Revision der Nebenklage erstreckt sich die aus einer analogen Anwendung des § 301 StPO folgende Kontrollbefugnis des Revisionsgerichts in Bezug auf Rechtsfehler zum Nachteil des Angeklagten nicht auf den Rechtsfolgenausspruch (BGH NJW 2022, 1263).

8 **C. Rechtsbehelfe gegen verfahrensbeendigende Beschlüsse (Abs. 2).** Abs. 2 Satz 1 gewährt dem Nebenkläger die **sofortige Beschwerde nach § 311** bei der Ablehnung der Eröffnung des Verfahrens gem. § 204, soweit der gerichtliche Beschluss die Tat betrifft, die den Nebenkläger zum Anschluss berechtigt. Der Ablehnung der Verfahrenseröffnung steht die Ablehnung des Erlasses eines Strafbefehls gleich (vgl. § 408 Abs. 2 Satz 2).

9 Mit derselben Einschränkung kann der Nebenkläger Einstellungsbeschlüsse nach den §§ 206a, 206b und Einstellungsurteile nach § 260 Abs. 3 angreifen. Gegen Einstellungsbeschlüsse nach §§ 153 ff. und 205 hat er dagegen gem. Abs. 2 Satz 2 kein Rechtsmittel, und zwar auch dann nicht, wenn sie in verfahrensrechtlich fehlerhafter Weise zustande gekommen sind (BGH NJW 2002, 2401; LR/*Wenske* § 400 Rn. 58; Meyer-Goßner/*Schmitt* § 400 Rn. 9; **a.A.** hinsichtlich Einstellungen nach § 205 *Rieß* NStZ 2001, 355).

§ 401 Einlegung eines Rechtsmittels durch den Nebenkläger

(1) [1]Der Rechtsmittel kann sich der Nebenkläger unabhängig von der Staatsanwaltschaft bedienen. [2]Geschieht der Anschluss nach ergangenem Urteil zur Einlegung eines Rechtsmittels, so ist dem Nebenkläger das angefochtene Urteil sofort zuzustellen. [3]Die Frist zur Begründung des Rechtsmittels beginnt mit Ablauf der für die Staatsanwaltschaft laufenden Frist zur Einlegung des Rechtsmittels oder, wenn das Urteil dem Nebenkläger noch nicht zugestellt war, mit der Zustellung des Urteils an ihn auch dann, wenn eine Entscheidung über die Berechtigung des Nebenklägers zum Anschluss noch nicht ergangen ist.

(2) [1]War der Nebenkläger in der Hauptverhandlung anwesend oder durch einen Anwalt vertreten, so beginnt für ihn die Frist zur Einlegung des Rechtsmittels auch dann mit der Verkündung des Urteils, wenn er bei dieser nicht mehr zugegen oder vertreten war; er kann die Wiedereinsetzung in den vorigen Stand gegen die Versäumung der Frist nicht wegen fehlender Rechtsmittelbelehrung beanspruchen. [2]Ist der Nebenkläger in der Hauptverhandlung überhaupt nicht anwesend oder vertreten gewesen, so beginnt die Frist mit der Zustellung der Urteilsformel an ihn.

(3) [1]Hat allein der Nebenkläger Berufung eingelegt, so ist diese, wenn bei Beginn einer Hauptverhandlung weder der Nebenkläger noch für ihn ein Rechtsanwalt erschienen ist, unbeschadet der Vorschrift des § 301 sofort zu verwerfen. [2]Der Nebenkläger kann binnen einer Woche nach der Versäumung unter den Voraussetzungen der §§ 44 und 45 die Wiedereinsetzung in den vorigen Stand beanspruchen.

(4) Wird auf ein nur von dem Nebenkläger eingelegtes Rechtsmittel die angefochtene Entscheidung aufgehoben, so liegt der Betrieb der Sache wiederum der Staatsanwaltschaft ob.

Übersicht

1 **A. Rechtsmittelberechtigung des Nebenklägers (Abs. 1 Satz 1).** Der prozessfähige und gem. §§ 395, 396 anschlussbefugte (BGHSt 33, 114 [115]) oder bereits mit Recht zugelassene Nebenkläger kann die Rechtsmittel der Beschwerde, sofortigen Beschwerde, Berufung und Revision in der gesetzlich vorgeschriebenen Form einlegen, soweit diese Rechtsmittel zulässig sind und er in seiner Stellung als Nebenkläger beschwert ist (BGHSt 29, 216 [217 f.]). Eine solche Beschwer liegt grds. immer dann vor, wenn das zum Anschluss

berechtigende Delikt nicht in den Schuldspruch aufgenommen wurde oder beim Rechtsfolgenausspruch unberücksichtigt blieb (BGHSt 13, 145; BGH NJW 1970, 205). Zwar können diese Rechtsmittel nicht zugunsten des Angeklagten eingelegt werden (vgl. § 400 Rdn. 2), ein zu dessen Lasten erfolgtes Rechtsmittel kann aber letztlich auch zu seinen Gunsten wirken (§ 301).

Die **Revisionsanträge** müssen (analog § 390 Abs. 2) von einem RA unterzeichnet sein (BGH NJW 1992, 1398;Meyer-Goßner/*Schmitt* § 401 Rn. 2; vgl. auch LR/*Wenske* § 401 Rn. 4); bei Einlegung zu Protokoll der Geschäftsstelle kommt aber ggf. Wiedereinsetzung in den vorigen Stand in Betracht (OLG Hamm StraFo 2007, 467).

Der Nebenkläger hat eine **eigene Rechtsmittelbefugnis**, die er **unabhängig von der StA** ausüben kann; dies gilt insb. für die Einlegung, Begründung und Durchführung des Rechtsmittels (vgl. KK-StPO/*Walther* § 401 Rn. 1; MüKo-StPO/*Valerius* § 401 Rn. 1).

B. Fristwahrung bei Anschluss nach Urteilserlass (Abs. 1 Satz 2, 3). Der Nebenkläger hat auch nach Urteils- 2
erlass noch die Möglichkeit, sich dem Verfahren zum Zweck der Rechtsmitteleinlegung anzuschließen (§ 395 Abs. 4 Satz 2). Die Rechtsmitteleinlegung muss dann jedoch gem. § 399 Abs. 2 innerhalb der für die StA laufenden Rechtsmittelfrist erfolgen. Bei fristgemäßer Anfechtung wird dem Nebenkläger das Urteil sofort zugestellt (Abs. 1 Satz 2). Die Begründungsfrist (§§ 317, 345 Abs. 1) beginnt sodann mit dem Ablauf der Einlegungsfrist für den StA zu laufen, sofern bis dahin das Urteil (mit Gründen) zugestellt ist, ansonsten erst mit Urteilszustellung an den Nebenkläger.

C. Fristwahrung durch den zugelassenen Nebenkläger (Abs. 2). Für den bereits zugelassenen Nebenkläger 3
beginnt die Rechtsmittelfrist mit der Urteilsverkündung, wenn er zumindest bei einem Teil der Hauptverhandlung anwesend oder vertreten war (Abs. 2 Satz 1 Hs. 1). War er hingegen zu keinem Zeitpunkt in der Hauptverhandlung anwesend oder vertreten, beginnt seine Rechtsmittelfrist erst mit der Zustellung der Urteilsformel an ihn; der Zustellung des vollständigen Urteils bedarf es hingegen nicht (Abs. 2 Satz 2). Die Regelung des Abs. 2 Satz 2 gilt entsprechend, wenn er nur als Zeuge geladen war und nach der Vernehmung sofort wieder entlassen worden ist (OLG Karlsruhe NStZ-RR 2000, 16).

D. Verwerfung der Berufung bei nicht erschienenem Nebenkläger (Abs. 3). Ist weder der Nebenkläger 4
selbst noch für ihn ein RA bei Beginn der Berufungsverhandlung (Aufruf der Sache) erschienen, so ist das Rechtsmittel zu verwerfen. Anders als in § 329 Abs 1 Satz 1 bedeutet dies jedoch nicht, dass eine Verhandlung zur Sache ausgeschlossen ist, vielmehr hat das Gericht § 301 zu beachten und muss die Verhandlung auch ohne den Nebenkläger durchführen, wenn nach Aktenlage eine aus Sicht des Angeklagten günstige Entscheidung zu erwarten ist (vgl. *Rieß* NStZ 2000, 120 [122]). Rechtfertigt das Ergebnis der Verhandlung keine derartige Entscheidung, so ist die Berufung zu verwerfen, auch wenn der Nebenkläger nachträglich erschienen ist (KMR/*Stöckel* § 401 Rn. 8). Die Vorschrift des Abs. 3 begründet für den Nebenkläger eine Anwesenheitsobliegenheit zu Beginn der Berufungsverhandlung (MüKo-StPO/*Valerius* § 401 Rn. 17; KMR/*Stöckel* § 401 Rn. 9; Meyer-Goßner/*Schmitt* § 401 Rn. 6). Eine weitergehende Anwesenheitspflicht(KK/*Walther* § 401 Rn. 8: bis zu den Schlussvorträgen) lässt sich nicht mit der Stellung des Nebenklägers im Verfahren vereinbaren (MüKo-StPO/*Valerius* § 401 Rn. 18). Die in Abs. 3 Satz 2 enthaltene Wiedereinsetzungsregelung entspricht der des § 329 Abs. 3.

Abs. 3 kommt grds. nicht zur Anwendung, wenn **auch der Angeklagte oder die StA Berufung eingelegt** hat; 5
vielmehr wird dann auch über die Berufung des abwesenden Nebenklägers verhandelt und entschieden (KK-StPO/*Walther* § 401 Rn. 11), da seine Anschlusserklärung auch ohne Anwesenheit wirksam ist. Eine Verwerfung der Berufung erfolgt jedoch, wenn sachlich nur (noch) über sie allein zu entscheiden wäre, z.B. weil die übrigen Beschwerdeführer ihre Berufung zurückgenommen haben (Meyer-Goßner/*Schmitt* § 401 Rn. 7).

E. Weiterführung der Sache (Abs. 4). Die Vorschrift bestätigt den allgemeinen Grundsatz, dass das Betreiben 6
eines Offizialdelikts stets der StA obliegt. Dies gilt auch dann, wenn die angefochtene Entscheidung nur auf das Rechtsmittel des Nebenklägers hin aufgehoben und die Strafsache an den erstinstanzlichen Richter zurückverwiesen wird.

§ 402 Widerruf der Anschlusserklärung; Tod des Nebenklägers

Die Anschlusserklärung verliert durch Widerruf sowie durch den Tod des Nebenklägers ihre Wirkung.

Der **Widerruf** der Anschlusserklärung ist jederzeit bis zum rechtskräftigen Abschluss des Verfahrens, also auch 1
noch in der Revisionsinstanz statthaft (RGSt 67, 322). Er bedarf keiner Zustimmung der anderen Prozessbeteiligten und erfolgt durch formlose Erklärung ggü. dem Gericht (KK/*Walther* § 402 Rn. 1; Meyer-Goß-

ner/*Schmitt* § 402 Rn. 1; **a.A.** LR/*Wenske* § 402 Rn. 1: schriftlich oder zu Protokoll der Geschäftsstelle oder in der Hauptverhandlung). Das bewusste Nichtausüben der Nebenklagerechte für längere Zeit reicht jedoch für einen wirksamen Widerruf nicht aus, da dieses Verhalten mehrere Deutungsmöglichkeiten zulässt. Es bedarf daher einer ausdrücklichen Erklärung (SK-StPO/*Velten* § 402 Rn. 1; HK-GS/*Rössner* § 402 Rn. 1; LR/*Wenske* § 402 Rn. 1; **a.A.** Meyer-Goßner/*Schmitt* § 402 Rn. 1; OLG Hamm GA 1971, 26).

2 Der Widerruf wirkt *ex nunc*, also nur für die Zukunft (RGSt 64, 60 [62]). Bereits ergangene Gerichtsentscheidungen bleiben bestandskräftig. Noch nicht beschiedene Anträge und Rechtsmittel werden gegenstandslos (SK-StPO/*Velten* § 402 Rn. 3). Der Nebenkläger verliert den erst bei rechtskräftiger Verurteilung des Angeklagten oder nach einer Einstellung entstehenden Anspruch auf Auslagenerstattung nach § 472 Abs. 1, Abs. 2 (BayObLGSt 53, 156; LR/*Wenske* § 402 Rn. 10; Meyer-Goßner/*Schmitt* § 402 Rn. 2).
Der Widerruf beinhaltet im Zweifel keinen Verzicht auf die Anschlussbefugnis. Daher ist der Anschlussberechtigte regelmäßig nicht gehindert, sich dem laufenden Verfahren später erneut anzuschließen (RGSt 61, 99; OLG Hamm GA 1971, 26). Etwas anderes gilt nur dann, wenn mit dem Widerruf ein Verzicht auf das Nebenklagerecht (BayObLGSt 30, 142) verbunden ist, was jedoch eine eindeutige Erklärung voraussetzt, die die Kenntnis ihrer prozessualen Bedeutung und Tragweite erkennen lässt (BGH bei *Pfeiffer/Miebach* NStZ 1986, 209; KK/*Walther* § 402 Rn. 2 m.w.N.). Entsprechendes gilt auch für die Rücknahme des Strafantrages (Meyer-Goßner/*Schmitt* § 402 Rn. 3).

3 Beim **Tod des Nebenklägers** hat der Gesetzgeber anlässlich der Neuregelung der Nebenklage durch das Opferschutzgesetz von 1986 bewusst auf eine Fortsetzungs- oder Eintrittsklausel für Angehörige verzichtet (HK-GS/*Rössner* § 402 Rn. 3). Daher endet die Nebenklage automatisch mit dem Tod des Nebenklägers; § 393 Abs. 2 ist nicht entsprechend anwendbar (Meyer-Goßner/*Schmitt* § 402 Rn. 4). Das Verfahren gegen den Angeklagten wird also ohne Nebenklage fortgeführt. Hinsichtlich der Folgen der Beendigung der Nebenklage durch Tod des Nebenklägers gilt das unter Rdn. 2 ausgeführte entsprechend (vgl. BGH NStZ 1997, 49).

4 Anders als beim eigenverantwortlichen Widerruf entfällt beim Tod des Nebenklägers der Anspruch auf Erstattung der notwendigen Auslagen nicht. Vielmehr hat der Angeklagte nach einer Verurteilung die **Auslagen an den Nachlass** zu erstatten (OLG Karlsruhe MDR 1984, 250; KMR/*Stöckel* § 402 Rn. 7; HK-GS/*Rössner* § 402 Rn. 3 m.w.N.). Im Fall des § 473 Abs. 1 Satz 3 wird der verstorbene Nebenkläger mit den dem Beschuldigten erwachsenen notwendigen Auslagen belastet; sie sind mithin aus dem Nachlass zu erstatten (OLG Celle NJW 1953, 1726). Die nach §§ 302, 473 Abs. 1 Satz 3 zu treffende Kostenentscheidung obliegt vor der Aktenvorlage an das Revisionsgericht (§ 347 Abs. 2) dem Tatgericht, danach dem Revisionsgericht.

Vierter Abschnitt. Entschädigung des Verletzten

Vorbemerkung zu §§ 403 ff.

1 **A. Grundlagen.** In den §§ 403 ff. ist das sog. **Adhäsionsverfahren** geregelt. Es gibt dem Verletzten einer Straftat oder dessen Erben die Möglichkeit, zivilrechtliche Ansprüche gegen den Beschuldigten bereits i.R.d. Strafverfahrens geltend zu machen. Die für Laien ohnehin schwer verständliche strikte Trennung von zivilrechtlicher und strafrechtlicher Erledigung wird auf diese Weise aufgelockert. Im Idealfall wird dem Geschädigten die zeit- und kostenintensive separate Verfolgung seiner Ansprüche vor den Zivilgerichten gänzlich erspart. Die Akzeptanz des Verfahrens bei den Geschädigten ist dementsprechend hoch (*Kaiser*, S. 275 f.; *Schöch* NStZ 1984, 385 [388]). Die mit dem Adhäsionsverfahren geförderte **Verfahrensökonomie** kommt nicht nur dem Geschädigten, sondern prinzipiell auch dem Angeklagten und der staatlichen Rechtspflege zugute (*Schroth/Schroth* Rn. 366). Auch der Gedanke der **Rechtseinheit** kann als Vorteil ins Feld geführt werden, da auf diese Weise verhindert wird, dass in einer Sache verschiedene Gerichte zu abweichenden Entscheidungen gelangen. Eine **europarechtliche** Grundlage besitzt das Adhäsionsverfahren inzwischen in Art. 16 Abs. 1 der Opferschutzrichtlinie (2012/29/EU) vom 25.10.2012,wonach die Mitgliedstaaten grundsätzlich ein Recht der Opfer einer Straftat darauf sicherzustellen haben, »im Rahmen des Strafverfahrens« in angemessener Frist eine Entscheidung über die Entschädigung durch den Straftäter erwirken zu können.

2 Das Adhäsionsverfahren steht wie der Täter-Opfer-Ausgleich im Kontext der im internationalen Bereich als »Restorative Justice« bekannten Forderung nach Wiedergutmachung und Ausgleich der Tatfolgen. Es kann

zugleich als Teilelement einer »**opferbezogenen Strafrechtspflege**« (grundlegend *Rössner/Wulf*) verstanden werden. Seine historischen Wurzeln reichen aber deutlich weiter zurück als die der vergleichsweise jungen, in Deutschland erst seit etwa 1980 einsetzenden Opferrechtsbewegung (s. Rdn. 3). Trotz dieser längeren Tradition und vergleichbarer Institute in den meisten europäischen Rechtsordnungen (zur französischen »action civile« rechtsvergleichend *Spiess* 2007, 228 ff.) hat sich das Verfahren in der Rechtspraxis bis heute nicht nachhaltig durchsetzen können (s. Rdn. 7).

B. Entstehungsgeschichte und Reformen. Die Vorschriften über das Adhäsionsverfahren wurden erst durch die 3. VereinfachungsVO v. 29.05.1943 (RGBl. 1943, S. 342) in die StPO eingeführt und in einem neuen Abschnitt unter der Überschrift »Entschädigung des Verletzten« in den §§ 403 bis 406d geregelt. Dabei handelte es sich um das Ergebnis bereits länger andauernder Reformbemühungen, die unabhängig vom nationalsozialistischen Gedankengut entwickelt wurden (*Spiess*, S. 12). 3

Im Zuge mehrerer **Reformgesetze** wurde versucht, mögliche Hemmnisse für die nur zögerliche Akzeptanz in der Praxis zu beseitigen und für eine Belebung der als »totes Recht« (*Jescheck* JZ 1958, 591 [593]) bezeichneten Vorschriften über das Adhäsionsverfahren zu sorgen. 4

Zu nennen ist hier zunächst das **OpferschutzG** v. 18.12.1986, das folgende Änderungen brachte: 5

- Aufhebung der Streitwertgrenze in amtsgerichtlichen Verfahren (§ 403 Hs. 2),
- Zulässigkeit von Grund- und Teilurteilen über den geltend gemachten Anspruch (§ 406 Abs. 1 Satz 2),
- Möglichkeit von PKH (§ 404 Abs. 5 i.V.m. §§ 114 ff. ZPO).

Der zweite Schritt war das 1. **OpferRRG** v. 24.06.2004, in dem u.a. folgende Punkte neu geregelt wurden: 6

- Zulässigkeit von Anerkenntnisurteilen (§ 406 Abs. 2) und Vergleichen (§ 405),
- Erschwerung der Möglichkeit, von einer Entscheidung abzusehen (§ 406 Abs. 2 Satz 4 bis 6),
- Hinweispflicht des Gerichts auf bevorstehendes Absehen von einer Entscheidung (§ 406 Abs. 5) und Rechtsmittel der sofortigen Beschwerde hiergegen (§ 406a),
- Hinweispflicht ggü. den Antragsberechtigten auf die Möglichkeit des Adhäsionsverfahrens in einem möglichst frühen Zeitpunkt des Verfahrens (§ 406h Abs. 2).

C. Anwendungspraxis. Von einer kurzen Blütezeit nach dem zweiten Weltkrieg abgesehen (*Rieß* Rn. 43) ist das Adhäsionsverfahren in der Praxis nur sehr zögerlich angenommen worden. Auch die oben beschriebenen Reformen haben keine nennenswerte Belebung erbracht (*Spiess*, S. 149 ff.). Nach 1995, als die neuen Bundesländer in die Statistik einbezogen wurden, gab es pro Jahr etwa 3.000 Adhäsionsverfahren. Etwa seit 2000 war ein leichter Anstieg zu verzeichnen, der seinen vorläufigen Höhepunkt im Jahr 2004 mit 6.182 Verfahren hatte (0,73 % aller Verfahren). Ohne erkennbaren Grund gingen die Adhäsionsverfahren im Jahr 2006, also 2 Jahre nach Inkrafttreten des 1. OpferrechtsRRG, auf 2.998 (0,35 % aller Verfahren) wieder deutlich zurück. Danach stiegen sie leicht an (s. Vorauflagen sowie MüKo-StPO/*Grau* § 403 Rn. 4a, 4b). Seit 2008 sind auch die seit 2004 zulässigen gerichtlich protokollierten Vergleiche statistisch ausgewiesen. 7

Betrachtet man die Entwicklung in den letzten 30 Jahren, so kann man trotz der genannten Reformbemühungen lange Zeit nur von einer Stagnation auf niedrigem Niveau sprechen. Selbst die Einschränkung des Absehens von der Entscheidung und die Zulassung von Vergleichen hatten daran zunächst wenig geändert. Immerhin ist seit 2010 ein leichter Anstieg von 0,59 % auf 0,73 % aller gerichtlichen Verfahren im Jahr 2020 zu verzeichnen; im Jahr 2017 wurde sogar ein Anteil von 0,99 % erreicht. Positiv zu bewerten ist auch der anhaltende Anstieg des Anteils der landgerichtlichen Adhäsionsverfahren.

Adhäsionsverfahren in den vor den Amtsgerichten und Landgerichten erledigten Strafverfahren
(Quelle: Statistisches Bundesamt, Fachserie 10, Reihe 2.3 Rechtspflege Strafgerichte [www.destatis.de] 2002, 2010, 2020, jeweils Tab. 2.1, 4.1)

Gerichte	**2002**	**2010**	**2020**
Amtsgericht			
Endurteile	4.776	2.561	2.473
Grundurteile	273	405	196
Vergleiche	-	1.222	1.260
Summe	5.049	4.188	3.929

Gerichte	2002	2010	2020
Landgericht			
Endurteile	141	343	528
Grundurteile	22	52	36
Vergleiche	-	168	82
Summe	163	563	646
Insgesamt (AG+LG)	5.212	5.515	4.575
Anteil an allen erledigten Verfahren	0,58 %	0,59 %	0,73 %
LG-Anteil an allen Adhäsionsverfahren	3,13 %	10,21 %	14,12 %

8 Allein mit einer mangelnden Eignung vieler Verfahren kann die immer noch seltene Anwendung kaum erklärt werden: Bei 68 % der von *Kaiser* (S. 263) untersuchten Strafverfahren kam auch die Durchführung eines Adhäsionsverfahrens in Betracht. Hier werden eher »**praxispsychologische Barrieren**« wirksam (AK/*Schöch* vor §§ 403 ff. Rn. 7). Zu nennen sind zunächst von Anwälten befürchtete gebührenrechtliche Nachteile. Diese Einschätzung ist zwar spätestens seit Einführung des RVG kaum mehr haltbar (s. *Ferber* in: *Weiner/Ferber* Rn. 8: »lukrative Gebührentatbestände«; **a.A.** *Klein*, S. 187 f.; eingehend zur Anwaltsvergütung mit Berechnungsbeispielen *Burhoff* RVGreport 2018, 282), hat sich aber auch in einer neueren Untersuchung bestätigt (*Spiess*, S. 216 ff.). Auch praktische Erwägungen der Strafrichter wie die Nichtberücksichtigung des Adhäsionsverfahrens im Pensenschlüssel (SK-StPO/*Velten* vor § 403 Rn. 4; *Klein*, S. 279), die inzwischen ebenfalls korrigiert worden ist (eingehend dazu *Spiess*, S. 281 ff.) oder die Scheu vor komplexen zivilrechtlichen Fragestellungen (*Kühne* Rn. 1136) können dem berechtigten Anliegen der Geschädigten nicht überzeugend entgegengehalten werden (*Schöch* FS Rieß, S. 519).

9 Schwerer wiegt der Einwand, dass **Friktionen zwischen den zivil- und strafprozessualen Verfahrensgrundsätzen** nicht zu vermeiden sind (*Loos* GA 2006, 195; *Kühne* Rn. 1136). Das beinhaltet ein gewisses Ungleichgewicht zum Nachteil des Angeklagten, da dieser keine Widerklage erheben kann (krit. *Spiess*, S. 285, die eine entsprechende Gesetzesänderung vorschlägt) und auch im Vergleich zum Zivilprozess in einer schlechteren Beweislage ist: Anders als dort trifft den Geschädigten wegen der gerichtlichen Aufklärungspflicht (§ 244 Abs. 2) keine Beweislast für die anspruchsbegründenden Tatsachen, und seine Aussage als Zeuge ist grds. ein vollwertiges Beweismittel. Dem kann aber dadurch Rechnung getragen werden, dass der Richter bei der Beweiswürdigung den Rollenkonflikt des Geschädigten in seiner Stellung sowohl als Zeuge als auch als Partei berücksichtigt (*Loos* GA 2006, 201). Zurückhaltung mit dem Adhäsionsantrag üben viele Opferanwälte auch in den Fällen, in denen der Tatvorwurf in der Hauptverhandlung nicht eindeutig durch ein Geständnis oder mehrere Zeugenaussagen abgesichert ist, also insb. bei den bekannten 1:1-Konstellationen, bei denen eine Aussage des Verletzten gegen eine andere des Beschuldigten steht. Denn in solchen Fällen muss der Verletzte bei der Beweiswürdigung mit Zweifeln des Gerichts dahingehen rechnen, dass es ihm primär um die Durchsetzung materieller Interessen ginge, was seine Glaubwürdigkeit beeinträchtigen kann.

10 Trotz dieser Bedenken bleibt aber ein **sinnvoller Anwendungsbereich** für das Adhäsionsverfahren (vgl. *Grau/Blechschmidt/Frick* NStZ 2010, 662 ff.; *Heger* GA 2018, 684), jedenfalls in den Fällen, in denen zumindest die Haftung dem Grunde nach ohne Weiteres feststellbar ist. Gleiches gilt für die Bestimmung der Anspruchshöhe bei einfach gelagerten Sachverhalten sowie regelmäßig bei Schmerzensgeldansprüchen (*Kauder* Rn. 64). Es wäre daher zu wünschen, dass die seit 2004 in § 406i Abs. 1 Nr. 3 normierte (zwingende) Hinweispflicht in der Praxis ernst genommen wird; nach der Untersuchung von *Spiess* (S. 170) gaben nur gut 2 % der befragten Richter an, die Geschädigten stets über die Möglichkeit des Adhäsionsverfahrens zu informieren.

§ 403 Geltendmachung eines Anspruchs im Adhäsionsverfahren

[1]Der Verletzte oder sein Erbe kann gegen den Beschuldigten einen aus der Straftat erwachsenen vermögensrechtlichen Anspruch, der zur Zuständigkeit der ordentlichen Gerichte gehört und noch nicht anderweitig gerichtlich anhängig gemacht ist, im Strafverfahren geltend machen, im Verfahren vor den Amtsgerichten ohne Rücksicht auf den Wert des Streitgegenstandes. [2]Das gleiche Recht steht auch anderen zu, die einen solchen Anspruch geltend machen.

Übersicht

A. Antragsberechtigte. Antragsberechtigt ist jede Person, die einen aus der verfahrensgegenständlichen **Tat erwachsenen Anspruch** (Rdn. 12) geltend machen will. Dies regelt Satz 1 für Verletzte i.S.d. § 373b Abs. 1, die also durch die Tat **unmittelbar** in ihren Rechtsgütern beeinträchtigt worden sind oder unmittelbar einen Schaden erlitten haben. Über Satz 2 können aber auch alle anderen Personen das Adhäsionsverfahren nutzen, wenn ihnen ein solcher Anspruch zusteht, auch wenn sie nur **mittelbar** durch die Straftat geschädigt sind. Noch vor Schaffung des § 373b hatte die Rspr. dies anerkannt für Ansprüche Hinterbliebener auf Ersatz des ihnen entgangenen Unterhalts gem. § 844 Abs. 2 BGB sowie auf Ausgleich des ihnen durch die Straftat entstandenen seelischen Leids nach § 844 Abs. 3 BGB (BGH NStZ-RR 2019, 353). Der Gesetzgeber hat eigens § 403 Satz 2 angefügt (durch Art. 1 Nr. 48 Gesetz v. 25.06.2021, BGBl. I, S. 2099), um sicherzustellen, dass diese weite Auslegung durch die Legaldefinition des Verletzten keine Einschränkung erfährt (BT-Drs. 19/27654, S. 104 f.). Auf die prozessuale Stellung als Privatkläger, Nebenkläger oder sogar Mitangeklagter kommt es für die Antragsberechtigung ebenso wenig an wie auf die vorangegangene Stellung eines Strafantrags. Auch eine **juristische Person** kann im Adhäsionsverfahren vorgehen, da Entschädigung und nicht persönliche Genugtuung im Vordergrund steht. 1

Weiterhin antragsberechtigt ist der **Erbe** des Verletzten sowie – über den Gesetzeswortlaut hinaus – der Erbe des Erben, da es nach dem hier zugrunde liegenden weiten Verletztenbegriff nur auf die gesetzliche oder testamentarische Erbfolge ankommt. Von mehreren Miterben ist jeder antragsberechtigt, wobei gem. § 2039 Satz 1 BGB nur Leistung an alle Miterben verlangt werden kann (LR/*Wenske* § 403 Rn. 3). 2

Der abschließenden Nennung des Erben kann im Umkehrschluss entnommen werden, dass **weitere Rechtsnachfolger** (z.B. Haftpflichtversicherungen, Sozialversicherungsträger), die den Anspruch durch Abtretung oder gesetzlichen Forderungsübergang erworben haben, **nicht antragsberechtigt** sind. Das ist auch sachlich begründbar, weil diese Rechtsnachfolger weniger unmittelbar und persönlich von der Tat betroffen sind als der Erbe und zudem die oft schwierige Klärung der Rechtsnachfolge zu weiteren Verfahrensverzögerungen führen kann. 3

Nach inzwischen h.M. ist die Antragsberechtigung des **Insolvenzverwalters** zu bejahen (OLG Celle NJW 2007, 3795; 2008, 480; KK/*Zabeck* § 403 Rn. 9; LR/*Wenske* § 403 Rn. 4; MüKo-StPO/*Grau* § 403 Rn. 12). Für nach Eröffnung des Insolvenzverfahrens entstandene Ansprüche hat dies BGH NStZ-RR 2022, 27 bestätigt, dabei aber offengelassen, ob Gleiches auch für zuvor begründete Ansprüche gilt (verneinend OLG Jena NJW 2012, 547; ebenso Meyer-Goßner/*Schmitt* § 403 Rn. 5; generell abl. OLG Frankfurt NStZ 2007, 168; KMR/*Nepomuck* § 403 Rn. 4). Für die h.M. spricht, dass der Verletzte selbst keinen Antrag stellen kann (§§ 80 ff. InsO, § 240 ZPO). Warum eine Geltendmachung des Anspruchs im Adhäsionsverfahren ausgeschlossen sein soll, ist nicht ersichtlich, zumal der Insolvenzverwalter einen bereits vor Eröffnung des Insolvenzverfahrens gestellten Adhäsionsantrag des Verletzten gem. § 85 InsO aufnehmen kann. 4

Der Antragsteller muss nach allgemeinen zivilprozessualen Grundsätzen **prozessfähig** sein gem. § 52 ZPO. Andernfalls ist der Antrag vom gesetzlichen Vertreter zu stellen. 5

B. Antragsgegner. Antragsgegner kann nur der **Beschuldigte** selbst sein. Bei mehreren gem. § 830 BGB als Gesamtschuldner haftenden Mittätern kann jeder Antragsgegner sein. 6

Haften noch weitere Personen als Gesamtschuldner, ohne dass sie selbst Beschuldigte sind, ist ein Antrag diesen Personen ggü. nicht zulässig. Der praktisch wichtigste Fall sind **Schädigungen im Straßenverkehr**, bei denen die gem. § 115 VVG (früher: § 3 PflVG) mithaftende Kfz-Versicherung des Beschuldigten nicht i.R.d. Adhäsionsverfahrens in Anspruch genommen werden kann (*Beulke* Rn. 598). Bei der vergleichbaren »action civile« im französischen Recht ist dies dagegen möglich (vgl. *Spiess,* S. 235 und 278 f., die eine entsprechende Reform des Adhäsionsverfahrens vorschlägt). 7

Bei **jugendlichen Beschuldigten** ist gem. § 81 JGG die Anwendung der §§ 403 ff. ausdrücklich ausgeschlossen. Dahinter steht zum einen die lange Zeit vorherrschende Überzeugung, wonach eine Betonung der Opferbelange dem Erziehungsgedanken widerspreche (*Eisenberg* § 81 Rn. 4). Das leuchtet im Hinblick auf die Geltendmachung berechtigter zivilrechtlicher Ersatzansprüche kaum ein und wird auch durch die gleichzeitige Betonung der wichtigen erzieherischen Funktion von Schadenswiedergutmachung und Täter-Opfer-Ausgleich (§§ 10 Abs. 1 Satz 3 Nr. 7, 15 Abs. 1 Satz 1 Nr. 1, 45 Abs. 2 Satz 2 JGG) konterkariert. Gewichtiger ist dagegen die Überlegung, dass ein Adhäsionsverfahren ggü. Jugendlichen in manchen Fällen mangels zivilrechtlicher Haftung (§ 828 Abs. 3 BGB), häufiger aus tatsächlichen Gründen wegen Vermögenslosigkeit ins Leere laufen wird. De lege ferenda ist aber auch dies nicht überzeugend (im Ergebnis ebenso *Haller* NJW 2011, 970 [973]). 8

9 Bei den 18- unter 21-jährigen **Heranwachsenden** ist das Adhäsionsverfahren seit dem 2. Justizmodernisierungsgesetz v. 22.12.2006 (BGBl. I, S. 3416) generell zulässig, anders als früher also auch bei Verurteilung nach materiellem Jugendstrafrecht. Dies ist zu begrüßen, da die in Rdn. 8 erwähnten Einwände bei volljährigen Angeklagten nicht durchgreifen. Gem. § 109 Abs. 2 Satz 4 JGG ist die Sonderregelung des § 74 JGG bei der Entscheidung über die **Kosten** nach § 472a nicht anzuwenden. Damit erhält der Verletzte, dessen Antrag stattgegeben wird, auch bei Anwendung des Jugendstrafrechts seine Auslagen ersetzt.

10 Der Beschuldigte als Antragsgegner muss lediglich **verhandlungsfähig** sein; Prozessfähigkeit ist nicht erforderlich (KMR/*Nepomuck* § 403 Rn. 8). Um prozessual wirksam handeln zu können, insb. bei der Zustimmung zu einem Vergleich, ist aber zumindest **Geschäftsfähigkeit** des Antragsgegners oder die Mitwirkung eines gesetzlichen Vertreters erforderlich (MüKo-StPO/*Grau*§ 403 Rn. 16).

11 **C. Vermögensrechtlicher Anspruch.** Beantragt werden kann die Entscheidung über vermögensrechtliche Ansprüche, d.h. über Ansprüche, die aus Vermögensrechten abgeleitet oder auf vermögenswerte Leistungen gerichtet sind (Meyer-Goßner/*Schmitt* § 403 Rn. 10). Betroffen sind insb. **Schadensersatz- und Schmerzensgeldansprüche**, aber auch Ansprüche auf Herausgabe (z.B. der Beute), Unterlassung, Widerruf einer Behauptung oder Feststellung (z.B. der Unwirksamkeit eines durch Erpressung zustande gekommenen Vertrages) sind denkbar, solange mit ihnen ein wirtschaftliches Interesse verfolgt wird.

12 Die Ansprüche müssen **»aus einer Straftat«** erwachsen sein; eine Ordnungswidrigkeit genügt nicht (s.a. § 46 Abs. 3 Satz 4 OwiG). Ein ausreichender Zusammenhang besteht schon dann, wenn der Anspruch aus der Tat als **historischem Sachverhalt** erwachsen ist. Ersatzansprüche im Adhäsionsverfahren geltend machen kann damit auch der Eigentümer des vom Täter bei einer Tat nach § 315c StGB geführten Fahrzeugs, obwohl es als Tatwerkzeug kein Schutzobjekt der Norm darstellt (BGH NStZ-RR 2018, 24). Der BGH ist damit zu Recht nicht der z.T. vertretenen engen Auslegung gefolgt, wonach nur Schäden umfasst sein sollen, vor denen das entsprechende Delikt schützen will. Das Opfer einer fahrlässigen Körperverletzung im Straßenverkehr könnte danach also lediglich Heilungskosten und Schmerzensgeld, nicht aber zugleich entstandene Sachschäden ersetzt bekommen (*Klein* S. 60 ff.; wohl auch MüKo-StPO/*Grau* § 403 Rn. 18; SK-StPO/*Velten* § 403 Rn. 2). Dafür spricht aber weder der Wortlaut noch der Sinn und Zweck der Vorschrift. Auch der Hinweis auf mögliche Verfahrensverzögerungen kann den generellen Ausschluss nicht tragen, da dem ohne Weiteres durch ein (teilweises) Absehen von der Entscheidung Rechnung getragen werden kann (so im Ergebnis auch *Schirmer* DAR 1988, 121).

13 Der Anspruch muss zur Zuständigkeit der **ordentlichen Gerichte** gehören. Damit sind Ansprüche ausgeschlossen, die gem. § 2 ArbGG in die Zuständigkeit der ArbG fallen (BGHSt 3, 210 [212]). Die noch im Entwurf zum 1. OpferRRG enthaltene Regelung, auch arbeitsrechtliche Ansprüche einzubeziehen, ist nicht Gesetz geworden (*Ferber* NJW 2004, 2564).

14 **D. Zuständigkeit und Verfahren.** Die **Streitwertgrenze** von 5.000,00 € für die Zuständigkeit des AG (§ 23 Nr. 1 GVG) gilt nach § 403 Hs. 2 nicht. Im Adhäsionsverfahren können also ausnahmsweise auch höhere Ansprüche vor dem AG geltend gemacht werden. In den Fällen der **ausschließlichen Zuständigkeit des LG** gem. der vorrangigen speziellen Regelungen in § 71 Abs. 2 und 3 GVG (betr. Amtshaftung und Ansprüche aus Kapitalgesellschaften) scheidet eine Geltendmachung i.R.d. Adhäsionsverfahrens vor dem AG aus (KMR/*Nepomuck* § 403 Rn. 12). Das Gericht hat seine Zuständigkeit **von Amts wegen** zu prüfen, abweichend von § 529 Abs. 2 ZPO auch im Rechtsmittelverfahren. Fehler bei der Annahme der Zuständigkeit berühren aber nicht die Wirksamkeit des Urteils (BGHSt 3, 210 [212]).

15 Der Anspruch kann »im Strafverfahren« geltend gemacht werden, wozu auch das Privatklageverfahren zählt. Im **Strafbefehlsverfahren** ist ein Antrag nicht ausgeschlossen, allerdings kann über diesen richtigerweise nur dann entschieden werden, wenn es (nach Einspruch des Beschuldigten) zur Hauptverhandlung kommt (BGH NJW 1991, 1243; **a.A.** *Kuhn* JR 2004, 400; *Sommerfeld/Guhra* NStZ 2004, 420). Rechtspolitisch ist dies wenig sinnvoll und sollte deshalb geändert werden (ebenso *Sommerfeld* ZRP 2008, 258 ff.; *Haller* NJW 2011, 970 [973]).

16 Auch vor dem LG oder dem OLG besteht **kein Anwaltszwang** (Meyer-Goßner/*Schmitt* § 404 Rn. 8).

§ 404 Antrag des Verletzten; Prozesskostenhilfe

(1) [1]Der Antrag, durch den der Anspruch geltend gemacht wird, kann schriftlich oder mündlich zu Protokoll des Urkundsbeamten, in der Hauptverhandlung auch mündlich bis zum Beginn der Schlußvorträge gestellt werden. [2]Er muß den Gegenstand und Grund des Anspruchs bestimmt bezeichnen und soll die Beweismittel enthalten. [3]Ist der Antrag außerhalb der Hauptverhandlung gestellt, so wird er dem Beschuldigten zugestellt.

(2) [1]Die Antragstellung hat dieselben Wirkungen wie die Erhebung der Klage im bürgerlichen Rechtsstreit. [2]Sie treten mit Eingang des Antrages bei Gericht ein.
(3) [1]Ist der Antrag vor Beginn der Hauptverhandlung gestellt, so wird der Antragsteller von Ort und Zeit der Hauptverhandlung benachrichtigt. [2]Der Antragsteller, sein gesetzlicher Vertreter und der Ehegatte oder Lebenspartner des Antragsberechtigten können an der Hauptverhandlung teilnehmen.
(4) Der Antrag kann bis zur Verkündung des Urteils zurückgenommen werden.
(5) [1]Dem Antragsteller und dem Angeschuldigten ist auf Antrag Prozesskostenhilfe nach denselben Vorschriften wie in bürgerlichen Rechtsstreitigkeiten zu bewilligen, sobald die Klage erhoben ist. [2] § 121 Abs. 2 der Zivilprozessordnung gilt mit der Maßgabe, dass dem Angeschuldigten, der einen Verteidiger hat, dieser beigeordnet werden soll; dem Antragsteller, der sich im Hauptverfahren des Beistandes eines Rechtsanwaltes bedient, soll dieser beigeordnet werden. [3]Zuständig für die Entscheidung ist das mit der Sache befasste Gericht; die Entscheidung ist nicht anfechtbar.

Übersicht

A. Antragstellung (Abs. 1). Der Antrag ist eine **besondere Verfahrensvoraussetzung**, die vom Gericht von Amts wegen in allen Verfahrensstadien zu prüfen ist (BGH StV 2008, 127). Wird ein Adhäsionsantrag unter der Bedingung der Bewilligung von Prozesskostenhilfe gestellt, so ist nach erfolgter Bewilligung noch eine Antragstellung gem. § 404 Abs. 1 StPO erforderlich (BGH BeckRS 2017, 115042). 1

In **formaler Hinsicht** kann der Antrag wie eine zivilrechtliche Klage gem. §§ 253, 496 ff. ZPO schriftlich oder mündlich zur Niederschrift des Urkundsbeamten gestellt werden. Bei der ebenfalls zulässigen mündlichen Antragstellung in der Hauptverhandlung ist diese im Sitzungsprotokoll gem. § 273 Abs. 1 zu beurkunden (Meyer-Goßner/*Schmitt* § 404 Rn. 2). 2

Inhaltlich ist in Anlehnung an § 253 Abs. 2 Nr. 2 ZPO erforderlich, dass Gegenstand und Grund des Anspruchs hinreichend **bestimmt** bezeichnet werden. Hinsichtlich der Straftat genügt die Bezugnahme auf die in der Anklage erhobenen Tatvorwürfe (BGH NStZ 2014, 90). Anders als im Zivilprozess muss der Adhäsionskläger keinen Kostenvorschuss leisten, da die Kosten des Adhäsionsverfahrens als Bestandteil der Gesamtkosten des Strafverfahrens behandelt werden (SSW-StPO/Steinberger-Fraunhofer § 472a Rn. 1). Es besteht auch keine Kostenvorschusspflicht für die Benennung von Zeugen und Sachverständigen (*Schroth/Schroth* Rn. 366). Geldforderungen sind grds. zu beziffern. Davon kann abgewichen werden, wenn die Anspruchshöhe erst durch ein Sachverständigengutachten ermittelt werden kann oder wenn sie – wie bei Schmerzensgeldforderungen gem. § 253 BGB – zulässigerweise in das Ermessen des Gerichts gestellt werden darf (BGHR § 404 Antragstellung 2). Gem. § 253 Abs. 2 Nr. 2 ZPO ist aber zur Bestimmung des Streitwertes und für die Kostenentscheidung wenigstens eine Größenordnung oder eine Mindesthöhe des begehrten Schmerzensgeldes anzugeben (BGH NStZ 2020, 310; BGH NStZ-RR 2019, 59; HK-GS/*Rössner* § 404 Rn. 1). Kann der Anspruch noch nicht beziffert werden, kommt auch ein Antrag lediglich auf **Feststellung** der Haftung des Beschuldigten in Betracht, die in ihrer Wirkung einem zulässigen Grundurteil gleichkäme (LR/*Wenske* § 404 Rn. 2; zur generellen Zulässigkeit von Feststellungsurteilen s. BGHSt 47, 378; *Loos* GA 2006, 209); allerdings ist aufgrund des prinzipiellen Vorrangs des Leistungsantrags das berechtigte Interesse streng zu prüfen. Einem Adhäsionsfeststellungsantrag auf den Ersatz bereits entstandener materieller Schäden fehlt das nach § 256 ZPO erforderliche Feststellungsinteresse, wenn der Adhäsionskläger weder geltend macht noch aus seinem Vortrag sonst ersichtlich ist, welche Schäden bereits entstanden sein könnten und warum er nicht in der Lage ist, diese Schäden schon jetzt zu beziffern (BGH Beschl. v. 19.01.2016 – 2 StR 332/15). **Zinsen** werden nur auf Antrag (und zwar ab Rechtshängigkeit, BGH StraFo 2004, 144) gewährt, da das Gericht entsprechend § 308 Abs. 1 ZPO dem Antragsteller nicht mehr zusprechen darf, als er beantragt hat (BGHR § 404 Entscheidung 2; BGH NStZ 2009, 109: gem. §§ 286 Abs. 2 Nr. 4, 288 Abs. 1 BGB fünf Prozentpunkte über dem Basiszinssatz). 3

Der Anspruch muss vom Antragsteller **schlüssig** dargetan werden. Bei einfach gelagerten Sachverhalten kann eine Bezugnahme auf die in der Anklageschrift erhobenen Tatvorwürfe ausreichen; bei mehreren Taten unter entsprechender Konkretisierung (BGH NStZ-RR 2017, 142). Zumindest dies ist aber selbst bei einer bloßen Schmerzensgeldforderung erforderlich (BGH NStZ-RR 2021, 256). Auf fehlende Schlüssigkeit hat das Gericht den Antragsteller analog § 139 ZPO hinzuweisen. Wird ein ausreichender Tatsachenvortrag nicht nachgeholt, sieht das Gericht wegen Unzulässigkeit gem. § 406 Abs. 1 Satz 3 von einer Entscheidung ab. 4

Die **Beweismittel** »sollen« nach Abs. 1 vom Antragsteller benannt werden, ihr Fehlen ist aber unschädlich, da das Gericht gem. § 244 Abs. 2 ohnehin von Amts wegen zur Aufklärung verpflichtet ist.

5 Eine **förmliche Zustellung** des Antrags gem. § 35 Abs. 2 an den Beschuldigten erfolgt gem. Abs. 1 Satz 3 nur dann, wenn die Antragstellung außerhalb der Hauptverhandlung erfolgt ist (BGH StV 2008, 127).

6 Der Antrag kann schon **vor Anhängigkeit der Sache**, also etwa bereits verbunden mit der Strafanzeige, gestellt werden. Wirksam wird er dann allerdings erst mit Eingang bei Gericht (LR/*Wenske* § 404 Rn. 3 f.), weshalb der StA nach Nr. 174 Abs. 2 RiStBV den Antrag dem Gericht »beschleunigt zuzuleiten« hat.

7 Der **letztmögliche Zeitpunkt** für die Antragstellung ist vor Beginn der dem Urteil vorausgehenden Schlussvorträge (BGH StV 1988, 515). Der Antrag kann auch erst in der **Berufungsinstanz**, nicht mehr jedoch in der Revisionsinstanz gestellt werden. Eine frühe Antragstellung ist zu empfehlen, da die Gefahr des Absehens von der Entscheidung wegen »erheblicher Verzögerung« des Verfahrens gem. § 406 Abs. 1 Satz 5 wächst, je später der Antrag gestellt wird.

8 **B. Wirkungen des Antrags (Abs. 2).** Der Antrag hat nach Abs. 2 die Wirkungen einer Klageerhebung nach bürgerlichem Recht. Relevant sind v.a. die **Rechtshängigkeit** des Anspruchs, die eine anderweitige Geltendmachung gem. § 261 Abs. 3 Nr. 1 ZPO ausschließt sowie die **Hemmung der Verjährung** (§ 204 Abs. Nr. 1 BGB). Wie in Abs. 2 Satz 2 nunmehr klargestellt ist, treten diese Wirkungen nicht erst bei Zustellung der Klage, sondern bereits mit Eingang des Antrags bei Gericht bzw. mit der mündlichen Antragstellung in der Hauptverhandlung ein.

9 Das **weitere Verfahren** richtet sich nach den Vorschriften der StPO. So gilt insb. auch für den zivilrechtlichen Anspruch der Amtsermittlungsgrundsatz (§ 244 Abs. 2). Das kann für den Antragsteller, den keine Beweislast trifft, von großem Vorteil sein (*Beulke* Rn. 599). Die Beweisaufnahme erfolgt gem. §§ 226 bis 276. Führt der strafprozessuale Strengbeweis zu Schwierigkeiten bei der Ermittlung komplexer Haftungsfragen, kann (nach neuer Rechtslage aber nur unter verschärften Voraussetzungen, s. § 406 Rdn. 14 ff.) von einer Entscheidung gem. § 406 Abs. 1 Satz 4 und 5 abgesehen werden.

10 Die Ermittlung der Höhe des zu ersetzenden Schadens wird durch eine Schätzung analog § 287 ZPO erleichtert. Hier kann sich eine Kollision mit dem **nemo-tenetur-Grundsatz** ergeben, wenn der schweigende Angeklagte sich durch die drohende Anwendung von § 287 ZPO genötigt sehen kann, doch Angaben zur Sache zu machen. Hier sollte sich das Gericht v.a. bei hohen Forderungen auf ein Grundurteil beschränken (*Loos* GA 2006, 207 f.). Das Verbot des § 308 ZPO, einer Partei zuzusprechen, was nicht beantragt ist, gilt auch im Adhäsionsverfahren (BGH NStZ-RR 2009, 319).

11 Eine **Anhörung des Angeklagten** zum geltend gemachten Anspruch ist zwingend erforderlich (BGHSt 37, 260). Eine Stellungnahme der **StA** zum geltend gemachten Anspruch ist dagegen nach Nr. 174 Abs. 1 RiStBV nur dann erforderlich, wenn dies nötig ist, um die Tat strafrechtlich zutreffend zu würdigen oder um einer Verzögerung des Strafverfahrens vorzubeugen (krit. LR/*Wenske* § 404 Rn. 12)

12 **C. Teilnahme an der Hauptverhandlung und Rechtsstellung des Antragstellers (Abs. 3).** Der Antragsteller hat (wie auch sein gesetzlicher Vertreter, Ehegatte oder Lebenspartner gem. § 1 LPartG) das Recht, an der Hauptverhandlung **teilzunehmen** (Abs. 3 Satz 2). Ist der Antragsteller zugleich als Zeuge geladen, gilt § 58 Abs. 1 für ihn nicht, d.h. auch bei der Vernehmung anderer Zeugen ist ihm die Anwesenheit gestattet (Meyer-Goßner/*Schmitt* § 58 Rn. 3; **a.A.** *Meier/Dürre* JZ 2006, 18 [21]). Daher ist es zweckmäßig, den Antragsteller als ersten Zeugen zu vernehmen (AK/*Schöch* § 404 Rn. 15).

13 Um dieses **Anwesenheitsrecht** abzusichern, ist er gem. Abs. 3 Satz 1 von Ort und Zeit der Hauptverhandlung zu benachrichtigen, wenn der Antrag außerhalb der Hauptverhandlung gestellt wurde. Die Einhaltung einer bestimmten Form oder Frist hierfür ist nicht vorgeschrieben. Der Antragsteller kann sich von einem RA oder einem anderen Bevollmächtigten vertreten lassen.

14 Vor einer Entscheidung über den Antrag muss der Antragsteller **angehört** werden. Er hat weiterhin das Recht, Beweisanträge und Anträge nach § 238 Abs. 2 zu stellen sowie das Recht auf Schlussvortrag gem. § 258 Abs. 2, dessen Zeitpunkt vom Vorsitzenden bestimmt wird (BGH NJW 1956, 1767; Meyer-Goßner/*Schmitt* § 404 Rn. 9; a.A. Stoffers/Möckel NJW 2013, 830 [831]).

15 Ob dem Antragsteller ein Recht zusteht, einen Richter wegen **Befangenheit** gem. § 24 abzulehnen, war lange umstritten (*Klein*, S. 87 ff. m.w.N.). Entgegen der früher herrschenden Meinung (*Hamm* NJW 1974, 682) hat das BVerfG (NJW 2007, 1670) dies aufgrund Art. 101 Abs. 1 Satz 2 GG bejaht und eine entsprechende verfassungskonforme erweiternde Auslegung von § 404 Abs. 2 verlangt. Dem ist zuzustimmen. Zwar findet sich anders als etwa in § 397 Abs. 1 Satz 3 für den Nebenkläger keine ausdrückliche Spezialregelung. Dabei dürfte es sich aber kaum um eine bewusste gesetzgeberische Entscheidung handeln. Die eigenständige prozessuale Stellung des Antragstellers, die durch das 1. OpferRRG von 2004 nochmals aufgewertet wurde, spricht dafür, auch diesen in den Kreis der Ablehnungsberechtigten einzubeziehen.

D. Rücknahme des Antrags (Abs. 4). Nach Abs. 4 kann der Antrag bis zur Verkündung des Urteils (§ 268 Abs. 2) zurückgenommen werden. Dies ist auch in der Berufungsinstanz, nicht jedoch in der Revisionsinstanz möglich. Einer Zustimmung des Angeklagten bedarf es dafür nicht. Die Rücknahme steht der **erneuten Antragstellung** im selben Verfahren oder bei einer zivilrechtlichen Klageerhebung nicht entgegen (Meyer-Goßner/*Schmitt* § 404 Rn. 13), wie man § 406 Abs. 3 Satz 3 entnehmen kann. Eine entsprechende Anwendung des in § 392 normierten Rücknahmeverbotes kann aufgrund der Unterschiede von Privatklage und Adhäsionsverfahren (als unselbstständigem Teil eines Strafverfahrens) nicht überzeugen (**a.A.** *Köckerbauer* NStZ 1994, 305 [307]). 16

E. Prozesskostenhilfe (Abs. 5). Sowohl dem Antragsteller als auch dem Angeschuldigten kann nach Abs. 5 auf Antrag **PKH** bewilligt werden. Maßgeblicher Zeitpunkt ist die Erhebung der öffentlichen Klage durch Einreichung der Anklageschrift, im Strafbefehlsverfahren die Anberaumung der Hauptverhandlung. Der Antrag muss **vor** Abschluss der kostenverursachenden Instanz gestellt werden. Eine rückwirkende Bewilligung von PKH kommt sonst nicht in Betracht; mangels Fristlauf ist insoweit auch ein Wiedereinsetzungsantrag zur Nachholung der Antragstellung unzulässig (BGH, 18.03.2021 – 5 StR 222/20). 17

Die **Voraussetzungen** bestimmen sich nach § 114 Abs. 1 ZPO: Der Betroffene kann die Kosten der Prozessführung nicht aufbringen, die Rechtsverfolgung muss hinreichende Aussicht auf Erfolg bieten und darf nicht mutwillig erscheinen. Der Antrag muss gem. § 117 Abs. 2 ZPO eine Erklärung über die persönlichen und wirtschaftlichen Verhältnisse sowie entsprechende Belege enthalten. Amtliche Vordrucke sind (soweit vorhanden) zu verwenden, § 117 Abs. 5 ZPO. Die Bewilligung erfolgt gem. § 119 Abs. 1 Satz 1 ZPO für jeden Rechtszug gesondert (BGH NStZ-RR 2009, 253). 18

Auf Antrag ist auch die **Beiordnung eines RA** gem. § 121 Abs. 2 ZPO möglich, wenn die Vertretung durch einen RA (etwa aufgrund der Schwierigkeit der Rechtslage wie bei § 140 Abs. 2) erforderlich erscheint oder der Gegner durch einen RA vertreten ist. Die Beiordnung eines RA als Beistand für den Nebenkläger erstreckt sich also nicht automatisch auch auf das Adhäsionsverfahren (BGH NJW 2001, 2486; OLG Hamm NStZ-RR 2001, 351). Wird ein entsprechender Antrag gestellt und liegen die Voraussetzungen einer Beiordnung vor, so sind nach § 404 Abs. 5 Satz 2 aus verfahrensökonomischen Gründen – soweit vorhanden – die bereits am Verfahren beteiligten Anwälte sowohl aufseiten des Angeschuldigten als auch aufseiten des Antragstellers beizuordnen. 19

Ist dem Angeklagten ein **Pflichtverteidiger** bestellt, so soll dies per se auch die Vertretung im Adhäsionsverfahren einschließen (BGH NJW 2021, 2901; OLG Rostock StV 2011, 656; OLG Köln StraFo 2005, 394; SK-StPO/*Velten* § 404 Rn. 21). Der BGH verweist hierzu auf § 143 Abs. 1, wonach sich die Bestellung auf das gesamte Verfahren erstreckt, sowie auf die aus der strafprozessualen Verknüpfung von Tat und Anspruch resultierende Effizienz. Der Gesetzgeber sei mit der Regelung der Nr. 4143 RVG-VV davon ausgegangen, dass die das Adhäsionsverfahren betreffende Gebühr ohne Weiteres dem »Pflichtverteidiger« zustehe. Mit der Beibehaltung des Systems der notwendigen Verteidigung bei Umsetzung der PKH-Richtlinie (RL 2016/1919, ABl. L 297 vom 04.11.2016) sei die Entscheidung verbunden, dass es im Strafverfahren kein Nebeneinander von PKH und notwendiger Verteidigung geben soll. Nach **a.A.** bedarf es eine gesonderte Bestellung des Pflichtverteidigers für die Vertretung im Adhäsionsverfahren; u.a. da ansonsten die engeren Beiordnungsvoraussetzungen der speziellen Regelung in § 404 Abs. 5 umgangen würden (so die bis zur Entscheidung des BGH überwiegende Rspr. der Obergerichte, s. z.B. OLG Düsseldorf BeckRS 2012, 15651; OLG Hamm BeckRS 2013/00042; OLG Karlsruhe StraFo 2013, 84 m.w.N.; MüKo-StPO/*Grau* § 404 Rn. 8). 20

Zuständig für die Bewilligung ist nach Abs. 5 Satz 3 das jeweils mit der Sache befasste Gericht, das Berufungsgericht allerdings erst nach Vorlage der Akten gem. § 321 Satz 2 (AK/*Schöch* § 404 Rn. 24). Abweichend von § 127 Abs. 2 ZPO ist die Entscheidung des Gerichts gem. Abs. 5 Satz 3 Hs. 2 **nicht anfechtbar.** 21

§ 405 Vergleich

(1) [1]Auf Antrag der nach § 403 zur Geltendmachung eines Anspruchs Berechtigten und des Angeklagten nimmt das Gericht einen Vergleich über die aus der Straftat erwachsenen Ansprüche in das Protokoll auf. [2]Es soll auf übereinstimmenden Antrag der in Satz 1 Genannten einen Vergleichsvorschlag unterbreiten.

(2) Für die Entscheidung über Einwendungen gegen die Rechtswirksamkeit des Vergleichs ist das Gericht der bürgerlichen Rechtspflege zuständig, in dessen Bezirk das Strafgericht des ersten Rechtszuges seinen Sitz hat.

Die früher umstrittene Frage, ob i.R.d. Adhäsionsverfahrens auch gerichtliche Vergleiche möglich sind (offengelassen in BGHSt 37, 263 [264]; dafür AK/*Schöch* vor § 403 Rn. 9 bis 11), wurde i.R.d. 1. OpferRRG von 2004 durch die Neufassung des § 405 positiv geklärt (krit. im Hinblick auf den Vergleichsdruck im Strafver- 1 fahren und wegen Unvereinbarkeit mit dem nemo-tenetur-Grundsatz *Kähler* StraFo 2019, 11–16). **Voraussetzung** ist nach dieser Norm ein Antrag eines nach § 403 Antragsberechtigten und des Angeklagten. Der Vergleich ist in das Hauptverhandlungsprotokoll aufzunehmen. Der während des Gesetzgebungsverfahrens diskutierte Vorschlag, bereits vor Eröffnung der Hauptverhandlung einen gerichtlichen Vergleich zuzulassen, ist damit nicht Gesetz geworden (*Ferber* NJW 2004, 2564).

2 **Gegenstand** des Vergleichs können sämtliche Ansprüche der Parteien sein, die im Zusammenhang mit der betreffenden Straftat stehen, richtigerweise auch solche, die nicht der ordentlichen Gerichtsbarkeit zuzuordnen sind und Ansprüche nicht-vermögensrechtlicher Natur wie die Abgabe einer Ehrenerklärung ohne wirtschaftliche Relevanz (Meyer-Goßner/*Schmitt* § 405 Rn. 3). Diese Erweiterung ggü. § 403 ist sinnvoll, da sie den Parteien einen möglichst umfassenden Schlussstrich zur Wiederherstellung des Rechtsfriedens ermöglicht (BT-Drs. 15/2536, S. 36). Leistungen, die der Angeklagte aufgrund des Vergleichs erbringt oder in Aussicht stellt, sind als **Wiedergutmachungsbemühungen gem. §§ 46 Abs. 2, 46a StGB** zu würdigen (*Schöch* FS Rieß, S. 517 f.). Der Anteil der Vergleiche an den Adhäsionsverfahren ist beträchtlich (2010: 25,3 %; 2017: 19.1 %; 2020: 29,3 % berechnet nach den absoluten Zahlen, s. Vor § 403 Rdn. 7).

3 Kommt der Vergleich wirksam zustande, ist er gem. § 794 Abs. 1 Nr. 1 ZPO Grundlage der **Vollstreckung** (vgl. auch § 406b). Aus dieser Funktion als Titel folgt, dass der zu vollstreckende Inhalt hinreichend bestimmt und Vollstreckungsschuldner und -gläubiger identifizierbar sein müssen (*Havliza/Stang* in: *Weiner/Ferber* Rn. 114). Eine Vereinbarung über die Kostentragung des Adhäsionsverfahrens und des Vergleichs beinhaltet auch die notwendigen Auslagen des Adhäsionsklägers (KG BeckRS 2015, 12692). Unterbleibt eine Einigung, so hat das Gericht über die Kosten gem. § 472a Abs. 2 im Urteil zu entscheiden (OLG Celle, 21.09.2021 – 2 Ws 270/21).

4 Ein **Vergleichsvorschlag** des Gerichts soll auf übereinstimmenden Antrag beider Parteien unterbreitet werden (Abs. 1 Satz 2). I.Ü. sollte sich das Gericht, schon um den Eindruck der Befangenheit zu vermeiden (*Hilger* GA 2004, 478 [485]), mit eigenen Vorschlägen i.R.d. Vergleichsverhandlungen zurückhalten und auch jeglichen Anschein von Druck ggü. dem Angeklagten zur Eingehung des Vergleichs vermeiden (BGHSt 37, 263 [264]).

5 **Einwendungen** gegen den Vergleich sind möglich, müssen aber in einem gesonderten Zivilverfahren geltend gemacht werden. Abs. 2 enthält schon seinem Wortlaut nach **allein** eine Regelung der **örtlichen Zuständigkeit** (a.A. Meyer-Goßner/*Schmitt* § 405 Rn. 6); zuständig ist danach das Gericht, in dessen Bezirk das Strafgericht des ersten Rechtszuges seinen Sitz hat. Im Hinblick auf die **sachliche Zuständigkeit** bleibt es bei den Regelungen der §§ 23, 71 GVG. Dafür spricht auch, dass kein Grund ersichtlich ist, warum die Vollstreckungsabwehrklage gegen ein Adhäsionsurteil oder einen Vergleich vor einem Gericht anderer Ordnung verhandelt werden sollte als diejenige gegen ein herkömmliches Zivilurteil (zutreffend Weiner/Ferber/*Havliza/Stang* Rn. 126 f.).

§ 406 Entscheidung über den Antrag im Strafurteil; Absehen von einer Entscheidung

(1) [1]Das Gericht gibt dem Antrag in dem Urteil statt, mit dem der Angeklagte wegen einer Straftat schuldig gesprochen oder gegen ihn eine Maßregel der Besserung und Sicherung angeordnet wird, soweit der Antrag wegen dieser Straftat begründet ist. [2]Die Entscheidung kann sich auf den Grund oder einen Teil des geltend gemachten Anspruchs beschränken; § 318 der Zivilprozessordnung gilt entsprechend. [3]Das Gericht sieht von einer Entscheidung ab, wenn der Antrag unzulässig ist oder soweit er unbegründet erscheint. [4]Im Übrigen kann das Gericht von einer Entscheidung nur absehen, wenn sich der Antrag auch unter Berücksichtigung der berechtigten Belange des Antragstellers zur Erledigung im Strafverfahren nicht eignet. [5]Der Antrag ist insbesondere dann zur Erledigung im Strafverfahren nicht geeignet, wenn seine weitere Prüfung, auch soweit eine Entscheidung nur über den Grund oder einen Teil des Anspruchs in Betracht kommt, das Verfahren erheblich verzögern würde. [6]Soweit der Antragsteller den Anspruch auf Zuerkennung eines Schmerzensgeldes (§ 253 Abs. 2 des Bürgerlichen Gesetzbuches) geltend macht, ist das Absehen von einer Entscheidung nur nach Satz 3 zulässig.

(2) Erkennt der Angeklagte den vom Antragsteller gegen ihn geltend gemachten Anspruch ganz oder teilweise an, ist er gemäß dem Anerkenntnis zu verurteilen.

(3) [1]Die Entscheidung über den Antrag steht einem im bürgerlichen Rechtsstreit ergangenen Urteil gleich. [2]Das Gericht erklärt die Entscheidung für vorläufig vollstreckbar; die §§ 708 bis 712 sowie die § 714 und 716 der Zivilprozessordnung gelten entsprechend. [3]Soweit der Anspruch nicht zuerkannt ist, kann er anderweit geltend gemacht werden. [4]Ist über den Grund des Anspruchs rechtskräftig entschieden, so findet die Verhandlung über den Betrag nach § 304 Abs. 2 der Zivilprozessordnung vor dem zuständigen Zivilgericht statt.

(4) Der Antragsteller erhält eine Abschrift des Urteils mit Gründen oder einen Auszug daraus.
(5) [1]Erwägt das Gericht, von einer Entscheidung über den Antrag abzusehen, weist es die Verfahrensbeteiligten so früh wie möglich darauf hin. [2]Sobald das Gericht nach Anhörung des Antragstellers die Voraussetzungen für eine Entscheidung über den Antrag für nicht gegeben erachtet, sieht es durch Beschluss von einer Entscheidung über den Antrag ab.

Übersicht

A. Stattgebende Entscheidung. I. Allgemeines Ist der Antrag nach dem Ergebnis der Hauptverhandlung zulässig und (zumindest teilweise) begründet und liegen auch keine Gründe für ein Absehen von einer Entscheidung (s.u. Rdn. 14 ff.) vor, so gibt das Gericht dem Antrag stets im Strafurteil statt. Durch die sprachliche Fassung des Abs. 1 wollte der Gesetzgeber betonen, dass die Entscheidung über den Antrag die Regel, das Absehen die Ausnahme sein soll (*Pfeiffer* § 406 Rn. 1; zur tatsächlichen Anwendungspraxis s. Vor § 403 Rdn. 7). Eine Klageabweisung kommt im Adhäsionsverfahren nicht in Betracht, sondern nur das Absehen von der Entscheidung gem. § 406 Abs. 1 Satz 3 (BGH NStZ-RR 2010, 23; s.u. Rdn. 14 ff.). Dies gilt auch bei Rechtskraft eines Strafbefehls, wenn der Adhäsionsantrag bereits im Vorverfahren gestellt war (*Metz* JR 2019, 67 [72]), da im Strafbefehlsverfahren nicht über einen Adhäsionsantrag entschieden werden kann (s. § 403 Rdn. 15; BGH NJW 1982, 1047 [1048]; Meyer-Goßner/*Schmitt* § 406 Rn. 1; krit. de lege ferenda *Sommerfeld* ZRP 2008, 258 ff.; *Haller* NJW 2011 [270]). 1

Vorausgesetzt ist, dass der Angeklagte wegen einer Straftat schuldig gesprochen wird oder gegen ihn eine Maßregel der Besserung und Sicherung angeordnet wird. Die **Rechtskraft** der stattgebenden Entscheidung tritt nach den Regeln der StPO ein, aufgrund des untrennbaren Zusammenhangs mit dem strafrechtlichen Teil des Urteils also erst mit Rechtskraft des Schuldspruchs. 2

Die Entscheidung über den Antrag ist mit **Gründen** zu versehen, andernfalls wäre das Urteil gem. § 338 Abs. 1 Nr. 7 in der Revision aufzuheben. Für den Umfang der Begründung gelten nicht ohne Weiteres die Maßstäbe der ZPO; um eine revisionsgerichtliche Kontrolle zu ermöglichen sollte aber eine Zusammenfassung der Erwägungen in tatsächlicher und auch rechtlicher Hinsicht entsprechend § 313 Abs. 3 ZPO erfolgen. Dabei sind auch analog § 267 Abs. 3 die einschlägigen bürgerlich-rechtlichen Rechtsvorschriften zu nennen (SK-StPO/*Velten* § 406 Rn. 2; **a.A.** Meyer-Goßner/*Schmitt* § 406 Rn. 2). Auch ein Feststellungsausspruch zur Ersatzpflicht für weitere aus der Tat resultierende Schäden bedarf zumindest kurzer Ausführungen zum Bestehen des notwendigen Feststellungsinteresses (BGH, 12.11.2019 – 3 StR 436/19). 3

Bei der Entscheidung über **Schmerzensgeldansprüche** kommt es primär auf das »Maß der entstandenen Lebensbeeinträchtigung« des Geschädigten an (BGHZ 18, 149 = NJW 1955, 1675 Rn. 19), außerdem auf die Schwere des Verschuldens des Täters. Früher hat die Rspr. regelmäßig ergänzend die wirtschaftliche Leistungsfähigkeit des Schädigers und des Verletzten berücksichtigt (BGH NJW 2014, 1544; NStZ 2015, 49). Die Vereinigten Großen Senate des BGH haben am 16.09.2016 auf Vorlage des 2. Strafsenats einschränkend entschieden, dass die wirtschaftlichen Verhältnisse des Schädigers und des Geschädigten zwar nicht von vornherein »auszuschließen« seien, dass sie aber bei der Entscheidung nur ausnahmsweise zu berücksichtigen seien, wenn sie dem Einzelfall ein besonderes Gepräge geben (BGH VGS 1/16 – NZV 2017, 179 m.Anm. *Almeroth*). Dies ist etwa bei einem wirtschaftlichen Gefälle anzunehmen; Ausführungen dazu, dass die wirtschaftlichen Verhältnisse dem Fall *kein* besonderes Gepräge geben, sind regelmäßig nicht erforderlich (BGH NStZ-RR 2017, 289). Hat das Tatgericht aber die wirtschaftlichen Verhältnisse des Angeklagten und/oder des Tatopfers bei der Bemessung des Schmerzensgeldes berücksichtigt, ohne dass diese dem Fall ihr besonderes Gepräge geben, so stellt dies allein regelmäßig noch keinen Rechtsfehler dar, auf dem das Urteil beruhen kann (BGH NStZ 2019, 141; NStZ-RR 2018, 55; anders noch BGH NStZ-RR 2017, 289). Unstreitig ist es aber nach der aktuellen zivilrechtlichen Rspr. nicht mehr geboten, die Wirkung der strafrechtlichen Verurteilung bei der Bemessung des Schmerzensgeldes zu berücksichtigen (BGH NJW 1995, 781; 1996, 159). 4

Gem. Abs. 4 muss dem Antragsteller eine **Urteilsabschrift** oder zumindest der entsprechende Auszug aus dem Urteil mit den Gründen überlassen werden. 5

In ihren **Wirkungen** steht die stattgebende Entscheidung gem. Abs. 3 einem bürgerlichen Urteil gleich, was insb. die Eignung als **Vollstreckungstitel** gem. § 704 Abs. 1 ZPO betrifft. Um die Vollstreckbarkeit zu gewährleisten, muss das Urteil die in § 313 Abs. 1 Nr. 1 ZPO genannten Angaben über die Parteien enthalten. Die gem. § 724 ZPO (i.V.m. § 406b) erforderliche vollstreckbare Ausfertigung wird vom Urkundsbeamten des 6

Strafgerichts erteilt (LR/*Wenske* § 406 Rn. 58). Die Frage der **vorläufigen Vollstreckbarkeit** steht nicht mehr wie nach früherer Rechtslage im Ermessen des Gerichts, sondern muss vom Gericht anhand der in Abs. 3 Satz 2 ausdrücklich für anwendbar erklärten §§ 708 bis 712 sowie 714 bis 716 ZPO entschieden werden. Die Entscheidung über die **Kosten** des Verfahrens ergeht gem. § 472a Abs. 1. Bei einem vermögensrechtlichen Anspruch reicht die Rechtskraft des Adhäsionsurteils nur so weit, wie der Anspruch zuerkannt worden ist; eine darüber hinausgehende Forderung kann gem. § 403 Abs. 3 Satz 2 im Zivilrechtsweg geltend gemacht werden (BGH NJW 2015, 1252). Ein im Adhäsionsverfahren auf unbezifferten Schmerzensgeldantrag des Verletzten ergangenes Urteil gegen den Beschuldigten entfaltet gem. § 322 ZPO Rechtskraft in einem Zivilprozess zwischen den Parteien (BGH Urt. v. 20.01.2015 – VI ZR 27/14), sofern dort nicht Schmerzensgeld für unvorhersehbare Spätfolgen der Straftat verlangt wird.

7 **II. Grund- und Teilurteil.** Seit dem Opferschutzgesetz von 1986 ist in Abs. 1 Satz 2 die Möglichkeit von **Grund- und Teilurteilen** ausdrücklich vorgesehen. Es soll auf diese Weise auch in den Fällen eine Entscheidung ermöglicht werden, bei denen sich die Höhe des zivilrechtlichen Anspruchs in angemessener Zeit gar nicht oder nur für Teile des Anspruchs ermitteln lässt. Bzgl. der Teile, über die nicht entschieden wird, wird (im Urteil) gem. Abs. 1 Satz 3 bzw. 4 von der Entscheidung abgesehen. Die Praxis macht von dieser Möglichkeit in zunehmendem Maß Gebrauch: Der Anteil der Grundurteile an allen Adhäsionsentscheidungen ist von 4,8 % im Jahr 1995 auf 8,3 % im Jahr 2010 gestiegen, allerdings bis 2017 auf 7,4 % und bis 2020 auf 5,1 % wieder zurückgegangen (berechnet nach *Stat. Bundesamt*, Strafgerichte, jeweils Tab. 2.1 und 4.1; absolute Zahlen Vor § 403 Rdn. 7).

8 Ergeht ein **Grundurteil**, so entscheidet das Gericht lediglich über die grundsätzliche Haftung des Angeklagten und überlässt die Entscheidung über die Höhe des Anspruchs dem sog. Betragsverfahren, das – wie Abs. 3 Satz 4 klarstellt – gem. 304 Abs. 2 ZPO vor dem zuständigen Zivilgericht zu führen ist. Dieses ist gem. Abs. 1 Satz 2 Hs. 2 i.V.m. § 318 ZPO an das Grundurteil gebunden. Ein Grundurteil setzt einen bezifferten Antrag voraus (BGH, 30.10.2018 – 3 StR 324/18). Über einen Feststellungsantrag, etwa betreffend die Ersatzpflicht für künftig noch eintretende Schäden, kann daher nur durch Feststellungsurteil im Wege eines (Teil-) Endurteils (Rdn. 10) entschieden werden (BGH NStZ 2021, 225). Eine Adhäsionsentscheidung über einen Feststellungsantrag hinsichtlich der künftig entstehenden materiellen und immateriellen Schäden ist im Hinblick auf § 116 SGB X bzw. § 86 VVG unter den Vorbehalt zu stellen, dass eine Ersatzpflicht nur insoweit besteht, als die Ansprüche nicht auf den Sozialversicherungsträger übergegangen sind (BGH StV 2014, 269), soweit kein darüber hinausgehendes Anerkenntnis vorliegt (BGH StV 2020, 469). Die zivilprozessuale Voraussetzung **fehlender Spruchreife** wird im Adhäsionsverfahren in den Fällen modifiziert, in denen zwar Spruchreife vorliegt, der Richter jedoch aus anderen Gründen gänzlich von der Entscheidung gem. § 406 absehen könnte. Hier muss erst recht ein Grundurteil als für den Antragsteller günstigere Variante möglich sein (BGHSt 47, 378 [380], bei Schmerzensgeldansprüchen aber durch den neuen Abs. 1 Satz 6 überholt). Im Tenor des Grundurteils ist auszusprechen, dass i.Ü. von einer Entscheidung über den Adhäsionsantrag abgesehen wird (BGH Beschl. v. 04.02.2016 – 1 StR 643/15).

9 Zum Grund des Anspruchs zählen die anspruchsbegründenden Tatsachen und das Nichtvorliegen rechtshindernder oder -vernichtender Einwendungen. Betroffen ist auch die Frage des **Mitverschuldensanteils** des Antragstellers, über den hier – anders als im Zivilprozess – bereits im Grundurteil zu entscheiden ist, weil die vom Strafgericht ohnehin vorzunehmende Würdigung hierfür die »optimale Tatsachengrundlage« bietet (BGHSt 47, 378 [382]; BGH BeckRS 2014, 07395, Rn. 10). Unterbleibt eine diesbezügliche Feststellung im Strafurteil, so ist das Zivilgericht daran gem. § 318 ZPO gebunden (MüKo-StPO/*Grau* § 306 Rn. 4).

10 Ein **Teilurteil** ist gem. § 301 ZPO als Endurteil möglich, wenn nur einzelne von mehreren geltend gemachten Ansprüchen (z.B. nur der Schmerzensgeldanspruch neben dem ebenfalls erhobenen Schadensersatzanspruch oder ein die Ersatzpflicht für künftig noch eintretende Schäden betreffender Feststellungsantrag, BGH NStZ 2021, 225) zur Entscheidung reif sind. Auch hier ist die Bindungswirkung gem. § 318 ZPO zu beachten. Soll auf diese Weise nur über den Teil eines einheitlichen Anspruchs entschieden werden, muss gem. § 301 Abs. 1 Satz 2 ZPO zugleich über den Rest des Anspruchs ein Grundurteil ergehen.

11 **III. Anerkenntnisurteil (Abs. 2).** Seit dem OpferRRG von 2004 ist in Abs. 2 die von der früher herrschenden Meinung (s. BGHSt 37, 263) abgelehnte Möglichkeit eines Anerkenntnisurteils gem. § 307 ZPO gesetzlich verankert worden. Dabei ergeben sich in der Praxis einige Schwierigkeiten bei der **Reichweite** eines solchen Anerkenntnisses. Richtigerweise ist es auf den zivilrechtlichen Anspruch beschränkt und kann nicht ohne Weiteres als Geständnis im Hinblick auf den strafrechtlichen Schuldvorwurf aufgefasst werden (*Schneckenberger* in: *Weiner/Ferber* Rn. 165; **a.A.** *Loos* GA 2006, 202). Das Anerkenntnisurteil hat auch dann Bestand, wenn im weiteren Verlauf der Hauptverhandlung wegen eines Teils der Vorwürfe das Verfahren nach § 154 Abs. 1 Nr. 1, Abs. 2 StPO vorläufig eingestellt wird und der Angeklagte nicht wegen sämtlicher

Straftaten schuldig gesprochen worden ist, die der Adhäsionsentscheidung zugrunde liegen (BGHSt 52, 96; BGH FD-StrafR 2019, 413541; MüKo-StPO/*Grau* § 406 Rn. 6).

Schwierigkeiten bereitet das Verhältnis von zivilrechtlicher **Dispositionsmaxime** einerseits und strafprozessualem **Offizialprinzip** andererseits. Unklar ist in diesem Zusammenhang auch das Verhältnis von Abs. 2 zu den in Abs. 1 und 3 genannten Voraussetzungen einer stattgebenden Entscheidung (*Hilger* GA 2004, 478 [485]). Es erscheint sachgerecht, hier zwischen den zivilrechtlichen und strafrechtlichen Voraussetzungen einer stattgebenden Entscheidung zu differenzieren. Das Gericht darf daher kein Anerkenntnisurteil erlassen, wenn es den Angeklagten vom strafrechtlichen Vorwurf freispricht und auch keine Maßregel anordnet (*Neuhaus* StV 2004, 626; *Meier/Dürre* JZ 2006, 23; **a.A.** *Schneckenberger* in: *Weiner/*Ferber Rn. 167; *Heger* 2007, 244 [247]). Für eine solche Bedeutung der **strafrechtlichen Grundlage** unabhängig von der Disposition des Angeklagten spricht auch die Regelung in § 406a Abs. 3, wonach die stattgebende Entscheidung nach Wegfall der strafrechtlichen Verurteilung in der Rechtsmittelinstanz aufzuheben ist, und zwar unabhängig davon, ob der Angeklagte auch diesen Teil des Urteils angefochten hat. Im Hinblick auf die **zivilrechtlichen Voraussetzungen** des Anspruchs bleibt es dagegen bei der allgemeinen Regel, dass die Begründetheit der Klage im Fall des Anerkenntnisses vom Richter nicht mehr zu prüfen ist. 12

Dem Einwand, wonach sich Angeklagte aufgrund ihrer prozessualen Zwangslage vorschnell auf ein Anerkenntnis einlassen könnten, um sich Vorteile bei der Strafzumessung zu verschaffen (BGHSt 37, 263 [264]), wird bei der hier vertretenen differenzierten Betrachtung zumindest teilweise Rechnung getragen. Konsequenterweise muss dann auch gem. § 406a Abs. 3 eine Aufhebung des Adhäsions-Anerkenntnisurteils erfolgen, sobald in der **Rechtsmittelinstanz** die strafrechtliche Verurteilung entfällt. 13

B. Absehen von einer Entscheidung. I. Gründe für ein Absehen. Das Gesetz zählt abschließend die Gründe auf, die allein ein Absehen von der Entscheidung rechtfertigen können. Das gilt zunächst für die **Unzulässigkeit** des Antrags (Abs. 1 Satz 3). Die Unzulässigkeit kann sich bspw. aus der fehlenden Antragsberechtigung (§ 403), aus Fehlern bei der Antragsstellung (§ 404) sowie aus dem Fehlen zivilrechtlicher Verfahrensvoraussetzungen ergeben (BGH StV 2008, 127). 14

Auch bei **Unbegründetheit** des Antrags (insb. bei Fehlen der materiellen Anspruchsvoraussetzungen) ist im Urteilstenor von der Entscheidung gem. Abs. 1 Satz 3 abzusehen (BGH NStZ 2010, 23), ebenso bei teilweisem Absehen (BGH Beschl. v. 10.04.2017 – 3 StR 496/16). Das gilt auch für das Revisionsgericht (BGH NStZ-RR 2017, 223). Dabei genügt es nach dem Wortlaut des Gesetzes, dass der Anspruch unbegründet »erscheint«. Eine endgültige Klärung der Begründetheit muss also nicht in jedem Fall erfolgen, es kann genügen, wenn die Unbegründetheit lediglich nicht ausgeschlossen werden kann und eine zeitnahe Klärung nicht möglich ist. Um in diesen Fällen eine Umgehung der ratio legis auszuschließen, ist dann aber zusätzlich eine ansonsten drohende »erhebliche Verzögerung« erforderlich. 15

Dass beim **Fehlen einer strafrechtlichen Verurteilung** bzw. Maßregelanordnung (auch im Fall eines Anerkenntnisses, s.o. Rdn. 13) von einer Entscheidung abgesehen werden muss, versteht sich aufgrund der in Abs. 1 Satz 1 sowie § 406a Abs. 3 vorausgesetzten Konnexität beider Urteilselemente von selbst (zur Frage des erforderlichen Zusammenhangs von Tat und Anspruch s. näher BGH NStZ 2003, 321; *Ferber* in: *Weiner/Ferber* Rn. 131 ff.; str. bei Freispruch des Angeklagten wegen in dubio pro reo nicht auszuschließender Schuldunfähigkeit; für Anspruch LG Berlin NStZ 2006, 720; dagegen Meyer-Goßner/*Schmitt* § 406 Rn. 11). 16

Der praktisch wichtigste Grund ist die **Nichteignung** des Antrags für eine Erledigung im Strafverfahren (Abs. 1 Satz 4). Hier wurde nach früherem Recht (§ 405 Satz 2 a.F.) die »Hauptschwachstelle« des Adhäsionsverfahrens gesehen, die zur äußerst geringen Anwendung beigetragen hat (*Schroth/Schroth* Rn. 406). Seit der Neufassung 2004 darf nach der Intention des Gesetzgebers die Nichteignung nicht vorschnell angenommen werden; bei der hier vorzunehmenden Ermessensentscheidung müssen stets die **berechtigten Belange des Antragstellers** in Rechnung gestellt werden (OLG Hamburg NStZ-RR 2006, 347). Das **BVerfG** hat deutlich gemacht, dass auch auf eine Nichteignung rekurrierende Absehensentscheidungen u.a. am Maßstab des **Willkürverbots** (Art. 3 Abs. 1 GG) zu messen sind (BVerfG NJW 2020, 3774). 17

Als Beispiel für die Nichteignung wird in Abs. 1 Satz 5 die drohende **Verfahrensverzögerung** genannt. (zu sonstigen Gründen für die Nichteignung MüKo/StPO/*Grau* § 406 Rn. 14). Deren Voraussetzungen wurden 2004 verschärft, indem zum einen nur »erhebliche« Verzögerungen ausreichen sollen und zum anderen ausdrücklich auf die Möglichkeit von Grund- und Teilurteil als schnellere Erledigungsvarianten hingewiesen wird. Eine Nichteignung kommt auch aus weiteren Gründen in Betracht, z.B. wenn über besonders komplexe zivilrechtliche Fragen einschließlich des internationalen Privatrechts (BGH StV 2004, 61) zu entscheiden ist oder wenn das in Haftsachen besonders wichtige Beschleunigungsgebot entgegensteht (OLG Celle StV 2007, 293). Eine Ablehnung der Entscheidung über den Antrag allein aufgrund einer **außergewöhnlichen Höhe des Anspruchs** (so LG Mainz StV 1997, 627; Meyer-Goßner/*Schmitt* § 403 Rn. 11) kann nach der Neu- 18 fassung der Ablehnungsgründe in § 406 Abs. 1 nicht schematisch, sondern in der Regel nur bei sorgfältiger Begründung einer dadurch drohenden »erheblichen Verzögerung« erfolgen. Nur in ganz außergewöhnlichen Fällen, in denen die Höhe des geltend gemachten Anspruchs existenzbedrohend wirkt und eine Konzentration auf die Strafverteidigung deutlich erschwert, kommt dies als selbstständiger Ablehnungsgrund in Betracht (OLG Hamburg, NStZ-RR 2006, 347; *Ferber* in: *Weiner/Ferber* Rn. 139).

19 Macht der Antragsteller **Schmerzensgeldansprüche** (§ 253 Abs. 2 BGB) geltend, soll nach dem Willen des Gesetzgebers ein Absehen von der Entscheidung nur wegen Unzulässigkeit und Unbegründetheit möglich sein (Abs. 1 Satz 6). Es wird also eine generelle Eignung dieser Ansprüche unwiderleglich vermutet; im Einzelfall dennoch drohende, selbst erhebliche Verfahrensverzögerungen sollen hingenommen werden. Trotz dieser Bedenken ist die Regelung zu begrüßen, da die Haftung dem Grunde nach regelmäßig ohne größere Schwierigkeiten feststellbar sein wird und zudem die in der Praxis geläufigen Schmerzensgeldtabellen die Bestimmung der Anspruchshöhe erleichtern. Jedenfalls ein Grundurteil wird hier in der Regel ergehen müssen (*Ferber* NJW 2004, 2565). Zieht das Gericht dies und die Einschränkungen des Abs. 1 Satz 6 bei einer Absehensentscheidung nicht einmal in Betracht, kann das gegen das Willkürverbot des Art. 3 Abs. 1 GG verstoßen (BVerfG NJW 2020, 3774). Ein Ausschluss von Grundurteilen und ein zwingender Erlass von Endurteilen bei Schmerzensgeldansprüchen lässt sich der Systematik des Gesetzes dagegen nicht entnehmen (zweifelnd *Loos* GA 2006, 195 [208]). Dafür spricht schon, dass das Gesetz in Abs. 1 Satz 5 zwischen dem Erlass eines Grundurteils und dem Absehen von der Entscheidung differenziert, in Satz 6 aber nur Letzteres eingeschränkt wird.

20 **II. Grundsätze der Entscheidung.** Die Entscheidung über das Absehen von der Entscheidung (nicht: über die »Unzulässigkeit« oder »Unbegründetheit« des Anspruchs, BGH NStZ-RR 2006, 261) ergeht gem. Abs. 5 Satz 2 nicht im Urteil, sondern durch **Beschluss**. Nur wenn bis zum Zeitpunkt des Urteils über das Absehen noch nicht entschieden wurde, oder wenn das Gericht nur teilweise von der Entscheidung absehen will, erfolgt dies im Urteil (BGH NStZ 2003, 565). Der Beschluss ist gem. § 34 mit Gründen zu versehen; auch über die Kosten ist gem. § 472a Abs. 2 zu entscheiden (Einzelheiten bei *Schneckenberger* in: *Weiner/Ferber* Rn. 182 ff.).

21 Der Beschluss über das Absehen von der Entscheidung hindert den Antragsteller gem. Abs. 3 Satz 3 nicht daran, den Anspruch anderweitig, d.h. insb. in einem Zivilprozess, geltend zu machen. Eine **negative Rechtskraft** der Entscheidung hat der Gesetzgeber damit ausdrücklich **ausgeschlossen**.

22 Das Gericht soll die Verfahrensbeteiligten nach Abs. 5 Satz 1 so früh wie möglich auf eine bevorstehende Absehensentscheidung **hinweisen**. Zuvor hat eine Anhörung des Antragstellers zu erfolgen.

§ 406a Rechtsmittel

(1) [1]Gegen den Beschluss, mit dem nach § 406 Abs. 5 Satz 2 von einer Entscheidung über den Antrag abgesehen wird, ist sofortige Beschwerde zulässig, wenn der Antrag vor Beginn der Hauptverhandlung gestellt worden und solange keine den Rechtszug abschließende Entscheidung ergangen ist. [2]Im Übrigen steht dem Antragsteller ein Rechtsmittel nicht zu.

(2) [1]Soweit das Gericht dem Antrag stattgibt, kann der Angeklagte die Entscheidung auch ohne den strafrechtlichen Teil des Urteils mit dem sonst zulässigen Rechtsmittel anfechten. [2]In diesem Falle kann über das Rechtsmittel durch Beschluss in nichtöffentlicher Sitzung entschieden werden. [3]Ist das zulässige Rechtsmittel die Berufung, findet auf Antrag des Angeklagten oder des Antragstellers eine mündliche Anhörung der Beteiligten statt.

(3) [1]Die dem Antrag stattgebende Entscheidung ist aufzuheben, wenn der Angeklagte unter Aufhebung der Verurteilung wegen der Straftat, auf welche die Entscheidung über den Antrag gestützt worden ist, weder schuldig gesprochen noch gegen ihn eine Maßregel der Besserung und Sicherung angeordnet wird. [2]Dies gilt auch, wenn das Urteil insoweit nicht angefochten ist.

Übersicht

1 **A. Rechtsmittel des Antragstellers (Abs. 1).** Nach Abs. 1 Satz 1 kann der Antragsteller gegen den Beschluss, mit dem gem. § 406 Abs. 5 Satz 2 von einer Entscheidung abgesehen wird, das Rechtsmittel der **sofortigen Beschwerde** (§ 311) erheben. Die Beschwerde wird in Abs. 1 von zwei **Voraussetzungen** abhängig gemacht: Zum einen muss der Antrag vor Beginn der Hauptverhandlung gestellt worden sein; zum anderen darf

keine den Rechtszug abschließende Entscheidung ergangen sein. Mit Erlass eines Urteils in der Sache wird die Beschwerde daher (nachträglich) unzulässig. Die 2004 zur Verbesserung der Rechtsstellung des Antragstellers neu geschaffene Beschwerdemöglichkeit droht in der Praxis weitgehend leer zu laufen, da die Gerichte Beschlüsse nach § 406 Abs. 5 Satz 2 erst zu einem späten Zeitpunkt des Verfahrens erlassen (*Hilger* GA 2004, 485; zu den beschränkten Rechtsschutzmöglichkeiten in solchen Fällen *Effer-Uhe* StV 2015, 510 ff.).

I.Ü. steht dem Antragsteller ein Rechtsmittel nicht zu (Abs. 1 Satz 2). Bei stattgebender Entscheidung fehlt es schon an der Beschwer, aber auch beim Absehen von der Entscheidung (die keine negative Rechtskraft entfaltet, s.o. § 406 Rdn. 21) entstehen ihm abgesehen von der möglichen Kostentragung gem. § 472a Abs. 2 keine Nachteile. Abweichend von diesem Grundsatz werden dem Antragsteller bei **fehlerhaften Gerichtsentscheidungen**, die etwa contra legem eine »Klageabweisung« enthalten und auch nicht in eine Absehensentscheidung umgedeutet werden können, die ansonsten zulässigen Rechtsmittel einschließlich der Gehörsrüge gem. § 321a ZPO zugestanden s. *Ferber/Weiner* in: *Weiner/Ferber* Rn. 202. Eine **Verfassungsbeschwerde** gegen eine willkürliche Absehensentscheidung ist trotz des Grundsatzes der Subsidiarität ohne vorherige Beschreitung des Zivilrechtswegs zulässig (BVerfG NJW 2020, 3774). 2

B. Rechtsmittel des Angeklagten (Abs. 2). Der Angeklagte kann die stattgebende Entscheidung des Gerichts nach Abs. 2 Satz 1 mit dem sonst zulässigen Rechtsmittel, d.h. entweder **Berufung oder Revision**, anfechten, und zwar ausdrücklich auch ohne gleichzeitige Anfechtung des strafrechtlichen Teils des Urteils. Bei einem Rechtsmittel des Angeklagten gegen das Strafurteil gilt das Verbot der Schlechterstellung nach § 331 nicht für die Entscheidung im Adhäsionsverfahren (OLG Celle NStZ-RR 2016, 288). 3

Wird nur der zivilrechtliche Teil angefochten, erwächst der strafrechtliche Teil des Urteils in Rechtskraft, sofern nicht StA oder Nebenkläger ein Rechtsmittel einlegen. Über den zivilrechtlichen Teil des Urteils kann das Gericht ohne mündliche Verhandlung durch **Beschluss** entscheiden (Abs. 2 Satz 2; BGH NStZ-RR 2014, 350). Im Fall der Berufung findet jedoch gem. Abs. 2 Satz 3 auf Antrag einer der Parteien eine **mündliche Anhörung** statt. 4

In der **Revisionsinstanz** erfolgt nach BGH NStZ 1988, 237 allein wegen der Fehlerhaftigkeit des zivilrechtlichen Teils des Urteils keine Zurückverweisung an den Tatrichter, sondern es soll von der Entscheidung abgesehen werden, was allerdings nach neuer Rechtslage bei Schmerzensgeldansprüchen nur noch eingeschränkt möglich ist. Stets ist – in analoger Anwendung des § 354 Abs. 2 (BGH NStZ-RR 2015, 320) – zumindest an eine Aufrechterhaltung dem Grunde nach zu denken (vgl. BGHSt 44, 202; Meyer-Goßner/*Schmitt* Rn. 5). 5

C. Rechtsmittel weiterer Verfahrensbeteiligter. Der StA sowie Privat- oder Nebenklägern steht ein Rechtsmittel gegen den zivilrechtlichen Teil des Urteils nicht zu (BGHSt 3, 210 [211]). Sie können die strafrechtliche Verurteilung anfechten, was dann aber gem. Abs. 3 mittelbar (wenn das ursprüngliche Urteil aufgehoben und keine erneute strafrechtliche Verurteilung erfolgt ist) auch zur Aufhebung des zivilrechtlichen Teils führen kann (s. Rdn. 7). 6

D. Aufhebung der strafrechtlichen Verurteilung. Entfällt die strafrechtliche Verurteilung nach Einlegung eines Rechtsmittels endgültig (d.h. bei Zurückverweisung durch das Revisionsgericht erst, wenn das erneute Sachurteil nicht zu einer Verurteilung führt, BGHSt 3, 210 [211]; BGH NStZ 2006, 394; 2008, 648), wird der stattgebenden Entscheidung des Gerichts über den Adhäsionsantrag die strafrechtliche Grundlage entzogen. Die Entscheidung ist sodann gem. Abs. 3 **aufzuheben**. Dies gilt gem. Abs. 3 Satz 2 auch dann, wenn insoweit das Urteil vom Angeklagten gar nicht angefochten wurde. Aufgrund dieser Möglichkeit der nachträglichen Aufhebung auch des Adhäsionsausspruchs kann bis zur Rechtskraft auch des strafrechtlichen Teils des Urteils nicht ohne das Risiko eines Schadensersatzanspruchs gem. § 717 Abs. 2 ZPO vorläufig vollstreckt werden. Die bloße Änderung des Schuldspruchs berührt dagegen das Adhäsionsurteil nicht, auch wenn das Revisionsgericht die Sache an das Tatgericht zurückverweist; über dessen Aufhebung oder Änderung ist vom neuen Tatrichter auf der Grundlage der Ergebnisse der neuen Hauptverhandlung zu entscheiden (BGHSt 52, 96 [98]). 7

§ 406b Vollstreckung

[1]Die Vollstreckung richtet sich nach den Vorschriften, die für die Vollstreckung von Urteilen und Prozessvergleichen in bürgerlichen Rechtsstreitigkeiten gelten. [2]Für das Verfahren nach den §§ 323, 731, 767, 768, 887 bis 890 der Zivilprozessordnung ist das Gericht der bürgerlichen Rechtspflege zuständig, in dessen Bezirk das Strafgericht des ersten Rechtszuges seinen Sitz hat. [3]Einwendungen, die den im Urteil festgestellten Anspruch selbst betreffen, sind nur insoweit zulässig, als die Gründe, auf denen sie beruhen,

nach Schluss der Hauptverhandlung des ersten Rechtszuges und, wenn das Berufungsgericht entschieden hat, nach Schluss der Hauptverhandlung im Berufungsrechtszug entstanden sind.

1 Die **Zwangsvollstreckung** aus dem Urteil oder einem nach § 405 geschlossenen Vergleich richtet sich, wie § 406b Satz 1 klarstellt, nach den Vorschriften der ZPO. Die vollstreckbaren Ausfertigungen des Urteils gem. § 724 Abs. 1 ZPO erteilt der Urkundsbeamte des Strafgerichts.

2 Satz 2 regelt die Zuständigkeit der Zivilgerichte für sog. **Nachtragsentscheidungen** einschließlich der praktisch bedeutsamen Fälle einer Abänderungsklage gem. § 323 ZPO. Dies gilt, obwohl § 771 ZPO in § 406b nicht ausdrücklich genannt wird, auch für die Drittwiderspruchsklage, da hierüber nicht das Prozessgericht entscheidet. Für die nach der ZPO dem Prozessgericht vorbehaltenen Entscheidungen, z.B. über Erinnerungen gegen die Erteilung der Vollstreckungsklausel gem. § 732 ZPO, ist dagegen das Strafgericht zuständig (Meyer-Goßner/*Schmitt* Rn. 2).

3 Bei einer gem. § 767 ZPO zu erhebenden **Vollstreckungsgegenklage** sind nach Satz 3 Einwendungen gegen den im Urteil festgestellten Anspruch nur dann zulässig, wenn sie nach Schluss der Hauptverhandlung des ersten Rechtszuges bzw. im Berufungsverfahren nach Schluss der Hauptverhandlung im Berufungsrechtszug entstanden sind (allg. zum Rechtsschutz im Vollstreckungsverfahren *Effer-Uhe* StV 2015, 510 [512 f.]).

§ 406c Wiederaufnahme des Verfahrens

(1) [1]**Den Antrag auf Wiederaufnahme des Verfahrens kann der Angeklagte darauf beschränken, eine wesentlich andere Entscheidung über den Anspruch herbeizuführen.** [2]**Das Gericht entscheidet dann ohne Erneuerung der Hauptverhandlung durch Beschluss.**

(2) **Richtet sich der Antrag auf Wiederaufnahme des Verfahrens nur gegen den strafrechtlichen Teil des Urteils, gilt § 406a Abs. 3 entsprechend.**

1 Aus § 406c Abs. 1 ergibt sich, dass der Angeklagte einen Antrag auf Wiederaufnahme des Verfahrens (§§ 359 ff.) auch auf den **zivilrechtlichen Teil des Urteils** beschränken kann. Erforderlich ist hierfür, dass eine »wesentlich andere Entscheidung« über den Anspruch begehrt wird. Das ist nicht nur dann der Fall, wenn eine völlige Aufhebung begehrt wird, sondern betrifft auch eine wesentliche Reduzierung der Höhe des zugesprochenen Schadensersatz- oder Schmerzensgeldanspruchs (Meyer-Goßner/*Schmitt* § 406c Rn. 2). In Parallele zu § 406a Abs. 2 Satz 2, anders als dort aber nach dem klaren Wortlaut ohne Ermessensspielraum, entscheidet das Gericht in diesem Fall ohne erneute Hauptverhandlung durch **Beschluss**. Die **Zuständigkeit** bestimmt sich nach § 140a GVG.

2 Die **Antragsberechtigung** nach § 406c steht nur dem Angeklagten zu, nicht dem StA. Auch der Geschädigte kann keinen Antrag stellen, auch dann nicht, wenn er Neben- oder Privatkläger ist, da ihm für Rechtsmittel gegen die Entscheidung der Zivilrechtsweg offensteht (KK/*Zabeck* § 406c Rn. 1).

3 Bei der ebenfalls möglichen Beschränkung des Wiederaufnahmeantrags auf den strafrechtlichen Teil gilt nach Abs. 2 die Regelung in **§ 406a Abs. 3 entsprechend**. Das bedeutet, dass auch der zivilrechtliche Teil des Urteils aufzuheben ist, wenn nach erfolgreichem Wiederaufnahmeantrag keine erneute strafrechtliche Verurteilung erfolgt.

Fünfter Abschnitt. Sonstige Befugnisse des Verletzten

Vorbemerkung zu §§ 406d ff.

1 Die §§ 406d bis 406h wurden durch das **OpferschutzG** v. 18.12.1986 (BGBl. I, S. 2496) neu in die StPO aufgenommen und durch das 1. und 2. OpferRRG (2004, 2009) ausgebaut. Im 3. OpferRRG (2016) wurden die §§ 406i bis 406l im Hinblick auf die von der EU-Opferschutzrichtlinie vom 25.10.2015 geforderte Verbesserung der Information und Unterstützung der Verletzten neugestaltet und zusätzlich – unabhängig von der EU-Opferschutzrichtlinie – in § 406g die psychosoziale Prozessbegleitung eingefügt.

2 Systematisch handelt es sich bei den §§ 406d bis 406l um eine Zusammenfassung der für **jeden Verletzten** geltenden Informationsrechte und Beteiligungsbefugnisse, die ihm neben seinen von weiteren Voraussetzungen abhängenden speziellen Rechten (Privatklage, Nebenklage, Adhäsionsverfahren) zustehen und über deren Gebrauch er in freier Entscheidung verfügen kann. Durch die zusammenfassende Neuregelung dieser Befugnisse wird der Wille des Gesetzgebers deutlich, den Verletzten als **selbstständiges Prozesssubjekt** anzuerkennen (BT-Drs. 10/5305, S. 16; 1; LR/*Wenske* Vor § 406d Rn. 3).

Der **Begriff des Verletzten** ist in § 373b Abs. 1 in Umsetzung der Opferschutzrichtlinie (RL 2012/29/EU) legaldefiniert. Er erfasst alle Personen, die durch die Tat, ihre Begehung unterstellt oder rechtskräftig festgestellt, in ihren Rechtsgütern **unmittelbar** beeinträchtigt worden sind oder unmittelbar einen Schaden erlitten haben. Durch § 373b Abs. 2 werden zudem bestimmte Angehörige sowie Unterhaltsberechtigte eines durch die Tat Getöteten den Verletzten gleichgestellt. Lediglich mittelbar Geschädigten stehen die in §§ 406d bis 406l gewährten Rechte daher grundsätzlich nicht zu. Eine Ausnahme bilden die Akteneinsichtsrechte nach § 406e, die durch § 406e Abs. 4 auch allen sonstigen Personen gewährt werden, die einen Antrag im Adhäsionsverfahren nach § 403 stellen können, d.h. denen aus der Tat ein Anspruch erwachsen ist (s. § 403 Rdn. 1; zu Intention des Gesetzgebers im Zusammenhang mit der Einfügung des § 373b s. BT-Drs. 19/27654, S. 105 f.). Enger ist dafür der Anwendungsbereich des § 406h, der sich nur an Nebenklageberechtigte richtet. 3

Demnach ist Verletzter, wer durch eine (in der Regel im Strafverfahren erst noch aufzuklärende) Straftat in einem strafrechtlich anerkannten **Individualrechtsgut verletzt** ist, darüber hinaus entsprechend der europarechtlichen Vorgaben auch derjenige, der durch die Tat unmittelbar einen **sonstigen Schaden** erlitten hat (vgl. Art. 2 Abs 1 lit. a Ziff. i RL 2012/29/EU). So kann etwa eine Person Verletzter eines Aussagedelikts sein, wenn ihre Stellung im betroffenen Verfahren durch die Aussage erschwert wurde oder sich diese sonst nachteilig für sie ausgewirkt hat, obwohl die Aussagedelikte grds. nur die Rechtspflege und damit ein Rechtsgut der Allgemeinheit schützen (Beispiel nach BT-Drs. 19/27654, S. 99). Vor Einfügung des § 373b ergangene engere Rspr. (z.B. OLG Stuttgart StV 2014, 279 bestätigt durch BVerfG WM 2016, 155; differenzierend *Krause* FS Widmaier 2008, 639 ff.) dürfte hierdurch überholt sein. 4

Im **Jugendstrafverfahren** gelten kraft der generellen Verweisung in § 2 Abs. 2 JGG die §§ 406d, 406e, 406f und 406i bis 406l uneingeschränkt, da diese Rechte nicht von der – teilweise unzulässigen – Nebenklage abhängen (*Schöch* ZJJ 2012, 246, [251 ff.]; Meyer-Goßner/*Schmitt* Vor § 406d Rn. 3; einschränkend bzgl. § 406e Abs. 1 Satz 2 *Hoeynck* ZJJ 2005, 38; *Hüls* ZJJ 2005, 26; zu § 406g BT-Drs. 18/4521, 31). § 406h ist dagegen nur in dem Umfang anwendbar, in dem die Nebenklage im Jugendstrafverfahren zulässig ist, also generell bei Heranwachsenden (vgl. § 109 JGG), bei Jugendlichen dagegen nur bei den in § 80 Abs. 3 für die Nebenklage zugelassenen Verbrechen (Vor § 395 Rdn. 4). 5

§ 406d Auskunft über den Stand des Verfahrens

(1) [1]Dem Verletzten ist, soweit es ihn betrifft, auf Antrag mitzuteilen:

1. die Einstellung des Verfahrens,

2. der Ort und Zeitpunkt der Hauptverhandlung sowie die gegen den Angeklagten erhobenen Beschuldigungen,

3. der Ausgang des gerichtlichen Verfahrens.

[2]Ist der Verletzte der deutschen Sprache nicht mächtig, so werden ihm auf Antrag Ort und Zeitpunkt der Hauptverhandlung in einer ihm verständlichen Sprache mitgeteilt.

(2) [1]Dem Verletzten ist auf Antrag mitzuteilen, ob

1. dem Verurteilten die Weisung erteilt worden ist, zu dem Verletzten keinen Kontakt aufzunehmen oder mit ihm nicht zu verkehren;

2. freiheitsentziehende Maßnahmen gegen den Beschuldigten oder den Verurteilten angeordnet oder beendet oder ob erstmalig Vollzugslockerungen oder Urlaub gewährt werden, wenn er ein berechtigtes Interesse darlegt und kein überwiegendes schutzwürdiges Interesse der betroffenen Person am Ausschluss der Mitteilung vorliegt; in den in § 395 Absatz 1 Nummer 1 bis 5 genannten Fällen sowie in den Fällen des § 395 Absatz 3, in denen der Verletzte zur Nebenklage zugelassen wurde, bedarf es der Darlegung eines berechtigten Interesses nicht;

3. der Beschuldigte oder Verurteilte sich einer freiheitsentziehenden Maßnahme durch Flucht entzogen hat und welche Maßnahmen zum Schutz des Verletzten deswegen gegebenenfalls getroffen worden sind;

4. dem Verurteilten erneut Vollzugslockerung oder Urlaub gewährt wird, wenn dafür ein berechtigtes Interesse dargelegt oder ersichtlich ist und kein überwiegendes schutzwürdiges Interesse des Verurteilten am Ausschluss der Mitteilung vorliegt.

[2]Die Mitteilung erfolgt durch die Stelle, welche die Entscheidung gegenüber dem Beschuldigten oder Verurteilten getroffen hat; in den Fällen des Satzes 1 Nummer 3 erfolgt die Mitteilung durch die zuständige Staatsanwaltschaft.

(3) [1]Der Verletzte ist über die Informationsrechte aus Absatz 2 Satz 1 nach der Urteilsverkündung oder Einstellung des Verfahrens zu belehren. [2]Über die Informationsrechte aus Absatz 2 Satz 1 Nummer 2 und

3 ist der Verletzte zudem bei Anzeigeerstattung zu belehren, wenn die Anordnung von Untersuchungshaft gegen den Beschuldigten zu erwarten ist.

(4) [1]**Mitteilungen können unterbleiben, sofern sie nicht unter einer Anschrift möglich sind, die der Verletzte angegeben hat. [2]Hat der Verletzte einen Rechtsanwalt als Beistand gewählt, ist ihm ein solcher beigeordnet worden oder wird er durch einen solchen vertreten, so gilt § 145a entsprechend.**

1 **A. Antragsabhängige Mitteilungspflicht über den Verfahrensstand (Abs. 1). I. Inhalt und Umfang.** § 406d Abs. 1 ergänzt § 171 und ist durch das 3. OpferRRG (BGBl. 2016 I, S. 2525) teilweise neu gefasst und erweitert worden. Wie bisher setzen alle Mitteilungspflichten einen entsprechenden Antrag des Verletzten voraus, den dieser bei der Anzeige, bei der Zeugenvernehmung oder sonst in schriftlicher Form stellen kann. Über das Antragsrecht ist der Verletzte gem. § 406i Abs. 1 zu informieren.

Nach **Abs. 1 Satz 1** ist auch demjenigen Verletzten, der keinen Antrag auf Strafverfolgung gem. § 171 gestellt hat, die Einstellung des staatsanwaltschaftlichen und gerichtlichen Verfahrens (Nr. 1) und der Ausgang des gerichtlichen Verfahrens (Nr. 3), d.h. die Nichteröffnung der Hauptverhandlung (§ 204), die gerichtliche Einstellung gem. §§ 153 ff. und gem. §§ 205, 206a, 206b sowie das Urteil mitzuteilen (KMR/*Nepomuck* § 406d Rn. 2). Neu ist die Pflicht des Gerichts, jedem Verletzten auf Antrag Ort und Zeit der Hauptverhandlung mitzuteilen (Nr. 2, bisher nur für nebenklageberechtigte Verletzte), ggf. in einer ihm verständlichen Sprache (Abs. 1 Satz 2). Nicht mitteilungspflichtig sind wie bisher Zwischenentscheidungen wie der Beschluss über die Eröffnung des Hauptverfahrens (KK/*Zabeck* § 406d Rn. 1) oder nicht rechtskräftig gewordene Entscheidungen (Meyer-Goßner/*Schmitt* Rn. 1).

2 Die Mitteilungspflicht besteht nur, sofern die mitzuteilenden Entscheidungen den Verletzten betreffen. Dies ist dann der Fall, wenn sie sich auf Straftaten beziehen, durch die der Antragsteller verletzt wurde (SK-StPO/*Velten* § 406d Rn. 5). Dem Verletzten muss in einer ihm verständlichen Form das Ergebnis des Verfahrens bekannt gemacht werden. Die Mitteilung des genauen Wortlautes des Tenors oder gar der vollständigen Entscheidung ist daher nicht erforderlich, manchmal aber auch nicht ausreichend, da für den Verletzten u.U. nicht hinreichend verständlich (KK/*Zabeck* § 406d Rn. 1; *Rieß/Hilger* NStZ 1987, 155).

3 **II. Zeitpunkt der Mitteilung.** Eine Mitteilungspflicht nach Abs. 1 Satz 1 besteht erst, wenn eine entsprechende Entscheidung ergangen bzw. die Hauptverhandlung terminiert ist, im Fall des Abs. 1 Satz 1 Nr. 2 Hs. 2 sobald der Tatvorwurf hinreichend konkretisiert werden konnte (vgl. LR/*Wenske* § 406d Rn. 2). Die Mitteilung über den Verfahrensausgang ist vorzunehmen, sobald die zugrunde liegende Entscheidung unanfechtbar geworden ist, da erst dann der »Ausgang« des Verfahrens feststeht (BT-Drs. 10/5303, S. 17; SK-StPO/*Velten* § 406d Rn. 4; vgl. auch LR/*Wenske* § 406d Rn. 6; nach aktuell wohl nicht mehr vertretener a.A. soll eine Mitteilung der Entscheidung vor Ablauf der Rechtsmittelfrist erforderlich sein, näher KMR/*Nepomuck* § 406d Rn. 4).

4 **B. Weitergehende antragsabhängige Mitteilungspflichten (Abs. 2).** Die Mitteilungen über ein Kontaktverbot für den Verurteilten (Abs. 2 Satz 1 Nr. 1) sowie über die Anordnung und Beendigung freiheitsentziehender Maßnahmen, über Vollzugslockerungen (§ 11 StVollzG) und Urlaub (§§ 113, 124 StVollzG) gem. Abs. 2 Satz 1 Nr. 2 dienen dem Interesse des Opfers, dem Täter nicht unerwartet auf offener Straße zu begegnen (*Schroth/Schroth* Rn. 145; krit. *Schork/König* NJW 2004, 537 [540]). Sofern der Mitteilungsberechtigte nicht Opfer eines der in § 395 Abs. 1 Nr. 1 bis 5 genannten nebenklagefähigen Delikte oder eines nach § 395 Abs. 3 zur Nebenklage zugelassenen Deliktes ist, muss er ein berechtigtes Interesse an der Mitteilung darlegen, und es darf kein schutzwürdiges Interesse des Betroffenen entgegenstehen. Analog zu den gesetzlich vermuteten Fällen des berechtigten Interesses ist dabei auf die nicht ausschließbare Gefahr gravierender rechtswidriger Eingriffe in Rechtsgüter des Verletzten durch den Verurteilten abzustellen; umgekehrt ist ein überwiegendes Interesse des Verurteilten bei Rachedrohungen des Verletzten oder seines Umfeldes anzunehmen (ähnlich Meyer-Goßner/*Schmitt* § 406d Rn. 5; restriktiver für Verletzte *Schork/König* NJW 2004, 539 f.).

Durch das STORMG (2013) wurde die Mitteilungspflicht in Abs. 2 Satz 1 Nr. 4 auf die erneute Gewährung von Vollzugslockerungen oder Urlaub ausgedehnt, wenn dafür – über die erste Mitteilung hinaus – ein berechtigtes Interesse dargelegt oder ersichtlich ist und kein überwiegendes schutzwürdiges Interesse des Verurteilten am Ausschluss der Mitteilung vorliegt. Nach der Gesetzesbegründung soll dies nur in Ausnahmefällen geboten sein, etwa wenn der Verurteilte gezielt den Kontakt zu dem Verletzten sucht, ohne dass sein Verhalten schon die Ablehnung von Lockerungen oder Urlaub rechtfertigen würde (BT-Drs. 17/6261, S. 13). 5

Durch das 3. OpferRRG (2016) wurde in Abs. 2 Nr. 3 die Pflicht zur Mitteilung über eine Flucht des Beschuldigten oder Verurteilten aus einer freiheitsentziehenden Maßnahme sowie die zum Schutz des Verletzten deswegen getroffenen Maßnahmen eingefügt. 6

C. Form der Mitteilung. Die Form der Mitteilung ist gesetzlich nicht vorgeschrieben, zweckmäßig ist jedoch die Schriftform. Erfolgt die Mitteilung mündlich, so ist dies in den Akten zu vermerken (LR/*Wenske* § 406d Rn. 7). 7

D. Zuständigkeit. Nach Abs. 2 Satz 2 Hs. 1 erfolgt die Mitteilung durch die Stelle, welche die Entscheidung gegenüber dem Beschuldigten oder Verurteilten getroffen hat. Für die Mitteilungen über die Flucht des Beschuldigten und die Schutzmaßnahmen zugunsten des Verletzten ist nach Abs. 2 Satz 2 Hs. 2 die Staatsanwaltschaft zuständig. Wenn der Auskunftsantrag erst nach Abschluss des gerichtlichen Verfahrens eingeht, ist die aktenführende Stelle zuständig (Nr. 140 Abs. 2 RiStBV; *Gelber/Walter* NStZ 2013, 75 [79]). 8

E. Belehrungspflicht. Der neue Abs. 3 regelt die Belehrungspflicht über die Informationsrechte aus Abs. 2. Über alle Informationsrechte aus Abs. 2 ist der Verletzte nunmehr nach der Urteilsverkündung oder Einstellung des Verfahrens zu belehren, weil die früher übliche Belehrung im Rahmen der Anzeigeerstattung bei Abschluss des Verfahrens in der Regel nicht mehr präsent war (BT-Drs. 18/4621). Die teilweise vorgeschlagene restriktive Auslegung »im Lichte des § 406k Abs. 2« auf die Belehrung zu verzichten, wenn die Voraussetzungen einer Befugnis im Einzelfall offensichtlich nicht vorliegen (*Ferber* NJW 2016, 279 [281]; Meyer-Goßner/*Schmitt* Rn. 9) passt für die hier geregelten Belehrungspflichten nicht und würde zu komplizierten Auslegungsfragen führen. Über die Informationsrechte aus Abs. 2 Nr. 2 und 3 (Anordnung, Beendigung oder erstmalige Lockerung freiheitsentziehender Maßnahmen, Flucht) ist der Verletzte zusätzlich bei Anzeigeerstattung zu belehren, wenn die Anordnung von Untersuchungshaft zu erwarten ist (Abs. 3 Satz 2). Eine allgemeine Regelung zur Unterrichtung des Verletzten über seine Befugnisse im Strafverfahren enthält § 406i StPO. 9

F. Entfallen der Mitteilungspflicht (Abs. 4). Nach Abs. 4 Satz 1 entfällt die Mitteilungspflicht, wenn der Verletzte nicht unter der von ihm angegebenen Anschrift erreichbar ist. Die Entscheidung ist in das Ermessen des Gerichts gestellt, Nachforschungen sind also zulässig, aber nicht geboten (KMR/*Nepomuck* § 406d Rn. 17). Zweck der Regelung ist es, die Mehrbelastung der Justiz in Grenzen zu halten, zumal von dem Verletzten, der ein Interesse am Verfahrensausgang hat, erwartet werden kann, dass er sicherstellt, dass ihn entsprechende Informationen erreichen (BT-Drs. 10/5305, S. 17). Sofern der Verletzte einen RA als Beistand hat oder er durch einen solchen vertreten wird, können Mitteilungen gem. § 406d Abs. 4 Satz 2 i.V.m. § 145a an diesen erfolgen. 10

§ 406e Akteneinsicht

(1) [1]Für den Verletzten kann ein Rechtsanwalt die Akten, die dem Gericht vorliegen oder diesem im Falle der Erhebung der öffentlichen Klage vorzulegen wären, einsehen sowie amtlich verwahrte Beweisstücke besichtigen, soweit er hierfür ein berechtigtes Interesse darlegt. [2]In den in § 395 genannten Fällen bedarf es der Darlegung eines berechtigten Interesses nicht.

(2) [1]Die Einsicht in die Akten ist zu versagen, soweit überwiegende schutzwürdige Interessen des Beschuldigten oder anderer Personen entgegenstehen. [2]Sie kann versagt werden, soweit der Untersuchungszweck, auch in einem anderen Strafverfahren, gefährdet erscheint. [3]Sie kann auch versagt werden, wenn durch sie das Verfahren erheblich verzögert würde, es sei denn, dass die Staatsanwaltschaft in den in § 395 genannten Fällen den Abschluss der Ermittlungen in den Akten vermerkt hat.

(3) [1]Der Verletzte, der nicht durch einen Rechtsanwalt vertreten wird, ist in entsprechender Anwendung der Absätze 1 und 2 befugt die Akten einzusehen und amtlich verwahrte Beweisstücke unter Aufsicht zu besichtigen. [2]Werden Akten nicht elektronisch geführt, können ihm anstelle der Einsichtnahme in die Akten Kopien aus den Akten übermittelt werden. [3]§ 480 Absatz 1 Satz 3 und 4 gilt entsprechend.

(4) Die Absätze 1 bis 3 gelten auch für die in § 403 Satz 2 Genannten.

(5) [1]Über die Gewährung der Akteneinsicht entscheidet im vorbereitenden Verfahren und nach rechtskräftigem Abschluss des Verfahrens die Staatsanwaltschaft, im Übrigen der Vorsitzende des mit der Sache befassten Gerichts. [2]Gegen die Entscheidung der Staatsanwaltschaft nach Satz 1 kann gerichtliche Entscheidung durch das nach § 162 zuständige Gericht beantragt werden. [3]Die §§ 297 bis 300, 302, 306 bis 309, 311a und 473a gelten entsprechend. [4]Die Entscheidung des Gerichts ist unanfechtbar, solange die Ermittlungen noch nicht abgeschlossen sind. [5]Diese Entscheidungen werden nicht mit Gründen versehen, soweit durch deren Offenlegung der Untersuchungszweck gefährdet werden könnte.

Übersicht

1 **A. Voraussetzungen der Akteneinsicht (Abs. 1).** Das Recht auf Akteneinsicht wird nach **Abs. 1** Verletzten i.S.d. § 373b gewährt, d.h. Personen, die eine unmittelbare Schädigung durch die verfahrensgegenständliche Tat geltend machen. Anders als bei den übrigen Verletztenrechten der §§ 406d–406l weitet § 406e **Abs. 4** dieses Recht jedoch auf allen sonstigen Personen aus, die einen Antrag im Adhäsionsverfahren nach § 403 stellen können, d.h. denen aus der Tat, ggf. auch nur mittelbar, ein Anspruch erwachsen ist (Vor §§ 406d ff. Rdn. 3 f.). Ausgeübt werden kann das Akteneinsichtsrecht **nur durch einen RA**. Die ohne Einschaltung eines RA bestehenden Möglichkeiten enthält Abs. 3 (Rdn. 22).

2 Nach **Gegenstand** und **Umfang** erstreckt sich das Einsichtsrecht auf alle Akten und Beweisstücke, die dem Gericht bereits vorliegen oder im Fall der öffentlichen Klage vorzulegen wären (vgl. § 147).

3 Aus der Formulierung »vorzulegen wären« geht hervor, dass die Akteneinsicht bereits im Ermittlungsverfahren möglich ist. Das Einsichtsrecht erstreckt sich grds. auf den gesamten Akteninhalt, umfasst also auch beschlagnahmte Unterlagen und Spurenakten (LG Mühlhausen wistra 2006, 76; SK-StPO/*Velten* § 406e Rn. 15; vgl. auch LR/*Wenske* § 406e Rn. 10), unterliegt aber auch im Umfang den Grenzen des berechtigten Interesses (Rdn. 5).

4 Grds. ist es erforderlich, dass der RA ein **berechtigtes Interesse** des Verletzten darlegt, wobei »darlegen« keine Glaubhaftmachung erfordert, sondern lediglich ein schlüssiges Vortragen (Meyer-Goßner/*Schmitt* § 406e Rn. 3; dies gilt auch im Hinblick auf § 16 Abs. 1 Nr. 2 BSDG, *Kuhn* ZRP 2005, 125 [128], **a.A.** *Riedel/Wallau* NStZ 2003, 393 [395]). Die Darlegung eines berechtigten Interesses ist in den praktisch bedeutsamsten Fällen der **Nebenklagebefugnis** entbehrlich (Abs. 1 Satz 2 i.V.m. § 395). Ob der Anschluss erklärt wurde, ist unerheblich (§ 406e Rn. 5).

5 Die Voraussetzung des berechtigten Interesses begrenzt das Akteneinsichtsrecht in zweifacher Hinsicht. Ein **berechtigtes Interesse** ist nicht automatisch mit der möglichen Schädigung des Tatopfers gegeben oder der Stellung des Verletzten im Strafverfahren immanent (SK-StPO/*Velten* § 406e Rn. 2; LR/*Wenske* § 406e Rn. 11), sondern erfordert vielmehr, dass die Akteneinsicht nach den Ausführungen des RA zur Interessenwahrnehmung erforderlich ist. Darüber hinaus begrenzt das dargelegte Interesse den Umfang der zu gewährenden Einsicht im Einzelfall (»soweit«, vgl. LR/*Wenske* § 406e Rn. 11; LG Bochum wistra 1991, 198 f.).

6 Ein berechtigtes Interesse besteht insb., wenn die Akteneinsicht dem Verletzten zur Prüfung der Erfolgsaussichten einer Einstellungsbeschwerde nach § 172 Abs. 1 oder eines **Klageerzwingungsantrages** nach § 172 Abs. 2 dient (Meyer-Goßner/*Schmitt* § 406e Rn. 3; LR/*Wenske* § 406e Rn. 14). Darüber hinaus kann ein berechtigtes Interesse des Verletzten daran bestehen, zu prüfen, ob und in welchem Umfang gegen den Beschuldigten **zivilrechtliche Ansprüche** geltend gemacht werden sollen (BVerfG NJW 2007, 1052 [1053]; BVerfG Beschl. vom. 04.12.2008, 2 BvR 1043/08: Schadensersatz wegen Kursmanipulation durch Scalping gem. § 826 BGB; krit. *Koch* FS Hamm, S. 289 [291; 294 f.]; zust. OLG Hamburg, wistra 2012, 397: Untreue), ebenso zur Abwehr von Ansprüchen (vgl. OLG Hamm NJW 1985, 2040; OLG Koblenz StV 1988, 332 m.Anm. *Schlothauer*; *Kuhn* ZRP 2005, 125, 127) oder zur Prüfung möglicher Einwendungen oder Einreden gegen einen scheinbar schlüssigen Anspruch (OLG Hamburg wistra 2012, 397). Eingehend zu zivilprozessualer Beweisnot als berechtigtes Interesse *Rennicke* StV 2021, 134 ff.

Kein berechtigtes Interesse besteht, wenn die Akteneinsicht nur zur »**Ausforschung**« des Beschuldigten oder zu einer zivilrechtlich unzulässigen Beweisgewinnung (z.B. durch Einsicht in beschlagnahmte Unterlagen) missbraucht werden soll (Meyer-Goßner/*Schmitt* § 406e Rn. 3; LR/*Wenske* § 406e Rn. 15; **a.A.** KMR/*Nepomuck* § 406e Rn. 10, 19; *Kuhn* ZRP 2005, 125 [127]; *Kiethe* wistra 2006, 50 [52]). Ebenso wenig kann Akteneinsicht verlangt werden, um einer bisher unschlüssigen Zivilklage zur Schlüssigkeit zu verhelfen (LR/*Wenske* § 406e Rn. 15). 7

B. Versagung der Akteneinsicht (Abs. 2). Abs. 2 gilt gleichermaßen für nebenklageberechtigte und andere Verletzte. Liegt ein Versagungsgrund vor, so hindert er das Akteneinsichtsrecht nur in dem Umfang, in dem er dessen Versagung tatsächlich rechtfertigt. Es ist daher stets zu prüfen, ob eine nur **partielle Akteneinsicht** gewährt werden kann (Meyer-Goßner/*Schmitt* § 406e Rn. 7; KK/Zabeck § 406e Rn. 9; vgl. Nr. 187 Abs. 1 RiStBV). Insb. kommt die Herausnahme der BZR-Auskunft oder von Unterlagen, die dem Steuergeheimnis unterliegen, in Betracht (*Kümmel* wistra 2014, 124). Bei mehreren Verletzten kann dem Versagungsgrund der drohenden Verfahrensverzögerung dadurch begegnet werden kann, dass diese einen gemeinsamen, zur Akteneinsicht bevollmächtigten RA benennen (BT-Drs. 10/5305, S. 18). 8

I. Entgegenstehen überwiegender schutzwürdiger Interessen des Beschuldigten oder anderer Personen (Abs. 2 Satz 1). Soweit der Akteneinsicht überwiegende schutzwürdige Interessen des Beschuldigten oder anderer Personen entgegenstehen, ist sie zwingend zu versagen (Abs. 1 Satz 2). Überwiegende schutzwürdige Interessen der genannten Personen an der Geheimhaltung ihrer in den Akten enthaltenen persönlichen Daten liegen in erster Linie vor bei **Persönlichkeitsschutzinteressen** (BT-Drs. 10/5305, S. 18; z.B. im jugendgerichtlichen Verfahren oder bei Gutachten über die Glaubhaftigkeit eines Zeugen oder den psychischen Zustand des Beschuldigten, vgl. LR/*Wenske* § 406e Rn. 23). In Betracht kommen aber auch schutzwürdige **vermögensrechtliche Interessen** an Betriebs- oder Geschäftsgeheimnissen aus beschlagnahmten Unterlagen, v.a. unter dem oben genannten Gesichtspunkt der »Ausforschung« (OLG Koblenz NStZ 1988, 333; LR/*Wenske* § 406e Rn. 23). Für den Beschuldigten liegt zudem regelmäßig ein Eingriff in das Recht auf **informationelle Selbstbestimmung** vor. Daher bedarf es seiner vorherigen **Anhörung** (Rdn. 20). 9

Nur wenn ein festgestelltes Geheimhaltungsinteresse des Beschuldigten oder eines Dritten das berechtigte Einsichtsinteresse des Verletzten überwiegt, ist die Akteneinsicht zu versagen (OLG Braunschweig Nds.Rpfl. 1992, 110). Bei **gleichem Gewicht** der einander gegenüberstehenden Interessen hat das **Akteneinsichtsrecht Vorrang** (KK/*Zabeck* § 406e Rn. 6). 10

II. Gefährdung des Untersuchungszwecks (Abs. 2 Satz 2, 1. Alt.). Daneben kann die Akteneinsicht nach pflichtgemäßem Ermessen verweigert werden, soweit der **Untersuchungszweck gefährdet** erscheint (Abs. 2 Satz 2). Durch die Verwendung des Wortes »erscheint« eröffnet das Gesetz einen weiten Entscheidungsspielraum für einzelfallbezogene und sachgerechte Differenzierungen (BGH NJW 2005, 1519 [1529]), da eine Gefährdung nicht (wie das überwiegende Interesse) festgestellt zu werden braucht, sondern lediglich Anhaltspunkte dafür vorliegen müssen (LR/*Wenske* § 406e Rn. 26; SK-StPO/*Velten* § 406e Rn. 13). Aus Abs. 2 Satz 3 ergibt sich, dass die Gefährdung des Untersuchungszwecks – anders als nach § 147 Abs. 2 – u.U. auch noch nach Abschluss der Ermittlungen einen Versagungsgrund darstellen kann (OLG Naumburg NStZ 2011, 118; KK/*Zabeck* § 406e Rn. 7). Durch den Fortgang der Hauptverhandlung kann eine vorher bestehende Gefährdung des Untersuchungszwecks – auch sukzessiv – entfallen (OLG Hamburg NStZ 2015, 105; KG NStZ 2016, 438 [440]). 11

Inhaltlich liegt eine Gefährdung des Untersuchungszweckes vor, wenn die Gefahr der **Beeinträchtigung der Sachaufklärung** besteht. Anhaltspunkte hierfür liegen in der Regel nur vor, wenn noch keine Zeugenaussage des Verletzten vorliegt, wenn im Ermittlungsverfahren noch ein Glaubhaftigkeitsgutachten eingeholt werden soll, wenn der Verletzte schon bisher wechselnde Zeugenaussagen gemacht hat oder wenn sonstige **Verfälschungsindizien** vorliegen. Die durch das Akteneinsichtsrecht stets begründete Gefahr einer »Präparierung« der Aussage reicht für sich zur Versagung der Akteneinsicht nicht aus; es kommt auf die Würdigung des Einzelfalles an (OLG Düsseldorf StV 1991, 202; KG NStZ 2019, 110 [111 f.]; LG Hamburg NStZ-RR 2018, 332; **a.A.** *Riedel/Wallau* NStZ 2003, 393 [397]. 12

Auch bei **Aussage-gegen-Aussage-Konstellation** gibt es keine zur Versagung der Akteneinsicht zwingende Ermessensreduzierung auf Null [OLG Braunschweig NStZ 2016, 629 [630] m.Anm. *Schöch* NStZ 2016, 631; KG NStZ 2019, 110 [112]; **a.A.** – insb. bei Sexualdelikten hinsichtlich der Niederschriften über eigene frühere Zeugenvernehmungen – OLG Hamburg NStZ 2015, 105 [107] m. zust. Anm. *Radtke* NStZ 2015, 109; abl. *Breu* StraFo 2015, 248; OLG Schleswig StraFo 2016, 157; LR/*Wenske* § 406e Rn. 29 ff.; *Baumhöfener/Daber/Wenske* NStZ 2017, 562 ff.; krit. dazu BGH v. 05.04.2016 – 5 StR 40/16, NStZ 2016, 367 m. abl. Anm. *Gubitz*: **keine schematische Handhabung**). Die grundsätzliche Ablehnung der Akteinein- 13 sicht bei Sexualdelikten beruht auf einer problematischen Verabsolutierung und schematischen Handhabung des Realitätskriteriums der Aussagekonstanz (*Schöch* NStZ 2016, 631 f.; *ders.* FS Streng 2017, 743 [749 f.]; krit. auch Meyer-Goßner/*Schmitt* § 406e Rn. 12; zur sachgerechten Konstanzanalyse BGH NStZ-RR 2016, 250; *Deckers* StV 2017, 50 [53 ff.]). Im Hinblick auf die für ein mögliches Adhäsionsverfahren notwendige Aktenkenntnis des Verletzten und das in der Rspr. anerkannte Vorbereitungsrecht des Zeugen auf seine Vernehmung (BGHSt 1, 4 [8]; BGH StV 2017, 146 m. abl. Anm. *Deiters*) ist die Versagung der Akteneinsicht für den Verletzten im Hauptverfahren nur dann gerechtfertigt, wenn Hinweise auf eine konkrete Falschaussagemotivation des Zeugen oder Besonderheiten in seinen Aussagen vorliegen, da andernfalls der Nebenklagevertreter in der Hauptverhandlung nicht sachgerecht tätig werden kann (BGH NStZ 2016, 367; OLG Braunschweig NStZ 2016, 629 [631]; Meyer-Goßner/*Schmitt* Rn. 12; s.a. auch OLG Hamm v. 06.09.2021 – 4 Ws 153/21, zur Abmilderungsmöglichkeit durch Gewährung der Akteneinsicht unmittelbar nach der Aussage des Verletzten in der Hauptverhandlung und noch vor dessen Entlassung als Zeuge) und das in der Rspr. anerkannte Vorbereitungsrecht des Zeugen beeinträchtigt wäre (BGH StV 2017, 146 m. abl. Anm. *Deiters*). Solche Besonderheiten liegen etwa bei einer auffallend detailarmen und nur unter vielen Vorhalten zustande gekommenen Aussage im Ermittlungsverfahren vor (OLG Hamm, 06.09.2021 – 4 Ws 153/21).

14 Der Gefahr einer Beeinträchtigung des Untersuchungszwecks kann ansonsten u.U. auch dadurch reduziert werden, dass der Verfahrensbevollmächtigte des Verletzten **zusichert**, die Akten nicht an den Verletzten herauszugeben (OLG Braunschweig NStZ 2016, 629 [630]; OLG Brandenburg v. 06.07.2020 – 1 Ws 81/20; OLG Karlsruhe v. 05.02.2021 – 2 Ws 27/21; abl. LR/*Wenske* § 406e Rn. 41). Zwar ist eine solche Zusicherung ohne Einwilligung des Mandanten nicht verbindlich (vgl. § 11 Abs. 1 Satz 2 BORA), jedoch gelingt es den Nebenklageanwälten in der Regel, den Nebenkläger nicht nur zum Verzicht auf sein Anwesenheitsrecht gem. § 397 Abs. 3 Satz 1 zu bewegen, sondern ihn auch davon zu überzeugen, dass eine persönliche Einsichtnahme seine Glaubhaftigkeit beeinträchtigen und die gerichtliche Sachaufklärung erschweren kann.

15 Die Tatsache der vorherigen Akteneinsicht, die der Nebenkläger bei seiner Vernehmung als Zeuge auf Nachfrage wahrheitsgemäß offenbaren muss (§ 153 StGB), hat das Gericht bei der **Beweiswürdigung** der Aussage des Verletzten zu berücksichtigen, was deren Beweiswert ggf. schwächen kann (OLG Brandenburg v. 06.07.2020 – 1 Ws 81/20). Entsprechend ist eine Aktenkenntnis des Verletzten **im Urteil zu erörtern**, wenn bei der Würdigung seiner Zeugenaussage auf die Aussagekonstanz abgestellt wird (BGH v. 21.04.2016 – 2 StR 435/15, StV 2017, 7; für Aussage-gegen-Aussage-Konstellationen wohl auch BGH v. 15.03.2016 – 5 StR 52/16, StV 2017, 146). Soweit dagegen BGH v. 05.04.2016 – 5 StR 40/16, NStZ 2016, 367 auch für diese Fälle in der Regel eine Erörterungspflicht verneint, ist dem zu widersprechen (krit. hierzu auch *Hohoff* NStZ 2020, 387, 390; *Deiters* StV 2017, 147, 148): Die Entscheidung über die Gewährung von Akteneinsicht und die Entscheidung über die Schuld des Angeklagten sind voneinander zu trennende Fragen. Dass der Verletzte mit der Akteneinsicht ein ihm gesetzlich zustehendes Recht einfordert, das nicht pauschal entwertet werden darf, ändert nichts an den faktischen Wirkungen, die seine Aktenkenntnis auf seine Aussage haben kann (nicht muss). Bei der Beweiswürdigung muss sich das Gericht ihrer bewusst sein und dies auch für das Revisionsgericht transparent machen; für die Rechte des Verletzten bedeutet allein dies keine Schmälerung. Mit der gesetzlichen Einräumung des Akteneinsichtsrechts ist **keine Absenkung** der für einen Schuldspruch bestehenden Anforderungen an die **richterliche Überzeugungsbildung** verbunden.

16 Bei **Urheberrechtsverletzungen im Internet** erstatten die Rechteinhaber in der Regel Strafanzeige gem. § 106 UrhG gegen unbekannt und verlangen Akteneinsicht gem. § 406e, um über das Strafverfahren die Namen der ihnen unbekannten Anschlussinhaber zu ermitteln, die illegale Tauschbörsen von Filmen, Musikwerken oder Computerprogrammen nutzen. Diese können zwar in der Regel nicht als Täter überführt werden, wenn andere Personen den Anschluss mitbenutzen, sollen aber zivilrechtlich nach § 97 UrhG in Anspruch genommen werden. In diesen sog. **Filesharingverfahren** kann das Recht des Internetbenutzers auf informationelle Selbstbestimmung der Akteneinsicht entgegenstehen, und bei der am Verhältnismäßigkeitsgrundsatz orientierten Ermessensentscheidung der StA darf zusätzlich berücksichtigt werden, dass die knappen Ressourcen der StA nicht für regelmäßig aussichtslose Strafverfahren nur zur Durchsetzung zivilrechtlicher Ansprüche zur Verfügung stehen (LG München I NStZ 2010, 110 f.), jedenfalls wenn es sich nicht um Verletzungen in erheblichem (gewerblichem) Ausmaß handelt (LG Saarbrücken NStZ 2010, 111, 656; LG Karlsruhe MMR 2010, 68; generell gegen Akteneinsicht LG Köln NStZ-RR 2009, 319; **a.A.** *Esser* GA 2010, 65 ff.; sehr str., vgl. Meyer-Goßner/*Schmitt* § 406e Rn. 6c m.w.N.).

17 **III. Verfahrensverzögerung (Abs. 2 Satz 2, 2. Alt.).** Dritter Grund, die Akteneinsicht zu verweigern, ist eine in diesem Fall drohende erhebliche Verfahrensverzögerung. Wann die Verzögerung **erheblich** ist, lässt sich nicht pauschal bestimmen; in der Regel dürfte jedoch eine Verzögerung von wenigen Tagen die Versagung der Akteneinsicht nicht rechtfertigen (SK-StPO/*Velten* § 406e Rn. 14; Meyer-Goßner/*Schmitt* § 406e Rn. 6b).

C. Akteneinsichtsrecht des Verletzten ohne Rechtsanwalt (Abs. 3). Die bis 2017 in Abs. 3 geregelte Mitgabe der Akten in die Geschäftsräume des Rechtsanwalts des Verletzten wurde mit dem Gesetz zur Einführung der elektronischen Akte in Strafsachen vom 05.07.2017 (BGBl. I, S. 2208) durch die allgemeine Regelung in § 32f StPO ersetzt (s. Vor §§ 32 ff. Rdn. 3). Da die Erteilung von Auskünften seither nicht mehr vorgesehen ist, wurden auch die früheren Absätze 5 und 6 gestrichen. 18

Stattdessen wird jetzt in Abs. 3 dem Verletzten ohne Rechtsanwalt nach Maßgabe der Absätze 1 und 2 ein eigenes Akteneinsichtsrecht eingeräumt (wie auch dem Beschuldigten [§ 147 Abs. 4] und dem Privatkläger [§ 385 Abs. 4]). Die Regelung gilt auch dann, wenn der Verletzte selbst RA ist (Hilger NStZ 1988, 441; OLG Frankfurt BeckRS 2017, 123986). Zur Wahrung der Integrität von Papierakten können ihm Abschriften aus den Akten erteilt werden. Diese müssen von allen Teilen der Akte erstellt werden, die dem Verletzten auch durch Einsichtnahme in die Akte selbst zugänglich wären (BT-Drs. 18/9416, S. 65). 19

D. Zuständigkeit (Abs. 5 Satz 1). Für die Gewährung der Akteneinsicht ist während des Vorverfahrens und nach rechtskräftigem Abschluss des Hauptverfahrens die **StA** (dazu OLG Stuttgart NStZ 1993, 353) zuständig, während des Hauptverfahrens der **Vorsitzende** des mit der Sache befassten Gerichts, der des Rechtsmittelgerichts erst nach Vorlage der Sache (§ 321 Satz 2 und § 347 Abs. 2). Im Fall einer Ablehnung ist dem Antragsteller ein Bescheid zu erteilen (Nr. 188 I RiStBV; Meyer-Goßner/*Schmitt* § 406e Rn. 9). Die Gründe sind nicht offenzulegen, sofern dadurch der Untersuchungszweck gefährdet werden könnte (Abs. 5 Satz 4). Dem **Beschuldigten** ist zur Gewährleistung effektiven Rechtsschutzes (Art. 19 Abs. 4 GG; BVerfG NJW 2017, 1164 [1165]) vor der Entscheidung **rechtliches Gehör** gem. § 33 zu gewähren, da die Akteneinsicht regelmäßig einen Eingriff in grundrechtlich geschützte Positionen des Beschuldigten (z.B. Art. 12, 14 GG oder Grundrecht auf informationelle Selbstbestimmung) bedeutet. Wird eine Anhörung unterlassen, so liegt ein schwerwiegender Verfahrensfehler vor, der durch die Durchführung des Verfahrens auf gerichtliche Entscheidung nicht geheilt werden kann (BVerfG NJW 2021, 3654; BVerfG NJW 2017, 1164, [1166]; BVerfG Beschl. v. 30.10.2016, 1 BvR 1766/14; LR/*Wenske* § 306e Rn. 50). 20

E. Rechtsbehelfe (Abs. 5 Sätze 2–5). Gegen die Versagung der Akteneinsicht durch die StA kann der Verletzte gem. §§ 406e Abs. 5 Satz 2, 162 gerichtliche Entscheidung beantragen. Dieses Recht steht auch dem Beschuldigten oder einem Dritten zu, sofern diese geltend machen, durch die Gewährung der Akteneinsicht in eigenen Rechten verletzt zu sein (BGHSt 39, 112; KMR/*Nepomuck* § 406e Rn. 32; *Hillenbrand*, StRR 2020, Nr 9, 4–12). Wurde zuvor kein rechtliches Gehör gewährt, so kann im Wege der Beschwerde gem. § 304 Abs. 1 StPO auch nachträgliche Feststellung der Rechtswidrigkeit der Akteneinsicht beantragt werden (Meyer-Goßner/*Schmitt* § 406e Rn. 11; KG NStZ 2016, 438, BVerfG NJW 2017, 1164 [1166]). 21

Die richterliche Entscheidung ist gem. Abs. 5 Satz 3 sowohl bei Gewährung als auch bei Versagung der Akteneinsicht im Ermittlungsverfahren unanfechtbar (BGH NStZ 1991, 95). Somit ist insoweit auch die Revision ausgeschlossen (§ 336 Satz 2; BGH NJW 2005, 1519 SK-StPO/*Velten* § 406e Rn. 17). Sobald die Ermittlungen abgeschlossen sind (Umkehrschluss aus Abs. 5 Satz 4), ist sowohl gegen die Entscheidung des Ermittlungsrichters als auch gegen die Entscheidung des erkennenden Gerichts im Hauptverfahren die Beschwerde zulässig (OLG Hamburg NStZ 2015, 105 [106]; OLG Braunschweig NStZ 2016, 629). 22

Nicht abschließend geklärt ist, ob ein **Schadensersatzanspruch** gem. § 839 BGB in Betracht kommt, wenn aufgrund einer fehlerhaften und schuldhaften Entscheidung über einen Akteneinsichtsantrag bei dem Beschuldigten, dem Verletzten oder einem in seinem Datenschutzrecht betroffenen Dritten ein Schaden entstanden ist (LR/*Wenske* § 406e Rn. 61). Jedenfalls führt ein Verfahrensverstoß bei Gewährung oder Versagung von Akteneinsicht **nicht** zu einem **Beweisverwertungsverbot** (BGH NJW 2005, 1519 [1520]; Meyer-Goßner/*Schmitt* § 406e Rn. 11; **a.A.** SK-StPO/*Velten* § 406e Rn. 13). 23

§ 406f Verletztenbeistand

(1) [1]Verletzte können sich des Beistands eines Rechtsanwalts bedienen oder sich durch einen solchen vertreten lassen. [2]Einem zur Vernehmung des Verletzten erschienenen anwaltlichen Beistand ist die Anwesenheit gestattet.

(2) [1]Bei einer Vernehmung von Verletzten ist auf deren Antrag einer zur Vernehmung erschienenen Person ihres Vertrauens die Anwesenheit zu gestatten, es sei denn, dass dies den Untersuchungszweck gefährden könnte. [2]Die Entscheidung trifft die die Vernehmung leitende Person; die Entscheidung ist nicht anfechtbar. [3]Die Gründe einer Ablehnung sind aktenkundig zu machen.

1 **A. Rechte des Verletztenbeistands (Abs. 1).** Nach Abs. 1 ist jeder Verletzte berechtigt, sich zur Wahrnehmung seiner Befugnisse im Strafverfahren eines RA oder eines Rechtslehrers (§ 138 Abs. 1) als Beistand zu bedienen oder sich durch einen solchen vertreten zu lassen. Das gilt unstreitig auch schon im **Ermittlungsverfahren** für Vernehmungen vor der StA oder der Polizei (Meyer-Goßner/*Schmitt* § 406f Rn. 3); dessen gesonderte Erwähnung in § 406h Abs. 1 und Abs. 3 Satz 2 lässt keinen Umkehrschluss zu, da es dort nur um die Klarstellung des Verhältnisses zur Nebenklage in der Hauptverhandlung geht (LR/*Wenske* § 406f Rn. 2, 8; HK-GS/*Rössner* § 406f Rn. 2).

2 Die Befugnisse des Beistandes beschränken sich – wie diejenigen des Zeugenbeistandes gem. § 68b – im Wesentlichen auf ein **Anwesenheits- und Beratungsrecht.** Er ist jedoch nicht berechtigt, den Verletzten zu vertreten, also z.B. an dessen Stelle die Aussage zu Protokoll zu geben (KMR/*Nepomuck* § 406f Rn. 7). Die in Abs. 1 erwähnte Vertretungsbefugnis des RA betrifft die Fälle, in denen dem Verletzten die Anwesenheit in einer nicht öffentlichen Hauptverhandlung nach § 175 Abs. 2 gestattet wird (LR/*Wenske* § 406f Rn. 13).

3 Mangels einer § 406g Abs. 2 Satz 3 entsprechenden Regelung ist eine Ladung oder Terminbekanntgabe an den RA nicht erforderlich; dieser hat sich selbst zu informieren. Insb. kann der Verletzte nicht die Aussage mit der Begründung verweigern, sein Beistand sei an dem konkreten Vernehmungstermin verhindert (LR/*Wenske* § 406f Rn. 9; Meyer-Goßner/*Schmitt* § 406f Rn. 3).

4 Im Einzelnen hat der anwaltliche Beistand neben dem Recht der **bloßen Anwesenheit**, das auf die Dauer der Vernehmung seines Mandanten beschränkt ist, das Recht, den Verletzten während dessen Vernehmung zu **beraten.** Das früher ausdrücklich in § 406f Abs. 2 erwähnte Recht zur **Beanstandung** von Fragen nach den §§ 238, 242 und zur Beantragung des **Öffentlichkeitsausschlusses** nach § 171b GVG wurde im 2. OpferRRG (2009) gestrichen, um den fehlerhaften Umkehrschluss auszuschließen, der Verletztenbeistand habe nur diese Rechte, während ihm tatsächlich **weitere Rechte des Zeugen** ebenfalls zustehen, wie z.B. die Beantragung von Maßnahmen nach den §§ 58a, 168e, 247, 247a, 255a (BR-Drucks. 178/09, S. 58 f.).

5 Die Bedeutung des **Beanstandungsrechts** liegt für den Verletzten im Wesentlichen in der Einschränkbarkeit von Fragen nach Umständen aus dem persönlichen Lebensbereich (§ 68a), auch bei Vernehmungen durch die StA oder die Polizei.

6 Zu beachten ist jedoch, dass die genannten Rechte dem Beistand nicht aus eigenem Recht zustehen (Meyer-Goßner/*Schmitt* Vor § 48 Rn. 11; SK-StPO/*Velten* § 406f Rn. 6). Gegen den Beistand, der nicht selbstständiger Verfahrensbeteiligter ist, können gem. §§ 164 StPO, 177 GVG Ordnungsmaßnahmen ergriffen werden, wenn er seine Anwesenheit zur Erschwerung oder Vereitelung der Beweiserhebung missbraucht (str., wie hier LR/*Wenske* § 406f Rn. 10; Meyer-Goßner/*Schmitt* Vor § 48 Rn. 11; **a.A.** *Thomas* NStZ 1982, 489).

7 Gegen einen zu Unrecht erfolgten Ausschluss von der Vernehmung kann der RA analog § 161a Abs. 3 eine richterliche Entscheidung beantragen (LR/*Wenske* § 406f Rn. 10).

8 **B. Hinzuziehung einer Vertrauensperson (Abs. 2).** Der Verletzte kann bei seiner Vernehmung als Zeuge den Antrag auf Teilnahme einer Person seines Vertrauens stellen. Die Hinzuziehung einer Vertrauensperson soll in erster Linie der psychologischen Betreuung des Verletzten dienen (BT-Drs. 10/5305, S. 19; LR/*Wenske* § 406f Rn. 16). Sie ist insb. bei Vernehmungen von Kindern sinnvoll, teilweise auch bei Gewalt- und Sexualdelikten. Die Vertrauensperson ist auch bei Ausschluss der Öffentlichkeit anwesenheitsberechtigt (Meyer-Goßner/*Schmitt* § 406f Rn. 5).

9 Neben der staatsanwaltschaftlichen und richterlichen Vernehmung ist die Hinzuziehung auch bereits bei der Vernehmung durch die Polizei möglich (Meyer-Goßner/*Schmitt* § 406f Rn. 4). Sie darf nur **abgelehnt** werden, sofern diese den **Untersuchungszweck gefährden** könnte, d.h. insb. dann, wenn durch zeitliche Verzögerung ein Beweismittelverlust droht oder die durch die Anwesenheit der Vertrauensperson eine Beeinträchtigung der Wahrheitsfindung zu besorgen ist (*Neuhaus* StV 2004, 620 [622]).

10 Über die Zulassung befindet der jeweils die Vernehmung leitende Beamte oder Richter. Die Anfechtbarkeit der Entscheidung ist explizit ausgeschlossen. Daher scheidet gem. § 336 Satz 2 auch die Revision aus (Meyer-Goßner/*Schmitt* § 406f Rn. 6; **a.A.** *Neuhaus* StV 2004, 620 [622] »bei objektiv willkürlicher Missachtung des Ausschlussgrundes«). Dennoch sind die Ablehnungsgründe gem. Abs. 3 Satz 3 aktenkundig zu machen.

11 Stört die Vertrauensperson die Vernehmung, so kann sie nach §§ 164 StPO, 177 GVG durch unanfechtbare Entscheidung ausgeschlossen werden (LR/*Wenske* § 406f Rn. 21).

12 **C. Kosten.** Sofern nicht ein Fall des § 406h vorliegt, trägt der Verletzte die Auslagen für die Hinzuziehung eines Beistandes oder einer Vertrauensperson selbst (LR/*Wenske* § 406f Rn. 9). Mangels einer § 406g Abs. 3 vergleichbaren Regelung ist auch eine **gerichtliche Beiordnung eines RA** in Zusammenhang mit der Gewährung von PKH **nicht möglich**. Der Verletzte kann daher einen Beistand nicht in Anspruch nehmen, wenn ihm die nötigen Mittel fehlen (OLG Düsseldorf Rpfleger 1993, 37; Meyer-Goßner/*Schmitt* § 406f Rn. 1). Auch aus dem verfassungsrechtlich garantierten Recht auf Zeugenbeistand (BVerfGE 38, 105) kann ein Recht auf Beiordnung für einen mittellosen Zeugen nicht abgeleitet werden (BVerfG NStZ 1983, 374; **a.A.** für besonders gelagerte Fälle LG Hannover StV 1987, 526).

13 Eine Ausnahme gilt für die durch das Zeugenschutzgesetz 1998 geschaffene **Beiordnung eines RA als Zeugenbeistand gem.** § 68b Abs. 2, die auch für den Verletzten in Betracht kommt, wenn dessen schutzwürdigen Interessen nicht auf andere Weise Rechnung getragen werden kann und wenn besondere Umstände vorliegen, aus denen sich ergibt, dass der Zeuge seine Befugnisse bei seiner Vernehmung nicht selbst wahrnehmen kann. Diese Regelung ist nicht auf minderjährige Zeugen beschränkt, sondern gilt auch für andere eingeschüchterte und gefährdete Zeugen bei richterlichen, staatsanwaltschaftlichen und polizeilichen Vernehmungen (Meyer-Goßner/*Schmitt* § 68b Rn. 9).

§ 406g Psychosoziale Prozessbegleitung

(1) [1]Verletzte können sich des Beistands eines psychosozialen Prozessbegleiters bedienen. [2]Dem psychosozialen Prozessbegleiter ist es gestattet, bei Vernehmungen des Verletzten und während der Hauptverhandlung gemeinsam mit dem Verletzten anwesend zu sein.

(2) Die Grundsätze der psychosozialen Prozessbegleitung sowie die Anforderungen an die Qualifikation und die Vergütung des psychosozialen Prozessbegleiters richten sich nach dem Gesetz über die psychosoziale Prozessbegleitung im Strafverfahren vom 21. Dezember 2015 (BGBl. I S. 2525, 2529) in der jeweils geltenden Fassung.

(3) [1]Unter den in § 397a Absatz 1 Nummer 4 und 5 bezeichneten Voraussetzungen ist dem Verletzten auf seinen Antrag ein psychosozialer Prozessbegleiter beizuordnen. [2]Unter den in § 397a Absatz 1 Nummer 1 bis 3 bezeichneten Voraussetzungen kann dem Verletzten auf seinen Antrag ein psychosozialer Prozessbegleiter beigeordnet werden, wenn die besondere Schutzbedürftigkeit des Verletzten dies erfordert. [3]Die Beiordnung ist für den Verletzten kostenfrei. [4]Für die Beiordnung gilt § 142 Absatz 5 Satz 1 und 3 entsprechend. [5]Im Vorverfahren entscheidet das nach § 162 zuständige Gericht.

(4) [1]Einem nicht beigeordneten psychosozialen Prozessbegleiter kann die Anwesenheit bei einer Vernehmung des Verletzten untersagt werden, wenn dies den Untersuchungszweck gefährden könnte. [2]Die Entscheidung trifft die die Vernehmung leitende Person; die Entscheidung ist nicht anfechtbar. [3]Die Gründe einer Ablehnung sind aktenkundig zu machen.

Übersicht

1 **A. Entstehungsgeschichte und Zweck der Vorschrift.** Die psychosoziale Prozessbegleitung wurde durch das 3. OpferRRG v. 21.12.2015 eingefügt, trat aber erst ein Jahr später am 01.01.2017 in Kraft. 2017 kam es bei den Amts- und Landgerichten (1. und 2. Instanz) und Oberlandesgerichten (1. Instanz) zu insgesamt 4.002 Anträgen auf Beiordnung, die zu 2.779 Beiordnungen führten. Diese Zahlen gingen seitdem deutlich und kontinuierlich zurück: Im Jahr 2020 waren es nurmehr 842 Anträge und 661 Beiordnungen (jeweils Stat. Bundesamt, Rechtspflege Strafgerichte, Fachserie 10, Reihe 2.3., Addition Tab. 2.1, 4.1., 5.1, 7.1). Die EU-Opferschutzrichtlinie vom 25.10.2012 verpflichtete nicht zur Einführung dieses Instituts, jedoch gab es in einigen Bundesländern praeter legem entsprechende Erfahrungen, auf die sich der Gesetzgeber berief (BT-Drs. 18/4621, S. 21). Die psychosoziale Prozessbegleitung soll dazu beitragen, dass »insbesondere Verletzte von schweren Sexual- oder sonstigen Gewalttaten bei für sie häufig problematischen strafprozessualen Vernehmungen« von besonders geschulten Personen begleitet werden, die mit den »Abläufen solcher Vernehmungen und den Möglichkeiten, sie für Verletzte möglichst schonend auszugestalten,« vertraut sind, um

»sekundäre Viktimisierungen« möglichst zu vermeiden (BT-Drs. 18/4621 mit Verweis auf BT 16/12098, S. 31). Der Abbau von Belastungen und Ängsten sowie die Stabilisierung des Zeugen sollen auch für die Justiz nützlich sein, weil dadurch die »Aussagetüchtigkeit des Verletzten« gestärkt werden kann und andere Verfahrensbeteiligte entlastet werden können (BT-Drs. 18/4621, S. 25). Angesichts der bereits bisher bestehenden Möglichkeiten der Beiordnung eines anwaltlichen Nebenklagevertreters (§ 397a) und der Zulassung einer Vertrauensperson (§ 406f Abs. 2) wird die gesetzliche Verankerung der psychosozialen Prozessbegleitung zum Teil scharf **kritisiert**, weil sie zu einem Übergewicht der Verletztenbelange führe und die Verfahrensbalance und damit die Wahrheitsfindung im Strafverfahren gefährde (*Neuhaus* StV 2017, 55; *Roxin/Schünemann* § 65 Rn. 18a; krit. wegen der einschüchternden »Opfer-Entourage« auch *Kett-Straub* ZIS 2017, 341 [342 f.]; positiv aber *Ferber* NJW 2016, 279, [282]: »Meilenstein« für den Opferschutz; *Wenske* JR 2017, 457 [465]: »Beseitigung eines strukturellen Defizits«; KK/*Walther* Vor § 395 Rn. 7 »echte Verbesserung der Verletztenrechte«; ähnlich *Lyndian* StraFo 2018, 6 [11]; diff. besonders mit Blick auf die Ausbildungs- und Qualifikationsstandards LR/*Wenske* § 406g Rn. 11 ff.). Für die Gerichte begründet der Einsatz eines psychosozialen Prozessbegleiters jedenfalls die Notwendigkeit, sich im Rahmen der **Beweiswürdigung** mit der Gefahr einer **inhaltlichen Beeinflussung** der Zeugenaussage des Verletzten (hierzu z.B. *Hohoff* NStZ 2020, 387, 390; KMR/*Nepomuck* § 406g Rn. 21) auseinander zu setzen.

2 **B. Grundsätze der psychosozialen Prozessbegleitung (Abs. 2).** Im Regierungsentwurf vom 15.04.2015 (BT-Drs. 18/4621, S. 9) waren die Grundsätze noch in Abs. 1 folgendermaßen zusammengefasst worden: »Psychosoziale Prozessbegleitung ist eine besondere Form der nichtrechtlichen Begleitung für besonders schutzbedürftige Verletzte vor, während und nach der Hauptverhandlung. Sie umfasst die Informationsvermittlung sowie die qualifizierte Betreuung und Unterstützung im gesamten Strafverfahren mit dem Ziel, die individuelle Belastung der Verletzten zu reduzieren, ihre Sekundärviktimisierung zu vermeiden und ihre Aussagetüchtigkeit zu fördern.« Weitere Einzelheiten ergaben sich aus der Begründung (dazu *Wenske* JR 2017, 457 ff.). Erst im Rechtsausschuss wurde dann eine differenziertere und bundeseinheitliche gesetzliche Regelung gefordert, die mit dem gleichzeitig verabschiedeten und in Kraft getretenen Gesetz über die psychosoziale Prozessbegleitung im Strafverfahren vom 21.12.2015 (**PsychPbG**) realisiert wurde (BT-Drs. 18/6906), auf das nunmehr Abs. 2 verweist (vgl. dazu *Lyndian* StraFo 2018, 6 ff.). Dieses Gesetz beruht im Wesentlichen auf den »Mindeststandards für die psychosoziale Prozessbegleitung«, die von einer Bund-Länder-Arbeitsgruppe im Auftrag der Justizministerkonferenz erarbeitet worden waren (BT-Drs. 18/4621, S. 30). Dort sind nunmehr neben der eingangs zitierten allgemeinen Definition (§ 2 Abs. 1 PsychPbG) die Neutralitätspflicht des psychosozialen Prozessbegleiters und die Trennung von Beratung und Begleitung geregelt (§ 2 Abs. 2 PsychPbG), außerdem die Anforderungen an die Qualifikation (§§ 3, 4 PsychPbG) sowie die Vergütung (§§ 5–10 PsychPbG).

3 **C. Anspruch und Anwesenheitsrecht (Abs. 1).** Jeder Verletzte (§ 373b) hat das Recht, sich – in der Regel auf eigene Kosten – des Beistands eines Prozessbegleiters zu bedienen, dem es gestattet ist, bei Vernehmungen des Verletzten und während der Hauptverhandlung gemeinsam mit dem Verletzten anwesend zu sein (Abs. 1 Satz 2). Im Gegensatz zum anwaltlichen Nebenklagevertreter hat der psychosoziale Prozessbegleiter aber kein Zeugnisverweigerungsrecht (§ 2 Abs. 2 Satz 3 PsychPbG). Er muss im Fall seiner eigenen Zeugenvernehmung aussagen, was er mit dem Verletzten besprochen hat.

4 **D. Beiordnung auf Antrag (Abs. 3).** Jede Beiordnung eines psychosozialen Prozessbegleiters setzt einen Antrag des Verletzten voraus. Dadurch ergibt sich eine erhebliche Einschränkung des Anwendungsbereichs, da viele Verletzte das Verfahren selbst bewältigen wollen oder die Unterstützung durch einen anwaltlichen Verletztenbeistand und Nebenklagevertreter oder durch eine persönliche Vertrauensperson (§ 406f Abs. 2) vorziehen oder für ausreichend halten, zumal sie mit diesen auch über die Tat sprechen dürfen. Die gesetzliche Regelung über die Beiordnung orientiert sich am Gedanken der besonderen Schutzbedürftigkeit (*Bock* FS Eisenberg 2019, 363 [369 ff.] mit Vorschlägen für eine kostenfreie bedarfsorientierte Unterstützung aller Verletzten durch ehrenamtliche Prozessbegleiter).

5 **I. Obligatorische Beiordnung (Abs. 3 Satz 1).** Einen Anspruch auf kostenlose Beiordnung (Satz 3) haben in Anlehnung an die Regelungen für den Opferanwalt auf Staatskosten minderjährige Opfer schwerer Sexual- oder Gewaltstraftaten (§ 397a Abs. 1 Nr. 4 und 5).

6 **II. Fakultative Beiordnung (Abs. 3 Satz 2).** Die in § 397a Abs. 1 Nr. 1–3 genannten Verletzten schwerer Gewalt- oder Sexualverbrechen können aufgrund einer Ermessensentscheidung des Gerichts eine kostenlose Beiordnung erhalten, wenn ihre »besondere Schutzbedürftigkeit« dies erfordert. Im Regierungsentwurf wurden in Anlehnung an die erwähnten Mindeststandards der Bund-Länder-Arbeitsgruppe (o. Rdn. 2) und

teilweise an die Art. 22 Abs. 3 der EU-Opferschutzrichtlinie vom 25.10.2012 folgende Beispiele genannt: »Menschen mit einer Behinderung oder psychischen Beeinträchtigung, Betroffene von Sexualstraftaten, Betroffene von Gewalttaten (mit schweren physischen, psychischen oder finanziellen Folgen oder längerem Tatzeitraum, wie z.B. bei häuslicher Gewalt oder Stalking), Betroffene von vorurteilsmotivierter Gewalt- und sonstiger Hasskriminalität sowie Betroffene von Menschenhandel« (BT-Drs. 18/4621, S. 32). Bei der Ermessensentscheidung darf das Gericht auch berücksichtigen, ob dem Verletzten eine Vertrauensperson oder ein anwaltlicher Nebenklagevertreter beisteht und ob deren Unterstützung eventuell ausreicht.

III. Verfahren der Beiordnung (Abs. 3 Sätze 4 und 5). Über die Beiordnung entscheidet im Vorverfahren der Ermittlungsrichter (§ 162), im Zwischen- und Hauptverfahren gem. § 142 Abs. 1 der Vorsitzende des mit der Sache befassten Gerichts (vgl. § 397a Abs. 3 Satz 2; Meyer-Goßner/*Schmitt* § 406g Rn. 6). 7

E. Einschränkung des Anwesenheitsrechts (Abs. 4). Einem nicht beigeordneten psychosozialen Prozessbegleiter kann – ebenso wie einem Verletztenbeistand gem. § 406f Abs. 2 – die Anwesenheit bei einer Vernehmung untersagt werden, wenn dies den Untersuchungszweck gefährden könnte (Satz 1). Die Entscheidung der die Vernehmung leitenden Person ist nicht anfechtbar (Satz 2) und damit sowohl einer Beschwerde nach § 304 als auch gem. § 336 Satz 2 der Revision entzogen (Meyer-Goßner/*Schmitt* § 406g Rn. 7). Daraus folgt aber nicht im Umkehrschluss, dass der beigeordnete psychosoziale Prozessbegleiter niemals ausgeschlossen werden kann (so aber krit. *Neuhaus* StV 2017, 55 [62]); vielmehr ergibt sich durch den Verweis in Abs. 3 Satz 4 auf § 142, dass eine Ablehnung »aus wichtigem Grund« möglich bleibt (HK-GS/*Ferber* § 406g Rn. 5 unter Berufung auf BT-Drs. 18/6906, S. 23). 8

F. Vergütung und Kosten. Nach § 6 PsychPbG erhält der beigeordnete psychosoziale Prozessbegleiter für die Wahrnehmung seiner Aufgaben aus der Staatskasse eine Vergütung in Höhe von 520 € im Vorverfahren, in Höhe von 370 € im gerichtlichen Verfahren des ersten Rechtszuges und in Höhe von 210 € nach Abschluss des erstinstanzlichen Verfahrens. Daraus wird ersichtlich, dass der Gesetzgeber den Schwerpunkt der psychosozialen Prozessbegleitung bei den Vernehmungen im Ermittlungsverfahren sieht. Bei Aufhebung und Zurückweisung des tatrichterlichen Urteils durch das Revisionsgericht fällt der Vergütungsanspruch des psychosozialen Prozessbegleiters erneut an (BT-Drs. 18/6906, S. 25). 9

In gleichem Umfang erhöhen sich die vom Angeklagten in der Regel zu tragenden Gerichtskosten (Kostenverzeichnis zum GVG, Teil 3 Hauptabschnitt 1, Abschnitt 5). Nach § 465 Abs. 2 Satz 4 kann das Gericht jedoch anordnen, dass die Erhöhung der Gerichtsgebühren im Fall der Beiordnung eines psychosozialen Prozessbegleiters ganz oder teilweise unterbleibt, wenn es unbillig wäre, den Angeklagten damit zu belasten. Für einen psychosozialen Prozessbegleiter, der nicht beigeordnet wurde, stellt § 472 Abs. 1 Satz 2 klar, dass die notwendigen Auslagen für einen psychosozialen Prozessbegleiter des Nebenklägers dem Angeklagten nur in der Höhe auferlegt werden dürfen, in der sich im Fall der Beiordnung des psychosozialen Prozessbegleiters die Gebühren erhöhen würden. Der Verletzte, der nicht zugleich Nebenkläger ist und dem auch kein psychosozialer Prozessbegleiter beigeordnet wurde, muss die Vergütung des psychosozialen Prozessbegleiters selbst bezahlen. 10

G. Rechtsmittel. Der Verletzte ist nur im Fall der Nebenklage in den sich aus § 400 ergebenden Grenzen rechtsmittelbefugt (SK-*Frisch* Vor §§ 296 ff. Rn. 113). Bei Ablehnung der Beiordnung eines psychosozialen Prozessbegleiters steht dem Verletzten im Vorfeld der Hauptverhandlung die Beschwerde gem. § 304 StPO zu (*Neuhaus* StV 2017, 55 [62]), nicht aber dem psychosozialen Prozessbegleiter selbst (BGH BeckRS 2018, 4562), während die Ablehnung durch das erkennende Gericht gem. § 305 Satz 1 StPO unanfechtbar ist (*Wenske* JR 2017, 457 [463]. Im Rahmen der Revision ist eine Verfahrensrüge denkbar, jedoch wird nur selten hinreichend substanziiert gem. § 344 Abs. 2 Satz 2 dargelegt werden können, dass das Urteil auf der Ablehnung der psychosozialen Prozessbegleitung beruht (*Neuhaus* StV 2017, 55 [62]). 11

Der Beschuldigte steht im Fall der Beiordnung gegen seinen Willen vor denselben Schwierigkeiten beim Beruhens-Nachweis. Außerdem dürfte die Beiordnung eines psychosozialen Prozessbegleiters seinen Rechtskreis nicht berühren (a.A. *Neuhaus* StV 2017, 55 [53]).

§ 406h Beistand des nebenklageberechtigten Verletzten

(1) [1]Nach § 395 zum Anschluss mit der Nebenklage Befugte können sich auch vor Erhebung der öffentlichen Klage und ohne Erklärung eines Anschlusses eines Rechtsanwalts als Beistand bedienen oder sich durch einen solchen vertreten lassen. [2]Sie sind zur Anwesenheit in der Hauptverhandlung berechtigt, auch wenn sie als Zeugen vernommen werden sollen. [3]Ist zweifelhaft, ob eine Person nebenklagebefugt ist, entscheidet über das Anwesenheitsrecht das Gericht nach Anhörung der Person und der Staatsanwalt-

schaft; die Entscheidung ist unanfechtbar. [4]Nebenklagebefugte sind vom Termin der Hauptverhandlung zu benachrichtigen, wenn sie dies beantragt haben.

(2) [1]Der Rechtsanwalt des Nebenklagebefugten ist zur Anwesenheit in der Hauptverhandlung berechtigt; Absatz 1 Satz 3 gilt entsprechend. [2]Er ist vom Termin der Hauptverhandlung zu benachrichtigen, wenn seine Wahl dem Gericht angezeigt oder er als Beistand bestellt wurde. [3]Die Sätze 1 und 2 gelten bei richterlichen Vernehmungen und der Einnahme richterlichen Augenscheins entsprechend, es sei denn, dass die Anwesenheit oder die Benachrichtigung des Rechtsanwalts den Untersuchungszweck gefährden könnte. [4]Nach richterlichen Vernehmungen ist dem Rechtsanwalt Gelegenheit zu geben, sich dazu zu erklären oder Fragen an die vernommene Person zu stellen. [5]Ungeeignete oder nicht zur Sache gehörende Fragen oder Erklärungen können zurückgewiesen werden. [6] § 241a gilt entsprechend.

(3) [1] § 397a gilt entsprechend für

1. die Bestellung eines Rechtsanwalts und

2. die Bewilligung von Prozesskostenhilfe für die Hinzuziehung eines Rechtsanwalts.

[2]Im vorbereitenden Verfahren entscheidet das nach § 162 zuständige Gericht.

(4) [1]Auf Antrag dessen, der zum Anschluss als Nebenkläger berechtigt ist, kann in den Fällen des § 397a Abs. 2 einstweilen ein Rechtsanwalt als Beistand bestellt werden, wenn

1. dies aus besonderen Gründen geboten ist,

2. die Mitwirkung eines Beistands eilbedürftig ist und

3. die Bewilligung von Prozesskostenhilfe möglich erscheint, eine rechtzeitige Entscheidung hierüber aber nicht zu erwarten ist.

[2]Für die Bestellung gelten § 142 Abs. 5 Satz 1 und 3 und § 162 entsprechend. [3]Die Bestellung endet, wenn nicht innerhalb einer vom Richter zu bestimmenden Frist ein Antrag auf Bewilligung von Prozesskostenhilfe gestellt oder wenn die Bewilligung von Prozesskostenhilfe abgelehnt wird.

Übersicht

1 **A. Zweck der Vorschrift.** § 406h (seit dem 3. OpferRRG v. 21.12.2015, BGBl. I, S. 2525; zuvor: § 406g) ermöglicht denjenigen Verletzten, die **nach § 395 zum Anschluss als Nebenkläger befugt** sind, sich schon vor Erhebung der öffentlichen Klage des Beistandes eines RA zu bedienen oder sich durch einen RA vertreten zu lassen. Die Rechte aus § 406h stehen dieser Gruppe von Verletzten neben den allgemeinen, in § 406f zusammenfassend geregelten Befugnissen zu. Der hier geregelte **qualifizierte Verletztenbeistand** soll dem besonderen Schutzbedürfnis der nebenklageberechtigten Verletzten Rechnung tragen und ihnen eine gesicherte Rechtsposition im Verfahren schaffen (LR/*Wenske* § 406h Rn. 1; BT-Drs. 10/5305, S. 19). Aus diesen Gründen kommt eine analoge Anwendung zugunsten anderer Verletzter nach der Intention des Gesetzgebers nicht in Betracht (LR/*Wenske* § 406h Rn. 2); wird der Anschluss als Nebenkläger erklärt, so gelten vorrangig die §§ 397 ff. sowie § 406h Abs. 4, der auch für zugelassene Nebenkläger Bedeutung hat (KMR/*Nepomuck* § 406h Rn. 4).

2 **B. Voraussetzungen (Abs. 1).** Abs. 1 Satz 1 gewährt dem nebenklagebefugten Verletzten auch dann ein Recht auf Anwesenheit in der Hauptverhandlung, wenn die Öffentlichkeit ausgeschlossen ist. Voraussetzung ist lediglich eine **Anschlussbefugnis** nach § 395, nicht aber der tatsächliche Anschluss.

3 Ob die Voraussetzungen für den Anschluss nach § 395 vorliegen, ist nach dem konkreten Verfahrensstand zu beurteilen (SK-StPO/*Velten* § 406g a.F. Rn. 3). Im Vorverfahren ist entscheidend, ob der Anfangsverdacht (§ 152) eines Nebenklagedelikts vorliegt (BGH NStZ 2000, 552 [553]; LR/*Wenske* § 406g a.F. Rn. 11; enger OLG Oldenburg NStZ 2011, 117 [118]: ausreichend ermittlungsfähiger Tatverdacht für eine nebenklagefähige Straftat; ähnlich OLG Hamburg StV 2007, 292; MüKo-StPO/*Grau* § 406h Rn. 4). Dies kann auch dann der Fall sein, wenn das Verfahren gegen unbekannt betrieben wird (LG Baden-Baden NStZ-RR 2000, 52). Die Entscheidung, ob die genannten Voraussetzungen gegeben sind, trifft der den Termin leitende Richter oder Staatsanwalt; sie hat jedoch keine Bindungswirkung für eine spätere Zulassung als Nebenkläger (KK/*Zabeck* § 406g a.F. Rn. 2; Meyer-Goßner/*Schmitt* § 406h Rn. 3). Diese Entscheidung ist nach den allgemeinen Bestimmungen (§§ 161a Abs. 3, 304, 305) überprüfbar (LR/*Hilger*, 26. Aufl., § 406g a.F. Rn. 13).

C. Befugnisse des qualifizierten Verletztenbeistandes (Abs. 2). Die Rechte des Verletztenbeistandes bestehen – anders als bei der Nebenklage – auch bereits im Ermittlungsverfahren. Zu beachten ist, dass die Befugnis zur Beanstandung von Fragen über § 406f Abs. 2 hinaus nicht nur Fragen an den Verletzten betrifft, sondern auch Fragen an den Beschuldigten, Zeugen und Sachverständige umfasst (LR/*Wenske* § 406h Rn. 19; KMR/*Nepomuck* § 406h Rn. 10), an deren Vernehmung der Verletztenbeistand teilnehmen darf. 4

Ferner hat der Beistand ein **uneingeschränktes Anwesenheitsrecht in der Hauptverhandlung**, auch wenn der Verletzte nicht vernommen wird oder die Verhandlung nicht öffentlich ist. Da die Befugnisse des qualifizierten Beistandes nach § 406h denen des Nebenklägeranwaltes angenähert sind, dürfen gegen ihn, anders als gegen den Beistand nach § 406f, keine Ordnungsmaßnahmen nach den §§ 177, 178 GVG ergriffen werden (Meyer-Goßner/*Schmitt* § 406h Rn. 4; zweifelhaft nach LR/*Wenske* § 406h Rn. 19). 5

Zwar hat der Beistand keine **Mitwirkungsrechte** in der Hauptverhandlung, allerdings kann ihm der Vorsitzende i.R.d. Sachleitung gestatten, einzelne Fragen zu stellen (Meyer-Goßner/*Schmitt* § 406h Rn. 4; BGH NStZ 2005, 222 m.Anm. *Ventzke* NStZ 2005, 396). 6

Der Beistand ist von der Hauptverhandlung zu **benachrichtigen** (Abs. 2 Satz 2), wenn er eine Vollmacht zu den Akten gegeben hat oder vom Gericht beigeordnet worden ist (BT-Drs. 10/5305, S. 20; Meyer-Goßner/*Schmitt* § 406h Rn. 4; LR/*Wenske* § 406h Rn. 20). Darüber hinaus ist es jedoch nicht erforderlich, dass dem Verhalten des Verletzten, insb. seinen Anträgen oder vergleichbaren deutlichen Willensbekundungen, sein Interesse an der Beteiligung am weiteren Verlauf des Verfahrens eindeutig zu entnehmen ist (KK/*Engelhart* § 406g a.F. Rn. 3; vgl. aber BGH NStZ 1997, 49). Er hat jedoch keinen Anspruch auf die Verlegung des Termins (KMR/*Nepomuck* § 406h Rn. 11); § 168c Abs. 5 Satz 3 gilt entsprechend (KK/*Zabeck* § 406g a.F. Rn. 4; LR/*Wenske* § 406h Rn. 20). § 406h gibt dem Verletzten auch keinen Anspruch darauf, vor einer Einstellung des Verfahrens außerhalb der Hauptverhandlung gehört zu werden (BVerfG, Beschl. v. 14.09.1992, 2 BvR 1356/92). 7

Nach Abs. 2 Satz 3 ist dem Beistand **außerhalb der Hauptverhandlung** die **Anwesenheit bei richterlichen Vernehmungen und Augenscheinseinnahmen** wie dem Beschuldigten und dessen Verteidiger zu gestatten. Umfasst sind namentlich Vernehmungen des Beschuldigten, sonstiger Zeugen und der Sachverständigen im Ermittlungs- oder Wiederaufnahmeverfahren, soweit diese nicht durch die Polizei oder die StA erfolgen. Dies gilt auch bei nichtöffentlichen Haftprüfungsterminen, soweit es die Schutzinteressen des Verletzten gebieten, z.B. wenn der Beschuldigte durch Verdunkelungshandlungen auf den Verletzten einwirkt oder der Verletzte Rachehandlungen befürchten muss (BeckOK/*Weiner* § 406h Rn. 5; a.A. LG Freiburg Beschl. v. 21.12.2006 – 3 Qs 129/06; KK/*Zabeck* § 406h Rn. 3). Die Befugnis entfällt, wenn der Untersuchungszweck gefährdet ist. Bestehen in diesem Punkt Zweifel, so ist die Teilnahme des Beistandes zu untersagen (LR/*Wenske* § 406h Rn. 21; BT-Drs. 10/5305, S. 20). Die diesbezügliche Entscheidung ist nicht anfechtbar (Abs. 2 Satz 1 letzter Hs.). 8

Die fehlerhafte Anwendung der §§ 406f Abs. 2, 406h Abs. 2 stellt einen möglichen **Revisionsgrund** dar; z.B. bei fehlerhafter Zurückweisung einer Frage des Beistandes in der Hauptverhandlung oder bei fehlerhafter Ausschließung des Beistandes aus der öffentlichen Verhandlung (§ 338 Nr. 6; LR/*Wenske* § 406h Rn. 50). 9

Die für die Heranziehung des Beistands anfallenden **Kosten** werden wie Nebenklagekosten in der Regel dem verurteilten Angeklagten auferlegt (§§ 471 Abs. 3 Satz 1, 473 Abs. 1 Satz 2). 10

D. Bestellung eines RA und PKH (Abs. 3). Dem Verletzten, der nach § 395 zum Anschluss als Nebenkläger berechtigt ist, kann nach Abs. 3 i.V.m. § 397a in gleicher Weise wie dem Nebenkläger, der den Anschluss erklärt hat, ein RA als Verletztenbeistand beigeordnet oder PKH bewilligt werden. Bei unklarer Anzeige ist über den Anfangsverdacht hinaus ein ausreichend ermittlungsfähiger Tatverdacht erforderlich, dessen Intensität sich nach dem jeweiligen Ermittlungsstand richtet (OLG Hamburg StV 2007, 292; OLG Oldenburg NStZ 2011, 117). Im Vorverfahren trifft die Entscheidung das nach § 162 zuständige Gericht. Zugunsten des Beschuldigten begründet die Beiordnung eines Rechtsanwalts (Abs. 3 Nr. 1) einen Fall der notwendigen Verteidigung (§ 140 Abs. 1 Nr. 9, s. hierzu § 140 Rdn. 35). 11

E. Einstweiliger Verletztenbeistand (Abs. 4). Nach Abs. 4 kann besonders schutzbedürftigen nebenklagebefugten Verletzten in einem Eilverfahren ein RA als Beistand beigeordnet werden. Gedacht ist an Fälle, in denen die Beiordnung besonders eilbedürftig ist und dem Verletzten das verhältnismäßig schwerfällige Verfahren über die Gewährung von PKH (§ 397a Abs. 2) nicht zuzumuten ist (KK/Zabeck § 406g a.F. Rn. 7; Meyer-Goßner/*Schmitt* § 406h Rn. 9; BT-Drs. 10/5305, S. 20). Solche Fälle sind z.B. denkbar, wenn am Anfang eines Ermittlungsverfahrens Vernehmungen oder Augenscheinseinnahmen zur Beweissicherung stattfinden, bei denen der Beistand eines RA für den Verletzten sachdienlich erscheint, etwa für das Opfer einer Vergewaltigung (BT-Drs. 10/5305, S. 20; Meyer-Goßner/*Schmitt* § 406h Rn. 9; LR/*Wenske* § 406h Rn. 40, 12

42). Auch mit einer Beiordnung nach Abs. 4 tritt zugunsten des Beschuldigten notwendige Verteidigung ein (§ 140 Abs. 1 Nr. 9, s. hierzu § 140 Rdn. 35).

13 Erforderlich ist ein **Antrag** des Nebenklageberechtigten sowie das **Vorliegen besonderer Gründe**, die die Beiordnung gebieten (Abs. 4 Nr. 1). Ferner muss nach Abs. 4 Nr. 2, 3 die Mitwirkung des Beistandes **eilbedürftig** sein, die Bewilligung von **PKH möglich** erscheinen, eine **rechtzeitige Entscheidung** hierüber jedoch **nicht zu erwarten** sein (LR/*Wenske* § 406h Rn. 42; Meyer-Goßner/*Schmitt* § 406h Rn. 10). Diese Voraussetzungen liegen vor, wenn dem Nebenklagebefugten nicht zugemutet werden kann, den Ausgang des PKH-Verfahrens abzuwarten und nach seinen finanziellen und wirtschaftlichen Verhältnissen Anhaltspunkte dafür gegeben sind, dass der Verletzte die Kosten eines anwaltlichen Beistandes nicht, nur z.T. oder nur in Raten aufbringen kann (§ 114 ZPO; KK/*Zabeck* § 406g a.F. Rn. 7).

14 Nicht vorausgesetzt wird dagegen, dass der Verletzte bereits einen PKH-Antrag gestellt hat (KMR/*Nepomuck* § 406h Rn. 28); ein solcher erübrigt sich z.B., wenn die einmalige Mitwirkung des einstweiligen Beistandes ausreicht (BT-Drs. 10/5305, S. 20). Auch die Stellung eines Strafantrages bei noch laufender Frist (§ 77b StGB) ist nicht erforderlich (Meyer-Goßner/*Schmitt* § 406h Rn. 10; BT-Drs. 10/5305, S. 20).

15 Der **Verfahrensablauf** ist im Einzelnen nicht geregelt. Jedenfalls die StA ist anzuhören; eine Anhörung des Beschuldigten wird sich mit den Anforderungen des Eilverfahrens regelmäßig nicht vereinbaren lassen (§ 33 Abs. 2; LR/*Hilger* § 406g a.F. Rn. 26; a.A. LR/*Wenske* § 406h Rn. 45). Die Vorlage von Unterlagen oder die Glaubhaftmachung des Antrages sind nicht zwingend, können aber verlangt werden.

16 **Zuständig** für die Entscheidung ist das nach § 162 zuständige Gericht. § 142 Abs. 1 gilt entsprechend. Die Entscheidung ist gem. § 397a Abs. 2 Satz 2 unanfechtbar (Meyer-Goßner/*Schmitt* § 406h Rn. 11).

17 Hat der Verletzte bisher noch keinen PKH-Antrag gestellt, so kann (**a.A.** SK-StPO/*Velten* § 406g a.F. Rn. 11: muss) der Richter bei der Bestellung des Beistandes eine **Frist** zur Nachholung bestimmen (Abs. 4 Satz 3). Von dieser Fristsetzung kann abgesehen werden, wenn eine einmalige oder kurzfristige Beiordnung ausreicht (LR/*Wenske* § 406h Rn. 47).

18 Die **Beiordnung** des Beistandes **endet**, wenn der PKH-Antrag nicht fristgerecht gestellt wird oder die Bewilligung von PKH abgelehnt wird (KMR/*Nepomuck* § 406h Rn. 31). Die Beendigung ist zur Klarstellung von dem Richter ausdrücklich auszusprechen (KK/*Zabeck* § 406g a.F. Rn. 9).

19 Zuständig ist hierfür das nach Abs. 3 Satz 2 mit der Sache befasste Gericht, das den die PKH ablehnenden Beschluss erlässt (LR/*Wenske* § 406h Rn. 47 [auch bei Fristablauf]).

§ 406i Unterrichtung des Verletzten über seine Befugnisse im Strafverfahren

(1) Verletzte sind möglichst frühzeitig, regelmäßig schriftlich und soweit möglich in einer für sie verständlichen Sprache über ihre aus den §§ 406d bis 406h folgenden Befugnisse im Strafverfahren zu unterrichten und insbesondere auch auf Folgendes hinzuweisen:

1. **sie können nach Maßgabe des § 158 eine Straftat zur Anzeige bringen oder einen Strafantrag stellen;**
2. **sie können sich unter den Voraussetzungen der §§ 395 und 396 oder des § 80 Absatz 3 des Jugendgerichtsgesetzes der erhobenen öffentlichen Klage mit der Nebenklage anschließen und dabei**
   a) **nach § 397a beantragen, dass ihnen ein anwaltlicher Beistand bestellt oder für dessen Hinzuziehung Prozesskostenhilfe bewilligt wird,**
   b) **nach Maßgabe des § 397 Absatz 3 und der §§ 185 und 187 des Gerichtsverfassungsgesetzes einen Anspruch auf Dolmetschung und Übersetzung im Strafverfahren geltend machen;**
3. **sie können einen aus der Straftat erwachsenen vermögensrechtlichen Anspruch nach Maßgabe der §§ 403 bis 406c und des § 81 des Jugendgerichtsgesetzes im Strafverfahren geltend machen;**
4. **sie können, soweit sie als Zeugen von der Staatsanwaltschaft oder dem Gericht vernommen werden, einen Anspruch auf Entschädigung nach Maßgabe des Justizvergütungs- und -entschädigungsgesetzes geltend machen;**
5. **sie können nach Maßgabe des § 155a eine Wiedergutmachung im Wege eines Täter-Opfer-Ausgleichs erreichen.**

(2) Liegen Anhaltspunkte für eine besondere Schutzbedürftigkeit des Verletzten vor, soll der Verletzte im weiteren Verfahren an geeigneter Stelle auf die Vorschriften hingewiesen werden, die seinem Schutze dienen, insbesondere auf § 68a Absatz 1, die §§ 247 und 247a sowie die §§ 171b und 172 Nummer 1a des Gerichtsverfassungsgesetzes.

(3) Minderjährige Verletzte und ihre Vertreter sollten darüber hinaus im weiteren Verfahren an geeigneter Stelle auf die Vorschriften hingewiesen werden, die ihrem Schutze dienen, insbesondere auf die §§ 58a und 255a Absatz 2, wenn die Anwendung dieser Vorschriften in Betracht kommt, sowie auf § 241a.

Übersicht Rdn.

A. Allgemeines und Systematik. Das 3. Opferrechtsreformgesetz vom 21.12.2015 (BGBl. I, S. 2525) hat die Hinweispflichten neu geordnet und im Hinblick auf die EU-Opferschutzrichtlinie vom 25.10.2012 (RL 2012/29/EU) erheblich ausgeweitet. § 406i betrifft die Unterrichtung des Verletzten über seine Befugnisse im Strafverfahren, § 406j die Unterrichtung über seine Befugnisse außerhalb des Strafverfahrens. § 406k enthält Regelungen, die für beide Bereiche gelten und § 406l erstreckt die Hinweispflichten auf Angehörige und Erben von Verletzten. 1

§ 406i gilt **ohne Antrag** des Verletzten, allerdings nur, wenn er den Strafverfolgungsbehörden bekannt ist. Es besteht keine Pflicht, aktive Nachforschungen im Hinblick auf evtl. unbekannt gebliebene Verletzte zu betreiben (LR/*Wenske* § 406i Rn. 5; s. jetzt § 406k Abs. 2 Satz 2). 2

B. Zeitpunkt und Form (Abs. 1 Hs. 1). Zuständig ist die Stelle, die mit der Sachbearbeitung befasst ist, d.h. die StA im Ermittlungsverfahren, das Gericht im Hauptverfahren (KK/*Zabeck* § 406h a.F. Rn. 2). Auch die Polizei wird durch § 406h verpflichtet. Versäumt sie den Hinweis, muss dieser von der StA oder vom Gericht nachgeholt werden (*Neuhaus* StV 2004, 620; *Böttcher* FS Widmaier, S. 83). 3

In der Regel ist **Schriftform** vorgeschrieben (Abs. 1). Notfalls reicht mündliche Belehrung, die aber aktenkundig gemacht werden sollte (Meyer-Goßner/*Schmitt* § 406i Rn. 4). Soweit möglich, soll der Hinweis in einer für den Verletzten **verständlichen Sprache** erfolgen. Das bedeutet, dass die in der Praxis üblichen Merkblätter in alle Fremdsprachen übersetzt werden sollten, die von größeren Bevölkerungsteilen in Deutschland gesprochen werden (HK-GS/*Ferber* § 406i Rn. 3; BT-Drs. 16/12098, 38). 4

Die Unterrichtung muss **»möglichst frühzeitig«** erfolgen (Abs. 1), um dem Verletzten zu ermöglichen, das entsprechende Recht in vollem Umfang wahrzunehmen (SK-StPO/*Velten* § 406h a.F. Rn. 2). Dies betrifft insb. den Hinweis auf die Nebenklagebefugnis, der bis zur Anklageerhebung erteilt sein muss (*Böttcher* FS Widmaier, S. 83). Entbehrlich ist die Unterrichtung nur dann, wenn der Verletzte seine Befugnisse bereits wahrnimmt (MüKo-StPO/*Grau* § 406i Rn. 1). 5

Versäumt der Verletzte wegen eines unterbliebenen oder verspäteten Hinweises einen Termin, so ist eine **Wiedereinsetzung in den vorigen Stand gem. § 44** nicht zulässig, da das Verfahren grundsätzlich nicht durch den Verletzten aufgehalten werden soll (Meyer-Goßner/*Schmitt* § 406i Rn. 8). Das gilt z.B. für den unterlassenen Hinweis auf die Nebenklagebefugnis (OLG Rostock, Beschl. v. 27.06.2007, 1 Ws 306/06; BGH NStZ-RR 1997, 136; BVerfG Beschl. v. 09.10.2007, 2 BvR 1671/07, Rn. 11 ff.: auch keine Verletzung des rechtlichen Gehörs [Art. 103 Abs. 1 GG]; **a.A.** *Böttcher* FS Widmaier, S. 84 ff., der im Lichte des EU-Rahmenbeschl. v. 15.03.2001 die Wiedereinsetzung in den vorigen Stand gem. § 44 für zulässig hält; rechtspolitisch erwogen auch vom BVerfG a.a.O.; krit. dazu *Wenske* NStZ 2008, 434 ff.). Auch eine **Revision**, gestützt auf die Verletzung des § 406i, kommt nicht in Betracht (*Neuhaus* StV 2004, 620 f.). 6

C. Die einzelnen Hinweispflichten (Abs. 1 Hs. 2 Nr. 1–5). Die im Gesetz aufgezählten Hinweispflichten sind nicht abschließend (»insbesondere«). Die in der Begründung zum 2. OpferRRG erwähnte Unterbringung in einem Frauenhaus oder die Beantragung einer Auskunftssperre beim Einwohnermeldeamt (BT-Drs. 16/12098, S. 39) passen allerdings nicht mehr zur jetzigen Überschrift, da sie außerhalb des Strafverfahrens relevant werden (HK-GS/*Ferber* § 406i Rn. 5; s. jetzt aber § 406j Rn. 3). Hinzuweisen ist jedenfalls auf folgende Befugnisse: Möglichkeit zur Anzeigenerstattung oder Strafantragstellung nach § 158 (Nr. 1), Möglichkeit zur Nebenklage mit Möglichkeit der Bestellung eines anwaltlichen Beistands oder der Gewährung von Prozesskostenhilfe hierfür nach § 397a, sowie den Anspruch auf Dolmetschleistung und Übersetzung nach § 397 Abs. 3 (Nr. 2, a, b), Möglichkeit eines Adhäsionsverfahrens (Nr. 3), Entschädigungsmöglichkeiten nach dem JVEG (Nr. 4) und Möglichkeit zur Wiedergutmachung im Wege eines Täter-Opfer-Ausgleichs (Nr. 5). 7

D. Hinweispflichten bei besonderer Schutzbedürftigkeit des Verletzten (Abs. 2). Der Begriff der besonderen Schutzbedürftigkeit stammt aus Art. 22 und 23 der EU-Opferschutzrichtlinie und wurde in § 48 Abs. 3 für den deutschen Strafprozess konkretisiert. Liegen Anhaltspunkte für eine besondere Schutzbedürftigkeit des Verletzten vor, so sollen diese insb. auf folgende Vorschriften hingewiesen werden: § 68a Abs. 1 (Beschränkung der Aussagepflicht bei Fragen zum persönlichen Lebensbereich), § 247 (Entfernung des Angeklagten aus dem Sitzungszimmer), Videosimultanübertragung bei der Zeugenvernehmung in der 8

Hauptverhandlung (§ 247a). Allerdings stehen diese Schutzmaßnahmen im pflichtgemäßen Ermessen des Gerichts, weshalb man nicht von Rechten der Verletzten sprechen kann (HK-GS/*Ferber* § 406i Rn. 7).

9 **E. Hinweispflichten für minderjährige Verletzte und ihre Vertreter (Abs. 3).** Minderjährige Verletzte und ihre Vertreter sollten darüber hinaus auf folgende Schutzmöglichkeiten hingewiesen werden: § 58a (Videoaufzeichnung der Vernehmung), § 255a Abs. 2 (vernehmungsersetzende Vorführung einer aufgezeichneten richterlichen Videovernehmung), § 171b, 172 GVG (Ausschluss der Öffentlichkeit).

§ 406j Unterrichtung des Verletzten über seine Befugnisse außerhalb des Strafverfahrens

Verletzte sind möglichst frühzeitig, regelmäßig schriftlich und soweit möglich in einer für sie verständlichen Sprache über folgende Befugnisse zu unterrichten, die sie außerhalb des Strafverfahrens haben:

1. **sie können einen aus der Straftat erwachsenen vermögensrechtlichen Anspruch, soweit er nicht nach Maßgabe der §§ 403 bis 406c und des § 81 des Jugendgerichtsgesetzes im Strafverfahren geltend gemacht wird, auf dem Zivilrechtsweg geltend machen und dabei beantragen, dass ihnen für die Hinzuziehung eines anwaltlichen Beistands Prozesskostenhilfe bewilligt wird;**
2. **sie können nach Maßgabe des Gewaltschutzgesetzes den Erlass von Anordnungen gegen den Beschuldigten beantragen;**
3. **sie können nach Maßgabe des Opferentschädigungsgesetzes einen Versorgungsanspruch geltend machen;**
4. **sie können nach Maßgabe von Verwaltungsvorschriften des Bundes oder der Länder gegebenenfalls Entschädigungsansprüche geltend machen;**
5. **sie können Unterstützung und Hilfe durch Opferhilfeeinrichtungen erhalten, etwa**
   a) **in Form einer Beratung,**
   b) **durch Bereitstellung oder Vermittlung einer Unterkunft in einer Schutzeinrichtung oder**
   c) **durch Vermittlung von therapeutischen Angeboten wie medizinischer oder psychologischer Hilfe oder weiteren verfügbaren Unterstützungsangeboten im psychosozialen Bereich.**

Übersicht

1 **A. Zeitpunkt und Form der Unterrichtung.** Die Unterrichtung des Verletzten über seine Befugnisse außerhalb des Strafverfahrens muss – wie in § 406i – möglichst frühzeitig, regelmäßig schriftlich und soweit möglich in einer für die Verletzten verständlichen Sprache erfolgen (s. § 406i Rdn. 3–6).

2 **B. Die einzelnen Hinweispflichten (Nr. 1–5).** Auf folgende Befugnisse ist hinzuweisen: die Möglichkeit zur Geltendmachung von Ansprüchen aus der Straftat auf dem Zivilrechtsweg (Nr. 1), Ansprüche nach dem Gewaltschutzgesetz (Nr. 2), Ansprüche nach dem Opferentschädigungsgesetz (Nr. 3), Entschädigungsansprüche nach Verwaltungsvorschriften des Bundes oder der Länder (Nr. 4), Unterstützung durch Opferhilfeeinrichtungen (z.B. den WEISSEN RING, vgl. Meyer-Goßner/*Schmitt* § 406j Rn. 7) in Form einer Beratung, der Bereitstellung einer Unterkunft in einer Schutzeinrichtung oder durch Vermittlung von therapeutischen Angeboten und medizinischer oder psychologischer Hilfe sowie durch Unterstützung im psychosozialen Bereich (Nr. 5, a-c). Mit Letzterem ist die jetzt in § 406g geregelte psychosoziale Prozessbegleitung gemeint.

3 Bei den Verwaltungsvorschriften (Nr. 4) nennt die Gesetzesbegründung beispielhaft eine Richtlinie des Bundamtes für Justiz zur Entschädigung für Opfer extremistischer Straftaten aufgrund eines entsprechenden Beschlusses des Deutschen Bundestages (BT-Drs. 18/4621, S. 35); in einigen Bundesländern existieren Opferhilfestiftungen (BT-Drs. 18/4621, S. 35). Opferhilfeeinrichtungen (Nr. 4) sind z.B. bundesweit der WEISSE RING e.V., der ehrenamtliche Opferbetreuung anbietet, sowie regional die hauptamtlich organisierte Opferhilfe Niedersachsen. Zu den Schutzeinrichtungen gehören insb. Frauenhäuser und Schutzwohnungen (BT-Drs. 18/4621, S. 35).

§ 406k Weitere Informationen

(1) Die Informationen nach den §§ 406i und 406j sollen jeweils Angaben dazu enthalten,

1. **an welche Stellen sich die Verletzten wenden können, um die beschriebenen Möglichkeiten wahrzunehmen, und**
2. **wer die beschriebenen Angebote gegebenenfalls erbringt.**

(2) [1]Liegen die Voraussetzungen einer bestimmten Befugnis im Einzelfall offensichtlich nicht vor, kann die betreffende Unterrichtung unterbleiben. [2]Gegenüber Verletzten, die keine zustellungsfähige Anschrift angegeben haben, besteht keine schriftliche Hinweispflicht.

Übersicht

A. Entstehungsgeschichte. Die durch das 3. OpferRRG (BGBl. I, S. 2525) eingefügte Vorschrift ergänzt die Hinweispflichten aus § 406i und § 406j. Der jetzige Abs. 2 entspricht dem früheren § 406h Abs. 2, während Abs. 1 eine neue Regelung enthält. 1

B. Information über Angebotserbringer (Abs. 1). Damit die Verletzten (§ 373b) ihre Rechte effektiv wahrnehmen können, ist es erforderlich, dass sie auch darüber informiert werden, an welche Stellen sie sich wenden können (Nr. 1) und wer die beschriebenen Angebote gegebenenfalls erbringt (Nr. 2). Dies entspricht den Forderungen aus Art. 4 Abs. 1 der EU-Opferschutzrichtlinie vom 25.10.2012 (RL 2012/29/EU). 2

C. Einschränkung der Hinweispflichten (Abs. 2). Um unnötigen formalen Aufwand zu vermeiden, kann die Unterrichtung unterbleiben, wenn die Voraussetzungen einer bestimmten Befugnis im Einzelfall offensichtlich nicht vorliegen (Satz 1). 3

Die **schriftliche Hinweispflicht** entfällt gegenüber Verletzten, die keine zustellungsfähige Anschrift angegeben haben (Satz 2). Sie kann auch in Massenverfahren mit hunderten oder tausenden von Geschädigten entfallen (BT-Drs. 15/1976, S. 18; Meyer-Goßner/*Schmitt* § 406k Rn. 3). 4

§ 406l Befugnisse von Angehörigen und Erben von Verletzten

§ 406i Abs. 1 sowie die §§ 406j und 406k gelten auch für Angehörige und Erben von Verletzten, soweit ihnen die entsprechenden Befugnisse zustehen.

Nahe Angehörige eines durch eine Straftat Getöteten sind bereits nach § 373b Abs. 2 den Verletzten gleichgestellt, sodass ihnen die einem Verletzten gewährten (Informations-) Rechte unmittelbar zustehen. Gegenüber sonstigen Angehörigen und Erben von Verletzten bestehen Hinweispflichten über § 406l nur insoweit, als ihnen die entsprechenden Befugnisse zustehen. Das kann namentlich der Fall sein beim Adhäsionsverfahren, das auch mittelbar Geschädigten offensteht gem. § 403 Abs. 4. Relevanz besitzt § 406l zudem für die Information über Rechte, die nicht am Verletztenbegriff des § 373b anknüpfen, so für die speziell geregelte Nebenklageberechtigung der Angehöriger eines Getöteten gem. § 395 Abs. 2 Nr. 1 oder die Opferentschädigung Hinterbliebener gem. § 1 Abs. 5 OEG. 1

Sechstes Buch. Besondere Arten des Verfahrens

Erster Abschnitt. Verfahren bei Strafbefehlen

§ 407 Zulässigkeit

(1) [1]Im Verfahren vor dem Strafrichter und im Verfahren, das zur Zuständigkeit des Schöffengerichts gehört, können bei Vergehen auf schriftlichen Antrag der Staatsanwaltschaft die Rechtsfolgen der Tat durch schriftlichen Strafbefehl ohne Hauptverhandlung festgesetzt werden. [2]Die Staatsanwaltschaft stellt diesen Antrag, wenn sie nach dem Ergebnis der Ermittlungen eine Hauptverhandlung nicht für erforderlich erachtet. [3]Der Antrag ist auf bestimmte Rechtsfolgen zu richten. Durch ihn wird die öffentliche Klage erhoben.

(2) [1]Durch Strafbefehl dürfen nur die folgenden Rechtsfolgen der Tat, allein oder nebeneinander, festgesetzt werden:

1. Geldstrafe, Verwarnung mit Strafvorbehalt, Fahrverbot, Einziehung, Vernichtung, Unbrauchbarmachung, Bekanntgabe der Verurteilung und Geldbuße gegen eine juristische Person oder Personenvereinigung,

2. Entziehung der Fahrerlaubnis, bei der die Sperre nicht mehr als zwei Jahre beträgt,

2a. Verbot des Haltens oder Betreuens von sowie des Handelns oder des sonstigen berufsmäßigen Umgangs mit Tieren jeder oder einer bestimmten Art für die Dauer von einem Jahr bis zu drei Jahren sowie

3. Absehen von Strafe.

[2]Hat der Angeschuldigte einen Verteidiger, so kann auch Freiheitsstrafe bis zu einem Jahr festgesetzt werden, wenn deren Vollstreckung zur Bewährung ausgesetzt wird.

(3) Der vorherigen Anhörung des Angeschuldigten durch das Gericht (§ 33 Abs. 3) bedarf es nicht.

Übersicht Rdn.

1 **A. Grundsätzliches. I. Summarisches Verfahren und Anwendungsbereich.** Das Strafbefehlsverfahren ist eine besondere Art des Verfahrens, denn es beinhaltet eine Ausnahme bzw. Durchbrechung des für das deutsche Strafverfahren i.Ü. kennzeichnenden Grundsatzes der Mündlichkeit. Die §§ 407 ff. wirken sich dementsprechend auch modifizierend auf die mit dem Mündlichkeitsprinzip eng verbundenen Verfahrensgrundsätze wie den Unmittelbarkeitsgrundsatz oder den Untersuchungsgrundsatz aus. Das Strafbefehlsverfahren ist als sog. »summarisches« Verfahren ausgestaltet und damit primär ein Instrument der Prozessökonomisierung, d.h. es dient der **Verfahrensbeschleunigung** und Ressourcenentlastung. Der Grundgedanke liegt auf der einseitigen Festsetzung einer Strafe, verbunden mit dem vorläufigen Charakter der Entscheidung. Gerade ohne mündliche Verhandlung sollen einfach gelagerte Fälle von geringer Tatschwere unkompliziert erledigt werden können (MünchKomm-StPO/*Eckstein* § 407 Rn. 8; *Heinz* FS Müller-Dietz, S. 271 ff.). Der Abschluss des Strafverfahrens mittels Strafbefehls ist neben der Einstellung gegen Auflagen und Weisungen nach § 153a das wichtigste strafprozessuale Institut zur ökonomischen Verfahrenserledigung. In Anbetracht seiner ressourcenschonenden Wirkung und der Beschleunigungseffekte hat das Strafbefehlsverfahren seit seinen Anfängen in den 70er Jahren des 19. Jahrhunderts eine immer größere praktische Bedeutung erlangt. Mit ansteigender

Tendenz wurde das Strafbefehlsverfahren seither nicht mehr nur auf die massenhafte Erledigung der sog. Bagatellkriminalität, sondern auch auf die mittlere Kriminalität angewandt.

II. Systematische Erwägungen. Nach richtiger Ansicht (Meyer-Goßner/*Schmitt* Vorbem. § 407 Rn. 2) 2
bestehen ggü. dem Strafbefehlsverfahren auch im Hinblick auf den Täter und dessen Rechte im Verfahren keine überzeugenden systematischen Bedenken (a.A. Graf-StPO/*Temming* § 407 Rn. 4). Art. 6 MRK verlangt, dass die Hauptverhandlung nicht verwehrt sein darf. Dem wird durch die Einspruchsmöglichkeit, welche zwingend zur Hauptverhandlung führt, genügt (Meyer-Goßner/*Schmitt* Vorbem. § 407 Rn. 2; HK-GS/*Andrejtschitsch* § 407 Rn. 5).

I.R.d. §§ 407 bis 412 als lediglich schriftlich-summarischem Verfahren, (BVerfG, Urt. v. 18.12.1953, 1 BvR 3
230/51, BVerfGE 3, 248, 253; BGHSt 29, 305 [307]; KK/*Maur* Vorbem. § 407, Rn. 1; Graf-StPO/*Temming* § 407 Rn. 4) ist nach wohl überw. Ansicht die Überzeugung des Gerichts von der **Schuld** des Beschuldigten nicht notwendig. Vielmehr soll ein hinreichender Tatverdacht der zur Objektivität verpflichteten Strafverfolgungsinstitutionen (StA und Gericht) genügen (BVerfG, Urt. v. 18.12.1953, 1 BvR 230/51, BVerfGE 3, 248, Meyer-Goßner/*Schmitt* Vorbem. § 407 Rn. 1 m.w.N.; a.A. KK/*Maur* § 408 Rn. 15; KMR/*Metzger* Vorbem. § 407 Rn. 24). Zwar kommt es zu Friktionen mit dem Schuldgrundsatz, jedoch erscheint das Abstellen nur auf einen hinreichenden Tatverdacht v.a. im Hinblick auf den vorläufigen Charakter der Entscheidung durch Strafbefehl und die Einspruchsmöglichkeit nach § 410 akzeptabel. Denn eine mündliche Verhandlung kann durch den Angeklagten mittels rechtzeitiger Einlegung des Einspruchs (§§ 410, 411) erzwungen werden. Es kommt hinzu, dass die §§ 408 Abs. 2 und 411 StPO eine gewisse Absicherung rechtsstaatlicher Grundsätze bewirken. Daher ist in der Wahl des Verfahren nach §§ 407 ff. kein reines Unterwerfungsangebot der Justiz zu sehen (vgl. dazu näher BVerfG, Urt. v. 18.12.1953, 1 BvR 230/51, BVerfGE 3, 248, 253 ff.; instruktiv zu den verschiedenen Auffassungen zum Wesen des Strafverfahrens LR/*Gössel* Vor § 407, Rn. 32 ff.). In technischer Hinsicht fehlen dem Gericht, das im schriftlich-summarischen Verfahren entscheidet, zudem die Möglichkeiten einer durch Beweisaufnahme gewinnbaren Überzeugung von der Schuld. Letztlich liegt der Kern des Streits auf der begrifflichen Ebene: Zwar sollte eine im Ergebnis der Rechtskraft fähige Entscheidung nicht auf Verdachtsbasis ergehen und insoweit richterliche Überzeugung voraussetzen (HK-GS/*Andrejtschitsch* § 407 Rn 5). Gleichwohl ist die Basis der Überzeugung i.R.d. Strafbefehlsverfahrens eine sehr viel schmalere und insoweit eben nicht mit der durch eine mündliche Hauptverhandlung gewinnbaren Überzeugung vergleichbar. Spricht man daher von »Überzeugungsbildung« so erfolgt diese nach den Maßstäben des § 203. Hinzukommen muss jedoch die Überzeugung des Gerichts, dass eine mündliche Hauptverhandlung wegen der Übersichtlichkeit des Vorwurfs und der Sachlage nicht notwendig ist, um eine rechtskraftfähige Entscheidung zu fällen. Ist man sich darüber im Klaren, dass genau hier das Element der Überzeugung liegt, so scheint es trotz der dem hinreichenden Tatverdacht entsprechenden Entscheidungsgrundlage und der insoweit unterschiedlichen Entscheidungssubstanz von einer **Überzeugungsbildung des Gerichts** zu sprechen.

III. Vorteile, Bedenken und Absprachen. Die beschleunigte Erledigung kann für den Beschuldigten erheb- 4
liche günstige Wirkungen haben. Denn sie eröffnet nicht nur der Justiz, sondern v.a. dem Betroffenen den Weg der »geräuschlosen« Erledigung des Verfahrens. Der Verzicht auf die Hauptverhandlung kann erhebliche individualschützende Wirkungen, u. a. im Hinblick auf die Privatsphäre, erzeugen. So führt die fehlende Öffentlichkeit zu mangelndem Aufsehen und die zeitlichen Ressourcen werden nicht über Gebühr belastet. Als weiterer positiver Aspekt treten die geringeren Kosten des Strafbefehlsverfahrens hinzu (Meyer-Goßner/*Schmitt* Vorbem. § 407 Rn. 1; BVerfGE 25, 158 [164]). Die Erledigung im Wege des Strafbefehlsverfahrens stellt daher eine probate Verteidigungstaktik dar; zumal die Rechtsfolgen absehbar sind.

Erhebliche Bedenken löst die Praxis der Anwendung des Verfahrens dagegen unter dem Gesichtspunkt der 5
Rechtsanwendungsgleichheit aus. Verteidigte Beschuldigte können in der Regel Vorteile aus dem summarischen Verfahren ziehen. Auf der anderen Seite kann das summarische Verfahren die Schwelle des Zugangs zum Recht erhöhen. Gerade der deutschen Sprache nur eingeschränkt mächtige Beschuldigte werden durch die kurzen Fristen erheblichen Nachteilen ausgesetzt. Mit Blick auf Menschen, die unter psychischen Störungsbildern leiden, ist es besonders problematisch, dass im Strafbefehlsverfahren keine umfangreiche Überprüfung der Schuldfähigkeit vorgesehen ist (*Dunkel* Fehlentscheidungen in der Justiz, S. 202 f.). Bislang liegen zu diesem Aspekt nur eingeschränkte Untersuchungen vor (vgl. aber auch die im Jahr 2016 in Hamburg durchgeführte, nicht repräsentative Aktenanalyse von Wiederaufnahmeverfahren [*Kemme/Dunkel* StV 2020, 52]; eine vom Schweizerischen Nationalfonds durchgeführte Studie kommt zu vergleichbaren Ergebnissen, dazu Barton/Dubelaar/Kölbel/Lindemann/*Gilliéron*, S. 59, 67 ff.; s. außerdem die von *Böhme* geführten Experteninterviews, *Böhme* Das Strafgerichtliche Fehlurteil, S. 217 f.). Hat ein Beschuldigter die Einspruchsfrist verschuldet verpasst, bleibt bloß das Wiederaufnahmeverfahren – wenn auch mit etwas besseren Erfolgschancen als üblich.

6 Aus vorstehenden Erwägungen sind häufig die Interessen aller Verfahrensbeteiligter gleichermaßen auf eine Erledigung im Wege des Strafbefehlsverfahrens gerichtet. Auch aus diesem Grund geht dem Strafbefehl als Instrument der Verfahrenserledigung auf »leisem Wege« nicht selten eine Absprache zwischen Strafverfolgungsbehörden, Gericht und Verteidigung voraus (vgl. aber die Studie von *Altenhain/Jahn/Kinzig* Die Praxis der Verständigung im Strafprozess, S. 212 wonach 63,1 % der befragten Akteure angaben, dass einem Strafbefehl »selten« oder »nie« eine Absprache vorausging; Strafverteidiger antworteten dagegen häufiger mit »häufig« oder »sehr häufig«. Das Strafbefehlsverfahren kann aufgrund der Gestaltungsmöglichkeit im Wege des Einspruchs strukturell als Unterform einer konsensualen Erledigung angesehen werden. Angesichts der mittlerweile erfolgten Aufnahme von Regelungen über die konsensuale Verfahrenserledigung stehen keine grundsätzlichen rechtsstaatlichen Bedenken entgegen. Die Absprachen betreffenden Regelungen sind ihrem Sinn nach anzuwenden. Dies gilt namentlich für § 257c, sofern eine Überleitung in das Strafbefehlsverfahren (vgl. § 408a) Gegenstand der Absprache ist. Im Ermittlungsverfahren kann Folge einer Erörterung nach § 160b ebenfalls die weitere Behandlung nach §§ 407 ff. sein (Meyer-Goßner/*Schmitt* § 160b Rn. 6; Vorbem. § 407 Rn. 2; zu weiteren Voraussetzungen KMR/*Metzger* § 407 Rn. 26 ff.). Dabei ist zu beachten, dass, wenn die StA den Antrag vereinbarungsgemäß gestellt hat, dem Gericht von Gesetzes wegen weiterhin die Entscheidungsmöglichkeiten nach § 408 offenstehen (HK-GS/*Andrejtschitsch* § 407 Rn 4). Daher kann es empfehlenswert sein, den zuständigen Richter in die Erörterung (mit-)einzubeziehen. Zwar kann dies mangels gesetzlicher Regelung nur informell erfolgen, jedoch dürfte § 202a dem Sinne nach anzuwenden und das Ergebnis der Erörterung aktenkundig zu machen sein. Mit dem Erlass des Strafbefehls wäre dann richtigerweise eine Belehrung nach § 35a zu erteilen (vgl. auch HK-GS/*Andrejtschitsch* § 407 Rn. 3). Allerdings ist zu bezweifeln, dass die Nichteinhaltung der in dieser informellen »Absprache« vereinbarten Inhalte eine Revision zu begründen vermag.

7 **IV. Wirkung des Strafbefehls.** Der Strafbefehl entspricht in seinen Wirkungen grds. dem Strafurteil. Allerdings eröffnet das Strafbefehlsverfahren eine weitere für Urteile nicht bestehende Möglichkeit der Wiederaufnahme zuungunsten des Angeklagten: Ein Strafbefehl kann nur bei Vergehen i.S.d. § 12 Abs. 2 StGB (vgl. § 407 Abs. 1) ergehen. Die Beweiskraft einer rechtskräftigen Verurteilung verliert nicht dadurch an Bedeutung, dass ihr gem. § 407 I keine Hauptverhandlung zugrunde lag (LG Rottweil 2 O 291/14). Gelangen nach Eintritt der Rechtskraft den Ermittlungsbehörden neue Tatsachen zur Kenntnis, die einen Verbrechensvorwurf begründen, so besteht eine spezifische Wiederaufnahmemöglichkeit (vgl. KK/*Maur* Vorbem. §§ 407 ff. Rn. 4 mit Verweis auf § 373a Rn. 2 ff., § 410 Rn. 15). Soweit eine richterliche Überzeugung dahin gehend vorausgesetzt werden kann, dass die Sachlage im summarischen Verfahren umfassend geklärt ist (Rn. 3), lässt sich hieraus dann nicht der Schluss auf eine prinzipiell verringerte Richtigkeitsgewähr ggü. dem ordentlichen Verfahren ziehen (weitergehend LG Zweibrücken NStZ-RR 1996, 186). Dies vorausgesetzt, bestehen auch insoweit keine rechtsstaatlichen Bedenken gegen das Strafbefehlsverfahren (mit anderer Prämisse zum anderen Ergebnis OLG Zweibrücken StV 1991, S. 270; *Scheffler* GA 1995, S. 449, [455 f.]).

8 **V. Rechtshängigkeit, Strafklage, -verbrauch.** Da der Antrag auf Erlass des Strafbefehls gem. § 407 Abs. 1 Satz 4 der Erhebung der öffentlichen Klage gleichgestellt ist, wird durch den Eingang des Strafbefehlsantrags das Verfahren anhängig und steht grds. einer erneuten Anklageerhebung entgegen (vgl. BGHSt 27, 271 [273]). Mit Erlass des Strafbefehls tritt die Rechtshängigkeit des Verfahrens ein, weil er dann vorbehaltlich mancher strafbefehlsspezifischen Besonderheiten nicht mehr frei zurückgenommen werden kann (LR/*Gössel* Vor § 407, Rn. 36; in dem Sinne auch BGH, Beschl. v. 13.03.2019, 2 StR 380/18, NStZ-RR 2019, 187; s. ferner Meyer-Goßner/*Schmitt*, Vor § 407 Rn. 3; KK/*Maur* Vorbem. §§ 407 ff. Rn. 5; a.A. OLG Karlsruhe NStZ 1991, 602 m.Anm. *Mayer* NStZ 1992, 605; offen BGHSt 13, 186 [189]). Rechtshängigkeit kann nur durch einen wirksamen Strafbefehl erreicht werden (BGH, Beschl. v. 13.03.2019, 2 StR 380/18, NStZ-RR 2019, 187, zu den Voraussetzungen s.u. Rdn. 11 ff.). Ein nach **Rechtskraft** des Strafbefehls ergangenes entgegenstehendes Urteil, welches dieselbe Tat betrifft, ist aufgrund des bestehenden Strafbefehls unwirksam und ist i.R.d. Wiederaufnahme (vgl. § 359) aufzuheben, die Vollstreckung des unwirksamen Urteils ist ggf. nach § 458 Abs. 1 zu verhindern (KK/*Maur* Vorbem. §§ 407 ff. Rn. 5; Vgl. Meyer-Goßner/*Schmitt* Vor § 407 Rn. 4, § 410 Rn. 12).

9 Dem Strafbefehl kommt im Hinblick auf die Strafzumessung und Bildung von nachträglichen Gesamtstrafen bei mehreren Straftaten eine Zäsurwirkung (grundlegend zur Zäsurwirkung bei Vorverurteilungen: BGHSt 32, 190 [193]; BGH wistra 1991, 264 [265]) zu, wenn verschiedene Taten bereits in einem vorgelagerten rechtskräftigen Strafbefehl berücksichtigt wurden. Dieser wirkt sich vorbehaltlich der Rechtskraftwirkung dahin gehend aus, dass für die durch ihn erfassten Straftaten – aber auch nur diese – durch das Gericht auf eine Gesamtstrafe zu erkennen sein wird.

Kommt es dazu, dass dieselbe Sache vor einem übergeordneten Gericht erneut rechtshängig wird, so hat dieses Gericht die Sache zwingend im Wege des Beschlusses an sich zu ziehen. Grund hierfür ist die umfassendere Aburteilungsmöglichkeit. Die Zuständigkeitsübertragung erfolgt mittels förmlichen Beschlusses und ist Verfahrensakt sui generis (BGH 36, 175 [186]), welcher seine Grundlage nicht in den §§ 2, 3 und 4 findet. In diesem Fall büßt das Strafbefehlsverfahren seine eigenständige Bedeutung vollständig ein (zum Ganzen näher KK/*Maur* Vorbem. §§ 407 ff. Rn. 5). 10

B. Zulässigkeit des Strafbefehls. I. Voraussetzungen des Antrags und allgemeine Hinweise. 1. Zuständigkeit. Ausschließlich die StA kann ein Strafbefehlsverfahren durch den Antrag auf Erlass eines Strafbefehls initiieren. Zuständiges Gericht ist der Strafrichter als Einzelrichter (§ 25 GVG) oder das Schöffengericht (§ 407 Abs. 1 Satz 1, § 408a). Regelmäßig erfolgen Anträge an das Schöffengericht lediglich im Verfahren nach § 408a, denn die Bedeutung der Sache ist nach dem RpflEntlG nicht mehr Entscheidungskriterium (KK/*Maur* § 407 Rn. 1; vgl. auch OLG Oldenburg NStZ 1994, S. 449, m.Anm. *Fuhse* NStZ 1995, 165; Meyer-Goßner/*Schmitt* § 408, Rn. 6). Nach § 1 GVG und § 408 ist der Richter nicht an den Antrag der StA und deren Beurteilung des Sachverhalts gebunden und zu eigener Bewertung angehalten. 11

2. Verfahren. Das Strafbefehlsverfahren ist nur für Vergehen, nicht für Verbrechen zulässig (§ 12 Abs. 1, 2 StGB). §§ 24, 25 GVG sind folglich für das Verfahren maßgeblich, wobei die Zuständigkeit des Schöffengerichts wegen der Neufassung des § 25 GVG durch das RpflEntlG keine Rolle mehr spielt, da bei Strafe bis zwei Jahren der Strafrichter zuständig ist (Meyer-Goßner/*Schmitt* § 407 Rn. 1, § 408 Rn. 5). Der Strafbefehl steht der Erhebung der öffentlichen Klage (§§ 199, 200) gleich (§ 407 Abs. 1 Satz 4) und hat daher zur Wahrung der Rechtsstaatlichkeit des Verfahrens bestimmten Anforderungen zu genügen. Er muss in gleicher Weise inhaltlich bestimmt sein (dazu unten Rdn. 14), denn gerade weil das Verfahren insgesamt summarischen Charakter besitzt, dürfen die Anforderungen nicht hinter denen des § 170 Abs. 1 zurückbleiben. Aus dem Strafbefehl selbst muss sich daher ohne Weiteres ein genügender Anlass zur Erhebung der Klage ergeben. Angesichts der Vorteile, die mit dem Strafbefehlsverfahren verbunden sind, ist die StA zwingend gehalten, einen Antrag nach § 407 zu stellen, wenn die Voraussetzungen gegeben sind, insb. bei hinreichender Ausermittlung des Sachverhalts und Entbehrlichkeit einer Hauptverhandlung (dazu unten Rdn. 13). Auf eine erkennbare gegenteilige Ansicht des Beschuldigten muss nicht Rücksicht genommen werden (Nr. 175 Abs. 3 Satz 2 RiStBV). Denn er hat von Verfassung wegen das Recht auf eine Entscheidung i.R.d. öffentlichen, mündlichen Verhandlung, welche er dann im Wege des Einspruchs gegen den ergangenen Strafbefehl erzwingen (§ 410 Abs. 1) kann (KK/*Maur* § 407 Rn. 3). 12

3. Die (fehlende) Erforderlichkeit einer Hauptverhandlung, § 407 Abs. 1. Entscheidend ist, dass die Rechtsfolge der abzuurteilenden Straftat auch ohne eine Hauptverhandlung hinreichend bestimmt und angemessen festgesetzt werden können muss. Der Begriff der Erforderlichkeit ist als unbestimmter Rechtsbegriff zu qualifizieren, durch den der StA insoweit ein erheblicher Entscheidungsspielraum eingeräumt wird. Der StA steht es grds. frei auch den hinreichend ausermittelten Sachverhalt zur Anklage zu bringen und nicht den Weg der §§ 407 ff. zu wählen. Allerdings legitimiert die Ermessenseinräumung keine willkürliche Entscheidung. D.h. die Vorteile des Strafbefehlsverfahrens müssen durch andere Gesichtspunkte aufgewogen werden. Zu denken ist namentlich daran, dass eine Hauptverhandlung aus – dann ggf. zu konkretisierenden – general- oder spezialpräventiven Erwägungen heraus erforderlich sein kann (vgl. KK/*Maur* § 407 Rn. 4), auch wenn die Voraussetzungen des § 407 i.Ü. gegeben sind (Nr. 175 Abs. 3 Satz 1 RiStBV). 13

4. Bestimmtheit und Inhalt des Strafantrages. Gerade weil nicht durch eine Hauptverhandlung weitere Tatsachen ans Licht kommen können, muss der Antrag im Strafbefehlsverfahren hinreichend bestimmt sein. Bereits der Antrag ist dementsprechend auf eine bestimmte Rechtsfolge zu richten und muss auch den für deren endgültigen Erlass hinreichend bestimmten Inhalt aufweisen. Gerade hierdurch wird die eine Rechtsstaatlichkeit des Verfahrens wahrende auf Überprüfbarkeit gründende Übereinstimmung von StA und Strafrichter erzeugt, welche nach § 408 Abs. 3 vom Gesetzgeber ausdrücklich verlangt wird. Des Weiteren hat der Antrag den Anforderungen des § 200 zu genügen (instruktiv hierzu BGH, Beschl. v. 13.03.2019, 2 StR 380/18, NStZ-RR 2019, 187). Üblicherweise wird dem formulierten Antrag ein Entwurf des Strafbefehls durch die StA beigelegt (Nr. 176 f. RiStBV; zur Sachverhaltsformulierung und Darstellung i.S.d. Bestimmtheit des Antrages vgl. grundlegend: BGH NStZ 192, 553; OLG Karlsruhe wistra 1994, 319; KK/*Maur* § 407 Rn. 6; Meyer-Goßner/*Schmitt* § 407 Rn. 5 ff.). Im Steuerstrafverfahren gilt für den Antrag, der von der Finanzbehörde gestellt werden kann, dasselbe (§§ 386, 400 AO; Meyer-Goßner/*Schmitt* § 407 Rn. 6 m.w.N.). 14

15 **II. Zulässige Rechtsfolgen.** Die Aufzählung der mittels Strafbefehls zu verhängenden Rechtsfolgen in § 407 Abs. 2 ist abschließend. Wird eine nicht im Katalog vorgesehene aber ansonsten zulässige Rechtsfolge dennoch verhängt, so ist der Strafbefehl nicht unwirksam und entfaltet ggf. Rechtskraftwirkung (Meyer-Goßner/*Schmitt* § 407 Rn. 10, § 409 Rn. 7; OLG Koblenz NStZ-RR 2000, 41).

16 **1. Freiheitsstrafe.** Seit dem RpflEntlG von 1993 besteht (wieder) die Möglichkeit auch Freiheitsstrafen zu verhängen (zur Entwicklung vgl. *Berz* FS Blau, S. 53; *Böttcher* FS Odersky, S. 302 ff.). Das Höchstmaß ist allerdings auf ein Jahr beschränkt und die Strafe muss zur Bewährung ausgesetzt sein. (Dagegen hindert die durch Strafbefehl verhängte Freiheitsstrafe den Widerruf der Strafaussetzung zur Bewährung in früherer Sache nicht). Darüber hinaus ist die Beiziehung eines Verteidigers hier zwingend. Mit dem Strafbefehl muss zugleich ein Bewährungsbeschluss bzgl. Dauer der Bewährungszeit und Auflagen ergehen (§ 268a Abs. 1, §§ 56a ff. StGB). Das Gericht ist bei Erlass des Strafbefehls insoweit nicht an den Antrag der StA gebunden (Nr. 176 RiStBV; vgl. Meyer-Goßner/*Schmitt* § 407 Rn. 22). Die Verhängung einer Freiheitsstrafe im Strafbefehlsverfahren gegen Heranwachsende ist gem. § 109 Abs. 3 JGG nicht möglich (HK-JGG/*Verrel/Linke* § 109 Rn. 16; Meyer-Goßner/*Schmitt* § 407 Rn. 10; *Rieß* AnwBl. 1993, 54).

17 Der Gesetzgeber sah darin die »potentiell größte Entlastungswirkung« und erachtete die Lösung gleichfalls »unter rechtsstaatlichen und sanktionssystematischen Gesichtspunkten« als unbedenklich (BT-Dr. 12/1217, S. 43). Ungeachtet der unbestreitbaren Vorteile des Strafbefehlsverfahrens erscheint die Möglichkeit, Freiheitsstrafen festzusetzen verbunden mit dem Zwang, diese zur Bewährung auszusetzen, aber nicht unproblematisch. Die Verhängung von Freiheitsstrafen erfordert eine Zumessungs- und Prognoseentscheidung, die sich im schriftlichen Verfahren nicht treffen lassen. Dagegen lässt sich einwenden, dies führe zu Typisierungen, die der Gleichmäßigkeit der Strafzumessung und damit der relativen Gerechtigkeit dienen (s. insb. *Böttcher* FS Odersky, S. 306 f.). Das widerspricht jedoch dem in § 46 angelegten Grundgedanken, die Bestimmung der Strafe von der persönlichen Schuld des Einzelnen abhängig zu machen. Zumal bei den Erwägungen der Beteiligten weniger Gerechtigkeitsaspekte als Effektivitätsgesichtspunkte eine Rolle spielen werden (krit. auch SK-StPO/*Wolter* § 407 Rn. 23). Nichtsdestotrotz ist die Vermeidung von Strafmaßvarianzen grds. ein erstrebenswertes Ziel, welches im Strafzumessungsrecht allgemein, wie im Strafbefehlsverfahren im Besonderen Berücksichtigung finden sollte. Überdies führt die Festsetzung von Freiheitsstrafe im rein schriftlichen Verfahren im Hinblick auf das systematische Verhältnis zu § 47 Abs. 1 StGB zu systematischen Friktionen: Einerseits liegt § 47 StGB gerade die Erwägung zugrunde, dass eine kurze Freiheitsstrafe nur ausnahmsweise, namentlich wegen besonderer Umstände in der Person des Täters oder »zur Verteidigung der Rechtsordnung«, verhängt werden soll. Im letzteren Fall ist die generalpräventive Wirkung eines Strafbefehls gerade wegen des Wegfalls der öffentlichen Hauptverhandlung erheblich geringer. Wird andererseits eine besondere spezialpräventive Einwirkung auf den Täter als notwendig erachtet, dann ist dies häufig nur mittels Hauptverhandlung darzustellen. In beiden Varianten liegen § 47 StGB und § 407 StPO daher häufig tendenziell gegenläufige Erwägungen zugrunde.

18 Das summarische Verfahren erscheint zudem in vielen Fällen als wenig geeignet für die Entscheidung über die Aussetzung der Strafe zur Bewährung, denn diese beinhaltet in hohem Maße zumessende und prognostische Elemente, welche in hohem Maße eine Einschätzung der **Person** des Angeklagten erforderlich machen. Die Einschätzung der Persönlichkeit des Angeklagten ausschließlich auf der Basis der Aktenlage ist aber häufig schwierig. Die Beschränkung auf Bewährungsstrafen trägt daher zwar durchaus zur Ökonomisierung des Strafverfahrens bei, denn mit der Anfechtung des Strafbefehls ist in der Regel nicht zu rechnen. Rechtsstaatliche Bedenken (vgl. dazu auch *Loos*, FS Remmers, S. 575) gegen die Verhängung von Freiheitsstrafen in einem nur summarischen Verfahren kann sie aber nicht ausräumen.

19 **2. Geldstrafe.** Die Verhängung von Geldstrafe setzt voraus, dass die jeweilige Strafnorm eine Geldstrafe allein oder neben Freiheitsstrafe als Rechtsfolge vorsieht. Sie kann aber auch aufgrund der §§ 47 Abs. 2, 49 Abs. 2 StGB angeordnet werden. Auf die Geldstrafe ist bereits erlittene Haft, insb. in Form der Untersuchungshaft, gem. § 51 StGB anzurechnen. Soll dies nicht der Fall sein, so bedarf es eines gesonderten Antrages der StA (KK/*Maur* § 407 Rn. 9). Die Höhe der Geldstrafe kann bis zur gesetzlich vorgesehenen Höhe verhängt werden (§§ 40 Abs. 1 Satz 2, 54 Abs. 2 Satz 2 StGB). Die Geldstrafe ist in Form und Höhe der Tagessätze festzusetzen. Eine Gesamtsumme muss nicht aufgeführt werden, dies kann jedoch im Einzelfall sinnvoll sein (BeckOK-StPO/*Temming* § 407 Rn. 17; Meyer-Goßner/*Schmitt* § 407 Rn. 11). Etwaige Zahlungserleichterungen sind bereits im Antrag zu prüfen und aufzunehmen (KK/*Maur* § 407 Rn. 10). Nicht beantragte Zahlungserleichterungen dürfen vom Gericht nicht angeordnet werden (Meyer-Goßner/*Schmitt* § 407 Rn. 13; LR/*Gössel* § 407 Rn. 20).

3. **Verwarnung unter Strafvorbehalt.** Der Verwarnung unter Strafvorbehalt ist häufig die Einstellung des Verfahrens unter Auflagen gem. §§ 153, 153a vorzuziehen, um dem Täter auch den Eintrag im Bundeszentralregister zu ersparen (KK/*Maur* § 407 Rn. 11). Ein weitgehender Überschneidungsbereich resultiert aus dem Umstand, dass die Verwarnung nur bis zu einer Gesamttagessatzanzahl von 180 Tagessätzen zulässig ist (darüber hinausgehend nur in Ausnahmefällen denkbar; vgl. BayObLG JR 1976, S. 511 m.Anm. *Zipf*). Die Verwarnung unter Strafvorbehalt kann auch i.R.d. Bildung von Gesamtstrafen erfolgen (§§ 59 Abs. 1, 59c StGB). 20

Mit der Verwarnung (§§ 59 bis 59c StGB) ist zugleich ein Bewährungsbeschluss zu erlassen. Dieser hat die Dauer der Bewährung festzusetzen (§ 59 Abs. 1 StGB) sowie die angeordneten Auflagen und Weisungen (§ 59a Abs. 2 i.V.m. §§ 56b, 56c StGB). Bzgl. der konkreten Ausgestaltung der Weisungen und Auflagen ist der Richter nicht an den Antrag der StA gebunden. 21

§ 59 StGB ist auch dann anwendbar, wenn der Beschuldigte in Untersuchungshaft genommen wurde und diese ihm anzurechnen ist (§ 51 StGB). Ein Fahrverbot kann jedoch nicht daneben angeordnet oder als solches vorbehalten werden (BayObLG NJW 1976, 301). Neben der Verwarnung können gem. § 59 Abs. 2 StGB Einziehung oder Unbrauchbarmachung ausgesprochen werden, nicht jedoch Maßregeln der Besserung und Sicherung (KK/*Maur* § 407 Rn. 12). 22

4. **Nebenstrafe und Nebenfolgen.** Zulässige Nebenstrafen sind allein die in § 407 Abs. 2 Satz 1 aufgezählten Sanktionen. Einzige nach dem StGB zulässige Nebenstrafe ist das Fahrverbot (§ 44 StGB). Hierauf können Anrechnungen gem. § 51 StGB erfolgen. 23

Die möglichen Nebenfolgen sind die Einziehung (bspw. nach §§ 73 ff. StGB; § 33 BtMG; § 56 WaffG), und die Unbrauchbarmachung (§ 74d Abs. 1 Satz 2 StGB). Vgl. Rdn. 22, sowie die in Nr. 2a benannten Sanktionen entspr. d. 11. Abschnitts des TierschutzG (§§ 17 ff.). 24

5. **Maßregeln/Entziehung der Fahrerlaubnis.** Im Strafbefehl ist von den Maßregeln lediglich die Entziehung der Fahrerlaubnis denkbar (§ 407 Abs. 2 Satz 2, §§ 69 bis 69b StGB). Die Höchstdauer beträgt zwei Jahre. Die Sperre beginnt mit Verkündung des Urteils, der hier dem Erlass des Strafbefehls gleichsteht (BGHSt 33, 230 [233]; *Hentschel/König/Dauer,* Straßenverkehrsrecht, § 69 StGB Rn. 27) und ist bereits im Strafbefehlsantrag genau zu bezeichnen (Meyer-Goßner/*Schmitt* § 407 Rn. 20). Die Sperrfrist ist nach vollen Jahren oder Monaten zu bestimmen. Ein kalendarisch bestimmter Endtermin darf nicht bestimmt sein (BayObLG NJW 1966, 2371; KK/*Maur* § 407 Rn. 17). Eine Beschränkung der Sperre nach § 69a Abs. 2 StGB ist hingegen zulässig (LR/*Gössel* § 407 Rn. 30). Gem. §§ 409 Abs. 1 Satz 3 i.V.m. 267 Abs. 6 Satz 2 muss der Strafbefehlsantrag und – befehl ggf. auch begründen, warum eine Entziehung der Fahrerlaubnis, die als Maßregel nach Art der Tat an sich angemessen und geboten erscheint, gleichwohl aber nicht angeordnet wird (KK/*Maur* § 407 Rn. 17). 25

6. **Absehen von Strafe.** Nach lange andauerndem Streit ist durch das RpflEntlG mit der Einführung des § 407 Abs. 2 Nr. 3 klargestellt worden, dass auch im Strafbefehlsverfahren von Strafe abgesehen werden kann (BeckOK-StPO/*Temming* § 407 Rn. 14; vgl. hierzu *Mansperger* NStZ 1984, 258). Hiernach ist ein Absehen von Strafe nach § 60 StGB oder auch Vorschriften des Besonderen Teils möglich (eine Aufzählung dieser Norm vgl. BeckOK-StPO/*Temming* § 407 Rn. 15). Bedeutung erlangt das Absehen von Strafe in Fällen, in welchen bereits die Durchführung eines Ermittlungsverfahrens unverhältnismäßig hohe Kosten verursacht hat. Würde man, was eigentlich nahe läge, nach § 153b verfahren, fielen diese Kosten der Staatskasse zur Last (§ 153b Abs. 2). So bietet das Strafbefehlsverfahren, eine Möglichkeit, die Kosten dem Beschuldigten aufzubürden (vgl. Meyer-Goßner/*Schmitt* § 407 Rn. 21). 26

7. **Kombinationsmöglichkeiten.** Die in Abs. 2 benannten Rechtsfolgen können sowohl isoliert oder auch nebeneinander festgesetzt werden. Eine Verhängung nebeneinander ist jedoch nur möglich, wenn dies nach materiellem Recht zugelassen ist. Gleichwohl bedeutet »allein« nicht, dass die mit dem Strafbefehl verhängte Strafe nicht auch neben einer (Haupt-) Strafe stehen kann (weiterführend hierzu: KK/*Maur* § 407 Rn. 19). 27

III. Tatmehrheit und Beschuldigtenmehrheit. Eine Ordnungswidrigkeit kann, wenn diese tatmehrheitlich zu einer Straftat begangen wurde, gem. §§ 42 Abs. 1, 64 OWiG ggf. mit einbezogen werden (BeckOK-StPO/*Temming* § 407 Rn. 21; s.u. Rdn. 30). Der Antrag kann von der StA auch gegen mehrere Beschuldigte gestellt werden (KK/*Maur* § 407 Rn. 22; *Krüger* NJW 1969, 1336). Ob die Rechtsfolge gegen jeden isoliert oder gegen alle gemeinsam ergeht, liegt im Ermessen des Richters, der nach den Grundsätzen der Trennung und Verbindung zu verfahren hat (BeckOK-StPO/*Temming* § 407 Rn. 22). Es besteht dementsprechend auch die Möglichkeit des Erlasses isolierter Strafbefehle über den Weg der getrennten Verfahren (§ 408 Abs. 3). 28

29 **IV. Beschuldigtenrechte.** Da § 163a Abs. 1 auf das Strafbefehlsverfahren trotz § 407 Abs. 3 Anwendung findet, muss dem Beschuldigten vor Beendigung der Ermittlungen durch StA, Polizei oder Richter zumindest die Möglichkeit der Äußerung eingeräumt werden (AG Frankfurt [Oder] Beschl. v. 03.12.2019 – 412 Cs 166/19). Erfolgt trotzdem keine Vernehmung, so wird der dennoch erlassene Strafbefehl zwar nicht unwirksam (*Oske* MDR 1986, 885; Meyer-Goßner/*Schmitt* § 407 Rn. 24; BeckOK-StPO/*Temming* § 407 Rn. 25). Der Erlass eines Strafbefehls ohne vorherige Vernehmung des Beschuldigten stellt aber eine schwerwiegende Verletzung der Verteidigungsrechte und der Prinzipien des fairen Verfahrens dar, die vom Gericht nicht sehenden Auges hingenommen werden kann (AG Kehl, Beschluss vom 23.08.2018 – 2 Cs 504 Js 5348/18). Im Zwischenverfahren und zum Antrag des Strafbefehls muss der Angeschuldigte nicht gehört werden. Der Strafbefehl wird ohne Anhörung des Angeschuldigten erlassen (§ 407 Abs. 3). Die Gewährung des rechtlichen Gehörs ist durch die Einspruchsmöglichkeit nach § 410 Abs. 1 hinreichend gesichert (BVerfGE 25, 158 [165 f.]; KK/*Maur* § 407 Rn. 20). Es ist jedoch zu bedenken, dass die Möglichkeit zur Einspruchseinlegung kein vollwertiges Äquivalent darstellt. Zunächst einmal muss er in zulässigerweise eingelegt werden. Das ist, »wie die gerichtliche Praxis zeigt, nicht ohne Weiteres und erst recht nicht bei […] ausländischen Beschuldigten zu erwarten« (AG Frankfurt [Oder] Beschl. v. 03.12.2019 – 412 Cs 166/19). Zudem bringt die Entscheidung, Einspruch einzulegen, die Belastungen einer öffentlichen, das Verfahren verlängernden Hauptverhandlung mit sich. Das mag rein formal betrachtet zu keiner schlechteren Rechtsposition führen. Dennoch kann der Beschuldigte – auch mit Blick auf das nicht geltende Verbot der *reformatio in peius* (vgl. § 411 Abs. 4) – faktisch gehemmt sein, Einspruch einzulegen. Es wäre daher zur effektiven Gewährleistung des Rechts auf rechtliches Gehör angezeigt, dass der Richter den Beschuldigten anhört, bevor er eine Entscheidung über den Strafbefehlsantrag stellt (MüKo-StPO/*Eckstein* § 407 Rn. 70).

30 **V. Ordnungswidrigkeiten (§ 30 OWiG).** Die Höhe der Geldbuße muss im Antrag bezeichnet werden, allerdings ist das Gericht bei der Festsetzung nicht hieran gebunden (Meyer-Goßner/*Schmitt* § 407 Rn. 19). Auch gegen eine juristische Person kann eine Geldbuße im Strafbefehlswege ergehen. Jedoch nur im verbundenen Verfahren, welches gegen den Täter der zugrunde liegenden Tat und auch gegen den Verband geführt wird (§ 30 Abs. 1 Satz 4 OWiG; BeckOK-StPO/*Temming* § 407 Rn. 20). Das Verfahren erfolgt wegen der Anknüpfungstat auf der Grundlage des § 444, der § 30 OWiG insoweit ergänzt (KK/*Maur* § 407 Rn. 16). Kommt es zu einer tatmehrheitlichen Begehung von Straftat und Ordnungswidrigkeit, so kann auch die Ordnungswidrigkeit für sich gesehen in den Strafbefehl mit einbezogen werden (§§ 64 OWiG; Nr. 280 Abs. 1 RistBV; vgl. Rn. 27). Mit Erlass des Strafbefehls geht die Dispositionsbefugnis über den Verfahrensgegenstand von der StA auf das AG über. Die StA kann deshalb dem einmal erlassenen Strafbefehl durch eine Rücknahme ihres Antrags die Grundlage grundsätzlich nicht mehr entziehen (OLG Karlsruhe, Beschl. v. 29.03.2019 – 3 Ws 66/19).

31 **VI. Sonderfälle: Verfahren gegen Abwesende/Jugendliche/inhaftierte Beschuldigte/Adhäsionsverfahren.** Der Strafbefehl ist bei **Abwesenden** (§ 276) nach überw. Ansicht grds. nicht möglich (KK/*Maur* § 407 Rn. 35; Meyer-Goßner/*Schmitt* § 407 Rn. 4; a.A. BeckOK-StPO/*Temming* § 407 Rn. 24, der offensichtlich mit LG München MDR 1981, 71, die öffentliche Zustellung für zulässig hält. Zumindest verbietet Art. 103 Abs. 1 GG dies jedenfalls nicht, da dem Verfahren insgesamt keine rechtsstaatlichen Bedenken entgegen stehen; vgl. auch Schmidt MDR 1978, 98; LR/*Wendisch* [25. Auflg.] § 40 Rn. 1; a.A. hingegen LG Köln MDR 1982, 601; LR/*Gössel* Vor § 407. Rn. 48). Hat der Beschuldigte einen Zustellungsbevollmächtigten bestellt (§§ 116a Abs. 3, 127a Abs. 2, 132 Abs. 1 Nr. 2), ist ein Strafbefehl möglich. Wird Einspruch eingelegt, so muss die Ladung zur Hauptverhandlung dem Angeklagten nach Einlegung des Einspruchs auf gleichem Wege zugestellt werden; bleibt er trotz ordnungsgemäßer Ladung fern, so wird der Einspruch verworfen (KK/*Maur* § 407 Rn. 35, [§ 412 StPO]; LG Verden NJW 1974, 2194]). Gleiches gilt bei mangelhafter Zustellung der Ladung, sofern dem Angeklagten der Strafbefehl dennoch bekannt war (Zweibrücken NStZ 1994, 602). Hierzu ist allerdings erforderlich, dass der Angeklagte nicht i.S.d. § 276 Abwesender ist (KK/*Maur* § 407 Rn. 35: weiterführend zur Zustellung an nicht Sesshafte: vgl. *Blankenheim* MDR 1992, 926). Auch gegen den außerhalb des Geltungsbereichs der StPO im **Ausland** Befindlichen kann der Strafbefehl erlassen werden, sofern die Zustellung als realistisch erscheint (Meyer-Goßner/*Schmitt* § 407 Rn. 4). Dies wird bspw. so sein, wenn der Aufenthaltsort bekannt und Rechtshilfe im Ausland nach § 37 Abs. 2 möglich ist (KK/*Maur* § 407 Rn. 35 f.; zum Verfahren: *Greßmann* NStZ 1991, 216).

32 Gegen **Jugendliche** ist gem. § 79 Abs. 1 JGG das Strafbefehlsverfahren unstatthaft. Hier gilt das vereinfachte Jugendverfahren gem. §§ 76, 78 JGG. Gegen Heranwachsende kann (nur) bei gemeinsamer Verhandlung nach § 109 Abs. 2 JGG durch den Jugendrichter (§ 108 Abs. 2 JGG) ein Strafbefehl ergehen, sofern Erwachsenenstrafrecht angewendet wird. Gem. § 109 Abs. 3 JGG ist die Verhängung von Freiheitsstrafe gegen Heranwachsende durch Strafbefehl nicht zulässig (KK/*Maur* § 407 Rn. 24; Meyer-Goßner/*Schmitt* § 407

Rn. 3). Wurde gegen einen Jugendlichen gleichwohl ein Strafbefehl erlassen, so ist dieser nicht unwirksam. Im weiteren Verfahren auf Einspruch tritt der Strafbefehlsantrag an die Stelle der Anklage, der Strafbefehl selbst an die des Eröffnungsbeschlusses. Mit Anberaumung der Hauptverhandlung durch das Jugendgericht ist der Mangel geheilt (BayObLG NJW 1957, 838; KK/*Maur* § 407 Rn. 26; Meyer-Goßner/*Schmitt* § 407 Rn. 3). Mangels Einspruchs soll der Strafbefehl nach überw. Ansicht rechtskräftig werden können. Abhilfe ist dann nur im Gnadenweg möglich (näher KK/*Maur* § 407 Rn. 27.) Für den Fall einer fehlenden oder falschen Altersangabe kommt ein Wiederaufnahmegrund nach § 359 Nr. 5 in Betracht, ggf. auch bei fehlender Angabe der Tatzeit (LG Landau NStZ-RR 2003, 23; *Noak* JA 2005, 539).

Gegen den in (Untersuchungs-) **Haft** befindlichen Beschuldigten kann grds. ein Strafbefehlsverfahren durchgeführt werden. Gem. Nr. 175 IV RiStBV ist jedoch zu prüfen, ob eine Erledigung im beschleunigten Verfahren nach § 417 effizienter ist (Meyer-Goßner/*Schmitt* § 407 Rn. 2). Eine Entschädigung des Verletzten im **Adhäsionsverfahren** setzt gem. § 406 Abs. 1, § 403 voraus, dass nach dem Ergebnis einer Hauptverhandlung entschieden werden kann. Mangels Hauptverhandlung sind die Regelungen daher im Strafbefehlsverfahren nicht anwendbar (*Radtke/Hohmann/Alexander* § 407 Rn. 32; KK/*Maur* § 407 Rn. 30; BeckOK-StPO/*Temming* § 407 Rn. 28). Wurde ein Antrag gestellt, kann er wirksam werden, wenn das Verfahren in die Hauptverhandlung gelangt ist. 33

§ 408 Richterliche Entscheidung über einen Strafbefehlsantrag

(1) [1]Hält der Vorsitzende des Schöffengerichts die Zuständigkeit des Strafrichters für begründet, so gibt er die Sache durch Vermittlung der Staatsanwaltschaft an diesen ab; der Beschluß ist für den Strafrichter bindend, der Staatsanwaltschaft steht sofortige Beschwerde zu. [2]Hält der Strafrichter die Zuständigkeit des Schöffengerichts für begründet, so legt er die Akten durch Vermittlung der Staatsanwaltschaft dessen Vorsitzenden zur Entscheidung vor.

(2) [1]Erachtet der Richter den Angeschuldigten nicht für hinreichend verdächtig, so lehnt er den Erlaß eines Strafbefehls ab. [2]Die Entscheidung steht dem Beschluß gleich, durch den die Eröffnung des Hauptverfahrens abgelehnt worden ist (§§ 204, 210 Abs. 2, § 211).

(3) [1]Der Richter hat dem Antrag der Staatsanwaltschaft zu entsprechen, wenn dem Erlaß des Strafbefehls keine Bedenken entgegenstehen. [2]Er beraumt Hauptverhandlung an, wenn er Bedenken hat, ohne eine solche zu entscheiden, oder wenn er von der rechtlichen Beurteilung im Strafbefehlsantrag abweichen oder eine andere als die beantragte Rechtsfolge festsetzen will und die Staatsanwaltschaft bei ihrem Antrag beharrt. [3]Mit der Ladung ist dem Angeklagten eine Abschrift des Strafbefehlsantrags ohne die beantragte Rechtsfolge mitzuteilen.

Übersicht

A. Überblick. § 408 führt in nicht abschließender Form auf, wie das Gericht auf den Strafbefehlsantrag entscheidet. Die Norm wurde durch Art. 1 Nr. 30 StVÄG von 1987 neu gefasst. Abs. 1 befasst sich mit der zuständigkeitsbedingten Abgabe an ein anderes Gericht. Abs. 2 betrifft die Fälle der ablehnenden Entscheidung des Gerichts. Schließlich erfasst Abs. 3 die Fälle der antragsgemäßen Entscheidung oder der Anberaumung einer Hauptverhandlung. **Weitere Entscheidungsvarianten** ergeben sich nicht aus § 408: Die **örtliche** Unzuständigkeit etwa wird nicht erfasst. Hier gilt die generellere Vorschrift des § 16. Im Fall einer örtlichen Unzuständigkeit ist der Strafbefehlsantrag demnach nicht abzuweisen, sondern lediglich die Unzuständigkeit im Beschlusswege durch das Gericht auszusprechen (zum hierzu bestehenden Streitstand: vgl. KK/*Schneider* § 199; Rn. 5). Gegen die Unzuständigkeitserklärung des Gerichts steht der StA die einfache Beschwerde zu, ansonsten ist der Antrag beim tatsächlich zuständigen Gericht nochmals zu stellen. 1

Der Richter kann auch nach **§§ 153 ff.** auf die **Einstellung** des Verfahrens hinwirken. Entweder gibt er den Antrag der StA verbunden mit der Anregung, das Verfahren nach §§ 153 ff. einzustellen, zurück. Kommt eine Einstellung nach § 153a in Betracht, so verbleiben demgegenüber zwei mögliche Vorgehensweisen: Das Gericht kann wiederum anregen, den Strafbefehlsantrag zurückzunehmen und zugleich die adäquaten Auflagen und Weisungen benennen. Alternativ kann das Gericht auch selbst einstellen. In diesem Fall müssen die StA und der Angeschuldigte zuvor zugestimmt haben (vgl. KK/*Maur* § 408 Rn. 3; Meyer-Goßner/*Schmitt* § 408 Rn. 16). Erscheint der Sachverhalt nicht ausreichend aufgeklärt, kann gem. § 202 die **Erhebung weiterer Beweise** angeordnet werden (BeckOK-StPO/*Temming* § 408 Rn. 12.1). Wird erst nach Stellung des 2

Antrags festgestellt, dass der Beschuldigte nicht auffindbar ist, so ist nach § 205 zu entscheiden (Meyer-Goßner/*Schmitt* § 408 Rn. 16). Besteht ein **Verfahrenshindernis**, ist der Strafbefehl nach § 408 Abs. 2 abzulehnen und nicht nach § 206a/b einzustellen (KK/*Maur* § 408 Rn. 5).

3 **B. Verfahren. I. Sachliche Unzuständigkeit.** Abs. 1 regelt Fälle sachlicher Unzuständigkeit. Allerdings ist die **Bedeutung** der Norm **gering**, da eine Zuständigkeit des Schöffengerichts wegen § 25 Nr. 2 GVG (Zuständigkeit des Einzelrichters bei Vergehen, wenn eine höhere Freiheitsstrafe als zwei Jahre nicht zu erwarten ist) praktisch nicht mehr in Betracht kommt (HK-GS/*Andrejtschitsch* § 408 Rn. 1). Den praktisch möglichen Fall des Erlasses eines Strafbefehls durch das Schöffengericht gem. **§ 408a** erfasst § 408 nicht (BeckOK-StPO/*Temming* § 408 Rn. 1; Meyer-Goßner/*Schmitt* § 408 Rn. 3). Hält das AG die Zuständigkeit des **LG** oder des **OLG** für gegeben, muss es sich durch Gerichtsbeschluss für unzuständig erklären. Eine **Ablehnung** des Antrags ist wegen der damit einhergehenden Rechtskraftwirkungen nicht sachgerecht. Nach überw. Ansicht kann die StA gegen den Beschluss einfache Beschwerde einlegen (BeckOK-StPO/*Temming* § 408 Rn. 2; HK-GS/*Andrejtschitsch* § 408 Rn. 2; KK/*Maur* § 408 Rn. 8; a.A. LR/*Gössel* § 408 Rn. 15 ff.: Ablehnung des Antrags, Rn. 14: Rechtsmittel der sofortigen Beschwerde). Auch § 209 (**Aktenvorlage**) kann nicht angewendet werden, da der Strafbefehl nach § 407 allein vom AG zu erlassen ist. Zudem ersetzt der Strafbefehl nicht die Anklageschrift vor dem höheren Gericht (KK/*Maur* § 408 Rn. 8; a.A. KMR/*Metzger* § 408 Rn. 7).

4 **II. Ablehnung eines Antrages.** Die Ablehnung des Antrages ist in Abs. 2 geregelt. Sie hat zu erfolgen, wenn der Angeschuldigte der Tat nicht hinreichend verdächtig (§ 203) ist (Satz 1). Ob ein hinreichender Tatverdacht vorliegt, hat der Richter unter Berücksichtigung von Sinn und Zweck des Strafbefehlsverfahrens zu beurteilen. Auch wenn eine Schuldfeststellung im formalen Sinn nicht erfolgen kann, hat der Richter den Antrag aber nach dem oben Ausgeführten (§ 407 Rdn. 3) auch dann abzulehnen, wenn er zu der Überzeugung gelangt, dass die Schuldfrage im summarischen Verfahren nicht zu klären ist. Sofern Zweifel bestehen, ist gem. Abs. 3 Satz 2 zu verfahren und Hauptverhandlung anzuberaumen (HK-GS/*Andrejtschitsch* § 408 Rn. 4; KK/*Maur* § 408 Rn. 9). Bestehen im Hinblick auf den Tatverdacht Zweifel in tatsächlicher Hinsicht, so steht es dem Gericht auch offen, die Akten der StA unter Anregung weitergehender Aufklärung zurückzugeben (HK-GS/*Andrejtschitsch* § 408 Rn. 4; Nr. 178 III RiStBV). Eine Ablehnung des Strafbefehlsantrags erfolgt auch, sofern die in Betracht kommende Tat aufgrund rechtlicher Hindernisse nicht zu bestrafen ist oder Verfahrenshindernisse bestehen, die nicht zu überwinden sind, z.B. wenn dem Angeschuldigten im Ermittlungsverfahren das rechtliche Gehör versagt wird oder der notwendige Strafantrag fehlt (AG Frankfurt O., Beschl. v. 03.12.2019 – 412 Cs 166/19; LR/*Gössel* § 408 Rn. 15). Der Ablehnungsbeschluss muss in der Begründung entsprechend differenziert sein. Liegt eine prozessuale Tat vor, so erfolgt ein einheitlicher Ablehnungsbeschluss. Bei selbstständigen Taten ist demgegenüber auch eine selbstständige Ablehnung für die einzelne Tat zulässig (LG München II NStZ 1990, 452; Meyer-Goßner/*Schmitt* § 408 Rn. 8; a.A. KMR/*Metzger* § 408 Rn. 15 mit dem Argument der Einheitlichkeit der Entscheidung von StA und Gericht im Verfahren der §§ 407 ff.). Gegen die Ablehnung des Strafbefehls steht der StA die sofortige Beschwerde zu (§ 210). Der Anschluss des Nebenklägers wird mit der Ablehnungsentscheidung wirksam (§ 396 Abs. 1 Satz 3), damit steht ihm ebenfalls das Beschwerderecht gem. §§ 400 Abs. 2, 401 Abs. 1 Satz 1 zu. Dem Angeschuldigten steht mangels Beschwer kein Beschwerderecht zu, er ist jedoch im Beschwerdeverfahren nach § 308 Abs. 1 anzuhören (KK/*Maur* § 408 Rn. 13). Nach Ablehnung des Strafbefehls ist dieser bekannt zu machen. Dies bestimmt § 41. Die Bekanntmachung hat sowohl ggü. dem Angeschuldigten, als auch dem Angeschuldigten, der nicht zum Antrag angehört worden ist (§ 407 Abs. 3) zu erfolgen (a.A. Meyer-Goßner/*Schmitt* § 408 Rn. 8). Vor der Ablehnung eines Strafbefehls ist zu hinterfragen, ob die Tat, sofern sie nicht zu beweisen ist oder aus anderen Gründen nicht zu bestrafen ist, eine Ordnungswidrigkeit darstellt.

5 Da die Entscheidung der Beschwerde nur dem Richter zusteht, hebt das Beschwerdegericht den Strafbefehlsantrag nur auf und verweist i.Ü. an das zuständige AG zwecks neuer Entscheidung. Der Richter kann dann die Hauptverhandlung anberaumen oder den Strafbefehl erlassen. Weisungen des LG sind wegen der Entschließungsfreiheit des Strafrichters nicht zulässig (LG Aachen, Beschl. v. 05.10.2020 – 60 Qs 43/20, BeckRS 2020, 43289 Rn. 45; KK/*Maur* § 408 Rn. 13; Meyer-Goßner/*Schmitt* § 408 Rn. 9; a.A. *Roxin* § 66 B II 3). Wird die Beschwerde verworfen, so hat der Verwerfungsbeschluss im Hinblick auf den Antrag die Wirkung eines Ablehnungsbeschlusses (HK-GS/*Andrejtschitsch* § 408 Rn. 5). Der ablehnende Beschluss entfaltet Rechtskraftwirkung vergleichbar dem Ablehnungsbeschluss nach § 204 (KK/*Maur* § 408 Rn. 14). Wie bei ausbleibender Anfechtung des Strafbefehls, ist eine erneute Rechtsverfolgung dann nur bei neuer Tatsachenlage oder neuer Beweislage zulässig (§ 211).

6 **III. Erlass des Strafbefehls.** Wenn der Richter davon überzeugt ist, dass nach summarischer Prüfung keine relevanten Zweifel daran bestehen können, dass der Angeschuldigte die ihm im Strafbefehlsantrag zur Last gelegte Tat tatsächlich begangen hat und er auch in rechtlicher Hinsicht mit der StA übereinstimmt, hat er den Strafbefehl gem. des Antrags der StA zu erlassen (§ 408 Abs. 3 Satz 1). Der Strafbefehl muss insoweit dem Antrag entsprechen (Meyer-Goßner/*Schmitt* § 408 Rn. 11). Gleichwohl ist der Richter nicht vollständig an den Antrag der StA gebunden. Der Strafbefehl ist bei Abweichungen vom Antrag der StA auch ohne deren Zustimmung wirksam (KK/*Maur* § 408 Rn. 18; BayObLG 58, 130). Zudem sieht das Gesetz zunächst einen Einigungsversuch zwischen Strafgericht und StA vor, sodass nicht zwingend sofort ein Termin zur Hauptverhandlung anzuberaumen ist. Oftmals divergieren StA und Strafgericht etwa ausschließlich in der Bemessung der Strafhöhe, sodass keine gesteigerte Notwendigkeit für eine Beweisaufnahme o.Ä. besteht (RiStBV Nr. 178 I, II; KK/*Maur* § 408 Rn. 17).

7 **IV. Anberaumung der Hauptverhandlung.** Nach Abs. 3 Satz 2 und 3 hat der Richter eine Hauptverhandlung anzuberaumen, wenn er trotz hinreichenden Tatverdachts Bedenken hat, durch Strafbefehl zu entscheiden. Diese Bedenken können sich beispielsweise daraus ergeben, dass eine Hauptverhandlung zur vollständigen Klärung auch der Nebenumstände zweckmäßig erscheint oder der Richter sich von dem Angeklagten einen persönlichen Eindruck verschaffen will (BerlVerfGH, Beschl. vom 19.01.2000 – VerfGH 34/99, NStZ-RR 2000, 143). Das kommt insb. in Betracht, wenn zwischen StA und Richter bei der rechtlichen Bewertung der Tat keine Einigung erzielt werden konnte oder im Hinblick auf die Schuldfähigkeit Zweifel bestehen (vgl. Rdn. 6). Bei Bedenken im Rechtsfolgenausspruch hat die StA die Möglichkeit ihren Antrag dahin gehend zu ändern, dass wieder Übereinstimmung mit dem Gericht besteht und somit die Bedenken des Richters auszuräumen. Eine Hauptverhandlung kann ausnahmsweise gleichwohl auch dann angezeigt sein, wenn schwerere Folgen der Tat noch nicht eingetreten jedoch in näherer Zukunft zu erwarten sind. Denn diese Folgen können im Hinblick auf die Schwere der festzustellenden Schuld und die festzusetzende Rechtsfolge bedeutsam werden (Saarbrücken JR 1969, 430 m.Anm. *Koffka*; *Schaal*, in GS Meyer, S. 429; a.A.u.a. im Hinblick auf den Beschleunigungsgrundsatz LR/*Gössel* § 408 Rn. 44 f.; Meyer-Goßner/*Schmitt* § 408 Rn. 12). Umstritten ist, ob der Richter aus general- oder spezialpräventiven Erwägungen eine Hauptverhandlung anberaumen darf. Richtigerweise ist dies zu verneinen (so i.E. HK-GS/*Andrejtschitsch* § 408 Rn. 7; a.A. bspw. LR/*Gössel* § 408 Rn. 45), da die Wahl der Verfahrensart als solche dann bereits fragwürdig ist. Wird allerdings eine intensive präventive Einwirkung für notwendig erachtet, dürfte das Verfahren von vornherein nicht für eine Erledigung im Strafbefehlswege geeignet sein. Dementsprechend hätte bereits die StA (entsprechend RiStBV Nr. 175 III) Anklage zu erheben. Allein der Umstand, dass ein Einspruch des Angeschuldigten mit hoher Wahrscheinlichkeit zu erwarten ist, führt hingegen nicht dazu, dass eine Hauptverhandlung zwingend anzuberaumen wäre (RiStBV Nr. 175 III; Meyer-Goßner/*Schmitt* § 408 Rn. 12). Die Anberaumung der Hauptverhandlung erfolgt durch Verfügung vonseiten des Richters und ist nicht anfechtbar (KK/*Maur* § 408 Rn. 24). Die richterliche Terminsverfügung hat die Wirkung eines Eröffnungsbeschlusses (KK/*Maur* § 408 Rn. 25; OLG Karlsruhe Beschl. v. 04.08.2016 – 2 [4] Ss 356/16; a.A. AG Eggenfelden NStZ-RR 2009, 139). Die Ladung ist dem Angeklagten mit dem Strafbefehlsantrag jedoch ohne die dortigen Ausführungen zur beantragten Rechtsfolge mitzuteilen (Meyer-Goßner/*Schmitt* § 408 Rn. 14; HK-GS/*Andrejtschitsch* § 408 Rn. 8). Die Vorbereitung der Hauptverhandlung erfolgt nach §§ 213 ff. Die dem Strafbefehlsantrag inhärente Anklage kann nach überw. Ansicht durch die StA bis zur Vernehmung des Angeklagten zur Sache i.S.d. § 156 zurückgenommen werden (KK/*Maur* § 408 Rn. 19 ff.; krit. LR/*Beulke* § 156 Rn. 4). Umstr. ist die Anwendbarkeit der §§ 411 Abs. 2, 420 (dafür Meyer-Goßner/*Schmitt* § 408 Rn. 14; dagegen KK/*Maur* § 408 Rn. 25; BayObLG GA 1972, 367; AnwK/*Böttger* § 408 Rn. 15). Dagegen spricht die Praxis erst im Rahmen der Entscheidung nach Abs. 3 über die Eignung des Strafbefehlsverfahrens etwa unter präventiven Gesichtspunkten zu entscheiden. Denn zumindest in diesen Fällen liegt nur noch ein formal durch Strafbefehlsantrag eingeleitetes Verfahren vor, womit sich Vereinfachungen bei der Beweisaufnahme u.Ä. nicht rechtfertigen lassen.

§ 408a Strafbefehlsantrag nach Eröffnung des Hauptverfahrens

(1) [1]Ist das Hauptverfahren bereits eröffnet, so kann im Verfahren vor dem Strafrichter und dem Schöffengericht die Staatsanwaltschaft einen Strafbefehlsantrag stellen, wenn die Voraussetzungen des § 407 Abs. 1 Satz 1 und 2 vorliegen und wenn der Durchführung einer Hauptverhandlung das Ausbleiben oder die Abwesenheit des Angeklagten oder ein anderer wichtiger Grund entgegensteht. [2]In der Hauptverhandlung kann der Staatsanwalt den Antrag mündlich stellen; der wesentliche Inhalt des Strafbefehlsantrages ist in das Sitzungsprotokoll aufzunehmen. [3]§ 407 Abs. 1 Satz 4, § 408 finden keine Anwendung.

(2) [1]Der Richter hat dem Antrag zu entsprechen, wenn die Voraussetzungen des § 408 Abs. 3 Satz 1 vorliegen. [2]Andernfalls lehnt er den Antrag durch unanfechtbaren Beschluß ab und setzt das Hauptverfahren fort.

Übersicht

1 **A. Zweck und Anwendungsbereich.** Auch nach Erlass des Eröffnungsbeschlusses kann noch immer in das Strafbefehlsverfahren übergegangen werden. Dies bestimmt § 408a. Die Vorschrift ist durch das StVÄG 1987 eingeführt worden. Sie ist Ausdruck des prozessökonomischen Gedankens, der dem ganzen Strafbefehlsverfahren innewohnt und soll nach der Vorstellung des Gesetzgebers dazu beitragen, ins Stocken geratene Verfahren möglichst unkompliziert und rationell zur Erledigung führen (BT-Drs. 10/1313, S. 35 und 10/6592, S. 21; KK/*Maur* § 408a Rn. 1; BeckOK-StPO/*Temming* § 408a Rn. 1). Es kann jedoch nicht stets beim bloßen Vorliegen der Voraussetzungen des § 407 Abs. 1 Satz 2 in das Strafbefehlsverfahren übergegangen werden. Hinzukommen muss ein besonderer Übergangsgrund, der der Durchführung der Hauptverhandlung entgegensteht.

2 Der erwünschte Beschleunigungseffekt blieb jedoch in der Praxis weitgehend aus (vgl. *Meurer* JuS 1987, S. 887). Dass ein Angeklagter, der zur Hauptverhandlung nicht erscheint, einen gegen ihn ergangenen Strafbefehl, ohne Einspruch zu erheben, in Rechtskraft erwachsen lassen wird, erscheint nicht nur eher fernliegend (KK/*Maur* § 408a Rn. 4). Vielmehr wird die Gesetzeskonzeption nur schlüssig, wenn es tatsächlich darum gehen soll, gerade durch die Passivität bzw. »Saumseligkeit« des Angeklagten eine rechtskräftige Entscheidung zügig herbeiführen zu können, was nicht unproblematisch ist. Darüber hinaus ist die Konstruktion in systematischer Hinsicht bedenklich. Denn in dem betreffenden Verfahren war ja nach Einschätzung der StA und/oder des Gerichts zunächst die Anberaumung einer Hauptverhandlung angezeigt. Wie sich diese Einschätzung ohne Mitwirkung oder auch nur das Erscheinen des Angeklagten und damit gerade ohne die Möglichkeit zur Klärung von fraglichen Tatsachengrundlagen ändern können sollte, ist kaum zu begründen. Gerade wenn sich seit Anklageerhebung keine weiteren Erkenntnisse ergeben haben, müsste entweder die ursprüngliche Entscheidung gegen das Strafbefehlsverfahren oder die aktuelle Entscheidung i.S.d. § 408a fehlerhaft sein (zur Kritik vgl. BeckOK-StPO/*Temming* § 408a Rn. 1; KK/*Maur* § 408a Rn. 2 ff.).

3 Dennoch gibt es durchaus einen Bereich sinnvoller Anwendung. Denn die Vorzüge des Strafbefehlsverfahrens (§ 407 Rdn. 1 ff.) können auch in dieser prozessualen Situation eintreten. Da der Angeklagte noch nicht in öffentlicher Hauptverhandlung erschienen ist, kann immer noch eine relativ »geräuschlose« Erledigung erfolgen. Weiterhin bieten sich Fallgestaltungen an, in denen der Angeklagte bekannten Aufenthalts im Ausland ist, ein Rechtshilfe- und Auslieferungsverfahren jedoch unverhältnismäßig erscheint. Schließlich ist denkbar, dass die Aussage eines ausgebliebenen Zeugen nach § 251 schriftlich eingeführt werden kann. Entscheidend ist jedoch, dass der Sachverhalt nach dem bisherigen Verfahrensstand als ausreichend geklärt betrachtet werden kann (Meyer-Goßner/*Schmitt* § 408a Rn. 1; HK-GS/*Andrejtschitsch* § 408a Rn. 1; KMR/*Metzger* § 408a Rn. 2 ff.). Der Gesetzgeber hatte bei der Konzeption der Norm erkennbar primär die ohnehin seltenen oben erwähnten Fälle des nicht zu erwartenden Einspruchs bei Nichterscheinen des Angeklagten (z.B. nach der Aussetzung des Verfahrens) im Auge. Unabhängig von der empirischen Häufigkeit dieser Konstellation, macht das Vorgehen nach § 408a nur dann Sinn, wenn – ob aus Passivität oder aufgrund der mit der Erledigung im Strafbefehlsverfahren verbundenen Vorteile – von einer Einspruchseinlegung nicht auszugehen ist. Die Situation ähnelt auch aufgrund der damit vorgegebenen Strafobergrenzen gewissermaßen einer Absprache bei »mutmaßlicher Zustimmung« des Angeklagten. Gerade daher wird sich dieser Weg insb. empfehlen, wenn der Angeklagte verteidigt und der Verteidiger anwesend ist. Hier wird besonders deutlich, dass das Strafbefehlsverfahren de facto zu den »konsensualen Erledigungsformen« zu zählen ist.

4 Der Erlass des Strafbefehls nach § 408a ist nur nach bereits ergangenem Eröffnungsbeschluss (§ 203) möglich. Im Zwischenverfahren nach Erhebung der Anklage und vor Erlass des Eröffnungsbeschlusses bleibt der StA gleichwohl die Möglichkeit, die Anklage jederzeit nach § 156 zurückzunehmen (BeckOK-StPO/*Temming* § 408a Rn. 3). Die Vorschrift findet nur im Verfahren vor dem AG Anwendung. Aufgrund von Abs. 1 Satz 2 kann die StA vor, während (a.A. noch OLG Hamburg, NStZ 1988, 522 – JR 1989, 171) oder auch nach (ausgesetzter) Hauptverhandlung in das Strafbefehlsverfahren übergehen (KK/*Maur* § 408a Rn. 6). Nicht von Belang ist hierbei, ob der Eröffnungsbeschluss die Tat als Vergehen oder Verbrechen qualifiziert. Für die Zuständigkeit nach § 408a kommt es einzig und allein auf die Bewertung des Strafbefehlsantrages an (KK/*Maur* § 408a Rn. 6; BeckOK-StPO/*Temming* § 408a Rn. 4; a.A. Meyer-Goßner/*Schmitt* § 408a Rn. 3). Fer-

ner ist die Anwendung der Vorschrift des § 408a im beschleunigten Verfahren ausgeschlossen, sofern nicht das beschleunigte Verfahren abgelehnt und die Eröffnung des Hauptverfahrens beschlossen wurde, §§ 418 Abs. 1, 419. Erst mit der Eröffnung des Hauptverfahrens ist auch eine Anwendung von § 408a möglich. Folglich kann weder in einer Hauptverhandlung nach erfolgtem Einspruch gegen einen Strafbefehl noch nach Anberaumung einer Hauptverhandlung gem. § 408 Abs. 3 Satz 2 mangels Eröffnungsbeschlusses ein neuer Strafbefehl nach § 408a ergehen (BT-Drs. 10/1313, 36; KK/*Maur* § 408a Rn. 7).

B. Voraussetzungen. I. Besondere Voraussetzungen. Auch der Erlass des Strafbefehls nach § 408a fordert das Vorliegen der allgemeinen Voraussetzungen des Strafbefehls nach § 407. Der Strafbefehl nach § 408a kann nur auf dieselben Rechtsfolgen gerichtet sein, wie der des § 407. Die vorherige Anhörung des Angeklagten ist i.R.d. Verfahrens nach § 408a nicht zwingend. Die §§ 407 Abs. 3, Abs. 1 Satz 4 und 408 finden wegen § 408a Abs. 1, 3 im Verfahren keine Anwendung (Meyer-Goßner/*Schmitt* § 408a Rn. 3; BeckOK-StPO/*Temming* § 408a Rn. 5; KK/*Maur* § 408a Rn. 8; KMR/*Metzger* § 408a Rn. 11). Neben dem Vorliegen der allgemeinen Voraussetzungen bedarf es des Bestehens eines **wichtigen Grundes**, welcher der Durchführung der Hauptverhandlung entgegensteht. Hierfür genügt nicht jeder beliebige Umstand. Der Grund muss solches Gewicht haben, dass eine verfahrensabschließende Entscheidung nicht aufgrund einer Hauptverhandlung erreicht werden kann (KG, Beschl. vom 12.05.2020 – [5] 161 Ss 101/19 [19/19], Rn. 36). § 408a benennt nicht abschließende Beispiele, etwa das Ausbleiben oder die Abwesenheit des Angeklagten. Eine weitere Konkretisierung enthält Nr. 175a RiStBV (KMR/*Metzger* § 408a Rn. 13). Als **abwesend** ist der Angeklagte i.S.d. Gesetzes und nach ganz allgemeiner Ansicht (vgl. KK/*Maur* § 408a Rn. 9) zu bezeichnen, wenn die Maßgaben des § 276 zu bejahen sind. D.h., der Aufenthaltsort des Angeklagten ist nicht unbekannt, aber er ist bspw. dauerhaft im Ausland. **Ausgeblieben** ist der fernbleibende aber wirksam geladene Angeklagte, ohne dass es auf eine Entschuldigung ankommt (Nr. 175c RiStBV geht aber davon aus, dass bei fehlender Entschuldigung ein Vorgehen nach § 408a nahe liegt; vgl. BeckOK-StPO/*Temming* § 408a Rn. 7). Nicht jedes Ausbleiben und nicht jede Abwesenheit des Angeklagten rechtfertigen den Übergang nach § 408a (SK-StPO/*Wolter* § 408a StPO Rn. 8; LG Dortmund, Beschl. v. 11.08.2009 – 35 Qs 55/09; a.A. KMR/*Metzger* § 408a Rn. 12). Neben der Abwesenheit des Angeklagten betrifft Nr. 175a lit. d RiStBV die Verhinderung von Zeugen und Sachverständigen, soweit die Voraussetzungen des § 251 Abs. 1 Nr. 2 StPO nicht vorliegen (MüKo-StPO/*Eckstein*, § 408a Rn. 13). Bloße Unzweckmäßigkeit sollen dagegen nicht genügen. § 408a dient nach der Gesetzeskonzeption nicht der bloßen Abkürzung des Verfahrens oder dem Zweck, sich die Mühe der Absetzung eines Urteils zu ersparen (KG, Beschl. v. 12.05.2020, [5] 161 Ss 101/19 [19/19], Rn. 36). 5

Realistischerweise wird aber hinter den sog. anderen wichtigen Gründen häufig eine **Verfahrensabsprache** stehen, die dem Strafgericht und der StA die Möglichkeit eröffnet, das zuvor ordentliche Verfahren im Wege des Strafbefehlsverfahrens schnell zum Abschluss zu bringen (vgl. KMR/*Metzger* § 408a Rn. 13). Da der Angeklagte durch Einlegung eines Einspruchs eine erneute Hauptverhandlung erzwingen kann, ist es sinnvoll, wenn StA und Gericht, die sich im Interesse einer zügigen Verfahrensbeendigung bzgl. der festzusetzenden Rechtsfolge verständigen, den Angeklagten nach Möglichkeit in die Absprache einbeziehen. Auch aus Verteidigungsperspektive kann die Verfahrensabsprache sinnvoll sein, insb. um dem Beschuldigten die Belastungen einer Hauptverhandlung zu ersparen (s.o. Rdn. 3). Das birgt die Gefahr, dass die Anforderungen an den wichtigen Grund umgangen werden und auch vor dem Hintergrund § 257c sind solche Absprachen nicht unproblematisch (KK/*Maur* § 408a Rn. 12). Die Vorgehensweise kann man insoweit auch wegen in der Nähe zu informellen Absprachen krit. sehen. Aus Sicht des Angeklagten können sich aber auch Chancen eröffnen. Weil gerade kein formales Geständnis erfolgt und die Möglichkeit der Einspruchseinlegung erhalten bleibt, ergeben sich – auch eingedenk des eingangs Ausgeführten (Rdn. 2) – keine durchgreifenden rechtsstaatlichen Bedenken. Rechtspolitisch wäre es gleichwohl wünschenswert, die bestehende Verfahrensrealität in das Normgerüst mit aufzunehmen. 6

II. Antrag der StA. Die formalen und inhaltlichen Anforderungen an den Antrag nach § 408a, sind die in §§ 407, 409 vorgeschriebenen. Er muss daher den vorgeschriebenen Inhalt haben und eine der möglichen Rechtsfolgen genau festsetzen und bestimmen. Der Antrag kann in der Hauptverhandlung mündlich gestellt werden. Der wesentliche Inhalt muss in das Sitzungsprotokoll aufgenommen werden. Hierbei auftretende Mängel hindern nicht seine und die Wirksamkeit des darauf ergangenen Strafbefehls (zur Rechtslage vor dem JuMoG OLG Stuttgart, NStZ 1998, 100; *Rieß*, JR 1989, 172). 7

Der **Angeklagte** hat kein ihm zustehendes formelles Antragsrecht, er kann aber – über seinen Verteidiger – Anregungen geben. Sinnvollerweise wird man zur Vermeidung eines Einspruchs so weit wie möglich ein Einvernehmen mit dem Angeklagten herzustellen versuchen. Der **Nebenkläger**, sofern anwesend und zugelassen, ist zum Antrag zu hören (KK/*Maur* § 408a Rn. 11; KMR/*Metzger* § 408a Rn. 14). 8

9 **III. Gerichtsentscheidung. 1. Erlass des Strafbefehls.** Will das Gericht den beantragten Strafbefehl erlassen, so muss der gesamte Verfahrensstoff erschöpft sein und der Strafbefehl inhaltlich mit dem Antrag übereinstimmen (BeckOK-StPO/*Temming* § 408a Rn. 10). Dies birgt keine Probleme, wenn der gesamte Vorwurf der StA zum Gegenstand des Strafbefehls wird. Hierbei ist eine Bezugnahme auf die Anklageschrift zulässig und üblich. Sind mehrere Taten angeklagt, so müssen die nicht im Strafbefehl abgeurteilten selbstständigen Taten vor Erlass nach § 154 eingestellt werden, i.Ü. ist der Anklagevorwurf entsprechend dem Strafbefehlsantrag zu reduzieren (BeckOK/*Temming* § 408a Rn. 11). Ein teilweiser Freispruch ist i.R.d. Strafbefehls nach § 408a nicht vorgesehen und daher nicht möglich (KK/*Maur* § 408a Rn. 13). Im Fall des § 408a wird der Strafbefehl zwar nach dem Eröffnungsbeschluss beantragt und ergeht erst nach Eintritt in die Hauptverhandlung. Dennoch erfolgt er nicht in Form eines Urteils. D.h., die Schöffen wirken nicht mit (§ 30 Abs. 2 GVG; *Rieß* JR 1988, 135) und der Strafbefehl wird nicht in der Hauptverhandlung verkündet. Er ist dem Angeklagten zuzustellen; StA und Nebenkläger erhalten formlos Mitteilung (KK/*Maur* § 408a Rn. 14).

10 **2. Ablehnung des Strafbefehls.** Die Ablehnung des Strafbefehls erfolgt durch richterlichen Beschluss. Der Beschluss muss nicht begründet werden und ist formlos mitzuteilen (§§ 34, 35 Abs. 2 Satz 2). Er ist unanfechtbar und führt dazu, dass das Verfahren nach allgemeinen Regeln fortgesetzt wird (Meyer-Goßner/*Schmitt* § 408a Rn. 5; HK-GS/*Andrejtschitsch* § 408a Rn. 6).

11 Der Ablehnungsbeschluss nach § 408a beendet nur das von der StA eingeleitete Strafbefehlsverfahren (LR/*Gössel* § 408a Rn. 36). Es kann daher im weiteren Verlauf des Verfahrens, angepasst an veränderte Sachlagen, ggf. wiederum ein Strafbefehlsantrag durch die StA gestellt werden (Meyer-Goßner/*Schmitt* § 408a Rn. 5).

12 **IV. Verfahrensfehler.** Grds. führt die Nichtbeachtung der (Schrift-) Form für den Antrag oder fehlende Übereinstimmung zwischen Strafbefehl und Antrag nicht zu einem Verfahrenshindernis (Meyer-Goßner/*Schmitt* § 408a Rn. 7; HK-GS/*Andrejtschitsch* § 408a Rn. 8). Str. dagegen ist, ob das auch bei einem gänzlich fehlendem Antrag gilt. Denn anders als im Strafbefehlsverfahren nach §§ 407, 408 kommt dem Strafbefehl im Verfahren nach § 408a nicht die Wirkung eines den Verfahrensgegenstand neu bestimmenden Eröffnungsbeschlusses zu (*Rieß* JR 1989, 172). Daraus ergibt sich, dass ein fehlender schriftlicher Strafbefehlsantrag im Verfahren nach § 408a StPO nicht die Einstellung des gesamten Verfahrens zur Folge hat (OLG Stuttgart, Beschl. v. 22.08.1997 – 4 Ws 153/97, NStZ 1998, 100, 101). Verfahrensfehler können revisionsrechtlich aber nicht von Belang sein, da das Urteil des Tatrichters nach erfolgtem Einspruch auf ihnen nicht mehr beruhen kann (KMR/*Metzger* § 408a Rn. 27; vgl. OLG Hamburg JR 1989, 171 m.Anm. *Rieß*; OLG Hamm MDR 1979, 947).

§ 408b Bestellung eines Verteidigers bei beantragter Freiheitsstrafe

Erwägt der Richter, dem Antrag der Staatsanwaltschaft auf Erlaß eines Strafbefehls mit der in § 407 Abs. 2 Satz 2 genannten Rechtsfolge zu entsprechen, so bestellt er dem Angeschuldigten, der noch keinen Verteidiger hat, einen Pflichtverteidiger.

Übersicht

1 **A. Allgemeines und Normzweck.** Die Norm regelt einen spezifischen Fall der notwendigen Verteidigung. Durch die Bestimmung des § 408b werden verschiedene, die notwendige Verteidigung betreffende, Normen und deren Regelungsbereiche innerhalb des Strafprozessrechts erweitert. Dies gilt für die zentrale Norm des § 140 sowie für die Bestimmungen der §§ 231a Abs. 4, 364a, 364b, 418 Abs. 4. Das Gesetz zur Neuregelung des Rechts der notwendigen Verteidigung vom 10.12.2019 hat klargestellt, dass es sich bei der Verteidigerbestellung nach § 408b um einen Fall der Pflichtverteidigerbestellung handelt (BGBl. I, S. 2128). Der Gesetzgeber hat zudem mit dem Wegfall des Satzes 2 festgelegt, dass die §§ 141–144 insgesamt Anwendung finden (BT-Drs. 19/13829, S. 52) und so die zuvor intensiv geführte Diskussionen entschieden.

2 Die Mitwirkung eines Verteidigers dient hier allem voran dazu, dass mit Blick auf die Aussetzung zur Bewährung i.R.d. schriftlichen Verfahrens keine übermäßig hohen Freiheitsstrafen durch den Beschuldigten hingenommen werden. Es soll vermieden werden, dass der Beschuldigte sich der von einer Bewährung ausgehenden belastenden Wirkung nicht bewusst wird (KK/*Maur* § 408b Rn. 1). Insb. soll gesichert sein, dass er

über die Gefahr des Widerrufs der Strafaussetzung zu Bewährung oder über berufsrechtliche Konsequenzen, wie den Verlust der Beamtenstellung, aufgeklärt ist (Meyer-Goßner/*Schmitt* § 408b Rn. 1).

B. Voraussetzungen für die Beiordnung eines Verteidigers. I. Antrag der Staatsanwaltschaft. Zur Gewährleistung eines effizienten und fairen Verfahrens sollte die Bestellung des Verteidigers zum frühestmöglichen Zeitpunkt erfolgen (KK/*Maur* § 408b Rn. 5), also wenn absehbar ist, dass die Voraussetzungen einer notwendigen Verteidigung gegeben sein werden. Erwägt die StA eine zur Bewährung auszusetzende Freiheitsstrafe zu beantragen (§ 407 Abs. 2), wird in der Regel mit dem Antrag des Strafbefehls zugleich die Beiordnung eines Verteidigers beantragt. Der Strafbefehlsantrag ist indes keine formelle Voraussetzung für die Beiordnung i.S.d. § 408b. Der Verteidiger kann schon früher bestellt werden. Wegen § 141 kann sogar frühzeitig eine Pflicht zur Beiordnung bestehen, wobei der praktische Anwendungsbereich begrenzt ist (vgl. Meyer-Goßner/*Schmitt* § 408b Rn. 3). Da die Norm auf die spezifische Verteidigungssituation des Strafbefehlsverfahrens mit drohender Freiheitsstrafe zugeschnitten ist, müssen nicht die Voraussetzungen einer notwendigen Verteidigung nach § 140 Abs. 2 vorliegen (BeckOK-StPO/*Temming* § 408b Rn. 2). Umgekehrt gilt § 140 Abs. 2 uneingeschränkt fort (BT-Drs. 19/13829, S. 52) 3

II. Weitere Voraussetzungen. Hat die StA einen Strafbefehlsantrag mit den in § 407 Abs. 2 benannten Rechtsfolgen bei Gericht anhängig gemacht und ist der Angeschuldigte unverteidigt, so hat der Richter einen Verteidiger zu bestellen, wenn er erwägt, dem Antrag auch in der Rechtsfolge zu entsprechen. Das Vorliegen eines Bewährungsbeschlusses ist nicht erforderlich, da das Gericht an die Anregungen der StA insoweit nicht gebunden ist (KK/*Maur* § 408b Rn. 2). Wie sich genau genommen bereits aus § 407 Abs. 2 ergibt, muss die Beiordnung vor dem Erlass des Strafbefehls erfolgen (BeckOK-StPO/*Temming* § 408b Rn. 3). Die Beiordnung aus § 408b hat zu unterbleiben, wenn der Richter entschlossen ist, den Antrag auf jeden Fall abl. zu bescheiden. Bestehen seitens des Gerichts hingegen Zweifel am Antrag der StA, so ist eine Beiordnung naturgemäß nicht zwingend erforderlich und hat auch nicht von Amts wegen zu erfolgen. Will der Richter nach § 408 Abs. 3 Satz 2 eine Hauptverhandlung anberaumen, gilt § 140 Abs. 2 (Radtke/Hohmann/*Alexander* § 408b Rn. 3). 4

III. Wirkung der Beiordnung und weiteres Verfahren. Früher galt, dass das Unterlassen der zwingenden Beiordnung folgenlos blieb, da der Angeschuldigte gegen den Strafbefehl bloß Einspruch einlegen konnte und ein auf der neuen Hauptverhandlung ergehendes Urteil nicht auf dem Verstoß gegen § 408b beruhen kann (HK-GS/*Andrejtschitsch* § 408b Rn. 5). Nun steht dem Angeschuldigten aber wegen § 141 Abs. 1 ein Antragsrecht zu, dem gem. § 142 Abs. 7 das Recht auf sofortige Beschwerde gegen die Ablehnung des Antrags folgt. Obsolet ist nun ebenfalls der zuvor nachdrücklich geführte Streit über die Wirkung eines eingelegten Einspruchs: Die Bestellung endet nicht automatisch mit Erhebung des Einspruchs (BT-Drs. 19/13829, S. 52; so bereits *Böttcher/Mayer* NStZ 1993, 547; SK/*Wolter* § 408b, Rn. 11). Es gelten die allg. Regeln, nach denen zu differenzieren ist: Die bereits erfolgte Bestellung dauert grundsätzlich fort, vgl. § 143 Abs. 1. Hat der Beschuldigte inzwischen einen Verteidiger gewählt, ist die Bestellung gem. § 143a Abs. 1 aufzuheben (Meyer-Goßner/*Schmitt* § 408b Rn. 1). Wird ein Termin zur Hauptverhandlung anberaumt, hat das Das Gericht nach § 140 Abs. 2 zu prüfen, ob ein Fall der notwendigen Verteidigung vorliegt, was in der Regel dann zu bejahen ist, wenn erwogen wird, im Strafmaß über die beantragte Rechtsfolge hinauszugehen oder die Verhängung einer Freiheitsstrafe von mindestens einem Jahr zu erwarten ist, vgl. § 140 Abs. 2 Satz 1 (BT-Drs. 19/13829, S. 52; BeckOK-StPO/*Temming* § 408b Rn. 3). Ist hingegen kein Fall des § 140 einschlägig, kann eine bereits erfolgte Bestellung nach pflichtgemäßem Ermessen des Gerichts aufgehoben werden, wobei Gesichtspunkte des Vertrauensschutzes zu berücksichtigen sind (BT-Drs. 19/13829, S. 52). 5

IV. Verteidigerauswahl und Absprachen. Die Notwendigkeit der Verteidigung beruht ersichtlich auf den im summarischen Verfahren eingeschränkten Verteidigungsmöglichkeiten. Daraus lässt sich aber kein Grund für die mindere Bedeutung des Vertrauensverhältnisses abzuleiten. Dem Beschuldigten ist gem. § 142 Abs. 5 Satz 1 vor der Beiordnung rechtliches Gehör zu gewähren. Er ist **anzuhören** und ihm ist Gelegenheit zu geben, einen Verteidiger zu **bezeichnen** und dieser Wunsch ist, wenn keine wesentlichen Gründe entgegenstehen, zu respektieren (Meyer-Goßner/*Schmitt* § 408b Rn. 6). Damit zeigt sich, dass eine Beiziehung des Verteidigers in einem derartig frühen Verfahrensstadium in erster Linie einer **einvernehmlichen Verfahrenserledigung** namentlich in Fällen mittlerer Wirtschaftskriminalität dienen soll (BeckOK-StPO/*Temming* § 408b Rn. 2). Denn der Verteidiger dient i.R.d. Ermittlungsverfahrens der StA primär als Ansprechpartner auf Beschuldigtenseite. Hieraus resultiert die Frage, ob auch im Strafbefehlsverfahren insoweit die Rechtsgedanken des Gesetzes über die Verständigung im Strafverfahren angewendet werden können, welches sich mit der Neufassung der §§ 202a, 212, 243 IV, 257c nicht explizit zu den §§ 407 ff. verhält. Richtigerweise wird man aber auch hier eine Bindungswirkung bejahen müssen. Hierfür spricht einerseits, dass diese Rege- 6 lungen den Angeklagten begünstigen, v.a. aber dass der Strafbefehl in den allermeisten Fällen rechtskräftig werden dürfte. Dementsprechend sind der Umstand, dass eine Absprache stattgefunden hat, und ihr wesentlicher Inhalt aktenkundig zu machen (zutr. BeckOK-StPO/*Temming* § 408b Rn. 2.1).

§ 409 Inhalt des Strafbefehls

(1) [1]Der Strafbefehl enthält

1. die Angaben zur Person des Angeklagten und etwaiger Nebenbeteiligter,

2. den Namen des Verteidigers,

3. die Bezeichnung der Tat, die dem Angeklagten zur Last gelegt wird, Zeit und Ort ihrer Begehung und die Bezeichnung der gesetzlichen Merkmale der Straftat,

4. die angewendeten Vorschriften nach Paragraph, Absatz, Nummer, Buchstabe und mit der Bezeichnung des Gesetzes,

5. die Beweismittel,

6. die Festsetzung der Rechtsfolgen,

7. die Belehrung über die Möglichkeit des Einspruchs und die dafür vorgeschriebene Frist und Form sowie den Hinweis, daß der Strafbefehl rechtskräftig und vollstreckbar wird, soweit gegen ihn kein Einspruch nach § 410 eingelegt wird.

[2]Wird gegen den Angeklagten eine Freiheitsstrafe verhängt, wird er mit Strafvorbehalt verwarnt oder wird gegen ihn ein Fahrverbot angeordnet, so ist er zugleich nach § 268a Abs. 3 oder § 268c Satz 1 zu belehren. [3]§ 111i Abs. 2 sowie § 267 Abs. 6 Satz 2 gelten entsprechend.

(2) Der Strafbefehl wird auch dem gesetzlichen Vertreter des Angeklagten mitgeteilt.

Übersicht

1 **A. Allgemeines.** Der Inhalt des Strafbefehls hat dem Grunde nach den Anforderungen an eine Anklageschrift zu entsprechen. Fehlt es an einer hinreichenden Konkretisierung, so ist der Antrag auf Erlass eines Strafbefehls ebenso unwirksam wie eine Anklage (BGH, Beschl. v. 13.03.2019, 2 StR 380/18, NStZ-RR 2019, 187). So entsprechen die Nr. 1 bis 5 dem Regelungsinhalt des § 200 Abs. 1 Satz 1 und 2. Darüber hinaus bezeichnen Nr. 6 die Festsetzung der Rechtsfolge und Nr. 7 die dort genannten Belehrungen als notwendigen Inhalt des Strafbefehls. Regelmäßig reicht die StA beim AG einen mit diesem Inhalt versehenen Strafbefehlsantrag ein (Nr. 176 I RiStBV).

2 **B. Inhalt des Strafbefehls.** Der Strafbefehlsantrag ist die Grundlage des Strafbefehls und erfüllt, soweit Einspruch erhoben wird, die Funktion des Eröffnungsbeschlusses. Zur Information des Angeschuldigten über den erhobenen Vorwurf und zur Umgrenzung des Prozessgegenstandes (KMR/*Metzger* § 409 Rn. 1) verlangt § 409 Abs. 1 daher die Einhaltung der folgenden Voraussetzungen:

3 **I. Angaben zur Person.** Nach Abs. 1 Nr. 1 sind die Angaben zur Person des Angeklagten (ggf. von Nebenbeteiligten) erforderlich. Diese dienen in erster Linie der Identifizierung der Betroffenen und somit der Fokussierung des Tatvorwurfs auf eine bestimmte Person. Dies gilt auch für etwaige andere an der Tat Beteiligte (BGHSt 23, 336 [339]; KK/*Maur* § 409 Rn. 3). Der Strafbefehl richtet sich nur gegen die im Rubrum des Strafbefehls benannte Person. Ob hierbei Fehler in sachlicher Hinsicht vorliegen, ist unerheblich (LG-Berlin NStZ 2005, 119). Dem Erfordernis der Nr. 1 ist nur dann Genüge getan, wenn auch den Anforderungen der Anklageschrift in Nr. 110 II a) RiStBV genügt worden ist.

4 Hiernach sind anzugeben:

- Vor- und Zuname und der ggf. abweichende Geburtsname (§ 1355 Abs. 2 BGB).
- Geburtstag und -ort, Beruf, Wohnort, ferner Familienstand und Staatsangehörigkeit.
- Bei juristischen Personen oder Personenvereinigungen als Nebenbeteiligte i.S.d. § 444 ist die Angabe der genauen Firmenbezeichnung, des Sitzes wie auch der vertretungsberechtigten Organe erforderlich. Fehlen Angaben, so ist dies grds. unschädlich. Ist jedoch eine zweifelsfreie Identifizierung nicht gegeben, so hat

dies die Unwirksamkeit des Strafbefehls zur Folge. Wird die Identität des Täters bestritten, so können diese tatsächlichen Einwendungen nur i.R.d. Einspruchs des im Strafbefehl als Täter Benannten überprüft werden (Meyer-Goßner/*Schmitt* § 409, Rn. 2; BeckOK-StPO/*Temming* § 409 Rn. 2.1).

II. Der Verteidiger. Die Benennung des Verteidigers richtet sich ebenfalls nach den Anforderungen an die Anklageschrift (§ 200 Abs. 1 Satz 2) und des Urteils (§ 275 Abs. 3). Das Fehlen der Benennung ist nicht schädlich. 5

III. Die Tat und ihre gesetzlichen Merkmale. Die Bezeichnung der Tat hat dem historischen Lebenssachverhalt i.S.d. § 264 zu entsprechen. Um die Tat von anderen Lebenssachverhalten abgrenzen zu können, muss genau angegeben werden, was der Angeklagte zu welcher bestimmten Zeit an welchem bestimmten Ort getan haben soll. Hierdurch wird nicht nur der einer Anklage entsprechenden Informations- und Umgrenzungsfunktion genügt, es wird zugleich der Umfang der Rechtskraft definiert (BGHSt 23, 336 [339]; OLG Düsseldorf NJW 1998, 2145 m.Anm. *Rieß*, NStZ 1991, 99; Radtke/Hohmann/*Alexander* § 409 Rn. 4; OLG Bamberg Beschl. v. 18.11.2015 – 3 Ss OWi 1218/15). Jedes Tatbestandsmerkmal der zur Anwendung gekommenen Strafvorschrift muss in verständlicher Weise geschildert werden (Nr. 177 I 2 RiStBV). Die Schilderung muss umso konkreter sein, je größer die Möglichkeit ist, dass der Angeklagte verwechselbare Straftaten gleicher Art verübt hat (BGH, Beschl. v. 13.03.2019, 2 StR 380/18, NStZ-RR 2019, 187). 6

In besonderer Weise gilt das auch für die **innere Tatseite.** Im Speziellen reichen hier die plakativen Verwendungen von Rechtsbegriffen, wie »Vorsatz« nicht aus (OLG Düsseldorf NStZ-RR 1997, 113). Vielmehr müssen voluntatives und kognitives Element der inneren Tatbestandsseite eine den genannten Anforderungen entsprechende Darstellung erfahren (KK/*Maur* § 409 Rn. 5). Werden die **Voraussetzungen von Nr. 3 nicht erfüllt**, so fehlt im Fall des Einspruchs (wie bei Fehlern einer Anklageschrift) ein wirksamer Eröffnungsbeschluss und somit eine Verfahrensvoraussetzung mit der Folge, dass das Verfahren einzustellen ist (HK-GS/*Andrejtschitsch* § 409 Rn. 5; KMR/*Metzger* § 409 Rn. 12). Erfolgt auf einen fehlerbehafteten Strafbefehl kein Einspruch, so treten die Rechtskraftwirkungen ein da der Strafbefehl seine Funktion als Eröffnungsbeschluss nicht aktualisiert (OLG Düsseldorf NStZ 1991, 99; NStZ-RR 1997, 113; KK/*Maur* § 409 Rn. 23; Meyer-Goßner/*Schmitt* § 409 Rn. 4; a.A. SK/*Weßlau* § 409 Rn. 11, 32; BeckOK-StPO/*Temming* § 409 Rn. 4.1). 7

IV. Angewandte Vorschriften. § 409 Nr. 4 entspricht § 260 Abs. 5 und verlangt die genaue Benennung der verwendeten Vorschriften. Da der Strafbefehl dem Urteil entspricht, ist entspr. § 260 Abs. 4 Satz 1 ebenso die rechtliche Bezeichnung der Tat anzugeben, auch wenn Nr. 4 dies nicht ausdrücklich verlangt (KK/*Maur* § 409 Rn. 6; Meyer-Goßner/*Schmitt* § 409 Rn. 5). 8

V. Beweismittel. In Entsprechung zu § 200 Abs. 1 sind die Beweismittel so exakt anzugeben, dass der Angeklagte genau erkennen kann, wie der gegen ihn erhobene Vorwurf tatsächlich begründet werden soll. Nur, wenn diesen Anforderungen genügt wurde, kann die Beweislage theoretisch auch durch den Angeschuldigten überblickt werden. Da eine solche Bewertung durch den unverteidigten Angeschuldigten häufig nicht geleistet werden kann, sind fehlende Angaben zu den Beweismitteln richtigerweise rechtlich folgenlos (OLG Hamm NJW 1970, 579; OLG Celle NJW 1970, 580; BayObLG MDR 1970, 440; KK/*Maur* § 409 Rn. 23). Die bei der Polizei gemachte Anzeige stellt kein Beweismittel i.e.S. dar. Sie ist daher nicht von Nr. 5 erfasst und als solche keine ausreichende Angabe (Meyer-Goßner/*Schmitt* § 409 Rn. 6; LR/*Gössel* § 409 Rn. 14). 9

VI. Festsetzung der Rechtsfolgen. Die im Strafbefehlsantrag zu formulierende Rechtsfolge ist so genau zu bestimmen, dass sie einen vollstreckungsfähigen Inhalt darstellt. So ist die Geldstrafe nach Tagessatzzahl und -höhe festzulegen. Eine Gesamtsumme wird regelmäßig angegeben, ist aber nicht zwingend erforderlich. Gleiches gilt für die Begründung der festgesetzten Rechtsfolge, die gleichwohl möglich ist (KK/*Maur* § 409 Rn. 8). Im Hinblick auf §§ 47 Abs. 1, 56 Abs. 1 Satz 2 StGB ist eine Begründung der zur Bewährung ausgesetzten Freiheitsstrafe notwendig. Einziger Fall der vorgeschriebenen Begründung ist der Fall der nicht erfolgten Entziehung der Fahrerlaubnis § 409 Abs. 1 Satz 3. Gleiches muss wegen § 111i Abs. 2 bzgl. der Anordnung des Verfalls gelten (Radtke/Hohmann/*Alexander* § 409 Rn. 8). 10

Fehlerhafte Strafbefehle, denen die Bestimmung der Rechtsfolge ganz oder teilweise fehlt oder die eine unzulässige Rechtsfolge vorsehen, sind differenziert zu behandeln. Bei völligem Fehlen der festzusetzenden Rechtsfolge ist der Strafbefehl nicht vollstreckbar und unwirksam. Infolgedessen besteht die Möglichkeit, dass die StA wegen derselben Tat erneut einen Strafbefehl beantragt (OLG Düsseldorf MDR 1984, 690; HK-GS/*Andrejtschitsch* § 409 Rn. 9; SK/*Weßlau* § 409 Rn. 29 ff.; a.A. *Meyer-Goßner* § 409 Rn. 7; LR/*Gössel* § 409 Rn. 17 – Rechtskraft, keine Vollstreckbarkeit). Wird Einspruch eingelegt, ist der Fehler unbeachtlich, da der Rechtsfolgenausspruch seine Bedeutung verliert. 11

12 **VII. Kostenentscheidung.** Auch der Strafbefehl hat eine Kostenentscheidung zu enthalten, so bestimmt es § 464 Abs. 1. Der Angeklagte ist darüber zu belehren, dass gegen diese Kostenentscheidung der Rechtsbehelf der sofortigen Beschwerde besteht (§ 464 Abs. 3 Satz 1). Dies gilt auch für den Fall, dass das Gericht § 465 Abs. 2 nicht angewendet hat, da die Anfechtung der Kostenentscheidung gerade auf die nicht erfolgte Kostenteilung begründet werden kann (LG-Bamberg NJW 1973, 1144). Eine Auslagenentscheidung enthält der Strafbefehl nicht, da in der Regel keine Auslagen entstehen, soweit Auslagen entstehen, sind sie vom Angeschuldigten zu tragen (KK/*Maur* § 409 Rn. 9 weiterführend zu Entschädigungsanordnungen; Meyer-Goßner/*Schmitt* § 409 Rn. 8). Gem. § 465 Abs. 2 kann eine teilw. Freistellung von den Kosten erfolgen (BeckOK-StPO/*Temming* § 409 Rn. 8.1).

13 **VIII. Rechtbehelfsbelehrung.** Die Rechtsbehelfsbelehrung, die dem Strafbefehl zwingend beizufügen ist, hat sich auf Form und Frist des Einspruchs sowie auf die Rechtsfolge nach § 410 Abs. 3 zu beziehen (§ 409 Abs. 1 Satz 1 Nr. 7). Adressat der Belehrung ist allein der Angeklagte und der einspruchsberechtigte Nebenbeteiligte. Einem gesetzlichen Vertreter ggü. wird sie nicht ausgesprochen (Meyer-Goßner/*Schmitt* § 409 Rn. 9; BeckOK-StPO/*Temming* § 409 Rn. 9).

14 Mangelt es gänzlich an der Belehrung so kann, bei Säumnis der Einspruchsfrist, die Wiedereinsetzung in den vorherigen Stand begründet werden (§ 44 Satz 2).

15 Besondere Fälle der Belehrung sind die Freiheitsstrafe (§ 407 Abs. 2), die Verwarnung unter Strafvorbehalt (§ 59 StGB) und das Fahrverbot (§§ 44 StGB, 25 StVG). Eine Belehrung nach § 268a Abs. 3 hat in den Fällen der Freiheitsstrafe, welche zwingend gem. § 407 Abs. 2 auf Bewährung auszusetzen ist, und im Fall der Verwarnung mit Strafvorbehalt zu erfolgen. Sie hat innerhalb des Strafbefehls zu erfolgen. Ebenso ist die Belehrung für die Festsetzung eines Fahrverbots nach den Bestimmungen des § 268c als besonderer Fall der Belehrung anzusehen (KK/*Maur* § 409 Rn. 12).

16 **C. Erlass des Strafbefehls. I. Unterzeichnung des Strafbefehls.** Aufgrund der spezifischen Natur des Strafbefehls als gerichtliche Entscheidung im schriftlichen Verfahren wird er dann erlassen, wenn er in den gerichtlichen Geschäftsgang gelangt (BGHSt 33, 230; KK/*Maur* § 409 Rn. 13; HK-GS/*Andrejtschitsch* § 409 Rn. 13; a.A. Meyer-Goßner/*Schmitt* § 409 Rn. 13: Unterzeichnung). Hierzu ist die Unterzeichnung erforderlich, nach allgemeiner Ansicht reicht ein Hand- oder Faksimilezeichen aus, sofern dies eine eindeutige Zuordnung erlaubt. Zudem muss eine Willensäußerung des Richters im Hinblick auf den Erlass des Strafbefehls zweifelsfrei zu erkennen sein (Lesbarkeit nicht notwendig: OLG Oldenburg NStZ 1988, 145; vgl. auch BGHSt 12, 317; Meyer-Goßner/*Schmitt* § 409 Rn. 13; LR/*Gössel* § 409 Rn. 35 ff.; BeckOK-StPO/*Temming* § 409 Rn. 12, der darauf hinweist, dass der Strafbefehl einem Urteil gleichsteht. Weshalb es konsequent sei, entspr. § 275 Abs. 2 auch die vollständige Unterschrift des Strafrichters zu verlangen). Die Datierung des Strafbefehls ist grds. erforderlich, deren Fehlen jedoch unschädlich (KK/*Maur* § 409 Rn. 15).

17 Bei Fehlen der Unterschrift ist regelmäßig der auf Erlass gerichtete Wille des Richters nicht eindeutig festzustellen, was ggf. bei Begleitverfügungen anders sein kann (vgl. parallel zum Eröffnungsbeschluss OLG Hamm JR 1982, 389 m.Anm. Meyer-Goßner/*Schmitt*). Mangels Erlasses ist der Strafbefehl nicht vollstreckbar und bei zulässigem Einspruch ist das Verfahren wegen fehlender Prozessvoraussetzung einzustellen (OLG Saarbrücken VRS 21, 217; KMR/*Metzger* § 409 Rn. 32; KK/*Maur* § 409 Rn. 14).

18 **II. Wirksamkeit des Strafbefehls.** Abhängig vom Zeitpunkt des Erlasses entfaltet der Strafbefehl Außenwirkung, richtigerweise mit Gelangen in den Geschäftsgang (Rdn. 17; vgl. auch BGHSt 25, 187 [189]). Dementsprechend ist er ab diesem Zeitpunkt anzufechten. Seine tatsächliche Wirksamkeit erlangt der Strafbefehl jedoch dann, wenn er durch die Geschäftsstelle zur Zustellung bzw. Mitteilung an Außenstehende abgesandt worden ist. Von diesem Moment an kommt eine Änderung nicht mehr in Betracht, dies ist insb. im Hinblick auf unverzügliche Einsprüche relevant (KK/*Maur* § 409 Rn. 17; BayObLG NStZ-RR 1997, 143; teilw. wird Änderung zwischen Erlass durch Unterzeichnung und Absendung bejaht: vgl. Meyer-Goßner/*Schmitt* § 409 Rn. 14; KMR/*Metzger* § 409 Rn. 34).

19 **D. Zustellung.** Der Strafbefehl ist förmlich zuzustellen, § 35 Abs. 2 Satz 1. Adressaten sind der Angeklagte oder sein Verteidiger (§ 145a Abs. 1). Gibt es für den Angeklagten einen Zustellungsbevollmächtigten, so ist die Zustellung an diesen ebenfalls wirksam. Eine öffentliche Zustellung ist umstr. Nach vorherrschender Rspr. ist aber eine Ersatzzustellung nicht schädlich (BVerfG NJW 1969, 1103, 1531; BGH NJW 1986, 557; vgl. im Einzelnen § 407 Rdn. 31). Bei EU-Bürgern ist nach der Rspr. des EuGH zu gewährleisten, dass der Beschuldigte tatsächlich über die volle Frist für einen Einspruch gegen den Strafbefehl verfügt (EuGH [1. Kammer], Urt. v. 15.10.2015, C-216/14, NJW 2016, 303). Sie dürfen nicht diskriminiert und insb. nicht faktisch von einer Einspruchseinlegung abgehalten werden. Daher ist der ausländische Beschuldigte darüber zu belehren, dass ihm die volle zweiwöchige Einspruchsfrist ab persönlicher Kenntnisnahme vom Strafbefehl

selbst dann zur Verfügung steht, wenn der Strafbefehl infolge der Zustellung an einen Zustellungsbevollmächtigten rechtskräftig geworden sein sollte (*Brodowski* StV 2018, 69, 70).

§ 410 Einspruch; Form und Frist des Einspruchs; Rechtskraft

(1) [1]Der Angeklagte kann gegen den Strafbefehl innerhalb von zwei Wochen nach Zustellung bei dem Gericht, das den Strafbefehl erlassen hat, schriftlich oder zu Protokoll der Geschäftsstelle Einspruch einlegen. [2]Die §§ 297 bis 300 und § 302 Abs. 1 Satz 1, Abs. 2 gelten entsprechend.

(2) Der Einspruch kann auf bestimmte Beschwerdepunkte beschränkt werden.

(3) Soweit gegen einen Strafbefehl nicht rechtzeitig Einspruch erhoben worden ist, steht er einem rechtskräftigen Urteil gleich.

Übersicht

A. Der Einspruch. Der Rechtsbehelf gegen einen Strafbefehl ist der Einspruch. Der Einspruch entwickelt Suspensiv- jedoch keinen Devolutiveffekt. Die Norm regelt die formalen Voraussetzungen, mögliche Beschränkungen durch Verweis auf die §§ 297 ff., Verzicht und Rücknahme sowie die Rechtskraftwirkungen. 1

I. Rechtsnatur. Aufgrund des fehlenden Devolutiveffekts ist der Einspruch kein Rechtsmittel im formalen Sinn sondern lediglich ein Rechtsbehelf. Gem. § 410 Abs. 1 Satz 2 sind die allgemeinen Bestimmungen über Rechtsmittel gleichwohl in entsprechender Weise anzuwenden, soweit sie sich nicht auf die StA beziehen. 2

Die Wirkung des Einspruchs liegt darin, dass die Hauptverhandlung anzuberaumen ist (§ 411 Abs. 1 Satz 2). Damit entsteht der Suspensiveffekt. 3

II. Zulässigkeit. Für den Einspruch sind die folgenden (formalen) Voraussetzungen zu erfüllen: 4

1. Einspruchsberechtigung. Zur Erhebung des Einspruchs ist der Angeklagte wie auch der durch die Strafbefehlsfolge betroffene Verfalls- oder Einziehungsbeteiligte (§§ 439, 442 II) berechtigt, ebenfalls der Nebenbeteiligte i.S.d. § 444 Abs. 2 Satz 2. Hat der Strafbefehl nur eine Ordnungswidrigkeit zum Gegenstand, so ist der Betroffene, also die durch die Verhängung eines Bußgeldes betroffene juristische Person oder Personenvereinigung nach § 30 OWiG, einspruchsberechtigt. Ist der Angeklagte selbst durch das Bußgeld betroffen, so ist er auch insoweit einspruchsberechtigt. Der Verteidiger des Angeklagten kann nur mit der ausdrücklichen Zustimmung des Angeklagten (§ 297) Einspruch gegen den Strafbefehl einlegen. Dies wird deutlich durch die Verweisung in § 410 Abs. 1 Satz 2 (vgl. HK-GS/*Momsen* § 297 Rn. 5). Anders verhält es sich im Fall des gesetzlichen Vertreters. Dieser ist auch befugt gegen den Willen des Angeklagten den Einspruch gegen den ergangenen Strafbefehl zu erheben, § 298 Abs. 1 (näher HK-GS/*Momsen* § 298 Rn. 1 ff.). Ob eine Verschlechterung i.S.d. § 411 Abs. 4 in derlei Fallgestaltungen gegeben ist, ist bisher nicht eindeutig geklärt. Dagegen spricht, dass § 298 dazu dient, die Interessen des Angeklagten zu wahren, der sie selbst nicht ausreichend wahrnehmen kann. Die Vorschrift dient daher dem Schutz der Interessen des Anklagten, weshalb es unbillig erscheint, ihm zuzumuten, gegen seinen Willen eine Verschlechterung seiner Situation durch das Tun eines anderen hinnehmen zu müssen. § 411 Abs. 4 ist daher nicht anzuwenden. Symptomatisch treten hier abermals Schwierigkeiten des Strafbefehlsverfahren auf, sich systematisch in das Strafprozessrecht einzufügen, wenn wie bei der Verweisung des § 411 Abs. 1 Satz 2 augenscheinlich etwaige Abstimmungsschwierigkeiten zwischen Urteils- und Strafbefehlsverfahren nicht mit bedacht worden sind (im Ergebnis wie hier: LR/*Gössel* § 410, Rn. 4; KK/*Maur* § 410 Rn. 2; SK/*Weßlau* § 411 Rn. 33 ff.; HK-GS/*Andrejtschitsch* § 411 Rn. 14; a.A. Meyer-Goßner/*Schmitt* § 411, Rn. 11; systematisch nicht überzeugend erscheint die Kompensationslösung im Wege der Strafzumessung – so KMR/*Metzger* § 411 Rn. 32 f.). 5

StA und der im späteren Hauptverfahren Nebenklageberechtigte haben keine Einspruchsberechtigung, § 395. 6

2. Form & Frist. Die Frist zur Erhebung des Einspruchs beträgt zwei Wochen (NJW 2016, 303). Sie entspricht hiermit der Einspruchsfrist gegen den Bußgeldbescheid gem. § 67 Abs. 1 Satz 1 OWiG (NStZ-RR 2016, 249). Zur Berechnung ist § 43 heranzuziehen. Die Frist beginnt mit der Zustellung des Strafbefehls. Die Erhebung des Einspruchs ist aber nicht an die Zustellung gebunden. Er kann auch vor dessen Zustellung erhoben werden, vorausgesetzt der Strafbefehl wurde bereits erlassen (vgl. aber § 409 Rdn. 18); vor Erlass ist 7 der Einspruch unbeachtlich (BeckOK-StPO/*Temming* § 410 Rn. 3; BGHSt 25, 187). Die Zustellung eines Strafbefehls an eine nicht verhandlungsfähige Person ist hingegen unwirksam und setzt die Einspruchsfrist des § 410 StPO schon nicht in Gang (BVerfG, Beschl. v. 05.10.2020 – 2 BvR 554/20, Rn. 35,) Versäumt der Einspruchsberechtigte die Zweiwochenfrist ohne eigenes Verschulden, so kann er Wiedereinsetzung in den vorherigen Stand beantragen (§ 44).

8 Bei der Beurteilung des Verschuldens sollte berücksichtigt werden, dass der Einspruch in der Regel die erste – und einzige – Möglichkeit für den Angeschuldigten im Strafbefehlsverfahren ist, rechtliches Gehör zu erhalten (so auch BVerfG NJW 1991, 351; KMR/*Metzger* § 410 Rn. 6; BeckOK-StPO/*Temming* § 410 Rn. 3.1). Das Gebot effektiven Rechtsschutzes erfordert, dass der Zugang zum Gericht nicht unzumutbar erschwert wird. Bei der Prüfung der Frage, ob ein Einspruch rechtzeitig innerhalb der Frist des § 410 Abs. 1 StPO erhoben worden ist, hat das Gericht besondere Sorgfalt walten zu lassen (BVerfG, Beschl. v. 05.10.2020 – 2 BvR 554/20, Rn. 31). Häufig ist der Angeschuldigte nicht davon unterrichtet, dass gegen ihn ein Strafbefehlsverfahren läuft und braucht demgemäß mit der Zustellung des Strafbefehls nicht zu rechnen. Daher ist die berufsbedingte oder auch urlaubsbedingte Abwesenheit bereits geeignet, die Fristversäumung hinreichend zu entschuldigen. Ab Kenntnisnahme der abgelaufenen Frist ist daher binnen einer Woche der Einspruch zu erheben bzw. nachzuholen.

9 Die Form ist nach § 410 Abs. 1 Satz 1 die schriftliche. Einlegung kann auch zu Protokoll der Geschäftsstelle erfolgen. Ebenso ist die Einlegung per Fax und fernschriftlich möglich (BGHSt 31, 7). Auch soll eine fehlende Unterschrift nach allgemeiner Ansicht nicht schädlich sein. Rechtswirkungen können jedoch nur eintreten, wenn die einspruchsführende Person aus dem Einspruch ersichtlich wird (BayObLG NJW 1980, 2367). I.R.d. JustizkommunikationsG v. 22.03.2005 wurde mit § 41a auch die Möglichkeit eingeführt, den Einspruch via elektronischer Post beim Gericht einzulegen. Die besonderen Voraussetzungen des § 41a sind hierbei aber zwingend zu wahren und zu beachten (Radtke/Hohmann/*Alexander* § 410 Rn. 6; KK/*Maur* § 410 Rn. 4).

10 Dies bedeutet, dass die Behörde hierfür ausgerüstet und eine elektronische Signatur i.S.d. SigG gegeben sein muss. Fernmündlichkeit der Einspruchseinlegung zu Protokoll der Geschäftsstelle ist demgegenüber nicht möglich (BGHSt 30, 64; OLG Zweibrücken StV 1982, 415; differenzierend zum OWi-Verfahren BGHSt 29, 173).

11 Der Einspruch ist schriftlich einzulegen, jedoch muss keine Begründung abgegeben werden. Erfolgt keine Begründung und keine ausdrückliche Beschränkung, so wird der Einspruch als unbeschränkt behandelt (BeckOK-StPO/*Temming* § 410 Rn. 5). Einlegung beim unzuständigen Gericht ist unschädlich, sofern der Einspruch vor Fristablauf beim zuständigen Gericht eingeht (LR/*Gössel* § 410 Rn. 5).

12 **3. Beschränkung des Einspruchs.** Wie die Berufung gem. § 318 Satz 1 kann auch der Einspruch gem. Abs. 2 auf bestimmte Schwerpunkte beschränkt werden. Die Beschränkungsmöglichkeiten decken sich insoweit mit den Regelungen für Rechtsmittel gegen Urteile (KK/*Maur* § 410 Rn. 9). Die Beschränkung des Einspruchs kann sowohl in vertikaler, als auch in horizontaler Weise vorgenommen werden. Der Einspruch kann demnach auf einzelne Taten im prozessualen Sinne (§ 264) wie auch horizontal auf den Rechtsfolgenausspruch beschränkt werden. Soweit sie einer eigenständigen Überprüfung zugänglich sind, können auch Teile des Rechtsfolgenausspruchs, wie bspw. die Höhe des einzelnen Tagessatzes, isoliert angegriffen werden (KK/*Maur* § 410 Rn. 12; Meyer-Goßner/*Schmitt* § 410 Rn. 4). Im Grundsatz sind hier die in § 318 geltenden Maßstäbe anzuwenden. Die Unwirksamkeit der Beschränkung führt zur Unbeschränktheit des Einspruchs (Radtke/Hohmann/*Alexander* § 410 Rn. 13).

13 **III. Verzicht.** Der Angeschuldigte kann auf die Erhebung des Einspruchs verzichten. Der Strafbefehl wird dann unmittelbar rechtskräftig. Der Verzicht muss in der Form des Abs. 1 erfolgen und kann nicht konkludent in der Zahlung der Geldstrafe erblickt werden (Meyer-Goßner/*Schmitt* § 410 Rn. 3). Den einmal erhobenen Einspruch kann der Angeschuldigte wieder zurücknehmen, § 411 Abs. 3. Die Regelung folgt § 302 (näher HK-GS/*Momsen* § 302 Rn. 1 ff.). Die Verbindung eines Strafbefehlsverfahrens zu einem erstinstanzlichen landgerichtlichen Verfahren gem. § 4 Abs. 1 hat zur Folge, dass der Einspruch gegen den Strafbefehl nicht mehr zurückgenommen werden kann (BGH, Urt. vom 14.01.2021 – 4 StR 95/20, NJW 2021, 795)

14 **IV. Kostenentscheidung.** Die Kostenentscheidung folgt § 465, nicht § 473, der ausdrücklich nur für Rechtsmittel im formalen Sinne gilt (Meyer-Goßner/*Schmitt* § 473 Rn. 1; KK/*Maur* § 410 Rn. 14; LG Göttingen NdsRpfl 1992, 9; OLG Stuttgart NStZ 1989, 589). In unbilligen Fällen, etwa bei unzureichender Ermittlung der persönlichen Verhältnisse im summarischen Verfahren, kann eine Kostenteilung vorgenommen werden (LG Bremen StV 1991, 479; LG Mosbach StV 1997, 34; SK/*Weßlau* § 410 Rn. 38; Radtke/Hohmann/*Alexander* § 410 Rn. 14). Dies ist eine den Wortlaut strapazierende, jedoch aus Billigkeitsgründen zu begrüßende Verfahrensweise. Gefordert wäre der Gesetzgeber (KK/*Maur* § 410 Rn. 14a).

B. Rechtskraft. Der nicht form- und fristgerecht eingelegte Einspruch lässt den Strafbefehl in vollständiger materieller und auch formeller Rechtskraft erwachsen (zutr. OLG Stuttgart, Beschl. v. 01.07.2021 – 1 Rv 13 Ss 421/21, NJW 2021, 2596 Rn. 26: Das gilt auch nach Änderung des § 362, vgl. BT-Drs. 19/30399). Er gleicht hiermit einem rechtskräftigen Urteil (Abs 3) und ist vollstreckbar (§§ 410 Abs. 3, 449; VG München Beschl. v. 26.08.2016 – 7 S 16.2807). Dementsprechend tritt auch Strafklageverbrauch ein (vgl. auch BGH StV 1989, 48). Gem. § 411 Abs. 1 tritt diese Wirkung auch bei Verzicht, Rücknahme und Verwerfung des Einspruchs ein (HK-GS/*Andrejtschitsch* § 410 Rn. 6; KK/*Maur* § 410 Rn. 15). Bei wirksamer Beschränkung des Einspruchs tritt die Rechtskraft für die nicht angegriffenen Teile des Strafbefehls ein; entspr. bei Teilrücknahme und Teilverzicht des Einspruchs. 15

Einzig § 373a lässt eine begrenzte Durchbrechung der Rechtskraft im Wege der Wiederaufnahme zu, sofern Nova dazu führen, dass die den Verfahrensgegenstand ausmachende Tat nunmehr als Verbrechen zu bewerten ist. Die den Angeklagten ggü. § 362 schlechter stellende Regelung findet ihre Rechtfertigung darin, dass die Tatsachengrundlagen des Strafbefehls im summarischen Verfahren auf schmalerer Erkenntnisgrundlage stehen (Meyer-Goßner/*Schmitt* § 373a Rn. 3; HK-GS/*Andrejtschitsch* § 410 Rn. 7) Bei mehreren Angeschuldigten wirkt der Einspruch immer nur für denjenigen, der ihn eingelegt hat. Im Hinblick auf die anderen Angeschuldigten tritt Rechtskraft ein. Entspr. wirkt der Einspruch nur im Hinblick auf die Rechtsfolge, die den Verfalls- oder Einziehungsbeteiligten trifft, welcher den Einspruch eingelegt hat. Wenn nur diese bzw. eine bußgeldbeteiligte juristische Person Einspruch einlegt, kann gem. §§ 438 Abs. 2, 439 Abs. 3 Satz 1, 441 Abs. 2, 3 (entspr.); 444 Abs. 2 Satz 2 im Beschlussweg entschieden werden (HK-GS/*Andrejtschitsch* § 410 Rn. 8; Meyer-Goßner/*Schmitt* § 410 Rn. 10; ausf. zur Rechtskraftwirkung Radtke/Hohmann/*Alexander* § 410 Rn. 15 ff.). 16

§ 411 Verwerfung wegen Unzulässigkeit; Termin zur Hauptverhandlung

(1) [1]Ist der Einspruch verspätet eingelegt oder sonst unzulässig, so wird er ohne Hauptverhandlung durch Beschluß verworfen; gegen den Beschluß ist sofortige Beschwerde zulässig. [2]Andernfalls wird Termin zur Hauptverhandlung anberaumt. [3]Hat der Angeklagte seinen Einspruch auf die Höhe der Tagessätze einer festgesetzten Geldstrafe beschränkt, kann das Gericht mit Zustimmung des Angeklagten, des Verteidigers und der Staatsanwaltschaft ohne Hauptverhandlung durch Beschluss entscheiden; von der Festsetzung im Strafbefehl darf nicht zum Nachteil des Angeklagten abgewichen werden; gegen den Beschluss ist sofortige Beschwerde zulässig.

(2) [1]Der Angeklagte kann sich in der Hauptverhandlung durch einen Verteidiger mit nachgewiesener Vertretungsvollmacht vertreten lassen. [2]§ 420 ist anzuwenden.

(3) [1]Die Klage und der Einspruch können bis zur Verkündung des Urteils im ersten Rechtszug zurückgenommen werden. § 303 gilt entsprechend. [2]Ist der Strafbefehl im Verfahren nach § 408a erlassen worden, so kann die Klage nicht zurückgenommen werden.

(4) Bei der Urteilsfällung ist das Gericht an den im Strafbefehl enthaltenen Ausspruch nicht gebunden, soweit Einspruch eingelegt ist.

Übersicht

A. Unzulässigkeit des Einspruchs. Der nicht form- oder fristgerecht oder durch einen Nichtberechtigten eingelegte Einspruch, wird vom Gericht nach Anhörung der StA im Wege des Beschlussverfahrens, d.h. ohne Hauptverhandlung, verworfen. Eine Kostenentscheidung ist nicht vorgesehen, da nicht § 473 sondern § 465 angewendet wird (KK/*Maur* § 411 Rn. 1; vgl. oben § 410 Rdn. 13) Als Rechtsmittel gegen den Verwerfungsbeschluss ist die sofortige Beschwerde vor dem zuständigen LG möglich. Durch das Gesetz zur Stärkung des Rechts des Angeklagten auf Vertretung in der Berufungsverhandlung und über die Anerkennung von Abwesenheitsentscheidungen in der Rechtshilfe vom 17.07.02015 (BGBl. I, S. 1332) wird klargestellt, dass der Verteidiger für das Strafbefehlsverfahren schriftlich wirksam zur Vertretung legitimiert sein muss. 1

Wird trotz Unzulässigkeit des Einspruchs eine Hauptverhandlung anberaumt und die Unzulässigkeit erst während der Verhandlung bemerkt, so ist der Einspruch durch Urteil gem. § 260 als unzulässig zu verwerfen. 2

Ergeht dennoch ein Sachurteil, ist die insoweit auf falscher (Einspruchs-) Grundlage eintretende Rechtskraft problematisch (ne bis in idem). Aufgrund der Unzulässigkeit des Einspruchs ist an sich bereits der Strafbefehl in Rechtskraft erwachsen. Eine Rechtskraftfähigkeit des Urteils wird dennoch in Teilen der Literatur und v.a. durch die Rspr. richtigerweise bejaht (BGHSt 13, 306, [309]; Meyer-Goßner/*Schmitt* § 411, Rn. 12). Wird ein solches fehlerhaftes Sachurteil wiederum mittels Rechtsmitteln angefochten, so ist allerdings nach allgemeiner Ansicht zu differenzieren: Im Grundsatz ist das auf ein Rechtsmittel eines Beteiligten angefochtene Urteil aufzuheben und zugleich der Einspruch gegen den Strafbefehl als unzulässig zu verwerfen (BGHSt 13, 306; 26, 183). Anders ist bei einem durch den Angeklagten eingelegten Rechtsmittel zu verfahren. Wurde durch das Urteil der zuvor ergangene Strafbefehl zugunsten des Angeklagten verändert, so ist der Einspruch mit der Maßgabe zu verwerfen, dass die mildere Rechtsfolge aus dem Urteil aufrechterhalten bleibt. Dies folgt aus dem Grundsatz des Verbots der verbösernden Entscheidung (§ 358 Abs. 2 [Verbot der *reformatio in peius*], so auch BGHSt 18, 127, [130]; HK-StPO/*Kurth/Brauer* § 411 Rn. 4; HK-GS/*Andrejtschitsch* § 411 Rn. 2; BeckOK-StPO/*Temming* § 411 Rn. 1a.1; Radtke/Hohmann/*Alexander* § 411 Rn. 6; KK/*Maur* § 411 Rn. 5; a.A. Meyer-Goßner/*Schmitt* § 411 Rn. 12 mit Hinweis auf die faktisch eingetretene Rechtskraft des Strafbefehls und allg. zum Verschlechterungsverbot § 411 Rn. 2b).

3 **B. Anberaumung der Hauptverhandlung/Beschlussverfahren bei zulässigem Einspruch.** Ist der Einspruch form- und fristgerecht eingelegt oder wurde die Wiedereinsetzung in den vorherigen Stand gewährt, so ist grds. ein Termin zur **Hauptverhandlung** anzuberaumen. Der Antrag auf den Strafbefehl übernimmt hier die Funktion der Anklageschrift; der Strafbefehl übernimmt die Funktion des Eröffnungsbeschlusses (BGHSt 23, 336, 339). Der Strafbefehl hat dementsprechend auch den Anforderungen des § 200 an den Inhalt der Klageschrift zu entsprechen (BeckOK-StPO/*Temming* § 411 Rn. 2; OLG Düsseldorf NStZ 1991, 99; HK-StPO/*Kurth/Brauer* § 411 Rn. 6; Meyer-Goßner/*Schmitt* § 411 Rn. 3).

4 Dem Gericht ist es seit Einführung des Abs. 1 Satz 3 durch das 1. JuMoG mit Zustimmung der StA und des Angeklagten bzw. seines Verteidigers möglich, das Verfahren nach Ermessen im **Beschlusswege** zu entscheiden (Meyer-Goßner/*Schmitt* § 411 Rn. 1). Vorauszusetzen ist, dass mit dem gegen den Strafbefehl eingelegten Einspruch nur die Höhe der Tagessätze angefochten wird. Abweichend von Abs. 4 darf das AG in diesen Fällen nicht zum Nachteil des Angeklagten vom vorherigen Strafbefehl abweichen (BeckOK-StPO/*Temming* § 411 Rn. 2). Der Beschluss ist die für die mögliche Bildung einer nachträglichen Gesamtstrafe maßgebliche letzte tatgerichtliche Entscheidung i.S.d. § 55 Abs. 1 StGB (BGH, Beschl. vom 07.01.2020 – 3 StR 561/19, NJW 2020, 1380); der Zeitpunkt der Beschlussfassung begründet die Zäsurwirkung (BGH, Beschl. v. 03.12.2019 – 1 StR 535/19, NStZ-RR 2020, 240).

5 Diese Vorgehensweise erfolgt häufig nach **Verfahrensabsprache.** Die Bemessung der Höhe der Tagessätze orientiert sich an den Einkommensverhältnissen des Angeklagten. Wurde diese im summarischen Verfahren nur geschätzt oder haben sich seit Strafbefehlsantrag verschlechtert, so müsste in der Hauptverhandlung allein zur Klärung der persönlichen Verhältnisse Beweis erhoben werden (vgl. BT-Drs. 15/3482, S. 22). Wenn der verteidigte Angeklagte insoweit glaubhafte Angaben in seiner Einspruchsbegründung vorgebracht hat, bietet sich das Beschlussverfahren als Weg an, die Vorteile des Strafbefehlsverfahrens weitgehend zu erhalten (vgl. auch HK-GS/*Andrejtschitsch* § 411 Rn. 4; KK/*Maur* § 411 Rn. 9a/b). Wurde der Beschluss ohne die erforderliche Zustimmung erlassen und wird diese nicht nachgeholt, so ist der Beschluss im Beschwerdeverfahren aufzuheben und die Sache zur Durchführung der Hauptverhandlung zurückzuverweisen (Meyer-Goßner/*Schmitt* § 411 Rn. 2a – Beschwerdegericht wird die Höhe des Tagessatzes ggf. selbst festsetzen).

6 **C. Hauptverhandlung. I. Grundsätze des Verfahrens.** Die Hauptverhandlung als Fortsetzung des Strafbefehlsverfahrens folgt den allgemeinen Grundsätzen der §§ 213 ff. Nach Aufruf der Sache folgt die Feststellung der Anwesenden und der Angeklagte ist zur Person zu vernehmen. Sodann wird der Strafbefehl verlesen. Wurde er mit Abweichungen vom Antrag erlassen, sind die Abweichungen ebenfalls zu verlesen (HK-GS/*Andrejtschitsch* § 411 Rn. 5). Im Anschluss ist festzustellen, dass der Einspruch form- und fristgerecht eingelegt worden ist. Schließlich ist der Angeklagte über sein Aussageverweigerungsrecht zu belehren und dann zur Sache zu vernehmen. Die Verhandlung nimmt ihren weiteren Lauf mit der Beweisaufnahme gem. §§ 243 ff. und den Schlussvorträgen der Verfahrensbeteiligten, dem letzten Wort des Vorsitzenden und dem Urteil (BeckOK-StPO/*Temming* § 411 Rn. 3). Bei Mängeln des Strafbefehls kann dieser nicht als Eröffnungsbeschluss dienen (BGHSt 23, 336; Meyer-Goßner/*Schmitt* § 411 Rn. 3).

7 **II. Vertretung.** Ist der Angeklagte in der Verhandlung durch einen ordnungsgemäß bevollmächtigten Verteidiger vertreten, so muss der Angeklagte nicht persönlich erscheinen. § 230 gilt grds. auch im Strafbefehlsverfahren. Die Vertretung ist auch für den Fall des § 408a möglich (§ 411 Abs. 2 Satz 1; vgl. HK-StPO/*Kurth/*

Brauer § 411 Rn. 8). Das Gericht kann allerdings gem. § 236 das Erscheinen des Angeklagten anordnen (BGHSt 9, 356 f.; KG – Beschl. v. 22.07.2015 – 3 Ws 336/15).

1. Vertretungsvollmacht. Der Verteidiger hat für die wirksame Vertretung zu Beginn der Hauptverhandlung eine wirksame (schriftliche) Bevollmächtigung durch den Angeklagten nachzuweisen. Die Bevollmächtigung muss explizit zum Ausdruck bringen, dass der Angeklagte sich für die Hauptverhandlung vertreten lassen will. Die allgemeine Verteidigervollmacht genügt hierfür gerade nicht (OLG Saarbrücken NStZ 1999, 265; OLG Karlsruhe NStZ 1983, 43; KK/*Maur* § 411 Rn. 12). Verteidigung und Vollmacht sind daher insoweit voneinander zu trennen (*Ebert* DRiZ 1984, 234). Denn der Verteidiger ist in seiner Kernfunktion Beistand, als Vertreter i.S.d. § 411 tritt er prozessual an die Stelle des Angeklagten und handelt für und wider ihn (BGHSt 9, 356, [357]). Ist die Vollmacht ausreichend nachgewiesen, bedarf es für eine Untervollmacht keines eigenständigen schriftlichen Nachweises (OLG Karlsruhe; NJW 1983, 43). Die Vollmacht gilt auch für die Berufungsinstanz. Der Angeklagte ist auf die Möglichkeit der Vertretung hinzuweisen (OLG Bremen StV 1989, 54; KK/*Maur* § 411 Rn. 18; a.A. aber zust. bzgl. der Zweckmäßigkeit: LR/*Gössel* § 411 Rn. 24). 8

Das Anwesenheitsrecht in der Hauptverhandlung wird durch die Vertretungsvollmacht nicht berührt. Infolgedessen kann, sofern der Angeklagte neben der vorliegenden Vollmacht eine Erklärung abgegeben hat, an der Verhandlung teilnehmen zu wollen, nicht in dessen Abwesenheit verhandelt und entschieden werden (vgl. BeckOK-StPO/*Temming* § 411 Rn. 4.1; OLG Karlsruhe StV 1986, 289). 9

2. Inhalte der Vertretungsmacht. Der Vertreter tritt bei einer wirksamen Bevollmächtigung an die Stelle des Angeklagten. Er kann Erklärungen abgeben und Anträge stellen. Der Vertreter kann sich namens des Angeklagten zur Sache einlassen. Der Verteidiger kann aber auch vom Schweigerecht des Angeklagten Gebrauch machen oder erklären, dass er keine Informationen zum Sachverhalt hat und gleichwohl zur Sache verhandeln (Meyer-Goßner/*Schmitt* § 411 Rn. 6; KG, Beschl. v. 01.07.2020 – 4 Ss 74/20; LG Verden NJW 1974, 2195). Kein Fall ordnungsgemäßer Vertretung liegt vor, wenn der Verteidiger ohne Abgabe weiterer Erklärungen lediglich die Aussetzung der Hauptverhandlung beantragt (OLG Zweibrücken JBlRP 2001, 141). 10

Fraglich ist allerdings, ob der Vertreter auch für den Angeklagten ein Geständnis ablegen kann (HK-GS/*Andrejtschitsch* § 411 Rn. 9; LR/*Gössel* § 411 Rn 29). Dies ist vor dem Hintergrund der vom formalen Geständnisbegriff Abstand nehmenden Rspr. des BGH (zum Begriff des Geständnisses weiterführend: BGH NStZ 1994, 352; 1990, 447; OLG Saarbrücken NStZ 2006, 183) bei § 244 Abs. 1 (BGH NStZ 1999, 93; *Meyer-Goßner* NStZ 1992, 167) zweifelhaft. Da der Vertreter aber auch i.Ü. keinen Einschränkungen in der Prozesshandlungsbefugnis unterliegt, spricht vieles dafür, dass das Gericht jedenfalls ein solches »Geständnis« als vom Vertreter abgegebene Erklärung des Angeklagten zur Grundlage des Urteils machen darf (vgl. Meyer-Goßner/*Schmitt* § 234 Rn. 10). 11

III. Anwendung des § 420 (Abs. 2). In der Hauptverhandlung nach erhobenem Einspruch kann eine vereinfachte Beweisaufnahme (§ 411 Abs. 2 Satz 2) erfolgen, sofern der Angeklagte, seine Verteidigung und die StA einverstanden sind. Dabei sind die Vorgaben des beschleunigten Verfahrens entspr. § 420 zu beachten. Kontrovers wird die Geltung von § 420 Abs. 1 bis 3 für eine mögliche Berufungsinstanz beurteilt. Dafür spricht, dass § 420 Abs. 4 dann eine Sonderregelung allein für das schöffengerichtliche Verfahren wäre und dass die §§ 407 ff. als besondere Verfahrensart nicht explizit auf eine bestimmte Instanz beschränkt sind (so KK/*Maur* § 411 Rn. 21; Meyer-Goßner/*Schmitt* § 411 Rn. 7). Dagegen spricht, dass grds. von einer Zuständigkeit des AG für das Strafbefehlsverfahren auszugehen ist (so HK-StPO/*Kurth/Brauer* § 411 Rn. 14; *Schlothauer* StV 1995, 46; *Loos/Radtke* NStZ 1996, 9; ausf. zum Ganzen SK/*Paeffgen* § 410 Rn. 30 f.). Jedenfalls können die Beschleunigungseffekte des Strafbefehlsverfahrens weder in der Berufungsinstanz noch bei Zurückverweisung in der Revisionsinstanz erreicht werden (HK-GS/*Andrejtschitsch* § 411 Rn. 10). 12

IV. Rücknahme der Klage. Der Strafbefehlsantrag und der Einspruch können gem. § 411 Abs. 3 bis zur Verkündung des Urteils im ersten Rechtszug wieder zurückgenommen werden. Nach diesem Zeitpunkt ist richtigerweise eine Rücknahme ungesehen des erstinstanzlichen Urteils nicht mehr zulässig (LG München NJW 1981, 65). War der Einspruch horizontal auf die Rechtsfolge beschränkt, so ist der Schuldspruch rechtskräftig und eine Rücknahme ebenfalls nicht möglich. Eine Klagerücknahme setzt voraus, dass ein zulässiger Einspruch vorliegt, da die StA zwar ihren als Anklagesurrogat dienenden Antrag, nicht aber den vom Gericht erlassenen Strafbefehl zurücknehmen kann (Meyer-Goßner/*Schmitt* § 411 Rn. 8). Differenziert werden muss hingegen im Fall der Sprungrevision und Zurückweisung an das ursprünglich zuständige AG (dazu OLG Hamm MDR 1980, 161; LR/*Gössel*, § 411 Rn. 51; *Groth* NStZ 1983, 9; *Meurer* JuS 1987, 884). Richtigerweise ist die Rücknahme hier wie auch im Hinblick auf den Einspruch bei Rückverweisung an das AG zuzulassen, da kein rechtskräftiges amtsgerichtliches Sachurteil ergangen ist (KK/*Maur* § 411 Rn. 24; 13

Meyer-Goßner/*Schmitt* § 411 Rn. 8 f.; BayObLG GA 1982, 326; a.A. noch LG München II NJW 1981, 65). Für die Kostenentscheidung gilt § 467a (Meyer-Goßner/*Schmitt* § 411 Rn. 8).

14 **V. Rücknahme des Einspruchs.** Für die Rücknahme des Einspruchs gelten dieselben Grundsätze wie für die Klagerücknahme. Auch eine teilweise Rücknahme ist entsprechend einer beschränkten Einlegung zulässig (§ 410 Rdn. 11; KK/*Maur* § 411 Rn. 30). Eine während der Hauptverhandlung erfolgte Einspruchsrücknahme ist nur mit Zustimmung der StA, nicht jedoch der Nebenklage, möglich (BeckOK-StPO/*Temming* § 411 Rn. 9). Bei umfassender Rücknahme des Einspruchs erwächst der wiederauflebende Strafbefehl in vollständiger Rechtskraft (Meyer-Goßner/*Schmitt* § 411 Rn. 9).

15 Eine **Kostenentscheidung** ist nicht erforderlich. Hat sich nach Einspruch wirksam ein Nebenkläger angeschlossen, gilt § 472 für die nur dann notwendige isolierte Kostenentscheidung (KMR/*Metzger* § 411 Rn. 29; LG Berlin Beschl. v. 28.12.2016 – 536 Qs 22/16).

16 **D. Urteil.** Das Gericht entscheidet bei unbeschränktem Einspruch ohne an den Strafbefehlsantrag – weder im Schuldspruch noch im Rechtsfolgenausspruch – gebunden zu sein. Ist der Einspruch beschränkt, ist die eingetretene Teilrechtskraft zu beachten. Kommt es zu einer Veränderung des rechtlichen Gesichtspunktes, ist nach § 265 zu verfahren (SK/*Weßlau* § 411 Rn. 41). Das Urteil ist nach den allgemeinen Grundsätzen durch Berufung oder Sprungrevision anzufechten. Die Kostenentscheidung folgt aus §§ 464 ff. Soweit infolge beschränkten Einspruchs bereits teilweise Rechtskraft eingetreten war, kann dies im Tenor zum Ausdruck gebracht werden.

17 Das **Verschlechterungsverbot** gilt hier nicht (BeckOK-StPO/*Temming* § 411 Rn. 10; Meyer-Goßner/*Schmitt* § 411 Rn. 11). Richtigerweise gebietet es jedoch der Grundsatz des fairen Verfahrens, dass der Richter dem Angeklagten bei beabsichtigter Verschlechterung einen Hinweis erteilt, um ihm Gelegenheit zu geben, seinen Einspruch zurückzunehmen (BeckOK-StPO/*Temming* § 411 Rn. 10; differenzierend HK-GS/*Andrejtschitsch* § 411 Rn. 14). Zweifelhaft ist dies allein, wenn der gesetzliche Vertreter den Einspruch eingelegt und der Angeklagte die Einlegung ggf. nicht zu vertreten hat. In diesem Fall sollte keine Verschlechterung erfolgen (so zutr. LR/*Gössel* § 410 Rn. 4; KK/*Maur* § 411 Rn. 34; HK-GS/*Andrejtschitsch* § 411 Rn. 14; a.A. KMR/*Metzger* § 411 Rn. 32; Meyer-Goßner/*Schmitt* § 411 Rn. 11; HK-StPO/*Kurth/Brauer* § 411 Rn. 23).

§ 412 Ausbleiben des Angeklagten; Einspruchsverwerfung

[1]§ 329 Absatz 1, 3, 6 und 7 ist entsprechend anzuwenden. [2]Hat der gesetzliche Vertreter Einspruch eingelegt, so ist auch § 330 entsprechend anzuwenden.

Übersicht

1 **A. Folgen des Ausbleibens des Angeklagten.** Die Bestimmung betrifft die Folgen des unentschuldigten Ausbleibens des nicht vertretenen Angeklagten in der Hauptverhandlung sowie das Verfahren bei Einspruch des gesetzlichen Vertreters. Durch das Gesetz zur Stärkung des Rechts des Angeklagten auf Vertretung in der Berufungsverhandlung und über die Anerkennung von Abwesenheitsentscheidungen in der Rechtshilfe vom 17.07.2015 (BGBl. I, S. 1332) wird klargestellt, dass der Verteidiger für das Strafbefehlsverfahren schriftlich wirksam zur Vertretung legitimiert sein muss. Weiterhin wurde die Norm an die geänderte Fassung des § 329 angepasst und verweist nunmehr auf Abs. 1, 3, 6 und 7.

2 **I. Verwerfung des Einspruchs.** Bei einem unentschuldigten Ausbleiben des Angeklagten und/oder seines Vertreters wird gem. § 329 durch Prozessurteil der Einspruch für unzulässig erklärt und verworfen. War durch den Strafbefehl eine Geldbuße gegen eine juristische Person festgesetzt worden und auf deren Antrag nach § 444 Abs. 2 Satz 2 i.V.m. § 441 Abs. 3 Satz 1 Hauptverhandlung anberaumt worden, so ist ebenso zu verfahren, wenn die juristische Person oder Personenvereinigung nicht zulässig vertreten wurde (BeckOK-StPO/*Temming* § 412 Rn. 1).

1. Zulässiger Einspruch. Die Verwerfung des Einspruchs ist dem Grunde nach mit einem Versäumnisurteil vergleichbar. Es muss daher zunächst ein zulässiger Einspruch gegen einen erlassenen Strafbefehl vorliegen. Der Einspruch darf nicht zurückgenommen worden sein (KK/*Maur* § 412 Rn. 4). Wurde allerdings der Termin der Hauptverhandlung i.S.d. § 408 Abs. 3 Satz 2 anberaumt, so kann eine Verwerfung des Einspruchs naturgemäß nicht entspr. § 329 erfolgen. Wird eine Hauptverhandlung trotz eines unzulässigen Einspruchs gegen den erlassenen Strafbefehl anberaumt und der Angeklagte bleibt zu diesem Termin aus, so ist der Einspruch durch Urteil gem. § 260 als unzulässig zu verwerfen. Außerhalb der Hauptverhandlung erfolgt Verwerfung durch Beschluss (HK-GS/*Andrejtschitsch* § 412 Rn. 2). 3

2. Zustellung des Strafbefehls. Richtigerweise muss eine wirksame Zustellung des Strafbefehls erfolgt sein. Ist diese nicht erfolgt, so ist die Hauptverhandlung abzubrechen. Die Zustellung des Strafbefehls muss dann förmlich nachgeholt werden (BeckOK-StPO/*Temming* § 412 Rn. 3). Steht die Zustellung anderweitig fest, so ist ein förmlicher Nachweis nicht erforderlich (KK/*Maur* § 407 Rn. 35). Demgegenüber reicht eine formlose Kenntnisgabe ggü. dem Angeklagten nicht aus (BayObLG NStZ-RR 1999, 243; Meyer-Goßner/*Schmitt* § 412 Rn. 2; LR/*Gössel* § 412 Rn. 5; a.A. OLG *Zweibrücken* NStZ 1994, 602). 4

3. Ordnungsgemäße Ladung. Der Angeklagte muss ordnungsgemäß zur Hauptverhandlung geladen sein; auch bei wiederholter Ladung (OLG Bremen MDR 1968, 1031) bzw. fortgesetzter Verhandlung (KK/*Maur* § 412 Rn. 2, 5). Der Angeklagte ist auf die Folgen unentschuldigten Ausbleibens entspr. § 329 Abs. 1 Satz 2 hinzuweisen (HK-GS/*Andrejtschitsch* § 412 Rn. 3). 5

Bei bereits ergangenen Sachurteilen ist allerdings die Zurückweisung des Einspruchs bei einem unentschuldigten Ausbleiben des Angeklagten durch Prozessurteil nicht mehr möglich. Wird die Ladungsfrist nicht eingehalten, so kann der Einspruch zwar grds. nach § 412 verworfen werden, jedoch besteht besonderer Anlass zur Prüfung des Verschuldens (BGHSt 24, 143, 154; KK/*Maur* § 412 Rn. 5; BeckOK-StPO/*Temming* § 412 Rn. 4). 6

4. Unentschuldigtes Ausbleiben des Angeklagten. Schließlich darf weder der Angeklagte, noch ein von ihm ermächtigter Vertreter zum Haupttermin erscheinen. Das Ausbleiben darf darüber hinaus nicht hinreichend entschuldigt sein. Es gelten hier die für § 329 entwickelten Grundsätze. Eine ausreichende Entschuldigung kann auch noch in der Berufungsinstanz vorgetragen und glaubhaft gemacht werden. Das objektive Verschulden ist entscheidend, nicht, ob der Angeklagte sich entschuldigt hat (KK/*Maur* § 412 Rn. 8; OLG Oldenburg, Urt. v. 04.11.2019, 1 Ss 136/19). 7

Der Angeklagte ist entschuldigt ausgeblieben, wenn er gem. § 233 von der Verpflichtung zum Erscheinen entbunden worden ist (KK/*Maur* § 412 Rn. 6; OLG Hamburg VRS 36, S. 293). Der für das Ausbleiben entscheidende Zeitpunkt ist der Beginn der Hauptverhandlung, § 243 Abs. 1 Satz 1. Entfernt sich der Angeklagte erst nach Beginn der Hauptverhandlung, greift § 412 nicht. Dem Ausbleiben steht es jedoch gleich, wenn der Angeklagte sich noch vor der Hauptverhandlung wieder entfernt und auch, sofern bei Terminverschiebung ein Warten des Angeklagten zuzumuten war (Düsseldorf, in NVZ 1997, S. 451). Das Gericht selbst hat auch seinerseits abhängig von den konkreten Umständen eine angemessene Wartezeit zu veranschlagen. In größeren Städten bzw. bei längeren Anreisen des Angeklagten kann eine 1/4 Std. opportun sein, in kleineren Orten ggf. eine kürzere Zeit (OLG Celle NdsRpfl 1963, 237; OLG Hamm DAR 1962, 341 – 5 Minuten). Bei einkalkulierbaren Verkehrsstörungen, wie bekannten und dauerhaften Baustellen, fällt die Vermeidung von Verzögerungen in den Obliegenheitskreis des Angeklagten (LG Bamberg NJW 1995, 740). Die gleichen Maßstäbe sind auch auf den Verteidiger anzuwenden, von dem sich der Angeklagte vertreten lassen will, sofern dem Gericht die Vertretung bekannt ist. Insb. ist ein Warten des Gerichts zu verlangen, wenn der dem Gericht bekannte Verteidiger eine kurze Verspätung dem Gericht angezeigt hat (BayObLG NJW 1959, 2224; OLG Hamm NStZ-RR 1997, 179). Von Bedeutung ist, dass die selbst verschuldete Verhandlungsunfähigkeit einem Ausbleiben gleichsteht (BGHSt 23, 331; LR/*Gössel* § 424 Rn. 14 m.w.N.). Wurde ein Antrag auf Vertagung des Angeklagten negativ beschieden und er hiervon in Kenntnis gesetzt, so kann dieser verworfen werden (ausf. zum Ganzen vgl. KK/*Maur* § 412 Rn. 6 ff.). 8

Das Gericht hat sich über das Hinreichen der Entschuldigung des Angeklagten im Wege des Freibeweises Gewissheit zu verschaffen (BayObLG NJW 1998, 172; OLG Oldenburg, Urt. v. 04.11.2019, 1 Ss 136/19; *Buch* JZ 1963, 458). An den Begriff der Entschuldigung dürfen jedoch keine überspannten Anforderungen geknüpft werden. Eine Entschuldigung ist als genügend anzusehen, wenn dem Angeklagten unter den gegebenen Umständen ein Erscheinen billigerweise nicht zugemutet werden kann (BGHSt 17, 391 [396]; OLG Bremen StV 1987, 242; OLG Köln NStZ-RR 1997, 208; BayObLG NJW 2001, 1438). So ist anerkannt, dass berufliche Angelegenheiten das Ausbleiben entschuldigen, wenn sie unaufschiebbar und von erheblicher Bedeutung (HansOLG Hamburg, Beschl. v. 02.09.2020, 5 Rev 3/20 Rn. 7). Leichte 9

Magenschmerzen und generelles Unwohlsein bei Verhandlung mit nur zwei Zeugen wird jedoch nicht entschuldigt (LG Berlin [569] 232 AR 53 Ns [67/16]). Auf die Auskunft des Verteidigers, er brauche nicht erscheinen, kann sich der Angeklagte, sofern keine Anhaltspunkte hiergegen sprechen, verlassen. Beruft sich der Angeklagte auf Erkrankung, so kann das Gericht anordnen, dass durch den Amts- oder Gerichtsarzt überprüft wird, ob dies einer Teilnahme an der Hauptverhandlung entgegensteht (KK/*Maur* § 412 Rn. 8). Bei der gebotenen weiten Auslegung des Rechtsbegriffs der genügenden Entschuldigung sind die konkreten Umstände des Einzelfalls und die objektiven und subjektiven Verhältnisse des Angeklagten zu berücksichtigen. Sie sind mit dessen öffentlich-rechtlicher Pflicht abzuwägen, auf ordnungsgemäße Ladung in der Hauptverhandlung zu erscheinen (OLG Karlsruhe, Beschl. v. 24.10.2019 – 1 Rv 21 Ss 716/19, Rn. 2)

10 **II. Verwerfungsurteil.** Der Einspruch muss bei Vorliegen der o.g. Voraussetzungen verworfen werden. Dies gilt auch bei materieller Fehlerhaftigkeit des Strafbefehls. Eine versehentlich begonnene Hauptverhandlung ist abzubrechen und die Verwerfung auszusprechen (LG München I NStZ 1983, 427; KK/*Maur* § 412 Rn. 13). Dies ergibt sich aus den zu § 329 entwickelten und auf § 412 anwendbaren Grundsätzen. Verfahrenshindernisse stehen der Verwerfung entgegen. Dies gilt insb. für Fragen der Verjährung oder Fehlerhaftigkeit des Strafantrages. Ggf. ist nach § 206a oder § 260 Abs. 3 einzustellen. Verfahrenshindernisse stehen der Durchführung eines Verfahrens insgesamt entgegen, da sie systematisch vor dem Einstieg in jegliche Sachprüfungen geprüft werden (OLG Karlsruhe NJW 1978, 840; KK/*Maur* § 412 Rn. 12; *Sieg* NJW 1978, 1846; a.A. Meyer-Goßner/*Schmitt* § 412, Rn. 2). Das Urteil enthält keine Kostenentscheidung und ist zuzustellen.

11 **III. Rechtsmittel und Rechtsbehelfe. 1. Wiedereinsetzung in den vorherigen Stand.** Der Angeklagte kann nach § 412 Satz 1 i.V.m. § 329 Abs. 3 Wiedereinsetzung in den vorherigen Stand beantragen. Die Voraussetzungen der §§ 44, 45 müssen vorliegen. Eine Wiedereinsetzung kann nicht auf Tatsachen gestützt werden, die bereits für die Entschuldigung des Ausbleibens vorgebracht und vom Gericht im Verwerfungsurteil für nicht hinreichend bewertet wurden (KK/*Maur* § 412 Rn. 17; *Busch* JZ 1963, 459). Als Folge einer gewährten Wiedereinsetzung in den vorherigen Stand wird das zuvor ergangene Verwerfungsurteil mit dem Wiedereinsetzungsbeschluss unmittelbar gegenstandslos und muss nicht mehr formell aufgehoben werden (RGSt 61, 181; BeckOK-StPO/*Temming* § 412 Rn. 7).

12 **2. Berufung.** Der Angeklagte kann ebenfalls gegen das ergangene Verwerfungsurteil Berufung einlegen. Das Berufungsgericht befasst sich mit der Frage ob der § 412 auf korrekter Tatsachengrundlage zur Anwendung gekommen ist und der Einspruch insoweit zu Recht verworfen wurde (BeckOK-StPO/*Temming* § 412 Rn. 8; LR/*Gössel* § 412 Rn. 42 ff. m.w.N.). Trotz dieser beschränkten Überprüfung können neue Tatsachen und neue Entscheidungsgründe vorgebracht werden und sind zu berücksichtigen (KK/*Maur* § 412 Rn. 18; LR/*Gössel* § 412 Rn. 43). I.R.d. Strengbeweises ist zu klären, ob der vor dem AG ausgebliebene Angeklagte ausreichend entschuldigt war, (OLG Naumburg NStZ-RR 2001, 87). Die beschränkte Überprüfung wirkt sich so aus, dass das LG bei Erfolg der Berufung das Verwerfungsurteil nur aufhebt und zur Sachentscheidung an das AG zurückverweist (BGHSt 36, 139; KK/*Maur* § 412 Rn. 18; a.A. OLG Düsseldorf NStZ 1988, 290 m. abl. Anm. *Meyer-Goßner*). Das AG hat in der Folge dann einen neuen Termin zur Hauptverhandlung zu bestimmen. Hat das AG fälschlicherweise in der Sache entschieden, anstatt den Einspruch nach § 412 zwingend zu verwerfen, so geht es um die Nichtanwendung, also die Voraussetzungen des § 412. Daher hat das LG dieses Urteil aufzuheben und nach §§ 412, 329 Abs. 1 selbst zu entscheiden (BeckOK-StPO/*Temming* § 412 Rn. 8.1; LR/*Gössel* § 412 Rn. 50; KMR/*Metzger* § 412 Rn. 30 a.A. LG München I NStZ 1983, 427; Meyer-Goßner/*Schmitt* § 412 Rn. 10). Hat das AG trotz Unzulässigkeit des Einspruchs ein Verwerfungsurteil erlassen, so hebt das LG dementsprechend auch hier das Urteil auf und verwirft anstelle des AG den Einspruch selbst. Die Rechtskraft des Strafbefehls würde überdies einer anderen Entscheidung entgegenstehen (BGHSt 13, 306). Wurde die Rücknahme des Einspruchs vom AG übersehen, wird das Verfahren unter Aufhebung des Verwerfungsurteils durch das Berufungsgericht eingestellt (KK/*Maur* § 412 Rn. 21).

13 **3. Revision.** Der Angeklagte kann anstelle der Berufung auch die Revision einlegen. Diese erfolgt als Revision gegen das Berufungsurteil oder direkt als Sprungrevision gegen das Verwerfungsurteil; §§ 312, 335 Abs. 1. Auch die Revision richtet sich nur gegen die Verwerfung des Einspruchs, nicht jedoch gegen die sachliche Richtigkeit des Strafbefehls selbst (HK-GS/*Andrejtschitsch* § 412 Rn. 10; KK/*Maur* § 412 Rn. 22; BeckOK-StPO/*Temming* § 412 Rn. 9; a.A. SK/*Weßlau* § 412 Rn. 22 – eigene Feststellungen im Freibeweis). Das Fehlen der rechtlichen Voraussetzungen des Einspruchs ist mittels der Verfahrensrüge angreifbar. Wird eine allgemeine Sachrüge eingelegt, so soll jedenfalls nach BGHSt 21, 242 die Revision ebenfalls zulässig sein, da lediglich eine allgemeine Verfahrensvoraussetzung überprüft wird und das Verfahren hätte eingestellt werden müssen (BayObLG NStZ-RR 2002, 79; zum Ganzen KK/*Maur* § 412 Rn. 22).

Das Revisionsgericht kann das Verwerfungsurteil weder ergänzen noch überprüfen (BGHSt 28, 384; LR/*Gössel* § 412 Rn. 51; a.A. *Herdegen* FS Kleinknecht, S. 184). Wurden die Voraussetzungen des § 412 fälschlich durch das AG und das LG bejaht, so hebt das Revisionsgericht beide Urteile auf und verweist die Sache an das AG zurück, § 354 Abs. 2 (OLG Karlsruhe StV 1995, 8; OLG Köln GA 1955, 61, NStZ-RR 1997, 208; OLG Oldenburg MDR 1971, 681). 14

B. Einspruch des gesetzlichen Vertreters. Ein Verwerfungsurteil hat zu ergehen, wenn der gesetzliche Vertreter Einspruch gegen den Strafbefehl eingelegt hatte und weder er noch der Angeklagte zum Hauptverhandlungstermin erscheinen (KK/*Maur* § 412 Rn. 25). Wenn entweder der gesetzliche Vertreter oder nur der Angeklagte erscheint, so ist die Hauptverhandlung gem. § 412 Satz 2 entspr. § 330 Abs. 2 ohne den jeweils anderen durchzuführen. Auch dann, wenn das Gericht persönliches Erscheinen angeordnet hatte, kann ein Verwerfungsurteil nicht ergehen, sofern der Vertreter bereit ist, Prozesshandlungen vorzunehmen (HK-GS/*Andrejtschitsch* § 412 Rn. 6; Meyer-Goßner/*Schmitt* § 412 Rn. 5). 15

Zweiter Abschnitt. Sicherungsverfahren

§ 413 Zulässigkeit

Führt die Staatsanwaltschaft das Strafverfahren wegen Schuldunfähigkeit oder Verhandlungsunfähigkeit des Täters nicht durch, so kann sie den Antrag stellen, Maßregeln der Besserung und Sicherung sowie als Nebenfolge die Einziehung selbständig anzuordnen, wenn dies gesetzlich zulässig ist und die Anordnung nach dem Ergebnis der Ermittlungen zu erwarten ist (Sicherungsverfahren).

Übersicht

1 **A. Grundsätzliches.** Das Sicherungsverfahren dient der **Sicherung der Allgemeinheit** vor gefährlichen Straftätern (BGHSt 22, 1 [3]; a.A. *Seyfi* Das Sicherungsverfahren, S. 46, 52), gegen die wegen Schuld- oder Verhandlungsunfähigkeit kein Schuldspruch in einem Strafverfahren ergehen kann (AnwK-StPO/*Böttger* § 413 Rn. 1; Radtke/Hohmann/*Börner* § 413 Rn. 3). In diesem Fall kennt das materielle Strafrecht eine **selbstständige Anordnung** von Maßregeln gem. **§ 71 StGB**, für die die §§ 413 bis 416 das verfahrensrechtliche Pendant bilden und somit überhaupt erst ein Verfahren eröffnen (BGHSt 31, 132 [134]; SK-StPO/*Degener* Vor § 413 Rn. 1). Denn ist Schuldunfähigkeit von vornherein absehbar und fehlt es somit am hinreichenden Tatverdacht (s. § 203 Rdn. 3), sind Anklageerhebung und regulärer Strafprozess nicht möglich. Wenn § 415 vom Beschuldigten spricht, ist das mithin verfehlt. Zutreffender wäre die Bezeichnung »Betroffener« (KK-StPO/*Maur* § 413 Rn. 4). Allerdings entspricht das Sicherungsverfahren durch den Verweis in § 414 inhaltlich dem Strafverfahren (HK-GS/*Koch* § 413 Rn. 1).

2 Das Sicherungsverfahren ist nicht nur gegen Erwachsene möglich. Bei **Jugendlichen und Heranwachsenden** ist es unter Maßgabe der §§ 2, 7, 105 JGG zulässig, wenn gegen diese eine isolierte Anordnung von Maßregeln in Betracht kommt (Graf/*Temming* § 413 Rn. 3). Obwohl § 413 wesensmäßig dem objektiven Einziehungsverfahren entspricht (BGHSt 46, 345 [348]), kann hier eine Einziehungsanordnung nicht ergehen, es kommt dann lediglich das Verfahren nach § 435 in Betracht (BGH NStZ 2018, 559).

3 Der Katalog des § 71 StGB, auf den sich das Sicherungsverfahren bezieht, ist **abschließend** (Graf/*Temming* § 413 Rn. 2.1). Es kann nicht für dort nicht genannte Maßregeln, wie etwa die Sicherungsverwahrung nach § 66 StGB, genutzt werden (SK-StPO/*Degener* § 413 Rn. 2; HK-StPO/*Pollähne* § 413 Rn. 3; a.A. Radtke/Hohmann/*Börner* § 413 Rn. 17). Es gilt damit für

- § 63 StGB: Unterbringung in einem psychiatrischen Krankenhaus
- § 64 StGB: Unterbringung in einer Entziehungsanstalt
- § 69 StGB: Entziehung der Fahrerlaubnis
- § 70 StGB: Anordnung des Berufsverbots.

4 **B. Voraussetzungen. I. Anlasstat.** § 413 setzt das Vorliegen einer **rechtswidrigen (Anlass-) Tat** voraus, welche jedoch keine typische Symptomtat für Schuld- bzw. Verfahrensunfähigkeit darstellen muss (KK-StPO/*Maur* § 413 Rn. 11; KMR/*Metzger* § 413 Rn. 3) und die **Prognose**, dass der Täter aufgrund seiner krankhaften Veranlagung eine Gefährdung für die Allgemeinheit darstellt (BGHSt 5, 140 [143]).

5 **II. Undurchführbarkeit eines Strafverfahrens.** Das Sicherungsverfahren kann nur beantragt werden, wenn ein Strafverfahren wegen **Schuldunfähigkeit** oder **Verhandlungsunfähigkeit** des Beschuldigten nicht durchgeführt werden kann und nach dem Stand der Ermittlungen die Anordnung einer Maßnahme i.S.d. § 71 StGB in einem selbstständigen Verfahren zu erwarten ist (KK-StPO/*Maur* § 413 Rn. 5).

6 Keinerlei Rolle spielt, ob die StA von der Anklageerhebung von Anfang an absieht oder die bereits erhobene Klage nach § 156 zurücknimmt oder das Gericht die Eröffnung des Hauptverfahrens wegen Schuld- oder Verhandlungsunfähigkeit ablehnt (BGH JR 2002, 473; LR/*Gössel* § 413 Rn. 3). Denn der Antrag nach § 413 kann auch noch im Beschwerdeverfahren nach § 210 Abs. 2 gestellt werden (BGH JR 2002, 473); § 211 gilt nicht (RGSt 72, 143 [145]; BGHSt 47, 52 [53]; LR/*Gössel* § 413 Rn. 3). Ein Übergang vom eröffneten Strafverfahren zum selbstständigen Sicherungsverfahren ist aber unzulässig (s. § 416 Rdn. 2; BGHSt 46, 345 [346]; 47, 52 [53]).

7 **1. Schuldunfähigkeit.** Für den Mangel an Schuldfähigkeit zum Tatzeitpunkt gilt § 20 StGB. Trotz des Wortlautes der §§ 71 StGB, 413 StPO muss diese nicht positiv feststehen. Vielmehr reicht es aus, dass sie nicht auszuschließen ist, sofern zumindest erheblich verminderte Schuldfähigkeit feststeht (BGHSt 22, 1 [3]; KK-StPO/*Maur* § 413 Rn. 8; HK-GS/*Koch* § 413 Rn. 2; a.A. SK-StPO/*Degener* § 413 Rn. 7; *Hanack* JZ 1974, 54 [56]). Andernfalls würden sich Lücken auftun (KMR/*Metzger* § 413 Rn. 4); denn auch dann ist die Durchführung eines regulären Strafverfahrens nicht möglich. Die weite Auslegung über den Wortlaut hinaus ist als prozessuale Konsequenz der materiellen Regelungen zu tragen (BGHSt 18, 167 [168]; 22, 1 [4]; LR/*Gössel* § 413 Rn. 4 ff.; KK-StPO/*Maur* § 413 Rn. 8; a.A. *Sax* JZ 1968, 531 [533]) und ist durch rechtssystematische Überlegungen begründet. Da zudem ein erhebliches Sicherungsbedürfnis besteht, streitet auch die teleologische Auslegung für ein weites Verständnis (AnwK-StPO/*Böttger* § 413 Rn. 5; a.A. *Foth* JZ 1963, 604 [605]; *Hanack* JZ 1974, 54 [56]).

8 **Verminderte Schuldfähigkeit** allein rechtfertigt kein Sicherungsverfahren (BGHSt 31, 132 [136]; Radtke/Hohmann/*Börner* § 413 Rn. 11). Mangelnde strafrechtliche Verantwortlichkeit und **fehlende Reife** gem. § 3 JGG stellen keine Schuldunfähigkeit i.S.d. § 71 StGB dar (BayObLGSt 1958, 263 [264]; Graf/*Temming* § 413 Rn. 3.1). Liegen jedoch ebenfalls die Voraussetzungen des § 20 StGB vor, kann das Sicherungsverfahren durchgeführt werden (BGHSt 26, 67 [68 f.]; OLG Jena NStZ-RR 2007, 217 [218]).

9 **2. Verhandlungsunfähigkeit.** Um eine klare Abgrenzung zu den Fällen des § 205 zu erreichen, darf die Verhandlungsunfähigkeit nicht vorübergehend sein, sie muss **dauerhaft** bestehen (BGHSt 46, 345 [346 f.]; OLG Düsseldorf NJW 1998, 395 [396]). Damit auch hier jedenfalls eine Verfahrensart die Situation auffängt, genügt die nicht auszuschließende andauernde Verhandlungsunfähigkeit (LR/*Gössel* § 413 Rn. 9; KK-StPO/*Maur* § 413 Rn. 9; Meyer-Goßner/*Schmitt* § 413 Rn. 5; a.A. SK-StPO/*Degener* § 413 Rn. 10).

10 Verhandlungsunfähigkeit und Schuldunfähigkeit können zusammentreffen, wobei bei der Tat zumindest eine erheblich verminderte Schuldunfähigkeit vorliegen muss, weil die Verhängung von Maßnahmen sonst per se ausscheidet (KMR/*Metzger* § 413 Rn. 5).

11 **3. Keine anderen Hinderungsgründe.** Neben der Schuld- oder Verhandlungsunfähigkeit dürfen keine anderen Gründe vorliegen, die die Durchführung des Strafverfahrens ausschließen; § 413 stellt eine abschließende Regelung dar (Radtke/Hohmann/*Börner* § 413 Rn. 10). Inwiefern die einzelnen Verfahrenshindernisse sich auf das Sicherungsverfahren auswirken, ist umstritten (LR/*Gössel* § 413 Rn. 10 ff.), jedoch schließt die Verjährung schon nach dem Wortlaut des § 78 StGB auch die Verhängung von Maßnahmen aus (SSW-StGB/*Rosenau* § 78 Rn. 9). Fehlen Strafantrag oder andere Prozessvoraussetzungen, ist die Durchführung des Sicherungsverfahrens gehindert (RGSt 71, 218 [219]; 73, 155 [156]; BGHSt 31, 132 [134]; a.A. auf alter Rechtslage BGHSt 5, 140 [141 f.]).

12 **III. Antrag der StA.** Nötig ist ein **Antrag der StA** (Graf/*Temming* § 413 Rn. 8). Die Antragstellung muss **ausdrücklich** erfolgen. Weder ein konkludenter Antrag noch die Zustimmung zum Übergang ins Sicherungsverfahren reichen aus (SK-StPO/*Degener* § 413 Rn. 4). Der Antrag steht im **pflichtgemäßen Ermessen** der StA (RGSt 72, 143 [144]; BGHSt 47, 52 [53 f.]), das Legalitätsprinzip findet keine Anwendung (BGH NStZ-RR 2007, 339; Meyer-Goßner/*Schmitt* § 413 Rn. 10). Die Einstellung des Vorverfahrens wegen Zweifeln am Tatverdacht steht dem § 413 entgegen.

13 **C. Verfahrensfragen.** Durch den Verweis in § 414 auf die allgemeinen Regelungen ist der Antrag zur Durchführung des Sicherungsverfahrens mit der Anklageerhebung zu vergleichen. Insoweit ist die Antragstellung nur zulässig, wenn nach staatsanwaltschaftlicher **Prognose** die Wahrscheinlichkeit der Maßregelanordnung überwiegt (*Lüttger* GA 1957, 210). Wird das Verfahren wegen Schuldunfähigkeit angestrebt, muss zusätzlich dargelegt werden, dass der Täter eine rechtswidrige Tat im Zustand der Schuldunfähigkeit bzw. im Zustand nicht auszuschließender Schuldunfähigkeit begangen hat und aufgrund seines Zustandes erhebliche Gefahren für die Allgemeinheit zu erwarten sind (Rdn. 4; LR/*Gössel* § 413 Rn. 19 f.).

14 Im Sicherungsverfahren ist nach § 140 Abs. 1 Nr. 7 die **Verteidigung** stets **notwendig**.

§ 414 Verfahren; Antragsschrift

(1) Für das Sicherungsverfahren gelten sinngemäß die Vorschriften über das Strafverfahren, soweit nichts anderes bestimmt ist.

(2) [1]Der Antrag steht der öffentlichen Klage gleich. [2]An die Stelle der Anklageschrift tritt eine Antragsschrift, die den Erfordernissen der Anklageschrift entsprechen muss. [3]In der Antragsschrift ist die Maßregel der Besserung und Sicherung zu bezeichnen, deren Anordnung die Staatsanwaltschaft beantragt. [4]Wird im Urteil eine Maßregel der Besserung und Sicherung nicht angeordnet, so ist auf Ablehnung des Antrages zu erkennen.

(3) Im Vorverfahren soll einem Sachverständigen Gelegenheit zur Vorbereitung des in der Hauptverhandlung zu erstattenden Gutachtens gegeben werden.

1 **A. Verweis auf das allgemeine Prozessrecht, Abs. 1.** § 414 bestimmt die inhaltliche Ausgestaltung des Sicherungsverfahrens. Neben den speziellen Bestimmungen des § 414 Abs. 2 und 3 und der §§ 415, 416 gelten die allgemeinen Regelungen zum Strafverfahren **subsidiär** und **entsprechend** (LR/*Gössel* § 414 Rn. 1). Sie treten zurück, sofern sie den Grundsätzen des Sicherungsverfahrens entgegenstehen (OLG Nürnberg NJW 1999, 3647 [3648]; Graf/*Temming* § 414 Rn. 1), etwa ist die Kostenübertragung bei vorwerfbarem Verhalten aufgrund von § 467 Abs. 3 Satz 2 Nr. 2 bei schuldunfähig Erkrankten nicht möglich (BGH NStZ-RR 2021, 64). Die Verweisnorm des Abs. 1 ist nötig, weil das Sicherungsverfahren kein Strafverfahren darstellt.

2 Spätestens im Sicherungsverfahren ist der **Verteidiger** (§ 140 Abs. 1 i.V.m. § 141 Abs. 1 Nr. 7) zu bestellen. Der nach Abs. 3 hinzuzuziehende **Sachverständige** soll in Ergänzung des § 80a schon im Ermittlungsverfahren mitwirken (Meyer-Goßner/*Schmitt* § 414 Rn. 7), ein Betreuer (§ 1896 BGB) sollte gehört werden (BGH NStZ 1996, 610).

3 Es findet ein förmliches Zwischenverfahren statt. Das Verfahren ist zu **eröffnen**, wenn die hinreichende Wahrscheinlichkeit der Maßregelanordnung besteht (§§ 203, 207), andernfalls ist nach § 204 zu verfahren (KK-StPO/*Maur* § 414 Rn. 1).

4 Die Zulässigkeit der **Nebenklage** ist inzwischen überwiegend anerkannt (BGHSt 47, 202 [204 f.]; BGH NJW 2002, 692; OLG Hamburg NJW 2001, 238 [239]; AnwK-StPO/*Böttger* § 414 Rn. 3; KK-StPO/*Maur* § 414 Rn. 4; a.A. *Pfeiffer* FS Meyer-Goßner, S. 705 [706]), sofern die Anlasstat unter den Katalog des § 395 fällt. Das Opfer nimmt Teil am Schutzzweck des Sicherungsverfahrens und kann im Speziellen von einer Maßregel profitieren, die es vor neuen Angriffen bewahrt. Allgemein unzulässig sind jedoch die **Privatklage** und das **Adhäsionsverfahren** (KMR/*Metzger* § 414 Rn. 39 f.).

5 Zur Möglichkeit der **Einstellung** nach den §§ 153 ff. besteht Uneinigkeit (vgl. SK-StPO/*Degener* § 414 Rn. 14). Die zutreffende Ansicht differenziert danach, ob die Einstellungsregeln von der Schuld abhängen, wie die §§ 153, 153a und 153b, jeweils Abs. 2. Da im Sicherungsverfahren die Schuldunfähigkeit besteht oder zumindest nicht auszuschließen ist (§ 413 Rdn. 7), kommt insofern eine Einstellung nicht in Betracht (AnwK-StPO/*Böttger* § 414 Rn. 2; LR/*Gössel* § 414 Rn. 26). Anwendbar bleiben die schuldindifferenten Einstellungen nach den §§ 154 Abs. 2, 154a Abs. 2, 154b Abs. 4.

6 **B. Antragsschrift und zuständiges Gericht.** An die **Antragsschrift** stellt Abs. 2 besondere Voraussetzungen, weil sie als Anklageschrift im fortgeführten Verfahren dient, wenn der Antrag auf selbstständige Anordnung einer Maßregel abgelehnt wird (Abs. 2 Satz 4 i.V.m. § 416). Die Antragsschrift ist eine echte **Prozessvoraussetzung** (BGH NStZ-RR 2021, 221; HK-StPO/*Pollähne* § 414 Rn. 6). Daher darf bei Vorliegen lediglich einer Anklageschrift nicht einfach das Hauptverfahren im Sicherungsverfahren eröffnet werden (RGSt 72,

143; *Weßlau* JR 2002, 475), weil dann das bestehende Ermessen der StA berührt wird (BGH NStZ-RR 2021, 221). Die Antragsschrift steht der öffentlichen Klage gleich (Abs. 2 Satz 1), führt mithin zur Rechtshängigkeit.

7 Ein bereits wegen **derselben Tat** rechtshängiges Strafverfahren steht dem Sicherungsverfahren entgegen. Eine Verbindung der beiden Verfahren nach §§ 4, 5 kann nicht erfolgen, weil es sich nicht um verschiedene Taten handelt, sondern um dieselbe prozessuale Tat, die in verschiedenen Verfahren abgeurteilt werden soll (KK-StPO/*Maur* § 4 Rn. 12). Das ursprüngliche Strafverfahren ist somit fortzusetzen und abzuschließen (BGHSt 22, 185 [187]; *Hanack* JZ 1974, 54 [57]). Zulässig ist aber, mit einer Anklageschrift hilfsweise einen Sicherungsantrag zu verbinden (BGHSt 47, 52 [53]).

8 Für die Bestimmung der **Zuständigkeit** gelten die allgemeinen Vorschriften des GVG. So ist aus dem Zusammenspiel der §§ 24 Abs. 2, 74 GVG zu entnehmen, ob das AG oder das LG zuständig ist. Letzteres ist immer dann zuständig, wenn die Unterbringung in einem psychiatrischen Krankenhaus im Raum steht. Auch die funktionale Zuständigkeit bestimmt sich nach den allgemeinen Regelungen (§§ 24, 25, 74, 74a, 74c, 120 GVG). Für **Jugendliche** und **Heranwachsende** gelten die Vorschriften des JGG (§§ 40, 41, 109 JGG; OLG Stuttgart NStZ 1988, 225; OLG Saarbrücken NStZ 1985, 93).

9 **C. Urteil und Strafklageverbrauch.** Falls es nicht zur Einstellung kommt (Rdn. 5), ergeht ein **Urteil.** Es gilt § 260. Das Urteil lautet entweder auf Anordnung der beantragten Maßregel oder auf Ablehnung des Antrags. Die Anlasstat, wegen der die Maßregel angeordnet wird, erscheint nicht im Urteilsspruch (BGH MDR 1985, 449; Meyer-Goßner/*Schmitt* § 414 Rn. 6). Unzulässig ist ein Urteil, das auf Freispruch oder Teilfreispruch lautet (BGH NJW 1970, 1242; NStZ-RR 2004, 68; OLG München NStZ-RR 2012, 262 [263]). Bestehen Zweifel, ob der Beschuldigte die Tat tatsächlich begangen hat oder noch andere Gründe außer der Schuldunfähigkeit in Betracht kommen, die eine Verurteilung verhindern (Rechtfertigung; Rücktritt), ist die Anordnung abzulehnen (BGHSt 13, 91 [94]; 31, 132 [134]; vgl. auch 58, 243 [244]). Da der Antrag im Sicherungsverfahren der Klage im Strafverfahren gleichsteht, bewirkt die Ablehnung des Antrags wie der Freispruch im Strafverfahren einen **Strafklageverbrauch** (BGHSt 16, 198 [199]). Ebenso hindert im Ergebnis die Anordnung einer Maßregel ein weiteres Verfahren wegen derselben prozessualen Tat (BGHSt 11, 319 [322]).

10 **D. Rechtsmittel.** Gegen das Urteil sind die in der StPO vorgesehenen **Rechtsmittel** zulässig. Ein Rechtsmittelverzicht des Beschuldigten ist trotz eventueller Einschränkungen der Schuldfähigkeit wirksam, solange man davon ausgehen kann, dass er Zweck und Umfang seiner Erklärung verstanden hat. Dafür muss die Verhandlungsfähigkeit gegeben sein (BGH NStZ 1999, 526 [527]; KMR/*Metzger* § 414 Rn. 33).

§ 415 Hauptverhandlung ohne Beschuldigten

(1) Ist im Sicherungsverfahren das Erscheinen des Beschuldigten vor Gericht wegen seines Zustandes unmöglich oder aus Gründen der öffentlichen Sicherheit oder Ordnung unangebracht, so kann das Gericht die Hauptverhandlung durchführen, ohne daß der Beschuldigte zugegen ist.

(2) [1]In diesem Falle ist der Beschuldigte vor der Hauptverhandlung durch einen beauftragten Richter unter Zuziehung eines Sachverständigen zu vernehmen. [2]Von dem Vernehmungstermin sind die Staatsanwaltschaft, der Beschuldigte, der Verteidiger und der gesetzliche Vertreter zu benachrichtigen. [3]Der Anwesenheit des Staatsanwalts, des Verteidigers und des gesetzlichen Vertreters bei der Vernehmung bedarf es nicht.

(3) Fordert es die Rücksicht auf den Zustand des Beschuldigten oder ist eine ordnungsgemäße Durchführung der Hauptverhandlung sonst nicht möglich, so kann das Gericht im Sicherungsverfahren nach der Vernehmung des Beschuldigten zur Sache die Hauptverhandlung durchführen, auch wenn der Beschuldigte nicht oder nur zeitweise zugegen ist.

(4) [1]Soweit eine Hauptverhandlung ohne den Beschuldigten stattfindet, können seine früheren Erklärungen, die in einem richterlichen Protokoll enthalten sind, verlesen werden. [2]Das Protokoll über die Vorvernehmung nach Absatz 2 Satz 1 ist zu verlesen.

(5) [1]In der Hauptverhandlung ist ein Sachverständiger über den Zustand des Beschuldigten zu vernehmen. [2]Hat der Sachverständige den Beschuldigten nicht schon früher untersucht, so soll ihm dazu vor der Hauptverhandlung Gelegenheit gegeben werden.

Übersicht

1 **A. Grundsätzliches.** § 415 bildet eine Sonderregel zu den §§ 230, 231, 285. Grds. gilt auch im Sicherungsverfahren die Prämisse, dass nur gegen den anwesenden Betroffenen (z. Begriff s. § 413 Rdn. 1) das Verfahren geführt wird (AnwK-StPO/*Böttger* § 415 Rn. 2). Er hat das Recht auf und die Pflicht zur Anwesenheit. Nach Abs. 1 und 3 können mit Blick auf die **Konstitution** des Betroffenen oder aus Gründen der **öffentlichen Sicherheit und Ordnung** die komplette Verhandlung oder Teile ohne ihn durchgeführt werden. Denn die Schuld- oder Verhandlungsunfähigkeit ist Voraussetzung des § 413 und kann die Durchführung des Sicherungsverfahrens daher nicht scheitern lassen. Mit Blick auf Art. 103 Abs. 1 GG und die Eingriffsintensität mancher Maßregel ist § 415 aber als **ultima ratio** zu sehen und eng auszulegen (Radtke/Hohmann/*Börner* § 415 Rn. 2).

2 Im Fall der kompletten oder teilweisen Abwesenheit des Betroffenen muss der notwendige Verteidiger die Betroffenenrechte für diesen im Rahmen des § 234 wahrnehmen und ununterbrochen anwesend sein. Ist der Betroffene selbst anwesend, kann dieser seine prozessualen Rechte selbst wahrnehmen (Meyer-Goßner/*Schmitt* § 415 Rn. 1). Durch ihn vorgenommene und nachteilige Prozesshandlungen sind grds. wirksam, es sei denn, das Gericht stellt dessen Unfähigkeit fest, prozessual wirksame Handlungen vorzunehmen (OLG Hamm NJW 1973, 1894; enger LR/*Gössel* § 415 Rn. 9).

3 **B. Verfahren ohne den Betroffenen.** Gem. **Abs. 1** kann das Gericht durch **Beschluss** (KK-StPO/*Maur* § 415 Rn. 3) entscheiden, dass die Hauptverhandlung in Abwesenheit des Betroffenen durchgeführt wird. In diesem Fall ist die Vorvernehmung nach **Abs. 2** anzuordnen.

4 **I. Gründe. 1. Zustand des Betroffenen.** Das Erscheinen ist aufgrund des **Zustands** des Betroffenen unmöglich, wenn dieser transportunfähig ist oder sich die Verhandlung nachteilig auf dessen körperlichen oder geistigen Zustand auszuwirken droht (LR/*Gössel* § 415 Rn. 2), etwa bei Suizidgefahr (KMR/*Metzger* § 415 Rn. 9). Mag auch die Anwesenheit aufgrund der Auffassungsgabe und des Geisteszustands des Betroffenen als Farce anmuten (KMR/*Metzger* § 415 Rn. 10), genügt die bloße geistig bedingte Verhandlungsunfähigkeit nicht (Meyer-Goßner/*Schmitt* § 415 Rn. 2; KK-StPO/*Maur* § 415 Rn. 4, 5; LR/*Gössel* § 415 Rn. 2); denn es entspricht dem anerkannten Stand der Ethik, dass auch der **natürliche Wille** der nicht einwilligungsfähigen Person relevant sein kann und folglich auch im Sicherungsverfahren zu beachten ist.

5 **2. Durchführung der Hauptverhandlung.** Das Verhandeln in Abwesenheit aus Gründen der **öffentlichen Sicherheit oder Ordnung** ist dann angezeigt, wenn der Betroffene zu Übergriffen oder zum Ausbruch im Rahmen des Transports zur Hauptverhandlung oder während dieser neigt, etwa durch unkontrollierbare Tobsuchtsanfälle oder tätliche Angriffe gegen Anwesende (LR/*Gössel* § 415 Rn. 2) und keine Mittel vorhanden sind, um diesen entgegenzutreten. Bloße Lästigkeiten genügen nicht (Radtke/Hohmann/*Börner* § 415 Rn. 4).

6 **II. Vorvernehmung, Abs. 2.** Nach Abs. 2 ist eine Vernehmung vor der Hauptverhandlung durchzuführen, um dem Betroffenen eine Chance zur Äußerung zu geben und zumindest einen mittelbaren Eindruck von der Persönlichkeit zu bekommen (LR/*Gössel* § 415 Rn. 3). So wird der Grundsatz des rechtlichen Gehörs so weit als möglich beachtet. Das Vernehmungsprotokoll wird in der Hauptverhandlung verlesen, **Abs. 4 Satz 2**. Der **beauftragte Richter** muss Mitglied des Spruchkörpers sein, bei dem das Verfahren anhängig ist, muss aber nicht selbst im Rahmen der Hauptverhandlung an der Urteilsfindung mitwirken (BGHSt 2, 1). Grundlage des Urteils bildet das verlesene Protokoll. Die persönlichen Eindrücke des vernehmenden Richters können aufgrund § 261 nur im Rahmen einer Zeugenvernehmung in das Verfahren eingeführt werden (LR/*Gössel* § 415 Rn. 3).

7 Für die Vernehmung des Betroffenen ist nach Abs. 2 ein **Sachverständiger** hinzuzuziehen, der grds. während der gesamten Vernehmung zugegen sein muss (RGSt 72, 182 [183]), Verstöße sind jedoch heilbar (KMR/*Metzger* § 415 Rn. 17; *Schmid* JZ 1969, 757 [760]). Es bietet sich an, für die Vernehmung nach Abs. 2 denjenigen Sachverständigen heranzuziehen, der dann nach Abs. 5 in der Hauptverhandlung Bericht erstatten soll (LR/*Gössel* § 415 Rn. 4).

8 Nach **Abs. 2 Satz 2** sind die **Beteiligten** zu benachrichtigen. Da es ihrer Anwesenheit nicht bedarf, **Abs. 2 Satz 3**, hat die Benachrichtigung in der Regel nicht förmlich als Ladung zu erfolgen. Der Betroffene ist nur dann gem. § 216 förmlich zu laden, wenn er sich auf freiem Fuß befindet (Meyer-Goßner/*Schmitt* § 415 Rn. 7; LR/*Gössel* § 415 Rn. 4).

9 **C. Teilweise Abwesenheit, Abs. 3.** In Abs. 3 sind die Voraussetzungen für den Fall normiert, dass die Hauptverhandlung aufgrund eines Beschlusses zumindest teilweise ohne den Betroffenen durchgeführt wird, wenn Abs. 1 nicht die vollständige Verhandlung in Abwesenheit zulässt. Das verlangt aber, dass der Betroffene zumindest zur Sache **vernommen** wurde (§ 243 Abs. 4 Satz 2). Die weiteren Umstände ähneln denen des Abs. 1. Es geht darum, den Betroffenen zu schonen oder die Durchführbarkeit der Hauptverhandlung zu ermöglichen (LR/*Gössel* § 415 Rn. 5 f.). Ist der Betroffene gar nicht erschienen, gilt § 230 (Meyer-Goßner/*Schmitt* § 415 Rn. 8). Abs. 3 stellt keine Grundlage für einen zwangsweisen Verweis aus dem Sitzungssaal dar; hier gelten die §§ 247 und 177 GVG.

10 Nimmt der teilweise abwesende Betroffene vor der Urteilsverkündung wieder an der Verhandlung teil, ist entgegen § 247 Abs. 1 Satz 3 eine Unterrichtung über die wesentlichen verhandelten Inhalte nicht zwingend (Meyer-Goßner/*Schmitt* § 415 Rn. 9; a.A. KMR/*Metzger* § 415 Rn. 24), jedoch als nobile officium angezeigt, wenn der Zustand des Betroffenen es erlaubt. Sie kann i.S. einer umfassenden Sachaufklärung geboten sein (LR/*Gössel* § 415 Rn. 7).

11 **D. Verlesung richterlicher Vernehmungsprotokolle, Abs. 4.** Im Sicherungsverfahren können richterliche Vernehmungsprotokolle über § 254 hinaus verlesen werden; im Fall des Abs. 1 ist die Verlesung sogar **zwingend**, Abs. 4 Satz 2. Verlesen werden kann jedes Protokoll über eine Vernehmung der Person, auch eine aus dem zunächst betriebenen Strafverfahren (LR/*Gössel* § 415 Rn. 6). Die Verlesung ist ins Hauptverhandlungsprotokoll aufzunehmen (§ 274; SK-StPO/*Degener* § 415 Rn. 13) und erfolgt auf Verfügung des Vorsitzenden hin, eines Beschlusses bedarf es also nicht (KMR/*Metzger* § 415 Rn. 28).

12 **E. Obligatorischer Sachverständiger in der Hauptverhandlung, Abs. 5.** Abs. 5 regelt die Einbeziehung des Sachverständigen, der in der Hauptverhandlung zu vernehmen ist, und zwar über § 246a hinausreichend auch bei einem auf den Führerscheinentzug oder ein Berufsverbot gerichteten Antrag. Ob § 246a selbst keine Anwendung findet (so BGH NJW 1967, 990; KK-StPO/*Maur* § 415 Rn. 12), ist daher nicht von Belang. Die Anhörung des Sachverständigen ist **obligatorisch**, was in der Praxis bisweilen nicht beachtet wird (vgl. *Leygraf* Alkoholabhängige Straftäter, S. 231 ff.). Als Sachverständige sind primär Fachärzte für Psychiatrie, ggf. auch für Psychologie geeignet (AnwK-StPO/*Böttger* § 415 Rn. 12). Feste Regeln für die Auswahl existieren nicht (Venzlaff/Foerster et al./*Rosenau* S. 155). Im Rahmen der Hauptverhandlung ist der Sachverständige immer zu hören, auch wenn nur der Entzug der Fahrerlaubnis oder die Verhängung eines Berufsverbots im Raum steht (LR/*Gössel* § 415 Rn. 10). Im Gegensatz zur Vorvernehmung muss der Sachverständige der Hauptverhandlung nicht ununterbrochen beiwohnen (BGH StV 1999, 470; HK-StPO/*Pollähne* § 415 Rn. 11). Satz 2 ist inhaltsgleich mit § 246a Satz 3.

13 **F. Rechtsmittel.** Gegen den Beschluss, die Hauptverhandlung ganz oder teilweise ohne den Betroffenen durchzuführen, ist die Beschwerde **nicht** statthaft (§ 305 Satz 1), auch § 231a Abs. 3 Satz 3 ist nicht entsprechend heranzuziehen (OLG Koblenz MDR 1976, 602). Der unzulässige Ausschluss des Betroffenen ist im Rahmen der **Revision** nach § 338 Nr. 5 zu rügen. Wird der Betreuer des Betroffenen nicht gehört, obgleich das nach § 244 Abs. 2 geboten war, kann dies mit der Verfahrensrüge moniert werden (BGH NStZ 1996, 610).

§ 416 Übergang in das Strafverfahren

(1) [1]Ergibt sich im Sicherungsverfahren nach Eröffnung des Hauptverfahrens die Schuldfähigkeit des Beschuldigten und ist das Gericht für das Strafverfahren nicht zuständig, so spricht es durch Beschluß seine Unzuständigkeit aus und verweist die Sache an das zuständige Gericht. [2] § 270 Abs. 2 und 3 gilt entsprechend.

(2) [1]Ergibt sich im Sicherungsverfahren nach Eröffnung des Hauptverfahrens die Schuldfähigkeit des Beschuldigten und ist das Gericht auch für das Strafverfahren zuständig, so ist der Beschuldigte auf die veränderte Rechtslage hinzuweisen und ihm Gelegenheit zur Verteidigung zu geben. [2]Behauptet er, auf die Verteidigung nicht genügend vorbereitet zu sein, so ist auf seinen Antrag die Hauptverhandlung auszusetzen. [3]Ist auf Grund des § 415 in Abwesenheit des Beschuldigten verhandelt worden, so sind diejenigen Teile der Hauptverhandlung zu wiederholen, bei denen der Beschuldigte nicht zugegen war.

(3) Die Absätze 1 und 2 gelten entsprechend, wenn sich im Sicherungsverfahren nach Eröffnung des Hauptverfahrens ergibt, dass der Beschuldigte verhandlungsfähig ist und das Sicherungsverfahren wegen seiner Verhandlungsunfähigkeit durchgeführt wird.

Übersicht

A. Allgemeine Voraussetzungen. Der Paragraf stellt die Grundlage für die **Überleitung** des Sicherungsverfahrens ins Strafverfahren dar. Ergibt sich im Laufe des Verfahrens die Schuldfähigkeit (Abs. 1, 2) oder die Verhandlungsfähigkeit (Abs. 3) des Betroffenen, hat das Gericht von Amts wegen durch **Beschluss** entweder an das zuständige Gericht zu verweisen oder im Fall der eigenen Zuständigkeit ins Strafverfahren überzugehen. Für eine Fortführung des Sicherungsverfahrens ist kein Platz mehr (SK-StPO/*Degener* § 416 Rn. 1). Sofern nur **Zweifel** an der **Verhandlungs- oder Schuldunfähigkeit** bestehen, wird das Sicherungsverfahren indes weitergeführt, weil sich dann noch nichts anderes ergeben hat (BGHSt 16, 198 [199]; BGH NJW 1961, 2170 f.; KK-StPO/*Maur* § 416 Rn. 1). Gleiches hat auch bei lediglich hinreichender Wahrscheinlichkeit zu gelten (LR/*Gössel* § 416 Rn. 8; Meyer-Goßner/*Schmitt* § 416 Rn. 3). Nova bedarf es nicht, schon eine andere Beurteilung der bisherigen Lage ist ausreichend (KK-StPO/*Maur* § 416 Rn. 1). 1

Der Wortlaut scheint die Überleitung erst im Rahmen der Hauptverhandlung zuzulassen. Das ist nicht sachgerecht (Meyer-Goßner/*Schmitt* § 416 Rn. 4; a.A. HK-StPO/*Pollähne* § 416 Rn. 2; SK-StPO/*Degener* § 416 Rn. 2). Eine Überleitung muss auch schon im **Zwischenverfahren** möglich sein. Denn da gem. § 414 Abs. 2 Satz 1 die Antragsschrift auch als Anklageschrift zählt, hat das Gericht – hält es die Voraussetzungen für das Strafverfahren, namentlich das Vorliegen der Schuld- und Verhandlungsfähigkeit entgegen der Ansicht der StA für gegeben – im Strafverfahren zu eröffnen (*Peters* S. 572). Dagegen ist umgekehrt die **Überleitung** aus dem Strafverfahren **ins Sicherungsverfahren** weder möglich (BGHSt 46, 345 [346]; 47, 52 [53]; BGH NStZ 2016, 693) noch nötig, weil notfalls freigesprochen werden kann und Maßregeln der Besserung und Sicherung selbstständig im Urteil angeordnet werden können (KK-StPO/*Maur* § 416 Rn. 9; AnwK-StPO/*Böttger* § 416 Rn. 5). 2

I. Verfahren bei Unzuständigkeit, Abs. 1. Ist das Gericht des Sicherungsverfahrens sachlich unzuständig, hat es seine Unzuständigkeit durch Beschluss festzustellen und an das zuständige Gericht zu **verweisen** (LR/*Gössel* § 416 Rn. 6). Hier kann auch eine Verweisung an ein niederes Gericht erfolgen, weil nur § 270 Abs. 2 und 3 für entsprechend anwendbar erklärt werden, nicht § 269, der i.V.m. § 270 einem solchen Verweis entgegenstehen würde (BGHSt 21, 334 [357]; NJW 1968, 710 [712]; Radtke/Hohmann/*Börner* § 416 Rn. 3). Jedoch besteht weiterhin die Pflicht, bei besonderem öffentlichen Interesse vor dem LG zu eröffnen, §§ 24 Abs. 1 Nr. 3, 74 Abs. 1 Satz 2 GVG (AnwK-StPO/*Böttger* § 416 Rn. 6). 3

An ein Gericht besonderer Zuständigkeit (§ 74e GVG) muss nur dann verwiesen werden, wenn die Sonderzuständigkeit noch beachtlich ist, weil nach § 6a Satz 2 und 3 der Betroffene rechtzeitig die Sonderzuständigkeit gerügt hat, also noch nicht zur Sache in der Hauptverhandlung vernommen wurde (KMR/*Metzger* § 416 Rn. 6). Andernfalls ist gem. Abs. 2 vor der Strafkammer zu verhandeln (BGHSt 30, 187 [188]). 4

Der Verweisungsbeschluss hat die Wirkung eines **Eröffnungsbeschlusses** (Abs. 1 Satz 2 i.V.m. § 270 Abs. 3 Satz 1). Das Verfahren wird beim Verweisungsgericht rechtshängig, und der Beschuldigte ist als Angeklagter zu bezeichnen. 5

II. Verfahren bei Zuständigkeit, Abs. 2. Ist das Gericht auch im Strafverfahren sachlich zuständig, hat gem. Abs. 2 Satz 1 ein **rechtlicher Hinweis** zu erfolgen, der ähnlich wie § 265 gehandhabt wird. Unterlässt das Gericht diesen Hinweis, begeht es zwar einen Verfahrensverstoß, begründet aber kein Verfahrenshindernis (BGH NStZ-RR 2020, 379 [380 f.]) Das Sicherungsverfahren geht automatisch in das Strafverfahren über; im Grunde kann sofort weiterverhandelt werden. 6

Der Angeklagte oder der Verteidiger können jedoch den sofortigen Fortgang der Verhandlung dadurch unterbinden, dass sie die unzureichende Vorbereitung auf die Verteidigung behaupten. Das führt zu einer **zwingenden Aussetzung** gem. § 229 (BGHSt 13, 337 [342]). Dem Gericht steht insoweit kein Beurteilungsspielraum zu. Auch der Versuch, dem Beschuldigten die Aussetzungsmöglichkeiten zu verkürzen, indem zu Beginn des Verfahrens der Hinweis ergeht, dass die Möglichkeit der Überleitung besteht, ist unzulässig (BGHSt 23, 304 [306]). Die Dauer der Aussetzung liegt grds. im pflichtgemäßen Ermessen des Gerichts (AnwK-StPO/*Böttger* § 416 Rn. 7). Als Minus zur Aussetzung wird dem Angeklagten das Recht zuzugestehen sein, eine **Unterbrechung** innerhalb der Fristen des § 229 herbeizuführen (BGHSt 13, 121 [123]). 7

In der Hauptverhandlung des Strafverfahrens sind die Teile, die nach § 415 in Abwesenheit des Beschuldigten stattgefunden haben, **nachzuholen**; früher gewonnene Beweise sind nicht verwertbar (Meyer-Goßner/*Schmitt* § 416 Rn. 8). Entbehrlich ist eine Nachholung dann, wenn auch im Strafverfahren ein Verhandeln ohne den Angeklagten gem. §§ 231b, 247 Satz 3 möglich gewesen wäre, weil dann keine Benachteiligung des 8

Angeklagten vorliegt. In solchen Fällen ist jedoch eine Unterrichtung des Angeklagten über das Ergebnis nötig, §§ 231b Abs. 2, 247 Satz 4 (LR/*Gössel* § 416 Rn. 11).

9 **B. Rechtskraft.** Ein im Sicherungsverfahren ergangenes Urteil, das auf Anordnung einer Maßregel oder Ablehnung des Antrags lautet, verbraucht die Strafklage hinsichtlich weiterer Straf- oder Sicherungsverfahren (BGHSt 11, 319 [322]; 16, 198 [199]; *Hanack* JZ 1974, 57). Ein Strafverfahren ist deshalb auch dann unzulässig, wenn sich nach einem Urteil die Schuld- oder Verhandlungsfähigkeit herausstellt (LR/*Gössel* § 414 Rn. 35; Meyer-Goßner/*Schmitt* § 416 Rn. 9).

Abschnitt 2a. Beschleunigtes Verfahren

§ 417 Zulässigkeit

Im Verfahren vor dem Strafrichter und dem Schöffengericht stellt die Staatsanwaltschaft schriftlich oder mündlich den Antrag auf Entscheidung im beschleunigten Verfahren, wenn die Sache auf Grund des einfachen Sachverhalts oder der klaren Beweislage zur sofortigen Verhandlung geeignet ist.

Übersicht

1 **A. Grundsätzliches zum beschleunigten Verfahren.** Das beschleunigte Verfahren stellt neben dem Strafbefehlsverfahren und dem Sicherungsverfahren das dritte **Sonderverfahren** der StPO dar (Radtke/Hohmann/*Otte* § 417 Rn. 1). Es beschränkt sich auf die Strafverfahren vor dem **AG** (BayObLG NStZ 2005, 403 [404]; AnwK-StPO/*Böttger* § 417 Rn. 2; KK-StPO/*Graf* Vor § 417 Rn. 4). Es unterscheidet sich vom regulären Strafverfahren insb. durch den ersatzlosen Verzicht auf eine schriftliche Anklage und das Zwischenverfahren sowie durch eine Verkürzung von Ladungsfristen und Beweisaufnahme (Graf/*Temming* § 417 Vorbem.).

2 Ziel des Verfahrens soll sein, der Tat die Strafe auf dem Fuße folgen zu lassen (BT-Drs. 12/6853, S. 34; *Beulke/Swoboda* Rn. 804). Durch solch eine schnelle Reaktion soll in Bagatellfällen die **spezial- und generalpräventive Wirkung** des Strafrechts in besonderer Weise zum Tragen kommen (AK-StPO/*Loos* Vor § 417 Rn. 3). Hinzu treten die **Entlastung** der Strafjustiz, deren Ressourcen geschont werden, sowie – auch i.S.d. Beschuldigten – die allgemeine **Beschleunigungsmaxime.**

3 Das Verfahren ist nicht unerheblicher **Kritik** ausgesetzt; denn es bewegt sich wie jegliche Form der Verfahrensbeschleunigung im Spannungsfeld zwischen effektiver Strafrechtspflege und dem Anspruch des Angeklagten auf ein rechtsstaatliches Verfahren. Letztlich laufe es auf eine Form des **kurzen Prozesses** hinaus, der ein schlechter Prozess sei und zu unsachgemäßen Ergebnissen führe (*Scheffler* NJW 1994, 2191 [2195]). In der Tat scheint es beim alten beschleunigten Verfahren nach den §§ 212 bis 212b a.F. zu Missbräuchen im Rahmen der Studentenproteste der 60er Jahre gekommen zu sein (*Schröer* Das beschleunigte Strafverfahren, 1998, S. 49 f.). Es komme zu einer übereilten Entscheidung, so die Einwände; die Verteidigungsrechte seien stark limitiert. Die Justizförmigkeit des Strafprozesses leide (*Klesczewski* Rn. 636; *Roxin/Schünemann* § 61 Rn. 1). Durch die Einschränkung der Beweisantragsrechte des Angeklagten kann es mit dem Zusammentreffen einer fehlenden Berufungsmöglichkeit – bei Fällen der Annahmeberufung nach § 313 – dazu kommen, dass Entlastungsbeweise nicht mehr möglich sind. Die Gefahren für die Wahrheitsfindung sind nicht von der Hand zu weisen (*Loos/Radtke* NStZ 1996, 7 [11]; HK-StPO/*Zöller* Vor §§ 417 Rn. 5; Meyer-Goßner/*Schmitt* Vor § 417 Rn. 6; SK-StPO/*Paeffgen* Vor § 417 Rn. 5 f.). Das Institut als solches ist aber nicht verfassungswidrig (OLG Frankfurt NStZ-RR 1997, 273), es wird aber zutreffend eine **restriktive Auslegung** der §§ 417 ff. verlangt (AK-StPO/*Loos* Vor § 417 Rn. 8).

4 Der Kritik wird dadurch an Brisanz genommen, dass die Praxis eher vorsichtig vom beschleunigten Verfahren Gebrauch macht. Vor dem Schöffengericht findet das Verfahren so gut wie keine Anwendung (vgl. *Lubitz* Das beschleunigte Verfahren der StPO und seine rechtstatsächliche Durchführung …, 2010, S. 202). Der Anteil an möglichen Strafverfahren bewegt sich mittlerweile bei 1,8 %, allerdings mit deutlich regionalen

Unterschieden. Die Quoten reichen von 0,8 % der amtsgerichtlichen Verfahren in Nordrhein-Westfalen über 1,9 % in Sachsen bis zu 3,4 % in Bayern und 8,5 % in Brandenburg (Statistisches Bundesamt Fachserie 10 Reihe 2.3, Rechtspflege Strafgerichte 2020, S. 24 ff.). Überwiegend wirkt das Gespür der Richter für ein faires Verfahren, welches nach **Art. 6 Abs. 3 lit. b) EMRK** bzw. **Art. 14 Abs. 3 lit. b) IPBPR** gebietet, dem Angeklagten hinreichend Zeit für die Vorbereitung und Ausübung seiner Verteidigungsrechte zu gewähren (SK-StPO/*Paeffgen* Vor §§ 417 Rn. 7; LR/*Gössel* Vor § 417 Rn. 6). Hinzu treten zahlreiche organisatorische Probleme, die dem verkürzten Verfahren im Wege stehen (HK-StPO/*Zöller* Vor §§ 417 Rn. 2). Zu Tendenzen einer Ausweitung der Verfahren s. *Rengier* FS Rogall, 631 [635 ff.], dagegen für eine Begrenzung auf Haftfälle, in denen wegen Fluchtgefahr Untersuchungshaft angeordnet werden kann *Bommer u.a.* AE Abgekürzte Strafverfahren im Rechtsstaat, GA 2019, 1 [108 ff.].

B. Anwendungsbereich. Das beschleunigte Verfahren ist zwar auch vor dem Schöffengericht zulässig, wird 5
in der Praxis aber meist vor dem **Strafrichter** in Verfahren angestrengt, in denen die StA die Beantragung einer Freiheitsstrafe unter 6 Monaten beabsichtigt. Denn in diesen Fällen ist eine Verteidigerbestellung (anders im Strafbefehlsverfahren gem. § 408b) nicht erforderlich (Meyer-Goßner/*Schmitt* § 417 Rn. 1). Vor dem **Schöffengericht** wird es selten relevant werden, weil nach § 419 Abs. 1 Satz 2 allenfalls eine Strafe bis zu einem Jahr Freiheitsstrafe oder eine Maßregel verhängt werden kann. Bei Verbrechen besteht die theoretische Möglichkeit, nach §§ 417 ff. zu verfahren, wenn entweder die Verhängung der Mindeststrafe oder eine Freiheitsstrafe bis zu einem Jahr aufgrund eines minderschweren Falles oder eines Strafmilderungsgrundes zu erwarten ist (AnwK-StPO/*Böttger* § 417 Rn. 2; *Loos/Radtke* NStZ 1996, 7 [8]). Eine Zuständigkeit des **erweiterten Schöffengerichts** scheitert dagegen zum einen am Fehlen eines Eröffnungsverfahrens, in dem dieses gem. § 29 Abs. 2 S. 1 GVG gebildet werden könnte (KMR/*Metzger* § 417 Rn. 4; SK-StPO/*Paeffgen* § 417 Rn. 9; krit. KK-StPO/*Graf* § 417 Rn. 1), zum anderen an der Tatsache, dass es bei erforderlicher Zuziehung eines weiteren Richters aufgrund des Umfangs der Sache konsequenterweise an einem einfachen Sachverhalt fehlen wird (LR/*Gössel* § 417 Rn. 4; a.A. *Deisberg/Hohendorf* DRiZ 1984, 261 [264]). Bei **sachlicher Unzuständigkeit** ist nicht nach § 270 an das höhere Gericht zu verweisen, sondern gem. § 419 Abs. 1 Satz 1 der Antrag auf Verhandlung im beschleunigten Verfahren abzulehnen (RGSt 68, 332 [334]; Meyer-Goßner/*Schmitt* § 417 Rn. 2).

Das Verfahren ist bei **Jugendlichen** nicht anwendbar (§ 79 Abs. 2 JGG); stattdessen ist das vereinfachte 6
Jugendverfahren gem. §§ 76 ff. JGG statthaft. Dagegen sind ggü. **Heranwachsenden** die §§ 417 ff. anwendbar, gleich ob sie nach Jugend- oder Erwachsenenstrafrecht zu verurteilen sind (§ 109 Abs. 1 Satz 1, Abs. 2 Satz 1 JGG; KMR/*Metzger* § 417 Rn. 1). Da es dort jedoch regelmäßig der Ermittlung der persönlichen Lebensverhältnisse bedarf (§ 43 JGG), wird es häufig mangels Eignung der Sache zur sofortigen Verhandlung ausscheiden. Ist das beschleunigte Verfahren dennoch anwendbar, gelten die Rechtsmittelbeschränkungen nach § 55 Abs. 1, 2 JGG nicht (Meyer-Goßner/*Schmitt* § 417 Rn. 4).

Mitgliedern von **Truppen eines NATO-Entsendestaates** ggü. ist das beschleunigte Verfahren seit Wegfall des 7
Art. 27 NTS-ZA am 29.03.1998 (Art. 11 des Ratifizierungsgesetzes BGBl. 1994 II S. 2594 [2605]) nicht mehr ausgeschlossen (KMR/*Metzger* § 417 Rn. 2; Meyer-Goßner/*Schmitt* § 417 Rn. 5; SK-StPO/*Paeffgen* § 417 Rn. 6; überholt KK-StPO/*Graf* § 417 Rn. 2).

Im **Privatklageverfahren** ist das beschleunigte Verfahren mangels Antragsbefugnis des Privatklägers nicht statt- 8
haft (HK-GS/*Weiler* § 417 Rn. 3). Die **Nebenklage** ist möglich. Sie hat spätestens bei Beginn der Hauptverhandlung zu erfolgen (§ 418 Abs. 3); der vorher erklärte Anschluss als Nebenkläger wird mit Antragstellung der StA nach § 417 wirksam (Meyer-Goßner/*Schmitt* § 417 Rn. 7; KMR/*Metzger* § 417 Rn. 34).

C. Voraussetzungen für das beschleunigte Verfahren. I. Formelle Voraussetzungen des Antrags. 1. Form 9
des Antrags. Der Antrag der StA stellt eine **besondere Prozessvoraussetzung** des beschleunigten Verfahrens dar. Fehlt er, kommt es zu einer Einstellung des Verfahrens gem. §§ 206a, 260 Abs. 3 (Meyer-Goßner/*Schmitt* § 417 Rn. 9). Antragsberechtigt ist ausschließlich die StA, die zur Antragstellung **verpflichtet** ist, sofern die Voraussetzungen der §§ 417 ff. vorliegen (*König/Seitz* NStZ 1995, 1 [4]). Dabei kommt ihr jedoch ein **Beurteilungs- und Prognosespielraum** zu (KK-StPO/*Graf* § 417 Rn. 3; SK-StPO/*Paeffgen* § 417 Rn. 15). Ist die Sache zur Erledigung im Strafbefehlsverfahren geeignet, ist die Stellung eines Strafbefehlsantrags jedoch vorzugswürdig, weil es sich hierbei um die weniger aufwendige Erledigungsart handelt (BT-Drs. 12/6853, S. 107).

Der Antrag kann **schriftlich** oder **mündlich**, auch fernmündlich (KMR/*Metzger* § 417 Rn. 9; offengelassen 10
OLG Stuttgart NJW 1998, 3134 [3135]) beim zuständigen Gericht gestellt werden. Die Einreichung einer Anklageschrift ist entbehrlich, § 418 Abs. 3 Satz 1 (*Ranft* NStZ 2004, 424 [428]); sie kann jedoch mit einem schriftlich gestellten Antrag verbunden werden und hat dann den Anforderungen des § 200 Abs. 1 Satz 1 zu entsprechen; die Darstellung der wesentlichen Ergebnisse der Ermittlungen kann entfallen (KK-StPO/*Graf* § 417 Rn. 4). Unterbleibt die Einreichung einer Anklageschrift, wird die Anklage mit Beginn der Hauptver-

handlung erhoben, § 418 Abs. 3 Satz 2. Geschieht dies nicht, so kann auch in einem schriftlich gestellten Antrag eine Anklageschrift gesehen werden, sofern dieser den Anforderungen des § 200 Abs. 1 entspricht (Meyer-Goßner/*Schmitt* § 417 Rn. 11; OLG Hamburg NJW 1966, 2179 [2180]; VRS 39, 352 [353]). Wird der Antrag mündlich gestellt, ist dessen wesentlicher Inhalt im Sitzungsprotokoll zu beurkunden (KMR/*Metzger* § 417 Rn. 9).

11 **2. Zeitpunkt des Antrags.** Der Antrag ist ab Abschluss der Ermittlungen (§ 169a) zulässig, sofern genügender Anlass zur Klageerhebung nach § 170 Abs. 1 besteht. Eine zuvor erfolgte Klageerhebung gem. § 199 Abs. 2 Satz 1 steht einer Antragstellung nach § 417 nicht entgegen; sie gilt durch diese als zurückgenommen. Dasselbe gilt für den Strafbefehlsantrag; er kann, sofern der Strafbefehl noch nicht erlassen wurde, zurückgenommen werden (LR/*Gössel* § 417 Rn. 13; OLG Frankfurt DAR 1960, 265 f.).

12 Umstritten ist die Frage, ob ein Antrag auch noch **nach Eröffnung des Hauptverfahrens** zulässig ist. Teilweise wird dies mit dem Argument verneint, dass zu diesem Zeitpunkt das Zwischenverfahren nicht mehr eingespart und damit der Beschleunigungszweck nicht mehr erreicht werden kann (BayObLGSt 1987, 55 [58]; KMR/*Metzger* § 417 Rn. 11; Meyer-Goßner/*Schmitt* § 417 Rn. 12). Seit Einführung der weiteren Beschleunigungsmöglichkeiten in § 420 kann von einer Zweckvereitelung nicht mehr ausgegangen werden, sodass mit der Gegenansicht auch nach dem Eröffnungsbeschluss ein Antrag möglich ist (SK-StPO/*Paeffgen* § 417 Rn. 17; KK-StPO/*Graf* § 417 Rn. 5; *Fülber/Putzke* DRiZ 1999, 196 [197]).

13 **3. Rücknahme des Antrags.** Die Rücknahme des Antrags ist gesetzlich nicht geregelt. Einer Ansicht zufolge ist eine solche bis zu Beginn der Vernehmung des Beschuldigten zur Sache in der Hauptverhandlung zulässig, weil erst dann in Parallele zum Eröffnungsbeschluss die Rechtshängigkeit eintrete und die alleinige Dispositionsbefugnis auf das Gericht übergehe (OLG Oldenburg NJW 1961, 1127; Meyer-Goßner/*Schmitt* § 417 Rn. 13; AK-StPO/*Loos* § 418 Rn. 14). Da das Gericht nach § 419 Abs. 2 Satz 1 jedoch die Möglichkeit hat, den Antrag **bis zur Urteilsverkündung** abzulehnen, spricht mehr dafür, die Verkündung des Urteils als letzten Rücknahmezeitpunkt anzusehen (BGHSt 15, 314 [316]; BayObLG NJW 1998, 2152; OLG Celle JR 1984, 74 [75]; SK-StPO/*Paeffgen* § 417 Rn. 18; KK-StPO/*Graf* § 417 Rn. 6). Die Rücknahme kann schriftlich oder mündlich erfolgen (LR/*Gössel* § 417 Rn. 23).

14 **II. Materielle Voraussetzungen des Antrags. 1. Eignung zur sofortigen Verhandlung.** Die Sache ist zur sofortigen Verhandlung **geeignet**, wenn ihr ein einfacher Sachverhalt zugrunde liegt **und** eine klare Beweislage gegeben ist. Entgegen dem Wortlaut, der lediglich eine Alternativität dieser Voraussetzungen ausreichen lässt, ist regelmäßig nur bei **kumulativem** Vorliegen beider Voraussetzungen von einer Geeignetheit zur Verhandlung im beschleunigten Verfahren auszugehen (OLG Stuttgart NJW 1999, 511; Meyer-Goßner/*Schmitt* § 417 Rn. 16; KK-StPO/*Graf* § 417 Rn. 7; LR/*Gössel* § 417 Rn. 26; *Sprenger* NStZ 1997, 574 f.). Denn beide Kautelen sind miteinander verwoben. Die Einfachheit der Sache ergibt sich gerade dann, wenn die Beweislage für alle Beteiligten leicht überschaubar ist und es auf die Erforschung der Täterpersönlichkeit für die Strafzumessung nicht ankommt (*Schröer* Das beschleunigte Strafverfahren, S. 77; a.A. *Loos/Radtke* NStZ 1995, 569 [573]: Regel-Ausnahme-Verhältnis).

15 **a) Eignung aufgrund einfachen Sachverhalts.** Der Sachverhalt muss **für sämtliche Verfahrensbeteiligte** auf den ersten Blick **leicht zu erfassen** sein (KMR/*Metzger* § 417 Rn. 16; SK-StPO/*Paeffgen* § 417 Rn. 23). Werden dem Beschuldigten eine Vielzahl von Straftaten zur Last gelegt oder besteht Anlass zu einer bei Heranwachsenden regelmäßig erforderlichen genaueren Erforschung der Person des Beschuldigten und seines Vorlebens, steht dies der Annahme eines einfachen Sachverhalts entgegen (Meyer-Goßner/*Schmitt* § 417 Rn. 15; KK-StPO/*Graf* § 417 Rn. 8; vgl. Nr. 146 Abs. 1 Satz 2 RiStBV). Grds. unerheblich sind dagegen rein **materiell-rechtliche Schwierigkeiten** (KK-StPO/*Graf* § 417 Rn. 8). Ist von der Verhängung einer **Freiheitsstrafe** auszugehen, sodass eine Prüfung der Voraussetzungen des § 56 StGB vorzunehmen ist, dürfte es an einem einfachen Sachverhalt vielfach fehlen, auch wenn systematisch betrachtet die Verhängung einer Freiheitsstrafe gem. § 419 nicht ausgeschlossen wird (SK-StPO/*Paeffgen* § 417 Rn. 23; *Loos/Radtke* NStZ 1996, 7 [9 f.]; a.A. KK-StPO/*Graf* § 417 Rn. 8). Die politische Motivation der Tat ist für die Beurteilung der Einfachheit nicht relevant (KK-StPO/*Graf* § 417 Rn. 8; a.A. KMR/*Metzger* § 417 Rn. 17; *Schünemann* NJW 1968, 975; *Dähn* FS Baumann, S. 349 [353]). In der Praxis zeigt sich eine Beschränkung auf wenige Deliktsarten aus dem Bagatellbereich. Ladendiebstähle überwiegend geringfügiger Art sowie einfache Verkehrsdelikte dominieren (*Lubitz* Das beschleunigte Verfahren der StPO und seine rechtstatsächliche Durchführung …, 2010, S. 207 f.).

16 **b) Eignung aufgrund klarer Beweislage.** Eine klare Beweislage ist anzunehmen, wenn der Beschuldigte **geständig** ist oder mit einer Überführung aufgrund der verfügbaren Beweismittel ohne Weiteres gerechnet werden kann. Ist der Beschuldigte nicht geständig, steht dies einer klaren Beweislage nicht zwingend ent-

gegen; allerdings kann eine dadurch erforderliche umfassende Beweisaufnahme gegen ein Verfahren gem. §§ 417 ff. sprechen (Meyer-Goßner/*Schmitt* § 417 Rn. 16). Demzufolge ist eine klare Beweislage abzulehnen, wenn der Beschuldigte eine Reihe von Beweisanträgen gegen das Belastungsmaterial ankündigt (SK-StPO/*Paeffgen* § 417 Rn. 24; a.A. KK-StPO/*Graf* § 417 Rn. 9). Dasselbe gilt, wenn sich Gericht und StA über das Vorliegen eines hinreichenden Tatverdachts uneins sind oder ein komplexeres Sachverständigengutachten benötigt wird (LR/*Gössel* § 417 Rn. 31).

2. Weitere Voraussetzungen. Notwendig ist, dass von einer Anberaumung des Termins zur Hauptver- 17
handlung **innerhalb kurzer Frist** sowie von einem Abschluss des Verfahrens **innerhalb eines Termins** ohne größere Unterbrechungen ausgegangen werden kann (OLG Stuttgart NJW 1998, 3134 [3135]; KK-StPO/*Graf* § 417 Rn. 10). Das Gesetz selbst sieht in § 418 Abs. 1 Satz 2 die Frist bei **6 Wochen** überschritten (Graf/*Temming* § 417 Rn. 2); freilich wird dann die ursprüngliche general- und spezialpräventive Zielsetzung verfehlt (Rdn. 2) und könnte oftmals bereits im Normalverfahren verhandelt werden.

Hinzu kommt die faktische Möglichkeit einer kurzfristigen Verhandlung, d.h. **Geschäfts- und Terminlage** des 18
Gerichts müssen eine solche zulassen (OLG Düsseldorf NStZ 1997, 613; KK-StPO/*Graf* § 417 Rn. 11; LR/*Gössel* § 417 Rn. 25), und die erforderlichen Beweismittel müssen zum Zeitpunkt der Hauptverhandlung verfügbar bzw. ein Vorgehen gem. § 420 Abs. 3 muss möglich sein (SK-StPO/*Paeffgen* § 417 Rn. 28; KMR/*Metzger* § 417 Rn. 28). Schließlich muss dem Beschuldigten ausreichend Zeit zur Vorbereitung der Verteidigung verbleiben (Art. 6 Abs. 3 lit. b) EMRK), sodass die Sache zur sofortigen Verhandlung auch dann ungeeignet ist, wenn er hierfür längere Zeit benötigt (HK-GS/*Weiler* § 417 Rn. 8; KMR/*Metzger* § 417 Rn. 27).

Die Eignung der Sache zur Verhandlung im beschleunigten Verfahren ist nicht erst durch das Gericht, son- 19
dern auch von der StA vor Antragstellung zu prüfen (KK-StPO/*Graf* § 417 Rn. 10; a.A. KMR/*Metzger* § 417 Rn. 25). Liegen die allgemeinen Prozessvoraussetzungen sowie die Voraussetzungen der §§ 417 ff. vor, hat das Gericht dem Antrag der StA zu entsprechen; ein Ermessen steht ihm nicht zu.

§ 418 Durchführung der Hauptverhandlung

(1) [1]Stellt die Staatsanwaltschaft den Antrag, so wird die Hauptverhandlung sofort oder in kurzer Frist durchgeführt, ohne daß es einer Entscheidung über die Eröffnung des Hauptverfahrens bedarf. [2]Zwischen dem Eingang des Antrags bei Gericht und dem Beginn der Hauptverhandlung sollen nicht mehr als sechs Wochen liegen.

(2) [1]Der Beschuldigte wird nur dann geladen, wenn er sich nicht freiwillig zur Hauptverhandlung stellt oder nicht dem Gericht vorgeführt wird. [2]Mit der Ladung wird ihm mitgeteilt, was ihm zur Last gelegt wird. [3]Die Ladungsfrist beträgt vierundzwanzig Stunden.

(3) [1]Der Einreichung einer Anklageschrift bedarf es nicht. [2]Wird eine solche nicht eingereicht, so wird die Anklage bei Beginn der Hauptverhandlung mündlich erhoben und ihr wesentlicher Inhalt in das Sitzungsprotokoll aufgenommen. [3] § 408a gilt entsprechend.

(4) Ist eine Freiheitsstrafe von mindestens sechs Monaten zu erwarten, so wird dem Beschuldigten, der noch keinen Verteidiger hat, für das beschleunigte Verfahren vor dem Amtsgericht ein Verteidiger bestellt.

Übersicht

A. Grundsätzliches. § 418 regelt die wesentlichen formellen Besonderheiten, die das beschleunigte Ver- 1
fahren auszeichnen:
- Fortfall des Eröffnungsbeschlusses: Abs. 1 Satz 1 Hs. 2
- Durchbrechung der einwöchigen Ladungsfrist des § 217 Abs. 1: Abs. 1 Satz 1 Hs. 1, Abs. 2 Satz 3
- Mitteilung des Anklagevorwurfs: Abs. 2 Satz 2
- Verzicht auf die schriftliche Anklageerhebung: Abs. 3
- Sonderfall einer notwendigen Verteidigung: Abs. 4

2 **B. Eröffnung des Hauptverfahrens.** Das Hauptverfahren ist auf Antrag der StA **ohne Eröffnungsbeschluss** zu eröffnen (Meyer-Goßner/*Schmitt* § 418 Rn. 1). Es ergeht somit weder eine positive noch negative Entscheidung über die Eröffnung des Hauptverfahrens (LR/*Gössel* § 418 Rn. 5). Das Zwischenverfahren entfällt also; die §§ 201 bis 205 und 206a bis 211 sind obsolet (s. aber § 417 Rdn. 9). Das Gericht hat die allgemeinen **Prozessvoraussetzungen**, insb. die örtliche und sachliche Zuständigkeit, von Amts wegen zu prüfen (SK-StPO/*Paeffgen* § 418 Rn. 4). Die Pflicht zur Prüfung der örtlichen Zuständigkeit endet mit dem Beginn der Vernehmung des Beschuldigten zur Sache (KK-StPO/*Graf* § 418 Rn. 3). Bei Unzuständigkeit ist die Entscheidung im beschleunigten Verfahren abzulehnen. Dasselbe gilt bei sachlicher Unzuständigkeit, wobei §§ 209 Abs. 2, 408 Abs. 1 bei Zuständigkeitsdifferenzen innerhalb des AG nicht entsprechend anwendbar sind (Meyer-Goßner/*Schmitt* § 418 Rn. 2; KK-StPO/*Graf* § 418 Rn. 3; a.A. LR/*Gössel* § 418 Rn. 10; SK-StPO/*Paeffgen* § 418 Rn. 7; diff. AK-StPO/*Loos* § 418 Rn. 5–8). Zudem ist das Gericht verpflichtet, anhand der Akten zu prüfen, ob ein **hinreichender Tatverdacht** vorliegt (AnwK-StPO/*Böttger* § 418 Rn. 2; HK-GS/*Weiler* § 418 Rn. 4; *Loos/Radtke* NStZ 1995, 569 [574]). Falls dieser fehlt, hat es das Verfahren gem. § 419 Abs. 1 Satz 1 abzulehnen (*Loos/Radtke* NStZ 1996, 7).

3 **Rechtshängigkeit** tritt mit Beginn der Vernehmung des Beschuldigten zur Sache ein (Radtke/Hohmann/*Otte* § 418 Rn. 4). Sie ist durch die Ablehnung der Entscheidung durch das Gericht auflösend bedingt, sofern die Ablehnung weder verspätet noch unzulässig ist (Meyer-Goßner/*Schmitt* § 418 Rn. 4; OLG Oldenburg JR 1983, 302); in diesem Fall entfällt sie gänzlich, sofern das Gericht nicht zugleich die Eröffnung des Hauptverfahrens im Normalverfahren gem. § 419 Abs. 3 beschließt (KK-StPO/*Graf* § 418 Rn. 4; *Loos/Radtke* NStZ 1995, 569 [572]).

4 **C. Hauptverhandlung. I. Termin, Abs. 1.** Die Hauptverhandlung ist **sofort** durchzuführen, sofern alle Beteiligten an einem Verhandlungstag im Sitzungssaal anwesend sind. Ansonsten ist die Hauptverhandlung **kurzfristig** anzuberaumen. Die Sollvorschrift des Abs. 1 Satz 2 nennt als Höchstfrist 6 Wochen. Es besteht aber weitgehend Einigkeit, dass diese Frist nur in seltenen Ausnahmefällen ausgereizt werden darf und dass dem Wortlaut zum Trotz zwischen dem Antrag der StA und dem Beginn der Hauptverhandlung nicht mehr als **2 Wochen** vergehen sollten (s. § 417 Rdn. 17; HK-StPO/*Zöller* § 418 Rn. 4; Radtke/Hohmann/*Otte* § 418 Rn. 5; dazu vor Einführung des Abs. 1 Satz 2 OLG Stuttgart NJW 1998, 3134 [3135]; 1999, 511).

5 **II. Vorführung oder Ladung, Abs. 2.** Einer Ladung bedarf es gem. Abs. 2 Satz 1 nicht, sofern der Beschuldigte sich freiwillig stellt bzw. damit alsbald zu rechnen ist (KK-StPO/*Graf* § 418 Rn. 6). Eine **freiwillige Gestellung** liegt dann vor, wenn der Beschuldigte sich ohne unmittelbare staatliche Beeinflussung für die Hauptverhandlung zur Verfügung hält (KMR/*Metzger* § 418 Rn. 21). Dies ist u.a. dann der Fall, wenn er dem Gericht auf sein Verlangen aus der Haft vorgeführt wird (RGSt 66, 108 [111]) oder sich mit der Mitverhandlung einer anderen Sache im beschleunigten Verfahren einverstanden erklärt (KG DAR 56, 334 [335]).

6 Eine Ladung ist auch dann entbehrlich, wenn der Beschuldigte dem Gericht entgegen oder ohne seinen Willen aus der Untersuchungs- oder Strafhaft oder sonstigem staatlichen Gewahrsam **vorgeführt** wird (Graf/*Temming* § 418 Rn. 2).

7 Ist weder mit freiwilliger Gestellung noch mit einer Vorführung des Beschuldigten zu rechnen, ist dieser unter Beachtung der §§ 214, 216 bis 218 **förmlich zu laden** (KMR/*Metzger* § 418 Rn. 21 f.). Die gem. Abs. 2 Satz 2 erforderliche Mitteilung wird durch den Vorsitzenden in die Ladung aufgenommen und muss unter Beachtung des § 200 Abs. 1 Satz 1 den wesentlichen Tatvorwurf (Tatbestand, Tatzeit und Tatort) enthalten (SK-StPO/*Paeffgen* § 418 Rn. 17). Ist eine Anklageschrift eingereicht worden, wird alternativ diese dem Beschuldigten zugestellt. Beweismittel müssen nicht genannt werden (KK-StPO/*Graf* § 418 Rn. 7).

8 Die **Ladungsfrist** beträgt 24 Std. (Abs. 2 Satz 3) und beginnt mit der Stunde der Zustellung (LR/*Gössel* § 418 Rn. 23; KK-StPO/*Graf* § 418 Rn. 7). Dabei ist **Art. 6 Abs. 3 lit. b) EMRK** zu berücksichtigen, wonach dem Beschuldigten ausreichend Zeit und Gelegenheit zur Verteidigung zu gewähren ist (*Bandisch* StV 1994, 153 [158]). Sind 24 Std. im Einzelfall hierfür unzureichend, ist die Frist zu verlängern oder die Verhandlung im beschleunigten Verfahren gem. § 419 abzulehnen (Graf/*Temming* § 418 Rn. 2; Meyer-Goßner/*Schmitt* § 418 Rn. 8; KK-StPO/*Graf* § 418 Rn. 7; a.A. KMR/*Metzger* § 418 Rn 22; LR/*Gössel* § 418 Rn. 23, die eine Regelfrist von 3 Tagen befürworten).

9 **III. Anklageerhebung, Abs. 3.** Bei Vorliegen einer schriftlichen Anklage ist der Anklagesatz nach § 243 Abs. 3 Satz 1 in der Hauptverhandlung zu verlesen. Länderrichtlinien geben die schriftliche Anklageform vor (s. etwa für Nordrhein-Westfalen MBl NRW 2002, 861, Nr. 3.3). Ansonsten ist die Anklage unter Beachtung der Voraussetzungen des § 200 Abs. 1 Satz 1 zu Beginn der Hauptverhandlung **mündlich** zu erheben und ebenso wie ihr wesentlicher Inhalt in das Sitzungsprotokoll aufzunehmen (OLG Hamburg StraFo 2000, 58; NStZ 2012, 287). Nach Möglichkeit soll der Sitzungsvertreter der StA auch die mündlich erhobene Anklage

schriftlich vorbereitet haben und nach Nr. 146 Abs. 2 RiStBV einen Abdruck der niedergelegten Fassung als Anlage zu Protokoll geben. In der Praxis könnte die mündliche Form der Anklage bedeutsam sein, wenn ein vorläufig Festgenommener vorgeführt wird (LR/*Gössel* § 418 Rn. 34), insb. aus der Abschiebehaft in Verfahren wegen Verstoßes gegen das AufenthaltsG, bei denen die Sachlage oftmals klar ist. Die Erfahrungen zeigen allerdings, dass durchweg nur mit schriftlich fixierter Anklage verhandelt wird (*Tiedemann* Das beschleunigte Strafverfahren, 1998, S. 202; *Lubitz* Das beschleunigte Verfahren der StPO und seine rechtstatsächliche Durchführung …, 2010, S. 210). Die Anklageerhebung ist Prozessvoraussetzung. Beweis hierfür kann gem. § 274 nur durch die Sitzungsniederschrift geführt werden (OLG Frankfurt StV 2001, 341; SK-StPO/*Paeffgen* § 418 Rn. 19). Ist aus dem Inhalt der schriftlich fixierten mündlichen Anklageerhebung nicht erkennbar, was dem Beschuldigten konkret zur Last gelegt wird, fehlt es an jener Prozessvoraussetzung und ist ein Verfahrenshindernis begründet (OLG Frankfurt a. M. StV 2000, 299; LR/*Gössel* § 418 Rn. 38).

IV. Gang der Hauptverhandlung. Neben der Möglichkeit einer mündlichen Anklageerhebung und den in § 420 geregelten Erleichterungen hinsichtlich der Beweisaufnahme folgt die Hauptverhandlung im beschleunigten Verfahren den allgemeinen Vorschriften. Im Fall des unentschuldigten Ausbleibens des ordnungsgemäß geladenen Angeklagten kann gem. § 230 Abs. 2 dessen zwangsweise Vorführung angeordnet werden. Der Erlass eines Haftbefehls ist dagegen in der Regel unstatthaft (OLG Hamburg NStZ 1983, 40; Meyer-Goßner/*Schmitt* § 418 Rn. 9). 10

V. Strafbefehlsverfahren, Abs. 3 Satz 3. Ein **Übergang** vom beschleunigten Verfahren **ins Strafbefehlsverfahren** ist gem. Abs. 3 Satz 3 möglich und für Fälle relevant, in denen der Beschuldigte nicht zum Hauptverhandlungstermin erscheint (Radtke/Hohmann/*Otte* § 418 Rn. 10). Die StA kann den hierzu erforderlichen Strafbefehlsantrag entweder direkt stellen (Abs. 3 Satz 3 i.V.m. § 408a) oder außerhalb des Hauptverfahrens nach vorheriger Rücknahme des Antrags auf Entscheidung im beschleunigten Verfahren (HK-StPO/*Zöller* § 418 Rn. 7). 11

D. Verteidigerbestellung, Abs. 4. I. Grundsätzliches. Das Gericht hat dem Beschuldigten von Amts wegen einen Verteidiger zu bestellen, wenn mit einer **Einzel- oder Gesamtfreiheitsstrafe** (OLG Bremen StraFo 1998, 124) von mindestens **6 Monaten** zu rechnen ist, unabhängig davon, ob sie zur Bewährung ausgesetzt werden kann. Erwartet die StA dies bereits bei Antragstellung, hat sie ihren Antrag mit dem auf Verteidigerbestellung zu verbinden; ein vorheriger Antrag ist nicht möglich (Meyer-Goßner/*Schmitt* § 418 Rn. 11; a.A. SK-StPO/*Paeffgen* § 418 Rn. 25). Das Gericht ist an den Antrag der StA nicht gebunden, sodass es diesem nur dann folgen muss, wenn es im beschleunigten Verfahren verhandeln will und ebenfalls eine Strafe von mindestens 6 Monaten prognostiziert (HK-StPO/*Zöller* § 418 Rn. 11; KK-StPO/*Graf* § 418 Rn. 11; a.A. KMR/*Metzger* § 418 Rn. 35; SK-StPO/*Paeffgen* § 418 Rn. 28; *Burgard* NStZ 2000, 245). Die Prognose ist während des gesamten Verfahrens stets zu überprüfen (BayObLG StV 1998, 367; OLG Braunschweig StV 2005, 493), sodass eine Verteidigerbestellung auch erst während der Verhandlung, selbst noch nach Beginn der Urteilsberatung erforderlich werden kann (OLG Karlsruhe StV 1999, 364). In diesen Fällen hat das Gericht die Entscheidung im beschleunigten Verfahren entweder gem. § 419 abzulehnen oder die Hauptverhandlung auszusetzen und nach erfolgter Verteidigerbestellung in dessen Anwesenheit die wesentlichen Teile der Verhandlung zu wiederholen (BGHSt 9, 243 [244]; BayObLG NStZ 1998, 372 [373]; OLG Braunschweig StV 2005, 493; OLG Karlsruhe NJW 1999, 3061 [3062]). Die Bestellung ist dem Beschuldigten im Fall einer Ladung mit dieser, ansonsten bei dessen freiwilliger Gestellung bzw. Vorführung mitzuteilen (Meyer-Goßner/*Schmitt* § 418 Rn. 12). 12

Liegen die Voraussetzungen einer notwendigen Verteidigerbestellung gem. **§ 140** vor, geht diese der Regelung des Abs. 4 vor, sodass der Verteidiger gem. § 141 zu bestellen ist. Abs. 4 stellt sich als **subsidiärer Sonderfall notwendiger Verteidigung** dar (HK-StPO/*Zöller* § 418 Rn. 9; HK-GS/*Weiler* § 418 Rn. 11; AnwK-StPO/*Böttger* § 418 Rn. 6), weil er wie diese einerseits auf eine erhöhte Sanktionserwartung und andererseits auf strukturelle Verfahrenserschwernisse für den Beschuldigten reagiert (*Tiemer* Die Verteidigerbestellung im Strafbefehls- und im beschleunigten Verfahren, S. 81 und 101 f.). Die §§ 140 ff. können u.a. anzuwenden sein, wenn das Schöffengericht wegen eines Verbrechens verhandelt (§ 140 Abs. 1 Nr. 2) oder der Beschuldigte sich nicht selbst verteidigen kann (§ 140 Abs. 2). 13

II. Auswahl. Damit gelten grds. die Regelungen der Verteidigerbestellung im Normalverfahren, sofern das beschleunigte Verfahren nicht eine Abweichung erfordert. Strittig ist die Frage, ob dem Beschuldigten ein **Wahlrecht** hinsichtlich der Auswahl des Verteidigers wie bei § 142 Abs. 1 Satz 2 zukommt. Z.T. wird vorgebracht, dass eine vorherige Befragung des Beschuldigten dem Beschleunigungszweck der §§ 417 ff. abträglich sei (Meyer-Goßner/*Schmitt* § 418 Rn. 14). Zumindest ist nach systematischem Blick auf die Vorschriften über die notwendige Verteidigung eine Befragung jedenfalls nicht unzulässig (SK-StPO/*Paeffgen* 14

§ 418 Rn. 29; KK-StPO/*Graf* § 418 Rn. 12; *Loos/Radtke* NStZ 1996, 7 [10]). Der Beschleunigungszweck der §§ 417 ff. steht indes nicht über dem Anspruch auf ein faires, rechtsstaatliches Verfahren, sodass die Befragung auch in solchen Fällen, in denen sie nicht rasch, z.B. auf telephonischem Wege, erfolgen kann und der Beschleunigungseffekt zu verpuffen droht, nicht etwa unterbleiben darf (*Tiemer* Die Verteidigerbestellung im Strafbefehls- und im beschleunigten Verfahren, S. 126; KMR/*Metzger* § 418 Rn. 34; AnwK-StPO/*Böttger* § 418 Rn. 8; Graf/*Temming* § 418 Rn. 3; a.A. KK-StPO/*Graf* § 418 Rn. 12; HK-StPO/*Zöller* § 184 Rn. 12). Nur diese Auslegung ist auch mit dem Anspruch des Beschuldigten auf einen Verteidiger seines Vertrauens (BVerfGE 39, 238 [243]) vereinbar.

15 Der gewählte Verteidiger muss zur Teilnahme an der sofortigen oder in kurzer Frist durchzuführenden Verhandlung bereit und in der Lage sein (Meyer-Goßner/*Schmitt* § 418 Rn. 14). Hat der Beschuldigte bereits einen eigenen Verteidiger gewählt, ist die Bestellung gem. § 143 zurückzunehmen.

16 Nach dem Wortlaut des Abs. 4 beschränkt sich die Verteidigerbestellung auf Verfahren vor dem AG. Im Berufungsverfahren entfällt dann die Verteidigerbestellung (vgl. auch Rdn. 19 u. § 417 Rdn. 1; LR/*Gössel* § 418 Rn. 53; KMR/*Metzger* § 418 Rn. 36; a.A. Meyer-Goßner/*Schmitt* § 418 Rn. 15), sie wird im Regelfall erneut nach § 140 Abs. 2 vorzunehmen sein (HK-GS/*Weiler* § 418 Rn. 12).

17 Die Beiordnung endet, wenn eine Verhandlung nach den §§ 417 ff. durch das Gericht abgelehnt wird. Dem infolgedessen verteidigerlosen Beschuldigten kann unter Annahme einer dort vorausgesetzten »Schwierigkeit der Sach- oder Rechtslage« gem. § 142 Abs. 2 ein Verteidiger bestellt werden (Meyer-Goßner/*Schmitt* § 418 Rn. 15; KK-StPO/*Graf* § 418 Rn. 14).

18 **III. Beschwerde.** Eine Beschwerde gegen die Verteidigerbestellung steht dem Beschuldigten mangels Beschwer nicht zu (OLG Düsseldorf MDR 1986, 604 f.; Meyer-Goßner/*Schmitt* § 418 Rn. 16; KK-StPO/*Graf* § 418 Rn. 17; a.A. LR/*Gössel* § 418 Rn. 54; KMR/*Metzger* § 418 Rn. 37; *Ernst* StV 2001, 367 [370]). Ein Beschwerderecht stünde zudem dem Beschleunigungszweck des Verfahrens entgegen (KK-StPO/*Graf* § 418 Rn. 17).

19 **E. Rechtsmittel.** Die **Beschwerde** ist gegen die Durchführung des beschleunigten Verfahrens kein statthaftes Rechtsmittel. Dagegen können die Rechtsmittel der **Berufung** und **Revision** eingelegt werden, worauf das Verfahren als **normales Strafverfahren** in der Rechtsmittelinstanz fortgesetzt wird (BayObLG NStZ 2005, 403 [404]; AK-StPO/*Loos* § 418 Rn. 18; Graf/*Temming* § 418 Rn. 5). Wird entgegen Abs. 4 ein Verteidiger nicht bestellt, liegt ein absoluter Revisionsgrund i.S.d. § 338 Nr. 5 vor (OLG Karlsruhe NJW 1999, 3061 f.; OLG Düsseldorf StV 1999, 588 [589]; *Beulke/Swoboda* Rn. 811).

§ 419 Entscheidung des Gerichts; Strafmaß

(1) [1]Der Strafrichter oder das Schöffengericht hat dem Antrag zu entsprechen, wenn sich die Sache zur Verhandlung in diesem Verfahren eignet. [2]Eine höhere Freiheitsstrafe als Freiheitsstrafe von einem Jahr oder eine Maßregel der Besserung und Sicherung darf in diesem Verfahren nicht verhängt werden. [3]Die Entziehung der Fahrerlaubnis ist zulässig.

(2) [1]Die Entscheidung im beschleunigten Verfahren kann auch in der Hauptverhandlung bis zur Verkündung des Urteils abgelehnt werden. [2]Der Beschluß ist nicht anfechtbar.

(3) Wird die Entscheidung im beschleunigten Verfahren abgelehnt, so beschließt das Gericht die Eröffnung des Hauptverfahrens, wenn der Angeschuldigte einer Straftat hinreichend verdächtig erscheint (§ 203); wird nicht eröffnet und die Entscheidung im beschleunigten Verfahren abgelehnt, so kann von der Einreichung einer neuen Anklageschrift abgesehen werden.

Übersicht

A. Grundsätzliches. § 419 umschreibt die materielle Prüfungskompetenz des Gerichts, dessen Strafbann sowie den Übergang vom beschleunigten in das Regelverfahren. 1

B. Eignung der Sache, Abs. 1 Satz 1. Das Gericht hat dem Antrag der StA zu folgen, wenn es selbst die Sache für eine Verhandlung im beschleunigten Verfahren als geeignet erachtet (OLG Düsseldorf NStZ 1997, 613). Eine **Eignung** scheidet aus, wenn es an einem hinreichenden Tatverdacht fehlt, die Rechtsfolgenkompetenz des Abs. 1 Satz 2 nicht ausreicht, der Sachverhalt nicht einfach oder die Beweislage nicht klar i.S.d. § 417 ist (s. § 417 Rdn. 14 f.), die Möglichkeit einer sofortigen Verhandlung fehlt oder ein sonstiges Prozesshindernis vorliegt (Graf/*Temming* § 419 Rn. 2). Bei diesen Kautelen hat das Gericht einen **Beurteilungsspielraum**, es ist nicht an die Ansicht der StA gebunden. Sind die Voraussetzungen gegeben, ist dem Antrag stattzugeben; ein **Ermessen** besteht nicht (HK-GS/*Weiler* § 419 Rn. 1). 2

Eine notwendige **Unterbrechung oder Aussetzung** der Verhandlung kann zur Ungeeignetheit der Sache führen, sofern mit einer sofortigen Verhandlung oder einer solchen in kurzer Frist nach dem Antrag durch die StA nicht mehr zu rechnen ist (OLG Karlsruhe NJW 1999, 3061 [3602]; KMR/*Metzger* § 419 Rn. 8; KK-StPO/*Graf* § 419 Rn. 8; enger Meyer-Goßner/*Schmitt* § 419 Rn. 4). Ist die Ladung weiterer Zeugen erforderlich, schließt dies einen Antrag der StA nach den §§ 417 ff. in der neuen Verhandlung nicht aus (OLG Hamburg NJW 1966, 1278 [1279]; Meyer-Goßner/*Schmitt* § 419 Rn. 4; *Herzler* NJ 2000, 402). 3

C. Strafbannbegrenzung, Abs. 1 Satz 2. Nur für das beschleunigte Verfahren und damit auch nur für die Verfahren vor den AG wird deren Rechtsfolgenkompetenz von bis zu vier Jahren Freiheitsstrafe nach § 24 Abs. 2 GVG auf die Verhängung einer **Freiheitsstrafe bis zu einem** Jahr begrenzt. Für das Berufungsverfahren gilt wegen der Wiederholung der Beweisaufnahme mit allen rechtsstaatlichen Förmlichkeiten die Strafbannbegrenzung nicht fort, hier gelten die Regeln des Normalverfahrens (BayObLG NStZ 2005, 404; Radtke/Hohmann/*Otte* § 419 Rn. 7; HK-GS/*Weiler* § 419 Rn. 3; a.A. LR/*Gössel* § 419 Rn. 14). Neben der teleologischen Auslegung spricht auch der Wortlaut der Norm für die Richtigkeit dieser Lösung, weil er die Begrenzung ausdrücklich auf dieses Verfahren der §§ 417 ff. beschränkt. 4

Nach zutreffender Ansicht gilt die beschränkte Rechtsfolgenkompetenz des Abs. 1 Satz 2 auch im Rahmen einer **Gesamtstrafe**, insb. bei nachträglicher Bildung einer Gesamtstrafe nach § 55 StGB, mag auch die im aktuellen beschleunigten Verfahren verhängte Einzelstrafe weniger als ein Jahr betragen (OLG Hamm JMBlNW 1979, 59 [60]; OLG Karlsruhe NJW 1999, 3061 [3062]; SK-StPO/*Paeffgen* § 419 Rn. 5; KMR/*Metzger* § 419 Rn. 5; *Schweckendieck* NStZ 1989, 486; a.A. OLG Oldenburg NdsRpfl 1989, 13; offengelassen in BGHSt 35, 251 [255 f.]). Das folgt der Überlegung, dass die Risiken für die Wahrheitsfindung aufgrund des Verzichtes auf wesentliche Förmlichkeiten im beschleunigten Verfahren oberhalb einer einjährigen Freiheitsstrafe nicht mehr akzeptabel erscheinen. Diese Überlegung gilt in gleicher Weise für jegliche Gesamtstrafenbildung, die kein schematisches Rechenwerk darstellt, sondern einen normativen Bewertungsakt bildet. 5

Ebenso ausgeschlossen ist die Anordnung von Maßregeln der Besserung und Sicherung mit Ausnahme der **Entziehung der Fahrerlaubnis** gem. § 69 StGB, die – da die Grenze des § 407 Abs. 2 Satz 1 Nr. 2 beim Strafbefehlsverfahren hier ausdrücklich fehlt – zeitlich unbegrenzt sein kann (Meyer-Goßner/*Schmitt* § 419 Rn. 1; KMR/*Metzger* § 419 Rn. 6; a.A. SK-StPO/*Paeffgen* § 419 Rn. 7). Freilich dürfte eine lebenslange Entziehung nach § 69a Abs. 1 Satz 2 StGB eine eingehende Erforschung der Täterpersönlichkeit erforderlich machen, sodass häufig die Eignung für das beschleunigte Verfahren fehlen dürfte (KK-StPO/*Graf* § 419 Rn. 4). 6

Nebenstrafen wie die des Fahrverbots nach § 44 StGB, Nebenfolgen (etwa Einziehung und Verfall), **Geldstrafen** bis zu 360 Tagessätzen (HK-StPO/*Zöller* § 419 Rn. 3; KK-StPO/*Graf* § 419 Rn. 3) sowie Geldbußen nach dem OWiG sind möglich. Das lässt sich a maiore ad minus folgern, sodass auch die praktisch kaum relevanten Rechtsfolgen der Verwarnung mit Strafvorbehalt (§ 59 StGB) und des Absehens von Strafe (§ 60 StGB) möglich wären (zweifelnd SK-StPO/*Paeffgen* § 419 Rn. 6). 7

D. Ablehnungsbeschluss, Abs. 2. Hält das Gericht die Sache zur sofortigen Verhandlung für nicht geeignet, hat es die Entscheidung im beschleunigten Verfahren abzulehnen. Dies kann bereits bei Eingang des Antrags der StA der Fall sein. Stellt sich die fehlende Eignung zu einem **späteren Zeitpunkt** heraus, ist eine Ablehnung auch während der Hauptverhandlung bis zur Urteilsverkündung möglich; bei Freispruchreife ist hingegen freizusprechen (KK-StPO/*Graf* § 419 Rn. 7). In der Berufungsinstanz ist eine Ablehnung nicht mehr möglich (OLG Oldenburg JR 1983, 302; KMR/*Metzger* § 419 Rn. 14; SK-StPO/*Paeffgen* § 419 Rn. 8). Gleiches gilt für das nach Aufhebung des Urteils und Zurückverweisung zuständige Gericht, weil das beschleunigte Verfahren mit Rechtsmitteleinlegung in das Normalverfahren übergegangen ist (KK-StPO/*Graf* § 419 Rn. 10; a.A. Meyer-Goßner/*Schmitt* § 419 Rn. 14 f.). 8

Die Ablehnung der Entscheidung ergeht durch **Beschluss**; sie ist gem. § 34 zu begründen und gem. § 35 bekannt zu geben. Der Beschluss enthält keine **Kosten- und Auslagenentscheidung**, weil er keine 9 abschließende Entscheidung i.S.d. § 464 Abs. 1, 2 ist (Meyer-Goßner/*Schmitt* § 419 Rn. 8; KK-StPO/*Graf* § 419 Rn. 11). Stellt die StA das Verfahren nach Ablehnung der Entscheidung durch das Gericht ein, ist § 467a anzuwenden (SK-StPO/*Paeffgen* § 419 Rn. 9). In Fällen, in denen im Zeitpunkt der Ablehnung zwar ein Antrag auf Verhandlung nach den §§ 417 ff. gestellt, jedoch noch keine Anklage erhoben wurde, ist § 467a entsprechend anzuwenden (AG Wetzlar AnwBl. 1983, 464). Die bloße Festsetzung der Hauptverhandlung auf einen von § 418 Abs. 1 nicht mehr erfassten späteren Zeitpunkt soll für eine stillschweigende Ablehnung nicht ausreichen (OLG Karlsruhe NJW 1999, 3061 [3062]; OLG Düsseldorf NStZ 1997, 613 f.; Radtke/Hohmann/*Otte* § 419 Rn. 8). In einem förmlichen Eröffnungsbeschluss nach §§ 203, 207 ist dagegen ein **konkludenter** Ablehnungsbeschluss zu sehen (KMR/*Metzger* § 419 Rn. 15). Gleiches gilt auch bei Verbindung mit einem Normalverfahren (BGH wistra 2000, 151 [152]).

10 **E. Verfahrensfortgang, Abs. 3. I. Vorliegen eines hinreichenden Tatverdachts, Hs. 1.** Nach Ablehnung der Entscheidung im beschleunigten Verfahren hat das Gericht über die Eröffnung des Hauptverfahrens zu entscheiden. I.S.d. Verfahrensökonomie müssen die Akten nicht zunächst an die StA zurückgesandt werden (BT-Drs. 12/6853, S. 36; AnwK-StPO/*Böttger* § 419 Rn. 5). Stattdessen bleibt die Sache beim Gericht rechtshängig, und das AG erlässt bei Vorliegen eines hinreichenden Tatverdachts und der sonstigen Prozessvoraussetzungen einen **Eröffnungsbeschluss** nach § 203. Der sonst erforderliche Antrag der StA auf Eröffnung des Hauptverfahrens nach § 199 Abs. 2 ist Abs. 3 zufolge entbehrlich. Ungeschriebene Voraussetzung ist jedoch, dass bereits eine **Anklageschrift** vorliegt bzw. mündlich Anklage erhoben wurde (KK-StPO/*Graf* § 419 Rn. 13; KMR/*Metzger* § 419 Rn. 24; Graf/*Temming* § 419 Rn. 3; a.A. LR/*Gössel* § 419 Rn. 37, der eine mündliche Anklage als unzureichend ansieht). Der Erlass eines Eröffnungsbeschlusses ist angesichts von Sinn und Zweck des Abs. 3, einen erleichterten Übergang vom beschleunigten in das Normalverfahren zu ermöglichen, aus praktischer Sicht allerdings nur dann sinnvoll, wenn der erlassende Richter nach dem Geschäftsverteilungsplan auch für das Normalverfahren zuständig ist. Dem Beschuldigten ist vor Erlass des Eröffnungsbeschlusses rechtliches Gehör zu gewähren (Meyer-Goßner/*Schmitt* § 419 Rn. 9; KK-StPO/*Graf* § 419 Rn. 13). Mit dem Eröffnungsbeschluss wird das Verfahren wie ein gewöhnlicher Strafprozess fortgesetzt (HK-StPO/*Zöller* § 419 Rn. 6).

11 **II. Fehlen eines hinreichenden Tatverdachts, Hs. 2.** Fehlt es an einem hinreichenden Tatverdacht, so hat das Gericht durch **Beschluss** die Entscheidung im beschleunigten Verfahren lediglich abzulehnen. Zu einer gleichzeitigen Verbindung einer Entscheidung über die Eröffnung des Hauptverfahrens und die Ablehnung gem. § 204 ist es nach Abs. 3 hingegen nicht befugt (LR/*Gössel* § 419 Rn. 39; Graf/*Temming* § 419 Rn. 4). Es hat die Akten mit der ablehnenden Entscheidung der StA zurückzuleiten (OLG Celle NStZ-RR 2017, 20 [21]). Diese kann von einer erneuten Anklage absehen, indem die erhobene Anklage zurückgenommen oder das Verfahren anderweitig zur Einstellung geführt wird. Will sie das Verfahren fortsetzen, kann sie – soweit bereits eine schriftliche Anklageschrift vorliegt – mit dieser erneut Anklage erheben. Das Gericht hat dann im Normalverfahren über die Eröffnung zu entscheiden (AnwK-StPO/*Böttger* § 419 Rn. 6; Radtke/Hohmann/*Otte* § 419 Rn. 13).

12 **F. Rechtsmittel. I. Beschwerde.** Gegen die Durchführung des beschleunigten Verfahrens ist eine **Beschwerde unzulässig** (Meyer-Goßner/*Schmitt* § 419 Rn. 11; HK-StPO/*Zöller* § 419 Rn. 9). Gleiches gilt für den Ablehnungsbeschluss, der nach Abs. 2 Satz 2 unanfechtbar ist. Das gilt unabhängig davon, aus welchen Gründen es zur Ablehnung gekommen ist, bezieht sich also auch auf Fälle, in denen die Sache nicht zur Verhandlung im beschleunigten Verfahren geeignet ist oder es an einem hinreichenden Tatverdacht fehlt bzw. ein Verfahrenshindernis vorliegt (LG Hamburg MDR 1993, 789; LR/*Gössel* § 419 Rn. 43; a.A. LG Berlin DAR 1957, 190 [191]).

13 **II. Berufung und Revision.** Berufung und Revision sind gegen Urteile, die im beschleunigten Verfahren ergehen, statthaft. Bei Einlegung der Berufung ist umstritten, ob das beschleunigte Verfahren mit dem Urteil des AG endet, oder ob auch das Berufungsverfahren den Regeln der §§ 417 ff. folgt.

14 **1. Kein beschleunigtes Verfahren in der Berufungsinstanz.** Nach einer Ansicht soll auch in der **Berufung** das beschleunigte Verfahren fortgesetzt werden (*Meyer-Goßner* GS Meurer, S. 421 [430]; ders./*Schmitt* § 419 Rn. 12; *Ranft* NStZ 2004, 424 f.). Sie führt an, das 6. Buch der StPO enthalte »besondere Arten des Verfahrens« und wandle damit nicht nur das Verfahren vor dem AG ab. Auch könne ein zunächst nach den Grundsätzen der §§ 417 ff. durchgeführtes Verfahren, das weder eine Anklageschrift noch einen Eröffnungsbeschluss erfordere, in der Berufungsinstanz kein »Normalverfahren« sein. Entsprechend verlange der Wortlaut des Abs. 3 ausdrücklich einen Beschluss des Gerichts für den Übergang in das Normalverfahren (Meyer-Goßner/*Schmitt* § 419 Rn. 17).

Überzeugender erscheint die **h.M.**, nach der das beschleunigte Verfahren mit Verkündung des Urteils in 1. Instanz endet und mit Einlegung eines Rechtsmittels in das **Normalverfahren** übergeht (BayObLG NStZ 2005, 404; OLG Hamburg StV 2000, 299 [301]; OLG Stuttgart NJW 1999, 511; KK-StPO/*Graf* § 419 Rn. 5; KMR/*Metzger* § 419 Rn. 37; HK-StPO/*Zöller* § 419 Rn. 4). Hierfür sprechen zunächst Wortlaut und Systematik der Norm. Abs. 3 bezieht sich auf die Entscheidung des Gerichts, das Verfahren abzulehnen. Diese Entscheidung trifft nach Abs. 1 ausdrücklich der Strafrichter oder das Schöffengericht. Ergo kann nicht das Berufungsgericht über die Frage der Eignung eines beschleunigten Verfahrens befinden. Auch der klare Wortlaut des § 420 Abs. 4 beschränkt das beschleunigte Verfahren auf das AG (s. § 420 Rdn. 2; AnwK-StPO/*Böttger* § 419 Rn. 8). Zudem ist der Zweck des beschleunigten Verfahrens in der Berufungsinstanz nicht mehr zu erreichen. Schließlich sprechen auch Praktikabilitätsgründe für eine Durchführung der Berufung im Normalverfahren; anderenfalls müsste das LG, falls es die Sache für ungeeignet i.S.d. § 417 erachtet, zunächst an das AG zurückverweisen, welches dann nach Abs. 3 verfahren müsste. Das beschleunigte Verfahren würde hierdurch zu einem besonders langsamen Verfahren (KMR/*Metzger* § 419 Rn. 37). 15

2. Einzelne Verfahrensfehler. a) **Antrag der StA.** Das Vorliegen des nach §§ 417, 418 Abs. 1 erforderlichen Antrags der StA prüft das Gericht von Amts wegen (BayObLG NJW 1998, 2152; KK-StPO/*Graf* § 419 Rn. 17; AnwK-StPO/*Böttger* § 419 Rn. 91998; a.A. KMR/*Metzger* § 419 Rn. 42: Verfahrensrüge erforderlich). Fehlt er oder wurde er zurückgenommen, so ist das Verfahren unter Aufhebung des Urteils einzustellen (RGSt 67, 59 [60]; BayObLG NJW 1998, 2152 [2153]; Meyer-Goßner/*Schmitt* § 419 Rn. 15; a.A. KMR/*Metzger* § 419 Rn. 42: Zurückverweisung an das AG). 16

b) **Fehlender Eröffnungsbeschluss.** Wird ein beschleunigtes Verfahren vor dem AG ordnungsgemäß durchgeführt, bedarf es zur Fortführung der Berufung im Normalverfahren keines Eröffnungsbeschlusses (BayObLG NStZ 2005, 404). Hat hingegen bereits das AG in 1. Instanz die Eignung der Sache verneint und anschließend ohne Erlass eines Eröffnungsbeschlusses gem. Abs. 3 im Normalverfahren weiterverhandelt, ist dies mit der **Verfahrensrüge** nach § 344 Abs. 2 Satz 2 geltend zu machen (BayObLG NStZ 2005, 404 [405]; OLG Hamburg StV 2000, 299; OLG Düsseldorf NJW 2003, 1470; Meyer-Goßner/*Schmitt* § 419 Rn. 14). Ein von Amts wegen zu beachtendes Verfahrenshindernis soll nicht bestehen, weil der Fehler im Sonderverfahren der §§ 417 ff. nicht so schwer wiegt. Da allerdings das **Berufungsgericht** den Eröffnungsbeschluss nicht nachholen kann (BGHSt 33, 167 [168]), ist bei ihm das Verfahren gem. § 206a bzw. § 260 Abs. 3 einzustellen (a.A. Meyer-Goßner/*Schmitt* § 419 Rn. 14: Zurückverweisung an das AG). Wurde die Sache nach Ablehnung des beschleunigten Verfahrens an die StA zurückgegeben und anschließend nach erneuter Anklageerhebung ohne Eröffnungsbeschluss im Normalverfahren verhandelt, hat das Rechtsmittelgericht das Verfahren einzustellen (OLG Köln NStZ 2004, 281 [283]). 17

c) **Eignung der Sache zum beschleunigten Verfahren.** Die Eignung der Sache zur sofortigen Verhandlung i.S.d. § 417 soll nach einer starken Meinung nicht durch das **Berufungsgericht** überprüfbar sein (BayObLGSt 1997, 15 [17]; OLG Hamburg NJW 1966, 1278; Meyer-Goßner/*Schmitt* § 419 Rn. 12; KMR/*Metzger* § 419 Rn. 44; AK-StPO/*Loos* § 419 Rn. 16). Das überzeugt nicht; denn die Risiken des Verfahrens bedingen angesichts der eingeschränkten Verteidigungsmöglichkeiten und der Schnelligkeit der Entscheidung eine Kontrolle in der Rechtsmittelinstanz (*Hezler* NJ 2000, 404; *Radtke* JR 2001, 133 [138], SK-StPO/*Paeffgen* § 419 Rn. 15). Es ist dabei zu prüfen, ob das AG seinen Beurteilungsspielraum hinsichtlich der Eignung in fehlerhafter Weise überschritten hat (KK-StPO/*Graf* § 419 Rn. 17 f.). 18

Das **Revisionsgericht** prüft die Eignung auf ordnungsgemäße Verfahrensrüge hin (OLG Stuttgart NJW 1999, 511; OLG Hamburg NStZ 1999, 266 [267]; KK-StPO/*Graf* § 419 Rn. 20; a.A. von Amts wegen: *Radtke* JR 2001, 133 [140]; HK-GS/*Weiler* § 419 Rn. 9). Stellt sich heraus, dass die Sache nicht zur sofortigen Verhandlung geeignet war, hebt das Revisionsgericht das Urteil auf und verweist die Sache gem. § 354 Abs. 2 zurück an das AG, welches nach Abs. 3 entscheidet (OLG Düsseldorf StV 1999, 202; OLG Stuttgart NJW 1998, 3134 [3135]; KMR/*Metzger* § 419 Rn. 49). 19

d) **Kurze Frist.** Die Durchführung der Hauptverhandlung in kurzer Frist gem. § 418 Abs. 1 ist durch die Rechtsmittelgerichte überprüfbar. In der **Revisionsinstanz** bedarf es hierfür einer Verfahrensrüge (BayObLG NStZ 2003, 52; OLG Düsseldorf NJW 2003, 1470; OLG Hamburg StV 2000, 299 [300]; AnwK-StPO/*Böttger* § 419 Rn. 9; a.A. OLG Düsseldorf StV 1999, 202; *Müller* NStZ 2000, 108 [109]). Dabei bedarf es der Darlegung, dass das Urteil bei Durchführung im Normalverfahren möglicherweise anders ausgefallen wäre (OLG Stuttgart NStZ-RR 2002, 339, a.A. Meyer-Goßner/*Schmitt* § 419 Rn. 13). 20

21 e) **Rechtsfolgenbegrenzung.** Die Strafbannbegrenzung des Abs. 1 Satz 2 begründet keine besondere Verfahrensvoraussetzung für das beschleunigte Verfahren, sondern lediglich eine Rechtsfolgengrenze für eine bestimmte Verfahrensart (BGHSt 35, 251 [255]; OLG Oldenburg JR 1983, 302; KMR/*Metzger* § 419 Rn. 3; Abs. 1 Satz 2 konkretisiert die Eignung; a.A. OLG Hamm JR 1978, 120 [121]; OLG Celle NStZ 1983, 233; Meyer-Goßner/*Schmitt* § 419 Rn. 16; SK-StPO/*Paeffgen* § 419 Rn. 17 ff.; AK-StPO/*Loos* § 419 Rn. 2).

22 Hat das AG die Rechtsfolgenschranke beachtet, ist das Rechtsmittelgericht an einer über diese Beschränkung hinausgehenden Sachentscheidung nicht gehindert (BayObLG NStZ 2005, 404; KMR/*Metzger* § 419 Rn. 38; a.A. Meyer-Goßner/*Schmitt* § 419 Rn. 17; LR/*Gössel* § 419 Rn. 14; SK-StPO/*Paeffgen* § 419 Rn. 21 f.).

23 Eine Überschreitung der Rechtsfolgengrenze des Abs. 1 Satz 2 durch das AG führt nicht zu einer Verletzung seiner sachlichen Zuständigkeit, wenn sich die Sanktion i.R.d. § 24 Abs. 2 GVG bewegt (BGHSt 35, 251 [255]; OLG Oldenburg JR 1983, 302; KK-StPO/*Graf* § 419 Rn. 19; a.A. *Meyer-Goßner* JR 1978, 122). In einem solchen Fall soll das **Berufungsgericht** befugt sein, die Strafe auf das nach Abs. 1 Satz 2 zulässige Maß herabzusetzen, sofern es dies für tat- und schuldangemessen erachtet. Andernfalls habe es die Sache an das Ausgangsgericht zurückzuverweisen. Richtig ist hingegen die Meinung, dass das Berufungsgericht bei Überschreitung der Grenze des Abs. 1 Satz 2 durch das AG nicht daran gehindert ist, auf dieselbe Sanktion zu erkennen, weil die Schranke im Normalverfahren gerade nicht gilt (Rdn. 4); zudem könnte es auch unter Beachtung des § 331 Abs. 1 auf eine höhere Strafe erkennen (KK-StPO/*Graf* § 419 Rn. 19; KMR/*Metzger* § 419 Rn. 38; a.A. LR/*Gössel* § 419 Rn. 14; Meyer-Goßner/*Schmitt* § 419 Rn. 17; SK-StPO/*Paeffgen* § 419 Rn. 19). In BGHSt 35, 251, 255 f. ist diese Frage ausdrücklich offen geblieben.

24 In der **Revision** ist die Überschreitung der Rechtsfolgengrenze auf Verfahrensrüge hin zu überprüfen (*Treier* NStZ 1983, 234; KMR/*Metzger* § 419 Rn. 48; a.A. von Amts wegen: OLG Hamm JR 1978, 120; OLG Celle NStZ 1983, 233; SK-StPO/*Paeffgen* § 419 Rn. 22; Meyer-Goßner/*Schmitt* § 419 Rn. 18). Der BGH hat diese Frage ausdrücklich offengelassen (BGHSt 35, 251 [256]). Ein Verstoß führt zur Aufhebung des Urteils und Zurückweisung an das AG, welches nach Abs. 3 entscheidet (OLG Stuttgart NJW 1998, 3134 [3135]; Meyer-Goßner/*Schmitt* § 419 Rn. 18; KK-StPO/*Graf* § 419 Rn. 20).

§ 420 Beweisaufnahme

(1) Die Vernehmung eines Zeugen, Sachverständigen oder Mitbeschuldigten darf durch Verlesung von Protokollen über eine frühere Vernehmung sowie von Urkunden, die eine von ihnen erstellte Äußerung enthalten, ersetzt werden.

(2) Erklärungen von Behörden und sonstigen Stellen über ihre dienstlichen Wahrnehmungen, Untersuchungen und Erkenntnisse sowie über diejenigen ihrer Angehörigen dürfen auch dann verlesen werden, wenn die Voraussetzungen des § 256 nicht vorliegen.

(3) Das Verfahren nach den Absätzen 1 und 2 bedarf der Zustimmung des Angeklagten, des Verteidigers und der Staatsanwaltschaft, soweit sie in der Hauptverhandlung anwesend sind.

(4) Im Verfahren vor dem Strafrichter bestimmt dieser unbeschadet des § 244 Abs. 2 den Umfang der Beweisaufnahme.

Übersicht

1 **A. Grundsätzliches.** § 420 dient mit Blick auf den Zweck des beschleunigten Verfahrens der zügigen Verfahrensabwicklung. Er ermöglicht im beschleunigten Verfahren und im Verfahren bei Einspruch gegen den Strafbefehl – durch den dortigen Verweis in § 411 Abs. 2 Satz 2 – eine **Vereinfachung der Beweisaufnahme** (AnwK-StPO/*Böttger* § 420 Rn. 1). Der Richter kann in weiterem Umfang über die Notwendigkeit und Art der Beweisaufnahme befinden, um so »die Hauptverhandlung zu straffen und zu verkürzen« (BT-Drs. 12/6853, S. 36). **Kritiker** bemängeln, dass dies auf Kosten der Rechtsstaatlichkeit erkauft wird (KK-StPO/*Graf* vor §§ 417 ff. Rn. 3; KMR/*Metzger* vor § 417 Rn. 20; Meyer-Goßner/*Schmitt* § 420 Rn. 3) und das amtsgerichtliche Verfahren verkompliziere (HK-StPO/*Zöller* § 420 Rn. 1; SK-StPO/*Paeffgen* § 420 Rn. 3; a.A. KK-StPO/*Graf* § 420 Rn. 1). Letzter Einwand leuchtet wenig ein, zumal diese Verfahren per se durch ein eher summarisches Judizieren gekennzeichnet sind. Auch die weitergehenden Einwände können die Rspr. zumindest nicht überzeugen (OLG Frankfurt a. M. NStZ-RR 1997, 273; OLG Köln StV 2001, 343). Indes

erscheint die Regelung systematisch nicht stimmig; denn jedenfalls beim beschleunigten Verfahren fehlt es per definitionem an einer umfangreichen Beweisaufnahme (§ 417 Rdn. 14 f.), sodass nicht ganz deutlich wird, was bei einem klaren Sachverhalt noch verkürzt werden könnte. Zu verlangen ist jedenfalls, dass gerade von den Erleichterungen des § 420 restriktiv Gebrauch gemacht wird (s. § 417 Rdn. 3); denn nur bei einer Anwendung mit Augenmaß und bei einem auf klare Sachverhalte beschränkten Rückgriff auf die Norm lassen sich die Gefahren für die sachgerechte Rechtsfindung minimieren.

Die Vorschrift findet nur auf die Beweisaufnahme beim AG Anwendung, also vor dem **Strafrichter** und dem **Schöffengericht**. Sie ist nicht anwendbar in der Berufungsverhandlung gegen ein im beschleunigten Verfahren ergangenes Urteil (OLG Köln StV 2001, 343; KMR/*Metzger* § 420 Rn. 2; KK-StPO/*Graf* § 420 Rn. 2; a.A. Meyer-Goßner/*Schmitt* § 420 Rn. 12) – dort gelten die Vorschriften des Regelverfahrens. **Abs. 4** ändert hieran nichts. Einige Autoren wollen in der ausdrücklichen Nennung nur des Strafrichters einen Umkehrschluss sehen und so die Anwendbarkeit der Abs. 1, 2 und 3 auf das Berufungsverfahren vor dem LG begründen, somit einer Ausweitung der Verlesungsregeln das Wort reden (Meyer-Goßner/*Schmitt* § 420 Rn. 12; *Ranft* NStZ 2004, 424 [425]). Das übersieht jedoch, dass Abs. 4 lediglich innerhalb des beim beschleunigten Verfahren einschlägigen AG zwischen Strafrichter einerseits und Schöffengericht andererseits differenziert und sich selbst lediglich beim Strafrichter für anwendbar erklärt (*Schröer* Das beschleunigte Strafverfahren, S. 194; KK-StPO/*Graf* § 420 Rn. 2). Das macht für sich genommen bereits Sinn. Für einen systematischen Umkehrschluss bei Abs. 1 bis 3 gibt das alles gar nichts her. Die Logik der Gegenmeinung hätte verlangt, dass Abs. 4 für das amtsgerichtliche Verfahren insgesamt eine Sonderregelung vorhielte. 2

Vergleichbare Vorschriften gelten im **Ordnungswidrigkeitenrecht** (§ 77a OWiG). Abs. 4 findet eine Entsprechung im Privatklageverfahren in § 384 Abs. 3. 3

B. Verlesungsmöglichkeiten. I. Vernehmungsniederschriften oder schriftliche Äußerungen, Abs. 1. Abs. 1 erlaubt in Ausdehnung des § 251 die Verlesung von Vernehmungsniederschriften über eine frühere Vernehmung (§ 250) und von schriftlichen Äußerungen von Zeugen, Sachverständigen und Mitbeschuldigten. Damit wird folglich der StPO eine weitere Ausnahme vom **Unmittelbarkeitsgrundsatz** hinzugefügt (HK-GS/*Weiler* § 420 Rn. 2). Allerdings ist dazu die **Zustimmung** der **anwesenden** Verfahrensbeteiligten erforderlich, Abs. 3. Die in § 251 getroffene Differenzierung in richterliche und nicht richterliche Niederschriften ist hier nicht von Belang (Radtke/Hohmann/*Otte* § 420 Rn. 4). Obwohl der Gesetzgeber auf eine ausdrückliche Klarstellung verzichtet hat – anders als bei § 77a Abs. 4 Satz 2 OWiG – bleiben die §§ 251 Abs. 1 Nr. 1–3, Abs. 2 Satz 2, Abs. 3, Abs. 4, 252 sowie 253 auch hier unberührt (BT-Drs. 12/6853, S. 37). 4

Steht die Verlesung einer Niederschrift über die Vernehmung eines **Zeugnisverweigerungsberechtigten** im Raume, hat das Gericht im Allgemeinen zu erforschen, ob dieser die Verlesung und damit die Verwertung billigt (BGHSt 27, 139 [141]). Jedoch greift hier die Ausnahme, die die Rspr. bei der Verlesung richterlicher Vernehmungsprotokolle macht. Solche können auch ohne Zustimmung verlesen werden (HK-StPO/*Zöller* § 420 Rn. 2; Meyer-Goßner/*Schmitt* § 420 Rn. 5). 5

Abs. 1 entbindet das Gericht nicht von der Aufklärungspflicht (§ 244 Abs. 2). Somit kann trotz Einigkeit der Prozessparteien über eine Verlesung dennoch die Anhörung der Beweisperson vonnöten sein, sofern diese die unmittelbarste Sachverhaltsaufklärung verspricht, etwa bei unklaren Vernehmungsprotokollen (HK-StPO/*Zöller* § 420 Rn. 2). 6

II. Behördliche Erklärungen, Abs. 2. § 420 Abs. 2 lässt eine Verlesung behördlicher Erklärungen bei Zustimmung (Abs. 3) der anwesenden Verfahrensbeteiligten zu. Er stellt eine Erweiterung des § 256 im beschleunigten Verfahren dar. Über den Katalog des **§ 256 Abs. 1** hinaus erlaubt Abs. 2 auch das Verlesen von dienstlichen Wahrnehmungen, Untersuchungen und Erkenntnissen, wodurch auch eine Verlesung von bloßen Aktenvermerken möglich wird (BGH NStZ 1995, 143). Auch hier ist eine Abwägung zwischen Beschleunigung und Amtsaufklärungspflicht zu treffen, die wie in Abs. 1 unter Berücksichtigung des § 244 Abs. 2 meist zugunsten der Aufklärung auszufallen hat (BGH NStZ 1993, 397). 7

III. Verfahren. Zum Procedere und den Zustimmungserklärungen vgl. § 251 Rdn. 19 ff., jedoch kann hier grds. auch der **unverteidigte Angeklagte** zustimmen (Graf/*Temming* § 420 Rn. 2; KK-StPO/Graf § 420 Rn. 3; a.A. *Ranft* NStZ 2004, 424 [431]). Dieser ist über die Bedeutung seiner Zustimmung aufzuklären (OLG Stuttgart JR 1977, 343 [344]; Radtke/Hohmann/*Otte* § 420 Rn. 7). Die Zustimmung ist als wesentliche Förmlichkeit (§ 273 Abs. 1) ins Protokoll aufzunehmen (AnwK-StPO/*Böttger* § 420 Rn. 5) und grds. vor der Verlesung einzuholen, eine Heilung nach Verlesung durch Zustimmung ist möglich (KMR/*Metzger* § 420 Rn. 8). Die Verlesung an sich ist ebenfalls eine protokollierungspflichtige Tatsache, die Anordnung erfolgt auf Beschluss, einer Begründung des Beschlusses bedarf es nicht (KK-StPO/*Graf* § 420 Rn. 6). 8

9 Es besteht Streit, ob die Zustimmung **ausdrücklich** erfolgen muss (so KK-StPO/*Graf* § 420 Rn. 3; a.A. OLG Köln StV 2001, 342, jedoch auf § 78 OWiG bezogen). Allein schon die Fürsorgepflicht des Gerichts streitet dafür, eine ausdrückliche Zustimmung zu fordern, sodass man auch nicht mehr hilfsweise und systemwidrig einen Widerruf der Zustimmungserklärung zulassen muss (KMR/*Metzger* § 420 Rn. 12).

10 **C. Keine Einschränkung des Beweisantragsrechts vor dem Strafrichter, Abs. 4.** Abs. 4 stellt keine Einschränkung des Beweisantragsrechts dar (AnwK-StPO/*Böttger* § 420 Rn. 7; unklar *Scheffler* NJW 1994, 2191 [2195]), sondern erlaubt es dem **Strafrichter**, Beweisanträge auch dann abzulehnen, wenn keiner der Ablehnungsgründe des § 244 Abs. 3, 4 oder 5 vorliegt. Der Sache nach gestattet Abs. 4 dem Strafrichter, i.S.d. Beschleunigung Beweisanträge informell zu behandeln (*Kühne* Rn. 626). Für das Schöffengericht greift diese Erleichterung nicht. Im Gegensatz zu § 244 Abs. 2 bis 4 ist dem Strafrichter somit ausnahmsweise gestattet, eine **Beweisantizipation** vorzunehmen (*Loos/Radtke* NStZ 1995, 569 [570]; vgl. zur Problematik SK-StPO/*Paeffgen* § 420 Rn. 13 ff.). Er kann mit der Begründung, dass der Beweisantrag keine neuen Erkenntnisse bringen würde oder an der Überzeugung des Gerichts nichts zu ändern vermag (KMR/*Metzger* § 420 Rn. 16), entsprechende Anträge zurückweisen. Jedoch befreit Abs. 4 den Strafrichter nicht von seiner **Aufklärungspflicht**. Daher muss die Überzeugung des Strafrichters nicht nur subjektiv vorliegen, sondern auch objektiv nachvollziehbar (KK-StPO/*Graf* § 420 Rn. 7) und dessen Entschluss vom pflichtgemäßen Ermessen getragen sein. Sogar die Ablehnung präsenter Beweise (§ 245 Abs. 2) ist nach Abs. 4 denkbar (Meyer-Goßner/*Schmitt* § 420 Rn. 10 i.V.m. § 384 Rn. 14).

11 Da Abs. 4 keine Einschränkung des Beweisantragsrechts darstellt, sind die Anträge, sofern sie den formalen Voraussetzungen eines Beweisantrags entsprechen, auch wie Beweisanträge zu behandeln (KMR/*Metzger* § 420 Rn. 16; a.A. *Pfeiffer* § 420 Rn. 1). Daher hat eine Ablehnung durch Beschluss zu erfolgen, der ins Protokoll aufzunehmen ist und begründet werden muss, §§ 244 Abs. 6, 273 (OLG Köln StV 2001, 343). Aus den Gesetzgebungsmaterialien ergibt sich, dass eine kurze Begründung ausreichend ist (BT-Drs. 12/6853, S. 36). Im Fall des Abs. 4 genügt es, wenn wie bei § 77 Abs. 3 OWiG aus der Ablehnung hervorgeht, dass die Erhebung zur Erforschung der Wahrheit nicht nötig erscheint (Radtke/Hohmann/*Otte* § 420 Rn. 10; KMR/*Metzger* § 420 Rn. 17; a.A. LR/*Gössel* § 420 Rn. 41 f.; SK-StPO/*Paeffgen* § 420 Rn. 28). Im Urteil muss sich aus den Gründen ergeben, dass auf eine weitere Sachverhaltsaufklärung verzichtet werden konnte (OLG Zweibrücken MDR 1991, 1192 [1193]). Wird die Ablehnung jedoch nicht auf Abs. 4 gestützt, sondern nach § 244 Abs. 3, 4 oder § 245 entschieden, so hat die Begründung den Anforderungen dieser Vorschriften zu entsprechen (KK-StPO/*Graf* § 420 Rn. 8).

12 **D. Rechtsmittel.** In der **Berufungsverhandlung** findet § 420 keine Anwendung mehr, weil das beschleunigte Verfahren mit Abschluss der ersten Instanz sein Ende findet (Rdn. 2). I.Ü. kommt es dort nach den Regeln des normalen Verfahrens zu einer erneuten Beweisaufnahme ohne die Restriktionen, die § 420 vorsähe (Radtke/Hohmann/*Otte* § 420 Rn. 11).

13 Mit der **Revision** kann die fehlerhafte Verlesung von Urkunden (z.B. ohne Zustimmung der Beteiligten) oder die Verletzung des § 244 Abs. 2 (OLG Köln StV 2001, 343; a.A. *Bauer* StraFo 2000, 345; vgl. auch *Seitz* JR 2003, 519 [520]) im Rahmen der **Aufklärungsrüge** (OLG Köln StraFo 2003, 380) gerügt werden.

Dritter Abschnitt. Verfahren bei Einziehung und Vermögensbeschlagnahme

§ 421 Absehen von der Einziehung

(1) Das Gericht kann mit Zustimmung der Staatsanwaltschaft von der Einziehung absehen, wenn
1. das Erlangte nur einen geringen Wert hat,
2. die Einziehung nach den §§ 74 und 74c des Strafgesetzbuchs neben der zu erwartenden Strafe oder Maßregel der Besserung und Sicherung nicht ins Gewicht fällt oder
3. das Verfahren, soweit es die Einziehung betrifft, einen unangemessenen Aufwand erfordern oder die Herbeiführung der Entscheidung über die anderen Rechtsfolgen der Tat unangemessen erschweren würde.

(2) [1]Das Gericht kann die Wiedereinbeziehung in jeder Lage des Verfahrens anordnen. [2]Einem darauf gerichteten Antrag der Staatsanwaltschaft hat es zu entsprechen. [3] § 265 gilt entsprechend.

(3) [1]Im vorbereitenden Verfahren kann die Staatsanwaltschaft das Verfahren auf die anderen Rechtsfolgen beschränken. [2]Die Beschränkung ist aktenkundig zu machen.

Übersicht

A. Grundsätzliches. §§ 421 ff. regeln **Verfahrensfragen der Einziehung.** Gleichgestellt werden Vernichtung, Unbrauchbarmachung und Beseitigung eines gesetzwidrigen Zustandes, § 439. Die Vorschriften ersetzen die bisherigen §§ 430 bis 441 a.F. und gelten für die Einziehung von Taterträgen (§ 73 StGB) wie für die Einziehung von Tatmitteln, Tatprodukten und Tatobjekten (§ 74 StGB) gleichermaßen, anstatt wie bisher für den Verfall nur die entsprechende Anwendung vorzusehen, vgl. § 441a.F. (BT-Drs. 18/9525 S. 87). Gleichwohl finden einige Regelungen des § 421, aber auch §§ 422, 423 nur auf bestimmte Formen der Einziehung Anwendung, wie die mit Gesetz zur Fortentwicklung der Strafprozessordnung und zur Änderung weiterer Vorschriften vom 25.06.2021 erfolgte Änderung von Abs. 1 Nr. 2 (BGBl. I, S. 2099) nunmehr ausdrücklich klarstellt. Vorläufige (Sicherungs-) Maßnahmen mit Blick auf die spätere Einziehung sind bei den Ermittlungsmaßnahmen (§ 111b ff.), die Vollstreckung der Einziehungsentscheidung in den §§ 459g ff. geregelt. 1

Systematisch betreffen die §§ 421–423 das Verfahren gegen den Tatbeteiligten (Täter oder Teilnehmer), die §§ 424–434, § 438 die Beteiligung Dritter und §§ 435–437 die Anordnung der Einziehung im selbstständigen Verfahren. Nicht in den Kontext der Vermögensabschöpfung gehört die in § 443 geregelte Vermögensbeschlagnahme, die als vorübergehendes Sicherungs- und Druckmittel gegenüber bestimmten Täterkreisen ausgestaltet ist, Einzelheiten siehe dort. 2

Die neuen Vorschriften finden **ohne Übergangsbestimmung** mit ihrem Inkrafttreten Anwendung. § 14 EGStPO ordnet die Fortgeltung des alten Rechts lediglich in den Fällen an, in denen vor dem 01.07.2017 ein Ausspruch gem. § 111i Abs. 2 a.F. getätigt wurde, und flankiert damit Art. 316h EGStGB: Für Verfahren, in denen bis zum 30.06.2016 eine Entscheidung nach altem Recht ergangen ist, egal ob rechtskräftig oder nicht, bleibt es bei der Anwendung alten Rechts; in allen anderen Fällen ist das neue Recht anzuwenden. Die Fortgeltungsanordnung des § 14 EGStPO ist nötig, weil ohne sie in den Fällen, in denen von der Anordnung des Verfalls wegen entgegenstehender Ansprüche Verletzter gem. § 73 Abs. 1 S. 2 StGB a.F. abgesehen wurde, die Basis für die Verwirklichung des staatlichen Auffangrechtserwerb gem. § 111 Abs. 5 a.F. fehlte. 3

B. Einzelne Regelungen. Die Norm gilt für alle Arten der Einziehung und regelt eine dem § 154a nachgebildete Möglichkeit der Beschränkung, die die Einziehung ausschließt. Sie richtet sich sowohl an das Gericht als auch an die Staatsanwaltschaft. Nach der Reform 2017 wird dies nun Absehen von der Einziehung genannt. § 430 a.F. sprach noch – entsprechend der Terminologie von § 154a – von der Beschränkung auf andere Rechtsfolgen. Das war insoweit präziser, als die Vorschrift nicht nur – wie das Absehen von Strafe – die Nichtverhängung einer bestimmten Rechtsfolge gestattet, sondern schon die Nichtvornahme der dazu erforderlichen Verfahrensschritte, insb. wenn die Beschränkung bereits im Ermittlungsverfahren erfolgt (vgl. dazu auch KK-StPO/*Schmidt* § 421 Rn. 1). 4

Die Vorschrift dient der Verfahrensökonomie und bietet gerade bei der verpflichtenden Einziehung etwa von Taterträgen gem. § 73 StGB die einzige Handhabe, aus Opportunitäts- oder Verhältnismäßigkeitserwägungen die Einziehung aus dem – auch schon – staatsanwaltschaftlichen Untersuchungsprogramm herauszunehmen (Meyer-Goßner/Schmitt/*Köhler* § 421 Rn. 1). Dabei darf die Grundentscheidung des Gesetzgebers dort, wo die Einziehung als zwingende Rechtsfolge vorgesehen ist, nicht außer Acht gelassen werden (KMR/*Metzger* § 421 Rn. 4; MüKo-StPO/*Putzke/Scheinfeld* § 421 Rn. 15). Ihr Anwendungsbereich ist auf das subjektive Verfahren beschränkt; § 435 Abs. 1 Satz 2 enthält für das selbstständige Einziehungsverfahren eine vergleichbare Regelung (BeckOK-StPO/*Temming* § 421 Rn. 3; KK-StPO/*Schmidt* § 421 Rn. 2; a.A. KMR/*Metzger* § 421 Rn. 5). 5

I. Voraussetzungen des Absehens von der Einziehung. 1. Geringer Wert. Abs. 1 Nr. 1 betrifft, wie die Bezugnahme auf das Erlangte klarstellt, ausschließlich die (Wertersatz-) **Einziehung von Taterträgen** gem. §§ 73, 73a ff., auch gegenüber Dritten, und ersetzt die bis 2017 in § 73c Abs. 1 Satz 2 Var. 2 StGB a.F. getroffene Regelung (a.A. wegen der pauschalen Bezugnahme auf § 74f StGB offenbar KMR/*Metzger* § 421 Rn. 8). Die Vorschrift gewährt die weitgehende Möglichkeit, von der Verfolgung von Kleinigkeiten auch in Bezug auf die Einziehung schon im Ermittlungsverfahren abzusehen (BT-Drs. 18/9525 S. 87). Für die Eröffnung des Ermessens kommt es allein auf den Wert des zunächst Erlangten an. Liegt er unterhalb der Geringwertigkeitsgrenze, begründet allein dies die Annahme, dass der personelle und sächliche Aufwand zur 6

Durchsetzung der Einziehung in einem Missverhältnis zu dem damit erreichbaren Zweck stehen kann. Die Einziehung von Taterträgen kann deshalb auch dann unterbleiben, wenn eine schwergewichtige Tat abzuurteilen ist, bei der ein nur geringwertiger Vermögenszuwachs erlangt worden ist oder wenn die Ermittlung der Einziehungsvoraussetzungen i.Ü. keinen allzu großen Aufwand erfordern würde. Übersteigt der Einziehungsgegenstand die Wertgrenze, kann nach Abs. 1 Nr. 3 Var. 1 von der Einziehung abgesehen werden, wenn der Wert zu dem für die Einziehung zu betreibenden Aufwand *in concreto* außer Verhältnis steht.

7 Streitig ist, welche **Wertgrenze** für die Geringwertigkeit des Erlangten zugrunde zu legen ist. Mit Blick auf die Verlagerung der früher materiellen Regelung des § 73c Abs. 1 Satz 2 Var. 2 StGB a.F. in die StPO wird vertreten, hier wie dort die Wertgrenze der § 243 Abs. 2, § 248a StGB heranzuziehen (KMR/*Metzger* § 421 Rn. 9). Meyer-Goßner/Schmitt/*Köhler* § 421 Rn. 4: 30 EUR; *Köhler/Burkhard* NStZ 2017, 665 [667]; *Korte* wistra 2018, 1 [10]; *Fischer* § 248a StGB Rn. 3a: 50 EUR; zu § 73c a.F. LK/*Schmidt* § 73c Rn. 14). Demgegenüber wird andererseits auf die frühere Praxis zu § 111d Abs. 1 Satz 3 a.F. verwiesen, wonach die Wertgrenze, bis zu der von einem Arrest abgesehen wurde, bei 100 bis 150 EUR verortet wurde (*Reitemeier/Koujouie*, Das neue Recht der Vermögensabschöpfung 2017, S. 68 ff.; HK-StPO/*Retemeyer* § 421 Rn. 4: 125 EUR; MüKo-StPO/*Putzke/Scheinfeld* § 421 Rn. 19 f., auch zur Ungeeignetheit der Wertgrenze des § 248a StGB als Maßstab). KK-StPO/*Schmidt* § 421 Rn. 3 schlägt eine Orientierung an der Praxis in Steuerstrafverfahren vor und will die Grenze bei 500 EUR annehmen (für eine Betrachtung des Einzelfalls BeckOK-StPO/*Temming* § 421 Rn. 5). Letzteres erscheint im Interesse der Erhaltung der Funktionsfähigkeit der Staatsanwaltschaften, die durch die nach der Erwartung des Gesetzgebers beträchtlich steigenden Fallzahlen der in der Abwicklung im Wesentlichen ihr übertragenen Vermögensabschöpfung (BT-Drs. 18/9525 S. 59) ohnehin in erheblichem Umfang belastet sind, angemessen und entspricht auch am ehesten der bisherigen durch Hausverfügungen und Dienstanweisungen geprägten Praxis der Staatsanwaltschaften zur Durchführung von Maßnahmen der Vermögensabschöpfung mit Blick auf einen effizienten Ressourceneinsatz (vgl. dazu *Reitemeier/Koujouie* Das neue Recht der Vermögensabschöpfung 2017, S. 70). Auch in der Gesetzesbegründung, die die Fallgruppe insb. für Betrugsfälle zum Nachteil der Sozialkassen mit vergleichsweise niedrigem Schaden eröffnet sehen will (BT-Drs. 18/9525 S. 87), findet sich ein Anhalt für eine von § 248a StGB deutlich abweichende Wertgrenze.

8 **2. Geringes Gewicht.** Abs. 1 Nr. 2 übernimmt den Regelungsgehalt von § 430 Abs. 1 Var. 1 a.F. und eröffnet das Ermessen, von der Einziehung abzusehen, wenn ihr ein deutlich geringeres Gewicht zuzumessen ist als der zu erwartenden Strafe oder Maßregel. Der Gesetzgeber hat die ursprünglich redaktionell missglückte Vorschrift korrigiert und klargestellt, dass sie **nur für die Einziehung von Tatmitteln, Tatprodukten und Tatobjekten** gilt. Die bisherige Streitfrage, ob sie auch auf die Einziehung von Taterträgen Anwendung finden kann (dagegen HK-StPO/*Retemeyer* § 421 Rn. 5; Meyer-Goßner/Schmitt/*Köhler* § 421 Rn. 6a; KK-StPO/*Schmidt* § 421 Rn. 4; KMR/*Metzger* § 421 Rn. 9; *Korte* wistra 2018, 1 [10]; *Reitemeier/Koujouie*, Das neue Recht der Vermögensabschöpfung 2017, S. 68; a.A. BeckOK-StPO/*Temming* § 421 39. Ed. Rn. 6: keine Stütze im Wortlaut, ebenso MüKo-StPO/*Putzke/Scheinfeld* § 421 Rn. 21), ist damit obsolet. Die Neuregelung ist konsequent, denn die Einziehung von Taterträgen, der frühere Verfall, hat keinen Strafcharakter, sondern bezweckt als kondiktionsähnlicher Zugriff von hoher Hand lediglich die Korrektur einer in Unordnung geratenen Vermögenslage. Wechselbezügliche Auswirkungen auf andere Rechtsfolgen der Tat, insb. auf die zu verhängende Strafe, bestehen deshalb nicht. Diese schon für den Verfall anerkannte Rechtsnatur der Vermögensabschöpfung ist durch die Neuregelung und begriffliche Vereinheitlichung nicht beseitigt worden. Schließlich kann über die Einziehung von Taterträgen – und nur über sie – nach Abtrennung auch separat verhandelt werden, § 422.

9 Der BGH sah in der Regelung gelegentlich eine Möglichkeit, nur wegen der fehlerhaften Ausgangsentscheidungen über die Einziehung von Taterträgen von einer Aufhebung und Zurückverweisung absehen zu können, und machte deshalb auch in diesem Zusammenhang von der Vorschrift Gebrauch (vgl. nur BGH Beschl. v. 13.09.2018 – 1 StR 198/18; Beschl. v. 08.11.2018 – 1 StR 511/18; BGH NStZ-RR 2018, 251; Beschl. v. 02.11.2017 – 4 StR 286/17 noch zu einer Verfallsentscheidung nach altem Recht; die bei Meyer-Goßner/Schmitt/*Köhler* § 421 Rn. 6a weiter angeführte Entscheidung vom 30.11.2017 – 3 StR 6/17 betrifft ebenfalls das alte Recht und ließ den Verfallsausspruch unangetastet). In aller Regel wurde dies damit begründet, dass die Einziehungsvoraussetzungen nicht ausreichend geklärt seien. Wenn die Revision i.Ü. verworfen werden kann, liegt jedoch ein Fall von Abs. 1 Nr. 3 vor: Der Eintritt der Rechtskraft würde durch eine Zurückverweisung unangemessen verzögert. BGH NStZ-RR 2018, 251 betraf schließlich einen Fall von Nr. 1 – 20 EUR. Zur wie auch immer motivierten »Korrektur« der gesetzgeberischen Grundentscheidung, Taterträge grundsätzlich und unabhängig von der für die Tat verhängten Strafe anzuordnen, darf die Vorschrift nicht herangezogen werden (so aber nicht tragend LG Köln Urt. v. 02.04.2019 – 322

Ns 8/19 Rn. 7 ff. in einer Jugendsache; ähnlich auch MüKo-StPO/*Putzke/Scheinfeld* § 421 Rn. 24, wonach die explizit gestrichene Berücksichtigung einer »unbilligen Härte« gem. § 73c Abs. 2 Satz 1 StGB a.F. über § 421 bewerkstelligt werden soll).

Die Beschränkung ist auch dann möglich, wenn die Einziehung einen anderen als den Täter treffen müsste (KMR/*Metzger*, § 421 Rn. 5). Entscheidend ist auch in diesem Fall das Verhältnis zwischen der Einziehung einerseits und der den anderen treffenden Strafe oder Maßregel andererseits (KK-StPO/*Schmidt* § 421 Rn. 4; LR/*Gössel*, § 430 Rn. 6). Allein die Erwägung, eine Eigentumsentziehung bleibe stets hinter einer Freiheitsentziehung zurück, kann nicht zur Beschränkung führen, weil die Einziehung sonst neben Freiheitsstrafen generell nicht mehr in Betracht käme. Die Bedeutung der Maßnahme wird auch durch ihren Zweck bestimmt, den sie in gerade dem zu entscheidenden Fall zu erfüllen hat. Insb. bei Sicherungseinziehungen gem. § 74b Abs. 1 § 74d StGB, bei denen von dem einzuziehenden Gegenstand eine Gefahr ausgeht, kommt deshalb ein Absehen von der Einziehung regelmäßig nicht in Betracht (KK-StPO/*Schmidt* § 421 Rn. 4; KMR/*Metzger* § 421 Rn. 9). 10

3. Unangemessener Aufwand. Anders als nach § 154a können nach Abs. 1 Nr. 3 auch Gründe der Verfahrensökonomie die Beschränkung rechtfertigen, und zwar nach dem nicht mit Einschränkungen versehenen Wortlaut der Norm auch bei gewichtigen Einziehungsmaßnahmen (KK-StPO/*Schmidt* § 421 Rn. 5; Meyer-Goßner/Schmitt/*Köhler* § 421 Rn. 7). Das Schwergewicht des Verfahrensaufwandes soll nicht auf die Ermittlung der Einziehungsvoraussetzungen verschoben werden. Die Angemessenheit des Aufwandes ist sowohl in Beziehung zu dem Aufwand zu beurteilen, der zur Festsetzung der sonstigen Rechtsfolgen zu betreiben ist, als auch zum Wert des betreffenden Vermögensgegenstandes und zu dem Zweck, der mit der Einziehung verfolgt wird. Ein hoher Aufwand ist insb. dann anzunehmen, wenn allein für die Einziehungsentscheidung kostspielige Sachverständigengutachten oder eine umfangreiche Beweisaufnahme notwendig würden (KK-StPO/*Schmidt* § 421 Rn. 5), wie es gerade bei Fällen der Drittbeteiligung der Fall sein kann. Je höher der Wert des Einziehungsgegenstandes, desto vertretbarer ist aber auch ein gesteigerter Aufwand. Mit der zweiten Alternative soll insb. dem Beschleunigungsgrundsatz Rechnung getragen werden (BeckOK-StPO/*Temming* § 421 Rn. 7; MüKo-StPO/*Putzke/Scheinfeld* § 421 Rn. 27). Hat in Steuerstrafverfahren der Fiskus bereits Vollstreckungsmaßnahmen ergriffen, kann ebenfalls ein unangemessener Aufwand vorliegen (*Madauß* NZWiSt 2019, 49 [54]). 11

Der Anwendungsbereich der Vorschrift im erstinstanzlichen Verfahren dürfte zumindest für die Fälle der Einziehung von Taterträgen gegenüber dem Tatbeteiligten gering sein. Denn die Feststellungen zur Höhe des Schadens oder des Taterlöses sind schon für den Schuldspruch erforderlich; weitere Feststellungen etwa zum Vermögensstatus des Täters mit Blick auf seine Entreicherung sind nach Streichung von § 73c StGB a.F. für die Einziehung entbehrlich (Meyer-Goßner/Schmitt/*Köhler* § 421 Rn. 9). Anders kann es sich allenfalls bei Vertretungs- und Verschiebungsfällen, § 73b Abs. 1 Nr. 1 und 2 StGB, verhalten, bei denen zivilrechtliche Vorfragen, Übertragungswege oder das subjektive Vorstellungsbild des Dritten und gegebenenfalls seine Entreicherung, § 73e Abs. 2 StGB, aufgeklärt werden müssen. Schwierigkeiten können sich auch bei der Einziehung von Tatmitteln, Tatprodukten und Tatobjekten ergeben, bei denen die Klärung etwa der Eigentumsverhältnisse zeitraubend und aufwendig sein kann. Nicht umsonst betreffen die meisten Fälle, in denen der BGH in der Revisionsinstanz zur Vermeidung einer Zurückverweisung von § 421 Gebrauch macht, Einziehungen gem. § 74 StGB. 12

Die auf die Verfahrensökonomie abzielenden Tatbestandsmerkmale des Abs. 1 Nr. 3 Var. 2 sind trotz teilweise unterschiedlicher Formulierung die gleichen wie in § 422 Satz 1. Dadurch wird für die Fälle der **Einziehung von Taterträgen** (§§ 73–73c StGB) ein Auswahlermessen eröffnet, das auf die Einziehung gerichtete Verfahren durch Beschränkung abzuschließen (§ 421), es abzutrennen und getrennt fortzuführen (§§ 422, 423) oder es ohne eine solche Entscheidung mit der Hauptsache fortzuführen. Ein hoher Wert des Einziehungsgegenstandes und die Bedeutung des Einziehungszwecks werden gegen unangemessenen Aufwand und damit gegen die Beschränkung und für eine Abtrennung sprechen, wenn Verzögerungen zu besorgen sind; für den **Vorrang der Abtrennung** auch Meyer-Goßner/Schmitt/*Köhler* § 421 Rn. 9; *Korte* wistra 2018, 1 [10]; a.A. – einheitliche Ermessensentscheidung – MüKo-StPO/*Putzke/Scheinfeld* § 421 Rn. 26. Wenn das Gericht für die Beschränkung die Zustimmung der StA nicht erreichen kann, kann es, ohne dass eine Zustimmung erforderlich wäre, abtrennen, um das Hauptsacheverfahren zu entlasten. 13

Ein Sonderfall des unangemessenen Aufwands kann vorliegen, wenn der Angeklagte auf die Herausgabe der sichergestellten Gegenstände verzichtet hat. Die Neuregelung des Rechts der Vermögensabschöpfung wollte die gerichtliche Praxis der formlosen **außergerichtlichen Einziehung** nicht beseitigen (BT-Drs. 18/9525 S. 61; vgl. BGHSt 63, 314 Rn. 6 ff.). Gehört der Gegenstand dem Angeklagten, bewirkt der wirksame Verzicht einen Eigentumsübergang auf den Staat, sodass für eine Einziehungsanordnung kein Raum mehr bleiben soll, 14 weil der Einziehungsanspruch des Fiskus erfüllt ist (BGH StraFo 2019, 254, 256 = BGHSt 63, 305 m.Anm. *Gerlach/Manzke*; a.A. BGH NStZ 2019, 271: Einziehungsentscheidung hat noch deklaratorische Bedeutung). I.Ü. treten, wenn die Sache dem Angeklagten nicht gehört (Diebesgut), die Folgen des sog. kleinen Auffangrechtserwerbs gem. § 75 Abs. 1 S. 2 StGB – unter den Voraussetzungen des § 75 Abs. 4 StGB sogar im Fall seiner Insolvenz – nicht ein, wenn er nur auf die Herausgabe verzichtet, und ist eine Entschädigung der Verletzten gem. § 459h Abs. 1 ausgeschlossen (BGHSt 63, 305; BeckOK-StPO/*Coen* § 459h Rn. 17). Das lässt es geboten erscheinen, grundsätzlich trotz Verzichts eine Einziehung anzuordnen (zum Vorrang der Einziehung auch SSW-StGB/*Heine* § 73 Rn. 54; KMR/*Metzger* vor § 421 Rn. 13 ff.; *Gerlach/Manzke* StraFo 2019, 254 [258 ff.]; BeckOK-StPO/*Temming* § 421 Rn. 10; *Reitemeier/Koujouie* Das neue Recht der Vermögensabschöpfung 2017, S. 78; *Rönnau/Begemeier* JR 2019, 471 ff.; vgl. auch Nr. 180 Abs. 4 S. 2 RiStBV). Die Herbeiführung dieser Folgen soll jedoch dann unangemessenen Aufwand verursachen, wenn es noch weiterer Beweiserhebungen bedürfte, bis sich das Gericht etwa von den Voraussetzungen der erweiterten Einziehung, insb. dem Erlangen durch andere rechtswidrige Taten, überzeugt hat (BGHSt 63, 314 Rn. 24 f.).

15 **4. Teilbeschränkung und Verständigung.** Die Einziehung muss sich nicht auf sämtliche angeklagten Fälle erstrecken, sie kann auch auf einen Teil beschränkt werden (BGH NStZ 2018, 742 m. zust. Anm. *Schneider*; Beschl. v. 18.02.2020 – 3 StR 349/19; ebenso jetzt auch Meyer-Goßner/Schmitt/*Köhler* § 421 Rn. 2). Dies gilt unproblematisch auch für Wertersatzeinziehungen, soweit der Betrag, um den die Wertersatzeinziehung reduziert wird, dem auf eine bestimmte Tat entfallenden Anteil entspricht (Einzelheiten bei *Köhler* aaO). Die Möglichkeit einer Teilbeschränkung besteht darüber hinaus bei Verständigungen. Die Einziehung von Taterträgen selbst ist als verpflichtende Rechtsfolge keiner Verständigung gem. § 257c zugänglich. Für die Möglichkeit des Absehens gem. § 421 gilt dies dagegen – wie für Verfahrensbeschränkungen nach § 154a – nicht, wenn die Voraussetzungen vorliegen (BGH NStZ 2018, 366), was mit Blick auf die mit einer Verständigung einhergehende Abkürzung der Beweisaufnahme häufig der Fall sein dürfte, § 421 Abs. 1 Nr. 3 (KK-StPO/*Moldenhauer/Wenske* § 257c Rn. 15c; vgl. auch *Wilke* GVRZ 2021, 18; *Meißner* StraFo 2021, 266 [272 ff.]). Dies muss in den Grenzen des prozessökonomisch Angemessenen auch Verhandlungen über die Höhe der Einziehungsentscheidung bei nur einer Tat ermöglichen (Beispiel bei *Schneider* NStZ 2018, 743 [744]; vgl. auch Meyer-Goßner/Schmitt/*Köhler* § 421 Rn. 13a; a.A. *Reitemeier/Koujouie* Das neue Recht der Vermögensabschöpfung 2017, S. 77), zumindest dann, wenn es um Schätzfälle i.S.v. § 73d Abs. 2 StGB geht (*Leppich* wistra 2018, 505 [506]). Teilbeschränkungen mit dem Ziel einer arbiträren Abmilderung der mit der Einziehung verbundenen Belastungen sind dagegen unzulässig und können auch nicht Gegenstand einer Verständigung sein.

16 **II. Zuständigkeit.** Im **Ermittlungsverfahren** verfügt die StA gem. Abs. 3 die Beschränkung, die ihre Entscheidung aktenkundig zu machen hat. Eine stillschweigende Beschränkung durch Nichterwähnung in der Anklageschrift oder im Strafbefehlsantrag genügt nicht (BeckOK-StPO/*Temming* § 421 Rn. 8). Die Staatsanwaltschaft ist nicht an ihre einmal erklärte Beschränkung gebunden; sie kann die Wiedereinbeziehung im Ermittlungsverfahren etwa mit Anklageerhebung ohne Weiteres bewirken (KK-StPO/*Schmidt* § 421 Rn. 7; Meyer-Goßner/Schmitt/*Köhler* § 421 Rn. 15; a.A. – nur durch das Gericht – KMR/*Metzger* § 421 Rn. 18; MüKo-StPO/*Putzke/Scheinfeld* § 421 Rn. 33).

17 **Nach Anklageerhebung** beschließt das befasste Gericht mit Zustimmung der Staatsanwaltschaft das Absehen von der Einziehung. Die Aufhebung der Beschränkung erfolgt ebenfalls durch Beschluss; einer Zustimmung der Staatsanwaltschaft bedarf es nicht (AG Kehl Beschl. v. 07.05.2018 2 Cs 505 Js 17762/17); stellt die Staatsanwaltschaft einen entsprechenden Antrag, muss ihm das Gericht entsprechen, Abs. 2 Satz 2. Wird die Beschränkung nach Anklageerhebung aufgehoben, dient die Anwendung des § 265 dem Schutz vor Überraschungsentscheidungen und vor der Verkürzung der Verteidigungsmöglichkeiten. Wie bei § 154a ist damit nur auf den Regelungsgehalt von § 265 Abs. 4 verwiesen (BeckOK-StPO/*Temming* § 421 Rn. 8; a.A. KK-StPO/*Schmidt* § 421 Rn. 9; MüKo-StPO/*Putzke/Scheinfeld* § 421 Rn. 32: § 265 insgesamt mit der Möglichkeit, gem. Abs. 3 Aussetzung zu verlangen). Warum die Wiedereinbeziehung einer möglichen Rechtsfolge einer Tat dem Beschuldigten weitergehende Rechte verleihen soll, als die Wiedereinbeziehung eines abtrennbaren Teils der Tat selbst, ist nicht einzusehen, zumal der pauschale Verweis auf § 265 mit Blick auf dessen Abs. 1 und 2 ohnehin verfehlt ist, nachdem die Wiedereinbeziehung einen gerichtlichen Beschluss voraussetzt, durch den der Angeklagte entsprechend informiert wird. Hinzu kommt, dass Konstellationen denkbar sind, in denen erst die Wiedereinbeziehung des ausgeschiedenen Tatteils gem. § 154a die Möglichkeit der (Teil-) Einziehung eröffnet (Betrug zum Nachteil mehrerer Geschädigter als uneigentliches Organisationsdelikt). In diesem Fall wäre aber immer nur § 265 Abs. 4 anwendbar.

III. Rechtsmittel. Die gerichtlichen Entscheidungen sind nicht anfechtbar. Beschwerden sind unzulässig (Meyer-Goßner/Schmitt/*Köhler* § 421 Rn. 16; HK-StPO/*Retemeyer* § 421 Rn. 14): Der Beschuldigte ist nicht beschwert, auch nicht durch die Ablehnung oder die Aufhebung der Beschränkung, weil diese nicht dem Schutz seiner Interessen dient. Die StA ist nach § 305 Satz 1 von einem Rechtsmittel ausgeschlossen und auf die Revision verwiesen, wenn ihrem Antrag nicht entsprochen worden ist oder das Gericht ohne ihre Zustimmung eine Beschränkung ausgesprochen hat (MüKo-StPO/*Putzke/Scheinfeld* § 421 Rn. 36). Geschädigte werden durch die Beschränkung nicht beschwert. Sind Sicherungsmaßnahmen angeordnet, die nun aufgehoben werden müssen, können Verletzte die Rückgabe des Erlangten an sich verlangen, wenn ihre Ansprüche die Voraussetzungen des § 111n Abs. 2 erfüllen. Die Ablehnung der Rückgabe, nicht die Beschränkung, beschwert die Geschädigten. 18

Führt die Revision des Angeklagten (nur) zum Absehen von der Einziehungsentscheidung ist eine einheitliche Kostenentscheidung zu treffen, bei der der Teilerfolg des Rechtsmittels hinsichtlich der Einziehungsentscheidung ins Verhältnis zum Revisionsbegehren insgesamt zu setzen ist, um Maß, Gewicht und Umfang des Teilerfolgs zu bestimmen und auf dieser Grundlage eine Billigkeitsentscheidung zu treffen (BGH Beschl. v. 26.05.2021 – 5 StR 458/20 Rn. 4). Der 1. Senat kommt dagegen im Fall einer Verringerung der Einziehung zu einer Kostenquotelung, die er mit § 465 Abs. 2 begründet (Beschl. v. 25.02.2021 – 1 StR 423/20 Rn. 12 ff.). Zu Recht betont der 5. Senat (a.a.O. Rn. 5) indes, dass diese Vorschrift ihrem Wortlaut nach nicht anwendbar und als Ausnahmeregelung nicht ohne Weiteres analogiefähig ist. 19

§ 422 Abtrennung der Einziehung

[1]Würde die Herbeiführung einer Entscheidung über die Einziehung nach den §§ 73 bis 73c des Strafgesetzbuches die Entscheidung über die anderen Rechtsfolgen der Tat unangemessen erschweren oder verzögern, kann das Gericht das Verfahren über die Einziehung abtrennen. [2]Das Gericht kann die Verbindung in jeder Lage des Verfahrens wieder anordnen.

Die Norm schafft eine Abtrennungsmöglichkeit für die Entscheidung über die (Wertersatz-) Einziehung von Taterträgen. Das prozessuale Novum soll das Hauptverfahren entlasten, indem eine Entscheidung über Schuld und Strafe nicht allein wegen noch nicht geklärter Einziehungsvoraussetzungen aufgeschoben werden muss oder von einer Einziehungsentscheidung nur deshalb abgesehen wird. Es dient der Beschleunigung der Hauptverhandlung insb. in Haftsachen (BT-Drs. 18/9525 S. 55). Über die Einziehung ist dann nach Rechtskraft im Nachverfahren gem. § 423 zu entscheiden. 1

Die Abtrennungsmöglichkeit besteht nur für die Entscheidung über die **Einziehung von Taterträgen** nach den Vorschriften der §§ 73 bis 73c. Denn die Einziehung von Tatmitteln, Tatprodukten und Tatobjekten ist Nebenstrafe und deshalb bei der Strafzumessung zu berücksichtigen (BT-Drs. 18/9525 S. 87; hM und std. Rspr., vgl. nur SSW-StGB/*Heine* § 74 Rdn. 3). Ist hier eine unangemessene Verzögerung zur Aufklärung der Einziehungsvoraussetzungen zu erwarten, bleibt nur das Absehen gem. § 421 Abs. 1 Nr. 3. 2

Die Tatbestandsvoraussetzungen, die das Abtrennungsermessen eröffnen, gleichen denjenigen, die § 421 Abs. 1 Nr. 3 Var. 2 für das Absehen von der Einziehung vorsieht; auf die Erörterung dort (§ 421 Rdn. 11 ff.) kann verwiesen werden. Entsprechend der gesetzgeberischen Grundentscheidung, die Einziehung von Taterträgen als zwingende Rechtsfolge auszugestalten, ist der Abtrennung der Einziehungsentscheidung Vorrang vor dem Absehen von der Entscheidung einzuräumen, wenn der für sie zu tätigende Aufwand nicht insgesamt unverhältnismäßig (dann § 421 Abs. 1 Nr. 3 Var. 1) ist, sondern »nur« zu einer unangemessenen Verzögerung der Hauptsachentscheidung, insb. in Haftsachen, führt. Das kann insb. in Fällen mit Drittbeteiligung der Fall sein oder wenn im Zusammenhang mit der erweiterten Einziehung nach § 73a Verjährungsfragen (§ 76b StGB) zu klären sind (vgl. OLG Bamberg StraFo 2019, 210, 212) oder die Frage der wirksamen Anfechtung mit Blick auf § 73d Abs. 1 Satz 2 StGB (dazu SSW-StGB/*Heine* § 73d Rn. 17 ff.; weitere Beispiele bei Meyer-Goßner/Schmitt/*Köhler* § 422 Rn. 3). Allein der Umstand, dass der Tatrichter bei Erlass eines Strafbefehls im Rahmen der summarischen Prüfung Bedenken an der Rechtsfolge der Einziehung hat oder eine andere Rechtsfolge festsetzen will, begründet die Abtrennungsmöglichkeit nicht. In diesem Fall ist vielmehr nach § 408 Abs. 3 Satz 2 zu verfahren und Hauptverhandlung anzuberaumen (LG Offenburg Beschl. v. 08.01.2018 – 3 Qs 118/17). § 422 schafft auch keine Möglichkeit, eine vergessene Einziehungsentscheidung nachzuholen (AG Dortmund StraFo 2019, 385). Wegen der Bindungswirkung der Hauptsacheentscheidung für das Nachverfahren (§ 423 Abs. 1 Satz 2) ist der Dritte am Hauptverfahren weiter nach Maßgabe von § 424 zu beteiligen (Meyer-Goßner/Schmitt/*Köhler* § 422 Rn. 5; a.A. – Verfahrenstrennung gem. §§ 2, 4 und anschließendes selbst. Einziehungsverfahren nach § 436 bei Drittbeteiligten – *Emmert* NStZ 2020, 587). Bei einer (Teil-) Einstellung nach §§ 154, 154a entfällt die Möglichkeit der Verzögerung 3 oder Erschwerung der Hauptsache, sodass eine Abtrennung ausscheidet (MüKo-StGB/*Putzke/Scheinfeld* § 422 Rn. 2). Verweigert die Staatsanwaltschaft ihre Zustimmung zu einer Beschränkung nach § 421 Abs. 1 kommt ohnehin nur eine Abtrennung in Betracht.

4 Die Abtrennung erfolgt durch Beschluss und kann in jeder Lage des gerichtlichen Verfahrens erfolgen, auch schon mit Eröffnung des Hauptverfahrens (OLG Bamberg StraFo 2019, 210) oder erst in der Revisionsinstanz (BGH Urt. v. 30.03.2021 – 3 StR 474/19 Rn. 54; KMR/*Metzger* § 422 Rn. 4; BeckOk-StPO/*Temming* § 421 Rn. 4; weitergehend – auch schon im Vorverfahren – MüKo-StPO/*Puztke/Scheinfeld* § 422 Rn. 11 unter Verkennung des Umstandes, dass ein Abtrennen durch die Staatsanwaltschaft diese nicht von der Verpflichtung zur weiteren Ermittlung mit Blick auf die separat zu erfolgende Einziehungsentscheidung entbinden würde). Das Gericht kann jederzeit die erneute Verbindung mit dem Verfahren in der Hauptsache anordnen. Dies kommt vor allem dann in Betracht, wenn der gemeinsamen Entscheidung entgegenstehende Hindernisse im Laufe des Hauptverfahrens weggefallen sind, etwa weil die Staatsanwaltschaft zwischenzeitlich weitere Ermittlungen getätigt hat (KK-StPO/*Schmidt* § 421 Rn. 4), weil noch fehlende gutachterliche Auswertungen abgeschlossen sind oder weil Erkenntnisse aus Rechtshilfemaßnahmen bei im Ausland belegenem Vermögen zwischenzeitlich vorliegen.

5 Die Entscheidung über die Abtrennung ist für den Einziehungsbeteiligten mit der Beschwerde anfechtbar; § 305 Satz 1 steht nicht entgegen (OLG Bamberg StraFo 2019, 210 [211 f.]). Für die Staatsanwaltschaft und den Angeklagten bleibt es bei der Unanfechtbarkeit (BeckOK-StPO/*Temming* § 422 Rn. 5; MüKo-StPO/*Putzke/Scheinfeld* § 422 Rn. 12).

§ 423 Einziehung nach Abtrennung

(1) [1]Trennt das Gericht das Verfahren nach § 422 ab, trifft es die Entscheidung über die Einziehung nach der Rechtskraft des Urteils in der Hauptsache. [2]Das Gericht ist an die Entscheidung in der Hauptsache und die tatsächlichen Feststellungen, auf denen diese beruht, gebunden.

(2) Die Entscheidung über die Einziehung soll spätestens sechs Monate nach dem Eintritt der Rechtskraft des Urteils in der Hauptsache getroffen werden.

(3) [1]Das Gericht entscheidet durch Beschluss. [2]Die Entscheidung ist mit sofortiger Beschwerde anfechtbar.

(4) [1]Abweichend von Absatz 3 kann das Gericht anordnen, dass die Entscheidung aufgrund mündlicher Verhandlung durch Urteil ergeht. [2]Das Gericht muss die Anordnung nach Satz 1 treffen, wenn die Staatsanwaltschaft oder derjenige, gegen den sich die Einziehung richtet, dies beantragt. [3]Die §§ 324 und 427 bis 431 gelten entsprechend; ergänzend finden die Vorschriften über die Hauptverhandlung entsprechende Anwendung.

1 Nach der Abtrennung von der Hauptsache (§ 422) wird über die Einziehung in einem gesonderten Verfahren entschieden, das erst nach dem Abschluss des Hauptsacheverfahrens begonnen werden darf. Da die erwartete Kompliziertheit des auf die Einziehung bezogenen Verfahrens zu dessen Abtrennung geführt hat, wird im abgetrennten Einziehungsverfahrens ein erheblicher Aufwand bei der Aufklärung der Tatsachen zu betreiben sein, die für die Einziehungsvoraussetzungen oder für die Bemessung der Rechtsfolge maßgeblich sind. Die Möglichkeit der Abtrennung entlastet daher nicht die Gerichte, sondern nur das Hauptsacheverfahren (ebenso *Korte* wistra 2018, 1 [10]; krit. auch MüKo-StPO/*Putzke/Scheinfeld* § 423 Rn. 3 f.). Allerdings bleibt die Möglichkeit des Absehens gem. § 421 Abs. 1 Nr. 3 wegen unangemessenen Aufwands bestehen, sollte sich dieser erst im abgetrennten Verfahren herausstellen (Meyer-Goßner/Schmitt/*Köhler* § 423 Rn. 1; *Korte* wistra 2018, 1 [10]; a.A. BeckOK-StPO/*Temming* § 423 Rn. 1). Die Abtrennung ist mit einer Schlechterstellung der Verletzten verbunden, weil sich ihre Entschädigung im Vollstreckungsverfahren (§ 459h) noch weiter hinauszögert.

2 **Zuständig** ist das mit der Sache befasste Tatgericht, das die Abtrennung beschlossen hat, auch nach Aufhebung und Zurückverweisung der Hauptsache an einen anderen Spruchkörper oder ein anderes Gericht (KK-StPO/*Schmidt* § 423 Rn. 2, 3). Das Berufungsgericht bleibt zuständig, wenn Rechtskraft durch Rechtsmittelrücknahme eintritt und es selbst keine eigene Hauptsacheentscheidung trifft (HK-StPO/*Retemeyer* § 422 Rn. 3).

3 Um der Gefahr doppelter Aufklärungsbemühungen sicher vorzubeugen, die im Hauptsacheverfahren und im abgetrennten Einziehungsverfahren zu Feststellungen führen könnten, die nicht miteinander zu vereinbaren sind, darf das Einziehungsverfahren erst **nach dem rechtskräftigen Abschluss** des Hauptsacheverfahrens fortgesetzt werden. Abs. 1 Satz 1 bezieht sich nicht auf den Verfahrensabschluss des Einziehungsverfahrens, sondern auf dessen Beginn. Anders könnte Abs. 1 Satz 2 sein Ziel nicht erreichen, Tatsachenfeststellungen im Einziehungsverfahren auszuschließen, die im Hauptsacheverfahren bereits erledigt sind (a.A. KMR/*Metzger* § 423 Rn. 2 ohne zu erklären, wie dann mit einem von den Feststellungen im Hauptsacheverfahren eventuell

abweichenden Beweisergebnis des Nachverfahrens umgegangen werden soll). Ob Teilrechtskraft des Schuldspruchs genügt, ist eine Frage des Einzelfalls. Ist der Schuldspruch nur deshalb rechtskräftig geworden, weil etwa im Fall des Betrugs sicher ausgeschlossen werden konnte, dass kein Vermögensschaden entstanden ist, die Bestimmung seiner Höhe allerdings rechtsfehlerbehaftet und deshalb samt zugehöriger Feststellungen aufgehoben worden (Beispiel BGHSt 59, 205 [216]), kommt die Durchführung des Nachverfahrens noch nicht in Betracht, weil weiterhin das Risiko abweichender Feststellungen hinsichtlich der doppelrelevanten Tatsache der Schadenshöhe besteht (zu pauschal daher Meyer-Goßner/Schmitt/*Köhler* § 423 Rn. 2; Teilrechtskraft insgesamt ausschließend BeckOK-StPO/*Temming* § 423 Rn. 2).

Abs. 1 S. 2 ordnet eine **Bindungswirkung** der Hauptsacheentscheidung und der ihr zugrunde liegenden Feststellungen an. Das Gericht hat für jede rechtliche Vorfrage und für jedes Element des Tatsachenstoffes, die es für die Einziehungsentscheidung für maßgeblich hält, zu prüfen, ob die Rechtsfrage im Hauptsacheverfahren entschieden ist, ob die fragliche Tatsache festgestellt worden ist und ob die Entscheidung auf dieser Tatsache beruht. Dann und nur dann ist das Gericht im Einziehungsverfahren gebunden. Ist die Beruhensfrage zu verneinen, weil im Verfahren zur Hauptsache eine unmaßgebliche Tatsache festgestellt worden ist, tritt eine Bindung nicht ein, sodass die Feststellungen im Einziehungsverfahren wiederholt werden müssen (ebenso KMR/*Metzger* § 423 Rn. 4). 4

Die Entscheidung soll binnen **sechs Monaten** ergehen, Abs. 2. Fristüberschreitung zieht keine Rechtsfolgen nach sich; es handelt sich um eine bloße Soll-Vorschrift, deren Einhaltung zu überwachen der Staatsanwaltschaft obliegen soll (BT-Drs. 18/9525 S. 88). Irgendwelche Druckmittel hat sie nicht; die Norm gibt dem Gericht lediglich Anlass, sich um eine rasche Durchführung des Nachverfahrens zu bemühen (MüKo-StPO/*Putzke/Scheinfeld* § 423 Rn. 7; HK-StPO/*Retemeyer* § 423 Rn. 3; BeckOK-StPO/*Temming* § 423 Rn. 4). 5

Abs. 3 Satz 1 normiert als **Regelfall** die Entscheidung im schriftlichen Verfahren durch **Beschluss**; noch notwendige Ermittlungen erfolgen im Freibeweisverfahren (KK-StPO/*Schmidt* § 423 Rn. 6). Die Entscheidung ist – entsprechend des für das Nachverfahren gem. § 434 Abs. 2 gegebenen Rechtsmittels – mit der sofortigen Beschwerde anfechtbar. 6

Nur ausnahmsweise soll aufgrund einer mündlichen Verhandlung durch **Urteil** entschieden werden (BT-Drs. 18/9525 S. 88). Unter dieser Prämisse steht die Wahl des Urteilsverfahrens gem. Abs. 4 Satz 1 im Ermessen des Gerichts, etwa wenn eine weitere Sachaufklärung in der mündlichen Verhandlung erforderlich erscheint (KK-StPO/*Schmidt* § 423 Rn. 9). Beantragt die Staatsanwaltschaft oder der potenzielle Einziehungsadressat (Tatbeteiligter oder Einziehungsbeteiligter gem. § 424) die Durchführung des Urteilsverfahrens, muss das Gericht dem nachkommen, Abs. 4 Satz 2. Für die mündliche Verhandlung verweist Abs. 4 Satz 3 auf die Vorschriften über die Beteiligung des Einziehungsbeteiligten an der Verhandlung zur Hauptsache. Das bedeutet, dass der Einziehungsbeteiligte durch die entsprechende Anwendung des § 427 Abs. 1 StPO die gleiche Rechtsstellung hat, die er bei einer gemeinsamen Verhandlung und Entscheidung im Hauptsacheverfahren hätte. Das gilt z. B. für das Beweisantragsrecht (vgl. § 427 Abs. 1, § 430 Abs. 2 StPO), aber etwa auch für die Rechtsmittel (§ 427 Abs. 1, § 431 StPO) (BT-Drs. 18/9525 S. 88). Ergänzend kommen die Vorschriften über die Hauptverhandlung zur Anwendung. Zudem gilt § 324, um den Beteiligten die Bindung an die Ergebnisse des Verfahrens zur Hauptsache (Abs. 1 Satz 2) deutlich werden zu lassen. Für die Urteilsanfechtung gelten die allgemeinen Regeln; sie erfolgt durch Berufung oder Revision. Der Prüfungsumfang richtet sich nach § 431. 7

Es bedarf keines besonderen Beschlusses über die Art des Verfahrens. Das Gericht kann durch die Ladung zur mündlichen Verhandlung oder durch die Aufforderung, im schriftlichen Verfahren Einwendungen geltend zu machen, zu erkennen geben, welche Verfahrensart es gewählt hat. Es kann, wenn es nicht durch einen Antrag gebunden ist (Abs. 4 Satz 2), von der einen zur anderen Verfahrensart wechseln (ebenso KK-StPO/*Schmidt* § 423 Rn. 9; BeckOK-StPO/*Putzke/Scheinfeld* § 423 Rn. 8). Die Entscheidungen über die Art des Verfahrens sind nicht anfechtbar (§ 305 Satz 1). 8

§ 424 Einziehungsbeteiligte am Strafverfahren

(1) Richtet sich die Einziehung gegen eine Person, die nicht Beschuldigter ist, so wird sie auf Anordnung des Gerichts am Strafverfahren beteiligt, soweit dieses die Einziehung betrifft (Einziehungsbeteiligter).

(2) [1]Die Anordnung der Verfahrensbeteiligung unterbleibt, wenn derjenige, der von ihr betroffen wäre, bei Gericht oder bei der Staatsanwaltschaft schriftlich oder zu Protokoll oder bei einer anderen Behörde schriftlich erklärt, dass er gegen die Einziehung des Gegenstandes keine Einwendungen vorbringen wolle. [2]War die Anordnung zum Zeitpunkt der Erklärung bereits ergangen, wird sie aufgehoben.

(3) Die Verfahrensbeteiligung kann bis zum Ausspruch der Einziehung und, wenn eine zulässige Berufung eingelegt ist, bis zur Beendigung der Schlussvorträge im Berufungsverfahren angeordnet werden.

(4) [1]**Der Beschluss, durch den die Verfahrensbeteiligung angeordnet wird, kann nicht angefochten werden.** [2]**Wird die Verfahrensbeteiligung abgelehnt, ist sofortige Beschwerde zulässig.**

(5) **Durch die Verfahrensbeteiligung wird der Fortgang des Verfahrens nicht aufgehalten.**

Übersicht

1 **A. Grundsätzliches.** §§ 424 ff. regeln die Beteiligung des tatunbeteiligten Dritten, demgegenüber eine Einziehung angeordnet werden kann. Nach der Neuordnung des Rechts der Vermögensabschöpfung unterscheidet das Gesetz nunmehr zwischen dem Einziehungsbeteiligten und dem Nebenbetroffenen. Einziehungsbeteiligter ist derjenige Dritte, der selbst als Adressat einer Einziehungsanordnung in Betracht kommt, Nebenbetroffener derjenige, der durch die Anordnung der Einziehung gegenüber dem Angeklagten oder einem anderen Anordnungsadressaten nach Maßgabe von § 75 Abs. 1 Satz 1 Nr. 2, Satz 2, Abs. 2 Satz 2 StGB einen Rechtsverlust erleiden kann (S. auch § 438 Rdn. 1, BGH Beschl. v. 10.10.2018 – 5 StR 389/18 Rn. 7). Die Beteiligung des Nebenbetroffenen am Verfahren ist in § 438 geregelt, der auf zahlreiche Regelungen für den Einziehungsbeteiligten verweist. Praktische Bedeutung hat die Unterscheidung vor allem deshalb, weil der Nebenbetroffene in seiner Beteiligung Beschränkungsmöglichkeiten unterliegt, die nach altem Recht für jeden Nebenbeteiligten galten (§ 431 Abs. 2 a.F., jetzt § 438 Abs. 2, Einzelheiten s. dort). Die Beteiligung der von der Einziehung betroffenen Dritten, sei es nun als Einziehungsbeteiligter oder Nebenbetroffener, soll ihnen die Wahrung ihrer Rechte ermöglichen und sichert ihren Anspruch auf **rechtliches Gehör**.

2 §§ 424, 425 regeln das frühestens im Zwischenverfahren stattfindende Verfahren zur förmlichen Beteiligung, § 426 enthält Vorschriften zu den Rechten des potenziell Einziehungsbeteiligten im Ermittlungsverfahren. Die Befugnisse und Stellung des Einziehungsbeteiligten während des Hauptverfahrens bestimmt sich nach §§ 427 – 430, § 431 regelt seine Möglichkeiten und Beschränkungen, Rechtsmittel einzulegen und durchzuführen, und § 432 den Umfang seiner Beteiligung im Strafbefehlsverfahren. Die §§ 433, 434 schließlich enthalten mit den Regelungen über das Nachverfahren Bestimmungen für den Fall, dass den Beteiligungsrechten während Hauptverfahrens nicht genügt worden ist. Die Regelungen entsprechen in weitem Umfang dem bisherigen Recht (§§ 431 ff. a.F.).

3 **B. Einzelne Regelungen. I. Adressat und Zeitpunkt der Beteiligungsanordnung.** Als Einziehungsbeteiligte kommen alle Adressaten einer Einziehungsentscheidung in Betracht, die nicht Beschuldigte in dem Verfahren sind, das zu der Anordnung führen könnte. Erst mit der Anordnung ihrer Verfahrensbeteiligung an, werden sie entsprechend der **Legaldefinition** in Abs. 1 Satz 1 zu Einziehungsbeteiligten. Bis dahin sind sie lediglich Beteiligungsinteressenten, deren Rechte sich nach § 426 bestimmen (Meyer-Goßner/Schmitt/*Köhler* § 424 Rn. 2).

4 Maßgeblich ist die Möglichkeit einer entsprechenden **Anordnung gegenüber dem Dritten** (zu weitgehend HK-StPO/*Retemeyer* § 424 Rn. 5: jeder, der nicht Beschuldigter ist). Damit scheiden Mitangeklagte und Mitangeschuldigte des anhängigen Verfahrens aus, nicht aber solche Tatbeteiligte, gegen die in einem anderen Verfahren (auch nach Abtrennung) verhandelt wird (KMR/*Metzger* § 242 Rn. 7; Meyer-Goßner/Schmitt/*Köhler* § 424 Rn. 9; BeckOK-StPO/*Temming* § 424 Rn. 5). Für die Einziehung von Taterträgen – gem. § 73c StGB auch als Wertersatzeinziehung – bestimmt sich der Kreis der möglichen Einziehungsbeteiligten nach **§ 73b StGB**. Die Einziehung von Tatprodukten, Tatmitteln und Tatobjekten ist bei einem Dritten nach den **§ 74a, § 74b Abs. 1 Nr. 2 StGB** zulässig; hinzu kommt die Möglichkeit der Wertersatzeinziehung gegenüber juristischen Personen oder Personenvereinigungen gem. **§ 74e StGB** (vgl. LG Bonn Urt. v. 18.03.2020 – 62 KLs 1/19, 62 KLs 213 Js 41/19 – 1/19 Rn. 1902 ff.). I.Ü. ist die Wertersatzeinziehung bei Tatprodukten, Tatmitteln und Tatobjekten gem. § 74c Abs. 1 StGB nur gegenüber dem in dem Verfahren beschuldigten Täter oder Teilnehmer zulässig.

5 Steht eine mögliche Einziehung und ein Eingriff in dingliche Rechte eines Dritten nicht mehr in Rede, etwa weil der Gegenstand gem. § 111n an den wahren Eigentümer herausgegeben worden ist, ist für eine Beteiligung kein Raum mehr. Eine bereits erfolgte Beteiligung kann auch in laufender Hauptverhandlung aufgehoben werden (OLG Bremen Beschl. v. 19.06.2018 – 1 Ws 146/17, 1 Ws 147/18).

6 **II. Anordnung und Entbehrlichkeit; Zeitraum.** Das Gericht kann von der Anordnung nur unter den Voraussetzungen von Abs. 2 oder gem. § 425 (Erläuterung dort) absehen. I.Ü. »wird« der Dritte beteiligt, wenn ihm gegenüber eine Einziehungsanordnung gegenüber in Betracht kommt. Nachdem die (Wertersatz-)

Einziehung von Taterträgen gem. § 73b StGB zwingend ist, ist auch die Beteiligung in allen Fällen zwingend, in denen nicht nach § 421 verfahren wird. Auch bei den in das Ermessen gestellten Einziehungen von Tatprodukten, Tatmitteln und Tatobjekten gem. § 74a, § 74b Abs. 1 Nr. 2 StGB ist die Beteiligung möglichst frühzeitig zu erwägen. Die *ratio legis*, dem Dritten, der in seinem Grundrecht auf Eigentum betroffen ist, rechtliches Gehör in einer Weise zu gewähren, die ihm die effektive Wahrung seiner Rechte ermöglicht, gebietet es, ihn immer schon dann zu beteiligen, wenn sich das Gericht mit der Frage der Einziehung voraussichtlich befassen wird. Davon wird jedenfalls dann auszugehen sein, wenn die Staatsanwaltschaft in ihrer Anklageschrift auf die Möglichkeit der Einziehung hinweist (zum Ganzen LR/*Gössel* § 431 Rn. 39 ff. m.w.N.; enger – Anordnung muss hinreichend wahrscheinlich sein – die wohl hM, vgl. MüKo-StPO/*Scheinfeld/Langlitz* § 438 Rn. 6 m.w.N.; Meyer-Goßner/Schmitt/*Köhler* § 424 Rn. 7; KK-StPO/*Schmitt* § 424 Rn. 5; BeckOK-StPO/*Temming* § 424 Rn. 5).

Gem. Abs. 2 **unterbleibt** die Anordnung der Beteiligung, wenn der mögliche Adressat einer auf einen »Gegenstand« bezogenen Einziehungsentscheidung erklärt, sich am Verfahren nicht beteiligen zu wollen; bei Wertersatzeinziehungen kommt der Verzicht nicht in Betracht (MüKo-StPO/*Putzke/Scheinfeld* § 424 Rn. 7). Ist der Gehörsverzicht aktenkundig, muss das Verfahren nicht unnötig verkompliziert werden. Die Einbeziehung des am Ausgang erklärtermaßen Desinteressierten ist nicht geboten, der Einziehungsadressat wird über den Verfahrensfortgang nicht weiter informiert. Erst die Mitteilung festgesetzter Rechtsfolgen bezieht ihn zur Vorbereitung etwa erforderlicher Vollstreckungsmaßnahmen wieder in das Verfahren ein. Ein Verzicht auf das Eigentum ist damit nicht verbunden; der Verzicht ist ausschließlich Prozesshandlung, mit der der Beteiligungsinteressent von der Geltendmachung von Einwendungen gegen die ihn betreffende Einziehungsentscheidung ausgeschlossen wird, vgl. § 433 Abs. 1 (KMR/*Metzger* § 424 Rn. 19 ff.; Meyer-Goßner/Schmitt/*Köhler* § 424 Rn. 11; KK-StPO/*Schmitt* § 424 Rn. 11). Die als Prozesshandlung grundsätzlich unwiderrufliche Verzichtserklärung muss schriftlich vorliegen, sie kann auch schon im vorbereitenden Verfahren gegenüber der Staatsanwaltschaft, der Polizei oder der ermittelnden Finanzbehörde erfolgen (KK-StPO/*Schmidt* § 424 Rn. 12 f.). Von der Feststellung der Einziehungsvoraussetzungen ist das Gericht damit nicht entbunden. 7

Der **Zeitraum**, in dem die Verfahrensbeteiligung angeordnet werden kann, ist denkbar weit und umfasst die gesamte Zuständigkeit der Tatgerichte; sie kann vom Beginn des Zwischenverfahren bis zum Ende der Schlussvorträge in der Berufungsinstanz erfolgen (Abs. 3). Auch wenn der Einziehungsbeteiligte erst von der Eröffnung des Hauptverfahrens an gem. § 427 Abs. 1 über eigene Befugnisse verfügt, steht dies einer Anordnung seiner Beteiligung während des Zwischenverfahren nicht entgegen; § 438 Abs. 1 spricht bei der in diesem Zusammenhang nicht weitergehenden Regelung zur Beteiligung des Nebenbetroffenen ausdrücklich vom Angeschuldigten (ebenso KMR/*Metzger* § 424 Rn. 2; HK-StPO/*Retemeyer* § 424 Rn. 9; MüKo-StPO/*Putzke/Scheinfeld* § 424 Rn. 8). Umgekehrt folgt aus der Regelung des § 426, dass eine Anordnung vor Anklageerhebung nicht in Betracht kommt. In aller Regel wird die Staatsanwaltschaft, sofern sie nicht gem. § 421 von der Einziehung absieht, zusammen mit der Anklageerhebung einen entsprechenden Antrag stellen, der allerdings nicht Entscheidungsvoraussetzung ist (Meyer-Goßner/Schmitt/*Köhler* § 424 Rn. 7; BeckOK-StPO/*Temming* § 424 Rn. 7). 8

Zuständig ist das in dem jeweiligen Verfahrensstadium mit der Sache befasste Gericht (KMR/*Metzger* § 424 Rn. 14), das durch Beschluss in der dafür erforderlichen Besetzung entscheidet, Abs. 4. Vor der Entscheidung sind die Verfahrensbeteiligten zu hören, aber auch der Beteiligungsinteressent, damit er im Fall einer Ablehnung von dem ihm zustehenden Beschwerderecht Gebrauch machen oder ggf. seinen Verzicht auf die Beteiligung erklären kann (a.A. MüKo-StPO/*Putzke/Scheinfeld* § 424 Rn. 9). 9

III. Rechtsmittel und Rechtswirkung. Der die Beteiligung anordnende Beschluss ist unanfechtbar (Abs. 4 Satz 1); gegen den sie ablehnenden Beschluss ist sofortige Beschwerde statthaft (Abs. 4 Satz 2). Sie steht nicht nur den Verfahrensbeteiligten zu, sondern auch dem Beteiligungsinteressenten, weil er i.S.v § 304 Abs. 2 von der ablehnenden Entscheidung betroffen ist (Meyer-Goßner/Schmitt/*Köhler* § 424 Rn. 19; zu eng HK-StPO/*Retemeyer* § 424 Rn. 11, vgl. aber § 425 Rn. 5). 10

Weder die Anordnung noch ihre Ablehnung oder Aufhebung bewirken irgendeine Bindung in Bezug auf die Entscheidung in der Hauptsache. Die Beteiligungsentscheidung hängt allein davon ab, ob der zu Beteiligende von einer künftigen Einziehungsanordnung betroffen sein kann (Abs. 1). Sie bewirkt nicht mehr als eine Festlegung der Rolle des Betroffenen im Verfahren als Verfahrensbeteiligter oder als Außenstehender. Nach einer Beteiligungsanordnung ist deshalb dennoch vollständig aufzuklären, ob die Einziehungsvoraussetzungen ihm gegenüber vorliegen und er etwa Inhaber des zu entziehenden Rechtes ist. Ist die Beteiligung unterblieben, ist damit nicht entschieden, ob eine schließlich angeordnete Einziehung einer Überprüfung standhält. Die Beteiligung nach § 424 Abs. 1 ist keine Wirksamkeitsvoraussetzung für eine gegenüber dem Dritten ergangene Einziehungsentscheidung (BGH Beschl. v. 24.09.2019 – 3 StR 160/19 Rn. 8; a.A. offenbar Bay- 11

ObLG Beschl. v. 23.04.2020 – 207 StRR 138/20 Rn. 32). Der versehentlich nicht beteiligte Einziehungsadressat kann gegen die ihn beschwerende Sachentscheidung allerdings nur das Nachverfahren nach § 433 betreiben; Rechtsmittel gem. § 431 stehen nur dem förmlich am Verfahren Beteiligten zu (BGH NStZ 1995, 248; vgl. KK-StPO/*Schmidt* § 424 Rn. 17 f.; Meyer-Goßner/Schmitt/*Köhler* § 424 Rn. 16).

12 Wird die Entscheidung über die Einziehung gem. § 422 abgetrennt, verliert der Einziehungsbeteiligte seine Stellung als Verfahrensbeteiligter nicht (Meyer-Goßner/Schmitt/*Köhler* § 424 Rn. 1), denn zu den Einziehungsvoraussetzungen gehört das Vorliegen einer zumindest rechtswidrigen (§ 73b StGB), i.Ü. sogar schuldhaft begangenen Straftat (§ 74a StGB; Ausnahme § 74b Abs. 1 Nr. 2 StGB), an deren Feststellung im Hauptverfahren er sich weiter gem. § 430 beteiligen kann.

13 Verfahrensabschnitte, die abgeschlossen sind, werden nicht wiederholt, um nun auch den Einziehungsbeteiligten teilhaben zu lassen (Abs. 5); der Einziehungsbeteiligte muss den bisherigen Verlauf des Verfahrens so hinnehmen, wie er sich z.Zt. der Beteiligungsanordnung darstellt (BeckOK-StPO/*Temming* § 424 Rn. 11). Das bedeutet freilich nicht, dass Verfahrenshandlungen unzulässig wären, die den weiteren Fortgang des Verfahrens im Vergleich zur unterbliebenen Beteiligung verzögern, etwa die nochmalige Vernehmung eines Zeugen, wenn der erst später Beteiligte insoweit beachtliche – § 430 Abs. 2 – Anträge stellt oder Einwendungen erhebt. Zur Wahrung seines rechtlichen Gehörs dürfte dies auch in aller Regel geboten sein (BGH Beschl. v. 10.07.2018 – 1 StR 628/17; Meyer-Goßner/Schmitt/*Köhler* § 424 Rn. 20; MüKo-StPO/*Putzke/Scheinfeld* § 424 Rn. 6). Ggf. kann sich eine Abtrennung nach § 422 anbieten (KK-StPO/*Schmidt* § 424 Rn. 22), allerdings nur, soweit sich die Einwände des Einziehungsbeteiligten nicht auf das Vorliegen einer die Einziehung tragenden Straftat beziehen (o. Rdn. 12).

§ 425 Absehen von der Verfahrensbeteiligung

(1) In den Fällen der §§ 74a und 74b des Strafgesetzbuches kann das Gericht von der Anordnung der Verfahrensbeteiligung absehen, wenn wegen bestimmter Tatsachen anzunehmen ist, dass sie nicht ausgeführt werden kann.

(2) [1]**Absatz 1 gilt entsprechend, wenn**

1. **eine Partei, Vereinigung oder Einrichtung außerhalb des räumlichen Geltungsbereichs dieses Gesetzes zu beteiligen wäre, die Bestrebungen gegen den Bestand oder die Sicherheit der Bundesrepublik Deutschland oder gegen einen der in § 92 Absatz 2 des Strafgesetzbuches bezeichneten Verfassungsgrundsätze verfolgt, und**
2. **den Umständen nach anzunehmen ist, dass diese Partei, Vereinigung oder Einrichtung oder einer ihrer Mittelsmänner den Gegenstand zur Förderung ihrer Bestrebungen zur Verfügung gestellt hat.**

[2]**Vor der Entscheidung über die Einziehung des Gegenstandes ist der Besitzer der Sache oder der zur Verfügung über das Recht Befugte zu hören, wenn dies ausführbar ist.**

1 Die Vorschrift versucht, ein Gleichgewicht zu finden zwischen der wegen der Grundrechtsgeltung nicht verzichtbaren Beteiligung des Betroffenen an einem Verfahren, das für ihn zu einem Rechtsverlust führen kann, und andererseits dem bereits in der Beschränkungsmöglichkeit (§ 421) erkennbar gewordenen Anliegen, nicht die Einziehung in den Mittelpunkt des Verfahrens zu rücken. Diesem Ausgleich dienen einige Einschränkungen der Beteiligung. Sie sind nur zulässig, wenn die Einziehung von Tatprodukten, Tatmitteln oder Tatobjekten (§ 74a StGB) oder die Sicherungseinziehung von gefährlichen Gegenständen (§ 74b StGB) beabsichtigt ist. Bei der vermögensordnenden (Wertersatz-) Einziehung von Taterträgen, § 73b StGB, darf nicht darauf verzichtet werden, den Einziehungsadressaten möglichst am Verfahren zu beteiligen.

2 Die Norm enthält mit Abs. 1 und Abs. 2 zwei Fallgruppen, unter denen von einer Beteiligung abgesehen werden kann. **Abs. 1** enthält eine allgemeine Zweckmäßigkeitserwägung. Gründe der Verfahrensvereinfachung sprechen gegen die Anordnung einer Beteiligung, wenn sie tatsächlich **nicht ausführbar** wäre, etwa wenn nicht bekannt ist, wo der Betroffene sich aufhält. Da die Anwendung dieser Regelung dazu führen kann, dass der Betroffene nichts von dem Verfahren und dem schließlich angeordneten Rechtsverlust erfährt, ist der Tatbestand eng auszulegen. Dass bestimmte Tatsachen gefordert werden, zeigt, dass eine bloße Vermutung nicht ausreicht. Mit der Ausführung verbundene Lästigkeiten oder Verzögerungen reichen nicht aus, denn auf unangemessenen Aufwand kann nach Maßgabe des § 421 Abs. 1 Satz 3 durch Absehen von der Einziehung reagiert werden. Erforderlich ist vielmehr, dass die gebotene Gewährung rechtlichen Gehörs gleichsam faktisch undurchführbar und eine Beteiligung des als Einziehungsadressat in Betracht Kommenden tatsächlich nicht möglich ist (LR/*Gössel* § 431 Rn. 47; KK-StPO/*Schmidt* § 425 Rn. 3 m.w.N.; MüKo-StPO/*Putzke/Scheinfeld* § 425 Rn. 3 f.). Dies ist etwa bei unbekanntem Aufenthalt des Einziehungsadressaten der Fall, nicht aber schon bei Aufenthalt im Ausland (OLG Karlsruhe NJW 1974, 709). Erfahrungen im

Umgang mit dem Betroffenen oder die konkreten Umstände des Einzelfalles müssen es als unwahrscheinlich erscheinen lassen, dass er zu erreichen sein wird; hierzu sind Ermittlungen anzustellen (Meyer-Goßner/Schmitt/*Köhler* § 425 Rn. 2). Im Zweifel ist die Beteiligung anzuordnen, um zu versuchen, dem Betroffenen die vorgesehenen Mitteilungen zukommen zu lassen.

Abs. 2 enthält eine Sonderregel für **Staatsschutzverfahren.** Eine ausländische verfassungsfeindliche Organisation braucht nicht am Verfahren beteiligt zu werden, weil hier dem Interesse der Vorzug gegeben werden darf, der Vereinigung ein Betätigungsfeld zur Verbreitung ihrer Bestrebungen zu verwehren; ihre Beteiligung würde das Verfahren zudem unangemessen erschweren (vgl. BT-Drs. V/1319 S. 75; KK-StPO/*Schmidt* § 425 Rn. 4). Die von Abs. 2 Satz 2 – nach Möglichkeit – vorgeschriebene Anhörung, die der Rechtsverteidigung dient, setzt dementsprechend nicht voraus, dass ein Repräsentant der Organisation zu kontaktieren ist, sondern der letzte Besitzer oder Verfügungsbefugte (Meyer-Goßner/Schmitt/*Köhler* § 425 Rn. 3). 3

Gegen die Ablehnung der Beteiligung ist gem. § 424 Abs. 4 Satz 2 die sofortige Beschwerde statthaft. 4

§ 426 Anhörung von möglichen Einziehungsbeteiligten im vorbereitenden Verfahren

(1) [1]Ergeben sich im vorbereitenden Verfahren Anhaltspunkte dafür, dass jemand als Einziehungsbeteiligter in Betracht kommt, ist er zu hören. [2]Dies gilt nur, wenn die Anhörung ausführbar erscheint. [3] § 425 Absatz 2 gilt entsprechend.

(2) Erklärt derjenige, der als Einziehungsbeteiligter in Betracht kommt, dass er gegen die Einziehung Einwendungen vorbringen wolle, gelten im Fall seiner Vernehmung die Vorschriften über die Vernehmung des Beschuldigten insoweit entsprechend, als seine Verfahrensbeteiligung in Betracht kommt.

Die Norm geht chronologisch einen Schritt zurück. Während die Anordnung der Beteiligung (§§ 424, 425) voraussetzt, dass Anklage erhoben ist, betrifft § 426 das vorbereitende Verfahren. Das Ermittlungsverfahren dient der Aufklärung aller Tatsachen, deren Kenntnis für die Festsetzung und Bemessung der Rechtsfolgen der Tat erforderlich ist. Sobald nach den Eigenarten der wahrscheinlich begangenen Straftat auch die Einziehung als Rechtsfolge in Betracht kommt, sind die Ermittlungen auch auf alle tatsächlichen Umstände zu richten, die für die Beurteilung erforderlich sind, ob und ggf. in welchem Umfang diese Anordnung auszusprechen ist. Steht die Einziehung gegenüber einem Dritten im Raum, ist seine Anhörung/Vernehmung im Ermittlungsverfahren schon deshalb geboten. Zweck der Norm ist es, dem potenziellen Einziehungsbeteiligten möglichst frühzeitig rechtliches Gehör zu verschaffen, um ihm eine effektive Rechtsverfolgung zu ermöglichen. Zugleich räumt ihm das Gesetz in gewissem Umfang eine beschuldigtenähnliche Stellung ein, die durch eine entsprechende Belehrung des Beteiligungsinteressenten sichergestellt wird (MüKo-StPO/*Putzke/Scheinfeld* § 428 Rn. 1; HK-StPO/*Retemeyer* § 426 Rn. 2). 1

Verzichtbar ist die Anhörung des Beteiligungsinteressenten nur ausnahmsweise, nämlich wenn sie faktisch nicht möglich und damit nicht ausführbar ist; auf die Erläuterungen bei § 425 Rdn. 2 wird verwiesen (für einen ggü § 425 gelockerten Maßstab MüKo-StPO/*Putzke/Scheinfeld* § 426 Rn. 4). Die Anhörung einer ausländischen verfassungsfeindlichen Organisation ist gleichfalls nicht erforderlich; in diesem Fall ist gem. Abs. 1 Satz 2 i.V.m. § 425 Abs. 2 Satz 2 der letzte Besitzer der Sache oder Verfügungsbefugte über das Recht zu hören. Ferner ist die Anhörung entbehrlich, wenn die Staatsanwaltschaft gem. § 421 Abs. 3 die Entscheidung über die Einziehung aus dem Verfahren ausscheidet (Meyer-Goßner/Schmitt/*Köhler* § 426 Rn. 2). 2

Eine bestimmte **Form** für die Anhörung ist nicht vorgeschrieben, eine Gelegenheit zur Äußerung genügt. Der Beteiligungsinteressent ist darauf hinzuweisen, dass eine Einziehungsentscheidung oder Unbrauchbarmachung oder eine der sonstigen in § 439 genannten Rechtsfolgen im Raum steht, die zu einem Rechtsverlust seinerseits führen kann. Dies ermöglicht ihm, eine (schriftliche) Erklärung nach § 424 Abs. 2 abzugeben, wenn er Einwendungen gegen die Einziehung eines Gegenstandes nicht vorbringen möchte (KMR/*Metzger* § 426 Rn. 6). Erklärt er, Einwendungen erheben zu wollen, findet (nur) im Fall einer förmlichen Vernehmung Abs. 2 Anwendung (HK-StPO/*Retemeyer* § 426 Rn. 5). Ob der Dritte vernommen wird, steht im Ermessen der Ermittlungsbehörden (BeckOK-StPO/*Temming* § 426 Rn. 7). 3

Abs. 2 gewährt demjenigen, der wahrscheinlich künftig am Verfahren beteiligt wird, in einer **Vernehmung** die gleichen Rechte wie dem Beschuldigten, damit er seine Vermögensinteressen gegen die in Aussicht genommene Entziehung wirksam verteidigen kann. Anders als der Verzicht auf Einwendungen in § 424 Abs. 2 ist die Vorschrift nicht auf die Einziehung von Gegenständen beschränkt, sondern findet auch bei Wertersatzeinziehungen gem. § 73b, § 74e StGB Anwendung. Den Betroffenen treffen insoweit nicht die Zeugenpflichten, sondern er ist wie der Beschuldigte gem. **§ 163a** zu belehren, und er ist wie dieser berechtigt zu schweigen (LR/*Gössel* § 432 Rn. 15 f.; KK-StPO/*Schmidt* § 426 Rn. 6 ff.; KMR/Metzger § 426 Rn. 13; MüKo-StPO/*Putzke/Scheinfeld* § 426 Rn. 7; zu möglichen Schlüssen aus seinem Schweigen u. § 427 Rdn. 1). 4

Die Norm stellt den von der Einziehung wahrscheinlich Betroffenen dem Beschuldigten gleich, um ihm die Verteidigung gegen den Vermögenszugriff in gleicher Weise zu ermöglichen wie die Verteidigung gegen die Bestrafung. § 427 Abs. 1 Satz 1 setzt dies für das Hauptverfahren fort. Allerdings reicht die beschuldigtenähnliche Stellung des potenziellen Einziehungsadressaten nur so weit, wie sich die Vernehmung auf Umstände bezieht, die die Voraussetzungen einer möglichen Einziehungsentscheidung ihm gegenüber betreffen. Wegen aller anderen Fragen kann er als Zeuge vernommen werden und unterliegt den Zeugenpflichten (Meyer-Goßner/Schmitt/*Köhler* § 426 Rn. 3). Für juristische Personen gilt entsprechendes: Die organschaftlich handelnden natürlichen Personen dürfen daher zur Verteidigung der Vermögensinteressen der von ihnen vertretenen juristischen Person alle Beschuldigtenrechte wahrnehmen, mithin auch das Schweigerecht (LR/*Gössel* § 432 Rn. 16; KMR/*Metzger* § 426 Rn. 12; HK-StPO/*Retemeyer* § 426 Rn. 6; MüKo-StPO/*Putzke*/*Scheinfeld* § 426 Rn. 8; *Minoggio* wistra 2003, 121, 123 ff.; nach BVerfGE 95, 220, 242 grundrechtlich nicht geboten, soweit juristische Personen sich nicht gegen einen Schuldvorwurf, sondern allein gegen Vermögensnachteile verteidigen).

5 Unterbleibt die Anhörung, schließt dies eine Sachentscheidung zulasten des Einziehungsadressaten nicht aus (a.A. KMR/*Metzger* § 426 Rn. 6 unter Berufung auf einen Beschluss des OLG Rostock v. 18.07.2011 – 2 Ss [OWi] 78/11, der dies nicht hergibt). Erfolgt im späteren Verfahren eine Beteiligung, wird die Anhörung hier nachgeholt. Unterbleibt sie, ist der Betroffene auf das Nachverfahren gem. § 433 verwiesen (vgl. BGH Beschl. v. 24.07.2019 – 3 StR 160/19 Rn 8).

§ 427 Befugnisse des Einziehungsbeteiligten im Hauptverfahren

(1) [1]Von der Eröffnung des Hauptverfahrens an hat der Einziehungsbeteiligte, soweit dieses Gesetz nichts anderes bestimmt, die Befugnisse, die einem Angeklagten zustehen. [2]Im beschleunigten Verfahren gilt dies vom Beginn der Hauptverhandlung, im Strafbefehlsverfahren vom Erlass des Strafbefehls an.

(2) [1]Das Gericht kann zur Aufklärung des Sachverhalts das persönliche Erscheinen des Einziehungsbeteiligten anordnen. [2]Bleibt der Einziehungsbeteiligte, dessen persönliches Erscheinen angeordnet ist, ohne genügende Entschuldigung aus, so kann das Gericht seine Vorführung anordnen, wenn er unter Hinweis auf diese Möglichkeit durch Zustellung geladen worden ist.

1 Sobald das Hauptverfahren eröffnet ist oder im beschleunigten oder im Strafbefehlsverfahren die entsprechenden Verfahrensabschnitte beginnen, hat der Einziehungsbeteiligte verfahrensrechtliche Befugnisse, die denen des Angeklagten weitgehend entsprechen. Zwischen natürlichen und juristischen Personen unterscheidet die Norm nicht (vgl. oben § 426 Rdn. 4; ebenso KMR/*Metzger* § 427 Rn. 4). Die Verweisung auf die Stellung des Angeklagten im Verfahren hat allein den Zweck, die starke Stellung des Beteiligten zu betonen (KMR/*Metzger* § 427 Rn. 1; HK-StPO/*Retemeyer* § 427 Rn. 1; SK-StPO/*Weßlau* § 433 Rn. 2; LR/*Gössel* § 433 Rn. 5). Er soll sich gegen die Eigentumsentziehung verteidigen können wie ein Angeklagter gegen den Schuldvorwurf, aber er wird dadurch nicht zum Angeklagten und ist diesem auch nicht gleichgestellt. Dies zeigt sich schon daran, dass das Verbot, aus seinem Schweigen nachteilige Schlüsse zu ziehen, jedenfalls für die allein vermögensordnende Einziehung gem. § 73b StGB nicht in dieser Absolutheit gelten kann. Eine derartige Maßnahme hat keinen Strafcharakter, sodass Einlassungen erwartet werden können und dürfen (ebenso KMR/*Metzger* § 427 Rn. 1; KK-StPO/*Schmidt* § 427 Rn. 2; vgl. auch BT-Drs. 18/9525 S. 89; offengelassen von Meyer-Goßner/Schmitt/*Köhler* § 427 Rn. 1; a.A. MüKo-StPO/*Putzke*/*Scheinfeld* § 427 Rn. 2; BeckOK-StPO/*Temming* § 427 Rn. 4; soweit Letzterer darauf abhebt, dass dies dann auch für den Angeklagten gelten müsse, ist das unter der Prämisse, dass der Angeklagte nur zur Frage der Einziehung schweigt, richtig und unproblematisch).

2 Zu den verfahrensrechtlichen **Befugnissen** des Einziehungsbeteiligten gehören namentlich das Recht auf Mitteilung der Gerichtsbesetzung (§ 222a), das Ablehnungsrecht (§ 24), das Anwesenheitsrecht, das Recht, Zeugen zu laden, das Fragerecht (§ 240), das Erklärungsrecht gem. § 257, das Recht auf Akteneinsicht, soweit für die Beteiligung von Bedeutung, das Recht, Anträge zu stellen (s. aber § 430 Abs. 2) und das letzte Wort, wenn auch vor dem Angeklagten, wie überhaupt das Recht gehört zu werden. Außerdem ist der Einziehungsbeteiligte zur Einlegung von Rechtsbehelfen und Rechtsmitteln befugt (zum Ganzen KMR/*Metzger* § 427 Rn. 3; HK-StPO/*Retemeyer* § 427 Rn. 2; MüKo-StPO/*Putzke*/*Scheinfeld* § 427 Rn. 4). Im Umfang seiner Beteiligung (vgl. § 424: »soweit«) scheidet eine Zeugenvernehmung des Einziehungsbeteiligten aus; er ist berechtigt, alle oder einzelne Angaben zu verweigern, ohne dafür Gründe nennen zu müssen (zu möglichen Schlüssen, die aus dem Schweigen gezogen werden können, o. Rdn. 1). Darüber hinaus – etwa zu anderen Tatkomplexen – ist eine Zeugenvernehmung möglich (Meyer-Goßner/Schmitt/*Köhler* § 427 Rn. 4 f.; KMR/

Metzger § 427 Rn. 10). Abweichungen von den Befugnissen eines Angeklagten enthalten § 430 Abs. 2 und § 431 Abs. 1.

Der Beteiligte gibt im Verfahren keine rechtsgeschäftlichen Erklärungen ab. Er muss daher **verhandlungsfähig** sein; Geschäftsfähigkeit ist nicht erforderlich (Einzelheiten bei Meyer-Goßner/Schmitt/*Köhler* § 427 Rn. 7; ebenso KMR/*Metzger* § 427 Rn. 5; HK-StPO/*Retemeyer* § 427 Rn. 3; KK-StPO/*Schmidt* § 427 Rn. 5; MüKo-StPO/*Putzke/Scheinfeld* § 427 Rn. 8; SK-StPO/*Weßlau* § 433 Rn. 4; a.A. LR/*Gössel* § 433 Rn. 28; a.A. BeckOK-StPO/*Temming* § 427 Rn. 3). 3

Eine Verpflichtung, dem Verfahren zur Verfügung zu stehen, besteht gem. **Abs. 2** nur auf besondere Anordnung des Gerichts, wenn es dies zur Aufklärung des Sachverhalts für erforderlich hält (HK-StPO/*Retemeyer* § 427 Rn. 5). I.Ü. gilt § 430 Abs. 1. Erscheint der Einziehungsbeteiligte trotz Ladung nicht ist, steht seine Vorführung im Ermessen des Gerichts, sofern er auf diese Möglichkeit hingewiesen worden ist; eine Ladungsfrist ist nicht vorgesehen Bei der Ausübung seines Ermessens wird sich das Gericht an § 51 orientieren können (KMR/*Metzger* § 427 Rn. 7). 4

Der **Tod** des Einziehungsbeteiligten hält das Verfahren nicht auf, die Verfahrensbeteiligung wird hinfällig (vgl. § 424 Abs. 5). Auf den Erben geht die Beteiligtenrolle nicht über, denn sie ist kein Vermögensrecht, sondern eine Verfahrensstellung (ebenso KMR/*Metzger* § 427 Rn. 6). Vielmehr ist für den Erben erneut zu prüfen, ob auch ihm ggü. die Einziehung in Betracht kommt. Sind auch in seiner Person die Erfüllung aller Tatbestandsvoraussetzungen wahrscheinlich, so ist seine Beteiligung anzuordnen (Meyer-Goßner/Schmitt/*Köhler* § 427 Rn. 8). Die Gegenansicht, die etwa bei der Sicherungseinziehung lediglich die Wahrung vermögensrechtlicher Interessen sieht, in die der Erbe einrücken könne (KK-StPO/*Schmidt* § 427 Rn. 6; LR/*Gössel* § 433 Rn. 32), übersieht, dass sich die Sicherungseinziehung stets gegen den jeweiligen Eigentümer des Gegenstandes richtet (vgl. SSW-StGB/*Heine* § 74b Rdn. 11). Mit dem Erbfall wird der Erbe selbst Anordnungsadressat und ist deshalb aus eigenem, nicht abgeleitetem Recht am Verfahren zu beteiligen (noch weitergehend BeckOK-StPO/*Temming* § 427 Rn. 1.1, der den Erben auch in Fällen des § 73b Nr. 3 StGB einrücken lassen will). 5

§ 428 Vertretung des Einziehungsbeteiligten

(1) [1]Der Einziehungsbeteiligte kann sich in jeder Lage des Verfahrens durch einen Rechtsanwalt mit nachgewiesener Vertretungsvollmacht vertreten lassen. [2]Die für die Verteidigung geltenden Vorschriften der §§ 137 bis 139, 145a bis 149 und 218 sind entsprechend anzuwenden.

(2) [1]Der Vorsitzende bestellt dem Einziehungsbeteiligten auf Antrag oder von Amts wegen einen Rechtsanwalt, wenn wegen der Schwierigkeit der Sach- oder Rechtslage, soweit sie die Einziehung betrifft, die Mitwirkung eines Rechtsanwalts geboten erscheint oder wenn ersichtlich ist, dass der Einziehungsbeteiligte seine Rechte nicht selbst wahrnehmen kann. [2]Dem Antrag eines seh-, hör- oder sprachbehinderten Einziehungsbeteiligten ist zu entsprechen.

(3) Für das vorbereitende Verfahren gilt Absatz 1 entsprechend.

Die Vorschrift regelt das Recht des Einziehungsbeteiligten auf Vertretung und verweist umfassend auf die Vorschriften über die Verteidigung. Ausgenommen sind lediglich die Vorschriften über die Pflichtverteidigung; insoweit enthält Abs. 2 eine eigenständige (einfachere) Regelung. 1

Für die Fälle des **Wahl-Vertreters** ergeben sich keine Unterschiede zum Wahlverteidiger. Auch wenn Abs. 1 nur von Rechtsanwälten spricht, stellt die Verweisung auf § 138 klar, dass auch Hochschullehrer oder gem. § 392 Abs. 1 AO Steuerberater in Steuerstrafsachen zur Vertretung des Einziehungsbeteiligten wie zur Verteidigung des Angeklagten berechtigt sind (HK-StPO/*Retemeyer* § 428 Rn. 2); Doppelvertretung ist hier wie dort ausgeschlossen (KMR/Metzger § 428 Rn. 5; Meyer-Goßner/Schmitt/*Köhler* § 428 Rn. 5; MüKo-StPO/*Putzke/Scheinfeld* § 428 Rn. 3; differenzierend KK-StPO/*Schmidt* § 428 Rn. 3). Die Vollmacht ist nachzuweisen, wobei dies nicht zwingend in Schriftform erfolgen muss (»technikoffener Begriff«, vgl. BT-Drs. 18/11640 S. 88). 2

Die Voraussetzungen der **Beiordnung** eines Vertreters sind allein mit Blick auf die Rechtsfolgen der Einziehung zu beurteilen (LR/*Gössel* § 434 Rn. 11; KK-StPO/*Schmidt* § 428 Rn. 7; Meyer-Goßner/Schmitt/*Köhler* § 428 Rn. 4; SK-StGB/*Weßlau* § 434 Rn. 8). Ob das Verfahren i.Ü. Schwierigkeiten aufweist, ist nicht entscheidend. Ein zur Schuldfrage schwieriges Verfahren kann in Bezug auf die Einziehungsentscheidung nur einfache Fragen aufwerfen. Ebenso können neben einfacher Schuldfrage hochumstrittene Rechtsfragen zur Entscheidung über die Einziehung etwa in Fällen des § 73b StGB zu beantworten sein. Für einen seh-, hör- oder sprachbehinderten Einziehungsbeteiligten kommt es auf die Schwierigkeit des Verfahrens nicht an, wenn er die Beiordnung eines Vertreters beantragt (Abs. 2 Satz 2). Die Bestellung von Referendaren, wie 3 früher gem. § 142 Abs. 2 a.F. möglich, kommt nach der Neufassung dieser Vorschrift durch das Gesetz zur Neuregelung der notwendigen Verteidigung vom 10.12.2019 (BGBl. I, S. 2128) nicht mehr in Betracht.

4 Die Beiordnungs- und auch die Auswahlentscheidung trifft der Vorsitzende. Gegen seine Verfügung und gegen die Untätigkeit ist die Beschwerde statthaft (§ 304 Abs. 1), wenn nicht das Oberlandesgericht im ersten Rechtszug zuständig ist (§ 304 Abs. 4 Satz 2).

5 Abs. 2 behandelt die Bestellung und die Beiordnung eines Vertreters für den Einziehungsbeteiligten, setzt also die Beteiligungsanordnung gem. § 424 Abs. 1 voraus. Im **Ermittlungsverfahren** ist eine Beiordnung daher noch nicht zulässig (Meyer-Goßner/Schmitt/*Köhler* § 428 Rn. 2; BeckOK-StPO/*Temming* § 428 Rn. 3; a.A. KK-StPO/Schmidt § 428 Rn. 6; LR/*Gössel* § 434 Rn. 2; KMR/*Metzger* § 428 Rn. 9; mehrdeutig MüKo-StPO/*Putzke/Scheinfeld* § 428 Rn. 6). Dies hindert den Betroffenen (Beteiligungsinteressenten) nicht, sich auch schon zu diesem Zeitpunkt vertreten zu lassen, wie Abs. 3 klarstellt (BT-Drs. 18/9525 S. 89 f.). Für eine Beiordnung besteht allerdings erst dann Veranlassung, wenn nach Abschluss des Ermittlungsverfahrens feststeht, dass die Staatsanwaltschaft von der Entscheidung über die Einziehung nicht etwa nach § 421 Abs. 1 Nr. 3, Abs. 3 wegen unangemessenen Aufwands absieht.

§ 429 Terminsnachricht an den Einziehungsbeteiligten

(1) Dem Einziehungsbeteiligten wird der Termin zur Hauptverhandlung durch Zustellung bekanntgemacht; § 40 gilt entsprechend.

(2) Mit der Terminsnachricht wird dem Einziehungsbeteiligten, soweit er an dem Verfahren beteiligt ist, die Anklageschrift und in den Fällen des § 207 Abs. 2 der Eröffnungsbeschluss mitgeteilt.

(3) Zugleich wird der Einziehungsbeteiligte darauf hingewiesen, dass

1. auch ohne ihn verhandelt werden kann,

2. er sich durch einen Rechtsanwalt mit nachgewiesener Vertretungsvollmacht vertreten lassen kann und

3. über die Einziehung auch ihm gegenüber entschieden wird.

1 Die Norm dient der Sicherung des rechtlichen Gehörs. Der Beteiligte und ggf. sein Vertreter (§ 428 Abs. 1 Satz 2, § 218 Satz 1) werden durch – ggf. öffentliche (§ 40) – Zustellung auf alle Hauptverhandlungstermine hingewiesen. Geladen werden sie nicht, weil sie nicht zur Anwesenheit verpflichtet sind (Ausnahme: § 427 Abs. 2). Eine Ladungsfrist gilt daher nicht (LR/*Gössel* § 433 Rn. 38; Meyer-Goßner/Schmitt/*Köhler* § 429 Rn. 1), aber es ist zu berücksichtigen, dass die Mitteilung der Gewährung rechtlichen Gehörs dient, also eine ausreichende Vorbereitungszeit lassen muss (LR/*Gössel* § 435 Rn. 5; HK-StPO/*Retemeyer* § 429 Rn. 1; KMR/*Metzger* § 429 Rn. 5; KK-StPO/*Schmidt* § 429 Rn. 4). Die Zustellung der Terminsnachricht hat für jeden Terminstag zu erfolgen, bei später anberaumten Fortsetzungsterminen auch dann, wenn der Einziehungsbeteiligte zuvor nicht an der Hauptverhandlung teilgenommen hat (MüKo-StPO/*Putzke/Scheinfeld* § 429 Rn. 2); Verzicht ist möglich (KMR/*Metzger* § 429 Rn. 6, unzutreffend indes Rn. 7). Einer Gehörsverletzung wird nicht durch Wiedereinsetzung, sondern durch Nachholung in der Instanz oder im Rechtsmittel- oder Nachverfahren abgeholfen.

2 Da der Beteiligte am Zwischenverfahren nicht beteiligt wird, erhält er nun erstmals Kenntnis von der Anklageschrift und ggf. einem abweichenden Eröffnungsbeschluss. Teile, die für die zu erwartende Rechtsfolge nicht von Bedeutung sind, können dabei aus Gründen des Persönlichkeitsschutzes des Angeklagten (KMR/*Metzger* § 429 Rn. 8) weggelassen werden; über den Umfang der Mitteilung entscheidet der Vorsitzende nach pflichtgemäßem Ermessen (KK-StPO/*Schmidt* § 429 Rn. 7).

3 Zugleich wird der Einziehungsbeteiligte gem. Abs. 3 davor gewarnt, dass gem. § 430 Abs. 1 ohne ihn verhandelt werden kann, außerdem in Umsetzung von Art. 8 Abs. 7 Satz 2 der Richtlinie 2014/42/EU, dass er sich durch einen Rechtsanwalt vertreten lassen kann, sowie über die Wirkung der Einziehung auch ihm gegenüber. Die Hinweise gem. Abs. 3 sind für eine ordnungsgemäße Terminsnachricht i.S.v. § 430 Abs. 1 nicht konstitutiv; hierfür ist allein Abs. 1 maßgeblich (KK-StPO/*Schmidt* § 429 Rn. 9; a.A. MüKo-StPO/*Putzke/Scheinfeld* § 429 Rn. 5; § 430 Rn. 5: Allen Absätzen von § 429 muss genügt sein). Andernfalls könnte nie »ordnungsgemäß« öffentlich zugestellt werden, denn hier scheidet eine Beifügung der Anklageschrift gem. Abs. 2 aus (KK-StPO/*Schmidt* § 429 Rn. 6).

§ 430 Stellung in der Hauptverhandlung

(1) [1]Bleibt der Einziehungsbeteiligte in der Hauptverhandlung trotz ordnungsgemäßer Terminsnachricht aus, kann ohne ihn verhandelt werden; § 235 ist nicht anzuwenden. [2]Gleiches gilt, wenn sich der Einziehungsbeteiligte aus der Hauptverhandlung entfernt oder bei der Fortsetzung einer unterbrochenen Hauptverhandlung ausbleibt.

(2) Auf Beweisanträge des Einziehungsbeteiligten zur Frage der Schuld des Angeklagten ist § 244 Absatz 3 Satz 2, Absatz 4 bis 6 nicht anzuwenden.

(3) [1]Ordnet das Gericht die Einziehung eines Gegenstandes nach § 74b Absatz 1 des Strafgesetzbuches an, ohne dass eine Entschädigung nach § 74b Absatz 2 des Strafgesetzbuches zu gewähren ist, spricht es zugleich aus, dass dem Einziehungsbeteiligten eine Entschädigung nicht zusteht. [2]Dies gilt nicht, wenn das Gericht eine Entschädigung des Einziehungsbeteiligten nach § 74b Absatz 3 Satz 2 des Strafgesetzbuches für geboten hält; in diesem Falle entscheidet es zugleich über die Höhe der Entschädigung. [3]Das Gericht weist den Einziehungsbeteiligten zuvor auf die Möglichkeit einer solchen Entscheidung hin und gibt ihm Gelegenheit, sich zu äußern.

(4) [1]War der Einziehungsbeteiligte bei der Verkündung des Urteils nicht zugegen und auch nicht vertreten, so beginnt die Frist zur Einlegung eines Rechtsmittels mit der Zustellung der Urteilsformel an ihn. [2]Bei der Zustellung des Urteils kann das Gericht anordnen, dass Teile des Urteils, welche die Einziehung nicht betreffen, ausgeschieden werden.

Die Norm beschränkt sowohl die Pflichten als auch die Beteiligungsrechte des Einziehungsbeteiligten im Vergleich zu denjenigen des Angeklagten. Der Beteiligte braucht an der Hauptverhandlung nicht teilzunehmen. Nur wenn sein persönliches Erscheinen besonders angeordnet wurde, kann der nicht erschienene Einziehungsbeteiligte vorgeführt werden (§ 427 Abs. 2). Nimmt er nicht teil, sei es, weil er nicht kommt oder weil er sich wieder entfernt oder zum Folgetermin nicht mehr erscheint, kann ohne ihn verhandelt werden. Auf Art und Umfang der Rechtsfolgen, die gegen ihn angeordnet werden können, und auf die grundsätzliche Anfechtbarkeit der Entscheidung hat seine Anwesenheit keinen Einfluss, s. aber § 431 Abs. 1 Satz 1 Nr. 2. Die Regelung konkretisiert damit § 424 Abs. 5, wonach die Nebenbeteiligung den Fortgang nicht hindern soll (KK-StPO/*Schmidt* § 430 Rn. 1; krit. zu diesem Regelungskonzept MüKo-StPO/*Putzke/Scheinfeld* § 430 Rn. 2). Zur »ordnungsgemäßen« Terminsnachricht o. § 429 Rdn. 3. 1

Wiedereinsetzung (§ 235) ist ausgeschlossen, wie Abs. 1 Satz 1 Halbs. 2 klarstellt. War der Beteiligte unverschuldet verhindert, an der Hauptverhandlung teilzunehmen, so kann er das Urteil lediglich anfechten oder, nach Rechtskraft, einen gem. § 433 Abs. 1 einen Antrag im Nachverfahren stellen (LR/*Gössel* § 436 Rn. 6; KMR/*Metzger* § 430 Rn. 4; HK-StPO/*Retemeyer* § 430 Rn. 2; BeckOK-StPO/*Temming* § 430 Rn. 1; SK-StPO/*Weßlau* § 436 Rn. 5). 2

Das **Beweisantragsrecht** des Einziehungsbeteiligten wie des Nebenbetroffenen (§ 438 Abs. 3) zur Frage der Schuld ist gem. Abs. 2 eingeschränkt; für den Nebenbetroffenen kann es zu Fragen der Schuld unter den Voraussetzungen von § 438 Abs. 2 auch ganz entfallen. Das Gericht ist nicht an die Ablehnungsgründe nach § 244 Abs. 3 Satz 2, Abs. 4, 5 gebunden. Es entscheidet nach pflichtgemäßem, am Aufklärungsinteresse orientierten Ermessen; eines ablehnenden Beschlusses (§ 244 Abs. 6) bedarf es nicht. Werden die Beweisanträge des Einziehungsbeteiligten übergangen, kann der Beteiligte mit der Revision deshalb nur eine Verletzung der Aufklärungspflicht gem. § 244 Abs. 2 rügen, nicht aber einen Verstoß gegen § 338 Nr. 8 (LR/*Gössel* § 436 Rn. 9; KK-StPO/*Schmidt* § 430 Rn. 5). § 245 Abs. 2 ist dem Wortlaut nach durch Abs. 2 nicht ausgeschlossen (MüKo-StPO/*Putzke/Scheinfeld* § 430 Rn. 10; BeckOK-StPO/*Temming* § 430 Rn. 2; für entsprechende Anwendung KK-StPO/*Schmidt* § 430 Rn. 4; HK-StPO/*Retemeyer* § 430 Rn. 4; LR/*Gössel* § 436 Rn. 8). Für die übrigen Einziehungsvoraussetzungen gegenüber dem Einziehungsbeteiligten, die seine Rechtsposition unmittelbar betreffen, ist sein Beweisantragsrecht nicht beschränkt (BGH NStZ 2019, 232 [233]; Meyer-Goßner/Schmitt/*Köhler* § 430 Rn. 3). 3

Abs. 3 regelt, in welchen Fällen ausnahmsweise das Strafgericht und nicht das Zivilgericht für die Entscheidungen über die **Entschädigung** der Einziehungsbeteiligten zuständig ist. Zur Entscheidung, dem von der Einziehung Betroffenen stehe eine Entschädigung nach § 74b Abs. 3 StGB nicht zu, ist das Strafgericht berufen. Nach dieser Norm ist die Entschädigung ausgeschlossen, wenn der Dritte den Gegenstand dadurch der Einziehung preisgegeben hat, dass er einen Tatbestand erfüllt hat, der ihm gegenüber die Einziehung erst ermöglicht. Nur wenn ein solcher Fall vorliegt und dennoch ausnahmsweise eine Entschädigung gewährt werden soll, um eine unbillige Härte zu vermeiden (§ 74b Abs. 3 Satz 2 StGB), ist auch für diese zusprechende Entscheidung das Strafgericht zuständig, und zwar für die Entscheidung nach Grund und Höhe gleichermaßen (LR/*Gössel* § 436 Rn. 15; HK-StPO/*Retemeyer* § 430 Rn. 7 f.; KK/*Schmidt* § 430 Rn. 9; MüKo-StPO/*Putzke/Scheinfeld* § 430 Rn. 13). Steht dem gutgläubigen Einziehungsbeteiligten nach § 74b Abs. 2 StGB eine Entschädigung zu, so wird dies vom Strafgericht nicht gesondert ausgesprochen. Wird der Anspruch bestritten, so steht dem Einziehungsbeteiligten der Rechtsweg zu dem für öffentlich-rechtliche Entschädigungsansprüche zuständigen Zivilgericht offen (KMR/*Metzger* § 430 Rn. 9). Abs. 3 Satz 3 enthält einen Hinweis auf das dem Einziehungsbeteiligten zu gewährende rechtliche Gehör, da sich die Einziehungsbeteiligung nach § 424 Abs. 1 nur auf die Einziehungsfrage, nicht aber den möglichen Aus- 4 schluss der Entschädigung bezieht (Meyer-Goßner/Schmitt/*Köhler* § 430 Rn. 4). Unterbleibt der Hinweis, ist das Gericht an einer entsprechenden Entscheidung allerdings nicht gehindert (HK-StPO/*Retemeyer* § 430 Rn. 10). Eine Entschädigung des Einziehungsbeteiligten nach § 2 StrEG ist ausgeschlossen (BeckOK-StPO/*Temming* § 430 Rn. 3).

5 Wird das Urteil in Abwesenheit des Beteiligten und seines Vertreters verkündet, so wird die Urteilsformel einem von beiden zugestellt (Abs. 4, §§ 428 Abs. 1 Satz 2, 145a Abs. 1, 3). Durch diese durch Gesetz zur Fortentwicklung des Strafprozessrechts vom 25.06.2021 (BGBl. I, S. 2099) geschaffene Regelung (zuvor: Zustellung des Urteils) wird die Abfassung eines (zunächst) abgekürzten Urteils ermöglicht, wenn i.Ü. Rechtskraft eingetreten ist (BT-Drs. 19/27654, S. 107). Das gilt auch dann, wenn dem Einziehungsbeteiligten die Teilnahme an der Hauptverhandlung versehentlich nicht ermöglicht wurde, weil etwa die Terminsnachricht versäumt wurde, oder seine Beteiligung überhaupt unterblieben ist (Meyer-Goßner/Schmitt/*Köhler* § 430 Rn. 5; HK-StPO/*Retemeyer* § 430 Rn. 11). Die Rechtsmittelfristen beginnen dann mit der Zustellung (§§ 427 Abs. 1 Satz 1, 314 Abs. 2, 341 Abs. 2), die Frist für die Betreibung des Nachverfahrens mit der Kenntnis des bisher nicht Beteiligten, die durch die Zustellung nachgewiesen wird. Hierin erschöpft sich ihr Zweck. Vor diesem Hintergrund ist nicht ersichtlich, warum dem Einziehungsbeteiligten auch dann zugestellt werden sollte, wenn eine Einziehung nicht angeordnet wurde, denn dieses Urteil beschwert ihn nicht (wie hier BeckOK-StPO/*Temming* § 430 Rn. 4: a.A. Meyer-Goßner/Schmitt/*Köhler* § 430 Rn. 5; HK-StPO/*Retemeyer* § 430 Rn. 11; KK/*Schmidt* § 430 Rn. 13; LR/*Gössel* § 436 Rn. 21). Legt der Einziehungsbeteiligte Rechtsmittel ein, ist ihm das Urteil in nicht abgekürzter Form nach Fertigstellung zuzustellen (vgl. BT-Drs. 19/27654, S. 107). Aus Gründen der Praktikabilität kann zur Zustellung eine gekürzte Ausfertigung hergestellt werden, die solche Teile nicht enthält, die den Ausspruch über die Einziehung nicht stützen, Abs. 4 Satz 2.

§ 431 Rechtsmittelverfahren

(1) [1]Im Rechtsmittelverfahren erstreckt sich die Prüfung, ob die Einziehung dem Einziehungsbeteiligten gegenüber gerechtfertigt ist, auf den Schuldspruch des angefochtenen Urteils nur, wenn der Einziehungsbeteiligte

1. insoweit Einwendungen vorbringt und

2. im vorausgegangenen Verfahren ohne sein Verschulden zum Schuldspruch nicht gehört worden ist.

[2]Erstreckt sich hiernach die Prüfung auch auf den Schuldspruch, so legt das Gericht die zur Schuld getroffenen Feststellungen zugrunde, soweit nicht das Vorbringen des Einziehungsbeteiligten eine erneute Prüfung erfordert.

(2) Im Berufungsverfahren gilt Absatz 1 nicht, wenn zugleich auf ein Rechtsmittel eines anderen Beteiligten über den Schuldspruch zu entscheiden ist.

(3) Im Revisionsverfahren sind die Einwendungen gegen den Schuldspruch innerhalb der Begründungsfrist vorzubringen.

(4) [1]Wird nur die Entscheidung über die Höhe der Entschädigung angefochten, kann über das Rechtsmittel durch Beschluss entschieden werden, wenn die Beteiligten nicht widersprechen. [2]Das Gericht weist sie zuvor auf die Möglichkeit eines solchen Verfahrens und des Widerspruchs hin und gibt ihnen Gelegenheit, sich zu äußern.

Übersicht

1 **A. Grundsätzliches.** Die Norm entspricht § 437 a.F. und beschränkt die Rechtsschutzmöglichkeiten des Beteiligten im Vergleich zu denen des Angeklagten. Damit wird der schon im § 430 angelegte Grundsatz im Rechtsmittelverfahren fortgeführt, Gründe der Verfahrensökonomie dem Beteiligten eher entgegenzuhalten als dem Angeklagten. Das ist verfassungsrechtlich unbedenklich: Zum einen unterscheiden sich die Gründe der Verfahrensbeteiligung und die möglichen Verfahrensergebnisse ausreichend, um verschiedene Verfahrensregelungen wenigstens zu rechtfertigen, wenn nicht gar für erforderlich zu halten. Zum anderen besteht ein verfassungsrechtlicher Anspruch auf die Anfechtbarkeit einer richterlichen Entscheidung nicht. Das dennoch eröffnete Rechtsmittel läuft überdies nicht konventionswidrig oder unter Verstoß gegen Art. 19 Abs. 4 GG »leer«, denn hinsichtlich der spezifischen Einziehungsvoraussetzungen bestehen die vollständigen Abhilfe-

möglichkeiten (zur verfassungsrechtlichen Unbedenklichkeit im Einzelnen BGH, Urt. v. 01.07.2021 – 3 StR 518/19, Rn. 40 ff.).

B. Einzelne Regelungen. I. Rechtsmittelbefugnis. Rechtsmittel stehen nur demjenigen zu, der gem. § 424 Abs. 1 (oder § 438 Abs. 1) am Verfahren **beteiligt** worden ist. Fehlt es daran, ist das Rechtsmittel unstatthaft und der Betroffene auf das Nachverfahren gem. §§ 433, 434 zu verweisen (BGH NStZ 1995, 248; BeckOK-StPO/*Temming* § 431 Rn. 1; HK-StPO/*Retemeyer* § 431 Rn. 1). Die Einlegung durch den Vertreter ist wie auch sonst möglich. Verschulden bei der Versäumung einer Rechtsmittelfrist wird allerdings dem Vertretenen zugerechnet; für Verfahrensbeteiligte, die sich wie der Einziehungsbeteiligte oder der Nebenbetroffene nicht gegen einen Schuldvorwurf verteidigen müssen, gilt der allgemeine Verfahrensgrundsatz des § 85 Abs. 2 ZPO (KG JR 1983, 127; OLG Düsseldorf NStZ-RR 2001, 335). 2

II. Eingeschränkte Schuldspruchüberprüfung. Auch wenn eine Anordnung nach § 438 Abs. 2 nicht ergangen ist, kann der Beteiligte im Rechtsmittelverfahren grds. nicht überprüfen lassen, ob der Angeklagte die Tat begangen hat (LR/*Gössel* § 437 Rn. 2; HK-StPO/*Retemeyer* § 431 Rn. 2). Er ist wegen dieser Voraussetzung der ihm ungünstigen Entscheidung über die Einziehung auf nur eine Tatsacheninstanz beschränkt, an der er sich gem. § 427 wie der Angeklagte beteiligen kann (LR/*Gössel* § 437 Rn. 4). Von diesem Grundsatz gelten zwei Ausnahmen, nämlich die Nachbesserung eines unverschuldeten Ausschlusses und die von einem anderen geführte Berufung: 3

Wenn der Beteiligte in erster Instanz **ohne Verschulden** von der Verhandlung über die Täterschaft des Angeklagten ausgeschlossen war, dann ist seine Beteiligung im Rechtsmittelverfahren nachzuholen (Abs. 1 Satz 1 Nr. 2). Der Ausschluss kann darauf beruhen, dass ohne ihn verhandelt wurde, er seine Abwesenheit aber nicht verschuldet hat (§ 430 Abs. 1), dass gegen seinen Anspruch auf rechtliches Gehör verstoßen wurde und er dagegen in erster Instanz Abhilfe nicht erlangen konnte oder dass bei einem Nebenbetroffenen zu Unrecht eine Beschränkungsanordnung nach § 438 Abs. 2 erfolgt ist. Das Rechtsmittelgericht überprüft dies von Amts wegen im Freibeweisverfahren (KK-StPO/*Schmidt* § 431 Rn. 4); die Anforderungen dürfen mit Blick auf Art. 13 EMRK (Recht auf wirksame Beschwerde) nicht überspannt werden (MüKo-StPO/*Putzke/Scheinfeld* § 431 Rn. 8). In allen Varianten muss der Beteiligte Einwendungen gegen die ihm im Ergebnis ungünstigen Feststellungen zur Täterschaft des Angeklagten geltend machen (Abs. 1 Satz 1 Nr. 1). Er muss seine Beanstandungen benennen; eine nicht weiter ausgeführte Sachrüge reicht nicht aus und führt zur Unbegründetheit des Rechtsmittels. Dabei ist er an die Eigenart des jeweiligen Rechtsmittels gebunden, sodass er im Berufungsverfahren tatsächliche und rechtliche Beanstandungen vortragen kann, im Revisionsverfahren hingegen nur rechtliche. 4

Auf das Rechtsmittel des Beteiligten überprüft das Rechtsmittelgericht gem. Abs. 1 Satz 2 nur die **geltend gemachten Einwendungen**, und dies im Berufungsverfahren auch nur, soweit es dies nach seinem pflichtgemäßen Ermessen für erforderlich hält. Der insoweit anzuwendende Maßstab entspricht § 244 Abs. 2 (KMR/*Metzger* § 431 Rn. 6; Meyer-Goßner/Schmitt/*Köhler* § 431 Rn. 2); an Beweisanträge ist das Gericht nicht gebunden, § 430 Abs. 2. Soweit der Beteiligte nichts eingewandt hat oder soweit im Revisionsverfahren tatsächliche Feststellungen nicht überprüft werden können, bleibt es bei den Feststellungen des angefochtenen Urteils (LR/*Gössel* § 437 Rn. 9; KK/*Schmidt* § 431 Rn. 5). Auch Verfahrenshindernisse wie etwa die Verjährung der Erwerbstat werden nur auf entsprechende fristgerechte Beanstandung überprüft, denn es handelt sich auch insoweit um eine Einwendung gegen den Schuldspruch (BGH, Urt. v. 01.07.2021 – 3 StR 518/19, Rn. 32 ff.). Bei erfolgreichem Rechtsmittel allein des Beteiligten wird nur der ihn belastende Rechtsfolgeausspruch abgeändert. Der nicht angefochtene Schuldspruch bleibt auch dann unberührt, wenn seine Voraussetzungen mit denen der Einziehungsentscheidung identisch und als in erster Instanz unrichtig beurteilt erkannt sind (LR/*Gössel* § 437 Rn. 10 f.; KMR/*Metzger* § 431 Rn. 7; KK/*Schmidt* § 431 Rn. 6; MüKo-StPO/*Putzke/Scheinfeld* § 431 Rn. 12). 5

Führt zugleich ein **anderer eine Berufung**, die nicht auf die Rechtsfolgen beschränkt ist, sondern sich auch auf den Schuldspruch bezieht, so kann sich der ebenfalls rechtsmittelführende Beteiligte gem. Abs. 2 an dem Berufungsverfahren ohne die Beschränkungen des Abs. 1 beteiligten. Hintergrund ist, dass die Berufung keiner Begründung bedarf. Sind auf eine zulässige Berufung eines anderen Verfahrensbeteiligten ohnehin die Tatsachenfeststellungen zu wiederholen, ist eine Beschränkung der Einwendungsmöglichkeiten des Einziehungsbeteiligten nicht veranlasst, zumal das Gericht Beweisanträgen des Einziehungsbeteiligten zur Schuldfrage gem. § 430 Abs. 2 nur nach Maßgabe der Aufklärungspflicht nachkommen muss. Ob die Berufung zugunsten oder zuungunsten des Angeklagten eingelegt ist, spielt für die Verfahrensrechte des Beteiligten keine Rolle. 6

Im **Revisionsverfahren** muss der Einziehungsbeteiligte seine Einwendungen, auch die zur Sache, gem. Abs. 3 innerhalb der für die Revisionsbegründung geltenden Frist vorbringen (§ 345 Abs. 1). Maßgeblich ist stets die für den Nebenbeteiligten geltende Frist. Hat der Beteiligte nicht selbst Revision eingelegt, ist er am 7

Rechtsmittelverfahren nicht beteiligt. Hat er Revision eingelegt, ist eine Ausdehnung der Begründungsfrist zu seinen Gunsten nicht veranlasst; Abs. 3 ermöglicht keine Partizipation – und sei es nur mit Blick auf die Begründungsfrist – an der Revision eines anderen Verfahrensbeteiligten (a.A. LR/*Gössel* § 437 Rn. 17; KK-StPO/*Schmidt* § 431 Rn. 8; MüKo-StPO/*Putzke/Scheinfeld* § 431 Rn. 11; HK-StPO/*Retemeyer* § 431 Rn. 6).

8 **III. Entschädigung.** Entscheidet das Strafgericht ausnahmsweise über die Höhe einer für die Einziehung zu gewährenden Entschädigung (§ 430 Abs. 3 Satz 2, § 74b Abs. 3 StGB), so kann der Beteiligte ein auf die Höhe der Entschädigung beschränktes Rechtsmittel einlegen, über das gem. **Abs. 4** in einem vereinfachten Verfahren entschieden werden kann. Das Rechtsmittelgericht ermittelt wie ein Beschwerdegericht (§ 308 Abs. 2). Sein Beschluss ist unanfechtbar, worauf das Berufungsgericht bei seinem Hinweis gem. Abs. 2 Satz 2 aufmerksam machen sollte (Meyer-Goßner/Schmitt/*Köhler* § 431 Rn. 6). Widerspricht ein Verfahrensbeteiligter, so ist nach allgemeinem Verfahrensrecht vorzugehen. Das Revisionsgericht kann dabei § 349 anwenden.

§ 432 Einziehung durch Strafbefehl

(1) [1]Wird die Einziehung durch Strafbefehl angeordnet, so wird der Strafbefehl auch dem Einziehungsbeteiligten zugestellt, soweit er an dem Verfahren beteiligt ist. [2] § 429 Absatz 3 Nummer 2 gilt entsprechend.
(2) Ist nur über den Einspruch des Einziehungsbeteiligten zu entscheiden, so gilt § 434 Absatz 2 und 3 entsprechend.

1 Die Einziehung darf durch Strafbefehl festgesetzt werden (§ 407 Abs. 2 Satz 1 Nr. 1). Die Beteiligungsanordnung gem. § 424 Abs. 1 ergeht spätestens zugleich mit dem Strafbefehl, soweit nicht nach § 424 Abs. 2, § 425 von ihr abgesehen wird; sie ist Voraussetzung für die sich aus § 427 Abs. 1 ergebende Einspruchsmöglichkeit des Einziehungsbeteiligten (Meyer-Goßner/Schmitt/*Köhler* § 432 Rn. 1). Der Strafbefehl wird gem. Abs. 1 Satz 1 dem Beteiligten oder seinem Vertreter zugestellt (§§ 35 Abs. 2, 145a Abs. 1, 3), allerdings nur, soweit er den Einziehungsbeteiligten betrifft. Insoweit besteht ein Gleichklang mit § 429 Abs. 2 (BT-Drs. 18/9525 S. 90). Unterbleibt die Beteiligung, kann sie erst wieder auf den Einspruch des Beschuldigten erfolgen. Legt der Beschuldigte keinen Einspruch ein oder erfolgt die Beteiligung auch dann nicht, ist der von der Einziehung Betroffene auf das Nachverfahren verwiesen (Meyer-Goßner/Schmitt/*Köhler* § 432 Rn. 2; KMR/*Metzger* § 432 Rn. 4).

2 Der Verweis des Abs. 1 Satz 2 geht nach der Neufassung der Vorschriften nicht mehr auf den Regelungsgehalt von § 429 Abs. 3 Nr. 3 (früher § 435 Abs. 3 Nr. 2 a.F.), sondern erfordert jetzt nur noch eine Belehrung, dass sich der Nebenbeteiligte vertreten lassen kann (KK-StPO/*Schmidt* § 432 Rn. 3). Ob dies der gesetzgeberischen Intention entspricht, die keinen diesbezüglichen Änderungswillen erkennen lässt (BT-Drs. 18/9525 S. 90), darf bezweifelt werden. Für eine Belehrung gem. § 429 Abs. 3 Nr. 3 BeckOK-StPO/*Temming* § 432 Rn. 2).

3 Legt nur oder auch der Beschuldigte Einspruch ein, so wird der Einziehungsbeteiligte von der bevorstehenden Hauptverhandlung unterrichtet (§ 429 Abs. 1, 3), für die § 430 gilt; es kann also ohne ihn verhandelt werden. § 412 findet auf den Einspruch des Einziehungsbeteiligten keine (entsprechende) Anwendung (Meyer-Goßner/Schmitt/*Köhler* § 432 Rn. 4; KK-StPO/*Schmidt* § 432 Rn. 5; a.A. MüKo-StPO/*Putzke/Scheinfeld* § 432 Rn. 9: Verwerfung seines Einspruchs), wohl aber auf den Einspruch des Beschuldigten. Hat nur der Beschuldigte Einspruch eingelegt, wird dieser deshalb auch dann verworfen, wenn der Einziehungsbeteiligte erschienen ist. Ihm bleibt das Nachverfahren (KMR/*Metzger* § 432 Rn. 12; HK-StPO/*Retemeyer* § 432 Rn. 5).

4 Legt nur der Einziehungsbeteiligte Einspruch ein, so verweist **Abs. 2** auf die Vorschriften über das Nachverfahren. Gleiches gilt, wenn der Angeklagte seinen ebenfalls eingelegten Einspruch zurückgenommen hat oder dieser gem. § 412 verworfen worden ist (BeckOk-StPO/*Temming* § 432 Rn. 4). Gem. § 434 Abs. 2 ist grundsätzlich durch Beschluss zu entscheiden, gem. § 434 Abs. 3 auf Antrag der StA oder des Beteiligten oder auf Anordnung des Gerichts durch Urteil nach mündlicher Verhandlung. Der Verurteilte kann diesen Antrag nicht stellen, weil er am Verfahren nicht mehr beteiligt ist. Er kommt deshalb als Zeuge in Betracht. In beiden Verfahrensarten findet eine vollständige Überprüfung des Schuldspruchs statt; auf § 431 Abs. 1 wird nicht verwiesen und eine unmittelbare Anwendung kommt nicht in Betracht, weil der Einspruch kein Rechtsmittel ist (ebenso BeckOK-StPO/*Temming* § 432 Rn. 4). Der Beteiligte kann deshalb die gegen ihn gerichtete Maßnahme mit Vorbringen gegen den Schuldspruch anfechten.

5 Ohne mündliche Verhandlung ergeht die Entscheidung im Beschlusswege; das Gericht kann wie ein Beschwerdegericht ermitteln (entsprechende Anwendung des § 308 Abs. 2). Der Beschluss ist mit sofortiger Beschwerde anfechtbar (§ 434 Abs. 2). Findet gem. Abs. 2, § 434 Abs. 3 eine mündlichen Verhandlung statt, kommt § 430 zur Anwendung: Es ergeht ein Urteil, auch wenn der Beteiligte und sein Vertreter nicht erschienen sind, § 412 gilt nicht entsprechend (o. Rdn. 3). Das Urteil kann mit den allgemein statthaften Rechtsmitteln angefochten werden, ein Berufungsurteil allerdings nicht mehr mit der Revision (§ 434 Abs. 3 Satz 2).

§ 433 Nachverfahren

(1) Ist die Einziehung eines Gegenstandes rechtskräftig angeordnet worden und macht jemand glaubhaft, dass er seine Rechte als Einziehungsbeteiligter ohne sein Verschulden weder im Verfahren des ersten Rechtszuges noch im Berufungsverfahren hat wahrnehmen können, so kann er in einem Nachverfahren geltend machen, dass die Einziehung ihm gegenüber nicht gerechtfertigt sei.

(2) [1]Das Nachverfahren ist binnen eines Monats nach Ablauf des Tages zu beantragen, an dem der Antragsteller von der rechtskräftigen Entscheidung Kenntnis erlangt hat. [2]Der Antrag ist unzulässig, wenn seit Eintritt der Rechtskraft zwei Jahre verstrichen sind und die Vollstreckung beendet ist.

(3) [1]Durch den Antrag auf Durchführung des Nachverfahrens wird die Vollstreckung der Anordnung der Einziehung nicht gehemmt; das Gericht kann jedoch einen Aufschub sowie eine Unterbrechung der Vollstreckung anordnen. [2]Wird in den Fällen des § 73b des Strafgesetzbuches, auch in Verbindung mit § 73c des Strafgesetzbuches, unter den Voraussetzungen des Absatzes 1 ein Nachverfahren beantragt, sollen bis zu dessen Abschluss Vollstreckungsmaßnahmen gegen den Antragsteller unterbleiben.

(4) [1]Für den Umfang der Prüfung gilt § 431 Absatz 1 entsprechend. [2]Wird das vom Antragsteller behauptete Recht nicht erwiesen, ist der Antrag unbegründet.

(5) Vor der Entscheidung kann das Gericht unter den Voraussetzungen des § 421 Absatz 1 mit Zustimmung der Staatsanwaltschaft die Anordnung der Einziehung aufheben.

(6) Eine Wiederaufnahme des Verfahrens nach § 359 Nummer 5 zu dem Zweck, die Einwendungen nach Absatz 1 geltend zu machen, ist ausgeschlossen.

Übersicht

A. Grundsätzliches. §§ 433, 434 regeln das Nachverfahren, mit dem Gehörsverstöße gleich welchen 1
Ursprungs korrigiert werden. Es erlaubt die **Durchbrechung einer rechtskräftigen Einziehungsentscheidung**, wenn der von ihr Betroffene (in erster Linie der Einziehungsbeteiligte oder Nebenbetroffene, aber auch der nicht beteiligte Einziehungsadressat oder sonst durch die Einziehungsentscheidung Belastete) unverschuldet nicht rechtzeitig am Verfahren beteiligt wurde, um seine Rechte effektiv wahren zu können, Art. 19 Abs. 4 GG. Es kompensiert die Unanwendbarkeit der Wiedereinsetzung (§ 430 Abs. 1 Satz 1 Halbs. 2) und ersetzt in seinem Anwendungsbereich die gem. Abs. 6 ausgeschlossene Wiederaufnahme gem. § 359 Nr. 5 und die Gehörsrüge nach § 33a (vgl. LR/*Gössel* § 433 Rn. 10, 13; KK-StPO/*Schmidt* § 433 Rn. 1; KMR/*Metzger* § 433 Rn. 1; BeckOK-StPO/*Temming* § 433 Rn. 1 f.; MüKo-StPO/*Putzke/Scheinfeld* § 433 Rn. 1 ff.). Das Nachverfahren kann auf ein Strafverfahren, in dem eine Einziehungsentscheidung getroffen wurde, oder auf ein selbstständiges Einziehungsverfahren folgen (§ 435 Abs. 3 Satz 2).

Die Regelung entspricht im Wesentlichen § 439 a.F. Im Unterschied zur früheren Rechtslage ist das Nach- 2
verfahren allerdings nicht mehr auf die Einziehung von Gegenständen beschränkt, sondern kommt auch bei **Wertersatzeinziehungen** gem. § 73b, § 74e StGB zur Anwendung (KMR/*Metzger* § 433 Rn. 6; BeckOK-StPO/*Temming* § 433 Rn. 3; zu den weiteren Unterschieden KK-StPO/*Schmidt* § 433 Rn. 1).

B. Einzelne Regelungen. I. Voraussetzungen. 1. Rechtsbeeinträchtigung. Voraussetzung für einen 3
Antrag auf Durchführung eines Nachverfahrens ist eine **formell rechtskräftige Einziehungsentscheidung** (unter den Voraussetzungen von § 73b, § 74e StGB auch gerichtet auf Wertersatz), die dem Antragsteller gegenüber im Fall der Einziehung eines Gegenstandes gem. § 75 StGB Wirkungen entfaltet oder im Fall der Wertersatzeinziehung gem. §§ 73b, 73c bzw. §§ 74e, 74c einen staatlichen Zahlungsanspruch gegen ihn begründet (MüKo-StPO/*Putzke/Scheinfeld* § 433 Rn. 6).

Der Antragsteller muss die **Beeinträchtigung seiner Rechte** darlegen, also im Fall der gegenständlichen Ein- 4
ziehung vortragen, dass er durch die Entscheidung einen Rechtsverlust erleidet, im Fall der Wertersatzeinziehung vortragen, dass die Voraussetzungen für seine Inanspruchnahme nicht gegeben sind.

2. Unmöglichkeit der Rechtswahrnehmung. Weiter muss der Antragsteller ohne sein Verschulden gehindert 5
gewesen sein, sich an dem Verfahren mit der ihm ungünstigen Rechtsfolge zu beteiligen (Abs. 1). Die vorherige gerichtliche Beteiligung als Einziehungsbeteiligter (oder gem. § 438 Abs. 3 als Nebenbetroffener) ist nicht Antragsvoraussetzung. Das Gesetz spricht von »jemandem«, der seine Rechte als Einziehungsbeteiligter

nicht hat wahrnehmen können; das ist auch derjenige, der zu Unrecht nicht zum Einziehungsbeteiligten bestellt worden ist (ebenso MüKo-StPO/*Putzke/Scheinfeld* § 433 Rn. 1, 7; zu eng KK-StPO/*Schmidt* § 433 Rn. 4).

6 Der Ausschluss vom Verfahren kann darauf beruhen, dass die Beteiligung des Antragstellers – obwohl geboten – nicht erfolgt ist, sei es, dass sie übersehen oder von ihr zu Unrecht abgesehen wurde, oder dass sie deshalb unterblieben ist, weil sein Recht nicht bekannt war (Meyer-Goßner/Schmitt/*Köhler* § 433 Rn. 5; HK-StPO/*Retemeyer* § 433 Rn. 1). Weiter kommt in Betracht, dass der Antragsteller zwar beteiligt worden ist, aber ohne ihn verhandelt wurde, weil seine Beteiligung erst spät erfolgte oder er sein Fernbleiben (§ 430 Abs. 1) nicht verschuldet hat (MüKo-StPO/*Putzke/Scheinfeld* § 433 Rn. 8). In allen Konstellationen muss hinzukommen, dass dem Mangel bis zur Rechtskraft nicht abgeholfen wurde und der Antragsteller auch dies nicht zu verschulden hat. Wer ein Rechtsmittel einlegen konnte, ist deshalb im Nachverfahren nicht antragsberechtigt. Auch die mit der sofortigen Beschwerde angreifbare Nichtanordnung der Beteiligung (§ 424 Abs. 4 Satz 2) scheidet aus, ebenso die fehlerhafte Anordnung der Beschränkung nach § 438 Abs. 2. War der Antragsteller von einem erstinstanzlichen Verfahren ausgeschlossen, auf das nur ein Revisionsverfahren mit seiner Beteiligung gefolgt ist, so ist der Antrag im Nachverfahren zulässig, wenn er Einwendungen geltend macht, die im erstinstanzlichen, nicht aber im Revisionsverfahren möglich sind (Meyer-Goßner/Schmitt/*Köhler* § 433 Rn. 5; KMR/*Metzger* § 433 Rn. 9; KK-StPO/*Schmidt* § 433 Rn. 6; MüKo-StPO/*Putzke/Scheinfeld* § 433 Rn. 5).

7 **3. Glaubhaftmachung.** Beide vorgenannten Voraussetzungen, sowohl die fehlende Rechtfertigung der ihn betreffenden Einziehungsentscheidung, als auch die unverschuldete Nichtwahrnehmung seiner Beteiligungsrechte muss der Antragteller glaubhaft machen. Hierfür kann auf § 26 verwiesen werden; die eigene eidesstattliche Versicherung ist nicht zulässig (MüKo-StPO/*Putzke/Scheinfeld* § 433 Rn. 10). Es genügt, dass die Wahrscheinlichkeit der Fehlerhaftigkeit der Anordnung gegenüber dem Antragsteller und sein fehlendes Verschulden in ausreichendem Maße dargetan sind; zur Überzeugung des Gerichts müssen sie nicht feststehen (BGHSt 21, 334 [350]). Die Glaubhaftmachung ist auch erforderlich, wenn der Dritte als Einziehungsbeteiligter oder Nebenbetroffener am Verfahren beteiligt war (KK-StPO/*Schmidt* § 433 Rn. 5; vgl. auch BeckOK-StPO/*Temming* Rn. 4).

8 **II. Frist.** Der nicht an eine besondere Form gebundene Antrag (schriftlich oder zu Protokoll der Geschäftsstelle, vgl. HK-StPO/*Retemeyer* § 433 Rn. 6) unterliegt einer Monatsfrist, die durch die Kenntnis des Antragstellers von der rechtskräftigen Entscheidung ausgelöst wird (Abs. 2 Satz 1). Die Frist kann also nicht vor Eintritt der Rechtskraft beginnen, auch wenn der Antragsteller die Entscheidung bereits kannte (Meyer-Goßner/Schmitt/*Köhler* § 433 Rn. 7; KMR/*Metzger* § 433 Rn. 12; a.A. KK-StPO/*Schmidt* § 433 Rn. 7). Für ihre Berechnung gilt § 43, Wiedereinsetzung in den vorigen Stand bei unverschuldeter Versäumung ist möglich (BeckOK-StPO/*Temming* § 433 Rn. 6).

9 Im Interesse endgültiger Rechtssicherheit ist der Antrag nicht mehr zulässig, wenn seit Rechtskraft der Entscheidung zwei Jahre vergangen sind und außerdem die Vollstreckung der den Antragsteller betreffenden Rechtsfolge beendet ist. Unzulässig ist ein Antrag, der nach dem später eingetretenen Ereignis gestellt wird (Meyer-Goßner/Schmitt/*Köhler* § 433 Rn. 8.) Da es sich um eine absolute Ausschlussfrist handelt, kommt Wiedereinsetzung nicht in Betracht (HK-StPO/*Retemeyer* § 433 Rn. 10).

10 **III. Wirkung des Antrags.** Das mit dem Antrag in Gang gesetzte Nachverfahren hat keinen Einfluss auf die Vollstreckbarkeit der rechtskräftigen Einziehungsentscheidung und hemmt gem. Abs. 3 die laufende Vollstreckung nicht; sie zu unterbrechen wird in das Ermessen des Gerichts gestellt. Die Regelung entspricht § 360, geht aber in Satz 2 darüber hinaus, indem sie in Fällen der Einziehung von Taterträgen beim Dritten gem. § 73b StGB (auch als Wertersatzeinziehung nach § 73c StGB) die Einstellung von Vollstreckungsmaßnahmen zur Regel erhebt.

11 Ist damit zu rechnen, dass das Nachverfahren beantragt wird, regelt zudem § 68 StVollstrO, dass die Vollstreckungsbehörde von sich aus von Maßnahmen der Verwertung, Vernichtung und Unbrauchbarmachung einstweilen absieht.

12 **IV. Umfang der Prüfung.** Liegen die Voraussetzungen des Antrags nicht vor, oder ist der Antrag nicht fristgerecht gestellt, wird er als **unzulässig** verworfen. Fehlt es an der genügenden Glaubhaftmachung, ist das Gericht allerdings aus prozessualer Fürsorge gehalten, den Antragsteller zunächst zur Nachbesserung aufzufordern (KMR/*Metzger* § 433 Rn. 10; Meyer-Goßner/Schmitt/*Köhler* § 433 Rn. 10). Die Verwerfung wegen Fristversäumnis kommt nur in Betracht, wenn die verschuldete Verspätung nachgewiesen ist (LR/*Gössel* § 439 Rn. 26; MüKo-StPO/*Putzke/Scheinfeld* § 433 Rn. 12; KMR/*Metzger* § 433 Rn. 12; Meyer-Goßner/

Schmitt/*Köhler* § 433 Rn. 10; KK-StPO/*Schmidt* § 433 Rn. 10; a.A. BeckOK-StPO/*Temming* § 433 Rn. 6, 8: Zweifel gehen zulasten des Antragstellers).

Für die Prüfung der **Begründetheit** gilt der Amtsermittlungsgrundsatz (KK-StPO/*Schmidt* § 433 Rn. 12), der lediglich insoweit eingeschränkt ist, als der Schuldspruch (also die Anknüpfungstat, BT-Drs. 18/9525 S. 91) nur in dem Umfang überprüft wird, in dem der Antragsteller Einwendungen vorbringt, die eine erneute Prüfung erfordern, Abs. 4 Satz 1 i.V.m. § 431 Abs. 1. 13

I.Ü. erfolgt die Prüfung der Begründetheit in den Fällen der gegenständlichen Dritteinziehung gem. § 73b, § 74a, § 74b Abs. 1 Nr. 2 oder der Rechtsberühmung durch den Nebenbetroffenen zweistufig. Einmal muss das von dem Antragsteller geltend gemachte **Recht an dem Vermögensgegenstand** nachgewiesen sein, zum anderen ist zu prüfen, ob die materiellen Einziehungsvoraussetzungen ihm gegenüber vorliegen. Die an sich auch im Einziehungsverfahren geltende *in dubio*-Regelung wird dabei gem. Abs. 4 Satz 2 modifiziert: Bleibt das von dem Antragsteller geltend gemachte Recht an dem Vermögensgegenstand zweifelhaft, so belasten diese Zweifel den Antragsteller und führen zur Unbegründetheit (Abs. 4 Satz 2; LR/*Gössel* § 439 Rn. 32; KK-StPO/*Schmidt* § 433 Rn. 12; KMR/*Metzger* § 433 Rn. 24; Entscheidungsregel nach Ausschöpfung aller Erkenntnismöglichkeiten, OLG Köln Beschl. v. 19.06.2019 III-1 RVs 97/19, III-1 RVs 99/19 Rn. 18). Steht aber das Recht an dem Gegenstand zur Überzeugung des Gerichts fest, so gelten bei der Prüfung, ob die Einziehungsvoraussetzungen i.Ü. vorliegen, die allgemeinen strafprozessualen Grundsätze. Bleiben diese Voraussetzungen nach dem jetzt erreichbaren Erkenntnisstand zweifelhaft, so ist der Antrag begründet (LR/*Gössel* § 439 Rn. 33; KK-StPO/*Schmidt* § 433 Rn. 13; KMR/*Metzger* § 433 Rn. 24; MüKo-StPO/*Putzke/Scheinfeld* § 433 Rn. 15). In Fällen der Wertersatzeinziehung (§ 73b i.V.m. § 73c StGB) kommt nur letzterer Maßstab zur Anwendung. 14

Auf einen begründeten Antrag wird das rechtskräftige Urteil hinsichtlich der angeordnete Einziehung (oder gleichgestellten Maßnahme, § 439) rückwirkend aufgehoben. Ist der Gegenstand bereits verwertet, ist der frühere Eigentümer oder Rechteinhaber auf die Geltendmachung von Ansprüchen nach den Vorschriften über die ungerechtfertigte Bereicherung (§ 816 BGB) verwiesen (HK-StPO/*Retemeyer* § 433 Rn. 12). 15

Ohne vollständige Prüfung der Begründetheit kann aus Gründen der Verfahrensökonomie die Aufhebung der Anordnung mit Zustimmung der Staatsanwaltschaft auch ausgesprochen werden, wenn während des Verfahrens ein Absehen von der Entscheidung gem. § 421 Abs. 1 zulässig gewesen wäre (**Abs. 5**). Das Gericht kann sich damit insb. bei unverhältnismäßigem Aufwand die Durchführung des Nachverfahrens ersparen (KK-StPO/*Schmidt* § 433 Rn. 15 m.w.N.). Die Aufhebung wirkt zurück (LR/*Gössel* § 439 Rn. 36; KMR/*Metzger* § 433 Rn. 25; Meyer-Goßner/Schmitt/*Köhler* § 433 Rn. 12). 16

Die Entscheidung über den Antrag bewirkt Rechtskraft in Bezug auf den Verfahrensgegenstand, also die Frage, ob die prozessuale Tat die Einziehung des fraglichen Gegenstandes oder die Begründung der Wertersatzforderung gegenüber dem Dritten trägt. Ein **neuer Antrag**, der insoweit wesentliche Abweichungen zu einem zuvor als unbegründet abgewiesenen nicht aufweist, ist unzulässig. Hingegen kann wegen derselben Tat ein weiterer Antrag auf einen anderen Vermögensgegenstand gerichtet werden oder auf denselben Vermögensgegenstand wegen einer anderen Tat (LR/*Gössel* § 440 Rn. 58; KK-StPO/*Schmidt* § 434 Rn. 12). 17

V. Ausschluss der Wiederaufnahme. Das Nachverfahren ersetzt die Wiederaufnahme gem. § 359 Nr. 5 wegen neuer Tatsachen und Beweismittel, die deshalb gem. Abs. 6 ausgeschlossen ist. Die anderen Wiederaufnahmegründe finden weiter Anwendung (Meyer-Goßner/Schmitt/*Köhler* § 433 Rn. 15; KMR/*Metzger* § 433 Rn. 28). 18

§ 434 Entscheidung im Nachverfahren

(1) Die Entscheidung über die Einziehung im Nachverfahren trifft das Gericht des ersten Rechtszuges.

(2) Das Gericht entscheidet durch Beschluss, gegen den sofortige Beschwerde zulässig ist.

(3) [1]Über einen zulässigen Antrag wird aufgrund mündlicher Verhandlung durch Urteil entschieden, wenn die Staatsanwaltschaft oder sonst der Antragsteller es beantragt oder das Gericht es anordnet; die Vorschriften über die Hauptverhandlung gelten entsprechend. [2]Wer gegen das Urteil eine zulässige Berufung eingelegt hat, kann gegen das Berufungsurteil nicht mehr Revision einlegen.

(4) Ist durch Urteil entschieden, so gilt § 431 Absatz 4 entsprechend.

Übersicht

1 **A. Allgemeines.** Die Vorschrift ergänzt § 433 und regelt die gerichtliche Zuständigkeit für das Nachverfahren, die Entscheidungsform und abhängig davon das Verfahren sowie die statthaften Rechtsmittel.

2 **B. Einzelne Regelungen. I. Zuständigkeit.** Im Nachverfahren (§ 433) ist das Gericht des ersten Rechtszuges des Verfahrens zuständig, in dem die angegriffene Anordnung ergangen ist. Dies gilt auch dann, wenn dieses Gericht die angegriffene Einziehungsentscheidung nicht angeordnet hat, etwa weil sie erst in der Berufung oder nach Zurückverweisung getroffen wurde (KK-StPO/*Schmidt* § 434 Rn. 2; MüKo-StPO/*Putzke/Scheinfeld* § 433 Rn. 2; HK-StPO/*Retemeyer* § 434 Rn. 2; OLG Düsseldorf MDR 1983, 154 zu dem insoweit gleichlautenden § 441 Abs. 1 Satz 1 Halbs. 1 a.F.; a.A. BeckOK-StPO/*Temming* § 434 Rn. 1: das Gericht, dessen Entscheidung Rechtskraft erlangt hat).

3 **II. Entscheidung und Verfahren.** Das Gericht entscheidet gem. Abs. 2 grundsätzlich im schriftlichen Verfahren durch **Beschluss** in der dafür vorgesehenen Besetzung (§§ 30 Abs. 2, 76 Abs. 1 Satz 2, 122 Abs. 1 GVG). Rechtliches Gehör ist zu gewähren, indem die Verfahrensbeteiligten zum Einreichen von Schriftsätzen aufgefordert werden. Es gilt das Freibeweisverfahren, Beweiserhebungen, die mündliches Verhandeln erfordern, sind ausgeschlossen. In geeigneten Fällen können Vernehmungen des Beteiligten und von Zeugen und Sachverständigen durch schriftliche Äußerungen ersetzt werden (LR/*Gössel* § 441 Rn. 7: Vernehmungen auch durch den beauftragten oder ersuchten Richter). Der Beschluss muss, weil er befristet anfechtbar ist, mit Gründen versehen und zugestellt werden (KK-StPO/*Schmidt* § 434 Rn. 3).

4 Durch **Urteil** auf eine der Hauptverhandlung entsprechende mündliche Verhandlung wird entschieden, wenn die StA oder der Beteiligte dies beantragen oder wenn das Gericht es anordnet, Abs. 3 Satz 1. Dies kommt insb. in Betracht, wenn die Beweisaufnahme Vernehmungen erfordert. Der Antrag muss nicht begründet werden. Er kann auch nach Beginn des schriftlichen Verfahrens gestellt werden.

5 Nur über einen zulässigen Antrag soll eine mündliche Verhandlung stattfinden (Abs. 3 Satz 1). Die Anordnung der mündlichen Verhandlung durch das Gericht setzt deshalb ebenso wie ihre Anberaumung auf den Verfahrensantrag eines Beteiligten oder der Staatsanwaltschaft die Prüfung der Zulässigkeit des Antrages zur Hauptsache voraus. Hält das Gericht in der Besetzung für Entscheidungen außerhalb einer Hauptverhandlung den Antrag für unzulässig, weist es ihn durch Beschluss ab, der mit sofortiger Beschwerde angefochten werden kann (Abs. 2). Hält es den Antrag für zulässig, ergeht keine Zwischenentscheidung, sondern die Hauptverhandlung wird anberaumt. Das nun in Hauptverhandlungsbesetzung zur Entscheidung berufene Gericht ist an das Ergebnis der Zulässigkeitsprüfung nicht gebunden; es kann den Antrag durch Urteil wegen Unzulässigkeit verwerfen (LG Stade StRR 2011, 73; a.A. BeckOk-StPO/*Temming* § 434 Rn. 2: Verwerfung als unzulässig stets durch Beschluss; für einen jederzeit möglichen Wechsel des Verfahrens, solange noch keine Entscheidung getroffen wurde, auch KK-StPO/*Schmidt* § 434 Rn. 5).

6 Die mündliche Verhandlung in der dafür vorgesehenen Besetzung des Gerichts hat den gesamten Prozessstoff zu behandeln, unabhängig von Erkenntnisfortschritten aus dem schon geführten schriftlichen Verfahren. Die Überprüfung des Schuldspruchs (der Anknüpfungstat) findet gem. § 433 Abs. Abs. 4 Satz 1 nur nach Maßgabe von § 431 Abs. 1 statt, also nur, soweit der Antragsteller Einwendungen gegen den Schuldspruch vorgebracht hat, die eine erneute Prüfung erfordern. Die Verfahrensstellungen im Nachverfahren richten sich nach dem jetzt geführten Verfahren, nicht nach dem schon abgeschlossenen Strafverfahren. Der vormalige Angeklagte oder Beschuldigte ist also Zeuge. Erscheint der das Nachverfahren betreibende Beteiligte nicht, gilt nach Abs. 3 Satz 1 Halbs. 2 die Regelung des § 430 Abs. 1 (KMR/*Metzger* § 434 Rn. 7). Dem Einziehungsbeteiligten ist das letzte Wort zu erteilen (BeckOK-StPO/*Temming* § 343 Rn. 3).

7 Die Entscheidung ergeht mit einfacher Mehrheit (h.M. LR/*Gössel* § 440 Rn. 50; KMR/*Metzger* § 434 Rn. 8, § 440 Rn. 36; SK-StPO/*Weßlau* § 440 Rn. 11; Meyer-Goßner/Schmitt/*Köhler* § 436 Rn. 3). Zwar steht der Beteiligte einem Angeklagten gleich (§ 427 Abs. 1 Satz 1). Daraus folgt jedoch nicht, dass für die ihm ungünstige Sachentscheidung nach § 263 eine Zwei-Drittel-Mehrheit vorliegen müsse (so aber SSW-StPO/*Burghart* 3. Aufl. Rn. 6). Die Gleichstellung bezieht sich auf die prozessuale Stellung und regelt die Befugnisse des Beteiligten in der Hauptverhandlung bzw. mündlichen Verhandlung; eine weitergehende Bedeutung hat sie nicht setzt. § 263 ist schon dem Wortlaut nach auf den Angeklagten beschränkt.

8 **III. Rechtsmittel.** Der Beschluss ist mit sofortiger Beschwerde anfechtbar (Abs. 2). Dies gilt auch dann, wenn ihn das Oberlandesgericht erlassen hat, § 304 Abs. 4 Satz 2 Nr. 5. Ob der Beschluss den Antrag als unzulässig oder als unbegründet verwirft oder die Anordnung der Einziehung aufhebt, ist dafür ohne Belang (KMR/*Metzger* § 434 Rn. 9).

9 Gegen ein Urteil findet das Rechtsmittel statt, das in einem Strafverfahren vor dem entsprechenden Gericht statthaft wäre. Der Rechtsmittelzug ist für den Rechtsmittelführer allerdings gem. Abs. 3 Satz 2 auch bei einem amtsgerichtlichen Urteil auf eine weitere Instanz beschränkt. Legt er Berufung ein, ist er mit einer

späteren Revision ausgeschlossen. Hat er dagegen nicht selbst oder unzulässig Berufung eingelegt hat, kann er ein auf eine zulässige Berufung eines anderen Verfahrensbeteiligten (etwa der Staatsanwaltschaft) ergangenes Berufungsurteil weiterhin mit der Revision anfechten. Neben der Berufung ist wahlweise – bei land- und oberlandesgerichtlichen Urteilen ausschließlich – die Revision statthaft. Für ein auf die Höhe der Entschädigung beschränktes Rechtsmittel gelten gem. Abs. 4 die Verfahrensvereinfachungen des § 431 Abs. 4: Es kann durch Beschluss entschieden werden, wenn die Beteiligten nicht widersprechen.

IV. Kosten. Die Kosten des Nachverfahrens trägt der unterliegende Antragsteller nach § 473 Abs. 1 Satz 1, Abs. 6 Nr. 2. Die Kosten und Auslagen eines erfolgreichen Antrages trägt die Staatskasse (§ 473 Abs. 3). Bei Aufhebung der Entscheidung gem. § 433 Abs. 5 ist § 472b Abs. 3 entsprechend anzuwenden (ebenso LR/*Gössel* § 439 Rn. 39; KMR/*Metzger* § 433 Rn. 26; HK-StPO/*Retemeyer* § 433 Rn. 14; KK-StPO/*Schmidt* § 433 Rn. 17; SK-StPO/*Weßlau* § 439 Rn. 18). Hier wie dort ist die Interessenlage gleich und hat der Beteiligte bzw. Antragsteller keinen Einfluss darauf, ob eine vollständige Begründetheitsprüfung mit ihm günstiger Kostenfolge stattfindet. 10

§ 435 Selbständiges Einziehungsverfahren

(1) [1]Die Staatsanwaltschaft und der Privatkläger können den Antrag stellen, die Einziehung selbständig anzuordnen, wenn dies gesetzlich zulässig und die Anordnung nach dem Ergebnis der Ermittlungen zu erwarten ist. [2]Die Staatsanwaltschaft kann insbesondere von dem Antrag absehen, wenn das Erlangte nur einen geringen Wert hat oder das Verfahren einen unangemessenen Aufwand erfordern würde.

(2) [1]In dem Antrag ist der Gegenstand oder der Geldbetrag, der dessen Wert entspricht, zu bezeichnen. [2]Ferner ist anzugeben, welche Tatsachen die Zulässigkeit der selbständigen Einziehung begründen. [3]Im Übrigen gilt § 200 entsprechend.

(3) [1]Für das weitere Verfahren gelten die §§ 201 bis 204, 207, 210 und 211 entsprechend, soweit dies ausführbar ist. [2]Im Übrigen finden die §§ 424 bis 430 und 433 entsprechende Anwendung.

(4) [1]Für Ermittlungen, die ausschließlich der Durchführung des selbständigen Einziehungsverfahrens dienen, gelten sinngemäß die Vorschriften über das Strafverfahren. [2]Ermittlungsmaßnahmen, die nur gegen einen Beschuldigten zulässig sind, und verdeckte Maßnahmen im Sinne des § 101 Absatz 1 sind nicht zulässig.

Übersicht

A. Grundsätzliches. Das selbstständige (auch objektive) Verfahren dient der Anordnung der Einziehung eines Gegenstandes oder des Wertersatzes, ohne dass ein Strafverfahren gegen den Tatverdächtigen geführt wird. Die §§ 435 bis 437 sind die Verfahrensnormen zu § 76a StGB. Soll hingegen eine rechtskräftige Einziehungsanordnung gem. § 76 StGB nachträglich durch Einziehung des Wertersatzes ersetzt werden, so ist nach § 462 Abs. 1 Satz 2 und § 462a Abs. 1, 2 Satz 1 zu verfahren. 1

§ 435 übernimmt im Wesentlichen den Regelungsgehalt von § 440 a.F. Neu eingeführt ist das nun grundsätzlich obligatorische Zwischenverfahren, § 435 Abs. 3 Satz 1. Das selbstständige Verfahren ist damit eng an das Verfahren im Fall der Anklageerhebung angelehnt (BT-Drs. 18/9525 S. 91; Meyer-Goßner/Schmitt/*Köhler* § 435 Rn. 2). Eine Rechtfertigung hierfür liefert die Gesetzesbegründung nicht; sie erschließt sich auch nicht ohne Weiteres und erschwert den auch weiterhin grundsätzlich für möglich gehaltenen Übergang vom subjektiven in das objektive Verfahren während laufender Hauptverhandlung, vgl. Rdn. 18. Die Zuständigkeit bestimmt sich nach § 436. 2

Das Ordnungswidrigkeitenverfahren regelt die selbstständige Einziehung in § 87 Abs. 3 OWiG eigenständig und sieht hierfür den einem Bußgeldbescheid gleichgestellten Einziehungsbescheid der Verwaltungsbehörde vor (hierzu KMR/*Metzger* § 435 Rn. 35 ff.). Im Strafbefehlsverfahren kommt eine selbstständige Einziehung mangels entsprechender Verweisungen nicht in Betracht (MüKo-StPO/*Scheinfeld/Langlitz* § 435 Rn. 3; a.A. *Rettke* NStZ 2021, 202), wohl aber kann der Antrag auf Erlass eines Strafbefehls mit einem Antrag auf selbstständige Einziehung kombiniert werden (Meyer-Goßner/Schmitt/*Köhler* § 435 Rn. 10). 3

4 **B. Einzelne Regelungen. I. Voraussetzungen.** Die Einziehung im selbstständigen Verfahren muss **gesetzlich zulässig** sein. Das bestimmt sich allein nach § **76a StGB** (KMR/*Metzger* § 435 Rn. 4). Danach findet die selbstständige Einziehung statt, wenn aus den dort genannten Gründen keine bestimmte Person wegen der die Einziehung rechtfertigenden, i.Ü. ausermittelten Straftat (§ 76a StGB Abs. 1 bis 3) oder überhaupt wegen einer Straftat (§ 76a Abs. 4 StGB) verfolgt werden kann (zu den Einzelheiten s. SSW-StGB/*Heine* § 76a). Abzustellen ist nicht auf den konkret beteiligten Einziehungsbeteiligten, sondern die Prozessvoraussetzung ist nur gegeben, wenn die Durchführung eines Strafverfahrens gegen sämtliche in Betracht kommende Beschuldigte unmöglich ist (OLG Stuttgart, Beschl. v. 01.07.2020 – 7 Ws 49/20 wistra 2020, 523 m.Anm. *Tschakert*; *Hüls* ZWH 2021, 153).

5 Für die selbstständige Einziehung nach § 76a Abs. 1 bis 3 kommt es nach der Reform nicht mehr darauf an, ob die Verfolgung **aus tatsächlichen Gründen** (unbekannter Täter, flüchtiger Täter) oder **rechtlichen Gründen** nicht möglich ist. Bei dauernder Verhandlungsunfähigkeit, Amnestie und Immunität ist die selbstständige Einziehung nunmehr ebenso möglich wie die Einziehung von Taterträgen im Fall der **Verjährung**, was § 76a Abs. 2 S. 1 ausdrücklich klarstellt. Dies gilt auch dann, wenn die Erwerbstat vor dem 01.07.2017 bereits verjährt war; die von Art. 316h EGStGB eröffnete Möglichkeit der selbstständigen Einziehung auch in diesen Fällen verstößt nicht gegen das aus dem Rechtsstaatsprinzip folgende verfassungsrechtliche Rückwirkungsverbot, sondern ist auch als »echte« Rückwirkung ausnahmsweise zulässig (BVerfG, Beschl. v. 10.02.2021 – 2 BvL 8/19 BVerfGE 156, 354 entgegen der Rechtsauffassung des vorlegenden 3. Strafsenats, Beschl. v. 07.03.2019 – 3 StR 192/18, NJW 2019, 1891 ff.). Lediglich solche rechtlichen Hinderungsgründe, die wie Strafantrag, Ermächtigung oder Strafverlangen die Durchführung des Strafverfahrens zur Disposition Dritter stellen, stehen auch weiterhin der Durchführung der selbstständigen Einziehung entgegen, § 76a Abs. 1 Satz 3 Var. 1. Ob **Strafklageverbrauch** die Einziehung im selbstständigen Verfahren stets hindert, ist umstritten. Der Wortlaut des § 76a Abs. 1 Satz 3 Var. 2 (»bereits rechtskräftig über sie entschieden«) spricht – entgegen der gesetzgeberischen Intention – dafür, dass auch versehentlich unterbliebene Einziehungsentscheidungen im Verfahren gegen den Angeklagten eine spätere selbstständige Einziehung ausschließen (Einzelheiten bei SSW-StGB/*Heine* § 76a Rn. 7; wie hier *Ullenboom* wistra 2018, 291, 292; KMR/*Metzger* § 435 Rn. 9; im Erg. auch AG Dortmund Beschl. v. 22.02.2019 – 767 Ls – 800 Js 380/18, StRR 2019 Nr. 5 [3]; BeckOK-StPO/*Temming* § 435 Rn. 4.1; a.A. – nicht tragend – OLG Hamburg wistra 2018, 438 [439 f.]; MüKo-StPO/*Scheinfeld/Langlitz* § 435 Rn. 19, die aber andererseits dem Absehen nach § 421 eine Sperrwirkung beimessen wollen, aaO Rn. 18.; offengelassen von BGH, Beschl. v. 10.01.2019 – 5 StR 387/18 NJW 2019, 1008 [1009]). **§ 76a Abs. 3** lässt die selbstständige Einziehung schließlich zu, wenn von der Verfolgung der zugrunde liegenden Straftat aus Opportunitätserwägungen abgesehen worden ist. Zu der sich bei Verfahrensbeschränkungen in der Hauptverhandlung stellenden Frage des Übergangs in das selbstständige Verfahren unten Rdn. 18. Beim **Tod** des Beschuldigten richtet sich die selbstständige Einziehung unter den Voraussetzungen des § 73b Abs. 1 Nr. 3 StGB gegen den Erben, Vermächtnisnehmer oder Pflichtteilsberechtigten (Meyer-Goßner/Schmitt/*Köhler* § 435 Rn. 14; KK-StPO/*Schmidt* § 435 Rn. 4; a.A. MüKo-StPO/*Scheinfeld/Langlitz* § 435 Rn. 14; KMR/*Metzger* § 435 Rn. 7).

6 Zu den Voraussetzungen und Grenzen der selbstständigen Einziehung gem. **§ 76a Abs.** 4 s. SSW-StGB/*Heine* § 76a Rn. 14 ff.). Sie ist in verfassungskonformer Auslegung nur zulässig, wenn der einzuziehende Gegenstand nach voller richterlicher Überzeugung insgesamt aus einer Straftat stammt. Zu § 437s. dort.

7 Weitere Voraussetzung ist, dass die Anordnung der selbstständigen Einziehung **dem Ermittlungsergebnis nach zu erwarten** ist. Damit ist der auch für eine Anklageerhebung zu fordernde Grad an Wahrscheinlichkeit gemeint; die Durchführung des Verfahrens muss die richterliche Überzeugung vom Vorliegen der Anordnungsvoraussetzungen wahrscheinlich begründen können (Meyer-Goßner/Schmitt/*Köhler* § 435 Rn. 4; KK-StPO/*Schmidt* § 435 Rn. 2; *Köhler/Burkhard* NStZ 2017, 665, 672; MüKo-StPO/*Scheinfeld/Langlitz* § 435 Rn. 24). Abs. 4 – eingefügt durch das Gesetz zur Fortentwicklung der Strafprozessordnung vom 25.06.2021 (BGBl. I, S. 2099) – stellt klar, dass und welche Ermittlungen zur Durchführung des obj. Verfahrens zulässig sind. Da das selbstständige Einziehungsverfahren nicht auf Bestrafung ausgerichtet ist, sondern allein der Wiederherstellung einer rechtmäßigen Vermögenslage dient, sind Ermittlungsmaßnahmen, die nur gegen Beschuldigte zulässig sind, ebenso wie verdeckte Ermittlungsmaßnahmen ausgeschlossen. Durchsuchungen beim Einziehungsadressaten sind daher nicht unter den Voraussetzungen des § 102, wohl aber des § 103 zulässig (BT-Drs. 19/27654, S. 108). Die bisher umstrittene Frage zur Zulässigkeit eigenständiger Ermittlungen verjährter Straftaten (vgl. SSW-StGB/*Heine* § 76a Rn. 22; LG Düsseldorf wistra 2018, 445: Durchsuchung; Meyer-Goßner/Schmitt/*Köhler* § 435 Rn. 13) dürfte damit ebenfalls geklärt sein.

II. Antrag. Die Durchführung des selbstständigen Einziehungsverfahrens setzt einen Antrag voraus. Antragsbefugt sind die StA, die Finanzbehörde, wenn die zugrunde liegende Straftat eine Steuerstraftat ist (§ 401 AO), und der Privatkläger. 8

1. Ermessen. Der Antrag steht im Ermessen des Antragsberechtigten (Staatsanwaltschaft oder Privatkläger). Dies gilt auch dann, wenn die selbstständige Einziehung an sich gem. § 76a Abs. 1 S. 1 StGB obligatorisch ist, vgl. den Formulierungsgegensatz zu § 170 Abs. 1 (MüKo-StPO/*Scheinfeld/Langlitz* § 435 Rn. 8; Meyer-Goßner/Schmitt/*Köhler* § 435 Rn. 6; KMR/*Metzger* § 435 Rn. 12). Die Ermessensausübung wird sich in erster Linie an der Bedeutung der Anordnung für die von der Straftat gestörte Vermögenszuordnung, der Gefährlichkeit des Gegenstandes und dem Aufwand, den das Verfahren etwa mit Blick auf den inzident zu führenden Tatnachweis voraussichtlich erfordern wird, orientieren, s.a. Nr. 180 Abs. 2 RiStBV. Die Verhältnismäßigkeit der Maßnahme spielt bei der Ermessensausübung nur dann eine Rolle, wenn sie nicht bereits Anordnungsvoraussetzung gem. § 74f StGB ist. Denn eine danach unverhältnismäßige Anordnung darf, da gesetzlich unzulässig (o. Rdn. 4), nicht beantragt werden. Die Ausübung des Ermessens ist nicht überprüfbar; der Antrag ist insb. nicht deshalb unzulässig, weil die Staatsanwaltschaft ihn hätte unterlassen dürfen. § 435 Abs. 1 Satz 2 enthält mithin eine dem § 421 Abs. 1 nachempfundene Regelung, die zusammen mit dem Antragsermessen eine unmittelbare Anwendung von § 421 entbehrlich macht, auf den Abs. 3 deshalb auch nicht verweist (wie hier KK-StPO/*Schmidt* § 435 Rn. 15; BeckOK-StPO/*Temming* § 436 Rn. 3 zum selbst. Einziehungsverfahren; zum alten Recht LR/*Gössel* § 440 Rn. 30; a.A. Meyer-Goßner/Schmitt/*Köhler* § 435 Rn. 7; HK-StPO/*Retemeyer* § 436 Rn. 3). 9

Der Antrag kann mit der Folge der Einstellung des Verfahrens **zurückgenommen** werden. Für den Privatkläger ergibt sich dies aus § 391 Abs. 1 Satz 1, die Beschränkung des § 391 Abs. 1 Satz 2 spielt keine Rolle. Für die Rücknahmebefugnis durch die antragsbefugten Behörden dürfte mit der Einführung des Zwischenverfahrens die frühere Streitfrage, ob der Rücknahme zeitliche Grenzen gesetzt sind, erledigt sein. Entsprechend § 156 ist sie ausgeschlossen, wenn das Gericht seine Eröffnungsentscheidung getroffen hat (Meyer-Goßner/Schmitt/*Köhler* § 435 Rn. 7; KMR/Metzger § 435 Rn. 20; KK-StPO/*Schmidt* § 435 Rn. 12; zum alten Recht schon LR/*Gössel* § 440 Rn. 29; a.A. ersichtlich ohne Berücksichtigung des Zwischenverfahrens HK-StPO/*Retemeyer* § 435 Rn. 11; für eine uneingeschränkte Rücknahmebefugnis als Ausfluss des Antragsermessens MüKo-StPO/*Scheinfeld/Langlitz* § 435 Rn. 10). 10

2. Inhalt. Die inhaltlichen Anforderungen an den Antrag regelt Abs. 2. Wie der **Verweis auf § 200** klarstellt, hat er grundsätzlich den an eine Anklageschrift zu stellenden Anforderungen zu entsprechen, was in aller Regel Schriftform erfordern wird. Die Antragsschrift muss gem. Satz 1 zunächst den Gegenstand so genau bezeichnen, dass er mit Gewissheit identifiziert werden kann; im Fall der Wertersatzeinziehung ist der Geldbetrag zu benennen, der dem Wert des Gegenstandes entspricht. Ferner müssen die Tatsachen bezeichnet werden, die die Zulässigkeit der selbstständigen Einziehung begründen, Satz 2. Dies setzt zunächst die Angabe des Verfahrensziels voraus: (Wertersatz-) Einziehung von Taterträgen, von Tatprodukten, Tatmitteln oder Tatobjekten, Unbrauchbarmachung oder – über § 439 – Vernichtung, Unbrauchbarmachung oder Beseitigung eines gesetzwidrigen Zustandes (a.A. insoweit KMR/*Metzger* § 435 Rn. 16). Denn danach bestimmen sich zunächst die jeweils darzulegenden tatsächlichen und rechtlichen Grundlagen der begehrten Anordnung, also etwa im Fall der Einziehung nach §§ 73 ff. die Darstellung der rechtswidrigen Tat und des dadurch oder dafür Erlangten. Darzulegen ist außerdem, dass und warum ein subjektives Verfahren nicht durchgeführt und die Einziehung deshalb nur im selbstständigen Verfahren angeordnet werden kann (HK-StPO/*Retemeyer* § 435 Rn. 8; MüKo-StPO/*Scheinfeld/Langlitz* § 435 Rn. 26). Eines § 199 Abs. 2 entsprechenden Eröffnungsantrags bedarf es nicht. 11

Zu benennen ist außerdem der **Einziehungsadressat**, also derjenige, gegen den sich die begehrte Anordnung richtet. Er wird verfahrensrechtlich gem. Abs. 3 i.V.m § 424 zum Einziehungsbeteiligten, auch wenn er Täter oder Teilnehmer der die Einziehung rechtfertigenden Tat ist, für die er im subjektiven Verfahren aus welchen Gründen auch immer nicht zur Verantwortung gezogen werden kann (Meyer-Goßner/Schmitt/*Köhler* § 435 Rn. 9). Auch im selbstständigen Verfahren bedarf die Beteiligung nach § 424 Abs. 1 der Anordnung, von der unter den im § 424 Abs. 2 und § 425 geregelten Voraussetzungen abgesehen werden kann (KMR/*Metzger* § 435 Rn. 30). Auf § 438 Abs. 2 verweist Abs. 3 nicht; Beschränkungen in Bezug auf die Schuldfrage können dem Beteiligten am selbstständigen Verfahren deshalb nicht auferlegt werden. 12

III. Verfahren. Neu ist das gem. Abs. 3 i.V.m. §§ 201 ff. nunmehr **obligatorisch durchzuführende Zwischenverfahren.** Mit der Einschränkung »soweit dies ausführbar ist« wird auf die zu § 425 Abs. 1 entwickelten Rechtsgrundsätze Bezug genommen, s. dort (KMR/*Metzger* § 435 Rn. 27; für einen strengeren Maßstab MüKo-StPO/*Scheinfeld/Langlitz* § 435 Rn. 28). Die Zuständigkeit des Gerichts bestimmt sich nach § 436. 13

Das Gericht hat die Antragsschrift dem potenziellen Einziehungsadressaten mitzuteilen und ihn aufzufordern, sich zu dem Antrag zu erklären. Ist der Einziehungsadressaten unbekannten Aufenthalts (z.B. flüchtiger Tatbeteiligter) wird die Antragsschrift gem. Abs. 3 i.V.m. § 429 Abs. 1 HS 2, Abs. 2 öffentlich zugestellt (Meyer-Goßner/Schmitt/*Köhler* § 435 Rn. 9; a.A. MüKo-StPO/*Scheinfeld/Langlitz* § 435 Rn. 29: Verfahren undurchführbar; BeckOK-StPO/*Temming* § 435 Rn. 9: Zwischenverfahren entbehrlich; so auch BT/Drs. 18/9525 S. 92). Das Gericht kann ergänzende Beweiserhebungen anordnen und den Verfahrensstand mit den Beteiligten erörtern und insb. der Staatsanwaltschaft Gelegenheit zur Nachbesserung eines defizitären Antrags geben (KMR/*Metzger* § 435 Rn. 22 ff.).

14 Sodann hat das Gericht über die Eröffnung des Verfahrens zu entscheiden, Abs. 3 i.V.m. §§ 203 f. (KMR/*Metzger* § 435 Rn. 25). Das Gericht prüft auf der Grundlage der Antragsschrift, ob das Ermittlungsergebnis und die rechtliche Beurteilung die Annahme rechtfertigen, ein Strafverfahren sei nicht durchführbar (str., wie hier Meyer-Goßner/Schmitt/*Köhler* § 435 Rn. 15; MüKo-StPO/*Scheinfeld/Langlitz* § 435 Rn. 22 f.; für eine umfassende Prüfungskompetenz mit Ermittlungsbefugnis LR/*Gössel* § 440 Rn. 34 f.; KK-StPO/*Schmidt* § 435 Rn. 8; SK-StPO/*Weßlau* § 440 Rn. 8; weitere Nachweise bei BeckOK-StPO/*Temming* § 435 Rn. 5). Kommt eine Einziehung nach § 76a StGB nicht infrage, ist der Antrag im selbstständigen Verfahren unzulässig und wird abgewiesen; bei nachträglichem Wegfall einer Zulässigkeitsvoraussetzung wird das Verfahren eingestellt (vgl. HK-StPO/*Retemeyer* § 435 Rn. 2; LR/*Gössel* § 440 Rn. 19). Für die Beteiligungsrechte gelten die §§ 424 ff. entsprechend, Abs. 3 Satz 2.

15 Unterlässt das Gericht den Eröffnungsbeschluss und ordnet sogleich die Einziehung an, leidet das Verfahren wegen der Nichtdurchführung des obligatorischen Zwischenverfahrens an einem unbehebbaren Verfahrenshindernis, das in der Beschwerdeinstanz nicht nachgeholt werden kann und deshalb zur Einstellung des Verfahrens insgesamt führt (OLG Bamberg Beschl. v. 18.02.2019 – 1 Ws 165/18; missverständlich HK-StPO/*Retemeyer* § 435 Rn. 14). Das gilt auch, wenn der Antrag mit einer Anklage verbunden wird und sich der Eröffnungsbeschluss lediglich auf die Anklage bezieht, OLG, Oldenburg Beschl. v. 10.08.2020 – 1 Ws 265/20 mit Anm. *Hiéramente* jurisPR-StrafR 19/2020 Anm. 3).

16 Da Schuld und Strafe nicht Gegenstand des möglichen Verfahrensergebnisses sind, kommt eine dem Strafklageverbrauch ähnliche Folge nicht in Betracht. Eine ablehnende Entscheidung im selbstständigen Verfahren sperrt ein späteres Strafverfahren etwa gegen den zunächst flüchtigen Täter nach seiner Ergreifung nicht. In diesem Verfahren kann auch die Einziehung angeordnet werden, wenn neue, sie rechtfertigende Tatsachen oder Beweismittel hervortreten, Abs. 3 i.V.m. § 211 (LR/*Gössel* § 441 Rn. 27; missverständlich KK-StPO/*Schmidt* § 436 Rn. 16; zu weitgehend MüKo-StPO/*Scheinfeld/Langlitz* § 435 Rn. 11, richtig § 436 Rn. 15).

17 **IV. Übergang in das selbstständige Verfahren.** Ergibt sich in einem Strafverfahren, in dem der Angeklagte selbst oder ein bereits Beteiligter Adressat der in Aussicht stehenden Einziehungsanordnung ist, dass ein Schuldspruch nicht mehr in Betracht kommt, wohl aber noch die Anordnung der Einziehung, so kann das Verfahren mit dem Freispruch oder der Einstellung und der zugleich ausgesprochenen Anordnung abgeschlossen werden (KK-StPO/*Schmidt* § 435 Rn. 19; KMR/*Metzger* § 435 Rn. 1; BeckOK-StPO/*Temming* § 435 Rn. 11). Endet das Verfahren gegen den Angeklagten vorzeitig, ohne dass die Einziehung zugleich ausgesprochen werden konnte (z.B. Tod; Einstellung nach Amnestie; im Rechtsmittelverfahren bestätigter Freispruch, während das Urteil in Bezug auf die Anordnung aufgehoben wird), kann das Verfahren als selbstständiges Verfahren fortgesetzt werden (BGHSt 23, 64 [67]; auch als Übergang, Überleitung, Weiterführung oder Wechsel zum objektiven Verfahren bezeichnet: BGHSt 37, 55 [68 f.]; LR/*Gössel* § 440 Rn. 67 f.; KK/*Schmidt* § 435 Rn. 18; SK-StPO/*Weßlau* § 440 Rn. 15). Erforderlich ist ein darauf gerichteter Antrag der StA, weil es nach Abs. 1 in ihrem Ermessen steht, eine von der Entscheidung über den Schuldspruch unabhängige Anordnung anzustreben (BGHSt 37, 55 [69]; LR/*Gössel* § 440 Rn. 69; KK-StPO/*Schmidt* § 435 Rn. 18; HK-StPO/*Retemeyer* § 435 Rn. 20; SK-StPO/*Weßlau* § 440 Rn. 15).

18 Von praktischer Bedeutung sind insb. die Fälle der **Verfahrensbeschränkung gem. § 154 Abs. 2, § 154a** während laufender Hauptverhandlung. Mangels Anhängigkeit kommt eine Einziehung von den ausgeschiedenen Taten zuzuordnenden Gegenständen im subjektiven Verfahren nicht mehr in Betracht (std. Rspr., vgl. nur BGH NStZ-RR 2018, 116 [117]; BGH NStZ-RR 2019, 153 [154]; BGH Beschl. v. 04.10.2012 – 3 StR 207/12; Beschl. v. 14.06.2018 – 3 StR 28/18; Beschl. v. 02.05.2018 – 3 StR 39/18; vgl. auch OLG Celle StraFo 2019, 123 zu einem Fall von § 154a bei Betrug im Rahmen eines uneigentlichen Organisationsdelikts). Voraussetzung für eine Einziehung in diesen Fällen ist auch hier ein gesonderter Antrag gem. § 435 StPO (BGH StV 2019, 231; BGH Beschl. v. 30.04.2019 – 2 StR 138/19; Beschl. v. 06.01.2021 – 5 StR 454/20). Der Hinweis in der Anklageschrift und ein Einziehungsantrag im Schlussvortrag genügen hierfür nicht (Meyer-Goßner/Schmitt/*Köhler* § 435 Rn. 19; HK-StPO/*Retemeyer* § 435 Rn. 20). Das obligatorische **Zwischenverfahren** ist auch hier durchzuführen (a.A. KMR/*Metzger* § 436 Rn. 9; Meyer-Goßner/Schmitt/

Köhler § 435 Rn. 19). Ein Fall mangelnder Ausführbarkeit liegt nicht vor, denn hier wie bei § 425 sind nicht mit der Ausführung verbundene Lästigkeiten oder Verzögerungen gemeint, sondern Fälle, in denen die Durchführung der gebotenen Verfahrensschritte gleichsam faktisch unmöglich ist. Für die Durchführung des Zwischenverfahrens gegenüber dem bekannten Beschuldigten, gegen den die Verhandlung fortgesetzt wird, gilt das nicht. Das gem. § 435 Abs. 3 verlangte Zwischenverfahren ist auch nicht mit dem Zwischenverfahren über die Anklage miterledigt (so Meyer-Goßner/Schmitt/*Köhler* § 435 Rn. 19), denn das Prüfprogramm ist ein anderes. Für den Eröffnungsbeschluss prüft das Gericht, ob eine Verurteilung überwiegend wahrscheinlich ist, mehr nicht; Entscheidungsmaßstab ist hier allein der hinreichende Tatverdacht. Bei einem Antrag nach § 435 ist dagegen außerdem erforderlich, dass die Anordnung der von der Staatsanwaltschaft begehrten Rechtsfolge überwiegend wahrscheinlich ist. Allenfalls unter den Voraussetzungen des § 266 Abs. 1, also mit Zustimmung des Einziehungsadressaten, kann von der Durchführung des Zwischenverfahrens abgesehen werden (insoweit zu eng, weil auch diese Möglichkeit mangels Verweisung ausschließend, noch SSW-StGB/*Heine* § 76a Rn. 19). Im **Sicherungsverfahren**, für das die Rspr. bisher ebenfalls einen parallelen Antrag im selbstständigen Verfahren gefordert hat (vgl. etwa BGH NStZ 2018, 559, StV 2021, 225), ist die Einziehung nach Anpassung von § 413 durch das Gesetz zur Fortentwicklung des Strafprozessrechts vom 25.06.2021 (BGBl. I, S. 2099) nunmehr ausdrücklich vorgesehen.

Eine Fortsetzung des Verfahrens kommt nicht in Betracht, wenn der nach dem erreichten Erkenntnisstand wahrscheinliche Anordnungsadressat nicht am Verfahren beteiligt ist (KMR/*Metzger* § 436 Rn. 11). Dann ist das gegen den früheren Angeklagten oder sonstigen Nebenbeteiligten geführte Verfahren auch insoweit zu beenden, und die StA hat zu entscheiden, ob sie ein neues selbstständiges Verfahren beginnt (ebenso MüKo-StPO/*Scheinfeld/Langlitz* § 435 Rn. 32). 19

Ergibt sich im selbstständigen Verfahren, dass der Beteiligte wegen der Anknüpfungstat auch bestraft werden könnte, so ist eine Fortsetzung als Strafverfahren nicht möglich (ganz hM, vgl. LR/*Gössel* § 440 Rn. 71; HK-StPO/*Retemeyer* § 435 Rn. 19; KMR/*Metzger* § 436 Rn. 12; KK-StPO/*Schmidt* § 435 Rn. 18; MüKo-StPO/*Scheinfeld/Langlitz* § 435 Rn. 31), weil es naheliegt, dass der Beteiligte sich gegen den Schuldvorwurf anders verteidigt hätte als gegen die etwaige selbstständige Einziehungsanordnung. 20

§ 436 Entscheidung im selbständigen Einziehungsverfahren

(1) [1]Die Entscheidung über die selbständige Einziehung trifft das Gericht, das im Falle der Strafverfolgung einer bestimmten Person zuständig wäre. [2]Für die Entscheidung über die selbständige Einziehung ist örtlich zuständig auch das Gericht, in dessen Bezirk der Gegenstand sichergestellt worden ist.

(2) § 423 Absatz 1 Satz 2 und § 434 Absatz 2 bis 4 gelten entsprechend.

Im selbstständigen Einziehungsverfahren gem. § 76a Abs. 1 bis 3 ist das Gericht **sachlich zuständig**, das das Strafverfahren zu führen hätte, wenn über die Erwerbstat zu verhandeln wäre. Welche von mehreren möglichen Taten maßgeblich ist, richtet sich nach den Darlegungen in der Antragsschrift. Soweit sich die Zuständigkeit nach der Art der Tat (§§ 24 Abs. 1 Nr. 3, 74 Abs. 2, 74a, 74b, 74c, 120 GVG) oder nach der Straferwartung (§§ 24 Abs. 1 Nr. 2, 25 Nr. 2, 28, 74 Abs. 1 Satz 2 GVG) richtet, muss die Tat nach dem Stand der Erkenntnisse beurteilt werden, der zu der Entscheidung geführt hat, von einem Strafverfahren abzusehen. Ergibt sich die Unmöglichkeit der (weiteren) Durchführung des subjektiven Verfahrens erst in der Berufungsinstanz, bleibt das Berufungsgericht auch für das (objektive) selbstständige Einziehungsverfahren zuständig (OLG Dresden, Beschl. v. 27.02.2020 – 2 Ws 94/20, NZWiSt 2020, 251 m. zust. Anm. *Lubini*). 1

Im selbstständigen Verfahren zur Einziehung von Gegenständen unklarer Herkunft (**§ 76a Abs. 4 StGB**, § 437) ist die zuständigkeitsbegründende Tat nicht die rechtswidrige Tat, aus der der Gegenstand herrührt, sondern diejenige Katalogtat, wegen der das subjektive Verfahren letztlich nicht durchgeführt werden kann, deren Ermittlung jedoch zur Auffindung des der selbstständigen Einziehung unterliegenden Gegenstandes geführt hat. Für die Gegenansicht (MüKo-StPO/*Scheinfeld/Langlitz* § 436 Rn. 4) mit der Konsequenz, dass der Antrag zur Begründung der Zuständigkeit Anhaltspunkte schildern müsse, die auf eine Tat bestimmter Art hindeuteten, und eine Vermutung darzulegen habe, welche Erwerbstat begangen sein könnte, findet sich im Gesetz keine Stütze. Bei § 76a Abs. 4 handelt es sich der Sache nach um eine im Adressatenkreis verbreiterte Möglichkeit, auf eine erweiterte Einziehung zu erkennen. Wie bei § 73a StGB ist eine Konkretisierung der unbekannten Erwerbstat nicht verlangt, solange das Gericht der Überzeugung ist, eine andere als eine deliktische Herkunft scheide aus (im Einzelnen SSW-StGB/*Heine* § 73 Rn. 25 u. § 76a Rn. 17). Zur Zuständigkeitsbegründung kann deshalb nicht mehr verlangt werden, als in materieller Hinsicht für die Anordnung erforderlich ist. 2

3 Für die **örtliche Zuständigkeit** gelten zunächst die allgemeinen Vorschriften (KMR/*Metzger* § 436 Rn. 2; KK-StPO/*Schmidt* § 436 Rn. 4). Danach ist in erster Linie das Gericht, das nach dem Tatortprinzip gem. § 7 das Strafverfahren zu führen hätte, zur Entscheidung berufen. Zu den Gerichtsständen bei Auslandstaten s.§§ 10 ff. Gem. Abs. 1 Satz 2 ist ergänzend auch das Gericht örtlich zuständig, in dessen Bezirk der betreffende Gegenstand sichergestellt wurde. Dies gilt auch dann, wenn die Beschlagnahmeanordnung wegen § 162 Abs. 1 Satz 1 nicht in diesem Bezirk ergangen ist.

4 Das Verfahren richtet sich nach den Regeln, die für das Nachverfahren gelten. Wie in der Norm (Abs. 2), so kann auch hier auf § 434 verwiesen werden. Die Entscheidung erfolgt im Regelfall durch Beschluss, nur ausnahmsweise aufgrund mündlicher Verhandlung durch Urteil. Beantragt die Staatsanwaltschaft oder ein anderer Verfahrensbeteiligter die Durchführung einer mündlichen Verhandlung, muss sie erfolgen, Abs. 2 i.V.m. § 434 Abs. 3 Satz 1. Die Staatsanwaltschaft soll ihre Antragstellung gem. Nr. 180 Abs. 3 RiStBV von der Bedeutung oder der Schwierigkeit der Sache abhängig machen. Wer in einem vorangegangenen subjektiven Verfahren Angeklagter oder Beschuldigter gewesen ist oder es gewesen wäre, wenn es zu einem solchen Verfahren gekommen wäre, ist nunmehr Zeuge, wenn sich die Anordnung der Einziehung nicht gegen ihn selbst richtet (KK-StPO/*Schmidt* § 436 Rn. 12; Meyer-Goßner/Schmitt/*Köhler* § 436 Rn. 10).

5 Ebenfalls im Wege des Verweises regelt Abs. 2 die **Bindung des Gerichts** (§ 423 Abs. 1 Satz 2): War das Tatgeschehen, das jetzt als Voraussetzung der selbstständig festzusetzenden Einziehung in Betracht kommt, bereits Gegenstand einer gerichtlichen Entscheidung, so darf das jetzt befasste Gericht vom Ergebnis der früheren Entscheidung und von den Feststellungen, auf denen dieses Ergebnis beruht, nicht abweichen. Da ein Wahlgerichtsstand besteht (Rdn. 3), bindet auch die Entscheidung eines anderen Gerichts, weil der Antragsteller es andernfalls in der Hand hätte, die Bindung entstehen zu lassen oder sie zu umgehen. Die Regelung ist mit Blick auf den Grundsatz rechtlichen Gehörs (Art. 103 Abs. 1 GG) nicht unbedenklich, als sie auch dann Anwendung findet, wenn der Einziehungsadressat an diesem Verfahren nicht mitgewirkt hat oder nicht mitwirken konnte; die Möglichkeit eines § 433 Abs. 1 entsprechenden Verfahrens besteht nicht (für eine gesetzlich nicht begründbare Befassungspflicht des Gerichts mit Einwendungen gegen »nachweislich unrichtige Feststellungen« MüKo-StPO/*Scheinfeld/Langlitz* § 436 Rn. 7).

§ 437 Besondere Regelungen für das selbständige Einziehungsverfahren

[1]Bei der Entscheidung über die selbständige Einziehung nach § 76a Absatz 4 des Strafgesetzbuches kann das Gericht seine Überzeugung davon, dass der Gegenstand aus einer rechtswidrigen Tat herrührt, insbesondere auf ein grobes Missverhältnis zwischen dem Wert des Gegenstandes und den rechtmäßigen Einkünften des Betroffenen stützen. [2]Darüber hinaus kann es bei seiner Entscheidung insbesondere auch berücksichtigen

1. **das Ergebnis der Ermittlungen zu der Tat, die Anlass für das Verfahren war,**
2. **die Umstände, unter denen der Gegenstand aufgefunden und sichergestellt worden ist, sowie**
3. **die sonstigen persönlichen und wirtschaftlichen Verhältnisse des Betroffenen.**

Übersicht

1 **A. Grundsätzliches.** Im Zuge der Neuordnung des Rechts der Vermögensabschöpfung wurde mit § 76a Abs. 4 die in anderen Rechtsordnungen schon lange vorhandene sog. **non conviction based confiscation** in das deutsche Recht integriert. Sie soll die Einziehung von Vermögen unklarer Herkunft ermöglichen (BT-Drs. 18/9525 S. 58). Nach dem Koalitionsvertrag der 18. Legislaturperiode hatte sich die Bundesregierung auf die Fahnen geschrieben, für diese Fälle eine Beweislastumkehr zu schaffen (»Wir regeln, dass bei Vermögen unklarer Herkunft verfassungskonform eine Beweislastumkehr gilt, so dass der legale Erwerb der Vermögenswerte nachgewiesen werden muss.«; vgl. auch Erwägungsgrund 21 der Richtlinie 2014/42/EU über die Sicherstellung und Einziehung von Tatwerkzeugen und Erträgen aus Straftaten in der Europäischen Union vom 03.04.2014 [ABl. L 127 v. 29.04.2014, S. 39], deren Umsetzung das neue Vermögensabschöpfungsrecht dient). § 437, die § 76a Abs. 4 StGB flankierende Verfahrensvorschrift, ist das, was davon übrig ist. Der Gesetzgeber hat in den Materialien bedeutend behutsamer formuliert, von Beweislastumkehr ist nicht mehr die Rede. Allerdings soll mit der Vorschrift ein Verfahren geschaffen sein, »das sich an den zivilrechtlichen Darlegungs- und Beweislastregeln orientiert« (BT-Drs. 18/9525 S. 92). *De lege lata* wurde dieses Ziel verfehlt; § 437 hat diesen Regelungsgehalt nicht.

B. Kontext der Norm. § 76a Abs. 4 normiert einen **Sonderfall der erweiterten Einziehung.** Während § 73a StGB an die Begehung irgendeiner rechtswidrigen Tat anknüpft, die positiv festgestellt werden muss, lässt § 76a Abs. 4 als Anlass für die erweiterte Einziehung den Verdacht bestimmter, typischer Weise dem Bereich der organisierten Kriminalität zuzuordnenden Katalogtaten genügen. Die noch von *Burghart* in der 3. Aufl. dieses Werks geäußerten Zweifel an der diesbezüglichen Kompetenz des Bundesgesetzgebers (ähnlich MüKo-StPO/*Scheinfeld*/*Langlitz* § 437 Rn. 17; Bedenken auch bei BeckOK-StPO/*Temming* § 437 Rn. 3) werden nicht geteilt (zu den Einzelheiten SSW-StGB/*Heine* § 73 Rn. 4, 5). Auch mit Art. 14 Abs. 1 GG ist die so geschaffene Möglichkeit vereinbar, qua staatlichen Zugriffs eine strafrechtswidrige Vermögenslage zu beseitigen, um dem Betroffenen die Nutznießung von Verbrechensgewinnen und deren Reinvestition in kriminelle Aktivitäten zu verunmöglichen. Dass sie nur und allein möglich sein soll, wenn eine Anlasstat nachgewiesen ist, wie die *Burghart* (Bedenken auch bei KMR/*Metzger* § 435 Rn. 3, der diese jedoch für europa- und konventionsrechtlich überwindbar hält) postuliert, lässt sich der hierfür bemühten Entscheidung des BVerfG zur verfassungsrechtlichen Unbedenklichkeit der Vorschriften über den erweiterten Verfall (§ 73d StGB a.F., jetzt – unter Wegfall der Beschränkung auf bestimmte Anlasstaten – § 73a StGB) nicht entnehmen (BVerfGE 110, 1 [24 ff.]). Die dortige Anknüpfung an die Anlasstat ist allein dem Umstand geschuldet, dass die erweiterte Einziehung von Taterträgen vor Einführung des § 76a Abs. 4 StGB ohne Vorliegen einer solchen nicht möglich war. Ihre verfassungsrechtliche Rechtfertigung bezieht die Regelung daraus jedoch nicht, sondern allein aus dem Umstand, dass mit ihr eine Störung der Vermögensordnung beseitigt und so der materiellen Rechtsordnung Geltung verschafft wird (BVerfG, Beschl. v. 14.01.2004 – 2 BvR 564/95 BVerfGE110, 1 [28 f.]; Beschl. v. 10.02.2021 – 8 BvL 8/19 BVerfGE 156, 354, Rn. 117, 118 ff.). Verfassungsrechtlich geschützt ist nur das Legalvermögen des Betroffenen, nicht deliktisch Erlangtes (BVerfGE 110, 1 [27, 29 f.]). Wie der strafrechtliche Nachweis der Anlasstat den Zugriff auf nicht mit ihr zusammenhängende Taterträge mit Blick auf Art. 14 GG soll rechtfertigen können, hat sich schon zum alten erweiterten Verfall nicht erschlossen und erschließt sich auch jetzt nicht (so aber MüKo-StPO/*Scheinfeld*/*Langlitz* Rn. 9, 16). Wird § 76a Abs. 4 StGB dahin ausgelegt, dass er den Zugriff auf das Legalvermögen ausschließt, sind auf Art. 14 Abs. 1 GG gestützte **verfassungsrechtliche Bedenken nicht begründet** (ebenso KG,Beschl. v. 30.09.2020 – 4 Ws 46/20, NZWiSt 2021, 74 [77]). Dies bedingt jedoch, dass trotz der Verwendung des dem Geldwäschetatbestand entnommenen Tatbestandsmerkmal des »Herrührens« und entgegen der gesetzgeberischen Intention (BT-Drs. 18/9525 S. 73) auf die Rspr. zur sog. Teilkontamination nicht zurückgegriffen werden kann (Einzelheiten bei SSW-StGB/*Heine* § 73 Rn. 25, § 76a Rn. 15). Verfassungsrechtlichen Bedenken mit Blick auf das allgemeine Rückwirkungsverbot (Art. 20 Abs. 3 GG, vgl. den Vorlagebeschluss des BGH gem. Art. 100 GG vom 07.03.2019 – 3 StR 192/18 (NJW 2019, 1891 ff.) hat sich das BVerfG nicht angeschlossen (BVerfGE 156, 354). 2

Hinsichtlich der Anordnungsvoraussetzung mit Blick auf die Herkunftstat unterscheiden sich die materiellen Tatbestände des § 73a StGB (erweiterte Einziehung) und des § 76a Abs. 4 StGB (selbstständige erweiterte Einziehung) trotz leicht abweichender Formulierungen nicht. Beide verlangen, dass der Gegenstand, der eingezogen werden soll, **aus einer rechtswidrigen Tat** stammt. Das muss auch bei § 76a Abs. 4 StGB keine Katalogtat sein (so aber BeckOK-StPO/*Temming* § 437 Rn. 2) und erst recht nicht die Tat, wegen derer die (fruchtlosen) Ermittlungen geführt worden sind. Abstriche an die Erforderlichkeit entsprechender Feststellungen ergeben sich aus dem materiellen Recht nicht. Vielmehr gilt für beide Fälle, dass sich das Gericht die volle richterliche Überzeugung, § 261, von der deliktischen Herkunft des einzuziehenden Gegenstandes verschaffen muss, mehr allerdings auch nicht (Meyer-Goßner/Schmitt/*Köhler* § 437 Rn. 2; *Korte* wistra 2018, 1 [8 f.]). 3

C. Regelungsgehalt. I. Allgemein. § 437 StPO senkt die Anforderungen an richterliche Überzeugungsbildung gem. § 261 nicht ab. Der im Gesetzesentwurf noch enthaltene Hinweis auf § 261 (§ 437 Abs. 2 StPO-E, BT-Drs. 18/9525 S. 93) wurde als »überflüssig«, weil Selbstverständliches normierend gestrichen (BT-Drs. 18/11640 S. 98). Davon ausgehend beschränkt sich der Regelungsgehalt der Vorschrift darauf, **Kriterien** zu nennen, die das Gericht bei seiner an strafprozessualen Maßstäben auszurichtenden **Überzeugungsbildung** einzustellen hat, die zu berücksichtigen es jedoch ohnehin gehalten ist; weitergehende Bedeutung hat § 437 nicht. Gründe, die zu vernünftigen Zweifeln an einer deliktischen Herkunft von Tätervermögen Anlass geben, hat das Gericht gem. § 261 StPO von sich aus zu berücksichtigen; ein entsprechender Vortrag des Einziehungsbeteiligten mag es lediglich dazu drängen. Begründen bestimmte Tatsachen die nicht nur theoretische Möglichkeit, dass Vermögensgegenstände des Täters aus anderen Quellen als aus rechtswidrigen Taten stammen, so scheidet die Anordnung aus; die von der Rspr. zur Überzeugungsbildung beim erweiterten Verfall entwickelten Grundsätze gelten hier gleichermaßen (vgl. BGHSt 40, 371 [373]; BVerfGE 110, 1 [24 ff.]). Für die Einführung eines dem Betroffenen im prozessualen Sinn die Darlegungs- und Substanziierungslast 4 für den nichtdeliktischen Erwerb der Gegenstände aufbürdenden Verfahrens ist § 437 StPO deshalb keine taugliche Grundlage (so aber BT-Drs. 18/9525 S. 92). Ebenso wenig enthält die Norm Beweisregeln; sie gebietet nicht, in welchen Fällen das Herrühren aus einer rechtswidrigen Tat jedenfalls angenommen werden müsse oder nicht angenommen werden dürfe, was überdies mit § 261 StPO unvereinbar wäre. Unterschiede zu den Anforderungen an die richterliche Überzeugungsbildung bei der erweiterten Einziehung gem. § 73a StPO und den hierzu entwickelten Grundsätzen bestehen nicht (vgl. auch BT-Drs. 18/9525 S. 66), weshalb § 437 streng genommen überflüssig ist (im Ergebnis ebenso MüKo-StPO/*Scheinfeld/Langlitz* § 437 Rn. 9, 14, die allerdings Risiken für ein Missverständnis als Beweislastregel sehen) und in seiner Beschränkung auf Fälle des § 76a Abs. 4 StGB zudem verwirrend. Allenfalls ist die Vorschrift geeignet, die gerichtliche Aufmerksamkeit auf bestimmte, für die Überzeugungsbildung relevante Umstände zu lenken, deren Berücksichtigung – auch bei § 73a – indes ohnehin geboten ist (wie hier *Korte* wistra 2018, 1 [8 f.]; Meyer-Goßner/Schmitt/*Köhler* § 437 Rn. 4; KMR/*Metzger* § 435 Rn. 6).

5 Soweit in der Literatur anderes vertreten wird (*Meyer*, NZWiSt 2018, 246 [249], *ders.* StV 2017, 343 [347]: prima-facie-Beweis; ähnlich offenbar auch KK-StPO/*Schmidt* § 437 Rn. 5; HK-StPO/*Retemeyer* § 435 Rn. 3; *Saliger* ZStW 2017, 995 [1029]: tendenzielle Beweismaßreduktion; *Burghart* 3. Auflage § 437 Rn. 5: Beweis des ersten Anscheins; ähnlich offenbar auch BeckOK-StPO/*Temming* § 437 Rn. 4 f.; *Fischer* § 76a Rn. 9: Beweislastumkehr; grundlegende Bedenken auch bei *Schilling/Hübner* StV 2018, 49 [52 ff.]; *Hinderer/Blechschmidt* NZWiSt 2018, 179 [184]; wie hier *Köhler/Burghard* NStZ 2017, 665 [671], vgl. aber *Köhler* NZWiSt 2018, 226 [229]), stützen sich diese Meinungen auf die gesetzgeberische Intention (vgl. etwa KK-StPO/*Schmidt* § 437 Rn. 4 f. und BT-Drs. 18/9525 S. 92; *Burghart* 3. Aufl. stellt sogar wesentlich auf Passagen des Referentenentwurf ab), die indes im Gesetz keinen Niederschlag gefunden hat (so auch MüKo-StPO/*Scheinfeld/Langlitz* § 437 Rn. 12; BeckOK-StPO/*Temming* § 437 Rn. 5). Das bedeutet nicht, dass die Schaffung eines zivilrechtlichen Darlegungs- und Substanziierungsregeln gehorchenden Verfahrens nicht möglich wäre. Erforderlich wäre jedoch die Einführung entsprechender Verfahrensvorschriften, was mit der Betonung von bei der strafrechtlichen Überzeugungsbildung anzustellenden Erwägungen nicht erreicht wird.

6 **II. Im Einzelnen.** Zu den indiziellen, bei der Überzeugungsbildung von der deliktischen Herkunft zu berücksichtigenden Umständen gehört namentlich – und in erster Linie – das **grobe Missverhältnis** zwischen dem Wert des Gegenstandes und den rechtmäßigen Einkünften des »Betroffenen«. Der Begriff hat mit dem Nebenbetroffenen in § 438 nichts zu tun, gemeint ist vielmehr der schon in § 76a Abs. 4 S. 1 StGB genannte »von der Sicherstellung Betroffene«, also derjenige, aus dessen Gewahrsam die Sache weggenommen wurde. Das muss weder notwendig der Verdächtige der Anlasstat, noch der Täter der (unbekannten) Erwerbstat noch der Eigentümer sein. Auf diese Weise ermöglicht § 76a Abs. 4 auch die Einbeziehung von Verschiebungsfällen, wenn die Sicherstellungsanordnung etwa auf § 111b i.V.m. § 73b Abs. 1 Nr. 1 oder 2 StGB beruht.

7 **Satz 2 Nr. 1** soll den Blick darauf lenken, dass eine Einziehung im selbstständigen Verfahren bei bewiesener Unschuld nicht in Betracht kommt (BT-Drs. 18/9525 S. 92). Umgekehrt sollen mit der Norm die Fälle angesprochen werden, in denen eine Verurteilung etwa nur daran scheitert, dass der erforderliche Vorsatz oder dem der Geldwäsche Verdächtigen die Beteiligung an einer konkreten Vortat nicht nachgewiesen werden können. **Satz 2 Nr. 2** knüpft an Tathandlungen der Geldwäsche (§ 261 StGB) an, etwa das Verbergen des Gegenstandes, das Verschleiern seiner Herkunft oder Erschweren des Auffindens. **Satz 2 Nr. 3** erfasst zum einen das in Satz 1 bereits angesprochene grobe Missverhältnis, zum anderen aber auch darüber hinausgehende Umstände, wie etwa das Fehlen ausreichender Kenntnisse für eine bestimmte behauptete legale Erwerbstätigkeit. Hauptanwendungsfall der selbstständigen erweiterten Einziehung werden Fälle erfolgloser Geldwäscheermittlungen sein, etwa im Zusammenhang mit der Bekämpfung der sog. **»Clankriminalität«** (KG, Beschl. v. 30.09.2020 – 4 Ws 46/20, NZWiSt 2021, 74) oder weil wegen Auslandsberührung die Beteiligung an einer konkreten Vortat nicht aufklärbar ist. Hierzu gehören auch die Fälle des Auffindens versteckter großer Bargeldmengen bei Verkehrskontrollen oder Zollkontrollen am Flughafen, die dem Gesetzgeber bei der Schaffung der Regelung vorschwebten (BT-Drs. 18/9525 S. 48). Praktisch sind diese Fälle durchaus, wie der Beschluss des LG Hamburg v. 07.03.2019 – 614 Qs 21/18 (m. krit. Anm. *Johann* PStR 2019, 168 ff.) zeigt.

§ 438 Nebenbetroffene am Strafverfahren

(1) [1]Ist über die Einziehung eines Gegenstandes zu entscheiden, ordnet das Gericht an, dass eine Person, die weder Angeschuldigte ist noch als Einziehungsbeteiligte in Betracht kommt, als Nebenbetroffene an dem Verfahren beteiligt wird, soweit es die Einziehung betrifft, wenn es glaubhaft erscheint, dass

1. **dieser Person der Gegenstand gehört oder zusteht oder**
2. **diese Person an dem Gegenstand ein sonstiges Recht hat, dessen Erlöschen nach § 75 Absatz 2 Satz 2 und 3 des Strafgesetzbuches im Falle der Einziehung angeordnet werden könnte.**

[2]Für die Anordnung der Verfahrensbeteiligung gelten § 424 Absatz 2 bis 5 und § 425 entsprechend.

(2) [1]Das Gericht kann anordnen, dass sich die Beteiligung nicht auf die Frage der Schuld des Angeschuldigten erstreckt, wenn

1. die Einziehung im Fall des Absatzes 1 Nummer 1 nur unter der Voraussetzung in Betracht kommt, dass der Gegenstand demjenigen gehört oder zusteht, gegen den sich die Einziehung richtet, oder

2. der Gegenstand nach den Umständen, welche die Einziehung begründen können, auch aufgrund von Rechtsvorschriften außerhalb des Strafrechts ohne Entschädigung dauerhaft entzogen werden könnte.

[2] § 424 Absatz 4 Satz 2 gilt entsprechend.

(3) Im Übrigen gelten die §§ 426 bis 434 entsprechend mit der Maßgabe, dass in den Fällen des § 432 Absatz 2 und des § 433 das Gericht den Schuldspruch nicht nachprüft, wenn nach den Umständen, welche die Einziehung begründet haben, eine Anordnung nach Absatz 2 zulässig wäre.

A. Grundsätzliches. Als Nebenbetroffener ist am Verfahren zu beteiligen, wer nicht der Beschuldigte ist und nicht Adressat der in Aussicht stehenden Einziehung wird, aber durch die Einziehung einen Rechtsverlust zu befürchten hat. Wer neben dem Beschuldigten als Adressat einer Einziehungsentscheidung in Betracht kommt, bestimmt sich nach § 73b und § 74a StGB; diese Personen sind als Einziehungsbeteiligte in unmittelbarer Anwendung der §§ 424 ff. am Verfahren zu beteiligen. Sie müssen – ebenso wie der Beschuldigte – nicht notwendiger Weise Eigentümer des einzuziehenden Gegenstandes sein, etwa wenn die Übereignung an §§ 134, 138 BGB gescheitert ist oder wenn das benutzte Tatmittel einem Dritten gehört. § 75 Abs. 1 Nr. 2, § 75 Abs. 1 Satz 2 und § 75 Abs. 2 Satz 2 und 3 regeln materiell die Fälle, in denen eine Einziehungsentscheidung die dort genannten Wirkungen zulasten eines Dritten entfaltet, ohne dass die Einziehung ihm gegenüber angeordnet würde (Einzelheiten hierzu bei SSW-StGB/*Heine* § 75 Rn. 6 ff.; MüKo-StPO/*Scheinfeld/Langlitz* sieht die Berechtigung der Vorschrift darin, dass das Recht des Nebenbetroffenen im Zeitpunkt seiner Beteiligung lediglich glaubhaft erscheinen muss). Die Beteiligung des Nebenbetroffenen dient der Wahrung seiner Rechte. Die gesetzliche Regelung der Beteiligung dieses Personenkreises entspricht im Wesentlichen § 431 Abs. 1 Satz 1, Abs. 2, 4–7 a.F. (BT-Drs. 18/9525 S. 93). Nur gegenüber dem Nebenbetroffenen kommt die Beschränkung seiner Beteiligungsrechte gem. Abs. 2 in Betracht; für den Einziehungsbeteiligten ist sie im Zuge der gesetzlichen Neuregelung gestrichen. 1

Steht eine Wertersatzeinziehung im Raum, kann es keinen Nebenbetroffenen geben. Hierdurch wird (nur) ein Zahlungsanspruch begründet, den der Einziehungsadressat (der Beschuldigte oder Dritte i.Sv. §§ 73b, 74a) zu erfüllen hat; Rechtsverluste bei anderen können dadurch nicht entstehen (HK-StPO/*Retemeyer* § 438 Rn. 2; Meyer-Goßner/Schmitt/*Köhler* § 438 Rn. 2, der die anderslautende Entwurfsbegründung BT-Drs. 18/9525 S. 93 als offensichtliches redaktionelles Versehen erklärt). Ebenso wenig kommt eine Beteiligung des bekannten Diebstahlsopfers in Betracht, denn diesem ist der Gegenstand nach § 111n Abs. 2 herauszugeben, sodass eine Einziehungsentscheidung nicht mehr getroffen wird (Einzelheiten s. dort; KK-StPO/*Schmidt* § 438 Rn. 1; KMR/*Metzger* § 438 Rn. 2; BeckOK-StPO/*Temming* § 438 Rn. 3). Ob die Einziehung des Gegenstandes dagegen im subjektiven Verfahren gegen einen Angeklagten betrieben wird oder im selbstständigen Verfahren, spielt für die Beteiligung des Nebenbetroffenen keine Rolle (BeckOK-StPO/*Temming* § 438 Rn. 1) 2

B. Einzelne Regelungen. I. Voraussetzungen. 1. Glaubhaftigkeit des drohenden Rechtsverlusts. Voraussetzung für die Beteiligung des Nebenbetroffenen ist, dass sein Recht an dem Gegenstand glaubhaft erscheint. Mit Glaubhaftmachung hat dies nichts zu tun, es ist nicht Sache des Nebenbetroffenen, sein Recht anzumelden (HK-StPO/*Retemeyer* § 438 Rn. 3; a.A. – Maßstab des § 26 – KMR/*Metzger* § 438 Rn. 4; BeckOK-StPO/*Temming* § 438 Rn. 4, die Rn. 15 gezogene Parallele zu § 439 Abs. 1 S. 1 Nr. 1 a.F., der von Glaubhaftmachung sprach, findet im Gesetz keinen Anhalt). Die Beteiligung als Nebenbetroffener hat vielmehr schon dann zu erfolgen, wenn sich aus den Akten ergibt, dass die ernsthafte Möglichkeit besteht, mit der Einziehung werde in dingliche Rechte Dritter eingegriffen. Ausreichend ist, dass Tatsachen vorliegen, die darauf schließen lassen, dass ein Recht des Nebenbetroffenen wahrscheinlich besteht (LR/*Gössel* § 431 Rn. 34; Meyer-Goßner/Schmitt/*Köhler* § 438 Rn. 3). An den Grad der Wahrscheinlichkeit sind keine allzu hohen Anforderungen zu stellen, die einigermaßen naheliegende Möglichkeit eines Eingriffs in Drittrechte genügt. 3

Der Dritte muss in möglichst weitem Umfang die Gelegenheit haben, durch Beteiligung am Verfahren seinen drohenden Rechtsverlust und damit Schaden von sich abwenden zu können (LR/*Gössel* § 431 Rn. 34; KK-StPO/*Schmidt* § 438 Rn. 5; MüKo-StPO/*Scheinfeld/Langlitz* § 438 Rn. 14).

4 Abs. 1 Satz 1 Nr. 1 erfasst zum einen den drohenden Eigentumsverlust (»gehört«), wobei eine Mitberechtigung (Bruchteilseigentum, Gesamthand) an dem Gegenstand ausreicht; maßgeblich ist die formale Eigentümerstellung (Sicherungs- und Vorbehaltseigentum, str. vgl. LR/*Gössel* § 431 Rn. 7). Die Anwartschaft steht dem Vollrecht gleich (zum Ganzen BeckOK-StPO/*Temming* § 438 Rn. 2; KK-StPO/*Schmidt* § 438 Rn. 7 m.w.N.). Daneben werden auch Forderungen und sonstige Gegenstände (Bitcoins) erfasst, wenn sie dem Dritten zumindest teilweise zustehen. Zu den sonstigen Rechten i.S.v. Abs. 1 Satz 1 Nr. 2 gehören die dinglichen Nutzungs- oder Verwertungsrechte (Pfandrecht, Hypothek, Grundschuld, Nießbrauch, dingl. Wohnrecht), nicht aber nur obligatorische Berechtigungen (KMR/*Metzger* § 438 Rn. 3).

5 **2. Entscheidung über die Einziehung.** Weitere Voraussetzung ist, dass über die Einziehung eines Gegenstandes zu entscheiden ist. Das ist unproblematisch dann der Fall, wenn es um die Einziehung von Taterträgen gem. §§ 73 – 73b StGB oder um die Sicherungseinziehung gem. § 74d StGB geht, denn hier ist die Rechtsfolge zwingend anzuordnen. Aber auch bei der in das Ermessen des Gerichts gestellten Einziehung von Tatprodukten, Tatmitteln und Tatobjekten gem. §§ 74 – 74b StGB ist die Beteiligung nicht erst dann zu erwägen, wenn das Gericht eine entsprechende Anordnung tatsächlich treffen will. Die *ratio legis*, dem Dritten, der in seinem Grundrecht auf Eigentum betroffen ist, rechtliches Gehör in einer Weise zu gewähren, die ihm die effektive Wahrung seiner Rechte ermöglicht, gebietet es, ihn immer schon dann zu beteiligen, wenn das Gericht sich mit der Frage der Einziehung voraussichtlich befassen wird. Davon wird jedenfalls dann auszugehen sein, wenn die Staatsanwaltschaft in ihrer Anklageschrift auf die Möglichkeit der Einziehung hinweist (zum Ganzen LR/*Gössel* § 431 Rn. 39 ff. m.w.N.; enger – Anordnung muss hinreichend wahrscheinlich sein – dagegen die wohl hM, vgl. MüKo-StPO/*Scheinfeld/Langlitz* § 438 Rn. 6 m.w.N.).

6 Steht eine mögliche Einziehung und ein Eingriff in dingliche Rechte eines Dritten nicht mehr in Rede, etwa weil der Gegenstand gem. § 111n an den wahren Eigentümer herausgegeben worden ist, ist für eine Beteiligung kein Raum mehr. Eine bereits erfolgte Beteiligung kann auch in laufender Hauptverhandlung aufgehoben werden (OLG Bremen Beschl. v. 19.06.2018 – 1 Ws 146/17, 1 Ws 147/18).

7 **II. Beteiligungsbeschränkung.** Die Beteiligung des Nebenbetroffenen am Verfahren ist grundsätzlich zwingend (»ordnet an«); von ihr kann nur unter den Voraussetzungen des § 424 Abs. 2, § 425 abgesehen werden, Abs. 1 Satz 2. Wer auf den Gegenstand oder sein Recht verzichtet, muss nicht beteiligt werden und wird auch nicht über den Verfahrensgang informiert. Ist die Beteiligung nicht ausführbar, muss sie gleichfalls nicht erfolgen. Auf diese Weise soll vermieden werden, das Verfahren mit Fragen der Einziehung ungebührlich zu belasten oder von einer an sich gebotenen Einziehung wegen faktischer Schwierigkeiten der Beteiligung des Dritten abzusehen. Wie schon in der Beschränkungsmöglichkeit (§ 421) erkennbar, sollen Fragen der Einziehung nicht in den Mittelpunkt des Verfahrens zu rücken. Ebenso wie der Einziehungsbeteiligte (§ 424 Abs. 5) muss der Nebenbetroffene deshalb den bisherigen Verlauf des Verfahrens so hinnehmen, wie er sich z.Zt. der Beteiligungsanordnung darstellt, Abs. 1 Satz 2 i.V.m. § 424 Abs. 5.

8 Der Nebenbetroffene unterliegt darüber hinaus einer weiteren Beschränkung, die bis zur Reform 2017 auch für den Einziehungsbeteiligten galt (§ 431 Abs. 2 a.F.): Er kann von den Verfahrenshandlungen, die der **Aufklärung der Schuldfrage** dienen, ausgeschlossen werden (Abs. 2). Gemeint sind die Voraussetzungen, unter denen der Angeklagte schuldig gesprochen werden kann. Nach Abs. 2 Nr. 1 kann eine derartige Beschränkung immer dann angeordnet werden, wenn die Einziehung von der Eigentümerstellung des Einziehungsadressaten abhängt. Wenn der Nebenbetroffene die Einziehung schon allein dadurch abwenden kann, dass er erfolgreich darlegt, die Entziehung dürfe auch dann nicht angeordnet werden, wenn der Angeklagte die Tat begangen hätte, dann soll sich die Verteidigungsmöglichkeit des Nebenbetroffenen auf die für seine Interessen entscheidungserhebliche Frage der Vermögenszuordnung oder der Verhältnismäßigkeit des Vermögenszugriffs beschränken. Die Einziehung von Taterträgen gem. §§ 73 ff. StGB schon deshalb aus dem Anwendungsbereich der Vorschrift ausnehmen zu wollen, weil hier anders als bei Einziehungen gem. §§ 74 ff. StGB lediglich eine rechtswidrige Tat verlangt werde (KK-StPO/*Schmidt* § 438 Rn. 6; LR/*Gössel* § 431 Rn. 51; MüKo-StPO/*Scheinfeld/Langlitz* § 438 Rn. 27), ist nicht überzeugend. Für die Rechtsstellung des Nebenbetroffenen ist die Frage, ob schließlich eine strafrechtliche Sanktion verhängt werden kann, ohne Bedeutung; für ihn maßgeblich ist allein die Frage, ob die Anordnungsvoraussetzungen für eine ihm gegenüber Wirkungen entfaltende Einziehung vorliegen und er sich daran beteiligen darf, diese in Zweifel zu ziehen. Die »Frage der Schuld« ist daher umfassend zu verstehen und bezieht sich wie bei § 431 auf alle notwendigen Feststellungen auf dem Weg zu einem Schuldspruch, nicht nur auf die Frage, ob der Angeklagten schuldunfähig war oder entschuldigt. Dass der Betroffene einer Einziehung von Taterträgen

stets Einziehungsbeteiligter sei (so BeckOK-StPO/*Temming* § 438 Rn. 11), ist überdies nicht zutreffend. So geht etwa Eigentum an den dem Drogendealer gezahlten Geldscheinen wegen §§ 134, 138 BGB nicht über; eine Dritteinziehung in dieser Konstellation kommt jedoch nicht in Betracht (BT-Drs. 18/9525 S. 71). Der Kunde des Dealers ist potenzieller Nebenbetroffener, bei dem allerdings wegen § 75 Abs. 1 S. 1 Nr. 2 StGB die Voraussetzungen der Beschränkung nicht vorliegen. Beschränkt dinglich Berechtigte werden vom Anwendungsbereich der Vorschrift nicht erfasst; sie müssen weiterhin die Gelegenheit erhalten, sich zur Frage der Schuld zu äußern, die hier die materielle Grundlage der Einziehung bildet (BeckOK-StPO/*Temming* § 438 Rn. 11; Meyer-Goßner/Schmitt/*Köhler* § 438 Rn. 6). Soweit die rechtliche Zuordnung der von der Einziehungsanordnung betroffenen Gegenstände in Rede steht, können die prozessualen Rechte des Nebenbetroffenen nicht beschränkt werden. Ihm steht insoweit ein eigenes Beweisantragsrecht zu, dessen Verletzung er in der Revision auch gem. § 244 Abs. 3, 4 rügen kann; § 430 Abs. 2 gilt insoweit nicht (BGH, Beschl. v. 10.10.2018 – 5 StR 389/18, NStZ 2019, 232).

Abs. 2 Nr. 2 stellt auf einen hypothetischen Ersatzeingriff ab (»könnte«): Wenn es eine Rechtsnorm – etwa in den Polizeigesetzen der Länder – gibt, die den Vermögenszugriff ohne Rücksicht auf die Täterschaft des Angeklagten zulässt, dann soll dem Nebenbetroffenen ebenfalls Einfluss auf die Klärung der Schuldfrage verwehrt bleiben. Die Regelung knüpft an § 73b Abs. 3 Satz 1 Nr. 2 StGB an, der in diesen Fällen die Entschädigung des von der Einziehung Betroffenen ausschließt (ebenso schon zum alten Recht, vgl. LR/*Gössel* § 431 Rn. 57). Hier bildet nicht die Tat die materielle Grundlage der Einziehung, sondern die Gefährlichkeit des Gegenstandes. Es genügt, wenn der Nebenbetroffene hierzu gehört wird (Meyer-Goßner/Schmitt/*Köhler* § 438 Rn. 7). 9

Die im Interesse der Verfahrensökonomie hinnehmbare Entscheidung ist in das **Ermessen** des Gerichts gestellt, weil sie sich aus dem Verhältnis zwischen Tatbestandsmerkmalen und Rechtsfolge der Vermögensentziehung nicht als zwingend aufdrängt. Auch wenn ein Gegenstand nur dann entzogen werden kann, wenn er dem Angeklagten gehört, kann die Einziehung dennoch auch dadurch abgewendet werden, dass die Täterschaft des Angeklagten zweifelhaft bleibt. In den von Abs. 2 Nr. 2 erfassten Fällen liegt demgegenüber regelmäßig eine Beschränkung nahe (ebenso MüKo-StPO/*Scheinfeld/Langlitz* § 438 Rn. 28). 10

Die Beschränkung des Nebenbetroffenen wirkt auch im Einspruchsverfahren nach einem Strafbefehl und im Nachverfahren; er kann gem. Abs. 3 die Täterschaft des Angeklagten in diesen Verfahren nicht nachprüfen lassen, und zwar schon dann nicht, wenn eine entsprechende Anordnung nach den Urteilsgründen nur hätte angeordnet werden können (BeckOK-StPO/*Temming* § 438 Rn. 14). Ist die Anordnung nach Abs. 2 zu Recht ergangen, so wirkt die Beschränkung auch im Rechtsmittelverfahren. 11

Das Verfahren sowohl der Beteiligungsanordnung als auch der Beteiligung des Nebenbetroffenen entspricht i.Ü. den Regelungen für den Einziehungsbeteiligten, Abs. 1 Satz 2 und Abs. 3. Die Beteiligungsbeschränkung selbst kann mit der sofortigen Beschwerde angefochten werden, Abs. 2 Satz 2. 12

§ 439 Der Einziehung gleichstehende Rechtsfolgen

Vernichtung, Unbrauchbarmachung und Beseitigung eines gesetzwidrigen Zustandes stehen im Sinne der §§ 421 bis 436 der Einziehung gleich.

Die vorausgegangenen Vorschriften sind, wohl um ihren Wortlaut zu entlasten, nur für die Einziehung formuliert. Sie werden auch für die der Einziehung nahestehenden Rechtsfolgen für anwendbar erklärt. Nur die Unbrauchbarmachung ist eine im StGB geregelte Rechtsfolge, nämlich die von § 74d Abs. 1 Satz 2 StGB vorgesehene Unbrauchbarmachung der zur Herstellung von der Einziehung unterliegenden Schriften gebrauchten oder bestimmten Vorrichtungen, die Vorlagen für die Vervielfältigung waren oder sein sollten. Die (strafrechtliche) Vernichtung ist in § 37 KunstUrhG vorgesehen, außerdem in § 144 Abs. 4, § 145 Abs. 4 MarkG, wenn die Beseitigung des gesetzwidrigen Zustandes nicht möglich ist (zum Ganzen KMR/*Metzger* § 439 Rn. 1). 1

§§ 440 bis 442

(aufgehoben)

§ 443 Vermögensbeschlagnahme

(1) Das im Geltungsbereich dieses Gesetzes befindliche Vermögen oder einzelne Vermögensgegenstände eines Beschuldigten, gegen den wegen einer Straftat nach

1. den §§ 81 bis 83 Abs. 1, § 89a oder § 89c Absatz 1 bis 4, den §§ 94 oder 96 Abs. 1, den §§ 97a oder 100, den §§ 129 oder 129a, auch in Verbindung mit § 129b Abs. 1, des Strafgesetzbuches,

2. einer in § 330 Abs. 1 Satz 1 des Strafgesetzbuches in Bezug genommenen Vorschrift unter der Voraussetzung, daß der Beschuldigte verdächtig ist, vorsätzlich Leib oder Leben eines anderen oder fremde Sachen von bedeutendem Wert gefährdet zu haben, oder unter einer der in § 330 Abs. 1 Satz 2 Nr. 1 bis 3 des Strafgesetzbuches genannten Voraussetzungen oder nach § 330 Abs. 2, § 330a Abs. 1, 2 des Strafgesetzbuches,

3. den §§ 51, 52 Abs. 1 Nr. 1, 2 Buchstabe c und d, Abs. 5, 6 des Waffengesetzes, den §§ 17 und 18 des Außenwirtschaftsgesetzes, wenn die Tat vorsätzlich begangen wird, oder nach § 19 Abs. 1 bis 3, § 20 Abs. 1 oder 2, jeweils auch in Verbindung mit § 21, oder § 22a Abs. 1 bis 3 des Gesetzes über die Kontrolle von Kriegswaffen oder

4. einer in § 29 Abs. 3 Satz 2 Nr. 1 des Betäubungsmittelgesetzes in Bezug genommenen Vorschrift unter den dort genannten Voraussetzungen oder einer Straftat nach den §§ 29a, 30 Abs. 1 Nr. 1, 2, 4, § 30a oder § 30b des Betäubungsmittelgesetzes

die öffentliche Klage erhoben oder Haftbefehl erlassen worden ist, können mit Beschlag belegt werden. Die Beschlagnahme umfaßt auch das Vermögen, das dem Beschuldigten später zufällt. Die Beschlagnahme ist spätestens nach Beendigung der Hauptverhandlung des ersten Rechtszuges aufzuheben.

(2) Die Beschlagnahme wird durch den Richter angeordnet. Bei Gefahr im Verzug kann die Staatsanwaltschaft die Beschlagnahme vorläufig anordnen; die vorläufige Anordnung tritt außer Kraft, wenn sie nicht binnen drei Tagen vom Richter bestätigt wird.

(3) Die Vorschriften der §§ 291 bis 293 gelten entsprechend.

1 Die Vermögensbeschlagnahme setzte bis 1992 den Verdacht allein des Hoch- oder Landesverrats voraus. Erst dann wurde der Straftatenkatalog eingefügt und mehrfach, zuletzt um den zugleich geschaffenen Tatbestand der Terrorismusfinanzierung (§ 89c StGB) (G.v. 12.06.2015, BGBl. I, 926), erweitert.

2 Die Vorschrift ist ein Fremdkörper unter den Verfahrensregelungen, enthält sie doch keine Regelungen für ein besonders Verfahren wie sonst das Sechste Buch der StPO, sondern die Anordnungsvoraussetzungen für die Vermögensbeschlagnahme selbst. Systematisch gehört sie daher in das Erste Buch und dort in einen eigenen Abschnitt, weil sie weder eine Ermittlungsmaßnahme darstellt noch der Verfahrenssicherung dient. Mit Vermögensabschöpfung und Einziehung hat sie nichts zu tun (KMR/*Metzger* vor § 421 Rn. 3; BeckOK-StPO/*Temming* § 421 vor Rn. 1).

3 Die Bedeutung der Norm lässt sich am besten über die Rechtsfolge erschließen. Sie eröffnet das Ermessen, maximal bis zum Erlass eines erstinstanzlichen Urteils das Vermögen des Beschuldigten zu beschlagnahmen, also ihm zu untersagen, über die Gegenstände seines Vermögens unter Lebenden zu verfügen (Abs. 3, § 292 Abs. 1). Wird das gesamte Vermögen beschlagnahmt, ist die Wirkung am ehesten mit derjenigen der Eröffnung des Insolvenzverfahrens zu vergleichen. Der Beschlagnahmebeschluss entzieht dann Vermögensgegenstände aller Art, die nicht besonders bezeichnet werden müssen, der Verfügungsbefugnis des Beschuldigten. Verfügungen, die diesem absoluten Verbot widersprechen, sind nichtig (§ 134 BGB). Diese Rechtsfolge setzt die öffentliche Bekanntmachung des Beschlusses voraus (Abs. 3, §§ 291, 292 Abs. 1). Wenn der Beschluss zuvor dem Beschuldigten bekanntgemacht wird, bewirkt dies ein relatives Verfügungsverbot (§ 135 BGB).

4 Die Eröffnung des Anordnungsermessens ist von bloß formalen Bedingungen abhängig. Wegen einer der Katalogtaten muss Anklage erhoben, also bei Gericht eingereicht sein (vgl. § 170 Abs. 1), oder es muss vor Anklageerhebung ein Haftbefehl ergangen sein. Der Beschluss braucht Erörterungen zur inhaltlichen Richtigkeit des Haftbefehls oder der Anklage nicht zu enthalten. Die Beschlagnahme ist an den Bestand des Haftbefehls oder der Anklage gekoppelt; werden sie aufgehoben oder zurückgenommen, so ist auch die Beschlagnahme aufzuheben. Die bloß formale Abhängigkeit führt zu auffälligen Wertungsungereimtheiten in Bezug auf den Tatverdacht, der – vermittelt durch die Haftbefehls- bzw. Anklagevoraussetzungen – die Beschlagnahme stützt. Während die Beschlagnahme im Ermittlungsverfahren nur möglich ist, wenn ein dringender Tatverdacht und ein Haftgrund gegeben sind, reicht nach Anklageerhebung der dafür erforderliche bloß hinreichende Verdacht aus, und auf einen Haftgrund kommt es nicht mehr an. Selbst wenn der dringende Verdacht und mit ihm der Haftbefehl entfällt, könnte die Beschlagnahme aufrechterhalten bleiben, wenn inzwischen Anklage erhoben ist. Während die belastende Wirkung der Beschlagnahme sich mit ihrer Dauer verschärft, sinken *de facto* die Anforderungen an den Verdachtsgrad.

5 Nach diesem Blick auf Anordnungsvoraussetzungen und Rechtsfolgen fällt es schwer, den Normzweck zu bestimmen. Die zunächst naheliegende Vermutung, aus der Straftat folgende Ansprüche des Staates sollten gesichert werden, geht fehl: Dazu dienen Beschlagnahme und Arrestvollziehung nach den §§ 111b ff. Die *Vermögensbeschlagnahme* kann auch nicht dazu bestimmt sein, den Beschuldigten zu disziplinieren, sich dem Verfahren zu stellen, denn dem dient das Vorgehen nach § 290. Hinzu kommt, dass Flucht oder Fluchtgefahr

zwar das Anordnungsermessen eröffnen können, wenn aus diesen Gründen Haftbefehl ergeht. Die Anordnung ist aber auch nach einem mit Verdunkelungsgefahr begründeten Haftbefehl und nach Anklageerhebung gegen den nicht flüchtigen und nicht fluchtgefährdeten Beschuldigten möglich. Der Regelungszweck wird deshalb zumeist damit beschrieben, dass dem Beschuldigten die Mittel entzogen werden sollen, während des Verfahrens weitere einschlägige Straftaten zu begehen oder sie anderen zu diesem Zweck zu überlassen (MüKo-StPO/*Scheinfeld/Langlitz* § 443 Rn. 5). Überzeugend ist auch das nicht, denn nach Beendigung des ersten Rechtszuges ist die Beschlagnahme aufzuheben (Abs. 1 Satz 3), selbst wenn der Beschuldigte verurteilt wurde und ein Haftbefehl aufrechterhalten bleibt. An diesem zwingenden Aufhebungsgrund scheitert deshalb der Zweck, »den Täter während des Verfahrens unschädlich zu machen« (BGHSt 19, 1, 3 noch zu § 433 StPO a.F. und § 134 GVG a.F.), der während des Revisionsverfahrens nicht mehr verfolgt werden kann.

Die Bedenken gegenüber der **Verfassungsmäßigkeit** der Norm sind verbreitet (LR/*Gössel* § 443 Rn. 2; Meyer- 6
Goßner/*Schmitt* § 443 Rn. 1a; SK-StPO/*Weßlau* § 443 Rn. 4 ff.; HK-StPO/*Retemeyer* § 443 Rn. 1; MüKo-StPO/*Scheinfeld/Langlitz* § 443 Rn. 9 ff.; a.A. KMR/*Metzger* § 443 Rn. 6), und sie sind berechtigt. Die Eingriffsvoraussetzungen sind ungeeignet, die denkbaren Gefahrenlagen zu beschreiben, weil sie typische Konstellationen solcher Gefahrenlagen nicht erfassen. In anderen Fällen eröffnen sie das Anordnungsermessen, obwohl eine Gefahr, der mit der Rechtsfolge zu begegnen wäre, durch die bloß formellen Kriterien nicht beschrieben wird. Ein Normenprogramm, das auf diese Weise zu einem kaum bestimmbaren Zweck schwerwiegende Grundrechtsbeschränkungen zulässt, wird der Aufgabe nicht gerecht, die Voraussetzungen für den staatlichen Zugriff auf den durch Freiheitsrechte (Art. 14 GG) geschützten Lebensbereich zu bestimmen und die Beschränkung dadurch vorhersehbar zu gestalten. Die Unbestimmtheit kann nicht durch verhältnismäßige Rechtsanwendung in jedem einzelnen Anwendungsfall behoben werden.

Zum Richtervorbehalt und den Abweichungen bei Gefahr im Verzug kann auf § 111j Rdn. 2 ff. verwiesen 7
werden. Der Beschluss ist mit einfacher Beschwerde anfechtbar (§ 304 Abs. 1, Abs. 4 Satz 2 Nr. 1, Abs. 5).

Vierter Abschnitt. Verfahren bei Festsetzung von Geldbuße gegen juristische Personen und Personenvereinigungen

§ 444 Verfahren

(1) [1]Ist im Strafverfahren über die Festsetzung einer Geldbuße gegen eine juristische Person oder eine Personenvereinigung zu entscheiden (§ 30 des Gesetzes über Ordnungswidrigkeiten), so ordnet das Gericht deren Beteiligung an dem Verfahren an, soweit es die Tat betrifft. [2] § 424 Absatz 3 und 4 gilt entsprechend.

(2) [1]Die juristische Person oder die Personenvereinigung wird zur Hauptverhandlung geladen; bleibt ihr Vertreter ohne genügende Entschuldigung aus, so kann ohne sie verhandelt werden. [2]Für ihre Verfahrensbeteiligung gelten im übrigen die §§ 426 bis 428, 429 Absatz 2 und 3 Nummer 1, § 430 Absatz 2 und 4, § 431 Absatz 1 bis 3, § 432 Absatz 1 und, soweit nur über ihren Einspruch zu entscheiden ist, § 434 Absatz 2 und 3 sinngemäß.

(3) [1]Für das selbständige Verfahren gelten die §§ 435, 436 Absatz 1 und 2 in Verbindung mit § 434 Absatz 2 oder 3 sinngemäß. [2]Örtlich zuständig ist auch das Gericht, in dessen Bezirk die juristische Person oder die Personenvereinigung ihren Sitz oder eine Zweigniederlassung hat.

Übersicht

S.a. RiStBV Nr. 180a sowie Nr. 15 Abs. 3, 110 Abs. 5, 176 Abs. 1 Satz 2, 177 Abs. 3, 242 Abs. 2, 255 Abs. 1 Satz 3 und 270

A. Grundsätzliches, allgemeine Voraussetzungen und Regelungsgehalt. § 444 enthält **ergänzende Ver-** 1
fahrensvorschriften für die **Beteiligung juristischer Personen** bzw. Personenvereinigungen am **Strafverfahren gegen eine natürliche Person**, wenn über die Festsetzung einer **Geldbuße** nach § 30 OWiG zu entscheiden ist. Die Beteiligung wegen einer möglichen **Einziehung** erfolgt hingegen nach § 424 (§ 424 Rdn. 3 und 7).

Durch das Gesetz zur Reform der strafrechtlichen Vermögensabschöpfung (BGBl. I 2017, S. 872), das auch eine Neufassung des (vorangehenden) Abschnitts über das Verfahren bei Einziehung und Vermögensbeschlagnahme sowie einen Austausch sämtlicher StPO-interner Verweise in § 444 (allerdings fast ohne inhaltliche Folgewirkungen) mit sich gebracht hat, umfasst das neue Institut der Einziehung auch den bisherigen Verfall und erweitert ihn; die Abgrenzung zur Verfallsbeteiligung (§ 442 a.F.) ist damit hinfällig geworden. Grundsätzlich kann im selben Verfahren eine Beteiligung nach § 444 und eine solche nach § 424 erforderlich werden; zwar ermöglicht § 30 OWiG keine Einziehung (§ 22 Abs. 1 OWiG), ggf. aber die Anknüpfungstat i.V.m. § 74e StGB bzw. 29 OWiG. § 30 Abs. 5 OWiG ordnet indes – im Hinblick auf die Bemessungsregel des § 17 Abs. 4 i.V.m. § 30 Abs. 3 OWiG – einen Vorrang der Bußgeldfestsetzung vor der Einziehungsanordnung an (dazu auch Rdn. 13). Ein Nebeneinander von Nebenbeteiligung und Einziehungsbeteiligung muss daher verschiedene Taten betreffen.

2 Nach deutschem Strafrecht können nur natürliche Personen eine Straftat selbst begehen und entsprechend auch nur natürliche Personen nach deutschem Strafverfahrensrecht angeklagt werden (vertiefend aus verschiedenen Perspektiven die Beiträge in *Hettinger* [Hrsg.], Reform des Sanktionenrechts, Bd. 3 – Verbandsstrafe, 2002; zur Diskussion um dem nordrhein-westfälischen Entwurf einer Verbandsstrafbarkeit statt vieler nur *Hoven/Wimmer/Schwarz/Schumann* NZWiSt 2014, 161 ff.; 241 ff.). Die rechtliche Verselbstständigung und Rechtssubjektivität nicht-natürlicher Personen ist nach geltendem Recht insoweit noch immer bzw. wieder (vgl. *Aichele* JRE 2008, 3 f.; ARSP 2010, 516, 540 f.) lückenhaft. Sollte – derzeit wohl erwartbar – ein Verbandssanktionenrecht mit einem eigenständigen Verfahrensrecht geschaffen werden und dabei § 30 OWiG zukünftig in seiner Anwendung auf Ordnungswidrigkeiten der Organe beschränkt werden, wird § 444 an Bedeutung verlieren bzw. größere Änderungen erfahren; bis dahin ist eine Sanktionierung des Kollektivs jedoch bußgeldrechtlich (nur) nach **§ 30 OWiG** möglich (Ermessensentscheidung – »kann« – vgl. Rdn. 13). Dieser setzt voraus, dass eine natürliche Person eine **Straftat oder Ordnungswidrigkeit** begangen hat (wobei im letzteren Fall § 444 über § 46 Abs. 1 OWiG entsprechend anwendbar ist, aber durch § 88 OWiG ergänzt wird). Gehandelt haben muss sie dabei (wie bei §§ 14, 74e StGB) in ihrer Eigenschaft als (§ 30 Abs. 1 Nr. 1 OWiG) **vertretungsberechtigtes Organ** einer **juristischen Person** oder als Mitglied eines solchen Organs, als (Nr. 2) Vorstand eines nicht rechtsfähigen Vereins oder als Mitglied eines solchen Vorstandes, als (Nr. 3) vertretungsberechtigter Gesellschafter einer rechtsfähigen Personengesellschaft, als (Nr. 4) Generalbevollmächtigter oder in leitender Stellung als Prokurist oder Handlungsbevollmächtigter einer juristischen Person oder einer in Nr. 2 oder 3 genannten Personenvereinigung oder als (Nr. 5) sonstige Person, die für die Leitung des Betriebs oder Unternehmens einer juristischen Person oder einer in Nr. 2 oder 3 genannten Personenvereinigung verantwortlich handelt, wozu auch die Überwachung der Geschäftsführung oder die sonstige Ausübung von Kontrollbefugnissen in leitender Stellung gehört (dazu *Bohnert/Krenberger/Krumm* § 30 Rn. 18 ff.; OLG Celle NStZ-RR 2005, 82; OLG Hamm NJW 1973, 1851, 1852 zu § 26 OWiG a.F.). Durch die Tat muss eine **Pflicht der juristischen Person** oder Personenvereinigung verletzt **oder** diese **bereichert** oder zumindest eine Bereicherung derselben angestrebt worden sein (*Bohnert/Krenberger/Krumm* § 30 Rn. 31 ff.). Praktisch wichtiges Beispiel ist die Verletzung der Aufsichtspflicht in Betrieben und Unternehmen nach § 130 OWiG. Zur Übernahme der Verfolgung durch die StA beachte Nr. 270 Satz 2 RiStBV.

3 Die **Entscheidung** über die Geldbuße hat grds. **einheitlich** mit der Entscheidung über Schuldspruch und Rechtsfolgen gegen den Angeklagten und **im selben (»subjektiven«) Verfahren** zu erfolgen (§ 444 Abs. 1 und 2; *Bohnert/Krenberger/Krumm* § 30 Rn. 47 ff.). Nur unter den Voraussetzungen des § 30 Abs. 4 OWiG ist ein **selbstständiges (»objektives«) Verfahren** statthaft, auf das dann § 444 Abs. 3 Anwendung findet (vgl. Rdn. 20 f.). Die Voraussetzungen des § 30 Abs. 4 OWiG sind eng gefasst und eng auszulegen, weil die Sanktionen in der Strafzumessung aufeinander abzustimmen sind, eine Verletzung des Grundsatzes *ne bis in idem* ausgeschlossen werden muss und das Verfahren so regelmäßig ökonomischer zu führen ist (LR/*Gössel* § 444 Rn. 7). Durch die Anordnung nach Abs. 1 wird die juristische Person bzw. Personenvereinigung **Nebenbeteiligte** (OLG Hamm NJW 1973, 1851, 1852). Diese Stellung sichert ihr insb. **rechtliches Gehör**. Der Anspruch hierauf ist von der Anordnung nach Abs. 1 freilich unabhängig (Art. 103 Abs. 1 GG; vgl. Einl. Rdn. 82 ff. und § 33 Rdn. 1 f., 6). Er besteht insb. auch schon im Vorverfahren (näher dazu Rdn. 12 ff.).

4 Inhaltlich erfolgt die Ausgestaltung weitgehend durch **Verweis auf** die Rechtsstellung des Einziehungsbeteiligten bzw. Einziehungsinteressenten nach **§§ 421 ff.** Gleichwohl ist die Zielsetzung von § 444 und § 30 OWiG eine wesentlich andere. Während mit der Beteiligung nach §§ 421 ff. regelmäßig kein Vorwurf verbunden ist (vgl. § 427 Rdn. 1), soll hier ein Ausgleich dafür geschaffen werden, dass der Personenverband nicht unmittelbar strafrechtlich zu belangen ist. **Ziel ist eine der Beschuldigtenstellung ähnliche Position** (LR/*Gössel* § 444 Rn. 6; HK-StPO/*Kurth/Pollähne* § 444 Rn. 1). Technisch realisiert wird dieser unterschiedliche Charakter bei Anwendung weitgehend gleicher Vorschriften insb. dadurch, dass die in § 424 Abs. 1 Satz 1 statuierte Einschränkung »soweit dieses die Einziehung betrifft« nicht von § 444 aufgegriffen wird,

sondern die Beteiligung erfolgt »**soweit es die Tat betrifft**«, an die § 30 OWiG anknüpft. Bei mehreren Taten und ggf. mehreren Angeschuldigten bedeutet dies eine Einschränkung auf die Bezugstat des zum Leitungsbereich des Personenverbands gehörenden Angeschuldigten (Meyer-Goßner/*Schmitt* § 444 Rn. 8). § 431 Abs. 2 a.F. war schon vor der Neugestaltung der Einziehung nicht auf die Nebenbeteiligung anwendbar, da die Schuldfrage zum Tatbestand von § 30 Abs. 1 OWiG gehört, und hat nun auch bei der Einziehungsbeteiligung keine Entsprechung mehr. Die Orientierung an den §§ 421 ff. erleichtert zwar eine Kumulation beider Beteiligungen (vgl. Rdn. 1), die technischen Verweisungen werden der Komplexität der Materie letztlich aber nicht gerecht und wesentliche Grundsatzfragen nicht geklärt (vgl. Rdn. 8).

B. Anordnung der Beteiligung (Abs. 1). Anders als § 444 Abs. 2 Satz 2 (beachte Rdn. 12 ff.) wird § 444 Abs. 1 **erst mit Anklageerhebung** anwendbar und die Anordnung der Nebenbeteiligung erst dann zulässig (Meyer-Goßner/*Schmitt* § 444 Rn. 6). Zu schließen ist dies daraus, dass die Anordnung durch das Gericht erfolgt, aber nicht an einen Antrag der StA gebunden ist (gleichwohl hat diese ggf. einen solchen zu stellen, vgl. Rdn. 15 und 19 und Nr. 180a Abs. 2 RiStBV). Die Anordnung bleibt bis zur Festsetzung der Geldbuße, im Fall einer zulässig eingelegten Berufung sogar bis zu den Schlussvorträgen im Berufungsverfahren, zulässig (§ 424 Abs. 3 i.V.m. § 444 Abs. 1 Satz 2). 5

Die Anordnung ist **auf Antrag der StA** (vgl. Rdn. 15 und 19; *Trüg* ZWH 2011, 6, 12) **oder jederzeit von Amts wegen** (KK-StPO/*Schmidt* § 444 Rn. 2; LR/*Gössel* § 444 Rn. 12) zu treffen, sobald das Gericht erkennt, dass es über die Festsetzung einer Geldbuße **zu entscheiden haben wird**. Um dies zu beurteilen, ist sowohl über das Vorliegen der Voraussetzungen des § 30 OWiG als auch über die spätere Ausübung des Rechtsfolgeermessens eine Prognose zu stellen. Es gibt mannigfache Vorschläge dafür, welcher Maßstab bei dieser Prognose anzulegen ist, und zwar sowohl bzgl. des Vorliegens der tatsächlichen Voraussetzungen des § 30 OWiG (»wahrscheinlich« [LR/*Gössel* § 444 Rn. 12; KMR/*Metzger* § 444 Rn. 11; KK-StPO/*Schmidt* § 444 Rn. 2; Meyer-Goßner/*Schmitt* § 444 Rn. 7], »zureichende tatsächliche Anhaltspunkte« [KK-OWiG/*Rogall* § 30 Rn. 205], »möglich« [HK-StPO/*Kurth/Pollähne* § 444 Rn. 5]) als auch bzgl. der zur Festsetzung einer Geldbuße führenden Ermessensausübung (»vom Gericht gewollt« [HK-StPO/*Kurth/Pollähne* § 444 Rn. 5], »zu erwarten« [Meyer-Goßner/*Schmitt* § 444 Rn. 7], »hinreichend wahrscheinlich« [OLG Celle NStZ-RR 2005, 82, 83], »zureichende tatsächliche Anhaltspunkte« [KK-OWiG/*Rogall* § 30 Rn. 205], »nicht unwahrscheinlich« [LR/*Gössel* § 444 Rn. 12; KMR/*Metzger* § 444 Rn. 11], »in Betracht kommen« [KK-StPO/*Schmidt* § 444 Rn. 2; AK-StPO/*Keller* § 444 Rn. 4]). Die Unterschiede dürften indes im Wesentlichen in der Formulierung liegen, kaum in der tatsächlichen Handhabung. Zur Wahrung der Interessen des Personenverbands und seines Rechts aus Art. 103 Abs. 1 GG, ist er im Zweifel frühzeitig zu beteiligen. Dabei ist freilich gegen andere grundrechtlich geschützte Interessen abzuwägen, namentlich die Vermeidung von Aufwänden und Rufschäden durch eine letztlich unnötige Nebenbeteiligung. Der durch die Beteiligung wachsende Aufwand für Gericht und StA ist dagegen kein abwägungsrelevanter Gesichtspunkt. Daher ist der Maßstab der §§ 170 Abs. 1, 203, soweit möglich, zu übertragen. Wegen des Rechtsfolgenermessens in § 30 OWiG (vgl. Rdn. 13) misst das OLG Celle (NStZ-RR 2005, 82, 83) einem Antrag der StA aber zu Recht indizielle Bedeutung zu (a.A. Meyer-Goßner/*Schmitt* § 444 Rn. 7). § 424 Abs. 2 ist nicht anwendbar, sodass die Anordnung **nicht** durch eine Erklärung des Personenverbands **entbehrlich** gemacht werden kann. Auch § 424 Abs. 5 ist nicht anwendbar, weshalb bei verspäteter Anordnung das Verfahren zu unterbrechen und zu wiederholen ist (BT-Drs. V/1319, S. 83; SK-StPO/*Weßlau* § 444 Rn. 18). 6

Die Anordnung erfolgt durch Beschluss. Durch sie erhält der Personenverband grds. die **Befugnisse eines Angeklagten** (§ 427 Abs. 1 i.V.m. § 444 Abs. 2 Satz 2), soweit diese ihm nicht bereits zuvor zukamen (Rdn. 12, § 432). Aktuelle Organmitglieder sind (wie in Zivilsachen) nicht als Zeuge, sondern wie Beschuldigte zu vernehmen (KK-StPO/*Schmidt* § 444 Rn. 7; *Schlüter*, Strafbarkeit von Unternehmen 2000, S. 219; a.A. *Lemke/Mosbacher* § 30 Rn. 80). §§ 52 ff. sind daher nicht anwendbar (a.A. KK-OWiG/*Rogall* § 30 Rn. 208), die entspr. Interessenkollisionen schließen aber in der Regel die Vertretungsmacht aus (Rdn. 10) und machen die Vernehmung unzulässig. 7

Unter den Befugnissen nach Rn. 7 versteht das Gesetz **jedenfalls** die **Mitwirkungsmöglichkeiten** eines Beschuldigten (insb. Prozesshandlungen, Mitteilungen, Einverständniserfordernisse; vgl. § 427 Rdn. 1; zu Besonderheiten beachte Rdn. 16 f.). Von ihnen ist aber die »**Rechtsstellung**« eines Beschuldigten **zu unterscheiden**. Über sie sagt der Verweis nichts Eindeutiges aus, denn der Einziehungsbeteiligte erhält sie aus § 427 nur teilweise (vgl. Meyer-Goßner/*Schmitt* § 433 Rn. 1; KK-StPO/*Schmidt* § 433 Rn. 2). Insb. ein **Schweigerecht** des Personenverbands bzw. ihrer Vertreter ist umstritten (mit Sonderregelung bzgl. Kartellbußen in § 81b GWB, BGH NZKart 2014, 236; zu einer möglichen Umsetzung und mit der Rechtslage in der Schweiz und Österreich vergleichend *Zerbes* ZStW 129 [2017], 1035, 1045 ff.). Dass das BVerfG es nicht mehr für grundgesetzlich geschützt hält (mangels eigener Menschenwürde: BVerfGE 95, 220, 242 m. 8

abl. Bespr. *Weiß* JZ 1998, 289; teils a.A. noch BVerfG BB 1975, 1315), schließt sein Bestehen nicht aus (eingehend *Chr. Dannecker* ZStW 127 [2015], 370 ff.). Die h.L. nimmt es mit guten Gründen an (*Schlüter*, Strafbarkeit von Unternehmen 2000, S. 119, 146, 157 f.; *Drope* Verbandsstrafe 2002, S. 150 ff.; *Haeusermann* Verband als Straftäter 2003, S. 346 ff.; *Schuler* JR 2003, 265; *Minoggio* wistra 2003, 121, 124; *Pieth* FS Eser [2005], S. 599, 607; *Eidam*, Selbstbelastungsfreiheit 2007, S. 5 ff., 58; differenzierend *v. Freier* ZStW 122 [2010], 117, 139 ff.; *Wimmer* NZWiSt 2017, 252, 253) und sieht es teilweise sogar in Art. 6 Abs. 1 EMRK verbürgt (*Weiß* NJW 1999, 2236; *Minoggio* wistra 2003, 121, 125 ff.; SK-StPO/*Weßlau* § 444 Rn. 11, 14; dagegen etwa *Fink* wistra 2014, 457, 461 f.). Es ergibt sich jedenfalls aus §§ 444 Abs. 2 Satz 2, 426 Abs. 2, 163a Abs. 3 Satz 2, 136 Abs. 1 Satz 2 und muss im Hauptverfahren fortbestehen (KK-OWiG/*Rogall* § 30 Rn. 209; LR/*Gössel* § 444 Rn. 25a). Das Recht schmälert aber grds. nicht die Aussagepflicht von Mitarbeitern (*Drope*, Verbandsstrafe 2002, S. 238 f.; einschränkend *Minoggio* wistra 2003, 121, 129; krit. *Mittelsdorf*, Unternehmensstrafrecht 2007, S. 238 f.; zu Organen Rdn. 7) und evtl. sogar ehemaligen Organmitgliedern (BVerfG BB 1975, 1315 f.) als Zeugen. Bzgl. dokumentationspflichtiger Unterlagen und Auskunftspflichten ggü. (ggf. auch ausländischen oder EU-) Verwaltungsbehörden oder Parteien eines Zivil- oder Verwaltungsverfahrens werden Verwertungsverbote erwogen (*Haeusermann*, Verband als Straftäter 2003, S. 359 f.; *Queck*, Nemo tenetur zugunsten von Unternehmen 2005, S. 271 ff., 295, 304 f.; *Geth* ZStW 126 [2014], 105 ff.; vgl. auch *Bauer* WuW 1989, 304 f.). Die Verhältnisse im Verband werfen Fragen auf, die das Strafprozessrecht bislang nicht behandelt. Man wird daher wesentliche Fragen als **ungeregelt** ansehen müssen, wenngleich die pauschalen Verweisungen in §§ 426, 427 ihre Bejahung nahe legen: Unterliegen Organmitglieder einer – dem deutschen Strafprozess grds. fremden – Schweigepflicht, wenn der Verband beschlossen hat, zu schweigen (oder gebieten umgekehrt §§ 258, 266 StGB sogar eine je individuelle Entscheidung; vgl. auch *v. Freier* ZStW 122 [2010], 117, 150 ff.)? Besteht bei Verstößen sowie bei Geständnissen ohne Vertretungsmacht (Rdn. 10) ein Verwertungsverbot? Kann der Verband eine von der Vertretung ausgeschlossene Person im Voraus zur Aussage ermächtigen? Gilt das Selbstbegünstigungsprivileg (§ 258 Abs. 1 StGB: »ein anderer«) auch zugunsten von an der Anknüpfungsstat unbeteiligten Organmitgliedern (sonst ggf. § 258 Abs. 5 StGB) bei Vereitelung einer unter § 258 fallenden Maßnahme, und erstreckt sich dieses auf Hilfspersonen (kursorisch *Kapp/Schlump* BB 2008, 2478, 2482; zur Beschlagnahmefreiheit bei Unternehmensanwälten siehe *Milde* CCZ 2013, 78, 80)? Nötig wären u.a. nach Größe und Struktur des Verbands differenzierende und mit dem materiellen Straf- und Gesellschaftsrecht konsistente gesetzliche Regelungen. Gerade größeren Unternehmen kann ein Schweigerecht Entscheidungen abverlangen, die ihm mehr schaden als nützen (*Arzt* JZ 2003, 456, 457 f., 459 f.).

9 **Rechtsmittel** gegen eine Anordnung sind nicht eröffnet (§ 424 Abs. 4 Satz 1 i.V.m. § 444 Abs. 1 Satz 2). Wegen des Opportunitätsprinzips (Rdn. 13) steht es aber im Ermessen des Gerichts, den eigenen Anordnungsbeschluss wieder aufzuheben (LR/*Gössel* § 444 Rn. 23). Gegen die Ablehnung (entspr. gegen eine Aufhebung) steht der StA die sofortige Beschwerde zu (§ 424 Abs. 4 Satz 2 i.V.m. § 444 Abs. 1 Satz 2); eine Revision kann sie darauf wegen § 336 Satz 2 nicht stützen, auch nicht mit dem Vorbringen, das Gericht habe eine Anordnung zu Unrecht nicht erwogen. Der Personenverband ist durch die Ablehnung hingegen nicht beschwert (LR/*Gössel* § 444 Rn. 15). Zu Rechtsmitteln gegen die Verhängung einer Geldbuße trotz verspäteter oder unterbliebener Nebenbeteiligung siehe Rdn. 18.

10 **C. Stellung der Nebenbeteiligten im Verfahren (Abs. 2). I. Vertretung.** Nebenbeteiligte ist die juristische Person bzw. Personenvereinigung selbst (zu Umwandlungsfällen *Drope*, Verbandsstrafe 2002, S. 350 ff.) und wird insb. im anordnenden Beschluss, der Anklageschrift, der Ladung und dem Urteil bzw. Strafbefehl selbst genannt (§ 444 Abs. 2; vgl. Rdn. 1, 15 ff., 19 ff.). Sie handelt im Verfahren durch ihr **Vertretungsorgan**. Dies betrifft insb. ihre Teilnahme an der Hauptverhandlung und sonstige Ausübung der Rechte aus § 427 Abs. 1 (Rdn. 7; eingehend *Schlüter*, Strafbarkeit von Unternehmen 2000, S. 195 ff.). Der Vertreter ist anzuhören bzw. zu vernehmen (vgl. Rdn. 14, 16 f.) und eine evtl. Anordnung des persönlichen Erscheinens (§ 427 Abs. 2 i.V.m. § 444 Abs. 2 Satz 2) gegen diesen zu richten (Meyer-Goßner/*Schmitt* § 444 Rn. 11). Auch, soweit nur die Nebenbeteiligte selbst zu bezeichnen ist, wird dies zweckmäßigerweise mit der Angabe ihres Vertretungsorgans sowie ggf. eines Prozessbevollmächtigten verbunden. Für die Vertretung gelten die zivilrechtlichen Grundsätze (RGSt 60, 75, 77; KK-OWiG/*Rogall* § 30 Rn. 198). Wer selbst in gleicher Sache mit Verfolgung zu rechnen hat, ist nach dem Rechtsgedanken der §§ 112 AktG, 52 Abs. 1 GmbHG, 34 BGB regelmäßig an der Vertretung des Personenverbands gehindert (KK-OWiG/*Rogall* § 30 Rn. 200; a.A. *Schlüter*, Strafbarkeit von Unternehmen 2000, S. 216 f.); notfalls ist ein Vertreter nach § 29 BGB zu bestellen (AK-StPO/*Keller* § 444 Rn. 8; LR/*Gössel* § 444 Rn. 25c). Auch die Rechtsfolgen von Vertretungsmängeln müssen § 112 AktG entlehnt werden, sind aber schon dort teils umstritten (Heidel/*Breuer*/*Fraune* § 112 Rn. 7). Mängel der Vertretungsmacht sind auch noch in der Revision von Amts wegen zu beachten; ohne

Vertretungsmacht vorgenommene Prozesshandlungen sind unwirksam, aber genehmigungsfähig (BGH ZIP 2006, 2213, 2214; MüKo-AktG/*Habersack* § 112 Rn. 33 f.). **Zustellungen** an den Personenverband durch Zustellung an ein angeklagtes Organ sind regelmäßig unwirksam (§ 37 i.V.m. §§ 170, 178 Abs. 2 ZPO; LR/*Gössel* § 444 Rn. 27; Prütting/Gehrlein/*Kessen* § 170 Rn. 2 sowie § 178 Rn. 11). Wegen § 174 Abs. 3 InsO fällt die Mitwirkung am Verfahren (anders als beim Konkursverwalter) regelmäßig in den Aufgabenbereich eines Insolvenzverwalters (BGH wistra 1999, 347).

Der Personenverband kann jederzeit einen **Verteidiger** selbst wählen (§ 428 Abs. 1 i.V.m. § 444 Abs. 2 Satz 2). Zwar ist in § 428 Abs. 1 Satz 1 nun nur mehr der Rechtsanwalt genannt; wegen der Verweisung auf § 138 in § 428 Abs. 1 Satz 2 hat dies aber an den Freiheiten bei der Wahl eines Verteidigers nichts geändert (vgl. auch BT-Drs. 18/9525 S. 89). Statt der §§ 140 ff. ermöglicht § 428 Abs. 2 die Bestellung eines Verteidigers von Amts wegen. Nach § 428 Abs. 1 finden die Vorschriften über die Verteidigung mit Ausnahme der notwendigen Verteidigung entsprechende Anwendung, insb. gelten die §§ 145a, 218 für Zustellungen und Ladungen. Sind mehrere Personenverbände (mit je eigenem Vermögen, nicht bloß organisatorischer Trennung; Meyer-Goßner/*Schmitt* § 444 Rn. 12) beteiligt, steht § 146 jeder Form gemeinsamer Verteidigung von Verbänden bzw. vom Beschuldigten und einem oder mehreren der Verbände entgegen (näher zu drohenden Interessenkonflikten bei der anwaltlichen Vertretung am Beispiel von Kartellbußgeldverfahren gegen Gesellschaft und Mitarbeiter *Petzold* NZKart 2014, 170 ff.). Ist hingegen nur ein Personenverband beteiligt, darf dieser mit dem Beschuldigten durch denselben Verteidiger gemeinsam verteidigt werden, da deren Verurteilungen voneinander abhängen (BVerfGE 45, 272, 288). Bzgl. der zur Beauftragung des Verteidigers nötigen Vertretungsmacht muss es aber bei dem unter Rdn. 10 Gesagten bleiben. 11

II. Vorverfahren. Die Voraussetzungen der § 30 OWiG und § 444 Abs. 1 bzw. 3 hat die StA bereits im Vorverfahren zu prüfen (Nr. 180a Abs. 1 Satz 1 RiStBV). Schon weil damit das Vorgehen nach Abs. 1 bzw. 3 erst vorbereitet wird und der ausdrücklich in Bezug genommene § 426 gerade das Vorverfahren betrifft, kann die **Anwendbarkeit von Abs. 2 Satz 2** nicht von der Anordnung nach Abs. 1 abhängen. Insb. soweit ein Schweigerecht besteht (dazu Rdn. 8), gilt das bereits im Vorverfahren (§§ 426 Abs. 2, 163a Abs. 3 Satz 2, 136 Abs. 1 Satz 2). Auch die Gewährung von Akteneinsicht (§ 147) kann unter Fairness- und Beschleunigungsgesichtspunkten bereits im Vor- und Zwischenverfahren geboten sein (vgl. OLG Koblenz NStZ 1987, 289). Dass Nebenbeteiligte sich bereits im Ermittlungsverfahren eines Verteidigers bedienen dürfen, stellt § 428 Abs. 3 i.V.m. § 444 Abs. 2 nun klar. 12

§ 30 Abs. 1 OWiG ist eine **Kann-Vorschrift.** Der Verfolgungszwang geht nur so weit, dass die StA (und später das Gericht) ein Vorgehen nach § 30 OWiG, § 444 StPO pflichtgemäß erwägen muss. Das gilt auch, wenn das Verfahren nur wegen Straftaten des Nebenstrafrechts geführt wird (Nr. 255 Abs. 1 Satz 3 RiStBV). Die §§ 154a, 421 sind nicht anwendbar. I.Ü. gilt das **Opportunitätsprinzip.** Zur nötigen Überzeugung des Staatsanwalts vgl. Rdn. 6 entspr. Die Festsetzung einer Geldbuße ist wegen § 30 Abs. 5 und Abs. 3 i.V.m. § 17 Abs. 4 OWiG grds. vorrangig vor einer Einziehungsanordnung (vgl. auch Rdn. 1; HWSt/*Achenbach* I.2 Rn. 34; vgl. auch *Krekeler/Werner*, Unternehmer und Strafrecht, 2006, Rn. 124 f.). 13

Kommt ein Vorgehen nach § 30 OWiG in Betracht, sind die Vertreter des Personenverbands **wie Beschuldigte zu hören** (§ 426 i.V.m. § 444 Abs. 2 Satz 2, Nr. 180a Abs. 1 Satz 2 RiStBV; vgl. Rdn. 7 f.). Die dort vorausgesetzte Ausführbarkeit ist praktisch immer gegeben. Ferner sind Ermittlungen zur Höhe des wirtschaftlichen Vorteils zu führen (Nr. 15 Abs. 3 RiStBV). Stehen Kartellordnungswidrigkeiten im Raum, ist ggf. eine Abstimmung zwischen StA und Kartellbehörden angezeigt (Nr. 242 Abs. 2 RiStBV; *Kleinmann/Berg* BB 1998, 277, 282; *Töllner* EWS 2011, 21, 23 ff.; beachte auch Rdn. 20). 14

III. Anklage. Insb. wenn § 30 Abs. 3 i.V.m. § 17 Abs. 4 OWiG die Möglichkeit eröffnet, die wirtschaftlichen Verhältnisse des Personenverbandes mit Blick auf durch die Tat erlangte Vorteile (v.a. bei Delikten der Wirtschaftskriminalität einschließlich Korruptions- und Umweltdelikten) angemessen zu berücksichtigen, ist die Beteiligung des Verbands in der Anklageschrift **zu beantragen** und die Beantragung der Festsetzung einer Geldbuße anzukündigen (Nr. 180a Abs. 2 RiStBV). Die Anklage richtet sich gegen den zum Leitungsbereich des Personenverbands gehörenden Angeschuldigten. Die juristische Person bzw. Personenvereinigung wird als Nebenbeteiligte angeführt und die tatsächliche und rechtliche Grundlage angegeben (Nr. 110 Abs. 5 RiStBV). Unterbleibt der Antrag, beachte Rdn. 6. Zur Zustellung beachte Rdn. 10. 15

IV. Hauptverfahren. Der Personenverband ist unter Wahrung von § 217 (i.V.m. § 427 Abs. 1 Satz 1 und § 444 Abs. 2 Satz 2) zur Hauptverhandlung zu **laden** (Abs. 2 Satz 1). Eine bloße Bekanntgabe des Termins genügt nicht; § 429 Abs. 1 ist nicht anwendbar. Dabei wird auch die Anklageschrift sowie – falls abweichend, soweit es die Nebenbeteiligung betrifft – der Eröffnungsbeschluss übersandt (§ 429 Abs. 2) und der Hinweis nach § 429 Abs. 3 Nr. 1 gegeben. Ohne einen Vertreter des Personenverbands darf verhandelt werden, wenn 16 dieser trotz ordnungsgemäßer Ladung des Verbands **ausbleibt** und weder vorgetragene noch sonst bekannt gewordene Gründe sein Ausbleiben genügend entschuldigen (Abs. 2 Satz 1 Hs. 2). Da § 430 Abs. 1 nicht anwendbar ist, steht es dem Personenverband aber frei, Wiedereinsetzung in den vorigen Stand nach § 235 i.V.m. §§ 427 Abs. 1 Satz 1, 444 Abs. 2 Satz 2 zu beantragen.

17 Der Personenverband kann **Beweisanträge** auch stellen, soweit sie die Schuld des Angeklagten betreffen (vgl. Rdn. 4). Das Gericht ist bzgl. einer Ablehnung aber nicht an alle Regeln des § 244 gebunden (§ 430 Abs. 2 i.V.m. § 444 Abs. 2 Satz 2). Setzt das Gericht eine Geldbuße gegen den Personenverband fest, ist der **Urteilstenor** so zu fassen, dass dieser nach Rechtskraft eine geeignete Vollstreckungsgrundlage wird. Dazu ist die juristische Person bzw. Personenvereinigung als Nebenbeteiligte und mit vollständigem Namen, Anschrift, vertretungsberechtigtem Organ und ggf. Prozessbevollmächtigtem zu bezeichnen (Meyer-Goßner/*Schmitt* § 444 Rn. 15). Ist der Personenverband bei Verkündung des Urteils nicht vertreten, ist § 430 Abs. 4 zu beachten.

18 **V. Rechtsmittelverfahren.** Auf eine **Berufung oder Revision** des Personenverbandes hin wird der Schuldspruch nur geprüft, falls und soweit die fristgerecht vorgetragenen Einwendungen dies inhaltlich erfordern (§ 431 Abs. 1 und 3 i.V.m. § 444 Abs. 2 Satz 2). Das Rechtsmittel eines anderen Beteiligten kann eine weitergehende Überprüfung auch mit Wirkung für die Nebenbeteiligte veranlassen (§ 431 Abs. 2). Die Verfahrensvereinfachungen des § 431 Abs. 4 sind nicht anzuwenden. Wurde gegen einen Personenverband eine Geldbuße verhängt, so kann er auch dann Rechtsmittel einlegen, wenn zuvor keine Anordnung einer Beteiligung erfolgte (OLG Hamm NJW 1973, 1851, 1853; KK-StPO/*Schmidt* § 444 Rn. 12; HK-StPO/*Kurth/Pollähne* § 444 Rn. 13; teils für sofortige Beschwerde LR/*Gössel* § 444 Rn. 15). Eine **Verfahrensrüge** ist stets, also auch wenn die **Nebenbeteiligung gar nicht oder verspätet** und ohne Wiederholung des einschlägigen Teils der Beweisaufnahme erfolgte, auf die Verletzung von Verfahrensvorschriften zu stützen, die tatsächlich zu einer Beschwer geführt haben. In Betracht kommen hier insb. § 444 Abs. 2 Satz 1 Hs. 1 i.V.m. § 444 Abs. 1 (fehlende Ladung, soweit nicht eine entspr. Rüge in der Hauptverhandlung vorwerfbar versäumt wurde), § 231 i.V.m. §§ 444 Abs. 2 Satz 2, Abs. 1, 433 Abs. 1 sowie § 444 Abs. 2 Satz 1 Hs. 2 (unzulässige Verhandlung in Abwesenheit der Nebenzubeteiligenden) sowie §§ 33, 201, 258 jeweils i.V.m. §§ 444 Abs. 2 Satz 2, Abs. 1, 433 Abs. 1 (Verletzung des Anspruchs auf rechtliches Gehör, fehlende Mitteilung der Anklageschrift und fehlende Gelegenheit zu Schlussvortrag und letztem Wort). Letztlich hängen all diese Verfahrensfehler an der unterbliebenen oder verspäteten Nebenbeteiligung. Es wäre daher effizient, in der Revision eine Rüge der Verletzung von § 444 Abs. 1 ausreichen zu lassen, obwohl diese isoliert keine Beschwer verursacht, denn es muss ohnehin auch dargetan werden, dass das beschwerende Urteil auf dem Fehler beruhen konnte (insb. keine spätere Heilung durch Wiederholung ohne Beteiligung erfolgter Verhandlungsteile eintrat), also tatsächlich eine Beschwer entstand. In Ermangelung einer gefestigten Praxis kann der Verteidigung aber nur zu einem umfassenden Vortrag aller in Betracht zu ziehenden Verfahrensrügen geraten werden. Selbst wenn das Gericht die Nebenbeteiligung rechtzeitig anordnete, können sich die angeführten Rügen daraus begründen, dass bei Zustellungen bzw. zur Vertretung des Personenverbandes (ggf. auch bei der Beauftragung eines Verteidigers) ein **Beschuldigter als Organ** des Personenverbandes aktiv wurde, sodass diese unwirksam waren (s. Rdn. 10 f.).

19 **VI. Strafbefehlsverfahren.** Auch im Strafbefehl (gegen den zum Leitungsbereich des Personenverbands gehörenden Beschuldigten) kann eine Geldbuße gegen einen Personenverband festgesetzt werden (§ 407 Abs. 2 Nr. 1). Dazu **beantragt** die StA seine Beteiligung sowie zugleich die Festsetzung einer konkreten Geldbuße im Strafbefehlsentwurf (Nr. 176 Abs. 1, 177 Abs. 3, 180a Abs. 2 RiStBV). Unterbleibt der Antrag, beachte Rdn. 6. Der Strafbefehl ist dem Personenverband **zuzustellen** (§ 432 Abs. 1 i.V.m. § 444 Abs. 2 Satz 2); gem. § 432 Abs. 1 Satz 1 a.E. allerdings nur, »soweit er an dem Verfahren beteiligt ist«. Nach § 432 Abs. 1 Satz 2 i.V.m. § 444 Abs. 2 Satz 2 ist dabei auch der Hinweis nach »§ 429 Absatz 3 Nummer 2« zugeben. Nach aktueller Gesetzeslage ist dessen Gegenstand das Recht auf Verteidigung. Nach vorheriger Rechtslage war der Hinweis auf die Wirkung der Entscheidung gegenüber dem Beteiligten zu geben, und der Gesetzgeber wollte inhaltlich nichts ändern (BT-Drs. 18/9525 S. 90). Daher ist es nunmehr angeraten, beide Hinweise zu geben. Legt nur er gegen den Strafbefehl Einspruch ein, ist nach § 434 Abs. 2 und 3 zu verfahren.

20 **D. Objektives Verfahren (Abs. 3).** Die selbstständige Festsetzung einer Geldbuße außerhalb des Verfahrens gegen den zum Leitungsbereich des Personenverbands gehörenden Beschuldigten kommt gem. **§ 30 Abs. 4 OWiG** grds. nur in Betracht (OLG Düsseldorf NStZ 1984, 366), wenn dauerhaft kein Verfahren gegen einen solchen Beschuldigten eingeleitet wird, wenn es eingestellt (auch nach §§ 153, 153a, 153b StPO oder 47 OWiG; vgl. Nr. 180a Abs. 3 RiStBV; *Kleinmann/Berg* BB 1998, 277, 282) oder von Strafe abgesehen wird (vgl. Rdn. 3). Es ist ausgeschlossen, wenn rechtliche Gründe die Verfolgung der Tat der natürlichen Person hindern (§ 30 Abs. 4 Satz 3 OWiG), wobei hinsichtlich der Verjährung § 33 Abs. 1 Satz 2 OWiG zu

beachten ist. Unter denselben Voraussetzungen kann ein subjektives Verfahren in ein objektives Verfahren (vgl. Rdn. 3) überführt werden, wenn der Personenverband an ersterem bereits nach Abs. 1 beteiligt und auf diese Möglichkeit hingewiesen worden war (KK-StPO/*Schmidt* § 444 Rn. 16; HK-StPO/*Kurth/Pollähne* § 444 Rn. 16). Ein Nachverfahren (§ 433) nach Schuldspruch ohne Beteiligung des Personenverbands ist hingegen nicht statthaft (AK-StPO/*Keller* § 444 Rn. 7; SK-StPO/*Weßlau* § 444 Rn. 3). Bei Submissionsabsprachen kann die ausschließliche Zuständigkeit der Kartellbehörden nach § 82 GWB aber zu einer nach § 30 Abs. 4 Satz 2 OWiG ausnahmsweise zulässigen Verfahrensspaltung führen (krit. *Wegner*, Zumessung unternehmensbezogener Geldbußen 2000, Satz 108 f.).

Für das **Verfahren** gelten §§ 435, 436 Abs. 1 sowie § 436 Abs. 2 i.V.m. § 434 Abs. 2 oder 3 (aber eben weder § 423 Abs. 1 Satz 2 noch § 434 Abs. 4) entsprechend, wobei § 435 Abs. 3 Satz 1 nunmehr ausdrücklich auch ein Zwischenverfahren anordnet. Auch im Hauptverfahren ist das Beschlussverfahren der Regelfall (§ 436 Abs. 2 i.V.m. § 434 Abs. 2); auf Antrag ist jedoch nach mündlicher Verhandlung im Urteil zu entscheiden (§ 436 Abs. 2 i.V.m. § 434 Abs. 3 Satz 1). § 436 Abs. 2 i.V.m. § 434 Abs. 3 Satz 2 beschränkt die möglichen Rechtsmittel. § 444 Abs. 3 Satz 2 bestimmt zusätzliche Gerichtsstände an Sitz oder Zweigniederlassung des Personenverbands. Der Antrag der StA auf Festsetzung einer Geldbuße im selbstständigen Verfahren umfasst die sonst in die Anklageschrift gehörenden Ausführungen (Nr. 180a Abs. 3 RiStBV; vgl. oben Rdn. 15). Unter den Voraussetzungen des § 399 AO kann dieser Antrag nach § 401 AO von der Finanzbehörde gestellt und das Verfahren i.R.d. § 406 Abs. 2 AO von dieser begleitet werden. Die Entscheidung muss auch Feststellungen beinhalten, aus denen sich die zugrunde liegende Straftat oder Ordnungswidrigkeit des Organs ergibt (OLG Düsseldorf NStZ 1984, 366, 367). 21

E. Vollstreckung und Kosten. Die Geldbuße wird – auch wenn sie im Strafverfahren festgesetzt wurde – nach §§ 89, 91 ff., 99, 103 f. OWiG vollstreckt. Für die Kostenentscheidung gilt § 472b. 22
Zur Revision s. Rdn. 9 und 18.

§§ 445 bis 448.
(weggefallen)

Siebtes Buch. Strafvollstreckung und Kosten des Verfahrens

Erster Abschnitt. Strafvollstreckung

§ 449 Vollstreckbarkeit

Strafurteile sind nicht vollstreckbar, bevor sie rechtskräftig geworden sind.

Übersicht

1 **A. Grundsätzliches.** Die im ersten Abschnitt des siebten Buches der Strafprozessordnung befindlichen Normen (§§ 449 bis 463e) regeln den Bereich der Strafvollstreckung, somit die nach Rechtskraft des Straferkenntnisses erforderlichen, auf die Verwirklichung des Rechtsfolgenausspruchs gerichteten Aufgaben, insb. die zur Einleitung und Überwachung des Vollzuges der angeordneten Rechtsfolgen erforderlichen Maßnahmen (vgl. *Röttle/Wagner* Rn. 1, 4). Die gesetzlichen Regelungen werden ergänzt durch Verwaltungsanordnungen, insb. die Strafvollstreckungsordnung (StVollstrO), welche für die Vollstreckungsbehörde, nicht aber das Gericht verbindlich sind (Meyer-Goßner/*Schmitt* Vor § 449 Rn. 2).

2 **B. Einzelfragen. I. Rechtskraft als Voraussetzung der Vollstreckbarkeit.** Die Vorschrift sieht die Rechtskraft einer Entscheidung als Voraussetzung ihrer Vollstreckbarkeit und damit der Anwendbarkeit der Vorschriften dieses Abschnitts vor; sie trägt damit der Unschuldsvermutung Rechnung (KMR/*Stöckel* § 449 Rn. 2). Eine vorläufige Vollstreckbarkeit, wie etwa in der Zivilprozessordnung, kennt der Strafprozess grds. nicht; eine Abweichung hiervon schafft – insoweit systemwidrig (*Laubenthal/Nestler* Rn. 17) – lediglich § 346 Abs. 2 Satz 2 Hs. 2 (*Pfeiffer* § 449 Rn. 1). Andererseits bestimmt § 449 nicht, dass die Vollstreckungsbehörde (§ 451) verpflichtet ist, rechtskräftige Entscheidungen zu vollstrecken. Dies wird vom Gesetz vielmehr vorausgesetzt und insb. in § 2 StVollstrO weiter konkretisiert: Demnach sind richterliche Entscheidungen mit Nachdruck und Beschleunigung zu vollstrecken.
Eine Einleitung der Strafvollstreckung im eigentlichen Sinne ist nur dort erforderlich, wo die Sanktion nicht schon mit Urteilsrechtskraft Wirkung entfaltet, wie bspw. beim Fahrverbot (§ 44 Abs. 2 Satz 1 StGB), der Entziehung der Fahrerlaubnis (§ 69 Abs. 3 Satz 1 StGB) oder dem Berufsverbot (§ 70 Abs. 4 Satz 1 StGB). Eine Anhörung des Verurteilten vor Einleitung der Vollstreckung einer rechtskräftigen Strafe ist nicht erforderlich (KG NStZ-RR 2011, 189).

3 **II. Vollstreckungshindernisse. Vollstreckungshindernisse** können der Vollstreckung einer rechtskräftigen Entscheidung entgegenstehen. Zu nennen sind insoweit insb. die Vollstreckungsverjährung (§ 79 StGB), die Begnadigung (§ 452), ebenso die Vollzugsuntauglichkeit nach § 455 (vgl. Meyer-Goßner/*Schmitt* § 449 Rn. 4) sowie der Grundsatz der Spezialität bei vorangegangener Überstellung des Verurteilten aus dem Ausland (LR/*Graalmann-Scheerer* § 229 Rn. 8). Der Vollstreckung einer Freiheitsstrafe steht deren Aussetzung zur Bewährung bis zur Rechtskraft eines etwaigen Widerrufsbeschlusses entgegen. Bei Einbeziehung in einen nachträglichen Gesamtstrafenbeschluss bleiben die ursprünglichen Entscheidungen bis zur Rechtskraft des Gesamtstrafenbeschlusses hingegen vollstreckbar (s. dazu KG NStZ 2004, 286).

4 **III. Begriff des Strafurteils.** Der Begriff des **Strafurteils** ist weit auszulegen (vgl. KMR/*Stöckel* § 449 Rn. 3). Neben Urteilen im engeren Sinne (§ 260) fallen hierunter insb. der nach § 410 Abs. 3 dem Urteil gleichgestellte rechtskräftige Strafbefehl, aber auch weitere Entscheidungen, die in Rechtskraft erwachsen, insb. Beschlüsse über die nachträgliche Gesamtstrafenbildung gem. § 460 i.V.m. § 55 StGB, oder Beschlüsse im selbstständigen Einziehungsverfahren. Die Rechtskraft der Entscheidung ist aber auch Voraussetzung der Vollstreckung, wenn durch eine Entscheidung die Vollstreckbarkeit einer anderen Entscheidung herbeigeführt wird, so etwa im Fall des Widerrufs einer Bewährungsaussetzung.

5 **IV. Voraussetzungen der Rechtskraft.** (Formell) **Rechtskräftig** ist eine Entscheidung, wenn sie von keinem Beteiligten mehr mit einem Rechtsmittel angefochten werden kann (*Röttle/Wagner* Rn. 47); dies, weil gegen die Entscheidung – etwa des Revisionsgerichts – ein Rechtsmittel nicht statthaft ist. Die Möglichkeit der

zulässigen Rechtsmitteleinlegung kann zudem ausgeschlossen sein aufgrund des Ablaufs der Rechtsmitteleinlegungsfrist, Verzichts (§ 302; vgl. dazu OLG München NJW 1968, 1001) oder Rücknahme (§ 302).
Rechtsmittel sind insoweit bei Urteilen die Berufung (§§ 312 ff.) und die Revision (§§ 333 ff.), nicht hingegen der Antrag auf Wiederaufnahme des Verfahrens nach § 359 (zur Möglichkeit eines Aufschubs bzw. einer Unterbrechung der Vollstreckung s. § 360 Abs. 2). In den Fällen von Beschlüssen, die der Rechtskraft zugänglich sind, ist die sofortige Beschwerde gem. § 311 statthaftes Rechtsmittel. 6
Rechtsmittelberechtigt sind die StA, der Beschuldigte (§ 296), der Verteidiger (§ 297), in den Fällen des § 395 der Nebenkläger (§ 400), der sich auch erst mit der Einlegung des Rechtsmittels dem Verfahren anschließen kann (§ 401 Abs. 1 Satz 2), sowie im Privatklageverfahren der Privatkläger (§ 390). 7
Ist ein Urteil mit Rechtsmitteln nicht anfechtbar, so kommt es für den Zeitpunkt der Rechtskraft auf die Verkündung (§ 268 Abs. 2 Satz 1) an, bei Beschlüssen tritt in diesen Fällen Rechtskraft mit Ablauf des Tages der Beschlussfassung ein (vgl. § 34a; hierzu Meyer-Goßner/*Schmitt* § 34a Rn. 4, 7), ansonsten mit Ablauf der Einlegungsfrist bzw. mit Eingang der Rücknahme- bzw. Verzichtserklärung bei Gericht.
Zweifel an der Vollstreckbarkeit einer Entscheidung sind im Verfahren nach § 458 zu klären (OLG Hamburg, Beschl. v. 30.06.2008, 2 Ws 118/09). 8

V. Teilweise Rechtskraft. In den Fällen teilweiser Rechtskraft gilt Folgendes: 9
Ist eine **Entscheidung gegen mehrere Betroffene** ergangen, so ist die Rechtskraft nicht schon deshalb bei einem Angeklagten ausgeschlossen, weil einem anderen noch ein Rechtsmittel zusteht oder dieses von einem anderen Angeklagten eingelegt wurde. Die Regelung des § 357 für die Revisionsentscheidung ändert hieran grds. nichts (KK-StPO/*Appl* § 449 Rn. 12; s. dazu § 19 StVollstrO). Wenn ein Fall des § 357 StPO eintritt, entfällt jedoch die Vollstreckbarkeit der Entscheidung (BeckOK-StPO/*Coen* § 449 Rn. 6).
Ist die Entscheidung hinsichtlich **einzelner von mehreren Einzelstrafen im Rahmen einer Gesamtstrafe rechtskräftig**, so ist eine diesbezügliche Teilvollstreckung aufgrund der Selbstständigkeit der erkannten Einzelstrafen grds. möglich (KK-StPO/*Appl* § 449 Rn. 14 ff. m.w.N. auch zur Gegenansicht). Im Hinblick auf die noch nicht rechtskräftige Gesamtstrafenbildung und zur gebotenen Vermeidung von Nachteilen sollte eine Teilvollstreckung jedoch nur dann erfolgen, wenn hierfür im Einzelfall ein dringendes Bedürfnis besteht (Meyer-Goßner/*Schmitt* § 449 Rn. 11; vgl. auch KG StV 2020, 506), wobei der Vollstreckungsbehörde diesbezüglich ein Ermessensspielraum zu gewähren ist (KK-StPO/*Appl* § 449 Rn. 19). Hierbei hat die geringstmögliche Gesamtstrafe eine Obergrenze der Teilvollstreckung zu bilden (OLG Hamm NStZ 2009, 655). Eine Vollstreckung hat aber jedenfalls dann zu unterbleiben, wenn bei der zu bildenden Gesamtstrafe eine Strafaussetzung zur Bewährung in Betracht kommt (BeckOK-StPO/*Coen* § 449 Rn. 7; *Pfeiffer* § 449 Rn. 4). 10
Ist der Strafausspruch **hinsichtlich einer von mehreren Rechtsfolgen rechtskräftig**, etwa, weil ein Rechtsmittel auf eine bestimmte Rechtsfolge wirksam (§§ 318, 344 Abs. 1) beschränkt wurde, so ist bzgl. der rechtskräftigen Sanktion eine Vollstreckung zulässig (Meyer-Goßner/*Schmitt* § 449 Rn 12 m.w.N.). 11

VI. Vollstreckung jugendgerichtlicher Entscheidungen. Für die **Vollstreckung jugendgerichtlicher Entscheidungen** sehen die §§ 82 ff. JGG wesentliche Besonderheiten vor, wenngleich die Vorschriften der StPO (§ 2 JGG) und der StVollstrO (§ 1 Abs. 3 StVollstrO) subsidiär gelten. Vollstreckungsleiter ist dort der Jugendrichter (§ 82 Abs. 1 Satz 1 JGG). 12

§ 450 Anrechnung von Untersuchungshaft und Führerscheinentziehung

(1) Auf die zu vollstreckende Freiheitsstrafe ist unverkürzt die Untersuchungshaft anzurechnen, die der Angeklagte erlitten hat, seit er auf Einlegung eines Rechtsmittels verzichtet oder das eingelegte Rechtsmittel zurückgenommen hat oder seitdem die Einlegungsfrist abgelaufen ist, ohne dass er eine Erklärung abgegeben hat.

(2) Hat nach dem Urteil eine Verwahrung, Sicherstellung oder Beschlagnahme des Führerscheins auf Grund des § 111a Abs. 5 Satz 2 fortgedauert, so ist diese Zeit unverkürzt auf das Fahrverbot (§ 44 des Strafgesetzbuches) anzurechnen.

Übersicht

1 **A. Grundsätzliches.** Abs. 1 weist seit Einführung von § 51 Abs. 1 Satz 1 StGB durch das 2. StrRG, der eine grundsätzliche Anrechnung der Untersuchungshaft auf die zu vollstreckende Strafe vorsieht, einen lediglich auf die Fälle beschränkten Anwendungsbereich auf, in denen das Gericht die Nichtanrechnung der Untersuchungshaft gem. § 51 Abs. 1 Satz 2 StGB angeordnet hat (Meyer-Goßner/*Schmitt* § 450 Rn. 3 m.w.N. zum Streitstand). Auch dann erfolgt eine Anrechnung ab dem in Abs. 1 genannten Zeitpunkt.
Die Vorschrift gilt gem. § 2 JGG im Jugendstrafverfahren (s. § 52a Abs. 1 Satz 2 JGG) entsprechend.

2 **B. Einzelfragen. I. Anrechnung von Untersuchungshaft (Abs. 1).** Die für den Anwendungsbereich des Abs. 1 erforderliche sog. »**relative Rechtskraft**« tritt ein, sobald der Angeklagte ein ihm grds. zustehendes Rechtsmittel nicht mehr wahrnehmen kann (Rechtsmittelverzicht ab dem Zeitpunkt der Erklärung [Meyer-Goßner/*Schmitt* § 450 Rn. 5], Rechtsmittelrücknahme bzw. Verstreichenlassen der Rechtsmitteleinlegungsfrist, auch bei verspäteter Rechtsmitteleinlegung, s. KK-StPO/*Appl* § 450 Rn. 8) und somit alles ihm Mögliche getan hat, dass das Urteil rechtskräftig wird; das Verhalten anderer soll dem Angeklagten insoweit nicht zum Nachteil gereichen (BeckOK-StPO/*Coen* § 450 Rn. 3).
Dementsprechend hindert das Rechtsmittel eines anderen Prozessbeteiligten den Eintritt relativer Rechtskraft nur dann, wenn dieses dem Angeklagten zuzurechnen ist. Dies gilt insb. für ein vom Verteidiger eingelegtes Rechtsmittel (§ 297).
Hingegen bleibt Abs. 1 bei einem Rechtsmittel der StA, auch wenn es zugunsten des Angeklagten (§ 296 Abs. 2) eingelegt wurde, stets anwendbar (h.M.; s. nur Meyer-Goßner/*Schmitt* § 450 Rn. 6; KK-StPO/*Appl* § 450 Rn. 9; a.A. *Pfeiffer* § 450 Rn. 1 a.E.). Ein Rechtsmittel des gesetzlichen Vertreters (§ 298) oder Erziehungsberechtigten (§ 67 Abs. 3 JGG) hindert die Anrechnung gem. Abs. 1 erst dann, wenn es der Angeklagte mit dem Tag der Volljährigkeit übernimmt (KK-StPO/*Appl* § 450 Rn. 9 m.w.N.: ab dem Zeitpunkt der Übernahme).

3 Die **Untersuchungshaft endet mit absoluter Rechtskraft** des Urteils; eine zu diesem Zeitpunkt vollzogene Freiheitsentziehung wandelt sich – unabhängig von einem formellen Einleitungsakt der Vollstreckungsbehörde – in Strafhaft um (BGHSt 38, 63; OLG Hamm NStZ 2008, 582; NStZ 2009, 655; LR/*Graalmann-Scheerer* § 450 Rn. 8; KK-StPO/*Appl* § 450 Rn. 10a m.w.N. auch zur Gegenansicht; a.A. unter Verweis auf den Wortlaut des § 451 *Pfeiffer* § 451 Rn. 3; vgl. auch OLG Düsseldorf StV 1988, 110). Zur Strafzeitberechnung s. § 39 Abs. 2, Abs. 4 StVollstrO.

4 **II. Anrechnung der vorläufigen Entziehung der Fahrerlaubnis (Abs. 2).** Nachdem § 51 Abs. 5 StGB die Anrechnung des Zeitraums einer vorläufigen Entziehung der Fahrerlaubnis nach § 111a auf das Fahrverbot vorsieht, findet Abs. 2 lediglich im Fall des § 111a Abs. 5 Satz 2 (freiwilliger Verzicht auf Rückgabe eines verwahrten Führerscheins nach Aufhebung des Beschlusses nach § 111a im Hinblick auf ein im Urteil ausgesprochenes Fahrverbot) Anwendung.

§ 450a Anrechnung einer im Ausland erlittenen Freiheitsentziehung

(1) [1]Auf die zu vollstreckende Freiheitsstrafe ist auch die im Ausland erlittene Freiheitsentziehung anzurechnen, die der Verurteilte in einem Auslieferungsverfahren zum Zwecke der Strafvollstreckung erlitten hat. [2]Dies gilt auch dann, wenn der Verurteilte zugleich zum Zwecke der Strafverfolgung ausgeliefert worden ist.
(2) Bei Auslieferung zum Zwecke der Vollstreckung mehrerer Strafen ist die im Ausland erlittene Freiheitsentziehung auf die höchste Strafe, bei Strafen gleicher Höhe auf die Strafe anzurechnen, die nach der Einlieferung des Verurteilten zuerst vollstreckt wird.
(3) [1]Das Gericht kann auf Antrag der Staatsanwaltschaft anordnen, dass die Anrechnung ganz oder zum Teil unterbleibt, wenn sie im Hinblick auf das Verhalten des Verurteilten nach dem Erlaß des Urteils, in dem die dem Urteil zugrunde liegenden tatsächlichen Feststellungen letztmalig geprüft werden konnten, nicht gerechtfertigt ist. [2]Trifft das Gericht eine solche Anordnung, so wird die im Ausland erlittene Freiheitsentziehung, soweit ihre Dauer die Strafe nicht überschreitet, auch in einem anderen Verfahren auf die Strafe nicht angerechnet.

1 **A. Grundsätzliches.** Die Vorschrift regelt die **Anrechnung** von zum Zweck der Strafvollstreckung erlittener **Auslieferungshaft.** Wurde die Auslieferungshaft zum Zweck der Strafverfolgung verbüßt, richtet sich die Anrechnung nach § 51 StGB (s. dort Abs. 3 Satz 2). War die Auslieferung sowohl zur Strafvollstreckung als auch zur Strafverfolgung betrieben worden, so gilt vorrangig die Anrechnung nach § 450a (s. Abs. 1 Satz 2),

was aber eine Anrechnung einer die zu vollstreckende Strafe übersteigende Auslieferungshaft auf die Strafe der noch zu verfolgenden Tat nicht ausschließt (s. BGH, Beschl. v. 22.09.1987, 5 StR 448/87; HK-*Woynar* § 450a Rn. 4). Besteht hingegen kein Zusammenhang zwischen der Auslieferungshaft und der Strafverfolgung in Deutschland, hat eine Anrechnung zu unterbleiben (Grundsatz der Verfahrenseinheit; s. BGH StV 2018, 561; BGH, Beschl. v. 05.08.2020, 3 StR 231/20).

B. Einzelfragen. Unter einem **Auslieferungsverfahren**, das der anzurechnenden Freiheitsentziehung zugrunde liegen muss, ist – bei vorzunehmender weiter Auslegung (Meyer-Goßner/*Schmitt* § 450a Rn. 2) – jede Freiheitsentziehung mit dem Zweck, den Verurteilten der inländischen Strafvollstreckung zuzuführen, zu verstehen (BeckOK-StPO/*Coen* § 450a Rn. 3; zur analogen Anwendung für den Fall der Vollstreckungsübernahme im europäischen Recht s. OLG Celle, NdsRpfl 2018, 257 ff.). Die Vorschrift gilt auch dann, wenn eine Auslieferung – etwa wegen späterer freiwilliger Einreise des Verurteilten – nicht erfolgt (KK-StPO/*Appl* § 450a Rn. 6). 2

Zuständig für die Anrechnung – als Teil der Strafzeitberechnung (BeckOK-StPO/*Coen* § 450 Rn. 4) – ist die StA als Vollstreckungsbehörde (§ 451). Ein etwaiger **Umrechnungsmaßstab** hat sich in analoger Anwendung des § 51 Abs. 4 Satz 2 StGB an den Haftumständen in dem Land, in dem die anzurechnende Freiheitsentziehung erlitten wurde, zu orientieren (zur Orientierung hinsichtlich entsprechender Umrechnungsmaßstäbe s. bspw. *Laubenthal/Nestler* Rn. 187; *Fischer* § 51 Rn. 19; zum Inhalt der Abwägungsentscheidung vgl. bspw. OLG Zweibrücken NStZ-RR 1996, 241). Für die Anpassung des Strafmaßes im ausländischen Urteil an das deutsche Recht ist freilich kein Raum (KG, StraFo 2017, 435; OLG Celle, NdsRpfl 2018, 257 ff.). Wurde die Haft in einem anderen EU-Staat vollzogen, wird in der Regel eine Anrechnung 1:1 erfolgen, was aber eine Einzelfallprüfung nicht ersetzt (vgl. BGH, Beschl. v. 04.06.2003, 5 StR 124/03, WKRS 2003, 13849; OLG Hamm NStZ 2009, 101). Auch können die Haftbedingungen in unterschiedlichen Gefängnissen innerhalb eines Staates einen unterschiedlichen Umrechnungsmaßstab erforderlich machen (*Laubenthal/Nestler* a.a.O.). 3

Eine dem § 51 Abs. 1 Satz 2 StGB entsprechende Möglichkeit einer **Nichtanrechnung** sieht **Abs. 3** vor. Zuständig ist das Gericht (§ 462a), das auf Antrag der StA als Strafverfolgungsbehörde (Meyer-Goßner/*Schmitt* § 450a Rn. 6; s.a. § 39a Abs. 2 StVollstrO) entscheidet. Die Konzeption als **Ausnahmevorschrift** gebietet eine Anwendung nur bei gewichtigen Gründen (OLG Stuttgart StV 2003, 629; *Pfeiffer* § 450a Rn. 5), die sich sämtlich nach dem Erlass desjenigen Urteils ergeben haben müssen, in dem die der Verurteilung zugrunde liegenden Feststellungen letztmalig geprüft wurden. Als gewichtiger Grund reicht die bloße Flucht ins Ausland nicht aus (OLG Karlsruhe MDR 1984, 165; HansOLG Bremen StV 1997, 371; *Pfeiffer* § 450a Rn. 5; BeckOK-StPO/*Coen* § 450a Rn. 7), auch wenn sie unter Missbrauch etwaiger Vollzugslockerungen erfolgt (OLG Karlsruhe a.a.O.; OLG Zweibrücken, Beschl. v. 15.03.1983 – 1 Ws 102/83; Meyer-Goßner/*Schmitt* § 450a Rn. 6). Jedoch soll bspw. ein gewaltsamer Ausbruch aus der Anstalt (BeckOK-StPO/*Coen* § 450a Rn. 7) oder das Verbringen von Tatbeute ins Ausland (vgl. BGH NJW 1970, 1752) genügen; auch die Fortsetzung der Flucht mit Mitteln, die dem Verurteilten im Vertrauen darauf gewährt wurden, sich dem Strafantritt zu stellen (KK-StPO/*Appl* § 450a Rn. 10). Die bloße Absicht einer böswilligen Verschleppung der Strafvollstreckung hierfür ausreichen zu lassen (Meyer-Goßner/*Schmitt* § 450a Rn. 6 m.w.N.), erscheint hingegen zweifelhaft. 4

§ 451 Vollstreckungsbehörde

(1) Die Strafvollstreckung erfolgt durch die Staatsanwaltschaft als Vollstreckungsbehörde auf Grund einer von dem Urkundsbeamten der Geschäftsstelle zu erteilenden, mit der Bescheinigung der Vollstreckbarkeit versehenen, beglaubigten Abschrift der Urteilsformel.

(2) Den Amtsanwälten steht die Strafvollstreckung nur insoweit zu, als die Landesjustizverwaltung sie ihnen übertragen hat.

(3) [1]Die Staatsanwaltschaft, die Vollstreckungsbehörde ist, nimmt auch gegenüber der Strafvollstreckungskammer bei einem anderen Landgericht die staatsanwaltschaftlichen Aufgaben wahr. [2]Sie kann ihre Aufgaben der für dieses Gericht zuständigen Staatsanwaltschaft übertragen, wenn dies im Interesse des Verurteilten geboten erscheint und die Staatsanwaltschaft am Ort der Strafvollstreckungskammer zustimmt.

Übersicht

1 **A. Grundsätzliches.** Die Vorschrift definiert den zentralen Begriff der Vollstreckungsbehörde und bestimmt deren Aufgabe und Zuständigkeit.

2 **B. Einzelfragen. I. StA als Vollstreckungsbehörde. Abs. 1** weist die Aufgaben der Strafvollstreckung der StA zu und erklärt diese zur Vollstreckungsbehörde (zur begrifflichen Differenzierung in der StPO s. *Katholnigg* NStZ 1982, 195 f.). Diese hat nach den Vorschriften der StPO in den §§ 449 ff. dabei eine Reihe von zentralen Aufgaben, z.B. die Entscheidung über einen Aufschub oder eine Unterbrechung der Strafvollstreckung (s. §§ 455, 455a), über Zahlungserleichterungen (§ 459a) und die Anordnung der Vollstreckung der Ersatzfreiheitsstrafe (§ 459e). Die Vollstreckungsbehörde ist überdies zuständig für die Einleitung der Vollstreckung, die Strafzeitberechnung sowie die Bestimmung der Vollstreckungsreihenfolge bei mehreren vollstreckbaren Erkenntnissen (OLG Düsseldorf MDR 1991, 1193).

Abweichend hiervon ist im Jugendstrafverfahren der Jugendrichter Vollstreckungsleiter gem. § 82 Abs. 1 JGG; für Heranwachsende s. § 110 Abs. 1 JGG.

3 **II. Zuständigkeit. Sachlich** zuständig ist grds. die StA bei dem LG (§ 4 Nr. 1 StVollstrO). Nur sofern in erster Instanz das OLG befasst war, besteht eine originäre Zuständigkeit der Generalstaatsanwaltschaft oder des Generalbundesanwalts; Letzteres dann, wenn das OLG in den Fällen des Art. 96 Abs. 5 GG in Ausübung von Gerichtsbarkeit des Bundes entschieden hat (§ 4 Nr. 2, 3 StVollstrO). Weisungs- und Aufsichtsbefugnisse (§§ 146, 147 GVG) bestehen freilich auch in Vollstreckungssachen; die Aufsicht erstreckt sich zudem über die Vollstreckungsleitung des Jugendrichters, sofern dieser nicht gem. § 83 Abs. 1 JGG entscheidet (s. § 21 Abs. 1 Nr. 1 StVollstrO). Eine Notzuständigkeit der Generalstaatsanwaltschaft sieht § 6 StVollstrO vor.

4 **Örtlich** zuständig ist grds. die StA bei dem Gericht des ersten Rechtszuges (§ 7 Abs. 1 StVollstrO; § 143 Abs. 1 GVG).

Erfolgte eine Zurückverweisung der Sache durch das Revisionsgericht, so bemisst sich die Zuständigkeit der Vollstreckungsbehörde nach dem Gericht, an welches die Verweisung erfolgte (§ 7 Abs. 2 Satz 1 StVollstrO). Im Fall einer erneuten Hauptverhandlung in einem Wiederaufnahmeverfahren (§ 373) ist das Wiederaufnahmegericht in den Fällen der § 140a Abs. 1, Abs. 3 Satz 2 GVG ausschlaggebend. Bei der Vollstreckung von Gesamtstrafen ist gem. § 7 Abs. 4 StVollstrO für die Zuständigkeit das Gericht maßgeblich, das den Gesamtstrafenbeschluss erlassen hat. Eine Notzuständigkeit örtlich unzuständiger Vollstreckungsbehörden entsprechend § 143 Abs. 2 GVG sieht § 7 Abs. 3 StVollstrO vor. Außerhalb der örtlichen Zuständigkeit kann die Vollstreckungsbehörde ein Rechtsmittel wirksam nicht einlegen (s. OLG Koblenz, Beschl. v. 03.11.2009 – 2 Ws 516/09). Zur Möglichkeit einer länderübergreifenden Vollstreckungshilfe s. § 9 StVollstrO.

5 Die Aufgaben der Vollstreckungsbehörde werden **funktionell** grds. durch den Rechtspfleger wahrgenommen (§ 31 Abs. 2 Satz 1 RPflG). Dieser hat aber in den Fällen des § 31 Abs. 2a RPflG (Abweichung von einer ihm bekannten Stellungnahme des Staatsanwalts, Sachzusammenhang mit einer staatsanwaltschaftlichen Diensthandlung, Vorbehalt der Vorlage im Zusammenhang mit einem von diesem verhängten Ordnungs- oder Zwangsmittel) die Pflicht und in den Fällen des § 31 Abs. 2b RPflG (Bedenken gegen die Zulässigkeit der Vollstreckung, Anfechtung des Urteils durch Mitangeklagten mit dem Rechtsmittel der Revision) das Recht, die Sache dem Vollstreckungsstaatsanwalt vorzulegen. Etwaig erforderliche Stellungnahmen ggü. dem Gericht gibt grds. der Staatsanwalt ab (Meyer-Goßner/*Schmitt* § 451 Rn. 2; KK-StPO/*Appl* § 451 Rn. 8).

6 **III. Vollstreckbarkeitsbescheinigung.** Die Vollstreckung setzt eine – vom Urkundsbeamten der Geschäftsstelle des Gerichts anzubringende – **Vollstreckbarkeitsbescheinigung** (jedenfalls) der Urteilsformel (§ 268 Abs. 2, § 13 Abs. 2 StVollstrO) des Strafurteils (s. § 449 Rn. 4) oder einer in § 14 StVollstrO genannten Entscheidung voraus (zur Formulierung s. *Röttle/Wagner* Rn. 58). Zuständig für die Anbringung der Vollstreckbarkeitsbescheinigung, die in der Regel mit dem Rechtskraftvermerk identisch ist (Meyer-Goßner/*Schmitt* § 451 Rn. 11; KK-StPO/*Appl* § 451 Rn. 17), ist grds. der Urkundsbeamte der Geschäftsstelle des Gerichts des ersten Rechtszuges gem. § 13 Abs. 4 Satz 1 StVollstrO, der Urkundsbeamte der Geschäftsstelle beim Berufungsgericht gem. § 13 Abs. 4 Satz 2 StVollstrO dann, wenn gegen das Berufungsurteil keine Revision eingelegt wurde. Zum Verfahren bei Revisionseinlegung s. § 13 Abs. 5 StVollstrO. Zur Formulierung in Fällen der Teilrechtskraft s. Meyer-Goßner/*Schmitt* § 451 Rn. 14.

Der Urkundsbeamte muss die Entscheidung über die Anbringung der Vollstreckbarkeitsbescheinigung auch bei Zweifeln selbst treffen; eine Vorlage an das Gericht ist nicht möglich (KMR/*Paulus/Stöckel* § 451 Rn. 44). Er kann seine Entscheidung jedoch widerrufen, wenn er deren Unrichtigkeit nachträglich erkennt (s. dazu KK-StPO/*Appl* § 451 Rn. 22). Gegen die Ablehnung der Anbringung durch den Urkundsbeamten kann durch die Vollstreckungsbehörde das Gericht angerufen werden, dem dieser angehört (Meyer-Goßner/*Schmitt* § 451 Rn. 17; LG Cottbus, Beschl. v. 01 07.2009, 24 Qs 65/09); gegen dessen Entscheidung ist die Beschwerde gem. § 304 StPO eröffnet (str.; a.A. LG Marburg NStZ-RR 2014, 112: sofortige Beschwerde).

IV. Amtsanwälte in der Strafvollstreckung (Abs. 2). Die Übertragung der Zuständigkeit der Vollstreckung 7
auf Amtsanwälte i.R.d. § 145 Abs. 2 GVG durch Anordnung der Landesjustizverwaltung ist gem. **Abs. 2** möglich. Die praktische Bedeutung ist jedoch sehr gering.

V. Zuständigkeit bei Strafvollstreckungskammer aus anderem Gerichtsbezirk (Abs. 3). Die Zuständigkeit 8
der nach Rdn. 3 örtlich zuständigen StA wird nicht dadurch berührt, dass eine Strafvollstreckungskammer aus einem anderen Bezirk entscheidungsbefugt ist (**Abs. 3 Satz 1**). Jedoch besteht gem. Abs. 3 Satz 2 die Möglichkeit, die staatsanwaltschaftlichen Aufgaben von der Strafvollstreckungskammer auf die dort ansässige Behörde zu übertragen, wenn diese zustimmt und die Übertragung im Interesse des Verurteilten liegt.
Wird gegen eine Entscheidung der Strafvollstreckungskammer Beschwerde eingelegt, so ist das der Strafvollstreckungskammer übergeordnete OLG entscheidungsbefugt. Dort ist auch die für dieses OLG zuständige StA Verfahrensbeteiligter. Abs. 3 Satz 1 gilt insoweit nicht (vgl. Meyer-Goßner/*Schmitt* § 451 Rn. 21).

§ 452 Begnadigungsrecht

[1]In Sachen, in denen im ersten Rechtszug in Ausübung von Gerichtsbarkeit des Bundes entschieden worden ist, steht das Begnadigungsrecht dem Bund zu. [2]In allen anderen Sachen steht es den Ländern zu.

A. Grundsätzliches. Die Vorschrift regelt die Zuständigkeit für die Ausübung des Begnadigungsrechts. Das 1
Bestehen eines solchen setzt die Norm voraus.

B. Einzelfragen. Begnadigung ist zu begreifen als völliger oder teilweiser Straferlass nach Rechtskraft 2
des Strafurteils zur Herstellung von Einzelfallgerechtigkeit (Meyer-Goßner/*Schmitt* § 452 Rn. 1); eine Zustimmung des Betroffenen ist nicht erforderlich. Im Gegensatz zur sog. Amnestie, durch welche ein bestimmtes Verhalten in abstrakt-genereller Weise straffrei gestellt wird, handelt es sich bei der Begnadigung um eine Entscheidung der Exekutive im Einzelfall.

Dem **Bund** und damit dem Bundespräsidenten (Art. 60 Abs. 2 GG, wobei eine Übertragung nach Art. 60 3
Abs. 3 GG stattgefunden hat, vgl. dazu Meyer-Goßner/*Schmitt* § 452 Rn. 3) steht das Begnadigungsrecht in den Fällen zu, in denen gem. Art. 96 Abs. 5 GG die Gerichtsbarkeit des Bundes im Wege der Organleihe erstinstanzlich auf die Gerichte der Länder, namentlich den Oberlandesgerichten in § 120 GVG, übertragen ist.

In den übrigen Fällen steht das Begnadigungsrecht den **Ländern** zu (Satz 2). Die Regelungen hierzu finden 4
sich z.T. in den Landesverfassungen (Art. 47 Abs. 4 Bayerische Verfassung, Art. 81 Verfassung von Berlin), wobei eine genaue Ausgestaltung überwiegend in entsprechenden Verwaltungsvorschriften enthalten ist (s. dazu LR/*Graalmann-Scheerer* § 452 Rn. 6 f.).

Bei einer Begnadigung hinsichtlich einer Gesamtstrafenentscheidung, die Strafurteile unterschiedlicher Län- 5
der oder des Bundes und eines Landes beinhaltet, steht das Begnadigungsrecht derjenigen Körperschaft zu, deren Gericht die Gesamtstrafenentscheidung erlassen hat.

Auf die Ausübung des Begnadigungsrechts besteht kein Anspruch; ebenso wenig ist die Gnadenentscheidung 6
als solche justiziabel. Gegen den Widerruf von Gnadenentscheidungen ist hingegen der Rechtsweg nach §§ 23 ff. EGGVG eröffnet, da dem Betroffenen durch die Gnadenentscheidung eine geschützte Rechtsposition entstanden ist (BeckOK-StPO/*Coen* § 452 Rn. 5; weitergehende Nachweise bei KK-StPO/*Appl* § 452 Rn. 6 sowie Meyer-Goßner/*Schmitt* Vor § 23 EGGVG Rn. 17).

§ 453 Nachträgliche Entscheidung über Strafaussetzung zur Bewährung oder Verwarnung mit Strafvorbehalt

(1) [1]Die nachträglichen Entscheidungen, die sich auf eine Strafaussetzung zur Bewährung oder die Verwarnung mit Strafvorbehalt beziehen (§§ 56a bis 56g, 58, 59a, 59b des Strafgesetzbuches), trifft das Gericht ohne mündliche Verhandlung durch Beschluss. [2]Die Staatsanwaltschaft und der Angeklagte sind zu hören. [3] § 246a Absatz 2 und § 454 Absatz 2 Satz 4 gelten entsprechend. [4]Hat das Gericht über einen Widerruf der Strafaussetzung wegen Verstoßes gegen Auflagen oder Weisungen zu entscheiden, so soll es dem Verurteilten Gelegenheit zur mündlichen Anhörung geben. [5]Ist ein Bewährungshelfer bestellt, so unterrichtet ihn das Gericht, wenn eine Entscheidung über den Widerruf der Strafaussetzung oder den Straferlass in Betracht kommt; über Erkenntnisse, die dem Gericht aus anderen Strafverfahren bekannt geworden sind, soll es ihn unterrichten, wenn der Zweck der Bewährungsaufsicht dies angezeigt erscheinen lässt.
(2) [1]Gegen die Entscheidungen nach Absatz 1 ist Beschwerde zulässig. [2]Sie kann nur darauf gestützt werden, dass eine getroffene Anordnung gesetzwidrig ist oder dass die Bewährungszeit nachträglich verlängert worden ist. [3]Der Widerruf der Aussetzung, der Erlass der Strafe, der Widerruf des Erlasses, die Verurteilung zu der vorbehaltenen Strafe und die Feststellung, dass es bei der Verwarnung sein Bewenden hat (§§ 56f, 56g, 59b des Strafgesetzbuches), können mit sofortiger Beschwerde angefochten werden.

Übersicht

1 **A. Grundsätzliches.** Die Vorschrift regelt das Verfahren bei **gerichtlichen Entscheidungen**, die bei einer im Urteil erfolgten **Strafaussetzung zur Bewährung** sowie einer Verwarnung mit Strafvorbehalt (§ 59 StGB) **nachträglich erforderlich werden können** (Abs. 1), sowie die Rechtsbehelfe hiergegen (Abs. 2). Von Relevanz sind insb. der Widerruf der Strafaussetzung nach § 56f StGB sowie der Erlass der Strafe nach § 56g StGB.

2 **B. Anwendungsbereich.** Erforderlich für die Anwendbarkeit der Vorschrift ist, dass eine Strafe zur Bewährung ausgesetzt oder vorbehalten ist. Ist der nach § 268a mit dem Urteilserlass zu verkündende Bewährungsbeschluss gänzlich unterblieben, so ist eine Nachholung der Bewährungsentscheidungen nach § 453 nicht möglich (KK-StPO/*Appl* § 453 Rn. 3 m.w.N.; OLG Düsseldorf StV 2008, 512; a.A. Meyer-Goßner/*Schmitt* § 453 Rn. 2). In diesen Fällen hat es bei der Bewährungszeit beim gesetzlichen Minimum zu verbleiben und eine Verhängung von Auflagen und Weisungen ist nicht zulässig. Keinesfalls ist die Vorschrift anwendbar, wenn die Strafaussetzung als solche im Urteil – sei es auch versehentlich – nicht angeordnet worden ist (Meyer-Goßner/*Schmitt* § 453 Rn. 2).

3 Zur Anwendbarkeit bei Maßregeln der Besserung und Sicherung s. § 463 Abs. 1 und Abs. 2.

4 **C. Einzelfragen. I. Nachtragsentscheidungen (Abs. 1).** Abs. 1 Satz 2 bis 4 regelt die Anhörung von Beteiligten durch das Gericht, die der Entscheidung im Beschlusswege nach Abs. 1 Satz 1 voranzugehen hat. Nach Satz 2 sind der Betroffene und die StA, für die – da sie als Strafverfolgungsbehörde tätig wird (KK-StPO/*Appl* § 354 Rn. 6) – der Staatsanwalt und nicht der Rechtspfleger Stellung nimmt, anzuhören. Die Anhörung des Betroffenen kann insb. dann unterbleiben, wenn sein Aufenthalt, etwa bei Flucht oder Untertauchen, unbekannt ist. Eine mündliche Anhörung des Verurteilten ist lediglich in dem in Satz 4 genannten Fall des Widerrufs wegen der Verletzung von Auflagen und Weisungen vorgesehen. Die (als Sollvorschrift ausgestaltete) Anhörung ist in der Regel zwingend (OLG München StV 2009, 540; OLG Hamm, Beschl. v. 28.02.2017, 1 Ws 111/17) und jedenfalls in den Fällen durchzuführen, in denen hierdurch eine weitere Sachaufklärung zu erwarten ist (OLG Frankfurt NStZ-RR 1996, 91; Meyer-Goßner/*Schmitt* § 453 Rn. 7 m.w.N.), wobei dies nach OLG Köln, Beschl. vom 31.08.2012 – 2 Ws 635/12, nicht ohne Weiteres aufgrund der Aktenlage verneint werden kann. Wird dem Verurteilten im Fall eines Auflagenverstoßes i.R.d. Anhörung eine Frist zur Erfüllung der Auflage gewährt, so ist dieser – wenn er die Auflage auch dann nicht erfüllt – vor Widerruf in der Regel erneut anzuhören (OLG München, Beschl. v. 11.08.2011, 1 Ws 674–676/11; vgl. auch KG, Beschl. v. 06.03.2017, 5 Ws 25/17); auch sonstige nach der Anhörung eingetretenen relevanten Tatsachen können zur erforderlichen Wahrung rechtlichen Gehörs eine erneute Anhörung erforderlich machen (OLG Stuttgart NStZ 2020, 119). Aus der Ladung zur Anhörung muss deutlich werden, welche Verfahren von der Anhörung betroffen sein sollen (OLG Hamm, Beschl. vom 19.03.2015, 1 Ws 646/14). Im Fall der Versäumung einer zur Anhörung gesetzten Frist findet nach OLG Stuttgart, Beschl. v. 11.06.2015,

4 Ws 220/15, Wiedereinsetzung in den vorigen Stand nicht statt. Zur Möglichkeit der Durchführung der Anhörung mittels Bild- und Tonübertragung s. nunmehr § 463e.
Satz 3 sieht die Einholung eines Sachverständigengutachtens in den Fällen des § 246a Abs. 2 vor. Für das Absehen von einer mündlichen Anhörung des Sachverständigen gilt § 454 Abs. 2 Satz 4 (Verzicht des Verurteilten, des Verteidigers und der Staatsanwaltschaft) entsprechend.
Die mündliche Anhörung nach Abs. 1 Satz 4 kann jedoch unterbleiben, wenn der Auflagenverstoß i.R.d. Widerrufsentscheidung neben von dem Verurteilten begangenen neuen Straftaten nicht wesentlich ins Gewicht fällt (KK-StPO/*Appl* § 453 Rn. 7). Die Anhörung kann nicht zwangsweise durchgesetzt werden; verzichtet der Verurteilte – sei es auch durch Nichtwahrnehmung des Anhörungstermins konkludent – so ist die Anhörung entbehrlich. Wird hingegen eine erforderliche Anhörung nicht durchgeführt, führt dies i.R.d. Beschwerdeverfahrens zur Aufhebung des angefochtenen Beschlusses und Zurückverweisung. Nach Rechtskraft kommt eine Geltendmachung im Wege der Gegenvorstellung unter entsprechender Anwendung des Nachverfahrens nach § 33a in Betracht (OLG Karlsruhe Justiz 2003, 272).
Die Beteiligung des Bewährungshelfers regelt Abs. 1 Satz 5 (zum Zweck der Einbindung s. HansOLG Bremen, Beschl. v. 04.11.2009, StV 2010, 310 Ls.).
Zuständig für die Entscheidungen nach § 453 ist grds. das Gericht des ersten Rechtszuges (§ 462a Abs. 2), die Strafvollstreckungskammer nur dann, wenn und solange (s. BGHSt 54, 13) sich der Verurteilte in anderer Sache in Strafhaft befindet. 5

II. Rechtsbehelfe (Abs. 2). Abs. 2 differenziert hinsichtlich der **statthaften Rechtsbehelfe**: Grds. sind Entscheidungen nach Abs. 1 mit der (einfachen) Beschwerde anfechtbar (Abs. 2 Satz 1). Dies gilt für eine getroffene Anordnung ebenso wie für die Ablehnung einer solchen (OLG München NStZ 1988, 524). Für die Entscheidungen, welche die Vollstreckbarkeit des Urteils selbst betreffen und daher entweder unmittelbar zu einer Vollstreckbarkeit führen oder das Verfahren beenden, ist hingegen – da insoweit ein Erwachsen der Entscheidung in Rechtskraft erforderlich ist – die sofortige Beschwerde möglich (Abs. 2 Satz 3). Für die einfache Beschwerde verbleiben somit insb. Entscheidungen über die nachträgliche Änderung oder Anordnung von Auflagen, der Bewährungszeit sowie die nachträgliche Beiordnung eines Bewährungshelfers. Auch die Entscheidung, durch die eine beantragte Verlängerung der Bewährungszeit abgelehnt wird, ist seitens der StA mit der einfachen Beschwerde anfechtbar (KK-StPO/*Appl* § 453 Rn. 17; OLG Stuttgart NStZ 2000, 500; a.A. OLG Hamm NStZ 2010, 105). 6
Soweit die **einfache Beschwerde** statthaft ist (Abs. 2 Satz 1), schränkt Abs. 2 Satz 2 den Prüfungsumfang auf die Gesetzmäßigkeit der ergangenen Entscheidung ein; einzig im Fall einer nachträglichen Verlängerung der Bewährungszeit ist die Entscheidung durch das Beschwerdegericht in vollem Umfang zu überprüfen. I.R.d. Prüfung der Gesetzmäßigkeit der Entscheidung sind jedoch insb. Ermessensfehler (OLG Hamburg NStZ 2012, 325) und der Grundsatz der Verhältnismäßigkeit zu prüfen (OLG München NStZ-RR 2012, 221; Meyer-Goßner/*Schmitt* § 453 Rn. 12); eine Zurückverweisung kann angezeigt sein, wenn der Beschluss des Erstgerichts nicht begründet ist und deshalb die ermessensrelevanten Erwägungen für das Beschwerdegericht nicht erkennbar sind (vgl. OLG Nürnberg, Beschl. v. 21.01.2011, 1 Ws 713/10). I.Ü. darf das Beschwerdegericht aber nicht sein eigenes Ermessen an die Stelle des Ermessens des Ausgangsgerichts setzen (KK-StPO/*Appl* § 453 Rn. 12). Eine rechtsfehlerhaft unterbliebene Anhörung kann nach OLG Köln, Beschl. v. 31.08.2012 – 2 Ws 635/12, im Beschwerdeverfahren nicht nachgeholt werden. 7
I.R.d. **sofortigen Beschwerde** nach Abs. 2 Satz 3 ist der Prüfungsumfang hingegen nicht beschränkt. Nach herrschender Meinung ist die sofortige Beschwerde auch dann statthaft, wenn eine der in Abs. 2 Satz 3 genannten Entscheidungen vom Gericht nicht getroffen, sondern abgelehnt wird (s. bspw. OLG Stuttgart NStZ 1995, 53; OLG Düsseldorf NStZ-RR 2002, 28; OLG Hamburg NStZ-RR 2005, 221; a.A. OLG Köln NStZ 1995, 151; krit. KK-StPO/*Appl* § 453 Rn. 16). 8

§ 453a Belehrung bei Strafaussetzung oder Verwarnung mit Strafvorbehalt

(1) [1]Ist der Angeklagte nicht nach § 268a Abs. 3 belehrt worden, so wird die Belehrung durch das für die Entscheidungen nach § 453 zuständige Gericht erteilt. [2]Der Vorsitzende kann mit der Belehrung einen beauftragten oder ersuchten Richter betrauen.

(2) Die Belehrung soll außer in Fällen von geringer Bedeutung mündlich erteilt werden.

(3) [1]Der Angeklagte soll auch über die nachträglichen Entscheidungen belehrt werden. [2]Absatz 1 gilt entsprechend.

1 **A. Grundsätzliches.** Die Vorschrift regelt die Nachholung der bei Strafaussetzung vorgesehenen Belehrung.

2 **B. Einzelfragen. I. Nachholung der Belehrung (Abs. 1).** Die **Nachholung der Belehrung** nach § 268a Abs. 3 (Rechtsfolgen der Strafaussetzung zur Bewährung) sieht **Abs. 1** vor, unabhängig davon, ob die Belehrung vom Tatrichter vergessen wurde oder sie aus anderen Gründen (etwa wegen der Abwesenheit des Angeklagten) unterblieben ist. Im Fall des Unterbleibens der Belehrung kann bei der Prüfung des Bewährungswiderrufs bei Weisungsverstößen im Rahmen der Abwägung der Beharrlichkeit des Weisungsverstoßes Berücksichtigung finden (OLG Dresden, Beschl. vom 04.02.2019 – 2 Ws 39/19, juris).

3 Die **Zuständigkeit** liegt grds. beim Gericht des ersten Rechtszugs (§§ 453, 462a), bei der Strafvollstreckungskammer nur dann, wenn sich der Verurteilte in anderer Sache in Strafhaft befindet (§ 462a Abs. 4 Satz 3). § 462a Abs. 4 Satz 1 (Zuständigkeitskonzentration) und § 462a Abs. 2 Satz 2 (Übertragung auf das Wohnortgericht) können abweichende Zuständigkeiten begründen. Die Betrauung eines beauftragten oder ersuchten (§ 157 GVG) Richters ist gem. Abs. 1 Satz 2 möglich. Die Belehrung hat aber stets durch einen Richter zu erfolgen (LR/*Graalmann-Scheerer* § 453a Rn. 2).

4 **II. Mündlichkeit der Belehrung (Abs. 2).** Die Belehrung soll nach Abs. 2 **mündlich** erfolgen. Fälle geringer Bedeutung, bei denen eine schriftliche Belehrung ausreichend ist, sind in der Regel nur Verurteilungen zu einer Verwarnung mit Strafvorbehalt (§ 59 StGB; Meyer-Goßner/*Schmitt* § 453a Rn. 2). Zwar erfolgt gem. § 409 Abs. 2 Satz 2 bei Verurteilung im Strafbefehlswege zu einer Freiheitsstrafe von bis zu einem Jahr auch eine lediglich schriftliche Belehrung, doch ist dort durch den bestellten Verteidiger (§ 408b) eine adäquate Information über die Folgen der Strafaussetzung zur Bewährung sichergestellt; eine Freiheitsstrafe von 1 Jahr ist daher kein Fall geringer Bedeutung i.S.d. § 453b, bei dem eine schriftliche Belehrung grds. ausreicht (in diesem Sinne auch KK-StPO/*Appl* § 453a Rn. 2).
Eine Vorführung zur Belehrung ist hingegen nicht möglich (OLG Celle MDR 1963, 523), sodass – wenn diese ansonsten erforderlich wäre – eine schriftliche Belehrung genügt (KK-StPO/*Appl* § 453a Rn. 2). Die Belehrung ist aktenkundig zu machen (BeckOK-StPO/*Coen* § 453a Rn. 2).

5 **III. Folgen einer unterbliebenen Belehrung.** Unterbleibt auch die nachträgliche Belehrung nach Abs. 1, so ändert dies an der Wirksamkeit des Urteils oder Strafbefehls nichts (Meyer-Goßner/*Schmitt* § 453a Rn. 1); jedoch kann im Fall einer ggf. notwendigen Entscheidung über einen Bewährungswiderruf problematisch sein, ob sich der Verurteilte insb. der Konsequenz eines Verstoßes gegen Weisungen und Auflagen bewusst war (s. KK-StPO/*Appl* § 453a Rn. 1; OLG Dresden RPfleger 2019, 421). Ein Bewährungswiderruf ist aber auch bei unterbliebener Belehrung nicht grundsätzlich ausgeschlossen (OLG Köln, Beschl. vom 26.09.2011 – 2 Ws 602/11; MüKo-StPO/*Nestler*, § 453a Rn. 4).

6 **IV. Belehrung bei nachträglichen Entscheidungen (Abs. 3).** Nach **Abs. 3** soll das Gericht auch über die **nachträglichen Entscheidungen** (insb. § 56a Abs. 2 StGB) belehren. Die Zuständigkeit entspricht der in Abs. 1. Eine mündliche Belehrung ist – mangels Verweisung auf Abs. 2 (Meyer-Goßner/*Schmitt* § 453a Rn. 3) – nicht erforderlich.

§ 453b Bewährungsüberwachung

(1) Das Gericht überwacht während der Bewährungszeit die Lebensführung des Verurteilten, namentlich die Erfüllung von Auflagen und Weisungen sowie von Anerbieten und Zusagen.
(2) Die Überwachung obliegt dem für die Entscheidungen nach § 453 zuständigen Gericht.

1 **A. Grundsätzliches.** Die Vorschrift weist dem Gericht die **Aufgabe der Überwachung** der Lebensführung des zu einer Bewährungsstrafe oder einer Verwarnung mit Strafvorbehalt Verurteilten zu. Eine selbstständige Eingriffsgrundlage stellt sie hingegen nicht dar (BVerfG NJW 1995, 2279 [2280]; KK-StPO/*Appl* § 453b Rn. 1a); die ermittlungsrichterlichen Befugnisse (etwa nach § 94) stehen dem Gericht im Rahmen einer Überwachung nicht zur Verfügung (LR/*Graalmann-Scheerer* § 453b Rn. 4). Die Regelung gilt nicht, wenn

die Strafaussetzung im Gnadenwege (§ 452) erfolgt ist; die Überwachung ist dann Aufgabe der Gnadenbehörde (Meyer-Goßner/*Schmitt* § 453b Rn. 1; KK-StPO/*Appl* § 453b Rn. 4).

B. Einzelfragen. Lebensführung ist das Gesamtverhalten des Verurteilten, soweit es für die Entscheidungen nach § 453 relevant sein kann (KK-StPO/*Appl* § 453b Rn. 1a; *Pfeiffer* § 453b Rn. 2). Von Bedeutung sind insoweit insb. die gesetzlich genannten Umstände der zuverlässigen Erfüllung von Auflagen (§ 56b StGB) und Weisungen (§ 56c StGB), überdies aber auch eine etwaige erneute Straffälligkeit. 2

Zuständig für die Bewährungsüberwachung ist das **für die Entscheidungen nach § 453 zuständige Gericht.** Dies gilt auch im Jugendstrafverfahren (s. BGH NStZ 1997, 100). Das Gericht kann sich zur Erfüllung der Aufgabe der Gerichtshilfe (§ 463d) oder des Bewährungshelfers (BeckOK-StPO/*Coen* § 453b Rn. 3; vgl. § 56d Abs. 3 Satz 2, Abs. 4 Satz 2 StGB) bedienen. Die StA ist hingegen an der Bewährungsüberwachung als solcher nicht beteiligt (LR/*Graalmann-Scheerer* § 453b Rn. 4). 3

§ 453c Vorläufige Maßnahmen vor Widerruf der Aussetzung

(1) Sind hinreichende Gründe für die Annahme vorhanden, dass die Aussetzung widerrufen wird, so kann das Gericht bis zur Rechtskraft des Widerrufsbeschlusses, um sich der Person des Verurteilten zu versichern, vorläufige Maßnahmen treffen, notfalls, unter den Voraussetzungen des § 112 Abs. 2 Nr. 1 oder 2, oder, wenn bestimmte Tatsachen die Gefahr begründen, dass der Verurteilte erhebliche Straftaten begehen werde, einen Haftbefehl erlassen.

(2) [1]Die auf Grund eines Haftbefehls nach Absatz 1 erlittene Haft wird auf die zu vollstreckende Freiheitsstrafe angerechnet. [2] § 33 Abs. 4 Satz 1 sowie die §§ 114 bis 115a, 119 und 119a gelten entsprechend.

Übersicht

A. Grundsätzliches. Die Vorschrift regelt **vorläufige Maßnahmen des Gerichts zur Sicherung der Strafvollstreckung** im Fall eines bevorstehenden Bewährungswiderrufs, insb. den Erlass eines sog. Sicherungshaftbefehls. Insoweit entspricht sie vor Rechtskraft des Widerrufsbeschlusses der Regelung des § 457 (BeckOK-StPO/*Coen* § 453c Rn. 2). 1

B. Einzelfragen. I. Aussetzung. Die in Abs. 1 genannte Aussetzung (zur Bewährung) erfasst neben den Fällen des § 56 StGB auch den drohenden Widerruf einer Strafrestbewährung nach § 57 bzw. § 57a StGB, ebenso freiheitsentziehende Maßregeln der Besserung und Sicherung (§ 463 Abs. 1), nicht jedoch Maßnahmen, die lediglich die Änderung der Vollstreckungsreihenfolge (§ 67 Abs. 2, 3 StGB; Meyer-Goßner/*Schmitt* § 453c Rn. 2) oder keine Freiheitsentziehung betreffen, wie bspw. bei der Verwarnung mit Strafvorbehalt (§§ 59a, 59b StGB) oder beim Berufsverbot (§§ 70a, 70b StGB). Die Vorschrift gilt auch im Jugendstrafrecht (§ 2 JGG) und zwar auch in den Fällen der sog. »Vorbewährung« (OLG Karlsruhe NStZ 1983, 92). Der bevorstehende Widerruf einer im Gnadenweg ausgesetzten Strafe eröffnet den Anwendungsbereich der Vorschrift hingegen nicht (KK-StPO/*Appl* § 453c Rn. 1). 2

II. Hinreichende Gründe. Hinreichende Gründe für die Annahme eines Widerrufs sind vorhanden, wenn ein Widerruf mit hoher Wahrscheinlichkeit zu erwarten ist (Meyer-Goßner/*Schmitt* § 453c Rn. 3; OLG Nürnberg, Beschl. vom 08.10.2008, 2 Ws 443/08). Im Anschluss an die Rspr. des EGMR (NJW 2004, 43) wird teilweise nunmehr für den Erlass einer Maßnahme nach § 453c beim drohenden Widerruf wegen der Begehung einer neuen Straftat (§ 56f Abs. 1 Nr. 1 StGB) eine rechtskräftige Verurteilung wegen dieser Tat verlangt (vgl. auch die Nachw. bei Meyer-Goßner/*Schmitt* § 453c Rn. 4). Gerade auch im Hinblick auf den Charakter des § 453c als vorläufige und verfahrenssichernde Maßnahme sollte darüber hinaus jedenfalls auch das vor einem Richter abgelegte glaubhafte Geständnis hinsichtlich der neuen Straftat eine hinreichende Wahrscheinlichkeit hinsichtlich der Begehung der neuen Tat begründen können (so auch OLG Nürnberg NJW 2004, 2032; KK-StPO/*Appl* § 453c Rn. 3; Graf/*Klein* § 453c Rn. 4; vgl. auch BVerfG NJW 2005, 817). 3

III. Sicherungshaftbefehl. Der **Erlass eines Sicherungshaftbefehls** setzt das Vorliegen des Haftgrundes der Flucht (§ 112 Abs. 2 Nr. 1) oder der Fluchtgefahr (§ 112 Abs. 2 Nr. 2) oder die Gefahr voraus, dass der Verurteilte erhebliche Straftaten begehen wird. 4

5 In dem Sicherungshaftbefehl ist die maximale Haftdauer in Gestalt der zu verbüßenden Strafe zu beziffern; eine Vollstreckung des Sicherungshaftbefehls darüber hinaus ist unzulässig (OLG Schleswig, Beschl. v. 04.03.1981 – 1 Ws 48/81). Die aufgrund des Sicherungshaftbefehls vollstreckte Haft wird gem. Abs. 2 Satz 1 auf die zu verbüßende Freiheitsstrafe angerechnet; führt dies zu einer vollständigen Verbüßung der Strafe, gebietet der Verhältnismäßigkeitsgrundsatz einen baldmöglichen Erlass der Strafe (OLG Celle NStZ-RR 2011, 122). Die Vorschriften über die Untersuchungshaft gelten – soweit in Abs. 2 Satz 2 auf diese verwiesen wird – entsprechend. Die Regelungen über die Haftprüfung (§ 117 und § 118; vgl. auch LG Freiburg NStZ 1989, 387) und die Aussetzung des Vollzuges (§ 116 und § 116a, a.A. LG Flensburg Rpfleger 1984, 112) sind daher nicht anwendbar.

6 Vor Erlass eines Sicherungshaftbefehls sind aus Gründen der Verhältnismäßigkeit – soweit möglich – sonstige Maßnahmen zu treffen, etwa die Ausschreibung zur Aufenthaltsermittlung (OLG Celle NStZ 2004, 627; nach OLG Braunschweig, Beschl. vom 11.09.2013, 1 Ws 258/13, auch die befristete Invollzugsetzung einer Unterbringung nach § 67h StGB).

7 **IV. Zuständigkeit.** Die **Zuständigkeit des Gerichts** entspricht der Zuständigkeit des für den Erlass des Widerrufsbeschlusses (§ 56f StGB, § 453) zuständigen Gerichts; zum Erlass ist somit grds. das Gericht erster Instanz berufen, die Strafvollstreckungskammer nur im Fall des § 462a Abs. 1 Satz 1. In letzterem Fall gilt im Jugendstrafrecht § 82 Abs. 1 JGG.

8 **V. Rechtsbehelfe.** Gegen die Entscheidung des Gerichts ist die **(einfache) Beschwerde** (§ 304) statthaft (vgl. aber OLG Hamburg NStZ-RR 2002, 381). Die weitere Beschwerde nach § 310 Abs. 1 ist hingegen nicht eröffnet (hM; OLG Frankfurt NStZ-RR 2002, 15; OLG Köln, Beschl. v. 23.12.2010 – 2 Ws 845/10; OLG Braunschweig, Beschl. v. 27.05.2013 – 1 Ws 125/13).

§ 454 Aussetzung des Restes einer Freiheitsstrafe zur Bewährung

(1) [1]Die Entscheidung, ob die Vollstreckung des Restes einer Freiheitsstrafe zur Bewährung ausgesetzt werden soll (§§ 57 bis 58 des Strafgesetzbuches) sowie die Entscheidung, dass vor Ablauf einer bestimmten Frist ein solcher Antrag des Verurteilten unzulässig ist, trifft das Gericht ohne mündliche Verhandlung durch Beschluss. [2]Die Staatsanwaltschaft, der Verurteilte und die Vollzugsanstalt sind zu hören. [3]Der Verurteilte ist mündlich zu hören. [4]Von der mündlichen Anhörung des Verurteilten kann abgesehen werden, wenn

1. die Staatsanwaltschaft und die Vollzugsanstalt die Aussetzung einer zeitigen Freiheitsstrafe befürworten und das Gericht die Aussetzung beabsichtigt,

2. der Verurteilte die Aussetzung beantragt hat, zur Zeit der Antragstellung

a) bei zeitiger Freiheitsstrafe noch nicht die Hälfte oder weniger als zwei Monate,

b) bei lebenslanger Freiheitsstrafe weniger als dreizehn Jahre

c) der Strafe verbüßt hat und das Gericht den Antrag wegen verfrühter Antragstellung ablehnt oder

3. der Antrag des Verurteilten unzulässig ist (§ 57 Abs. 7, § 57a Abs. 4 des Strafgesetzbuches).

[5]Das Gericht entscheidet zugleich, ob eine Anrechnung nach § 43 Abs. 10 Nr. 3 des Strafvollzugsgesetzes ausgeschlossen wird.

(2) [1]Das Gericht holt das Gutachten eines Sachverständigen über den Verurteilten ein, wenn es erwägt, die Vollstreckung des Restes

1. der lebenslangen Freiheitsstrafe auszusetzen oder

2. einer zeitigen Freiheitsstrafe von mehr als zwei Jahren wegen einer Straftat der in § 66 Abs. 3 Satz 1 des Strafgesetzbuches bezeichneten Art auszusetzen und nicht auszuschließen ist, dass Gründe der öffentlichen Sicherheit einer vorzeitigen Entlassung des Verurteilten entgegenstehen.

[2]Das Gutachten hat sich namentlich zu der Frage zu äußern, ob bei dem Verurteilten keine Gefahr mehr besteht, dass dessen durch die Tat zutage getretene Gefährlichkeit fortbesteht. [3]Der Sachverständige ist mündlich zu hören, wobei der Staatsanwaltschaft, dem Verurteilten, seinem Verteidiger und der Vollzugsanstalt Gelegenheit zur Mitwirkung zu geben ist. [4]Das Gericht kann von der mündlichen Anhörung des Sachverständigen absehen, wenn der Verurteilte, sein Verteidiger und die Staatsanwaltschaft darauf verzichten.

(3) [1]Gegen die Entscheidungen nach Absatz 1 ist sofortige Beschwerde zulässig. [2]Die Beschwerde der Staatsanwaltschaft gegen den Beschluss, der die Aussetzung des Strafrestes anordnet, hat aufschiebende Wirkung.

(4) [1]Im Übrigen sind § 246a Absatz 2, § 268a Absatz 3, die §§ 268d, 453, 453a Absatz 1 und 3 sowie die §§ 453b und 453c entsprechend anzuwenden. [2]Die Belehrung über die Aussetzung des Strafrestes wird mündlich erteilt; die Belehrung kann auch der Vollzugsanstalt übertragen werden. [3]Die Belehrung soll unmittelbar vor der Entlassung erteilt werden.

Übersicht

1 **A. Grundsätzliches.** Die Vorschrift enthält Verfahrensregelungen bei der Aussetzung eines Strafrestes oder einer lebenslangen Freiheitsstrafe zur Bewährung, insb. die Anhörung des Verurteilten (Abs. 1) sowie die Einholung eines externen Sachverständigengutachtens im Aussetzungsverfahren (Abs. 2). Sie gilt nach Maßgabe der § 463 Abs. 3, 4 auch für freiheitsentziehende Maßregeln der Besserung und Sicherung.

2 **B. Einzelfragen. I. Einleitung eines Verfahrens zur Überprüfung der Voraussetzungen einer Strafrestaussetzung zur Bewährung.** Die Entscheidung über die Strafaussetzung zur Bewährung einer zeitigen (§ 57 StGB) oder lebenslangen (§ 57a StGB) Freiheitsstrafe trifft das Gericht auf Antrag oder von Amts wegen. Auf die Ersatzfreiheitsstrafe ist die Vorschrift nicht anwendbar, da hier eine Strafrestaussetzung nicht möglich ist (s. OLG Celle NStZ 1998, 533; OLG Oldenburg NStZ-RR 2007, 253; sowie die Nachweise in § 459e Rn. 6; für eine Aussetzungsmöglichkeit de lege ferenda *Schatz* ZRP 2002, 438). Für die Entscheidung ist, wenn sich der Verurteilte zum Entscheidungszeitpunkt in Strafhaft befindet, regelmäßig die Strafvollstreckungskammer zuständig (§ 462a Abs. 1 Satz 1; zu den Einzelheiten s. § 462a Rdn. 2 ff.).

3 **1. Prüfung auf Antrag.** Über einen gestellten **Antrag** muss das Gericht in jedem Fall entscheiden und zwar in angemessener Zeit (OLG Karlsruhe MDR 1977, 861). Ist dieser mehrere Monate verfrüht (Meyer-Goßner/*Schmitt* § 454 Rn. 3) oder vor einer nach § 57 Abs. 7 StGB bzw. § 57a Abs. 4 StGB gesetzten Frist gestellt, kommt eine Verwerfung wegen Unzulässigkeit in Betracht.

4 **Antragsberechtigt** ist neben dem Verurteilten und für diesen sein Verteidiger und ggf. sein gesetzlicher Vertreter die StA. Der Antrag sonstiger Personen, mögen sie auch im Erkenntnisverfahren beteiligt gewesen sein, wie z.B. Privat- oder Nebenkläger, kann lediglich eine Anregung an das Gericht, von Amts wegen zu entscheiden, darstellen (LR/*Graalmann-Scheerer* § 454 Rn. 13; KMR/*Stöckel* § 454 Rn. 16).

5 **2. Verfahrenseinleitung von Amts wegen. Von Amts wegen** entscheidet das Gericht vor Ablauf von 2/3 der zu vollstreckenden Freiheitsstrafe (§ 57 Abs. 1 StGB), bzw. – soweit die Erstverbüßerregelung des § 57 Abs. 2 StGB greift (s. § 454b Rdn. 5) – vor Ablauf der Hälfte der zu verbüßenden Strafe (zum gemeinsamen Entscheidungszeitpunkt bei Anschlussvollstreckungen, s. § 454b). Erfolgt eine ablehnende Entscheidung zum Halbstrafenzeitpunkt, so macht dies eine erneute Entscheidung von Amts wegen zum 2/3-Zeitpunkt nicht entbehrlich (LR/*Graalmann-Scheerer* § 454 Rn. 11; KK-StPO/*Appl* § 454 Rn. 6; a.A. die wohl h.M., OLG Oldenburg StV 1987, 70; Meyer-Goßner/*Schmitt* § 454 Rn. 5 m.w.N.; BeckOK-StPO/*Coen* § 454 Rn. 3). Bei lebenslanger Freiheitsstrafe erfolgt die Prüfung vor Verbüßung von 15 Jahren der Freiheitsstrafe. Solange jedoch der Verurteilte seine für die Strafaussetzung erforderliche Einwilligung (§ 57 Abs. 1 Satz 1 Nr. 3 [ggf. i.V.m. Abs. 2], § 57a Abs. 1 Satz 1 Nr. 3 StGB; dazu ausführlich KMR/*Stöckel* § 454 Rn. 9 f.) nicht erteilt hat, wird das Verfahren von Amts wegen nicht eingeleitet.

6 Die Entscheidung ergeht durch **Beschluss**, der gem. § 34 zu begründen ist und der Zustellung (auch an den Verurteilten, KMR/*Stöckel* § 454 Rn. 72) bedarf. Ein Aktenvermerk ist auch in dem von Amts wegen eingeleiteten Verfahren nicht ausreichend (vgl. LR/*Graalmann-Scheerer* § 454 Rn. 11; *Pfeiffer* § 454 Rn. 10 m.w.N. auch zur Gegenansicht). Etwas anderes soll nach herrschender Meinung dann gelten, wenn der Verurteilte sein Einverständnis mit der bedingten Entlassung nicht erklärt hat (KMR/*Stöckel* § 454 Rn. 69; OLG Düsseldorf NStZ 1994, 454; OLG Zweibrücken NStZ-RR 2001, 311).

7 Zugleich entscheidet das Gericht gem. Abs. 1 Satz 5, ob eine Anrechnung von Freistellungstagen nach § 43 Abs. 10 Nr. 3 StVollzG (im Einzelfall) unterbleibt, weil die Entlassung aus Gründen, die in den Lebensverhältnissen des Gefangenen oder den von der die Entlassung zu erwartenden Wirkungen liegen, zu einem bestimmten Zeitpunkt erfolgen soll.

8 **II. Anhörung der Verfahrensbeteiligten (Abs. 1 Sätze 2 und 3). 1. StA.** Die **StA** ist vor der Entscheidung anzuhören, was sich bereits aus § 33 Abs. 2 ergibt. Da diese als Strafverfolgungsbehörde tätig wird, wird die Stellungnahme durch den Staatsanwalt und nicht durch den Rechtspfleger abgegeben. Die StA wird regelmäßig einen bestimmten Antrag stellen (LR/*Graalmann-Scheerer* § 454 Rn. 16).

9 **2. Justizvollzugsanstalt.** Auch die **Justizvollzugsanstalt** und zwar diejenige, in der sich der Verurteilte z.Zt. der Befassung des Gerichts befindet (bei kurzfristiger Verlegung auch die Anstalt, in der sich der Verurteilte zuvor befand, vgl. OLG Hamburg MDR 1957, 311), oder – sofern er bereits entlassen ist – zuletzt befunden hat (*Pfeiffer* § 454 Rn. 3), ist anzuhören. Diese soll zu dem vollzuglichen Verhalten des Verurteilten, insb. zu Faktoren, die für die Sozialprognose des Verurteilten relevant sind, Stellung nehmen. Eine Stellungnahme ist auch dann einzuholen, wenn sich der Verurteilte aufgrund anzurechnender Untersuchungshaft bereits wieder in Freiheit befindet, es sei denn, dass der Entlassungszeitpunkt so lange zurückliegt, dass sich aus dem Vollzugsverhalten keine Rückschlüsse auf die Sozialprognose mehr ziehen lassen (KMR/*Stöckel* § 454 Rn. 40; vgl. OLG Düsseldorf NStZ 1988, 95). Zum Verfahren s. § 36 Abs. 2 StVollstrO. Der Verurteilte hat Rahmen seines Rechts auf Gewährung rechtlichen Gehörs einen Anspruch darauf, dass er bis zum Zeitpunkt seiner Anhörung von der Stellungnahme der Justizvollzugsanstalt Kenntnis nehmen kann (BVerfG NJW 1964, 293).

10 **3. Verurteilter.** Der Verurteilte ist grds. – auch wenn zu seinen Gunsten entschieden werden soll (OLG Hamm NStZ-RR 2010, 191) – **mündlich zu hören** (Abs. 1 Satz 3), wobei die Ergebnisse der Anhörung zu dokumentieren sind (OLG Hamm NStZ-RR 2004, 383; KG NStZ 2007, 119). Er hat das Recht auf Anwesenheit eines Rechtsbeistandes seines Vertrauens (BVerfG NJW 1993, 2301 ff.; OLG Saabrücken NStZ 2011, 479). Durch die mündliche Anhörung soll einerseits dem Verurteilten rechtliches Gehör gewährt werden, andererseits aber auch dem Gericht ermöglicht werden, sich den für die Entscheidung regelmäßig erforderlichen persönlichen Eindruck von dem Verurteilten zu verschaffen (Meyer-Goßner/*Schmitt* § 454 Rn. 16). Ein zu großer zeitlicher Abstand zwischen Anhörung und Entscheidung kann das Recht des Verurteilten auf rechtliches Gehör beeinträchtigen (s. OLG Hamm, Beschl. vom 20.11.2018, 1 Ws 556/18, juris). Ebenso können zwischenzeitlich auftretende entscheidungserhebliche Umstände eine erneute Anhörung des Verurteilten (auch) hierzu erforderlich machen (OLG München, StV 2018, 345). Die Anhörung hat durch das für die Entscheidung zuständige Gericht zu erfolgen; eine Übertragung auf die Justizvollzugsanstalt ist nicht möglich. Bei Kollegialgerichten ist eine Anhörung regelmäßig, aber nicht stets in voller Besetzung erforderlich (OLG Düsseldorf NStZ-RR 2002, 191; OLG Rostock NStZ 2002, 109; vgl. aber auch OLG Koblenz, MDR 1977, 160; OLG Frankfurt NStZ-RR 1997, 29; NStZ-RR 2010, 188; BeckOK-StPO/*Coen* § 454 Rn. 6; *Pfeiffer* § 454 Rn. 6); vielmehr ist es – insb. in Fällen geringerer Bedeutung – möglich, ein Mitglied des Spruchkörpers als **beauftragten Richter** mit der Anhörung zu betrauen (s. ausf. LR/*Graalmann-Scheerer* § 454 Rn. 30 ff. sowie OLG Stuttgart NStZ-RR 2015, 230 f.; OLG Braunschweig, Beschl. vom 11.08.2014, 1 Ws 205/14, juris). Bei Entscheidungen über die Aussetzung einer lebenslangen Freiheitsstrafe nach § 57a StGB (OLG Brandenburg NStZ 1996, 406 [407]) sowie der Maßregel der Sicherungsverwahrung (OLG Nürnberg NStZ-RR 2004, 318; StraFo 2008, 440) ist jedoch die Anhörung durch das Gericht in voller Besetzung erforderlich (zur Unterbringung nach § 63 StGB s. OLG München, Beschl. vom 07.10.2014, 1 Ws 703/14).

11 In Ausnahmefällen kommt die Übertragung auf einen **ersuchten Richter** (§ 157 Abs. 1 GVG) in Betracht (BGHSt 28, 138 [142 f.]; OLG Düsseldorf NJW 1976, 256; KMR/*Stöckel* § 454 Rn. 54); hierbei sind insb. die Entfernung zwischen Gericht und der Justizvollzugsanstalt sowie die Bedeutung der Sache und des persönlichen Eindrucks für die Entscheidung zu berücksichtigen.

12 Die Fälle einer **Entbehrlichkeit der mündlichen Anordnung** regelt Abs. 1 Satz 4; dem Anspruch des Verurteilten auf die Gewährung rechtlichen Gehörs ist in diesen Fällen jedoch regelmäßig durch eine schriftliche Anhörung Rechnung zu tragen.

- Nr. 1: Sofern die StA und die Vollzugsanstalt die Aussetzung einer zeitigen Freiheitsstrafe befürworten und das Gericht dem entsprechen will. Es verbleibt aber bei der Notwendigkeit einer Anhörung, wenn das Gericht im Vergleich zur StA oder der Justizvollzugsanstalt weitergehende Auflagen verhängen will (OLG Düsseldorf MDR 1985, 868; LR/*Graalmann-Scheerer* § 454 Rn. 42). Wegen des eindeutigen Wortlautes der Vorschrift ist die Anhörung bei der Aussetzung einer lebenslangen Freiheitsstrafe jedoch auch bei Übereinstimmung mit StA und Justizvollzugsanstalt erforderlich.
- Nr. 2: Fälle der verfrühten Antragsstellung, da bei zeitiger Freiheitsstrafe eine Strafaussetzung nicht vor Vollstreckung von 2 Monaten (§ 57 Abs. 1 Nr. 1 StGB) bzw. der Hälfte (§ 57 Abs. 2 Nr. 1 StGB) der erkannten Strafe in Betracht kommt und die Mindestverbüßungsdauer bei lebenslanger Freiheitsstrafe 15 Jahre beträgt (§ 57a Abs. 1 Satz 1 Nr. 1 StGB).

– Nr. 3: Bei Unzulässigkeit nach § 57 Abs. 7 StGB bzw. § 57a Abs. 4 StGB (Antrag innerhalb der gerichtlich festgesetzten Sperrfrist).

Nach herrschender Meinung wird die mündliche Anhörung **über die im Gesetz enthaltenen Gründe hinaus** auch dann für nicht erforderlich erachtet, wenn sie auf das Ergebnis der Entscheidung offensichtlich keinen Einfluss hätte, sie somit eine reine Förmlichkeit darstellen würde (LR/*Graalmann*-Scheerer § 454 Rn. 41) oder der Verurteilte ausdrücklich auf die mündliche Anhörung verzichtet (BGH NStZ 1995, 610; NStZ 2000, 279; *Pfeiffer* § 454 Rn. 7). Eine Entbehrlichkeit liegt in diesem Zusammenhang insb. dann vor, wenn der Verurteilte seine Einwilligung zur Strafaussetzung nicht erteilt hat, da eine solche dann unabhängig vom persönlichen Eindruck in der Anhörung ohnehin nicht erfolgen kann. Überdies kann die mündliche Anhörung im Einzelfall entbehrlich sein, wenn aufgrund bestimmter Tatsachen zu besorgen ist, dass der Verurteilte diese ohnehin lediglich zu Beschimpfungen missbrauchen wird (s. OLG Düsseldorf NStZ 1987, 524; Meyer-Goßner/*Schmitt* § 454 Rn. 32). Hat das Gericht keine Sperrfrist nach § 57 Abs. 7 StGB bzw. § 57a Abs. 4 StGB gesetzt, so kann eine mündliche Anhörung im Einzelfall dann entbehrlich sein, wenn eine Strafaussetzung nach mündlicher Anhörung abgelehnt wurde und der Verurteilte seinen Antrag auf Aussetzung in unmittelbarer zeitlicher Nähe hierzu wiederholt (LR/*Graalmann-Scheerer* § 454 Rn. 45). Dies setzt aber unbedingt voraus, dass die Anhörung durch dasselbe Gericht erfolgen würde, der Eindruck aus der vorherigen Anhörung noch fortwirkt (OLG Düsseldorf NStZ 1982, 437; StV 1996, 558; OLG Hamm, Beschl. v. 25.01.2011 – 2 Ws 15/11) und keine neuen Tatsachen bekannt sind, die eine Strafaussetzung nunmehr rechtfertigen könnten (s. BGH NStZ 1995, 610; OLG Stuttgart NStZ 1986, 574; vgl. aber OLG Zweibrücken StV 1990, 412; HansOLG Bremen NStZ 2010, 106; s. zu dieser Problematik auch KMR/*Stöckel* § 454 Rn. 67; Meyer-Goßner/*Schmitt* § 454 Rn. 31; KK-StPO/*Appl* § 454 Rn. 25; BeckOK-StPO/*Coen* § 454 Rn. 11). 13

III. Einholung eines Sachverständigengutachtens (Abs. 2). 1. Erforderlichkeit eines Sachverständigengutachtens. Nach Abs. 2 Satz 1 ist die **Einholung des Gutachtens eines Sachverständigen** erforderlich, wenn das Gericht erwägt, die Vollstreckung des Restes einer lebenslangen Freiheitsstrafe oder einer Freiheitsstrafe von mehr als 2 Jahren wegen einer in § 66 Abs. 3 StGB genannten, damit als Anlasstat für die Anordnung der Sicherungsverwahrung grds. geeigneten Tat, zur Bewährung auszusetzen; in letzterem Fall kann das Gericht von der Einholung des Gutachtens absehen, wenn auszuschließen ist, dass der Entlassung Gründe der öffentlichen Sicherheit entgegenstehen (s. hierzu OLG Zweibrücken NJW 2005, 3439). 14

Die **Einholung des Gutachtens** ist nur dann **erforderlich**, wenn das Gericht die **Aussetzung der Strafe erwägt** (hierzu OLG Karlsruhe NStZ-RR 2016, 189), nicht aber, wenn eine Aussetzung – im Einzelfall und für das Gericht auch ohne sachverständige Einschätzung erkennbar – von vornherein nicht in Betracht kommt und daher abgelehnt wird, etwa, weil im Fall des Vorliegens einer besonderen Schwere der Schuld die festgesetzte Mindestverbüßungszeit noch nicht erreicht ist oder wenn – etwa aufgrund des Vorliegens eindeutiger anderweitiger gutachterlicher Stellungnahme aus jüngerer Zeit – die Voraussetzungen für die Strafaussetzung nach § 57 bzw. § 57a StGB offensichtlich nicht vorliegen (s. BGH NJW 2000, 1663; OLG Hamburg NJW 2000, 2758; OLG Köln StV 2001, 31; LR/*Graalmann-Scheerer* § 454 Rn. 53; vgl. auch BVerfG StraFo 2009, 413: regelmäßiges Erfordernis einer Begutachtung bei erstmaliger Überprüfung einer lebenslangen Freiheitsstrafe nach Ablauf der Mindestverbüßungszeit; s.a. OLG Karlsruhe NStZ 2011, 92 [93]). Die Weigerung des Verurteilten, an der Begutachtung mitzuwirken, kann bei der Entscheidung im Aussetzung kann i.R.d. Entscheidung über die Aussetzung zu seinen Ungunsten berücksichtigt werden (vgl. OLG Karlsruhe NStZ-RR 2004, 384; sehr weitgehend NStZ 1991, 207: Ablehnung der Aussetzung bereits allein aus diesem Grund; einschränkend OLG Celle NStZ-RR 2008, 260 [261]). 15

Anders als bei § 463 Abs. 4 ist die **Beauftragung eines Gutachters aus dem Justizvollzug** nicht ausgeschlossen (vgl. OLG Celle NStZ 1999, 159 [160]; OLG Karlsruhe StV 1999, 385; KG NStZ 1999, 319; OLG Hamm NStZ-RR 2008, 189; OLG München, Beschl. v. 24.02.2017, 1 Ws 105/17); im Einzelfall, gerade bei bereits länger andauerndem Vollzug, dürfte jedoch die Beauftragung eines externen Sachverständigen zu erwägen sein (vgl. OLG Koblenz StV 1999, 497). Die Gutachtenserstattung durch den Anstaltspsychiater oder Anstaltspsychologen, der den Verurteilten während seiner Inhaftierung behandelt hat, dürfte regelmäßig die Besorgnis der Befangenheit begründen (LR/*Graalmann-Scheerer* § 454 Rn. 60; s.a. KK-StPO/*Appl* § 454 Rn. 13). 16

2. Inhalt des Sachverständigengutachtens. Der vom Gericht ausgewählte (§ 73 Abs. 1 Satz 1) Sachverständige hat nach Abs. 2 Satz 2 zur Frage Stellung zu nehmen, ob bei dem Verurteilten noch eine Gefahr fortbesteht, dass dessen in der Tat zutage getretene Gefährlichkeit fortbesteht. Hierbei wird insb. auf die in § 57 Abs. 1 StGB genannten, für die Aussetzungsentscheidung relevanten Kriterien einzugehen sein (BeckOK-StPO/*Coen* § 454 Rn. 14). Zur Begutachtung s. etwa *Schöch* NJW 1998, 1257 [1259]; *Rosenau* StV 1999, 388 [395 f.]. Zu den Anforderungen an ein Prognosegutachten s. bspw. LG Marburg NStZ-RR 2006, 156. 17

18 **3. Mündliche Anhörung des Sachverständigen.** Der Sachverständige ist nach Abs. 2 Satz 3 mündlich zu hören. Dies ist nach Abs. 2 Satz 4 dann entbehrlich, wenn der Verurteilte, sein Verteidiger und die StA hierauf verzichten (s. dazu OLG Hamm NStZ-RR 2011, 190); die Zustimmung des Verteidigers kann die des Verurteilten grds. nicht ersetzen (OLG Jena NStZ 2007, 421 [422]). Spätestens bis zur mündlichen Anhörung ist dem Verurteilten der Inhalt des schriftlichen Gutachtens mitzuteilen (OLG Stuttgart NStZ-RR 2003, 30 [31]; Meyer-Goßner/*Schmitt* § 454 Rn. 37a; vgl. auch KG NStZ-RR 2011, 29).

19 **IV. Rechtsmittel (Abs. 3).** Nach Abs. 3 ist gegen die Entscheidung über die Aussetzung der Strafe nach Abs. 1 i.V.m. § 57 f. StGB die **sofortige Beschwerde** statthaft und zwar unabhängig davon, ob die Strafaussetzung bewilligt oder abgelehnt wurde (Meyer-Goßner/*Schmitt* § 454 Rn. 43). Dies gilt auch für Beschlüsse nach § 57 Abs. 7 und 57a Abs. 4 StGB. Die Ablehnung, überhaupt eine Entscheidung zu treffen, ist mit einfacher Beschwerde anfechtbar (OLG Düsseldorf NStZ 1994, 454).

20 **Beschwerdeberechtigt** ist die StA sowie der Verurteilte (ggf. für ihn der Verteidiger oder gesetzliche Vertreter). Die Justizvollzugsanstalt hat kein eigenes Beschwerderecht. Der Verurteilte kann, wenn er seine Einwilligung zur Aussetzung widerruft (Meyer-Goßner/*Schmitt* § 454 Rn. 44), auch gegen einen die Strafaussetzung bewilligenden Beschluss beschwerdeberechtigt ist. Hat der Verurteilte der Aussetzung nicht zugestimmt, so fehlt ihm gegen einen ablehnenden Beschluss die Beschwer. Eine Beschwerde des Verurteilten gegen die Ablehnung der Aussetzung ist für erledigt zu erklären, wenn dieser die Strafe nach deren Einlegung vollständig verbüßt hat (OLG Hamm NStZ 2010, 170).

21 Die **Beschwerde der StA** hat nach Abs. 3 Satz 2 **aufschiebende Wirkung**; durch diese Regelung soll vermieden werden, dass der Verurteilte entlassen wird und kurze Zeit später wieder in die Justizvollzugsanstalt aufgenommen werden muss. Eine Entlassung ist bis zur Entscheidung des Beschwerdegerichts daher nicht möglich. Nach herrschender Meinung, die insoweit über den Wortlaut der Vorschrift hinausgeht, soll aufgrund der Beschwerdemöglichkeit der StA eine Entlassung vor Rechtskraft des Beschlusses nicht in Betracht kommen (Meyer-Goßner/*Schmitt* § 454 Rn. 49).

22 Das Beschwerdegericht **entscheidet in der Sache selbst** (§ 309 Abs. 2). Etwaige Verfahrensmängel bei der Entscheidung des ersten Gerichts werden regelmäßig durch die Nachholung im Beschwerdeverfahren geheilt, so etwa die Unterlassung der Anhörung von StA oder Justizvollzugsanstalt (Meyer-Goßner/*Schmitt* § 454 Rn. 47). Hingegen sollen nach herrschender Meinung die unterlassene Anhörung des Verurteilten (vgl. OLG Düsseldorf NStZ 1981, 454; NStZ 1993, 406 [407]), auch wenn diese aufgrund einer erst im Beschwerdeverfahren erteilten Einwilligung zur Strafrestaussetzung überhaupt erst erforderlich wird (Meyer-Goßner/*Schmitt* § 454 Rn. 47, sowie die fehlende Einholung des nach Abs. 2 erforderlichen Sachverständigengutachtens (OLG Köln NStZ-RR 2000, 317 [318]; BeckOK-StPO/*Coen* § 454 Rn. 24) eine Zurückverweisung der Sache an das Erstgericht erforderlich machen.

23 Die **Rechtskraft** einer ablehnenden Aussetzungsentscheidung steht einer erneuten Prüfung der Aussetzungsfrage, wie schon § 57 Abs. 7 und § 57a Abs. 4 StGB zeigen, nicht entgegen. Veränderte tatsächliche Voraussetzungen, wie bspw. die nachträglich erteilte Einwilligung des Verurteilten in die Strafrestaussetzung, können auch die erneute Prüfung von Amts wegen erforderlich machen.

24 **V. Nachtragsentscheidungen, Belehrung des Verurteilten (Abs. 4).** Nach Abs. 4 gelten die Vorschriften über die Nachtragsentscheidungen bei der Strafaussetzung (§ 453), die Vorschriften über die Belehrung (§ 268a Abs. 3, § 453a Abs. 1 und Abs. 3), die stets mündlich zu erteilen ist (Abs. 4 Satz 2 Hs. 1), unmittelbar vor der Entlassung erfolgen soll (Abs. 4 Satz 3) und auch der Justizvollzugsanstalt übertragen werden kann (Abs. 4 Satz 2 Hs. 2), über die Bewährungsüberwachung einschließlich vorläufiger Maßnahmen (§ 453b und § 453c) sowie § 246a Abs. 2 (betreffend sachverständige Begutachtung im Fall von Therapieweisungen) entsprechend.

§ 454a Beginn der Bewährungszeit; Aufhebung der Aussetzung des Strafrestes

(1) Beschließt das Gericht die Aussetzung der Vollstreckung des Restes einer Freiheitsstrafe mindestens drei Monate vor dem Zeitpunkt der Entlassung, so verlängert sich die Bewährungszeit um die Zeit von der Rechtskraft der Aussetzungsentscheidung bis zur Entlassung.

(2) [1]Das Gericht kann die Aussetzung der Vollstreckung des Restes einer Freiheitsstrafe bis zur Entlassung des Verurteilten wieder aufheben, wenn die Aussetzung aufgrund neu eingetretener oder bekanntgewordener Tatsachen unter Berücksichtigung des Sicherheitsinteresses der Allgemeinheit nicht mehr verantwortet werden kann; § 454 Abs. 1 Satz 1 und 2 sowie Abs. 3 Satz 1 gilt entsprechend. [2] § 57 Abs. 5 des Strafgesetzbuches bleibt unberührt.

1 **A. Grundsätzliches.** Die Vorschrift regelt in Abs. 1 die Verlängerung der Bewährungszeit bei einer mehr als 3 Monate vor dem Entlassungszeitpunkt liegenden Entscheidung über die Reststrafenaussetzung (§ 454). In Abs. 2 wird dem Gericht die Möglichkeit eröffnet, die Entscheidung über die Reststrafenaussetzung bis zur Entlassung aufgrund neu eingetretener oder neu bekannt gewordener Umstände nachträglich abzuändern.

2 **B. Einzelfragen. I. Verlängerung der Bewährungszeit (Abs. 1).** Obwohl das Gesetz einen Zeitpunkt für die Entscheidung über die Reststrafenaussetzung nach § 454 nicht vorsieht, kann eine frühzeitige Entscheidung geboten sein, um der Justizvollzugsanstalt die Durchführung der notwendigen entlassungsvorbereitenden Maßnahmen, so z.B. die Gewährung von Vollzugslockerungen, zu ermöglichen und so dem gesetzlichen Wiedereingliederungsauftrag gerecht zu werden (vgl. OLG Zweibrücken NStZ 1992, 148; KMR/*Stöckel* § 454a Rn. 1). Insb. bei längeren Freiheitsstrafen wird daher ein Entscheidungszeitpunkt in Betracht kommen, der bereits mehrere Monate vor dem Entlassungstermin liegt. Voraussetzung ist insoweit jedoch, dass sich die Voraussetzungen des § 57 StGB, insb. im Hinblick auf die Sozialprognose, bereits zu diesem Zeitpunkt zuverlässig beurteilen lassen (vgl. OLG Düsseldorf MDR 1987, 1046; OLG Frankfurt NStZ-RR 2001, 311).

3 Durch eine **frühzeitige Entscheidung** über die Aussetzung und der damit einhergehenden Festsetzung eines Entlassungstermins kann das Gericht in Einzelfällen (BeckOK-StPO/*Coen* § 454a Rn. 1.1) auch die Justizvollzugsanstalt dazu veranlassen, vollzugsöffnende Maßnahmen zu gewähren (vgl. z.B. OLG Hamm, Beschl. v. 11.02.2010 – 1 Ws 479/09). Dies kommt nach BVerfG NJW 2009, 1941, [1945 ff.] (dazu *Reichenbach* NStZ 2010, 424 [426 f.]) in den Fällen in Betracht, in denen die Justizvollzugsanstalt bei der Entscheidung über Vollzugslockerungen dem grundrechtlich garantierten Freiheitsanspruch des Gefangenen – aus dem dessen Anspruch auf eine sachangemessene Prüfung von Resozialisierungsmaßnahmen abzuleiten ist – nicht gerecht geworden ist.

4 Liegt der Zeitpunkt der Aussetzungsentscheidung mindestens 3 Monate vor dem Entlassungszeitpunkt, so verlängert sich die Bewährungszeit für die Strafrestbewährung nach Abs. 1 um den Zeitraum von der Rechtskraft der Aussetzungsentscheidung bis zur Entlassung. Bei der nach § 43 vorzunehmenden Berechnung der 3-Monats-Frist ist aufgrund des eindeutigen Wortlautes der Vorschrift jedoch vom Zeitpunkt der Beschlussfassung abzurechnen (KK-StPO/*Appl* § 454a Rn. 4; a.A. die wohl h.M., s.z.B. Meyer-Goßner/*Schmitt* § 454a Rn. 2).

5 **II. Aufhebung der Aussetzung des Strafrestes (Abs. 2).** Eine Vorverlagerung des Entscheidungszeitpunktes hinsichtlich der Strafaussetzung birgt die Gefahr, dass die Voraussetzungen des § 57 StGB für den späteren Entlassungszeitpunkt nicht zutreffend beurteilt werden konnten. Abs. 2 ermöglicht daher – unabhängig davon, ob die Aussetzungsentscheidung unter den Voraussetzungen des Abs. 1 ergangen ist – die Aufhebung eines bereits erlassenen Aussetzungsbeschlusses bei Eintreten oder nachträglichem Bekanntwerden von Tatsachen, die eine Strafaussetzung unter Berücksichtigung des Sicherheitsinteresses der Allgemeinheit als nicht mehr verantwortbar erscheinen lassen. Die Aufhebung wird regelmäßig, aber nicht zwingend (OLG Köln NStZ-RR 2011, 125 [Ls.]) bei der Begehung oder dem Bekanntwerden neuer Straftaten in Betracht kommen; eine rechtskräftige Aburteilung der neuen Straftaten ist keine Bedingung für die Aufhebung (OLG Jena NStZ-RR 2007, 283). Die Aufhebung ist bis zur Entlassung, also der tatsächlichen Freilassung des Verurteilten (OLG Dresden NStZ 2000, 614; a.A. OLG Hamm NStZ 1996, 30: Entlassungszeitpunkt in der von der Entscheidung betroffenen Sache) möglich. Die Entscheidung nach § 454a Abs. 2 ist – zur Vermeidung divergierender Entscheidungen – subsidiär zur Anfechtung der Aussetzungsentscheidung und setzt die Rechtskraft der Aussetzungsentscheidung voraus (HansOLG Hamburg, Beschl. v. 06.01.2016, 2 Ws 294/15 mwN; OLG Bamberg, Beschl. v. 20.01.2021 – 1 Ws 32/21, BeckRS 2021, 1054).

6 Für das Verfahren gilt nach Abs. 2 Satz 1 Hs. 2 die Regelung des § 454 Abs. 1 Satz 1 und 2 sowie Abs. 3 Satz 1 entsprechend. Nach OLG Hamburg (ZfStrVo 1999, 118) soll auch ein vorläufiger Aufschub der Entlassung möglich sein, wenn das Gericht das Vorliegen der für eine etwaige Aufhebung relevanten Tatsachen bis zum ursprünglich festgesetzten Entlassungstermin nicht abklären kann (so mittlerweile auch OLG Nürnberg, Beschl. v. 13.11.2012, 2 Ws 558/12 und OLG Rostock, Beschl. v. 11.01.2017, 20 Ws 8/17).

7 Nach Abs. 2 Satz 2 bleibt die Möglichkeit eines Widerrufs unberührt; dieser ist nach herrschender Meinung bei Vorliegen der Voraussetzungen des § 57 Abs. 5 StGB vorrangig (OLG Frankfurt NStZ-RR 1997, 176; KK-StPO/*Appl* § 454a Rn. 7; Meyer-Goßner/*Schmitt* § 454a Rn. 4).

8 Gegen einen Beschluss nach Abs. 2 Satz 1 ist die **sofortige Beschwerde statthaft**; bis zur Entscheidung des Beschwerdegerichts mangels Suspensiveffekts der Beschwerde (§ 307) ist eine Entlassung auch dann nicht möglich, wenn der ursprünglich vorgesehene Entlassungstermin überschritten wird.

§ 454b Vollstreckungsreihenfolge bei Freiheits- und Ersatzfreiheitsstrafen; Unterbrechung

(1) Freiheitsstrafen und Ersatzfreiheitsstrafen sollen unmittelbar nacheinander vollstreckt werden.

(2) [1]Sind mehrere Freiheitsstrafen oder Freiheitsstrafen und Ersatzfreiheitsstrafen nacheinander zu vollstrecken, so unterbricht die Vollstreckungsbehörde die Vollstreckung der zunächst zu vollstreckenden Freiheitsstrafe, wenn

1. unter den Voraussetzungen des § 57 Abs. 2 Nr. 1 des Strafgesetzbuches die Hälfte, mindestens jedoch sechs Monate,

2. im übrigen bei zeitiger Freiheitsstrafe zwei Drittel, mindestens jedoch zwei Monate, oder

3. bei lebenslanger Freiheitsstrafe fünfzehn Jahre

der Strafe verbüßt sind. [2]Dies gilt nicht für Strafreste, die auf Grund Widerrufs ihrer Aussetzung vollstreckt werden. [3]Treten die Voraussetzungen für eine Unterbrechung der zunächst zu vollstreckenden Freiheitsstrafe bereits vor Vollstreckbarkeit der später zu vollstreckenden Freiheitsstrafe ein, erfolgt die Unterbrechung rückwirkend auf den Zeitpunkt des Eintritts der Vollstreckbarkeit.

(3) Auf Antrag des Verurteilten kann die Vollstreckungsbehörde von der Unterbrechung der Vollstreckung von Freiheitsstrafen in den Fällen des Absatzes 2 Satz 1 Nummer 1 oder Nummer 2 absehen, wenn zu erwarten ist, dass nach deren vollständiger Verbüßung die Voraussetzungen einer Zurückstellung der Strafvollstreckung nach § 35 des Betäubungsmittelgesetzes für eine weitere zu vollstreckende Freiheitsstrafe erfüllt sein werden.

(4) Hat die Vollstreckungsbehörde die Vollstreckung nach Absatz 2 unterbrochen, so trifft das Gericht die Entscheidungen nach den §§ 57 und 57a des Strafgesetzbuches erst, wenn über die Aussetzung der Vollstreckung der Reste aller Strafen gleichzeitig entschieden werden kann.

Übersicht

1 **A. Grundsätzliches.** Die Vorschrift soll einerseits bei mehreren zu vollstreckenden Freiheitsstrafen eine unmittelbare Anschlussvollstreckung ermöglichen (Abs. 1) und andererseits eine einheitliche Entscheidung über die Strafrestaussetzung durch Unterbrechung der zunächst zu vollstreckenden Strafen (Abs. 2) zu einem einheitlichen Zeitpunkt ermöglichen (Abs. 3).

2 **B. Einzelfragen. I. Unmittelbare Anschlussvollstreckung (Abs. 1).** Durch die **unmittelbar aufeinanderfolgende Vollstreckung** mehrerer, nicht gesamtstrafenfähiger (KMR/*Stöckel* § 454b Rn. 4) Freiheitsstrafen und Ersatzfreiheitsstrafen sollen zwischenzeitliche kurzzeitige Entlassungen im Interesse des Verurteilten vermieden werden (s.a. § 43 Abs. 1 StVollstrO). Die Reihenfolge der Vollstreckung bestimmt sich nach § 43 Abs. 2 StVollstrO; eine hiervon abweichende Vollstreckungsreihenfolge kann die Vollstreckungsbehörde aus wichtigem Grund bestimmen (§ 43 Abs. 4 StVollstrO). Bei Zuständigkeit verschiedener Strafvollstreckungsbehörden gilt § 43 Abs. 5 und Abs. 7 StVollstrO.

3 In begründeten Einzelfällen kann vom Grundsatz des Abs. 1 abgewichen werden (Meyer-Goßner/*Schmitt* § 454b Rn. 1).

4 **II. Unterbrechung zunächst zu vollstreckender Entscheidungen zum Zwecke einer gemeinsamen Aussetzungsentscheidung (Abs. 2).** Um die **gleichzeitige Aussetzungsentscheidung** nach Abs. 3 zu ermöglichen, unterbricht die Strafvollstreckungsbehörde die Vollstreckung der Strafen jeweils rechtzeitig zu den in Abs. 2 Satz 1 genannten Zeitpunkten, bei denen eine Aussetzungsentscheidung nach § 454 in Betracht kommt. Werden neben Freiheitsstrafen auch Jugendstrafen vollstreckt, findet die Vorschrift auf diese keine

Anwendung (KK-StPO/*Appl* § 454b Rn. 3). Zur Vollstreckung von Maßregeln nach § 63 StGB bzw. § 64 StGB neben Strafen s. § 44a StVollstrO und § 44b StVollstrO.

Die Voraussetzungen des Abs. 2 Satz 1 Nr. 1 i.V.m. § 57 Abs. 2 Nr. 1 StGB (Erstverbüßerregelung) sind – für sämtliche Strafen – auch dann gegeben, wenn sich der Verurteilte erstmals in Haft befindet, hierbei aber mehrere Strafen nacheinander verbüßt (KMR/*Stöckel* § 454b Rn. 20; OLG Oldenburg NStZ 1987, 174) und zwar auch dann, wenn die Summe der vollstreckten Strafen 2 Jahre übersteigt (OLG Karlsruhe NStZ-RR 2006, 189; OLG Stuttgart NStZ 2000, 593). Die frühere Verbüßung von Untersuchungshaft (HansOLG Bremen StV 2009, 260 [261]; OLG Stuttgart NStZ 1990, 103 [104]) sowie einer Ersatzfreiheitsstrafe (OLG Stuttgart StV 1994, 250) hindern die Anwendung des Abs. 2 Satz 1 Nr. 1 nicht, wohl hingegen die Verbüßung von Jugendstrafe (*Fischer* StGB, § 57 Rn. 23 m.w.N. auch zu weiteren Problemstellungen im Zusammenhang mit § 57 Abs. 2 Nr. 1 StGB). Sofern ein Fall des Abs. 2 Satz 1 Nr. 1 vorliegt, das Gericht aber keine Strafaussetzung zum Halbstrafenzeitpunkt vornimmt, hat eine erneute Unterbrechung gem. Abs. 2 Satz 1 Nr. 2 zu erfolgen. Bei lebenslangen Freiheitsstrafen erfolgt eine Unterbrechung nach einer Vollstreckungsdauer von 15 Jahren (Abs. 2 Satz 1 Nr. 3) und zwar auch dann, wenn die besondere Schwere der Schuld nach § 57a Abs. 1 Nr. 2 StGB festgestellt wurde und daher eine Strafaussetzung zu diesem Zeitpunkt noch nicht in Betracht kommt; krit. dazu *Widmaier* NStZ 2010, 593 ff.). 5

Keine Unterbrechung erfolgt bei einem aufgrund Widerrufs der Bewährungsaussetzung vollstreckten Strafrest (Abs. 2 Satz 2; s. hierzu OLG Braunschweig, Beschl. v. 17.01.2014, 1 Ws 400/13). Ein gemeinsamer Zeitpunkt für die gerichtliche Entscheidung ist auch dann herzustellen, wenn die Rechtskraft der später zu vollstreckenden Entscheidung erst nach dem Prüfungszeitpunkt der früheren eintritt; in diesen Fällen ist die Unterbrechung gem. Abs. 2 Satz 3 rückwirkend vorzunehmen. 6

III. Absehen von einer Unterbrechung bei Erwartung der Möglichkeit einer Zurückstellung gem. § 35 BtMG (Abs. 3). Die (in das Ermessen der Vollstreckungsbehörde gestellte) Möglichkeit, von einer Unterbrechung nach Abs. 2 Satz 1 Nr. 1 und Nr. 2 auf Antrag des Verurteilten abzusehen, sofern zu erwarten ist, dass nach vollständiger Verbüßung der Strafe die Voraussetzungen für eine Zurückstellung der Strafvollstreckung für eine weitere Strafe gem. § 35 BtMG gegeben sind, wurde im Rahmen des Gesetzes zur effektiveren und praxistauglicheren Ausgestaltung des Strafverfahrens eingeführt, nachdem dies aufgrund von BGHSt, 55, 243 nicht mehr möglich war. Therapiewilligen Verurteilten soll ermöglicht werden, nicht suchtbedingte Freiheitsstrafen vorab verbüßen zu können und sodann gem. § 35 BtMG die Vollstreckung der suchtbedingten Freiheitsstrafe zurückstellen zu lassen (BT-Drs. 18/11272, S. 3, 23 f.). 7

IV. Gleichzeitige Aussetzungsentscheidung (Abs. 4). Die gerichtliche Entscheidung nach Abs. 4 ergeht zu dem (durch die Unterbrechung nach Abs. 2 geschaffenen) gemeinsamen Überprüfungszeitpunkt und hat sich auf sämtliche Strafen zu beziehen (s. auch KG, Beschl. v. 10.09.2014, 2 Ws 326/14), wenngleich sie für jeden Strafrest gesondert – sei es auch in einem einheitlichen Beschluss – ergeht (BeckOK-StPO/*Coen* § 454b Rn. 14). 8

V. Rechtsbehelfe. Gegen Entscheidungen der Vollstreckungsbehörde nach Abs. 2 kann die gerichtliche Entscheidung nach § 458 Abs. 2 beantragt werden; hiergegen ist die sofortige Beschwerde gem. § 462 Abs. 3 eröffnet. Der Rechtsbehelf soll aber nur dann offenstehen, wenn die Entscheidung einen Fall des Abs. 2 Satz 1 Nr. 1–3 betrifft (s. z.B. OLG Karlsruhe NStZ 2017, 116). Gegen sonstige Entscheidungen, die die Änderung der Vollstreckungsreihenfolge betreffen, ist nach der Rspr. der Rechtsweg nach §§ 23 ff. EGGVG gegeben, auch wenn hiervon der Prüfungszeitpunkt betroffen ist (BGH NJW 1991, 2030; OLG Köln NStZ-RR 2010, 157). Nach OLG Celle (Beschl. v. 20.11.2015, 2 Ws 194/15) gelten §§ 23 ff. EGGVG und nicht § 458, sofern die Bestimmung der Vollstreckungsreihenfolge nicht mehrere Strafen, sondern eine Strafe und eine Maßregel nach § 64 StGB betreffen (§ 44b StVollstrO). 9

Eine ablehnende Entscheidung nach Abs. 3 kann der Verurteilte gem. §§ 458 Abs. 2, 462 gerichtlich überprüfen lassen. Gegen die Aussetzungsentscheidung, die zum Zeitpunkt nach Abs. 4 ergeht, ist die sofortige Beschwerde gem. § 454 Abs. 3 statthafter Rechtsbehelf. 10

§ 455 Strafausstand wegen Vollzugsuntauglichkeit

(1) Die Vollstreckung einer Freiheitsstrafe ist aufzuschieben, wenn der Verurteilte in Geisteskrankheit verfällt.

(2) Dasselbe gilt bei anderen Krankheiten, wenn von der Vollstreckung eine nahe Lebensgefahr für den Verurteilten zu besorgen ist.

(3) Die Strafvollstreckung kann auch dann aufgeschoben werden, wenn sich der Verurteilte in einem körperlichen Zustand befindet, bei dem eine sofortige Vollstreckung mit der Einrichtung der Strafanstalt unverträglich ist.

(4) [1]Die Vollstreckungsbehörde kann die Vollstreckung einer Freiheitsstrafe unterbrechen, wenn

1. der Verurteilte in Geisteskrankheit verfällt,

2. wegen einer Krankheit von der Vollstreckung eine nahe Lebensgefahr für den Verurteilten zu besorgen ist oder

3. der Verurteilte sonst schwer erkrankt und die Krankheit in einer Vollzugsanstalt oder einem Anstaltskrankenhaus nicht erkannt oder behandelt werden kann

und zu erwarten ist, dass die Krankheit voraussichtlich für erhebliche Zeit fortbestehen wird. [2]Die Vollstreckung darf nicht unterbrochen werden, wenn überwiegende Gründe, namentlich der öffentlichen Sicherheit, entgegenstehen.

Übersicht

1 **A. Grundsätzliches.** Die Vorschrift regelt den **Strafausstand**, also den **Aufschub** (Abs. 1 bis Abs. 3) einer noch nicht vollzogenen Freiheitsstrafe **bzw.** die **Unterbrechung** des Vollzuges einer Freiheitsstrafe (Abs. 4) im Fall der Vollzugsuntauglichkeit. Während der Aufschub in den Fällen der Abs. 1 und 2 zwingend zu gewähren ist, steht die Unterbrechung nach Abs. 4 stets im Ermessen der Vollstreckungsbehörde. Die Dauer des Strafausstandes ist (anders als bei § 456) nicht begrenzt und hängt ab von der Fortdauer des Zustandes, welcher einen Strafvollzug ausschließt; ein Aufschub sollte jedoch stets befristet angeordnet werden (*Zeitler* Rpfleger 2009, 205 [210]).

2 **B. Einzelfragen. I. Verfallen in Geisteskrankheit (Abs. 1).** Ein Verfallen in **Geisteskrankheit** nach **Abs. 1** liegt nur bei einer so schwerwiegenden Krankheit vor, die den Verurteilten für einen Behandlungsvollzug als nicht geeignet erscheinen lässt (OLG München NStZ 1981, 240); eine weitere Vollstreckung würde in diesen Fällen in Konflikt mit dem Recht auf einen menschenwürdigen Strafvollzug stehen (*Zeitler* Rpfleger 2009, 205 [208]) und das Erreichen der mit der Strafe verfolgten Zwecke fraglich erscheinen lassen (OLG München NStZ-RR 2013, 29). Ein dem § 20 StGB vergleichbarer Schweregrad muss hingegen nicht erreicht werden (*Laubenthal/Nestler* Rn. 216).

3 **II. Besorgnis naher Lebensgefahr (Abs. 2). Abs. 2** sieht einen Strafaufschub bei einer **von der Vollstreckung ausgehenden nahen Lebensgefahr** vor. Eine Lebensgefahr aufgrund eines Selbstmordes fällt nicht hierunter, da hier die Gefahr nicht von der Vollstreckung ausgeht (KG, Beschl. v. 04.06.1999 – 1 AR 475/99; OLG Hamm NStZ-RR 2010, 191; Meyer-Goßner/*Schmitt* § 455 Rn. 5; KMR/*Stöckel* § 455 Rn. 12); ebenso wenig die im Vollzug wie auch in Freiheit gleicher Maßen bestehende Gefahr der Infektion mit einer ansteckenden Krankheit (zu SARS CoV 2 KG, Beschl. v. 07.09.2020 – 5 Ws 97, 105/20, BeckRS 2020, 40661) Eine nahe Lebensgefahr setzt insb. dann einen höheren Grad der Wahrscheinlichkeit voraus, wenn die aufzuschiebende Strafe von langer Dauer ist (Meyer-Goßner/*Schmitt* § 455 Rn. 5 m.w.N.); hingegen kann bei kürzerer Dauer auch eine geringere Eintrittswahrscheinlichkeit genügen, was im Rahmen einer dem Verhältnismäßigkeitsgrundsatz Rechnung tragenden Anwendung der Vorschrift zu berücksichtigen ist (vgl. KMR/*Stöckel* § 455 Rn. 12).

4 **III. Unverträglichkeit hinsichtlich einer sofortigen Vollstreckung (Abs. 3). Abs. 3** regelt die Anordnung eines Aufschubs **im Ermessen der Vollstreckungsbehörde**, wenn sich der Verurteilte in einem **körperlichen Zustand** befindet, bei dem die sofortige Vollstreckung **mit der Einrichtung der Strafanstalt** (selbst in einem Vollzugskrankenhaus, s. OLG Hamm, NStZ-RR 2016, 60) **unverträglich** ist. Bei der Entscheidung sind im Rahmen einer umfassenden Einzelfallwürdigung die Belange des Verurteilten und die Behandlungsmöglichkeiten der Justizvollzugsanstalt zu berücksichtigen. Auch die Sicherheitsbelange der Allgemeinheit und deren Interesse an einer beschleunigten Strafvollstreckung sind in die Abwägung einzustellen (vgl. BGH NJW 1993, 2927 [2929]). Die Behandlungsmöglichkeiten außerhalb der Anstalt müssen über die Möglichkeiten im Vollzug hinausgehen (*Zeitler* Rpfleger 2009, 205 [207]). Eine Schwangerschaft begründet einen Zustand i.S.d. Abs. 3 in der Regel nicht (s. im Einzelnen LR/*Graalmann-Scheerer* § 455 Rn. 12).

IV. Unterbrechung einer bereits begonnenen Strafvollstreckung (Abs. 4). Abs. 4 eröffnet der Vollstreckungsbehörde die Möglichkeit, eine bereits begonnene Strafvollstreckung zu **unterbrechen**; werden mehrere Freiheitsstrafen hintereinander vollstreckt, so kommt hinsichtlich der noch nicht vollstreckten Strafen ein Vorgehen nach Abs. 1 bis 3 in Betracht (OLG Jena ZfStrVo 2004, 298; s. aber OLG Saarbrücken, Beschl. v. 04.05.2015, 1 Ws 65/15). Eine Unterbrechung kommt nur dann in Betracht, wenn eine Verlegung nach § 65 StVollzG (oder den entsprechenden landesgesetzlichen Regelungen) nicht möglich ist. In Einzelfällen ist in der obergerichtlichen Rspr. die Möglichkeit der Unterbrechung auch über die in den Satz 1 Nr. 1 bis Nr. 3 genannten Fälle hinausgehend angenommen worden, wenn die weitere Vollstreckung in Konflikt mit der Menschenwürde des Betroffenen stehen würde (s.z.B. OLG Hamburg StV 2008, 86; OLG Celle StraFo 2010, 351; vgl. hierzu auch BVerfG, Beschl. v. 09.03.2010 – 2 BvR 3012/09 sowie Beschl. v. 06.06.2011 – 2 BvR 1083/11). 5

Dem Verurteilten steht **kein Anspruch auf eine Unterbrechung**, sondern lediglich auf eine **ermessensfehlerfreie Entscheidung** zu (LR/*Graalmann-Scheerer* § 455 Rn. 21). 6

Im Fall des Auftretens einer **Geisteskrankheit (Satz 1 Nr. 1)** stellt die Überweisung in den Maßregelvollzug keine zulässige Alternative dar, wenn eine solche im Urteil nicht angeordnet ist (OLG Karlsruhe NStZ 1991, 302; für den Fall des Vorwegvollzuges gem. § 67 Abs. 2 Satz 1 StGB s. jedoch § 67 Abs. 3 StGB, § 45 Abs. 4 StVollstrO). 7

Die Voraussetzungen des **Satz 1 Nr. 2 (nahe Lebensgefahr)** entsprechen denen des Abs. 2.

Bei einer **sonstigen schweren Erkrankung (Satz 1 Nr. 3)** ist eine Unterbrechung nur dann vorzunehmen, wenn eine Diagnostizierung oder Behandlung in einem Anstaltskrankenhaus oder im Rahmen eines im Rahmen des Strafvollzugs möglichen Aufenthalt in einem externen Krankenhaus (s. z.B. Art. 67 Abs. 2 BayStVollzG sowie KG, Beschl. v. 05.02.2013, 2 Ws 41/13) nicht möglich ist, somit auch die Möglichkeit des § 461 insb. wegen der Dauer der Erkrankung nicht in Betracht kommt (s. OLG München StV 1997, 262; vgl. aber KG, Beschl. v. 27.04.2001 – 1 AR 506/01). Wann die Dauer der Erkrankung erheblich ist und eine Unterbrechung rechtfertigt, ist auch abhängig von der Dauer der zu vollstreckenden Strafe (OLG München StraFo 2003, 323; vgl. § 45 Abs. 2 StVollstrO); auch kann es einen Grund für eine Unterbrechung darstellen, dass der Verurteilte ansonsten einen unverhältnismäßig großen Teil der Strafe außerhalb der Justizvollzugsanstalt verbringen würde (*Laubenthal/Nestler* Rn. 226). Zum Verfahren bei der Unterbrechung s. § 46 StVollstrO. 8

Eine Unterbrechung der Vollstreckung darf nicht erfolgen, wenn **überwiegende Gründe**, insb. der öffentlichen Sicherheit, **entgegenstehen** (Abs. 4 Satz 2). Für den Aufschub nach Abs. 1 und Abs. 2 gilt diese Einschränkung nicht (*Zeitler* Rpfleger 2009, 205 [208]). Dem Sicherheitsbedürfnis der Allgemeinheit kann in den Fällen des Abs. 1 durch eine Anwendung der Unterbringungsgesetze der Länder Rechnung getragen werden (OLG Karlsruhe NStZ 1991, 302). 9

Über Einwendungen gegen Entscheidungen der Vollstreckungsbehörde entscheidet das nach §§ 462, 462a zuständige Gericht (§ 458 Abs. 2; zu dessen Prüfungsumfang s. OLG Koblenz, Beschl. v. 17.02.2014, 2 Ws 22/14). Gegen dessen Entscheidung ist die sofortige Beschwerde nach § 462 Abs. 3 Satz 1 statthaft. Ordnet das Gericht die Unterbrechung der Strafe an, so hat eine hiergegen gerichtete sofortige Beschwerde der StA gem. § 463 Abs. 3 Satz 2 aufschiebende Wirkung. 10

§ 455a Strafausstand aus Gründen der Vollzugsorganisation

(1) Die Vollstreckungsbehörde kann die Vollstreckung einer Freiheitsstrafe oder einer freiheitsentziehenden Maßregel der Besserung und Sicherung aufschieben oder ohne Einwilligung des Gefangenen unterbrechen, wenn dies aus Gründen der Vollzugsorganisation erforderlich ist und überwiegende Gründe der öffentlichen Sicherheit nicht entgegenstehen.

(2) Kann die Entscheidung der Vollstreckungsbehörde nicht rechtzeitig eingeholt werden, so kann der Anstaltsleiter die Vollstreckung unter den Voraussetzungen des Absatzes 1 ohne Einwilligung des Gefangenen vorläufig unterbrechen.

A. Grundsätzliches. Der Aufschub oder die Unterbrechung der Vollstreckung (ausschließlich) einer Freiheitsstrafe kann auch aus Gründen der Vollzugsorganisation angeordnet werden. Eine Einwilligung des Verurteilten ist dabei nicht erforderlich. Während der Zeit eines Aufschubs oder einer Unterbrechung ruht die Vollstreckungsverjährung gem. § 79a Nr. 2 StGB. Eine Anrechnung auf die Strafzeit erfolgt nicht. 1

2 **B. Einzelfragen.** Ein **Aufschub oder** eine **Unterbrechung** ist möglich, wenn dies aus **Gründen der Vollzugsorganisation erforderlich** ist. Gründe, die in der Person des Verurteilten liegen, scheiden demnach aus (KG NStZ 1993, 334; OLG Karlsruhe, Beschl. v. 03.11.2004 – 2 VAs 34/94). Vollzugsorganisatorische Gründe können bspw. in der Überbelegung einer Anstalt (OLG Oldenburg StV 2004, 610; LR/*Graalmann-Scheerer* § 455a Rn. 2; nach LG Leipzig, StV 2013, 39 soll auch die Überbelegung von Mutter-Kind-Plätzen im Einzelfall einen Strafaufschub rechtfertigen können), Umbaumaßnahmen (OLG Karlsruhe, Beschl. v. 03.11.2004 – 2 VAs 34/94), der Zerstörung einer Anstalt, etwa durch Brand, (KMR/*Stöckel* § 455a Rn. 3) oder einer Unmöglichkeit der Unterbringung in den bestehenden Anstalten aufgrund des Ausbruchs einer ansteckenden Krankheit liegen. Die Vorschrift, die eine Ausnahme vom Gebot der nachdrücklichen und beschleunigten Strafvollstreckung (§ 2 Abs. 1 StVollstrO) vorsieht, ist eng auszulegen und setzt voraus, dass eine anderweitige Unterbringung unter Ausschöpfung der vollzuglichen Möglichkeiten, insb. der Möglichkeit einer Verlegung, nicht gegeben ist, somit der Aufschub oder die Unterbrechung erforderlich ist.

3 Dem Aufschub bzw. der Unterbrechung darf das aus Gründen der öffentlichen Sicherheit bestehende öffentliche Interesse an der Strafvollstreckung nicht entgegenstehen. Dies kann z.B. der Fall sein, wenn nach der Zerstörung einer Justizvollzugsanstalt mit Ausschreitungen oder Plünderungen der Gefangenen zu rechnen wäre (LR/*Graalmann-Scheerer* § 455a Rn. 3). Insb. kann es aber auch angezeigt sein, die Vollstreckung einer Freiheitsstrafe bei solchen Gefangenen, die für die Allgemeinheit besonders gefährlich sind, nicht aufzuschieben oder zu unterbrechen. Insoweit hat eine Abwägung der Sicherheits- und Vollstreckungsinteressen mit den Belangen der Vollzugsorganisation zu erfolgen (KMR/*Stöckel* § 455a Rn. 6; BeckOK-StPO/*Coen* § 455a Rn. 2).

4 **Zuständig** für die (Ermessens-) Entscheidung ist die **Vollstreckungsbehörde** (§ 451), funktional der Rechtspfleger (§ 31 Abs. 2 Satz 1 RPflG); diese hat gem. § 46a Abs. 1 StVollstrO grds. die Zustimmung der obersten Landesbehörde einzuholen. Nach Abs. 2 ist in Eilfällen auch der Leiter der Justizvollzugsanstalt zu einer Unterbrechung befugt.

5 Nach verbreiteter Ansicht soll eine gerichtliche Überprüfung des Aufschubs bzw. der Unterbrechung nicht möglich sein (KG NStZ 1983, 334; Meyer-Goßner/*Schmitt* § 455a Rn. 6). Dem ist zwar zuzugeben, dass das Gesetz eine Zustimmung des Betroffenen nicht voraussetzt. Andererseits kann dieser aber – etwa kurz vor einer bevorstehenden Entlassung (BeckOK-StPO/*Coen* § 455a Rn. 6) – durchaus ein Interesse an einer zügigen Vollstreckung haben, sodass diesem aus Gründen des effektiven Rechtsschutzes gem. Art. 19 Abs. 4 GG richtigerweise der Rechtsweg nach §§ 23 ff. EGGVG offensteht (KG RPfleger 2005, 162; OLG Karlsruhe, Beschl. v. 03.11.2004 – 2 VAs 34/04; KK-StPO/*Appl* § 455a Rn. 6).

§ 456 Vorübergehender Aufschub

(1) Auf Antrag des Verurteilten kann die Vollstreckung aufgeschoben werden, sofern durch die sofortige Vollstreckung dem Verurteilten oder seiner Familie erhebliche, außerhalb des Strafzwecks liegende Nachteile erwachsen.

(2) Der Strafaufschub darf den Zeitraum von vier Monaten nicht übersteigen.

(3) Die Bewilligung kann an eine Sicherheitsleistung oder andere Bedingungen geknüpft werden.

Übersicht

1 **A. Grundsätzliches.** Die Vorschrift regelt den **Aufschub der Vollstreckung in Härtefällen**, die in der Person des Verurteilten oder seiner Familie begründet sind. Eine Unterbrechung einer bereits begonnenen Vollstreckung ermöglicht die Norm nach herrschender Meinung nicht (BGHSt 19, 148 [150], OLG Hamm NStZ-RR 2011, 221; *Pfeiffer* § 456 Rn. 1; KK-StPO/*Appl* § 456 Rn. 1; vgl. aber OLG Koblenz OLGSt StPO § 456 Nr. 1; OLG Zweibrücken NJW 1974, 70: Unterbrechung bei gerichtlicher Nachprüfung dann möglich, wenn der Antrag rechtzeitig vor Beginn der Strafvollstreckung gestellt wurde); hingegen kann die Vollstreckung eines noch offenen Strafrestes (etwa nach einem Bewährungswiderruf) nach § 456 aufgeschoben werden (BeckOK-StPO/*Coen* § 456 Rn. 2; nicht jedoch bei einer unmittelbaren Anschlussvollstreckung, OLG Oldenburg NdsRpfl 2010, 418).

2 **B. Anwendungsbereich.** In der Praxis von Bedeutung ist die Vorschrift in erster Linie bei der Vollstreckung *von Freiheitsstrafen;* bei Geldstrafen ist die Relevanz wegen der insoweit weitergehenden §§ 459 ff. gering. Beim Berufsverbot ist § 456c lex specialis. Bei Nebenstrafen und Nebenfolgen, die mit Eintritt der Rechts-

kraft wirksam werden, und somit keiner Vollstreckung bedürfen, ist § 456 nicht anwendbar (KK-StPO/*Appl* § 456 Rn. 3). Bei den Maßregeln der Besserung und Sicherung ist die Vorschrift grds. anwendbar, nicht jedoch bei der Sicherungsverwahrung (§ 463 Abs. 1, Abs. 5 Satz 3).

C. Einzelfragen. **Erhebliche Nachteile** sind die den Verurteilten oder seine Familie (nicht dessen Verlobungspartner, s. OLG Rostock, Beschl. v. 22.07.2014, 20 Ws 178/14) treffenden Folgen persönlicher, wirtschaftlicher (s. dazu OLG Karlsruhe StV 299, 213) oder ideeller Art, die über das gewöhnliche Strafübel hinausgehen (OLG Düsseldorf NStZ 1992, 149; BeckOK-StPO/*Coen* § 456 Rn. 4). Einen erheblichen Nachteil können bspw. (vgl. KK-StPO/*Appl* § 456 Rn. 5) die Erkrankung des Ehepartners bei zu versorgenden Kindern, der kurz bevorstehende Abschluss einer Berufsausbildung (sehr weitgehend: LG Bochum StV 2008, 88: Verlust eines Studiensemesters) oder (in Einzelfällen) die zwingende Anwesenheit eines Selbstständigen (s. dazu OLG Frankfurt, NStZ 1989, 93) darstellen, nicht jedoch, wenn die Nachteile vom Verurteilten selbst herbeigeführt wurden (OLG Schleswig NStZ 1989, 93). Die erheblichen Nachteile müssen durch den Aufschub vermieden werden können; jedoch muss hierfür die **Höchstfrist des Aufschubs von 4 Monaten** (Abs. 2), die auch bei mehreren gewährten Aufschüben nicht überschritten werden darf, ausreichen; wäre ein längerer Aufschub erforderlich, kommt eine Anwendung von § 456 nicht in Betracht. Ein längerer Aufschub kann lediglich durch Gnadenerweis gewährt werden (OLG Stuttgart NStZ 1985, 331). Die Frist errechnet sich von dem Tag an, zu dem eine Ladung zum Strafantritt erfolgt ist (OLG Düsseldorf MDR 1995, 304; Meyer-Goßner/*Schmitt* § 456 Rn. 6). 3

Nach Abs. 3 besteht die Möglichkeit, den Aufschub an eine Sicherheitsleistung oder eine andere Bedingung zu knüpfen. 4

Über den Aufschub entscheidet die Vollstreckungsbehörde (§ 451) im Rahmen pflichtgemäßen Ermessens (zur Bedeutung etwaiger Ermessensrichtlinien s. OLG Dresden, Beschl. v. 13.09.2013, 2 Ws 483/13). Über Einwendungen gegen deren Entscheidungen befindet das Gericht (§ 458 Abs. 2), das die Entscheidung der Vollstreckungsbehörde auf Ermessensfehler prüft (OLG Jena ZfStrVo 2003, 309) durch Beschluss. Hiergegen ist die sofortige Beschwerde (§ 462 Abs. 3 Satz 1 i.V.m. § 311) statthaft. Der Aufschub kann im Fall einer Ermessensreduzierung auf Null auch durch das Beschwerdegericht bewilligt werden (OLG Karlsruhe StV 2000, 213). 5

§ 456a Absehen von Vollstreckung bei Auslieferung, Überstellung oder Ausweisung

(1) Die Vollstreckungsbehörde kann von der Vollstreckung einer Freiheitsstrafe, einer Ersatzfreiheitsstrafe oder einer Maßregel der Besserung und Sicherung absehen, wenn der Verurteilte wegen einer anderen Tat einer ausländischen Regierung ausgeliefert, an einen internationalen Strafgerichtshof überstellt oder wenn er aus dem Geltungsbereich dieses Bundesgesetzes abgeschoben, zurückgeschoben oder zurückgewiesen wird.

(2) [1]Kehrt der Verurteilte zurück, so kann die Vollstreckung nachgeholt werden. [2]Für die Nachholung einer Maßregel der Besserung und Sicherung gilt § 67c Abs. 2 des Strafgesetzbuches entsprechend. [3]Die Vollstreckungsbehörde kann zugleich mit dem Absehen von der Vollstreckung die Nachholung für den Fall anordnen, dass der Verurteilte zurückkehrt, und hierzu einen Haftbefehl oder einen Unterbringungsbefehl erlassen sowie die erforderlichen Fahndungsmaßnahmen, insbesondere die Ausschreibung zur Festnahme, veranlassen; § 131 Abs. 4 sowie § 131a Abs. 3 gelten entsprechend. [4]Der Verurteilte ist zu belehren.

Übersicht

A. Grundsätzliches. Die Vorschrift räumt der Vollstreckungsbehörde die Möglichkeit ein, von der **Vollstreckung gegen einen ausgelieferten, überstellten oder ausgewiesenen Verurteilten abzusehen.** Die Vollstreckungsbehörde hat somit dieselben Möglichkeiten, die der Strafverfolgungsbehörde durch § 154b Abs. 2 und Abs. 3 eingeräumt sind. Die Regelung trägt dem Umstand Rechnung, dass in diesen Fällen die mit der Strafe verfolgten Zwecke, insb. der Resozialisierung, aber auch der Prävention leerlaufen können (vgl. KK-*Appl* § 456a Rn. 1); nach h.M. dient sie jedoch jedenfalls zuvörderst der Entlastung des Vollzugs und damit fiskalischen Interessen (vgl. BeckOK-StPO/*Coen* § 456a Rn. 1; MüKo-StPO-*Nestler* § 456a Rn. 2). 1

B. Einzelfragen. I. Anwendungsvoraussetzungen. Voraussetzung ist, dass der Verurteilte wegen einer anderen Tat (§ 264) ausgeliefert (§§ 2 ff. IRG), an einen internationalen Strafgerichtshof überwiesen (§§ 2 ff. IStGHG) oder dass dieser aus dem Geltungsbereich der StPO abgeschoben, zurückgeschoben oder zurück- 2 gewiesen wird (vgl. die Regelungen des Gesetzes zur Neubestimmung des Bleiberechts und der Aufenthaltsbeendigung vom 27.07.2015 [BGBl. I, S. 1386]). Die Maßnahme muss bestandskräftig angeordnet sein (OLG Karlsruhe, Beschl. v. 03.07.2007 – 2 VAs 18/07) und demnächst tatsächlich vollzogen werden (Pfeiffer § 456a Rn. 2).

3 Die Vollstreckungsbehörde (§ 451) kann von der Vollstreckung einer gegen den Verurteilten verhängten Freiheitsstrafe (§ 38 StGB), Ersatzfreiheitsstrafe (§ 43 StGB) oder Maßregel der Besserung und Sicherung (§§ 61 ff. StGB) ganz oder teilweise absehen. Die Vorschrift ermöglicht – anders als § 456 – auch die Unterbrechung einer bereits begonnenen Vollstreckung.

4 Die Entscheidung steht im Ermessen der Vollstreckungsbehörde. I.R.d. zu treffenden Entscheidung sind neben der Schwere der Tat insb. die Dauer eines etwaig verbüßten Strafteils und das damit verbundene Interesse der Allgemeinheit an einer nachhaltigen Strafvollstreckung, die persönliche Situation des Verurteilten und die im Heimatland zu erwartenden Umstände des Vollzuges zu berücksichtigen (OLG Stuttgart StV 1993, 258; vgl. zusf. KK-StPO/*Appl* § 456a Rn. 3a m.w.N.; zur Relevanz einer ungünstigen Kriminalprognose, der nur hinsichtlich der Rückkehrwahrscheinlichkeit in die BRD zukommt, BayObLG StV 2020, 459; OLG Hamm, Beschl. v. 23.09.2020 – III-1 VAs 54/20 – juris). In den meisten Ländern bestehen ermessensleitende Richtlinien (vgl. § 17 Abs. 1 Satz 1 StVollstrO; Übersicht bei Graf/*Coen* § 456a Rn. 4.1). Zur Möglichkeit des Widerrufs einer Absehensentscheidung s. OLG Hamm NStZ-RR 2013, 30.

5 **II. Nachholung der Vollstreckung (Abs. 2).** Nach **Abs. 2** kann eine **Vollstreckung nachgeholt** werden, **wenn der Verurteilte** in den Geltungsbereich der StPO freiwillig (KG NStZ-RR 2004, 312; Meyer-Goßner/*Schmitt* § 456a Rn. 6; a.A. *Pfeiffer* § 456a Rn. 4; vgl. auch OLG Frankfurt NStZ-RR 1996, 93) **zurückkehrt** und zu diesem Zeitpunkt die Vollstreckungsverjährung nach § 79 StGB noch nicht eingetreten ist (zu den bei der Ermessenentscheidung zu berücksichtigenden Erwägungen s. OLG Nürnberg NStZ-RR 2009, 125; OLG Hamm, Beschl. v. 20.03.2008 – 1 VAs 11/08 geht von einer im Regelfall bestehenden Vollstreckungspflicht aus). Bei Maßregeln der Besserung und Sicherung gilt zudem die Einschränkung des § 67c Abs. 2 (Abs. 2 Satz 2). Die Nachholung im Fall der Wiedereinreise sowie entsprechende vollstreckungssichernde Maßnahmen können (nach § 17 Abs. 2 Satz 1 StVollstrO: sollen) bereits i.R.d. Entscheidung nach Abs. 1 angeordnet werden (Abs. 2 Satz 3); jedoch hat in diesen Fällen eine erneute Prüfung vor der tatsächlichen Nachholung der Vollstreckung dann zu erfolgen, wenn sich hinreichende Anhaltspunkte für eine Neubeurteilung ergeben (vgl. OLG Hamburg NStZ-RR 1999, 123). Im Fall einer Anordnung der Nachholung der Vollstreckung wird ein erneutes Absehen nur in Ausnahmefällen in Betracht kommen (OLG Frankfurt, NStZ-RR 2001, 93).

6 Der Verurteilte ist über die Möglichkeit einer Nachholung der Vollstreckung zu **belehren** (Abs. 2 Satz 4). Die Belehrung, die in einer für den Verurteilten verständlichen Sprache zu erfolgen hat (§ 17 Abs. 2 Satz 2 StVollstrO; LG Bayreuth NStZ-RR 2011, 291), ist aktenkundig zu machen (§ 17 Abs. 2 Satz 3 StVollstrO) und kann der Justizvollzugsanstalt übertragen werden (§ 17 Abs. 2 Satz 4 StVollstrO). Unterbleibt die Belehrung, so ist die Nachholung der Vollstreckung unzulässig (OLG Stuttgart MDR 1981, 426); dies gilt auch, wenn die Belehrung unzureichend war (etwa, weil sie lediglich den Fall einer unerlaubten Einreise in das Bundesgebiet erfasste, vgl. OLG Karlsruhe NStZ 2001, 93) und der Verurteilte deshalb auf ein Unterbleiben der Nachholung vertrauen durfte. Eine Nachholung der Belehrung ist zulässig und ermöglicht die Nachholung der Vollstreckung, wenn dem Verurteilten hinreichende Gelegenheit gegeben wurde, sein Verhalten hiernach auszurichten (OLG Karlsruhe NStZ 1994, 254; Meyer-Goßner/*Schmitt* § 456a Rn. 8).

7 **Wird von einer Entscheidung nach Abs. 1 abgesehen**, so steht dem Verurteilten – nach Durchführung des Beschwerdeverfahrens gem. § 21 StVollstrO – der **Antrag nach § 23 EGGVG** offen. Das OLG überprüft hierbei die Entscheidung der Vollstreckungsbehörde lediglich auf Ermessensfehler, etwa, ob wesentliche Milderungsgründe unberücksichtigt gelassen wurden (OLG Karlsruhe StraFo 2009, 83; zur Ermessensreduzierung auf Null s. OLG Karlsruhe, Beschl. v. 09.06.2010 – 2 VAs 19/10; OLG Dresden, Beschl. v. 12.02.2016, 2 VAs 26/15). **Wird eine Anordnung nach Abs. 1 getroffen**, ist diese für den (insoweit nicht beschwerten) Verurteilten **nicht anfechtbar**. Über Einwendungen des Verurteilten gegen die Nachholung der Vollstreckung entscheidet nach § 458 Abs. 2 das gem. § 462a Abs. 1 und 2 zuständige Gericht (vgl. dazu OLG Stuttgart StraFo 2011, 114).

§ 456b
(weggefallen)

§ 456c Aufschub und Aussetzung des Berufsverbotes

(1) [1]Das Gericht kann bei Erlass des Urteils auf Antrag oder mit Einwilligung des Verurteilten das Wirksamwerden des Berufsverbots durch Beschluss aufschieben, wenn das sofortige Wirksamwerden des Verbots für den Verurteilten oder seine Angehörigen eine erhebliche, außerhalb seines Zweckes liegende, durch späteres Wirksamwerden vermeidbare Härte bedeuten würde. [2]Hat der Verurteilte einen gesetzlichen Vertreter, so ist dessen Einwilligung erforderlich. [3] § 462 Abs. 3 gilt entsprechend.

(2) Die Vollstreckungsbehörde kann unter denselben Voraussetzungen das Berufsverbot aussetzen.

(3) [1]Der Aufschub und die Aussetzung können an die Leistung einer Sicherheit oder an andere Bedingungen geknüpft werden. [2]Aufschub und Aussetzung dürfen den Zeitraum von sechs Monaten nicht übersteigen.

(4) Die Zeit des Aufschubs und der Aussetzung wird auf die für das Berufsverbot festgesetzte Frist nicht angerechnet.

Übersicht

A. Grundsätzliches. Als lex specialis zu § 456 regelt § 456c die Möglichkeiten des Aufschubs (Abs. 1) und der Aussetzung (= Unterbrechung, Abs. 2) des Berufsverbots (§ 70 StGB), welches gem. § 70 Abs. 4 Satz 1 StGB ansonsten mit Urteilsrechtskraft unmittelbar wirksam wird. Anders als die Aussetzung (zur Bewährung) nach § 70a StGB ist hiermit lediglich ein zeitlicher Aufschub verbunden. Die Regelung ist auf ein Fahrverbot gem. § 44 StGB, mag dieses auch faktisch die Ausübung bestimmter Berufe (z.B. Kraftfahrer) für die Dauer seiner Wirksamkeit ausschließen und ebenfalls mit Rechtskraft des Urteils unmittelbar wirksam werden (s. § 44 Abs. 2 Satz 1 StGB), nicht analog anwendbar (h.M.; s. KK-StPO/*Appl* § 456c Rn. 1 m.w.N.). Hingegen gilt sie im anwaltsgerichtlichen Verfahren entsprechend (Anwaltsgerichtshof Schleswig MDR 1999, 1168). 1

B. Einzelfragen. Abs. 1 ermöglicht dem erkennenden Gericht den Aufschub des Berufsverbots durch gesonderten Beschluss. Die Entscheidung ist bei Erlass des Urteils zu treffen, also unter Einbeziehung der Schöffen (BeckOK-StPO/*Coen* § 456c Rn. 3) und bedarf der Zustimmung des Angeklagten. Eine spätere Entscheidung ist unzulässig, jedoch muss diese nicht mit dem Urteil verkündet werden (KK-StPO/*Appl* § 456c Rn. 2). Die Höchstdauer des Aufschubs beträgt 6 Monate (Abs. 3 Satz 2); der Aufschub kann nach Abs. 3 Satz 1 auch an die Leistung einer Sicherheit oder andere Bedingungen geknüpft werden. 2

Der Begriff der erheblichen Härte entspricht im Wesentlichen den erheblichen Nachteilen i.S.d. § 456 (s. dort Rdn. 3). 3

Nach Rechtskraft kann die Vollstreckungsbehörde – unter den gleichen Voraussetzungen wie das Gericht bei seiner Entscheidung nach Abs. 1 – das Berufsverbot aussetzen (Abs. 2; s.a. § 55 Abs. 2 StVollstrO). § 55 Abs. 3 StVollstrO sieht eine Anhörung der zuständigen Verwaltungsbehörden und berufsständischen Organisationen vor. Die Dauer einer Aussetzung darf – zusammen mit einem vom Gericht gewährten Aufschub – nicht mehr als 6 Monate betragen. 4

§ 457 Ermittlungshandlungen; Vorführungsbefehl, Vollstreckungshaftbefehl

(1) § 161 gilt sinngemäß für die in diesem Abschnitt bezeichneten Zwecke.

(2) [1]Die Vollstreckungsbehörde ist befugt, zur Vollstreckung einer Freiheitsstrafe einen Vorführungs- oder Haftbefehl zu erlassen, wenn der Verurteilte auf die an ihn ergangene Ladung zum Antritt der Strafe sich nicht gestellt hat oder der Flucht verdächtig ist. [2]Sie kann einen Vorführungs- oder Haftbefehl auch erlassen, wenn ein Strafgefangener entweicht oder sich sonst dem Vollzug entzieht.

(3) [1]Im Übrigen hat in den Fällen des Absatzes 2 die Vollstreckungsbehörde die gleichen Befugnisse wie die Strafverfolgungsbehörde, soweit die Maßnahmen bestimmt und geeignet sind, den Verurteilten festzunehmen. [2]Bei der Prüfung der Verhältnismäßigkeit ist auf die Dauer der noch zu vollstreckenden Freiheitsstrafe besonders Bedacht zu nehmen. [3]Die notwendig werdenden gerichtlichen Entscheidungen trifft das Gericht des ersten Rechtszuges.

Übersicht

1 **A. Grundsätzliches.** Die Vorschrift regelt die der Vollstreckungsbehörde zustehenden **Ermittlungs- und Zwangsmaßnahmen**, insb. zur Ergreifung des flüchtigen oder sich dem Strafantritt entziehenden Verurteilten.

2 **B. Einzelfragen. I. Ermittlungsbefugnisse der Strafvollstreckungsbehörde (Abs. 1). Abs. 1** weist der Vollstreckungsbehörde (§ 451) zum Zweck der Strafvollstreckung die der Verfolgungsbehörde zustehenden **Ermittlungsbefugnisse nach § 161** zu. Neben den in dieser Norm genannten Auskunfts- und Ermittlungsbefugnissen sind nach ganz herrschender Meinung auch die in § 161a und § 163a enthaltenen Vernehmungsbefugnisse erfasst (OLG Karlsruhe NStZ-RR 2005, 369; LR/*Graalmann-Scheerer* § 457 Rn. 5; Meyer-Goßner/*Schmitt* § 457 Rn. 1). Auch die Vollstreckungsbehörde hat die Möglichkeit, sich zur Durchführung ihrer Ermittlungsmaßnahmen der Polizei zu bedienen (§ 161 Abs. 1 Satz 2).

3 **II. Eingriffsbefugnisse der Strafvollstreckungsbehörde (Abs. 2 und Abs. 3).** Die **Abs. 2 und 3** geben der Vollstreckungsbehörde **weitergehende Eingriffsbefugnisse** bei der **Vollstreckung von Freiheitsstrafen**, auch von Ersatzfreiheitsstrafen gem. § 459e (s.a. § 50 Abs. 1 StVollstrO).

4 **1. Vorführungs- und Haftbefehl (Abs. 2).** Zur Vollstreckung einer Freiheitsstrafe kann die Vollstreckungsbehörde einen **Vorführungs-** oder (in der Praxis bedeutsamer) **Haftbefehl** erlassen, wenn der Verurteilte sich auf die an ihn ergangene Ladung zum Strafantritt nicht gestellt hat (Abs. 2 Satz 1, 1. Alt.; s. § 27 StVollstrO; vgl. zum Erfordernis einer ordnungsgemäßen Ladung OLG Koblenz StraFo 2006, 86) oder der Flucht verdächtig ist (Abs. 2 Satz 1, 2. Alt.) oder wenn der Verurteilte aus einer Justizvollzugsanstalt entweicht bzw. sich sonst dem Vollzug entzieht (Abs. 2 Satz 2), womit insb. der Missbrauch von Vollzugslockerungen angesprochen ist. Unter den Voraussetzungen des § 33 Abs. 3 StVollstrO kann der Erlass des Haftbefehls bereits mit der Ladung verbunden werden. Im Fall des Bewährungswiderrufs kann der Vollstreckungshaftbefehl erst dann erlassen werden, wenn der Widerrufsbeschluss rechtskräftig ist (OLG Karlsruhe NJW 1964, 1085). Die §§ 112 ff. gelten für den Vollstreckungshaftbefehl nicht (*Pfeiffer* § 457 Rn. 4). Stellt sich zu einem späteren Zeitpunkt heraus, dass die Voraussetzungen des Erlasses des Vollstreckungshaftbefehls nicht bestehen, so ist dieser aufzuheben (OLG Dresden NStZ-RR 2008, 294).

5 Zuständig für den Erlass des Vorführungs- bzw. Haftbefehl ist die Vollstreckungsbehörde (§ 451) und somit gem. § 31 Abs. 2 Satz 1 RPflG der Rechtspfleger; dass dieser einen Freiheitsentzug anordnen kann, ist insofern auch vor dem Hintergrund des Art. 104 Abs. 2 Satz 1 GG unproblematisch, da insoweit nur die vom Gericht angeordnete Freiheitsentziehung vollzogen wird (s. bspw. BeckOK-StPO/Coen § 457 Rn. 6 m.w.N.).

6 **2. Weitere Befugnisse (Abs. 3).** Auch die weiteren Befugnisse der Strafverfolgungsbehörde stehen der Strafvollstreckungsbehörde zu dem Zweck zu, die Festnahme aufgrund eines Vollstreckunghaftbefehls, nicht aber aufgrund eines Sicherungshaftbefehls gem. § 453c (OLG Celle NStZ 2010, 107), zu erwirken. Der Vollstreckungshaftbefehl enthält die Anordnung der Durchsuchung der Wohnung des Verurteilten zum Zwecke der Festnahme (str.; OLG Düsseldorf NJW 1981, 2133 [2134]; BeckOK-StPO/*Coen* § 457 Rn. 7 m.w.N. auch zur Gegenansicht), allerdings jedenfalls beschränkt auf diesen Zweck (OLG Koblenz NStZ-RR 2021, 144). Soweit eine Maßnahme einer richterlichen Anordnung bedarf, ist für diese das Gericht des ersten Rechtszuges zuständig (Abs. 3 Satz 3). Bei allen Maßnahmen ist der Grundsatz der Verhältnismäßigkeit zu berücksichtigen, wobei der Dauer der noch zu vollstreckenden Strafe i.R.d. Einzelfallabwägung eine besondere Bedeutung zukommt (Abs. 3 Satz 2; vgl. etwa KG StraFo 2008, 239: Unverhältnismäßigkeit einer Verkehrsdatenerhebung nach § 100g bei einem noch zu vollstreckenden Strafrest von 145 Tagen). Allein die Tatsache, dass das Urteil eine für die Maßnahme erforderliche Katalogtat enthält, reicht somit für deren Zulässigkeit noch nicht aus (OLG Zweibrücken StV 2001, 305).

7 **3. Rechtsbehelf.** In der StPO ist ein Rechtsbehelf gegen einen Vollstreckungshaftbefehl als solchen nicht vorgesehen; es kommt daher nur der Rechtsbehelf gem. §§ 23 ff. EGGVG in Betracht (str.; wie hier OLG Karlsruhe NStZ-RR 2005, 223; OLG Celle, Beschl. v. 18.08.2014, 2 Ws 130/14; a.A. OLG Stuttgart StraFo 2011, 114; vgl. auch OLG Oldenburg NStZ-RR 2015, 156), der nach Durchführung des Beschwerdeverfahrens (§ 21 StVollstrO) zulässig ist. Gegen einen erledigten, weil nicht mehr vollzogenen, Vollstreckungshaftbefehl kann der Feststellungsantrag nach § 28 Abs. 1 Satz 4 EGGVG erhoben werden; hierbei ist das Vorliegen eines in jedem Einzelfall zu prüfenden, insb. bei schweren Grundrechtseingriffen vorliegenden (BVerfG NStZ-RR 2004, 252) besonderen Feststellungsinteresses erforderlich (OLG Hamm StV 2005, 676; OLG Karlsruhe NStZ-RR 2005, 249; OLG Frankfurt, NStZ-RR 2005, 282; KG NStZ-RR 2009, 324; a.A. OLG Frankfurt, NStZ-RR 2002, 224).

§ 458 Gerichtliche Entscheidungen bei Strafvollstreckung

(1) Wenn über die Auslegung eines Strafurteils oder über die Berechnung der erkannten Strafe Zweifel entstehen oder wenn Einwendungen gegen die Zulässigkeit der Strafvollstreckung erhoben werden, so ist die Entscheidung des Gerichts herbeizuführen.

(2) Das Gericht entscheidet ferner, wenn in den Fällen des § 454b Absatz 1 bis 3 sowie der §§ 455, 456 und 456c Abs. 2 Einwendungen gegen die Entscheidung der Vollstreckungsbehörde erhoben werden oder wenn die Vollstreckungsbehörde anordnet, dass an einem Ausgelieferten, Abgeschobenen, Zurückgeschobenen oder Zurückgewiesenen die Vollstreckung einer Strafe oder einer Maßregel der Besserung und Sicherung nachgeholt werden soll, und Einwendungen gegen diese Anordnung erhoben werden.

(3) [1]Der Fortgang der Vollstreckung wird hierdurch nicht gehemmt; das Gericht kann jedoch einen Aufschub oder eine Unterbrechung der Vollstreckung anordnen. [2]In den Fällen des § 456c Abs. 2 kann das Gericht eine einstweilige Anordnung treffen.

Übersicht

A. Grundsätzliches. Die Vorschrift ermöglicht die gerichtliche Entscheidung bei Zweifeln über die Auslegung des Strafurteils oder der – ansonsten der Strafvollstreckungsbehörde (§ 451) obliegenden – Strafzeitberechnung sowie über Einwendungen gegen die Zulässigkeit der Strafvollstreckung als solche (Abs. 1). Gem. Abs. 2 kann durch Einwendungen gegen die dort genannten Maßnahmen der Strafvollstreckungsbehörde deren gerichtliche Überprüfung herbeigeführt werden. 1

Im Anwendungsbereich der Vorschrift ist der Rechtsbehelf nach §§ 23 ff. EGGVG ausgeschlossen, und zwar auch hinsichtlich der Feststellung der Rechtswidrigkeit bei einer sich während des Laufs des Verfahrens erledigenden Vollstreckungsmaßnahme (*Pfeiffer* § 458 Rn. 5). Bei der Geldstrafenvollstreckung ist in dessen Anwendungsbereich der Rechtsbehelf nach § 459h lex specialis. Gegen Einzelentscheidungen im vollzuglichen Bereich ist nicht der Rechtsbehelf nach § 458, sondern nach §§ 109 ff. StVollzG statthaft.

B. Einzelfragen. Zweifel über die Auslegung eines Strafurteils (§ 449 Rdn. 4) können beispielsweise bestehen in einem Widerspruch zwischen Urteilstenor und Urteilsgründen (*Pfeiffer* § 458 Rn. 2). 2

§ 458 ist nur dann anwendbar, wenn sich die Zweifel auf die Vollstreckbarkeit des Urteils auswirken, also (zumindest auch) auf den Rechtsfolgenausspruch oder die Kostenentscheidung (BeckOK-StPO/*Coen* § 458 Rn. 3). Zweifel an der Strafzeitberechnung werden v.a. dort in Betracht kommen, wo eine Anrechnung anderer Haftzeiten auf die Strafhaft erfolgt (z.B. § 51 Abs. 1 Satz 1 StGB, § 450a).

Einwendungen gegen die Zulässigkeit der Strafvollstreckung betreffen das Vorliegen der allgemeinen Vollstreckungsvoraussetzungen sowie das Fehlen etwaiger Vollstreckungshindernisse (s. § 449 Rdn. 3). Bestand und Rechtmäßigkeit des Urteils als solchen dürfen nur dann infrage gestellt werden, wenn eine Doppelbestrafung vorliegt (Meyer-Goßner/*Schmitt* § 458 Rn. 9). 3

Einwendungsberechtigt sind neben dem Verurteilten, für ihn seinem Verteidiger oder gesetzlichen Vertreter, auch Dritte, deren Rechte durch die Vollstreckung unmittelbar betroffen sind (s. dazu Meyer-Goßner/*Schmitt* § 458 Rn. 5), die Strafvollstreckungsbehörde kann hingegen eigene Zweifel an der Zulässigkeit der Vollstreckung nicht durch Vorlage an das Gericht klären lassen, wenn keine Einwendungen anderer Verfahrensbeteiligter erhoben wurden (OLG Rostock NStZ 1994, 304). 4

Das Erheben einer Einwendung hat grds. keinen Suspensiveffekt hinsichtlich der Wirksamkeit der Vollstreckungsmaßnahme (Abs. 3 Satz 1 Hs. 1); das Gericht kann jedoch (einstweilig) einen Vollstreckungsaufschub oder eine Unterbrechung anordnen (Abs. 3 Satz 1 Hs. 2) oder das Berufsverbot nach § 456c Abs. 2 vorläufig aussetzen (Abs. 3 Satz 2). 5

Die **Zuständigkeit des Gerichts** bestimmt sich nach den §§ 462, 462a. Gegen gerichtliche Entscheidungen nach Abs. 1 und Abs. 2 ist die sofortige Beschwerde gem. § 462 Abs. 3 statthaft. Eine weitere Beschwerde ist ausgeschlossen (Meyer-Goßner/*Schmitt* § 458 Rn. 16). Legt die StA gegen eine einstweilige Unterbrechung nach Abs. 3 Satz 1 Hs. 1 Alt. 2 sofortige Beschwerde ein, gilt § 462 Abs. 3 Satz 2. 6

§ 459 Vollstreckung der Geldstrafe; Anwendung des Justizbeitreibungsgesetzes

Für die Vollstreckung der Geldstrafe gelten die Vorschriften des Justizbeitreibungsgesetzes, soweit dieses Gesetz nichts anderes bestimmt.

Die Vorschriften des Justizbeitreibungsgesetzes gelten für das Verfahren zur Vollstreckung der Geldstrafe, soweit das Gesetz, insb. in den §§ 459a bis 459o, keine besonderen Regelungen vorsieht. 1

§ 459a Bewilligung von Zahlungserleichterungen

(1) Nach Rechtskraft des Urteils entscheidet über die Bewilligung von Zahlungserleichterungen bei Geldstrafen (§ 42 des Strafgesetzbuches) die Vollstreckungsbehörde.

(2) [1]Die Vollstreckungsbehörde kann eine Entscheidung über Zahlungserleichterungen nach Absatz 1 oder nach § 42 des Strafgesetzbuches nachträglich ändern oder aufheben. [2]Dabei darf sie von einer vorausgegangenen Entscheidung zum Nachteil des Verurteilten nur auf Grund neuer Tatsachen oder Beweismittel abweichen.

(3) [1]Entfällt die Vergünstigung nach § 42 Satz 2 des Strafgesetzbuches, die Geldstrafe in bestimmten Teilbeträgen zu bezahlen, so wird dies in den Akten vermerkt. [2]Die Vollstreckungsbehörde kann erneut eine Zahlungserleichterung bewilligen.

(4) [1]Die Entscheidung über Zahlungserleichterungen erstreckt sich auch auf die Kosten des Verfahrens. [2]Sie kann auch allein hinsichtlich der Kosten getroffen werden.

Übersicht

1 **A. Grundsätzliches.** Die Vorschrift regelt die Gewährung von Zahlungserleichterungen nach Rechtskraft des Urteils sowie deren nachträgliche Änderung und Aufhebung.

2 **B. Einzelfragen. I. Zahlungserleichterungen. Zahlungserleichterungen** sind die Stundung der Geldstrafe oder die Gewährung von Teilzahlungen (s. § 42 Satz 1 StGB). Die materiellen Voraussetzungen der Anordnung ergeben sich aus § 42 StGB: Die sofortige Bezahlung der Geldstrafe darf dem Verurteilten nach seinen persönlichen oder wirtschaftlichen Verhältnissen nicht zumutbar sein (§ 42 Satz 1 StGB). Ist ein solcher Fall gegeben, ist die Gewährung von Zahlungserleichterungen grds. zwingend, wobei der Vollstreckungsbehörde ein Auswahlermessen zukommt (OLG Stuttgart MDR 1993, 996), wobei in der Regel die Gewährung von Teilzahlungen sachgerecht sein wird (s. Radtke/Hohmann/*Baier* § 459a Rn. 4). Als Soll-Vorschrift ist die Gewährung von Zahlungserleichterungen auch vorgesehen, wenn die sofortige Vollstreckung eine erhebliche Gefährdung der Schadenswiedergutmachung an den Verletzten bedingen würde (§ 42 Satz 3 Hs. 1 StGB). Die Gewährung der Zahlungserleichterungen kann auf Antrag des Verurteilten oder von Amts wegen erfolgen und führt zu einem Ruhen der Vollstreckungsverjährung gem. § 79a Nr. 2c StGB.

3 Hat das Gericht im Urteil selbst keine Zahlungserleichterungen gewährt, so liegt dies **nach Rechtskraft** in der **Entscheidungsbefugnis der Vollstreckungsbehörde** (§ 451). Diese kann auch die gerichtlich gewährten Zahlungserleichterungen aufheben oder ändern (Abs. 2), zulasten des Verurteilten aber nur aufgrund neuer Tatsachen oder Beweismittel (Abs. 2 Satz 2).

4 **II. Verfallsklausel (Abs. 3).** War eine gerichtlich gewährte Zahlungserleichterung nach § 42 Satz 2 StGB mit einer **Verfallsklausel** versehen und kommt der Verurteilte mit einer Teilzahlung in Verzug, so folgt der Wegfall der Zahlungserleichterung bereits aus der gerichtlichen Anordnung selbst. Der Aktenvermerk nach Abs. 3 Satz 1 dient somit lediglich der Dokumentation und stellt keine eigene Entscheidung der Vollstreckungsbehörde dar.

Der erneuten Gewährung von Zahlungserleichterungen steht dies indes nicht entgegen (Abs. 3 Satz 2). Die Vollstreckungsbehörde kann auch bei den von ihr gewährten Zahlungserleichterungen eine Verfallsklausel anordnen (*Pfeiffer* § 459a Rn. 2).

5 **III. Einbeziehung von Verfahrenskosten (Abs. 4 Satz 1).** Die Gewährung von Zahlungserleichterungen durch die Vollstreckungsbehörde erstreckt sich – anders als im Fall einer gerichtlichen Anordnung nach § 42 StGB – auch auf die **Verfahrenskosten** (Abs. 4 Satz 1), nicht aber auf solche nach § 464b (LR/*Graalmann-Scheerer* § 459a Rn. 18). Eine Anordnung lediglich im Hinblick auf die Kosten ist ebenfalls möglich (Abs. 4 Satz 2). Im Umkehrschluss aus Abs. 4 ist jedoch die Möglichkeit einer Ausnahme der Kosten von der Gewährung der Zahlungserleichterungen, die zudem der Wertung des § 459b zuwiderlaufen würden, richtigerweise nicht gegeben (so auch KMR/*Stöckel* § 459a Rn. 18; anders die h.M. Meyer-Goßner/*Schmitt* § 459a Rn. 7; *Pfeiffer* § 459a Rn. 6). Nach herrschender Meinung (vgl. OLG Frankfurt, NStZ-RR 2006, 159) kommt eine Gewährung von Zahlungserleichterungen hinsichtlich der Kosten jedoch nur dann in Betracht, wenn in dem Urteil (wenigstens auch) auf Geldstrafe erkannt wurde. Dies mag zwar der systematischen Einordnung des § 459a (die §§ 459 ff. regeln die Geldstrafenvollstreckung) entsprechen, erscheint im

Ergebnis jedoch fragwürdig, da auch und gerade dem zu einer Freiheitsstrafe Verurteilten die Begleichung der Verfahrenskosten regelmäßig Schwierigkeiten bereiten wird und nicht erkennbar ist, warum dieser schlechtergestellt werden sollte als etwa derjenige, bei dem das Urteil (etwa in den Fällen des § 41 StGB) noch zusätzlich auf Geldstrafe lautet.

IV. Rechtsbehelfe. Über Einwendungen gegen Entscheidungen der Vollstreckungsbehörde entscheidet gem. § 459h das Gericht; Zuständigkeit und Verfahren richten sich nach § 462 und § 462a. Der Aktenvermerk nach Abs. 3 Satz 1 ist keine selbstständige Entscheidung der Vollstreckungsbehörde und daher unanfechtbar (Meyer-Goßner/*Schmitt* § 459a Rn. 6). 6

§ 459b Anrechnung von Teilbeträgen

Teilbeträge werden, wenn der Verurteilte bei der Zahlung keine Bestimmung trifft, zunächst auf die Geldstrafe, dann auf die etwa angeordneten Nebenfolgen, die zu einer Geldleistung verpflichten, und zuletzt auf die Kosten des Verfahrens angerechnet.

A. Grundsätzliches. Die Vorschrift trifft – im Interesse des Verurteilten, da soweit möglich die Vollstreckung einer Ersatzfreiheitsstrafe (§ 459e) abgewendet wird – eine **Anrechnungsreihenfolge** für vom Verurteilten geleistete Teilzahlungen. Zu den angesprochenen Nebenfolgen s. § 459g. 1

B. Einzelfragen. Dem Verurteilten kann die Erbringung von Teilleistungen gestattet sein (§ 42 StGB, § 459a). Die Vorschrift gilt aber auch dann, wenn der Gesamtbetrag zu bezahlen wäre, seitens des Verurteilten aber lediglich eine Teilleistung erbracht wird. Leistungen Dritter (z.B. Rechtsschutzversicherungen) werden hingegen stets nur auf die Kosten angerechnet (s. *Laubenthal/Nestler* Rn. 255). 2

Die Regelung ist **subsidiär** zu etwaigen **Bestimmungen des Verurteilten;** dies gilt auch im Fall einer zwangsweise Beitreibung (BeckOK-StPO/*Coen* § 459b Rn. 1). Im Einzelfall mag der Verurteilte ein spezifisches Interesse daran haben, die aus der Nebenfolge geschuldete Geldleistung zunächst zu tilgen, etwa um eine Freigabe sichergestellter Gegenstände zu bewirken (Meyer-Goßner/*Schmitt* § 459b Rn. 1). 3

Bei offenen **Forderungen aus mehreren strafrechtlichen Verurteilungen** gilt die Vorschrift entsprechend (KK-StPO/*Appl* § 459b Rn. 4). Der Verurteilte kann auch hier eine Anrechnung bestimmen. Erfolgt die Zuordnung durch den Verurteilten, etwa durch Angabe des Aktenzeichens (Meyer-Goßner/*Schmitt* § 459b Rn. 3), so erfolgt die Anrechnung auf die im angegebenen Verfahren bestehende Forderung – sofern nichts anderes bestimmt – in der Reihenfolge Geldstrafe, Nebenfolgen, Kosten. 4

Eine Teilleistung ohne Zuordnung zu einem bestimmten Verfahren wird – in entsprechender Anwendung des § 366 Abs. 2 BGB (*Laubenthal/Nestler* Rn. 366) – zunächst auf die Geldstrafe angerechnet, deren Verjährung zunächst droht.

Leistet der Verurteilte auf mehrere Einzelgeldstrafen, die in einen noch nicht rechtskräftigen nachträglichen Gesamtstrafenbeschluss einbezogen sind, so bestimmt sich die Anrechnung nach der Rspr. des BGH (BGHSt 28, 360 [364]) nach der Tagessatzhöhe der jeweiligen Einzelstrafen und nicht auf den Nennbetrag der Gesamtstrafe; dies mag im Einzelfall zu unbilligen Ergebnissen führen (s. *Meyer-Goßner* NStZ 1991, 434; KK-StPO/*Appl* § 459b Rn. 3), ist letztlich aber Konsequenz der fehlenden Rechtskraft der Gesamtstrafenentscheidung im Zeitpunkt der Teilleistung (die Problematik ausführlich erörternd auch OLG Zweibrücken, Beschl. v. 21.11.1978 – Ss 234/77).

Da der Rechtsbehelf nach § 459h nach dessen eindeutigem Wortlaut nicht eröffnet ist, können Einwendungen gegen die Anrechnungsreihenfolge lediglich mit dem Rechtsbehelf nach §§ 23 ff. EGGVG gerichtlich geltend gemacht werden. 5

§ 459c Beitreibung der Geldstrafe

(1) Die Geldstrafe oder der Teilbetrag der Geldstrafe wird vor Ablauf von zwei Wochen nach Eintritt der Fälligkeit nur beigetrieben, wenn auf Grund bestimmter Tatsachen erkennbar ist, dass sich der Verurteilte der Zahlung entziehen will.

(2) Die Vollstreckung kann unterbleiben, wenn zu erwarten ist, dass sie in absehbarer Zeit zu keinem Erfolg führen wird.

(3) In den Nachlass des Verurteilten darf die Geldstrafe nicht vollstreckt werden.

Übersicht

1 **A. Grundsätzliches.** Die Vorschrift regelt Einzelheiten der Geldstrafenvollstreckung und wird hierbei durch die Regelungswerke der JBeitrO und der EBAO ergänzt.

2 **B. Einzelfragen. I. Schonfrist (Abs. 1).** Abs. 1 setzt eine grundsätzliche **Schonfrist** für den Verurteilten von 2 Wochen, die diesem ermöglichen soll, den Zahlungsbetrag zu beschaffen oder einen Antrag auf Zahlungserleichterungen (§ 459a) zu stellen (KK-StPO/*Appl* § 459c Rn. 1). Hierdurch wird der Grundsatz einer beschleunigten Vollstreckung (§ 2 Abs. 1 StVollstrO) im Interesse des Verurteilten modifiziert. Eine Missachtung der Schonfrist macht die Vollstreckung jedoch nicht unwirksam (Meyer-Goßner/*Schmitt* § 459c Rn. 2).

3 Fälligkeit tritt grds. mit der formellen Rechtskraft des Urteils ein. Abweichend hiervon kann aber schon das erkennende Gericht gem. § 42 StGB Zahlungserleichterungen gewähren und somit die Fälligkeit der gesamten Geldstrafe oder von Teilbeträgen auf einen späteren Zeitpunkt verschieben. Selbiges bewirken Entscheidungen der Vollstreckungsbehörde nach § 459a.

4 Die Einhaltung der Schonfrist kann unterbleiben, wenn aufgrund von Tatsachen erkennbar wird, dass sich der Verurteilte der Zahlung entziehen will. Dies setzt mehr voraus als eine bloße Nichtzahlung, etwa ein auf eine Vollstreckungsvereitelung zielendes Handeln in Gestalt des Verschleierns von Vermögenswerten oder Verbringen von Vermögen ins Ausland oder häufigem Wechsel des Aufenthaltsorts bzw. von Wohnungs- und Arbeitsstätte, um für Pfändungen nicht erreichbar zu sein (vgl. KK-StPO/*Appl* § 459c Rn. 7). Der Verdacht muss auf konkreten Tatsachen gründen (Meyer-Goßner/*Schmitt* § 459c Rn. 3).

5 **II. Unterbleiben der Vollstreckung bei Aussichtslosigkeit (Abs. 2).** Die Vollstreckungsbehörde ordnet – aus Gründen der Transparenz wenn möglich in einem Aktenvermerk (Meyer-Goßner/*Schmitt* § 459c Rn. 5) – das Unterbleiben der Vollstreckung an, wenn zu erwarten ist, dass diese in absehbarer Zeit zu keinem Erfolg führen wird. Dies ermöglicht die Vollstreckung der Ersatzfreiheitsstrafe gem. § 459e Abs. 2; das in § 43 StGB normierte Kriterium der Uneinbringlichkeit der Geldstrafe als Voraussetzung der Ersatzfreiheitsstrafe erfordert eine restriktive Anwendung der Vorschrift (KK-StPO/*Appl* § 459c Rn. 8). Die Erwartung hat sich auf konkrete Tatsachen zu stützen, so z.B. die Eröffnung eines Insolvenzverfahrens, in der Vergangenheit durchgeführte erfolglose Vollstreckungsversuche, im Einzelfall auch die Abgabe einer eidesstattlichen Versicherung oder das Unterschreiten von Pfändungsfreigrenzen (s. BeckOK-StPO/*Coen* § 459c Rn. 3; vgl. dazu BVerfG NJW 2006, 3627).

6 **III. Keine Vollstreckung in den Nachlass (Abs. 3).** Eine Vollstreckung der Geldstrafe in den Nachlass ist wegen des höchstpersönlichen Charakters der Sanktion gem. **Abs. 3** unzulässig. Eine zu Lebzeiten des Verurteilten nicht mehr vollstreckte Geldstrafe erlischt hinsichtlich des noch offenen Betrages; bereits begonnene Zwangsmaßnahmen sind mit dem Todeszeitpunkt einzustellen (BeckOK-StPO/*Coen* § 459c Rn. 4). Ein etwaig vom Erben irrtümlich auf die Geldstrafe gezahlter Betrag ist mangels Rechtsgrund zurückzuerstatten (KK-StPO/*Appl* § 459c Rn. 9). Die Vorschrift gilt jedoch nicht hinsichtlich der Nebenfolgen (§ 459g Abs. 2) sowie der Kosten des Verfahrens, sofern zu Lebzeiten des Verurteilten Rechtskraft eingetreten ist (Umkehrschluss aus § 465 Abs. 3).

7 **IV. Rechtsbehelfe.** Gegen Entscheidungen nach § 459c sind Einwendungen nach § 459h möglich; dies setzt aber eine – für den Verurteilten bei Entscheidungen nach Abs. 2 fehlende (Meyer-Goßner/*Schmitt* § 459c Rn. 8) – Beschwer voraus.

§ 459d Unterbleiben der Vollstreckung einer Geldstrafe

(1) Das Gericht kann anordnen, dass die Vollstreckung der Geldstrafe ganz oder zum Teil unterbleibt, wenn
1. in demselben Verfahren Freiheitsstrafe vollstreckt oder zur Bewährung ausgesetzt worden ist oder
2. in einem anderen Verfahren Freiheitsstrafe verhängt ist und die Voraussetzungen des § 55 des Strafgesetzbuches nicht vorliegen
und die Vollstreckung der Geldstrafe die Wiedereingliederung des Verurteilten erschweren kann.
(2) Das Gericht kann eine Entscheidung nach Absatz 1 auch hinsichtlich der Kosten des Verfahrens treffen.

Übersicht

A. Grundsätzliches. Die Vorschrift ermöglicht aus Gründen einer besseren Resozialisierung des Verurteilten das Absehen von der Vollstreckung einer neben einer Freiheitsstrafe verhängten Geldstrafe. Es handelt sich um eine Regelung mit **Ausnahmecharakter** (LR/*Graalmann-Scheerer* § 459d Rn. 9; a.A. *Volckart* NStZ 1982, 496 [499 f.]). Die Anordnung ist zeitlich nicht begrenzt und unwiderruflich, sodass sie – faktisch – einem Erlass der Geldstrafe nahekommt ohne einen solchen zu begründen (Meyer-Goßner/*Schmitt* § 459d Rn. 2 m.w.N.). Auch die Vollstreckung einer Ersatzfreiheitsstrafe scheidet nach einer Anordnung nach § 459d aus (§ 459e Abs. 4 Satz 1). 1

B. Einzelfragen. Nach **Abs. 1 Nr. 1** kann ein Absehen von der Geldstrafenvollstreckung angeordnet werden, wenn **im selben Verfahren** eine Freiheitsstrafe vollstreckt oder zur Bewährung ausgesetzt worden ist. Neben den Fällen des § 41 StGB kann dies insb. beim Absehen von der Einbeziehung der Geldstrafe bei der Gesamtstrafenbildung gem. § 53 Abs. 2 Satz 2 StGB der Fall sein (vgl. zu Letzterem KK-StPO/*Appl* § 459d Rn. 5). Das Unterbleiben der Vollstreckung kann erst angeordnet werden, wenn die verhängte Freiheitsstrafe vollstreckt oder – sei es auch nach § 57 StGB (Meyer-Goßner/*Schmitt* § 459d Rn. 5) – zur Bewährung ausgesetzt worden ist. 2

Nach **Abs. 1 Nr. 2** kann die Geldstrafenvollstreckung auch dann unterbleiben, wenn die Verhängung der Freiheitsstrafe **in einem anderen Verfahren** erfolgt und die Voraussetzungen einer nachträglichen Gesamtstrafenbildung (§ 55 StGB, § 460) nicht vorliegen. Dies trägt dem Umstand Rechnung, dass – anders als im Fall der Gesamtstrafenbildung – hier eine zusammenfassende Würdigung der gegen den Verurteilten verhängten Sanktionen nicht möglich war. Auch wenn Nr. 2 lediglich die Verhängung einer Freiheitsstrafe voraussetzt, wird die Anordnung in der Regel erst im Fall der Bewährungsaussetzung oder der (jedenfalls unmittelbar bevorstehenden) Vollstreckung der Freiheitsstrafe ergehen könnten (Meyer-Goßner/*Schmitt* § 459d Rn. 7; OLG Jena NStZ-RR 2006, 286; OLG Hamm, Beschl. v. 05.11.1987 – 3 Ws 524/87). 3

Nach **Abs. 2** kann auch ein Absehen der Beitreibung der Kosten des Verfahrens angeordnet werden. Dies setzt voraus, dass ein Fall des Abs. 1 vorliegt, also insb. dass eine Verurteilung (auch) zu einer Geldstrafe erfolgt ist (BGHSt 31, 244 [246]; OLG Karlsruhe Justiz 1982, 275; Meyer-Goßner/*Schmitt* § 459d Rn. 8; a.A. OLG Hamm, Beschl. v. 19.02.1980 – 2 Ws 48/80). 4

Das nach §§ 463, 462a zuständige Gericht (vgl. BGHSt 30, 263) entscheidet im Beschlusswege (vgl. zu den Einzelheiten des Verfahrens KK-StPO/*Appl* § 459d Rn. 8). I.R.d. zu treffenden **Ermessensentscheidung** sind lediglich Umstände zu berücksichtigen, die nach der Entscheidung des erkennenden Gerichts eingetreten oder bekannt geworden sind (OLG Koblenz MDR 1981, 870). Hierbei ist stets der Ausnahmecharakter der Vorschrift zu beachten (KK-StPO/*Appl* § 459d Rn. 4; OLG Jena NStZ-RR 2006, 286; OLG Koblenz MDR 1978, 248; KG, Beschl. v. 14.02.2002 – 1 AR 122/02; zur Anordnung nach Abs. 2 s. OLG Koblenz Beschl. v. 20.12.1985 – 1 Ws 820/85; LG Mainz NStZ 1982, 47). 5

§ 459e Vollstreckung der Ersatzfreiheitsstrafe

(1) Die Ersatzfreiheitsstrafe wird auf Anordnung der Vollstreckungsbehörde vollstreckt.

(2) Die Anordnung setzt voraus, dass die Geldstrafe nicht eingebracht werden kann oder die Vollstreckung nach § 459c Abs. 2 unterbleibt.

(3) Wegen eines Teilbetrages, der keinem vollen Tage Freiheitsstrafe entspricht, darf die Vollstreckung der Ersatzfreiheitsstrafe nicht angeordnet werden.

(4) [1]Die Ersatzfreiheitsstrafe wird nicht vollstreckt, soweit die Geldstrafe entrichtet oder beigetrieben wird oder die Vollstreckung nach § 459d unterbleibt. [2]Absatz 3 gilt entsprechend.

Übersicht

A. Grundsätzliches. Die Vorschrift regelt – im Zusammenspiel mit § 49 StVollstrO – die Vollstreckung der Ersatzfreiheitsstrafe (§ 43 StGB). 1

2 **B. Einzelfragen. I. Vollstreckung auf Anordnung der Vollstreckungsbehörde (Abs. 1).** Die Ersatzfreiheitsstrafe, die nach § 43 StGB an die Stelle einer uneinbringlichen Geldstrafe tritt, wird gem. **Abs. 1** auf Anordnung der Vollstreckungsbehörde (§ 451, die Geschäfte sind gem. § 31 Abs. 2 Satz 1 RPflG auf den Rechtspfleger übertragen) vollstreckt. Vor der Anordnung hat die Vollstreckungsbehörde zu prüfen, ob eine Gewährung von Zahlungserleichterungen (§ 459a) in Betracht kommt, oder ein Härtefall vorliegt, in dem eine gerichtliche Entscheidung nach § 459d bzw. § 459f angeregt werden kann. Während der zweiwöchigen Schonfrist (§ 459b Abs. 1) ist die Anordnung der Ersatzfreiheitsstrafe unzulässig (Meyer-Goßner/*Schmitt* § 459e Rn. 3); andererseits ist eine zuvor erfolgte Mahnung (vgl. § 7 Abs. 1 EBAO) nicht erforderlich (OLG Nürnberg NStZ 2008, 224).

3 Die Gewährung rechtlichen Gehörs ist vor der Anordnung nach h.M. nicht erforderlich (OLG Nürnberg NStZ 2008, 224; LR/*Graalmann-Scheerer* § 459e Rn. 6 m.w.N.; a.A. OLG Celle Nds. Rpfl. 1977, 128); dem ist schon deshalb zu folgen, weil der Verurteilte durch die erfolglosen Versuche der Geldstrafenvollstreckung um den Stand des Verfahrens weiß und ihm nach Abs. 4 Satz 1 auch nach Anordnung jederzeit die Möglichkeit bleibt, die Vollstreckung durch Zahlung durch Geldstrafe abzuwenden.

4 **II. Unterbleiben der Vollstreckung (Abs. 2).** Die Vollstreckung der Ersatzfreiheitsstrafe kommt gem. **Abs. 2** nur bei Uneinbringlichkeit oder in den Fällen des § 459c Abs. 2 in Betracht. Vollstreckungshindernisse (neben den allgemeinen Vollstreckungshindernissen, s. § 449 Rdn. 3, insb. §§ 459a, 459d bzw. 459f) dürfen der Anordnung nicht entgegenstehen.

5 **III. Vollstreckung in ganzen Tagen (Abs. 3). Abs. 3** sieht vor, dass eine Ersatzfreiheitsstrafe nicht wegen eines Teilbetrages vollstreckt werden darf, der keinem vollen Tag Freiheitsstrafe entspricht, somit unterhalb der einfachen Tagessatzhöhe liegt. Die Vorschrift ist die prozessrechtliche Konsequenz von § 43 Satz 3 StGB. Die Geldstrafe bleibt aber nach wie vor nach § 459 vollstreckbar (vgl. hierzu BGH NStZ-RR 2020, 206 f.).

6 **IV. Keine Vollstreckung bei Entrichtung der Geldstrafe (Abs. 4).** Die Vollstreckung ist nach **Abs. 4** ausgeschlossen, soweit die Geldstrafe entrichtet oder beigetrieben wird oder das Gericht eine Anordnung nach § 459d getroffen hat. Die Bezahlung der Geldstrafe kann jederzeit, auch während der laufenden Vollstreckung der Ersatzfreiheitsstrafe (s. § 51 Abs. 4 StVollstrO), erfolgen. Soweit die Geldstrafe bezahlt wurde (vgl. § 43 Satz 2 StGB), ist die Vollstreckung der Ersatzfreiheitsstrafe nicht mehr möglich. Verbleibt nach der Teilzahlung ein Betrag von weniger als einem Tagessatz, so ist die (weitere) Vollstreckung der Ersatzfreiheitsstrafe ebenfalls ausgeschlossen (Abs. 4 Satz 2 i.V.m. Abs. 3). Wird die Ersatzfreiheitsstrafe bereits vollzogen, so ist der Verurteilte bei vollständiger Bezahlung (bzw. einem offenen Teilbetrag von weniger als einem vollen Tagessatz) sofort zu entlassen (§ 51 Abs. 4 Hs. 2 StrVollstrO).

Aus Abs. 4 folgt auch, dass der Verurteilte mit Ablauf des Tages zu entlassen ist, der bei entsprechender Umrechnung dem letzten vollen Tagessatz der Geldstrafe entspricht; eine Aussetzung des Strafrestes nach § 57 StGB, § 454 kommt bei der Ersatzfreiheitsstrafe nicht in Betracht (OLG Karlsruhe Justiz 1978, 146; OLG Stuttgart MDR 1986, 1043; OLG Bamberg, Beschl. v. 01.12.1988 – Ws 606/88; StraFo 1998, 425; OLG Hamm StV 1999, 495; OLG Naumburg, Beschl. v. 16.06.1999 – 1 Ws 226/99; OLG Oldenburg NStZ-RR 2007, 253; *Pfeiffer* § 459e Rn. 4; BeckOK-StPO/*Coen* § 459e Rn. 4; a.A. OLG Koblenz NStZ 1995, 254; OLG Zweibrücken MDR 1988, 1071 [aufgegeben in ZStrVo 2002, 186]).

7 **V. Abwendung der Ersatzfreiheitsstrafe durch gemeinnützige Arbeit.** Art. 293 EGStGB eröffnet die Möglichkeit landesrechtlicher Regelungen, nach welchen die Vollstreckung der Ersatzfreiheitsstrafe durch Ableistung freier Arbeit, die unentgeltlich sein muss und nicht erwerbswirtschaftlichen Zwecken dienen darf (Art. 293 Abs. 1 Satz 3 EGStGB), abgewendet werden kann. Solche Regelungen bestehen mittlerweile in den meisten Ländern (s. bspw. für Nordrhein-Westfalen GeldstrTilgV NW 2010 v. 07.12.2010; für Baden-Württemberg ErsFrhStrAbwV BW 2009 v. 30.06.2009; in Bayern ist lediglich eine gnadenweise Anrechnung vorgesehen s. § 31 Abs. 1 BayGnO). Die Ableistung der freien Arbeit führt zur Erledigung der Ersatzfreiheitsstrafe. Zum Verfahren s. LR/*Graalmann-Scheerer* § 459e Rn. 17 ff.).

8 **VI. Rechtsbehelfe.** Gegen Entscheidungen der Strafvollstreckungsbehörde ist die Anrufung des Gerichts gem. § 459h möglich. Zur Problematik des statthaften Rechtsbehelfs bei Ablehnung eines Ableistens von freier Arbeit s. § 459h Rdn. 1.

§ 459f Unterbleiben der Vollstreckung einer Ersatzfreiheitsstrafe

Das Gericht ordnet an, dass die Vollstreckung der Ersatzfreiheitsstrafe unterbleibt, wenn die Vollstreckung für den Verurteilten eine unbillige Härte wäre.

1 **A. Grundsätzliches.** Die Vorschrift ermöglicht es dem nach § 462a zuständigen Gericht, ein Unterbleiben der Vollstreckung der Ersatzfreiheitsstrafe anzuordnen. Es handelt sich um eine Schutzvorschrift zugunsten des Verurteilten (Radtke/Hohmann/*Baier* § 459f Rn. 1).

2 **B. Einzelfragen.** Das Gericht kann durch Beschluss gem. § 462 Abs. 1 Satz 1 anordnen, dass die Vollstreckung der Ersatzfreiheitsstrafe ganz oder z.T. (Meyer-Goßner/*Schmitt* § 459f Rn. 1) unterbleibt, wenn diese für den Verurteilten eine unbillige Härte darstellen würde. Die Vollstreckungsbehörde ist gem. § 49 Abs. 2 Satz 1 StVollstrO gehalten, eine entsprechende Anordnung anzuregen. Der Beschluss bewirkt lediglich einen Aufschub, nicht aber den Erlass der Ersatzfreiheitsstrafe. Bei Wegfall der unbilligen Härte kann das Gericht die Anordnung nach § 459f widerrufen und so die Vollstreckung der Ersatzfreiheitsstrafe ermöglichen. Eine Beitreibung der Geldstrafe mit anderen Mitteln durch die Vollstreckungsbehörde ist gem. § 49 Abs. 2 Satz 2 StVollstrO auch ohne einen solchen Widerruf möglich.

3 Eine **unbillige Härte** setzt besondere Umstände voraus, die zu einer unzumutbaren Belastung des Verurteilten führen und über die mit der Strafe bezweckte Übelszuführung hinausgehen, sodass die Vollstreckung der Ersatzfreiheitsstrafe auch unter Berücksichtigung des Strafzwecks nicht mehr zugemutet werden kann und eine positive Prognose zu der Annahme führt, dass sich der Verurteilte bereits die Verurteilung als Warnung dienen lässt (vgl. OLG Düsseldorf MDR 1985, 76; OLG Jena NStZ-RR 2006, 286). Allein der Umstand, dass die Geldstrafe aufgrund einer – sei es auch unverschuldeten (OLG Düsseldorf MDR 1983, 341) – Vermögenslosigkeit des Verurteilten nicht beigetrieben werden kann, rechtfertigt die Annahme einer unbilligen Härte – wie bereits § 459c Abs. 2, § 459e Abs. 2 zeigen – nicht. Auch die Tatsache, dass der Verurteilte bei Vollstreckung der Ersatzfreiheitsstrafe mit dem Verlust der Wohnung rechnen muss, reicht als solche noch nicht aus (OLG Düsseldorf VRS 77, 454). Hingegen kann die Gefährdung oder Vereitelung einer anstehenden Therapie eines betäubungsmittelabhängigen Verurteilten im Einzelfall genügen (OLG Karlsruhe NStZ-RR 2006, 287; Meyer-Goßner/*Schmitt* § 459f Rn. 2; KK-StPO/*Appl* § 459f Rn. 2). Die Annahme einer unbilligen Härte wird in der Regel nicht in Betracht kommen, wenn der Verurteilte die Möglichkeit gehabt hätte, die Vollstreckung durch die Ableistung gemeinnütziger Arbeit abzuwenden (KK-StPO/*Appl* § 459g Rn. 2; vgl. auch BVerfG, NJW 2006, 3626). Auch kann das Erfordernis einer nachhaltigen Einwirkung auf den Verurteilten einer Anordnung nach dieser Vorschrift entgegenstehen (vgl. LG Saarbrücken, Beschl. v. 15.07.2010 – 2 Qs 19/10).

4 Die Vorschrift ist lex specialis zu § 456 (Meyer-Goßner/*Schmitt* § 459f Rn. 1).

§ 459g Vollstreckung von Nebenfolgen

(1) [1]Die Anordnung der Einziehung oder der Unbrauchbarmachung einer Sache wird dadurch vollstreckt, dass die Sache demjenigen, gegen den sich die Anordnung richtet, weggenommen wird. [2]Für die Vollstreckung gelten die Vorschriften des Justizbeitreibungsgesetzes.

(2) Für die Vollstreckung der Nebenfolgen, die zu einer Geldzahlung verpflichten, gelten die §§ 459, 459a sowie 459c Absatz 1 und 2 entsprechend.

(3) [1]Für die Vollstreckung nach den Absätzen 1 und 2 gelten außerdem die §§ 94 bis 98 entsprechend mit Ausnahme von § 98 Absatz 2 Satz 3, die §§ 102 bis 110, § 111c Absatz 1 und 2, § 111f Absatz 1, § 111k Absatz 1 und 2 sowie § 131 Absatz 1. [2]§ 457 Absatz 1 bleibt unberührt. [3]Vor gerichtlichen Entscheidungen unterbleibt die Anhörung des Betroffenen, wenn sie den Zweck der Anordnung gefährden würde.

(4) [1]Das Gericht ordnet den Ausschluss der Vollstreckung der Einziehung nach den §§ 73 bis 73c des Strafgesetzbuches an, soweit der aus der Tat erwachsene Anspruch auf Rückgewähr des Erlangten oder auf Ersatz des Wertes des Erlangten erloschen ist. [2]Dies gilt nicht für Ansprüche, die durch Verjährung erloschen sind.

(5) [1]In den Fällen des Absatzes 2 unterbleibt auf Anordnung des Gerichts die Vollstreckung, soweit sie unverhältnismäßig wäre. [2]Die Vollstreckung wird auf Anordnung des Gerichts wieder aufgenommen, wenn nachträglich Umstände bekannt werden oder eintreten, die einer Anordnung nach Satz 1 entgegenstehen. [3]Vor der Anordnung nach Satz 2 unterbleibt die Anhörung des Betroffenen, wenn sie den Zweck der Anordnung gefährden würde. [4]Die Anordnung nach Satz 1 steht Ermittlungen dazu, ob die Voraussetzungen für eine Wiederaufnahme der Vollstreckung vorliegen, nicht entgegen.

1 **A. Grundsätzliches.** Die am 01.07.2017 aufgrund des Gesetzes zur Reform der strafrechtlichen Vermögensabschöpfung (BGBl. I, S. 872, s. zur Einführung in die Gesamtmaterie z.B. *Wolf* Rpfleger 2017, 489 ff.; *Rhode* wistra 2018, 65 ff.; 102 ff.; *Bielefeld/Handel* wistra 2019, 9 ff.; *Savini* Rpfleger 2019, 117 ff.; zum Übergangsrecht s. Art 316h EGStGB) grundlegend neu gefasste Vorschrift enthält grundsätzliche Regelungen zur Vollstreckung von Nebenfolgen. Während die Abs. 1 und 2 unter Anpassung an die neugefassten Sanktionen weitgehend beibehalten wurden, wurden die Abs. 3 bis 5 neu aufgenommen. Abs. 3 und Abs. 5 wurden m.W.v. 01.07.2021 insb. hinsichtlich des Unterbleibens der Anhörung des Betroffenen in bestimmten Fällen umgestaltet.

2 **B. Einzelfragen.** Die Vollstreckung der Einziehung (§§ 73 ff. StGB) oder Unbrauchbarmachung (z.B. § 74 Abs. 1 Satz 2 StGB) erfolgt gem. **Abs. 1** durch Wegnahme der Sache. **Abs. 2** erklärt hinsichtlich der Nebenfolgen, die zu einer Geldleistung verpflichten, die für die Geldstrafenvollstreckung geltenden §§ 459, 459a, 459c Abs. 1 und 2 für entsprechend anwendbar; einen Verweis auf § 459d sieht die Neufassung hingegen nicht mehr vor. Eine (rechtskräftige) Sanktion kann auch in den Nachlass vollstreckt werden (keine Anwendbarkeit von § 459c Abs. 3).

3 Der auf Empfehlung des Rechtsausschusses eingefügte **Abs. 3** sieht eine Stärkung der Befugnisse der Vollstreckungsbehörde dahin gehend vor, dass diese – über die ansonsten zuvörderst dem Zivilverfahren entlehnten Vollstreckungsvorschriften hinaus – auch die genannten, dem Ermittlungsverfahren entsprechende Eingriffsbefugnisse erhält (BT-Drs. 18/11640, S. 89). Diese wurden m.W.z. 01.07.2021 nochmals erweitert.

4 **Abs. 4** schützt denjenigen, gegen den sich die Einziehung richtet, vor einer doppelten Inanspruchnahme und ergänzt § 73e StGB für den Fall, dass die Befriedigung des Geschädigten nach Anordnung der Maßnahme erfolgt (vgl. BT-Drs. 18/8525, S. 94). Das »Erlöschen« des Anspruchs kann durch Erfüllung (§ 362 BGB) oder durch (Teil-) Erlass (§ 397 Abs. 1 BGB) beispielsweise im Vergleichswege (KK-StPO-*Appl*, § 459g Rn. 15) erfolgt sein; nicht erfasst ist hingegen die Verjährung des Anspruchs (BGH, Beschl. v. 08.05.2018, 5 StR 139/18). **Abs. 5** sieht die gerichtliche Anordnung des Unterbleibens der Vollstreckung (mit nachträglicher Möglichkeit der Wiederaufnahme, Sätze 2 bis 4) für den Fall vor, dass der Einziehungsadressat nicht mehr bereichert ist oder aus sonstigen Gründen eine Vollstreckung unverhältnismäßig erscheint. Die Norm ermöglicht aber nach der Neuregelung des Rechts der Vermögensabschöpfung gerade (anders als § 73c StGB aF) kein Absehen von der Anordnung im Erkenntnisverfahren, sondern lediglich im Rahmen der Vollstreckung. Auch eine analoge Anwendung im Erkenntnisverfahren kommt insoweit nicht in Betracht (s. BGH, NStZ-RR 2018, 241; vgl. auch – insb. zum Übergangsrecht – BGH, wistra 2018, 427).

5 Über Einwendungen gegen Entscheidungen der Vollstreckungsbehörde nach § 459g (Abs. 1 und Abs. 2) entscheidet gem. § 459o das Gericht.

§ 459h Entschädigung

(1) [1]Ein nach den §§ 73 bis 73b des Strafgesetzbuches eingezogener Gegenstand wird demjenigen, dem ein Anspruch auf Rückgewähr des Erlangten aus der Tat erwachsen ist, oder dessen Rechtsnachfolger zurückübertragen. [2]Gleiches gilt, wenn der Gegenstand nach § 76a Absatz 1 des Strafgesetzbuches, auch in Verbindung mit § 76a Absatz 3 des Strafgesetzbuches, eingezogen worden ist. [3]In den Fällen des § 75 Absatz 1 Satz 2 des Strafgesetzbuches wird der eingezogene Gegenstand demjenigen, dem der Gegenstand gehört oder zusteht, herausgegeben, wenn dieser sein Recht fristgerecht bei der Vollstreckungsbehörde angemeldet hat.

(2) [1]Hat das Gericht die Einziehung des Wertersatzes nach den §§ 73c und 76a Absatz 1 Satz 1 des Strafgesetzbuches, auch in Verbindung mit § 76a Absatz 3 des Strafgesetzbuches, angeordnet, wird der Erlös aus der Verwertung der auf Grund des Vermögensarrestes oder der Einziehungsanordnung gepfändeten Gegenstände an demjenigen, dem ein Anspruch auf Ersatz des Wertes des Erlangten aus der Tat erwachsen ist, oder an dessen Rechtsnachfolger ausgekehrt. [2]§ 111i gilt entsprechend.

1 **A. Grundsätzliches.** Die am 01.07.2017 aufgrund des Gesetzes zur Reform der strafrechtlichen Vermögensabschöpfung (BGBl. I, S. 872) in dieser Form Kraft getretene Vorschrift regelt die Entschädigung im Fall von Einziehung – Abs. 1 – und Einziehung des Wertersatzes – Abs. 2 (grundlegend neu). Der bisherige § 459h

wurde durch die Neuregelung zu § 459o. Durch Gesetz vom 25.06.2021 m.W.v. 01.07.2021 wurde der Begriff des »Verletzten« durch rein auf die Anspruchsposition des Geschädigten abstellende Begrifflichkeiten ersetzt (vgl. BT-Drs. 19/27654, S. 111 f.), da die neu gefasste Definition in § 373b hier nicht greifen soll.

B. Einzelfragen. Abs. 1 bezieht sich auf den Fall, dass Einziehung angeordnet wurde und differenziert hierbei nach der Wirkung der rechtskräftigen Einziehungsanordnung. Satz 1 und Satz 2 betreffen insoweit die Konstellation, in denen das Eigentum an der Sache oder das eingezogene Recht mit Rechtskraft der Einziehungsanordnung gem. § 75 Abs. 1 Satz 1 StGB materiell-rechtlich auf den Staat übergeht, welcher den Gegenstand im Rahmen des Entschädigungsverfahrens an den Berechtigten zurücküberträgt. Bleibt dieser trotz des Entzugs durch die Straftat Eigentümer oder sonstiger Rechtsinhaber, erfolgt ein Eigentumsübergang auf den Staat nur unter den Voraussetzungen des § 75 Abs. 1 Satz 2 StGB (mit Ablauf von sechs Monaten nach der Mitteilung der Rechtskraft der Einziehungsanordnung auf den Staat über, es sei denn, dass vorher derjenige, dem der Gegenstand gehört oder zusteht, sein Recht bei der Vollstreckungsbehörde anmeldet). In diesen Fällen wird gem. Satz 3 lediglich die rechtmäßige Besitzlage durch Herausgabe wiederhergestellt, wenn der Berechtigte sein Recht fristgerecht bei der Vollstreckungsbehörde angemeldet hat. 2

Abs. 2 regelt das Verfahren im Fall der Einziehung des Wertersatzes. Satz 1 sieht die Entschädigung durch die Auskehrung des Erlöses aus der Verwertung der gepfändeten Gegenstände vor. Der Entschädigungsanspruch richtet sich hierbei auf Ersatz des Wertes des durch die Straftat Erlangten, bei § 263 StGB soll die Bereicherung des Täters, die mit dem unmittelbaren Betrugsschaden des betreffenden Geschädigten übereinstimmt, abgeschöpft werden (Beispiel nach BT-Drs. 18/9525, S. 95). Nicht erfasst werden sollen hingegen die Kosten der Rechtsverfolgung, etwaige Verzugszinsen oder Schmerzensgeldansprüche (BT-Drs. 18/9525, S. 95). Der Anspruch steht auch einem etwaigen Rechtsnachfolger zu (Meyer-Goßner-Schmitt/*Köhler* § 459h Rn. 5). Der Verweis auf § 111i in Abs. 2 Satz 2 regelt das Verhältnis der Vorschrift zum Insolvenzverfahren im Sinne einer Vorrangs des insolvenzrechtlichen Entschädigungsverfahrens (BT-Drs. 18/9525, aaO). 3

Die Vorschrift verlagert die Entschädigung in das strafrechtliche Vollstreckungsverfahren und weist dieses (im Wesentlichen, vgl. § 459j Abs. 2 Satz 2) der Staatsanwaltschaft als Vollstreckungsbehörde (§ 451) zu. Funktionell zuständig ist insoweit der Rechtspfleger (§ 3 Nr. 4c, § 31 Abs. 2 Satz 1 RPflG). Bei Einwendungen gegen Entscheidungen der Vollstreckungsbehörde kann gerichtliche Entscheidung gem. § 459o beantragt werden. 4

§ 459i Mitteilungen

(1) [1]Der Eintritt der Rechtskraft der Einziehungsanordnung nach den §§ 73 bis 73c und 76a Absatz 1 Satz 1 des Strafgesetzbuches, auch in Verbindung mit § 76a Absatz 3 des Strafgesetzbuches, wird demjenigen, dem ein Anspruch auf Rückgewähr des Erlangten oder auf Ersatz des Wertes des Erlangten aus der Tat erwachsen ist, unverzüglich mitgeteilt. [2]Die Mitteilung ist zuzustellen; § 111l Absatz 4 gilt entsprechend.

(2) [1]Die Mitteilung ist im Fall der Einziehung des Gegenstandes mit dem Hinweis auf den Anspruch nach § 459h Absatz 1 und auf das Verfahren nach § 459j zu verbinden. [2]Im Fall der Einziehung des Wertersatzes ist sie mit dem Hinweis auf den Anspruch nach § 459h Absatz 2 und das Verfahren nach den §§ 459k bis 459m zu verbinden.

Übersicht

A. Grundsätzliches. Die am 01.07.2017 aufgrund des Gesetzes zur Reform der strafrechtlichen Vermögensabschöpfung (BGBl. I, S. 872) in Kraft getretene Vorschrift regelt die Mitteilungspflichten in Bezug auf erfolgte Einziehung und Wertersatzeinziehung gegenüber dem Verletzten. Die Mitteilungspflichten treffen die Vollstreckungsbehörde (§ 451). Mit Wirkung zum 01.07.2021 wurde auch hier der Begriff des Verletzten im Hinblick auf den neu gefassten § 373b ersetzt (s. § 459h Rdn. 1). 1

B. Einzelfragen. Nach Abs. 1 Satz 1 ist demjenigen, der berechtigt sein könnte, einen etwaigen Entschädigungsanspruch geltend zu machen, der Eintritt der Rechtskraft der Anordnung der Einziehung und der Wertersatzeinziehung unverzüglich mitzuteilen. Bei einem Bankrott zulasten einer insolventen GmbH ist die Mitteilung gegenüber dem Insolvenzverwalter vorzunehmen (Meyer-Goßner-Schmitt/*Köhler* § 459i Rn. 1). Satz 2 schreibt angesichts des Beginns des Laufs der Verjährungsfrist von Ansprüchen des Verletzten mit der Mitteilung (§ 459j Abs. 1 bzw. § 459k Abs. 1 Satz 1) förmliche Zustellung (vgl. § 37) vor. Nach Abs. 1 Satz 2 Hs. 2 kann die Mitteilung unter den Voraussetzungen des § 111l Abs. 4 durch eine einmalige Veröffentlichung im Bundesanzeiger erfolgen, wobei Fristbeginn dann der Zeitpunkt der Veröffentlichung ist (BT-Drs. 18/9525, S. 95). 2

3 Nach Abs. 2 ist die Mitteilung zu verbinden mit einem Hinweis auf die nach § 459h Abs. 1 bzw. Abs. 2 in Betracht kommenden Ansprüche des Geschädigten sowie auf das einschlägige Entschädigungsverfahren; Abs. 2 Satz 1 bezieht sich auf das Einziehungsverfahren, Abs. 2 Satz 2 auf das Verfahren bei Wertersatzeinziehung.

§ 459j Verfahren bei Rückübertragung und Herausgabe

(1) Der Anspruchsinhaber hat seinen Anspruch auf Rückübertragung oder Herausgabe nach § 459h Absatz 1 binnen sechs Monaten nach der Mitteilung der Rechtskraft der Einziehungsanordnung bei der Vollstreckungsbehörde anzumelden.

(2) [1]Ergibt sich die Anspruchsberechtigung des Antragstellers ohne weiteres aus der Einziehungsanordnung und den ihr zugrundeliegenden Feststellungen, so wird der eingezogene Gegenstand an den Antragsteller zurückübertragen oder herausgegeben. [2]Andernfalls bedarf es der Zulassung durch das Gericht. [3]Das Gericht lässt die Rückübertragung oder Herausgabe nach Maßgabe des § 459h Absatz 1 zu. [4]Die Zulassung ist zu versagen, wenn der Antragsteller seine Anspruchsberechtigung nicht glaubhaft macht; § 294 der Zivilprozessordnung ist anzuwenden.

(3) [1]Vor der Entscheidung über die Rückübertragung oder Herausgabe ist derjenige, gegen den sich die Anordnung der Einziehung richtet, zu hören. [2]Dies gilt nur, wenn die Anhörung ausführbar erscheint.

(4) Bei Versäumung der in Absatz 1 Satz 1 genannten Frist ist unter den in den §§ 44 und 45 bezeichneten Voraussetzungen die Wiedereinsetzung in den vorigen Stand zu gewähren.

(5) Unbeschadet des Verfahrens nach Absatz 1 kann der Anspruchsinhaber seinen Anspruch auf Rückübertragung oder Herausgabe nach § 459h Absatz 1 geltend machen, indem er ein vollstreckbares Endurteil im Sinne des § 704 der Zivilprozessordnung oder einen anderen Vollstreckungstitel im Sinne des § 794 der Zivilprozessordnung vorlegt, aus dem sich der geltend gemachte Anspruch ergibt.

Übersicht

1 **A. Grundsätzliches.** Die am 01.07.2017 aufgrund des Gesetzes zur Reform der strafrechtlichen Vermögensabschöpfung (BGBl. I, S. 872) in Kraft getretene Vorschrift regelt das Verfahren bei Rückübertragung und Herausgabe einer eingezogenen Sache (§ 459h Abs. 1). Mit Wirkung zum 01.07.2021 wurde auch hier in den Abs. 1 und 5 der Begriff des »Verletzten« im Hinblick auf den neu gefassten § 373b ersetzt (s. § 459h Rdn. 1).

2 **B. Einzelfragen. Abs. 1** sieht – mit der Möglichkeit einer Wiedereinsetzung in den vorigen Stand (**Abs. 4**) – eine sechsmonatige Anmeldefrist für den Anspruchsinhaber vor. Für den Fristbeginn ist die Mitteilung nach § 459i entscheidend. Die Anmeldung hat bei der Vollstreckungsbehörde (§ 451) zu erfolgen.

3 **Abs. 2** regelt das Zulassungsverfahren und sieht eine nicht unproblematische Zuständigkeitsverteilung zwischen der Vollstreckungsbehörde (Abs. 2 Satz 1, dort funktional dem Rechtspfleger) und dem Gericht (Abs. 2 Satz 2, § 462a) vor (vgl. hierzu auch die krit. Stellungnahme des Deutschen Richterbundes, Nr. 9/2016; krit. auch *Mansdörfer* jM 2017, 122, 126 f.). Die der Beschlussempfehlung des Rechtsausschusses folgende Regelung stellt den Rechtspfleger vor die Beurteilung der Frage, ob sich die Anspruchsberechtigung »ohne weiteres« aus dem vorliegenden Erkenntnis ergibt. Insoweit soll nach dem Willen des Gesetzgebers erforderlich sein, dass der Antragsteller (wobei regelmäßig keine über dessen Namen hinausgehenden Feststellungen im Urteil erforderlich sein dürften (Meyer-Goßner-Schmitt/*Köhler*, § 459j Rn. 3)), sowie der von ihm beanspruchte Gegenstand ausdrücklich in der Entscheidung genannt sein müssen (BT-Drs. 18/11640, S. 90), was in einem den Anforderungen des § 267 entsprechenden Urteil regelmäßig der Fall ist (Meyer-Goßner-Schmitt/*Köhler*, § 459j Rn. 3; zu den Folgen des Fehlens jedweder Angaben zur Person des Geschädigten LG Lübeck NZWiSt 2019, 199 f.). Gegen eine Entscheidung der Vollstreckungsbehörde kann gerichtliche Entscheidung gem. § 459o beantragt werden.

4 Der von der Anordnung Betroffene ist gem. **Abs. 3** – im Sinne der Wahrung des Anspruchs auf rechtliches Gehör – vor der Entscheidung anzuhören, wenn eine Anhörung ausführbar erscheint (vgl. § 426 Abs. 1).

5 Gem. **Abs. 5** bleibt es dem Anspruchsinhaber (neben dem Verfahren nach Abs. 1) unbenommen, den Zivilrechtsweg zu beschreiten und seinen Anspruch durch Vorlage eines entsprechenden zivilrechtlichen Titels (vgl. § 459l Rn. 2) nachzuweisen. Bei Vorlage eines zivilrechtlichen Titels nach Abs. 5 Satz 2 ist dieser bei der Entscheidung nach Abs. 2 Satz 2 zu beachten; eine eigenständige zivilrechtliche Prüfung durch das Strafgericht ist dann nicht geboten (OLG Braunschweig, Beschl. vom 22.06.2021 – 1 Ws 88/21, zu § 459k).

§ 459k Verfahren bei Auskehrung des Verwertungserlöses

(1) [1]Der Anspruchsinhaber hat seinen Anspruch auf Auskehrung des Verwertungserlöses nach § 459h Absatz 2 binnen sechs Monaten nach der Mitteilung der Rechtskraft der Einziehungsanordnung bei der Vollstreckungsbehörde anzumelden. [2]Bei der Anmeldung ist die Höhe des Anspruchs zu bezeichnen.

(2) [1]Ergeben sich die Anspruchsberechtigung des Antragstellers und die Anspruchshöhe ohne weiteres aus der Einziehungsanordnung und den ihr zugrunde liegenden Feststellungen, so wird der Verwertungserlös in diesem Umfang an den Antragsteller ausgekehrt. [2]Andernfalls bedarf es der Zulassung durch das Gericht. [3]Das Gericht lässt die Auskehrung des Verwertungserlöses nach Maßgabe des § 459h Absatz 2 zu. [4]Die Zulassung ist zu versagen, wenn der Antragsteller seine Anspruchsberechtigung nicht glaubhaft macht; § 294 der Zivilprozessordnung ist anzuwenden.

(3) [1]Vor der Entscheidung über die Auskehrung ist derjenige, gegen den sich die Anordnung der Einziehung richtet, zu hören. [2]Dies gilt nur, wenn die Anhörung ausführbar erscheint.

(4) Bei Versäumung der in Absatz 1 Satz 1 genannten Frist ist unter den in den §§ 44 und 45 bezeichneten Voraussetzungen die Wiedereinsetzung in den vorigen Stand zu gewähren.

(5) [1]Unbeschadet des Verfahrens nach Absatz 1 kann der Anspruchsinhaber seinen Anspruch auf Auskehrung des Verwertungserlöses nach § 459h Absatz 2 geltend machen, indem er ein vollstreckbares Endurteil im Sinne des § 704 der Zivilprozessordnung oder einen anderen Vollstreckungstitel im Sinne des § 794 der Zivilprozessordnung vorlegt, aus dem sich der geltend gemachte Anspruch ergibt. [2]Einem vollstreckbaren Endurteil im Sinne des § 704 der Zivilprozessordnung stehen bestandskräftige öffentlich-rechtliche Vollstreckungstitel über Geldforderungen gleich.

Die am 01.07.2017 aufgrund des Gesetzes zur Reform der strafrechtlichen Vermögensabschöpfung (BGBl. I, S. 872) in Kraft getretene Vorschrift regelt das Verfahren bei Auskehrung des Verwertungserlöses (§ 459h Abs. 2). Die Vorschrift entspricht weitgehend der Regelung des § 459j. Besonderheiten sind insb. jedoch die Pflicht des Geschädigten zur Bezifferung der Anspruchshöhe (Abs. 1 Satz 2) sowie die Gleichstellung öffentlich-rechtlicher Vollstreckungstitel in Abs. 5 Satz 2. Bei Vorlage eines zivilrechtlichen Titels nach Abs. 5 Satz 2 ist dieser bei der Entscheidung nach Abs. 2 Satz 2 zu beachten; eine eigenständige zivilrechtliche Prüfung durch das Strafgericht ist dann nicht geboten (OLG Braunschweig, Beschl. vom 22.06.2021 – 1 Ws 88/21). Mit Wirkung zum 01.07.2021 wurde auch hier der Begriff des Verletzten im Hinblick auf den neu gefassten § 373b ersetzt (s. § 459h Rdn. 1). 1

§ 459l Ansprüche des Betroffenen

(1) [1]Legt derjenige, gegen den sich die Anordnung der Einziehung richtet, ein vollstreckbares Endurteil im Sinne des § 704 der Zivilprozessordnung oder einen anderen Vollstreckungstitel im Sinne des § 794 der Zivilprozessordnung vor, aus dem sich ergibt, dass der Anspruch auf Rückgewähr des Erlangten aus der Tat erwachsen ist, kann er verlangen, dass der eingezogene Gegenstand nach Maßgabe des § 459h Absatz 1 an den Anspruchsinhaber zurückübertragen oder herausgegeben wird. [2]§ 459j Absatz 2 gilt entsprechend.

(2) [1]Befriedigt derjenige, gegen den sich die Anordnung der Einziehung des Wertersatzes richtet, den Anspruch, der dem Anspruchsinhaber aus der Tat auf Rückgewähr des Erlangten oder auf Ersatz des Wertes des Erlangten erwachsen ist, kann er im Umfang der Befriedigung Ausgleich aus dem Verwertungserlös verlangen, soweit unter den Voraussetzungen des § 459k Absatz 2 Satz 1 der Verwertungserlös an den Anspruchsinhaber nach § 459h Absatz 2 auszukehren gewesen wäre. [2]§ 459k Absatz 2 Satz 2 bis 4 gilt entsprechend. [3]Die Befriedigung des Anspruchs muss in allen Fällen durch eine Quittung des Anspruchsinhabers glaubhaft gemacht werden. [4]Der Anspruchsinhaber ist vor der Entscheidung über den Ausgleichsanspruch zu hören, wenn dies ausführbar erscheint.

Übersicht

A. Grundsätzliches. Die am 01.07.2017 aufgrund des Gesetzes zur Reform der strafrechtlichen Vermögensabschöpfung (BGBl. I, S. 872) in Kraft getretene Vorschrift regelt die Rechte des von einer Einziehungsanordnung Betroffenen. Mit Wirkung zum 01.07.2021 wurde auch hier in den Absätzen 1 und 5 der Begriff des »Verletzten« im Hinblick auf den neu gefassten § 373b ersetzt (s. § 459h Rdn. 1). 1

B. Einzelfragen. Abs. 1 betrifft den Fall, dass der von der Einziehungsanordnung Betroffene zivilrechtlich verurteilt wurde. Legt er ein nach § 704 ZPO vollstreckbares zivilrechtliches Endurteil (also ein rechtskräftiges oder ein nach den §§ 708 ff. ZPO für vorläufig vollstreckbares Endurteil) vorlegt oder einen sonstigen Voll- 2 streckungstitel nach § 794 ZPO (relevant dürften insb. sein der gerichtliche Vergleich gem. § 794 Abs. 1 Nr. 1 ZPO, Vollstreckungsbescheide gem. § 794 Abs. 1 Nr. 4 ZPO sowie notarielle Urkunden, in denen sich der Schuldner der sofortigen Zwangsvollstreckung unterworfen hat gem. § 794 Abs. 1 Nr. 5 ZPO), kann dieser die Herausgabe oder Rückübertragung des eingezogenen Gegenstandes verlangen. Der Verweis auf die Verfahrensvorschrift des § 459j Abs. 2 ZPO macht u.a. eine Glaubhaftmachung der Anspruchsberechtigung des Titelgläubigers durch den von der Einziehungsanordnung Betroffenen erforderlich und damit auch eine Glaubhaftmachung des Erwachsens des Anspruchs gerade aus der Straftat (vgl. BT-Drs. 18/9525, S. 97; an dieser Intention der Verweisung dürften auch die Modifikationen im Gesetzgebungsverfahren, vgl. BT-Drs. 18/11640, S. 91, nichts ändern).

3 **Abs. 2** betrifft den Fall, dass der von der Einziehungsanordnung Betroffene den Anspruch befriedigt hat. Soweit dies der Fall ist, kann dieser Befriedigung aus dem Verwertungserlös in dem Umfang verlangen, in dem der Erlös an den Geschädigten auszukehren gewesen wäre. Die Sätze 3 und 4 sollen einem Missbrauch seitens des Einziehungsbetroffenen vorbeugen (BT-Drs. 18/9525, S. 97). Indes überzeugt die vorgenommene Beschränkung der Glaubhaftmachung allein auf eine Quittung des Verletzten oder dessen Rechtsnachfolger nicht. Dem Opferschutz muss insoweit zwar Rechnung getragen werden, als die Befriedigung des Verletzten entsprechend nachgewiesen werden muss; warum jedoch ein anderweitiger sicherer Nachweis nicht ausreichen soll – selbst wenn die Zahlung in einer öffentlichen Urkunde festgestellt würde oder Inhalt des Tenors eines Feststellungsurteils wäre, genügte dies nach dem Gesetzeswortlaut für die erforderliche Glaubhaftmachung nicht –, erschließt sich wenig.

§ 459m Entschädigung in sonstigen Fällen

(1) [1]In den Fällen des § 111i Absatz 3 wird der Überschuss an den Anspruchsinhaber ausgekehrt, der ein vollstreckbares Endurteil im Sinne des § 704 der Zivilprozessordnung oder einen anderen Vollstreckungstitel im Sinne des § 794 der Zivilprozessordnung vorlegt, aus dem sich der geltend gemachte Anspruch ergibt. [2]§ 459k Absatz 2 und 5 Satz 2 gilt entsprechend. [3]Die Auskehrung ist ausgeschlossen, wenn zwei Jahre seit der Aufhebung des Insolvenzverfahrens verstrichen sind. [4]In den Fällen des § 111i Absatz 2 gelten die Sätze 1 bis 3 entsprechend, wenn ein Insolvenzverfahren nicht durchgeführt wird.

(2) Absatz 1 Satz 1 und 2 gilt entsprechend, wenn nach Aufhebung des Insolvenzverfahrens oder nach Abschluss der Auskehrung des Verwertungserlöses bei der Vollstreckung der Wertersatzeinziehung nach den §§ 73c und 76a Absatz 1 Satz 1 des Strafgesetzbuches, auch in Verbindung mit § 76a Absatz 3 des Strafgesetzbuches, ein Gegenstand gepfändet wird.

1 Die am 01.07.2017 aufgrund des Gesetzes zur Reform der strafrechtlichen Vermögensabschöpfung (BGBl. I, S. 872) in Kraft getretene Vorschrift regelt – im Wesentlichen durch entsprechende Verweisungen – die Entschädigung »in sonstigen Fällen«, also den nicht von den vorstehenden Vorschriften erfassten. Hierbei hatte der Gesetzgeber die Entschädigung nach Durchführung eines Insolvenz- oder Auskehrungsverfahrens sowie die Fälle vor Augen, in denen ein an sich anstehendes Insolvenzverfahren (§ 111i Abs. 2) nicht durchgeführt wird (Abs. 1 Satz 4; s. BT-Drs. 18/9525, S. 97). Mit Wirkung zum 01.07.2021 wurde auch hier der Begriff des Verletzten im Hinblick auf den neu gefassten § 373b ersetzt (s. § 459h Rdn. 1).

§ 459n Zahlungen auf Wertersatzeinziehung

Leistet derjenige, gegen den sich die Anordnung richtet, Zahlungen auf die Anordnung der Einziehung des Wertersatzes nach den §§ 73c und 76a Absatz 1 Satz 1 des Strafgesetzbuches, auch in Verbindung mit § 76a Absatz 3 des Strafgesetzbuches, so gelten § 459h Absatz 2 sowie die §§ 459k und 459m entsprechend.

1 Die am 01.07.2017 aufgrund des Gesetzes zur Reform der strafrechtlichen Vermögensabschöpfung (BGBl. I, S. 872) in Kraft getretene Vorschrift regelt die Behandlung freiwilliger Zahlungen des von der Anordnung Betroffenen auf die Anordnung der Wertersatzeinziehung. Der Verweis auf die § 459h Abs. 2 sowie § 459k und § 459m führt zu einer entsprechenden Behandlung dieser Zahlungen wie bei gepfändeten Gegenständen (BT-Drs. 18/9525, S. 98).

§ 459o Einwendungen gegen vollstreckungsrechtliche Entscheidungen

Über Einwendungen gegen die Entscheidung der Vollstreckungsbehörde nach den §§ 459a, 459c, 459e sowie 459g bis 459m entscheidet das Gericht.

A. Grundsätzliches. Die am 01.07.2017 aufgrund des Gesetzes zur Reform der strafrechtlichen Vermögensabschöpfung (BGBl. I, S. 872) in Kraft getretene Vorschrift entspricht im Wesentlichen der vorherigen Regelung des § 459h a.F. und bezieht auch die Entscheidungen der Vollstreckungsbehörde (§ 451) gem. der nunmehrigen Fassung des § 459g sowie § 459m mit ein. 1

B. Einzelfragen. Einwendungen gegen die Maßnahmen der Vollstreckungsbehörde nach §§ 459a, 459c, 459e, 459g und 459m, die gem. § 31 Abs. 2 Satz 1 RPflG dem Rechtspfleger übertragen sind, können gem. § 459h gerichtlich geltend gemacht werden. Dies kann – je nach landesgesetzlicher Ausgestaltung – auch für Einwendungen gegen die Ablehnung einer Abwendung der Ersatzfreiheitsstrafe durch gemeinnützige Arbeit gelten, da es sich insoweit um Entscheidungen über die Vollstreckung der Ersatzfreiheitsstrafe nach § 459e handelt (in diesem Sinne OLG Karlsruhe NStZ 2009, 220 f.; OLG Koblenz NStZ-RR 2010, 190; OLG Frankfurt, NStZ-RR 2013, 292; anders OLG Dresden NStZ 1999, 160; OLG Jena NStZ-RR 2010, 61; nunmehr aber Aufgabe in Beschl. v. 28.11.2013, 1 Ws 463/13). Der Rechtsweg nach den §§ 23 ff. EGGVG ist insoweit subsidiär. Hingegen ist der Rechtsbehelf nach § 458 eröffnet, wenn sich die Einwendung gegen das Bestehen des Vollstreckungsanspruches als solches richtet. 2

Berechtigt, Einwendungen nach § 459h zu erheben, ist der Verurteilte oder ein sonst von der Maßnahme unmittelbar Betroffener (Meyer-Goßner/*Schmitt* § 459h [a.F.] Rn. 3), der ggf. seine Beschwer darlegen muss. 3

Die Zuständigkeit richtet sich nach § 462a und liegt daher grds. beim Gericht des ersten Rechtszuges (§ 462a Abs. 2 Satz 1). Wegen der Verweisung von § 462a Abs. 1 Satz 1 auf § 462 Abs. 1 Satz 1 (und damit auf § 459o) ist jedoch die Strafvollstreckungskammer zuständig, wenn sich der Verurteilte bei Erhebung der Einwendung in Haft befindet. Für das Verfahren gilt § 462. Gegen die Entscheidung ist die sofortige Beschwerde (§ 462 Abs. 3) statthaft. 4

§ 460 Nachträgliche Gesamtstrafenbildung

Ist jemand durch verschiedene rechtskräftige Urteile zu Strafen verurteilt worden und sind dabei die Vorschriften über die Zuerkennung einer Gesamtstrafe (§ 55 des Strafgesetzbuches) außer Betracht geblieben, so sind die erkannten Strafen durch eine nachträgliche gerichtliche Entscheidung auf eine Gesamtstrafe zurückzuführen.

A. Grundsätzliches. Die Vorschrift regelt die **Nachholung der Entscheidung über die nachträgliche Gesamtstrafenbildung**, deren materiell-rechtlichen Voraussetzungen sich aus § 55 StGB ergeben. Der Verurteilte soll nicht deshalb schlechtergestellt werden, weil eine an sich nach den § 55 i.V.m. §§ 53, 54 StGB gebotene Gesamtstrafenbildung nicht erfolgt ist. 1

B. Einzelfragen. I. Voraussetzungen des Nachtragsverfahrens. Die Gesamtstrafenbildung im Nachtragsverfahren nach § 460 ist dann – zwingend – vorgesehen, wenn eine – grds. gebotene (s. Meyer-Goßner/*Schmitt* § 460 Rn. 2; BGH NStZ 2005, 32; OLG Hamm, Beschl. v. 13.08.2007 – 2 Ss 352/07; Beschl. v. 02.03.2017, 1 RVs 6/17) – **Gesamtstrafenbildung durch den Tatrichter unterblieben** ist. Dies kann insb. der Fall sein, wenn sich die Voraussetzungen der Gesamtstrafe erst nach dem letzten Urteil ergeben haben, etwa weil die Rechtskraft der einzubeziehenden Entscheidung erst zu einem späteren Zeitpunkt eingetreten ist. Praktisch wichtige Anwendungsfälle sind überdies Konstellationen, in denen eine – bspw. im Bundeszentralregister noch nicht erfasste – Vorverurteilung dem Tatrichter nicht bekannt war oder die Akten des Verfahrens, aus dem eine Strafe einbezogen werden sollten, für den Tatrichter trotz ordnungsgemäßer Terminsvorbereitung nicht verfügbar waren (BGH NStZ 2005, 32). Denkbar ist auch, dass eine Gesamtstrafenbildung unterblieben ist, weil die zu verhängende Gesamtstrafe die Strafgewalt des erkennenden Berufungsgerichts überschritten hätte (OLG Jena NStZ-RR 2003, 139 m.w.N.; zur Verweisung auf das Nachtragsverfahren durch das Revisionsgericht s. BGH, Beschl. v. 13.03.2014, 4 StR 537/13. Prüft der Tatrichter die Einbeziehung einer Vorverurteilung aufgrund Verkennung der Rechtslage nicht, so ist die Vorschrift ebenfalls anwendbar (s. OLG Hamm NStZ-RR 2008, 235), nicht aber dann, wenn der Richter nach Prüfung der Voraussetzungen der 2

Gesamtstrafenbildung diese aus rechtsfehlerhaften Gründen in seiner Entscheidung ablehnt (OLG Hamburg NStZ 1992, 607; OLG Jena NStZ-RR 2006, 102). In letzterem Fall ist lediglich die Einlegung eines Rechtsmittels gegen die Entscheidung möglich; tritt Rechtskraft ein, steht diese dem Nachtragsverfahren nach § 460 entgegen. Das Nachtragsverfahren hat Vorrang vor dem Widerrufsverfahren (KG, Beschl. v. 07.03.2016, 5 Ws 28/16; vgl. aber OLG Hamm NStZ-RR 2015, 241).

3 Anwendungsvoraussetzung der Vorschrift ist weiterhin, dass die **Voraussetzungen der nachträglichen Gesamtstrafenbildung materiell-rechtlich gegeben** sind; insb. müssen sämtliche Entscheidungen zum Zeitpunkt der Beschlussfassung rechtskräftig sein. Eine vollständige Vollstreckung einer Strafe steht einer Entscheidung nach § 460 jedoch nur dann entgegen, wenn diese bereits zum Zeitpunkt der letzten tatrichterlichen Entscheidung vollständig vollstreckt war und deshalb schon zu diesem Zeitpunkt keine Gesamtstrafe mehr hätte gebildet werden können (zur Einbeziehungsfähigkeit von Einzelstrafen s. ausführlich LR/*Graalmann-Scheerer* § 460 Rn. 12 ff.; zum Fall der Gesamtstrafenbildung durch das Revisionsgericht s. BGH NJW 2010, 3589). Wäre die Gesamtstrafenbildung jedoch möglich gewesen, so reicht es bei der Entscheidung nach § 460 aus, wenn wenigstens noch eine Strafe zumindest teilweise offen ist. Nach herrschender Meinung ist aber eine nachträgliche Gesamtstrafenbildung dann ausgeschlossen, wenn sämtliche Einzelstrafen vollständig vollstreckt sind (BGH, NStZ-RR 2007, 369; Beschl. v. 27.02.2020, 4 StR 1/20; Meyer-Goßner/*Schmitt* § 460 Rn. 13 m.w.N.). Die Erledigung früherer Verurteilungen ist im Urteil festzustellen (BGH NStZ-RR 2015, 20). Zur Verfahren nach Zurückverweisung durch das Revisionsgericht s. BGH NStZ-RR 2016, 251).

4 Der **Begriff des Urteils** ist – wie in § 449 (dort Rdn. 4) – weit zu verstehen, sodass insb. auch Strafen aus Strafbefehlen einbeziehungsfähig sind (BeckOK-StPO/*Coen* § 460 Rn. 5), ebenso solche, die bereits in einen Beschluss nach § 460 einbezogen wurden. Je nach materieller Rechtslage kann eine Entscheidung nach § 460 auch zur Auflösung bereits gebildeter Gesamtstrafen führen und Einzelstrafen zu neuen, auch mehreren Gesamtstrafen zusammenführen.

5 **II. Einbeziehungsfähige Sanktionen. In die Gesamtstrafenbildung einbezogen werden können** Verurteilungen zu Geld- und Freiheitsstrafen sowie zur Verwarnung mit Strafvorbehalt (§ 59 StGB; s. OLG Frankfurt, Beschl. v. 21.11.2007 – 2 Ss 311/07; *Deckenbrock/Dötsch* NStZ 2003, 346 [347]). Jugendstrafrechtliche Verurteilungen sind hingegen nicht einbeziehungsfähig; die nachträgliche Bildung einer Einheitsjugendstrafe richtet sich nach den insoweit spezielleren §§ 66 i.V.m. 31 JGG. Zur Aufrechterhaltung von Nebenstrafen und Maßregeln der Besserung und Sicherung aus einer einbezogenen Entscheidung ist eine dahin gehende Anordnung im Beschluss erforderlich (KK-StPO/*Appl* § 460 Rn. 20); ist eine Sperrfrist nach den §§ 69 ff. StGB bereits abgelaufen, so muss nur noch die Entziehung der Fahrerlaubnis aufrechterhalten werden (BGH, Beschl. v. 14.02.2008 – 1 StR 542/07).

6 **III. Grundsätze der Gesamtstrafenbildung.** Bei der Gesamtstrafenbildung gelten die **Grundsätze der §§ 53 ff. StGB**; die Gesamtstrafe muss also höher sein als die höchste einzubeziehende Einzelstrafe, darf aber die Summe der Einzelstrafen nicht erreichen (§ 54 Abs. 1 Satz 2 StGB). Der Verurteilte soll genau so gestellt werden, wie wenn der Tatrichter bereits eine Entscheidung über die nachträgliche Gesamtstrafenbildung gem. § 55 StGB getroffen hätte (KK-StPO/*Appl* § 460 Rn. 7; *Pfeiffer* § 460 Rn. 2).

7 Die Gesamtstrafenbildung darf **nicht zur Korrektur der rechtskräftigen Urteile** führen (Meyer-Goßner/*Schmitt* § 460 Rn. 15; KK-StPO/*Appl* § 469 Rn. 27). Daher sind bei der Festsetzung nur diejenigen Umstände zu berücksichtigen, die für Gesamtstrafenbildung als solche relevant sind, also insb. eine Gesamtwürdigung von Taten und Täter unter besonderer Berücksichtigung des zeitlich-situativen Zusammenhangs der den Verurteilungen zugrunde liegenden Taten, nicht aber Erwägungen, die nur für die Strafzumessung bei den bereits rechtskräftigen Einzelstrafen relevant wären.

8 Nach verbreiteter Meinung soll bei der Gesamtstrafenbildung im Beschlusswege ein **Verbot der reformatio in peius** entsprechend den §§ 331 Abs. 1, 358 Abs. 2 in der Gestalt gelten, dass die Summe der neu gebildeten Gesamtstrafe(n) die Summe der bisher gebildeten und (teilweise) aufgelösten Gesamtstrafe(n) und einbezogenen Einzelstrafen nicht übersteigen darf (OLG Saarbrücken NJW 1968, 310; LR/*Graalmann-Scheerer* § 460 Rn. 31 m.w.N. s, auch OLG Karlsruhe MDR 1983, 73, wonach eine Verschlechterung in der Strafart – Bildung einer Gesamtfreiheitsstrafe aus einer Freiheits- und einer Geldstrafe ausgeschlossen sein soll). Dem ist im Ergebnis nicht zuzustimmen. Denn das Gesetz ordnet ein solches Verbot der Schlechterstellung i.R.d. nach § 460 nachträglich zu treffenden Entscheidung nicht an. Überdies unterscheidet sich das Verfahren der nachträglichen Gesamtstrafenbildung schon insofern wesentlich von den Rechtsmittelverfahren, als dieses (auch) von Amts wegen zu betreiben ist, somit die Erwägung, der Betroffene solle bei einer Rechtsmitteleinlegung nicht die Verschlechterung seiner Lage besorgen müssen, hier nicht durchgreifen kann. Überdies führt das Verfahren nach § 460 anders als die Rechtsmittelentscheidungen nicht zu einer Überprüfung und Neubewertung bereits getroffener Entscheidungen; es stellt vielmehr lediglich die Nachholung

einer – letztlich zufälligerweise (*Bringewat* NStZ 2009, 542 [545]) – unterbliebenen Gesamtstrafenprüfung dar. Ein besonders schützenswertes Interesse, dass diese vom Gesetz vorgesehene – und lediglich an den Vorschriften der §§ 53 ff. StGB mit all ihren Konsequenzen zugunsten aber auch zulasten des Verurteilten zu bemessende – Entscheidung nicht mehr durchgeführt wird, ist nicht erkennbar. Richtigerweise dürfte daher ein Verschlechterungsverbot im oben beschriebenen Sinne **nicht anzunehmen** sein (so auch LG Lüneburg NStZ 2009, 573; *Bringewat* NStZ 2009, 542 [545]; LG Halle NStZ 1996, 456; Meyer-Goßner/*Schmitt* § 460 Rn. 19; für die Bildung einer Gesamtfreiheitsstrafe aus einer Freiheits- und einer Geldstrafe in diesem Sinne auch BGHSt 35, 208; BayObLG MDR 1980, 162).

Wird eine **Gesamtgeldstrafe** gebildet, so sind für die **Tagessatzhöhe** grds. die wirtschaftlichen Verhältnisse zum Zeitpunkt der letzten tatrichterlichen Entscheidung, nicht diejenigen bei der Beschlussfassung nach § 460 relevant (LG Frankfurt NStZ-RR 2011, 40; a.A. LG Berlin NStZ-RR 2006, 373; zur besonderen Problematik, wenn dies zu einer nicht mehr i.R.d. § 54 Abs. 2 Satz 1 StGB liegenden Gesamtstrafe führen würde s. BGH NJW 1979, 2523). 9

Wird eine **Verurteilung zu lebenslanger Freiheitsstrafe einbezogen**, so ist auch die Gesamtstrafe eine lebenslange Freiheitsstrafe. Die Einbeziehung kann aber dazu führen, dass die besondere Schwere der Schuld nachträglich bejaht wird (§ 57b StGB; s. OLG Hamm NStZ 1996, 301 [302]). Dies muss sich aber aus dem Beschluss explizit ergeben; eine nachträgliche Berichtigung ist insoweit nicht zulässig (OLG Frankfurt, Beschl. v. 18.06.2009 – 3 Ws 514/09). 10

Ist aus mehreren Freiheitsstrafen eine Gesamtstrafe zu bilden, so ist deren **Aussetzung zur Bewährung** anhand des Maßstabs des § 56 StGB zum Zeitpunkt der Beschlussfassung (s. ausf. *Horn* NStZ 1991, 117 [118 f.]) zu prüfen. Dies kann zum Ergebnis führen, dass eine Gesamtfreiheitsstrafe zur Bewährung ausgesetzt wird, auch wenn dies bei keiner der einbezogenen Strafen der Fall war (KK-StPO/*Appl* § 460 Rn. 25a; Graf/*Coen* § 460 Rn. 9; a.A. Meyer-Goßner/*Schmitt* § 460 Rn. 17) oder eine Gesamtstrafe – anders als sämtliche einbezogene Strafen – nicht mehr zur Bewährung ausgesetzt wird (LR/*Graalmann-Scheerer* § 460 Rn. 39); Letzteres kann insb. dann der Fall sein, wenn die neue Gesamtstrafe 2 Jahre übersteigt oder die nach § 56 Abs. 2 StGB für die Strafaussetzung erforderlichen besonderen Umstände einer nunmehr 1 Jahr übersteigenden Gesamtfreiheitsstrafe nicht vorliegen. Liegt eine solche durch die Höhe der neuen Gesamtstrafe bedingte Verschiebung des Prüfungsmaßstabes bei der Aussetzungsentscheidung nicht vor, so dürfte eine solche abweichende Entscheidung aber nur in Ausnahmefällen in Betracht kommen (KK-StPO/*Appl* § 460 Rn. 25a: »wesentliche Änderung der Sachlage«), da das Gericht bei der Beschlussfassung anders als der Tatrichter seine Entscheidung nicht auf einen persönlichen Eindruck des Verurteilten stützen kann. Zur Ablehnung einer Aussetzung im Nachtragsverfahren kann die mittlerweile bekannt gewordene neuerliche Begehung von Straftaten führen (vgl. auch OLG Hamm MDR 1975, 948: Strafaussetzung zwingend dann, wenn die neue Gesamtstrafenbildung nur deshalb erfolgt, weil eine bisher einbezogene Strafe in eine andere Gesamtstrafe einbezogen wird und keine neue Strafe hinzutritt). Wird die Gesamtstrafe zur Bewährung ausgesetzt, so ist eine neuerliche Festsetzung der Bewährungszeit erforderlich (Meyer-Goßner/*Schmitt* § 460 Rn. 17). Auflagen und Weisungen können durch einen neuen Bewährungsbeschluss festgesetzt oder durch entsprechende Anordnung im Beschluss nach § 460 aufrechterhalten werden. Ein Widerruf der durch den Beschluss nach § 460 zur Bewährung ausgesetzten Gesamtfreiheitsstrafe wegen Taten die vor Erlass des Gesamtstrafenbeschlusses begangen wurden, ist nicht zulässig (KG NJW 2003, 2468; *Pfeiffer* § 460 Rn. 15). Erfolgt keine Strafaussetzung, so gilt § 58 Abs. 2 Satz 2 i.V.m. § 56f Abs. 3 StGB. 11

IV. Einzelfragen des Verfahrens. Das Gericht wird **von Amts wegen, oder auf Antrag** des Verurteilten oder der StA tätig. Die StA wird den Antrag stellen, wenn die Voraussetzungen des § 460 vorliegen (vgl. § 48 Abs. 2 Satz 1 StVollstrO); sie wird im Fall des Zusammentreffens von Freiheitsstrafen und Geldstrafen auch prüfen, ob von einer Gesamtstrafenbildung nach § 53 Abs. 2 Satz 2 StGB abgesehen werden kann, und einen entsprechenden Antrag stellen; die Entscheidung nach § 53 Abs. 2 Satz 2 StGB darf jedoch nur das Gericht treffen. 12

Die Entscheidung ergeht im **Beschlussweg** (§ 462 Abs. 1 Satz 1). Die sachliche und örtliche Zuständigkeit des Gerichts bestimmt sich nach § 462a Abs. 3 (s. dazu im Einzelnen § 462a Rdn. 11 f.). Grds. ist das Gericht des ersten Rechtszugs zuständig (§ 462a Abs. 3 Satz 1). Gegen den Beschluss ist die sofortige Beschwerde nach § 462 Abs. 3 Satz 1 statthaft. Mit Rechtskraft des Gesamtstrafenbeschlusses beginnt die Vollstreckungsverjährung hinsichtlich der darin gebildeten Gesamtstrafe. Bei Bildung mehrerer Gesamtstrafen kann das nach § 462a befasste Gericht auch für die Bildung einer Gesamtstrafe zuständig sein, bei der es hinsichtlich keiner Einzelstrafe zuständig wäre (KG NStZ-RR 2010, 252). 13

14 **V. Verfassungswidrigkeit der Vermögensstrafe (Satz 2). Der bis 30.06.2017 enthaltene Satz 2** ist aufgrund der Entscheidung des BVerfG v. 20.03.2002 (Az.: 2 BvR 794/95), durch welche die Vermögensstrafe (§ 43a StGB) für verfassungswidrig und nichtig erklärt wurde, **gegenstandslos** und wurde durch Art. 3 Nr. 16 des Gesetzes v. 13.04.2017 (BGBl. I, S. 872) m.W.z. 01.07.2017 aufgehoben.

§ 461 Anrechnung des Aufenthalts in einem Krankenhaus

(1) Ist der Verurteilte nach Beginn der Strafvollstreckung wegen Krankheit in eine von der Strafanstalt getrennte Krankenanstalt gebracht worden, so ist die Dauer des Aufenthalts in der Krankenanstalt in die Strafzeit einzurechnen, wenn nicht der Verurteilte mit der Absicht, die Strafvollstreckung zu unterbrechen, die Krankheit herbeigeführt hat.

(2) Die Staatsanwaltschaft hat im letzteren Falle eine Entscheidung des Gerichts herbeizuführen.

Übersicht

1 **A. Grundsätzliches.** Die Vorschrift regelt die **Berechnung der Strafzeit** für den Fall einer Verbringung des Verurteilten zur Behandlung in ein **Krankenhaus** außerhalb der Justizvollzugsanstalt **während der laufenden Strafvollstreckung** und sieht eine Einrechnung der Zeiten des Krankenhausaufenthalts, in welcher der Strafvollzug in tatsächlicher Hinsicht unterbrochen ist, in die Strafzeitberechnung vor.

2 **B. Einzelfragen.** Unter **Krankheit** ist sowohl eine physische wie auch eine psychische Erkrankung zu verstehen (Meyer-Goßner/*Schmitt* § 461 Rn. 2). Hinsichtlich des Vorliegens der Erkrankung ist die von den behandelnden Ärzten gestellte Diagnose ausschlaggebend (*Pfeiffer* § 461 Rn. 2). Dass eine Erkrankung zu unrecht diagnostiziert wird und damit der Krankenhausaufenthalt objektiv nicht erforderlich war, schließt die Einrechnung in die Strafzeit – sofern kein Fall des Halbsatzes 2 vorliegt – nicht aus (KK-StPO/*Appl* § 461 Rn. 3).

3 Voraussetzung der Einrechnung in die Strafzeit ist weiterhin, dass der Verurteilte in eine von der Strafanstalt – räumlich und organisatorisch – getrennte Krankenanstalt während der laufenden Strafvollstreckung gebracht wird (s. OLG Hamm, Beschl. v. 26.02.2008 – 3 Ws 65/08). Dies wird insb. dann erforderlich sein, wenn entsprechende Behandlungsmöglichkeiten in der Krankenabteilung der Justizvollzugsanstalt (vgl. § 65 Abs. 1 StVollzG bzw. die entsprechenden landesgesetzlichen Regelungen) nicht zur Verfügung stehen. In den Fällen der Unterbrechung gem. § 455 Abs. 4 ist die Vorschrift unanwendbar; andererseits reicht es aber für die Einrechnung aus, wenn sich der Verurteilte aus einer Lockerungsmaßnahme (z.B. Urlaub) heraus selbst in stationäre Behandlung begibt (*Pfeiffer* § 461 Rn. 4; OLG Hamm NStZ 1983, 287). Der Verurteilte muss während des Aufenthalts in der Krankenanstalt weiterhin der Verfügungsgewalt der Vollstreckungsbehörde unterstehen (OLG Hamburg NStZ 1999, 589; BeckOK-StPO/*Coen* § 461 Rn. 5 m.w.N.; bzgl. der Abgrenzung zur Unterbrechung gem. § 455 Abs. 4 vgl. OLG Stuttgart NStZ 1989, 552).

4 Eine Einrechnung erfolgt gem. Abs. 1 Hs. 2 dann nicht, wenn der Verurteilte die Krankheit in der Absicht, die Strafvollstreckung durch Verlegung in die Krankenanstalt zu unterbrechen, selbst herbeigeführt hat (dazu ausführlich LR/*Graalmann-Scheerer* § 461 Rn. 5). Hierunter sind auch die Fälle zu subsumieren, in denen der Verurteilte die Krankheit – in der Absicht, in die Krankenanstalt verlegt zu werden – vorgetäuscht hat (Meyer-Goßner/*Schmitt* § 461 Rn. 5), und zwar unabhängig davon, ob eine physische oder eine psychische Krankheit simuliert wird (LR/*Graalmann-Scheerer* § 461 Rn. 6). Denn gerade hier nimmt der Verurteilte durch sein Verhalten kausalen Einfluss auf die Fehldiagnose. Die Absicht, sich der Strafvollstreckung zu entziehen, liegt auch dann vor, wenn der Verurteilte den mit der Haft verbundenen weiteren Obliegenheiten (z.B. Arbeitspflicht) entgehen will (KK-StPO/*Appl* § 461 Rn. 11).

5 Hält die StA einen Fall des Abs. 1 Hs. 2 für gegeben, führt sie gem. Abs. 2 die Entscheidung des Gerichts – somit der gem. § 462a zuständigen Strafvollstreckungskammer – herbei. Gegen deren Entscheidung ist die sofortige Beschwerde gem. § 462a Abs. 3 eröffnet.

§ 462 Verfahren bei gerichtlichen Entscheidungen; sofortige Beschwerde

(1) [1]Die nach § 450a Abs. 3 Satz 1 und den §§ 458 bis 461 notwendig werdenden gerichtlichen Entscheidungen trifft das Gericht ohne mündliche Verhandlung durch Beschluss. [2]Dies gilt auch für die Wiederverleihung verlorener Fähigkeiten und Rechte (§ 45b des Strafgesetzbuches), die Aufhebung des Vorbehalts der Einziehung und die nachträgliche Anordnung der Einziehung eines Gegenstandes (§ 74f Absatz 1 Satz 4

des Strafgesetzbuches), die nachträgliche Anordnung der Einziehung des Wertersatzes (§ 76 des Strafgesetzbuches) sowie für die Verlängerung der Verjährungsfrist (§ 79b des Strafgesetzbuches).
(2) [1]Vor der Entscheidung sind die Staatsanwaltschaft und der Verurteilte zu hören. [2]Das Gericht kann von der Anhörung des Verurteilten in den Fällen einer Entscheidung nach § 79b des Strafgesetzbuches absehen, wenn infolge bestimmter Tatsachen anzunehmen ist, daß die Anhörung nicht ausführbar ist.
(3) [1]Der Beschluss ist mit sofortiger Beschwerde anfechtbar. [2]Die sofortige Beschwerde der Staatsanwaltschaft gegen den Beschluss, der die Unterbrechung der Vollstreckung anordnet, hat aufschiebende Wirkung.

Übersicht

A. Grundsätzliches. Die Vorschrift regelt das gerichtliche Verfahren einschließlich des Rechtsbehelfs bei vollstreckungsrechtlichen Entscheidungen. Aufgrund des neu geschaffenen § 463e und der dortigen allgemeineren Regelung wurde der bisherige Abs. 2 Satz 2 (Möglichkeit einer Bild- und Tonübertragung) m.W.z. 01.07.2021 aufgehoben. 1

B. Einzelfragen. Die **gerichtliche Entscheidung** in den in **Abs. 1** genannten Fällen ergeht ohne mündliche Verhandlung durch **Beschluss.** Dieser ist gem. § 34 zu begründen. 2
Zur Aufklärung des Sachverhalts kann das Gericht Beweiserhebungen im Freibeweisverfahren durchführen oder durch die StA, die Polizei oder die Gerichtshilfe (§ 463d) durchführen lassen (Meyer-Goßner/*Schmitt* § 462 Rn. 1). In diesem Rahmen kann das Gericht auch mündliche Anhörungen, etwa des Verurteilten i.R.d. Gewährung rechtlichen Gehörs nach Abs. 2, im Einzelfall auch eidliche Zeugenvernehmungen durchführen (LR/*Graalmann-Scheerer* § 462 Rn. 3 f.).
Abs. 2 Satz 1 sieht die Anhörung der Beteiligten vor der gerichtlichen Entscheidung vor. Anzuhören sind die StA als Strafverfolgungsbehörde, der Verurteilte, nicht aber der Nebenkläger (LR/*Graalmann-Scheerer* § 462 Rn. 4). Anders als in § 454 Abs. 1 Satz 3 ist die mündliche Anhörung des Verurteilten nicht vorgeschrieben, jedoch ist diese nicht ausgeschlossen (KK-StPO/*Appl* § 462 Rn. 3; Meyer-Goßner/*Schmitt* § 462 Rn. 3). Satz 2 ermöglicht ein Absehen von der Anhörung des Verurteilten, die in den von § 79b StGB erfassten Fällen aufgrund des Aufenthalts des Verurteilten im Ausland oftmals nicht durchgeführt werden kann; diese Ausnahme ist auch vor dem Hintergrund des Art. 103 Abs. 1 GG unproblematisch, da sich der Verurteilte durch die Verlegung seines Aufenthalts in das Ausland seines Rechts auf rechtliches Gehör selbst begeben hat (KK-StPO/*Appl* § 462 Rn. 3a). 3
Der Beschluss ist mit sofortiger Beschwerde anfechtbar; trifft das Gericht allerdings keine Entscheidung in der Sache selbst, sondern z.B. lediglich im Hinblick auf Verfahrensvoraussetzungen, so ist die einfache Beschwerde statthaft (OLG Düsseldorf NStZ 1981, 366; *Pfeiffer* § 462 Rn. 4). Es gelten die §§ 304 ff. nach Maßgabe des § 311. Entscheidet das OLG als Gericht erster Instanz, so gilt die Einschränkung des § 304 Abs. 4 Satz 2 Hs. 1 i.V.m. Hs. 2 Nr. 5; eine Beschwerde ist dann in entsprechender Anwendung dieser Vorschrift bspw. zulässig, wenn in einem nachträglichen Gesamtstrafenbeschluss keine Strafaussetzung zur Bewährung erfolgt (KK-StPO/*Appl* § 462 Rn. 4). Das Beschwerdegericht entscheidet gem. § 309 Abs. 2 in der Sache selbst. 4
Die Beschwerde der StA hat im Fall des § 455 Abs. 4 aufschiebende Wirkung (Abs. 3 Satz 2). 5

§ 462a Zuständigkeit der Strafvollstreckungskammer und des erstinstanzlichen Gerichts

(1) [1]Wird gegen den Verurteilten eine Freiheitsstrafe vollstreckt, so ist für die nach den §§ 453, 454, 454a und 462 zu treffenden Entscheidungen die Strafvollstreckungskammer zuständig, in deren Bezirk die Strafanstalt liegt, in die der Verurteilte zu dem Zeitpunkt, in dem das Gericht mit der Sache befaßt wird, aufgenommen ist. [2]Diese Strafvollstreckungskammer bleibt auch zuständig für Entscheidungen, die zu treffen sind, nachdem die Vollstreckung einer Freiheitsstrafe unterbrochen oder die Vollstreckung des Restes der Freiheitsstrafe zur Bewährung ausgesetzt wurde. [3]Die Strafvollstreckungskammer kann einzelne Entscheidungen nach § 462 in Verbindung mit § 458 Abs. 1 an das Gericht des ersten Rechtszuges abgeben; die Abgabe ist bindend.
(2) [1]In anderen als den in Absatz 1 bezeichneten Fällen ist das Gericht des ersten Rechtszuges zuständig. [2]Das Gericht kann die nach § 453 zu treffenden Entscheidungen ganz oder zum Teil an das Amtsgericht abgeben, in dessen Bezirk der Verurteilte seinen Wohnsitz oder in Ermangelung eines Wohnsitzes seinen gewöhnlichen Aufenthaltsort hat; die Abgabe ist bindend. [3]Abweichend von Absatz 1 ist in den dort bezeichneten Fällen das Gericht des ersten Rechtszuges zuständig, wenn es die Anordnung der Sicherungs-

verwahrung vorbehalten hat und eine Entscheidung darüber gemäß § 66a Absatz 3 Satz 1 des Strafgesetzbuches noch möglich ist.

(3) [1]In den Fällen des § 460 entscheidet das Gericht des ersten Rechtszuges. [2]Waren die verschiedenen Urteile von verschiedenen Gerichten erlassen, so steht die Entscheidung dem Gericht zu, das auf die schwerste Strafart oder bei Strafen gleicher Art auf die höchste Strafe erkannt hat, und falls hiernach mehrere Gerichte zuständig sein würden, dem Gericht, dessen Urteil zuletzt ergangen ist. [3]War das hiernach maßgebende Urteil von einem Gericht eines höheren Rechtszuges erlassen, so setzt das Gericht des ersten Rechtszuges die Gesamtstrafe fest; war eines der Urteile von einem Oberlandesgericht im ersten Rechtszuge erlassen, so setzt das Oberlandesgericht die Gesamtstrafe fest. [4]Wäre ein Amtsgericht zur Bildung der Gesamtstrafe zuständig und reicht seine Strafgewalt nicht aus, so entscheidet die Strafkammer des ihm übergeordneten Landgerichts.

(4) [1]Haben verschiedene Gerichte den Verurteilten in anderen als den in § 460 bezeichneten Fällen rechtskräftig zu Strafe verurteilt oder unter Strafvorbehalt verwarnt, so ist nur eines von ihnen für die nach den §§ 453, 454, 454a und 462 zu treffenden Entscheidungen zuständig. [2]Absatz 3 Satz 2 und 3 gilt entsprechend. [3]In den Fällen des Absatzes 1 entscheidet die Strafvollstreckungskammer; Absatz 1 Satz 3 bleibt unberührt.

(5) [1]An Stelle der Strafvollstreckungskammer entscheidet das Gericht des ersten Rechtszuges, wenn das Urteil von einem Oberlandesgericht im ersten Rechtszuge erlassen ist. [2]Das Oberlandesgericht kann die nach den Absätzen 1 und 3 zu treffenden Entscheidungen ganz oder zum Teil an die Strafvollstreckungskammer abgeben. [3]Die Abgabe ist bindend; sie kann jedoch vom Oberlandesgericht widerrufen werden.

(6) Gericht des ersten Rechtszuges ist in den Fällen des § 354 Abs. 2 und des § 355 das Gericht, an das die Sache zurückverwiesen worden ist, und in den Fällen, in denen im Wiederaufnahmeverfahren eine Entscheidung nach § 373 ergangen ist, das Gericht, das diese Entscheidung getroffen hat.

Übersicht

1 **A. Grundsätzliches.** Die Vorschrift regelt die **gerichtliche Zuständigkeit für vollstreckungsrechtliche Entscheidungen.** Für Verurteilte, die sich in Strafhaft befinden, sieht Abs. 1 eine weitreichende Zuständigkeit der Strafvollstreckungskammer vor. Ist eine Zuständigkeit der Strafvollstreckungskammer nach Abs. 1 nicht gegeben, entscheidet das Gericht des ersten Rechtszugs (Abs. 2), das gem. Abs. 3 stets für die Beschlüsse über die nachträgliche Gesamtstrafenbildung nach § 460 zuständig ist.

2 **B. Einzelfragen. I. Zuständigkeit der Strafvollstreckungskammer (Abs. 1). 1. Einrichtung von Strafvollstreckungskammern. Strafvollstreckungskammern** sind in all denjenigen Landgerichtsbezirken eingerichtet, in denen eine Justizvollzugsanstalt für Erwachsene oder eine Einrichtung des Maßregelvollzugs ihren Sitz hat (§ 78a Abs. 1 Satz 1 GVG). Gem. § 78a Abs. 2 Satz 2 GVG können auch sog. auswärtige Strafvollstreckungskammern mit Sitz an einem AG innerhalb des jeweiligen Landgerichtsbezirks eingerichtet werden. Nach der gesetzgeberischen Intention soll durch die Zuständigkeitsübertragung auf die Strafvollstreckungskammer die Entscheidung eines spezialisierten, möglichst ortsnahen Spruchkörper gewährleistet werden (krit. zur Situation in der Praxis KK-StPO/*Appl* § 462a Rn. 2).

3 **2. Sachliche Zuständigkeit.** Die Strafvollstreckungskammer ist zuständig, wenn **gegen den Verurteilten eine Freiheitsstrafe** – nicht notwendig in der die jeweilige Entscheidung betreffenden Sache – **vollstreckt** wird (Abs. 1 Satz 1).

Unter Freiheitsstrafe ist neben der Strafe nach § 38 StGB auch die Ersatzfreiheitsstrafe zu verstehen, nicht jedoch die Untersuchungshaft (vgl. BGH StraFo 2004, 71, wonach die Zuständigkeit der Strafvollstreckungskammer erst mit Übergang von Untersuchungshaft in Strafhaft beginnt).

Bei der **Vollstreckung von Jugendstrafe** ist die Strafvollstreckungskammer nicht zuständig; insoweit ist der **Jugendrichter** Vollstreckungsleiter (§ 82 Abs. 1 JGG) und zwar auch dann, wenn der Verurteilte vom Vollzug der Jugendstrafe ausgenommen ist (s. LR/*Graalmann-Scheerer* § 462a Rn. 5), somit vollzugsrechtlich wie ein nach Erwachsenenrecht Verurteilter gestellt ist. Die Zuständigkeit entfällt auch dann nicht, wenn neben der Jugendstrafe eine Freiheitsstrafe vollstreckt wird; in diesem Fall entscheiden bspw. über die Strafaussetzung zwei verschiedene Gerichte (BGHSt 23, 351). Auf freiheitsentziehende Maßregeln der Besserung und Sicherung findet die Vorschrift gem. § 463 Abs. 1 entsprechende Anwendung.
Innerhalb der Reichweite der Zuständigkeit der Strafvollstreckungskammer nach Abs. 1 verdrängt diese die Zuständigkeit des Gerichts des ersten Rechtszuges (BGH NStZ-RR 2020, 264; BGH NStZ-RR 2019, 160).

3. Örtliche Zuständigkeit. Die örtliche Zuständigkeit bestimmt sich nach dem **Sitz der Justizvollzugsanstalt**, in der sich der Verurteilte befindet. Bei organisatorisch angegliederten Anstalten (Außenstellen) ist der Sitz der Anstaltsleitung maßgeblich (BGHSt 28, 135). 4
Unerheblich für die »Aufnahme« in die Justizvollzugsanstalt ist, ob die Anstalt nach dem jeweiligen Vollstreckungsplan für den Vollzug der Freiheitsstrafe zuständig ist (BGH NStZ 2012, 652; NStZ-RR 2015, 58), was etwa beim Übergang von Untersuchungshaft in Strafhaft vor Verlegung in die nunmehr zuständige Anstalt vorübergehend nicht der Fall sein kann (vgl. KK-StPO/*Appl* § 462a Rn. 14).
Kurzfristige Überstellungen (etwa aufgrund von Gerichtsterminen), der zeitlich begrenzte Aufenthalt in einem Vollzugskrankenhaus oder der Krankenabteilung einer anderen Anstalt lassen die örtliche Zuständigkeit unberührt (BGH NStZ-RR 2015, 58; LR/*Graalmann-Scheerer* § 462a Rn. 12).
Hingegen begründet eine (dauerhafte) Verlegung eine neue örtliche Zuständigkeit (BGH StraFo 2007, 257), die bereits eintritt, wenn mit der Verschubung des Gefangenen in die neue Anstalt begonnen wird (KK-StPO/*Appl* § 462a Rn. 15). Das Absehen von einer weiteren Vollstreckung gem. § 456a in Verbindung mit einer Abschiebung ins Ausland lässt die begründete Zuständigkeit hingegen unberührt (BGH, NStZ-RR 2017, 263).
Für die örtliche Zuständigkeit ist der Zeitpunkt relevant, in dem das Gericht mit der jeweiligen Entscheidung befasst wird. Eine spätere Verlegung ändert im Hinblick auf die jeweilige Entscheidung hieran nichts mehr. **Befasst** ist das Gericht bereits dann, wenn ihm Tatsachen aktenkundig werden, die eine vollstreckungsrechtliche Entscheidung erforderlich machen können (s. die Nachw. bei KK-StPO/*Appl* § 462a Rn. 17 sowie BGH NStZ 1997, 406; StraFo 2006, 77 StraFo 2007, 258; NStZ-RR 2012, 358; OLG Hamm, Beschl. v. 31.01.2008 – 3 Ws 40/08; OLG Celle, Beschl. v. 23.09.2013, 2 Ws 211/13). Das gilt im Fall einer Entscheidung nach § 454 schon bei der nach Nr. 13 MiStra vorgesehenen) oder das Gericht von Amts wegen, insb. aufgrund des Ablaufs von gesetzlichen Fristen, tätig werden muss (vgl. OLG Frankfurt NStZ-RR 2008, 29). Eine Befassung scheidet in diesen Fällen nicht deshalb aus, weil das Gericht noch keine Maßnahmen ergriffen hat (BGHSt 26, 187; 27, 302 [303 f.]; 30, 189 [191 f.]; OLG Düsseldorf JR 2000, 302; OLG Hamburg NStZ 1982, 48; Meyer-Goßner/*Schmitt* § 462a Rn. 11). Das Befasst-Sein endet mit der abschließenden Entscheidung in der Sache (BGHSt 26, 165 [166]; s. ausführlich Meyer-Goßner/*Schmitt* § 462a Rn. 12) oder mit sonstiger Erledigung, etwa durch Rücknahme des Antrags (BeckOK-StPO/*Coen* § 462a Rn. 5), nicht jedoch bereits mit der Verlegung des Verurteilten in eine andere Justizvollzugsanstalt (BGH NStZ-RR 2012, 358). Zum Ende des Befasst-Seins im Fall der Krisenintervention nach § 67h StGB s. BGH NJW 2011, 2677. 5

4. Fortwirkungszuständigkeit (Abs. 1 Satz 2). Nach Abs. 1 Satz 2 bleibt die Zuständigkeit der Strafvollstreckungskammer auch dann bestehen, wenn der Strafrest zur Bewährung ausgesetzt wurde oder die Vollstreckung unterbrochen wurde (etwa nach § 455 Abs. 4 oder § 455a; zu § 360 Abs. 2 s. OLG Frankfurt, NStZ-RR 2005, 30) oder auch beim Absehen von der weiteren Vollstreckung gem. § 456a (KK-StPO/*Appl* § 462a Rn. 12) sowie bei Flucht des Verurteilten aus der Anstalt (Meyer-Goßner/*Schmitt* § 462a Rn. 15); zur Zuständigkeit bei Aussetzung nach § 36 BtMG s. OLG Koblenz NStZ-RR 2011, 26; OLG Dresden, Beschl. v. 16.08.2010 – 2 ARs 38/10. 6
Die Begründung der Fortwirkungszuständigkeit setzt nicht voraus, dass die Strafvollstreckungskammer bereits zuvor mit der Sachentscheidung befasst war (BGH NStZ 2000, 111; KK-StPO/*Appl* § 462a Rn. 12; BeckOK-StPO/*Coen* § 462a Rn. 3). Dies ist insb. dann nicht der Fall, wenn die Tatsachen, die ein Tätigwerden der Strafvollstreckungskammer erforderlich machen, erst nach der Entlassung aus dem Strafvollzug aktenkundig geworden sind (OLG Bamberg, Beschl. v. 08.01.2013 – 2 Ws 167/12).

5. Abgabe an das Gericht des ersten Rechtszuges. Nach Abs. 1 Satz 3 kann die Strafvollstreckungskammer einzelne Entscheidungen an das Gericht des ersten Rechtszuges abgeben; hieran ist dieses gebunden (Hs. 2), die Strafvollstreckungskammer kann ihre Entscheidung jedoch widerrufen (BGH NStZ 1999, 215). Über- 7 tragen werden können nur Entscheidungen nach § 462 i.V.m. § 458, nicht hingegen solche nach § 453 bzw. § 454 (BGHSt 26, 352). Eine Übertragung an das Gericht des Wohnsitzes oder gewöhnlichen Aufenthalts (vgl. Abs. 2 Satz 2) kann die Strafvollstreckungskammer hingegen nicht vornehmen (BGH NJW 1976, 1646).

8 **II. Zuständigkeit des Gerichts des ersten Rechtszuges (Abs. 2 und Abs. 3). 1. Auffangzuständigkeit (Abs. 2).** Wird gegen den Verurteilten keine Freiheitsstrafe vollzogen, so etwa bei Verurteilung zu einer Geldstrafe oder bei Strafaussetzung zur Bewährung, im Fall der Verurteilung zu unbedingter Freiheitsstrafe vor Aufnahme in die Justizvollzugsanstalt oder sofern eine anzurechnende Untersuchungs- oder Auslieferungshaft Entscheidungen nach § 454 bereits vor Einleitung der Vollstreckung erforderlich macht, ist das Gericht des ersten Rechtszuges für vollstreckungsrechtliche Entscheidungen zuständig. Durch das Gesetz zur Neuregelung der Sicherungsverwahrung und begleitender Regelungen v. 22.12.2010 (BGBl. I, S. 2300) ist die Zuständigkeit des Gerichts des ersten Rechtszuges für den Fall einer vorbehaltenen Sicherungsverwahrung in Abs. 2 Satz 3 geregelt worden.

9 Gericht des ersten Rechtszugs ist das Gericht der ersten Instanz und zwar auch dann, wenn eine Verurteilung erst in der Rechtsmittelinstanz erfolgte. In den Fällen der Zurückverweisung nach Revision gilt Abs. 6, was ausnahmsweise auch zu einer Zuständigkeit einer Berufungskammer führen kann, wenn an diese zurückverwiesen wurde.

10 Das nach Abs. 2 Satz 1 zuständige Gericht kann – ausschließlich – die Entscheidungen nach § 453 an das **AG des Wohnsitzes** oder (subsidiär) des gewöhnlichen Aufenthalts **abgeben** (Abs. 2 Satz 2). Die Abgabe ist für das Wohnsitzgericht bindend (Abs. 2 Satz 2 Hs. 2; nach OLG Jena, Beschl. v. 18.05.2005 – AR [S] 62/05, gilt dies nicht im Fall der willkürlichen Übertragung). Im Fall der Änderung des Wohnsitzes kann das Wohnsitzgericht daher eine Rückübertragung oder eine Abgabe an das neue Wohnsitzgericht nicht selbst vornehmen; ein solcher Beschluss bleibt dem Gericht des ersten Rechtszuges vorbehalten (KK-StPO/*Appl* § 462a Rn. 27).

11 **2. Zuständigkeit für Beschlüsse über die nachträgliche Gesamtstrafenbildung (Abs. 3).** Nach Abs. 3 Satz 1 ist das Gericht des ersten Rechtszuges des Weiteren zuständig für Beschlüsse über die **nachträgliche Gesamtstrafenbildung** nach § 460. Diese Zuständigkeit besteht auch dann, wenn die für die Gesamtstrafenbildung relevante Entscheidung durch eine spätere Instanz erlassen wurde (Abs. 3 Satz 3 Hs. 1). Abweichend hiervon weist Abs. 3 Satz 4 die Zuständigkeit dem übergeordneten LG zu, wenn die Strafgewalt des als Gericht des ersten Rechtszuges originär zuständigen AG bei der Gesamtstrafenbildung nicht ausreichen würde, insb., weil die zu bildende Gesamtstrafe die Dauer von 4 Jahren übersteigt (§ 24 Abs. 2 GVG).

12 Wenn die für die Gesamtstrafenbildung relevanten Entscheidungen von verschiedenen Gerichten (nach Abs. 3 Satz 1 jeweils des ersten Rechtszuges) erlassen wurden, bestimmt sich die Zuständigkeit wie folgt: War ein Urteil von einem **OLG in erster Instanz** erlassen worden, so ist dieses gem. Abs. 3 Satz 3 Hs. 2 für die Gesamtstrafenbildung zuständig. Ansonsten ist das Gericht zuständig, das – hinsichtlich der Hauptstrafe – auf die schwerere Strafart (Freiheitsstrafe im Vergleich zur Geldstrafe) erkannt hat. Bei gleicher Strafart ist auf die schwerste erkannte Strafe abzustellen. Bei einer Gesamtstrafe, deren Bildung i.R.d. Beschlusses nach § 460 erneut geprüft wird, ist nicht die Höhe der Gesamtstrafe, sondern die der höchsten Einzelstrafe entscheidend. Bei der Geldstrafe ist allein die Anzahl der Tagessätze, nicht deren Gesamthöhe relevant (Meyer-Goßner/*Schmitt* § 462a Rn. 27). Bei gleicher Strafhöhe ist auf den späteren Entscheidungszeitpunkt abzustellen, wobei insoweit nicht notwendig die Entscheidung erster Instanz relevant ist, sondern nach herrschender Meinung stets der Zeitpunkt eines etwaigen (auch verwerfenden) Berufungsurteils, wobei zutreffenderweise jedenfalls eine Entscheidung der Berufungskammer in der Sache selbst zu fordern ist (vgl. LR/*Graalmann-Scheerer* § 462a Rn. 67); der Entscheidungszeitpunkt des Revisionsgerichts dann, wenn dieses nach § 354 selbst das Strafmaß festgesetzt hat. Ist im Rahmen einer Gesamtstrafenentscheidung eine Gesamtstrafe aufzulösen und sind hieraus unter Einbeziehung neuer Strafen mehrere Gesamtstrafen zu bilden, so erstreckt sich die Zuständigkeit des Gerichts auch auf die Bildung der weiteren Gesamtstrafe, selbst wenn es für deren Bildung an sich nicht zuständig war (KG NStZ-RR 2010, 252).

13 **III. Zuständigkeitskonzentration (Abs. 4).** Zur Vermeidung einer Zuständigkeitszersplitterung bestimmt Abs. 4 eine Zuständigkeitskonzentration für die genannten vollstreckungsrechtlichen Entscheidungen. Hiernach gilt primär der Vorrang des OLG, das in erster Instanz entschieden hat (Verweis auf Abs. 3 Satz 3 Hs. 1). Sodann gilt der Vorrang der Strafvollstreckungskammer (Abs. 4 Satz 3), auch wenn diese lediglich in einer Sache zur Entscheidung zuständig wäre (s. zur Reichweite der Zuständigkeit BGH NStZ-RR 2005, 262). Ansonsten bestimmt sich die Zuständigkeit nach Abs. 3 Satz 2 entsprechend, somit nach Schwere der Strafart, Strafhöhe – wobei anders als bei Abs. 3 auf die Höhe einer etwaigen Gesamtstrafe abzustellen ist (vgl. LR/*Graalmann-Scheerer* § 462a Rn. 75), und Entscheidungszeitpunkt.

IV. Vorrangige Zuständigkeit des in erster Instanz entscheidenden OLG (Abs. 5). Abs. 5 ordnet den Vorrang des in erster Instanz entscheidenden OLG vor der Strafvollstreckungskammer an. Das OLG hat eine Abgabemöglichkeit nach Abs. 5 Satz 2. Die Abgabe ist für die Strafvollstreckungskammer bindend, kann aber vom OLG widerrufen werden (Abs. 5 Satz 3). 14

§ 463 Vollstreckung von Maßregeln der Besserung und Sicherung

(1) Die Vorschriften über die Strafvollstreckung gelten für die Vollstreckung von Maßregeln der Besserung und Sicherung sinngemäß, soweit nichts anderes bestimmt ist.

(2) § 453 gilt auch für die nach den §§ 68a bis 68d des Strafgesetzbuches zu treffenden Entscheidungen.

(3) [1] § 454 Abs. 1, 3 und 4 gilt auch für die nach § 67c Abs. 1, § 67d Abs. 2 und 3, § 67e Abs. 3, den §§ 68e, 68f Abs. 2 und § 72 Abs. 3 des Strafgesetzbuches zu treffenden Entscheidungen. [2]In den Fällen des § 68e des Strafgesetzbuches bedarf es einer mündlichen Anhörung des Verurteilten nicht. [3]§ 454 Abs. 2 findet in den Fällen des § 67d Absatz 2 und 3 und des § 72 Absatz 3 des Strafgesetzbuches unabhängig von den dort genannten Straftaten sowie bei Prüfung der Voraussetzungen des § 67c Absatz 1 Satz 1 Nummer 1 des Strafgesetzbuches auch unabhängig davon, ob das Gericht eine Aussetzung erwägt, entsprechende Anwendung, soweit das Gericht über die Vollstreckung der Sicherungsverwahrung zu entscheiden hat; im Übrigen findet § 454 Abs. 2 bei den dort genannten Straftaten Anwendung. [4]Zur Vorbereitung der Entscheidung nach § 67d Abs. 3 des Strafgesetzbuches sowie der nachfolgenden Entscheidungen nach § 67d Abs. 2 des Strafgesetzbuches hat das Gericht das Gutachten eines Sachverständigen namentlich zu der Frage einzuholen, ob von dem Verurteilten weiterhin erhebliche rechtswidrige Taten zu erwarten sind. [5]Ist die Unterbringung in der Sicherungsverwahrung angeordnet worden, bestellt das Gericht dem Verurteilten, der keinen Verteidiger hat, rechtzeitig vor einer Entscheidung nach § 67c Absatz 1 des Strafgesetzbuches einen Verteidiger.

(4) [1]Im Rahmen der Überprüfung der Unterbringung in einem psychiatrischen Krankenhaus (§ 63 des Strafgesetzbuches) nach § 67e des Strafgesetzbuches ist eine gutachterliche Stellungnahme der Maßregelvollzugseinrichtung einzuholen, in der der Verurteilte untergebracht ist. [2]Das Gericht soll nach jeweils drei Jahren, ab einer Dauer der Unterbringung von sechs Jahren nach jeweils zwei Jahren vollzogener Unterbringung in einem psychiatrischen Krankenhaus das Gutachten eines Sachverständigen einholen. [3]Der Sachverständige darf weder im Rahmen des Vollzugs der Unterbringung mit der Behandlung der untergebrachten Person befasst gewesen sein noch in dem psychiatrischen Krankenhaus arbeiten, in dem sich die untergebrachte Person befindet noch soll er das letzte Gutachten bei einer vorangegangenen Überprüfung erstellt haben. [4]Der Sachverständige, der für das erste Gutachten im Rahmen einer Überprüfung der Unterbringung herangezogen wird, soll auch nicht das Gutachten in dem Verfahren erstellt haben, in dem die Unterbringung oder deren späterer Vollzug angeordnet worden ist. [5]Mit der Begutachtung sollen nur ärztliche oder psychologische Sachverständige beauftragt werden, die über forensisch-psychiatrische Sachkunde und Erfahrung verfügen. [6]Dem Sachverständigen ist Einsicht in die Patientendaten des Krankenhauses über die untergebrachte Person zu gewähren. [7] § 454 Abs. 2 gilt entsprechend. [8]Der untergebrachten Person, die keinen Verteidiger hat, bestellt das Gericht für die Überprüfung der Unterbringung, bei der nach Satz 2 das Gutachten eines Sachverständigen eingeholt werden soll, einen Verteidiger.

(5) [1]§ 455 Abs. 1 ist nicht anzuwenden, wenn die Unterbringung in einem psychiatrischen Krankenhaus angeordnet ist. [2]Ist die Unterbringung in einer Entziehungsanstalt oder in der Sicherungsverwahrung angeordnet worden und verfällt der Verurteilte in Geisteskrankheit, so kann die Vollstreckung der Maßregel aufgeschoben werden. [3]§ 456 ist nicht anzuwenden, wenn die Unterbringung des Verurteilten in der Sicherungsverwahrung angeordnet ist.

(6) [1] § 462 gilt auch für die nach § 67 Absatz 3, 5 Satz 2 und Absatz 6, den §§ 67a und 67c Abs. 2, § 67d Abs. 5 und 6, den §§ 67g, 67h und 69a Abs. 7 sowie den §§ 70a und 70b des Strafgesetzbuches zu treffenden Entscheidungen. [2]In den Fällen des § 67d Absatz 6 des Strafgesetzbuches ist der Verurteilte mündlich zu hören. [3]Das Gericht erklärt die Anordnung von Maßnahmen nach § 67h Abs. 1 Satz 1 und 2 des Strafgesetzbuchs für sofort vollziehbar, wenn erhebliche rechtswidrige Taten des Verurteilten drohen.

(7) Für die Anwendung des § 462a Abs. 1 steht die Führungsaufsicht in den Fällen des § 67c Abs. 1, des § 67d Abs. 2 bis 6 und des § 68f des Strafgesetzbuches der Aussetzung eines Strafrestes gleich.

(8) [1]Wird die Unterbringung in der Sicherungsverwahrung vollstreckt, bestellt das Gericht dem Verurteilten, der keinen Verteidiger hat, für die Verfahren über die auf dem Gebiet der Vollstreckung zu treffenden gerichtlichen Entscheidungen einen Verteidiger. [2]Die Bestellung hat rechtzeitig vor der ersten gerichtlichen Entscheidung zu erfolgen und gilt auch für jedes weitere Verfahren, solange die Bestellung nicht aufgehoben wird.

1 **A. Grundsätzliches.** Die Vorschrift regelt die Vollstreckung der Maßregeln der Besserung und Sicherung (§§ 61 bis 72 StGB). Hierbei wird eine grundsätzliche entsprechende Anwendbarkeit der Vorschriften über die Strafvollstreckung angeordnet (Abs. 1), punktuell hingegen den Besonderheiten der jeweiligen Maßregel durch Spezialregelungen Rechnung getragen (Abs. 2 bis Abs. 7).

2 **B. Einzelfragen. Abs. 1** erklärt die §§ 449 ff. für die Maßregeln der Besserung und Sicherung für grds. entsprechend anwendbar. Bei § 455a (für Maßregeln nach §§ 63, 64 und 66), § 456a sowie § 456c (anwendbar ausschließlich für das Berufsverbot nach § 70 StGB) ergibt sich die Anwendbarkeit bereits aus dem Wortlaut der jeweiligen Vorschrift.

3 Für Nachtragsentscheidungen i.R.d. Führungsaufsicht gilt gem. **Abs. 2** die Regelung des § 453. Zum Überprüfungsverfahren bei der elektronischen Aufenthaltsüberwachung s. OLG Nürnberg NStZ 2015, 167).

4 **Abs. 3** regelt die Geltung des § 454 für Entscheidungen, durch die Maßregeln der Besserung und Sicherung für erledigt erklärt oder zur Bewährung ausgesetzt werden, bzw. die Führungsaufsicht aufgehoben wird oder entfällt. Bei Entscheidungen über die Fortdauer des Vollzuges der Sicherungsverwahrung sieht Satz 4 die Einholung eines Sachverständigengutachtens zur Legalprognose des Untergebrachten, dem gem. Satz 5 erforderlichenfalls ein Verteidiger zu bestellen ist, vor; zur besonderen Problematik der Vollstreckung der Sicherungsverwahrung bei Konflikten mit dem Rückwirkungsverbot (Wegfall der ursprünglichen 10-Jahres-Höchstfrist bei erstmaliger Anordnung) s. grundlegend EGMR NJW 2010, 2495 und BVerfG NJW 2011, 1931; vgl. dazu auch BGH NJW 2011, 1981; 2011, 2744 sowie (vor der Entscheidung des BVerfG) NJW 2010, 3315; 2011, 149; OLG Karlsruhe NStZ-RR 2010, 322; OLG Nürnberg NStZ 2010, 574. Durch das Gesetz zur bundesrechtlichen Umsetzung des Abstandsgebots im Recht der Sicherungsverwahrung vom 05.12.2012 (BGBl. 2012 I, S. 2425) wurden die Sätze 3 und 5 mit Wirkung vom 01.06.2013 an die aufgrund der genannten Entscheidung des BVerfG erforderlich gewordenen Änderungen des Rechts der Sicherungsverwahrung angepasst. Die Einholung eines Gutachtens nach § 454 Abs. 2 hat gem. Satz 3 auch dann zu erfolgen, wenn das Gericht nach eigener Einschätzung nicht zu einer Aussetzung der Sicherungsverwahrung kommt (vgl. BT-Drs. 17/9874, S. 26).

5 **Abs. 4** wurde m.W.z. 01.08.2016 wesentlich neu gefasst und sieht im Rahmen der nach § 67e Abs. 2 StGB jährlich zu erfolgenden Überprüfung des Erfordernisses eines weiteren Vollzuges der Maßregel nach § 63 StGB in den in Satz 2 beschriebenen zeitlichen, an die verschärften Verhältnismäßigkeitsanforderungen in § 67d Abs. 6 StGB angepassten, Intervallen durch Einholung von externen Sachverständigengutachten vor (nach zuvor geltendem Recht war ein jeweils fünfjähriger Zeitraum vorgesehen; zur Fristberechnung s. OLG Frankfurt, NStZ-RR 2010, 126; zu den erhöhten Anforderungen einer weiteren Vollstreckung nach neuem Recht KG, Beschl. vom 21.02.2017, 5 Ws 44/17). Die Begutachtung des Untergebrachten hat insoweit durch einen externen (Satz 3) Sachverständigen zu erfolgen, wobei die Regelung weitere Anforderungen an den zu bestellenden Sachverständigen vorsieht. Insb. soll der im Erkenntnisverfahren beauftragte Gutachter nicht mit dem ersten Gutachten im Rahmen der Maßregelüberprüfung betraut werden. Als externer Gutachten kann nach BVerfG NStZ-RR 2021, 148 f., ebenfalls nicht beauftragt werden, wer in einer anderen Abteilung oder Fachklinik eines sich als übergeordnete Einheit darstellenden psychiatrischen Krankenhauses arbeitet. Zu den verfassungsrechtlichen Anforderungen an eine Überprüfung der Maßregel nach § 63 StGB bei langjähriger Unterbringung s. BVerfG, Beschl. v. 19.07.2011 – 2 BvR 2413/10; Beschl. v. 19.06.2012, 2 BvR 2521/11; Beschl. v. 22.01.2015, 2 BvR 2049/13, 2 BvR 2445/14. Obwohl die Vorschrift keine entsprechende Regelung für die Sicherungsverwahrung nach § 66 StGB, erachtet das BVerfG eine externe Begutachtung bei langjährigem Vollzug aufgrund des Gebots umfassender Sachaufklärung für erforderlich (s. BVerfG NStZ-RR 2020, 387; BVerfG NStZ-RR 2021, 261).

6 **Abs. 5** regelt Einschränkungen einer entsprechenden Anwendung des Strafausstandes und des Strafaufschubs, die sich aus dem Wesen der jeweiligen Maßregel ergeben. Beim Verfall in Geisteskrankheit kommt eine Anwendung des § 455 bei Unterbringung in einem psychiatrischen Krankenhaus nicht in Betracht (Satz 1), bei den Maßregeln nach § 64 StGB und § 66 StGB steht der Aufschub der Vollstreckung – anders als in § 455 Abs. 1 (zwingende Regelung) – im Ermessen der Strafvollstreckungsbehörde. Die Anwendung des § 456 kommt bei Anordnung der Sicherungsverwahrung nicht in Betracht (Satz 3).

7 **Abs. 6** und **Abs. 7** betreffen das gerichtliche Verfahren. § 462 gilt auch für die in Abs. 6 Satz 1 benannten Entscheidungen der Maßregelvollstreckung; die korrespondierende Zuständigkeitsvorschrift des § 462a ist bereits über Abs. 1 anwendbar. Abs. 6 Satz 3 ermöglicht es dem Gericht, Maßnahmen der Kriseninterventionen, bei denen es sich um Maßregelvollstreckung handelt (BGH NJW 2011, 163), für sofort vollziehbar zu erklären, wenn erhebliche rechtswidrige Taten des Verurteilten drohen. Abs. 7 weist der Strafvollstreckungskammer

die Zuständigkeit für Nachtragsentscheidungen i.R.d. Führungsaufsicht zu (zum Umfang s. BGH NJW 2010, 951), da durch die Gleichsetzung der Führungsaufsicht mit einer Strafaussetzung zur Bewährung der Anwendungsbereich des § 462a Abs. 1 Satz 2 eröffnet ist.

Abs. 8 gilt seit 01.06.2013 und sieht – in Umsetzung der Entscheidung des Bundesverfassungsgerichts vom 04.05.2011 (2 BvR 2365/09) – die Bestellung eines Verteidigers im Rahmen von gerichtlichen Vollstreckungsentscheidungen betreffend die Sicherungsverwahrung vor. Hierdurch soll dem vom Bundesverfassungsgericht geforderten Rechtsschutz- und Unterstützungsgebot Rechnung getragen werden (s. BT-Drs. 17/9874, S. 26). Die Bestellung des Rechtsanwalts gilt für jedes Verfahren, im dem eine gerichtliche Entscheidung auf dem Gebiet des Vollstreckungsrechts (nicht aber des Vollzuges, vgl. § 119a Abs. 6 StVollzG n.F.) getroffen wird (vgl. hierzu OLG Dresden StV 2015, 50). Es ist nur ein Bestellungsbeschluss vor der ersten gerichtlichen Entscheidung erforderlich. Rechtzeitig ist die Bestellung dann, wenn sie so frühzeitig erfolgt, dass die Interessen des Verurteilten im Verfahren angemessen durch den Rechtsanwalt wahrgenommen werden können. Insb. hat die Bestellung vor der Beauftragung eines Sachverständigen (vgl. Abs. 3 Satz 3) zu erfolgen (s. BT-Drs. 17/9874, S. 27). 8

§ 463a Zuständigkeit und Befugnisse der Aufsichtsstellen

(1) [1]Die Aufsichtsstellen (§ 68a des Strafgesetzbuches) können zur Überwachung des Verhaltens des Verurteilten und der Erfüllung von Weisungen von allen öffentlichen Behörden Auskunft verlangen und Ermittlungen jeder Art, mit Ausschluss eidlicher Vernehmungen, entweder selbst vornehmen oder durch andere Behörden im Rahmen ihrer Zuständigkeit vornehmen lassen. [2]Ist der Aufenthalt des Verurteilten nicht bekannt, kann der Leiter der Führungsaufsichtsstelle seine Ausschreibung zur Aufenthaltsermittlung (§ 131a Abs. 1) anordnen.

(2) [1]Die Aufsichtsstelle kann für die Dauer der Führungsaufsicht oder für eine kürzere Zeit anordnen, dass der Verurteilte zur Beobachtung anläßlich von polizeilichen Kontrollen, die die Feststellung der Personalien zulassen, ausgeschrieben wird. [2]§ 163e Abs. 2 gilt entsprechend. [3]Die Anordnung trifft der Leiter der Führungsaufsichtsstelle. Die Erforderlichkeit der Fortdauer der Maßnahme ist mindestens jährlich zu überprüfen.

(3) [1]Auf Antrag der Aufsichtsstelle kann das Gericht einen Vorführungsbefehl erlassen, wenn der Verurteilte einer Weisung nach § 68b Abs. 1 Satz 1 Nr. 7 oder Nr. 11 des Strafgesetzbuchs ohne genügende Entschuldigung nicht nachgekommen ist und er in der Ladung darauf hingewiesen wurde, dass in diesem Fall seine Vorführung zulässig ist. [2]Soweit das Gericht des ersten Rechtszuges zuständig ist, entscheidet der Vorsitzende.

(4) [1]Die Aufsichtsstelle erhebt und speichert bei einer Weisung nach § 68b Absatz 1 Satz 1 Nummer 12 des Strafgesetzbuches mit Hilfe der von der verurteilten Person mitgeführten technischen Mittel automatisiert Daten über deren Aufenthaltsort sowie über etwaige Beeinträchtigungen der Datenerhebung; soweit es technisch möglich ist, ist sicherzustellen, dass innerhalb der Wohnung der verurteilten Person keine über den Umstand ihrer Anwesenheit hinausgehenden Aufenthaltsdaten erhoben werden. [2]Die Daten dürfen ohne Einwilligung der betroffenen Person nur verwendet werden, soweit dies erforderlich ist für die folgenden Zwecke:

1. zur Feststellung des Verstoßes gegen eine Weisung nach § 68b Absatz 1 Satz 1 Nummer 1, 2 oder 12 des Strafgesetzbuches,
2. zur Ergreifung von Maßnahmen der Führungsaufsicht, die sich an einen Verstoß gegen eine Weisung nach § 68b Absatz 1 Satz 1 Nummer 1, 2 oder 12 des Strafgesetzbuches anschließen können,
3. zur Ahndung eines Verstoßes gegen eine Weisung nach § 68b Absatz 1 Satz 1 Nummer 1, 2 oder 12 des Strafgesetzbuches,
4. zur Abwehr einer erheblichen gegenwärtigen Gefahr für das Leben, die körperliche Unversehrtheit, die persönliche Freiheit oder die sexuelle Selbstbestimmung Dritter oder
5. zur Verfolgung einer Straftat der in § 66 Absatz 3 Satz 1 des Strafgesetzbuches genannten Art oder einer Straftat nach § 129a Absatz 5 Satz 2, auch in Verbindung mit § 129b Absatz 1 des Strafgesetzbuches.

[3]Zur Einhaltung der Zweckbindung nach Satz 2 hat die Verarbeitung der Daten zur Feststellung von Verstößen nach Satz 2 Nummer 1 in Verbindung mit § 68b Absatz 1 Satz 1 Nummer 1 oder 2 des Strafgesetzbuches automatisiert zu erfolgen und sind die Daten gegen unbefugte Kenntnisnahme besonders zu sichern. [4]Die Aufsichtsstelle kann die Erhebung und Verarbeitung der Daten durch die Behörden und Beamten des Polizeidienstes vornehmen lassen; diese sind verpflichtet, dem Ersuchen der Aufsichtsstelle zu genügen. [5]Die in Satz 1 genannten Daten sind spätestens zwei Monate nach ihrer Erhebung zu löschen, soweit sie

nicht für die in Satz 2 genannten Zwecke verwendet werden. [6]Bei jedem Abruf der Daten sind zumindest der Zeitpunkt, die abgerufenen Daten und der Bearbeiter zu protokollieren; § 488 Absatz 3 Satz 5 gilt entsprechend. [7]Werden innerhalb der Wohnung der verurteilten Person über den Umstand ihrer Anwesenheit hinausgehende Aufenthaltsdaten erhoben, dürfen diese nicht verwertet werden und sind unverzüglich nach Kenntnisnahme zu löschen. [8]Die Tatsache ihrer Kenntnisnahme und Löschung ist zu dokumentieren.
(5) [1]Örtlich zuständig ist die Aufsichtsstelle, in deren Bezirk der Verurteilte seinen Wohnsitz hat. [2]Hat der Verurteilte keinen Wohnsitz im Geltungsbereich dieses Gesetzes, so ist die Aufsichtsstelle örtlich zuständig, in deren Bezirk er seinen gewöhnlichen Aufenthaltsort hat und, wenn ein solcher nicht bekannt ist, seinen letzten Wohnsitz oder gewöhnlichen Aufenthaltsort hatte.

Übersicht

1 **A. Grundsätzliches.** Die Vorschrift normiert die **verfahrensrechtliche Umsetzung** der Maßregel der **Führungsaufsicht**, deren materiell-rechtliche Regelungen sich in den §§ 68 ff. StGB finden.

2 **B. Einzelfragen.** Führungsaufsicht kann gerichtlich angeordnet werden (§ 68 Abs. 1) oder als gesetzliche Folge eintreten (§§ 67b Abs. 2, 67c Abs. 1 Satz 2, 67d Abs. 2 bis 6, § 68f StGB). Der Betroffene untersteht gem. § 68a Abs. 1 StGB der Führungsaufsichtsstelle (zu deren Einrichtung s. Art. 295 EGStGB).

3 **Abs. 1** regelt die **Befugnisse der Führungsaufsichtsstelle** im Rahmen ihrer Überwachungspflicht gem. § 68a Abs. 3 StGB. Bei den hierfür erforderlichen Ermittlungen kann sich die Führungsaufsichtsstelle auch der Hilfe anderer Behörden, neben der Polizei insb. der Gerichtshilfe (§ 463d), bedienen. Sie kann Auskünfte direkt von jeder Behörde einholen, sofern nicht besondere Verschwiegenheitspflichten auch im Amtshilfeverkehr bestehen (KK-StPO/*Appl* § 463a Rn. 2). Der Leiter der Führungsaufsichtsstelle, der die Befähigung zum Richteramt haben oder ein Beamter des höheren Dienstes sein muss (Art. 295 Abs. 2 EGStGB), kann gem. § 131a Abs. 1 eine Ausschreibung des Betroffenen zur Aufenthaltsermittlung anordnen. Zur Rolle der Staatsanwaltschaft im Führungsaufsichtsverfahren s. OLG Dresden StV 2016, 661.

4 **Abs. 2** ermöglicht die **Anordnung polizeilicher Beobachtung** (entsprechend § 163e Abs. 1, 2).

5 Für den Fall, dass der Führungsaufsichtsproband einer Weisung nach § 68b Abs. 1 Satz 1 Nr. 7 StGB (Meldung bei der Führungsaufsichtsstelle oder dem Bewährungshelfer) oder § 68b Abs. 1 Satz 1 Nr. 11 StGB (Vorstellung beim Arzt oder Psychiater) nicht nachkommt, kann die Führungsaufsichtsstelle beim zuständigen (hierzu KK-StPO/*Appl* § 463a Rn. 8 f.) Gericht gem. **Abs. 3** einen Vorführungsbefehl beantragen.

6 **Abs. 4**, eingefügt durch das Gesetz zur Neuregelung der Sicherungsverwahrung und begleitender Regelungen v. 22.12.2010 (BGBl. I, S. 2300), regelt die **Erhebung von Verwendung von Daten**, die im Rahmen einer **elektronischen Aufenthaltsüberwachung** nach § 68b Abs. 1 Satz 1 Nr. 12 StGB gewonnen wurden. Satz 1 enthält hierzu die Rechtsgrundlage, Satz 2 entsprechende Zweckbindungen. Gem. Satz 4 ist eine Übertragung auf die Polizei möglich. Satz 5 bestimmt eine Löschungsfrist von 2 Monaten. Die Satz 7 und 8 sollen den Schutz der Wohnung als (verfassungsmäßig verbürgten) innersten Rückzugsort (BT-Drs. 17/3403, S. 44) durch eine Einschränkung der Aufenthaltsüberwachung sicherstellen. Soweit sich der Betroffene in seiner Wohnung befindet, darf eine genauere Ortung nicht erfolgen. Über diesen Maßstab hinausgehende erhobene Daten sind zu löschen, wobei sowohl die Tatsache ihrer Kenntnisnahme als auch der Löschung zu dokumentieren ist (Satz 8). Nr. 5 Alt. 2 wurde mit Wirkung zum 01.07.2017 (Gesetz v. 11.06.2017, BGBl. I, S. 1612) eingefügt und dient der Kontrolle der nach der Gesetzesneuerung erweiterten Möglichkeit der Führungsaufsicht bei extremistischen Straftaten. Die Regelung ist vom BVerfG als verfassungsgemäß angesehen worden (BVerfG NStZ 2021, 348 ff.).

7 **Abs. 5** regelt die **örtliche Zuständigkeit der Führungsaufsichtsstelle**, die sich nach dem Wohnsitz (Satz 1), hilfsweise dem letzten inländischen Wohnsitz oder Aufenthaltsort (Satz 2) bestimmt.

§ 463b Beschlagnahme von Führerscheinen

(1) Ist ein Führerschein nach § 44 Abs. 2 Satz 2 und 3 des Strafgesetzbuches amtlich zu verwahren und wird er nicht freiwillig herausgegeben, so ist er zu beschlagnahmen.
(2) Ausländische Führerscheine können zur Eintragung eines Vermerks über das Fahrverbot oder über die Entziehung der Fahrerlaubnis und die Sperre (§ 44 Abs. 2 Satz 4, § 69b Abs. 2 des Strafgesetzbuches) beschlagnahmt werden.

(3) [1]Der Verurteilte hat, wenn der Führerschein bei ihm nicht vorgefunden wird, auf Antrag der Vollstreckungsbehörde bei dem Amtsgericht eine eidesstattliche Versicherung über den Verbleib abzugeben. [2]§ 883 Abs. 2 und 3 der Zivilprozessordnung gilt entsprechend.

Übersicht

A. Grundsätzliches. Die Vorschrift regelt die **Beschlagnahme** inländischer (Abs. 1) und ausländischer (Abs. 2) **Führerscheine** beim **Vollzug des Fahrverbots gem. § 44 StGB.** 1

B. Einzelfragen. Das **Fahrverbot gem.** § 44 StGB wird mit der Rechtskraft des Urteils wirksam (§ 44 Abs. 2 Satz 1 StGB). Der Einleitung der Vollstreckung bedarf es insoweit nicht, das Fahrverbot ist unabhängig von der nach § 44 Abs. 2 Satz 2 StGB vorgesehenen amtlichen Verwahrung wirksam. Jedoch bestimmt § 44 Abs. 3, dass die Verbotsfrist erst ab dem Tag angerechnet wird, an dem der Führerschein amtlich verwahrt wird. 2

Die **Beschlagnahme des Führerscheins** ist durchzuführen, wenn der Führerschein trotz Aufforderung (Meyer-Goßner/*Schmitt* § 463b Rn. 1) vom Verurteilten nicht herausgegeben wird. Einer gesonderten richterlichen Anordnung bedarf es nicht. Nach herrschender Meinung ist in der Beschlagnahmeanordnung zugleich die Anordnung zur Durchsuchung der Wohnung des Verurteilten, nicht aber der Wohnung Dritter, enthalten (Meyer-Goßner/*Schmitt* § 463b Rn. 1; BeckOK-StPO/*Coen* § 463b Rn. 2; krit. *Pfeiffer* § 463b Rn. 1; anders hingegen beim von der Bußgeldbehörde angeordneten Fahrverbot nach § 25 StVG s. dazu KK-StPO/*Appl* § 463b Rn. 1). 3

Der beschlagnahmte Führerschein ist nach § 59a StVollstrO für die Dauer des Fahrverbots zu verwahren. Er ist (unbeschadet einer im Einzelfall möglichen anderweitigen Anordnung) zur Verfahrensakte bzw. zum Vollstreckungsheft nehmen (§ 59a Abs. 1 StVollstrO). Die Rücksendung richtet sich nach § 59a Abs. 2 StVollstrO. 4

Bei **ausländischen Führerscheinen** richtet sich der Vollzug des Fahrverbots nach Abs. 2. Wegen § 44 Abs. 2 Satz 3 StGB sind jedoch die von EU-Staaten oder sonstigen Vertragsstaaten des Abkommens über den Europäischen Wirtschaftsraum (EWR) ausgestellten Führerscheine dann wie inländische zu behandeln, wenn der Verurteilte seinen ordentlichen Wohnsitz im Inland hat. Die Beschlagnahme ist bei sonstigen ausländischen Führerscheinen lediglich zur Eintragung eines Vermerkes (s. § 59a Abs. 3 Satz 2 StVollstrO) über das Fahrverbot (§ 44 Abs. 2 Satz 4 StGB) bzw. über die Entziehung der Fahrerlaubnis und die Sperre (§ 69b Abs. 2 StGB) zuständig. Die Führerscheine sind sodann an den Verurteilten zurückzugeben. 5

Kann der nach Abs. 1 oder Abs. 2 zu beschlagnahmende Führschein bei dem Verurteilten nicht aufgefunden werden, hat dieser über den Verbleib des Dokuments auf Antrag der Vollstreckungsbehörde (§ 451) eine eidesstattliche Versicherung abzugeben (**Abs. 3**), deren Datum für den Beginn des Fahrverbots maßgeblich ist (vgl. AG Bremen NZV 2011, 151 [152]; zur vergleichbaren Sachlage im Ordnungswidrigkeitenrecht s. OLG Düsseldorf NZV 1999, 521 [522]; a.A. LG Essen NZV 2006, 166; Schönke/Schröder/*Kinzig* § 44 Rn. 21a m.w.N. zum Streitstand [Tag der Verlustanzeige ggü. dem Gericht]). Für das Verfahren gelten kraft Verweisung die genannten Vorschriften der ZPO. 6

§ 463c Öffentliche Bekanntmachung der Verurteilung

(1) Ist die öffentliche Bekanntmachung der Verurteilung angeordnet worden, so wird die Entscheidung dem Berechtigten zugestellt.

(2) Die Anordnung nach Absatz 1 wird nur vollzogen, wenn der Antragssteller oder ein an seiner Stelle Antragsberechtigter es innerhalb eines Monats nach Zustellung der rechtskräftigen Entscheidung verlangt.

(3) [1]Kommt der Verleger oder der verantwortliche Redakteur einer periodischen Druckschrift seiner Verpflichtung nicht nach, eine solche Bekanntmachung in das Druckwerk aufzunehmen, so hält ihn das Gericht auf Antrag der Vollstreckungsbehörde durch Festsetzung eines Zwangsgeldes bis zu fünfundzwanzigtausend Euro oder von Zwangshaft bis zu sechs Wochen dazu an. [2]Zwangsgeld kann wiederholt festgesetzt werden. [3]§ 462 gilt entsprechend.

(4) Für die Bekanntmachung im Rundfunk gilt Absatz 3 entsprechend, wenn der für die Programmgestaltung Verantwortliche seiner Verpflichtung nicht nachkommt.

Übersicht Rdn.

1 **A. Grundsätzliches.** Die **öffentliche Bekanntmachung der Verurteilung** als Nebenfolge sehen im Interesse des Verletzten und auf dessen Antrag verschiedene Vorschriften des materiellen Rechts vor (§§ 103 Abs. 3, 165 Abs. 1, 200 Abs. 1 StGB, § 142 Abs. 6 PatG, § 111 UrhG; zur Vertiefung s. *Deumeland*, MR-Int. 2006, 136 ff.). Der Umfang der Veröffentlichung sowie das hierzu verpflichtete Presse- oder Rundfunkorgan muss sich bereits aus der Entscheidung selbst ergeben (vgl. § 59 Abs. 2 Satz 1 StVollstrO).

2 **B. Einzelfragen. Berechtigter** ist der Verletzte der Straftat, auf dessen Antrag hin die Veröffentlichung angeordnet wurde.

3 Der **Vollzug der Anordnung** erfolgt durch die Vollstreckungsbehörde **nur dann**, wenn **der Berechtigte** es binnen eines Monats (§ 43) nach Zustellung (§ 37) der rechtskräftigen Entscheidung **verlangt**. Ein Übergang des Antragsrechts kommt nach § 77 Abs. 2 bzw. § 165 Abs. 1 Satz 2 StGB (lex specialis) in Betracht. In der an den Berechtigten zugestellten Ausfertigung der Entscheidung sind Namen von Mitangeklagten ebenso wegzulassen (§ 59 Abs. 1 Satz 2 StVollstrO) wie abgeurteilte Straftaten, auf die sich die ausgesprochene Veröffentlichungspflicht nicht bezieht (Meyer-Goßner/*Schmitt* § 463c Rn. 1).

4 Die Veröffentlichungspflicht kann mit den in **Abs. 3 und 4** genannten **Zwangsmitteln** (Zwangsgeld bis zu 25.000 € bzw. Zwangshaft bis zu 6 Wochen) durchgesetzt werden. Das Verfahren richtet sich nach § 462; jedoch ist zur Entscheidung nicht die Strafvollstreckungskammer, sondern stets das Gericht des ersten Rechtszuges berufen, da die Zwangsmittel nicht gegen den Verurteilten, sondern gegen Dritte verhängt werden (BGH NStZ 1987, 428). Das Zwangsgeld kann mehrmals festgesetzt werden, wobei sich der Höchstbetrag auf jede einzelne Festsetzung erstreckt, somit durch mehrere Zwangsgeldfestsetzungen auch überschritten werden kann (BeckOK-StPO/*Coen* § 463c Rn. 7), wobei freilich der **Grundsatz der Verhältnismäßigkeit** stets zu beachten ist. Dieser kann in Ausnahmefällen auch der Veröffentlichungspflicht als solcher entgegenstehen (s. dazu KK-StPO/*Appl* § 463c Rn. 6).

5 Die Kosten der Veröffentlichung sind Verfahrenskosten (§ 59 Abs. 2 Satz 2 StVollstrO).

§ 463d Gerichtshilfe

Zur Vorbereitung der nach den §§ 453 bis 461 zu treffenden Entscheidungen kann sich das Gericht oder die Vollstreckungsbehörde der Gerichtshilfe bedienen; dies kommt insbesondere vor einer Entscheidung über den Widerruf der Strafaussetzung oder der Aussetzung des Strafrestes in Betracht, sofern nicht ein Bewährungshelfer bestellt ist.

Übersicht Rdn.

1 **A. Grundsätzliches.** Die **Gerichtshilfe**, deren Unterstützung sich die StA als Strafverfolgungsbehörde gem. § 160 Abs. 3 Satz 2 auch schon bei der Abklärung der für die Rechtsfolgen relevanten Umstände im Ermittlungsverfahren bedienen kann, kann vom Gericht und der StA auch zur Vorbereitung von Entscheidungen im Vollstreckungsverfahren zur Ermittlung insb. der persönlichen Verhältnisse des Verurteilten und der für die Sozialprognose relevanten Umstände beauftragt werden.

2 **B. Einzelfragen.** Die **Mitwirkung der Gerichtshilfe** ist auch in den vom Gesetz genannten Entscheidungen über den Bewährungswiderruf **nicht zwingend** (KG JR 1988, 39; Meyer-Goßner/*Schmitt* § 463d Rn. 1; a.A. LG Bonn NStZ 1986, 574). Die Nichtheranziehung kann aber zu einem im Beschwerdeverfahren relevanten Ermessensfehler führen, wenn die Ermittlungen der Gerichtshilfe voraussichtlich relevante Umstände hervorgebracht hätten (KK-StPO/*Appl* § 463d Rn. 3; *Pfeiffer* § 463d Rn. 1). Bei Entscheidungen über den Bewährungswiderruf sollte eine Einbindung der Gerichtshilfe, sofern kein Bewährungshelfer bestellt ist, nur dann unterbleiben, wenn sie keine relevanten Erkenntnisse erwarten lässt, etwa weil der Verurteilte die Zusammenarbeit von vornherein verweigert (BeckOK-StPO/*Coen* § 463d Rn. 4).

3 Sofern die Gerichtshilfe (wie regelmäßig) einen **schriftlichen Bericht** vorlegt, wird dieser **Aktenbestandteil** und unterliegt daher der Akteneinsicht gem. § 147 (Meyer-Goßner/*Schmitt* § 463d Rn. 3). Die Verwertung von für den Verurteilten nachteiligen Erkenntnissen aus dem Gerichtshilfebericht setzt die Gewährung rechtlichen Gehörs voraus (KK-StPO/*Appl* § 463d Rn. 4).

4 Die Einrichtung der Gerichtshilfe ist gem. Art. 294 Satz 1 EGStGB dem Geschäftsbereich der Landesjustizverwaltungen zugewiesen.

§ 463e Mündliche Anhörung im Wege der Bild- und Tonübertragung

(1) [1]Wird der Verurteilte vor einer nach diesem Abschnitt zu treffenden gerichtlichen Entscheidung mündlich gehört, kann das Gericht bestimmen, dass er sich bei der mündlichen Anhörung an einem anderen Ort als das Gericht aufhält und die Anhörung zeitgleich in Bild und Ton an den Ort, an dem sich der Verurteilte aufhält, und in das Sitzungszimmer übertragen wird. [2]Das Gericht soll die Bild- und Tonübertragung nur mit der Maßgabe anordnen, dass sich der Verurteilte bei der mündlichen Anhörung in einem Dienstraum oder in einem Geschäftsraum eines Verteidigers oder Rechtsanwalts aufhält. [3]Satz 1 gilt nicht, wenn der Verurteilte zu einer lebenslangen Freiheitsstrafe verurteilt oder die Unterbringung des Verurteilten in einem psychiatrischen Krankenhaus oder in der Sicherungsverwahrung angeordnet worden ist.
(2) Wird der vom Gericht ernannte Sachverständige vor einer nach diesem Abschnitt zu treffenden gerichtlichen Entscheidung mündlich gehört, gilt Absatz 1 Satz 1 und 3 entsprechend.

Übersicht

A. Grundsätzliches. Die Vorschrift wurde durch Gesetz vom 25.06.2021 m.W.z. zum 01.07.2021 eingeführt und regelt nunmehr für das Strafvollstreckungsverfahren umfassend die Möglichkeit, mündliche Anhörungen mittels Bild- und Tonübertragung durchzuführen. Diese hat insb. zu Zeiten der Covid-19-Pandemie an Bedeutung gewonnen. Hierdurch können sowohl Sicherheits- und Infektionsrisiken als auch Beschwerlichkeiten für den Verurteilten gesenkt werden (BT-Drs. 19/27654, S. 112 f.). Die Praxis ließ z.T. den Einsatz von Bild- und Tonübertragung im Rahmen der mündlichen Anhörung jedenfalls bei Einverständnis des Verurteilten bereits vor Inkrafttreten der Norm zu (OLG Celle NStZ-RR 2021, 243). 1

B. Einzelfragen. Die Anhörung des Verurteilten vor Entscheidungen verbürgt dessen Grundrecht auf rechtliches Gehör. In bestimmten Fällen muss (§ 454 Abs. 1 Satz 3, § 463 Abs. 3 Sätze 1 und 2, 463 Abs. 6 Satz 2) bzw. soll (z.B. § 453 Abs. 1 Satz 4) der Verurteilte vor Erlass vollstreckungsrechtlicher Entscheidungen mündlich gehört werden. Auch vor anderen Entscheidungen kann eine Anhörung erfolgen. 2

Abs. 1 Satz 1 räumt dem Gericht nunmehr ein Ermessen dahin gehend ein, die Anhörung auch mittels Bild-Ton-Übertragung durchzuführen. Bei der Ermessensentscheidung wird insb. zu berücksichtigen sein, inwieweit eine umfassende Sachaufklärung und die ausreichende Gewähr rechtlichen Gehörs auch auf diesem Weg erreicht werden können (BT-Drs. 19/27654, S. 113). Nicht eröffnet ist die Möglichkeit in den Fällen des Abs. 1 Satz 3. 3

Abs. 1 Satz 2 regelt den Raum, in dem sich der Verurteilte während der Anhörung aufhalten soll, wobei hierdurch eine gewisse Kontrolle des Verurteilten ermöglicht werden kann, etwa dahin gehend, ob vorgebrachte technische Probleme bei der Übertragungsqualität tatsächlich bestehen oder nur vorgeschoben sind (BeckOK-StPO/*Coen* § 463e Rn. 9). 4

Abs. 2 eröffnet die Möglichkeit, auch Sachverständigenanhörungen (s. z.B. § 454 Abs. 2 Satz 3, § 463 Abs. 3 Satz 3, § 463 Abs. 4 Satz 7) im Wege der Bild-Ton-Übertragung durchzuführen. Auch hier ist aber die Ausnahme des Absatzes 1 Satz 3 zu beachten. 5

Zweiter Abschnitt. Kosten des Verfahrens

Vorbemerkung zu §§ 464 ff.

Übersicht

A. Regelungsgegenstand der §§ 464 bis 473. Kosten des Verfahrens sind gem. § 464a Abs. 1 die Gebühren und Auslagen, die der Staatskasse, d.h. den Strafverfolgungsbehörden und Gerichten, aufgrund der Durchführung eines Strafverfahrens entstehen. Daneben bestimmen die §§ 464 ff., wer die notwendigen außergerichtlichen Auslagen der am Strafverfahren Beteiligten zu tragen hat. Insoweit werden Regelungen für den Beschuldigten (§§ 467, 467a, 469, 470, 471, 472, 473), den Privatkläger (§§ 471, 472), den Nebenkläger bzw. Nebenklageberechtigten (§§ 472, 473), den Verletzten im Adhäsionsverfahren (§ 472a) sowie den Nebenbeteiligten (§§ 467a, 469, 470, 472b, 473) getroffen. 1

2 **B. Natur der Kostenvorschriften.** Die §§ 464 bis 464b, 464d enthalten verfahrensrechtliche Bestimmungen. Demgegenüber stellen die §§ 464c, 465 ff. materiellrechtliche Normen dar, die den Kosten- und Auslagenerstattungsanspruch dem Grunde nach regeln. Höhe und Ansatz der Verfahrenskosten, die ein Beteiligter der Staatskasse zu ersetzen hat, bestimmen sich nach den Vorschriften des GKG. Die Höhe der Kosten und Auslagen, die ein Beteiligter einem anderen Beteiligten erstatten muss, wird im Kostenfestsetzungsverfahren nach § 464b ermittelt. Die Sicherung des staatlichen Kostenanspruchs kann ggf. durch dinglichen Arrest gem. §§ 111d, 111e sowie durch die Einbehaltung einer Sicherheitsleistung gem. §§ 127a Abs. 1 Nr. 2, 132 Abs. 1 Satz 1 Nr. 1, 176 gewährleistet werden (*Pfeiffer* Rn. 3).

3 **C. Geltung der Kostenvorschriften.** Die §§ 464 ff. kommen auch im Steuerstrafverfahren uneingeschränkt zur Anwendung, im jugendgerichtlichen Verfahren werden sie durch die Sonderregelungen der §§ 74, 109 Abs. 2 JGG ergänzt, im Bußgeldverfahren nach dem OWiG gelten sie sinngemäß (§§ 46, 105 OWiG). Die Kostenvorschriften der StPO sind nicht abschließend. Ihre entsprechende Anwendung kommt daher in Betracht, soweit dies im Einzelfall billig erscheint und eine ausdrückliche Regelung fehlt (BGHSt 16, 168, 170; 17, 376, 381).

4 **D. Grundsätze der Kostentragungspflicht.** Die Kostentragungspflicht eines Beteiligten beruht in der Regel auf dem Veranlassungsprinzip (BVerfGE 18, 302; BGHSt 25, 109 ff.; LR/*Hilger* Vor § 464 Rn. 15; *Pfeiffer* Rn. 2). In einzelnen Regelungen kommen daneben Billigkeitserwägungen (§§ 465 Abs. 2, 470, 472, 472a Abs. 2, 472b Abs. 1, 473 Abs. 4, Abs. 6), Gedanken des Schadensersatzes (§§ 469, 470) oder das Verschuldensprinzip (§ 467 Abs. 2, Abs. 3) zum Ausdruck. Die Auslagenerstattung im Privatklageverfahren gem. § 472 ist von zivilprozessualen Erstattungsgrundsätzen geprägt (LR/*Hilger* Vor § 464 Rn. 23), der Erstattungsanspruch des nicht verurteilten Angeschuldigten gegen die Staatskasse gem. § 467 Abs. 1 wird als Aufopferungsanspruch eingestuft (OLG Celle NJW 1975, 400; LR/*Hilger* Vor § 464 Rn. 20).

§ 464 Kosten- und Auslagenentscheidung; sofortige Beschwerde

(1) Jedes Urteil, jeder Strafbefehl und jede eine Untersuchung einstellende Entscheidung muss darüber Bestimmungen treffen, von wem die Kosten des Verfahrens zu tragen sind.

(2) Die Entscheidung darüber, wer die notwendigen Auslagen trägt, trifft das Gericht in dem Urteil oder dem Beschluss, der das Verfahren abschließt.

(3) [1]Gegen die Entscheidung über die Kosten und die notwendigen Auslagen ist die sofortige Beschwerde zulässig; sie ist unzulässig, wenn eine Anfechtung der in Absatz 1 genannten Hauptentscheidung durch den Beschwerdeführer nicht statthaft ist. [2]Das Beschwerdegericht ist an die tatsächlichen Feststellungen, auf denen die Entscheidung beruht, gebunden. [3]Wird gegen das Urteil, soweit es die Entscheidung über die Kosten und die notwendigen Auslagen betrifft, sofortige Beschwerde und im Übrigen Berufung oder Revision eingelegt, so ist das Berufungs- oder Revisionsgericht, solange es mit der Berufung oder Revision befasst ist, auch für die Entscheidung über die sofortige Beschwerde zuständig.

Übersicht

1 **A. Allgemeines.** Nach § 464 Abs. 1 muss jedes Urteil, jeder Strafbefehl sowie jede Entscheidung, die eine Untersuchung einstellt, eine Entscheidung darüber treffen, wer die **Kosten des Verfahrens** zu tragen hat. Eine ausdrückliche Kostenentscheidung ist auch dann erforderlich, wenn sich die Kostenfolge einer gerichtlichen Maßnahme unmittelbar aus dem Gesetz ergibt. Denn Grundlage für die Kostenfestsetzung ist gem. § 464b i.V.m. § 103 ZPO der Kostentitel, nicht die materielle Rechtslage (KK-StPO/*Gieg* § 464 Rn. 4; LR/*Hilger* § 464 Rn. 1).

2 Gem. Abs. 2 trifft das Gericht weiterhin in dem Urteil oder Beschluss, der das Verfahren abschließt eine Entscheidung über die **notwendigen Auslagen**. Aus der Bestimmung des Abs. 2 ergibt sich daher zum einen, dass eine Entscheidung über die notwendigen Auslagen des Verfahrens im Gegensatz zur Kostenentscheidung nach Abs. 1 nicht zwingend erforderlich ist. Der Wortlaut des Abs. 2 verdeutlicht daneben, dass eine Entscheidung über die Verfahrenskosten und die notwendigen Auslagen nur ergeht, wenn das Verfahren bei Gericht anhängig war, Rechtshängigkeit ist nicht erforderlich (Meyer-Goßner/*Schmitt* § 464 Rn. 1; KMR/

Stöckel § 464 Rn. 4). Auslagen, die im Ermittlungsverfahren entstanden sind, ohne dass im Anschluss hieran ein gerichtliches Verfahren anhängig wird, fallen somit nicht in den Anwendungsbereich des § 464 und werden grds. nicht erstattet. Ausnahmen hiervon enthalten die §§ 469 Abs. 2 und 470, die eine Kosten- und Auslagenerstattung auch für den Fall eines nur außergerichtlichen Verfahrens vorsehen.

§ 464 selbst enthält **keine materielle Regelung** zur Kosten- und Auslagenüberbürdung, sondern setzt vielmehr voraus, dass entsprechende materielle Kosten- und Auslagenbestimmungen in anderen Vorschriften (§§ 465 ff., 464c) enthalten sind. Soweit eine derartige Bestimmung fehlt, fallen die Kosten und Auslagen demjenigen zur Last, dem sie entstanden sind. Die Kosten des Verfahrens sind in diesem Fall also von der Staatskasse, die notwendigen Auslagen vom Beteiligten selbst zu tragen. Die Entscheidung nach § 464 über die Pflicht zur Tragung von Kosten und Auslagen ist lediglich eine Entscheidung dem Grunde nach. Über die Höhe der Kosten ist sodann im Kostenansatzverfahren nach den Bestimmungen des GVG zu entscheiden, die Höhe der zu erstattenden notwendigen Auslagen wird im Kostenfestsetzungsverfahren nach § 464b festgesetzt. 3

Die Kosten- und Auslagenentscheidung wird grds. in der verfahrensabschließenden Entscheidung getroffen. Eine **isolierte gerichtliche Kosten- und Auslagenentscheidung** im Beschlusswege ergeht ausnahmsweise in den Fällen der §§ 469 Abs. 2, 470, Rn. 2 und 467a sowie bei Rechtsmittelrücknahme gem. § 473 Abs. 1 (KK-StPO/*Gieg* § 464 Rn. 1). Hier war ein gerichtliches Verfahren zwar anhängig, hat sich jedoch ohne verfahrensabschließende gerichtliche Endentscheidung erledigt. Eine selbstständige Kosten- und Auslagenentscheidung ist weiterhin immer dann zulässig und geboten, wenn das gerichtliche Verfahren ohne Entscheidung abgeschlossen wird, aber eine entsprechende Kosten- oder Auslagenentscheidung als Festsetzungsgrundlage erforderlich ist, etwa bei Zurücknahme des Rechtsmittels (OLG Hamm NJW 1973, 772) oder bei Rücknahme des Einspruchs gegen den Strafbefehl hinsichtlich der notwendigen Auslagen des Nebenklägers (Meyer-Goßner/*Schmitt* § 464 Rn. 13). 4

I.Ü. gelten die **allgemeinen Grundsätze der §§ 33 ff.** für gerichtliche Entscheidungen (LR/*Hilger* § 464 Rn. 3). So sind die Beteiligten vor Erlass der Kosten- bzw. Auslagenentscheidung gem. § 33 zu den entscheidungserheblichen Tatsachen zu hören, etwa zur Frage der schuldhaften Säumnis gem. § 467 Abs. 2. Die Entscheidung erfordert weiterhin gem. § 34 eine Begründung sowie eine Rechtsmittelbelehrung, § 35a. 5

B. Die Kosten des Verfahrens (Abs. 1). Nach Abs. 1 muss **jede eine Untersuchung einstellende Entscheidung** bestimmen, wer die Kosten des Verfahrens zu tragen hat. Eine Kostenentscheidung ist hiernach zwingend erforderlich, soweit das Gericht eine verfahrensabschließende Entscheidung trifft, die entweder das Verfahren als solches oder ein vom Ausgang der Hauptsache unabhängiges selbstständiges Zwischenverfahren abschließt. Als Hauptfälle für entsprechende gerichtliche Entscheidungen werden insoweit Strafbefehle und Urteile genannt, da sie grds. für den Fall der Rechtskraft zum Verfahrensabschluss führen. 6

Eine das Verfahren als solches abschließende Entscheidung ist auch dann gegeben, wenn in derselben Sache eine anderweitige Strafverfolgung noch möglich ist (LR/*Hilger* § 464 Rn. 6; Meyer-Goßner/*Schmitt* § 464 Rn. 5). Eine Kostenentscheidung ist daher auch bei Einstellung des Verfahrens durch Urteil gem. § 260 Abs. 3 wegen örtlicher oder sachlicher Unzuständigkeit des Gerichts erforderlich. Zwar kommt in diesen Fällen eine Strafverfolgung vor dem zuständigen Gericht nach wie vor in Betracht. Die Entscheidung nach § 260 Abs. 3 schließt jedoch das konkrete Strafverfahren ab und ist daher mit einer Kostenentscheidung zu versehen. 7

Demgegenüber enthalten **Berufungs- oder Revisionsurteile** gem. §§ 328 Abs. 2, 354 Abs. 2, 355, die die Sache unter Aufhebung des zuvor ergangenen Urteils zur erneuten Verhandlung und Entscheidung zurückverweisen, keine Kostenentscheidung. Sie schließen das konkrete Verfahren gerade nicht ab, sondern erfordern auch hinsichtlich der Kosten eine erneute Entscheidung des Gerichts, an das Rückverweisung erfolgt (HK-StPO/*Krehl* § 464 Rn. 3; Meyer-Goßner/*Schmitt* § 464 Rn. 3). 8

Neben Urteilen und Strafbefehlen müssen **alle sonstigen einstellenden Entscheidungen**, die ein konkretes Strafverfahren abschließen, eine Kostenentscheidung enthalten. Hierunter fallen zum einen alle Beschlüsse, die an die Stelle eines Urteils treten, z.B. Beschlüsse gem. §§ 319 Abs. 1, 322 Abs. 1, 346 Abs. 1, 349 Abs. 1, Abs. 2, Abs. 4, 441 Abs. 2. Daneben erfordern Beschlüsse gem. §§ 174, 204, 206a, 206b eine Kostenentscheidung. Unerheblich ist auch hier, ob in der Sache erneut Anklage erhoben werden kann, solange das konkrete Strafverfahren abgeschlossen wird. Auch Einstellungsbeschlüsse gem. §§ 153 Abs. 2, 153b Abs. 2 und 383 Abs. 2, 390 Abs. 5 sowie der i.R.d. § 153a Abs. 2 erforderliche endgültige Einstellungsbeschluss schließen das Verfahren endgültig ab und müssen mithin eine Kostenentscheidung treffen (HK-StPO/*Krehl* § 464 Rn. 4). 9

Umstritten ist der Fall der vorläufigen **Einstellung gem. § 154 Abs. 2.** Hier wird vereinzelt vertreten, dass ein entsprechender Einstellungsbeschluss wegen seiner Vorläufigkeit immer ohne Kosten- und Auslagenentscheidung zu ergehen hat (BayObLG NJW 1969, 1448; OLG München NJW 1975, 68; NStZ 1981, 234 m. abl. Anm. Meyer-Goßner). Teilweise wird danach differenziert, ob die Einstellung im Hinblick auf 10 ein bereits rechtskräftig abgeschlossenes oder ein noch anhängiges Verfahren erfolgt. Bei Einstellung gem. § 154 Abs. 2 im Hinblick auf eine bereits rechtskräftig erkannte Strafe oder Maßregel der Besserung und Sicherung soll immer auch eine Kostenbestimmung zu treffen sein (OLG Celle MDR 1974, 687; NStZ 1983, 328; OLG Karlsruhe NJW 1975, 321; OLG Stuttgart MDR 1973, 868). Ergeht der Einstellungsbeschluss demgegenüber in Bezug auf ein noch anhängiges Verfahren, so ist eine Kostenentscheidung nach dieser Ansicht zunächst nicht möglich. Sie ist aber nachzuholen, wenn das nach § 154 Abs. 2 eingestellte Verfahren nicht binnen der in § 154 Abs. 4 vorgesehenen Ausschlussfrist von drei Monaten nach Rechtskraft des im Bezugsverfahren ergangenen Urteils wieder aufgenommen wird (OLG Stuttgart NStZ 1992, 137; OLG Karlsruhe NJW 1975, 2425; MDR 1976, 70). Nach mittlerweile herrschender Auffassung ist demgegenüber jeder Einstellungsbeschluss gem. § 154 Abs. 2 mit einer Kostenentscheidung zu versehen, unabhängig davon, ob die Einstellung bereits endgültig oder zunächst nur vorläufig ist, da auch in letzterem Fall eine spätere endgültige Verfahrenseinstellung gerade nicht vorgesehen ist und auch die zunächst nur vorläufige Einstellung im Hinblick auf eine zu erwartende Strafe von vornherein als endgültige beabsichtigt ist (BGH, NStZ-RR 2012, 159; BGH NStZ 1997, 249/250; KK-StPO/*Gieg* § 464 Rn. 2; *Kotz* NStZ 1990, 420; Düsseldorf MDR 1988, 164; Meyer-Goßner/*Schmitt* § 464 Rn. 6; LR/*Hilger* § 464 Rn. 13; HK-StPO/*Krehl* § 464 Rn. 4). Dasselbe gilt für die vorläufige **Einstellung gem. § 154b** Abs. 4, auch hier ist nach herrschender Meinung eine Kostenentscheidung erforderlich (OLG Düsseldorf MDR 1990, 568; LR/*Hilger* § 464 Rn. 15; KK-StPO/*Gieg* § 464 Rn. 2).

11 Umstritten ist, ob **Entscheidungen in Zwischenverfahren oder Nebenverfahren** mit einer Kosten- und Auslagenentscheidung zu versehen sind. Hierunter fallen insb. Entscheidungen im Verfahren bei Wiedereinsetzung in den vorigen Stand, im Ausschließungsverfahren gem. §§ 138a ff., im Beschwerdeverfahren sowie Nachtragsentscheidungen im Vollstreckungsverfahren (HK-StPO/*Krehl* § 464 Rn. 5). Die Erforderlichkeit einer Kosten- und Auslagenentscheidung in diesen Fällen wird teilweise unter Hinweis darauf bejaht, dass es sich bei derartigen Entscheidungen um selbstständige, vom Ausgang der Hauptsache unabhängige und damit das konkrete Zwischen- oder Nebenverfahren abschließende Entscheidungen handelt (KK-StPO/*Gieg* § 464 Rn. 3). Vereinzelt wird insoweit auch zwischen der Erforderlichkeit von Kosten- und Auslagenentscheidung differenziert (Meyer-Goßner/*Schmitt* § 464 Rn. 7a, 11, 11a; hiergegen BayObLG StV 2006, 6; LR/*Hilger* § 473 Rn. 14). Demgegenüber geht die Rspr. mehrheitlich davon aus, dass Beschlüsse im Zwischenverfahren grds. nicht mit einer Entscheidung über Kosten und notwendige Auslagen zu versehen sind. Insoweit wird angeführt, dass die kostenrechtlichen Bestimmungen das Strafverfahren als Einheit ansehen. Unter den Kosten des Verfahrens sind hiernach die Kosten des gesamten Strafverfahrens zu verstehen. Die Aufteilung der Kostenentscheidung für einzelne Verfolgungsmaßnahmen entspricht daher nicht der Intention des Gesetzgebers, eine einheitliche und abschließende Verteilung von Kosten und Auslagen ist vielmehr erst bei Verfahrensabschluss vorzunehmen (OLG Rostock BeckRS 2013, 04483; OLG Hamburg NStZ-RR 1991, 101; OLG Karlsruhe NStZ 1998, 272; *Michaelowa* ZStW 1994, 969; LR/*Hilger* § 464 Rn. 8). Keine gesonderte Kosten- und Auslagenentscheidung ergeht daher nach herrschender Meinung bei **Zwischenentscheidungen vor Abschluss des Hauptverfahrens**, z.B. bei Entscheidungen im Zusammenhang mit Strafverfolgungsmaßnahmen wie Haftbefehlen, Beschlagnahmebeschlüssen oder Anordnungen gem. § 111a (OLG Düsseldorf NStZ 1988, 194; OLG Frankfurt MDR 1982, 954; HK-StPO/*Krehl* § 464 Rn. 5; KMR/*Stöckel* § 464 Rn. 15). Auch im Hinblick auf **Nachtragsentscheidungen im Vollstreckungsverfahren** verneint die Rspr. überwiegend das Erfordernis einer Kosten- und Auslagenbestimmung. Zu nennen sind insoweit insb. die Entscheidung über die Strafrestaussetzung zur Bewährung gem. §§ 57, 57a StGB, der Bewährungswiderruf oder die Aussetzung der Unterbringung. Dies wird damit begründet, dass das der Vollstreckung zugrunde liegende Urteil bereits eine auf § 465 beruhende Kostenentscheidung enthält, die nachwirkt. Denn gem. § 464a Abs. 1 Satz 2 umfassen die Kosten des Verfahrens auch die Kosten der Vollstreckung. Der Verurteilte hat mithin auch im Nachtragsverfahren die Kosten sowie seine notwendigen Auslagen zu tragen (OLG Karlsruhe NStZ 1998, 272; OLG Hamburg NStZ-RR 1991, 101; OLG Braunschweig NStZ-RR 2001, 185; OLG Hamm NStZ 1984, 332; KG NStZ 1989, 490; KMR/*Stöckel* § 464 Rn. 15; a.A. OLG Hamm NStZ 1984, 288; NJW 1975, 2112; LG Saarbrücken NJW 1969, 1974). Demgegenüber soll auch nach der Rspr. die **Beschwerdeentscheidung gegen die Ablehnung einer Pflichtverteidigerbestellung** mit einer Kosten- und Auslagenentscheidung zu versehen sein, da insoweit ein vom Abschluss der Hauptsache unabhängiges selbstständiges Zwischenverfahren endgültig abgeschlossen wird (BayObLG StV 2006, 6; OLG Karlsruhe, Beschl. v. 11.04.2000 – 2 Ws 102/00; Meyer-Goßner/*Schmitt* § 464 Rn. 11a; LR/*Hilger* § 473 Rn. 13). Eine Kosten- und Auslagenentscheidung wird aus demselben Grund für erforderlich gehalten im Beschwerdeverfahren gem. § 138d Abs. 6 (BGH NJW 1974, 935; KMR/*Stöckel* § 464 Rn. 14) sowie gem. § 146a (OLG München NJW 1983, 1688; LR/*Hilger* § 473 Rn. 14), ebenso bei der Beschwerde eines Zeugen gegen einen Beschluss gem. § 51 Abs. 2 (LR/*Hilger* § 467 Rn. 3; KMR/*Stöckel* § 464 Rn. 14). Nach der mit Wir-

kung zum 01.10.2009 eingeführten Bestimmung des § 473 ist zudem bei gesonderter Entscheidung über die Rechtmäßigkeit von Ermittlungsmaßnahmen eine Kostenentscheidung notwendig.

Keine Kostenentscheidung ergeht bei Abgabe des Verfahrens an das zuständige Gericht (§§ 209, 225a, 270, 408 Abs. 1), Aussetzung des Verfahrens oder vorläufiger Einstellung gem. § 205 (HK-StPO/*Krehl* § 464 Rn. 6; KK-StPO/*Gieg* § 464 Rn. 2). Derartige Beschlüsse stellen nur vorläufige Entscheidungen dar und führen gerade nicht zum Abschluss des Verfahrens. Auch die Verfahrensbeschränkung durch Beschluss gem. § 154a Abs. 2 ist in der Regel nur vorläufig und beendet das Verfahren nicht (BGH StV 1993, 135; Meyer-Goßner/*Schmitt* § 464 Rn. 7). Eine Kostenentscheidung ist hier nur ausnahmsweise geboten, wenn die Beschränkung im Hinblick auf die verbleibenden Tatteile bereits zu einem endgültigen Verfahrensabschluss geführt hat, so wenn diesbezüglich bereits Teilrechtskraft eingetreten ist (LR/*Hilger* § 464 Rn. 11; KK-StPO/*Gieg* § 464 Rn. 2). 12

Unterbleibt eine ausdrückliche Kostenentscheidung, so kann diese nicht nachgeholt werden (BGH NStZ-RR 2012, 160; BGH NStZ-RR 1996, 352; OLG Karlsruhe MDR 1976, 513; Meyer-Goßner/*Schmitt* § 464 Rn. 8). Ebenso wenig kommt die Ergänzung einer unvollständigen Kostenentscheidung in Betracht (OLG Hamm NJW 1974, 71). Ein entsprechender Mangel kann nur über die sofortige Beschwerde gem. Abs. 3 behoben werden. Alles andere wäre in der Regel eine unzulässige Urteilsänderung (LR/*Hilger* § 464 Rn. 24). Die Kostenentscheidung ist jedoch nach allgemeinen Grundsätzen der Auslegung fähig. Daneben kommt ihre Ergänzung oder Berichtigung außerhalb des Beschwerdeverfahrens nach den allgemein auch für Urteile geltenden Grundsätzen bei Schreibfehlern oder offensichtlichen Unrichtigkeiten entsprechend § 319 Abs. 1 ZPO in Betracht (KK-StPO/*Gieg* § 464 Rn. 4). 13

C. Die notwendigen Auslagen (Abs. 2). Abs. 2 bestimmt, dass auch die **Entscheidung über die notwendigen Auslagen** eines Beteiligten in dem das Verfahren abschließenden Urteil oder Beschluss und nicht im Rahmen einer gesonderten Auslagenentscheidung zu treffen ist. Für die Frage, welche gerichtlichen Urteile und Beschlüsse verfahrensabschließend sind, gelten die bereits für die Kostenentscheidung unter Rdn. 6 ff. getroffenen Feststellungen. Entscheidend ist auch für Abs. 2, dass das konkrete Verfahren beendet wird. Auch die Auslagenentscheidung nach Abs. 2 ist lediglich eine Entscheidung dem Grunde nach, die Festsetzung der Höhe erfolgt im Kostenfestsetzungsverfahren nach § 464b. 14

Grds. sind die notwendigen Auslagen von demjenigen zu tragen, dem sie entstanden sind. Eine Erstattung der notwendigen Auslagen eines Beteiligten kommt daher nur bei ausdrücklicher Überbürdung auf einen anderen in Betracht. Im Gegensatz zur Kostenentscheidung nach Abs. 1 ist demgemäß eine **Auslagenentscheidung** nur dann erforderlich, wenn ein anderer diese zu erstatten hat (*Pfeiffer* § 464 Rn. 4). Sie unterbleibt, soweit der Beteiligte seine notwendigen Auslagen selbst trägt. So hat der Angeklagte, der vollumfänglich verurteilt oder dessen Rechtsmittel voll verworfen wird, seine notwendigen Auslagen von Gesetzes wegen zu tragen. Eine entsprechende Auslagenentscheidung ist nicht nur überflüssig, sondern unrichtig (BGHSt 36, 27, 28). 15

Bei **Fehlen einer Auslagenentscheidung** trägt der Beteiligte seine Auslagen selbst. Auch ein Freispruch »auf Kosten der Staatskasse« ist nicht dahin gehend auszulegen, dass auch die notwendigen Auslagen des Angeklagten von der Staatskasse zu tragen sind (OLG Köln BeckRS 2013, 08026; OLG Hamm NJW 1974, 71; HK-StPO/*Krehl* § 464 Rn. 12; LR/*Hilger* § 464 Rn. 25; a.A. OLG Düsseldorf MDR 1988, 798; StV 1994, 493). Das Fehlen der entsprechenden Auslagenentscheidung kann vielmehr ausschließlich mit der sofortigen Beschwerde nach Abs. 3 angefochten werden, eine nachträgliche Ergänzung ist insoweit unzulässig (KG NStZ-RR 1004, 190; OLG Karlsruhe NStZ-RR 1997, 157). Auch im Kostenfestsetzungsverfahren gem. § 464b ist eine Korrektur der Auslagenentscheidung nicht möglich (LR/*Hilger* § 464 Rn. 29). Für den Fall, dass eine sofortige Beschwerde wegen Unanfechtbarkeit der Hauptsacheentscheidung nicht statthaft ist, wird jedoch vielfach angenommen, dass die Auslagenentscheidung nach § 33a nachgeholt werden kann (KG MDR 1993, 786; OLG Düsseldorf JurBüro 1994, 293; OLG Bremen StV 1998, 607; OLG Frankfurt NStZ-RR 2000, 256; Meyer-Goßner/*Schmitt* § 464 Rn. 12; HK-StPO/*Krehl* § 464 Rn. 13). 16

D. Sofortige Beschwerde (Abs. 3). Nach Abs. 3 Satz 1 ist gegen die Kosten- und Auslagenentscheidung die **sofortige Beschwerde** gem. § 311 möglich. Dies gilt auch, soweit eine Kosten- und Auslagenentscheidung unterblieben ist (OLG Hamm VRS 95, 116; OLG Düsseldorf VRS 96, 222) oder die Unzulässigkeit ihrer nachträglichen Ergänzung geltend gemacht werden soll (OLG Hamburg JR 1978, 255; HK-StPO/*Krehl* § 464 Rn. 14). Die Kosten- und Auslagenentscheidung kann grds. zusammen mit der Hauptsacheentscheidung oder unabhängig und unter Verzicht auf eine Anfechtung der Hauptsacheentscheidung, d.h. isoliert, angefochten werden. Bei Vorliegen einer einheitlichen Kostenentscheidung, die nur teilweise anfechtbar ist, unterliegt die gesamte Kostenentscheidung der Prüfung des Beschwerdegerichts (OLG Hamburg NStZ 1991, 100). 17

18 **I. Einlegung.** Soweit gegen die Hauptsacheentscheidung Rechtsmittel eingelegt wird, ist die **gesonderte Kostenbeschwerde** nur sinnvoll, wenn eine Änderung der Nebenentscheidung auch für den Fall der Erfolglosigkeit des Hauptsacherechtsmittels erstrebt wird. Nur in diesem Fall gewinnt die Kostenbeschwerde als Eventualbeschwerde eigenständige Bedeutung (BGHSt 26, 250, 253). Bei Änderung der Hauptsacheentscheidung durch das Rechtsmittelgericht verliert die Nebenentscheidung ihre Grundlage und wird ohnehin gem. der neuen Entscheidung geändert (BGHSt 25, 77, 79; 26, 250, 253). Die Kostenbeschwerde wird in diesem Fall gegenstandslos, so insb. bei Freispruch, Verfahrenseinstellung oder Aufhebung und Zurückverweisung gem. §§ 328 Abs. 2, 354 Abs. 2 durch das Rechtsmittelgericht.

19 Die Kosten- und Auslagenentscheidung wird demgegenüber nicht berührt bei **Beschränkung der Berufung auf den Rechtsfolgenausspruch** und bloßer Herabsetzung der Strafe. In diesem Fall wird der erstinstanzlichen Kosten- und Auslagenentscheidung nicht die Grundlage entzogen, die bloße Änderung des Rechtsfolgenausspruchs in der Berufungsinstanz ist für den Ausspruch über die Kosten und Auslagen in erster Instanz vielmehr ohne Bedeutung (OLG Düsseldorf JurBüro 1990, 1324; 1985, 898).

20 Wird **Rechtsmittel nur gegen die Hauptsacheentscheidung** eingelegt, erlangt die Kosten- und Auslagenentscheidung auflösend bedingte Rechtskraft für den Fall der Verwerfung des Rechtsmittels. Die sofortige Beschwerde kann auf einen Teil der Kostengrundentscheidung, z.B. die Entscheidung über die Auslagen des Nebenklägers, beschränkt werden (BGH NJW 1992, 1182). Eine gesonderte Begründung der sofortigen Beschwerde ist nicht erforderlich. Soweit nur das Rechtsmittel gegen die Hauptsache begründet wird, ist hierin insb. keine Rücknahme der sofortigen Beschwerde zu sehen (Meyer-Goßner/*Schmitt* § 464 Rn. 21). Beanstandet der Angeklagte mit der von ihm eingelegten Revision ausschließlich die Kosten- und Auslagenentscheidung des Gerichts, so ist sein Rechtsmittel als sofortige Beschwerde auszulegen, über die das Beschwerdegericht, nicht das Revisionsgericht zu entscheiden hat (OLG Düsseldorf NStZ 1999, 252).

21 I.R.d. sofortigen Beschwerde müssen sich die Beteiligten ein **Verschulden ihres Vertreters** gem. § 85 Abs. 2 ZPO zurechnen lassen. Zwar ist dem Beschuldigten im Strafverfahren ein Verschulden seines Verteidigers prinzipiell nicht anzulasten, um die Gefahr einer ungerechtfertigten Bestrafung auszuschließen (BGHSt 26, 126, 127; OLG Düsseldorf, NStZ 1989, 242). Dies gilt jedoch nicht, soweit rein wirtschaftliche Fragen wie Kosten und Auslagen betroffen sind. Weder der Angeklagte (BGHSt 26, 126; OLG Düsseldorf, NStZ 1986, 242; HK-StPO/*Krehl*, § 464 Rn. 19) noch die anderen Beteiligten (für den Nebenklägervertreter BGH, NJW 1982, 1544) können sich i.R.d. sofortigen Beschwerde bei schuldhafter Versäumung der Einlegungsfrist auf ein Verschulden ihres Vertreter berufen.

22 **II. Zulässigkeit.** Die sofortige Beschwerde ist gem. § 304 Abs. 3 unzulässig, wenn der **Wert des Beschwerdegegenstandes** 200,00 € nicht übersteigt. Entscheidend ist insoweit der Gegenstandswert zum Zeitpunkt der Einlegung des Rechtsmittels, eine spätere Wertverminderung bleibt außer Betracht (OLG Düsseldorf MDR 1986, 341). Unzulässig ist die sofortige Beschwerde weiterhin gem. § 304 Abs. 4 Satz 1, 2 gegen Kosten- und Auslagenentscheidungen des BGH sowie bei isolierter Anfechtung von Kosten- und Auslagenentscheidungen der OLG (BGHSt 26, 250; 27, 96).

23 Die **Unzulässigkeit der sofortigen Beschwerde gem. § 464 Abs. 3 Satz 1 Hs. 2** ist schließlich dann gegeben, wenn eine Anfechtung der Hauptentscheidung nicht statthaft ist. Das ist der Fall, wenn die Hauptsacheentscheidung von Gesetzes wegen nicht angefochten werden kann, wenn ihre Unanfechtbarkeit sich aus dem systematischen Zusammenhang ergibt (OLG Bamberg BeckRS 2015, 03497; LR/*Hilger* § 464 Rn. 52; Meyer-Goßner/*Schmitt* § 464 Rn. 17; *Rieß/Hilger* NStZ 1987, 204, 206) oder wenn die betroffene Person grds., d.h. unabhängig von ihrer Beschwer im Einzelfall, zur Einlegung eines Rechtsmittels nicht befugt ist (OLG Frankfurt NStZ-RR 1996, 128; NStZ-RR 2001, 63, 64; LR/*Hilger* § 464 Rn. 52 ff.). Die Kosten- und Auslagenentscheidung ist hiernach im Ergebnis nicht weitergehend anfechtbar als die Hauptsacheentscheidung.

24 **Hauptfälle**, in denen die sofortige Beschwerde wegen Unanfechtbarkeit der Hauptsache ausgeschlossen ist, sind hiernach Beschlüsse gem. §§ 46 Abs. 2, 153 Abs. 2 Satz 4; 153a Abs. 2 Satz 4, 153b Abs. 2, 154 Abs. 2, 154a Abs. 2, 154b Abs. 4, 161a Abs. 3 Satz 4, 163a Abs. 3 Satz 3, 177, 304 Abs. 4, 310 Abs. 2, 390 Abs. 5 Satz 2, 400 Abs. 2 Satz 2, 406a Abs. 1, § 37 Abs. 2 BtMG §§ 47 Abs. 2 Satz 2, 72, 79 Abs. 1 Satz 2, 80 OWiG (OLG Jena VRS 111, 199), §§ 47 Abs. 2 Satz 3 (LG Hamburg, NStZ-RR 1996, 217), 55 Abs. 2 JGG (OLG Hamm Rpfleger 1999, 291) sowie §§ 116, 121 Abs. 2 Satz 2 StVollZG (OLG Saarbrücken NStZ 1988, 432; OLG Jena NStZ-RR 96, 254; Meyer-Goßner/*Schmitt* § 464 Rn. 17; a.A. KG NStZ-RR 2002, 62).

25 Auch dem Nebenkläger bzw. dem insoweit gleichgestellten Nebenklageberechtigten (§ 472 Abs. 1, Abs. 3) steht hiernach **im Strafbefehlsverfahren** kein Rechtsmittel zu, soweit es im Strafbefehl unterblieben ist, dem Angeklagten die notwendigen Auslagen des Nebenklägers aufzuerlegen (§ 472 Abs. 1). Denn gem. § 410 Abs. 1 steht gegen den Erlass des Strafbefehls lediglich dem Angeklagten der Rechtsbehelf des Einspruchs zu.

Der Nebenkläger kann den Strafbefehl nicht anfechten, auch nicht in den Grenzen des § 400 Abs. 1. Da ein Rechtsmittel des Nebenklägers in diesem Fall mithin generell nicht statthaft ist, kommt auch die Anfechtung der Auslagenentscheidung durch ihn nicht in Betracht (OLG Frankfurt NStZ-RR 2001, 63, 64; § 472 Rn. 5; Meyer-Goßner/*Schmitt* § 409 Rn. 19; LR/*Hilger* § 464 Rn. 53). Streitig ist, ob der Nebenkläger die Kosten- und Auslagenentscheidung anfechten kann, wenn ihm gem. § 400 Abs. 1 kein Rechtsmittel gegen die Hauptsacheentscheidung zusteht. Dies wird teilweise unter Hinweis darauf verneint, dass im Fall des § 400 Abs. 1 die Hauptsacheentscheidung für den Nebenkläger generell unanfechtbar ist (OLG Frankfurt NStZ-RR 1996, 128; OLG Stuttgart NStZ 1989, 548; Meyer-Goßner/*Schmitt* § 464 Rn. 17). Unterbleibt daher im Berufungsurteil eine Auslagenentscheidung, soll hiernach eine sofortige Beschwerde des Nebenklägers gem. § 464 Abs. 3 Satz 1 Hs. 2 nicht statthaft sein, wenn das vom Angeklagten angefochtene Urteil durch wirksame Beschränkung der Berufung auf den Rechtsfolgenausspruch im Schulspruch rechtskräftig geworden ist. Denn in diesem Fall ist die Hauptsacheentscheidung gem. § 400 Abs. 1 für den Nebenkläger nicht anfechtbar (OLG Frankfurt NStZ-RR 1996, 128; OLG Stuttgart NStZ 1989, 548). Demgegenüber handelt es sich nach mittlerweile wohl h.M. bei § 400 Abs. 1 lediglich um einen gesetzlich geregelten generellen Ausschluss der Beschwer des Nebenklägers, der die Statthaftigkeit des Rechtsmittels gegen die Hauptsacheentscheidung an sich und damit die Zulässigkeit der sofortigen Beschwerde nicht berührt (OLG Köln NStZ-RR 2009, 126; OLG Stuttgart Justiz 2003, 170; OLG Karlsruhe NStZ-RR 2004, 120; OLG Hamm NStZ-RR 2006, 95 unter Aufgabe seiner bisherigen Rspr.; LR/*Hilger* § 464 Rn. 57).

Der Ausschluss der Beschwerde gem. § 467 Abs. 3 Hs. 2 ist **verfassungsrechtlich unbedenklich** (BVerfG NJW 2002, 1867) und gilt ausnahmslos auch dann, wenn die Kosten- und Auslagenentscheidung gesetzeswidrig ist oder zu Unrecht unterlassen, nachgeholt bzw. ergänzt wurde (Meyer-Goßner/*Schmitt* § 464 Rn. 18). Auch die Ablehnung der Nachholung (OLG Düsseldorf MDR 1988, 164) sowie die Ablehnung der Ergänzung der Kosten- und Auslagenentscheidung (Meyer-Goßner/*Schmitt* § 464 Rn. 18; HK-StPO/*Krehl* § 464 Rn. 17) ist hiernach unanfechtbar. Dasselbe gilt für die zu Unrecht ergangene selbstständige Kostenentscheidung des Rechtsmittelgerichts nach Rechtsmittelrücknahme (OLG Dresden NStZ-RR 2000, 224; OLG Jena NStZ-RR 1997, 287). Eine Berichtigung kommt in diesen Fällen allenfalls über § 33a in Betracht (HK-StPO/*Krehl* § 464 Rn. 17). 26

Die sofortige Beschwerde **bleibt jedoch zulässig**, wenn ein Rechtsmittel gegen die Hauptsache grds. statthaft und nur im Einzelfall unzulässig geworden ist, etwa wegen Versäumung der Einlegungs- bzw. Begründungsfrist oder mangels Beschwer des Betroffenen, z.B. bei Freispruch, Verfahrenseinstellung gem. § 206a, Aufhebung des Bewährungswiderrufs und Straferlass (OLG München NStZ 1988, 241; OLG Celle StV 1994, 494; *Seier* NStZ 1982, 270, 273; KK-StPO/*Gieg* § 464 Rn. 9), Nichteröffnungsbeschluss nach § 204 (KG StraFo 2008, 265) oder prozessualer Überholung in der Hauptsache (BayObLG MDR 1988, 603; OLG Hamburg NStZ 1991, 100). 27

Ein nach Urteilsverkündung **unbeschränkt erklärter Rechtsmittelverzicht** erstreckt sich auch auf die Kostenbeschwerde, unabhängig von der Erteilung einer auf § 464 Abs. 3 bezogenen Rechtsmittelbelehrung (KG NStZ-RR 2007, 55; OLG Hamburg MDR 1993, 568; KK-StPO/*Gieg* § 464 Rn. 10). 28

III. Beschwerdebefugnis. Beschwerdebefugt ist, wer durch den Inhalt oder das Unterbleiben der Nebenentscheidung beschwert ist. Für die Staatskasse kann nur die StA sofortige Beschwerde einlegen, nicht der Bezirksrevisor (OLG Köln NJW 1970, 874). Bei Jugendlichen sind gem. § 67 Abs. 1, Abs. 3 auch der gesetzliche Vertreter und der Erziehungsberechtigte beschwerdebefugt. Die StA kann sofortige Beschwerde auch zugunsten des Angeklagten einlegen, § 296 Abs. 2. Bei Tod des Angeklagten sind sein Verteidiger (OLG Celle NJW 2002, 3720; OLG Hamm NJW 1978, 177; OLG Karlsruhe NStZ-RR 2003, 286; a.A. OLG München NStZ 2003, 501) und seine Erben (BGHSt 45, 108; LR/*Hilger* § 464 Rn. 41) beschwerdeberechtigt. 29

IV. Beschwerdefrist. Gem. § 311 Abs. 2 beträgt die Beschwerdefrist eine Woche, sie beginnt mit der Bekanntmachung der Entscheidung (§ 35). Wird gegen die Hauptsache Rechtsmittel eingelegt, so schließt das die sofortige Beschwerde gegen die Nebenentscheidung nicht automatisch mit ein. Vielmehr muss gesondert und innerhalb der Beschwerdefrist zum Ausdruck gebracht werden, dass auch die Kostenentscheidung angegriffen werden soll (BGHSt 25, 77, 80). Teilweise wird ein innerhalb der Beschwerdefrist eingegangener Kostenfestsetzungsantrag als sofortige Beschwerde gegen die Kostengrundentscheidung angesehen, wenn diese gänzlich fehlt (OLG Stuttgart StV 1003, 651) oder offensichtlich versehentlich inhaltlich falsch gefasst wurde (OLG Zweibrücken NStZ-RR 2008, 359). Nach zutreffender Auffassung ist insoweit jedoch zu fordern, dass im Kostenfestsetzungsantrag die Kostengrundentscheidung in irgendeiner Weise beanstandet wurde, d.h. es muss ein entsprechender Anfechtungswille auch tatsächlich erkennbar sein. (OLG Celle JurBüro 2013, 643; KG NStZ-RR 2004, 190, 191). Denn die grundsätzliche Auslegung eines Kostenfestsetzungsantrags 30 als Anfechtung der Kostengrundentscheidung würde den Anwendungsbereich des § 300 in unzulässiger Weise ausdehnen. Es muss daher der Wille, die Grundentscheidung nicht zu akzeptieren, ersichtlich sein.

31 **V. Zuständigkeit.** Für die sofortige Beschwerde gegen die Nebenentscheidung ist gem. §§ 73, 74a Abs. 3, 74b, 121 Abs. 1 Nr. 2, 135 Abs. 2 GVG das jeweils übergeordnete Beschwerdegericht zuständig. Gem. Abs. 3 Satz 3 ist jedoch die **Zuständigkeit des Berufungs- oder Revisionsgerichts** ausnahmsweise dann gegeben, wenn neben der Kostenentscheidung die Hauptsacheentscheidung mit Berufung oder Revision angegriffen wird, solange das Berufungs- oder Revisionsgericht mit dem Rechtsmittel befasst ist. Das ist der Fall, solange es eine sachliche Prüfung des Rechtsmittels gegen die Hauptsacheentscheidung vornimmt. Ist jedoch das Rechtsmittel gegen die Hauptsacheentscheidung unzulässig, entfällt eine sachliche Prüfung. Das Berufungs- bzw. Revisionsgericht ist dann nach ständiger Rspr. mit dem Rechtsmittel nicht befasst und damit auch für die sofortige Beschwerde nicht zuständig (BGH, Beschl. v. 30.09.2003 – 4 StR 315/03; BGH, Beschl. v. 04.04.1985 – 5 StR 224/85; KK-StPO/*Gieg* § 464 Rn. 13). Die Zuständigkeit des Berufungs- oder Revisionsgerichts endet mit der Entscheidung über das Hauptrechtsmittel oder dessen Rücknahme (BGH NStZ-RR 2009, 96; BayObLG VRS 51, 49; a.A. OLG Zweibrücken VRS 47, 368; OLG Celle VRS 49, 202), auch wenn das Rechtsmittelgericht über die Wirksamkeit der Rücknahme entscheidet (BGH NStZ-RR 2001, 267). Sie endet weiterhin, soweit sich das Hauptsacheverfahren aus anderen Gründen von selbst erledigt, z.B. bei Tod des Nebenklägers, § 402 (Meyer-Goßner/*Schmitt* § 464 Rn. 25a). Dies gilt auch, wenn zu diesem Zeitpunkt eine Entscheidung über die Kostenbeschwerde möglich gewesen wäre oder die sofortige Beschwerde lediglich übersehen wurde (BGH MDR 1978, 282; a.A. Meyer-Goßner/*Schmitt*§ 464 Rn. 25). Denn die Zuständigkeit des Berufungs- oder Revisionsgerichts nach Abs. 3 Satz 3 kommt nur ausnahmsweise zur Beschleunigung und Vereinfachung des Verfahrens in Betracht. Ist das Gericht mit der Hauptsache nicht mehr befasst, fällt die Entscheidungskompetenz an das Beschwerdegericht zurück. Hat von mehreren Beschwerdeführern einer Kostenbeschwerde, ein Anderer Revision eingelegt, so entscheidet über die Beschwerde das Beschwerdegericht (BGH MDR 1980, 988; MDR 1990, 679; NStZ 1993, 31; NStZ-RR 1997, 238; Meyer-Goßner/*Schmitt* § 464 Rn. 25; a.A. BayObLG MDR 1988, 603).

32 **VI. Entscheidung des Gerichts.** Soweit gegen die Hauptentscheidung kein Rechtsmittel eingelegt wird oder dieses erfolglos war, ist das Beschwerdegericht gem. § 464 Abs. 3 Satz 2 an die Hauptentscheidung und die ihr zugrunde liegenden tatsächlichen und rechtlichen Feststellungen des Erstgerichts, auf denen die Kostenentscheidung beruht, gebunden (OLG Celle BeckRS 2013, 15469). Die tatsächlichen Grundlagen der Entscheidung können mithin nicht allein wegen der Kosten- und Auslagenentscheidung erneut überprüft werden (OLG Karlsruhe MDR 1974, 690). Soweit die erforderlichen Feststellungen für die Herbeiführung einer Kosten- und Auslagenentscheidung fehlen oder unvollständig sind, ist die Nebenentscheidung in der Regel aufzuheben und zurück zu verweisen (BGHSt 26, 29). Ausnahmsweise kommt eine Entscheidung in der Sache selbst durch das Beschwerdegericht in Betracht, wenn der Fall einfach liegt und sich die maßgeblichen Tatsachen zweifelsfrei aus dem Akteninhalt ergeben (BGHSt 26, 29, 33; OLG Frankfurt NJW 1981, 2481). Das Beschwerdegericht ist jedoch in jedem Fall nur an die tatsächlichen Feststellungen gebunden, nicht jedoch an die Rechtsauffassung des Erstgerichts (KG, NSTZ-RR 2016, 62). Die Beschwerdeentscheidung muss immer auch über die Kosten der sofortigen Beschwerde befinden (§ 473 Abs. 1).

33 **Das Verschlechterungsverbot** (§§ 331, 358 Abs. 2, 373 Abs. 2) gilt nicht für die Kostenbeschwerde, d.h. die Kostengrundentscheidung darf auch zum Nachteil des Beschwerdeführers abgeändert werden (OLG Karlsruhe MDR 1986, 694; Meyer-Goßner/*Schmitt* § 464 Rn. 26).

§ 464a Kosten des Verfahrens; notwendige Auslagen

(1) [1]Kosten des Verfahrens sind die Gebühren und Auslagen der Staatskasse. [2]Zu den Kosten gehören auch die durch die Vorbereitung der öffentlichen Klage entstandenen sowie die Kosten der Vollstreckung einer Rechtsfolge der Tat. [3]Zu den Kosten eines Antrags auf Wiederaufnahme des durch ein rechtskräftiges Urteil abgeschlossenen Verfahrens gehören auch die zur Vorbereitung eines Wiederaufnahmeverfahrens (§§ 364a, 364b) entstandenen Kosten, soweit sie durch einen Antrag des Verurteilten verursacht sind.

(2) Zu den notwendigen Auslagen der Beteiligten gehören auch

1. die Entschädigung für eine notwendige Zeitversäumnis nach den Vorschriften, die für die Entschädigung von Zeugen gelten, und

2. die Gebühren und Auslagen eines Rechtsanwalts, soweit sie nach § 91 Abs. 2 der Zivilprozessordnung entstanden sind.

Übersicht

A. Allgemeines. Gem. § 464a Abs. 1 Satz 1 sind unter dem Begriff der **Kosten des Verfahrens** die Gebühren 1
und Auslagen der Staatskasse zu verstehen. Welche Gebühren und Auslagen erstattungsfähig sind, bestimmt sich nach dem KV zum GKG (Nr. 3110 ff. 9000 ff. KVGKG). Abs. 1 Satz 2 stellt klar, dass sämtliche Kosten von der Vorbereitung der öffentlichen Klage bis hin zur Strafvollstreckung als Verfahrenskosten anzusehen sind. Erfasst werden mithin die während der gesamten Dauer des Strafverfahrens entstandenen Kosten. Dem Strafverfahren gleichgestellt sind das Sicherungsverfahren (§ 414 Abs. 1) und das selbstständige Einziehungsverfahren (§§ 440 ff.), auch für sie gelten daher die §§ 464 ff. (Meyer-Goßner/*Schmitt* § 464a Rn. 1). Die gerichtlichen Gebühren und Auslagen werden im Kostenansatzverfahren nach § 19 Abs. 2 GKG, §§ 4 ff. KostVfG festgesetzt (Meyer-Goßner/*Schmitt* § 464b Rn. 1). Gegen den Kostenansatz des Kostenbeamten ist gem. § 66 GKG die Erinnerung möglich.

Daneben bestimmt Abs. 2, dass auch die **notwendigen Auslagen der Verfahrensbeteiligten** als Kosten des Ver- 2
fahrens im weiteren Sinne anzusehen sind. Die Zweiteilung zwischen Kosten des Verfahrens und notwendigen Auslagen prägt das gesamte Kostenrecht (KK-StPO/*Gieg* § 464a Rn. 1). Die Höhe der zu erstattenden notwendigen Auslagen wird im Kostenfestsetzungsverfahren gem. § 464b festgesetzt.

B. Kosten des Verfahrens (Abs. 1). I. Begriff. Kosten des Verfahrens sind alle Aufwendungen, die die 3
verfahrensgegenständliche Tat i.S.d. § 264 betreffen, d.h. in sachlichem Zusammenhang mit ihr stehen (OLG Koblenz NStZ-RR 2002, 160). Erfasst werden auch die Kosten für Ermittlungen, die zunächst gegen andere Verdächtige gerichtet waren oder erst zur Identifizierung des Täters geführt haben sowie Aufwendungen, die im Hinblick auf einen später fallen gelassenen rechtlichen Gesichtspunkt getätigt wurden. Etwas anderes gilt, soweit zunächst wegen mehrerer selbstständiger Taten ermittelt wurde, Anklageerhebung dann aber nur wegen einer Tat erfolgt. In diesem Fall hat der Verurteilte die zur Aufklärung der nicht angeklagten Taten eingegangenen Kosten nicht zu tragen, selbst wenn insoweit Ermittlungsergebnisse, z.B. eine Blutentnahme, in der Hauptverhandlung verwertet werden und bei der Strafzumessung Berücksichtigung finden (LG Braunschweig, DAR 1971, 51; LR/*Hilger* § 464a Rn. 14). Kosten für Untersuchungshandlungen, die ausschließlich gegen einen anderen gerichtet waren, sind dem Verurteilten nicht zuzurechnen, § 466 Satz 2. Auch eine Verfahrenstrennung nach §§ 2 Abs. 2, 4 Abs. 1 löst den sachlichen Zusammenhang im Hinblick auf die Kosten (BGH, 02.12.1986 – 1 StR 552/86).

II. Kosten zur Vorbereitung der öffentlichen Klage. Die Kosten zur Vorbereitung der öffentlichen Klage 4
umfassen die Kosten des Ermittlungsverfahrens der StA, d.h. die Kosten, die vor Anklageerhebung bei der Strafverfolgung angefallen sind. Hierzu zählen insb. Aufwendungen der Polizei und sonstiger Verwaltungsbehörden, z.B. der Lebensmittel- oder Finanzbehörden. Als Kosten des Ermittlungsverfahrens kommen weiterhin Aufwendungen für Zeugen und Sachverständige sowie für Ermittlungsmaßnahmen in Betracht, so für Blutalkoholbestimmung, Untersuchung von Lebensmittelproben oder Telefonüberwachungsmaßnahmen (OLG Koblenz NStZ-RR 2002, 160; Meyer-Goßner/*Schmitt* § 464a Rn. 2; a.A. OLG Celle NStZ 2001, 221; KMR/*Stöckel* § 464a Rn. 3). Verfahrenskosten sind auch die Kosten der einstweiligen Unterbringung und Untersuchungshaft, es sei denn der Beschuldigte hat gearbeitet oder sich um Arbeit ernsthaft bemüht (BVerfG NStZ-RR 1999, 255; OLG Nürnberg NStZ-RR 1999, 190, 191 ff.), aber auch Aufwendungen für die Zwangsernährung eines Untersuchungsgefangenen (LG Frankfurt NJW 1977, 1924).

III. Kosten der Vollstreckung der Rechtsfolge der Tat. Gem. § 464a Abs. 1 Satz 2 zählen auch die Kosten 5
der Vollstreckung der Rechtsfolgen der Tat zu den Kosten des Verfahrens. Hierunter fallen grds. alle nach Rechtskraft entstehenden Vollstreckungskosten. Die zu verhängenden Rechtsfolgen ergeben sich aus §§ 38 ff. StGB, in Betracht kommen hier insb. Kosten für die Vollstreckung von Freiheitsstrafen oder Maßregeln der Besserung und Sicherung (§§ 61 ff. StGB) sowie Auslagen für die Sicherstellung eines der Einziehung unterliegenden Gegenstandes (§§ 73 ff. StGB).

6 **IV. Besonderheiten. 1. Pflichtverteidigervergütung.** Zur Sicherung des Anspruchs auf ein faires Verfahren hat jeder Beschuldigte nach Art. 6 Abs. 3 lit. c) EMRK das Recht, unentgeltlich den Beistand eines Verteidigers zu erhalten, soweit dies im Interesse der Rechtspflege erforderlich ist und ihm die Mittel zur Bezahlung fehlen. Dies gibt dem Beschuldigten jedoch keinen Anspruch auf endgültig unentgeltliche Beiordnung eines Pflichtverteidigers. Da Art. 6 Abs. 3 lit. c) EMRK den Rückgriff auf den Verurteilten nicht ausschließt, kann die Staatskasse nach herrschender Meinung die ihr durch die Pflichtverteidigerbestellung entstandenen Kosten gegen den Verurteilten geltend machen (EuKMR, EuGRZ 1983, 422, 423; OLG München NJW 1981, 534; OLG Zweibrücken NStZ 1990, 51; NStZ 1990, 51; LR/*Hilger* § 464a Rn. 3; HK-StPO/*Krehl* § 464a Rn. 3; Meyer-Goßner/*Schmitt* § 464a Rn. 1; a.A. OLG Düsseldorf NStZ 1985, 370 m. abl. Anm. *Schikora*). Dies gilt auch, soweit dem Beschuldigten, der bereits einen Wahlverteidiger hat, zur Sicherung der Durchführung des Strafverfahrens ein Pflichtverteidiger bestellt oder die Pflichtverteidigerbestellung trotz mittlerweile erfolgter Beauftragung eines Wahlverteidigers aufrechterhalten wird (BVerfG NStZ 1984, 561, 562; OLG Zweibrücken NStZ 1990, 51; a.A. LR/*Hilger* § 464a Rn. 3; *Neumann* NJW 1991, 264).

7 **2. Dolmetscher- und Übersetzerkosten.** Demgegenüber sind Dolmetscher- und Übersetzerkosten der Staatskasse in der Regel nicht zu erstatten, es sei denn der Angeschuldigte hat diese gem. § 464c schuldhaft unnötig verursacht. Denn ein der Gerichtssprache nicht mächtiger, tauber oder stummer Beschuldigter hat nach Art. 6 Abs. 3 lit. e) EMRK unabhängig von seiner finanziellen Situation für das gesamte Strafverfahren einen Anspruch auf die unentgeltliche Beiziehung eines Dolmetschers (KMR/*Stöckel* § 464a Rn. 6). Dies gilt insb. für die mit seinem Pflicht- oder Wahlverteidiger schon während des Ermittlungsverfahrens geführten Gespräche (BVerfG NJW 2004, 50), nicht jedoch bei Gesprächen mit einem weiteren Verteidiger (OLG Düsseldorf NStZ-RR 1998, 253). Teilweise wurde zunächst zwar ein Anspruch auf unentgeltliche Beiordnung eines Dolmetschers für Gespräche mit dem Wahlverteidiger verneint, da Art. 6 Abs. 3 lit. e) EMRK nur für die gerichtliche Beiziehung eines Dolmetschers gelte (OLG Düsseldorf NStZ-RR 1999, 215). Für eine Übernahme der Dolmetscherkosten durch die Staatskasse im Fall der Wahlverteidigung wurde daher die gerichtliche Beiordnung des Dolmetschers bzw. ein entsprechender Antrag des Wahlverteidigers auf Beiordnung gefordert (OLG Stuttgart, StV 1986, 491). Ein förmliches Antragsverfahren vor Inanspruchnahme eines Dolmetschers im Fall der Wahlverteidigung ist jedoch mit dem Diskriminierungsverbot des Art. 3 Abs. 3 Satz 1 GG und dem Anspruch auf ein faires und rechtsstaatliches Verfahren nicht vereinbar und mithin nicht erforderlich (BVerfG NJW 2004, 50; Meyer-Goßner/*Schmitt* Art. 6 EMRK Rn. 25). Auch der Beschuldigte, der sich im Privatklageverfahren dem Vorwurf strafbaren Handelns ausgesetzt sieht, darf nicht mit Dolmetscherkosten belastet werden (BVerfG NStZ 1981, 230). Demgegenüber ist die Belastung des Privatklägers mit Dolmetscherkosten verfassungsrechtlich unbedenklich, da er das Verfahren aus freiem Entschluss heraus betreibt (BVerfG NStZ 1981, 230).

8 Ein der Gerichtssprache nicht mächtiger Beschuldigter hat weiterhin grds. Anspruch auf unentgeltliche schriftliche **Übersetzung** von Haftbefehl, Strafbefehl, Anklageschrift und Ladungen (für den Haftbefehl: KK-StPO/*Gieg* § 464a Rn. 4b; Meyer-Goßner/*Schmitt* Art. 6 EMRK Rn. 17, 18; vgl. auch Nr. 181 Abs. 2 RiStBV). Zwar besteht kein Anspruch auf Übersetzung der gesamten Akten (OLG Hamm NStZ-RR 1999, 158; OLG Düsseldorf MDR 1986, 958; Meyer-Goßner/*Schmitt* Art. 6 EMRK Rn. 26). Staatsanwaltschaftliche und gerichtliche Äußerungen sowie sonstige Schriftstücke, die für die Verteidigung bedeutsam sind, sind ihm jedoch gleichfalls unentgeltlich zu übersetzen. Dies gilt auch für Urteile, die in Abwesenheit des sprachunkundigen Verurteilten ergehen (Meyer-Goßner/*Schmitt* Art. 6 EMRK Rn. 27). Jedoch hat der Verurteilte keinen Anspruch auf kostenlose Übersetzung des schriftlichen Urteils, wenn dieses in seiner Anwesenheit unter Mitwirkung eines Dolmetschers verkündet wurde und er von einem deutschen RA vertreten war (BVerfG NJW 1983, 2764; KK-StPO/*Gieg* § 464a Rn. 4b). Etwas anderes gilt, wenn der Angeklagte für seine weitere Verteidigung auf die Übersetzung angewiesen ist (*Römer* NStZ 1981, 474). Die Tatsache, dass der Angeklagte gegen das Urteil Rechtsmittel eingelegt hat, reicht hierfür jedoch noch nicht aus (OLG Stuttgart MDR 1983, 256; NStZ 1981, 225). Diese Grundsätze gelten auch im gerichtlichen Bußgeldverfahren (EGMR NStZ 1984, 269).

9 Im Hinblick auf das Verbot der Schlechterstellung fremdsprachiger Beschuldigter sind weiterhin die **Kosten für Kontrollmaßnahmen** während der Untersuchungshaft oder der vorläufigen Unterbringung von der Staatskasse zu tragen. Erfasst werden hiervon insb. die Kosten für die Überwachung von Besuchen oder Telefonaten mittels Dolmetscher sowie die mit der Briefkontrolle verbundenen Übersetzerkosten (BVerfG NJW 2004, 1095; Meyer-Goßner/*Schmitt* Art. 6 EMRK Rn. 24).

V. Kosten zur Vorbereitung eines Wiederaufnahmeverfahrens. Gem. § 464a Abs. 1 Satz 3 sind schließlich auch die durch Bestellung eines Verteidigers gem. §§ 364a, 364b entstehenden Auslagen zur Vorbereitung eines Wiederaufnahmeverfahrens als Verfahrenskosten anzusehen. Hierdurch soll der Verurteilte davon abgehalten werden, aussichtslose Wiederaufnahmeanträge zu stellen (Meyer-Goßner/*Schmitt* § 464a Rn. 4; *Krägerloh* NJW 1975, 137, 139). Hs. 2 »soweit sie durch einen Antrag des Verurteilten verursacht worden sind«, ist bedeutungslos (LR/*Hilger* § 464a Rn. 19; KMR/*Stöckel* § 464a Rn. 5). 10

C. Die notwendigen Auslagen eines Beteiligten (Abs. 2). I. Begriff. Notwendige Auslagen eines Verfahrensbeteiligten sind alle vermögenswerten Aufwendungen, die zur zweckentsprechenden Rechtsverfolgung oder Rechtsverteidigung notwendig waren, d.h. nach den zum Zeitpunkt ihrer Entstehung gegebenen Umständen für erforderlich gehalten werden durften (OLG Düsseldorf NStZ 1996, 99; KK-StPO/*Gieg* § 464a Rn. 6; *Beulke* NJW 1976, 1112; LR/*Hilger* § 464a Rn. 21). Abs. 2 enthält insoweit keine abschließende Aufzählung, sondern erläutert vielmehr zwei Hauptfälle der Erstattungsfähigkeit notwendiger Auslagen. 11

Als **Verfahrensbeteiligte** kommen der Beschuldigte, der Privatkläger, der Nebenkläger, der zum Anschluss als Nebenkläger gem. § 395 Berechtigte, der Antragsteller im Adhäsionsverfahren und die in § 467a Abs. 2 benannten Nebenbeteiligten in Betracht. Die Auslagen müssen dem Verfahrensbeteiligten selbst oder aber einem Dritten entstanden sein, der im Verfahren kraft eigenen Rechts für den Verfahrensbeteiligten tätig geworden ist, z.B. der gesetzliche Vertreter (§§ 137 Abs. 2, 298, § 67 JGG) oder der gem. § 67 JGG Erziehungsberechtigte (KK-StPO/*Gieg* § 464a Rn. 6). Zu ersetzen sind daher gem. § 137 Abs. 2 die Kosten des vom gesetzlichen Vertreter gewählten Verteidigers sowie die notwendigen Auslagen des gesetzlichen Vertreters oder Erziehungsberechtigten (LG Weiden MDR 1971, 598; Meyer-Goßner/*Schmitt* § 464a Rn. 17). Darüber hinaus sind **Aufwendungen Dritter** nur dann als Auslagen eines Verfahrensbeteiligten einzustufen, wenn insoweit eine Ersatzpflicht des Beteiligten besteht (OLG Hamm NJW 1953, 1445; OLG Zweibrücken, StV 1993, 136; KK-StPO/*Gieg* § 464a Rn. 6; Meyer-Goßner/*Schmitt* § 464a Rn. 17). 12

II. Entschädigung für eine notwendige Zeitversäumnis (§ 464a Abs. 2 Nr. 1). Zu den notwendigen Auslagen zählt die Entschädigung für eine notwendige Zeitversäumnis, d.h. für den eingetretenen Verdienstausfall eines Beteiligten. Die Entschädigung bemisst sich gem. Abs. 2 Nr. 1 nach den Vorschriften des ZSEG. Nach herrschender Ansicht handelt es sich hierbei um eine Rechtsfolgenverweisung, die sich lediglich auf Umfang und Höhe der zu leistenden Entschädigung bezieht (OLG Hamm NStZ 1996, 356; LR/*Hilger* § 464a Rn. 25 ff. mit Nachweisen auch zur Gegenansicht). Nicht erforderlich für einen Erstattungsanspruch ist daher, dass der Beteiligte gem. § 1 Abs. 1 ZSEG von Gericht oder StA herangezogen wurde. Zu entschädigen ist vielmehr der gesamte durch das Verfahren entstandene Zeitverlust, auch soweit er durch polizeiliche Vernehmungen, Beschaffung von Beweismitteln, Reisen zum Verteidiger bzw. Vertreter sowie Besprechungen mit ihm entstanden ist (OLG Zweibrücken MDR 1996, 318; LG Weiden MDR 1971, 598; Meyer-Goßner/*Schmitt* § 464a Rn. 6; a.A. LG Bonn MDR 1980, 601). 13

III. Gebühren und Auslagen eines RA (§ 464a Abs. 2 Nr. 2). Die notwendigen Auslagen umfassen weiterhin die **Gebühren und Auslagen eines RA**, soweit diese nach § 91 Abs. 2 ZPO zu erstatten sind. Dem RA gleichgestellt sind gem. § 138 Abs. 1 Hochschullehrer sowie gem. § 138 Abs. 2 ordnungsgemäß zugelassene Rechtsbeistände, im Steuerstrafverfahren weiterhin die in §§ 392, 408 AO genannten Angehörigen steuerberatender Berufe. Der Beschuldigte kann in jeder Lage des Verfahrens einen Verteidiger beauftragen (§ 137 Abs. 1 Satz 1). Auch der Privatkläger (§ 378), der Nebenkläger (§ 378 Abs. 1 Satz 2 i.V.m. § 378), der nebenklageberechtigte Verletzte (§ 406g) oder der Nebenbeteiligte (§§ 434, 442 Abs. 1, 444 Abs. 2 Satz 1) können sich durch einen RA vertreten lassen, nicht jedoch der gem. § 51 Abs. 1 mit einem Ordnungsgeld belegte Zeuge, da er nicht zu den o.g. Nebenbeteiligten gehört (LG Hannover JurBüro 1986, 1675; LG Würzburg JurBüro 1980, 154; a.A. LG Frankenthal JurBüro 1986, 1675; Meyer-Goßner/*Schmitt* § 464a Rn. 9). 14

Voraussetzung für die Erstattungsfähigkeit von Auslagen ist die **Zulässigkeit der Vertretung** (LG Hamburg, AnwBl. 1974, 89). Ein Anspruch auf Erstattung der Gebühren und Auslagen des Verteidigers kommt daher nach herrschender Meinung nicht in Betracht bei unzulässiger Rechtsberatung (LG Bayreuth JurBüro 1986, 891), bei einem Verstoß gegen § 137 Abs. 1 Satz 2 nach erfolgter Zurückweisung gem. § 146a (Meyer-Goßner/*Schmitt* § 464a Rn. 9), bei einem Verstoß gegen § 138a Abs. 1 sowie bei einem Verstoß gegen § 146 (LG Freiburg NStZ 1985, 330; LG Koblenz NStZ-RR 1998, 96; LR/*Hilger* § 464a Rn. 33; Meyer-Goßner/*Schmitt* § 464a Rn. 9; a.A. LG Köln NStZ 1982, 347). Der Mandatsvertrag ist in diesen Fällen nichtig gem. § 134 BGB (OLG München NJW 1983, 1688), ohne dass es darauf ankommt, ob eine förmliche Zurückweisung des Verteidigers durch das Gericht nach § 146a Abs. 1 erfolgt ist (LG Freiburg NStZ 1985, 330; LG Koblenz NStZ-RR 1998, 96; LR/*Hilger* § 464a Rn. 33; HK-StPO/*Krehl* § 464a Rn. 14; a.A. LG Flensburg JurBüro 1988, 653). 15

16 Auf die **Zweckmäßigkeit oder Erforderlichkeit** der Hinzuziehung des RA kommt es demgegenüber nicht an. Soweit die Mitwirkung eines RA gesetzlich zulässig ist, sind die durch seine Inanspruchnahme entstandenen Gebühren und Auslagen immer als notwendige Auslagen der Beteiligten anzusehen (OLG Düsseldorf NStZ 1996, 99).

17 Streitig ist die Erstattungsfähigkeit von Auslagen für ein Tätigwerden des Verteidigers im Hinblick auf ein **vorsorglich eingelegtes Rechtsmittel der StA**, das noch vor seiner Begründung zurückgenommen wird. Ein Erstattungsanspruch wird von der Rspr. hier teilweise mit dem Argument verneint, dass eine sinnvolle Verteidigung erst mit Kenntnis der Revisions- oder Berufungsbegründung der StA möglich sei. Erst dann ist bekannt, weshalb und in welchem Umfang das betroffene Urteil angefochten wird. Vorher seien Verteidigungsmaßnahmen daher nicht prozessfördernd und somit letztlich zwecklos und überflüssig, etwa ein lediglich formularmäßiger Verwerfungsantrag (OLG Frankfurt NStZ-RR 1999, 351; OLG Düsseldorf NStZ 1992, 299; LG Koblenz NStZ-RR 1998, 159). Nach vorzugswürdiger Ansicht sind die anwaltlichen Gebühren als notwendige Auslagen demgegenüber auch dann zu erstatten, wenn die StA ihr Rechtsmittel noch vor Begründung zurücknimmt (OLG Düsseldorf NStZ 1990, 204; OLG Stuttgart, StV 1998, 615; LG Heidelberg, StV 1998, 607; LG Heilbronn, StV 1996, 613). Gem. § 137 Abs. 1 Satz 1 kann sich der Beschuldigte in jeder Lage des Verfahrens eines Verteidigers bedienen. Es kommt gerade nicht darauf an, ob dessen Zuziehung notwendig oder angemessen ist. Weiterhin darf der Beschuldigte davon ausgehen, dass ein seitens der StA (oder des Nebenklägers) eingelegtes Rechtsmittel auch durchgeführt wird. Es ist ihm nach den Grundsätzen der Waffen- und Chancengleichheit nicht zumutbar, die Begründung des Rechtsmittels oder seine eventuelle Rücknahme abzuwarten. Vielmehr muss er auch im Verfahrensabschnitt zwischen Einlegung und Zurücknahme des Rechtsmittels in der Lage sein, seine weitere Verteidigung vorzubereiten, z.B. weitere Beweise zu sammeln. Dies kann auch durchaus prozessfördernd sein. Gebühren für ein Tätigwerden des Verteidigers in diesem Stadium sind daher gleichfalls als notwendige Auslagen anzusehen (*Kotz* NStZ 1990, 422; LR/*Hilger* § 464a Rn. 38; HK-StPO/*Krehl* § 464a Rn. 9; KMR/*Stöckel* § 464a Rn. 19). Das ungeprüfte vorsorgliche Ablichten der gesamten Akten führt nicht zur Erstattungsfähigkeit der insoweit angemeldeten Kopierkosten, da es auch insoweit allein auf die Notwendigkeit der eingegangenen Auslagen ankommt (OLG Köln NStZ-RR 2012, 392). Auch eine Versendung der Akten i.S.v. Nr. 9003 Nr. 1 KV GVG liegt nicht vor, wenn die Akten in das Gerichtsfach des Anwalts gelegt werden. Unerheblich ist insoweit, ob das Justizzentrum aus einem oder mehreren Gebäuden besteht (OLG Naumburg NStZ-RR 2012, 192).

18 Streitig ist, ob ein RA bei **Verteidigung in eigener Sache** einen Anspruch auf Erstattung der Verteidigergebühren gegen die Staatskasse hat. Dies wird vereinzelt unter Verweis auf den eindeutigen Wortlaut des § 91 Abs. 2 Satz 4 ZPO bejaht (OLG Frankfurt NJW 1973, 1991). Nach a.A. sind dem sich selbst vertretenden RA die Gebühren und Auslagen, die für die Beauftragung eines RA angefallen wären, nur insoweit zu erstatten, als eine Selbstvertretung zulässig ist, etwa bei Fertigung von Revisionsschriftsätzen (§ 345 Abs. 2). Für den Fall der Selbstverteidigung des RA ist § 464 Abs. 2 Nr. 2 StPO hiernach jedoch nicht anwendbar, da der Status des Verteidigers als Organ der Rechtspflege mit der Stellung als Beschuldigter nicht zu vereinbaren ist (KK-StPO/*Gieg* § 464a Rn. 14; Meyer-Goßner/*Schmitt* § 464a Rn. 14). Diese Auffassung ist verfassungsrechtlich unbedenklich (BVerfG NStZ 1988, 282) und gilt auch bei Selbstverteidigung des RA im Privatklageverfahren (BVerfG NJW 1994, 242). Eine Selbstvertretung ist jedoch zulässig, wenn der RA als Privatkläger oder Nebenkläger auftritt (KK-StPO/*Gieg* § 464a Rn. 14, Meyer-Goßner/*Schmitt* § 464a Rn. 14; LR/*Hilger* § 464a Rn. 48; OLG Hamm Rpfleger 1999, 565) Für den Nebenkläger ist jedoch die Gegenmeinung nicht verfassungswidrig (BVerfG NJW 1984, 911).

19 Eine **Ersatzpflicht Dritter** beeinträchtigt die Erstattungsfähigkeit und Höhe der dem Beteiligten zu ersetzenden notwendigen Auslagen im Hinblick auf die Gebühren und Auslagen eines RA nicht. Die Tatsache, dass der Beteiligte wegen derselben Auslagen auch einen Dritten, z.B. eine Rechtsschutzversicherung, in Anspruch nehmen kann, soll nicht dem Erstattungspflichtigen zugutekommen. (OLG Frankfurt NJW 1970, 1695; LR/*Hilger* § 464a Rn. 24; Meyer-Goßner/*Schmitt* § 464a Rn. 8). Auch die Kostenübernahme durch einen Berufsverband (OLG Celle NJW 1968, 1735; OLG Zweibrücken, StV 1993, 136), eine Gewerkschaft (OLG Frankfurt MDR 1966, 258) oder den Arbeitgeber (OLG Zweibrücken, Rpfleger 1992, 406) hat keinen Einfluss auf Umfang und Höhe der zu ersetzenden notwendigen Auslagen. Korrespondierende Versicherungs- oder Verbandsbeiträge stellen jedoch keine notwendigen Auslagen dar (LR/*Hilger* § 464a Rn. 24).

20 Die **Höhe der zu erstattenden Gebühren und Auslagen** bemisst sich nach § 91 Abs. 2 ZPO. Hiernach sind nur die gesetzlich vorgesehenen Gebühren als notwendige Auslagen zu ersetzen, Honorarvereinbarungen bleiben außer Betracht (BVerfG NJW 1985, 727; OLG Düsseldorf MDR 1986, 167). Den einem RA nach § 138 Abs. 1, Abs. 2, §§ 392, 408 AO gleichgestellten Verfahrensbevollmächtigten können nach dem Rechtsgedanken des § 5 RVG Gebühren und Auslagen bis zur Höhe der gesetzlichen Gebühren und Auslagen eines RA ersetzt werden, soweit für sie keine gesonderte gesetzliche Regelung existiert. I.Ü. ist auf die

insoweit ergangene Rspr. zu verweisen. Zum Vergütungsanspruch des Hochschullehrers vgl. OLG Düsseldorf NStZ 1996, 99; zur Vergütung eines Assessors vgl. OLG Hamm JurBüro 1979, 520; OLG Zweibrücken, AnwBl. 1985, 161; zur Vergütung eines Rechtsreferendars vgl. LG Darmstadt JurBüro 1982, 73; LG Braunschweig MDR 1986, 76; zur Vergütung eines Rechtsbeistands vgl. LG München, AnwBl. 1979, 482; LG Kempten MDR 1977, 601.

Gem. § 91 Abs. 2 ZPO sind weiterhin **Reisekosten des auswärtigen RA** nur insoweit zu erstatten, als dessen Zuziehung zur zweckentsprechenden Rechtsverfolgung oder Rechtsverteidigung notwendig war. Die Beauftragung eines auswärtigen RA ist nach herrschender Meinung jedoch nur unter besonderen Voraussetzungen als notwendig anzusehen, so etwa wenn das Verfahren ein so schwieriges und abgelegenes Rechtsgebiet betrifft, dass die Rechte des Beschuldigten nur dann gewahrt sind, wenn er durch einen Anwalt mit besonderen Rechtskenntnissen auf diesem Spezialgebiet verteidigt wird und ein entsprechender Spezialist am Gerichtsort nicht ansässig ist (LG Neuruppin BeckRS 2012, 07411; LG Neuruppin BeckRS 2012, 07409). Nicht ausreichend ist demgegenüber, dass der auswärtige RA allgemein einen guten Ruf hat oder das Vertrauen des Beteiligten genießt (OLG Düsseldorf NStZ 1981, 451; MDR 1987, 79; OLG Köln NJW 1992, 586; LG Koblenz NStZ 2003, 619; a.A. OLG Koblenz NJW 1971, 1147). Die Beauftragung eines auswärtigen RA wird weiterhin dann als notwendig zur zweckentsprechenden Rechtsverteidigung angesehen, wenn zwischen RA und Beschuldigtem ein Vertrauensverhältnis besteht und sich der Beschuldigte gegen einen Vorwurf von erheblichem Gewicht verteidigen muss. Dies ist jedenfalls der Fall bei schwerwiegenden Vorwürfen, insb. Verfahren vor dem Schwurgericht, wobei ein besonderes, gewachsenes Vertrauensverhältnis zwischen Beschuldigtem und RA konkret dargelegt werden muss (OLG Köln NJW 1992, 586). Drohende außerstrafrechtliche Folgen mit existenzvernichtender Wirkung, wie etwa der drohende Entzug der Gewerbeerlaubnis, begründen für sich allein jedoch noch keine Erstattungsfähigkeit, wenn der strafrechtliche Tatvorwurf nicht schwerwiegend ist (LG Hamburg BeckRS 2018, 25554). Nach weitergehender Auffassung ist bei Vorliegen eines besonderen Vertrauensverhältnisses die Notwendigkeit der Beauftragung eines auswärtigen Verteidigers jedenfalls dann zu bejahen, wenn die Voraussetzungen für eine notwendige Verteidigung gegeben sind, d.h. der RA gem. §§ 141, 142 als Pflichtverteidiger zu bestellen gewesen wäre (LG Berlin MDR 1992, 1190; *Sommermeyer* NStZ 1990, 267). Auch in Verfahren, in denen der Verteidiger zu einer Zeit beauftragt wurde, als er und der Beschuldigte noch davon ausgehen durften, dass die Hauptverhandlung am Kanzleisitz des Verteidigers stattfinden werde, sind die im Nachhinein erforderlichen Reisekosten als notwendige Auslagen zu ersetzen (OLG Celle, StV 1986, 208; Meyer-Goßner/*Schmitt* § 464a Rn. 12). Reisekosten des auswärtigen Verteidigers sind weiterhin dann als notwendig zu ersetzen, wenn er in Schwurgerichtssachen von einem am Wohnort Verhafteten dort beauftragt wurde und es erst später zur Verlegung des Beschuldigten kam (OLG Düsseldorf MDR 1987, 79; OLG Düsseldorf NStZ 1988, 566). Soweit der auswärtige RA zum Pflichtverteidiger bestellt wurde, sind die von ihm geltend gemachten Reisekosten notwendige Auslagen. Ob seine Inanspruchnahme zur zweckentsprechenden Rechtsverfolgung gem. § 91 Abs. 2 ZPO notwendig war, ist unerheblich (BVerfG NJW 2001, 1269; OLG Düsseldorf NStZ-RR 1997, 605). Der Verteidiger muss nicht zur Nachtzeit anreisen. Ein Aufstehen vor 6.00 Uhr ist ihm nach Ansicht des OLG Nürnberg unzumutbar (§ 758 Abs. 4 ZPO), sodass eine Anreise am Vortag und die Geltendmachung der Auslagen für die Übernachtung zulässig ist (OLG Nürnberg, NJOZ 2013, 553). 21

Gem. § 464a Abs. 2 Nr. 2 i.V.m. § 91 Abs. 2 Satz 3 ZPO sind die **Kosten für mehrere Anwälte** nur insoweit zu erstatten, als sie die Kosten eines Anwalts nicht übersteigen oder als in der Person des Anwalts ein Wechsel eintreten musste, den der Beschuldigte nicht zu vertreten hat. Einem Freigesprochenen sind aber dann die notwendigen Auslagen, die er für zwei Wahlverteidiger gezahlt hat, zu ersetzen, wenn seine Verteidigung ausnahmsweise im Hinblick auf Umfang, Schwierigkeit und Komplexität des Strafverfahrens durch nur einen Wahlverteidiger schlechterdings nicht zu bewältigen war (OLG Braunschweig, Beschl. v 20.06.2019 – 1 Ws 292/18). Die durch einen Anwaltswechsel verursachten Mehrkosten werden nur erstattet, soweit dieser nicht vom Anwalt oder seiner Partei verschuldet wurde (OLG Hamm, StV 1989, 116) und auf objektiv nachvollziehbaren oder zwingenden Umständen beruht, die von Gesetzes wegen zu billigen sind. Rein persönliche Erwägungen rechtfertigen eine Kostenerstattung nicht (OLG Hamm NStZ 1983, 284; OLG Hamburg NJW 1991, 1191). Die Regelung ist verfassungsrechtlich unbedenklich (BVerfG NJW 2004, 3319). Sie gilt auch für sehr umfangreiche und schwierige Verfahren (OLG Nürnberg NJW-RR 2000, 163; OLG Düsseldorf, StraFo 2003, 30, 31; KK-StPO/*Gieg* § 464a Rn. 13). 22

Auch bei **Zusammentreffen von Wahl- und Pflichtverteidigung** sind grds. die Kosten des Wahlverteidigers nur i.H.d. Differenzbetrags zu den Pflichtverteidigerkosten zu ersetzen, soweit diese geringer sind (BVerfG NStZ 1984, 562; LR/*Hilger* § 464a Rn. 47). Eine Erstattung der gesamten Wahlverteidigerkosten kommt jedoch für den Fall in Betracht, dass das Gericht die Pflichtverteidigerbestellung ohne Anhörung des Beschuldigten gem. §§ 141, 142 angeordnet (OLG Celle, StV 1989, 117) oder entgegen § 143 ohne entsprechende Ver- 23 anlassung des Beschuldigten oder seines Wahlverteidigers nicht zurückgenommen hat (LG Marburg, StV 1984, 345). Gleiches gilt, wenn das Gericht die Pflichtverteidigerbestellung aus Fürsorgegrundsätzen oder zur Sicherung der beschleunigten Durchführung des Strafverfahrens vorsorglich angeordnet oder aufrechterhalten hat, ohne dass der Beschuldigte oder sein Wahlverteidiger hierzu Anlass gegeben haben. In diesen Fällen hat der Beschuldigte die entstandenen Pflichtverteidigergebühren nicht veranlasst, sie sind daher im Hinblick auf sein Recht auf freie Verteidigerwahl von der Staatskasse zu tragen (BVerfG NStZ 1984, 561 ff. m. zust. Anm. *Senge*; OLG Düsseldorf NStZ 1985, 235; LR/*Hilger* § 464a Rn. 47).

24 Umstritten ist, ob dem Beschuldigten bei **Inhaftierung im Ausland** und Auslieferungshaft die Kosten für den eingeschalteten ausländischen RA neben den Kosten für einen inländischen Verteidiger uneingeschränkt zu ersetzen sind (so OLG Hamburg NStZ 1988, 370; a.A. OLG Zweibrücken NStZ 1989, 289).

25 **IV. Sonstige notwendige Auslagen.** Neben der beispielhaften Aufzählung in Abs. 2 sind auch alle sonstigen vermögenswerten Aufwendungen eines Beteiligten, die zu einer zweckentsprechenden Rechtsverfolgung oder Rechtsverteidigung erforderlich sind, zu ersetzen (KK-StPO/*Gieg* § 464a Rn. 6). Hierunter fallen insb. alle durch Vorladungen verursachten Aufwendungen wie Fahrt-, Reise- und Verpflegungskosten sowie Reisekosten des Beschuldigten für Besprechungen mit dem Verteidiger (KMR/*Stöckel* § 464a Rn. 29; Meyer-Goßner/*Schmitt* § 464a Rn. 15). Dem Anspruch des Freigesprochenen auf Ersatz seiner Reisekosten steht grundsätzlich nicht entgegen, dass er dem Gericht nicht unverzüglich angezeigt hat, dass er zum Hauptverhandlungstermin von einem anderen als dem in der Ladung angegebenen Ort anreist, etwa dem Nebenwohnsitz (OLG Celle NStZ-RR 2013, 62). Entscheidend ist insoweit, dass das Gericht die Ladung in jedem Fall aufrechterhalten hätte, da gegen einen ausgebliebenen Angeklagten gem. § 230 StPO eine Hauptverhandlung nicht stattfinden kann. Keine notwendigen Auslagen sind demgegenüber die **Kosten der Sicherheitsleistung** gem. § 116 Abs. 1 Satz 2 Nr. 4 oder die Kosten für Besuche des Untersuchungsgefangenen (KK-StPO/*Gieg* § 464a Rn. 7).

26 Grds. nicht erstattungsfähig sind weiterhin die **Kosten für private Ermittlungen** des Beschuldigten, wie Detektivkosten, Privatgutachten u.ä. Der Beschuldigte kann jederzeit entsprechende Beweisanträge stellen und muss insoweit seine prozessualen Möglichkeiten ausschöpfen (OLG Hamburg NStZ 1983, 284). Etwas anderes gilt, soweit der Beschuldigte zuvor erfolglos versucht hat, die Ermittlungsbehörden zu entsprechenden Ermittlungen zu veranlassen (OLG Hamburg NStZ 1983, 284; OLG Düsseldorf, StV 1991, 480) oder die Ermittlungen nicht aufgeschoben werden können, ohne dass eine Verschlechterung der Prozesslage, etwa der Spurenlage droht und das erholte Privatgutachten für einen späteren Freispruch ursächlich ist (KG BeckRS 2012, 12353; LG Dettmold BeckRS 2012, 11192). Entscheidend ist mithin, ob die Ermittlungen bei einer Betrachtung ex ante notwendig waren und im Interesse einer effektiven Verteidigung als angemessen und geboten erscheinen durften (LG Oldenburg BeckRS 2019, 954; LG Dresden NStZ-RR 2010, 61; OLG Stuttgart NStZ-RR 2003, 127, 128; OLG Düsseldorf NStZ 1997, 511; OLG Hamm NStZ 1989, 588; LR/*Hilger* § 464a Rn. 49) oder sich *ex post* entscheidungserheblich zugunsten des Angeklagten oder Betroffenen ausgewirkt haben (LG Dresden NStZ-RR 2010, 61). Die Erstattungsfähigkeit der Kosten eines Privatgutachtens richten sich insoweit nicht nach den Grundsätzen des JVEG, da nicht davon ausgegangen werden kann, dass es dem Betroffenen möglich ist, einen geeigneten Sachverständigen zu den im JVEG vorgesehenen Vergütungssätzen zu gewinnen (LG Chemnitz BeckRS 2018, 15874; LG Oldenburg BeckRS 2019, 954).

§ 464b Kostenfestsetzung

[1]Die Höhe der Kosten und Auslagen, die ein Beteiligter einem anderen Beteiligten zu erstatten hat, wird auf Antrag eines Beteiligten durch das Gericht des ersten Rechtszugs festgesetzt. [2]Auf Antrag ist auszusprechen, dass die festgesetzten Kosten und Auslagen von der Anbringung des Festsetzungsantrags an zu verzinsen sind. [3]Auf die Höhe des Zinssatzes, das Verfahren und auf die Vollstreckung der Entscheidung sind die Vorschriften der Zivilprozessordnung entsprechend anzuwenden. [4]Abweichend von § 311 Absatz 2 beträgt die Frist zur Einlegung der sofortigen Beschwerde zwei Wochen. [5]Zur Bezeichnung des Nebenklägers kann im Kostenfestsetzungsbeschluss die Angabe der vollständigen Anschrift unterbleiben.

S.a. RiStBV Nr. 145

Übersicht

A. Bedeutung der Vorschrift. Da die gerichtliche Kosten- und Auslagenentscheidung immer nur eine Entscheidung dem Grunde nach darstellt, ist die Höhe der Kosten und notwendigen Auslagen, die ein Beteiligter einem anderen zu erstatten hat, in einem gesonderten Verfahren zu ermitteln. Das Kostenfestsetzungsverfahren gem. § 464b legt die notwendigen Auslagen eines Beteiligten nach Maßgabe der gerichtlichen Auslagenentscheidung betragsmäßig fest und schafft insoweit einen vollstreckbaren Titel gem. § 794 Abs. 1 Nr. 2 ZPO. Von § 464b werden nur die notwendigen Auslagen eines Beteiligten i.S.d. § 464a Abs. 2 erfasst. Die Kosten des Verfahrens gem. § 464a Abs. 1, d.h. die Gebühren und Auslagen der Staatskasse werden im Kostenansatzverfahren nach § 19 Abs. 2 GKG, §§ 4 ff. KostVfg festgesetzt. Auch die Pflichtverteidigergebühren sind Teil der Kosten des Verfahrens (§ 464a Rn. 5). Sie fallen daher nicht unter § 464b, für sie gilt vielmehr § 55 RVG. Die Kostenfestsetzung wird gem. Satz 3 nach den Vorschriften der ZPO durchgeführt, d.h. sie richtet sich nach den §§ 104 ff. ZPO. 1

B. Grundlage für die Kostenfestsetzung. Grundlage für die Kostenfestsetzung ist das Vorliegen einer rechtskräftigen Kostengrundentscheidung, nicht jedoch ein im Privatklageverfahren geschlossener gerichtlicher Vergleich über die Erstattung von Gebühren und Auslagen. Dieser stellt keine Entscheidung gem. § 464 Abs. 1, Abs. 2 dar (LG Marburg, JurBüro 1981, 239; LR/*Hilger*, § 464b Rn. 3; Meyer-Goßner/*Schmitt*, § 464b Rn. 1; KK-StPO/*Gieg*, § 464b Rn. 2; AG Neunkirchen, AnwBl. 1976, 183). Die in einem Einstellungsbeschluss gem. § 153a enthaltene Auflage, die Kosten des Nebenklägers zu erstatten, ist unzulässig. Der Beschluss ist daher keine zur Kostenfestsetzung geeignete Grundentscheidung (OLG Frankfurt, MDR 1980, 515). Die rechtskräftige Kostengrundentscheidung ist im Kostenfestsetzungsverfahren rechtlich bindend und daher grds. uneingeschränkt und ohne Änderung zugrunde zu legen. Dies gilt auch, wenn sie inhaltlich fehlerhaft (OLG Celle, NJW 1971, 1905; OLG Saarbrücken, NJW 1973, 1943) oder gesetzeswidrig ist (LG Hanau, Rpfleger 2000, 183, 184; LG Saarbrücken, NStZ-RR 2001, 383) oder bei Verstoß gegen § 467 Abs. 5 (OLG Karlsruhe, JurBüro 1988, 1073 m. abl. Anm. *Mümmler*). Bei Unklarheiten ist jedoch eine Auslegung zulässig (OLG Düsseldorf, JurBüro 2000, 144; LR/*Hilger*, § 464b Rn. 3; KK-StPO/*Gieg*, § 464b Rn. 2). 2

C. Verfahren. Auf das Verfahren sind gem. § 464b Satz 3 die Vorschriften der Zivilprozessordnung entsprechend anzuwenden. Die Kostenfestsetzung erfolgt gem. § 464b Satz 1 nur auf Antrag eines Beteiligten. Der Antrag ist nicht fristgebunden (LR/*Hilger*, § 464b Rn. 3; KK-StPO/*Gieg*, § 464b Rn. 3; LG Nürnberg-Fürth, AnwBl. 1973, 28). Er muss die Kostenberechnung enthalten, die einzelnen Ansätze sind glaubhaft zu machen. Antragsberechtigt sind der Erstattungsberechtigte, der Erstattungspflichtige sowie deren Rechtsnachfolger (KK-StPO/*Gieg*, § 464b Rn. 3). Der Erstattungsanspruch ist weiterhin abtretbar und vererblich (OLG Koblenz, Rpfleger 1974, 403; OLG Hamm, AnwBl. 1979, 237). Das Betragsverfahren nach § 464b gehört nicht mehr zum Strafverfahren (LG Krefeld, MDR 1980, 248), sodass der Verteidiger, der den Antrag für den Angeklagten stellt, hierfür grds. eine gesonderte Vollmacht benötigt (Meyer-Goßner/*Schmitt*, § 464b Rn. 2). Sie kann jedoch zusammen mit der Vollmacht für das Strafverfahren erteilt werden. Ob das Kostenfestsetzungsverfahren von der erteilten Vollmacht mit umfasst wird, ist durch Auslegung zu ermitteln (OLG München, Rpfleger 1968, 32; LR/*Hilger*, § 464b Rn. 5). Zuständig für die Kostenfestsetzung ist gem. §§ 103 Abs. 2 Satz 1, 104 Abs. 1 Satz 1 ZPO, § 21 Abs. 1 Nr. 1 RPflG der Rechtspfleger des Gerichts des ersten Rechtszugs, bei Zurückverweisung an ein anderes Gericht nach § 354 Abs. 2 Satz 1 der Rechtspfleger des zuerst mit dem Verfahren befassten Gerichts (BGH, NStZ 1991, 145; OLG Brandenburg, NStZ-RR 2010, 263). Auch nach erfolgreichem Wiederaufnahmeverfahren ist das Gericht des ersten Rechtszugs das zuerst mit dem Verfahren befasste Gericht und mithin zuständig (OLG Hamm, NStZ-RR 2008, 128). Der Rechtspfleger prüft die Notwendigkeit der Auslagen i.S.d. § 464a Abs. 2 und ist berechtigt, die vom Verteidiger nach § 14 RVG angesetzte Rahmengebühr herabzusetzen, wenn sie unbillig hoch ist (Meyer-Goßner/*Schmitt*, § 464b Rn. 3). Die Kostenfestsetzungsentscheidung ergeht durch Beschluss nach Anhörung des Antragsgegners (OLG Nürnberg, Rpfleger 1999, 483; OLG Frankfurt, JurBüro 1999, 255). Ist Antragsgegner die Staatskasse, so wird die Gewährung rechtlichen Gehörs dadurch gewährleistet, dass dem Bezirksrevisor Gelegenheit zur Stellungnahme gegeben wird (Nr. 145 Abs. 1 RiStBV). Die Stellungnahme des Bezirksrevisors ist für den Rechtspfleger jedoch nicht bindend (KK-StPO/*Gieg*, § 464b Rn. 3; LR/*Hilger*, § 464b Rn. 8; a.A. LG Essen, Rpfleger 1992, 363). Dieser entscheidet vielmehr in eigener Verantwortung. Der Kostenfestsetzungsbeschluss ist gem. § 34 jedenfalls dann zu begründen, soweit dem Antrag nicht entsprochen wird oder er nicht im Einverständnis der Verfahrensbeteiligten ergeht (OLG Düsseldorf, JurBüro 1981, 1540; OLG Frankfurt, JurBüro 1999, 483; LG Krefeld, MDR 1981, 606). Der Rechtspfleger ist an den gestellten Antrag gebunden (§ 308 Abs. 1 ZPO). Streitig ist, ob trotz Bindung an den Gesamtbetrag einzelne Rechnungsposten ausgeglichen werden dürfen (so OLG Oldenburg, JurBüro 1978, 1811; LG Flensburg, JurBüro 1977, 677; LR/*Hilger*, § 464b Rn. 8; a.A. OLG Düsseldorf, Rpfleger 2004, 120 ff.). Wird eine niedrigere Gebühr als die vom RA beantragte anerkannt, so berührt das den Gebührenanspruch des RA 3 gegen seinen Mandanten nicht (BGH, MDR 1973, 308). Höhere als die entstandenen Auslagen dürfen nicht festgesetzt werden (BVerfG, NJW 1983, 809). Eine Auslagenverteilung hat nach den in der Kostengrundentscheidung vorgesehenen Bruchteilen zu erfolgen. Nicht oder nur schwer trennbare Auslagen können bei der Kostenfestsetzung nach Bruchteilen gem. § 464d festgesetzt werden, falls die Kostengrundentscheidung keine entsprechende Verteilung getroffen hat. § 464d gilt insoweit auch für den Rechtspfleger im Kostenfestsetzungsverfahren (OLG Köln, NStZ-RR 2004, 384; LG Hamburg, Rpfleger 2000, 296). Nach § 104 Abs. 1 ZPO ist der Beschluss dem Gegner des Antragstellers förmlich zuzustellen, dem Antragsteller nur, soweit seinem Antrag nicht stattgegeben wird. Eine Rechtsbehelfsbelehrung ist gem. § 35a geboten (LG Frankenthal, JurBüro 1991, 716; LR/*Hilger*, § 464b Rn. 8).

4 Nach § 464b Satz 2 ist auf Antrag auszusprechen, dass der festgesetzte Betrag von der Anbringung des Festsetzungsantrags an **zu verzinsen** ist. Auch insoweit gelten die Vorschriften der ZPO. Die Höhe der Zinsen bemisst sich somit nach § 104 Abs. 1 Satz 2 ZPO, § 247 BGB und beträgt derzeit 5 €% über dem Basiszinssatz. Frühester Beginn der Verzinsung ist die Rechtskraft der Auslagengrundentscheidung, soweit der Festsetzungsantrag bereits vor ihrer Rechtskraft angebracht wird (LR/*Hilger*, § 464b Rn. 7; KK-StPO/*Gieg*, § 464b Rn. 3; LG Frankenthal, JurBüro 1984, 723). Satz 4 wurde eingefügt mit Gesetz zur Stärkung der Opferrechte im Strafverfahren (3. Opferrechtsreformgesetz) vom 21.12.2015 (BGBl. 2015 I 2525).

5 **D. Rechtsbehelfe.** Gegen die Entscheidung des Rechtspflegers ist gem. § 464b Satz 3, § 104 Abs. 3 Satz 1 ZPO, § 11 Abs. 3 RPflG die **sofortige Beschwerde** zulässig. Der Kostenfestsetzungsbeschluss ist wie jede andere mit einem Rechtsmittel anfechtbare Entscheidung zu begründen.
Durch das Gesetz zur effektiveren und praxistauglicheren Ausgestaltung des Strafverfahrens vom 17.08.2017 wurde S. 4 der Bestimmung neu eingefügt. Die Frist zur Einlegung der sofortigen Beschwerde wird nunmehr -abweichend von § 311 Abs. 2 und der dort im Beschwerdeverfahren vorgesehenen Wochenfrist – ausdrücklich auf zwei Wochen festgesetzt. Damit wurde die früher umstrittene Frage, ob im Beschwerdeverfahren vorrangig die Grundsätze der StPO gelten und mithin die Wochenfrist des § 311 Abs. 2 (so BGH, NJW 2003, 763; OLG Koblenz, NJW 2005, 917; OLG Karlsruhe, NStZ-RR 2000, 254; KK-StPO/*Gieg*, § 464b Rn. 4) oder ob in Anlehnung an § 577 Abs. 2 ZPO eine Beschwerdefrist von 2 Wochen anzunehmen ist (so OLG Düsseldorf, NStZ 2003, 324 ff.; LR/*Hilger*, § 464b Rn. 9) zugunsten der zivilprozessualen Bestimmung gelöst. Bei einer bezüglich der Rechtsmittelfrist unzutreffenden Belehrung ist von Amts wegen Wiedereinsetzung in den vorigen Stand zu gewähren (OLG Hamm StRR 2012, 438). Für die Entscheidung des Rechtspflegers gilt weiterhin § 311 Abs. 3 Satz 1 und nicht § 572 Abs. 1 Satz 2 ZPO. Außer im Fall des § 311 Abs. 3 Satz 2 kann der Rechtspfleger mithin der Beschwerde nicht abhelfen (str., so OLG Hamm, NJW 1999, 3726). Der Wert des Beschwerdegegenstandes muss weiterhin die in § 304 Abs. 3 genannte Grenze übersteigen. Wegen § 13 RPflG gilt der in § 78 ZPO vorgesehen Anwaltszwang auch vor dem LG nicht (OLG Düsseldorf, NStZ 2003, 324).

6 Eine **Wiedereinsetzung in den vorigen Stand** wegen Vertreterverschuldens kommt im Kostenfestsetzungsverfahren nicht in Betracht. Zwar hat der Angeklagte zur Vermeidung ungerechtfertigten Bestrafung nicht für das Verschulden seines Verteidigers einzustehen, sodass ihm in diesem Fall grds. auch Wiedereinsetzung in den vorigen Stand zu gewähren ist (BVerfG, NJW 1994, 1856). Dies gilt jedoch nicht, soweit lediglich Kosten und Auslagen betroffen sind, da bei derartigen wirtschaftlichen Fragen eine geringere Schutzwürdigkeit des Angeklagten sowie der anderen Beteiligten anzunehmen ist (OLG Düsseldorf, NJW 1989, 242). Der jeweilige Antragsteller muss sich daher ein Verschulden seines Verteidigers bzw. Vertreters zurechnen lassen.

7 Aufgrund der vorrangigen Anwendung der Bestimmungen der StPO gilt weiterhin für die sofortige Beschwerde auch nicht das in § 308 Abs. 1 ZPO vorgesehene Verschlechterungsverbot. Vielmehr ist nach den Grundsätzen der §§ 331, 358 Abs. 2 i.R.d. Kostenfestsetzungsverfahrens durchaus eine **reformatio in peius** möglich (Düsseldorf, MDR 1991, 370; Karlsruhe, MDR 1986, 694; KMR/*Stöckel*, § 464b Rn. 23; a.A. KK-StPO/*Gieg*, § 464b Rn. 4; LR/*Hilger*, § 464b Rn. 11; LG Düsseldorf, JurBüro 1983, 887).

8 I.R.d. Beschwerdeverfahrens erfolgt lediglich eine Überprüfung der Entscheidung des Rechtspflegers. Ein Antrag auf weitere Kostenerstattung, über den der Rechtspfleger noch nicht entschieden hat, kann i.R.d. sofortigen Beschwerde nicht nachgeschoben werden. Eine **Nachforderung** ist insoweit erst nach rechtskräftigem Abschluss des Kostenfestsetzungsverfahrens zulässig (OLG Hamburg, NJW 1975, 2183, 2185; Meyer-Goßner/*Schmitt*, § 464b Rn. 9).

9 Auch die Entscheidung über die sofortige Beschwerde muss eine **Kostenentscheidung** treffen, für die § 467 Abs. 1 entsprechend bzw. § 473 gilt (Meyer-Goßner/*Schmitt*, § 464b Rn. 10). Wurden die Kosten des Nebenklägers vom Rechtspfleger zu gering festgesetzt, so können Kosten und notwendige Auslagen insoweit der Staatskasse überbürdet werden (LG Hanau, JurBüro 1983, 735; a.A. Meyer-Goßner/*Schmitt*, § 464b Rn. 10).

Eine weitere Beschwerde gegen die Entscheidung des LG ist ausgeschlossen (OLG Koblenz, Rpfleger 1989, 78). Die §§ 574 ff. ZPO kommen nicht zur Anwendung.

§ 464c Kosten bei Bestellung eines Dolmetschers oder Übersetzers für den Angeschuldigten

Ist für einen Angeschuldigten, der der deutschen Sprache nicht mächtig, hör- oder sprachbehindert ist, ein Dolmetscher oder Übersetzer herangezogen worden, so werden die dadurch entstandenen Auslagen dem Angeschuldigten auferlegt, soweit er diese durch schuldhafte Säumnis oder in sonstiger Weise schuldhaft unnötig verursacht hat; dies ist außer im Falle des § 467 Abs. 2 ausdrücklich auszusprechen.

1 Zur Gewährleistung des Rechts auf ein faires Verfahren gem. Art. 6 EMRK ist der Beschuldigte, der der deutschen Sprache nicht mächtig, stumm oder taub ist, grds. von den im Strafverfahren anfallenden **Dolmetscher- und Übersetzerkosten** freizustellen. § 464c postuliert diesen Grundsatz im Wege eines Umkehrschlusses, indem er dem Angeschuldigten diese Kosten ausnahmsweise auferlegt, soweit er diese durch schuldhafte Säumnis oder in sonstiger Weise schuldhaft unnötig verursacht hat. Die Bestimmung ist mit Art. 6 EMRK vereinbar (EuKomMR, EuGRZ 1989, 329) und Ausdruck des Verschuldensprinzips. § 464c findet nach zutreffender Auffassung entsprechende Anwendung bei notwendiger Übersetzung der gesamten ausländischen Verfahrensakte für einen Angeschuldigten, dessen Verfahren nach Deutschland abgegeben wurde (LG Trier, NStZ-RR 2009, 159).

2 § 464c spricht vom Angeschuldigten (§ 157), die Vorschrift kommt mithin erst **nach Anklageerhebung** zum Tragen und ist im Ermittlungsverfahren nicht anwendbar (LK/*Hilger*, § 464c Rn. 2; KMR/*Stöckel*, § 464c Rn. 2). Wird der Angeschuldigte freigesprochen, die Eröffnung des Hauptverfahrens gegen ihn abgelehnt oder das Verfahren nach Anklageerhebung eingestellt, greift hinsichtlich der durch seine schuldhafte Säumnis entstandenen Kosten bereits § 467 Abs. 2 ein. § 464c stellt zum einen klar, dass auch die Dolmetscher- und Übersetzerkosten als Teil der Säumniskosten anzusehen sind und bestimmt zum anderen ergänzend, dass der Angeschuldigte diese Kosten auch bei sonstigem schuldhaftem Fehlverhalten zu tragen hat.

3 Unbeschadet von Hs. 2 erfordert § 464c jedoch eine **ausdrückliche Entscheidung** hinsichtlich der Dolmetscher- und Übersetzerkosten, andernfalls sind diese von der Staatskasse zu tragen OLG Jena, STRR 2012, 123; AK-StPO/*Degener*, § 464c Rn. 3; *Pfeiffer*, § 464c Rn. 3). Die Einschränkung des Hs. 2 bedeutet insoweit lediglich, dass die Kostenentscheidung nach § 467 Abs. 2 ohne Weiteres auch die Dolmetscher- und Übersetzerkosten umfasst, ohne dass dies ausdrücklich ausgesprochen werden muss (LR/*Hilger*, § 464c Rn. 6; KK-StPO/*Gieg*, § 464c Rn. 4).

4 Für die Frage, wann eine **schuldhafte Säumnis** des Angeschuldigten vorliegt, ist auf die Erläuterungen zu § 467 zu verweisen (§ 467 Rn. 6). Daneben hat der Angeschuldigte die Dolmetscher- und Übersetzerkosten auch zu tragen, soweit er sie **in sonstiger Weise schuldhaft** unnötig verursacht hat. Ein sonstiges schuldhaftes Verhalten ist z.B. gegeben, wenn der Angeschuldigte wahrheitswidrig vortäuscht, einen Dolmetscher oder Übersetzer zu benötigen oder wahrheitswidrige Angaben hinsichtlich der von ihm beherrschten Sprache macht (Meyer-Goßner/*Schmitt*, § 464c Rn. 4; KK-StPO/*Gieg*, § 464c Rn. 3). **Unnötig** verursacht sind die Kosten, wenn sie ohne schuldhafte Säumnis bzw. sonstiges schuldhaftes Fehlverhalten nicht entstanden wären. Hieran fehlt es, wenn die Hauptverhandlung dennoch durchgeführt werden kann (§§ 231 Abs. 2, 231a, 231b, 232, 411 Abs. 2, 329 Abs. 2), d.h. keine Verzögerung eintritt, oder die gegenständlichen Kosten auch bei Anwesenheit des Angeschuldigten entstanden wären (KMR/*Stöckel*, § 464c Rn. 3).

§ 464d Verteilung der Auslagen nach Bruchteilen

Die Auslagen der Staatskasse und die notwendigen Auslagen der Beteiligten können nach Bruchteilen verteilt werden.

1 Die durch das KostRÄndG 1994 v. 24.06.1994 (BGBl. I, S. 1325) aus Vereinfachungsgründen eingeführte Regelung erlaubt nunmehr ausdrücklich auch eine Aufteilung der Auslagen nach Bruchteilen. Dies war nach früherer Rspr. nur zulässig, wenn die fraglichen Auslagen nicht oder nur schwer trennbar waren (BGHSt 25, 109). Nunmehr steht es im Ermessen des Gerichts, die Auslagenverteilung mittels einer abstrakten Grundentscheidung nach der Differenzmethode oder nach Bruchteilen vorzunehmen. Hierdurch soll insb. in einfachen und leicht überschaubaren Fällen eine schnelle und angemessene Kostenverteilung durchgeführt werden können (OLG Köln, NStZ-RR 2004, 384; KMR/*Stöckel*, § 464c Rn. 4; Meyer-Goßner/*Schmitt*, § 464c Rn. 1).

2 Anwendungsfälle sind die §§ 465 Abs. 2, 467a Abs. 2, 468, 469 Abs. 1, 470 Satz 2, 471 Abs. 3, 472 Abs. 1 Satz 2, Abs. 2, Abs. 3, 472a Abs. 2, 472b Abs. 1 Satz 2, Abs. 3, 473 Abs. 4.

3 Eine Bruchteilsentscheidung ist auch im Kostenfestsetzungsverfahren nach § 464b möglich, § 464d ist insoweit auch im Kostenfestsetzungsverfahren durch den Rechtspfleger anwendbar (OLG Köln, NStZ-RR 2004, 384; § 464b Rdn. 3).

Trifft das Gericht bei der Kostenentscheidung jedoch keine Verteilung der Auslagen nach Bruchteilen, ist eine hiergegen eingelegte sofortige Beschwerde mangels Beschwer unzulässig. Eine Verteilung der Auslagen nach Bruchteilen steht vielmehr im pflichtgemäßen Ermessen des Gerichts (OLG Karlsruhe, Beschluss vom 16.02.2017, 2 Ws 34/17)

§ 465 Kostentragungspflicht des Verurteilten

(1) [1]Die Kosten des Verfahrens hat der Angeklagte insoweit zu tragen, als sie durch das Verfahren wegen einer Tat entstanden sind, wegen derer er verurteilt oder eine Maßregel der Besserung und Sicherung gegen ihn angeordnet wird. [2]Eine Verurteilung im Sinne dieser Vorschrift liegt auch dann vor, wenn der Angeklagte mit Strafvorbehalt verwarnt wird oder das Gericht von Strafe absieht.

(2) [1]Sind durch Untersuchungen zur Aufklärung bestimmter belastender oder entlastender Umstände besondere Auslagen entstanden und sind diese Untersuchungen zugunsten des Angeklagten ausgegangen, so hat das Gericht die entstandenen Auslagen teilweise oder auch ganz der Staatskasse aufzuerlegen, wenn es unbillig wäre, den Angeklagten damit zu belasten. [2]Dies gilt namentlich dann, wenn der Angeklagte wegen einzelner abtrennbarer Teile einer Tat oder wegen einzelner von mehreren Gesetzesverletzungen nicht verurteilt wird. [3]Die Sätze 1 und 2 gelten entsprechend für die notwendigen Auslagen des Angeklagten. [4]Das Gericht kann anordnen, dass die Erhöhung der Gerichtsgebühren im Fall der Beiordnung eines psychosozialen Prozessbegleiters ganz oder teilweise unterbleibt, wenn es unbillig wäre, den Angeklagten damit zu belasten.

(3) Stirbt ein Verurteilter vor eingetretener Rechtskraft des Urteils, so haftet sein Nachlass nicht für die Kosten.

Übersicht

1 **A. Die Kostentragungspflicht bei Verurteilung.** Die Kostentragungspflicht des Angeklagten bei Verurteilung folgt aus dem Veranlassungsprinzip und ist verfassungsgemäß (BVerfG NJW 1965, 387; BVerfGE 31, 137). Der Angeklagte hat in den Fällen des Abs. 1 immer auch seine notwendigen Auslagen zu tragen. Eine besondere Regelung ist insoweit nicht erforderlich, da die notwendigen Auslagen immer denjenigen treffen, dem sie entstanden sind, soweit keine ausdrückliche anderweitige Überbürdungsentscheidung getroffen wird (LR/*Hilger* § 465 Rn. 1). § 465 gilt auch im Vollstreckungsverfahren. Kostenpflichtige Entscheidungen i.R.d. Strafvollstreckung, die lediglich als Nachwirkung des ergangenen Urteils einschließlich der dort angeordneten Kostenfolge ergehen, richten sich daher gleichfalls nach § 465 (OLG Karlsruhe NStZ 1998, 272). Aufwendungen für Drogenscreenings sind keine Kosten der Vollstreckung i.S. von § 464a Abs. 1 Satz 2, sondern Kosten des Verfahrens, weil Weisungen gem. § 68b StGB nicht vollstreckt werden können (OLG München NStZ-RR 2012, 324). Über die Kostentragung betreffend Drogenscreenings wird vielmehr im Wege einer Annexentscheidung zur Weisungsanordnung nach § 68b Abs. 1 Nr. 10 StGB entschieden (OLG München aaO; OLG Bremen NSZ 2011, 26; OLG Nürnberg OLGSt StPO § 453 Nr. 11).

2 **B. Voraussetzungen der Kostentragungspflicht. I. Verurteilung oder Anordnung einer Maßregel.** Eine Verurteilung i.S.d. § 465 Abs. 1 ist gegeben, wenn das Urteil eine Schuldfeststellung trifft und eine der in §§ 38 ff. StGB gesetzlich vorgesehenen Rechtsfolgen verhängt wird (BGHSt 14, 391, 393). Eine Verurteilung liegt auch vor, wenn für die Begehung einer Jugendstraftat die im JGG vorgesehenen Ahndungsmöglichkeiten verhängt werden. Zu nennen sind hier Erziehungsmaßnahmen gem. §§ 9 ff. JGG, Zuchtmittel gem. §§ 13 ff. JGG, die Verurteilung zu einer Jugendstrafe gem. §§ 21 ff. JGG sowie die Aussetzung der Verhängung der Jugendstrafe gem. § 27 JGG. Der Verurteilung gleichgestellt ist die Anordnung einer Maßregel der Besserung und Sicherung gem. §§ 61 bis 72 StGB, auch wenn der Angeklagte gleichzeitig wegen Schuldunfähigkeit freigesprochen wird (OLG Oldenburg NJW 1964, 2439) bzw. die selbstständige Anordnung der Maßregel im Sicherungsverfahren gem. §§ 413 ff. erfolgt (KK-StPO/*Gieg* § 465 Rn. 2; LR/*Hilger* § 465 Rn. 5). Dem-

gegenüber führt die Anordnung anderer Maßnahmen gem. § 11 Abs. 1 Nr. 8 neben einem Freispruch nicht zu einer Kostentragungspflicht des Angeklagten. Bei Anordnung der Einziehung (§ 74 StGB) oder der ihr gem. § 442 Abs. 1 gleichstehenden Nebenfolgen wie Verfall, Vorbehalt der Einziehung, Vernichtung, Unbrauchbarmachung oder Beseitigung eines gesetzeswidrigen Zustands im selbstständigen Verfahren nach § 440 ist § 465 Abs. 1 daher nicht anwendbar (Meyer-Goßner/*Schmitt* § 472b Rn. 4; HK-StPO/*Krehl* § 465 Rn. 2). Die Kosten des Verfahrens trägt hier grds. die Staatskasse, soweit sie nicht gem. der Sonderregelung des § 472b einem Nebenbeteiligten auferlegt werden. Eine Verurteilung ist nach § 465 Abs. 1 Satz 2 schließlich auch zu bejahen bei Verwarnung mit Strafvorbehalt gem. § 59 StGB sowie bei Absehen von Strafe gem. § 60 StGB.

II. Umfang der Kostentragungspflicht. Die Pflicht zur Tragung der Kosten des Verfahrens erstreckt sich auf die Kosten des gesamten Verfahrens wegen der Tat, derentwegen eine Verurteilung oder die Anordnung einer Maßregel der Besserung und Sicherung erfolgte. Der Begriff der Tat bestimmt sich nach § 264 (OLG Zweibrücken, MDR 1966, 351; LR/*Hilger* § 465 Rn. 6; Meyer-Goßner/*Schmitt* § 465 Rn. 3). Das gesamte Strafverfahren bildet eine Einheit, sodass die Kostenlast des Verurteilten insb. auch die Kosten mehrerer Hauptverhandlungstage sowie die Kosten aller durchlaufenen Rechtszüge umfasst (BGHSt 18, 231; BGH NStZ 1987, 86; LR/*Hilger* § 465 Rn. 6; Meyer-Goßner/*Schmitt* § 465 Rn. 3). Den Verurteilten trifft das Kostenrisiko fehlerhafter Entscheidungen eines Gerichts, insb. das Risiko eines zwar vorläufig erfolgreichen, letztlich aber erfolglosen Rechtsmittels (BGHSt 13, 311; BGH NStZ 1982, 80; NStZ-RR 1999, 63; 2006, 32; OLG Köln BeckRS 2012, 07648). Soweit der Angeklagte zunächst freigesprochen und erst in der Rechtsmittelinstanz verurteilt wird, trägt er die gesamten Verfahrenskosten (OLG Stuttgart, Justiz 1987, 160; OLG Düsseldorf JurBüro 1992, 255; LR/*Hilger* § 465 Rn. 6). 3

III. Einschränkungen. Gem. § 21 Abs. 1 Satz 1 GKG dürfen Kosten, die auf eine **unrichtige Sachbehandlung** zurückzuführen sind, nicht erhoben werden. Eine unrichtige Sachbehandlung ist jedoch nicht schon bei jedem Verfahrensverstoß, sondern nur dann zu bejahen, wenn das Gericht gegen eindeutige gesetzliche Normen verstoßen hat und dieser Verstoß offen zutage tritt oder ein offensichtliches Versehen vorliegt (LG Osnabrück NStZ-RR 1996, 192; LR/*Hilger* § 465 Rn. 14). Von der Erhebung von Kosten ist hiernach nur dann abzusehen, wenn diese durch schwere Verfahrensfehler verursacht worden sind. Dies ist bspw. zu bejahen bei unrichtiger Besetzung des Gerichts (BGH NStZ 1989, 191; NStZ-RR 2001, 135), Verletzung des rechtlichen Gehörs (BGH NJW 1979, 1834) oder Anklage zum falschen Gericht (BGH 15.08.2001 – 3 StR 263/01). Demgegenüber rechtfertigt nicht schon jede Aufhebung einer Entscheidung oder Zurückverweisung an ein anderes Gericht die Anwendung von § 21 Abs. 1 Satz 1 GVG. Unterschiedliche Sachentscheidungen bei Durchlaufen mehrerer Rechtszüge gehören vielmehr zum allgemeinen Kostenrisiko des Verurteilten, das nicht über § 21 Abs. 1 Satz 1 GKG ausgeschlossen werden kann. Dem Angeklagten bleibt es in diesem Fall unbenommen, im Wege des Zivilprozesses Schadensersatzansprüche wegen Amtspflichtverletzung (Art. 34 GG, § 839 BGB) geltend zu machen (BGH GA 1982, 324; OLG Koblenz NStZ 1989, 45). § 21 Abs. 1 Satz 1 GKG erfasst nur die Verfahrenskosten, nicht jedoch die notwendigen Auslagen des Angeklagten. Diese hat er auch bei unrichtiger Sachbehandlung selbst zu tragen (BGH NStZ 1989, 191; BGH NStZ-RR 2001, 135). Die Anordnung der Nichterhebung von Kosten gem. § 21 Abs. 1 Satz 1 GKG erfolgt durch das Gericht. Sie kann bereits in der Kostenentscheidung oder aber im Kostenansatzverfahren angeordnet werden (BGH DAR 1999, 208; Meyer-Goßner/*Schmitt* § 465 Rn. 11). Gegen das Unterlassen der Anordnung der Nichterhebung von Kosten ist die Erinnerung nach § 66 GKG möglich. Eine sofortigen Beschwerde nach § 464 Abs. 3 kommt demgegenüber nicht in Betracht (OLG Düsseldorf, VRS 80, 40) und ist entsprechend in einen Antrag nach §§ 21, 66 GKG umzudeuten (Meyer-Goßner/*Schmitt* § 465 Rn. 11). Die Nichterhebung von Kosten kann vom Beschwerdegericht auch für die Vorinstanz angeordnet werden (BGHZ 27, 163, 164, 171; BGH NStZ 1989, 191). 4

Besonderheiten gelten weiterhin bei der **Anwendung von Jugendstrafrecht**. Hier kann das Gericht gem. §§ 74, 109 Abs. 2 JGG aus erzieherischen Gründen davon absehen, dem Angeklagten die Kosten des Verfahrens und die Auslagen anderer Beteiligter aufzuerlegen. Zweck der Regelung ist es, den Jugendlichen oder ihm gleichzustellenden Heranwachsenden vor einer zusätzlichen Belastung zu schützen, die er mit den ihm selbstständig zur Verfügung stehenden wirtschaftlichen Mitteln oftmals nicht bewältigen kann (*Eisenberg* § 74 JGG Rn. 8). Soweit es hiernach zu einer Freistellung kommt, hat die Staatskasse die Verfahrenskosten zu tragen. Seine eigenen notwendigen Auslagen hat der Angeklagte jedoch nach überwiegender Auffassung auch in diesen Fällen immer selbst zu tragen (BGH NStZ 1989, 239 m. abl. Anm. *Brunner*; BGH 25.07.2000 – 4 StR 229/00; BGH 09.08.2001 – 4 StR 115/01; OLG Zweibrücken, 09.01.1991, 1 Ws 634/90; OLG Düsseldorf, MDR 1991, 561; *Böhm* NStZ 1991, 522, 524; a.A. *Mellinghoff* NStZ 1982, 405 ff. m.w.N. zur Gegenmeinung). Ein ausdrücklicher Ausspruch ist insoweit nicht erforderlich, da die Auslagen von dem zu tragen sind, dem sie entstanden sind, soweit keine ausdrückliche anderweitige Überbürdung erfolgt. 5

6 Eine weitere Einschränkung ergibt sich im Fall einer **Kostentragungspflicht Dritter.** Soweit ein Teil der Verfahrenskosten gem. §§ 51 Abs. 1 Satz 1, 70 Abs. 1 Satz 1, 77 Abs. 1 Satz 1, 81c Abs. 6 Satz 1, 138c Abs. 6 Satz 1, 145 Abs. 4, 161a Abs. 2 Satz 1 oder gem. § 56 GVG einem Dritten auferlegt wird, sind sie von der Ersatzpflicht des Verurteilten ausgenommen (BGHSt 10, 126). Ausreichend für einen solchen Haftungsausschluss ist nach herrschender Meinung ein Hinweis in den Urteilsgründen. Eine entsprechende Einschränkung der Kostentragungspflicht des Verurteilten ergibt sich insoweit aus dem zugrunde liegenden Kostenbeschluss. Sie muss daher nach herrschender Meinung nicht nochmals gesondert in der Kostenentscheidung selbst zum Ausdruck kommen (BGHSt 43, 146, 148 unter Aufgabe von BGHSt 10, 126, 128; BGH NStZ-RR 1998, 253; KK-StPO/*Gieg* § 465 Rn. 3). Ein Anspruch auf entsprechende Ergänzung der Kostenentscheidung besteht nicht (OLG Dresden NStZ-RR 2000, 30, 31). Demgegenüber wird teilweise aus Gründen der Rechtssicherheit und Rechtsklarheit gefordert, eine Beschränkung der Kostenschuld des Verurteilten in der Urteilsformel auszusprechen (LR/*Hilger* § 465 Rn. 12). Die Kostentragungspflicht des Verurteilten lebt wieder auf, wenn die den Dritten belastende Kostenentscheidung nachträglich aufgehoben wird. Dem Angeklagten steht daher gegen den aufhebenden Beschluss das Recht der Beschwerde gem. § 304 zu (OLG Düsseldorf VRS 87, 437; KK-StPO/*Gieg* § 465 Rn. 3).

7 Nach der **Ausnahmebestimmung des § 465 Abs. 2 Satz 1** können schließlich besondere Auslagen, die für Untersuchungen belastender oder entlastender Umstände entstanden sind, teilweise oder ganz der Staatskasse auferlegt werden, wenn die fraglichen Untersuchungshandlungen zugunsten des Angeklagten ausgegangen sind und es unbillig wäre, sie dem Angeklagten aufzubürden.

8 **Untersuchungshandlungen** sind alle Aufklärungsmaßnahmen, insb. Sachverständigengutachten, Blutproben oder Zeugenaussagen (HK-StPO/*Krehl* § 465 Rn. 4). Als besondere Auslagen i.S.d. Vorschrift sind generell alle Mehrkosten zur Aufklärung von Umständen zu verstehen, die zugunsten des Angeklagten ausgegangen sind (BGHSt 25, 109, 115). § 465 Abs. 2 setzt voraus, dass Auslagen für die Aufklärung eines Tatvorwurfs entstanden sind, der sich aufgrund der durchgeführten Untersuchungsmaßnahmen nicht aufrechterhalten lässt. Die Regelung soll Unbilligkeiten in den Fällen vermeiden, in denen ein Freispruch aus Rechtsgründen nicht in Betracht kommt, weil dem Angeklagten nur eine Tat i.S.d. § 264 zur Last liegt. Das kann der Fall sein bei Anklage wegen einer Verkehrsstraftat und Verurteilung nur wegen einer Ordnungswidrigkeit (OLG Celle, MDR 1972, 439; Düsseldorf JurBüro 1985, 898).

9 **Unbilligkeit** ist anzunehmen, wenn sich die entstandenen Auslagen rechnerisch leicht und eindeutig ausscheiden lassen und einen Umstand betreffen, der für die Höhe der ausgesprochenen Strafe von erheblicher Bedeutung war. § 465 Abs. 2 gilt auch im Sicherungsverfahren, auch wenn § 414 eine Teilablehnung von Anträgen im Sicherungsverfahren nicht vorsieht (OLG München NStZ-RR 2012, 262). Fallen die fraglichen Auslagen demgegenüber im Verhältnis zu den infolge der Verurteilung des Angeklagten entstandenen Auslagen kaum ins Gewicht, so ist in der Regel nicht von Unbilligkeit auszugehen (LR/*Hilger* § 465 Rn. 24; HK-StPO/*Krehl* § 465 Rn. 5).

10 Gem. § 465 Abs. 2 Satz 2 kommt eine Überbürdung der besonderen Auslagen insb. beim so genannten **fiktiven Teilfreispruch** in Betracht. In diesem Fall sind Untersuchungshandlungen im Hinblick auf einzelne abtrennbare Teile einer Tat oder wegen einzelner von mehreren Gesetzesverletzungen zwar zugunsten des Angeklagten ausgegangen, ein Teilfreispruch kann aber nicht erfolgen, da die nicht zu verurteilenden Gesetzesverletzungen tateinheitlich zu den verurteilten Delikten verwirklicht worden wären (LR/*Hilger* § 465 Rn. 17 bis 18; HK-StPO/*Krehl* § 465 Rn. 4). Wird der Angeklagte bspw. nicht wegen der ihm zur Last gelegten Gefährdung des Straßenverkehrs infolge von Trunkenheit gem. § 315c Abs. 1 Nr. 1a StGB, sondern nur wegen fahrlässiger Körperverletzung gem. §§ 229, 230 Abs. 1 StGB verurteilt, so kommt ein Teilfreispruch im Hinblick auf die tateinheitliche Begehung beider Delikte nicht Betracht. Dennoch kann es unbillig sein, den Angeklagten in diesem Fall mit den Kosten für die zu seinen Gunsten ausgegangenen Untersuchungshandlungen wie Blutprobenentnahmen, entsprechende Untersuchungen und Sachverständigengutachten zu belasten. Der Rechtsgedanke des § 465 Abs. 2 Satz 2 kann auch zum Tragen kommen, soweit abtrennbare Teile einer Tat i.S.d. § 264 nach § 154a eingestellt werden (LG München I NStZ-RR 1999, 384). Auch in diesem Fall kommt eine Überbürdung von Auslagen auf die Staatskasse in Betracht, soweit Untersuchungshandlungen im Hinblick auf eingestellte Tatteile betroffen sind und es unbillig wäre, den Angeklagten mit den fraglichen Auslagen zu belasten.

11 Demgegenüber ist § 467 Abs. 1 und nicht § 465 Abs. 2 einschlägig beim **echten Teilfreispruch oder der Einstellung einzelner, rechtlich selbstständiger Teile einer Tat.** Wird der Angeklagte, dem mehrere prozessuale Taten i.S.d. § 264 zur Last liegen, nicht wegen aller Taten verurteilt, ist ein Fall des § 467 Abs. 1 gegeben. Soweit der Angeschuldigte im Hinblick auf einzelne Taten freigesprochen wird, die Ablehnung der Eröffnung des Hauptverfahrens erfolgt oder aber einzelne, rechtlich selbstständige Teile einer Tat eingestellt werden, fallen die Kosten des Verfahrens und die notwendigen Auslagen des Angeschuldigten der Staatskasse

zur Last. Der Vergleich zur Regelung des § 467 Abs. 1 zeigt, dass § 465 Abs. 2 Unbilligkeiten in den Fällen vermeiden will, in denen dem Angeklagten nur eine Tat zur Last liegt.

Von § 465 Abs. 2 erfasst werden nicht nur die Verfahrenskosten, sondern auch die **notwendigen Auslagen** des 12
Angeklagten (§ 465 Abs. 2 Satz 3). Sind die Voraussetzungen des § 465 Abs. 2 erfüllt, so muss das Gericht den Angeklagten von den besonderen Auslagen sowie seinen notwendigen freistellen. Insoweit ist eine ausdrückliche Überbürdungsentscheidung zwingend erforderlich. Hierbei kann das Gericht nach dem jeweiligen Entstehungsgrund der besonderen Auslagen differenzieren, bspw. die besonderen Auslagen der Staatskasse sowie die besonderen notwendigen Auslagen des Angeklagten, die wegen des Verdachts der Trunkenheitsfahrt entstanden sind, der Staatskasse auferlegen (BGHSt 25, 109, 112; KK-StPO/*Gieg* § 465 Rn. 5; Meyer-Goßner/*Schmitt* § 465 Rn. 8). In diesem Fall erfolgt die Berechnung der besonderen Auslagen der Höhe nach im Kostenansatz- bzw. Kostenfestsetzungsverfahren. Das Gericht kann aber auch eine Auslagenteilung nach Bruchteilen gem. § 464d vornehmen (LG Freiburg NJW 1972, 2057). Unterlässt das Gericht eine Entscheidung nach § 465 Abs. 2 und wird die Kostenentscheidung rechtskräftig, ist eine nachträgliche Korrektur im Kostenansatzverfahren ausgeschlossen (OLG Koblenz NStZ 1995, 563; HK-StPO/*Krehl* § 465 Rn. 5). Lässt das Urteil nicht erkennen, ob das Gericht sich der Möglichkeit der Auslagenüberbürdung nach § 465 Abs. 2 bewusst war, so ist die Kostenentscheidung i.R.d. sofortigen Beschwerde aufzuheben und zurückzuverweisen (BGH StV 1998, 610; HK-StPO/*Krehl* § 465 Rn. 5).

Die mit Wirkung zum 01.01.2017 eingeführte Bestimmung des § 465 Abs. 2 S. 4 ermöglicht es dem Gericht, von einer Erhöhung der Gerichtsgebühren im Fall der Beiordnung eines psychosozialen Prozessbegleiters ganz oder teilweise abzusehen.

IV. Tod des Verurteilten vor Rechtskraft, Abs. 3. § 465 Abs. 3 bestimmt schließlich, dass beim **Tod des** 13
Verurteilten vor Rechtskraft der Nachlass nicht für die Kosten des Verfahrens haftet. Hintergrund der Regelung ist, dass gem. § 8 Satz 1 GKG die Kosten, die dem verurteilten Beschuldigten zur Last fallen, erst mit Rechtskraft des Urteils fällig werden. Rechtskraft kann jedoch nur zu Lebzeiten des Verurteilten eintreten. Bei Tod des Beschuldigten oder insoweit gleichstehender Todeserklärung (OLG Hamm NJW 1978, 177) wird ein noch nicht rechtskräftiges Urteil gegenstandslos, ohne dass es einer Aufhebung bedarf (BGHSt 45, 108; BGH NStZ-RR 2003, 103). Entgegen seiner früher vertretenen Ansicht ist der BGH nunmehr der Auffassung, dass das Verfahren bei Tod vor Eintritt der Rechtskraft nicht ohne Weiteres von selbst beendet wird (so noch BGHSt 34, 184), sondern einzustellen ist. Dies wird mit Gerechtigkeitserwägungen, insb. der Gleichbehandlung mit anderen Verfahrenshindernissen, begründet (BGHSt 45, 108, 115). Die Einstellung erfolgt im Ermittlungsverfahren gem. § 170 Abs. 2, nach Eröffnung der Hauptverhandlung gem. § 206a. Eine nach dem Tod des Angeklagten ergangene Kostengrundentscheidung ist mit der sofortigen Beschwerde nach § 464 Abs. 3 anfechtbar. In den Nachlass des Verurteilten kann nur vollstreckt werden, soweit der Tod des Verurteilten nach Rechtskraft eintritt, ein Erstattungsanspruch des Verurteilten geht in diesem Fall auf die Erben über (KK-StPO/*Gieg* § 465 Rn. 6).

§ 466 Haftung Mitverurteilter für Auslagen als Gesamtschuldner

[1]Mitangeklagte, gegen die in Bezug auf dieselbe Tat auf Strafe erkannt oder eine Maßregel der Besserung und Sicherung angeordnet wird, haften für die Auslagen als Gesamtschuldner. [2]Dies gilt nicht für die durch die Tätigkeit eines bestellten Verteidigers oder eines Dolmetschers und die durch die Vollstreckung, die einstweilige Unterbringung oder die Untersuchungshaft entstandenen Kosten sowie für Auslagen, die durch Untersuchungshandlungen, die ausschließlich gegen einen Mitangeklagten gerichtet waren, entstanden sind.

Übersicht

A. Bedeutung der Vorschrift. Die in Satz 1 vorgesehene **gesamtschuldnerische Haftung** mehrerer ver- 1
urteilter Mitangeklagter beruht auf dem Umstand, dass die der Staatskasse in diesen Fällen entstandenen Auslagen in der Regel nicht einem bestimmten Mitangeklagten zugeordnet werden können (KMR/*Stöckel* § 466 Rn. 1). Demgegenüber können die in Satz 2 aufgeführten Kosten und Auslagen grds. ohne Weiteres einzelnen Mitangeklagten zugeordnet werden. Die gesamtschuldnerische Haftung nach Satz 1 tritt von Gesetzes wegen ein, ein gesonderter Ausspruch hierüber ist nicht erforderlich. § 466 Satz 1 erfasst lediglich die Auslagen der Staatskasse für die erste Instanz (BayObLGSt 1, 124; 6, 330; KMR/*Stöckel* § 466 Rn. 1),

für die Rechtsmittelinstanz gilt § 473. Nicht erfasst werden die Gerichtsgebühren. Diese bestimmen sich nach der Höhe der jeweiligen Strafe (§ 40 GKG), insoweit haftet jeder Angeklagte alleine. Gem. § 8 Abs. 3 KostVfG bestimmt der Kostenbeamte nach pflichtgemäßem Ermessen, welcher Gesamtschuldner in welcher Höhe in Anspruch zu nehmen ist. Gesamtschuldnerausgleichsansprüche gem. § 426 BGB müssen im Zivilrechtswege durchgesetzt werden, eine Entscheidung im Kostenansatzverfahren kommt insoweit nicht in Betracht (OLG Koblenz, Rpfl. 1990, 36; HK-StPO/*Krehl* § 466 Rn. 2).

2 **B. Gesamtschuldnerische Haftung.** Voraussetzung für die gesamtschuldnerische Haftung mehrerer Angeklagter ist eine **Verurteilung zu einer Strafe oder Maßregel wegen derselben Tat**. Die Verurteilung muss im selben Verfahren erfolgen (OLG Oldenburg, BeckRS 2013, 19544; OLG Koblenz, LSK 2007, 340021; OLG Koblenz NStZ-RR 2002, 160; HK-StPO/*Krehl* § 466 Rn. 1). Nicht erforderlich ist jedoch eine Verurteilung durch dasselbe Urteil (Meyer-Goßner/*Schmitt* § 466 Rn. 1; HK-StPO/*Krehl* § 466 Rn. 1) oder im selben Rechtszug (LG Amberg, NJW 1952, 398; Meyer-Goßner/*Schmitt* § 466 Rn. 1; HK-StPO/*Krehl* § 466 Rn. 1). Auf den Umfang der jeweiligen Beteiligung kommt es nicht an, ausreichend ist, dass die Mitangeklagten für das Tatgeschehen in irgendeiner Weise mitverantwortlich sind (OLG Hamm, NJW 1961, 1833). Das ist zu bejahen beim Zusammenwirken als Mittäter oder Teilnehmer, aber auch bei sonstiger Mitwirkung in gleicher Richtung, so bei einer der Tat nachfolgenden Begünstigung, Strafvereitelung oder Hehlerei. Eine Verurteilung wegen derselben Tat liegt weiterhin vor bei Vorteilsannahme (§ 331 StGB) und hiermit korrespondierender Vorteilsgewährung (§ 333 StGB), ebenso bei Bestechlichkeit (§ 332 StGB) und Bestechung (§ 334) im Hinblick auf denselben Vorfall, bei Beteiligung an einer Schlägerei sowie bei fahrlässiger Nebentäterschaft (HK-StPO/*Krehl* § 466 Rn. 1). Demgegenüber liegt keine Verurteilung wegen derselben Tat gem. § 466 vor bei wechselseitig begangenen Körperverletzungen (HK-StPO/*Krehl* § 466 Rn. 1), bei Körperverletzung und nachfolgender unterlassener Hilfeleistung (OLG Hamm, NJW 1961, 1833) sowie bei einer Tat, die hinsichtlich eines Verurteilten als Meineid, hinsichtlich des anderen als Prozessbetrug zu qualifizieren ist (OLG Celle, MDR 1970, 1030). Sämtliche Auslagen müssen zu einem Zeitpunkt entstanden sein, als noch alle Mitangeklagten am Verfahren teilgenommen haben. Auslagen für die Untersuchung weiterer selbstständiger Tathandlungen, an denen ein Mitangeklagter nicht mehr beteiligt war, werden von der gesamtschuldnerischen Haftung nicht erfasst.

3 **C. Ausnahmen von der gesamtschuldnerischen Haftung (Satz 2).** Für die Pflichtverteidigervergütung und die Dolmetscherkosten, die ohnehin nur unter den Voraussetzungen des § 464c in Rechnung gestellt werden, haften Mitangeklagte nicht. Hierbei handelt es sich um Kosten, die ausschließlich einem Mitangeklagten zugutekommen. Eine Abwälzung auf die insoweit nicht begünstigten Mitangeklagten wäre unbillig (KMR/*Stöckel* § 466 Rn. 9). Ausgenommen von der gesamtschuldnerischen Haftung sind nach Satz 2 weiterhin die durch die Vollstreckung, Unterbringung oder Untersuchungshaft entstandenen Kosten sowie Auslagen für Untersuchungshandlungen, die ausschließlich gegen einen Mitangeklagten gerichtet waren (z.B. Untersuchungshandlungen nach §§ 81, 81a, 81b, § 73 JGG) und Beweiserhebungen, die ausschließlich durch Beweisanträge eines Mitangeklagten erforderlich geworden sind. Entsprechende Kosten sind den einzelnen Mitangeklagten zweifelsfrei zuzuordnen, sie werden daher von der gesamtschuldnerischen Haftung nicht erfasst (KMR/*Stöckel* § 466 Rn. 11).

§ 467 Kosten und notwendige Auslagen bei Freispruch, Nichteröffnung und Einstellung

(1) Soweit der Angeschuldigte freigesprochen, die Eröffnung des Hauptverfahrens gegen ihn abgelehnt oder das Verfahren gegen ihn eingestellt wird, fallen die Auslagen der Staatskasse und die notwendigen Auslagen des Angeschuldigten der Staatskasse zur Last.

(2) [1]Die Kosten des Verfahrens, die der Angeschuldigte durch eine schuldhafte Säumnis verursacht hat, werden ihm auferlegt. [2]Die ihm insoweit entstandenen Auslagen werden der Staatskasse nicht auferlegt.

(3) [1]Die notwendigen Auslagen des Angeschuldigten werden der Staatskasse nicht auferlegt, wenn der Angeschuldigte die Erhebung der öffentlichen Klage dadurch veranlasst hat, dass er in einer Selbstanzeige vorgetäuscht hat, die ihm zur Last gelegte Tat begangen zu haben. [2]Das Gericht kann davon absehen, die notwendigen Auslagen des Angeschuldigten der Staatskasse aufzuerlegen, wenn er

1. die Erhebung der öffentlichen Klage dadurch veranlasst hat, dass er sich selbst in wesentlichen Punkten wahrheitswidrig oder im Widerspruch zu seinen späteren Erklärungen belastet oder wesentliche entlastende Umstände verschwiegen hat, obwohl er sich zur Beschuldigung geäußert hat, oder

2. wegen einer Straftat nur deshalb nicht verurteilt wird, weil ein Verfahrenshindernis besteht.

(4) Stellt das Gericht das Verfahren nach einer Vorschrift ein, die dies nach seinem Ermessen zulässt, so kann es davon absehen, die notwendigen Auslagen des Angeschuldigten der Staatskasse aufzuerlegen.

(5) Die notwendigen Auslagen des Angeschuldigten werden der Staatskasse nicht auferlegt, wenn das Verfahren nach vorangegangener vorläufiger Einstellung (§ 153a) endgültig eingestellt wird.

Übersicht

A. Grundsatz der Kostentragungspflicht der Staatskasse (Abs. 1). § 467 Abs. 1 ist eine kostenrechtliche Folge der Unschuldsvermutung des Art. 6 Abs. 2 EMRK (LR/*Hilger* § 467 Rn. 1; KMR/*Stöckel* § 467 Rn. 1) und stellt den Nichtverurteilten grds. von den Kosten des Verfahrens (§ 464a Rn. 3) und seinen notwendigen Auslagen (§ 464a Rn. 11) frei. Diese fallen der Staatskasse des Landes zur Last, dem das Gericht erster Instanz angehört, auch im Fall des § 120 Abs. 6 GVG (KMR/*Stöckel* § 467 Rn. 1; LR/*Hilger* § 467 Rn. 23; Meyer-Goßner/*Schmitt* § 467 Rn. 1). § 467 Abs. 1 spricht vom »Angeschuldigten«. Die Regelung kommt mithin nur zur Anwendung, soweit gegen den Beschuldigten Anklage erhoben wurde (§ 157) und das Verfahren sodann durch gerichtliche Entscheidung beendet wird (HK-StPO/*Krehl* § 467 Rn. 1; KMR/*Stöckel* § 467 Rn. 4). Die Staatskasse trifft eine Kostentragungspflicht mithin grundsätzlich nur bei Ablehnung der Eröffnung des Haupt- bzw. Sicherungsverfahrens, bei Freispruch ohne Anordnung einer Maßregel der Besserung und Sicherung (§ 465 Abs. 1 Satz 1) oder Ablehnung eines Antrags im Sicherungsverfahren gem. § 414 Abs. 2 Satz 3, 4 (BGH NJW 1970, 1242; HK-StPO/*Krehl* § 467 Rn. 2; Meyer-Goßner/*Schmitt* § 467 Rn. 1) sowie bei endgültiger Einstellung des gerichtlichen Verfahrens durch Beschluss (§ 464 Rn. 9 ff.). Das OLG Hamburg (BeckRS 2012, 03286) hat eine analoge Anwendung des Abs. 1 bejaht, wenn die Staatsanwaltschaft ein Rechtsmittel weder zugunsten noch zuungunsten eines Verurteilten, sondern vielmehr allein in Wahrnehmung übergeordneter Aufgaben der Rechtspflege einlegt. Im konkreten Fall hatte die StVK das Ende der Bewährungszeit kalendarisch und nicht durch Bestimmung eines konkreten Enddatums bestimmt. Für diesen Fall enthalte das Gesetz eine Regelungslücke. Diese sei im Sinne sachlicher Gerechtigkeit dahin zu füllen, dass ein Verurteilter mit den durch den Rechtsirrtum eines Gerichts verursachten Kosten und Auslagen nicht belastet werden dürfe. 1

Die Kosten- und Auslagentragungspflicht der Staatskasse gem. § 467 Abs. 1 ist in der das Verfahren abschließenden Entscheidung ausdrücklich auszusprechen (Meyer-Goßner/*Schmitt* § 467 Rn. 1; KMR/*Stöckel* § 467 Rn. 10). § 467 Abs. 1 umfasst nur die Auslagen, die bis zum Zeitpunkt der Kostenentscheidung angefallen sind. Soweit dem Angeschuldigten danach weitere Auslagen entstehen, z.B. dem Freigesprochenen durch ein erfolgloses Rechtsmittel der StA, entscheidet hierüber das Rechtsmittelgericht gem. § 473 Abs. 2 (LR/*Hilger* § 467 Rn. 22; *Pfeiffer* § 467 Rn. 2). Das Revisionsgericht kann die vergessene Aufnahme eines Teilfreispruchs mit der Kostenfolge des § 467 Abs. 1 in die Urteilsformel aufnehmen, soweit dies vom Vorgericht übersehen wurde (vgl. BGH, Beschl. vom 09.06.2021 – 4 StR 117/21).

Umstritten ist, ob der **Tod des Angeschuldigten** eine Einstellung des Verfahrens gem. § 206a erfordert und somit § 467 Abs. 1 anzuwenden ist. Nach früher herrschender Meinung endete das Verfahren mit dem Tod des Angeschuldigten von selbst, eine Auslagenerstattung gem. § 467 Abs. 1 kam hiernach grds. nicht in Betracht (BGHSt 34, 184). Nach neuerer Rspr. des BGH beendet der Tod des Angeschuldigten demgegenüber nicht automatisch das Verfahren. Aus Gründen der Rechtssicherheit wird sein Tod mittlerweile vielmehr als Verfahrenshindernis angesehen, das zwingend eine Verfahrenseinstellung gem. § 206a sowie eine entsprechende Kosten- und Auslagenentscheidung gem. § 467 Abs. 1 nach sich zieht (BGHSt 45, 108, 113 ff.; LR/*Hilger* § 467 Rn. 17 ff.). In diesen Fällen kommt jedoch die Anwendung der Ausnahmeregelung des § 467 Abs. 3 Satz 2 Nr. 2 in Betracht (OLG Frankfurt NStZ-RR 2002, 246; OLG Karlsruhe NStZ-RR 2003, 286; LR/*Hilger* § 467 Rn. 18; KMR/*Stöckel* § 467 Rn. 6) 2

Bei einer **Einstellung nach Opportunitätsgrundsätzen**, etwa gem. §§ 153 Abs. 2, 153a Abs. 2, schließt § 467 Abs. 1 eine freiwillige Übernahme der Verfahrenskosten durch den Angeschuldigten nicht aus (KMR/*Stöckel* § 467 Rn. 2; a.A. AG Euskirchen AnwBl. 1990, 52). 3

4 Verfahrenskosten und notwendige Auslagen, **die einem Dritten auferlegt wurden** (vgl. §§ 50, 70, 77 Abs. 1, 81c Abs. 6, 138c Abs. 6, 145 Abs. 4, 161a Abs. 2, 177, 469 Abs. 1, 470, 472a, 472b, § 56 GVG), bleiben bei der Entscheidung gem. § 467 Abs. 1 außer Betracht (HK-StPO/*Krehl* § 467 Rn. 1). Auch in diesen Fällen hat der Nichtverurteilte einen umfassenden Anspruch auf Erstattung seiner notwendigen Auslagen gegen die Staatskasse, die insoweit neben dem Dritter als Gesamtschuldner haftet (§ 421 BGB). Die Haftung der Staatskasse ist nicht subsidiär, der Erstattungsberechtigte muss sich nicht darauf verweisen lassen, zunächst gem. § 464b den Dritten in Anspruch zu nehmen. Er kann sich vielmehr im Verfahren gem. § 464b vorrangig an die Staatskasse als sicheren Schuldner halten (LG Aachen NJW 1971, 576; LG Münster NJW 1974, 1342; Meyer-Goßner/*Schmitt* § 467 Rn. 2; HK-StPO/*Krehl* § 467 Rn. 1; LR/*Hilger* § 467 Rn. 9). Diese kann sodann ihrerseits den Dritten gem. § 464b in Regress nehmen (KMR/*Stöckel* § 467 Rn. 2; Meyer-Goßner/*Schmitt* § 467 Rn. 2).

5 **B. Zwingende Ausnahmen von der Kostentragungspflicht des Abs. 1. I. Allgemeines.** Es gibt keinen allgemeinen Grundsatz, wonach dem Nichtverurteilten stets sämtliche notwendigen Auslagen zu erstatten sind (BVerfG NJW 1985, 726, 727; KK-StPO/*Gieg* § 467 Rn. 1; *Pfeiffer* § 467 Rn. 4). Die in § 467 Abs. 2, Abs. 3 Satz 1 und Abs. 5 vorgesehenen zwingenden Ausnahmen von der grundsätzlichen Kostentragungspflicht der Staatskasse beruhen auf Billigkeitserwägungen und dem Verschuldensprinzip (KMR/*Stöckel* § 467 Rn. 1). Weitere Ausnahmen ergeben sich aus §§ 470 Satz 2, 472a Abs. 2 sowie § 472b Abs. 2. Das Vorliegen der Voraussetzungen für die in § 467 vorgesehenen Ausnahmebestimmungen ist im Freibeweisverfahren festzustellen (Meyer-Goßner/*Schmitt* § 467 Rn. 3).

6 **II. Schuldhafte Säumnis (Abs. 2).** Gem. Abs. 2 hat der Angeschuldigte die Kosten des Verfahrens sowie seine notwendigen Auslagen zu tragen, soweit er sie durch schuldhafte Säumnis verursacht hat. Für diesen Fall hat er darüber hinaus die dem Privat- oder Nebenkläger insoweit entstandenen Auslagen zu tragen (OLG Stuttgart NJW 1974, 512 ff.; HK-StPO/*Krehl* § 467 Rn. 3; *Pfeiffer* § 467 Rn. 5). Der **Begriff der schuldhaften Säumnis** ist eng auszulegen und umfasst nur die vorwerfbare Versäumung eines Termins oder einer Frist, nicht aber sonstiges nachlässiges Verteidigungsverhalten, wie die schuldhaft verspätete Beibringung entlastender Beweismittel oder Prozessverschleppung (LR/*Hilger* § 467 Rn. 24; KK-StPO/*Gieg* § 467 Rn. 4; KMR/*Stöckel* § 467 Rn. 11). Schuldhafte Säumnis ist zu bejahen, wenn das Nichterscheinen des Angeklagten zwar wegen triftiger Gründe gerechtfertigt war, er es aber vorwerfbar unterlassen hat, das Gericht hiervon rechtzeitig zu informieren (OLG Stuttgart NJW 1974, 512; LR/*Hilger* § 467 Rn. 24; KK-StPO/*Gieg* § 467 Rn. 4). Demgegenüber ist § 467 Abs. 2 nicht anwendbar, soweit die Verhandlung in Abwesenheit des Angeschuldigten nach §§ 232, 233, 411 StPO, 73 OWiG zulässig ist, es sei denn, sein persönliche Erscheinen war gem. §§ 236 StPO, 73 OWiG gerichtlich angeordnet (KMR/*Stöckel* § 467 Rn. 11). Auch bei Verfahrenseinstellung wegen Verjährung kommt eine (analoge) Anwendung von Abs. 2 nicht in Betracht, anwendbar ist jedoch § 467 Abs. 3 Satz 2 Nr. 2 (BVerfG NStZ 1993, 195; Meyer-Goßner/*Schmitt* § 467 Rn. 4). Die Kostentragungspflicht des Angeschuldigten muss in der Kostengrundentscheidung ausdrücklich angeordnet werden. Eine nachträgliche Überbürdungsentscheidung kommt nur i.R.d. sofortigen Beschwerde gem. § 464 Abs. 3 in Betracht (LR/*Hilger* § 467 Rn. 27; Meyer-Goßner/*Schmitt* § 467 Rn. 4), eine Korrektur im Kostenansatz- bzw. Kostenfestsetzungsverfahren ist nicht möglich (HK-StPO/*Krehl* § 467 Rn. 3; KK-StPO/*Gieg* § 467 Rn. 4).

7 **III. Unwahre Selbstanzeige (Abs. 3 Satz 1).** Die notwendigen Auslagen des Angeschuldigten sind weiterhin diesem selbst und nicht der Staatskasse aufzuerlegen, soweit er die Erhebung der öffentlichen Klage gegen ihn durch eine **unwahre Selbstanzeige** veranlasst und die ihm zur Last gelegte Tatbegehung vorgetäuscht hat. Erforderlich ist insoweit eine objektiv wie subjektiv falsche Selbstbezichtigung (OLG Braunschweig NJW 1973, 158). Eine förmliche Anzeige gem. § 158 Abs. 1 ist nicht erforderlich. Ausreichend ist vielmehr, dass sich der spätere Angeschuldigte final-absichtlich bei einer Strafverfolgungsbehörde oder einer zur Anzeige verpflichteten Behörde im Rahmen einer Vernehmung als Zeuge oder Beschuldigter in anderer Sache zu Unrecht als Täter oder Teilnehmer einer Straftat oder Ordnungswidrigkeit ausgibt. Angaben ggü. Privatpersonen erfüllen diese Voraussetzung nicht (HK-StPO/*Krehl* § 467 Rn. 4; KMR/*Stöckel* § 467 Rn. 13; Meyer-Goßner/*Schmitt* § 467 Rn. 5). Seine Motivation ist insoweit unbeachtlich (Meyer-Goßner/*Schmitt* § 467 Rn. 5; LR/*Hilger* § 467 Rn. 30). Soweit sich das Verfahren bereits gegen den Angeschuldigten richtet, ist Abs. 3 Satz 2 Nr. 1 einschlägig (Rn. 14; LR/*Hilger* § 467 Rn. 29; HK-StPO/*Krehl* § 467 Rn. 4). Unerheblich ist, ob das Verhalten des Angeschuldigten den Tatbestand des § 145d StGB erfüllt (SK-StPO/*Degener* § 467 Rn. 12; KK-StPO/*Gieg* § 467 Rn. 5).

8 Eine unwahre Selbstanzeige i.S.d. Abs. 3 Satz 1 ist nur dann gegeben, wenn die Angaben des Angeschuldigten **prozessual verwertbar** sind (KMR/*Stöckel* § 467 Rn. 13). Dies ist zu verneinen, soweit der Beschuldigte

nicht gem. §§ 136 Abs. 1 Satz 2, 243 Abs. 4 Satz 1 über seine Aussagefreiheit belehrt wurde, ebenso bei unterlassener Belehrung des Zeugen über sein Aussageverweigerungsrecht gem. § 52 Abs. 3 Satz 1 oder bei Anwendung verbotener Vernehmungsmethoden, § 136a Abs. 3 Satz 2 (LR/*Hilger* § 467 Rn. 29; SK-StPO/*Degener* § 467 Rn. 12).

Die Anzeige des Angeschuldigten muss nach Überzeugung des Gerichts **unwahr** gewesen sein, d.h. seine Unschuld muss erwiesen sein (KMR/*Stöckel* § 467 Rn. 14; LG Kiel AnwBl. 1975, 402). § 467 Abs. 3 kommt daher nicht zur Anwendung, soweit das Gericht den Angeschuldigten lediglich aus Mangel an Beweisen freigesprochen hat. 9

Erforderlich ist weiterhin die **Mitursächlichkeit** der unrichtigen Selbstbezichtigung für die Anklageerhebung. Dass der Angeschuldigte die Anklageerhebung gewollt oder billigend in Kauf genommen hat, ist nicht erforderlich (KMR/*Stöckel* § 467 Rn. 15; KK-StPO/*Gieg*, Rn. 5). Der Angeschuldigte hat die Anklage vielmehr auch dann veranlasst, wenn er mit einer Verfahrenseinstellung rechnete (LR/*Hilger* § 467 Rn. 31). Streitig ist demgegenüber, ob das Verhalten des Angeschuldigten auch dann noch als mitursächlich für die Anklageerhebung anzusehen ist, wenn er seine unwahre Selbstanzeige noch vor Anklageerhebung widerrufen hat oder den Ermittlungsbehörden der wahre Sachverhalt anderweitig bekannt wird, die StA diese Erkenntnisse aber bei ihrer Entscheidung gem. § 170 nicht zutreffend würdigt. In diesen Fällen wird eine Anwendung von § 467 Abs. 3 Satz 1 teilweise abgelehnt (HK-StPO/*Krehl* § 467 Rn. 4; OLG Koblenz VRS 45, 374; OLG Nürnberg MDR 1970, 69). Nach zutreffender Auffassung sind dem Angeschuldigten jedoch auch insoweit seine notwendigen Auslagen aufzuerlegen. Rechtsgrund der Auslagenversagung ist allein das Risikoverhalten des Angeklagten, es kommt daher nicht darauf an, dass der Angeklagte seine Selbstanzeige später widerrufen hat, damit aber bei den Justizorganen – zu Recht oder zu Unrecht – keinen Glauben gefunden hat (KMR/*Stöckel* § 467 Rn. 15; LR/*Hilger* § 467 Rn. 31). Unterbleibt eine Anklageerhebung, kommt § 469 zur Anwendung. 10

IV. Endgültige Einstellung nach § 153a. Gem. Abs. 5 begründet auch die endgültige Einstellung gem. § 153a die Verpflichtung des Angeschuldigten, seine notwendigen Auslagen selbst zu tragen. Dies gilt auch, falls zuvor eine vorläufige Einstellung tatsächlich nicht erfolgt ist (HK-StPO/*Krehl* § 467 Rn. 5; LR/*Hilger* § 467 Rn. 71). Angesichts der freiwilligen Erfüllung von Weisungen bzw. Auflagen durch den Angeschuldigten wäre es sinnwidrig, sodann seine notwendigen Auslagen der Staatskasse aufzubürden (LR/*Hilger* § 467 Rn. 72). 11

C. Fakultative Ausnahmen von der Kostentragungspflicht des Abs. 1. Die in Abs. 3 Satz 2 Nr. 1, Nr. 2 und Abs. 4 vorgesehenen Ausnahmeregelungen stellen es in das Ermessen des Gerichts, eine vom Grundsatz des Abs. 1 abweichende Regelung hinsichtlich der notwendigen Auslagen des Angeschuldigten zu treffen und diese ausnahmsweise ganz oder auch z.T. (OLG Nürnberg NJW 1972, 67; KK-StPO/*Gieg*, Rn. 9) dem Angeschuldigten aufzuerlegen. Das Vorliegen der Voraussetzungen für diese Ausnahmetatbestände ist im Freibeweisverfahren zu klären (Meyer-Goßner/*Schmitt* § 467 Rn. 3, 9). 12

I. Wahrheitswidrige Selbstbelastung (Abs. 3 Satz 2 Nr. 1). Voraussetzung für die fakultative Beschränkung der Kostenpflicht gem. Abs. 3 Satz 2 Nr. 1 ist zunächst eine **wahrheitswidrige Selbstbelastung** des Angeschuldigten in wesentlichen Punkten oder im Widerspruch zu seinen späteren Erklärungen. Erforderlich ist insoweit das Aufstellen unrichtiger Tatsachenbehauptungen. Bloße Vermutungen oder sonstiges verdächtiges Verhalten sind nicht ausreichend (HK-StPO/*Krehl* § 467 Rn. 7; KMR/*Stöckel* § 467 Rn. 18). 13

Der Angeschuldigte muss die unwahren oder widersprüchlichen Angaben weiterhin **als Beschuldigter**, d.h. nach Einleitung eines Ermittlungsverfahrens gegen ihn, gemacht haben. Streitig ist, ob die belastenden Äußerungen im Rahmen einer förmlichen Beschuldigtenvernehmung gefallen sein müssen (OLG Koblenz VRS 45, 374; OLG Oldenburg NStZ 1992, 245; LG Heilbronn Justiz 1983, 396; LR/*Hilger* § 467 Rn. 8) oder ob auch Angaben ausreichen, die Inhalt einer informatorischen Befragung des Beschuldigten waren (Meyer-Goßner/*Schmitt* § 467 Rn. 8; KMR/*Stöckel* § 467 Rn. 18; LR/*Hilger* § 467 Rn. 38; KK-StPO/*Gieg* § 467 Rn. 7). Die unwahre Selbstanzeige des Angeschuldigten, gegen den zum Zeitpunkt seiner Aussage noch keinerlei Verdachtsmomente vorlagen, fällt unter Abs. 3 Satz 1 (Rn. 7; Meyer-Goßner/*Schmitt* § 467 Rn. 10). 14

Auch hier gilt, dass die Angaben des Angeschuldigten **prozessual verwertbar** sein müssen, also insb. nur bei ordnungsgemäßer Belehrung des Beschuldigten über sein Schweigerecht gem. §§ 136 Abs. 1 Satz 2, 243 Abs. 4 Satz 1 zugrunde gelegt werden dürfen. Weiterhin dürfen die Angaben nicht unter Verletzung von § 136a Abs. 3 Satz 2 zustande gekommen sein (LR/*Hilger* § 467 Rn. 29). 15

Die unwahren oder widersprüchlichen Angaben müssen die Anklageerhebung veranlasst haben, d.h. für die entsprechende Entschließung der StA **jedenfalls mitursächlich** gewesen sein (OLG Braunschweig NJW 1973, 158; Meyer-Goßner/*Schmitt* § 467 Rn. 8). Dies ist zu verneinen, wenn der StA der wahre Sachver- 16 halt aufgrund der Aussage eines anderen Beteiligten **bekannt** war (Meyer-Goßner/*Schmitt* § 467 Rn. 8; LR/*Hilger* § 467 Rn. 37; LG Duisburg AnwBl. 1974, 228). Der **spätere Widerruf** eines zunächst abgelegten Geständnisses reicht demgegenüber grds. nicht aus, um eine Mitursächlichkeit zu verneinen, auch wenn er vor Anklageerhebung erfolgt. Schenkt die StA diesem Widerruf keinen Glauben und ist dieser mithin nicht geeignet, den durch die früheren Erklärungen entstandenen Tatverdacht auszuräumen, so waren die Angaben jedenfalls mitursächlich für die Erhebung der Anklage (KK-StPO/*Gieg* § 467 Rn. 7; Meyer-Goßner/*Schmitt* § 467 Rn. 12; KMR/*Stöckel* § 467 Rn. 18). Der Angeschuldigte trägt insoweit auch das Auslagenrisiko. Etwas anderes soll gelten, wenn die falschen Angaben noch vor Klageerhebung unter Benennung des wahren Täters widerrufen werden und die StA den hinreichenden Tatverdacht offensichtlich fehlerhaft bejaht und Anklage erhoben hat (OLG Koblenz VRS 45, 374; Meyer-Goßner/*Schmitt* § 467 Rn. 12; KMR/*Stöckel* § 467 Rn. 18; LR/*Hilger* § 467 Rn. 37).

17 Schließlich erfordert Abs. 3 Satz 2 Nr. 1, dass der Angeschuldigte **schuldhaft** gehandelt hat. Umstritten ist jedoch, welcher Verschuldensgrad den Angeschuldigten treffen muss. Teilweise wird gefordert, dass der Angeschuldigte erkannt und zumindest billigend in Kauf genommen haben muss, dass die von ihm gemachten Angaben geeignet sind, belastend zu wirken (OLG Braunschweig NJW 1973, 158; KK-StPO/*Gieg* § 467 Rn. 7; SK-StPO/*Degener* § 467 Rn. 17). Dies wird mit der Systematik des § 467 Abs. 3 begründet, wonach Satz 1 und Satz 2 dieselben subjektiven Voraussetzungen erfordern (OLG Braunschweig NJW 1973, 158). Nach der Gegenauffassung ist es für die Anwendung der Ermessensvorschrift des Abs. 3 Satz 2 Nr. 1 demgegenüber ausreichend, dass der Angeschuldigte die Bedeutung und Wirkung seines Verhaltens fahrlässig verkannt hat (HK-StPO/*Krehl* § 467 Rn. 6; LR/*Hilger* § 467 Rn. 35; Meyer-Goßner/*Schmitt* § 467 Rn. 8).

18 Eine **analoge Anwendung** der Vorschrift auf sonstiges verfahrensverzögerndes oder missbräuchliches Verhalten des Angeschuldigten wird als verfassungsrechtlich unbedenklich angesehen (BVerfG NJW 1982, 275) und in der Rspr. teilweise befürwortet. Hat sich der Angeschuldigte daher in erster Instanz zu Unrecht belastet und ändert er erst in zweiter Instanz seine Einlassung, sodass es in der Folge zum Freispruch kommt, soll Abs. 3 Satz 2 Nr. 1 entsprechend anwendbar sein (OLG Düsseldorf NStZ 1992, 557; OLG München NStZ 1984, 185; OLG Koblenz MDR 1980, 162; a.A. OLG Koblenz MDR 1982, 252). Gleiches wird vertreten, soweit der Angeschuldigte bis zur Hauptverhandlung schweigt und erst dann die Täterschaft eines Dritten geltend macht (LG Heidelberg Justiz 1976, 267; LG Freiburg AnwBl. 1982, 140; a.A. OLG Düsseldorf StV 1984, 108; LG Würzburg MDR 1981, 958; LG Aschaffenburg AnwBl. 1982, 140) oder das Verfahren durch sonstige falsche, unvollständige oder widersprüchliche Angaben verzögert hat (OLG München NStZ 1984, 185 m. zust. Anm. *Schikora*; OLG Stuttgart Justiz 1987, 116). Demgegenüber wird zu Recht darauf verwiesen, dass eine analoge Anwendung des als Ausnahmebestimmung eng auszulegenden Abs. 3 Satz 2 Nr. 1 bereits mangels Vorliegens einer unbewussten Regelungslücke abzulehnen ist (HK-StPO/*Krehl* § 467 Rn. 6; KMR/*Stöckel* § 467 Rn. 17; Meyer-Goßner/*Schmitt* § 467 Rn. 11; LR/*Hilger* § 467 Rn. 47). Ebenso wenig ist Abs. 3 Satz 2 Nr. 1 entsprechend anwendbar, wenn der Angeschuldigte sich im Ermittlungsverfahren nicht um Entlastungsmaterial bemüht hat (OLG Düsseldorf StV 1984, 108; Meyer-Goßner/*Schmitt* § 467 Rn. 11).

19 Bei Vorliegen der geschilderten Voraussetzungen kann das Gericht eine von Abs. 1 abweichende **Ermessensentscheidung** treffen, soweit der Angeschuldigte die Klageerhebung missbräuchlich oder sonst in unlauterer Weise ohne vernünftigen oder billigenswerten Grund veranlasst hat. Eine Überbürdung der notwendigen Auslagen auf den Angeschuldigten wird in diesen Fällen in der Regel angebracht sein (OLG Düsseldorf VRS 64, 450; OLG Nürnberg MDR 1970, 69; Meyer-Goßner/*Schmitt* § 467 Rn. 9; LR/*Hilger* § 467 Rn. 48; KMR/*Stöckel* § 467 Rn. 22).

20 **II. Verschweigen entlastender Umstände trotz Einlassung zur Sache (Abs. 3 Satz 2 Nr. 1).** Der wahrheitswidrigen Selbstbelastung gleichgestellt ist das Verschweigen wesentlicher Umstände, soweit der Angeschuldigte sich bereits vor Klageerhebung als Beschuldigter zur Sache eingelassen und solche Umstände verschwiegen hat, die seine Strafbarkeit entfallen lassen. Hat der Angeschuldigte jedoch zunächst von seinem **Schweigerecht** gem. §§ 136 Abs. 1 Satz 2, 243 Abs. 4 Satz 1 Gebrauch gemacht, sein Schweigen erst später aufgegeben und sodann umgehend die entlastenden Umstände mitgeteilt, darf ihm hieraus kein kostenrechtlicher Nachteil entstehen. (OLG Düsseldorf StV 1984, 108; LG Würzburg MDR 1981, 958; KK-StPO/*Gieg* § 467 Rn. 8; Meyer-Goßner/*Schmitt* § 467 Rn. 13; a.A. OLG Karlsruhe Justiz 1976, 263; LG Münster MDR 1972, 261; LG Heidelberg Justiz 1976, 267; LG Flensburg JurBüro 1983, 1217). Auch wenn der Angeschuldigte zunächst entlastendes Beweismaterial nicht vorgelegt hat, kommt eine entsprechende Anwendung der Bestimmung nicht in Betracht (OLG Düsseldorf VRS 64, 450; Meyer-Goßner/*Schmitt* § 467 Rn. 13).

21 **Wesentlich** sind die Umstände, die für den Schuldspruch von entscheidender Bedeutung sind und ohne die Anklage nicht erhoben worden wäre (KMR/*Stöckel* § 467 Rn. 20; *Pfeiffer* § 467 Rn. 9). Insoweit kommen insb. in Betracht das Alibi des Angeschuldigten, weiterhin Tatsachen, die einen Rechtfertigungsgrund

erfüllen, Nachtrunk bei Straftaten gem. §§ 316, 315c StGB (OLG Frankfurt NJW 1978, 1017) oder die Täterschaft eines anderen (Meyer-Goßner/*Schmitt* § 467 Rn. 14; LR/*Hilger* § 467 Rn. 43), wobei streitig ist, ob auch dessen Name als wesentlich anzusehen ist (so LG Aachen MDR 1992, 288; a.A. Meyer-Goßner/*Schmitt* § 467 Rn. 14; KMR/*Stöckel* § 467 Rn. 20). Keine wesentlichen Umstände sind bloße Vermutungen (*Pfeiffer* § 467 Rn. 9).

Abs. 3 Satz 2 Nr. 1 ist nur anwendbar, soweit dem Angeschuldigten die entlastende Wirkung des verschwiegenen Umstandes **bewusst** gewesen ist und er die Mitteilung jedenfalls bedingt vorsätzlich unterlassen hat, nicht jedoch wenn sich der Angeschuldigte des entlastenden Umstandes nicht bewusst war (Meyer-Goßner/*Schmitt* § 467 Rn. 14; KK-StPO/*Gieg* § 467 Rn. 8; SK-StPO/*Degener* § 467 Rn. 21). Ebenso muss das Verschweigen trotz Einlassung zur Sache jedenfalls **mitursächlich** für die Anklageerhebung gewesen sein. 22

Für die **Ermessensentscheidung des Gerichts** ist zu berücksichtigen, ob der Angeschuldigte vernünftige oder billigenswerte Motive für sein Verschweigen hatte. So soll Abs. 3 Satz 2 Nr. 1 nicht zur Anwendung kommen, wenn der Angeschuldigte durch sein Aussageverhalten einen nahen Angehörigen schützen wollte (OLG Hamm MDR 1977, 1042; LG Aachen JurBüro 1978, 266; HK-StPO/*Krehl* § 467 Rn. 9; LR/*Hilger* § 467 Rn. 48; Meyer-Goßner/*Schmitt* § 467 Rn. 15; a.A. OLG Düsseldorf JurBüro 1987, 116; LG Flensburg JurBüro 1976, 482). Entsprechende Entscheidungen sind gem. § 34 zu begründen (OLG Heilbronn StraFo 2012, 208). 23

III. Einstellung wegen eines Verfahrenshindernisses (Abs. 3 Satz 2 Nr. 2). Die Staatskasse kann von den notwendigen Auslagen des Angeschuldigten auch dann freigestellt werden, wenn dessen Schuld gerichtlich festgestellt ist und er nur deshalb nicht verurteilt wird, weil ein endgültiges Prozesshindernis besteht (OLG Hamm NJW 1986, 734; HK-StPO/*Krehl* § 467 Rn. 10; Meyer-Goßner/*Schmitt* § 467 Rn. 16). Eine Auslagenüberbürdung gem. Abs. 3 Satz 2 Nr. 2 soll aber auch möglich sein, wenn das Verfahren außerhalb der Hauptverhandlung eingestellt wird und ein hinreichender Tatverdacht gegen den Angeschuldigten verbleibt (BGH NStZ 2000, 330; OLG Hamm NStZ-RR 2010, 224; OLG Köln NStZ-RR 2010, 392; OLG Frankfurt NStZ-RR 2002, 246; OLG Hamm VRS 100, 52; OLG Karlsruhe NStZ-RR 2003, 286; OLG München NStZ 1989, 134; KMR/*Stöckel* § 467 Rn. 26; Meyer-Goßner/*Schmitt* § 467 Rn. 16). In diesem Fall ist die Schuld des Angeschuldigten zwar nicht in der Hauptverhandlung festgestellt. Die Versagung der Auslagenerstattung ist jedoch verfassungsrechtlich unbedenklich, wenn die Verurteilung des Angeschuldigten wahrscheinlich ist und hierfür erhebliche Verdachtsmomente sprechen (BVerfG NJW 1992, 1611 ff.; BGH NJW 2000, 1427; OLG Frankfurt NStZ-RR 2002, 246; OLG Düsseldorf MDR 1990, 359). Nach a.A. ist demgegenüber immer die Feststellung erforderlich, dass der Angeschuldigte ohne Vorliegen eines Verfahrenshindernisses mit Sicherheit verurteilt worden wäre (LG Düsseldorf, StraFO 2009, 396). Um einen Verstoß gegen die Unschuldsvermutung des Art. 6 Abs. 2 EMRK auszuschließen, wird daher die Durchführung einer Hauptverhandlung bis zur Schuldspruchreife gefordert (KG NJW 1994, 600; OLG Düsseldorf NStZ-RR 1997, 288; HK-StPO/*Krehl*, Rn. 10; AK-StPO/*Degener*, Rn. 27; *Pfeiffer* § 467 Rn. 11). Die Anwendung des Abs. 3 Satz 2 Nr. 2 außerhalb der Hauptverhandlung kommt hiernach grds. nicht in Betracht. 24

Verfahrenshindernisse sind z.B. Verjährung, das Fehlen des erforderlichen Strafantrags, das Fehlen eines Eröffnungsbeschlusses, Strafklageverbrauch oder Verhandlungsunfähigkeit. Nr. 2 ist auch anwendbar, wenn bei Tateinheit die angeklagte schwerere Tat nicht nachweisbar ist und der leichtere Tatvorwurf zwar festgestellt, aber wegen eines Verfahrenshindernisses nicht verfolgt werden kann (OLG Celle MDR 1975, 165; OLG Karlsruhe NStZ 1981, 228; HK-StPO/*Krehl* § 467 Rn. 10; Meyer-Goßner/*Schmitt* § 467 Rn. 17; a.A. *Naucke* NJW 1970, 84, 85). Auf eine Einstellung gem § 206b wegen Gesetzesänderung ist die Vorschrift demgegenüber nicht anwendbar (KMR/*Stöckel* § 467 Rn. 24; HK-StPO/*Krehl* § 467 Rn. 10; Meyer-Goßner/*Schmitt* § 467 Rn. 17; OLG München NJW 1974, 873). 25

Bei der **Ermessensentscheidung des Gerichts** ist zu beachten, wann das Verfahrenshindernis eingetreten ist. Bei Eintritt bereits vor Klageerhebung hat grds. die Staatskasse die notwendigen Auslagen zu tragen (OLG Karlsruhe NStZ 1981, 228; Meyer-Goßner/*Schmitt* § 467 Rn. 18; KMR/*Stöckel* § 467 Rn. 27). Tritt das Verfahrenshindernis im Lauf des Verfahrens ein, so werden der Staatskasse in der Regel die dem Angeschuldigten seit Entstehung des Hindernisses entstandenen notwendigen Auslagen auferlegt (OLG Celle NJW 1973, 1987; OLG München StV 1988, 71; KMR/*Stöckel* § 467 Rn. 27). Eine Freistellung der Staatskasse von den Auslagen des Angeschuldigten kommt nur in Betracht, wenn eine entsprechende Überbürdung unbillig erscheint. Dies ist in der Regel zu bejahen, wenn der Angeschuldigte das Verfahrenshindernis selbst schuldhaft herbeigeführt (BVerfG NJW 1993, 997, 999; LG Koblenz NStZ 1983, 235) oder verschwiegen hat (LG Koblenz NStZ 1983, 235) sowie bei sonstigem strafprozessual vorwerfbarem Verhalten des Angeschuldigten (OLG Düsseldorf JurBüro 1986, 1535; KMR/*Stöckel* § 467 Rn. 26; HK-StPO/*Krehl* § 467 Rn. 11; OLG Köln NJW 1991, 506; Meyer-Goßner/*Schmitt* § 467 Rn. 18). 26

27 **IV. Endgültige Einstellung nach Ermessensvorschriften (Abs. 4).** Auch bei einer endgültigen Einstellung nach Opportunitätsgrundsätzen, z.B. gem. §§ 153 Abs. 2 153b Abs. 2, 153e Abs. 2, 154 Abs. 2, 154b Abs. 4, 383 Abs. 2, § 47 JGG, § 47 OWiG, kann das Gericht anordnen, dass der Angeschuldigte seine notwendigen Auslagen selbst zu tragen hat. Zulässig ist auch hier das Abstellen auf die Stärke des Tatverdachts, der eine Auslagentragung durch die Staatskasse unbillig erscheinen lassen kann (EGMR NJW 1988, 3257; BVerfG NJW 1990, 2742; NStZ 1990, 598 m. abl. Anm. *Paulus*; BGH NStZ 2000, 330; *Pfeiffer* § 467 Rn. 14; a.A. *Kühl* NJW 1988, 3233). Ein Verstoß gegen die Unschuldsvermutung kommt insoweit nicht in Betracht, solange das Gericht über bloße Verdachtserwägungen hinaus auf die Zuweisung strafrechtlicher Schuld, die nicht prozessordnungsgemäß festgestellt wurde, verzichtet (BVerfG NJW 1987, 2427; HK-StPO/*Krehl* § 467 Rn. 12). Daneben kommt die Freistellung der Staatskasse insb. in Betracht bei sonstigem sachwidrigem oder missbräuchlichem Prozessverhalten des Angeschuldigten, das Auslagen verursacht, bspw. bei Verzögerung der Einstellung oder offensichtlich überzogenem Verteidigungsaufwand trotz geringfügigem Tatvorwurf (KMR/*Stöckel* § 467 Rn. 30 m.w.N.) oder aber bei ausdrücklichem Verzicht des Angeschuldigten auf Erstattungsansprüche (OLG Frankfurt, Rpfl. 1973, 143; KMR/*Stöckel* § 467 Rn. 30; HK-StPO/*Krehl* § 467 Rn. 12).

§ 467a Auslagen der Staatskasse bei Einstellung nach Anklagerücknahme

(1) [1]Nimmt die Staatsanwaltschaft die öffentliche Klage zurück und stellt sie das Verfahren ein, so hat das Gericht, bei dem die öffentliche Klage erhoben war, auf Antrag der Staatsanwaltschaft oder des Angeschuldigten die diesem erwachsenen notwendigen Auslagen der Staatskasse aufzuerlegen. [2] § 467 Abs. 2 bis 5 gelten sinngemäß.

(2) Die einem Nebenbeteiligten (§ 431 Abs. 1 Satz 1, §§ 442, 444 Abs. 1 Satz 1) erwachsenen notwendigen Auslagen kann das Gericht in den Fällen des Absatzes 1 Satz 1 auf Antrag der Staatsanwaltschaft oder des Nebenbeteiligten der Staatskasse oder einem anderen Beteiligten auferlegen.

(3) Die Entscheidung nach den Absätzen 1 und 2 ist unanfechtbar.

Übersicht

1 **A. Allgemeines.** § 467a ermöglicht eine **isolierte Kostenentscheidung** im Hinblick auf die notwendigen Auslagen des Angeschuldigten (Abs. 1) oder eines Nebenbeteiligten (Abs. 2) für den Fall, dass die StA die zunächst erhobene Klage zurücknimmt und das Verfahren sodann endgültig einstellt. Die Regelung des § 467a ist verfassungskonform (BVerfG EuGRZ 1979, 638) und abschließend. Eine erweiternde Anwendung auf Verfahrenseinstellungen durch die StA schon im Ermittlungsstadium, d.h. ohne Anklageerhebung und anschließende Rücknahme der Anklage, kommt nicht in Betracht (BGHSt 30, 152, 157; KMR/*Stöckel* § 467a Rn. 3; HK-StPO/*Krehl* § 467a Rn. 1; Meyer-Goßner/*Schmitt* § 467a Rn. 2). Eine Erstattung der notwendigen Auslagen ist daher insb. ausgeschlossen, wenn die StA das Verfahren vor gerichtlicher Anhängigkeit nach § 170 Abs. 2 oder §§ 153 ff. einstellt. Angesichts der Vielzahl von Ermittlungsverfahren wäre eine allgemeine Auslagenerstattungspflicht nicht finanzierbar (hierzu LR/*Hilger* § 467a Rn. 21), auch wenn es teilweise durchaus als unbillig angesehen wird, die Auslagenerstattung von der Erhebung einer Anklage abhängig zu machen (hierzu KMR/*Stöckel*, 467a Rn. 3). Auch eine entsprechende Anwendung des § 467a auf andere Fallgestaltungen scheidet aus (OLG Celle NStZ 1988, 196 für den Fall der Rücknahme des Antrags auf Bewährungswiderruf durch die StA). § 467a gilt über § 105 OWiG auch im Bußgeldverfahren bei Einspruch gegen den Bußgeldbescheid und Rücknahme durch die Verwaltungsbehörde bzw. über § 46 OWiG bei Einspruch gegen den Bußgeldbescheid und Einstellung des Verfahrens durch die StA nach Abgabe der Akten gem. § 69 OWiG an sie (LR/*Hilger* § 467a Rn. 8). Nicht anwendbar ist § 467a demgegenüber im Privatklageverfahren gem. §§ 374 ff., da es hier an einer öffentlichen Klage, die zurückgenommen werden könnte, fehlt (KMR/*Stöckel* § 467a Rn. 5).

2 **B. Die notwendigen Auslagen des Angeschuldigten (Abs. 1).** Voraussetzung für eine Erstattung der notwendigen Auslagen des Angeschuldigten ist die **Rücknahme der Anklage**. Eine Rücknahme ist gem. § 156 grds. nur bis zur Eröffnung des Hauptverfahrens zulässig, soweit keine Sonderregelungen einschlägig sind. So gilt im Strafbefehlsverfahren die Sonderbestimmung des § 411 Abs. 3. Weiterhin kann die StA unter den Voraussetzungen der §§ 153c Abs. 4, 153d Abs. 2 die Anklage jederzeit zurücknehmen. Der Klagerücknahme gleichzustellen sind die Zurücknahme des Antrags auf Entscheidung im beschleunigten Verfahren (§ 417),

die Ablehnung des Antrags auf Erlass eines Strafbefehls sowie die Rücknahme des Strafbefehlsantrags durch die StA vor dessen Erlass (HK-StPO/*Krehl* § 467a Rn. 2). Wird die Klage nicht zurückgenommen, so kommt im Hinblick auf den Nebenbeteiligten § 472b zur Anwendung.

Nach Rücknahme der Anklage muss weiterhin eine **endgültige Einstellung des Verfahrens** durch die StA erfolgen. Nicht ausreichend ist eine Einstellung wegen vorübergehender Hindernisse wie Abwesenheit oder Krankheit. Auch bei Rücknahme der Anklage, um diese beim örtlich zuständigen Gericht zu erheben bzw. die Strafverfolgung der örtlich zuständigen StA zu überlassen oder wenn wegen desselben Sachverhalts nach Rücknahme der Anklage erneut Anklage erhoben wird, greift § 467a nicht ein (LR/*Hilger* § 467a Rn. 10). Eine endgültige Verfahrenseinstellung ist zu bejahen bei Einstellung gem. §§ 170 Abs. 2, 153 Abs. 1, 153b Abs. 1, 153c Abs. 4, 153d Abs. 2, 153f Abs. 3, 154 Abs. 1, 154b Abs. 1, Abs. 3 (Meyer-Goßner/*Schmitt* § 467a Rn. 4; *Pfeiffer* § 467a Rn. 2; LR/*Hilger* § 467a Rn. 9; KMR/*Stöckel* § 467a Rn. 10; a.A. im Hinblick auf § 154b Abs. 1, Abs. 3 HK-StPO/*Krehl* § 467a Rn. 3; LR/*Hilger*, 24. Aufl., § 467a Rn. 10). Demgegenüber ist die Einstellung gem. 154a Abs. 1 (LG München NStZ-RR 1999, 384), 154d oder § 205 **analog** nicht als endgültig anzusehen (KMR/*Stöckel* § 467a Rn. 10; HK-StPO/*Krehl* § 467a Rn. 3; LR/*Hilger* § 467a Rn. 10). Für die endgültige Verfahrenseinstellung nach § 153 gilt Abs. 1 Satz 2 i.V.m. § 467 Abs. 5. Hiernach trägt der Angeschuldigte seine notwendigen Auslagen selbst. Eine Auslagenüberbürdung kommt in diesem Fall nicht in Betracht. Bei Verfahrenseinstellung durch das Gericht gilt § 467. Die endgültige Einstellung des Verfahrens muss weiterhin eine gewisse Verfestigung erfahren haben. So ist insb. § 9 Abs. 3 StrEG entsprechend anwendbar, d.h. vor der Entscheidung ist die Beschwerdefrist des § 172 Abs. 2 Satz 1 abzuwarten (KMR/*Stöckel* § 467a Rn. 16; LR/*Hilger* § 467a Rn. 20; Meyer-Goßner/*Schmitt* § 467a Rn. 14). 3

C. Die notwendigen Auslagen eines Nebenbeteiligten (Abs. 2). Nebenbeteiligte sind Einziehungs- und Verfallsbeteiligte (§§ 431 Abs. 1 Satz 1, 442) sowie die juristische Person oder Personenvereinigung, gegen die die Festsetzung einer Geldbuße (§ 444 Abs. 1 Satz 1) oder die Einziehung des Wertersatzes (§ 431 Abs. 3) in Betracht kommt. Abs. 2 setzt nicht voraus, dass das Gericht die Nebenbeteiligung bereits förmlich angeordnet hat. Die Auslagenerstattung ist insoweit unabhängig von einer zeitlich mehr oder weniger zufälligen förmlichen Anordnung. Abs. 2 ist vielmehr auf alle Personen oder Personenvereinigungen anwendbar, die materiell als Nebenbeteiligte in Betracht kommen (KMR/*Stöckel* § 467a Rn. 22; KK-StPO/*Gieg* § 467a Rn. 3; Meyer-Goßner/*Schmitt* § 467a Rn. 7). Demgegenüber ist Abs. 2 nicht anwendbar, wenn der Privatkläger den Antrag auf selbstständige Einziehung stellt (Meyer-Goßner/*Schmitt* § 467a Rn. 7; SK-StPO/*Degener* § 467a Rn. 12; a.A. LR/*Hilger* § 467a Rn. 30). Für die Entscheidung nach Abs. 2 sind der Rücknahme der öffentlichen Klage die Zurücknahme des Antrags auf selbstständige Anordnung der Einziehung oder gleichstehende Maßnahmen (§§ 440, 442 Abs. 1) gleichzustellen (KK-StPO/*Gieg* § 467a Rn. 3). Die Entscheidung nach Abs. 2 ist im Gegensatz zur Entscheidung nach Abs. 1 Ermessensentscheidung, da hier eine Vielzahl unterschiedlicher Einzelfälle denkbar ist. In diesen Fällen kann das Gericht die notwendigen Auslagen des Nebenbeteiligten der Staatskasse oder einem anderen Beteiligten auferlegen. Insoweit kommen insb. der Angeschuldigte, der Privatkläger, der Nebenkläger, andere Nebenbeteiligte, der Anzeigeerstatter (§ 469) oder der Antragsteller (§ 470) in Betracht (HK-StPO/*Krehl* § 467a Rn. 5). Auch eine Aufteilung zwischen Staatskasse und Beteiligten ist möglich. Daneben können auch hier die §§ 469, 470 zur Anwendung kommen (LR/*Hilger* § 467a Rn. 32; KK-StPO/*Gieg* § 467a Rn. 3). 4

D. Die Entscheidung des Gerichts. Die Kostenentscheidung nach § 467a erfordert einen entsprechenden Antrag der StA oder des Angeschuldigten (Abs. 1) bzw. des Nebenbeteiligten (Abs. 2). Der Antrag auf Auslagenerstattung muss keine Form- oder Fristerfordernisse erfüllen. Er kann bis zum Erlass der gerichtlichen Entscheidung zurückgenommen werden. Die Entscheidung über die Auslagenerstattung trifft das Gericht, bei dem ursprünglich Anklage erhoben wurde, selbst wenn es unzuständig war. (LSK/Degener § 467a Rn. 9; Meyer-Goßner/*Schmitt* § 467 Rn. 12). Das Gericht ist bei der Entscheidung über den Antrag auf Auslagenerstattung an die zugrunde liegende Einstellungsverfügung gebunden, d.h. eine Kontrolle der materiellen Einstellungsvoraussetzungen findet nicht statt. Es hat daher lediglich die Voraussetzungen des § 467a sowie gem. Abs. 1 Satz 2 das Vorliegen der in § 467 Abs. 1 bis 5 aufgeführten Versagungsgründe zu prüfen. Diese sind ggf. im Freibeweisverfahren festzustellen (LR/*Hilger* § 467a Rn. 18). 5

Nicht geregelt ist die Frage, wie es sich auf die Erstattungsentscheidung auswirkt, wenn die zugrunde liegende **Einstellungsverfügung nachträglich entfällt**, weil das Verfahren wieder aufgenommen und wegen der fraglichen Tat das Hauptverfahren eröffnet wird. Nach herrschender Meinung ist insoweit § 14 StrEG entsprechend anzuwenden (LR/*Hilger* § 467a Rn. 20; Meyer-Goßner/*Schmitt* § 467a Rn. 14; abl. KMR/*Stöckel* § 467a Rn. 14). Neben § 467a sind §§ 469, 470 anwendbar (LR/*Hilger* § 467a Rn. 17). Gem. Abs. 3 ist die gerichtliche Entscheidung unanfechtbar. 6

§ 468 Kosten bei Straffreierklärung

Bei wechselseitigen Beleidigungen wird die Verurteilung eines oder beider Teile in die Kosten nicht dadurch ausgeschlossen, dass einer oder beide für straffrei erklärt werden.

1 **A. Bedeutung und Anwendungsbereich.** Auch die Straffreierklärung gem. § 199 StGB stellt eine Verurteilung mit der grds. zwingenden Kostenfolge des § 465 Abs. 1 dar. § 468 ermöglicht jedoch eine von § 465 Abs. 1 abweichende Entscheidung hinsichtlich der Kosten des Verfahrens (464a Abs. 1). So kann das Gericht die Verfahrenskosten nach pflichtgemäßem Ermessen einem oder auch beiden für straffrei Erklärten bzw. der Staatskasse ganz oder z.T. auferlegen, wobei eine Verteilung nach Bruchteilen (OLG Nürnberg NJW 1972, 69), ausscheidbaren Teilmassen oder Beträgen (LR/*Hilger* § 468 Rn. 3; HK-StPO/*Krehl* § 468 Rn. 2; KMR/*Stöckel* § 468 Rn. 6) möglich ist. Da bei Straffreierklärung gem. § 40 GKG i.V.m. Nr. 3110 bis 3117 KVGVG eine Gerichtsgebühr nicht anfällt, erfasst die Bestimmung letztlich nur die Auslagen des Gerichts. Die notwendigen Auslagen gem. § 464a Abs. 2 werden von § 468 nicht berührt, sie sind vom Verurteilten in jedem Fall selbst zu tragen (§ 465 Abs. 1).

2 § 468 ist auch im Privatklageverfahren anwendbar und wird durch § 471 Abs. 3 Nr. 1 ergänzt. Soweit die Kosten des Verfahrens dem für straffrei Erklärten nicht oder nur z.T. aufgebürdet werden, sind sie hiernach dem Privatkläger aufzuerlegen, da seinem Antrag mit der Straffreierklärung nur z.T. entsprochen wird. § 468 ist nur für Angeklagte anwendbar. Eine Kostenüberbürdung auf andere Beteiligte, z.B. Zeugen, kommt nicht in Betracht (RGSt 16, 421; SK/*Degener* § 468 Rn. 2; LR/*Hilger* § 468 Rn. 4).

3 **B. Entscheidung des Gerichts.** § 468 erfordert eine ausdrückliche Entscheidung des Gerichts. Bei Straffreierklärung gem. § 199 StGB ist eine Kostenentscheidung nach § 465 Abs. 1 ohne Prüfung des § 468 rechtsfehlerhaft (KMR/*Stöckel* § 468 Rn. 2, 6). Die getroffene oder fehlerhaft unterlassene Kostenentscheidung ist gem. § 464 Abs. 3 mit der sofortigen Beschwerde anfechtbar. Auch einem mit Kosten belasteten Dritten steht das Recht der sofortigen Beschwerde wie einem Angeklagten zu, in dessen Rolle er gedrängt wurde (LR/*Hilger* § 468 Rn. 4; Meyer-Goßner/*Schmitt* § 468 Rn. 3; KMR/*Stöckel* § 468 Rn. 7; *Pfeiffer* § 468 Rn. 2).

§ 469 Kostentragungspflicht des Anzeigenden bei leichtfertiger oder vorsätzlicher Erstattung einer unwahren Anzeige

(1) [1]Ist ein, wenn auch nur außergerichtliches Verfahren durch eine vorsätzlich oder leichtfertig erstattete unwahre Anzeige veranlasst worden, so hat das Gericht dem Anzeigenden, nachdem er gehört worden ist, die Kosten des Verfahrens und die dem Beschuldigten erwachsenen notwendigen Auslagen aufzuerlegen. [2]Die einem Nebenbeteiligten (§ 431 Abs. 1 Satz 1, §§ 442, 444 Abs. 1 Satz 1) erwachsenen notwendigen Auslagen kann das Gericht dem Anzeigenden auferlegen.
(2) War noch kein Gericht mit der Sache befasst, so ergeht die Entscheidung auf Antrag der Staatsanwaltschaft durch das Gericht, das für die Eröffnung des Hauptverfahrens zuständig gewesen wäre.
(3) Die Entscheidung nach den Absätzen 1 und 2 ist unanfechtbar.

S.a. RiStBV Nr. 92, 139

1 **A. Bedeutung und Anwendungsbereich.** Die Vorschrift begründet die Kostenerstattungspflicht des Urhebers einer unwahren Anzeige und folgt damit dem Veranlassungsprinzip. Anzeigender i.S.d. Vorschrift ist auch der RA, der eine Anzeige im Auftrag seines Mandanten erstattet (Meyer-Goßner/*Schmitt* § 469 Rn. 1; *Pfeiffer* § 469 Rn. 1). Demgegenüber ist § 469 auf Amtsträger, die zur Anzeige verpflichtet sind, nur anwendbar, wenn diese eine strafrechtlich (§ 344 StGB) oder disziplinarrechtlich zu ahndende Pflichtwidrigkeit begangen haben. § 469 setzt die Prozessfähigkeit des Anzeigenden voraus (OLG Stuttgart, Justiz 1982, 60; KK-StPO/

Gieg § 469 Rn. 2). Im Privatklageverfahren ist § 469 nicht anwendbar, da hier keine Anzeige i.S.d. § 469 gegeben ist (KK-StPO/*Gieg* § 469 Rn. 2). Es gilt daher ausschließlich § 471 Abs. 2.

B. Voraussetzungen der Kostenpflicht des Anzeigenden. I. Unwahre Anzeige. Voraussetzung für die in § 469 vorgesehene Kostentragungspflicht ist die Erstattung einer unwahren Anzeige. Der Begriff der Anzeige ist wie in § 164 StGB weit auszulegen. Eine förmliche Anzeige gem. § 158 ist nicht erforderlich, ausreichend sind Angaben ggü. einem Amtsträger oder öffentlich aufgestellte Behauptungen (KK-StPO/*Gieg* § 469 Rn. 2; Meyer-Goßner/*Schmitt* § 469 Rn. 2; LR/*Hilger* § 469 Rn. 5; a.A. SK-StPO/*Degener* § 469 Rn. 3). Die Anzeige muss nach ihrem wesentlichen Inhalt objektiv unrichtig sein. Falsche Schlussfolgerungen rechtlicher oder tatsächlicher Art reichen nicht aus (Meyer-Goßner/*Schmitt* § 469 Rn. 3). Die Anzeige muss sich nicht gegen einen bestimmten Dritten richten. Bei unwahren Anzeigen i.S.d. § 145d StGB steht der Staatskasse ein entsprechender Erstattungsanspruch zu. Dies gilt auch bei unwahrer Selbstbezichtigung. Führt diese jedoch zur Erhebung der öffentlichen Klage, so kommt § 467 Abs. 1, Abs. 3 als lex specialis zur Anwendung (KK-StPO/*Gieg* § 469 Rn. 2). Bleibt bei Einstellung des Verfahrens oder Freispruch des Beschuldigten ein Tatverdacht bestehen, so ist die Anzeige nicht nachweislich unwahr und § 469 mithin nicht einschlägig (OLG Hamm NJW 1973, 1850). 2

II. Kausalität. Erforderlich ist weiterhin die Ursächlichkeit der erstatteten unwahren Anzeige für die Einleitung oder die Fortsetzung des Verfahrens, auch wenn dies zunächst aus anderen Gründen eingeleitet wurde (OLG Hamm NJW 1973, 1850 unter Hinweis auf diese Gleichstellung in § 164 StGB; KK-StPO/*Gieg* § 469 Rn. 2). 3

III. Vorsatz oder Leichtfertigkeit. Eine rechtsstaatlich gebotene Einschränkung des der Bestimmung zugrunde liegenden Veranlassungsprinzips erfolgt dadurch, dass eine Kostenerstattungspflicht nur besteht, soweit dem Anzeigenden vorsätzliches (vgl. hierzu Satzger/*Momsen* § 15 StGB, Rn. 7 ff.) oder leichtfertiges (Satzger/*Momsen* § 15 StGB, Rn. 60) Handeln nachzuweisen ist (BVerfGE 74, 257, 261 ff.). Der Anzeigende muss daher die Unwahrheit billigend in Kauf genommen haben (AG Dietz BeckRS 2011, 22021; KK-StPO/*Gieg* § 469 Rn. 2). 4

C. Verfahren und Entscheidung des Gerichts. Zuständig für die Kostenentscheidung ist das Gericht, das zuletzt mit der Sache befasst war und das Verfahren eingestellt oder den Angeklagten freigesprochen hat, auch das Berufungsgericht (Meyer-Goßner/*Schmitt* § 469 Rn. 9). War das Verfahren gem. Abs. 2 noch nicht anhängig, so entscheidet das Gericht, das für die Eröffnung des Hauptverfahrens zuständig gewesen wäre. Die Entscheidung ergeht von Amts wegen oder auf Antrag. Antragsberechtigt sind im Fall des Abs. 1 Satz 1 neben der StA auch der Beschuldigte und der Nebenbeteiligte. Demgegenüber ergeht gem. Abs. 2 die Entscheidung nur auf Antrag der StA, wenn sie das Verfahren gegen den Beschuldigten eingestellt hat, ohne dass es zuvor bei Gericht anhängig war. Streitig ist, ob **nach Rücknahme der Anklage** und Einstellung des Verfahrens durch die StA Abs. 1 oder Abs. 2 zur Anwendung kommt. Da Abs. 2 nach seinem Wortlaut nur dann einschlägig ist, wenn noch kein Gericht mit der Sache befasst war, erscheint die Anwendung von Abs. 1 vorzugswürdig, da bei Rücknahme der zunächst bei Gericht anhängigen Klage bereits ein Gericht mit dem Verfahren befasst war (Meyer-Goßner/*Schmitt* § 469 Rn. 9; KMR/*Stöckel* § 469 Rn. 14; a.A. OLG Bremen, JZ 1953, 471). 5

Die **Entscheidung des Gerichts** gem. § 469 ist hinsichtlich der Kosten des Verfahrens und der notwendigen Auslagen des Beschuldigten zwingend, d.h. diese sind dem Anzeigenden aufzuerlegen. Demgegenüber entscheidet das Gericht gem. Abs. 1 Satz 2 nach pflichtgemäßem Ermessen, ob und in welchem Umfang es dem Anzeigenden die notwendigen Auslagen eines Nebenbeteiligten auferlegt. Die Kostenentscheidung ergeht durch Beschluss in der Hauptverhandlung oder nachträglich (BayObLG NJW 1958, 1933; Meyer-Goßner/*Schmitt* § 469 Rn. 11; LR/*Hilger* § 469 Rn. 20). Dem Anzeigenden ist gem. Abs. 1 Satz 1 § 33 vor der Entscheidung rechtliches Gehör zu gewähren. Im Fall eines Freispruchs sind die notwendigen Auslagen des Angeklagten auch dann im Urteil der Staatskasse aufzuerlegen, wenn daneben § 469 zur Anwendung kommt. Der Angeklagte hat hier gem. § 467 Abs. 1 einen gesonderten Anspruch gegen die Staatskasse als sicheren Schuldner und muss sich nicht auf § 469 verweisen lassen (BayObLG NJW 1958, 1933). Staatskasse und Anzeigender haften insoweit als Gesamtschuldner gem. §§ 421 ff. BGB, d.h. der Beschuldigte erlangt über § 469 einen zusätzlichen Schuldner. Erstattet die Staatskasse die notwendigen Auslagen des Beschuldigten, so kann sie den Anzeigenden gem. § 426 Abs. 2 BGB in Regress nehmen (KK-StPO/*Gieg* § 469 Rn. 3). Die Entscheidung ist gem. Abs. 3 unanfechtbar. 6

§ 470 Kosten bei Zurücknahme des Strafantrags

[1]Wird das Verfahren wegen Zurücknahme des Antrags, durch den es bedingt war, eingestellt, so hat der Antragsteller die Kosten sowie die dem Beschuldigten und einem Nebenbeteiligten (§ 431 Abs. 1 Satz 1, §§ 442, 444 Abs. 1 Satz 1) erwachsenen notwendigen Auslagen zu tragen. [2]Sie können dem Angeklagten oder einem Nebenbeteiligten auferlegt werden, soweit er sich zur Übernahme bereit erklärt, der Staatskasse, soweit es unbillig wäre, die Beteiligten damit zu belasten.

Übersicht

1 **A. Bedeutung und Anwendungsbereich.** § 470 bestimmt die kostenrechtlichen Folgen bei Rücknahme eines Strafantrags. Die Regelung ist nur einschlägig, soweit der Strafantrag zwingende Strafverfolgungsvoraussetzung ist, d.h. die verfahrensgegenständliche Tat **ausschließlich auf Antrag** verfolgt werden kann. Unter Antrag i.S.d. Satz 1 ist nur der formelle Strafantrag nach § 77 StGB zu verstehen, der gem. § 77b StGB zurückgenommen werden kann. § 470 ist daher nicht einschlägig, wenn die Strafverfolgung gem. § 77e StGB nur mit Ermächtigung oder bei Vorliegen eines Strafverlangens (§ 104a StGB) möglich ist und die erforderliche Ermächtigung oder das Strafverlangen zurückgenommen wird (LR/*Hilger* § 470 Rn. 1; KK-StPO/*Gieg* § 470 Rn. 1). Gem. § 470 muss der zwingend erforderliche Strafantrag zunächst ordnungsgemäß gestellt und sodann gem. § 77d wirksam zurückgenommen worden sein.

2 Satz 1 spricht ausdrücklich vom »Beschuldigten«. Hieraus folgt, dass § 469 auch bei einer **Einstellung im Ermittlungsverfahren** anwendbar ist. Zur Erhebung der öffentlichen Klage muss es also noch nicht gekommen sein.

3 **B. Kostentragungspflicht des Antragstellers nach Satz 1.** Erfolgt sodann aufgrund der Antragsrücknahme die Einstellung des Verfahrens, so hat der Antragsteller die notwendigen Auslagen des Beschuldigten sowie die notwendigen Auslagen eines Nebenbeteiligten zu tragen. Er hat in diesen Fällen durch seinen Antrag die alleinige Ursache für die eingeleitete Strafverfolgung gesetzt, sodass es ihm bei Antragsrücknahme grds. zumutbar ist, die Kosten des Verfahrens sowie die dem Beschuldigten oder einem Nebenbeteiligten aufgrund seines Antrags entstandenen Auslagen zu tragen. Nehmen mehrere Antragsteller oder Rücknahmeberechtigte gem. § 77d Abs. 2 StGB ihren Antrag zurück, so haften diese entsprechend den §§ 466 Satz 1, 471 Abs. 4, 472 Abs. 4 als Gesamtschuldner (OLG Hamm GA 60, 154). Die Entscheidung nach Satz 1 ergeht durch Kostenbeschluss des mit der Sache befassten Gerichts. War noch kein Gericht mit der Sache befasst, so erfolgt die Kostenentscheidung in entsprechender Anwendung des § 469 Abs. 2 auf Antrag der StA durch das für die Eröffnung des Hauptverfahrens zuständige Gericht (KK-StPO/Gieg § 470 Rn. 2). Die gerichtliche Kosten- und Auslagenentscheidung ist in entsprechender Anwendung des § 469 Abs. 3 unanfechtbar (OLG Düsseldorf NStZ 2014, 424; OLG Hamburg BeckRS 2012, 09698). Auch wenn § 470 zur Anwendung kommt, hat das Gericht bei Verfahrenseinstellung gem. §§ 206a, 260 Abs. 3 in jedem Fall die notwendigen Auslagen des Angeklagten gem. § 467 Abs. 1 der Staatskasse aufzuerlegen. Der Beschuldigte muss sich auch i.R.d. § 470 nicht an den Antragsteller verweisen lassen, sondern hat einen gesonderten Anspruch gegen die Staatskasse als sicheren Schuldner. Die bereits zu § 469 unter Rn. 5 gemachten Ausführungen gelten auch hier. Staatskasse und Antragsteller haften insoweit als Gesamtschuldner gem. §§ 421 ff. BGB, d.h. der Beschuldigte erlangt über § 469 einen zusätzlichen Schuldner. Erstattet die Staatskasse die notwendigen Auslagen des Beschuldigten, so kann sie den Anzeigenden gem. § 426 Abs. 2 BGB in Regress nehmen (KK-StPO/*Gieg* § 469 Rn. 3).

4 **C. Kostenverteilung nach Ermessen gem. Satz 2.** Von der grundsätzlichen Kostentragungspflicht des Antragstellers kann unter den in Satz 2 genannten Voraussetzungen abgewichen werden. So können die Kosten und Auslagen dem Angeklagten oder einem Nebenbeteiligten auferlegt werden, soweit dieser sich zur Übernahme bereit erklärt hat. Nach teilweise vertretener Auffassung ist auch Satz 2 schon im Ermittlungsverfahren anzuwenden, d.h. eine Übernahme der Kosten und Auslagen durch den Beschuldigten soll bereits vor Eröffnung des Hauptverfahrens möglich sein (KK-StPO/*Gieg* § 470 Rn. 3; AG Schwetzingen, NJW 1975, 946). Demgegenüber geht die herrschende Meinung zu Recht davon aus, dass eine solche Übernahme durch den Beschuldigten erst nach Eröffnung des Hauptverfahrens in Betracht kommt (LR/*Hilger* § 470 Rn. 8; Meyer-Goßner/*Schmitt* § 470 Rn. 5; SK-StPO/*Degener* § 470 Rn. 9). Denn Satz 2 spricht im Gegensatz zu

Satz 1 vom »Angeklagten«. Im Hinblick auf diese ausdrückliche Differenzierung ist für eine Anwendung von Satz 2 auf das Ermittlungsverfahren kein Raum.

Richtet sich das **Verfahren gegen mehrere Angeklagte** und erklärt ein Mitangeklagter sich zur Übernahme der gesamten Kosten bzw. notwendigen Auslagen bereit, ist streitig, ob eine entsprechende Überbürdung auf ihn zulässig ist. Der BGH hat dies unter Hinweis darauf verneint, dass einem Angeklagten die Kosten und Auslagen nach § 470 Satz 2 nur auferlegt werden könnten, soweit das Verfahren ihn betrifft. Auch in getrennten Verfahren wäre es nicht möglich, einem Angeklagten die Kosten sämtlicher Verfahren bzw. sämtliche notwendigen Auslagen aufzuerlegen. Es könne daher nichts anderes gelten, nur weil ein einheitliches Verfahren gegen die Angeklagten geführt werde (BGH NJW 1956, 1162, 1164). I.Ü. wird auf das ansonsten unüberschaubare Risiko einer Kostenabwälzung auf die Staatskasse verwiesen, falls der übernahmebereite Mitangeklagte zahlungsunfähig ist (BGH NJW 1956, 1162, 1164). Die Literatur bejaht demgegenüber die grundsätzliche Zulässigkeit einer entsprechenden Auferlegung der gesamten Kosten bzw. Auslagen (KK-StPO/*Gieg* § 470 Rn. 3; KMR/*Stöckel* § 470 Rn. 9; SK-StPO/*Degener* § 470 Rn. 12). Soweit die Gefahr einer Manipulation zum Nachteil der Staatskasse bestehe, sei die entsprechende Übernahmeerklärung i.R.d. Ermessensentscheidung des Gerichts grds. nicht zu berücksichtigen (LR/*Hilger* § 470 Rn. 11). 5

Ausnahmsweise kann das Interesse an der Herstellung des Rechtsfriedens durch Beilegung des Verfahrens jedoch so gewichtig sein, dass es die Auferlegung der Kosten auf einen zahlungsunfähigen Angeklagten und damit letztlich eine entsprechende Belastung der Staatskasse rechtfertigt (BGH NJW 1956, 1162, 1164). 6

Eine Übernahmeerklärung begründet gem. § 54 Nr. 2 GKG die Haftung des Erklärenden ggü. der Staatskasse, auch wenn sie seitens des Gerichts i.R.d. Kostenentscheidung nicht berücksichtigt wurde. 7

§ 471 Kosten bei Privatklage

(1) In einem Verfahren auf erhobene Privatklage hat der Verurteilte auch die dem Privatkläger erwachsenen notwendigen Auslagen zu erstatten.

(2) Wird die Klage gegen den Beschuldigten zurückgewiesen oder wird dieser freigesprochen oder wird das Verfahren eingestellt, fallen dem Privatkläger die Kosten des Verfahrens sowie die dem Beschuldigten erwachsenen notwendigen Auslagen zur Last.

(3) Das Gericht kann die Kosten des Verfahrens und die notwendigen Auslagen der Beteiligten angemessen verteilen oder nach pflichtgemäßem Ermessen einem der Beteiligten auferlegen, wenn

1. es den Anträgen des Privatklägers nur zum Teil entsprochen hat

2. es das Verfahren nach § 383 Abs. 2 (§ 390 Abs. 5) wegen Geringfügigkeit eingestellt hat;

3. Widerklage erhoben worden ist.

(4) [1]Mehrere Privatkläger haften als Gesamtschuldner. [2]Das Gleiche gilt hinsichtlich der Haftung mehrerer Beschuldigter für die dem Privatkläger erwachsenen notwendigen Auslagen.

Übersicht

A. Allgemeines. Die §§ 464 ff. gelten auch im Privatklageverfahren, soweit § 471 keine abweichende Regelung trifft (OLG Stuttgart NJW 1974, 512, 513). § 471 gilt auch im Rechtsmittelverfahren (KMR/*Stöckel* § 471 Rn. 2). An die Stelle der StA bzw. der Staatskasse tritt der Privatkläger als Verfahrenspartei (BGHSt 17, 376, 380; LR/*Hilger* § 471 Rn. 1; *Pfeiffer* § 471 Rn. 1). Im Privatklageverfahren sind vergleichsweise getroffene Kostenregelungen möglich, das Gericht ist an sie jedoch nicht gebunden (KK-StPO/*Gieg* § 471 Rn. 6; Meyer-Goßner/*Schmitt* § 471 Rn. 1). Bei abweichender gerichtlicher Entscheidung gilt die getroffene Vereinbarung im Innenverhältnis zwischen den Parteien, ggü. der Staatskasse gilt § 54 Nr. 2 GKG. Bei Vereinbarung der Zahlung einer bestimmten Summe ist der protokollierte Vergleich Vollstreckungstitel gem. § 794 Abs. 1 Nr. 1 ZPO (*Pfeiffer* § 471 Rn. 8; HK-StPO/*Krehl* § 471 Rn. 2), bei Rücknahme des Strafantrags gilt § 470. 1

2 **B. Kosten und Auslagen bei Verurteilung (Abs. 1).** Gem. Abs. 1 hat der Angeklagte bei Verurteilung die dem Privatkläger entstandenen notwendigen Auslagen zu tragen. Hierunter fallen auch die Aufwendungen, die bereits vor Klageerhebung erforderlich waren, wie die Kosten des Sühneversuchs gem. § 380 oder die Gebühr des Prozessvertreters im vorbereitenden Verfahren (KK-StPO/*Gieg* § 471 Rn. 2; HK-StPO/*Krehl* § 471 Rn. 3).

3 **C. Kosten und Auslagen bei Nichtverurteilung (Abs. 2).** Der Privatkläger hat die Kosten des Verfahrens sowie die notwendigen Auslagen des Beschuldigten zu tragen, soweit die Privatklage gem. § 383 Abs. 1 Satz 1 zurückgewiesen, der Beschuldigte freigesprochen oder das Verfahren gegen ihn eingestellt wird (§ 464 Rn. 9 ff.). Eine Verfahrenseinstellung erfolgt insb. auch bei Rücknahme der Privatklage (§ 391 Abs. 1) oder gleichgestellten Fällen (§ 391 Abs. 2). Abs. 2 ist weiterhin einschlägig, soweit das Verfahren gem. § 389 wegen des Vorliegens eines Offizialdelikts durch Urteil eingestellt wird (BayObLG NJW 1959, 2274; Meyer-Goßner/*Schmitt* § 471 Rn. 3; LR/*Hilger* § 471 Rn. 12). Der **Tod des Privatklägers** führt gem. § 393 Abs. 1 ebenfalls zur Einstellung des Verfahrens, soweit es nicht von den zur Privatklage Berechtigten fortgeführt wird, § 393 Abs. 2. Mit der Einstellung ist die Kostenentscheidung gem. Abs. 2 zu treffen (BayObLG NJW 1960, 2065; KK-StPO/*Gieg* § 471 Rn. 3). Bei Tod eines von mehreren Privatklägern ist eine getrennte Entscheidung über die durch seine Klage entstandenen Kosten und Auslagen erforderlich, eine Verteilung zwischen dem Angeklagten und den übrigen Privatklägern kommt nicht in Betracht (BayObLG NJW 1960, 2065). Abs. 2 ist nicht einschlägig bei Zurückweisung der Privatklage gem. § 379a Abs. 3, da die Privatklage hier noch nicht ordnungsgemäß erhoben wurde (LR/*Hilger* § 471 Rn. 16; Meyer-Goßner/*Schmitt* § 471 Rn. 3; a.A. HK-StPO/*Krehl* § 471 Rn. 4). Auch bei Übernahme der Strafverfolgung durch die StA gem. § 377 Abs. 2 kommt es nicht zu einer Einstellung des Privatklageverfahrens. Dieses wird vielmehr ohne Weiteres als Offizialverfahren fortgeführt (KK-StPO/*Gieg* § 471 Rn. 3). Hinsichtlich der notwendigen Auslagen des Privatklägers gilt dann § 472 Abs. 3 Satz 2 (HK-StPO/*Krehl* § 471 Rn. 1). Ein **jugendlicher Privatkläger** (§ 80 Abs. 2 JGG) kann nicht von Kosten und Auslagen freigestellt werden, § 74 JGG gilt nur für den Beschuldigten (KK-StPO/*Gieg* § 471 Rn. 3; *Pfeiffer* § 471 Rn. 3).

4 **D. Kostenverteilung nach richterlichem Ermessen (Abs. 3).** Abs. 3 erlaubt in Abweichung von Abs. 1, Abs. 2 eine angemessene Aufteilung der Kosten und notwendigen Auslagen nach richterlichem Ermessen in den dort vorgesehenen Fällen. Die Kosten können auch gegeneinander aufgehoben werden (HK-StPO/*Krehl* § 471 Rn. 5). Eine entsprechende Anwendung auf weitere gesetzlich nicht geregelte Konstellationen ist abzulehnen (BayObLG NJW 1956, 102; 1959, 2274; KMR/*Stöckel* § 471 Rn. 11).

5 **I. Bloßer Teilerfolg des Privatklägers (Abs. 3 Nr. 1).** Eine Aufteilung der Verfahrenskosten sowie der notwendigen Auslagen kommt zum einen in Betracht, soweit das Gericht den Anträgen des Privatklägers nur z.T. entspricht. Maßgeblich ist insoweit, ob das Urteil hinter dem in der zugelassenen Klage enthaltenen strafrechtlichen Vorwurf zurückbleibt. Das ist zu bejahen, wenn der Angeklagte nicht wegen aller selbstständiger Handlungen verurteilt wird, bei Rücknahme einzelner Klagepunkte während des Verfahrens oder wenn eine Verurteilung nicht wegen aller tateinheitlich angeklagter Straftatbestände erfolgt (KK-StPO/*Gieg* § 471 Rn. 4; *Pfeiffer* § 471 Rn. 5; KMR/*Stöckel* § 471 Rn. 13; HK-StPO/*Krehl* § 471 Rn. 6; a.A. Meyer-Goßner/*Schmitt* § 471 Rn. 5), ebenso wenn bei natürlicher Handlungseinheit nicht wegen aller Teilvorgänge verurteilt wird, wenn es lediglich zu einer Verurteilung aufgrund einer milderen Bestimmung kommt oder bei Absehen von Strafe (BayObLGSt 1962, 139; KK-StPO/*Gieg* § 471 Rn. 4). Auf den Rechtsfolgenantrag des Privatklägers kommt es demgegenüber nicht an (*Pfeiffer* § 471 Rn. 5). Die Kosten, die nur im Verfahren gegen einen freigesprochenen Mitangeklagten entstanden sind, dürfen nicht dem Verurteilten auferlegt werden (BayObLGSt 1957, 190; Meyer-Goßner/*Schmitt* § 471 Rn. 4).

6 **II. Einstellung wegen Geringfügigkeit (Abs. 3 Nr. 2, §§ 383 Abs. 2, 390 Abs. 5).** Auch bei einer Verfahrenseinstellung wegen Geringfügigkeit kommt gem. Abs. 3 Nr. 2 eine von Abs. 2 abweichende Entscheidung in Betracht, soweit die Schuld des Beschuldigten in der Hauptverhandlung festgestellt wurde (BVerfG NJW 1992, 1611; KK-StPO/*Gieg* § 471 Rn. 5). Ist die Schuldfrage nicht geklärt, kann eine volle oder anteilsmäßige Belastung des Beschuldigten hierauf nicht gestützt werden (BVerfG NJW 1987, 2427, 2428; NJW 1990, 2741). I.R.d. Ermessensentscheidung kann jedoch berücksichtigt werden, inwieweit der Beschuldigte Anlass zur Privatklageerhebung gegeben hat (BVerfG NJW 1987, 2427; NStZ 1991, 93), weiterhin der Anlass der Tat oder kostenverursachendes Prozessverhalten (KK-StPO/*Gieg* § 471 Rn. 5; KMR/*Stöckel* § 471 Rn. 15). Eine Belastung der Staatskasse darf nicht erfolgen (Meyer-Goßner/*Schmitt* § 471 Rn. 6; *Pfeiffer* § 471 Rn. 6).

7 **III. Erhebung einer Widerklage (Abs. 3 Nr. 3, § 388).** Bei erhobener Widerklage ist über Kosten und Auslagen *ohne* Rücksicht auf den Ausgang von Klage und Widerklage zu entscheiden (BGH NJW 1962, 1926; KK-StPO/*Gieg* § 471 Rn. 5; HK-StPO/*Krehl* § 471 Rn. 8). Insoweit besteht ein erhebliches Bedürf-

nis für eine Verteilung der Kosten und notwendigen Auslagen der Beteiligten, da diese sich bei Klage und Widerklage oftmals nicht trennen lassen. Als Verteilungskriterien kommen auch hier das gegenseitige Maß an Schuld sowie kostenverursachendes Prozessverhalten in Betracht (KK-StPO/*Gieg* § 471 Rn. 5). Wird nur ein Beteiligter im beantragten Umfang verurteilt, der andere freigesprochen, ist eine Aufteilung in der Regel nicht veranlasst (KMR/*Stöckel* § 471 Rn. 17; *Pfeiffer* § 471 Rn. 7).

E. Gesamtschuldnerische Haftung (Abs. 4). Mehrere Privatkläger haften unter den Voraussetzungen des Abs. 2 als Gesamtschuldner für Gerichtskosten und notwendige Auslagen des Beschuldigten. Gleiches gilt für mehrere Beschuldigte unter den Voraussetzungen des Abs. 1 für die notwendigen Auslagen des Privatklägers, soweit sie wegen derselben Tat (§ 264) verurteilt werden. Für die Gerichtsgebühren haftet demgegenüber auch bei mehreren Beschuldigten jeder nach Maßgabe der erkannten Strafe allein, §§ 45, 42 GKG (HK-StPO/*Krehl* § 471 Rn. 9). In den Fällen des Abs. 3 kommt eine gesamtschuldnerische Haftung nur in Betracht, soweit die Privatkläger oder Beschuldigten in der gerichtlichen Kostenentscheidung ausdrücklich gemeinsam belastet werden (Meyer-Goßner/*Schmitt* § 471 Rn. 8). 8

§ 472 Notwendige Auslagen des Nebenklägers

(1) [1]Die dem Nebenkläger erwachsenen notwendigen Auslagen sind dem Angeklagten aufzuerlegen, wenn er wegen einer Tat verurteilt wird, die den Nebenkläger betrifft. [2]Die notwendigen Auslagen für einen psychosozialen Prozessbegleiter des Nebenklägers können dem Angeklagten nur bis zu der auferlegt werden, in der sich im Falle der Beiordnung des psychosozialen Prozessbegleiters die Gerichtskosten erhöhen würden. [3]Von der Auferlegung der notwendigen Auslagen kann ganz oder teilweise abgesehen werden, soweit es unbillig wäre, den Angeklagten damit zu belasten.

(2) [1]Stellt das Gericht das Verfahren nach einer Vorschrift, die das nach seinem Ermessen zulässt, ein, so kann es die in Abs. 1 genannten notwendigen Auslagen ganz oder teilweise dem Angeschuldigten auferlegen, soweit dies aus besonderen Gründen der Billigkeit entspricht. [2]Stellt das Gericht das Verfahren nach vorangegangener vorläufiger Einstellung (§ 153a) endgültig ein, gilt Abs. 1 entsprechend.

(3) [1]Die Absätze 1 und 2 gelten entsprechend für die notwendigen Auslagen, die einem zum Anschluss als Nebenkläger Berechtigten in Wahrnehmung seiner Befugnisse nach § 406h erwachsen sind. [2]Gleiches gilt für die notwendigen Auslagen eines Privatklägers, wenn die Staatsanwaltschaft nach § 377 Abs. 2 die Verfolgung übernommen hat.

(4) § 471 Abs. 4 Satz 2 gilt entsprechend.

Übersicht

A. Allgemeines. Seit 1987 regelt § 472 die kostenrechtlichen Folgen der Nebenklage ausdrücklich, sodass die zuvor erfolgte analoge Anwendung des § 471 auf den Nebenkläger hinfällig geworden ist (LR/*Hilger* § 472 Rn. 1). Hinsichtlich der notwendigen Auslagen des Nebenklägers ist eine ausdrückliche Entscheidung zu treffen. Unterbleibt sie, so trägt der Nebenkläger seine Auslagen selbst. Eine Nachholung ist unzulässig, eine Korrektur der unterbliebenen Kostenentscheidung ist nur über die sofortige Beschwerde gem. § 464 Abs. 3 möglich (HK-StPO/*Krehl* § 472 Rn. 5; SK-StPO/*Degener* § 472 Rn. 18). Gem. Abs. 3 gelten die Abs. 1 und 2 entsprechend auch für den Nebenklageberechtigten und den Privatkläger bei Übernahme des Verfahrens durch die StA nach § 377. 1

B. Verurteilung des Angeklagten (Abs. 1). Bei Verurteilung wegen einer den Nebenkläger betreffenden Tat hat der Angeklagte nach Abs. 1 Satz 1 die notwendigen Auslagen des Nebenklägers zu tragen. Die Erstattungspflicht setzt die **wirksame Zulassung als Nebenkläger** gem. §§ 395 Abs. 4, 396 voraus (HK-StPO/*Krehl* § 472 Rn. 2), sie gilt jedoch gem. Abs. 3 Satz 1 für den Nebenklageberechtigten entsprechend. Gem. § 402 verliert die Anschlusserklärung des Nebenklägers bei Widerruf ihre Wirkung, sodass in diesen Fällen ein Anspruch auf Auslagenerstattung entfällt (KK-StPO/*Gieg* § 472 Rn. 2; LR/*Hilger* § 472 Rn. 13; OLG Nürnberg NJW 1959, 1052; OLG Stuttgart NJW 1960, 115; OLG Karlsruhe MDR 1984, 250; a.A. Meyer-Goßner/*Schmitt* § 472 Rn. 1; *Pfeiffer* § 472 Rn. 4). Demgegenüber berührt der Tod des Nebenklägers die Erstattungspflicht des Angeklagten nicht, die Auslagen sind insoweit dem Nachlass zu ersetzen (OLG Stuttgart NJW 1960, 2

115; OLG Karlsruhe MDR 1984, 250; LR/*Hilger* § 472 Rn. 13; Meyer-Goßner/*Schmitt* § 472 Rn. 1; *Pfeiffer* § 472 Rn. 4; a.A. KK-StPO/*Gieg* § 472 Rn. 2; HK-StPO/*Krehl* § 472 Rn. 2).

3 Weiterhin muss die **Verurteilung wegen einer den Nebenkläger betreffenden Tat** erfolgt sein. Als Verurteilung ist auch die neben einem Freispruch oder im Sicherungsverfahren gem. §§ 413 ff. erfolgte Anordnung einer Sicherungsmaßregel nach §§ 63, 64, 69 StGB anzusehen, soweit sie wegen einer Tat erfolgt, die den Nebenkläger betrifft (BayObLG NJW 1954, 1090; Meyer-Goßner/*Schmitt* § 472 Rn. 5). Nach a.A. soll die Maßregelanordnung von § 472 Abs. 1 nicht erfasst sein. Insoweit wird auf den ausdrücklichen Wortlaut des § 465 Abs. 1 verwiesen. Die dem Nebenkläger entstandenen Auslagen sollen insoweit analog §§ 465, 467 zu erstatten sein (KK-StPO/*Gieg* § 472 Rn. 3; Meyer-Goßner/*Schmitt* § 472 Rn. 1; SK/*Degener* § 472 Rn. 7). Eine Verurteilung wegen eines der in § 395 Abs. 1, Abs. 3 genannten Nebenklagedelikte ist nicht erforderlich. Eine den Nebenkläger betreffende Tat liegt vielmehr bereits vor, wenn der Verurteilung derselbe Lebensvorgang i.S.d. § 264 zugrunde liegt, der zum Anschluss als Nebenkläger berechtigt und auf einer Norm beruht, die ein dem Nebenkläger zustehendes Recht unmittelbar schützt (BGHSt 11, 195; 15, 60; BGH NJW 1992, 1182; KK-StPO/*Gieg* § 472 Rn. 3; *Pfeiffer* § 472 Rn. 7; einschränkend LR/*Hilger* § 471 Rn. 12). Ausreichend ist hiernach eine Verurteilung gem. § 323a StGB, wenn die Rauschtat ein Nebenklagedelikt ist (BGHSt 20, 284; KK-StPO/*Gieg* § 472 Rn. 3), ebenso eine Verurteilung gem. § 323c StGB, wenn die Hilfeleistung ggü. dem Nebenkläger unterblieb (BGH NJW 2002, 1356; *Pfeiffer* § 472 Rn. 1; HK-StPO/*Krehl* § 472 Rn. 3; KK-StPO/*Gieg* § 472 Rn. 3) oder eine Verurteilung gem. § 315b StGB (BGH NStZ-RR 2006, 127; Meyer-Goßner/*Schmitt* § 472 Rn. 6). Ausreichend ist auch die Verurteilung wegen einer Ordnungswidrigkeit, wenn die verletzte Vorschrift nicht nur allgemeinen Interessen, z.B. der allgemeinen Verkehrssicherheit, sondern auch dem Schutz des Nebenklägers dient (BGH NJW 1958, 511; BayObLG, VRS 40, 240; BGHSt 11, 195, 198; OLG Celle NJW 1956, 1611; Meyer-Goßner/*Schmitt* § 472 Rn. 7; HK-StPO/*Krehl* § 472 Rn. 3; KK-StPO/*Gieg* § 472 Rn. 3; a.A. LR/*Hilger* § 472 Rn. 12). Eine Erstattungspflicht ist demgegenüber wegen fehlenden Schutzcharakters der Norm ggü. dem Nebenkläger zu verneinen bei Verurteilung nach § 142 StGB (BGH, VRS 17, 424; OLG Hamm, DAR 61, 344; Meyer-Goßner/*Schmitt* § 472 Rn. 6; LR/*Hilger* § 472 Rn. 12; a.A. OLG Düsseldorf MDR 81, 958; HK-StPO/*Krehl* § 472 Rn. 3), ebenso bei Verurteilung gem. § 316 StGB (BayObLG NJW 1968; KG, VRS 44, 119). Auch für § 395 Abs. 2 Nr. 1 reicht es aus, dass der Angeklagte wegen einer Strafvorschrift verurteilt wird, deren Schutzbereich auch den Getöteten als Rechtsgutträger umfasst (BGH NJW 1960, 1311; OLG Stuttgart NJW 1959, 1455).

4 Zu den **notwendigen Auslagen** zählen auch die im Vorverfahren entstandenen Auslagen (Meyer-Goßner/*Schmitt* § 472 Rn. 8; HK-StPO/*Krehl* § 472 Rn. 6) und die Kosten der Terminswahrnehmung. Nimmt der Nebenklägervertreter in einem Verfahren, in dem mehrere selbstständige prozessuale Taten verhandelt werden, die nicht alle zum Anschluss als Nebenkläger berechtigen, an sämtlichen Hauptverhandlungstagen teil, so sind die dadurch entstandenen Terminsgebühren auch hinsichtlich derjenigen Verhandlungstage, an denen das Nebenklagedelikt nicht Gegenstand der Hauptverhandlung war, als notwendige Auslagen erstattungsfähig, wenn die Taten einen inneren Zusammenhang aufweisen, der es nicht ausgeschlossen erscheinen lässt, dass die Interessen des Nebenklägers auch in den ihn nicht unmittelbar betreffenden Verhandlungsabschnitten tangiert werden (OLG Düsseldorf BeckRS 2012, 09692). Die Erstattungspflicht besteht auch ggü. dem mitangeklagten Nebenkläger. Insoweit sind die Mehrkosten der Nebenklagevertretung ggü. der Verteidigergebühr zu ersetzen (BayObLG, VRS 18, 198; OLG Stuttgart NJW 1957, 435; SK-StPO/*Degener* § 472 Rn. 16; LG Regensburg NJW 1967, 898; HK-StPO/*Krehl* § 472 Rn. 6; *Pfeiffer* § 472 Rn. 2; a.A. LR/*Hilger* § 472 Rn. 16).

5 Auch im **Strafbefehlsverfahren** ist eine ausdrückliche Entscheidung hinsichtlich der Auslagen des Nebenklägers erforderlich, ansonsten hat dieser seine Auslagen selbst zu tragen. Im Hinblick auf möglicherweise bereits vor Strafbefehlserlass entstandene Auslagen nach § 406g ist daher bereits im Strafbefehl eine vorsorgliche Kostengrundentscheidung zu treffen (LG Traunstein, DAR 1991, 313, 317; KMR/*Stöckel* § 472 Rn. 11). Gem. § 396 Abs. 1 Satz 3 wird die Anschlusserklärung des Nebenklägers im Strafbefehlsverfahren erst mit der Anberaumung des Termins zur Hauptverhandlung wirksam. Wird gegen den Strafbefehl kein Einspruch eingelegt, so kann die Anschlusserklärung des Nebenklageberechtigten (§ 395) mithin keine Wirksamkeit erlangen. Gem. Abs. 3 gelten die Bestimmungen der Abs. 1 und 2 jedoch entsprechend für die notwendigen Auslagen, die einem Nebenklageberechtigten in Wahrnehmung seiner Rechte gem. § 406g entstanden sind. Wird der Einspruch gegen den Strafbefehl nach Terminsanberaumung zurückgenommen oder gem. § 412 verworfen und unterbleibt eine Entscheidung hinsichtlich der Auslagen des Nebenklägers, so steht diesem gegen die unterlassene Auslagenentscheidung kein Rechtsmittel zu (OLG Frankfurt NStZ-RR 2001, 63, 64; LR/*Hilger* § 472 Rn. 14; KMR/*Stöckel* § 472 Rn. 11; a.A. wohl *Pfeiffer* § 472 Rn. 6; Meyer-Goßner/*Schmitt* § 472 Rn. 10a). Dieser Ausschluss gilt ohne Rücksicht darauf, ob die unterbliebene Nebenentscheidung gesetzeswidrig ist (OLG Frankfurt NStZ-RR 2001, 63, 64; LR/*Hilger* § 464 Rn. 50). Insb. ist

insoweit eine sofortige Beschwerde gem. § 464 Abs. 3 Satz 1 Hs. 2 nicht statthaft. Denn die Anfechtung der Hauptsacheentscheidung ist in diesen Fällen nicht statthaft, da der Nebenkläger generell gegen den Strafbefehl kein Rechtsmittel einlegen kann. Ein solches steht gem. § 410 vielmehr nur dem Angeklagten zu. Eine Nachholung der Kostenentscheidung hinsichtlich der Auslagen des Nebenklägers ist unzulässig (KK-StPO/*Gieg* § 472 Rn. 2; HK-StPO/*Krehl* § 472 Rn. 5; Meyer-Goßner/*Schmitt* § 472 Rn. 10a; LG Rottweil NStZ 1988, 523; LG Zweibrücken, Rpfl. 1992, 128). Teilweise wird insoweit jedoch vertreten, dass das Gericht in diesen Fällen berechtigt bzw. verpflichtet ist, die unterbliebene Entscheidung auf die Gegenvorstellung des Betroffenen hin gem. § 33a nachzuholen (OLG Düsseldorf JurBüro 1994, 292; Meyer-Goßner/*Schmitt* § 464 Rn. 12; a.A. BGH NStZ-RR 1996, 352). Die geschilderten Grundsätze gelten über Abs. 3 auch für den Nebenklageberechtigten.

Im **Verfahren gegen Jugendliche** gilt das Verbot der Nebenklage (§ 80 Abs. 3 JGG), sodass auch die §§ 406g, 472 nicht anwendbar sind. Im Verfahren gegen Heranwachsende ist eine Nebenklage nach Maßgabe von. § 109 Abs. 2, Abs. 3 JGG zulässig. Von der Kostentragungspflicht gem. § 472 Abs. 1 Satz 1 kann bei verurteilten Heranwachsenden jedoch gem. §§ 109 Abs. 2, 74 JGG abgesehen werden (hierzu LR/*Hilger* § 472 Rn. 7). 6

Der mit Wirkung zum 01.01.2017 eingeführte Satz 2 trifft eine Regelung hinsichtlich der notwendigen Auslagen für einen psychosozialen Prozessbegleiter des Nebenklägers.

Nach der **Ausnahmebestimmung des** Satz 3 kann davon abgesehen werden, dem Angeklagten die notwendigen Auslagen des Nebenklägers aufzuerlegen, soweit dies **unbillig** wäre. Hierbei kann z.B. die Verursachung von vermeidbaren Auslagen durch schuldhaftes Prozessverhalten des Nebenklägers (KG NStZ-RR 1999, 223; BGHSt 38, 93, 95; LR/*Hilger* § 472 Rn. 15), das Mitverschulden des Verletzten (BGHSt 38, 93, 95; OLG Stuttgart StV 1993, 139) sowie die Straffreierklärung gem. 199 StGB (HK-StPO/*Krehl* § 472 Rn. 4; KK-StPO/*Gieg* § 472 Rn. 4) berücksichtigt werden. Die Anwendung des Satz 2 kommt auch in Betracht, soweit eine nur teilweise Verurteilung des Angeklagten wegen einzelner von mehreren selbstständigen Taten erfolgt (KK-StPO/*Gieg* § 472 Rn. 7; *Pfeiffer* § 472 Rn. 7; LR/*Hilger* § 472 Rn. 15) oder wenn eine Verurteilung wegen einer tateinheitlich angeklagten Körperverletzung unterbleibt, weil diese gerechtfertigt war und der Angeklagte nur wegen Beleidigung verurteilt wird (LG Nürnberg-Fürth, BeckRS 2014 60046). Gleiches gilt, wenn der Angeklagte durch sein Verhalten nach der Tat keinen vernünftigen Anlass für einen Anschluss als Nebenkläger gegeben hat (BGH NStZ 1999, 261; *Beulke*, DAR 1988, 114, 119; HK-StPO/*Krehl* § 472 Rn. 4; *Pfeiffer* § 472 Rn. 3; Meyer-Goßner/*Schmitt* § 472 Rn. 9; KK-StPO/*Gieg* § 472 Rn. 4). Entscheidend sind die Umstände des Einzelfalls (BGH NStZ 1999, 261). Demgegenüber ist es im Hinblick auf § 397 unerheblich, dass der Nebenkläger einen anwaltlichen Beistand beauftragt hat (OLG Düsseldorf MDR 1993, 786; LR/*Hilger* § 472 Rn. 13). Insoweit macht der Nebenkläger lediglich in zulässiger Weise von seinen Rechten Gebrauch, hieraus darf ihm kein Nachteil entstehen. 7

Bei **Freispruch, Nichteröffnung des Hauptverfahrens oder einer Verfahrenseinstellung**, die nicht im Ermessen des Gerichts liegt (§§ 206a, 206b, 260 Abs. 3) trägt der Nebenkläger seine Auslagen selbst (für den Fall des Todes des Angeklagten: BGH NStZ-RR 2012, 359). Ein gesonderter Ausspruch ist insoweit nicht erforderlich. In diesen Fällen kommt auch eine Kostenerstattung im Zivilrechtsweg nicht in Betracht (BGH NJW 1957, 1593). Für die notwendigen Auslagen des Angeklagten gilt § 467. Eine Auslagenüberbürdung auf den Nebenkläger entsprechend § 471 Abs. 2 scheidet aus, da der Nebenkläger das Verfahren im Gegensatz zum Privatkläger nicht eigenständig betrieben, sondern sich lediglich dem von Amts wegen geführten Verfahren angeschlossen hat (LR/*Hilger* § 472 Rn. 4). 8

C. Einstellung des Verfahrens nach Opportunitätsgrundsätzen (Abs. 2). Bei einer **Verfahrenseinstellung nach Opportunitätsgrundsätzen** gem. §§ 153, 154 ff. trägt der Nebenkläger seine notwendigen Auslagen grds. selbst. Diese können jedoch ausnahmsweise dem Angeklagten auferlegt werden, soweit dies aus besonderen Gründen der Billigkeit entspricht. Hierbei kann zum Nachteil des Beschuldigten berücksichtigt werden, dass dieser Anlass zur Nebenklage gegeben hat, soweit die entsprechenden Tatsachen feststehen (BVerfG StV 1988, 31; *Beulke*, DAR 1988, 114, 119; HK-StPO/*Krehl* § 472 Rn. 7). Daneben kommt eine Überbürdung auch bei entsprechender Zustimmungserklärung des Angeklagten im Prozess in Betracht (HK-StPO/*Krehl* § 472 Rn. 7). Der Schwere der Schuld bzw. dem Grad des bestehenden Tatverdachts kommt demgegenüber keine Bedeutung zu (BVerfG StV 1988, 31; HK-StPO/*Krehl* § 472 Rn. 8; *Beulke*, DAR 1988, 114, 119). 9

Bei endgültiger **Einstellung des Verfahrens gem. § 153a** sind dem Beschuldigten nach Abs. 2 Satz 2 i.V.m. Abs. 1 Satz 1 grds. die notwendigen Auslagen des Nebenklägers aufzuerlegen, soweit nicht ausnahmsweise Billigkeitserwägungen dafür sprechen, dass diese beim Nebenkläger verbleiben. Da für eine Einstellung gem. § 153a die Zustimmung des Angeklagten erforderlich ist, kann dieser die ihm insoweit drohende Kostenlast in seine Erwägungen mit einbeziehen (HK-StPO/*Krehl* § 472 Rn. 8; KK-StPO/*Gieg* § 472 Rn. 6). Auch das 10

Gericht kann die entsprechende Kostenlast bei Bestimmung der Auflagen und Weisungen berücksichtigen, sodass ein Abweichen nur in seltenen Fällen in Betracht kommen wird.

11 **D. Entsprechende Anwendung der Regelungen (Abs. 3).** Abs. 3 Satz 1 bestimmt, dass der gem. § 395 **zur Nebenklage berechtigte Verletzte** hinsichtlich der notwendigen Auslagen, die ihm durch Wahrung seiner Rechte gem. § 406g entstanden sind, einem Nebenkläger gleichzustellen ist, auch wenn es nicht zu einer Anschlusserklärung gekommen ist. Der Angeklagte hat daher im Fall der Verurteilung grds. die notwendigen Auslagen des Nebenklageberechtigten zu tragen (Abs. 1 Satz 1). Zu diesen zählen insb. auch die Kosten, die dem Nebenklageberechtigten durch die Einschaltung eines RA im Ermittlungsverfahren entstanden sind (HK-StPO/*Krehl* § 472 Rn. 9).

12 Abs. 1 und 2 sind weiterhin entsprechend anzuwenden hinsichtlich der **notwendigen Auslagen des Privatklägers**, wenn die StA die Strafverfolgung gem. § 377 Abs. 2 übernimmt. Der frühere Privatkläger soll durch die Verfahrensübernahme der StA keine Kostennachteile erleiden. Eine Übernahme seiner notwendigen Auslagen durch den Angeklagten kommt daher auch in Betracht, wenn er nicht nebenklageberechtigt gem. § 395 ist oder seinen Anschluss als Nebenkläger nicht erklärt (HK-StPO/*Krehl* § 472 Rn. 9; LR/*Hilger* § 472 Rn. 24).

13 **E. Gesamtschuldnerische Haftung (Abs. 4).** Gem. Abs. 4 Satz 2 haften mehrere Angeschuldigte, die die notwendigen Auslagen des Nebenklägers bzw. Privatklägers gem. Abs. 3 zu tragen haben, als Gesamtschuldner. Dies gilt jedoch nur, soweit sie wegen derselben Tat verurteilt wurden, § 466 Satz 1 (KK-StPO/*Gieg* § 472 Rn. 11). Die gesamtschuldnerische Haftung tritt kraft Gesetzes ein, ein gesonderter Ausspruch ist insoweit nicht erforderlich (KK-StPO/*Gieg* § 472 Rn. 11).

§ 472a Kosten und notwendige Auslagen bei Adhäsionsverfahren

(1) Soweit dem Antrag auf Zuerkennung eines aus der Straftat erwachsenen Anspruchs stattgegeben wird, hat der Angeklagte auch die dadurch entstandenen besonderen Kosten und die notwendigen Auslagen des Antragstellers im Sinne der §§ 403 und 404 zu tragen.

(2) [1]Sieht das Gericht von der Entscheidung über den Adhäsionsantrag ab, wird ein Teil des Anspruchs dem Antragsteller nicht zuerkannt oder nimmt dieser den Antrag zurück, so entscheidet das Gericht nach pflichtgemäßem Ermessen, wer die insoweit entstandenen gerichtlichen Auslagen und die insoweit den Beteiligten erwachsenden notwendigen Auslagen trägt. [2]Die gerichtlichen Auslagen können der Staatskasse auferlegt werden, soweit es unbillig wäre, die Beteiligten damit zu belasten.

Übersicht

1 **A. Bedeutung.** Das Adhäsionsverfahren gem. §§ 403 bis 406c ermöglicht es dem Verletzten, zivilrechtliche Ersatzansprüche aus einer Straftat wahlweise bereits im Strafverfahren geltend zu machen. § 472a regelt die mit der Entscheidung über einen solchen Ersatzanspruch verbundenen kostenrechtlichen Folgen. Diese werden nicht nach zivilprozessualen Grundsätzen, sondern als Bestandteil der Gesamtkosten des Strafverfahrens behandelt (LR/*Hilger* § 472a Rn. 2; a.A. SK-StPO/*Degener* § 472a Rn. 1). Am 01.07.2021 ist das Gesetz zur Fortentwicklung der Strafprozessordnung und zur Änderung weiterer Vorschriften in Kraft getreten (BGBl. 2021 I 2099). In dem neu eingeführten § 373b wird nunmehr erstmals eine Definition des Verletzten in die Strafprozessordnung eingeführt (s. Kommentierung bei § 373b). Der neue vereinheitlichende Begriff soll in der gesamten StPO gelten (BT-Drs. 19/27654, S. 41). Infolgedessen erfolgte eine Ergänzung des Gesetzestextes auch bei § 472a. Hier ist nunmehr nicht mehr vom Verletzten, sondern vom Antragsteller die Rede (s. dort). Dies trägt dem Umstand Rechnung, dass nicht nur die Verletzten i.S.v. § 373b, sondern auch – wie bisher – § 472a für mittelbar Geschädigte und damit für sämtliche Antragsteller im Adhäsionsverfahren gilt (BT-Drs. 19/27654, S. 116; BeckOK-StPO/*Weiner* § 472a Rn. 1).

2 **B. Kostenrechtliche Folgen.** Wird dem Antrag des Antragstellers im Adhäsionsverfahren nach §§ 403 ff. **in vollem Umfang stattgegeben**, so trägt der Angeklagte nach Abs. 1 zwingend die hierdurch entstandenen besonderen Kosten sowie seine notwendigen Auslagen. Als besondere Kosten erfasst werden nur die ausscheidbaren Mehrkosten des Adhäsionsverfahrens, eine Quotelung aufgrund einer Schätzung kommt insoweit nicht in Betracht (SK-StPO/*Degener* § 472a Rn. 2; LR/*Hilger* § 472a Rn. 2).

Sieht das Gericht von einer Entscheidung über den Antrag ab, gibt es diesem nur teilweise statt (BGH, MDR 1966, 560) oder nimmt der Antragsteller den Antrag zurück (§ 404 Abs. 4), so ist gem. Abs. 2 eine **Ermessensentscheidung des Gerichts** hinsichtlich der gerichtlichen Auslagen sowie der notwendigen Auslagen der Beteiligten, die durch das Adhäsionsverfahren entstanden sind, erforderlich. Das gilt auch, soweit das Gericht entgegen dem Antrag des Antragstellers gem. § 406 Abs. 1 Satz 2 lediglich ein Grund- oder Teilurteil erlässt. Das Gericht kann die Auslagen auch nach pflichtgemäßem Ermessen verteilen (OLG Nürnberg NJW 1972, 67, 69; KMR/*Stöckel* § 472a Rn. 4; KK-StPO/*Franke* § 472a Rn. 1). Gem. Satz 2 können die gerichtlichen Auslagen ganz oder teilweise der Staatskasse auferlegt werden, wenn insoweit eine Belastung der Beteiligten unbillig erscheint. Dies kommt v.a. in Betracht, soweit das Gericht gem. § 406 Abs. 1 Satz 3 bis 6 von einer Entscheidung über den Antrag absieht, weil dieser sich nicht zur Erledigung im Strafverfahren eignet (HK-StPO/*Krehl* § 472a Rn. 2; KMR/*Stöckel* § 472a Rn. 4; Meyer-Goßner/*Schmitt* § 472a Rn. 2). Eine Überbürdung der notwendigen Auslagen der Beteiligten auf die Staatskasse kommt jedoch nicht in Betracht (*Pfeiffer* § 472a Rn. 2; LR/*Hilger* § 472a Rn. 3). 3

C. Entscheidung und Rechtsmittel. Die Entscheidung hinsichtlich der Kosten des Adhäsionsverfahrens ist in dem Urteil oder Beschluss (§§ 404 Abs. 4, 405), in dem über den Antrag entschieden wird, ausdrücklich auszusprechen (KK-StPO/*Franke* § 472a Rn. 2; LR/*Hilger* § 472a Rn. 4). Der Angeklagte kann gem. § 464 Abs. 3 Satz 1 sofortige Beschwerde gegen die Kostenentscheidung erheben, soweit ihm die Kosten bzw. Auslagen auferlegt werden. Demgegenüber ist die Kostenentscheidung gem. § 464 Abs. 3 Satz 1 Hs. 2 für den Antragsteller nicht anfechtbar, da ihm gegen die Hauptentscheidung im Hinblick auf § 406a Abs. 1 Satz 2 kein Rechtsmittel zusteht (Meyer-Goßner/*Schmitt* § 472a Rn. 4; HK-StPO/*Krehl* § 472a Rn. 3). 4

§ 472b Kosten und notwendige Auslagen bei Nebenbeteiligung

(1) [1]Wird der Verfall, die Einziehung, der Vorbehalt der Einziehung, die Vernichtung, Unbrauchbarmachung oder Beseitigung eines gesetzwidrigen Zustands angeordnet, so können dem Nebenbeteiligten die durch seine Beteiligung erwachsenen besonderen Kosten auferlegt werden. [2]Die dem Nebenbeteiligten erwachsenen notwendigen Auslagen können, soweit es der Billigkeit entspricht, dem Angeklagten, im selbständigen Verfahren auch einem anderen Nebenbeteiligten auferlegt werden.

(2) Wird eine Geldbuße gegen eine juristische Person oder eine Personenvereinigung festgesetzt, so hat diese die Kosten des Verfahrens entsprechend den §§ 465, 466 zu tragen.

(3) Wird von der Anordnung einer der in Absatz 1 Satz 1 bezeichneten Nebenfolgen oder der Festsetzung einer Geldbuße gegen eine juristische Person oder eine Personenvereinigung abgesehen, so können die dem Nebenbeteiligten erwachsenen notwendigen Auslagen der Staatskasse oder einem anderen Beteiligten auferlegt werden.

Übersicht

A. Bedeutung. § 472b regelt die kostenrechtlichen Folgen soweit in einem gerichtlichen Verfahren über den Vorbehalt der Einziehung, die Einziehung oder ihr gem. § 442 gleichstehende Rechtsfolgen entschieden wird und ein Nebenbeteiligter in das Verfahren eingebunden ist (Abs. 1) bzw. soweit über die Festsetzung einer Geldbuße gegen eine juristische Person oder Personenvereinigung (Abs. 2) zu entscheiden ist. Als Nebenbeteiligte kommen gem. § 467a Abs. 2 der Einziehungsbeteiligte (§ 431 Abs. 1 Satz 1), der Verfallsbeteiligte bzw. ihm gleichgestellte Personen (§ 442) sowie die juristische Person oder Personenvereinigung in Betracht, gegen die die Festsetzung einer Geldbuße (§ 444 Abs. 1 Satz 1) oder die Einziehung des Wertersatzes (§ 431 Abs. 3) denkbar ist. 1

B. Anordnung von Nebenfolgen gegen Nebenbeteiligte (Abs. 1). Wird eine der in Abs. 1 genannten Rechtsfolgen angeordnet, so hat im **objektiven bzw. sog. selbstständigen Verfahren** gem. §§ 440, 441, 442, das der Realisierung des § 76a StGB dient und die Anordnung als selbstständige Maßnahme bezweckt (Meyer-Goßner/*Schmitt* Vor § 430 Rn. 5), die Staatskasse die Kosten des Verfahrens zu tragen (BGH, NJW 1968, 900, 901). Erfolgt die Anordnung im **subjektiven Verfahren**, d.h. im Verfahren gegen den Angeklagten, so trägt dieser gem. § 465 Abs. 1 die Kosten des Verfahrens (BGH NJW 1968, 900, 901). Bei Teilnahme eines Nebenbeteiligten können diesem jedoch gem. § 472b Abs. 1 Satz 1 die durch seine Beteiligung ent- 2 standenen **besonderen Kosten** auferlegt werden. Besondere Kosten sind die ausscheidbaren gerichtlichen Mehraufwendungen der Staatskasse, eine Gebühr für die Anordnung entsteht nicht (Nr. 3410 ff. KVGKG; Meyer-Goßner/*Schmitt* § 472b Rn. 2). Hiernach können dem Nebenbeteiligten z.B. die Kosten für eine durch ihn veranlasste unbegründete Beweisaufnahme auferlegt werden (HK-StPO/*Krehl* § 472b Rn. 1; *Pfeiffer* § 472b Rn. 1).

3 Nach Satz 2 können **die notwendigen Auslagen des Nebenbeteiligten** im subjektiven Verfahren ausnahmsweise ganz oder teilweise dem Angeklagten aufgebürdet werden, etwa wenn er einen gestohlenen Gegenstand an den Nebenbeteiligten veräußert hat (§ 935 BGB) und dieser die Einziehung gutgläubig bekämpft oder wenn die juristische Person oder Personenvereinigung aufgrund der später widerlegten Behauptung des Angeklagten, er habe die Tat zu ihrem Vorteil begangen, in das Verfahren hineingezogen wird (Meyer-Goßner/*Schmitt* § 472b Rn. 2; LR/*Hilger* § 472b Rn. 4). Da im objektiven Verfahren ein Angeklagter nicht vorhanden ist, kommt eine entsprechende Überbürdung nicht in Betracht. Die notwendigen Auslagen eines Nebenbeteiligten können hier aber einem anderen Nebenbeteiligten auferlegt werden. Eine Bruchteilsentscheidung (§ 464d) ist in allen Fällen zulässig (HK-StPO/*Krehl* § 472b Rn. 1; KMR/*Stöckel* § 472b Rn. 5).

4 **C. Geldbuße gegen eine juristische Person oder Personenvereinigung (Abs. 2).** Bei Verhängung einer Geldbuße gem. § 30 OWiG gegen eine juristische Person oder Personenvereinigung im Strafverfahren hat diese gem. Abs. 2 die Kosten des Verfahrens zu tragen. Durch die Verweisung auf § 465 wird sie insoweit einem Angeklagten gleichgestellt (*Pfeiffer* § 472b Rn. 3). Vor Einführung der Bestimmung war die Kostentragungspflicht der juristischen Person oder Personenvereinigung demgegenüber auf die durch ihre Beteiligung entstandenen besonderen Kosten begrenzt (KK-StPO/*Franke* § 472b Rn. 1). Wird die juristische Person bzw. Personenvereinigung nicht im selbstständigen Verfahren, sondern neben einer natürlichen Person verurteilt, so haften beide als Gesamtschuldner für die Verfahrenskosten (§ 466). Die Regelung des Abs. 2 ist zwingend, eine abweichende Ermessensentscheidung kommt nicht in Betracht (LR/*Hilger* § 472b Rn. 7).

5 **D. Nichtanordnung einer Nebenfolge bzw. Nichtfestsetzung einer Geldbuße (Abs. 3).** Auch soweit es nicht zur Anordnung einer Nebenfolge bzw. zur Verhängung einer Geldbuße kommt, hat der Verurteilte die Kosten des Verfahrens zu tragen (§ 465 Abs. 1). Der Nebenbeteiligte trägt seine notwendigen Auslagen grds. selbst. Diese können jedoch gem. Abs. 3 der Staatskasse oder einem anderen Beteiligten auferlegt werden. Insoweit kommen der Angeklagte, der Nebenkläger, der Privatkläger oder ein anderer Nebenbeteiligter in Betracht (LR/*Hilger* § 472b Rn. 10).

§ 473 Kosten bei zurückgenommenem oder erfolglosem Rechtsmittel; Kosten der Wiedereinsetzung

(1) [1]Die Kosten eines zurückgenommenen oder erfolglos eingelegten Rechtsmittels treffen den, der es eingelegt hat. [2]Hat der Beschuldigte das Rechtsmittel erfolglos eingelegt oder zurückgenommen, so sind ihm die dadurch dem Nebenkläger oder dem zum Anschluss als Nebenkläger Berechtigten in Wahrnehmung seiner Befugnisse nach § 406h erwachsenen notwendigen Auslagen aufzuerlegen. [3]Hat im Fall des Satzes 1 allein der Nebenkläger ein Rechtsmittel eingelegt oder durchgeführt, so sind ihm die dadurch erwachsenen notwendigen Auslagen des Beschuldigten aufzuerlegen. [4]Für die Kosten des Rechtsmittels und die notwendigen Auslagen der Beteiligten gilt § 472a entsprechend, wenn eine zulässig erhobene sofortige Beschwerde nach § 406a Abs. 1 Satz 1 durch eine den Rechtszug abschließende Entscheidung unzulässig geworden ist.

(2) [1]Hat im Falle des Absatzes 1 die Staatsanwaltschaft das Rechtsmittel zuungunsten des Beschuldigten oder eines Nebenbeteiligten (§ 431 Absatz 1, §§ 439, 444 Abs. 1 Satz 1) eingelegt, so sind die ihm erwachsenen notwendigen Auslagen der Staatskasse aufzuerlegen. [2]Dasselbe gilt, wenn das von der Staatsanwaltschaft zugunsten des Beschuldigten oder eines Nebenbeteiligten eingelegte Rechtsmittel Erfolg hat.

(3) Hat der Beschuldigte oder ein anderer Beteiligter das Rechtsmittel auf bestimmte Beschwerdepunkte beschränkt und hat ein solches Rechtsmittel Erfolg, so sind die notwendigen Auslagen des Beteiligten der Staatskasse aufzuerlegen.

(4) [1]Hat das Rechtsmittel teilweise Erfolg, so hat das Gericht die Gebühr zu ermäßigen und die entstandenen Auslagen teilweise oder auch ganz der Staatskasse aufzuerlegen, soweit es unbillig wäre, die Beteiligten damit zu belasten. [2]Dies gilt entsprechend für die notwendigen Auslagen der Beteiligten.

(5) Ein Rechtsmittel gilt als erfolglos, soweit eine Anordnung nach § 69 Abs. 1 oder § 69b Abs. 1 des Strafgesetzbuchs nur deshalb nicht aufrechterhalten wird, weil ihre Voraussetzungen wegen der Dauer einer vorläufigen Entziehung der Fahrerlaubnis (§ 111a Abs. 1) oder einer Verwahrung, Sicherstellung oder Beschlagnahme des Führerscheins (§ 69a Abs. 6 des Strafgesetzbuchs) nicht mehr vorliegen.

(6) Die Absätze 1 bis 4 gelten entsprechend für die Kosten und die notwendigen Auslagen, die durch einen Antrag
1. auf Wiederaufnahme des durch ein rechtskräftiges Urteil abgeschlossenen Verfahrens oder
2. auf ein Nachverfahren (§ 433) verursacht worden sind.
(7) Die Kosten der Wiedereinsetzung in den vorigen Stand fallen dem Antragsteller zur Last, soweit sie nicht durch einen unbegründeten Widerspruch des Gegners entstanden sind.

Übersicht

A. Allgemeines. § 473 betrifft die Kostenentscheidung im Rechtsmittelverfahren. Die Bestimmung gilt für alle Rechtsmittel sowie gem. Abs. 6 für das Wiederaufnahmeverfahren (§§ 359 ff.), das Nachverfahren (§ 439) und gem. Abs. 7 für die Wiedereinsetzung in den vorigen Stand (§ 44). In diesen Fällen ergeht grds. eine das Verfahren oder einen bestimmten Verfahrensabschnitt abschließende Entscheidung, die gem. § 464 Abs. 1, Abs. 2 auch eine Entscheidung hinsichtlich der Kosten und notwendigen Auslagen treffen muss. Rechtsmittel sind Berufung, Revision und Beschwerde, nicht jedoch der (Teil-) Einspruch gegen den Strafbefehl (§ 410), bei dem es sich um einen Rechtsbehelf handelt (OLG Stuttgart NStZ 1989, 589; HK-StPO/*Krehl* § 473 Rn. 1; Meyer-Goßner/*Schmitt* § 473 Rn. 1; *Pfeiffer* § 473 Rn. 1; a.A. OLG München NStZ 1988, 241 m. abl. Anm. *Mertens* NStZ 1988, 473). Bei Zurückverweisung der Sache (§§ 328 Abs. 2, Abs. 3, 354 Abs. 2, Abs. 3, 355) trifft das Rechtsmittelgericht keine Kostenentscheidung gem. § 473. Diese bleibt vielmehr dem erneut mit der Sache befassten Gericht überlassen, da der Rechtsmittelerfolg und damit die Kostenentscheidung von der noch ausstehenden neuen Sachentscheidung abhängig sind und noch nicht getroffen werden können (§ 464 Rn. 8) KK-StPO/*Gieg* § 473 Rn. 1; HK-StPO/*Krehl* § 473 Rn. 2; *Kotz* NStZ-RR 1999, 161, 167. Etwas anderes gilt nur, soweit auch die erneute Verhandlung am Erfolg des Rechtsmittels nichts mehr ändert (KK-StPO/*Gieg* § 473 Rn. 1; Meyer-Goßner/*Schmitt* § 473 Rn. 7; OLG Jena NJW 2006, 1892, 1894). Die Rechtsmittel mehrerer Verfahrensbeteiligter sind hinsichtlich ihrer kostenrechtlichen Folgen getrennt zu behandeln (BGHSt 19, 226; KK-StPO/*Gieg* § 473 Rn. 1). Die Kostengrundentscheidung ist ohne Rücksicht darauf zu treffen, ob und in welcher Höhe tatsächlich Verfahrenskosten oder notwendige Auslagen der Beteiligten im Rechtsmittelverfahren entstanden sind. Dies ist Gegenstand des Kostenfestsetzungsverfahrens gem. § 464b (KK-StPO/*Gieg* § 473 Rn. 1). Bei Anfechtung einer Kosten- oder Auslagenentscheidung greift das Verbot der *reformatio in peius* nicht (KG JurBüro 2013, 383; OLG Köln BeckRS 20496). 1

B. Kostenentscheidung bei Erfolg eines unbeschränkten Rechtsmittels. Abgesehen von dem in Abs. 2 Satz 2 erwähnten Sonderfall des erfolgreichen Rechtsmittels der StA zugunsten eines Beschuldigten oder Nebenbeteiligten regelt § 473 die kosten- und auslagenrechtlichen Folgen eines erfolgreichen Rechtsmittels nicht. Es verbleibt daher insoweit bei den Bestimmungen der §§ 465 ff. (BGH NJW 1964, 875; HK-StPO/*Krehl* § 473 Rn. 9). Das Rechtsmittelgericht hebt die angefochtene Entscheidung auf und entscheidet selbst über die Kosten und notwendigen Auslagen des gesamten Verfahrens. Hiernach führt ein Freispruch des Angeklagten nach Rechtsmitteleinlegung zur Anwendung des § 467, sodass grds. die Verfahrenskosten aller Instanzen sowie die gesamten notwendigen Auslagen des Angeklagten der Staatskasse zur Last fallen. Bei erfolgreicher Beschwerde trägt der Beschwerdeführer jedoch entsprechend § 467 Abs. 3 Satz 2 Nr. 1 seine notwendigen Auslagen selbst, soweit er die ihren Erfolg begründenden Tatsachen erst mit der Beschwerde vorgetragen hat (OLG Hamburg NStZ-RR 1997, 31; OLG Hamm MDR 1981, 423; OLG Frankfurt NJW 1972, 784; Meyer-Goßner/*Schmitt* § 473 Rn. 2; a.A. LR/*Hilger* § 473 Rn. 15; *Pfeiffer* § 473 Rn. 10). Nach der Rspr. sind entsprechend § 467 Abs. 4 die notwendigen Auslagen des Beschwerdeführers der Staatskasse nicht aufzuerlegen, wenn der Erfolg der Beschwerde lediglich auf eine von der Erstentscheidung abweichende Ermessensentscheidung des Beschwerdegerichts zurückzuführen ist (OLG Hamburg NJW 1974, 325; OLG Hamm MDR 1974, 689; a.A. Meyer-Goßner/*Schmitt* § 473 Rn. 2; *Pfeiffer* § 473 Rn. 10). 2

Demgegenüber ist § 465 einschlägig, soweit das Rechtsmittel der StA gegen einen Freispruch Erfolg hat. Der Beschuldigte hat mithin in der Regel die gesamten Verfahrenskosten, d.h. auch die Rechtsmittelkosten, zu tragen. Seine notwendigen Auslagen trägt er ohnehin selbst (BGH NJW 1964, 875). Daneben hat er in diesem Fall gem. § 472 Abs. 1 Satz 1 die notwendigen Auslagen des Nebenklägers zu tragen. Das Gericht kann hiervon jedoch in entsprechender Anwendung des § 472 Abs. 1 Satz 2 ganz oder teilweise absehen (KK-StPO/*Gieg* § 473 Rn. 11).

3 **C. Zurücknahme oder Erfolglosigkeit eines eingelegten Rechtsmittels (Abs. 1).** Die Kosten eines zurückgenommenen oder erfolglosen Rechtsmittels hat gem. Abs. 1 Satz 1 der Beschwerdeführer zu tragen. Auch bei einem Rechtsmittel des Verteidigers (§ 297) trifft die Kostenpflicht den Angeklagten (OLG Zweibrücken MDR 1991, 558; Meyer-Goßner/*Schmitt* § 472b Rn. 8; HK-StPO/*Krehl* § 472b Rn. 4). Die Kosten eines ohne entsprechende Vollmacht eingelegten Rechtsmittels trägt jedoch der vollmachtlose Vertreter (OLG Hamm, BeckRS 2012, 10839; OLG Frankfurt NJW 1991, 3164; HK-StPO/*Krehl* § 472b Rn. 4; KK-StPO/*Gieg*, Rn. 2). Gleiches gilt bei Bevollmächtigung durch einen Minderjährigen und fehlender Genehmigung des gesetzlichen Vertreters, es ei denn, der Rechtsanwalt durfte aufgrund einer fehlerhaften gerichtlichen Entscheidung darauf vertrauen, zur Rechtsmitteleinlegung befugt zu sein (KG NJW 2012, 2293). Streitig ist, ob dies auch gilt, soweit die Vertretung gegen § 146 verstößt (OLG München NJW 1983, 1688; HK-StPO/*Krehl* § 472b Rn. 4; a.A. KG NJW 1977, 913). Bei mehreren Beschwerdeführern trägt jeder die Kosten seines erfolglosen Rechtsmittels selbst. Dies gilt auch für gesetzliche Vertreter (§ 298) und Erziehungsberechtigte (§ 67 Abs. 1, Abs. 3 JGG). § 74 JGG ist insoweit nicht anwendbar (HK-StPO/*Krehl* § 472b Rn. 4; Meyer-Goßner/*Schmitt* § 472b Rn. 8; a.A. OLG Hamburg MDR 1969, 73). Ihre Haftung ist jedoch der Höhe nach begrenzt auf das ihrer Verwaltung unterliegende Vermögen des Beschuldigten (BGH NJW 1964, 674). Bei Tod des Angeklagten vor Rechtskraft haftet der Nachlass nicht für die Kosten des Verfahrens. § 465 Abs. 3 ist insoweit entsprechend anwendbar (OLG Hamm NJW 1978, 177, 178; Meyer-Goßner/*Schmitt* § 472b Rn. 8).

4 **Die Zurücknahme eines Rechtsmittels** gem. § 302 erfordert eine selbstständige Kostenentscheidung, soweit die Sache nicht ausnahmsweise wegen eines weiteren Rechtsmittels anhängig bleibt. In diesem Fall kann das Gericht in der das Verfahren abschließenden Entscheidung hinsichtlich des weiteren Rechtsmittels zugleich über die Kosten des zurückgenommenen Rechtsmittels entscheiden (BayObLG, JZ 1955, 553, 554; KMR/*Stöckel* § 472b Rn. 40; KK-StPO/*Gieg* § 472b Rn. 2). Gem. Abs. 1 Satz 1 werden die Kosten des zurückgenommenen Rechtsmittels dem auferlegt, der es eingelegt hat. I.Ü. bleibt die Kostenentscheidung der Vorinstanz unberührt. Eine **Teilrücknahme** hat nur dann kostenrechtliche Auswirkungen, soweit hierdurch besondere Kosten oder Auslagen angefallen sind, die bei von Anfang an erklärter Beschränkung des Rechtsmittels nicht angefallen wären (KG NJW 1970, 2129; OLG Celle NJW 1975, 400; OLG Hamm NStZ-RR 1999, 95; OLG Köln StV 1993, 650; KK-StPO/*Gieg* § 472b Rn. 6). Eine Rücknahme i.S.d. Abs. 1 Satz 1 ist nicht gegeben, soweit das Rechtsmittel aufgrund der nachträglichen Berichtigung der angefochtenen Entscheidung zurückgenommen wird (BGH NJW 1963, 820; HK-StPO/*Krehl* § 472b Rn. 3). Hier ist vielmehr von einem vollen Erfolg des Rechtsmittels auszugehen, sodass § 467 Abs. 1 entsprechend anzuwenden ist (Meyer-Goßner/*Schmitt* § 472b Rn. 5). Zuständig für die Kostenentscheidung ist das Gericht, das im Zeitpunkt der Zurücknahme mit der Sache befasst ist (KK-StPO/*Gieg* § 472b Rn. 2). Bei Zurücknahme des Rechtsmittels bevor die Akten dem zuständigen Rechtsmittelgericht vorgelegt wurden, entscheidet mithin das Gericht, dessen Entscheidung angefochten wurde (BGH NJW 1959, 348; *Pfeiffer* § 473 Rn. 4).

5 Abs. 1 gilt auch bei **Erfolglosigkeit** des eingelegten Rechtsmittels. Der Erfolg eines Rechtsmittels ist anhand eines Vergleichs der angefochtenen Entscheidung mit der Entscheidung des Rechtsmittelgerichts zu beurteilen. Danach ist ein Rechtsmittel erfolgreich, wenn das begehrte Ziel, auch soweit das Rechtsmittel gem. Abs. 3 beschränkt wurde, im Wesentlichen erreicht worden ist (OLG Düsseldorf NStZ 1985, 380; KK-StPO/*Gieg* § 472b Rn. 4). Ein Erfolg ist demgemäß auch dann zu bejahen, wenn dieser ausschließlich auf einer Gesetzesänderung beruht (OLG München MDR 1977, 249; Meyer-Goßner/*Schmitt* § 472b Rn. 6; HK-StPO/*Krehl* § 472b Rn. 7). Demgegenüber ist ein Rechtsmittel erfolglos, wenn es als unzulässig oder unbegründet verworfen wird oder nur zu einem ganz unwesentlichen Teilerfolg führt. Dies ist der Fall, wenn die Strafe nur geringfügig gemildert bzw. erhöht wird, wenn zwar der Schuldspruch verschärft wird, die Strafe jedoch gleich bleibt (BGH NJW 1960, 109; LR/*Hilger* § 472b Rn. 26; HK-StPO/*Krehl* § 472b Rn. 7) oder wenn lediglich die Schuldform geändert wird, bspw. bei Annahme von Fahrlässigkeit statt Vorsatz (OLG Hamm MDR 1993, 376). Auch die Revision, die nur zur Aufhebung des Berufungsurteils und Verwerfung der verspätet eingelegten Berufung als unzulässig führt, ist erfolglos (OLG Düsseldorf GA 1983, 220, OLG Düsseldorf *MDR 1986, 428).* Ebenso ist ein zuungunsten des Angeklagten eingelegtes Rechtsmittel der StA erfolglos, wenn an die Stelle der verhängten hohen Geldstrafe eine bedingte Freiheitsstrafe tritt (OLG Nürnberg, StraFO

2012, 117; OLG Braunschweig MDR 1986, 167; HK-StPO/*Krehl* § 472b Rn. 7; KK-StPO/Gieg § 472b Rn. 4) oder das Rechtsmittel zu einer günstigeren Entscheidung für den Angeklagten führt (§ 301). Auch ein Rechtsmittel der StA, das die erstrebte Beseitigung einer gesetzeswidrigen Entscheidung erreicht, ist nicht als erfolgreich im kostenrechtlichen Sinn zu werten, soweit die Verurteilung selbst hiervon nicht berührt wird. In diesen Fällen trägt die Staatskasse die Kosten des Rechtsmittelverfahrens und die notwendigen Auslagen des Angeklagten (BGH NJW 1963, 820; OLG Düsseldorf NStZ-RR 1998, 159; 2000, 223; HK-StPO/*Krehl* § 472b Rn. 7; KK-StPO/*Gieg* § 472b Rn. 4; a.A OLG Hamm NJW 1962, 2073).

6 **D. Erfolg wegen Zeitablaufs (Abs. 5).** Nicht als Erfolg zu werten ist schließlich der **Wegfall einer Maßregel gem. §§ 69 Abs. 1, 69b Abs. 1 StGB** wegen Zeitablaufs. Sieht das Rechtsmittelgericht vom Entzug der Fahrerlaubnis gem. § 69 Abs. 1 StGB nur deshalb ab, weil wegen der Dauer eines angeordneten vorläufigen Entzugs der Fahrerlaubnis gem. § 111a oder einer Verwahrung, Sicherstellung oder Beschlagnahme des Führerscheins gem. § 69a Abs. 6 StGB die erforderliche Ungeeignetheit des Rechtsmittelführers zum Führen von Kfz nicht mehr mit der erforderlichen Sicherheit festgestellt werden kann, ist das Rechtsmittel nicht als erfolgreich einzustufen (Meyer-Goßner/*Schmitt* § 472b Rn. 30; HK-StPO/*Krehl* § 472b Rn. 8). Ist in diesen Fällen das Rechtsmittel entweder auf die Frage des Entzugs der Fahrerlaubnis beschränkt oder i.Ü. erfolglos, so beinhaltet die entsprechende Entscheidung des Rechtsmittelgerichts keinerlei Korrektur eines fehlerhaften vorinstanzlichen Urteils, sondern beruht ausschließlich auf der mittlerweile verstrichenen Zeit und ist mithin gem. Abs. 5 als erfolglos anzusehen.

7 Abs. 5 jedoch ist **nicht anwendbar**, wenn die Entziehung der Fahrerlaubnis aus anderen als den in Abs. 5 genannten Gründen nicht aufrechterhalten wird. Gleiches gilt, wenn ein vorläufiger Entzug der Fahrerlaubnis gem. § 111a bzw. eine Verwahrung, Sicherstellung oder Beschlagnahme des Führerscheins gem. § 69a Abs. 6 StGB zunächst gerade nicht erfolgte und somit auch nicht aufrechterhalten werden kann (LR/*Hilger* § 472b Rn. 56). Auch wenn ein mit dem Ziel des Fahrerlaubnisentzugs eingelegtes Rechtsmittel der StA nur wegen des inzwischen eingetretenen Zeitablaufs erfolglos ist, greift Abs. 5 nicht ein. Kommt es hier nicht zum Entzug der Fahrerlaubnis durch das Rechtsmittelgericht, so ist das Rechtsmittel der StA als erfolglos anzusehen. Gleiches gilt, wenn das Rechtsmittel der StA verworfen wird, das auf die Verhängung einer längeren Sperrfrist abzielte (OLG Düsseldorf, VRS 86, 136; Meyer-Goßner/*Schmitt* § 472b Rn. 30; *Pfeiffer* § 473 Rn. 6). In diesen Fällen kommen die Abs. 1, Abs. 2 Satz 1 zur Anwendung, d.h. die Staatskasse hat die Kosten des Rechtsmittelverfahrens und die hierdurch entstandenen notwendigen Auslagen des Angeklagten zu tragen (OLG Karlsruhe, VRS 50, 272; OLG Oldenburg, VRS 68, 215; KK-StPO/*Gieg* § 472b Rn. 6).

8 Die Bestimmung des Abs. 5 ist nicht abschließend. Vielmehr sind **weitere Fälle** anerkannt, in denen ein Rechtsmittel kostenrechtlich als erfolglos angesehen wird, weil sein Erfolg ausschließlich auf Zeitablauf beruht. So gilt ein eingelegtes Rechtsmittel als erfolglos, wenn es in der Rechtsmittelinstanz lediglich wegen einer nachträglichen Verschlechterung der wirtschaftlichen Verhältnisse zu einer Reduzierung der Tagessatzhöhe kommt (OLG Zweibrücken NStZ 1991, 602; OLG Jena NStZ-RR 1997, 384; Meyer-Goßner/*Schmitt* § 472b Rn. 31; a.A. KMR/*Stöckel* § 472b Rn. 13) oder aber die Strafe nur deshalb gemildert wird, weil die vom Vorgericht strafverschärfend berücksichtigten Vorahndungen aufgrund der bis zur Entscheidung des Rechtsmittelgerichts verstrichenen Zeit tilgungsreif und somit gem. § 51 BZRG nicht mehr verwertbar sind (OLG Düsseldorf NStZ 1985, 380; OLG Düsseldorf StV 1995, 308, 309; Meyer-Goßner/*Schmitt* § 472b Rn. 31). Da es sich insoweit lediglich um Veränderungen handelt, die auf Zeitablauf beruhen, sind diese auch nicht kostenentlastend zu berücksichtigen (KK-StPO/*Gieg* § 472b Rn. 4; OLG Zweibrücken JurBüro 1991, 1675; OLG Düsseldorf JurBüro 1996, 200; a.A. LR/*Hilger* § 472b Rn. 23).

9 **E. Rechtsmittelkosten im Nebenklageverfahren (Abs. 1).** Im Nebenklageverfahren prüft das Rechtsmittelgericht vor einer Kostenentscheidung von Amts wegen, ob die Nebenklage gem. §§ 395 ff. zu Recht zugelassen wurde (BGH NStZ 1997, 74; OLG Düsseldorf NJW 1983, 1337). Es gilt weiterhin der Grundsatz, dass die notwendigen Auslagen des Nebenklägers nie der Staatskasse auferlegt werden dürfen (KK-StPO/*Gieg* § 472b Rn. 9; HK-StPO/*Krehl* § 472b Rn. 24). Ist das **Rechtsmittel des Angeklagten** erfolglos oder nimmt er es zurück, so hat er gem. Abs. 1 Satz 2 die im Rechtsmittelverfahren entstandenen notwendigen Auslagen des Nebenklägers bzw. des zum Anschluss als Nebenkläger Berechtigten, die diesem in Wahrnehmung seiner Befugnisse nach § 406h erwachsen sind, zu tragen. Etwas anderes gilt nur, wenn der aufgrund einer wirksamen Rechtsmittelbeschränkung rechtskräftige Schuldspruch den Nebenkläger nicht betrifft (§ 472 Rn. 3; KK-StPO/*Gieg* § 472b Rn. 10). Die Überbürdung der notwendigen Auslagen muss in der Kostenentscheidung ausdrücklich erfolgen (Meyer-Goßner/*Schmitt* § 472b Rn. 8). Die Frage der Erfolglosigkeit des Rechtsmittels bemisst sich für Satz 2 nach dem gegenständlichen Nebenklagedelikt. Das Rechtsmittel ist hiernach erfolglos, soweit der angestrebte Freispruch unterbleibt, aber auch bei erfolgloser Strafmaßberufung, wenn es zu einer rechtskräftigen Verurteilung wegen des Nebenklagedelikts kommt (HK-StPO/

Krehl § 472b Rn. 22; Meyer-Goßner/*Schmitt* § 472b Rn. 10). Soweit das **unbeschränkte Rechtsmittel** des Angeklagten Erfolg hat, kann der Nebenkläger demgegenüber die Erstattung seiner notwendigen Auslagen nicht verlangen (HK-StPO/*Krehl* § 472b Rn. 22). Umstritten ist demgegenüber, ob der Angeklagte bei vollem Erfolg seines beschränkten Rechtsmittels die notwendigen Auslagen des Nebenklägers zu tragen hat. Nach einer Auffassung ist der Angeklagte bei vollem Erfolg seines **beschränkten Rechtsmittels** wie ein Freigesprochener zu behandeln, mit der Folge, dass der Nebenkläger seine notwendigen Auslagen selbst tragen muss (LR/*Hilger* § 472b Rn. 76; Meyer-Goßner/*Schmitt* § 472b Rn. 23; KK-StPO/*Gieg* § 472b Rn. 10). Nach a.A. hat der Angeklagte auch bei vollem Erfolg seines beschränkten Rechtsmittels in entsprechender Anwendung des § 472 Abs. 1 die Kosten des Nebenklägers zu tragen (OLG Zweibrücken MDR 1993, 698; OLG Hamm NStZ-RR 1998, 221, 222). Dies wird damit begründet, dass auch das insoweit erfolgreiche Rechtsmittel nichts an der Verurteilung des Angeklagten wegen einer den Nebenkläger betreffenden Straftat ändert. Auch in diesen Fällen ist der Nebenkläger befugt sich am Verfahren zu beteiligen. Seine gesetzlich anerkannten und geschützten Interessen erfordern daher eine entsprechende Anwendung von § 472 Abs. 1 (OLG Hamm NStZ-RR 1998, 221, 222). Führt das Rechtsmittel des Angeklagten demgegenüber nur teilweise zum Erfolg, so kommt eine Aufteilung der notwendigen Auslagen des Nebenklägers zwischen ihm und dem Angeklagten entsprechend Abs. 4 bzw. § 472 Abs. 1 Satz 2 in Betracht (OLG Düsseldorf NStZ 1992, 250 ff.; HK-StPO/*Krehl* § 472b Rn. 22; KK-StPO/*Gieg* § 472b Rn. 10).

10 Bei einem **Rechtsmittel des Nebenklägers gem. §§ 400, 401** bestimmt Abs. 1 Satz 3, dass der Nebenkläger die notwendigen Auslagen des Beschuldigten zu tragen hat, soweit er allein ein Rechtsmittel eingelegt oder durchgeführt hat und sein alleiniges Rechtsmittel zurückgenommen wird oder erfolglos bleibt. Bei Widerruf der Anschlusserklärung oder Tod des Nebenklägers gilt das Rechtsmittel als zurückgenommen (KK-StPO/*Gieg* § 472b Rn. 12). Für die notwendigen Auslagen des Beschuldigten haftet in letzterem Fall der Nachlass (Meyer-Goßner/*Schmitt* § 472b Rn. 11).

11 Hat **nur die StA Rechtsmittel** eingelegt und wird dieses sodann zurückgenommen bzw. bleibt es erfolglos, so hat der Nebenkläger seine notwendigen Auslagen selbst zu tragen (BGH NStZ-RR 2006, 66; OLG Hamburg MDR 1983, 689; Meyer-Goßner/*Schmitt* § 472b Rn. 11).

12 **Bei Zusammentreffen mehrerer Rechtsmittel** ergehen getrennte Kostengrundentscheidungen (Rn. 1). Bei Erfolglosigkeit oder Rücknahme der Rechtsmittel trägt jeder Beschwerdeführer die Kosten seines Rechtsmittels selbst. Ist sowohl das Rechtsmittel des Angeklagten als auch des Nebenklägers erfolglos, so trägt jeder seine notwendigen Auslagen selbst (BGH NStZ 1993, 230; HK-StPO/*Krehl* § 472b Rn. 25; Meyer-Goßner/*Schmitt* § 472b Rn. 11). Haben sowohl die StA als auch der Nebenkläger ohne Erfolg Rechtsmittel eingelegt, so haben sie die gerichtlichen Auslagen je zur Hälfte zu tragen, die notwendigen Auslagen des Angeklagten fallen der Staatskasse zur Last (BGH NJW 1958, 719; BGH NStZ-RR 2006, 128; OLG Koblenz, VRS 54, 131; Meyer-Goßner/*Schmitt* § 472b Rn. 11; HK-StPO/*Krehl* § 472b Rn. 25; KK-StPO/*Gieg* § 472b Rn. 13). Nehmen sowohl der Angeklagte als auch die StA ihr Rechtsmittel zurück, so fallen der Staatskasse die notwendigen Auslagen des Angeklagten zur Last, die durch das Rechtsmittel der StA verursacht worden sind. Zu erstatten sind insoweit alle Mehrkosten, unabhängig von ihrer Ausscheidbarkeit (OLG Zweibrücken NJW 1974, 659; OLG Karlsruhe NJW 1974, 459; KK-StPO/*Gieg* § 472b Rn. 2; a.A. OLG Hamburg NJW 1975, 130; Meyer-Goßner/*Schmitt* § 472b Rn. 18: nur die ausscheidbaren Mehrkosten). Soweit Mehrkosten jedoch offensichtlich ausgeschlossen sind, können die Kosten des Rechtsmittelverfahrens dem Angeklagten auch uneingeschränkt auferlegt werden (BayObLG NJW 1963, 601; KG, VRS 38, 359; Meyer-Goßner/*Schmitt* § 472b Rn. 18; a.A. LR/*Hilger* § 472b Rn. 59). Der Angeklagte hat jedoch die notwendigen Auslagen des Nebenklägers bzw. Nebenklageberechtigten zu tragen, eine Überbürdung auf die Staatskasse kommt nicht in Betracht (OLG Hamburg MDR 1970, 1029; HK-StPO/*Krehl* § 472b Rn. 25; KK-StPO/*Gieg* § 472b Rn. 13).

13 **F. Rechtsmittelkosten im Privatklageverfahren (Abs. 1).** Auch für das zurückgenommene oder erfolglose Rechtsmittel im Privatklageverfahren gilt Abs. 1, d.h. die Kosten des Rechtsmittelverfahrens fallen demjenigen zur Last, dessen Rechtsmittel zurückgenommen wird oder erfolglos war. Hinsichtlich der notwendigen Auslagen gilt für das Privatklageverfahren für alle Instanzen § 471 (KG NJW 1953, 1405; OLG Celle MDR 1957, 375; Meyer-Goßner/*Schmitt* § 472b Rn. 33). Bei Rücknahme oder Erfolglosigkeit des Rechtsmittels des Angeklagten hat dieser dem Privatkläger seine im Rechtsmittelverfahren entstandenen notwendigen Auslagen gem. § 471 Abs. 1 zu erstatten. Umgekehrt trägt der Privatkläger, soweit sein Rechtsmittel erfolglos oder zurückgenommen ist, gem. § 471 Abs. 2 die notwendigen Auslagen des Angeklagten im Rechtsmittelverfahren (BayObLG RPfl 1961, 81). Auch beim Tod des Privatklägers vor Entscheidung über das Rechtsmittel gilt insoweit § 471 Abs. 2 (Meyer-Goßner/*Schmitt* § 472b Rn. 33).

Die Kostenfolgen bei **erfolgreichem Rechtsmittel** im Privatklageverfahren ergeben sich i.Ü. aus § 471. Bei erfolgreichem unbeschränktem Rechtsmittel des Privatklägers gilt § 471 Abs. 1, wonach der Verurteilte die Kosten des gesamten Verfahrens sowie die notwendigen Auslagen des Privatklägers für alle Instanzen zu tragen hat. Umgekehrt treffen den Privatkläger bei erfolgreichem Rechtsmittel des Angeklagten gem. § 471 Abs. 2 die gesamten Verfahrenskosten sowie die gesamten notwendigen Auslagen des Angeklagten. Bei bloßem Teilerfolg des im Privatklageverfahren eingelegten unbeschränkten Rechtsmittels kommt nicht § 473 Abs. 4, sondern der insoweit speziellere § 471 Abs. 3 Nr. 1 zur Anwendung (HK-StPO/*Krehl* § 472b Rn. 21; KK-StPO/*Gieg* § 472b Rn. 8; *Pfeiffer* § 472b Rn. 15). Streitig ist, welche Kostenfolge ein **beschränktes erfolgreiches Rechtsmittel** nach sich zieht. Auch hier wird ausgehend von einem bloßen Teilerfolg des Rechtsmittels von der Rspr. § 471 Abs. 3 Nr. 1 angewandt, wonach die Kosten des Verfahrens und die notwendigen Auslagen nach pflichtgemäßem Ermessen des Gerichts angemessen verteilt oder einem der Beteiligten ganz auferlegt werden können (OLG Hamm MDR 1981, 427; Meyer-Goßner/*Schmitt* § 472b Rn. 33; *Pfeiffer* § 472b Rn. 15). Demgegenüber soll nach anderer Auffassung Abs. 3 zur Anwendung kommen, soweit die Beschränkung des Rechtsmittels bereits bei Einlegung bzw. Begründung erklärt wurde. Das Rechtsmittel ist hiernach als voll erfolgreich anzusehen, sodass die notwendigen Auslagen des Rechtsmittelführers gem. Abs. 3 in vollem Umfang der Staatskasse aufzuerlegen sind (HK-StPO/*Krehl* § 472b Rn. 20; KMR/*Paulus* § 472b Rn. 65, 67). Bei wechselseitig erfolglosen Rechtsmitteln im Privatklageverfahren ist § 471 Abs. 3 Nr. 1 einschlägig (BayObLG RPfl 1961, 81; HK-StPO/*Krehl* § 472b Rn. 21; Meyer-Goßner/*Schmitt* § 472b Rn. 35). Bei Einstellung wegen Geringfügigkeit im Rechtsmittelverfahren kommt § 471 Abs. 3 Nr. 1 (HK-StPO/*Krehl* § 472b Rn. 21), bei erhobener Widerklage § 471 Abs. 3 Nr. 3 zur Anwendung (Meyer-Goßner/*Schmitt* § 472b Rn. 35; OLG Hamm MDR 1953, 441). 14

G. Rechtsmittelkosten bei überholter Beschwerde (Abs. 1 Satz 4). Abs. 1 Satz 4 regelt schließlich die Kostentragungspflicht bei überholter Beschwerde. Ist eine zunächst gem. § 406a Abs. 1 Satz 1 zulässig eingelegte Beschwerde durch die den Rechtszug abschließende Entscheidung unzulässig geworden, so gilt hinsichtlich der Kosten des Verfahrens sowie der notwendigen Auslagen der Beteiligten § 472a Abs. 2 entsprechend. Es wird hier oftmals unbillig sein, den Beschwerdeführer mit den Rechtsmittelkosten zu belasten, sodass insb. die Möglichkeit besteht, diese gem. § 472a Abs. 2 Satz 2 der Staatskasse aufzuerlegen. 15

H. Rechtsmittel der StA (Abs. 2). Hat die StA zuungunsten des Beschuldigten oder eines Nebenbeteiligten Rechtsmittel eingelegt und wird dieses zurückgenommen oder bleibt es erfolglos, so trägt die Staatskasse gem. Abs. 2 Satz 1 die Kosten des Rechtsmittels und die notwendigen Auslagen des Rechtsmittelgegners. Die Gründe für die Rücknahme bzw. die Erfolglosigkeit des Rechtsmittels sind unerheblich, eine (analoge) Anwendung von § 467 Abs. 3, Abs. 4 kommt nicht in Betracht. Ob und in welcher Höhe notwendige Auslagen entstanden sind, wird erst im Kostenfestsetzungsverfahren gem. § 464b geprüft (OLG Hamburg NJW 1975, 130; Meyer-Goßner/*Schmitt* § 472b Rn. 15). Kommt es auf die Revision der StA zum Nachteil des Angeklagten hin zur Zurückverweisung des Verfahrens und verbleibt es sodann bei der ursprünglichen Verurteilung des Angeklagten, so trägt dieser die gesamten Verfahrenskosten mit Ausnahme der Kosten der Revision und der ihm durch dieses Rechtsmittel entstandenen notwendigen Auslagen. Diese werden der Staatskasse auferlegt (BGHSt 18, 231; Meyer-Goßner/*Schmitt* § 472b Rn. 15). Auch soweit die StA erfolgreich zugunsten des Beschuldigten oder eines Nebenbeteiligten ein Rechtsmittel eingelegt hat, wird der Begünstigte so gestellt, als habe er selbst Rechtsmittel eingelegt. Abs. 2 Satz 2 bestimmt daher, dass seine notwendigen Auslagen der Staatskasse zur Last fallen. Diese trägt daneben auch die Kosten des Verfahrens (BGHSt 19, 226; HK-StPO/*Krehl* § 472b Rn. 9). Für das Zusammentreffen des Rechtsmittels der StA mit einem anderen Rechtsmittel gelten die unter Rn. 11 gemachten Ausführungen. 16

I. Beschränktes Rechtsmittel (Abs. 3). Hat der Beschuldigte oder ein Beteiligter erfolgreich ein beschränktes Rechtsmittel eingelegt, so sind seine notwendigen Auslagen nach Abs. 3 der Staatskasse aufzuerlegen. Der Nebenkläger ist jedoch nicht Beteiligter i.S.d. Abs. 3, seine notwendigen Auslagen fallen daher der Staatsasse nicht zur Last (LR/*Hilger* § 472b Rn. 32). Neben den notwendigen Auslagen des Rechtsmittelführers hat die Staatskasse bei Erfolg des beschränkten Rechtsmittels auch die Kosten des Rechtsmittels zu tragen. Zur umstrittenen Frage, ob der Rechtsmittelführer auch bei vollem Erfolg seines beschränkten Rechtsmittels die notwendigen Auslagen des Nebenklägers zu tragen hat, wird auf die Ausführungen unter Rn. 9 verwiesen 17

Ein **beschränktes Rechtsmittel** i.S.d. Abs. 3 ist nur dann gegeben, wenn die Beschränkung bereits bei Einlegung oder Begründung des Rechtsmittels wirksam erklärt wird (OLG Frankfurt NJW 1974, 1670; HK-StPO/*Krehl* § 472b Rn. 12; Meyer-Goßner/*Schmitt* § 472b Rn. 20; a.A. OLG Oldenburg NJW 1970, 2130). Die erst nachträgliche Beschränkung ist grds. als Teilrücknahme anzusehen, für sie gilt daher Abs. 1, nicht Abs. 3. Der Rechtsmittelführer trägt mithin bei nachträglicher Beschränkung die Kosten und Auslagen, die 18 bei rechtzeitiger Beschränkung nicht entstanden wären (OLG Frankfurt NJW 1979, 1515; OLG München NStZ-RR 1997, 192; OLG Hamm NStZ-RR 1998, 221; HK-StPO/*Krehl* § 472b Rn. 12; Meyer-Goßner/*Schmitt* § 472b Rn. 20).

19 Ein beschränktes Rechtsmittel hat **Erfolg** gem. Abs. 3, wenn der Rechtsmittelführer sein erklärtes Ziel im Wesentlichen erreicht (OLG Düsseldorf NStZ 1985, 380; HK-StPO/*Krehl* § 472b Rn. 13; Meyer-Goßner/*Schmitt* § 472b Rn. 21). Während bei einer auf das Strafmaß beschränkten Berufung hierfür ursprünglich auf den Vergleich zwischen Ersturteil und Schlussantrag des Berufungsführers abgestellt wurde, ist nach heute herrschender Meinung für die Frage des Erfolgs des Rechtsmittels allein der Vergleich zwischen der in der Vorinstanz und der Rechtsmittelinstanz verhängten Strafe entscheidend (OLG Köln StV 1993, 649; Meyer-Goßner/*Schmitt* § 472b Rn. 21; OLG Jena NStZ-RR 1997, 384; OLG Hamm NStZ 1998, 221; a.A. HK-StPO/*Krehl* § 472b Rn. 13, der entscheidend auf den Schlussantrag des Beschwerdeführers abstellt). Von einem vollen Erfolg ist hiernach auszugehen, wenn statt der zunächst ausgesprochenen Freiheitsstrafe eine Geldstrafe verhängt (OLG Hamburg NJW 1970, 1467) oder die zunächst verhängte unbedingte Freiheitsstrafe zur Bewährung ausgesetzt wird (OLG Düsseldorf StV 1988, 71; AK-StPO/*Degener* § 472b Rn. 34). Das beschränkte Rechtsmittel ist weiterhin erfolgreich, wenn die Strafe in das Ermessen des Gerichts gestellt und sodann um mindestens ein Viertel reduziert wird (OLG Frankfurt NJW 1979, 1515; Meyer-Goßner/*Schmitt* § 472b Rn. 21; HK-StPO/*Krehl* § 472b Rn. 13) oder wenn statt auf Geldstrafe auf Verwarnung mit Strafvorbehalt erkannt wird (OLG Bremen StV 1994, 495). Auch wenn eine Rechtsmittelbeschränkung aus Rechtsgründen im Einzelfall nicht wirksam möglich ist, kommt Abs. 3 zur Anwendung, wenn das vom Rechtsmittelführer verfolgte begrenzte Ziel von Anfang an deutlich zum Ausdruck gebracht und im Ergebnis erreicht wird (BGH NJW 1964, 875; OLG Düsseldorf MDR 1990, 1036; OLG Stuttgart MDR 1976, 73; OLG Celle NJW 1975, 400; Meyer-Goßner/*Schmitt* § 472b Rn. 22; KK-StPO/*Gieg* § 472b Rn. 6; HK-StPO/*Krehl* § 472b Rn. 12; a.A. *Foth* NJW 1972, 1224).

20 Auch in diesem Zusammenhang ist zu beachten, dass unter den Voraussetzungen des Abs. 5 ein Rechtsmittelerfolg zu verneinen ist (Rn. 6). Dies gilt ebenso für die unter Rn. 8 angesprochenen Fallkonstellationen, in denen in der Rechtsmittelinstanz kein fehlerhaftes Urteil korrigiert wird, sondern die Änderung des vorinstanzlichen Urteils ausschließlich auf der mittlerweile verstrichenen Zeit beruht (OLG Hamburg MDR 1977, 72; OLG Zweibrücken NStZ 1991, 602; a.A. Meyer-Goßner/*Schmitt* § 472b Rn. 21; HK-StPO/*Krehl* § 472b Rn. 13; *Pfeiffer* § 472b Rn. 12).

21 **J. Teilerfolg des Rechtsmittels (Abs. 4).** Bei teilweisem Erfolg des Rechtsmittels hat das Gericht gem. Abs. 4 die Rechtsmittelgebühr zu ermäßigen und die Auslagen der Staatskasse sowie die notwendigen Auslagen der Beteiligten (Abs. 4 Satz 2) für die Rechtsmittelinstanz z.T. oder ganz der Staatskasse aufzuerlegen, soweit eine Belastung der Beteiligten unbillig wäre. Die Bestimmung gilt auch für das Rechtsmittel der StA und das beschränkte Rechtsmittel, soweit dieses nicht vollumfänglich erfolgreich ist (Abs. 3). Der **Begriff des Teilerfolgs** ist zu unterscheiden vom Teilfreispruch in der Rechtsmittelinstanz. Im Fall des Teilfreispruchs kommt § 467 zur Anwendung, d.h. die Kosten des Verfahrens sowie die notwendigen Auslagen des Beschuldigten fallen der Staatskasse zur Last. Demgegenüber betrifft Abs. 4 den Teilerfolg hinsichtlich ein und derselben Straftat, d.h. das Vorliegen von Tateinheit, sodass ein Teilfreispruch bzw. eine Teileinstellung mangels selbstständiger Taten nicht möglich ist (BGH NJW 1954, 122; *Pfeiffer* § 472b Rn. 13; HK-StPO/*Krehl* § 472b Rn. 15). Ein Teilerfolg liegt hiernach vor, wenn das Rechtsmittel nicht vollumfänglich verworfen wird, sondern das erstrebte Ziel in nicht nur unerheblichem Umfang erreicht (LR/*Hilger* § 472b Rn. 26; KMR/*Stöckel* § 472b Rn. 21). Dies ist zu bejahen, wenn auf das unbeschränkte Rechtsmittel des Beschuldigten hin die Strafe um ein Viertel reduziert (OLG Hamm MDR 1973, 1041), die unbedingte Freiheitsstrafe zur Bewährung ausgesetzt (OLG Hamm § 472b; HK-StPO/*Krehl* § 472b Rn. 16; Meyer-Goßner/*Schmitt* § 472b Rn. 25), die besondere Schwere der Schuld verneint oder die verhängte Maßregel aufgehoben wird (BGH StV 1987, 449; LR/*Hilger* § 472b m. Fn. 25; HK-StPO/*Krehl* § 472b Rn. 16). Bei einer Strafmaßberufung der StA ist von einem Teilerfolg auszugehen, soweit die Straferhöhung wesentlich niedriger ausfällt als beantragt (BayObLG NJW 1963, 601; a.A. BayObLG NJW 1960, 255: Erfolglosigkeit des Rechtsmittels bei bloß unwesentlichem Teilerfolg). Demgegenüber hat das Rechtsmittel der StA gegen ein freisprechendes Urteil vollen Erfolg, wenn der beantragte Schuldspruch ergeht, selbst wenn die Strafe geringer ausfällt als beantragt (OLG Köln BeckRS 2012, 07648; HK-StPO/*Krehl* § 472b Rn. 16).

22 Auch eine erhebliche Reduzierung der Einziehung durch das Rechtsmittelgericht (jedenfalls bei Verringerung um über die Hälfte gegenüber den Beträgen im angefochtenen Urteil) muss sich auf die Kostenentscheidung auswirken (BGH, Beschl. vom 25.02.2021 – 1 StR 423/20).

23 Andererseits ist das Rechtsmittel, das einen **nur unwesentlichen Teilerfolg** erzielt, dem erfolglosen Rechtsmittel gleichzustellen, mit der Folge, dass Abs. 1 zur Anwendung kommt (LR/*Hilger* § 472b Rn. 26). Ein

nur unwesentlicher Teilerfolg liegt vor bei bloßer Änderung des Schuldspruchs oder der Schuldform ohne wesentliche Änderung des Rechtsfolgenausspruchs (OLG Hamm MDR 1993, 376; HK-StPO/*Krehl* § 472b Rn. 16; Meyer-Goßner/*Schmitt* § 472b Rn. 25; *Pfeiffer* § 472b Rn. 13; a.A. OLG München NJW 1973, 864) sowie bei Verfolgungsbeschränkung gem. §§ 154 Abs. 2, 154a Abs. 2 (OLG Düsseldorf MDR 1995, 856; HK-StPO/*Krehl* § 472b Rn. 16; Meyer-Goßner/*Schmitt* § 472b Rn. 25). Bei mehrmaliger Aufhebung und Zurückverweisung in derselben Sache ist für die Frage des Vorliegens eines Teilerfolgs die erste aufgehobene Entscheidung mit der abschließenden Entscheidung zu vergleichen (BGH NStZ 1987, 232, 233; KK-StPO/*Gieg* § 472b Rn. 7).

24 Eine Ermäßigung der Gebühren gem. Abs. 4 ist nicht zwingend, sondern erfolgt im Rahmen einer durch das Gericht zu treffenden **Billigkeitsentscheidung**. Eine umfassende Belastung des Angeklagten mit Gebühren und Auslagen trotz Teilerfolgs ist verfassungsrechtlich unbedenklich (BayVerfGH NJW 1991, 1809). Neben dem Umfang des Teilerfolgs (BGH NStZ 1989, 221; OLG Düsseldorf StV 1996, 613) ist für die Frage einer Gebührenermäßigung zu berücksichtigen, ob der Angeklagte die angegriffene Entscheidung hingenommen hätte, wenn sie wie die Entscheidung des Rechtsmittelgerichts ausgefallen wäre (BGH NStZ 1987, 86; BGH NStZ-RR 1998, 70; OLG Düsseldorf, VRS 98, 366). Hat der Angeklagte in der Vorinstanz keine Angaben gemacht und entlastende Umstände, die zum Teilerfolg geführt haben, erst in der Rechtsmittelinstanz vorgetragen, so darf dies nicht zu seinen Lasten berücksichtigt werden (KK-StPO/*Gieg* § 472b Rn. 7; Meyer-Goßner/*Schmitt* § 472b Rn. 26). Die Gebührenermäßigung erfolgt durch Festsetzung einer Quote (§ 464d) oder eines bestimmten Betrages. Darüber hinaus ermächtigt Abs. 4 das Rechtsmittelgericht, ausnahmsweise von der gesamten Gebühr abzusehen (OLG Hamm MDR 1981, 427; HK-StPO/*Krehl* § 472b Rn. 18; KK-StPO/*Gieg* § 472b Rn. 7; a.A. LR/*Hilger* § 472b Fn. 136). Auf die Verteilung der notwendigen Auslagen zwischen Angeklagtem und Nebenkläger ist bei Teilerfolg eines von ihnen eingelegten Rechtsmittels Abs. 4 Satz 2 entsprechend anzuwenden und nicht § 471 Abs. 3 Nr. 1 (OLG Düsseldorf NStZ 1992, 250; Meyer-Goßner/*Schmitt* § 472b Rn. 29; *Pfeiffer* § 472b Rn. 14).

25 **K. Kosten im Wiederaufnahmeverfahren und Nachverfahren (Abs. 6).** Gem. Abs. 6 sind die Abs. 1 bis Abs. 4 für die Wiederaufnahme des Verfahrens (§§ 359 ff.) bzw. für das Nachverfahren (§ 439) entsprechend anzuwenden. Diese beiden Verfahrensarten werden insoweit hinsichtlich der zu treffenden Kostenentscheidung wie Rechtsmittel behandelt. Bei erfolglosem oder zurückgenommenem Wiederaufnahmeantrag bzw. Antrag nach § 439 Abs. 1 hat mithin der Antragsteller gem. Abs. 1 die Kosten des Verfahrens zu tragen. Etwas anderes gilt jedoch entsprechend der zu Abs. 1 gemachten Erläuterungen (Rn. 4), soweit der Antrag zurückgenommen wird, weil eine Berichtigung des Urteils i.S.d. Antragstellers erfolgt und der Antrag somit hinfällig geworden ist. Insoweit gilt § 467 Abs. 1 entsprechend, da der Antrag im Ergebnis erfolgreich war (*Perels* NStZ 1985, 538; HK-StPO/*Krehl* § 472b Rn. 26; Meyer-Goßner/*Schmitt* § 472b Rn. 37). Die Anordnung der Wiederaufnahme gem. § 370 Abs. 2 ergeht ohne Kostenentscheidung, da der endgültige Ausgang des Verfahrens noch offen ist und somit eine endgültige Kostenentscheidung noch nicht getroffen werden kann. Eine abschließende und einheitliche Kostenentscheidung ergeht in der neuen Hauptverhandlung. Bei Freispruch bzw. Einstellung des Verfahrens kommt insoweit § 467 Abs. 1 zur Anwendung. Dies gilt auch für die Kosten einer früher erfolglosen Revision (BGH NJW 1956, 79). Bei erneuter Verurteilung gilt § 465 Abs. 1. Soweit das neue Urteil einen Teilerfolg beinhaltet, z.B. eine Strafmilderung bei beantragtem Freispruch, gilt Abs. 4 (*Pfeiffer* § 472b Rn. 16). Bei erfolgreichem Nachverfahren, d.h. bei Aufhebung der Einziehung, trägt die Staatskasse gem. § 473 Abs. 6 Nr. 2 i.V.m. Abs. 3 die Kosten des Nachverfahrens und die notwendigen Auslagen des Antragstellers. Teilweise wird insoweit auch § 467 Abs. 1 entsprechend angewendet (Meyer-Goßner/*Schmitt* § 439 Rn. 16).

26 **L. Kosten der Wiedereinsetzung in den vorigen Stand (Abs. 7).** Nach Abs. 7 hat grds. der Antragsteller die Kosten einer Wiedereinsetzung in den vorigen Stand gem. §§ 44 ff. zu tragen, und zwar ohne Rücksicht darauf, ob der Wiedereinsetzungsantrag erfolgreich ist oder verworfen wird. Diese Kostentragungspflicht wird vom Ausgang des Hauptverfahrens nicht berührt (BGH StV 2001, 108; KK-StPO/*Gieg* § 472b Rn. 16). Dem Antragsteller fallen daher die insoweit entstandenen gerichtlichen Auslagen sowie seine eigenen notwendigen Auslagen zur Last. Dies gilt auch, wenn die Wiedereinsetzung von Amts wegen erfolgt (KK-StPO/*Gieg* § 472b Rn. 16; *Pfeiffer* § 472b Rn. 17). Nur soweit die Kosten durch einen unbegründeten Widerspruch des Gegners entstanden sind, trifft diesen die Kostentragungspflicht. Die Kostenentscheidung nach Abs. 7 ist nicht anfechtbar, da auch die Wiedereinsetzung selbst keiner Anfechtung unterliegt. Sie wird im Wiedereinsetzungsbeschluss oder in der die Hauptsache abschließenden Entscheidung getroffen. Bei Verwerfung des Antrags auf Wiedereinsetzung ist eine gesonderte Kostenentscheidung hinsichtlich des Wiedereinsetzungsverfahrens nur erforderlich, soweit der Antragsteller aufgrund der Kostenentscheidung im Hauptsacheverfahren nicht ohnehin die Kosten des Verfahrens zu tragen hat (HK-StPO/*Krehl* § 472b Rn. 27).

§ 473a Kosten und notwendige Auslagen bei gesonderter Entscheidung über die Rechtmäßigkeit einer Ermittlungsmaßnahme

[1]Hat das Gericht auf Antrag des Betroffenen in einer gesonderten Entscheidung über die Rechtmäßigkeit einer Ermittlungsmaßnahme oder ihres Vollzugs zu befinden, bestimmt es zugleich, von wem die Kosten und die notwendigen Auslagen der Beteiligten zu tragen sind. [2]Diese sind, soweit die Maßnahme oder ihr Vollzug für rechtswidrig erklärt wird, der Staatskasse, im Übrigen dem Antragsteller aufzuerlegen. [3]§ 304 Absatz 3 und § 464 Absatz 3 Satz 1 gelten entsprechend.

1 Die Bestimmung wurde durch das Gesetz zur Stärkung der Rechte von Verletzten und Zeugen im Strafverfahren (2. Opferrechtsreformgesetz) v. 29.07.2009 eingeführt und enthält eine Kostenregelung für gesonderte richterliche Entscheidungen über die Rechtmäßigkeit oder den Vollzug einer Ermittlungsmaßnahme auf Antrag des Betroffenen. Gesonderte gerichtliche Entscheidungen über die Rechtmäßigkeit von Ermittlungsmaßnahmen bzw. von deren Vollzug sind bspw. vorgesehen in § 81g Abs. 5 Satz 4 hinsichtlich der Speicherung von gewonnenen DNA-Identifizierungsmustern. Eine entsprechende gesonderte gerichtliche Entscheidung kann weiterhin erreicht werden gem. § 98 Abs. 2 Satz 2 hinsichtlich der Anordnung einer Beschlagnahme. Daneben kommt insb. die analoge Anwendung des § 98 Abs. 2 Satz 2 und mithin die Herbeiführung einer separaten richterlichen Entscheidung in Betracht für die Überprüfung von Maßnahmen anderer Art. In Betracht kommt eine entsprechende Anwendung insb. im Hinblick auf gerichtliche Entscheidungen hinsichtlich der Rechtmäßigkeit von Maßnahmen nach §§ 111l Abs. 6 Satz 2, 147 Abs. 5 Satz 3, 161a Abs. 3 Satz 2, 163a Abs. 3 Satz 4, 406e Abs. 4 Satz 3, 478 Abs. 3 Satz 2 (Meyer-Goßner/*Schmitt* § 473a Rn. 1; BeckOK-StPO/*Niesler* § 473a Rn. 2). Die Kostenentscheidung erfolgt **von Amts wegen**. Eine nachträgliche Verfahrenseinstellung nach § 170 Abs. 2 StPO bleibt außer Betracht (LG Postdam BeckRS 2014).
Die Bestimmung des § 473a kommt nur dann zum Tragen, wenn das Gericht eine gesonderte Entscheidung über die Rechtmäßigkeit dieser Maßnahmen trifft. Soweit hierüber in der das Verfahren abschließenden Entscheidung mitentschieden wird, bestimmt sich die Kostentragungspflicht nach den §§ 464 ff.

2 Soweit das Gericht die Rechtswidrigkeit der Ermittlungsmaßnahme bzw. ihres Vollzugs bejaht, sind nach Satz 2 die Kosten des Verfahrens und die notwendigen Auslagen der Staatskasse aufzuerlegen, bei Rechtmäßigkeit dem betroffenen Antragsteller.

3 Nach Satz 3 ist die sofortige Beschwerde gegen die gesonderte gerichtliche Entscheidung auch hinsichtlich der Kosten und notwendigen Auslagen zulässig, wenn auch gegen die Hauptentscheidung zur Frage der Rechtmäßigkeit der Ermittlungsmaßnahme oder ihres Vollzugs selbst eine Anfechtung statthaft ist (§ 464 Abs. 3 Satz 1). Dies gilt jedoch nur, soweit der Wert des Beschwerdegegenstands 200 € übersteigt, insoweit verweist Satz 3 auf § 304 Abs. 3.

Achtes Buch. Schutz und Verwendung von Daten

Erster Abschnitt. Erteilung von Auskünften und Akteneinsicht, sonstige Verwendung von Daten für verfahrensübergreifende Zwecke

§ 474 Auskünfte und Akteneinsicht für Justizbehörden und andere öffentliche Stellen

(1) Gerichte, Staatsanwaltschaften und andere Justizbehörden erhalten Akteneinsicht, wenn dies für Zwecke der Rechtspflege erforderlich ist.

(2) [1]Im Übrigen sind Auskünfte aus Akten an öffentliche Stellen zulässig, soweit

1. die Auskünfte zur Feststellung, Durchsetzung oder zur Abwehr von Rechtsansprüchen im Zusammenhang mit der Straftat erforderlich sind,

2. diesen Stellen in sonstigen Fällen aufgrund einer besonderen Vorschrift von Amts wegen personenbezogene Informationen aus Strafverfahren übermittelt werden dürfen oder soweit nach einer Übermittlung von Amts wegen die Übermittlung weiterer personenbezogener Informationen zur Aufgabenerfüllung erforderlich ist oder

3. die Auskünfte zur Vorbereitung von Maßnahmen erforderlich sind, nach deren Erlaß aufgrund einer besonderen Vorschrift von Amts wegen personenbezogene Informationen aus Strafverfahren an diese Stellen übermittelt werden dürfen.

[2]Die Erteilung von Auskünften an die Nachrichtendienste richtet sich nach § 18 des Bundesverfassungsschutzgesetzes, § 12 des Sicherheitsüberprüfungsgesetzes, § 10 des MAD-Gesetzes und § 10 des BND-Gesetzes sowie den entsprechenden landesrechtlichen Vorschriften.

[2]Die Erteilung von Auskünften an die Nachrichtendienste richtet sich nach § 18 des Bundesverfassungsschutzgesetzes, § 12 des Sicherheitsüberprüfungsgesetzes, § 10 des MAD-Gesetzes und § 23 des BND-Gesetzes sowie den entsprechenden landesrechtlichen Vorschriften.

(3) Unter den Voraussetzungen des Absatzes 2 kann Akteneinsicht gewährt werden, wenn die Erteilung von Auskünften einen unverhältnismäßigen Aufwand erfordern würde oder die Akteneinsicht begehrende Stelle unter Angabe von Gründen erklärt, daß die Erteilung einer Auskunft zur Erfüllung ihrer Aufgabe nicht ausreichen würde.

(4) Unter den Voraussetzungen der Absätze 1 oder 3 können amtlich verwahrte Beweisstücke besichtigt werden.

(5) Akten, die noch in Papierform vorliegen, können in den Fällen der Absätze 1 und 3 zur Einsichtnahme übersandt werden.

(6) Landesrechtliche Regelungen, die parlamentarischen Ausschüssen ein Recht zur Akteneinsicht einräumen, bleiben unberührt.

S.a. RiStBV Nr. 182 bis 189

Übersicht

Die Vorschriften des Achten Buches wurden durch das Gesetz zur Umsetzung der Richtlinie (EU) 2016/680 sowie zur Anpassung datenschutzrechtlicher Bestimmungen an die Verordnung (EU) 2016/679 (BGBl. I, S. 1724) teils systematisch, teils redaktionell geändert. Eine systematische Überarbeitung haben insb. die §§ 477 ff. erfahren. Der systematische Aufbau des Ersten Abschnitts des Achten Buchs ist nun dergestalt, dass in den § 474 bis § 477 die rechtlichen Voraussetzungen der Datenübermittlung, in § 478 die Form der Übermittlung, in § 479 Übermittlungsverbote und Verwendungsbeschränkungen sowie in § 480 die Verantwortlichkeit für die Beurteilung der Zulässigkeit der Übermittlung sowie das Verfahren hierzu geregelt sind (BT-Drs. 19/4671, S. 65).

1 Die Regelung des § 474 normiert **Akteneinsicht** und **Auskunftserteilung** aus Verfahrensakten an öffentliche Stellen, insb. andere Justizbehörden, **für Zwecke dortiger Verfahren**. Hauptanwendungsfall ist die **Beiziehung von Strafakten** für andere Straf-, Zivil- oder Verwaltungsverfahren. Diese Aktenbeiziehung führt regelmäßig zu einem Eingriff in Grundrechtspositionen der in den Verfahrensakten genannten Personen – die Erkenntnisse werden nämlich nicht für den Zweck verwendet, für den sie ursprünglich erhoben worden waren, und zugleich einem erweiterten Personenkreis zur Verfügung gestellt –, sodass die Norm eine verfassungsrechtlich genügende **Eingriffsgrundlage** insb. in das allgemeine Persönlichkeitsrecht und das Recht auf informationelle Selbstbestimmungsrecht (vgl. SK-StPO/*Puschke*/*Weßlau* § 474 Rn. 1; Meyer-Goßner/Schmitt/*Köhler* Vor § 474 Rn. 1; KK-StPO/*Gieg* Vor § 474 Rn. 1; vgl. auch BVerwG NVwZ 2013, 521, 523), aber auch in Art. 12 GG – hier: Schutz von Geschäfts- und Betriebsgeheimnissen (BVerfG NJW 2014, 1581, 1582) – darstellt. Sie gibt der Strafverfolgungsbehörde das **Recht**, die erbetenen Informationen weiterzugeben, soweit die gesetzlichen Voraussetzungen hierfür erfüllt sind, **verpflichtet sie aber nicht** zur Gewährung von Akteneinsicht oder Informationsüberlassung. Letztgenanntes ergibt sich aber aus dem Grundsatz der Amtshilfe nach Art. 35 Abs. 1 GG. Wegen der mit einer Akteneinsicht oder der Erteilung von Auskünften aus Akten einhergehenden Grundrechtseingriffe ist – soweit das Gesetz ein Ermessen einräumt – im Einzelfall abzuwägen, ob der Erforderlichkeit der Kenntnisnahme vom Akteninhalt auch durch (Teil-) Auskunft oder (Teil-) Einsicht in anonymisierter Form genüge getan werden kann.

2 Das Gesetz unterscheidet zwischen Akteneinsicht und Auskunftserteilung für **Strafverfolgungszwecke** einerseits und für **sonstige, außerhalb der Strafverfolgung liegende Zwecke** andererseits. Die Voraussetzungen einer Auskunftserteilung oder ggf. einer Akteneinsicht für justizfremde Zwecke sind deutlich enger gefasst, um dem Verhältnismäßigkeitsgrundsatz und damit insb. der Tiefe des Eingriffs in Grundrechtspositionen Rechnung zu tragen. **Nicht von § 474 geregelt** ist die Gewinnung von Informationen für strafprozessuale Zwecke **aus Vorgängen anderer Behörden** (es sei denn aus Strafverfahrensakten anderer Stellen); sie richtet sich nach den §§ 161 und 163 (vgl. SK-StPO/*Puschke*/*Weßlau* Vor § 474 Rn. 1; MüKo-StPO/*Singelnstein* § 474 Rn. 7).

3 Der **Begriff der Akten** entspricht demjenigen des **§ 199 Abs. 2** (vgl. SK-StPO/*Puschke*/*Weßlau* § 474 Rn. 4). Zu den Akten, in die Einsicht genommen werden kann, oder aus denen Auskunft erteilt wird, gehören folglich **alle Sachakten**, d.h. alle von der Polizei nach § 163 Abs. 2 Satz 1 der StA übersandten Beweismaterialien sowie die bei der StA und dem Gericht weiter angefallenen Vorgänge (KK-StPO/*Gieg* § 474 Rn. 1) **einschließlich etwaiger Urteile** (vgl. OLG Naumburg StV 2017, 168). Hinsichtlich der in **Abs. 4** ausdrücklich genannten **Beweismittel** besteht ein Besichtigungsrecht, sie sind aber nicht Teil der Akten. **Dateien** sind nur dann von der Gewährung von Akteneinsicht umfasst, wenn sie **ausdrücklich zu den Akten genommen** wurden und deren Bestandteil sind. Von einem im Ermittlungsverfahren sichergestellten Datenträger ausgedruckte Daten werden folgerichtig Aktenbestandteil und unterfallen so § 474 (KK-StPO/*Schneider* § 199 Rn. 8; *Wohlers* NStZ 2010, 486, 488 f.; OLG Koblenz, Beschl. v. 11.06.2010 – 2 VAs 1/10). Hinsichtlich der Auskunft aus und Übermittlung von Dateien gelten ansonsten die Spezialnormen der §§ 483 ff., insb. die §§ 487 und 493. Ob die sog. **Spurenakten** vom Begriff der Akten umfasst sind, ist auch hier umstritten. Sie gehören nach höchstrichterlicher Rspr. nur dann zu den Verfahrensakten, wenn sie Anhaltspunkte für eine Sachaufklärung bieten (vgl. insb. BGHSt 30, 131, 139; KK-StPO/*Schneider* § 199 Rn. 13 f. m.w.N.; krit. SK-StPO/*Paeffgen* § 199 Rn. 4). Angesichts des Normzwecks des § 474 erfordert der Anspruch auf ein faires, rechtsstaatliches Verfahren keine Einbeziehung von Spurenakten ohne jeglichen Bezug zur Sache (vgl. BVerfG NStZ 1983, 273, 274). **Gleichfalls von einer Auskunft oder Akteneinsicht ausgenommen** sind die **staatsanwaltschaftlichen Handakten** oder andere Vorgänge **behördeninternen, organisationsbezogenen Inhalts** (vgl. KK-StPO/*Schneider* § 199 Rn. 8 m.w.N.; BeckOK-StPO/*Ritscher* § 199 Rn. 7; KK-StPO/*Gieg* § 474 Rn. 1; krit. SK-StPO/*Paeffgen* § 199 Rn. 7).

4 **B. Erläuterungen. I. Anwendbarkeit.** Voraussetzung der Anwendbarkeit der Norm ist, dass die Akteneinsicht oder Auskunft für ein Verfahren genutzt wird, das **einen anderen Lebenssachverhalt** zum Gegenstand hat (BeckOK-StPO/*Wittig* § 474 Rn. 3; *Hilger* NStZ 2001, 15). Das bedeutet für ein Ermittlungs- oder Strafverfahren, dass die Taten im prozessualen Sinne in den beiden Verfahren verschiedene sein müssen (SK-StPO/*Puschke*/*Weßlau* § 474 Rn. 3). Ist die Tat in beiden Verfahren dieselbe, ist nicht § 474, sondern sind § 161 und § 199 Abs. 2 anzuwenden.

5 Weitere Voraussetzung einer Anwendbarkeit des § 474 ist die **Gewinnung von sachlichen Erkenntnissen** durch die Akteneinsicht oder die Auskunft. Eine Aktenübersendung zur Wahrnehmung der Dienstaufsicht ist daher von § 474 nicht erfasst (Meyer-Goßner/Schmitt/*Köhler* § 474 Rn. 1). Wird die Akteneinsicht von ***am Verfahren beteiligten* Behörden oder Gerichten** begehrt, z.B. von der übergeordneten Instanz, kann sie

gleichfalls nicht auf § 474 gestützt werden, sondern nur auf einzelfallbezogene Vorschriften (in der StPO z.B. auf §§ 2, 4, 27, 41, 163 Abs. 2, 306 Abs. 2, 320, 321, 347, 354 und 355 sowie auf § 152 Abs. 1 GVG). Die **Verwendung** nach § 474 erlangter **Daten** regelt § 479 Abs. Abs. 2 und 3. 6

II. Akteneinsicht für Justizbehörden (Abs. 1). Akteneinsicht nach Abs. 1 kann von **Justizbehörden im funktionellen Sinne** in Anspruch genommen werden. Zu diesen zählen neben allen Gerichten und StA auch ermittelnde Polizeibehörden sowie ggf. Finanz- und Zollbehörden. Gerichte sind in Zivilsachen (vgl. § 273 Abs. 2 Nr. 2 ZPO) legitimiert, Akteneinsicht nach § 474 zu erhalten, wenn eine Partei sich in ihrem Vortrag zur Substanziierung ihres Anspruchs auf diese Akten bezogen hat, selbst wenn darin geschützte Betriebsgeheimnisse enthalten sind (BVerfG NJW 2014, 1581, 1582). Die Befugnisse aus den §§ 161, 163 und 202 sowie § 244 Abs. 2 werden durch § 474 ergänzt und erweitert (Meyer-Goßner/Schmitt/*Köhler* § 474 Rn. 2; BGHSt 30, 34, 35; 36, 328, 337). Nach h.M. sind auch Behörden bei der Durchführung von **Disziplinarverfahren** als Justizbehörden im funktionellen Sinne anzusehen (so z.B. OLG Koblenz, Beschl. v. 11.06.2010 – 2 VAs 1/10; OLG Schleswig NJOZ 2013, 1411, 1412: Untersuchungsführer ist als Justizbehörde anzusehen). Zu **Zwecken der Rechtspflege** muss die Akteneinsicht erfolgen; eine Zweckbestimmung im Einzelnen ist nicht erforderlich. Als Zwecke der Rechtspflege sind auch die **Strafvollstreckung, Gnadensachen**, **Rechtshilfe** und das **Registerwesen** anzusehen, ebenso naturgemäß die Verfolgung von **Ordnungswidrigkeiten**. Justizverwaltung ist hingegen grds. keine Rechtspflege. Eine – nicht selten zu weiteren Rückfragen Anlass gebende – **Auskunftserteilung** ist in Abs. 1 aus Praktikabilitätsgesichtspunkten nicht vorgesehen, aber von der Gestattung, Akteneinsicht zu erhalten, als Minus mitumfasst (vgl. BeckOK-StPO/*Wittig* § 474 Rn. 7; KK-StPO/*Gieg* § 474 Rn. 2). 7

Die Akteneinsicht muss für ein Verfahren der ersuchenden Stelle **erforderlich** sein. Diese Tatbestandsvoraussetzung ist einerseits Ausdruck des allgemeinen Verhältnismäßigkeitsprinzips, andererseits dient sie aber auch der Wahrung von Datenschutzinteressen. **Es obliegt der ersuchenden Stelle** zu beurteilen, ob die Auskunft oder die Akteneinsicht für das von ihr geführte Verfahren tatsächlich erforderlich ist (Meyer-Goßner/Schmitt/*Köhler* § 474 Rn. 4; BeckOK-StPO/*Wittig* § 474 Rn. 9). Auch die schutzbedürftigen Rechte Dritter sind von der ersuchenden Stelle zu gewährleisten (vgl. OLG Stuttgart, Beschl. vom 18.01.2013 – 4a VAs 3/12). Die **Erforderlichkeit der Akteneinsicht muss** ggü. der ersuchten Stelle **regelmäßig nicht näher begründet werden** (Meyer-Goßner/Schmitt/*Köhler* § 474 Rn. 4). Eine Überprüfung der Zulässigkeit der Übermittlung durch die ersuchte Behörde erfolgt ausnahmsweise nur, wenn hierzu besonderer Anlass besteht (MüKo-StPO/*Gieg* § 474 Rn. 3 m.w.N.). Bestandteil der Frage einer Erforderlichkeit ist auch, ob nur eine Akteneinsicht, ggf. im Rahmen einer Aktenübersendung nach Abs. 5, den angestrebten Zwecken zu dienen vermag oder ob auch eine Auskunft aus den Akten den Zweck erfüllt. Fordert eine dem Legalitätsprinzip oder dem Amtsermittlungsgrundsatz verpflichtete **Justizbehörde** die Akten an, bestehen **an der Erforderlichkeit im Normalfall keine Zweifel** (so auch OLG Karlsruhe NStZ 2015, 606, 608). § 58a Abs. 2, der den Schutz der informationellen Selbstbestimmung von Zeugen im Blick hat, steht einer Akteneinsicht nicht entgegen, da diese Vorschrift die Akteneinsicht durch Stellen der öffentlichen Verwaltung nicht beschränken wollte (Meyer-Goßner/Schmitt/*Köhler* § 474 Rn. 4 m.w.N.). Allerdings ist der Normzweck des § 58a Abs. 2, auch in den Fällen des § 168e sowie des § 247a, bei dem Ersuchen um Auskunft oder Akteneinsicht zu berücksichtigen. Befinden sich also Aufzeichnungen auf Bild-Ton-Trägern bei den Akten, dürfen diese nur für Zwecke der Strafverfolgung eingesehen werden. 8

Die ersuchte Stelle hat nach dem eindeutigen gesetzlichen Wortlaut die erbetene Akteneinsicht zu gewähren, wenn die gesetzlichen Tatbestandsvoraussetzungen vorliegen (HK-StPO/*Temming/Schmidt* § 474 Rn. 1; BeckOK-StPO/*Wittig* § 474 Rn 10; LR/*Hilger* § 474 Rn 7). Ein **Ermessen** hierüber ist ihr **nicht eingeräumt** (BeckOK-StPO/*Wittig* § 474 Rn. 10). Ebenso wenig kann sie darüber entscheiden, in welchem Umfang Akteneinsicht gewährt wird; den Umfang der Akteneinsicht festzulegen, ist Sache der ersuchenden Stelle (HK-StPO/*Temming/Schmidt* § 474 Rn. 4). Allerdings sind die Versagungsgründe nach § 479 Abs. 1, 2 und § 480 Abs. 2 zu beachten (SK-StPO/*Puschke/Weßlau* § 474 Rn 14). 9

III. Aktenauskünfte für andere staatliche Stellen (Abs. 2). Unter den Voraussetzungen des Abs. 2 können auch andere, **nicht unter Abs. 1 fallende öffentliche Stellen** Informationen aus Strafakten erhalten. Da die Informationen auf diese Weise die Sphäre der Strafverfolgung verlassen, müssen zusätzliche Anforderungen erfüllt sein, um eine Auskunft zu ermöglichen. Nach Abs. 2 ist nur eine Aktenauskunft, nicht aber eine Akteneinsicht oder gar -überlassung möglich. Eine Akteneinsicht ist nur nach Abs. 3 möglich, wenn die Erteilung von Auskünften einen unverhältnismäßigen Aufwand erfordern würde oder die Akteneinsicht begehrende Stelle unter Angabe von Gründen darlegt, dass die Erteilung einer Auskunft zur Erfüllung ihre Aufgaben nicht ausreichen würde. Öffentliche Stellen i.S.v. Abs. 2 sind alle inländischen hoheitlich tätigen Stellen, die nicht funktionelle Justizbehörden im Sinne des Abs. 1 sind (BeckOK-StPO/*Wittig* § 474 Rn. 11 m.w.N.), insb. 10

hoheitlich tätige nicht-justizielle Behörden und Körperschaften (OLG Hamm, Beschl. v. 30.04.2009 – 1 VAs 11/09: Ärztekammer; OVG Lüneburg, Beschl. v. 06.04.2011 – 12 ME 37/11: Fahrerlaubnisbehörde; BFH DStR 2013, 2568, 2569 und OLG Karlsruhe NStZ-RR 2013, 385, 386: Finanzbehörden; OLG Hamm, Beschl. v. 16.06.2015 – 1 VAs 12/15: Berufsgenossenschaften), Anstalten sowie Stiftungen des öffentlichen Rechts in Deutschland anzusehen, nicht aber privatrechtliche Unternehmen, die öffentliche Aufgaben wahrnehmen, wie etwa ein in eine GmbH umgewandeltes kommunales Versorgungsunternehmen (SK-StPO/*Puschke/Weßlau* § 474 Rn. 15). Nicht zu den öffentlichen Stellen zählen präventiv tätige Polizeidienststelle, da insoweit § 481 vorrangig ist (*Brodersen* NJW 2000, 2537, 2540). Die ersuchende Stelle muss anders als bei einem Akteneinsichtsgesuch nach Abs. 1 den Zweck des Auskunftsersuchens und dessen Erforderlichkeit **schlüssig darlegen**, damit die auskunfterteilende Stelle beurteilen kann, ob das Ersuchen die Voraussetzungen des § 474 erfüllt. Die ersuchte Stelle entscheidet unter Beobachtung des § 479, ob und welche Daten sie weitergibt (BeckOK-StPO/*Wittig* § 474 Rn. 13); die Ansicht, auch in den Fällen des Abs. 2 habe nur die ersuchende Stelle die Erforderlichkeit der Auskunft zu prüfen, der aktenführenden Stelle sei dies indes versagt (so OLG Hamm, Beschl. v. 21.04.2016 – 1 VAs 100, 102), überzeugt nicht, da ansonsten die Differenzierung in Abs. 1 einerseits und Abs. 2 andererseits überflüssig wäre.

11 Abs. 2 Satz 1 Nr. 1 gestattet eine Auskunft ggü. Behörden zur Feststellung, Durchsetzung oder **Abwehr von Regress- oder Versorgungsansprüchen** (HK-StPO/*Temming/Schmidt* § 474 Rn. 6; KK-StPO/*Gieg* § 474 Rn. 4a) im Zusammenhang mit Straftaten. Dies gilt bspw. für die Geltendmachung von Regressansprüchen ggü. Straftätern, die aus der Gewährung von staatlichen Entschädigungsleistungen für die Opfer der Regressschuldner herrühren. Auch disziplinarische Maßnahmen einer öffentlichen Stelle aufgrund eines Strafurteils zählen hierzu, da insoweit ein Rechtsanspruch durchgesetzt werden soll (OLG Hamm, Beschl. v. 30.04.2009 – 1 VAs 11/09).

Von der Vorschrift des Abs. 2 Satz 1 Nr. 2 sind die Fälle erfasst, in denen es um die **Informationsweitergabe an Stellen, die nach anderen Normen**, etwa §§ 12 ff. EGGVG oder nach § 7 Abs. 2 Satz 2 und § 8 Abs. 1 AsylVG, **von Amts wegen zur Entgegennahme von personenbezogenen Informationen befugt sind.** Darüber hinaus genehmigt Abs. 2 Satz 1 Nr. 2 auch unabhängig von § 20 EGGVG eine Übermittlung weiterer personenbezogener Informationen aus den Akten.

12 In Abs. 2 Satz 1 Nr. 3 schließlich ist der Fall geregelt, dass Auskünfte benötigt werden, damit die öffentliche Stelle Maßnahmen durchführen kann, im Anschluss an die ihr ohnehin von Amts wegen Auskünfte erteilt werden dürfen; es geht also um **das Vorverlagern von Informationsbezugsrechten**. Auch hier besteht ein Bezug zu den mit dem Justizmitteilungsgesetz in den 2. Abschnitt des EGGVG eingefügten Bestimmungen, insb. zu **§ 14 EGGVG**, da hier ausdrücklich solche behördlichen Maßnahmen genannt werden (*Brodersen* NJW 2000, 2537, 2540). Unterliegen die nach Anordnung der Maßnahme bestehenden Übermittlungsbefugnisse Einschränkungen, bleibt dies bei der Beauskunftung vor Maßnahmenerlass nach Abs. 2 Nr. 3 außer Betracht (Meyer-Goßner/Schmitt/*Köhler* § 474 Rn. 6 m.w.N.).

13 Abs. 2 Satz 2 stellt für die **Nachrichtendienste** im Einzelnen klar, dass die spezialgesetzlich geregelte Auskunftserteilung an BND, BfV, MAD und die Landesämter für Verfassungsschutz von § 474 unberührt bleiben. Die Zweckänderung wird für diese Fälle ohne Weiteres als zulässig akzeptiert.

14 **IV. Akteneinsicht statt Auskunft (Abs. 3).** Abs. 3 gibt die Möglichkeit, statt einer nach Abs. 2 grds. möglichen Auskunftserteilung einer öffentlichen Stelle auch **Akteneinsicht** zu gewähren, wenn und soweit die Auskunftserteilung entweder – für die auskunfterteilende Stelle – **unverhältnismäßig aufwendig** wäre (vgl. OLG Hamm, Beschl. v. 30.04.2009 – 1 VAs 11/09) oder – der um Auskunft nachsuchenden Stelle – zur Erreichung des angestrebten Zieles **nicht ausreichte**. Dies soll der Entlastung der Justiz dienen, nach dem Willen des Gesetzgebers allerdings die **Ausnahme** sein (BT-Drs. 14/1484, S. 26); dementsprechend ist der ersuchten Stelle insoweit ein **(erkennbar und pflichtgemäß auszuübendes) Ermessen** (vgl. hierzu OLG Hamm, Beschl. v. 16.06.2015 – 1 VAs 12/15) eingeräumt. Bei der hierbei erforderlichen Abwägung hat der **Schutz der informationellen Selbstbestimmung** einen besonderen Stellenwert (BeckOK-StPO/*Wittig* § 474 Rn. 19). Während die Auskunft begehrende Stelle nach dem Gesetzeswortlaut begründen muss, warum die bloße Beauskunftung das Informationsinteresse nicht ausreichend befriedigt, ist die ersuchte Stelle für ihre Entscheidung, statt einer Auskunft Akteneinsicht zu gewähren, keine Begründung schuldig. Nach Abs. 5 kann die Akteneinsicht im Wege der Aktenversendung durchgeführt werden.

15 **V. Besichtigung von Beweisstücken und Aktenübersendung (Abs. 4 und 5).** Die **Besichtigung** von amtlich verwahrten (asservierten) **Beweisstücken** ist in Abs. 4 normiert. Sie erfolgt für Justizbehörden (einschließlich strafverfolgend tätiger Polizeibehörden) **unter den Voraussetzungen des Abs. 1**; für sonstige öffentliche Stellen ist Voraussetzung, dass **die Tatbestände von Abs. 2 wie auch von Abs. 3** (der auf Abs. 2 verweist) erfüllt sind. Die Bezugnahme auf Abs. 3 weist auch für Beweisstücke auf den **Vorrang der Auskunftserteilung ggü.**

sonstigen öffentlichen Stellen hin (so auch Meyer-Goßner/Schmitt/*Köhler* § 474 Rn. 8). Datenträger mit sog. gespiegelten (duplizierten) Dateien können dem anfordernden Gericht übersandt werden, da ein Beweismittelverlust bei der Zurverfügungstellung derartiger »mittelbarer« Beweismittel nicht droht (OLG Karlsruhe, Beschl. v. 21.10.2014 – 2VAs 10/14).

Abs. 5 nimmt gleichfalls auf Abs. 1 und 3 Bezug. Eine Aktenübersendung an sonstige öffentliche Stellen kommt naturgemäß nur dann in Betracht, wenn eine Akteneinsicht statt einer reinen Auskunftserteilung statthaft ist. Da Beweisstücke in Abs. 5 nicht genannt werden und Abs. 4 nicht zitiert wird, kommt eine **Übersendung von Beweisstücken** wohl nicht infrage (anders aber Meyer-Goßner/Schmitt/*Köhler* § 474 Rn. 8: Übersendung ist nicht vorgesehen, aber auch nicht ausgeschlossen). Die Entscheidung über die Aktenversendung liegt nach dem Wortlaut der Norm im Ermessen der aktenführenden Stelle. Voraussetzung ist, dass die Akten noch in Papierform vorliegen und nicht lediglich elektronisch geführt werden. 16

VI. Parlamentarische Untersuchungsausschüsse (Abs. 6). Abs. 6 stellt klar, dass die **landesgesetzlichen Regelungen zur Akteneinsicht parlamentarischer Ausschüsse** der Bundesländer durch § 474 nicht berührt werden. Dies gilt gegebenenfalls auch für Regelungen zum Rechtsweg gegen Entscheidungen über Akteneinsicht (vgl. insoweit OLG Stuttgart, Beschl. v. 18.01.2013 – 4a VAs 3/12). Auch in derartigen Fällen wird die Erforderlichkeit der Akteneinsicht nicht von der übermittelnden Stelle geprüft, da dies (nur) der Untersuchungsausschuss selbst im Rahmen seines Auftrags tun kann; die Prüfungskompetenz der aktenübersendenden Stelle beschränkt sich auf die Frage, ob die zu übersendenden Akten überhaupt den Untersuchungsauftrag betreffende Tatsachen enthalten. Die durch eine Weitergabe der Akten an den Untersuchungsausschuss möglicherweise berührten Grundrechte Dritter hat dementsprechend der Untersuchungsausschuss in eigener Verantwortung zu wahren. Der Aktenbegriff des § 14 UAG Bad.-Württ. entspricht demjenigen des § 474 (OLG Stuttgart, Beschl. v. 15.11.2012 4a VAs 3/12). Das Akteneinsichtsrecht parlamentarischer Untersuchungsausschüsse des Bundestages ergibt sich aus Art. 44 Abs. 2 GG i.V.m. § 474 Abs. 1 in entsprechender Anwendung, da ein solcher Untersuchungsausschuss als andere Justizbehörde i.S.v. Abs. 1 anzusehen ist (HK-StPO/*Temming*/*Schmitt* § 474 Rn. 3; SK-StPO/*Puschke*/*Weßlau* § 474 Rn. 26; Meyer-Goßner/Schmitt/*Köhler* § 474 Rn. 9: Art. 44 GG i.V.m. § 18 PUAG; BeckOK-StPO/*Wittig* § 474 Rn. 22: Anspruch unmittelbar aus Art. 44 GG, § 474 Abs. 6 StPO hat nur klarstellende Funktion). Von Abs. 6 nicht erfasst werden parlamentarische Anfragen einzelner Abgeordneter oder von Fraktionen. 17

§ 475 Auskünfte und Akteneinsicht für Privatpersonen und sonstige Stellen

(1) [1]Für eine Privatperson und für sonstige Stellen kann unbeschadet der Vorschrift des § 57 des Bundesdatenschutzgesetzes ein Rechtsanwalt Auskünfte aus Akten erhalten, die dem Gericht vorliegen oder diesem im Falle der Erhebung der öffentlichen Klage vorzulegen wären, soweit er hierfür ein berechtigtes Interesse darlegt. [2]Auskünfte sind zu versagen, wenn der hiervon Betroffene ein schutzwürdiges Interesse an der Versagung hat.

(2) Unter den Voraussetzungen des Absatzes 1 kann Akteneinsicht gewährt werden, wenn die Erteilung von Auskünften einen unverhältnismäßigen Aufwand erfordern oder nach Darlegung dessen, der Akteneinsicht begehrt, zur Wahrnehmung des berechtigten Interesses nicht ausreichen würde.

(3) Unter den Voraussetzungen des Absatzes 2 können amtlich verwahrte Beweisstücke besichtigt werden.

(4) Unter den Voraussetzungen des Absatzes 1 können auch Privatpersonen und sonstige Stellen Auskünfte aus den Akten erteilt werden.

Übersicht

A. Anwendungsbereich. In Abgrenzung zu § 474 ist in § 475 die Auskunftserteilung **aus laufenden wie auch abgeschlossenen Verfahren für nicht-öffentliche Stellen** geregelt. Als Hauptanwendungsfall sind die Privatpersonen (natürliche Personen) ausdrücklich genannt. Als solche sind insb. **Zeugen im Strafverfahren** anzusehen (OLG Düsseldorf NJW 2002, 2806, 2807; so auch BGH NStZ-RR 2010, 246, 247; zum berechtigten Interesse in diesen Fällen s. Rn. 6) und von Ermittlungsmaßnahmen betroffene Antragsteller nach § 101 Abs. 7 S. 2 StPO (BGH NStZ-RR 2010, 281; a.A. MüKo-StPO/*Singelnstein* § 475 Rn. 10). Daneben sind 1 aber auch alle sonstigen privaten Stellen, also juristische Personen und Personengesellschaften, von der Regelung umfasst. Nicht zuletzt Beteiligte in Zivilverfahren fallen hierunter, z.B. der Insolvenzverwalter oder der gerichtlich bestellte Gutachter im Insolvenzverfahren (OLG Braunschweig NJW 2016, 1834 m.Anm. *Schork*; AG Bochum NZI 2017, 276 m.Anm. *Köllner*). Auch öffentliche Stellen ausländischer Staaten können nach den Vorgaben des § 475 Auskunft aus den Akten begehren, da diese nicht unter § 474 fallen (BeckOK-StPO/*Wittig* § 475 Rn. 2) Die Norm gibt den Regelungsadressaten einen **Anspruch auf Entscheidung nach pflichtgemäßem Ermessen über das Auskunftsgesuch.**

2 Grds. ist auch hier die Beauskunftung eines Petenten ggü. einer Akteneinsicht vorrangig. Die weite Fassung des **jedermann zustehenden Rechts auf Auskunft aus den Akten** (zum Begriff vgl. oben § 474 Rn. 3) wird eingegrenzt durch das Erfordernis eines berechtigten Interesses an einer Auskunft oder Akteneinsicht sowie durch die Regelung, dass Auskunft – mit Ausnahme des Abs. 4 – nur über einen einer Rechtsanwaltskammer angehörenden Rechtsanwalt gewährt werden kann. Die Auffassung, Strafurteile seien – obschon Aktenbestandteile – jenseits der Vorschrift des § 475 StPO aus verfassungsrechtlichen Gründen (Demokratieprinzip, Gewaltenteilung u.ä.) jedem Interessierten voraussetzungslos zugänglich zu machen (so *Putzke/Zenthöfer* NJW 2015, 1777, 1779), geht zu weit. Der Gesetzgeber sieht die **Übermittlung anonymisierter Auskünfte** als **Regelfall** an (vgl. § 476 Abs. 1 Nr. 2 – hierzu auch LG Berlin NJW 2002, 838, 839). Hat ein RA ein privates eigenes Interesse an Akteneinsicht, ist er nicht verpflichtet, einen weiteren RA zu beauftragen, für ihn Akteneinsicht zu nehmen, er gilt vielmehr als RA i.S.v. Abs. 1 und ist aufgrund seiner besonderen Verpflichtung als Organ der Rechtspflege befugt, selbst die Akten einzusehen (LG Regensburg NZV 2004, 154, 155; Meyer-Goßner/Schmitt/*Köhler* § 475 Rn. 1). Darüber hinaus ist die Auskunft aus den Akten zu versagen, wenn eine betroffene Person ein schutzwürdiges Interesse hieran hat.

3 **Nicht anwendbar ist die Norm auf Verfahrensbeteiligte im Strafverfahren**, insb. Beschuldigte, Angeschuldigte und Angeklagte sowie Verletzte, Nebenkläger, Privatkläger und Einziehungs- oder Verfallsbeteiligte, insoweit gelten die **Spezialregelungen der § 147, § 385 Abs. 3, 397, § 406e, § 434 und § 442** (vgl. MüKo-StPO/*Singelnstein* § 475 Rn. 8). **Nicht verletzte Tatzeugen** und deren anwaltschaftlicher Beistand erhalten indes nach dieser Vorschrift (nur dann) Akteneinsicht, wenn die Voraussetzungen hierfür – insb. ein berechtigtes Interesse (vgl. unten Rn. 6) – vorliegen (BGH NStZ-RR 2010, 246, 247; OLG Hamburg NJW 2002, 1590, 1591; Meyer-Goßner/Schmitt/*Köhler* § 475 Rn. 1; BeckOK-StPO/*Wittig* § 475 Rn. 2, 10.2); hier stehen indes regelmäßig die Zwecke des Strafverfahrens gem. § 479 Abs. 1 entgegen. **Nach Abschluss des Verfahrens** gilt indes § 475 auch für die – dann ehemaligen – Verfahrensbeteiligten (in diesem Sinne SK-StPO/*Puschke/Weßlau* § 475 Rn. 6; so auch Meyer-Goßner/Schmitt/*Köhler* § 475 Rn. 1 m. Ausnahme früherer Beschuldigter, die weitere Prozesshandlungen beabsichtigen). **Nicht anwendbar** ist die Vorschrift schließlich auf **Auskunftsansprüche der Medien** (Meyer-Goßner/Schmitt/*Köhler* § 475 Rn. 1a; vgl. MüKO-StPO/*Singelnstein* § 475 Rn. 11 ff. m.w.N.); deren Auskunftsanspruch ergibt sich vielmehr direkt aus Art. 5 Abs. 1 S. 2 GG (vgl. zum Umfang des Auskunftsanspruchs BVerfG GRUR 2016, 313, 314) sowie aus den Landespressegesetzen (BeckOK-StPO/*Wittig* § 475 Rn. 5: auch aus dem Rechtsstaatsgebot; vgl. auch OLG Naumburg StV 2017, 168).

4 Die – verfassungsrechtlich unbedenkliche (BVerfG NJW 2002, 2307, 2308) – Regelung des Abs. 1, Auskunft nur über einen zugelassenen RA zu geben, wird in Abs. 4 weitgehend ausgehebelt. Nach dieser Vorschrift können, wenn die übrigen Voraussetzungen des Abs. 1 vorliegen, **Auskünfte an jedermann** erteilt werden. Dies umfasst auch die Überlassung von Abschriften aus den Akten, insb. (anonymisierte) Ablichtungen von Urteilen und Beschlüssen. Akteneinsicht oder Beweismittelbesichtigungen sind ohne Hinzuziehung eines RA indes nicht möglich.

5 Ggü. Aktenauskunfts- und -einsichtsregelungen im Datenschutzrecht der Länder ist § 475 in seinem Regelungsbereich vorrangig (OLG Hamm NStZ-RR 1996, 11, 12; so auch OVG Greifswald NVwZ 2013, 1503, 1504). **§ 1 Abs. 3 Informationsfreiheitsgesetz** formuliert gleichfalls einen Vorrang des § 475 für den Bereich der Strafrechtspflege, wobei Teile des Schrifttums der Auffassung zuneigen, dass der Schutz der Belange der Strafrechtspflege bereits über § 3 Nr. 1g) IFG einen Anspruch auf Zugang zu Informationen aus den Verfahrensakten entfallen lassen, sodass es eines generellen Vorrangs der Einsichtsregelungen der StPO vor denen des IFG nicht bedürfe (vgl. *Polenz* NJW 2009, 1921, 1922).
Die **Verwendung** personenbezogener, nach § 475 gewonnener Daten regelt § 479 Abs. 6.

6 **B. Erläuterungen. I. Berechtigtes Interesse.** Die Auskunftserteilung ist an die Voraussetzung geknüpft, ein **berechtigtes Interesse** nachzuweisen. Dieses Interesse kann vielgestaltig sein und **muss keinen unmittelbaren Zusammenhang mit dem Strafverfahren** aufweisen. Die Tatsachen, aus denen sich ein berechtigtes Interesse ergibt, sind **substanziiert und schlüssig dazulegen**; einer darüber hinausgehenden **Glaubhaftmachung bedarf es allerdings nicht** (so auch Meyer-Goßner/Schmitt/*Köhler* § 475 Rn. 2). Der über die Gewährung der

Akteneinsicht entscheidenden Stelle muss die gebotene Prüfung ermöglicht werden, ob die Voraussetzungen einer Auskunftserteilung vorliegen, eine pauschale und formelhafte Behauptung genügt nicht (KK-StPO/*Gieg* § 475 Rn. 4). Im Einzelnen ist zu erläutern, warum, wofür und in welchem Umfang eine Auskunft aus den Akten benötigt wird. Zu beachten ist, dass es nicht allein ausreicht, ein Interesse an einer Auskunft aus den Akten vorzutragen. Vielmehr **muss dieses Interesse berechtigt sein.** Es muss also in irgendeinem Zusammenhang mit einer Rechtsverfolgung stehen und kann sich nicht in bloßer Neugier erschöpfen. So kann eine Versicherungsgesellschaft ein berechtigtes Interesse an der Auskunft aus Strafakten geltend machen, wenn die Ermittlungen im Zusammenhang mit dem versicherten Schadensfall stehen. Auch **Insolvenzverwalter** oder Kreditinstitute können ggf. ein berechtigtes Interesse geltend machen (für den Insolvenzverwalter vgl. LG Hildesheim NJW 2008, 531, 533; vgl. aber OLG Köln NZI 2014, 1059, 1061: berechtigtes Interesse aus Datenschutzgründen nur bei Straftaten zum Nachteil des vom Insolvenzverwalter vertretenen Unternehmens). Ein vom Insolvenzgericht bestellter Sachverständiger hat wegen seines Tätigwerdens für die Rechtspflege regelmäßig ein berechtigtes Interesse (OLG Dresden NZI, 2014, 358, 359 m.Anm. *von der Fecht*). Ein berechtigtes Interesse an einer Auskunft oder Akteneinsicht wird regelmäßig durch die Notwendigkeit, zur ordnungsgemäßen Ausführung einer **Rüge im Revisionsverfahren** Tatsachen aus einem anderen Verfahren vorzutragen, begründet (BGHR StPO, § 475 Interesse 1). Für Privatpersonen kann das berechtigte Interesse insb. darin liegen, **Waffengleichheit** mit anderen öffentlichen oder privaten Stellen herzustellen, die ihrerseits bereits Auskunft aus den Akten erhalten haben. Konkret kann sich das berechtigte Interesse beispielsweise daraus ergeben, dass im Revisionsverfahren Tatsachen aus einem anderen Verfahren vorzutragen sind, um eine Rüge ordnungsgemäß und damit zulässig zu erheben (BGH NStZ 2009, 51, 52). Ein etwaiges ermittlungstaktisches Interesse der aktenführenden StA an der Offenbarung bestimmter Akteninhalte kann ein berechtigtes Interesse desjenigen, dem die Akten zur Einsicht gegeben werden sollen, nicht ersetzen (BVerfG NJW 2009, 2876, 2877). Dass ein Urteil im Rechtsmittelverfahren aufgehoben wurde, kann das berechtigte Interesse an der Einsichtnahme in die Urteilsgründe entfallen lassen. Gleiches gilt, wenn die veröffentlichte Entscheidung des Rechtsmittelgerichts die tragenden Gründe der Ausgangsentscheidung zitiert (OLG Naumburg StV 2017, 168, 169). Ein **Zeuge** hat **im Strafverfahren** grds. kein berechtigtes Interesse an der Kenntnis von den Aussagen anderer Zeugen in demselben Verfahren, er soll vielmehr unbeeinflusst von diesen Angaben aussagen (Meyer-Goßner/Schmitt/*Köhler* § 475 Rn. 2 unter Hinweis auf BGH NStZ-RR 2010, 246, 247). Da ein **anwaltlicher Zeugenbeistand** kein eigenes Recht auf Akteneinsicht hat und sich seine Befugnisse aus denen des von ihm vertretenen Zeugen ableiten, **kann er ebenfalls kein berechtigtes Interesse geltend machen** (*Dahs* NStZ 2011, 200, 201; AG Rudolstadt NStZ-RR 2013, 348).

II. Entgegenstehendes schutzwürdiges Interesse des Betroffenen. Das berechtigte Interesse des Antragstellers ist gem. Abs. 1 Satz 2 gegen etwaige **schutzwürdige Interessen derjenigen Personen abzuwägen**, die von einer Beauskunftung betroffen sind, z.B. weil sie in den Akten genannt werden. Bei dem Begriff »berechtigtes Interesse« handelt es sich um eine Generalklausel, sie ist außerordentlich weit und schließt keinesfalls nur das »rechtliche Interesse« ein (SK-StPO/*Puschke/Weßlau* § 475 Rn. 17). Schutzwürdig können insb. Informationen aus dem persönlichen Bereich der Betroffenen sein, insb. aus deren Intimsphäre (**Kernbereichsschutz**), aber auch Betriebs- und Geschäftsgeheimnisse oder technische Unterlagen (vgl. hierzu LG München I MMR 2008, 561; KK-StPO/*Gieg* § 475 Rn. 6). Der Eingriff in das Grundrecht auf informationelle Selbstbestimmung des Betroffenen durch die Gewährung von Akteneinsicht erfordert regelmäßig nach dessen vorheriger **Anhörung** (BVerfG NJW 2007, 1052) eine umfassende **Abwägung** der Interessen des Antragstellers gegen diejenigen des Betroffenen (BVerfG NJW 2009, 2876, 2877; VerfG Brandenburg LKV 2010, 475). Zwingende Ablehnungsgründe sind in § 479 Abs. 1 sowie § 480 Abs. 2 normiert. 7

Eine Versagung der Auskunft ist nur dann geboten, wenn die schutzwürdigen Interessen des Betroffenen einer solchen auch **tatsächlich entgegenstehen.** Ob dies der Fall ist, muss die Stelle, die die Akten verwaltet, also das Gericht, sobald sie ihm vorliegen, oder aber die StA, beurteilen. Der Gesetzeswortlaut (»soweit«) ermöglicht eine **teilweise Beauskunftung**, wenn die schutzwürdigen Interessen einer Auskunft nur in manchen Bereichen entgegenstehen. Angesichts dessen ist die **vollständige Versagung einer Auskunft** unter Berufung auf ein nur am Rande belangvolles schutzwürdiges Interesse eines Betroffenen nicht möglich. Ergibt die Abwägung jedoch, dass das schutzwürdige Interesse des Betroffenen die berechtigten Interessen übertrifft, muss die Auskunft versagt werden. 8

Letztlich gelangt die Ansicht, die bei Bestehen eines schutzwürdigen Interesses eines Betroffenen eine Versagung der Auskunft auch ohne Abwägung als zwingend ansieht (so LR/*Hilger* § 475 Rn. 7; BeckOK-StPO/*Wittig* § 475 Rn. 12; Meyer-Goßner/Schmitt/*Köhler* § 475 Rn. 3; a.A. KK-StPO/*Gieg* § 475 Rn. 6), zu dem nämlichen Ergebnis. Hier ist der **Abwägungsprozess in die Prüfung des Merkmals »berechtigt« hineinverlagert.** 9

10 Liegen die gesetzlichen Voraussetzungen vor und stehen keine zwingenden Versagungsgründe i.S.v. Abs. 1 Satz 2 entgegen, ist dem über das Ersuchen entscheidenden Organ ein **pflichtgemäß auszuübendes Ermessen** eingeräumt. Dies hat sich an dem **Grundsatz der Beauskunftung** zu orientieren, sodass das Ermessen **regelmäßig sehr eingeschränkt** ist (so auch BeckOK-StPO/*Wittig* § 475 Rn. 11). Die Ablehnung der Beauskunftung wegen entgegenstehender schutzwürdiger Interessen Dritter bedarf einer eingehenden Begründung, die nicht im Fehlen der Tatbestandsvoraussetzungen des § 475 Abs. 1 Satz 1 bestehen kann, da ansonsten ein Ermessen gar nicht eröffnet wäre.

11 **III. Akteneinsicht statt Auskunft (Abs. 2).** Ähnlich wie in § 474 für öffentliche Stellen besteht unter bestimmten Voraussetzungen auch **für Private** die Möglichkeit, über einen RA Akteneinsicht zu nehmen. Dies ist allerdings an weitere Voraussetzungen geknüpft.

12 Akteneinsicht kann genommen werden, wenn die **Beauskunftung für die aktenführende Stelle mit einem unverhältnismäßigen Aufwand verbunden** wäre (vgl. LG München I MMR 2008, 561, 562; KK-StPO/*Gieg* § 475 Rn. 7). Die Vorschrift gibt also dem Adressaten des Auskunftsersuchens die Möglichkeit, den Arbeitsaufwand gering zu halten, indem er die Akten zur Verfügung stellt, soweit diese die begehrten Informationen enthalten. Die Verweisung auf Abs. 1 soll sicherstellen, dass sensible Informationen aus den Akten nicht bedenkenlos im Wege der Akteneinsicht zugänglich gemacht werden. Dementsprechend kann **keine Akteneinsicht** gewährt werden, soweit der Antragsteller **kein berechtigtes Interesse** an der begehrten und durch die Akteneinsicht ersetzten Auskunft darzulegen vermag. Dies kann dazu führen, dass Einsicht nur in ausgewählte Aktenteile gewährt wird. Zeugen in Strafverfahren mögen u.U. Interesse an einer Einsicht in die sie betreffenden Verfahrensakten haben, hier ist indes § 479 Abs. 1 zu beachten. Außerdem kommt eine Akteneinsicht naturgemäß nicht infrage, wenn und soweit dieser schutzwürdige Interessen eines Betroffenen entgegen stehen (Abs. 1 Satz 2), etwa in ärztliche Gutachten oder andere zu den Akten gegebene Erkenntnisse aus dem Kernbereich der Lebensgestaltung eines Betroffenen (vgl. Meyer-Goßner/Schmitt/*Köhler* § 475 Rn. 4 m.w.N.). Aktenbestandteile, auf die sich das berechtigte Interesse nicht bezieht oder die besonders sensible Daten enthalten (BZR-Auskunft, persönliche Schreiben), müssen vor Erteilung der Akteneinsicht entnommen werden (BeckOK-StPO/*Wittig* § 475 Rn. 14.2). Da Abs. 4 nur auf Abs. 1, nicht aber auf Abs. 2 verweist, kann Einsicht – verfassungsrechtlich unbedenklich (BVerfG NJW 2003, 883) – nur durch einen RA genommen werden. Diese Einschränkungen gelten auch, wenn Akteneinsicht gewährt werden soll, weil der Antragsteller dargelegt hat, dass die bloße Beauskunftung seinen Interessen nicht zu genügen vermag. § 32f bestimmt – unabhängig davon, ob es sich um eine elektronische Akte nach Abs. 1 oder eine Papierakte nach Abs. 2 handelt – die Form der Aktengewährung.

13 Für **Bild-Ton-Aufzeichnungen** i.S.v. §§ 58a Abs. 1, 168e Satz 4 und 247a Satz 4 u. 5 ist § 58a Abs. 2 Satz 1 zu beachten; eine Akteneinsicht für Private kommt insoweit nicht in Betracht, weil diese regelmäßig nicht zu Zwecken der Strafverfolgung erfolgt.

14 **IV. Besichtigung von Beweisstücken; Herausgabe der Akten zu Einsichtnahme (Abs. 3).** Unter den Voraussetzungen des Abs. 2, der die Voraussetzungen des Abs. 1 beinhaltet, können **auch amtlich verwahrte Beweismittel in Augenschein genommen** werden. Eine Auskunft dazu muss also entweder unverhältnismäßig aufwendig oder aber zur Wahrnehmung des berechtigten Interesses unzureichend sein.

15 Abs. 3 S. 2 und 3, wonach einem Rechtsanwalt auf Antrag die Akten, nicht aber die Beweismittel in seine Geschäftsräume oder in seine Wohnung mitgegeben werden können, wurden mit Gesetz zur effektiveren und praxistauglicheren Ausgestaltung des Strafverfahrens vom 17.08.2017 (BGBl. I, S. 3202) aufgehoben (vgl. KK-StPO/*Gieg* § 475 Rn. 8).

16 **V. Auskünfte an Privatpersonen (Abs. 4).** An **Privatpersonen und sonstige Stellen** können auch ohne (kostenträchtige) Beauftragung eines RA Auskünfte erteilt werden, Abs. 4. Die aktenführende Stelle wird aber i.R.d. ihr auch hier eingeräumten Ermessens zu bedenken haben, dass ein **RA, der eine erhöhte Gewähr für den sensiblen Umgang mit den Auskünften bieten soll**, hier fehlt. Unter Bezugnahme auf diese Ermächtigungsnorm können auch Entscheidungsabschriften in anonymisierter Form an Interessierte versandt werden, da die Fertigung von Abschriften von der Befugnis zu Erteilung von Auskünften umfasst wird (Meyer-Goßner/Schmitt/*Köhler* § 475 Rn. 7; BGHSt 63/156; LG Berlin NJW 2002, 838, 839: Entscheidungsübersendung für Fachzeitschrift). Da Abs. 2 und 3 in Abs. 4 nicht genannt werden, kommen eine **Akteneinsicht oder eine Beweismittelbesichtigung für Privatpersonen ohne RA nicht infrage.**

17 **VI. Rechtsmittel.** Die Anfechtbarkeit der Entscheidungen der aktenführenden Stelle ist nunmehr in **§ 480 Abs. 3 geregelt.** Gegen die Entscheidung der StA über Auskunfts- oder Einsichtsgesuche kann mit einem **Antrag auf gerichtliche Entscheidung** nach § 480 Abs. 3 Satz 1 vorgegangen werden. Gegen eine Entscheidung des Vorsitzenden über einen Antrag nach § 475 ist gem. § 480 Abs. 3 Satz 3 hingegen **kein**

Rechtsmittel gegeben, solange die Ermittlungen noch nicht abgeschlossen sind. Die Entscheidungen des Vorsitzenden des erkennenden Gerichts können jedoch nach h.M. mit der Beschwerde angegriffen werden (BVerfG NJW 2015, 3505; BeckOK-StPO/*Wittig*, § 480 Rn. 7; Meyer-Goßner/Schmitt/*Köhler* § 480 Rn. 4)

§ 476 Auskünfte und Akteneinsicht zu Forschungszwecken

(1) [1]Die Übermittlung personenbezogener Daten in Akten an Hochschulen, andere Einrichtungen, die wissenschaftliche Forschung betreiben, und öffentliche Stellen ist zulässig, soweit

1. dies für die Durchführung bestimmter wissenschaftlicher Forschungsarbeiten erforderlich ist,

2. eine Nutzung anonymisierter Daten zu diesem Zweck nicht möglich oder die Anonymisierung mit einem unverhältnismäßigen Aufwand verbunden ist und

3. das öffentliche Interesse an der Forschungsarbeit das schutzwürdige Interesse an der Forschungsarbeit das schutzwürdige Interesse des Betroffenen an dem Ausschluss der Übermittlung erheblich überwiegt.

[2]Bei der Abwägung nach Satz 1 Nr. 3 ist im Rahmen des öffentlichen Interesses das wissenschaftliche Interesse an dem Forschungsvorhaben besonders zu berücksichtigen.

(2) [1]Die Übermittlung der Daten erfolgt durch Erteilung von Auskünften, wenn hierdurch der Zweck der Forschungsarbeit erreicht werden kann und die Erteilung keinen unverhältnismäßigen Aufwand erfordert. [2]Andernfalls kann auch Akteneinsicht gewährt werden. [3]Die Akten, die in Papierform vorliegen, können zur Einsichtnahme übersandt werden.

(3) [1]Personenbezogene Daten werden nur an solche Personen übermittelt, die Amtsträger oder für den öffentlichen Dienst besonders Verpflichtete sind oder die zur Geheimhaltung verpflichtet worden sind. [2]§ 1 Abs. 2, 3 und 4 Nr. 2 des Verpflichtungsgesetzes findet auf die Verpflichtung zur Geheimhaltung entsprechende Anwendung.

(4) [1]Die personenbezogenen Daten dürfen nur für die Forschungsarbeit verwendet werden, für die sie übermittelt worden sind. [2]Die Verwendung für andere Forschungsarbeiten oder die Weitergabe richtet sich nach den Absätzen 1 bis 3 und bedarf der Zustimmung der Stelle, die die Übermittlung der Daten angeordnet hat.

(5) [1]Die Daten sind gegen unbefugte Kenntnisnahme durch Dritte zu schützen. [2]Die wissenschaftliche Forschung betreibende Stelle hat dafür zu sorgen, dass die Verwendung der personenbezogenen Daten räumlich und organisatorisch getrennt von der Erfüllung solcher Verwaltungsaufgaben oder Geschäftszwecke erfolgt, für die diese Daten gleichfalls von Bedeutung sein können.

(6) [1]Sobald der Forschungszweck es erlaubt, sind die personenbezogenen Daten zu anonymisieren. [2]Solange dies noch nicht möglich ist, sind die Merkmale gesondert aufzubewahren, mit denen Einzelangaben über persönliche oder sachliche Verhältnisse einer bestimmten oder bestimmbaren Person zugeordnet werden können. [3]Sie dürfen mit den Einzelangaben nur zusammengeführt werden, soweit der Forschungszweck dies erfordert.

(7) [1]Wer nach den Absätzen 1 bis 3 personenbezogene Daten erhalten hat, darf diese nur veröffentlichen, wenn dies für die Darstellung von Forschungsergebnissen über Ereignisse der Zeitgeschichte unerlässlich ist. [2]Die Veröffentlichung bedarf der Zustimmung der Stelle, die die Daten übermittelt hat.

(8) Ist der Empfänger eine nichtöffentliche Stelle, finden die Vorschriften der Verordnung (EU) 2016/679 und des Bundesdatenschutzgesetzes auch dann Anwendung, wenn die personenbezogenen Daten nicht automatisiert verarbeitet werden und nicht in einem Dateisystem gespeichert sind oder gespeichert werden.

S.a. RiStBV Nr. 189

Übersicht

A. Anwendungsbereich. Die Vorschrift zur Auskunftserteilung an wissenschaftliche Stellen enthält **die an zahlreiche Bedingungen geknüpfte grundsätzliche Befugnis**, Daten an solche Institutionen weiterzugeben, und regelt daneben detailliert den **Umgang mit diesen Daten**. Wie sich schon aus dem ausdrücklichen Wort- 1 laut des Abs. 1 Satz 1 Nr. 2 ergibt, betrifft die Norm **nicht die Übermittlung anonymisierter**, sondern die **Weitergabe konkreter, personenbezogener Daten**; das ergibt sich auch aus Abs. 6, der eine Anonymisierung regelt. ALS Personenbezogene Daten sind nicht nur die Personalien des Betroffenen, sondern alle Informationen über dessen persönliche oder sachliche Verhältnisse anzusehen. Personenbezogen sind die Daten bereits, wenn die Person bestimmbar ist. Der mit der Auskunftserteilung verbundene **Eingriff in die informationelle Selbstbestimmung** findet hier seine gesetzliche Grundlage (BeckOK-StPO/*Wittig* § 476 Rn. 1). Ein **subjektiv-öffentliches Recht** auf Datenübermittlung gibt § 476 nicht (so auch BeckOK-StPO/*Wittig* § 476 Rn. 1 m.w.N.; KK-StPO/*Gieg* § 476 Rn. 1).

2 **Adressat der Vorschrift** sind Hochschulen, also Universitäten und Fachhochschulen, wissenschaftliche Forschungseinrichtungen, also z.B. kriminologische Forschungsinstitute, die keiner Hochschule zugehörig sind, und andere öffentliche Stellen, die die übrigen Voraussetzungen der Norm erfüllen. § 476 findet auch auf **privatrechtliche Stellen** Anwendung, wenn es sich um Forschungseinrichtungen handelt und für ein Forschungsvorhaben ein berechtigtes Interesse geltend gemacht werden kann (*Graalmann-Scheerer* NStZ 2005, 434, 435; Meyer-Goßner/Schmitt/*Köhler* § 476 Rn. 1; MüKo-StPO/*Singelnstein* § 476 Rn. 6). Auskunftsbegehren zu »populärwissenschaftliche Zwecken« (SK-StPO/*Puschke*/*Weßlau* § 476 Rn. 8) können ggf. abschlägig verbeschieden werden (so auch BeckOK-StPO/*Wittig* § 476 Rn. 3). Einzelne Forscher wie Doktoranten und Habilitanden erhalten nach h.M. ebenso wie andere (Privat-) Personen nicht über § 476, sondern nur unter den Voraussetzungen des § 475 Abs. 1 und 4 Auskunft aus Akten oder Akteneinsicht (*Graalmann-Scheerer* NStZ 2005, 434, 435; LG Kempten, Beschl. v. 19.08.2008 – 4 AR [S] 33/08; Meyer-Goßner/Schmitt/*Köhler* § 476 Rn. 1; a.A. KK-StPO/*Gieg* § 476 Rn. 2). Teilweise wird eine Sperrwirkung des § 476 gegenüber § 475 angenommen, demnach kann ein einzelner Forscher keine Daten aus Akten oder Dateien zu Forschungszwecken erhalten (SK-StPO/*Puschke*/*Weßlau* § 476 Rn. 8).

3 **B. Voraussetzungen einer Datenübermittlung. I. Sachliche Voraussetzungen (Abs. 1).** Die in Abs. 1 genannten Voraussetzungen einer Datenübermittlung müssen **kumulativ** vorliegen, es sei denn, die **Betroffenen willigen** in die Übermittlung ihrer Daten **ein** (vgl. hierzu § 4 Abs. 1 i.V.m. § 3 Abs. 1 BDSG).

4 Danach muss die Übermittlung der Daten für die Durchführung **bestimmter Forschungsarbeiten erforderlich** sein. Es kommt also auf eine **Projektbezogenheit** an; die Angabe, man benötige die Daten allgemein etwa für kriminologische Erhebungen, genügt also nicht (Satz 1 Nr. 1). Darüber hinaus kommt die Zurverfügungstellung personenbezogener Daten nur infrage, wenn **anonymisierte Daten** für den angestrebten Zweck entweder nicht ausreichend erscheinen oder nur mit einem unverhältnismäßigen Aufwand – etwa wegen einer großen Datenmenge – hergestellt werden können (Satz 1 Nr. 2). Schließlich muss zugleich das **öffentliche Interesse am Forschungsvorhaben** das berechtigte Interesse des Betroffenen daran, dass eine Datenübermittlung unterbleibt, **erheblich überwiegen**. Die Gewichtung der Interessen in der in Abs. 1 Satz 1 Nr. 3 angeordneten Abwägung wird in Abs. 1 Satz 2 näher präzisiert: Das wissenschaftliche Interesse am Forschungsvorhaben hat als öffentliches Interesse in der Regel besonderes Gewicht. Eine **Inhalts- und Themenkontrolle** findet wegen der Wissenschaftsfreiheit des Art. 5 Abs. 3 GG **nicht** statt; regelmäßig wird jedoch die Vorlage eines detaillierten Forschungsplans erforderlich sein, um das deklarierte Vorhaben plausibel darzustellen (*Graalmann-Scheerer* NStZ 2005, 434, 435 f.). Ein nur scheinbares wissenschaftliches, tatsächlich aber wirtschaftliches oder persönliches Interesse kann indes dem grundsätzlichen Interesse der Betroffenen an der unterbleibenden Übermittlung ihrer Daten kaum etwas entgegensetzen und muss bei der Abwägung zurückstehen. Dies gilt auch unter Berücksichtigung der in Abs. 2 bis 8 angeordneten **Schutzmechanismen**, die der Wahrung der informationellen Selbstbestimmung der Betroffenen dienen und daher i.R.d. Abwägung das Interesse der Betroffenen an einem gänzlichen Ausschluss der Datenübermittlung zwar nicht aufheben, aber doch schmälern (so wohl auch Meyer-Goßner/Schmitt/*Köhler* § 476 Rn. 1). Gelingt es der Forschungseinrichtung, die Einwilligung der Betroffenen in die Auskunft nachzuweisen, liegt kein schutzwürdiges Interesse an einem Unterbleiben der Datenübermittlung vor (BeckOK-StPO/*Wittig* § 476 Rn. 8 m.w.N.).

5 Die **Darlegungspflicht** für die tatbestandlichen Voraussetzungen des Abs. 1 liegt grds. bei der **ersuchenden Stelle**. Diese muss im Einzelnen erläutern, wofür sie die nicht anonymisierten Daten benötigt (vgl. im Einzelnen hierzu *Graalmann-Scheerer* NStZ 2005, 434, 435). Anderes gilt allerdings für die Frage der Unverhältnismäßigkeit der Anonymisierung in Abs. 1 Satz 2 und der Auskunftserteilung in Abs. 2 Satz 1. Inwieweit Aufwand und Nutzen in angemessener Relation stehen, kann hier naturgemäß nur die auskunftserteilende Stelle beurteilen.

6 Die übermittelnde Stelle hat bei Vorliegen der Tatbestandsvoraussetzungen einen **Ermessensspielraum**, ob und ggf. in welchem Umfang Auskunft oder Akteneinsicht erteilt wird. Sie muss zwischen dem Recht des Betroffenen auf informationelle Selbstbestimmung (Art. 2 Abs. 1 i.V.m. Art. 1 Abs. 1 GG) einerseits und der Freiheit von Forschung und Wissenschaft (Art. 5 Abs. 3 Satz 1 GG) andererseits abwägen (*Graalmann-Scheerer*

NStZ 2005, 434, 436). Die Erlaubnis kann **unter Auflagen** erteilt werden (Meyer-Goßner/Schmitt/*Köhler* § 476 Rn. 3). Liegen die Versagungsgründe des § 479 Abs. 1 vor, kommt eine Auskunft oder Akteneinsicht auch bei ausreichender Darlegung der sachlichen Voraussetzungen des § 476 Abs. 1 Nr. 1–3 nicht in Betracht.

II. Persönliche Voraussetzungen des Empfängers (Abs. 3). Die Datenübermittlung setzt in **Abs. 3** voraus, dass der Empfänger der Daten in besonderer Weise **Gewähr für einen verantwortungsvollen Umgang** mit den Daten bietet und deren Schutz sicherstellt. Nur Personen, die aufgrund ihrer beruflichen Stellung im öffentlichen Dienst oder infolge einer Einzelfallverpflichtung zur Geheimhaltung verpflichtet sind, dürfen Daten aus Strafakten zu den in Abs. 1 genannten Zwecken erhalten. Ausfluss dieser Regelung ist, dass der Antragsteller die Personen, die mit den Daten i.R.d. Forschungsarbeiten umgehen, ggü. der auskunftserteilenden Stelle im Einzelnen **namhaft** zu machen und etwaige Änderungen im Forscherteam mitzuteilen hat (vgl. *Graalmann-Scheerer* NStZ 2005, 434, 437). Der Verstoß eines Datenempfängers gegen die Geheimhaltungspflicht ist in **§ 203 Abs. 2 Satz 1 Nr. 1, Nr. 2 oder Nr. 6 StGB** mit Strafe bedroht (BeckOK-StPO/*Wittig* § 476 Rn. 10). 7

C. Schutzregelungen. I. Vorrang der Auskunftserteilung (Abs. 2). Der in Abs. 2 Satz 1 – wie auch in §§ 474, 475 – grds. angeordnete **Vorrang der Auskunftserteilung** vor der Akteneinsicht ist durch die in Regelung in Satz 2 faktisch aufgehoben, da die Auskunftserteilung in der forensischen Praxis regelmäßig mit einem – nur knapp begründeten – **unverhältnismäßigem Aufwand** verbunden ist (so auch Meyer-Goßner/Schmitt/*Köhler* § 476 Rn. 2; *Graalmann-Scheerer* NStZ 2005, 434 [437]). Dennoch sollte bei der Verbescheidung entsprechender Gesuche darauf geachtet werden, ob i.S.e. Wahrung der Interessen der Betroffenen eine Beauskunftung der ersuchenden Stelle oder das Ermöglichen von Einsicht in die Akten im Dienstgebäude ggü. einer im bloßen Versand der noch in Papierform vorliegenden Akten (Abs. 2 Satz 3) bestehenden Akteneinsicht vorzuziehen ist. Dass Akteneinsicht gewährt wird, wo eine Beauskunftung ihren Zweck verfehlt, versteht sich von selbst. 8

II. Anderweitige Verwendung; Weitergabe (Abs. 4). Eine **anderweitige Verwendung – also für ein anderes Vorhaben desselben Forschers** – oder eine **Weitergabe** der Daten an Dritte ist nach **Abs. 4** grds. **nicht** gestattet, es sei denn, die die Übermittlung anordnende Stelle ist hiermit einverstanden und die Voraussetzungen der Abs. 1 bis 3 liegen vor. Sollen bereits einmal übermittelte Daten wiederum weitergegeben werden, reicht nach Sinn und Zweck der Vorschrift die Zustimmung der »zweitverwertenden« Stelle, die die Daten zuletzt erhalten hatte, nicht aus. Es bedarf vielmehr der Zustimmung der ursprünglich die Daten erstmals übermittelnden Stelle, für deren Zwecke die Daten erstmals erhoben worden waren, also regelmäßig einer Strafverfolgungsbehörde oder eines Gerichts. Diese Zustimmung kann erteilt werden, wenn zwischen der Forschungsarbeit, für die die Daten ursprünglich übermittelt wurden, und der Forschungsarbeit der zweiten Stelle **ein enger inhaltlicher Zusammenhang** besteht (*Graalmann-Scheerer* NStZ 2005, 434, 438). 9

Auch i.R.d. Forschungsarbeiten unter Verwendung der übermittelten Daten neu gewonnene (Sekundär-) Daten dürfen nur, wiewohl sie streng genommen nicht übermittelt wurden, für die Forschungsarbeit verwendet werden, für die die Ursprungsdaten übermittelt wurden (Meyer-Goßner/Schmitt/*Köhler* § 476 Rn. 2). Für diese Sekundärdaten gelten gleichfalls die Übermittlungsvorschriften des Abs. 4, um eine Umgehung dieser Vorschrift durch gezielte Gewinnung von Sekundärdaten zu verhindern. 10

Eine Abs. 4 entsprechende Vorschrift fehlt in den §§ 474 und 475. Sie wird jedoch in § 479 Abs. 6 nachgeholt. 11

III. Verwahrung der Daten (Abs. 5). Die **Verwahrung der Daten** regelt **Abs. 5**. Neben der Selbstverständlichkeit, dass die Daten gegen unbefugte Kenntnisnahme durch Personen, die nicht zu dem Personenkreis des Abs. 3 gehören (BeckOK-StPO/*Wittig* § 476 Rn. 13), zu schützen sind (Satz 1), schreibt die Vorschrift in Satz 2 dieses Absatzes eine **physische Trennung** der Daten von den organisatorischen Einheiten der Empfängerstelle vor, die nicht mit der Forschungsarbeit, für die die Daten übermittelt wurden, befasst sind, gleichwohl aber ein wie auch immer geartetes Interesse an den Daten haben könnten. Diese können die Daten nur unter den Voraussetzungen der §§ 474, 475 erhalten. Ein **Datenschutzkonzept**, das mit der Antragstellung vorgelegt wird und das u.a. die Berufung eines projektspezifischen Datenschutzbeauftragten beinhaltet, kann erheblich dazu beitragen, dem Antrag zum Erfolg zu verhelfen (vgl. hierzu im Einzelnen *Graalmann-Scheerer* NStZ 2005, 434, 438). 12

IV. Anonymisierung (Abs. 6). Die übermittelten Daten müssen so bald als möglich **anonymisiert** werden und, solange dies nicht geschehen ist, so verwahrt werden, dass eine Zusammenführung von sachlichen Daten und persönlichen Identifikationsmerkmalen nur möglich ist, wenn der Forschungszweck dies erfordert. Hierdurch soll verhindert werden, dass nicht anonymisierte Daten ohne zeitliche Beschränkung – und über die Aufbewahrungsfristen der Justiz hinaus – aufbewahrt und verwendet werden. Inwieweit dies tatsäch- 13 lich umgesetzt wird, bleibt allerdings offen. Da die Vorschrift überdies sanktionslos ist, hat sie letztlich nur Appellcharakter.

14 **V. Veröffentlichung (Abs. 7).** Eine **Veröffentlichung** personenbezogener Daten kommt nur in Betracht, wenn dies zum einen für die Darstellung der Forschungsergebnisse, derentwegen die Daten bezogen wurden, **unerlässlich** ist und wenn die ursprünglich übermittelnde Stelle hiermit **einverstanden** ist. Die Unerlässlichkeit der Datenveröffentlichung muss sich aus der Darstellung selbst ergeben; sollte es gelingen, die Forschungsergebnisse auch ohne Veröffentlichung der Daten schlüssig zu präsentieren, ist die Unerlässlichkeit widerlegt. Das Einverständnis der übermittelnden Stelle kann durch das Einverständnis des Betroffenen ersetzt werden (so auch BeckOK-StPO/*Wittig* § 476 Rn. 15 m.w.N.) und ist entbehrlich, wenn eine Zuordnung der veröffentlichten Daten zwar theoretisch möglich, aber nur mit immensem Aufwand zu bewerkstelligen ist (vgl. BT-Drs. 14/1484, S. 28). Die Unerlässlichkeit ist hingegen nicht zu ersetzen.

15 **VI. Regelungen für nichtöffentliche Stellen (Abs. 8).** Der neu gefasste **Abs. 8** verweist für **private Stellen** auf die Vorschriften der Verordnung (EU) 2016/679 und des BDSG, die auch dann Anwendung finden, wenn die personenbezogenen Daten nicht automatisiert verarbeitet werden und nicht in einem Dateisystem gespeichert sind oder werden.

16 **D. Anfechtung.** Die Anfechtung einer ablehnenden Entscheidung ist nach **§ 480 Abs. 3 nicht** möglich, da § 476 dort nicht genannt wird. Lehnt die StA einen Antrag auf Auskunft oder Akteneinsicht ab, kommt indes ein **Vorgehen nach §§ 23 EGGVG** in Betracht, gegen die ablehnende Entscheidung des Spruchkörpervorsitzenden bei Gericht ist die Beschwerde nach § 304 Abs. 1 möglich (MüKo-StPO/*Singelnstein* § 476 Rn. 22; Meyer-Goßner/Schmitt/*Köhler* § 480 Rn. 4). Gleiche Anfechtungsmöglichkeiten hat auch derjenige, der sich durch die antragsgemäße Gewährung von Akteneinsicht oder Erteilung von Auskunft in seinen Rechten verletzt sieht (so auch *Graalmann-Scheerer* NStZ 2005, 434, 440).

§ 477 Datenübermittlung von Amts wegen

(1) Von Amts wegen dürfen personenbezogene Daten aus Strafverfahren Strafverfolgungsbehörden und Strafgerichten für Zwecke der Strafverfolgung sowie den zuständigen Behörden und Gerichten für Zwecke der Verfolgung von Ordnungswidrigkeiten übermittelt werden, soweit diese Daten aus der Sicht der übermittelnden Stelle hierfür erforderlich sind.

(2) Die Übermittlung personenbezogener Daten von Amts wegen aus einem Strafverfahren ist auch zulässig, wenn die Kenntnis der Daten aus der Sicht der übermittelnden Stelle erforderlich ist für

1. **die Vollstreckung von Strafen oder von Maßnahmen im Sinne des § 11 Abs. 1 Nr. 8 des Strafgesetzbuches oder die Vollstreckung oder Durchführung von Erziehungsmaßregeln oder Zuchtmitteln im Sinne des Jugendgerichtsgesetzes,**
2. **den Vollzug von freiheitsentziehenden Maßnahmen,**
3. **Entscheidungen in Strafsachen, insbesondere über die Strafaussetzung zur Bewährung oder deren Widerruf, in Bußgeld- oder Gnadensachen.**

Übersicht

1 **A. Regelungsgehalt.** Die Vorschrift, die durch das Gesetz zur Umsetzung der Richtlinie (2016/680) im Strafverfahren sowie zur Anpassung datenschutzrechtlicher Bestimmungen an die Verordnung (EU) 2016/679 vom 20.11.2019 (BGBl. I, S. 1724) geändert wurde und § 477 Abs. 1 und 2 a.F. entspricht, regelt die **Übermittlung und Verwendung von personenbezogenen Daten** von Amts wegen aus konkreten Strafverfahren (vgl. VG Gießen NVwZ 2002, 1531, 1532) für Zwecke der **Strafrechtspflege** für eine anderes Verfahren (SK-StPO/*Puschke*/*Weßlau* § 477 Rn. 2). Sie normiert damit einen Teilausschnitt der generell in § 474 geregelten Auskunftserteilung an Justizbehörden im weiteren Sinne. Es bedarf nach § 477 **keines Antrags oder Auskunftsersuchens des Empfängers**, auch spricht die Vorschrift nicht (nur) von Auskunft aus den Akten oder Akteneinsicht, sondern von Übermittlung von **personenbezogenen Informationen aller Art**. Andererseits ist die Informationsübermittlung nach § 477 nur **für Zwecke der Strafverfolgung oder der Verfolgung von Ordnungswidrigkeiten** zulässig, nicht aber für sonstige justizielle (z.B. zivilrechtliche) Zwecke.

B. Übermittlung an StA, Strafgerichte und Bußgeld-Behörden (Abs. 1). Die Übermittlung erfolgt durch die **Strafverfolgungsbehörden oder Gerichte**, bei denen ein Strafverfahren anhängig war oder noch ist, oder durch andere Stellen, die personenbezogene Informationen aus Strafverfahren gewinnen. Ein **Auskunftsersuchen** ist **nicht erforderlich**; die Daten können **von Amts wegen** übermittelt werden. Keine Erwähnung finden **Daten aus Ordnungswidrigkeitenverfahren**; diese können **nicht** für die genannten Zwecke verwendet werden, wohl aber können umgekehrt Daten aus Strafverfahren für die Verfolgung von Ordnungswidrigkeiten genutzt werden. Zu letztgenanntem Zweck dürfen die Daten nicht nur Strafverfolgungsorganen im engeren Sinne, sondern auch **Bußgeldbehörden** übermittelt werden; in seinem Anwendungsbereich ist § 479 Abs. 1 *lex specialis* zu § 17 Nr. 1 EGGVG (BeckOK-StPO/*Wittig* § 477 Rn. 2; SK-StPO/*Puschke*/*Weßlau* § 477 Rn 1, jew. m.w.N.). 2

Ob sie Informationen übermittelt, entscheidet die Behörde, die die Informationen gewonnen hat. Nicht diese Vorschrift, wohl aber ggf. das **Legalitätsprinzip verpflichtet sie zur Informationsübermittlung**. Dabei hat die Ausgangsbehörde – nur – zu prüfen, ob und ggf. in welchem Umfang die Informationen auch **tatsächlich erforderlich** sind, um ein anderes Verfahren zu fördern. Dies hat in einer **Schlüssigkeitsprüfung** zu geschehen (Meyer-Goßner/Schmitt/*Köhler* § 477 Rn. 1a m.w.N.); über weitergehende Möglichkeiten verfügt die übermittelnde Behörde auch nicht. Eine solche Prüfung ist vor einer Übermittlung zwingend notwendig, da eine völlig **anlassunabhängige Datenübermittlung** vom Gesetz **nicht gedeckt** und daher unzulässig ist. In der Praxis wird eine Datenübermittlung nur erfolgen, wenn entweder die interessierte Stelle um entsprechende Informationen bittet oder aber die übermittelnde Stelle, die auf sonstige Weise von dem potenziellen Interesse einer anderen Stelle erfahren hatte, anfragt, ob die personenbezogenen Informationen tatsächlich für die Aufklärung eines anderen Verfahrens erforderlich sind. Aus dem Wortlaut »für Zwecke der Strafverfolgung« (bzw. der Verfolgung von Ordnungswidrigkeiten) ergibt sich, dass aber auch Daten, die der Einleitung eines Ermittlungsverfahrens dienen, übermittelt werden können. Stellt die Empfangsstelle nach Erhalt der Informationen fest, dass diese entgegen einer ersten Einschätzung **nicht erforderlich** sind, um eine andere Tat zu verfolgen, **sendet sie** diese Informationen entsprechend § 19 Abs. 2 Satz 2 EGGVG an die Ausgangsbehörde **zurück** (vgl. SK-StPO/*Puschke*/*Weßlau* § 477 Rn 5). 3

Nach dieser Norm ist die Übermittlung für eine **andere Tat im prozessualen Sinne** (§ 264) zulässig (SK-StPO/*Puschke*/*Weßlau* § 477 Rn. 4; KK-StPO/*Gieg* § 479 Rn. 2). Die Vorschrift ist also nicht anwendbar, wenn es um die Übermittlung von Informationen in ein und demselben Verfahren an eine andere strafverfolgende Stelle geht. 4

C. Übermittlung für andere Zwecke (Abs. 2). Auch für nicht unmittelbar mit der Ermittlung und Aburteilung von Straftaten zusammenhängende Zwecke einer **Strafverfolgung** im weiteren Sinne ist nach Abs. 2 die **Übermittlung personenbezogener Daten zulässig**. Erfasst werden von Abs. 2 nach wohl h.M nur die personenbezogenen Daten des Be- oder Angeschuldigten bzw. des Angeklagten, nicht aber die anderer Verfahrensbeteiligter (BeckOK-StPO/*Wittig* § 477 Rn. 4 m.w.N.; SK-StPO/*Puschke*/*Weßlau* § 477 Rn. 7; LR/*Hilger* § 479 Rn 7). Das Gesetz nennt in den Nr. 1–3 die weiteren Verwendungszwecke abschließend. Während es in **Nr. 1** um die Übermittlung und Verwendung von Informationen geht, die für die Vollstreckung von in anderen Verfahren verhängten Sanktionen und Maßnahmen bedeutungsvoll sind und die **keinen Freiheitsentzug** zum Gegenstand haben, wird in **Nr. 2** auf die Informationsübermittlung abgestellt, die **freiheitsentziehende Maßnahmen** sowohl vor als auch nach rechtskräftigem Abschluss eines Strafverfahrens ermöglichen soll. Hier ist insb. der Hinweis auf den in einem anderen Verfahren festgestellten tatsächlichen Aufenthalt eines Betroffenen anzusiedeln. Schließlich erfasst **Nr. 3** die Übermittlung von Informationen, die für **sonstige Zwecke der Strafverfolgung** erforderlich sind, insb. Entscheidungen über die Strafaussetzung, über den Gnadenerweis oder in Bußgeldsachen. Der Geltungsbereich von Nr. 3 ist ggü. Abs. 1 nicht scharf abgetrennt; warum es dieser ausdrücklichen Regelung noch bedarf, insb. hinsichtlich der Bußgeldsachen, erschließt sich nicht unmittelbar. Dass sich die Übermittlung von Informationen, die für die Aussetzung der Verhängung einer Jugendstrafe (§ 27 JGG) oder der Vollstreckung der Freiheitsstrafe (§ 56 StGB, § 21 JGG) zur Bewährung belangvoll sind, nach § 17 Nr. 1 EGGVG richten soll und nicht nach § 477 Abs. 2 Nr. 3 (so Meyer-Goßner/Schmitt/*Köhler* § 477 Rn. 6), leuchtet nicht ein. Zutreffend ist davon auszugehen, dass § 17 Nr. 1 EGGVG von § 479 Abs. 2 Nr. 3 **verdrängt** wird und die Datenübermittlung auch für Zwecke der Strafaussetzung zur Bewährung im Urteil nach dieser Norm erfolgt (so auch SK-StPO/*Puschke*/*Weßlau* § 477 Rn. 10). 5

D. Übermittlungsverbote und Zuständigkeitsregelungen. Übermittlungsverbote und Verwendungsbeschränkungen ergeben sich aus § 479 Abs. 1, Abs. 2 Satz 1, Abs. 6 Nr. 2. Die Verantwortlichkeit für die Zulässigkeit der Übermittlung trägt nach § 479 Abs. 5 Satz 1 die übermittelnde Stelle. Die Zuständigkeit für die Entscheidung einer Übermittlung regelt § 480 Abs. 1 und 2. 6

§ 478 Form der Datenübermittlung

Auskünfte nach den §§ 474 bis 476 und Datenübermittlungen von Amts wegen nach § 477 können auch durch Überlassung von Kopien aus den Akten erfolgen.

S.a. RiStBV Nr. 183, 188 f.

1 Die Vorschrift des § 478 entspricht § 477 Abs. 1 a.F (BT-Drs. 19/4671, S. 65). Sie lässt eine vereinfachte Form der Auskunftserteilung und Datenübermittlung zu. Auskünfte, die nach den §§ 474 bis 476 zulässigerweise erteilt werden dürfen, sowie Datenübermittlungen vom Amts wegen nach § 477 können auch durch Überlassung von Kopien aus den Akten erfolgen. Dadurch soll der von der Auskunft erteilenden Stelle zu betreibende Aufwand geringgehalten werden. Angesichts des Umstandes, dass jedenfalls immer dann, wenn die Auskunftserteilung für die ersuchte Stelle einen unverhältnismäßigen Aufwand bedeutete – was in der Praxis relativ schnell der Fall ist –, die Gewährung von Akteneinsicht statt einer Auskunftserteilung in Betracht kommt, ist der Übergang zwischen Abschriftenerteilung und Akteneinsicht fließend. Im Zweifel sollte unter Berücksichtigung der Datenschutzinteressen der Betroffenen zunächst stets die Erteilung von Abschriften in Erwägung gezogen werden, und nur wenn auch diese mit unverhältnismäßigem Aufwand verbunden ist, Akteneinsicht gewährt werden.

§ 479 Übermittlungsverbote und Verwendungsbeschränkungen

(1) Auskünfte nach den §§ 474 bis 476 und Datenübermittlungen von Amts wegen nach § 477 sind zu versagen, wenn ihnen Zwecke des Strafverfahrens, auch die Gefährdung des Untersuchungszwecks in einem anderen Strafverfahren, oder besondere bundesgesetzliche oder landesgesetzliche Verwendungsregelungen entgegenstehen.

(2) [1]Ist eine Maßnahme nach diesem Gesetz nur bei Verdacht bestimmter Straftaten zulässig, so gilt für die Verwendung der auf Grund einer solchen Maßnahme erlangten Daten in anderen Strafverfahren § 161 Absatz 3 entsprechend. [2]Darüber hinaus dürfen verwertbare personenbezogene Daten, die durch eine Maßnahme der nach Satz 1 bezeichneten Art erlangt worden sind, ohne Einwilligung der von der Maßnahme betroffenen Personen nur verwendet werden

1. zu Zwecken der Gefahrenabwehr, soweit sie dafür durch eine entsprechende Maßnahme nach den für die zuständige Stelle geltenden Gesetzen erhoben werden könnten,

2. zur Abwehr einer Gefahr für Leib, Leben oder Freiheit einer Person oder für die Sicherheit oder den Bestand des Bundes oder eines Landes oder für bedeutende Vermögenswerte, wenn sich aus den Daten im Einzelfall jeweils konkrete Ansätze zur Abwehr einer solchen Gefahr erkennen lassen,

3. für Zwecke, für die eine Übermittlung nach § 18 des Bundesverfassungsschutzgesetzes zulässig ist, sowie

4. nach Maßgabe des § 476.

[3]§ 100i Absatz 2 Satz 2 und § 108 Absatz 2 und 3 bleiben unberührt.

(3) Wenn in den Fällen der §§ 474 bis 476

1. der Angeklagte freigesprochen, die Eröffnung des Hauptverfahrens abgelehnt oder das Verfahren eingestellt wurde oder

2. die Verurteilung nicht in ein Führungszeugnis für Behörden aufgenommen wird und seit der Rechtskraft der Entscheidung mehr als zwei Jahre verstrichen sind,

dürfen Auskünfte aus den Akten und Akteneinsicht an nichtöffentliche Stellen nur gewährt werden, wenn ein rechtliches Interesse an der Kenntnis der Information glaubhaft gemacht ist und der frühere Beschuldigte kein schutzwürdiges Interesse an der Versagung hat.

(4) [1]Die Verantwortung für die Zulässigkeit der Übermittlung trägt die übermittelnde Stelle. [2]Abweichend hiervon trägt in den Fällen der §§ 474 bis 476 der Empfänger die Verantwortung für die Zulässigkeit der Übermittlung, sofern dieser eine öffentliche Stelle oder ein Rechtsanwalt ist. [3]Die übermittelnde Stelle prüft in diesem Falle nur, ob das Übermittlungsersuchen im Rahmen der Aufgaben des Empfängers liegt, es sei denn, dass ein besonderer Anlass zu einer weitergehenden Prüfung der Zulässigkeit der Übermittlung vorliegt.

(5) § 32f Absatz 5 Satz 2 und 3 gilt mit folgenden Maßgaben entsprechend:

1. Eine Verwendung der nach den §§ 474 und 475 erlangten personenbezogenen Daten für andere Zwecke ist zulässig, wenn dafür Auskunft oder Akteneinsicht gewährt werden dürfte und im Falle des § 475 die Stelle, die Auskunft oder Akteneinsicht gewährt hat, zustimmt;

2. eine Verwendung der nach § 477 erlangten personenbezogenen Daten für andere Zwecke ist zulässig, wenn dafür eine Übermittlung nach § 477 erfolgen dürfte.

1 **A. Regelungssystematik und Anwendungsbereich.** Die Vorschrift des § 479 hat durch das Gesetz zur Umsetzung der Richtlinie (EU) 2016/680 im Strafverfahren sowie zur Anpassung datenschutzrechtlicher Bestimmungen an die Verordnung (EU) 2016/679 vom 20.11.2019 (BGBl. I, S. 1724) eine grundlegende Neufassung erhalten. Mit dem Ziel der Verbesserung der Übersichtlichkeit hat der Gesetzgeber die in § 479 a.F. geregelte Datenübermittlung von Amts wegen in § 477 übertragen und die früher in § 477 a.F. normierten Übermittlungsverbote und Verwendungsbeschränkungen nunmehr in § 479 normiert (vgl. BT-Drs. 19/4671, S. 65). Die Änderungen betreffen überwiegend die Gesetzsystematik und führen inhaltlich im Ergebnis zu keiner Änderung der Rechtslage. § 479 Abs. 1 regelt nunmehr das früher in § 477 Abs. 2 Satz 1 a.F. festgeschriebene **Verbot einer Übermittlung**, wenn Zwecke des Strafverfahrens oder bundes- oder landesrechtliche Regelungen entgegenstehen. § 479 Abs. 2 und 3 sieht **Verwendungsbeschränkungen** für besonders eingriffsintensive Maßnahmen vor. § 479 Abs. 2 enthält zudem eine allgemeine Regelung, die bis zur Gesetzesänderung in § 477 Abs. 2 Sätze 2 und 3 a.F. normiert war, für die Verwendung von Daten aus Maßnahmen, die nur bei Verdacht bestimmter Straftaten zulässig sind. Die Erteilung von Akteneinsicht und Auskünften in Fällen, in denen ein Angeklagter freigesprochen wurde oder eine Verurteilung nicht in ein Führungszeugnis aufgenommen wurde, wird anstelle von § 477 Abs. 3 a.F. nunmehr in § 479 Abs. 3 geregelt. Die Verantwortung für die Zulässigkeit der Übermittlung ergibt sich in der Neufassung aus § 479 Abs. 4, Abs. 5 enthält eine zuvor in § 477 Abs. 5 a.F. bestimmte Verwendungsregelung zur Zweckbindung unter Modifizierung von § 32f Abs. 5 Sätze 2 und 3.

2 **B. Übermittlungsverbote (Abs. 1).** Zwingend zu versagen sind Auskünfte und Akteneinsicht, wenn der Übermittlung (vorrangige) Zwecke des Strafverfahrens entgegenstehen. Dies ist dem Umstand geschuldet, dass die Informationen zunächst für Zwecke der Strafverfolgung gewonnen wurden und in erster Linie hierzu dienen. Nur wenn die Informationsgewinnung als solche nicht negativ beeinflusst wird, kommt eine Nutzung der Informationen für andere Zwecke in Betracht. Der entscheidenden Stelle kommt dabei ein weitgehender Beurteilungsspielraum zu (BeckOK-StPO/*Wittig* § 479 Rn. 3). Das Strafverfahren darf durch die anderweitige Nutzung der Informationen nicht in Gefahr geraten. Dies wäre insb. dann der Fall, wenn das Verfahren bei der Informationsübermittlung zu scheitern drohte oder wenn es sich – bspw. durch die Gewährung von Akteneinsicht – verzögerte. Auch einem Zeugenbeistand, der ohnehin anders als ein Strafverteidiger kein eigenes Akteneinsichtsrecht i.S.v. § 147 Abs. 1 hat (OLG Düsseldorf NJW 2002, 2806, 2807), ist im Ermittlungsverfahren bei Vorliegen der Voraussetzungen des Abs. 2 Akteneinsicht zu versagen; den Strafverfolgungsinteressen ist hier Vorrang eingeräumt (KG, Beschl. v. 07.02.2008 – 2 BJs 58–06/2 [2/08], NStZ 2008, 587 m. zust. Anm. NJW-Spezial 2008, 441; KG NJW 2015, 3255, 3256; so auch BGH NStZ-RR 2010, 246, 247). Dabei ist zu beachten, dass die Vorbereitung eines Zeugen auf die Aussage anhand der Ermittlungsakten regelmäßig dem Sinn und Zweck eines Zeugenbeweises und damit des gesamten Strafverfahrens widerspricht, da die Gefahr besteht, dass der Zeuge hiervon so beeinflusst wird, dass er zu einer wahrheitsgemäßen Aussagen nicht mehr in der Lage ist (OLG Düsseldorf NJW 2002, 2806, 2807; KG NStZ 2008, 587; a.A. m. beachtlichen Argumenten *Klengel/Müller* NJW 2011, 23, 24 für den Fall eines Auskunftsverweigerungsrecht des Zeugen gem. § 55 StPO). Jedenfalls dürfte der Beweiswert einer Zeugenaussage durch vorherige Akteneinsicht erheblich geschmälert werden. Auch die Gefährdung des Untersuchungszwecks in einem anderen Verfahren kann zur Versagung von Akteneinsicht oder Aktenauskunft führen.

3 Darüber hinaus darf keine Auskunft erteilt oder Akteneinsicht gewährt werden, wenn Verwendungsregelungen in Bundes- oder Landesgesetzen dies untersagen. Hierzu zählen zunächst zahlreichen Vorschriften der StPO (§§ 69 Abs. 3, 98a Abs. 3 Satz 2, 100a Abs. 5 Satz 3, 100d Abs. 2 Satz 1, Abs. 5, 100i Abs. 2 Satz 2, 101 Abs. 8 Satz 3, 108 Abs. 2, Abs. 3, 136a Abs. 3 Satz 2, 160a Abs. 1 Satz 2, Satz 5, Abs. 2 Satz 3, Abs. 3, 161 Abs. 2, § 168e Satz 4, 247a Abs. 1 Satz 5, 252, 479 Abs. 2, Abs. 3163d Abs. 4 Satz 5). Keine Verwendungsregeln nach § 479 Abs. 1 sind Vorschriften zur Behandlung von Gegenständen oder Regelungen zur Vernichtung von Unterlagen über gewonnene Erkenntnisse (SK-StPO/*Puschke/Weßlau* § 479 Rn. 8 f., BeckOK-StPO/*Wittig* § 479 Rn. 4.1, jeweils m.w.N.). Außerhalb der StPO existieren gesetzlich normierte Berufsgeheimnisse, aber auch das Steuergeheimnis (§ 30 AO) und das Sozialgeheimnis (§ 35 SGB I, §§ 67 ff. SGB X). Auch landesgesetzliche Verwendungsregeln können einer Übermittlung entgegenstehen (SK-StPO/*Puschkel*

Weßlau § 479 Rn. 19 m.w.N.). Infolge des eindeutigen Gesetzeswortlautes stehen Verordnungen oder andere niederrangige Vorschriften einer Informationsübermittlung nicht grds. entgegen.

4 **C. Verwendungsbeschränkungen nach Abs. 2.** Abs. 2 Satz 1 normiert die Verwendung von personenbezogenen Daten zu Beweiszwecken in anderen Ermittlungs-, Straf- und Vollstreckungsverfahren, die durch besonders eingriffsintensive Maßnahmen gewonnen wurden. Der Verweis auf § 161 Abs. 3 hat in Umsetzung der Rspr. (vgl. BVerfGE 141, 220, NJW 2016, 1781; BGH NStZ 98, 426) zur Folge, dass Informationen, deren Gewinnungsmethode an den Verdacht auf ganz bestimmte Taten geknüpft ist, in dem anderen Strafverfahren ohne Einwilligung der von der Maßnahme betroffenen Personen zu Beweiszwecken nur verwendet werden dürfen, wenn es sich bei der anderen Tat gleichfalls um eine solche handelt, die die Anwendung bestimmter strafprozessualer Maßnahmen ermöglicht (KK-StPO/*Gieg* § 477 Rn. 3; Meyer-Goßner/Schmitt/*Köhler* § 479 Rn. 3). Bei Licht betrachtet wird hier – im Anschluss an die entsprechende Rspr. des BGH – der Gedanke des hypothetischen Ersatzeingriffs kodifiziert (BGH NStZ 2013, 596, 599; BeckOK-StPO/*Wittig* § 479 Rn. 5; SK-StPO/*Puschke*/*Weßlau* § 479 Rn. 27 ff. m.w.N.). Dies bedeutet also z.B., dass im Wege der TKÜ erlangte Erkenntnisse in einem anderen Strafverfahren nur dann als Beweismittel verwertet werden dürfen, wenn eine TKÜ auch in diesem Verfahren zulässig gewesen wäre, insb. weil auch in dem anderen Verfahren der Verdacht einer Katalogtat i.S.v. § 100a bestand (vgl. OLG Oldenburg StV 2017, 15, 16 zur Verwendung von TKÜ-Erkenntnissen in einem Bußgeldverfahren). Maßgeblich ist hier die Rechtslage zum Zeitpunkt der Verwendung der durch die Maßnahme erlangten personenbezogenen Daten (Meyer-Goßner/Schmitt/*Köhler* § 479 Rn. 7; s.a. BGH MMR 2009, 180, 181 m.Anm. *Sankol*). Der Gesetzeswortlaut schränkt die Verwertung von Erkenntnissen aus Maßnahmen, die spezifische Voraussetzungen voraussetzen, allerdings nur ein, wenn eine Verwertung zu Beweiszwecken erfolgen soll; sollen die so erlangten Informationen anders verwendet werden, so als Ansatz für weitere Ermittlungen (Ermittlungs- bzw. Spurenansatz) ist dies auch dann möglich, wenn das Verfahren nicht dieselben Voraussetzungen erfüllt (Meyer-Goßner/Schmitt/*Köhler* § 479 Rn. 4 m.w.N.; Radtke/Hohmann § 477 Rn. 5; BeckOK-StPO/*Wittig* § 479 Rn. 5; krit. SK-StPO/*Puschke*/*Weßlau* § 479 Rn. 26). So können TKÜ-Erkenntnisse z.B. in einem anderen Verfahren, das keine Straftat aus dem Katalog des § 100a zum Gegenstand hat, zur Aufenthaltsermittlung herangezogen werden. Für ein Besteuerungsverfahren können TKÜ-Erkenntnisse aus einem Strafverfahren nur herangezogen werden, wenn der Steuerhaftungsbescheid auf den Tatbestand der gewerbs- oder bandenmäßigen Steuerhehlerei gem. § 374 Abs. 2 AO gestützt wird, da die (einfache) Steuerhehlerei (§ 374 Abs. 1 AO) keine Katalogtat des § 100a StPO ist (BFH DStR 2013, 2568, 2570).

5 Letztlich ist hier die gesamte Rspr. zur **Verwertung von Zufallserkenntnissen** bei Ermittlungen wegen sog. Katalogtaten heranzuziehen: So ist es möglich, eine Information, die bei der Aufklärung eines Katalogtatvorwurfs angefallen war, in einem weiteren Ermittlungsverfahren gegen denselben Beschuldigten oder Teilnehmer an bzw. Mittäter derselben Tat als Beweismittel einer anderen Katalogtat zu verwerten (BVerfG NJW 2005, 2766). Allenfalls mittelbar können unter Einsatz von Erkenntnismöglichkeiten, die der Aufklärung von Katalogtaten vorbehalten sind, angefallene Informationen in einem anderen Verfahren zur Ermittlung von Nicht-Katalogtaten dienen. Solche Informationen dürfen nur eingesetzt werden, um andere Beweismittel, die ihrerseits Nachweis erbringen können, zu gewinnen (BVerfG NJW 2005, 2766; BGHSt 27, 355; *Allgayer* NStZ 2006, 603, 605). Für eine Verwertung der Erkenntnisse i.R.d. Strafverfolgung Dritter gilt letztlich dasselbe (BGHSt 32, 10, 15; BGHR StPO, § 100a Verwertbarkeit 1). Erweist sich die der Informationsgewinnung zugrunde liegende Maßnahme als rechtswidrig, führt dies nicht automatisch zu einer Unverwertbarkeit der gewonnenen Erkenntnisse für ein anderes Strafverfahren; hier ist die Abwägungslehre für relative Beweisverwertungsverbote zu beachten (BGHSt 54, 69, 89 f.; Meyer-Goßner/Schmitt/*Köhler* § 479 Rn. 9; a.A. SK-StPO/*Puschke*/*Weßlau* § 479 Rn. 16).

6 Die Verwertung der Informationen in anderen Ermittlungs-, Straf- oder Vollstreckungsverfahren ist hingegen problemlos – ohne die Beschränkung auf Katalogtaten – möglich, wenn die von der strafprozessualen Maßnahme, die zur Informationsgewinnung geführt hatte, betroffene Person in eine solche Verwertung einwilligt.

7 Abs. 2 Satz 2 der Vorschrift sieht Verwendungsbeschränkungen für die nach Satz 1 erlangten verwertbaren personenbezogenen Maßnahmen zu anderen Zwecken als einem Strafverfahren vor, nämlich zu Zwecken der Gefahrenabwehr und der Forschung. Die Vorschrift ist im Hinblick auf die in Abs. 2 bezeichneten Daten abschließend (so zutr. BeckOK-StPO/*Wittig* § 479 Rn. 10 m.w.N.). Die Verwendung der Daten ist demnach ohne Einwilligung der von der Maßnahme betroffenen Personen nach Satz 2 Nr. 1 zu Zwecken der Gefahrenabwehr zulässig, soweit sie dafür durch eine entsprechende Maßnahme nach den für die zuständige Stelle geltenden Gesetzen erhoben werden könnten. Für die Verwendung nach Abs. 2 Satz 2 Nr. 1 gilt also auch das *Prinzip* des *hypothetischen* Ersatzeingriffs. Hierauf verzichtet Abs. 2 Satz 2 Nr. 2 unter hohen Voraussetzungen, nämlich wenn die Verwendung der Daten für die Abwehr einer Gefahr für Leib, Leben einer

Person oder für die Sicherheit oder den Bestand des Bundes oder eines Landes oder für bedeutende Vermögenwerte erforderlich sind unter der Voraussetzung, dass sich aus den Daten im Einzelfall jeweils konkrete Ansätze zur Abwehr einer solchen Gefahr erkennen lassen. Der Verhältnismäßigkeitsgrundsatz erfordert das Vorliegen gewichtiger Schutzgüter (BeckOK-StPO/*Wittig* § 479 Rn. 8). Die Übermittlung ist nach Abs. 2 Satz 2 Nr. 3 ferner für geheimdienstliche Zwecke zulässig, wenn es um die in § 18 BVerfSchG genannten Zwecke geht (hierzu krit. SK-StPO/*Puschke*/*Weßlau* § 479 Rn. 45, BeckOK-StPO/*Wittig* § 479 Rn. 8). Für die Datenverwendung für wissenschaftliche Zwecke verweist Satz 2 Nr. 4 klarstellend auf § 476 vor (vgl. SK-StPO/*Puschke*/*Weßlau* § 479 Rn. 46).

Abs. 2 Satz 3 stellt klar, dass § 100i Abs. 2 Satz 2 (Verwendung personenbezogener Daten Dritter bei technischen Ermittlungsmaßnahmen bei Mobilfunkendgeräten) und § 108 (Beschlagnahme bei Ärzten und zeugnisverweigerungsberechtigten Personen) unberührt bleiben. Die dort enthaltenen spezielleren Beschränkungen gehen demnach vor. 8

D. Auskünfte bei Freispruch oder bei Nichtaufnahme der Verurteilung in ein Führungszeugnis (Abs. 3). Die Sondervorschriften des Abs. 3 sollen im Interesse des Persönlichkeitsschutzes einer Stigmatisierung der betroffenen Person durch ein abgeschlossenes Strafverfahren entgegenwirken, wenn das Verfahren zu keiner oder nur zu einer geringen und länger zurückliegenden Sanktion geführt hat. Im Fall eines freisprechenden Urteils, einer Nichteröffnung der Hauptverhandlung bzw. einer Einstellung des Verfahrens (Nr. 1) oder eines Zeitablaufs von zwei Jahren nach einer Verurteilung zu einer nicht (einmal) in ein Behördenführungszeugnis aufzunehmenden Verurteilung (§ 32 BZRG) kommt eine Auskunftserteilung oder Akteneinsicht für nichtöffentliche Stellen nur unter besonders engen Voraussetzungen in Betracht. Hier muss die auskunftbegehrende Stelle zunächst glaubhaft machen, dass sie ein rechtliches (und nicht bloß tatsächliches) Interesse an der Auskunft hat. Zusätzlich darf der frühere Beschuldigte bzw. Angeklagte oder Verurteilte kein schutzwürdiges Interesse an einer Versagung haben. Beide Voraussetzungen müssen also kumulativ vorliegen. Ansonsten ist die Auskunft (oder Akteneinsicht) zu versagen (KK-StPO/*Gieg* § 477 Rn. 4; BeckOK-StPO/*Wittig* § 479 Rn. 17). Ein schutzwürdiges Interesse an der Versagung sperrt also stets die Informationsweitergabe (Meyer-Goßner/Schmitt/*Köhler* § 479 Rn. 14 m.w.N.). Liegen die Voraussetzungen des Abs. 3 nicht vor, ist eine Informationsweitergabe auch nicht als ermittlungstaktische Maßnahme i.S.v. § 161 Abs. 1 möglich (BVerfG NJW 2009, 2876). 9

E. Verantwortlichkeiten (Abs. 4). Nach Abs. 4 Satz 1 ist die übermittelnde Stelle für die Zulässigkeit der Übermittlung an Private alleinverantwortlich. Es hat eine umfassende Prüfung zu erfolgen, insb. hat die übermittelnde Stelle das Vorliegen von Versagungsgründen und entgegenstehenden schutzwürdigen Interessen Dritter zu prüfen. Anders sieht dies nach Satz 2 aus, wenn es sich bei dem Empfänger um eine öffentliche Stelle oder einen RA handelt. Der Empfänger, beispielsweise auch ein Gericht in Zivilsachen, hat auch unter der Berücksichtigung schutzbedürftiger Belange Dritter zu prüfen, ob die Tatbestandsvoraussetzungen vorliegen oder nicht, die aktenführende Stelle hat Akteneinsicht zu gewähren, ein Ermessensspielraum besteht nicht (SK-StPO/*Puschke*/*Weßlau* § 479 Rn. 18). Offenbar misst der Gesetzgeber den beiden Empfängergruppen »öffentliche Stelle oder RA« die erforderliche Zuverlässigkeit bei. Bei RA mag dies einleuchten, bei öffentlichen Stellen in dieser Pauschalität nicht, da durchaus Fälle denkbar sind, in denen die rechtliche Prüfung auf diese Weise juristischen Laien zugemutet wird, etwa wenn geschichtswissenschaftliche Universitätseinrichtungen Auskünfte begehren. 10

Die übermittelnde Stelle hat in den Fällen des Ersuchens durch einen RA oder eine öffentliche Stelle lediglich eine Schlüssigkeitsprüfung dahingehend vorzunehmen, dass sie die Zuständigkeit des Empfängers abstrakt zu prüfen hat. Nur bei besonderem Anlass ist eine Nachprüfung der Angaben des Ersuchenden geboten (SK-StPO/*Puschke*/*Weßlau* § 479 Rn. 64). Drängen sich Zweifel an der Zulässigkeit des Auskunftsbegehrens auf, etwa weil es widersprüchlich ist, sich auf eine ungewöhnliche Art von Daten bezieht oder die Kenntnis der Daten für die Aufgabenerfüllung des Antragstellers nicht notwendig ist (OLG Hamm, Beschl. v. 26.11.2013 – 1 VAs 116/13 – 120/13 u. 122/13), kann sich die aktenführende Stelle nicht von ihrer Verantwortung frei zeichnen, selbst wenn der entsprechende Antrag von einer öffentlichen Stelle oder einem RA gestellt wurde. Ein solcher Anlass zu weitergehender Prüfung nach Abs. 4 Satz 2 2. Halbs. kann beispielsweise darin liegen, dass die Akten wesentliche Informationen aus dem Privatleben eines Betroffenen enthalten, weswegen dessen allgemeines Persönlichkeitsrecht aus Art. 2 Abs. 1 i.V.m. Art. 1 Abs. 1 GG betroffen ist (OLG Koblenz, Beschl. v. 11.06.2010 – 2 VAs 1/10). Die bloße Geltendmachung einer Grundrechtsverletzung bedingt die Annahme eines Ausnahmefalls im Sinne von Abs. 4 Satz 2 allerdings noch nicht (BVerfG NJW 2014, 1581, 1583; OLG Karlsruhe, Beschl. v. 21.10.2014 – 2 VAs 10/14 m.w.N.). 11

Indes enthebt der gesetzlich beschränkte Prüfungsumfang die übermittelnde Stelle nicht von ihrer Pflicht, Übermittlungsverbote nach § 479 Abs. 1 und entgegenstehende schutzwürdige Interessen nach § 475 Abs. 1 zu prüfen (Meyer-Goßner/Schmitt/*Köhler* § 479 Rn. 15; BeckOK-StPO/*Wittig* § 479 Rn. 18.1).

12 F. **Verwendung personenbezogener Daten; Zweckbindung (Abs. 5).** Abs. 5 regelt unter Verweis auf die Akteneinsichtsregelungen in elektronische Akten (§ 32f) die Verwendung von personenbezogenen Daten, die von öffentlichen oder nichtöffentlichen Stellen unter den Voraussetzungen der §§ 474 und 475 erlangt worden waren. Die Verwendung nach § 476 übermittelter Daten wird in eben dieser Vorschrift selbst geregelt (Abs. 4). Dass die übermittelten Daten grds. nur für den Zweck verwendet werden dürfen, für den sie übermittelt wurden (§ 32f Abs. 5 Satz 2), ist eine Selbstverständlichkeit. Fraglich ist allerdings, was noch von der Zweckbestimmung der Auskunftserteilung umfasst ist und was nicht mehr. Nach der Literatur umfasst der Zweck der Datenübermittlung auch die Wahrnehmung von Kontroll- und (Dienst-) Aufsichtsbefugnissen, etwa durch eine Generalstaatsanwaltschaft, wie die Verwendung zu Ausbildungszwecken, z.B. bei der Referendarausbildung. Dass im Eilverfahren erlangte Informationen auch im Hauptsacheverfahren Verwendung finden können, ist unmittelbar einsichtig (so auch Meyer-Goßner/Schmitt/*Köhler* § 479 Rn. 17). Ein RA, der personenbezogene Daten aufgrund einer Akteneinsicht für den einen Mandanten erhalten hat, darf diese in einem Verfahren eines anderen Mandanten nur unter den Voraussetzungen des Abs. 5 verwenden (OLG Braunschweig NJW 2008, 3294, 3296).

13 Für andere Zwecke sind die übermittelten Informationen nur zu verwenden, wenn eine Übermittlung auch für diese Zwecke rechtlich zulässig gewesen wäre. Hier können sich aus strafprozessualen Sonderregelungen (bspw. aus § 58a Abs. 2) Beschränkungen ergeben, die eine anderweitige Verwendung der Daten ausschließen. Bei der Verwendung durch eine nichtöffentliche Stelle (§ 475) bedarf es außerdem der ausdrücklichen Zustimmung der Auskunft gewährenden Stelle. Liegt eine solche Zustimmung nicht vor, ist eine Verwendung der erlangten Informationen zu unterlassen (OLG Braunschweig NJW 2008, 3294, 3296). Darüber, dass Auskunft oder Akteneinsicht einer nichtöffentlichen Stelle nach § 475 gewährt wurde, muss der Betroffene nicht informiert werden (vgl. KK-StPO/*Gieg* § 477 Rn. 6; BeckOK-StPO/*Wittig* § 479 Rn. 23). § 477 Abs. 5 ist als Schutzgesetz i.S.v. § 823 Abs. 2 BGB anzusehen (OLG Braunschweig NJW 2008, 3294, 3295; OLG Stuttgart ZUM-RD, 614, 616). Der Verstoß gegen Abs. 5 kann für einen Rechtsanwalt eine Strafbarkeit gem. §§ 203 Abs. 1 Nr. 3, 204 StGB nach sich ziehen, für andere Empfänger nach § 353d Nr. 3 StGB (Meyer-Goßner/Schmitt/*Köhler* § 479 Rn. 19 m.w.N.; KK-StPO/*Gieg* § 477 Rn. 6). Rechtsanwälte und deren Mandanten, die zweckbestimmungswidrig die Daten anderweitig verwenden, können sich außerdem schadensersatzpflichtig machen (BeckOK-StPO/*Wittig* § 477 Rn. 15). Ob eine unzulässige Datenübermittlung ein vom Empfänger zu beachtendes Verwertungsverbot nach sich zieht, kann nicht einheitlich beantwortet werden und richtet sich nach dem für ihn geltenden Verfahrensrecht (SK-StPO/*Puschke*/*Weßlau* § 479 Rn. 71 m.w.N.).

§ 480 Entscheidung über die Datenübermittlung

(1) [1]Über die Übermittlungen nach den §§ 474 bis 477 entscheidet im vorbereitenden Verfahren und nach rechtskräftigem Abschluss des Verfahrens die Staatsanwaltschaft, im Übrigen der Vorsitzende des mit der Sache befassten Gerichts. [2]Die Staatsanwaltschaft ist auch nach Erhebung der öffentlichen Klage befugt, personenbezogene Daten zu übermitteln. [3]Die Staatsanwaltschaft kann die Behörden des Polizeidienstes, die die Ermittlungen geführt haben oder führen, ermächtigen, in den Fällen des § 475 Akteneinsicht und Auskünfte zu erteilen. [4]Gegen deren Entscheidung kann die Entscheidung der Staatsanwaltschaft eingeholt werden. [5]Die Übermittlung personenbezogener Daten zwischen Behörden des Polizeidienstes oder eine entsprechende Akteneinsicht ist ohne Entscheidung nach Satz 1 zulässig, sofern keine Zweifel an der Zulässigkeit der Übermittlung oder der Akteneinsicht bestehen.

(2) [1]Aus beigezogenen Akten, die nicht Aktenbestandteil sind, dürfen Übermittlungen nur mit Zustimmung der Stelle erfolgen, um deren Akten es sich handelt; Gleiches gilt für die Akteneinsicht. [2]In den Fällen der §§ 474 bis 476 sind Auskünfte und Akteneinsicht nur zulässig, wenn der Antragsteller die Zustimmung nachweist.

(3) [1]In den Fällen des § 475 kann gegen die Entscheidung der Staatsanwaltschaft nach Absatz 1 gerichtliche Entscheidung durch das nach § 162 zuständige Gericht beantragt werden. [2]Die §§ 297 bis 300, 302, 306 bis 309, 311a und 473a gelten entsprechend. [3]Die Entscheidung des Gerichts ist unanfechtbar, solange die Ermittlungen noch nicht abgeschlossen sind. [4]Diese Entscheidungen werden nicht mit Gründen versehen, soweit durch deren Offenlegung der Untersuchungszweck gefährdet werden könnte.

(4) Die übermittelnde Stelle hat die Übermittlung und deren Zweck aktenkundig zu machen.

Übersicht

A. Allgemeines. Die Vorschrift, die sich zuvor in § 478 a.F. befand, regelt, welche Stelle über die Gewährung von Auskünften oder Akteneinsicht zu befinden hat und in welcher Weise gegen die Entscheidung dieser Stelle **rechtlich vorgegangen** werden kann. Dabei wird in Abs. 1 in zeitlicher Hinsicht zwischen Ermittlungs- und Vollstreckungsverfahren sowie gerichtlichem Verfahren unterschieden. Abs. 2 trifft eine Sonderregelung für beigezogene Akten. In Abs. 3 ist der Rechtsweg gegen Entscheidungen der Staatsstaatsanwaltschaft über Anträge auf Datenübermittlung normiert. Die Regelungen in Abs. 1 und 3 finden sich nahezu wortgleich auch in § 406e Abs. 4 (Akteneinsicht des Verletzten). Eine **Beteiligung des Betroffenen** ist im Gesetz **nicht vorgesehen**, das **BVerfG** hält eine solche indes mit Blick auf das **Recht auf informationellen Selbstbestimmung** aus Art. 2 Abs. 1 i.V.m. Art. 1 Abs. 1 GG gleichwohl immer dann für **erforderlich**, wenn in Grundrechtspositionen des Betroffenen eingegriffen wurde (BVerfG NJW 2007, 1052; BVerfG NJW 2009, 2876). Ein solcher Eingriff liegt bei anonymisierten Auskünften (vgl. § 476 Abs. 1 Satz 1 Nr. 2) regelmäßig nicht vor. Zur Wahrung der grundrechtlich gesicherten Position des Betroffenen ist dieser, sofern ein Grundrechtseingriff in Betracht kommt, regelmäßig vor der Entscheidung über die Gewährung von Akteneinsicht, ggf. auch vor der Erteilung von Auskünften zu hören (so auch BeckOK-StPO/*Wittig* § 480 Rn. 4). Wenn dies versäumt wurde, ist der Betroffene nachträglich unverzüglich über die erfolgte Beauskunftung oder Akteneinsicht zu unterrichten; der Anfechtbarkeit der staatsanwaltschaftlichen Entscheidung steht der Einwand der prozessualen Überholung wohl nicht entgegen (KK-StPO/*Gieg* § 478 Rn. 3). Dies alles kann dazu führen, dass eine Beauskunftung angesichts des hohen Beteiligungsaufwandes bei Verfahren mit zahlreichen Betroffenen aus Gründen des schonenden Mitteleinsatzes unterbleibt (vgl. LG München I MMR 2008, 561, 562 für sog. Filesharing-Verfahren). 1

B. Erläuterungen. I. Zuständigkeit der aktenführenden Stelle (Abs. 1). Die verfahrensrechtliche Regelung des § 480 Abs. 1 normiert die Zuständigkeit zur Auskunftserteilung oder Akteneinsichtsgewährung. Dies ist – was durchaus sachgerecht ist – grds. die **jeweils aktenführende Stelle**, also im Ermittlungsverfahren – auch wenn die Akten dem Gericht zur Entscheidung über eine Beschwerde nach § 304 Abs. 5 vorliegen (BGH NStZ-RR 2010, 246, 247) – sowie nach rechtskräftigem Abschluss des Verfahrens, insb. in einem etwaigen Vollstreckungsverfahren, die **StA** (BGH, Beschl. v. 22.09.2009 – StB 28/09; BGH, Beschl. v. 20.12.2013 – 1 StR 305/13; OLG München, Beschl. v. 17.09 2015 – 1 Ws 639/15: auch bei Einsichtnahme in das bei der StrVollstrK geführte Bewährungsheft) und während des gerichtlichen Verfahrens ab Eingang der Akten bzw. Vorlage der Akten – in richterlicher Unabhängigkeit (Meyer-Goßner/Schmitt/*Köhler* § 480 Rn. 1a) – **der Vorsitzende des mit der Sache befassten Spruchkörpers** (BGH, Beschl. v. 22.09.2009 – 2 BJs 55/04–2). Auch im Fall eines Rechtsbehelfs nach § 101 Abs. 7 Satz 2 verbleibt es bei dieser Regelung, auch wenn über den Rechtsbehelf im Ermittlungsverfahren der Ermittlungsrichter zu befinden hat (BGHR StPO, § 478 Abs. 1 Zuständigkeit 1). Für das **steuerstrafrechtliche Verfahren** ist § 386 Abs. 1 und 2 AO zu beachten. Die StA bleibt neben dem Vorsitzenden allerdings auch nach Anklageerhebung befugt, personenbezogene Daten zu übermitteln (Abs. 1 Satz 2). Anders als der Vorsitzende des Gerichts ist die StA – allerdings nur im Ermittlungsverfahren (so wohl auch Meyer-Goßner/Schmitt/*Köhler* § 480 Rn. 2; **a.A.** BeckOK-StPO/*Wittig* § 480 Rn. 2; LR/*Hilger* § 478 Rn. 5) – berechtigt, die Entscheidung über Auskunft und Akteneinsicht in den Fällen des § 475 (Auskunft an nichtöffentliche Stellen) an die ermittelnde **Polizeibehörde** zu delegieren (Abs. 1 Satz 3). Gleichwohl bleibt eine »**Restentscheidungskompetenz**« auch im Fall einer solchen Delegation bei der StA: Diese hat über Beschwerden gegen die Entscheidung der Polizeibehörde zu entscheiden (Abs. 1 Satz 4). In diesem Zusammenhang etwas unvermittelt stellt Satz 5 klar, dass bei einer horizontalen Informationsübermittlung zwischen Polizeibehörden (auch im Wege der Akteneinsicht) keine förmliche Entscheidung nötig ist. Dies ist allerdings keine Frage der Entscheidungskompetenz, vielmehr wird hier der Sache nach klargestellt, dass es überhaupt keiner förmlichen Entscheidung bedarf, wenn Polizeibehörden Verfahrensakten untereinander austauschen. Anderes soll nach dem Willen des Gesetzgebers (in die Vorschrift eingefügt durch Gesetz vom 21.07.2012 [BGBl. I, S. 1566]) dann gelten, wenn Zweifel an der Zulässigkeit der Informationsübermittlung bestehen; dann verbleibt es bei der Entscheidungszuständigkeit von StA oder Gericht. Worin konkret diese »Zweifel« – aufseiten der für die Frage über das Vorliegen von Zweifelsfällen berufenen Polizeibehörde – bestehen sollen, erschließt sich nicht unmittelbar (vgl. Meyer-Goßner/Schmitt/*Köhler* § 478 Rn. 2). Dass in den Fällen des § 476 die Entscheidung über die Akteneinsicht nach Abs. 1 2 innerbehördlich dem Leiter einer Staatsanwaltschaft obliegen soll (so Nr. 189 Nr. 2 RiStBV), ist eine wenig praktikable Regelung, zumal in größeren Staatsanwaltschaften.

3 **II. Beiakten (Abs. 2).** Abs. 2 befasst sich mit der Zulässigkeit, auch aus beigezogenen Akten Auskünfte zu erteilen oder Einsicht in solche zu gewähren. Als **Beiakten** sind, wie sich aus dem Gesetzeswortlaut ergibt, Akten anzusehen, die nicht zu den Verfahrensakten gehören, also weiterhin ein eigenständiges Aktenzeichen führen, bspw. **Zivilakten oder Akten anderer Strafverfahren.** Keine Beiakten sind die Akten hinzuverbundener Verfahren oder zu den Akten genommene Fotokopien aus beigezogenen Akten (OLG Hamm NZKart 2014, 107, 108 = BB 2014, 526, 531). Begehrt der Antragsteller Auskünfte aus oder Einsicht in Beiakten, obliegt ihm, ggü. der auskunftserteilenden Stelle nachzuweisen, dass die die Beiakten an und für sich führende Stelle einer Akteneinsicht zustimmt. Das setzt voraus, dass der **Antragsteller** insoweit auch **selbstständig um Zustimmung** nachsucht. Ansonsten muss ihm die Stelle, die die Akten beigezogen hat, die Auskunft aus den Beiakten verweigern. Hintergrund dieser Regelung ist, dass die die beigezogenen Akten eigentlich führende Behörde möglicherweise Vorbehalte gegen eine Auskunft aus diesen Akten hat, die der Stelle, die die Akten beigezogen hat, nicht bekannt sind. Die letztendliche Entscheidung über Auskunft aus oder Einsicht in Akten soll stets die Stelle haben, aus deren Bereich die Akten stammen. Dass der Antragsteller sich selbst um die Zustimmung bemühen muss, soll der Entlastung der Justiz dienen (vgl. KK-StPO/*Gieg* § 478 Rn. 4).

4 **III. Anfechtbarkeit der Entscheidung (Abs. 3).** Neben dem bereits in Abs. 1 Satz 4 geregelten Fall der Anfechtung polizeilicher Entscheidungen über Anträge auf Auskunft oder Akteneinsicht unterliegen nach Abs. 3 Satz 1 auch die – stets mit Gründen zu versehenden (vgl. *Graalmann-Scheerer* NStZ 2005, 439) – **staatsanwaltschaftlichen Entscheidungen über die Anträge von Privatpersonen** (§ 475) einer Überprüfung, und zwar durch das nach § 162 zuständige Gericht, also im Ermittlungsverfahren der Ermittlungsrichter des AG am Sitz der StA oder nach § 169 Abs. 1 der Ermittlungsrichter des OLG oder BGH, nach Anklageerhebung nach § 162 Abs. 3 Satz 1 das mit der Sache befasste Gericht (SK-StPO/*Puschke/Weßlau* § 480 Rn 19; KK-StPO/*Gieg* § 478 Rn 5). Die Entscheidung des Gerichts ist nach Abs. 3 Satz 3 unanfechtbar, solange die Ermittlungen noch nicht abgeschlossen sind. Die Vorschrift ist § 406e Abs. 4 nachgebildet; wie dort werden auch hier Normen des 1. und 2. Abschnitts des Dritten Buches sowie die Kostenvorschrift des § 473a für entsprechend anwendbar erklärt. Die auf die Überprüfung erfolgende Entscheidung des LG ist nicht anfechtbar (§ 161a Abs. 3 Satz 4). Dass die Entscheidung eines nach Abs. 1 Satz 1 hierfür zuständigen Vorsitzenden über einen Antrag auf Auskunft oder Akteneinsicht in einem bereits bei Gericht anhängigen Verfahren nicht anfechtbar sein soll (so OLG Hamburg NJW 2002, 1590; zur Entscheidungskompetenz des Strafsenats – und nicht nur des Vorsitzenden – in *Ermittlungs*verfahren des GBA vgl. KG, Beschl. v. 07.02.2008 – 2 BJs 58–06/2 [2/08] = NStZ 2008, 587 [nur LS.]; so auch LG Hildesheim NJW 2008, 531, 532), ist vom BVerfG wegen Verstoßes gegen das Willkürverbot für verfassungswidrig erklärt worden (BVerfG NJW 2015, 3505 [nur Ls.]); die Vorsitzendenentscheidung kann mit der Beschwerde nach § 304 StPO angegriffen werden (Meyer-Goßner/Schmitt/*Köhler* § 480 Rn. 4 m.w.N.; BeckOK-StPO/*Wittig* § 480 Rn. 7; SK-StPO/*Puschke/Weßlau* § 480 Rn. 21). **Antragsbefugt** sind sowohl Privatpersonen, deren Anträge abschlägig verbeschieden wurden, als auch Beschuldigte, die davon betroffen sind, dass dritte Privatpersonen Einsicht in die sie betreffenden Ermittlungsakten nehmen (vgl. LG Dresden StV 2006, 11; *Müller/Schmidt* NStZ 2007, 322, 323).

5 Darüber hinaus sind Rechtsmittel gegen Entscheidungen über Auskunfts- oder Akteneinsichtsgesuche gesetzlich nicht ausdrücklich geregelt. So finden sich **keine ausdrücklichen Regelungen** zu den Beschwerdemöglichkeiten gegen Entscheidungen auf Anträge nach § 474 oder § 476. Hier nimmt die h.M. für staatsanwaltschaftliche Entscheidungen ein Rechtsweg nach **§§ 23 EGGVG ff. analog** an (so KK-StPO/*Gieg* § 478 Rn. 5; Meyer-Goßner/Schmitt/*Köhler* § 480 Rn. 4; BeckOK-StPO/*Wittig* § 480 Rn. 8; OLG Koblenz, Beschl. v. 11.06.2010 – 2 VAs 1/10; OLG Karlsruhe NStZ-RR 2013, 385; OLG Karlsruhe NStZ 2015, 606; OLG Hamm, Beschl. v. 16.06.2015 – 1 VAs 12/15: § 23 EGGVG, da von einer öffentlichen Stelle Akteneinsicht verweigert wurde).

6 Gegen **Entscheidungen des Vorsitzenden** nach § 474 und 476 ist, eine Beschwerdeberechtigung vorausgesetzt, die Beschwerde nach **§ 304 Abs. 1** statthaft (Meyer-Goßner/Schmitt/*Köhler* § 480 Rn. 4; *Graalmann-Scheerer* NStZ 2005, 440; BeckOK-StPO/*Wittig* § 480 Rn. 7).

7 Schließlich normiert **Abs. 3 Satz 4**, dass insb. eine Auskunft verweigernde Entscheidung **nicht begründet** werden muss, wenn die Gefahr besteht, dass die Versagung hierdurch unterlaufen wird.

8 Die durch das Gesetz zur Umsetzung der Richtlinie (EU) 2016/680 im Strafverfahren sowie zur Anpassung datenschutzrechtlicher Bestimmungen an die Verordnung (EU) 2016/679 neu eingeführte Vorschrift des Abs. 4 vereinheitlicht die Dokumentationspflicht für alle verfahrensübergreifenden Datenübermittlungen nach §§ 474–477 (BT-Drs. 19/4671, S. 66). Eine ausdrücklich geregelte Pflicht zur Dokumentation fand

sich bisher nur in § 101a Abs. 4 Satz 2 für die Fälle der Übermittlung von Verkehrsdaten. Nach Abs. 4 sind sowohl die Übermittlung als auch ihr Zweck aktenkundig zu machen.

§ 481 Verwendung personenbezogener Daten für polizeiliche Zwecke

(1) [1]Die Polizeibehörden dürfen nach Maßgabe der Polizeigesetze personenbezogene Daten aus Strafverfahren verwenden. [2]Zu den dort genannten Zwecken dürfen Strafverfolgungsbehörden und Gerichte an Polizeibehörden personenbezogene Daten aus Strafverfahren übermitteln oder Akteneinsicht gewähren. [3]Mitteilungen nach Satz 2 können auch durch Bewährungshelfer und Führungsaufsichtsstellen erfolgen, wenn dies zur Abwehr einer dringenden Gefahr für ein bedeutendes Rechtsgut erforderlich und eine rechtzeitige Übermittlung durch die in Satz 2 genannten Stellen nicht gewährleistet ist. [4]Die Sätze 1 und 2 gelten nicht in den Fällen, in denen die Polizei ausschließlich zum Schutz privater Rechte tätig wird.

(2) Die Verwendung ist unzulässig, soweit besondere bundesgesetzliche oder entsprechende landesgesetzliche Verwendungsregelungen entgegenstehen.

(3) Hat die Polizeibehörde Zweifel, ob eine Verwendung personenbezogener Daten nach dieser Bestimmung zulässig ist, gilt § 480 Absatz 1 Satz 1 und 2 entsprechend.

Übersicht

A. Allgemeines. Die Verwendung von für die Strafverfolgung erhobenen personenbezogenen Daten durch **Polizeibehörden zu Zwecken der Gefahrenabwehr** richtet sich gem. Abs. 1 Satz 1 nach den Landespolizeigesetzen. Gleiches gilt nach Abs. 1 Satz 2 für die (vorangegangene) Übermittlung der Daten von den Strafverfolgungsbehörden und den Gerichten an die Polizeibehörden. Abs. 1 Satz 3 **schränkt Übermittlung und Verwendung ein,** wenn es nur um den Schutz privater Rechte geht. Über Abs. 2 werden **bundes- oder landesrechtliche Verwendungseinschränkungen** für anwendbar erklärt. Abs. 3, ins Gesetz eingefügt mit Gesetz vom 21.07.2012 (BGBl. I, S. 1567), weist die Entscheidung von Zweifelsfragen der Staatsanwaltschaft oder dem Vorsitzenden des mit der Frage befassten Gerichts zu, indem § 478 Abs. 1 Satz 1 und Satz 2 für entsprechend anwendbar erklärt werden. Ob überhaupt ein Zweifelsfall vorliegt, entscheidet indes weiterhin die Polizeibehörde (krit. Meyer-Goßner/Schmitt/*Köhler* § 481 Rn. 6). 1

Da die (Weiter-) Verwendung von Informationen aus Strafverfahren für präventive Zwecke einen erneuten Eingriff in die informationelle Selbstbestimmung nach Art. 2 GG bedeutet, bedarf es hierfür einer besonderen gesetzlichen Grundlage. 2

B. Erläuterungen. Abs. 1 Satz 1 erlaubt die **Änderung der Zweckbestimmung** von Daten, die bereits im Rahmen einer Strafverfolgung – bspw. erkennungsdienstlich nach § 81b, 2. Alt. (VGH Hessen NJW 2005, 2728; anders vorausgehend VG Gießen NvWZ 2002, 1531: nur die personenbezogenen Daten, die anlässlich eines konkreten Strafverfahrens zum Zwecke der Strafverfolgung in diesem Verfahren erhoben wurden) – **durch die Polizei als Strafverfolgungsbehörde erhoben** und dort bereits vorhanden sind. Diese Daten können nach Maßgabe der Landespolizeigesetze auch für polizeiliche Zwecke, vornehmlich solche der **Gefahrenabwehr**, aber auch sonstiger polizeilicher Aufgaben, genutzt werden (vgl. VG Lüneburg, Urt. v. 31.08.2010 – 3 A 115/08). Ob man hierin eine Generalklausel sehen mag (so Meyer-Goßner/Schmitt/*Köhler* § 481 Rn. 1), sei dahingestellt, jedenfalls liegt hiermit aber die erforderliche Ermächtigungsgrundlage vor (KK-StPO/*Gieg* § 481 Rn. 1). Die Kritik, die diese allein in die Entscheidungsfreiheit der Polizeibehörden gestellte Zweckumwandlungsmöglichkeit – die die Grenzen zwischen Gefahrenabwehr und Strafverfolgung verwischen soll – erfahren hat (SK-StPO/*Puschke*/*Weßlau* § 481 Rn. 3; dem folgend BeckOK-StPO/*Wittig* § 481 Rn. 2.1), wird dadurch relativiert, dass die polizeirechtlichen Befugnisse im Bereich der Gefahrenabwehr ohnehin regelmäßig über die Befugnisse der Strafverfolgungsbehörden hinausgehen, sich also letztlich an der Eingriffstiefe durch die Einführung der Norm insgesamt kaum etwas geändert hat. 3

Der Begriff des Verwendens umfasst auch die (elektronische) **Datenverarbeitung** (insb. Speicherung in bestimmten Datenverzeichnissen) sowie die Nutzung der Daten. 4

Abs. 1 Satz 2 befasst sich mit der – auf Anforderung oder von Amts wegen erfolgenden (vgl. SK-StPO/*Puschke*/*Weßlau* § 481 Rn. 11) – **Übermittlung** von personenbezogenen Erkenntnissen, die noch nicht bei Polizeibehörden vorhanden sind, sondern nur bei den **Strafverfolgungsbehörden** i.e.S., also dem Gericht (wie der Gesetzgeber mit Gesetz vom 21.07.2012 [BGBl. I, S. 1567] klargestellt hat) oder der StA existieren. Dazu gehören insb. Erkenntnisse aus Verfahren zur Verhängung einer nachträglichen Sicherungsverwahrung, die auch aus gefahrenabwehrrechtlichen Gründen von Interesse sind (vgl. BGHSt 51, 191, 202), 5 aber auch die Erkenntnisübermittlung an das Bundeskriminalamt zur Abwehr von Terrorismusgefahren. Die Öffnungsklausel ermöglicht ferner die Übermittlung von Daten der Strafverfolgungsbehörden an Sexualstraftäterdateien der Länder, die diese nach Maßgabe der Polizeigesetze errichten können (BeckOK-StPO/*Wittig* § 481 Rn. 3). Die Strafverfolgungsbehörden dürfen insoweit von Amts wegen tätig werden Meyer-Goßner/Schmitt/*Köhler* § 481 Rn. 2).

6 **Abs. 1 Satz 3** erlaubt Mitteilungen personenbezogener Daten durch Bewährungshelfer und Führungsaufsichtsstellen, wenn dies zur Gefahr für ein bedeutendes Rechtsgut erforderlich und eine rechtzeitige Übermittlung durch die StA oder die Gerichte nicht gewährleistet ist. Die Weitergabe soll unter Beachtung des Verhältnismäßigkeitsgrundsatzes nur im Fall der Gefahr für besonders hochrangige Rechtsgüter zulässig sein, insb. Leib oder Leben, die persönliche Freiheit, sexuelle Selbstbestimmung oder fremde Sachen von bedeutendem Wert (vgl. BT-Drs. 18/11272, S. 36).

7 Grds. unterliegt der **weitere Umgang mit den Daten** nach einer Nutzungsänderung den für die jeweilige Nutzung geltenden Regelungen, also insb. des **Landespolizeigesetzen.** So findet v.a. die Löschungsanordnung des § 101 Abs. 8 keine Anwendung (Meyer-Goßner/Schmitt/*Köhler* § 481 Rn. 2 m.w.N.), die Vernichtung der Daten erfolgt vielmehr nach den Bestimmungen des jeweils anwendbaren Landespolizeigesetzes (BayVGH, Beschl. v. 24.07.2008 – 10 C 08.1780).

8 Hiervon macht indes **Abs. 2** eine bedeutungsvolle Ausnahme. Datenschutzrechtliche Regelungen in Landes- oder Bundesgesetzen können der präventiv-polizeilichen Verwendung strafprozessual gewonnener Informationen entgegenstehen. Solche, eine Zweckänderung einschränkende Regelungen finden sich auch in der StPO, z.B. in **§ 479 Abs. 2.** Eine **Übermittlung und Verwendung von Informationen**, die mittels strafprozessualer Maßnahmen, deren Zulässigkeit an das Vorliegen eines Tatverdachts auf Begehung einer bestimmten Katalogtat geknüpft ist, gewonnenen wurden, kommt auch **in präventiver Hinsicht** nur zur Abwehr einer **Katalogtat** in Betracht. Sollten Daten demgegenüber nur unter Verletzung einer verwendungsbeschränkenden Norm in den Zugriffsbereich einer präventivpolizeilichen Stelle geraten sein, soll nach einer Meinung eine Verwendung zur Gewinnung weiterer Anhaltspunkte infrage kommen, wenn es um den Schutz **elementarer Rechtsgüter** (Leib und Leben) geht (Meyer-Goßner/Schmitt/*Köhler* § 481 Rn. 5 m.w.N.; BeckOK-StPO/*Wittig* § 481 Rn. 2.2). Dies wird allerdings regelmäßig auch mit den in den entsprechenden Normenkatalogen der strafprozessualen Eingriffsnormen (z.B. § 100a) enthaltenen Rechtsgütern korrespondieren. Die Verwendungsbeschränkungen sind, wenn es um die Abwehr von Gefahren für elementare Rechtsgüter geht, infolgedessen eher marginal. § 479 Abs. 2 S. 2 schließlich, der über § 481 Abs. 2 der Regelung des § 481 Abs. 1 vorgeht (*Puschke/Singelnstein*, NJW 2008, 113, 117), beschränkt unter den dortigen Voraussetzungen eine Verwendung strafprozessual gewonnener Daten auf die dort genannten Zwecke.

9 In Abs. 3 schließlich hat der Gesetzgeber den Versuch unternommen, **Zweifelsfälle** bei Fragen der Zuständigkeit durch einen Verweis auf § 480 Abs. 1 Satz 1 und Satz 2 zu regeln. Der Verweis auf die staatsanwaltschaftliche oder in laufenden Hauptverfahren auf die gerichtliche Entscheidungskompetenz mag zweckmäßig sein; indem der Gesetzgeber die Entscheidung, ob ein solcher Zweifelsfall überhaupt vorliegt, der Polizeibehörde überantwortet hat, dürfte eine tatsächliche Anwendung des Abs. 3 eher die Ausnahme bleiben (Meyer-Goßner/Schmitt/*Köhler* § 481 Rn. 6).

§ 482 Mitteilung des Aktenzeichens und des Verfahrensausgangs an die Polizei

(1) Die Staatsanwaltschaft teilt der Polizeibehörde, die mit der Angelegenheit befasst war, ihr Aktenzeichen mit.

(2) [1]Sie unterrichtet die Polizeibehörde in den Fällen des Absatzes 1 über den Ausgang des Verfahrens durch Mitteilung der Entscheidungsformel, der entscheidenden Stelle sowie des Datums und der Art der Entscheidung. [2]Die Übersendung der Mitteilung zum Bundeszentralregister ist zulässig, im Falle des Erfordernis auch des Urteils oder einer mit Gründen versehenen Einstellungsentscheidung.

(3) In Verfahren gegen Unbekannt sowie bei Verkehrsstrafsachen, soweit sie nicht unter die §§ 142, 315 bis 315c des Strafgesetzbuches fallen, wird der Ausgang des Verfahrens nach Absatz 2 von Amts wegen nicht mitgeteilt.

(4) Wird ein Urteil übersandt, das angefochten worden ist, so ist anzugeben, wer Rechtsmittel eingelegt hat.

Übersicht

A. Allgemeines. Da die Vorschrift nicht die Übermittlung und Zweckumwandlung von Informationen regelt, sondern lediglich eine **verfahrensinterne Nachberichtspflicht** (SK-StPO/*Puschke/Weßlau* § 482 Rn. 1) regelt, ist sie an dieser Stelle des 1. Abschnitts des Achten Buches an und für sich systematisch unzutreffend eingeordnet. Die ermittelnde Polizeibehörde soll durch die Vorschrift in die Lage versetzt werden, den weiteren – justiziellen – Verlauf der von ihr bearbeiteten Fälle zu verfolgen und Nachricht über den schlussendlichen Ausgang des Verfahrens zu erhalten. Die Norm entspricht inhaltlich MiStra Nr. 11. § 12 EGGVG ist hier hingegen nicht einschlägig, da diese Vorschrift die Übermittlung von Daten für andere Zwecke als diejenigen, für die sie erhoben wurden, regelt (so auch BeckOK-StPO/*Wittig* § 482 Rn. 1). Im Hinblick auf zunehmende automatisierte Verfahren für Datenübermittlung (vgl. § 488) ist die Regelung allerdings praktisch weitgehend bedeutungslos geworden (SK-StPO/*Puschke/Weßlau* § 482 Rn. 1) 1

B. Erläuterungen. Die StA teilt nach **Abs. 1** der mit der Sache befassten **Polizeibehörde** – hierunter sind auch Zollfahndungsämter und Finanzbehörden zu rechnen (Meyer-Goßner/Schmitt/*Köhler* § 482 Rn. 1) – ihr Aktenzeichen mit. Dies ist sachgerecht, damit etwaige Nachermittlungen durch die Polizei auch dem richtigen Verfahren zugeordnet werden können. In komplexeren Verfahren, die nicht erst nach Abschluss der polizeilichen Ermittlungen der StA vorgelegt werden, ist es ohnehin unerlässlich, dass die Polizeibehörde das Aktenzeichen der StA kennt. 2

Zwingend unterrichtet die **StA als Normadressatin** (und nicht etwa das entscheidende Gericht) die Polizeibehörde nach Abs. 2 Satz 1 über den **Verfahrensausgang**. Die Mitteilungspflicht besteht immer dann, wenn zumindest eine Entscheidung gegen einen Verfahrensbeteiligten **rechtskräftig** geworden ist. Auf eine Rechtskraft im rechtstechnischen Sinne kommt es dabei indes nicht an (Meyer-Goßner/Schmitt/*Köhler* § 482 Rn. 1); auch Einstellungen gem. § 170 Abs. 2 fallen hierunter. Die StA soll durch diese Interpretation des Tatbestandsmerkmals »Ausgang des Verfahrens« davor bewahrt werden, in Verfahren, die durch mehrere Instanzen laufen, wiederholt die ermittelnde Polizeidienststelle benachrichtigen zu müssen. 3

Mitzuteilen sind nach Abs. 2 Satz 1 die **Art der Entscheidung**, also ob das Verfahren durch staatsanwaltschaftliche oder durch gerichtliche Entscheidung, durch Beschluss oder durch Urteil beendet wurde, die **Entscheidungsformel** – der Inhalt der Entscheidung –, **die entscheidende Stelle**, mithin welche StA oder welches Gericht entschieden hat, sowie das **Datum der Entscheidung**. 4

Im Ermessen der StA liegt es nach Abs. 2 Satz 2, der Mitteilungspflicht ggf. durch die **Übersendung einer Mitteilung des Verfahrensausgangs** an das Bundeszentralregister nachzukommen. Dies kommt indes nur in den Fällen in Betracht, in denen tatsächlich auch eine gesetzliche Mitteilungspflicht an das BZR existiert. Zulässig ist es auch, der Polizeibehörde eine **Urteilsabschrift** oder die Abschrift einer begründeten Einstellungsentscheidung zukommen zu lassen (BeckOK-StPO/*Wittig* § 482 Rn. 4), vorausgesetzt, die Polizeibehörde fordert eine solche Abschrift an. Ob die StA dieser Anforderung nachkommt, liegt in ihrem **pflichtgemäßen Ermessen**. Der Übersendung solcher Abschriften können insb. besondere schutzwürdige Interessen der in den Entscheidungen genannten Personen entgegenstehen (SK-StPO/*Puschke/Weßlau* § 482 Rn. 5). Es kommt auch die Übersendung **teilanonymisierter Abschriften** in Betracht. Ggf. ist die Polizeibehörde verpflichtet, eine Abschrift anzufordern, um anhand der Entscheidungsgründe sachgerecht über die Speicherung oder Löschung eigener Beschuldigtendaten befinden zu können (BVerwG NJW 2011, 405, 407). Eine **Sonderregelung** trifft hier § 11 Abs. 8 GwG, wonach bei bestimmten Taten im Zusammenhang mit **Geldwäsche** etwaige Anklageerhebungen sowie der Ausgang des Verfahrens einschließlich aller Einstellungsentscheidungen durch Übersenden von Entscheidungsabschriften an das BKA mitgeteilt werden (Meyer-Goßner/Schmitt/*Köhler* § 482 Rn. 2). Ein Ermessen seitens der zuständigen Staatsanwaltschaft ist für solche Fälle nicht normiert. 5

Eine Mitteilung des Verfahrensausgangs von Amts wegen erfolgt aus Gründen der Verhältnismäßigkeit nach **Abs. 3** nicht, wenn es sich um wenig bedeutsame Verkehrsstraftaten handelt (der Gesetzgeber sieht die Straftaten nach §§ 142 und 315 bis 315c StGB generell als bedeutsam an) und wenn sich die Verfahren gegen Unbekannt richteten. Die Betonung des Begriffs »von Amts wegen« weist jedoch darauf hin, dass auch in derartigen Verfahren die StA nicht daran gehindert ist, **auf Bitten der Polizei** Mitteilung vom Verfahrensausgang zu machen. Dies bietet sich v.a. in aufwendigen Verfahren gegen Unbekannt an, die der Aufklärung von erheblichen Straftaten dienten, letztlich aber nicht zur Ermittlung des Täters führten. 6

Schließlich schreibt **Abs. 4** vor, im Fall der Übersendung der Abschrift eines nicht rechtskräftigen Urteils mitzuteilen, wer das **Rechtsmittel gegen das Urteil** eingelegt hat. Diese Vorschrift ist entweder dann anzuwenden, wenn das Urteil auf Verlangen der Polizeibehörde – und nicht von Amts wegen – übersandt wurde, oder wenn das Urteil jedenfalls ggü. einem von mehreren Angeklagten rechtskräftig geworden ist – denn dann ist nach Abs. 2 zwingend mitzuteilen (so auch Meyer-Goßner/Schmitt/*Köhler* § 482 Rn. 1) –, gegen mindestens einen anderen aber nicht. 7

Zweiter Abschnitt. Dateiregelungen

§ 483 Datenverarbeitung für Zwecke des Strafverfahrens

(1) [1]Gerichte, Strafverfolgungsbehörden einschließlich Vollstreckungsbehörden, Bewährungshelfer, Aufsichtsstellen bei Führungsaufsicht und die Gerichtshilfe dürfen personenbezogene Daten in Dateisystemen verarbeiten, soweit dies für Zwecke des Strafverfahrens erforderlich ist. [2]Die Polizei darf unter der Voraussetzung des Satzes 1 personenbezogene Daten auch in einem Informationssystem verarbeiten, welches nach Maßgabe eines anderen Gesetzes errichtet ist. [3]Für dieses Informationssystem wird mindestens festgelegt:

1. die Kennzeichnung der personenbezogenen Daten durch die Bezeichnung
 a) des Verfahrens, in dem die Daten erhoben wurden,
 b) der Maßnahme, wegen der die Daten erhoben wurden, sowie der Rechtsgrundlage der Erhebung und
 c) der Straftat, zu deren Aufklärung die Daten erhoben wurden,

2. die Zugriffsberechtigungen,

3. die Fristen zur Prüfung, ob gespeicherte Daten zu löschen sind sowie die Speicherungsdauer der Daten.

(2) Die Daten dürfen auch für andere Strafverfahren, die internationale Rechtshilfe in Strafsachen und Gnadensachen genutzt werden.

(3) Erfolgt in einem Dateisystem der Polizei die Speicherung zusammen mit Daten, deren Speicherung sich nach den Polizeigesetzen richtet, so ist für die Verarbeitung und Nutzung personenbezogener Daten und die Rechte der Betroffenen das für die speichernde Stelle geltende Recht maßgeblich.

Übersicht

1 **A. Allgemeines.** §§ 483 ff. regeln die Verwendung personenbezogener Daten in Dateisystemen. Die **Datenverarbeitung** ist spätestens seit der Einführung der EDV im Strafprozess – aber auch schon davor, man denke nur an karteikartenbasierte Verfahrensregister – Alltag der Strafverfolgungsbehörden und Strafgerichte. § 483 schafft die **normative Basis** für eine schon vor Inkrafttreten der Vorschrift weithin geübte Praxis, die in letzter Zeit alle Bereiche der Strafverfolgung durchdrungen hat (vgl. insoweit auch BVerfG NJW 2005, 1917, 1922). Für das Bußgeldverfahren findet sich in § 49c OWiG eine vergleichbare Regelung. Die Vorschriften der §§ 483 ff. beziehen sich nicht auf die Zulässigkeit der Führung von Akten, auch nicht, wenn diese in elektronischer Form geführt werden (BeckOK-StPO/*Wittig* § 483 Rn. 1). §§ 483 ff. finden auch keine Anwendung auf auf als Beweismittel sichergestellte Dateien (OLG Karlsruhe NStZ 2015, 606, 608; *Basar/Hiéramente* NStZ 2018, 681, 684).

Die Neufassung des § 483 durch das Gesetz zur Umsetzung der Richtlinie (EU) 2016/680 im Strafverfahren sowie zur Anpassung datenschutzrechtlicher Bestimmungen an die Verordnung (EU) 2016/679 beinhaltet überwiegend redaktionelle Änderungen (BT-Drs. 19/4761, S. 67).

2 In Abs. 1 stellt eine **Generalklausel** zur Verwendung von Dateien und zur Handhabung von personenbezogenen Daten für Zwecke des Strafverfahrens dar. Die Generalklausel ermächtigt Gerichte, Strafverfolgungs- und -vollstreckungsbehörden, Bewährungshelfer, Führungsaufsichtsstellen sowie die Gerichtshilfe zum Umgang mit solchen Daten. Durch den neu eingefügten S. 2 soll sichergestellt werden, dass die Verarbeitung strafverfahrensrechtlich erhobener personenbezogener Daten für die Zwecke des Strafverfahrens auch innerhalb der neuen informationstechnischen Strukturen der Polizeibehörden möglich ist (BT-Drs. 19/4671, S. 67). Die Nutzung der regelmäßig auf der Grundlage gesonderter gesetzlicher Ermächtigungen erhobenen (Meyer-Goßner/Schmitt/*Köhler* § 483 Rn. 1) Daten nach Abs. 2 ist nicht auf das Ursprungsverfahren beschränkt. Abs. 3 trifft eine Sonderregelung für polizeiliche Mischdateien.

3 Gem. § 1 Abs. 3 SchrAG bleiben §§ 483 bis 491 durch das **Schriftgutaufbewahrungsgesetz** unberührt (vgl. Meyer-Goßner/Schmitt/*Köhler* § 483 Rn. 7).

4 **B. Erläuterungen. I. Generalklausel (Abs. 1).** Die Generalklausel des **Abs. 1** erteilt Gerichten, Strafverfolgungsbehörden, einschließlich Vollstreckungsbehörden, Bewährungshelfer, Aufsichtsstellen bei Führungssaufsicht und Gerichtshilfe die Befugnis, rechtmäßig, aufgrund einer gesonderten Ermächtigungsgrundlage erhobene personenbezogene Daten in Dateisystemen (§ 46 Nr. 6 BDSG) zu verarbeiten, soweit dies für Zwecke des Strafverfahrens erforderlich ist. Sie nimmt in ihrer Formulierung auf **Bezeichnungen des Daten-**

schutzrechts Bezug. Der Begriff der **personenbezogenen Daten** ist **§ 46 Nr. 1 BDSG** entnommen, die Verarbeitung ist in § 46 Nr. 2 BDSG definiert. Ob die Verwendung von Daten bei automatisierter Erstellung von Schriftstücken (z.B. die automatische Einfügung von Personaldaten in eine Anklageschrift) als Verarbeitung anzusehen ist und als Annexkompetenz vom Speichern umfasst ist (so SK-StPO/*Weßlau/Deiters* § 483 Rn. 3) oder ob dies nicht eher ein gleichfalls zulässiges Nutzen der Daten ist, kann letztlich offenbleiben, da beides von der Generalklausel erfasst ist.

Die Formulierung »für **Zwecke** des Strafverfahrens« umfasst, wie sich schon aus den im Einzelnen aufgezählten Normadressaten ergibt, neben dem eigentlichen **Strafverfahren** auch das **Ermittlungs-** sowie das **Vollstreckungsverfahren** (KK-StPO/*Gieg* § 483 Rn. 2). Gemeint ist in Abs. 1 stets dasjenige Verfahren, in dem die Daten erhoben wurden (BeckOK-StPO/*Wittig* § 483 Rn. 1 m.w.N.: eine Tat im prozessualen Sinne); ansonsten wäre Abs. 2 überflüssig. Abs. 1 regelt also nur, wie mit personenbezogenen Daten im Ausgangsverfahren umgegangen werden darf. Maßstab ist allein die »**Erforderlichkeit**«; fehlt diese oder fällt sie weg, ist eine (weitere) Speicherung, Veränderung oder Nutzung der Daten nicht mehr möglich (vgl. hierzu OLG Dresden StV 2004, 68 und 368; s. auch BVerfG NJW 2009, 2431, 2438: Bindung der Befugnis an den verfahrensbezogenen Erhebungszweck). Daher gibt eine **endgültige Verfahrensbeendigung** regelmäßig Anlass dazu, die künftige Verwendung der Daten zumindest krit. zu überprüfen (so auch Meyer-Goßner/Schmitt/*Köhler* § 483 Rn. 3, der diese Prüfung allerdings offenbar auf freisprechende oder einstellende Entscheidungen beschränken möchte; offenbleibend in KK-StPO/*Gieg* § 483 Rn. 3). Die Möglichkeit einer Wiederaufnahme gem. §§ 359, 362 wird nur dann eine Erforderlichkeit begründen können, wenn hierfür tatsächliche Anhaltspunkte bestehen. Wurde ein Verfahren gem. §§ 154 ff. im Hinblick auf eine zu erwartende anderweitige Verurteilung eingestellt, sollte allerdings jedenfalls bis zur rechtskräftigen Entscheidung in dem anderen Verfahren zugewartet werden. Die **Speicherung** personenbezogener Daten in Verfahren gegen Unbekannt, etwa von Tatzeugen, ist zumindest so lange erforderlich, bis die Tat **aufgeklärt** oder aber **verjährt** und daher **nicht mehr verfolgbar** ist. 5

Den in Abs. 1 abschließend aufgezählten Stellen steht die Befugnis zur **Speicherung, Veränderung und Nutzung der personenbezogenen Daten** zu. Als Strafverfolgungsbehörden sind, da anderenfalls nur die StA im Gesetzestext genannt worden wären, auch Polizeidienststellen, wenn sie repressiv tätig werden, und in Steuerstrafsachen ermittelnde Finanzbehörden anzusehen (vgl. SK-StPO/*Weßlau/Deiters* § 483 Rn. 2). 6

Bei den **personenbezogenen Daten**, die Gegenstand der Regelungen des 2. Abschnitts sind, handelt es sich naturgemäß um solche, die **im Rahmen eines Ermittlungs- oder Strafverfahrens gewonnen** wurden. Diese Daten müssen daher nicht nur in Dateien, sondern stets auch in den Ermittlungs- und ggf. Strafakten vorhanden sein und erkennen lassen, zu welchem Verfahren sie gehören (BeckOK-StPO/*Wittig* § 483 Rn. 4 m.w.N.). Dass die **Dateien als solche nicht Bestandteil der Akten** sind, ist daher ohne Auswirkungen; Kenntnisse über verfahrensrelevante personenbezogene Daten können im Wege der Einsicht in Verfahrensakten gewonnen werden. Lediglich **zu rein internen Zwecken** angelegte Dateien, sind – gleich Arbeitsnotizen – nicht von der Pflicht umfasst, zugleich Bestandteil der einsehbaren Verfahrensakten zu sein (SK-StPO/*Weßlau/Deiters* § 483 Rn. 9). 7

Abs. 1 Satz 2 soll sicherstellen, dass die Verarbeitung strafverfahrensrechtlich erhobener personenbezogener Daten für die Zwecke des Strafverfahrens auch innerhalb neuer informationstechnischer Strukturen der Polizeibehörden möglich ist. Die Neuregelung setzt voraus, dass das betreffende Informationssystem auf einer gesetzlichen Grundlage errichtet ist. Nach dieser Rechtsgrundlage bestimmt sich die Ausgestaltung des Informationssystems wie es etwa in §§ 13–15 BKAG geregelt ist (BT-Drs. 19/4671, S. 67). Satz 3 der Vorschrift regelt die Mindestanforderungen an die Informationssysteme. 8

II. Anderweitige Nutzung (Abs. 2). Um wiederholtes Erheben und Speichern von personenbezogenen Daten zu vermeiden, wurde in **Abs. 2** in Durchbrechung der Zweckbindung des Abs. 1 die Möglichkeit geschaffen, **einmal gespeicherte Daten auch für andere Strafverfahren** – soweit dies für deren Zwecke notwendig ist – **zu nutzen**. Davon umfasst sind die **internationale Rechtshilfe in Strafsachen** sowie **Gnadensachen**. Für die Nutzung von als Daten in Dateien abgelegten Informationen gelten allerdings **dieselben Verwendungsbeschränkungen** wie für nicht solchermaßen kategorisierte Informationen. So sind auch in Dateien gespeicherte Daten aus Maßnahmen gem. § 100a in einem Verfahren, dem die Verfolgung von Taten aus dem Straftatenkatalog dieser Vorschrift zu Grunde liegt, nur in anderen Verfahren zu nutzen, in denen es gleichfalls um die Verfolgung von Katalogtaten geht (vgl. Meyer-Goßner/Schmitt/*Köhler* § 483 Rn. 4). Dass es unerheblich ist, ob die Daten in dem anderen Verfahren rechtmäßig hätten erhoben werden können (so krit. anmerkend, *Radtke* FS Meyer-Goßner, S. 321, 336), kann nicht überzeugen: Die Vorschrift soll nicht zur Umgehung von strafprozessualen Vorschriften dienen (so auch BeckOK-StPO/*Wittig* § 479 Rn. 7). Voraussetzung einer Nutzung ist eine **Übermittlung** der Daten nach § 487. 9

10 **III. Polizeiliche Mischdateien (Abs. 3).** Abs. 3 ist nur auf **polizeiliche Mischdateien** anwendbar. Als Mischdateien sind Dateien anzusehen, deren Daten **sowohl präventiven wie auch repressiven Zwecken** dienen. Der Gesetzgeber hat hier deren Zulässigkeit festgeschrieben und die Regelungskompetenz hinsichtlich Verarbeitung, Nutzung und Rechtsschutz dem für den präventiven Bereich zuständigen Gesetzgeber überlassen. Das sind in der Regel die Länder, im praktisch durchaus bedeutsamen Fall des Bundeskriminalamts aber auch der Bund (zur Verfassungsmäßigkeit der Vorschrift *BeckOK-StPO/Wittig* § 483 Rn. 8 m.w.N.; Bedenken äußert insoweit KK-StPO/*Gieg* § 483 Rn. 5).

§ 484 Datenverarbeitung für Zwecke künftiger Strafverfahren; Verordnungsermächtigung

(1) Strafverfolgungsbehörden dürfen für Zwecke künftiger Strafverfahren

1. die Personendaten des Beschuldigten und, soweit erforderlich, andere zur Identifizierung geeignete Merkmale,

2. die zuständige Stelle und das Aktenzeichen,

3. die nähere Bezeichnung der Straftaten, insbesondere die Tatzeiten, die Tatorte und die Höhe etwaiger Schäden,

4. die Tatvorwürfe durch Angabe der gesetzlichen Vorschriften,

5. die Einleitung des Verfahrens sowie die Verfahrenserledigungen bei der Staatsanwaltschaft und bei Gericht nebst Angabe der gesetzlichen Vorschriften

in Dateisystemen verarbeiten.

(2) [1]Weitere personenbezogene Daten von Beschuldigten und Tatbeteiligten dürfen sie in Dateisystemen nur verarbeiten, soweit dies erforderlich ist, weil wegen der Art oder Ausführung der Tat, der Persönlichkeit des Beschuldigten oder Tatbeteiligten oder sonstiger Erkenntnisse Grund zu der Annahme besteht, dass weitere Strafverfahren gegen den Beschuldigten zu führen sind. [2]Wird der Beschuldigte rechtskräftig freigesprochen, die Eröffnung des Hauptverfahrens gegen ihn unanfechtbar abgelehnt oder das Verfahren nicht nur vorläufig eingestellt, so ist die Verarbeitung nach Satz 1 unzulässig, wenn sich aus den Gründen der Entscheidung ergibt, dass der betroffene Person die Tat nicht oder nicht rechtswidrig begangen hat.

(3) [1]Das Bundesministerium der Justiz und für Verbraucherschutz und die Landesregierungen bestimmen für ihren jeweiligen Geschäftsbereich durch Rechtsverordnung das Nähere über die Art der Daten, die nach Absatz 2 für Zwecke künftiger Strafverfahren gespeichert werden dürfen. [2]Dies gilt nicht für Daten in Dateisystemen, die nur vorübergehend vorgehalten und innerhalb von drei Monaten nach ihrer Erstellung gelöscht werden. [3]Die Landesregierungen können die Ermächtigung durch Rechtsverordnung auf die zuständigen Landesministerien übertragen.

(4) Die Verarbeitung personenbezogener Daten, die für Zwecke künftiger Strafverfahren von der Polizei gespeichert sind oder werden, richtet sich, ausgenommen die Verarbeitung für Zwecke eines Strafverfahrens, nach den Polizeigesetzen.

Übersicht

1 **A. Allgemeines.** Mit der Vorschrift wird den Strafverfolgungsbehörden gestattet, vorsorglich Dateien **für künftige Ermittlungs- und Strafverfahren** anzulegen. Mit den auf dieser Grundlage gespeicherten Daten dürfen – von konkreten Ermittlungsverfahren unabhängig – **Informationssammlungen** aufgebaut und vorgehalten werden, auf die im Bedarfsfalle zurückgegriffen werden kann. Welche Daten in derartigen Dateisystemen verarbeitet werden dürfen, ist in Abs. 1 im Einzelnen geregelt. Darüber hinaus dürfen weitere, in den in Abs. 3 genannten Rechtsverordnungen näher bezeichnete Daten nur gespeichert, verändert oder genutzt werden, wenn die in Abs. 2 genannten Voraussetzungen erfüllt sind. Für die Verwendung von in Dateien der Polizei gespeicherten Daten gilt Abs. 4. Die Datei kann zugleich Zwecken des § 483 und des § 484 dienen (BeckOK-StPO/*Wittig* § 484 Rn. 2; Meyer-Goßner/Schmitt/*Köhler* § 484 Rn. 1).

2 **B. Erläuterungen. I. Basisdatensatz (Abs. 1).** In Abs. 1 ist zunächst vorgesehen, dass Daten für Zwecke künftiger Strafverfolgung gespeichert, verändert oder genutzt werden dürfen. Die **Beschränkung des Verwendungszwecks auf die Strafverfolgung** entspricht derjenigen in § 483. Allerdings verschafft die tatbestandliche Zielrichtung hin auf künftige Verfahren den Strafverfolgungsbehörden einen weiten **Beurteilungsspielraum**, innerhalb dessen die Notwendigkeit der Speicherung – bereits erhobener! – Daten bejaht werden

kann. Angesichts der nahezu unbegrenzten Weite der Tatbestandsvoraussetzungen ist die Befugnis nach Abs. 1 nicht ohne Kritik geblieben (im Einzelnen hierzu SK-StPO/*Weßlau/Deiters* § 484 Rn. 7 m.w.N.). Diskussionswürdig bleibt insb., ob diese Möglichkeit der Datenspeicherung auf Vorrat überhaupt i.R.d. Strafverfahrensrechts zu regeln war, oder ob solche Befugnisse nicht vielmehr der dem Bundesgesetzgeber entzogenen Materie der **Gefahrenabwehr** zuzuordnen sind. Letztlich ist darauf abzuheben, dass hier zwar für in der Zukunft liegende Zwecke Vorsorge getroffen wird, aber nur soweit es um **künftiges repressives Tätigwerden** geht. Schließlich sind die Strafverfolgungsbehörden nicht dazu ermächtigt, Daten zur Abwehr künftiger Straftaten zu speichern etc., sondern für eine künftige Verfolgung u.U. bereits begangener Straftaten (vgl. in diesem Sinne auch OLG Hamburg NStZ-RR 2010, 118).

Die in den Nr. 1 bis 5 von Abs. 1 genannten Daten, die den so genannten **Basisdatensatz** bilden, dürfen von den Strafverfolgungsbehörden gespeichert werden, **ohne dass dies von weiteren Bedingungen abhinge** (s. unten Rdn. 5), **sieht man von der Zweckbestimmung einmal ab.** Die Befugnis in Abs. 1 wendet sich an StA und Polizei gleichermaßen, an Letztere allerdings nur, soweit sie strafverfolgend tätig wird; eine anderweitige, v.a. präventive Verwendung der Daten durch die Polizeibehörden richtet sich gem. Abs. 4 nach den Polizeigesetzen. Die Nutzung der gespeicherten Daten durch eine andere Stelle erfordert eine Übermittlung nach § 487. Der Basisdatensatz ist mit dem im Zentralen Staatsanwaltschaftlichen Verfahrensregister (**ZStV**) abgelegten Datensatz identisch (§ 492 Abs. 2 Satz 1), was durchaus Fragen nach der Berechtigung einer solchen Doppelspeicherung aufwirft (vgl. SK-StPO/*Weßlau/Deiters* § 484 Rn. 6). 3

Voraussetzung nach **Abs. 1** ist es, dass die Daten einem **konkreten Beschuldigten** zuzuordnen sind. Eine Speicherung von Daten einzelner Personen aus einem Ermittlungsverfahren gegen Unbekannt oder einem Beobachtungsvorgang ist nach dieser Vorschrift also ebenso wenig möglich wie die Speicherung von Daten noch nicht strafmündiger Tatverdächtiger (SK-StPO/*Weßlau/Deiters* § 484 Rn. 8). Handelt es sich allerdings um Daten eines bestimmten Beschuldigten, können diese auch dann in einer einzigen Datei abgelegt werden, wenn mehrere Ermittlungsverfahren gegen diesen Beschuldigten geführt werden. Umgekehrt können die Daten mehrerer Beschuldigter in einer einzigen Datei abgelegt werden, wenn dies zweckmäßig erscheint, etwa weil sie Mittäter sind. Die Daten dürfen nach Abs. 1 nicht nur gespeichert, sondern auch verändert und v.a. genutzt werden. 4

Der Umstand, dass die Speicherung des Basisdatensatzes nach dem Wortlaut des Abs. 1 **voraussetzungslos** erfolgen kann, hat – v.a. unter Verhältnismäßigkeitsgesichtspunkten – erhebliche Kritik erfahren. So wird vertreten, dass die Speicherung nur mit Blick auf einen möglichen Wiederholungsfall zulässig sein darf, sodass, ebenso wie bei der Speicherung zusätzlicher Daten nach Abs. 2, eine **Prognoseentscheidung** der Strafverfolgungsbehörden hinsichtlich einer Wiederholungsgefahr geboten sein soll, auch wenn sich dies aus dem Wortlaut des Abs. 1 nicht ergibt (SK-StPO/*Weßlau* § 484 Rn. 11; **a.A.** Meyer-Goßner/Schmitt/*Köhler* § 484 Rn. 1 unter Verweis auf OLG Hamburg StraFo 2010, 85, 87 = NStZ-RR 2010, 57 [nur Ls.]). Dass diese selbst dann zu treffen sei, wenn der Beschuldigte rechtskräftig freigesprochen oder die Eröffnung des Verfahrens gegen ihn abgelehnt wurde, vermag dann allerdings nicht zu überzeugen. Kritisiert wird auch, dass die Speicherung des Basisdatensatzes als erheblicher **Eingriff in die informationelle Selbstbestimmung** auch bei Bagatelldelikten möglich ist, die einen solchen Eingriff nicht erforderlich erscheinen lassen (SK-StPO/*Weßlau/Deiters* § 484 Rn. 12 m.w.N.). Letztlich ist der **Verhältnismäßigkeitsgrundsatz** auch bei Anwendung von Abs. 1 zu beachten (OLG Hamburg NStZ-RR 2010, 57: **Erforderlichkeitsprüfung**; vgl. auch BeckOK-StPO/*Wittig* § 484 Rn. 1). 5

II. Speicherung weiterer Daten (Abs. 2 und 3). **Abs. 2 und 3** gestatten unter bestimmten, gesetzlich normierten Voraussetzungen die **Speicherung weiterer personenbezogener Daten**. Welche Daten dies im Einzelnen sind, ist gem. Abs. 3 in von den Landesregierungen oder dem BMJ für den jeweiligen Geschäftsbereich festzulegen. Tatsächlich hat indes bislang keine Justizbehörde von dieser Normsetzungsbefugnis Gebrauch gemacht, sodass die Vorschrift derzeit leerläuft und Zweifel an ihrer Erforderlichkeit bestehen (vgl. SK-StPO/*Weßlau/Deiters* § 484 Rn. 14 u. 20 [»Steuerungsversagen«]; Meyer-Goßner/Schmitt/*Köhler* § 484 Rn. 4; BeckOK-StPO/*Wittig* § 484 Rn. 5). 6

Die Befugnis nach **Abs. 2** geht über die Regelungen in Abs. 1 deutlich hinaus. Zum einen wird die Art der zu speichernden Daten ins Unbestimmte erweitert. Die Entscheidung, welche Daten unter den Voraussetzungen des Abs. 2 gespeichert, verändert oder genutzt werden dürfen, hat der Gesetzgeber **auf die Exekutive verlagert.** Darüber hinaus dürfen nicht nur Daten des oder der Beschuldigten, sondern auch anderer Tatbeteiligter gespeichert werden, gegen die sich **keine förmlichen Ermittlungsverfahren** richteten, also auch strafunmündiger Personen. Einschränkend hat der Gesetzgeber allerdings die Speicherung, Veränderung oder Nutzung nach Abs. 2 Satz 1 für unzulässig erklärt, wenn der Beschuldigten wegen erwiesener Unschuld oder aufgrund des Vorliegens eines Rechtfertigungsgrundes nicht angeklagt oder nicht verurteilt wurde (Abs. 2 Satz 2). 7

8 Die Speicherung weiterer Daten kann nur erfolgen, wenn weitere Strafverfahren gegen den Beschuldigten **zu erwarten** sind. I.R.d. hier zu erstellenden Prognose sind nach dem Willen des Gesetzgebers Art und Ausführung der Anlasstat, die Persönlichkeit des Beschuldigten oder auch anderer Tatbeteiligter oder auch sonstige relevante Tatsachenerkenntnisse zu bewerten. Die Prognosegrundlage ist damit denkbar weit, solange sie eine tatsächliche Basis hat, bloße Mutmaßungen reichen keinesfalls aus (SK-StPO/*Weßlau*/*Deiters* § 484 Rn. 16 m.w.N.). Allerdings müssen derartige weitere Verfahren, die die Datenspeicherung erforderlich machen, zu erwarten sein. **Es genügt also nicht**, dass weitere Verfahren nicht nur nicht auszuschließen sind (BeckOK-StPO/*Wittig* § 484 Rn. 3 u. Meyer-Goßner/Schmitt/*Köhler* § 484 Rn. 2: positive Feststellung). Außerdem muss die – vorbeugende – Datenspeicherung **erforderlich** sein, um solche Verfahren zu führen (vgl. hierzu auch OLG Hamburg NStZ 2009, 707, 708, 709 m.Anm. *Habenicht*).

9 Dass die Speicherung, Veränderung und Nutzung von Daten nach Abs. 2 nur bei Straftaten von erheblicher Bedeutung zulässig sein soll (so SK-StPO/*Weßlau*/*Deiters* § 484 Rn. 17), geht aus dem Gesetz nicht hervor. Allerdings weist der Wortlaut des Abs. 2 darauf hin, dass die Daten nur mit Blick auf die Verfolgung zumindest **strukturell ähnlicher Taten** gespeichert, verändert oder genutzt werden dürfen, denn die Prognose wird sich – ausgehend von Vortaten – regelmäßig nur für vergleichbare Delikte stellen lassen (**a.A.** wohl Meyer-Goßner/Schmitt/*Köhler* § 484 Rn. 2: Auf das Gewicht der anderweitigen Straftaten kommt es nicht an). I.Ü. ist auch hier der verfassungsrechtliche Verhältnismäßigkeitsgrundsatz zu beachten.

10 Neben der **Ermächtigung**, durch eine Rechtsverordnung »Daten« i.S.v. Abs. 2 zu definieren, enthält **Abs. 3** in Satz 2 auch eine – unklar formulierte – Bagatellregelung, der zufolge es keiner normativer Festlegung der Daten nach Abs. 2 bedarf, wenn diese nur **für einen Zeitraum von nicht mehr als 3 Monaten** vorgehalten und anschließend gelöscht werden (der gebräuchliche Begriff »flüchtige Dateien« erscheint im Kontext von Strafverfolgung allerdings missverständlich). Die bei einer solchen **zeitlich beschränkten Speicherung gewonnenen und verarbeiteten personenbezogenen Daten** können also nach pflichtgemäßem Ermessen und ausgerichtet am tatsächlichen, in Abs. 2 beschriebenen Bedarf von den Strafverfolgungsbehörden ausgewählt werden. Die Begründung einer solchen Norm, angesichts der kurzen Speicherdauer stehe der mit dem Erlass einer Rechtsverordnung verbundene Aufwand in keinem Verhältnis zur Eingriffstiefe durch die Speicherung der »flüchtigen Daten« (LR/*Hilger* § 490 Rn. 10), trägt allerdings nicht, da eine Rechtsverordnung keinesfalls anlassbezogen, sondern generell-abstrakt und für alle Fälle festlegt, welche Daten von der Befugnis nach Abs. 2 erfasst werden (zur Kritik an der Regelung auch SK-StPO/*Weßlau*/*Deiters* § 484 Rn. 21).

11 Nach Abs. 3 Satz 3 kann die **Landesregierung** die Kompetenz, die Rechtsverordnung zu erlassen, auf die zuständigen Landesministerien, also insb. die Justizministerien, übertragen. Dies ist jedenfalls teilweise bereits geschehen (SK-StPO/*Weßlau*/*Deiters* § 484 Rn. 19: Nordrhein-Westfalen und Schleswig-Holstein), ohne dass die Ministerien von dieser Normsetzungsbefugnis Gebrauch gemacht hätten.

12 **III. Verwendung bei der Polizei gespeicherter Daten (Abs. 4). Abs. 4** regelt, nach welchen Vorschriften die Polizeibehörden die dort gespeicherten Daten verwenden dürfen. Dass zu präventiven Zwecken gespeicherte Daten nach den landespolizeilichen Vorschriften zu verwenden sind, versteht sich von selbst. Gemeint ist daher von Abs. 4 die Verwendung von **reinen Repressiv- oder Mischdaten**. Solcherlei personenbezogener Daten, die für Zwecke künftiger Strafverfahren in Dateien der Polizei gespeichert sind oder werden, werden generell nach **Polizeirecht** verwendet (BayVGH, Beschl. v. 24.07.2008 – 10 C 08.1780), **nur im Fall der Nutzung für ein Strafverfahren nach der StPO** (vgl. OVG Schleswig-Holstein NVwZ-RR 2007, 817, 818).

§ 485 Datenverarbeitung für Zwecke der Vorgangsverwaltung

[1]Gerichte, Strafverfolgungsbehörden einschließlich Vollstreckungsbehörden, Bewährungshelfer, Aufsichtsstellen bei Führungsaufsicht und die Gerichtshilfe dürfen personenbezogene Daten in Dateisystemen verarbeiten, verändern und nutzen, soweit dies für Zwecke der Vorgangsverwaltung erforderlich ist. [2]Eine Nutzung für die in § 483 bezeichneten Zwecke ist zulässig. [3]Eine Nutzung für die in § 484 bezeichneten Zwecke ist zulässig, soweit die Speicherung auch nach dieser Vorschrift zulässig wäre. [4]§ 483 Abs. 1 Satz 2 und Absatz 3 ist entsprechend anwendbar.

Übersicht

1 **A. Allgemeines.** Die Vorschrift schafft die **Rechtsgrundlage** für die **Verarbeitung personenbezogener Daten** in der **Vorgangsverwaltung** der im Normtext genannten Gerichte und Justizbehörden.

B. Erläuterungen. In dem für eine ordnungsgemäße Vorgangsverwaltung (zum Begriff s. BeckOK-StPO/*Wittig* § 485 Rn. 1: Erfassung und Verwaltung bestehenden Akten- und Dateimaterials) erforderlichen Umfang ist es den Gerichten und den in Satz 1 genannten Justizbehörden gestattet, personenbezogene Daten in Dateisystemen zu verarbeiten. Die Erforderlichkeit bestimmt dabei den Umfang der zu speichernden Daten – in der Regel jedenfalls Name, Vorname, Geburtsdatum, Einleitungs- und Erledigungsdatum sowie Erledigungsart, mithin Daten, die eine Wiederauffinden einer Akte gewährleisten (vgl. OLG Brandenburg, Beschl. v. 04.11.2014 – 2 VAs 2/13) – als auch die zeitliche Grenze der Speicherung (SK-StPO/*Weßlau/Deiters* § 485 Rn. 3; OLG *Hamburg* NStZ 2009, 707, 708, m.Anm. Habenicht NStZ 2009, 709). Dem muss in einer Einzelfallprüfung (§ 489 Abs. 2) Rechnung getragen werden (OLG Frankfurt NStZ-RR 2010, 350, 351). Auch ob die Daten über die Speicherung hinaus genutzt werden, ist eine Frage der **Erforderlichkeit**. Einer fortdauernden, aber nicht erforderlichen Archivierung von Verfahrensakten aus technischen Gründen steht das Grundrecht auf informationelle Selbstbestimmung entgegen (BVerfG, Beschl. vom 13.05.2015 – 1 BvR 99/11). Die Daten dürfen zugleich für eine **Vorgangsverwaltung** nach Satz 1 und nach Maßgabe der §§ 483, 484 von den Strafverfolgungsbehörden **für Zwecke der Strafverfolgung** in einer gemeinsamen Datei gespeichert werden (so auch Meyer-Goßner/Schmitt/*Köhler* § 485 Rn. 1). 2

Satz 2 gestattet darüber hinaus, dass Daten, die zunächst nur für eine Vorgangsverwaltung gespeichert wurden, auch für Zwecke eines konkreten aktuellen Strafverfahrens (nach § 483) **genutzt** werden dürfen; Satz 3 gestattet sogar eine Speicherung für Zwecke künftiger Strafverfahren, wobei die im Gesetzestext genannte Einschränkung, nach der dies nur möglich sein soll, wenn eine Speicherung nach § 484 zulässig wäre, jedenfalls hinsichtlich des Basisdatensatzes de facto leer läuft, da § 484 Abs. 1 – abgesehen von der Zweckbindung – **voraussetzungslos** ist. 3

Für die **polizeiliche Vorgangsverwaltung** verweist Satz 4 global auf § 483 Abs. 3. Dies betrifft v.a. den Umgang mit Mischdateien der Polizei (SK-StPO/*Weßlau/Deiters* § 485 Rn. 7). 4

§ 486 Gemeinsame Dateisysteme

[1]Die personenbezogenen Daten können für die in den §§ 483 bis 485 genannten Stellen in gemeinsamen Dateisystemen gespeichert werden. [2]Dies gilt für Fälle des § 483 Absatz 1 Satz 2, auch in Verbindung mit § 485 Satz 4, entsprechend.

Die Vorschrift erlaubt in **Abs. 1** die **Einrichtung gemeinsamer Dateien** für die Speicherung personenbezogener Daten durch die in §§ 483 bis 485 genannten Stellen zu den dort genannten Zwecken (vgl. KK-StPO/*Gieg* § 486 Rn. 1). Personenbezogene Daten müssen demnach nicht in mehreren Dateien parallel vorgehalten werden, um sie zu den in §§ 483 bis 485 genannten Zwecken zu nutzen. Die bereits jetzt in § 485 Satz 2 und Satz 3 gesetzlich geregelte Mehrfachnutzung von Daten (SK-StPO/*Deiters/Weßlau* § 486 Rn. 1) wird hier aufgenommen. Dies kommt sowohl den genannten (Justiz-) Behörden zugute, da diese in einer gemeinsamen Datei jeden Datensatz jeweils nur einmal verwalten müssen und sämtliche Behörden **Zugriff** auch auf die nur von einer Stelle **für sie gespeicherten Daten** haben, als auch den Betroffenen, da ihre Daten nicht mehrfach – mit der Folge eines unterschiedlichen Schicksals der inhaltsgleichen Datensätze – an verschiedenen Stellen gespeichert sind. Dadurch wird der speichernden Stelle wie auch den Betroffenen der Zugang zu den Daten erleichtert. Zu beachten ist, dass die Führung einer gemeinsamen Datei **keine Verlagerung der Verantwortlichkeiten** zur Folge hat. Die Stelle, die aus ihrem Zuständigkeitsbereich Daten in die gemeinsame Datei einbringt, ist für diese Daten auch weiter verantwortlich (SK-StPO/*Deiters/Weßlau* § 486 Rn. 2). Bei Schaffung einer gemeinsamen Datei ist hierfür eine **Errichtungsanordnung** i.S.v. § 490 zu erstellen (BeckOK-StPO/*Wittig* § 486 Rn. 1 m.w.N.). 1

Zu beachten sind die **Landesdatenschutzgesetze**, die immer dann greifen, wenn eine gemeinsame Datei Datensätze verschiedener Stellen nur eines Landes aufnehmen; bei länderübergreifenden Dateien sind **Vereinbarungen** zwischen den beteiligten Ländern zu schließen (Meyer-Goßner/Schmitt/*Köhler* § 486 Rn. 2). 2

§ 487 Übermittlung gespeicherter Daten; Auskunft

(1) **[1]Die nach den §§ 483 bis 485 gespeicherten Daten dürfen den zuständigen Stellen übermittelt werden, soweit dies für die in diesen Vorschriften genannten Zwecke, für Zwecke eines Gnadenverfahrens, des Vollzugs von freiheitsentziehenden Maßnahmen oder der internationalen Rechtshilfe in Strafsachen erforderlich ist. [2] § 479 Absatz 1 und 2 und § 485 Satz 3 gelten entsprechend. Bewährungshelfer und Führungsaufsichtsstellen dürfen personenbezogene Daten von Verurteilten, die unter Aufsicht gestellt sind, an die Einrichtungen des Justiz- und Maßregelvollzugs übermitteln, wenn diese Daten für den Vollzug der Freiheitsentziehung, insbesondere zur Förderung der Vollzugs- und Behandlungsplanung oder der Entlas-**

sungsvorbereitung erforderlich sind; das Gleiche gilt für Mitteilungen an Vollstreckungsbehörden, soweit diese Daten für die in § 477 Absatz 2 Nummer 1 oder 3 genannten Zwecke erforderlich sind.

(2) [1]Außerdem kann, unbeschadet des § 57 des Bundesdatenschutzgesetzes, Auskunft aus einer Datei erteilt werden, soweit nach den Vorschriften dieses Gesetzes Akteneinsicht oder Auskunft aus den Akten gewährt werden könnte. [2]Entsprechendes gilt für Mitteilungen nach den §§ 477 und 481 Absatz 1 Satz 2 sowie für andere besondere gesetzliche Bestimmungen, die die Übermittlung personenbezogener Daten aus Strafverfahren anordnen oder erlauben.

(3) [1]Die Verantwortung für die Zulässigkeit der Übermittlung trägt die übermittelnde Stelle. [2]Erfolgt die Übermittlung auf Ersuchen des Empfängers, trägt dieser die Verantwortung. [3]In diesem Falle prüft die übermittelnde Stelle nur, ob das Übermittlungsersuchen im Rahmen der Aufgaben des Empfängers liegt, es sei denn, dass besonderer Anlass zu einer weitergehenden Prüfung der Zulässigkeit der Übermittlung besteht.

(4) [1]Die nach den §§ 483 bis 485 gespeicherten Daten dürfen auch für wissenschaftliche Zwecke übermittelt werden. [2] § 476 gilt entsprechend.

(5) Besondere gesetzliche Bestimmungen, die die Übermittlung von Daten aus einem Strafverfahren anordnen oder erlauben, bleiben unberührt.

(6) [1]Die Daten dürfen nur zu dem Zweck verwendet werden, für den sie übermittelt worden sind. [2]Eine Verwendung für andere Zwecke ist zulässig, soweit die Daten auch dafür hätten übermittelt werden dürfen.

Übersicht

1 **A. Allgemeines.** Die Norm regelt die **Übermittlung** von gespeicherten Daten, die nach den §§ 483 bis 485 gespeichert wurden. In Abs. 2 werden die Vorschriften über die Beauskunftung aus oder die Einsicht in Akten auch für die Auskunft aus elektronisch gespeicherten Dateien für anwendbar erklärt. Die Norm wird als **Öffnungsklausel und gesetzliche Grundlage eines umfassenden Netzwerks** der Datenübermittlung und -verwendung durch die Organe der Strafrechtspflege angesehen (LR/*Hilger* § 487 Rn. 1).

2 **B. Erläuterungen. I. Datenübermittlung (Abs. 1). Abs. 1** gestattet die Übermittlung von Daten an **Drittempfänger** (vgl. KK-StPO/*Gieg* § 487 Rn. 2), die in den in §§ 483 bis 485 genannten Dateien abgelegt sind. Die Übermittlung ist allerdings an Voraussetzungen geknüpft; und zwar sowohl was den Kreis der Datenrezipienten anbelangt als auch mit Blick auf den Übermittlungszweck. Als **zuständige Stellen** sind hier die in den Bezugsnormen genannten Institutionen anzusehen. Dazu zählen in erster Linie die in § 483 Abs. 1 bezeichneten Stellen, v.a. **Gerichte und StA**, aber auch die in § 483 Abs. 3 erwähnten **Polizeidienststellen** bei der Erfüllung präventiv-polizeilicher Aufgaben. Hinzu kommen die Stellen, die für die in Abs. 1 ausdrücklich erwähnten Zwecke zuständig sind, also Vornahme- und Bewilligungsbehörden im **internationalen Rechtshilfeverkehr** und die **Gnadenbehörden**. Auch die in § 483 Abs. 1 nicht genannte **Jugendgerichtshilfe** kommt als Empfängerin in Betracht (Meyer-Goßner/Schmitt/*Köhler* § 487 Rn. 1). Die Übermittlung kann von Amts wegen oder auf Ersuchen geschehen (BeckOK-StPO/*Wittig* § 487 Rn. 2).

3 Die in Abs. 1 normierte **Zweckbindung** ist denkbar weit gefasst. Neben den Zwecken des Verfahrens, für das die Daten erhoben wurden, sind auch Zwecke **anderer, bereits bestehender Strafverfahren** (in allen Stadien einschließlich des Vollstreckungsverfahrens) und **künftiger Strafverfahren**, jedenfalls in dem von § 484 genannten Umfang, von der Vorschrift umfasst, wenn die Übermittlung hierfür nur **erforderlich** ist. Infolge des Verweises auf § 485 können Daten auch für die Vorgangsverwaltung übermittelt werden (SK-StPO/*Deiters*/*Weßlau* § 487 Rn. 1); hier ist allerdings § 485 Satz 3 (Nutzung für zukünftige Strafverfahren) zu beachten. Schließlich ist die Übermittlung für Zwecke eines Gnadenverfahrens und für Zwecke der internationalen Rechtshilfe in Strafsachen möglich. **Eingeschränkt** wird die Verwendbarkeit der übermittelten Daten durch den Verweis auf § 479 Abs. 1 und 2, sodass v.a. die Übermittlung von Daten, die durch strafprozessuale Maßnahmen gewonnen wurden, deren Zulässigkeit vom Vorliegen bestimmter **Katalogtaten** abhängig ist (z.B. durch TKÜ), nur unter **engen Voraussetzungen** möglich ist. Entgegenstehende Verwendungsregelungen sind zu beachten.

4 Abs. 1 S. 3 ermöglicht es Bewährungshelfern und Führungsaufsichtstellen (vgl. BeckOK-StPO/*Wittig* § 487 Rn. 4) personenbezogene Daten von Verurteilten, die unter Aufsicht gestellt sind, an Einrichtungen des Justiz- und Maßregelvollzugs zu übermitteln, wenn diese Daten für den Vollzug der Freiheitsentziehung erforder-

lich sind. Diese dürfen dort nach § 483 gespeichert werden. Allerdings darf es sich nur um Daten handeln, die aus den eigenen Akten des Bewährungshelfers stammen (Meyer-Goßner/Schmitt/*Köhler* § 487 Rn. 1).

II. Auskunftsoption (Abs. 2). Aus **Abs. 2** kann **kein eigener Anspruch** auf Auskunft aus Dateien hergeleitet werden (Meyer-Goßner/Schmitt/*Köhler* § 487 Rn. 2; SK-StPO/*Deiters/Weßlau* § 487 Rn. 8). Die Vorschrift regelt nur die Option einer Beauskunftung aus einer Datei, wenn die Voraussetzungen einer **Auskunft aus den Akten** oder einer **Akteneinsicht nach den allgemeinen Vorschriften der StPO zur Akteneinsicht für Verfahrensbeteiligte** (§§ 147, 385 Abs. 3, 397 Abs. 3, 406e, 434 Abs. 1 S. 2, 442 Abs. 1 oder 444 Abs. 2) **oder nach §§ 474 ff.**,also auch unter Beachtung von Übermittlungsverboten und Verwendungsbeschränkungen nach § 479, ihrerseits vorliegen (BeckOK-StPO/*Wittig* § 487 Rn. 5). Nur wenn eine Datei **Bestandteil der** (gerichtlichen) **Akten** geworden ist, unterliegt sie den allgemeinen Vorschriften zu Akteneinsicht und Auskunft (SK-StPO/*Deiters/Weßlau* § 487 Rn. 9). Abs. 2 S. 1 stellt klar, dass das Auskunftsrecht nach § 57 BDSG daneben bestehen bleibt. Die Auskunftsoption, die der Entlastung der Justiz dienen soll, wird auch auf die Mitteilungen von Amts wegen für Zwecke der Strafverfolgung nach § 477 und die Übermittlung an Polizeibehörden für die Erfüllung deren eigener (präventiver) Aufgaben gem. § 481 Abs. 1 Satz 2 sowie auf die Übermittlung von Daten nach Spezialgesetzen ausgedehnt (Abs. 2 Satz 2). 5

III. Verantwortlichkeit (Abs. 3). **Abs. 3** regelt die Verantwortlichkeit für die Datenübermittlung. Diese liegt grds. bei der **übermittelnden Stelle**, da sie die Verfügungsmacht über die Daten hat. Wird indes um die Übermittlung der Daten **nachgesucht**, verlagert sich die Verantwortung z.T. auf die ersuchende Stelle, Abs. 3 Satz 2. Sie verbleibt aber bei der übermittelnden Stelle, soweit darum geht, ob die Anforderung der Daten auch tatsächlich i.R.d. Aufgaben des Empfängers liegt. Dies soll entsprechend § 477 Abs. 5 S. 1, 2 sinnvollerweise auch gelten, wenn ein Ersuchen von Privaten vorliegt (BeckOK-StPO/*Wittig* § 487 Rn. 6 unter Verweis auf LR/*Hilger* § 487 Rn. 9), auch wenn derartige Fallgestaltungen kaum vorstellbar sind. Ggf. kann auch eine weitergehende Prüfung erfolgen (Abs. 3 Satz 3). 6

IV. Wissenschaftliche Zwecke, Sonderbestimmungen, Zweckbindung (Abs. 4 bis 6). Die Zulässigkeit der Übermittlung der Daten **für wissenschaftliche Zwecke** (vgl. § 476) normiert **Abs. 4. Abs. 5** legt im **Konkurrenzverhältnis** zu spezialgesetzlichen Regelungen fest, dass diese von § 487 nicht verdrängt werden. 7

Abs. 6 schließlich befasst sich (nochmals) mit der **Zweckbindung** der Datenübermittlung und regelt in Satz 1 die Selbstverständlichkeit, die sich schon aus Abs. 1 ergibt, dass die Daten nur für die Zwecke verwendet werden dürfen, für die sie übermittelt wurden, also die Erfüllung der Aufgaben des Empfängers. In Abs. 6 Satz 2 wird die Zweckbindung allerdings um die **Zulässigkeit einer Zweckänderung** erweitert: Wenn die Daten auch für den Zweck, für den sie nun abweichend von der eigentlichen Zweckbestimmung verwendet werden, hätten übermittelt werden dürfen, ist dies rechtmäßig (vgl. § 479 Abs. 5). 8

§ 488 Automatisierte Verfahren für Datenübermittlungen

(1) [1]Die Einrichtung eines automatisierten Abrufverfahrens oder eines automatisierten Anfrage- und Auskunftsverfahrens ist für Übermittlungen nach § 487 Abs. 1 zwischen den in § 483 Abs. 1 genannten Stellen zulässig, soweit diese Form der Datenübermittlung unter Berücksichtigung der schutzwürdigen Interessen der betroffenen Personen wegen der Vielzahl der Übermittlungen oder wegen ihrer besonderen Eilbedürftigkeit angemessen ist. [2]Die beteiligten Stellen haben zu gewährleisten, dass dem jeweiligen Stand der Technik entsprechende Maßnahmen zur Sicherstellung von Datenschutz und Datensicherheit getroffen werden, die insbesondere die Vertraulichkeit und Unversehrtheit der Daten gewährleisten; im Falle der Nutzung allgemein zugänglicher Netze sind dem jeweiligen Stand der Technik entsprechende Verschlüsselungsverfahren anzuwenden.

(2) [1]Bei der Festlegung zur Einrichtung eines automatisierten Abrufverfahrens haben die beteiligten Stellen zu gewährleisten, dass die Zulässigkeit des Abrufverfahrens kontrolliert werden kann. [2]Hierzu haben sie Folgendes schriftlich festzulegen:

1. den Anlass und den Zweck des Abrufverfahrens,
2. die Dritten, an die übermittelt wird,
3. die Art der zu übermittelnden Daten und
4. die nach § 64 des Bundesdatenschutzgesetzes erforderlichen technischen und organisatorischen Maßnahmen.

[3]Die Festlegung bedarf der Zustimmung der für die speichernde und die abrufende Stelle jeweils zuständigen Bundes- und Landesministerien. [4]Die speichernde Stelle übersendet die Festlegungen der Stelle, die für die Kontrolle der Einhaltung der Vorschriften über den Datenschutz bei öffentlichen Stellen zuständig ist.

(3) [1]Die Verantwortung für die Zulässigkeit des einzelnen Abrufs trägt der Empfänger. [2]Die speichernde Stelle prüft die Zulässigkeit der Abrufe nur, wenn dazu Anlass besteht. [3]Die speichernde Stelle hat zu gewährleisten, dass die Übermittlung personenbezogener Daten festgestellt und überprüft werden kann. [4]Im Rahmen der Protokollierung nach § 76 des Bundesdatenschutzgesetzes hat sie ergänzend zu den dort in Absatz 2 aufgeführten Daten die abgerufenen Daten, die Kennung der abrufenden Stelle und das Aktenzeichen des Empfängers zu protokollieren. [5]Die Protokolldaten sind nach zwölf Monaten zu löschen.
(4) Die Absätze 2 und 3 gelten für das automatisierte Anfrage- und Auskunftsverfahren entsprechend.

Übersicht

1 **A. Allgemeines.** In § 488 sind die Zulässigkeit eines **automatisierten Online-Datenabrufverfahrens** bei der Übermittlung von Daten nach § 487 zwischen den in § 483 genannten Justizbehörden sowie deren Voraussetzungen normiert. Die Vorschrift richtet sich an **Justizbehörden**, dient aber auch dem Schutz der Daten Einzelner.

2 **B. Erläuterungen. I. Teilnahmeberechtigte und Voraussetzungen (Abs. 1).** Als zur Teilnahme **am automatisierten Abrufverfahren** berechtigte Stellen werden in Abs. 1 die in § 483 Abs. 1 aufgezählten Justizbehörden (Gerichte, Strafverfolgungsbehörden einschließlich Vollstreckungsbehörden, Bewährungshelfer, Aufsichtsstellen bei Führungsaufsicht und die Gerichtshilfe) genannt. Sinnvoller Weise sind unter den Gerichten **nur die mit Strafsachen befassten Spruchkörper** zu verstehen. Die in § 483 Abs. 3 erwähnten **Polizeibehörden** zählen ausdrücklich **nicht** zum Kreis der Teilnehmer am automatisierten Verfahren. **Zweck** der Einrichtung eines automatisierten Verfahrens ist die Übermittlung von Daten nach § 487 Abs. 1.

3 Voraussetzung der automatisierten Datenübermittlung ist, dass sie generell (vgl. BeckOK-StPO/*Wittig* § 488 Rn. 1 m.w.N.) aufgrund der **Vielzahl** der zu übermittelnden Datensätze oder alternativ wegen besonderer **Eilbedürftigkeit** nach Abwägung mit den **schutzwürdigen Interessen der Betroffenen** § 46 Nr. 1 BDSG) angemessen ist (Meyer-Goßner/Schmitt/*Köhler* § 488 Rn. 1); notwendig muss sie indes nicht sein. Als schutzwürdige Interessen können neben dem Verwendungszweck, die Zahl der Empfänger und die Art der Daten in Betracht kommen (LR/*Hilger* § 488 Rn. 8; BeckOK-StPO/*Wittig* § 487 Rn. 2). Die Daten müssen bei der Übermittlung nach Abs. 1 Satz 2 entsprechend dem Stand der Technik geschützt und bei Verwendung allgemein zugänglicher Netze verschlüsselt werden.

4 **II. Festlegung (Abs. 2).** In **Abs. 2** sind die **organisatorischen Voraussetzungen** eines automatisierten Datenabrufverfahrens normiert. Sonach müssen Einzelheiten eines solchen Verfahrens vor dessen Inbetriebnahme in einer so genannten **Festlegung** geregelt sein. Abs. 2 Sätze 1 und 2 regelt in der durch das Gesetz zur Umsetzung der Richtlinie (EU) 2016/680 im Strafverfahren sowie zur Anpassung datenschutzrechtlicher Bestimmungen an die Verordnung (EU) vom 20.11.2019 (BGBl. I, S. 1724) geänderten Fassung die Voraussetzungen für eine Festlegung zur Errichtung eines automatisierten Abrufverfahrens. Satz 1 bestimmt, dass die beteiligten Stellen zu gewährleisten haben, das die Zulässigkeit des Abrufverfahrens kontrolliert werden kann. Nach Satz 2 müssen sie dazu so konkret und detailliert wie möglich nach Nr. 1 den Anlass und Zweck des Abrufverfahrens, nach Nr. 2 die Dritten, an die übermittelt werden soll, nach Nr. 3 die Art der zu übermittelnden Daten und nach Nr. 4 die nach § 64 BDSG erforderlichen technischen und organisatorischen Maßnahmen schriftlich festlegen. Die Festlegungen können entweder in einer Errichtungsanordnung gem. § 490 enthalten sein oder gesondert getroffen werden (SK-StPO/*Weßlau/Deiters* § 488 Rn. 14). Nach Satz 3 bedürfen die schriftlichen Festlegungen der Zustimmung des für die speichernde und die abrufende Stelle jeweils zuständigen Bundes- und Landesministerien. Satz 4 schreibt vor, dass die speichernde Stelle die Festlegungen der Stelle übersendet, die für die Kontrolle der Einhaltung der Vorschriften über den Datenschutz bei öffentlichen Stellen zuständig ist. Diese Unterrichtung ist jedoch keine Zulässigkeitsvoraussetzung für die Einrichtung des Verfahrens und kann nachgeholt werden (SK-StPO/*Weßlau/Deiters* § 488 Rn. 16).

5 **III. Abrufverantwortung und Protokollierungspflicht (Abs. 3).** Die Neufassung des **Abs. 3** sieht neben der Verantwortung für die Zulässigkeit des einzelnen Abrufs eine umfassende Protokollierungspflicht (Meyer-Goßner/Schmitt/*Köhler* § 488 Rn. 3) vor.

6 Dass dem **Empfänger**, der den einzelnen Datenabruf veranlasst, **nach Abs. 3 Satz 1** die Verantwortung für dessen Zulässigkeit überbürdet wird, ist nur konsequent, da die Automatisierung des Abrufverfahrens einen

voluntativ gesteuerten Beitrag der speichernden Stelle nicht mehr vorsieht. Letztlich greift der Empfänger über einen solchen Abruf nur auf eine anderswo eingerichtete Datenbank zu. Nur wenn ein **konkreter Anlass** dazu besteht, prüft die speichernde Stelle die Zulässigkeit der Abrufe (Abs. 3 Satz 2). Hier ist § 487 Abs. 1 Satz 2 i.V.m. § 479 Abs. 1 und 2 StPO zu beachten.

Aufgabe der speichernden Stelle ist es nach Abs. 3 Satz 3, eine Kontrolle des Datenabrufs zu ermöglichen. 7
Sie muss gewährleisten, dass die Übermittlung personenbezogener Daten im Einzelfall festgestellt und überprüft werden kann, eine Stichprobenkontrolle wie in Abs. 3 a.F. genügt nunmehr nicht. Der Umfang der Protokollierungspflicht ergibt sich aus § 76 BDSG und die weiteren in Abs. 3 Satz 4 aufgeführten Anforderungen. Nach § 67 Abs. 3 BDSG dürfen die Protokolle nur für die Überprüfung der Rechtmäßigkeit der Datenverarbeitung, für die Eigenüberwachung und Selbstkontrolle sowie für Strafverfahren verwendet werden. Die Protokolle sind nach Satz 5 – abw. als nach § 76 Abs. 4 BDSG – nach zwölf Monaten zu löschen.

Nach dem durch das Gesetz zur Umsetzung der Richtlinie (EU) 2016/680 im Strafverfahren sowie zur 8
Anpassung datenschutzrechtlicher Bestimmungen an die Verordnung (EU) vom 20.11.2019 (BGBl. I, S. 1724) neu eingefügten Abs. 4 gelten die Abs. 2 und 3 – insoweit klarstellend (vgl. BT-Drs. 19/4671, S. 69) – auch für automatisierte Anfrage- und Auskunftsverfahren entsprechend.

§ 29 Abs. 6 S. 2 BKAG sieht vor, dass StA befugt sind, zum Zwecke der Strafrechtspflege im automatisierten 9
Verfahren bestimmte, dort abschließend aufgeführte Datensätze abzurufen; das BMI ist im Einvernehmen mit dem BMJ nach Abs. 7 dieser Norm ermächtigt, durch VO, die der Zustimmung des BR bedarf, weitere Daten-Kategorien für den automatisierten Datenabruf freizugeben (Meyer-Goßner/Schmitt/*Köhler* § 488 Rn. 5; SK-StPO/*Weßlau*/*Deiters* § 488 Rn. 23).

§ 489 Löschung und Einschränkung der Verarbeitung von Daten

(1) Zu löschen sind, unbeschadet der anderen, in § 75 Absatz 2 des Bundesdatenschutzgesetzes genannten Gründe für die Pflicht zur Löschung,

1. die nach § 483 gespeicherten Daten mit der Erledigung des Verfahrens, soweit ihre Speicherung nicht nach den §§ 484 und 485 zulässig ist,

2. die nach § 484 gespeicherten Daten, soweit die dortigen Voraussetzungen nicht mehr vorliegen und ihre Speicherung nicht nach § 485 zulässig ist, und

3. die nach § 485 gespeicherten Daten, sobald ihre Speicherung zur Vorgangsverwaltung nicht mehr erforderlich ist.

(2) [1]Als Erledigung des Verfahrens gilt die Erledigung bei der Staatsanwaltschaft oder, sofern die öffentliche Klage erhoben wurde, bei Gericht. [2]Ist eine Strafe oder eine sonstige Sanktion angeordnet worden, so ist der Abschluss der Vollstreckung oder der Erlass maßgeblich. [3]Wird das Verfahren eingestellt und hindert die Einstellung die Wiederaufnahme der Verfolgung nicht, so ist das Verfahren mit Eintritt der Verjährung als erledigt anzusehen.

(3) [1]Der Verantwortliche prüft nach festgesetzten Fristen, ob gespeicherte Daten zu löschen sind. [2]Die Frist zur Überprüfung der Notwendigkeit der Speicherung nach § 75 Absatz 4 des Bundesdatenschutzgesetzes beträgt für die nach § 484 gespeicherten Daten

1. bei Beschuldigten, die zur Tatzeit das achtzehnte Lebensjahr vollendet hatten, zehn Jahre,

2. bei Jugendlichen fünf Jahre,

3. in den Fällen des rechtskräftigen Freispruchs, der unanfechtbaren Ablehnung der Eröffnung des Hauptverfahrens und der nicht nur vorläufigen Verfahrenseinstellung drei Jahre,

4. bei nach § 484 Absatz 1 gespeicherten Daten zu Personen, die zur Tatzeit nicht strafmündig waren, zwei Jahre.

(4) Der Verantwortliche kann in der Errichtungsanordnung nach § 490 kürzere Prüffristen festlegen.

(5) Die Fristen nach Absatz 3 beginnen mit dem Tag, an dem das letzte Ereignis eingetreten ist, das zur Speicherung der Daten geführt hat, jedoch nicht vor

1. Entlassung der betroffenen Person aus einer Justizvollzugsanstalt oder

2. Beendigung einer mit Freiheitsentziehung verbundenen Maßregel der Besserung und Sicherung.

(6) [1]§ 58 Absatz 3 Satz 1 Nummer 1 und 3 des Bundesdatenschutzgesetzes gilt für die Löschung nach Absatz 1 entsprechend. [2]Darüber hinaus ist an Stelle der Löschung personenbezogener Daten deren Verarbeitung einzuschränken, soweit die Daten für laufende Forschungsarbeiten benötigt werden. [3]Die Verarbeitung personenbezogener Daten ist ferner einzuschränken, soweit sie nur zu Zwecken der Datensicherung oder der Datenschutzkontrolle gespeichert sind. [4]Daten, deren Verarbeitung nach den Sätzen 1 oder 2 eingeschränkt ist, dürfen nur zu dem Zweck verwendet werden, für den ihre Löschung unterblieben ist. [5]Sie dürfen auch verwendet werden, soweit dies zur Behebung einer bestehenden Beweisnot unerlässlich ist.

(7) Anstelle der Löschung der Daten sind die Datenträger an ein Staatsarchiv abzugeben, soweit besondere archivrechtliche Regelungen dies vorsehen.

Übersicht

1 **A. Allgemeines.** Die Norm soll die **Persönlichkeit** der von einer Datenspeicherung Betroffenen **schützen**, indem sie in bestimmten Fällen die Berichtigung, die Löschung oder zumindest die Sperrung von Daten vorschreibt. Sie dient als Ausprägung des Grundrechts auf informationelle Selbstbestimmung der verfassungsrechtlich gebotenen Verfahrenssicherung bei der Verarbeitung personenbezogener Daten (SK-StPO/*Weßlau/Deiters* § 489 Rn. 1; BVerfG NJW 2009, 2431, 2438). Die Löschung und Einschränkung (§ 46 Nr. 2 und 3 BDSG) erfasst alle nach §§ 483 bis 485 in Dateisystemen gespeicherten Daten, nicht aber die zu **polizeilich-präventiven Zwecken** gespeicherten gem. §§ 483 Abs. 3, 484 Abs. 4 und 485 Satz 4, diese sind vom Anwendungsbereich der Vorschrift **ausgenommen** (vgl. Meyer-Goßner/Schmitt/*Köhler* § 489 Rn. 1; KK-StPO/*Gieg* § 498 Rn. 1; BeckOK-StPO/*Wittig* § 489 Rn. 1: Löschungsanspruch nach Landespolizeigesetzen).

2 **B. Erläuterungen. I. Gesetzessystematik, Neufassung.** Durch das Gesetz zur Umsetzung der Richtlinie (EU) 2016/680 im Strafverfahren sowie zur Anpassung datenschutzrechtlicher Bestimmungen an die Verordnung (EU) 2016/679 wurde die Vorschrift in Teilen verändert. Da die unmittelbar anwendbaren §§ 57 und 75 Abs. 4 und 5 BDSG bereits allgemeine Regelungen zur Berichtigung, Löschung und Einschränkung der Verarbeitung vorsehen, wurde ein Teil der bisher in § 489 StPO vorgesehen Regelungen entbehrlich. Dieser wurde daher auf die hierüber hinausgehenden, besonderen Regelungsinhalte reduziert. So ergeben sich die bisher in § 489 Abs. 1 und 2 Satz 1 a.F. vorgesehenen allgemeinen Berichtigungs- und Löschungsvorschriften nunmehr schon aus § 75 Abs. 1 und 2 BDSG. Eine eigene Regelung ist daher nicht mehr erforderlich (BT-Drs. 19/4671, S. 69).

3 Demnach ergibt sich die Pflicht der speichernden Stelle als Verantwortliche (§ 46 Nr. 7 BSDG) zur Berichtigung unmittelbar aus § 75 Abs. 1 BDSG. In diesem ist ein allgemeiner Grundsatz niedergelegt, was sich sowohl im Interesse des Betroffenen als auch im Interesse der die Daten verwendenden Stellen von selbst versteht (KK-StPO/*Gieg* § 489 Rn. 2). Der Betroffene hat regelmäßig den Wunsch, dass Dateien, die im Zusammenhang mit Strafverfolgung über ihn gespeichert sind, inhaltlich zutreffen. Dieser Wunsch ist indes bei den mit Strafverfolgung befassten Behörden noch ausgeprägter, denn unrichtige Daten sind nicht verwendbar und damit nutzlos. Sie werden als solche erkannte Daten deshalb schon aus eigenem Interesse berichtigen; eines dahin gehenden Antrags des Betroffenen bedarf es nicht (Meyer-Goßner/Schmitt/*Köhler* § 489 Rn. 2). Die Berichtigung hat jedoch in der Weise zu erfolgen, dass sie **nachvollziehbar** bleibt, um so dem Gebot der Aktenwahrheit und -vollständigkeit Rechnung zu tragen (KK-StPO/*Gieg* § 489 Rn. 2; Meyer-Goßner/Schmitt/*Köhler* § 489 Rn. 2).

4 **II. Löschung (Abs. 1).** Die Voraussetzungen für eine Löschung ergibt sich durch einen entsprechenden Verweis zunächst direkt aus § 75 Abs. 2 BDSG. Demnach hat der Verantwortliche personenbezogene Daten unverzüglich zu löschen, wenn ihre Verarbeitung unzulässig ist, sie zur Erfüllung einer rechtlichen Verpflichtung gelöscht werden müssen oder ihre Kenntnis für seine Aufgabenerfüllung nicht mehr erforderlich ist. Eine Unzulässigkeit der Verarbeitung kann sich daraus ergeben, dass die Daten unzulässig erhoben, zu anderen als in den in §§ 483 bis 485 genannten Zwecken oder entgegen einer Löschungspflicht gespeichert wurden oder ein Übermittlungsverbot bestand (BeckOK-StPO/*Wittig* § 489 Rn. 3.1 m.w.N.). Dies entspricht der allgemeinen Regel, dass Daten immer dann, wenn sie nicht mehr benötigt werden, nicht mehr erforderlich, ungeeignet oder sonst wie unverwendbar sind, gelöscht werden müssen. Dies ist Ausfluss des Grundrechts auf informationelle Selbstbestimmung sowie des Grundsatzes der Zweckbindung im Datenschutzrecht (vgl. OLG Frankfurt NStZ-RR 2008, 183; OLG Hamburg NStZ 2009, 707, 708 m.Anm. *Habenicht*; MüKo-StPO/*Singelnstein* § 489 Rn. 6). Hieraus ergibt sich auch, ohne dass dies gesetzlich so unmittelbar geregelt wäre, dass eine weitere Speicherung von personenbezogenen Daten nicht zulässig ist, wenn diese wegen einer entgegenstehenden Verwendungsregelung nicht mehr nutzbar sind (vgl. KK-StPO/*Gieg* § 489 Rn. 3 m.w.N.; vgl. auch *Waszczynski* JA 2013, 60, 63: Löschungsanspruch auch bei unzulässiger Erhebung). Die Löschung hat unverzüglich von Amts wegen zu erfolgen. (vgl. Meyer-Goßner/Schmitt/*Köhler* § 489 Rn. 3)

5 Die weiteren Regelungen des Abs. 1 Nr. 1 bis 3 ergänzen und konkretisieren die allgemeine Vorschrift des § 75 Abs. 2 BDSG um spezifische, das Strafverfahren betreffende Löschungsvorschriften (SK-StPO/*Weßlau/*

Deiters § 489 Rn. 2). Diese richten sich nach dem jeweiligen Verfahrenszweck. Abs. 1 regelt in numerischer Aufzählung im Einzelnen, wann nach §§ 483 bis 485 gespeicherte Daten zu löschen sind, dabei bezieht sich Abs. 1 Nr. 1 auf nach § 483, Nr. 2 auf nach § 484 und Nr. 3 auf nach § 485 gespeicherte Daten.

Abs. 1 Nr. 1 hebt auf den in Abs. 2 legal definierten Begriff der **Erledigung des Verfahrens** ab. Bedeutsam sind insoweit v.a. die Vernichtungsregelungen der StPO, z.B. in § 98b Abs. 3 Satz 2. Abs. 1 Nr. 2 verweist auf Abs. 3 und die dort genannten **Überprüfungsfristen**. Abs. 1 Nr. 3 schließlich ordnet eine Löschung der nach § 485 erhobenen Daten an, sobald sie für die dort geregelte Vorgangsverwaltung **nicht mehr benötigt** werden (vgl. hierzu OLG Brandenburg, Beschl. v. 04.11.2014 – 2 VAs 2/13). Durch das abgestufte Löschungsgebot ist die Möglichkeit einer Änderung des Speicherzwecks auch aus dem Blickwinkel der Datenlöschung normiert. **Zwingend vorgeschrieben** ist eine Löschung von nach § 483 gespeicherten Daten nur, wenn sie selbst für eine Vorgangsverwaltung nach § 485 nicht mehr benötigt werden. Letztlich verlangt § 489 Abs. 1, sofern eine (weitere) Speicherung nicht generell unzulässig ist, jedenfalls auf einen **Löschungsantrag** hin regelmäßig eine **Einzelfallprüfung** (vgl. OLG Brandenburg, Beschl. v. 04.11.2014 – 2 VAs 2/13), in der v.a. der konkrete Tatvorwurf, aber auch die durchgeführten Ermittlungsmaßnahmen sowie die hieraus resultierende Rechtsbeeinträchtigung des Betroffenen zu berücksichtigen sind (OLG Dresden MMR 2003, 592, 593; OLG Hamburg NStZ 2009, 707; KG StraFo 2009, 337; OLG Hamburg NStZ-RR 2010, 118; KG NStZ 2010, 232; OLG Frankfurt NStZ-RR 2010, 350, 351; vgl. auch OLG Frankfurt NStZ-RR 2008, 183: Wird das Verfahren eingestellt, weil sich herausgestellt hat, dass überhaupt keine Straftat begangen wurde, gewinnt das Grundrecht des vormaligen Beschuldigten auf informationelle Selbstbestimmung gem. Art. 2 Abs. 1 i.V.m. Art. 1 Abs. 1 GG besonderes Gewicht). 6

Abs. 2 gibt ein **subjektives Recht auf Datenlöschung** (OLG Hamburg NStZ 2009, 707; VG Karlsruhe, Urt. v. 30.07.2013 – 3 K 3496/12; vgl. auch § 20 Abs. 2 BDSG). Ein Betroffener hat, sind die gesetzlichen Voraussetzungen gegeben, einen Anspruch darauf, dass die ihn betreffenden Daten gelöscht werden (so auch KK-StPO/*Gieg* § 489 Rn. 3). Im Streitfalle ist der **Rechtsweg nach §§ 23 ff. EGGVG** eröffnet (st. Rspr.; OLG Dresden MMR 2003, 592; OLG Hamburg NStZ-RR 2010, 118; OLG Frankfurt NStZ-RR 2010, 350, 351). 7

III. Definition der Erledigung (Abs. 2). Abs. 2 erläutert den in Abs. 1 Nr. 1 genannten Begriff der **Erledigung des Verfahrens**. Verfahrenserledigung tritt nach dieser Vorschrift letztlich immer dann ein, wenn ein Verfahren so beendet ist, dass eine **weitere Erforderlichkeit** der erhobenen Daten **ausgeschlossen** ist. Dies führt dazu, dass im Fall einer Verfahrenseinstellung nach § 170 Abs. 2 durch die StA wegen fehlenden Tatnachweises eine solche Erledigung erst mit Eintritt der absoluten Verjährung erfolgt ist (Abs. 2 Satz 3). Die Definition der Erledigung des Verfahrens ist nach einer Auffassung im Schrifttum nicht abschließend; erfasst seien von Abs. 3 nur die Regelfälle (LR/*Hilger* § 489 Rn. 7). 8

IV. Prüffristen (Abs. 4 bis 6). Wie sich aus Abs. 4 ergibt, werden in Abs. 3 nur die **Höchstfristen** für die Aussonderungsprüfung festgelegt; abweichende, kürzere Fristen können in einer **Errichtungsanordnung** gem. § 490 Abs. 1 Nr. 7 festgelegt werden. Die Fristen zwingen nicht etwa zum Löschen der Dateien, sondern nur zur Prüfung, ob ihre Speicherung zu den in § 484 oder § 485 bezeichneten Zwecken noch erforderlich ist. Bei einer Speicherung nach § 483 sind die Fristen des Abs. 4 dann zu beachten, wenn die Speicherung zwar nicht mehr zu den in § 483 genannten Zwecken benötigt wird, wohl aber zu den in §§ 484 und 485 normierten. Die Prüffristen nach Abs. 3 beginnen am Tag, an dem das letzte Ereignis eingetreten ist, das zur Speicherung der Daten geführt hat, jedoch nach Abs. 5 nicht vor Entlassung der betroffenen Person aus einer Justizvollzugsanstalt oder Beendigung einer mit Freiheitsentziehung verbundenen Maßregel der Sicherung und Besserung. Eine besondere Problematik ergibt sich im Zusammenhang mit der Löschung von personenbezogenen Daten von **zur Tatzeit strafunmündigen Kindern** (Meyer-Goßner/Schmitt/*Köhler* § 489 Rn. 5): Die Speicherung von Daten strafunmündiger Kinder ist unzulässig; Abs. 3 Satz 2 Nr. 4 regelt lediglich die Löschung von zunächst aus Unkenntnis des Alters gespeicherten Daten (so auch SK-StPO/*Weßlau*/*Deiters* § 489 Rn. 14). 9

Nach Abs. 6 Satz 1 i.V.m. § 58 Abs. 3 Satz 1 Nr. 1 3 BDSG kann der Verantwortliche anstelle einer Löschung die **Verarbeitung einschränken**, wenn durch die Löschung schutzwürdige Interessen Betroffener beeinträchtigt würden oder die Löschung nur mit unverhältnismäßigen Aufwand möglich ist (zur Notwendigkeit des Verweises: Beck-OK-StPO/*Wittig* § 489 Rn. 7). Schutzwürdige Interessen können insb. dann entgegenstehen, wenn für die betroffene Person begünstigende Informationen gelöscht würden (Meyer-Goßner/Schmitt/*Köhler* § 489 Rn. 6). Nach Abs. 6 Satz 2 ist eine Einschränkung der Verarbeitung anstelle der Löschung möglich für laufende Forschungsarbeiten. Gleiches gilt für personenbezogene Daten, soweit sie nur zu Zwecken der Datensicherung oder der Datenschutzkontrolle gespeichert sind. Für die Daten, für die nach Abs. 6 anstelle einer Löschung eine Einschränkung der Verarbeitung erfolgt ist, besteht selbstverständlich eine enge 10

Zweckbindung, Satz 4. Eine Ausnahme hiervon sieht die Vorschrift in Satz 4 beim Vorliegen einer Beweisnot vor; diese dürfte aber wohl nicht zulasten einer betroffenen Person greifen (hierzu SK-StPO/*Weßlau/Deiters* § 489 Rn. 21, 22).

11 **V. Archivrechtliche Regelungen (Abs. 7).** Eine weitere Ausnahme von der Verpflichtung zur Löschung personenbezogener Daten enthält schließlich Abs. 7. Hier wird der Vorrang archivrechtlicher Regelungen vor der Löschungsverpflichtung des Abs. 2 normiert. Bei der abgebenden Stelle darf keine Kopie verbleiben (Meyer-Goßner/Schmitt/*Köhler* § 489 Rn. 8 m.w.N.).

12 **VI. Rechtsbehelf.** Gegen die antragswidrig unterbliebene Datenlöschung ist nach ganz h.M. der Rechtsweg nach § 23 EGGVG eröffnet (OLG Zweibrücken NStZ 2007, 55; OLG Brandenburg, Beschl. v. 04.11.2014 – 2 VAs 2/13). Dabei wird die Erforderlichkeit weiterer Datenkenntnis i.S.v. Abs. 2 als unbestimmter Rechtsbegriff der vollen gerichtlichen Überprüfung unterzogen.

§ 490 Errichtungsanordnung für automatisierte Dateisysteme

[1]Der Verantwortliche legt für jedes automatisierte Dateisystem in einer Errichtungsanordnung mindestens fest:

1. **die Bezeichnung des Dateisystems,**
2. **die Rechtsgrundlage und den Zweck des Dateisystems,**
3. **den Personenkreis, über den Daten in dem Dateisystem verarbeitet werden,**
4. **die Art der zu verarbeitenden Daten,**
5. **die Anlieferung oder Eingabe der zu verarbeitenden Daten,**
6. **die Voraussetzungen, unter denen in dem Dateisystem verarbeitete Daten an welche Empfänger und in welchem Verfahren übermittelt werden,**
7. **Prüffristen und Speicherungsdauer.**

[2]Dies gilt nicht für Dateisysteme, die nur vorübergehend vorgehalten und innerhalb von drei Monaten nach ihrer Erstellung gelöscht werden, und Informationssysteme gemäß § 483 Absatz 1 Satz 2.

Übersicht

1 **A. Allgemeines.** Gesetzliche **Grundlage und Inhalt einer Errichtungsanordnung** werden in dieser Vorschrift normiert. Der Verantwortliche hat für jedes automatisierte Dateisystem vor der Inbetriebnahme eine Errichtungsanordnung zu erlassen (BeckOK-StPO/*Wittig* § 490 Rn. 1). Der **Erlass** einer **Errichtungsanordnung** ist nicht in das Ermessen des Verantwortlichen gelegt, sondern dieser **vorgeschrieben**. Nicht anwendbar ist die Vorschrift auf die Speicherung reiner Textdateien (KMR/*Gemählich* § 490 Rn. 1).

2 **B. Erläuterungen.** Satz 1 regelt die **Mindestfestlegungen**, die in einer Errichtungsanordnung zu treffen sind. Dem Verantwortlichen steht es frei, über die in Satz 1 Nr. 1 bis 7 genannten **weitere Festlegungen** in einer Anordnung vorzuschreiben. Durch die gesetzliche Festschreibung des Inhalts einer Errichtungsanordnung soll eine Vereinheitlichung in der Errichtung und der Handhabung gespeicherter Dateien erzielt werden, die einer **effektiven Kontrolle** des Umgangs mit den Dateien dient.

Als Verantwortliche i.S.v. Satz 1 sind nach h.M. nicht nur die in §§ 483 ff. genannten Stellen anzusehen, sondern auch die dort tätigen Einzelpersonen, die zu dienstlichen Zwecken auf ihren Computern entsprechende Dateien anlegen (so SK-StPO/*Weßlau* § 490 Rn. 3; LR/*Hilger* § 490 Rn. 2; BeckOK-StPO/*Wittig* § 490 Rn. 2). Allerdings erscheint dies wenig praxistauglich.

3 Gegenstand einer Errichtungsanordnung sollen neben Namen und Zweck der Dateisysteme u.a. insb. die **Voraussetzungen einer Datenübermittlung** (Satz 1 Nr. 6) sowie die **Prüffristen** und die **Speicherungsdauer** (Satz 1 Nr. 7), die für die in dem Dateisystem gespeicherten Daten gelten, sein. Auf diese Weise legt der Verantwortliche vorweg abstrakt fest, wie mit den Daten nach ihrer Gewinnung umzugehen sein wird. In der Errichtungsanordnung sollte jedenfalls berücksichtigt werden, auf welcher gesetzlichen Grundlage die Speicherung der Daten erfolgt und zu welchem Zweck sie gespeichert werden. Hier ist insb. auch das Grundrecht auf **informationelle Selbstbestimmung** zu berücksichtigen, das einer weiteren Speicherung personenbezogener Daten aus strafrechtlichen Ermittlungsverfahren in einer polizeilichen Personalauskunftsdatei zum Zwecke der vorbeugenden Verbrechensbekämpfung dann entgegenstehen kann, wenn nichts dafür spricht, dass der Betroffene erneut einschlägig oder ähnlich strafrechtlich in Erscheinung treten wird, und deshalb

ausgeschlossen ist, dass die vorhandenen Daten die Arbeit einer Behörde fördern können (vgl. hierzu im Einzelnen OLG Dresden MMR 2003, 592, 593).

Für **Kurzzeitdateien** (sog. »flüchtige Daten«) gelten die Regelungen des Satz 1 nicht (Satz 2). Aufgrund der zeitnah nach der Errichtung erfolgende Löschung wäre hier die Festlegung einer Errichtungsanordnung unverhältnismäßig aufwendig (vgl. KK-StPO/*Gieg* § 490 Rn. 2). Stellt sich aber heraus, dass eine Datei entgegen ursprünglicher Erwartung über 3 Monate hinaus vorgehalten wird, wird eine Errichtungsanordnung nach Satz 1 zu erlassen sein. 4

§ 491 Auskunft an betroffene Personen

(1) [1]Ist die betroffene Person bei einem gemeinsamen Dateisystem nicht in der Lage, den Verantwortlichen festzustellen, so kann sie sich zum Zweck der Auskunft nach § 57 des Bundesdatenschutzgesetzes an jede beteiligte speicherungsberechtigte Stelle wenden. [2]Über die Erteilung einer Auskunft entscheidet die ersuchte speicherungsberechtigte Stelle im Einvernehmen mit dem Verantwortlichen.

(2) Für den Auskunftsanspruch betroffener Personen gilt § 57 des Bundesdatenschutzgesetzes.

Übersicht

A. Allgemeines. Die Vorschrift wird dem aus dem allgemeinen Persönlichkeitsrecht und dem Recht auf informationelle Selbstbestimmung hervorgehenden Anspruch einer betroffenen Person auf Auskunft gerecht (SK-StPO/*Deiters*/*Weßlau* § 491 Rn. 1). Die Vorschrift musste mit dem Gesetz zur Umsetzung der Richtlinie (EU) 2016/680 im Strafverfahren sowie zur Anpassung datenschutzrechtlicher Bestimmungen an die Verordnung (EU) 2016/679 vom 20.11.2019 gänzlich neu konzipiert werden, da § 491 a.F., der die Voraussetzungen eines Auskunftsanspruches detailliert regelte, der Konzeption der Richtlinie nicht entsprach (BT-Drs. 19/4671, S. 70). Abs. 1 der Vorschrift beinhaltet eine Vereinfachung für die betroffene Person bei gemeinsamen Dateisystemen, Abs. 2 verweist hinsichtlich des Inhalts des Auskunftsanspruches auf § 57 BDSG. 1

Ob die speziellen Vorschriften der StPO zur Auskunftserteilung (§§ 147, 406e, 428 Abs. 1 Satz 2, 444 Abs. 2 Satz 2, 474 ff.) gegenüber § 57 BDSG vorrangig sind, ist str. Zwar beinhaltet die Vorschrift anders als die frühere Fassung keine ausdrückliche Vorrangregelung, jedoch sind die Vorschriften der StPO vorrangig, da diese die Einsicht in und Auskünfte aus (Verfahrens-) Akten regeln, der Auskunftsanspruch nach § 57 BDSG sich hingegen auch von seiner Systematik auf Dateisysteme i.S.d. §§ 483, 486 gespeicherten Daten bezieht (Meyer-Goßner/Schmitt/*Köhler* § 491 Rn. 2; a.A. BeckOK-StPO/*Wittig* § 491 Rn. 2.1). Elektronische Akten und elektronische Aktenkopien sind nach § 496 Abs. 3 keine Dateisysteme, sodass § 491 auf diese nicht anwendbar ist. 2

B. Erläuterungen. I. Abs. 1 Auskunft bei gemeinsamen Dateisystemen. Die Vorschrift des § 491 Abs. 1 enthält eine Vereinfachung für die betroffene Person bei Auskünften aus gemeinsamen Dateisystemen. Bei solchen gemeinsamen Dateisystemen ist für die betroffene Person häufig schwer zu erkennen, wer der Verantwortliche i.S.d. § 46 Nr. 7 BDSG ist. Abs. 1 Satz 1 räumt ihm die Möglichkeit ein, sich mit seinem Auskunftsersuchen nach § 57 BDSG an eine der speicherberechtigten Stelle zu wenden, die sodann nach Satz 2 im Einvernehmen mit dem Verantwortlichen über die Erteilung der Auskunft entscheidet. 3

II. Auskunftsanspruch nach Abs. 2. Abs. 2 verweist hinsichtlich des Auskunftsanspruches auf § 57 BDSG. Nach § 57 Abs. 1 Satz 1 BDSG hat der i.S.d. § 46 Nr. 7 BDSG Verantwortliche der betroffenen Person auf Antrag Auskunft darüber zu erteilen, ob er sie betreffende Daten verarbeitet. Der Umfang des Auskunftsanspruches ergibt sich aus § 57 Abs. 1 Satz 2 BDSG. 4

Als Verantwortlicher auskunftspflichtig ist jede Stelle die allein oder gemeinsam mit anderen über die Zwecke und Mittel der Verarbeitung entscheidet. Der Antrag, der grundsätzlich verbeschieden werden muss, muss sich gegen eine Strafverfolgungsbehörde richten, die Daten auf Grundlage der §§ 483 ff. verarbeitet (Meyer-Goßner/Schmitt/*Köhler* § 491 Rn. 4 mit Verweis auf VG Wiesbaden NVwZ-RR 2006, 693). Für die Polizei gilt dies naturgemäß aber nur dann, sofern für deren Verarbeitung von Daten in Dateisystemen die StPO anwendbar ist (BeckOK-StPO/*Wittig* § 491 Rn. 4). 5

6 **III. Auskunftsbeschränkungen und Ausnahmen.** Das BDSG enthält verschiedene Beschränkungen und Ausnahmen vom Auskunftsrecht. Der Verantwortliche muss nach § 57 Abs. 6 die betroffene Person grundsätzlich über das Absehen von oder die Einschränkung einer Auskunft unverzüglich schriftlich unterrichten. Am praxisrelevantesten dürfte die Beschränkung bzw. das Absehen nach § 57 Abs. 4 i.V.m. §§ 56 Abs. 2 Nr. 1, 44 BDSG sein. Demnach kann der Verantwortliche von der Auskunft absehen oder die Auskunftserteilung teilweise oder vollständig beschränken, wenn durch die Auskunft die Verhütung, Ermittlung, Aufdeckung, Verfolgung oder Ahndung von Straftaten oder Ordnungswidrigkeiten gefährdet würde. Wenn bereits die Auskunft an eine betroffene Person nach § 57 Abs. 1 Satz 1 StPO, ob der Verantwortliche betreffende Daten verarbeitet, zu einer Gefährdung führen könnte, kann nach § 57 Abs. 6 BDSG ein Bescheiden des Auskunftsantrags gänzlich unterbleiben. In der Praxis dürfte sich die Bescheidungspflicht daher auf offen geführte Strafverfahren beschränken, da verdeckte Ermittlungen bereits bei einer Mitteilung, ob entsprechende Daten verarbeitet werden, gefährdet werden können (vgl. auch Meyer-Goßner/Schmitt/*Köhler* § 491 Rn. 3). Von der Auskunftserteilung ist nach § 57 Abs. 3 BDSG abzusehen, wenn die betroffene Person keine Angaben macht, die das Auffinden der Daten möglich macht und der dadurch entstehende Aufwand im Vergleich zum Informationsinteresse der auskunftsbegehrenden Person unverhältnismäßig wäre. Weitere Beschränkungen und Ausnahmen enthalten § 57 Abs. 2 BDSG für den Fall, dass die personenbezogenen Daten nur deshalb verarbeitet werden, weil sie aufgrund gesetzlicher Aufbewahrungsfristen nicht gelöscht werden dürfen, sowie § 57 Abs. 5 BDSG, wenn sich die Auskunftserteilung auf personenbezogene Daten an Verfassungsschutzbehörden, den Bundesnachrichtendienst, den Militärischen Abschirmdienst und, soweit die Sicherheit des Bundes berührt wird, andere Behörden des Bundesministeriums der Verteidigung bezieht. Hier müssen die betroffenen Stellen zustimmen.

7 **IV. Rechtsschutz.** Die betroffene Person ist vom Verantwortlichen nach § 57 Abs. 6 BDSG unverzüglich schriftlich zu unterrichten, wenn von der Erteilung einer Auskunft abgesehen oder diese eingeschränkt wird. Eine Ausnahme hiervon ergibt sich aus § 57 Abs. 6 Satz 2 BDSG. Nach Unterrichtung über ein Absehen von oder die Einschränkung einer Auskunft kann die betroffene Person nach § 57 BDSG ihr Auskunftsrecht über die Bundesbeauftragte oder den Bundesbeauftragten ausüben. Nach § 57 Abs. 7 Satz 2 BDSG hat der Verantwortliche die betroffene Person darüber zu informieren, dass sie gem. § 60 BDSG die Bundesbeauftragte oder den Bundesbeauftragten anrufen oder gerichtlichen Rechtsschutz suchen kann. Die Entscheidung über den Antrag auf Auskunft ist gem. §§ 23 ff. EGGVG anfechtbar (BeckOK-StPO/*Wittig* § 491 Rn. 9).

Dritter Abschnitt. Länderübergreifendes staatsanwaltschaftliches Verfahrensregister

§ 492 Zentrales staatsanwaltschaftliches Verfahrensregister

(1) Das Bundesamt für Justiz (Registerbehörde) führt ein zentrales staatsanwaltschaftliches Verfahrensregister.

(2) [1]In das Register sind

1. die Personendaten des Beschuldigten und, soweit erforderlich, andere zur Identifizierung geeignete Merkmale,

2. die zuständige Stelle und das Aktenzeichen,

3. die nähere Bezeichnung der Straftaten, insbesondere die Tatzeiten, die Tatorte und die Höhe etwaiger Schäden,

4. die Tatvorwürfe durch Angabe der gesetzlichen Vorschriften,

5. die Einleitung des Verfahrens sowie die Verfahrenserledigungen bei der Staatsanwaltschaft und bei Gericht nebst Angabe der gesetzlichen Vorschriften

einzutragen. [2]Die Daten dürfen nur für Strafverfahren gespeichert und verändert werden.

(3) [1]Die Staatsanwaltschaften teilen die einzutragenden Daten der Registerbehörde zu dem in Absatz 2 Satz 2 genannten Zweck mit. [2]Auskünfte aus dem Verfahrensregister dürfen nur Strafverfolgungsbehörden für Zwecke eines Strafverfahrens erteilt werden. [3]Dem Bundeskriminalamt dürfen Auskünfte auch erteilt werden, soweit dies im Einzelfall zur Erfüllung seiner Aufgaben nach § 5 Absatz 1, § 6 Absatz 1 oder § 7 Absatz 1 und 2 des Bundeskriminalamtgesetzes erforderlich ist. [4]§ 5 Abs. 5 Satz 1 Nr. 2 des Waffengesetzes, § 8a Absatz 5 Satz 1 Nummer 2 des Sprengstoffgesetzes, § 7 Absatz 3 Satz 1 Nummer 3 des Luftsicherheitsgesetzes, § 12 Absatz 1 Nummer 2 des Sicherheitsüberprüfungsgesetzes und § 31 Absatz 4a Satz 1 des Geldwäschegesetzes bleiben unberührt; die Auskunft über die Eintragung wird insoweit im Einvernehmen

mit der Staatsanwaltschaft, die die personenbezogenen Daten zur Eintragung in das Verfahrensregister mitgeteilt hat, erteilt, wenn hiervon eine Gefährdung des Untersuchungszwecks nicht zu besorgen ist.
(4) [1]Die in Absatz 2 Satz 1 Nummer 1 und 2 und, wenn dies erforderlich ist, Nummer 3 und 4 genannten Daten dürfen nach Maßgabe des § 18 Abs. 3 des Bundesverfassungsschutzgesetzes, auch in Verbindung mit § 10 Abs. 2 des Gesetzes über den Militärischen Abschirmdienst und § 10 Absatz 3 des BND-Gesetzes, auf Ersuchen auch an die Verfassungsschutzbehörden des Bundes und der Länder, den Militärischen Abschirmdienst und den Bundesnachrichtendienst übermittelt werden. [2]§ 18 Abs. 5 Satz 2 des Bundesverfassungsschutzgesetzes gilt entsprechend.
(4a) [1]Kann die Registerbehörde eine Mitteilung oder ein Ersuchen einem Datensatz nicht eindeutig zuordnen, übermittelt sie an die ersuchende Stelle zur Identitätsfeststellung Datensätze zu Personen mit ähnlichen Personalien. [2]Nach erfolgter Identifizierung hat die ersuchende Stelle alle Daten, die sich nicht auf die betroffene Person beziehen, unverzüglich zu löschen. [3]Ist eine Identifizierung nicht möglich, sind alle übermittelten Daten zu löschen. [4]In der Rechtsverordnung nach § 494 Abs. 4 ist die Anzahl der Datensätze, die auf Grund eines Abrufs übermittelt werden dürfen, auf das für eine Identifizierung notwendige Maß zu begrenzen.
(5) [1]Die Verantwortung für die Zulässigkeit der Übermittlung trägt der Empfänger. [2]Die Registerbehörde prüft die Zulässigkeit der Übermittlung nur, wenn besonderer Anlaß hierzu besteht.
(6) Die Daten dürfen unbeschadet des Absatzes 3 Satz 3 und 4 sowie des Absatzes 4 nur in Strafverfahren verwendet werden.

Übersicht

A. Allgemeines. Das **Zentrale Staatsanwaltschaftliche Verfahrensregister (ZStV)** wurde mit dem Verbrechensbekämpfungsgesetz v. 28.10.1994 ins Leben gerufen und im Jahr 1999 in Betrieb genommen. Das Register war zunächst bei der Dienststelle Bundeszentralregister des Generalbundesanwalts beim BGH angesiedelt; nach deren Aufgehen im neu geschaffenen **Bundesamt für Justiz** wird es seit dem 01.01.2007 dort geführt. Einrichtung und Aufgaben des ZStV sind in der Strafprozessordnung, der Betrieb des ZStV im Einzelnen ist gem. § 494 Abs. 4 in der Verordnung über den Betrieb des Zentralen Staatsanwaltschaftlichen Verfahrensregisters v. 23.09.2005 (**ZStVBetrVO**) geregelt. Die Regelungen des 3. Abschnitts des Achten Buches (§ 492 bis § 495) zum ZStV befanden sich vor Inkrafttreten des StVÄG 1999 v. 02.08.2000 (BGBl. I, S. 1253) und der damit verbundenen Einfügung des 1. und 2. Abschnitts des Achten Buches in die StPO in den §§ 474 bis 477 (hierzu im Einzelnen KK-StPO/*Gieg* Vor § 492 Rn. 1; vgl. auch *Lemke* NStZ 1995, 484 ff.). 1

Zweck des ZStV ist es, den StA in Deutschland die Möglichkeit zu geben, ihre **Ermittlungen zu koordinieren,** gegebenenfalls zu konzentrieren und so zu beschleunigen (vgl. BeckOK-StPO/*Wittig* § 492 Rn. 2, 2.1). Durch die Erfassung grds. aller Ermittlungsverfahren gegen bekannte Tatverdächtige (**Verfahren gegen Unbekannt werden nicht im ZStV vermerkt,** vgl. Meyer-Goßner/Schmitt/*Köhler* § 492 Rn. 4) ist es möglich, frühzeitig überregionale Bezüge bei Taten und Tätern festzustellen. So können insb. sog. **reisende Mehrfachtäter** als solche systematisch erkannt werden. Darüber hinaus kann unter Zuhilfenahme eines zentralen Verfahrensregisters die **Anwendung der Opportunitätsvorschriften** der StPO (§§ 153 ff.) auf eine sichere Tatsachengrundlage gestellt werden. War es früher regelmäßig dem Zufall überlassen, ob einer StA oder dem Gericht mitgeteilt wurde, dass das Verfahren gegen einen Beschuldigten oder Angeklagten wegen eines ähnlich gelagerten Tatvorwurfs bereits in einem anderen Gerichtsbezirk nach § 153 oder § 153a eingestellt worden war, kann dies mithilfe des ZStV nun ohne Weiteres festgestellt werden. Auf diese Weise können überdies sinnvolle **Verfahrenskonzentrationen** unter Anwendung von §§ 154, 154a oder durch Verbindung von bei verschiedenen Strafverfolgungsbehörden geführten Verfahren mit der Folge einer Verringerung der Fälle nachträglicher Gesamtstrafenbildung (vgl. BT-Drs. 12/6853, S. 37, s. auch *Kalf* StV 1997, 610, 612) erreicht werden. Hierdurch kann auch eine grundrechtsrelevante (vgl. BVerfG NJW 2005, 1338, 1341) **Doppelverfolgung verhindert** werden. 2

3 **B. Erläuterungen. I. Registerbehörde.** Nach **Abs. 1** ist das **Bundesamt für Justiz (BfJ)** die das Zentrale Staatsanwaltschaftliche Verfahrensregister führende Registerbehörde. Das Bundesamt ist – jedenfalls als Registerbehörde – aus der Dienststelle Bundeszentralregister des Generalbundesanwalts hervorgegangen und hat seinen Dienstsitz in Bonn (vgl. Art. 1 § 1 Abs. 2 des Errichtungsgesetzes für das Bundesamt für Justiz). Das BfJ führt im strafrechtlichen Bereich auch das Bundeszentralregister sowie das Erziehungsregister. Es betreibt das ZStV als weitestgehend **vollautomatisches Register**, das sowohl Eintragungen als auch Auskunftsanfragen ohne menschliches Zutun verarbeitet und auf elektronischem Datenwege innerhalb eines definierten und geschlossenen Benutzerkreises beauskunftet.

4 **II. Inhalt des Registers. Abs. 2** legt – abschließend (vgl. § 4 Abs. 5 ZStVBetrVO) – den Umfang der zu einem Ermittlungsverfahren gegen einen **bekannten Beschuldigten** (BeckOK-StPO/*Wittig* § 492 Rn. 4) im ZStV einzutragenden Informationen, den so genannten **Basisdatensatz**, fest. Die in Abs. 2 genannten **eintragungsfähigen Verfahrenskennzeichen** sind allerdings durch den Gebrauch unbestimmter Bezeichnungen (Abs. 2 Satz 1 Nr. 1: »andere zur Identifizierung geeignete Merkmale«; Abs. 2 Satz 1 Nr. 3: »insbesondere«) so offen formuliert, dass eine unbestimmte Anzahl von Kennzeichen des Beschuldigten und der Straftat in das Register aufgenommen werden kann (krit. zum Zweck der Speicherung SK-StPO/*Weßlau*/*Deiters* § 492 Rn. 9). Da die Datensätze des Registers aber möglichst einheitlich angelegt sein sollten, werden die im Einzelnen zu speichernden Daten zur Identifizierung des Beschuldigten und zur Straftat sowie die sog. Vorgangsdaten in § 4 der ZStVBetrVO näher präzisiert. Die mitzuteilenden und im Register aufzunehmenden Daten nach Abs. 2 Satz 1 Nr. 1–4 sollen **eine zuverlässige Identifikation des Beschuldigten und der ihm zur Last gelegten Tat** gewährleisten. Abs. 2 Satz 1 Nr. 5 legt fest, dass mindestens **zwei Mitteilungen pro Verfahren** zu erfolgen haben, eine Erstmitteilung und die Mitteilung der Erledigung des Verfahrens bei der StA (Meyer-Goßner/Schmitt/*Köhler* § 492 Rn. 5). Kommt es zur Anklageerhebung oder zu einer vergleichbaren Überleitung in ein gerichtliches Verfahren, ist zusätzlich auch die Art der gerichtlichen Verfahrenserledigung anzugeben. Darüber hinaus bedarf es der Angabe der für die Verfahrenserledigung maßgeblichen prozessualen Vorschriften. Die Mitteilung der vorläufigen Einstellung nach § 205 (so Meyer-Goßner/Schmitt/*Köhler* § 492 Rn. 5) schafft die Grundlage dafür, dass ein in einem anderen Verfahren festgestellter Aufenthalt des Beschuldigten auch in eingestellten Verfahren bekannt wird. Satz 2 legt die Verwendung der Daten **ausschließlich für Strafverfahren** fest.

5 **III. Mitteilungspflichtige und Auskunftsberechtigte. 1. Mitteilungen zum ZStV.** Die **StA** sowie die diesen in steuerstrafrechtlichen Ermittlungsverfahren gleichgestellten **Finanzbehörden** (§§ 386 Abs. 2 und 399 AO) melden die Daten (§ 4 ZStVBetrVO; vgl. unten IV.) der von ihnen eingeleiteten Ermittlungsverfahren an die Registerbehörde, § 492 Abs. 3 Satz 1. Nach § 3 ZStVBetrVO geschieht dies, sobald ein »Strafverfahren« (gemeint ist offenkundig ein **Ermittlungsverfahren**) anhängig wird. Die ZStVBetrVO präzisiert hier den Wortlaut der StPO nicht nur, sondern hat einen eigenen Regelungsgehalt. Gleiches gilt, wenn § 3 Abs. 2 und 3 ZStVBetrVO festlegen, **unter welchen Bedingungen eine Mitteilung zum ZStV unter Vorbehalt oder zurückgestellt** werden kann. Hier kommen eine etwaige Geheimhaltungsbedürftigkeit mit der Folge einer Auskunftsbeschränkung (§ 3 Abs. 2 ZStVBetrVO: Auskünfte über die übermittelten Daten an eine andere als die mitteilende Stelle haben ganz oder teilweise zu unterbleiben) oder eine mögliche, anders (etwa durch eine Auskunftsbeschränkung) nicht zu behebende Gefährdung des Untersuchungszwecks (§ 3 Abs. 3 ZStVBetrVO: vorübergehende Zurückstellung der Mitteilung) in den Blick. Die – nicht bestehende – Gefährdung des Untersuchungszwecks ist auch für die Beauskunftung von Waffenbehörden nach Abs. 3 Satz 3 von Belang. Die Gründe einer Zurückstellung der Meldung sind nach § 3 Abs. 3 ZStVBetrVO aktenkundig zu machen.

6 Nach § 3 Abs. 1 Satz 2 ZStVBetrVO sind **Berichtigungen der mitgeteilten Daten** sowie die **Verbindung, Trennung, Abgabe und Übernahme von Verfahren** der Registerbehörde unverzüglich mitzuteilen.

7 **2. Auskünfte aus dem ZStV.** Die Auskünfte aus dem ZStV sind nach Abs. 3 Satz 2 und 3 sowie nach Abs. 4 nicht nur den mitteilungspflichtigen Behörden, sondern einem weitaus **größeren Empfängerkreis** zugänglich. Als Strafverfolgungsbehörden i.S.v. Abs. 3 Satz 2 sind neben den StA und den steuerstrafrechtlich ermittelnden Finanzbehörden nach §§ 386, 399 AO auch die nach § 402 AO ermittelnden Finanzbehörden, die Steuerfahndungsbehörden, die Zollfahndungsämter und natürlich die Polizeidienststellen anzusehen. Auch hier ist mit dem Begriff »Strafverfahren« das Ermittlungsverfahren gemeint, was sich insb. schon daraus ergibt, dass **Strafgerichte** – ebenso wie **Verwaltungsbehörden** mit Ausnahme der in Abs. 3 Satz 3 angesprochenen Behörden – gerade **nicht** zu den auskunftsberechtigten Stellen gehören. Die Verwaltungsbehörden sind auch nicht über § 46 Abs. 2 OWiG auskunftsberechtigt (KK-StPO/*Gieg* § 492 Rn. 7).

8 Nach **Abs. 4** sind auch die **Nachrichtendienste** (Verfassungsschutzämter, BND und MAD) auskunftsberechtigt; allerdings nur hinsichtlich der **Rumpfdaten** gem. Abs. 2 Satz 1 Nr. 1 und 2 (zum Zweck einer

Datenübermittlung an Nachrichtendienste vgl. *Kalf* StV 1997, 610, 611). Sie haben, um eine entsprechende Auskunft zu erhalten, ein Ersuchen an die Registerbehörde zu richten. Über die Ersuchen ist nach Abs. 4 Satz 2 i.V.m. § 18 Abs. 5 Satz 2 BVerfSchG ein gesonderter Nachweis zu führen. Benötigt ein Nachrichtendienst eine über die Rumpfdaten hinausgehende Auskunft zu einem Ermittlungsverfahren, muss er sich an die ermittlungsführende Stelle wenden.

IV. Nicht eindeutig zuzuordnende Daten. **Abs. 4a** gibt die Möglichkeit einer **Ähnlichensuche**. Diese setzt voraus, dass eine eindeutige Datenzuordnung, v.a. bei einem Auskunftsersuchen, nicht möglich ist, etwa weil kein vollständiger oder ein geringfügig unrichtiger Datensatz (vgl. Meyer-Goßner/Schmitt/*Köhler* § 492 Rn. 9) vorhanden ist. Mit den in Abs. 4a Satz 2 und 3 getroffenen Löschungsregelungen soll der Datenschutz in derartigen Fällen, in denen notwendigerweise nicht verfahrensrelevante personenbezogene Daten mit übermittelt werden, gewährleistet werden. Die Ähnlichensuche im Einzelnen regelt § 8 ZStVBetrVO. Dort ist festgelegt, wie viele Datensätze pro Suchdurchgang jeweils zugleich übermittelt werden dürfen, um eine eindeutige Zuordnung zu ermöglichen. Die Regelung des Abs. 4a ist für den Anwendungsbereich der Norm **abschließend**; eine entsprechende Anwendung auf ggf. vergleichbare andere Sachverhalte scheidet aus (SK-StPO/*Weßlau*/*Deiters* § 492 Rn. 27). 9

V. Verantwortungsregelung. Allgemeinem Datenschutzrecht entsprechend (vgl. § 15 Abs. 2 BDSG) ist gem. **Abs. 5 Satz 1** der **Empfänger** der Mitteilung **für die Zulässigkeit der Übermittlung verantwortlich**. Nach **Abs. 5 Satz 2** prüft die Registerbehörde eine Übermittlungszulässigkeit nur, wenn **Anlass** dazu besteht. 10

VI. Zweckbindung. **Abs. 6** stellt klar, dass die (übermittelten) Daten grds. **nur in Strafverfahren** verwendet werden. Die Zweckbindung ist aus datenschutzrechtlichen Gründen erforderlich. **Ausgenommen** hiervon sind naturgemäß die an die in Abs. 3 Satz 3 genannten (Waffen-) Behörden und an Nachrichtendienste übermittelten Daten. Es muss sich nach dem Wortlaut der Norm nicht um dasjenige Strafverfahren handeln, in dem die konkrete Auskunft eingeholt worden ist (so auch KK-StPO/*Gieg* § 492 Rn. 11; Meyer-Goßner/Schmitt/*Köhler* § 492 Rn. 12 unter Hinweis auf *Schneider* NJW 1996, 302, 304). **Der Begriff des Strafverfahrens ist weit auszulegen.** Umfasst ist nicht nur das Ermittlungs- und Strafverfahren im engeren Sinne, sondern auch die Strafvollstreckung, das Gnadenwesen, die Rechtshilfe und die Dienstaufsicht (KK-StPO/*Gieg* § 492 Rn. 11 m.w.N.). Die Befugnis, die Daten in anderen Strafverfahren zu verwenden, dient verfahrensökonomischen Zwecken, da so auf wiederholte Abrufe verzichtet werden kann (SK-StPO/*Weßlau*/*Deiters* § 492 Rn. 30). 11

§ 493 Automatisiertes Verfahren für Datenübermittlungen

(1) [1]Die Übermittlung der Daten erfolgt im Wege eines automatisierten Abrufverfahrens oder eines automatisierten Anfrage- und Auskunftsverfahrens, im Falle einer Störung der Datenfernübertragung oder bei außergewöhnlicher Dringlichkeit telefonisch oder durch Telefax. [2]Die beteiligten Stellen haben zu gewährleisten, dass dem jeweiligen Stand der Technik entsprechende Maßnahmen zur Sicherstellung von Datenschutz und Datensicherheit getroffen werden, die insbesondere die Vertraulichkeit und Unversehrtheit der Daten gewährleisten; im Falle der Nutzung allgemein zugänglicher Netze sind dem jeweiligen Stand der Technik entsprechende Verschlüsselungsverfahren anzuwenden.

(2) [1]Bei der Festlegungen zur Einrichtung eines automatisierten Abrufverfahrens gilt § 488 Absatz 2 Satz 1 und 2 entsprechend. [2]Die Registerbehörde übersendet die Festlegungen dem Bundesbeauftragten für den Datenschutz.

(3) [1]Die Verantwortung für die Zulässigkeit des einzelnen automatisierten Abrufs trägt der Empfänger. [2]Die Registerbehörde prüft die Zulässigkeit der Abrufe nur, wenn dazu Anlaß besteht. [3]Im Rahmen der Protokollierung nach § 76 des Bundesdatenschutzgesetzes hat sie ergänzend zu den dort in Absatz 2 aufgeführten Daten die abgerufenen Daten, die Kennung der abrufenden Stelle und das Aktenzeichen des Empfängers zu protokollieren. [4]Die Protokolldaten dürfen nur für die Kontrolle der Zulässigkeit der Abrufe verwendet werden und sind nach sechs Monaten zu löschen.

(4) Die Absätze 2 und 3 gelten für das automatisierte Anfrage- und Auskunftsverfahren entsprechend.

1 **A. Allgemeines.** Die Norm nimmt unmittelbar Bezug auf § 492 und befasst sich mit der **technischen Umsetzung der Datenübermittlung an das und vom ZStV**, mit der Gewährleistung des **Datenschutzes** bei der Übermittlung und mit der **Verantwortung** für rechtmäßige Datenübermittlungen.

2 **B. Erläuterungen. I. Automatisiertes Verfahren.** Die Datenübermittlung zwischen dem ZStV und den Strafverfolgungsbehörden erfolgt nach **Abs. 1** allenfalls ausnahmsweise auf herkömmlichem Weg per Telefon oder Telefax. Ob eine auf solchem Wege erfolgende Datenübermittlung tatsächlich auch heute noch, wie von Abs. 1 Satz 1, 2. Halbs. vorgesehen, einer besonderen **Dringlichkeit** Rechnung zu tragen vermag, mag angesichts der inzwischen um ein Vielfaches beschleunigten elektronischen Datenübertragung bezweifelt werden. **Regelmäßig werden die Daten** ohnehin (in beide Richtungen) **online übermittelt** (Satz 1). In der Praxis erfolgt die Datenübertragung im sog. AuMiAu-Verfahren über zentrale Kopfstellen, die in den Ländern eingerichtet werden; eine direkte Anbindung aller StA und sonstigen abruf- oder auskunftsberechtigten Stellen (die Gerichte gehören nicht hierzu, Meyer-Goßner/Schmitt/*Köhler* § 493 Rn. 1) an das ZStV hätte einen nicht mehr zu bewältigenden Koordinierungsbedarf zur Folge gehabt. Satz 2 schreibt – wortidentisch mit § 488 Abs. 1 S. 2 – die Nutzung technischer Maßnahmen vor, die eine **größtmögliche Datensicherheit und -zuverlässigkeit** gewährleisten. Dabei können die Beteiligten sowohl ein eigens für diesen Zweck eingerichtetes Intranet wie auch das allgemein zugängliche Internet nutzen. Letzteres setzt jedoch die Anwendung aktueller und zuverlässiger Verschlüsselungstechnik voraus.

3 **II. Datenschutz.** Der automatisierte und in seiner Grundkonzeption folglich **unüberwachte und unkontrollierte Datenabruf** wirft naturgemäß datenschutzrechtliche Probleme auf (SK-StPO/*Weßlau*/*Deiters* § 493 Rn. 3: erhöhte Gefahr für das Recht auf informationelle Selbstbestimmung). Bei der Einrichtung eines automatisierten Abfrageverfahrens müssen nach **Abs. 2** Satz 1 i.V.m. § 488 Abs. 2 Satz 2 dort genannte, konkrete und detaillierte **Festlegungen zur Kontrolle der Datenübermittlung** getroffen werden. Die schriftlichen Festlegungen sollen die Kontrolle der Zulässigkeit der Einrichtung gewährleisten, die Zulässigkeit der einzelnen Abrufe richtet sich nach § 492 Abs. 3 Satz 3 und Satz 4, Abs. 4 und 6 (BeckOK-StPO/*Wittig* § 493 Rn. 3). Die Anforderungen an Datenschutz und Datensicherheit sind durch **technische und organisatorische Maßnahmen** abzusichern (SK-StPO/*Weßlau*/*Deiters* § 493 Rn. 7). Das Bundesamt für Justiz als Registerbehörde muss die Festlegungen gem. Abs. 2 Satz 2 dem Bundesbeauftragten für den Datenschutz und die Informationsfreiheit zusenden (Meyer-Goßner/Schmitt/*Köhler* § 493 Rn. 3); eine Genehmigungspflicht ist indes gesetzlich nicht vorgeschrieben.

4 **III. Kontrollverantwortung.** Grds. liegt – wie auch in den Regelungen des **§ 492 Abs. 5** – die Verantwortung für die Zulässigkeit eines Datenabrufs bei der **empfangenden Stelle**, also in der Regel bei einer StA (**Abs. 3 Satz 1**). Eine Prüfung der Zulässigkeit des Abrufs durch den Absender, die Registerbehörde, findet nur dann statt, wenn konkreter Anlass dazu besteht, insb. wenn zu vermuten ist, dass der Abruf unzulässig ist (Abs. 3 Satz 2). Im Rahmen der Protokollierung nach § 76 BDSG hat sie aber ergänzend zu den dort in Abs. 2 aufgeführten Daten die abgerufenen Daten, die Kennung der abrufenden Stelle und das Aktenzeichen des Empfängers zu protokollieren (Abs. 3 Satz 3). Die so gewonnenen Protokolldaten dürfen nicht für andere Zwecke verwendet werden, nicht einmal dann, wenn ein von einem Abruf Betroffener konkrete Auskunft wünscht. Nach sechs Monaten seit der Erhebung sind sie zu löschen (Abs. 3 Satz 4).

5 **IV. Verweisung.** Die **Regelungen zu Datenschutz und Missbrauchskontrolle** in Abs. 2 und 3 sind nicht nur auf den automatisierten Abruf, sondern über **Abs. 4** auch auf das automatisierte Anfrage- und Auskunftsverfahren anzuwenden.

§ 494 Berichtigung, Löschung und Sperrung von Daten; Verordnungsermächtigung

(1) In den Fällen des § 58 Absatz 1 und des § 75 Absatz 1 des Bundesdatenschutzgesetzes teilt der Verantwortliche insbesondere der Registerbehörde die Unrichtigkeit unverzüglich mit; der Verantwortliche trägt die Verantwortung für die Richtigkeit und Aktualität der Daten.

(2) [1]Die Daten sind zu löschen, sobald sich aus dem Bundeszentralregister ergibt, dass in dem Strafverfahren, aus dem die Daten übermittelt worden sind, eine nach § 20 des Bundeszentralregistergesetzes mitteilungspflichtige gerichtliche Entscheidung oder Verfügung der Strafverfolgungsbehörde ergangen ist. [2]Wird der Beschuldigte rechtskräftig freigesprochen, die Eröffnung des Hauptverfahrens gegen ihn unanfechtbar abgelehnt oder das Verfahren nicht nur vorläufig eingestellt, so sind die Daten zwei Jahre nach der Erledigung des Verfahrens zu löschen, es sei denn, vor Eintritt der Löschungsfrist wird ein weiteres Verfahren zur Eintragung in das Verfahrensregister mitgeteilt. [3]In diesem Fall bleiben die Daten gespeichert, bis für alle Eintragungen die Löschungsvoraussetzungen vorliegen. [4]Die Staatsanwaltschaft

teilt der Registerbehörde unverzüglich den Eintritt der Löschungsvoraussetzungen oder den Beginn der Löschungsfrist nach Satz 2 mit.

(3) § 489 Absatz 7 gilt entsprechend.

(4) Das Bundesministerium der Justiz und für Verbraucherschutz bestimmt durch Rechtsverordnung mit Zustimmung des Bundesrates die näheren Einzelheiten, insbesondere

1. die Art der zu verarbeitenden Daten,
2. die Anlieferung der zu verarbeitenden Daten,
3. die Voraussetzungen, unter denen in dem Dateisystem verarbeitete Daten an welche Empfänger und in welchem Verfahren übermittelt werden,
4. die Einrichtung eines automatisierten Abrufverfahrens,
5. die nach den §§ 64, 71 und 72 des Bundesdatenschutzgesetzes erforderlichen technischen und organisatorischen Maßnahmen.

Übersicht

A. Allgemeines. Die Vorschrift normiert in Abs. 1 bis 3, unter welchen Voraussetzungen **Daten zu** 1
berichtigen, zu löschen oder zu sperren sind, also einer weiteren Nutzung in der bisherigen Form zu entziehen sind. Abs. 4 ermächtigt das BMJ, in einer **Rechtsverordnung** den Betrieb des ZStV im Einzelnen zu regeln.

B. Erläuterungen. I. Berichtigung, Löschung und Sperrung von Daten. 1. Berichtigung (Abs. 1). Dass 2
unzutreffende Daten im ZStV nicht gespeichert sein sollten und zu berichtigen sind, sobald ihre Unrichtigkeit (vgl. oben § 489 Rn. 2) oder Inaktualität (als Untergruppe der Unrichtigkeit) bekannt sind, versteht sich aus dem Rechtsstaatsprinzip von selbst. Da die **Registerbehörde** selbst **keine Richtigkeitskontrolle** der Daten von ihrer Speicherung vornimmt und technisch auch nicht vornehmen kann, **trägt die die Daten übermittelnde Stelle die Verantwortung** für eine zeitnahe Berichtigung der Daten im Register. Sie ist als Verantwortlicher i.S.v. **Abs. 1** anzusehen (vgl. KK-StPO/*Gieg* § 494 Rn. 2; Meyer-Goßner/Schmitt/*Köhler* § 494 Rn. 1). Dementsprechend ist ein etwaiges Berichtigungsverlangen auch an die mitteilende Stelle, nicht an die Registerbehörde zu stellen. Die Datenberichtigung erfolgt gem. §§ 58 Abs. 1, 75 Abs. 1 BDSG.

2. Löschung (Abs. 2). Abs. 2 regelt **zwei Fallgruppen einer Löschungsverpflichtung.** Zum einen müssen 3
Daten im ZStV gelöscht werden, wenn ihre weitere Speicherung **unter keinen Umständen (mehr) zulässig** ist, zum anderen, wenn eine **verfahrensbeendende**, insb. verurteilende, oder aus sonstigen Gründen in das BZR einzutragende **Entscheidung** ergangen ist.

Die **Unzulässigkeit** der Speicherung ergibt sich aus den allgemeinen Regelungen zur Datenspeicherung. 4
Unzulässig ist die Speicherung insb. dann, wenn schon die Erhebung unzulässig war (SK-StPO/*Weßlau/Deiters* § 494 Rn. 9). Verstöße gegen § 492 Abs. 2 führen gleichfalls zur Unzulässigkeit der Datenspeicherung. Nach Abs. 2 Satz 4 trägt die StA die Verantwortung dafür, dass die in solchen Fällen erforderliche Löschungsmitteilung die Registerbehörde unverzüglich erreicht.

Ferner muss nach Abs. 2 Satz 1 muss ein Datensatz im Fall einer nach § 20 BZRG i.V.m. §§ 4 bis 19 BZRG 5
in das Bundeszentralregister einzutragenden – **rechtskräftigen – Entscheidung**, also insb. einer gerichtlichen **Verurteilung**, aber auch einer **Verfahrensbeendigung wegen Schuldunfähigkeit** (§ 11 BZRG), im ZStV gelöscht werden, sobald die Eintragung im BZR vorgenommen ist. Hierdurch sollen Doppelspeicherungen vermieden werden (vgl. Meyer-Goßner/Schmitt/*Köhler* § 494 Rn. 4).

Im Fall eines – nicht im BZR einzutragenden – rechtskräftigen Freispruchs, einer rechtskräftigen Nicht- 6
eröffnungsentscheidung oder einer nicht nur vorläufigen Verfahrenseinstellung kommt es **nicht** zu einer **sofortigen Löschung**, vielmehr ist eine **Löschungsfrist von 2 Jahren** ab Verfahrenserledigung (BeckOK-StPO/*Wittig* § 494 Rn. 4: ab Rechtskraft bzw. Unanfechtbarkeit der Verfahrenserledigung) zu beachten, Abs. 2 Satz 2. Die Vorschrift hat angesichts des Gleichlaufs der Datenkataloge in § 484 Abs. 1 und § 492 Abs. 2 Satz 1 deutliche Kritik erfahren (SK-StPO/*Weßlau/Deiters* § 494 Rn. 8 f.: Verdoppelung der Strafverfolgungsvorsorge durch Vorsorgedateien). Auch im Fall einer staatsanwaltschaftlichen Verfahrensbeendigung gem. § 170 Abs. 2 ist Abs. 2 Satz 2 anzuwenden, obgleich die Ermittlungen in diesem Fall jederzeit wieder aufgenommen werden könnten. Gleiches gilt für die Fälle des § 153a Abs. 1 Satz 5; vorläufige Einstellungen nach § 154, § 154a oder nach § 205 werden hingegen nicht von der Vorschrift erfasst (vgl. auch BeckOK-

StPO/*Wittig* § 494 Rn. 4: Eintritt der Verjährung als maßgebliche äußerste Grenze). Die Frist von 2 Jahren ist hinreichend, um festzustellen, ob die Entscheidung Bestand hat. Der StA obliegt es, die Registerbehörde vom Fristbeginn zu unterrichten, Abs. 2 Satz 4. Tut sie das nicht, liegt zwar eine Amtspflichtverletzung vor; diese hat indes keine Folgen, sie löst insb. keinen Amtshaftungsanspruch aus (OLG Schleswig NJOZ 2013, 1411, 1413). Allerdings unterbleibt eine Löschung, wenn zwischenzeitlich, also **vor Ablauf der Löschungsfrist**, ein **neues Verfahren** Eingang in das ZStV gefunden hatte. Erst wenn für alle zu einer Person erfolgten Eintragungen die Löschungsvoraussetzungen vorliegen, dürfen die Datensätze auch tatsächlich gelöscht werden, Abs. 2 Satz 3.

7 Die **Unschuldsvermutung** wird durch diese Löschungsregelung nicht verletzt, da die Eintragungen in das ZStV keinen Strafcharakter haben; die Mitteilung des Anlaufens einer Löschungsfrist unter Nennung des Grundes hierfür (rechtskräftiger Freispruch, rechtskräftige Nichteröffnung, endgültige Verfahrenseinstellung) und die Eintragung dieser Frist dokumentieren vielmehr, dass ein zu strafrechtlicher Aburteilung führender Tatverdacht nicht (mehr) besteht (vgl. hierzu BVerfG NJW 2002, 3231; KK-StPO/*Gieg* § 494 Rn. 6; in diesem Sinne auch *Kalf* StV 1997, 610, 612; SK-StPO/*Weßlau*/*Deiters* § 494 Rn. 10; **a.A.** Meyer-Goßner/Schmitt/*Köhler* § 494 Rn. 9 m.w.N.: Rechtsstaatliche Gründe sprächen für eine sofortige Löschung; *Kestel* StV 1997, 266, 268).

8 **3. Abgabe der Daten an ein Staatsarchiv (Abs. 3).** Anstelle einer Löschung tritt nach Abs. 3 i.V.m. § 489 Abs. 7 die Abgabe an ein Staatsarchiv, soweit besondere archivrechtliche Regelungen dies vorsehen (SK-StPO/*Weßlau*/*Deiters* § 494 Rn. 19). Eine Nachberichtspflicht ergibt sich aus § 75 Abs. 3 BDSG, § 58 Abs. 5 BDSG (BeckOK-StPO/*Wittig* § 494 Rn. 5).

9 **II. Betriebsverordnung.** Nach Abs. 4 ist im Wege einer Rechtsverordnung der **Betrieb des ZStV** im Einzelnen zu regeln. Dies ist zunächst in der Allgemeinen Verwaltungsvorschrift über eine Errichtungsverordnung für das länderübergreifende staatsanwaltschaftliche Verfahrensregister v. 07.08.1995 geschehen. Diese Errichtungsverordnung ist nach dem Beschl. des BVerfG v. 02.03.1999 (BVerfGE 100, 249, insb. 258 ff.) durch die **Verordnung über den Betrieb des Zentralen Staatsanwaltschaftlichen Verfahrensregisters (ZStVBetrVO) des BMJ v. 23.09.2005** ersetzt worden. Die ZStVBetrVO legt neben Anderem den Namen des Registers, die Registerbehörde (§ 1), Inhalt und Zweck des Registers (§ 2), die zu speichernden Daten (§ 4), die Übermittlung an das Register (§ 3), die Auskunft aus dem Register und deren technische Umsetzung (§ 6 bis 9) und die weiteren organisatorischen Kompetenzen der Registerbehörde für den ZStV-Betrieb (§ 10) fest (**Verordnungstext** s. BGBl. I, S. 2885, zuletzt geändert durch Art. 10 des G zur Verbesserung der Zusammenarbeit im Bereich des Verfassungsschutzes BGBl. I, S. 1938; auch bei Meyer-Goßner/Schmitt/*Köhler* § 494 Rn. 12 abgedruckt).

§ 495 Auskunft an Betroffene

[1]Die betroffene Person ist entsprechend § 57 des Bundesdatenschutzgesetzes Auskunft aus dem Verfahrensregister zu erteilen; § 491 Absatz 2 gilt entsprechend. [2]Über die Erteilung einer Auskunft entscheidet die Registerbehörde im Einvernehmen mit der Staatsanwaltschaft, die die personenbezogenen Daten zur Eintragung in das Verfahrensregister mitgeteilt hat. [3]Soweit eine Auskunft aus dem Verfahrensregister an eine öffentliche Stelle erteilt wurde und die betroffene Person von dieser Stelle Auskunft über die so erhobenen Daten begehrt, entscheidet hierüber diese Stelle im Einvernehmen mit der Staatsanwaltschaft, die die personenbezogenen Daten zur Eintragung in das Verfahrensregister mitgeteilt hat.

Übersicht

1 **A. Allgemeines.** Der verfassungsrechtlich bestehende **Auskunftsanspruch** (vgl. SK-StPO/*Deiters*/*Weßlau* § 495 Rn. 1; LR/*Hilger* § 495 Rn. 1) erfährt mit der Norm seine einfach-rechtliche Konkretisierung für das ZStV. Dazu verweist die Vorschrift weitgehend auf § 57 BDSG und auf § 491 Abs. 2. Anders als in § 491 für die Auskunft aus sonstigen Strafverfahrensdateien geregelt, haben nach § 495 auch **Verfahrensbeteiligte** einen **Anspruch** aus Auskunft aus dem ZStV (Meyer-Goßner/Schmitt/*Köhler* § 495 Rn. 1; SK-StPO/*Deiters*/*Weßlau* § 495 Rn. 2).

B. Erläuterungen. I. Voraussetzungen einer Auskunftserteilung. Die Vorschrift verweist in Satz 1 auf § 57 BDSG sowie auf die Fristenregelung des § 491 Abs. 2. Diese soll verhindern, dass Ermittlungsverfahren durch ausforschende Anträge zur Unzeit bekannt werden. In der Praxis prüft das das ZStV führende Bundesamt für Justiz bei jeder Beauskunftung, ob die Voraussetzungen von § 495 Satz 1 i.V.m. § 491 Abs. 2 vorliegen und sieht ggf. von einer positiven Auskunft ab; zu beantworten ist eine Anfrage in jedem Fall. Der Betroffene ist nach § 495 Satz 1 i.V.m. § 491 Abs. 2 unabhängig davon, ob ein Verfahren geführt und also eine Eintragung im ZStV existiert, auf die Fristenregelung hinzuweisen, um Rückschlüsse aus einer negativen Auskunft (»kein Inhalt«) auszuschließen. 2

Vor der Entscheidung über die Erteilung einer Auskunft hat die Registerbehörde das **Einvernehmen mit jeder StA, die Daten für eine Eintragung mitgeteilt hat,** herzustellen. Dies dient dazu, die Aufgabenerfüllung der mitteilenden StA sicherzustellen, die schutzwürdigen Interessen Dritter zu berücksichtigen, die Gefährdung der öffentlichen Sicherheit oder Ordnung auszuschließen und Nachteile für des Wohl des Bundes oder eines Landes zu verhindern, indem eine **Auskunftserteilung** erforderlichenfalls ganz **unterbleibt** (§ 57 Abs. 4 i.V.m. § 56 Abs. 2 BDSG). Nach § 495 Satz 1 i.V.m. § 57 Abs. 7 BDSG ist der Betroffene über die Möglichkeit zu informieren, sich an den Bundesbeauftragten für den Datenschutz und die Informationsfreiheit zu wenden, sodass auch in solchen Fällen unterbliebener Beauskunftung eine Beantwortung eines Auskunftsersuchens zu erfolgen hat. 3

Als Sonderfall ist in Satz 3 die Möglichkeit geregelt, dass der Betroffene sich mit seinem nicht begründungsbedürftigen (KK-StPO/*Gieg* § 495 Rn. 3) Auskunftsantrag nicht an die Registerbehörde oder an die ursprünglich mitteilende StA wendet, sondern an eine **andere öffentliche Stelle**, der eine Auskunft aus dem ZStV erteilt wurde. In diesem Fall entscheidet die angegangene Stelle im Einvernehmen mit der die Daten ursprünglich mitteilenden StA über das Ersuchen, also nicht die Registerbehörde. Die Entscheidungskompetenz geht mit der Auskunftserteilung also an die öffentliche Stelle über, die die Auskunft von der Registerbehörde erhalten hatte; **die Vorschriften des § 495 gelten in diesem Fall also auch für diese Stelle.** 4

II. Inhalt der Auskunft. Soweit überhaupt eine Auskunft erteilt wird und diese nicht infolge der **Fristenregelung** des § 491 Abs. 2 oder aufgrund der **Ausschlussgründe** in § 57 Abs. 4 BDSG verweigert wird, richtet sich deren Inhalt nach § 57 Abs. 1 Satz 2 Abs. 1 Satz 1 Nr. 1 bis 8 BDSG. Demnach wird u.a. Auskunft erteilt über **die zur Person des Antragstellers gespeicherten Daten**, auch soweit sie sich auf die Herkunft dieser Daten beziehen, über den Empfänger bzw. Empfängerkategorien, an die die Daten ggf. weitergegeben wurden, und über den Speicherungszweck (SK-StPO/*Deiters*/*Weßlau* § 495 Rn. 2). **In diesem Rahmen bestimmt die Auskunft erteilende Stelle,** also von Fällen des Satz 3 abgesehen, die Registerbehörde, **das Verfahren und die Form der Auskunftserteilung selbst.** 5

Die Beauskunftung wie auch die Verweigerung einer Auskunft – mithin also jede Form der Antwort auf einen Auskunftsantrag – ist ein **Verwaltungsakt** i.S v. § 35 VwVfG (KK-StPO/*Gieg* § 495 Rn. 3; vgl. für den Betrieb des ZStV insgesamt KK-StPO/*Gieg* § 492 Rn. 1). Ob sie über § 23 EGGVG anfechtbar ist, erscheint indes zweifelhaft; die Gründe einer Versagung gerichtlichen Rechtsschutzes gegen die Verweigerung einer Auskunft nach § 491 dürften auch hier Platz greifen (vgl. BGHR StPO, § 491 Ablehnung 1). 6

Vierter Abschnitt. Schutz personenbezogener Daten in einer elektronischen Akte; Verwendung personenbezogener Daten aus elektronischen Akten

§ 496 Verwendung personenbezogener Daten in einer elektronischen Akte

(1) Das Verarbeiten und Nutzen personenbezogener Daten in einer elektronischen Akte oder in elektronischen Aktenkopien ist zulässig, soweit dies für die Zwecke des Strafverfahrens erforderlich ist.

(2) Dabei sind

1. **die organisatorischen und technischen Maßnahmen zu treffen, die erforderlich sind, um den besonderen Anforderungen des Datenschutzes und der Datensicherheit gerecht zu werden, und**
2. **die Grundsätze einer ordnungsgemäßen Datenverarbeitung einzuhalten, insbesondere die Daten ständig verfügbar zu halten und Vorkehrungen gegen einen Datenverlust zu treffen.**

(3) Elektronische Akten und elektronische Aktenkopien sind keine Dateisysteme im Sinne des Zweiten Abschnitts.

1 **A. Allgemeines.** Die Vorschriften der §§ 496 – 499 sind mit Wirkung zum 01.01.2018 durch das Gesetz zur Einführung der elektronischen Akte in der Justiz und zur weiteren Förderung des elektronischen Datenverkehrs vom 05.07.2017 (BGBl. I, S. 2208) der StPO angefügt worden. Ab dem 01.01.2026 sollen nach den Vorstellungen des Gesetzgebers ab diesem Stichdatum **neu anzulegende Akten in Strafsachen** ausschließlich **elektronisch** geführt werden; bis zum 31.12.2025 ist die elektronische Aktenführung optional (zur Kritik an diesen Übergangsfristen vgl. Stellungnahme der BRAK Nr. 29/2016 von 08/2016, S. 13). Um diese Umstellung, deren finanzielle (vgl. Gesetzentwurf vom 17.08.2016, BT-Drs. 18/9416, S. 4: erheblicher, jedoch nicht abschließend bezifferbarer finanzieller Aufwand; S. 38: Investitionskosten bundesweit insgesamt derzeit ca. 320 Mio. €) Auswirkungen derzeit nicht zuletzt mangels einschlägiger Erfahrungen (vgl. Stellungnahme des DRB von 01/2017, S. 1) nicht annähernd abzuschätzen sind, vorzubereiten und gleitend zu gestalten, hat der Gesetzgeber neben den grundlegenden Regelungen in dem neu in die StPO einzufügenden 4. Abschnitt des Ersten Buches (§§ 32 ff.) mit dem neu in die StPO eingefügten 4. Abschnitt des Achten Buches Regelungen geschaffen, die die Verwendung und den Schutz der in elektronisch geführten Akten gespeicherter personenbezogener Daten zumindest im Grundsatz bereits jetzt regelt. Die Vorschriften der §§ 496–499 sind bewusst nicht allumfassend und abschließend; es werden noch weitere Regelungen zu treffen sein.

2 **B. Erläuterungen.** § 496 enthält **bereichsspezifische Regelungen zum Datenschutz** bei elektronisch geführten Akten in Strafsachen. Die Vorschrift enthält in **Abs. 1** eine gesetzliche Grundlage für die **Verarbeitung** und **Nutzung** personenbezogener Daten in einer elektronischen Akte oder in ebensolchen Aktenkopien. Unter Verarbeitung ist das Speichern, das Verändern, das Übermitteln, das Sperren und das Löschen zu verstehen, **nicht** aber das Erheben solcher Daten, das aufgrund anderer Vorschriften in der StPO (§§ 94 ff., 100a ff., 163a ff.) erfolgt (BT-Drs. 18/9416, S. 66).

3 Nur soweit dies **für die Zwecke eines konkreten Strafverfahrens erforderlich** ist, ist die Verarbeitung und Nutzung personenbezogener Daten zulässig; über das konkrete Verfahren hinausgehende Zwecke sind von dem Erlaubnis nicht abgedeckt (MüKo-StPO/*Singelnstein* § 496 Rn. 4). Dies bedeutet, dass eine allgemeine anderweitige Nutzung jedenfalls nicht auf § 496 StPO gestützt werden kann. Sobald die Zwecke des Strafverfahrens die Verarbeitung und Nutzung der Daten nicht mehr erfordern, sind die Daten zu löschen, dies muss jedoch nicht mit der Rechtskraft einer abschließenden Entscheidung erfolgen, sondern erst dann, wenn die Akten insgesamt nicht mehr erforderlich sind (BT-Drs. 18/9416, S. 66; vgl. KK-StPO/*Graf* § 496 Rn. 3).

4 Der ausdrücklichen Erwähnung der elektronischen **Aktenkopie** liegt der Gedanke zu Grunde, dass neben einer elektronischen oder (insb.) in Papierform geführten Akte auch elektronisch geführte Zweitakten angelegt werden können. Auf diese Weise soll ermöglicht werden, flexibel mit den Akten umzugehen.

5 **§ 496 Abs. 2 Nr. 1** statuiert hohe Anforderungen an die technischen Vorkehrungen und an den Umgang mit in elektronischen Strafakten gespeicherten personenbezogenen Daten. Dies ist an und für sich selbstverständlich, handelt es sich bei den Daten doch um äußerst sensible, häufig ohne das Wissen oder zumindest ohne das Einverständnis der Betroffenen erhobene Erkenntnisse, die nicht selten den Kernbereich privater Lebensführung betreffen. Erforderlich sind Maßnahmen zu Zutritts-, Zugangs-, Zugriffs-, Weitergabe-, Eingabe-, Auftrags- und Verfügbarkeitskontrolle sowie Maßnahmen zur Gewährleistung einer getrennten Verarbeitung zu unterschiedlichen Zwecken erhobener Daten.

6 **Abs. 2 Nr. 2** stellt auf die Grundsätze ordnungsgemäßer Datenverarbeitung ab. Dabei spielt die **Vorsorge gegen Datenverlust** eine bedeutende Rolle, Sicherungskopien gehören in diesen Bereich ebenso wie Regelungen zur Ausfallsicherheit.

7 **Abs. 3** schließlich hat klarstellende Funktion und normiert, dass die Dateiregelungen des Zweiten Abschnitts des Achten Buchs (**§§ 483–491**) nicht auf elektronische Akten oder Aktenkopien anzuwenden sind.

8 §§ 469–499 finden gem. § 4 Abs. 3 EuStAG nur Anwendung, wenn die Delegierten Europäischen Staatsanwälte elektronische Akten in Datenverarbeitungsanlagen einer Bundes- oder Landesbehörde führen (Meyer-Goßner/Schmitt/*Köhler* § 496 Rn. 1a m.w.N.)

§ 497 Datenverarbeitung im Auftrag

(1) Mit der dauerhaften rechtsverbindlichen Speicherung elektronischer Akten dürfen nicht-öffentliche Stellen nur dann beauftragt werden, wenn eine öffentliche Stelle den Zutritt und den Zugang zu den Datenverarbeitungsanlagen, in denen die elektronischen Akten rechtsverbindlich gespeichert werden, tatsächlich und ausschließlich kontrolliert.

(2) [1]Eine Begründung von Unterauftragsverhältnissen durch nicht-öffentliche Stellen im Rahmen des dauerhaften rechtsverbindlichen Speicherns der elektronischen Akte ist zulässig, wenn der Auftraggeber im Einzelfall zuvor eingewilligt hat. [2]Die Einwilligung darf nur erteilt werden, wenn der Zutritt und der Zugang zu den Datenverarbeitungsanlagen in dem Unterauftragsverhältnis entsprechend Absatz 1 vertraglich geregelt sind.

(3) [1]Eine Pfändung von Einrichtungen, in denen eine nicht-öffentliche Stelle im Auftrag einer öffentlichen Stelle Daten verarbeitet, ist unzulässig. [2]Eine Beschlagnahme solcher Einrichtungen setzt voraus, dass die öffentliche Stelle im Einzelfall eingewilligt hat.

Übersicht

A. Allgemeines. Mit § 497 StPO soll den Problemen begegnet werden, die die **Archivierung** (»**dauerhafte Speicherung**«) der elektronischen Akten mit sich bringen wird, wenn dies unter Inanspruchnahme privater Dritter geschieht. Nicht betroffen von der Norm ist eine etwa notwendige kurzfristige Zwischenspeicherung. 1

Tatsächlich ist zumindest nach derzeitigem Stand eine dauerhafte Speicherung abgeschlossener Verfahren, also eine Archivierung der elektronischen Akten, mit **Problemen** verknüpft. So ist fraglich, wie die Akten zuverlässig so gespeichert werden können, dass sie auch nach Jahrzehnten noch mit der dann verfügbaren EDV lesbar sind. Die Inanspruchnahme der (Server-) Infrastruktur privater Institutionen, die die notwendige technische Infrastruktur gewährleisten könnten, durch die Strafverfolgungsorgane ist daher eine realistische Option. Eine derartige Inanspruchnahme wirft aber nicht zuletzt infolge der **gebündelten Ansammlung hochsensibler Daten aus dem Bereich privater Lebensgestaltung**, wie sie sich typischerweise nahezu durchgehend in Strafakten finden lassen, zahlreiche Fragen auf. Ob diese Fragen durch ein Regelungen wie diejenigen in § 497 beantwortet werden, wird die Zukunft zeigen; eine künftige gesetzgeberische Nachjustierung erscheint hier durchaus wahrscheinlich. 2

B. Erläuterungen. § 497 soll über das nach allgemeinem Datenschutzrecht geltende Schutzniveau hinausgehen (vgl. BT-Drs. 18/9416, S. 68). Die Datenherrschaft verbleibt nach **§ 497 Abs. 1** bei der **öffentlichen Stelle**, also der Strafverfolgungsbehörde oder bei dem verfahrensführenden Gericht. Dies soll nach Vorstellung des Gesetzgebers durch eine **enge vertragliche Bindung** der beauftragen Stelle sowie durch einzuräumende **Kontrollrechte** für die jeweils **verfahrensführende Stelle** gewährleistet werden. Die exklusive Kontrolle soll sich auf den **Zutritt** zu den Datenverarbeitungsanlagen wie auf den **Zugang** zur Datenverarbeitung erstrecken. Die Server, so der Gesetzgeber, müssen sich also, um einen Zutritt überhaupt zu ermöglichen, **im Zugriffsbereich der öffentlichen Stelle** befinden, mithin in der Regel in Deutschland. Der Gesetzgeber strebt auf diese Weise an, dass die Auftragsdatenverarbeitung in einem Drittstaat unbeschadet der Frage einer Zulässigkeit nach allgemeinem Datenschutzrecht »praktisch ausgeschlossen« ist (BT-Drs. a.a.O.). Auch hier wird sich weisen, ob die gesetzgeberische Fantasie ausreicht, um künftige technische Entwicklungen vorherzusehen. 3

Abs. 2 will eine Umgehung der Schutzvorschriften in Abs. 1 durch die **Unterbeauftragung** Dritter seitens des privaten Speicherplatzanbieters verhindern. Eine Unterbeauftragung kommt sonach nur in Betracht, wenn die öffentliche Stelle hierzu ihre Zustimmung erteilt hat, was sie, so die Vorstellung des Gesetzgebers, nur nach gründlicher Prüfung tun wird (vgl. BT-Drs. 18/9416, S. 69). Zutritt und Zugang zu den Datenverarbeitungsanlagen müssen dementsprechend im Unterbeauftragungsverhältnis ebenso nach Abs. 1 geregelt sein wie im eigentlichen Auftragsverhältnis, damit durch die Unterbeauftragung das **Schutzniveau nicht abgesenkt** wird (vgl. KK-StPO/*Graf* § 497 Rn. 9). 4

§ 497 **Abs. 3** schließlich will Vorsorge für den Fall treffen, dass Dritte Zugriff auf den privaten IT-Dienstleister zu nehmen suchen, der Speicherplatz an Strafverfolgungsorgane vermietet. Dies ist angesichts der Aufbewahrungsfristen für Strafakten einerseits und der Insolvenzquote von IT-Dienstleistern andererseits nur zu verständlich. Server, auf denen Strafakten archiviert sind, werden damit **pfändungsfrei**. Damit die Speicherung von Strafakten nicht als eine Art Schutzschild für die Speicherung anderer, gegebenenfalls auch illegaler Inhalte herhält, wird die Möglichkeit der **Beschlagnahme der Server** mit Zustimmung der speichernden öffentlichen Stelle für grundsätzlich zulässig erklärt. 5

§ 498 Verwendung personenbezogener Daten aus elektronischen Akten

(1) Das Verarbeiten und Nutzen personenbezogener Daten aus elektronischen Akten oder elektronischen Aktenkopien ist zulässig, soweit eine Rechtsvorschrift die Verwendung personenbezogener Daten aus einem Strafverfahren erlaubt oder anordnet.

(2) Der maschinelle Abgleich personenbezogener Daten mit elektronischen Akten oder elektronischen Aktenkopien gemäß § 98c ist unzulässig, es sei denn, er erfolgt mit einzelnen, zuvor individualisierten Akten oder Aktenkopien.

1 § 498 regelt die **Verwendung von personenbezogenen Daten**, die in elektronischen Akten abgelegt sind, **in anderen Verfahren.**

2 **Abs. 1** gestattet eine **Verarbeitung und Nutzung personenbezogener Daten**, wenn und soweit eine Verwendung, also das Erheben, Verarbeiten und Nutzen solcher Daten, in anderen Rechtsvorschriften erlaubt oder angeordnet wird. Der Gesetzgeber hat hierbei insb. die Entnahme von Daten aus einer elektronischen Akte für die Verwendung zu Zwecken der Vorgangsverwaltung (§ 485 Abs. 1) oder für andere Dateien nach den §§ 498 ff. sowie die Übermittlung der Akte oder von Aktenteilen im Rahmen einer Auskunftserteilung oder einer Akteneinsicht im Sinne (BT-Drs. 18/9416, S. 69).

3 Abs. 2 **schließt komplexe Suchen in elektronischen Akten oder Aktenkopien** im Wege des Datenabgleichs mit Strafakten nach **§ 98c** grundsätzlich **aus.** Auf diese Weise soll einem systematischen Durchkämmen ganzer aus beliebig vielen, miteinander verknüpften unspezifischen einzelnen Akten bestehenden Datenbestände unter Einbeziehung von Daten aller am Strafverfahren Beteiligten vorgebeugt werden (BT-Drs. 18/9416 a.a.O.). Zulässig ist nach Abs. 2 Satz 2 hingegen der Datenabgleich nach § 98c, wenn die elektronischen Akten oder Aktenkopien zuvor im Einzelnen bestimmt und **individualisiert** worden sind. Eine solche Individualisierung kann mithilfe des ZStV (§ 492) oder auf Grundlage der §§ 483 ff. erfolgen, aber auch schlicht aufgrund der Kenntnis der mit der Sache befassten Strafverfolger. Diese Regelung ist auf durchaus berechtigte **Kritik** gestoßen, da sie die **Zuordnung etwa von Serienstraftaten** einzelner überörtlich agierender Täter, ohne dass dies durch Datenschutzvorschriften zwingend geboten wäre, **einschränkt** und damit die technischen Möglichkeiten, die sich durch die Einführung der elektronischen Akte für die Strafverfolgung ergäben, unnötig beschneidet (Stellungnahme des DRB zum Entwurf eines Gesetzes zur Einführung der elektronischen Akte in Strafsachen und zur weiteren Förderung des elektronischen Rechtsverkehrs, 01/2017, S. 4). Auch der Gesetzgeber macht sich nicht die Mühe, die Beschränkung des maschinellen Datenabgleichs gem. § 98c auf individualisierte elektronische Akten näher zu begründen.

§ 499 Löschung elektronischer Aktenkopien

Elektronische Aktenkopien sind unverzüglich zu löschen, wenn sie nicht mehr erforderlich sind.

Übersicht

1 **A. Allgemeines.** Die Vorschrift bildet eine datenschutzrechtliche Selbstverständlichkeit ab, die Ausfluss des **Grundrechts auf informationelle Selbstbestimmung** ist, zugleich aber auch finanzielle Auswirkungen hat. Sobald elektronische Aktenkopien nicht mehr benötigt werden, sind sie zu löschen, mithin zu vernichten.

2 **B. Erläuterungen.** § 499 nimmt Bezug auf § 496 Abs. 1, statuiert das Löschungsgebot aber nur für Aktenkopien, denn die Löschung der eigentlichen Ursprungsakten ist nicht in der StPO geregelt, sondern im gleichfalls am 01.01.2018 in Kraft tretenden, nunmehr infolge der Änderung des Art. 72 GG im Zuge der Föderalismusreform I bundesweit geltenden **Justizaktenaufbewahrungsgesetz** (JAktAG, in Art. 4 des Gesetzes zur Einführung der elektronischen Akte in Strafsachen und zur weiteren Förderung des elektronischen Rechtsverkehrs – BT-Drs. 18/9416) in Verbindung mit der von der Bundesregierung zur Bestimmung der Aufbewahrungsfristen im Einzelnen erlassenen Rechtsverordnung.

3 Erfasst von § 499 sind aber auch etwa nach **Abgabe eines Verfahrens** bei der Ausgangsbehörde verbleibende Aktenkopien. Diese sind – unterstellt, sie sind nicht mehr erforderlich – bei der übermittelnden Stelle zu löschen (BT-Drs. 18/9416, S. 70).

4 Schließlich sind auch solche elektronischen Aktendoppel unverzüglich zu löschen, die zum Zwecke der **Akteneinsicht** vorgehalten werden, aber nicht mehr erforderlich sind. Auch wenn die Löschungspflicht seinem eindeutigen Wortlaut nach nicht nur Behörden und Gerichte verpflichtet, sondern auch **Strafverteidiger** und **Nebenklagevertreter**, ist doch davon auszugehen, dass eine Erforderlichkeit der weiteren Aufbewahrung der Aktendoppel grundsätzlich – und sei es, um ein Wiederaufnahmeverfahren vorzubereiten – praktisch immer

anzuführen sein wird. Letztlich ist jedenfalls bei Rechtsanwälten die Löschungspflicht nicht durchzusetzen, die Norm hat insoweit **appellativen Charakter.** Dessen ungeachtet hat die Bundesrechtsanwaltskammer in ihrer Stellungnahme zum Gesetzentwurf angeregt, den Empfänger vor Erlangung des Zugangs zur elektronischen Akte schon bei Gewährung der Akteneinsicht einen Hinweis auf die Löschungspflicht zu geben und ihm die Erklärung abzuverlangen, die Löschung eigenverantwortlich sicherzustellen (Stellungnahme der Bundesrechtsanwaltskammer Nr. 26/2016 von 08/2016, S. 4). Zugleich weist die BRAK zutreffend darauf hin, dass die Einhaltung der Löschpflicht generell nur sichergestellt werden kann, wenn sie mit der **Pflicht zur lückenlosen Dokumentation bei der Anfertigung digitaler Kopien** der (elektronischen) Akte einhergeht (Stellungnahme der Bundesrechtsanwaltskammer Nr. 26/2016 von 08/2016 S. 10).

§ 500 Entsprechende Anwendung

(1) Soweit öffentliche Stellen der Länder im Anwendungsbereich dieses Gesetzes personenbezogene Daten verarbeiten, ist Teil 3 des Bundesdatenschutzgesetzes entsprechend anzuwenden.

(2) Absatz 1 gilt

1. nur, soweit nicht in diesem Gesetz etwas anderes bestimmt ist, und

2. nur mit der Maßgabe, dass die Landesbeauftragte oder der Landesbeauftragte an die Stelle der oder des Bundesbeauftragten tritt.

A. Allgemeines. Die durch das Gesetz zur Umsetzung der Richtlinie (EU) 2016/680 im Strafverfahren sowie zur Anpassung datenschutzrechtlicher Bestimmungen an die Verordnung (EU) 2016/679 vom 20.11.2019 (BGBl. I, S. 1724) eingefügte Vorschrift regelt den Anwendungsbereich des BDSG und stellt eine bundeseinheitliche Regelung sicher (BT-Drs. 19/4671, S. 71). 1

B. Einschränkungen. Die bundeseinheitliche Anwendung des Datenschutzrechts gilt nach § 500 Abs. 1 Satz 1 nicht, soweit die StPO abweichende Regelungen enthält (vgl. BeckOK-StPO/*Wittig* § 500 Rn. 6 m.w.N.). Eine weitere Einschränkung ergibt sich aus § 500 Abs. 2 Nr. 2, wonach die Kontrollbefugnisse der oder dem Landesbeauftragten verbleiben, selbst wenn nach Abs. 1 das BDSG zur Anwendung kommt. Dies dient einer einheitlichen Aufsicht der Staatsanwaltschaften und der übrigen Behörden in den für sie zuständigen Ländern. 2

Gerichtsverfassungsgesetz (GVG)

In der Fassung der Bekanntmachung vom 09.05.1975 (BGBl. I, S. 1077), zuletzt geändert durch das Gesetz zur Bekämpfung sexualisierter Gewalt gegen Kinder vom 16.06.2021 (BGBl. I, S. 1810).
(Auszug)

Erster Titel. Gerichtsbarkeit

§ 1 [Richterliche Unabhängigkeit]

Die richterliche Gewalt wird durch unabhängige, nur dem Gesetz unterworfene Gerichte ausgeübt.

1 Als Ausfluss der staatlichen Justizgewährungspflicht durch den gewaltenteilenden Rechtsstaat (BGH, DRiZ 1978, 185; NJW 1977, 437; 1991, 421, 422) garantiert Art. 97 Abs. 1 GG (§ 1 GVG, § 25 DRiG) die sachliche und persönliche Unabhängigkeit der **Richter**. Diese sind ausschließlich an »Gesetz und Recht« (Art. 20 Abs. 3 GG) gebunden.

2 Die **sachliche Unabhängigkeit** betrifft das Verhältnis der Richter zu den Trägern nichtrichterlicher Gewalt (BVerfG, 2. Senat, 08.06.1971 – 2 BvL 17/70; BVerfGE 12, 67, 71). Art. 97 Abs. 1 GG gewährleistet allen Richtern – Berufs- und Laienrichtern – die sachliche Unabhängigkeit (BVerfGE 4, 331, 344; 31, 137, 140; KK-StPO/*Barthe* § 1 Rn. 4). Sie erstreckt sich auf alle Maßnahmen, die mittelbar oder unmittelbar Einfluss auf die Rechtsprechungstätigkeit einschließlich aller verfahrensleitenden und verfahrensbegleitenden Anordnungen nehmen können (*von Bargen* DRiZ 2010, 100, 103). Die Richter genießen insoweit Weisungsfreiheit (BVerfGE 27, 312, 322; 36, 174, 185; KK-StPO/*Barthe* § 1 Rn. 4) und sind nur dem Gesetz unterworfen (BVerfGE 12, 67, 71; 26, 186, 198; KK-StPO/*Barthe* § 1 Rn. 4). Zum Spannungsfeld richterliche Unabhängigkeit und Dienstaufsicht, s. Dienstgericht des Bundes, Urt. v. 10.12.1971 – RiZ (R) 4/71.

3 Die sachliche Unabhängigkeit wird durch die Garantie der **persönlichen Unabhängigkeit** gesichert (BVerfG, 2. Senat, 09.05.1962 – 2 BvL 13/60, NJW 1962, 1611). Der Schutzbereich des Art. 97 Abs. 2 GG ist eröffnet für die hauptamtlich und planmäßig endgültig angestellten Richter, mithin die Richter, die nach den Bestimmungen des DRiG (§§ 10 Abs. 1, 17, 27 Abs. 1) unter Berufung auf das Richterverhältnis auf Lebenszeit ernannt und in eine bestimmte Planstelle bei einem Gericht eingewiesen worden sind, ebenso die Richter auf Zeit (§ 11 DRiG), nicht aber die Richter auf Probe (§ 12 DRiG) (*von Bargen* DRiZ 2010, 100, 103). Daraus lässt sich aber nicht schließen, dass die persönliche Unabhängigkeit der übrigen Richter generell der Disposition des einfachen Gesetzgebers unterliegt (BVerfG, 2. Senat, 09.05.1962 – 2 BvL 13/60, NJW 1962, 1611). Um deren sachliche Unabhängigkeit zu garantieren, muss auch die persönliche Unabhängigkeit gesichert sein (BVerfG, 2. Senat, 09.05.1962 – 2 BvL 13/60, NJW 1962, 1611). »Der Verfassungsgeber ist angesichts der hergebrachten Situation bei den ordentlichen Gerichten als selbstverständlich davon ausgegangen, dass die Heranziehung von in ihrer persönlichen Unabhängigkeit ungenügend gesicherten Richtern nur in den Grenzen erfolgt, die sich nach verständigem Ermessen aus der Notwendigkeit, Nachwuchs heranzubilden, oder aus anderen zwingenden Gründen ergeben« (BVerfG, 2. Senat, 09.05.1962 – 2 BvL 13/60, NJW 1962, 1611; BVerfG, 03.07.1962 – 2 BvR 628/60; 2 BvR 247/61, S. 10 f.). Jedem Richter muss ein »Minimum persönlicher Unabhängigkeit« (BVerfG, 2. Senat, 09.05.1962 – 2 BvL 13/60, NJW 1962, 1611) zuerkannt werden. Dieses beinhaltet nach dem BVerfG die aus Art. 97 Abs. 2 GG (BVerfGE 14, 56,70 ff. = NJW 1962, 1611; BeckOK-GG/*Morgenthaler* Art. 97 Rn. 19 m.w.N; dagegen wird in der Literatur überwiegend Art. 33 Abs. 5 GG als Rechtsgrundlage herangezogen (BeckOK-GG/*Morgenthaler* Art. 97 Rn. 19 m.w.N)) abgeleitete Garantie, dass ein Richter vor Ablauf der Amtszeit nur unter den gesetzlich bestimmten Voraussetzungen abberufen werden kann (BVerfGE 87, 68, 85; BVerfG, 2. Senat, 09.05.1962 – 2 BvL 13/60, NJW 1962, 1611) und, den »Ausschluß jeder vermeidbaren Einflußnahme der Exekutive auf den Status des einzelnen Richters« (BVerfGE 12, 81, 88 = NJW 1961, 915; BeckOK-GG/*Morgenthaler*, Art. 97 Rn. 20).Für die ehrenamtlichen Richter hebt § 44 Abs. 2 DRiG explizit hervor, dass sie vor Ablauf ihrer Amtszeit nur unter den gesetzlich bestimmten Voraussetzungen und gegen ihren Willen nur durch Entscheidung eines Gerichts abberufen werden können

4 Daneben ist auch die gesetzlich nicht normierte, aber dem einzelnen Richter für die Dauer des ihm anvertrauten Amtes innewohnende innere Unabhängigkeit von großer Relevanz (KK-StPO/*Barthe* § 1 Rn. 5 mit Verweis auf *Kissel/Mayer* § 1 Rn. 157 ff.). Der Richter ist zu einer »ständigen Selbstkontrolle« angehalten und »muss bemüht sein, soweit dies möglich ist, sich bei der Rspr. von subjektiven Einstellungen freizumachen« (*Kissel/Mayer* § 1 Rn. 157). Zur damit verbundenen Neutralitätspflicht vgl. auch Meyer-Goßner/*Schmitt* Vorb. zum GVG Rn. 4a.

Dem **Rechtspfleger** fehlt die »volle sachliche Unabhängigkeit« (BVerfG, NJW 1971, 605). Er ist aber nach § 9 RPflG nur an Recht und Gesetz gebunden und entscheidet grds. selbstständig (BVerfG, NJW 1971, 605). 5

§§ 2 bis 9

§ 10 [Referendare]

[1]Unter Aufsicht des Richters können Referendare Rechtshilfeersuchen erledigen und außer in Strafsachen Verfahrensbeteiligte anhören, Beweise erheben und die mündliche Verhandlung leiten. [2]Referendare sind nicht befugt, eine Beeidigung anzuordnen oder einen Eid abzunehmen.

Übersicht

A. Normzweck. Die Vorschrift dient der praktischen Ausbildung der Referendare (nicht der Entlastung der Rechtspflege, vgl. *Kissel/Mayer* § 10 Rn. 1; LR/*Böttcher* § 10 Rn. 1; MüKo-ZPO/*Zimmermann* § 10 Rn. 1; MüKo-StPO/*Schuster* § 10 Rn. 1; SK-StPO/*Frister* § 10 Rn. 2). Zu diesem Zweck können dem Referendar einzelne, in § 10 enumerativ genannte, richterliche Aufgaben zur Erledigung übertragen werden; er tritt dabei an die Stelle des »funktionell zuständigen Richters« (MüKo-ZPO/*Zimmermann* § 10 Rn. 2; Thomas/Putzo/*Hüßtege* § 10 Rn. 1). Erfasst werden nur Referendare im Vorbereitungsdienst (§ 5b DRiG) (*Kissel/Mayer* § 10 Rn. 1). Auf andere Ausbildungsverhältnisse ist § 10 ohne ausdrückliche gesetzliche Bestimmung nicht analog anwendbar (vgl. *Kissel/Mayer* § 10 Rn. 1; Musielak/Voit/*Wittschier* § 10 Rn. 4; HK-ZPO/*Rathmann* § 10 Rn. 1; SK-StPO/*Frister* § 10 Rn. 2). 1

B. »unter Aufsicht«. Die seit der Gesetzesnovelle von 1971 (Gesetz zur Änderung des Richtergesetzes v. 10.09.1971, BGBl. I, S. 1557) bestehende Regelung gewährleistet, dass § 10 mit dem Prinzip des gesetzlichen Richters (Art. 92, 101 Abs. 1 Satz 2 GG) vereinbar ist (MüKo-ZPO/*Zimmermann* § 10 Rn. 1; MüKo-StPO/*Schuster* § 10 Rn. 8; SK-StPO/*Frister* § 10 Rn. 2). Die herrschende Meinung fordert zu Recht eine ständige Anwesenheit des Richters (KG, NJW 1974, 2094 f.; *Kissel/Mayer* § 10 Rn. 12 m.w.N.; KK-StPO/*Barthe* § 10 Rn. 2; Thomas/Putzo/*Hüßtege* § 10 Rn. 2; MüKo-ZPO/*Zimmermann* § 10 Rn. 12; MüKo-StPO/*Schuster* § 10 Rn. 8; a.A. *Hahn*, NJW 1973, 1782; HK-StPO/*Schmidt/Temming* § 10 Rn. 4; differenzierend nach Art des Geschäfts und Qualifikation des Referendars, LR/*Böttcher* § 10 Rn. 6), weil nur dies dem Richter die Möglichkeit eröffnet, die Aufsicht so durchzuführen, dass er – sofern notwendig – stets eingreifen kann (*Kissel/Mayer* § 10 Rn. 12; KK- StPO/*Barthe* § 10 Rn. 2). Zwar ist dem Referendar entsprechend seinen Fähigkeiten ein gewisses Maß an Selbstständigkeit zuzubilligen (KG, NJW 1974, 2094, 2095; *Kissel/Mayer* § 10 Rn. 12; KK-StPO/*Barthe* § 10 Rn. 2). Die volle Verantwortung für die Rechtsprechungstätigkeit verbleibt aber beim Richter (KK-StPO/*Barthe* § 10 Rn. 2; LR/*Böttcher* § 10 Rn. 6; SK-StPO/*Frister* § 10 Rn. 6). Nicht ausreichend ist die nachträgliche Durchsicht des Protokolls (OLG Köln JMBl. NRW 1973, 282; MüKo-StPO/*Schuster* § 10 Rn. 8) oder ein umfassendes, klärendes Abschlussgespräch mit dem Referendar (*Kissel/Mayer* § 10 Rn. 12). Das Protokoll ist mit einem den Auftrag bestätigenden Vermerk zu versehen und die ordnungsgemäße Aufsicht durch die Unterschrift des Richters zu beurkunden (*Kissel/Mayer* § 10 Rn. 13; KK-StPO/*Barthe* § 10 Rn. 2; HK-StPO-Schmidt/*Temming* § 10 Rn. 5; *Oexmann* JuS 1976, 36). 2

C. Rechtshilfeersuchen. Erfasst werden nicht nur alle Rechtshilfeersuchen nach §§ 156 ff. sondern auch Amtshilfeersuchen im technischen Sinne wie z.B. Anträge der StA gem. § 162 StPO oder der Verwaltungsbehörden nach §§ 46 OWiG, 162 StPO (OLG Celle, NJW 1967, 993, 995; KK-StPO/*Barthe* § 10 Rn. 4; *Kissel/Mayer* § 10 Rn. 7; **a.A.** SK-StPO/*Frister* § 10 Rn. 3). Zulässig ist allein die »Erledigung« von Rechtshilfeersuchen. Die Ablehnung und der Erlass eines Rechtshilfeersuchens obliegen dem Richter (*Kissel/Mayer* § 10 Rn. 7; LR/*Böttcher* § 10 Rn. 8; MüKo-ZPO/*Zimmermann* § 10 Rn. 6). 3

D. Ausschluss der Anordnung oder Abnahme eines Eides (Satz 2). Vor der Anordnung und Abnahme des Eides muss der Richter die Leitung der Verhandlung übernehmen, die Aussage noch mal verlesen (lassen) und diesen Teil der Niederschrift unterschreiben (BGH, NJW 1958, 2075, 2076). 4

5 **E. Verfahrensfehler.** Erledigt der Referendar Aufgaben, die ihm nicht nach § 10 übertragen werden dürfen, führt dies zur Unwirksamkeit der Handlung (HK-StPO/*Schmidt*/*Temming* § 10 Rn. 8; KK-StPO/*Barthe* § 10 Rn. 7; *Kissel*/*Mayer* § 10 Rn. 18; Musielak/Voit/*Wittschier* § 10 Rn. 13; Meyer-Goßner/*Schmitt* § 10 Rn. 7). Bei einer Verletzung der Aufsichtspflicht ist zu differenzieren: Bei fehlender Aufsicht ist die Handlung unwirksam, bei unzureichender Aufsicht nur anfechtbar (LR/*Böttcher* § 10 Rn. 11; SK-StPO/*Frister* § 10 Rn. 7; **a.A.** [stets unwirksam] Thomas/Putzo/*Hüßtege* § 10 Rn. 3; **a.A.** [stets anfechtbar] *Katholnigg* § 10 Rn. 5; *Kissel*/*Mayer* § 10 Rn. 18; Meyer-Goßner/*Schmitt* § 10 Rn. 7; HK-StPO/*Schmidt*/*Temming* § 10 Rn. 8).

6 **F. Weitere Aufgaben.** Über § 10 hinaus können Referendare die Aufgaben eines Amtsanwalts und Staatsanwalts nach § 142 Abs. 3, eines Verteidigers nach §§ 139, 142 Abs. 2 StPO, eines Rechtspflegers nach § 2 Abs. 5 RPflG, eines Urkundsbeamten der Geschäftsstelle nach § 153 Abs. 5, soweit dies nach Landesrecht vorgesehen ist, und nach Maßgabe der §§ 53 Abs. 4 Satz 2, 59 Abs. 1 Satz 3 BRAO des Vertreters eines Anwalts wahrnehmen (vgl. hierzu auch KK-StPO/*Barthe* § 10 Rn. 6; BeckOK-GVG/*Gerhold* § 10 Rn. 2, 3; Dölling/Duttge/König/Rössner/*Duttge*/*Kangarani* § 10 Rn. 4).

§ 12 [Ordentliche Gerichtsbarkeit]

Die ordentliche Gerichtsbarkeit wird durch Amtsgerichte, Landgerichte, Oberlandesgerichte und durch den Bundesgerichtshof (den obersten Gerichtshof des Bundes für das Gebiet der ordentlichen Gerichtsbarkeit) ausgeübt.

1 Die Vorschrift regelt, welche Gerichte der Länder (AG, LG, OLG) und des Bundes (BGH) i.S.d. Art. 92 GG **organisatorisch** und **funktional ausschließlich** die ordentliche Gerichtsbarkeit ausüben (*Kissel*/*Mayer* § 12 Rn. 1; Musielak/Voit/*Wittschier* § 12 Rn. 1; *Prütting*/*Gehrlein* § 12 Rn. 1). Unter den Begriff der »ordentlichen Gerichtsbarkeit« fallen die Zivil- und Strafgerichtsbarkeit (MüKo-ZPO/*Zimmermann* § 12 Rn. 4). Durch Art. 22 Nr. 2 des FGG-RG v. 17.12.2008 (BGBl. I, S. 2586), in Kraft seit 01.09.2009, wurde die Einschränkung auf die »streitige« ordentliche Gerichtsbarkeit gestrichen, sodass das GVG nunmehr auch in Familiensachen und Angelegenheiten der freiwilligen Gerichtsbarkeit unmittelbar gilt (§ 2 EGGVG).

2 § 12 enthält die Verpflichtung in jedem Bundesland mindestens ein **AG**, **LG** und **OLG** unter dieser Bezeichnung zu errichten (**obligatorische Gerichte**, *Kissel*/*Mayer* § 12 Rn. 5; *Prütting*/*Gehrlein* § 12 Rn. 1), wobei Zusatzbezeichnungen (z.B. Hanseatisches OLG Hamburg) zulässig sind (*Kissel*/*Mayer* § 12 Rn. 5; KK-StPO/*Barthe* § 12 Rn. 1). Nur das OLG in Berlin führt aus Tradition die Bezeichnung KG (*Kissel*/*Mayer* § 12 Rn. 5; MüKo-ZPO/*Zimmermann* § 12 Rn. 1). Die §§ 8, 9 EGGVG eröffnen für die Länder die Möglichkeit fakultativ ein **Oberstes Landesgericht** einzurichten. (*Kissel*/*Mayer* § 12 Rn. 10; KK-StPO/*Barthe* § 12 Rn. 1). Das in Bayern nach Art. 10, 11 AGGVG eingerichtete BayObLG wurde durch AuflG v. 20.10.2004 [BayGVBl. 2004, 400] zunächst zum 30.06.2006 aufgelöst, jedoch aufgrund Gesetzes vom 12.07.2018 (GVBl. 2018, 550) seit dem 15.09.2018 wieder eingerichtet (vgl. hierzu auch KK-StPO/*Barthe* § 12 Rn. 1).

3 Der **BGH** ist als (obligatorisches) Gericht des Bundes – anders als die anderen Gerichtsarten in § 12 – verfassungsrechtlich unmittelbar in Art. 95 Abs. 1 GG verankert (*Kissel*/*Mayer* § 12 Rn. 6; KK-StPO/*Barthe* § 12 Rn. 2).

4 Keine Gerichte der ordentlichen Gerichtsbarkeit sind dagegen der **EuGH**, das **BVerfG** und der Gemeinsame Senat der obersten Gerichtshöfe nach Art. 95 Abs. 3 GG (MüKo-ZPO/*Zimmermann* § 12 Rn. 7). Aus Art. 93 Abs. 1 Nr. 4a, Art. 100 GG folgt aber einerseits die Möglichkeit für »jedermann«, das BVerfG auch gegen Entscheidungen der ordentlichen Gerichte (Verfassungsbeschwerde) anzurufen und andererseits die Vorlagemöglichkeit für die ordentlichen Gerichte (*Kissel*/*Mayer* § 12 Rn. 17; KK-StPO/*Barthe* § 12 Rn. 3; Musielak/Voit/*Wittschier* § 12 Rn. 5).

§ 13 [Zuständigkeit der ordentlichen Gerichte]

Vor die ordentlichen Gerichte gehören die bürgerlichen Rechtsstreitigkeiten, die Familiensachen und die Angelegenheiten der freiwilligen Gerichtsbarkeit (Zivilsachen) sowie die Strafsachen, für die nicht entweder die Zuständigkeit von Verwaltungsbehörden oder Verwaltungsgerichten begründet ist oder auf Grund von Vorschriften des Bundesrechts besondere Gerichte bestellt oder zugelassen sind.

1 Die Bedeutung von § 13 im Strafrecht liegt in der Begründung der Zuständigkeit der ordentlichen Gerichte (§ 12) für alle **Strafsachen** (BVerfG NJW 1967, 1219; LR/*Böttcher* § 13 Rn. 2). Unter Strafsachen i.S.d. § 13 versteht man alle Verfahren, in denen nach dem jeweils geltenden materiellen und prozessualen Recht eine **Kriminalstrafe** verhängt wird (*Kissel*/*Mayer* § 13 Rn. 232).Ordnungsgelder, Erzwingungsmaßnahmen und Disziplinarmaßnahmen fallen nicht unter § 13 (*Kissel*/*Mayer* § 13 Rn. 232; BeckOK GVG/

Gerhold § 13 Rn. 16). Ebenso wenig sind die mit Geldbuße und Nebenfolgen vermögensrechtlicher Art bedrohten Ordnungswidrigkeiten Strafsachen (LR/*Böttcher* § 13 Rn. 4), es sei denn, StA und Gericht sind bei Zusammenhang mit Straftaten (vgl. §§ 42, 54, 82 OWiG) und im Nachprüfungsverfahren (§§ 68 ff. OWiG) zur Verfolgung und Entscheidung berufen (KK-StPO/*Barthe* § 13 Rn. 1; LR/*Böttcher* § 13 Rn. 4; Meyer-Goßner/*Schmitt* § 13 Rn. 1; BeckOK-GVG/*Graf* § 13 Rn. 16).

Der in § 13 ausgesprochene Vorbehalt zugunsten von Verwaltungsbehörden und VG ist bei Strafsachen verfassungsrechtlich unzulässig (BVerfGE 22, 49; LR/*Böttcher* § 13 Rn. 1). Die Befugnisse der StA als Verwaltungsbehörde zur Einstellung des Verfahrens (§§ 153 ff. StPO) stehen dem nicht entgegen, da die ohne Mitwirkung des Gerichts vorgenommene Einstellung keine Strafsache i.S.d. § 13 ist (vgl. *Kissel/Mayer* § 13 Rn. 232; KK-StPO/*Barthe* § 13 Rn. 3). Zu den besonderen Gerichten, vgl. § 14 und § 16 Rn. 4. 2

§ 13a [Konzentrationsermächtigung]

(1) [1]Die Landesregierungen werden ermächtigt, durch Rechtsverordnung einem Gericht für die Bezirke mehrerer Gerichte Sachen aller Art ganz oder teilweise zuzuweisen sowie auswärtige Spruchkörper von Gerichten einzurichten, sofern dies für die sachdienliche Förderung oder schnellere Erledigung von Verfahren zweckmäßig ist. [2]Die Landesregierungen können die Ermächtigung auf die Landesjustizverwaltungen übertragen. [3]Besondere Ermächtigungen der Landesregierungen zum Erlass von Rechtsverordnungen gehen vor.

(2) Mehrere Länder können die Einrichtung eines gemeinsamen Gerichts oder gemeinsamer Spruchkörper eines Gerichts oder die Ausdehnung von Gerichtsbezirken über die Landesgrenzen hinaus, auch für einzelne Sachgebiete, vereinbaren.

Die durch Art. 17 des Ersten Gesetzes über die Bereinigung von Bundesrecht im Zuständigkeitsbereich des BMJ v. 19.04.2006 (BGBl. I, S. 866) als »Öffnungsklausel« (HK-ZPO/*Rathmann* § 13a Rn. 1) eingeführte Vorschrift, die eine Konzentrationsermächtigung für den Landesgesetzgeber enthält, wurde m.W.z. 01.01.2021 durch Gesetz vom 12.12.2019 (BGBl. I, S. 2633) neugefasst. »Um die Möglichkeit der Konzentration im Interesse einer sachdienlichen Förderung und schnelleren Erledigung von Verfahren flexibler zu gestalten«, sieht die Regelung in Abs. 1 »nunmehr eine Verordnungsermächtigung an die Landesregierungen sowie die Möglichkeit einer Subdelegation an die Landesjustizverwaltungen vor. Bereits bestehende Konzentrationsermächtigungen, etwa in den §§ 22c, 23d, 58, 71 Abs. 4 GVG, haben Vorrang und bleiben von der Regelung unberührt« (BT-Drs. 19/13828, S. 21). Zudem hat der Gesetzgeber mit Abs. 2 die Möglichkeit geschaffen, länderübergreifende gemeinsame Gerichte und Spruchkörper zu errichten oder Gerichtsbezirke auch über die Landesgrenze hinaus auszudehnen, und hat insoweit Rechtsklarheit geschaffen (vgl. BT-Drs. 19/13828, S. 21; HK-ZPO/*Rathmann* § 13a Rn. 1). Durch die Neuregelung in Abs. 2 »soll insb. kleineren Ländern ausdrücklich die Möglichkeit eingeräumt werden, durch Kooperation mit anderen Ländern sicherzustellen, dass für bestimmte Sachgebiete ein hinreichendes Fallaufkommen bei den eingerichteten Spruchkörpern gewährleistet ist« (BT-Drs. 19/13828, S. 21). 1

§ 14 [Schifffahrtsgerichte]

Als besondere Gerichte werden Gerichte der Schiffahrt für die in den Staatsverträgen bezeichneten Angelegenheiten zugelassen.

Zu den »besonderen Gerichten« zählen die Zentralkommission in Straßburg für Rheinschifffahrts- und der Berufungsausschuss der Moselkommission in Trier für Moselschifffahrtssachen (BGHZ 18, 267, 270; Meyer-Goßner/*Schmitt*, § 14 Rn. 1; HK-StPO-Schmidt/*Temming* § 14 Rn. 4). Demgegenüber sind sowohl die Rhein- und Mosel- als auch die Binnenschifffahrtsgerichte Teil der ordentlichen Gerichte i.S.v. § 13 (BGHZ 45, 237, 240; MüKo-ZPO/*Zimmermann* § 14 Rn. 4; MüKO-StPO/*Schuster* § 14 Rn. 8; KK-StPO/*Barthe* § 14 Rn. 1; LR/*Böttcher* § 14 Rn. 8 f. **a.A.** bzgl. der Rhein- und Moselschifffahrtsgerichte *Kissel/Mayer* § 14 Rn. 7 f.). 1

§ 16 [Verbot von Ausnahmegerichten]

[1]Ausnahmegerichte sind unstatthaft. [2]Niemand darf seinem gesetzlichen Richter entzogen werden.

Übersicht

1 **A. Normzweck.** § 16 gewährleistet, fast wortgleich mit Art. 101 Abs. 1 GG (die einzige Abweichung ist sprachlicher Natur: »unzulässig« statt »unstatthaft«), als Ausfluss des Rechtsstaatsprinzips den **gesetzlichen Richter** (BVerfG NJW 1976, 283; *Kissel/Mayer* § 16 Rn. 1; SK-StPO/*Frister* § 16 Rn. 1). Die beiden Sätze des § 16 bzw. Art. 101 Abs. 1 GG normieren ein **einheitliches Rechtsprinzip** (BayVerfGHE 37, 1, 2 = NJW 1984, 2813; SK-StPO/*Frister* § 16 Rn. 2). In formeller Hinsicht beinhaltet die Garantie des gesetzlichen Richters über das besondere Verbot von Ausnahmegerichten hinaus die Verpflichtung, abstrakt-generelle Regelungen zu treffen, aus denen sich der gesetzliche Richter im Voraus ergibt (BVerfG NJW 1997, 1497; *Kissel/Mayer* § 16 Rn. 3). Um eine Manipulation der rechtsprechenden Organe durch sachfremde Erwägungen zu vermeiden, muss gesichert sein, dass »nicht für bestimmte Einzelfälle bestimmte Richter ausgesucht werden, sondern dass die einzelne Sache »blindlings« aufgrund allgemeiner, vorab festgelegter Merkmale an den entscheidenden Richter gelangt« (BVerfG NJW 1997, 1497, 1498). In materieller Hinsicht korrespondiert die Vorschrift mit Art. 97 Abs. 1 GG und § 1, indem sie das Recht auf einen persönlich und sachlich unabhängigen Richter garantiert (BVerfGE 10, 200, 213; 82, 286, 298).

2 Art. 101 Abs. 1 GG beinhaltet ein **subjektives grundrechtsgleiches Recht**, für dessen Verletzung nach Art. 93 Abs. 1 Nr. 4a GG die Verfassungsbeschwerde eröffnet ist (BVerfGE 21, 362, 373; BVerfG NJW 1976, 283).

3 **B. Verbot von Ausnahmegerichten (Satz 1). Ausnahmegerichte** sind Gerichte die »ad hoc bestimmt«, also unter »Abweichung von der gesetzlichen Zuständigkeit besonders gebildet und zur Entscheidung einzelner konkreter oder individuell bestimmter Fälle berufen sind« (BVerfGE 3, 213, 223; 8, 174, 182). Auch ein **einzelner Spruchkörper** kann ein Ausnahmegericht sein, wenn ihm durch die Geschäftsverteilung ein konkreter Einzelfall oder mehrere konkrete Einzelfälle zugewiesen werden (BVerfGE 40, 356, 361 = NJW 1976, 283; Meyer-Goßner/*Schmitt* § 16 Rn. 1). Das Verbot des § 16 Satz 1 richtet sich an den Bundes- und Landesgesetzgeber (BVerfG NJW 1957, 337; 1967, 1219), an die Justizverwaltung und an das Präsidium (*Kissel/Mayer* § 16 Rn. 14).

4 **Sondergerichte** (»besondere Gerichte«, vgl. §§ 13, 14), die für besondere Sachgebiete abstrakt und allgemein aufgrund Gesetzes im Voraus zur Entscheidung berufen sind, sind dagegen nach Art. 101 Abs. 2 GG zulässig (BGHZ 38, 208, 210; *Kissel/Mayer* § 16 Rn. 16; KK-StPO/*Barthe* § 16 Rn. 2; LR/*Böttcher* § 16 Rn. 6; Meyer-Goßner/*Schmitt* § 16 Rn. 2). Dies gilt auch für **Spezialspruchkörper**, die für besondere Sachgebiete abstrakt und generell errichtet sind (*Kissel/Mayer* § 16 Rn. 19; Meyer-Goßner/*Schmitt* § 16 Rn. 1; SK-StPO/*Frister* § 16 Rn. 6).

5 Ein **Verstoß** gegen Satz 1 macht die Entscheidung des Ausnahmegerichts grds. anfechtbar (BGHZ 37, 125, 128; *Kissel/Mayer* § 16 Rn. 20, 50). Nur bei »krassen Verstößen« wird von der Nichtigkeit der Entscheidung auszugehen sein (BGH, NStZ 1984, 279; LR/*Böttcher* § 16 Rn. 7).

6 **C. Verbot der Entziehung des gesetzlichen Richters (Satz 2).** Das Verbot des Satz 2 (und Art. 101 Abs. 1 Satz 2 GG) gewährleistet den gesetzlichen Richter als ein »Kernstück des Rechtsstaats« (BVerfGE 40, 356, 361; KK-StPO/*Barthe* § 16 Rn. 4; *Kissel/Mayer* § 16 Rn. 21; s. Rn. 1). Es findet auf Berufs- und Laienrichter gleichermaßen Anwendung (BVerfG NJW 1978, 2499) und gilt für alle Gerichtsbarkeiten (*Kissel/Mayer* § 16 Rn. 21) sowie für jede Art richterlicher Tätigkeit (BVerfGE 4, 412). **»Gesetzlicher Richter«** ist nicht nur der jeweilige Spruchkörper, sondern auch der im Einzelfall zur Entscheidung berufene Richter (BVerfGE 40, 356, 361; BGHSt 28, 290, 291).

7 Satz 2 enthält zum einen das gesetzgeberische **Gebot**, die richterliche Zuständigkeit so **eindeutig wie möglich durch allgemeine Normen** zu regeln (BVerfGE 17, 294, 298; 40, 356, 361; KK-StPO/*Barthe* § 16 Rn. 5; *Kissel/Mayer* § 16 Rn. 24) und begründet zum anderen ein **subjektives Recht des Bürgers**, in Form eines Anspruches auf den ihm gesetzlich zustehenden Richter (BVerfGE 82, 286 = NJW 1991, 217; KK-StPO/*Barthe* § 16 Rn. 7; *Kissel/Mayer* § 16 Rn. 24). Dem **einzelnen Richter** wird ein aus der Unabhängigkeit fließendes **Recht** eingeräumt, dass ihm nicht die Sachen entzogen werden, für die er zuständig ist (KK-StPO/*Barthe* § 16 Rn. 7).

8 Ein **Verstoß** gegen Satz 2 liegt nicht bei jedem Verfahrensirrtum (»error in procedendo«) (BVerfGE 3, 359), sondern nur bei einer (objektiv) willkürlichen Maßnahme vor (BVerfGE 20, 336, 346; BVerfG NJW 1984,

2147; OLG Karlsruhe, StV 1998, 252, 253; *Kissel/Mayer* § 16 Rn. 51) oder wenn das Gericht die Bedeutung und Tragweite von Art. 101 GG grundlegend verkennt (BVerfG NJW 1991, 217; 219; 1993, 381; *Kissel/Mayer* § 16 Rn. 51). Von einer willkürlichen Maßnahme ist auszugehen, wenn die Maßnahme »bei verständiger Würdigung der das Grundgesetz beherrschenden Gedanken nicht mehr verständlich erscheint und sich der Schluss aufdrängt, dass sie auf sachfremden Erwägungen beruht«, sie »objektiv unter keinem denkbaren Aspekt vertretbar ist« bzw. »sachlich schlechthin unhaltbar« ist (vgl. BVerfGE 81, 132 = NJW 1990, 1103; 87, 273 = NJW 1993, 996; BGHSt 42, 205, 208). Ein Verstoß stellt grds. einen **absoluten Revisionsgrund** (§ 338 Nr. 1 StPO) dar (Meyer-Goßner/*Schmitt* § 16 Rn. 8; KK-StPO/*Barthe* § 16 Rn. 13). Bei Unanfechtbarkeit eines Beschlusses nach § 336 Satz 2 StPO gilt dies auch (OLG Karlsruhe, NStZ 1981, 272; Meyer-Goßner/*Schmitt* § 16 Rn. 8; KK-StPO/*Barthe* § 16 Rn. 13)

D. Einzelne Problemfelder. Die »**bewegliche**« **Regelung der sachlichen Zuständigkeit** (bestimmte Straferwartung: §§ 24 Abs. 1 Nr. 2, 25 Nr. 2, 74 Abs. 1; »besondere Bedeutung« des Falles: §§ 24 Abs. 1 Nr. 3; 74 Abs. 1; 74a Abs. 2; 120 Abs. 2; § 142a Abs. 4) ist verfassungsgemäß, wenn die Entscheidung der StA, bei welchem Gericht sie anklagt, der gerichtlichen Kontrolle nach § 209 StPO unterliegt (BVerfGE 9, 223, 229). 9

Ein Wahlrecht kommt der StA aber bei der Regelung der **örtlichen Zuständigkeit** zu, nachdem die §§ 7 ff. StPO keine Rangfolge der Gerichtsstände festlegen (SK-StPO/*Frister* § 16 Rn. 14). Trotz des der StA eröffneten Ermessensspielraums wird von einigen Stimmen eine Vereinbarkeit mit Art. 101 Abs. 1 Satz 2 GG bejaht (vgl. KK-StPO/*Scheuten* Vorbem. zu §§ 7 bis 21 StPO Rn. 3 unter Bezugnahme auf [unveröffentlicht] BGH, 18.03.1975 – 1 StR 559/74 und w.N.; Meyer-Goßner/*Schmitt* Vor § 7 StPO Rn. 10), teilweise mit der Einschränkung, dass die Ausübung des Wahlrechts nicht auf unsachlichen Erwägungen beruhen dürfe (vgl. BVerfGE 20, 336, 346; OLG Hamm, NStZ-RR 1999, 16; KK-StPO/*Scheuten*, Vorbem. zu §§ 7 bis 21 StPO Rn. 3) bzw. indem ein Nachprüfungsrecht des angegangenen Gerichts bejaht wird (OLG Hamm StV 1999, 240; LR/*Böttcher* § 16 Rn. 18). Andere Stimmen halten das Wahlrecht für verfassungswidrig (*Herzog* StV 1993, 609, 612; *Heghmanns* StV 2000, 277 [ggf. verfassungskonforme Auslegung]; SK-StPO/*Frister* § 16 Rn. 14). 10

Eine gleich gelagerte Problematik ergibt sich, wenn in Übereinstimmung mit dem Geschäftsverteilungsplan die sachliche Zuständigkeit des Gerichts von der von der StA **in der Anklageschrift gewählten Reihenfolge der Angeklagten** abhängig ist. Der BGH hält hier allerdings eine Willkürkontrolle für ausreichend (BGH, NJW 1958, 1503; s. § 21e Rdn. 6; a.A. Meyer-Goßner/*Schmitt* § 16 Rn. 5). 11

Das Recht des Gerichts bei einer zuständigkeitsbegründenden Entscheidung die Sache an ein anderes Gericht zu verweisen, etwa bei § 210 Abs. 3 StPO oder § 354 Abs. 2 StPO wird als verfassungskonform gewertet (zu § 354 Abs. 2 StPO: BVerfGE 20, 336; zur Verfassungsmäßigkeit des § 210 Abs. 3 Satz 1 StPO: BVerfG StV 2000, 537). Gleiches gilt für die Verbindung von Strafsachen nach §§ 2, 4 StPO und die Abhängigkeit der Besetzung der Spruchkörper von dem Umfang bzw. der Schwierigkeit der Sache (§§ 29 Abs. 2, 76 Abs. 2, 122 Abs. 2 Satz 2; vgl. SK-StPO/*Frister* § 16 Rn. 13). 12

§ 17 [Entscheidung über die Zulässigkeit des Rechtsweges]

(1) [1]Die Zulässigkeit des beschrittenen Rechtsweges wird durch eine nach Rechtshängigkeit eintretende Veränderung der sie begründenden Umstände nicht berührt. [2]Während der Rechtshängigkeit kann die Sache von keiner Partei anderweitig anhängig gemacht werden.

(2) [1]Das Gericht des zulässigen Rechtsweges entscheidet den Rechtsstreit unter allen in Betracht kommenden rechtlichen Gesichtspunkten. [2]Artikel 14 Abs. 3 Satz 4 und Artikel 34 Satz 3 des Grundgesetzes bleiben unberührt.

§ 17a [Rechtsweg]

(1) Hat ein Gericht den zu ihm beschrittenen Rechtsweg rechtskräftig für zulässig erklärt, sind andere Gerichte an diese Entscheidung gebunden.

(2) [1]Ist der beschrittene Rechtsweg unzulässig, spricht das Gericht dies nach Anhörung der Parteien von Amts wegen aus und verweist den Rechtsstreit zugleich an das zuständige Gericht des zulässigen Rechtsweges. [2]Sind mehrere Gerichte zuständig, wird an das vom Kläger oder Antragsteller auszuwählende Gericht verwiesen oder, wenn die Wahl unterbleibt, an das vom Gericht bestimmte. [3]Der Beschluss ist für das Gericht, an das der Rechtsstreit verwiesen worden ist, hinsichtlich des Rechtsweges bindend.

(3) [1]Ist der beschrittene Rechtsweg zulässig, kann das Gericht dies vorab aussprechen. [2]Es hat vorab zu entscheiden, wenn eine Partei die Zulässigkeit des Rechtsweges rügt.

(4) [1]Der Beschluss nach den Absätzen 2 und 3 kann ohne mündliche Verhandlung ergehen. [2]Er ist zu begründen. [3]Gegen den Beschluss ist die sofortige Beschwerde nach den Vorschriften der jeweils anzu-

wendenden Verfahrensordnung gegeben. [4]Den Beteiligten steht die Beschwerde gegen einen Beschluss des oberen Landesgerichts an den obersten Gerichtshof des Bundes nur zu, wenn sie in dem Beschluss zugelassen worden ist. [5]Die Beschwerde ist zuzulassen, wenn die Rechtsfrage grundsätzliche Bedeutung hat oder wenn das Gericht von der Entscheidung eines obersten Gerichtshofes des Bundes oder des Gemeinsamen Senats der obersten Gerichtshöfe des Bundes abweicht. [6]Der oberste Gerichtshof des Bundes ist an die Zulassung der Beschwerde gebunden.

(5) Das Gericht, das über ein Rechtsmittel gegen eine Entscheidung in der Hauptsache entscheidet, prüft nicht, ob der beschrittene Rechtsweg zulässig ist.

(6) Die Absätze 1 bis 5 gelten für die in bürgerlichen Rechtsstreitigkeiten, Familiensachen und Angelegenheiten der freiwilligen Gerichtsbarkeit zuständigen Spruchkörper in ihrem Verhältnis zueinander entsprechend.

§ 17b [Anhängigkeit nach Verweisung; Kosten]

(1) [1]Nach Eintritt der Rechtskraft des Verweisungsbeschlusses wird der Rechtsstreit mit Eingang der Akten bei dem im Beschluss bezeichneten Gericht anhängig. [2]Die Wirkungen der Rechtshängigkeit bleiben bestehen.

(2) [1]Wird ein Rechtsstreit an ein anderes Gericht verwiesen, so werden die Kosten im Verfahren vor dem angegangenen Gericht als Teil der Kosten behandelt, die bei dem Gericht erwachsen, an das der Rechtsstreit verwiesen wurde. [2]Dem Kläger sind die entstandenen Mehrkosten auch dann aufzuerlegen, wenn er in der Hauptsache obsiegt.

(3) Absatz 2 Satz 2 gilt nicht in Familiensachen und in Angelegenheiten der freiwilligen Gerichtsbarkeit.

Übersicht

1 **A. Normzweck.** Die §§ 17 bis 17b betreffen den **Rechtsweg**, d.h. das Verhältnis der einzelnen Gerichtsbarkeiten zueinander (*Kissel/Mayer* § 17 Rn. 4). Neben dem Ziel der Beschleunigung und Vereinfachung von Rechtswegstreitigkeiten (LR/*Böttcher* § 17b Rn. 1; KK-StPO/*Barthe* § 17b Rn. 2; SK-StPO/*Frister* § 17b Rn. 2), kommt durch die Vorschriften die durch Art. 95 GG verfassungsrechtlich vorgegebene **Gleichwertigkeit der Gerichtsbarkeiten** zum Ausdruck (*Kissel/Mayer* § 17 Rn. 2; *Kissel*, NJW 1991, 945, 950). Um negative wie positive Kompetenzkonflikte zwischen den Gerichtsbarkeiten auszuräumen, bestimmt § 17a GVG, dass die rechtskräftige Entscheidung über die Zulässigkeit des Rechtswegs des zuerst befassten Gerichts für andere Gerichte bindend ist. Die Bindungswirkung entfällt nur bei »extremen Verstößen« (BGH, NJW 2002, 2474, 2475 m.w.N.), etwa wenn die »Verweisung [...] objektiv oder auch verfahrensrechtlich willkürlich zu Stande gekommen ist« (BGH, NJW 2000, 1343; NJW 2002, 2474, 2475).

2 **B. Relevanz für die Strafrechtspflege.** Die praktische Relevanz der §§ 17 bis 17b in der Strafrechtspflege ist gering (LR/*Böttcher* § 17b Rn. 2). Unmittelbare Geltung besteht im Verfahren nach §§ 23 ff. EGGVG (BGH, NStZ 2001, 389 m. zust. Anm. *Katholnigg*; OLG Frankfurt NStZ-RR 2001, 44). Für Verweisungen innerhalb eines Gerichtszweigs – insb. auch innerhalb der ordentlichen Gerichtsbarkeit – sind die §§ 17 ff. nicht entsprechend anwendbar, da die Voraussetzungen für eine Analogie nicht vorliegen (vgl. BGH NStZ-RR 2021, 52, 54; Meyer-Goßner/*Schmitt* § 17b Rn. 2; OLG Hamburg; NStZ-RR 2014, 255, 256; OLG Frankfurt NJW 1996, 1484; 1998, 1165; NStZ-RR 1997, 246; OLG Hamburg NStZ 1995, 252; OLG Stuttgart NStZ-RR 2002, 111, 112; vgl. auch *Krack* JR 1996, 258, 259; **a.M.** Vorauflage; BGH v. 23.03.2005 – 2 ARs 16/05 in Relation von Bußgeldverfahren und Zivilprozess, vgl. Meyer-Goßner/*Schmitt* § 17b Rn. 2).

§ 17c [Landesrechtliche Zuweisung]

(1) Werden Zuständigkeitskonzentrationen oder Änderungen der Gerichtsbezirksgrenzen aufgrund dieses Gesetzes, aufgrund anderer bundesgesetzlicher Regelungen oder aufgrund Landesrechts vorgenommen, stehen in diesen Fällen bundesrechtliche Bestimmungen, die die gerichtliche Zuständigkeit in anhängigen und rechtshängigen Verfahren unberührt lassen, einer landesrechtlichen Zuweisung dieser Verfahren an das neu zuständige Gericht nicht entgegen.

(2) Ist im Zeitpunkt der Zuweisung die Hauptverhandlung in einer Straf- oder Bußgeldsache begonnen, aber noch nicht beendet, so kann sie vor dem nach dem Inkrafttreten der Zuständigkeitsänderung zuständigen Gericht nur fortgesetzt werden, wenn die zur Urteilsfindung berufenen Personen personenidentisch mit denen zu Beginn der Hauptverhandlung sind. Soweit keine Personenidentität gegeben ist, bleibt das Gericht zuständig, das die Hauptverhandlung begonnen hat.

§ 17c ist Ausfluss des am 05.07.2017 in Kraft getretenen »Gesetzes zur Einführung der elektronischen Akte in der Justiz und zur weiteren Förderung des elektronischen Rechtsverkehrs« (BGBl. I, S. 2208), mit der ein durch den Rechtsausschuss modifizierter (BT-Drs. 18/12203) Gesetzentwurf der Bundesregierung (BT-Drs. 18/9416) umgesetzt wurde. Durch das Gesetz soll dem technischen Fortschritt Rechnung getragen und eine Grundlage für die Einführung der elektronischen Akte auch im Strafverfahren geschaffen werden (vgl. Problemdarstellung in der Beschlussempfehlung des Ausschusses für Recht und Verbraucherschutz, BT-Drs. 18/12203, S. 1). 1

In Abs. 1 wird eine »bundesgesetzliche Durchbrechung des Grundsatzes der perpetuatio fori« (BT-Drs. 18/12203 S. 91) normiert. Der Grundsatz der *perpetuatio fori* besagt, dass trotz Eintritt der Rechtshängigkeit die sachliche und örtliche Zuständigkeit eines Gerichts bestehen bleibt, selbst wenn sich die zuständigkeitsbegründenden Umstände nachträglich ändern (vgl. auch KK-StPO/*Barthe* § 17c Rn. 2). Durch die Neuregelung soll die Möglichkeit, Zuständigkeitskonzentrationen vorzunehmen gestärkt werden (vgl. BT-Drs. 18/12203, S. 91). Gleichzeitig soll »vermieden werden, dass ›Altverfahren‹ wegen des Grundsatzes der perpetuatio fori möglicherweise für eine längere Zeitdauer bei dem vor der Konzentration zuständigen Gericht abzuwickeln sind« (BT-Drs. 18/12203, S. 91). 2

Abs. 2 enthält eine »Sonderregelung« für das Straf- und Bußgeldverfahren (vgl. BT-Drs. 18/12203, S. 91). Hier ist eine Zuweisung an ein anderes Gericht nach begonnener und nicht nach § 228 StPO ausgesetzter Hauptverhandlung (vgl. BT-Drs. 18/12203, S. 91) nur bei Personenidentität der zur Urteilsfindung berufenen Personen möglich, § 226 StPO (vgl. BT-Drs. 18/12203, S. 91). Andernfalls verbleibt es bei der Zuständigkeit des bisherigen Gerichts (vgl. BT-Drs. 18/12203, S. 91). 3

§ 18 [Befreiungen im diplomatischen Dienst]

[1]Die Mitglieder der im Geltungsbereich dieses Gesetzes errichteten diplomatischen Missionen, ihre Familienmitglieder und ihre privaten Hausangestellten sind nach Maßgabe des Wiener Übereinkommens über diplomatische Beziehungen vom 18. April 1961 (Bundesgesetzbl. 1964 II S. 957 ff.) von der deutschen Gerichtsbarkeit befreit. [2]Dies gilt auch, wenn ihr Entsendestaat nicht Vertragspartei dieses Übereinkommens ist; in diesem Falle findet Artikel 2 des Gesetzes vom 6. August 1964 zu dem Wiener Übereinkommen vom 18. April 1961 über diplomatische Beziehungen (Bundesgesetzbl. 1964 II S. 957) entsprechende Anwendung.

S.a. RiStBV Nr. 193 bis 199

Übersicht

A. Normzweck. § 18 übernimmt inhaltlich die Regelung des Wiener Übereinkommens über diplomatische Beziehungen (WÜD) v. 18.04.1961, soweit es um die Immunität (auch Exemtion oder Exterritorialität, OLG München, FamRZ 1972, 210; BayObLG, FamRZ 1972, 212 m. krit. Anm. *Habscheid*; differenzierend *Vogler*, ZStW 92, 1980, 1021, 1027) der Mitglieder der in Deutschland errichteten diplomatischen Missionen, ihrer Familienangehörigen und ihrer privaten Hausangestellten geht, unabhängig davon, ob der Entsendestaat dem Übereinkommen beigetreten ist (Satz 2). Die Befreiung von der deutschen Gerichtsbarkeit gewährleistet einen einheitlichen Schutz der diplomatischen Missionen und ihrer Mitglieder (SK-StPO/*Frister* Vor §§ 18 bis 21 Rn. 2). Regelungen über die Befreiung von der **Strafgerichtsbarkeit** finden sich in Art. 31, 37 WÜD. 1

B. Persönlicher und sachlicher Anwendungsbereich. Das WÜD beinhaltet ein »Konzept abgestufter Immunität« (LR/*Böttcher* § 18 Rn. 2). **Diplomaten** genießen uneingeschränkte Immunität (Art. 31 Abs. 1 Satz 1 WÜD), was jede Ermittlungshandlung ausschließt (**Immunität ratione personae**, SK-StPO/*Frister* § 18 Rn. 5). Andernfalls wäre eine »wirksame Erfüllung der Aufgaben der diplomatischen Mission als Vertretungsorgan des Entsendestaats nicht möglich« (BVerwG, NJW 1996, 2744, 2745). Nach Art. 31 Abs. 2 WÜD besteht auch keine Verpflichtung als Zeuge auszusagen. Dies gilt auch für die Tätigkeit als Sachverständiger (*Kissel/Mayer* § 18 Rn. 29). Gewährleistet wird nicht nur die Unverletzlichkeit der Person (Art. 29 WÜD), sondern auch die Unverletzlichkeit der Wohnung (Art. 30 Abs. 1 WÜD), der Korrespondenz, Papiere, Archive und Schriftstücke sowie – z.T. – des Vermögens (Art. 24, 27, 30 Abs. 2, 31 Abs. 2 WÜD; *Kissel/Mayer* § 18 Rn. 18). Eine Einschränkung findet sich jedoch in Art. 38 WÜD, wonach ein Diplomat, 2 der die Staatsangehörigkeit des Empfangsstaats hat oder dort ständig ansässig ist (entspricht dem »gewöhnlichen Aufenthalt«, OLG Karlsruhe, Justiz 1983, 133, 134), Immunität lediglich in Bezug auf seine in Ausübung seiner dienstlichen Tätigkeit vorgenommenen Amtshandlungen genießt. Unbenommen ist es dem Diplomaten aber, aktiv als Kläger deutsche Gerichte anzurufen (BVerwG, NJW 1996, 2744; Zöller/*Lückemann* Vor §§ 18 bis 20 Rn. 6).

3 Denselben Schutz haben die zum Haushalt des Diplomaten gehörenden **Familienmitglieder**, wenn sie nicht Angehörige des Empfangsstaats sind (Art. 37 Abs. 1 WÜD) oder über den Wortlaut hinaus ständig ansässig sind (SK-StPO/*Frister* § 18 Rn. 7: »Redaktionsversehen«) ferner auch die **Mitglieder des Verwaltungs- und technischen Personals** sowie die zu ihrem Haushalt gehörenden Familienmitglieder, wenn sie weder Angehörige des Empfangsstaates noch dort ständig ansässig sind (Art. 37 Abs. 2 Satz 1 WÜD; *Kissel/Mayer* § 18 Rn. 20). **Mitglieder des dienstlichen Hauspersonals** genießen Immunität nur hinsichtlich ihrer »in Ausübung ihrer dienstlichen Tätigkeit vorgenommenen Handlungen« und nur, wenn sie weder Angehörige des Empfangsstaates noch dort ständig ansässig sind (Art. 37 Abs. 3 WÜD str. SK-StPO/*Frister* § 18 Rn. 6; *Kissel/Mayer* § 18 Rn. 20). Sie unterliegen aber keiner Steuer- bzw. Abgabepflicht, vgl. Art. 37 Abs. 3 WÜD. Keine Immunität kommt **privaten Hausangestellten** zu (Art. 37 Abs. 4 Satz 2, 3 WÜD str. SK-StPO/*Frister* § 18 Rn. 6; *Kissel/Mayer* § 18 Rn. 20). **Kuriere** genießen nach Art. 27 Abs. 5 Satz 2 WÜD persönliche Unverletzlichkeit (SK-StPO/*Frister* § 18 Rn. 6). Zum Sonderbotschafter (**ad-hoc Botschafter**) s. § 20 Rdn. 6.

4 **C. Verfahrensrechtliche Bedeutung.** Immunität stellt nach der von der herrschenden Meinung vertretenen prozessrechtlichen Theorie ein **Verfahrenshindernis** dar (BGHSt 32, 275, 276 = NJW 1984, 2048, 2050; OLG Düsseldorf, NJW 1986, 2204; NStZ 1987, 88 m.w.N.; *Kissel/Mayer* § 18 Rn. 19; KK-StPO/*Barthe* § 18 Rn. 7; **a.A.** persönlicher Strafausschließungsgrund: Sch/Sch/*Eser* Vorbem. §§ 3 bis 7 Rn. 44), dass **von Amts wegen** in jeder Lage des Verfahrens zu beachten ist (BVerfGE 46, 342, 359; BGHZ 10, 350, 354; BeckOK-GVG/*Valerius* § 18 Rn. 12). Zuständig für die Entscheidung, ob ein Verfahrenshindernis vorliegt, ist je nach Verfahrensstadium die StA oder das Gericht (*Kissel/Mayer* § 18 Rn. 5; KK-StPO/*Barthe* § 18 Rn. 8; SK-StPO/*Frister* Vor §§ 18 bis 21 Rn. 43 m.w.N.). Weder Stellungnahmen des Auswärtigen Amtes, die nur als Gutachten »von besonderem Gewicht« (OLG Karlsruhe, Justiz 1983, 133; KK-StPO/*Barthe* § 18 Rn. 8 SK-StPO/*Frister* Vor §§ 18 bis 21 Rn. 43) zu werten sind, noch das Rundschreiben des Auswärtigen Amtes sind bindend (SK-StPO/*Frister* Vor §§ 18 bis 21 Rn. 43).

5 Ein **Verstoß gegen die Immunität** bewirkt nach herrschender Meinung die Nichtigkeit der strafgerichtlichen Handlung (LR/*Böttcher* § 18 Rn. 6 m.w.N.; KK-StPO/*Barthe* § 18 Rn. 7; *Kissel/Mayer* § 18 Rn. 6) und nicht nur die Anfechtbarkeit (so aber *Katholnigg* Vor § 18 Rn. 2; Meyer-Goßner/*Schmitt* § 18 Rn. 4; HK-StPO-Schmidt/*Temming* § 18 Rn. 4). Erkenntnisse, die unter Verletzung der völkerrechtlich anerkannten Grundsätze der Immunität erlangt sind, unterliegen – soweit der geschützte Personenkreis (und nicht Dritte, BGHSt 37, 30) betroffen ist – einem strafprozessualen Verwertungsverbot (BGHSt 36, 396; KK-StPO/*Barthe* § 18 Rn. 7). Private Selbsthilfemöglichkeiten wie Selbsthilfe und Notwehr nach §§ 227 ff. BGB sind aber möglich (OLG Köln, NJW 1996, 472, 473; Zöller/*Lückemann* Vor § 18 Rn. 4; KK-StPO/*Barthe* § 18 Rn. 7; ausf. *Kissel/Mayer* § 18 Rn. 8).

6 Die strafrechtliche Immunität besteht für die **gesamte Dauer** des Diplomatenstatus (*Kissel/Mayer* § 18 Rn. 19 KK-StPO/*Barthe* § 18 Rn. 6; MüKo-StPO/*Schuster* § 18 Rn. 11). Nach Beendigung des Status ist die Strafverfolgung wieder zulässig (KK-StPO/*Barthe* § 18 Rn. 6; *Kissel/Mayer* § 18 Rn. 19; LR/*Böttcher* § 18 Rn. 8), außer sie ist ausdrücklich ausgeschlossen ist. Ausgeschlossen ist sie nach Art. 39 Abs. 2 Satz 2 WÜD für die in Ausübung ihrer dienstlicher Tätigkeit als Mitglied der Mission vorgenommenen Handlungen (OLG Düsseldorf, NJW 1986, 2204; *Kissel/Mayer* § 18 Rn. 19; Müko-StPO/*Schuster* § 18 Rn. 11) sowie gem. Art. 39 Abs. 2 Satz 1 WÜD nach Beendigung der dienstlichen Tätigkeit bis zum Zeitpunkt der Abreise oder des Ablaufs der hierfür gewährten angemessenen Frist (LR/*Böttcher* § 18 Rn. 8; Müko-StPO/*Schuster* § 18 Rn. 11). Eine Beendigung des Diplomatenstatus erfolgt entweder durch entsprechende Notifizierung des Entsendestaats (Art. 43 lit. a) WÜD) oder durch Erklärung des Diplomaten zur **persona non grata** (Art. 9 Abs. 1 Satz 1 WÜD str. SK-StPO/*Frister* § 18 Rn. 11).

7 Ein vollständiger **Verzicht** auf die Immunität ist im Einzelfall im Wege ausdrücklicher Erklärung durch den Entsendestaat (Art. 32 Abs. 1, 2 WÜD) oder durch den Berechtigten selbst möglich, wobei es insoweit stets der zumindest nachträglichen ausdrücklichen Zustimmung des Entsendestaats bedarf (*Prütting/Gehrlein* § 18 Rn. 10; KK-StPO/*Barthe* § 18 Rn. 4). Auf Einzelmaßnahmen kann die berechtigte Person auch selbst – ausdrücklich oder konkludent – verzichten (KK-StPO/*Barthe* § 18 Rn. 4; Meyer-Goßner/*Schmitt* § 18 Rn. 5). Zulässig ist eine vorsorgliche Terminierung für den Fall des Verzichts (*Katholnigg* Vor § 18 Rn. 2 m.w.N.; KK-StPO/*Barthe* § 18 Rn. 4) oder bei Zweifeln an der Immunität (*Katholnigg* Vor § 18 Rn. 2 m.w.N; KK-StPO/*Barthe* § 18 Rn. 4).

Für Strafsachen gegen **Mitglieder des Deutschen Bundestages, der gesetzgebenden Körperschaften der Länder sowie des Europäischen Parlaments** s. RiStBV Nr. 191 ff. Die Gerichtsbarkeit für Angehörige der verbündeten Truppen, die in der Bundesrepublik stationiert sind, regeln das **NATO-Truppenstatut** und die Zusatzvereinbarungen (OLG Nürnberg, NJW 1975, 2151 m.w.N.). 8

Neben Nr. 193 ff. RiStBV, die v.a. für die StA Richtlinien enthalten, gibt auch das Rundschreiben des Auswärtigen Amtes v. 15.09.2015 **»*Zur Behandlung von Diplomaten und anderen bevorrechtigten Personen in der Bundesrepublik Deutschland*«** GMBl. 2015, 1206 ff.), dass das WÜD und WÜK (s. § 19) auszugsweise wiedergibt, wichtige Hinweise (vgl. den Wortlaut des Rundschreibens Nach § 18 GVG; abgedruckt auch bei KK-StPO/*Barthe* § 18 Rn. 12). 9

Nachbemerkung zu § 18 GVG

Zur Behandlung von Diplomaten und anderen bevorrechtigten Personen in der Bundesrepublik Deutschland

Rdschr. des AA v. 15.09.2015 – 503–90-507.00 – (GMBl. v. 19.11.2015, S. 1206–1238 Nr. 62/63) (Auszug)

Dieses Rundschreiben erläutert den Rechtsstatus von Diplomaten und anderen bevorrechtigten Personen in Deutschland. Die Erläuterungen sollen die Umsetzung der relevanten Regelungen erleichtern und eine angemessene Behandlung dieses Personenkreises durch deutsche Behörden und Gerichte sicherstellen.

Teil 1

A. Grundlagen der Privilegierung bevorrechtigter Personen und Institutionen. Mitglieder diplomatischer Missionen und konsularischer Vertretungen sowie Bedienstete, Vertreter der Mitgliedsstaaten und Sachverständige bei Internationalen Organisationen sowie Mitglieder weiterer bevorrechtigter Personengruppen genießen bei ihrem (dienstlichen) Aufenthalt in der Bundesrepublik Deutschland bestimmte Vorrechte und Befreiungen. Die Grundlagen für diese Privilegien finden sich in den allgemeinen Regeln des Völkerrechts, die nach dem Grundgesetz Bestandteil des Bundesrechtes sind, und in besonderen völkerrechtlichen Vereinbarungen, wie z. B. dem Wiener Übereinkommen über diplomatische Beziehungen, dem Wiener Übereinkommen über konsularische Beziehungen oder besonderen bilateralen Vereinbarungen. Alle Personen, die Vorrechte und Befreiungen genießen, sind unbeschadet dieser Privilegierungen verpflichtet, die in der Bundesrepublik Deutschland geltenden Gesetze und anderen Rechtsvorschriften zu beachten und sich nicht in innere Angelegenheiten der Bundesrepublik Deutschland einzumischen (so z. B. normiert in Art. 41 Abs. 1 WÜD und Art. 55 Abs. 1 WÜK). 1

Über die völkerrechtlichen Regeln hinaus ist als zwischenstaatliche Verhaltensregel beim Umgang mit bevorrechtigten Personen anerkannt, dass dieser Personenkreis mit besonderer Höflichkeit zu behandeln ist. Unter den Staaten besteht die gegenseitige Erwartung, dass diese Regel als Courtoisie (Völkersitte) eingehalten wird. Die unangemessene Behandlung bevorrechtigter Personen durch deutsche Behörden und Gerichte kann die bilateralen Beziehungen zum Herkunftsland der bevorrechtigten Person nachhaltig belasten. Hierdurch können sich auch negative Auswirkungen für staatlich entsandtes deutsches Personal im Ausland ergeben. Unhöflichkeit gegenüber bevorrechtigten Personen schadet zudem massiv dem internationalen Ansehen der Bundesrepublik Deutschland und beeinträchtigt das Interesse, als weltoffenes und einer Willkommenskultur verpflichtetes Land und nicht zuletzt auch als attraktiver Wirtschaftsstandort wahrgenommen zu werden.

B. Bevorrechtigung von Einzelpersonen. 1. Staatsoberhäupter, Regierungschefs und Regierungsmitglieder. Staatsoberhäupter, Regierungschefs und Regierungsmitglieder anderer Staaten und deren Begleitung, die sich auf amtliche Einladung der Bundesrepublik Deutschland in Deutschland aufhalten, genießen Immunität von der deutschen Gerichtsbarkeit. 2

Dies folgt aus § 20 Abs. 1 GVG, wonach sich die deutsche Gerichtsbarkeit nicht auf Repräsentanten anderer Staaten erstreckt. § 20 Abs. 2 GVG stellt klar, dass sich die deutsche Gerichtsbarkeit auch nicht auf andere als die in § 20 Abs. 1 und in den §§ 18 und 19 (Mitglieder diplomatischer und konsularischer Missionen bzw. Vertretungen) genannten Personen erstreckt, soweit sie nach den allgemeinen Regeln des Völkerrechts, aufgrund völkerrechtlicher Vereinbarungen oder sonstigen Rechtsvorschriften von ihr befreit sind. Nach den allgemeinen Regeln des Völkerrechts sind ausländische Staatsoberhäupter selbst dann, wenn sie sich nicht auf amtliche Einladung in der Bundesrepublik aufhalten, von der deutschen Gerichtsbarkeit befreit (zur völkergewohnheitsrechtlichen Immunität von Mitgliedern ausländischer Streitkräfte, s. u. D.2). Ausnahmen von der

Immunität vor der **nationalen** Strafgerichtsbarkeit werden – anders als bei der **internationalen** Strafgerichtsbarkeit (vgl. etwa Art. 27 Römisches Statut des Internationalen Strafgerichtshofs) – bei Strafverfahren, selbst wenn diese gravierende, durch das Völkerstrafrecht pönalisierte Verbrechen zum Gegenstand haben, vom Völkergewohnheitsrecht nicht anerkannt und bestehen vor deutschen Gerichten nicht.
Zur Begleitung von Repräsentanten anderer Staaten zählen bei Zugrundelegung der vom Entsendestaat übermittelten Delegationsliste bspw. mitreisende Familienangehörige, Berater, Dolmetscher, Pressemitglieder und sonstige persönliche Berater. Bei Familienangehörigen der Repräsentanten anderer Staaten ist die Befreiung von der Gerichtsbarkeit an den Aufenthalt aufgrund amtlicher Einladung und ihre Eigenschaft als Teil einer Besuchsdelegation geknüpft. Sie gilt nicht bei Aufenthalten zu anderen Zwecken (etwa bei Aufenthalten zu touristischen Zwecken oder zum Studium).
Nach allgemeinem Völkergewohnheitsrecht, das nach dem Grundgesetz als Teil des Bundesrechts zu beachten ist, sind Staatsoberhäupter, Regierungschefs und Regierungsmitglieder darüber hinaus »unverletzlich«, sodass keine hoheitlichen Zwangsmaßnahmen gegen sie ergriffen werden dürfen. Hieraus ergibt sich u. a. die Verpflichtung zur Freistellung dieses Personenkreises von Luftsicherheitskontrollen, zu der die EU-Mitgliedstaaten nach den in diesem Bereich zu beachtenden EU-Regelungen berechtigt sind.
Freistellungen von den Sicherheitskontrollen werden nach den »Grundsätzen des Bundesministeriums des Innern für die Befreiung von Fluggästen von der Luftsicherheitskontrolle« sowie Ausnahmen für das Personal von der Sicherheitskontrolle« beantragt. Die völkerrechtliche Verpflichtung der Bundesrepublik Deutschland, die Unverletzlichkeit der o. g. bevorrechtigten Person zu respektieren, hängt jedoch nicht vom Vorliegen einer Freistellungsmitteilung ab, sondern ist auch zu beachten, sobald dessen Identität und seine bevorrechtigte Stellung zweifelsfrei festgestellt sind. Liegt eine Freistellungsmitteilung nicht vor, wird aber von der zu kontrollierenden Person unter Vorlage eines gültigen Diplomatenpasses geltend gemacht, dass er/sie als Staatsoberhaupt, Regierungschef oder Regierungsmitglied als Repräsentant eines ausländischen Staates von den Luftsicherheitskontrollen befreit sei, ist nach Identitätsfeststellung in Zweifelsfällen unverzüglich zur Klärung des Status mit dem Auswärtigen Amt (Lagezentrum, Tel-Nr. 030–5000–2911) Kontakt aufzunehmen. Während dieser Sachverhaltsaufklärung ist von der Durchführung weiterer Kontrollmaßnahmen zunächst abzusehen; die zu kontrollierende Person ist mit ausgesuchter Höflichkeit zu behandeln.
Nach Völkergewohnheitsrecht können darüber hinaus auch Mitglieder sogenannter »Sondermissionen« (offiziell vom Entsendestaat angezeigte Delegationsreisen, denen der Empfangsstaat zugestimmt hat) Befreiung von der Gerichtsbarkeit und Unverletzlichkeit genießen. Bei Zweifelsfällen muss zur Klärung der Statusfragen mit dem Auswärtigen Amt (Lagezentrum, Tel-Nr. 030–5000–2911) Kontakt aufgenommen werden.

3 **2. Diplomaten, Konsularbeamte und gleichgestellte Personen. 2.1 Diplomaten und ihre Familienmitglieder. 2.1.1 Anwendungsbereich der Privilegierung. 2.1.1.1 Diplomaten.** Nach dem WÜD zählen zu den Diplomaten zum einen die Missionschefs, d. h. die beim Bundespräsidenten oder beim Bundesaußenminister akkreditierten Leiter der ausländischen diplomatischen Missionen: die Botschafter, der Apostolische Nuntius und die notifizierten Geschäftsträger. Diplomaten sind nach WÜD zum anderen die Mitglieder des diplomatischen Personals: Gesandte, Räte, Sekretäre und Attachés der Botschaften und der Apostolischen Nuntiatur sowie die Sonderattachés, z. B. Wirtschafts-, Handels-, Finanz-, Landwirtschafts-, Kultur-, Presse-, Militärattachés und die Botschaftsseelsorger und -ärzte.
Grundsätzlich gilt, dass nur diejenigen Diplomaten Vorrechte und Immunitäten genießen, die in der Bundesrepublik Deutschland notifiziert, d. h. von einer ausländischen Vertretung in Deutschland zur Diplomatenliste angemeldet sind. Die Anmeldung erfolgt beim Auswärtigen Amt. Zum Nachweis der Zugehörigkeit zu einer ausländischen Mission stellt das Auswärtige Amt Diplomaten einen Protokollausweis aus. Auch in Drittstaaten angemeldete Diplomaten können auf einer dienstlichen Reise durch das Gebiet der Bundesrepublik Deutschland Immunität genießen (Art. 40 WÜD, s. a. die Ausführungen unter 2.6).
Der Besitz eines ausländischen Diplomatenpasses allein begründet noch keine Privilegien, sollte aber Veranlassung zur Klärung des Status der Person geben. Wie in Deutschland entspricht es auch internationaler Übung, dass die Erteilung von Diplomatenpässen nur an einen zahlenmäßig begrenzten Personenkreis und bei Vorliegen bestimmter Voraussetzungen erfolgt. Die Entscheidung eines anderen Staates, einer Person einen Diplomatenpass zu erteilen, ist zu respektieren. Es ist grundsätzlich davon auszugehen, dass der Diplomatenpassinhaber in dem Herkunfts-/Entsendestaat eine hervorgehobene Stellung einnimmt und sein Aufenthalt in der Bundesrepublik Deutschland von besonderem Interesse für diesen Staat ist. In Zweifelsfällen ist das Auswärtige Amt (unter der Rufnummer 030–5000–3411, 9.00–16.00 Uhr, ansonsten unter der Rufnummer 030–5000–2911) zu befassen.
Ins Ausland entsandte deutsche Diplomaten oder andere Inhaber eines deutschen Diplomatenpasses genießen in Deutschland keine Vorrechte und Immunitäten.

Die Vorrechte und Immunitäten stehen einem zur Diplomatenliste angemeldeten Berechtigten von dem Zeitpunkt an zu, in dem er in das Gebiet der Bundesrepublik Deutschland einreist, um seinen Posten dort anzutreten. Wenn er sich bereits in der Bundesrepublik Deutschland befindet, ist für den Beginn der Privilegierung auf den Zeitpunkt abzustellen, zu dem der Entsendestaat den Beginn seiner Tätigkeit dem Auswärtigen Amt notifiziert hat.

2.1.1.2 Familienmitglieder des Diplomaten. Zu den Familienmitgliedern eines Diplomaten gehören die mit dem Diplomaten in häuslicher Gemeinschaft lebenden Ehepartner und Kinder, Letztere jedoch nur bis zum 25. Lebensjahr und soweit sie unverheiratet und von dem Diplomaten wirtschaftlich abhängig sind. 4
Gleichgeschlechtliche Lebenspartner von Diplomaten genießen dann entsprechende Vorrechte und Befreiungen, wenn sie den Nachweis erbringen, dass sie in einer »eingetragenen Lebenspartnerschaft« mit dem Diplomaten leben, die den Anforderungen entspricht, die das deutsche LPartG für diese Lebenspartnerschaften aufstellt. Darüber hinaus ist erforderlich, dass der Entsendestaat dem Lebenspartner einen Diplomaten-/Dienstpass ausgestellt hat und Gegenseitigkeit bei der Behandlung von gleichgeschlechtlichen Lebenspartnerschaften zugesichert wird. Sie erhalten dann wie andere bevorrechtigte Personen einen Protokollausweis. Andere Nachweismöglichkeiten zum Bestehen der Lebenspartnerschaft (etwa durch eidesstattliche Versicherung) können im Einzelfall anerkannt werden.
Andere Familienangehörige, wie z. B. Eltern oder Schwiegereltern, zählen grundsätzlich nicht zu den Familienmitgliedern. Wenn ihnen jedoch aufgrund besonderer Umstände im Einzelfall ein Protokollausweis erteilt worden sein sollte, müssen sie wie Diplomaten und mit besonderer Höflichkeit behandeln werden (s. auch Ausführungen unter 2.1.2.2.2).
Familienmitglieder von Diplomaten genießen grundsätzlich die gleichen Vorrechte und Befreiungen wie Diplomaten (s. Art. 37 Abs. 1 WÜD). Auch für sie gilt das Erfordernis der Notifizierung ggü. dem Empfangsstaat.

2.1.1.3 Ende der Privilegierung. Die Vorrechte und Befreiungen erlöschen bei einer Person, deren dienstliche Tätigkeit beendet ist, normalerweise mit Zeitpunkt der Ausreise oder werden bei Ablauf einer hierfür gewährten angemessenen Frist hinfällig. Nach der deutschen Praxis haben ausländische Missionsmitglieder, deren Tätigkeitsbeendigung dem Auswärtigen Amt notifiziert wird, ab dem Datum der Abmeldung bis zu drei Monate Zeit, um die Bundesrepublik als Bevorrechtigte zu verlassen. 5

2.1.2 Umfang der Privilegierung. 2.1.2.1 Befreiung von der Gerichtsbarkeit – Immunität – (Art. 31 WÜD). 2.1.2.1.1Diplomatische Immunität. Aufgrund der diplomatischen Immunität sind Diplomaten in weitem Umfang von der Gerichtsbarkeit des Empfangsstaats befreit. 6
Für den Bereich des Strafrechts gilt, dass der ausländische Diplomat in der Bundesrepublik Deutschland uneingeschränkt Immunität **von der deutschen Strafgerichtsbarkeit** genießt.
Die Immunität ist als ein Verfahrenshindernis von Amts wegen zu beachten. Gegen den Diplomaten darf weder ein Straf- noch ein Ordnungswidrigkeitsverfahren durchgeführt werden. Er darf nicht geladen und es darf kein Termin zur mündlichen Verhandlung anberaumt werden. Unerheblich ist dabei, ob der Diplomat dienstlich oder als Privatperson gehandelt hat.
Grundsätzlich genießt der Diplomat auch Befreiung **von der Zivil- und Verwaltungsgerichtsbarkeit** sowie von Vollstreckungsmaßnahmen. Unerheblich ist dabei, ob er dienstlich oder als Privatperson gehandelt hat.
Unbeschadet der diplomatischen Immunität sind Diplomaten verpflichtet, die in der Bundesrepublik Deutschland geltenden Gesetze und anderen Rechtsvorschriften zu beachten (s. Art. 41 Abs. 1 WÜD).

2.1.2.1.2Ausnahmen von der Immunität des Diplomaten. Es gelten folgende Ausnahmen (Art. 31 Abs. 1 WÜD): 7
Bei **dinglichen Klagen** in Bezug auf privates, im Hoheitsgebiet des Empfangsstaats gelegenes unbewegliches Vermögen; es sei denn, dass der Diplomat dieses im Auftrag des Entsendestaats für die Zwecke der Mission in Besitz hat.
Praxisrelevantes Beispiel: Bei Rechtsstreitigkeiten aus einem Mietrechtsverhältnis genießt der Diplomat Immunität. Nicht jedoch, wenn Streitgegenstand sein unbewegliches Eigentum (Grundstück) ist.
Bei Klagen im Zusammenhang mit einem **freien Beruf oder einer gewerblichen Tätigkeit**, die der Diplomat neben seiner amtlichen Tätigkeit ausübt. Darunter fallen Geschäfte, die nicht alltäglich und für den Aufenthalt in der Bundesrepublik nicht notwendig sind, so z. B. Spekulationsgeschäfte an der Börse oder die maßgebliche Beteiligung an einem Unternehmen.
Bei Klagen in **Nachlasssachen**, in denen der Diplomat als Testamentsvollstrecker, Verwalter, Erbe oder Vermächtnisnehmer in privater Eigenschaft und nicht als Vertreter des Entsendestaates beteiligt ist.
Strengt der Diplomat selbst einen Prozess an, ist zu beachten: Die Immunität hindert den Diplomaten unter völkerrechtlichen Gesichtspunkten nicht, die Gerichte des Empfangsstaates in Anspruch zu nehmen.

Dies gilt zivilprozessual im Außenverhältnis auch ohne entsprechende Erklärung des Entsendestaates als stillschweigender Verzicht des Diplomaten auf die diplomatische Immunität mit der Rechtsfolge, dass er sich nach Klageerhebung auch in Bezug auf eine zulässige **Widerklage** nach § 33 der Zivilprozessordnung (ZPO) nicht mehr auf seine Immunität berufen kann. Zu beachten ist allerdings, dass grundsätzlich nur der Entsendestaat auf die Immunität verzichten kann. Ein ggfs. durch den Diplomaten gesetzter Rechtsschein des Immunitätsverzichts kann daher nachträglich durch den Entsendestaat wieder beseitigt werden, indem der Entsendestaat gegenüber dem Empfangsstaat geltend macht, keinen Verzicht ausgesprochen zu haben. Werden in diesen Fällen Urteile gegen den Diplomaten gefällt, darf in die Vermögensgegenstände des Diplomaten vollstreckt werden, die sich außerhalb der – unverletzlichen – Privatwohnung befinden, z. B. in Bankkonten.

8 **2.1.2.1.3Rechtsfolge bei Nichtbeachtung der Immunität.** Gerichtsentscheidungen, die unter Nichtbeachtung der Immunität ergangen sind, sind nichtig. Rechtsmittel sind möglich, insb. zur Klärung des Bestehens oder Nicht-Bestehens der Immunität.

9 **2.1.2.1.4Befreiung von der Verpflichtung zu Zeugenaussagen.** Der Diplomat ist nicht verpflichtet, weder in privaten noch in dienstlichen Angelegenheiten, als Zeuge auszusagen (Art. 31 Abs. 2 WÜD). Er selbst kann auf dieses Recht, die Aussage zu verweigern, nicht verzichten. Hierzu ist allein der Entsendestaat berechtigt (Art. 32 Abs. 1 WÜD). Der Entsendestaat kann es jedoch dem Diplomaten überlassen, selbst zu entscheiden, wann er aussagen will und wann nicht. Ein Richter sollte den Diplomaten über sein Recht, die Aussage zu verweigern, belehren und von Amts wegen ermitteln, ob ggf. ein Verzicht auf das Aussageverweigerungsrecht vorliegt.

10 **2.1.2.2 Unverletzlichkeit des Diplomaten (Art. 29 WÜD). 2.1.2.2.1Begriff und Anwendungsfälle der Unverletzlichkeit. Unverletzlichkeit bedeutet**, dass die Androhung oder Durchführung von hoheitlichen Zwangsmaßnahmen unzulässig ist. Zu beachten ist, dass darüber hinaus die Zustellung (Zusendung) eines Hoheitsakts an die Mission oder an die Privatwohnung eines Diplomaten unzulässig ist, weil auch die Räumlichkeiten der Mission und die Privatwohnung unverletzlich sind (Art. 22 und Art. 30 Abs. 2 WÜD). In besonderen, seltenen Ausnahmefällen kann es geboten sein, die Unverletzlichkeit insb. zur Abwehr von Gefahren für die Allgemeinheit oder die bevorrechtigte Person selbst einzuschränken. Der Verhältnismäßigkeitsgrundsatz ist dabei zu beachten. Wegen des Ausnahmecharakters derartiger Maßnahmen ist es unerlässlich, die bevorrechtigte Person und ggf. begleitende Personen (Angehörige), selbst wenn Letztere keine Vorrechte genießen sollten, mit besonderer Höflichkeit zu behandeln.
Unangemessene/nicht verhältnismäßige Einschränkungen der Unverletzlichkeit können erhebliche negative Auswirkungen auf das Ansehen Deutschlands im Ausland haben und die bilateralen Beziehungen zum Entsendestaat nachhaltig belasten.

▶ **Praxisrelevante Beispiele:**

Maßnahmen der Strafverfolgung ggü. dem Diplomaten sind unzulässig (z. B. vorläufige Festnahme, Verhaftung, Durchsuchung, Beschlagnahme und Sicherstellung von Eigentum des Diplomaten, auch im Rahmen der Barmittelkontrolle, Vernehmung gegen den Willen des Betroffenen, Telefonüberwachung, Entnahme von Blutproben oder Durchführung eines Alkohol-Atem-Tests gegen den Willen des Betroffenen zur Feststellung des BAK-Wertes bei Verdacht des Führens eines Kfz in alkoholisiertem Zustand).

Unter Beachtung des Verhältnismäßigkeitsgrundsatzes kann ausnahmsweise ein kurzfristiges Festhalten zulässig sein, etwa um den Diplomaten an einem gravierenden Rechtsverstoß zu hindern oder um seine Identität festzustellen.

Belastende Verwaltungs- oder Realakte der Verwaltungsvollstreckung, z. B. die Androhung, Festsetzung und Durchführung von Zwangsmitteln gegen den Diplomaten, sind unzulässig (z. B. Bußgeldverfahren bei Verstößen gegen Anzeigepflicht bei Einfuhr von Zahlungsmitteln über der Barmittelgrenze).

Weitere belastende Real- oder Verwaltungsakte, wie z. B. Standardmaßnahmen aufgrund der Polizeigesetze der Länder, sind unzulässig, z. B. die Ingewahrsamnahme, Durchsuchung oder Beschlagnahme von Gegenständen, die im Besitz des Betroffenen stehen (z. B. das Umsetzen eines Kfz) oder der Einzug des Führerscheins (s. im Einzelnen zu staatlichen Zwangsmaßnahmen bei Verstößen gegen die Straßenverkehrsordnung – Teil 6).

Strengt der Diplomat jedoch selbst ein Verwaltungsverfahren an (z. B. Antrag auf Vergütung einer Steuer), dürfen die auf diesen Antrag ergangenen Bescheide (z. B. Vergütungssteuerbescheid) an die Mission oder an die Privatwohnung des Diplomaten ausnahmsweise versandt werden.

Die Sicherheitskontrollen an deutschen Flughäfen werden nach der Verordnung (EG) Nr. 300/2008 über gemeinsame Vorschriften für die Sicherheit in der Zivilluftfahrt und auf Grundlage der nationalen Anordnungslage bzgl. der Grundsätze des Bundesministeriums des Innern für die Befreiung von Fluggästen von der Luftsicherheitskontrolle durchgeführt. Sofern keine Freistellung nach den vorgenannten Grundsätzen vorliegt, unterliegen Diplomaten sowie ihr persönliches Gepäck grundsätzlich den allgemeinen Luftsicherheitskontrollen. 11

Für die Durchführung der Kontrollen ist in diesem Zusammenhang jedoch an die grundsätzliche Verpflichtung aus Art. 29 WÜD zu erinnern, wonach der Empfangsstaat die Unverletzlichkeit des Diplomaten garantiert, ihn mit der gebührenden Achtung behandelt und jeden Angriff auf seine Würde verhindert. (Dies gilt sowohl bei unmittelbar in Deutschland akkreditierten Diplomaten als auch bei durchreisenden Diplomaten, s. hierzu auch Ziff. 2.6.) **Wie oben ausgeführt (Teil 1.A und Ziff. 2.1.2.2.1), entspricht es zwischenstaatlichen Verhaltensregeln, Diplomaten mit besonderer Höflichkeit zu behandeln. Eine Missachtung dieser Verhaltensregeln durch deutsche Behörden schadet dem internationalen Ansehen der Bundesrepublik Deutschland und kann negative Auswirkungen auf die Behandlung deutscher Diplomaten, Konsularbeamten oder anderes staatlich entsandtes Personal im Ausland haben.**

Die o. g. Grundsätze des Bundesministeriums des Innern für die Befreiung von Fluggästen von der Luftsicherheitskontrolle sehen die Möglichkeit der Befreiung von Diplomaten von den Luftsicherheitskontrollen vor. In den Fällen, in denen eine Freistellung nicht erfolgt ist, können Diplomaten unter Berufung auf ihre Unverletzlichkeit eine Leibesvisitation und die Durchsuchung ihres persönlichen Gepäcks verweigern. In einem solchen Fall ist der Diplomat darauf hinzuweisen, dass er von der Beförderung ausgeschlossen wird, wenn er sich nicht freiwillig der Personenkontrollen und der Kontrolle seines persönlichen Gepäcks unterzieht. Hält der Diplomat seine Weigerung aufrecht, darf er den Kontrollpunkt nicht passieren. Eine freiwillige Unterwerfung des Diplomaten unter die Sicherheitskontrollen ist jederzeit möglich. 12

Vorfälle, in denen Meinungsverschiedenheiten über die Angemessenheit der durchgeführten Kontrollmaßnahmen bei Diplomaten und anderen bevorrechtigten Personen auftreten, sind beschwerdeträchtig und können zu einer erheblichen Belastung der bilateralen Beziehungen mit dem Herkunftsland der bevorrechtigten Person führen. Im Fall von Beschwerden muss das Auswärtige Amt zu dem Vorfall Stellung nehmen können, um weiteren außenpolitischen Schaden abzuwenden. **Daher müssen im Fall von Meinungsverschiedenheiten Anlass und Rechtfertigung der Maßnahmen sowie die angestellten Ermessenserwägungen umfassend schriftlich festgehalten werden.** Dabei sollte in diesen Fällen detailliert dargelegt werden, welche besonderen Umstände im Einzelfall dazu Veranlassung gegeben haben, die von den Diplomaten oder anderen bevorrechtigten Personen beanstandete Kontrollmaßnahme in der gewählten Art und Weise durchzuführen. Diese Dokumentationsanforderung dient nicht zuletzt dem Schutz des kontrollierenden Personals. Auf die Ausführungen unter Ziff. 2.1.1.1 oben zur Stellung von Diplomatenpassinhabern wird in diesem Zusammenhang verwiesen. Bei Zweifeln über den Status des Diplomatenpassinhabers ist das Auswärtige Amt (unter der Rufnummer 030–5000–3411, 9.00–16.00 Uhr, ansonsten unter der Rufnummer 030–5000–2911) zu befassen. 13

2.1.2.3 Maßnahmen zum Gesundheitsschutz der Bevorrechtigten und der Bevölkerung. (…)

2.1.2.4 Befreiung des Diplomaten von der Besteuerung (Art. 23 und 34 WÜD). (…)

(…)

2.1.2.5.1 Unverletzlichkeit der Privatwohnung und des Vermögens (Art. 30 WÜD). Die Privatwohnung eines Diplomaten ist unverletzlich und genießt denselben Schutz wie die Räumlichkeiten der Mission (vgl. Teil 2.A.2). In den Schutzbereich des Art. 30 WÜD fallen auch Zweitwohnungen und Ferienhäuser, wenn die Nutzung regelmäßig erfolgt und es der Bundesrepublik Deutschland möglich ist, ihrer Schutzverpflichtung dort wirksam nachzukommen. Die Papiere des Diplomaten, seine Korrespondenz und sein Vermögen sind ebenfalls unverletzlich. Unverletzlich ist nach Art. 30 Abs. 2 WÜD grundsätzlich auch das Vermögen des Diplomaten. Eine Ausnahme besteht für die Vollstreckung aus Urteilen, die in nach dem WÜD zulässigen Verfahren gegen Diplomaten ergangen sind (s.o. Teil 2.1.2.1.2), soweit die Vollstreckung Gegenstände außerhalb der Privatwohnung des Diplomaten betrifft (zu Vollstreckungsmaßnahmen in private Kfz von Diplomaten, vgl. unten Teil 6). 14

2.1.2.6 Freizügigkeit (Art. 26 WÜD). Der Diplomat darf sich im gesamten Hoheitsgebiet des Empfangsstaates frei bewegen. Zu beachten sind jedoch Gesetze oder Rechtsvorschriften über Zonen, deren Betreten aus Gründen der nationalen Sicherheit verboten oder reglementiert ist. 15

16 **2.1.2.7 Weitere Privilegien.** Der Diplomat unterliegt nicht den Vorschriften über soziale Sicherheit des Empfangsstaates (Art. 33 Abs. 1 und 3 WÜD). Ferner ist er von persönlichen und öffentlichen Dienstleistungen (Art. 35 WÜD) sowie der Ausländermelde- und Aufenthaltstitelpflicht befreit (vgl. Teil 3.A).

17 **2.2 Mitglieder des Verwaltungs- und technischen Personals der Mission (VtP) und ihre Familienmitglieder. 2.2.1 Verwaltungs- und technisches Personal.** Mitglieder des VtP sind die im Verwaltungs- und technischen Dienst der Mission beschäftigten Mitglieder ihres Personals, die weder als Mitglied des diplomatischen noch des dienstlichen Hauspersonals anzusehen sind. Beispiele hierfür sind Schreibkräfte, Kanzleibeamte und Übersetzer (soweit sie nicht als Ortskräfte angestellt sind).
Die Familienmitglieder (Definition s. o. Teil 2.1.1.2) der Mitglieder des VtP genießen die gleichen Privilegien wie das Mitglied des VtP selbst.

18 **2.2.2 Umfang der Privilegierung. 2.2.2.1 Befreiung von der Gerichtsbarkeit – Immunität – (Art. 31 i.V.m. Art. 37 Abs. 2 WÜD).** Mitglieder des VtP sind grundsätzlich im selben Umfang von der Gerichtsbarkeit befreit wie Diplomaten – mit folgender Ausnahme: Sie genießen Immunität von der Zivil- oder Verwaltungsgerichtsbarkeit nur für Handlungen, die in Ausübung ihrer dienstlichen Tätigkeit vorgenommen wurden. Das sind die Handlungen, die für den Dienst oder dienstlich angeordnete Veranstaltungen unumgänglich sind. Da bei Familienmitgliedern Handlungen in Ausübung dienstlicher Tätigkeit nicht möglich sind, genießen Familienmitglieder – anders als Familienmitglieder von Diplomaten i. S. d. Art. 1 lit. e) WÜD (Missionschef/Mitglieder des diplomatischen Personals) – in der Praxis keine Befreiung von der Zivil- und Verwaltungsgerichtsbarkeit.

19 **2.2.2.2 Weitere Vorrechte des VtP.** Darüber hinaus gelten folgende Vorrechte von Diplomaten im selben Umfang für Mitglieder des VtP, sofern sie weder deutsche Staatsangehörige noch in Deutschland ansässig sind (vgl. Art. 37 Abs. 2 WÜD):
– Schutz des VtP vor hoheitlichen Maßnahmen (Unverletzlichkeit),
– Maßnahmen zum Schutz der Gesundheit des VtP und der Bevölkerung,
– Befreiung von der Besteuerung,
– Befreiung von Kontrollen des persönlichen Gepäcks,
– Unverletzlichkeit der Privatwohnung,
– Freizügigkeit,
– Zeugnisverweigerungsrecht,
– Befreiung von den Vorschriften über soziale Sicherheit, persönliche und öffentliche Dienstleistungen, Ausländermelde-, Aufenthaltstitelpflicht.

Von Zöllen, Steuern und ähnlichen Abgaben bei der Einfuhr persönlicher Gegenstände ist das VtP im Gegensatz zu Diplomaten nur in Bezug auf Gegenstände befreit, die anlässlich der Ersteinrichtung nach der Versetzung nach Deutschland eingeführt werden (Art. 37 Abs. 2 Satz 2 i.V.m. Art. 36 Abs. 1 WÜD).

20 **2.3 Mitglieder des dienstlichen Hauspersonals (dHP) der Mission und ihre Familienmitglieder. 2.3.1 Dienstliches Hauspersonal.** Mitglieder des dHP sind nach dem WÜD die als Hausbedienstete bei der Mission beschäftigten Mitglieder ihres Personals, z. B. Fahrer, Pförtner, Boten, Gärtner, Köche und Nachtwächter der diplomatischen Mission.
Die **Familienmitglieder** (Definition s. o. Teil 2.1.1.2) des dHP genießen keine Privilegien. Wegen der verwandtschaftlichen Zugehörigkeit zu der als dHP bevorrechtigten Person entspricht es den zwischenstaatlich anerkannten Verhaltensregeln, auch diese Personengruppe mit der gebotenen Höflichkeit zu behandeln.

21 **2.3.2 Umfang der Privilegierung. 2.3.2.1 Befreiung von der Gerichtsbarkeit – Immunität – (Art. 31 i.V.m. Art. 37 Abs. 3 WÜD).** Mitglieder des dHP sind grundsätzlich im selben Umfang von der Gerichtsbarkeit befreit wie Diplomaten – mit folgender Ausnahme:
Das dHP genießt die Befreiung von der Straf-, Zivil- oder Verwaltungsgerichtsbarkeit nur für Handlungen, die in Ausübung der dienstlichen Tätigkeit vorgenommen wurden. Hierunter sind Handlungen zu verstehen, die für den Dienst oder dienstlich angeordnete Veranstaltungen unumgänglich sind (bspw. aber nicht Fahrten zum täglichen Dienst).

22 **2.3.2.2 Weitere Vorrechte des dHP.** Mitglieder des dHP, die weder deutsche Staatsangehörige noch in Deutschland ständig ansässig sind, zahlen keine Steuern oder sonstigen Abgaben auf ihre Dienstbezüge (Art. 37 Abs. 3 WÜD). Außerdem sind sie von den Vorschriften über die soziale Sicherheit (Art. 37 Abs. 3 WÜD i.V.m. Art. 33 WÜD) sowie der Ausländermelde- und Aufenthaltstitelpflicht (vgl. Teil 3.A) befreit. Nach Abs. 2 Buchstabe a) der Dienstvorschrift zum Diplomaten- und Konsulargut des Bundesministeriums der Finanzen (Kennung Z 0842 der vom Bundesministerium der Finanzen herausgegebenen Vorschriften-

sammlung VSF) in Verbindung mit § 17 Abs. 1 Nr. 1 der Zollverordnung kann den Mitgliedern des dHP und ihren Familienmitgliedern auf der Basis der Gegenseitigkeit auch das Privileg der zollfreien Einfuhr gewährt werden.
Die Gegenseitigkeit wird durch Abfrage des Auswärtigen Amtes bei den deutschen Auslandsvertretungen geklärt und per Verbalnotenaustausch zwischen dem Auswärtigen Amt und der jeweiligen Botschaft in Deutschland festgestellt. Meist besteht sie nur hinsichtlich des Umzugsguts innerhalb einer beschränkten Frist nach Dienstantritt des dHP. Darüber hinaus genießen Mitglieder des dHP keine weiteren Privilegien.

2.4 Private Hausangestellte von Mitgliedern diplomatischer Missionen. Private Hausangestellte sind im häuslichen Dienst eines Mitglieds der Mission beschäftigte Personen, die nicht Bedienstete des Entsendestaates sind, z. B. Fahrer, Erzieher, Reinigungskräfte, Kindermädchen und sonstiges Personal. 23
Private Hausangestellte, die weder deutsche Staatsangehörige noch in Deutschland ständig ansässig sind, zahlen keine Steuern oder sonstige Abgaben auf ihre Bezüge (Art. 37 Abs. 4 WÜD).
Private Hausangestellte sind von der Arbeitserlaubnispflicht sowie von den Vorschriften über soziale Sicherheit befreit, soweit sie den im Entsendestaat oder einem dritten Staat geltenden Vorschriften über soziale Sicherheit unterstehen (Art. 33 Abs. 2 WÜD). Soweit Gegenseitigkeit besteht, sind sie von der Aufenthaltstitelpflicht (vgl. Teil 3.A) befreit. Weitere Privilegien stehen privaten Hausangestellten nicht zu.
Der Nachzug von Familienmitgliedern privater Hausangestellter ist nicht gestattet. Soweit sich Familienmitglieder von privaten Hausangestellten in der Bundesrepublik Deutschland aufhalten, genießen diese keine Privilegien.

2.5 Ortskräfte der Mission. Ortskräfte sind die Mitarbeiter einer ausländischen Vertretung, die auf dem lokalen Arbeitsmarkt angeworben werden und die nicht der Stellenrotation in einem ausländischen Auswärtigen Dienst unterliegen. Sie besitzen entweder die deutsche Staatsangehörigkeit, genießen als EU/EWR-Bürger oder Schweizer Staatsangehörige Freizügigkeit oder haben einen deutschen Aufenthaltstitel, der die Beschäftigung erlaubt. 24
Ortskräften werden in der Bundesrepublik Deutschland grundsätzlich keine Vorrechte und Befreiungen gewährt. Wegen ihrer Einbindung in die Amtshandlungen der Mission (etwa bei Visumerteilungen) ist insoweit eine analoge Anwendung des Art. 38 Abs. 1 WÜD und Amtshandlungsimmunität geboten. Jedenfalls darf der Empfangsstaat seine Befugnisse gegenüber den Ortskräften nicht in einer Weise ausüben, die die Mission bei der Wahrnehmung ihrer Aufgaben ungebührlich behindert (s. Art. 38 Abs. 2 S. 2 WÜD, der hier zumindest insoweit analog anzuwenden ist).

2.6 In Drittstaaten angemeldete Diplomaten auf (Dienst-) Reise durch/in das Gebiet der Bundesrepublik Deutschland (Art. 40 WÜD). Reist ein nicht in Deutschland notifizierter Diplomat, ein Mitglied des Verwaltungs- und technischen Personals oder des dienstlichen Hauspersonals (nicht jedoch des privaten Hauspersonals) **durch das Gebiet der Bundesrepublik Deutschland**, um sein Amt in einem dritten Staat anzutreten oder um auf seinen Posten oder in seinen Heimatstaat zurückzukehren, so stehen ihm Unverletzlichkeit und alle sonstigen für seine sichere Durchreise oder Rückkehr erforderlichen Vorrechte und Befreiungen zu. Das gilt auch, wenn er in den Heimaturlaub fährt oder aus dem Urlaub an seine Dienststelle zurückkehrt. Es ist auch hier zu beachten, dass die betroffene Person mit Höflichkeit zu behandeln ist (s. a. die Ausführungen unter 2.1.2.2.2 zur höflichen Behandlung von Diplomaten, die hier entsprechend Gültigkeit haben). 25
Der Transit darf allerdings grundsätzlich nicht über das notwendige Maß hinaus verlängert und mit touristischen oder persönlichen Zwecken verbunden werden. Dies gilt auch für die Familienmitglieder, die ihn begleiten oder die getrennt von ihm reisen, um sich zu ihm zu begeben oder die in ihren Heimatstaat zurückkehren. Notwendig ist der Transit in der Regel dann, wenn aus den vorzuweisenden Flugtickets hervorgeht, dass ein Zwischenaufenthalt für einige Stunden, möglicherweise auch eine Übernachtung erforderlich ist, ehe der Anschlussflug beginnt. Ein mehrtägiger Aufenthalt, etwa zu touristischen Zwecken oder zu Durchführung nicht akut erforderlicher medizinischer Behandlungen, kann nicht als Transit im Sinne von Art. 40 WÜD anerkannt werden.
Hält sich die betroffene Person **dienstlich in der Bundesrepublik Deutschland auf** (z. B. als Teilnehmer einer Konferenz), genießt sie Privilegien nur, wenn die entsprechende Reise offiziell angekündigt war, auf offizielle deutsche Einladung hin erfolgte oder wenn für die Durchführung der Konferenz mit der durchführenden Internationalen Organisation ein sog. »Konferenzabkommen« abgeschlossen wurde, welches Privilegien vorsieht. Möglich ist auch, dass mit der betreffenden Internationalen Organisation bereits entsprechende Privilegienabkommen existieren (so z. B. mit den Vereinten Nationen).

26 **2.7 Diplomaten mit deutscher Staatsangehörigkeit oder in der Bundesrepublik Deutschland ständig ansässige Diplomaten (Art. 38 WÜD).** Diplomaten, die deutsche Staatsangehörige oder in der Bundesrepublik Deutschland ständig ansässig sind, genießen in der Bundesrepublik Deutschland Immunität von der Gerichtsbarkeit und Unverletzlichkeit lediglich in Bezug auf die in Ausübung ihrer dienstlichen Tätigkeit vorgenommenen Amtshandlungen. Die **Amtshandlungsimmunität** umfasst nur die Amtshandlung selbst, nicht jedoch Handlungen, die mit der Amtshandlung in sachlichen Zusammenhang stehen, wie z. B. die Fahrt mit dem Kfz zum Dienstort.

Ständig ansässig ist eine Person in der Regel, wenn sie zum Zeitpunkt ihrer Anstellung durch die Mission bereits längere Zeit im Empfangsstaat ihren Wohnsitz hat. Bei einem entsandten Mitglied einer Mission ist in der Regel von einer ständigen Ansässigkeit bei einem Aufenthalt von über zehn Jahren in Deutschland auszugehen.

Die Bundesrepublik Deutschland darf jedoch grundsätzlich Hoheitsrechte gegenüber diesen Personen nur in der Weise ausüben, dass sie die Mission bei ihrer Arbeit nicht ungebührlich behindert.

27 **2.8 Berufskonsularbeamte. 2.8.1 Berufskonsularbeamte.** Nach dem WÜK zählen zu den Berufskonsularbeamten Generalkonsuln, Konsuln, Vizekonsuln, Konsularagenten und andere mit der Wahrnehmung von konsularischen Aufgaben beauftragte Personen.

28 **2.8.2 Vorrechte und Befreiungen des Berufskonsularbeamten. 2.8.2.1 Befreiung von der Gerichtsbarkeit – Immunität – (Art. 43 WÜK).** Für Konsularbeamte gilt hinsichtlich der Immunität dasselbe wie für Diplomaten, allerdings mit folgender Einschränkung: Konsularbeamte genießen die Befreiung von der Straf-, Zivil- oder Verwaltungsgerichtsbarkeit nur für Handlungen, die sie in Wahrnehmung konsularischer Aufgaben vorgenommen haben. Diese sog. **Amtsimmunität** betrifft alle Handlungen, die bei der Wahrnehmung der amtlichen bzw. dienstlichen Tätigkeit ausgeübt wurden. Der Begriff ist weit zu verstehen und umfasst nicht nur die eigentliche Amtshandlung, sondern ebenso Akte in engem sachlichen und zeitlichen Zusammenhang mit der Amtshandlung, z. B. auch die Fahrten zum täglichen Dienst.

Allerdings sind im Hinblick auf solche Amtshandlungen die Konsularbeamten nach Art. 43 Abs. 2 WÜK bei Zivilklagen **nicht** von der Gerichtsbarkeit befreit,

- wenn die Klage aufgrund eines Vertrages erhoben wurde, den der Konsularbeamte geschlossen hat, ohne dabei ausdrücklich oder erkennbar im Auftrag seines Entsendestaates zu handeln (Rechtsscheinhaftung),
- wenn die Klage von einem Dritten wegen eines Schadens angestrengt wird, der aus einem in der Bundesrepublik durch ein Land-, Wasser- oder Luftfahrzeug verursachten Unfall entstanden ist, z. B. bei Verkehrsunfällen.

29 **2.8.2.2 Unverletzlichkeit des Berufskonsularbeamten (Art. 41, 43 WÜK).** Für **Handlungen, die amtlich vorgenommen werden**, genießt der Konsularbeamte umfassenden Schutz vor staatlichen Eingriffen (Art. 43 Abs. 1 WÜK).

Im privaten Bereich ist der Schutz der Unverletzlichkeit grundsätzlich geringer (vgl. Art. 41 WÜK). Der Konsularbeamte darf zwar grundsätzlich nicht in seiner persönlichen Freiheit beschränkt werden, etwa durch Festnahme oder Untersuchungshaft. Hiervon gelten jedoch folgende Ausnahmen:

- bei Vorliegen einer schweren strafbaren Handlung und einer Entscheidung der zuständigen Justizbehörde über die freiheitsentziehende Maßnahme (Art. 41 Abs. 1 WÜK). Die Entscheidung, wann eine schwere strafbare Handlung vorliegt, obliegt dem mit der Haftprüfung befassten Gericht.
- bei der Vollstreckung einer rechtskräftigen gerichtlichen Entscheidung (Art. 41 Abs. 2 WÜK).

Wird ein Mitglied des konsularischen Personals vorläufig festgenommen oder in Untersuchungshaft genommen oder wird ein Strafverfahren gegen das Mitglied eingeleitet, so hat die zuständige Behörde in der Bundesrepublik Deutschland sofort den Leiter der konsularischen Vertretung zu benachrichtigen. Ist dieser selbst von einer der genannten Maßnahmen betroffen, so ist sofort das Auswärtige Amt (unter der Rufnummer 030–5000–3411, 9.00–16.00 Uhr, ansonsten unter der Rufnummer 030–5000–2911) zu unterrichten (Art. 42 WÜK).

Zu beachten ist, dass in der Staatenpraxis eine Tendenz festzustellen ist, Konsularbeamte auch bei nichtdienstlichem Handeln wie Diplomaten zu behandeln. Zwangsmaßnahmen (z. B. Blutentnahme, Alkoholtest) sind deshalb jedenfalls dann nicht erlaubt, wenn schon die freiheitsentziehende Maßnahme nicht erlaubt wäre, wenn also kein Verdacht auf eine schwere strafbare Handlung vorliegt. Eine Zwangsmaßnahme sollte auch bei nicht-dienstlichem Handeln nur eine Ausnahme darstellen (s. im Einzelnen zu staatlichen Zwangsmaßnahmen bei Verstößen gegen die Straßenverkehrsordnung, Teil 6).

Auch Konsularbeamte sind nach den etablierten zwischenstaatlichen Verhaltensregeln zum Umgang mit bevorrechtigten Personen mit **besonderer Höflichkeit** zu behandeln. Jeder Eingriff in die persönliche

Unverletzlichkeit ist genau auf Zulässigkeit und Erforderlichkeit zu prüfen. Vorfälle, in denen Meinungsverschiedenheiten über die Angemessenheit der durchgeführten Kontrollmaßnahmen bei Diplomaten und anderen bevorrechtigten Personen auftreten, sind beschwerdeträchtig und können zu einer erheblichen Belastung der bilateralen Beziehungen mit dem Herkunftsland der bevorrechtigten Person führen. Im Fall von Beschwerden muss das Auswärtige Amt zu dem Vorfall Stellung nehmen können, um weiteren außenpolitischen Schaden abzuwenden. Daher müssen Anlass und Rechtfertigung der Maßnahmen sowie die angestellten Ermessenserwägungen umfassend schriftlich festgehalten werden, s. zu diesem Dokumentationserfordernis im Einzelnen oben unter Ziff. 2.1.2.2.1. Diese Dokumentationsanforderung dient nicht zuletzt dem Schutz des kontrollierenden Personals.

2.8.2.3 Sonstige Vorrechte des Berufskonsularbeamten. Bei folgenden Regelungsgegenständen gelten für Konsularbeamte dieselben Vorrechte wie für Diplomaten: 30
- Befreiung von Besteuerung (Art. 49 Abs. 1 WÜK),
- Befreiung von Zöllen und ähnlichen Abgaben hinsichtlich der Einfuhr persönlicher Gegenstände sowie Zollkontrollen (Art. 50 Abs. 1 WÜK),
- Befreiung von Kontrollen persönlichen Gepäcks (Art. 50 Abs. 3 WÜK),
- Freizügigkeit (Art. 34 WÜK),
- Befreiung von den Vorschriften über soziale Sicherheit, persönliche und öffentliche Dienstleistungen sowie über Ausländermelde- und Aufenthaltstitelpflicht (Art. 46, 47, 48, 52 WÜK).

Hinsichtlich der Maßnahmen zum Schutz der Gesundheit gelten die hierzu im Abschnitt 2.1.2.3 gemachten Ausführungen zu Diplomaten.

2.8.2.4 Die Privatwohnung des Berufskonsularbeamten. Die Privatwohnungen von Mitgliedern einer konsularischen Vertretung, einschließlich des Leiters, sind **nicht** unverletzlich. 31

2.8.2.5 Zeugnisverweigerungsrecht des Berufskonsularbeamten (Art. 44 Abs. 1 und Abs. 3 WÜK). Der Konsularbeamte kann in einem Gerichts- oder Verwaltungsverfahren als Zeuge geladen werden. Er ist jedoch nicht verpflichtet, Zeugnis über die Angelegenheiten abzulegen, die mit der Wahrnehmung seiner Aufgaben zusammenhängen, oder die darauf bezogenen amtlichen Korrespondenzen und Schriftstücke vorzulegen. Gegen den Konsularbeamten dürfen keine Zwangsmaßnahmen ergriffen werden, auch wenn er das Zeugnis zu Angelegenheiten aus dem privaten Bereich verweigert. 32

2.8.3 Berufskonsularbeamte, die deutsche Staatsangehörige oder in Deutschland ständig ansässig sind (Art. 71 WÜK). Konsularbeamte, die die deutsche Staatsangehörigkeit besitzen oder in Deutschland ständig ansässig sind, genießen neben der Immunität von der Gerichtsbarkeit und der persönlichen Unverletzlichkeit wegen ihrer in Wahrnehmung ihrer Aufgaben vorgenommenen Amtshandlungen außerdem noch die Befreiung von der Zeugnispflicht über Angelegenheiten, die mit der Wahrnehmung ihrer Aufgaben zusammenhängen. Darüber hinausgehende Vorrechte und Befreiungen werden ihnen in Deutschland nicht gewährt. Außerdem muss der Leiter der konsularischen Vertretung im Fall ihrer Festnahme, bei der Anordnung von Untersuchungshaft oder der Einleitung eines Strafverfahrens gegen einen Konsularbeamten unverzüglich unterrichtet werden. Strafverfahren sind, außer wenn der Betroffene festgenommen oder inhaftiert ist, in einer Weise zu führen, welche die Wahrnehmung der konsularischen Aufgaben möglichst wenig beeinträchtigt. 33

2.8.4 Familienmitglieder des Berufskonsularbeamten. Familienmitglieder (Definition s. o. Teil 2.1.1.2) des Berufskonsularbeamten genießen im gleichen Umfang wie der Konsularbeamte selbst Befreiung von der Besteuerung (Art. 49 Abs. 1 WÜK), von Zöllen (Art. 50 Abs. 1 lit. b WÜK), von persönlichen Dienstleistungen und Auflagen sowie von der Ausländermeldepflicht, der Aufenthaltstitelpflicht (Art. 46, 47 WÜK) und von den Vorschriften über soziale Sicherheit. Sie dürfen einer privaten Erwerbstätigkeit nachgehen, sind in diesem Bereich dann jedoch nicht bevorrechtigt (Art. 57 Abs. 2 WÜK) und benötigen als Arbeitnehmer im Empfangsstaat eine Arbeits- und Aufenthaltserlaubnis. 34

Weitere Privilegien genießen sie nicht. Die Amtsimmunität gilt nicht für Familienmitglieder von Konsularbeamten, da davon ausgegangen wird, dass sie keine Amtshandlungen vornehmen können. Es besteht kein Anspruch auf die Wahrung der persönlichen Unverletzlichkeit. Gleichwohl sollte die familiäre Bindung zum Konsularbeamten und evtl. negative Auswirkungen auf das bilaterale Verhältnis zum Entsendestaat bei der Durchführung von Zwangsmaßnahmen angemessen berücksichtigt werden. Die Familienmitglieder eines Konsularbeamten, der deutscher Staatsangehöriger oder in der Bundesrepublik Deutschland ständig ansässig ist, genießen ebenso wenig Privilegien wie Familienmitglieder, die selbst die deutsche Staatsangehörigkeit besitzen oder ständig in Deutschland ansässig sind (Art. 71 Abs. 2 WÜK).

35 **2.9 Mitglieder des Verwaltungs- oder technischen Personals (VtP) der berufskonsularischen Vertretung und ihre Familienmitglieder. 2.9.1 Konsularisches VtP.** Der Begriff der Mitglieder des VtP ist im WÜK nur dahin gehend definiert, dass hierzu jede in dieser Eigenschaft in der konsularischen Vertretung beschäftigte Person zu zählen ist. Hierzu zählen in der Praxis bspw. Kanzleibeamte, Chiffrierer, Übersetzer oder Schreibkräfte.

36 **2.9.2 Umfang der Privilegierung. 2.9.2.1 Immunität.** In Bezug auf die Immunität gilt für das VtP dasselbe wie für Diplomaten (Teil 2.1.2.1), jedoch mit folgender Einschränkung: Das VtP genießt die Befreiung von der Straf-, Zivil- und Verwaltungsgerichtsbarkeit nur für Handlungen, die in Wahrnehmung konsularischer Aufgaben vorgenommen wurden (Amtsimmunität, vgl. Art. 43 WÜK).
Allerdings ist das VtP selbst in solchen Fällen bei Zivilklagen **nicht** von der Gerichtsbarkeit befreit,
– wenn das Konsulatsmitglied aufgrund eines Vertrages verklagt wird, den es geschlossen hat, ohne dabei ausdrücklich oder erkennbar im Auftrag des Entsendestaates zu handeln (Rechtsscheinhaftung),
– wenn die Klage von einem Dritten wegen eines Schadens angestrengt wird, der aus einem in der Bundesrepublik durch ein Land-, Wasser- oder Luftfahrzeug verursachten Unfall entstanden ist, z. B. bei Verkehrsunfällen.

37 **2.9.2.2 Unverletzlichkeit.** Für **Handlungen, die in Wahrnehmung konsularischer Aufgaben vorgenommen wurden**, genießen Mitglieder des VtP umfassenden Schutz vor staatlichen Eingriffen (Art. 43 Abs. 1 WÜK). **Im privaten Bereich** genießen Mitglieder des VtP nicht das Privileg der Unverletzlichkeit, sodass grundsätzlich Zwangsmaßnahmen durchgeführt werden dürfen. Ein Anspruch auf Wahrung der persönlichen Unverletzlichkeit besteht nicht und es gelten wie schon beim Konsularbeamten die Ausnahmen bei schweren strafbaren Handlungen. Gleichwohl sollte bei Zwangsmaßnahmen wegen Handlungen, die im privaten Bereich vorgenommen worden sind, die Eigenschaft als Mitglied der konsularischen Mission angemessen berücksichtigt werden.

38 **2.9.2.3 Sonstige Privilegierungen.** Bei folgenden Regelungsgegenständen gelten für das VtP dieselben Vorrechte wie für den Konsularbeamten bzw. Diplomaten
– Befreiung von Besteuerung (vgl. Art. 49 Abs. 1 WÜK),
– Freizügigkeit (Art. 34 WÜK),
– Befreiung von den Vorschriften über soziale Sicherheit, persönliche und öffentliche Dienstleistungen, Ausländermelde- sowie Aufenthaltstitelpflicht (Art. 46, 47, 48, 52 WÜK).
Es ist jedoch zu beachten, dass diese Privilegien nicht in Anspruch genommen werden können, wenn sie eine private Erwerbstätigkeit des Mitglieds des VtP betreffen (Art. 57 Abs. 2 WÜK, Art. 47 Abs. 2 WÜK).

39 **2.9.2.4 Zeugnisverweigerungsrecht.** Für das VtP gilt dasselbe wie für die Konsularbeamten (vgl. Teil 2.8.2.5) – mit folgender Ausnahme: Verweigert das Mitglied des VtP in Bezug auf private Tätigkeitsbereiche die Aussage, können Zwangsmaßnahmen durchgeführt werden (Art. 44 Abs. 1 und Abs. 3 WÜK).

40 **2.9.2.5 Befreiung von Zöllen und ähnlichen Abgaben.** Das VtP ist bezüglich der Ersteinfuhr von persönlichen Gegenständen anlässlich der Versetzung nach Deutschland von Zöllen, Steuern und ähnlichen Abgaben befreit (Art. 50 Abs. 2 WÜK).

41 **2.9.3 Familienmitglieder des VtP einer berufskonsularischen Vertretung.** Die Familienmitglieder (Definition s. o. 2.1.1.2) von Mitgliedern des VtP genießen die gleichen Privilegien wie die Familienmitglieder von Konsularbeamten. Die Familienmitglieder eines Konsularbeamten, der deutscher Staatsangehöriger oder in der Bundesrepublik Deutschland ständig ansässig ist, genießen ebenso wenig Privilegien wie Familienmitglieder, die selbst die deutsche Staatsangehörigkeit besitzen oder ständig in DEU ansässig sind (Art. 71 Abs. 2 WÜK).

42 **2.10 Mitglieder des dienstlichen Hauspersonals der berufskonsularischen Vertretungen (dHP) und ihre Familienmitglieder.** Das WÜK definiert als Mitglieder des dHP jede als Hausbediensteter bei einer konsularischen Vertretung beschäftigte Person. Hierzu zählen bspw. Kraftfahrer, Pförtner, Boten, Gärtner, Köche und Nachtwächter.
Mitglieder des dHP sind von der Verpflichtung hinsichtlich der Erlangung einer **Arbeitserlaubnis**, den **Vorschriften über soziale Sicherheit**, von **Steuern und sonstigen Abgaben auf ihre Dienstbezüge** (Art. 49 Abs. 2 WÜK) und von **persönlichen und öffentlichen Dienstleistungen** befreit. Es ist jedoch zu beachten, dass diese Privilegien in Bezug auf eine evtl. private (Neben-) Erwerbstätigkeit nicht in Anspruch genommen werden können (Art. 57 Abs. 2 WÜK). Hinsichtlich des Zeugnisverweigerungsrechts gilt dasselbe wie für *Konsularbeamte mit* folgender Ausnahme: Verweigert das Mitglied des dHP in Bezug auf private Tätigkeitsbereiche die Aussage, können Zwangsmaßnahmen durchgeführt werden (Art. 44 Abs. 1 und Abs. 3 WÜK).

Darüber hinausgehende Privilegien genießt das eHP konsularischer Vertretungen nicht. **Familienmitglieder** des dHP genießen keine Privilegien.
Besonders zu beachten ist, dass das dHP und seine Familienmitglieder zwar grundsätzlich einen **Aufenthaltstitel** benötigen, hiervon jedoch im Fall der Gegenseitigkeit abgesehen werden kann (§ 27 Abs. 1 Nr. 1 AufenthV).

2.11 Privates Hauspersonal von Mitgliedern der berufskonsularischen Vertretung. Zum privaten Hauspersonal gehören Personen, die ausschließlich im privaten Dienst eines Mitglieds der konsularischen Vertretung beschäftigt sind, z. B. Kindermädchen, persönliche Hausangestellte, Fahrer und sonstige Hausangestellte. Für die Tätigkeit als privates Hauspersonal benötigen sie keine **Arbeitserlaubnis**. Das private Hauspersonal ist ferner von den **Vorschriften über soziale Sicherheit** befreit, sofern es den im Entsendestaat oder einem dritten Staat geltenden Vorschriften über soziale Sicherheit untersteht (Art. 48 Abs. 2 WÜK). 43

2.12 Ortskräfte der berufskonsularischen Vertretung. Ortskräfte (siehe Definition oben 2.5) genießen in der Bundesrepublik Deutschland keine Vorrechte und Befreiungen, da sie grundsätzlich wie ständig Ansässige (im Sinne des Art. 71 WÜK) behandelt werden, denen aus gesandtschaftsrechtlicher Sicht kein Sonderstatus erteilt werden muss. 44
Wegen ihrer Einbindung in die Amtshandlungen der konsularischen Vertretung (etwa bei Visumerteilungen) ist fraglich, ob zumindest Raum für eine analoge Anwendung des Art. 71 Abs. 1 WÜK besteht und Amtshandlungsimmunität gewährt werden sollte. Jedenfalls darf der Empfangsstaat seine Befugnisse ggü. den Ortskräften nicht in einer Weise ausüben, die die Mission bei der Wahrnehmung ihrer Aufgaben ungebührlich behindert (s. Art. 71 Abs. 2 WÜK, der hier zumindest insoweit analog anzuwenden ist).

2.13 Honorarkonsularbeamte, Mitarbeiter und Personal in Honorarkonsulaten und ihre Familienmitglieder. 2.13.1 Honorarkonsularbeamte. Zu den Honorarkonsularbeamten zählen nach dem WÜK Honorargeneralkonsuln und Honorarkonsuln. 45

2.13.2 Vorrechte und Befreiungen des Honorarkonsularbeamten. Der Honorarkonsularbeamte besitzt in der Regel die deutsche Staatsangehörigkeit oder ist in der Bundesrepublik ständig ansässig. Er genießt in dem Fall lediglich Befreiung von der Gerichtsbarkeit (Immunität) und Schutz vor hoheitlichen Maßnahmen (persönliche Unverletzlichkeit) in Bezug auf seine bei der Wahrnehmung konsularischer Aufgaben vorgenommenen Amtshandlungen (Art. 71 Abs. 1 WÜK). Diese sogenannte **Amtshandlungsimmunität** ist enger als die den Berufskonsularbeamten zustehende **Amtsimmunität** (vgl. Art. 43 WÜK sowie oben 2.8.2.1). Sie umfasst nur die Amtshandlung selbst, nicht aber andere – von der Amtsimmunität noch erfasste – Handlungen, die mit der eigentlichen Amtshandlung lediglich in einem engen zeitlichen Zusammenhang stehen. Folglich besteht z. B. bei Kfz-Fahrten von Honorarkonsuln ein Schutz nur in solchen Fällen, in denen der Gebrauch des Fahrzeuges selbst als konsularische Amtshandlung anzusehen ist (z. B. beim Transport eines diplomatischen oder konsularischen Kuriers). Von der Amtshandlungsimmunität nicht erfasst sind deshalb z. B. tägliche Fahrten zum Dienst. 46
Ist der Honorarkonsularbeamte **nicht** deutscher Staatsangehöriger und bei Übernahme des Amtes nicht in Deutschland ständig ansässig, dann genießt er Amtsimmunität und unterliegt wie ein Berufskonsularbeamter wegen Handlungen, die er in Wahrnehmung konsularischer Aufgaben vorgenommen hat, weder der deutschen Gerichtsbarkeit noch Eingriffen deutscher Verwaltungsbehörden (persönliche Unverletzlichkeit im dienstlichen Bereich). I.Ü. besteht gem. Art. 64 WÜK die Verpflichtung, dem entsandten Honorarkonsularbeamten den aufgrund seiner amtlichen Stellung erforderlichen Schutz zu gewähren. Dies kann etwa besondere Maßnahmen zum Schutz der körperlichen Unversehrtheit beinhalten oder auch darin bestehen, Angriffe auf die Freiheit und Würde des Honorarkonsularbeamten zu unterbinden.
Außerdem genießen diese Honorarkonsularbeamten Befreiung von
- der Ausländermelde- und Aufenthaltstitelpflicht, soweit der Honorarkonsul nicht im Bundesgebiet einen freien Beruf oder eine gewerbliche Tätigkeit ausübt, welche auf persönlichen Gewinn gerichtet ist (Art. 65 WÜK, vgl. Teil 3.A.1),
- der Besteuerung hinsichtlich seiner Bezüge, die er für seine amtliche Tätigkeit erhält (Art. 66 WÜK),
- persönlichen Dienstleistungen und Auflagen (Art. 67 WÜK).

Honorarkonsularbeamten stehen in der Bundesrepublik Deutschland Vorrechte und Befreiungen in der Regel nur für die Dauer ihrer Zulassung durch die Bundesregierung zu.
Wird ein Honorarkonsulbeamter festgenommen, in Untersuchungshaft genommen oder wird gegen ihn ein Strafverfahren eingeleitet, muss die Bundesrepublik unverzüglich den Entsendestaat auf diplomatischem Wege benachrichtigen. Dies gilt auch, wenn er, was in der Regel der Fall sein dürfte, als deutscher Staatsangehöriger oder in Deutschland ständig Ansässiger in seinen Privilegien beschränkt sein sollte (Art. 71 Abs. 1 WÜK).

Für nichtamtliche Handlungen genießen Honorarkonsulbeamte weder Befreiung von der Gerichtsbarkeit noch Schutz vor hoheitlichen Maßnahmen (Art. 63 WÜK), allerdings sollte bei der Durchführung eines Strafverfahrens ihre amtliche Stellung gebührend berücksichtigt werden. Hinsichtlich eines Zeugnisverweigerungsrechts gilt dasselbe wie für Konsularbeamte (s. o. – 2.8.2.5).

47 **2.13.3 Familienmitglieder des Honorarkonsularbeamten.** Die Familienmitglieder (Definition s. o. Teil 2.1.1.2) von Honorarkonsulbeamten genießen keine Privilegien.

48 **2.13.4 In der honorarkonsularischen Vertretung tätige Berufskonsularbeamte, VtP und dHP im Honorarkonsulat und ihre Familienmitglieder.** Die zeitweise oder dauerhafte Unterstützung eines Honorarkonsularbeamten durch Berufskonsularbeamte ist gesandtschaftsrechtlich zulässig. In solchen Fällen genießen Berufskonsularbeamte, das VtP und das dHP weiterhin die Privilegien, die sie auch in anderen Konsulaten genießen würden (vgl. oben). Die Familienmitglieder der Berufskonsularbeamten sind ebenfalls gesandtschaftsrechtlich privilegiert, nicht jedoch die Familienmitglieder des VtP und dHP (Art. 58 Abs. 1 und Abs. 3 WÜK).

49 **2.13.5 Bedienstete Internationaler Organisationen, Vertreter der Mitgliedstaaten und Kongressteilnehmer sowie Durchreisende. 2.13.5.1 Vorrechte und Immunitäten für Vertreter der Mitgliedstaaten und Bedienstete Internationaler Organisationen, ihre Familienmitglieder sowie die im Auftrag der betreffenden Organisationen tätigen Sachverständigen.** Der Umfang der gewährten Vorrechte und Immunitäten für Vertreter der Mitgliedstaaten und Bedienstete Internationaler Organisationen, ihre Familienmitglieder sowie die im Auftrag der betreffenden Organisationen tätigen Sachverständigen richtet sich nach den jeweiligen, auf die Internationale Organisation anwendbaren völkerrechtlichen Vereinbarungen und dazu erlassenen innerstaatlichen Vorschriften. Diese sind je nach Aufgabe der Organisation unterschiedlich ausgestaltet. Eine abschließende Darstellung der für diesen Personenkreis in Betracht kommenden Vorrechte und Befreiungen kann an dieser Stelle nicht erfolgen.

Eine Zusammenstellung der völkerrechtlichen Übereinkünfte und der damit in Zusammenhang stehenden Rechtsvorschriften, aufgrund derer Personen, insb. Bedienstete von Internationalen Organisationen aus anderen Staaten, in der Bundesrepublik Deutschland besondere Vorrechte und Befreiungen genießen, ist in dem vom Bundesministerium der Justiz und für Verbraucherschutz jährlich als Beilage zum Bundesgesetzblatt Teil I herausgegebenen Fundstellennachweis A und als Beilage zum Bundesgesetzblatt Teil II herausgegebenen Fundstellennachweis B enthalten. Nähere Auskunft erteilt das Auswärtige Amt, Referat OR02, unter der Rufnummer 0228–9917–2633, 9.00–16.00 Uhr.

Für die Vereinten Nationen (VN) sind von besonderer Bedeutung das Übereinkommen vom 13.02.1946 über die Vorrechte und Immunitäten der Vereinten Nationen sowie das Abkommen vom 21.11.1947 über die Vorrechte und Befreiungen der Sonderorganisationen der Vereinten Nationen, seit 1995 auch das mit den VN unterzeichnete Sitzstaatabkommen für das VN-Freiwilligenprogramm. Es gilt als Rahmenabkommen auch für andere Organisationen aus dem Bereich der Vereinten Nationen und wird durch das Rechtsstatut der konkret betroffenen Organisation jeweils mit Einschränkungen oder Ergänzungen versehen.

Für die EU ist das Protokoll über die Vorrechte und Befreiungen der Europäischen Union maßgebend.

Folgende Bedienstete Internationaler Organisationen genießen während der Wahrnehmung ihrer dienstlichen Aufgaben innerhalb der Bundesrepublik Deutschland **in der Regel** Vorrechte und Immunitäten aufgrund völkerrechtlicher Vereinbarungen und innerstaatlichen Rechts:

– Vertreter der Mitgliedstaaten und deren Familienmitglieder (Definition s. o. 2.1.1.2),
– Bedienstete Internationaler Organisationen und deren Familienmitglieder,
– die im Auftrag der betreffenden Organisationen tätigen Sachverständigen.

Eine aktuelle Liste der in Deutschland tätigen Internationalen Organisationen, die auch die Namen ihrer Bediensteten, der Organe und der Staatenvertreter mit diplomatenähnlichem Sonderstatus enthält, ist auf der Homepage des Auswärtigen Amts zu finden unter: http://www.auswaertigesamt.de/cae/servlet/contentblob/332544/publicationFile/194407/VertretungenFremderStaatenListeIO.pdf

50 **2.13.5.2 Vorrechte und Immunitäten für Teilnehmer an Kongressen, Seminaren oder ähnlichen Veranstaltungen der Vereinten Nationen, ihrer Sonderorganisationen oder der durch zwischenstaatliche Vereinbarungen geschaffenen Organisationen unter dem Schirm der Vereinten Nationen.** Für die Vorrechte und Immunitäten von **Teilnehmern an Kongressen, Seminaren oder ähnlichen Veranstaltungen der Vereinten Nationen**, ihrer Sonderorganisationen oder der durch zwischenstaatliche Vereinbarungen geschaffenen Organisationen unter dem Schirm der Vereinten Nationen, die mit ausdrücklicher Zustimmung der Bundesregierung in der Bundesrepublik Deutschland stattfinden, gilt das Übereinkommen von 1946 über die Vorrechte und Immunitäten der Vereinten Nationen (VN-Privilegienabkommen, s. dazu Art. 3 Abs. 2 des Gesetzes vom 16.08.1980, BGBl. 1980 II, 941) bzw. das jeweilige Sitzstaatabkommen. Außerdem werden bisweilen

Konferenzabkommen geschlossen, aus denen sich die gewährten Vorrechte und Befreiungen ergeben. Diese orientieren sich in der Regel weitestgehend an den Regelungen des o. g. VN-Privilegienabkommens von 1946. **Teilnehmer an derartigen Veranstaltungen**, die weder Staatenvertreter noch Bedienstete oder Sachverständige der veranstaltenden Organisation sind, genießen nach Art. 3 Abs. 2 und 3 des Gesetzes vom 16.08.1980 zum o. g. VN-Privilegienabkommen diejenigen Vorrechte und Immunitäten, die im Auftrag der Vereinten Nationen tätigen Sachverständigen i. S. dieses Abkommens zustehen.

2.13.5.3 Konferenzteilnehmer mit deutscher Staatsangehörigkeit oder Teilnehmer, die in Deutschland ständig ansässig sind. Für Konferenzteilnehmer, die Deutsche im Sinne des Grundgesetzes sind (und die einen gültigen Reisepass oder Personalausweis besitzen) oder die in der Bundesrepublik Deutschland ständig ansässig sind, gelten die durch Privilegienabkommen gewährten Vorrechte und Immunitäten in der Regel nur in eingeschränktem Maße. Entscheidend ist hier auf das jeweilige Abkommen abzustellen. Oftmals werden folgende Vorrechte gewährt: 51

- Befreiung von jeder Gerichtsbarkeit hinsichtlich der von ihnen in Wahrnehmung ihrer Aufgaben vorgenommenen Handlungen; die vorgesehene Befreiung von der Gerichtsbarkeit gilt jedoch nicht für Verstöße gegen das Straßenverkehrsrecht bei Schäden, die durch ein Motorfahrzeug verursacht wurden, das einem Teilnehmer gehört oder von einem solchen gesteuert wurde,
- Unverletzlichkeit aller Papiere und Schriftstücke,
- Recht zur Verwendung von Verschlüsselungen für ihren Verkehr mit der veranstaltenden Organisation sowie zum Empfang von Papieren und Korrespondenz durch Kurier oder in versiegelten Behältern.

2.13.5.4 Durchreisende. Der unter 2.13.5.1 und 2.13.5.2 genannte Personenkreis kann auf einer dienstlichen Reise durch das Gebiet der Bundesrepublik Deutschland Immunität genießen (Art. 40 WÜD-vergleichbare Regelungen, s. a. die Ausführungen unter 2.6). 52
Unabhängig hiervon sind durchreisende Diplomatenpassinhaber anderer Staaten stets mit besonderer Höflichkeit zu behandeln, da dem internationalen Ansehen der Bundesrepublik Deutschland anderenfalls geschadet werden kann, s. hierzu oben Ausführungen unter A und Ziff. 2.1.1.1. Anlass und Rechtfertigung von Kontrollmaßnahmen sowie die angestellten Ermessenserwägungen sind umfassend schriftlich festzuhalten, s. zu diesem Dokumentationserfordernis im Einzelnen oben unter Ziff. 2.1.2.2.1.

C. Vorgehen bei Zweifeln über den Status einer Person. 1. Feststellung der Personalien. Allgemein zur Feststellung von Personalien ermächtigte Behörden und Beamte sind befugt, Namen und Anschrift von Personen festzustellen, sofern dies sachlich notwendig ist. Beruft sich eine Person auf Vorrechte und Befreiungen, so kann verlangt werden, dass der Nachweis durch Vorlage entsprechender Urkunden, insb. durch die in Teil 6 genannten Ausweise (Protokollausweise), den Diplomatenpass oder auf andere Weise geführt wird. Es ist jedoch unerlässlich, die betroffene Person mit besonderer Höflichkeit zu behandeln, damit die Maßnahme keine negativen und evtl. politischen Reaktionen hervorruft. 53

2. Ansprechpartner. In eiligen Zweifelsfällen kann unmittelbar beim Auswärtigen Amt (unter der Rufnummer 030–5000–3411 bzw. 0228–9917–2633 von 9.00–16.00 Uhr, ansonsten im Lagezentrum unter der Rufnummer 030–5000–2911) über Mitglieder diplomatischer Missionen, über Angehörige der konsularischen Vertretungen und über Bedienstete Internationaler Organisationen, und hilfsweise auch bei den Staats-/Senatskanzleien der Länder über Angehörige der konsularischen Vertretungen Auskunft eingeholt werden. Anhaltspunkte, die für oder gegen die Zugehörigkeit der Person zu einer in der Bundesrepublik Deutschland errichteten diplomatischen oder konsularischen Vertretung oder einer zwischenstaatlichen oder überstaatlichen Organisation sprechen, sind hierbei mitzuteilen. 54

3. Listen diplomatischer Missionen und konsularischer Vertretungen, Internationaler ^ Organisationen sowie sonstiger Vertretungen. Aktuelle Listen der diplomatischen Missionen und konsularischen Vertretungen, Internationaler Organisationen sowie sonstiger Vertretungen, die auch die Namen der diplomatischen Mitglieder enthalten, werden bei Ref. 703 bzw. Ref. OR02 geführt (nicht alle Leiter Internationaler Organisationen haben einen Diplomatenstatus) und sind auf der Homepage des Auswärtigen Amts unter http://www.auswaertigesamt.de/DE/Laenderinformationen/VertretungenFremderStaatenA-Z-Laenderauswahlseite_node.html zu finden. Darüber hinaus erscheint ein- bis zweimal jährlich eine Liste im Bundesanzeiger-Verlag, Postfach 100534, 50445 Köln unter dem Titel: »Diplomatische und konsularische Vertretungen in der Bundesrepublik Deutschland«. Das Verzeichnis ist im Buchhandel erhältlich. Eine Bestellung kann auch telefonisch unter 0221–97668–200 oder unter http://www.bundesanzeiger.de erfolgen. 55

56 **D. Weitere bevorrechtigte Personen und Personengruppen. 1. Rüstungskontrolleure.** (…)

57 **2. Angehörige von Streitkräften anderer Staaten. 2.1 Besatzungen von Staatsschiffen und Staatsluftfahrzeugen.** Ausländische Kriegsschiffe und andere hoheitlichen Zwecken dienende Staatsschiffe und Staatsluftfahrzeuge genießen aufgrund Völkergewohnheitsrechts Vorrechte und Befreiungen.
Zwangsmaßnahmen an Bord von hoheitlichen Zwecken dienenden Staatsschiffen sind generell unzulässig. Besatzungsmitglieder und Passagiere partizipieren an dieser Befreiung, sofern sie sich an Bord des Staatsschiffs befinden. Befreiungen bei Staatsluftfahrzeugen entsprechen jenen bei Staatsschiffen. An Bord von fremden Staatsluftfahrzeugen und gegen solche dürfen daher keine hoheitlichen Maßnahmen eines fremden Staates unternommen werden. An der Exemtion partizipieren Besatzungsmitglieder und Passagiere, sofern sie sich an Bord des Staatsluftfahrzeugs befinden.
Diese völkerrechtlichen Regelungen gelten nur vorbehaltlich anderweitiger vertraglicher Bestimmungen. Solche existieren für Besatzungsmitglieder von Kriegsschiffen aus NATO-Staaten nach dem NATO-Truppenstatut und dem Zusatzabkommen zum NATO-Truppenstatut. Hinsichtlich des Inhalts der in diesen Abkommen enthaltenen Privilegien wird auf Teil 4.A verwiesen.

58 **2.2 Verbände ausländischer Streitkräfte.** Kraft Völkergewohnheitsrechts genießen Mitglieder der Streitkräfte funktionale Immunität vor der Gerichtsbarkeit des Empfangsstaats, sofern sie hoheitlich-dienstlich tätig werden. Wenn sich Truppen auf fremdem Staatsgebiet mit Einverständnis des Empfangsstaats aufhalten, wird ihr Status allerdings in der Regel vertraglich geregelt. Hinsichtlich der NATO-Mitgliedstaaten und Teilnehmerstaaten der NATO-Partnerschaft für den Frieden (PfP) wird auf Teil 4 verwiesen.

59 **3. Kuriere und Kurierverkehr. 3.1 Schutz diplomatischer und konsularischer Kuriere.** Diplomatische oder konsularische Kuriere sowie ihnen gleichgestellte Personen genießen, soweit sie ein amtliches Schriftstück mitführen, aus welchem ihre Stellung hervorgeht (»Kurierausweis«), umfassenden Schutz vor hoheitlichen Zwangsmaßnahmen. Dies gilt insb. für den Schutz vor Festnahme und Untersuchungshaft. Dabei ist zu beachten, dass die Gewährung dieser Privilegierung zeitlich auf die Anreise in den Empfangsstaat, ggf. mit Zwischenstopp in einem Drittstaat (vgl. Art. 40 Abs. 3 WÜD, Art. 54 Abs. 3 WÜK), den Aufenthalt im Empfangsstaat und die Rückkehr in den Entsendestaat zu beschränken ist.
In der deutschen Praxis unterliegt der Kurier zwar den Sicherheitskontrollen an den Flughäfen. Er ist jedoch wegen des umfassenden Schutzes vor Zwangsmaßnahmen berechtigt, die Leibesvisitationen zu verweigern (Art. 27 Abs. 5 WÜD, Art. 35 Abs. 5 WÜK). In einem solchen Fall ist der Kurier darauf hinzuweisen, dass er von der Beförderung ausgeschlossen wird, wenn er sich nicht freiwillig der Personenkontrolle und der Kontrolle seines persönlichen Gepäcks (nicht aber der Kontrolle des amtlichen Kuriergepäcks) unterzieht. Hält der Kurier seine Weigerung aufrecht, darf er den Kontrollpunkt nicht passieren.
Fungieren Diplomaten oder Konsularbeamte als Kuriere, genießen sie die ihnen als Diplomaten/Konsularbeamten zustehenden Vorrechte, so bspw. die Befreiung von der Kontrolle ihres **persönlichen** Gepäcks. Dies schließt nicht die Befreiung des Gepäcks von den Luftsicherheitskontrollen ein (s. hierzu 2.1.2.5.2). Eine Befreiung von den Luftsicherheitskontrollen gilt nur für Kuriergepäck (siehe unten 4.1).

60 **3.2 Schutz des Kurierverkehrs und der amtlichen Korrespondenz.** Die Bundesrepublik Deutschland gestattet und schützt den freien Verkehr eines sich in der Bundesrepublik aufhaltenden Staatsoberhauptes, des Chefs oder Ministers einer anderen Regierung oder des Chefs einer diplomatischen Mission, einer konsularischen oder sonstigen Vertretung, der dieses Recht eingeräumt wurde, für alle amtlichen Zwecke. Daraus folgt, dass sich diese im Verkehr mit anderen amtlichen Vertretungen des Entsendestaates aller geeigneten Mittel einschließlich Kurieren und verschlüsselten Nachrichten bedienen können, des Funkverkehrs jedoch nur nach Antrag an das Auswärtige Amt und mit Zustimmung der Bundesnetzagentur, wenn Gegenseitigkeit besteht (s. a. Art. 27 Abs. 1 WÜD, Art. 35 Abs. 1 WÜK).
Gem. Art. 27 Abs. 2 WÜD sowie Art. 35 Abs. 2 WÜK ist auch zu beachten, dass die gesamte amtliche Korrespondenz, welche die Mission oder konsularische Vertretung und ihre Aufgaben betrifft, unverletzlich ist, auch wenn sie nicht als diplomatisches oder konsularisches Kuriergepäck gekennzeichnet und befördert wird. Die amtliche Korrespondenz darf daher in keiner Weise beeinträchtigt, d.h. weder geöffnet oder durchsucht noch beschlagnahmt werden.

61 **4. Schutz des Kuriergepäcks. 4.1 Grundsatz.** Diplomatisches und konsularisches Kuriergepäck darf weder geöffnet noch zurückgehalten werden. Auch die Durchleuchtung und die Identifizierung des Inhalts mit elektronischen Mitteln sind unzulässig (s.a. für Luftsicherheitskontrollen Anlage M zum Nationalen Luftsicherheitsprogramm, Teil A, Nr. 4).

4.2 Ausnahmen für diplomatisches Kuriergepäck. Eine Ausnahme von diesem Grundsatz für **diplomatisches Kuriergepäck** ist vom WÜD nicht vorgesehen. In der deutschen Praxis kann lediglich in dringenden Verdachtsfällen hinsichtlich eines besonders gravierenden Missbrauchs der Unverletzlichkeit von Kuriergepäck im äußersten Notfall im Beisein eines Botschaftsmitgliedes eine Überprüfung (Durchleuchtung) gefordert werden. Voraussetzungen dafür sind eine Weisung des Auswärtigen Amtes und die Vornahme einer umfassenden Güterabwägung mit dem Ergebnis, dass es sich um einen rechtfertigenden Notstand handelt (bspw. bei Gefahr für Leib und Leben bei Weiterbeförderung, etwa wenn eindeutige Hinweise darauf vorliegen, dass Sprengstoff im Kuriergepäck befördert wird). Verweigert der Entsendestaat die Überprüfung, kommt nur eine Rücksendung an den Ursprungsort in Betracht. Andere Maßnahmen (Öffnung ohne Einverständnis des Entsendestaates) dürften nur dann ergriffen werden, wenn andernfalls unmittelbar lebensgefährliche Bedrohungen für Rechtsgüter im Empfangsstaat (bspw. bei Beförderung radioaktiven Materials) zu befürchten sind. 62

4.3 Ausnahmen für konsularisches Kuriergepäck. Für konsularisches Kuriergepäck ist in Art. 35 Abs. 3 WÜK eine ausdrückliche Ausnahme vom Verbot der Öffnung und Zurückbehaltung vorgesehen. Wenn die zuständigen deutschen Behörden triftige Gründe für die Annahme haben, dass das konsularische Kuriergepäck nicht nur amtliche Korrespondenz bzw. für den amtlichen Gebrauch bestimmte Schriftstücke oder Gegenstände enthält, können sie die Öffnung durch einen ermächtigten, d. h. entsprechend ausgewiesenen (amtlicher Kurierausweis, Diplomatenausweis, evtl. in Verbindung mit einer besonderen Vollmacht) Vertreter des Entsendestaates in Gegenwart eines Vertreters der deutschen Behörden verlangen. Lehnen die Behörden des Entsendestaates eine Öffnung ab, ist das Gepäck zurückzuschicken. Eine zwangsweise Öffnung ist nicht zulässig. 63

4.4 Verfahren bei Missbrauch des Schutzes von Kuriergepäck. Für die Abfertigung der Kuriere ergibt sich aus dem Vorgesagten, dass bei begründetem Verdacht auf eine missbräuchliche Nutzung des gesandtschaftsrechtlich geschützten Kuriergepäcks in jedem Fall sofort auf dem Dienstweg Weisung einzuholen ist, wie verfahren werden soll. 64

4.5 Vorschriften zur Beförderung des Kuriergepäcks. Kuriergepäck kann befördert werden 65

a) **durch einen diplomatischen oder konsularischen Kurier.** Dieser muss ein amtliches Schriftstück mit sich führen, aus dem seine Stellung und die Anzahl der Gepäckstücke ersichtlich sind, aus denen das diplomatische oder konsularische Kuriergepäck besteht. Der Kurier genießt persönliche Unverletzlichkeit und unterliegt keiner Festnahme oder Haft (Art. 27 Abs. 5 WÜD, Art. 35 Abs. 5 WÜK).
b) als diplomatisches oder konsularisches Kuriergepäck **durch den verantwortlichen Flugzeugführer (Kommandanten) eines im gewerblichen Luftverkehr eingesetzten Luftfahrzeuges**, dessen Bestimmungsort ein zugelassener Einreiseflugplatz ist. Der Kommandant muss ein amtliches Schriftstück mit sich führen, aus dem die Anzahl der Gepäckstücke ersichtlich ist, die das Kuriergepäck bilden. Er gilt jedoch nicht als diplomatischer oder konsularischer Kurier. Ein entsandtes Mitglied einer diplomatischen Mission oder konsularischen Vertretung darf nicht daran gehindert werden, das Kuriergepäck unmittelbar von dem Kommandanten entgegenzunehmen, wobei in Bezug auf konsularisches Kuriergepäck eine entsprechende Abmachung mit den zuständigen Ortsbehörden zur Voraussetzung gemacht werden darf (Art. 27 Abs. 7 WÜD, Art. 35 Abs. 7 WÜK).
c) als diplomatisches oder konsularisches Kuriergepäck **durch den Kapitän eines Seeschiffes**, dessen Bestimmungsort ein zugelassener Einreisehafen ist. Der Kapitän muss ein amtliches Schriftstück mit sich führen, aus dem die Anzahl der Gepäckstücke ersichtlich ist, die das Kuriergepäck bilden. Er gilt jedoch nicht als diplomatischer oder konsularischer Kurier. Ein entsandtes Mitglied der diplomatischen oder konsularischen Vertretung darf nicht daran gehindert werden, das Kuriergepäck unmittelbar von dem Kapitän entgegenzunehmen (Art. 35 Abs. 7 WÜK, der im Bereich des WÜD analog angewendet wird).

4.6 Kennzeichnung des Kuriergepäcks. Gepäckstücke, die das Kuriergepäck bilden, müssen äußerlich sichtbar als solche gekennzeichnet sein (Art. 27 Abs. 4 WÜD, Art. 35 Abs. 4 WÜK). Der Kurier, der Kuriergepäck befördert, muss ein amtliches Schriftstück mit sich führen, aus dem seine Stellung und die Anzahl der Gepäckstücke ersichtlich sind, die das Kuriergepäck bilden. 66

4.7 Zollabfertigung des Kuriergepäcks. Für die Zollabfertigung von diplomatischem und konsularischem Kuriergepäck gelten die Weisungen in der Kennung Z 2554 der vom Bundesministerium der Finanzen herausgegebenen Vorschriftensammlung Bundesfinanzverwaltung, VSF. 67

Teil 2 Bevorrechtigung und Schutz diplomatischer Missionen, konsularischer Vertretungen, Internationaler Organisationen und sonstiger Vertretungen

Übersicht

1 **A. Diplomatische Missionen. 1. Unterstützungspflicht des Empfangsstaates.** Der diplomatischen Mission ist zur Wahrnehmung ihrer Aufgaben jede Erleichterung zu gewähren (Art. 25 WÜD). Diese allgemeine Beistandspflicht beinhaltet einerseits die Verpflichtung des Empfangsstaates, der ausländischen Mission jede ihm mögliche und zumutbare Hilfeleistung zur Sicherstellung der Funktionsfähigkeit der ausländischen Mission zu gewähren. Andererseits muss der Empfangsstaat Maßnahmen unterlassen, die die diplomatischen Vertretungen und ihre Mitglieder bei der wirksamen Wahrnehmung der ihnen nach dem WÜD übertragenen Aufgaben nachhaltig behindern könnte.

Die Vorschrift beinhaltet für den Empfangsstaat u. a. die Verpflichtung, freien Zugang zur ausländischen Mission zu gewähren. Diese Verpflichtung gilt v. a. für den Zugang von Staatsangehörigen des Entsendestaates, aber grundsätzlich auch für Staatsangehörige des Empfangsstaates. Zugangsbehinderungen bedürfen der besonderen Begründung (bspw. Sicherheitserwägungen) und müssen verhältnismäßig sein.

2 **2. Schutz der Räumlichkeiten und Sachmittel der Mission. 2.1 Unverletzlichkeit (Art. 22 WÜD).** Die Räumlichkeiten der Mission, d. h. die Residenz des Missionschefs, die Botschaftskanzlei und die für amtliche Zwecke genutzten Räume und Gebäudeteile sowie das dazugehörige Gelände und die Beförderungsmittel der Mission sind **unverletzlich**. Das Gebäude, die Räume und das Grundstück sind dadurch jedoch nicht »exterritorial« – es handelt sich weiterhin um Hoheitsgebiet der Bundesrepublik Deutschland. Die Vornahme von Hoheitsakten durch deutsche Behörden ist dort jedoch ausgeschlossen (uneingeschränkte deutsche Gebietshoheit, aber eingeschränkte Rechtshoheit). Die Räumlichkeiten, ihre Einrichtung und die sonstigen darin befindlichen Gegenstände sowie die Beförderungsmittel genießen **Befreiung von jeder Durchsuchung, Beschlagnahme, Pfändung oder Vollstreckung** (Art. 22 Abs. 3 WÜD). Vertreter deutscher Behörden dürfen die Räumlichkeiten einer Mission nur mit **Zustimmung des Leiters** betreten (Art. 22 Abs. 1 Satz 2 WÜD). Daraus ergibt sich für die zuständige Behörde die besondere Pflicht, durch geeignete Maßnahmen die Missionsräumlichkeiten vor jedem Eindringen und jeder Beschädigung zu schützen und zu verhindern, dass der Friede der Mission gestört oder ihre Würde beeinträchtigt wird (Art. 22 Abs. 1, 2 WÜD).

Praxisrelevante Beispiele:

Da der Empfangsstaat auf dem Missionsgelände und in anderen geschützten Räumlichkeiten keine Hoheitsakte vornehmen darf, sind Zustellungen sowie jede andere Form der **Aushändigung von Hoheitsakten** – auch mit einfachem Brief per Post – unzulässig. Unter den Begriff »Hoheitsakt« fallen Verfügungen, Entscheidungen, Anordnungen und andere Maßnahmen, mit denen Behörden, Gerichte oder sonstige Träger von hoheitlicher Gewalt ein bestimmtes Handeln, Dulden oder Unterlassen fordern, oder die verbindlichen Feststellungs- bzw. Entscheidungscharakter haben. Es handelt sich hierbei vor allem um Verwaltungsakte (§ 35 VwVfG) sowie Gerichtsurteile und -beschlüsse, aber auch vorbereitende Maßnahmen wie Anhörungsbögen. Ausnahmsweise dürfen Verwaltungsakte (z. B. Steuerbescheide) per Post an die Mission gesandt werden, sofern die Mission die Erteilung des Verwaltungsaktes ausdrücklich beantragt hat.

Verbotswidrig abgestellte **Dienstwagen** dürfen nicht **abgeschleppt, sondern höchstens aus der Gefahrenzone verbracht** werden, wenn Leib und Leben anderer Personen gefährdet sind.

Die **Zwangsvollstreckung** in den Räumlichkeiten und in Gegenstände der Mission sowie in ihre Immobilien ist unzulässig.
Öffnen des Kofferraums der Dienst-Kfz und Durchsuchen des mitgeführten Gepäcks sind unzulässig.
Abhörmaßnahmen sind unzulässig.
Bei Unglücksfällen auf dem Grundstück der Mission gilt Folgendes:
Grundsätzlich ist auch in einem solchen Fall z. B. die Feuerwehr oder das Technische Hilfswerk gehalten, die Genehmigung des Missionschefs oder seines Vertreters zum Betreten des Grundstücks einzuholen. Ist dies nicht möglich, ist es zweckmäßig, unverzüglich das Auswärtige Amt – Protokoll – Berlin (030–5000–2424 von 9.00–16.00 Uhr, ansonsten: 030–5000–2911) zu unterrichten. Ist wegen der Dringlichkeit der Maßnahmen (z. B. wg. Gefährdung von Menschenleben) ein sofortiges Eingreifen geboten, so ist der verantwortliche Leiter der Rettungskräfteeinheit nach pflichtgemäßem Ermessen berechtigt, das Betreten anzuordnen. Die Hilfsmaßnahmen haben sich auf das zur Abwehr der Gefahr Erforderliche zu beschränken.

2.2 Befreiung der Mission von der Gerichtsbarkeit (Immunität). Botschaften haben keine eigene Rechts- 3
persönlichkeit. Sie handeln stets nur im Namen des Staates, den sie vertreten. Dieser ist nach dem völkergewohnheitsrechtlichen Grundsatz der Staatenimmunität im Bereich seiner hoheitlichen Tätigkeit von der Gerichtsbarkeit anderer Staaten befreit.

2.3 Schutz des Missionsvermögens. Die Archive und Schriftstücke der Mission sind jederzeit unverletzlich, 4
wo immer sie sich befinden (Art. 24 WÜD).
Auf Grundlage des völkergewohnheitsrechtlich anerkannten Grundsatzes, wonach die Arbeit und Funktionsfähigkeit der ausländischen Mission nicht behindert werden soll (»ne impediatur legatio«) ist in Deutschland höchstrichterlich anerkannt, dass in Bankkonten ausländischer Missionen, soweit diese für den Zahlungsverkehr zur Erfüllung der Aufgaben der diplomatischen Mission dienen, nicht vollstreckt werden darf.

2.4 Berechtigung zum Führen von Hoheitszeichen. Diplomatische Missionen haben das Recht, die 5
Hoheitszeichen ihres Staates (Flagge, Wappen usw.) zu führen (Art. 20 WÜD).

B. Konsularische Vertretungen. 1. Unterstützungspflicht des Empfangsstaates. Den konsularischen Ver- 6
tretungen ist bei der Wahrnehmung ihrer Aufgaben jede Erleichterung zu gewähren (Art. 28 WÜK). Der Empfangsstaat ist hierdurch einerseits verpflichtet, der konsularischen Vertretung jede ihm mögliche und zumutbare Hilfeleistung zur Sicherstellung der Funktionsfähigkeit der Vertretung zu gewähren. Andererseits muss der Empfangsstaat Maßnahmen unterlassen, die die konsularischen Vertretungen und ihre Mitglieder bei der wirksamen Wahrnehmung der ihnen nach dem WÜK übertragenen Aufgaben nachhaltig behindern könnte.
Die Vorschrift beinhaltet für den Empfangsstaat u. a. die Verpflichtung, freien Zugang zur ausländischen Mission zu gewähren. Diese Verpflichtung gilt v. a. für den Zugang von Staatsangehörigen des Entsendestaates, aber grundsätzlich auch für Staatsangehörige des Empfangsstaates. Zugangsbehinderungen bedürfen der besonderen Begründung (bspw. Sicherheitserwägungen) und müssen verhältnismäßig sein.

2. Schutz der Räumlichkeiten der konsularischen Vertretung. 2.1 Schutz der Räumlichkeiten bei berufs- 7
konsularischen Vertretungen. Für die Räumlichkeiten der konsularischen Vertretung gilt grundsätzlich dasselbe wie für die Räumlichkeiten einer diplomatischen Mission (vgl. Teil 2.A). Art. 31 Abs. 4 WÜK ist bzgl. staatlicher Zwangsmaßnahmen so wie die Parallelvorschrift im WÜD (Art. 22 Abs. 3) zu lesen und als umfassende Immunitätsregelung zu verstehen.
Nach dem Wortlaut von Art. 31 Abs. 4 WÜK sind die konsularischen Räumlichkeiten, ihre Einrichtung sowie das Vermögen und die Beförderungsmittel einer konsularischen Vertretung zwar nur von der *Beschlagnahme* zum Zweck der Landesverteidigung und des öffentlichen Wohls befreit. Eine Pfändung oder eine Vollstreckung stellen allerdings ähnlich gravierende Eingriffe dar wie die Beschlagnahme und müssen demnach ebenso behandelt werden. Erst recht ist auch davon auszugehen, dass weniger gravierende Maßnahmen wie die Durchsuchung ausgeschlossen sein müssen.
Wenn eine Beschlagnahme nur in den o. g. Fällen überhaupt denkbar ist, dann spricht außerdem vieles für den Ausschluss von Pfändung und Vollstreckung in Fällen, in denen die Maßnahmen nicht zur Wahrung der genannten Belange der Landesverteidigung und des öffentlichen Wohls ergriffen werden sollen.
Es sind jedoch folgende Ausnahmen zu beachten:
Die Räumlichkeiten genießen den Schutz nur, wenn sie ausschließlich bzw. auch für dienstliche Zwecke genutzt werden. Anders als die Residenz eines Botschafters gehört die Residenz eines Konsuls nicht zu den geschützten Räumlichkeiten (Art. 31 Abs. 1 WÜK).

In einer Notlage kann das Einverständnis des Leiters der konsularischen Vertretung zum Betreten der geschützten Räumlichkeiten vermutet werden (Art. 31 Abs. 2 WÜK). In einem solchen Fall ist die zuständige Landesbehörde – Staats- oder Senatskanzlei – unverzüglich zu unterrichten.

8 **2.2 Schutz der Räumlichkeiten bei honorarkonsularischen Vertretungen.** Für die Räumlichkeiten einer honorarkonsularischen Vertretung gilt das Privileg der Unverletzlichkeit nicht. Die Bundesrepublik Deutschland trifft nach Art. 59 WÜK jedoch die Pflicht, alle erforderlichen Maßnahmen zu treffen, um die Räumlichkeiten vor jedem Eindringen und jeder Beschädigung zu schützen und um zu verhindern, dass der Friede der honorarkonsularischen Vertretung gestört und ihre Würde beeinträchtigt wird.

9 **2.3 Unverletzlichkeit konsularischer Archive und Schriftstücke.** Konsularische Archive und Schriftstücke sind jederzeit unverletzlich, wo auch immer sie sich befinden (Art. 33 WÜK). Dasselbe gilt für die konsularischen Archive und Schriftstücke in einer von einem Honorarkonsularbeamten geleiteten konsularischen Vertretung, sofern sie von anderen Papieren und Schriftstücken getrennt gehalten werden, insb. von der privaten Korrespondenz sowie von den Gegenständen, Büchern oder Schriftstücken, die sich auf den Beruf oder das Gewerbe eines Konsulatsmitarbeiters beziehen (Art. 61 WÜK).

10 **2.4 Berechtigung zum Führen von Hoheitszeichen.** Konsularische Vertretungen können die Hoheitszeichen ihres Staates (Flagge, Wappen) an dem Gebäude, in dem sich die konsularische Vertretung befindet, an der Wohnung des Leiters der konsularischen Vertretung und an den Beförderungsmitteln führen, wenn diese dienstlich benutzt werden (Art. 29 Abs. 2 WÜK). Konsularische Vertretungen, die von einem Honorarkonsularbeamten geleitet werden, führen gem. Art. 29 Abs. 3 WÜK die Hoheitszeichen nur an dem Gebäude, in dem sich die dienstlichen Räumlichkeiten befinden.

11 **C. Internationale Organisationen.** Zu beachten ist, dass auch Internationalen Organisationen Vorrechte und Befreiungen genießen (z. B. Unverletzlichkeit der Räumlichkeiten, Schutz der Archive und des Kuriers). Da diese Privilegien auf unterschiedlichen völkerrechtlichen Übereinkünften beruhen, können sie nicht zusammenfassend dargestellt werden. In Zweifelsfällen sollte das Auswärtige Amt, Referat OR02 (Tel. 0228–9917–2633, 9.00–16.00 Uhr) befragt werden.

Teil 3 Spezialgesetzliche Regelungen zur Behandlung gesandtschaftsrechtlich bevorrechtigter Personen im deutschen Recht

Übersicht

1 **A. Aufenthaltsgesetz (AufenthG) und Aufenthaltsverordnung (AufenthV). 1. AufenthG vom 25.02.2008 (BGBl. I, S. 162, zuletzt geändert durch Gesetz vom 06.09.2013; BGBl. I, S. 3556).** Das AufenthG findet gem. § 1 Abs. 2 Nr. 2 und Nr. 3 keine Anwendung auf Personen, die nach Maßgabe der §§ 18 bis 20 GVG nicht der deutschen Gerichtsbarkeit unterliegen, sowie im Fall der Gegenseitigkeit nicht auf Personen, die nach Maßgabe völkerrechtlicher Verträge für den diplomatischen und konsularischen Verkehr und für die Tätigkeit Internationaler Organisationen und Einrichtungen von Einwanderungsbeschränkungen, von der Ausländermeldepflicht und dem Erfordernis des Aufenthaltstitels befreit sind.

1. Personen, auf die das AufenthG gem. § 1 Abs. 2 Nr. 2 und Nr. 3 keine Anwendung findet, benötigen für die Einreise und den Aufenthalt keinen Aufenthaltstitel i. S. d. AufenthG. Einreise und Aufenthalt dieses Personenkreises werden im Rahmen des Völkerrechts vom Auswärtigen Amt im Einvernehmen mit dem Bundesminister des Innern durch besondere Verwaltungsbestimmungen geregelt. Soweit diese Bestimmungen für Einreise und Aufenthalt eine besondere Erlaubnis vorsehen, ist für ihre Erteilung, Verlängerung oder Entziehung das Auswärtige Amt einschließlich der deutschen Auslandsvertretungen

zuständig. Einer Beteiligung der Ausländerbehörden bedarf es nicht, es sei denn, dass sie besonders vorgeschrieben wird.

2. Das AufenthG findet nach § 1 Abs. 2 Nr. 2 und Nr. 3 keine Anwendung auf
   - den Leiter und die Mitglieder des diplomatischen Personals der im Bundesgebiet errichteten diplomatischen Missionen (Nr. 2 i.V.m. § 18 GVG);
   - die Familienmitglieder der Mitglieder des diplomatischen Personals (einschließlich des Leiters der Missionen), sofern diese oder ihre Familienmitglieder in der Bundesrepublik nicht ständig ansässig sind (Nr. 2 i.V.m. § 18 GVG);
   - die Mitglieder des Verwaltungs- und des technischen Personals der diplomatischen Missionen und ihre im gemeinsamen Haushalt lebenden Familienmitglieder, sofern diese oder ihre Familienmitglieder nicht ständig im Bundesgebiet ansässig sind (Nr. 2 i.V.m. § 18 GVG);
   - die Mitglieder des in die Bundesrepublik amtlich entsandten dienstlichen Hauspersonals der diplomatischen Missionen, sofern diese in der Bundesrepublik nicht ständig ansässig sind (Nr. 2 i.V.m. § 18 GVG);
   - den Leiter, die Berufskonsularbeamten und die Bediensteten des Verwaltungs- und technischen Personals (sofern Letztgenannte weder in der Bundesrepublik ständig ansässig noch ständige Bedienstete des Entsendestaates sind, noch in der Bundesrepublik Deutschland eine private Erwerbstätigkeit ausüben) der in der Bundesrepublik Deutschland errichteten konsularischen Vertretungen anderer Staaten (Nr. 2 i.V.m. § 19 GVG);
   - die im Bundesgebiet nicht ständig ansässigen Familienmitglieder der Leiter, der Berufskonsularbeamten und der Mitglieder des Verwaltungs- oder technischen Personals (sofern die Letztgenannten weder in der Bundesrepublik ständig ansässig, noch ständige Bedienstete des Entsendestaates sind, noch in der Bundesrepublik Deutschland eine private Erwerbstätigkeit ausüben) der in der Bundesrepublik Deutschland errichteten berufskonsularischen Vertretungen fremder Staaten, ebenso die Familienmitglieder der Berufskonsularbeamten solcher fremden konsularischen Vertretungen, die von Honorarkonsuln geleitet werden (Nr. 3 i.V.m. Art. 46 WÜK);
   - Vertreter der Mitgliedstaaten der Vereinten Nationen (VN) und ihrer Sonderorganisationen sowie Bedienstete dieser Organisationen und Sachverständige im Auftrag der VN oder ihrer Sonderorganisationen und ihre jeweiligen Ehegatten, soweit sich dieser Personenkreis in dienstlicher Mission in der Bundesrepublik Deutschland aufhält (Nr. 3);
   - entsprechend den Regelungen der Sitzabkommen die Bediensteten der VN Organisationen, ihre Ehegatten und die von ihnen unterhaltenen berücksichtigungsfähigen Familienmitglieder;
   - Vertreter der Mitgliedstaaten, Bedienstete und Sachverständige aller sonstigen Internationalen Organisationen, denen die Bundesrepublik Deutschland als Mitglied beigetreten ist und deren Befreiung von der Gerichtsbarkeit, von der Aufenthaltstitelpflicht und der Ausländermeldepflicht den Befreiungen des im zuvor genannten Anstrichs aufgeführten Personenkreis entsprechen, sei es auf der Grundlage eines Sitzstaatabkommens oder einer multilateralen Privilegienvereinbarung, und ihre auf dieser Grundlage ebenfalls befreiten Ehegatten (Nr. 3);
   - entsprechend den Regelungen der Sitzabkommen die Bediensteten der Internationalen Organisationen, ihre Ehegatten sowie die von ihnen unterhaltenen Verwandten;
   - Repräsentanten anderer Staaten und deren Begleitung, die sich auf amtliche Einladung der Bundesrepublik Deutschland im Bundesgebiet aufhalten (Nr. 2 i.V.m. § 20 GVG).

2. **Aufenthaltsverordnung (AufenthV) vom 25.11.2004 (BGBl. I, S. 2945, zuletzt geändert durch Verordnung vom 06.05.2014; BGBl. I, S. 451). Nach § 27 Abs. 1 AufenthV** sind, wenn Gegenseitigkeit besteht, folgende Personengruppen vom Erfordernis eines Aufenthaltstitels befreit: 2

- die in die Bundesrepublik Deutschland amtlich entsandten Mitglieder des dienstlichen Hauspersonals berufskonsularischer Vertretungen im Bundesgebiet und ihre mit ihnen im gemeinsamen Haushalt lebenden, nicht ständig im Bundesgebiet ansässigen Familienmitglieder (Nr. 1);
- die nicht amtlich entsandten, mit Zustimmung des Auswärtigen Amtes vor dem 01.01.2013 örtlich angestellten Mitglieder des diplomatischen und berufskonsularischen, des Verwaltungs- und technischen Personals sowie des dienstlichen Hauspersonals diplomatischer und berufskonsularischer Vertretungen im Bundesgebiet und ihre mit Zustimmung des Auswärtigen Amtes zugezogenen, mit ihnen im gemeinsamen Haushalt lebenden Ehegatten oder Lebenspartner, minderjährigen ledigen Kinder und volljährigen ledigen Kinder, die bei der Verlegung ihres ständigen Aufenthalts in das Bundesgebiet das 21. Lebensjahr noch nicht vollendet haben, sich in der Ausbildung befinden und wirtschaftlich von ihnen abhängig sind (Nr. 2);

- die mit Zustimmung des Auswärtigen Amts beschäftigten privaten Hausangestellten von Mitgliedern diplomatischer Missionen und berufskonsularischer Vertretungen im Bundesgebiet (Nr. 3);
- die mitreisenden Familienmitglieder von Repräsentanten anderer Staaten und deren Begleitung im Sinne von § 20 GVG (Nr. 4);
- Personen, die dem Haushalt eines entsandten Mitgliedes einer diplomatischen oder berufs-konsularischen Vertretung im Bundesgebiet angehören, die mit dem entsandten Mitglied mit Rücksicht auf eine rechtliche oder sittliche Pflicht oder bereits zum Zeitpunkt seiner Entsendung ins Bundesgebiet in einer Haushalts- oder Betreuungsgemeinschaft leben, die nicht von dem entsandten Mitglied beschäftigt werden, deren Unterhalt einschließlich eines angemessenen Schutzes vor Krankheit und Pflegebedürftigkeit ohne Inanspruchnahme von Leistungen nach dem Sozialgesetzbuch gesichert ist und deren Aufenthalt das Auswärtige Amt zum Zweck der Wahrung der auswärtigen Beziehungen der Bundesrepublik Deutschland im Einzelfall zugestimmt hat (Nr. 5).

3 **3. Ständige Ansässigkeit.** Als »ständig ansässig« gilt eine Person, wenn sie zu dem Zeitpunkt, zu dem sie von der Mission angestellt wird, bereits längere Zeit im Empfangsstaat ihren Wohnsitz hat. Bei einem entsandten Mitglied einer Mission oder konsularischen Vertretung, das sich ungewöhnlich lange (über zehn Jahre) im Empfangsstaat aufhält, kann ebenfalls von einer ständigen Ansässigkeit ausgegangen werden. Diplomaten und Mitglieder des VtP gelten auch bei ständiger Ansässigkeit als entsandtes Personal, genießen in diesen Fällen allerdings nur Amtshandlungsimmunität.

4 **4. Nachweis der Bevorrechtigung.** Alle nach § 1 Abs. 2 AufenthG und § 27 Abs. 1 AufenthV bevorrechtigten Personen sind beim Auswärtigen Amt registriert. Die Staats- und Senatskanzleien der Länder können auf diese Daten im Rahmen ihrer Zuständigkeit zugreifen.

Das Auswärtige Amt stellt den Mitgliedern einer diplomatischen oder berufskonsularischen Vertretung sowie einer internationalen Organisation, deren Familienmitgliedern oder deren privatem Hauspersonal einen Ausweis über ihre Funktion aus. Auf der Rückseite dieser Protokollausweise befinden sich Hinweise zu Vorrechten und Befreiungen des Bevorrechtigten. Darüber hinaus benötigen Personen, die zum Dienstantritt bei einer diplomatischen oder berufskonsularischen Vertretung bzw. bei einer Internationalen Organisation einreisen wollen, für die erste Einreise, soweit nicht auf Grundlage der Gegenseitigkeit eine Befreiung von der Visumpflicht vereinbart wurde, ein protokollarisches Einreisevisum mit einer Nutzungsfrist von bis zu drei Monaten. Bis zur Ausstellung eines Protokollausweises können sich Hinweise auf die Zugehörigkeit zum bevorrechtigten Personenkreis deshalb auch aus den im Pass enthaltenen Sichtvermerken ergeben.

Auf den von § 27 Abs. 1 AufenthV betroffenen o. g. Personenkreis ist § 12 Abs. 4 AufenthG anwendbar, d. h. es besteht die Möglichkeit der (räumlichen/zeitlichen) Beschränkungen des Aufenthalts sowie der Erteilung von Auflagen.

5 **B. Melderechtsrahmengesetz (MRRG) vom 19.04.2002 und Bundesmeldegesetz (BMG) vom 03.05.2013.** (MRRG, BGBl. I, S. 1342, aufgehoben durch Art. 4 des Gesetzes vom 03.05.2013, BGBl. I, S. 1084, und BMG, BGBl. I, S. 1084, Inkrafttreten am 01.11.2015, zuletzt geändert durch Art. 4 des Gesetzes vom 21.07.2022, BGBl. I, S. 1182, m.W.z. 27.07.2022) Gem. Art. 73 Abs. 1 Nr. 3 GG (Art. 1 Nr. 6a des Gesetzes vom 28.08.2006, BGBl. I, S. 2034) liegt die Gesetzgebungskompetenz für das Meldewesen seit 01.09.2006 beim Bund. Mit Erlass des Bundesmeldegesetzes wurden die Meldegesetze der Länder hinfällig.

Nach den § 14 Satz 1 Nr. 1 und 2 MRRG entsprechenden Vorschriften der Meldegesetze der Länder bzw. § 26 Satz 1 Nr. 1 und 2 BMG werden von der allgemeinen Meldepflicht (§ 11 Abs. 1 und 2 MRRG bzw. § 17 Abs. 1 und 2 BMG) die Mitglieder einer diplomatischen Mission oder einer konsularischen Vertretung und die mit ihnen im gemeinsamen Haushalt lebenden Familienmitglieder befreit, falls die genannten Personen weder die deutsche Staatsangehörigkeit besitzen noch in der Bundesrepublik Deutschland ständig ansässig sind, noch dort eine private Erwerbstätigkeit ausüben. Die Befreiung von der Meldepflicht tritt gem. § 14 Satz 2 MRRG bzw. § 26 Satz 2 BMG nur ein, wenn Gegenseitigkeit besteht. Dies ist nach derzeitigem Stand allgemein der Fall. Befreit sind auch Personen, für die diese Befreiung in völkerrechtlichen Vereinbarungen festgelegt ist.

Die Befreiung von der allgemeinen Meldepflicht erstreckt sich nicht auf die besondere Meldepflicht in Beherbergungsstätten (§ 16 Abs. 1 MRRG bzw. § 29 BMG), die Meldepflicht in Krankenhäusern, Pflegeheimen oder ähnlichen Einrichtungen (§ 16 Abs. 2 MRRG bzw. § 32 BMG) sowie die Meldepflicht für Binnenschiffer und Seeleute (§ 28 BMG).

6 **C. Waffengesetz (WaffG) vom 11.10.2002.** (BGBl. 2002 I, S. 3970 [4592], 2003 I, S. 1957, zuletzt geändert durch Gesetz vom 07.08.2013; BGBl. I, S. 3154)

Nach § 48 Abs. 2 Nr. 1 i.V.m. § 10 Abs. 1, 4 und 5 WaffG bzw. § 56 WaffG können zum Erwerb und Besitz von Schusswaffen und Munition sowie zum Führen von Schusswaffen an Diplomaten, Konsularbeamte und sonstige gleichgestellte bevorrechtigte ausländische Personen, Staatsgäste sowie Personen, die zum Schutz von Staatsgästen aus anderen Staaten in Deutschland eingesetzt sind, folgende Berechtigungen ausgestellt werden:
An Mitglieder diplomatischer Missionen und berufskonsularischer Vertretungen wird die Erlaubnis zum Erwerb und Besitz von Schusswaffen und Munition (durch Waffenbesitzkarte) sowie zu deren Führen (durch Waffenschein) gem. § 10 Abs. 1, 3 und 4 WaffG auf besonderen Antrag durch das Bundesverwaltungsamt, 50728 Köln, erteilt (Diplomaten beantragen die Waffenbesitzkarte und den Waffenschein über das Auswärtige Amt in Berlin, Angehörige der Generalkonsulate legen ihre Anträge über die Senats- oder Staatskanzlei in dem Bundesland, in dem die konsularische Vertretung ihren Sitz hat, vor).
An Staatsgäste aus anderen Staaten und Personen, die zu ihrem Schutz eingesetzt sind, wird auf besonderen Antrag eine Bescheinigung nach § 56 WaffG erteilt. Die Erlaubniserteilung nach § 10 sowie die Vorschriften zum Verbringen und zur Mitnahme von Waffen oder Munition in den, durch den oder aus dem Geltungsbereich des Gesetzes (Abschnitt 2 Unterabschnitt 5 WaffG) finden keine Anwendung. Diese Bescheinigung wird, soweit es sich um Gäste des Bundes handelt, vom Bundesverwaltungsamt in Köln erteilt. Für die Erteilung der Bescheinigung in Eilfällen und dann, wenn es sich um Gäste eines Landes handelt, sind folgende Landesbehörden zuständig:
- in Hamburg, Mecklenburg-Vorpommern, Saarland, Sachsen und Thüringen der Innenminister bzw. die Behörde für Inneres,
- in Baden-Württemberg das Innenministerium und die Kreispolizeibehörden,
- in Bayern, Niedersachsen, Rheinland-Pfalz und Sachsen-Anhalt das Landeskriminalamt,
- in Hessen, Nordrhein-Westfalen und Schleswig-Holstein die Kreispolizei- bzw. Kreisordnungsbehörden,
- in Berlin der Polizeipräsident in Berlin,
- in Bremen die Ortspolizeibehörden,
- in Brandenburg der Polizeipräsident in Potsdam.

Die Bestimmungen über den Transport gefährlicher Güter im Luftverkehr nach Art. 27 Abs. 1 des Luftverkehrsgesetzes (LuftVG) vom 01.08.1922 (RGBl. I, S. 681, zuletzt geändert durch Gesetz vom 07.08.2013; BGBl. I, S. 3154) bleiben unberührt.

D. Personenstandsgesetz (PStG) vom 19.02.2007. (BGBl. I, S. 122, zuletzt geändert durch Gesetz vom 28.08.2013; BGBl. I, S. 3458) 7
Diplomaten und andere bevorrechtigte Personen sind verpflichtet, Geburten und Sterbefälle nach Maßgabe der §§ 18 und 28 PStG anzuzeigen. Sie genießen keine Befreiung von den für Amtshandlungen nach dem PStG anfallenden Gebühren, die durch Landesrecht geregelt werden.

Teil 4 Sonderbestimmungen für die Rechtsstellung der Stationierungsstreitkräfte, der Streitkräfte der NATO-Mitgliedsstaaten, der aufgrund des Nordatlantikvertrages errichteten internationalen militärischen Hauptquartiere, der Teilnehmerstaaten an der NATO-Partnerschaft für den Frieden (PfP) sowie der Streitkräfte aus Drittstaaten

(...)

Teil 5 Ausweise für Mitglieder ausländischer Vertretungen und Internationaler Organisationen

Übersicht

A. Protokollausweis des Auswärtigen Amtes. Das Auswärtige Amt – Protokollabteilung – stellt den Mitgliedern ausländischer Vertretungen und Internationaler Organisationen seit 1999 einen **roten Protokollausweis** (laminierte Plastikkarte im Format 110 mm × 80 mm) aus. 1

Auf der Vorderseite befindet sich neben dem Lichtbild und den persönlichen Informationen die Funktionsbezeichnung des Ausweisinhabers. Oben rechts wird der Typ des Protokollausweises mitgeteilt (vgl. sogleich folgende Liste) sowie die Nummer des Protokollausweises.
Auf der Rückseite befindet sich ein zweisprachiger Hinweis auf die Vorrechte und Befreiungen des Ausweisinhabers sowie auf die aufenthaltsrechtlichen Besonderheiten. Daneben wird auf die Nummer des dazugehörigen Reisedokuments verwiesen sowie in der unteren rechten Ecke der Typ des Protokollausweises gekennzeichnet. Derzeit gibt es elf Ausweistypen:

- »D« Ausweis für Diplomaten und deren Familienmitglieder
- »VB« Ausweis für Verwaltungs- und technisches Personal an Botschaften und deren Familienmitglieder
- »DP« Ausweis für dienstliches Hauspersonal an Botschaften und deren Familienmitglieder
- »K« Ausweis für Konsularbeamte
- »VK« Ausweis für Verwaltungs- und technisches Personal an Konsulaten
- »DH« Ausweis für dienstliches Hauspersonal an Konsulaten
- »KF« Ausweis für Familienmitglieder von Konsularbeamten, Verwaltungs- und technisches Personal und Hauspersonal an Konsulaten
- »OK« Ausweis für Ortskräfte und deren Familienmitglieder (nur noch sog. »Altfälle«; Ortskräfte, die nach dem 01.01.2013 eingestellt wurden, haben keinen Protokollausweis mehr erhalten, da sie bereits bei Einstellung über einen Aufenthaltstitel verfügen mussten, der ihnen die Erwerbstätigkeit gestattet)
- »PP« Ausweis für privates Hauspersonal
- »IO« Ausweis für Mitglieder von in Deutschland eingerichteten Vertretungen Internationaler und Supranationaler Organisationen sowie zwischenstaatlicher Einrichtungen und deren Familienmitglieder
- »S« Sonderausweise für Haushaltsangehörige i. S. v. § 27 Abs. 1 Nr. 5 AufenthV, sowie in bestimmten Sonderfällen bei Internationalen Organisationen.

Hinweis:
Die jeweiligen Vorrechte, die auf den Karten mitgeteilt werden, können voneinander abweichen, auch wenn derselbe Ausweistyp vorliegt. Dies liegt daran, dass z. B. bei Diplomaten die Vorrechte u. a. davon abhängen, ob der Diplomat Ausländer oder Deutscher ist. Zu den Vermerken, die einen abweichenden Status anzeigen, zählen (Vermerk auf der Vorderseite des Ausweises oben rechts):
Zusatz »A«
(zum Beispiel: »Protokollausweis für Diplomaten A«) = Arbeitsaufnahme durch den Ausweisinhaber, dadurch Privilegienbeschränkung gem. Art. 31 Abs. 1 lit. c WÜD, siehe hierzu Teil 2.1.2.1.2.
Zusatz »Art. 38 I WÜD«
(zum Beispiel: »Protokollausweis für Diplomaten Art. 38 I WÜD«) = Ausweisinhaber ist deutscher Staatsangehöriger oder ständig in Deutschland ansässig, dadurch Privilegienbeschränkung gem. Art. 38 Abs. 1 WÜD, siehe hierzu 2.7.
Zusatz »Art. 71 I WÜK«
(zum Beispiel: »Protokollausweis für Konsularbeamte Art. 71 I WÜK«) = Ausweisinhaber ist deutscher Staatsangehöriger oder ständig in Deutschland ansässig, dadurch Privilegienbeschränkung nach Art. 71 Abs. 1 WÜK, siehe hierzu Teil 2.8.3.
Hinweis:
Honorarkonsuln erhalten keine Ausweise vom Auswärtigen Amt. Ihnen werden vom Protokoll des jeweiligen Bundeslandes (Senats- oder Staatskanzlei) weiße Ausweise im Scheckkartenformat ausgestellt, die im Jahr 2008 für alle Bundesländer einheitlich neu gestaltet wurden (siehe nachstehendes Muster).
Lediglich Rheinland-Pfalz und Saarland verwenden noch ein älteres Ausweismodell (weiß mit grünem Querstreifen).

2 **B. Diplomatenpass des Entsendestaates.** Die Entsendestaaten pflegen ihrerseits die Angehörigen ihres Auswärtigen Dienstes mit amtlichen Pässen zu versehen (Diplomatenpass, Dienstpass). Diese Pässe haben für den Status des Inhabers in der Bundesrepublik Deutschland zwar keine unmittelbare Bedeutung, doch können sie als Hinweis auf die Sonderstellung wichtig sein. Wie in Deutschland entspricht es auch internationaler Übung, dass die Erteilung von amtlichen Pässen nur an einen zahlenmäßig begrenzten Personenkreis und bei Vorliegen bestimmter Voraussetzungen erfolgt. Die Entscheidung eines anderen Staates, einer Person einen amtlichen Pass zu erteilen, ist zu respektieren. Es ist grundsätzlich davon auszugehen, dass der Passinhaber in dem Herkunfts-/Entsendestaat eine hervorgehobene Stellung einnimmt und sein Aufenthalt in der Bundesrepublik Deutschland von besonderem Interesse für diesen Staat ist. Bei Vorweisen amtlicher Pässe ist daher *eine vorsichtige/sorgfältige* Prüfung aller Maßnahmen, notfalls Rückfrage angezeigt (vgl. die besonderen Rechte durchreisender Diplomaten Art. 40 Abs. 2 WÜD, siehe auch 2.1 und 2.6, und für Konsularbeamte

Art. 54 Abs. 2 WÜK). In Zweifelsfällen ist das Auswärtige Amt (unter der Rufnummer 030–5000–3411, 9.00–16.00 Uhr, ansonsten unter der Rufnummer 030–5000–2911) zu befassen. Anlass und Rechtfertigung von evtl. Kontrollmaßnahmen sowie die angestellten Ermessenserwägungen sind umfassend schriftlich festzuhalten, s. zu diesem Dokumentationserfordernis im Einzelnen oben unter Ziff. 2.1.2.2.1.

Teil 6 Behandlung von bevorrechtigten Personen bei Verstößen gegen die Straßenverkehrsordnung und die öffentliche Ordnung

Übersicht Rdn.

A. Nach dem Wiener Übereinkommen über diplomatische Beziehungen (WÜD) bevorrechtigte Personen. 1. Diplomaten und ihre im Haushalt lebenden Familienmitglieder: Grundsätze der Bevorrechtigung. Art. 29 WÜD regelt den fundamentalen Grundsatz der Unverletzlichkeit des Diplomaten. Danach sind hoheitliche Zwangsmaßnahmen gegen Diplomaten unzulässig. Folgende Maßnahmen widersprechen diesem Grundsatz: 1

- Maßnahmen der Strafverfolgung (vorläufige Festnahme, Verhaftung, Durchsuchung, Beschlagnahme, Entnahme von Blutproben oder andere Alkoholtests bei Trunkenheitsverdacht im Straßenverkehr, Vernehmung gegen den Willen des Betroffenen)
- Maßnahmen zur Verfolgung und Ahndung von Ordnungswidrigkeiten einschließlich der Verwarnung mit Verwarnungsgeld
- Verwaltungsakte, welche die persönliche Freiheit der Diplomaten einschränken (z. B. polizeilicher Gewahrsam) oder mit denen Gegenstände beschlagnahmt oder sichergestellt werden, die im Eigentum oder in der tatsächlichen Gewalt dieser Person stehen (z. B. von der Polizei angeordnetes Umsetzen eines Kfz).

Die Inverwahrungnahme solcher Gegenstände ist nur zulässig, soweit kein entgegenstehender Wille des Berechtigten erkennbar ist und die Verwahrung in seinem Interesse liegt.
- Sonstige Verwaltungsakte mit Sanktionscharakter (z. B. Beschlagnahme des Führerscheins, Sicherstellen eines Kraftfahrzeugs, Anbringen von Parkkrallen).

Die genannten Verbote beschränken sich nicht nur auf die Ausführung, sondern bereits auf eine entsprechende Androhung derartiger Maßnahmen.

Der Grundsatz der Unverletzlichkeit gem. Art. 29 WÜD gilt sowohl bei dienstlichen als auch bei rein privaten Handlungen des Diplomaten.

Zwangsmaßnahmen dürfen gegen einen Diplomaten grundsätzlich nicht vorgenommen werden. Gerichtliche und behördliche Maßnahmen mit Sanktionscharakter gegen einen Diplomaten sind nur möglich, wenn der Entsendestaat über seine Mission ausdrücklich nach Art. 32 WÜD einen Immunitätsverzicht erklärt. Hierzu haben Gerichte und Behörden in jedem Einzelfall das Auswärtige Amt zu konsultieren. **Der Diplomat selbst kann nicht wirksam auf seine Immunität verzichten.** Unzulässiger Zwang liegt auch schon vor, wenn der Betroffene im Fall einer Weigerung mit tatsächlichen Behinderungen durch Behörden, wie z. B. der Polizei, zu rechnen hat. Zur ausnahmsweisen Zulässigkeit von Zwangsmaßnahmen gegen Diplomaten s. o. Teil 2.1.2.2. Die Frage, ob die Voraussetzungen für das ausnahmsweise Einschreiten vorliegen, ist seitens der deutschen Behörden mit größter Sorgfalt zu prüfen. Die Unverletzlichkeit des Diplomaten gehört zu den überragenden Schutzgütern des Gesandtschaftsrechts und darf in keinem Fall unter Hinweis auf die Durchsetzung der Straßenverkehrsvorschriften durchbrochen werden.

Eine **Anzeige der Polizei** bei der Staatsanwaltschaft ist möglich, soweit die Einleitung eines Ermittlungsverfahrens dazu dient, evtl. Zweifel über die Immunität des Diplomaten zu klären. Die Eröffnung eines Hauptverfahrens gegen Diplomaten ist unzulässig. Insoweit besteht ein Verfahrenshindernis, das von Amts wegen zu beachten ist.

Die direkte Zustellung von Bescheiden (auch Verwarnungen für Parkverstöße) an Botschaften und Diplomaten im Zusammenhang mit Verkehrsordnungswidrigkeiten nach der Straßenverkehrsordnung (StVO) ist aufgrund der Unverletzlichkeit der Mission und des Diplomaten (Art. 22 und 29 WÜD) völkerrechtswidrig und daher unzulässig.

Dazu zählen insb.:
- das Anheften von Bescheiden an die Windschutzscheibe von Kraftfahrzeugen mit amtlichen diplomatischen Kennzeichen,
- die Übersendung von Bußgeldbescheiden an die Adresse fremder Missionen oder an die Privatadresse von Diplomaten und
- jede andere direkte Zustellung (z. B. durch persönliche Übergabe) an Diplomaten.

Gesandtschaftsrechtlich zulässig sind schlichte Hinweise – auch schriftlich – auf den begangenen Verkehrsverstoß, solange diese Hinweise nicht hoheitlich-autoritativen Charakter haben. Bund und Länder haben sich im Juni 2007 im Rahmen des Bund-Länder-Fachausschusses StVO/StVOWi mit Schwerpunkt Straßenverkehrsordnungswidrigkeiten (Sitzung I/07) auf entsprechende Mustertexte und Hinweise geeinigt (vgl. die Ergebnisniederschrift v. 27./28.6., Gz. des BMVI [ehemaliges BMVBS]: S 02 [032]/7393.2/3–4/656550 [I/07]).

Wurde ein Diplomat z. B. bei einem Verkehrsunfall verletzt und ist nicht ansprechbar, können Behandlung und Transport in eine Klinik auch ohne seine Einwilligung erfolgen. Die zuständige Mission oder der Entsendestaat sind jedoch schnellstmöglich von diesen Maßnahmen zu unterrichten.

Über Art. 37 Abs. 1 WÜD werden auch die **Familienmitglieder von Diplomaten, wenn sie nicht Angehörige des Empfangsstaates** sind, in den Schutz des Art. 29 WÜD einbezogen.

2 **2. Verfahren bei Trunkenheitsfahrten.** Das Anhalten eines Diplomaten bei Anzeichen einer Trunkenheitsfahrt im Straßenverkehr ist zulässig. Erst durch die Identitätskontrolle (in der Regel anhand des Protokollausweises und/oder des amtlichen Passes) ist eine abschließende Überprüfung möglich, ob der Fahrer tatsächlich Privilegien nach dem Gesandtschaftsrecht genießt. Der Betroffene hat in diesen Fällen mitzuwirken. Weigert er sich, so ist ein Festhalten bis zur Klärung der Identität zulässig.

Die Durchführung eines Alkoholtests ist nur im Einvernehmen mit dem Diplomaten möglich. Aus der Weigerung dürfen keine für ihn nachteiligen Schlüsse gezogen werden, d. h. es erfolgt keine Umkehr der Beweislast, da der Empfangsstaat keinen Anspruch auf Mitwirkung des Diplomaten hat. Will der Diplomat kooperieren und an dem Test teilnehmen, sollte darauf hingewirkt werden, dass der Diplomat eine rechtswahrende Erklärung zu Protokoll der kontrollierenden Polizeibeamten abgibt, da ein Immunitätsverzicht nur durch seinen Dienstherrn, den Entsendestaat, erklärt werden kann.

Hindert die Polizei einen offensichtlich fahruntüchtigen Diplomaten an der Weiterfahrt und behält gegebenenfalls die Fahrzeugschlüssel ein, ist diese Maßnahme nur zu seinem eigenen Schutz sowie dem anderer Verkehrsteilnehmer zulässig.
Die Polizei darf den Diplomaten nicht daran hindern, sich vom Ort der Verkehrskontrolle zu Fuß, mit dem Taxi oder mit einem öffentlichen Verkehrsmittel zu entfernen. Ausgeschlossen ist das Anlegen von Handschellen, um den Betroffenen am Weggehen zu hindern. Etwas anderes gilt z. B. dann, wenn eine akute Gefahr der Selbstgefährdung besteht. Dann ist es zulässig, den Diplomaten zu seiner Mission oder nach Hause zu bringen. Zu beachten ist in jedem Einzelfall der Grundsatz der Verhältnismäßigkeit.
Das Kfz eines offensichtlich fahruntüchtigen Diplomaten kann durch die Polizei an einer sicheren Stelle am Ort der Verkehrskontrolle oder in unmittelbarer Nähe dazu geparkt werden. Ein Umsetzen darüber hinaus ist dagegen nur möglich, wenn am Ort der Verkehrskontrolle keine Möglichkeit besteht, das Auto sicher zu parken.

3. Verfahren bei Falschparken und Umsetzen. Bußgelder nach Verstößen gegen die StVO müssen Diplomaten nicht bezahlen, sie können dies jedoch freiwillig tun. 3
Parkgebühren müssen auch von Diplomaten bezahlt werden. Sie sind Vergütungen für bestimmte Dienstleistungen und fallen damit nicht unter das gesandtschaftsrechtliche Steuerprivileg.
Staatlicher Zwang zur Durchsetzung der Bezahlung von **Bußgeldern und Parkgebühren verstößt gegen den Unverletzlichkeitsgrundsatz** aus Art. 29 WÜD und ist deshalb nicht zulässig.
Nach Art. 22 Abs. 3 WÜD genießen verbotswidrig abgestellte Kfz einer diplomatischen Mission Immunität von Beschlagnahme und Vollstreckungsmaßnahmen, nach Art. 30 Abs. 2 WÜD ist das Privatfahrzeug eines Diplomaten als Teil seines Vermögens unverletzlich.
Das Umsetzen verbotswidrig geparkter Privatfahrzeuge von Diplomaten im Auftrag der Behörden des Empfangsstaates verstößt – ebenso wie bei Art. 22 Abs. 3 WÜD (Dienstfahrzeuge der Mission) – gegen Art. 30 Abs. 2 WÜD. Es wird jedoch von einer konkludenten Zustimmung des Diplomaten zum Umsetzvorgang dann ausgegangen, wenn das geparkte Fahrzeug eine konkrete Gefahr für Leib und Leben anderer Verkehrsteilnehmer oder Personen oder eine erhebliche Behinderung des Straßenverkehrs darstellt, z. B. durch Blockieren einer Krankenhauseinfahrt oder der Straßenbahnschienen.
Dem Empfangsstaat steht in diesen Fällen nach Ende der Gefahrenlage kein Zurückbehaltungsrecht an dem Fahrzeug bis zur Bezahlung der Umsetzkosten durch den Diplomaten oder die Mission zu. Die Mission bzw. der Entsendestaat als Halter von Dienstfahrzeugen und der Diplomat als Halter seines Privatfahrzeugs können zwar zur Zahlung der Umsetzkosten aufgefordert werden, Sanktionen zur Durchsetzung der Zahlungsaufforderung sind jedoch unzulässig.
Gleiches gilt entsprechend für andere Maßnahmen der Außerbetriebsetzung von Fahrzeugen der Mission oder des Diplomaten, wie z. B. das Anbringen einer **»Parkkralle«**.
Dabei macht es keinen Unterschied, ob die jeweilige Verkehrsfläche privat oder öffentlich ist. Entscheidend ist, ob der Empfangsstaat behördlich in den Umsetzvorgang eingeschaltet wurde oder nicht. Es spielt keine Rolle, ob das Umsetzen selbst durch eine Privatfirma vorgenommen wurde. Wenn diese als Verwaltungshelfer im Auftrag der Behörden handelt, muss sich der Empfangsstaat den Umsetzvorgang zurechnen lassen. Etwas anderes gilt jedoch bei einer Beauftragung eines Unternehmens durch einen Anlieger oder privaten Grundstücksbesitzer zur Durchsetzung seiner zivilrechtlichen Ansprüche. Hier kann diese Handlung dem Empfangsstaat nicht zugerechnet werden. Es handelt sich dabei um einen rein zivilrechtlichen Vorgang, bei dem das Gesandtschaftsrecht nicht zur Anwendung kommt. In diesen Fällen ist auch der Diplomat zur Bezahlung der Umsetzkosten verpflichtet. Eine Durchsetzung im Wege der Zwangsvollstreckung ist jedoch nicht möglich.

4. Entzug der Fahrerlaubnis. Der Entzug der Fahrerlaubnis bzw. die Sicherstellung oder Beschlagnahme des Führerscheins verstößt bei Diplomaten gegen die durch Art. 31 WÜD gewährte Immunität bzw. gegen die Immunität gegenüber Vollstreckungsmaßnahmen (Art. 31 Abs. 3 WÜD sowie den Unverletzlichkeitsgrundsatz aus Art. 29 WÜD) und ist deshalb unzulässig. 4

5. Missbräuchliche Nutzung von Missions- und Diplomatenfahrzeugen. Die Mission und der Diplomat haben dafür Sorge zu tragen, dass ihre Fahrzeuge nur von gesandtschaftsrechtlich privilegierten Personen genutzt werden. Tun sie dies nicht, ist grundsätzlich von einem Privilegienmissbrauch auszugehen. Diese unzulässige Nutzung führt aber nicht automatisch dazu, dass die Fahrzeuge ihren gesandtschaftsrechtlichen Schutz verlieren. Sie sind zunächst weiterhin als Beförderungsmittel der Botschaft (Art. 22 Abs. 3 WÜD) bzw. als Vermögen des Diplomaten, auf dessen Namen sie angemeldet sind (Art. 30 Abs. 2 WÜD), geschützt. 5

Durchsuchungen, Beschlagnahmen etc. sind daher grundsätzlich nicht zulässig. Dies gilt auch in Fällen des Diebstahls und der Gebrauchsanmaßung.
Bei fortgesetzter zweckwidriger Nutzung kann aber der betreffenden Mission oder dem Diplomaten mit der Aufhebung des geschützten Status und mit der Einziehung der das Fahrzeug nach außen privilegierenden Kennzeichen gedroht werden. Dabei ist der Grundsatz der Verhältnismäßigkeit zu beachten. Die Bundesrepublik ist als Empfangsstaat nicht verpflichtet, die völkerrechtlich unzulässige Nutzung der Fahrzeuge dauerhaft hinzunehmen. Bis zu einer entsprechenden Aufhebung sind die Behörden allerdings grundsätzlich verpflichtet, den geschützten Status der Fahrzeuge zu respektieren.

6 **6. Diplomaten, die Angehörige des Empfangsstaates oder dort ständig ansässig sind.** Diplomaten, die die deutsche Staatsangehörigkeit besitzen oder in der Bundesrepublik Deutschland ständig ansässig sind, genießen gem. Art. 38 Abs. 1 WÜD Immunität von der Gerichtsbarkeit und Unverletzlichkeit lediglich in Bezug auf ihre in Ausübung ihrer dienstlichen Tätigkeit vorgenommenen Amtshandlungen (s. o. 2.7).
Ihre Familienmitglieder besitzen keine Privilegien. Es gilt jedoch der Grundsatz, dass der Empfangsstaat seine Hoheitsgewalt über diese Personen nur so ausüben darf, dass er die Mission bei der Wahrnehmung ihrer Aufgaben nicht ungebührlich behindert.

7 **7. Mitglieder des Verwaltungs- und technischen Personals (VtP) sowie in ihrem Haushalt lebende Familienmitglieder.** Über Art. 37 Abs. 2 WÜD werden Mitglieder des Verwaltungs- und technischen Personals (VtP) der Mission und die zu ihrem Haushalt gehörenden Familienmitglieder, wenn sie weder Angehörige des Empfangsstaats noch in demselben ständig ansässig sind, bei Verstößen gegen die StVO in den Schutz des Art. 29 WÜD einbezogen. Die oben dargestellten Regelungen gelten daher für sie entsprechend.

8 **8. Mitglieder des dienstlichen Hauspersonals.** Mitglieder des dienstlichen Hauspersonals der Mission, die weder Angehörige des Empfangsstaats noch in demselben ständig ansässig sind, genießen nur Amtshandlungsimmunität. Diese umfasst in der Regel keine Immunität bei Verstößen gegen die StVO, da Handlungen im Straßenverkehr kaum jemals als Amtshandlung im Sinne des WÜD vorstellbar sind. Eine Ausnahme könnte für Fahrer der Mission bestehen, soweit diese als dienstliches Hauspersonal angemeldet sind.
Ihre **Familienmitglieder** besitzen unabhängig davon, ob sie Deutsche bzw. im Bundesgebiet ständig ansässig sind oder nicht, keine Privilegien. Auch hier gilt jedoch der Grundsatz, dass der Empfangsstaat seine Hoheitsgewalt über diese Personen nur so ausüben sollte, dass er die Mission bei der Wahrnehmung ihrer Aufgaben nicht ungebührlich behindert.

9 **9. Private Hausangestellte.** Nach Art. 1 lit. h) WÜD ist das private Hauspersonal im häuslichen Dienst eines Missionsmitglieds beschäftigt und nicht Bediensteter des Entsendestaates. Private Hausangestellte von Mitgliedern der Mission, die weder Angehörige des Empfangsstaats noch in demselben ständig ansässig sind, sind unter bestimmten Voraussetzungen von der Sozialversicherungspflicht und von Steuern auf ihre Arbeitsbezüge befreit, genießen aber weder Unverletzlichkeit noch Immunität. Sie können aus diesem Grund für Verstöße gegen die StVO zur Verantwortung gezogen werden. Es gilt wiederum der Grundsatz, dass der Empfangsstaat seine Hoheitsgewalt über diese Personen nur so ausüben darf, dass er die Mission bei der Wahrnehmung ihrer Aufgaben nicht ungebührlich behindert.

10 **10. Mitglieder des Verwaltungs- und technischen Personals (VtP), und des dienstlichen Hauspersonals sowie private Hausangestellte, wenn die Genannten Angehörige des Empfangsstaates bzw. dort ständig ansässig sind; Ortskräfte.** Diesen Bediensteten stehen gem. Art. 38 Abs. 2 WÜD lediglich Vorrechte und Immunitäten in dem vom Empfangsstaat zugelassenen Umfang zu. Demnach besteht keinerlei Privilegierung, wenn es die innerstaatliche Rechtsordnung, wie in Deutschland, nicht vorsieht.
Ortskräfte (Definition s. o. 2.5) genießen grundsätzlich keine Immunität. Es gilt jedoch auch hier der Grundsatz, dass der Empfangsstaat seine Hoheitsgewalt über diese Personen nur so ausüben darf, dass er die Mission bei der Wahrnehmung ihrer Aufgaben nicht ungebührlich behindert.
Die Unverletzlichkeit von Konsularbeamten ist im WÜK differenziert ausgestaltet (im Einzelnen s.o. Teil 2.8.2.2). Mit Blick auf Verstöße gegen die Straßenverkehrsordnung und die öffentliche Ordnung gilt Folgendes:

11 **1.1 Dienst- und Privatfahrten von Berufskonsularbeamten.** Die in Art. 43 WÜK geregelte sog. **Amtsimmunität** erfasst alle Handlungen, die in Ausübung der amtlichen bzw. dienstlichen Tätigkeit vorgenommen werden, d. h. nicht nur die eigentliche Amtshandlung selbst, sondern ebenso Akte, die in engem zeitlichen und sachlichen Zusammenhang mit der Amtshandlung stehen. Von dem Begriff »Handlungen in Wahrnehmung konsularischer Aufgaben« werden deshalb auch eng mit der Amtshandlung als solcher zusammenhängende Handlungen erfasst.

So sind beispielsweise **Fahrten zum täglichen Dienst und nach Hause** (oder z. B. von der Wohnung zu einem offiziellen Empfang im Empfangsstaat und zurück) noch als in Wahrnehmung konsularischer Aufgaben erfolgt anzusehen. Denn sie sind für die Wahrnehmung konsularischer Aufgaben unumgänglich. Auch wenn die Rückfahrt nach Hause – anders als die Hinfahrt – bei enger Auslegung nicht mehr unmittelbar der Wahrnehmung konsularischer Aufgaben i. S. v. Art. 5 WÜK dient, ist auch diese vom Schutzzweck des Art. 43 WÜK erfasst. Hin- und Rückfahrt müssen – außer bei privaten Unterbrechungen – als einheitlicher Gesamtvorgang angesehen werden, der insgesamt zum Bereich der konsularischen Aufgabenwahrnehmung gehört. Dabei ist nicht entscheidend, ob der betreffende Berufskonsularbeamte hierfür einen Privatwagen benutzt oder ob er einen Dienstwagen fährt. Allein die Benutzung des Dienstwagens spricht zwar dem ersten Anschein nach für eine Fahrt in Wahrnehmung konsularischer Aufgaben. Aber auch das Benutzen eines Privatwagens kann in Wahrnehmung konsularischer Aufgaben erfolgen. Erfolgt während der Fahrt ein Verkehrsunfall, ist die betreffende Person nach deutscher Praxis vor gerichtlicher Verfolgung im Empfangsstaat geschützt. Auch die Fahrt eines Berufskonsularbeamten zum dienstlich angeordneten Sprachunterricht oder zum Flughafen, um dort das Kuriergepäck bzw. sonstige dienstliche Post abzuholen, geschieht in Ausübung dienstlicher Tätigkeit.

Dasselbe gilt, wenn der Berufskonsularbeamte etwa mit seinem eigenen Privatwagen unterwegs ist, um hilfsbedürftige Angehörige seines Entsendestaates aufzusuchen und ihre Heimführung vorzubereiten, oder wenn er zu einer Unfallstelle fährt, bei der solche Personen zu Schaden gekommen sind.

Wenn nach Beendigung des Dienstes z. B. eine Gaststätte besucht wird, besteht für die anschließende Heimfahrt allerdings kein enger sachlicher Zusammenhang mit der Wahrnehmung konsularischer Aufgaben mehr. Mit der Heimfahrt wird die dienstliche Tätigkeit nicht wieder aufgenommen, sondern dient allein privaten Interessen.

Kein Bezug zum Dienst besteht außerdem bei Wochenend- (außer im Bereitschaftsdienst) bzw. Urlaubsreisen. Bei eindeutig außerdienstlicher Benutzung eines Kfz unterliegen Berufskonsularbeamte bei Zuwiderhandlungen gegen das Straßenverkehrsrecht des Empfangsstaates der Strafverfolgung oder dem Bußgeldverfahren. Allerdings ist eine Festnahme oder Untersuchungshaft nur im Rahmen des Art. 41 Abs. 1 WÜK zulässig.

1.2 Verfahren bei Trunkenheitsfahrten. Das **Anhalten** eines Konsularbeamten bei Anzeichen einer Trunken- 12
heitsfahrt im Straßenvekehr ist zulässig. Erst durch die Identitätskontrolle (in der Regel Protokollausweis) ist eine abschließende Überprüfung möglich, ob der Fahrer tatsächlich Privilegien nach dem Gesandtschaftsrecht genießt. Der Betroffene hat in diesen Fällen mitzuwirken. Weigert er sich, so ist ein Festhalten bis zur Klärung der Identität zulässig.

Die **zwangsweise Durchführung von Alkoholtests** bei Trunkenheitsverdacht im Straßenverkehr ist **unzulässig.** Die Unverletzlichkeit des Konsularbeamten, die ihn auch vor der zwangsweisen Durchführung eines Alkoholtestes schützt, kann nach Art. 41 WÜK nur aufgrund einer »Entscheidung der zuständigen Justizbehörde« und bei Vorliegen einer »schweren Straftat« eingeschränkt werden. **Hindert** die Polizei einen eindeutig angetrunkenen Konsularbeamten **an der Weiterfahrt** und entzieht ihm gegebenenfalls die Fahrzeugschlüssel, ist diese Maßnahme nur zu seinem eigenen Schutz sowie dem anderer Verkehrsteilnehmer zulässig. Der Grundsatz der Verhältnismäßigkeit ist stets zu beachten. Die Polizei darf außerdem den Konsularbeamten nicht daran hindern, sich vom Ort der Verkehrskontrolle zu Fuß, mit dem Taxi oder mit einem öffentlichen Verkehrsmittel zu entfernen.

1.3 Verfahren bei Falschparken und Umsetzen. Das Umsetzen verbotswidrig geparkter Dienstwagen durch 13
Polizei- oder Ordnungsbehörden des Empfangsstaats ist mit der Unverletzlichkeit der Beförderungsmittel der konsularischen

Vertretung unvereinbar. Zwar sieht Art. 31 Abs. 4 WÜK keine generelle Unverletzlichkeit von Beförderungsmitteln vor, doch sind die in Art. 31 Abs. 4 WÜK genannten Gegenstände über die genannten Beschlagnahmegründe hinaus geschützt. Die Behörden des Empfangsstaats dürfen nur ausnahmsweise bei einer konkreten Gefahrenlage Dienstfahrzeuge umsetzen.

Im WÜK ist keine Vorschrift zum Schutz des Privatvermögens des Konsularbeamten enthalten. Privatfahrzeuge sind nur bei Dienstfahrten geschützt. Dem Funktionsprinzip folgend wird der dienstlich genutzte Privatwagen für die Dauer eines Dienstgeschäfts zum »Dienstfahrzeug« im Rechtssinne, welches den Schutz des Art. 31 Abs. 4 WÜK genießt. Ein Umsetzen des falsch geparkten Fahrzeugs ist in solchen Fällen unzulässig, sofern nicht eine konkrete Gefahrenlage vorliegt. Für die Behandlung verbotswidrig geparkter Dienstwagen oder dienstlich genutzter Privatfahrzeuge gilt ansonsten Teil 6.A.3 entsprechend.

14 **1.4 Entzug der Fahrerlaubnis.** Der Entzug der Fahrerlaubnis bzw. die Sicherstellung oder Beschlagnahme des Führerscheins von Berufskonsularbeamten im Zusammenhang mit einer Dienstfahrt ist ein unzulässiger Verwaltungseingriff in die bestehende Amtsimmunität im Sinne des Art. 43 Abs. 1 WÜK.

Der Entzug der Fahrerlaubnis bzw. die Sicherstellung oder Beschlagnahme des Führerscheins eines Berufskonsularbeamten im Zusammenhang mit einer Privatfahrt durch die Behörden des Empfangsstaats ist eine hoheitliche Maßnahme, die zwangsläufig auch seinen dienstlichen Bereich berührt, und ist deshalb auch hier nicht zulässig. Sie kann dazu führen, dass der Betroffene nicht mehr seinen Dienst versehen kann. Verletzt würde durch eine solche Maßnahme das Gebot des Art. 28 WÜK, die Tätigkeit der konsularischen Vertretung nicht nur zu erleichtern, sondern alles zu unterlassen, was die Funktion der Vertretung erschwert.

15 **1.5 Missbräuchliche Nutzung von Konsulatsfahrzeugen und Fahrzeugen des Konsularbeamten.** Die konsularischen Vertretungen und der Konsularbeamte haben dafür Sorge zu tragen, dass ihre Dienstfahrzeuge nur von gesandtschaftsrechtlich privilegierten Personen genutzt werden. Tun sie dies nicht, ist grundsätzlich von einem Privilegienmissbrauch auszugehen. Diese unzulässige Nutzung führt aber nicht automatisch dazu, dass die Fahrzeuge ihren gesandtschaftsrechtlichen Schutz verlieren. Sie sind daher zunächst weiterhin als Beförderungsmittel des Konsulats (Art. 31 Abs. 4 WÜK) geschützt. Durchsuchungen, Beschlagnahmen etc. sind daher grundsätzlich nicht zulässig. Dies gilt auch in Fällen des Diebstahls und der Gebrauchsanmaßung. Bei fortgesetzter zweckwidriger Nutzung kann aber dem betreffenden Konsulat mit der Aufhebung des geschützten Status und mit der Einziehung der das Fahrzeug nach außen privilegierenden Kennzeichen gedroht werden. Dabei ist der Grundsatz der Verhältnismäßigkeit zu beachten. Die Bundesrepublik ist als Empfangsstaat nicht verpflichtet, die völkerrechtlich unzulässige Nutzung der Fahrzeuge dauerhaft hinzunehmen. Bis zu einer entsprechenden Aufhebung sind die Behörden allerdings grundsätzlich verpflichtet, den geschützten Status der Fahrzeuge zu respektieren.

16 **2. Berufskonsularbeamte, die Angehörige des Empfangsstaates oder dort ständig ansässig sind.** Nach Art. 71 Abs. 1 WÜK genießt ein Berufskonsularbeamter, der Angehöriger des Empfangsstaates oder dort ständig ansässig ist, Immunität von der Gerichtsbarkeit lediglich in Bezug auf seine in Ausübung seiner dienstlichen Tätigkeit vorgenommenen Amtshandlungen. Diese **Amtshandlungsimmunität** ist eingeschränkter als die Amtsimmunität, wie sie gem. Art. 43 Abs. 1 WÜK den entsandten Konsularbeamten zusteht. Erstere umfasst nur die Amtshandlung selbst, nicht jedoch Handlungen, die mit der Amtshandlung in engem sachlichen Zusammenhang stehen, wie z. B. die Fahrt mit dem Kfz zum Ort der Amtshandlung. Auch die Unverletzlichkeit ist auf Amtshandlungen begrenzt.

Des Weiteren muss der Empfangsstaat gem. Art. 71 Abs. 1 Satz 2 WÜK die nach Art. 42 WÜK vorgesehenen Benachrichtigungen an den Leiter der konsularischen Vertretung bzw. bei dessen Betroffenheit an den Entsendestaat vornehmen, wenn ein Konsularbeamter mit eingeschränktem Status festgenommen, in Untersuchungshaft genommen oder ein Strafverfahren gegen ihn eingeleitet wird.

Auch wenn dies in Art. 71 Abs. 1 WÜK nicht ausdrücklich erwähnt ist, so muss der in Art. 71 Abs. 2 Satz 3 WÜK verankerte Grundsatz, wonach der Empfangsstaat seine Hoheitsgewalt insb. über die dort erwähnten Konsulatsbediensteten nur so ausüben darf, dass dabei die Aufgabenwahrnehmung der konsularischen Vertretung nicht ungebührlich behindert wird, auch dann greifen, wenn es sich um nicht entsandte Konsularbeamte handelt. Was für das Verwaltungs- und technische Personal und das dienstliche Hauspersonal gilt, muss erst recht für Konsularbeamte gelten.

17 **3. Mitglieder des Verwaltungs- und technischen Personals (VtP).** Die Mitglieder des Verwaltungs- und technischen Personals (VtP) einer konsularischen Vertretung können sich nur im Rahmen ihrer dienstlichen Tätigkeit auf die persönliche Unverletzlichkeit i. S. v. Art. 43 Abs. 1 Alternative 2 WÜK berufen (Verbot des Eingriffs der Verwaltungsbehörden). Bei Fahrten im Straßenverkehr mit rein privater Natur besteht dagegen kein gesandtschaftsrechtlicher Schutz (Art. 40 und 41 WÜK beziehen sich nur auf Konsularbeamte). Hier besteht daher grundsätzlich kein Schutz ggü. Vollstreckungsmaßnahmen bei Verstößen gegen die Straßenverkehrsordnung. Dennoch sollte die Zugehörigkeit zur konsularischen Vertretung bei der Durchführung der Maßnahmen angemessen berücksichtigt werden.

18 **4. Mitglieder des dienstlichen Hauspersonals.** Das dienstliche Hauspersonal genießt nach dem WÜK keine persönliche Unverletzlichkeit, auch nicht über Art. 43 Abs. 1 Alternative 2 WÜK, der sich ausdrücklich nur auf die Konsularbeamten und das Verwaltungs- und technische Personal bezieht. Allerdings ist es herrschende Staatenpraxis, dass das entsandte und mit hoheitlichen Aufgaben betraute dienstliche Hauspersonal bei dienstlichen Handlungen weder der Gerichtsbarkeit noch administrativen Eingriffen des Empfangsstaats unterliegt. Diese Behandlung ist völkergewohnheitsrechtlich anerkannt. Deshalb kann zumindest bei amt-

lichen Handlungen ein Schutz des dienstlichen Hauspersonals angenommen werden. Für sie besteht grundsätzlich kein Schutz vor staatlichen Eingriffsmaßnahmen bei Verstößen gegen die Straßenverkehrsordnung.

5. Private Hausangestellte. Das private Hauspersonal von Mitgliedern konsularischer Vertretungen, das weder die Staatsangehörigkeit des Empfangsstaats hat, noch in demselben ständig ansässig ist, ist unter bestimmten Voraussetzungen von der Sozialversicherungspflicht und von Steuern auf seine Arbeitsbezüge befreit, genießt aber weder Unverletzlichkeit noch Immunität. Bei Verstößen gegen die StVO kann es grundsätzlich zur Verantwortung gezogen und staatliche Zwangsmaßnahmen gegen es verhängt werden. Es gilt jedoch zu beachten, dass der Empfangsstaat seine Hoheitsgewalt über diese Personen in jedem Fall nur so ausüben darf, dass er die konsularische Vertretung bei der Wahrnehmung ihrer Aufgaben nicht ungebührlich behindert. 19

6. Mitglieder des Verwaltungs- und technischen Personals (VtP), des dienstlichen Hauspersonals und private Hausangestellte, die Angehörige des Empfangsstaates bzw. dort ständig ansässig sind, sowie Ortskräfte. Diesen Bediensteten stehen gem. Art. 71 Abs. 2 WÜK lediglich Vorrechte und Immunitäten in dem vom Empfangsstaat zugelassenen Umfang zu. **Demnach besteht keinerlei Privilegierung, wenn es die innerstaatliche Rechtsordnung, wie in Deutschland, nicht vorsieht.** 20
Auch hier gilt jedoch der Grundsatz, dass der Empfangsstaat seine Hoheitsgewalt über diese Personen nur so ausüben darf, dass er die konsularische Vertretung bei der Wahrnehmung ihrer Aufgaben nicht ungebührlich behindert.
Ortskräfte genießen grundsätzlich keine Immunität (s. 2.5).

7. Familienmitglieder des konsularischen Personals berufskonsularischer Vertretungen. Familienmitglieder des konsularischen Personals genießen mangels entsprechender Regelung im WÜK keine persönliche Unverletzlichkeit und Immunität. Die enge persönliche Verbindung zum Personal der konsularischen Vertretung sollte jedoch bei der Durchführung staatlicher Zwangsmaßnahmen angemessen berücksichtigt werden. 21

8. Honorarkonsularbeamte. 8.1 Allgemeines. Das WÜK gewährt Vorrechte und Befreiungen ausschließlich dem Honorarkonsularbeamten selbst, nicht jedoch seinen Hilfskräften oder Familienmitgliedern. 22
Für den Fall, dass **Berufskonsularbeamte des Entsendestaates einem Honorarkonsul zur Unterstützung zugeteilt werden**, gelten für sie weiterhin in vollem Umfang die Privilegien nach 2.8.2. Da sie auch im Rahmen einer solchen Beiordnung allein berufskonsularische Tätigkeiten ausüben, besteht kein Anlass dafür, ihren Status einzuschränken. Dementsprechend hat die Bundesregierung zu Kapitel II des WÜK (Art. 28–57) beim Generalsekretär der Vereinten Nationen eine spezielle Interpretationserklärung abgegeben. Danach legt die Bundesrepublik Deutschland die Bestimmungen über die Vorrechte und Befreiungen i. S. v. Art. 28 bis 57 WÜK so aus bzw. wendet sie so an, dass diese Regelungen ohne Unterschied für alle Berufsbediensteten einer konsularischen Vertretung einschließlich derjenigen gelten, die einer von einem Honorarkonsularbeamten geleiteten konsularischen Vertretung zugeteilt sind.

8.2 Honorarkonsularbeamte, die nicht Angehörige des Empfangsstaates oder dort ständig ansässig sind. Gem. Art. 58 Abs. 2 WÜK gilt Art. 43 Abs. 1 WÜK auch für entsandte Honorarkonsularbeamte (die nicht Angehörige des Empfangsstaates oder dort ständig ansässig sind). 23
Danach unterliegt der Honorarkonsularbeamte wegen Handlungen, die er in Wahrnehmung konsularischer Aufgaben vorgenommen hat, weder der Gerichtsbarkeit des Empfangsstaates noch Eingriffen seiner Verwaltungsbehörden (**Amtsimmunität wie bei Berufskonsularbeamten**).
Für alle Handlungen, die der entsandte Honorarkonsularbeamte nicht in Wahrnehmung konsularischer Aufgaben vorgenommen hat, genießt er keinerlei Unverletzlichkeit und Immunität. Mit Blick auf Verstöße gegen die Straßenverkehrsordnung besteht hier demnach kein Verfolgungshindernis und kein Schutz vor staatlichen Zwangsmaßnahmen.

8.3 Honorarkonsularbeamte, die Angehörige des Empfangsstaates oder dort ständig ansässig sind. In der Regel werden in Deutschland Honorarkonsuln zugelassen, die entweder die deutsche Staatsangehörigkeit besitzen oder im Bundesgebiet ständig ansässig sind. 24
Sie genießen nach Art. 71 Abs. 1 WÜK lediglich Immunität von der Gerichtsbarkeit und persönliche Unverletzlichkeit wegen in Wahrnehmung ihrer Aufgaben vorgenommener Amtshandlungen (**Amtshandlungsimmunität**). Die Amtshandlungsimmunität erfasst dabei nur echte Amtshandlungen, nicht aber Tätigkeiten, die mit der Amtshandlung bloß im sachlichen Zusammenhang stehen. Eine Dienstfahrt zum Ort der Amtshandlung ist daher z. B. von der Amtshandlungsimmunität nicht erfasst.

25 **8.4 Familienmitglieder von Honorarkonsularbeamten.** Familienmitglieder von Honorarkonsularbeamten genießen mangels entsprechender Regelung im WÜK keine persönliche Unverletzlichkeit und Immunität (Art. 58 Abs. 3 WÜK). Für die Personengruppe besteht daher bei Straßenverkehrsverstößen kein Verfolgungshindernis und kein Schutz vor staatlichen Zwangsmaßnahmen. Es gilt jedoch auch hier die Mindestforderung von Art. 71 Abs. 2 WÜK, wonach der Empfangsstaat seine Hoheitsgewalt über diese Personen nur so ausüben darf, dass er die konsularische Vertretung bei der Wahrnehmung ihrer Aufgaben nicht ungebührlich behindert.

26 **C. Bedienstete und Vertreter Internationaler Organisationen.** Für den Status dieses Personenkreises sind die jeweiligen Privilegienübereinkommen oder Sitzstaatabkommen maßgeblich. Die Bandbreite reicht von einer Gleichbehandlung mit Diplomaten bis hin zur bloßen Amtshandlungsimmunität. Im konkreten Fall sollte der Status mit dem Auswärtigen Amt (Referat OR02, Tel. 0228–9917–2633, 9.00–16.00 Uhr) abgeklärt werden.

27 **D. Kraftfahrzeug-Haftpflichtversicherungsschutz/TÜV/AU. Art. 56 WÜK verpflichtet alle Mitglieder der konsularischen Vertretung** (also Konsularbeamte sowie die Mitglieder des Verwaltungs- und technischen Personals und des dienstlichen Hauspersonals), bei der Benutzung von Land-, Wasser- oder Luftfahrzeugen eine entsprechende **Haftpflichtversicherung** abzuschließen, falls das innerstaatliche Recht des Empfangsstaates, wie in Deutschland, dies vorsieht.

Obwohl die Mitglieder der konsularischen Vertretung bereits über Art. 55 Abs. 1 WÜK die Rechtsvorschriften des Empfangsstaates auch über den Abschluss von Haftpflichtversicherungen zu beachten haben, soll wegen des besonderen Gefährdungspotenzials im Fahrzeugverkehr zusätzlich über die Bestimmung des Art. 56 WÜK sichergestellt werden, dass Opfer von Unfällen, die von Konsulatspersonal verursacht werden, in jedem Fall durch einen Rückgriff auf den Versicherer ausreichend abgesichert sind.

Der Schutz über die Haftpflichtversicherung greift unabhängig von der Frage, ob es sich um eine Dienst- oder um eine Privatfahrt des Konsulatsmitglieds handelt.

Art. 56 WÜK ergänzt außerdem Art. 43 Abs. 2 lit. b) WÜK, wonach sich das Konsulatsmitglied bei Zivilklagen nach Verkehrsunfällen ausdrücklich nicht auf Amtsimmunität von der Gerichtsbarkeit des Empfangsstaates berufen kann. Auch mit dieser Regelung wird dem Opferschutz im besonders schadensträchtigen Fahrzeugverkehr Rechnung getragen.

Die Versicherungspflicht des Art. 56 WÜK widerspricht nicht der Pflicht des Empfangsstaates, die Aufgabenwahrnehmung der konsularischen Vertretung zu erleichtern (vgl. Art. 28 WÜK). Denn allein durch den Abschluss einer Haftpflichtversicherung, die auch dem Schutz des Konsulatsmitglieds dient, ist noch keine Erschwerung der Wahrnehmung seiner dienstlichen Aufgaben im Empfangsstaat gegeben.

Auch im Bereich des WÜD können Privilegierte zum Abschluss einer Haftpflichtversicherung für den Bereich des Fahrzeugverkehrs verpflichtet sein. Dies ergibt sich hier allerdings allein aus Art. 41 Abs. 1 WÜD, wonach alle Personen, die Immunitäten und Privilegien genießen, die Gesetze und Rechtsvorschriften des Empfangsstaates einzuhalten haben.

Die Teilnahme am Straßenverkehr ohne ausreichenden Kraftfahrzeug-Haftpflicht-Versicherungsschutz bzw. ohne gültige TÜV- oder AU-Nachweise stellt einen erheblichen Verstoß gegen die deutschen Straßenverkehrsvorschriften dar. Das Auswärtige Amt behält sich vor, bei solch einem erheblichen Verstoß und nach vorausgegangener Notifikation gegenüber der ausländischen Vertretung bei den zuständigen Behörden eine Zwangsabmeldung des betroffenen Fahrzeugs zu veranlassen. Ferner sind die Polizeibehörden ermächtigt, das Fahrzeug an der Weiterfahrt zu hindern und aus dem Verkehr zu nehmen.

§ 19 [Befreiungen im konsularischen Dienst]

(1) [1]Die Mitglieder der im Geltungsbereich dieses Gesetzes errichteten konsularischen Vertretungen einschließlich der Wahlkonsularbeamten sind nach Maßgabe des Wiener Übereinkommens über konsularische Beziehungen vom 24. April 1963 (Bundesgesetzbl. 1969 II S. 1585 ff.) von der deutschen Gerichtsbarkeit befreit. [2]Dies gilt auch, wenn ihr Entsendestaat nicht Vertragspartei dieses Übereinkommens ist; in diesem Falle findet Artikel 2 des Gesetzes vom 26. August 1969 zu dem Wiener Übereinkommen vom 24. April 1963 über konsularische Beziehungen (Bundesgesetzbl. 1969 II S. 1585) entsprechende Anwendung.

(2) Besondere völkerrechtliche Vereinbarungen über die Befreiung der in Absatz 1 genannten Personen von der deutschen Gerichtsbarkeit bleiben unberührt.

S.a. RiStBV Nr. 193 bis 199

Übersicht

A. Normzweck. § 19 regelt spiegelbildlich zu § 18 auf der Grundlage des Wiener Übereinkommens über konsularische Beziehungen (WÜK, s. § 18 Rn. 9) v. 24.04.1963 (BGBl. II 1969, S. 1587) die Immunität der konsularischen Vertretungen einschließlich der Wahl- oder Honorarkonsularbeamten (OLG Karlsruhe, NJW 2004, 3273), wobei der Schutzbereich des WÜK nach Abs. 1 Satz 2 Hs. 1 auch eröffnet ist, wenn der Entsendestaat das Abkommen noch nicht ratifiziert hat. Abs. 2 regelt im Einklang mit Art. 73 WÜK den Vorrang bilateraler Vereinbarungen. 1

B. Persönlicher und sachlicher Anwendungsbereich. Zu differenzieren ist zwischen **Berufskonsularbeamten** (Art. 1 Abs. 1g, Art. 22 WÜK), die nicht Angehörige des Entsendestaats und dort nicht ständig ansässig sind (Art. 40 bis 57 WÜK), dem gleichen Personenkreis, aber dem Entsendestaat angehörig oder dort ständig ansässig (Art. 71 WÜK), **Wahlkonsularbeamten** (Art. 1 Abs. 2, 58 bis 68 WÜK), **Familienmitgliedern** (Art. 57, 58 WÜK) und **Konsularbeamten auf der Durchreise** (Art. 54 WÜK) (vgl. *Kissel/Mayer* § 19 Rn. 2). 2

Konsularbeamte und **Bedienstete des Verwaltungs- und technischen Personals** genießen nach Art. 43 Abs. 1 WÜK (über Art. 58 Abs. 2, 71 Abs. 1 WÜK auch Wahlkonsularbeamte) **Amtsimmunität** für »Handlungen, die in Wahrnehmung konsularischer Aufgaben vorgenommen worden sind«. Von der Wahrnehmung einer konsularischen Aufgabe (vgl. die – nicht abschließende [SK-StPO/*Frister* § 19 Rn. 9 m.w.N.] – Aufzählung in Art. 5 WÜK) ist dann auszugehen, wenn die Handlung mit der »dienstlichen Betätigung noch irgendwie in einem inneren Zusammenhang steht« (BGHSt 36, 396, 401; SK-StPO/*Frister* § 19 Rn. 11). Problematisch ist dies insb. bei **Straßenverkehrsdelikten.** Amtsimmunität ist nach einer konkreten Einzelfallbetrachtung nur anzunehmen, wenn der Gebrauch des Kfz in »engem, sachlichem Zusammenhang mit der wirksamen Wahrnehmung konsularischer Aufgaben steht« (BayObLG, NJW 1974, 431; OLG Karlsruhe, NJW 2004, 3273; *Kissel/Mayer* § 19 Rn. 4, KK-StPO/*Barthe* § 19 Rn. 3; SK-StPO/*Frister* § 19 Rn. 11), wenn der Zweck der Fahrt in einem solchen inneren und äußeren Zusammenhang steht, dass die Fahrt selbst noch der konsularischen Tätigkeit zuzurechnen ist (OLG Hamm, GA 1967, 286, 287, SK-StPO/*Frister* § 19 Rn. 11; *Kissel/Mayer* § 19 Rn. 4). Davon ist bei allen dienstlich veranlassten Fahrten (LG Stuttgart, NZV 1995, 411; SK-StPO/*Frister* § 19 Rn. 12; **a.A.** OLG Düsseldorf, NZV 1997, 92, 93) und in der Regel auch bei Fahrten von oder zu gesellschaftlichen Treffen (*Kissel/Mayer* § 19 Rn. 4; LR/*Böttcher* § 19 Rn. 10, SK-StPO/*Frister* § 19 Rn. 12) auszugehen. Nicht erfasst werden dagegen in der Regel – da privat veranlasst – Fahrten von der Arbeitsstätte zur Wohnung (OLG Hamm, GA 1967, 286, 287; OLG Düsseldorf, NZV 1997, 92, 93; LR/*Böttcher* § 19 Rn. 10; *Kissel/Mayer* § 19 Rn. 4; differenzierende Betrachtung unter Bezugnahme auf Teil 6 des Rundschreibens des Auswärtigen Amtes v. 15.09.2015: KK-StPO/*Barthe* § 19 Rn. 3). Im Zweifel ist Immunität anzunehmen (OLG Schleswig, NStZ 1982, 122 [L]; *Kissel/Mayer* § 19 Rn. 4; KK-StPO/*Barthe* § 19 Rn. 3; BeckOK-GVG/*Valerius* § 19 Rn. 8 3

Die **Berufskonsularbeamten** genießen zudem nach Art. 41 WÜK eine **beschränkte persönliche Unverletzlichkeit. Familienmitglieder** und das **dienstliche Hauspersonal** sind – anders als bei diplomatischen Missionen (s. § 18 Rdn. 3) – **nicht** von der deutschen Gerichtsbarkeit befreit (*Kissel/Mayer* § 19 Rn. 8; KK-StPO/*Barthe* § 19 Rn. 4). 4

Die den Berufskonsularbeamten zustehende beschränkte persönliche Unverletzlichkeit findet ihre Grenze in einer **»schweren strafbaren Handlung« (Art. 41 Abs. 1 WÜK)**; hiervon ist in der Regel auszugehen, wenn das deutsche Strafrecht eine Freiheitsstrafe von mindestens drei Jahren androht (*Kissel/Mayer* § 19 Rn. 5; Meyer-Goßner/*Schmitt* § 19 Rn. 3). In diesem Fall sind auch Festnahmen, Verhaftungen oder andere freiheitsentziehende Maßnahmen sowie Zwangsmaßnahmen wie Blutentnahmen zulässig (*Kissel/Mayer* § 19 Rn. 5; KK-StPO/*Barthe* § 19 Rn. 4; Meyer-Goßner/*Schmitt* § 19 Rn. 3). 5

Keine Einschränkungen bestehen für die **Strafvollstreckung**, auch nicht den Haftbefehl nach § 457 StPO (*Kissel/Mayer* § 19 Rn. 5; KK-StPO/*Barthe* § 19 Rn. 4). 6

Nach Art. 31 Abs. 2 WÜK ist nur der Teil der konsularischen Räumlichkeiten unverletzlich, der ausschließlich für dienstliche Zwecke genutzt wird. Konsularische Archive oder Schriftstücke sind allerdings nach Art. 33 WÜK i.V.m. Art. 1 Abs. 1k WÜK jederzeit unverletzlich, unabhängig davon, wo sie sich befinden. Abhörmaßnahmen sind nach Art. 31 Abs. 3 WÜK unzulässig. 7

Zum Zeugnisverweigerungsrecht und Ausschluss des Zeugniszwangs (vgl. SK-StPO/*Frister* § 19 Rn. 17 f.; KK-StPO/*Barthe* § 19 Rn. 8). 8

9 **C. Verfahrensrechtliche Bedeutung.** Soweit die Befreiung von der deutschen Gerichtsbarkeit reicht, kann auf die Ausführungen zur Immunität der diplomatischen Missionen Bezug genommen werden (s. § 18 Rdn. 2, 6). Es liegt ein von Amts wegen zu beachtendes **Verfahrenshindernis** vor (MüKo-StPO/*Schuster* § 19 Rn. 4). Der **Verzicht** auf die Immunität ist in Art. 45 WÜK geregelt. Ermittlungsergebnisse, die unter Verletzung der Immunität erzielt werden, unterliegen einem **prozessualen Verwertungsverbot** (so. z.B. Erkenntnisse, die infolge einer unzulässigen Telefonüberwachung in den Diensträumen eines Konsulats gewonnen werden, BGHSt 36, 396, 400; BGH, NJW 1990, 1799; *Katholnigg* § 19 Rn. 7; LR/*Böttcher* § 19 Rn. 8; MüKo-ZPO/*Zimmermann* § 19 Rn. 10; Müko-StPO/*Schuster* § 19 Rn. 6; anders im Verfahren gegen Dritte, BGHSt 37, 30). Den Beginn und das Ende der konsularischen Vorrechte und Befreiungen regelt Art. 53 WÜK.

§ 20 [Andere Exterritoriale]

(1) Die deutsche Gerichtsbarkeit erstreckt sich auch nicht auf Repräsentanten anderer Staaten und deren Begleitung, die sich auf amtliche Einladung der Bundesrepublik Deutschland im Geltungsbereich dieses Gesetzes aufhalten.

(2) Im übrigen erstreckt sich die deutsche Gerichtsbarkeit auch nicht auf andere als die in Absatz 1 und in den §§ 18 und 19 genannten Personen, soweit sie nach den allgemeinen Regeln des Völkerrechts, auf Grund völkerrechtlicher Vereinbarungen oder sonstiger Rechtsvorschriften von ihr befreit sind.

Übersicht

1 **A. Eingeladene Repräsentanten anderer Staaten und deren Begleitung (Abs. 1).** Abs. 1 (»lex Honecker«, LR/*Böttcher* § 20 Rn. 1) wurde 1984 im Hinblick auf einen zu erwartenden Besuch des damaligen Staatsratsvorsitzenden der ehemaligen DDR eingeführt (Meyer-Goßner/*Schmitt* § 20 Rn. 1; MüKo-ZPO/*Zimmermann* § 20 Rn. 1). Der Anwendungsbereich deckt sich weitgehend mit Abs. 2. Allerdings werden neben **Staatsoberhäuptern, Regierungsmitgliedern und Repräsentanten anderer Staaten** auch Manöverbeobachter nach den KSZE-Vereinbarungen (seit 1995 OSZE) erfasst, sodass dem Abs. nicht nur Klarstellungsfunktion zukommt (SK-StPO/*Frister* § 20 Rn. 1). Der Schutzbereich des Abs. 1 erstreckt sich auch auf die Begleitung, d.h. auf die auf der vom Gastland akzeptierten Delegationsliste benannten **Begleitpersonen** (BT-Drs. 10/1447, S. 14; Meyer-Goßner/*Schmitt* § 20 Rn. 1; KK-StPO/*Barthe* § 20 Rn. 1). **Unerheblich** ist die **Staatsangehörigkeit** (MüKo-ZPO/*Zimmermann* § 20 Rn. 4; MüKo-StPO/*Schuster* § 20 Rn. 4).

2 Die Repräsentanten anderer Staaten müssen sich auf **amtliche Einladung der Bundesrepublik** in Deutschland aufhalten. Erforderlich ist insofern, dass die Einladung »offiziell und eindeutig« (LR/*Böttcher* § 20 Rn. 2) ist, ein Formerfordernis besteht nicht (LR/*Böttcher* § 20 Rn. 2; MüKo-StPO/*Schuster* § 20 Rn. 5). Die Einladung ist von der Bundesregierung oder einer anderen dazu befugten Stelle der Bundesrepublik auszusprechen (Meyer-Goßner/*Schmitt* § 20 Rn. 2; LR/*Böttcher* § 20 Rn. 2). Nicht ausreichend ist die Einladung durch ein Bundesland bzw. eine Landesregierung, selbst wenn diese auf Veranlassung oder mit Abstimmung der Bundesrepublik erfolgt (h.M., vgl. LR/*Böttcher* § 20 Rn. 2; Meyer-Goßner/*Schmitt* § 20 Rn. 2; SK-StPO/*Frister* § 20 Rn. 4; MüKo-StPO/*Schuster* § 20 Rn. 5; **a.A.** *Katholnigg* § 20 Rn. 1; lediglich **zweifelhaft** MüKo-ZPO/*Zimmermann* § 20 Rn. 3).

3 **B. Weitere Ausnahmen von der deutschen Gerichtsbarkeit (Abs. 2). I. Allgemeine Regeln des Völkerrechts.** Abs. 2 nimmt zunächst Bezug auf die allgemeinen Regeln des Völkerrechts, die nach Art. 25 Satz 1 GG unmittelbare Geltung in der Bundesrepublik haben (SK-StPO/*Frister* § 20 Rn. 6). Allgemeine Regeln des Völkerrechts sind Regeln, die von der überwiegenden Zahl der Staaten anerkannt werden (BVerfGE 15, 25, 34 f.; 46, 342 ff.; *Kissel/Mayer* § 20 Rn. 2; SK-StPO/*Frister* § 20 Rn. 6). Bestehen Zweifel über Umfang und Existenz allgemeinen Völkerrechts ist eine Entscheidung des BVerfG nach Art. 100 Abs. 2 GG einzuholen (vgl. BVerfGE 15, 25; *Ruffert*, JZ 2001, 633).

4 Befreit von der inländischen Gerichtsbarkeit sind danach insb. **ausländische Staatsoberhäupter**, die sie begleitenden Familienangehörigen und das Gefolge (sog. »abgeleitete Immunität«, vgl. Meyer-Goßner/*Schmitt* § 20 Rn. 4; *Oehler* ZStW 91, 1979, 395, 399), auch wenn sich das Staatsoberhaupt nicht in amtlicher Eigen-

schaft in der Bundesrepublik aufhält (*Oehler* ZStW 91, 1979, 395, 399; KK-StPO/*Barthe* § 20 Rn. 2; **a.A.** für das »Gefolge« SK-StPO/*Frister* § 20 Rn. 8).

Ferner genießen ausländische **Regierungschefs** und **Regierungsmitglieder** bei Besuchen in amtlicher Eigenschaft nebst den sie begleitenden Angehörigen und dem sonstigen Gefolge Immunität (*Kissel/Mayer* § 20 Rn. 12; *Oehler*, Internationales Strafrecht, Rn. 525; SK-StPO/*Frister* § 20 Rn. 9). 5

Zur Frage der Immunität von **Sonderbotschaftern** (ad-hoc-Botschafter) aufgrund Anerkennung dieses Status durch das besuchte Land (vgl. BGHSt 32, 275 = JR 1985, 77 m.Anm. *Oehler*; BGH, NJW 1986, 2204; SK-StPO/*Frister* § 20 Rn. 10 f.). 6

Ausländische Truppen, die auf dem Gebiet der Bundesrepublik stationiert sind, unterliegen grds. der deutschen Gerichtsbarkeit (*Kissel/Mayer* § 20 Rn. 13). Sonderregelungen gelten aber für die **NATO-Streitkräfte** (vgl. *Kissel/Mayer* § 20 Rn. 13, 21 ff.). Gewohnheitsrechtlich anerkannt ist die Immunität der **Besatzungen ausländischer Kriegsschiffe** und anderer **hoheitlichen Zwecken dienender Staatsschiffe** und **Luftfahrzeuge**, solange sie sich an Bord oder mit Erlaubnis der deutschen Behörden in geschlossenen Abteilungen im Lande befinden (*Kissel/Mayer* § 20 Rn. 13; LR/*Böttcher* § 20 Rn. 4), ferner von anderen geschlossenen Truppenkörpern, wenn sie sich mit Genehmigung der deutschen Behörden in dienstlicher Eigenschaft in der Bundesrepublik aufhalten (LR/*Böttcher* § 20 Rn. 4). 7

II. Völkerrechtliche Vereinbarungen. Erfasst sind solche Vereinbarungen, die entweder zwischen anderen Vertragsstaaten als denen des WÜD und WÜK geschlossen werden oder einen abweichenden Inhalt haben (*Kissel/Mayer* § 20 Rn. 15). Sie sind sehr zahlreich, lassen sich aber – ohne Anspruch auf Vollständigkeit – nach *Kissel/Mayer* § 20 Rn. 15 – wie folgt gruppieren: 1. Vereinte Nationen und ihre Organisationen, 2. Europäische Gemeinschaft, 3. Europäisches Übereinkommen über Staatenimmunität, 4. Europol, 5. Wiedervereinigung, 6. NATO, 7. UdSSR, GUS (vgl. hierzu im Einzelnen: *Kissel/Mayer* § 20 Rn. 15 ff.; MüKo-ZPO/*Zimmermann* § 20 Rn. 16 in alphabetischer Reihenfolge; SK-StPO/*Frister* § 20 Rn. 14 ff.; Fundstellennachweis B, Beilage zum BGBl. II, Sachgebiet I 4 (Vorrechte und Immunitäten, Konsularverträge). 8

III. Sonstige Rechtsvorschriften. Hierunter fallen »rechtsförmlich einseitig vorgenommene Befreiungen durch deutsche innerstaatliche Rechtsetzung« (*Kissel/Mayer* § 20 Rn. 38), insb. aufgrund von Ermächtigungen in Ratifizierungsgesetzen, z.B. Art. 2 der Ratifizierungsgesetze zum WÜD und WÜK (*Kissel/Mayer* § 20 Rn. 38). 9

§ 21 [Ersuchen eines internationalen Strafgerichtshofs]

Die §§ 18 bis 20 stehen der Erledigung eines Ersuchens um Überstellung und Rechtshilfe eines internationalen Strafgerichtshofes, der durch einen für die Bundesrepublik Deutschland verbindlichen Rechtsakt errichtet wurde, nicht entgegen.

Die Vorschrift wurde durch das Gesetz zur Ausführung des Römischen Statuts des Internationalen Strafgerichtshofes v. 21.07.2000 (BGBl. I, S. 2144) eingefügt und bezieht sich nur auf die Erfüllung von Ersuchen der internationalen Gerichte (derzeit der Internationale Strafgerichtshof in Den Haag und die beiden Tribunale für das ehemalige Jugoslawien und Ruanda (vgl. BT-Drs. 14/8527, S. 99) sowie die gemeinsamen Nachfolgeeinrichtungen (MICT) (Meyer-Goßner/*Schmitt* § 21 Rn. 1). Im Einzelnen vgl. SK-StPO/*Frister* § 21 Rn. 1 ff. 1

Zweiter Titel. Allgemeine Vorschriften über das Präsidium und Geschäftsverteilung

§ 21a [Zusammensetzung des Präsidiums]

(1) Bei jedem Gericht wird ein Präsidium gebildet.

(2) Das Präsidium besteht aus dem Präsidenten oder aufsichtführenden Richter als Vorsitzenden und

1. bei Gerichten mit mindestens achtzig Richterplanstellen aus zehn gewählten Richtern,

2. bei Gerichten mit mindestens vierzig Richterplanstellen aus acht gewählten Richtern,

3. bei Gerichten mit mindestens zwanzig Richterplanstellen aus sechs gewählten Richtern,

4. bei Gerichten mit mindestens acht Richterplanstellen aus vier gewählten Richtern,

5. bei den anderen Gerichten aus den nach § 21b Abs. 1 wählbaren Richtern.

1 **A. Normzweck.** Die Vorschriften über das Präsidium und die Geschäftsverteilung (§§ 21a bis 21j) – Präsidialverfassung (BeckOK-GVG/*Valerius* § 21a Rn. 1 mit Verweis zur Geschichte) – sind Teil der einfachgesetzlichen Ausgestaltung der institutionellen Verfassungsgarantie des gesetzlichen Richters in Art. 101 Abs. 1 Satz 2 GG § 16 Satz 2 (s. § 16 Rdn. 1)(LR/*Breidling* § 21a Rn. 1). Sie gelten unmittelbar nur für die ordentliche Gerichtsbarkeit (§ 12, § 2 EGGVG; *Kissel/Mayer* § 21a Rn. 5 m.w.N.; LR/*Breidling* Vor § 21a Rn. 9). Durch das Präsidium, als ein von Richtern gewähltes **unabhängiges Kollegialorgan der gerichtlichen Selbstverwaltung** (*Kissel/Mayer* § 21a Rn. 1, 7; KK-StPO/*Diemer* § 21a Rn. 3; *Katholnigg* § 21a Rn. 1; LR/*Breidling* § 21e Rn. 5; HK-StPO-Schmidt/Temming § 21a Rn. 1; MüKo-ZPO/*Zimmermann* § 21a Rn. 2; MüKo-StPO/*Schuster* § 21a Rn. 4) mit gesetzlicher streng begrenzter Zuständigkeit (§ 21e Rn. 2) (*Kissel/Mayer* § 21e Rn. 7; KK-StPO/*Diemer* § 21a Rn. 3) soll die richterliche Selbstständigkeit und die Unabhängigkeit der Gerichtsbarkeit gesichert werden (MüKo-ZPO/*Zimmermann* § 21a Rn. 1; MüKo-StPO/*Schuster* § 21a Rn. 1).

2 **B. Das Präsidium. I. Tätigkeit des Präsidiums.** Die Hauptaufgabe des Präsidiums besteht in der Festlegung der Spruchkörperbesetzung und der Verteilung der Richterdienstgeschäfte (*Kissel/Mayer* § 21a Rn. 7; SK-StPO/*Velten* § 21a Rn. 1). Eine **Allzuständigkeit** durch das Präsidium als richterliches Selbstverwaltungsorgan wird aber **nicht** begründet (*Katholnigg* § 21a Rn. 1; *Kissel/Mayer* § 21e Rn. 12; MüKo-ZPO/*Zimmermann* § 21a Rn. 11; SK-StPO/*Velten* § 21a Rn. 2; **a.A.** Meyer-Goßner/*Schmitt* § 21a Rn. 1).

3 Die Tätigkeit des Präsidiums ist richterliche Tätigkeit mit der Unabhängigkeitsgarantie des § 1 (*Kissel/Mayer* § 21a Rn. 7; MüKo-ZPO/*Zimmermann* § 21a Rn. 2), aber keine Rechtsprechungs- (BVerfGE 17, 252; BVerwGE 50, 11; KK-StPO/*Diemer* § 21a Rn. 3), sondern materielle Verwaltungstätigkeit (h.M.; BVerwGE 50, 11: »verwaltende Tätigkeit«; MüKo-ZPO/*Zimmermann* § 21a Rn. 2, 12; SK-StPO/*Velten* § 21a Rn. 1; *Kissel/Mayer* § 21e Rn. 11).

4 Die Mitwirkung im Präsidium ist für den gewählten Richter Teil seines Richteramtes – und damit Dienstpflicht (KK-StPO/*Diemer* § 21a Rn. 3) –, das er »im Interesse der Rechtspflege« wahrzunehmen hat (*Kissel/Mayer* § 21a Rn. 7; MüKo-ZPO/*Zimmermann* § 21a Rn. 2).

5 Für die Dienstaufsicht gelten die §§ 25, 26 DRiG.

6 **II. Präsidium bei jedem Gericht (Abs. 1).** Ein Präsidium besteht nach dem Wortlaut der Vorschrift **bei jedem Gericht**, mithin auch, wenn es nur eine Richterplanstelle hat (vgl. *Kissel/Mayer* § 21a Rn. 9; MüKo-ZPO/*Zimmermann* § 21a Rn. 3; Zöller/*Lückemann* § 21a Rn. 5; Thomas/Putzo/*Hüßtege* § 21a Rn. 1; **a.A.** KK-StPO/*Diemer* § 21a Rn. 6; Meyer-Goßner/*Schmitt* § 21a Rn. 2; *Schorn/Stanicki*, S. 23 f.).

7 **III. Zusammensetzung des Präsidiums (Abs. 2).** Gesetzlich bestimmtes, sog. **»geborenes Mitglied«** (MüKo-ZPO/*Zimmermann* § 21a Rn. 5; SK-StPO/*Velten* § 21a Rn. 4) ist der Präsident oder der aufsichtsführende Richter. Ihm gebührt der Vorsitz im Präsidium. Eine Besonderheit besteht insofern bei den kleineren AG inklusive dem »Einmann-Amtsgericht« nach § 21a Abs. 2 Nr. 5 als hier der Präsident des übergeordneten LG oder der die Dienstaufsicht führende Präsident eines anderen AG den Vorsitz führt (SK-StPO/*Frister* § 21a Rn. 4; MüKo-ZPO/*Zimmermann* § 21a Rn. 5).

Die anderen Präsidiumsmitglieder werden, **angelehnt an die Zahl der Richterplanstellen** bei den einzelnen Gerichten, aus der Gruppe der wählbaren Richter nach § 21b i.V.m. der Wahlordnung für Präsidien gewählt, sog. **»gewählte Mitglieder«** (MüKo-ZPO/*Zimmermann* § 21a Rn. 6, 9). Unerheblich ist, ob die haushaltsrechtlich gebildete Planstelle zum in § 21d bezeichneten Stichtag besetzt ist oder der Richter auf der Planstelle bei dem Gericht tätig oder z.B. abgeordnet ist (OLG Koblenz, DRiZ 1996, 329; MüKo-ZPO/*Zimmermann* § 21a Rn. 9). Den Gerichten mit einer bis sieben Planstellen nach § 21a Abs. 2 Nr. 5 gehören alle wählbaren Richter kraft Gesetzes an (sog. **»Plenar-Präsidium«**, vgl. *Kissel/Mayer* § 21a Rn. 11). Für die **gewählten Präsidien** nach § 21a Abs. 2 Nr. 1 bis 4 gilt das »Repräsentativprinzip« (*Kissel/Mayer* § 21a Rn. 12; MüKo-ZPO/*Zimmermann* § 21a Rn. 8). Das »System der funktionalen Parität« im Präsidium (Vorsitzenden-Quorum = Hälfte der gewählten Richter bei den Kollegialgerichten müssen Vorsitzende Richter sein) wurde durch das Gesetz v. 22.12.1999 (= Rechtsverordnung für die Wahlordnung für die Präsidien der Gerichte, BGBl. I, S. 2598) beseitigt (vgl. *Kissel* NJW 2000, 460, 461; *Kissel/Mayer* § 21a Rn. 14; Meyer-Goßner/*Schmitt* § 21a Rn. 6).

§ 21b [Wahl des Präsidiums]

(1) [1]Wahlberechtigt sind die Richter auf Lebenszeit und die Richter auf Zeit, denen bei dem Gericht ein Richteramt übertragen ist, sowie die bei dem Gericht tätigen Richter auf Probe, die Richter kraft Auftrags und die für eine Dauer von mindestens drei Monaten abgeordneten Richter, die Aufgaben der Rechtsprechung wahrnehmen. [2]Wählbar sind die Richter auf Lebenszeit und die Richter auf Zeit, denen bei dem Gericht ein Richteramt übertragen ist. [3]Nicht wahlberechtigt und nicht wählbar sind Richter, die für mehr als drei Monate an ein anderes Gericht abgeordnet, für mehr als drei Monate beurlaubt oder an eine Verwaltungsbehörde abgeordnet sind.

(2) Jeder Wahlberechtigte wählt höchstens die vorgeschriebene Zahl von Richtern.

(3) [1]Die Wahl ist unmittelbar und geheim. [2]Gewählt ist, wer die meisten Stimmen auf sich vereint. [3]Durch Landesgesetz können andere Wahlverfahren für die Wahl zum Präsidium bestimmt werden; in diesem Fall erlässt die Landesregierung durch Rechtsverordnung die erforderlichen Wahlordnungsvorschriften; sie kann die Ermächtigung hierzu auf die Landesjustizverwaltung übertragen. [4]Bei Stimmengleichheit entscheidet das Los.

(4) [1]Die Mitglieder werden für vier Jahre gewählt. [2]Alle zwei Jahre scheidet die Hälfte aus. [3]Die zum ersten Mal ausscheidenden Mitglieder werden durch das Los bestimmt.

(5) Das Wahlverfahren wird durch eine Rechtsverordnung geregelt, die von der Bundesregierung mit Zustimmung des Bundesrates erlassen wird.

(6) [1]Ist bei der Wahl ein Gesetz verletzt worden, so kann die Wahl von den in Absatz 1 Satz 1 bezeichneten Richtern angefochten werden. [2]Über die Wahlanfechtung entscheidet ein Senat des zuständigen Oberlandesgerichts, bei dem Bundesgerichtshof ein Senat dieses Gerichts. [3]Wird die Anfechtung für begründet erklärt, so kann ein Rechtsmittel gegen eine gerichtliche Entscheidung nicht darauf gestützt werden, das Präsidium sei deswegen nicht ordnungsgemäß zusammengesetzt gewesen. [4]Im Übrigen sind auf das Verfahren die Vorschriften des Gesetzes über das Verfahren in Familiensachen und in den Angelegenheiten der freiwilligen Gerichtsbarkeit entsprechend anzuwenden.

Übersicht

A. Aktives und passives Wahlrecht. I. Aktives Wahlrecht. Das aktive Wahlrecht steht **Richtern auf Lebenszeit** (§ 10 DRiG), einschließlich dem Präsidenten und Vizepräsidenten bzw. dem dienstaufsichtsführenden Richter und dessen Vertreter (*Kissel/Mayer* § 21b Rn. 1) und **Richtern auf Zeit** zu, wenn ihnen bei Gericht ein Richteramt übertragen ist (§ 27 DRiG; *Kissel/Mayer* § 21b Rn. 1). Soweit Richterämter bei mehreren Gerichten übertragen sind (§§ 27 Abs. 2 DRiG, §§ 22 Abs. 2, 59 Abs. 2), ist der betroffene Richter bei jedem dieser Gerichte wahlberechtigt, unabhängig davon, ob es sich um Verwaltungs- oder Rechtsprechungstätigkeit handelt (*Kissel/Mayer* § 21b Rn. 1; KK-StPO/*Diemer* § 21b Rn. 1, SK-StPO/*Velten* § 21b Rn. 2). Auch Universitätsprofessoren (§ 7 DRiG), denen nebenamtlich ein Richteramt übertragen ist, sind wahlberechtigt (*Kissel/Mayer* § 21b Rn. 1). Wahlberechtigt sind ferner **Richter auf Probe** (§§ 12, 13 DRiG) und **Richter kraft Auftrags** (§ 14 DRiG), wenn sie bei dem jeweiligen Gericht tätig sind (*Kissel/Mayer* § 21b Rn. 2). Auch **abgeordnete** Richter haben bei dem Gericht, zu dem sie auf die **Dauer von mindestens drei Monaten** abgeordnet sind, ein Wahlrecht, wenn sie zumindest teilweise vom Präsidium mit Rechtsprechungsaufgaben betraut sind (*Kissel/Mayer* § 21b Rn. 3; MüKo-ZPO/*Zimmermann* § 21b Rn. 4; **a.A.** *Schorn/Stanicki*, S. 43). Entscheidend ist die verfügte Abordnungsdauer nach § 37 Abs. 2 DRiG, nicht die tatsächliche verbrachte Zeit am Gericht (vgl. *Kissel/Mayer* § 21b Rn. 3; *Katholnigg* § 21b Rn. 1; MüKo-ZPO/*Zimmermann* § 21b Rn. 4). Dasselbe gilt für Richter, die nicht mehr als drei Monate beurlaubt sind; auch hier ist auf den im Beurlaubungserlass ausgesprochenen Zeitraum abzustellen (*Kissel/Mayer* § 21b Rn. 1). 1

Zur **Feststellung** der Wahlberechtigung sind die am Wahltag gegebenen Voraussetzungen entscheidend (MüKo-ZPO/*Zimmermann* § 21b Rn. 9; *Katholnigg* § 21b Rn. 1; SK-StPO/*Frister* § 21b Rn. 2). 2

Keine Wahlberechtigung haben Richter, die an Verwaltungsbehörden abgeordnet sind, die länger als drei Monate abgeordnet oder die mehr als drei Monate beurlaubt sind (Abs. 1 Satz 3) und Laienrichter (vgl. MüKo-ZPO/*Zimmermann* § 21b Rn. 7 f.). 3

4 **II. Passives Wahlrecht.** Das passive Wahlrecht steht ausschließlich **Richtern auf Lebenszeit** oder **Richtern auf Zeit**, denen nach § 27 DRiG ein Richteramt an dem betreffenden Gericht übertragen ist und die nicht mehr als drei Monate abgeordnet oder beurlaubt sind, zu. Nicht wählbar ist der Präsident, da er kraft Gesetzes dem Präsidium angehört (*Kissel/Mayer* § 21b Rn. 10). Das Gleiche gilt für den aufsichtsführenden Richter, wenn er kraft Gesetzes Vorsitzender des Präsidiums ist (*Kissel/Mayer* § 21b Rn. 10). Wählbar sind aber der Vizepräsident und der Vertreter des aufsichtsführenden Richters (*Katholnigg* § 21b Rn. 2; KK-StPO/*Diemer* § 21b Rn. 3; SK-StPO/*Frister* § 21b Rn. 3; problematisiert bei *Kissel/Mayer* § 21b Rn. 11, da der Vizepräsident den Präsidenten auch in seiner Eigenschaft als Vorsitzender des Präsidiums von Gesetzes wegen ständig vertritt § 21 c Abs. 1 Satz 1 und insoweit »im Grunde ebenfalls »geborenes« Mitglied des Präsidiums« sei).

5 **B. Wahlsystem, -zeit und -verfahren. I. Wahlsystem.** § 21b normiert ein Mehrheitswahlsystem. Gewählt ist, wer die meisten Stimmen auf sich vereint, bis die erforderliche Zahl der Präsidiumsmitglieder erreicht ist (Abs. 3 Satz 2). Gewählt werden können »höchstens« (Abs. 2) so viele Richter wie es der vorgeschriebenen Zahl des Präsidiums entspricht. Stimmenhäufung (Panaschieren und additive Stimmenabgabe) ist nicht zulässig (*Kissel*, NJW 2000, 460, 461). Bei Stimmengleichheit entscheidet das Los (Abs. 3 Satz 4). Zur Wahrung der richterlichen Unabhängigkeit ist die Wahl unmittelbar und geheim (Abs. 3 Satz 1).

6 Durch die Öffnungsklausel in Abs. 3 Satz 3 wird dem Landesgesetzgeber die Möglichkeit eröffnet statt dem Mehrheitswahlsystem die Verhältniswahl auf der Grundlage der Listenwahl zuzulassen (vgl. MüKo-ZPO/*Zimmermann* § 21b Rn. 13).

7 **II. Wahlzeit.** Im »Interesse sowohl der Kontinuität, Stabilität, Autorität« und »einer fortwährenden sich erneuernden Legitimität« (*Kissel/Mayer* § 21b Rn. 13) werden die Präsidiumsmitglieder auf vier Jahre gewählt, wovon aber jeweils nach zwei Jahren jeweils die Hälfte ausscheidet, Abs. 4 Satz 2 (*Kissel/Mayer* § 21b Rn. 13). Nach Abs. 4 Satz 3 muss die Hälfte der zum ersten Präsidium gewählten Richter durch Los ausscheiden.

8 **III. Wahlverfahren.** Das Wahlverfahren wird im Einzelnen durch eine von der Bundesregierung mit Zustimmung des Bundesrates erlassene **Wahlordnung** für die Präsidien der Gerichte v. 19.09.1972 (BGBl. I, S. 1821 zuletzt geändert durch Art. 209 Abs. 2 v. 19.04.2006, BGBl. I, S. 866; abgedruckt bei *Kissel/Mayer* § 21b Anhang; HK-StPO/*Schmidt/Temming* § 21b Rn. 8) geregelt. Die Wahl wird durch einen vom amtierenden Präsidium bestellten **Wahlvorstand** (§ 1 WahlO) vorbereitet und durchgeführt (*Kissel/Mayer* § 21b Rn. 15). Er sorgt für die ordnungsgemäße Durchführung der Wahl, § 1 Abs. 1 WahlO (*Kissel/Mayer* § 21b Rn. 15).

9 Die Stimmabgabe erfolgt mittels eines Stimmzettels, der die Namen aller wählbaren Richter enthalten muss (§ 5 WahlO). Wahlvorschläge gibt es grds. nicht (MüKo-StPO/*Schuster* § 21b Rn. 16), es sei denn, sie werden durch Landesgesetz zugelassen (vgl. Rdn. 6, MüKo-ZPO/*Zimmermann* § 21b Rn. 15). Äußerste Neutralität und Zurückhaltung ist für Wahlwerbung geboten (MüKo-ZPO/*Zimmermann* § 21b Rn. 15; *Kissel/Mayer* § 21b Rn. 14).

10 Die Wahl zum Präsidium dient der »Funktionsfähigkeit einer unabhängigen Rechtsprechung« (MüKo-ZPO/*Zimmermann* § 21b Rn. 18). Es besteht daher Wahlpflicht (Wortlaut Abs. 2: »jeder Wahlberechtigte wählt«; h.M., vgl. BVerwG, DRiZ 1975, 375 L [3]; Schulz, DRiZ 1972, 302; *Kissel/Mayer* § 21b Rn. 16; Meyer-Goßner/*Schmitt* § 21b Rn. 4; MüKo-ZPO/*Zimmermann* § 21b Rn. 18; MüKo-StPO/*Schuster* § 21b Rn. 14; **a.A.** [krit.] *Schickedanz* DRiZ 1996, 328). Die Teilnahme an der Wahl des Präsidiums unterliegt der Dienstaufsicht (*Kissel/Mayer* § 21b Rn. 16; MüKo-StPO/*Schuster* § 21b Rn. 14). Sie ist eine »von der Dienstpflicht umfasste Aufgabe der Richter« (KK-StPO/*Diemer* § 21b Rn. 4). Die Verletzung dieser Dienstpflicht hat auf die Wirksamkeit der Wahl aber keinen Einfluss (*Kissel/Mayer* § 21b Rn. 16; LR/*Breidling* § 21b Rn. 10; MüKo-StPO/*Schuster* § 21b Rn. 14; MüKo-ZPO/*Zimmermann* § 21b Rn. 18). Der gewählte Richter muss das Amt ausüben (BVerfGE 48, 251; 41, 1, 18 = NJW 1976, 889; *Kissel/Mayer* § 21b Rn. 16), einer Annahme der Wahl bedarf es nicht (*Kissel/Mayer* § 21b Rn. 16; LR/*Breidling* § 21b Rn. 11).

11 **C. Wahlanfechtung.** Anfechtungsberechtigt sind nach der Verweisung in Abs. 6 Satz 1 auf Abs. 1 Satz 1 alle Richter, auch wenn sie nach Abs. 1 Satz 3 nicht wahlberechtigt sind, wobei es auf den Zeitpunkt der Ausübung des Anfechtungsrechtes ankommt (vgl. *Kissel/Mayer* § 21b Rn. 18; KK-StPO/*Diemer* § 21b Rn. 5; LR/*Breidling* § 21b Rn. 16; **a.A.** Meyer-Goßner/*Schmitt* § 21b Rn. 5 und *Katholnigg* § 21b Rn. 5: nur die zur Zeit der Wahl Aktiv-Wahlberechtigten; a.A. auch HK-StPO-Schmidt/Temming § 21b Rn. 6). Anfechtungsgegner ist das Präsidium (BVerwGE 44, 172 L [1]; *Kissel/Mayer* § 21b Rn. 20; *Katholnigg* § 21b Rn. 5).

12 Zulässig ist die Wahlanfechtung (auch Teilanfechtung: OVG Nordrhein-Westfalen, NJW 1988, 723 L [2]), wenn eine Gesetzesverletzung dargetan wird (Abs. 6 Satz 1). Gesetz in diesem Sinne ist jede Rechtsnorm, die die Wahl betrifft, insb. auch die Wahlordnung (OVG Nordrhein-Westfalen, NJW 1988, 723 L [3]; OLG Frankfurt DRiZ 2008, 184; *Kissel/Mayer* § 21b Rn. 19). Die Einhaltung einer Frist ist ebenso ent-

behrlich wie eine Beschwer (*Kissel/Mayer* § 21b Rn. 19; LR/*Breidling* § 21b Rn. 17 f.; MüKo-ZPO/*Zimmermann* § 21b Rn. 22 f.)

Zuständig ist ein Senat des OLG, soweit es die Anfechtung der Wahlen zum Präsidium des AG, LG und des OLG betrifft, für die Wahl zum Präsidium des BGH ein Senat des BGH (Abs. 6 Satz 2). Das Verfahren bestimmt sich nach dem FamFG (Abs. 6 Satz 4). 13

Begründet ist die Anfechtung, wenn ein Gesetzesverstoß vorliegt und dieser das Wahlergebnis beeinflusst haben kann (*Kissel/Mayer* § 21b Rn. 19; BeckOK GVG/*Valerius* § 21b Rn. 19; SK-StPO/*Frister* § 21b Rn. 6 m. Beispielen). In diesem Fall wird allein die Wahl und nicht die bereits getroffenen Entscheidungen des Präsidiums rückwirkend für ungültig erklärt (*Kissel/Mayer* § 21b Rn. 21; KK-StPO/*Diemer* § 21b Rn. 5; MüKo-ZPO/*Zimmermann* § 21b Rn. 27). Die Besetzungsrüge wird durch Abs. 6 Satz 3 ausgeschlossen, wenn das Präsidium infolge einer begründeten Wahlanfechtung nicht ordnungsgemäß zusammengesetzt war (MüKo-ZPO/*Zimmermann* § 21b Rn. 27; für Fälle, in denen ein ordnungsgemäß gewähltes Präsidium in nicht ordnungsgemäßer Zusammensetzung Besetzungsbeschlüsse fasst, ausführlich LR/*Breidling* § 21b Rn. 21). 14

§ 21c [Vertretung des Präsidiums]

(1) [1]Bei einer Verhinderung des Präsidenten oder aufsichtführenden Richters tritt sein Vertreter (§ 21h) an seine Stelle. [2]Ist der Präsident oder aufsichtführende Richter anwesend, so kann ein Vertreter, wenn er nicht selbst gewählt ist, an den Sitzungen des Präsidiums mit beratender Stimme teilnehmen. [3]Die gewählten Mitglieder des Präsidiums werden nicht vertreten.

(2) Scheidet ein gewähltes Mitglied des Präsidiums aus dem Gericht aus, wird es für mehr als drei Monate an ein anderes Gericht abgeordnet oder für mehr als drei Monate beurlaubt, wird es an eine Verwaltungsbehörde abgeordnet oder wird es kraft Gesetzes Mitglied des Präsidiums, so tritt an seine Stelle der durch die letzte Wahl Nächstberufene.

Übersicht

A. Verhinderung von Präsidiumsmitgliedern und Teilnahme eines Vertreters (Abs. 1). Von einer **Verhinderung** eines Präsidiumsmitglieds ist wie bei anderen Dienstobliegenheiten bei dienstrechtlich anerkannten Gründen wie im Fall der Erkrankung, des Urlaubs, der Teilnahme an Dienstreisen oder der Wahrnehmung von unaufschiebbaren anderen Dienstgeschäften (z.B. Teilnahme an Sitzungen) auszugehen (*Kissel/Mayer* § 21c Rn. 1; MüKo-ZPO/*Zimmermann* § 21c Rn. 2; SK-StPO/*Velten* § 21c Rn. 2; zum Begriff der Verhinderung vgl. § 21f Rn. 8), wobei aber die Teilnahme an den Präsidiumssitzungen nach der herrschenden Meinung Vorrang genießen sollte (*Kissel/Mayer* § 21c Rn. 1; SK-StPO/*Velten* § 21c Rn. 2). Die (unzulässige) Stimmenthaltung ist keine Verhinderung (LR/*Breidling* § 21c Rn. 3). Die Feststellung des Verhinderungsfalls obliegt dem Vorsitzenden (MüKo-ZPO/*Zimmermann* § 21c Rn. 3; *Kissel/Mayer* § 21c Rn. 1: Vermerk im Sitzungsprotokoll). 1

Bei Verhinderung des **Präsidenten oder aufsichtsführenden Richters** tritt an dessen Stelle sein **Vertreter** (Satz 1). Die gewählten Präsidiumsmitglieder werden dagegen nicht vertreten (Satz 3). Sofern der Vertreter gewähltes Mitglied des Präsidiums ist, ruhen seine Rechte und Pflichten in dieser Funktion für die Dauer der Vertretung (LR/*Breidling* § 21c Rn. 2). 2

Zu Informationszwecken und zur Vorbereitung auf eine Übernahme des Vorsitzes im Fall der Vertretung hat der Vertreter des Präsidenten (Aufsichtsrichter) das Recht, mit beratender Stimme an Präsidiumssitzungen teilzunehmen, aber ohne Stimmrecht (Satz 2; *Kissel/Mayer* § 21c Rn. 4). 3

B. Wechsel von Mitgliedern im Präsidium (Abs. 2). Im Fall der Veränderung der gesetzesmäßigen Zusammensetzung des Präsidiums (§ 21a Abs. 2) durch die in Satz 1 **abschließende Aufzählung** (*Kissel/Mayer* § 21c Rn. 3; Müko-StPO/*Schuster* § 21c Rn. 6; MüKo-ZPO/*Zimmermann* § 21c Rn. 7) der Veränderung in der Person der **gewählten Mitglieder** (Ausscheiden, Abordnung oder Beurlaubung für mehr als drei Monate, Abordnung an eine Verwaltungsbehörde oder Erlangung der Mitgliedschaft im Präsidium kraft Gesetzes) rückt der zu diesem Zeitpunkt **noch wählbare Nächstberufene** endgültig für die Dauer der Amtszeit (BeckOK-GVG/*Valerius* § 21c Rn. 6; *Kissel/Mayer* § 21c Rn. 8; Müko-StPO/*Schuster* § 21c Rn. 6; MüKo-ZPO/*Zimmermann* § 21c Rn. 7 Müko-StPO/*Schuster* § 21c Rn. 6; MüKo-ZPO/*Zimmermann* § 21c Rn. 7 Müko-StPO/*Schuster* § 21c Rn. 7; MüKo-ZPO/*Zimmermann* § 21c Rn. 9) nach (*Kissel/Mayer* § 21c Rn. 9; 4

SK-StPO/*Velten* § 21c Rn. 3). Nächstberufener in diesem Sinne ist der durch die letzte (Teil-) Wahl Nächstberufene (schon früher h.M., BGH NJW 1991, 1183, 1184; MüKo-ZPO/*Zimmermann* § 21c Rn. 10). Die Feststellung des Nächstberufenen trifft das Präsidium, nicht der Wahlvorstand (BGH NJW 1991, 1183, 1184; *Kissel/Mayer* § 21c Rn. 9; HK-StPO/*Schmidt/Temming* § 21c Rn. 4; Müko-StPO/*Schuster* § 21c Rn. 9; MüKo-ZPO/*Zimmermann* § 21c Rn. 12; **a.A.** [Wahlvorstand]: OLG Zweibrücken, DRiZ 1977, 311). Bei einem Feststellungsstreit hat entspr. § 21b Abs. 6 Satz 2 das dort bezeichnete Gericht unanfechtbar (BGH, MDR 1984, 1008; HK-StPO/*Schmidt/Temming* § 21c Rn. 4) zu entscheiden (OLG Frankfurt, DRiZ 1984, 196; Meyer-Goßner/*Schmitt* § 21c Rn. 3). Fehlt ein Nächstberufener, findet eine Nachwahl statt (§ 14 WahlO) (VGH Kassel AS 30, 15; Müko-StPO/*Schuster* § 21c Rn. 9; MüKo-ZPO/*Zimmermann* § 21c Rn. 10). Bei gleichzeitigem Ausscheiden von mehreren Mitgliedern mit unterschiedlichen Amtsperioden, entscheidet das Los (BGH NJW 1991, 1183, 1184; Müko-StPO/*Schuster* § 21c Rn. 9; SK-StPO/*Velten* § 21c Rn. 3).

§ 21d [Größe des Präsidiums]

(1) Für die Größe des Präsidiums ist die Zahl der Richterplanstellen am Ablauf des Tages maßgebend, der dem Tage, an dem das Geschäftsjahr beginnt, um sechs Monate vorhergeht.

(2) Ist die Zahl der Richterplanstellen bei einem Gericht mit einem Präsidium nach § 21a Abs. 2 Nr. 1 bis 3 unter die jeweils genannte Mindestzahl gefallen, so ist bei der nächsten Wahl, die nach § 21b Abs. 4 stattfindet, die folgende Zahl von Richtern zu wählen:

1. bei einem Gericht mit einem Präsidium nach § 21a Abs. 2 Nr. 1 vier Richter,

2. bei einem Gericht mit einem Präsidium nach § 21a Abs. 2 Nr. 2 drei Richter,

3. bei einem Gericht mit einem Präsidium nach § 21a Abs. 2 Nr. 3 zwei Richter.

Neben den nach § 21b Abs. 4 ausscheidenden Mitgliedern scheidet jeweils ein weiteres Mitglied, das durch das Los bestimmt wird, aus.

(3) Ist die Zahl der Richterplanstellen bei einem Gericht mit einem Präsidium nach § 21a Abs. 2 Nr. 2 bis 4 über die für die bisherige Größe des Präsidiums maßgebende Höchstzahl gestiegen, so ist bei der nächsten Wahl, die nach § 21b Abs. 4 stattfindet, die folgende Zahl von Richtern zu wählen:

1. bei einem Gericht mit einem Präsidium nach § 21a Abs. 2 Nr. 2 sechs Richter,

2. bei einem Gericht mit einem Präsidium nach § 21a Abs. 2 Nr. 3 fünf Richter,

3. bei einem Gericht mit einem Präsidium nach § 21a Abs. 2 Nr. 4 vier Richter.

Hiervon scheidet jeweils ein Mitglied, das durch das Los bestimmt wird, nach zwei Jahren aus.

1 § 21d enthält Bestimmungen über die Größe des Präsidiums; er gilt nur für das zu wählende Präsidium, nicht für das Präsidium nach § 21a Abs. 2 Nr. 5 und ebenso wenig für die Wahlberechtigung (Meyer-Goßner/*Schmitt* § 21d Rn. 1).

§ 21e [Aufgaben des Präsidiums]

(1) Das Präsidium bestimmt die Besetzung der Spruchkörper, bestellt die Ermittlungsrichter, regelt die Vertretung und verteilt die Geschäfte. Es trifft diese Anordnungen vor dem Beginn des Geschäftsjahres für dessen Dauer. Der Präsident bestimmt, welche richterlichen Aufgaben er wahrnimmt. Jeder Richter kann mehreren Spruchkörpern angehören.

(2) Vor der Geschäftsverteilung ist den Richtern, die nicht Mitglied des Präsidiums sind, Gelegenheit zur Äußerung zu geben.

(3) Die Anordnungen nach Absatz 1 dürfen im Laufe des Geschäftsjahres nur geändert werden, wenn dies wegen Überlastung oder ungenügender Auslastung eines Richters oder Spruchkörpers oder infolge Wechsels oder dauernder Verhinderung einzelner Richter nötig wird. Vor der Änderung ist den Vorsitzenden Richtern, deren Spruchkörper von der Änderung der Geschäftsverteilung berührt wird, Gelegenheit zu einer Äußerung zu geben.

(4) Das Präsidium kann anordnen, daß ein Richter oder Spruchkörper, der in einer Sache tätig geworden ist, für diese nach einer Änderung der Geschäftsverteilung zuständig bleibt.

(5) Soll ein Richter einem anderen Spruchkörper zugeteilt oder soll sein Zuständigkeitsbereich geändert werden, so ist ihm, außer in Eilfällen, vorher Gelegenheit zu einer Äußerung zu geben.

(6) Soll ein Richter für Aufgaben der Justizverwaltung ganz oder teilweise freigestellt werden, so ist das Präsidium vorher zu hören.

(7) Das Präsidium entscheidet mit Stimmenmehrheit. § 21i Abs. 2 gilt entsprechend.

(8) Das Präsidium kann beschließen, dass Richter des Gerichts bei den Beratungen und Abstimmungen des Präsidiums für die gesamte Dauer oder zeitweise zugegen sein können. § 171b gilt entsprechend.

(9) Der Geschäftsverteilungsplan des Gerichts ist in der von dem Präsidenten oder aufsichtführenden Richter bestimmten Geschäftsstelle des Gerichts zur Einsichtnahme aufzulegen; einer Veröffentlichung bedarf es nicht.

Übersicht

A. Normzweck. Das Präsidium ist das zentrale Organ der richterlichen Selbstverwaltung (§ 21a Rdn. 1), das »die maßgeblichen, nur in richterlicher Unabhängigkeit verfassungsgemäß zu bewältigenden Aufgaben wahrzunehmen hat« (SK-StPO/*Velten* § 21e Rn. 1). § 21e umschreibt als **zentrale Vorschrift der Präsidialverfassung** (*Kissel/Mayer* § 21e Rn. 1; Müko-StPO/*Schuster* § 21e Rn. 1) – wenn auch nicht erschöpfend (*Kissel/Mayer* § 21e Rn. 1; MüKo-ZPO/*Zimmermann* § 21e Rn. 1) – die wichtigsten Aufgaben und Befugnisse des Präsidiums, den Inhalt der richterlichen Geschäftsverteilung und das vom Präsidium zu beachtende Verfahren (SK-StPO/*Velten* § 21e Rn. 1; *Kissel/Mayer* § 21e Rn. 1). Die Vorschrift leistet einen Beitrag zur verfassungsrechtlichen Umsetzung **des Prinzips des gesetzlichen Richters (Art. 101 Abs. 1 Satz 2 GG, § 16 Satz 2) auf der Ebene der einzelnen Gerichte** (MüKo-ZPO/*Zimmermann* § 21e Rn. 1; MüKo-StPO/*Schuster* § 21e Rn. 1). 1

B. Aufgaben des Präsidiums. I. Zuständigkeit des Präsidiums. Die Zuständigkeit des Präsidiums ist gesetzlich streng begrenzt (*Kissel/Mayer* § 21e Rn. 11; KK-StPO/*Diemer* § 21e Rn. 1). Es gilt das **Enumerationsprinzip** (MüKo-ZPO/*Zimmermann* § 21e Rn. 2). Eine Allzuständigkeit des Präsidiums besteht nicht (s. § 21a Rdn. 2). § 21e bestimmt die wichtigsten Aufgaben und Befugnisse: Bestimmung der Besetzung der Spruchkörper, einschließlich der ehrenamtlichen Richter, Bestellung der Ermittlungsrichter, Regelung der Vertretung und Verteilung der Geschäfte (Abs. 1 Satz 1). Weitere Zuständigkeitsregelungen finden sich in §§ 21f Abs. 2, 21i Abs. 2, 22b, 70 Abs. 1, 78 Abs. 2, 78b Abs. 2, 117, 140a Abs. 2 bis 5, §§ 61 Abs. 3 und 77 Abs. 3 DRiG und §§ 102, 107 BnotO (vgl. auch *Kissel/Mayer* § 21e Rn. 11; KK-StPO/*Diemer* § 21e Rn. 1 und ausführlich MüKo-ZPO/*Zimmermann* § 21e Rn. 2) Zur Errichtung neuer Gerichte s. § 21j. 2

Das Präsidium ist allein zuständig für die Verteilung der **richterlichen Geschäfte**. Insoweit entscheidet es »**unabhängig** und **autonom**« und ist nur dem Gesetz unterworfen (KK-StPO/*Diemer* § 21e Rn. 2). Keine Zuständigkeit besteht für die Verteilung der Aufgaben der Geschäftsstellenbeamten und Rechtspflegern (vgl. BVerwGE 19, 112; BGH NJW-RR 2010, 1366) oder des sonstigen nichtrichterlichen Personals (MüKo-ZPO/*Zimmermann* § 21e Rn. 4; MüKo-StPO/*Schuster* § 21e Rn. 5). 3

Soweit es an einer ausdrücklichen Aufgabenzuweisung durch das GVG oder nach anderen gesetzlichen Vorschriften an das Präsidium fehlt, ist die Justizverwaltung der Landesregierung (Justizministerium) zuständig (*Kissel/Mayer* § 21e Rn. 12; MüKo-ZPO/*Zimmermann* § 21e Rn. 5), z.B. bei der Anstellung der Richter, der Ernennung des Vorsitzenden, der Zahl der richterlichen Spruchkörper und Dezernate sowie der Art der Spruchkörper (MüKo-ZPO/*Zimmermann* § 21e Rn. 5; MüKo-StPO/*Schuster* § 21e Rn. 3; ausf. *Kissel/Mayer* § 21e Rn. 13). 4

II. Regelung der Geschäftsverteilung. 1. Funktion und Rechtsnatur des Geschäftsverteilungsplans. Die **Funktion** des Geschäftsverteilungsplans ist es für jeden von einem Gericht zu entscheidenden Fall den gesetzlichen Richter im Voraus zu bestimmen (SK-StPO/*Velten* § 21e Rn. 4). Streit besteht über die **Rechtsnatur** des Geschäftsverteilungsplans (hierzu BayVerfGH NJW 1986, 1673; Dölling/Duttge/*König/Rössner* – *Duttge/Kangarani* § 21e Rn. 1; SK-StPO/*Velten* § 21e Rn. 6 ff.; MüKo-ZPO/*Zimmermann* § 21e Rn. 6 m.w.N.). Die praktische Relevanz des Streits ist aber gering (MüKo-ZPO/*Zimmermann* § 21e Rn. 6). Bedeutung erlangt die rechtliche Einordnung allenfalls für die Frage der gerichtlichen Überprüfung (MüKo-ZPO/*Zimmermann* 5

§ 21e Rn. 7; MüKo-StPO/*Schuster* § 21e Rn. 26: Bedeutung für die Anfechtbarkeit), wenngleich sich auch hier zwischenzeitlich eine einheitliche Rspr. entwickelt hat (MüKo-StPO/*Schuster* § 21e Rn. 69 zur Frage der Anfechtbarkeit m.w.N.). Zutreffend dürfte es sein, dem Geschäftsverteilungsplan eine **Doppelnatur** beizumessen (MüKo-ZPO/*Zimmermann* § 21e Rn. 9 m.w.N.). Soweit der Geschäftsverteilungsplan die sachliche Verteilung der Rechtsprechungsaufgaben nach abstrakt-generellen Merkmalen vornimmt, entfaltet er Außenwirkung für den einzelnen Bürger und hat damit Rechtsnormqualität (MüKo-ZPO/*Zimmermann* § 21e Rn. 6 und 7). Soweit der Geschäftsverteilungsplan auf die Rechtsstellung des einzelnen Richters durch Zuweisung an einen bestimmten Spruchkörper einwirkt, ist er ein interner Organisationsakt der gerichtlichen Selbstverwaltung (Meyer-Goßner/*Schmitt* § 21e Rn. 1; MüKo-ZPO/*Zimmermann* § 21e Rn. 6 und 8).

6 **2. Inhaltliche Gestaltungsmaximen der Geschäftsverteilung.** Für die inhaltliche Gestaltung des Geschäftsverteilungsplans gelten die folgenden aus dem Gebot des gesetzlichen Richters abgeleiteten Maximen (hierzu im Einzelnen *Kissel/Mayer* § 21e Rn. 78 ff. und MüKo-ZPO/*Zimmermann* § 21e Rn. 10 ff.):

- **Gestaltungsfreiheit**: Sowohl die sachliche als auch die personelle Geschäftsverteilung erfolgt i.R.d. Verfassung und der einfachen Gesetze im pflichtgemäßen Ermessen des Präsidiums und in richterlicher Unabhängigkeit, wobei die Willkürgrenze zu beachten ist (BVerfG NJW 2008, 909, 910; BGH NJW 2000, 1580, 1581; *Kissel/Mayer* § 21e Rn. 78, 79; LR/*Breidling* § 21e Rn. 9; MüKo-ZPO/*Zimmermann* § 21e Rn. 11).
- **Vollständigkeitsprinzip**: Der Geschäftsverteilungsplan muss ausnahmslos alle richterlichen Aufgaben und alle Richter erfassen (vgl. BVerfGE 17, 252; MüKo-ZPO/*Zimmermann* § 21e Rn. 21); er darf keine Lücken aufweisen (*Kissel/Mayer* § 21e Rn. 92 m.w.N.; MüKo-ZPO/*Zimmermann* § 21e Rn. 21).
- Prinzip **der sachgerechten und gleichmäßigen Verteilung**: Um die »Funktionsfähigkeit des Gerichts« zu gewährleisten, sollen die richterlichen Aufgaben unter Berücksichtigung der Leistungsfähigkeit und der persönlichen Umstände des einzelnen Richters verteilt und eine möglichst gleichmäßige Belastung erreicht werden (BVerfGE 17, 252; *Kissel/Mayer* § 21e Rn. 16, 80 ff.; MüKo-ZPO/*Zimmermann* § 21e Rn. 22).
- **Abstraktionsprinzip**: Die (sachliche) Geschäftsverteilung muss nach allgemeinen, generell-abstrakten Merkmalen erfolgen, die eine Manipulation ausschließen (BVerfG NJW 1997, 1497, 1498; NJW 2005, 2689; *Kissel/Mayer* § 21e Rn. 94; KK-StPO/*Diemer* § 21e Rn. 11, MüKo-ZPO/*Zimmermann* § 21e Rn. 12; MüKo-StPO/*Schuster* § 21e Rn. 29); dies gilt auch für Änderungsbeschlüsse (BVerwG NJW 1987, 2031; *Kissel/Mayer* § 21e Rn. 94; MüKo-ZPO/*Zimmermann* § 21e Rn. 12). Es dürfen keine Merkmale gewählt werden, die ggf. eine Zuteilung des konkreten Einzelfalls nach Zweckmäßigkeitserwägungen erlauben (KK-StPO/*Diemer* § 21e Rn. 11a m.w.N.). Zulässige allgemeine Merkmale sind z.B. der Anfangsbuchstabe des Familiennamens des (ältesten oder alphabetisch an erster Stelle stehenden) Angeklagten, die Endziffer des Aktenzeichens, das Sachgebiet oder die Herkunft aus einem Bezirk (Wohnsitz) etc. (AnwK-StPO/*Bergmann* § 21e Rn. 7; Meyer-Goßner/*Schmitt* § 21e Rn. 3; LR/*Breidling* § 21e Rn. 27). Nicht zulässig ist, bei mehreren Angeklagten die Bindung an die in der Anklageschrift gewählte Reihenfolge, da ansonsten die StA den zuständigen Richter bestimmen könnte (OLG Nürnberg NJW 1963, 502; SK-StPO/*Velten* § 21e Rn. 17; *Sowada*, S. 320; BGH NJW 1958, 1503: Willkürkontrolle ausreichend; s. § 16 Rn. 11). Problematisch ist auch das Rotationssystem, bei dem der zeitliche Eingang der Sachen bei Gericht die Verteilung der Sache auf den Spruchkörper bestimmt, da es – ohne flankierende Sicherungen – die Manipulationsgefahr durch die zuständige Geschäftsstelle in sich birgt (BGHSt 11, 116; BGH NStZ 1990, 138; SK-StPO/*Velten* § 21e Rn. 17; vgl. auch KK-StPO/*Diemer* § 21e Rn. 11a und *Kissel/Mayer* § 21e Rn. 94 m.w.N.: Durch geeignete Anordnungen muss eine unzulässige Einflussnahme durch die Geschäftsstelle, die StA und die Registratur ausgeschlossen werden.). Es verstößt nicht gegen Art. 101 Abs. 1 Satz 2 GG, wenn im Geschäftsverteilungsplan vorgesehen ist, dass eine bei Eröffnung des Hauptverfahrens versehentlich angenommene Zuständigkeit bestehen bleibt (BGH NStZ 1984, 181; Meyer-Goßner/*Schmitt* § 21e Rn. 3; einschränkend *Sowada*, S. 330 und SK-StPO/*Velten* § 21e Rn. 18: Angeklagter muss Unzuständigkeit bis zu seiner Vernehmung zur Sache geltend machen können). Sonderzuständigkeiten (§§ 74 Abs. 2, 74a, 74c, 74d; §§ 39 bis 41 JGG; § 391 AO) sind zu beachten (vgl. Meyer-Goßner/*Schmitt* § 21e Rn. 3).
- **Bestimmtheitsgrundsatz**: Die zuständigen Richter für anhängig werdende Verfahren müssen im Geschäftsverteilungsplan so eindeutig und präzise wie möglich bestimmt werden (*Kissel/Mayer* § 21e Rn. 95; MüKo-ZPO/*Zimmermann* § 21e Rn. 15; KK-StPO/*Diemer* § 21e Rn. 11). Zudem muss er die Bestimmung enthalten, an welche Spruchkörper zurückverwiesene Sachen gelangen (BGH NJW 1975, 743; KK-StPO/*Diemer* § 21e Rn. 11c; Meyer-Goßner/*Schmitt* § 21e Rn. 4).
- Prinzip **der Stetigkeit**: Der Geschäftsverteilungsplan muss so ausgestaltet sein, dass er für die Dauer eines Geschäftsjahres Bestand hat; er ist grds. unveränderlich (BGHSt 10, 179, 180; *Kissel/Mayer* § 21e Rn. 96;

MüKo-ZPO/*Zimmermann* § 21e Rn. 28, 29). Änderungen sind nur in den engen gesetzlichen Grenzen des Abs. 3 Satz 1 oder aus sonstigen zwingenden gesetzlichen Gründen zulässig (hierzu: *Kissel/Mayer* § 21e Rn. 96; ausführlich MüKo-ZPO/*Zimmermann* § 21e Rn. 30).

- **Jährlichkeitsprinzip**: Der Geschäftsverteilungsplan wird jedes Jahr für die Dauer eines Geschäftsjahres (i.S.e. Kalenderjahres: LR/*Breidling* § 21e Rn. 29; *Kissel/Mayer* § 21e Rn. 97; MüKo-ZPO/*Zimmermann* § 21e Rn. 20) beschlossen (BGH NJW 1999, 796), Abs. 1 Satz 2 und tritt am Ende des Jahres automatisch außer Kraft (BVerwG NJW 1991, 1370). Dies gilt auch für Änderungsbeschlüsse (*Kissel/Mayer* § 21e Rn. 97). Eine im Laufe des Geschäftsjahres vorgenommene Änderung bleibt höchstens bis zum 31. Dezember desselben Jahres bestehen (BGH NJW 1982, 1470, 1471; *Kissel/Mayer* § 21e Rn. 97).
- **Vorauswirkungsprinzip**: Die Geschäftsverteilung muss vor Beginn des Geschäftsjahres durch das im Zeitpunkt der Beschlussfassung amtierende Präsidium, d.h. im Voraus getroffen sein (*Kissel/Mayer* § 21e Rn. 98; MüKo-ZPO/*Zimmermann* § 21e Rn. 18), Abs. 1 Satz 2. Hieraus folgt auch das Verbot der Rückwirkung für die Geschäftsverteilung (MüKo-ZPO/*Zimmermann* § 21e Rn. 19; MüKo-StPO/*Schuster* § 21e Rn. 34; *Kissel/Mayer* § 21e Rn. 98).
- **Grundsatz der sofortigen Vollziehbarkeit**: Der Geschäftsverteilungsplan ist per se, ohne besondere Anordnung sofort vollziehbar (*Kissel/Mayer* § 21e Rn. 100; MüKo-ZPO/*Zimmermann* § 21e Rn. 39).
- **Grundsatz der Gesetzesgebundenheit**: Bei der Geschäftsverteilung sind gesetzliche Vorschriften zu beachten. Eine gesetzliche Bindung existiert hinsichtlich der Zuweisung von bestimmten Geschäftsaufgaben zu **Spezialspruchkörpern** (MüKo-ZPO/*Zimmermann* § 21e Rn. 24) (im Strafrecht z.B. zur WirtschaftsStrafK [§ 74c], der Schwurgerichtssachen zu einer bestimmten StrafK [§ 74 Abs. 2] oder zur StaatsschutzK [§ 74a], weitere Bsp. bei *Kissel/Mayer* § 21e Rn. 88 und Meyer-Goßner/*Schmitt* § 21e Rn. 3; sh. auch oben unter »Abstraktionsprinzip« a.E.) und hinsichtlich der **personellen Zuweisung von Aufgaben an** bestimmte Richter (z.B. Vorsitzender Richter und sein Vertreter müssen Richter auf Lebenszeit sein § 28 Abs. 2 Satz 2 DRiG, *Kissel/Mayer* § 21e Rn. 89; MüKo-ZPO/*Zimmermann* § 21e Rn. 25 f.). Sollvorschriften unterfallen nicht der gesetzlichen Geschäftsverteilung, sind aber vom Präsidium grds. zu beachten (*Kissel/Mayer* § 21e Rn. 91; MüKo-ZPO/*Zimmermann* § 21e Rn. 27).

3. Auslegung des Geschäftsverteilungsplans und Kompetenzkonflikte. Der Geschäftsverteilungsplan ist 7
der Auslegung zugänglich (MüKo-ZPO/*Zimmermann* § 21e Rn. 44). Bei einer durch Auslegung nicht zu schließenden Lücke muss das Präsidium eine Anpassung des Geschäftsverteilungsplans beschließen (MüKo-ZPO/*Zimmermann* § 21e Rn. 44). Kommt es bei der Auslegung und Anwendung des Geschäftsverteilungsplans zu Zweifeln oder Meinungsverschiedenheiten zwischen den Spruchkörpern, die positive oder negative Kompetenzkonflikte bedingen, entscheidet das Präsidium bindend (BGH NJW 2000, 80; *Kissel/Mayer* § 21e Rn. 117 f.; Meyer-Goßner/*Schmitt* § 21e Rn. 22; KK-StPO/*Diemer* § 21e Rn. 13; MüKo-ZPO/*Zimmermann* § 21e Rn. 46 m. Verweis auf a.A.). Soweit die Entscheidung i.R.d. pflichtgemäßen Ermessens getroffen wurde, kann sie nicht angefochten werden, insb. die Revision nicht darauf gestützt werden (KK-StPO/*Diemer* § 21e Rn. 13 m. Verweis auf BGHSt 25, 242, 244; BGH NJW 1975, 1424). Wenn es um die Auslegung von Gesetzen geht, insb. die gesetzliche Geschäftsverteilung, ist jeder Spruchkörper in eigener Verantwortung zur Entscheidung berufen (BGHSt 26, 191, 200; *Kissel/Mayer* § 21e Rn. 116; KK-StPO/*Diemer* § 21e Rn. 13; Meyer-Goßner/*Schmitt* § 21e Rn. 22; MüKo-StPO/*Schuster* § 21e Rn. 41; MüKo-ZPO/*Zimmermann* § 21e Rn. 45).

III. Besetzung der Spruchkörper. 1. Besetzung der Spruchkörper beim AG und den Kollegialgerichten. 8
Beim AG erfolgt die Besetzung der Spruchkörper durch Bestimmung der für die einzelnen Abteilungen zuständigen Richter einschließlich des zweiten Richters beim erweiterten Schöffengericht § 29 Abs. 2 (AnwK-StPO/*Bergmann* § 21e Rn. 2).

Bei den Kollegialgerichten muss jeder Spruchkörper einen Vorsitzenden haben (BGHSt 28, 290), der grds. 9
Vorsitzender Richter ist (§ 21f Rdn. 2). Die Person des Vorsitzenden muss i.S.d. Grundsatzes des gesetzlichen Richters vom Geschäftsverteilungsplan »**eindeutig und verbindlich vorherbestimmt**« sein (KK-StPO/*Diemer* § 21e Rn. 4). Nicht zulässig ist es daher, den Vorsitz einem namentlich unbekannten Richter (»N.N.«) zuzuweisen, der zu Beginn des Geschäftsjahres noch keine Planstelle hat, keine Planstelle mehr hat oder an die Stelle eines künftig ausscheidenden Richters treten soll (BGHSt 28, 290, 292; *Kissel/Mayer* § 21e Rn. 137 m. Hinweis auf Abweichungen in der Praxis; KK-StPO/*Diemer* § 21e Rn. 4) oder in der Geschäftsverteilung die Möglichkeit offen zu lassen, während des laufenden Geschäftsjahres jederzeit einen anderen Vorsitzenden Richter mit dem Vorsitz zu betrauen (OLG Hamm StV 1998, 6, 7; KK-StPO/*Diemer* § 21e Rn. 4).

Der **Präsident** bestimmt selbst, welche richterlichen Aufgaben er wahrnimmt, mithin welchem Spruchkörper 10
er vorsitzt (Abs. 1 Satz 3), soweit er nicht bereits kraft Gesetzes Vorsitzender bestimmter Spruchkörper ist, z.B. der Großen Senate (KK-StPO/*Diemer* § 21e Rn. 4).

11 Die Besetzung der Spruchkörper ist so zu regeln, dass jeder Richter einem Spruchkörper zugewiesen wird, es sei denn, er wird für andere Aufgaben freigestellt (Abs. 6; KK-StPO/*Diemer* § 21e Rn. 5). Die **Zuteilung an mehrere Spruchkörper** (Abs. 1 Satz 4) ist zulässig, dies gilt auch für den Vorsitzenden (beachte aber § 21f Rdn. 2). Die Verteilung der Geschäfte innerhalb der Spruchkörper regelt § 21g (KK-StPO/*Diemer* § 21e Rn. 5). Sofern eine Zuteilung an mehrere Spruchkörper erfolgt, muss das Rangverhältnis der verschiedenen Dienstgeschäfte durch das Präsidium im Voraus geregelt werden (BGH NJW 1973, 1291 L; KK-StPO/*Diemer* § 21e Rn. 5; Meyer-Goßner/*Schmitt* § 21e Rn. 6). Ist dies nicht der Fall, so muss im Kollisionsfall der Präsident entscheiden, welches Dienstgeschäft Vorrang hat (BGHSt 25, 163; KK-StPO/*Diemer* § 21e Rn. 5). Ist ein Richter nur **mit einem Bruchteil seiner Arbeitskraft einem Spruchkörper zugeteilt** (z.B. Hochschullehrer als Richter im Nebenamt), so muss der Umfang seiner Verhinderung schon im Geschäftsverteilungsplan festgestellt werden (BGH NJW 1974, 656 L; Thomas/Putzo/*Hüßtege*, § 21e Rn. 17).

12 **2. Statthafte Überbesetzung der Spruchkörper.** Nach herrschender Meinung ist es zulässig (mit Art. 101 Abs. 1 Satz 2 GG vereinbar), dass das Präsidium eine **Überbesetzung** vornimmt, d.h. einem Spruchkörper mehr Richter zuweist, als er gesetzlich haben muss, sofern dies für die Gewährleistung einer »geordneten Rspr. unvermeidbar und vom Vorsitzenden Richter zu bewältigen ist« (BVerfGE 18, 344, 350; 22, 282, 286; BGHSt 33, 234; Meyer-Goßner/*Schmitt* § 21e Rn. 5). Die frühere Rspr. des BVerfG, wonach einem Spruchkörper nicht so viele Richter angehören durften, dass der Vorsitzende zwei personell verschieden besetzte Sitzgruppen oder drei Spruchkörper mit jeweils verschieden Beisitzern bilden konnte (BVerfGE 17, 294, 301; 18, 65, 69; 18, 344, 350; BGHSt 33, 234; KK-StPO/*Diemer* § 21e Rn. 6) ist durch BVerfG NJW 1997, 1497 gelockert und im Wesentlichen aufgegeben worden, »wenn durch die spruchkörperinterne Geschäftsverteilung nach § 21g der gesetzliche Richter ausreichend garantiert wird« (BGH NJW 2004, 1118; Thomas/Putzo/*Hüßtege*, § 21e Rn. 18; Zöller/*Lückemann* § 21e Rn. 9). Das BVerfG (NJW 2004, 3482) hat offengelassen, ob es eine absolute Obergrenze der Überbesetzung eines Spruchkörpers gibt (vgl. Meyer-Goßner/*Schmitt* § 21e Rn. 5).

13 **3. Hilfsspruchkörper.** Zur Bewältigung eines unvorhersehbaren, vorübergehenden (BGH NJW 2000, 1580: unbestimmter Rechtsbegriff; KK-StPO/*Diemer* § 21e Rn. 7; dazu krit. Anm. *Katholnigg* NStZ 2000, 443) Überlastungsfalls oder bei einer Verhinderung (s. § 21f Rdn. 8), die nicht auf einzelne Sitzungen beschränkt ist (BGHSt 25, 174, 175; 31, 389 = NStZ 1984, 84 m. abl. Anm. *Frisch*) ist die Bildung von Hilfsspruchkörpern zulässig(Meyer-Goßner/*Schmitt* § 21e Rn. 16; KK-StPO/*Diemer* § 21e Rn. 7). Zuständig für die Bildung ist das Präsidium (BGHSt 21, 260; 15, 217; KK-StPO/*Diemer* § 21e Rn. 7). Auch bei dem Hilfsspruchkörper muss der Geschäftskreis nach generellen Merkmalen eindeutig bestimmt werden (KK-StPO/*Diemer* § 21e Rn. 7; Meyer-Goßner/*Schmitt* § 21e Rn. 16a), eine Übertragung von Einzelsachen ist nicht zulässig (BGHSt 7, 23, 25; 33, 234, 237; Meyer-Goßner/*Schmitt* § 21e Rn. 16a), außer es ist der »sachgerechte Weg, um eine nur durch das abgeleitete Verfahren entstandene Überlastung auszugleichen« (BGHSt 44, 161, 166; Meyer-Goßner/*Schmitt* § 21e Rn. 16a m.w.N.). Das Ende der Tätigkeit eines Hilfsspruchkörpers muss von einem sicher eintretenden, vom Willen des Einzelnen unabhängigen Ereignisses abhängig gemacht (BGHSt 21, 260, 263; KK-StPO/*Diemer* § 21e Rn. 7; Meyer-Goßner/*Schmitt* § 21e Rn. 16a) oder kalendermäßig bestimmt werden (Meyer-Goßner/*Schmitt* § 21e Rn. 16a). Verzögert sich das bestimmte Ereignis (z.B. verzögerter Abschluss einer Strafsache), so bleibt die Hilfsstrafkammer dennoch gesetzlicher Richter (BGHSt 31, 389 L [1] = NJW 1983, 2952 m. krit. Anm. *Frisch* NStZ 1984, 84; KK-StPO/*Diemer* § 21e Rn. 7; Meyer-Goßner/*Schmitt* § 21e Rn. 16a). Eine Hilfsstrafkammer darf nicht über mehrere Geschäftsjahre hinweg bestehen (BGHSt 33, 303; NJW 1986, 144; *Frisch* NStZ 1987, 265; *Katholnigg* JR 1986, 260; KK-StPO/*Diemer* § 21e Rn. 7). Ggf. muss dann eine ordentliche Strafkammer eingerichtet werden oder eine Umverteilung der Geschäfte stattfinden (BGHSt 33, 303, 304; Meyer-Goßner/*Schmitt* § 21e Rn. 16a).

14 **IV. Bestellung der Ermittlungsrichter.** Weitere Aufgabe des Präsidiums ist die Bestellung der Ermittlungsrichter (§ 162 StPO). Dies umfasst auch die konkrete, inhaltliche Ausgestaltung des Bereitschaftsdienstes. »Für unaufschiebbare Geschäfte außerhalb der üblichen Dienstzeiten sowie an dienstfreien Tagen muss [das Präsidium] zuständige Richter bereitstellen, soweit dazu ein verfassungsrechtliches Gebot besteht« (BVerfG NStZ 2019, 1428, 1431 m.w.N.) »Für den ermittlungsrichterlichen Aufgabenbereich obliegt es daher den Präsidien der Amtsgerichte am Sitz der StA oder ihrer Zweigstelle (vgl. § 162 I 1 StPO) oder – im Fall der Bereitschaftsdienstkonzentration nach § 22 c GVG – dem Präsidium des LG im Einvernehmen mit den Präsidien der einbezogenen Amtsgerichte (vgl. § 22 c I 4 GVG), eine Prognoseentscheidung darüber zu treffen, ob und inwieweit in dem betroffenen Gerichtsbezirk ein über den Ausnahmefall hinausgehender praktischer Bedarf für die Einrichtung eines nächtlichen ermittlungsrichterlichen Bereitschaftsdienstes besteht« (BVerfG NStZ 2019, 1428, 1431 m. V. auf *Kissel/Mayer* § 21 e Rn. 136) und wie dieser im Einzelfall ausgestaltet wird.

Möglich ist insoweit auch die Initialisierung eines hauptamtlichen Bereitschaftsdienstes, dem während der Dienstzeiten alle Aufgaben eines Ermittlungsrichters zukommen. Der Vorteil eines hauptamtlichen Bereitschaftsdienstes liegt darin begründet, dass die ernannten Richter mit der Zeit über einen größeren Erfahrungsschatz verfügen, als die Kollegen, die basierend auf einem rotierenden System nur sporadisch mit der Wahrnehmung ermittlungsrichterlicher Aufgaben betraut werden

V. Vertretung der Richter. Das Präsidium regelt auch die **Vertretung** im Fall von vorübergehenden Verhinderungen **zwischen den Spruchkörpern.** Für die Vertretungsregelung innerhalb eines Spruchkörpers gilt § 21g Abs. 4. Die Vertretung bei vorübergehender Verhinderung des Vorsitzenden wird durch § 21f Abs. 2 geregelt. 15

Für jeden Richter muss ein **ständiger Vertreter** bestimmt werden (KK-StPO/*Diemer* § 21e Rn. 8; MüKo-ZPO/*Zimmermann* § 21e Rn. 41). Die Vertretungsregelung hat die aus Art. 101 Abs. 1 Satz 2 GG abgeleiteten Grundsätze der Bestimmtheit (Rdn. 6), der Vollständigkeit (Rdn. 6), der Jährlichkeit (Rdn. 6), der Vorauswirkung (Rdn. 6) und der Stetigkeit (Rdn. 6) zu berücksichtigen (*Kissel/Mayer* § 21e Rn. 140; SK-StPO/*Velten* § 21e Rn. 21). Die Vertretung ist mithin für das Geschäftsjahr **im Voraus** generell zu regeln, nur unter den Voraussetzungen des Abs. 3 kann sie auch während des Geschäftsjahres erfolgen, sofern die Vertretung ebenfalls **abstrakt-generell** bestimmt wird (KK-StPO/*Diemer* § 21e Rn. 8; SK-StPO/*Velten* § 21e Rn. 21). Eine Vertretungsregelung erst bei Eintritt des Verhinderungsfalles (ad hoc) oder einer Änderung des Geschäftsverteilungsplanes ist unzulässig (BGH GA 1979, 222 *Kissel/Mayer* § 21e Rn. 140). Dies erfordert, dass auch vorsorglich eine Regelung für den Fall der Verhinderung des Vertreters getroffen wird; es muss eine **»lückenlose Kette von Vertretern«** (sog. **»Ringvertretung«**) gebildet werden (*Kissel/Mayer* § 21e Rn. 140; Meyer-Goßner/*Schmitt* § 21e Rn. 10; SK-StPO/*Velten* § 21e Rn. 21). Die Vertreterreihenfolge muss hierbei durch das Präsidium eindeutig und im Voraus festgelegt werden, damit der gesetzliche Richter auch für den Vertretungsfall und alle weiteren Vertretungsfälle unzweifelhaft bestimmt werden kann (BVerwG, DÖV 1976, 747; *Kissel/Mayer* § 21e Rn. 140). Die Ausgestaltung der Art und Weise der Vertretung liegt im pflichtgemäßen Ermessen des Präsidiums (*Kissel/Mayer* § 21e Rn. 140; MüKo-ZPO/*Zimmermann* § 21e Rn. 41). Die Bestellung eines **nur zeitweiligen Vertreters für den Einzelfall** ist nur ausnahmsweise i.R.d. Abs. 3 zulässig, wenn sie infolge nicht vorhergesehener Ereignisse notwendig wird oder wenn die an sich ausreichende Vertretungsregelung nicht greift, weil alle Richter der Vertreterkette verhindert sind (BGHSt 27, 209; BGH StV 1993, 397; KK-StPO/*Diemer* § 21e Rn. 8; LR/*Breidling* § 21e Rn 17; Meyer-Goßner/*Schmitt* § 21e Rn. 10; **a.A.** *Katholnigg* § 21e Rn. 5; MüKo-ZPO/*Zimmermann* § 21e Rn. 41; SK-StPO/*Velten* § 21e Rn. 8). 16

Die Vertretungsregelung findet nur auf die Fälle der **vorübergehenden** Verhinderung Anwendung (§ 21f Rn. 7, 8). Bei dauernder Verhinderung muss eine Änderung der Geschäftsverteilung herbeigeführt werden (BGHSt 21, 131, 133; KK-StPO/*Diemer* § 21e Rn. 9). Eine zu Beginn des Geschäftsjahres konkret vorhersehbare Dauerverhinderung muss im Geschäftsverteilungsplan berücksichtigt werden (KK-StPO/*Diemer* § 21e Rn. 9), bei vorhersehbaren Aufgabenkollisionen ist im Plan zu bestimmen, welche Aufgabe vorrangig ist (BGHSt 25, 239; SK-StPO/*Velten* § 21e Rn. 20). 17

Einer ausdrücklichen **Feststellung** der (bzw. des Wegfalls der) **Verhinderung** (zum Begriff § 21f Rn. 8) bedarf es nur, wenn sie **nicht offensichtlich** (zum Begriff § 21f Rn. 9) ist (BGH NJW 1967, 637; DRiZ 1980, 147, 148; KK-StPO/*Diemer* § 21e Rn. 10), insb. in Fällen der Überlastung (BGHSt 21, 174, 175) oder wegen anderer richterlicher Aufgaben (BGH StV 1989, 338). Offensichtlich ist die Verhinderung z.B. bei Krankheit, urlaubsbedingter Abwesenheit, Dienstreise, kurzfristiger Abordnung oder Unerreichbarkeit (BGH DRiZ 1980, 147, 148; Meyer-Goßner/*Schmitt* § 21e Rn. 8). Das gilt selbst dann, wenn der Vertreter einem anderen Spruchkörper angehört (BGH DRiZ 1980, 147, 148). In diesen Fällen tritt der geschäftsplanmäßige Vertreter ohne Weiteres an die Stelle des verhinderten Richters (BGH DRiZ 1980, 146, 147; Meyer-Goßner/*Schmitt* § 21e Rn. 8). Die feststellende Verfügung des Vorsitzenden hat insoweit nur deklaratorische Bedeutung. Ist eine Feststellung erforderlich darf der Vertreter erst aufgrund dieser tätig werden; ohne die Feststellung liegt dann keine wirksame Verhinderung vor (mit der Folge der Anwendbarkeit des § 338 Nr. 1 StPO: BGH NJW 1973, 1291). Die Feststellung der Verhinderung trifft der Präsident (auch seine eigene Verhinderung: BGH NJW 1967, 637) oder sein nach § 21h bestimmter Vertreter, wenn ein Richter aus einem anderen Spruchkörper heranzuziehen ist (BGHSt 21, 174; 12, 33; 18, 162; KK-StPO/*Diemer* § 21e Rn. 10), ansonsten der Vorsitzende, wenn er durch Rechtsprechungsaufgaben in seinem Spruchkörper verhindert ist (BGH NStZ 1990, 24, 29; KK-StPO/*Diemer* § 21e Rn. 10). Zur **Form** § 21f Rdn. 9. 18

Bei der Bestellung von **Ergänzungsrichtern** (§ 192 Abs. 2) durch das Präsidium muss nicht auf die im Geschäftsverteilungsplan festgelegte Vertretungsregelung zurückgegriffen werden, da die Teilnahme eines Ergänzungsrichters kein Fall der nach § 21e Abs. 1 geregelten Vertretung ist (BGHSt 26, 324; LR/*Breidling* § 21e Rn. 19; Meyer-Goßner/*Schmitt* § 21e Rn. 12; SK-StPO/*Velten* § 21e Rn. 49). 19

20 **C. Änderung der Besetzung und der Geschäftsverteilung (Abs. 3).** Um die Effizienz des Geschäftsablaufs zu erhalten oder wiederherzustellen (BVerfG NJW 2005, 2689, 2690. m.w.N.; KK-StPO/*Diemer* § 21e Rn. 14) lässt Abs. 3 in Abweichung vom Grundsatz der Stetigkeit unter eng umgrenzten und strengen Voraussetzungen (BGH NStZ-RR 2016, 218; BeckOK GVG/*Valerius* § 21e Rn. 23) Änderungen des Geschäftsverteilungsplanes in vier Fallgruppen zu: bei Überlastung, bei ungenügender Auslastung, bei Wechsel oder dauernder Verhinderung einzelner Richter (MüKo-ZPO/*Zimmermann* § 21e Rn. 30). Die Regelung des Abs. 3 ist aber nicht abschließend (BGHSt 27, 209, 210 f.; NStZ 1986, 469; *Kissel/Mayer* § 21e Rn. 109; LR/*Breidling* § 21e Rn. 44). Eine Änderung des Geschäftsverteilungsplans ist aus zwingenden gesetzlichen Gründen auch dann zulässig, wenn dem Gericht im laufenden Geschäftsjahr aufgrund gesetzlicher Änderung neue Geschäftsaufgaben zugewiesen oder entzogen werden oder wenn der Geschäftsverteilungsplan fehlerhaft ist oder unvorhersehbare Lücken auftreten (BGH NStZ 1986, 469; *Kissel/Mayer* § 21e Rn. 109; MüKo-ZPO/*Zimmermann* § 21e Rn. 30; BeckOK GVG/*Valerius* § 21e Rn. 24), die geschlossen werden müssen. Kein Änderungsgrund ist *per se* die Ausbildung des richterlichen Nachwuchses (BGHSt 26, 382; KK-StPO/*Diemer* § 21e Rn. 14; Meyer-Goßner/*Schmitt* § 21e Rn. 13). Jedoch hat das Präsidium im Rahmen seines **pflichtgemäßen Ermessens** (BVerwG NJW 1982, 2274; BGHSt 22, 237, 239 f.; KK-StPO/*Diemer* § 21e Rn. 14) bei einer aus anderen Gründen notwendigen Änderung »alle Umstände, die der Gewährleistung einer geordneten Rechtspflege dienen«, zu berücksichtigen (BGH NJW 1978, 1444 krit. Anm. *Müller* NJW 1978, 2163; Meyer-Goßner/*Schmitt* § 21e Rn. 13; KK-StPO/*Diemer* § 21e Rn. 14). Zur Einrichtung eines **Hilfsspruchkörpers**, s. Rn. 13.

21 Im Rahmen der revisionsgerichtlichen Prüfung unterliegt die Entscheidung des Präsidiums nach Abs. 3 »nicht lediglich einer Vertretbarkeits- oder Willkürkontrolle, sie ist vielmehr einer vollständigen revisionsgerichtlichen Überprüfung unterworfen, insb. auch daraufhin, ob eine Überlastung einer StrK vorgelegen hat und die vom Präsidium getroffenen Maßnahmen erforderlich waren« (BGH NStZ 2014, 226, 227; vgl. auch BGH NStZ 2016, 563; BGHSt 53, 268; KK-StPO/*Diemer* § 21e Rn. 15; BeckOK GVG/*Valerius* § 21e Rn. 46, 47). Damit hat sich der BGH bei der Auslegung des Kontrollmaßstabes entsprechend der Rspr. des BVerfG von einer reinen Willkürkontrolle (so noch BGHSt 22, 237, 239; 44m, 161, 170) distanziert (BVerfG NJW 2005, 2689, 2690: »jede Rechtswidrigkeit«).

22 **I. Überlastung oder ungenügende Auslastung.** Eine **Überlastung** des Richters oder Spruchkörpers liegt vor, wenn dieser die ihm zugeteilten Aufgaben über einen längeren Zeitraum nicht mehr in angemessener Zeit und Weise erledigen kann (BGH NJW 2004, 865; AnwK-StPO/*Bergmann* § 21e Rn. 13; Meyer-Goßner/*Schmitt* § 21e Rn. 14). Die Überlastung muss so erheblich sein, dass der Ausgleich nicht bis zum Ende des Geschäftsjahres zurückgestellt werden kann (BGHSt 53, 268; BGH NStZ 2014, 287; *Kissel/Mayer* § 21e Rn. 112; Meyer-Goßner/*Schmitt* § 21e Rn. 14). Zudem muss es sich um eine dauernde Überlastung handeln, d.h. die Dauer der Überlastung darf noch nicht absehbar sein (BGHSt 10, 179, 181) oder es muss zumindest zu erwarten sein, dass sie sich bis in das nächste Geschäftsjahr erstrecken wird (AnwK-StPO/*Bergmann* § 21e Rn. 13; *Kissel/Mayer* § 21e Rn. 112). Einer Überlastung kann in Form einer personellen Veränderung durch Zuweisung weiterer Richter an den überlasteten Spruchkörper oder durch Umverteilung der Aufgaben auf einen anderen oder neu zu bildenden Spruchkörper nach abstrakt-generellen Merkmalen begegnet werden (BGHSt 7, 23, 25; 12, 104, 105; *Kissel/Mayer* § 21e Rn. 112; LR/*Breidling* § 21e Rn. 46). Insofern kann das zu beachtende Beschleunigungsgebot eine nachträgliche Änderung des Geschäftsverteilungsplans gebieten (BGH NStZ 2015, 658; Meyer-Goßner/*Schmitt* § 21e Rn. 14). Endet die Überlastung eines Spruchkörpers, der nach Abs. 3 entlastet wurde, so hat keine Rückübertragung der während der Zeit der Entlastung eingegangenen Strafsachen auf diesen zu erfolgen (BGH NStZ-RR 2006, 65, 67; Meyer-Goßner/*Schmitt* § 21e Rn. 14). Zur Änderung des Geschäftsverteilungsplans bei Überlastung durch Umverteilung anhängiger Haftsachen, vgl. BGHSt 44, 161, 165 ff.

23 Eine **ungenügende Auslastung** – als Pendant zur Überlastung – kann auf der Reduzierung des Geschäftsanfalls oder dem Wegfall bisheriger Aufgaben beruhen (LR/*Breidling* § 21e Rn. 49). Das Präsidium hat hier in umgekehrter Weise zur Überlastung zu verfahren. Die Ursachen, die zur Überlastung oder ungenügenden Auslastung geführt haben, sind irrelevant (*Kissel/Mayer* § 21e Rn. 112).

24 **II. Richterwechsel und dauernde Verhinderung.** Ein **Richterwechsel** ist jede Veränderung im personellen Bestand der dem Gericht zugewiesenen Richter im Laufe des Geschäftsjahres, ohne Rücksicht darauf, ob eine Änderung der Planstellen oder eine Änderung der Gesamtzahl der Richter stattfindet (BGHSt 22, 237, 239; *Kissel/Mayer* § 21e Rn. 113; MüKo-ZPO/*Zimmermann* § 21e Rn. 33). Darunter fallen sowohl das Freiwerden von Richterstellen z.B. durch Tod, Pensionierung, Entlassung, Versetzung oder Beförderung als auch die Abordnung eines Richters oder die Besetzung einer Planstelle (MüKo-ZPO/*Zimmermann* § 21e Rn. 33; *Kissel/Mayer* § 21e Rn. 113). Zur Ausbildung des Richternachwuchses Rn. 20.

Eine **dauernde Verhinderung** (zur vorübergehenden Verhinderung § 21f Rn. 7, 8) liegt vor, wenn ohne Richterwechsel ein Richter aus tatsächlichen oder rechtlichen Gründen für längere oder der Dauer nach ungewisse Zeit verhindert ist (LR/*Breidling* § 21e Rn. 52; MüKo-ZPO/*Zimmermann* § 21e Rn. 35). Eine Verhinderung ist – auch bei mehreren Monaten – nicht dauernd, wenn an der Rückkehr keine Zweifel bestehen (BGH NJW 1989, 843, 844; dauernde Verhinderung nach BGH NJW 2003, 150, 154 bei mehr als drei Monaten; vgl auch Müko-ZPO/*Zimmermann* § 21e Rn. 35; **a.A.** *Kissel/Mayer* § 21e Rn. 114: mehr als zwei Monate). Entscheidend ist die vom Präsidium nach pflichtgemäßem Ermessen zu beurteilende voraussichtliche Dauer nach den konkreten Umständen des Einzelfalls im Zeitpunkt des Änderungsbeschlusses (*Kissel/Mayer* § 21e Rn. 114; MüKo-ZPO/*Zimmermann* § 21e Rn. 35). Fälle der dauernden Verhinderung sind z.B. die Versetzung in ein anderes Bundesland oder eine länger andauernde Krankheit (AnwK-StPO/*Bergmann* § 21e Rn. 15 m.w.N.; MüKo-ZPO/*Zimmermann* § 21e Rn. 35). Zur Bestellung eines **zeitweiligen Vertreters**, s. Rn. 16. 25

D. Fortdauer der Zuständigkeit (Abs. 4). Das Präsidium kann anordnen, dass nach einer Änderung des Geschäftsverteilungsplans während des Geschäftsjahres nach Abs. 3 oder nach Beschluss des neuen Jahresgeschäftsplanes nach Abs. 1 Satz 1 (KK-StPO/*Diemer* § 21e Rn. 16; Meyer-Goßner/*Schmitt* § 21e Rn. 17), ein Richter oder Spruchkörper, der in der Sache tätig geworden ist, zuständig bleibt. Erforderlich ist bereits nach dem Wortlaut des Abs. 4, dass der Richter oder Spruchkörper zumindest vorbereitend tätig war, d.h. eine Entscheidung getroffen oder eine sonstige Prozesshandlung vorgenommen hat (LR/*Breidling* § 21e Rn. 55; Meyer-Goßner/*Schmitt* § 21e Rn. 17; **a.A.** KK-StPO/*Diemer* § 21e Rn. 16; *Kissel/Mayer* § 21e Rn. 149 für extensivere Auslegung). Für den Fall einer über das Geschäftsjahr hinaus andauernden Hauptverhandlung gilt Abs. 4 nicht, da die mitwirkenden Richter insoweit ohne ausdrückliche Anordnung zuständig bleiben (BGHSt 8, 250; KK-StPO/*Diemer* § 21e Rn. 16; Meyer-Goßner/*Schmitt* § 21e Rn. 18; für Schöffen: §§ 50, 77 Abs. 1). 26

E. Verfahrensrechtliche Grundsätze (Abs. 2, 3 Satz 2, Abs. 5 bis 9). Aus Fürsorgegesichtspunkten hat das Präsidium in verschiedenen Verfahrensstadien die Pflicht, den von seinen Maßnahmen betroffenen Richtern **Gelegenheit zur Äußerung zu geben bzw. diese anzuhören**, so in den Fällen der Abs. 2, 3 Satz 2 und Abs. 5 (Zuteilung zu einem anderen Spruchkörper oder Änderung des Zuständigkeitsbereichs – außer in Eilfällen; vgl. AnwK-StPO/*Bergmann* § 21e Rn. 11). Nach **Abs. 6** ist dagegen das Präsidium vorher zu hören, wenn ein Richter für Aufgaben der Justizverwaltung (teilweise) freigestellt werden soll, um sicherzustellen, dass das Präsidium rechtzeitig mit der Sache befasst wird (BT-Drs. VI 2903 v. 02.12.1971, S. 4; AnwK-StPO/*Bergmann* § 21e Rn. 11). Anhörungsrechte kommen auf Antrag auch der Schwerbehindertenvertretung (§ 95 Abs. 4 Satz 4 SGB IX) und dem Richterrat (§ 52 DRiG mit §§ 67, 68 BPersVG sowie den entsprechenden Ländervorschriften) zu (MüKo-ZPO/*Zimmermann* § 21e Rn. 56). Eine **Verletzung** der Äußerungsrechte bzw. Anhörungspflichten hat keine Folgen (*Kissel/Mayer* § 21e Rn. 56); die Anhörung muss aber nachgeholt werden (*Kissel/Mayer* § 21e Rn. 56). 27

Das Präsidium entscheidet nach **Abs. 7** durch **Stimmenmehrheit**; § 21i Abs. 2 gilt entsprechend. Eine **Stimmenthaltung** ist **unzulässig** (LR/*Breidling* § 21e Rn. 66; Meyer-Goßner/*Schmitt* § 21e Rn. 21; SK-StPO/*Velten* § 21e Rn. 34). Ausreichend ist, dass die Beschlüsse vom Vorsitzenden (und dem Protokollführer) unterschrieben werden (BVerwG NJW 1984, 575 L; Meyer-Goßner/*Schmitt* § 21e Rn. 21). Nach **Abs. 9** ist der Geschäftsverteilungsplan **zur Einsicht aufzulegen**; einer Veröffentlichung bedarf es nicht. Hierdurch soll die Überprüfung der vorschriftsmäßigen Besetzung (§ 338 Nr. 1 StPO) ermöglicht werden (Meyer-Goßner/*Schmitt* § 21e Rn. 21). Für die spruchkörperinterne Geschäftsverteilung gilt Abs. 9 nach § 21g Abs. 7 entsprechend (Meyer-Goßner/*Schmitt* § 21e Rn. 21). 28

Für Präsidiumssitzungen gilt **§ 169 (Öffentlichkeitsgrundsatz) nicht** (*Kissel/Mayer* § 21e Rn. 60; LR/*Breidling* § 21e Rn. 68), d.h. sie sind grds. nicht öffentlich. Das Präsidium kann **aber** den Richtern des Gerichts nach **Abs. 8 ein (zeitweises) Anwesenheitsrecht** einräumen; § 171b (Beachtung des Schutzes der Privatsphäre) gilt entsprechend (vgl. Meyer-Goßner/*Schmitt* § 21e Rn. 23). Verstöße gegen Abs. 8 haben keine Auswirkungen auf die Wirksamkeit des Präsidiumsbeschlusses (*Kissel/Mayer* § 21e Rn. 67; LR/*Breidling* § 21e Rn. 73). Die Beratung und Abstimmung unterliegen – sofern sie nicht öffentlich sind – dem **Beratungsgeheimnis** (§ 42 DRiG; *Kissel/Mayer* § 21e Rn. 22; KK-StPO/*Diemer* § 21e Rn. 17; Meyer-Goßner/*Schmitt* § 21e Rn. 23). Hinsichtlich der Präsidiumsangelegenheiten unterliegen die Präsidiumsmitglieder dem **Amtsverschwiegenheitsgrundsatz** (§§ 46, 71 DRiG, § 61 BBG, § 39 BRRG) (*Kissel/Mayer* § 21e Rn. 22, 23; KK-StPO/*Diemer* § 21e Rn. 17). 29

F. Fehlerhafter Geschäftsverteilungsplan. Eine (unmittelbare) **Anfechtung** des in richterlicher Unabhängigkeit beschlossenen Geschäftsverteilungsplans ist grds. **ausgeschlossen** (BGH DRiZ 1973, 280; MDR 1985, 319; Meyer-Goßner/*Schmitt* § 21e Rn. 24). Die Geschäftsverteilung und die Änderungsbeschlüsse können 30 aber durch die VG überprüft werden (BVerwG NJW 1976, 1224 L; Meyer-Goßner/*Schmitt* § 21e Rn. 24), sofern eine Verletzung eines Richters durch die Zuteilung oder Nichtzuteilung von Dienstgeschäften dargelegt wird. Die Gesetzmäßigkeit der Aufstellung und der Abänderung des Geschäftsverteilungsplan kann im Rechtsmittelverfahren überprüft werden (BGHSt 3, 353; *Kissel/Mayer* § 21e Rn. 120). Die **Besetzungsrüge (§ 338 Nr. 1 StPO)** ist aber nur unter engen Voraussetzungen zulässig. Eine fehlerhafte Präsidiumswahl kann nicht gerügt werden, vgl. § 21b Abs. 6 Satz 3 (*Kissel/Mayer* § 21e Rn. 120; MüKo-StPO/*Schuster* § 21e Rn. 67). Grobe Verfahrensfehler begründen die Besetzungsrüge nur, wenn sie die Unwirksamkeit des Geschäftsverteilungsplans zur Folge haben (*Kissel/Mayer* § 21e Rn. 120; MüKo-StPO/*Schuster* § 21e Rn. 67). I.Ü. unterliegen inhaltliche Entscheidungen des Präsidiums einer vollständigen revisionsgerichtlichen Kontrolle (MüKo-StPO/*Schuster* § 21e Rn. 68 m.w.N.); vgl. auch § 21e Rn. 21.

§ 21f [Vorsitz in den Spruchkörpern]

(1) Den Vorsitz in den Spruchkörpern bei den Landgerichten, bei den Oberlandesgerichten sowie bei dem Bundesgerichtshof führen der Präsident und die Vorsitzenden Richter.

(2) [1]Bei Verhinderung des Vorsitzenden führt den Vorsitz das vom Präsidium bestimmte Mitglied des Spruchkörpers. [2]Ist auch dieser Vertreter verhindert, führt das dienstälteste, bei gleichem Dienstalter das lebensälteste Mitglied des Spruchkörpers den Vorsitz.

Übersicht Rdn.

1 **A. Normzweck.** § 21f regelt den Vorsitz und die Vertretung im Vorsitz innerhalb der Spruchkörper der LG und der höheren Gerichte (Kollegialgerichte), mithin auch bei der kleinen Strafkammer § 76 Satz 1, der auswärtigen Strafkammer § 78 und der Strafvollstreckungskammer § 78a (LR/*Breidling* § 21f Rn. 1). Auf die AG findet die Norm keine Anwendung. Der **Zweck** der Norm ist es, »die Stabilität und Ständigkeit der Gerichtsorganisation auch in Bezug auf den Vorsitz [zu] sichern« (SK-StPO/*Velten* § 21f Rn. 1) und insoweit nur solchen Richtern den Vorsitz in einem Spruchkörper anzuvertrauen, die über eine große Sachkunde, reife Erfahrung und gute Menschenkenntnis verfügen (LR/*Breidling* § 21f Rn. 2).

2 **B. Vorsitz in den Spruchkörpern (Abs. 1).** Alle Spruchkörper (Kammer, Senat) der Kollegialgerichte müssen einen **ständigen ordentlichen Vorsitzenden** haben, der entweder der **Präsident oder ein Vorsitzender Richter** an diesem Gericht i.S.v. § 19a DRiG und zugleich Richter **auf Lebenszeit** gem. § 28 Abs. 2 Satz 2 DRiG sein muss (OLG Hamm, NStZ-RR 2004, 146; *Kissel/Mayer* § 21f Rn. 2; KK-StPO/*Diemer* § 21f Rn. 1; MüKo-ZPO/*Zimmermann* § 21f Rn. 2; MüKo-StPO/*Schuster* § 21f Rn. 2). Ein Richter am AG oder (ein Beisitzer) am LG kann nicht die Position des ständigen Vorsitzenden einer Strafkammer bekleiden (OLG Hamm StV 1998, 6; StV 2004, 366 und NStZ-RR 2004, 146: Hierauf kann die Revision gestützt werden; MüKo-ZPO/*Zimmermann* § 21f Rn. 2; KK-StPO/*Diemer* § 21f Rn. 1). Der Präsident und jeder Vorsitzende Richter müssen den Vorsitz in einem Spruchkörper führen. Die ausschließliche Zuweisung von Verwaltungsaufgaben oder Aufgaben eines Ermittlungsrichters ist unzulässig (*Kissel/Mayer* § 21f Rn. 6; Müko-ZPO/*Zimmermann* § 21f Rn. 3). Dem steht aber nicht entgegen, dass neben dem Vorsitz noch andere Aufgaben wie Verwaltungsaufgaben oder der Beisitz in einem anderen Spruchkörper (BGH NJW 1984, 129, 130; KK-StPO/*Diemer* § 21f Rn. 1) übernommen werden (*Kissel/Mayer* § 21f Rn. 4; KK-StPO/*Diemer* § 21f Rn. 1; SK-StPO/*Velten* § 21f Rn. 2). Einem Vorsitzenden Richter kann auch der Vorsitz in mehreren Spruchkörpern übertragen werden (BGH NJW 1984, 129, 131). Bei der Übernahme weiterer Aufgaben und/oder der Wahrnehmung des Vorsitzes in mehreren Spruchkörpern muss jedoch darauf geachtet werden, dass der Vorsitzende seine Aufgaben als Vorsitzender in einem solchen Maß ausüben kann, dass er einen **»richtungsweisenden Einfluss«** auf die Rspr. des Spruchkörpers hat; andernfalls ist der Spruchkörper **nicht ordnungsgemäß besetzt (§ 338 Nr. 1 StPO**; BGHSt 2, 71, 73; 21, 131, 133; 25, 54; BGH NJW 1974, 1572 m. krit. Anm. von Müller NJW 1974, 2242; KK-StPO/*Diemer* § 21f Rn. 2; *Kissel/Mayer* § 21f Rn. 4; krit. auch Meyer-Goßner/*Schmitt* § 21f Rn. 2; BVerfG NJW 2004, 3482, 3483 hält an dem Gedanken des »richtungsweisenden Einflusses« fest). In der zivilrechtlichen Rspr. wird davon ausgegangen, dass der Vorsitzende – abgesehen von den Fällen der vorübergehenden Verhinderung – in der Lage sein muss in quantitativer (nicht qualitativer) Hin-

sicht (MüKo-StPO/*Schuster* § 21f Rn. 5 m. Verweis auf BVerfG NJW 2012, 2334, 2337; KK-StPO/*Diemer* § 21f Rn. 2), mindestens 75 % **der Aufgaben eines Vorsitzenden** des jeweiligen Spruchkörpers selbst wahrzunehmen (BGH NJW 1962, 1570, 1571; AnwK-StPO/*Bergmann* § 21f Rn. 2; *Kissel/Mayer* § 21f Rn. 4; KK-StPO/*Diemer* § 21f Rn. 2; LR/*Breidling* § 21f Rn. 5; MüKo-ZPO/*Zimmermann* § 21f Rn. 3; SK-StPO/*Velten* § 21f Rn. 2). Dieser Richtwert lässt sich auf das Strafrecht übertragen (Meyer-Goßner/*Schmitt* § 21f Rn. 11 m.w.N.). Um den richtungsweisenden Einfluss des Vorsitzenden in seinem Spruchkörper zu wahren, darf jedem Spruchkörper **nur ein** Vorsitzender Richter zugewiesen werden; unzulässig ist es daher neben einem dauernd verhinderten Vorsitzenden Richter einen weiteren Vorsitzenden demselben Spruchkörper zuzuteilen (BGHZ 15, 137; MüKo-ZPO/*Zimmermann* § 21f Rn. 3) oder die Aufgaben des Vorsitzenden ständig von seinem Vertreter wahrnehmen zu lassen (BGH NJW 1985, 2337: begründet die Revision). Eine Beteiligung des Vorsitzenden Richters als Beisitzer in dem Spruchkörper, dem er vorsitzt, ist aber möglich, wenn er z.B. infolge Unkenntnis der Akten oder körperlicher Beeinträchtigungen (z.B. Heiserkeit) vorübergehend verhindert ist, den Vorsitz zu führen und in dieser Eigenschaft vertreten werden muss (BGH MDR 1994, 764: Hochlagern des Beines; LR/*Breidling* § 21f Rn. 11) Ausführlich zur Rolle des Vorsitzenden im Spruchkörper: *Sowada*, S. 407 ff.

Die Person des Vorsitzenden muss vom **Geschäftsverteilungsplan eindeutig** und bindend **im Voraus** festgelegt sein (vgl. AnwK-StPO/*Bergmann* § 21f Rn. 4). Ein Verstoß gegen den Grundsatz des gesetzlichen Richters (Art. 101 Abs. 1 Satz 2 GG, § 16 Satz 2) liegt insb. vor, wenn die Geschäftsverteilung die Möglichkeit eröffnet, zu jedem Zeitpunkt einen anderen Vorsitzenden Richter während des laufenden Geschäftsjahres den Vorsitz in einer Strafkammer zuzuweisen (OLG Hamm StV 1998, 6, 7; AnwK-StPO/*Bergmann* § 21f Rn. 4; KK-StPO/*Diemer* § 21f Rn. 1). Nicht zulässig ist es auch, bei vorübergehender Verhinderung des Vorsitzenden (einer kleinen Strafkammer) dessen Planstelle im neuen Geschäftsverteilungsplan nicht zu besetzen und dafür nur einen stellvertretenden Vorsitzenden zu bestimmen (OLG Hamm StV 2004, 366; Meyer-Goßner/*Schmitt* § 21f Rn. 3). Zulässig ist es indes eine zugewiesene Planstelle im Geschäftsverteilungsplan bis zur Besetzung mit »**N.N.**« zu berücksichtigen (BGHSt 34, 379, 381; OLG Hamm StV 1998, 6; Meyer-Goßner/*Schmitt* § 21f Rn. 3; anders bei noch nicht oder nicht mehr bestehender Planstelle s. § 21e Rdn. 9). 3

Das Vorsitzenden-Prinzip des **Abs. 1** gilt **nicht** für sonstige, **nicht ständige Spruchkörper**, insb. nicht für die **Hilfsstrafkammer** (zum Begriff § 21e Rdn. 13), d.h. sie können nach der h.M. auch mit einem Richter am LG als Vorsitzenden besetzt werden (BGHSt 12, 104; 18, 176, 178; 31, 389 m.Anm. *Katholnigg* = NStZ 1984, 84 m.Anm. *Frisch*; AnwK-StPO/*Bergmann* § 21f Rn. 5; KK-StPO/*Diemer* § 21f Rn. 1; LR/*Breidling* § 21f Rn. 12 f.; Meyer-Goßner/*Schmitt* § 21f Rn. 12; Thomas/Putzo/*Hüßtege* § 21f Rn. 2). Die Gegenansicht (*Frisch*, NStZ 1984, 86; *Kissel/Mayer* § 21f Rn. 7; *Schorn/Stanicki*, S. 142) verkennt, dass die LG nicht über überzählige Vorsitzende verfügen, was dazu führt, dass es zu Doppelbesetzungen kommt und damit notgedrungen zur Vertretung nach Abs. 2 (Meyer-Goßner/*Schmitt* § 21f Rn. 12). 4

C. Vertretung des Vorsitzenden im Verhinderungsfall (Abs. 2). I. Bestimmung durch das Präsidium (Abs. 2 Satz 1). In Abs. 2 wird die Vertretung des Vorsitzenden geregelt. Nach Abs. 2 Satz 1 hat das Präsidium für jeden Spruchkörper **einen ständigen Vertreter für ein Geschäftsjahr im Voraus** zu bestimmen. In der Auswahl des Vertreters ist das Präsidium nicht gebunden; eine Einschränkung nach Abs. 2 Satz 2 besteht nicht (*Kissel/Mayer* § 21f Rn. 9; MüKo-ZPO/*Zimmermann* § 21f Rn. 4). Auch der Vertreter im Spruchkörper des Präsidenten wird durch das Präsidium bestimmt; § 21e Abs. 1 Satz 3 gilt nicht (MüKo-ZPO/*Zimmermann* § 21f Rn. 4). Das Präsidium kann auch für den Fall der Verhinderung des regelmäßigen Vertreters **einen oder mehrere weitere Vertreter** des Vorsitzenden bestellen. Die Bestellung von mehreren nebeneinander und gleichzeitig tätig werdenden Vertretern des Vorsitzenden ist aber unzulässig, »da dadurch Einheitlichkeit und Qualität der Rspr. des Spruchkörpers nicht gewährleistet werden können« (OLG Hamm StV 1998, 6; 2004, 366; KK-StPO/*Diemer* § 21f Rn. 3). Sieht der Geschäftsverteilungsplan **mehrere Vertreter** vor, muss im Voraus bestimmt sein, welcher Richter als Vertreter für welche Verfahren oder in welcher Reihenfolge berufen ist (OLG Hamm StV 2004, 366; KK-StPO/*Diemer* § 21f Rn. 3). 5

Nur ein **Richter auf Lebenszeit** kann den Vorsitzenden vertreten (§ 28 Abs. 2 Satz 2 DRiG) (*Kissel/Mayer* § 21f Rn. 11). Nicht erforderlich ist nach dem Wortlaut des Abs. 2, dass der Vertreter des Vorsitzenden ein planmäßiges Mitglied des Gerichts (§ 27 Abs. 1 DRiG) ist (*Kissel/Mayer* § 21f Rn. 12). **Auch** ein **abgeordneter Richter** (§ 37 DRiG) kann Vertreter des Vorsitzenden sein, solange er dem **Spruchkörper ständig zugewiesen** ist (*Kissel/Mayer* § 21f Rn. 12; KK-StPO/*Diemer* § 21f Rn. 3; MüKo-ZPO/*Zimmermann* § 21f Rn. 5; SK-StPO/*Velten* § 21f Rn. 4; **a.A.** LR/*Breidling* § 21f Rn. 34). Eine Ausnahme gilt bei der kleinen Strafkammer (§ 76 Abs. 1), für die ein Vertreter aus den übrigen ständigen Mitgliedern des LG zu bestimmen ist (LR/*Breidling* § 21f Rn. 18). 6

7 Die Vertretungsregelung greift nur bei **vorübergehender Verhinderung** des ständigen Vorsitzenden ein, d.h. einer Verhinderung, die sich nur über einen gewissen überschaubaren Zeitraum erstreckt (BGHSt 21, 131, 133; BGH NJW 1974, 1572 m.Anm. *Müller* NJW 1974, 2242; AnwK-StPO/*Bergmann* § 21f Rn. 7). Bei dauernder Verhinderung (z.B. Versetzung in ein anderes Bundesland oder in den Ruhestand, Tod) muss nach § 21e Abs. 3 ein neuer Vorsitzender bestellt werden (BVerwG NJW 1986, 1366; BGH NStZ 1989, 32; OLG Celle StV 1993, 66; AnwK-StPO/*Bergmann* § 21f Rn. 7; Meyer-Goßner/*Schmitt* § 21f Rn. 4; MüKo-ZPO/*Zimmermann* § 21f Rn. 6). Die Neubestellung hat in diesem Fall nicht sofort, aber »ohne gebührliche Verzögerung« zu erfolgen (BVerfGE 18, 423, 426; OLG Oldenburg StV 2003, 12; AnwK-StPO/*Bergmann* § 21f Rn. 7; Meyer-Goßner/*Schmitt* § 21f Rn. 4); haushaltsrechtliche Erwägungen rechtfertigen eine Verzögerung nicht (BGH NJW 1985, 2337; Meyer-Goßner/*Schmitt* § 21f Rn. 4), jedenfalls (nach der früheren Rspr.) keine Vakanz der Vorsitzendenstelle über 6 Monate (BSG NJW 2007, 2717 L; dazu *Werner* NJW 2007, 2671; *Sowada*, S. 292: höchstens 3 Monate; Meyer-Goßner/*Schmitt* § 21f Rn. 4). Infolge von Konkurrenzstreitigkeiten wird die 6-Monatsfrist in der Praxis bei der Versetzung in den Ruhestand allerdings oftmals überschritten (Meyer-Goßner/*Schmitt* § 21f Rn. 4). In diesen Fällen wird unter Berufung auf die Rspr. des BFH § 21f Abs. 2 S. 1 solange für anwendbar gehalten »wie durch die Vakanz im Vorsitz keine wesentlich gewichtigere Beeinträchtigung der bei ordnungsgemäßer Besetzung des Spruchkörpers zu erwartenden Arbeitsweise zu erwarten ist als bei einem längeren Urlaub oder einer längeren Erkrankung« (Meyer-Goßner/*Schmitt* § 21f Rn. 4 m. Verweis auf BFHE 190, 47, 55).

8 Eine **Verhinderung** i.S.d. Gesetzes liegt vor, wenn der Richter aus tatsächlichen oder rechtlichen Gründen nicht in der Lage ist, die ihm nach dem Geschäftsverteilungsplan konkret zugewiesenen Aufgaben wahrzunehmen (BGHSt 14, 11, 15; 21, 40, 42; *Kissel/Mayer* § 21e Rn. 114; Meyer-Goßner/*Schmitt* § 21f Rn. 4; *Schrader* StV 1991, 540). **Tatsächliche Hinderungsgründe** sind z.B. Abordnung, körperliche Unfähigkeit, Krankheit (BGH NStZ 1989, 32, 33), Überbelastung (BGHSt 21, 174, 175; BGH StV 1989, 338), Unerreichbarkeit, Unkenntnis der Akten in einer großen Strafsache, wenn der Richter kurzfristig den Vorsitzenden vertreten soll (BGHSt 21, 40, 42; *Kissel*, FS Rebmann, S. 63, 65; Meyer-Goßner/*Schmitt* § 21f Rn. 5), Konkurrentenklage (BGH NStZ-RR 13, 259; Meyer-Goßner/*Schmitt* § 21f Rn. 5). Keine Verhinderung stellt ein schwerer Gewissenkonflikt (Art. 4 GG) dar, der einen konkreten Einzelfall betrifft (Meyer-Goßner/*Schmitt* § 21f Rn. 5; **a.A.** LR/*Böttcher* § 1 Rn. 13). **Rechtliche Hinderungsgründe** ergeben sich insb. aus dem Ausschluss und der erfolgreichen Ablehnung eines Richters nach §§ 22 bis 24 StPO (Meyer-Goßner/*Schmitt* § 21f Rn. 7), aus der Teilnahme an einer langen Hauptverhandlung sowie dem Doppelvorsitz (Meyer-Goßner/*Schmitt* § 21f Rn. 7; BeckOK-GVG/*Valerius* § 21f Rn. 8) und der Vernehmung des Vorsitzenden als Zeugen in dem betreffenden Verfahren, nicht aber bei bloßer, nicht näher konkretisierter Möglichkeit der Vernehmung (BGHSt 7, 44, 46; 7, 330, 331; 11, 206; AnwK-StPO/*Bergmann* § 21f Rn. 7).

9 Die (vorübergehende) Verhinderung des Vorsitzenden ist **festzustellen, wenn** sie **nicht offensichtlich** ist (BGHSt 12, 33, 35; 18, 162, 164; KK-StPO/*Diemer* § 21f Rn. 5; AnwK-StPO/*Bergmann* § 21f Rn. 8; SK-StPO/*Velten* § 21g Rn. 8). Die Verhinderung ist für jede Strafsache im Einzelfall festzustellen (KK-StPO/*Diemer* § 21f Rn. 5; SK-StPO/*Velten* § 21f Rn. 8; BeckOK-GVG/*Valerius* § 21f Rn. 10). Entscheidend ist der Zeitpunkt der Hauptverhandlung (BGHSt 14, 11, 16; LR/*Breidling* § 21f Rn. 19). Offensichtlich ist die Verhinderung, wenn sie »bei einer objektiven Betrachtungsweise für einen außenstehenden Beobachter deutlich zutage tritt« (AnwK-StPO/*Bergmann* § 21f Rn. 8; *Kissel/Mayer* § 21e Rn. 145). Fehlt es an einer erforderlichen Feststellung, begründet dies die Revision nach § 338 Nr. 1 StPO (BGH NJW 1973, 1291; AnwK-StPO/*Bergmann* § 21f Rn. 8). In Zweifelsfällen wird die Verhinderung daher (deklaratorisch) festzustellen sein (Meyer-Goßner/*Schmitt* § 21f Rn. 8 m.w.N.). Der **Vorsitzende trifft die Feststellung** selbst, wenn sich die Verhinderung nicht auf andere Spruchkörper auswirkt, ansonsten **trifft sie der Präsident** des Gerichts (oder dessen Vertreter) (BGHSt 30, 268; BGH NStZ 1988, 325; *Katholnigg* § 21f Rn. 3; KK-StPO/*Diemer* § 21f Rn. 5; LR/*Breidling* § 21f Rn. 22; **a.A.** SK-StPO/*Velten* § 21f Rn. 8: das Präsidium, in Eilfällen der Präsident), auch wenn es sich um seine eigene Verhinderung als Spruchkörpervorsitzender handelt (BGHSt 21, 174, 176; Meyer-Goßner/*Schmitt* § 21f Rn. 8; LR/*Breidling* § 21f Rn. 23). Die Feststellung ist an **keine Form** gebunden, also auch konkludent möglich (BGH NJW-RR 2001, 38 L; Meyer-Goßner/*Schmitt* § 21f Rn. 8; BeckOK-GVG/*Valerius* § 21f Rn. 11; **a.A.** *Schrader* StV 1991, 540, 541). Ein Aktenvermerk erscheint aber zweckmäßig (BGHSt 21, 174, 179; LR/*Breidling* § 21f Rn. 23; BeckOK-GVG/*Valerius* § 21f Rn. 11: »Jedenfalls muss sie in einer für das Revisionsgericht rechtlich nachprüfbaren Weise erfolgen.«). Die Feststellung der Verhinderung kann auch noch i.R.d. **Verfahrens nach §§ 222a, b StPO nachgeholt** werden (Meyer-Goßner/*Schmitt* § 21f Rn. 8), sonst nicht (BGHSt 21, 174, 179; Meyer-Goßner/*Schmitt* § 21f Rn. 8).

II. Gesetzliche Vertretungsregelung (Abs. 2 Satz 2). Abs. 2 Satz 2 betrifft die Fälle, in denen ein Vertreter vom Präsidium nicht bestellt ist, der nach Abs. 2 Satz 1 bestellte Vertreter verhindert ist oder eine unwirksame Vertreterbestellung vorliegt, d.h. der bestellte Vertreter kein ständiges Mitglied des Spruchkörpers oder kein Richter auf Lebenszeit ist (MüKo-ZPO/*Zimmermann* § 21f Rn. 5). Die Vertretung regelt sich in diesem Fall nach der Reihenfolge des Dienstalters (§ 20 DRiG), hilfsweise dem Lebensalter. Auch der gesetzlich vorgesehene Vertreter nach Abs. 2 Satz 2 muss zwingend Richter auf Lebenszeit sein (§ 28 Abs. 2 Satz 2 DRiG) (MüKo-ZPO/*Zimmermann* § 21g Rn. 5). Sofern der Vorsitzende Richter und alle Beisitzer verhindert sind, steht der Vorsitz dem dienstältesten Vertreter aus einem anderen Spruchkörper zu (BGHSt 21, 40, 42; NJW 1959, 1141 L; 1966, 941; LR/*Breidling* § 21f Rn. 33; *Kissel/Mayer* § 21f Rn. 13; MüKo-ZPO/*Zimmermann* § 21f Rn. 5). 10

III. Vertretung bei Zuziehung eines Ergänzungsrichters. § 21f Abs. 2 greift nicht, wenn während einer Hauptverhandlung, zu der ein Ergänzungsrichter (§ 192) zugezogen ist, eine Verhinderung des Vorsitzenden eintritt (Meyer-Goßner/*Schmitt* § 21g Rn. 15 m w.N.). In diesem Fall ist zunächst der dienst-, ersatzweise der lebensälteste an der Hauptverhandlung mitwirkende, vorsitzfähige Richter zur Vertretung berufen, um eine Wiederholung der Hauptverhandlung zu vermeiden (LR/*Breidling* § 21f Rn. 35; Meyer-Goßner/*Schmitt* § 21f Rn. 15). 11

§ 21g [Geschäftsverteilung innerhalb des Spruchkörpers]

(1) [1]Innerhalb des mit mehreren Richtern besetzten Spruchkörpers werden die Geschäfte durch Beschluss aller dem Spruchkörper angehörenden Berufsrichter auf die Mitglieder verteilt. [2]Bei Stimmengleichheit entscheidet das Präsidium.

(2) Der Beschluss bestimmt vor Beginn des Geschäftsjahres für dessen Dauer, nach welchen Grundsätzen die Mitglieder an den Verfahren mitwirken; er kann nur geändert werden, wenn es wegen Überlastung, ungenügender Auslastung, Wechsels oder dauernder Verhinderung einzelner Mitglieder des Spruchkörpers nötig wird.

(3) Absatz 2 gilt entsprechend, soweit nach den Vorschriften der Prozessordnungen die Verfahren durch den Spruchkörper einem seiner Mitglieder zur Entscheidung als Einzelrichter übertragen werden können.

(4) Ist ein Berufsrichter an der Beschlussfassung verhindert, tritt der durch den Geschäftsverteilungsplan bestimmte Vertreter an seine Stelle.

(5) § 21i Abs. 2 findet mit der Maßgabe entsprechende Anwendung, dass die Bestimmung durch den Vorsitzenden getroffen wird.

(6) Vor der Beschlussfassung ist den Berufsrichtern, die von dem Beschluss betroffen werden, Gelegenheit zur Äußerung zu geben.

(7) § 21e Abs. 9 findet entsprechend Anwendung.

Übersicht

A. Normzweck. § 21g enthält eine Regelung über die Geschäftsverteilung innerhalb eines Kollegialspruchkörpers (Abs. 1 Satz 1) sowie die Bestimmung der Mitwirkungsgrundsätze der Mitglieder des Spruchkörpers (Abs. 2). Die Norm bezweckt, indem sie die Zuständigkeit für die Aufgabenverteilung innerhalb der kollegial besetzten Spruchkörper auf das Kollegium aller dem Spruchkörper geschäftsplanmäßig angehörenden Richter überträgt, eine **Stärkung des Kollegialprinzips im Interesse der richterlichen Unabhängigkeit** des Spruchkörpers und des einzelnen Richters im Verhältnis zum Vorsitzenden (MüKo-ZPO/*Zimmermann* § 21g Rn. 1; SK-StPO/*Velten* § 21g Rn. 1). Insoweit ist § 21g eine **Kompetenznorm** (SK-StPO/*Velten* § 21g Rn. 1). Die Norm ist aber auch insoweit von Bedeutung, als sie inhaltliche Anforderungen an die Gestaltung der Aufgabenverteilung und das dabei einzuhaltende Verfahren stellt (**Organisationsnorm**, *Kissel/Mayer* § 21g Rn. 1). Durch die inhaltlichen Anforderungen an die Geschäftsverteilung soll – insb. beim überbesetzten Spruchkörper – das verfassungsrechtliche **Gebot des gesetzlichen Richters (Art. 101 Abs. 1 Satz 2 GG § 16 Satz 2) auf der Ebene der personellen Zusammensetzung des jeweiligen Spruchkörpers** umgesetzt werden (BVerfG NJW 1997, 1497; LR/*Breidling* § 21g Rn. 1; SK-StPO/*Velten* § 21g Rn. 1). 1

2 **B. Spruchkörperinterne Geschäftsverteilung (Abs. 1, 4 bis 7).** Seit der Neufassung des Gesetzes v. 22.12.1999 (BGBl. I, S. 2598) bestimmt **Abs. 1 Satz 1**, dass es entgegen dem früheren Recht nicht mehr dem Vorsitzenden obliegt, sondern Sache aller dem Spruchkörper angehörenden Berufsrichter ist, durch Beschluss die Geschäfte auf die Mitglieder zu verteilen Dadurch soll eine möglichst einvernehmliche Verfahrensaufteilung erfolgen (BT-Drs. 14/597 v. 23.03.1999, S. 5; Meyer-Goßner/*Schmitt* § 21g Rn. 1). Die **Verteilung** der Geschäfte hat im **pflichtgemäßen Ermessen** der Mitglieder des Spruchkörpers **in richterlicher Unabhängigkeit** zu erfolgen (LR/*Breidling* § 21g Rn. 7). Trotz der Verlagerung der Verteilungskompetenz auf den Spruchkörper im Ganzen verbleibt die »Verantwortung für eine zweckmäßige Organisation der Arbeit des Spruchkörpers und für einen zügigen Geschäftsgang« weiterhin beim Vorsitzenden (LR/*Breidling* § 21g Rn. 7). Nicht zulässig ist es, Geschäfte, die dem Vorsitzenden durch Gesetz zugewiesen sind (z.B. Verhandlungsleitung nach § 238 StPO, Terminierung, Erlass eines Haftbefehls nach § 125 Abs. 2 Satz 2 StPO oder Gewährung von Akteneinsicht nach § 147 Abs. 5 StPO) durch Beschluss auf andere zu übertragen (AnwK-StPO/*Bergmann* § 21g Rn. 2; LR/*Breidling* § 21g Rn. 7; Meyer-Goßner/*Schmitt* § 21g Rn. 1). Auch die Bestimmung des **Berichterstatters** kann weiterhin nur durch den Vorsitzenden erfolgen (so bereits bisher BVerfG NJW 1997, 1497, 1498 f. m. krit. Anm. *Berkemann* und *Katholnigg*; BGH NJW 1994, 1735, 1738; *Kissel/Mayer* § 21g Rn. 41; KK-StPO/*Diemer* § 21g Rn. 1; LR/*Breidling* § 21g Rn. 7; Meyer-Goßner/*Schmitt* § 21g Rn. 2; sehr str., vgl. *Sowada*, S. 448 m.w.N.). Ein »gesetzlicher« Berichterstatter existiert nicht (h.M.; BGH NJW 1967, 1622; KK-StPO/*Diemer* § 21g Rn. 1; LR/*Breidling* § 21g Rn. 7; *Kissel/Mayer* § 21g Rn. 41 m.w.N.). Der Vorsitzende hat im Interesse eines effizienten Arbeitsablaufs und wegen der ihm den Richtern ggü. obliegenden Fürsorgepflicht in Ausübung seines pflichtgemäßen Ermessens auf eine gleichmäßige Belastung der Mitglieder des Spruchkörpers hinzuwirken, wobei er besondere Fähigkeiten, Fachkenntnisse und die Leistungsfähigkeit der Mitglieder berücksichtigen kann (BGHSt 29, 162; *Katholnigg* NJW 1992, 2256, 2258; KK-StPO/*Diemer* § 21g Rn. 1; Meyer-Goßner/*Schmitt* § 21g Rn. 2; BeckOK-GVG/*Valerius* § 21g Rn. 5 m. krit. Anmerkung).

3 Für das Abstimmungsverfahren nach **Abs. 1 Satz 2** gilt das **Mehrheitsprinzip** (LR/*Breidling* § 21g Rn. 8). Bei Stimmengleichheit entscheidet das Präsidium.

4 **Abs. 3** (Übertragung der Verfahren auf den Einzelrichter) findet in Strafsachen **keine Anwendung.**

5 Bei Verhinderung (vgl. § 21f Rdn. 8) eines Mitglieds des Spruchkörpers bei der Beschlussfassung tritt der geschäftsplanmäßige **Vertreter** an dessen Stelle (**Abs. 4**).Dies bedingt, dass spruchkörperfremde Richter über die Geschäftsverteilung in einem ihnen nicht vertrauten Spruchkörper befinden müssen (Meyer-Goßner/*Schmitt* § 21g Rn. 7).

6 **Abs. 5** enthält für den Vorsitzenden eine Eilzuständigkeit entsprechend § 21i Abs. 2. § 21i Abs. 2 Satz 2 bis 4 finden entsprechende Anwendung.

7 Nach **Abs. 6** ist vor der Beschlussfassung denjenigen Richtern **Gelegenheit zur Äußerung** zu geben, die von dem Beschluss betroffen sind. Bedeutung erlangt dies insb. bei solchen Mitgliedern, die dem Spruchkörper für das Folgejahr schon zugewiesen sind, ihm aber im Zeitpunkt der Beschlussfassung noch nicht angehörten (AnwK-StPO/*Bergmann* § 21g Rn. 12; LR/*Breidling* § 21g Rn. 11; Meyer-Goßner/*Schmitt* § 21g Rn. 7).

8 Der (Änderungs-) Beschluss bedarf der Schriftform (BGH NStZ 1994, 443 m.Anm. *Katholnigg*, KK-StPO/*Diemer* § 21g Rn. 4; LR/*Breidling* § 21g Rn. 12; Meyer-Goßner/*Schmitt* § 21g Rn. 6), ist von den Mitwirkenden zu unterschreiben (Meyer-Goßner/*Schmitt* § 21g Rn. 6) und in entsprechender Anwendung des § 21e Abs. 9 i.V.m. Abs. 7 auf der Geschäftsstelle des Gerichts zur Einsicht auszulegen (LR/*Breidling* § 21g Rn. 12; Meyer-Goßner/*Schmitt* § 21g Rn. 6; *Kissel/Mayer* § 21g Rn. 39; MüKo-ZPO/*Zimmermann* § 21g Rn. 16).

9 **C. Grundsätze über die Mitwirkung der Mitglieder (Abs. 2).** Der Besetzungs- oder **Mitwirkungsplan** (Abs. 2) bezweckt die Bestimmung der jeweils mitwirkenden Richter **im Voraus** bei **überbesetzten Spruchkörpern** (§ 21e Rdn. 12) und ergänzt die Bestimmungen des Präsidiums über die Besetzung der Spruchkörper (AnwK-StPO/*Bergmann* § 21g Rn. 3; KK-StPO/*Diemer* § 21g Rn. 2). Im Mitwirkungsplan werden die **Grundsätze** festgelegt, die für die **Dauer eines Geschäftsjahres** (»Jährlichkeitsprinzip«, § 21e Rn. 6; BGH NJW 1999, 796 L; KK-StPO/*Diemer* § 21g Rn. 2) gelten sollen. Nach Ablauf des Geschäftsjahres tritt er ohne Weiteres außer Kraft (BGH NJW 2004, 2992, 2993 m.w.N.; KK/*Diemer* § 21g Rn. 2). Die Vorschriften über den Mitwirkungsplan gewährleisten »eine zusätzliche Sicherung gegen sachfremde Einflüsse« (BGHSt 21, 250, 254; BVerfGE 18, 344, 351; AnwK-StPO/*Bergmann* § 21g Rn. 3; KK-StPO/*Diemer* § 21g Rn. 2; *Kissel/Mayer* § 21g Rn. 5). Der **Dienstaufsicht** unterliegt der Mitwirkungsplan **nicht** (*Kissel/Mayer* § 21g Rn. 51; KK-StPO/*Diemer* § 21g Rn. 2).

Der Mitwirkungsplan wird in dem Beschluss über die Geschäftsverteilung nach Abs. 1 aufgestellt (KK-StPO/*Diemer* § 21g Rn. 3). Das Präsidium kann hierfür keine Vorschriften machen (KK-StPO/*Diemer* § 21g Rn. 3). Zur **Form** gilt Rdn. 8 entsprechend. 10

Über den **Inhalt** des Mitwirkungsplans gibt es keine nähere gesetzliche Bestimmung (vgl. KK-StPO/*Diemer* § 21g Rn. 5). Das Gesetz erfordert nur die Aufstellung allgemeiner »Grundsätze« im Mitwirkungsplan, nach denen die Mitglieder am Verfahren mitwirken und die eine jeweilige Bestimmung der Besetzung einzelner Sitzungen durch den Vorsitzenden ausschließen (vgl. BVerfG NJW 1991, 217, 219; KK-StPO/*Diemer* § 21g Rn. 5). Im Mitwirkungsplan muss aber nach **abstrakt-generellen Merkmalen im Voraus** so genau wie möglich bestimmt sein, welche Richter an der Entscheidung mitwirken; ein vermeidbarer Spielraum bei der Heranziehung des einzelnen Richters zur Entscheidung einer Sache darf nicht belassen werden (LR/*Breidling* § 21g Rn. 15; Meyer-Goßner/*Schmitt* § 21g Rn. 4). Das schließt die Verwendung unbestimmter Rechtsbegriffe nicht aus (Meyer-Goßner/*Schmitt* § 21g Rn. 4). Ausreichend ist es, dass sich aus dem Mitwirkungsplan ein System in der Weise ergibt, dass sich die Besetzung des Spruchkörpers bei der einzelnen Entscheidung in der Regel aus ihm ableiten lässt (KK-StPO/*Diemer* § 21g Rn. 5; Meyer-Goßner/*Schmitt* § 21g Rn. 4). In Betracht kommen verschiedene Systeme wie die Bestimmung der Richterbank nach fixen sachlichen Merkmalen (Aktenzeichen, Anfangsbuchstaben des Namens des – ggf. ältesten – Angeklagten, Rechtsgebiet usw.; vgl. BVerfG NJW 2005, 2540; zu Verteilungssystemen *Katholnigg*, JR 2000, 166; auch *Sowada*, S. 320 ff.), die Bestimmung der Spruchgruppe durch die Anknüpfung an die Person des fest bestimmten Berichterstatters (LR/*Breidling* § 21g Rn. 15; Meyer-Goßner/*Schmitt* § 21g Rn. 4) und die Zuordnung der Richter bzw. Spruchgruppe zu bestimmten Terminstagen (LR/*Breidling* § 21g Rn. 15; Meyer-Goßner/*Schmitt* § 21g Rn. 4). Ansonsten besteht für die Ausgestaltung des Systems im Einzelnen Gestaltungsfreiheit (Meyer-Goßner/*Schmitt* § 21g Rn. 4). Begriffe wie der Sachzusammenhang, die besondere Eilbedürftigkeit oder eine frühere Befassung mit der Sache sind zulässig (BGH NStZ 1994, 443 m.Anm. *Katholnigg*; Meyer-Goßner/*Schmitt* § 21g Rn. 4), solange eine Bestimmung des entscheidenden Richters nach abstrakt-generellen Merkmalen erfolgt (BGH StV 1999, 639, 640; KK-StPO/*Diemer* § 21g Rn. 5). 11

Von dem Mitwirkungsplan darf nicht willkürlich abgewichen werden (BGH NJW 1980, 951). Eine Abweichung von den »Grundsätzen« des Mitwirkungsplans wird aber bei unvorhersehbaren Umständen anerkannt, sofern die **Abweichung** zur Aufrechterhaltung eines geordneten Dienstbetriebs erforderlich ist (BGH NJW 1967, 1622, 1623; **a.A.** *Kissel/Mayer* § 21g Rn. 34, es gilt der strenge Regelungsmaßstab des § 21e) oder die strikte Einhaltung der »Grundsätze« zu Verzögerungen, teilweisem Leerlauf, ungleichmäßiger Auslastung oder vermeidbarem doppelten Arbeitsaufwand führen würde (BGHSt 29, 162, 164; Meyer-Goßner/*Schmitt* § 21g Rn. 10). Es empfiehlt sich eine solche Abweichung aktenkundig zu machen, rechtlich erforderlich ist dies aber nicht (Meyer-Goßner/*Schmitt* § 21g Rn. 10; BGHSt 29, 162, 164). Sofern die allgemeinen Grundsätze einer Auslegung zugänglich sind, können nicht vorbedachte Einzelfälle auch so bewältigt werden (BVerfG NJW 1997, 1497, 1499). 12

Eine **Änderung des Mitwirkungsplan** während des laufenden Geschäftsjahres erfolgt unter den Voraussetzungen des Abs. 2 Hs. 2 durch Beschluss. Die Änderung ist in den Akten zu dokumentieren (BGHSt 21, 250; Meyer-Goßner/*Schmitt* § 21h Rn. 9); es gilt Abs. 7 (Meyer-Goßner/*Schmitt* § 21g Rn. 9). 13

Mit der Revision kann nach **§ 338 Nr. 1 StPO** ein willkürlicher oder missbräuchlicher Verstoß gegen die Einhaltung der Grundsätze des Abs. 2 (BGHSt 21, 250; 29, 162) oder eine unzulässige Abweichung gerügt werden (Meyer-Goßner/*Schmitt* § 21g Rn. 11). 14

§ 21h [Vertretung des Präsidenten oder des aufsichtführenden Richters]

[1]Der Präsident oder aufsichtführende Richter wird in seinen durch dieses Gesetz bestimmten Geschäften, die nicht durch das Präsidium zu verteilen sind, durch seinen ständigen Vertreter, bei mehreren ständigen Vertretern durch den dienstältesten, bei gleichem Dienstalter durch den lebensältesten von ihnen vertreten. [2]Ist ein ständiger Vertreter nicht bestellt oder ist er verhindert, wird der Präsident oder aufsichtführende Richter durch den dienstältesten, bei gleichem Dienstalter durch den lebensältesten Richter vertreten.

§ 21h regelt die Vertretung des Präsidenten oder aufsichtsführenden Richters im Bereich der **»justizförmigen« Verwaltung**, für die der Grundsatz der richterlichen Unabhängigkeit gilt (BGH NJW 1974, 509; *Kissel/Mayer* § 21h Rn. 1; LR/*Breidling* § 21h Rn. 1; SK-StPO/*Velten* § 21h Rn. 1; Meyer-Goßner/*Schmitt* § 21h Rn. 1), insb. den Vorsitz im Präsidium (§ 21c Abs. 1 Satz 1), die Anordnungen nach § 21g Abs. 2 sowie die Eilentscheidungen nach § 21i Abs. 2. Für die Rechtsprechungstätigkeit gilt § 21f Abs. 2. Die Vertretung in Aufgaben der reinen Justizverwaltung (z.B. Ziehen der Lose bei Schöffenwahl) regelt das Landesrecht (§ 13 GVGVO und Landesgesetze; SK-StPO/*Velten* § 21h Rn. 1; *Kissel/Mayer* § 21h Rn. 1) 1

2 Der Vertretungsfall setzt eine vorübergehende Verhinderung (vgl. § 21f Rdn. 8) voraus, die durch den Präsidenten – soweit nicht offensichtlich (vgl. § 21 f Rdn. 9) – selbst festzustellen ist (*Kissel/Mayer* § 21h Rn. 4; SK-StPO/*Velten* § 21h Rn. 1). Ist der ständige Vertreter (Vizepräsident/Vertreter des aufsichtsführenden Richters) nicht bestellt oder verhindert, kommt es auf das Dienstalter, wobei die höhere Besoldungsstufe Vorrang hat (h.M., *Katholnigg* § 21h Rn. 3; *Kissel/Mayer* § 21h Rn. 6;), bzw. auf das Lebensalter an (Satz 2) (Thomas/Putzo/*Hüßtege* § 21h Rn. 2).

§ 21i [Beschlussfähigkeit des Präsidiums, Notkompetenz]

(1) Das Präsidium ist beschlußfähig, wenn mindestens die Hälfte seiner gewählten Mitglieder anwesend ist.

(2) [1]Sofern eine Entscheidung des Präsidiums nicht rechtzeitig ergehen kann, werden die in § 21e bezeichneten Anordnungen von dem Präsidenten oder aufsichtführenden Richter getroffen. [2]Die Gründe für die getroffene Anordnung sind schriftlich niederzulegen. [3]Die Anordnung ist dem Präsidium unverzüglich zur Genehmigung vorzulegen. [4]Sie bleibt in Kraft, solange das Präsidium nicht anderweit beschließt.

1 **A. Beschlussfähigkeit des Präsidiums (Abs. 1).** Die Beschlussfähigkeit des Präsidiums setzt mindestens die Hälfte der **gewählten** Mitglieder – ohne den Vorsitzenden (da dieser nicht gewählt ist und daher als »geborenes« Mitglied (vgl. § 21 a Rdn. 7) (vgl. § 21 a Rdn. 7) nicht mitgezählt wird, vgl. HK-StPO-Schmidt/Temming, § 21i Rn. 1; *Kissel/Mayer*, § 21i Rn. 3) – voraus. Der Vorsitzende muss für die Beschlussfähigkeit immer anwesend sein (*Kissel/Mayer*, § 21i Rn. 3; MüKo-StPO/*Schuster*, § 21i Rn. 4; LR/Breidling, § 21i Rn. 2) bzw. durch seinen Vertreter gem. § 21h vertreten werden, der in diesem Fall nicht mitgezählt wird (*Kissel/Mayer*, § 21i Rn. 3, 4; MüKo-ZPO/*Zimmermann*, § 21i Rn. 4; MüKo-StPO/*Schuster*, § 21i Rn. 2; KK-StPO/*Diemer*, § 21i Rn. 1). Die Vorschrift gilt auch für das Plenarpräsidium nach § 21a Abs. 2 Nr. 5, wobei bei einer ungeraden Mitgliederzahl die rechnerische Hälfte überschritten sein muss (LR/*Breidling*, § 21i Rn. 3).

2 Beschlüsse im (schriftlichen) **Umlaufverfahren** erfordern die Mitwirkung aller Mitglieder (BGHSt 12, 402; KK-StPO/*Diemer*, § 21i Rn. 1; MüKo-ZPO/*Zimmermann*, § 21i Rn. 5).

3 **B. Eilanordnungen (Abs. 2).** Wenn besondere Eilbedürftigkeit gegeben ist und eine Entscheidung des Präsidiums als Kollegium – auch im Umlaufverfahren – nicht rechtzeitig ergehen kann (*Kissel/Mayer*, § 21i Rn. 7; SK-StPO/*Velten*, § 21i Rn. 2), treffen der Präsident oder aufsichtsführende Richter als Vorsitzender des Präsidiums im Sinne von § 21 a Abs. 2 »nach pflichtgemäßem Ermessen und in eigener Verantwortung« (LR/*Breidling*, § 21i Rn. 8; vgl. auch Meyer-Goßner/*Schmitt*, § 21i Rn. 2) die Anordnungen nach § 21e (mit Ausnahme des Geschäftsverteilungsplans, SK-StPO/*Velten*, § 21i Rn. 3). Beim Plenarpräsidium ist der Präsident des übergeordneten LG oder der Dienstaufsicht ausführende Präsident eines anderen AG zuständig, § 22a (*Kissel/Mayer*, § 21i Rn. 8; *Katholnigg*, § 21i Rn. 2; LR/*Breidling*, § 21i Rn. 7; KK-StPO/*Diemer*, § 21i Rn. 2).

4 Zur Nachprüfung der Zulässigkeit und Angemessenheit der Eilanordnung sind die Gründe für die Eilbedürftigkeit schriftlich niederzulegen, Satz 2 (*Kissel/Mayer*, § 21i Rn. 10; LR/*Breidling*, § 21i Rn. 8; MüKO-ZPO/*Zimmermann*, § 21i Rn. 8). Die Eilanordnung ersetzt den Präsidiumsbeschluss (*Kissel/Mayer*, § 21i Rn. 11) und bleibt so lange in Kraft, bis das Präsidium anderweitig beschließt, Satz 4. Die Anordnung ist dem Präsidium unverzüglich zur Genehmigung vorzulegen (Satz 3), d.h., dass der Vorsitzende das Präsidium frühestmöglich zu Informationszwecken zu einer Sitzung laden und die Möglichkeit zu einer abweichenden Anordnung **für die Zukunft** (ex nunc, nicht ex tunc) geben muss (*Kissel/Mayer*, § 21i Rn. 10; MüKo-ZPO/*Zimmermann*, § 21i Rn. 8, 10).

5 Fehlerhafte Entscheidungen unterliegen der gerichtlichen Prüfung wie fehlerhafte Geschäftsverteilungspläne (vgl. § 21e Rdn. 30; *Kissel/Mayer*, § 21i Rn. 12; MüKo-ZPO/*Zimmermann*, § 21i Rn. 11). Die Eilanordnung kann – solange das Präsidium die Anordnung nicht bestätigt hat – nur dahin gehend überprüft werden, ob ein fehlerhafter Ermessensgebrauch vorliegt (*Kissel/Mayer*, § 21i Rn. 12; MüKo-ZPO/*Zimmermann*, § 21i Rn. 11). Verfahrensverstöße nach Satz 2 und 3 können nicht selbstständig gerügt werden (*Kissel/Mayer*, § 21i Rn. 12).

§ 21j [Errichtung von Gerichten; Bildung von Präsidien]

(1) [1]Wird ein Gericht errichtet und ist das Präsidium nach § 21a Abs. 2 Nr. 1 bis 4 zu bilden, so werden die in § 21e bezeichneten Anordnungen bis zur Bildung des Präsidiums von dem Präsidenten oder aufsichtführenden Richter getroffen. [2]§ 21i Abs. 2 Satz 2 bis 4 gilt entsprechend.
(2) [1]Ein Präsidium nach § 21a Abs. 2 Nr. 1 bis 4 ist innerhalb von drei Monaten nach der Errichtung des Gerichts zu bilden. [2]Die in § 21b Abs. 4 Satz 1 bestimmte Frist beginnt mit dem auf die Bildung des Präsidiums folgenden Geschäftsjahr, wenn das Präsidium nicht zu Beginn eines Geschäftsjahres gebildet wird.
(3) An die Stelle des in § 21d Abs. 1 bezeichneten Zeitpunkts tritt der Tag der Errichtung des Gerichts.
(4) [1]Die Aufgaben nach § 1 Abs. 2 Satz 2 und 3 und Abs. 3 der Wahlordnung für die Präsidien der Gerichte vom 19. September 1972 (BGBl. I S. 1821) nimmt bei der erstmaligen Bestellung des Wahlvorstandes der Präsident oder aufsichtführende Richter wahr. [2]Als Ablauf des Geschäftsjahres in § 1 Abs. 2 Satz 2 und § 3 Satz 1 der Wahlordnung für die Präsidien der Gerichte gilt der Ablauf der in Absatz 2 Satz 1genannten Frist.

Die Vorschrift ist an die Stelle des § 30 RpflAnpG (aufgehoben durch Art. 3 des Gesetzes v. 19.04.2006, 1
BGBl. I, S. 866) getreten. Sie enthält eine Regelung über die Bildung von Präsidien sowie die Geschäftsverteilung bei der Neuerrichtung von Gerichten (Meyer-Goßner/*Schmitt* § 21j Rn. 1) – entsprechend auch bei deren Zusammenlegung (*Kissel/Mayer* § 21j Rn. 2); hierzu wird auf Bestimmungen der §§ 21a, 21b, 21d, 21e und 21i verwiesen (Meyer-Goßner/*Schmitt* § 21j Rn. 1).

Dritter Titel. Amtsgerichte

§ 22 [Richter beim Amtsgericht]

(1) Den Amtsgerichten stehen Einzelrichter vor
(2) Einem Richter beim Amtsgericht kann zugleich ein weiteres Richteramt bei einem anderen Amtsgericht oder bei einem Landgericht übertragen werden.
(3) [1]Die allgemeine Dienstaufsicht kann von der Landesjustizverwaltung dem Präsidenten des übergeordneten Landgerichts übertragen werden. [2]Geschieht dies nicht, so ist, wenn das Amtsgericht mit mehreren Richtern besetzt ist, einem von ihnen von der Landesjustizverwaltung die allgemeine Dienstaufsicht zu übertragen.
(4) Jeder Richter beim Amtsgericht erledigt die ihm obliegenden Geschäfte, soweit dieses Gesetz nichts anderes bestimmt, als Einzelrichter.
(5) [1]Es können Richter kraft Auftrags verwendet werden. [2]Richter auf Probe können verwendet werden, soweit sich aus Absatz 6, § 23b Abs. 3 Satz 2 bis 5, § 23c Abs. 2 oder § 29 Abs. 1 Satz 2 nichts anderes ergibt.
(6) [1]Ein Richter auf Probe darf im ersten Jahr nach seiner Ernennung Geschäfte in Insolvenz- und Restrukturierungssachen nicht wahrnehmen. [2]Richter in Insolvenz- und Restrukturierungssachen sollen, soweit dies zur Erfüllung der jeweiligen Richtergeschäftsaufgabe erforderlich ist, über belegbare Kenntnisse auf den Gebieten des Insolvenzrechts, des Restrukturierungsrechts, des Handels- und Gesellschaftsrechts sowie über Grundkenntnisse der für das Insolvenz- und Restrukturierungsverfahren notwendigen Teile des Arbeits-, Sozial- und Steuerrechts und des Rechnungswesens verfügen. [3]Einem Richter, dessen Kenntnisse auf diesen Gebieten nicht belegt sind, dürfen die Aufgaben eines Insolvenz- oder Restrukturierungsrichters nur zugewiesen werden, wenn der Erwerb der Kenntnisse alsbald zu erwarten ist.

Übersicht

A. Errichtung, Aufhebung und Verlegung der AG. Die sachliche Zuständigkeit der ausschließlich erst- 1
instanzlich tätigen AG bestimmt sich nach dem GVG. Die funktionelle Zuständigkeit wird nur partiell durch das GVG geregelt, die örtliche Zuständigkeit in Strafsachen vornehmlich durch §§ 7 ff. StPO. Die **Errichtung, Aufhebung** und **Verlegung** der AG ist Sache der Länder; es gilt der Gesetzesvorbehalt (BVerfGE 2, 307; BVerfG NJW 1967, 1219: Art. 92 GG als Organisationsnorm; Meyer-Goßner/*Schmitt* § 22 Rn. 3; KK-StPO/*Barthe* § 22 Rn. 1). Nach Maßgabe der anstelle des § 3 GVVO 1935 (aufgehoben durch G.v. 19.04.2006 zum 24.04.2008, BGBl. I, S. 866) getretenen landesrechtlichen Vorschriften über die Gerichtsorganisation

können durch die LJV außerhalb des Sitzes des AG **Zweigstellen**, als unselbstständige Teile des Hauptgerichts (BayVerfGH NJW 1978, 1515; BGH NJW 1985, 1084; *Kissel/Mayer* § 22 Rn. 2; Meyer-Goßner/*Schmitt* § 22 Rn. 4) für einen räumlich begrenzten Teil des AG-Bezirks (*Kissel/Mayer* § 22 Rn. 2) errichtet und auch wieder aufgehoben werden (VGH Bayern NJW 2005, 3737). Da die Zweigstelle Teil des »Amtsgerichts« ist, können Schriftsätze fristwahrend sowohl beim Hauptgericht als auch der Zweigstelle eingereicht werden (*Katholnigg* § 22 Rn. 2 m.w.N.; LR/*Siolek* § 22 Rn. 2; Meyer-Goßner/*Schmitt* § 22 Rn. 4). Die Zuweisung der Richter an Hauptgericht und Zweigstelle ist Aufgabe des Präsidiums (*Katholnigg* § 22 Rn. 2; *Kissel/Mayer* § 22 Rn. 2; KK-StPO/*Barthe* § 22 Rn. 4). Nach den genannten Vorschriften kann auch die Abhaltung von **Gerichtstagen** außerhalb des Sitzes des AG angeordnet werden, aber nur innerhalb des AG-Bezirks und räumlich limitiert auf den bei der Errichtung angegebenen Bereich (ausführlich *Kissel/Mayer* § 22 Rn. 3; LR/*Siolek* § 22 Rn. 3; SK-StPO/*Degener* § 22 Rn. 3, 6).

2 **B. Einzelrichterprinzip (Abs. 1, 4).** Das in Abs. 1 und 4 normierte Einzelrichterprinzip bestimmt zum einen das **Primat der richterlichen Zuständigkeit** und zum anderen, dass die Erledigung aller dem AG als Rechtsprechungsorgan durch Gesetz übertragenen **Aufgaben durch Einzelrichter wahrgenommen** werden, soweit keine gesetzlichen Sondervorschriften bestehen (Einschränkung des Richterprinzips: z.B. § 11 RPflG, § 153 und Abweichungen vom Einzelrichterprinzip: z.B. §§ 28 ff., 33 Abs. 2 JGG; SK-StPO/*Degener* § 22 Rn. 7; *Kissel/Mayer* § 22 Rn. 5; KK-StPO/*Barthe* § 22 Rn. 1; BeckOK-GVG/*Niesler* § 22 Rn. 5).

3 **C. Doppelernennung (Abs. 2; § 27 Abs. 2 DRiG; vgl. auch § 59 Abs. 2).** Im Interesse einer geordneten Rechtspflege (LR/*Siolek* § 22 Rn. 7) kann das Präsidium in Abweichung von § 27 Abs. 1 DRiG grds. (zur Ausnahme vgl. KK-StPO/*Barthe* § 22 Rn. 6: Zustimmung des Richters bei Beeinträchtigung der richterlichen Unabhängigkeit; vgl. § 27 Abs. 2 DRiG) durch einfache Verfügung der Justizverwaltung (BGHSt 24, 283; KK-StPO/*Barthe* § 22 Rn. 6; SK-StPO/*Degener* § 22 Rn. 9) einem Richter neben seinem Richteramt am AG zugleich ein weiteres an einem AG oder LG übertragen werden. Unberührt bleibt davon die Möglichkeit, einen **Richter auf Probe oder kraft Auftrags (Abs. 5)** bei mehreren Gerichten zu verwenden (§§ 13, 16 DRiG). Einschränkungen für die Tätigkeit des Richters auf Probe ergeben sich aus Abs. 6 Satz 1, § 23b Abs. 3 Satz 2 bis 5, § 23c Abs. 2, § 29 Abs. 1 Satz 2 und §§ 28 Abs. 2, 29 DRiG (KK-StPO/*Barthe* § 22 Rn. 7). Die Sätze 2 und 3 des Abs. 6 wurden zunächst durch das Gesetz zur weiteren Erleichterung der Sanierung von Unternehmen vom 07.12.2011 (BGBl. I 2011, S. 2592) eingeführt. Sinn und Zweck der Regelung ist der Stärkung des Sanierungsgedankens nicht nur aufseiten der Insolvenzverwalter, sondern auch aufseiten des Gerichts durch besonders geschulte Personen Rechnung zu tragen (vgl. Begründung des Gesetzentwurfs der Bundesregierung vom 23.02.2011, Teil B, S. 67). Satz 2 wurde als Soll-Vorschrift ausgestaltet, um den Belangen der Praxis, »insbesondere im Hinblick auf Insolvenzrichter, die schon seit langem in entsprechender Funktion tätig sind« zu genügen (Begründung des Gesetzentwurfs der Bundesregierung vom 23.02.2011, Teil B, S. 68). Darüber hinaus soll eine berufsbegleitende Weiterbildung nicht ausgeschlossen sein. Daran knüpft auch Satz 3 an. »Die Verwendung des flexiblen Begriffs »alsbald« gestattet es, neben der persönlichen Weiterqualifizierungsbereitschaft der Betroffenen auch die dienstlichen Rahmenbedingungen und die verfügbaren Fortbildungsangebote zu berücksichtigen. Die Erwartung muss sich also darauf richten, dass die Kenntnisse erworben werden, sobald dies nach den Umständen möglich ist« (Begründung des Gesetzentwurfs der Bundesregierung vom 23.02.2011, Teil B, S. 68). Die Ablegung einer Prüfung wird nicht vorausgesetzt. Durch das »Gesetz zur Fortentwicklung des Sanierungs- und Insolvenzrechts« vom 22.12.2020 (BGBl. I, S. 3256) wurde Abs. 6 m.W.z. 01.01.2021 dahin gehend geändert, dass »die besonderen Qualifikationsanforderungen, die das Gesetz für Insolvenzrichterinnen und Insolvenzrichter vorschreibt, [nunmehr] auch auf die Restrukturierungsrichterinnen und Restrukturierungsrichter erstreckt« werden (vgl. BT-Drs. 19/24181, S. 188).

4 **D. Allgemeine Dienstaufsicht (Abs. 3).** Abs. 3 regelt die Zuständigkeit für die »allgemeine Dienstaufsicht«, die die Organisation des Geschäftsablaufs, die Überwachung der ordnungsgemäßen Amtsführung, die Erteilung von Weisungen und Einzelanordnungen im Dienstverhältnis und die allgemeine Fürsorgepflicht des Dienstvorgesetzten umfasst (MüKo-ZPO/*Zimmermann* § 22 Rn. 7; ausführlich *Kissel/Mayer* § 22 Rn. 38 ff.). Die Dienstaufsicht über Richter ist im Hinblick auf die richterliche Unabhängigkeit eingeschränkt (§ 26 DRiG und §§ 21a ff.; MüKo-ZPO/*Zimmermann* § 22 Rn. 7). Von dieser geht das Gesetz aus, wenn es nur von »Dienstaufsicht« (z.B. §§ 22a, 22b Abs. 4, 22c Abs. 1) oder vom aufsichtsführenden Richter (z.B. § 21a Abs. 2, § 21h) spricht (Meyer-Goßner/*Schmitt* § 22 Rn. 5).

§ 22a [Präsidium bei den Amtsgerichten]

Bei Amtsgerichten mit einem aus allen wählbaren Richtern bestehenden Präsidium (§ 21a Abs. 2 Nr. 5) gehört der Präsident des übergeordneten Landgerichts oder, wenn der Präsident eines anderen Amtsgerichts die Dienstaufsicht ausübt, dieser Präsident dem Präsidium als Vorsitzender an.

§ 22a normiert eine Sonderregelung für den Vorsitz im amtsgerichtlichen Präsidium bei AG mit weniger als acht Richterplanstellen (§ 21a Abs. 2 Satz 1 Nr. 5), unabhängig von deren tatsächlicher Besetzung (LR/*Siolek* § 22a Rn. 3; MüKo-ZPO/*Zimmermann* § 22a Rn. 4) und ohne Rücksicht auf deren Zahl i.Ü. (*Kissel/Mayer* § 22a Rn. 2; s. § 21a Rdn. 6, 7; nach **a.A.** setzt die Vorschrift eine Mindestanzahl von zwei Richterplanstellen [»aus allen wählbaren Richtern«] voraus, Meyer-Goßner/*Schmitt* § 22a Rn. 1; SK-StPO/*Degener* § 22a Rn. 1). **Rechtspolitischer Zweck** der Vorschrift ist, den Vorsitz bei kleinen AG einem **»neutralen Dritten«** zu übertragen, um Spannungen und Interessenkonflikte bei der Geschäftsverteilung auszugleichen (Ausschussbericht BT-Drs. VI 2903, S. 5; SK-StPO/*Degener* § 22a Rn. 2). 1

Für die Vertretung gelten die § 21c und § 21h (*Kissel/Mayer* § 22a Rn. 3); die Eilkompentenz bestimmt sich nach § 21i Abs. 2 (*Kissel/Mayer* § 22a Rn. 5; *Katholnigg* § 22a Rn. 1). Ein Anfechtungsrecht nach § 21b Abs. 6 steht dem Präsidenten, da er kein gewähltes Mitglied ist, nicht zu (*Katholnigg* § 22a Rn. 1; *Kissel/Mayer* § 22a Rn. 3). 2

Erhöht sich die Anzahl der Richterplanstellen nachträglich auf mindestens acht, so bleibt die beschlossene Geschäftsverteilung zunächst bestehen (*Kissel/Mayer* § 22a Rn. 4; KK-StPO/*Barthe* § 22a Rn. 3; LR/*Siolek* § 22a Rn. 4). Es obliegt dann dem nach § 21a neu zu wählenden Präsidiums, die erforderlichen Änderungen zu beschließen (LR/*Siolek* § 22a Rn. 4; KK-StPO/*Barthe* § 22a Rn. KK-StPO/*Barthe* § 22a Rn. 3). 3

§ 22b [Amtsgericht mit nur einem Richter]

(1) Ist ein Amtsgericht nur mit einem Richter besetzt, so beauftragt das Präsidium des Landgerichts einen Richter seines Bezirks mit der ständigen Vertretung dieses Richters.

(2) Wird an einem Amtsgericht die vorübergehende Vertretung durch einen Richter eines anderen Gerichts nötig, so beauftragt das Präsidium des Landgerichts einen Richter seines Bezirks längstens für zwei Monate mit der Vertretung.

(3) [1]In Eilfällen kann der Präsident des Landgerichts einen zeitweiligen Vertreter bestellen. [2]Die Gründe für die getroffene Anordnung sind schriftlich niederzulegen.

(4) Bei Amtsgerichten, über die der Präsident eines anderen Amtsgerichts die Dienstaufsicht ausübt, ist in den Fällen der Absätze 1 und 2 das Präsidium des anderen Amtsgerichts und im Falle des Absatzes 3 dessen Präsident zuständig.

In Ergänzung zu § 21e finden sich in der Norm Vorschriften über die Vertretung der Richter beim AG. 1

Abs. 1 regelt die **ständige Vertretung** im Verhinderungsfall beim **»Einmann-Amtsgericht«**, das – unabhängig von den Planstellen – tatsächlich nur mit einem Richter besetzt ist (*Kissel/Mayer* § 22b Rn. 1; *Katholnigg* § 22b Rn. 1). Zuständig für die Vertreterregelung ist das Präsidium des übergeordneten LG bzw. das Präsidium des anderen AG, dessen Präsident anstelle des LG-Präsidenten die Dienstaufsicht führt (Abs. 4). Zum Vertreter kann jeder Richter im Bezirk des Präsidium (bei Abs. 1 im LG-Bezirk bei Abs. 4 im Bezirk des anderen AG), ohne Rücksicht auf seinen Status, beauftragt werden (*Kissel/Mayer* § 22b Rn. 2, 8; MüKo-ZPO/*Zimmermann* § 22b Rn. 5). Bei der Vertreterbestellung handelt es sich um eine Zuweisung richterlicher Aufgaben nach § 21e (*Kissel/Mayer* § 22b Rn. 3; KK-StPO/*Barthe* § 22b Rn. 1). Der Vertreter ist zu hören (*Kissel/Mayer* § 22b Rn. 3; § 21e Abs. 5). 2

Abs. 2 betrifft die **vorübergehend notwendige Vertretung** bei **jedem AG** im Einzelfall (keine abstrakt-generelle Vertretungsregelung im Voraus über die Dauer eines Geschäftsjahres: VGH Bayern, NJW 1994, 2308; MüKo-ZPO/*Zimmermann* § 22b Rn. 6; *Kissel/Mayer* § 22b Rn. 5), wenn der nach dem Geschäftsverteilungsplan oder nach Abs. 1 bestellte Vertreter wegen Überlastung oder sonstigen Ausfalls (*Kissel/Mayer* § 22b Rn. 5; MüKo-ZPO/*Zimmermann* § 22b Rn. 6) nicht zur Verfügung steht. Die Regelung gilt nach dem Gesetz längstens für 2 Monate, kann aber (auch unter Neubestellung des bisherigen Vertreters) erneut auf die Dauer von längstens 2 Monaten ausgesprochen werden (wohl h.M. *Kissel/Mayer* § 22b Rn. 5; KK-StPO/*Barthe* § 22b Rn. 2; LR/*Siolek* § 22b Rn. 4; *Katholnigg* § 22b Rn. 2 mit Einschränkung »Auftreten neuer Tatsachen«; **a.A.** Meyer-Goßner/*Schmitt* § 22b Rn. 2; MüKo-ZPO/*Zimmermann* § 22b Rn. 7; SK-StPO/*Frister* § 22b Rn. 6). 3

Abs. 3 enthält eine Regelung in **Eilfällen** (vgl. § 21i Abs. 2 Satz 1) zu Wahrung des Anspruchs auf den gesetzlichen Richter (*Kissel/Mayer* § 22b Rn. 6). Die Gründe sind schriftlich niederzulegen (Abs. 3 Satz 2). § 21i Abs. 2 Satz 3 und 4 gelten analog (*Kissel/Mayer* § 22b Rn. 7; MüKo-ZPO/*Zimmermann* § 22b Rn. 7; MüKo-StPO/*Schuster* § 22b Rn. 9; **a.A.** LR/*Siolek* § 22b Rn. 7; *Katholnigg* § 22b Rn. 3). 4

§ 22c [Gemeinsamer Bereitschaftsdienst]

(1) [1]Die Landesregierungen werden ermächtigt, durch Rechtsverordnung zu bestimmen, dass für mehrere Amtsgerichte im Bezirk eines Landgerichts ein gemeinsamer Bereitschaftsdienstplan aufgestellt wird oder ein Amtsgericht Geschäfte des Bereitschaftsdienstes ganz oder teilweise wahrnimmt, wenn dies zur Sicherstellung einer gleichmäßigeren Belastung der Richter mit Bereitschaftsdiensten angezeigt ist. [2]Zu dem Bereitschaftsdienst sind die Richter der in Satz 1 bezeichneten Amtsgerichte heranzuziehen. [3]In der Verordnung nach Satz 1 kann bestimmt werden, dass auch die Richter des Landgerichts heranzuziehen sind. [4]Über die Verteilung der Geschäfte des Bereitschaftsdienstes beschließt nach Maßgabe des § 21e das Präsidium des Landgerichts im Einvernehmen mit den Präsidien der betroffenen Amtsgerichte. [5]Kommt eine Einigung nicht zustande, obliegt die Beschlussfassung dem Präsidium des Oberlandesgerichts, zu dessen Bezirk das Landgericht gehört.

(2) Die Landesregierungen können die Ermächtigung nach Absatz 1 auf die Landesjustizverwaltungen übertragen.

Übersicht

1 **A. Normzweck.** Durch die Vorschrift des § 22c Abs. 1 Satz 1 (eingefügt durch Art. 3 des Gesetzes v. 24.06.1994, BGBl. I, S. 1374, zuletzt geändert m.W.v. 28.06.2019 durch das Gesetz v. 19.06.2019 [BGBl. I, S. 840]) soll einer **ungleichmäßigen Belastung** der Amtsrichter mit Bereitschaftsdiensten, die durch die unterschiedliche Größe und personelle Ausstattung der AGe zu besorgen ist, **entgegengewirkt** werden (KK-StPO/*Barthe* § 22c Rn. 1; BeckOK GVG/*Niesler* § 22c Rn. 1). Infolge der Entscheidung des BVerfG zur restriktiven Auslegung des unbestimmten Rechtsbegriffs »Gefahr im Verzug« in Art. 13 Abs. 2 GG (BVerfGE 103, 142) und der damit einhergehenden verstärkten Inanspruchnahme des richterlichen Bereitschaftsdienstes auch außerhalb der üblichen Dienstzeiten wurde die Vorschrift durch Art. 20 Nr. 1 OLGVertrÄndG v. 23.07.2002 (BGBl. I, S. 2850) dergestalt geändert, dass die Beschränkung der Bereitschaftsdienstkonzentration auf dienstfreie Tage entfallen ist, die Möglichkeit der sog. Pool-Lösung geschaffen wurde und auch die Richter des LG zum Bereitschaftsdienst herangezogen werden können (KK-StPO/*Barthe* § 22c Rn. 1; Meyer-Goßner/*Schmitt* § 22c Rn. 1, 2).

2 **B. Bereitschaftsdienstkonzentration und gemeinsamer Bereitschaftsdienstplan (Abs. 1).** § 22c Abs. 1 ermöglicht den Ländern durch Rechtsverordnung den Bereitschaftsdienst in einem Landgerichtsbezirk für **die gesamte dienstfreie Zeit** (BT-Drs. 14/9266, S. 38), einschließlich der Arbeitstage nach dem üblichen Dienstende, zu konzentrieren, um so einer ungleichmäßigen Belastung der Richter entgegenzusteuern. Erfasst werden **sämtliche Richter** der von der Rechtsverordnung bestimmten AG (Abs. 1 Satz 1). Auch die Hinzuziehung aller **Richter des LG** (einschließlich dem Vorsitzenden) zum Bereitschaftsdienst kann in der Verordnung vorgesehen werden (Abs. 1 Satz 3). Eine Ausnahme gilt nur für Proberichter im ersten Jahr nach der Ernennung (BT-Drs. 14/9266, S. 39). Einer einzelnen Ernennung der Richter oder einer Zustimmung bedarf es nicht (LR/*Siolek* § 22c Rn. 2; Meyer-Goßner/*Schmitt* § 22c Rn. 3). Die Richter am LG werden im Bereitschaftsdienst formell als Amtsrichter tätig (Meyer-Goßner/*Schmitt* § 22c Rn. 3), sodass § 22d Anwendung findet (BT-Drs. 14/9266, S. 39; (Meyer-Goßner/*Schmitt* § 22c Rn. 3).

3 Eine Bereitschaftsdienstkonzentration ist im Wege der Zentralisierung des Bereitschaftsdienstes mehrerer AG bei einem AG oder im Wege der Aufstellung eines gemeinsamen Bereitschaftsdienstplanes für mehrere AG in Form einer »**Pool-Lösung**« möglich (KK-StPO/*Barthe* § 22c Rn. 1, 2; Meyer-Goßner/*Schmitt* § 22c Rn. 2; LR/*Siolek* § 22c Rn. 3).

4 Zuständig für die Verteilung des Bereitschaftsdienstes und insb. die Aufstellung des Bereitschaftsdienstplanes und dessen konkrete Ausgestaltung (Beginn und Ende des Bereitschaftsdienstzeitraums; Zuständigkeit der Gerichte; Zuständigkeitsabgrenzung, wenn der nach der regulären Geschäftsverteilung zuständige Richter an nicht dienstfreien Tagen anwesend ist, KK-StPO/*Barthe* § 22c Rn. 3, 5; Meyer-Goßner/*Schmitt* § 22c Rn. 5; ausführlich *Falk*, DRiZ 2007, 151) ist nach Maßgabe des § 21e das **Präsidium des LG im Einvernehmen mit den Präsidien der betroffenen AG** (Abs. 1 Satz 4). Im Fall der Nichteinigung geht die Zuständigkeit auf das Präsidium des OLG über (Abs. 1 Satz 5).

C. Subdelegationsrecht (Abs. 2). Nach Art. 80 Abs. 1 Satz 1, 3 GG i.V.m. § 22c Abs. 2 kann die Ermächtigung nach Abs. 1 im Verordnungswege auf die Landesjustizverwaltungen subdelegiert werden, was dem praktischen Bedürfnis entspricht, die Stelle, die mit den konkreten Verhältnissen vor Ort besser vertraut ist, zu ermächtigen (LR/*Siolek* § 22c Rn. 7; SK-StPO/*Degener* § 22c Rn. 8). 5

Zur Möglichkeit eines hauptamtlichen Bereitschaftsdienstes, siehe § 21e GVG Rdn. 14 6

§ 22d [Gültigkeit einer Handlung]

Die Gültigkeit der Handlung eines Richters beim Amtsgericht wird nicht dadurch berührt, daß die Handlung nach der Geschäftsverteilung von einem anderen Richter wahrzunehmen gewesen wäre.

Die Vorschrift normiert einen allgemeinen Rechtsgrundsatz (SK-StPO/*Degener* § 22d Rn. 2; Meyer-Goßner/*Schmitt* § 22d Rn. 1), der die Gültigkeit der richterlichen Handlung bei einer – nicht willkürlichen – Verletzung des gesetzmäßigen Geschäftsverteilungsplans des AG beinhaltet (*Kissel/Mayer* § 22d Rn. 1, 3, 4; Meyer-Goßner/*Schmitt* § 22d Rn. 1; LR/*Siolek* § 22d Rn. 6). Sie gilt gleichermaßen für das Schöffengericht (KK-StPO/*Barthe* § 22d Rn. 2; LR/*Siolek* § 22d Rn. 5; SK-StPO/*Degener* § 22d Rn. 5). Nicht in den Anwendungsbereich der Vorschrift fallen die Fälle, in denen kein oder ein fehlerhafter bzw. gesetzwidriger Geschäftsverteilungsplan existiert (KK-StPO/*Barthe* § 22d Rn. 3; *Kissel/Mayer* § 22d Rn. 4; MüKo-StPO/*Schuster* § 22d Rn. 4; BeckOK-GVG/*Niesler* § 22d Rn. 4); insoweit ist auf die bei § 16 (Art. 101 Abs. 1 Satz 2 GG) dargestellten Grundsätze abzustellen (LR/*Siolek* § 22d Rn. 6; Meyer-Goßner/*Schmitt* § 22d Rn. 1; SK-StPO/*Degener* § 22d Rn. 6). 1

§§ 23–23d.

(vom Abdruck wurde abgesehen, da ausschließlich das Zivilrecht betreffend)

§ 24 [Zuständigkeit des Amtsgerichts]

(1) In Strafsachen sind die Amtsgerichte zuständig, wenn nicht

1. die Zuständigkeit des Landgerichts nach § 74 Abs. 2 oder § 74a oder des Oberlandesgerichts nach § 120 begründet ist,

2. im Einzelfall eine höhere Strafe als vier Jahre Freiheitsstrafe oder die Unterbringung des Beschuldigten in einem psychiatrischen Krankenhaus, allein oder neben einer Strafe, oder in der Sicherungsverwahrung (§§ 66 bis 66b des Strafgesetzbuches) zu erwarten ist oder

3. die Staatsanwaltschaft wegen der besonderen Schutzbedürftigkeit von Verletzten der Straftat, die als Zeugen in Betracht kommen, des besonderen Umfangs oder der besonderen Bedeutung des Falles Anklage beim Landgericht erhebt.

(2) Eine besondere Schutzbedürftigkeit nach Satz 1 Nummer 3 liegt insbesondere vor, wenn zu erwarten ist, dass die Vernehmung für den Verletzten mit einer besonderen Belastung verbunden sein wird, und deshalb mehrfache Vernehmungen vermieden werden sollten.

(3) Das Amtsgericht darf nicht auf eine höhere Strafe als vier Jahre Freiheitsstrafe und nicht auf die Unterbringung in einem psychiatrischen Krankenhaus, allein oder neben einer Strafe, oder in der Sicherungsverwahrung erkennen.

S.a. RiStBV Nr. 113

Übersicht

1 **A. Zuständigkeitsregelung des § 24 Abs. 1. I. Sachliche Zuständigkeit des AG in Strafsachen.** § 24 Abs. 1 enthält eine **Zuständigkeitsvermutung** zugunsten des AG, indem er dessen erstinstanzlichen Zuständigkeitsbereich in negativer Hinsicht (»… Amtsgerichte zuständig, wenn nicht …«) von den erstinstanzlichen Kompetenzen der LG und OLG abgrenzt (vgl. SK-StPO/*Degener* § 24 Rn. 4). Ergänzt wird die Vorschrift durch § 25 und § 28, die bestimmen, wann bei einer nach § 24 begründeten Zuständigkeit des AG der Strafrichter oder das SchöffenG zur Entscheidung berufen ist. § 28 beinhaltet insoweit eine Vermutung für die Zuständigkeit des SchöffenG (»… soweit nicht der Strafrichter …«) (*Kissel/Mayer* § 24 Rn. 3). Ggü. dem Strafrichter ist das SchöffenG ein Gericht höherer Ordnung i.S.v. § 209 Abs. 2, 3 StPO (LR/*Siolek* § 24 Rn. 10; Meyer-Goßner/*Schmitt* § 24 Rn. 1).

2 **Strafsachen** nach § 24 sind alle Verfahren, die die Ahndung strafbarer Handlungen nach dem StGB oder nach anderen strafrechtlichen Nebengesetzen zum Gegenstand haben, soweit nicht ausdrücklich ein anderes Verfahren (z.B. Jugendstrafverfahren, Bußgeldverfahren §§ 67 ff. OwiG) oder andere, besonders bezeichnete Gerichte (z.B. Jugendgerichte) vorgesehen sind (*Kissel/Mayer* § 24 Rn. 4; SK-StPO/*Degener* § 24 Rn. 5). Hinsichtlich der Strafsachen in Binnenschifffahrtssachen s. § 14 Rdn. 1.

3 **II. Die Ausnahmetatbestände des Abs. 1 Nr. 1 bis 3.** § 24 Abs. 1 unterscheidet drei Ausnahmetatbestände nach der Art des Delikts (Nr. 1), nach der Rechtsfolgenerwartung (Nr. 2) und nach den Besonderheiten der Sache selbst (Nr. 3) (vgl. *Kissel/Mayer* § 24 Rn. 5)

4 **1. Zuständigkeit des LG nach §§ 74 Abs. 2, 74a oder des OLG nach § 120.** Besteht ein **hinreichender Tatverdacht** (BayObLG NStZ-RR 2000, 177) für eine der **Katalogtaten** des § 74 Abs. 2 (Schwurgerichtsdelikte), des § 74a (Staatsschutzdelikte) sowie der in § 120 aufgeführten und dem OLG überantworteten Friedensverrats-, Hochverrats- und Landesverratsdelikte, scheidet eine Zuständigkeit des AG aus. Dies gilt auch, wenn nach der »Prioritätsregelung des § 74e« die Zuständigkeit der StaatsschutzStrK zugunsten der WirtschaftsStrK nach § 74c zurücktritt (vgl. *Katholnigg* § 24 Rn. 3; Meyer-Goßner/*Schmitt* § 24 Rn. 3; SK-StPO/*Degener* § 24 Rn. 8).

5 **2. Zuständigkeit des LG nach § 24 Abs. 1 Nr. 2.** Die aufgrund einer zunächst von der StA als Anklagebehörde anzustellenden, aber vom eröffnenden Gericht überprüfbaren, überschlägigen Prognoseentscheidung (ähnlich der Entscheidung über den hinreichenden Tatverdacht, §§ 170 Abs. 2, 203 StPO) unter Berücksichtigung der nach § 160 Abs. 2 StPO ermittelten rechtsfolgeerheblichen Umstände (OLG Karlsruhe StV 1998, 252, 253; *Kissel/Mayer* § 24 Rn. 7; KK-StPO/*Barthe* § 24 Rn. 4; LR/*Siolek* § 24 Rn. 13; Meyer-Goßner/*Schmitt* § 24 Rn. 4) zu erwartende (Gesamt-) Strafe (KK-StPO/*Barthe* § 24 Rn. 4 m.w.N.) darf nicht höher als vier Jahre sein (Nr. 2). Zudem darf keine Unterbringung des Beschuldigten in einem **psychiatrischen Krankenhaus (§ 63 StGB)**, allein oder neben der Strafe, oder in der **Sicherungsverwahrung (§§ 66, 66a, 66b StGB)** zu erwarten sein. Dies ist begründet in dem in Abs. 2 normierten »**limitierten amtsgerichtlichen Strafbann**« (KK-StPO/*Barthe* § 24 Rn. 3). Hierbei kommt es letztlich maßgeblich auf die Prognose des eröffnenden Gerichts an (SK-StPO/*Degener* § 24 Rn. 12; »Antizipation der Rechtsfolgenentscheidung«: BeckOK GVG/*Eschelbach* § 24 Rn. 9; *Kissel/Mayer* § 24 Rn. 7). Aus Gründen der Rechtssicherheit und -klarheit bleibt das Gericht zunächst an seine aufgrund der Prognoseentscheidung getroffene Entscheidung über die Eröffnung des Hauptverfahrens gebunden (KK-StPO/*Barthe* § 24 Rn. 4). Bestehen Zweifel über die Zuständigkeit, muss eine bereits begonnene Hauptverhandlung ggf. so lange weitergeführt werden, bis sich eine den Strafbann des Gerichts übersteigende Rechtsfolge als wahrscheinlich abzeichnet (OLG Frankfurt StV 1996, 533; *Kissel/Mayer* § 24 Rn. 7; KK-StPO/*Barthe* § 24 Rn. 4; LR/*Siolek* § 24 Rn. 13). Erst dann ist eine Verweisung nach § 270 StPO zulässig und geboten (OLG Frankfurt StV 1996, 533; KK-StPO/*Barthe* § 24 Rn. 4). Eine Verweisung vor Beginn der Hauptverhandlung bzw. vor Durchführung der Beweisaufnahme ist nur im Ausnahmefall zulässig, wenn bereits die Verlesung des Anklagesatzes ergibt, dass das Verfahren versehentlich vor dem Gericht niederer Ordnung eröffnet worden, mithin von Anfang an die Zuständigkeit eines Gerichts höherer Ordnung gegeben war (OLG Frankfurt StV 1996, 533; KK-StPO/*Barthe* § 24 Rn. 4; LR/*Siolek* § 24 Rn. 13). Keine Berücksichtigung finden Nebenfolgen und Nebenstrafen (§§ 44, 45 StGB), ebenso Geldstrafen ohne Rücksicht auf die zulässige Höhe (auch neben Freiheitsstrafen), auch wenn eine zu vollstreckende Ersatzfreiheitsstrafe über vier Jahre hinausgehen könnte (*Kissel/Mayer* § 24 Rn. 7; KK-StPO/*Barthe* § 24 Rn. 4; SK-StPO/*Degener* § 24 Rn. 11).

6 **3. Zuständigkeit des LG nach § 24 Abs. 1 Nr. 3.** Weitere Ausnahmetatbestände nach Nr. 3 sind die **»besondere Bedeutung des Falles«** und seit dem zum 01.09.2004 in Kraft getretenen OpferRRG (BGBl. I 2004, S. 1354) die **»besondere Schutzbedürftigkeit von Verletzten der Straftat**, die als Zeugen in Betracht kommen« sowie der **»besondere Umfang des Falles«**.

Bei Nr. 3 handelt es sich – vergleichbar mit §§ 74 Abs. 1 Satz 2, 74a Abs. 2, 74b, 120 Abs. 2, 142a Abs. 4 – um eine sog. »**bewegliche Zuständigkeitsregelung**« (*Kissel/Mayer* § 24 Rn. 11; KK-StPO/*Barthe* § 24 Rn. 5; Meyer-Goßner/*Schmitt* § 24 Rn. 5 m.w.N.; AnwK-StPO/*Bergmann* § 24 Rn. 8), die jedoch bei verfassungskonformer Auslegung mit dem gesetzlichen Richter (Art. 101 GG, § 16) vereinbar ist (BVerfGE 9, 223, 227; BGHSt 21, 268, 271; *Kissel/Mayer* § 24 Rn. 11; LR/*Siolek* § 24 Rn. 17; Meyer-Goßner/*Schmitt* § 24 Rn. 5; **a.A.** SK-StPO/*Degener* § 24 Rn. 21 ff.; *Sowoda*, S. 585). Die StA hat beim Vorliegen besonderer Umstände Anklage zum LG zu erheben; ihr kommt kein Ermessensspielraum zu (*Engelhart*, DRiZ 1982, 418, 419; KK-StPO/*Barthe* § 24 Rn. 6; Meyer-Goßner/*Schmitt* § 24 Rn. 5; OLG Hamburg NStZ 2005, 654, 655). Sie muss den unbestimmten Rechtsbegriff der »besonderen Umstände des Falles« auslegen und den Einzelfall darunter subsumieren (BT-Drs. 15/1976, S. 19), sowie die besonderen Umstände in der Anklageschrift darlegen, soweit sie nicht offenkundig sind (BGH NStZ-RR 1998, 336; RiStBV Nr. 113 Abs. 2; KK-StPO/*Barthe* § 24 Rn. 6; Meyer-Goßner/*Schmitt* § 24 Rn. 5). Die Entscheidung der StA unterliegt der vollen gerichtlichen Prüfung (BVerfG, NJW 1959, 871, 872; OLG Hamburg NStZ 1995, 252; Meyer-Goßner/*Schmitt* § 24 Rn. 9; **a.A.** OLG Schleswig NStZ 1985, 74: eingeschränkte Prüfungskompetenz). **§§ 209, 225a, 270 StPO finden Anwendung** (Meyer-Goßner/*Schmitt* § 24 Rn. 3, 9 und 10). **Mit dem** Erlass des **Eröffnungsbeschlusses** tritt allerdings eine »**Zuständigkeitsperpetuierung**« (AnwK-StPO/*Bergmann* § 24 Rn. 8; Meyer-Goßner/*Schmitt* § 24 Rn. 10) ein; eine gerichtliche Prüfung ist nicht mehr möglich (BayObLG NStZ 1985, 470; AnwK-StPO/*Bergmann* § 24 Rn. 8; Meyer-Goßner/*Schmitt* § 24 Rn. 10; LR/*Siolek* § 24 Rn. 28). 7

Die **Revision** kann – außer im Fall von Willkür – nicht darauf gestützt werden, dass die Voraussetzungen des Abs. 1 Nr. 3 zu Unrecht angenommen wurden (BGH GA 1980, 220; BayObLG NStZ 1985, 470). Bei der Prüfung durch das Revisionsgericht ist insoweit die objektive Sachlage zum Zeitpunkt des Eröffnungsbeschlusses zugrunde zu legen (BGHSt 47, 16, 19; Meyer-Goßner/*Schmitt* § 24 Rn. 12). 8

a) »Besondere Schutzbedürftigkeit von Verletzten«. Die »besondere Schutzbedürftigkeit von Verletzten einer Straftat, die als Zeugen in Betracht kommen« begründet die Zuständigkeit des LG. Entscheidend ist die **individuelle Schutzbedürftigkeit** des Zeugen im **konkreten Strafverfahren** (LG Hechingen NStZ-RR 2006, 51, OLG Karlsruhe NStZ 2011, 479), die zu bejahen ist, wenn dem Zeugen wegen der psychischen Auswirkungen eine weitere Vernehmung nicht zugemutet werden kann (KK-StPO/*Barthe* § 24 Rn. 6a; Meyer-Goßner/*Schmitt* § 24 Rn. 6). Anzunehmen wird dies insb. bei (kindlichen) Opfern von Straftaten sein, die sich gegen höchstpersönliche Rechtsgüter, wie etwa das Recht auf sexuelle Selbstbestimmung, richten (KK-StPO/*Barthe* § 24 Rn. 6a; Meyer-Goßner/*Schmitt* § 24 Rn. 6). Die landgerichtliche Zuständigkeit ist grds. in der Anklageschrift zu begründen (*Kissel/Mayer* § 24 Rn. 20; BeckOK-GVG/*Eschelbach* § 24 Rn. 12). Einer gesonderten Begründung bedarf es aber in der Regel dann nicht, wenn die Voraussetzungen für die Zuständigkeitsbegründung offensichtlich vorliegen (OLG Hamburg NStZ 2005, 654, 655; Meyer-Goßner/*Schmitt* § 24 Rn. 6). 9

In Abs. 1 Satz 2 findet sich der Aspekt der gravierenden psychischen Belastung durch Mehrfachvernehmungen (vgl. Begründung des Referentenentwurfs der BMJ vom 07.12.2010, S. 17) als Regelbeispiel für den Fall der besonderen Schutzbedürftigkeit (Meyer-Goßner/*Schmitt* § 24 Rn. 6a). 10

b) »besonderer Umfang des Falles«. Ein besonderer Umfang des Falles ist anzunehmen, wenn die Sache wegen einer Vielzahl von Angeklagten und/oder Zeugen besonders umfangreich ist, wenn erkennbar besondere Schwierigkeiten bei der Beweiswürdigung vorliegen oder eine lange Verfahrensdauer (sechs oder mehr volle Verhandlungstage zu erwarten, *Kissel/Mayer* § 24 Rn. 18 m.w.N.; Meyer-Goßner/*Schmitt* § 24 Rn. 7) prognostizierbar ist (KG NStZ-RR 2005, 26, 29; OLG Hamburg NStZ 1995, 252; OLG Karlsruhe StV 2003, 13 m. zust. Anm. *Heghmanns*; Meyer-Goßner/*Schmitt* § 24 Rn. 7). Die Sache muss sich dadurch deutlich aus der großen Masse der Verfahren abheben, die den gleichen Tatbestand betreffen (BT-Drs. 15/1976, S. 19; *Kissel/Mayer* § 24 Rn. 18; SK-StPO/*Degener* § 24 Rn. 35; Meyer-Goßner/*Schmitt* § 24 Rn. 7). Der besondere Umfang muss damit ein Ausmaß erreichen, das nicht mehr durch ein erweitertes Schöffengericht nach § 29 Abs. 2 zu bewältigen ist (Meyer-Goßner/*Schmitt* § 24 Rn. 7; SK-StPO/*Degener* § 24 Rn. 35; dazu eingehend *Sowada*, S. 565). Es handelt sich um einen unbestimmten Rechtsbegriff, der der vollständigen richterlichen Überprüfung zugänglich ist (*Kissel/Mayer* § 24 Rn. 18 m.w.N.). Der besondere Verfahrensumfang ist in der Anklageschrift zu begründen (Meyer-Goßner/*Schmitt* § 24 Rn. 5). 11

c) »besondere Bedeutung des Falles«. Eine besondere Bedeutung des Falles, die die Anklage beim LG zulässt, liegt vor, wenn sich der Fall aus tatsächlichen oder rechtlichen Gründen aus der Masse der durchschnittlichen Strafsachen nach oben heraushebt (BGHSt 47, 16, 19; OLG Hamburg NStZ 1995, 252; OLG Düsseldorf StV 1997, 13; *Kissel/Mayer* § 24 Rn. 10; KK-StPO/*Barthe* § 24 Rn. 7; Meyer-Goßner/*Schmitt* § 24 Rn. 8). 12

Die besondere Bedeutung kann sich insb. ergeben aus
- dem Ausmaß der Rechtsgutverletzung (BGH NJW 1960, 542, 544; OLG Düsseldorf NStZ 1990, 292; OLG Hamburg NStZ 1995, 252; *Kissel/Mayer* § 24 Rn. 10, 15; KK-StPO/*Barthe* § 24 Rn. 7) und/oder ihrer erheblichen Folgen (OLG Karlsruhe, Justiz 1977, 279; *Kissel/Mayer* § 24 Rn. 15; vgl. Nr. 113 RiStBV), wobei unverschuldete Folgen nicht zu berücksichtigen sind (*Kissel/Mayer* § 24 Rn. 15 mit Bsp.; Meyer-Goßner/*Schmitt* § 24 Rn. 8);
- den Auswirkungen der Straftat auf die Allgemeinheit (OLG Düsseldorf StV 1997, 13, Anm. *Eisenberg* NStZ 1990, 551, 552; *Katholnigg* § 24 Rn. 5; *Kissel/Mayer* § 24 Rn. 10; KK-StPO/*Barthe* § 24 Rn. 7; LR/*Siolek* § 24 Rn. 19);
- der Persönlichkeit und Stellung des Verletzten oder Beschuldigten (z.B. Strafsachen gegen hohe Beamte und RA, BGH NJW 1960, 542, 544; Meyer-Goßner/*Schmitt* § 24 Rn. 8), soweit sie den Unrechtsgehalt der Tat erhöhen (BGH NJW 1960, 542, 544; OLG Hamburg NStZ 1995, 252, 253; *Kissel/Mayer* § 24 Rn. 16; Meyer-Goßner/*Schmitt* § 24 Rn. 8);
- dem großen Interesse der Medien und der Öffentlichkeit an der Sache, soweit es überragend und bundesweit ist, insb. eine besondere Betroffenheit der Allgemeinheit widerspiegelt (*Kissel/Mayer* § 24 Rn. 16);
- einem besonderen Bedürfnis für die rasche Klärung einer grundsätzlichen, für eine Vielzahl gleich gelagerter Fälle bedeutsamen Rechtsfrage durch den BGH (BGHSt 43, 53 = JZ 1998, 627 m.Anm. *Bernsmann*; LR/*Siolek* § 24 Rn. 20; *Kissel/Mayer* § 24 Rn. 17; Meyer-Goßner/*Schmitt* § 24 Rn. 8).

Jedenfalls bedarf die Annahme der »besonderen Bedeutung des Falles« einer gesonderten Begründung in der Anklageschrift, um die Möglichkeit einer gerichtlichen Überprüfung sicherzustellen (*Kissel/Mayer* § 24 Rn. 14; BGH NStZ 1998, 336), es sei denn, die Voraussetzungen hierfür liegen offensichtlich vor (*Kissel/Mayer* § 24 Rn. 14 m.w.N.).

13 **B. Rechtsfolgenkompetenz (Abs. 2).** Die Zuständigkeit des AG fehlt, wenn eine Freiheitsstrafe über vier Jahre auszusprechen oder die Unterbringung in einem psychiatrischen Krankenhaus (§ 63 StGB), allein oder neben der Strafe, oder in der Sicherungsverwahrung (§ 66 StGB) anzuordnen ist (»**Begrenzung der Strafgewalt**«, Meyer-Goßner/*Schmitt* § 24 Rn. 11). Die Begrenzung der Strafgewalt gilt auch für eine zu bildende (nachträgliche) Gesamtstrafe (Meyer-Goßner/*Schmitt* § 24 Rn. 11; *Kissel/Mayer* § 24 Rn. 24). Werden in einem Urteil zwei getrennte Gesamtstrafen gebildet, die jeweils unter vier Jahren, in der Summe aber über vier Jahren liegen, so liegt darin kein Verstoß gegen Abs. 2 (BGHSt 34, 159; *Kissel/Mayer* § 24 Rn. 24; Meyer-Goßner/*Schmitt* § 24 Rn. 11). Abs. 2 gilt auch für die Strafkammer als Berufungsgericht (Meyer-Goßner/*Schmitt* § 24 Rn. 11).

14 Wird die **Strafgewalt des Abs. 2 überschritten** oder hat das AG die **Zuständigkeit eines höheren Gerichts nach Abs. 1 Nr. 1 übersehen**, so liegt eine Gesetzesverletzung vor, die die sachliche Unzuständigkeit (**§ 338 Nr. 4 StPO**) begründet und von Amts wegen durch das Revisionsgericht zu berücksichtigen ist (BGH NJW 1970, 155; LR/*Siolek* § 24 Rn. 42; KK-StPO/*Barthe* § 24 Rn. 16; *Kissel/Mayer* § 24 Rn. 28; ausführlich SK-StPO/*Degener* § 24 Rn. 39 ff.).

15 Dagegen begründet die **fehlerhafte Annahme der Zuständigkeit eines Gerichts höherer Ordnung** (SchöffenG) die **Revision** nur dann, wenn die Zuständigkeitsannahme auf Willkür beruht (BGH NStZ 1994, 399; StV 1995, 620, 621; Meyer-Goßner/*Schmitt* § 24 Rn. 12).

§ 25 [Zuständigkeit des Strafrichters]

Der Richter beim Amtsgericht entscheidet als Strafrichter bei Vergehen,
1. wenn sie im Wege der Privatklage verfolgt werden oder
2. wenn eine höhere Strafe als Freiheitsstrafe von zwei Jahren nicht zu erwarten ist.

1 **A. Normzweck.** § 25 ergänzt die Zuständigkeitsbestimmung des § 24 mit ihrer Abgrenzung der Kompetenzen des AG, LG und OLG insoweit, als er die konkrete Spruchkörperzuständigkeit **zwischen Schöffengericht und Strafrichter** (= Einzelrichter) abgrenzt. Die Norm regelt in Nr. 1 und 2 positiv, wann der Strafrichter zuständig ist. I.Ü. bleibt es bei der Zuständigkeitsvermutung für das Schöffengericht in § 28 (»soweit nicht der Strafrichter entscheidet«). Strafrichter und Schöffengericht sind zwar Spruchkörper desselben Gerichts, jedoch in Bezug auf die **sachliche Zuständigkeit** zwei verschiedene Gerichte (BGHSt 18, 79, 83, 173, 175;

19, 177, 178, *Kissel/Mayer* § 25 Rn. 2), sodass § 6 StPO Anwendung findet (Meyer-Goßner/*Schmitt* § 25 Rn. 1; BeckOK-GVG/*Eschelbach* § 25 Rn. 1).
Der Strafrichter stellt ggü. dem Schöffengericht ein Gericht »niederer Ordnung« dar (vgl. § 24 Rdn. 1; BGHSt 19, 177, 178; BGH NStZ 1993, 197; *Kissel/Mayer* § 25 Rn. 2; LR/*Siolek* § 25 Rn. 5; KK-StPO/*Barthe* § 25 Rn. 2; MüKo-StPO/*Schuster* § 25 Rn. 1).

B. Regelungsinhalt. I. Privatklagedelikte (Nr. 1). Nr. 1 begründet die sachliche Zuständigkeit für **Vergehen**, die im Wege der **Privatklage** (§ 374 Abs. 1 StPO) verfolgt werden. Erhebt die StA die öffentliche Klage nach § 376 StPO, so wandelt sich das Privatklageverfahren in ein Offizialverfahren, für das Nr. 1 keine Anwendung findet, sondern nur Nr. 2 (*Kissel/Mayer* § 25 Rn. 3; KK-StPO/*Barthe* § 25 Rn. 4). Wenn die StA nach der die Zuständigkeit des Strafrichters begründenden Einleitung des Privatklageverfahrens gem. § 377 StPO die Verfolgung übernimmt, bleibt die einmal begründete Zuständigkeit des Strafrichters bestehen, da die StA das Verfahren nach der h.M. in seiner jeweiligen Lage übernimmt (BGHSt 11, 56, 61; *Katholnigg* § 25 Rn. 2; *Kissel/Mayer* § 25 Rn. 3; LR/*Siolek* § 25 Rn. 2; KK-StPO/*Barthe* § 25 Rn. 4; BeckOK-GVG/*Eschelbach* § 25 Rn. 2). 2

II. Zuständigkeit kraft Straferwartung (Nr. 2). Der Strafrichter ist nach Nr. 2 zuständig für **Vergehen** (nicht für Verbrechen: AnwK-StPO/*Bergmann* § 25 Rn. 5; KK-StPO/*Barthe* § 25 Rn. 5; LR/*Siolek* § 25 Rn. 1; **a.A.** bei entspr. Prognose: *Bandemer*, JA 1994, 489, 491; *Michel*, MDR 1995, 1198, 1199), wenn eine höhere Strafe als zwei Jahre Freiheitsstrafe nicht zu erwarten ist. Bei einer Gesamtstrafenbildung kommt es auf deren Höhe an (KK-StPO/*Barthe* § 25 Rn. 5; Meyer-Goßner/*Schmitt* § 25 Rn. 3). Entscheidend ist allein die aufgrund einer Prognose zu erwartende konkrete Höchststrafe (*Katholnigg* § 25 Rn. 3; *Kissel/Mayer* § 25 Rn. 4; KK-StPO/*Barthe* § 25 Rn. 5 m.w.N.) im Zeitpunkt der Eröffnung des Hauptverfahrens (BGHSt 47, 16; KK-StPO/*Barthe* § 25 Rn. 5; SK-StPO/*Degener* § 25 Rn. 3; *Kissel/Mayer* § 25 Rn. 4; § 207 StPO), wobei Ermittlungsergebnisse soweit möglich strafzumessungsrechtlich zu würdigen sind (OLG Karlsruhe, wistra 1997, 198: »Prognoseentscheidung in groben Kategorien«; zur Prognose s. § 24 Rn. 5). Auszugehen ist zunächst vom Regelstrafrahmen, wobei aber bei der zu erwartenden Strafe zu prüfen ist, ob nicht eine Strafrahmenverschiebung durch Vorliegen eines minder schweren Falls in Betracht kommt (LG Zweibrücken NStZ-RR 1996, 339; AnwK-StPO/*Bergmann* § 25 Rn. 5; KK-StPO/*Barthe* § 25 Rn. 5). Unerheblich ist der »Umfang der Sache« (OLG Hamm StV 1996, 300; *Kissel/Mayer* § 25 Rn. 4). Auch kommt es nach der aktuellen Gesetzeslage nicht mehr darauf an, ob die StA die Sache als von »minderer Bedeutung« ansieht (h.M.: OLG Hamm StV 1995, 182; 1996, 300; OLG Düsseldorf NStZ 1996, 206, 207; OLG Bremen NStZ-RR 1998, 53, 54; *Katholnigg* § 25 Rn. 3; *Kissel/Mayer* § 25 Rn. 4; KK-StPO/*Barthe* § 25 Rn. 6; LR/*Siolek* § 25 Rn. 7/8; Meyer-Goßner/*Schmitt* § 25 Rn. 3; *Böttcher/Mayer* NStZ 1993, 153, 157; *Fischer*, NJW 1996, 1044; *Rieß* NStZ 1995, 376, 377; **a.A.** AG Höxter, MDR 1994, 1139; *Fuhse* NStZ 1995, 165, 167; *Hohendorf*, NJW 1995, 1454; *Schäfer*, DRiZ 1997, 169 gehen von einer Weitergeltung als ungeschriebenes Tatbestandsmerkmal aus). 3

Da es sich bei § 25 um eine Zuständigkeitsbestimmung (BGH NJW 1964, 506; *Kissel/Mayer* § 25 Rn. 2; KK-StPO/*Barthe* § 25 Rn. 2) handelt, hat die StA bei Vorliegen der Voraussetzungen der Nr. 2 die Anklage vor dem Strafrichter zu erheben. Möglich ist jedoch die Anklage wegen »besonderer Bedeutung des Falles« beim LG nach § 24 Abs. 1 Nr. 3 (OLG Koblenz StV 1996, 588). Nimmt der Strafrichter im Gegensatz zur StA an, dass eine Strafe von mehr als zwei Jahren zu erwarten ist, so kann er nach § 209 Abs. 2 StPO die Akten dem Schöffengericht zur Entscheidung über die Zuständigkeit vorlegen; umgekehrt kann das Schöffengericht eine vor ihm angeklagte Sache nach § 209 Abs. 1 StPO vor dem Strafrichter eröffnen, wenn es dessen Zuständigkeit für ausreichend erachtet (*Kissel/Mayer* § 25 Rn. 2; Meyer-Goßner/*Schmitt* § 25 Rn. 3). 4

Hat der Strafrichter entgegen § 25 Nr. 2 in einem Fall entschieden, in dem das Schöffengericht hätte entscheiden müssen, so ist dies ein Verfahrensfehler (vgl. Rdn. 1: Gericht »niederer Ordnung«), der grds. zur Aufhebung des Urteils und Verweisung der Sache an das zuständige Gericht führt (§ 328 Abs. 2 StPO; § 355 StPO; *Kissel/Mayer* § 25 Rn. 7; KK-StPO/Barthe § 25 Rn. 2; LR/*Siolek* § 25 Rn. 16). War im umgekehrten Fall einer Entscheidung durch das Schöffengericht eigentlich der Strafrichter zuständig, so schließt **§ 269 StPO** eine Abgabe an ein Gericht niederer Ordnung zwingend aus und beinhaltet daher ein **Verweisungsverbot** (AnwK-StPO/*Bergmann* § 25 Rn. 5; KK-StPO/*Barthe* § 25 Rn. 2). Anderes gilt nur dann, wenn das Gericht der höheren Ordnung seine Zuständigkeit willkürlich angenommen; darin liegt ein Verstoß gegen das Gebot des gesetzlichen Richters (BGHSt 42, 205, 210 ff.; OLG Hamm NStZ-RR 1996, 308; OLG Düsseldorf NStZ 1990, 292, 293; OLG Koblenz StV 1996, 588, 589; AnwK-StPO/*Bergmann* § 25 Rn. 7; KK-StPO/*Barthe* § 25 Rn. 2; zum Begriff der Willkür, vgl. § 16 Rn. 8). 5

§ 25 Nr. 2 beinhaltet aber **keine Beschränkung der Strafgewalt** des Strafrichters aus § 24 Abs. 2; stellt sich erst nach Eröffnung des Hauptverfahrens heraus, dass die angemessene Strafe über die der Nr. 2 hinausgeht, 6 so muss nicht nach §§ 225a, 270 StPO verfahren werden (BGHSt 16, 248; 42, 205, 213; BayOblG NStZ 1985, 470 m. abl. Anm. *Achenbach*; OLG Düsseldorf NStZ-RR 2001, 222 m. abl. Anm *Paeffgen* NStZ 2002, 195; *Kissel/Mayer* § 25 Rn. 6; KK-StPO/*Barthe* § 25 Rn. 7).

7 Die Zuständigkeitsabgrenzung gilt auch im **Strafbefehlsverfahren**, erlangt dort aber wegen § 407 Abs. 2 Satz 2 StPO praktisch keine Bedeutung (*Katholnigg* § 25 Rn. 4; *Kissel/Mayer* § 25 Rn. 8; **a.A.** *Fuhse* NStZ 1995, 165). In **Jugendsachen** findet § 25 keine Anwendung (*Kissel/Mayer* § 25 Rn. 10). Zur Zuständigkeitserweiterung nach **Landesrecht**, vgl. *Kissel/Mayer* § 25 Rn. 9.

§ 26 [Zuständigkeit der Jugendschutzgerichte]

(1) Für Straftaten Erwachsener, durch die ein Kind oder ein Jugendlicher verletzt oder unmittelbar gefährdet wird, sowie für Verstöße Erwachsener gegen Vorschriften, die dem Jugendschutz oder der Jugenderziehung dienen, sind neben den für allgemeine Strafsachen zuständigen Gerichten auch die Jugendgerichte zuständig. Die §§ 24 und 25 gelten entsprechend.

(2) In Jugendschutzsachen soll die Staatsanwaltschaft Anklage bei den Jugendgerichten erheben, wenn damit die schutzwürdigen Interessen von Kindern oder Jugendlichen, die in dem Verfahren als Zeugen benötigt werden, besser gewahrt werden können. Im Übrigen soll die Staatsanwaltschaft Anklage bei den Jugendgerichten nur erheben, wenn aus sonstigen Gründen eine Verhandlung vor dem Jugendgericht zweckmäßig erscheint.

(3) Die Absätze 1 und 2 gelten entsprechend für die Beantragung gerichtlicher Untersuchungshandlungen im Ermittlungsverfahren.

Übersicht

1 **A. Anwendungsbereich und Zweck der Norm.** § 26 begründet für Jugendschutzsachen eine **Doppelzuständigkeit** der Jugendgerichte neben den allgemeinen Strafgerichten (KK-StPO/*Barthe* § 26 Rn. 1; *Kissel/Mayer* § 26 Rn. 1; Meyer-Goßner/*Schmitt* § 26 Rn. 1; SK-StPO/*Degener* § 26 Rn. 1). Die StA kann bei Vorliegen der Voraussetzungen des § 26 Abs. 1 in einer **Erwachsenenstrafsache** von den §§ 24 ff. abweichen und Anklage bei den Jugendgerichten erheben. Da das zunächst bei der StA liegende Wahlrecht (BGHSt 13, 297, 299; KK-StPO/*Barthe* § 26 Rn. 1) durch Abs. 2 eingeschränkt wird und gerichtlich überprüfbar ist, ist die Vorschrift mit Art. 101 Abs. 1 Satz 2 GG vereinbar (BGHSt 13, 297, 298 f.; KK-StPO/*Barthe* § 26 Rn. 1; LR/*Siolek* § 26 Rn. 1; Meyer-Goßner/*Schmitt* § 26 Rn. 4–6; *Kissel/Mayer* § 26 Rn. 9). Der **Zweck** der Vorschrift besteht darin, die besondere Sachkunde und Erfahrung der Jugendrichter zu nutzen, insb. die psychologischen Erfahrungen bei der Vernehmung kindlicher oder jugendlicher geschädigter Zeugen oder bei der Würdigung ihrer Aussagen (BGHSt 13, 53, 59; KK-StPO/*Barthe* § 26 Rn. 1; *Kissel/Mayer* § 26 Rn. 1; SK-StPO/*Degener* § 26 Rn. 1) oder bei der Feststellung des Ausmaßes des durch die Straftat angerichteten Schadens bei einem Kind oder Jugendlichen (LR/*Siolek* § 26 Rn. 2; KK-StPO/*Barthe* § 26 Rn. 1).

2 Die Vorschrift findet **nur** im Rahmen der generellen **Zuständigkeit des AG** nach §§ 24, 25 Anwendung; für den Zuständigkeitsbereich des LG gilt § 74b (*Kissel/Mayer* § 26 Rn. 2; Meyer-Goßner/*Schmitt* § 26 Rn. 1).

3 **B. Regelungsinhalt. I. Vorliegen einer Jugendschutzsache (Abs. 1 Satz 1).** Jugendschutzsachen sind Straftaten, durch die ein **Kind** (Person bis zur Vollendung von 14 Jahren § 1 Abs. 3 JGG) oder ein **Jugendlicher** (Person bis zur Vollendung von 18 Jahren § 1 Abs. 2 JGG) durch einen **Erwachsenen** (Person, die das 21 Lebensjahr vollendet hat) (mittelbar) **verletzt oder unmittelbar gefährdet** wird (Abs. 1 Satz 1, 1. Alt.). Heranwachsende (18 bis noch nicht 21 Jahre alte Personen § 1 Abs. 2 JGG) fallen nicht unter Abs. 1 Satz 1, 1. Alt. (LR/*Siolek* § 26 Rn. 4; Meyer-Goßner/*Schmitt* § 26 Rn. 2; *Kissel/Mayer* § 26 Rn. 3). Maßgebend ist die Tatzeit (BGHSt 13, 53 L [6]; *Katholnigg* § 26 Rn. 1). Die Art des Deliktes ist unerheblich; es kommt allein auf das Alter des Verletzten an (*Kissel/Mayer* § 26 Rn. 3; Meyer-Goßner/*Schmitt* § 26 Rn. 2). Allerdings findet die Vorschrift keine Anwendung, wenn das Kind oder der Jugendliche durch die Tat um das Leben gekommen ist (OLG Hamm, JMBlNRW 1963, 34; OLG Düsseldorf, JMBlNRW 1963; 166; LR/*Siolek* § 26 Rn. 6; Meyer-Goßner/*Schmitt* § 26 Rn. 2; *Kissel/Mayer* § 26 Rn. 3).

4 Zu den Jugendschutzsachen zählen auch **Verstöße von Erwachsenen gegen Vorschriften, die dem Jugendschutz oder der Jugenderziehung dienen**, Abs. 1 Satz 1, 2. Alt., wobei hier auch Heranwachsende erfasst

werden (BGHSt 13, 53, 59; LR/*Siolek* § 26 Rn. 5; *Kissel/Mayer* § 26 Rn. 4). Hierzu zählen die ausdrücklich dem Schutz der jungen Menschen dienenden Vorschriften wie §§ 174 ff. 180, 180a Abs. 2 Nr. 1, 182, 235, 236 StGB und Vorschriften, die »die gesundheitliche und seelische Entwicklung schützen sollen« wie JArbSchG, GjS, JÖSchG und Verstöße gegen Schulpflichtvorschriften (KK-StPO/*Barthe* § 26 Rn. 3; LR/*Siolek* § 26 Rn. 5; Meyer-Goßner/*Schmitt* § 26 Rn. 3; *Kissel/Mayer* § 26 Rn. 4).

II. Zuständigkeit des Jugendgerichts (Abs. 2). Das Wahlrecht der StA (Rdn. 1) wird insoweit eingeschränkt, als sie nur unter den Voraussetzungen des Abs. 2 Anklage zum Jugendgericht erheben kann. Durch das Gesetz zur Stärkung der Rechte von Opfern sexuellen Missbrauchs (StORMG) vom 26.06.2013 (BGBl. I, S. 1805) wurde die ursprünglich in Abs. 2 begründete **Ausnahmezuständigkeit** des Jugendgerichts in Satz 1 insoweit aufgeweicht, als die Staatsanwaltschaft nunmehr Anklage bei den Jugendgerichten erheben soll, wenn damit die schutzbedürftigen Interessen von Kindern oder Jugendlichen, die in dem Verfahren als Zeugen benötigt werden, besser gewahrt werden können. Nach der vorherigen Regelung war die Staatsanwaltschaft gehalten Anklage vor dem Jugendgericht nur zu erheben, wenn in dem Verfahren Kinder oder Jugendliche als Zeugen benötigt werden oder wenn aus sonstigen Gründen eine Verhandlung vor dem Jugendgericht zweckmäßig erscheint (hierzu Rdn. 1; allgemeine Zweckmäßigkeitserwägungen sind unzulässig; *Kissel/Mayer* § 26 Rn. 8). Die Neuregelung trägt dem Schutz jugendlicher Opferzeugen Rechnung. Schutzwürdige Interessen sind insb. dann anzunehmen, wenn minderjährige Opfer von Sexual- und Misshandlungsdelikten als Zeugen aussagen sollen (vgl. Begründung des Referentenentwurf des BMJ vom 07.12.2010, S. 18). 5

Der StA steht kein Wahlrecht, sondern ein Beurteilungsspielraum zu (vgl. Begründung des Referentenentwurfs des BMJ vom 07.12.2010, S. 18), wobei für das Gericht, zu dem Anklage erhoben wird, keine Bindungswirkung eintritt (vgl. Begründung des Referentenentwurfs des BMJ vom 07.12.2010, S. 18; vgl. auch schon zuvor *Kissel/Mayer* § 26 Rn. 10; *Engelhardt*, DRiZ 1982, 418, 420). In Ausnahmefällen kann die StA auch unter den Voraussetzungen des Abs. 2 (Meyer-Goßner/*Schmitt* § 26 Rn. 4) weiterhin beim allgemeinen Strafgericht anklagen (vgl. Begründung des Referentenentwurfs des BMJ vom 07.12.2010, S. 18, Meyer-Goßner/*Schmitt* § 26 Rn. 4; BGH 13, 297, 300; a.M. LG Zweibrücken NStZ-RR 2013, 56 m.w.N.). Bei Auftreten eines **Zuständigkeitsstreits** ist dieser nach dem Kriterium der **Kompetenz-Kompetenz** zu regeln (KK-StPO/*Barthe* § 26 Rn. 6; LR/*Siolek* § 26 Rn. 10). Das Jugendgericht des AG kann das Hauptverfahren nach § 209 Abs. 1 i.V.m. § 209a Nr. 2b StPO vor dem Erwachsenengericht gleicher Ordnung eröffnen (*Kissel/Mayer* § 26 Rn. 10; *Rieß* NJW 1978, 2267). Ist die Anklage vor dem Erwachsenengericht erhoben, so kann dieses zwar nicht vor dem Jugendgericht eröffnen, aber nach § 209 Abs. 2 i.V.m. § 209a Nr. 2b StPO vorgehen (*Kissel/Mayer* § 26 Rn. 10; KK-StPO/*Barthe* § 26 Rn. 6). Das Jugendgericht kann dann das Hauptverfahren vor sich selbst oder dem Erwachsenengericht gleicher Ordnung eröffnen (*Kissel/Mayer* § 26 Rn. 10; KK-StPO/*Barthe* § 26 Rn. 6; Meyer-Goßner/*Schmitt* § 26 Rn. 5). Mit der Eröffnung des Hauptverfahrens tritt Bindungswirkung ein (BGH NStZ 1996, 346; OLG Saarbrücken NStZ-RR 2003, 377; *Kissel/Mayer* § 26 Rn. 10). Für das LG gilt § 74b. 6

Die Besonderheit des § 26 ist darin zu sehen, dass bei Anklageerhebung vor dem Jugendgericht das gesamte **Gerichtsverfassungsrecht nach dem JGG** maßgebend ist (*Kissel/Mayer* § 26 Rn. 12; KK-StPO/*Barthe* § 26 Rn. 5). Für die Abgrenzung zwischen Jugendrichter und Jugendschöffengericht gelten die §§ 24, 25 entsprechend, Abs. 1 Satz 2; **§§ 39, 40 JGG sind** nicht **anwendbar** (*Kissel/Mayer* § 26 Rn. 11). 7

Ein Verstoß gegen § 26 begründet die **Revision** nur im Fall der Willkür (BGH GA [H] 1971, 34; *Kissel/Mayer* § 26 Rn. 13; Meyer-Goßner/*Schmitt* § 26 Rn. 6). 8

III. Beantragung gerichtlicher Untersuchungshandlungen (Abs. 3). Durch Abs. 3 wird klargestellt, dass die Regelung über die Anklageerhebung bei den Jugendgerichten entsprechend für die Beantragung gerichtlicher Untersuchungshandlungen gilt (vgl. Begründung des Referentenentwurfs des BMJ vom 7.012.2010, S. 19). 9

§ 27 [Sonstige Zuständigkeit und Geschäftskreis]

Im übrigen wird die Zuständigkeit und der Geschäftskreis der Amtsgerichte durch die Vorschriften dieses Gesetzes und der Prozeßordnungen bestimmt.

Bei den Strafsachen sind im Geschäftskreis der AG nach der StPO, dem GVG und dem JGG insb. die Tätigkeit im Ermittlungsverfahren (§§ 115a Abs. 1, 125 Abs. 1, 128 Abs. 1, 162, 163 Abs. 1 Satz 2, 165, 166 StPO), im beschleunigten Verfahren (§ 417 StPO), im Strafbefehlsverfahren (§§ 407, 408 StPO) und in der Rechtshilfe (§ 157) aufzuführen (ausführlich LR/*Siolek* § 27 Rn. 2; SK-StPO/*Frister* § 27 Rn. 2; KK-StPO/*Barthe* § 27 Rn. 1). Im JGG finden sich Vorschriften, die eine amtsrichterliche Zuständigkeit vorsehen, in §§ 39, 40, 82, 83, 107 JGG. 1

2 Eine Aufgabenzuweisung an das AG außerhalb StPO, GVG oder JGG findet sich insb. im OWiG (§§ 62 Abs. 2, 68, 85 Abs. 4, 104 Nr. 1 OWiG) oder im IRG (§§ 21, 22, 28, 39 Abs. 2 IRG) (vgl. KK-StPO/*Barthe* § 27 Rn. 1; ausf. Darstellung in *Kissel/Mayer* § 27 Rn. 15 ff.)

Vierter Titel. Schöffengerichte

§ 28 [Zuständigkeit]

Für die Verhandlung und Entscheidung der zur Zuständigkeit der Amtsgerichte gehörenden Strafsachen werden, soweit nicht der Strafrichter entscheidet, bei den Amtsgerichten Schöffengerichte gebildet.

1 **Schöffengerichte** sind neben dem Strafrichter die erstinstanzlichen Spruchkörper in Strafsachen beim AG. Die sachliche Zuständigkeit des AG ist in § 24 geregelt. § 28 begründet die gesetzliche Verpflichtung, Schöffengerichte bei den AG zu bilden. Wird dem Gesetzesauftrag nicht Folge geleistet, fehlt es am gesetzlichen Richter (vgl. LR/*Gittermann* § 28 Rn. 3).

2 Ggü. dem **Strafrichter** ist das Schöffengericht das Gericht höherer Ordnung (vgl. KK-StPO/*Barthe* § 28 Rn. 2). Seine Strafgewalt ergibt sich aus § 24 Abs. 2.

§ 29 [Zusammensetzung]

(1) [1]Das Schöffengericht besteht aus dem Richter beim Amtsgericht als Vorsitzenden und zwei Schöffen. [2]Ein Richter auf Probe darf im ersten Jahr nach seiner Ernennung nicht Vorsitzender sein.

(2) [1]Bei Eröffnung des Hauptverfahrens kann auf Antrag der Staatsanwaltschaft die Zuziehung eines zweiten Richters beim Amtsgericht beschlossen werden, wenn dessen Mitwirkung nach dem Umfang der Sache notwendig erscheint. [2]Eines Antrages der Staatsanwaltschaft bedarf es nicht, wenn ein Gericht höherer Ordnung das Hauptverfahren vor dem Schöffengericht eröffnet.

S.a. RiStBV Nr. 113 Abs. 4

1 **A. Grundsätzliches und Tatbestand.** Gem. Abs. 1 ist das Schöffengericht mit einem Berufsrichter – **dem Richter am AG** – und zwei Schöffen besetzt. **Schöffen** sind die ehrenamtlichen Laienrichter in der Strafrechtspflege, §§ 44 bis 45a DRiG. Im Verfahren wirken sie aber nur in der Hauptverhandlung mit, § 30 Abs. 2. Die Mitwirkung der Schöffen dient vorrangig der gerichtlichen Kontrolle durch die Öffentlichkeit. Daneben sollen die Schöffen als gesellschaftliche Repräsentanten zur Informationsgewinnung im Verfahren beitragen, indem sie dem Berufsrichter und den sonstigen Verfahrensbeteiligten soziales Hintergrundwissen vermitteln. Letztlich haben die Schöffen den Auftrag, zur Verständlichkeit und Nachvollziehbarkeit der gerichtlichen Entscheidung beizutragen (vgl. KK-StPO/*Barthe* § 29 Rn. 4). Nicht erforderlich ist eine geschlechtsparitätische Quotelung der Schöffen im Verfahren. Auch ein nur mit Frauen oder nur mit Männern besetztes Gericht ist ordnungsgemäß besetzt (vgl. OLG Köln NJW 1972, 911 f.)

2 Den **Vorsitz** des Schöffengerichts kann jeder Richter auf Lebenszeit am AG führen (vgl. Meyer-Goßner/*Schmitt* § 29 Rn. 1). Dies gilt auch für abgeordnete Richter i.S.d. § 37 DRiG und Vertretungsrichter, § 22b. Als Vorsitzender kommt auch ein Richter kraft Auftrags in Betracht, § 14 DRiG (vgl. KK-StPO/*Barthe* § 29 Rn. 2). Allerdings darf ein Richter auf Probe in seinem ersten Tätigkeitsjahr einem Schöffengericht nicht vorsitzen. Damit will das Gesetz eine gewisse Berufserfahrung bei der Leitung des Spruchkörpers sicherstellen (vgl. Kissel/Mayer/*Mayer* § 29 Rn. 2).

3 Abs. 2 enthält eine Regelung über das sog. **erweiterte Schöffengericht.** Das erweiterte Schöffengericht ist ein um einen weiteren Berufsrichter ergänzter Spruchkörper, der allerdings ggü. dem gewöhnlichen Schöffengericht keine weitergehenden Befugnisse besitzt. Sachliche Zuständigkeit und Strafgewalt nach § 24 bleiben also unberührt (vgl. Meyer-Goßner/*Schmitt* § 29 Rn. 2). Das erweiterte Schöffengericht ist auch durch die Hinzuziehung des zweiten Berufsrichters und die dadurch erfolgende Mehrung des »juristischen Fachwissens« kein »besseres« und auch kein höheres Gericht als das Schöffengericht nach Abs. 1 (vgl. bereits RGSt 62, 265, 270; OLG Bremen NJW 1958, 432; s. auch KG StV 2016, 448 f.). Seine Existenz verdankt das erweiterte Schöffengericht dem Bestreben des Gesetzgebers, die LG und den BGH – als den LG nachgeordnetes Rechtsmittelgericht – zu entlasten. Das erweiterte Schöffengericht wurde durch das 3. StrÄndG im Jahr

1953 (BGBl. I, S. 735 ff.) in das deutsche Verfahrensrecht (wieder) eingeführt, um eine Instanz für Fälle zu schaffen, bei denen die besondere Bedeutung der Sache eine Anklageerhebung zum LG noch nicht rechtfertigt, der Umfang des Verfahrens die Mitwirkung eines zweiten Richters am AG aber erforderlich macht, weil es für einen Richter zu beschwerlich ist, die Verhandlung zu leiten und zugleich ihre Ergebnisse für die Beratung und die Urteilsbegründung festzuhalten (vgl. LR/*Gittermann* § 29 Rn. 4). Entsprechend umschreibt Abs. 2 die Voraussetzungen für die Hinzuziehung des zweiten Richters. Ein besonderer Umfang i.S.d. Regelung liegt bei einer hohen Anzahl von Angeschuldigten und Zeugen vor, Nr. 113 Abs. 4 RiStBV. Er dürfte aber auch durch eine Vielzahl von Straftaten und überdurchschnittliche Beweisschwierigkeiten begründet werden (vgl. Meyer-Goßner/*Schmitt* § 29 Rn. 4; LR/*Gittermann* § 29 Rn. 4). Eine schwierige Rechtslage oder eine besondere Bedeutung der Sache erlauben eine Anklageerhebung zum erweiterten Schöffengericht demgegenüber nicht (vgl. KK-StPO/*Barthe* § 29 Rn. 11). Hier ist gem. § 24 Abs. 1 Nr. 3 Anklage zum LG zu erheben (vgl. Meyer-Goßner/*Schmitt* § 29 Rn. 4).

Der **hinzugezogene Richter** kann jeder Richter am AG sein. Auch ein Richter auf Probe im ersten Jahr nach seiner Ernennung kommt in Betracht (vgl. KK-StPO/*Barthe* § 29 Rn. 8). Den Vorsitz kann aufgrund der Regelung des § 28 Abs. 2 Satz 2 DRiG aber nur ein Richter auf Lebenszeit führen. Der Vorsitzende entscheidet auch über die Zuziehung des zweiten Richters, wenn diese durch die StA beantragt wurde (vgl. LR/*Gittermann* § 29 Rn. 8), es sei denn, der Geschäftsverteilungsplan enthält für diese Entscheidung eine besondere Regelung (vgl. KK-StPO/*Barthe* § 29 Rn. 13; LR/*Gittermann* § 29 Rn. 8; gegen die Möglichkeit einer solchen Sonderregelung *Meyer* DRiZ 1969, 284 f.). 4

Der **Antrag der StA** ist eine Voraussetzung für die Zuziehung des zweiten Berufsrichters. Seine Stellung steht im Ermessen der Anklagebehörde (vgl. Meyer-Goßner/*Schmitt* § 29 Rn. 3). Im Regelfall erfolgt sie mit Anklageerhebung. Der Antrag kann aber auch nach Vorlage der Akten beim Gericht (§ 199 Abs. 2 Satz 1 StPO) bis zur Eröffnung des Hauptverfahrens angebracht werden (vgl. *Kissel/Mayer* § 29 Rn. 13). Mit Eröffnung des Hauptverfahrens ist über den Antrag zu entscheiden. Nach Eröffnung ist die Zuziehung eines zweiten Richters mit Blick auf das Verfahrensgrundrecht aus Art. 101 Abs. 1 Satz 2 GG ausgeschlossen (vgl. KG StraFo 2016, 109; *Dallinger* JZ 1953, 432, 434; LR/*Gittermann* § 29 Rn. 9). Dies gilt auch, wenn Nachtragsanklage nach § 266 StPO erhoben wird, eine Verweisung an das Schöffengericht nach § 270 StPO erfolgt oder die Sache nach Durchlaufen der Rechtsmittelinstanz an das AG zurückverwiesen wird (vgl. LR/*Gittermann* § 29 Rn. 9; Meyer-Goßner/*Schmitt* § 29 Rn. 5; a.A. für § 270 StPO: *Deisberg/Hohendorf* DRiZ 1984, 261, 266). Der Antrag der StA bindet den entscheidenden Richter nicht (vgl. Meyer-Goßner/*Schmitt* § 29 Rn. 5). Gegen die ablehnende Entscheidung steht der StA kein Beschwerderecht zu (vgl. KG JR 1976, 209; KK-StPO/*Barthe* § 29 Rn. 13). Die Entscheidung über den Antrag ist auch nicht nachträglich abänderbar, da der Eröffnungsbeschluss den gesetzlichen Richter bestimmt (vgl. OLG Bremen StV 1993, 350, 351). Er bindet auch das Rechtsmittelgericht in Fällen der Zurückverweisung auf Grundlage von §§ 328, 354 StPO (vgl. KK-StPO/*Barthe* § 29 Rn. 13). 5

Ohne Antrag der StA kann die Zuziehung eines zweiten Richters erfolgen, wenn das Hauptverfahren durch ein Gericht höherer Ordnung vor dem Schöffengericht eröffnet wird, Abs. 2 Satz 2. In diesem Fall entscheidet das höhere Gericht auch über die Frage, ob ein zweiter Richter zuzuziehen ist (vgl. LR/*Gittermann* § 29 Rn. 7). Unterbleibt die Zuziehung, steht der StA wiederum kein Beschwerderecht zu (vgl. *Dallinger* JZ 1953, 432, 434). Unangetastet bleibt allerdings das Recht, Beschwerde gegen die Eröffnung des Hauptverfahrens vor dem Gericht niederer Ordnung einzulegen (vgl. Kissel/Mayer/*Mayer* § 29 Rn. 18; KK-StPO/*Barthe* § 29 Rn. 14). 6

Nach herrschender Meinung ist die Zuziehung eines zweiten Richters im beschleunigten Verfahren nach §§ 417 ff. StPO ausgeschlossen (vgl. Meyer-Goßner/*Schmitt* § 29 Rn. 6 m.w.N.; a.A. *Deisberg/Hohendorf* DRiZ 1984, 261, 264 f.) 7

B. Revision. Der Verstoß gegen § 29 Abs. 1 Satz 2 führt zur Fehlbesetzung des Gerichts und ist daher nach § 338 Nr. 1 StPO revisibel (vgl. KK-StPO/*Barthe* § 29 Rn. 3). Entsprechendes gilt, wenn ein zweiter Richter hinzugezogen wurde, obwohl weder ein Antrag durch die StA gestellt wurde noch die Voraussetzungen des Abs. 2 Satz 2 vorlagen (vgl. OLG Düsseldorf JMBlNW 1964, 260, 261; Meyer-Goßner/*Schmitt* § 29 Rn. 7). 8

§ 30 [Befugnisse der Schöffen]

(1) Insoweit das Gesetz nicht Ausnahmen bestimmt, üben die Schöffen während der Hauptverhandlung das Richteramt in vollem Umfang und mit gleichem Stimmrecht wie die Richter beim Amtsgericht aus und nehmen auch an den im Laufe einer Hauptverhandlung zu erlassenden Entscheidungen teil, die in keiner Beziehung zu der Urteilsfällung stehen und die auch ohne mündliche Verhandlung erlassen werden können.

(2) Die außerhalb der Hauptverhandlung erforderlichen Entscheidungen werden von dem Richter beim Amtsgericht erlassen.

1 **Abs. 1** normiert die **Gleichstellung von Laienrichtern und Berufsrichtern** i.R.d. Hauptverhandlung. So haben die Schöffen – wie der Richter am AG – das Recht zur unmittelbaren Befragung nach § 240 Abs. 2 StPO (vgl. Meyer-Goßner/*Schmitt* § 30 Rn. 1). Das Mitwirkungsrecht bezieht sich insb. auf das Urteil und die mit der Urteilsfällung verbundenen Beschlüsse nach §§ 268a, 268b, 456c (vgl. KK-StPO/*Barthe* § 30 Rn. 1). Daneben bezieht es sich auf sämtliche in der Hauptverhandlung zu erlassenen Beschlüsse, wie etwa die Entscheidungen nach §§ 228 Abs. 2 Satz 1, 231 Abs. 2, 238 Abs. 2 StPO oder § 172. Selbst Vorlagebeschlüsse nach Art. 100 Abs. 1 GG und § 80 BVerfGG sind erfasst (vgl. Meyer-Goßner/*Schmitt* § 30 Rn. 1). Auch an Beschlüssen, die in keinem Zusammenhang mit Urteilsfällung stehen, wirken, wie etwa im Fall der §§ 70, 77 StPO, die Schöffen mit, denn diese erfordern eine Entscheidung durch das »Gericht«. Gesetzliche Ausnahmen für die Mitwirkung der Schöffen finden sich u.a. in §§ 27 Abs. 2 und 31 Abs. 2 Satz 1 StPO.

2 Sollen die Schöffen ihr Richteramt in gleicher Art und Weise und mit derselben Verantwortung wie die Berufsrichter ausüben, ist es dem Grunde nach folgerichtig, dass sie – wie der Vorsitzende bzw. wie der zweite Richter beim erweiterten Schöffengericht – umfassende **Akteneinsicht** inklusive Kenntnis von der Entschließung der StA erhalten. Doch ist gerade dieser Punkt, das Akteneinsichtsrecht der Schöffen, umstritten. Insb. früher wurde unter Hinweis auf eine dadurch möglich werdende Verletzung des Unmittelbarkeitsgrundsatzes den Schöffen das Recht auf Einsichtnahme in die Akten verwehrt (vgl. u.a. BGHSt 13, 73, 74; s. aber auch neuerdings *Börner* ZStW 122, 2010, 157 ff.). Es herrschte die Befürchtung vor, dass es den Laienrichtern – anders als den Berufsrichtern – nur schwer möglich sei, den allein maßgeblichen Gang der Hauptverhandlung vom Inhalt der Verfahrensakten zu abstrahieren (vgl. OLG Hamburg MDR 1973, 69). Insoweit wurde nicht nur die Überlassung einer Abschrift der Anklageschrift an die Schöffen für unzulässig gehalten. Auch das Mitlesen der staatsanwaltschaftlichen Abschlussentscheidung war den Schöffen nach älteren Judikaten des BGH nicht gestattet (vgl. BGHSt 13, 73, 74 f.; s.a. *Schmidt* JR 1961, 31). Inzwischen ist der BGH von dieser extremen Position allerdings abgerückt. Hatte der Gerichtshof in einer Entscheidung aus dem Jahr 1986 (vgl. BGH NJW 1987, 1209 f.) noch offengelassen, ob Schöffen vom Inhalt der Anklageschrift durch Lesen Kenntnis nehmen dürfen, hat er es in einem Urteil aus dem Jahr 1997 ausdrücklich für zulässig erklärt, dass Schöffen zum besseren Verständnis der Beweisaufnahme aus den Akten stammende Beweismittelprotokolle als Begleittext zur Verfügung gestellt werden (vgl. BGHSt 43, 36, 39 m.Anm. *Imberger-Bayer* JR 1999, 299). Allein diese neuere Rspr. wird der gesetzlichen Stellung der Schöffen im Verfahren gerecht (vgl. Kissel/Mayer/*Mayer* § 30 Rn. 5; *Rieß* JR 1987, 389, 391) und trägt dem Umstand Rechnung, dass die Schöffen an Entscheidungen mitzuwirken haben, die ohne Aktenkenntnis nicht gefällt werden können. Zu nennen wären hier etwa Entscheidungen betreffend die Existenz eines Vereidigungsverbotes oder eines Auskunftsverweigerungsrechts nach § 55 StPO. Wollte man hier den Blick in die Akten verwehren, liefe man Gefahr, die Schöffen zu Statisten des Verfahrens zu degradieren (vgl. KK-StPO/*Barthe* § 30 Rn. 2; a.A. *Börner* ZStW 122, 2010, 157, 158, 186 ff.: Hierdurch gehe die Funktion des Schöffen als Garant der Unmittelbarkeit und Mündlichkeit im Strafverfahren verloren).

3 Demgegenüber sind die Schöffen an **Entscheidungen außerhalb der Hauptverhandlung** nicht beteiligt, **Abs. 2.** Zu diesen Entscheidungen zählen nicht nur solche, die vor Beginn oder nach Beendigung der Hauptverhandlung gefällt werden. Auch an Entscheidungen, die während der Unterbrechung einer Hauptverhandlung ergehen, sind die Laienrichter nicht beteiligt, sofern die Entscheidungen keine mündliche Verhandlung voraussetzen. So ist die Mitwirkung der Schöffen an dem Erlass von Beschlagnahme- und Durchsuchungsbeschlüssen nicht zulässig (vgl. Meyer-Goßner/*Schmitt* § 30 Rn. 3). Str. ist die Mitwirkung der Schöffen an Entscheidungen über die Untersuchungshaft während einer Unterbrechung der Hauptverhandlung. Während etwa die OLG Schleswig (vgl. NStZ 1990, 198 f.) und Naumburg (vgl. NStZ-RR 2001, 347) eine Mitwirkung der Schöffen nicht für erforderlich halten, steht das OLG Düsseldorf (vgl. StV 1984, 159) auf dem entgegengesetzten Standpunkt. Ihm folgte lange Zeit das OLG Köln (vgl. NStZ 1998, 419 f. m.Anm. *Foth* und *Siegert*; nun auch KG [4. Senat] StraFo 2016, 292 ff.; anders [3. Senat] aber in StraFo 2015, 110 ff.), hat diese Rspr. aber zwischenzeitlich aufgegeben (NStZ 2009, 589 m.Anm. *Krüger*). Der BGH hatte die Frage der Schöffenbeteiligung in einer Entscheidung zu § 122 zunächst bedauerlicherweise ausdrücklich offengelassen (vgl. BGHSt 43, 91, 95 u.a.m.Anm. *Foth* NStZ 1998, 420), was in der Literatur dazu führte, eine einheitliche Entscheidungspraxis der OLG anzumahnen: Um das Recht des Angeklagten auf den gesetzlichen Richter zu wahren, müssten Entscheidungen im Zusammenhang mit Untersuchungshaft während der Hauptverhandlung entweder stets ohne oder stets mit Beteiligung der Schöffen getroffen werden (vgl. *Dehn* NStZ 1997, 607, 608). Dabei ist mit Blick auf das in Art. 2 Abs. 2 Satz 2 GG verankerte Beschleunigungsgebot die Lösung ohne Beteiligung der Schöffen favorisiert worden (vgl. Kissel/Mayer/

Mayer § 30 Rn. 16; KK-StPO/*Barthe* § 30 Rn. 5b; LR/*Gittermann* § 30 Rn. 22 ff.; a.A. Meyer-Goßner/*Schmitt* § 30 Rn. 3). Dieser Auffassung hat sich der BGH nun ausdrücklich angeschlossen. In Haftfragen ist auch während der laufenden Hauptverhandlung eines Amtsgerichts (und auch Landgerichts) immer in der Besetzung außerhalb der Hauptverhandlung also ohne Schöffen, zu entscheiden (BGHR StPO § 126 Tatgericht 2 = BGH NStZ 2011, 356 mit Anm. *Börner* JR 2011, 362 und *Gittermann* DRiZ 2012, 12 ff.; KG StraFo 2015, 110 ff.; s.a. *Moosbacher* JuS 2011, 708, 712 f.; a.A. OLG München Beschl. v. 27.02.2018 – 2 Ws 185/18 Rn. 22: Es ist die Gerichtsbesetzung zu wählen, die mit Rücksicht auf das Beschleunigungsgebot am schnellsten entscheiden kann). Wirken die Schöffen nicht mit, entscheidet der Richter beim AG allein als Vertreter des Gerichts (vgl. Meyer-Goßner/*Schmitt* § 30 Rn. 3).

4 Bei Mitwirkung der Schöffen gelten für die Beratung und die Abstimmung die §§ 192 ff. Insb. die §§ 196, 197 und 263 StPO sind zu beachten. Danach gilt für prozessuale Entscheidungen die einfache Abstimmungsmehrheit. In allen anderen Fällen müssen sich zwei Drittel der Richter für eine Entscheidung aussprechen (vgl. KK-StPO/*Barthe* § 30 Rn. 3).

§ 31 [Ehrenamt]

[1]Das Amt eines Schöffen ist ein Ehrenamt. [2]Es kann nur von Deutschen versehen werden.

1 **A. Tatbestand.** Satz 1 erklärt das Amt des Schöffen zum **Ehrenamt**. Dies bedeutet, dass der Amtsträger keine feste Vergütung für seine Tätigkeit erhält (vgl. KK-StPO/*Barthe* § 31 Rn. 1). Für angefallene Fahrtkosten, Aufwand, Aufwendungen etc. kann der Schöffe allerdings eine Entschädigung geltend machen, vgl. § 55. Statusrechtlich ist der Schöffe dem Berufsrichter gleichgestellt. Wie dieser ist er als Teil der rechtsprechenden Gewalt (§ 1 DRiG) unabhängig, § 45 Abs. 1 Satz 1 DRiG. Der Schöffe hat das Beratungsgeheimnis zu wahren, §§ 45 Abs. 1 Satz 2, 43 DRiG. Auch in strafrechtlicher Hinsicht sind der Schöffe und der Berufsrichter gleichgestellt. Beide sind Amtsträger und Richter gem. § 11 Abs. 1 Nr. 2 und 3 StGB und können sich daher der Begehung von Amtsdelikten und der Rechtsbeugung schuldig machen (vgl. KK-StPO/*Barthe* § 31 Rn. 3). Gem. § 44 Abs. 2 DRiG kann ein Schöffe vor Ablauf seiner Amtszeit gegen seinen Willen nur durch Richterspruch aus dem Amt entfernt werden. Übernahme und Ausübung des Schöffenamtes dürfen sich für den Schöffen nicht nachteilig auswirken. Der Schöffe ist für seine Tätigkeit vom Arbeitgeber freizustellen. Ihm darf wegen seines Ehrenamtes nicht gekündigt werden, § 45 Abs. 1a Satz 3 DRiG (vgl. Meyer-Goßner/*Schmitt* § 31 Rn. 1). Vor seiner ersten Dienstausübung ist der Schöffe in öffentlicher Sitzung des Gerichts, d.h. nach Eröffnung der Sitzung, aber vor Aufruf der Sache, zu vereidigen (§ 45 Abs. 2 Satz 1 DRiG), was zu protokollieren ist. Das Protokoll ist zu den Schöffenakten zu nehmen. Fehlt es an einer Vereidigung, erlangt der Schöffe den Status eines ehrenamtlichen Richters nicht (vgl. BGHSt 4, 158, 159). Übt der Schöffe nicht nur im strafgerichtlichen Verfahren, sondern auch in anderen Gerichtszweigen – wie der Verwaltungsgerichtsbarkeit – das Amt eines ehrenamtlichen Richters aus, ist er für jede Funktion gesondert zu vereidigen (vgl. KK-StPO/*Barthe* § 31 Rn. 4).

2 Eine weitere gesetzliche Gleichstellung des Schöffen mit dem Berufsrichter enthält Satz 2. Wie dieser (vgl. § 9 Nr. 1 DRiG) muss der Schöffe **deutscher Staatsangehöriger** i.S.d. Art. 116 GG sein. Besteht daneben eine weitere Staatsangehörigkeit, ist dies unschädlich (vgl. *Katholnigg* § 31 Rn. 2; Kissel/Mayer/*Mayer* § 31 Rn. 10). Damit sind lediglich Ausländer und Staatenlose vom Schöffenamt ausgeschlossen (vgl. Meyer-Goßner/*Schmitt* § 31 Rn. 2). Ist der Schöffe bei der Wahl Ausländer, wird dann aber eingebürgert, unterbleibt eine Streichung aus der Schöffenliste, denn mit der Einbürgerung kann er sein Schöffenamt tatsächlich ausüben (LG Gießen Beschl. v. 18.12.2013 – 323 E).

3 **Weitere Voraussetzungen an die Person des Schöffen** knüpft das Gesetz nicht. Weder muss sich der Schöffe durch besondere Intelligenz auszeichnen noch bedarf er zur Teilnahme an Hauptverhandlungen, in denen es – wie im Wirtschaftsstrafrecht – um spezielle Materien des Strafrechts geht, eines besonderen Fachwissens, obwohl die Mehrheit des Schrifttums ein solches zu Recht als förderlich ansieht (vgl. KK-StPO/*Barthe* § 31 Rn. 2 und LR/*Gittermann* § 31 Rn. 14 unter Hinweis auf die Regelung für Handelsrichter in § 109). Zum Erfordernis, die deutsche Sprache zu beherrschen vgl. aber § 33 Nr. 5.

4 **B. Revision.** Ist der Schöffe nicht Deutscher oder wird er nicht vor Beginn seiner ersten Dienstausübung ordnungsgemäß auf sein Amt vereidigt, liegt ein Fehler in der Gerichtsbesetzung vor. Der absolute Revisionsgrund des § 338 Nr. 1 StPO ist gegeben (vgl. bereits RGSt 61, 374 f.).

§ 32 [Unfähigkeit zum Schöffenamt]

Unfähig zu dem Amt eines Schöffen sind in:

1. **Personen, die infolge Richterspruchs die Fähigkeit zur Bekleidung öffentlicher Ämter nicht besitzen oder wegen einer vorsätzlichen Tat zu einer Freiheitsstrafe von mehr als sechs Monaten verurteilt sind;**
2. **Personen, gegen die ein Ermittlungsverfahren wegen einer Tat schwebt, die den Verlust der Fähigkeit zur Bekleidung öffentlicher Ämter zur Folge haben kann.**

1 **A. Grundsätzliches und Tatbestand.** Die Vorschrift ergänzt mit den in ihr enthaltenen drei Tatbeständen die Regelung in § 31 Satz 2. Im Verbund mit dieser Norm bestimmt sie, wer ausnahmslos nicht in der Lage ist, das Schöffenamt auszuüben. Die Unfähigkeit einer Person, das Schöffenamt zu bekleiden, ist bereits zum frühestmöglichen Zeitpunkt zu berücksichtigen. Eine Aufnahme in die Vorschlagsliste nach § 36 hat ebenso zu unterbleiben wie die Wahl nach § 42 (vgl. Kissel/Mayer/*Mayer* § 32 Rn. 2; KK-StPO/*Barthe* § 32 Rn. 2). Korrekturen bei fehlerhafter Listenaufnahme, zu der es kommen kann, weil die **Unfähigkeit zur Ausübung des Schöffenamtes** erst später eingetreten ist oder erst später bekannt wurde, sind über § 39 Satz 2 und § 52 Abs. 1 vorzunehmen (vgl. KK-StPO/*Barthe* § 32 Rn. 2; LR/*Gittermann* § 32 Rn. 2). Ausschlaggebender Zeitpunkt für die Frage, ob eine Person unfähig ist, das Schöffenamt zu bekleiden, ist jedoch ungeachtet dessen der Zeitpunkt der tatsächlichen Amtsausübung und nicht der Listenerstellung (vgl. bereits RGSt 2, 241, 243; Meyer-Goßner/*Schmitt* § 32 Rn. 1). Daher ist eine ordnungsgemäße Besetzung der Richterbank nicht infrage gestellt, wenn der Grund, der den Schöffen an der Ausübung seines Amtes gehindert hat, bis zur Hauptverhandlung entfallen ist (vgl. RGSt 21, 291, 292; LR/*Gittermann* § 32 Rn. 2). Andererseits ist ein Verfahren sofort auszusetzen, sobald eine Amtsunfähigkeit des Schöffen im Termin bekannt wird. Allein der mögliche Eintritt eines Ergänzungsschöffen gewährleistet in diesem Fall die Fortführung der Verhandlung (vgl. LR/*Gittermann* § 32 Rn. 2). Obwohl die Fähigkeit des Schöffen, sein Amt zu bekleiden, für das Verfahren von eminenter Bedeutung ist, soll es den Verfahrensbeteiligten nicht möglich sein, in der Hauptverhandlung Auskunft über das Vorliegen eines Unfähigkeitsgrundes zu verlangen. Nach herrschender Meinung soll die gebotene Unterrichtung des Schöffen, Unfähigkeitsgründe offenzulegen, zur Sicherung des Verfahrens ausreichen (vgl. BGH NStZ 1994, 139; *Katholnigg* § 32 Rn. 1; zw., wenn für einen Verfahrensbeteiligten aufgrund besonderer Kenntnisse Umstände, die auf eine Amtsunfähigkeit des Schöffen schließen lassen, offenbar sind).

2 Aus den Reihen des Schrifttums ist in der Vergangenheit teilweise eine Ergänzung der Vorschrift um den Unfähigkeitsgrund eines »**Verstoßes gegen die Verfassungstreuepflicht**« gefordert worden (vgl. *Dehn* NJW 2008, 3041 ff.; s.a. Meyer-Goßner/*Schmitt* § 32 Rn. 1a). Die Forderung hatte ihre Ursache in einer Kammerentscheidung des BVerfG v. 06.05.2008 (vgl. NJW 2008, 2568 ff.). In dieser Entscheidung hat das Gericht die Entfernung eines ehrenamtlichen Richters aus der Arbeitsgerichtsbarkeit bestätigt, der in seiner Freizeit Mitglied einer Rockband mit rechtsextremistischem Hintergrund war. Der Gesetzgeber hat sich allerdings gegen ein Ergänzung des § 32 entschieden und die Problematik fehlender Verfassungstreue des Schöffen zum Anlass genommen, in § 51 ein Amtsenthebungsverfahren zu regeln; zu Einzelheiten vgl. dort. Auch ansonsten ist § 32 abschließend und einer erweiterten Auslegung nicht zugänglich. Insb. verbietet es sich, die Unfähigkeit zum Bekleiden des Schöffenamts aus dem Tragen eines Kleidungsstücks aus religiösen Gründen herzuleiten (KG NStZ-RR 2013, 156).

3 Nach derzeit noch geltendem Recht verhindert die **Verurteilung mit der Folge, keine öffentlichen Ämter bekleiden zu können** (§§ 45 bis 45b StGB), die Ausübung des Schöffenamtes. Voraussetzung ist allerdings eine rechtskräftige Verurteilung (vgl. Kissel/Mayer/*Mayer* § 32 Rn. 3; Meyer-Goßner/*Schmitt* § 32 Rn. 3). Gleiches gilt für die **Verurteilung zur Freiheitsstrafe von mehr als sechs Monaten** (vgl. Kissel/Mayer/*Mayer* § 32 Rn. 4). Die Verurteilung zu Jugendstrafe oder die Verhängung einer Gesamtstrafe von mehr als einem halben Jahr reicht aus (vgl. LR/*Gittermann* § 32 Rn. 5). Die der Strafe zugrunde liegenden Taten müssen allerdings vorsätzlich begangen worden sein. Liegen daher einer Gesamtstrafe sowohl Vorsatz- als auch Fahrlässigkeitstaten zugrunde, ist der Verurteilte zur Ausübung des Schöffenamt nur dann nicht in der Lage, wenn die Summe der für die Vorsatztaten verhängten Freiheitsstrafen sechs Monate übersteigt, was im Wege einer hypothetischen Gesamtstrafenbildung zu ermitteln ist (vgl. Kissel/Mayer/*Mayer* § 32 Rn. 5; KK-StPO/*Barthe* § 32 Rn. 3). Ist die Strafe getilgt oder tilgungsreif (§§ 49, 50 BZRG) kann der Verurteilte das Schöffenamt wieder bekleiden. Gleiches gilt, wenn die in § 45 Abs. 1 und 2 genannten Fristen verstrichen sind oder dem

Verurteilten die Amtsfähigkeit – wenn auch im Gnadenwege (vgl. Meyer-Goßner/*Schmitt* § 32 Rn. 4) – wieder verliehen wurde (vgl. KK-StPO/*Barthe* § 32 Rn. 4).

Auch **schwebende Ermittlungsverfahren, die zu einem Verlust der Amtsfähigkeit nach § 45 StGB führen können**, verhindern eine Tätigkeit als Schöffe. Ein Ermittlungsverfahren »schwebt«, wenn es durch die StA eingeleitet wurde. Eine Einleitung durch die Polizei auf Grundlage von § 163 StPO reicht nicht (vgl. Meyer-Goßner/*Schmitt* § 32 Rn. 5). Der Schwebezustand endet mit der Einstellung des Verfahrens durch die StA, wobei es unerheblich ist, ob die Ermittlungsbehörde die Einstellung auf § 170 StPO stützt oder hierfür die §§ 153 ff. heranzieht. Der Unfähigkeitsgrund der Nr. 2 entfällt auch durch einen rechtskräftigen Nichteröffnungsbeschluss oder (jede) gerichtliche Entscheidung in der Sache (vgl. KK-StPO/*Barthe* § 32 Rn. 5). Gegen § 32 Nr. 2 sind in der Vergangenheit verfassungsrechtliche Bedenken erhoben worden. Es verstoße gegen den Grundsatz richterlicher Unabhängigkeit aus Art. 97 Abs. 2 GG, wenn der Schöffe – wie durch § 44 Abs. 2 DRiG gefordert – nicht durch wertenden Richteranspruch, sondern aufgrund eines Akts der Exekutive – der Einleitung eines Ermittlungsverfahrens – gem. § 52 von der Schöffenliste gestrichen werden (vgl. *Moller* MDR 1965, 534 f.). Die herrschende Meinung teilt diese Bedenken nicht. § 32 Nr. 2 rechtfertige sich aus dem Vertrauen der Allgemeinheit und der Verfahrensbeteiligten in die Objektivität und Integrität eines Schöffen, für das kein Raum sei solange dieser dem Verdacht ausgesetzt sei, eine Straftat begangen zu haben (vgl. BGHSt 35, 28, 29 f.; Kissel/Mayer/*Mayer* § 32 Rn. 7; Meyer-Goßner/*Schmitt* § 32 Rn. 5). § 44 Abs. 2 DRiG stehe dem nicht entgegen, da § 32 insoweit eine Sonderregelung enthalte (vgl. LR/*Gittermann* § 32 Rn. 8, zw.). 4

Entfällt der Unfähigkeitsgrund nach Nr. 2, ohne in eine Verurteilung nach Nr. 1 zu münden, besteht eine Befähigung zur Ausübung des Schöffenamtes. Es ist dann wie folgt zu verfahren (vgl. im Einzelnen KK-StPO/*Barthe* § 32 Rn. 6): Ist die Vorschlagsliste nach § 36 noch nicht aufgestellt, kann der ehemalige Beschuldigte aufgenommen werden. Befand sich der ehemalige Beschuldigte bereits auf der Vorschlagsliste, kann er nunmehr auf dieser verbleiben, sofern der Schöffenwahlausschuss noch nicht gem. § 41 über einen wegen des schwebenden Ermittlungsverfahrens angebrachten Einspruch nach § 37 entschieden hat. Problematisch ist demgegenüber die Behandlung eines zunächst gem. § 42 gewählten, aber wegen § 32 Nr. 2 auf Grundlage von § 52 Abs. 1 Nr. 1 gestrichenen Schöffen. Automatisch kann der Schöffe in seine alte Position nicht wieder einrücken (vgl. BGHSt 35, 28, 31). An seine Stelle ist ein Ersatzschöffe unter gleichzeitiger Streichung von der Ersatzschöffenliste getreten, § 49 Abs. 2 Satz 1. Theoretisch denkbar ist – um den ursprünglichen Zustand wiederherzustellen – ein rückgängigmachender konstitutiver Rechtsakt, durch den der ehemalige Ersatz- und nunmehrige Hauptschöffe auf die Ersatzschöffenliste zurückgesetzt wird und der vormals gestrichene Schöffe an seinen alten Listenplatz zurückgesetzt wird (zur Möglichkeit einer befristeten Amtsenthebung OLG Bremen MDR 1964, 244). Die herrschende Meinung lehnt ein solches Vorgehen allerdings ab. Nicht zu Unrecht wird darauf verwiesen, dass dadurch das komplexe und fragile System der Schöffenwahl zu fehleranfällig würde, was mit Blick auf das Verfahrensgrundrecht aus Art. 101 Abs. 1 GG nicht hinnehmbar sei (vgl. *Katholnigg* JR 1989, 37; KK-StPO/*Barthe* § 32 Rn. 6; Meyer-Goßner/*Schmitt* § 32 Rn. 5). 5

Ob ein Unfähigkeitsgrund vorliegt, ist im Zweifel im Verfahren nach § 41 zu klären, soweit ein Einspruch nach § 37 vorliegt (vgl. KK-StPO/*Barthe* § 32 Rn. 9). 6

Über § 77 gilt die Regelung des § 32 für die ehrenamtlichen Richter bei den Strafkammern des LG entsprechend. 7

B. Revision. Wirkt ein nach § 32 unfähiger Schöffe am Verfahren mit, liegt der absolute Revisionsgrund des § 338 Nr. 1 StPO vor (vgl. BGHSt 35, 28, 30). Wird eine Verletzung von § 32 Nr. 2 gerügt, sind in der Revisionsbegründung Darlegungen zum Schuldvorwurf und zum Strafmaß erforderlich (vgl. BGHSt 33, 261, 269). 8

§ 33 [Ungeeignete Schöffen]

Zu dem Amt eines Schöffen sollen nicht berufen werden:

1. **Personen die bei Beginn der Amtsperiode das fünfundzwanzigste Lebensjahr noch nicht vollendet haben würden;**
2. **Personen, die das siebzigste Lebensjahr vollendet haben oder es bis zum Beginn der Amtsperiode vollenden würden;**
3. **Personen, die zur Zeit der Aufstellung der Vorschlagsliste nicht in der Gemeinde wohnen;**
4. **Personen, die aus gesundheitlichen Gründen für das Amt nicht geeignet sind;**
5. **Personen, die mangels ausreichender Beherrschung der deutschen Sprache für das Amt nicht geeignet sind;**
6. **Personen, die in Vermögensverfall geraten sind.**

1 **A. Grundsätzliches und Tatbestand.** § 33 enthält eine **bloße Ordnungsvorschrift**. Dessen ungeachtet formuliert die Norm ein verbindliches Verbot für die zuständigen Stellen, ungeeigneten Personen den Zugang zum Schöffenamt zu ermöglichen (vgl. OLG Köln MDR 1970, 864 f.). Diese dürfen bereits nicht in die Vorschlagslisten – § 36, § 35 Abs. 1 Satz 1 JGG – aufgenommen werden. Bereits gewählte und ausgeloste Schöffen, §§ 42, 45, sind aus der Liste wieder zu streichen, § 52 Abs. 1 Nr. 2 (vgl. Meyer-Goßner/*Schmitt* § 33 Rn. 1). Gleichwohl ist die Wahl der Schöffen wirksam (vgl. KK-StPO/*Barthe* § 33 Rn. 1) und das Gericht mit ihnen ordnungsgemäß besetzt (vgl. BGHSt 33, 261, 269). Als Verbotsnorm richtet sich § 33 allein an öffentliche Stellen. Der Schöffe kann aus der Vorschrift ein eigenes Weigerungsrecht nicht herleiten (vgl. Kissel/Mayer/*Mayer* § 33 Rn. 9).

2 **Maßgebender Zeitpunkt bei Nr. 1 und 2** ist der Beginn der 4-jährigen Amtsperiode gem. § 42 Abs. 1. Insoweit darf ein Vierundzwanzigjähriger in die Vorschlagsliste aufgenommen werden, wenn er bei seiner Wahl das fünfundzwanzigste Lebensjahr vollendet haben wird. Umgekehrt ist die Listenaufnahme eines Neunundsechzigjährigen verboten, wenn er zum Wahltermin bereits siebzig Jahre alt sein wird (vgl. Meyer-Goßner/*Schmitt* § 33 Rn. 3). Die Altersberechnung erfolgt nach § 187 Abs. 2 Satz 2 BGB.

3 Ziel der Nr. 3 ist es, eine gewisse Vertrautheit des Schöffen mit den örtlichen Verhältnissen in den Gerichtsbezirken sicherzustellen (vgl. LR/*Gittermann* § 33 Rn. 3). **Wohnen** i.S.d. Gesetzes bedeutet deshalb nicht nur Wohnsitzbegründung gem. § 7 BGB. Erforderlich ist der tatsächliche Aufenthalt im Gerichtssprengel (vgl. BGHSt 28, 61, 64). Verzieht der Schöffe in eine andere Gemeinde desselben Landgerichtsbezirks, beeinträchtigt dies die Ausübung des Schöffenamt nicht (vgl. BGH StV 1982, 60; Kissel/Mayer/*Mayer* § 33 Rn. 4). Ansonsten ist nach § 52 Abs. 1 Satz 1 Nr. 2 zu verfahren (vgl. Meyer-Goßner/*Schmitt* § 33 Rn. 4).

4 **Gesundheitliche Gründe** gem. Nr. 4 sind solche Beeinträchtigungen (Krankheit, Sucht, Behinderungen), die befürchten lassen, dass der Schöffe außer Stande sein wird, im Termin anwesend sein und zu bleiben, der Verhandlung optisch und akustisch zu folgen sowie den Gegenstand des Verfahrens intellektuell aufzunehmen und zu verarbeiten (vgl. KK-StPO/*Barthe* § 33 Rn. 1c). Liegt eine derart begründete Verhandlungsunfähigkeit vor, ist das Gericht nicht ordnungsgemäß besetzt (vgl. BGH MDR [D] 1971, 720, 723). So sind etwa – ohne dass dagegen verfassungsrechtlich etwas zu erinnern wäre (vgl. BVerfG NJW 2004, 2150 f.) – blinde, stumme oder taube Personen aus der Schöffenliste zu streichen.

5 Durch das Vierte Gesetz zur Änderung des Gerichtsverfassungsgesetzes v. 24.07.2010 (BGBl. I, S. 976) ist unter Nr. 5 neu in das Gesetz aufgenommen worden, dass Personen, die keine **ausreichenden Kenntnisse der deutschen Sprache** besitzen, das Schöffenamt nicht bekleiden sollen. Im Gesetzgebungsverfahren ist daraufhingewiesen worden, dass der Sprachunkundige ebenso wenig verhandlungsfähig sei wie eine Person, die aufgrund einer gesundheitlichen Beeinträchtigung nicht in der Lage sei, dem Verfahren zu folgen. Die deutsche Sprache ist nicht ausreichend beherrscht, wenn der Schöffe sich eines Dolmetschers bedienen müsste, um der Verhandlung zu folgen (vgl. BT-Drs. 17/1462, S. 6). Nimmt ein der deutschen Sprache nicht mächtiger Schöffe an der Hauptverhandlung teil, kann dies die Revision gem. § 338 Nr. 1 StPO begründen (BGH NStZ-RR 2011, 349 f.).

6 Nr. 6 soll der Gefahr vorbeugen, dass der Schöffe eine mangelnde Distanz zu Vermögens- und Wirtschaftskriminalität aufweisen könnte (vgl. LR/*Gittermann* § 33 Rn. 8). Indiz für einen **Vermögensverfall** ist in der Regel die Aufnahme in das Schuldnerverzeichnis gem. §§ 882b ZPO oder die Eröffnung des Insolvenzverfahrens gem. §§ 11 ff. InsO. Ist der Schöffe völlig unverschuldet in eine wirtschaftliche Notsituation geraten oder bemüht er sich nach den Vorschriften über die RSB – §§ 286 ff. InsO – um eine Rückkehr zu geordneten Vermögensverhältnisse, kann von einer Streichung von der Schöffenliste bzw. dem Unterbleiben einer Wahl in das Amt abgesehen werden (vgl. Meyer-Goßner/*Schmitt* § 33 Rn. 7; s.a. BT-Drs. 12/3803, S. 64).

7 **B. Revision.** Die Verletzung der Sollvorschrift des § 33 kann mit der Revision nicht gerügt werden (vgl. BGHSt 30, 255, 257). Vgl. aber zum sprachunkundigen Schöffen oben Rdn. 5.

§ 34 [Weitere ungeeignete Schöffen]

(1) Zu dem Amt eines Schöffen sollen ferner nicht berufen werden:

1. der Bundespräsident;
2. die Mitglieder der Bundesregierung oder einer Landesregierung;
3. Beamte, die jederzeit einstweilig in den Warte- oder Ruhestand versetzt werden können;
4. Richter und Beamte der Staatsanwaltschaft, Notare und Rechtsanwälte;

5. **gerichtliche Vollstreckungsbeamte, Polizeivollzugsbeamte, Bedienstete des Strafvollzugs sowie hauptamtliche Bewährungs- und Gerichtshelfer;**
6. **Religionsdiener und Mitglieder solcher religiösen Vereinigungen, die satzungsgemäß zum gemeinsamen Leben verpflichtet sind.**

(2) **Die Landesgesetze können außer den vorbezeichneten Beamten höhere Verwaltungsbeamte bezeichnen, die zu dem Amt eines Schöffen nicht berufen werden sollen.**

Übersicht

A. Grundsätzliches am Tatbestand. Bei § 34 handelt es sich ebenfalls um eine **Ordnungsvorschrift**, die in abschließender Aufzählung in Ergänzung von § 33 weitere Personen benennt, die wegen ihrer amtlichen Stellung oder ihrer beruflichen Betätigung nicht als Schöffen berufen werden sollen (vgl. Meyer-Goßner/*Schmitt* § 34 Rn. 1). 1

Die Aufnahme des **Bundespräsidenten** (Nr. 1) in den Katalog des § 34 findet seinen Grund in dem Gewaltenteilungsprinzip (vgl. LR/*Gittermann* § 34 Rn. 4). Der Bundespräsident soll seiner Amtstätigkeit auch nicht zeitweise entzogen werden (vgl. Meyer-Goßner/*Schmitt* § 34 Rn. 3). Maßgebender Zeitpunkt für die Frage, ob eine Berufung in das Amt möglich ist, ist der der Schöffenwahl (vgl. Kissel/Mayer/*Mayer* § 34 Rn. 2). 2

Wer **Regierungsmitglied** i.S.d. Nr. 2 ist, ergibt sich aus Art. 62 GG (Bundeskanzler und Bundesminister) oder den jeweiligen Landesverfassungen. 3

Nr. 3 nimmt die sog. **politischen Beamten** in Bezug (§§ 54 BBG, 30 Abs. 1 BeamtStG). Ist der Beamte bereits im Ruhestand oder im einstweiligen Ruhestand, greift die Vorschrift nicht (vgl. Meyer-Goßner/*Schmitt* § 34 Rn. 5). 4

Richter gem. Nr. 4 sind die aktiven Berufsrichter aller Gerichtszweige. Hierunter fallen auch Richter auf Probe oder kraft Auftrags (§§ 12, 14 DRiG). Auch der abgeordnete Richter (§ 37 DRiG), der derzeit keinen richterlichen Dienst wahrnimmt, unterfällt dem Verbot. Ehrenamtliche Richter fallen nicht unter Nr. 4, für sie gilt § 35 Nr. 2 (vgl. LR/*Gittermann* § 34 Rn. 7). Wegen des abschließenden Charakters der Vorschrift sind Rechtspfleger (vgl. LR/*Gittermann* § 34 Rn. 8) und Rechtsreferendare nicht erfasst. Für Letztere gilt dies selbst dann, wenn sie nach § 142 Abs. 3 vorübergehend die Aufgaben eines Amtsanwalts oder Staatsanwalts wahrnehmen (vgl. Meyer-Goßner/*Schmitt* § 34 Rn. 7, str.). **Beamte der StA** nach Nr. 4 sind die Staatsanwälte und Amtsanwälte, nicht sonstige bei der StA beschäftigte Beamte, wie Justizinspektoren (vgl. LR/*Gittermann* § 34 Rn. 9). Zu den **Notaren** zählen sämtliche Notare nach der BNotO, also auch Notarassessoren, Bezirksnotare und Notarvertreter während der Zeit ihrer Bestellung (vgl. Meyer-Goßner/*Schmitt* § 34 Rn. 9). **RA** sind Personen, die nach der BRAO zugelassen sind. RA i.S.d. Gesetzes ist daher auch derjenige, der nach § 53 BRAO zum allgemeinen Vertreter bestellt ist (vgl. Meyer-Goßner/*Schmitt* § 34 Rn. 10). 5

Von Nr. 5 erfasst werden **Gerichtsvollzieher**, zur Beitreibung gerichtlicher Kosten bestellte **Vollziehungsbeamte**, wozu die Justizwachtmeister nicht zählen (vgl. LR/*Gittermann* § 34 Rn. 11), **Vollzugsbeamte der Schutz- und Kriminalpolizei**, die **Beamten der Bundespolizei**, die nach § 152 Abs. 2 zu **Ermittlungspersonen** bestellten Beamten und Angestellten (vgl. KK-StPO/*Barthe* § 34 Rn. 6), beamtete und angestellte **Mitarbeiter des Strafvollzugs** gem. § 155 StVollzG und die **hauptamtlichen Bewährungs- und Gerichtshelfer** (vgl. Meyer-Goßner/*Schmitt* § 34 Rn. 11). 6

Religionsdiener i.S.v. Nr. 6 sind Geistliche, also alle Personen, die nach der Verfassung einer Religionsgemeinschaft (Art. 140 GG, Art. 137 WRV) zur Vornahme sakraler Handlungen berechtigt sind (vgl. KK-StPO/*Barthe* § 34 Rn. 7). Hierzu gehören auch Pfarrer christlicher Gemeinden, die nicht den Status einer öffentlich-rechtlichen Körperschaft besitzen (vgl. OLG Köln MDR 1970, 864 f.). Zum gemeinsamen Leben verpflichtet sind vorrangig die **Mitglieder katholischer Orden** (vgl. Kissel/Mayer/*Mayer* § 34 Rn. 16). 7

Nr. 7 des § 34 in seiner alten Fassung sah vor, dass aktuell das Schöffenamt ausübende Personen, die schon eine Amtszeit davor tätig gewesen waren, nicht mehr berufen werden konnten. Ziel der Vorschrift war, eine kontinuierliche Wahl derselben Personen zu ehrenamtlichen Richtern in Strafsachen zu verhindern und damit eine breitere Beteiligung der Öffentlichkeit an der Strafrechtspflege zu gewährleisten (vgl. BT-Drs. 7/551, S. 99). Die Regelung wurde durch Gesetz v. 27.08.2017 (BGBl. I, S. 3295) aufgehoben. 8

Abs. 2 soll den besonderen Verhältnissen der Länder Rechnung tragen (vgl. LR/*Gittermann*, § 34 Rn. 15). Auch Bundesbeamte dürfen landesgesetzlich von der Berufung zum Schöffenamt ausgeschlossen werden (vgl. Kissel/Mayer/*Mayer* § 34 Rn. 18). Allerdings erfasst Abs. 2 nur Beamte im höheren Dienst (§ 17 Abs. 5 BBG). 9

B. Revision. Da es sich bei § 34 um eine reine Ordnungsvorschrift handelt, ist ein Verstoß gegen sie nicht revisibel (vgl. LR/*Gittermann* § 34 Rn. 16). 10

§ 35 [Ablehnung des Schöffenamtes]

Die Berufung zum Amt eines Schöffen dürfen ablehnen:

1. **Mitglieder des Bundestages, des Bundesrates, des Europäischen Parlaments, eines Landtages oder einer zweiten Kammer;**
2. **Personen, die**
   a) **in zwei aufeinanderfolgenden Amtsperioden als ehrenamtlicher Richter in der Strafrechtspflege tätig gewesen sind, sofern die letzte Amtsperiode zum Zeitpunkt der Aufstellung der Vorschlagsliste noch andauert,**
   b) **in der vorhergehenden Amtsperiode die Verpflichtung eines ehrenamtlichen Richters in der Strafrechtspflege an mindestens vierzig Tagen erfüllt haben oder**
   c) **bereits als ehrenamtliche Richter tätig sind;**
3. **Ärzte, Zahnärzte, Krankenschwestern, Kinderkrankenschwestern, Krankenpfleger und Hebammen;**
4. **Apothekenleiter, die keinen weiteren Apotheker beschäftigen;**
5. **Personen, die glaubhaft machen, dass ihnen die unmittelbare persönliche Fürsorge für ihre Familie die Ausübung des Amtes in besonderem Maße erschwert;**
6. **Personen, die das fünfundsechzigste Lebensjahr vollendet haben oder es bis zum Ende der Amtsperiode vollendet haben würden;**
7. **Personen, die glaubhaft machen, dass die Ausübung des Amtes für sie oder einen Dritten wegen Gefährdung oder erhebliche Beeinträchtigung einer ausreichenden wirtschaftlichen Lebensgrundlage eine besondere Härte bedeutet.**

1 § 35 enthält eine abschließende Aufzählung derjenigen Personen, die, obwohl sie zum Amt eines Schöffen herangezogen werden könnten, die Übertragung des Amtes ablehnen dürfen (vgl. BGHSt 9, 203, 206). Wer sich auf einen Grund nach § 35 berufen kann, entgeht der Verpflichtung, das Schöffenamt zu übernehmen, auf legale Weise (vgl. KK-StPO/*Barthe* § 35 Rn. 1). Demgegenüber ist die Berufung auf Umstände, die in § 35 nicht genannt sind, unerheblich. Das Schöffenamt muss angetreten werden. Insb. rechtfertigen Gewissensgründe die Amtsablehnung nicht (vgl. KG JR 1966, 188 f.; *Kathollnigg* § 35 Rn. 1). Dies ist nicht unproblematisch, da für eine Ablehnung des Schöffenamtes aus Gewissensgründen die Verfassungsnorm des Art. 4 GG streitet. Andererseits wird der Wirkbereich dieses Grundrechts seinerseits durch das Verfahrensgrundrecht aus Art. 101 Abs. 1 GG eingeschränkt. Der Anspruch des Angeklagten auf den gesetzlichen Richter fordert, die Gründe, aus denen jemand die Übernahme des Schöffenamtes ablehnen kann, gesetzlich zu formulieren und eine Weigerungsmöglichkeit von klar formulierten objektiven Kriterien abhängig zu machen (vgl. stellvertretend KK-StPO/*Barthe* § 35 Rn. 7; a.A. *Lisken* NJW 1997, 34 f.).

2 Dass ein **Ablehnungsgrund** nach § 35 vorliegt, wird in der Regel schon bei der Aufstellung der Vorschlagsliste nach § 36 zu berücksichtigen sein. Möglich ist eine Berücksichtigung auch bei der Entscheidung des Schöffenwahlausschusses, ob eine Person in die Schöffenliste nach § 44 eingetragen werden soll (vgl. Meyer-Goßner/*Schmitt* § 35 Rn. 1). Dies gilt allerdings nur, wenn zu erwarten steht, dass die Person sich auf einen Ablehnungsgrund berufen wird (vgl. KK-StPO/*Barthe* § 35 Rn. 2) oder sich vor Erstellung der Vorschlagslisten bzw. der Erstellung der Schöffenliste gegen eine Amtsübernahme ausgesprochen hat (vgl. LR/*Gittermann* § 35 Rn. 1). Nach Einberufung des Schöffen kann das Vorliegen eines Ablehnungsgrundes nur noch gem. § 53 Berücksichtigung finden (vgl. dort Rdn. 1 ff.). Hat eine Person die Übernahme des Schöffenamtes abgelehnt, gilt dies nur für die aktuelle Wahlperiode. Einer Neuberufung in der Folgeperiode steht damit nichts entgegen (vgl. Meyer-Goßner/*Schmitt* § 35 Rn. 1).

3 Zur Ablehnung des Schöffenamtes berechtigt sind die **in Nr. 1 bis 7 genannten Personen**. Hinsichtlich Nr. 5 ist zu beachten, dass hier nur die unmittelbare persönliche Betreuung für die Familie in Bezug genommen wird. Damit ist nicht die Beschaffung finanzieller Mittel zur Versorgung gemeint (vgl. Kissel/Mayer/*Mayer* § 35 Rn. 8; LR/*Gittermann* § 35 Rn. 7). Bereits die Betreuungsbedürftigkeit eines Familienmitglieds kann für Nr. 5 ausreichen. Zur Familie gehören neben Verwandten auch verschwägerte Personen (vgl. KK-StPO/*Barthe* § 35 Rn. 5). Nr. 7 betrifft allein die Fälle, in denen durch die Übernahme des Schöffenamtes die wirtschaftliche Existenz des potenziellen Amtsträgers oder eines Dritten gefährdet wird. Insb. Gewissensgründe gehören nicht hierher (vgl. oben Rdn. 1).

§ 36 [Vorschlagsliste]

(1) [1]Die Gemeinde stellt in jedem fünften Jahr eine Vorschlagsliste für Schöffen auf. [2]Für die Aufnahme in die Liste ist die Zustimmung von zwei Dritteln der anwesenden Mitglieder der Gemeindevertretung,

mindestens jedoch der Hälfte der gesetzlichen Zahl der Mitglieder der Gemeindevertretung erforderlich. [3]Die jeweiligen Regelungen zur Beschlussfassung der Gemeindevertretung bleiben unberührt.

(2) [1]Die Vorschlagsliste soll alle Gruppen der Bevölkerung nach Geschlecht, Alter, Beruf und sozialer Stellung angemessen berücksichtigen. [2]Sie muss Familienname, Vornamen, gegebenenfalls einen vom Familiennamen abweichenden Geburtsnamen, Geburtsjahr, Wohnort einschließlich Postleitzahl sowie Beruf der vorgeschlagenen Person enthalten; bei häufig vorkommenden Namen ist auch der Stadt- oder Ortsteil des Wohnortes aufzunehmen.

(3) [1]Die Vorschlagsliste ist in der Gemeinde eine Woche lang zu jedermanns Einsicht aufzulegen. [2]Der Zeitpunkt der Auflegung ist vorher öffentlich bekanntzumachen.

(4) [1]In die Vorschlagsliste des Bezirks des Amtsgerichts sind mindestens doppelt so viele Personen aufzunehmen, wie als erforderliche Zahl von Haupt- und Ersatzschöffen nach § 43 bestimmt sind. [2]Die Verteilung auf die Gemeinden des Bezirkes erfolgt durch den Präsidenten des Landgerichts (Präsidenten des Amtsgerichts) in Anlehnung an die Einwohnerzahl der Gemeinden.

Übersicht

A. Grundsätzliches und Tatbestand. § 36 regelt die **Aufstellung der Vorschlagslisten**, aus denen die Schöffen in ihr Amt gewählt werden. Zuständig für die Erstellung der Listen sind die Gemeindevertretungen der Kommunen. In Berlin sind dies die Bezirksverordnetenversammlungen (vgl. BGH StV 1986, 49 f. m.Anm. *Danckert*). In Hamburg sind zuständig die Bezirksversammlungen (vgl. BGH NJW 1986, 1358). Die Zuständigkeit liegt bei den Gemeindevertretungen, weil diese »die beste personelle Kenntnis für Repräsentanz und Eignung des Einwohners für das Schöffenamt« haben sollen (vgl. BGHSt 12, 197, 200). Die Landesjustizverwaltung bestimmt den Termin, zu welchem die Liste in jedem fünften Jahr aufgestellt sein muss, § 57. 1

Um in die Vorschlagsliste aufgenommen zu werden, muss eine Person zwei Drittel der Stimmen der anwesenden Gemeindevertreter auf sich vereinen, mindestens aber die Hälfte der Stimmen der gesetzlichen Mitglieder, **Abs. 1 Satz** 2. Zugleich müssen die durch das jeweilige Kommunalrecht vorgegebenen Wirksamkeitsvoraussetzungen für eine Beschlussfassung gegeben sein, Abs. 1 Satz 3 (vgl. KK-StPO/*Barthe* § 36 Rn. 6). Ungeachtet kommunaler Besonderheiten setzt der Begriff der Wahl aber voraus, dass mehr Leute vorgeschlagen als letztlich gewählt werden (vgl. Kissel/*Mayer* § 36 Rn. 12). Vor diesem Hintergrund erklärt sich die gesetzliche Regelung in Abs. 4 Satz 1, wonach in die Vorschlagsliste eines Amtsgerichtsbezirks mindestens doppelt so viele Personen aufzunehmen sind, wie als Haupt- und Ersatzschöffen benötigt werden. Die Anzahl der Vorschläge pro Gemeinde wird durch den Präsidenten des LG (AG) bestimmt. Dieser orientiert sich dabei an der Einwohnerzahl der Gemeinden. Dabei ist ein exakter Proporz nicht vonnöten; eine ungefähre Proportionalität reicht aus. Sinn der Vorschrift ist es nämlich nicht, mathematisch exakt den Anteil der Kommunen an der ehrenamtlichen Strafrechtspflege zu sichern, sondern andere Faktoren, wie etwa die Entfernung des Wohnorts zum Gerichtsstand, als bestimmend für die Schöffenwahl auszuschließen (vgl. LR/*Gittermann* § 36 Rn. 8). 2

Durch eine Gemeinde wird nur eine einzige Liste aufgestellt (vgl. KK-StPO/*Barthe* § 36 Rn. 4; LR/*Gittermann* § 36 Rn. 13). Diese muss nicht aus einem Schriftstück bestehen. Auch die urkundliche Verbindung mehrerer Vorschläge reicht aus (vgl. BGHSt 12, 197, 201). Die Vorschläge können aus der Mitte der Mitglieder der Gemeindevertretung stammen (vgl. Meyer-Goßner/*Schmitt* § 36 Rn. 2). Möglich sind aber auch Vorschläge anderer Vereinigungen, wie kirchlicher oder sozialer Organisationen (vgl. KK-StPO/*Barthe* § 36 Rn. 4). Auch Eigenbewerbungen von Personen sind möglich (vgl. BGHSt 38, 47, 50). Bei Aufstellung der Liste ist darauf zu achten, dass die Gesamtbevölkerung repräsentiert werden muss. Unzulässig ist es daher, als Auswahlkriterium den Anfangsbuchstaben des Nachnamens festzulegen oder nach Straßen auszuwählen (vgl. BGHSt 30, 255, 256). Daher verbietet es sich auch, die Vorschlagsliste nach dem Zufallsprinzip aufzustellen (vgl. BGHSt 38, 47; Meyer-Goßner/*Schmitt* § 36 Rn. 2). Die Bewerber für das Schöffenamt müssen identifizierbar sein. Entgegen der früheren Gesetzeslage ist dafür nicht mehr die Angabe des Geburtsdatums und der Wohnanschrift erforderlich. Nach Änderung des § 36 durch das »Gesetz zur Fortentwicklung der Strafprozessordnung und zur Änderung weiterer Vorschriften« vom 25.06.2021 (BGBl. I, S. 2099) reichen nunmehr die Angabe des Wohnorts und des Geburtsjahres aus. Durch dasselbe Gesetz wurde auch die für veraltet empfundene Bezeichnung »Hilfsschöffe« im GVG getilgt und durch den Begriff des »Ersatzschöffen« ersetzt (vgl. BT-Drs. 19/27654, S. 116). Die Vorschlagsliste nach § 36 ist auch für die Wahl der Schöffen für das LG von Bedeutung, § 77. Die Jugendschöffen schlägt der Jugendwohlfahrtausschuss vor, § 35 JGG. 3

4 Die Vorschlagsliste liegt in der Gemeinde eine Woche lang zur **Einsicht** auf. Dies bedeutet Möglichkeit zur Einsichtnahme für sieben Tage (vgl. KK-StPO/*Barthe* § 36 Rn. 5). Sieben Werktage sind damit nicht gemeint. Auch Sonnabende und Sonntage sowie Feiertage können Bestandteil der Frist sein (vgl. BGH StV 2001, 156; BGHR GVG § 36 Abs. 3 Vorschlagsliste 1).

5 Es ist nicht erforderlich, Personen, die auf die Vorschlagsliste gesetzt werden, hiervon zu unterrichten. Eine solche **Benachrichtigung** ist aber auch nicht ausgeschlossen (vgl. KK-StPO/*Barthe* § 36 Rn. 5). Die Benachrichtigung hat den Vorteil, dass die Vorgeschlagenen auf Umstände hinweisen könnten, die gem. §§ 32 bis 35 ihrer Wahl entgegenstehen.

6 Dem Einzelnen ist es, da die Zusammenstellung der Vorschlagslisten durch Wahl erfolgt, nicht möglich, die eigene Aufnahme gerichtlich zu erzwingen (vgl. Kissel/*Mayer* § 36 Rn. 13; KK-StPO/*Barthe* § 36 Rn. 7; a.A. VerfG Brandenburg NJW 1997, 2942 f.).

7 **B. Revision.** Erfolgt die Wahl der Schöffen von einem ordnungsgemäß besetzten Wahlausschuss in rechtswirksamer Weise, führen Mängel bei der Aufstellung der Vorschlagsliste nicht zu einer Fehlbesetzung des Gerichts und zum Vorliegen eines Revisionsgrundes (vgl. BGH StV 2008, 566). Vorschlag und Wahl des Schöffen liegen in diesem Fall außerhalb des Bereichs gerichtlicher Einflussnahme (vgl. BGHSt 22, 122, 123; LR/*Gittermann* § 36 Rn. 15). Wird gegen die Sollvorschrift des Abs. 2 verstoßen begründet dies die Revision ebenfalls nicht (vgl. BGHSt 38, 47, 51; *Katholnigg* § 36 Rn. 7). Demgegenüber greift die Besetzungsrüge bei einer Verletzung des Abs. 3 durch, da dessen Voraussetzungen durch den für die Schöffenwahl zuständigen Richter am AG gem. § 40 Abs. 2 zu prüfen sind (vgl. KK-StPO/*Barthe* § 37 Rn. 8). Allerdings soll dies nur bei willkürlichem Handeln des Richters gelten (vgl. BGHR GVG § 36 Abs. 3 Vorschlagsliste 1; BayObLG StV 1998, 8 f. m. abl. Anm. *Bockemühl*).

§ 37 [Einspruch gegen die Vorschlagsliste]

Gegen die Vorschlagsliste kann binnen einer Woche, gerechnet vom Ende der Auflegungsfrist, schriftlich oder zu Protokoll mit der Begründung Einspruch erhoben werden, dass in die Vorschlagsliste Personen aufgenommen sind, die nach § 32 nicht aufgenommen werden durften oder nach den §§ 33, 34 nicht aufgenommen werden sollten.

1 Das Recht zum Einspruch besitzt **jedermann**, also auch, wer in die Liste aufgenommen ist (vgl. Meyer-Goßner/*Schmitt* § 37 Rn. 1). Für die Berechnung der Frist zur Einspruchseinlegung gilt § 187 Abs. 1 BGB, d.h. der letzte Tag der Auflegungsfrist wird nicht mitgezählt. Die Möglichkeit einer Wiedereinsetzung in den vorigen Stand bei Fristversäumnis besteht nicht (vgl. KK-StPO/*Barthe* § 37 Rn. 3).

2 Der Einspruch ist schriftlich oder zu Protokoll beim Schöffenwahlausschuss einzulegen (vgl. Kissel/Mayer/*Mayer* § 37 Rn. 2; Meyer-Goßner/*Schmitt* § 37 Rn. 2; a.A. *Katholnigg* § 37 Rn. 3; LR/*Gittermann* § 37 Rn. 5: keine Einlegung bei Gericht). Er ist auf Gründe nach §§ 32, 33 und 34 beschränkt, wobei diesen Fällen der Fall des § 31 Satz 2 gleichsteht (vgl. Meyer-Goßner/*Schmitt* § 37 Rn. 2).

§ 38 [Übersendung der Vorschlagsliste]

(1) Der Gemeindevorsteher sendet die Vorschlagsliste nebst den Einsprüchen an den Richter beim Amtsgericht des Bezirks.

(2) Wird nach Absendung der Vorschlagsliste ihre Berichtigung erforderlich, so hat der Gemeindevorsteher hiervon dem Richter beim Amtsgericht Anzeige zu machen.

1 Nach Ablauf der Einspruchsfrist übersendet der Gemeindevorsteher unter Beachtung des nach § 57 zu berücksichtigenden Zeitpunkts die Liste an den Richter beim AG, der der Vorsitzende des Schöffenwahlausschusses ist, § 40 Abs. 2. Die »allgemeine« Übersendung an das AG reicht aber aus (vgl. KK-StPO/*Barthe* § 38 Rn. 1).

2 Die Liste ist nach Abs. 2 zu berichtigen, wenn nachträglich Umstände der in § 31 Satz 2, 32, 33 und 34 bezeichneten Art bekannt werden (vgl. Meyer-Goßner/*Schmitt* § 38 Rn. 2). Dasselbe gilt, wenn ein Ablehnungsgrund nach § 35 geltend gemacht wird oder der Vorgeschlagene verstorben ist (vgl. KK-StPO/*Barthe* § 38 Rn. 2). Der Wegzug aus dem Gemeindegebiet gem. § 33 Nr. 3 führt nicht zu einer Berichtigung der Liste. Die Berichtigung der Vorschlagsliste obliegt dem Schöffenwahlausschuss, §§ 40, 41 (vgl. LR/*Gittermann* § 38 Rn. 3).

§ 39 [Vorbereitung der Ausschussberatungen]

[1]Der Richter beim Amtsgericht stellt die Vorschlagslisten der Gemeinden zur Liste des Bezirks zusammen um bereits den Beschluß über die Einsprüche vor. [2]Er hat die Beachtung der Vorschriften des § 36 Abs. 3 zu prüfen und die Abstellung etwaiger Mängel zu veranlassen.

§ 39 statuiert die Pflicht des Richters beim AG, die Schöffenwahl vorzubereiten, Satz 1. Zugleich prüft er die Einhaltung der Formalien des § 36 Abs. 3. Die Beseitigung etwaiger Mängel ist von ihm zu veranlassen. 1

Zu den **vorbereitenden Aufgaben** des Richters gehört es, die Vorschlagslisten der Gemeinden des Bezirks zu einer einheitlichen Vorschlagsliste zusammenzustellen. Hierbei handelt es sich um eine rein sichtende Tätigkeit, die mit keinerlei Entscheidungsbefugnis verbunden ist (vgl. LR/*Gittermann* § 39 Rn. 1). Soweit es um die Vorbereitung des Beschlusses über etwaige Einsprüche geht, hat der Richter die Ermittlungen zu führen, die den Ausschuss in die Lage versetzen, eine Entscheidung zu treffen (vgl. KK-StPO/*Barthe* § 39 Rn. 2). Ggf. sind Gründe, die der Wahl eines Schöffen entgegenstehen könnten, von Amts wegen zu erforschen (vgl. LR/*Gittermann* § 39 Rn. 2). 2

Der Richter am AG hat zu prüfen, ob die Listen sämtlicher Gemeinden des Bezirkes vorliegen. Sofern dies nicht der Fall ist, muss die Liste nachgefordert werden (vgl. BGHSt 33, 290, 291; BGHR GVG § 42 Abs. 1 Vorschlagsliste 1). Deren Hergabe kann er allerdings nicht erzwingen (vgl. KK-StPO/*Barthe* § 39 Rn. 1). Im Gegenzug führt das Unterbleiben einer Übersendung der Liste nicht zu einer ein späteres Strafurteil gefährdenden Fehlbesetzung der Richterbank. Denn diese wird von Personen besetzt, die ordnungsgemäß vorgeschlagen und gewählt wurden (vgl. BGHSt 33, 290, 291 = JR 1986, 474 ff. m. abl. Anm. *Seebode*; BGH NStZ 1991, 546). S. hierzu auch vertiefend KK-StPO/*Barthe* § 39 Rn. 1. Weiterhin prüft das Gericht die Dauer der Auflegung der Liste und die Tatsache ihrer vorherigen Ankündigung (vgl. Meyer-Goßner/*Schmitt* § 39 Rn. 1). Der zeitliche Abstand zwischen Ankündigung und Auflegung wird demgegenüber nicht geprüft (vgl. BGH NJW 1997, 3034, 3036). Gleiches gilt für die Frage, ob die Vorschlagslisten die nach § 36 Abs. 4 vorausgesetzte Anzahl von Personen enthalten (vgl. BGHSt 33, 290, 291; vgl. oben § 36 Rdn. 2). 3

§ 40 [Schöffenwahlausschuss]

(1) Bei dem Amtsgericht tritt jedes fünfte Jahr ein Ausschuß zusammen.

(2) [1]Der Ausschuß besteht aus dem Richter beim Amtsgericht als Vorsitzenden und einem von der Landesregierung zu bestimmenden Verwaltungsbeamten sowie sieben Vertrauenspersonen als Beisitzern. [2]Die Landesregierungen werden ermächtigt, durch Rechtsverordnung die Zuständigkeit für die Bestimmung des Verwaltungsbeamten abweichend von Satz 1 zu regeln. [3]Sie können diese Ermächtigung durch Rechtsverordnung auf oberste Landesbehörden übertragen.

(3) [1]Die Vertrauenspersonen werden aus den Einwohnern des Amtsgerichtsbezirks von der Vertretung des ihm entsprechenden unteren Verwaltungsbezirks mit einer Mehrheit von zwei Dritteln der anwesenden Mitglieder, mindestens jedoch mit der Hälfte der gesetzlichen Mitgliederzahl gewählt. [2]Die jeweiligen Regelungen zur Beschlußfassung der Vertretung bleiben unberührt. [3]Umfasst der Amtsgerichtsbezirk mehrere Verwaltungsbezirke oder Teile mehrerer Verwaltungsbezirke, so bestimmt die zuständige oberste Landesbehörde die Zahl der Vertrauenspersonen, die von den Vertretungen dieser Verwaltungsbezirke zu wählen sind.

(4) Der Ausschuß ist beschlußfähig, wenn wenigstens der Vorsitzende, der Verwaltungsbeamte und drei Vertrauenspersonen anwesend sind.

A. Grundsätzliches und Tatbestand. Der Ausschuss nach § 40 ist bei jedem AG zu bilden, selbst wenn dieses aufgrund der Konzentrationsvorschrift des § 58 nicht über ein eigenes Schöffengericht verfügt (vgl. Meyer-Goßner/*Schmitt* § 40 Rn. 1). Der Ausschuss hat dann die Schöffen für das gemeinsame Schöffengericht und die Strafkammern beim LG zu wählen (vgl. KK-StPO/*Barthe* § 40 Rn. 1). Die Aufgaben des Ausschusses ergeben sich aus §§ 41 und 42. Gem. Abs. 1 ist der Ausschuss jedes fünfte Jahr zu bilden. Er wird von der Landesjustizverwaltung einberufen und tritt im Regelfall im Jahr vor Beginn der neuen Amtsperiode der Schöffen zusammen. Wird eine Ergänzungswahl nach § 52 Abs. 6 erforderlich, muss ein Tätigwerden des Ausschusses bereits während der Amtsperiode erfolgen (vgl. KK-StPO/*Barthe* § 40 Rn. 1). Die Mitglieder des Ausschusses müssen zu dem durch Abs. 1 bestimmten Zeitpunkt stets neu bestellt werden, also auch dann, wenn die personelle Besetzung des Ausschusses unverändert bleibt (vgl. Kissel/*Mayer* § 40 Rn. 1). 1

2 Den **Vorsitz im Ausschuss** führt der Richter beim AG, der durch das Präsidium (vgl. BGHSt 29, 283, 287 m. Anm. *Katholnigg* NStZ 1981, 31 ff.) über die Geschäftsverteilung – § 21e Abs. 1 Satz 1 – hierzu bestimmt wird. Dabei handelt der Richter nicht als Organ der Justizverwaltung, sondern in unabhängiger Funktion, da seine Tätigkeit der Rspr. zugerechnet wird (vgl. Kissel/*Mayer* § 40 Rn. 3; KK-StPO/*Barthe* § 40 Rn. 2).

3 Neben dem Richter am AG gehört dem Ausschuss ein **Verwaltungsbeamter** an, der von der Landesregierung bestimmt wird, Abs. 2 Satz 1, soweit diese nicht von ihren Delegationsmöglichkeiten nach Abs. 2 Satz 2 und 3 Gebrauch gemacht hat. Der Verwaltungsbeamte ist namentlich zu bestellen. Möglich ist allerdings auch eine Personenbestimmung über das Amt – »Landrat« etc. (vgl. BGHSt 12, 197, 203). Erstreckt sich der Amtsgerichtsbezirk auf mehrere Verwaltungseinheiten, wie Landkreise oder Stadtkreise, wird gleichfalls nur ein Verwaltungsbeamter bestellt (vgl. BGHSt 26, 206, 207; Kissel/*Mayer* § 40 Rn. 7).

4 Komplettiert wird der Ausschuss durch **sieben Vertrauenspersonen**, die aus den Einwohnern des Amtsgerichtsbezirks nach Maßgabe des Abs. 3 zu wählen sind. Für die Vertrauenspersonen gelten, sofern das Landesrecht dies vorsieht, die §§ 32 und 35 entsprechend (s. etwa § 5 NdsAGGVG; vgl. hierzu Meyer-Goßner/*Schmitt* § 40 Rn. 5). Mit ihnen sind zugleich ihre Vertreter zu wählen (vgl. LR/*Gittermann* § 40 Rn. 8), die für den Verhinderungsfall bestellt werden (vgl. BGHSt 12, 197, 204), obwohl der Ausschuss unter den Voraussetzungen des Abs. 4 auch ohne die verhinderten Vertrauensleute entscheiden kann und gegen die Ausgebliebenen Disziplinarmaßnahmen nach § 56 zu ergreifen sind (vgl. Meyer-Goßner/*Schmitt* § 40 Rn. 6). Abs. 3 weist die Wahl der Vertrauensleute der Vertretung des unteren Verwaltungsbezirks – dies sind in der Regel die Landkreise und kreisfreien Städte (vgl. KK-StPO/*Barthe* § 40 Rn. 2a) – zu. Allein wahlberechtigt ist die Vertretungskörperschaft. Ein anderes Gremium des Verwaltungsbezirks (Kreisrat oder Kreisausschuss) darf das Wahlrecht nicht ausüben (vgl. BGHSt 20, 37, 40). Dies gilt auch dann, wenn aufgrund der Kommunalverfassung in Eilfällen diesem Gremium die Befugnisse der Vertretungskörperschaft zu stehen, und wenn die Mitglieder des Gremiums zugleich auch Mitglieder der Vertretungskörperschaft sind (vgl. Kissel/*Mayer* § 40 Rn. 9 KK-StPO/*Barthe* § 40 Rn. 2a, zw.; a.A. BGHSt 20, 309, 312; vgl. auch LR/*Gittermann* § 40 Rn. 7).

5 **B. Revision.** Im Allgemeinen begründen Fehler bei der Besetzung oder Bestellung des Wahlausschusses die Besetzungsrüge nach § 338 Nr. 1 StPO nicht (vgl. BGHSt 26, 206, 209; BGHR GVG § 42 Abs. 1 Schöffenwahl 3). Etwas anderes gilt wohl, wenn die Zusammensetzung des Ausschusses auf keine Wahl zurückgeht oder gegen die Besetzungsvorschriften willkürlich verstoßen wurde (vgl. KK-StPO/*Barthe* § 40 Rn. 3 und 4). Unerheblich ist es mithin, wenn ein Mitglied des Schöffenwahlausschusses erst nachträglich gewählt wird (vgl. BVerfG NJW 198, 2368, 2369) oder an der Wahl ein unzuständiger Richter mitgewirkt hat (vgl. BGHSt 29, 283, 287). Auch das Mitwirken eines zweiten Verwaltungsbeamten im Ausschuss ist unschädlich (vgl. BGHSt 46, 206, 211).

§ 41 [Entscheidung über Einsprüche]

[1]Der Ausschuß entscheidet mit einfacher Mehrheit über die gegen die Vorschlagsliste erhobenen Einsprüche. [2]Bei Stimmengleichheit entscheidet die Stimme des Vorsitzenden. [3]Die Entscheidungen sind zu Protokoll zu vermerken. [4]Sie sind nicht anfechtbar.

1 Der Wahlausschuss entscheidet über die Einsprüche nach § 37 und über nachträgliche Mitteilungen des Gemeindevorstehers auf Grundlage von § 38 Abs. 2 (vgl. Meyer-Goßner/*Schmitt* § 41 Rn. 1). Eine Entscheidung ist auch veranlasst, wenn der Richter bei der Vorbereitung der Ausschussberatungen gem. § 39 Abs. 1 auf Gründe stößt, die der Berufung einer Person in das Schöffenamt entgegenstehen. Dies liegt daran, dass die Gründe nach §§ 31 Satz 2, 32 bis 34 von Amts wegen zu berücksichtigen sind, wobei es auf die Art ihres Bekanntwerdens nicht ankommt (vgl. KK-StPO/*Barthe* § 41 Rn. 1). Soweit dies durch den Richter am AG als Vorsitzenden noch nicht geschehen ist, hat der Ausschuss den Sachverhalt aufzuklären. Seine Entscheidung wird in **nichtöffentlicher Sitzung** getroffen (vgl. LR/*Gittermann* § 41 Rn. 4). Eine Anhörung der betroffenen Person ist nicht veranlasst (vgl. KK-StPO/*Barthe* § 41 Rn. 1). Ist ein Einspruch begründet, ist der Betroffene von der Vorschlagsliste zu streichen (vgl. Meyer-Goßner/*Schmitt* § 41 Rn. 1). Anderenfalls ist der Einspruch zurückzuweisen (vgl. LR/*Gittermann* § 41 Rn. 1). Muss der Ausschuss über Einsprüche gegen vorgeschlagene Jugendschöffen entscheiden, führt den Vorsitz der Jugendrichter (§ 35 Abs. 4 JGG).

2 Die Entscheidung des Ausschusses ist **unanfechtbar**, S. 4. Wegen § 336 Satz 2 StPO steht sie auch nicht zur Überprüfung durch das Revisionsgericht, sodass eine Besetzungsrüge nicht auf eine fehlerhafte Entscheidung des Wahlausschusses gestützt werden kann (vgl. KK-StPO/*Barthe* § 41 Rn. 2). Dieser Umstand entbindet allerdings bei gegebenem Anlass das erkennende Gericht nicht von der Prüfung, ob nach Maßgabe des § 52 zu verfahren ist (vgl. LR/*Gittermann* § 41 Rn. 2). Der Inhalt der Entscheidung des Ausschusses ist zu proto-

kollieren, S. 3. Zudem sollten die Gründe für die Entscheidung und das Ergebnis der Abstimmung – ohne dass dies Pflicht wäre – vermerkt werden (vgl. KK-StPO/*Barthe* § 41 Rn. 2).

§ 42 [Schöffenwahl]

(1) [1]Aus der berichtigten Vorschlagsliste wählt der Ausschuß mit einer Mehrheit von zwei Dritteln der Stimmen für die nächsten fünf Geschäftsjahre:

1. die erforderliche Zahl von Schöffen;

2. die erforderliche Zahl der Personen, die an die Stelle wegfallender Schöffen treten oder in den Fällen der §§ 46, 47 als Schöffen benötigt werden (Ersatzschöffen). [2]Zu wählen sind Personen, die am Sitz des Amtsgerichts oder in dessen nächster Umgebung wohnen.

(2) Bei der Wahl soll darauf geachtet werden, dass alle Gruppen der Bevölkerung nach Geschlecht, Alter, Beruf und sozialer Stellung angemessen berücksichtigt werden.

1 **A. Grundsätzliches und Tatbestand.** Die Vorschrift umschreibt die wichtigste Aufgabe des Schöffenwahlausschusses, die Wahl der Haupt- und Ersatzschöffen (vgl. KK-StPO/*Barthe* § 42 Rn. 1). Die Wahl wird auf Grundlage der berichtigten Vorschlagsliste – §§ 46, 38 Abs. 2, 41 –, d.h. der endgültig festgestellten Liste (vgl. LR/*Gittermann* § 42 Rn. 1), durchgeführt. Die berichtigte Liste ist für den Ausschuss verbindlich. Wählt er eine andere Person, führt dies zu einer fehlerhaften Besetzung des Gerichts (vgl. BGH NStZ 1991, 546). Gewählt ist, wer auf sich zwei Drittel der Stimmen des Ausschusses vereinen kann, Abs. 1 Satz 1.

2 Über das **Wahlverfahren** enthält das Gesetz keine Regelung. Es muss jedoch ein Verfahren sein, das es ermöglicht, die von Abs. 2 aufgestellten Maßgaben zu erfüllen (vgl. Meyer-Goßner/*Schmitt* § 42 Rn. 5). Insoweit ist es nicht möglich, die Festlegung der Schöffen einem keinen Regeln gehorchenden Losverfahren zu überlassen (vgl. BGHSt 33, 41; *Vogt/Kurth* NJW 1985, 103, 104; a.A. LG Frankfurt a.M. NJW 1985, 155 ff.; vgl. aber auch *Jasper* MDR 1985, 110, 111: In Großgemeinden ist eine auf Abs. 2 abgestimmte Wahl nicht möglich). Gleichwohl werden Urteile, an denen ausgeloste Schöffen teilgenommen haben, nicht als nichtig angesehen (vgl. BGHSt 33, 126, 127 = JR 1985, 344 m.Anm. *Katholnigg*; a.A. *Weis* NJW 1984, 2804, 2805). Keine unzulässige Auslosung soll vorliegen, wenn die Namen der potenziellen Schöffen auf Karteikarten geschrieben und diese Karten in Umschläge gesteckt werden, die den Repräsentativforderungen des § 42 Abs. 2 genügen, anschließend aus diesen Umschlägen jeweils eine Karte gezogen und die darauf befindliche Person vom Vorsitzenden vorgeschlagen, bei fehlendem Widerspruch die Person als gewählt behandelt wird, anderenfalls eine Abstimmung zu erfolgen hat und die Mitglieder des Ausschusses abschließend erklären, eine angemessene Berücksichtigung aller Bevölkerungsgruppen sei damit erreicht (vgl. *Kissel* NStZ 1985, 490, 491 im Anschluss an BGHSt 33, 261 ff.). Die Zulässigkeit dieses Verfahrens soll daher rühren, dass der Wahlausschuss selbstständig und in eigener Verantwortung handelt (vgl. LR/*Gittermann* § 42 Rn. 3; s.a. LG Koblenz StV 1988, 246, 247). Insoweit zulässig soll auch das sog. Auszählverfahren sein, bei dem der Vorsitzende des Wahlausschusses jeden zweiten Schöffen aus der Vorschlagsliste zur Wahl stellt (vgl. LG Hamburg NStZ 1985, 185, 186 f.; a.A. allerdings LG Hamburg StV 1985, 10). An einer eigenverantwortlichen Wahl des Ausschusses fehlt es demgegenüber, wenn diese sich darauf beschränkt, eine von anderen Gremien getroffene Auswahl an Schöffen zu übernehmen oder nur formal nachzuvollziehen (vgl. BGHSt 35, 190, 193; Meyer-Goßner/*Schmitt* § 42 Rn. 5). Bemerkt der Wahlausschuss einen Wahlfehler, der sich auf eine Gerichtsbesetzung auswirken kann, hat er die Pflicht, den Fehler durch Wiederholung des Wahlvorgangs zu beheben (vgl. BGH NStZ-RR 1999, 49). Die Wahl anhand einer unvollständigen Teilliste ist nicht ungültig (vgl. BGH StV 1987, 285 f.).

3 Vom Wahlausschuss sind zunächst die **Hauptschöffen** zu wählen. Die Wahl erfolgt getrennt nach den Schöffen für das AG und für die Strafkammern, §§ 43, 58 Abs. 2, 77 Abs. 2 Satz 1, 78 Abs. 3 Satz 1. Die gewählten Personen werden in die Schöffenliste des Schöffengerichts, § 44, und des LG aufgenommen, § 77 Abs. 2. Zur Wahl der Jugendschöffen vgl. § 35 JGG.

4 Des Weiteren sind die **Ersatzschöffen** zu wählen, Abs. 1 Nr. 2. Das sind die Schöffen, die nach §§ 52 und 53 wegfallende Schöffen ersetzen, bei Bildung eines weiteren Schöffengerichts nach § 46 benötigt werden oder heranzuziehen sind, weil außerordentliche Sitzungen nach § 47 GVG anberaumt werden (vgl. Kissel/Mayer/*Mayer* § 42 Rn. 7; KK-StPO/*Barthe* § 42 Rn. 5). Für die Ersatzschöffen stellt das Gesetz das Erfordernis auf, am Sitz oder in nächster Umgebung des AG zu wohnen, wodurch ihre leichte Erreichbarkeit gesichert werden soll (vgl. Meyer-Goßner/*Schmitt* § 42 Rn. 4). Trotz ihrer Formulierung – »zu wählen sind« – ist die

Regelung nicht bindend, sondern eine bloße Ordnungsvorschrift (vgl. KK-StPO/*Barthe* § 42 Rn. 6). Werden nicht am Sitz des AG wohnhafte Personen gewählt, begründet dies deshalb nicht die Revision nach § 338 Nr. 1 StPO (vgl. BGH NJW 1986, 1358 = JR 1985, 388 m.Anm. *Katholnigg*; LR/*Gittermann* § 42 Rn. 13).

5 Die Wahl ist **nicht isoliert anfechtbar** (vgl. Kissel/Mayer/*Mayer* § 42 Rn. 21; LR/*Gittermann* § 42 Rn. 16). Auch das Verfahren nach §§ 23 ff. EGGVG ist nicht statthaft, weil der Ausschuss keine Justizbehörde gem. § 23 Abs. 1 EGGVG ist (vgl. OLG Stuttgart NJW 1985, 2343, 2344; Meyer-Goßner/*Schmitt* § 42 Rn. 7).

6 **B. Revision.** Mit der Revision können Fehler beim Wahlvorgang grds. nicht gerügt werden (vgl. BGHSt 29, 283, 287; BGH NStZ 1991, 546; KK-StPO/*Barthe* § 42 Rn. 9). Allerdings greift die Besetzungsrüge bei besonders schwerwiegenden und offensichtlichen Mängeln (vgl. BGHSt 33, 261, 268). Ein solcher liegt u.a. vor, wenn ein Ausschuss entschieden hat, der als solcher nicht besteht (vgl. BVerfGE 31, 181, 184), wenn Personen gewählt wurden, die nicht auf der einschlägigen Vorschlagsliste standen (vgl. BGHSt 26, 393, 394: Wahl von Jugendschöffen aus der Liste der erwachsenen Schöffen; BGHSt 29, 144, 145: Wahl aus der Liste eines anderen Gerichts) oder wenn statt einer Wahl eine Auslosung stattgefunden hat (vgl. oben Rdn. 2). Zu beachten ist allerdings, dass die Wahl einer nach Liste nicht wählbaren Person nicht dazu führt, dass ordnungsgemäß Gewählte ihr Amt verlieren (vgl. BGHSt 39, 353, 365; BGHR § 42 Abs. 1 Schöffenwahl 3). Dies schließt jedoch im Interesse der Rechtssicherheit eine Wiederholung des gesamten Wahlvorgangs nicht aus (vgl. BGHSt 33, 261, 265; *Kissel* NStZ 1985, 490, 492).

7 Wird die Besetzungsrüge erhoben, sind die Vorschriften über die Rügepräklusion zu beachten (vgl. BGHSt 33, 126, 127 = NJW 1985, 926 f. m.Anm. *Katholnigg* JR 1985, 346; KK-StPO/*Barthe* § 42 Rn. 9).

§ 43 [Zahl der Schöffen]

(1) Die für jedes Amtsgericht erforderliche Zahl von Haupt- und Ersatzschöffen wird durch den Präsidenten des Landgerichts (Präsidenten des Amtsgerichts) bestimmt.

(2) Die Zahl der Hauptschöffen ist so zu bemessen, daß voraussichtlich jeder zu nicht mehr als zwölf ordentlichen Sitzungstagen im Jahr herangezogen wird.

1 **A. Tatbestand.** Die Zahl der Schöffen wird entweder durch den Präsidenten des LG oder – wenn es sich bei dem AG um ein Präsidialgericht handelt – den Präsidenten des AG bestimmt. Hierbei handelt es sich um einen Akt der Justizverwaltung (vgl. BGHSt 25, 257, 258).

2 Für die **Anzahl der Schöffen** ist der Geschäftsanfall des Gerichts maßgebend, wie er sich aus den Erfahrungen der Vergangenheit ergibt (vgl. KK-StPO/*Barthe* § 43 Rn. 2). Dabei soll darauf geachtet werden, dass der Schöffe möglichst nicht mehr als zwölf ordentliche Sitzungstage im Jahr wahrnehmen muss. Am einfachsten lässt sich der Bedarf an Schöffen dadurch ermitteln, dass die Zahl der voraussichtlichen Sitzungstage verdoppelt und anschließend durch zwölf geteilt wird (vgl. KK-StPO/*Barthe* § 43 Rn. 2). Hierdurch kann dem erfahrungsgemäß häufig vorkommenden Wegfall von Schöffen ausreichend begegnet werden (vgl. LR/*Gittermann* § 43 Rn. 2). Der einzelne Schöffe kann aus der Regelung des Abs. 2 keine Ansprüche herleiten. Führt etwa der Umfang des Verfahrens zu einer über zwölf Verhandlungstage hinausreichenden Terminierung, besitzt er nicht das Recht, seine Mitwirkung zu verweigern (vgl. Meyer-Goßner/*Schmitt* § 43 Rn. 2).

3 Eine dem Abs. 2 gleichende **Vorschrift für Ersatzschöffen** enthält das Gesetz nicht, obwohl nichts dagegen spricht, auch deren Anzahl so zu bemessen, dass eine Wahrnehmung von mehr als zwölf Sitzungstagen nicht in Betracht kommt (vgl. KK-StPO/*Barthe* § 43 Rn. 5). Die Zahl der Ersatzschöffen sollte letztlich in einem angemessenen Verhältnis zur Zahl der Hauptschöffen stehen, aber auch so bemessen sein, dass eine Ergänzungswahl nicht vonnöten wird (vgl. LR/*Gittermann* § 43 Rn. 3).

4 **B. Revision.** Erfolg haben kann die Besetzungsrüge nach § 338 Nr. 1 StPO, wenn ein Ermessensmissbrauch bei der Festlegung der Zahl der Schöffen festzustellen ist (vgl. KK-StPO/*Barthe* § 43 Rn. 4). Liegt ein solcher Missbrauch demgegenüber nicht vor, kann allein aus der unrichtigen Bestimmung der Zahl der Haupt- und Ersatzschöffen oder aus einem unausgeglichenen Verhältnis der beiden Schöffengruppen zueinander kein Revisionsgrund hergeleitet werden (vgl. BGH NJW 1978, 1444, 1445; Kissel/Mayer/*Mayer* § 43 Rn. 6).

§ 44 [Schöffenliste]

Die Namen der gewählten Hauptschöffen und Ersatzschöffen werden bei jedem Amtsgericht in gesonderte Verzeichnisse aufgenommen (Schöffenliste).

Die **Schöffenliste des AG** enthalten die Namen der nach § 42 gewählten Schöffen getrennt nach Haupt- und Ersatzschöffen sowie Jugend- und Jugendersatzschöffen (vgl. KK-StPO/*Barthe* § 44 Rn. 1). Vgl. auch § 35 Abs. 5 JGG, wonach getrennte Listen für Männer und Frauen zu führen sind. Aus diesen Listen werden durch Auslosung (§ 45) die Schöffenliste für die einzelnen Sitzungen sowie die Ersatzschöffenliste mit der maßgebenden Reihenfolge der Heranziehung gewonnen (vgl. Meyer-Goßner/*Schmitt* § 44 Rn. 1). 1

Den Beteiligten steht ein **Anspruch auf Einsichtnahme** in die Schöffenliste zu, da nur so die ordnungsgemäße Besetzung des Gerichts mit ehrenamtlichen Richtern überprüft werden kann (vgl. BVerwGE 12, 261, 263; *Katholnigg* § 44 Rn. 3). Anspruchsgegner ist die Justizverwaltung (vgl. OLG Düsseldorf MDR 1979, 1043). 2

Die **Schöffenliste des LG** entsteht durch Mitteilung der Namen der vom Wahlausschuss nach § 40 gewählten Haupt- und Ersatzschöffen. Die Mitteilung erfolgte durch den Richter beim AG an den Präsidenten des LG, § 77 Abs. 2 Satz 5. Letzterer stellt die Schöffenliste des LG zusammen, § 77 Abs. 2 Satz 6. 3

§ 45 [Feststellung der Sitzungstage; Schöffenauslosung]

(1) Die Tage der ordentlichen Sitzungen des Schöffengerichts werden für das ganze Jahr im Voraus festgestellt.

(2) [1]Die Reihenfolge, in der die Hauptschöffen an den einzelnen ordentlichen Sitzungen des Jahres teilnehmen, wird durch Auslosung in öffentlicher Sitzung des Amtsgerichts bestimmt. [2]Sind bei einem Amtsgericht mehrere Schöffengerichte eingerichtet, so kann die Auslosung in einer Weise bewirkt werden, nach der jeder Hauptschöffe nur an den Sitzungen eines Schöffengerichts teilnimmt. [3]Die Auslosung ist so vorzunehmen, daß jeder ausgeloste Hauptschöffe möglichst zu zwölf Sitzungstagen herangezogen wird. [4]Satz 1 gilt entsprechend für die Reihenfolge, in der die Ersatzschöffen an die Stelle wegfallender Schöffen treten (Ersatzschöffenliste); Satz 2 ist auf sie nicht anzuwenden.

(3) Das Los zieht der Richter beim Amtsgericht.

(4) [1]Die Schöffenlisten werden bei einem Urkundsbeamten der Geschäftsstelle (Schöffengeschäftsstelle) geführt. [2]Er nimmt ein Protokoll über die Auslosung auf. [3]Der Richter beim Amtsgericht benachrichtigt die Schöffen von der Auslosung. [4]Zugleich sind die Hauptschöffen von den Sitzungstagen, an denen sie tätig werden müssen, unter Hinweis auf die gesetzlichen Folgen des Ausbleibens in Kenntnis zu setzen. [5]Ein Schöffe der erst im Laufe des Geschäftsjahres zu einem Sitzungstag herangezogen wird, ist sodann in gleicher Weise zu benachrichtigen.

Übersicht

A. Grundsätzliches und Tatbestand. Die Vorschrift trägt dem Anspruch des Angeklagten auf den gesetzlichen Richter gem. Art. 101 Abs. 1 GG Rechnung (vgl. KK-StPO/*Barthe* § 45 Rn. 1), indem zunächst die Sitzungen des Schöffengerichts für das gesamte Geschäftsjahr im Voraus festgelegt (Abs. 1) und anschließend die an diesen Sitzungen teilnehmenden Schöffen ausgelost werden (Abs. 2). 1

Die **Feststellung der ordentlichen Sitzungstage** nach Abs. 1 ist eine Maßnahme der Justizverwaltung (vgl. bereits RGSt 64, 50, 51). Dabei greift die Verwaltung auf die Erfahrungen aus den abgelaufenen Geschäftsjahren zurück (vgl. Meyer-Goßner/*Schmitt* § 45 Rn. 1). Die Sitzungstage sind nach Kalendertagen oder wiederkehrend nach Wochen und Wochentagen zu bestimmen (vgl. Kissel/Mayer/*Mayer* § 45 Rn. 4), wobei theoretisch auch Wochenenden und Feiertage in Betracht kommen (BGH NStZ 2019, 109). Die Festlegung erfolgt für jeden Spruchkörper getrennt (vgl. BGHSt 15, 107, 109). Maßgebend für die Anzahl von Sitzungstagen, an denen über nach § 354 Abs. 2 StPO zurückverwiesene Fälle zu verhandeln ist, ist die »Rückverweisungsquote« des letzten Geschäftsjahres (vgl. KK-StPO/*Barthe* § 45 Rn. 2). Liegen derartige Erfahrungswerte nicht vor, soll es nach herrschender Meinung möglich sein, von der Festsetzung konkreter Sitzungstage abzusehen, einen Auffangspruchkörper in der Geschäftsverteilung zu errichten, den zuständigen Berufsrichter zu benennen, die Auslosung von Schöffen aber nicht vorzunehmen, sondern nach § 47 zu Verfahren (vgl. *Katholnigg* § 45 Rn. 1; LR/*Gittermann* § 45 Rn. 3; a.A. *Sieg* NJW 1980, 2453). 2

Welche **Verfahren an den einzelnen Sitzungstagen** verhandelt werden, wird allein vom Vorsitzenden gem. § 213 StPO im laufenden Geschäftsjahr bestimmt (vgl. Meyer-Goßner/*Schmitt* § 45 Rn. 1; krit. mit Blick auf Art. 101 GG *Katholnigg* JR 1997, 284 ff.). Weder der Vorsitzende noch die Justizverwaltung können die 3 nach Abs. 1 festgestellten Sitzungstage ändern, es sei denn, es wird ein zusätzlicher Spruchkörper nach § 46 eingerichtet (vgl. LR/*Gittermann* § 45 Rn. 4) oder die Zahl der Schöffenabteilungen verringert sich durch eine Änderung der Geschäftsverteilung (vgl. KK-StPO/*Barthe* § 45 Rn. 3). Einem unvorhergesehenen zusätzlichen Geschäftsanfall kann durch Anberaumung außerordentlicher Sitzungen gem. § 47 begegnet werden. Ist der Geschäftsanfall geringer als prognostiziert, können Sitzungstage ausfallen, indem auf den Termin keine Verhandlungen gelegt werden. Die für den ausgefallenen Sitzungstag vorgesehenen Schöffen werden dann nicht für die demnächst anstehende Sitzung herangezogen. Sie bleiben unberücksichtigt, also »übersprungen« (vgl. BGH JR 2003, 29 f. m.Anm. *Katholnigg*; Meyer-Goßner/*Schmitt* § 45 Rn. 7). Sie dürfen auch nicht in einem anderen Spruchkörper mit denselben Sitzungstagen tätig werden (vgl. BGHSt 22, 209, 211).

4 Von der ausgefallenen Sitzung zu unterscheiden ist die **verlegte Sitzung**. Der Vorsitzende hat bei seiner Terminierung die Möglichkeit, Sitzungstage nach pflichtgemäßem Ermessen nach vorne oder nach hinten zu verschieben. Tut er dies, erfährt die Richterbank keine Besetzungsänderung. Die für den verlegten Termin vorgesehenen Schöffen sind heranzuziehen (vgl. BGHSt 41, 175, 177; BGH NStZ-RR 2005, 348). Ob eine Verlegung nach vorn oder nach hinten vorliegt, bestimmt sich nach der zeitlichen Nähe des tatsächlichen Sitzungstermins zu einem ordentlichen Sitzungstag. Finden etwa die Sitzungen eines Schöffengerichts jeweils montags statt, bleiben zwei aufeinander folgende Sitzungstage unbesetzt und terminiert der Vorsitzende auf den zwischen diesen Sitzungstagen liegenden Freitag, ist von einem nach vorne verschobenen Sitzungstag auszugehen, sodass für den Termin die für den zweiten Sitzungstag vorgesehenen Schöffen heranzuziehen sind (vgl. KK-StPO/*Barthe* § 45 Rn. 3; LR/*Gittermann* § 45 Rn. 21). Liegt der Beginn des Termins genau zwischen zwei freien ordentlichen Sitzungstagen, müssen die Schöffen des früheren Sitzungstags teilnehmen (vgl. BGH NStZ-RR 2005, 348). Die Verlegung eines ordentlichen Gerichtstages hat stets Vorrang gegenüber der Anberaumung eines außerordentlichen Sitzungstages (BGH NStZ-RR 2012, 319).

5 Die **Reihenfolge**, in der die Schöffen an den Sitzungstagen teilnehmen, wird durch Auslosung bestimmt, die in öffentlicher Sitzung erfolgen muss, Abs. 2 Satz 1. Öffentlich ist die Sitzung, die den Voraussetzungen des § 169 GVG genügt (vgl. BGH NStZ 1984, 89). Dem Hinweis auf die Öffentlichkeit wird durch einen Aushang am Dienstzimmer des Präsidenten oder an seinem Vorzimmer genügt (vgl. BGH NStZ 2006, 512, 513; 1985, 514). Es sind sämtliche auf der Liste befindlichen Schöffen zu verlosen. Unzulässig ist es daher, von der Wahl einiger Schöffen abzusehen, um für die verbliebenen die von Abs. 2 Satz 3 angestrebte Auslastung von zwölf Sitzungstagen zu erreichen (vgl. OLG Celle NStZ 1991, 350 m.Anm. *Katholnigg*). Die Auslosung ist bei jedem AG vorzunehmen, bei dem ein Schöffengericht besteht. Sie erfolgt aus der Schöffenliste für jeweils ein Geschäftsjahr. Dies macht in der Amtsperiode eines Schöffen vier weitere Wahlen erforderlich, wobei es zulässig ist, die insgesamt fünf Wahlgänge auch geschlossen am Beginn der Amtszeit durchzuführen (vgl. LR/*Gittermann* § 45 Rn. 12). Durch die Auslosung entstehen die **Schöffenlisten für die einzelnen Spruchkörper** des Gerichts mit Festlegung für die einzelnen Sitzungstage (vgl. KK-StPO/*Barthe* § 45 Rn. 4). Sind mehrere Spruchkörper bei einem Gericht vorhanden, kann die Auslosung auf zweierlei Weise vorgenommen werden. Möglich ist zunächst, dass die Hauptschöffen für die einzelnen Sitzungstage in deren chronologischer Reihenfolge gelost werden, was dazu führt, dass ein Schöffe mehreren Spruchkörpern beisitzt. Abs. 2 Satz 2 sieht aber auch die Variante vor, einen Hauptschöffen den Sitzungen eines einzigen Schöffengerichts zuzuordnen. Gem. Abs. 2 Satz 3 soll die Auslosung dazu führen, dass jeder ausgeloste Hauptschöffe möglichst zwölf Sitzungstage im Geschäftsjahr wahrnimmt. Es handelt sich hierbei jedoch nicht um eine verbindliche Regelung. Wird die Zahl nicht erreicht oder überschritten hat dies keinen Einfluss auf die ordnungsgemäße Besetzung des Gerichts (vgl. BGH NJW 1974, 155).

6 Abs. 2 Satz 4 bestimmt, dass auch die **Ersatzschöffen** ausgelost werden. Jedoch werden sie nicht – wie die Hauptschöffen – auf die einzelnen Schöffengerichte verteilt. Vielmehr wird für das gesamte Gericht eine einheitliche Liste aufgestellt, aus der die Ersatzschöffen in der ausgelosten Reihenfolge herangezogen werden (vgl. Meyer-Goßner/*Schmitt* § 45 Rn. 10). Die Auslosung der Ersatzschöffen erfolgt auch nicht für jedes Geschäftsjahr ihrer Amtszeit erneut. Es findet eine einmalige Auslosung für die gesamte Wahlperiode statt (vgl. BGHSt 36, 138). Die Ersatzschöffen nehmen den Platz weggefallener Schöffen ein. Ein Schöffe fällt weg, wenn er von der Schöffenliste gestrichen wird, § 52, für eine einzelne Sitzung entbunden wurde oder ausgefallen ist, § 54. Aus der Ersatzschöffenliste rekrutieren sich aber auch die Schöffen eines nach § 46 neugebildeten Schöffengerichts, die Schöffen für außerordentliche Sitzungstage gem. § 47 und die Ergänzungsschöffen nach § 48. Die Zuweisung der Schöffen erfolgt in der durch die Ersatzschöffenliste festgesetzten Reihenfolge (vgl. Meyer-Goßner/*Schmitt* § 45 Rn. 11).

7 Die Auslosung führt gem. **Abs. 3** der Richter beim AG durch, der hierzu durch die Geschäftsverteilung bestimmt ist (vgl. KK-StPO/*Barthe* § 45 Rn. 8). Ihm ist es verwehrt, diese Aufgabe einem anderen Richter oder dem Urkundsbeamten der Schöffengeschäftsstelle nach Abs. 4 Satz 1 zu überlassen (vgl. Meyer-Goßner/*Schmitt* § 45 Rn. 12). An seine Stelle kann allein sein durch das Präsidium des Gerichts bestimmter Vertreter

treten, sofern ein Vertretungsfall vorliegt (vgl. KK-StPO/*Barthe* § 45 Rn. 8). Die Auslosung von Jugendschöffen übernimmt der Jugendrichter, §§ 33 Abs. 2, 34 Abs. 1 JGG. Die Auslosung der Schöffen beim LG nimmt der Gerichtspräsident vor, § 77 Abs. 3 Satz 1. Kommt es zu Fehlern bei der Auslosung, können diese korrigiert werden (vgl. BGH NStZ-RR 1999, 49). Ein bestimmtes Korrekturverfahren ist nicht vorgeschrieben. Ist es möglich, einen Fehler ohne neue Verlosung zu berichtigen – z.B. bei Detailfehlern –, ist dieser Weg gangbar (vgl. KK-StPO/*Barthe* § 45 Rn. 8).

Bei dem AG ist gem. Abs. 4 eine **Schöffengeschäftsstelle** einzurichten. Auf dieser führt ein Urkundsbeamter die Schöffenlisten nach § 44 Abs. 2 Satz 1 und 4. In den Aufgabenbereich der Geschäftsstelle fällt auch die Führung des Protokolls über die Auslosung der Schöffen, dem allerdings keine Beweiskraft nach § 274 StPO zukommt (vgl. Meyer-Goßner/*Schmitt* § 45 Rn. 13). Eine weitere Aufgabe der Geschäftsstelle ist die Zuweisung der Ersatzschöffen nach § 49 Abs. 3. Es ist nicht unzulässig, dem Urkundsbeamten der Schöffengeschäftsstelle daneben weitere Aufgaben aus dem Bereich der Rspr. oder Justizverwaltung zu übertragen (vgl. *Katholnigg* NJW 1978, 2375, 2377). Beim LG existiert eine eigene Schöffengeschäftsstelle, § 77 Abs. 1. 8

Die herangezogenen Schöffen werden durch den Richter des Abs. 3 von der Auslosung benachrichtigt, Abs. 4 Satz 3. Die **Benachrichtigung** erfolgt formlos (vgl. *Kissel/Mayer* § 45 Rn. 22). Der Richter teilt den Schöffen zugleich ihre Sitzungstage mit und weist auf die Rechtsfolgen des § 56 Abs. 1 hin (vgl. Meyer-Goßner/*Schmitt* § 45 Rn. 14). Eine gesonderte Ladung im Vorfeld des jeweiligen Sitzungstages erfolgt dann nicht mehr (vgl. KK-StPO/*Barthe* § 45 Rn. 10). Die Unterrichtung eines erst im Laufe des Geschäftsjahres zu einem Sitzungstag herangezogenen Schöffen erfolgt ebenfalls durch den in Abs. 3 genannten Richter und nicht etwa durch den Vorsitzenden des erkennenden Gerichts, Abs. 4 Satz 5. 9

B. Revision. Hat keine Auslosung der Schöffen stattgefunden, kann dies mit der Revision gerügt werden (vgl. BGH NStZ 1984, 274). Ebenfalls kann gerügt werden, dass das Verfahren nach § 45 zur Auslosung falscher Schöffen geführt habe (vgl. *Katholnigg* § 45 Rn. 9) und dass eine Reihenfolge der Ersatzschöffen nicht durch das Los festgelegt wurde (vgl. BGHR GVG § 45 Abs. 2 Satz 4 Reihenfolge 1). Nicht revisibel sind demgegenüber Fehler des Auslosungsvorgangs, wie die Auslosung durch den falschen Richter (vgl. BGHSt 25, 257, 258) oder die unterbliebene Protokollierung der Auslosung durch die Schöffengeschäftsstelle sowie das Unterbleiben der Benachrichtigung nach Abs. 4 Satz 3 (vgl. LR/*Gittermann* § 45 Rn. 25). Die Feststellung der ordentlichen Sitzungstage unterliegt ebenfalls einer revisionsrechtlichen Kontrolle. Ungeklärt ist allerdings, ob sie einer vollumfänglichen Rechtmäßigkeits- oder lediglich einer bloßen Willkürprüfung zu unterziehen ist (BGH NStZ 2019, 109). 10

§ 46 [Zusätzlicher Spruchkörper]

[1]Wird bei einem Amtsgericht während des Geschäftsjahres ein weiteres Schöffengericht gebildet, so werden für dessen ordentliche Sitzungen die benötigten Hauptschöffen gemäß § 45 Abs. 1, 2 Satz 1, Abs. 3, 4 aus der Ersatzschöffenliste ausgelost. [2]Die ausgelosten Schöffen werden in der Ersatzschöffenliste gestrichen.

Die Vorschrift regelt die Besetzung eines **im Laufe des Geschäftsjahres hinzukommenden Spruchkörpers** mit Laienrichtern. Die Vorschrift gilt gem. § 77 Abs. 1 für die Strafkammern entsprechend, nicht aber für Hilfsstrafkammern (vgl. Meyer-Goßner/*Schmitt* § 46 Rn. 1). Für die Sitzungen eines Hilfsspruchkörpers sind die Hauptschöffen, die für die Sitzungstage des ordentlichen Spruchkörpers ausgelost wurden, heranzuziehen (vgl. BGHSt 41, 175, 180). 1

Die **Hauptschöffen** für den zusätzlichen Spruchkörper werden aus der Ersatzschöffenliste ausgelost, da es sich nicht um eine Heranziehung für einzelne Sitzungen gem. § 49 Abs. 1 handelt. Mit der Auslosung wird der Schöffe von der Ersatzschöffenliste gestrichen, Satz 2. Hat der ausgeloste Schöffe noch Aufgaben als Ersatzschöffe zu erfüllen, gehen diese seinem Amt als Hauptschöffe im zusätzlich gebildeten Spruchkörper vor, § 52 Abs. 5. 2

Wird das zusätzlich gebildete Gericht wieder aufgelöst, endet die Tätigkeit der ihm zugelosten Schöffen. Diese kehren nicht in die Ersatzschöffenliste, aus der sie gestrichen wurden, zurück. Sofern ihre Amtsperiode noch andauert, sind sie allerdings bei der Auslosung für das folgende Geschäftsjahr wieder zu berücksichtigen (vgl. *Katholnigg* § 46 Rn. 3; LR/*Gittermann* § 46 Rn. 4). 3

§ 47 [Außerordentliche Sitzungen]

Wenn die Geschäfte die Anberaumung außerordentlicher Sitzungen erforderlich machen oder wenn zu einzelnen Sitzungen die Zuziehung anderer als der zunächst berufenen Schöffen oder Ergänzungsschöffen erforderlich wird, so werden Schöffen aus der Ersatzschöffenliste herangezogen.

1 Die Vorschrift regelt drei Fälle, in denen Ersatzschöffen für das Verfahren herangezogen werden: die Anberaumung einer außerordentlichen Sitzung, der Ausfall eines berufenen Schöffen und der Ausfall eines berufenen Ergänzungsschöffen.

2 Eine **außerordentliche Sitzung** ist eine Sitzung, die zusätzlich zu den ordentlichen Sitzungstagen abgehalten wird, um dem eingetretenen höheren Geschäftsanfall zu begegnen (vgl. BGHSt 41, 175, 177). Ob eine außerordentliche Sitzung anzusetzen ist und wann sie stattfindet, liegt im Ermessen des Vorsitzenden (vgl. BGHSt 12, 159, 161 st. Rspr.). Eine Rangordnung unter den Verfahren, die bestimmen würde, welche von ihnen auf einen ordentlichen und welche von ihnen auf einen außerordentlichen Sitzungstag zu legen wären, existiert nicht (vgl. BGHSt 50, 132, 135; *Rieß* DRiZ 1977, 289, 293). Aus diesem Grund ist es legitim, einen ordentlichen Sitzungstag für eine eilige Haftsache, deren Eingang sicher zu erwarten ist, freizuhalten und die bereits anhängigen Verfahren auf den außerordentlichen Sitzungstag zu legen (vgl. Meyer-Goßner/*Schmitt* § 47 Rn. 1). Demgegenüber ist es unzulässig, einen ordentlichen Sitzungstag »auf Vorrat« allgemein für künftige Terminierungen freizuhalten und deswegen einen außerordentlichen Sitzungstag anzuberaumen (vgl. BGHSt 37, 324, 327; LR/*Gittermann* § 47 Rn. 4). Keine außerordentliche Sitzung ist die verlegte Sitzung (vgl. dazu oben § 45 Rdn. 4), da sie keine zusätzliche Sitzung ist (vgl. KK-StPO/*Barthe* § 47 Rn. 2). Die Sitzung ist verlegt, wenn der ordentliche Sitzungstag frei bleibt und stattdessen eine Verhandlung an einem anderen Wochentag stattfindet. Bleibt der ordentliche Sitzungstag demgegenüber belegt, was auch bei der Terminierung von Fortsetzungsverhandlungen der Fall sein kann (vgl. BGHSt 50, 132, 136), liegt eine außerordentliche Sitzung vor. Zur Durchführung der außerordentlichen Sitzung kann der Vorsitzende einen gesonderten Terminstag bestimmen. Er kann aber auch einzelne außerordentliche Sitzungen anberaumen (vgl. KK-StPO/*Barthe* § 47 Rn. 2). Stellt sich im Nachhinein heraus, dass die Festlegung einer außerordentlichen Sitzung nicht erforderlich war – etwa weil die erwartete eilige Haftsache doch nicht eingetroffen ist – hat dies auf die ordnungsgemäße Besetzung des Gerichts keinen Einfluss (vgl. BGHSt 16, 63, 66). Bei der außerordentlichen Sitzung muss die Schöffenbesetzung im Einzelfall bestimmt werden (vgl. Meyer-Goßner/*Schmitt* § 47 Rn. 1). Es werden die beiden **nächstbereiten Schöffen von der Ersatzschöffenliste** herangezogen, § 49 Abs. 1. Für die Frage, welche Personen dies sind, kommt es darauf an, wann die Terminsbestimmung des Richters, mit der die außerordentliche Sitzung angeordnet wird, bei der Schöffengeschäftsstelle eingeht, § 49 Abs. 3. Wird eine Verlegung einer außerordentlichen Sitzung erforderlich, ist der neue Termin als neue außerordentliche Sitzung anzusehen (vgl. BGHSt 17, 176, 178). Dies macht die erneute Heranziehung von Ersatzschöffen aus der Ersatzschöffenliste erforderlich (vgl. Kissel/Mayer/*Mayer* § 47 Rn. 4).

3 Die Zuziehung von Ersatzschöffen anstelle der zunächst berufenen Schöffen kommt insb. bei der **vorübergehenden Verhinderung** der zuletzt genannten in Betracht (vgl. KK-StPO/*Barthe* § 47 Rn. 4). Eine vorübergehende Verhinderung liegt bei einem Ausbleiben des Schöffen zur Sitzung – § 54 Abs. 2 Satz 2 – vor, wobei der Grund für das Ausbleiben unerheblich ist. Der Schöffe ist auch verhindert, wenn er unerreichbar ist, § 54 Abs. 2 Satz 1, vom Schöffenamt entbunden ist, § 54 Abs. 1 oder wegen Ausschlusses oder Ablehnung – §§ 22, 24, 31 StPO – sein Amt nicht wahrnehmen kann. Zu beachten ist jedoch, dass diese Verhinderung nur für die Strafsache gilt, in der Ausschluss bzw. Ablehnung erfolgten. Zur Mitwirkung an weiteren Strafsachen am Sitzungstag ist der Schöffe wiederum verpflichtet (vgl. BGH NJW 1958, 557). Die endgültige Verhinderung eines Schöffen – Tod oder Streichung von der Schöffenliste – ist kein Fall des § 47, sondern nach § 49 Abs. 2 zu behandeln (vgl. KK-StPO/*Barthe* § 47 Rn. 6). Nach § 47 ist auch zu verfahren, wenn ein Ersatzschöffe, der zu einer außerordentlichen Sitzung herangezogen wurde, vorübergehend verhindert ist (vgl. LR/*Gittermann* § 47 Rn. 6).

4 Die Heranziehung von Ersatzschöffen i.S.d. § 47 ist auch dann erforderlich, wenn sich in der Hauptverhandlung herausstellt, dass der Hauptschöffe an einem **körperlichen oder geistigen Gebrechen** leidet, das seine Mitwirkung in der Sitzung verhindert (vgl. LR/*Gittermann* § 47 Rn. 9). Das Erfordernis entfällt nicht deshalb, weil das Gebrechen derart schwerwiegend ist, dass wegen dauernder Ungeeignetheit des Schöffen dieser von der Hauptschöffenliste zu streichen ist. Selbst wenn der Richter vor Beginn der Hauptverhandlung Kenntnis davon erlangt, dass eine solche Streichung unter Nachrücken eines Ersatzschöffen erfolgt ist, kann die Verhandlung mit dem herangezogenen Ersatzschöffen durchgeführt werden, da diese Heranziehung zu Recht erfolgt war (vgl. BGHSt 22, 289, 291).

§ 48 [Ergänzungsschöffen]

(1) Ergänzungsschöffen (§ 192 Abs. 2, 3) werden aus der Ersatzschöffenliste zugewiesen.

(2) Im Fall der Verhinderung eines Hauptschöffen tritt der zunächst zugewiesene Ergänzungsschöffe auch dann an seine Stelle, wenn die Verhinderung vor Beginn der Sitzung bekannt wird.

1 **A. Tatbestand.** Bei längerer Verhandlungsdauer kann der Vorsitzende die Zuziehung von **Ergänzungsschöffen** anordnen, die der Verhandlung beiwohnen und im Fall der Verhinderung eines zunächst mitwirkenden Schöffen für diesen einzutreten haben, § 192 Abs. 2, 3 GVG. Dabei übernimmt der zuerst zugewiesene Ergänzungsschöffe den Platz des ausgefallenen Hauptschöffen, Abs. 2. Ein Überspringen seiner Person durch einen anderen Ergänzungsschöffen verletzt Art. 101 Abs. 1 Satz 2 GG (BGH StraFo 2021, 124, 125 f.). Die Zuweisung der Ergänzungsschöffen aus der Ersatzschöffenliste erfolgt nach dem in § 49 geregelten Verfahren (vgl. Meyer-Goßner/*Schmitt* § 48 Rn. 1). Ersetzt der Ergänzungsschöffen den Hauptschöffen, liegt für seine Person ein Fall des § 47 vor. Er wird durch einen Ersatzschöffen ersetzt (vgl. BGHR GVG, § 48 Verhinderung 1). § 47 kommt ebenfalls Anwendung, wenn ein bereits an die Stelle des Hauptschöffen getretener Ergänzungsschöffe ausfällt (vgl. LR/*Gittermann* § 48 Rn. 2). Sind mehrere Ergänzungsschöffen herangezogen, richtet sich die Reihenfolge ihres Nachrückens nach der Reihenfolge ihrer Heranziehung aufgrund der Ersatzschöffenliste (vgl. KK-StPO/*Barthe* § 48 Rn. 2).

2 **B. Revision.** Verstöße gegen § 48 können mit der Besetzungsrüge geltend gemacht werden (vgl. LR/*Gittermann* § 48 Rn. 3).

§ 49 [Heranziehung aus der Ersatzschöffenliste]

(1) Wird die Heranziehung von Ersatzschöffen zu einzelnen Sitzungen erforderlich (§§ 47, 48 Abs. 1), so werden sie aus der Ersatzschöffenliste in deren Reihenfolge zugewiesen.

(2) [1]Wird ein Hauptschöffe von der Schöffenliste gestrichen, so tritt der Ersatzschöffe, der nach der Reihenfolge der Ersatzschöffenliste an nächster Stelle steht, unter seiner Streichung in der Ersatzschöffenliste an die Stelle des gestrichenen Hauptschöffen. [2]Die Schöffengeschäftsstelle benachrichtigt den neuen Hauptschöffen gemäß § 45 Abs. 4 Satz 3, 4.

(3) [1]Maßgebend für die Reihenfolge ist der Eingang der Anordnung oder Feststellung, aus der sich die Notwendigkeit der Heranziehung ergibt, bei der Schöffengeschäftsstelle. [2]Die Schöffengeschäftsstelle vermerkt Datum und Uhrzeit des Eingangs auf der Anordnung oder Feststellung. [3]In der Reihenfolge des Eingangs weist sie die Ersatzschöffen nach Absatz 1 den verschiedenen Sitzungen zu oder überträgt sie nach Absatz 2 in die Hauptschöffenliste. [4]Gehen mehrere Anordnungen oder Feststellungen gleichzeitig ein, so sind zunächst Übertragungen aus der Ersatzschöffenliste in die Hauptschöffenliste nach Absatz 2 in der alphabetischen Reihenfolge der Familiennamen der von der Schöffenliste gestrichenen Hauptschöffen vorzunehmen; im übrigen ist die alphabetische Reihenfolge der Familiennamen der an erster Stelle Angeklagten maßgebend.

(4) [1]Ist ein Ersatzschöffe einem Sitzungstag zugewiesen, so ist er erst wieder heranzuziehen, nachdem alle anderen Ersatzschöffen ebenfalls zugewiesen oder von der Dienstleistung entbunden oder nicht erreichbar (§ 54) gewesen sind. [2]Dies gilt auch, wenn er selbst nach seiner Zuweisung von der Dienstleistung entbunden worden oder nicht erreichbar gewesen ist.

1 **A. Grundsätzliches und Tatbestand.** § 49 regelt das **Heranziehungsverfahren für die Ersatzschöffen** und konkretisiert insoweit das Verfahrensgrundrecht auf den gesetzlichen Richter aus Art. 101 Abs. 1 GG.

2 Die Vorschrift in **Abs. 1** gilt allein für die Fälle der §§ 47 und 48. § 46 ist nicht anwendbar (vgl. BGH NStZ 1985, 135; LR/*Gittermann* § 49 Rn. 1). Die Ersatzschöffen werden in der Reihenfolge ihrer durch die Auslosung auf der Ersatzschöffenliste erfolgten Platzierung – § 45 Abs. 2 Satz 4 – dem Spruchkörper zugewiesen (vgl. Kissel/*Mayer* § 49 Rn. 1). Mit der Zuweisung rückt der Schöffe an das Ende der Ersatzschöffenliste. Durch dieses »rotierende Verfahren« ist gewährleistet, dass im weiteren Bedarfsfall stets eine Person zugewiesen werden kann, die für eine Aufgabe als Laienrichter aktuell zur Verfügung steht, d.h. zur Übernahme des Richteramts »bereit« ist (vgl. BGHSt 30, 244, 246; KK-StPO/*Barthe* § 49 Rn. 1; *Rieß* JR 1982, 258, 259).

3 **Abs. 2** regelt die endgültige Korrektur der Schöffenliste (vgl. Meyer-Goßner/*Schmitt* § 49 Rn. 2), wenn ein Hauptschöffe von dieser gestrichen wird. Mit der Streichung des Hauptschöffen rückt der nach der Reihenfolge der Ersatzschöffenliste an nächster Stelle stehende Ersatzschöffe kraft Gesetzes in dessen Amt ein. Darum muss er zugleich von der Ersatzschöffenliste gestrichen werden (vgl. KK-StPO/*Barthe* § 49 Rn. 2). Für das Nachrücken des Ersatzschöffen in das Hauptschöffenamt ist die Streichung seines Amtsvorgängers

von der Schöffenliste konstitutiv. Solange die Streichung des Hauptschöffen nicht erfolgt ist, ist dieser lediglich als »verhindert« anzusehen, die Sitzung wahrzunehmen. Dies gilt selbst dann, wenn einer Mitwirkung des Hauptschöffen an der Hauptverhandlung nicht zu behebende Hindernisse – wie dessen Tod – entgegenstehen (vgl. LR/*Gittermann* § 49 Rn. 3).

4 Wer der Schöffe ist, der zuzuweisen ist, wird durch das in **Abs. 3** geschilderte Verfahren bestimmt. Es ist die Person, die zum Zeitpunkt, zu dem die Anordnung einer außerordentlichen Sitzung nach § 47, die Entbindung eines Schöffen von der Sitzung oder die Anordnung der Streichung eines Hauptschöffen aus der Hauptschöffenliste bei der Geschäftsstelle eingeht, laut Schöffenliste der erste verfügbare Schöffe ist (vgl. KK-StPO/*Barthe* § 49 Rn. 4). Um die »bereite« Schöffenstelle zu ermitteln, ist nach Eingang der Anordnung oder Feststellung nach Satz 1 deshalb ggf. zunächst die Ersatzschöffenliste durch Vornahme angeordneter Streichungen auf den neuesten Stand zu bringen (vgl. KG StV 84, 504 f.) Eine Ergänzung der Anordnung oder Feststellung durch ein ausdrückliches Zuweisungsverlangen ist i.Ü. nicht erforderlich (vgl. Meyer-Goßner/*Schmitt* § 49 Rn. 3). Gehen mehrere Anordnungen oder Feststellungen gleichzeitig ein, ist nach Abs. 3 Satz 4 zu verfahren. Vom Gesetz nicht geregelt ist dabei der seltene und wohl nur hypothetische Fall, dass Schöffen oder Angeklagte denselben Namen haben. In diesem Fall dürfte auf die Vornamen und – sollten diese ebenfalls übereinstimmen – auf die zeitliche Reihenfolge der Geburtsdaten zurückzugreifen sein (vgl. BT-Drs. 8/976, S. 111; 8/1844, S. 33; LR/*Gittermann* § 49 Rn. 8). Nach anderer Auffassung entscheidet dann das Los (vgl. Kissel/*Mayer* § 49 Rn. 6; Meyer-Goßner/*Schmitt* § 49 Rn. 3).

5 Muss ein Ersatzschöffe tätig werden, wird er erst dann wieder herangezogen, wenn sämtliche anderen Ersatzschöffen ebenfalls zugewiesen oder von der Dienstleistung entbunden wurden oder nicht erreichbar waren, also »verbraucht« sind, **Abs. 4 Satz 1**. Verbraucht ist der Listenplatz eines Ersatzschöffen i.Ü. auch dann, wenn seine Heranziehung oder die maßgebliche Eintragung in die Liste fehlerhaft war (vgl. BGH JR 1978, 210, 211 m.Anm. *Meyer* = GA 1978, 120 f. m.Anm. *Katholnigg*).

6 **B. Revision.** Str. ist, ob eine Verwechslung der Eingänge der Anordnung oder Feststellung nach Abs. 3 Satz 1 die Revision begründen kann (befürwortend: *Katholnigg* § 49 Rn. 7; KK-StPO/*Barthe* § 49 Rn. 8; abl.: LR/*Gittermann* § 49 Rn. 11). Demgegenüber soll der Umstand, dass ein Ersatzschöffe zu Unrecht als herangezogen auf der Liste nach hinten gerückt wurde, die Wirksamkeit der Heranziehung der dadurch aufgerückten Ersatzschöffen nicht berühren (vgl. *Rieß* DRiZ 1977, 289, 295). Entsprechendes wird für die Person desjenigen Ersatzschöffen angenommen, der seinen Listenplatz durch ein zu Unrecht erfolgtes Nachrücken eines vor ihm zu berücksichtigenden Ersatzschöffen zum Hauptschöffen erlangt hat (vgl. Kissel/*Mayer* § 49 Rn. 13). Ein Verstoß gegen Abs. 3 Satz 2 begründet wegen Verstoßes gegen den Anspruch auf den gesetzlichen Richter die Revision, wenn bei unterlassener Dokumentation auch im Freibeweisverfahren nicht geklärt werden kann, ob die vorgeschriebene Reihenfolge bei der Heranziehung der Ersatzschöffen eingehalten wurde (OLG Sachsen-Anhalt v. 11.11.2013 – 2 Ss 125/13).

§ 50 [Sitzungstage über die Wahlperiode hinaus]

Erstreckt sich die Dauer einer Sitzung über die Zeit hinaus, für die der Schöffe zunächst einberufen ist, so hat er bis zur Beendigung der Sitzung seine Amtstätigkeit fortzusetzen.

1 § 50 enthält eine spezielle Regelung für Laienrichter, die für Berufsrichter entbehrlich ist (vgl. BGHSt 8, 250 [251]). Sie betrifft drei Fallgestaltungen:

1. die Hauptverhandlung dauert länger als erwartet;
2. sie wird nach Unterbrechung später fortgesetzt, § 229 StPO;
3. sie reicht über die Wahlperiode des Schöffen nach § 42 hinaus (vgl. BGHSt 8, 250 [251 f.]).

Für den Fall der ausgesetzten Hauptverhandlung gilt § 50 nicht (vgl. BGH NJW 2002, 2963).

2 Der Missbrauch der Regelung kann die Revision begründen. Unzulässig ist es etwa, den Beginn einer Sitzung auf den letzten Tag des Geschäftsjahres zu legen und zugleich zwei Fortsetzungstermine für das kommende Geschäftsjahr festzusetzen (vgl. BGHSt 19, 382 [384 f.]).

§ 51 [Amtsenthebung von Schöffen]

(1) Ein Schöffe ist seines Amtes zu entheben, wenn er seine Amtspflichten gröblich verletzt hat.

(2) Die Entscheidung trifft ein Strafsenat des Oberlandesgerichts auf Antrag des Richters beim Amtsgericht durch Beschluss nach Anhörung der Staatsanwaltschaft und des beteiligten Schöffen. Die Entscheidung ist nicht anfechtbar.

(3) Der nach Absatz 2 Satz 1 zuständige Senat kann anordnen, dass der Schöffe bis zur Entscheidung über die Amtsenthebung nicht zu Sitzungen heranzuziehen ist. Die Anordnung ist nicht anfechtbar.

Das in der Vorschrift geregelte Amtsenthebungsverfahren ist in das GVG als Folge einer Entscheidung des BVerfG v. 06.05.2008 (BVerfGK 13, 531 ff. = NJW 2008, 2568 ff.) aufgenommen worden. Das Gericht hat dort festgestellt, dass Schöffen der Verfassungstreuepflicht aus Art. 33 Abs. 5 GG unterliegen. Insoweit hat es der Gesetzgeber für erforderlich gehalten, wie in anderen Verfahrensordnungen – s.u.a. § 22 SGG und § 24 VwGO –, auch für den Bereich der Strafgerichtsbarkeit eine Möglichkeit zu schaffen, Schöffen, die die freiheitliche demokratische, rechts- und sozialstaatliche Ordnung ablehnen oder bekämpfen, ihres Amtes zu entheben (Meyer-Goßner/*Schmitt* § 52 Rn. 1; BR-Drucks. 539/10, S. 26). Der von der Literatur vorgeschlagene Weg, mangelnde Verfassungstreue als Grund für eine Unfähigkeit zum Schöffenamt anzusehen, wurde nicht eingeschlagen, vgl. zu der Literaturauffassung § 32 Rdn. 2. Die staatliche Rechtsordnung der Bundesrepublik Deutschland lehnt etwa ab, wer deren Gründung die Legitimität abspricht und vom Fortbestand des Deutschen Reiches ausgeht (OLG Dresden StV 2018, 403;NStZ-RR 2015, 121 f.). Des Amtes als Schöffe ist ebenfalls zu entheben, wer im Internet Hassbotschaften gegen Ausländer und Pädophile verbreitet, für die Todesstrafe, entgrenzte Körperstrafen und Selbstjustiz eintritt (KG NStZ-RR 2016, 252 f.). Neben mangelnder Verfassungstreue kommen als Enthebungsgründe auch wiederholtes unentschuldigtes Fernbleiben von Sitzungen, eine Unerreichbarkeit des Schöffen oder die Verweigerung der Eidesleistung in Betracht (Meyer-Goßner/*Schmitt* § 52 Rn. 2). Deutliche bzw. harsche justizkritische Äußerungen sind, wenn sie noch durch Art. 5 GG gedeckt sind, für sich gesehen kein Grund, einen Schöffen seines Amtes zu entheben (OLG Hamm v. 18.11.2020 – III-1 Ws 380/20). 1

Das Amtsenthebungsverfahren kann allein der Richter beim AG durch seinen Antrag initiieren, der dem Schöffenausschuss gem. § 40 Abs. 2 vorsitzt (Meyer-Goßner/*Schmitt* § 52 Rn. 3). Zuständig für die Entscheidung über den Antrag ist nach Anhörung der StA und des beteiligten Schöffen ein Strafsenat des OLG, dessen Entscheidung nicht anfechtbar ist, Abs. 2 Satz 1 und 2. Die Zuständigkeit des OLG gewährleistet, dass die zur Entscheidung über die Amtsenthebung berufenen Richter in keinem dienstlichen Kontakt mit dem betroffenen Schöffen gestanden haben (BR-Drucks. 539/10, S. 27). Gem. Abs. 3 Satz 1 besteht die Möglichkeit einer einstweiligen Anordnung. Diese kommt in Betracht, wenn es geboten ist, den Schöffen vor einer Entscheidung über die Amtsenthebung nicht mehr zu Sitzungen heranzuziehen. Der Eilfall soll vorliegen, wenn der betroffene Schöffe ohne einstweilige Anordnung an dem Abschluss eines Strafverfahrens mitwirken müsste (BR-Drucks. 539/10, S. 28). Die einstweilige Anordnung ist – wie die Entscheidung in der Hauptsache – nicht anfechtbar, Abs. 3 Satz 3 2

§ 52 [Streichung von der Schöffenliste]

(1) Ein Schöffe ist von der Schöffenliste zu streichen, wenn

1. seine Unfähigkeit zum Amt eines Schöffen eintritt oder bekannt wird, oder

2. Umstände eintreten oder bekannt werden, bei deren Vorhandensein eine Berufung zum Schöffenamt nicht erfolgen soll.

Im Falle des § 33 Nr. 3 gilt dies jedoch nur, wenn der Schöffe seinen Wohnsitz im Landgerichtsbezirk aufgibt.

(2) [1]Auf seinen Antrag ist ein Schöffe aus der Schöffenliste zu streichen, wenn er

1. seinen Wohnsitz im Amtsgerichtsbezirk, in dem er tätig ist, aufgibt oder

2. während eines Geschäftsjahres an mehr als 24 Sitzungstagen an Sitzungen teilgenommen hat.

[2]Bei Hauptschöffen wird die Streichung nur für Sitzungen wirksam, die später als zwei Wochen nach dem Tag beginnen, an dem der Antrag bei der Schöffengeschäftsstelle eingeht. [3]Ist einem Ersatzschöffen eine Mitteilung über seine Heranziehung zu einem bestimmten Sitzungstag bereits zugegangen, so wird seine Streichung erst nach Abschluß der an diesem Sitzungstag begonnenen Hauptverhandlung wirksam.

(3) [1]Ist der Schöffe verstorben oder aus dem Landgerichtsbezirk verzogen, ordnet der Richter beim Amtsgericht eine Streichung an. [2]Im Übrigen entscheidet er nach Anhörung der Staatsanwaltschaft und des beteiligten Schöffen.

(4) Die Entscheidung ist nicht anfechtbar.

(5) Wird ein Ersatzschöffe in die Hauptschöffenliste übertragen, so gehen die Dienstleistungen vor, zu denen er zuvor als Ersatzschöffe herangezogen war.

(6) [1]Hat sich die ursprüngliche Zahl der Ersatzschöffen in der Ersatzschöffenliste auf die Hälfte verringert, so findet aus den vorhandenen Vorschlagslisten eine Ergänzungswahl durch den Ausschuß statt, der die Schöffenwahl vorgenommen hatte. [2]Der Richter beim Amtsgericht kann von der Ergänzungswahl

absehen, wenn sie in den letzten sechs Monaten des Zeitraums stattfinden müsste, für den die Schöffen gewählt sind. [3]Für die Bestimmung der Reihenfolge der neuen Ersatzschöffen gilt § 45 entsprechend mit der Maßgabe, daß die Plätze im Anschluß an den im Zeitpunkt der Auslosung an letzter Stelle der Ersatzschöffenliste stehenden Schöffen ausgelost werden.

Übersicht

1 **A. Grundsätzliches und Tatbestand.** Da die Schöffenliste **die Grundlage für die Heranziehung der Schöffen** und damit für die Bestimmung der gesetzlichen Richter ist, bedarf ihre Führung – wozu auch die Streichung von Schöffen zählt – einer exakten gesetzlichen Regelung (vgl. KK-StPO/*Barthe* § 52 Rn. 1). Die Vorschrift gilt sowohl für die Haupt- als auch die Ersatzschöffenliste. Eine Streichung hat für den Hauptschöffen zur Folge, dass er nicht mehr für Sitzungen ausgelost und – sollte eine Auslosung bereits stattgefunden haben-den – nicht mehr tätig werden kann. Ein Ersatzschöffe verliert mit der Streichung die Möglichkeit, auf die Hauptschöffenliste gem. § 49 Abs. 2 nachzurücken oder zu einzelnen Sitzungen herangezogen zu werden (vgl. KK-StPO/*Barthe* § 52 Rn. 2). Die Streichung entfaltet Wirkung für die gesamte Amtsperiode des Schöffen (vgl. BGHSt 9, 203, 206), auch wenn vor deren Ende die Gründe, die zur Streichung geführt haben, wieder entfallen (vgl. BGHSt 10, 252, 253).

2 Gem. **Abs. 1** ist ein Schöffe von der Schöffenliste zu streichen, wenn die Unfähigkeit, sein Amt auszuüben, eintritt oder eine bereits vor Aufnahme in die Liste bereits vorhandene Unfähigkeit erst nachträglich bekannt wird. Entsprechendes gilt bei Eintritt oder Bekanntwerden von Umständen, bei denen eine Berufung in das Schöffenamt nicht erfolgen soll. Liegen solche Gründe vor, ist die Streichung von der Schöffenliste obligatorisch und von Amts wegen vorzunehmen (vgl. Meyer-Goßner/*Schmitt* § 52 Rn. 1). Eine Person ist unfähig, das Schöffenamt auszuüben, wenn die Voraussetzungen der **§§ 31 Satz 2 und 32** vorliegen oder der Schöffe verstirbt (vgl. BGH NStZ [K] 1994, 23, 26). Die Unfähigkeit soll sich daneben auch aus anderen Gründen ergeben können. Als unfähig zur Bekleidung des Schöffenamts hat die Rspr. z.B. eine Person angesehen, die aufgrund religiöser Überzeugung es abgelehnt hat, die Glaubwürdigkeit von Männern und Frauen rechtlich gleich zu behandeln (vgl. LG Dortmund NStZ 2007, 360). Str. ist, ob das Tragen von Kleidung, das religiös motiviert ist, die Fähigkeit zur Ausübung des Richteramts beeinträchtigt. Für den Fall der Schöffin mit Kopftuch wird dies überwiegend abgelehnt (vgl. LG Bielefeld NJW 2007, 3014; *Bader* NJW 2007, 2964, 2965; a.A. LG Dortmund NJW 2007, 3013, 3014; s. auch AG Fürth v. 07.12.2018 – 441 AR 31/18: Ankündigung der Schöffin, bei Sitzungsdienst nicht auf das Kopftuch zu verzichten, ist kein Grund, sie von der Schöffenliste zu streichen. Die Schöffin soll aber verpflichtet sein, gem. § 54 ihre Entbindung an den Sitzungstagen zu beantragen). Zum Ganzkörperschleier vgl. Meyer-Goßner/*Schmitt* § 52 Rn. 1 m.w.N.: Die Nichterkennbarkeit der Person durch die Bekleidung stehe der Wahrnehmung der ehrenamtlichen Richtertätigkeit entgegen. Die Gründe des Abs. 1 Nr. 2 ergeben sich aus **§§ 33 und 34.** Umstritten ist, ob hier auch die Gründe des **§ 35** zu berücksichtigen sind, wenn sich der Schöffe auf sie beruft (so etwa BGH wistra 1993, 224 f.; Meyer-Goßner/*Schmitt* § 52 Rn. 1). Dagegen spricht allerdings die Existenz des § 53, der für die Behandlung von Ablehnungsgründen ein gesondertes Verfahren unter Beteiligung der StA vorsieht (vgl. dort Rdn. 2). In Betracht kommt eine Streichung von der Schöffenliste auf Grundlage der §§ 33 und 34 aber nur dann, wenn die dort normierten Gründe zum Zeitpunkt der Streichung noch fortbestehen. Hat der Schöffe etwa inzwischen das fünfundzwanzigste Lebensjahr vollendet (§ 33 Nr. 1), darf er von der Liste nicht mehr gestrichen werden (vgl. KK-StPO/*Barthe* § 52 Rn. 4). Gem. Abs. 1 Satz 2 gilt § 33 Nr. 3 als Grund zur Streichung nur eingeschränkt. Dem Wegzug aus dem Landgerichtsbezirk steht es gleich, wenn der Wohnsitz des Schöffen durch eine Gebietsreform dem Bezirk eines anderen LG zugeschlagen wird (vgl. Meyer-Goßner/*Schmitt* § 52 Rn. 1).

3 Die in **Abs. 2 Satz 1 Nr. 1 und 2** genannten Gründen führen nur dann zur Streichung des Schöffen aus der Liste, wenn er dies beantragt. Liegen sie vor, ist dem **Antrag** allerdings zu entsprechen (vgl. Meyer-Goßner/*Schmitt* § 52 Rn. 2). Der Antrag bedarf keiner besonderen Form und ist an keine Frist gebunden (vgl. LR/*Gittermann* § 52 Rn. 9). Die in Nr. 2 genannte Zahl von vierundzwanzig Sitzungstagen kann sich auch auf eine einzige Hauptverhandlung beziehen (vgl. KK-StPO/*Barthe* in § 52 Rn. 5). Sie ist auch dann erreicht, wenn an den einzelnen Verhandlungstagen nur kurz verhandelt wurde. Insoweit unerheblich ist es, dass man im Wege einer hypothetischen Berechnung bei gestraffter Verfahrensführung auf eine geringere Anzahl von Terminstage käme (vgl. *Katholnigg* NJW 1978, 2375, 2377). Abs. 2 Nr. 2 gilt auch für Ergänzungsschöffen, auch wenn diese nicht aktiv an der Verhandlung teilnehmen. Einer laufenden Hauptverhandlung, die länger als vierundzwanzig Sitzungstage dauert, kann sich der Schöffe durch einen entsprechenden Antrag nicht ent-

ziehen (vgl. KK-StPO/*Barthe* § 52 Rn. 5). Abs. 2 Satz 2 und 3 schränken die Wirksamkeit einer Streichung von der Schöffenliste in zeitlicher (Hauptschöffen) und materieller (Ersatzschöffen) Hinsicht ein.

Die **Entscheidung über die Streichung** trifft der Richter beim AG, § 45 Abs. 3; der Jugendrichter bei einem Jugendschöffen, § 34 Abs. 1 JGG. Liegen die Voraussetzungen des Abs. 3 Satz 1 nicht vor, sind die StA und die beteiligten Schöffen zu hören. Entbehrlich ist die Anhörung des Schöffen, wenn dieser einen Antrag nach Abs. 2 gestellt hat. Etwas anderes gilt ledig ich dann, wenn in die richterliche Entscheidung Gründe von Bedeutung einfließen sollen, zu denen der Schöffe in seinem Antrag keine Stellung genommen hat (vgl. Meyer-Goßner/*Schmitt* § 52 Rn. 3). War bereits vor Eingang des Antrags auf Streichung ein Termin zur Hauptverhandlung unter Mitwirkung des Schöffen bestimmt, ist dem Verfahren nach § 54 Abs. 1 der Vorrang zu geben (vgl. BGH GA 1979, 271). Während der Richter einen Antrag auf Streichung nach Abs. 2 prüft, muss der beantragende Schöffe mit Blick auf Art. 101 Abs. 1 GG zu Sitzungen herangezogen werden (vgl. BGHSt 28, 61, 65; Kissel/*Mayer* § 52 Rn. 16; LR/*Gittermann* § 52 Rn. 13). § 54 Abs. 1 ist nicht anwendbar (vgl. *Katholnigg* § 54 Rn. 3). Die Entscheidung des Richters muss förmlich ergehen. Die Streichung muss schriftlich unter Angabe der Gründe erfolgen und der Schöffengeschäftsstelle mitgeteilt werden (vgl. KK-StPO/*Barthe* § 52 Rn. 8). Ihre Wirkung tritt aber bereits mit der schriftlich niedergelegten Feststellung ein (vgl. Kissel/*Mayer* § 52 Rn. 17). 4

Gem. **Abs. 4** ist die Entscheidung über die Streichung unanfechtbar. Der Beschwerderechtszug ist weder für die StA noch für den Schöffen eröffnet (vgl. Meyer-Goßner/*Schmitt* § 52 Rn. 4). 5

Abs. 5 regelt den **Kollisionsfall**, der eintritt, wenn ein Ersatzschöffe durch Streichung eines Hauptschöffen aus der Hauptschöffenliste auf diesen nachfolgt und zugleich noch Amtspflichten, die aus seiner Zeit als Ersatzschöffe herrühren, zu erfüllen hat. Der Gesetzgeber hat insoweit den verbleibenden Ersatzschöffenpflichten den Vorrang eingeräumt (vgl. KK-StPO/*Barthe* § 52 Rn. 10). 6

Abs. 6 trägt dem Umstand Rechnung, dass die Ersatzschöffenliste durch Nachrücken von Ersatzschöffen auf die Hauptschöffenliste ausdünnen kann. Das Gesetz sieht deshalb die Möglichkeit einer **Ergänzungswahl** vor. Es wird der Wahlausschuss tätig, der auch die Ursprungswahl durchgeführt hat, wobei sich ein verhindertes Mitglied vertreten lassen kann (vgl. KK-StPO/*Barthe* § 52 Rn. 11). Von der Ergänzungswahl kann abgesehen werden unter den Voraussetzungen des Abs. 6 Satz 2. Eine Wiederholungswahl und keine Ergänzungswahl ist vorzunehmen, wenn die Schöffenwahl nach § 42 unwirksam war und aus diesem Grund von vornherein nicht genügend Schöffen vorhanden waren (vgl. BGHSt 33, 261, 265; Meyer-Goßner/*Schmitt* § 52 Rn. 8; a.A. LG Frankfurt a.M. NJW 1985, 928, 929). 7

B. Revision. Da die Entscheidung des Richters, einen Schöffen von der Schöffenliste zu streichen, gem. Abs. 4 unanfechtbar ist, kann wegen der Regelung des § 336 Satz 2 StPO die Besetzungsrüge nicht erhoben werden (vgl. Meyer-Goßner/*Schmitt* § 52 Rn. 4). Eine Ausnahme besteht für willkürliche Streichungen, da insoweit der gesetzliche Richter i.S.d. Art. 101 Abs. 1 GG entzogen wird (vgl. LR/*Gittermann* § 52 Rn. 15). Unterlässt der Richter die Streichung eines Schöffen ist dies revisibel, wenn an dem Urteil ein Schöffe mitgewirkt hat, der gem. §§ 31 Satz 2, 32 unfähig war, das Schöffenamt zu bekleiden (vgl. BGH GA 1961, 206, 207; Kissel/*Mayer* § 52 Rn. 19). Auf eine Verletzung der Sollvorschriften der §§ 33, 34 kann die Revision nicht gestützt werden (vgl. BGHSt 30, 255, 257; KK-StPO/*Barthe* § 52 Rn. 9). 8

§ 53 [Ablehnungsgründe]

(1) [1]Ablehnungsgründe sind nur zu berücksichtigen, wenn sie innerhalb einer Woche, nachdem der beteiligte Schöffe von seiner Einberufung in Kenntnis gesetzt worden ist, von ihm geltend gemacht werden. [2]Sind sie später entstanden oder bekannt geworden, so ist die Frist erst von diesem Zeitpunkt zu berechnen.

(2) [1]Der Richter beim Amtsgericht entscheidet über das Gesuch nach Anhörung der Staatsanwaltschaft. [2]Die Entscheidung ist nicht anfechtbar.

Übersicht

A. Tatbestand. Die **Ablehnungsgründe** sind abschließend in § 35 aufgezählt (vgl. BGHSt 9, 203, 206). Ist der Antrag berechtigt, ist ihm zwingend stattzugeben (vgl. LR/*Gittermann* § 53 Rn. 1). Der Schöffe wird von der Schöffenliste gestrichen. Ggf. kann der Antrag schon i.R.d. Berichtigung der Vorschlagsliste berücksichtigt werden (vgl. KK-StPO/*Barthe* § 53 Rn. 1). 1

Eine besondere Form ist für die **Ablehnungserklärung** nicht vorgesehen. Sie kann schriftlich oder mündlich zu Protokoll der Geschäftsstelle des Richters beim AG abgegeben werden. Der Zeitpunkt einer Protokollie- 2 rung ist festzuhalten (vgl. LR/*Gittermann* § 53 Rn. 3). Die **Entscheidung über den Antrag** auf Ablehnung obliegt dem Richter beim AG nach vorheriger Anhörung der StA, Abs. 2. Gibt der Richter dem Antrag statt, wird der Schöffe von der Schöffenliste gestrichen. Zu den daran anschließenden Folgen vgl. § 52 Rdn. 1. Wie die Entscheidung nach § 52 ist auch die Entscheidung über einen Ablehnungsgrund unanfechtbar. Vgl. insoweit § 52 Rdn. 8.

3 Die **einwöchige Ausschlussfrist** in Abs. 1 Satz 1 soll einen geordneten Geschäftsgang sicherstellen und insb. verhindern, dass das Ablehnungsrecht erst unmittelbar vor oder gar während einer Hauptverhandlung geltend gemacht wird (vgl. LR/*Gittermann* § 53 Rn. 2). Die Kenntnisnahme von der Einberufung bezieht sich auf die Benachrichtigung nach § 45 Abs. 4 Satz 3 und 4. Der Schöffe muss seinen Ablehnungsgrund daher nicht im Zusammenhang mit der ersten Sitzung seiner Amtsperiode vorbringen. Auch in den späteren Geschäftsjahren seiner Amtsperiode steht ihm das Recht auf Ablehnung zu (vgl. *Kissel/Mayer* § 53 Rn. 2). Ist der Ablehnungsgrund erst nach Kenntnisnahme von der Einberufung entstanden oder bekannt geworden, gilt für die Fristberechnung Abs. 1 Satz 2.

4 **B. Revision.** Vgl. die Kommentierung zu § 52 Rdn. 8.

§ 54 [Entbindung an bestimmten Sitzungstagen]

(1) [1]Der Richter beim Amtsgericht kann einen Schöffen auf dessen Antrag wegen eingetretener Hinderungsgründe von der Dienstleistung an bestimmten Sitzungstagen entbinden. [2]Ein Hinderungsgrund liegt vor, wenn der Schöffe an der Dienstleistung durch unabwendbare Umstände gehindert ist oder wenn ihm die Dienstleistung nicht zugemutet werden kann.

(2) [1]Für die Heranziehung von Ersatzschöffen steht es der Verhinderung eines Schöffen gleich, wenn der Schöffe nicht erreichbar ist. [2]Ein Schöffe, der sich zur Sitzung nicht einfindet und dessen Erscheinen ohne erhebliche Verzögerung ihres Beginns voraussichtlich nicht herbeigeführt werden kann, gilt als nicht erreichbar. [3]Ein Ersatzschöffe ist auch dann als nicht erreichbar anzusehen, wenn seine Heranziehung eine Vertagung der Verhandlung oder eine erhebliche Verzögerung ihres Beginns notwendig machen würde. [4]Die Entscheidung darüber, daß ein Schöffe nicht erreichbar ist, trifft der Richter beim Amtsgericht. [5] § 56 bleibt unberührt.

(3) [1]Die Entscheidung ist nicht anfechtbar. [2]Der Antrag nach Absatz 1 und die Entscheidung sind aktenkundig zu machen.

Übersicht

1 **A. Grundsätzliches und Tatbestand.** Die Vorschrift komplettiert die Regelungen über die Nichtteilnahme eines Schöffen an einer Verhandlung. Während §§ 52 und 53 im Verbund mit §§ 31 Satz 2, 32, 33, 34 und 35 Gründe enthalten, die einer Mitwirkung des Schöffen an einer Hauptverhandlung auf Dauer entgegenstehen und zu seiner Streichung von der Schöffenliste führen, regelt § 54 die Entbindung vom Schöffenamt lediglich an einzelnen Sitzungstagen, die zur Folge hat, dass an die Stelle dieses Schöffen ein Ersatzschöffe nach §§ 47, 49 tritt (vgl. KK-StPO/*Barthe* § 54 Rn. 1).

2 Ein Schöffe ist an einem Sitzungstag von seinem Amt zu entbinden, wenn ein **Hinderungsgrund** vorliegt. Sitzungstag ist der Tag, an dem der Schöffe seine Dienstleistung zu erbringen hat. Im Fall der Verlegung des ordentlichen Sitzungstages ist das also der Tag, an dem die Sitzung tatsächlich stattfinden soll (BGHSt 59, 75 ff.). Als Hinderungsgründe nennt das Gesetz unabwendbare Umstände, die der Durchführung des Amtes entgegenstehen und die Unzumutbarkeit der Dienstleistung, Abs. 1 Satz 2. Ob diese Voraussetzungen vorliegen, ist im Einzelfall zu prüfen, wobei ein strenger Prüfungsmaßstab anzulegen ist (vgl. BGHSt 28, 61, 166). Jedoch muss der Vorsitzende, der für die Entscheidung über den Antrag auf Entbindung zu befinden hat, Abs. 1 Satz 1, geltend gemachte Hinderungsgründe nicht nachprüfen, wenn sie glaubhaft erscheinen (vgl. BGH NStZ 1982, 476).

3 Als **unabwendbare Umstände** werden im Regelfall gesundheitliche Gründe, die einer Teilnahme an der Hauptverhandlung entgegenstehen, in Betracht kommen. Dabei ist der Nachweis durch ärztliches Attest ausreichend, wobei umstritten ist, ob dies auch dann gilt, wenn das Attest keine Angaben zur Diagnose enthält (bejahend u.a. BGH StraFo 2021, 212, 213; KK-StPO/*Barthe* § 54 Rn. 3; *Kissel/Mayer* § 54 Rn. 2; a.A. OLG Düsseldorf NJW 1992, 1712; nunmehr aber auch NStZ-RR 2011, 215: Für Laien unverständliche Diagnose aus Buchstaben- und Ziffernkombination spricht nicht gegen Hinderungsgrund; LR/*Gittermann* § 54 Rn. 4). Hat der Richter Zweifel am Vorliegen der Erkrankung, kann er die Untersuchung durch einen

Amtsarzt verlangen (vgl. BGH NJW 1977, 443). Weitere unabwendbare Umstände neben einer Erkrankung können der unvorhersehbare Zusammenbruch (Unwetter) der Verkehrsverhältnisse und alle Formen hoheitlicher Freiheitsbeschränkung – Untersuchungshaft, Quarantäne, Wehrübung und Katastropheneinsatz – sein (vgl. KK-StPO/*Barthe* § 54 Rn. 3). Für eine Entbindung nicht ausreichend ist die bloße Behauptung des Schöffen, dienstlich verhindert zu sein (vgl. OLG Hamburg MDR 1978, 244 f.). Dass der Schöffe die unabwendbaren Umstände möglicherweise selbst (mit-)verursacht hat, spielt für die Entpflichtungsentscheidung keine Rolle (vgl. *Katholnigg* NJW 1978, 2375, 2378).

4 Das Kriterium der **Unzumutbarkeit** gibt dem Vorsitzenden in weit größerem Umfang als das Kriterium der unabwendbaren Umstände die Möglichkeit, Interessen des Schöffen zu berücksichtigen (vgl. KK-StPO/*Barthe* § 54 Rn. 4). Dem Schöffen ist die Dienstleistung grds. möglich. Die mit ihr verbundenen Erschwerungen und Nachteile wiegen aber so schwer, dass auf eine Heranziehung verzichtet wird (vgl. KK-StPO/*Barthe* § 54 Rn. 4). Bloße Ortsabwesenheit reicht grds. nicht aus, eine Unzumutbarkeit zu begründen, auch wenn sie schon lange geplant war (vgl. BGH MDR [D] 1975, 194, 198). Etwas anderes mag bei langfristig geplanten und gebuchten teuren Urlaubsreisen gelten. Hier kann es unzumutbar sein, auf der Dienstleistung des Schöffen zu bestehen (s. dazu BGHR GVG § 54 Abs. 1 Verhinderung 2 und BGH NStZ 2018, 616; KG v. 27.04.2020 – 4 Ws 29/20). Auch berufliche Gründe können eine Unzumutbarkeit begründenden. Dies ist etwa dann der Fall, wenn sich der Schöffe in seiner beruflichen Tätigkeit nicht vertreten lassen kann (vgl. BGHSt 28, 61, 66; BGHR GVG § 54 Abs. 1 Verhinderung 1). Andererseits hat der BGH für eine Anwendung des § 54 keinen Raum bei einem Schöffen gesehen, dem seitens seines Arbeitgebers gedroht worden war, das Arbeitsverhältnis bei Antritt des Schöffenamtes zu kündigen (vgl. BGHSt 27, 344, 345 = JR 1978, 304 m.Anm. *Müller*). Dies ist zw. (vgl. *Pohl* NJW 1978, 1868; *Kathollnigg* § 54 Rn. 2). Private Gründe, wie ein nicht aufschiebbarer Krankenhausaufenthalt der Ehefrau (vgl. *Rieß* DRiZ 1977, 289, 294) oder Schwierigkeiten bei der Kinderbetreuung (vgl. BGH NStZ 1982, 476), können die Unzumutbarkeit der Dienstleistung ebenfalls begründen. Ob ein anhängiges Streichungsverfahren nach § 52 Abs. 1 Nr. 1 die Dienstleistung unzumutbar macht, ist eine Frage des Einzelfalls (vgl. Meyer-Goßner/*Schmitt* § 54 Rn. 5). Ein Prüfungsverfahren nach § 52 Abs. 1 Nr. 2 oder Abs. 2 lässt die Zumutbarkeit der Ausübung des Schöffenamtes demgegenüber unberührt (vgl. BGHSt 27, 105, 106). Eine Entbindung aus Gewissensgründen ist grds. nicht möglich (vgl. OLG Karlsruhe NJW 1996, 606, 607 = JR 1996, 127 m.Anm. *Foth*).

5 Will der Schöffe von der Dienstleistung entbunden werden, hat er einen **Antrag** zu stellen. Der Antrag ist höchstpersönlich anzubringen (vgl. KK-StPO/*Barthe* § 54 Rn. 10). Er setzt die eigenverantwortliche Prüfung durch den Schöffen voraus (vgl. BGHSt 28, 61, 63; *Kathollnigg* § 54 Rn. 4). Der Antrag ist gem. Abs. 3 Satz 2 aktenkundig zu machen, bedarf darüber hinaus aber keiner besonderen Form. Auch die Entscheidung des Richters beim AG über den Antrag ist an keine bestimmten Formalien gebunden (vgl. Meyer-Goßner/*Schmitt* § 54 Rn. 2).

6 Gem. **Abs. 2 Satz 1** steht der Verhinderung eines Schöffen seine **Unerreichbarkeit** gleich. Der Schöffe ist unerreichbar, wenn ihm die Benachrichtigung nach § 46 oder die Ladung nicht übermittelt werden kann (vgl. Kissel/*Mayer* § 54 Rn. 19). Für den unerreichbaren Schöffen wird gem. § 47 ein Ersatzschöffe herangezogen (vgl. BayObLG MDR 1979, 1044). Die Anordnung der Heranziehung ist aktenkundig zu machen, bedarf aber keiner besonderen Begründung (vgl. BGH MDR [H] 1977, 637, 639).

7 Als nicht erreichbar gilt gem. **Abs. 2 Satz 2** auch der Schöffe, der sich zur Sitzung nicht einfindet und dessen Erscheinen ohne erhebliche Verzögerung ihres Beginns voraussichtlich nicht herbeigeführt werden kann. Dazu prüft der Richter zunächst, ob der Schöffe telefonisch oder etwa durch die Polizei oder den Justizwachtmeister in seiner Wohnung oder von seiner Arbeitsstelle herbeigerufen werden kann (vgl. Kissel/*Mayer* § 54 Rn. 20). Muss mit dem Beginn der Sitzung länger als eine Viertelstunde zugewartet werden, bevor der Schöffe erscheinen kann, dürfte im Regelfall von einer erheblichen Verzögerung i.S.d. Vorschrift auszugehen sein (vgl. KK-StPO/*Barthe* § 54 Rn. 16). Letztlich bestimmen über das Vorliegen dieses Merkmals aber die Umstände des Einzelfalls. Stehen an einem Terminstag mehrere Verhandlungen an und ist der ordnungsgemäße Schöffe zu Beginn der ersten Sitzung ausgeblieben, ist vor Beginn jedes weiteren Verfahrens zu prüfen, ob er nunmehr erreichbar ist (vgl. BGH NJW 1958, 557; Kissel/*Mayer* § 54 Rn. 23).

8 Eine **Sonderregelung für Ersatzschöffen** enthält **Abs. 2 Satz 3**. Diese Vorschrift ermöglicht das »Überspringen« von Ersatzschöffen auf der Ersatzschöffenliste bis ein bereiter Ersatzschöffe gefunden ist, durch dessen Heranziehung der Beginn der anstehenden Verhandlung ohne erhebliche Verzögerung möglich wird (vgl. LR/*Gittermann* § 54 Rn. 17).

9 Gem. Abs. 3 Satz 1 ist die **Entscheidung über den Entbindungsantrag** unanfechtbar. Dies gilt aber nicht für den Widerruf einer Entbindung (vgl. BGHSt 30, 149, 150). Unanfechtbar ist auch die Entscheidung nach Abs. 2 Satz 4.

10 **B. Revision.** Wegen § 336 Satz 2 StPO sind die unanfechtbaren Entscheidungen des Richters beim AG auch nicht mit der Besetzungsrüge angreifbar. Etwas anderes gilt allerdings bei willkürlicher Entziehung des gesetzlichen Richters (vgl. BGHSt 31, 3, 5; Meyer-Goßner/*Schmitt* § 54 Rn. 10).

§ 55 [Entschädigung]

Die Schöffen und Vertrauenspersonen des Ausschusses erhalten eine Entschädigung nach dem Justizvergütungs- und -entschädigungsgesetz.

1 Zu erstatten sind nach § 15 Abs. 1 JVEG Fahrtkosten, Aufwand, Aufwendungen, Zeitversäumnis, Nachteile bei der Haushaltsführung und Verdienstausfall.

§ 56 [Unentschuldigtes Ausbleiben]

(1) [1]Gegen Schöffen und Vertrauenspersonen des Ausschusses, die sich ohne genügende Entschuldigung zu den Sitzungen nicht rechtzeitig einfinden oder sich ihren Obliegenheiten in anderer Weise entziehen, wird ein Ordnungsgeld festgesetzt. [2]Zugleich werden ihnen auch die verursachten Kosten auferlegt.

(2) [1]Die Entscheidung trifft der Richter beim Amtsgericht nach Anhörung der Staatsanwaltschaft. [2]Bei nachträglicher genügender Entschuldigung kann die Entscheidung ganz oder zum Teil zurückgenommen werden. [3]Gegen die Entscheidung ist Beschwerde des Betroffenen nach den Vorschriften der Strafprozeßordnung zulässig.

1 Die Vorschrift regelt die **Ungehorsamsfolgen**, die sich an ein unentschuldigtes Ausbleiben eines Schöffen oder einer Vertrauensperson des Ausschusses anschließen. Zur Festsetzung von Ordnungsgeld vgl. Art. 6 ff. EGStGB.

2 Die Festsetzung des **Ordnungsgeldes** und die **Auferlegung der verursachten Kosten** sind obligatorische Maßnahmen (vgl. Meyer-Goßner/*Schmitt* § 56 Rn. 1). Sie erfolgen auch ggü. Schöffen oder Vertrauenspersonen, die entgegen gesetzlicher Bestimmungen herangezogen wurden. Die Vorschrift gilt demgegenüber nicht für entbundene Schöffen, auch wenn die Entbindungsentscheidung rechtsfehlerhaft gewesen sein sollte (vgl. LR/*Gittermann* § 56 Rn. 2). Die Möglichkeit, Ersatzordnungshaft zu verhängen, besteht nicht (vgl. Meyer-Goßner/*Schmitt* § 56 Rn. 5)

3 Die Sanktionen sind daran geknüpft, dass der Schöffe oder die Vertrauensperson sich zu den Sitzungen **nicht rechtzeitig einfindet**. Dazu gehört auch das Nichterscheinen (vgl. Meyer-Goßner/*Schmitt* § 56 Rn. 3). Zum Begriff der genügenden Entschuldigung vgl. § 51 StPO Rdn. 12 ff. Die Benachrichtigung des Schöffen vom Termin muss nachgewiesen sein. Ggf. ist vor der Sanktionierung ein kurzes Zuwarten angemessen, während dessen sich der Vorsitzende um einen Ersatz nach § 49 bemühen kann. Ist ein Ersatzschöffe herangezogen, wird diese Heranziehung nicht dadurch hinfällig, dass der zunächst ausgebliebene Schöffe doch noch erscheint (vgl. BGHSt 22, 289, 292 f.).

4 Ein **sich den Obliegenheiten des Amtes auf andere Weise entziehen** liegt z.B. vor, wenn sich der Schöffe generell weigert, sein Amt auszuüben (vgl. OLG Frankfurt NJW 1992, 3183) oder den Schöffeneid nicht spricht bzw. es ablehnt, sich an Beratungen oder Abstimmungen zu beteiligen. Auch die nicht rechtzeitige Anzeige der Verhinderung der Teilnahme am Fortsetzungstermin wegen Krankheit gehört hier her (KG StraFo 2021, 35, 36). Eine Verletzung des Beratungsgeheimnisses kann nach § 56 nicht sanktioniert werden (vgl. KG JR 1987, 302 f.; LR/*Gittermann* § 56 Rn. 4; a.A. *Schmidt-Räntsch* § 45 DRiG Rn. 4), ebenso wenig andere Pflichtverletzungen anlässlich der Ausübung des Schöffenamts, wie ein Verhalten, das zur Ablehnung des Laienrichters wegen Befangenheit führt (vgl. KG NStZ 1999, 427) oder das Verlangen nach einer Zwischenberatung (LG Münster NJW 1993, 1088, 1089). Für derartige Fälle richterlichen Fehlverhaltens wird z.T. in analoger Anwendung des § 52 Abs. 1 Nr. 1 eine Streichung von der Schöffenliste befürwortet (vgl. *v. Danwitz* ZRP 1995, 442, 443; krit. hierzu Meyer-Goßner/*Schmitt* § 56 Rn. 4).

5 Gem. Abs. 2 Satz 1 trifft die **Entscheidung** der Richter beim AG ohne Beteiligung des weiteren Schöffen nach Anhörung der StA. Trifft den Schöffen an einer Unterbrechung oder der Vertagung der Verhandlung kein Verschulden, muss der Angeklagte auch die durch das Ausbleiben des Schöffen entstandenen Kosten im Fall seiner Verurteilung tragen (vgl. OLG Hamm MDR 1977, 865). Die Entscheidung des Gerichts ergeht durch Beschluss, der gem. Abs. 2 Satz 3 allein durch den Betroffenen – also nicht durch die StA (vgl. KK-StPO/*Barthe* § 56 Rn. 8) – mit der Beschwerde angegriffen werden kann. Der Schöffe ist vor der Entscheidung nur dann zu hören, wenn er anwesend ist (vgl. KK-StPO/*Barthe* § 56 Rn. 5), denn auf die gesetzlichen Folgen seines (unentschuldigten) Ausbleibens ist der Schöffe bereits gem. § 45 Abs. 4 Satz 4 hingewiesen worden.

Bei **nachträglicher genügender Entschuldigung** ist der die Sanktionen anordnende Beschluss des Richters beim AG zurückzunehmen, Abs. 2 Satz 2. Dabei ist es unerheblich, ob die Entschuldigungsgründe durch den Betroffenen dargetan oder auf sonstige Weise bekannt werden (vgl. Meyer-Goßner/*Schmitt* § 56 Rn. 7). Eine Entschuldigung ist unbefristet möglich. Im Gegensatz zu § 51 Abs. 2 Satz 3 StPO ist bei nachträglicher Entschuldigung die Rücknahme des Ordnungsbeschlusses nicht zwingend geboten, sondern steht im Ermessenen des Gerichts. Damit soll die Möglichkeit erhalten bleiben, den Beschluss so abzuwandeln, dass er einem verbleibenden Restverschulden Rechnung tragen kann, wenn z.B. ein schuldhaftes Verzögern der Entschuldigung vorliegt (vgl. OLG Koblenz MDR 1993, 1229). 6

Ordnungsgeld und Belastung mit Kosten können **wiederholt festgesetzt** bzw. ausgesprochen werden (vgl. KK-StPO/*Barthe* § 56 Rn. 7). Die Vollstreckung des Ordnungsgeldes obliegt gem. §§ 36 Abs. 2 Satz 1 StPO, 31 Abs. 2 Satz 3 RPflG dem Rechtspfleger der StA (OLG Celle NStZ-RR 2016, 294). 7

§ 57 [Bestimmung der Fristen]

Bis zu welchem Tag die Vorschlagslisten aufzustellen und dem Richter beim Amtsgericht einzureichen sind, der Ausschuß zu berufen und die Auslosung der Schöffen zu bewirken ist, wird durch die Landesjustizverwaltung bestimmt.

Damit die gerichtliche Tätigkeit zu Beginn jeden Geschäftsjahres gesichert ist, ist für die Festlegung der Schöffen ein Zeitplan aufzustellen (vgl. KK-StPO/*Barthe* § 57 Rn. 1). Die Aufstellung des Zeitplans ist Sache der Landesjustizverwaltungen. Deren Anordnungen sind für alle am Verfahren Beteiligten verbindlich (vgl. LR/*Gittermann* § 57 Rn. 2). 1

§ 58 [Gemeinsames Amtsgericht]

(1) [1]Die Landesregierungen werden ermächtigt, durch Rechtsverordnung einem Amtsgericht für die Bezirke mehrerer Amtsgerichte die Strafsachen ganz oder teilweise, Entscheidungen bestimmter Art in Strafsachen sowie Rechtshilfeersuchen in strafrechtlichen Angelegenheiten von Stellen außerhalb des räumlichen Geltungsbereichs dieses Gesetzes zuzuweisen, sofern die Zusammenfassung für eine sachdienliche Förderung oder schnellere Erledigung des Verfahrens zweckmäßig ist. [2]Die Landesregierungen können die Ermächtigung durch Rechtsverordnung auf die Landesjustizverwaltungen übertragen.

(2) [1]Wird ein gemeinsames Schöffengericht für die Bezirke mehrerer Amtsgerichte eingerichtet, so bestimmt der Präsident des Landgerichts (Präsident des Amtsgerichts) die erforderliche Zahl von Haupt- und Ersatzschöffen und die Verteilung der Zahl der Hauptschöffen auf die einzelnen Amtsgerichtsbezirke. [2]Ist Sitz des Amtsgerichts, bei dem ein gemeinsames Schöffengericht eingerichtet ist, eine Stadt, die Bezirke der anderen Amtsgerichte oder Teile davon umfasst, so verteilt der Präsident des Landgerichts (Präsident des Amtsgerichts) die Zahl der Ersatzschöffen auf diese Amtsgerichte; die Landesjustizverwaltung kann bestimmte Amtsgerichte davon ausnehmen. [3]Der Präsident des Amtsgerichts tritt nur dann an die Stelle des Präsidenten des Landgerichts, wenn alle beteiligten Amtsgerichte seiner Dienstaufsicht unterstehen.

(3) Die übrigen Vorschriften dieses Titels sind entsprechend anzuwenden.

Abs. 1 räumt den Landesregierungen – bzw. den von den Landesregierungen ermächtigten Landesjustizverwaltungen, Satz 2 – die Möglichkeit ein, durch Rechtsverordnung gem. Art. 80 Abs. 1 GG Strafsachen und Rechtshilfesachen, für die eigentlich mehrere AG zuständig wären, bei einem **AG zu konzentrieren**. Durch die Zusammenfassung mehrerer Amtsgerichtsbezirke wird insoweit ein neuer Amtsgerichtsbezirk gebildet (vgl. BVerfGE 24, 155, 166). Die Regelung durch Rechtsverordnung ist erforderlich, da durch die Zuständigkeitsverlagerung der gesetzliche Richter i.S.d. Art. 101 GG geändert wird (vgl. Meyer-Goßner/*Schmitt* § 58 Rn. 1). 1

Die **Konzentrationsermächtigung** (vgl. KK-StPO/*Barthe* § 58 Rn. 1) betrifft allein die örtliche Zuständigkeit auf Ebene der AG. Dabei können die betroffenen AG durchaus auch in unterschiedlichen Landgerichtsbezirken angesiedelt sein. Allerdings stehen Ländergrenzen einer Neustrukturierung nach § 58 entgegen (vgl. BVerfGE 30, 103, 107), es sei denn, es liegt ein dies ermöglichender Staatsvertrag vor (vgl. LR/*Gittermann* § 58 Rn. 6). Eine vergleichbare Regelung für die Jugendgerichte findet sich in § 33 JGG. Vgl. auch § 391 Abs. 1 und 2 AO. 2

Die Neukonstituierung der Zuständigkeit ist daran geknüpft, dass hierdurch eine **sachdienliche Förderung der Verfahren** oder deren **schnellere Erledigung** ermöglicht wird. Die Hauptbedeutung der Vorschrift des Abs. 1 liegt darin, dass Haftsachen für mehrere Bezirke bei dem AG zusammengefasst werden können, bei dem sich eine Untersuchungshaftvollzugsanstalt befindet (für das beschleunigte Verfahren vgl. OLG Köln 3

NStZ-RR 2000, 273) oder dass ein gemeinsames Schöffengericht eingerichtet werden kann (vgl. *Dallinger* JZ 1953, 432, 434).

4 Für den Fall, dass ein **gemeinsames Schöffengericht** gebildet wird, ist die Zahl der erforderlichen Schöffen zu bestimmen und sind diese zu verteilen. Zuständig hierfür ist der Präsident des LG, es sei denn gem. Abs. 2 Satz 3 tritt an seine Stelle der Präsident des AG. Die **Hauptschöffen** müssen aus jedem der von der Konzentration umfassten Amtsgerichtsbezirke gewählt werden. Dies erfolgt in der Weise, dass ihre Wahl aus einer für den einzelnen Amtsgerichtsbezirk zu erstellenden Vorschlagsliste getrennt von den Schöffen der anderen Amtsgerichtsbezirke erfolgt (vgl. KK-StPO/*Barthe* § 58 Rn. 3).

5 Die **Ersatzschöffen für das gemeinsame Schöffengericht** werden grds. nur aus der Vorschlagsliste des AG gewählt, bei dem das gemeinsame Schöffengericht gebildet ist, Abs. 2 Satz 1 i.V.m. § 42 Abs. 1 Nr. 2 Satz 2. Damit soll erreicht werden, dass Ersatzschöffen, die kurzfristig hinzugezogen werden müssen, nur kurze Wegstrecken zu bewältigen haben (vgl. KK-StPO/*Barthe* § 58 Rn. 4). Eine Verteilung der Ersatzschöffen findet aber nach Abs. 2 Satz 2 auf die einzelnen AG statt, wenn Sitz des gemeinsamen Schöffengerichts eine Stadt ist, die Bezirke der anderen AG oder Teile davon umfasst. Dann sind die Ersatzschöffen – wie die Hauptschöffen – von den bei den betreffenden AG gebildeten Wahlausschüsse zu wählen (vgl. BT-Drs. 10/1313, S. 56). Diese Sonderregelung für »Großstädte« trägt dem Umstand Rechnung, dass aufgrund des in diesen Städten vorhandenen Nahverkehrssystems sich Anreisen zum gemeinsamen Schöffengericht zumeist unproblematisch gestalten und deshalb einer möglichst breiten Mitwirkung der Gesamtbevölkerung an der Schöffenwahl der Vorrang vor einer Konzentration der Ersatzschöffen bei dem gemeinsamen Schöffengericht gegeben werden kann (vgl. LR/*Gittermann* § 58 Rn. 16).

Fünfter Titel. Landgerichte

Vorbemerkung zu §§ 59 ff. GVG

1 Die LG bilden eine Kategorie der ordentlichen Gerichte i.S.d. § 12. Für sie enthalten die §§ 59 bis 78, soweit sie die Strafrechtspflege betreffen, Regelungen zur **inneren Struktur** (Richtereinsatz, Spruchkörper samt deren Besetzung; vgl. §§ 59 bis 70, 76, 77) und zur **sachlichen Zuständigkeit** (§§ 73 bis 74a, 74e, 74f). Letztere sind teils verbunden mit gesetzlichen Vorgaben zur **Geschäftsverteilung**; nur solche enthalten die §§ 74b, 74c. Hinzu kommen Normen, die in ähnlicher Weise Geschäftsverteilungsfragen mit einer Konzentration (§§ 74a Abs. 1, 74c Abs. 3, 74d) oder Dekonzentration (§ 78) der **örtlichen Zuständigkeit** bzw. der Ermächtigung hierzu kombinieren (allg. zu Konzentrationen *Rieß* FS Böttcher, S. 145). I.Ü. gelten für die Geschäftsverteilung die §§ 21a bis 21j.

2 **Sitz** und **Bezirk** der LG werden durch das Landesrecht bestimmt; viele Länder haben hierzu eigene Gerichtsorganisationsgesetze erlassen. Aus dem GVG ergibt sich nur die Vorgabe, LG überhaupt zu errichten, also in jedem Land zumindest ein LG einzurichten. Diese Mindestzahl besteht in den Stadtstaaten Berlin, Bremen und Hamburg sowie im Saarland. Insgesamt existierten zum 31.12.2011 in Deutschland nach der letzten Erhebung des Statistischen Bundesamts 116 LG mit insg. 1.660 Strafkammern (Stat. Bundesamt, Fachserie 10 Rechtspflege, Reihe 1, 2012, Tabelle 1.1.1; soweit ersichtlich seither keine neue Erhebung). Empirische Daten zur Situation der Strafkammern der LG vermitteln *Arenhövel/Otte* DRiZ 2010, 227 und 270.

§ 59 [Richtereinsatz, Ämterkumulierung]

(1) Die Landgerichte werden mit einem Präsidenten sowie mit Vorsitzenden Richtern und weiteren Richtern besetzt.

(2) Den Richtern kann gleichzeitig ein weiteres Richteramt bei einem Amtsgericht übertragen werden.

(3) Es können Richter auf Probe und Richter kraft Auftrags verwendet werden.

1 **A. Einzusetzende und einsetzbare Richter (§ 59 Abs. 1 und Abs. 3).** Als **institutionelle Norm** (SK-StPO/*Degener* § 59 Rn. 1; *Kissel/Mayer* § 59 Rn. 2) gebietet **§ 59 Abs. 1**, jedem LG nicht nur überhaupt die erforderliche Anzahl Richter zuzuweisen, sondern hierbei jedenfalls einen Präsidenten sowie die nötige Zahl an Vorsitzenden Richtern vorzusehen. Normadressat sind die Haushaltsgesetzgeber und Justizverwaltungen

der Länder. Besetzt i.S.d. Vorschrift wird das Gericht durch die Schaffung und Besetzung von Planstellen (BGHZ 95, 22; *Kissel/Mayer* § 59 Rn. 3 f.). Mängel in Form einer verzögerten Wiederbesetzung bei Vakanzen oder einer ungenügenden Stellenausstattung (s. Rdn. 3) sowie eines sachlich nicht begründbaren Verzichts auf den Einsatz eines Richters auf Lebenszeit (s. Rdn. 5) können im Einzelfall zu einer vorschriftswidrigen Besetzung des Gerichts führen (§ 338 Nr. 1 StPO) und damit das Grundrecht auf den gesetzlichen Richter (Art. 101 Abs. 1 Satz 2 GG) verletzen. Dabei ist von Bedeutung, dass die verfassungsrechtliche Garantie des gesetzlichen Richters nicht nur das Verfahren der Bestimmung der im Einzelfall zur Entscheidung berufenen Personen zum Gegenstand hat, sondern auch materiellen Gehalt besitzt: »Ungesetzlich« ist auch das Gericht, das nicht den Anforderungen des Grundgesetzes entspricht, sowie der Richter, dessen Unabhängigkeit und Unparteilichkeit nicht gewährleistet erscheint (vgl. z.B. BVerfGE 82, 286 Rn. 60; BVerfGE 89, 28 Rn. 29).

Die Bedeutung des **Präsidenten** folgt aus seiner Doppelstellung (zur deren institutionellen Funktion zur Sicherung der richterlichen Unabhängigkeit vgl. *Kissel/Mayer* § 59 Rn. 8), die durch richterliche wie verwaltende Tätigkeit geprägt wird: Einerseits hat er zwingend richterliche Aufgaben, nämlich die Funktion eines Kammervorsitzenden (vgl. § 21f Abs. 1; *Kissel/Mayer* § 59 Rn. 7; LR/*Siolek* § 59 Rn. 2) wahrzunehmen, wobei er seinen Einsatz i.R.d. Geschäftsverteilung selbst zu konkretisieren hat (§ 21e Abs. 1 Satz 3). Andererseits sind dem Präsidenten Aufgaben der gerichtlichen Selbstverwaltung zugewiesen, insb. der Vorsitz im Präsidium (§ 21a Abs. 2) und der Erlass von Eilanordnungen des Präsidiums (§ 21i Abs. 2). Regelmäßig hat der Präsident zudem Aufgaben der Gerichts- und Justizverwaltung zu erfüllen, insb. solche der Dienstaufsicht. Geregelt wird Letzteres durch das Landesrecht, üblicherweise durch die Ausführungsgesetze der Länder zum Gerichtsverfassungsgesetz. 2

Die institutionelle Bedeutung der **Vorsitzenden Richter** ergibt sich aus den gesetzlichen Vorgaben zur Geschäftsverteilung: Nach § 21f Abs. 1 ist der Vorsitz der einzelnen Kammern durch den Präsidenten oder durch einen Vorsitzenden Richter auszuüben. Eine Vertretung (§ 21f Abs. 2) ist nur bei einer vorübergehenden Verhinderung zulässig (Gegenschluss zu § 21e Abs. 3). Bei einer **Vakanz** hat daher in angemessener Zeit eine Wiederbesetzung zu erfolgen, andernfalls kann eine gesetzeswidrige Besetzung der Kammer vorliegen, die das Gebot des gesetzlichen Richters verletzt (BVerfGE 18, 423; BVerfG NJW 1983, 1541; *Kissel/Mayer* § 59 Rn. 3, 13 sowie Rn. 15 m. Nachweisen zur rechts- und standespolitischen Diskussion; relativierend BayVerfGH NJW 1986, 1326). Zwar kann das Präsidium bei der Vakanz eines Vorsitzenden Richters durch eine Änderung der Geschäftsverteilung nach § 21e Abs. 3 Abhilfe schaffen, da ein Richter den Vorsitz auch in mehreren Spruchkörpern zugleich innehaben kann (BGHSt 28, 292; SK-StPO/*Degener* § 59 Rn. 8). Es muss von dieser Möglichkeit rechtzeitig Gebrauch machen (BVerwG NJW 1986, 1366). Jedoch wird dem Vorsitzenden auch für die inhaltliche Qualität der Rspr. seiner Kammer eine besondere Bedeutung beigemessen, welche der Möglichkeit eines »Doppelvorsitzes« Grenzen setzt, s. Rdn. 4. 3

Mit der Institution des Vorsitzenden verbindet sich zugleich eine materielle Anforderung: Ihm muss ein **richtunggebender Einfluss** auf die Rspr. der Kammer möglich sein. Dabei hat das BVerfG bislang ausdrücklich offengelassen, ob dies verfassungsrechtlich gewährleistet oder lediglich dem einfachen Recht zuzuordnen ist (BVerfG NJW 2004, 3482, 3483; BVerfG StV 2012, 513, 514). Nach bisheriger Rspr. des BGH verbinden sich mit der Gelegenheit zu »richtunggebendem Einfluss« jedenfalls qualitative Anforderungen an die Art und Weise, in der der Vorsitzende seine Funktion wahrnimmt bzw. wahrzunehmen die Möglichkeit besitzt. Er soll kraft seiner Sachkunde, seiner Erfahrung und seiner Menschenkenntnis geistige Überzeugungskraft ausüben können (vgl. insb. BGH GS Z 37, 210; übertragbar auch auf im Strafrecht tätige Spruchkörper), und zwar insb. durch Leitung von Verhandlungen und Beratungen, vollständigen Überblick über die Spruchpraxis der Kammer und vollständige Aktenkenntnis (vgl. BVerfG NJW 2004, 3482; BGH, StV 2010, 349; näher *Schünemann* ZIS 2012, 1, 4; *Kissel/Mayer* § 59 Rn. 12; zweifelnd Meyer-Goßner/*Schmitt* § 21f Rn. 2). Der Vorsitzende müsse hierzu mindestens 75 % der Aufgaben des Vorsitzenden persönlich wahrnehmen (BGH GS Z 37, 210, 215). Entsprechend wurde angenommen, dass mit Blick auf den materiellen Gehalt der Garantie des Art. 101 Abs. 1 Satz 2 GG (s. Rdn. 1) ein Besetzungsmangel vorliegen kann, wenn ein Vorsitzender z.B. aufgrund Überlastung diesen Anforderungen nicht gerecht zu werden vermag (BGHSt 25, 54; BGHZ 20, 355 – insoweit durch BGH NJW 1965, 1434 nicht aufgegeben; *Kissel/Mayer* § 59 Rn. 11). Neu belebt wurde die Diskussion durch die »**Vorsitzendenkrise**« (vgl. *Schünemann* ZIS 2012, 1) bei den Strafsenaten des BGH in den Jahren 2012/2013. In deren Verlauf ist neben divergierenden Entscheidungen der betroffenen Senate (BGH StV 2012, 204 m.Anm. *Sowada* NStZ 2012, 353; *Groß-Bölting* ZIS 2012, 371; BGH StV 2012, 209; StV 2012, 272; StV 2012, 273; StV 2012, 516; BGH NStZ-RR 2013, 259) eine Kammerentscheidung des BVerfG ergangen (BVerfG StV 2012, 513, vgl. hierzu z.B. *Groß-Bölting* StraFo 2012, 445; *Wittrock* NJW 2012, 3287; *Paeffgen/Wasserburg* GA 2012, 525), derzufolge die Überlastung eines einzelnen Richters nicht den Anspruch auf den gesetzlichen Richter betrifft und sich mit der Gewährleistung eines richtunggebenden Einflusses des Vorsitzenden keine qualitativen Anforderungen an die Art und Weise seiner Aufgabenwahr- 4 nehmung, etwa den Umfang seines Aktenstudiums, verbinden (zu Konsequenzen für die Aufgabenverteilung im Spruchkörper insb. in den Strafsenaten des BGH s. *Fischer/Krehl* StV 2012, 550; *Fischer/Eschelbach/Krehl* StV 2013, 395; *Fischer* NStZ 2013, 425; *Lamprecht* NJW 2013, 3563; *Mosbacher* NJW 2014, 124).

5 Mit den in § 59 Abs. 1 an dritter Stelle angesprochenen »**weiteren Richtern**« sind entsprechend dem Grundsatz des § 28 Abs. 1 DRiG primär Richter auf Lebenszeit gemeint. Jedoch lässt **§ 59 Abs. 3** an den LG in Parallele zu § 22 Abs. 5 den Einsatz von Richtern auf Probe (§ 12 DRiG, vgl. z.B. KG StraFo 2019, 372) und Richtern kraft Auftrags (§ 14 DRiG) zu. Daneben können von einem anderen Gericht abgeordnete Richter (§ 37 DRiG) eingesetzt werden (BGHSt 53, 99). Beides kommt z.B. in Reaktion auf einen Antrag nach § 70 Abs. 1 in Betracht.

6 **Begrenzt** wird der Einsatz von **Richtern auf Probe, kraft Auftrags** sowie **abgeordneter Richter** jedoch durch das DRiG: Sie sind als solche im Geschäftsverteilungsplan kenntlich zu machen (§ 29 Abs. 3 DRiG); an einer Entscheidung darf jeweils nicht mehr als ein solcher Richter mitwirken (§ 29 Abs. 1 DRiG; vgl. hierzu KG, Beschluss vom 14.01.2019, Az. 2 Ws 159/18); eine Ausnahme besteht nach § 29 Abs. 2 DRiG für Fälle der Rückabordnung. Ein Verstoß gegen § 29 Abs. 1 wie Abs. 3 DRiG soll einen Besetzungsfehler bedeuten (*Kissel/Mayer* § 59 Rn. 17; SK-StPO/*Degener* § 59 Rn. 14). Bei einer Entscheidung durch die Kammer darf zudem nur ein Richter auf Lebenszeit den Vorsitz führen (§ 28 Abs. 2 Satz 2 DRiG), wobei aber ein Proberichter als gem. § 21e Abs. 1 Satz 1 bestellter Vertreter den Vorsitz in einer Kleinen Strafkammer jedenfalls dann führen kann, wenn er die Voraussetzungen des § 29 Abs. 1 Satz 2 erfüllt (OLG Rostock, Urteil vom 16.08.2019, Az. 20 RR 16/19). Da nur Richtern auf Lebenszeit persönliche Unabhängigkeit nach Art. 97 Abs. 2 GG zukommt, dürfen andere Richter über diese Maßgaben hinausgehend nur aus zwingenden Gründen eingesetzt werden (BVerfG NVwZ 2007, 693; BGHZ 95, 22). Eine vorschriftswidrige Besetzung des erkennenden Spruchkörpers soll sich dabei auch aus einem zu geringen Anteil von Richtern auf Lebenszeit auf der Ebene des gesamten Gerichts ergeben können (BGHSt 9, 107; relativierend aber BGHSt 24, 283; näher LR/*Siolek* § 59 Rn. 9 bis 12). Für Richter auf Probe und Richter kraft Auftrags ist schließlich § 70 Abs. 2 u. 3 zu beachten (LR/*Siolek* § 70 Rn. 8).

7 **B. Ämterkumulierung (§ 59 Abs. 2).** § 59 Abs. 2 bildet eine der durch § 27 Abs. 2 DRiG zugelassenen Ausnahmen des in § 27 Abs. 1 DRiG formulierten Grundsatzes, nach dem einem Richter auf Lebenszeit oder auf Zeit stets ein konkretes Richteramt bei einem bestimmten Gericht zu übertragen ist. Angesprochen ist dabei nicht das sich in der Amtsbezeichnung ausdrückende Amt im statusrechtlichen, sondern das **Amt im konkreten Sinn** (näher *Schmidt-Räntsch* DRiG, § 27 Rn. 6, 14). Die Norm gestattet also eine Ämterkumulierung, um so im Bedarfsfall einen Ausgleich der Arbeitsbelastung bzw. eine ausreichende Gerichtsbesetzung zu ermöglichen. Die Übertragung erfolgt durch die Landesjustizverwaltung (*Kissel/Mayer* § 22 Rn. 14).

8 Der **Zustimmung** des Richters bedarf die Übertragung nur, wenn auf das zusätzliche Amt mehr als die Hälfte seiner Arbeitskraft entfallen soll, sodass die Maßnahme inhaltlich einer Versetzung gleichkommt (BGHZ 67, 159). Es kann nicht mehr als ein zusätzliches Amt übertragen werden, wobei das begünstigte AG nicht im Bezirk des betreffenden LG liegen muss (allg. M., z.B. *Kissel/Mayer* § 59 Rn. 20). Trotz ihres offenen Wortlauts bezieht sich die Norm nicht auf den Präsidenten; auf Vorsitzende Richter sollte sie nur ausnahmsweise angewandt werden (näher SK-StPO/*Degener* § 59 Rn. 18; LR/*Siolek* § 59 Rn. 7). Kein Fall einer Ämterkumulierung ist die Abordnung nach § 37 DRiG (näher BGHSt 53, 99).

§ 60 [Spruchkörper]

(1) Bei jedem Landgericht werden, soweit nichts anders bestimmt ist, sowohl Zivil- als auch Strafkammern gebildet.

(2) [1]Die Landesregierungen werden ermächtigt, durch Rechtsverordnung bei einem Landgericht mit mindestens 100 Richterstellen ausschließlich Zivil- oder Strafkammern zu bilden und diesem für die Bezirke mehrerer Landgerichte die Zivil- oder Strafsachen zuzuweisen. [2]Die Landesregierungen können die Ermächtigung nach Satz 1 auf die Landesjustizverwaltungen übertragen.

Übersicht

A. Allgemeine Spruchkörper der LG. Mit den Kammern statuiert die Norm die Spruchkörper des LG, nämlich die **Zivilkammern** und die **Strafkammern**. Abs. 1 stellt dabei den Grundsatz auf, dass an jedem LG zumindest je eine Zivil- und eine Strafkammer zu bilden sind (*Kissel/Mayer* § 60 Rn. 1). Mit der Neuregelung durch Gesetz v. 12.12.2019 (BGBl. I, S. 2633) hat der Gesetzgeber diese Regel bekräftigt (BT-Drs. 19/13828, S. 21), ihr mir Abs. 2 aber zugleich eine Ausnahme beigefügt (s. Rdn. 7). 1

Mit den Spruchkörpern erhalten die LG durch § 60 zugleich ihre innere Struktur: Über sie führt das Präsidium im Wege der Geschäftsverteilung Aufgaben und Richter zusammen. Über sie nimmt das Gericht zudem seine Rechtsprechungsfunktionen wahr. Entsprechend ist zu unterscheiden zwischen der im Geschäftsverteilungsplan adressierten Kammer als interner **Einheit der Gerichtsorganisation**, und der Kammer, die im einzelnen Verfahren als **erkennendes bzw. beschließendes Gericht** nach außen auftritt. 2

Die **Besetzung** in der erstgenannten Funktion ist Gegenstand der Geschäftsverteilung des Präsidiums (§ 21e), wobei für den Kammervorsitz § 21f gilt. Die Besetzungsanforderungen in der zweitgenannten Funktion regeln die §§ 75, 76; über ihre Erfüllung unter Einsatz ihrer personellen Ressourcen entscheidet die Kammer selbst im Rahmen ihrer internen Geschäftsverteilung (§ 21g). Bedarf hierfür entsteht regelmäßig deshalb, weil das Gesetz für die Besetzung der Kammer als gerichtsorganisatorischer Einheit keine ausdrückliche Regelung und insb. keine personelle Obergrenze enthält, während es für die Besetzung des erkennenden Gerichts Vorgaben zur Anzahl der Richter aufstellt. Einer Kammer können daher bei entsprechender Belastung durch das Präsidium mehr Mitglieder zugewiesen werden, als sie für ihre Spruchtätigkeit im einzelnen Verfahren nach §§ 75, 76 benötigt. Eine solche **Überbesetzung** ist grds. zulässig; in Form der Besetzung mit einem Einzelrichter (im Strafrecht im Fall des § 78b Abs. 1 Nr. 2, vgl. BVerfG, NJW 2004, 3482, 3483) sowie im weiterem Sinne in Form der Besetzungsreduktion nach § 76 Abs. 2 hat der Gesetzgeber sogar selbst für vergleichbare Situationen gesorgt. Das Gebot des gesetzlichen Richters wird dabei gewahrt, weil jede Kammer hierfür in ihrer internen Geschäftsverteilung (§ 21g) abstrakt im Voraus zu regeln hat, welche Verfahren sie durch welche Richter entscheidet (BVerfGE 95, 322; BGH Vereinigte Große Senate, NJW 1994, 1735; Meyer-Goßner/*Schmitt* § 21g Rn. 4; vgl. § 21g Rdn. 9 ff.). Diese kammerinterne Geschäftsverteilung ist vor Beginn jedes Geschäftsjahrs erneut durch schriftlichen Beschluss zu regeln; für bereits anhängige Verfahren kann sie nicht nachgeholt werden (BGH, NStZ 2017, 429). Inwieweit aus dem Gebot des gesetzlichen Richters darüber hinausgehend noch absolute Grenzen einer Überbesetzung zu folgern sind (so noch BVerfGE 22, 282; BGHSt 18, 386: Eine Überbesetzung darf es der Kammer nicht ermöglichen, gleichzeitig in verschiedener Besetzung zwei Hauptverhandlungen zu bestreiten), hat das BVerfG zuletzt offengelassen (BVerfG, NJW 2004, 3482, 3483). Viel spricht dafür, dass jene noch aus der Zeit vor Etablierung spruchkörperinterner Geschäftsverteilungen stammende Rspr. inzwischen obsolet ist (näher § 21e Rdn. 12). 3

Auch die **Anzahl** der Kammern eines LG wird durch das Gesetz nicht bestimmt abgesehen von der Mindestvorgabe von je einer Zivil- und Strafkammer sowie den Vorgaben zu Spezialspruchkörpern (s. unten B.). Sie festzulegen ist eine Aufgabe der Justizverwaltung, die nicht dem Präsidium obliegt (h.M.; eingehend LR/*Siolek* § 60 Rn. 6; *Kissel/Mayer* § 60 Rn. 2 bis 4). Die Ausführungsgesetze der Länder zum Gerichtsverfassungsgesetz weisen sie regelmäßig dem dabei weisungsgebunden handelnden Präsidenten des LG zu (Ausnahmen: § 3 ThürAGGVG, § 9 SächsJG – dort mit Übertragungsmöglichkeit auf die Präsidenten). Das Präsidium hat die so bestimmte Zahl seiner Geschäftsverteilung zugrunde zu legen. Setzt es sich hierüber willkürlich hinweg, so führt dies als Verletzung des Rechts auf den gesetzlichen Richter zur Anfechtbarkeit aller betroffenen Entscheidungen des Gerichts (vgl. *Kissel/Mayer* § 60 Rn. 9). 4

Mit **Abs. 2**, angefügt durch Gesetz v. 12.12.2019 (BGBl. I, S. 2633), hat der Gesetzgeber den Ländern die Möglichkeit eröffnet, in Abweichung vom Grundsatz des Abs. 1 (s. Rdn. 1) an einem LG **ausschließlich Zivil- oder Strafkammern** zu bilden und ihm zudem die entsprechenden Verfahren für die Bezirke mehrerer LG zuzuweisen. Damit soll es ermöglicht werden, Zivil- oder Strafsachen aus gewichtigen justizorganisatorischen Gründen in einem Land in räumlicher Hinsicht vollständig an einem größeren LG zu **konzentrieren** (BT-Drs. 19/13828, S. 22). Vergleichbare Regelungen bestanden bereits zuvor und bestehen weiterhin für die Spezialstrafkammern (s. Rdn. 8 ff.). Dies sind § 74c Abs. 3 für die Wirtschaftsstrafkammer und § 74d für die Schwurgerichtskammer, während die Staatsschutzkammer schon kraft gesetzlicher Vorgabe des § 74a Abs. 1 nur an LG besteht, in deren Bezirk ein OLG seinen Sitz hat, mit Zuständigkeit für den gesamten OLG-Bezirk. Die darüber hinausreichende Konzentration der gesamten Zivil- oder Strafrechtspflege der Landgerichte an einem Standort hat der Gesetzgeber allerdings (sehr) großen Gerichten mit mindestens 100 Richterstellen vorbehalten in der Intention, sie auf Ballungsgebiete zu beschränken (BT-Drs. 19/13828, S. 22). Dort wird regelmäßig auch die vom Gesetzgeber zugleich angemahnte räumliche Erreichbarkeit des Konzentrationsgerichts gewährleistet sein (instruktive Vorschläge zu einer Anwendung der geschaffenen Möglichkeit in Berlin bei *Matthiessen* ZRP 2020, 189); zur entgegengerichteten Möglichkeit einer räumlichen Dekonzentration durch Bildung auswärtiger Kammern s. § 78. Die Ermächtigung des Abs. 2 richtet sich an die Landesregierungen; 5

sie kann von dort an die jeweilige Landesjustizverwaltung delegiert werden. Die Vorgabe der Richterstellen bezieht sich wie bei § 21a auf die zugewiesenen Planstellen (*Kissel/Mayer* § 60 Rn. 19).

6 **B. Spezialstrafkammern.** Bestimmen kann die Justizverwaltung allerdings nur über die Anzahl der sog. allgemeinen Kammern. Für die Strafrechtspflege gibt das GVG zusätzlich die Einrichtung verschiedener Spezialspruchkörper mit konzentrierter Zuständigkeit vor: das **Schwurgericht**, die sog. **Staatsschutz**- sowie die **Wirtschaftsstrafkammer** nach §§ 74 Abs. 2, 74a, 74c, ferner die **Strafvollstreckungskammer** (§§ 78a, 78b) sowie die **Jugendkammer** nach § 33 Abs. 2 JGG, die durch § 74b zugleich die Aufgabe einer Jugendschutzkammer erhält. Dieser **gesetzlichen Geschäftsverteilung** (LR/*Erb*, Vor § 1 StPO Rn. 4; *Kissel/Mayer* § 21e Rn. 87 f.; Meyer-Goßner/*Schmitt*, Vor § 1 StPO Rn. 4; zum Zuständigkeitsverhältnis zwischen allgemeinen und Spezialstrafkammern vgl. § 74 Rdn. 5) hat das Präsidium Rechnung zu tragen.

7 Dabei ist das **Präsidium** jedoch nicht gehindert, einzelne Richter zugleich noch anderen Spruchkörpern zuzuweisen (§ 21e Abs. 1 Satz 4). Zudem können je nach Auslastung einem Spezialspruchkörper auch noch sonstige Aufgaben zugewiesen oder aber mehrere Spezialspruchkörper der gleichen Art nebeneinander gebildet werden (BGHSt 27, 349; näher LR/*Siolek* § 60 Rn. 22 a.E.). Eine Grenze bildet dabei die **gesetzgeberisch gewollte Spezialisierung** der Richter dieser Kammern, die eine möglichst exklusive Befassung mit der jeweiligen Materie erfordert (s. § 74d Rdn. 1). So ist zwar grds. z.B. die Aufgabendelegation an ein weiteres Schwurgericht möglich, jedoch nur, wenn sonst eine Überlastung des vorhandenen Schwurgerichts zu befürchten wäre, und nur so weit, als diesem Schwurgerichtssachen als Arbeitsschwerpunkt verbleiben (BGHSt 31, 323). Der Mindestanteil hierfür ist bislang mit 3/4 der Kapazität der Kammer beziffert worden (BGHSt 34, 379; LR/*Siolek* § 74 Rn. 8; *Kissel/Mayer* § 74 Rn. 12). Bei Überlastung einer Spezialkammer ist es zudem zulässig, diese in der Geschäftsverteilung weiterhin mit einem leistbaren Anteil der Spezialsachen auszulasten und einer zweiten Spezialkammer nur den Rest zuzuweisen, auch wenn dieser nicht ausreicht, um auch in der Tätigkeit der zweiten Kammer einen Schwerpunkt zu bilden (BGHSt 59, 205). Bei der Einschätzung des künftigen Geschäftsanfalls steht dem Präsidium ein Ermessensspielraum zu (BGHSt 59, 205; BGH NJW 1978, 1594). Solange es dabei nicht willkürlich vorgeht, ist es unschädlich, wenn der tatsächliche Geschäftsanfall ex post nicht seiner Prognose entspricht (BVerfG, 02.07.1992 – 2 BvR 1197/91). Das Präsidium ist jedoch gehalten, entsprechende Zuweisungen in seinen jährlichen Geschäftsverteilungsplänen zu überprüfen und ggf. zu aktualisieren (vgl. z.B. LG Koblenz StraFo 2019, 164). Die bei mehreren Sonderspruchkörpern vorgesehene oder zumindest ermöglichte Konzentration der örtlichen Zuständigkeit (§§ 74a Abs. 1, 74c Abs. 3, 74d) erleichtert es, das Ziel der Spezialisierung mit einem ökonomischen Richtereinsatz zu verbinden.

8 **C. Sog. »nicht ständige« Kammern.** Üblicherweise werden von den in § 60 angesprochenen ständigen (institutionellen) Kammern noch »nicht ständige« Spruchkörper unterschieden. Die hierunter gefassten Erscheinungen sind jedoch weder gesonderte Spruchkörper im gerichtsverfassungsrechtlichen Sinn, noch handelt es sich durchweg um nur temporäre Einrichtungen.

9 **I. Hilfsstrafkammer.** Tatsächlich der Fall ist Letzteres bei der sog. Hilfsstrafkammer, einer in der Praxis (BGH NStZ-RR 2022, 20; BGHSt 31, 389; RGSt 62, 309; abl. Teile des Schrifttums, z.B. SK-StPO/*Degener* § 60 Rn. 10) herausgebildeten Form der **Gruppenvertretung** (vgl. auch § 21e Rdn. 13): Kann eine Kammer ihre Aufgaben wegen Überlastung vorübergehend nicht voll erfüllen, so kann das Präsidium (BGHSt 21, 260) mehrere Richter in Formation einer Kammer zur Entlastung einsetzen. Eine **Überlastung** ist dabei gegeben, wenn über einen längeren Zeitraum ein erheblicher Überhang der Eingänge über die Erledigungen zu verzeichnen ist, sodass mit einer Bearbeitung der Sachen innerhalb eines angemessenen Zeitraums nicht zu rechnen ist und diese Situation so gravierend ist, dass ein Ausgleich nicht bis zum Ende des Geschäftsjahrs zurückgestellt werden kann (vgl. BGHSt 53, 268 m.w.N.; ferner BGH StV 2010, 294, 295; krit. hierzu LR/*Siolek* § 60 Rn. 10).

10 Für die **Zulässigkeit** einer solchen Vertretungsregelung (§ 21e Abs. 3 i.V.m. Abs. 1; BGHSt 31, 389, 391; LR/*Siolek* § 60 Rn. 12) wird angeführt, dass die alternative Zuweisung von Richtern zu einer unzulässigen Überbesetzung der überlasteten Kammer führen könne (BGHSt 33, 234; LR/*Siolek* § 60 Rn. 8), was nach der neueren Rspr. zur Überbesetzung jedoch fraglich erscheint (s. Rdn. 3). Zudem soll eine Umverteilung der Geschäfte auf die übrigen Kammern mehr Aufwand erzwingen (differenzierend dazu aber SK-StPO/*Degener* § 60 Rn. 11). Die Bildung einer Hilfsstrafkammer ist aber jedenfalls nur anlassbezogen möglich – dass sie nicht ständig besteht, ist Wesensmerkmal und Voraussetzung ihrer Zulässigkeit (zur Bestimmung der zeitlichen Grenze vgl. BGHSt 21, 260; *Kissel/Mayer* § 60 Rn. 12). Ihre Einrichtung bei einer erkennbar nicht nur vorübergehenden Überlastung begründet die Revision (BGH, NJW 2000, 1580).

Nachdem ein auf Kontinuität angelegter »richtunggebender« Einfluss des Vorsitzenden (vgl. § 59 Rdn. 4) bei der Hilfsstrafkammer gar nicht entstehen kann und diese ferner keinen institutionellen Spruchkörper bildet, ist für den **Vorsitz** § 21f Abs. 1 weder seinem Zweck noch seinem Wortlaut nach anwendbar (BGHSt 31, 389; a.A. *Kissel/Mayer* § 60 Rn. 14). Den Vorsitz kann daher wie in den Fällen des § 21f Abs. 2 auch ein Richter am LG übernehmen. Zur Frage der **Schöffenzuordnung** s. § 77 Rdn. 5. 11

Wie jede Maßnahme nach § 21e Abs. 3 hat auch die **Aufgabenzuweisung** an eine Hilfsstrafkammer zur Wahrung des Gebots des gesetzlichen Richters nach generell-abstrakten Kriterien zu erfolgen, die zu dokumentieren sind. Zur Wahrung des Beschleunigungsgebots ist im Ausnahmefall auch eine ausschließliche Zuweisung bereits anhängiger Verfahren zulässig; allerdings hat dann zur Meidung des Anscheins einer willkürlichen Zuständigkeitsverschiebung eine umfassende Dokumentation der Gründe zu erfolgen (BVerfG NJW 2009, 1734, 1735; BVerfG NJW 2005, 2689; *Gubitz/Bock* NStZ 2010, 190, 191). Die Auswahl der zu verlagernden Verfahren hat anhand generell-abstrakter Kriterien zu erfolgen, wobei nicht an noch ausstehende Entscheidungen einzelner Spruchkörper angeknüpft werden darf (BVerfG NJW 2017, 1233). Generell muss der Zuweisungsbeschluss des Präsidiums an eine Hilfsstrafkammer so detailliert begründet sein, dass dem Revisionsgericht eine volle Nachprüfung der Rechtmäßigkeit ermöglicht wird; Mängel können insoweit nachträglich nur noch bis zur Entscheidung der Hilfsstrafkammer über einen Besetzungseinwand nach § 222b StPO behoben werden (BGHSt 53, 268, 277; BGH, StV 2010, 294 u. 296; LR/*Siolek* § 60 Rn. 11; Meyer-Goßner/*Schmitt* § 21e Rn. 16b). 12

II. Auffangstrafkammer. Mit dem Terminus der »**Auffangstrafkammer**« wird die Notwendigkeit (vgl. BGH, NJW 1975, 743; *Rieß*, JR 1978, 302) umschrieben, für Fälle der Zurückverweisung durch das Revisionsgericht nach § 354 Abs. 2 StPO sowie für Fälle des § 210 Abs. 3 StPO in der Geschäftsverteilung einen Spruchkörper vorzusehen. Primär geht es hier nicht um die Bildung eines zusätzlichen, sondern um die Zuständigkeitsbestimmung unter den vorhandenen Spruchkörpern. Die »Auffangstrafkammer« ist damit auch keineswegs eine nur befristet bestehende Kammer, sie muss für jede Strafkammer dauerhaft für das Geschäftsjahr bestimmt werden; temporär ist nur ihr Arbeitsanfall. Die gerichtsorganisatorische Bildung einer gesonderten Kammer ist hierfür jedoch notwendig, soweit Spezialspruchkörper (Rdn. 6) an dem Gericht sonst nur einmal vorhanden sind: Es muss (relativierend KK-StPO/*Diemer* § 60 Rn. 4) dann ein »anderer« Spruchkörper i.S.d. §§ 210 Abs. 3, 354 Abs. 2 StPO, also z.B. ein zweites Schwurgericht geschaffen werden (vgl. *Katholnigg* § 74 Rn. 5). Da es sich dabei um eine ständige Kammer handelt, ist hierfür die Justizverwaltung zuständig (*Kissel/Mayer* § 60 Rn. 16). Nachdem die für Spezialspruchkörper gesetzlich bezweckte Spezialisierung bei einer solchen reinen Auffangkammer nicht erreichbar ist, ist der bei Spezialspruchkörpern zulässige anderweitige Einsatz der Mitglieder hier erst recht möglich. Die allgemeinen Voraussetzungen für die Einrichtung eines zweiten Spezialspruchkörpers (s. Rdn. 7) gelten für die Auffangkammer nur dann, wenn ihr über diese Funktion hinaus auch ein Teil des regulären Geschäftsanfalls des ersten Spezialspruchkörpers zugewiesen werden soll (BGHSt 27, 349; vgl. auch *Kissel/Mayer* § 74 Rn. 16). 13

III. Bereitschaftsdienst. Eine ähnliche Verteilungsaufgabe unter den Spruchkörpern des LG hat das Präsidium bzgl. der Zuständigkeit für den Bereitschaftsdienst zu leisten. Auch hierzu ist mit Blick auf das Prinzip des gesetzlichen Richters im Vorhinein eine abstrakte Regelung zu schaffen (näher SK-StPO/*Degener* § 60 Rn. 14; *Kissel/Mayer* § 60 Rn. 15). 14

§ 70 [Notvertretung]

(1) Soweit die Vertretung eines Mitgliedes nicht durch ein Mitglied desselben Gerichts möglich ist, wird sie auf den Antrag des Präsidiums durch die Landesjustizverwaltung geordnet.

(2) Die Beiordnung eines Richters auf Probe oder eines Richters kraft Auftrags ist auf eine bestimmte Zeit auszusprechen und darf vor Ablauf dieser Zeit nicht widerrufen werden.

(3) Unberührt bleiben die landesgesetzlichen Vorschriften, nach denen richterliche Geschäfte nur von auf Lebenszeit ernannten Richtern wahrgenommen werden können, sowie die, welche die Vertretung durch auf Lebenszeit ernannte Richter regeln.

Mit der »nicht möglichen Vertretung« sind Fälle der **Überlastung** des gesamten Gerichts angesprochen: Während § 21e Abs. 3 dem Präsidium gestattet, einem dem Arbeitsanfall nicht mehr gewachsenen Spruchkörper über vorhandene Binnenreserven des Gerichts zu helfen, eröffnet **§ 70 Abs. 1** ihm die Unterstützungsbitte nach außen, wo solche Reserven fehlen. Die so ermöglichte Vertretung setzt aber wie sonst auch voraus, dass eine nur vorübergehende Verhinderung vorliegt (Gegenschluss zu § 21e Abs. 3). Ein dauerhaftes Defizit 1 kann nur durch Zuweisung von Planstellen behoben werden; ein Vorgehen nach § 70 kann in einer solchen Situation zu einem Besetzungsmangel führen (BGH, NJW 1961, 830; *Kissel/Mayer* § 70 Rn. 2).

2 Entschließt sich die Landesjustizverwaltung zur **Abhilfe**, was in ihrem Ermessen steht (LR/*Siolek* § 70 Rn. 6), so kann sie Richter auf Lebenszeit von einem anderen Gericht abordnen (§ 37 DRiG) oder Richter auf Probe bzw. kraft Auftrags zuweisen. Damit diese tätig werden können, müssen sie einem Spruchkörper zugeteilt werden. Da es sich um einen Richterwechsel handelt (BGHSt 22, 237), hat dies nach § 21e Abs. 3, Abs. 1 durch das Präsidium zu geschehen (BGHSt 12, 159). Dies dient der Absicherung des gesetzlichen Richters ebenso wie **§ 70 Abs. 2**, der für Richter auf Probe bzw. kraft Auftrags in Parallele zu § 37 Abs. 2 DRiG eine von vornherein zeitlich fest umrissene Zuordnung vorschreibt. § 70 Abs. 2 gilt über § 70 Abs. 1 hinausgehend für alle Fälle des Einsatzes von Richtern auf Probe und kraft Auftrags (näher LR/*Siolek* § 70 Rn. 8 f.; zu weiteren Grenzen vgl. § 59 Rdn. 5). Der Vorbehalt zugunsten des **Landesrechts** in **§ 70 Abs. 3** (näher SK-StPO/*Degener* § 70 Rn. 9) läuft derzeit leer (vgl. *Katholnigg* § 70 Rn. 4).

§ 73 [Beschwerde- und Beschlusszuständigkeit]

(1) Die Strafkammern entscheiden über Beschwerden gegen Verfügungen des Richters beim Amtsgericht sowie gegen Entscheidungen des Richters beim Amtsgericht und der Schöffengerichte.

(2) Die Strafkammern erledigen außerdem die in der Strafprozeßordnung den Landgerichten zugewiesenen Geschäfte.

1 § 73 Abs. 1 normiert die Beschwerdezuständigkeit der **allgemeinen Strafkammern** ggü. Entscheidungen des AG und amtsrichterlichen Verfügungen. Davon ist auch die Zuständigkeit für sofortige Beschwerden umfasst (LR/*Siolek* § 73 Rn. 4). Nachdem § 76 eine abweichende **Besetzung** nur für andere Fälle regelt, ist die Strafkammer bei Entscheidungen nach § 73 mit drei Berufsrichtern (große Strafkammer) besetzt. Schöffen wirken nicht mit (§ 76 Abs. 1 Satz 2).

2 Abweichend von § 73 Abs. 1 ist in einigen Fällen das **OLG** zuständig. Insb. ist das OLG in den Verfahren Beschwerdeinstanz, in denen es auch für die Hauptsache erstinstanzlich tätig wird (§ 120 Abs. 3). Davon ausgenommen sind Beschwerden gegen Maßnahmen nach § 148a Abs. 1 StPO, da hiermit befasste Richter nach § 148a Abs. 2 StPO im Hauptsacheverfahren gerade nicht mitwirken dürfen (BGHSt 29, 196; LR/*Siolek* § 73 Rn. 3). Abweichende Zuweisungen an das OLG enthalten ferner die §§ 159, 181. Zudem kann sich für Nebenentscheidungen des AG in den Fällen der §§ 305a Abs. 2, 464 Abs. 3 Satz 3 StPO eine Beschwerdezuständigkeit des OLG als Revisionsgericht ergeben (näher *Kissel/Mayer* § 73 Rn. 5).

3 Spezielle Zuweisungen für **Spezialspruchkörper** enthalten § 74a Abs. 3 (Staatsschutzkammer), § 74b Satz 2 (für Jugendschutzsachen) und § 74c Abs. 2 (Wirtschaftsstrafkammer), ferner § 41 Abs. 2 Satz 2 JGG (Jugendkammer). Ziel ist hier wie bei § 120 Abs. 3 die Befassung der Richter, die durch eine sachliche Zuständigkeitskonzentration spezialisiert sind (LR/*Siolek* § 73 Rn. 5). Gleichwohl fehlt für die Schwurgerichtskammer eine gesonderte Regelung. Der enumerative Charakter der §§ 73 bis 74c verbietet eine Analogie (a.A. LR/*Siolek* § 73 Rn. 5; *Kissel/Mayer* § 73 Rn. 4), jedoch ist eine entsprechende Zuweisung in der Geschäftsverteilung möglich und sinnvoll (KK-StPO/*Diemer* § 73 Rn. 1).

4 **§ 73 Abs. 2** stellt die Zuständigkeit der Strafkammer klar, sofern die StPO eine Aufgabe ohne nähere Angabe beim LG ansiedelt (was derzeit nicht der Fall ist). Anzutreffen sind dort jedoch Zuweisungen an das LG als »oberes« Gericht bzw. Gericht »höherer Ordnung« (Beispiele bei SK-StPO/*Degener* § 73 Rn. 7).

§ 74 [Zuständigkeit in Strafsachen als erkennendes Gericht; Schwurgericht]

(1) [1]Die Strafkammern sind als erkennende Gerichte des ersten Rechtszuges zuständig für alle Verbrechen, die nicht zur Zuständigkeit des Amtsgerichts oder des Oberlandesgerichts gehören. [2]Sie sind auch zuständig für alle Straftaten, bei denen eine höhere Strafe als vier Jahre Freiheitsstrafe oder die Unterbringung in einem psychiatrischen Krankenhaus, allein oder neben einer Strafe, oder in der Sicherungsverwahrung zu erwarten ist oder bei denen die Staatsanwaltschaft in den Fällen des § 24 Abs. 1 Nr. 3 Anklage beim Landgericht erhebt.

(2) [1]Für die Verbrechen

1. **des sexuellen Missbrauchs von Kindern mit Todesfolge (§ 176d des Strafgesetzbuches),**
2. **des sexuellen Übergriffs, der sexuellen Nötigung und Vergewaltigung mit Todesfolge (§ 178 des Strafgesetzbuches),**
3. **des Mordes (§ 211 des Strafgesetzbuches),**
4. **des Totschlags (§ 212 des Strafgesetzbuches),**
5. **(weggefallen)**

6. der Aussetzung mit Todesfolge (§ 221 Abs. 3 des Strafgesetzbuches),
7. der Körperverletzung mit Todesfolge (§ 227 des Strafgesetzbuches),
8. der Entziehung Minderjähriger mit Todesfolge (§ 235 Abs. 5 des Strafgesetzbuches),
8a. der Nachstellung mit Todesfolge (§ 238 Absatz 3 des Strafgesetzbuches),
9. der Freiheitsberaubung mit Todesfolge (§ 239 Abs. 4 des Strafgesetzbuches),
10. des erpresserischen Menschenraubes mit Todesfolge (§ 239a Absatz 3 des Strafgesetzbuches),
11. der Geiselnahme mit Todesfolge (§ 239b Abs. 2 in Verbindung mit § 239a Absatz 3 des Strafgesetzbuches),
12. des Raubes mit Todesfolge (§ 251 des Strafgesetzbuches),
13. des räuberischen Diebstahls mit Todesfolge (§ 252 in Verbindung mit § 251 des Strafgesetzbuches),
14. der räuberischen Erpressung mit Todesfolge (§ 255 in Verbindung mit § 251 des Strafgesetzbuches),
15. der Brandstiftung mit Todesfolge (§ 306c des Strafgesetzbuches),
16. des Herbeiführens einer Explosion durch Kernenergie (§ 307 Abs. 1 bis 3 des Strafgesetzbuches),
17. des Herbeiführens einer Sprengstoffexplosion mit Todesfolge (§ 308 Abs. 3 des Strafgesetzbuches),
18. des Missbrauchs ionisierender Strahlen gegenüber einer unübersehbaren Zahl von Menschen (§ 309 Abs. 2 und 4 des Strafgesetzbuches),
19. der fehlerhaften Herstellung einer kerntechnischen Anlage mit Todesfolge (§ 312 Abs. 4 des Strafgesetzbuches),
20. des Herbeiführens einer Überschwemmung mit Todesfolge (§ 313 in Verbindung mit § 308 Abs. 3 des Strafgesetzbuches),
21. der gemeingefährlichen Vergiftung mit Todesfolge (§ 314 in Verbindung mit § 308 Abs. 3 des Strafgesetzbuches),
22. des räuberischen Angriffs auf Kraftfahrer mit Todesfolge (§ 316a Abs. 3 des Strafgesetzbuches),
23. des Angriffs auf den Luft- und Seeverkehr mit Todesfolge (§ 316c Abs. 3 des Strafgesetzbuches),
24. der Beschädigung wichtiger Anlagen mit Todesfolge (§ 318 Abs. 4 des Strafgesetzbuches),
25. einer vorsätzlichen Umweltstraftat mit Todesfolge (§ 330 Abs. 2 Nr. 2 des Strafgesetzbuches),
26. der schweren Gefährdung durch Freisetzen von Giften mit Todesfolge (§ 330a Absatz 2 des Strafgesetzbuches),
27. der Körperverletzung im Amt mit Todesfolge (§ 340 Absatz 3 in Verbindung mit § 227 des Strafgesetzbuches),
28. des Abgebens, Verabreichens oder Überlassens von Betäubungsmitteln zum unmittelbaren Verbrauch mit Todesfolge (§ 30 Absatz 1 Nummer 3 des Betäubungsmittelgesetzes),
29. des Einschleusens mit Todesfolge (§ 97 Absatz 1 des Aufenthaltsgesetzes)

ist eine Strafkammer als Schwurgericht zuständig. [2] § 120 bleibt unberührt.

(3) Die Strafkammern sind außerdem zuständig für die Verhandlung und Entscheidung über das Rechtsmittel der Berufung gegen die Urteile des Strafrichters und des Schöffengerichts.

Übersicht

1 **A. Erstinstanzliche Zuständigkeit der allgemeinen Strafkammern (§ 74 Abs. 1). I. Sachliche Zuständigkeit.** § 74 Abs. 1 bestimmt die erstinstanzliche sachliche Zuständigkeit der allgemeinen Strafkammern als erkennendes Gericht anhand eines abstrakte und konkrete Kriterien mischenden Systems (vgl. zu dieser Unterscheidung *Roxin/Schünemann*, § 6 Rn. 3 f.). Dabei wird in Satz 1 **abstrakt** auf die Deliktsnatur der zu verhandelnden Straftat als Verbrechen, in Satz 2 **konkret** auf die zum Zeitpunkt der Eröffnung bestehende Sanktionserwartung (Entsprechung zu § 24 Abs. 1 Nr. 2) und ergänzend i.S.e. sog. **beweglichen Zuständigkeit** auf die Anklageentscheidung der StA abgestellt (Entsprechung zu § 24 Abs. 1 Nr. 3). Die bewegliche Zuständigkeit steht in einem Spannungsverhältnis zum Gebot des gesetzlichen Richters, ist mit diesem Verfassungsprinzip aber vereinbar (BVerfGE 9, 223; 22, 254; a.A. SK-StPO/*Degener* § 74 Rn. 4; näher § 24 Rdn. 7). Gegenüber § 74 Abs. 1 eigenständige Regelungen enthalten **§§ 74 Abs. 2, 74a**, wo für dort vorgesehene Spezialspruchkörper zugleich die Zuständigkeit des LG bestimmt wird.

2 Die Zuständigkeit für **Verbrechen** umschreibt § 74 Abs. 1 Satz 1 in negativer Abgrenzung ggü. dem OLG und dem AG. Die Regelung erschließt sich nicht leicht: So ergibt sie mit Blick auf das OLG, dass das LG nicht für die in § 120 aufgeführten Verbrechen zuständig ist. Dies folgt aber ohnehin daraus, dass § 120 als Enume-

ration einzelner Tatbestände ggü. § 74 Abs. 1 lex specialis ist (vgl. § 120 Rdn. 2), so wie es unausgesprochen auch bei den in §§ 120 und 120b aufgezählten Vergehen der Fall ist. Ggü. dem AG läuft § 74 Abs. 1 Satz 1 ebenfalls ins Leere: § 24 beinhaltet heute keine auf die Deliktsnatur abstellende Regelung mehr (anders die Rechtslage vor dem EGStGB 1974, vgl. *Kissel/Mayer* § 74 Rn. 2); die Norm nimmt in § 24 Abs. 1 Nr. 1 vielmehr sogar ihrerseits u.a. auf die heute in § 74 Abs. 2 enthaltene Enumeration von Verbrechen Bezug.

3 § 74 Abs. 1 Satz 1 erscheint damit insgesamt als verzichtbare Norm. Die erstinstanzliche sachliche Zuständigkeit ergibt sich vielmehr **ggü. dem AG** allein aus § 74 Abs. 1 Satz 2 für die allgemeinen Strafkammern, aus §§ 74 Abs. 2, 74a für die dort angesprochenen Spezialspruchkörper sowie **ggü. dem OLG** aus dem Vorrang der §§ 120 und 120b. Für das Nähere vgl. die Erläuterungen zu §§ 24 Abs. 1 Nr. 2 u. Nr. 3, 74 Abs. 2, 74a und 120. Für die **prozessuale Feststellung** und Überprüfung der sachlichen Zuständigkeit gelten die §§ 6, 209, 225a, 269, 270 StPO (näher § 1 StPO Rdn. 15).

4 Für die **Jugendgerichte** (§ 33 JGG) enthalten die §§ 39 bis 41 JGG eine eigenständige Regelung der sachlichen Zuständigkeit (zum Verhältnis zu den Erwachsenengerichten s. Rdn. 6 f.), die in der Verteilung zwischen AG und LG vom allgemeinen Recht abweicht: Aus Gründen einer auch sonst im Jugendstrafrecht präferierten Entformalisierung (s. *Ostendorf* JGG, Grdl. zu §§ 39 bis 42 Rn. 4) ist dem AG-Jugendschöffengericht ein großer Teil des Spektrums zugewiesen, der im allg. Strafrecht in der Kompetenz der großen Strafkammer des LG liegt. Die Jugendkammer nimmt dagegen v.a. die Funktion des Schwurgerichts wahr (§ 41 Abs. 1 Nr. 1 JGG). Dem entspricht ein erweiterter Strafbann des Jugendschöffengerichts (§ 40 JGG enthält keine § 24 Abs. 2 entsprechende Regelung; zudem Umkehrschluss zu § 108 Abs. 3 S. 1 JGG) ebenso wie eine ggü. § 76 Abs. 1 Satz 1 vergrößerte Besetzung des Berufungsgerichts (§ 33b Abs. 1 JGG; s. § 76 Rdn. 24). Jedoch ergibt sich eine Angleichung der Zuständigkeitsverteilung zwischen AG-Jugendschöffengericht und LG-Jugendkammer an das Erwachsenenrecht einerseits durch § 108 Abs. 3 JGG für nach allg. Strafrecht abzuurteilende Heranwachsende, andererseits über § 41 Abs. 1 Nr. 3 JGG in Verfahren, die gegen Erwachsene und Jugendliche bzw. Heranwachsende verbunden sind (vgl. § 103 Abs. 2 JGG).

5 **II. Verhältnis zu Spezialspruchkörpern.** Keine Frage der sachlichen Zuständigkeit bildet das innerhalb der LG bestehende Verhältnis der allgemeinen Strafkammern zu den durch **§§ 74 Abs. 2, 74a, 74c** im Wege gesetzlicher Geschäftsverteilung statuierten Spezialspruchkörpern sowie dieser Spezialspruchkörper untereinander. Auch wenn das Gesetz die Kammern nach § 74 Abs. 2 und § 74a zugleich mit originärer sachlicher Zuständigkeit ausstattet, wird dieses Verhältnis meist als eine Kategorie der **funktionellen Zuständigkeit** betrachtet (BGH StV 2009, 509; LR/*Erb* Vor § 1 StPO Rn. 4; vgl. auch § 1 StPO Rdn. 4, 27, 30), teils aber auch als »besondere Zuständigkeit« eigener Art gesehen (Meyer-Goßner/*Schmitt* Vor § 1 StPO Rn. 4). Die dogmatische Einordnung hat jedoch seit dem 1. StVÄG 1979 an Bedeutung verloren: Zuständigkeitsüberschneidungen sind nun in § 74e geregelt; für die Klärung der Zuständigkeit im Verfahren gelten die §§ 6a, 209a, 225a Abs. 4, 270 Abs. 1 Satz 2 StPO (vgl. BT-Drs. 8/976, S. 32, 43 ff., 67 f.; § 1 StPO Rdn. 32; *Meyer-Goßner*, NStZ 1981, 168). Inhaltlich kombiniert das Gesetz dabei Regelungskonzepte der sachlichen Zuständigkeit (Vorrangprinzip: § 209a StPO, § 74e) mit solchen der örtlichen Zuständigkeit (Perpetuierung bei nicht rechtzeitiger Rüge: § 6a StPO in Anlehnung an § 16 StPO, vgl. BT-Drs. 8/976, S. 33). Das Vorrangprinzip kommt dabei aber nur als technisches Ordnungsmittel zum Einsatz und ändert nichts an der **prinzipiellen Gleichwertigkeit** der landgerichtlichen Spruchkörper (BT-Drs. 8/976, S. 67; LR/*Siolek* § 74e Rn. 1). Im Fall einer Zuständigkeitsrüge nach § 338 Nr. 4 StPO überprüft das Revisionsgericht die funktionelle Zuständigkeit der Spezialkammern grds. in vollem Umfang und nicht lediglich auf objektive Willkür (vgl. hierzu sowie zu Ausnahmen BGHSt 57, 3 Rn. 9 ff., 16).

6 Schwerer in diese Relationen einzuordnen sind die Jugendgerichte. Auch sie begründen keine eigenständige, sondern sind Teil der ordentlichen Gerichtsbarkeit und bilden an AG und LG spezielle Spruchkörper (allg.M., vgl. BGH GS St 18, 79; Meyer-Goßner/*Schmitt* Vor § 1 StPO Rn. 10; *Brunner/Dölling*, JGG, §§ 30 bis 33b Rn. 1; für die OLG und den BGH gilt § 102 JGG). Entsprechend wird das Verhältnis der **Jugendkammer** zu den übrigen Spruchkörpern des LG nicht (allein) als Frage der sachlichen Zuständigkeit gesehen (krit. aber *Eisenberg* JGG, §§ 33 bis 33b Rn. 10), sondern zumindest auch der funktionellen Zuständigkeit zugeordnet (LR/*Erb* Vor § 1 StPO Rn. 5: »Zwischenstellung«). In § 74e ist es nicht geregelt. Materiell folgt aus §§ 33 Abs. 1, 103 Abs. 2 S. 1 JGG die Spezialität der Jugendgerichte ggü. den allg. Spruchkörpern der AG und LG (vgl. BT-Drs. 8/976, S. 33; näher *Brunner/Dölling*, JGG, §§ 30 bis 33b Rn. 4 ff.; LR/*Siolek* § 74e Rn. 9), die sich aus der gesetzgeberisch gewollten Spezialisierung und erzieherischen Befähigung (vgl. §§ 37, 35 Abs. 2 Satz 2 JGG) ihrer Richter rechtfertigt. Der Entwurf der Bundesregierung für das Gesetz zur Stärkung der Rechte von Opfern sexuellen Missbrauchs (StORMG) vom 26.06.2013 (BGBl. I, S. 1805) sah sogar vor, diese Anforderungen in § 37 JGG zu konkretisieren und ihr Gewicht so deutlich auszuweiten, vgl. BT-Drs. 17/6261, S. 6. Der Entwurf ist jedoch insoweit wegen »massiver, insb. justizorganisatorischer Bedenken

der Länder« (BT-Drs. 17/12735, S. 23) nicht Gesetz geworden. Der Vorrang der Jugendkammer gilt auch ggü. den übrigen Spezialkammern einschließlich des Schwurgerichts (BGHSt 47, 311; *Kissel/Mayer* § 74 Rn. 22).

Die Spezialität der Jugendgerichte gilt auch bei Verbindung mit einem Verfahren gegen einen **Erwachsenen**; 7
Vorrang hat hier lediglich die Staatsschutz- und die Wirtschaftsstrafkammer (§ 103 Abs. 2 JGG). Werden gleichzeitig Taten eines Täters aus **verschiedenen Alters- und Reifestufen** abgeurteilt (Fälle des § 32 JGG), so ist ebenfalls das Jugendgericht zuständig (BGHSt 7, 26; 8, 349; *Ostendorf*, JGG, § 32 Rn. 18). Bei **Zweifeln** über das für eine Tat maßgebliche Recht ist in dubio pro reo materielles Jugendstrafrecht anzuwenden (BGHSt 5, 366; 12, 116), was nach § 33 Abs. 1 JGG die Zuständigkeit der Jugendgerichte nach sich zieht (BGHSt 47, 311). Der Spezialität der Jugendgerichte entspricht **prozessual** die Rangfiktion nach § 209a Nr. 2 StPO; nach Eröffnung gilt § 47a JGG. Da § 6a StPO die Jugendgerichte nicht einbezieht, ist zuvor stets von Amts wegen zu prüfen, ob das Jugendgericht oder das Erwachsenengericht zuständig ist (BGHSt 30, 266). In der Revision bedarf es jedoch einer Rüge (BGHSt 26, 191).

Inhaltlich umfasst sind von der funktionellen Zuständigkeit der Spezialkammern neben der Durchführung 8
der Hauptverhandlung regelmäßig auch die Entscheidungen über die Eröffnung sowie nach §§ 153 ff. StPO (vgl. z.B. *Kissel/Mayer* § 74 Rn. 11, § 74a Rn. 8, § 74c Rn. 7). Den Kammern nach §§ 74a bis 74c ist zudem jeweils die Beschwerdezuständigkeit des § 73 Abs. 1 zugewiesen (s. § 73 Rdn. 3). Zu Situationen **doppelter Rechtshängigkeit** bei Gerichten verschiedener sachlicher bzw. funktioneller Zuständigkeit s. § 12 StPO Rdn. 2, 4.

B. Schwurgericht (§ 74 Abs. 2). Mit dem »Schwurgericht« konfiguriert § 74 Abs. 2 als **Spezialspruchkörper** (vgl. Rdn. 5; § 60 Rdn. 6, 5) eine Strafkammer mit sachlicher Zuständigkeitskonzentration für einen Katalog besonders schwerer Tatvorwürfe. Für sie wird zugleich die erstinstanzliche **sachliche Zuständigkeit** des LG originär begründet, ohne dass es auf die allg. Kriterien des § 74 Abs. 1 bzw. die nach § 24 Abs. 1 Nr. 2 sonst relevante Straferwartung ankommt (s. § 24 Abs. 1 Nr. 1). § 74 Abs. 2 beschränkt sich also wie § 74a nicht auf eine bloße gesetzliche Regelung der Geschäftsverteilung. Die **Bezeichnung »Schwurgericht«** ist historisch begründet (näher *Rieß*, FS Widmaier, S. 473; *Kissel/Mayer* § 74 Rn. 7): Die RStPO kannte ein echtes Geschworenengericht, bei dem der Schuldspruch allein der durch Laien gebildeten Geschworenenbank oblag und das im GVG als periodisch tagender Spruchkörper eigener Art konzipiert war (§§ 79 bis 92 a.F.). Durch die »Emminger-VO« v. 04.01.1924 (RGBl. I, S. 15, 16, 18, S. 299, 309 ff.) wurde daraus ein großes Schöffengericht mit der hierfür üblichen Gleichstellung von Berufs- und Laienrichtern. Erst das 1. StVRG (BGBl. I 1974, S. 3393; vgl. BT-Drs. 7/551 S. 53 f.) schuf zum 01.01.1975 das heutige »Schwurgericht«: eine große Strafkammer, die lediglich eine besondere Zuständigkeit wahrnimmt. Mit Recht wurde der für die Bezeichnung ursprünglich maßgebende Gedanke damit fast in sein Gegenteil verkehrt: Aus einem durch größtmögliche Laienbeteiligung charakterisierten, temporär tagenden und dadurch auch in seiner berufsrichterlichen Besetzung ständig variierten (vgl. BGHSt 21, 191) Spruchkörper ist eine Einrichtung geworden, die durch ihren ständigen Bestand sowie ihre zwingende sachliche und optionale örtliche (§ 74d) Zuständigkeitskonzentration für eine möglichst große **fachliche Spezialisierung** ihrer berufsrichterlichen Mitglieder sorgen kann. 9

Das Schwurgericht ist heute eine Kammer für **alle Verbrechenstatbestände, die den Tod eines Menschen** 10
voraussetzen (vgl. BT-Drs. 17/7669, S. 9). Faktisch handelt es sich um alle vorsätzlichen Tötungsdelikte und durch den Todeserfolg qualifizierten Vorsatzdelikte i.S.d. §§ 11 Abs. 2, 18 StGB, soweit es sich um Verbrechen handelt. Eine Ausnahme bildet insoweit die Zuständigkeit für die Tatbestände nach §§ 307 Abs. 1 u. 2, 309 Abs. 2 StGB (§ 74 Abs. 2 Satz 1 Nr. 16, 18), bei denen konkrete Lebensgefährdungen bzw. bei § 309 Abs. 2 StGB das Unternehmen der Herbeiführung einer Gesundheitsschädigung pönalisiert werden. Versäumnisse der jüngeren Gesetzgebung bei der Fortschreibung des Katalogs (vgl. *Rieß*, NStZ 2008, 546) wurden bei Gelegenheit der Neuregelung der Besetzungsreduktion zum 01.01.2012 behoben insb. durch Einfügung der jetzigen Nummern 8a und 26 bis 29 (Gesetz vom 06.12.2011, BGBl. I, S. 2554, vgl. BT-Drs. 17/6905, S. 5, 11; BT-Drs. 17/7669, S. 3, 9). Mit Recht aufgenommen wurden dabei auch entsprechende Tatbestände des Nebenstrafrechts mit Ausnahme derjenigen des Völkerstrafgesetzbuchs; für diese besteht die Zuständigkeit des OLG nach § 120 Abs. 1 Nr. 8. Auf die Erscheinungsform der Tat kommt es bei der Anwendung des Katalogs nicht an; die Zuständigkeit besteht auch für Fälle des Versuchs, der Teilnahme oder einer Vorstufe der Beteiligung i.S.d. § 30 StGB (allg. M.; OLG Nürnberg, NJW 1950, 200; näher LR/*Siolek* § 74 Rn. 8). Sind als eigenständiger Tatbestand vertypte Delikte lediglich auf eine Katalogtat bezogen, z.B. in den Fällen der §§ 111, 126, 130a, 138, 140, 257 bis 260 StGB, so ist das Schwurgericht hierfür wie bei sonstigen Delikten nur zuständig, wenn sie gemeinsam mit einer Katalogtat angeklagt werden (vgl. KG, JR 1971, 255; BayObLGSt 1957, 108; SK-StPO/*Degener* § 74 Rn. 11). Nicht erfasst sind auch Fälle des § 323a StGB mit einer Rauschtat aus dem Katalog des § 74 Abs. 2 (OLG Stuttgart, MDR 1992, 290), obwohl der Norm-

zweck des Einsatzes fachlich spezialisierter Richter für diese Konstellation genauso gilt. Überzeugend für eine Einbeziehung de lege ferenda plädiert daher OLG Celle NStZ-RR 2012, 181; ebenso *Gittermann* JR 2014, 377. Dafür spräche auch der Umstand, dass das Schwurgericht für das Sicherungsverfahren (§§ 413 ff. StPO) zuständig ist, wenn diesem Katalogtaten zugrundeliegen (BGH NStZ-RR 2002, 104). Wird eine Katalogtat unter Annahme einer *actio libera in causa* abgeurteilt, ist sogar wie bei § 323a StGB die Berauschung des Täters Gegenstand der Prüfung, sodass das Auseinanderfallen der sachlichen Zuständigkeit für beide Fälle noch mehr erstaunt. Der Fall des OLG Celle demonstriert zudem, dass die den Hintergrund bildenden §§ 20, 21 StGB regelmäßig der Prüfung im Rahmen der Hauptverhandlung bedürfen und sich als Anknüpfungspunkt für die Zuständigkeit wenig eignen. Entsprechend soll die Zuständigkeit nach § 74 Abs. 2 bereits dann gegeben sein, wenn eine Verurteilung wegen einer Katalogtat nicht auszuschließen ist (OLG Celle NStZ-RR 2012, 181).

11 **Vorrangig** ist nach § 74 Abs. 2 Satz 2 die erstinstanzliche Zuständigkeit des OLG nach § 120 (näher SK-StPO/*Degener* § 74 Rn. 14 f.), die nach § 120 Abs. 2 Nr. 2 u. 3 auch Verfahren betreffen kann, die sich nur auf Tötungsdelikte beziehen. Durch § 74e erhält das Schwurgericht seinerseits Vorrang ggü. den dort genannten Spezialspruchkörpern des LG. Spezialität kommt jedoch der Jugendkammer zu (s. Rdn. 6).

12 Seiner **Besetzung** nach ist das Schwurgericht eine große Strafkammer; die einzige, für die § 76 Abs. 2 keine Besetzungsreduktion zulässt. Für die **Geschäftsverteilung**, insb. die Einrichtung mehrerer Schwurgerichte, gelten die allgemein bei Spezialspruchkörpern zu beachtenden Grundsätze (s. § 60 Rdn. 6, 7). Besteht nur ein Schwurgericht, so muss ein **Auffangspruchkörper** eingerichtet werden (s. § 60 Rdn. 13). Von der Konzentrationsmöglichkeit der örtlichen Zuständigkeit nach **§ 74d** Gebrauch zu machen obliegt der Initiative der Landesjustizverwaltung.

13 **C. Zuständigkeit als Berufungsgericht** (§ 74 Abs. 3). Die Strafkammern des LG nehmen ggü. den **zum Bezirk gehörenden** AG die funktionelle Zuständigkeit des Berufungsgerichts wahr. Die Norm bewirkt insofern auch eine Festlegung der örtlichen Zuständigkeit (BGHSt 22, 48; LR/*Siolek* § 74 Rn. 18). Maßgeblich ist dabei stets nur, welches Gericht in erster Instanz tatsächlich entschieden hat, nicht hingegen, welches Gericht korrekt hätte entscheiden müssen (BGHSt 18, 261; *Kissel/Mayer* § 74 Rn. 25). **Besetzt** ist das Berufungsgericht seit dem RPflEntlG 1993 bei Ausgangsurteilen des Strafrichters wie des Schöffengerichts stets als kleine Strafkammer (§ 76 Abs. 1), eine Ausnahme gilt nur im Jugendstrafrecht (§ 33b Abs. 1 JGG, vgl. § 76 Rdn. 24 f.).

14 Eine Zuständigkeit von **Spezialspruchkörpern** besteht hier nur bei der Wirtschaftsstrafkammer nach § 74c Abs. 1 Satz 1 (nur ggü. Urteilen des Schöffengerichts) sowie der Jugendkammer nach § 41 Abs. 2 JGG, nachdem im Kompetenzbereich des Schwurgerichts wie der Staatsschutzkammer keine erstinstanzliche Zuständigkeit des AG besteht.

§ 74a [Staatsschutzkammer; Kammer für Maßnahmen nach §§ 100b, 100c]

(1) Bei den Landgerichten, in deren Bezirk ein Oberlandesgericht seinen Sitz hat, ist eine Strafkammer für den Bezirk dieses Oberlandesgerichts als erkennendes Gericht des ersten Rechtszuges zuständig für Straftaten

1. des Friedensverrats in den Fällen des § 80a des Strafgesetzbuches,

2. der Gefährdung des demokratischen Rechtsstaates in den Fällen der §§ 84 bis 86, 87 bis 90, 90a Abs. 3 und des § 90b des Strafgesetzbuches,

3. der Gefährdung der Landesverteidigung in den Fällen der §§ 109d bis 109g des Strafgesetzbuches,

4. der Zuwiderhandlung gegen ein Vereinigungsverbot in den Fällen des § 129, auch in Verbindung mit § 129b Abs. 1, des Strafgesetzbuches und des § 20 Abs. 1 Satz 1 Nr. 1 bis 4 des Vereinsgesetzes; dies gilt nicht, wenn dieselbe Handlung eine Straftat nach dem Betäubungsmittelgesetz darstellt,

5. der Verschleppung (§ 234a des Strafgesetzbuches) und

6. der politischen Verdächtigung (§ 241a des Strafgesetzbuches).

(2) Die Zuständigkeit des Landgerichts entfällt, wenn der Generalbundesanwalt wegen der besonderen Bedeutung des Falles vor der Eröffnung des Hauptverfahrens die Verfolgung übernimmt, es sei denn, daß durch Abgabe nach § 142a Abs. 4 oder durch Verweisung nach § 120 Absatz 2 Satz 3 die Zuständigkeit des Landgerichts begründet wird.

(3) In den Sachen, in denen die Strafkammer nach Absatz 1 zuständig ist, trifft sie auch die in § 73 Abs. 1 bezeichneten Entscheidungen.

(4) Für die Anordnung von Maßnahmen nach den §§ 100b und 100c der Strafprozessordnung ist eine nicht mit Hauptverfahren in Strafsachen befasste Kammer bei den Landgerichten, in deren Bezirk ein Oberlandesgericht seinen Sitz hat, für den Bezirk dieses Oberlandesgerichts zuständig.

(5) Im Rahmen der Absätze 1, 3 und 4 erstreckt sich der Bezirk des Landgerichts auf den Bezirk des Oberlandesgerichts.

S.a. RiStBV Nr. 202 ff.

Übersicht

A. Regelungsgegenstand. § 74a konstituiert wie §§ 74 Abs. 2 und 74c einen **Spezialspruchkörper** mit Zuständigkeitskonzentration. Für ihn hat sich die Bezeichnung »Staatsschutzkammer« durchgesetzt. Wie beim Schwurgericht und anders als bei der Wirtschaftsstrafkammer wird für ihn die erstinstanzliche **sachliche Zuständigkeit** des LG konstitutiv und unabhängig (s. § 24 Abs. 1 S. 1 Nr. 1) von dem sonst meist entscheidenden Kriterium der Straferwartung (§ 74 Abs. 1 S. 2 und § 24 Abs. 1 S. 1 Nr. 2) durch einen Deliktskatalog festgelegt; § 74a erschöpft sich also nicht in einer bloßen gesetzlichen Regelung der Geschäftsverteilung (vgl. z.B. KG NStZ-RR 2013, 57). Zudem siedelt **§ 74a Abs. 3** für diese Verfahren auch die **Beschwerdezuständigkeit** ggü. amtsgerichtlichen Verfügungen und Entscheidungen bei der Staatsschutzkammer an, die sonst bei den allg. Strafkammern liegt (vgl. § 73 Rdn. 3). Praktische Bedeutung erlangt das insb. bei Beschwerden gegen Haftbefehle des Amtsgerichts in Staatsschutzsachen (hierzu OLG Celle, Beschluss vom 09.03.2017, Az. 2 Ws 26/17). Ergänzt wird die weitreichende Kompetenz der Staatsschutzkammer noch durch eine Konzentration ihrer **örtlichen Zuständigkeit** (§ 74a Abs. 1, Abs. 5), welche die Identifikation überregionaler Tatzusammenhänge erleichtern soll (s. Rdn. 6). Für das in § 74e geregelte grundsätzliche Verhältnis zu den übrigen besonderen und allgemeinen Strafkammern (funktionelle Zuständigkeit) sowie für das Verhältnis zur Jugendkammer vgl. auch § 74 Rdn. 5 bis 8. Vorrang hat die Staatsschutzkammer der Letzteren ggü. nur in Verfahren, die sich auch gegen einen Erwachsenen richten (§ 103 Abs. 2 JGG; für Jugendschutzsachen s. § 74b Rdn. 3). Die Geschäftsverteilung hat die für Spezialspruchkörper entwickelten Besonderheiten zu beachten (s. § 60 Rdn. 6, 7, 13). Neben den Bestimmungen zur Staatsschutzkammer regelt § 74a in Abs. 4 noch die Zuständigkeit einer besonderen Kammer für **Maßnahmen nach §§ 100b und 100c StPO** (s. Rdn. 7). 1

B. Sachliche Zuständigkeit nach §§ 74a Abs. 1 u. 2. § 74a wurde geschaffen durch das 1. StrÄG 1951 (BGBl. I, S. 739). Die Einführung der Staatsschutzkammer am LG bedeutete **historisch** eine erste Abweichung von der primären erstinstanzlichen Zuständigkeit des Reichsgerichts und später des BGH für Staatsschutzsachen (§ 134a.F.). Diese entfiel erst 1969 (BGBl. I, S. 1582) zugunsten der **OLG** (näher *Kissel/Mayer* § 74a Rn. 1). Deren erstinstanzliche Zuständigkeit nach **§ 120** begrenzt bis heute die Kompetenz des LG, wobei sie nach Maßgabe der §§ 120 Abs. 6, 142a noch immer Gerichtsbarkeit des Bundes ausüben. 2

So teilt **§ 74a Abs. 1** in den **Nr. 1, 2** der Staatsschutzkammer insb. jene Tatbestände des 1. Abschnitts des Besonderen Teils des StGB zu, die § 120 Abs. 1 nicht beim OLG ansiedelt. In die Zuständigkeit der allgemeinen Strafkammern fallen hieraus aber die §§ 86a, 90a Abs. 1 u. Abs. 2, 91 StGB. Als inkonsequent erscheint, dass mit dem Gesetz zur Verfolgung der Vorbereitung von schweren staatsgefährdenden Gewalttaten (GVVG, BGBl. 2009 I, S. 2437) keine Ergänzung des § 74a Abs. 1 vorgenommen wurde, sodass der Staatsschutzkammer von den neu geschaffenen Straftatbeständen nur §§ 89a und 89b StGB, nicht aber § 91 StGB zugewiesen ist (in BT-Drs. 16/12428 S. 19 wird § 91 StGB nicht einmal thematisiert). Einer Aufnahmeempfehlung des Bundesrates im Rahmen des Gesetzgebungsverfahrens zu der am 01.01.2012 in Kraft getretenen Neuregelung der Besetzungsreduktion (Gesetz vom 06.12.2011, BGBl. I, S. 2554; vgl. BT-Drs. 17/7276, S. 1, 4) wurde dort unter Hinweis auf die laufende Evaluation des GVVG nicht entsprochen. Mit dem 2015 in Kraft getretenen GVVG-Änderungsgesetz erfolgte keine Änderung des § 74a (vgl. BGBl. 2015 I S. 926). I.Ü. wird dem LG durch § 74a Abs. 1 **Nr. 3 bis 6** ein Katalog weiterer, auf verschiedene Schutzgüter bezogener Delikte zugewiesen. Wie bei § 74 Abs. 2 sind jeweils alle Erscheinungsformen der Tat umfasst, also auch Versuch und Teilnahme; bei § 234a StGB als einzigem Verbrechen des Katalogs auch Fälle des § 30 StGB. Dagegen begründet § 74a keine Zuständigkeit für sonstige Delikte, die sich lediglich auf eine Katalogtat beziehen, z.B. Anschlusstaten nach §§ 257, 258 StGB (vgl. § 74 Rn. 10; ebenso SK-StPO/*Frister* § 74a Rn. 13; a.A. LR/*Siolek* § 74a Rn. 8). Dies folgt im Umkehrschluss auch aus dem kohärenten Katalog des § 120 Abs. 1, der in Nr. 7 mit § 138 StGB einen solchen Tatbestand sogar explizit nennt. Eine Erweiterung erfährt § 74a durch § 3 NTSG (Neubekanntmachung 2008, BGBl. I, S. 490; vor- 3 mals 4. StrÄG, vgl. Art. 48 Gesetz vom 23.11.2007, BGBl. I, 2614, 2620) bzgl. der Katalogtaten, die durch § 1 NTSG auf Schutzgüter der **NATO-Vertragsstaaten** erstreckt werden.

4 Eine Begrenzung enthält **§ 74a Abs. 1 Nr. 4** für Handlungen, die § 129 StGB und zugleich Strafnormen des **BtMG** erfüllen. Bei ihnen hielt der Gesetzgeber Kenntnisse über die örtliche Drogenszene für vorrangig (s. Vorschlag des BRats für die heute in § 391 Abs. 4 2. HS AO befindliche Regelung in BT-Drs. 8/3551, S. 48, 54 unter Bezugnahme auf das Vorbild in § 74c Abs. 1 Nr. 3; für § 74a übernommen in BT-Drs. 8/4267, S. 44; BT-Drs. 8/4283, S. 9). Mit der Formulierung »dieselbe Handlung« verweist die Norm auf die Regelungen zur Tateinheit in § 52 StGB. Die Begrenzung betrifft damit Taten, die in Verfolgung der Vereinigungsziele begangen wurden und daher mit dem Organisationsdelikt des § 129 StGB in Tateinheit stehen (vgl. BGHSt 29, 288 bzgl. § 129 StGB; bzgl. § 74a s. BGHSt 57, 3 Rn. 18). Durch die **neue Rspr.** des BGH zu den **Konkurrenzverhältnissen** bei §§ 129–129b StGB (BGHSt 60, 308) dürfte sich für die Wirkung der Norm keine Änderung ergeben: Handlungen, die neben dem Organisationsdelikt auch den Tatbestand einer anderen Strafvorschrift erfüllen, stehen danach zwar sowohl untereinander als auch zu der Gesamtheit der sonstigen mitgliedschaftlichen Beteiligungsakte in Tatmehrheit. Mit der jeweils gleichzeitig verwirklichten mitgliedschaftlichen Beteiligung bilden sie jedoch weiterhin eine Tateinheit gem. § 52 Abs. 1 Alt. 1 StGB. Für Handlungen, die zugleich Strafnormen des BtMG erfüllen, unzuständig ist die Staatsschutzkammer auch dann, wenn sie zugleich noch **sonstige Tatbestände** verwirklichen (BGHSt 57, 3 = JR 2012, 262 m. Anm. *F.-Ch. Schroeder*; OLG Oldenburg, NStZ-RR 2004, 174; a.A. LR/*Siolek* § 74a Rn. 13). Dabei kommt es schon aus Gründen des Wortlauts, aber auch der Rechtssicherheit nicht auf die im Einzelfall gegebenen Schwerpunktverhältnisse zwischen den Straftatbeständen an (BGHSt 57, 3; SK-StPO/*Frister* § 74a Rn. 17; *Kissel/Mayer* § 74a Rn. 3), wofür auch spricht, dass die als Vorbild fungierende Norm des § 74c Abs. 1 Nr. 3 v.a. der Entlastung des Spezialspruchkörpers dient (vgl. BT-Drs. 8/976, S. 67 zum StVÄG 1979; so nun auch BGHSt 57, 3 Rn. 21 f.). Allerdings fällt die Wirkung des Ausschlusses von Taten nach dem BtMG bei § 74a Abs. 1 Nr. 4 rigoroser aus als bei § 74c Abs. 1 Nr. 3, weil der Fokussierung auf die örtliche Drogenszene hier ansonsten eine bewusst auf weiträumige Bezüge gerichtete erweiterte örtliche Zuständigkeit der Staatsschutzkammer gegenüber steht (s. Rdn. 6). Man kann sich fragen, ob staatsgefährdende bzw. Vereinigungskriminalität tatsächlich derart spezifisch überregional und Betäubungsmittelkriminalität tatsächlich derart spezifisch ortsbezogen strukturiert sind, dass sich ein so gegensätzliches Zuständigkeitskonzept rechtfertigt. Immerhin kann im Einzelfall einem nur geringen Gewicht der Taten nach dem BtMG über § 154a StPO Rechnung getragen werden (vgl. BGHSt 57, 3 Rn. 23); durch die neue Rspr. des BGH zu den Konkurrenzverhältnissen wird zudem häufiger § 154 StPO anwendbar sein (vgl. auch BGH, Beschluss vom 20.12.2016, Az. 3 StR 355/16).

5 Eine weitere Begrenzung der Zuständigkeit der Staatsschutzkammer bestimmt **§ 74a Abs. 2** für den Fall, dass der **Generalbundesanwalt** sein ihm dort eingeräumtes **Evokationsrecht** ausübt. Damit korrespondiert die Zuordnung zum OLG in § 120 Abs. 2 Nr. 1 als ein Fall beweglicher Zuständigkeit (zur allg. Problematik beweglicher Zuständigkeiten vgl. § 74 Rdn. 1, § 24 Rdn. 7; krit. SK-StPO/*Frister* § 74a Rn. 28). Zum hierfür entscheidenden Kriterium der »besonderen Bedeutung des Falls« s. § 120 Rn. 4 f. Indem § 74a Abs. 2 seit der Änderung durch das StVÄG 1979 explizit von der Zuständigkeit des LG (statt »der Strafkammer«) spricht, stellt die Norm klar, dass das Evokationsrecht auch dann besteht, wenn zugleich die Zuständigkeit einer nach § 74e vorrangigen Spezialkammer besteht (vgl. BT-Drs. 8/976, S. 66; LR/*Siolek* § 74a Rn. 18). Es gilt zudem auch in Verfahren gegen Jugendliche bzw. Heranwachsende (§ 102 JGG).

6 **C. Konzentration der örtlichen Zuständigkeit nach §§ 74a Abs. 1 u. 5.** Über die Konzentration der sachlichen Zuständigkeit hinaus sieht § 74a Abs. 1 zusammen mit Abs. 5 eine **Konzentration** der **örtlichen Zuständigkeit** bei dem LG vor, in dessen Bezirk das übergeordnete OLG seinen Sitz hat. Anders als beim Schwurgericht (s. § 74d) und der Wirtschaftsstrafkammer (s. § 74c Abs. 3) ist diese Konzentration bei der Staatsschutzkammer zwingend. Durch eine großräumige Zuständigkeit soll es erleichtert werden, überregionale Zusammenhänge und damit die Drahtzieher verfassungsgefährdender Bestrebungen zu erkennen (BGHSt 13, 378; *Kissel/Mayer* § 74a Rn. 2). Über **§ 74a Abs. 5** wird zudem der Vorrang, der der Staatsschutzkammer durch § 74e ggü. den allg. Kammern eingeräumt ist, auf die Kammern der übrigen LG des OLG-Bezirks erstreckt (vgl. *Kissel/Mayer* § 74a Rn. 5, 13). Relevant ist die Bezirkserweiterung ferner für Verbindungen (§ 4 Abs. 2 StPO) sowie für die über § 143 Abs. 1 parallel erweiterte Zuständigkeit der StA. § 74a Abs. 5 gilt auch für die durch Abs. 4 konstituierte Kammer mit Zuständigkeit für akustische Wohnraumüberwachung.

7 **D. Zuständigkeit für Online-Durchsuchung und akustische Wohnraumüberwachung (§ 74a Abs. 4).** § 74a Abs. 4 regelt die Zuständigkeit für gerichtliche Entscheidungen bei Anordnung, Überwachung, Mitteilung und nachträglicher Überprüfung von Maßnahmen nach § 100b und § 100c StPO (vgl. § 100e Abs. 2

StPO). Mit der Staatsschutzkammer steht die Norm heute in keinem Zusammenhang mehr (vgl. SK-StPO/*Frister* § 74a Rn. 29). Sie wurde 2005 i.R.d. Neuregelung der akustischen Wohnraumüberwachung eingefügt (BGBl. I, S. 1841) in Reaktion auf das grundlegende Urteil des BVerfG v. 03.03.2004. Zuvor hatte § 100d Abs. 2 StPO a.F. die Zuständigkeit der Staatsschutzkammer vorgesehen. Für die nachträgliche Überprüfung sowie die Entscheidung über den Zeitpunkt der Benachrichtigung der Beteiligten trat ab Anklageerhebung das Prozessgericht an deren Stelle (§ 100d Abs. 6 Satz 2 und § 101 Abs. 1 Satz 2 StPO a.F.); ggf. konnte dies auch die Staatsschutzkammer selbst sein. Nach Auffassung des BVerfG verstieß die vorherige Zuständigkeit des Prozessgerichts jedoch insofern gegen das Grundrecht auf rechtliches Gehör aus Art. 103 Abs. 1 GG, als der Betroffene fürchten musste, dass das Gericht ihm nicht zugängliche Erkenntnisse aus der Überwachung verwenden könnte (BVerfGE 109, 279, 370 f.). Daher ordnet § 74a Abs. 4 parallel zu **§ 120 Abs. 4 Satz 2** nun die Zuständigkeit einer »nicht mit Hauptverfahren in Strafsachen« befassten Kammer an (vgl. BT-Drs. 15/4533, S. 20). Dieser Strafkammer können sonst z.B. die Zuständigkeiten nach §§ 73, 78a zugewiesen sein, während jede Tätigkeit in Erkenntnisverfahren erster Instanz oder in der Berufung für die Kammer wie für ihre Mitglieder ausscheidet (*Kissel/Mayer* § 74a Rn. 18; SK-StPO/*Frister* § 74a Rn. 31).

§ 74b [Zuständigkeit für Jugendschutzsachen]

[1]In Jugendschutzsachen (§ 26 Abs. 1 Satz 1) ist neben der für allgemeine Strafsachen zuständigen Strafkammer auch die Jugendkammer als erkennendes Gericht des ersten Rechtszuges zuständig. [2]§ 26 Abs. 2 und §§ 73 und 74 gelten entsprechend.

In **Parallele zu § 26** Abs. 1 begründet § 74b auch auf der Ebene des LG im Rahmen einer gesetzlichen **Regelung der Geschäftsverteilung** eine Zuständigkeit der Jugendgerichte, hier also der Jugendkammer, für Jugendschutzsachen (zum Begriff s. § 26 Rdn. 3, 4). Für die Jugendkammer als Spezialspruchkörper für das Jugendstrafrecht wird so eine zusätzliche Aufgabe im Bereich des allgemeinen Strafrechts begründet: Ist sie sonst auf Verfahren gegen Jugendliche und Heranwachsende beschränkt, so wird ihre Kompetenz in Jugendschutzsachen auch in Verfahren gegen Erwachsene genutzt, nämlich für den Umgang mit jungen Menschen als Zeugen bzw. Tatopfer. Durch das Gesetz zur Stärkung der Rechte von Opfern sexuellen Missbrauchs (StORMG) vom 26.06.2013 (BGBl. I, S. 1805; vgl. BT-Drs. 17/6261, S. 6, insoweit in Kraft ab 01.09.2013) wurde dieser Funktion der Jugendgerichte zusätzliches Gewicht verliehen: In § 26 Abs. 2, auf den § 74b Satz 2 verweist, wurde die dort bislang enthaltene begrenzende Regelung um eine positive Soll-Vorgabe für die Auswahlentscheidung der StA ergänzt. Auf die sachliche Zuständigkeit des LG hat § 74b keinen Einfluss. 1

Von einer **doppelten Zuständigkeit** (allg. M., z.B. LR/*Siolek* § 74b Rn. 1) kann man wegen des Verweises in § 74b Satz 2 auf § 26 Abs. 2 nur bedingt sprechen: Die StA hat **kein freies Wahlrecht** (so nun auch ausdrücklich die Gesetzesbegründung zum StORMG, vgl. BT-Drs. 17/6261, S. 14). Sie darf und muss (LG Zweibrücken NStZ-RR 2013, 56; *Katholnigg* NStZ 1996, 346; a.A. BGHSt 13, 297) genau dann zur Jugendkammer anklagen, wenn die weit gefassten Kriterien des § 26 Abs. 2 erfüllt sind (s. *Kissel/Mayer* § 74b Rn. 3; krit. zur abweichenden Praxis *Arnold* ZIS 2008, 92, 96; zu den Darlegungsanforderungen für die StA in der Anklage OLG Celle NStZ 2017, 495; ein Beispiel für die Anwendung des § 74b i.V.m. § 26 Abs. 2 Alt. 1 bietet BGHSt 57, 165 m.Anm. *Stuckenberg* JR 2012, 470), wobei das StORMG durch die Änderung des § 26 Abs. 2 (s. Rdn. 1) eine weitere Konkretisierung bewirkt hat. Nur bei solch verfassungskonformer Auslegung ist die Norm mit Art. 101 Abs. 1 Satz 2 GG vereinbar; die für bewegliche Zuständigkeiten entwickelten Kriterien (vgl. § 24 Rdn. 7) müssen auch hier gelten (*Achenbach* FS Wassermann, S. 849, 853 ff. gegen BGHSt 13, 297; *Katholnigg* § 26 Rn. 2). Hierzu gehört auch die Möglichkeit gerichtlicher Kontrolle, die § 209a Nr. 2b StPO im Zwischenverfahren schafft. 2

Das **Verhältnis zu den Spezialspruchkörpern** ist im Gesetz nicht geregelt; auch der Wortlaut »allgemeine Strafsachen« in § 74b Abs. 1 markiert nur den Gegensatz zu den Jugendstrafsachen. Dafür spricht auch die parallele Formulierung in § 26 für das AG, wo sonst für Strafsachen keine den Spezialkammern des LG vergleichbaren besonderen Spruchkörper bestehen. Ein Vorrang der Staatsschutz- und der Wirtschaftsstrafkammer folgt aus dem Erst-recht-Schluss zu § 103 Abs. 2 JGG (str.; näher LR/*Stuckenberg* § 209a Rn. 38). Keinen Vorrang besitzt dagegen das Schwurgericht (h.M.; vgl. SK-StPO/*Degener* § 74b Rn. 2; *Kissel/Mayer* § 74b Rn. 1; BGHSt 42, 39 mit zust. Anm. *Brunner* JR 1996, 391; abl. mit bedenkenswerten Hinweisen zur Gesetzgebungsgeschichte *Katholnigg* NStZ 1996, 346). Hierfür spricht der § 103 Abs. 2 JGG implizit (vgl. BT-Drs. 8/976, S. 70) zugrunde liegende Gedanke, dass die Jugendkammer aufgrund ihrer primären Zuständigkeit (s. § 41 Abs. 1 Nr. 1 JGG) für Schwurgerichtssachen selbst spezielle Fachkunde auch für den dem Schwurgericht zugewiesenen Deliktsbereich besitzt. 3

4 Durch die Geschäftsverteilung kann einer allg. Strafkammer die Aufgabe einer »**Jugendschutzkammer**« zugewiesen werden, was aber an der zusätzlichen Zuständigkeit der Jugendkammer nichts ändert (vgl. *Kissel/Mayer* § 74b Rn. 2; LR/*Siolek* § 74b Rn. 2 bis 4). Für das **Verfahren** vor der Jugendkammer gilt das **JGG**, insb. die Normen zu Besetzung und zur Nichtöffentlichkeit nach § 48 JGG (SK-StPO/*Degener* § 74b Rn. 3). Durch den Verweis auf §§ 73, 74 wird klargestellt, dass die Jugendkammer zugleich als **Beschwerde- und Berufungsgericht** (in amtsgerichtlichen Verfahren nach § 26) fungiert (LR/*Siolek* § 74b Rn. 4).

§ 74c [Wirtschaftsstrafkammer]

(1) [1]Für Straftaten

1. nach dem Patentgesetz, dem Gebrauchsmustergesetz, dem Halbleiterschutzgesetz, dem Sortenschutzgesetz, dem Markengesetz, dem Designgesetz, dem Urheberrechtsgesetz, dem Gesetz gegen den unlauteren Wettbewerb, dem Gesetz zum Schutz von Geschäftsgeheimnissen, der Insolvenzordnung, dem Unternehmensstabilisierungs- und -restrukturierungsgesetz, dem Aktiengesetz, dem Gesetz über die Rechnungslegung von bestimmten Unternehmen und Konzernen, dem Gesetz betreffend die Gesellschaften mit beschränkter Haftung, dem Handelsgesetzbuch, dem SE-Ausführungsgesetz, dem Gesetz zur Ausführung der EWG-Verordnung über die Europäische wirtschaftliche Interessenvereinigung, dem Genossenschaftsgesetz, dem SCE-Ausführungsgesetz und dem Umwandlungsgesetz,

2. nach den Gesetzen über das Bank-, Depot-, Börsen- und Kreditwesen sowie nach dem Versicherungsaufsichtsgesetz, dem Zahlungsdiensteaufsichtsgesetz und dem Wertpapierhandelsgesetz,

3. nach dem Wirtschaftsstrafgesetz 1954, dem Außenwirtschaftsgesetz, den Devisenbewirtschaftungsgesetzen sowie dem Finanzmonopol-, Steuer- und Zollrecht, auch soweit dessen Strafvorschriften nach anderen Gesetzen anwendbar sind; dies gilt nicht, wenn dieselbe Handlung eine Straftat nach dem Betäubungsmittelgesetz darstellt, und nicht für Steuerstraftaten, welche die Kraftfahrzeugsteuer betreffen,

4. nach dem Weingesetz und dem Lebensmittelrecht,

5. des Subventionsbetruges, des Kapitalanlagebetruges, des Kreditbetruges, des Bankrotts, der Verletzung der Buchführungspflicht, der Gläubigerbegünstigung und der Schuldnerbegünstigung,

5a. der wettbewerbsbeschränkenden Absprachen bei Ausschreibungen, der Bestechlichkeit und Bestechung im geschäftlichen Verkehr, der Bestechlichkeit im Gesundheitswesen, der Bestechung im Gesundheitswesen, der Bestechlichkeit und der Bestechung ausländischer und internationaler Bediensteter sowie nach dem Gesetz zur Bekämpfung internationaler Bestechung,

6. a) der Geldwäsche, des Betruges, des Computerbetruges, der Untreue, des Vorenthaltens und Veruntreuens von Arbeitsentgelt, des Wuchers, der Vorteilsannahme, der Bestechlichkeit, der Vorteilsgewährung und der Bestechung,

b) nach dem Arbeitnehmerüberlassungsgesetz, dem EU-Finanzschutzstärkungsgesetz und dem Schwarzarbeitsbekämpfungsgesetz,

soweit zur Beurteilung des Falles besondere Kenntnisse des Wirtschaftslebens erforderlich sind,

ist, soweit nach § 74 Abs. 1 als Gericht des ersten Rechtszuges und nach § 74 Abs. 3 für die Verhandlung und Entscheidung über das Rechtsmittel der Berufung gegen die Urteile des Schöffengerichts das Landgericht zuständig ist, eine Strafkammer als Wirtschaftsstrafkammer zuständig. [2]Die §§ 120 und 120b bleiben unberührt.

(2) In den Sachen, in denen die Wirtschaftsstrafkammer nach Absatz 1 zuständig ist, trifft sie auch die in § 73 Abs. 1 bezeichneten Entscheidungen.

(3) [1]Die Landesregierungen werden ermächtigt, zur sachdienlichen Förderung oder schnelleren Erledigung der Verfahren durch Rechtsverordnung einem Landgericht für die Bezirke mehrerer Landgerichte ganz oder teilweise Strafsachen zuzuweisen, welche die in Absatz 1 bezeichneten Straftaten zum Gegenstand haben. [2]Die Landesregierungen können die Ermächtigung durch Rechtsverordnung auf die Landesjustizverwaltungen übertragen.

(4) Im Rahmen des Absatzes 3 erstreckt sich der Bezirk des danach bestimmten Landgerichts auf die Bezirke der anderen Landgerichte.

S.a. RiStBV Nr. 113 Abs. 2 Satz 2

1 **A. Regelungsgegenstände.** Die Norm konstituiert mit der Wirtschaftsstrafkammer einen **Spezialspruchkörper mit konzentrierter Zuständigkeit**, der in dieser Eigenschaft neben dem Schwurgericht und der sog. Staatsschutzkammer steht. Während aber die §§ 74 Abs. 2, 74a für die Letzteren zugleich konstitutiv die sachliche Zuständigkeit des LG bestimmen, setzt § 74c diese für die Wirtschaftsstrafkammer voraus: Die Delikte nach § 74c Abs. 1 fallen nur in ihre Kompetenz, wenn zugleich über § 74 Abs. 1 die sachliche Zuständigkeit des LG eröffnet ist. § 74c erschöpft sich also in einer gesetzlichen Geschäftsverteilungsregelung. § 74c Abs. 1 Satz 2 stellt zudem den Vorrang des OLG für erstinstanzliche Verfahren nach § 120 klar. Hat in erster Instanz das Schöffengericht entschieden, so fungiert die (kleine) Wirtschaftsstrafkammer als **Berufungsgericht** (§ 74c Abs. 1 Satz 1, 2. Alt.; zur Besetzung vgl. § 76 Rdn. 23). Über § 74c Abs. 2 erhält die (große) Wirtschaftsstrafkammer zudem die **Beschwerdezuständigkeit** für amtsgerichtliche Verfügungen und Entscheidungen (vgl. § 73 Rdn. 3), sofern ihre Zuständigkeit als erkennendes Gericht in der Ausgangs- oder Berufungsinstanz zu erwarten ist (SK-StPO/*Degener* § 74c Rn. 14).

2 Das Verhältnis zu den übrigen besonderen und zu den allg. Strafkammern (**funktionelle Zuständigkeit**) ist in § 74e geregelt, vgl. hierzu sowie für das Verhältnis zur Jugendkammer auch § 74 Rdn. 5 bis 8. Der Letzteren ggü. kommt der Wirtschaftsstrafkammer Vorrang nur in Verfahren zu, die sich zugleich auch gegen einen Erwachsenen richten (§ 103 Abs. 2 JGG; für Jugendschutzsachen vgl. § 74b Rdn. 3).

3 **B. Gesetzliche Geschäftsverteilung nach § 74c Abs. 1.** § 74c wurde 1971 zunächst als bloße Konzentrationsermächtigung mit dem Inhalt seines heutigen Abs. 3 geschaffen (BGBl. I, S. 1513; näher LR/*Siolek* § 74c Entstehungsgeschichte). Die heutige Struktur als gesetzliche Regelung der Geschäftsverteilung erhielt die Norm durch das StVÄG 1979 (BGBl. I 1978, S. 1645). Die im Katalog des § 74c Abs. 1 genannten und in die Zuständigkeit des LG fallenden Tatbestände sind seitdem zwingend einer Spezialkammer zugewiesen (vgl. BT-Drs. 8/976, S. 66 f.). Entsprechend sind bei der Geschäftsverteilung die für **Spezialspruchkörper** entwickelten Besonderheiten zu beachten, insb. die strengen Vorgaben für die Bildung mehrerer Kammern (BGHSt 59, 205; 34, 379; näher § 60 Rdn. 6, 7, 13). Der Katalog des § 74c Abs. 1 ist darauf gerichtet, spezialisierte Richter dort zum Einsatz zu bringen, wo wirtschaftliches **Fachwissen** erforderlich ist, was in den Fällen der Nr. 1 bis 5a unwiderleglich vermutet wird (SK-StPO/*Degener* § 74c Rn. 9), bei Nr. 6 gesondert begründet werden muss (vgl. Rdn. 7). Dabei ist jedoch keine besondere Qualifikation der Richter vorgeschrieben (*Kissel/Mayer* § 74c Rn. 12); das Gesetz setzt hier wie bei den anderen Spezialkammern auf die durch die Tätigkeit erwerbbare Erfahrung (s. § 74d Rdn. 1). Da die Schöffen über die einheitliche Schöffenliste gewonnen werden (s. § 77 Rdn. 2), steht der Sinn der Schöffenbeteiligung bei der Wirtschaftsstrafkammer allerdings in besonderem Maß infrage (vgl. *Katholnigg* wistra 1982, 91; *Volk*, FS Dünnebier, S. 373, 381; *Duttge*, JR 2006, 358; mit weiteren Reformüberlegungen zu § 74c zudem *de Vries*, DRiZ 2015, 134). Eine **Besetzungsreduktion** wurde für die große Wirtschaftsstrafkammer mit der Neuregelung zum 01.01.2012 (Gesetz vom 06.12.2011, BGBl. I, S. 2554) für den Regelfall ausgeschlossen (§ 76 Abs. 3 2. Alt., vgl. § 76 Rdn. 14).

4 **Inhaltlich** vermittelt die Norm einen Anhalt für das Tatspektrum des Wirtschaftsstrafrechts bzw. der Wirtschaftskriminalität, wobei hierzu auch kriminologische und strafrechtsdogmatische Ansätze bestehen (vgl. den Überblick bei *Wittig* § 2 Rn. 6, 21, 26). Wie bei den Katalogen der §§ 74 Abs. 2 und 74a Abs. 1 kommt es nicht auf die Erscheinungsform der Tat an; auch Versuch, Teilnahme und Fälle des § 30 StGB sind erfasst. Lediglich auf eine Katalogtat bezogene eigenständige Tatbestände, insb. Anschlussdelikte nach den §§ 257 ff. StGB, begründen die Zuständigkeit nach § 74c Abs. 1 nur, wenn sie mit Katalogtaten angeklagt werden (vgl. *Kissel/Mayer* § 74c Rn. 3; SK-StPO/*Degener* § 74c Rn. 4; s. § 74 Rdn. 10). Durch Art. 4 des Gesetzes zur Verbesserung der strafrechtlichen Bekämpfung der Geldwäsche v. 09.03.2021 (BGBl. I, S. 327) wurde allerdings der reformierte Tatbestand der Geldwäsche in Nr. 6a des Katalogs aufgenommen (weiterer Reformbedarf bei § 74c in Bezug auf Anschlussdelikte wird gesehen durch *Weisser* wistra 2020, 140).

5 Der Entlastung der Wirtschaftsstrafkammer dient die Herausnahme von Taten in **Nr. 3**. Die Norm besitzt eine wörtliche Parallele in § 391 Abs. 4 AO. Hintergrund ist, dass Delikte nach dem BtMG regelmäßig mit Steuer- und Zolldelikten zusammentreffen (vgl. BT-Drs. 8/976, S. 67 sowie § 74a Rdn. 4 zur Parallelnorm in § 74a Abs. 1 Nr. 4) und auch bei Taten im Zusammenhang mit der Kraftfahrzeugsteuer meist andere Delikte wie etwa §§ 242, 248b StGB im Vordergrund stehen (*Franzen/Gast/Joecks* § 391 AO Rn. 36).

6 Die Zuständigkeit für die in **Nr. 5** genannten Vorfeldtatbestände des Betrugs (§§ 264, 264a, 265b StGB) besteht auch, soweit diese hinter einem vollendeten oder versuchten Betrug im Wege der Gesetzeskonkurrenz zurücktreten (OLG Celle wistra 1991, 359; SK-StPO/*Degener* § 74c Rn. 8; LR/*Siolek* § 74c Rn. 6; a.A.

OLG Stuttgart wistra 1991, 236). Die Annahme eines solchen Konkurrenzverhältnisses ist angesichts der partiell abweichenden Schutzgüter ohnehin nicht immer zwingend (vgl. SSW-StGB/*Saliger* § 264 Rn. 2; § 265b Rn. 19; SSW-StGB/*Bosch* § 264a Rn. 24). Bei ihnen handelt es sich zudem jedenfalls um überindividuelle Rechtsgüter, die durch Wirtschaftskriminalität besonders gefährdet werden (*Wittig* § 2 Rn. 27 ff.). V.a. muss das Hinzutreten des § 263 StGB keineswegs Ausdruck einer vereinfachten Sach- und Rechtslage sein, da dieser Tatbestand seinerseits über die in jüngerer Zeit intensiv diskutierte Figur der schadensgleichen konkreten Vermögensgefährdung (vgl. BVerfG NJW 2012, 907; BGHSt 53, 199; *Fischer* NStZ-Sonderheft 2009, 8) weit in seinen Vorfeldbereich hineinwirkt. Auch hier greift also der Normzweck einer Bearbeitung durch spezialisierte Richter. Häufig wird dann aber auch die Zuständigkeit nach Nr. 6 gegeben sein. Parallele Überlegungen gelten für den in **Nr. 5a** genannten § 298 StGB.

7 Die in **Nr. 6** aufgezählten Tatbestände des Kernstrafrechts sind der Wirtschaftsstrafkammer nur bei Erforderlichkeit »besonderer Kenntnisse des Wirtschaftslebens« zugewiesen. Es handelt sich um eine bewegliche Zuständigkeit mit der diese Fälle allgemein kennzeichnenden Problematik (vgl. § 24 Rdn. 7; krit. SK-StPO/*Degener* § 74c Rn. 11). Die Kenntnisse müssen explizit »zur Beurteilung« erforderlich sein; relevant ist also nicht das rein tatsächliche Ausmaß der Tat, sondern nur die Schwierigkeit ihrer fachlichen Erfassung (OLG München, JR 1980, 77 m.Anm. *Rieß*; OLG Saarbrücken wistra 2007, 360; *Kissel/Mayer* § 74c Rn. 5; LR/*Siolek* § 74c Rn. 7). Die Entscheidung hierüber soll einem Einwand des Angeklagten i.S.d. § 6a Satz 2 StPO nach Eröffnung nicht zugänglich und außer in Fällen objektiver Willkür **nicht revisibel** sein (BGH NStZ 1985, 464, 466; *Rieß* NJW 1978, 2265, 2268 unter Bezug auf BT-Drs. 8/976, S. 59; LR/*Stuckenberg* § 209a Rn. 47; plausibel anders aber *Meyer-Goßner* NStZ 1981, 168, 170 f.; allgemein zum Maßstab der revisionsgerichtlichen Prüfung der funktionellen Zuständigkeit der Spezialkammern s. BGHSt 57, 3 Rn. 9 ff.). Eine Empfehlung des Bundesrates im Gesetzgebungsverfahren zur Neuregelung der Besetzungsreduktion (Gesetz vom 06.12.2011, BGBl. I, S. 2554) zur Ergänzung des Katalogs der Nr. 6a um Tatbestände des Menschenhandels zum Zweck der Ausbeutung der Arbeitskraft (§ 233 StGB und hierauf bezogene Fälle des § 233a StGB, vgl. BT-Drs. 17/7276 S. 2, 4) fand im Bundestag keine Gefolgschaft (vgl. BT-Drs. 17/7669, BR-Drucks. 716/11). In Nr. 6b im Jahr 2019 neu eingefügt wurden die Straftatbestände nach dem EU-Finanzschutzstärkungsgesetz, welches im Zusammenhang mit der Einführung der Europäischen Staatsanwaltschaft geschaffen wurde.

8 **C. Fakultative örtliche Zuständigkeitskonzentration (§ 74c Abs. 3. u. 4).** Die Konzentrationsermächtigung in § 74c Abs. 3 ist mit § 58 und § 74d vergleichbar, s. ergänzend die dortigen Erläuterungen. Insb. begründet die in § 74c Abs. 3 alternativ aufgeführte Zielsetzung der »schnelleren Erledigung« ggü. dem in § 74d allein genannten allgemeineren Kriterium der »sachlichen Förderung« keine inhaltliche Abweichung (*Kissel/Mayer* § 74d Rn. 1). Im Ausmaß der zugelassenen Konzentration ist § 74c Abs. 3 weiter als § 74d, da diese auf einen Teil der Katalogtaten des § 74c Abs. 1 oder auf Ausgangs- bzw. Berufungsinstanz beschränkt werden kann. Die Norm ist andererseits enger als § 58, da lediglich die vollständige Bearbeitung der Verfahren konzentriert werden kann und keine Begrenzung auf bestimmte Entscheidungen möglich ist (vgl. LR/*Siolek* § 74c Rn. 16). Hinsichtlich der Berufungsinstanz beschränkt sich die Konzentrationsermächtigung nach Abs. 3 jedoch in Parallele zu Abs. 1 auf die Berufung gegen Urteile des Schöffengerichts und betrifft nicht die Berufung gegen Urteile des Strafrichters (so instruktiv auch zur Gesetzesentstehung Thür. OLG StV 2013, 12 m.Anm. *Waider*, dort auch Überblick zu den bestehenden landesrechtlichen Regelungen; vgl. auch Meyer-Goßner/*Schmitt* § 74c Rn. 6, 9). Die Erstreckung des Gerichtsbezirks (Abs. 4) ist relevant für Verbindungen nach § 4 Abs. 2 StPO sowie für die über § 143 Abs. 1 parallel erweiterte Zuständigkeit der StA (näher *Kissel/Mayer* § 74c Rn. 17).

§ 74d [Örtliche Zuständigkeitskonzentration des Schwurgerichts]

(1) [1]Die Landesregierungen werden ermächtigt, durch Rechtsverordnung einem Landgericht für die Bezirke mehrerer Landgerichte die in § 74 Abs. 2 bezeichneten Strafsachen zuzuweisen, sofern dies der sachlichen Förderung der Verfahren dient. [2]Die Landesregierungen können die Ermächtigung auf die Landesjustizverwaltungen übertragen.
(2) (weggefallen)

1 Die Norm gestattet eine örtliche Konzentration der Zuständigkeit des Schwurgerichts. Auf diese Weise kann es insb. bei kleineren Gerichten erleichtert werden, den mit der gesetzlichen Konstituierung von Spezialspruchkörpern verfolgten **Zweck** zu erreichen, nämlich deren Mitglieder durch möglichst exklusive Befassung mit einer besonders komplexen Materie Kenntnisse und Erfahrung sammeln zu lassen und so wiederum die schnelle und fachkundige Erledigung der betreffenden Verfahren zu fördern (vgl. § 60 Rdn. 7).

Die beteiligten Gerichte müssen **nicht** zum selben **OLG-Bezirk** gehören (allg. M., vgl. z.B. SK-StPO/*Degener* § 74d Rn. 2). § 74d gestattet anders als § 74c Abs. 3 oder § 58 **keine nur partielle Konzentration** bestimmter Aufgaben des Schwurgerichts. Das für den Bezirk mehrerer LG gebildete Schwurgericht erhält eine entsprechend erweiterte örtliche Zuständigkeit, mit der über § 142 Abs. 1 auch die Zuständigkeit der **StA** korrespondiert. Als Spruchkörper gehört es jedoch trotzdem allein zu dem Gericht, bei dem es angesiedelt ist. Aus dessen Schöffenliste werden die Schöffen entnommen. Für die Besetzung mit Berufsrichtern ist allein das örtliche Präsidium zuständig (*Kissel/Mayer* § 74d Rn. 3). 2

§ 74e [Rangverhältnis der Spezialstrafkammern]

Unter verschiedenen nach den Vorschriften der §§ 74 bis 74d zuständigen Strafkammern kommt
1. in erster Linie dem Schwurgericht (§ 74 Abs. 2, § 74d),
2. in zweiter Linie der Wirtschaftsstrafkammer (§ 74c),
3. in dritter Linie der Strafkammer nach § 74a
der Vorrang zu.

Das Verhältnis der Spruchkörper des LG untereinander ist keine Frage der sachlichen Zuständigkeit, sondern wird überwiegend als Fallgruppe der funktionellen Zuständigkeit gesehen (näher s. § 74 Rdn. 5). Entsprechend ändert das **Vorrangprinzip** des § 74e nichts an der **prinzipiellen Gleichwertigkeit** aller landgerichtlichen Spruchkörper, die 1975 durch das 1. StVRG mit der Umwandlung des Schwurgerichts in eine normale Strafkammer eingetreten ist (BGHSt 26, 191). § 74e wurde vielmehr durch das StVÄG 1979 als bloße technische Ordnungsvorschrift geschaffen (BT-Drs. 8/976, S. 67; LR/*Siolek* § 74e Rn. 1). 1

Prozessual korrespondiert § 74e mit den zugleich eingeführten §§ 6a, 209a, 225a Abs. 4, 270 Abs. 1 Satz 2 StPO, wo der jeweils ranghöheren Kammer die Kompetenz zur Klärung von Zuständigkeitsstreitigkeiten eingeräumt wird (näher § 1 StPO Rdn. 32). Dabei ist § 74e auch in der **Berufungsinstanz** für den Vorrang der kleinen Wirtschaftsstrafkammer zu beachten (s. § 74c Abs. 1 Satz 1, 2. Alt.; KG NStZ 2011, 172; LR/*Siolek* § 74c Rn. 9; für die dem Schwurgericht bzw. der Staatsschutzkammer zugewiesenen Bereiche schließen §§ 74 Abs. 2, 74a jeweils eine erstinstanzliche Zuständigkeit des AG aus). Der nur dritte Rang der Staatsschutzkammer erklärt sich durch die vorrangige Zuständigkeit des OLG nach § 120 (BT-Drs. 8/1844, S. 33; *Katholnigg* NJW 1978, 2375, 2376). Durch § 74e nicht geregelt werden die Relationen ggü. der **Jugendkammer** (s. dazu § 74 Rdn. 6, 7; zu **Jugendschutzsachen** s. § 74b Rdn. 3). 2

§ 74f [Zuständigkeit bei vorbehaltener oder nachträglicher Anordnung der Sicherungsverwahrung]

(1) Hat im ersten Rechtszug eine Strafkammer die Anordnung der Sicherungsverwahrung vorbehalten oder im Fall des § 66b des Strafgesetzbuches als Tatgericht entschieden, ist diese Strafkammer im ersten Rechtszug für die Verhandlung und Entscheidung über die im Urteil vorbehaltene oder die nachträgliche Anordnung der Sicherungsverwahrung zuständig.

(2) Hat im Fall des § 66b des Strafgesetzbuches im ersten Rechtszug ausschließlich das Amtsgericht als Tatgericht entschieden, ist im ersten Rechtszug eine Strafkammer des ihm übergeordneten Landgerichts für die Verhandlung und Entscheidung über die nachträgliche Anordnung der Sicherungsverwahrung zuständig.

(3) Im Fall des § 66b des Strafgesetzbuches gilt § 462a Absatz 3 Satz 2 und 3 der Strafprozessordnung entsprechend.

(4) [1]In Verfahren, in denen über die im Urteil vorbehaltene oder die nachträgliche Anordnung der Sicherungsverwahrung zu entscheiden ist, ist die große Strafkammer mit drei Richtern einschließlich des Vorsitzenden und zwei Schöffen besetzt. [2]Bei Entscheidungen außerhalb der Hauptverhandlung wirken die Schöffen nicht mit.

Übersicht

1 **A. Regelungsgegenstand und Entstehung.** § 74f regelt die **sachliche Zuständigkeit** für das in § 275a StPO normierte Verfahren der Entscheidung über die vorbehaltene und die nachträgliche Sicherungsverwahrung. Wegen der Eingriffsintensität der beiden Maßregeln schließt das Gesetz dabei eine Anordnung durch das AG aus (vgl. auch § 24 Abs. 2) und sieht ausschließlich die Zuständigkeit des LG (§ 74f) bzw. des OLG (§ 120a) vor. In Abs. 4 enthält die Norm zudem eine eigenständige Normierung der **Besetzung** der großen Strafkammer in diesen Verfahren.

2 Die Norm wurde 2004 gemeinsam mit der Einführung des § 66b StGB geschaffen (BGBl. I, S. 1838). Mit der Neuregelung des Rechts der Sicherungsverwahrung zum 01.01.2011 (BGBl. I, 2010, 2300, 2303) wurde im Wortlaut der Absätze 1–3 nachvollzogen, dass § 66b StGB für die nachträgliche Sicherungsverwahrung seitdem nur noch einen Anwendungsfall vorsieht (vgl. BT-Drs. 17/3403, S. 48; vgl. aber die Übergangsregelung in Art. 316e Abs. 1 EGStGB). Durch die Entscheidung des BVerfG vom 04.05.2011 (NJW 2011, 1931) zur Verfassungswidrigkeit des damaligen Rechts der Sicherungsverwahrung wurde § 74f nicht unmittelbar betroffen; die Norm blieb durch die zum 01.06.2013 in Kraft getretene bundesrechtliche Umsetzung des Abstandsgebotes im Recht der Sicherungsverwahrung (BGBl. 2012 I, S. 2425) unverändert. Mit der Neuregelung der Besetzung der großen Straf- und Jugendkammern zum 01.01.2012 (Gesetz vom 06.12.2011, BGBl. I, S. 2554) wurde in dem neu eingefügten Abs. 4 der Ausschluss der Besetzungsreduktion der Strafkammer auf alle in § 74f behandelten Verfahren ausgeweitet.

3 **B. Zuständigkeit des Gerichts der Anlassverurteilung.** Die Verhängung vorbehaltener wie nachträglicher Sicherungsverwahrung erfordert die Prognose künftiger Gefährlichkeit und knüpft dabei an eine zuvor ergangene Anlassverurteilung an, mit der Freiheits- oder Jugendstrafe verhängt und zugleich Sicherungsverwahrung vorbehalten wurde (§ 66a StGB, § 7 Abs. 2 JGG, § 106 Abs. 3 und 4 JGG) oder mit der eine Unterbringung nach § 63 StGB angeordnet wurde, die inzwischen nach § 67d Abs. 6 StGB für erledigt erklärt worden ist (nachträgliche Sicherungsverwahrung: § 66b StGB, § 7 Abs. 4 JGG, § 106 Abs. 7 JGG). Entsprechend liegt § 74f als Ziel zugrunde, die jetzt anstehende Entscheidung bei dem für diese **Anlassverurteilung** verantwortlichen Gericht anzusiedeln, hilfsweise bei dem ihr **sachlich am nächsten stehenden** Gericht mit ausreichendem Strafbann (vgl. BT-Drs. 15/2887, S. 17). Dass bei langem Zeitablauf zwischen beiden Verfahren trotzdem selten Personenidentität der beteiligten Richter bestehen wird (*Kissel/Mayer* § 74f Rn. 3), spricht nicht zwingend gegen die Zweckmäßigkeit der Regelung, zumal in den Fällen des § 66a StGB der zeitliche Abstand oft sogar überschaubar sein wird (bezeichnend ist die mit der Neuregelung zum 01.01.2011 in § 66a Abs. 3 StGB, § 275a Abs. 5 StPO vorgenommene Verlängerung der Zeitspanne, während der der Vorbehalt ausgeübt werden kann, vgl. BT-Drs. 17/3403, S. 29, 30; BT-Drs. 17/4062, S. 14, 15).

4 **I. Anlassverurteilung des Landgerichts (Abs. 1).** Bei der Anlassverurteilung einer Strafkammer des LG lässt sich das in Rdn. 3 genannte Ziel bestmöglich erreichen: § 74f Abs. 1 bestimmt deren Zuständigkeit auch für die Entscheidung über die Anordnung der Sicherungsverwahrung. Diese Situation ist bei der **nachträglichen Sicherungsverwahrung** der Regelfall. Geeignete Anlassverurteilungen können hier durch ein AG nur in wenigen Ausnahmekonstellationen ergehen, für die § 74f Abs. 2 das zuständige LG bestimmt. Im allgemeinen Strafrecht kann dies nur »Altfälle« betreffen, die nach dem vor 2011 geltenden Recht zu beurteilen sind, daneben bestimmte Fälle nach materiellem Jugendstrafrecht (s. näher Rdn. 6). Bei der **vorbehaltenen Sicherungsverwahrung** sollten Anlassverurteilungen eines AG dagegen gar nicht vorkommen, da das AG nach dem Willen des Gesetzgebers (vgl. BT-Drs. 15/2887, S. 17 f.) und allg. M. keinen Vorbehalt nach § 66a StGB bzw. § 106 Abs. 3 Satz 2, Abs. 4 JGG aussprechen kann (*Kissel/Mayer* § 74f Rn. 4; LR/*Siolek* § 74f Rn. 2; Meyer-Goßner/*Schmitt*, § 74f Rn. 1; zu § 7 Abs. 2 JGG s. Rdn. 9). Das ergibt sich zwar nicht unmittelbar aus § 24 Abs. 1 Nr. 2, auch wenn sich der Gesetzgeber bei Schaffung des § 74f auf diese Norm und die dort eingefügte Nennung der §§ 66 bis 66b StGB bezog (vgl. BT-Drs. 15/2887, S. 17): § 24 Abs. 1 Nr. 2 stellt nach h.M. auf die Rechtsfolgenprognose im Zeitpunkt der Eröffnung ab (vgl. SK-StPO/*Degener* § 24 Rn. 10, 12, 43), während sich die Notwendigkeit eines Vorbehalts nach § 66a StGB auch erst während der Hauptverhandlung ergeben kann (vgl. z.B. BT-Drs. 17/6905 S. 10). Dass das AG gleichwohl jedenfalls eine Unterbringung nicht selbst anordnen kann, sondern ein betroffenes Verfahren nach § 270 StPO an das LG verweisen muss, folgt vielmehr erst aus der Begrenzung des Strafbanns des AG durch § 24 Abs. 2 (vgl. LR/*Siolek* § 24 Rn. 16, 40; § 25 Rn. 12; LR/*Stuckenberg*, § 270 Rn. 19; SK-StPO/*Degener* § 24 Rn. 43). Für den Vorbehalt nach § 66a StGB ist dabei zu beachten, dass die spätere Anordnung der Sicherungsverwahrung nicht in einem neuen, sondern innerhalb des insoweit noch anhängigen Verfahrens erfolgt, in dem der Vorbehalt ausgesprochen wurde. In diesem tritt mit Anordnung des Vorbehalts lediglich eine »Spaltung« der Hauptverhandlung ein (LR Nachtr. 25. Aufl./*Gollwitzer* § 275a StPO Rn. 1; Meyer-Goßner/*Schmitt*, § 275a StPO, Rn. 3, 12). Sicherungsverwahrung vorbehalten kann folglich nur dasjenige Gericht, das auch für deren spätere Anordnung die nötige Strafgewalt besitzt. Beim AG ist das wegen § 24 Abs. 2 nicht der

Fall; auf eine erneute ausdrückliche Nennung der §§ 66 bis 66b StGB hat der Gesetzgeber dort aus redaktionellen Gründen verzichtet (vgl. BT-Drs. 15/2887, S. 17).

II. Anlassverurteilung des Amtsgerichts (Abs. 2). Nachdem das AG grds. keinen Vorbehalt der Unterbringung nach § 66a StGB aussprechen kann, betrifft § 74f Abs. 2 ausdrücklich allein **§ 66b StGB** (vgl. BT-Drs. 15/2887, S. 17, zu § 7 Abs. 2 JGG s. aber Rdn. 9). Die Norm behandelt den Fall, dass aufgrund der Anlassverurteilung eines AG nachträglich Sicherungsverwahrung angeordnet werden soll, und nimmt dabei zugunsten der höheren Rechtsfolgenkompetenz des LG eine reduzierte Sachnähe in Kauf: Sie bestimmt die Zuständigkeit des LG, in dessen Bezirk das für die Anlassverurteilung verantwortliche AG seinen Sitz hat. »Ausschließlich« von einem AG i.S.d. § 74f Abs. 2 stammt die Anlassverurteilung auch dann, wenn zugleich ein **Berufungsurteil** vorliegt (näher SK-StPO/*Frister* § 74f Rn. 8; *Frister/Kliegel*, NStZ 2010, 484), sodass auch in diesem Fall eine große Strafkammer zur Entscheidung berufen ist (LR/*Siolek* § 74f Rn. 6). Dafür spricht auch die in diesem Zusammenhang allein auf Fälle mehrerer erstinstanzlicher Anlassverurteilungen (s. Rdn. 7) abzielende Gesetzesbegründung zu § 74f Abs. 2 (BT-Drs. 15/2887, S. 18). 5

Nachdem § 66b StGB seit der Reform zum 01.01 2011 (BGBl. 2010, I S. 2300) nur noch die Fälle des früheren § 66b Abs. 3 StGB a.F. erfasst, besitzt § 74f Abs. 2 im **allgemeinen Strafrecht keinen Anwendungsbereich** mehr: Aufgrund § 24 Abs. 2 kann ein AG die durch § 66b StGB vorausgesetzte Anlassverurteilung in Form einer Unterbringung nach § 63 StGB nicht verhängen. Die Norm hat aber noch Bedeutung für **»Altfälle«**, auf die § 66b Abs. 1 StGB a.F. in der vor der Reform zum 01.01.2011 geltenden Fassung anzuwenden ist (vgl. Art. 316e Abs. 1 EGStGB; Meyer-Goßner/*Schmitt*, § 74f Rn. 2), obwohl sie auch für diese weitgehend leerläuft (vgl. SK-StPO/*Frister* § 74f Rn. 5). Denn Anlassverurteilungen eines AG zu nachträglicher Sicherungsverwahrung waren auch nach dem vor 2011 geltenden Recht nur nach § 66b Abs. 1 StGB a.F. möglich, während das AG wegen § 24 Abs. 2 weder für Freiheitsstrafen in der nach § 66b Abs. 2 StGB a.F. geforderten Höhe noch für die durch § 66b Abs. 3 StGB a.F. vorausgesetzte Unterbringung nach § 63 StGB die nötige Sanktionskompetenz besaß. Gleiches gilt bis heute für die gegen einen **Heranwachsenden** möglichen Anlassverurteilungen nach allgemeinen Strafrecht (s. Rdn. 8). Anwendung finden kann § 74f Abs. 2 aber für Anlassverurteilungen nach **materiellem Jugendstrafrecht** (s. Rdn. 9). 6

C. Mehrere Anlassverurteilungen (Abs. 3). Liegen mehrere Anlassverurteilungen nach **§ 66b** bzw. **§ 66b a.F. StGB** (»Altfälle«, vgl. Art. 316e Abs. 1 EGStGB) vor, so ist zu differenzieren: Stehen die beteiligten erstinstanzlichen Gerichte in einem Rangverhältnis, so ist aufgrund des Wortlauts »ausschließlich« in § 74f Abs. 2 sowie aufgrund des Verweises auf § 462a Abs. 3 Satz 3 Hs. 2 StPO in **§ 74f Abs. 3** allein das ranghöchste Gericht zur Entscheidung berufen. Unter Gerichten gleicher Ordnung bestimmt sich das zuständige dagegen über die schwerste Strafart, das höchste Strafmaß und zuletzt das jüngste Datum der Anlassverurteilung (§ 74f Abs. 3 GVG, § 462a Abs. 3 Satz 2 StPO; vgl. *Kissel/Mayer* § 74f Rn. 5). Stammt die so maßgebliche Anlassverurteilung von einem AG, so tritt wiederum das übergeordnete LG an dessen Stelle (SK-StPO/*Frister* § 74f Rn. 10). Wurde **mehrfach** ein Vorbehalt nach **§ 66a StGB** ausgesprochen, so erfolgt keine Konzentration: Da es sich um von vornherein zweiaktige Verfahren handelt, ist in jedem gesondert durch das Gericht der Anlassverurteilung über die Anordnung zu entscheiden (BT-Drs. 15/2887, S. 18). 7

D. Anlassverurteilungen nach dem JGG. Erging die Anlassverurteilung gegen einen **Heranwachsenden** nach **allgemeinem Strafrecht**, so gilt § 74f über die Verweisung in §§ 81a, 109 Abs. 1 Satz 1 JGG; an die Stelle der allg. Strafkammer tritt die Jugendkammer (BT-Drs. 15/2887, S. 19; *Kissel/Mayer* § 74f Rn. 2). Die einschlägigen Möglichkeiten des Vorbehalts der Sicherungsverwahrung sind seit der zum 01.06.2013 in Kraft getretenen Reform (BGBl. 2012 I, S. 2425) in § 106 Abs. 3 Satz 2 und 4 JGG geregelt. Für sie gilt § 74f Abs. 1; zu Anlassverurteilungen eines AG kann es aus den in Rdn. 4 genannten Gründen nicht kommen, da § 108 Abs. 3 Satz 1 JGG auf § 24 Abs. 2 verweist und so die Strafgewalt auch des Jugendschöffengerichts begrenzt. Eine nachträgliche Sicherungsverwahrung erlaubt das Gesetz nur noch nach § 106 Abs. 7 JGG. Fälle nach § 74f Abs. 2 werden hier aber ebenfalls durch den Verweis in § 108 Abs. 3 Satz 1 JGG auf § 24 Abs. 2 ausgeschlossen, der eine Unterbringung nach § 63 StGB durch das AG nicht zulässt. Auch für »Altfälle« der nachträglichen Anordnung nach § 106 Abs. 5 JGG a.F. in der vor Juni 2013 geltenden Fassung (vgl. Art. 316f EGStGB) besaß und besitzt § 74f Abs. 2 keine Bedeutung, da die dort vorausgesetzte Anlassverurteilung zu Freiheitsstrafe von mindestens fünf Jahren die Sanktionskompetenz des AG nach § 24 Abs. 2 ebenfalls überschritt. 8

Bei einer Verurteilung nach **materiellem Jugendstrafrecht** besteht seit der zum 01.06.2013 in Kraft getretenen Reform die Möglichkeit der vorbehaltenen Sicherungsverwahrung nach § 7 Abs. 2 JGG, daneben weiterhin der nachträglichen Sicherungsverwahrung nach § 7 Abs. 4 JGG (Abs. 3 a.F.). Für beide ist § 74f aufgrund der Verweisung in § 81a Abs. 1 JGG anwendbar. Zuständig ist auch hier die Jugendkammer (BT-Drs. 16/6562, 9

S. 10). Anlassverurteilungen durch ein AG und damit **Fälle des § 74f Abs. 2** sind bei Anordnungen nach **§ 7 Abs. 4 JGG** durchaus möglich, weil im materiellen Jugendstrafrecht eine § 24 Abs. 2 bzw. § 108 Abs. 3 Satz 1 JGG entsprechende Regelung zur Begrenzung des Sanktionskompetenz des AG fehlt. Anordnungen nach § 63 StGB sind lediglich dem Jugendrichter untersagt nach § 39 Abs. 2 JGG, während das Jugendschöffengericht im Umkehrschluss grds. eine unbeschränkte Strafgewalt besitzt (s. § 74 Rdn. 4), die ein Vorgehen nach § 270 StPO allein wegen einer in der Hauptverhandlung geänderten Sanktionsprognose ausschließt (vgl. zur Bedeutung des Strafbanns bereits Rdn. 4, ferner LR/*Siolek* § 25 Rn. 12 unter Verweis auch auf das Regelungsgefüge des § 39 JGG; speziell zum Jugendschöffengericht z.B. *Ostendorf/Schady*, § 40 JGG Rn. 5; *Eisenberg*, § 40 JGG Rn. 5, 7). Schon für die 2008 eingeführte und bei der Reform zum 01.01.2011 zunächst beibehaltene Möglichkeit der nachträglichen Sicherungsverwahrung nach § 7 Abs. 2 JGG a.F. galt daher, dass Anlassverurteilungen eines AG, auch solche nach § 63 StGB i.V.m. § 7 Abs. 1, 3 JGG a.F., über die eigens geschaffene Zuständigkeitsnorm des § 41 Abs. 1 Nr. 5 JGG (vgl. BT-Drs. 16/6562, S. 10) zwar weitgehend verhindert, aber nicht ausgeschlossen werden (ebenso i.E. SK-StPO/*Frister* § 74f Rn. 6; *Frister/Kliegel* NStZ 2010, 484, 485). Für die Fälle des § 7 Abs. 4 JGG (Abs. 3 a.F.) hat die Reform 2013 hieran nichts geändert. Für die im materiellen Jugendstrafrecht neu geschaffene Möglichkeit der vorbehaltenen Sicherungsverwahrung nach **§ 7 Abs. 2 JGG n.F.** ist ebenfalls nicht ersichtlich, dass Anlassverurteilungen eines AG, d.h. der Ausspruch eines Vorbehalts der Sicherungsverwahrung, gänzlich ausgeschlossen wären (so i.E. offenbar auch *Ostendorf*, § 7 JGG Rn. 29). Der Gesetzgeber hat bei der Reform der Sicherungsverwahrung zum 01.06.2013 möglicherweise übersehen, dass für die im materiellen Jugendstrafrecht bislang allein mögliche nachträgliche Sicherungsverwahrung eine Regelung zur Anordnungskompetenz des AG lediglich deshalb entbehrlich war, weil § 74f Abs. 2 dafür sorgte, dass spätestens die Verhängung der Sicherungsverwahrung durch die Jugendkammer erfolgte. Bei Schaffung dieser Norm war der Gesetzgeber davon ausgegangen, dass bei der vorbehaltenen Sicherungsverwahrung Anlassverurteilungen eines AG nicht auftreten könnten (vgl. BT-Drs. 15/2887, S. 17 sowie oben Rdn. 4, 5). Dies beruhte aber auf § 24 Abs. 2 bzw. § 108 Abs. 3 Satz 1 JGG und traf daher nur so lange zu, als es im materiellen Jugendstrafrecht keine vorbehaltene Sicherungsverwahrung gab. Nachdem der Gesetzgeber einerseits den Strafbann des Jugendschöffengerichts im materiellen Jugendstrafrecht offenbar weiterhin nicht begrenzen wollte und andererseits eine Verhängung von Sicherungsverwahrung durch das AG bislang wegen der Eingriffsintensität der Maßregel ausnahmslos unterbunden hat (vgl. BT-Drs. 15/2887, S. 17), dürfte eine Öffnung des § 74f Abs. 2 für die Fälle des § 7 Abs. 2 JGG n.F. versehentlich unterblieben sein (vgl. zum seit Juni 2013 geltenden Recht auch *Ostendorf*, § 7 JGG Rn. 29, wo für Anlassverurteilungen des Jugendschöffengerichts auf § 74f verwiesen wird, allerdings ohne die eingeschränkte Geltung des § 74f Abs. 2 zu thematisieren). Freilich trägt § 74f Abs. 2 nicht dem Umstand Rechnung, dass die Anordnung vorbehaltener Sicherungsverwahrung stets im ursprünglichen Verfahren erfolgt (s. Rdn. 4). In dem Fall, dass das Jugendschöffengericht einen Vorbehalt nach § 7 Abs. 2 JGG ausgesprochen hat, dürfte daher für die Fortsetzung des Verfahrens nach § 275a StPO eine Verweisung analog § 270 StPO an das nach § 74f Abs. 2 zuständige LG in Betracht zu ziehen sein.

10 **E. Besetzung der großen Strafkammer (Abs. 4).** § 74f Abs. 4 enthält eine eigenständige und abschließende Normierung der Besetzung der großen Strafkammer für alle in § 74f angesprochenen Verfahren, die kraft Verweisung in §§ 81a, 109 Abs. 1 Satz 1 JGG auch für Verfahren nach dem JGG gilt. Sie hat ihre heutige Ausgestaltung mit der Neuregelung der Besetzungsreduktion zum 01.01.2012 gefunden (Gesetz vom 06.12.2011, BGBl. I, S. 2554; vgl. BT-Drs. 17/6905, S. 5, 11 f.). Zuvor hatte § 74f Abs. 3 Hs. 2 a.F. bereits eine **Besetzungsreduktion** der Strafkammer **ausgeschlossen** für Verfahren über die Anordnung einer nachträglichen Sicherungsverwahrung. Mit der Neuregelung wurde auch für Verfahren über die Anordnung einer vorbehaltenen Sicherungsverwahrung eine zwingende Besetzung mit drei Berufsrichtern und zwei Schöffen vorgeschrieben. Ergänzt wurde so die gleichzeitige Neuregelung in § 76 Abs. 2 Satz 3 Nr. 2 (im Jugendstrafverfahren § 33b Abs. 2 Satz 2 Nr. 2 sowie § 108 Abs. 3 Satz 3 JGG, s. § 76 Rdn. 15), wo eine Besetzungsreduktion auch schon für Erkenntnisverfahren ausgeschlossen wird, in denen ein Vorbehalt nach § 66a StGB oder eine Unterbringung nach § 63 StGB und damit potenzielle Anlassverurteilungen für Verfahren nach § 74f zu erwarten sind (s. § 76 Rdn. 11).

§ 76 [Besetzung der Strafkammern]

(1) [1]Die Strafkammern sind mit drei Richtern einschließlich des Vorsitzenden und zwei Schöffen (große Strafkammer), in Verfahren über Berufungen gegen ein Urteil des Strafrichters oder des Schöffengerichts mit dem Vorsitzenden und zwei Schöffen (kleine Strafkammer) besetzt. [2]Bei Entscheidungen außerhalb der Hauptverhandlung wirken die Schöffen nicht mit.

(2) [1]Bei der Eröffnung des Hauptverfahrens beschließt die große Strafkammer über ihre Besetzung in der Hauptverhandlung. [2]Ist das Hauptverfahren bereits eröffnet, beschließt sie hierüber bei der Anberaumung des Termins zur Hauptverhandlung. [3]Sie beschließt eine Besetzung mit drei Richtern einschließlich des Vorsitzenden und zwei Schöffen, wenn
1. sie als Schwurgericht zuständig ist,
2. die Anordnung der Unterbringung in der Sicherungsverwahrung, deren Vorbehalt oder die Anordnung der Unterbringung in einem psychiatrischen Krankenhaus zu erwarten ist oder
3. nach dem Umfang oder der Schwierigkeit der Sache die Mitwirkung eines dritten Richters notwendig erscheint.
[4]Im Übrigen beschließt die große Strafkammer eine Besetzung mit zwei Richtern einschließlich des Vorsitzenden und zwei Schöffen.
(3) Die Mitwirkung eines dritten Richters nach Absatz 2 Satz 3 Nummer 3 ist in der Regel notwendig, wenn die Hauptverhandlung voraussichtlich länger als zehn Tage dauern wird oder die große Strafkammer als Wirtschaftsstrafkammer zuständig ist.
(4) Hat die Strafkammer eine Besetzung mit zwei Richtern einschließlich des Vorsitzenden und zwei Schöffen beschlossen und ergeben sich vor Beginn der Hauptverhandlung neue Umstände, die nach Maßgabe der Absätze 2 und 3 eine Besetzung mit drei Richtern einschließlich des Vorsitzenden und zwei Schöffen erforderlich machen, beschließt sie eine solche Besetzung.
(5) Ist eine Sache vom Revisionsgericht zurückverwiesen oder ist die Hauptverhandlung ausgesetzt worden, kann die jeweils zuständige Strafkammer erneut nach Maßgabe der Absätze 2 und 3 über ihre Besetzung beschließen.
(6) [1]In Verfahren über Berufungen gegen ein Urteil des erweiterten Schöffengerichts (§ 29 Abs. 2) ist ein zweiter Richter hinzuzuziehen. [2]Außerhalb der Hauptverhandlung entscheidet der Vorsitzende allein.

Übersicht

A. Regelungsgegenstand. Die Norm bestimmt die Besetzung der Strafkammern in ihrer Eigenschaft als verfahrensbezogen nach außen auftretendes **erkennendes bzw. beschließendes Gericht**. Als Zuordnungseinheit der Gerichtsorganisation können der Kammer dagegen im Weg der Geschäftsverteilung (§ 21e) mehr Richter zugewiesen sein, als sie nach § 76 für ihre Spruchtätigkeit im einzelnen Verfahren benötigt (Überbesetzung, zur Problematik vgl. § 60 Rdn. 1 f., § 21e Rdn. 12). Für den Vorsitz ist § 28 Abs. 2 DRiG, für den Einsatz nicht auf Lebenszeit bestellter Richter § 29 DRiG zu beachten. Inhaltlich differenziert § 76 einerseits zwischen Ausgangs- und Berufungsinstanz, andererseits zwischen der Besetzung innerhalb und außerhalb der Hauptverhandlung. 1

B. Besetzung in Verfahren erster Instanz. Für die Ausgangsinstanz legt § 76 Abs. 1 Satz 1, 1. Alt. zwar die grundsätzliche Besetzung der **großen Strafkammer** fest, jedoch tritt das Gericht nur in besonderen Fällen tatsächlich mit drei Berufsrichtern und zwei Schöffen in Erscheinung: Für die Hauptverhandlung hat die Kammer in der Regel eine Reduktion der berufsrichterlichen Besetzung zu beschließen (§ 76 Abs. 2–5), während außerhalb der Hauptverhandlung die Schöffen nicht mitwirken (§ 76 Abs. 1 Satz 2). 2

I. Besetzungsreduktion für die Hauptverhandlung (§ 76 Abs. 2–5). Die große Strafkammer hat in jedem Verfahren vor Beginn der Hauptverhandlung über die Stärke ihrer berufsrichterlichen Besetzung zu entscheiden, wobei das Gesetz zwischen einer Besetzung mit zwei oder mit drei Berufsrichtern, jeweils neben den beiden Schöffen, differenziert. Die einschlägige Regelung in § 76 Abs. 2–5 wurde 1993 geschaffen und mit Wirkung ab 2012 grundlegend reformiert. **Gesonderte Besetzungsregelungen** bestehen für Verfahren nach § 66b StGB sowie zur Anordnung einer nach § 66a StGB vorbehaltenen Sicherungsverwahrung in 3

§ 74f Abs. 4 (s. § 74f Rdn. 10) mit Geltung auch in Verfahren nach dem JGG (§§ 81a, 109 Abs. 1 Satz 1 JGG), ferner allgemein für die Jugendkammer in § 33b Abs. 2 bis 6 n.F. JGG sowie in § 108 Abs. 3 Satz 3 JGG für nach allgemeinem Strafrecht zu behandelnde Heranwachsende (s. Rdn. 15).

4 Die Besetzungsreduktion führt regelmäßig zu einer der Überbesetzung ähnlichen Situation. Die **kammerinterne Geschäftsverteilung** (§ 21g Abs. 1) muss daher für alle Verfahren abstrakt im Voraus festlegen, welches Mitglied im Fall der Reduktion jeweils aus der Dreierbesetzung ausscheidet (BGH StV 2005, 2; BGH NJW 2000, 372; *Schlothauer* StV 1993, 147; SK-StPO/*Degener* § 76 Rn. 14).

5 **1. Rechtspolitischer Hintergrund der Regelung.** Die Besetzungsreduktion für die Hauptverhandlung nach § 76 Abs. 2 a.F. wurde durch das RPflEntlG 1993 (BGBl. I, S. 50) vor dem Hintergrund der **Aufbauhilfe** für die Justiz der neuen Länder eingeführt, parallel dazu § 33b Abs. 2 JGG für die Jugendkammer. Die ursprüngliche Befristung bis 28.02.1998 wurde sechsmal verlängert, zuletzt bis zum **31.12.2011** (BGBl. I 2008, S. 2348; detaillierter Überblick bei *Riess* FS Schöch, S. 895, 901). Mit dem Auslaufen der letzten Verlängerung ist zum 01.01.2012 eine als endgültig intendierte, inhaltlich modifizierte gesetzliche Neuregelung erfolgt (Gesetz vom 06.12.2011, BGBl. I, S. 2554; näher Rdn. 8).

6 Die gesetzlichen Vorgaben zur Besetzungsreduktion haben zuvor in mehrfacher Hinsicht **Kritik** erfahren: Ein Verfahren mit drei Berufsrichtern besitzt höhere Qualität, da ein neben Vorsitzenden und Berichterstatter mitwirkender »Beobachter« durchaus Eigenes zum Erkenntnisprozess beitragen kann (BGHSt 44, 328, 334 f.; SK-StPO/*Degener* § 76 Rn. 4 m.w.N.). Auch der Gesetzgeber des RPflEntlG hat dies so gesehen (BT-Drs. 12/1217, S. 46 f.). Die Reduktion wird daher z.T. als problematisch eingestuft (z.B. *Katholnigg* JR 1999, 304, 306; *Schlothauer* StV 1993, 147; *Haller/Janßen*, NStZ 2004, 469). Aus revisionsgerichtlicher Sicht wurde auf den Eindruck hingewiesen, dass seit Einführung der Regelung vermehrt richterliche Fehlleistungen auftreten (*Rissing-van Saan* FS Krey, S. 431, 442). Stützen kann sich Kritik auch darauf, dass die Maßnahme inzwischen nur mehr dazu dient, »Einsparpotenziale der Strafjustiz auszuschöpfen« (BT-Drs. 16/10570, S. 3). Zudem hatte sich auf Basis des vor 2012 geltenden Rechts eine regional stark unterschiedliche Anwendungspraxis entwickelt (s. *Dölling/Feltes/Hartmann/Hermann/Laue/Pruin* S. 187 f.), was durch die Weite der die Besetzungsreduktion begrenzenden Kriterien in § 76 Abs. 2 a.F. begünstigt worden sein dürfte. Wegen der hierdurch in Kauf genommenen Ungleichbehandlung werden schließlich sogar Zweifel an der Verfassungsmäßigkeit der Regelung geäußert (*Meyer-Goßner*, ZRP 2011, 129; ähnlich *Heß/Wenske*, DRiZ 2010, 262, 267), auch wenn sie durch das BVerfG bisher keine Beanstandung erfahren hat (vgl. BVerfG NJW 2004, 3482; *Riess* FS Schöch, S. 895, 903).

7 Nachdem bereits die Gesetzesbegründung der letzten Verlängerung eine rechtstatsächliche **Evaluation** in Aussicht gestellt hatte, hat das BMJ zur Vorbereitung einer dauerhaften Neuregelung 2009 zwei groß angelegte empirische Untersuchungen zur Anwendung des § 76 Abs. 2 a.F. durch die Praxis in Auftrag gegeben, zum einen bei einer Gruppe mehrerer Hochschullehrer (zu den Befunden s. *Dölling/Feltes/Hartmann/Hermann/Laue/Pruin* S. 187 ff.), zum anderen bei der Großen Strafrechtskommission des Deutschen Richterbundes (Zusammenfassung bei *Heß/Wenske*, DRiZ 2010, 262). Zudem wurden in der Literatur verstärkt **rechtspolitische Überlegungen** zur Zukunft der Regelung angestellt (vgl. insb. *Riess* FS Schöch, S. 895, 910 ff.; *Rissing-van Saan* FS Krey, S. 431; *Meyer-Goßner*, ZRP 2011, 129). An diesem Spektrum an Daten und Argumenten, bereichert um eine grundlegende Entscheidung des BGH (NJW 2010, 3045), orientiert sich die 2011 vorgenommene Reform.

8 Die **Neuregelung der Besetzungsreduktion zum 01.01.2012** erfolgte durch das Gesetz über die Besetzung der großen Straf- und Jugendkammern in der Hauptverhandlung und zur Änderung weiterer gerichtsverfassungsrechtlicher Vorschriften sowie des Bundesdisziplinargesetzes vom 06.12.2011 (BGBl. I, S. 2554). Sie beinhaltet eine Neugestaltung der § 76 Abs. 2 bis 5 n.F.; für das Jugendstrafverfahren wurde § 33b JGG entsprechend angeglichen (s. Rdn. 15). Neben Präzisierungen bei Verfahrensfragen dient die Änderung in Anlehnung an Empfehlungen aus der Evaluation (vgl. *Dölling/Feltes/Hartmann/Hermann/Laue/Pruin* S. 195 f.; *Heß/Wenske*, DRiZ 2010, 262, 268 f.) insb. einer stärkeren Begrenzung des Anwendungsbereichs der Besetzungsreduktion, vgl. hierzu die Materialien (Gesetzentwurf der Bundesregierung BT-Drs. 17/6905, Stellungnahme des Bundesrates mit Gegenäußerung der Bundesregierung BT-Drs. 17/7276 und Beschlussempfehlung des Rechtsausschusses BT-Drs. 17/7669), ferner *Schlothauer* StV 2012, 749; *Deutscher* StRR 2012, 10. Einen Überblick zu der schon zuvor durch die Rspr. erfolgten Konturierung der Vorschrift, an der sich auch die Neuregelung in mehrfacher Hinsicht orientiert, geben *Riess* FS Schöch, S. 895, 903 ff., und *Rissing-van Saan* FS Krey, S. 431, 436 ff.

9 **2. Grundsatz der Zweierbesetzung.** Für die Hauptverhandlung legt § 76 Abs. 2 Satz 4 die reduzierte Besetzung der Strafkammer mit **zwei Berufsrichtern** einschließlich dem Vorsitzenden sowie zwei Schöffen als Grundsatz fest. Von einer »**Regelbesetzung**« (vgl. *Schlothauer* StV 2012, 749, 752; *Deutscher* StRR 2012,

10, 11; vgl. zudem LR Nachtr. 26. Aufl./*Gittermann* § 76 Rn. 8, 21) kann hier umso mehr gesprochen werden, als die Kammer seit der Neuregelung in jedem Verfahren eine explizite Besetzungsentscheidung zu treffen hat, also auch dann, wenn sie die außerhalb der Hauptverhandlung selbstverständliche Dreierbesetzung beibehalten will (s. Rdn. 16). Zulässig ist dies nur, soweit § 76 Abs. 2 Satz 3 eine solche Besetzung positiv vorsieht. Eine Verhandlung in Dreierbesetzung unter willkürlicher Annahme der entsprechenden Voraussetzungen bedeutet einen Verstoß gegen Art. 101 Abs. 1 Satz 2 GG (vgl. auch *Schlothauer* StV 2012, 749, 752; LR/*Siolek* § 76 Rn. 16; in diese Richtung auch BGH StV 2005, 204 zur Rechtslage vor 2012; vgl. ferner Rdn. 20).

3. Fälle der Dreierbesetzung. Eine Besetzung mit **drei Berufsrichtern** einschließlich dem Vorsitzenden sowie zwei Schöffen erfolgt nur in den in § 76 Abs. 2 Satz 3 abschließend aufgezählten Fällen. Dabei behandeln § 76 Abs. 2 Satz 3 Nr. 1 und Nr. 2 urteilsorientiert Situationen, in denen ein Schuldspruch wegen besonders schwerwiegender Taten bzw. besonders schwerwiegende Sanktionen drohen. § 76 Abs. 2 Satz 3 Nr. 3 zielt dagegen verfahrensorientiert auf Prozesse, in denen durch das Gericht besonders viel oder besonders komplexer Prozessstoff zu bewältigen ist. 10

a) Dreierbesetzung wegen des zu erwartenden Schuld- und/oder Sanktionsausspruchs (§ 76 Abs. 2 Satz 3 Nr. 1 und Nr. 2). § 76 Abs. 2 Satz 3 Nr. 1 sieht zwingend eine Dreierbesetzung vor in Verfahren, in denen die Kammer als **Schwurgerichtskammer (§ 74 Abs. 2)** tätig wird. Mit der Reform 2012 neu geschaffen wurde § 76 Abs. 2 Satz 3 Nr. 2, womit die Dreierbesetzung ausgeweitet wurde auf Verfahren, in denen die Anordnung einer Unterbringung im psychiatrischen Krankenhaus (**§ 63 StGB**) oder in der Sicherungsverwahrung (**§ 66 StGB**) oder ein Vorbehalt der Sicherungsverwahrung (**§ 66a StGB**) zu erwarten ist. Der Gesetzgeber hat hier engere Grenzen gezogen als die vorherige Rspr. (vgl. z.B. BGH StV 2004, 250: Dreierbesetzung selbst bei möglicher Sicherungsverwahrung nur geboten, wenn sie durch die Schwierigkeit oder den Umfang der Sache notwendig erscheint). Ergänzt wird § 76 Abs. 2 Satz 3 Nr. 2 durch **§ 74f Abs. 4**: Mit der Reform wurde der dort schon bestehende Ausschluss für Verfahren nach § 66b StGB ausgedehnt auf Verfahren zur Anordnung einer nach § 66a StGB vorbehaltenen Sicherungsverwahrung, s. § 74f Rdn. 10. 11

b) Dreierbesetzung wegen des Umfangs oder der Schwierigkeit der Sache (§ 76 Abs. 2 Satz 3 Nr. 3, Abs. 3). § 76 Abs. 2 Satz 3 Nr. 3 schreibt die Dreierbesetzung vor, wenn sie wegen des **Umfangs** oder der **Schwierigkeit** der Sache notwendig erscheint. Bzgl. dieser Kriterien besitzt die Kammer einen weiten Beurteilungsspielraum, jedoch kein Ermessen. Der Umfang ist dabei anhand quantitativer Faktoren zu bemessen, etwa der Zahl der angeklagten Taten, der Verfahrensbeteiligten und der Beweismittel oder des Umfangs der Akten. Eine relevante Schwierigkeit der Sache kann sich sowohl aus tatsächlichen Gründen (Beweislage, Notwendigkeit von Sachverständigengutachten) als auch aus ihrer rechtlichen Komplexität ergeben (vgl. zu diesen Kriterien BGHSt 44, 328, 334 m.Anm. *Rieß*, NStZ 1999, 369, u. Anm. *Katholnigg* JR 1999, 304; BGH NJW 2003, 3644 m.Anm. *Husheer* StV 2003, 658; SK-StPO/*Degener* § 76 Rn. 8; LR/*Siolek* § 76 Rn. 9). 12

Eine auch für die seit 2012 geltende Neuregelung bedeutsame Konkretisierung des Kriteriums des Umfangs der Sache hat der BGH mit der Entscheidung vom 07.07.2010 (NJW 2010, 3045 m.Anm. *Metzger* NStZ 2011, 53) vorgenommen. Danach soll unter diesem Gesichtspunkt eine Besetzungsreduktion jedenfalls dann nicht mehr in Betracht kommen, wenn zum Zeitpunkt der Eröffnung eine Verhandlungsdauer von wenigstens **zehn Verhandlungstagen** absehbar ist; bei der Wahl gerade dieser Zeitspanne nimmt der BGH auf die §§ 229 Abs. 2, 275 Abs. 1 Satz 2 StPO sowie auf BGHSt 52, 355, 362 Bezug (vgl. zudem *Heß/Wenske*, DRiZ 2010, 262, 268). Zudem hat der BGH betont, dass der Dreierbesetzung wegen der mit der Reduktion verbundenen Qualitätseinbuße (s. Rdn. 6) im Zweifelsfall der Vorzug gebühre (BGH NJW 2010, 3045, 3047; zuvor bereits BGHSt 44, 328, 335; SK-StPO/*Degener* § 76 Rn. 9). 13

Der Gesetzgeber der Reform 2011 hat dieser Kritik Rechnung getragen und zur Konkretisierung der Kriterien des Umfangs und der Schwierigkeit der Sache **Regelbeispiele in § 76 Abs. 3** normiert: So ist nach § 76 Abs. 3 1. Alt. eine Besetzung mit drei Berufsrichtern nunmehr in der Regel notwendig, wenn die Hauptverhandlung voraussichtlich länger als **zehn Tage** dauern wird (in Anlehnung an BGH NJW 2010, 3045). Gleiches gilt nun, wenn die Kammer als **Wirtschaftsstrafkammer** tätig wird (§ 76 Abs. 3 2. Alt.); zu einschlägigen Vorgaben der Rspr. vgl. BGHSt 44, 328, 334 und NStZ-RR 2005, 47 sowie zum neuen Recht BGH StV 2016, 631. In beiden Fällen des § 76 Abs. 3 ermöglicht es die Gesetzesfassung aber, in atypischen Fällen von der Regel abzuweichen. Umgekehrt füllen die Regelbeispiele des § 76 Abs. 3 die Kriterien des § 76 Abs. 2 Satz 3 Nr. 3 n.F. nicht erschöpfend aus; ein die Besetzungsreduktion ausschließender Umfang bzw. eine entsprechende Schwierigkeit können vielmehr auch aufgrund anderer Kriterien gegeben sein (ebenso LR Nachtr. 26. Aufl./*Gittermann* § 76 Rn. 18), etwa bei einer hohen Zahl von Angeklagten oder Tatvor- 14 würfen (Umfang) bzw. z.B. bei hoher rechtlicher Komplexität oder notwendiger Bewertung umfangreicher Sachverständigengutachten (Schwierigkeit), vgl. BGHSt 44, 328.

15 4. **Jugendkammer.** Für das Jugendstrafverfahren wurde die Neuregelung des § 76 Abs. 2 bis 6 mit der Reform 2011 weitgehend parallel in **§ 33b Abs. 2 bis 6 JGG** übernommen. Die Regelbeispiele für eine Besetzung mit drei Berufsrichtern sind gegenüber § 76 Abs. 3 in § 33b Abs. 3 Nr. 1 JGG um die Fälle des § 41 Abs. 1 Nr. 2 JGG erweitert. Um eine Besetzungsreduktion bei zu erwartender Unterbringung nach § 63 StGB sowie für Verfahren auszuschließen, in denen wahrscheinlich formale Voraussetzungen für eine spätere Unterbringung nach § 7 Abs. 2 JGG geschaffen werden, verweist § 33b Abs. 2 Satz 3 Nr. 2 JGG auf § 41 Abs. 1 Nr. 5 JGG (vgl. BT-Drs. 17/7276, S. 4 f.). Dabei nahm die Regelung ursprünglich auf die in § 7 Abs. 2 a.F. JGG noch vorgesehene Möglichkeit der nachträglichen Anordnung der Sicherungsverwahrung Bezug; mit Wirkung ab 01.06.2013 wurde diese durch die Möglichkeit des Vorbehalts der Sicherungsverwahrung ersetzt (vgl. das Gesetz zur bundesrechtlichen Umsetzung des Abstandsgebotes im Recht der Sicherungsverwahrung vom 05.12.2012, BGBl. I, S. 2425). **§ 108 Abs. 3 Satz 3 JGG** enthält eine parallele Regelung für nach allgemeinem Strafrecht zu behandelnde Heranwachsende, wenn dort eine Unterbringung nach § 63 StGB oder ein Vorbehalt der Sicherungsverwahrung (seit 01.06.2013: § 106 Abs. 3 und 4 JGG) zu erwarten ist. Für die Anordnung der nach § 7 Abs. 2 oder § 106 Abs. 3 bzw. 4 JGG vorbehaltenen Sicherungsverwahrung sowie für die nachträgliche Anordnung der Sicherungsverwahrung nach § 7 Abs. 4 bzw. § 106 Abs. 7 JGG gilt aufgrund der Verweisungen in §§ 81a, 109 Abs. 1 Satz 1 JGG auch im Jugendstrafverfahren § 74f samt dem durch **§ 74f Abs. 4** bestimmten Ausschluss der Besetzungsreduktion (s. § 74f Rdn. 10). Erstmals ausdrücklich ermöglicht wurde mit der Reform eine Besetzungsreduktion der Jugendkammer in der **Berufungsinstanz** (§ 33b Abs. 4 JGG, s. Rdn. 25).

16 5. **Verfahren der Besetzungsentscheidung.** Für die **Entscheidungsform** gibt § 76 Abs. 2 Satz 1 mit der Formulierung »bei der Eröffnung« nur eine zeitliche Vorgabe. Die Bestimmung der Besetzung ist nicht Teil des Eröffnungsbeschlusses; § 210 Abs. 1 StPO gilt für sie nicht (BGHSt 44, 328, 332; LR/*Siolek* § 76 Rn. 4; zur Anwendbarkeit der §§ 222a, 222b StPO s. Rdn. 18). Sie kann mit dem Eröffnungsbeschluss jedoch formularmäßig verbunden werden (BGH, NStZ-RR 1999, 274) und muss jedenfalls zeitgleich mit diesem erfolgen (LR Nachtr. 26. Aufl./*Gittermann* § 76 Rn. 6; s. Rdn. 17). Für die Besetzung gilt dabei § 76 Abs. 1 Satz 2; der Beschluss ergeht wie die Eröffnung (zu dieser vgl. BGH NStZ 2014, 664) stets (noch) **durch drei Berufsrichter und ohne Mitwirkung der Schöffen** (BGHSt 60, 248; BGH StV 2015, 743). Fehlerträchtig ist diese Vorgabe insb. in Fällen, in denen während laufender Hauptverhandlung ein weiteres Verfahren hinzuverbunden und für die dortigen Taten zugleich die Eröffnungsentscheidung getroffen (oder vergessen) wird (z.B. BGH, StraFo 2018, 471; BGH StV 2018, 776). Auch für eine auf § 76 Abs. 5 gestützte erneute Besetzungsentscheidung z.B. nach einer Aussetzung gilt nichts anderes (BGH, NStZ 2018, 110). Die Besetzungsentscheidung ist in **jedem** Verfahren zu treffen, auch dann, wenn drei Berufsrichter eingesetzt werden sollen (anders noch das vor 2012 geltende Recht, vgl. zur Neuregelung BT-Drs. 17/6905, S. 12). Eine explizite Gewährung rechtlichen Gehörs vor der Entscheidung ist nicht erforderlich; es genügt die Mitteilung der Anklageschrift (h.M., BGHSt 44, 328, 336; LR/*Siolek* § 76 Rn. 8; a.A. SK-StPO/*Degener* § 76 Rn. 15).

17 Die Entscheidung über die Reduktion ist gem. § 76 Abs. 2 Satz 1 regelmäßig zum **Zeitpunkt** der Eröffnung zu treffen, um den gesetzlichen Richter schon zu Verfahrensbeginn festzulegen und die Gefahr der Einflussnahme durch Verfahrensbeteiligte zu reduzieren (vgl. BGH StV 2012, 196, 197). Eine Nachholung der Besetzungsentscheidung ist jedoch analog § 76 Abs. 4 bis zum Beginn der Hauptverhandlung zulässig (LR Nachtr. 26. Aufl./*Gittermann* § 76 Rn. 8). Mit § 76 Abs. 2 Satz 2 besteht allerdings eine Regelung des Ausnahmefalls, dass ein **bereits eröffnetes** Verfahren vor die Kammer gelangt. Die Besetzungsentscheidung hat dann bei Terminierung der Hauptverhandlung zu erfolgen. Relevant sind hier vor allem die Fälle der Verweisung, wenn das Verfahren über die §§ 209, 210 Abs. 3, 225a Abs. 1 und 4, 270 Abs. 1 StPO vor die Kammer gelangt (vgl. bereits zum vor 2012 geltenden Recht BGHSt 44, 361, 362; BGH StV 2001, 155; LR/*Siolek* § 76 Rn. 5; zur Neuregelung BT-Drs. 17/6905, S. 10, 12).

18 Eine **autonome Korrektur** ihrer Besetzungsentscheidung ist der Kammer abgesehen von den Fällen des § 76 Abs. 4 und 5 (s. Rdn. 19, 20) jedenfalls dann erlaubt, wenn diese objektiv **willkürlich** gewesen ist (BGHSt 53, 169; BGH NStZ 2011, 54; *Kissel/Mayer* § 76 Rn. 11; vgl. zudem OLG Hamm, Beschluss vom 27.01.2014, Az. 1 Ws 50/14: Korrektur durch Aussetzung, wenn die Kammer von einer »eklatanten Fehlbesetzung« ausgeht). Um jeden weiteren Einfluss der Beteiligten auf den gesetzlichen Richter auszuschließen, kann die Entscheidung ansonsten nachträglich grundsätzlich **nur auf Rüge geändert** werden, und zwar nur, wenn sie schon ursprünglich rechtswidrig war (BGHSt 44, 328, 333; LR/*Siolek* § 76 Rn. 22). Dabei gelten die Rüge- und Präklusionsvorschriften der §§ 222a, 222b, 338 Nr. 1 Hs. 2 StPO zumindest entsprechend, während die Besetzungsentscheidung ansonsten nicht anfechtbar ist. Bzgl. des vor 2012 geltenden Rechts entsprach

dies ständiger Rspr. (BGHSt 44, 328, 330 ff.; 44, 361, 363 ff.; BGH NJW 2003, 3644). Die Neuregelung hat hieran nichts geändert (ebenso *Kissel/Mayer* § 76 Rn. 15; LR Nachtr. 26. Aufl./*Gittermann* § 76 Rn. 23), auch wenn die Entwurfsbegründung dies nicht eigens hervorhebt. Hiervon ist offensichtlich auch der BGH in der bereits in Kenntnis des Gesetzentwurfs der Reform getroffenen Entscheidung BGH StV 2012, 196, 197 (m.Anm. *Ventzke*) ausgegangen.

Im Rahmen der Reform 2011 wurde mit Rücksicht auf Erfahrungen der Praxis noch für eine weitere Fallgruppe eine Korrektur der Besetzungsentscheidung bzw. ihre **Anpassung** an eine veränderte Sachlage vorgeschrieben: Nach **§ 76 Abs. 4** ist zwingend ein Wechsel von der Zweier- zur Dreierbesetzung (nicht umgekehrt) zu beschließen, wenn sich vor Beginn der Hauptverhandlung neue Umstände ergeben, die dies nach Maßgabe von § 76 Abs. 3 bzw. 3 erfordern. Damit wurde u.a. den durch die Rspr. (BGHSt 53, 169 m.Anm. *Freuding*, NStZ 2009, 611; vgl. zudem LR/*Siolek* § 76 Rn. 13) bereits behandelten Fällen der Verfahrensverbindung nach § 4 StPO Rechnung getragen (BT-Drs. 17/6905, S. 9 f., 12). Dabei erfasst der Wortlaut »ergeben« auch bereits bestehende Situationen, in denen der Kammer bestimmte Umstände aber erst nachträglich bekannt oder bewusst werden, wobei auch die Schwierigkeit der zu entscheidenden Rechtsfragen einen »Umstand« i.S.d. § 76 Abs. 4 darstellen kann (Beispiel bei Meyer-Goßner/*Schmitt* § 76 Rn. 10; LR Nachtr. 26. Aufl./*Gittermann* § 76 Rn. 11). Der Gesetzgeber hat gerade nicht wie etwa in § 66b StGB a.F. auf »Tatsachen« sowie auf deren »Erkennbarkeit« abgestellt. Allerdings muss sich die Kammer einer zumindest in ihrer Wahrnehmung neuen Sachlage gegenüber sehen; § 76 Abs. 4 ändert nichts daran, dass ihr eine bloße erneute Bewertung nicht gestattet ist (s. bereits Rdn. 18). Ergibt sich eine gewichtigere Verfahrenssituation erst nach Beginn der Hauptverhandlung, so greift § 76 Abs. 4 nicht. Die Verhandlung ist dann in der einmal beschlossenen Zweierbesetzung fortzuführen, sofern die Kammer nicht zugleich ihre Zuständigkeit verliert, die Lage eine Aussetzung des Verfahrens gebietet (BGH NStZ 2013, 181; BT-Drs. 17/6905, S. 12; zu Letzterem s. § 76 Abs. 5) oder eine der in Rdn 18 genannten Situationen vorliegt (objektiv willkürliche ursprüngliche Besetzungsentscheidung; Besetzungsrüge). Problematisch erscheinen Fälle, in denen erst eine neue Sachlage eine Dreierbesetzung speziell nach § 76 Abs. 2 Satz 3 Nr. 1 (Schwurgerichtskammer) oder Nr. 3 i.V.m. Abs. 3 2. Alt. (Wirtschaftsstrafkammer) gebietet: Ist das Verfahren vor einer großen Strafkammer anhängig, so steht zugleich deren funktionelle Zuständigkeit infrage (vgl. § 74 Rdn. 5). Die Kammer darf dem jedoch nach Eröffnung gem. § 6a Satz 2 StPO nur auf Einwand des Angeklagten Rechnung tragen. Hier stellt sich die Frage, ob bei Unterbleiben eines Einwands zugleich ein Wechsel zur Dreierbesetzung ausscheidet (so offenbar *Schlothauer* StV 2012, 749, 751). Jedoch besteht die Korrekturmöglichkeit nach § 76 Abs. 4 gerade unabhängig von einer Rüge nach § 222b StPO, an deren durch die Rspr. postulierten Erforderlichkeit der Gesetzgeber der Reform offensichtlich nichts ändern wollte (s. Rdn. 18). Dies legt es nicht nahe, in den Fällen des § 6a StPO das Erfordernis eines Einwands auch auf § 76 Abs. 4 zu erstrecken. 19

Fakultativ wird der Kammer über **§ 76 Abs. 5** eine neue Besetzungsentscheidung gestattet, wenn sie ein Verfahren nach **Zurückverweisung** durch das Revisionsgericht zu verhandeln hat. Diese Möglichkeit wurde dort mit der Reform zudem explizit für die Situation nach **Aussetzung** der Hauptverhandlung geschaffen. Eine Aussetzung allein zu dem Zweck, eine erneute Besetzungsentscheidung nach § 76 Abs. 5 zu ermöglichen, ist nicht zulässig (BT-Drs. 17/6905, S. 12; LR Nachtr. 26. Aufl./*Gittermann* § 76 Rn. 13). 20

Eine die **Revision** begründende Fehlbesetzung liegt nur bei willkürlicher Überschreitung des Beurteilungsspielraums vor, ferner bei einer auf sachfremde Erwägungen gestützten Entscheidung (BGH NJW 2010, 3045, 3047). Als sachfremd sind dabei auch Gründe der Personaleinsparung anzusehen (BGHSt 44, 328, 335). Ein revisibler Verfahrensverstoß liegt auch dann vor, wenn unter willkürlicher Annahme der Voraussetzungen des § 76 Abs. 2 Satz 3 in Dreierbesetzung verhandelt wird (s. Rdn. 9). Für die Verfahrensrüge gelten allerdings die Präklusionsvorschriften der §§ 222a 222b, 338 Nr. 1 Hs. 2 StPO zumindest entsprechend (vgl. Rdn. 18). Die Revision ist ferner stets begründet, wenn eine Besetzungsentscheidung ganz unterblieben ist. 21

II. Besetzung außerhalb der Hauptverhandlung (§ 76 Abs. 1 Satz 2). Die durch § 76 Abs. 1 Satz 2 bestimmte Besetzung gilt auch in den Fällen, in denen die Kammer für die Hauptverhandlung eine Besetzungsreduktion beschlossen hat. Außerhalb der Hauptverhandlung ist also zwar ohne Schöffen, aber stets mit **drei Berufsrichtern** zu entscheiden (BGHSt 50, 267 m.Anm. *Rieß*, NStZ 2006, 299; Meyer-Goßner/*Schmitt* § 76 Rn. 16). Diese Besetzung gilt ferner auch für die **Beschwerdezuständigkeit** nach § 73 Abs. 1 (LR/*Siolek* § 76 Rn. 23). Zur Frage, welche Entscheidungen außerhalb der Hauptverhandlung ergehen, wird auf § 30 Rdn. 3 verwiesen. Zu der hier besonders umstrittenen Fallgruppe der Entscheidung über die **Untersuchungshaft** während laufender Hauptverhandlung, die Gegenstand divergierender Entscheidungen der Oberlandesgerichte ist (vgl. OLG Köln, NStZ 2009, 589 m.Anm. *Krüger*; OLG Koblenz StV 2010, 36 m.Anm. *Sowada*; zu beiden *Börner* JR 2010, 481), konnte sich der BGH nach der ausschließlich § 122 betreffenden Entscheidung BGHSt 43, 91 bislang nur in einem obiter dictum äußern (BGH 22

NStZ 2011, 356 m.Anm. *Börner* JR 2011, 362; *Gittermann* DRiZ 2012, 12; *Krüger* NStZ 2012, 342; vgl. zudem LR Nachtr. 26. Aufl./*Gittermann* § 76 Rn. 5; dem BGH folgend KG StraFo 2015, 110) und hat dort eine Entscheidung in der Besetzung nach § 76 Abs. 1 Satz 2 befürwortet. Mit Nachdruck für die gegenteilige Lösung geworben hat zuletzt das KG (StraFo 2016, 292 sowie StV 2016, 171). Für die schlichte Anwendung der allgemeinen Regeln hat sich das OLG München ausgesprochen: Ob die Entscheidung innerhalb oder außerhalb der Hauptverhandlung in der hierfür jeweils vorgeschriebenen Besetzung zu treffen ist, entscheide sich situationsbezogen allein anhand des Beschleunigungsgrundsatzes (OLG München, Beschluss vom 27.02.2018, Az. 2 Ws 185/18). Leider wurde bei der Neuregelung der Besetzungsreduktion nicht die Gelegenheit genutzt, auch dieses langjährige Problem einer gesetzgeberischen Lösung zuzuführen.

23 C. **Besetzung in der Berufungsinstanz.** Für die Entscheidung in der Berufungsinstanz ist nach § 76 Abs. 1 Satz 1, 2. Alt. seit der Änderung durch das RPflEntlG 1993 nur noch die **kleine Strafkammer** zuständig, und zwar entgegen früherem Recht auch dann, wenn das erstinstanzliche Urteil durch das **Schöffengericht** erging. Das ist insofern problematisch, als in diesen Fällen das Berufungsgericht eine mit dem Ausgangsgericht identische Besetzung aufweist, was die innere Rechtfertigung der Berufungsinstanz infrage stellt (vgl. *Werle*, JZ 1991, 789, 796; Meyer-Goßner/*Schmitt* § 76 Rn. 1 mit Nachweisen auch zu rechtspolitischen Vorschlägen; hierzu auch *Meyer-Goßner*, ZRP 2011, 129, 130). Durch § 76 Abs. 6 Satz 1 wird bewirkt, dass ggü. dem erweiterten Schöffengericht immerhin keine reduzierte Besetzung des Berufungsgerichts besteht. § 76 Abs. 1 Satz 1, 2. Alt. betrifft auch die Wirtschaftsstrafkammer als Berufungsgericht nach § 74c Abs. 1 Satz 1, 2. Alt. (vgl. BT-Drs. 12/3832, S. 43).

24 Anders ist allerdings die Situation im **Jugendstrafverfahren**. Über § 33b Abs. 1 JGG besteht hier noch die Zuständigkeit der großen Jugendkammer als Berufungsgericht für Urteile des Jugendschöffengerichts (vgl. zur hieraus resultierenden Möglichkeit, ein die Sanktionskompetenz nach § 108 Abs. 3 S. 1 JGG § 24 Abs. 2 GVG missachtendes Berufungsurteil der großen Jugendkammer in ein erstinstanzliches Urteil umzudeuten, BGH NStZ 2010, 94; LR/*Siolek* § 76 Rn. 25 § 24 Rn. 45). Den Hintergrund für die größere Besetzung bilden die Rechtsmittelbeschränkung durch § 55 Abs. 2 JGG sowie der umfassende Strafbann des Jugendschöffengerichts, das bis zu zehn Jahre Jugendstrafe und die Unterbringung nach § 63 StGB verhängen kann (vgl. § 74 Rdn. 4).

25 Im Zuge der Reform des § 76 im Jahr 2011 wurde der als Berufungsgericht tätigen großen Jugendkammer allerdings in gleicher Weise wie in der Ausgangsinstanz eine Entscheidung über die **Besetzungsreduktion** vorgeschrieben (**§ 33b Abs. 4 JGG**, vgl. BT-Drs. 17/6905, S. 13). Damit wurde die zuvor umstrittene Frage der Anwendbarkeit des § 33b Abs. 2 JGG auf die Berufsinstanz einer gesetzgeberischen Klärung zugefügt (befürwortend die h.M., s. BGH NStZ-RR 1997, 22; OLG Brandenburg NStZ 2009, 43; SK-StPO/*Degener* § 76 Rn. 11; LR/*Siolek* § 76 Rn. 27; dagegen *Ostendorf* JGG §§ 33 bis 33b Rn. 16; *Rzepka* StV 2001, 167). Eine Verhandlung in Dreierbesetzung hat in der Berufungsinstanz über § 33b Abs. 2 JGG hinausgehend dann zu erfolgen, wenn im angefochtenen Urteil auf eine Jugendstrafe von mehr als vier Jahren erkannt worden ist (§ 33b Abs. 4 Satz 2 JGG). Hierdurch wurde dem umfassenden Strafbann des Jugendschöffengerichts und der Rechtsmittelbeschränkung nach § 55 Abs. 2 JGG ein Stück weit Rechnung getragen.

26 Für die Besetzung der Berufungskammer **außerhalb der Hauptverhandlung** (Rdn. 22) gilt § 76 Abs. 1 Satz 2, d.h. der Vorsitzende entscheidet allein (vgl. KG NStZ 2011, 172). § 76 Abs. 6 Satz 2 stellt klar, dass dies auch für die mit zwei Berufsrichtern besetzte Kammer in der Berufung gegen Urteile des erweiterten Schöffengerichts gilt.

§ 77 [Schöffen der Strafkammern]

(1) Für die Schöffen der Strafkammern gelten entsprechend die Vorschriften über die Schöffen des Schöffengerichts mit folgender Maßgabe:.

(2) [1]Der Präsident des Landgerichts verteilt die Zahl der erforderlichen Hauptschöffen für die Strafkammern auf die zum Bezirk des Landgerichts gehörenden Amtsgerichtsbezirke. [2]Die Ersatzschöffen wählt der Ausschuß bei dem Amtsgericht, in dessen Bezirk das Landgericht seinen Sitz hat. [3]Hat das Landgericht seinen Sitz außerhalb seines Bezirks, so bestimmt die Landesjustizverwaltung, welcher Ausschuß der zum Bezirk des Landgerichts gehörigen Amtsgerichte die Ersatzschöffen wählt. [4]Ist Sitz des Landgerichts eine Stadt, die Bezirke von zwei oder mehr zum Bezirk des Landgerichts gehörenden Amtsgerichten oder Teile davon umfaßt, so gilt für die Wahl der Ersatzschöffen durch die bei diesen Amtsgerichten gebildeten Ausschüsse Satz 1 entsprechend; die Landesjustizverwaltung kann bestimmte Amtsgerichte davon ausnehmen. [5]Die Namen der gewählten Hauptschöffen und der Ersatzschöffen werden von dem Richter beim Amts-

gericht dem Präsidenten des Landgerichts mitgeteilt. [6]Der Präsident des Landgerichts stellt die Namen der Hauptschöffen zur Schöffenliste des Landgerichts zusammen.
(3) [1]An die Stelle des Richters beim Amtsgericht tritt für die Auslosung der Reihenfolge, in der die Hauptschöffen an den einzelnen ordentlichen Sitzungen teilnehmen, und der Reihenfolge, in der die Ersatzschöffen an die Stelle wegfallender Schöffen treten, der Präsident des Landgerichts; § 45 Abs. 4 Satz 3, 4 gilt entsprechend. [2]Ist der Schöffe verstorben oder aus dem Landgerichtsbezirk verzogen, ordnet der Vorsitzende der Strafkammer die Streichung von der Schöffenliste an; in anderen Fällen wird die Entscheidung darüber, ob ein Schöffe von der Schöffenliste zu streichen ist, sowie über die von einem Schöffen vorgebrachten Ablehnungsgründe von einer Strafkammer getroffen. [3]Im übrigen tritt an die Stelle des Richters beim Amtsgericht der Vorsitzende der Strafkammer.
(4) [1]Ein ehrenamtlicher Richter darf für dasselbe Geschäftsjahr nur entweder als Schöffe für das Schöffengericht oder als Schöffe für die Strafkammern bestimmt werden. [2]Ist jemand für dasselbe Geschäftsjahr in einem Bezirk zu mehreren dieser Ämter oder in mehreren Bezirken zu diesen Ämtern bestimmt worden, so hat der Einberufene das Amt zu übernehmen, zu dem er zuerst einberufen wird.
(5) § 52 Abs. 2 Satz 1 Nr. 1 findet keine Anwendung.

§ 77 Abs. 1 verweist für die Schöffen der Strafkammern auf die für das Schöffengericht geltenden **§§ 30 bis 57**. In § 77 Abs. 2 bis 5 werden deren Vorgaben den Besonderheiten des LG angepasst. 1

Dabei betrifft § 77 **Abs. 2** den Vorgang der **Schöffenwahl**: Für die Bestimmung des Schöffenbedarfs ist hier wie in § 43 der Präsident des LG zuständig, der durch Verteilung auf die zugehörigen AG-Bezirke (§ 77 Abs. 2, S. 1) für eine gleichmäßige Repräsentation der Bevölkerung des LG-Bezirks zu sorgen hat (BGHSt 34, 121) und damit zugleich Ort und Organ für die Schöffenwahl (§ 42) bestimmt, denn diese findet jedenfalls für die **Hauptschöffen** wie für das Schöffengericht in den einzelnen AG-Bezirken durch die dortigen Wahlausschüsse (§ 40) statt. Von dort erfolgt die Rückmeldung der Gewählten an den Präsidenten (§ 77 Abs. 2 Satz 5), der aus den Schöffen der Bezirke eine einheitliche Schöffenliste für alle Strafkammern des LG bildet (§ 77 Abs. 2 Satz 5). Auch die Schöffen der Spezialkammern (§§ 74 Abs. 2, 74a, 74c) werden aus ihr bestimmt, wobei über § 45 Abs. 2 Satz 2 aber ein nach Kammern getrenntes Vorgehen möglich ist (KK-StPO/*Diemer* § 77 Rn. 3). Lediglich für die Schöffen der Jugendkammer schreibt § 35 JGG ein gesondertes Verfahren vor. Um bei den **Ersatzschöffen** (der frühere Begriff »Hilfsschöffe« wurde als veraltet und abwertend ersetzt durch Art. 4 Nr. 8 des Gesetzes zur Fortentwicklung der Strafprozessordnung und zur Änderung weiterer Vorschriften v. 25.06.2021 (BGBl. I, S. 2099; s. näher BT-Drs. 19/27654, S. 116) eine möglichst große Nähe des Wohnorts zum Gerichtsort sicherzustellen (vgl. § 42 Abs. 1 Nr. 2 Satz 2), wird für deren Wahl durch § 77 Abs. 2 Satz 2 der AG-Bezirk bestimmt, in dem das LG seinen Sitz hat. § 77 Abs. 2 Satz 3 regelt den Fall, dass dieser Sitz außerhalb des LG-Bezirks liegt (z.B. LG München II). Den günstigeren Verkehrsverhältnissen in Großstädten und Stadtstaaten trägt die Sonderregelung des § 77 Abs. 2 Satz 4 Rechnung, die eine Wahl der Ersatzschöffen aus allen zur Stadt gehörenden AG-Bezirken ermöglicht und hierzu auf das für Hauptschöffen geltende Verfahren nach § 77 Abs. 2 Satz 1 verweist, zugleich aber der Landesjustizverwaltung die Möglichkeit einer Feinjustierung eröffnet. Für die Schöffen einer auswärtigen Strafkammer gilt § 78 Abs. 3 (näher § 78 Rdn. 4). 2

Durch § 77 **Abs. 3** werden die nach der Schöffenwahl erforderlichen und für das Schöffengericht dem Richter am AG zugewiesenen **Aufgaben** dem Präsidenten des LG (Auslosung der Reihenfolge nach § 45 Abs. 3, Mitteilungen nach § 45 Abs. 4 Satz 3 u. 4), i.Ü. (§ 77 Abs. 3 Satz 3) dem Vorsitzenden einer über die Geschäftsverteilung (LR/*Siolek* § 77 Rn. 7; OLG Celle StraFo 2015, 26) zu konkretisierenden Strafkammer übertragen. Für Streichungen aus der Schöffenliste (§ 52) ist nach § 77 Abs. 3 Satz 2 die gesamte Strafkammer zuständig, sofern nicht Tod oder Wegzug aus dem LG-Bezirk (§ 52 Abs. 3) den Anlass bilden. Kein Streichungsgrund ist der bloße Wechsel des AG-Bezirks innerhalb des LG-Bezirks (§ 77 **Abs. 5** i.V.m. § 52 Abs. 2 Satz 1 Nr. 1). 3

§ 77 **Abs. 4** enthält eine für AG wie LG gleichermaßen geltende Regelung des Falls, dass eine Person in einem AG-Bezirk zugleich für beide Gerichte oder in mehreren Bezirken als Schöffe bestimmt wird. Um eine Überlastung zu vermeiden (SK-StPO/*Degener* § 77 Rn. 7), wird dem Schöffenwahlausschuss (§ 40) in § 77 Abs. 4 Satz 1 eine bewusste **Doppelwahl** untersagt. Ist es gleichwohl hierzu gekommen, hat der Schöffe nur der ersten Einberufung Folge zu leisten (näher LG Hamburg MDR 1968, 170; LR/*Siolek* § 77 Rn. 10). 4

Aus dem Wesen der **Hilfsstrafkammer** als temporäre Vertretungskonstruktion (§ 60 Rdn. 9) folgt, dass für die Zuweisung der Schöffen bei ihr nicht § 46 maßgeblich ist (str.). Regelmäßig sind vielmehr die Schöffen der vertretenen Strafkammer einzusetzen. Nur bei terminlichen Überschneidungen sind Schöffen aus der Ersatzschöffenliste heranzuziehen, was sich auf § 47 stützen lässt (BGHSt 41, 175; 31, 157; KK-StPO/*Diemer* § 77 Rn. 4; *Kissel*/*Mayer* § 46 Rn. 6 ff.; Meyer-Goßner/*Schmitt* § 77 Rn. 6). Im Schrifttum wird dagegen z.T. eine Lösung über § 46 befürwortet (*Katholnigg* NStZ 1983, 178; abwägend SK-StPO/*Degener* § 77 Rn. 6). 5

§ 78 [Auswärtige Strafkammern]

(1) [1]Die Landesregierungen werden ermächtigt, durch Rechtsverordnung wegen großer Entfernung zu dem Sitz eines Landgerichts bei einem Amtsgericht für den Bezirk eines oder mehrerer Amtsgerichte eine Strafkammer zu bilden und ihr für diesen Bezirk die gesamte Tätigkeit der Strafkammer des Landgerichts oder einen Teil dieser Tätigkeit zuzuweisen. [2]Die in § 74 Abs. 2 bezeichneten Verbrechen dürfen einer nach Satz 1 gebildeten Strafkammer nicht zugewiesen werden. [3]Die Landesregierungen können die Ermächtigung auf die Landesjustizverwaltungen übertragen.

(2) [1]Die Kammer wird aus Mitgliedern des Landgerichts oder Richtern beim Amtsgericht des Bezirks besetzt, für den sie gebildet wird. [2]Der Vorsitzende und die übrigen Mitglieder werden durch das Präsidium des Landgerichts bezeichnet.

(3) [1]Der Präsident des Landgerichts verteilt die Zahl der erforderlichen Hauptschöffen auf die zum Bezirk der Strafkammer gehörenden Amtsgerichtsbezirke. [2]Die Ersatzschöffen wählt der Ausschuß bei dem Amtsgericht, bei dem die auswärtige Strafkammer gebildet worden ist. [3]Die sonstigen in § 77 dem Präsidenten des Landgerichts zugewiesenen Geschäfte nimmt der Vorsitzende der Strafkammer wahr.

1 Die Bildung einer auswärtigen Strafkammer ermöglicht dem LG eine **Binnendifferenzierung der örtlichen Zuständigkeit**: Vom Bezirk des LG kann ein Teil abgespalten und einer dort anzusiedelnden Strafkammer zugewiesen werden, die für dieses Gebiet die gesamte oder einen bestimmten Teil der sachlichen Zuständigkeit des LG wahrnimmt. Kleinste so gesondert ansprechbare räumliche Einheit ist ein AG-Bezirk. Dabei können einer Kammer genauso mehrere AG-Bezirke zugeordnet wie in einem AG-Bezirk mehrere auswärtige Kammern angesiedelt werden (vgl. z.B. LR/*Siolek* § 78 Rn. 2).

2 Insgesamt bedeutet die Einrichtung auswärtiger Kammern einen Akt der örtlichen **Dekonzentration**, der ähnlich der Bildung von Zweigstellen dem Primat größerer räumlicher Bürgernähe folgt. Er bildet ein konträres Konzept ggü. § 60 Abs. 2 sowie auch gegenüber den durch §§ 74 Abs. 2, 74a, 74c konstituierten und der richterlichen Spezialisierung dienenden Spruchkörpern, für die jeweils auch eine örtliche Konzentration ermöglicht oder gar vorgeschrieben wird. Entsprechend mutet es inkonsequent an, dass § 78 Abs. 1 Satz 2 allein die Aufgaben des **Schwurgerichts** einer räumlichen Abspaltung entzieht. Kann man den parallelen Willen des Gesetzgebers für die **Staatsschutzkammer** noch aus deren zwingender Konzentration (§ 74a Abs. 1) ableiten (dort allg. M., z.B. Meyer-Goßner/*Schmitt* § 78 Rn. 3), so spricht bei der **Wirtschaftsstrafkammer** die Offensichtlichkeit der Regelungslücke gegen deren Außerplanmäßigkeit und damit eine analoge Anwendung von § 78 Abs. 1 Satz 2 (i.E. wohl ebenso KK-StPO/*Diemer* § 78 Rn. 1; a.A. SK-StPO/*Degener* § 78 Rn. 2; LR/*Siolek* § 78 Rn. 4; *Kissel/Mayer* § 78 Rn. 5; einschränkend Meyer-Goßner/*Schmitt* § 78 Rn. 3, dem zufolge nur bei Einrichtung mehrerer auswärtiger Kammern für denselben Bezirk eine von ihnen auch die Funktion nach § 74c übernehmen kann). Ebenso können die Aufgaben der **Jugendkammer** der auswärtigen Kammer zugewiesen werden (OLG Karlsruhe, Justiz 1978, 474; SK-StPO/*Degener* § 78 Rn. 2), jedoch bleibt dabei § 37 JGG zu beachten.

3 Die Schaffung auswärtiger Kammern ist wie auch sonst die Bildung von Spruchkörpern (s. § 60 Rdn. 4) eine Maßnahme der **Gerichtsorganisation**, welche § 78 Abs. 1 der Landesregierung (mit Übertragungsmöglichkeit nach Abs. 1 Satz 3) zuweist und hierfür die Form einer Rechtsverordnung vorschreibt. Für den **Richtereinsatz** in der auswärtigen Kammer gelten die Vorgaben der §§ 28, 29 DRiG (vgl. LR/*Siolek* § 78 Rn. 12) genauso wie § 21f für den Vorsitz (BGHSt 18, 176; LR/*Siolek* § 78 Rn. 15). Dabei ermöglicht § 78 Abs. 2 Satz 1 die Heranziehung der Richter des örtlichen AG; ob dies für jene die Übertragung eines weiteren Richteramts i.S.d. § 22 Abs. 2 GVG, § 27 Abs. 2 DRiG darstellt, ist umstritten (bejahend LR/*Siolek* § 78 Rn. 13; verneinend *Kissel/Mayer* § 78 Rn. 9). Für die Mitglieder des LG bedeutet die Zuweisung zur auswärtigen Kammer dagegen lediglich eine Maßnahme der **Geschäftsverteilung** (SK-StPO/*Degener* § 78 Rn. 8), die hier wie bei jedem Spruchkörper des LG dessen Präsidium obliegt (§ 78 Abs. 2 Satz 2). Werden für einen Bezirk mehrere auswärtige Kammern gebildet, so hat das Präsidium zudem zwischen diesen die sachlichen Geschäfte zu verteilen (*Katholnigg* § 78 Rn. 1).

4 Aufgrund ihrer eigenständigen örtlichen Zuständigkeit und der damit verbundenen Konkretisierung des gesetzlichen Richters wird die auswärtige Kammer im **Verhältnis zum LG** in mancher Hinsicht wie ein selbstständiges Gericht angesehen. So sollen auf sie die §§ 14, 15, 27 Abs. 4 StPO anzuwenden sein mit der Konsequenz der Zuständigkeit des OLG als »oberes Gericht« (SK-StPO/*Degener* § 78 Rn. 4; LR/*Siolek* § 78 Rn. 6 ff.). Auch bei der Schöffenbeteiligung wird die auswärtige Kammer über § 78 Abs. 3 wie ein eigenständiges Gericht behandelt; sie besitzt eigene Schöffenlisten (näher SK-StPO/*Degener* § 78 Rn. 9). Etwas anderes gilt hier jedoch für solche Aufgaben, die der auswärtigen Kammer nicht zugewiesen sind, also jedenfalls für die Schwurgerichtsverfahren. Hier ist der Bezirk der auswärtigen Kammer bei der Verteilung nach § 77 Abs. 2 Satz 1 mit zu berücksichtigen (so BGHSt 34, 121, klarstellend hierzu *Katholnigg* NStZ 1987,

238). Andererseits wird die auswärtige Kammer i.S.d. § 354 Abs. 2 StPO überwiegend als »andere Kammer« statt als »anderes Gericht« angesehen (a.A. KK-StPO/*Diemer* § 78 Rn. 2). Zudem ist jedenfalls in Strafsachen die fristwahrende Einreichung für das Stammgericht bestimmter Schriftstücke bei der auswärtigen Kammer und umgekehrt möglich (vgl. BGH, NJW 1967, 107; *Kissel/Mayer* § 78 Rn. 8).

5a. Titel. Strafvollstreckungskammern

§ 78a [Errichtung und Zuständigkeit]

(1) [1]Bei den Landgerichten werden, soweit in ihrem Bezirk für Erwachsene Anstalten unterhalten werden, in denen Freiheitsstrafe oder freiheitsentziehende Maßregeln der Besserung und Sicherung vollzogen werden, oder soweit in ihrem Bezirk andere Vollzugsbehörden ihren Sitz haben, Strafvollstreckungskammern gebildet. [2]Diese sind zuständig für die Entscheidungen

1. nach den §§ 462a, 463 der Strafprozeßordnung, soweit sich nicht aus der Strafprozeßordnung etwas anderes ergibt,
2. nach den § 50 Abs. 5, §§ 109, 138 Abs. 3 des Strafvollzugsgesetzes,
3. nach den §§ 50, 58 Absatz 2, § 84g Absatz 1, den §§ 84j, 90h Absatz 1, 90j Absatz 1 und 2 und § 90k Absatz 1 und 2 des Gesetzes über die internationale Rechtshilfe in Strafsachen.

[3]Ist nach § 454b Absatz 3 oder Absatz 4 der Strafprozeßordnung über die Aussetzung der Vollstreckung mehrerer Freiheitsstrafen gleichzeitig zu entscheiden, so entscheidet eine Strafvollstreckungskammer über die Aussetzung der Vollstreckung aller Strafen.

(2) [1]Die Landesregierungen weisen Strafsachen nach Absatz 1 Satz 2 Nr. 3 für die Bezirke der Landgerichte, bei denen keine Strafvollstreckungskammern zu bilden sind, in Absatz 1 Satz 1 bezeichneten Landgerichten durch Rechtsverordnung zu. [2]Die Landesregierungen werden ermächtigt, durch Rechtsverordnung einem der in Absatz 1 bezeichneten Landgerichte für die Bezirke mehrerer Landgerichte die in die Zuständigkeit der Strafvollstreckungskammern fallenden Strafsachen zuzuweisen und zu bestimmen, daß Strafvollstreckungskammern ihren Sitz innerhalb ihres Bezirkes auch oder ausschließlich an Orten haben, an denen das Landgericht seinen Sitz nicht hat, sofern diese Bestimmungen für eine sachdienliche Förderung oder schnellere Erledigung der Verfahren zweckmäßig sind. [3]Die Landesregierungen können die Ermächtigungen nach den Sätzen 1 und 2 durch Rechtsverordnung auf die Landesjustizverwaltungen übertragen.

(3) Unterhält ein Land eine Anstalt, in der Freiheitsstrafe oder freiheitsentziehende Maßregeln der Besserung und Sicherung vollzogen werden, auf dem Gebiete eines anderen Landes, so können die beteiligten Länder vereinbaren, daß die Strafvollstreckungskammer bei dem Landgericht zuständig ist, in dessen Bezirk die für die Anstalt zuständige Aufsichtsbehörde ihren Sitz hat.

Übersicht

A. Normzweck. Die §§ 78a, 78b enthalten Regelungen über die Strafvollstreckungskammern. Diese sind spezielle Strafkammern des LG mit einem gesetzlich bestimmten Zuständigkeitsbereich (*Kissel/Mayer* § 78a Rn. 2). Nach h.M. handelt es sich um einen **einheitlichen Spruchkörper**, der nur in Fällen von besonderer Bedeutung in der Besetzung mit drei Richtern (sog. »große« Strafvollstreckungskammer, § 78b Abs. 1 Nr. 1), sonst mit einem Mitglied der Kammer (»Einzelrichter«) (sog. »kleine« Strafvollstreckungskammer, § 78b Abs. 1 Nr. 2) entscheidet (OLG Hamm NStZ 1981, 452; OLG Düsseldorf NStZ 1982, 301; AnwK-StPO/*Bergmann* § 78a Rn. 4; *Kissel/Mayer* § 78a Rn. 3; »von verfassungswegen nicht zu beanstanden«: BVerfG NStZ 1983, 44; KK-StPO/*Diemer* § 78a Rn. 1; Meyer-Goßner/*Schmitt* § 78b Rn. 1 und 4; a.A. *Körnhoff* NStZ 1981, 421). Die Norm bezweckt, »die während einer Freiheitsentziehung notwendigen Entscheidungen im Interesse einer möglichst gleichmäßigen Behandlung der Gefangenen einer Anstalt, einer möglichst großen Sachkunde wie auch Erfahrung des Richters ortsnah zusammenzufassen«, um so einer Entscheidungszersplitterung entgegenzuwirken (AK-StPO/*Bergmann* § 78a Rn. 1; *Kissel/Mayer* § 78a Rn. 3; LR/*Siolek* Vor § 78a Rn. 11; *Doller* DRiZ 1987, 264, 265 f.; *Treptow* NJW 1975, 1105). 1

2 **B. Errichtung und Zuständigkeit von Strafvollstreckungskammern (Abs. 1).** Abs. 1 bestimmt, wo die Strafvollstreckungskammern gebildet werden und regelt zugleich die sachliche Zuständigkeit.

3 **I. Errichtung (Abs. 1 Satz 1).** Nach Abs. 1 Satz 1 werden Strafvollstreckungskammern nur an LG gebildet, in deren Bezirk **selbstständige** Straf- oder Maßregelvollzugsanstalten für Erwachsene oder andere Vollzugsbehörden, etwa Bundeswehrbehörden als Vollzugsbehörden (BGHSt 26, 391 = NJW 1976, 2356; *Kissel/Mayer* § 78a Rn. 4; KK-StPO/*Diemer* § 78a Rn. 2; LR/*Siolek* § 78a Rn. 1, 2) unterhalten werden. Zu erstgenannten Anstalten zählen Justizvollzugsanstalten zur Vollziehung von Freiheitsstrafen und Unterbringung in Sicherungsverwahrung und in einer sozialtherapeutischen Anstalt (§ 139 StVollzG) und Anstalten anderer Träger, in denen nach Landesrecht die Unterbringung in einem psychiatrischen Krankenhaus oder einer Entziehungsanstalt (§ 138 StVollzG) vollzogen wird (*Kissel/Mayer* § 78a Rn. 4). Außenstellen oder Zweigstellen zählen zur Hauptanstalt (BGHSt 28, 135 = NJW 1978, 2561; *Kissel/Mayer* § 78a Rn. 4). Die Trägerschaft spielt für die Errichtung keine Rolle (KK-StPO/*Dierner* § 78a Rn. 2; *Kissel/Mayer* § 78a Rn. 4).

4 **II. Sachliche Zuständigkeit (Abs. 1 Satz 2).** Abs. 1 Satz 2 regelt die **sachliche Zuständigkeit** im Strafvollstreckungs- (Nr. 1) und im Vollzugsverfahren (Nr. 2) sowie in Angelegenheiten der internationalen Rechtshilfe (Nr. 3) bei Erwachsenen. Für die Vollstreckung von Jugendstrafe und freiheitsentziehenden Maßnahmen des **Jugendstrafrechts** ist ausschließlich der Jugendrichter als Vollstreckungsleiter zuständig (§§ 82, 83, 110 JGG). Dies gilt auch dann, wenn die Jugendstrafe nach § 92 Abs. 2 JGG nach den Vorschriften des Erwachsenenvollzugs vollstreckt wird oder nach § 103 JGG Maßnahmen des Jugendstrafrechts oder Jugendstrafe verhängt wurden (*Kissel/Mayer* § 78a Rn. 9; MüKo-StPO/*Schuster* § 78a Rn. 3). Für Anträge auf gerichtliche Entscheidung ist nach § 92 JGG die Jugendkammer, in deren Bezirk die Vollzugsbehörde ihren Sitz hat, zuständig (*Kissel/Mayer* § 78a Rn. 10) **Nicht** vom Zuständigkeitsbereich der Strafvollstreckungskammer umfasst sind ferner **Untersuchungs-, Ordnungs-, Zwangs- und Erzwingungshaft** (SK-StPO/*Deiters* § 78a Rn. 4).

5 Nach **Abs. 1 Satz 2 Nr. 1** ist die Strafvollstreckungskammer zunächst zuständig für Entscheidungen nach §§ 462a, 463 StPO, soweit sich nicht aus der Strafprozessordnung etwas anderes ergibt. Der Verweis auf die §§ 462a, 463 StPO ist der Beginn einer unübersichtlichen Verweisungskette, da § 462a wiederum Bezug nimmt auf §§ 453, 454 (Entscheidung, ob die Vollstreckung eines Restes einer zeitigen Freiheitsstrafe zur Bewährung ausgesetzt werden kann §§ 57, 58 StGB) 454a, und 462, 453 auf die §§ 56a bis 56g, 58, 59a und 59b (Nachtragsentscheidungen einschließlich der damit zusammenhängenden Entscheidungen und Maßnahmen nach §§ 453a bis 453c StPO) und § 462 auf die § 450a Abs. 3 Satz 1 §§ 458 bis 461 und die §§ 45b, 74b Abs. 2 Satz 3, 76, 79b StGB. Ausnahmen von der Zuständigkeit finden sich in § 462a Abs. 2 Satz 2, Abs. 5 StPO. Die **örtliche Zuständigkeit** richtet sich nach § 462a Abs. 1 Satz 1, 463 Abs. 1 StPO, wonach die StrafVollstrK zuständig ist, in deren **Bezirk die Anstalt** liegt, in die der Verurteilte zu dem Zeitpunkt, in dem das Gericht mit der Sache befasst wird, aufgenommen ist bzw. in deren Bezirk die beteiligte (selbstständige) Vollzugsbehörde (vgl. Rn. 3) ihren Sitz hat (§ 110 StVollzG) (*Kissel/Mayer* § 78a Rn. 18 m. Verweis auf *Valentin* NStZ 1981, 129). Befasst mit der Sache ist das Gericht dann, wenn ein Antrag eines Verfahrensbeteiligten eingeht (*Kissel/Mayer* § 78a Rn. 18) oder das Gericht von sich aus eine verfahrenseinleitende Verfügung trifft (BT-Drs. 7/550, S. 313; *Kissel/Mayer* § 78a Rn. 18) oder die Akten bei ihm eingehen (*Schmidt* NJW 1975, 1488; *Kissel/Mayer* § 78a Rn. 18 mit Verweis auf BGHSt 38, 63; BGH NStZ 2012, 652; BGH, 08.03.2017 – 2 ARs 359/16; *Schmidt* NJW 1975, 1488). Die einmal begründete Zuständigkeit der StrafVollstrK wird durch eine Verschubung des Verurteilten nicht mehr berührt (BGHSt 26, 165; 30, 189; *Kissel/Mayer* § 78a Rn. 18, **a.A.** *Herzog* NJW 1976, 1077).

6 **Abs. 1 Satz 2 Nr. 2** beinhaltet die Zuständigkeit für Anträge von Strafgefangenen und Dritten (BGH NJW 1978, 282; SK-StPO/*Deiters* § 78a Rn. 10; BeckOK-GVG/*Huber* § 78a Rn. 6) auf gerichtliche Entscheidungen gegen Maßnahmen zur Regelung einzelner Angelegenheiten auf dem Gebiet des Strafvollzugs einschließlich der Erhebung eines Haftkostenbeitrags, § 109 Abs. 1 StVollzG § 50 Abs. 5 StVollzG (MüKo-StPO/*Schuster* § 78a Rn. 7 m.w.N.). Für das gerichtliche Verfahren hinsichtlich der Unterbringung im Maßregelvollzug erklärt § 138 Abs. 3 StVollzG den § 109 StVollzG für entsprechend anwendbar (MüKo-StPO/*Schuster* § 78a Rn. 7). Die **örtliche Zuständigkeit** ergibt sich aus § 110 StVollzG.

7 Schließlich bestimmt **Abs. 1 Satz 2 Nr. 3** die Zuständigkeit für die Entscheidung über die Vollstreckbarkeit ausländischer Erkenntnisse (§ 50 IRG) und über die Anordnung der Haft zur Sicherung der Vollstreckung von freiheitsentziehenden Sanktionen in ausländischen Erkenntnissen (§ 58 Abs. 2 IRG). Die Strafvollstreckungskammer ist seit dem Gesetz v. 17.05.2015 (BGBl. I, S. 1349) auch für die gerichtlichen Entscheidungen hinsichtlich der Vollstreckung ausländischer Erkenntnisse in der Bundesrepublik Deutschland (§§ 84g, 84j IRG) und hinsichtlich der Überwachung von ausländischen Bewährungsmaßnahmen sowie alternativen Sanktionen (§§ 90h, 90j, 90k IRG) zuständig (vgl. Meyer-Goßner/*Schmitt* § 78a Rn. 2).

Abs. 1 Satz 3 normiert eine **Zuständigkeitskonzentration** bei einer Strafvollstreckungskammer im Fall gleichzeitiger Entscheidung nach § 454b Abs. 3 StPO über die Aussetzung der Reststrafe mehrerer zeitiger und lebenslanger Freiheitsstrafen nach §§ 57, 57a StGB. 8

Örtlich zuständig ist nach § 462a Abs. 1 S. 1 StPO (§ 110 StVollzG) die StrVollstrK, in deren Bezirk die Justizvollzugsanstalt ihren Sitz hat, in der sich der Verurteilte, zu dem Zeitpunkt, in dem das Gericht mit der Sache befasst wird, befindet; im Einzelnen sowie zur Fortwirkungszuständigkeit des § 462a Abs. 1 S. 2 StPO siehe § 462a StPO Rdn. 4 ff. 9

C. Konzentrationsermächtigung. Durch Abs. 2 Satz 1 und 2 werden die Landesregierungen ermächtigt, durch Rechtsverordnung die Zuständigkeit der Strafvollstreckungskammern nach Abs. 1 zu strukturieren und zu konzentrieren. **Abs. 2 Satz 1** trägt dem Umstand Rechnung, dass auch in Landgerichtsbezirken, in denen es keine StrafVollstrK gibt, Verfahren nach dem IRG anfallen können (BT-Drs. 9/1338, S. 98; *Katholnigg* § 78a Rn. 5; SK-StPO/*Deiters* § 78a Rn. 13). Vor dem Hintergrund der Berücksichtigung örtlicher Begebenheiten und des individuellen Arbeitsanfalls (BT-Drs. 7/550, S. 319; SK-StPO/*Deiters* § 78a Rn. 14; *Kissel/Mayer* § 78a Rn. 21), enthält **Abs. 2 Satz 2** eine Konzentrationsermächtigung an die Landesregierungen. Voraussetzung ist aber, dass die Konzentration für eine sachliche Förderung oder schnellere Erledigung des Verfahrens zweckmäßig ist (SK-StPO/*Deiters* § 78a Rn. 14; *Kissel/Mayer* § 78b Rn. 22). Gebrauch gemacht hiervon haben folgende Länder: Bayern (§ 36 GZVJu), Baden-Württemberg (VO v. 07.09.1998, GBl., S. 561); Brandenburg (VO vom 03.11.1993, GVBl., S. II689), Bremen (VO v. 03.12.1974, GBl., S. 337), Hessen (VO v. 04.07.1983, GVBl. I. S. 115), Niedersachsen (VO v. 22.01.1998, GVBl., S. 66), Nordrhein-Westfalen (VO v. 19.07.1976, GVNW, S. 291), Rheinland-Pfalz (VO v. 15.12.1982, GVBl., S. 460), Sachsen (VO v. 08.12.1992, GVBl., S. 605), Sachsen-Anhalt (VO v. 25.08.1992, GVBl., S. 660), Schleswig-Holstein (VO v. 04.12.1996, GVOBl., S. 720) und Thüringen (VO v. 12.08.1993, GVBl. S. 563) (vgl. die Auflistung in Meyer-Goßner/*Schmitt* § 78a Rn. 5) 10

D. Zuständigkeitsvereinbarungen. Abs. 3 ermöglicht den Ländern, in den Fällen, in denen ein Land eine Straf- oder Maßregelvollzugsanstalt auf dem Gebiete eines anderen Landes unterhält oder mehrere Länder in Ermangelung eigener entsprechender Vollzugsanstalten eine Anstalt gemeinsam unterhalten (Vollzugsgemeinschaft nach § 150 StVollzG), eine abweichende örtliche Zuständigkeit zu vereinbaren (*Kissel/Mayer* § 78a Rn. 24; SK-StPO/*Deiters* § 78a Rn. 15). Diese sieht dergestalt aus, dass die Strafvollstreckungskammer bei dem LG zuständig ist, in dessen Bezirk die für die Anstalt zuständige Aufsichtsbehörde ihren Sitz hat. Eine solche Vereinbarung gibt es bislang nur zwischen Schleswig-Holstein und Hamburg (Abkommen über die Zuständigkeit der Strafvollstreckungskammer bei dem LG Hamburg v. 10.10.1974 (nebst Hamburg Gesetz v. 18.11.1974, GVBl., S. 331 sowie Bek. v. 06.01.1975, GVBl., S. 6) und Schleswig-Holstein (Gesetz v. 18.12.1974, GVOBl., S. 475, sowie Bek. v. 02.01.1975, GVOBl., S. 5; vgl. Meyer-Goßner/*Schmitt* § 78a Rn. 6). 11

§ 78b [Besetzung]

(1) Die Strafvollstreckungskammern sind besetzt

1. in Verfahren über die Aussetzung der Vollstreckung des Restes einer lebenslangen Freiheitsstrafe oder die Aussetzung der Vollstreckung der Unterbringung in einem psychiatrischen Krankenhaus oder in der Sicherungsverwahrung mit drei Richtern unter Einschluß des Vorsitzenden; ist nach § 454b Absatz 3 der Strafprozessordnung über mehrere Freiheitsstrafen gleichzeitig zu entscheiden, so entscheidet die Strafvollstreckungskammer über alle Freiheitsstrafen mit drei Richtern, wenn diese Besetzung für die Entscheidung über eine der Freiheitsstrafen vorgeschrieben ist.

2. in den sonstigen Fällen mit einem Richter.

(2) Die Mitglieder der Strafvollstreckungskammern werden vom Präsidium des Landgerichts aus der Zahl der Mitglieder des Landgerichts und der in seinem Bezirk angestellten Richter beim Amtsgericht bestellt.

Übersicht

A. Besetzung (Abs. 1). Die **einheitliche Strafvollstreckungskammer** (h.M.; vgl. § 78a Rn. 1) entscheidet entsprechend der im Einzelnen zu erledigenden Aufgabe (*Kissel/Mayer* § 78b Rn. 1) in unterschiedlicher Besetzung als »große« StVollstrK mit drei Richtern unter Einschluss des Vorsitzenden (Abs. 1 Nr. 1) oder als 1

»kleine« StVollstrK durch ein Mitglied der Kammer (»Einzelrichter«) (Abs. 1 Nr. 2). Entscheidungsbefugt sind nur Berufs- und keine Laienrichter (*Kissel/Mayer* § 78b Rn. 1).

2 **I. Die »große« StVollstrK (Abs. 1 Nr. 1).** Die »große« StVollstrK entscheidet in Verfahren über die Aussetzung der Vollstreckung des Restes einer lebenslangen Freiheitsstrafe nach §§ 57a, 57b StGB (Nr. 1, 1. Alt.) und die Aussetzung der Vollstreckung der Unterbringung in einem psychiatrischen Krankenhaus nach § 63 StGB (Nr. 1, 2. Alt.) oder in der Sicherungsverwahrung nach § 66 StGB (Nr. 1, 3. Alt.). Umfasst sind hiervon über den Wortlaut hinaus auch die im Zusammenhang mit der Aussetzung stehenden nachträglichen Entscheidungen wie die Umkehr der Vollstreckungsreihenfolge nach § 67 Abs. 2 StGB (OLG Hamm, NStZ 1994, 207; Meyer-Goßner/*Schmitt* § 78b Rn. 5; *Kissel/Mayer* § 78b Rn. 3), die Entscheidung über Einwendungen betreffend die Zulässigkeit der Vollstreckung der Sicherungsverwahrung (Meyer-Goßner/*Schmitt* § 78b Rn. 5; OLG Hamm, NStZ-RR 1999, 126; *Kissel/Mayer* § 78b Rn. 3), der Widerruf der Aussetzung zur Bewährung nach § 453 StPO (OLG Hamm, NStZ 1994, 146; *Kissel/Mayer* § 78b Rn. 3), die Aufhebung der Aussetzung nach § 454a Abs. 2 StPO (LR/*Siolek* § 78b Rn. 3; *Kissel/Mayer* § 78b Rn. 3), die Unterbrechung nach § 454b Abs. 2 StPO (LR/*Siolek* § 78b Rn. 3; *Kissel/Mayer* § 78b Rn. 3) und die Erledigung der Maßregel (OLG Hamm, NStZ 1994, 207; *Kissel/Mayer* § 78b Rn. 3). Die »kleine« StVollstrK ist indes zuständig, wenn neben einer lebenslangen Freiheitsstrafe oder der Unterbringung nach §§ 63, 66 StGB noch eine zeitige Freiheitsstrafe oder eine sonstige freiheitsentziehende Maßregel vollstreckt wird (Meyer-Goßner/*Schmitt* § 78b Rn. 5; *Kissel/Mayer* § 78b Rn. 4; LR/*Siolek* § 78b Rn. 3). Es verbleibt aber bei der Zuständigkeit der großen StVollstrK, wenn Strafe und Maßregel in einem Urteil verhängt wurden und über die Aussetzung der vorweg vollzogenen zeitigen Freiheitsstrafe zu befinden ist, § 78a Abs. 1 Nr. 1 (Meyer-Goßner/*Schmitt* § 78b Rn. 5; OLG Zweibrücken JBlRP 2007, 38; *Kissel/Mayer* § 78b Rn. 3 unter Bezugnahme auf BT-Drs. 18/11277, S. 39).

3 **II. Die »kleine« StVollstrK (Abs. 1 Nr. 2).** Für alle nicht unter Abs. 1 Nr. 1 fallenden Verfahren sowie die damit zusammenhängenden Entscheidungen (LR/*Siolek* § 78b Rn. 4), ist die »kleine« StVollstrK nach Abs. 1 Nr. 2 zuständig. In den Zuständigkeitsbereich fallen insb. die Entscheidungen nach §§ 50 Abs. 5, 109, 138 Abs. 3 StVollzG und §§ 50, 58 Abs. 2, 71 Abs. 4 IRG (OLG München, NStZ 1995, 207; Meyer-Goßner/*Schmitt* § 78b Rn. 6; LR/*Siolek* § 78b Rn. 5; *Kissel/Mayer* § 78b Rn. 4 m.w.N.).

4 **III. Zuständigkeitsstreit.** Die Streitfrage, ob die »große« oder »kleine« StVollstrK für eine Entscheidung zuständig ist, kann wegen des Charakters eines einheitlichen Spruchkörpers nicht über eine Anwendung des § 14 StPO gelöst werden (vgl. LR/*Siolek* § 78b Rn. 6; *Katholnigg* § 78b Rn. 1; *Kissel/Mayer* § 78b Rn. 7). Auch eine Bestimmung durch das Präsidium ist nicht möglich, da die Besetzung gesetzlich zwingend vorgeschrieben ist (LR/*Siolek* § 78b Rn. 6; *Kissel/Mayer* § 78b Rn. 7). Da von Gesetzes wegen der »großen« StVollstrK die gewichtigeren Entscheidungen übertragen sind, wird man in Zweifelsfällen die Zuständigkeit der »großen« StVollstrK annehmen (vgl. LR/*Siolek* § 78b Rn. 6, 15).

5 Ein **Zuständigkeitsverstoß** wäre in diesem Fall – ausgenommen bei objektiver Willkür – unschädlich (OLG Düsseldorf, NStZ 1984, 477; LR/*Siolek* § 78b Rn. 5, 15: Rechtsgedanken d. § 269 StPO; **a.A.** *Kissel/Mayer* § 78b Rn. 9: »nicht der gesetzliche Richter«). Dagegen ist das Gericht bei einer fehlerhaften Annahme der Zuständigkeit der »kleinen« StVollstrK nicht ordnungsgemäß besetzt (OLG Düsseldorf, NStZ 1984, 477; LR/*Siolek* § 78b Rn. 16; *Kissel/Mayer* § 78b Rn. 8). In diesem Fall liegt es im Ermessen des **OLG als zuständigem Beschwerdegericht**, ob es die Sache entsprechend § 309 StPO selbst entscheidet (OLG Frankfurt, StV 1989, 491; OLG Hamm, NStZ 1992, 407) oder aufhebt und zurückverweist (OLG Düsseldorf, StV 1991, 432; OLG Hamm, NStZ 1994, 146; LR/*Siolek* § 78b Rn. 17; **a.A.** *Kissel/Mayer* § 78b Rn. 8 der stets wegen des »schwerwiegenden Verstosses« eine Aufhebung und Zurückverweisung für geboten hält).

6 **B. Bestellung der Mitglieder der Strafvollstreckungskammern (Abs. 2).** Der **Vorsitz** der StVollstrK richtet sich nach § 21f Abs. 1, 2. Berufen sind nur der Präsident oder ein Vorsitzender Richter § 21f Abs. 1. Als **weitere Mitglieder** (Beisitzer, Einzelrichter) können Mitglieder des LG, wobei auch ein Richter auf Probe oder ein Richter kraft Auftrags oder ein abgeordneter Richter als Kammermitglied in Betracht kommen (§ 29 DRiG), oder Richter eines AG, das im Bezirk des LG liegt, bestellt werden (*Kissel/Mayer* § 78b Rn. 13/14). Anders als bei den Richtern am LG, kommen dafür aber nur Richter auf Lebenszeit in Betracht (§ 27 DRiG; OLG Koblenz, NStZ 1982, 301; LR/*Siolek* § 78b Rn. 9, 10; *Kissel/Mayer* § 78b Rn. 14).

7 Das Präsidium trifft die **Auswahl** und regelt die **Vertretung** der Richter (*Kissel/Mayer* § 78b Rn. 11, 16; LR/*Siolek* § 78b Rn. 10). Bei der Kompetenz des Präsidiums des LG, auch einen Richter des AG zu einem Mitglied der StVollstrK zu bestellen, handelt es sich um einen Sonderfall (*Kissel/Mayer* § 78b Rn. 17). Eine Doppelernennung nach § 22 Abs. 2 ist nicht erforderlich (Meyer-Goßner/*Schmitt* § 78b Rn. 9; *Kissel/Mayer*

§ 78b Rn. 18). Die Entscheidung des Präsidiums muss insoweit in der Geschäftsverteilung des AG berücksichtigt werden (Meyer-Goßner/*Schmitt* § 78b Rn. 9; *Kissel/Mayer* *§* 78b Rn. 18).

Die Regelung der Geschäfte des Einzelrichters und die sonstige Tätigkeit der einzelnen Richter in der StVollstrK richtet sich nach § 21g (*Kissel/Mayer* *§* 78b Rn. 19; LR/*Siolek* *§* 78b Rn. 11; *Treptow* NJW 1977, 1038). 8

Achter Titel. Oberlandesgerichte

§ 115 [Besetzung]

Die Oberlandesgerichte werden mit einem Präsidenten sowie mit Vorsitzenden Richtern und weiteren Richtern besetzt.

Der **Präsident** ist sowohl unabhängiger Richter als auch Organ der Justizverwaltung. Nach § 21e Abs. 1 Satz 3 kann er selbst bestimmen, welche richterliche Aufgabe (gem. § 21f Abs. 1 ein Senatsvorsitz) er wahrnimmt. Neben ihm muss mindestens ein weiterer **Vorsitzender Richter** bestellt sein. Als **weitere Richter** können nur Richter auf Lebenszeit berufen werden (§ 28 DRiG). 1

Die Hinzuziehung **Abgeordneter Richter** (§ 37 DRiG) ist nur zur Bewältigung eines außergewöhnlichen Arbeitsanfalls, zur Vertretung verhinderter Richter oder zu Fortbildungs- und Erprobungszwecken zulässig (*Kissel/Mayer* § 115 Rn. 9 m.w.N.). An einer gerichtlichen Entscheidung darf nicht mehr als ein abgeordneter Richter mitwirken (§ 29 DRiG). 2

§ 116 [Senate]

(1) [1]Bei den Oberlandesgerichten werden Zivil- und Strafsenate gebildet. [2]Bei den nach § 120 zuständigen Oberlandesgerichten werden Ermittlungsrichter bestellt; zum Ermittlungsrichter kann auch jedes Mitglied eines anderen Oberlandesgerichts, das in dem in § 120 bezeichneten Gebiet seinen Sitz hat, bestellt werden.

(2) [1]Die Landesregierungen werden ermächtigt, durch Rechtsverordnung außerhalb des Sitzes des Oberlandesgerichts für den Bezirk eines oder mehrerer Landgerichte Zivil- oder Strafsenate zu bilden und ihnen für diesen Bezirk die gesamte Tätigkeit des Zivil- oder Strafsenats des Oberlandesgerichts oder einen Teil dieser Tätigkeit zuzuweisen. [2]Ein auswärtiger Senat für Familiensachen kann für die Bezirke mehrerer Familiengerichte gebildet werden.

(3) Die Landesregierungen können die Ermächtigung nach Absatz 2 auf die Landesjustizverwaltungen übertragen.

Bei jedem OLG sind mindestens ein Zivilsenat und ein Strafsenat zu bilden. Ihre Zahl bestimmt die Justizverwaltung. Gleiches gilt, wenn nach Satz 2 Ermittlungsrichter (§ 169 StPO) zu bestellen sind. Werden dazu Mitglieder eines anderen OLG herangezogen, handelt es sich nicht um eine Abordnung, sondern um eine Maßnahme nach § 21e (*Kissel/Mayer* § 116 Rn. 19). 1

Durch Rechtsverordnung zu bildende **Auswärtige Senate** bleiben Spruchkörper des OLG. Die Zuweisung eines Richters an einen Auswärtigen Senat ist eine Maßnahme nach § 21e. Hinsichtlich der **örtlichen Zuständigkeit** hat der Auswärtige Senat den Status eines selbstständigen Gerichts, sodass über einen Zuständigkeitsstreit mit dem Stammgericht analog § 14 StPO der BGH zu entscheiden hat (h.M. *Kissel/Mayer* § 116 Rn. 17; LR/*Franke* § 116 GVG Rn. 4; Meyer-Goßner/*Schmitt* § 116 GVG Rn. 2). 2

§ 120 [Erstinstanzliche Zuständigkeit in Strafsachen]

(1) In Strafsachen sind die Oberlandesgerichte, in deren Bezirk die Landesregierungen ihren Sitz haben, für das Gebiet des Landes zuständig für die Verhandlung und Entscheidung im ersten Rechtszug

1. **(aufgehoben)**
2. **bei Hochverrat (§§ 81 bis 83 des Strafgesetzbuches),**
3. **bei Landesverrat und Gefährdung der äußeren Sicherheit (§§ 94 bis 100a des Strafgesetzbuches) sowie bei Straftaten nach § 52 Abs. 2 des Patentgesetzes, nach § 9 Abs. 2 des Gebrauchsmustergesetzes in Verbindung mit § 52 Abs. 2 des Patentgesetzes oder nach § 4 Abs. 4 des Halbleiterschutzgesetzes in Verbindung mit § 9 Abs. 2 des Gebrauchsmustergesetzes und § 52 Abs. 2 des Patentgesetzes,**
4. **bei einem Angriff gegen Organe und Vertreter ausländischer Staaten (§ 102 des Strafgesetzbuches),**
5. **bei einer Straftat gegen Verfassungsorgane in den Fällen der §§ 105, 106 des Strafgesetzbuches,**

6. bei einer Zuwiderhandlung gegen das Vereinigungsverbot des § 129a, auch in Verbindung mit § 129b Abs. 1, des Strafgesetzbuches
7. bei Nichtanzeige von Straftaten nach § 138 des Strafgesetzbuches, wenn die Nichtanzeige eine Straftat betrifft, die zur Zuständigkeit der Oberlandesgerichte gehört, und
8. bei Straftaten nach dem Völkerstrafgesetzbuch.

(2) [1]Diese Oberlandesgerichte sind ferner für die Verhandlung und Entscheidung im ersten Rechtszug zuständig
1. bei den in § 74a Abs. 1 bezeichneten Straftaten, wenn der Generalbundesanwalt wegen der besonderen Bedeutung des Falles nach § 74a Abs. 2 die Verfolgung übernimmt,
2. bei Mord (§ 211 des Strafgesetzbuches), Totschlag (§ 212 des Strafgesetzbuches) und den in § 129a Abs. 1 Nr. 2 und Abs. 2 des Strafgesetzbuches bezeichneten Straftaten, wenn ein Zusammenhang mit der Tätigkeit einer nicht oder nicht nur im Inland bestehenden Vereinigung besteht, deren Zweck oder Tätigkeit die Begehung von Straftaten dieser Art zum Gegenstand hat, und der Generalbundesanwalt wegen der besonderen Bedeutung des Falles die Verfolgung übernimmt,
3. bei Mord (§ 211 des Strafgesetzbuchs), Totschlag (§ 212 des Strafgesetzbuchs), erpresserischem Menschenraub (§ 239a des Strafgesetzbuchs), Geiselnahme (§ 239b des Strafgesetzbuchs), schwerer und besonders schwerer Brandstiftung (§§ 306a und 306b des Strafgesetzbuchs), Brandstiftung mit Todesfolge (§ 306c des Strafgesetzbuchs), Herbeiführen einer Explosion durch Kernenergie in den Fällen des § 307 Abs. 1 und 3 Nr. 1 des Strafgesetzbuchs, Herbeiführen einer Sprengstoffexplosion in den Fällen des § 308 Abs. 1 bis 3 des Strafgesetzbuchs, Missbrauch ionisierender Strahlen in den Fällen des § 309 Abs. 1 bis 4 des Strafgesetzbuchs, Vorbereitung eines Explosions- oder Strahlungsverbrechens in den Fällen des § 310 Abs. 1 Nr. 1 bis 3 des Strafgesetzbuchs, Herbeiführen einer Überschwemmung in den Fällen des § 313 Abs. 2 in Verbindung mit § 308 Abs. 2 und 3 des Strafgesetzbuchs, gemeingefährlicher Vergiftung in den Fällen des § 314 Abs. 2 in Verbindung mit § 308 Abs. 2 und 3 des Strafgesetzbuchs und Angriff auf den Luft- und Seeverkehr in den Fällen des § 316c Abs. 1 und 3 des Strafgesetzbuchs, wenn die Tat nach den Umständen geeignet ist,
   a) den Bestand oder die Sicherheit eines Staates zu beeinträchtigen,
   b) Verfassungsgrundsätze der Bundesrepublik Deutschland zu beseitigen, außer Geltung zu setzen oder zu untergraben,
   c) die Sicherheit der in der Bundesrepublik Deutschland stationierten Truppen des Nordatlantik-Pakts oder seiner nichtdeutschen Vertragsstaaten zu beeinträchtigen oder
   d) den Bestand oder die Sicherheit einer internationalen Organisation zu beeinträchtigen,

   und der Generalbundesanwalt wegen der besonderen Bedeutung des Falles die Verfolgung übernimmt,
4. bei Straftaten nach dem Außenwirtschaftsgesetz sowie bei Straftaten nach dem Gesetz über die Kontrolle von Kriegswaffen, wenn die Tat oder im Falle des strafbaren Versuchs auch ihre unterstellte Vollendung nach den Umständen
   a) geeignet ist, die äußere Sicherheit oder die auswärtigen Beziehungen der Bundesrepublik Deutschland erheblich zu gefährden, oder
   b) bestimmt und geeignet ist, das friedliche Zusammenleben der Völker zu stören,

   und der Generalbundesanwalt wegen der besonderen Bedeutung des Falles die Verfolgung übernimmt.

[2]Eine besondere Bedeutung des Falles ist auch anzunehmen, wenn in den Fällen des Satzes 1 eine Ermittlungszuständigkeit des Generalbundesanwalts wegen des länderübergreifenden Charakters der Tat geboten erscheint. [3]Die Oberlandesgerichte verweisen bei der Eröffnung des Hauptverfahrens die Sache in den Fällen der Nummer 1 an das Landgericht, in den Fällen der Nummern 2 bis 4 an das Land- oder Amtsgericht, wenn eine besondere Bedeutung des Falles nicht vorliegt.

(3) [1]In den Sachen, in denen diese Oberlandesgerichte nach Absatz 1 oder 2 zuständig sind, treffen sie auch die in § 73 Abs. 1 bezeichneten Entscheidungen. [2]Sie entscheiden ferner über die Beschwerde gegen Verfügungen der Ermittlungsrichter der Oberlandesgerichte (§ 169 Abs. 1 Satz 1 der Strafprozeßordnung) in den in § 304 Abs. 5 der Strafprozeßordnung bezeichneten Fällen.

(4) [1]Diese Oberlandesgerichte entscheiden auch über die Beschwerde gegen Verfügungen und Entscheidungen des nach § 74a zuständigen Gerichts. [2]Für Entscheidungen über die Beschwerde gegen Verfügungen und Entscheidungen des nach § 74a Abs. 4 zuständigen Gerichts sowie in den Fällen des § 100e Absatz 2 Satz 6 der Strafprozessordnung ist ein nicht mit Hauptverfahren in Strafsachen befasster Senat zuständig.

(5) [1]Für den Gerichtsstand gelten die allgemeinen Vorschriften. [2]Die beteiligten Länder können durch Vereinbarung die den Oberlandesgerichten in den Absätzen 1 bis 4 zugewiesenen Aufgaben dem hiernach zuständigen Gericht eines Landes auch für das Gebiet eines anderen Landes übertragen.
(6) Soweit nach § 142a für die Verfolgung der Strafsachen die Zuständigkeit des Bundes begründet ist, üben diese Oberlandesgerichte Gerichtsbarkeit nach Artikel 96 Abs. 5 des Grundgesetzes aus.
(7) Soweit die Länder aufgrund von Strafverfahren, in denen die Oberlandesgerichte in Ausübung von Gerichtsbarkeit des Bundes entscheiden, Verfahrenskosten und Auslagen von Verfahrensbeteiligten zu tragen oder Entschädigungen zu leisten haben, können sie vom Bund Erstattung verlangen.

S.a. RiStBV Nr. 202 ff.

Übersicht

A. Allgemeines. Die Bestimmung geht auf § 15 der VO v. 04.01.1924 (RGBl. I, 15) zurück und wurde in der Folgezeit mehrfach geändert. Durch das Gesetz zur allgemeinen Einführung eines zweiten Rechtszuges in Staatsschutzstrafsachen vom 08.09.1969 (BGBl. I, S. 1582) wurde sie grundlegend neu gefasst und die bis dahin bestehende erstinstanzliche Zuständigkeit des BGH in Staatsschutzstrafsachen auf die OLGe übertragen (vgl. hierzu *Fischer* NJW 1969, 449; *Martin* NJW 1969, 713, sowie zur Gesetzgebungsgeschichte allgemein KK-StPO/*Feilcke*, 8. Aufl. 2019, GVG § 120 Rn. 1 mwN.). Die Vorschrift wurde mit Wirkung zum 01.01.2017 durch Gesetz vom 22.12.2016 (BGBl. I, S. 3150) neu gefasst. Schließlich wurde mit Gesetz vom 25.06.2021 der Einleitungssatz in Abs. 2 Satz 1 Nr. 4 mit Wirkung zum 01.07.2021 geändert (BGBl. I, S. 2099). 1

Bei der Aburteilung der in Abs. 1 genannten und der zu ihm unter den Voraussetzungen des Abs. 2 von der Generalbundesanwaltschaft angeklagten Straftaten übt das OLG im Wege der Organleihe Bundesgerichtsbarkeit aus (§ 120 Abs. 6 GVG i.V.m. Art. 96 Abs. 5 GG). Die fehlerhafte Annahme einer Zuständigkeit nach § 120 Abs. 1 oder 2 GVG ist deshalb immer auch ein unmittelbarer Eingriff in die grundgesetzliche Kompetenzverteilung zwischen Bundes- und Landesjustiz und begründet ein Verfahrenshindernis (BGHSt 46, 238, 244; NStZ 2007, 117, 118).

Insoweit ist in jedem Bundesland nur das OLG sachlich und örtlich zuständig, in dessen Bezirk sich die Landeshauptstadt befindet. Zuständigkeitsübertragungen zwischen einzelnen Ländern sind nach Abs. 5 Satz 2 möglich. Hiervon wurde in zwei Fällen Gebrauch gemacht. Aufgrund Staatsvertrags (Abkommen zwischen den Ländern Bremen und Hamburg v. 28.05.1970; geändert durch Abkommen v. 12.10.1970 und Abkommen v. 01.02.1978) ist die Zuständigkeit für das Land Bremen dem OLG Hamburg übertragen. Das OLG Koblenz ist aufgrund Staatsvertrags zwischen dem Land Rheinland-Pfalz und dem Saarland v. 16./18.08.1971, geändert durch Staatsvertrag v. 10.04.1978, auch für das Saarland zuständig (Einzelheiten bei Meyer-Goßner/*Schmitt* § 120 GVG Rn. 1).

B. Die unbedingte Zuständigkeit nach Abs. 1. Die Zuständigkeit nach Abs. 1 geht allen konkurrierenden Zuständigkeiten der Strafkammern (*Kissel/Mayer* § 120 Rn. 7 m.w.N.) und Jugendgerichte (BGH v. 22.09.2016 – AK 47/16, Rn. 25; BGHSt 46, 238, 256; KK-StPO/*Feilcke* § 120 GVG m.w.N.) vor. Sie umfasst neben den aufgezählten Staatsschutzdelikten sowie der Teilnahme (§§ 26, 27 StGB) und der versuchten Beteiligung gem. § 30 StGB (vgl. BGH v. 15.12.2016 – AK 63/16, Rn. 37; *Schnarr* NStZ 1990, 257) daran auch andere Straftaten, wenn diese hierzu in Tateinheit stehen oder es sich bei ihnen und einer Katalogtat um dieselbe prozessuale Tat i.S.v. § 264 StPO handelt. Im Fall des § 120 Abs. 1 Nr. 6 GVG kann sich eine Annexkompetenz für Nichtkatalogtaten ergeben, wenn diese mit dem die Bundeszuständigkeit begründenden Vorwurf der mitgliedschaftlichen Beteiligung an einer terroristischen Vereinigung in einem derart engen persönlichen und deliktsspezifisch sachlichen Zusammenhang stehen, dass eine getrennte Verfolgung und Aburteilung auch unter Beachtung der verfassungsrechtlichen Vorgaben für die Kompetenzverteilung zwischen Bund und Ländern als in hohem Maße sachwidrig erschiene (BGH v. 12.08.2021 – 3 StR 441/20, Rn. 14; v. 31.03.2021 – AK 16/21, Rn. 23; v. 20.09.2012 – 3 StR 314/12, Rn. 20 m.w.N.). Ein Zusammenhang geringeren Grades (vgl. §§ 2, 3 StPO) vermag eine Zuständigkeit nach § 120 dagegen nicht zu begründen (BGH NStZ 2007, 117, 118). Ein Fall des Abs. 1 Nr. 7 liegt auch dann vor, wenn die nicht angezeigte Straftat lediglich nach Abs. 2 zur Zuständigkeit der Oberlandesgerichte gehört (vgl. 2

BGH v. 10.11.2016 – AK 33/16, Rn. 24 [Nichtanzeige eines geplanten Mordes mit Vereinigungsbezug und besonderer Bedeutung i.S.d. Abs. 2 Nr. 2])

3 **C. Die bedingte Zuständigkeit nach Abs. 2.** Nach Abs. 2 Satz 1 Nr. 1 bis Nr. 4 kann sich eine erstinstanzliche oberlandesgerichtliche Zuständigkeit für die dort aufgezählten Delikte ergeben, wenn der Generalbundesanwalt wegen der besonderen Bedeutung des Falles die Verfolgung übernommen hat (sog. Evokationsrecht). Bei den Nr. 2 bis Nr. 4 müssen zudem die dort im Einzelnen genannten weiteren Voraussetzungen erfüllt sein. Taten gem. Abs. 2 Satz 1 Nr. 3 müssen nunmehr nur noch geeignet sein, eine der unter den Buchstaben a) bis d) aufgezählten Wirkungen auszulösen. Eine entsprechende Bestimmung, wie noch nach der alten Fassung, ist nicht mehr erforderlich (weitere Einzelheiten zu Nr. 3 bei *Schnarr* MDR 1993, 589). Hinsichtlich Teilnahme, versuchter Beteiligung und Sachzusammenhang s.o. Rdn. 2.

4 Eine konkrete Tat i.S.d. Nr. 1 bis 4 ist von **besonderer Bedeutung**, wenn sie ein erhebliches Gewicht aufweist **und** einen Angriff auf den Gesamtstaat darstellt, sodass eine Aburteilung durch die Bundesgerichtsbarkeit geboten ist. Bei der erforderlichen Gesamtwürdigung sind neben dem individuellen Schuld- und Unrechtsgehalt insb. auch die konkreten Auswirkungen für die innere Sicherheit der Bundesrepublik und ihr Erscheinungsbild ggü. Staaten mit gleichen Wertvorstellungen in den Blick zu nehmen. Auch ist zu beachten, welche Signalwirkung von der Tat auf potenzielle Nachahmer ausgeht (vgl. BGHSt 46, 238, 254; NStZ 2002, 447 f.; 2008, 146, 147; NStZ-RR 2014, 53 Ls. Nr. 5; *Welp* NStZ 2002, 1, 7). Sie kann auch vorliegen, wenn durch die Tat die Souveranität des Staates in besonderer Weise verletzt worden ist (BGH NStZ-RR 2006, 147, 148). An die Bejahung der besonderen Bedeutung im Sinne des § 120 GVG sind mit Blick auf die in der Übernahmeerklärung durch den Generalbundesanwalt liegenden Bestimmung des gesetzlichen Richters (Art. 101 GG) und des Eingriffs in die verfassungsrechtliche Kompetenzverteilung zwischen Bund und Ländern (vgl. Art. 96 GG) strenge Anforderungen zu stellen (BGH v. 10.11.2016 – StB 33/16, Rn. 25; NStZ-RR 2014, 53 Ls. Nr. 3). Allein mit der besonderen Schwere und dem Umfang der Tat kann die Annahme einer besonderen Bedeutung nicht gerechtfertigt werden (BGHSt 53, 128 Rn. 35). Dagegen kann es ausreichend sein, dass eine Tat aus einer Grundhaltung heraus begangen wurde, die von Personen geteilt wird, die in den letzten Jahren in der gesamten Bevölkerung Aufsehen, aber auch Verunsicherung hervorgerufen und zu einem allgemeinen Gefühl der Bedrohung geführt haben (vgl. BGH v. 10.11.2016 – StB 33/16, Rn. 26).

5 Die Auslegung des unbestimmten Rechtsbegriffs der besonderen Bedeutung durch die Generalbundesanwaltschaft unterliegt der gerichtlichen Kontrolle. Bejaht das OLG bei Zulassung der Anklage die besondere Bedeutung des Falles, unterliegt dies der rechtlichen Überprüfung durch das Revisionsgericht (BGHSt 46, 238, 255). Hält das OLG eine besondere Bedeutung für nicht gegeben, verweist es die Sache nach Abs. 2 Satz 2 mit der Eröffnung an das zuständige LG oder AG. Damit wird das Verfahren an die Landesjustiz zurückgegeben. Die Entscheidung ist für die Generalbundesanwaltschaft nach § 304 Abs. 2 Satz 2 Nr. 2 StPO mit der sofortigen Beschwerde anfechtbar. Der Bundesgerichtshof als Beschwerdegericht hat dann die vom Anklagevorwurf umfassten Taten ohne Beschränkung auf die Anträge der Generalbundesanwaltschaft und die von ihr geltend gemachten Beschwerdepunkte zu überprüfen und in ihrer Gesamtheit zu würdigen (BGH NStZ-RR 2014, 53 Ls. Nr. 1).

6 Hält ein Land- oder AG seine Zuständigkeit für nicht gegeben, weil ein Fall des Abs. 2 Satz 1 vorliegt, legt es die Sache der Generalbundesanwaltschaft zur Entscheidung über die Ausübung ihres Evokationsrechts vor (Meyer-Goßner/*Schmitt* § 209 Rn. 3). Lehnt die Generalbundesanwaltschaft eine Evokation ab, kann das Hauptverfahren wegen eines Verfahrenshindernisses nicht eröffnet werden (KK-StPO/*Feilcke* § 120 GVG Rn. 4 f. mit ausführlicher Darstellung des Streitstandes). Nach a.A. soll eine Vorlage analog § 209 Abs. 2 StPO an das zuständige OLG erfolgen (*Kissel/Mayer* § 120 Rn. 10 m.w.N.). Dies widerspricht jedoch der Intention des Gesetzgebers, wonach die Zuständigkeit des OLG nach Abs. 2 Satz 1 von der Evokationsentscheidung der Generalbundesanwaltschaft abhängig sein soll (vgl. *Dencker* StV 1987, 117, 118 f.; *Kühl* NJW 1987, 737, 747). Daran ändert auch der Umstand nichts, dass es sich hierbei um eine gebundene Entscheidung handelt.

7 **D. Nebenentscheidungen.** Im Rahmen seiner Zuständigkeit nach Abs. 1 und 2 entscheidet das OLG auch über die nach § 73 Abs. 1 den Strafkammern zugewiesenen Beschwerden und Anträge (Abs. 3 Satz 1), sofern nicht der BGH nach § 135 Abs. 2 zuständig ist. Außerdem ist es nach Abs. 3 Satz 2 für die Entscheidung über Beschwerden nach § 304 Abs. 5 StPO gegen Verfügungen seines Ermittlungsrichters zuständig. Weitere an § 120 Abs. 1 und Abs. 2 angelehnte Zuständigkeiten ergeben sich nach den §§ 121 Abs. 4 Satz 1 und 172 Abs. 4 Satz 2 StPO)

8 Nach Abs. 4 Satz 1 ist das in Abs. 1 (Abs. 5 Satz 2) bezeichnete OLG auch für die Entscheidung über Beschwerden gegen Verfügungen und Beschlüsse der Staatsschutzkammern gem. § 74a zuständig. Dabei in den Fällen des Satz 2 ein besonderer Senat zu entscheiden.

E. Kostenerstattung. Abs. 7 gewährt den Ländern einen Anspruch auf Erstattung von verauslagten Verfahrenskosten (§ 464 StPO) gegen den Bund. 9

§ 120a [Zuständigkeit bei vorbehaltener oder nachträglicher Anordnung der Sicherungsverwahrung]

(1) Hat im ersten Rechtszug ein Strafsenat die Anordnung der Sicherungsverwahrung vorbehalten oder in den Fällen des § 66b des Strafgesetzbuches (StGB) als Tatgericht entschieden, ist dieser Strafsenat im ersten Rechtszug für die Verhandlung und Entscheidung über die im Urteil vorbehaltene oder die nachträgliche Anordnung der Sicherungsverwahrung zuständig.
(2) In den Fällen des § 66b des Strafgesetzbuches (StGB) gilt § 462a Abs. 3 Satz 2 und 3 der Strafprozessordnung (StPO) entsprechend.

Abs. 1 ordnet eine Fortgeltung der Zuständigkeit des OLG für die Entscheidung über eine von ihm vorbehaltene Sicherungsverwahrung (§ 66a Abs. 2 StGB) an und begründet seine Zuständigkeit für die Entscheidung über die nachträgliche Anordnung der Sicherungsverwahrung (§§ 66b StGB, 106 Abs. 5 und 6 JGG), wenn ein Strafsenat des OLG im ersten Rechtszug als Tatgericht entschieden hat. Zugleich wird im Wege einer gesetzlichen Geschäftsverteilung angeordnet, dass hierfür derselbe Strafsenat zuständig ist, der die Sicherungsverwahrung vorbehalten (§ 66a Abs. 1 StGB) bzw. als Tatgericht entschieden hat. 1
Abs. 2 verweist für den Fall, dass über die nachträgliche Anordnung der Sicherungsverwahrung nach § 66b StGB auf der Grundlage tatrichterlicher Urteile verschiedener OLG oder eines OLG und eines LG zu entscheiden ist, auf § 462a Abs. 3 Satz 2 und 3 StPO. 2

§ 120b [Zuständigkeit bei Bestechlichkeit und Bestechung von Mandatsträgern]

[1]In Strafsachen sind die Oberlandesgerichte, in deren Bezirk die Landesregierungen ihren Sitz haben, zuständig für die Verhandlung und Entscheidung im ersten Rechtszug bei Bestechlichkeit und Bestechung von Mandatsträgern (§ 108e des Strafgesetzbuches). [2] § 120 Absatz 3 und 5 gilt entsprechend.

Die Vorschrift wurde durch das Achtundvierzigste Strafrechtsänderungsgesetz vom 23.04.2014 (BGBl. I. 410) neu eingeführt. Sie gilt auch für zu diesem Zeitpunkt schwebende Verfahren (vgl. BGH 17.03.2015 – 2 StR 281/14, Rn. 52). Durch sie wird bei den Oberlandesgerichten, in deren Bezirk die Landesregierungen ihren Sitz haben, auch für Straftaten nach § 108e StGB eine besondere erstinstanzliche Zuständigkeit eingerichtet. Nach Satz 2 iVm. § 120 Abs. 5 können die Bundesländer auch hier staatsvertragliche Vereinbarungen über eine länderübergreifende Zuständigkeitskonzentration treffen. 1
Das Ermittlungsverfahren wird von der nach § 142 Abs. 1 Nr. 2 zuständigen Generalstaatsanwaltschaft geführt. Für die Vornahme der richterlichen Ermittlungshandlungen gilt § 169 Abs. 1 Satz 1 StPO. 2

§ 121 [Zuständigkeit bei Rechtsmitteln in Strafsachen]

(1) Die Oberlandesgerichte sind in Strafsachen ferner zuständig für die Verhandlung und Entscheidung über die Rechtsmittel:
1. der Revision gegen
   a) die mit der Berufung nicht anfechtbaren Urteile des Strafrichters;
   b) die Berufungsurteile der kleinen und großen Strafkammern;
   c) die Urteile des Landgerichts im ersten Rechtszug, wenn die Revision ausschließlich auf die Verletzung einer in den Landesgesetzen enthaltenen Rechtsnorm gestützt wird;
2. der Beschwerde gegen strafrichterliche Entscheidungen, soweit nicht die Zuständigkeit der Strafkammern oder des Bundesgerichtshofes begründet ist;
3. der Rechtsbeschwerde gegen Entscheidungen der Strafvollstreckungskammern nach den § 50 Abs. 5, §§ 116, 138 Abs. 3 des Strafvollzugsgesetzes und der Jugendkammern nach § 92 Abs. 2 des Jugendgerichtsgesetzes;
4. des Einwands gegen die Besetzung einer Strafkammer im Fall des § 222b Absatz 3 Satz 1 der Strafprozessordnung.
(2) Will ein Oberlandesgericht bei seiner Entscheidung
1. nach Absatz 1 Nr. 1a oder b von einer nach dem 1. April 1950 ergangenen Entscheidung,
2. nach Absatz 1 Nummer 3 von einer nach dem 1. Januar 1977 ergangenen Entscheidung,

3. nach Absatz 1 Nummer 2 über die Erledigung einer Maßregel der Unterbringung in der Sicherungsverwahrung oder in einem psychiatrischen Krankenhaus oder über die Zulässigkeit ihrer weiteren Vollstreckung von einer nach dem 1. Januar 2010 ergangenen Entscheidung oder

4. nach Absatz 1 Nummer 4 von einer Entscheidung

eines anderen Oberlandesgerichts oder von einer Entscheidung des Bundesgerichtshofes abweichen, so hat es die Sache diesem vorzulegen.

(3) [1]Ein Land, in dem mehrere Oberlandesgerichte errichtet sind, kann durch Rechtsverordnung der Landesregierung die Entscheidungen nach Absatz 1 Nr. 3 einem Oberlandesgericht für die Bezirke mehrerer Oberlandesgerichte oder dem Obersten Landesgericht zuweisen, sofern die Zuweisung für eine sachdienliche Förderung oder schnellere Erledigung der Verfahren zweckmäßig ist. [2]Die Landesregierungen können die Ermächtigung durch Rechtsverordnung auf die Landesjustizverwaltungen übertragen.

Übersicht

1 **A. Die Zuständigkeit als Revisionsgericht (Abs. 1 Nr. 1).** Da nach der Aufhebung des § 313 StPO a.F. alle Urteile des Strafrichters (§ 25) und des Schöffengerichts (§ 28) mit der Berufung anfechtbar sind, ist **Nr. 1a** im Strafverfahren ohne praktische Bedeutung.

2 Aus **Nr. 1b** ergibt sich die Zuständigkeit des OLG nicht nur für Revisionen gegen Berufungsurteile der kleinen Strafkammern, sondern i.V.m. § 335 Abs. 2 StPO auch für Sprungrevisionen gegen Urteile des AG (BGHSt 2, 63, 64; a.A. *Kissel/Mayer* § 121 Rn. 2). Die große Strafkammer hat nach der Neufassung des § 76 keine Berufungszuständigkeit mehr. Nr. 1b gilt auch für Revisionen gegen Berufungsurteile der kleinen und großen Jugendkammern (§§ 41 Abs. 2 Satz 1, 33b Abs. 1 JGG).

3 Nach **Nr. 1c** hat das OLG ausnahmsweise über die Revision gegen ein erstinstanzliches Urteil des LG zu entscheiden, wenn **ausschließlich** die Verletzung einer in Landesgesetzen enthaltenen Rechtsnorm gerügt wird und eine Überprüfung des Urteils nach Bundesrecht unter keinem Gesichtspunkt in Betracht kommt (vgl. *Kissel/Mayer* § 121 Rn. 5). Wird gegen ein sowohl auf Landes-, wie auch auf Bundesrecht gestütztes Urteil die allgemeine Sachrüge erhoben, liegt daher kein Fall von Nr. 1c vor. Dies gilt auch dann, wenn der Revisionsführer im Weiteren nur Ausführungen zu Verletzungen landesrechtlicher Vorschriften macht, weil das Revisionsgericht nach § 352 StPO gleichwohl das ganze Urteil zu prüfen hat (*Kissel/Mayer* § 121 Rn. 5; a.A. KK-StPO/*Feilcke* § 121 GVG Rn. 9; LR/*Franke* § 121 GVG Rn. 12). Nicht anders liegt es, wenn bei einer Verurteilung wegen tateinheitlich begangener Verstöße gegen Landes- und Bundesrecht nur Verstöße gegen Landesrecht gerügt werden (h.M. KK-StPO/*Feilcke* § 121 GVG Rn. 9; Meyer-Goßner/*Schmitt* § 121 GVG Rn. 2) oder die gleichzeitige Revision eines anderen Verfahrensbeteiligten auf die Verletzung von Bundesrecht gestützt wird (h.M. BGHSt 4, 207; *Kissel/Mayer* § 121 Rn. 4). Die Tatsache, dass die Verletzung von Bundesrecht nur in unzulässiger (vgl. § 344 Abs. 2 StPO) oder offensichtlich unbegründeter Weise gerügt worden ist, führt nicht zu einer Anwendung von Nr. 1c. Die Gegenansicht (vgl. KK-StPO/*Feilcke* § 121 GVG Rn. 8) ist mit dem Gesetzeswortlaut nicht vereinbar.

4 **B. Die Beschwerdezuständigkeit (Abs. 1 Nr. 2).** Die strafrechtliche Beschwerdezuständigkeit des OLG ist als Auffangzuständigkeit ausgestaltet, der die speziell geregelte (§ 135 Abs. 2, 159 Abs. 1 Satz 3) und die kraft Sachzusammenhangs mit einer Revision (vgl. BGH NStZ-RR 2009, 96; 2008, 68 f. [B]) bestehende Beschwerdezuständigkeit des BGH und der Strafkammern (§ 73 Abs. 1, 74a Abs. 3, 74b Satz 2 und 74c Abs. 2) vorgehen. Sie gilt für einfache, weitere und sofortige Beschwerden (§§ 304, 310, 311 StPO).

5 **C. Rechtsbeschwerden (Abs. 1 Nr. 3), Zuständigkeitskonzentration (Abs. 3) und Besetzungseinwand (Abs. 1 Nr. 4)..** Die Vorschrift begründet die Zuständigkeit des OLG für Rechtsbeschwerden gegen Entscheidungen der Strafvollstreckungskammern nach den §§ 50 Abs. 5, 116, 138 Abs. 3 StVollzG und der Jugendkammern nach § 92 Abs. 2 JGG. Nach Abs. 3 Satz 1 kann in Ländern mit mehreren Oberlandes-

gerichten eine Zuständigkeitskonzentrationen angeordnet werden. In Niedersachsen ist die Zuständigkeit für Entscheidungen nach den §§ 116, 117, 138 Abs. 3 StVollzG auf das OLG Celle (§ 3 Abs. 4 NdsZustVO-Justiz v. 22.01.1998, Nds. GVBl. 1998, 66) und in Nordrhein-Westfalen auf das OLG Hamm (VO zur Übertragung von Entscheidungen nach den §§ 116, 117, 138 Abs. 2 StrVollzG auf das OLG Hamm v. 08.01.1985, GVBL.NW 1985, S. 46) übertragen worden.

Über die im Gesetz aufgezählten Rechtsbeschwerden hinaus ist das OLG nach § 79 OWiG auch für Rechtsbeschwerden gegen Urteile der AG in Bußgeldsachen zuständig.

Der mit Gesetz vom 10.12.2019 (BGBl. I, S. 2121) eingefügte Abs. 1 Nr. 4 trägt der Neuregelung des Besetzungseinwands gem. § 222b Abs. 1 StPO Rechnung und weist die Vorabentscheidung nach § 222b Abs. 3 StPO dem Oberlandesgericht zu (OLG Brandenburg v. 04.11.2020 – 1 Ws 135/20, Rn. 15; OLG München v. 12.02.2020 – 2 Ws 138/20, 2 Ws 139/20, Rn. 13). 6

D. Die Vorlagepflicht bei divergierender Rspr. (Abs. 2). I. Geltungsbereich. Die Vorlagepflicht zum BGH soll die Einheitlichkeit der Rechtsanwendung bei der Entscheidung über Revisionen nach Abs. 1 Nr. 1a und b sowie Rechtsbeschwerden nach Abs. 1 Nr. 3 sichern. Durch das Vierte Gesetz zur Änderung des Gerichtsverfassungsgesetzes v. 24.07.2010 (BGBl. I, S. 976) wurde sie auch auf Beschwerden nach Abs. 1 Nr. 2 erstreckt, soweit sie die Erledigung einer Maßregel der Unterbringung in der Sicherungsverwahrung oder in einem psychiatrischen Krankenhaus oder die Zulässigkeit der weiteren Vollstreckung einer dieser Maßregeln zum Gegenstand haben. Nach Abs. 2 Nr. 4 gilt sie auch für Divergenzen bei Vorabentscheidungen nach § 222b Abs. 3 StPO i.V.m. Abs. 1 Nr. 4. 7

Als Entscheidung über eine Revision (auch Sprungrevision) gelten alle die Revisionsinstanz abschließenden Urteile oder Beschlüsse gem. § 349 Abs. 1, 2 und 4 StPO sowie Entscheidungen nach § 346 Abs. 2 StPO (BGHSt 11, 152, 154 f.), § 206a StPO (vgl. BGH NJW 1970, 106) und § 206b StPO (SK-StPO/*Frister* § 121 Rn. 13). Keine Revisionsentscheidung ist nach h.M. die Einstellung nach § 153 Abs. 2 StPO (vgl. Meyer-Goßner/*Schmitt* § 121 GVG Rn. 5; HK-StPO/*Schmidt*/*Temming* § 121 GVG Rn. 11). Richtigerweise wird jedoch auch hier eine Vorlagepflicht anzunehmen sein, wenn das OLG bei der Bewertung der festgestellten Tat als Vergehen von bestehender Rspr. abweichen will. Die von der h.M. herangezogene Entscheidung des BGH (BGHSt 12, 213) betrifft die Zustimmung zu einer Einstellung durch die StA und damit einen anderen Fall. Für die Entscheidung über eine Wiedereinsetzung gilt Abs. 2 nicht. Eine Verweisung auf § 121 Abs. 2 enthält § 79 Abs. 3 OWiG. 8

§ 121 ist grds. nicht auf Divergenzen bei der Anwendung von Bundesrecht beschränkt. Eine Vorlagepflicht kann daher im Bereich von Abs. 1 Nr. 1a und b auch dann bestehen, wenn OLG desselben Bundeslandes bei der Anwendung von Landesrecht voneinander abweichen (BGHSt 4, 138) oder Divergenzen bei der Anwendung gleichlautenden Landesrechts verschiedener Bundesländer auftreten (BGHSt 11, 228, 229; 47, 181, 183; st. Rspr.). Auch Abweichungen bei der Anwendung ausländischen Rechts können eine Vorlagepflicht auslösen (*Kissel*/*Mayer* § 121 Rn. 15). 9

Bei Divergenzen über die Auslegung des Rechts der Europäischen Gemeinschaft scheidet eine Vorlage nach Abs. 2 aus (BGHSt 33, 76; 36, 92), weil die verbindliche Auslegung des Gemeinschaftsrechts ausschließlich dem Gerichtshof der Europäischen Gemeinschaften zusteht (Art. 35 EU-Vertrag; vgl. BGH NStZ 2002, 661, 663 m.Anm. *Hecker*; zur Anrufung des Gerichtshofes der Europäischen Gemeinschaft nach § 1 EuGHG vgl. KK-StPO/*Hannich* § 121 GVG Rn. 13). Gleiches gilt für Divergenzen über die Verfassungsmäßigkeit einer Vorschrift, die nach Art. 100 GG zu klären sind (BGHSt. 14, 175; *Kissel*/*Mayer* § 121 Rn. 11). 10

In zeitlicher Hinsicht besteht in den Fällen des Abs. 1 Nr. 1a und b eine Vorlagepflicht nach Abs. 2 Nr. 1 nur für eine beabsichtigte Abweichung von Entscheidungen, die nach dem 01.04.1950 ergangen sind. Bei Rechtsbeschwerden nach Abs. 1 Nr. 3 sind gem. Abs. 2 Nr. 2 nur Divergenzen zu Entscheidungen nach dem 01.01.1977 relevant. Im Bereich von Abs. 2 Nr. 3 muss die divergierende Vorentscheidung nach dem 01.01.2010 ergangen sein. 11

II. Voraussetzungen. 1. Vorausgehende Entscheidung. Eine Vorlagepflicht kann für ein OLG nur bei einer beabsichtigten Abweichung von einer vorausgehenden Entscheidung eines **anderen OLG** oder des **BGH** entstehen **(sog. Außendivergenz)**. Eine Abweichung von der Entscheidung eines anderen Senates (auch Außensenates) des eigenen Gerichts (sog. Innendivergenz) löst nach dem klaren Gesetzeswortlaut keine Vorlagepflicht aus (BGHSt 10, 109, 111; KK-StPO/*Feilcke* § 121 GVG Rn. 21; *Kissel*/*Mayer* § 121 Rn. 10; Meyer-Goßner/*Schmitt* § 121 GVG Rn. 9; a.A. LR/*Franke* § 121 GVG Rn. 43a bis c). Gleiches gilt für beabsichtigte Abweichungen von Entscheidungen des Reichsgerichts, des Obersten Gerichtshofs für die Britische Zone, des Obersten Gerichtshofs der DDR, der Amts- und LG sowie der Gerichte anderer Gerichtsbarkeiten. 12

13 Die zwischenzeitliche Auflösung des vorentscheidenden OLG hebt die Vorlagepflicht nicht auf (h.M. BGHSt 52, 364 Rn. 14 m.w.N.). Dies gilt auch dann, wenn es sich bei dem OLG, das abweichend entscheiden will, um eines von mehreren Nachfolgegerichten handelt (BGHSt 52, 364 Rn. 15). Bezirksgerichte der ehemaligen DDR stehen Oberlandesgerichten gleich, soweit sie nach dem 30.06.1990 an deren Stelle Rspr. ausgeübt haben.

14 Abweichende Urteile oder Beschlüsse eines Senats des **BGH** begründen immer eine Vorlagepflicht, gleichgültig in welchem Verfahrensstadium, in welcher Verfahrensart, von welchem Spruchkörper (Zivil- oder Strafsenat) und auf welchem Rechtsgebiet sie getroffen worden sind (BGHSt 45, 108, 109). Entscheidungen des Ermittlungsrichters beim BGH lösen nach herrschender Lehre (KK-StPO/*Feilcke* § 121 GVG Rn. 18; LR/*Franke* § 121 GVG Rn. 39; offengelassen in BGHSt 44, 171, 173) keine Vorlagepflicht aus. Abweichende Beschlüsse oder Urteile **anderer OLG** begründen nur dann eine Vorlagepflicht, wenn sie ebenfalls nach Nr. 1a oder b oder Nr. 3 ergangen sind (*Kissel/Mayer* § 121 Rn. 14 m.w.N.). Dabei ist es ohne Belang, ob die frühere Entscheidung unter Verletzung der Vorlagepflicht nach § 121 Abs. 2 GVG (BGHSt 13, 46, 49; 13, 149, 151) getroffen wurde. Divergierende Entscheidungen von Zivilsenaten anderer OLG sind daher unbeachtlich (OLG Dresden NStZ-RR 2007, 122, 123). Liegen zu einer Rechtsfrage einander widersprechende Entscheidungen verschiedener Senate des BGH oder eines OLG vor, besteht im Hinblick auf die Entscheidung von der abgewichen werden soll, eine Vorlagepflicht. Eine etwaige Verletzung des § 132 Abs. 2 (früher § 136) ist auch hier ohne Bedeutung (BGHSt 5, 136, 139; 30, 93, 95).

15 2. **Abweichung in einer Rechtsfrage.** Die Abweichung muss eine Rechtsfrage betreffen, die in der früheren Entscheidung beantwortet worden ist und sich bei der beabsichtigten Entscheidung in identischer Weise stellt. Dies kann auch der Fall sein, wenn Vorschriften verschiedener Gesetze anzuwenden sind, die dasselbe notwendig einheitlich auszulegende Tatbestandselement enthalten (BGH NJW 2016, 1897; BGHSt 29, 252, 254; 34, 94, 96). Dabei ist es ohne Bedeutung, ob die Rechtsfrage dem formellen oder materiellen Recht zuzuordnen ist. Auch kommt es nicht darauf an, ob es sich um Bundes- oder Landesrecht handelt (BGHSt 42, 79, 81). Weisen der Sachverhalt der Vorentscheidung und der Sachverhalt der zu treffenden Entscheidung Verschiedenheiten auf, ist danach zu fragen, ob die sich in beiden Fällen stellende identische Rechtsfrage deshalb unterschiedlich beantwortet werden kann. Ist dies möglich, besteht keine Vorlagepflicht (vgl. KG NStZ 2010, 34, 35; OLG Köln NStZ-RR 2007, 57, 58); muss gleichwohl einheitlich entschieden werden, ist vorzulegen (BGHSt 45, 197, 200).

16 Eine vorlagepflichtige Abweichung liegt auch dann vor, wenn die identische Rechtsfrage in einer relevanten Vorentscheidung nicht ausdrücklich angesprochen, aber implizit anders beantwortet worden ist. Dies wird aber nur dann anzunehmen sein, wenn die frühere Entscheidung von der Bejahung oder Verneinung dieser Rechtsfrage begrifflich abhängt (BGHSt 11, 31, 34).

17 Ob eine **Rechts- oder Tatfrage** gegeben ist, bestimmt sich nach dem aus § 337 StPO abzuleitenden Prüfungsumfang des Revisionsgerichts (vgl. BGH v. 27.04.2017 – 4 StR 547/16, Rn. 13; LR/*Franke* § 121 GVG Rn. 58). Die Auslegung von bestimmten Rechtsbegriffen ist grds. eine Rechtsfrage. Dabei begründen nur abweichende Auslegungsergebnisse, nicht abweichende Begründungen eine Vorlagepflicht (BGH NStZ 2000, 222). Bei **unbestimmten Rechtsbegriffen** ist vorzulegen, wenn divergierende Ansichten über allgemeine Richtpunkte bei der Begriffsausfüllung bestehen und eine höchstrichterliche Entscheidung zu einer Vereinheitlichung der tatrichterlichen Rspr. führt. Bsp.: Berücksichtigung von Fernzielen bei der Verwerflichkeitsprüfung nach § 240 Abs. 2 StGB (BGHSt 34, 71, 18; 35, 270, 273); Versagung der Strafrahmenverschiebung nach den §§ 21, 49 Abs. 1 StGB wegen selbst verschuldeter Trunkenheit (BGHSt 62, 247, Rn. 15, 17) Die Ausfüllung des verbleibenden Beurteilungsspielraums im Einzelfall ist Tatfrage. Bsp.: Voraussehbarkeit des Erfolges beim Fahrlässigkeitsdelikt (BGHSt 1, 358, 359). Entscheidend ist, ob sich die unterschiedlichen Auffassungen auf eine Wertung beziehen, die nur unter Berücksichtigung der Umstände des Einzelfalls getroffen werden kann (dann Tatfrage) oder einen allgemeineren Obersatz betreffen, der fallunabhängig gültig ist (dann Rechtsfrage). Divergierende Ansichten über Inhalt und Tragweite eines **wissenschaftlichen Grundsatzes** oder einer **allgemeinen Erfahrungsregel**, die in ihrem Anwendungsbereich zwingend zu bestimmten Schlussfolgerungen führen, lösen daher stets eine Vorlagepflicht aus (BGHSt 37, 89, 91; 31, 86, 89; 23, 156, 159). Bsp.: Erforderlichkeit von Sicherheitsabschlägen bei Atemalkoholmessungen (BGHSt 46, 358, 361). Dies gilt nicht für Wahrscheinlichkeitsaussagen, die auf allgemeine Erfahrungen gestützt sind und in die der richterlichen Überzeugungsbildung zugrunde liegende Gesamtwürdigung einfließen (vgl. BGHSt 31, 86, 89). Welchen allgemeinen Anforderungen die **Beweiswürdigung** im tatrichterlichen Urteil genügen muss (vgl. BGHSt 43, 277, 281) und welchen rechtlichen Grenzen sie unterliegt (vgl. BGHSt 25, 365, 366 f.), ist eine Rechtsfrage; nicht dagegen die Bewertung der im Einzelfall gewonnenen Ergebnisse (vgl. BGHSt 31, 86). Gleiches muss im Fall von Abs. 2 Nr. 3 auch für die allgemeinen Anforderungen an **Prognose-**

entscheidungen nach § 67d Abs. 2 und 3 StGB gelten. **Strafzumessungsfragen** sind regelmäßig einzelfallbezogen (BGHSt 52, 84, 85) und deshalb nur in Ausnahmefällen vorlegungsfähig (vgl. LR/*Franke* § 121 GVG Rn. 59 m.w.N.). Die **allgemeinen Maßstäbe für die Darstellung** von Sachverständigengutachten in einem tatrichterlichen Urteilen sind nicht einzelfallbezogen. Ihren Inhalt betreffende Abweichungen lösen daher eine Vorlagepflicht aus. Werden unter Beachtung dieser Maßstäbe für bestimmte Gutachten infolge neuer fachwissenschaftlicher Erkenntnisse von der bisherigen Rspr. abweichende Folgerungen gezogen, liegt darin lediglich eine der veränderten Tatsachenlage Rechnung tragende Neubewertung, die die rechtlichen Vorgaben inhaltlich nicht infrage stellt und deshalb keine Vorlagepflicht auslöst (vgl. BGH NJW 2018, 3192, Rn. 16; NJW 2014, 2343, Rn. 24).

3. Beiderseitige Entscheidungserheblichkeit. Eine Vorlagepflicht besteht grds. nur dann, wenn die Rechtsauffassung, von der abgewichen werden soll, für die Vorentscheidung tragend war (BGHSt 7, 314) und ihre Fortgeltung die beabsichtigte Entscheidung nicht zulassen würde (BGHSt 47, 32, 34; 53, 122 Rn. 10). Die erste Voraussetzung fehlt, wenn von einer über den Fall hinausgreifenden allgemeinen Rechtsäußerung (sog. *obiter dictum*, vgl. BGHSt 18, 324, 325 f.; 28, 165, 166; 43, 277, 282) oder bloßen Hinweisen an den Tatrichter im Zuge einer Zurückverweisung (vgl. BGHSt 11, 319, 322 f.) abgewichen werden soll. Will das vorlegende OLG ein tatrichterliches Urteil aus mehreren selbstständigen Gründen aufheben und dabei nur hinsichtlich eines Aufhebungsgrundes eine divergierende Rechtsauffassung vertreten, besteht ausnahmsweise eine Vorlagepflicht, weil der Vorderrichter nach § 358 Abs. 1 StPO an die rechtliche Beurteilung in allen Aufhebungsgründen gebunden ist (BGHSt 17, 205, 207 f.). Stehen mehrere stufenweise voneinander abhängige Rechtsfragen im Raum, entfällt die Entscheidungserheblichkeit der nachgeordneten Fragen nicht deshalb, weil es auf sie nur bei einer bestimmten Beantwortung der erstrangigen Frage ankommt (vgl. BGHSt 46, 321, 325). 18

4. Wegfall der Vorlagepflicht. Die **Vorlagepflicht entfällt**, wenn der Senat (nicht ein anderer Senat desselben Gerichts), der die frühere divergierende Entscheidung getroffen hat, später unter ausdrücklicher Aufgabe seiner früheren Rspr. **anders entschieden** hat (BGHSt 26, 40, 42) oder **auf Anfrage erklärt**, an seiner divergierenden Entscheidung nicht mehr festhalten zu wollen (BGHSt 14, 319; NJW 1996, 3219; Meyer-Goßner/*Schmitt* § 121 Rn. 7; LR/*Franke* § 121 GVG Rn. 45 m.w.N.; a.A. *Kissel/Mayer* § 121 Rn. 16; KMR/*Paulus* § 121 GVG Rn. 17). Gleiches gilt, wenn die divergierende Vorentscheidung durch die Entscheidung eines Gerichts höherer Ordnung **überstimmt** worden ist. Die abweichende Entscheidung eines anderen OLG zwingt daher nicht (mehr) zu einer Vorlage, wenn der BGH davor (BGHSt 13, 149, 151) oder danach (BGH NStZ-RR 2019, 110, 111) anders entschieden hat und das OLG mit dem BGH entscheiden will (BGHSt 43, 277, 282; 27, 228, 230; OLG Frankfurt, NStZ-RR 2007, 168, 169). Dem entspricht es, wenn der divergierenden Entscheidung des anderen OLG infolge eines Wandels in der höchstrichterlichen Rspr. die Grundlage entzogen worden ist und sie deshalb auch ohne eindeutig widersprechende BGH-Entscheidung als überholt angesehen werden muss (BGHSt 46, 17, 19). Wurde die entscheidungserhebliche Rechtsfrage vom BVerfG in Abweichung von der bisherigen Rspr. des BGH oder anderer OLG entschieden, besteht im Hinblick auf diese Judikate schon aus Gründen des § 31 BVerfGG keine Vorlagepflicht mehr. Dies gilt auch dann, wenn das BVerfG den Fachgerichten aufgegeben hat, den die maßgebliche Rechtsfrage mit umfassenden rechtlichen Komplex anhand der von ihm entwickelten Maßstäbe neu zu gestalten (BGHSt 44, 171, 173; 46, 17, 19). Eine Vorlagepflicht besteht schließlich auch dann nicht mehr, wenn der Inhalt der abweichend ausgelegten Vorschrift **durch eine Gesetzesänderung** (BGHSt 44, 121, 124), die nicht notwendig diese Norm betreffen muss (vgl. BGHSt 39, 288, 289) oder einen anderweitigen Akt des Gesetzgebers (Bsp. Begründung eines ändernden Gesetzes, vgl. BGHSt 46, 17, 19) **klargestellt** worden ist und es deshalb ausgeschlossen erscheint, dass es noch zu abweichenden Entscheidungen kommt (BGHSt 33, 394, 396; weitere Einzelheiten bei KK-StPO/*Hannich* § 121 GVG Rn. 28). 19

Ist zu der streitigen Rechtsfrage bereits eine eigene Vorlage oder die Vorlage eines anderen OLG beim BGH anhängig, lässt dies die Vorlagepflicht grds. nicht entfallen. Ob die Entscheidung in der anderen Sache abgewartet werden kann, hängt von den Umständen des Einzelfalls ab. 20

III. Das Vorlageverfahren. 1. Der Vorlagebeschluss. Die Vorlegung durch das OLG erfolgt durch einen nicht anfechtbaren (§ 304 Abs. 2 Satz 2 Hs. 1 StPO) Beschluss, in dem die Vorlagefrage genau zu formulieren und deren Entscheidungserheblichkeit im Einzelnen darzulegen ist (KK-StPO/*Feilcke* § 121 GVG Rn. 39; Meyer-Goßner/*Schmitt* § 121 GVG Rn. 12). Eine eigene Stellungnahme des vorlegenden OLG ist nicht zwingend erforderlich (BGHSt 26, 384, 385; 30, 93, 95). Aus der Begründung des Vorlagebeschlusses muss sich aber hinreichend deutlich ergeben, dass das vorlegende OLG die Absicht hat, die gestellte Rechtsfrage entgegen der Rechtsauffassung eines anderen OLG zu beantworten und seine Entscheidung darauf stützen 21 will (BGH NJW 2015, 1124 Rn. 8). Kann nur durch Urteil entschieden werden, hat der Beschluss nach mündlicher Verhandlung zu erfolgen (BGHSt 29, 310); andernfalls ist vorab rechtliches Gehör zu gewähren (KK-StPO/*Feilcke* § 121 GVG Rn. 39). Die Vorlage erfolgt mit den Akten über den Generalstaatsanwalt bei dem vorlegenden OLG und den Generalbundesanwalt. Der Vorlagebeschluss kann zurückgenommen werden, wenn die Vorlagevoraussetzungen nachträglich entfallen sind. Dies ist der Fall, wenn der Gesetzgeber (BGHSt 46, 17) oder der BGH (BGHSt 27, 228, 230) die Rechtsfrage zwischenzeitlich entschieden haben oder das die beabsichtigte Entscheidung auslösende Rechtsmittel zurückgenommen wird (BGH NJW 1979, 664).

22 **2. Die Entscheidung des BGH.** Der BGH prüft zunächst die Zulässigkeitsvoraussetzungen. Dabei ist er an die Bewertung des vorlegenden OLG zu den tatsächlichen Feststellungen und ihrer Tragfähigkeit (BGHSt 47, 181, 183 f.; NJW 2015, 1702 Rn. 11; NStZ-RR 2019, 60, 61), zum Vorliegen einer Abweichung (BGH NStZ 2000, 222), zur fehlenden Überstimmung der divergierenden Vorentscheidung (BGHSt 45, 183, 185 f.) und der beiderseits gegebenen Entscheidungserheblichkeit (BGHSt 25, 325, 328; NStZ-RR 2019, 60, 61) bis zur Grenze der Vertretbarkeit gebunden. Die gestellte Rechtsfrage kann der BGH anders formulieren und dabei auch weiter oder enger fassen (vgl. BGHSt 47, 32, 35; 46, 178, 181 f.). Liegen die Vorlegungsvoraussetzungen nicht oder nicht mehr (s.o. Rn. 18) vor, so wird die Sache an das vorlegende OLG zurückgegeben (vgl. BGH NStZ-RR 2019, 110, 111). Eine Rückgabe ist auch möglich, wenn der BGH die der Vorlegungsfrage zugrunde liegende Rechtsansicht des OLG für unvertretbar (vgl. BGH NStZ 1985, 217 f.) oder in einer verfassungsrechtlichen Frage für verfehlt hält (BGHSt 22, 94, 100). Sind die Vorlegungsvoraussetzungen lediglich zweifelhaft, scheidet eine Rückgabe aus (BGHSt 16, 321, 324).

23 Ist die Vorlage zulässig, **entscheidet** der BGH **über die gestellte Rechtsfrage** in der von ihm für richtig gehaltenen Formulierung. Die Entscheidung ist für das vorlegende Gericht bindend (h.M. BGHSt 17, 205, 208; LR/*Franke* § 121 GVG Rn. 83; KK-StPO/*Feilcke* § 121 GVG Rn. 46 m.w.N.). Sie ergeht durch einen nach § 35 StPO bekannt zugebenden Beschluss.

24 Der BGH kann ausnahmsweise auch sofort **in der Sache entscheiden** (h.M. BGHSt 39, 291, 294; Meyer-Goßner/*Schmitt* § 121 GVG Rn. 14; KK-StPO/*Feilcke* § 121 GVG Rn. 48 jew. m.w.N.). Dies ist regelmäßig der Fall, wenn die Revision unzulässig ist oder das vorlegende Gericht nach der Beantwortung der Rechtsfrage keine Entscheidungsalternative mehr hat (vgl. BGHSt 34, 101, 105); kann aber auch aus anderen Gründen geschehen (vgl. BGHSt 39, 291, 294).

§ 122 [Besetzung der Senate]

(1) Die Senate der Oberlandesgerichte entscheiden, soweit nicht nach den Vorschriften der Prozessgesetze an Stelle des Senats der Einzelrichter zu entscheiden hat, in der Besetzung von drei Mitgliedern mit Einschluss des Vorsitzenden.

(2) [1]**Die Strafsenate entscheiden über die Eröffnung des Hauptverfahrens des ersten Rechtszuges mit einer Besetzung von fünf Richtern einschließlich des Vorsitzenden.** [2]**Bei der Eröffnung des Hauptverfahrens beschließt der Strafsenat, dass er in der Hauptverhandlung mit drei Richtern einschließlich des Vorsitzenden besetzt ist, wenn nicht nach dem Umfang oder der Schwierigkeit der Sache die Mitwirkung zweier weiterer Richter notwendig erscheint.** [3]**Über die Einstellung des Hauptverfahrens wegen eines Verfahrenshindernisses entscheidet der Strafsenat in der für die Hauptverhandlung bestimmten Besetzung.** [4]**Ist eine Sache vom Revisionsgericht zurückverwiesen worden, kann der nunmehr zuständige Strafsenat erneut nach Satz 2 über seine Besetzung beschließen.**

Übersicht

1 **A. Rechtsmittelentscheidungen – Grundregel.** Nach Abs. 1 entscheiden die Senate der OLG grds. in Dreierbesetzung, soweit nicht ausnahmsweise eine Einzelrichterentscheidung vorgesehen ist. Da das Gesetz für **Entscheidungen über Rechtsmittel in Strafsachen nach § 121** an keiner Stelle eine Einzelrichterentscheidung anordnet, ist insoweit **stets in Dreierbesetzung** zu entscheiden. Die Dreierbesetzung gilt auch für Entscheidungen über die der Beschwerde gleichgestellten (vgl. BT-Drs. 16/11644, S. 30) Anträge nach § 119 Abs. 5 und § 119a Abs. 1 StPO. § 126a Abs. 2 Satz 3 StPO ist insoweit nicht anwendbar (vgl. KG NStZ-RR 2013, 384 zu § 119a Abs. 1 StPO; KG NStZ-RR 2014, 50 zu § 119 Abs. 5 StPO; KMR/*Wankel* § 126 StPO

Rn. 16). In OWi-Sachen lässt § 80a OWiG eine Einzelrichterentscheidung zu. Dies gilt jedoch nicht für Beschwerden gem. § 181 Abs. 1 GVG gegen Ordnungsmaßnahme, die in einem Bußgeldverfahren ergangen sind. Über sie ist in Dreierbesetzung zu entscheiden (OLG Stuttgart, Beschl. v. 07.12.2015 – 1 Ws 202/15).

B. Entscheidungen im ersten Rechtszug. I. Zwischenverfahren bis zur Eröffnungsentscheidung. Werden Strafsenate nach § 121 im ersten Rechtszug tätig entscheiden sie mangels abweichender Regelung im Zwischenverfahren grds. in der nach Abs. 1 vorgeschriebenen Dreierbesetzung. 2

II. Eröffnungsentscheidung. Über die Eröffnung des Hauptverfahrens ist nach Abs. 2 Satz 1 in Fünferbesetzung zu entscheiden. Dies gilt auch für Entscheidungen nach § 225a Abs. 1 Satz 2 StPO (OLG Stuttgart NStZ 2009, 348, 349). Mit der Eröffnung hat der Senat nach Abs. 2 Satz 2 zu beschließen, dass in Dreierbesetzung zu verhandeln ist, wenn nicht der besondere Umfang der Sache eine Verhandlung in Fünferbesetzung gebietet. Dabei steht ihm wie den Strafkammern im Fall des § 76 Abs. 2 kein Ermessen zu; er verfügt jedoch bei der Auslegung der Tatbestandsmerkmale Umfang und Schwierigkeit der Sache über einen weiten Beurteilungsspielraum, dessen Überschreitung nur bei objektiver Willkür einen revisiblen Gesetzesverstoß darstellt (vgl. BGHSt 44, 328, 333 f.). Die Besetzungsentscheidung ist nicht mehr abänderbar, jedoch kann nach einer Zurückverweisung der Sache von dem nun zuständigen Senat eine andere Besetzung beschlossen werden (Abs. 2 Satz 4). 3

III. Hauptverfahren. Im Hauptverfahren trifft der Senat sämtliche Entscheidungen in der im Eröffnungsbeschluss festgelegten Besetzung. Außerhalb der Hauptverhandlung entscheidet er gem. Abs. 1 grds. in Dreierbesetzung. Hiervon gelten nur zwei Ausnahmen: 4

Über die Einstellung des Verfahrens im Ganzen oder in einzelnen prozessrechtlich selbstständigen Teilen (BGHSt 38, 312, 313) wegen eines Verfahrenshindernisses nach § 206a Abs. 1 StPO ist in der im Eröffnungsbeschluss bestimmten Hauptverhandlungsbesetzung zu entscheiden (Abs. 2 Satz 3). Eine ausdehnende Anwendung auf andere Fälle (§§ 206b, 370, 441 Abs. 2, 442 StPO) scheidet aus (KK-StPO/*Feilcke* § 122 GVG Rn. 3; Meyer-Goßner/*Schmitt* § 122 GVG Rn. 4). 5

Soll in dem Zeitraum zwischen Beginn und Ende der Hauptverhandlung eine Entscheidung über einen Haftbefehl gegen den Angeklagten getroffen werden, ist darüber auch dann in der für die Hauptverhandlung vorgesehenen Besetzung zu beschließen, wenn die Entscheidung außerhalb der Hauptverhandlung getroffen wird (h.M. BGHSt 43, 91, 93; *Schlothauer* StV 1998, 144; *Dehn* NStZ 1997, 607; Meyer-Goßner/*Schmitt* § 121 GVG Rn. 3; krit. LR/*Franke* § 121 GVG Rn. 6; KK-StPO/*Feilcke* § 122 GVG Rn. 3; abl. *Foth* NStZ 1998, 262). 6

Neunter Titel. Bundesgerichtshof

§ 123 [Sitz]

Sitz des Bundesgerichtshofes ist Karlsruhe.

Die Stadt Karlsruhe wurde vom Deutschen Bundestag am 28.07.1950 aus mehreren Bewerbungen ausgewählt (Einzelheiten bei KK-StPO/*Feilcke* § 123 GVG Rn. 2). Versuche, den gesamten BGH nach der Wiedervereinigung nach Leipzig umzusetzen, sind gescheitert (vgl. *Wassermann* NJW 1990, 2530; LR/*Franke* § 123 GVG Rn. 1). Der zuvor in Berlin ansässige 5. Strafsenat und der neu eingerichtete 6. Strafsenat haben ihren Sitz in Leipzig. 1

§ 124 [Besetzung]

Der Bundesgerichtshof wird mit einem Präsidenten sowie mit Vorsitzenden Richtern und weiteren Richtern besetzt.

§ 125 [Ernennung der Mitglieder]

(1) Die Mitglieder des Bundesgerichtshofes werden durch den Bundesminister der Justiz und für Verbraucherschutz gemeinsam mit dem Richterwahlausschuss gemäß dem Richterwahlgesetz berufen und vom Bundespräsidenten ernannt.

(2) Zum Mitglied des Bundesgerichtshofes kann nur berufen werden, wer das fünfunddreißigste Lebensjahr vollendet hat.

1 Abs. 1 knüpft an Art. 60 Abs. 1, 95 Abs. 2 GG an. Die Einzelheiten bestimmt das Richterwahlgesetz v. 25.08.1950 (BGBl. I, S. 368) i.d.F.v. 30.07.1968 (BGBl. I, S. 873).

§ 130 [Zivil- und Strafsenate; Ermittlungsrichter]

(1) [1]Bei dem Bundesgerichtshof werden Zivil- und Strafsenate gebildet und Ermittlungsrichter bestellt. [2]Ihre Zahl bestimmt der Bundesminister der Justiz und für Verbraucherschutz.

(2) Der Bundesminister der Justiz und für Verbraucherschutz wird ermächtigt, Zivil- und Strafsenate auch außerhalb des Sitzes des Bundesgerichtshofes zu bilden und die Dienstsitze für Ermittlungsrichter des Bundesgerichtshofes zu bestimmen.

1 Bei dem BGH sind neben den Zivil- und Strafsenaten verschiedene Spezialsenate gebildet worden. Ihre Anzahl bestimmt der Bundesminister der Justiz. Derzeit bestehen zwölf Zivilsenate, fünf Strafsenate, ein Kartellsenat, ein Dienstgericht des Bundes, ein Senat für Notarsachen, ein Senat für Anwaltssachen, ein Senat für Patentanwaltssachen, ein Senat für Wirtschaftsprüfersachen, ein Senat für Steuerberater- und Steuerbevollmächtigtensachen und ein Senat für Landwirtschaftssachen. Die Bildung Großer Senate für Zivil- und Strafsachen sowie eines Vereinigten Großen Senats ist in § 132 Abs. 1 geregelt.

2 Die Zahl (derzeit sechs) der vom Präsidium zu bestellenden Ermittlungsrichter (§ 169 Abs. 1 Satz 2 StPO) bestimmt ebenfalls der Bundesminister Justiz. Ihr Dienstsitz ist Karlsruhe.

3 Zurzeit besteht mit den in Leipzig ansässigen fünften und sechsten Strafsenat zwei nach Abs. 2 gebildete auswärtiger Senate. Die Bildung weiterer auswärtiger Senate ist grds. möglich.

§ 132 [Große Senate]

(1) [1]Beim Bundesgerichtshof werden ein Großer Senat für Zivilsachen und ein Großer Senat für Strafsachen gebildet. [2]Die Großen Senate bilden die Vereinigten Großen Senate.

(2) Will ein Senat in einer Rechtsfrage von der Entscheidung eines anderen Senats abweichen, so entscheiden der Große Senat für Zivilsachen, wenn ein Zivilsenat von einem anderen Zivilsenat oder von dem Großen Zivilsenat, der Große Senat für Strafsachen, wenn ein Strafsenat von einem anderen Strafsenat oder von dem Großen Senat für Strafsachen, die Vereinigten Großen Senate, wenn ein Zivilsenat von einem Strafsenat oder von dem Großen Senat für Strafsachen oder ein Strafsenat von einem Zivilsenat oder von dem Großen Senat für Zivilsachen oder ein Senat von den Vereinigten Großen Senaten abweichen will.

(3) [1]Eine Vorlage an den Großen Senat oder die Vereinigten Großen Senate ist nur zulässig, wenn der Senat, von dessen Entscheidung abgewichen werden soll, auf Anfrage des erkennenden Senats erklärt hat, dass er an seiner Rechtsauffassung festhält. [2]Kann der Senat, von dessen Entscheidung abgewichen werden soll, wegen einer Änderung des Geschäftsverteilungsplanes mit der Rechtsfrage nicht mehr befasst werden, tritt der Senat an seine Stelle, der nach dem Geschäftsverteilungsplan für den Fall, in dem abweichend entschieden wurde, zuständig wäre. [3]Über die Anfrage und die Antwort entscheidet der jeweilige Senat durch Beschluss in der für Urteile erforderlichen Besetzung; § 97 Abs. 2 Satz 1 des Steuerberatungsgesetzes und § 74 Abs. 2 Satz 1 der Wirtschaftsprüferordnung bleiben unberührt.

(4) Der erkennende Senat kann eine Frage von grundsätzlicher Bedeutung dem Großen Senat zur Entscheidung vorlegen, wenn das nach seiner Auffassung zur Fortbildung des Rechts oder zur Sicherung einer einheitlichen Rechtsprechung erforderlich ist.

(5) [1]Der Große Senat für Zivilsachen besteht aus dem Präsidenten und je einem Mitglied der Zivilsenate, der Große Senat für Strafsachen aus dem Präsidenten und je zwei Mitgliedern der Strafsenate. [2]Legt ein anderer Senat vor oder soll von dessen Entscheidung abgewichen werden, ist auch ein Mitglied dieses Senats im Großen Senat vertreten. [3]Die Vereinigten Großen Senate bestehen aus dem Präsidenten und den Mitgliedern der Großen Senate.

(6) [1]Die Mitglieder und die Vertreter werden durch das Präsidium für ein Geschäftsjahr bestellt. [2]Dies gilt auch für das Mitglied eines anderen Senats nach Absatz 5 Satz 2 und für seinen Vertreter. [3]Den Vorsitz in den Großen Senaten und den Vereinigten Großen Senaten führt der Präsident, bei Verhinderung das dienstälteste Mitglied. [4]Bei Stimmengleichheit gibt die Stimme des Vorsitzenden den Ausschlag.

Übersicht

A. Die Großen Senate und die Vereinigten Großen Senate nach Abs. 1. Die Zusammensetzung der für die Zivil- und Strafsenate gebildeten Großen Senate regelt Abs. 5 Satz 1. Ihre Mitglieder bilden nach Abs. 5 Satz 3 die Vereinigten Großen Senate. Der Vorsitz liegt jeweils beim Präsidenten des BGH oder seinem Vertreter (Abs. 6 Satz 3). Seine Stimme gibt bei Stimmengleichheit den Ausschlag (Abs. 6 Satz 4). Die Bestellung der Mitglieder nebst Vertretern obliegt nach Abs. 6 Satz 1 dem Präsidium. Die **Großen Senate und die Vereinigten Großen Senate sind selbstständige Spruchkörper.** 1

B. Die Divergenzvorlage nach Abs. 2. I. Allgemeine Voraussetzungen. Eine Sache ist dem Großen Senat für Strafsachen vorzulegen, wenn ein Strafsenat in einer **Rechtsfrage** von einem anderen Strafsenat oder dem Großen Senat für Strafsachen **abweichen** will (vgl. dazu § 121 Rdn. 15 ff.) und die Beantwortung dieser Rechtsfrage sowohl für die abweichende Vorentscheidung (BGHSt 16, 271, 278), als auch für die beabsichtigte Entscheidung **ergebnisrelevant** (BGHSt 43, 53, 58) und deshalb erheblich ist (vgl. dazu § 121 Rdn. 18). Eine Vorlage an die Vereinigten Großen Senate hat zu erfolgen, wenn unter sonst gleichen Umständen von einem Zivilsenat, dem Großen Senat für Zivilsachen oder den Vereinigten Großen Senaten abgewichen werden soll. Die Änderung der eigenen Senatsrechtsprechung ist kein Vorlegungsfall (Meyer-Goßner/*Schmitt* § 132 GVG Rn. 14). Wurde die aufzugebende Rechtsansicht von anderen Strafsenaten oder dem Großen Senat geteilt und darauf eine Entscheidung gestützt, entsteht durch die beabsichtigte Änderung eine vorlagepflichtige Divergenz (KK-StPO/*Feilcke* § 132 GVG Rn. 5; vgl. BGH NJW 2010, 2291 Rn. 9). 2

Eine Vorlagepflicht besteht nicht, wenn die abweichende Rechtsauffassung des anderen Senats von diesem bereits aufgegeben wurde (vgl. BGHSt 20, 77, 79), durch eine Entscheidung des BVerfG (BGH v. 23.05.2011 – 5 StR 394/10, Rn. 5; KK-StPO/*Feilcke* § 132 GVG Rn. 8) oder des Gemeinsamen Senats der Obersten Gerichtshöfe des Bundes überstimmt worden ist (LR/*Franke* § 132 GVG Rn. 14 m.w.N.) oder durch eine Äußerung des Gesetzgebers seine Rechtsgrundlage verloren hat (BGHSt 43, 237, 239; vgl. dazu auch § 121 Rdn. 14 a.E.). 3

II. Das Anfrageverfahren nach Abs. 3. Einer Vorlage ist nach Abs. 3 das Anfrageverfahren vorgeschaltet. Darin ist von dem erkennenden Senat förmlich zu klären, ob die bestehende Divergenzlage beendet werden kann, indem der eine abweichende Rechtsauffassung vertretende andere Senat seinen Standpunkt ausdrücklich aufgibt. Erklärt ein Senat auf Anfrage, dass eine entgegenstehende eigene Rspr. nicht besteht, darf ebenfalls nicht vorgelegt werden (BGH NJW 2010, 2291 Rn. 9). Erst wenn der angefragte Senat erklärt hat, dass er an seiner abweichenden Rspr. festhält, ist eine Vorlage zulässig (BGH, NStZ-RR 2017, 112). Soll von der Rechtsauffassung mehrerer Senate abgewichen werden, ist die Anfrage an jeden Senat zu richten, der abweichend entschieden hat. Hält nur ein Senat an seiner abweichenden Auffassung fest, ist eine Vorlage zulässig. Eine Anfrage kann auch dann in Betracht kommen, wenn der erkennende Senat nicht sicher zu erkennen vermag, ob die abweichende Rechtsansicht eines anderen Senats für dessen Entscheidung tragend war (vgl. BGH 18.03.2015 – 2 StR 96/13, Rn. 25). 4

Über die Anfrage und die Antwort ist nach Abs. 3 Satz 3 von den betroffenen Senaten durch zu begründende Beschlüsse in Urteilsbesetzung zu entscheiden. Bei Änderungen der Geschäftsverteilung gilt Abs. 3 Satz 2. 5

Gibt ein angefragter Senat seine abweichende Rechtsauffassung auf, ist diese Entscheidung für ihn bindend (BGH, NStZ-RR 2017, 112). Der anfragende Senat kann in der Sache entscheiden. Eine Vorlage ist dann unzulässig. Das Ergebnis der Anfrage wird in der Sachentscheidung mitgeteilt (vgl. BGHSt 53, 89 Rn. 15). Hält der angefragte Senate an seiner ursprünglichen Rechtsauffassung fest, kann der anfragende Senat seine Absicht divergierend zu entscheiden aufgeben und der bekräftigten Rechtsmeinung des angefragten Senats folgen. Andernfalls muss er vorlegen. Wird vorgelegt, kann der angefragte Senat die von ihm bekräftige Rechtsmeinung so lange seinen Entscheidungen weiter zugrunde legen, als der Große Senat nicht gegen ihn entschieden hat (BGH NStZ-RR 2017, 112; NJW 1994, 2299; BGHR GVG § 132 Anfrageverfahren Nr. 1; KK-StPO/*Feilcke* § 132 GVG Rn. 13; LR/*Franke* § 132 GVG Rn. 21 m.w.N.). Ergeht die Anfrage an mehrere Senate kann der anfragende Senat entsprechend seiner (neuen) Rechtsauffassung in der Sache entscheiden, wenn alle angefragten Senate zustimmen. Stimmt nur ein Senat nicht zu, ist vorzulegen. Halten alle angefragten Senate an ihrer ursprünglichen Rechtsmeinung fest, hat der anfragende Senat die Wahl, ob er (gegen die überwiegende Meinung) vorlegt oder seine Absicht divergierend zu entscheiden aufgibt. Will der angefragte Senat nach einem zustimmenden Antwortbeschluss zu seiner ursprünglichen Rechtsauffassung zurückkehren, muss er seinerseits in Bezug auf diese Entscheidung ein Vorlageverfahren einleiten (*Kissel/* 6

Mayer § 132 Rn. 28). Solange noch kein zustimmender Antwortbeschluss vorliegt, kann der anfragende Senat seine Vorlageabsicht aufgeben. Dies kann auch dadurch geschehen, dass er seine ursprüngliche Rspr. fortsetzt (BGH, NJW 2017, 1559). Die gestellte Anfrage wird damit hinfällig (vgl. BGH NStZ-RR 2017, 112).

7 **C. Die Vorlage wegen grundsätzlicher Bedeutung nach Abs. 4. I. Verhältnis zur Divergenzvorlage.** Die Vorlage nach Abs. 4 kann bei gleichzeitig bestehender Divergenzlage grds. neben eine Vorlage nach Abs. 2 treten (BGHSt -GS- 40, 360, 366; -GS- 52, 379 Rn. 19). Da sie im Gegensatz zur Divergenzvorlage kein Anfrageverfahren vorsieht, muss in diesen Fällen jedoch auch nach Abs. 2 vorgelegt werden, weil sonst das Anfrageverfahren umgangen werden könnte. Nach a.A. geht die Vorlage nach Abs. 2 derjenigen nach Abs. 4 vor (*Kissel/Mayer* § 132 Rn. 30; LR/*Franke* § 132 GVG Rn. 39; Meyer-Goßner/*Schmitt* § 132 GVG Rn. 16).

8 **II. Die Voraussetzungen im Einzelnen:.** Bei der Vorlagefrage muss es sich wie bei Abs. 2 um eine **Rechtsfrage** (vgl. dazu § 121 Rn. 16) handeln, die für die anstehende Sachentscheidung **erheblich** ist (BGHSt -GS- 33, 356, 359; -GS- 46, 323, 325; vgl. auch § 121 Rdn. 18).

9 Eine Rechtsfrage ist von **grundsätzlicher Bedeutung**, wenn sie sich über den vorgelegten Einzelfall hinaus jederzeit wieder stellen kann (BGHSt 34, 256, 258 f.; 42, 243, 247; 47, 346, 332) und ihre Beantwortung deshalb eine präjudizielle Wirkung auf andere Verfahren haben kann (BGH NJW 2008, 860). Beispiele: Setzt der Begriff der Bande eine Verbindung von mehr als zwei Personen voraus (BGHSt -GS- 46, 321, 324 f.); Können die Folgen aus Verstößen gegen das Gebot zügiger Verfahrenserledigung durch die Festsetzung einer Mindestverbüßungsdauer kompensiert werden (BGHSt -GS- 52, 124, 128). Auch können die weitreichenden Auswirkungen der Entscheidung für die jeweils Betroffenen eine grundsätzliche Bedeutung begründen (BGHSt -GS- 52, 379 Rn. 19; dazu *Kissel/Mayer* § 132 Rn. 33 m.w.N.).

10 Eine Entscheidung des Großen Senats ist zur **Fortbildung des Rechts** erforderlich, wenn der Einzelfall Anlass gibt, Leitsätze für die Rechtsanwendung aufzustellen oder vorhandene Gesetzeslücken nach den dafür anerkannten Methoden zu schließen (vgl. BGHSt 24, 15, 21; LR/*Franke* § 132 GVG Rn. 36; Meyer-Goßner/*Schmitt* § 132 GVG Rn. 19; weiterführend *Kissel/Mayer* § 132 Rn. 37). Sie dient der **Sicherung einer einheitlichen Rspr.**, wenn nur so bestehende oder zu erwartende Unterschiede in der Rspr. vermieden werden können. Dafür kann es ausreichen, dass sich unterschiedliche jeweils nicht fernliegende Entscheidungsmöglichkeiten aufzeigen lassen (vgl. BGHSt -GS- 32, 115, 119). Eine eigenständige Bedeutung kommt dieser Vorlagemöglichkeit v.a. in Fällen zu, in denen andere Senate bereits eine divergierende Rechtsauffassung in nicht entscheidungstragender Weise geäußert haben und deshalb eine Vorlage nach Abs. 2 ausscheidet (*Kissel/Mayer* § 132 Rn. 36). Die Gefahr uneinheitlicher Rspr. kann ggf. durch eine Anfrage bei allen anderen Strafsenaten ausgeräumt werden, wenn diese zu einem einhelligen Ergebnis führt (vgl. BGHSt 16, 351, 353).

11 Die Vorlegung steht im **Ermessen** des mit der Rechtsfrage befassten Senats, dessen Ausübung vom Großen Senat nur auf Fehler überprüft werden kann (*Kissel/Mayer* § 132 Rn. 38 m.w.N).

12 **D. Das Vorlageverfahren.** Die Rechtsfrage wird dem Großen Senat von dem anfragenden Senat durch einen entsprechend formulierten Beschluss vorgelegt. Dabei geht der vorlegende Senat zweckmäßigerweise bereits auf die im Anfrageverfahren vorgebrachten Gegenargumente der abweichenden Senate ein (vgl. BGH, Beschl. v. 22.05.2014 – 4 StR 223/12). Durch den Vorlagebeschluss wird das Ausgangsverfahren in ein Zwischenverfahren übergeleitet. Eine Anhörung der Verfahrensbeteiligten bedarf es nicht (Meyer-Goßner/*Schmitt* § 132 Rn. 11).

§ 135 [Zuständigkeit in Strafsachen]

(1) In Strafsachen ist der Bundesgerichtshof zuständig zur Verhandlung und Entscheidung über das Rechtsmittel der Revision gegen die Urteile der Oberlandesgerichte im ersten Rechtszug sowie gegen die Urteile der Landgerichte im ersten Rechtszug, soweit nicht die Zuständigkeit der Oberlandesgerichte begründet ist.

(2) Der Bundesgerichtshof entscheidet ferner über

1. **Beschwerden gegen Beschlüsse und Verfügungen der Oberlandesgerichte in den in § 138d Absatz 6 Satz 1, § 304 Absatz 4 Satz 2 und § 310 Absatz 1 der Strafprozessordnung bezeichneten Fällen,**
2. **Beschwerden gegen Verfügungen des Ermittlungsrichters des Bundesgerichtshofes (§ 169 Absatz 1 Satz 2 der Strafprozessordnung) in den in § 304 Absatz 5 der Strafprozessordnung bezeichneten Fällen sowie**
3. **Einwände gegen die Besetzung eines Oberlandesgerichts im Fall des § 222b Absatz 3 Satz 1 der Strafprozessordnung.**

A. Die Zuständigkeit als Revisionsgericht nach Abs. 1. Die Zuständigkeit des BGH nach Abs. 1 knüpft allein daran an, ob in der vorhergehenden Instanz ein OLG (§ 120) oder ein LG (§ 74 Abs. 1 und 2) erstinstanzlich entschieden hat. Dabei kommt es nicht darauf an, ob dieses Gericht seinerseits sachlich zuständig war (BGHSt 22, 48, 50 f.). Wurde von einem LG ein Berufungsverfahren mit einem erstinstanzlichen Verfahren analog § 4 Abs. 1 StPO verbunden, liegt damit ein einheitliches erstinstanzliches Verfahren vor, das nur im Ganzen mit der Revision zum BGH angefochten werden kann. Wurde lediglich eine Verhandlungsverbindung nach § 237 StPO vorgenommen, bleiben beide Sachen rechtlich selbstständig und getrennt anfechtbar. Der BGH ist dann nur für die Revision gegen das erstinstanzliche Urteil zuständig (BGHSt 36, 348, 351). 1

Eine vorgehende Zuständigkeit des OLG bei Revisionen gegen erstinstanzliche Entscheidungen des LG ergibt sich nach § 121 Abs. 1 Nr. 1c dann, wenn die Revision ausschließlich auf die Verletzung von Landesrecht gestützt ist (vgl. dazu § 121 Rdn. 3). 2

B. Beschwerdezuständigkeit und Vorabentscheidung bei Besetzungseinwand nach Abs. 2. Hat ein OLG im ersten Rechtszug (§ 120 Abs. 1 und 2) einen Verteidiger nach § 138a oder 138b StPO ausgeschlossen, entscheidet der BGH über eine hiergegen nach § 138d Abs. 6 Satz 1 StPO eingelegte sofortige Beschwerde. Gleiches gilt für einfache Beschwerden, die nach § 304 Abs. 4 Satz 2 StPO ausnahmsweise gegen im ersten Rechtszug ergangene Verfügungen und Beschlüsse des OLG möglich sind. Ferner ist der BGH für weitere Beschwerden zuständig, die nach § 310 Abs. 1 StPO gegen nach § 120 Abs. 3 (nicht § 120 Abs. 4) ergangene Beschwerdeentscheidungen des OLG eingelegt werden (vgl. dazu § 120 Rdn. 7). Der Umstand, dass der Bundesgerichtshof mit einer Revision gegen ein landgerichtliches Urteil befasst ist, führt nicht zu einer Zuständigkeit auch für die Entscheidung über eine zugleich eingelegte Beschwerde (BGH v. 23.09.2015 – 4 StR 217/15). 3

Die Zuständigkeit für die nach § 304 Abs. 5 StPO zulässigen Beschwerden gegen Verfügungen des Ermittlungsrichters beim BGH (§ 169 Abs. 1 Satz 2 StPO) endet mit der Anklageerhebung, weil dadurch die Zuständigkeit auf das mit der Sache befasste Gericht übergeht (BGH v. 12.11.2015 – StB 9/15; BGHSt 27, 253). Gibt der Generalbundesanwalt ein zunächst von ihm geführtes Ermittlungsverfahren nach § 142a Abs. 2 an die Landesstaatsanwaltschaft ab, verliert dadurch der Ermittlungsrichter bei dem BGH mit Ausnahme der nach § 126 Abs. 1 Satz 3 StPO noch zu übertragenden Haftkontrolle sofort seine Zuständigkeit (BGH NJW 1973, 475, 476). Damit entfällt auch die Beschwerdezuständigkeit nach Abs. 2, sodass über noch nicht verbeschiedene oder danach erhobene Beschwerden gegen Verfügungen des Ermittlungsrichters beim BGH das zuständige OLG zu entscheiden hat (BGH NJW 1973, 477, 478; *Kissel/Mayer* § 135 Rn. 6; LR/*Franke* § 135 GVG Rn. 9). Übernimmt der Generalbundesanwalt ein Ermittlungsverfahren geht die Beschwerdezuständigkeit nach Abs. 2 auf den Bundesgerichtshof über (BGH v. 12.11.2015 – StB 9/15). 4

Der neu eingefügte Abs. 2 Nr. 3 trägt der Neuregelung des Besetzungseinwands in § 222b StPO Rechnung und weist die Vorabentscheidung gem. § 222b Abs. 3 Satz 1 StPO bei Einwänden gegen die Besetzung der Oberlandesgerichte dem Bundesgerichtshof zu. 5

§ 138 [Verfahren vor den Großen Senaten]

(1) [1]Die Großen Senate und die Vereinigten Großen Senate entscheiden nur über die Rechtsfrage. [2]Sie können ohne mündliche Verhandlung entscheiden. [3]Die Entscheidung ist in der vorliegenden Sache für den erkennenden Senat bindend.

(2) [1]Vor der Entscheidung des Großen Senats für Strafsachen oder der Vereinigten Großen Senate und in Rechtsstreitigkeiten, welche die Anfechtung einer Todeserklärung zum Gegenstand haben, ist der Generalbundesanwalt zu hören. [2]Der Generalbundesanwalt kann auch in der Sitzung seine Auffassung darlegen.

(3) Erfordert die Entscheidung der Sache eine erneute mündliche Verhandlung vor dem erkennenden Senat, so sind die Beteiligten unter Mitteilung der ergangenen Entscheidung der Rechtsfrage zu der Verhandlung zu laden.

Die Entscheidung des Großen Senates und der Vereinigten Großen Senate über die ihnen nach § 132 Abs. 2 oder 4 vorgelegte Rechtsfrage ergeht in einem Zwischenverfahren. Dabei **prüft** der Große Senat zunächst die **Vorlegungsvoraussetzungen** in vollem Umfang nach. Bei dieser Prüfung ist er an die Beurteilung der (beiderseitigen) Entscheidungserheblichkeit (BGHSt -GS- 51, 298 Rn. 13; -GS- 52, 379 Rn. 19) sowie andere vorgreifliche fallbezogene Bewertungen des vorlegenden Senats bis zur Grenze der Vertretbarkeit gebunden 1 (vgl. BGHSt -GS- 41, 187, 194; -GS- 52, 124 Rn. 13). Dabei ist die Prüfung am Maßstab der Vertretbarkeit nicht nur auf die rechtliche Bewertung durch den vorlegenden Senat beschränkt, sondern, soweit erforderlich, auch auf dessen Würdigung des dem Ausgangsverfahren zugrunde liegenden Sachverhalts einschließlich der Beweiswürdigung zu erstrecken (BGHSt 61, 14). Danach soll eine Entscheidung über die Vorlegungsfrage jedenfalls dann nicht in Betracht kommen, wenn der Vorlagebeschluss eine Auseinandersetzung mit einem sich aufdrängenden anderen Sachverhaltsverständnis nicht erkennen lässt, dessen Berücksichtigung die angenommene Divergenz beseitigt (BGHSt 61, 14; NJW 1990, 3142). Dies erscheint zweifelhaft. Denn der Große Senat kann den vorlegenden Senat nach Abs. 1 Satz 3 nur an seine Entscheidung der Rechtsfrage binden, nicht aber an sein Sachverhaltsverständnis.

2 Liegen die Vorlegungsvoraussetzungen vor, wird über die ggf. modifizierte **Vorlagefrage** entschieden. Dabei kann der Große Senat auch alle ihm unterbreiteten (divergierenden) Ansichten verwerfen und eine abweichende Position vertreten (vgl. BGHSt -GS- 40, 360, 366). Eine Erweiterung (BGHSt -GS- 51, 298 Rn. 15), Beschränkung (BGHSt -GS- 19, 206, 209; -GS- 40, 350, 359 f.) oder anderweitige Präzisierung der Vorlagefrage ist möglich (BGHSt -GS- 21, 29, 31 f.). Ist die Vorlage unzulässig, wird die Entscheidung abgelehnt und das Vorlageverfahren dadurch beendet.

3 Sämtliche Entscheidungen ergehen durch einen begründeten **Beschluss**, der den Verfahrensbeteiligten zuzustellen ist. Ob mündlich verhandelt wird, steht nach Abs. 1 Satz 2 im Ermessen des Großen Senats. Eine Anhörung des Generalbundesanwalts ist nach Abs. 2 geboten. Bis zur Entscheidung kann der Vorlagebeschluss zurückgenommen werden (LR/*Franke* § 138 GVG Rn. 4). Muss nach der Entscheidung nochmals vor dem erkennenden Senat mündlich verhandelt werden ist Abs. 3 zu beachten.

4 Eine **Bindungswirkung** besteht nach Abs. 1 Satz 3 nur für den erkennenden Senat in der vorliegenden Sache. Eine wiederholte Vorlage derselben Rechtsfrage ist daher grds. möglich (LR/*Franke* § 138 GVG Rn. 7).

§ 139 [Besetzung der Senate]

(1) Die Senate des Bundesgerichtshofes entscheiden in der Besetzung von fünf Mitgliedern einschließlich des Vorsitzenden.

(2) [1]Die Strafsenate entscheiden über Beschwerden in der Besetzung von drei Mitgliedern einschließlich des Vorsitzenden. [2]Dies gilt nicht für die Entscheidung über Beschwerden gegen Beschlüsse, durch welche die Eröffnung des Hauptverfahrens abgelehnt oder das Verfahren wegen eines Verfahrenshindernisses eingestellt wird.

1 Nach Abs. 1 entscheidet der BGH grds. in der Besetzung mit fünf Richtern. Entgegen der früheren Rspr., die annahm, dass auch über Erinnerungen gem. § 66 Abs. 1 GKG trotz § 66 Abs. 5 GKG der Senat in Fünferbesetzung zu entscheiden hat (vgl. BGH, NStZ 2007, 663; NStZ-RR 2008, 69 [B]; NStZ-RR 2013, 191, 192; Beschluss vom 15.01.2015 – 2 StR 605/13, Rn. 1), geht der Bundesgerichtshof nunmehr davon aus, dass in den kostenrechtlichen Erinnerungs- und Beschwerdeverfahren der Einzelrichter zuständig ist (BGH, NJW 2015, 2194; Beschluss v. 25.10.2018 – 1 StR 240/18, Rn. 6 mwN.)

2 In Abweichung von Abs. 1 sieht Abs. 2 Satz 1 eine Entscheidung in Dreierbesetzung vor, soweit nach § 135 Abs. 2 über Beschwerden zu entscheiden ist. Dies gilt nach Abs. 2 Satz 2 nicht für Beschwerden gem. § 304 Abs. 4 Satz 2 Nr. 2 StPO. Insoweit verbleibt es bei der sich aus Abs. 1 ergebenden Fünferbesetzung.

§ 140 [Geschäftsordnung]

Der Geschäftsgang wird durch eine Geschäftsordnung geregelt, die das Plenum beschließt.

1 Die Vorschrift enthält die einzige gesetzliche Aufgabenzuweisung für das Plenum. Derzeit gilt die Geschäftsordnung v. 03.03.1952 (DRiZ 1963, 152), zuletzt geändert durch Bekanntmachung v. 21.06.1971 (BAnz Nr. 114 v. 26.06.1971).

9a. Titel. Zuständigkeit für Wiederaufnahmeverfahren in Strafsachen

§ 140a [Zuständigkeit]

(1) [1]Im Wiederaufnahmeverfahren entscheidet ein anderes Gericht mit gleicher sachlicher Zuständigkeit als das Gericht, gegen dessen Entscheidung sich der Antrag auf Wiederaufnahme des Verfahrens richtet. [2]Über einen Antrag gegen ein im Revisionsverfahren erlassenes Urteil entscheidet ein anderes Gericht der Ordnung des Gerichts, gegen dessen Urteil die Revision eingelegt war.

(2) Das Präsidium des Oberlandesgerichts bestimmt vor Beginn des Geschäftsjahres die Gerichte, die innerhalb seines Bezirks für die Entscheidungen im Wiederaufnahmeverfahren örtlich zuständig sind.
(3) [1]Ist im Bezirk eines Oberlandesgerichts nur ein Landgericht eingerichtet, so entscheidet über den Antrag, für den nach Absatz 1 das Landgericht zuständig ist, eine andere Strafkammer des Landgerichts, die vom Präsidium des Oberlandesgerichts vor Beginn des Geschäftsjahres bestimmt wird. [2]Die Landesregierungen werden ermächtigt, durch Rechtsverordnung die nach Absatz 2 zu treffende Entscheidung des Präsidiums eines Oberlandesgerichts, in dessen Bezirk nur ein Landgericht eingerichtet ist, dem Präsidium eines benachbarten Oberlandesgerichts für solche Anträge zuzuweisen, für die nach Absatz 1 das Landgericht zuständig ist. [3]Die Landesregierungen können die Ermächtigung durch Rechtsverordnung auf die Landesjustizverwaltungen übertragen.
(4) [1]In den Ländern, in denen nur ein Oberlandesgericht und nur ein Landgericht eingerichtet sind, gilt Absatz 3 Satz 1 entsprechend. [2]Die Landesregierungen dieser Länder werden ermächtigt, mit einem benachbarten Land zu vereinbaren, dass die Aufgaben des Präsidiums des Oberlandesgerichts nach Absatz 2 einem benachbarten, zu einem anderen Land gehörenden Oberlandesgericht für Anträge übertragen werden, für die nach Absatz 1 das Landgericht zuständig ist.
(5) In den Ländern, in denen nur ein Landgericht eingerichtet ist und einem Amtsgericht die Strafsachen für die Bezirke der anderen Amtsgerichte zugewiesen sind, gelten Absatz 3 Satz 1 und Absatz 4 Satz 2 entsprechend.
(6) [1]Wird die Wiederaufnahme des Verfahrens beantragt, das von einem Oberlandesgericht im ersten Rechtszug entschieden worden war, so ist ein anderer Senat dieses Oberlandesgerichts zuständig. [2] § 120 Abs. 5 Satz 2 gilt entsprechend.
(7) Für Entscheidungen über Anträge zur Vorbereitung eines Wiederaufnahmeverfahrens gelten die Absätze 1 bis 6 entsprechend.

Übersicht

1 **A. Sachliche und funktionelle Zuständigkeit.** Bei dem Wiederaufnahmegericht (§ 337 Abs. 1 Satz 1 StPO) muss es sich um einen Spruchkörper handeln, der die **gleiche sachliche und funktionelle Zuständigkeit** hat, wie der Spruchkörper, gegen dessen Entscheidung sich der Wiederaufnahmeantrag richtet. Spezielle Zuständigkeiten gem. §§ 74 Abs. 2, 74a und 74c sind dabei ebenso zu beachten, wie das in § 74e geregelte Vorrangprinzip (OLG München, MDR 1980, 601). Jugendgerichte bleiben zuständig, auch wenn der Verurteilte inzwischen erwachsen ist (LR/*Franke* § 140a GVG Rn. 3; Meyer-Goßner/*Schmitt* § 140a GVG Rn. 11). Für Wiederaufnahmeanträge gegen frühere Wehrmachts- und Sondergerichte gelten die §§ 18, 19 ZEG. Über Wiederaufnahmeanträge gegen erstinstanzliche Urteile des Reichsgerichts entscheidet das KG (BGHSt 31, 365, 367 f.).

2 Hat ein Strafverfahren **mehrere Instanzen** durchlaufen, bestimmt sich die sachliche Zuständigkeit für einen Wiederaufnahmeantrag danach, wo die behaupteten Wiederaufnahmegründe ihren Ort haben und mit welchem Ziel der Antrag gestellt wird. Hat das LG die **Berufung** gegen ein amtsgerichtliches Urteil als **unzulässig** oder nach **§ 329 Abs. 1 StPO** ohne Prüfung der Schuldfrage verworfen, ist das **AG** für einen auf die Beseitigung oder Verschärfung des Schuldspruchs gerichteten Wiederaufnahmeantrag zuständig. Gleiches gilt, wenn aufgrund einer **Berufungsbeschränkung** nur über den Strafausspruch entschieden worden ist (OLG Frankfurt NStZ-RR 2006, 275; OLG Koblenz NStZ-RR 1998, 18; OLG Oldenburg StV 1992, 102; OLG Düsseldorf MDR 1986, 1050). Eine Zuständigkeit des LG kann sich in diesen Fällen nur dann ergeben, wenn die Wiederaufnahme allein auf Geschehnisse im Berufungsverfahren (z.B. Pflichtverletzungen des Kammervorsitzenden oder der Schöffen gem. §§ 359 Nr. 3, 362 Nr. 3 StPO) gestützt wird (KK-StPO/*Schmidt* § 140a GVG Rn. 5; Meyer-Goßner/*Schmitt* § 140a GVG Rn. 6). Wurde über eine **unbeschränkte Berufung** in der Sache entschieden, richtet sich ein auf einen Freispruch oder eine Schuldspruchschärfung abzielender Wiederaufnahmeantrag gegen das Berufungsurteil, sodass eine **kleine Strafkammer** (§ 76 Abs. 1 Satz 1) als Wiederaufnahmegericht sachlich zuständig ist. Dies gilt auch dann, wenn das Berufungsgericht noch nach früherem Recht als große Strafkammer (vgl. § 76 Abs. 2 a.F.) entschieden hat.

3 Für Wiederaufnahmeanträge gegen **Revisionsurteile** ist nach Abs. 1 Satz 2 immer ein Gericht der Ordnung sachlich zuständig, dessen Urteil angefochten worden ist. Hiervon ist selbst dann keine Ausnahme zu machen, wenn sich die behaupteten Wiederaufnahmegründe allein auf das Revisionsverfahren beziehen

(BGH v. 25.03.2015 – 1 ARs 3/15, Rn. 2; StV 1999, 138; GA 1985, 419; MDR 1977, 811 [H]; LR/*Franke* § 140a GVG Rn. 6; *Kissel/Mayer* § 140a Rn. 5).

4 **B. Örtliche Zuständigkeit.** Nach Abs. 1 Satz 1 hat über einen Wiederaufnahmeantrag grds. ein **anderes Gericht** im administrativ-organisatorischen Sinn zu entscheiden. Dies ist für den Bereich der Amts- und LG ein anderes Amts- und LG, das in demselben Oberlandesgerichtsbezirk seinen Sitz hat und von dem Präsidium dieses OLG nach Abs. 2 als Ersatzgericht bestimmt worden ist.

5 Ausnahmen von dieser Regel lassen die Abs. 3 bis 5 für Oberlandesgerichtsbezirke mit nur einem LG (derzeit nicht existent), Länder mit nur einem OLG und einem LG (Berlin, Bremen, Hamburg und das Saarland) sowie Länder mit nur einem LG und einem AG für Strafsachen (Berlin) zu. Ist in einem Oberlandesgerichtsbezirk nur bei einem LG eine Spezialkammer nach § 74a oder 74c eingerichtet, fehlt es aufgrund des Vorrangprinzips nach § 74e in diesem Bezirk an einem anderen Gericht mit gleichere sachlicher Zuständigkeit, sodass nach Abs. 3 Satz 1 verfahren werden kann (OLG Karlsruhe, MDR 1980, 252; LR/*Franke* § 140a GVG Rn. 8a; KK-StPO/*Schmidt* § 140a GVG Rn. 4; Meyer-Goßner/*Schmitt* § 140a GVG Rn. 3). Demgegenüber soll nach Ansicht des BGH (BGHSt. 29, 47, 49) Abhilfe nur durch die Einrichtung einer weiteren Spezialkammer bei einem anderen LG des Bezirks oder durch ein Vorgehen nach § 140a Abs. 3 Satz 2 möglich sein. Dabei wird übersehen, dass die Ausgangslage der Regelungssituation des Abs. 3 Satz 1 entspricht (vgl. *Katholnigg* NJW 1980, 132).

6 Bei **Zurückverweisungen durch das Revisionsgericht** nach §§ 354 Abs. 2 und 3 StPO bestimmt sich das örtlich zuständige Wiederaufnahmegericht danach, welches Urteil der Wiederaufnahmeantrag angreift. Wird ein Freispruch angestrebt, zielt der Antrag in der Regel auf das Urteil, dass den Schuldspruch enthält. Dies ist bei einer unbeschränkten Aufhebung das nach der Zurückverweisung ergangene und bei einer auf den Rechtsfolgenausspruch beschränkten Aufhebung das mit der Revision angegriffene erste landgerichtliche Urteil (OLG Koblenz NStZ-RR 1997, 111; OLG Köln MDR 1973, 603). Werden auf ein bestimmtes Urteil bezogene Wiederaufnahmegründe geltend gemacht (vgl. §§ 359 Nr. 3, 362 Nr. 3 StPO), entscheidet das Ersatzgericht, das an die Stelle des Gerichts zu treten hat, von dem dieses Urteil stammt. Der Umstand, dass das Wiederaufnahmegericht selbst zuvor mit der Sache befasst war, steht seiner Zuständigkeit nicht entgegen (OLG Koblenz NJW 1996, 1072; Meyer-Goßner/*Schmitt* § 140a GVG Rn. 10; KK-StPO/*Schmidt* § 140a GVG Rn. 7).

7 Wurden Strafen aus verschiedenen Urteilen nachträglich gem. § 55 StGB zu einer **Gesamtstrafe** zusammengezogen, ist für Wiederaufnahmeanträge gegen einzelne Urteile das jeweils berufene Ersatzgericht zuständig.

8 Wird in Bezug auf ein erstinstanzliches Urteil eines OLG Wiederaufnahme beantragt, hat nach Abs. 6 Satz 1 ein anderer Senat desselben Gerichts zu entscheiden. Dieser ist durch das Präsidium nicht nach Abs. 2, sondern im Geschäftsverteilungsplan nach § 21e Abs. 1 zu bestimmen (LR/*Franke* § 140a GVG Rn. 12; Meyer-Goßner/*Schmitt* § 140a GVG Rn. 14).

9 **C. Erstreckung auf vorbereitende Anträge.** Nach Abs. 7 gilt die Zuständigkeitsregelung der Abs. 1 bis 6 auch für vorbereitende Anträge (§§ 364a, 364b und 360 Abs. 2 StPO).

Zehnter Titel. Staatsanwaltschaft

Vorbemerkung zu §§ 141 ff. GVG

Übersicht

1 **A. Inhalt des 10. Titels.** Die §§ 141 bis 152 regeln in Grundzügen die Organisation und die inneren Strukturen der StA (LR/*Franke* Vor § 141 Rn. 1). **Ergänzungen** finden sich in den **AGGVG** der Länder und in der von den Ländern weitgehend bundeseinheitlich erlassenen »Anordnung über Organisation und Dienstbetrieb der StA (**OrgStA**)«. Die Aufgaben der StA sind, von Einzelregelungen abgesehen, nicht im GVG geregelt, sondern im Verfahrensrecht, insb. der StPO.

B. Stellung der StA. »Das Bild der Staatsanwaltschaft schwankt in der Geschichte. Ob sie eine Frucht der liberal-aufklärerischen Reformbewegung des 19. Jahrhunderts oder das Produkt eines staatserhaltenden Konservatismus ist, ob sie den Freiheitsrechten des Bürgers oder eher der Funktionstüchtigkeit und Effizienz der Strafrechtspflege dient, das war von Anfang an und ist noch heute umstritten« (*Roxin*, DRiZ 1997, 109). 2

Einer der wesentlichen Unterschiede der StA ggü. dem Gericht ist deren Weisungsgebundenheit (§ 146). Ferner wird die Mehrzahl aller Strafverfahren von der StA durch Einstellungsverfügungen erledigt, die jedoch nicht der materiellen Rechtskraft fähig sind (eingeschränkt bzgl. § 153a Abs. 1 Satz 4 StPO). Deshalb übt die StA bereits aus diesen beiden Gründen **keine rechtsprechende Gewalt** aus. Sie gehört zur **Exekutive** (BVerfGE 103, 142), ist jedoch insoweit eine **Institution sui generis** (Meyer-Goßner/*Schmitt* Vor § 141 Rn. 6; *Kissel/Mayer* § 141 Rn. 9), da sie nicht primär verwaltet, sondern als selbstständiges (§ 150), den Gerichten gleichgeordnetes Organ der Strafrechtspflege (BVerfGE 32, 199, 216; BGHSt 24, 170, 171; Nr. 1 Satz 2 RiStBV) zusammen mit diesen auf dem strafrechtlichen Gebiet die Aufgaben der Justizgewährung wahrnimmt (BVerfGE 9, 223, 228). 3

I. Strafverfahren und Strafvollstreckung. Sie ist verantwortlich für die Rechtmäßigkeit und Gründlichkeit, aber auch die schnelle Durchführung des Ermittlungsverfahrens. Durch die Ermittlungen und die Erhebung der Anklage schafft sie im Verhältnis zu den Strafgerichten die Voraussetzungen für die Ausübung der rechtsprechenden Gewalt. Im Hauptverfahren unterstützt und kontrolliert sie das Gericht bei der Erforschung des wahren Sachverhalts und der richtigen Rechtsanwendung. Schließlich nimmt auch die Vollstreckung gerichtlicher Entscheidungen in der Praxis einen nicht zu unterschätzenden, breiten Raum bei der Arbeit der StA ein. 4

II. Keine Parteistellung. Die StA ist **nicht Partei**. Der **Grundsatz der Waffengleichheit** bedeutet daher in Bezug auf das Hauptverfahren nur eine Ausbalancierung der jeweiligen Rechte (Meyer-Goßner/*Schmitt* Vor § 141 Rn. 8, 9; *Kissel/Mayer* § 141 Rn. 5, 6; LR/*Franke* Vor § 141 Rn. 19; *E. Müller* NJW 1976, 1063). 5

III. Keine förmliche Präjudizienbindung. Die Bindung der StA an **gerichtliche Präjudizien** ist strittig (bejahend BGHSt 15, 155; *Krey/Pföhler* NStZ 1985, 145, 150; verneinend LR/*Franke* Vor § 141 Rn. 18; *Katholnigg* Vor § 141 Rn. 6; *Roxin* DRiZ 97, 109, 115). Tatsächlich ist diese Frage von geringer Bedeutung, da die StA eine gefestigte höchstrichterliche Rspr. in der Regel beachten wird. Hält die StA gleichwohl einmal entgegen der höchstrichterlichen Rspr. ein Verhalten für straflos, ist sie zur Anklageerhebung verpflichtet, da sie auf eine Gleichbehandlung und eine einheitliche Rspr. zu achten hat und auf diesem Weg eine Änderung der Rspr. herbeizuführen versuchen kann (Meyer-Goßner/*Schmitt* Vor § 141 Rn. 11; OLG Zweibrücken NStZ 2007, 420). Auch der umgekehrte Fall ist von geringer praktischer Bedeutung. Hält die StA entgegen der Rspr. ein bestimmtes Verhalten für strafbar, ist sie nicht gehindert, Anklage zu erheben. Sie wird dann näher begründen müssen, aufgrund welcher neuen Umstände oder Gründe von der bisherigen Rspr. abgewichen werden müsste und auf diese Weise eine Klärung der Rechtsfrage herbeiführen. 6

C. Aufgaben außerhalb des Strafverfahrens. Außerhalb des Strafverfahrens hat die StA Antrags- und Mitwirkungsrechte im Aufgebotsverfahren nach dem Verschollenheitsgesetz (§§ 2, 16, 22, 30 VerschG). 7

Bei Ordnungswidrigkeiten nach § 115 OWiG ist die StA in einigen Ländern zuständige Verwaltungsbehörde nach § 36 OWiG (z.B. Bayern: § 7 Nr. 1 ZuVOWiG v. 21.10.1997 [GVBl., S. 727]; Baden-Württemberg: § 8 Nr. 2 OWiZuV v. 02.02.1990 [GBl. 75]; zu den übrigen Bundesländern vgl. Göhler Anh. B).

§ 141 [Sitz]

Bei jedem Gericht soll eine Staatsanwaltschaft bestehen.

Die Vorschrift enthält nur einen Grundsatz (»soll«). Hierdurch soll sichergestellt werden, dass für jedes Gericht eine StA bestimmt ist, die nach Maßgabe des landesrechtlichen Organisationsrechts alle dort anfallenden staatsanwaltschaftlichen Aufgaben erfüllt. Beim AG nimmt diese Aufgaben die StA beim übergeordneten LG wahr. 1

Durch die obersten Behörden der Landesjustizverwaltungen (Nr. 1 Abs. 2 Satz 2 OrgStA) kann für eine StA bei einem LG auch eine **Zweigstelle** bei einem (meist auswärtigen) AG (z.B. Art. 12 Abs. 2 Satz 2 BayAGGVG, § 8 Abs. 2 Satz 2 BWAGGVG) oder auch lediglich eine **Außenstelle** (durch Justizverwaltungsakt) eingerichtet werden. 2

§ 141 verbietet nicht, sog. **Schwerpunktstaatsanwaltschaften** einzurichten, die für bestimmte Arten von Verfahren die Zuständigkeit bei einer bestimmten StA für den Bereich mehrerer StA bündeln (vgl. § 143 Rdn. 8 ff.). 3

§ 142 [Zuständigkeit der StA]

(1) Das Amt der Staatsanwaltschaft wird ausgeübt:

1. bei dem Bundesgerichtshof durch einen Generalbundesanwalt und durch einen oder mehrere Bundesanwälte;

2. bei den Oberlandesgerichten und den Landgerichten durch einen oder mehrere Staatsanwälte;

3. bei den Amtsgerichten durch einen oder mehrere Staatsanwälte oder Amtsanwälte.

(2) Die Zuständigkeit der Amtsanwälte erstreckt sich nicht auf das amtsrichterliche Verfahren zur Vorbereitung der öffentlichen Klage in den Strafsachen, die zur Zuständigkeit anderer Gerichte als der Amtsgerichte gehören.

(3) Referendaren kann die Wahrnehmung der Aufgaben eines Amtsanwalts und im Einzelfall die Wahrnehmung der Aufgaben eines Staatsanwalts unter dessen Aufsicht übertragen werden.

Übersicht

1 **A. Regelungsgehalt.** Während § 143 die örtliche Zuständigkeit betrifft, regeln die §§ 142, 142a die **sachliche Zuständigkeit** der StA. Es werden jedoch nur die für die Ausübung des Amtes der StA zuständigen Funktionsträger bezeichnet, Inhalt und Art der Amtsausübung ist in diversen weiteren Vorschriften des Bundes und der Länder geregelt. V.a. die Ausgestaltung der Zuständigkeiten und der inneren Verhältnisse fällt weitgehend in die Länderzuständigkeit. Hierzu haben die Landesjustizverwaltungen insb. die »Anordnung über Organisation und Dienstbetrieb der StA« (OrgStA, abgedruckt u.a. in Justiz 2003, 627) erlassen.

2 **B. Sachliche Zuständigkeit.** Grds. orientiert sich die sachliche Zuständigkeit der StA an derjenigen des Gerichts, bei der das Verfahren anhängig ist oder zu machen ist, sog. **Sequenzzuständigkeit** (Meyer-Goßner/*Schmitt* § 142 Rn. 1; *Kissel/Mayer* § 142 Rn. 2). Ändert sich im Laufe des Verfahrens die Zuständigkeit des Gerichts (z.B. nach §§ 12, 13, 209, 270, 354 StPO, § 140a GVG), so wird die StA zuständig, die zu dem nunmehr befassten Gericht gehört.

3 Hat die StA **Anklage vor dem sachlich unzuständigen Gericht** erhoben, so führt dies nicht zur Unwirksamkeit der Anklageerhebung, wenn an das zuständige Gericht verwiesen werden kann (§§ 209, 225a, 270 StPO). Eine neue Anklageschrift ist nicht erforderlich (BayObLGSt 1973, 5, 8). Von einer absoluten Unzuständigkeit ist jedoch auszugehen, wenn die StA bei einem anderen Gericht tätig wird als bei dem, bei dem sie besteht (z.B., wenn ein Rechtsmittel bei einem anderen LG eingelegt wird oder die StA ein Privatklageverfahren bei einem AG übernehmen will, für das sie nicht zuständig ist; BGHSt 11, 56, 59). In diesem Fall hat die sachliche Unzuständigkeit die Unwirksamkeit der Tätigkeit zur Folge. Die StA kann jedoch dann **Anträge an Gerichte außerhalb ihres Bezirks** stellen, wenn einzelne Untersuchungshandlungen von diesen Gerichten vorzunehmen sind, z.B. nach § 125 Abs. 1, 126a Abs. 2, 162 Abs. 1 Satz 3 StPO.

4 **I. StA beim BGH (Abs. 1 Nr. 1).** Der Begriff **Bundesanwälte** ist – ebenso wie der Begriff Staatsanwälte in Nr. 2, 3 – als Funktionsbezeichnung zu verstehen, er sagt nichts über die jeweilige dienstrechtliche Stellung aus. Mitumfasst sind die OStAe beim GBA und die dorthin zur Wahrnehmung staatsanwaltschaftlicher Aufgaben abgeordneten Richter und StAe.

5 **II. StA beim OLG und LG (Abs. 1 Nr. 2).** An der Spitze der StA beim OLG steht der **Generalstaatsanwalt.** Die Leitung der StA bei einem LG obliegt dem **Leitenden OStA.**

6 **III. StA beim AG (Abs. 1 Nr. 3).** Beim AG besteht keine selbstständige StA. Die Aufgaben werden von der StA am Sitz des jeweils übergeordneten LG wahrgenommen, sofern nicht eine Zweigstelle oder Außenstelle eingerichtet ist.

7 Während Abs. 1 Nr. 3 die Wahrnehmung staatsanwaltschaftlicher Aufgaben bei den AG auch durch **Amtsanwälte** – neben Staatsanwälten – lediglich mit der Einschränkung des Abs. 2 zulässt, schränkt die OrgStA die Tätigkeit der Amtsanwälte auf Strafsachen vor dem Strafrichter und z.T. auf einen enumerativen Katalog von Straftaten weiter ein (zu den Regelungen in den Ländern im Einzelnen vgl. SK-StPO/*Wohlers* § 142 Rn. 13).

8 **Überschreitet der Amtsanwalt** seine nach Nr. 3 auf das AG beschränkte **Kompetenz**, z.B. durch Erklärung einer Berufungsbeschränkung ggü. dem LG, so ist diese Erklärung unwirksam (BayObLG NJW 1974, 761). Weitergehende innerdienstliche Beschränkungen, z.B. in der OrgStA, entfalten keine Außenwirkung

und sind revisionsrechtlich unbeachtlich. Deshalb kann ein Amtsanwalt wirksam in der mündlichen Verhandlung vor dem SchfG auftreten (BayObLGSt 1958, 140, 144) oder Berufung in Strafsachen einlegen, deren Bearbeitung ihm nach dem Katalog der OrgStA nicht zusteht (OLG Oldenburg NJW 1952, 1230; OLG Celle MDR 1957, 311; *Kissel/Mayer* § 142 Rn. 12; LR/*Franke* § 142 Rn. 36). Führt ein Amtsanwalt ein Ermittlungsverfahren in einer Sache, in der er zu Unrecht die künftige Zuständigkeit des AG annimmt oder in der sich die Zuständigkeit des LG erst später herausstellt, sind seine Prozesshandlungen wirksam (Meyer-Goßner/*Schmitt* § 142 Rn. 18).

Örtliche Sitzungsvertreter sind im GVG nicht vorgesehen, können jedoch nach Landesrecht bei einem AG, 9
bei dem weder ein StA noch ein Amtsanwalt seinen Dienstsitz hat, für die Strafrichtersitzungen bestellt werden (z.B. Art. 14 Abs. 2 BayAGGVG; Art. 10 Abs. 2 BWAGGVG).

C. Aufgabenübertragung auf Referendare (Abs. 3). Nach der 1. Fallgruppe des Abs. 3 kann einem Refe- 10
rendar ganz oder teilweise die **unbeaufsichtigte Wahrnehmung der Aufgaben eines Amtsanwalts** übertragen werden. Nach Landesrecht kann dies näher geregelt, insb. die Möglichkeit der Übertragung beschränkt werden (vgl. SK-StPO/*Wohlers* § 142 Rn. 22 m.w.N.). Für die Aufgabenübertragung ist unerheblich, ob der Referendar in einem Beamtenverhältnis oder einem öffentlich-rechtlichen Ausbildungsverhältnis steht. Es ist auch nicht erforderlich, dass der Referendar seine Ausbildung gerade bei der StA ableistet. In den Sitzungen des Amtsgerichts kann der Referendar als Sitzungsvertreter allein auftreten. Dies gilt nach § 36 Abs. 2 S. 3 JGG jedoch nicht für Sitzungsvertretungen in Verfahren vor dem Jugendgericht. Hier bedarf es der Aufsicht und der Anwesenheit eines Jugendstaatsanwalts.

Mit der Wahrnehmung allein **dem Staatsanwalt vorbehaltener Aufgaben** können Referendare nur im Einzel- 11
fall beauftragt werden (2. Fallgruppe). Der Referendar steht dabei **unter Aufsicht des StA**, was jedoch nicht bedeutet, dass der StA bei der Ausführung durch den Referendar ständig anwesend sein muss (OLG Zweibrücken VRS 47, 352, 353). Die Aufsicht ist **vom Einzelfall abhängig**, jedoch in einem solchen Umfang erforderlich, dass die Tätigkeit des Referendars als vollwertige staatsanwaltschaftliche Handlung anerkannt werden kann (Meyer-Goßner/*Schmitt* § 142 Rn. 13). Bei der Hauptverhandlung in dieser Fallgruppe fungiert der Referendar als zweiter **Sitzungsvertreter**. Der StA sollte zur Ausübung der Aufsicht zumindest zeitweise anwesend sein (*Landau/Globuschütz* NStZ 1992, 68). Bei der Urteilsverkündung ist die zusätzliche Anwesenheit des StA jedoch nicht zwingend erforderlich. Ein Referendarprotokoll versieht der StA in der Praxis meist mit einem Aufsichtsvermerk. **Anklageschriften und Einstellungsverfügungen** unterzeichnet in der Regel der StA, jedoch kann dies auch dem Referendar übertragen werden (LR/*Franke* § 142 Rn. 46; SK-StPO/*Wohlers* § 142 Rn. 25; *Kissel* § 142 Rn. 16; a.A. Meyer-Goßner/*Schmitt* § 142 Rn. 13). **Zustimmungserklärungen** zu Verfahrenseinstellungen, z.B. nach §§ 153 Abs. 2, 153a Abs. 2, 154 Abs. 2, 154a Abs. 2 StPO, ebenso wie Erklärungen zum Rechtsmittelverzicht werden üblicherweise mit dem StA vorab besprochen. Ein Verstoß des Referendars gegen diese innerdienstliche Weisung macht die Erklärung jedoch im Außenverhältnis nicht unwirksam.

§ 142a [Generalbundesanwalt]

(1) [1]Der Generalbundesanwalt übt in den zur Zuständigkeit von Oberlandesgerichten im ersten Rechtszug gehörenden Strafsachen gemäß § 120 Absatz 1 und 2 das Amt der Staatsanwaltschaft auch bei diesen Gerichten aus. [2]Für die Übernahme der Strafverfolgung durch den Generalbundesanwalt genügt es, dass zureichende tatsächliche Anhaltspunkte für die seine Zuständigkeit begründenden Voraussetzungen gegeben sind. [3]Vorgänge, die Anlass zu der Prüfung einer Übernahme der Strafverfolgung durch den Generalbundesanwalt geben, übersendet die Staatsanwaltschaft diesem unverzüglich. [4]Können in den Fällen des § 120 Abs. 1 die Beamten der Staatsanwaltschaft eines Landes und der Generalbundesanwalt sich nicht darüber einigen, wer von ihnen die Verfolgung zu übernehmen hat, so entscheidet der Generalbundesanwalt.

(2) Der Generalbundesanwalt gibt das Verfahren vor Einreichung einer Anklageschrift oder einer Antragsschrift (§ 435 der Strafprozessordnung) an die Landesstaatsanwaltschaft ab,

1. wenn es folgende Straftaten zum Gegenstand hat:
   a) Straftaten nach den §§ 82, 83 Abs. 2, §§ 98, 99 oder 102 des Strafgesetzbuches,
   b) Straftaten nach den §§ 105 oder 106 des Strafgesetzbuches, wenn die Tat sich gegen ein Organ eines Landes oder gegen ein Mitglied eines solchen Organs richtet,
   c) Straftaten nach § 138 des Strafgesetzbuches in Verbindung mit einer der in Buchstabe a bezeichneten Strafvorschriften oder

d) Straftaten nach § 52 Abs. 2 des Patentgesetzes, nach § 9 Abs. 2 des Gebrauchsmustergesetzes in Verbindung mit § 52 Abs. 2 des Patentgesetzes oder nach § 4 Abs. 4 des Halbleiterschutzgesetzes in Verbindung mit § 9 Abs. 2 des Gebrauchsmustergesetzes und § 52 Abs. 2 des Patentgesetzes;

2. in Sachen von minderer Bedeutung.

(3) Eine Abgabe an die Landesstaatsanwaltschaft unterbleibt,

1. wenn die Tat die Interessen des Bundes in besonderem Maße berührt oder

2. wenn es im Interesse der Rechtseinheit geboten ist, dass der Generalbundesanwalt die Tat verfolgt.

(4) Der Generalbundesanwalt gibt eine Sache, die er nach § 120 Abs. 2 Satz 1 Nr. 2 bis 4 oder § 74a Abs. 2 übernommen hat, wieder an die Landesstaatsanwaltschaft ab, wenn eine besondere Bedeutung des Falles nicht mehr vorliegt.

S.a. RiStBV Nr. 202 bis 214

Übersicht

1 **A. Regelungsgehalt: Primärzuständigkeit des Generalbundesanwalts als Strafverfolgungsbehörde.** Über die Mitwirkung an Revisions- und Beschwerdeverfahren beim BGH (§§ 135, 142 Abs. 1 Nr. 1) hinaus, erweitert § 142a Abs. 1 Satz 1 die Zuständigkeit des Generalbundesanwalts auf die **Tätigkeit als Strafverfolgungsbehörde in erstinstanzlichen Verfahren der OLG.** Dies sind Verfahren wegen schwerer Straftaten aus dem **Staatsschutzbereich** gem. **§ 120 Abs. 1** wie Friedensverrat, Hochverrat, Landesverrat u.a. sowie die in **§ 120 Abs. 2 Nr. 1 bis** 4 aufgezählten Straftaten, wenn der Generalbundesanwalt wegen der besonderen Bedeutung die Verfolgung übernimmt (sog. Evokationsrecht). § 142a wurde eingefügt durch das StaatsschutzstrafsG v. 08.09.1969 (BGBl. I, S. 1582), das die erstinstanzliche Zuständigkeit des BGH auf die OLG verlagerte. Da die zentrale Ermittlungstätigkeit des Generalbundesanwalts nicht beeinträchtigt werden sollte, wurde mit dieser Vorschrift für die Bundesanwaltschaft die Möglichkeit geschaffen, vor den OLG als Ankläger aufzutreten. Die Ausübung des Amtes der StA durch den Generalbundesanwalt umfasst dabei sämtliche Verfahrensstadien vom Ermittlungsverfahren bis zur Vollstreckung und ggf. auch das Wiederaufnahmeverfahren.

2 **Abs. 1 Satz 4** räumt dem Generalbundesanwalt das **Kompetenzbestimmungsrecht** in Staatsschutzsachen ein, wenn mit der Landes-StA keine Einigung zu erzielen ist, wer die Verfolgung übernimmt. Umfasst sind auch die Fälle, in denen Streit darüber besteht, ob überhaupt von der Zuständigkeit des OLG auszugehen ist (SK-StPO/*Wohlers* § 142a Rn. 10; LR/*Franke* § 142a Rn. 5; *Katholnigg* § 142a Rn. 2; vgl. Nr. 202 Abs. 1 RiStBV).

3 **B. Abgabe an Landes-StA.** Die Zuständigkeit des Generalbundesanwalts gem. Abs. 1 ist jedoch nicht unbeschränkt. Unter den Voraussetzungen des Abs. 2 muss er das Verfahren an die Landes-StA abgeben, wenn es

– nur die in **Abs. 2 Nr. 1** aufgeführten Straftaten zum Gegenstand hat oder
– bei den anderen Delikten des § 120 Abs. 1 die Sache von minderer Bedeutung ist, **Abs. 2 Nr. 2.**

4 Die **Abgabepflicht** besteht erst, wenn die Sache so weit geklärt ist, dass über die Anklageerhebung oder die Einreichung einer Antragsschrift im objektiven Verfahren entschieden werden kann (Meyer-Goßner/*Schmitt* § 142a Rn. 3). Damit wird der Endzeitpunkt für die Abgabe festgelegt. Der Generalbundesanwalt kann die Sache aber auch schon früher abgeben, wenn aus seiner Sicht ausreichend geklärt erscheint, dass die Voraussetzungen des Abs. 2 gegeben sind und kein Abgabeverbot nach Abs. 3 vorliegt. Eine Rückübernahme ist bis zum o.g. Endzeitpunkt zulässig (Nr. 203 Abs. 2 RiStBV).

5 Die Abgabe berührt nicht die Zuständigkeit des OLG nach § 120 Abs. 1. Lediglich die Strafverfolgungsaufgabe geht vom Generalbundesanwalt auf die Generalstaatsanwaltschaft beim jeweiligen OLG über. Mit der Abgabe endet auch die Zuständigkeit des Ermittlungsrichters beim BGH, statt seiner wird der Ermittlungsrichter am OLG zuständig (§ 169 Abs. 1 Satz 1 StPO; BGH, NJW 1973, 477, 478). Zugleich entfällt die Zuständigkeit des BGH für eine Beschwerde gegen eine Entscheidung des Ermittlungsrichters des BGH.

6 **C. Abgabeverbot (Abs. 3).** Die Abgabe unterbleibt im Fall des Abs. 3 Nr. 1: Die **Interessen des Bundes** können **im besonderen Maße berührt** sein, wenn die Sache Grundprinzipien des GG oder die Sicherheit und Ordnung im Bundesgebiet erheblich betrifft (*Kissel-Mayer* § 142a Rn. 7).

7 Ein weiteres Abgabeverbot enthält Abs. 3 Nr. 2. Danach ist die Verfahrensführung durch den Generalbundesanwalt geboten, wenn dies die Verfahrensgestaltung und ggf. die Antragstellung bei Gericht zur **Wahrung**

der Rechtseinheit gebietet. Diese Reglung trägt dem Umstand Rechnung, dass dem Generalbundesanwalt kein Weisungsrecht ggü. der Landes-StA zusteht.

D. Rückgabe übernommener Sachen (Abs. 4). Liegt eine **besondere Bedeutung nicht mehr vor**, gibt 8
der Generalbundesanwalt eine zuvor übernommene Sache wieder an die Landes-StA ab. Eine zeitliche Beschränkung wie in Abs. 2 besteht hier nicht. Es verbleibt damit bei der Regelung des § 156 StPO, wonach der Generalbundesanwalt die Anklage bis zur Eröffnung des Hauptverfahrens zurücknehmen und die Sache dann abgeben kann (SK-StPO/*Wohlers* § 142a Rn. 20; KK-StPO/*Mayer* § 142a Rn. 9; a.A. LR/*Franke* § 142a Rn. 18; *Kissel-Mayer* § 142a Rn. 10; Meyer-Goßner/*Schmitt* § 142a Rn. 5: Endzeitpunkt des Abs. 2 gilt entsprechend).

Streitig ist, ob eine erneute Übernahme durch den Generalbundesanwalt zulässig ist (abl. Meyer-Goßner/ 9
Schmitt § 142a Rn. 5; KK-StPO/*Mayer* § 142a Rn. 10; *Kissel-Mayer* § 142a Rn. 11). Bei veränderter Sachlage kann sich jedoch auch nach einer vorherigen Rückgabe eine besondere Bedeutung ergeben und der Generalbundesanwalt zur erneuten Übernahme berechtigt sein (Nr. 203 Abs. 2 RiStBV; LR/*Franke* § 142a Rn. 19, *Katholnigg* § 142a Rn. 5; SK-StPO/*Wohlers* § 142a Rn. 22).

E. Keine gerichtliche Nachprüfung. Die Entscheidung des Generalbundesanwalts, ein Verfahren zu über- 10
nehmen oder abzugeben, ist ein Internum und damit **gerichtlich nicht gesondert überprüfbar** (Meyer-Goßner/*Schmitt* § 142a Rn. 6; KK-StPO/*Mayer* § 142a Rn. 4). Das OLG verweist jedoch bei der Eröffnung des Hauptverfahrens die Sache an das LG (bzw. AG), wenn aus dessen Sicht eine besondere Bedeutung nicht vorliegt, § 120 Abs. 2 Satz 2.

§ 142b [Europäische Staatsanwaltschaft]

(1) [1]In Verfahren, in denen die Europäische Staatsanwaltschaft nach den Artikeln 22 und 23 der Verordnung (EU) 2017/1939 des Rates vom 12. Oktober 2017 zur Durchführung einer Verstärkten Zusammenarbeit zur Errichtung der Europäischen Staatsanwaltschaft (EUStA) (ABl. L 283 vom 31.10.2017, S. 1) zuständig ist und gemäß Artikel 25 dieser Verordnung die Verfolgung übernommen hat, wird das Amt der Staatsanwaltschaft durch Staatsanwälte ausgeübt, die zugleich als Delegierte Europäische Staatsanwälte für die Bundesrepublik Deutschland gemäß dieser Verordnung ernannt sind. [2]Bei Verfahren vor dem Bundesgerichtshof wird das Amt der Staatsanwaltschaft durch einen Bundesanwalt ausgeübt, der zugleich als Delegierter Europäischer Staatsanwalt gemäß der Verordnung (EU) 2017/1939 ernannt ist. [3]Wird der gemäß der Verordnung (EU) 2017/1939 für die Bundesrepublik Deutschland ernannte Europäische Staatsanwalt gemäß Artikel 28 Absatz 4 dieser Verordnung tätig, wird das Amt der Staatsanwaltschaft durch diesen ausgeübt.

(2) [1]Im Falle des Artikels 25 Absatz 6 der Verordnung (EU) 2017/1939 entscheidet der Generalbundesanwalt auf Antrag der betroffenen Staatsanwaltschaft oder der Europäischen Staatsanwaltschaft. [2]Gegen die Entscheidung des Generalbundesanwalts kann die betroffene Staatsanwaltschaft oder die Europäische Staatsanwaltschaft Beschwerde beim Bundesgerichtshof erheben.

Die Europäische Staatsanwaltschaft (EUStA) wurde durch die Verordnung (EU) 2017/1939 des Rates vom 1
12.10.2017 (EUStA-VO) errichtet (ABl. L 283 vom 31.10.2017, S. 1). Die EUStA-VO ist am 20.11.2017 in Kraft getreten. Als unmittelbar geltendes Unionsrecht bedurfte diese Verordnung zwar grundsätzlich keiner Umsetzung in das nationale Recht. Zur näheren Ausführung wurde jedoch das Gesetz zur Ausführung der EU-Verordnung zur Errichtung der Europäischen Staatsanwaltschaft (EUStAG) erlassen (BGBl. I, S. 1648); es ist am 17.07.2020 in Kraft getreten. Zugleich wurde auch § 142b neu eingefügt.

Die EUStA ist eine unabhängige Einrichtung der EU mit eigener Rechtspersönlichkeit, die ihre Arbeit zum 2
01.06.2021 aufgenommen hat. Sie gliedert sich in eine zentrale und eine dezentrale Ebene (Art. 8 Abs. 2 EUStA-VO). Der Sitz der EUStA ist in Luxemburg, wo die zentrale Ebene aus einem Kollegium, bestehend aus dem Europäischem Generalstaatsanwalt und einem Europäischem Staatsanwalt je Mitgliedsland, gebildet wird. Die dezentrale Ebene setzt sich aus den Delegierten Europäischen Staatsanwälten mit Sitz in den jeweiligen Mitgliedstaaten zusammen. In Deutschland bestehen fünf Zentren mit jeweils zwei Delegierten Europäischen Staatsanwälten bei den Generalstaatsanwaltschaften in Berlin, Frankfurt a.M., Hamburg, Köln und München; eine weitere Stelle ist beim GBA angesiedelt. Die EUStA ist sachlich zuständig für die strafrechtliche Untersuchung und Verfolgung von Straftaten zum Nachteil der finanziellen Interessen der EU (Art. 4, 22 EUStA-VO). Die Delegierten Europäischen Staatsanwälte sind für die Durchführung der Ermittlungsmaßnahmen in ihrem Herkunftsmitgliedstaat, die Anklageerhebung vor Gericht sowie die Sitzungsvertretung im Rahmen der Hauptverhandlung zuständig. Sie üben das Amt der Staatsanwaltschaft in Abweichung von

§ 142 GVG in Verfahren aus, in denen die EUStA zuständig ist und sie die Verfolgung übernommen hat (Abs. 1 Satz 1). Nach Art. 25 Abs. 1 EUStA-VO übt die EUStA ihre Zuständigkeit entweder durch Einleitung eines Ermittlungsverfahrens nach Art. 26 EUStA aus oder durch die Entscheidung, ihr Evokationsrecht nach Art. 27 EUStA-VO wahrzunehmen in Fällen, in denen bereits nationale Ermittlungen eingeleitet wurden. Zuständig für die Prüfung, ob das Evokationsrechts ausgeübt wird, ist der Delegierte Europäische Staatsanwalt, in dessen Mitgliedstaat die Behörden ein nationales Ermittlungsverfahren eingeleitet haben (Art. 27 Abs. 6 EUStA-VO). Die Delegierten Europäischen Staatsanwälte sind befugt, Ermittlungsmaßnahmen entweder selbst vorzunehmen oder die zuständigen Behörden der Mitgliedstaaten dazu anzuweisen (Art. 28 Abs. 1 Satz 1 EUStA-VO). Daraus folgt, dass sie gem. § 161 Abs. 1 StPO, § 152 GVG und §§ 404, 402 AO auch mit Ermittlungsaufträgen an die nationalen Polizei-, Zoll- und Steuerbehörden herantreten können.

3 § 142b Abs. 1 Satz 1 stellt zum einen klar, dass der Delegierte Europäische Staatsanwalt und nicht die sonst örtlich und sachlich zuständige StA die Zuständigkeit für das Ermittlungsverfahren hat. Zum anderen soll durch die Regelung erreicht werden, dass die Vorschriften des GVG, der StPO und andere Rechtsvorschriften, die auf die StA Bezug nehmen, zumindest dem Grundsatz nach auf Verfahren Anwendung finden, die von einem Delegierten Europäischen Staatsanwalt geführt werden (BT-Drs. 19/17963, S. 61).

4 In Revisionsverfahren vor dem BGH wird das Amt der StA durch einen Bundesanwalt ausgeübt, der zugleich als Delegierter Europäischer Staatsanwalt ernannt ist (Abs. 1 Satz 2).

5 In Abs. 1 Satz 3 wird bestimmt, dass das Amt der StA auch durch den für die Bundesrepublik Deutschland ernannten Europäischen Staatsanwalt ausgeübt wird, sofern dieser gem. Art. 28 Abs. 4 EUStA-VO das Verfahren selbst führt. Der deutsche Europäische Staatsanwalt kann daher sowohl Strafverfahren an Stelle des sonst zuständigen Delegierten Europäischen Staatsanwalts führen, wie auch, etwa in Vertretungsfällen, die Revision vor dem BGH vertreten (BT-Drs. 19/17963, S. 61)

6 Im Fall der Uneinigkeit, ob die strafbare Handlung in die Zuständigkeit der nationalen StA oder der EUStA nach Art. 22 Abs. 2, 3, Art. 25 Abs. 2, 3 EUStA-VO fällt, entscheidet der Generalbundesanwalt auf Antrag der betroffenen StA oder der EUStA (Abs. 2 Satz 1). Hiergegen ist die Beschwerde zum BGH möglich (Abs. 2 Satz 2).

7 Nach § 10 EUStAG ist für die Aufgaben der StA im Vollstreckungsverfahren abweichend von § 142b Abs. 1 die StA am Sitz des Gerichts des ersten Rechtszugs zuständig.

§ 143 [Örtliche Zuständigkeit]

(1) [1]Die örtliche Zuständigkeit der Beamten der Staatsanwaltschaft wird durch die örtliche Zuständigkeit des Gerichts bestimmt, für das sie bestellt sind. [2]Fehlt es im Geltungsbereich dieses Gesetzes an einem zuständigen Gericht oder ist dieses nicht ermittelt, ist die zuerst mit der Sache befasste Staatsanwaltschaft zuständig. [3]Ergibt sich in den Fällen des Satzes 2 die Zuständigkeit eines Gerichts, ist das Verfahren an die nach Satz 1 zuständige Staatsanwaltschaft abzugeben, sobald alle notwendigen verfahrenssichernden Maßnahmen ergriffen worden sind und der Verfahrensstand eine geordnete Abgabe zulässt. [4]Satz 3 gilt entsprechend, wenn die Zuständigkeit einer Staatsanwaltschaft entfallen ist und eine andere Staatsanwaltschaft zuständig geworden ist.

(2) Ein unzuständiger Beamter der Staatsanwaltschaft hat sich den innerhalb seines Bezirks vorzunehmenden Amtshandlungen zu unterziehen, bei denen Gefahr im Verzug ist.

(3) [1]Können die Staatsanwaltschaften verschiedener Länder sich nicht darüber einigen, welche von ihnen die Verfolgung zu übernehmen hat, so entscheidet der Generalbundesanwalt. [2]Er entscheidet auf Antrag einer Staatsanwaltschaft auch, wenn die Staatsanwaltschaften verschiedener Länder sich nicht über die Verbindung zusammenhängender Strafsachen einigen.

(4) Den Beamten einer Staatsanwaltschaft kann für die Bezirke mehrerer Land- oder Oberlandesgerichte die Zuständigkeit für die Verfolgung bestimmter Arten von Strafsachen, die Strafvollstreckung in diesen Sachen sowie die Bearbeitung von Rechtshilfeersuchen von Stellen außerhalb des räumlichen Geltungsbereichs dieses Gesetzes zugewiesen werden, sofern dies für eine sachdienliche Förderung oder schnellere Erledigung der Verfahren zweckmäßig ist; in diesen Fällen erstreckt sich die örtliche Zuständigkeit der Beamten der Staatsanwaltschaft in den ihnen zugewiesenen Sachen auf alle Gerichte der Bezirke, für die ihnen diese Sachen zugewiesen sind.

(5) [1]Die Landesregierungen werden ermächtigt, durch Rechtsverordnung einer Staatsanwaltschaft für die Bezirke mehrerer Land- oder Oberlandesgerichte die Zuständigkeit für die Strafvollstreckung und die Vollstreckung von Maßregeln der Besserung und Sicherung ganz oder teilweise zuzuweisen, sofern dies für eine sachdienliche Förderung oder schnellere Erledigung der Vollstreckungsverfahren zweckmäßig ist.

[2]Die Landesregierungen können die Ermächtigung durch Rechtsverordnung den Landesjustizverwaltungen übertragen.
(6) [1]Abweichend von Absatz 1 Satz 1 sind die in der Bundesrepublik Deutschland als Delegierte Europäische Staatsanwälte gemäß der Verordnung (EU) 2017/1939 ernannten Staatsanwälte unabhängig von ihrem Dienstsitz für alle Strafsachen im Geltungsbereich dieses Gesetzes zuständig, mit denen sie nach Maßgabe der Verordnung (EU) 2017/1939 befasst sind. [2]Satz 1 gilt entsprechend für den deutschen Europäischen Staatsanwalt, der gemäß Artikel 28 Absatz 4 der Verordnung (EU) 2017/1939 tätig wird.

Übersicht

A. Örtliche Zuständigkeit (Abs. 1). Eine StA darf grds. nur tätig werden, wenn sie auch **örtlich zuständig** ist. Dies ist dann der Fall, **wenn das Gericht, bei dem die StA besteht, nach den §§ 7 ff. StPO örtlich zuständig wäre** (sog. **Sequenzzuständigkeit**). Sind bei einem Gericht bestimmte Strafsachen örtlich konzentriert (§§ 58, 74a, 74c Abs. 3, 4, 74d), ist hierfür auch die StA bei diesem Gericht zuständig. Erfolgt im Ermittlungsverfahren eine Gerichtsstandsbestimmung nach § 13a StPO durch den BGH, so begründet diese zugleich die örtliche Zuständigkeit der StA (BGHSt 18, 19, 20). Wechselt die örtliche Zuständigkeit von einem Gericht auf ein anderes (§§ 15, 354 Abs. 2 StPO, 140a GVG), so ändert sich auch die örtliche Zuständigkeit der StA (RGSt 73, 86; LG München I, NStZ 1981, 453; LG Zweibrücken, StV 2004, 499, 500; zur Vollstreckungszuständigkeit vgl. aber § 451 Abs. 3 StPO). Eine im Ermittlungsverfahren mit einer Sache befasste örtlich unzuständige StA gibt das Verfahren formlos an die zuständige StA ab. 1

Besteht eine örtliche Zuständigkeit der StA, ist sie bei der Ausübung ihrer Amtsverrichtungen nicht auf ihren Bezirk beschränkt, sondern kann Ermittlungen im ganzen Bundesgebiet vornehmen und an jede Polizeibehörde Ersuchen stellen (§ 161 StPO). Unter den Voraussetzungen der §§ 125 Abs. 1, 126 Abs. 1, 2, 162 Abs. 1 Satz 3 StPO kann die StA auch bei grds. jedem Ermittlungsrichter Anträge stellen und Rechtsbehelfe einlegen. 2

B. Notzuständigkeit (Abs. 2). Kann die örtlich zuständige StA nicht rechtzeitig erreicht werden und ist damit zu rechnen, dass sich dadurch die Aufklärung einer Sache erschwert oder der Verlust von Beweismitteln droht, so liegt **Gefahr im Verzug** vor. Der an sich **unzuständige StA hat** in diesem Fall in seinem Bezirk **alle erforderlichen Amtshandlungen vorzunehmen.** Mitumfasst sind Anträge bei Gericht. 3

Abs. 2 gilt **bei sachlicher Unzuständigkeit entsprechend.** Eine solche Notzuständigkeit kann sich bspw. für die StA beim LG ergeben, wenn es sich um eine Straftat nach § 120 handelt, für die das OLG und damit nach § 142a Abs. 1 der GBA zuständig ist, dieser jedoch nicht erreichbar ist (vgl. Nr. 202 Abs. 3 RiStBV). 4

C. Zuständigkeitsstreit (Abs. 3). Sind **mehrere StA örtlich zuständig,** müssen sie sich formlos nach Zweckmäßigkeitsgesichtspunkten einigen, wer das Verfahren führt. Die Bildung eines **Sammelverfahrens** kann geboten sein, wenn der Verdacht mehrerer Straftaten besteht, eine Straftat den Bezirk mehrerer StA berührt oder im Zusammenhang mit einer Straftat im Bezirk einer anderen StA steht (**Nr. 25 ff. RiStBV**). Die Führung des Verfahrens obliegt dann der StA, in deren Bezirk der Verfahrensschwerpunkt liegt (Nr. 26 RiStBV). 5

Können sich mehrere StA eines OLG-Bezirks nicht einigen, so **entscheidet der ihnen gemeinsam vorgesetzte Generalstaatsanwalt** mittels seiner Dienstaufsicht nach § 147 Nr. 3. Können sich mehrere Generalstaatsanwälte eines Landes nicht einigen, trifft die Entscheidung die **übergeordnete Landesjustizverwaltung** (§ 147 Nr. 2; Nr. 27 Abs. 3 Hs. 1 RiStBV). 6

Abs. 3 betrifft nur den **über ein Land hinausgreifenden Zuständigkeitsstreit.** In der Praxis werden solche Zuständigkeitsfragen letztlich durch das von den Generalstaatsanwälten berufene sog. **Dreiergremium** gelöst, sofern nicht bereits zuvor durch Absprachen der beteiligten Generalstaatsanwaltschaften untereinander eine Lösung getroffen werden konnte, welche StA das Verfahren zweckmäßigerweise zu führen hat. Die Entscheidung durch den Generalbundesanwalt nach Abs. 3 gilt als letztes Mittel (Nr. 27 Abs. 3 Hs. 2 RiStBV). 7

D. Einrichtung von Schwerpunktstaatsanwaltschaften (Abs. 4). Abs. 4 ermöglicht Ausnahmen vom Grundsatz der Sequenzzuständigkeit nach Abs. 1, indem sog. **Schwerpunktstaatsanwaltschaften** eingerichtet werden können. Einer StA wird dadurch **für den Bezirk mehrerer Land- oder OLG** die Zuständigkeit für die Verfolgung **bestimmter Strafsachen** und die Vollstreckung in diesen Sachen übertragen (z.B. Schwerpunkt- 8 staatsanwaltschaften für Wirtschaftssachen; StA Mü I als Schwerpunktstaatsanwaltschaft zur Bekämpfung des Doping im Sport). Die Konzentrationsermächtigung besteht nicht für die Übertragung sachlicher Zuständigkeiten, sondern nur für die örtliche Zuständigkeit innerhalb eines Landes. Die nach §§ 7 ff. StPO zu bestimmende **örtliche Zuständigkeit der Gerichte bleibt unberührt.**

9 Die Kompetenzerweiterung hat zur Folge, dass die StA bei jedem Gericht des ihr übertragenen Zuständigkeitsbereichs Anträge stellen, Anklage erheben und Rechtsmittel einlegen kann (Abs. 4 Hs. 2). Die Erweiterung gilt auch ggü. den Ermittlungspersonen (§ 152). Die Zuständigkeit der StA nach Abs. 1 bleibt zwar unberührt (OLG Zweibrücken, NStZ 1984, 233; Meyer-Goßner/*Schmitt* § 143 Rn. 6; KK-StPO/*Mayer* § 143 Rn. 7; LR/*Franke* § 143 Rn. 16; SK-StPO/*Wohlers* § 143 Rn. 11; unklar *Kissel/Mayer* § 143 Rn. 8, 9; a.A. *Katholnigg* § 143 Rn. 4), in der Praxis gebührt jedoch den Schwerpunktstaatsanwaltschaften der Vorrang.

10 Die Vorschrift erlaubt auch, der für die Verfolgung von in § 74a Abs. 1 aufgeführten Straftaten zuständigen StA diese Sachen für den Fall zuzuweisen, dass die Zuständigkeit der Staatsschutzstrafkammer nach § 74e untergeht. Abs. 4 ermöglicht darüber hinaus eine Zuständigkeitskonzentration für **eingehende Rechtshilfeersuchen** (nicht jedoch für ausgehende).

11 Die Zuständigkeitsübertragung geschieht in der Regel durch Organisationsakt der Landesjustizverwaltung (§ 147 Nr. 2). Ein Gesetz oder eine Rechtsverordnung ist hierfür nicht erforderlich, da eine Organisationsänderung der StA im Gegensatz zu einer Änderung der Gerichtsorganisation nicht dem Gesetzesvorbehalt unterliegt (BVerfGE 24, 155; Meyer-Goßner/*Schmitt* § 143 Rn. 4; KK-StPO/*Mayer* § 143 Rn. 7).

12 **E. Zuständigkeit in Strafvollstreckungssachen (Abs. 5).** Abs. 5 eröffnet den Landesregierungen die Möglichkeit, über Abs. 4 und § 451 Abs. 3 Satz 2 StPO hinaus, einzelnen StA für die Bezirke mehrerer Landes- oder OLG die Zuständigkeit für die Strafvollstreckung und die Vollstreckung von Maßregeln der Besserung und Sicherung zuzuweisen. Mit dem durch das 2. Zuständigkeitlockerungsgesetz v. 03.05.2000 (BGBl. I, S. 632) neu eingeführten Abs. 5 sollte ermöglicht werden, den StA am Sitz der Strafvollstreckungskammer die Aufgaben der Vollstreckungsbehörde für den Zuständigkeitsbereich der Strafvollstreckungskammer (§ 78a) zuzuweisen. Der weit gefasste Gesetzeswortlaut geht allerdings hierüber noch hinaus.

13 **F. Delegierte Europäische Staatsanwälte (Abs. 6).** Die Zuständigkeit der Delegierten Europäischen Staatsanwälte sowie des deutschen Europäischen Staatsanwalts, Abs. 6 Satz 2, erstreckt sich auf das gesamte Bundesgebiet und ist damit abweichend von Abs. 1 Satz 1 nicht anknüpfend an die örtliche Zuständigkeit des Gerichts, bei dem sich ihr Dienstsitz befindet. Die räumliche Aufteilung der in der Bundesrepublik Deutschland ernannten Delegierten Europäischen Staatsanwälte gem. Art. 13 Abs. 2 Satz 2 EUStA-VO hat nur eine Binnenwirkung innerhalb der Europäischen Staatsanwaltschaft.

§ 144 [Organisation der StA]

Besteht die Staatsanwaltschaft eines Gerichts aus mehreren Beamten, so handeln die dem ersten Beamten beigeordneten Personen als dessen Vertreter; sie sind, wenn sie für ihn auftreten, zu allen Amtsverrichtungen desselben ohne den Nachweis eines besonderen Auftrags berechtigt.

1 § 144 legt die Struktur der StA als **hierarchisch organisierte Behörde** mit dem jeweiligen Behördenleiter (Generalbundesanwalt, Generalstaatsanwalt, Leitender Oberstaatsanwalt) an der Spitze fest. Die ihm unterstellten staatsanwaltlichen Beamten handeln als seine Vertreter, wobei dies meist nach außen nicht sichtbar wird, da ein Zusatz über das Vertretungsverhältnis neben der Behördenbezeichnung bei Unterschriften oft nicht vorgesehen ist (vgl. hierzu Regelungen der OrgStA).

2 Die **Wirksamkeit der Handlungen** der Beamten der StA **nach außen** wird durch interne Beschränkungen **nicht berührt.** Der von dem Sitzungsvertreter in der Hauptverhandlung erklärte **Rechtsmittelverzicht** ist auch bei entgegenstehender Weisung des Behördenleiters wirksam. Gleiches gilt für die Erklärung der Zustimmung zur Einstellung (BGHSt 19, 377, 382; LR/*Franke* § 144 Rn. 2; SK-StPO/*Wohlers* § 144 Rn. 16).

§ 145 [Ersetzungsbefugnisse]

(1) Die ersten Beamten der Staatsanwaltschaft bei den Oberlandesgerichten und den Landgerichten sind befugt, bei allen Gerichten ihres Bezirks die Amtsverrichtungen der Staatsanwaltschaft selbst zu übernehmen oder mit ihrer Wahrnehmung einen anderen als den zunächst zuständigen Beamten zu beauftragen.
(2) Amtsanwälte können das Amt der Staatsanwaltschaft nur bei den Amtsgerichten versehen.

Übersicht

A. Ersetzungsbefugnisse: Devolution und Substitution. I. Befugnisse der Leiter der StA. Die Vorschrift begründet das Recht der **Devolution (Übernahme)** und der **Substitution (Übertragung)** des ersten Beamten der StA. Dieses Recht ist Ausfluss des hierarchischen Aufbaus der StA (§ 144). Danach können die Behördenleiter der StA beim LG oder OLG und bei deren Verhinderung ihre Vertreter, die Dienstverrichtungen eines jeden Staatsanwalts ihres Bezirks selbst übernehmen (z.B. Einlegung oder Rücknahme von Rechtsmitteln, Abgabe von Erklärungen, Übernahme der Sitzungsvertretung) oder damit einen anderen Staatsanwalt beauftragen. Andere beigeordnete Staatsanwälte haben dieses Recht nicht. Die Übertragung kann sich auf einen bestimmten Staatsanwalt oder auf die gesamte StA beziehen (Meyer-Goßner/*Schmitt* § 145 Rn. 1; *Kissel/Mayer* § 145 Rn. 1; a.A. OLG Stuttgart, Justiz 1997, 222). Erfolgt die Übertragung auf eine gesamte StA, kann deren Behördenleiter jedoch die Ausführung der Verrichtung den ihm beigeordneten Beamten übertragen (so im Ergebnis auch *Katholnigg* § 145 Rn. 3). 1

Beauftragt der Generalstaatsanwalt einen Staatsanwalt, für eine andere StA des Bezirks Aufgaben wahrzunehmen, so wird dieser als Beamter der an sich zuständigen StA tätig (BGH NStZ 1995, 204). Bei der Zeichnung braucht er nicht auf den Auftrag hinzuweisen (BGH NStZ 1995, 204; Meyer-Goßner/*Schmitt* § 145 Rn. 3; KK-StPO/*Mayer* § 145 Rn. 3). 2

Der Auftrag kann sich nur auf den Bezirk beziehen, für den der beauftragende erste Beamte zuständig ist. Soll eine Regelung für den Bezirk mehrerer Generalsstaatsanwaltschaften eingeführt werden, muss dies durch die Landesjustizverwaltung geschehen. Die Beauftragung sollte aktenkundig gemacht werden, um ggf. eine Zuständigkeit ggü. dem Gericht nachweisen zu können (Meyer-Goßner/*Schmitt* § 145 Rn. 5; KK-StPO/*Mayer* § 145 Rn. 4). 3

II. Befugnisse der Landesjustizverwaltung und des BMJ. Da § 145 das Devolutions- und Substitutionsrecht nur – abschließend – den ersten Beamten der StA bei den OLG bzw. den LG einräumt, sind die **Landesjustizverwaltungen** und das **BMJ** nicht berechtigt, staatsanwaltschaftliche Verrichtungen an sich zu ziehen, um sie selbst zu erledigen (z.B. Rücknahme eines Rechtsmittels). Gestützt auf ihr Weisungs- und Leitungsrecht nach § 147 haben diese jedoch die Befugnis, einer StA oder einzelnen Staatsanwälten ihres Zuständigkeitsbereichs Aufträge zu Amtsverrichtungen zu erteilen oder diese anderen zu übertragen (Meyer-Goßner/*Schmitt* § 145 Rn. 2; *Kissel/Mayer* § 145 Rn. 2; LR/*Franke* § 145 Rn. 4, 5; a.A. *Katholnigg* § 145 Rn. 2). Über diesen Weg kommt damit auch den Justizministern eine Substitutionsbefugnis zu. Es kann nicht nur für ein einzelnes Dienstgeschäft, sondern auch für eine ganze Gruppe von Strafsachen ausgeübt werden (Meyer-Goßner/*Schmitt* § 145 Rn. 2; *Kissel/Mayer* § 145 Rn. 2). 4

III. Keine gerichtliche Nachprüfbarkeit. Maßnahmen der Devolution oder Substitution sind **nicht** nach § 23 EGGVG **überprüfbar**. Der Beschuldigte oder sonstige Beteiligte haben **keinen Anspruch** auf Devolution oder Substitution (OLG Frankfurt, NStZ-RR 1999, 81; OLG Karlsruhe, MDR 1974, 423; OLG Hamm NJW 1969, 808). Ein Revisionsgrund kann sich aus § 145 nicht ergeben. Es gibt nur einen gesetzlichen Richter, aber keinen gesetzlichen StA. 5

B. Amtsanwälte (Abs. 2). Amtsanwälte können aufgrund einer Substitution **nur bei den AG** tätig werden (Abs. 2). Dies gilt auch dann, wenn sie die Befähigung zum Richteramt besitzen, da es nur auf die amtliche Eigenschaft, nicht auf die persönliche Befähigung ankommt (Meyer-Goßner/*Schmitt* § 145 Rn. 1; KK-StPO/*Mayer* § 145 Rn. 6; *Kissel/Mayer* § 145 Rn. 3; a.A. RGSt 51, 222, 224). 6

§ 146 [Weisungen]

Die Beamten der Staatsanwaltschaft haben den dienstlichen Anweisungen ihres Vorgesetzten nachzukommen.

Übersicht

1 **A. Zuständigkeit und Inhalt. Weisungsbefugt** sind die **vorgesetzten Staatsanwälte** und die jeweiligen **Justizminister** (bzw. deren hiermit beauftragte Beamte), §§ 144, 147. Die Weisungen des Justizministers werden als extern bezeichnet, da dieser nicht Staatsanwalt ist.

2 Die Weisung kann Rechts-, Tatsachen- oder Verfahrensfragen zum Gegenstand haben. Sie kann für einen **Einzelfall** erteilt werden oder eine **allgemeine Anordnung** betreffen, wie z.B. RiStBV, RiVASt, RiJGG, MiStra. Sie bedarf keiner Form und muss nicht ausdrücklich als solche bezeichnet werden.

3 Der **Generalbundesanwalt** ist weisungsbefugt nur ggü. den Beamten der Bundesanwaltschaft, nicht jedoch ggü. den Landesstaatsanwaltschaften. Dies hat zur Folge, dass der Generalbundesanwalt weder selbst die von der StA eines Landes eingelegte Revision zurücknehmen noch die StA hierzu anweisen kann, jedoch deren Verwerfung durch den BGH beantragen kann (KK-StPO/*Mayer* § 146 Rn. 13).

4 **B. Grenzen des Weisungsrechts.** Das Weisungsrecht findet seine Grenze an »Gesetz und Recht« nach Art. 20 Abs. 3 GG (LR/*Franke* § 146 Rn. 18; *Kissel/Mayer* § 146 Rn. 3; SK-StPO/*Wohlers* § 146 Rn. 13; *Krey/Pföhler*, NStZ 1985, 145). Die anweisende Stelle muss beachten, dass die StA an das **Legalitätsprinzip** (§ 152 Abs. 2 StPO) gebunden ist. Die Weisung darf vom StA nicht ein Verhalten verlangen, wodurch er gegen **Strafgesetze** (insb. Strafvereitelung im Amt, § 258a StGB, oder Verfolgung Unschuldiger, §§ 344, 345 StGB) oder **Ordnungswidrigkeitentatbestände** verstoßen würde. Weisungen, mit denen **justizfremde Zwecke** verfolgt oder die von **rechts- bzw. sachwidrigen Erwägungen** geleitet werden, sind unzulässig (BVerfGE 9, 223, 229).

5 Weisungen können auch für eine **Hauptverhandlung** erteilt werden. Das Gesetz unterscheidet nicht zwischen den verschiedenen Verfahrensstadien (*Kissel/Mayer* § 146 Rn. 6). Die Weisung kann sich auf das Verfahrensverhalten des Sitzungsvertreters (z.B. Stellung von Beweisanträgen) als auch den Schlussvortrag mit den entsprechenden Anträgen beziehen. Dem in der Hauptverhandlung auftretenden StA muss jedoch ein Handlungsspielraum zugestanden werden, auf wesentliche Änderungen rechtlicher oder tatsächlicher Aspekte reagieren zu können. Diese gebietet die Rolle des StA in der Hauptverhandlung unter Berücksichtigung des § 261 StPO sowie des Legalitätsprinzips (*Kissel/Mayer* § 146 Rn. 6; LR/*Franke* § 146 Rn. 30; SK-StPO/*Franke* § 146 Rn. 21; a.A. Meyer-Goßner/*Schmitt* § 146 Rn. 4.: keine speziellen Weisungen für Beweiswürdigung und Rechtsfolgenbemessung durch an der Sitzung nicht teilnehmenden Vorgesetzten; einschränkend auch KK-StPO/*Mayer* § 146 Rn. 9).

6 **C. Pflicht zur Befolgung.** Die Weisung bindet den StA **nur** im **Innenverhältnis**. Nach außen sind weisungswidrig vorgenommene Handlungen verfahrensrechtlich wirksam.

7 Hat der StA Bedenken gegen die Rechtmäßigkeit einer Weisung, so trifft ihn eine **zweifache Remonstrationspflicht** nach dem geltenden Beamtenrecht (§ 63 Abs. 2 BBG; § 36 Abs. 2 BeamtStG). Diese dient der Klärung und Vermeidung falscher Sachbehandlung als auch der Entlastung des Angewiesenen. Bestätigen beide nächsthöheren Vorgesetzten die Anordnung, muss der Angewiesene diese ausführen, ist jedoch von der Verantwortung frei. Dies gilt jedoch nicht, falls das angeordnete Verhalten erkennbar strafbar oder ordnungswidrig wäre oder die Menschenwürde verletzen würde. In diesem Fall darf die Anordnung trotz Bestätigung nicht befolgt werden.

8 Da die Weisung ein interner Akt der StA, kein Justizverwaltungsakt ist, hat der angewiesene StA auch **nicht** die Möglichkeit einer **gerichtlichen Überprüfung** nach §§ 23 ff. EGGVG (BGHZ 42, 163, 170; Meyer-Goßner/*Schmitt* § 146 Rn. 7; KK-StPO/*Mayer* § 146 Rn. 12; *Kissel/Mayer* § 146 Rn. 9; LR/*Franke* § 146 Rn. 35). Er trägt das Risiko, sich selbst im Fall der Befolgung strafbar zu machen oder sich bei einer Weigerung einem Disziplinarverfahren ausgesetzt zu sehen. Zur Vermeidung einer solchen Situation kann Abhilfe durch die **Ablösung** des StA über, **§ 145** geschaffen werden (*Roxin* DRiZ 1997, 109).

§ 147 [Dienstaufsicht]

Das Recht der Aufsicht und Leitung steht zu:

1. **dem Bundesminister der Justiz und für Verbraucherschutz hinsichtlich des Generalbundesanwalts und der Bundesanwälte;**
2. **der Landesjustizverwaltung hinsichtlich aller staatsanwaltschaftlichen Beamten des betreffenden Landes;**
3. **dem ersten Beamten der Staatsanwaltschaft bei den Oberlandesgerichten und den Landgerichten hinsichtlich aller Beamten der Staatsanwaltschaft ihres Bezirks.**

Übersicht

A. Regelungsgehalt. Die Vorschrift regelt die **Zuständigkeit** für die Ausübung des Rechts der Aufsicht und Leitung. Die **Dienstaufsicht** umfasst das **Beaufsichtigen** der formellen und sachlichen Erledigung der Dienstgeschäfte. Hierzu können **Kontrollen** durchgeführt und **Berichte**, im Einzelfall oder generell, angefordert werden. Das Aufsichtsrecht beinhaltet ferner die Befugnis, die nicht ordnungsgemäße Ausführung eines Dienstgeschäftes zu **rügen** und zur sachgerechten Erledigung zu **ermahnen** (LR/*Franke* § 147 Rn. 1; *Kissel* § 147 Rn. 1; Meyer-Goßner/*Schmitt* § 147 Rn. 1.), **Dienstaufsichtsbeschwerden** zu entscheiden und **Strafanträge** nach § 194 StGB zu stellen (RGSt 57, 420). 1

Das **Leitungsrecht** besteht v.a. im **Weisungsrecht** des **§ 146** sowie im **Übernahme- und Übertragungsrecht des § 145** (*Kissel* § 147 Rn. 1). Die Zuständigkeit zur Entscheidung anderer dienstrechtlicher Angelegenheiten, wie Aussagegenehmigungen, Beurteilungen oder Sonderurlaube, richtet sich nach den allgemeinen beamtenrechtlichen Normen. 2

B. Zuständigkeit. Nach **Nr. 1** steht dem **Bundesminister der Justiz** die Aufsicht über den GBA und die Bundesanwälte zu. Obgleich im § 147 nicht ausdrücklich aufgeführt, erstreckt sich die **Leitungsbefugnis des GBA** auf alle im staatsanwaltschaftlichen Dienst stehenden Beamten der Bundesanwaltschaft (Meyer-Goßner/*Schmitt* § 147 Rn. 2; *Kissel* § 147 Rn. 2; SK-StPO/*Wohlers* § 147 Rn. 4). 3

Die **Landesjustizverwaltungen** üben die Aufsichts- und Leitungsfunktion ggü. allen StA des betreffenden Landes aus, **Nr. 2**. Weisungen sind in der Regel aufgrund der Leitungsbefugnis des GenStA (Nr. 3) über diesen zu erteilen (Meyer-Goßner/*Schmitt* § 147 Rn. 1; SK-StPO/*Wohlers* § 147 Rn. 5). 4

Der **GenStA** als erster Beamter einer StA bei einem OLG ist weisungs- und leitungsbefugt sowohl ggü. den ihm beigeordneten Beamten (§ 144) als auch ggü. allen StA und Amtsanwälten seines Bezirks, **Nr. 3**. Entsprechend erstreckt sich die Leitungsbefugnis eines **LOStA** als ersten Beamten einer StA bei einem LG auf die ihm nachgeordneten Beamten seines örtlichen Bezirks, einschließlich der Zweig- und Außenstellen. Leitungsrechte anderer StA sind im Wege der Delegation möglich (SK-StPO/*Wohlers* § 147 Rn. 3, 5). 5

§ 148 [Befähigung]

Der Generalbundesanwalt und die Bundesanwälte sind Beamte.

§ 149 [Ernennung der Bundesanwälte]

Der Generalbundesanwalt und die Bundesanwälte werden auf Vorschlag des Bundesministers der Justiz und für Verbraucherschutz, der der Zustimmung des Bundesrates bedarf, vom Bundespräsidenten ernannt.

Der Begriff »**Bundesanwälte**« ist hier im **statusrechtlichen Sinn** zu verstehen. Anders als in § 142 Abs. 1 Nr. 1 und in § 147 Nr. 1 gilt die Vorschrift nicht für die Oberstaatsanwälte beim Generalbundesanwalt, die gleichfalls Bundesbeamte sind. Deren Ernennung bedarf nicht der Zustimmung des Bundesrates. 1

Der Generalbundesanwalt ist **politischer Beamter** i.S.v. § 36 Abs. 1 Nr. 5 BBG; nicht jedoch die Bundesanwälte. 2

§ 150 [Unabhängigkeit von den Gerichten]

Die Staatsanwaltschaft ist in ihren amtlichen Verrichtungen von den Gerichten unabhängig.

Die **Grundsatznorm** bringt den Status der StA als ein **unabhängiges Organ der Rechtspflege** mit eigenständigen, gesetzlich bestimmten Aufgaben zum Ausdruck (BVerfGE 56, 100, 125; SK-StPO/*Wohlers* § 150 Rn. 1). Welche diese, auch im Verhältnis zum Gericht, sind, ergibt sich nicht aus § 150, sondern aus den jeweiligen gesetzlichen Aufgabenzuweisungen. So schließt die grundsätzliche Unabhängigkeit der StA nicht aus, dass sie an Entscheidungen der Gerichte gebunden ist, etwa bei der Vollstreckung gerichtlicher Entscheidungen (§ 36 Abs. 2 StPO), der Anklageerhebung nach einem erfolgreichen Klageerzwingungsverfahren (§ 175 Satz 2 StPO), der Einreichung einer abgeänderten Anklageschrift nach einer eingeschränkten Eröffnungsentscheidung des Gerichts (§ 207 Abs. 3 StPO) oder der Vermittlung von Akten zwischen den an einem Verfahren beteiligten gerichtlichen Spruchkörpern (§§ 209 Abs. 2, 225a Abs. 1, 321, 347 Abs. 2 StPO). 1

Demgegenüber hat das **Gericht** von ihm gewünschte **Ermittlungen grds. selbst** durchzuführen. Eine gesetzliche Grundlage, die StA hierzu anzuweisen, besteht nicht (SK-StPO/*Wohlers* § 150 Rn. 4; *Katholnigg* § 150 Rn. 1; *Kissel/Mayer* § 150 Rn. 2; a.A. LG Münster, JR 1979, 40). In Ausnahmefällen wird die StA für das Gericht nach **Amtshilfegrundsätzen** Ermittlungen vornehmen, wenn die StA über Möglichkeiten verfügt, die das Gericht nicht hat (KK-StPO/*Mayer* § 150 Rn. 3). In der Regel wird jedoch die Polizei auch auf das Ersuchen eines Gerichts tätig werden. 2

3 § 150 lässt sich aus den o.g. Gründen (Rn. 1) nicht entnehmen, ob die StA auch **nach Anklageerhebung** befugt ist, **Ermittlungen** durchzuführen. Überwiegend wird dies unter Hinweis auf die der StA übertragenen Ermittlungsaufgaben bejaht (OLG Frankfurt GA 1986, 230, 233; LG Münster, JR 1979, 40; *Kissel/Mayer* § 150 Rn. 2; LR/*Franke* § 150 Rn. 5; KK-StPO/*Mayer* § 150 Rn. 1 mit der Einschränkung, dass auf eine störungsfreie Verteidigung Rücksicht zu nehmen ist, jedoch dürfen Nachforschungen zur Vorbereitung von Anträgen angestellt werden).

4 In der Hauptverhandlung untersteht der **Sitzungsvertreter** der StA der **Sitzungspolizei** des Vorsitzenden, § 176, nicht jedoch der **Ordnungsgewalt** des Gerichts, §§ 177, 178. Unberührt hiervon bleibt das Ersuchen des Vorsitzenden an den vorgesetzten Staatsanwalt, einen befangenen Sitzungsstaatsanwalt abzulösen oder dafür zu sorgen, dass dieser einen Schlussantrag stellt (OLG Stuttgart, NStZ 1992, 98).

§ 151 [Ausschluss von richterlichen Geschäften]

[1]Die Staatsanwälte dürfen richterliche Geschäfte nicht wahrnehmen. [2]Auch darf ihnen eine Dienstaufsicht über die Richter nicht übertragen werden.

1 Die Vorschrift bringt in Ergänzung zu § 150 die Trennung der richterlichen und staatsanwaltschaftlichen Funktionsbereiche zum Ausdruck. Da nach Art. 92 GG die rechtsprechende Gewalt den Richtern anvertraut ist, können folgerichtig **Staatsanwälte nicht die Aufgaben eines Richters** wahrnehmen. Insoweit hat § 151 Satz 1 nur noch deklaratorische Bedeutung. Umgekehrt können Richter bei Gefahr in Verzug staatsanwaltschaftliche Geschäfte ausüben (§ 165 StPO). Sie können auch aufgrund einer Abordnung mit Einverständnis (§ 37 Abs. 1 DRiG) bzw. bei Richtern auf Probe oder kraft Auftrags (§§ 13, 16 Abs. 2 DRiG) auch ohne Zustimmung Aufgaben der StA wahrnehmen.

2 Nach Satz 2 dürfen Staatsanwälte **nicht die Dienstaufsicht über Richter** ausüben. Das gilt jedoch nicht, soweit Richter zulässigerweise staatsanwaltschaftliche Aufgaben wahrnehmen (s.o. Rdn. 1); sie dürfen dann allerdings auch nicht teilweise richterliche Aufgaben wahrnehmen.

§ 152 [Ermittlungspersonen der Staatsanwaltschaft]

(1) Die Ermittlungspersonen der Staatsanwaltschaft sind in dieser Eigenschaft verpflichtet, den Anordnungen der Staatsanwaltschaft ihres Bezirks und der dieser vorgesetzten Beamten Folge zu leisten.

(2) [1]Die Landesregierungen werden ermächtigt, durch Rechtsverordnung diejenigen Beamten- und Angestelltengruppen zu bezeichnen, auf die diese Vorschrift anzuwenden ist. [2]Die Angestellten müssen im öffentlichen Dienst stehen, das 21. Lebensjahr vollendet haben und mindestens zwei Jahre in den bezeichneten Beamten- oder Angestelltengruppen tätig gewesen sein. [3]Die Landesregierungen können die Ermächtigung durch Rechtsverordnung auf die Landesjustizverwaltungen übertragen.

Übersicht

1 **A. Grundlagen und Regelungsgehalt.** Die StA ist aufgrund ihrer knappen personellen Kapazitäten und eines fehlenden eigenen Vollzugsapparats auf die Mitwirkung anderer staatlicher Organe angewiesen. Um der StA als »Kopf ohne Hände« (*Roxin*, DRiZ 1969, 385, 388) zur Erfüllung ihrer Ermittlungsaufgaben und Vollstreckungsmaßnahmen Ausführungsorgane zur Verfügung zu stellen, hat der Gesetzgeber einen 2-fachen Weg gewählt: Nach § 161 Abs. 1 Satz 2 StPO sind die Behörden und Beamten des Polizeidienstes verpflichtet, den Ersuchen und Aufträgen der StA zu entsprechen. Diese Verpflichtung erstreckt sich auf alle Polizeibeamte in ganz Deutschland. Insoweit ist von einer speziellen Amtshilfeverpflichtung bzw. einem gesetzlichen Auftragsverhältnis auszugehen (LR/*Franke* § 152 Rn. 7). In Ergänzung hierzu sind der StA nach § 152 Abs. 1 eigene weisungsgebundene Ausführungsorgane ihres Bezirks zugeordnet. Die für nicht mehr zeitgemäß erachtete Bezeichnung »Hilfsbeamte« wurde durch Art. 12a Nr. 2 des 1. JustizmodernisierungsG v. 24.08.2004 (BGBl. I, S. 2198) ersetzt durch »Ermittlungspersonen«. Diese besitzen Befugnisse, die über die der Polizei allgemein zustehenden Rechte hinausgehen. Solche Anordnungsbefugnisse (in Eilfällen) enthalten §§ 81a Abs. 2, 81c Abs. 5 Satz 1, 98 Abs. 1 Satz 1, 105 Abs. 1 Satz 1, 111 Abs. 2, 111b Abs. 4, 111e Abs. 1 Satz 2, 111f Abs. 1 Satz 1, 111l Abs. 2 Satz 2, 131, 131c Abs. 1, 132 Abs. 2, 163d Abs. 2 StPO. Das

Recht zur Anordnung umfasst auch die Befugnis, diese selbst durchzusetzen, ggf. mit unmittelbarem Zwang (BayObLG, MDR 1964, 253).

Abs. 2 regelt, unter welchen Voraussetzungen Beamten- und Angestelltengruppen zu Ermittlungspersonen bestimmt werden können. 2

B. Ermittlungspersonen. Das GVG bestimmt selbst nicht, wer Ermittlungsperson der StA ist. 3

I. Kraft Bundesrecht. Der Status als Ermittlungsperson **kann unmittelbar durch Gesetz** begründet werden. Hierunter fallen Beamtengruppen beim BKA (§ 19 BKAG; BGHSt 18, 214, 216), der Bundespolizei (§ 12 Abs. 5 BPolG), der Finanzverwaltung (§ 404 Satz 2 Hs. 2 AO, § 37 Abs. 3 AWG, § 37 Abs. 3 Satz 2 MOG), der Forst- und Jagdverwaltung (§ 25 Abs. 2 BJagdG) und der Berg- sowie Wasser- und Schifffahrtsverwaltung (§ 148 Abs. 2 BBergG). Nach §§ 63 Abs. 1, 53 Abs. 1 Satz 2 OWiG hat bei der Verfolgung durch die StA die sonst zuständige Verwaltungsbehörde Befugnisse wie Ermittlungspersonen. 4

II. Nach Landesrecht. Die überwiegende Zahl der Ermittlungspersonen wird nach Landesrecht durch im Wesentlichen einheitlich gefasste **Verordnungen der Landesregierungen** (Abs. 2 Satz 1) oder, im Fall der Delegation nach Abs. 2 Satz 3, durch die **Landesjustizverwaltungen** bestimmt (Übersicht bei Meyer-Goßner/*Schmitt* § 152 Rn. 6). Der Landesverordnungsgeber ist nicht auf die Bediensteten seines Landes beschränkt, sondern es können auch Beamte und Angestellte des Bundes oder anderer Bundesländer bezeichnet werden. 5

Abs. 2 lässt nur die Bestellung bestimmter **Gruppen** zu. Einzelne Beamte oder Angestellte können nicht bestellt bzw. ausgenommen werden. Neben allen Beamten im beamtenrechtlichen Sinn lässt Abs. 2 Satz 2 seit dem 1. StVRG 1974 auch die Bezeichnung von Angestelltengruppen zu. Sie müssen jedoch im **öffentlichen Dienst** stehen, das **21. Lebensjahr vollendet** haben und **mindestens zwei Jahre** in den bezeichneten Beamten- oder Angestelltengruppen tätig gewesen sein. Im **Einigungsvertrag** (EV Anl. 1 Kap. III Sachgebiet A Abschnitt III Nr. 1 Maßg. o Abs. 2) wurde im Hinblick auf die besonderen Verhältnisse in den neuen Bundesländern die Bestellung von Angestellten zu Ermittlungspersonen über die Grenzen des Abs. 2 Satz 2 hinaus gestattet. 6

Obgleich Abs. 2 Satz 2 die Zugehörigkeit zum öffentlichen Dienst nur für die Angestelltengruppen erwähnt, gilt dieses Erfordernis als ungeschriebenes, jedoch vom Gesetzgeber als selbstverständlich vorausgesetztes Tatbestandsmerkmal auch für die Bestellung von Beamtengruppen. Bedienstete privatisierter Nachfolgeunternehmen des öffentlichen Dienstes wie der Deutschen Post AG können deshalb auch dann nicht zu Ermittlungspersonen bestellt werden, wenn sie ihren Beamtenstatus behalten haben (OLG Hamburg, NStZ-RR 1996, 13, 15; SK-StPO/*Wohlers* § 152 Rn. 11; *Kissel/Mayer* § 152 Rn. 4; Meyer-Goßner/*Schmitt* § 152 Rn. 6). 7

C. Anordnung der StA. I. Zuständigkeit für Anordnungen. Sachlich zuständig für Anordnungen ist jeder **Staatsanwalt** sowie die der örtlichen StA vorgesetzten Beamten. Anordnungsberechtigt sind auch die nicht ausdrücklich genannten **Amtsanwälte**. Dies ergibt sich aus der Formulierung »Staatsanwaltschaft« (ggü. dem früheren Wortlaut »Staatsanwälte«, LR/*Franke* § 152 Rn. 19; *Kissel/Mayer* § 152 Rn. 11). 8

Weisungsberechtigt ggü. allen Ermittlungspersonen ist auch der **Generalbundesanwalt**, da dessen Zuständigkeitsbereich das gesamte Bundesgebiet ist. 9

Im **Steuerstrafverfahren** hat die **Finanzbehörde** aufgrund ihrer Ermittlungskompetenz i.R.d. § 399 AO auch die Befugnis, Weisungen nach Abs. 1 zu erteilen. Gleiches gilt für die Verwaltungsbehörde, der im **Ordnungswidrigkeitenverfahren** nach § 46 Abs. 2 bis 4 OWiG die gleichen Rechte wie der StA zustehen (SK-StPO/*Wohlers* § 152 Rn. 13). 10

II. Inhalt. Das Weisungsrecht gilt nur für **Strafverfolgungsmaßnahmen**. Soweit die Polizei **präventiv-polizeiliche** Aufgaben wahrnimmt, handelt sie selbstständig. Eine Anordnungsbefugnis der StA besteht insoweit nicht. 11

Problematisch können die Fälle sein, in den der polizeiliche Einsatz der Gefahrenabwehr und zugleich der Strafverfolgung dient. Ein Beispiel wäre eine Geiselnahme zur Ermöglichung der Flucht nach einer schweren Straftat. Hierzu wurde von den Justiz- und Innenministern von Bund und Ländern eine gemeinsame **Richtlinie über die Anwendung unmittelbaren Zwanges durch Polizeibeamte auf Anordnung des Staatsanwalts** erlassen (Anlage A RiStBV). Lässt die Situation eine angemessene Wahrnehmung beider Aufgaben nicht zu, ist für die konkrete Lage zu entscheiden, ob die Strafverfolgung oder die Gefahrenabwehr als das höherwertige Rechtsgut vorgeht. Kann hierüber kein Einvernehmen erzielen werden, hat die Polizei die Entscheidungskompetenz (Anlage A RiStBV Ziff. B. III.; *Kissel/Mayer* § 152 Rn. 17; abl. KK-StPO/*Mayer* § 152 Rn. 18). 12

III. Adressat der Anordnung. Anweisungen können nur ggü. **Ermittlungspersonen** erteilt werden, die **im Bezirk der StA ihren örtlichen Sitz** haben. Ggü. Ermittlungspersonen eines anderen Bezirks ist mangels Weisungsrecht nach Abs. 1 ein Ersuchen zu stellen. 13

14 Der StA sollte seine Anordnung grds. an die örtlich zuständige Behörde seines Bezirks richten (so auch die gemeinsame Richtlinie über die Anwendung unmittelbaren Zwanges durch Polizeibeamte auf Anordnung des Staatsanwalts, Anlage A RiStBV B.I.). Dies gebietet die Rücksicht auf die Funktionsfähigkeit des dortigen Behördenbetriebs. Der StA ist aber nicht gehindert, eine bestimmte Ermittlungsperson zu beauftragen, wenn diese schon mit der Bearbeitung des Falls befasst ist oder bei Eilfällen, am Tatort oder bei sonstigen wichtigen Gründen (Meyer-Goßner/*Schmitt* § 152 Rn. 2, 3; *Kissel/Mayer* § 152 Rn. 14). Die sachliche und örtliche Zuständigkeit der Ermittlungsperson richtet sich in diesem Fall nach dem Zuständigkeitsbereich der anweisenden StA (SK-StPO/*Wohlers* § 152 Rn. 21, 23; LR/*Franke* § 152 Rn. 36), da die Ermittlungsperson als Organ der StA und in Ausübung deren Ermittlungskompetenz handelt (*Kramer* wistra 1990, 169; *Pütz* wistra 1990, 212). Lediglich bei eigeninitiativem Handeln beschränkt sich die örtliche und sachliche Zuständigkeit der Ermittlungsperson nach ganz überwiegender Auffassung auf den Zuständigkeitsbereich aus dem Hauptamt (RGSt 66, 339; BayObLG, NJW 1954, 362; generelle Beschränkung der Zuständigkeit auf das Hauptamt: Meyer-Goßner/*Schmitt* § 152 Rn. 5; *Katholnigg* § 152 Rn. 5; KK-StPO/*Schoreit* § 152 Rn. 11).

15 **D. Rechtsbehelfe.** Trotz der Weisungsbefugnis der StA unterliegen die Ermittlungspersonen der persönlichen Dienstaufsicht und der Disziplinargewalt des Vorgesetzten im Hauptamt. Über **Dienstaufsichtsbeschwerden**, die gegen den Beamten persönlich gerichtet sind, entscheidet daher der **Dienstvorgesetzte.**

16 Werden die Ermittlungspersonen strafverfolgend tätig, handeln sie als Organ der StA. Eine **gerichtliche Überprüfung** findet daher ggf. aufgrund der gleichen Rechtsbehelfe statt, die gegen Maßnahmen der StA selbst zulässig wären (z.B. auch nach § 98 Abs. 2 Satz 2 StPO entspr.). Darüber hinaus kann eine repressive Tätigkeit der Ermittlungsperson im Wege der **Sachaufsichtsbeschwerde** beanstandet werden (OVG Hamburg, NJW 1970, 1699, 1700). Über diese entscheidet die StA, für die die Ermittlungsperson tätig geworden ist. Denn die StA führt die Sachaufsicht.

Elfter Titel. Geschäftsstelle

§ 153 [Urkundsbeamte der Geschäftsstelle]

(1) Bei jedem Gericht und jeder Staatsanwaltschaft wird eine Geschäftsstelle eingerichtet, die mit der erforderlichen Zahl von Urkundsbeamten besetzt wird.

(2) [1]Mit den Aufgaben eines Urkundsbeamten der Geschäftsstelle kann betraut werden, wer einen Vorbereitungsdienst von zwei Jahren abgeleistet und die Prüfung für den mittleren Justizdienst oder für den mittleren Dienst bei der Arbeitsgerichtsbarkeit bestanden hat. [2]Sechs Monate des Vorbereitungsdienstes sollen auf einen Fachlehrgang entfallen.

(3) Mit den Aufgaben eines Urkundsbeamten der Geschäftsstelle kann auch betraut werden,

1. wer die Rechtspflegerprüfung oder die Prüfung für den gehobenen Dienst bei der Arbeitsgerichtsbarkeit bestanden hat,

2. wer nach den Vorschriften über den Laufbahnwechsel die Befähigung für die Laufbahn des mittleren Justizdienstes erhalten hat,

3. wer als anderer Bewerber nach den landesrechtlichen Vorschriften in die Laufbahn des mittleren Justizdienstes übernommen worden ist.

(4) [1]Die näheren Vorschriften zur Ausführung der Absätze 1 bis 3 erlassen der Bund und die Länder für ihren Bereich. [2]Sie können auch bestimmen, ob und inwieweit Zeiten einer dem Ausbildungsziel förderlichen sonstigen Ausbildung oder Tätigkeit auf den Vorbereitungsdienst angerechnet werden können.

(5) [1]Der Bund und die Länder können ferner bestimmen, dass mit Aufgaben eines Urkundsbeamten der Geschäftsstelle auch betraut werden kann, wer auf dem Sachgebiet, das ihm übertragen werden soll, einen Wissens- und Leistungsstand aufweist, der dem durch die Ausbildung nach Absatz 2 vermittelten Stand gleichwertig ist. [2]In den Ländern Brandenburg, Mecklenburg-Vorpommern, Sachsen, Sachsen-Anhalt und Thüringen dürfen solche Personen weiterhin mit den Aufgaben eines Urkundsbeamten der Geschäftsstelle betraut werden, die bis zum 25. April 2006 gemäß Anlage I Kapitel III Sachgebiet A Abschnitt III Nr. 1 Buchstabe q Abs. 1 zum Einigungsvertrag vom 31. August 1990 (BGBl. 1990 II S. 889, 922) mit diesen Aufgaben betraut worden sind.

1 Die Geschäftsstelle ist eine **Organisationseinheit** der StA und Gerichte. Sie wird mit Urkundsbeamten besetzt, deren Qualifikation in den Abs. 2 bis 5 näher geregelt ist. Sie hat im Geschäftsgang sämtliche Aufgaben zu erledigen, die nicht Staatsanwälten oder Richtern zugewiesen sind. Der Verwaltungsspitze vorbehaltene Angelegenheiten (Personalsachen, Pressearbeit, etc.) werden besonderen Referenten übertragen.

Zu den besonderen gesetzlichen Aufgaben der **Urkundsbeamten der Geschäftsstelle** gehört die Führung des Protokolls in gerichtlichen Verhandlungen (§§ 226, 271 ff., 404 StPO) und bei richterlichen Untersuchungshandlungen (§§ 168, 168a StPO) sowie Untersuchungshandlungen der StA (§ 168b StPO). Sie führt nach § 45 Abs. 4 Satz 1 die Schöffenliste und nimmt Erklärungen der Verfahrensbeteiligten außerhalb gerichtlicher Verhandlungen (Strafanzeigen und Strafanträge gem. § 158 StPO, Rechtsmittel und deren Begründung gem. §§ 299, 306, 314 Abs. 1, 317, 341 Abs. 1, 345 Abs. 2, 347 Abs. 1 StPO, 116 StVollzG sowie Wiederaufnahmeanträge gem. § 366 Abs. 2 StPO) entgegen. Außerdem wirkt die Geschäftsstelle bei Ladungen und Zustellungen mit, erstellt Vollstreckbarkeitsbescheinigungen nach § 451 Abs. 1 StPO, erteilt Ausfertigungen (§ 275 Abs. 4 StPO) und setzt nach § 464b StPO die Kosten fest. Einzelne dieser Aufgaben sind Rechtspflegern vorbehalten (§§ 21 Nr. 1, 24 Abs. 1 RPflG). 2

Der **Urkundsbeamte** ist ein **Organ der Rechtspflege**. In Bezug auf seine Qualifikation macht Abs. 2 allgemeine Vorgaben. Abs. 3 erlaubt Abweichungen von dieser Grundregel. Abs. 5 Satz 1 enthält eine Öffnungsklausel die es Bund und Ländern freistellt, eine Rechtsgrundlage für die Betrauung anderer als der in Absätzen 2 und 3 genannten Personen zu schaffen (BGH NStZ 2015, 473, 474) und die Einzelheiten zu regeln (BGH NStZ 2017, 303, 304 m.w.N.). Danach können bei entsprechender Regelung sogar Referendare oder andere Justizbedienstete mit den Aufgaben eines Urkundsbeamten betraut werden, sofern sie eine Abs. 2 vergleichbare Qualifikation aufweisen. Die Betrauung bezieht sich nicht nur auf Einzelgeschäfte. Sie kann auch allgemein erfolgen. In zeitlicher Hinsicht kann es sich um eine vorübergehende Betrauung (etwa zu Ausbildungszwecken), aber auch um eine Betrauung auf Dauer handeln (vgl. BGH NStZ-RR 2014, 378). Einer besonderen Form bedarf es nicht. Sie kann daher auch mündlich erfolgen. Soweit landesrechtliche Bestimmungen ein Schriftformerfordernis begründen, handelt es sich lediglich um Ordnungsvorschriften (BGH v. 26.01.2017 – 5 StR 535/16; NStZ 2015, 473, 474 m.w.N.). 3

Dreizehnter Titel. Rechtshilfe

Vorbemerkung zu §§ 156 ff. GVG

Rechtshilfe ist die gegenseitige Hilfe der Gerichte im Bereich der Rspr. (vgl. *Kissel/Mayer* § 156 Rn. 3). Sie ermöglicht es einem Gericht eine ihm obliegende Verfahrenshandlung aus Zweckmäßigkeitsgründen durch ein anderes Gericht ausführen zu lassen. Dabei kommt es nicht zu einer Zuständigkeitsübertragung. Von der Rechtshilfe ist die allgemeine Amtshilfe zu unterscheiden, die sich alle Behörden des Bundes und der Länder zu leisten haben. Verfassungsrechtliche Grundlage für beide ist das allgemeine Kooperationsgebot in Art. 35 Abs. 1 GG. Inhalt und Umfang der Rechtshilfe werden durch die §§ 156 ff. abschließend geregelt (OLG Düsseldorf NJW 1957, 1037). 1

Eine Rechtshilfe i.S.d. § 156 ff. liegt nur dann vor, wenn ein ordentliches Gericht für ein anderes auf dessen Ersuchen hin eine Tätigkeit erbringt, die seiner Rechtsprechungsaufgabe zuzuordnen ist. Hierzu gehören alle richterlichen Handlungen, die nach dem formellen Recht in einem ordnungsgemäßen Verfahrensgang vorzunehmen sind. Strafsachen sind Bestandteil der ordentlichen Gerichtsbarkeit (§ 13) und unterfallen daher in allen Verfahrensabschnitten den §§ 156 ff. Dies gilt auch für richterliche Maßnahmen im Bereich der Strafvollstreckung (*Kissel/Mayer* § 156 Rn. 13 m.w.N.). Die internationale Rechtshilfe ist kein Fall der §§ 156 ff. 2

Die Kooperation mit anderen Gerichten außerhalb der Rechtsprechungstätigkeit und die Unterstützungsleistungen für andere Behörden sind Amtshilfe. Insoweit gelten das VwVfG und verschiedene Spezialgesetze. Das besondere Zusammenwirken zwischen Gericht und StA ist in der StPO abschließend geregelt. 3

§ 156 [Rechtshilfepflicht]

Die Gerichte haben sich in Zivilsachen und in Strafsachen Rechtshilfe zu leisten.

Die Rechtshilfepflicht besteht in **allen Verfahrenslagen** und kann sich auf alle nach dem Verfahrensrecht zulässigen Tätigkeiten beziehen. 1

Über die Durchführung eines Rechtshilfeersuchens entscheidet das ersuchende Gericht regelmäßig durch Beschluss. Darin ist festzulegen, welche Handlung durch das ersuchte Gericht vorgenommen werden soll. Dem Ersuchen werden die Originalakten oder Aktenauszüge beigefügt. 2

Das ersuchte Gericht ist an das Ersuchen **gebunden**. Bei seiner Ausführung stehen ihm die gleichen Befugnisse zu, die auch das ersuchende Gericht nach dem Verfahrensrecht hätte (OLG Düsseldorf NJW 1957, 1037). Soll ein Zeuge vernommen werden, kann der ersuchte Richter von den Möglichkeiten der §§ 51, 70 und 77 StPO Gebrauch machen und einen zur Vernehmung geladenen säumigen Beschuldigten nach den 3

§§ 133, 134 StPO vorführen lassen (Meyer-Goßner/*Schmitt* § 157 GVG Rn. 4). Auch stehen dem ersuchten Richter die sich aus § 176 ergebenden sitzungspolizeilichen Befugnisse zu. Ein nach § 233 Abs. 2 StPO zu vernehmender Angeklagter kann nur dann durch das ersuchte Gericht nach § 230 Abs. 2 StPO vorgeführt werden, wenn die Entbindung bereits durch das ersuchende Gericht wirksam erfolgt ist (BGHSt 25, 42; OLG Frankfurt NJW 1974, 430).

§ 157 [Rechtshilfegericht]

(1) Das Ersuchen um Rechtshilfe ist an das Amtsgericht zu richten, in dessen Bezirk die Amtshandlung vorgenommen werden soll.

(2) [1]Die Landesregierungen werden ermächtigt, durch Rechtsverordnung die Erledigung von Rechtshilfeersuchen für die Bezirke mehrerer Amtsgerichte einem von ihnen ganz oder teilweise zuzuweisen, sofern dadurch der Rechtshilfeverkehr erleichtert oder beschleunigt wird. [2]Die Landesregierungen können diese Ermächtigung durch Rechtsverordnung auf die Landesjustizverwaltungen übertragen.

1 Nach Abs. 1 ist stets das AG für die Leistung der Rechtshilfe sachlich zuständig. Dies gilt auch dann wenn das Ersuchen von einem Gericht höherer Ordnung stammt. Näheres bestimmt das Präsidium bei der Geschäftsverteilung (§ 21e Abs. 1 Satz 1).

2 Die örtliche Zuständigkeit ergibt sich aus der Lokalisation der vorzunehmenden Handlung. Vernehmungen sind regelmäßig am Wohn- oder Aufenthaltsort der zu vernehmenden Person durchzuführen. Bei Zeugen aus dem angrenzenden Ausland kommt eine Vernehmung bei einem grenznahen AG in Betracht, wenn der Zeuge bereit ist, dort zu erscheinen (OLG Schleswig NStZ 1989, 240).

3 Abs. 2 lässt eine örtliche Konzentration durch Rechtsverordnung zu. Nach § 3 der VO über die Zuständigkeit des AG Hamburg v. 01.09.1987 (HmbGVBl. 1987, 172) ist dem AG Hamburg die Erledigung inländischer Rechtshilfeersuchen für die Bezirke aller hamburgischen AG übertragen.

§ 158 [Ablehnung des Ersuchens]

(1) Das Ersuchen darf nicht abgelehnt werden.

(2) [1]Das Ersuchen eines nicht im Rechtszuge vorgesetzten Gerichts ist jedoch abzulehnen, wenn die vorzunehmende Handlung nach dem Recht des ersuchten Gerichts verboten ist. [2]Ist das ersuchte Gericht örtlich nicht zuständig, so gibt es das Ersuchen an das zuständige Gericht ab.

Übersicht

1 **A. Keine Ablehnung von Ersuchen vorgesetzter Gerichte.** Aus dem in Abs. 1 festgelegten grundsätzlichen Ablehnungsverbot und der umgrenzten Ausnahmeregelung in Abs. 2 ergibt sich, dass Rechtshilfeersuchen von im Rechtszug vorgesetzten Gerichten von dem ersuchten AG in keinem Fall abgelehnt werden können.

2 **B. Ablehnung von Ersuchen nicht vorgesetzter Gerichte nach Abs. 2. I. Verbotene Handlungen.** Abs. 2 Satz 1 enthält eine Ausnahmeregelung und ist daher eng auszulegen. Die Ablehnung eines Rechtshilfeersuchens kommt nur dann in Betracht, wenn die vorzunehmende Rechtshandlung nach dem Recht des ersuchten Gerichts entweder ausdrücklich untersagt oder – unabhängig von den Umständen des Einzelfalls – nach dem Sinn des Gesetzes abstrakt unzulässig ist (BGH NJW 1990, 2936; OLG Brandenburg FamRZ 2014, 1137; OLG Frankfurt NJW 1974, 430; NStZ-RR 2004, 50, 51; OLG Köln NStZ-RR 2013, 57, 58; OLG Stuttgart NStZ 1987, 43; *Katholnigg* § 158 GVG Rn. 4; *Kissel/Mayer* § 158 Rn. 11 m.w.N.). Als verboten i.S.v. Abs. 2 Satz 1 gilt auch eine Rechtshandlung, die der entscheidende Richter zwingend persönlich vornehmen muss und die deshalb nicht im Wege der Rechtshilfe erledigt werden darf (OLG Jena 28.09.2020 – 1 Ws 290/20, Rn. 10; OLG Celle 29.05.2008 – Az. 2 Ws 171/08; OLG Frankfurt NStZ 1988, 471; *Katholnigg* § 158 GVG Rn. 4). Beispiele hierfür sind die mündliche Anhörung bei der Haftprüfung nach §§ 118, 118a StPO (KG JR 1964, 267; OLG München MDR 1980, 181), die Haftbefehlseröffnung nach § 115 Abs. 1 StPO, soweit kein Fall des § 115a StPO gegeben ist (OLG Jena 28.09.2020 – 1 Ws 290/20, Rn. 11; OLG Frankfurt NStZ 1988, 471) und die Vernehmung im Bußgeldverfahren gem. § 73 OWiG (BGHSt 44, 345, 346; OLG Düsseldorf NZV 198, 516). Die akustische Besuchsüberwachung bei

Untersuchungsgefangenen ist dagegen nicht zwingend persönlich vorzunehmen und deshalb im Wege der Rechtshilfe übertragbar (OLG Celle 29.05.2008 – 2 Ws 171/08).

Ein Rechtshilfeersuchen kann grds. nicht mit der Erwägung abgelehnt werden, dass die Maßnahme nicht zweckmäßig sei (OLG Düsseldorf MDR 1996, 843 f.; OLG Frankfurt, NStZ-RR 2004, 50, 51; OLG Köln NStZ-RR 2013, 57, 58; Meyer-Goßner/*Schmitt* § 158 GVG Rn. 2; *Katholnigg* § 158 GVG Rn. 5), ermessensfehlerhaft angeordnet wurde (BGH NJW 1990, 2936, 2937) oder die tatsächlichen Umstände des Einzelfalls ihre Anwendung nicht rechtfertigen (vgl. OLG Naumburg, Beschl. v. 01.08.2007 – 8 AR 8/07). Eine Ausnahme gilt lediglich dann, wenn das Rechtshilfeersuchen offensichtlich willkürlich ist (OLG Koblenz MDR 2008, 819; Zöller/*Lückemann* § 158 GVG Rn. 5; *Kissel/Mayer* § 158 GVG Rn. 19 m.w.N.). Dabei ist Zurückhaltung geboten. Willkür wird regelmäßig nur dann angenommen werden können, wenn die erbetene Rechtshandlung unter jedem denkbaren Gesichtspunkt sinnlos ist (OLG Frankfurt v. 17.02.2011 – 4 W 2/11). 3

II. Örtliche Unzuständigkeit. Nach Abs. 2 Satz 2 ist ein Rechtshilfeersuchen bei örtlicher Unzuständigkeit an das zuständige Rechtshilfegericht abzugeben. Die Abgabe ist nicht bindend, sodass auch dieses Gericht nach Abs. 2 Satz 2 verfahren kann (Meyer-Goßner/*Schmitt* § 158 GVG Rn. 5). 4

§ 159 [Entscheidung des Oberlandesgerichts]

(1) [1]Wird das Ersuchen abgelehnt oder wird der Vorschrift des § 158 Abs. 2 zuwider dem Ersuchen stattgegeben, so entscheidet das Oberlandesgericht, zu dessen Bezirk das ersuchte Gericht gehört. [2]Die Entscheidung ist nur anfechtbar, wenn sie die Rechtshilfe für unzulässig erklärt und das ersuchende und das ersuchte Gericht den Bezirken verschiedener Oberlandesgerichte angehören. [3]Über die Beschwerde entscheidet der Bundesgerichtshof (BGH).

(2) Die Entscheidungen ergehen auf Antrag der Beteiligten oder des ersuchenden Gerichts ohne mündliche Verhandlung.

Übersicht

A. Der besondere Rechtsbehelf nach Abs. 1 Satz 1. Nach Abs. 1 Satz 1 i.V.m. Abs. 2 können die Beteiligten und das ersuchende Gericht durch einen entsprechenden **Antrag** eine Entscheidung des OLG herbeiführen, wenn ein Rechtshilfeersuchen abgelehnt oder ihm entgegen, § 158 Abs. 2 stattgegeben wurde. Dabei handelt es sich um einen Rechtsbehelf eigener Art, auf den die §§ 304 ff. StPO keine Anwendung finden (LR/*Boll* § 159 GVG Rn. 2; *Kissel/Mayer* § 159 Rn. 1 m.w.N.). Örtlich zuständig ist das OLG, in dessen Bezirk das ersuchte Gericht seinen Sitz hat. 1

Beteiligter gem. Abs. 2 ist nur, wer auch in der Hauptsache rechtsmittelberechtigt wäre (*Kissel/Mayer* § 159 Rn. 8). Dem im Wege der Rechtshilfe zu vernehmenden Zeugen steht daher kein Antragsrecht zu (*Katholnigg* § 159 GVG Rn. 3; LR/*Boll* § 159 GVG Rn. 13). Das ersuchende Gericht ist nur bei einer Ablehnung seines Gesuchs antragsberechtigt. 2

Ein Rechtshilfegesuch gilt als **abgelehnt**, wenn seine Ausführung ganz oder teilweise verweigert worden ist (OLG Düsseldorf NStZ 1989, 59). Dies ist bereits der Fall, wenn das ersuchte AG Bedenken gegen die rechtliche Zulässigkeit erhebt und dem Ersuchen deshalb nicht entsprechen will. Gleiches gilt, wenn sich das ersuchte Gericht auf örtliche Unzuständigkeit beruft, die Sache aber nicht abzugeben vermag (OLG Frankfurt, NStZ-RR 2004, 50, 51). Verweigert der ersuchte Richter nach der Vernehmung eines Sachverständigen die Festsetzung der Entschädigung, wird dadurch das Rechtshilfeersuchen teilweise abgelehnt, weil die Festsetzung der Entschädigung noch zu den Aufgaben des ersuchten Gerichts gehört (arg. § 164 Abs. 1) und erst danach das Ersuchen vollständig erledigt ist (BGH NJW 1958, 1310). 3

Das OLG prüft, ob die Stattgabe oder Ablehnung des Gesuchs den Vorgaben des § 158 entspricht und entscheidet ohne mündliche Verhandlung nach Anhörung der Beteiligten durch **Beschluss**. 4

Im Bereich der Amtshilfe ist Abs. 1 Satz 1 auch dann nicht analog anwendbar, wenn ein Ersuchen der StA nach § 162 StPO vorliegt (*Kissel/Mayer* § 159 Rn. 20; LR/*Boll* Vor § 156 GVG Rn. 23). Gegen eine Ablehnung kann die StA nach den §§ 304 ff. StPO vorgehen (Meyer-Goßner/*Schmitt* § 159 Rn. 2). 5

B. Die Beschwerde nach Abs. 1 Satz 2. Hat das OLG die Rechtshilfe für unzulässig erklärt, können die Beteiligten und das ersuchende Gericht (Abs. 2) dagegen Beschwerde zum BGH einlegen, wenn das ersuchende und das ersuchte Gericht verschiedenen Oberlandesgerichtsbezirken angehören. In allen anderen Fällen ist die Entscheidung des OLG unanfechtbar. 6

§ 160 [Einheitliches Rechtspflegegebiet]

Vollstreckungen, Ladungen und Zustellungen werden nach Vorschrift der Prozessordnungen bewirkt ohne Rücksicht darauf, ob sie in dem Land, dem das Prozessgericht angehört, oder in einem anderen deutschen Land vorzunehmen sind.

1 Die Vorschrift stellt klar, dass sich der Wirkungsbereich richterlicher und staatsanwaltschaftlicher Maßnahmen auf das gesamte Bundesgebiet erstreckt. Vollstreckungen (z.B. von Haftbefehlen und Durchsuchungsbeschlüssen), Ladungen und Zustellungen können bundesweit unmittelbar bewirkt werden, ohne dass es eines Amtshilfeersuchens bedarf. Dies gilt auch dann, wenn die zugrunde liegende Norm dem Landesrecht angehört (OLG Karlsruhe NJW 1969, 1546, 1547).

§ 161 [Auftrag an einen Gerichtsvollzieher]

[1]Gerichte, Staatsanwaltschaften und Geschäftsstellen der Gerichte können wegen Erteilung eines Auftrags an einen Gerichtsvollzieher die Mitwirkung der Geschäftsstelle des Amtsgerichts in Anspruch nehmen, in dessen Bezirk der Auftrag ausgeführt werden soll. [2]Der von der Geschäftsstelle beauftragte Gerichtsvollzieher gilt als unmittelbar beauftragt.

§ 162 [Vollstreckung von Freiheitsstrafen]

Hält sich ein zu einer Freiheitsstrafe Verurteilter außerhalb des Bezirks der Strafvollstreckungsbehörde auf, so kann diese Behörde die Staatsanwaltschaft des Landgerichts, in dessen Bezirk sich der Verurteilte befindet, um die Vollstreckung der Strafe ersuchen.

1 Die Vorschrift gilt auch für freiheitsentziehende Maßregeln, sowie Ordnungs- und Zwangsmaßnehmen, die eine Freiheitsentziehung zum Gegenstand haben (*Katholnigg* § 163 Rn. 2; Meyer-Goßner/*Schmitt* § 162 GVG Rn. 1 und 2). Nachdem Bund und Länder in der StVollstrO alle Fragen geregelt haben, die in Straf- und Bußgeldsachen mit der Vollstreckung von Freiheitsstrafen, Maßregeln der Besserung und Sicherung sowie Ordnungs- und Zwangshaft verbunden sind, kommt § 162 in diesem Bereich keine Bedeutung mehr zu (vgl. OLG Frankfurt NStZ 1994, 301, 302).

§ 163 [Vollstreckungshilfe]

Soll eine Freiheitsstrafe in dem Bezirk eines anderen Gerichts vollstreckt oder ein in dem Bezirk eines anderen Gerichts befindlicher Verurteilter zum Zwecke der Strafverbüßung ergriffen und abgeliefert werden, so ist die Staatsanwaltschaft bei dem Landgericht des Bezirks um die Ausführung zu ersuchen.

1 Die Vorschrift hat im Geltungsbereich der StVollstrO keine praktische Bedeutung mehr.

§ 166 [Amtshandlungen außerhalb des Gerichtsbezirks]

Ein Gericht darf Amtshandlungen im Geltungsbereich dieses Gesetzes auch außerhalb seines Bezirks vornehmen.

1 Ein Gericht kann jede Amtshandlung außerhalb seines Bezirks vornehmen, ohne dass es dafür der Zustimmung des Gerichts bedarf, in dessen Bezirk es tätig wird. Dies gilt auch für die Hauptverhandlung oder Teile von ihr (BGHSt 22, 250; Beschl. v. 31.08.2007 – 2 ARs 336/07). Die Tatsache, dass die betreffende Amtshandlung auch im Wege der Rechtshilfe durch das zuständige AG vorgenommen werden kann, steht einer Selbstvornahme nicht entgegen.

§ 167 [Nacheile]

(1) Die Polizeibeamten eines deutschen Landes sind ermächtigt, die Verfolgung eines Flüchtigen auf das Gebiet eines anderen deutschen Landes fortzusetzen und den Flüchtigen dort zu ergreifen.

(2) Der Ergriffene ist unverzüglich an das nächste Gericht oder die nächste Polizeibehörde des Landes, in dem er ergriffen wurde, abzuführen.

1 Als **Flüchtiger** i.S.v. Abs. 1 gilt, wer sich auf frischer Tat betroffen seiner drohenden Ergreifung entziehen will oder den Vollzug einer Haftanordnung (auch Vollstreckungshaftbefehls) durch Flucht zu vereiteln sucht (*Heinrich* NStZ 1996, 361, 362; *Kissel/Mayer* § 167 Rn. 3).

Die Befugnis zur Nacheile steht allen **Beamten des Polizeidienstes der Länder** zu, die für die Strafverfolgung und die Vollstreckung von Haftanordnungen zuständig sind (vgl. §§ 158 Abs. 1, 161 Abs. 1, 163 StPO). Für die StA ergibt sich eine länderübergreifende Befugnis aus § 143. Werden Polizeibeamte auf ausdrückliche Weisung der StA als deren Ermittlungspersonen (§ 152 i.V.m. § 161 Abs. 1 Satz 2 StPO) oder in Amtshilfe tätig, leiten sich ihre Befugnisse aus denen der StA ab (*Heinrich* NStZ 1996, 361, 362; *Katholnigg* § 167 GVG Rn. 1; *Kissel/Mayer* § 167 Rn. 7; LR/*Boll* § 167 Rn. 4; a.A. KK-StPO/*Schoreit* § 167 GVG Rn. 4). Für Strafvollzugsbeamte gilt § 87 StVollzG. 2

Verfolgung nach Abs. 1 ist jede Form des Nachsetzens, die auf die Ergreifung des Flüchtenden ausgerichtet ist. Sie kann auch in einer Observation bestehen oder durch Einsatz technischer Mittel erfolgen. Eine unmittelbare räumliche Annäherung an den Verfolgten ist nicht erforderlich (*Heinrich* NStZ 1996, 361, 363; *Katholnigg* § 167 Rn. 3; LR/Boll § 167 GVG Rn. 7; *Kissel/Mayer* § 167 Rn. 4). Eine zeitliche Grenze besteht nicht. Da Abs. 1 nur eine **Fortsetzung** der Verfolgung gestattet, muss sie diesseits der Landesgrenze begonnen haben (OLG Hamm NJW 1954, 206). Danach können auch mehrere Landesgrenzen überschritten werden, soweit dies erforderlich ist. 3

Nach der Ergreifung des Flüchtigen ist gem. Abs. 2 zu verfahren. 4

Ein **Verstoß** gegen § 167 macht die Ergreifung nicht unwirksam (h.M. *Heinrich* NStZ 1996, 361, 364 f.; *Katholnigg* § 167 GVG Rn. 6; *Kissel/Mayer* § 167 Rn. 9). Allerdings ist die Maßnahme i.S.v. § 113 StGB rechtswidrig, weil es an der erforderlichen örtlichen Zuständigkeit fehlt (OLG Hamm NJW 1953, 206; vgl. auch BGHSt. 4, 110, 113). 5

Vierzehnter Titel. Öffentlichkeit und Sitzungspolizei

§ 169 [Öffentlichkeit]

(1) [1]Die Verhandlung vor dem erkennenden Gericht einschließlich der Verkündung der Urteile und Beschlüsse ist öffentlich. [2]Ton- und Fernseh-Rundfunkaufnahmen sowie Ton- und Filmaufnahmen zum Zwecke der öffentlichen Vorführung oder Veröffentlichung ihres Inhalts sind unzulässig. [3]Die Tonübertragung in einen Arbeitsraum für Personen, die für Presse, Hörfunk, Fernsehen oder für andere Medien berichten, kann von dem Gericht zugelassen werden. [4]Die Tonübertragung kann zur Wahrung schutzwürdiger Interessen der Beteiligten oder Dritter oder zur Wahrung eines ordnungsgemäßen Ablaufs des Verfahrens teilweise untersagt werden. [5]Im Übrigen gilt für den in den Arbeitsraum übertragenen Ton Satz 2 entsprechend.

(2) [1]Tonaufnahmen der Verhandlung einschließlich der Verkündung der Urteile und Beschlüsse können zu wissenschaftlichen und historischen Zwecken von dem Gericht zugelassen werden, wenn es sich um ein Verfahren von herausragender zeitgeschichtlicher Bedeutung für die Bundesrepublik Deutschland handelt. [2]Zur Wahrung schutzwürdiger Interessen der Beteiligten oder Dritter oder zur Wahrung eines ordnungsgemäßen Ablaufs des Verfahrens können die Aufnahmen teilweise untersagt werden. [3]Die Aufnahmen sind nicht zu den Akten zu nehmen und dürfen weder herausgegeben noch für Zwecke des aufgenommenen oder eines anderen Verfahrens genutzt oder verwertet werden. [4]Sie sind vom Gericht nach Abschluss des Verfahrens demjenigen zuständigen Bundes- oder Landesarchiv zur Übernahme anzubieten, das nach dem Bundesarchivgesetz oder einem Landesarchivgesetz festzustellen hat, ob den Aufnahmen ein bleibender Wert zukommt. [5]Nimmt das Bundesarchiv oder das jeweilige Landesarchiv die Aufnahmen nicht an, sind die Aufnahmen durch das Gericht zu löschen.

(3) [1]Abweichend von Absatz 1 Satz 2 kann das Gericht für die Verkündung von Entscheidungen des Bundesgerichtshofs in besonderen Fällen Ton- und Fernseh-Rundfunkaufnahmen sowie Ton- und Filmaufnahmen zum Zwecke der öffentlichen Vorführung oder der Veröffentlichung ihres Inhalts zulassen. [2]Zur Wahrung schutzwürdiger Interessen der Beteiligten oder Dritter sowie eines ordnungsgemäßen Ablaufs des Verfahrens können die Aufnahmen oder deren Übertragung teilweise untersagt oder von der Einhaltung von Auflagen abhängig gemacht werden.

(4) Die Beschlüsse des Gerichts nach den Absätzen 1 bis 3 sind unanfechtbar.

Übersicht

1 **A. Allgemeines.** § 169 wurde durch das Gesetz über die Erweiterung der Medienöffentlichkeit in Gerichtsverfahren (EMöGG) vom 08.10.2017 (BGBl. I, S. 3546) mit Wirkung vom 18.04.2018 umgestaltet. Der in § 169 Satz 1 a.F. (jetzt § 169 Abs. 1 Satz 1) niedergelegte Öffentlichkeitsgrundsatz ist dabei unverändert geblieben. Auch wurde das in § 169 Satz 2 a.F. (jetzt § 169 Abs. 1 Satz 2) niedergelegte grundsätzliche Verbot von Ton- und Fernseh-Rundfunkaufnahmen sowie Ton- und Filmaufnahmen zum Zwecke der öffentlichen Vorführung oder Veröffentlichung ihres Inhalts beibehalten. Insoweit wurde allerdings die Möglichkeit einer Tonübertragung der Hauptverhandlung in einen Arbeitsraum für Medienvertreter eröffnet (§ 169 Abs. 1 Sätze 3 bis 5). Der neu geschaffene Abs. 2 ermöglicht Tonaufnahmen für historische und wissenschaftliche Zwecke von Hauptverhandlungen in Verfahren von herausragender zeitgeschichtlicher Bedeutung. Abs. 3 betrifft die Verkündung von Entscheidungen des Bundesgerichtshofs in besonderen Fällen und lässt – insoweit in Abweichung von Abs. 1 Satz 2 – deren Übertragung in Ton und Bild zu.

2 Der in § 169 Abs. 1 Satz 1 niedergelegte Öffentlichkeitsgrundsatz setzt die im Zeitalter der Aufklärung erhobene Forderung nach allgemeiner Publizität staatlichen Handelns um (*Alber*, S. 18 ff.; *Franke*, S. 31 ff.; *v. Coelln*, S. 60 ff.). Dieser lag die in der praktischen Philosophie dieser Zeit entwickelte Vorstellung zugrunde, dass Gerechtigkeit nur in einem öffentlichen Verfahrensgang entstehen könne (vgl. *Hegel* Grundlinien, § 224 [Satz 376 f.]; *Kant* Zum ewigen Frieden, Anhang II, [Satz 244 f.]; dazu *Alwart* JZ 1990, 883; *Habermas* Strukturwandel der Öffentlichkeit, § 13; *Gierhake* JZ 2013, 1030, 1032 ff.; *Franke* StraFo 2014, 361, 362) und eine im Verborgenen getroffene richterliche Entscheidung keine Anerkennung finden könne (vgl. *A.v. Feuerbach* Betrachtungen, Bd. 1, S. 88 ff.; *Mittermaier*, S. 334 ff.).Nach heute herrschender Meinung ist der Öffentlichkeitsgrundsatz ein Bestandteil des Rechtsstaatsprinzips (BVerfGE 103, 44, 63 f.; BGHSt -GS- 11, 213, 215; 22, 297, 301; 23, 176, 178; krit. *Franke*, S. 48 ff.). Er ermöglicht eine **Kontrolle der Rechtspflege** durch die Allgemeinheit (BVerfG NJW 2002, 814; 2012, 1863, 1864; BGHSt 24, 72, 74; 27, 13, 15; *Kissel/Mayer* § 169 Rn. 3; LR/*Wickern* Vor § 169 GVG Rn. 3; *Lilie* NStZ 1993, 121, 122 f.; *Schmidthals*, S. 118, 138; krit. *Franke* StraFo 2014, 361, 362 f.; *Kleinknecht* FS Schmidt-Leichner, S. 112; *Martens*, S. 47) und beugt dadurch dem Verdacht staatlicher Willkür vor (RGSt 70, 109, 112; BGHSt 2, 56, 57; 22, 297, 301; *v. Coelln*, S. 186, 189 ff.; krit. *Franke*, S. 57 ff.). Darüber hinaus trägt die Öffentlichkeit der Rechtspflege zur Vertiefung des allgemeinen Verständnisses von Recht und Gesetz bei und ermöglicht die **Befriedigung eines gesellschaftlichen Informationsbedürfnisses** (*Franke*, S. 65 ff.; *Schmidthals*, S. 96; Kissel/*Mayer* § 169 Rn. 1; Meyer-Goßner/*Schmitt* § 169 GVG Rn. 1). Das dabei vornehmlich durch die Gerichtsberichterstattung in den Medien ständig erneuerte Wissen darum, wie Gerechtigkeitskonflikte vor Gericht gelöst und Rechtsverstöße sanktioniert werden, **stärkt das allgemeine Vertrauen in den Rechtsstaat** und erhöht das Gefühl der Rechtssicherheit (*v. Coelln*, S. 189 ff.)

3 **B. Die notwendig öffentlichen Verfahrensabschnitte. I. Notwendige Öffentlichkeit der Hauptverhandlung. Der Öffentlichkeitsgrundsatz gilt nur für die Hauptverhandlung** (§§ 226 bis 275 StPO) **vor dem erkennenden Gericht** (BGH NStZ 2005, 162). Die Hauptverhandlung beginnt mit dem Aufruf der Sache (§ 243 Abs. 1 Satz 1 StPO) und schließt mit der Verkündung des Urteils (§ 260 Abs. 1 StPO) samt Nebenentscheidungen (§§ 268a Abs. 1 und 2, 268b Satz 2 StPO) und den sich daran anschließenden Belehrungen (§§ 268a Abs. 3, 268c und d StPO). Ebenfalls notwendig öffentlich sind die mündliche Verhandlung im selbstständigen Einziehungsverfahren nach § 441 Abs. 3 Satz 1 StPO (Kissel/*Mayer* Rn. 8; LR/*Wickern* § 169 GVG Rn. 7), die Hauptverhandlung im Sicherungsverfahren gem. §§ 414 Abs. 1, 415 StPO und bei der Entscheidung über die vorbehaltene oder nachträgliche Anordnung der Sicherungsverwahrung nach § 275a Abs. 2 StPO. Das Öffentlichkeitsgebot gilt auch für die Hauptverhandlung vor dem

Revisionsgericht (§ 351 StPO), da auch das Revisionsgericht als erkennendes Gericht entscheidet (vgl. BGH v. 20.01.2004 – 5 StR 530/03). Schließlich ist auch die Hauptverhandlung im Bußgeldverfahren notwendig öffentlich (OLG Saarbrücken NStZ-RR 2008, 50). Ob dabei aufgrund der vereinfachten Ausgestaltung des Bußgeldverfahrens Einschränkungen gerechtfertigt sind, ist streitig (vgl. *Göhler* § 71 Rn. 56b m.w.N. a.A. KK-OWiG/*Senge* § 54 Rn. 54 m.w.N.).

Verfahrensvorgänge, die nicht zur Hauptverhandlung zählen oder nicht vor dem erkennenden Gericht stattfinden, unterfallen nicht dem Öffentlichkeitsgebot (arg. e contrario). **Nicht notwendig öffentlich** sind daher alle Verfahren vor dem Ermittlungsrichter, dem Wiederaufnahmegericht oder den Vollstreckungsgerichten. Gleiches gilt, wenn das OLG nach § 122 Abs. 2 Satz 2 StPO mündlich verhandelt. Die kommissarische Vernehmung durch einem beauftragten oder ersuchten Richter nach den §§ 223 ff., 233 Abs. 2 StPO unterliegt nicht dem Öffentlichkeitsgebot, weil nicht vor dem erkennenden Gericht verhandelt wird. Aus dem gleichen Grund sind auch mündliche Verhandlungen über ein Ablehnungsgesuch gegen einen erkennenden Richter nicht öffentlich (arg. § 27 Abs. 2 StPO; BGH NStZ 1996, 398, 399). Der Einzug des Gerichts, die Vorführung und das Abtreten des Angeklagten finden außerhalb der Hauptverhandlung statt und sind deshalb ebenfalls nicht notwendig öffentlich (zur Medienöffentlichkeit Rdn. 25). Auch Sitzungspausen zählen nicht zur Hauptverhandlung. Die Beratung und die Abstimmung vor einer Entscheidung sind **notwendig geheim** (§ 193 Abs. 1 GVG). 4

Weiterhin nicht notwendig öffentlich sind alle Verfahrenshandlungen, die zwar regelmäßig in öffentlicher Hauptverhandlung erfolgen, aber auch außerhalb der Hauptverhandlung vorgenommen werden dürfen oder abgeändert werden können (BGH NStZ 2002, 106, 107; NJW 2003, 2761). Eine während des Ausschlusses der Öffentlichkeit erfolgte Ankündigung eines Fortsetzungstermins verletzt daher § 169 Satz 1 GVG ebenso wenig, wie die Entgegennahme eines Ablehnungsgesuchs (BGH NStZ 1996, 398). 5

II. Ausnahmen und Erstreckungen. Allgemeine Ausnahmen vom Grundsatz der notwendigen Öffentlichkeit der Hauptverhandlung vor dem erkennenden Gericht ergeben sich für das jugendgerichtliche Verfahren aus den **§§ 48, 104 Abs. 2, 109 Abs. 1 Satz 4 JGG.** 6

Die Grundsätze des § 169 GVG gelten entsprechend für die Auslosung der Reihenfolge der Hauptschöffen bei den Amts- und LG nach den §§ 45 Abs. 2 Satz 1, 77 Abs. 1 GVG (BVerfG NJW-RR 2006, 1653; BGH NStZ 1984, 89). 7

C. Die inhaltliche Ausgestaltung des Öffentlichkeitsgrundsatzes. I. Zugänglichkeit für jedermann. Öffentlichkeit des Verfahrensganges bedeutet Zugänglichkeit für jedermann. Eine Verhandlung ist daher öffentlich, wenn jeder beliebige Bürger von Zeit und Ort einer Verhandlung ohne große Schwierigkeiten Kenntnis erlangen kann und ihm i.R.d. tatsächlichen Gegebenheiten der Zutritt eröffnet wird (BVerfG NJW-RR 2006, 1653; NJW 2002, 814; BGHSt 5, 75, 33; 22, 297, 299; NStZ 2004, 510, 511). Dabei kommt es nicht darauf an, ob tatsächlich Zuhörer zugegen sind (BGHSt 5, 75, 83). Das Verfahren selbst ist allein nach Maßgabe der hierfür gültigen Regeln und Grundsätze zu betreiben. Das Öffentlichkeitsprinzip setzt weiter voraus, dass eine hinreichend große Anzahl von Personen Zutritt zu der Verhandlung erhalten kann. Die Zahl der für das Publikum zur Verfügung stehenden Plätze muss daher so groß sein, dass die anwesenden Zuhörer noch als eine Repräsentanz der Allgemeinheit angesehen werden können (BGHSt 5, 75, 83; BayObLG NJW 1982, 395; Meyer-Goßner/*Schmitt* § 169 GVG Rn. 4). Sofern dies gewährleistet ist, kann daher auch im Dienstzimmer des Richters verhandelt werden (vgl. BAG NJW 2016, 3611 Rn. 6). 8

II. Information über Zeit und Ort. Wann dem Informationsbedürfnis der Öffentlichkeit über Zeit und Ort einer Verhandlung Genüge getan ist, bestimmt sich nach den Umständen des Einzelfalls (BGH NStZ 1981, 31; OLG Hamm, NZV 2001, 390, 391). Dabei wird das Öffentlichkeitsgebot grds. nicht verletzt, wenn Besucher über die präsenten Informationen hinaus zusätzliche Erkundigungen einholen müssen (BGH NStZ 82, 476; 84, 470; BayObLG NStZ-RR 2001, 49, 51). Fehlerhafte Informationen (Bsp. unrichtige Benennung des Sitzungssaals) verletzen das Öffentlichkeitsgebot nur dann, wenn sie unter den gegebenen Umständen tatsächlich irreführend sind und von den Empfängern nicht durch zumutbare Erkundigungen ausgeglichen werden können, sodass von einer faktischen Beschränkung der Öffentlichkeit auszugehen ist (vgl. BGH StV 2016, 621 mwN.). Unrichtige Ortsangaben in Ladungsverfügungen tangieren den Öffentlichkeitsgrundsatz nicht (vgl. OLG Hamm 26.02.2015 – 5 RVs 7/15, Rn. 9 f.). Gleiches gilt für fehlerhafte Angaben auf der Website des Gerichtes (BGH 24.08.2021 – 3 StR 193/21, Rn. 4). 9

1. Verhandlungen im Gerichtsgebäude. Bei Verhandlungen im Gerichtsgebäude ist es in der Regel ausreichend, wenn sich am Sitzungssaal ein Aushang befindet, dem entnommen werden kann, welche Verhandlung in diesem Saal stattfindet (BVerfG NJW-RR 2006, 1653 [Schöffenauslosung]; BGH 24.08.2021 – 3 StR 193/21, Rn. 4; KK-StPO/*Diemer* § 169 GVG Rn. 7; *Katholnigg* § 169 GVG Rn. 3). Ein allgemeiner 10

Grundsatz, dass der Aushang bereits einige Zeit vor Beginn der Sitzung angebracht werden müsste, besteht nicht und lässt sich auch verfassungsrechtlich nicht begründen (BVerfG NJW-RR 2006, 1653 f.). Eine Übersichtstafel im Eingangsbereich des Gerichtsgebäudes oder eine Aufstellung auf der Website des Gerichtes, die Auskunft über die Sitzungen eines jeden Tages geben, ist nicht erforderlich (LR/*Wickern* § 169 GVG Rn. 23; a.A. Kissel/*Mayer* § 169 Rn. 47). Verlegungen innerhalb des Gerichtsgebäudes sind durch einen Aushang an dem ursprünglich vorgesehenen Saal (BAG NJW 2016, 3611 Rn. 11; OLG Dresden StV 2009, 682; OLG Hamburg VRS 24, 437, 438) und an dem neuen Sitzungssaal kenntlich zu machen (OLG Koblenz NZV 2011, 266; Kissel/*Mayer* § 169 Rn. 49; a.A. LR/*Wickern* § 169 GVG Rn. 23). In kleinen Gerichtsgebäuden mit nur wenigen Sitzungssälen oder bei einem Wechsel in einen benachbarten Sitzungssaal kann ein Aushang an dem ursprünglich vorgesehenen Saal entbehrlich sein (vgl. OLG Koblenz NZV 2011, 266). Ist eine Verlegung in einen anderen Saal nicht erkennbar und deshalb eine Teilnahme an der Verhandlung nicht ohne Weiteres möglich, ist Abs. 1 Satz 1 verletzt (OLG Düsseldorf 05.09.2018 – 18 U 46/17, Rn. 20).

11 **2. Termine außerhalb des Sitzungsgebäudes.** Finden Termine außerhalb des Sitzungsgebäudes statt (Bsp. Ortstermin; Vernehmung eines immobilen Zeugen) ist die Öffentlichkeit in der Regel hinreichend informiert, wenn durch Aushänge am Sitzungssaal und an dem abweichenden Verhandlungsort auf den Termin hingewiesen wird (BGH NStZ 2002, 46; OLG Köln NStZ-RR 1999, 335; OLG Hamm NJW 1976, 122; vgl. dazu auch BVerwG BauR 2012, 1097). In der Regel wird es bereits ausreichend sein, wenn in der Sitzung ein mündlicher Hinweis auf den abweichenden Verhandlungsort ergeht und sich nur am Sitzungssaal ein entsprechender Aushang befindet (BGH NStZ-RR [B] 2006, 257, 261; NStZ 1981, 311; OLG Saarbrücken NStZ-RR 2008, 50, 51). Findet ein Ortstermin im Freien statt (Bsp. Besichtigung von Unfall- oder Tatorten), ohne dass die Lokalität genau bezeichnet werden kann, ist dem Öffentlichkeitsgebot Genüge getan, wenn am Sitzungssaal ein schriftlicher Hinweis angebracht ist und ein Treffpunkt angegeben wird (BayObLG NStZ-RR 2001, 49, 51). Wird eine Sitzung kurzfristig und nur für kurze Zeit an einem anderen Ort fortgesetzt (Bsp. Besichtigung eines Fahrzeugs vor dem Gerichtsgebäude), kann im Einzelfall sogar ein schriftlicher Hinweis am Sitzungssaal entbehrlich sein. Gleiches gilt, wenn die Fortsetzung an einem anderen Ort zu einem Zeitpunkt beschlossen wird, in dem nicht mehr damit zu rechnen ist, dass sich außerhalb des Sitzungssaals noch interessierte Zuhörer befinden (vgl. BGH NStZ 1981, 311). Entscheidend sind stets die besonderen Umstände des Einzelfalls (vgl. BGH 10.06.1975 – 1 StR 184/75). Muss eine außerhalb des Gerichtsgebäudes stattfindende Augenscheineinnahme kurzfristig an einen nahe gelegenen anderen Ort verlegt werden, ist es ausreichend, wenn die neue Lokalität von später eintreffenden Besuchern erfragt werden kann (BGH NStZ 1984, 470). Setzt das Gericht die Hauptverhandlung nach einem Ortstermin nicht in seinem Gerichtsgebäude, sondern in einem nahegelegenen AG oder einer anderen Räumlichkeit fort, ist hierauf im Ortstermin und durch einen Aushang am externen Sitzungsort hinzuweisen (OLG Koblenz VRS 67, 248, 249). Ein Hinweis auch an dem Sitzungssaal im Gerichtsgebäude ist nicht zwingend geboten (BGH v. 14.01.1976 – 2 StR 426/75; GA 81, 126, 127 f.; a.A. LR/*Wickern* § 169 GVG Rn. 29).

12 **3. Terminänderungen.** Werden nach der öffentlichen Mitteilung eines Termins Änderungen erforderlich, können diese ohne Rücksicht auf die abweichende Mitteilung vorgenommen werden. Das Vertrauen in den Bestand einer Terminsankündigung wird durch den Öffentlichkeitsgrundsatz nicht geschützt (BGH NStZ 1984, 134, 135; NStZ-RR [C] 2009, 33, 36; KK-StPO/*Diemer* § 169 GVG Rn. 7; krit. LR/*Wickern* § 169 GVG Rn. 22).

13 **III. Gewährung und Beschränkung des Zutritts.** Der **Zutritt** zu einer Verhandlung ist eröffnet, wenn der Verhandlungsort während der Dauer der Verhandlung ungehindert aufgesucht werden kann (BGH NStZ 2004, 510, 511; BVerwGE 111, 61). Hierfür hat das Gericht im Rahmen seiner Möglichkeiten Sorge zu tragen. Einschränkungen, die sich aus Umständen ergeben, die außerhalb des Einwirkungsbereiches des Gerichts liegen, müssen daher grds. hingenommen werden (BGHSt 21, 72; 22, 297, 301).

14 Zutritt ist nur insoweit zu gewähren, als dies die **räumlichen und örtlichen Verhältnisse** zulassen (BGH NJW 2006, 1220, 1221). Ist mit einem großen Zuhörerandrang zu rechnen, muss unter den geeigneten Sitzungssälen der größte zur Verfügung stehende Saal gewählt werden. Eine Verpflichtung justizfremde Räume anzumieten, besteht nicht (Meyer-Goßner/*Schmitt* § 169 GVG Rn. 5; a.A. für extreme Ausnahmefälle *Seibert*, NJW 1970, 1535; LR/*Wickern* § 169 GVG Rn. 10). Sind alle vorhandenen Zuhörerplätze belegt und ist deshalb weiteren Interessenten der Zutritt nicht mehr möglich, wird dadurch der Öffentlichkeitsgrundsatz nicht verletzt. Auf den Zuhörerplätzen aufgrund der allgemeinen baulichen Gegebenheiten bestehende Sicht- und Hörbeschränkungen sind hinzunehmen. Es ist daher auch unschädlich, wenn in Augenschein genommene Objekte oder einzelne Äußerungen von Verfahrensbeteiligten im Publikum nicht wahrgenommen werden können (BGH NStZ [M/K] 1991, 121, 122).

Bei **Verhandlungen außerhalb des Gerichtsgebäudes**, stellen die durch die vorgefundenen örtlichen Verhältnisse begründeten tatsächlichen Zutrittsbeschränkungen (Bsp. Verhandlung auf dem Randstreifen einer Autobahn [OLG Köln NJW 1976, 637]) die Einhaltung des Öffentlichkeitsgrundsatzes ebenfalls nicht infrage (st. Rspr., vgl. BGHSt 5, 75, 83; 21, 72, 73; 40, 191; RGSt 52, 137). Gleiches gilt aber auch, wenn rechtliche Gegebenheiten bestehen, die das Gericht daran hindern, die Öffentlichkeit des Verfahrens zu wahren (BGHSt 40, 191). Unterliegt der externe Verhandlungsort etwa fremdem Hausrecht und lässt der Hausrechtsinhaber nicht (Bsp. bei Verhandlung in einem militärischen Sicherheitsbereich oder in einem gefährlichen Betrieb) oder nur willkürlich eingeschränkt Publikum zu (differenzierend *Lilie* NStZ 1993, 121), liegt keine Verletzung von § 169 GVG vor, weil das Gericht die sich ihm stellenden Hindernisse nicht beseitigen kann (BGHSt 40, 191; NStZ-RR 2000, 366). Dies gilt auch dann, wenn der Hausrechtsinhaber der Angeklagte ist. Eines Gerichtsbeschlusses, mit dem der sich aus den tatsächlichen oder rechtlichen Hindernissen ergebende Öffentlichkeitsausschluss angeordnet oder festgestellt wird, bedarf es nicht (BGH NStZ-RR 2000, 366; MüKo-StPO/*Kulhanek* § 169 GVG Rn. 16). Eine Verpflichtung die Öffentlichkeit in der nächsten Sitzung über die nur eingeschränkt oder nicht öffentlich durchgeführten Verhandlungsteile zu unterrichten, besteht nicht (BGHSt 40, 191, 194). Allerdings ist das Gericht gehalten, seine Verhandlung an einer die Öffentlichkeit unabwendbar beschränkenden Örtlichkeit auf die Vorgänge zu beschränken, die Anlass gegeben haben, an diesem Ort zu verhandeln (vgl. BGHSt 5, 75). Danach ist die Verhandlung an einem Ort fortzusetzen, an dem das Öffentlichkeitsgebot gewahrt werden kann (OLG Köln, NJW 1976, 637). 15

Von nachgeordneten Justizorganen verschuldete Beschränkungen der Öffentlichkeit (Bsp. Abschließen des Gerichtsgebäudes bei Dienstschluss trotz noch laufender Hauptverhandlung) führen nur dann zu einem Revisionsgrund i.S.d. §§ 169 Satz 1 GVG, 338 Nr. 6 StPO, wenn sie dem Gericht bekannt waren oder bei umsichtiger Ausübung der Verhandlungsleitung bekannt sein mussten (BGHSt 21, 72, 74; 22, 297, 299; NStZ 1995, 143; OLG Saarbrücken NStZ-RR 2008, 50, 51; Einzelheiten Rdn. 62 ff. zu § 338 StPO). 16

IV. Zugänglichkeit für jedermann. Eine Verhandlung ist **für jedermann zugänglich**, wenn es keine Zugangsbeschränkungen gibt, die einzelne Personen oder Personengruppen generell ausschließen (BVerfG NJW 2012, 1863, 1864; vgl. BGHSt 27, 13, 15). Stehen im Sitzungssaal oder an dem anderweitigen Verhandlungsort nicht genügend Plätze für alle Interessenten zur Verfügung, ist eine Auswahlentscheidung zu treffen. Diese Entscheidung muss Kriterien folgen, die prinzipiell von jedem Bürger erfüllt werden können und nicht zu einer Auswahl der Zuhörerschaft nach bestimmten persönlichen Merkmalen führen (BVerfG NJW 2012, 1863, 1864; BGHSt 27, 13, 14). Bei einer Entscheidung nach dem Reihenfolgeprinzip ist der Öffentlichkeitsgrundsatz daher immer gewahrt (LR/*Wickern* § 169 GVG Rn. 14). Seine Anwendung ist jedoch nicht zwingend. Soweit andere Auswahlkriterien herangezogen werden, kommt es entscheidend darauf an, dass der Zugang nicht von persönlichen Eigenschaften abhängig gemacht wird. Denkbar ist daher auch ein Verfahren, bei dem das Zufallsprinzip (Bsp. Losverfahren) über den Zugang entscheidet (BGH NJW 2006, 1220, 1222). Eine Vergabe von Einlasskarten ist zulässig. Diese sind dann jedoch ebenfalls nach dem Reihenfolge- oder dem Zufallsprinzip auszugeben. Eine Platzreservierung für interessierte Personengruppen, wie etwa Schulklassen, ist unschädlich, solange für das allgemeine Publikum Plätze in ausreichender Zahl verbleiben (LR/*Wickern* § 169 GVG Rn. 14). Zu den sog. Presseplätzen s. § 176 Rdn. 12. 17

D. Einschränkungen der Öffentlichkeit zur Verfahrenssicherung. I. Sitzungspolizeiliche Maßnahmen. Die ungestörte Durchführung der Verhandlung ist ebenso bedeutsam, wie der Grundsatz der Öffentlichkeit (BVerfGE 103, 44, 68 ff.; BGHSt 24, 72, 74, 27, 13, 15; 29, 258, 259 ff.; NStZ 1984, 134, 135; NJW 2006, 1220, 1221). Dem Vorsitzenden obliegt es einen störungsfreien Verfahrensgang durch geeignete in seinem pflichtgemäßen Ermessen stehende sitzungspolizeiliche Maßnahmen zu sichern (§ 176 GVG). Soweit das Gerichtsgebäude außerhalb des Sitzungsbereichs betroffen ist, können von dem das Hausrecht ausübenden Präsidenten entsprechende Maßnahmen (Bsp. Sicherheitsverfügung) getroffen werden (BVerfG NJW 2012, 1863, 1864; BGHSt 27, 13, 15). Kommt es dabei zu einem Konflikt mit dem Anspruch der Öffentlichkeit auf einen uneingeschränkten Zugang, müssen die sitzungspolizeiliche und die auf das Hausrecht gestützte Maßnahme in einem angemessenen Verhältnis zu dem mit ihr verfolgten Zweck stehen. Bei der dabei vorzunehmenden Abwägung sind das Ausmaß der abzuwehrenden Störungen, das Gewicht des betroffenen Verhandlungsabschnittes und die Bedeutung des Eingriffs in die Öffentlichkeit der Hauptverhandlung in Betracht zu ziehen (vgl. BVerfG NJW 2012, 1863, 1864; BGH NStZ 2004, 510, 511; OVG Berlin-Brandenburg NJW 2011, 1093). Geringfügige Erschwerungen des Zugangs sind grds. hinzunehmen (BGHSt 24, 72, 74). Keinesfalls dürfen Sicherheitsmaßnahmen so gestaltet sein, dass dadurch einzelnen Personengruppen generell der Zutritt verwehrt wird (vgl. BGHSt 27, 13, 15). 18

19 **II. Zeitlich begrenzte Zugangsbeschränkungen.** Zeitlich umgrenzte Zugangsbeschränkungen während der laufenden Sitzung sind zulässig, wenn nur so ein wichtiger Verfahrensabschnitt von unzumutbaren Störungen freigehalten werden kann. § 169 Satz 1 ist daher nicht verletzt, wenn der Vorsitzende ein Betreten oder Verlassen des Sitzungssaals während der Bekanntgabe der Urteilsgründe untersagt (BGHSt 24, 72, 74). Dagegen dürfte die für einen ganzen Sitzungstag geltende Anordnung den Sitzungssaal nur in den Pausen betreten oder verlassen zu können, unzulässig sein (BGH NStZ 2004, 510, 511).

20 **III. Kontrollen.** Verzögerungen und Beschwernisse durch nach § 176 oder von dem Hausrechtsinhaber zulässig angeordnete Kontrollen (z.B. Ausweiskontrollen, körperliche Durchsuchungen etc.) stellen keine ungerechtfertigten Zugangsbeschränkungen dar (BGHSt 27, 13, 15 f.;). Dies gilt auch für eine allgemeine Videoüberwachung des Eingangsbereichs zu den Sitzungssälen (a.A. VG Wiesbaden MDR 2010, 770) Soweit dadurch psychische Hemmschwellen entstehen, sind diese hinzunehmen (BGH NJW 1980, 249). Allerdings ist das Gericht gehalten, bei Verzögerungen durch Kontrollmaßnahmen mit dem Beginn der Hauptverhandlung so lange zu warten, bis allen rechtzeitig erschienenen Besuchern der Zutritt zum Sitzungssaal gewährt worden ist (BGHSt 28, 341; 29, 258; NStZ 1995, 181, 182). Diese Wartepflicht besteht bei der Fortsetzung der Verhandlung nach einer Unterbrechung und bei Folgeterminen nicht mehr (BGHSt. 29, 258, 261). Auch auf nach der angesetzten Terminstunde erscheinende Zuschauer braucht nicht gewartet zu werden (BGHSt. 28, 341).

21 **IV. Ausschluss von Zuhörern.** Kommt ein Zuschauer als Zeuge in Betracht, kann er vom Vorsitzenden nach § 58 Abs. 1 StPO zum Verlassen des Sitzungssaals aufgefordert werden. Eine Befugnis zur Abweisung oder Ausschließung einzelner Zuhörer kann sich außerdem aus den §§ 175 Abs. 1, 176 (Rdn. 9), 177 Satz 1 ergeben. Zum Ausschluss einzelner Zuhörer nach § 176, dort Rdn. 16. Der Ausschluss der Öffentlichkeit ist in den §§ 171a bis 172 geregelt. Ist die Entfernung eines Zuschauers von diesen Vorschriften nicht gedeckt, liegt ein Verstoß gegen § 169 vor (BGH NStZ 2001, 163; StV 2003, 659). Verlässt ein Zuschauer **freiwillig** auf eine mit sachbezogener Begründung ausgesprochene Bitte des Vorsitzenden den Sitzungssaal, wird der Öffentlichkeitsgrundsatz hierdurch nicht berührt (BGH NJW 1989, 465; NStZ 1999, 426). Anders liegt es, wenn die »Bitte« in Wahrheit den Charakter einer Anordnung hat. Dies wird regelmäßig der Fall sein, wenn für den Weigerungsfall eine Ausschließung in den Raum gestellt wird (vgl. BGH NStZ 1999, 426). Da bei einer vom Vorsitzenden angetragenen Bitte stets die Gefahr besteht, dass sich ein Zuhörer nur der dahinter stehenden Autorität des Gerichts beugt und den Saal unfreiwillig verlässt, sollte eine solche Bitte stets mit dem unmissverständlichen und im Protokoll vermerkten Hinweis verknüpft sein, dass es keine Pflicht zum Verlassen des Saales gibt und ohne einen Nachteil befürchten zu müssen im Saal verblieben werden kann (vgl. BGH NJW 1963, 166, 167; NStZ 1993, 450). Besser ist es, auf derartige gesetzesferne »Bitten« ganz zu verzichten.

22 **E. Verbot von Rundfunk- und Fernsehaufnahmen (Abs. 1 Satz 2).** Nach Satz 2 sind zur Veröffentlichung bestimmte **Rundfunk- und Fernsehaufnahmen in der Hauptverhandlung** (Rdn. 3) untersagt. Die Vorschrift entspricht der Verfassung (BVerfGE 103, 44, 66 ff.; zust. *Huff*, NJW 2001, 1622; krit. *Zuck*, NJW 2001, 1623; zur Vorgeschichte *v. Coelln*, S. 302 ff.; *Kuß*, S. 123 ff.; *Fink*, S. 131 ff. m.w.N.). Ausnahmen sind selbst dann nicht erlaubt, wenn alle Beteiligten einwilligen (BVerfGE 103, 44, 70 f.; BGHSt. 22, 83, 85). Ob und inwieweit die Vorschrift einer Übertragung der Verhandlung in einen weiteren Sitzungssaal entgegensteht, ist streitig. Richtigerweise wird man annehmen müssen, dass auch eine Anfertigung von Ton-, Fernseh- und Filmaufnahmen zur Vorführung vor einem Publikum, dass zeitgleich im selben Gerichtsgebäude in einem anderen Sitzungssaal sitzt, dem Verbot des S. 2 unterfällt (a.A. SK-StPO/*Velten* § 169 GVG Rn. 37). Die permanente »Abfilmung« für ein unsichtbares Publikum beeinträchtigt die Authentizität des Verhaltens der Verfahrensbeteiligten und schadet damit der Wahrheitsfindung (vgl. BT-Drs. IV/178, S. 45; BGHSt 16, 111, 113 f.; *Fink*, S. 133 f.). Dieser Effekt tritt unabhängig davon ein, ob sich das »zugeschaltete« Publikum in einem Kino- oder einem (umfunktionierten) Sitzungssaal befindet. Ihn zu vermeiden, war eines der erklärten Ziele bei der Einführung der Verbotsnorm in S. 2 (BT-Drs. IV/178, S. 45).

23 **Außerhalb der Hauptverhandlung** (auf den Gerichtsfluren, vor und nach der Verhandlung, in Sitzungspausen, Rdn. 4 a.E.) sind Aufnahmen grds. zulässig (BGHSt 13, 123, 125), können aber nach § 176 oder in Ausübung des Hausrechts beschränkt werden (*v. Coelln*, S. 328; *Kuß*, S. 226; LR/*Wickern* § 169 GVG Rn. 53, Einzelheiten unter Rdn. 13 ff. zu § 176).

24 **Einfache Bildaufnahmen** werden von Satz 2 nicht erfasst (*Lehr* NStZ 2001, 63, 64). Insoweit gelten die allgemeinen Regeln der §§ 22, 23 KUG; Beschränkungen sind nach § 176 (dort Rdn. 16.) oder in Ausübung des Hausrechts möglich.

Nicht zur Veröffentlichung außerhalb einer Gerichtsverhandlung bestimmte Ton- und Bildaufzeichnungen etwa durch das Gericht, Verteidiger oder die StA werden durch Satz 2 ebenfalls nicht ausgeschlossen (LR/*Wickern* § 169 GVG Rn. 44; SK-StPO/*Velten* § 169 GVG Rn. 38; *Fink*, S. 137). Sie können zu Beweis- (§§ 58a, 168e Satz 2, 247a StPO) oder nach § 238 Abs. 1 StPO (dort Rdn. 12) zu anderen Verfahrenszwecken angeordnet bzw. zugelassen werden (vgl. BGH NJW 1997, 66; OLG Bremen NStZ 2007, 481). 25

F. Die Tonübertragung in einen Arbeitsraum für Medienvertreter (Abs. 1 Sätze 3 – 5). Bei der Zulassung der Tonübertragung in einen Medienarbeitsraum soll es sich nicht um eine Erweiterung der Saalöffentlichkeit handeln, sondern lediglich um eine Arbeitserleichterung für Medienvertreter (vgl. BT-Drs. 18/10144, 18, 27; MüKo-StPO/*Kulhanek* GVG § 169 Rn. 56: *»legalisierte Tonaufnahme zur medienöffentlichen Vorführung«)*. Das in Abs. 1 Satz 2 aufgestellte Verbot der Tonaufzeichnung zu Zwecken der Veröffentlichung bleibt bestehen und gilt auch im Medienarbeitsraum (Abs. 1 Satz 5). Die Entscheidung steht im Ermessen des Gerichts (Meyer-Goßner/*Schmitt* § 169 GVG Rn. 18; KK-StPO/*Diemer* § 169 GVG Rn. 11b). Ist eine Zulassung der Tonübertragung erfolgt, kann diese unter den Voraussetzungen von Abs. 1 Satz 4 in der Folge wiederum teilweise untersagt werden. 26

Unklar ist, ob der Medienarbeitsraum der sitzungspolizeilichen Gewalt des Vorsitzenden (§ 176 GVG) unterliegt. Dies dürfte entgegen der Entwurfsbegründung (vgl. BT-Drs. 18/10144, 27) und der h.M. (vgl. MüKo-StPO/*Kulhanek* GVG § 169 Rn. 63; KK-StPO/*Diemer* § 169 GVG Rn. 11a), die die Aufrechterhaltung der Ordnung dem Hausrecht des Gerichtspräsidenten zuweisen wollen, zu bejahen sein. Auch wenn es sich bei dem Medienarbeitsraum nicht um Saalöffentlichkeit handelt, besteht ein unmittelbarer Bezug zur Hauptverhandlung und den dortigen Abläufen. Im Medienarbeitsraum begangene Verstöße gegen Abs. 1 Satz 2 durch heimliche Mitschnitte oder ein § 243 Abs. 2 StPO widersprechender Transfer von Inhalten an noch zu vernehmende Zeugen stören das Verhandlungsgeschehen in gleicher Weise wie entsprechende Verstöße in und um den Sitzungssaal. 27

G. Ton- und Filmaufnahmen zu wissenschaftlichen und historischen Zwecken (Abs. 2). Die Vorschrift ermöglicht in Einzelfällen die akustische (nicht auch visuelle) Dokumentation von Verfahren mit herausragender zeitgeschichtlicher Bedeutung. Diese darf jedoch nur zu wissenschaftlichen und historischen Zwecken erfolgen. Eine Dokumentation auch zu anderen Zwecken ist von Abs. 2 nicht gedeckt. Die Aufnahmen sind durch das Gericht selbst anzufertigen (MükoStPO/*Kulhanek* GVG § 169 Rn. 65). Die Entscheidung steht im pflichtgemäßen Ermessen (KK-StPO/*Diemer* GVG § 169 Rn. 16). Sie ergeht durch einen unanfechtbaren Beschluss (Abs. 4). 28

Nach Abs. 2 Satz 3 dürfen die Aufnahmen nicht zur Akte genommen, nicht herausgegeben und nicht zu Verfahrenszwecken genutzt werden. Dies gilt auch für andere Verfahren. Die Aufzeichnungen unterliegen deshalb nicht dem Akteneinsichtsrecht und sind auch nicht beiziehbar. Beweisanträge, die auf eine Verwertung der Aufzeichnungen gerichtet sind, sind unzulässig (§ 244 Abs. 3 S. 1 StPO). Danach dürfte auch eine Beschlagnahme – etwa zum Nachweis einer Straftat in der Sitzung – ausgeschlossen sein. Eine Nutzung durch das Gericht (MükoStPO/*Kulhanek* GVG § 169 Rn. 67) oder im Rechtsmittelverfahren kommt ebenfalls nicht in Betracht. 29

H. Medienöffentliche Entscheidungsverkündung durch den Bundesgerichtshof (Abs. 3). Bei der Zulassung von Ton- und Bildaufnahmen von der Verkündung von Entscheidungen des Bundesgerichtshofs handelt es sich um eine Ausnahme von Abs. 1 Satz 2. Wird die Medienübertragung nicht zugelassen, bleibt es beim gesetzlichen Regelfall, ohne dass es einer gesonderten Entscheidung hierzu bedürfte (BT-Drs. 18/10144, S. 29). Fraglich ist, ob Medienvertretern oder den Verfahrensbeteiligten ein Antragsrecht zusteht und ob entsprechende Anträge durch einen Beschluss zu bescheiden sind. Dies dürfte zu verneinen sein (vgl. KK-StPO/*Diemer* GVG § 169 Rn. 73). Vor einer Zulassungsentscheidung sind die Verfahrensbeteiligten aber zu hören. 30

Voraussetzung für eine Zulassung ist, dass es sich um einen **besonderen Fall** handelt. Dabei sind das Informationsinteresse der Öffentlichkeit **an dem gerichtlichen Verfahren** und die schutzwürdigen Interessen der Beteiligten gegeneinander abzuwägen (vgl. BGH NStZ-RR 2018, 257, 258; Beschl. v. 09.01.2019 – 1 StR 347/18; BT-Drs. 18/10144, S. 17). Dabei soll sich die Annahme eines besonderen Falls schon aus der intensiven Medienberichterstattung im Vorfeld ergeben können (vgl. BVerwG v. 13.03.2019 – 9 C 4.18). Gegen eine Zulassung kann insb. der Schutz der Persönlichkeitsrechte der Beteiligten sprechen (vgl. BGH NStZ-RR 2018, 257, 258). Dem Umstand, dass in der Vorinstanz teilweise unter Ausschluss der Öffentlichkeit verhandelt worden ist, kann dabei eine indizielle Bedeutung zukommen. 31

Die Entscheidung steht im Ermessen des Gerichts. Nach Abs. 3 Satz 2 können die Aufnahmen oder deren Übertragung teilweise untersagt oder von der Einhaltung von Auflagen abhängig gemacht werden (vgl. dazu 32 die Teiluntersagung und die Auflagen in BGH v. 09.05.2018 – 1 StR 159/17 [insoweit in NStZ-RR 2018, 257 nicht abgedruckt]).

33 **I. Heilung von Fehlern, Beurkundung und Revision.** Während der Hauptverhandlung bemerkte gesetzeswidrige Beschränkungen der Öffentlichkeit können durch eine Wiederholung des betroffenen Verfahrensabschnittes geheilt werden (Kissel/*Mayer* § 169 Rn. 61). Zu Protokoll und Revision s. Rdn. 1 ff. zu § 272 und Rdn. 1 ff. zu § 338 StPO. **Sollen** tatsächliche Gegebenheiten **(Informationsmängel, faktische Zugangsbeschränkungen etc.) als Verletzung des Öffentlichkeitsgrundsatzes mit der Revision geltend gemacht werden, bedarf es nach § 344 Abs.** 2 **Satz 2 StPO stets** näherer Darlegung, warum diese Umstände zu einem Zugangshindernis geführt haben. Dies gilt insb. dann, wenn der Sitzungssaal oder externe Ort der Hauptverhandlung von Zuhörern erreicht wurde (vgl. BGH StV 2016, 621; NStZ 2012, 173; NJW 1980, 249). Des Weiteren ist tatsachengestützt darzulegen, dass das Gericht das faktische Hindernis, dass die Teilnahme der Öffentlichkeit an der Hauptverhandlung beeinträchtigt haben könnte, auch **bemerkt hat** oder **bei Anwendung der gebotenen Sorgfalt und Umsicht hätte bemerken müssen** (BGH StV 2016, 621; NStZ 2012, 173; BGHSt 22, 297, 301).

34 Nach Abs. 4 sind die Beschlüsse gem. Abs. 1 bis 3 unanfechtbar. Damit sind nach § 336 Satz 2 auch hierauf gestützte Rügen im Revisionsverfahren ausgeschlossen (KK-StPO/*Diemer* § 169 Rn. 21)

§ 171a [Ausschluss der Öffentlichkeit]

Die Öffentlichkeit kann für die Hauptverhandlung oder für einen Teil davon ausgeschlossen werden, wenn das Verfahren die Unterbringung in einem psychiatrischen Krankenhaus oder einer Entziehungsanstalt, allein oder neben einer Strafe, zum Gegenstand hat.

1 Ein Öffentlichkeitsausschluss nach § 171a kommt stets in Betracht, wenn im Sicherungsverfahren (§§ 413, 414 Abs. 1 StPO) über einen Antrag der StA auf selbstständige Anordnung einer Maßregel nach den §§ 63, 64, 71 Abs. 1 StGB verhandelt wird. Er ist auch dann möglich, wenn sich im Strafverfahren greifbare Anhaltspunkte für die Anordnung einer Maßregel nach den §§ 63, 64 StGB allein oder neben Strafe ergeben. Dies ist in der Regel der Fall, wenn die Voraussetzungen für die Hinzuziehung eines Sachverständigen nach § 246a Satz 1 u. 2 StPO vorliegen (Kissel/*Mayer* § 171a Rn. 5). Ist lediglich die Schuldfähigkeit zu erörtern, ist nicht § 171a, sondern nur § 172b anwendbar. Ein Ausschluss der Öffentlichkeit während der Urteilsverkündung kann nicht auf § 171a, wohl aber auf § 173 Abs. 2 iVm. § 171b oder § 172 gestützt werden (*arg. e contrario*)

2 Ob und inwieweit ein Ausschluss erfolgt, steht im pflichtgemäßen nicht an Anträge gebundenen **Ermessen** des Gerichts. Wird die Öffentlichkeit ausgeschlossen, obwohl die Voraussetzungen des § 171a nicht vorlagen oder das Ermessen auf Null reduziert war, gilt § 338 Nr. 6 StPO. Die Ablehnung eines beantragten Ausschlusses kann bei einer – nur in Ausnahmefällen in Betracht kommenden – Ermessensreduktion auf Null ein relativer Revisionsgrund sein und u.U. eine Aufklärungsrüge begründen. Dabei ist gem. § 344 Abs. 2 Satz 2 StPO konkret darzulegen, zu welchen weitergehenden Erkenntnissen die Hauptverhandlung geführt hätte, wenn die Öffentlichkeit ausgeschlossen worden wäre (BGH NStZ 1998, 586).

§ 171b [Ausschluss der Öffentlichkeit zum Schutz der Privatsphäre]

(1) Die Öffentlichkeit kann ausgeschlossen werden, soweit Umstände aus dem persönlichen Lebensbereich eines Prozessbeteiligten, eines Zeugen oder eines durch eine rechtswidrige Tat (§ 11 Absatz 1 Nummer 5 des Strafgesetzbuchs) Verletzten zur Sprache kommen, deren öffentliche Erörterung schutzwürdige Interessen verletzen würde. Das gilt nicht, soweit das Interesse an der öffentlichen Erörterung dieser Umstände überwiegt. Die besonderen Belastungen, die für Kinder und Jugendliche mit einer öffentlichen Hauptverhandlung verbunden sein können, sind dabei zu berücksichtigen. Entsprechendes gilt bei volljährigen Personen, die als Kinder oder Jugendliche durch die Straftat verletzt worden sind.

(2) Die Öffentlichkeit soll ausgeschlossen werden, soweit in Verfahren wegen Straftaten gegen die sexuelle Selbstbestimmung (§§ 174 bis 184k des Strafgesetzbuchs) oder gegen das Leben (§§ 211 bis 222 des Strafgesetzbuchs), wegen Misshandlung von Schutzbefohlenen (§ 225 des Strafgesetzbuchs) oder wegen Straftaten gegen die persönliche Freiheit nach den §§ 232 bis 233a des Strafgesetzbuchs ein Zeuge unter 18 Jahren vernommen wird. Absatz 1 Satz 4 gilt entsprechend.

(3) Die Öffentlichkeit ist auszuschließen, wenn die Voraussetzungen der Absätze 1 oder 2 vorliegen und der Ausschluss von der Person, deren Lebensbereich betroffen ist, beantragt wird. Für die Schlussanträge in Verfahren wegen der in Absatz 2 genannten Straftaten ist die Öffentlichkeit auszuschließen, ohne dass es

eines hierauf gerichteten Antrags bedarf, wenn die Verhandlung unter den Voraussetzungen der Absätze 1 oder 2 oder des § 172 Nummer 4 ganz oder zum Teil unter Ausschluss der Öffentlichkeit stattgefunden hat.
(4) Abweichend von den Absätzen 1 und 2 darf die Öffentlichkeit nicht ausgeschlossen werden, soweit die Personen, deren Lebensbereiche betroffen sind, dem Ausschluss der Öffentlichkeit widersprechen.
(5) Die Entscheidungen nach den Absätzen 1 bis 4 sind unanfechtbar.

Übersicht

A. Allgemeines. Die Vorschrift wurde durch Art. 2 des Gesetzes zur Stärkung der Rechte von Opfern sexuellen Missbrauchs vom 26.06.2013 (BGBl. I 1805) abgeändert. Sie ist dadurch komplizierter und fehleranfälliger geworden. Wie ihre Vorgängerin ermöglicht sie den Ausschluss der Öffentlichkeit zum Schutz des persönlichen Lebensbereiches von Verfahrensbeteiligten. Dabei geht das Gesetz auch weiterhin davon aus, dass der Schutz der Privatsphäre einen Öffentlichkeitsausschluss in der Regel zu rechtfertigen vermag und das Interesse an einer öffentlichen Verhandlung nur in Ausnahmefällen überwiegt. Diese Präferenzentscheidung für die Privatsphäre steht in Übereinstimmung mit Art. 6 Abs. 1 Satz 2 MRK und soll den Persönlichkeitsschutz verbessern (vgl. BT-Drs. 10/5305, S. 23; BGHSt 57, 273, 279; Einzelheiten zur Gesetzgebungsgeschichte bei LR/*Krauß* § 171b GVG [Nachtrag] Rn. 2). In der Folgezeit kam es zu weiteren Änderungen durch Gesetz vom 21.01.2015 (BGBl. I, S. 10), vom 21.12.2015 (BGBl. I, S. 2525), vom 04.11.2016 (BGBl. I, S. 2460) und vom 09.10.2020 (BGBl. I, S. 2075). 1

B. Der Ausschlusstatbestand. Umstände aus dem persönlichen Lebensbereich (Abs. 1 Satz 1) sind alle personenbezogenen Gesichtspunkte, über die ein Mensch nicht ohne Weiteres ggü. unbekannten Dritten Auskunft gibt und die deshalb im Sozialleben üblicherweise auch nicht erfragt werden (*Rieß/Hilger* NStZ 1987, 145, 150; *Graf/Allgayer* § 171b GVG Rn. 1). Der Begriff entspricht § 68a Abs. 1 StPO und ist in gleicher Weise auszulegen (BT-Drs. 10/5305, S. 23). Geschützt sind insb. Tatsachen aus dem Intimbereich und dem inneren Familienleben (vgl. BGHSt 30, 212, 214). Gleiches gilt für den Gesundheitszustand oder religiöse und politische Einstellungen betreffende Umstände. Nicht zum persönlichen Lebensbereich gehören Tatsachen, die das Berufs- und Erwerbsleben betreffen (Meyer-Goßner/*Schmitt* § 171b GVG Rn. 3). 2

Prozessbeteiligte im Sinne dieser Vorschrift sind der Angeklagte, der Nebenkläger, der Privatkläger, die Nebenbeteiligten und der Antragsteller im Adhäsionsverfahren. Als **Zeuge** gilt jede Person, die für eine zeugenschaftliche Einvernahme in Betracht kommen kann. Eine förmliche Ladung braucht noch nicht erfolgt zu sein (BGHSt 60, 58; *Graf/Allgayer* § 171b GVG Rn. 2; Meyer-Goßner/*Schmitt* § 171b GVG Rn. 3; *Mertens* NJW 1980, 2687; a.A. *Sieg* NJW 1980, 379). Ein Öffentlichkeitsausschluss kommt auch dann noch in Betracht, wenn die geschützte Person verstorben ist (KK-StPO/*Diemer* § 171b GVG Rn. 3). 3

Eine **Verletzung schutzwürdiger Interessen durch die öffentliche Erörterung** ist gegeben, wenn der Betroffene bei einem Bekanntwerden der in Rede stehenden Umstände nach objektiven Maßstäben Nachteile zu befürchten hat. Hieran kann es fehlen, wenn die Umstände bereits allgemein bekannt sind oder zu erwarten ist, dass sie von dem Betroffenen selbst zeitnah an die Öffentlichkeit gebracht werden (Bsp.: Ein Zeuge berichtet täglich exklusiv in einer Zeitung über seine Aussage). 4

Die Öffentlichkeit darf nicht ausgeschlossen werden, wenn das **Interesse an einer öffentlichen Erörterung** der Umstände aus dem persönlichen Lebensbereich die verletzten schutzwürdigen Interessen des Betroffenen überwiegt. Bei der Abwägung müssen das durch § 169 GVG geschützte allgemeine Interesse an einer Verfahrensöffentlichkeit und das private Interesse an einem Schutz des persönlichen Lebensbereiches einander gegenübergestellt werden. Dabei hebt das Gesetz in Abs. 1 Satz 3 die besonderen Belastungen, die für Kinder und Jugendliche mit einer öffentlichen Hauptverhandlung verbunden sein können, ausdrücklich hervor. Entsprechendes soll nach Abs. 1 Satz 4 bei volljährigen Personen gelten, die als Kinder oder Jugendliche durch die Straftat verletzt worden sind. In der Regel wird das Interesse an einer öffentlichen Erörterung umso höher anzusetzen sein, je enger der geschützte Umstand in einem Bezug zu der zu verhandelnden Tat steht (*Rüping/Arloth* DB 1984, 1795, 1796; LR/*Wickern* § 171b GVG Rn. 24). Bei der Bewertung sexualbezogener Inhalte ist die fortschreitende Liberalisierung im öffentlichen Umgang mit Details aus dem Intimleben zu berücksichtigen (vgl. BGHSt 38, 248 [250]; NJW 1986, 200). Die Tatsache, dass eine öffentliche Erörterung von Umständen aus dem Intimleben eines Betroffenen eine Verletzung des allgemeinen Schamgefühls besorgen lässt, ist kein Gegenstand der Abwägung. In diesem Fall kann gesondert zu prüfen sein, ob eine Gefährdung der Sittlichkeit vorliegt und deshalb ein Öffentlichkeitsausschluss nach § 172 Nr. 1, 3. Alt. in Betracht kommt. Scheidet ein Vorgehen nach § 171b Abs. 1 aus, bleibt ein Ausschluss nach § 172 Nr. 1, 5

3. Alt. möglich (BGHSt 38, 248. 249; LR/*Wickern* § 172 GVG Rn. 30; vgl. Rdn. 6 zu § 172). Zuletzt wurde die Vorschrift mit Wirkung zum 10.11.2016 erneut geändert (Gesetz vom 04.11.2016 [BGBl. I, S. 2460]).

6 **C. Die Entscheidung über den Ausschluss.** Die Entscheidung ergeht **auf Antrag oder von Amts** wegen. Die Staatsanwaltschaft kann gehalten sein, einen entsprechenden Antrag zu stellen (vgl. Nr. 131a RiStBV). Der Ausschluss der Öffentlichkeit steht grundsätzlich im **pflichtgemäßen Ermessen** des Gerichts und kann in der Hauptverhandlung jederzeit angeordnet werden. Wird in einem Verfahren wegen der in Abs. 2 Satz 1 genannten Straftaten ein Zeuge unter 18 Jahren vernommen, soll ein Ausschluss angeordnet werden.

7 Auf einen entsprechenden **Antrag** des **Betroffenen** muss nach **Abs. 3** Satz 1 ein Öffentlichkeitsausschluss erfolgen, wenn die Voraussetzungen des Abs. 1 oder 2 vorliegen. Der Antrag kann von dem Betroffenen auch außerhalb der Hauptverhandlung gestellt werden (BGH 05.09.2018 – 2 StR 454/17, Rn. 14 [insoweit in NStZ-RR 2018, 343 nicht abgedruckt]; BGHR GVG § 171b Abs. 3 n.F. Antragstellung 1; *Graf/Allgayer* § 171b GVG Rn. 5; Meyer-Goßner/*Schmitt* § 171b GVG Rn. 10). Erfolgt die Antragstellung außerhalb der Hauptverhandlung, ist der Antrag den Verfahrensbeteiligten in geeigneter Weise bekannt zu machen und ihnen Gelegenheit zur Stellungnahme zu geben.

8 Der Ausschluss der Öffentlichkeit erfolgt durch einen zu begründenden **Beschluss** (§ 174 Abs. 1). Zum Umfang der Begründungspflicht s. § 174 Rn. 10f. Ein unbegründeter Antrag ist durch Beschluss abzulehnen (§ 34 StPO). Bei der Bewertung der tatsächlichen Voraussetzungen besteht ein Beurteilungsspielraum (vgl. BGHSt 38, 248; NStZ-RR 2004, 116, 118). Maßgeblich sind die im Zeitpunkt der Entscheidung bestehenden Verhältnisse. Werden fehlerfrei gestellte Prognosen über den zu erwartenden Verfahrensablauf (Bspw. zum Gegenstand anstehender Vernehmungen, zu den Fragen der Frageberechtigten, etc.) nicht bestätigt, wird der Beschluss dadurch nicht fehlerhaft (BGHSt 38, 248; NJW 2007, 709). Einer Wiederholung der betroffenen Verfahrensabschnitte in öffentlicher Hauptverhandlung bedarf es daher nicht (vgl. BGHSt 30, 212 [215]). Zur Reichweite einer Ausschließung siehe § 174 Rn. 6 ff.

9 Die **Dauer des Ausschlusses** ist auf das erforderliche Maß zu beschränken. § 171b Abs. 1 Satz 1 lässt einen Ausschluss für einzelne Verfahrensabschnitte (vgl. Rdn. 6 zu § 174) bis hin zu einem Ausschluss für die gesamte Verhandlung i.S.v. § 243 StPO mit Ausnahme der notwendig öffentlichen Urteilsverkündung (§ 173) zu (BGHR GVG § 171b Abs. 1 Dauer 5; BGHSt. 57, 273, 279). Eine derartig weitreichende Ausschließung, die auch die Verlesung der Anklageschrift umfassen kann (BGHSt 57, 273, 279) ist möglich, wenn alle betroffenen Verfahrensvorgänge zu dem Grund der Ausschließung in einer Beziehung stehen (vgl. BGH NJW 1986, 200, 201).

Eine Sonderregelung enthält der neu geschaffene Abs. 3 Satz 2. Danach **muss** in Verfahren wegen der in Abs. 2 genannten Straftaten die Öffentlichkeit **auch für die Schlussanträge** ausgeschlossen werden, wenn zuvor unter den Voraussetzungen des Abs. 1 oder des Abs. 2 oder nach § 172 Nr. 4 nicht öffentlich verhandelt worden ist. Dies gilt für die Schlussanträge **aller Verfahrensbeteiligten**. Eine Differenzierung nach dem Inhalt und dem prozessualen Bezug der einzelnen Schlussvorträge oder nach der prozessualen Stellung des jeweiligen Verfahrensbeteiligten kommt nicht in Betracht (BGHSt 63, 23 Rn. 12 ff.). Zu den »Schlussanträgen« **zählt auch das letzte Wort** des Angeklagten (BGH StV 2017, 369; KK-StPO/*Diemer* § 171b GVG Rn. 5). Obgleich es sich um einen zwingenden Ausschluss handelt und das Gericht auch keinen Entscheidungsspielraum hinsichtlich der Dauer hat, ist auch hier ein gesonderter Beschluss nach § 174 Abs. 1 Satz 2 erforderlich (BGH NStZ 2019, 549, Rn. 8 a.E.).

10 **D. Revision.** Nach **Abs. 5** sind die Entscheidungen nach den Abs. 1 bis 4 der Anfechtung und damit der revisionsrechtlichen Überprüfung entzogen (§ 336 Satz 2 StPO). Dies betrifft aber **nur die Entscheidung über das Vorliegen der tatbestandlichen Voraussetzungen der Abs. 1 bis 4 im Einzelfall** (vgl. BGH 30.03.2017 – 4 StR 601/16; StV 2012, 140; BGHR GVG § 171b Abs. 1 Dauer 1) und die darauf gestützte **Dauer der Ausschließung** (vgl. BGHR GVG § 171b Abs. 1 Dauer 5). Dagegen kann weiterhin gerügt werden, dass kein den Anforderungen des § 174 Abs. 1 GVG entsprechender Beschluss ergangen ist (offengelassen in BGH StV 2016, 788; vgl. BGH StV 2012, 140; NJW 2007, 709) oder Verfahrensabschnitte betroffen sind, für die die Öffentlichkeit grds. nicht ausgeschlossen werden darf (BGHSt 57, 273, 279; StV 2017, 369). Auch kann ein Revisionsführer als Verletzung des § 169 GVG geltend machen, dass die Öffentlichkeit länger ausgeschlossen wurde, als dies in dem ergangenen Beschluss angeordnet war (vgl. BGH 05.03.2015 – 3 StR 626/14; StV 1998, 364).

11 Wurde entgegen Abs. 3 Satz 2 öffentlich plädiert, kann der Angeklagte mit der Revision geltend machen, durch diese **unzulässige Erweiterung der Öffentlichkeit** beeinträchtigt worden zu sein (BGH StV 2017, 370; StV 2015, 79). Mit Rücksicht auf die Rechtskreistheorie wird man eine Anfechtungsbefugnis des Angeklagten in diesen Fällen aber nur annehmen können, wenn die Öffentlichkeit zuvor (zumindest auch) ausgeschlossen war, weil Umstände aus seinem persönlichen Lebensbereich zur Sprache kommen sollten.

Der absolute Revisionsgrund des § 338 Nr. 6 StPO ist insoweit aber nicht gegeben, weil diese Vorschrift bei einer unzulässigen Erweiterung der Öffentlichkeit nicht anwendbar ist. Stattdessen gilt § 337 StPO (BGH v. 09.05.2019 – 4 StR 605/18, Rn. 7; StV 2016, 788). Dabei wird es häufig an einem Beruhenszusammenhang fehlen, weil ausgeschlossen werden kann, dass die Schlussvorträge weitere den Angeklagten entlastende Gesichtspunkte erbracht hätten, wenn in nicht öffentlicher Sitzung plädiert worden wäre (vgl. BGH NStZ-RR 2017, 54; StV 2017, 370 [Aufhebung nur im Strafausspruch]; StV 2016, 788 [Aufhebung nur im Strafausspruch]). Von dem Angeklagten kann allerdings nicht gefordert werden, mit der Revision vorzutragen, was er bei einem nicht öffentlichen Schlussvortrag zu seinen Gunsten ins Feld geführt hätte (BGH 11.02.2021 – 6 StR 25/21; noch offengelassen in BGH 22.02.2017 – 5 StR 586/16 und 04.02.2016 – 4 StR 493/15 m.w.N.).

§ 172 [Weitere Gründe für einen Ausschluss der Öffentlichkeit]

Das Gericht kann für die Verhandlung oder einen Teil davon die Öffentlichkeit ausschließen, wenn

1. eine Gefährdung der Staatssicherheit, der öffentlichen Ordnung oder der Sittlichkeit zu besorgen ist,

1a. eine Gefährdung des Lebens, des Leibes oder der Freiheit eines Zeugen oder einer anderen Person zu besorgen ist,

2. ein wichtiges Geschäfts-, Betriebs-, Erfindungs- oder Steuergeheimnis zur Sprache kommt, durch dessen öffentliche Erörterung überwiegende schutzwürdige Interessen verletzt würden,

3. ein privates Geheimnis erörtert wird, dessen unbefugte Offenbarung durch den Zeugen oder Sachverständigen mit Strafe bedroht ist,

4. eine Person unter 18 Jahren vernommen wird.

Übersicht — Rdn.

1 **A. Der Ausschlusstatbestand.** Die Vorschrift erlaubt den Ausschluss der Öffentlichkeit zum Schutz vorrangiger Interessen der Allgemeinheit und bestimmter rechtlich anerkannter Einzelinteressen. Sie deckt im Verbund mit den §§ 171a und 171b die in Art. 6 Abs. 1 Satz 2 EMRK genannten Ausschlussgründe vollständig ab (BGHSt. 23, 82, 84; *Katholnigg* § 172 GVG Rn. 9).

2 **I. Die Ausschlussgründe nach Nr. 1. 1. Gefährdung der Sicherheit (Nr. 1, 1. Alt.).** Eine **Gefährdung der Staatssicherheit** (Nr. 1, 1. Alt.) ist gegeben, wenn bei öffentlicher Verhandlung Nachteile für die äußere oder innere Sicherheit der Bundesrepublik oder für NATO-Verbündete drohen (Art. 38 Zusatzabkommen zum NATO-Truppenstatut). Dies ist insb. der Fall, wenn Staatsgeheimnisse (§ 93 StGB) zu erörtern sind. Eine Gefährdung des Rufs führender Repräsentanten des Staates oder seiner Organe vermag einen Öffentlichkeitsausschluss allein nicht zu rechtfertigen (LR/*Wickern* § 172 GVG Rn. 2; KK-StPO/*Diemer* § 172 GVG Rn. 4).

3 **2. Gefährdung der öffentlichen Ordnung (Nr. 1, 2. Alt.).** Von einer Gefährdung der öffentlichen Ordnung (Nr. 1, 2. Alt.) ist auszugehen, wenn bei einer Fortsetzung der Verhandlung in der Öffentlichkeit mit einer gewissen Wahrscheinlichkeit Störungen der öffentlichen Ruhe, Sicherheit oder Ordnung innerhalb oder außerhalb der Verhandlung drohen (BGHSt 30, 193, 194). Dabei ist der störungsfreie Fortgang der Verhandlung als Bestandteil der öffentlichen Ordnung anzusehen (*Kissel/Mayer* § 172 Rn. 23). Ein Öffentlichkeitsausschluss kommt daher auch in Betracht, wenn in öffentlicher Verhandlung Störungen durch die Gesamtheit der Zuhörer zu erwarten sind, denen durch den Ausschluss einzelner Zuhörer nach den §§ 175 Abs. 1, 176, 177 nicht ausreichend begegnet werden kann.

4 Gleiches gilt, wenn die Gefahr besteht, dass durch die öffentliche Erörterung sicherheitsrelevante Geheimnisse (Bsp. Fahndungsmethoden der Polizei) oder gefährliche kriminelle Techniken (Bsp. Bau von Sprengsätzen) allgemeinkundig werden und dadurch die Begehung von Straftaten erleichtert wird.

5 Ein Ausschluss kann auch deshalb veranlasst sein, weil eine V-Person, ein Verdeckter Ermittler oder ein nicht offen ermittelnder Polizeibeamter (NOEP) vernommen werden sollen, deren Enttarnung in öffentlicher

Hauptverhandlung zu befürchten ist und die deshalb zur Sicherung ihrer Wiederverwendbarkeit von der obersten Dienstbehörde nur für eine nicht öffentliche Vernehmung freigegeben worden sind. Dabei hat das Gericht eine eigene Ermessensentscheidung zu treffen und die Entscheidung der Verwaltungsbehörde auf offensichtliche Fehler hin zu überprüfen (BGHSt 32, 115, 125; NStZ 1984, 522; *Tiedemann/Sieber*, NJW 1984, 753, 756; LR/*Wickern* § 172 GVG Rn. 7 m.w.N.).

6 Eine bloße Erschwerung der Wahrheitsfindung rechtfertigt einen Ausschluss dagegen nicht. Weigert sich ein Zeuge in öffentlicher Sitzung auszusagen (BGHSt 30, 193, 195) oder muss angenommen werden, dass ein Verfahrensbeteiligter in öffentlicher Sitzung keine oder keine wahrheitsgemäßen Angaben macht, scheidet ein Öffentlichkeitsausschluss regelmäßig aus (BGHSt. 9, 280; LR/*Wickern* § 172 GVG Rn. 5). Dagegen kann im Einzelfall ein Ausschluss geboten sein, wenn einem Verfahrensbeteiligten bei einer Aussage in öffentlicher Sitzung schwere Nachteile drohen (BGHSt 9, 280, 284; NStZ 1987, 86 m.w.N.); ohne dass deshalb bereits eine Gefahrenlage i.S.v. Nr. 1a vorliegt (Meyer-Goßner/*Schmitt* § 172 GVG Rn. 7).

7 **3. Gefährdung der Sittlichkeit (Nr. 1, 3. Alt.).** Eine Gefährdung der Sittlichkeit (Nr. 1, 3. Alt.) ist anzunehmen, wenn Umstände zu erörtern sind, die das allgemeine Schamgefühl erheblich verletzen. Bei der Bewertung sexualbezogener Inhalte ist die fortschreitende Liberalisierung im öffentlichen Umgang mit Details aus dem Intimleben zu berücksichtigen (BGHSt 38, 248, 250; NJW 1986, 200). § 172 Nr. 1, 3. Alt. ist selbstständig neben § 171b anwendbar (BT-Drs. 10/5305, S. 23). Handelt es sich bei den Inhalten, deren öffentliche Erörterung eine Gefährdung der Sittlichkeit besorgen lässt, um Umstände aus dem persönlichen Lebensbereich eines Prozessbeteiligten, liegt es nahe, zunächst die Möglichkeit eines Ausschlusses nach § 171b zu prüfen und eine Entschließung des Betroffenen in Bezug auf sein Antrags- und Widerspruchsrecht (Abs. 2, Abs. 1 Satz 2) herbeizuführen. Scheidet danach ein Vorgehen nach § 171b Abs. 1 aus, bleibt ein Ausschluss nach § 172 Nr. 1, 3. Alt. möglich (BGHSt 38, 248, 249).

8 Ist aufgrund der zu erwartenden Verfahrensinhalte vornehmlich eine Gefährdung **jugendlicher Zuhörer** zu besorgen, kann eine Versagung des Zutritts für Jugendliche nach § 175 Abs. 1 als weniger einschneidende Maßnahme vorgehen (vgl. Nr. 132 RiStBV; LR/*Wickern* § 172 GVG Rn. 8).

9 **4. Gefahr für Leben, Leib oder Freiheit.** Einen speziellen Anwendungsfall des Ausschlusses der Öffentlichkeit zur Abwendung von Gefahren für die öffentliche Ordnung enthält die zur Klarstellung in das Gesetz aufgenommene Nr. 1a (BT-Drs. 12/2720, S. 41). Danach rechtfertigt eine Gefahr für Leben, Leib oder Freiheit eines **Zeugen oder einer anderen Person** den Ausschluss, wenn sie durch die Öffentlichkeit der Verhandlung begründet oder verstärkt wird (vgl. BGHSt. 3, 344, 345; 16, 111, 113; 30, 193, 194; NStZ 1987, 86). Dabei können auch Gefahren für Personen von Bedeutung sein, die formal nicht am Prozess beteiligt sind (Bsp. flüchtige Mittäter, Informanten der Polizei, deren Enttarnung bei der Vernehmung eine Ermittlungsbeamten zu befürchten ist). Die Gefahrenlage kann sich aus den konkreten Umständen des Einzelfalls (Bsp. Drohungen), aber auch aus allgemeiner kriminalistischer Erfahrung ergeben. Gesundheitsgefahren für einen Zeugen, die ihre Ursache allein in der Vernehmungssituation als solcher haben, erfüllen nicht die Voraussetzungen von Nr. 1a (BGH, NStZ 1987, 86). Ergänzende Schutzmöglichkeiten für gefährdete Zeugen ergeben sich aus den §§ 68 Abs. 2 und 3; 247a und 255a StPO.

10 **II. Ausschlussgründe nach Nr. 2. 1. Die geschützten Geheimnisse.** Ein **Betriebs- oder Geschäftsgeheimnis** (vgl. § 355 Abs. 1 Nr. 2 StGB, § 17 UWG) ist jede nur einer Einzelperson oder einem beschränkten Personenkreis bekannte Tatsache, die sich auf einen Geschäftsbetrieb oder ein Unternehmen bezieht und an deren Geheimhaltung der Inhaber ein Manifest gewordenes wirtschaftlich begründetes Interesse hat (vgl. SSW-StGB/*Bosch* § 355 Rn. 3). Typische Betriebs- oder Geschäftsgeheimnisse sind Kundenlisten, Kalkulationen (BGH, NJW-RR 2016, 606, Tz. 9; NJW 2009, 2894, 2896), Sicherheitssysteme von Zahlungsdienstleistern (BGH, NJW 2016, 2024, Tz. 80), Bilanzen oder nach einer Ausschreibung eingegangene Angebote (BGHSt. 41, 140, 141)

11 Als **Erfindungsgeheimnis** gelten neben der Erfindung selbst alle Umstände, die auf eine Erfindung bezogen sind (z.B. Entwürfe, Skizzen, etc.) und an deren Geheimhaltung ein schützenswertes Interesse besteht (h.M. *Kissel/Mayer* § 172 Rn. 42; LR/*Wickern* § 172 GVG Rn. 17; Meyer-Goßner/*Schmitt* § 172 GVG Rn. 10). Mit der Erteilung eines Patents oder eines anderen Schutzrechtes endet der Geheimnisschutz.

12 Der Begriff des **Steuergeheimnisses** ist identisch mit der Definition in § 30 Abs. 2 AO. Erfasst werden danach die gesamten persönlichen, wirtschaftlichen, rechtlichen, öffentlichen und privaten Verhältnisse des Steuerpflichtigen sowie alle Besteuerungsgrundlagen (KG 12.12.2017 – 9 W 59/17, Rn. 11; vgl. BayVerfG NVwZ-RR 2015, 81 Rn. 44; *Klein/Rüsken*, AO § 30 Rn. 43 ff.). Dabei ist es ohne Belang, ob diese Tatsachen den Angeklagten oder andere Beteiligte betreffen (*Weyand*, wistra 1993, 132, 134; *Kissel/Mayer* § 172 GVG Rn. 43). Nicht dem Steuergeheimnis unterfallen lediglich Verhältnisse, die jedermann zugänglich sind.

2. Wichtigkeit und Interessenabwägung. Kommen Umstände zur Sprache, die den aufgezählten Geheimnisbereichen zuzuordnen sind, ist ein Ausschluss nur dann gerechtfertigt, wenn es sich um ein **wichtiges** Geheimnis handelt. Ob dies der Fall ist, musst anhand objektiver Maßstäbe wertend entschieden werden. Geheimnisse von nachgeordneter Bedeutung vermögen einen Öffentlichkeitsausschluss grds. nicht zu rechtfertigen. 13

Ist ein wichtiges Geheimnis betroffen, kann die Öffentlichkeit ausgeschlossen werden, wenn durch dessen öffentliche Erörterung **überwiegende schutzwürdige Interessen** des Geheimnisträgers **verletzt** würden. Dabei müssen das durch § 169 GVG geschützte allgemeine Interesse an einer Verfahrensöffentlichkeit und das private Interesse an einem Geheimnisschutz gegeneinander abgewogen werden. Das Interesse an einer öffentlichen Erörterung ist umso größer, je enger das geschützte Geheimnis in einem Bezug zu der zu verhandelnden Tat steht (*Rüping/Arloth*, DB 1984, 1795, 1796; LR/*Wickern* § 172 GVG Rn. 24). Ein Öffentlichkeitsausschluss weil Steuergeheimnisse zu erörtern sind, kommt daher in Steuerstrafsachen regelmäßig nicht in Betracht (*Weyand*, wistra 1993, 132, 135; *Kissel/Mayer* § 172 Rn. 43; Meyer-Goßner/*Schmitt* § 172 GVG Rn. 11). Dagegen kann ein solcher Ausschluss veranlasst sein, wenn Steuergeheimnisse im Zusammenhang mit der Erhebung der persönlichen Verhältnisse erörtert werden sollen. Hierbei ist auch von Bedeutung, inwieweit das das zu erörternde Steuergeheimnis Rückschlüsse auf private Verhältnisse oder persönliche Haltungen (Bsp. Spenden) zulässt (*Rüping/Arloth* BB 1984, 1795, 1797). Geht es in einem Strafverfahren um den Verrat von Betriebs- oder Geschäftsgeheimnissen nach § 17 UWG liegt ein Öffentlichkeitssauschluss trotz des vorhandenen Tatbezugs nahe, wenn bei öffentlicher Verhandlung eine erhebliche Schadensvertiefung zu besorgen ist (LR/*Wickern* § 172 GVG Rn. 24). 14

III. Offenbarung strafrechtlich geschützter privater Geheimnisse nach Nr. 3. Die Vorschrift ergänzt den durch die §§ 203, 353b, 355 StGB begründeten strafrechtlichen Schutz privater Geheimnisse. Dabei ist davon auszugehen, dass der Begriff des privaten Geheimnisses dem in § 203 Abs. 1, 2 StGB verwendeten Begriff des zum persönlichen Lebensbereich gehörenden Geheimnisses entspricht. Ein Ausschluss nach Nr. 3 kommt daher dann in Betracht, wenn davon auszugehen ist, dass eine nach den §§ 203, 353b, 355 StGB zur Geheimhaltung verpflichtete Person ein zum persönlichen Lebensbereich gehörendes Geheimnis bei einer Vernehmung als Zeuge oder einer Anhörung als Sachverständiger offenbart wird. Ob die Offenlegung des Geheimnisses dabei befugt (etwa nach einer Entbindung von der Schweigepflicht) oder in strafbarer Weise erfolgen wird, ist ohne Bedeutung (Meyer-Goßner/*Schmitt* § 172 GVG Rn. 13; *Kissel/Mayer* § 172 Rn. 46; LR/*Wickern* § 172 GVG Rn. 31). 15

Private Geheimnisse die einem vom Gericht beauftragten Sachverständigen bei der Vorbereitung seines Gutachtens bekannt geworden sind, unterfallen ebenfalls dem Schutzbereich des § 203 StGB auch wenn der Sachverständige im Ausgangsverfahren zur Offenbarung nach § 75 StPO verpflichtet ist und ein entsprechendes Einverständnis des Geheimnisträgers mit der gerichtlichen Verwertung vorliegt; (BGHSt 38, 369, 370; SSW-StGB/*Bosch* § 203 Rn. 44 m.w.N.). Ein Öffentlichkeitsausschluss nach Nr. 3 ist daher auch in diesem Fall möglich (a.A. *Kissel/Mayer* § 172 Rn. 48). 16

Neben § 172 Nr. 3 kann auch der Anwendungsbereich des § 171b GVG eröffnet sein. Ist dies der Fall stehen beide Vorschriften nebeneinander (LR/*Wickern* § 172 GVG Rn. 30). Hinsichtlich der nach den §§ 203, 353b, 355 Abs. 2 StGB gleichfalls geschützten Betriebs- oder Geschäftsgeheimnisse kommt nur ein Öffentlichkeitsausschluss nach Nr. 2 in Betracht (*Katholnigg* § 172 GVG Rn. 7). Ist ein nach § 355 Abs. 1 StGB geschütztes Steuergeheimnis zugleich ein privates Geheimnis können Nr. 2 und Nr. 3 anwendbar sein. 17

Bei der Ermessensausübung (s.u. Rdn. 21) sind das Interesse der Allgemeinheit an einem öffentlichen Verfahrensgang und das Geheimhaltungsinteresse des Betroffenen gegeneinander abzuwägen. Dabei kann es auch von Bedeutung sein, ob es bei einem Öffentlichkeitsausschluss zu einer Entbindung von der Schweigepflicht nach § 53 Abs. 2 Satz 1 StPO kommt und die Sachaufklärung dadurch gefördert werden wird (Meyer-Goßner/*Schmitt* § 172 GVG Rn. 13). 18

IV. Vernehmung einer Person unter 16 Jahren (§ 172 Nr. 4). Die Vorschrift dient dem Schutz junger Zeugen und soll eine bessere Sachaufklärung ermöglichen. Ein angeordneter Ausschluss erstreckt sich auch auf die gesetzlichen Vertreter des Zeugen oder etwaige Begleitpersonen. Allerdings ist insoweit eine Anwesenheitsgestattung nach § 175 Abs. 2 möglich. 19

B. Die Entscheidung über den Ausschluss. Der Ausschluss der Öffentlichkeit steht im **pflichtgemäßen Ermessen** des Gerichts. Er kann in der Hauptverhandlung jederzeit angeordnet werden. Kein Verfahrensbeteiligter hat einen Anspruch auf eine bestimmte Entscheidung (BGHSt 23, 82, 85). Bei der Bewertung der tatsächlichen Voraussetzungen besteht ein Beurteilungsspielraum (BGHSt 38, 248; NStZ-RR 2004, 116, 118). Für das Verfahren gilt § 174. 20

21 Der **Verhältnismäßigkeitsgrundsatz** gebietet es, einen Öffentlichkeitsausschluss erst dann anzuordnen, wenn der Schutzzweck durch mildere Maßnahmen nach den §§ 175 Abs. 1, 176, 177 nicht erreicht werden kann. Die **Dauer des Ausschlusses** ist auf das erforderliche Maß zu beschränken. § 172 lässt einen Ausschluss für einzelne Verfahrensabschnitte (vgl. Rdn. 1 ff. zu § 174) bis hin zu einem Ausschluss für die gesamte weitere Verhandlung mit Ausnahme der notwendig öffentlichen Urteilsverkündung (§ 173) zu. Eine derartig weitreichende Ausschließung ist möglich, wenn alle folgenden Prozessvorgänge mit dem Grund der Ausschließung in Beziehung stehen (BGH NJW 1986, 200, 201)

22 **C. Revision.** Ein auf § 172 gestützter sachlich nicht gerechtfertigter Ausschluss der Öffentlichkeit verletzt § 169 und ist ein absoluter Revisionsgrund (§ 338 Nr. 6 StPO). Die Rechtmäßigkeit beurteilt sich nach der Sach- und Rechtslage im Zeitpunkt der Ausschließungsentscheidung. Der Umstand, dass sich Gefahrenprognosen im Nachhinein nicht bestätigt oder erwartete Verhandlungsinhalte nicht zur Sprache gekommen sind, ist daher ohne Belang (BGHSt 30, 212, 215; 38, 248; NJW-RR 2016, 606, Tz. 10).

§ 173 [Öffentliche Urteilsverkündung]

(1) Die Verkündung des Urteils sowie der Endentscheidung in Ehesachen und Familienstreitsachen erfolgt in jedem Falle öffentlich.

(2) Durch einen besonderen Beschluss des Gerichts kann unter den Voraussetzungen der §§ 171b und 172 auch für die Verkündung der Urteilsgründe oder eines Teiles davon die Öffentlichkeit ausgeschlossen werden.

1 Urteil i.S.v. Abs. 1 ist die **Urteilsformel** gem. § 268 Abs. 2 Satz 3 StPO (*Kissel/Mayer* § 173 Rn. 1; LR/*Wickern* § 173 GVG Rn. 1; *Katholnigg* § 173 GVG Rn. 1). Nur sie ist kraft Gesetzes ohne Ausnahme öffentlich zu verkünden. Eine zuvor ausgeschlossene Öffentlichkeit ist wiederherzustellen. Die Entfernung einzelner Störer gem. §§ 176, 177 oder eine Versagung des Zutritts für einzelne Zuhörer nach § 175 Abs. 1 bleiben möglich. Eine vollständige Räumung des Sitzungssaals ist jedoch nicht zulässig (*Kissel/Mayer* § 173 Rn. 3 f.).

2 Für die Mitteilung der **Urteilsgründe** oder Teiles kann die Öffentlichkeit nach Abs. 2 unter den Voraussetzungen der §§ 171b und 172 (nicht 171a) ausgeschlossen werden. Über einen Ausschluss nach Abs. 2 muss ein gesonderter Beschluss gefasst werden (§ 174 Abs. 1 Satz 3), der erst nach der Beweisaufnahme gefasst werden kann (BGHSt 4, 279, 280). Auch eine Beschlussfassung nach der Verlesung der Urteilsformel oder der Bekanntgabe eines Teils der Urteilsgründe ist möglich (*Kissel/Mayer* § 173 Rn. 6). In allen Fällen hat der Beschlussfassung eine Verhandlung nach § 174 Abs. 1 Satz 1 vorauszugehen. Ein bereits zuvor für die Hauptverhandlung gefasster Ausschließungsbeschluss kann sich nicht auf die Bekanntgabe der Urteilsgründe erstrecken

3 Beschlüsse nach §§ 268a und 268b StPO sind kein Bestandteil des Urteils und werden daher von § 173 nicht erfasst.

4 Die Öffentlichkeit der Verkündung muss aus dem Protokoll ersichtlich sein. Eine Verletzung des § 173 schafft einen **absoluten Revisionsgrund** (§ 338 Nr. 6 StPO). Eine Heilung ist möglich, solange die Urteilsverkündung noch andauert (*Katholnigg* § 173 GVG Rn. 2).

5 Im Verfahren gegen Jugendliche und Heranwachsende gelten die §§ 48 Abs. 1, Abs. 3 Satz 2 und 109 Abs. 1 Satz 4 JGG. § 173 ist nicht anwendbar (BGHSt 42, 295).

§ 174 [Verhandlung über Ausschluss der Öffentlichkeit]

(1) [1]Über die Ausschließung der Öffentlichkeit ist in nichtöffentlicher Sitzung zu verhandeln, wenn ein Beteiligter es beantragt oder das Gericht es für angemessen erachtet. [2]Der Beschluss, der die Öffentlichkeit ausschließt, muss öffentlich verkündet werden; er kann in nichtöffentlicher Sitzung verkündet werden, wenn zu befürchten ist, dass seine öffentliche Verkündung eine erhebliche Störung der Ordnung in der Sitzung zur Folge haben würde. [3]Bei der Verkündung ist in den Fällen der §§ 171b, 172 und 173 anzugeben, aus welchem Grund die Öffentlichkeit ausgeschlossen worden ist.

(2) Soweit die Öffentlichkeit wegen Gefährdung der Staatssicherheit ausgeschlossen wird, dürfen Presse, Rundfunk und Fernsehen keine Berichte über die Verhandlung und den Inhalt eines die Sache betreffenden amtlichen Schriftstücks veröffentlichen.

(3) [1]Ist die Öffentlichkeit wegen Gefährdung der Staatssicherheit oder aus den in §§ 171b und 172 Nr. 2 und 3 bezeichneten Gründen ausgeschlossen, so kann das Gericht den anwesenden Personen die Geheimhaltung von Tatsachen, die durch die Verhandlung oder durch ein die Sache betreffendes amtliches Schrift-

stück zu ihrer Kenntnis gelangen, zur Pflicht machen. [2]Der Beschluss ist in das Sitzungsprotokoll aufzunehmen. [3]Er ist anfechtbar. [4]Die Beschwerde hat keine aufschiebende Wirkung.

S.a. RiStBV Nr. 131 bis 134, 219 Abs. 3, 222

Übersicht

A. Die Ausschließungsverhandlung (Abs. 1 Satz 1). Über jeden beantragten oder vom erkennenden Gericht ohne Antrag erwogenen Ausschluss der Öffentlichkeit muss vorab in öffentlicher Sitzung (§ 169) verhandelt werden. Dabei reicht es aus, wenn jeder Beteiligte Gelegenheit zur Stellungnahme erhält. Wurde der Antrag – wie etwa im Fall des § 171b – zulässigerweise außerhalb der Hauptverhandlung gestellt, ist er in der Hauptverhandlung bekannt zu machen und Gelegenheit zur Stellungnahme zu geben (vgl. BGHR GVG § 171b Abs. 3 n.F. Antragstellung 1). Ein nach § 247 StPO entfernter Angeklagter muss dazu in das Sitzungszimmer geholt und angehört werden (RGSt 18, 138, 149; BGH NStZ-RR 1996, 139, 140; *Park* NJW 1996, 2213, 2215; Meyer-Goßner/*Schmitt* § 174 GVG Rn. 1; **a.A.** BGH NJW 1979, 276). Die für die Entscheidung erforderlichen Tatsachen können im Freibeweisverfahren erhoben werden (RGSt 66, 113). 1

Beantragt ein Beteiligter bereits für die Ausschließungsverhandlung den Ausschluss der Öffentlichkeit, muss **zwingend** nicht öffentlich verhandelt werden (Abs. 1 Satz 1, 1. Alt.). Als beteiligt und damit antragsberechtigt gelten neben dem Staatsanwalt (vgl. dazu RiStBV Nr. 131), dem Angeklagten und dem Privat- oder Nebenkläger alle weiteren Personen, deren Interessen durch die §§ 171a, 171b oder 172 geschützt werden. Danach können neben Zeugen, Verletzten und Sachverständigen u.U. auch Dritte eine nicht öffentliche Verhandlung über einen Öffentlichkeitsausschluss beantragen, wenn sie Geheimnisträger i.S.v. § 172 Nr. 2 und 3 sind oder Gefährdungen gem. § 172 Nr. 1a zu befürchten haben (BGHSt 60, 58; LR/*Wickern* Rn. 2; einschränkend Meyer-Goßner/*Schmitt* § 174 GVG Rn. 2 f.; *Katholnigg* § 174 GVG Rn. 1; a.A. Kissel/*Mayer* § 174 Rn. 7). Da in diesem Fall kein Ermessensspielraum besteht, ist eine Verfügung des Vorsitzenden ausreichend (BGHSt 60, 58; NStZ 1999, 372). 2

Auch ohne Antrag ist eine nichtöffentliche Verhandlung über den Öffentlichkeitsausschluss möglich, wenn das Gericht dies nach pflichtgemäßem **Ermessen** für sachgerecht erachtet (Abs. 1 Satz 1 Alt. 2). Hierzu bedarf es eines Beschlusses (BGH NStZ 1999, 372). 3

Die Durchführung des Ausschließungsverfahrens ist im Protokoll zu vermerken. Wurde über einen Antrag auf Ausschließung der Öffentlichkeit versehentlich nicht verhandelt, kann dieser Fehler noch in der Hauptverhandlung durch Nachholung mit erneuter Beschlussfassung und ggf. Wiederholung des betroffenen Verfahrensabschnitts geheilt werden. 4

B. Der Ausschließungsbeschluss (Abs. 1 Satz 2 und 3). I. Erforderlichkeit und Verkündung. Ein Ausschluss der Öffentlich kann nach Abs. 1 Satz 2 Hs. 1 nur durch einen nach Beratung **öffentlich verkündeten Beschluss** angeordnet werden (BGH NStZ 2018, 324). Nicht ausreichend ist eine Anordnung des Vorsitzenden (BGH StV 2021, 801). Dabei sind nach Abs. 1 Satz 3 bei einem Ausschluss nach den 171b, 172 und 173 Abs. 2 auch die Gründe bekannt zu machen (BGH NStZ 1996, 202, 203). Soll die Öffentlichkeit nach einer auf einen bestimmten Verfahrensabschnitt beschränkten Ausschließung erneut ausgeschlossen werden oder weiter ausgeschlossen bleiben, ist ein neuer öffentlich zu verkündender Beschluss erforderlich, dem wiederum eine Verhandlung nach Satz 1 vorauszugehen hat (s.u. Rn. 7). Wurde über die Ausschließung nach Satz 1 nicht öffentlich verhandelt oder war die Öffentlichkeit zuvor aus einem anderen Grund ausgeschlossen, ist sie zur Beschlussverkündung wiederherzustellen (BGH NJW 1980, 2088; NStZ 1985, 37, 38; NStZ-RR [K] 2000, 40). Eine nicht öffentliche Verkündung ist nur ausnahmsweise unter den Voraussetzungen von Hs. 2 möglich. Sie ist durch einen öffentlich zu verkündenden Gerichtsbeschluss anzuordnen (KK-StPO/*Diemer* § 174 GVG Rn. 3; Kissel/*Mayer* § 174 Rn. 9). Eine bloße Verfügung des Vorsitzenden nach § 238 Abs. 1 StPO (so aber Meyer-Goßner/*Schmitt* § 174 GVG Rn. 8, offengelassen in BGH NStZ 1996, 202, 203) reicht nicht aus. 5

6 **II. Notwendiger Inhalt. 1. Zur Reichweite des Ausschlusses.** Soll die Öffentlichkeit nur für einen Teil der Hauptverhandlung ausgeschlossen werden, muss der betroffene Verfahrensabschnitt so genau wie möglich bezeichnet werden. Ein Beschluss der keine Eingrenzung enthält, schließt die Öffentlichkeit für den verbleibenden Teil der Hautverhandlung aus (BGH NStZ 1989, 483; LR/*Wickern* § 174 GVG Rn. 13; zu einer möglichen materiellen Rechtfertigung für einen so weitreichenden Ausschlusses s. Rn. 19 zu § 171b).

7 Wird die Öffentlichkeit für die Dauer einer **Zeugenvernehmung** ausgeschlossen, gilt dies für alle Erklärungen des Zeugen bis zu seiner Entlassung, auch wenn die Vernehmung an mehreren Verhandlungstagen stattfindet oder mehrfach unterbrochen werden muss (BGHSt 41, 145, 148; NStZ 2013, 479, 480). Soll derselbe Zeuge nach seiner Entlassung erneut vernommen werden, ist über einen Öffentlichkeitsausschluss grundsätzlich neu zu beschließen. Eine Verfügung des Vorsitzenden reicht dafür nicht aus, auch wenn sie auf den vorausgegangenen Ausschließungsbeschluss Bezug nimmt (BGH NStZ 2009, 286; StV 2012, 140; NStZ 2013, 479, 480; NStZ 2018, 679). Auf einen erneuten Beschluss kann lediglich dann ausnahmsweise verzichtet werden, wenn die Entlassung des Zeugen sofort zurückgenommen wird und die den Ausschließungsgrund tragende Interessenlage unverändert fortbesteht, sodass sich die weitere Anhörung des Zeugen in nichtöffentlicher Sitzung mit der vorausgegangenen als eine einheitliche Vernehmung darstellt (BGH NStZ 1992, 447; NStZ-RR 2009, 213, 214; StV 2012, 140; NStZ 2013, 479, 480). Wird die Anhörung eines noch nicht entlassenen Zeugen wiederholt, liegt ein einheitliches Verfahrensgeschehen vor, sodass der anfängliche Ausschließungsbeschluss fortwirkt (BGH NStZ 2004, 220, 221). Von dem Öffentlichkeitsausschluss sind auch alle weiteren Verfahrensvorgänge mit umfasst, die mit der Vernehmung in enger Verbindung stehen oder sich aus ihr entwickeln und deshalb zu diesem Verfahrensabschnitt gehören (BGH NStZ 1994, 354; NJW 2003, 2761; StV 2009, 342). Hierzu zählen die Beschlussfassung nach § 247 StPO nebst vorheriger Erörterung (BGH NStZ 85, 206 [Pf/M]) und späterer Unterrichtung des Angeklagten (§ 247 Satz 4 StPO); die Verlesung von Urkunden (BGH StV 85, 402 m.Anm. *Fezer*) und die Besichtigung von Augenscheinsobjekten (BGH NStZ 1988, 190; StV 2009, 226, 227), soweit sie in einem inneren Zusammenhang mit der Aussage stehen; durch das Ausgesagte veranlasste kurze ergänzende Anhörungen anderer Zeugen (BGHR, § 171b Abs. 1 Dauer 8) oder eine Vernehmungsgegenüberstellung mit anderen Zeugen; Erklärungen nach § 257 Abs. 1 StPO (BGH NStZ 2006, 117) und § 257 Abs. 2 StPO (Meyer-Goßner/*Schmitt* § 172 GVG Rn. 17); Befragungen nach § 52 Abs. 2 StPO; ein während der Vernehmung gestellter Antrag, der sich unmittelbar aus der Aussage ergeben hat (BGH NStZ 1999, 371); die Vereidigung und Entlassung des Zeugen mit den hierzu geführten Verhandlungen und getroffenen Entscheidungen (BGH MDR [D] 1975, 198 f., 544; NJW 1996, 2663; 2003, 2761). Ein während der Vernehmung gegebener richterlicher Hinweis auf eine mögliche Veränderung tatsächlicher Umstände oder eine verfahrensleitende Verfügung können von dem Ausschluss mit umfasst sein, wenn sie sich auf das gerade Ausgesagte stützen und eine sofortige Unterrichtung im Interesse der Verfahrensbeteiligten lag (vgl. BGH NStZ 1999, 371). **Nicht** von dem Ausschluss gedeckt sind rechtliche Hinweise nach § 265 StPO, Entscheidungen nach §§ 154 Abs. 2, 154a Abs. 2 StPO (BGH MDR 95, 1160; NStZ 99, 371) und der Verzicht auf die Einvernahme bereits geladener weiterer Zeugen (BGH NStZ 1999, 371, 372), auch wenn sie auf der Aussage beruhen.

8 Beim Ausschluss der Öffentlichkeit für die **Anhörung eines Sachverständigen**, die Verlesung einer Urkunde oder die Einnahme eines Augenscheins gelten die dargestellten Grundsätze sinngemäß.

9 Hat das Gericht die Öffentlichkeit für die Dauer der **Vernehmung des Angeklagten** ausgeschlossen, sind davon alle seine Angaben umfasst, auch wenn sie unzusammenhängend an mehreren Verhandlungstagen erfolgen und er sich zeitweise auch öffentlich äußert (BGH NStZ 1997, 380 [K]).

10 **2. Zur Rechtfertigung des Ausschlusses (Abs. 1 Satz 3).** Wird die Öffentlichkeit nach den §§ 171b, 172 oder 173 Abs. 2 ausgeschlossen, muss der Beschluss den maßgebenden Grund mit ausreichender Bestimmtheit erkennen lassen und aus sich heraus verständlich sein. Dies dient neben der Selbstkontrolle des Gerichts auch der Unterrichtung der Öffentlichkeit und der Nachprüfbarkeit durch das Revisionsgericht (BGH 22.07.2021 – 4StR 200/20, Rn. 7; BGHSt 30, 298, 303; 1, 334, 336). Nicht ausreichend ist es, wenn der Ausschlussgrund nur aus dem Sachzusammenhang, aus früheren nicht in Bezug genommenen Beschlüssen oder aus gestellten Anträgen ermittelt werden kann (BGHSt 30, 298, 301; 1, 334, 335 f.). Die den Ausschlussgrund erfüllenden Tatsachen und ihre Bewertung sind grds. nicht mitzuteilen (BGHSt 30, 212, 213). Auf eine Mitteilung des Grundes für den Öffentlichkeitsausschluss kann auch dann nicht verzichtet werden, wenn alle maßgeblichen Gesichtspunkte für die Verfahrensbeteiligten und die Zuhörer auf der Hand liegen. Ein Verstoß gegen Abs. 1 Satz 3 steht in diesem Fall jedoch der Verletzung einer bloßen Formvorschrift gleich und stellt deshalb keinen absoluten Revisionsgrund i.S.v. § 338 Nr. 6 StPO mehr dar (BGH NStZ 2019, 549 Rn. 11; BGHSt 45, 117, 120; NStZ-RR 2004, 235, 236 m.w.N.).

Einzelfälle: Der bloße Hinweis auf die maßgebliche Gesetzesvorschrift kann genügen, wenn sich daraus der Grund für die Ausschließung zweifelsfrei ergibt (BGHSt 27, 117). Hat eine Vorschrift mehrere Alternativen (z.B. § 172 Nr. 1, Nr. 2), muss der Beschluss erkennen lassen, welche Variante zur Anwendung gekommen ist. Dies kann durch eine Wiedergabe des Gesetzeswortlauts der herangezogenen Alternative geschehen (BGHSt 27, 117, 119; 27, 187, 188; StV 1986, 376). Kommen Ausschlussgründe aus mehreren Vorschriften in Betracht und besteht insoweit ein Ermessen, ist eine Begründung unerlässlich (OLG Nürnberg, StV 2015, 282). Auf einen früheren Beschluss darf ausdrücklich Bezug genommen werden, wenn er in derselben Hauptverhandlung ergangen ist und den Anforderungen von Abs. 1 Satz 3 entspricht (BGHSt 30, 298, 301 f.; GA 1983, 361; NJW 2007, 709). 11

C. Die Wiederherstellung der Öffentlichkeit. Wurde die Öffentlichkeit für unbestimmte Zeit ausgeschlossen, bedarf ihre Wiederherstellung eines Beschlusses, der nicht notwendig öffentlich verkündet werden muss. Ist ein Ausschluss nur für einen bestimmten Verfahrensabschnitt angeordnet worden, ist eine richterliche Verfügung ausreichend. Die Wiederherstellung der Öffentlichkeit ist in beiden Fällen zwingend im Protokoll zu vermerken (§ 272 Nr. 5 StPO). 12

D. Verbot öffentlicher Berichte (Abs. 2). Das nach § 353d Nr. 1 StGB strafbewehrte Verbot tritt mit einem Ausschluss der Öffentlichkeit nach § 172 Nr. 1 von Gesetzes wegen ein. 13

E. Das gerichtliche Schweigegebot (Abs. 3). Der mit oder nach einem auf die §§ 171b, 172 Nr. 2 und 3 gestützten Ausschluss der Öffentlichkeit in der Hauptverhandlung zu verkündende Beschluss kann von Amts wegen oder auf Antrag ergehen. In ihm müssen die geheim zu haltenden Tatsachen genau bezeichnet werden (SK-StPO/*Velten* § 174 GVG Rn. 9). Eine Begründung ist nicht erforderlich. Er ist ohne aufschiebende Wirkung (Satz 4) mit einfacher Beschwerde anfechtbar (Satz 3). Ein Verstoß gegen das Schweigegebot ist nach § 353d Nr. 2 StGB strafbar. 14

F. Anfechtung und Revision. Ein die Öffentlichkeit ausschließender Beschluss ist weder für die Verfahrensbeteiligten (§ 305 Satz 1 StPO), noch für die Zuhörer anfechtbar. Dies ergibt ein Umkehrschluss aus Abs. 3 Satz 3 (OLG München v. 02.07.2010 – 21 W 1347/10). Gleiches gilt für die Ablehnung eines beantragten Ausschlusses (*Katholnigg* Rn. 4; a.A. LR/*Wickern* § 174 GVG Rn. 19). 15

Wurde über einen Ausschließungsantrag nicht nach Abs. 1 Satz 1 verhandelt, liegt nur ein relativer Revisionsgrund (§ 337 StPO) vor (LR/*Wickern* § 174 GVG Rn. 8 m.w.N.; a.A. Kissel/*Mayer* § 174 Rn. 7). 16

Ein **nicht durch einen öffentlich verkündeten Beschluss angeordneter Ausschluss der Öffentlichkeit** verletzt Abs. 1 Satz 2 und ist ein **absoluter Revisionsgrund iSv. § 338 Nr. 6**, weil diese Bestimmung auch Verstöße gegen Bestimmungen erfasst, die das Ausschließungsverfahren regeln (BGH NStZ 2021, 760 Rn. 7; NStZ 2019, 549 Rn. 10; NStZ-RR 2018, 324; NStZ 2013, 479, 480; NStZ 1999, 371). Gleiches gilt mit Ausnahmen (s.o. Rn. 10) auch für Verstöße gegen das Begründungsgebot nach Abs. 1 Satz 3. Wurde ein Öffentlichkeitsausschluss nach § 171b Abs. 3 Satz 2 (Schlussvorträge) nicht durch einen Beschluss nach § 174 Abs. 1 Satz 2 angeordnet, liegt – ausnahmsweise – kein Fall des § 338 Nr. 6 vor, weil § 171b Abs. 3 Satz 2 zwingend zum Ausschluss führt und auch der Ausschlussumfang abschließend gesetzlich geregelt ist. Insoweit gilt daher § 337 (BGH NStZ 2021, 750 Rn. 8; NStZ 2019, 549, Rn. 12 f.). Bei einem Öffentlichkeitsausschluss nach § 171b Abs. 3 Satz 1 GVG kommt eine derartige Ausnahme nicht im Betracht, weil der Verfahrensablauf hier nicht sicher feststeht (vgl. BGH NStZ 2021, 780 Rn. 8). 17

Eine Heilung von Fehlern ist grds. nur durch eine (neue) fehlerfreie Beschlussfassung und eine anschließende Wiederholung des betroffenen Teils der Verhandlung möglich (BGHSt. 33, 99). In Ausnahmefällen kann ein Beruhen des Urteils auf dem Verfahrensfehler denkgesetzlich ausgeschlossen sein. Dies ist etwa der Fall, wenn nach der nichtöffentlichen Vernehmung eines Zeugen auch noch die ihn betreffende Aussagegenehmigung verlesen wird (BGH NStZ 2012, 587) oder der Verfahrensvorgang ausschließlich einen den Revisionsführer nicht betreffenden abtrennbaren Verfahrensteil betrifft (BGH NStZ 1996, 49). Ein Revisionsvortrag hierzu ist nicht erforderlich (BGH NStZ-RR 2018, 324) 18

Der Umstand, dass der Revisionsführer den fehlerhaft erfolgten Öffentlichkeitsausschluss selbst beantragt oder sich einem entsprechenden Antrag angeschlossen hat, führt nicht zum Rügeverlust wegen Verwirkung (BGH NStZ-RR 2018, 324; StV 2000, 243). 19

§ 175 [Versagung des Zutritts]

(1) Der Zutritt zu öffentlichen Verhandlungen kann unerwachsenen und solchen Personen versagt werden, die in einer der Würde des Gerichts nicht entsprechenden Weise erscheinen.

(2) [1]Zu nicht öffentlichen Verhandlungen kann der Zutritt einzelnen Personen vom Gericht gestattet werden. [2]In Strafsachen soll dem Verletzten der Zutritt gestattet werden. [3]Einer Anhörung der Beteiligten bedarf es nicht.

(3) Die Ausschließung der Öffentlichkeit steht der Anwesenheit der die Dienstaufsicht führenden Beamten der Justizverwaltung bei den Verhandlungen vor dem erkennenden Gericht nicht entgegen.

Übersicht

1 **A. Die Versagung des Zutritts (Abs. 1).** Der Zutritt kann nur Personen versagt werden, die nicht Verfahrensbeteiligte sind. Daneben ist ein Ausschluss von Zuhörern auch nach den §§ 176 (dort Rdn. 16), 177, 178 möglich. Die Entscheidung obliegt dem Vorsitzenden, dem dabei ein Beurteilungs- und Ermessensspielraum zukommt. In eindeutigen Fällen darf für ihn auch der dienstthuende Justizwachtmeister handeln (RiStBV Nr. 128 Abs. 3).

2 Wegen **Unerwachsenheit** kann einem minderjährigen Zuhörer der Zutritt versagt werden, wenn er nach dem Grad seiner körperlichen und geistigen Entwicklung die Bedeutung und den Ernst einer Strafverhandlung nicht erfassen kann (LR/*Wickern* § 175 GVG Rn. 2). Dabei ist das äußere Erscheinungsbild ein erster Anhalt (vgl. RGSt 47, 374, 376; OLG Hamm NJW 1967, 1289, 1290). Obgleich grds. auf die im Einzelfall vorhandene Reife abzustellen ist, kann ein genereller Ausschluss von Personen unter einem bestimmten Mindestalter zulässig sein, wenn im Hinblick auf den Verfahrensgegenstand ein Reifemangel wahrscheinlich ist und eine Einzelfallprüfung nicht geleistet werden kann (BGH NStZ 2006, 652).

3 Das Erscheinungsbild eines Zuhörers entspricht nicht der **Würde des Gerichts**, wenn es als Ausdruck der Missachtung ggü. der Rechtspflege als Institution (vgl. OLG Düsseldorf JZ 1984, 1012; OLG Koblenz NJW 1995, 977; *Baufeld*, GA 2004, 163, 165) angesehen werden muss. Dabei kommt es auf den Einzelfall an. Verwahrloste oder aufreizende Kleidung, Trunkenheit, angebrachte Aufnäher, Plaketten etc. rechtfertigen die Versagung des Zutritts, wenn sie eine bewusste Verweigerung des gebotenen Respekts ggü. dem Gericht darstellen (KK-StPO/*Diemer* § 175 GVG Rn. 3; Kissel/*Mayer* § 175 Rn. 7; Meyer-Goßner/*Schmitt* § 175 GVG Rn. 3). Dagegen verletzen zur Schau gestellte Kritik an einzelnen gesetzgeberischen Entscheidungen oder Solidaritätsbekundungen mit dem Angeklagten nicht notwendig zugleich auch die Würde des Gerichts.

4 **B. Die Gestattung des Zutritts zu nichtöffentlichen Verhandlungen (Abs. 2). I. Personen und Personengruppen.** Eine Gestattung ist nur in Bezug auf bestimmte zu benennende **Einzelpersonen** oder zusammengefasst hinsichtlich einer in ihrer Zusammensetzung bekannten Kleingruppe möglich. Eine Zulassung nach allgemeinen Kriterien (Bsp. Polizeibeamte, Pressevertreter, Justizangehörige etc.) scheidet aus.

5 Auch anwesenden **Pressevertretern** kann nach Abs. 2 Satz 1 durch Einzelanordnung der Zutritt gestattet werden (Kissel/*Mayer* § 175 Rn. 13; LR/*Wickern* § 175 GVG Rn. 10). Da der Zweck des Ausschlusses nicht unterlaufen werden darf, ist dies jedoch nur dann vertretbar, wenn dadurch die Schutzgüter der Nichtöffentlichkeit nicht oder weniger stark beeinträchtigt werden, als in öffentlicher Verhandlung (*v. Coelln*, S. 277, 281). Die Zulassung kann mit einem Schweigegebot nach § 174 Abs. 3 verbunden werden. Auch kann das Gericht freiwillige Zusagen der Pressevertreter zum Inhalt der Berichterstattung bei der Ausübung seines Ermessens berücksichtigen. Sollen von mehreren anwesenden Pressevertretern nur einzelne zugelassen werden, müssen dafür sachliche Gründe vorhanden sein (Bsp. Früherer Verstoß gegen ein Schweigegebot). Ist das Risiko für das Schutzgut der Nichtöffentlichkeit bei einer Zulassung von Pressevertretern zu groß, kann zu erwägen sein, ob dem Mediendezernent des Gerichts der Zutritt zu gewähren ist, der dann über die Verhandlung berichtet.

6 **II. Verletzter.** Dem **Verletzten** (§ 172 StPO) soll der Zutritt gestattet werden (Satz 2). Ausnahmen von dieser Regel können sich ergeben, wenn der Schutzzweck des Ausschlusses bei einer Anwesenheit des Verletzten unterlaufen würde (vgl. *Rieß/Hilger*, NStZ 1987, 204, 208).

III. Pflichtgemäßes Ermessen, Zurücknahme und Anfechtung. Die nach **pflichtgemäßem Ermessen** zu 7
treffende Entscheidung ergeht durch einen nicht notwendig öffentlich zu verkündenden Beschluss (*Kissel/Mayer* § 175 Rn. 15). Einer vorherigen Anhörung der Beteiligten bedarf es nicht (Satz 3). Nach herrschender Meinung ist auch eine stillschweigende Zulassung durch Duldung der Anwesenheit möglich (KK-StPO/*Diemer* § 175 GVG Rn. 3; *Kissel/Mayer* § 175 Rn. 16; Meyer-Goßner/*Schmitt* § 175 GVG Rn. 4).

Eine Zurücknahme der Entscheidung kann erfolgen, wenn sich neue Umstände ergeben, die der Zulassungs- 8
entscheidung den Boden entziehen (Bsp. ein Pressevertreter bricht ein Schweigegebot; vgl. Nr. 131 Nr. 2 Satz 3 RiStBV). Auch eine Zurücknahme aus sitzungspolizeilichen Gründen soll zulässig sein (Meyer-Goßner/*Schmitt* § 175 GVG Rn. 6). Richtigerweise dürfte es sich insoweit um eine Entfernung gem. §§ 176, 177 handeln (*Kissel/Mayer* § 175 Rn. 17; LR/*Wickern* § 175 GVG Rn. 12).

Die Entscheidung ist nicht anfechtbar. Es gibt keinen Anspruch auf eine Gestattung des Zutritts, auch nicht 9
für Medienvertreter qua Art. 5 Abs. 1 GG (*v. Coelln*, S. 295)

IV. Dienstaufsicht. Den die Dienstaufsicht führenden Beamten (Beamte des Ministeriums, Präsident/ 10
Direktor, des Gerichts, aufsichtsführende Richter) ist die Anwesenheit kraft Gesetzes gestattet (Abs. 3).

V. Jugendverfahren. Im Jugendverfahren bei dem die Öffentlichkeit nach § 48 Abs. 1 JGG ausgeschlossen 11
ist, entscheidet der Vorsitzende nach § 48 Abs. 2 Satz 3 JGG über den Zutritt von Einzelpersonen § 48 Abs. 2 JGG.

§ 176 [Sitzungspolizei]

(1) Die Aufrechterhaltung der Ordnung in der Sitzung obliegt dem Vorsitzenden.

(2) [1]An der Verhandlung beteiligte Personen dürfen ihr Gesicht während der Sitzung weder ganz noch teilweise verhüllen. [2]Der Vorsitzende kann Ausnahmen gestatten, wenn und soweit die Kenntlichmachung des Gesichts weder zur Identitätsfeststellung noch zur Beweiswürdigung notwendig ist.

S.a. RiStBV Nr. 125, 128

Übersicht

A. Bedeutung und Geltungsbereich. I. Sachlicher Geltungsbereich. Die Vorschrift verpflichtet den Vor- 1
sitzenden dazu, in der Sitzung für die Wahrung der **äußeren Ordnung** zu sorgen. Zu diesem Zweck ermächtigt sie ihn, alle Maßnahmen zu treffen, die erforderlich sind, um Störungen des gesetzmäßigen Ablaufs der Sitzung abzuwehren und die Rechte der Verfahrensbeteiligten oder betroffener Dritter vor Beeinträchtigungen zu bewahren (BVerfGE 50, 234, 241 f.; NJW 1996, 310; BGHSt 44, 23, 24). Im Unterschied dazu ist die ebenfalls dem Vorsitzenden obliegende Verhandlungsleitung nach § 238 Abs. 1 StPO darauf gerichtet, den Ablauf des Verfahrens in der Hauptverhandlung zu bestimmen (vgl. LR/*Wickern* § 176 GVG Rn. 2). Durch Gesetz vom 10.12.2019 (BGBl. I, S. 2121) wurde ein Verhüllungsverbot für die an der Verhandlung beteiligten Personen hinzugefügt.

Die sitzungspolizeilichen Befugnisse des Vorsitzenden sind ein Derivat seiner unabhängigen richter- 2
lichen Gewalt (BGHSt 17, 201, 204). Sie gehen dem konkurrierenden **Hausrecht** des Behördenleiters vor (BVerfG NJW-RR 2007, 1053, 1054; BGHSt 24, 329, 330; 30, 350, 353). Der Hausrechtsinhaber kann im Geltungsbereich der Sitzungspolizei keine eigenen Anordnungen treffen. Er ist jedoch befugt, sitzungspolizeiliche Verfügungen außerhalb ihres Geltungsbereichs durch entsprechende Anordnungen zu ergänzen (Bsp. Kontrollen im Eingangsbereich des Gerichtsgebäudes, Hausverbot für aus der Sitzung entfernte Störer). Dazu kann er sein Hausrecht auch auf den Vorsitzenden übertragen (Meyer-Goßner/*Schmitt* § 176 GVG Rn. 3). Durch eine solche Übertragung können die polizeilichen Befugnisse des Vorsitzenden in der Sitzung jedoch nicht über die §§ 169 ff. hinaus erweitert werden (BGHSt 24, 329, 330).

3 **II. Räumlicher Geltungsbereich.** Die Sitzungspolizei erstreckt sich auf **alle Räumlichkeiten, die unmittelbar und ausschließlich der Durchführung der Hauptverhandlung dienen** (*Kissel/Mayer* § 176 Rn. 10). Dies sind neben dem Sitzungssaal und dem Beratungszimmer auch die angrenzenden Flure und Vorräume, soweit von dort Störungen der Verhandlung ausgehen können (BVerfG NJW 1996, 310; BGHSt 44, 23, 24; a.A. *Kissel/Mayer* § 176 Rn. 10). Gleiches gilt für die zu dem Sitzungssaal gehörenden Wartebereiche für Zeugen (Zeugenzimmer) und Sachverständige (vgl. BGHSt 44, 23, 24; *Fink*, S. 110; LR/*Wickern* § 176 GVG Rn. 6). Auch der Ort an dem ein Zeuge nach § 247a StPO audiovisuell vernommen wird, unterfällt der Sitzungspolizei (*Rieß* NJW 1998, 3240, 3242; *Kissel/Mayer* § 176 Rn. 12). Dagegen werden Vorführzellen von der Sitzungspolizei nur dann erfasst, wenn sie dem Sitzungssaal zugeordnet sind (str. vgl. LR/*Wickern* § 176 GVG Rn. 6; *Kissel/Mayer* § 176 Rn. 10 [nur Zellen mit unmittelbarem Zugang zum Sitzungszimmer]). Bei Ortsterminen im öffentlichen Raum erstrecken sich die sitzungspolizeilichen Befugnisse auf die Fläche, die für die Verhandlung benötigt wird. Absperrungen sind von den zuständigen Verwaltungsbehörden (Polizei) in Amtshilfe zu gewährleisten. Wird an einem Ort verhandelt der privatem Hausrecht unterliegt, hat der Vorsitzende keine das Hausrecht verdrängenden polizeilichen Befugnisse.

4 **III. Zeitlicher Geltungsbereich.** In **zeitlicher Hinsicht** ist die Sitzungspolizei nach herrschender Meinung auf die Hauptverhandlung (§ 243 StPO) und ein bestimmtes Zeitfenster davor und danach beschränkt. Sie soll mit dem Eintreffen der ersten **Verfahrensbeteiligten** beginnen und in dem Moment enden, in dem das Gericht den Sitzungssaal verlässt. Die Beratungszeit und kurze Pausen, nicht aber eine längere Mittagspause sind mit umfasst (vgl. LR/*Wickern* § 176 GVG Rn. 8; KK-StPO/*Diemer* § 176 GVG Rn. 2; *Kissel/Mayer* § 176 GVG Rn. 9; *Kramer*, S. 10). Diese Sichtweise greift zu kurz. Stattdessen ist auf eine **funktionale Betrachtung** abzustellen. Die Befugnis zur Ausübung der Sitzungspolizei beginnt richtigerweise schon in dem Moment, in dem die erste auf die Wahrung der äußeren Ordnung in der Sitzung bezogene Anordnung getroffen werden muss (vgl. BeckOK-GVG/*Allgayer* § 176 Rn. 1). Dies kann bereits Tage vor dem Beginn der Sitzung der Fall sein (Bsp. Erlass einer Sicherheitsverfügung; Anordnung einer Akkreditierungspflicht für Medienvertreter). Sie **endet** mit dem Abschluss der letzten auf die Aufrechterhaltung der Ordnung in der Sitzung gerichteten Maßnahme (Bsp. Herausgabe verwahrter Gegenstände an die Berechtigten). Die Sicherstellung von Gegenständen über diesen Zeitpunkt hinaus kann daher nicht mehr auf § 176 Abs. 1 GVG gestützt werden (OLG Oldenburg 22.03.2021 – 1 Ws 81/21, Rn. 7 f.). In Pausen oder während Unterbrechungen kann die Sitzungspolizei unabhängig von deren Dauer ausgeübt werden (Bsp. Änderung der Sitzordnung), soweit dies zur Aufrechterhaltung der äußeren Ordnung in der Sitzung erforderlich ist.

5 **IV. Personeller Geltungsbereich.** Sitzungspolizeiliche Maßnahmen können **gegen alle Personen** ergriffen werden, die die äußere Ordnung der Sitzung stören und sich im räumlichen Geltungsbereich befinden. Sie sind daher nicht nur gegen Zuhörer, Zeugen, Angeklagte oder Privat- und Nebenkläger möglich, sondern auch gegen **Verteidiger** (vgl. BVerfG 48, 118, 123) die Sitzungsvertreter der StA, Urkundsbeamte, Schöffen und beisitzende Richter (Meyer-Goßner/*Schmitt* § 176 GVG Rn. 10).

6 **B. Die sitzungspolizeilichen Befugnisse und ihre Ausübung. I. Grundsätze.** Die Ausübung der Sitzungspolizei ist Aufgabe des **Vorsitzenden.** Ausnahmen von dieser Regel bestimmen die §§ 177 Satz 2, 178 Abs. 2 und 183. Irrtümlich ergangene Kammerbeschlüsse sind in der Regel unschädlich (vgl. BGH NStZ 2004, 220, 221). Welche Maßnahmen im Einzelnen zu treffen sind, hat der Vorsitzende nach **pflichtgemäßem Ermessen** zu entscheiden (BVerfGE 119, 309, 325; BGHSt 17, 201, 204; 24, 13, 15). Dabei stehen ihm sowohl ein Entschließungs-, als auch ein Auswahlermessen zu. Der Verhältnismäßigkeitsgrundsatz ist zu beachten. Störer sind daher zunächst abzumahnen und schärfere Mittel anzudrohen (vgl. *Kissel/Mayer* Rn. 23). Eine Ermessensreduktion auf Null kann sich nur in besonderen Ausnahmefällen ergeben (vgl. OLG Köln NJW-RR 1998, 1141). Zur Ermessensausübung bei Konflikten mit dem Anspruch der Öffentlichkeit auf uneingeschränkten Zugang s. Rdn. 18 zu § 169.

7 Eine sitzungspolizeiliche Maßnahme (Verfügung) des Vorsitzenden, kann grundsätzlich nicht nach § 238 Abs. 2 StPO beanstandet werden. Ist eine sitzungspolizeiliche Anordnung **zugleich auch eine sachleitende Maßnahme** i.S.v. § 238 Abs. 2 StPO, ist eine Beanstandung möglich und zur Vermeidung eines Rügeverlustes auch erforderlich (BGH NStZ 2008, 582). Den Grundsatz der Öffentlichkeit berührende sitzungspolizeiliche Verfügungen (Bsp. Entfernung von Störern) sind stets sachleitende Maßnahmen (BGH NStZ 2008, 582; NStZ 2013, 608 m.Anm. *Meyberg*). Die Bestimmung der Sitzordnung im Hauptverhandlungssaal betrifft auch die Rechte der betroffenen Verfahrensbeteiligten und ist deshalb ebenfalls nach § 238 Abs. 2 StPO zu beanstanden (BGH NStZ-RR 2018, 357).

8 Sitzungspolizeiliche Maßnahmen dürfen ohne vorherige Anhörung ergehen (LR/*Wickern* § 176 GVG Rn. 41). Die für die Entscheidung maßgeblichen Gründe müssen offengelegt werden (BVerfG AfP 2016, 532 [zu einer

Beschränkung von Bildaufnahmen]). Zur Protokollierung s. § 182. Die Ausführung obliegt den anwesenden Justizwachtmeistern oder im Wege der Amtshilfe beigezogenen Polizeibeamten.

II. Typische Anwendungsfälle. 1. Eingangskontrollen und Zugangsbeschränkungen. Der Vorsitzende kann Eingangskontrollen und zeitlich umgrenzte Zugangsbeschränkungen anordnen (Einzelheiten § 169 Rdn. 19 f.). Dabei dürfen einzelne Zuhörer abgewiesen werden, wenn sich konkrete Anhaltspunkte (Bsp. Besitz von Trillerpfeifen etc., Weigerung sich durchsuchen zu lassen) für eine Störungsabsicht ergeben (*Kissel/Mayer* § 176 Rn. 17; LR/*Wickern* § 176 GVG Rn. 21). Die Anordnung einer Maskenpflicht zum Schutz vor Infektionen während der Coronapandemie ist grds. zulässig (vgl. BVerfG v. 28.09.2020 – 1 BvR 1948/20 Rn. 4; BayObLG v. 09.08.2021 – 202 ObOWi 860/21, Rn. 9; OLG Celle COVuR 2021, 497; BSG 22.09.2021 – B 8 SO 25/21 B, Rn. 21 m.w.N.). Ebenso kann der Zugang zum Sitzungssaal von der Vorlage eines negativen Tests auf das Coronavirus abhängig gemacht werden (OLG Celle NStZ-RR 2022, 57; OLG Rostock 11.11.2021 – 20 Ws 211/21, Rn. 18 ff. m.w.N.). Als Leitfaden für die Ermessenausübung können insoweit die aktuell geltenden Zugangs-, Abstands- und Hygieneregeln herangezogen werden. 9

Auch eine Kontrolle der Verfahrensbeteiligten (Angeklagter, Zeugen, Nebenkläger, RA, Schöffen etc.) ist zulässig, wenn der begründete Verdacht besteht, dass von ihnen Störungen der Hauptverhandlung ausgehen können (vgl. BVerfGE 48, 118, 123; NJW 1998, 296, 297; 2006, 1500). Bei der Durchsuchung von Verteidigern ist deren Umfang in der Anordnung einzugrenzen und darf nicht den zuständigen Bediensteten überlassen bleiben (BVerfG NJW 1998, 296, 298; 2006, 1500, 1501). Die Vertraulichkeit der Verteidigungsunterlagen ist stets zu wahren (LR/*Wickern* § 176 GVG Rn. 22). 10

2. Medienberichterstattung. a) Grundsatz. Mit der Gerichtsberichterstattung leisten die Medien einen eigenständigen Beitrag zur Kontrolle der Rechtspflege und der Publizität der Rechtsordnung (BVerfG NJW 2008, 977, 978; *v. Coelln*, S. 183, 201; *Kuß*, S. 79). Dabei haben sie jedoch lediglich an einer für jedermann geöffneten allgemeinen Informationsquelle teil und unterliegen deshalb wie die allgemeine Saalöffentlichkeit den durch die §§ 169 ff. definierten Grenzen (BVerfGE 103, 44, 59; NJW 2008, 977 Tz. 27; krit. *v. Coelln*, S. 384). Auf die Medienvertreter bezogene sitzungsleitende Verfügungen müssen in Berücksichtigung des grundsätzlichen Anspruchs der Presse auf Zugang für eine freie Berichterstattung sachlich ausgestaltet sein und dem subjektiven Recht der Medienvertreter auf gleiche Teilhabe an den Berichterstattungsmöglichkeiten Rechnung tragen (BVerfG NJW 2013, 1293 m.Anm. *Zuck*). 11

b) Privilegien. Wegen der besonderen Bedeutung der Gerichtsberichterstattung sind **Privilegien für Medienvertreter** bei der Bereitstellung von begleitenden Informationen (Bsp. Überlassung einer Sitzungsvorschau), allgemeinen sitzungspolizeilichen Verfügungen (Bsp. Zulassung der Nutzung von Laptops) und bei der Platzvergabe zulässig. Eine Verletzung des Öffentlichkeitsgrundsatzes in Bezug auf das allgemeine Saalpublikum kann darin nicht gesehen werden, solange der nach § 169 Satz 1 zu gewährende freie Zutritt gewährleistet bleibt (*v. Coelln*, S. 262 ff.). Werden **Plätze für Medienvertreter reserviert**, haben daher für das allgemeine Publikum Plätze in so großer Zahl zu verbleiben, dass noch von einer Repräsentanz der Allgemeinheit gesprochen werden kann (BGH NJW 2006, 1220, 1221; *Kissel/Mayer* § 176 Rn. 33; LR/*Wickern* § 176 GVG Rn. 13; *v. Coelln*, S. 263). Müssen gleichwohl allgemeine Besucher wegen Platzmangels abgewiesen werden, so ist dies hinzunehmen (*v. Coelln*, S. 265). Die für Medienvertreter reservierten Plätze sind ebenfalls nach dem Reihenfolge- oder dem Zufallsprinzip zu vergeben (vgl. BVerfG NJW 2003, 500; NJW 2013, 1293 m.Anm. *Zuck*). Eine Aufteilung der Presseplätze nach generellen Kriterien (Bsp. Wortberichterstattung, Fernsehen, Inland, Ausland etc.) ist zulässig, solange sie willkürfrei erfolgt und nicht an inhaltliche Gesichtspunkte (Verbot der Vorzensur) anknüpft (vgl. BVerfG NJW 2003, 500, 501). Dabei darf dem Interesse an praktikabler Handhabbarkeit der Vorrang vor einer umfassenden Ausschöpfung denkbarer Differenzierungsmöglichkeiten eingeräumt werden (BVerfG NJW-RR 2008, 1069, 1071). Ob eine Aufteilung unter Umständen sogar verfassungsrechtlich geboten sein kann, ist ungeklärt (BVerfG NJW 2013, 1293 m.Anm. *Zuck*). Nicht zum Zuge gekommene Medienvertreter muss der Zutritt mit dem allgemeinen Saalpublikum möglich bleiben (BGH MDR [D] 1972, 753). Werden Presseplätze nicht benötigt, sind diese wieder für das allgemeine Saalpublikum freizugeben. 12

c) Bild- und Tonaufnahmen. Zur Veröffentlichung bestimmte Film, Rundfunk- und Fernsehaufnahmen **in der Hauptverhandlung** sind nach § 169 Satz 2 untersagt (vgl. Rdn. 22 zu § 169). 13

Über die Zulässigkeit **einfacher Bildaufnahmen in und außerhalb der Hauptverhandlung** sowie **Film-, Rundfunk- und Fernsehaufnahmen außerhalb der Hauptverhandlung** (auf den Gerichtsfluren, vor und nach der Verhandlung, in Sitzungspausen, etc. vgl. § 169 Rdn. 4 a.E.) haben im Geltungsbereich der Sitzungspolizei der Vorsitzende und i.Ü. der Hausrechtsinhaber zu entscheiden. Anordnungen, mit denen die Anfertigung von Bildaufnahmen vom Geschehen im Sitzungssaal am Rande der Hauptverhandlung untersagt 14 oder Beschränkungen unterworfen wird, stellen Eingriffe in den Schutzbereich der Presse- und Rundfunkfreiheit aus Art. 5 Abs. 1 S. 2 GG dar (BVerfG NJW 2017, 798 m.w.N.). Bei der Ausübung des Ermessens sind die Bedeutung der Gerichtsberichterstattung in den Medien und die entgegenstehenden Interessen (Persönlichkeitsrecht der Beteiligten, Funktionstüchtigkeit der Rechtspflege) gegeneinander abzuwägen und der Grundsatz der Verhältnismäßigkeit zu beachten (BVerfGE 103, 44, 64; 91, 125, 138 f.; 103, 44, 64; 119, 309, 322; *v. Coelln*, S. 261; *Lehr* NStZ 2001, 63). Die tatsächlichen Umstände, die eine Beschränkung erforderlich machen, müssen vom Vorsitzenden konkret dargelegt werden, sofern sie nicht auf der Hand liegen. Auch kann die Entscheidung nicht der Pressestelle überlassen werden (BVerfG NJW 2014, 3013, 3014).

15 Bei Gerichtsverhandlungen, auf die ein besonderes öffentliches Interesse gerichtet ist, wird ein allgemeines Film- und Fotografierverbot außerhalb der Hauptverhandlung in der Regel unzulässig sein (vgl. BVerfGE 91, 125, 137 f.). Ausnahmen können sich bei besonderen Gefährdungslagen ergeben (vgl. BVerfG NJW 1996, 310). Räumliche Enge rechtfertigt in der Regel nur die Anordnung einer Poollösung (BVerfG NStZ 2000, 543, 544). Zur Sicherung des Verbots nach § 169 Satz 2 kann verfügt werden, dass während der Hauptverhandlung alle Kameras und Tonaufzeichnungsgeräte (zu Notebooks vgl. BVerfG NJW 2009, 352, 353) aus dem Sitzungssaal zu entfernen sind. Bildaufnahmen dürfen von einem vorherigen Nachweis der Pressezugehörigkeit (Akkreditierung) oder der Einholung einer schriftlichen Erlaubnis abhängig gemacht werden (BVerfG NJW-RR 2007, 1053, 1054).

16 Bildaufnahmen von den Mitgliedern des Gerichts, dem Sitzungsvertreter der StA, nachgeordneten Bediensteten und den Prozessbevollmächtigten sind grds. zuzulassen (BVerfGE 119, 309, 328 f.; NJW 2009, 2117, 2119 f.; krit. *Ernst* NJW 2001, 1624), wobei eine einmalige Gewährung zu Beginn jeder Sitzung ausreichen dürfte (BVerfG NJW 2009, 2117, 2120; 2003, 2671). Eine Beschränkung auf einzelne Sitzungstage kann nicht mit der Beeinträchtigung des Sitzungsablaufs durch die Vielzahl der Medienvertreter gerechtfertigt werden, wenn eine Pool-Lösung Abhilfe schaffen kann (BVerfG NJW 2017, 798). Ob und inwieweit das Persönlichkeitsrecht der übrigen Verfahrensbeteiligten (Angeklagter, Nebenkläger, Zeugen) durch sitzungspolizeiliche Maßnahmen gegen ohne ihre Einwilligung gefertigte Bildaufnahmen zu schützen ist, hängt vom Einzelfall ab. Insoweit gelten die für die einwilligungslose Verbreitung von Personenbildnissen durch die Massenmedien entwickelten verfassungsrechtlichen Maßstäbe, denen das abgestufte Schutzkonzept der §§ 22, 23 KUG entspricht (vgl. BVerfGE 119, 309, 322; NJW 2014, 3013, 3014; BGH NJW 2011, 3153 m.w.N.; vgl. Meyer-Goßner/*Schmitt* § 176 GVG Rn. 15; LR/*Wickern* § 176 GVG Rn. 37; weiterführend *Franke*, S. 82 ff.; Stieper, JZ 2014, 271). Dabei ist zu berücksichtigen, dass eine Straftat zum Zeitgeschehen gehört, dessen Vermittlung Aufgabe der Medien ist. (BVerfG NJW 2009, 350, 351; BGH; NJW 2011, 3153, 3154 m.w.N.). Eine Anordnung, dass Bildaufnahmen abzubrechen sind, wenn eine Person mit Ausnahme von Richtern, Verteidigern und Vertretern der Staatsanwaltschaft die Aufnahme erkennbar abwehrt, legt die Entscheidung über eine Bildberichterstattung ohne dies rechtfertigende Gründe allein in die Hand der Beteiligten und verletzt damit das Grundrecht der Medienvertreter auf Pressefreiheit (BVerfG NJW 2017, 798). Im Allgemeinen ist bei Angeklagten und Zeugen eine Anonymisierungsanordnung ausreichend (vgl. BVerfG NJW 2009, 2117). Bildaufnahmen ohne Anonymisierung sind lediglich von Angeklagten mit gesellschaftlich hervorgehobener Stellung oder bei gravierenden Straftaten mit großer Öffentlichkeitswirkung zulässig (vgl. BVerfG NJW 2009, 2117, 2119; OLG Düsseldorf StraFo 2013, 30). Bei dem Angeklagten kann es für die Abwägung von Bedeutung sein, ob er bereits ein Geständnis abgelegt hat und deshalb die Unschuldsvermutung weniger schwer wiegt. Die Anfertigung von Bildaufnahmen von Sachverständigen und Zeugen kann ganz zu untersagen sein, wenn durch eine entsprechende Medienberichterstattung oder in Internetforen bereits ein besonderer öffentlicher Druck erzeugt worden ist (Bsp. öffentliche Schuldzuweisungen, Beleidigungen etc.), der Übergriffe oder Belästigungen bei Wiedererkennen im öffentlichen Raum befürchten lässt (vgl. BVerfG NJW 2014, 3013, 3014 m.w.N.). Sitzungspolizeiliche Anonymisierungsgebote verpflichten nur an der Sitzung beteiligte Medienvertreter, nicht aber eventuelle Zweitverwerter (BGH NJW 2011, 3153, 3154 m.w.N.). U.U. kann es angezeigt sein, den Angeklagten oder einen Zeugen erst nach dem Aufruf der Sache über einen verdeckten Zugang in den Saal zu führen. Unzulässig hergestelltes Bildmaterial darf in Verwahrung genommen werden (BGHSt 44, 23).

17 **d) Zensurverbot.** Eine Einflussnahme auf den Inhalt der Berichterstattung verstößt gegen das Zensurverbot gem. Art. 5 Abs. 1 Satz 2 GG (BVerfGE 50, 234, 242).

18 **3. Sicherheit und Ordnung in der Sitzung.** Der Vorsitzende bestimmt die **Sitzordnung**. Sie hängt von den baulichen Gegebenheiten ab, hat Sicherheitsaspekte zu wahren und soll einen geordneten Verhandlungsablauf sicherstellen (vgl. BGH NStZ-RR 2018, 357). Der Vorsitzende kann daher anordnen, dass der Angeklagte hinter einer Barriere (Glasscheibe etc.) Platz zu nehmen hat, räumliche Distanzen festlegen (Bsp. zur Nebenklage oder Zeugen), Kontakte zu Zuhörern unterbinden (*Kissel/Mayer* § 176 Rn. 26) oder überwachen

lassen und Justizwachtmeister zur Aufsicht beiziehen (vgl. BGH NStZ 2006, 650). Auch eine Fesselung des Angeklagten kann angeordnet werden (vgl. OLG Hamm NStZ-RR 2014, 114; OLG Saarbrücken 08.03.2016 – 1 Ws 28/16). Eine Möglichkeit zur geschützten Kommunikation zwischen dem Angeklagtem und der Verteidigung muss jedoch erhalten bleiben (BGH NStZ-RR 2018, 357; BayObLG StraFo 1996, 47). Auch muss die Möglichkeit bestehen, dass Konfrontationsrecht auszuüben (BGH NStZ-RR 2018, 357 f.).

Sind **Störungen aus dem Zuhörerraum** zu befürchten, dürfen Polizeibeamte (offen oder verdeckt) beigezogen werden. Die Untersagung von Bildaufnahmen und Tonaufzeichnungen durch Zuhörer ist zulässig. Auf Störungen ist zunächst durch Weisungen, Rügen und die Androhung von Ordnungsmitteln zu reagieren. Massiv störende Zuhörer darf der Vorsitzende sofort aus dem Saal weisen (BGHSt 17, 201, 204). Eine zwangsweise Entfernung ist nur nach § 177 möglich (vgl. BGHSt 24, 329, 331 f.). 19

Auch ein die äußere Ordnung der Hauptverhandlung störender **Verteidiger** kann zur Ordnung gerufen und mit Weisungen (Bsp. den zugewiesenen Patz einzunehmen; Zwischenrufe zu unterlassen etc.) belegt werden, soweit dadurch seine Rechtspflegefunktion nicht beeinträchtigt wird (KK-StPO/*Diemer* § 176 GVG Rn. 3; Meyer-Goßner/*Schmitt* § 176 GVG Rn. 10). Dies gilt für die anderen Verfahrensbeteiligten (Schöffen, Staatsanwalt etc.) entsprechend. Ob ein Verteidiger nach § 176 als ultima ratio aufgefordert werden darf, sich aus dem Sitzungszimmer zu entfernen, ist streitig (bejahend *Artkämper*, Rn. 116; *Malmendier* NJW 1997, 227, 232 ff.; verneinend *Kissel/Mayer* § 176 Rn. 42). Richtigerweise kann eine Zurückweisung des Verteidigers nur in der Erklärung bestehen, mit ihm bis zur Beendigung der Störung nicht mehr zu verhandeln (*Kramer*, S. 104 ff.). Da die § 177 (dort Rdn. 3) und § 178 (dort Rdn. 8) unanwendbar sind, kann der Verteidiger jedoch nicht zwangsweise aus dem Sitzungszimmer entfernt werden. 20

Der Vorsitzende ist gehalten durch geeignete Maßnahmen dafür Sorge zu tragen, dass Zeugen keinem Druck zur **Beeinflussung** ihres Auskunftsverhaltens ausgesetzt sind. Zu diesem Zweck dürfen einzelne Zuhörer ausgeschlossen werden, wenn ein begründeter Verdacht besteht (BGH NStZ 2004, 220, 221). Schriftliche Aufzeichnungen durch Zuhörer können untersagt werden, wenn sie der Information von noch zu vernehmenden Zeugen dienen sollen (BGH StV 1982, 409, 410; MDR [D] 1973, 730; LR/*Wickern* § 176 GVG Rn. 30; Meyer-Goßner/*Schmitt* § 176 GVG Rn. 8). Mitarbeitern der Verteidigung ist das Mitschreiben grds. gestattet (BGHSt 18, 179, 181). Die Anwesenheit von sog. Prozessbeobachtern kann gleichfalls nur bei dem begründeten Verdacht einer Einflussnahme unterbunden werden (Meyer-Goßner/*Schmitt* § 176 GVG Rn. 9). Besteht der Verdacht, dass der entsprechenden Beschränkungen nach § 119 StPO unterliegende inhaftierte Angeklagte das Mobiltelefon seines Verteidigers zu unüberwachten Telefonaten nutzt, kann dem Verteidiger im Einzelfall die Mitnahme von Mobiltelefonen in den Sitzungssaal untersagt werden (OLG Stuttgart StV 2011, 718). 21

Schließlich wirkt der Vorsitzende auch auf die Wahrung der **äußeren Form** hin. RA sind neben § 20 BORA auch kraft bundeseinheitlichen Gewohnheitsrechts verpflichtet, vor Gericht **Amtstracht** zu tragen (BVerfGE 28, 21; OLG München StV 2007, 27 m. abl. Anm. *Weihrauch*; *Kramer*, S. 26, 123 f.; str.). Bei Weigerung ist eine Zurückweisung und die Bestellung eines anderen Verteidigers möglich (OLG München StV 2007, 27; OLG Braunschweig NJW 1995, 2113, 2114 f.; OLG Karlsruhe NJW 1977, 309; a.A. *Kissel/Mayer* § 176 GVG Rn. 20; *Kramer*, S. 124 f.). Str. ist ferner, ob neben der Robe auch das Tragen eines weißen Langbinders (vgl. OLG Zweibrücken NStZ 1988, 144, 145) und eines Oberhemdes (vgl. OLG München StV 2007, 27) zur Amtstracht gehört (verneinend *Weihrauch*, StV 2007, 28 f.; Meyer-Goßner/*Schmitt* § 176 GVG Rn. 11 m.w.N.). Zuhörer dürfen zum Abnehmen ihrer Kopfbedeckung angehalten werden, es sei denn hierfür bestehen billigenswerte (z.B. religiöse) Gründe (BVerfG NJW 2007, 56, 57). 22

Das in **Abs. 2 Satz 1** enthaltene **Verbot der Gesichtsverhüllung** ist eine den Beurteilungsspielraum und das Ermessen des Vorsitzenden reduzierende Einzelfallregelung. Sie erstreckt sich auf *sämtliche Formen der Gesichtsverhüllung*, unabhängig davon, ob diese religiös motiviert sind oder nicht. Gesichtsverhüllung meint dabei die Verwendung von Textilien und anderen Gegenständen, die dazu dienen, das Gesicht oder Teile desselben zu verdecken (BT-Drs. 19/14747, S. 43). Eine Mund-Nasen-Bedeckung zur Verhinderung der Ausbreitung von SARS-CoV-2/COVID-19 ist danach eine »Gesichtsverhüllung« i.S.v. Abs. 2 Satz 1 (vgl. *Heuser/Bockemühl* KriPoZ 2020, 342, 344). Nicht erfasst sind die natürliche Gesichtsbehaarung, kleinere Pflaster, Brillen mit durchsichtigem Glas oder Bedeckungen nur des Haares oder nur des Halsbereichs, die den Bereich des Gesichts freilassen (BT-Drs. 19/14747, S. 43). Abs. 2 Satz 2 schafft einen Erlaubnisvorbehalt. Danach ist es dem Vorsitzenden gestattet, Ausnahmen vom dem Verhüllungsverbot zuzulassen, wenn dessen Schutzzweck (Ermöglichung der Identitätsfeststellung und einer umfassenden Beweiswürdigung) nicht berührt wird (BT-Drs. 19/14747, S. 43). Dies dürfte beim Tragen einer Mund-Nasen-Bedeckung zur Verhinderung der Ausbreitung von SARS-CoV-2/COVID-19, aber auch bei einer besonderen Schutzbedürftigkeit einzelner Personen (etwa bei V-Leuten) regelmäßig der Fall sein. 23

24 **C. Rechtsbehelfe und Revision.** Sitzungspolizeiliche Anordnungen können grundsätzlich nicht mit der Beschwerde angegriffen werden. Dies ergibt ein Umkehrschluss aus § 181 Abs. 1 (BVerfGE 119, 309, 317; 91, 125, 133; BGHSt 44, 23, 25; OLG Hamm NStZ-RR 2012, 118; KG NStZ 2011, 120; OLG Hamburg NStZ 1992, 509; OLG Zweibrücken NStZ 1987, 477; Meyer-Goßner/*Schmitt* § 176 GVG Rn. 16; offengelassen in BGH NStZ-RR 2016, 25; a.A. SK-StPO/*Velten* § 176 GVG Rn. 17 m.w.N.). Etwas anderes gilt ausnahmsweise dann, wenn die auf § 176 gestützte Maßnahme über die sitzungspolizeilichen Aspekte der Verfahrenssicherung hinausgeht und Grundrechte oder andere Rechtspositionen des von einer sitzungspolizeilichen Maßnahme Betroffenen dauerhaft tangiert und beeinträchtigt werden (HansOLG Hamburg 12.09.2018 – 1 Ws 71/18, Rn. 8 f.; OLG Hamm v. 12.12.2017 – 5 Ws 578/17; OLG Bremen NJOZ 2016, 1884, 1885 f.; OLG Saarbrücken v. 08.03.2016 – 1 Ws 28/16; OLG Stuttgart NStZ-RR 2016, 383; NJW 2011, 2899 KG NStZ 2011, 120; OLG München StV 2007, 27; offengelassen in BGHSt 44, 23, 25). Da eine »außerordentliche Beschwerde« im Strafverfahren nicht anzuerkennen ist (BGHSt 45, 37) kommt dabei allein die Beschwerde nach § 304 StPO in Betracht. Dies hat zur Folge, dass im ersten Rechtszug ergangene sitzungspolizeiliche Beschlüsse und Verfügungen der Oberlandesgerichte auch in diesen Ausnahmefällen nach § 304 Abs. 4 S. 2 StPO unanfechtbar bleiben (BGH NStZ 2016, 369; NStZ-RR 2016, 25 mit einem *obiter dictum* für besonders nachteilige Maßnahmen, die in ihrem Gewicht dem Ausnahmekatalog des § 304 Abs. 2 S. 2 StPO entsprechen).

25 Danach dürften alle Anordnungen und Maßnahmen anfechtbar sein, die räumlich oder zeitlich Wirkungen außerhalb des Sitzungsbetriebes entfalten und nicht von einem Oberlandesgericht im ersten Rechtszug erlassen wurden. Hierzu zählen an die Medien gerichtete Anonymisierungsgebote (vgl. BVerfG 17.04.2015 – 1 BvR 3276/08), Beschränkungen in Bezug auf Ton- und Bildaufnahmen unmittelbar vor oder nach einer Verhandlung oder in den Sitzungspausen (vgl. BVerfG NJW 2014, 3013) sowie das Mandatsverhältnis belastende Zurückweisungen von Rechtsanwälten (OLG München StV 2007, 27). Ob dies auch für das Verbot gilt, Mobiltelefone mit in den Sitzungssaal zu nehmen, erscheint zweifelhaft (so aber OLG Stuttgart StV 2011, 718). Eine auf die Dauer der Hauptverhandlung begrenzte Fesselungsanordnung ist nicht anfechtbar (OLG Saarbrücken 08.03.2016 – 1 Ws 28/16).

26 Greift die sitzungspolizeiliche Maßnahme in die Verteidigung ein, kann dies – nach einer erfolglosen Beanstandung gem. § 238 Abs. 2 StPO – mit der Revision nach § 338 Nr. 8 StPO geltend gemacht werden (zum notwendigen Revisionsvortrag vgl. BGH NStZ 2021, 760 Rn. 5 m.w.N.). Auf § 176 gestützte unberechtigte Entfernungen von Zuhörern können als Verstoß gegen § 169 einen absoluten Revisionsgrund (§ 338 Nr. 6 StPO) schaffen, sofern die Anordnung des Vorsitzenden zuvor erfolglos nach § 238 Abs. 2 StPO beanstandet worden ist (BGH NStZ 2013, 608; NStZ 2008, 582).

27 Gegen die Ausübung des Hausrechts getroffene Maßnahmen ist verwaltungsrechtlicher Rechtsschutz möglich (BVerfG NJW-RZ, 2007, 1053, 1054; OLG Bremen NJOZ 2016, 1884, 1885).

§ 177 [Maßnahmen bei Ungehorsam]

[1]Parteien, Beschuldigte, Zeugen, Sachverständige oder bei der Verhandlung nicht beteiligte Personen, die den zur Aufrechterhaltung der Ordnung getroffenen Anordnungen nicht Folge leisten, können aus dem Sitzungszimmer entfernt sowie zur Ordnungshaft abgeführt und während einer zu bestimmenden Zeit, die vierundzwanzig Stunden übersteigen darf, festgehalten werden. [2]Über Maßnahmen nach Satz 1 entscheidet gegenüber Personen, die bei der Verhandlung nicht beteiligt sind, der Vorsitzende, in den übrigen Fällen das Gericht.

Übersicht

1 **A. Anwendungsbereich.** § 177 eröffnet die Möglichkeit, auf die Nichtbefolgung sitzungspolizeilicher Anordnungen (§ 176) durch bestimmte **abschließend aufgezählte Personen** mit Zwangsmaßnahmen zu reagieren. Als **Partei** i.S.v. Satz 1 gelten neben Privat- und Nebenkläger auch die in den §§ 431, 442, 444 StPO bezeichneten Personen (KK-StPO/*Diemer* § 177 GVG Rn. 3) und der Antragsteller im Adhäsionsverfahren (§§ 403 ff.). Dem **Beschuldigten** stehen der Angeklagte (§ 157 StPO), der Betroffene (§§ 67 ff. OWiG) – auch wenn er von Beruf Rechtsanwalt ist und sich selbst verteidigt (OLG Oldenburg 03.01.2022 – 2 Ss[OWi] 240/21, Rn. 8 ff.) – und der Verurteilte im Verfahren nach § 275a StPO gleich. Zu den **Zeugen** und **Sachverständigen** gehört auch der sachverständige Zeuge (§ 85 StPO). **Andere bei der Verhandlung**

nicht beteiligte Personen sind die Zuhörer einschließlich der Medienvertreter. Für Erziehungsberechtigte und gesetzliche Vertreter des Angeklagten gilt § 177 gem. § 51 Abs. 3 JGG entsprechend (*Eisenberg* § 51 Rn. 23).

2 Beisitzende Richter, Schöffen, Staatsanwälte, Urkundsbeamte und Dolmetscher sind an der Verhandlung beteiligt und können daher nicht mit Maßnahmen nach § 177 belegt werden. Gleiches gilt für als Nebenklägervertreter, Privatklägervertreter, Verletzten- oder Zeugenbeistand (*Milger* NStZ 2006, 121, 124; LR/*Wickern* § 177 GVG *Rn. 15; Kissel/Mayer* § 177 Rn. 14; a.A. Meyer-Goßner/*Schmitt* § 177 GVG Rn. 4; Zöller/*Lückemann* § 177 GVG Rn. 2) auftretende RA und den **Verteidiger** (OLG Düsseldorf, wistra 1994, 79; OLG Hamm JZ 2004, 205 m.Anm. *Jahn*; *Leuze*, StV 2004, 101; KK-StPO/*Diemer* § 177 GVG Rn. 2; *Kissel/Mayer* § 177 Rn. 14; LR/*Wickern* § 177 GVG Rn. 7; Meyer-Goßner/*Schmitt* § 177 GVG Rn. 3a). Die Gegenansicht, wonach auch ein Verteidiger nach § 177 in Extremfällen aus dem Sitzungssaal entfernt werden darf (BGH NJW 1977, 437, 438; *Katholnigg* § 177 GVG Rn. 3; *Malmendier* NJW 97, 227, 233; Zöller/*Lückemann* § 177 GVG Rn. 2), findet im Gesetz keine Stütze (dazu ausführlich *Kramer*, S. 95 ff.).

3 **B. Die Ordnungsmittel und ihre Anwendung. I. Allgemeine Voraussetzungen.** Die in Satz 1 bezeichneten Ordnungsmittel dürfen angewandt werden, wenn eine nach § 176 zulässig getroffene und dem Adressaten in verständlicher Weise zur Kenntnis gebrachte Anordnung von diesem nicht befolgt worden ist. Da § 177 nicht die Ahndung vorwerfbaren Verhaltens bezweckt, ist nur objektiver Ungehorsam nicht aber ein Verschulden erforderlich (*Milger* NStZ 2006, 121, 122; KK-StPO/*Diemer* § 177 GVG Rn. 5; *Kissel/Mayer* § 177 Rn. 1; LR/*Wickern* § 177 GVG Rn. 20; abw. Meyer-Goßner/*Schmitt* § 177 GVG Rn. 10 für die Anordnung von Ordnungshaft).

4 **II. Entfernung aus dem Sitzungszimmer.** Die Entfernung aus dem Sitzungszimmer erfolgt durch Anordnung ggü. der betroffenen Person. Bei einer Mehrzahl von Störern ist lediglich eine hinreichend genaue Eingrenzung (vgl. *Katholnigg* § 177 GVG Rn. 5; LR/*Wickern* § 177 GVG Rn. 22), nicht aber eine namentliche Erfassung erforderlich. Eine Entfernung aller anwesenden Zuhörer ist zulässig, wenn der Ungehorsam offenkundig von der gesamten Zuhörerschaft getragen wird (Meyer-Goßner/*Schmitt* § 177 GVG Rn. 9). Kommen die ausgeschlossenen Zuhörer der Anordnung nicht nach, darf diese mit unmittelbarem Zwang durch Justizwachtmeister oder Polizei in Amtshilfe vollzogen werden. Wurden sämtliche Zuhörer nach Satz 1 entfernt, muss der Saal für die Öffentlichkeit zugänglich bleiben (§ 169 Satz 1). Entfernte Störer dürfen abgewiesen werden. U.U. kommt ein Öffentlichkeitsausschluss nach § 172 Nr. 1 in Betracht.

5 **III. Ordnungshaft.** Ordnungshaft bedeutet Ingewahrsamnahme (vgl. Art. 6 ff. EGStGB) für einen bestimmten Zeitraum. Sie ist mit der Erreichung ihres Zwecks, spätestens aber nach 24 Stunden aufzuheben. Der Zweck der Ordnungshaft ist erreicht, wenn die sitzungspolizeiliche Anordnung, deren Durchsetzung sie dient, erledigt ist. Dies ist regelmäßig mit dem Ende der Sitzung der Fall (vgl. *Kissel/Mayer* § 177 Rn. 5; Meyer-Goßner/*Schmitt* § 177 GVG Rn. 10). Ausnahmsweise kann es angezeigt sein, mit der Freilassung zuzuwarten, bis alle Verhandlungsbeteiligten und die Zuhörer den Sitzungssaal verlassen haben (vgl. LR/*Wickern* § 177 GVG Rn. 26). Aus Gründen der Verhältnismäßigkeit darf Ordnungshaft nur angeordnet werden, wenn die Entfernung aus dem Sitzungszimmer zur Wiederherstellung der Ordnung nicht ausreicht (LR/*Wickern* § 177 GVG Rn. 2; vgl. *Milger* NStZ 2006, 121, 122). Wiederholte Anordnungen sind möglich.

6 Wurde der **Angeklagte** nach Satz 1 in Haft genommen oder aus dem Sitzungszimmer entfernt, darf nur unter den Voraussetzungen des § 231b StPO weiterverhandelt werden.

7 **C. Verfahren, Anfechtung, Revision.** Über Maßnahmen gegen an der Verhandlung nicht Beteiligte (Zuhörer) entscheidet der Vorsitzende, i.Ü. das Gericht (Satz 2). Anordnungen des Vorsitzenden ggü. an der Verhandlung Beteiligten können vom Gericht alsbald nachträglich gebilligt und der Zuständigkeitsmangel dadurch geheilt werden (BGH NStZ 1988, 85; LR/*Wickern* § 177 GVG Rn. 30).

8 Anordnungen nach § 177 können nicht mit der Beschwerde angegriffen werden (arg. e contrario aus § 181). Die unzulässige Entfernung des Angeklagten ist ein absoluter Revisionsgrund nach § 338 Nr. 5 StPO; diejenige eines Zuhörers nach § 338 Nr. 6 StPO (BGH NStZ 1982, 389). Wird der Angeklagte wegen Ungehorsams für die Dauer der Vernehmung eines Zeugen aus dem Sitzungssaal entfernt, dürfen während seiner Abwesenheit keine vom Entfernungsbeschluss nicht gedeckten Beweiserhebungen (Bsp. Augenschein) durchgeführt werden. Geschieht dies doch ist § 338 Nr. 5 StPO verletzt (BGH NStZ 2015, 181). Pressevertreter können einen Verstoß gegen Art. 5 Abs. 1 GG mit der Verfassungsbeschwerde rügen (BVerfG NJW 1979, 1400).

§ 178 [Ordnungsmittel wegen Ungebühr]

(1) [1]Gegen Parteien, Beschuldigte, Zeugen, Sachverständige oder bei der Verhandlung nicht beteiligte Personen, die sich in der Sitzung einer Ungebühr schuldig machen, kann vorbehaltlich der strafgerichtlichen Verfolgung ein Ordnungsgeld bis zu eintausend Euro oder Ordnungshaft bis zu einer Woche festgesetzt und sofort vollstreckt werden. [2]Bei der Festsetzung von Ordnungsgeld ist zugleich für den Fall, dass dieses nicht beigetrieben werden kann, zu bestimmen, in welchem Maße Ordnungshaft an seine Stelle tritt.
(2) Über die Festsetzung von Ordnungsmitteln entscheidet gegenüber Personen, die bei der Verhandlung nicht beteiligt sind, der Vorsitzende, in den übrigen Fällen das Gericht.
(3) Wird wegen derselben Tat später auf Strafe erkannt, so sind das Ordnungsgeld oder die Ordnungshaft auf die Strafe anzurechnen.

Übersicht

1 **A. Allgemeines.** Schutzgut des § 178 ist sowohl die Würde des Gerichts als Institution, als auch der geordnete, die Sachlichkeit der gerichtlichen Verhandlung gewährleistende Verfahrensablauf (vgl. BerlVerfGH NJW-RR 2000, 1512, 1513; OLG Zweibrücken v. 14.05.2018 – 1 Ws 88/18, Rn 7; OLG Köln, NJW 2008, 2865, 2866; KK-StPO/*Diemer* § 178 GVG Rn. 1; Meyer-Goßner/*Schmitt* § 178 GVG Rn. 2; *Pfeiffer* § 178 Rn. 1; einschränkend *Kissel/Mayer* § 178 Rn. 10; LR/*Wickern* § 178 GVG Rn. 3). Trotz ihrer repressiven Ausrichtung ist die Vorschrift keine Strafnorm (*Winter*, NStZ 1990, 373). Die dem Gericht eingeräumte Rechtsmacht, ein gravierendes Fehlverhalten in Anwesenheit der anderen Sitzungsteilnehmer unverzüglich mit empfindlichen und sofort vollstreckbaren (Haft) Sanktionen beantworten zu können, stützt seine Autorität (OLG Köln NJW 2008, 2865, 2866) und hat abschreckende Wirkung (BerlVerfGH NJW-RR 2000, 1512, 1514; *Winter*, NStZ 1990, 373, 374; *Kissel/Mayer* § 178 Rn. 7).

2 **B. Tatbestand. I. Ungebühr.** Ausgehend von der Schutzzweckbestimmung in Rdn. 1 ist **Ungebühr** jeder erhebliche Angriff auf die Ordnung in der Sitzung, deren justizförmigen Ablauf, den Gerichtsfrieden und die Würde des Gerichts (vgl. OLG Dresden NJW 2020, 406; OLG Düsseldorf NStZ-RR 1997, 370; OLG Celle v. 17.05.2016 – 1 Ws 88/16; OLG Hamm NStZ-RR 2001, 116, 117; OLG Stuttgart Die Justiz 2017, 95; OLG Zweibrücken, NJW 2005, 611). Dabei ist es nicht erforderlich, dass die Ungebühr gegenüber dem Gericht begangen wird; auch grob abschätzige Verhaltensweisen gegenüber anderen Verfahrensbeteiligten reichen aus (OLG Karlsruhe, NJOZ 2017, 605). Die Rspr. ist weitgehend kasuistisch und berücksichtigt Zeiterscheinungen. Im Einzelnen gilt:

3 **Tätlichkeiten** (BGH JZ 1951, 791), **Formalbeleidigungen** oder beleidigende Gesten im Sitzungssaal sind stets ungebührlich (OLG Hamm StraFo 2005, 251; LR/*Wickern* § 178 GVG Rn. 7). Gleiches gilt für das ungenehmigte Essen, Trinken oder Rauchen (*Kissel/Mayer* § 178 Rn. 12) sowie gravierende **Respektlosigkeiten** (demonstratives Kaugummikauen, Duzen, Anrede mit dem Vornamen, vgl. *Kissel/Mayer* § 178 Rn. 16) oder ein **zur Schau gestelltes Desinteresse** (Schlafen in liegender Haltung, Telefonieren, Lesen einer Zeitschrift, vgl. OLG Karlsruhe JR 1977, 392; KK-StPO/*Diemer* § 178 GVG Rn. 3).

4 Das **Nichtaufstehen** beim Einzug des Gerichts, der Urteilsverkündung oder bei Vereidigungen bringt in der Regel eine Missachtung des Verfahrens und der sie leitenden Personen zum Ausdruck und ist daher ungebührlich (OLG Zweibrücken v. 14.05.2018 – 1 Ws 88/18 [Einzug des Gerichts]; OLG Karlsruhe v. 15.05.2017 – 3 Ws 790/16 [Urteilsverkündung, religiöse Gründe]; OLG Brandenburg wistra 2014, 79 [Urteilsverkündung]; OLG Celle NStZ-RR 2012, 119 [Urteilsverkündung]; OLG Hamm NJW 1975, 942 [Urteilsverkündung]; OLG Köln NJW 1985, 446 [demonstratives Nichtaufstehen, Zuwenden der »Kehrseite«]; OLG Koblenz NStZ 1984, 234 [erstes Eintreten des Gerichts]; OLG Stuttgart NJW 1969, 627 [Urteilsverkündung]; LR/*Wickern* § 178 GVG Rn. 14; einschränkend OLG Karlsruhe NStZ 2015, 300 [nicht beim Eintritt des Gerichts nach einer kurzen Sitzungspause unter Bezugnahme auf Nr. 124 Abs. 2 S. 2 RiStBV]; OLG Köln NStZ 2016, 440 [nicht bei Sitzenbleiben nach vorangegangener Sitzungspause]; OLG Saarbrücken StraFo 2007, 208; *Kissel/Mayer* § 178 Rn. 15). Gleiches gilt, wenn richterliche *Anordnungen demonstrativ* außer Acht gelassen werden (Bsp. Nichteinnahme der zugewiesenen Plätze; Fertigung von Fotografien trotz ausdrücklichen Verbots; Dazwischenreden trotz Wortentzugs [vgl. OLG Stuttgart

Die Justiz 2017, 95), fortgesetztes lautes Unterhalten trotz Ermahnung, Handyklingeln trotz Aufforderung zur Stummschaltung, etc., vgl. *Kissel/Mayer* § 178 Rn. 1; LR/*Wickern* § 178 GVG Rn. 15).

Ein Erscheinen in **betrunkenem Zustand** oder **unangemessener Bekleidung** ist Ungebühr, wenn darin eine Herabsetzung der Verfahrensbeteiligten und des Gerichts als sozialer Institution zum Ausdruck kommt (OLG Koblenz NJW 1995, 977). Dies ist bei vermeidbarer Trunkenheit regelmäßig der Fall (vgl. OLG Düsseldorf NJW 1989, 241). Auch das Tragen einer Kopfbedeckung im Sitzungssaal hat, soweit hierfür keine nachvollziehbaren Gründe bestehen, in der Regel provokativen Charakter und ist daher Ungebühr. Bei der Beurteilung, ob eine Bekleidung angemessen ist, muss auf die herrschenden Gepflogenheiten abgestellt werden. Ein Auftreten in Freizeitkleidung ist regelmäßig auch für einen Zeugen nicht ungebührlich (OLG Koblenz NJW 1995, 977; OLG Düsseldorf NJW 1986, 1505, 1506). Vgl. i.Ü. Rdn. 3 zu § 175. 5

Bei **wertenden Äußerungen** kommt es auf den Einzelfall an. Beifalls- oder Missfallenskundgebungen (Bsp. Zuschlagen einer Tür; vgl. OLG Zweibrücken NJW 2005, 611), Gelächter oder Kommentare aus dem Saalpublikum stören die äußere Ordnung der Sitzung und sind, da hierfür kein nachvollziehbares Interesse besteht, stets ungebührlich (OLG Oldenburg v. 09.02.2017 – 1 Ws 50/17; *Kissel/Mayer* § 178 Rn. 26). Wertende Äußerungen von **Verfahrensbeteiligten** stellen nur dann eine Ungebühr dar, wenn sie in keinem inneren Zusammenhang zur Ausführung oder Verteidigung der geltend gemachten Rechte stehen oder offenkundig haltlos sind (BVerfG, NJW 1991, 2074, 2075; 2007, 2838, 2840) und deshalb nur eine Missachtung des Verfahrens und der sie leitenden Personen zum Ausdruck bringen (BerlVerfGH NJW-RR 2000, 1512, 1513; OLG Karlsruhe NJOZ 2017, 605). Dabei kommt es auf den Gesamtzusammenhang an (vgl. OLG Hamm NStZ-RR 2001, 116, 117). I.Ü. ist jeder Verfahrensbeteiligte berechtigt, seine Rechtsposition durch starke, eindringliche Ausdrücke und sinnfällige Schlagworte zu unterstreichen (BVerfGE 76, 171, 192; NJW 2007, 2838, 2840). Der Angeklagte oder der Nebenkläger begehen daher in der Regel keine Ungebühr, wenn sie einem Richter Voreingenommenheit vorwerfen (abw. OLG Koblenz, OLGSt, § 178 GVG, Nr. 9), die Sachkunde eines Sachverständigen kritisieren (vgl. BVerfGE 76, 171, 192) oder einem Zeugen die Zuverlässigkeit absprechen. Anders, wenn ein »lautstarkes Sich-erregen« des Angeklagten bei einer Zeugeneinvernahme deren Ablauf stört und geeignet ist, den Zeugen einzuschüchtern (OLG Hamm v. 06.10.2016 – II 4 Ws 308/16). 6

Die bloße **Verletzung prozessualer Vorschriften** durch Verfahrensbeteiligte ist für sich noch keine Ungebühr (Bsp. Nichtangabe der Anschrift durch einen Zeugen, unberechtigte Aussageverweigerung; Verletzung der Wahrheitspflicht, Nichterscheinen). Insoweit gelten allein die hierfür vorgesehenen Sanktionen (OLG Celle v. 17.05.2016 – 1 Ws 88/16; OLG Stuttgart NStZ 1991, 297, 298; OLG Schleswig SchlHA 1995, 293; *Kissel/Mayer* § 178 Rn. 11). Allerdings kann in der Art und Weise, in der die Befolgung prozessualer Pflichten verweigert wird, eine Ungebühr liegen (vgl. BGH, StV 1983, 495). 7

II. Adressatenkreis. Mit Ordnungsmitteln dürfen nur die **in Abs. 1 Satz 1 abschließend aufgezählten Personen** belegt werden. Dabei handelt es sich um denselben Personenkreis wie bei § 177 Satz 1 (dort Rdn. 2 f.). Auf Erziehungsberechtigte und gesetzliche Vertreter ist § 178 nicht anwendbar, weil § 51 Abs. 3 JGG insoweit nur § 177, nicht aber auch § 178 für entsprechend anwendbar erklärt (vgl. OLG Dresden NStZ 2010, 472). 8

III. Sitzung. Gegenstand einer Ahndung kann nur ein ungebührliches Verhalten sein, dass **in der Sitzung** begangen worden ist. Der Begriff der Sitzung entspricht in zeitlicher Hinsicht dem Geltungsbereich der Sitzungspolizei (vgl. Rdn. 4 zu § 176). Ungebührliches Verhalten im schriftlichen Verkehr und Ungebühr auf der Geschäftsstelle werden von § 178 nicht erfasst (LR/*Wickern* § 178 GVG Rn. 6 m.w.N.) 9

IV. Verschulden. Ordnungsmittel dürfen nur bei schuldhaftem Verhalten verhängt werden. Dies setzt Schuldfähigkeit analog den §§ 19, 20 StGB und Strafmündigkeit analog § 3 JGG voraus (OLG Neustadt NJW 61, 885; *Kissel/Mayer* § 178 Rn. 32). Fahrlässiges Verhalten reicht grds. aus (KK-StPO/*Diemer* § 178 GVG Rn. 5; *Katholnigg* § 178 Rn. 2; *Kissel/Mayer* § 178 Rn. 32; LR/*Wickern* § 178 GVG Rn. 5; Zöller/*Lückemann* § 178 GVG Rn. 2; a.A. OLG Stuttgart Justiz 86, 228; Meyer-Goßner/*Schmitt* § 178 GVG Rn. 4 m.w.N.), doch wird in der Mehrzahl der Fälle nur bei vorsätzlichem Verhalten die für die Annahme einer Ungebühr erforderliche Missachtung des Gerichts vorliegen. 10

C. Die Festsetzung der Ordnungsmittel. I. Ermessensausübung. Die Verhängung von Ordnungsmitteln steht im pflichtgemäßen Ermessen des Gerichts (OLG Köln NJW 2008, 2865, 2866; OLG Stuttgart NStZ 1991, 297). Dabei sind alle relevanten Umstände zu berücksichtigen. Der Verhältnismäßigkeitsgrundsatz ist zu beachten. Danach wird in der Regel zunächst die Erteilung einer Abmahnung unter Androhung von Ordnungsmitteln als milderes Mittel in Betracht kommen (BVerfG NJW 2007, 2839, 2840; *Kissel/Mayer* § 178 Rn. 42). Eine Pflicht zur Androhung besteht aber nicht (OLG Stuttgart Die Justiz 2017, 95). Eine Ahndung mit Ordnungsmitteln ist im Allgemeinen entbehrlich, wenn das ungebührliche Verhalten eine Entgleisung darstellt, die aus einer augenblicklichen gereizten Verhandlungssituation erwachsen ist (vgl. 11

OLG Hamm NStZ-RR 2001, 116, 117) oder in spontaner Reaktion auf ein als beanstandungswürdig empfundenes Fehlverhalten anderer Verfahrensbeteiligter erfolgte (BVerfG NJW 2007, 2839) und keine Wiederholungsgefahr besteht (OLG Hamm NStZ-RR 1997, 370, 371). Gleiches gilt, wenn sich der Störer entschuldigt hat und eine Einhaltung der Regeln glaubhaft zusichert. Hierzu ist er bei seiner Anhörung (Rdn. 16) anzuhalten (OLG Köln NJW 2008, 2865, 2867). Wurde eine Ungebühr fahrlässig begangen (Bsp. Einschlafen) wird in der Regel zunächst kein Ahndungsbedürfnis bestehen.

12 **II. Ordnungsmittel und ihre Bemessung.** Ordnungsmittel sind **Ordnungsgeld** zwischen fünf (Art. 6 Abs. 1 Satz 1 EGStGB) und 1.000,00 € sowie **Ordnungshaft** von einem Tag (Art. 6 Abs. 2 Satz 1 EGStGB) bis zu einer Woche. Ordnungsgeld ist summenmäßig festzusetzen und für den Fall seiner Uneinbringlichkeit Ersatzordnungshaft anzuordnen. Dabei kann ein Umrechnungsschlüssel verwendet (z.B. ein Tag Ersatzordnungshaft je 100,00 € Ordnungsgeld) oder Ersatzordnungshaft in einer bestimmten Tageszahl bestimmt werden (z.B. 300,00 € Ordnungsgeld ersatzweise drei Tage Haft). Diese Entscheidung ist nachholbar (Art. 8 Abs. 1 EGStGB). Von der Vollstreckung von Ersatzordnungshaft kann nachträglich abgesehen werden (Art. 8 Abs. 2 EGStGB). Die Gewährung von Zahlungserleichterungen ist bereits im Anordnungsbeschluss (Art. 7 Abs. 1 EGStGB), aber auch noch nachträglich möglich (Art. 7 Abs. 2 EGStGB; § 31 Abs. 3 RPflG). Die Ordnungshaft darf die Sitzungsdauer übersteigen

13 Immunität hindert nicht die Festsetzung von Ordnungsmitteln, wohl aber deren Vollstreckung (eingehend LR/*Wickern* § 178 GVG Rn. 22).

14 Wiederholte Ungebühr darf erneut geahndet werden (OLG Koblenz RPfleger 2013, 565). Die §§ 176, 177 sind daneben anwendbar (*Kissel/Mayer* § 178 Rn. 33).

15 **III. Verfahren.** Nach Abs. 2 entscheidet über Ordnungsmittel gegen an der Verhandlung nicht beteiligte Personen (Zuhörer) der Vorsitzende und i.Ü. das Gericht. Die Entscheidungen ergehen von Amts wegen. Die Verfahrensbeteiligten haben kein formelles Antragsrecht.

16 Vor einer Entscheidung ist der Vorgang zunächst zu protokollieren (§ 182) und der Betroffene **anzuhören.** Der Angeklagte kann sich dabei durch seinen Verteidiger äußern. Die Anhörung dient der Aufhellung der Beweggründe des Betroffenen und kann zur Erledigung führen. Von ihr kann deshalb nur dann abgesehen werden, wenn der Ungebührwille, (z.B. bei groben Beleidigungen oder Tätlichkeiten) außer Zweifel steht (OLG Brandenburg wistra 2014, 79; OLG Hamm NStZ-RR 2001, 116, 117) oder eine Anhörung dem Gericht aus anderen Gründen unzumutbar ist (OLG Hamm 16.09.2021 – 4 Ws 138/21, 4 Ws 161/21, Rn. 1); OLG Köln NJW 2008, 2865, 2867; OLG Düsseldorf NStZ 1988, 288; *Kissel/Mayer* § 178 Rn. 46). Ein ohne die erforderliche Anhörung ergangener Ordnungsgeldbeschluss ist im Beschwerdeverfahren (§ 181) aufzuheben (OLG Bamberg StraFo 2013, 292; OLG Köln NStZ 2008, 587: OLG Brandenburg NJW 2004, 451). Nach anderer Ansicht soll eine Heilung des Verstoßes im Beschwerdeverfahren möglich sein (OLG Oldenburg v. 09.02.2017 – 1 Ws 50/17; OLG Hamm v. 06.10.2016 – III-4 Ws 308/16). Eine Anhörung des Sitzungsvertreters der StA ist nicht zwingend erforderlich (Meyer-Goßner/*Schmitt* § 178 GVG Rn. 15; LR/*Wickern* § 178 GVG Rn. 36).

17 Die Festsetzung geschieht durch einen zu begründenden **Beschluss**, der noch **in der laufenden Sitzung** nach § 35 Abs. 1 StPO durch Verkündung bekannt zu machen ist (OLG Frankfurt v. 22.08.2016 – 2 W 47/16; OLG Hamburg NJW 1999, 2607; OLG Nürnberg NStZ-RR 2006, 308; OLG Schleswig NJW 1970, 1321, 1322; jew. m.w.N.). Bleibt der Störer anwesend, kann die Verkündung bis zum Ende des Sitzungstages zurückgestellt werden. Bei mehrtätigen Verhandlungen kann ausnahmsweise auch eine Verkündung am nächsten Sitzungstag erfolgen (*Kissel/Mayer* § 178 Rn. 48; LR/*Wickern* § 178 GVG Rn. 31; Meyer-Goßner/*Schmitt* § 178 GVG Rn. 16). Eine Verkündung in einer Verhandlung in anderer Sache ist nicht zulässig, auch wenn es sich dabei um denselben Sitzungstag handelt (OLG Nürnberg NStZ-RR 2006, 308). Nach Sitzungsende darf ein Ordnungsgeldbeschluss auch dann nicht mehr ergehen, wenn dies in der Sitzung angekündigt worden ist (OLG Hamburg NJW 1999, 2607; offengelassen in OLG Nürnberg NStZ-RR 2006, 308).

18 Zur Vollstreckung s. § 179, zu den Rechtsbehelfen § 181 und zur Protokollierung § 182.

19 **D. Ordnungsmittel und anderweitige Ahndungen.** Die Anordnung von Ordnungsmitteln bei einer in der Sitzung begangenen Straftat, steht deren strafrechtlicher Verfolgbarkeit nicht entgegen (ausdrücklich klargestellt in Abs. 1 Satz 1). Das Gericht hat nach § 183 sichernde Maßnahmen zu ergreifen. Nach Abs. 3 ist ein verhängtes Ordnungsmittel jedoch auf eine spätere Strafe anzurechnen.

20 Auch disziplinarische Ahndungen von Untersuchungs- und Strafgefangenen bleiben möglich (eingehend LR/*Wickern* § 178 GVG Rn. 28 f.).

§ 179 [Vollstreckung]

Die Vollstreckung der vorstehend bezeichneten Ordnungsmittel hat der Vorsitzende unmittelbar zu veranlassen.

Die Vorschrift bezieht sich über die in den §§ 177, 178 genannten Ordnungsmittel hinaus auch auf alle vollstreckbaren Anordnungen, die nach § 176 getroffen worden sind. Funktionell zuständig ist nach § 31 Abs. 3 RPflG der Rechtspfleger. Sofort zu vollziehende sitzungspolizeiliche Anordnungen wie Durchsuchungen, das Entfernen von Personen aus dem Sitzungssaal (§§ 176, 177) oder das Abführen in Ordnungshaft (§ 177, 178) werden von den Justizwachmeistern oder Polizeibeamten in Amtshilfe vollzogen. 1

§ 180 [Einzelrichter außerhalb der Sitzung]

Die in den §§ 176 bis 179 bezeichneten Befugnisse stehen auch einem einzelnen Richter bei der Vornahme von Amtshandlungen außerhalb der Sitzung zu.

§ 180 verleiht auch dem Ermittlungsrichter, dem beauftragten oder ersuchten Richter und dem Rechtshilferichter sitzungspolizeiliche Befugnisse, wenn er Amtshandlungen vornimmt, die der richterlichen Tätigkeit in einer Sitzung gleich zu achten sind. Dies sind insb. Vernehmungen, aber auch die Einnahme eines Augenscheins. Durch den Verweis auf § 179 wird auch die Vollstreckungszuständigkeit übertragen. 1

§ 164 StPO ist daneben anwendbar (str., vgl. LR/*Wickern* § 180 GVG Rn. 4; Meyer-Goßner/*Schmitt* § 180 GVG Rn. 1). 2

§ 181 [Beschwerde]

(1) Ist in den Fällen der §§ 178, 180 ein Ordnungsmittel festgesetzt, so kann gegen die Entscheidung binnen der Frist von einer Woche nach ihrer Bekanntmachung Beschwerde eingelegt werden, sofern sie nicht von dem Bundesgerichtshof oder einem Oberlandesgericht getroffen ist.

(2) Die Beschwerde hat in dem Falle des § 178 keine aufschiebende Wirkung, in dem Falle des § 180 aufschiebende Wirkung.

(3) Über die Beschwerde entscheidet das Oberlandesgericht.

Die Beschwerde nach § 181 ist **nur gegen die Festsetzung von Ordnungsmitteln nach § 178** statthaft. Dies gilt auch dann, wenn die Anordnung durch einem Einzelrichter außerhalb der Sitzung erfolgt ist (§ 180). Ordnungsmittelfestsetzungen durch ein OLG oder den BGH sind grds. nicht anfechtbar (letzter Hs.). § 181 Abs. 1 enthält eine spezielle und abschließende Regelung (BGHSt 44, 23, 25), die einer Analogie nicht zugänglich ist und eine Anfechtung sitzungspolizeilicher Maßnahmen nach anderen Vorschriften (§§ 304 StPO, 23 EGGVG) ausschließt. Dies hat zur Folge, dass nicht nach § 178 getroffene Anordnungen (§§ 175, 176, 177) einer Anfechtung entzogen sind (KK-StPO/*Diemer* § 181 GVG Rn. 2; LR/*Wickern* § 181 GVG Rn. 1) und auch Anordnungen der Ermittlungsrichter des BGH und der OLG unanfechtbar bleiben (*Kaehne*, S. 50; a.A. für Haftanordnungen LR/*Wickern* § 181 GVG Rn. 1, Meyer-Goßner/*Schmitt* § 181 GVG Rn. 5). Die neuere Rspr. tendiert allerdings dazu, **bei § 176 Ausnahmen** zuzulassen (vgl. Rn. 22 zu § 176 mit vielen Nachweisen). Für die Vollstreckung von Ordnungsmitteln gilt § 181 nicht, sodass eine Überprüfung der dort getroffenen Entscheidungen nach § 304 StPO möglich bleibt (OLG Celle NStZ-RR 1998, 210). 1

Bei der Beschwerde nach Abs. 1 handelt es sich nach ganz einhelliger Meinung (vgl. LR/*Wickern* § 181 GVG Rn. 2 m.w.N.) um eine **sofortige Beschwerde,** für die im Strafverfahren die Vorschriften der StPO entsprechend gelten. Dies hat zur Folge, dass die **Beschwerdefrist** nach Abs. 1 mit der Bekanntmachung der angegriffenen Entscheidung entsprechend § 35 StPO zu laufen beginnt (§ 311 Abs. 2). Eine Rechtsmittelbelehrung ist anzufügen (§ 35a Satz 1 StPO). Für die **Einlegung** der Beschwerde gilt § 306 Abs. 1 StPO. Wird sie entgegen dieser Vorschrift beim OLG eingereicht, ist die Frist nur dann gewahrt, wenn die Beschwerdeschrift noch vor Fristablauf beim Ausgangsgericht eingeht (OLG Hamburg NJW 1999, 2607; LR/*Wickern* § 181 GVG Rn. 8; Meyer-Goßner/*Schmitt* § 181 GVG Rn. 1). Die Gegenansicht, die an dieser Stelle einen Gleichlauf mit dem Zivilprozess herstellen und § 569 Abs. 1 Satz 1 ZPO entsprechend anwenden will (*Kissel/Mayer* § 181 Rn. 6; KK-StPO/*Diemer* § 181 GVG Rn. 1), vermag für den darin liegenden Systembruch kein Sachargument anzuführen und überzeugt deshalb nicht. Eine Wiedereinsetzung – auch von Amts wegen – ist in Anwendung der §§ 44 ff. StPO möglich. 2

Beschwerdeberechtigt ist allein die nach § 178 mit einem Ordnungsmittel belegte Person (BayObLGSt 13, 307; *Kissel/Mayer* § 181 Rn. 10; a.A. OLG Stuttgart, NStZ 91, 297, wonach wegen § 296 StPO immer auch 3 die StA beschwerdeberechtigt sein soll). Die Beschwerde ist auch noch dann zulässig, wenn die Vollstreckung bereits begonnen hat oder schon abgeschlossen ist (OLG Celle, NStZ-RR 2012, 119).

4 Die Beschwerde hat nach Abs. 2 **keine aufschiebende Wirkung**, jedoch kann das Beschwerdegericht die Vollziehung nach § 307 Abs. 2 StPO aussetzen. Wurde Ordnungshaft angeordnet und diese sofort vollzogen, ist deshalb eine eingegangene Beschwerde sofort zu bearbeiten und dem OLG vorzulegen. § 306 Abs. 2 StPO gilt nicht (BGHSt 47, 105, 112 f.).

5 Über die Beschwerde entscheidet nach Abs. 3 das **OLG**, das dem Richter übergeordnet ist, der die angegriffene Ordnungsmittelanordnung getroffen hat (KK-StPO/*Diemer* § 181 GVG Rn. 4). Es kann die angefochtene Anordnung nach eigenem Ermessen aufheben oder abändern (OLG Celle, NStZ-RR 2012, 119). Eine Aufhebung ist veranlasst, wenn im Protokoll (§ 182) ausreichende Feststellungen fehlen oder der festgestellte Sachverhalt die Annahme einer Ungebühr nicht trägt. Eine fehlende Sachverhaltsdarstellung wird durch die Beschlussbegründung nicht ersetzt (KK-StPO/*Diemer* § 182 Rn. 2). Auf nicht nach § 182 protokollierte Vorgänge, darf das Beschwerdegericht grds. nicht zurückgreifen und auch keine eigenen Erhebungen zur Schließung eventueller Lücken vornehmen (vgl. BVerfG NJW 2007, 2839, 2840 m.w.N.). Vom Protokoll abweichendes tatsächliches Vorbringen des Beschwerdeführers ist durch geeignete Erhebungen (Bsp. Einholung dienstlicher Stellungnahmen) zu überprüfen (OLG Hamm NJW 1969, 1919, 1920; KK-StPO/*Diemer* § 182 Rn. 1; LR/*Wickern* § 182 GVG Rn. 7 m.w.N.). Enthält der Ordnungsmittelbeschluss entgegen § 34 StPO keine Begründung, führt dies nicht zu seiner Aufhebung, wenn nach der Sachverhaltsdarstellung im Protokoll (vgl. Rdn. 2 zu § 182) die Gründe der Entscheidung außer Zweifel stehen (OLG Düsseldorf, NStZ 1988, 238; Meyer-Goßner/*Schmitt* § 182 Rn. 4 m.w.N.). Das Verbot der *reformatio in peius* gilt sinngemäß. Erscheint die Ungebühr geringfügig, kann analog § 153 StPO von einem Ordnungsmittel abgesehen werden (LR/*Wickern* § 181 GVG Rn. 13; Meyer-Goßner/*Schmitt* § 181 GVG Rn. 6). Eine Zurückverweisung ist nicht möglich.

6 Das Verfahren ist **gebührenfrei** und eine Kostenentscheidung daher nicht veranlasst. Ist die Beschwerde erfolgreich, können die notwendigen Auslagen analog §§ 464, 467 Abs. 1 StPO der Staatskasse auferlegt werden. § 473 Abs. 1 StPO gilt nicht (h.M. KK-StPO/*Diemer* § 181 GVG Rn. 5; LR/*Wickern* § 181 GVG Rn. 15).

§ 182 [Protokollierung]

Ist ein Ordnungsmittel wegen Ungebühr festgesetzt oder eine Person zur Ordnungshaft abgeführt oder eine an der Verhandlung beteiligte Person entfernt worden, so ist der Beschluss des Gerichts und dessen Veranlassung in das Protokoll aufzunehmen.

1 Nach dieser Vorschrift sind alle wegen Ungebühr nach den §§ 178, 180 verhängten Ordnungsmittel, jede nach den §§ 177 Satz 1, 180 angeordnete Ordnungshaft und jede nach den §§ 177 Satz 1, 180 veranlasste Entfernung einer an der Verhandlung beteiligten Person durch das Protokoll zu beurkunden. Lediglich für die auf § 177 Satz 1 gestützte Entfernung einer nicht an der Verhandlung beteiligten Person besteht kein Protokollierungszwang. Sinn dieser Vorschrift ist es, den gesamten Geschehensablauf, der zu dem Beschluss geführt hat, unter dem unmittelbaren frischen Eindruck des Geschehens von dem Vorsitzenden – so konkret wie möglich – schriftlich niederlegen zu lassen, um dem Beschwerdegericht ein möglichst objektives, von Erinnerungsfehlern freies und so umfassendes Bild des Vorgangs zu geben, dass es Grund und Höhe der Festsetzung des Ordnungsmittels regelmäßig ohne weitere Ermittlungen nachprüfen kann (KG 28.11.2001 – 5 Ws 737/01; OLG Stuttgart, Justiz 1979, 347; OLG Rostock 06.01.2003 – I Ws 472/02, m. w. N.).

2 Zu protokollieren sind der mit Gründen versehene (§ 34 StPO) Ordnungsmittelbeschluss und der Sachverhalt, auf dem die Festsetzung des Ordnungsmittels beruht. Die Schilderung des Sachverhalts ist von der Begründung des Beschlusses zu trennen (OLG Karlsruhe NJW-RR 1998, 144). Sie sollte eine so umfassende und detaillierte Wiedergabe der maßgeblichen Vorgänge enthalten, dass das Beschwerdegericht allein auf dieser Grundlage eine eigene Sachentscheidung treffen kann (OLG Rostock NJOZ 2019, 389 Rn. 13; HansOLG Hamburg 02.12.2019 – 2 Ws 137/19, Rn. 8; 07.02.2018 – 2 Ws 22/18, Rn. 6 ff.; OLG Hamm NJW 1969, 1919, 1920; *Kissel/Mayer* § 182 Rn. 3). Dabei ist eine möglichst phänomengebundene Darstellung zu wählen. Ausgestoßene Beleidigungen sind wörtlich wiederzugeben, Tätlichkeiten anschaulich zu beschreiben (BGHSt 9, 77, 82 f.). Da es für die Beurteilung einer Ungebühr auch auf die Vorgeschichte des Geschehens und das anschließende Verhalten des Betroffenen (Bsp. vorherige Ermahnungen, Androhung von Ordnungsmitteln, sofortige Entschuldigung) ankommt, sollten auch hierzu Feststellungen getroffen werden. Die Gewährung des rechtlichen Gehörs ist ebenfalls zu beurkunden (BayObLGSt 15, 129). Wurde von seiner Gewährung aus besonderen Gründen abgesehen (vgl. Rdn. 17 zu § 178), ist auch dies zu protokollieren (LR/*Wickern* § 182 Rn. 10).

Das Protokoll ist widerlegbar (Bsp. durch dienstliche Erklärungen). Eine nachträgliche Ergänzung der Protokollierung ist nicht möglich (OLG Karlsruhe NJW-RR 1998, 144; *Kissel/Mayer* § 182 Rn. 4; a.A. LR/*Wickern* § 182 GVG Rn. 7 m.w.N.). Zur Überprüfung abweichenden Beschwerdevorbringens s. Rdn. 5 zu § 181. Eine **fehlende oder lückenhafte Protokollierung des Sachverhalts**, auf dem der Ordnungsgeldbeschluss beruht, führt zur Aufhebung des Beschlusses. Dies gilt nicht, wenn der Betroffene den Vorgang nicht bestreitet (OLG Rostock NJOZ 2019, 389 Rn. 14; OLG Düsseldorf 20.09.2000 – 2 Ws 220/00; OLG Stuttgart Justiz 1979, 347). **Fehlt dem protokollierten Beschluss die Begründung**, hat die Ordnungsmittelanordnung in der Regel keinen Bestand. Es sei denn der Anordnungsgrund steht für den Betroffenen aufgrund der Protokollierung des veranlassenden Geschehens außer Zweifel und die Festsetzung des Ordnungsgeldes ist dadurch in tatsächlicher und rechtlicher Hinsicht überprüfbar (HansOLG Hamburg 07.02.2018 – 2 Ws 22/18, Rn. 8 mwN.). 3

§ 183 [Straftaten in der Sitzung]

[1]Wird eine Straftat in der Sitzung begangen, so hat das Gericht den Tatbestand festzustellen und der zuständigen Behörde das darüber aufgenommene Protokoll mitzuteilen. [2]In geeigneten Fällen ist die vorläufige Festnahme des Täters zu verfügen.

Nach Satz 1 hat das Gericht (nicht der Vorsitzende allein) in der Sitzung begangene Straftaten (dazu § 176 Rdn. 4) eigenverantwortlich und von Amts wegen festzustellen. Die zuständige Strafverfolgungsbehörde ist von diesen Feststellungen durch Zuleitung eines hierüber gefertigten Protokolls in Kenntnis zu setzen. Dies gilt auch für Straftaten, die keine Störung der äußeren Ordnung der Sitzung darstellen (Bsp. Falschaussagen, versuchte Strafvereitelung etc.). 1

Eine vorläufige Festnahme kann auch nach Satz 2 nur unter den Voraussetzungen des § 127 Abs. 1 Satz 1 StPO veranlasst werden. Ein weitergehendes Festnahmerecht besteht nicht. Auch kann mangels Zuständigkeit kein Haftbefehl erlassen werden (Meyer-Goßner/*Schmitt* § 183 GVG Rn. 2). Weitere Zwangsmaßnahmen sind nicht zulässig. Insoweit kann sich jedoch eine Befugnis aus § 176 ergeben (Bsp. Durchsuchung zur Vermeidung weiterer Tätlichkeiten etc.). 2

Fünfzehnter Titel. Gerichtssprache

§ 184 [Gerichtssprache Deutsch]

[1]Die Gerichtssprache ist deutsch. [2]Das Recht der Sorben, in den Heimatkreisen der sorbischen Bevölkerung vor Gericht sorbisch zu sprechen, ist gewährleistet.

Übersicht

A. Grundsätzliches. Die Norm legt **Hochdeutsch** (Rdn. 3) als zwingende und von Amts wegen zu beachtende Gerichtssprache fest (RGSt 67, 221 [223]; BGHSt 30, 182; Graf/*Walther* § 184 Rn. 1; SK-StPO/*Frister*, § 184 Rn. 1; KK-StPO/*Diemer* § 184 Rn. 1). Die Norm ist nicht nur bloße Ordnungsvorschrift. Sie dient der Rechtsklarheit und Rechtssicherheit (BGHSt 30, 182 [184]). Vor allem ermöglicht sie **rechtliches Gehör**, weil sie die Beteiligten davor schützt, vor einem deutschen Gericht in fremder Sprache verhandeln zu müssen (Kissel/*Mayer* § 184 Rn. 1). Die Bevölkerung kann sich in der Muttersprache an das Gericht wenden und dadurch bestmöglich verständigen, sodass auch die Wahrheitsfindung gefördert wird (MüKo-ZPO/*Zimmermann* § 184 Rn. 1; MüKo-StPO/*Oğlakcıoğlu* § 184 Rn. 2). Darüber hinaus wurzelt § 184 in der **Öffentlichkeitsmaxime**, weil es der gesamten Öffentlichkeit möglich ist, Verhandlungen in der eigenen Sprache zu verstehen. Das spricht auch gegen rechtspolitische Überlegungen, in speziellen Kammern für internationale Handelssachen oder einem Handelsgericht **Englisch** als Verhandlungssprache zuzulassen (Gesetzentwurf des BR, BT-Drs. 17/2163, erneut BT-Drs. 18/1287 sowie BT-Drs. 19/1717), zumal fraglich ist, ob sich die Parteien allein deswegen wieder der deutschen Justiz zuwenden und es zweifelhaft erscheint, dass die deutsche Prozessdogmatik adäquat in einer angelernten fremden Sprache angewandt werden kann (a.A. *Hoffmann* Kammern für internationale Handelssachen, 2011, S. 187 ff.; *Wagner* Rechtsstandort Deutschland im 1

Wettbewerb, S. 213). Für den Strafprozess verbieten sich solche Überlegungen von vornherein. Im Rahmen der Prozessleitung muss das Gericht aber auch das sich aus Art. 3 Abs. 1 GG i.V.m. Art. 5 Abs. 1 Satz 2 GG ergebende **Recht auf gleichberechtigte reelle Teilhabe an den Berichterstattungsmöglichkeiten** zu gerichtlichen Verfahren für sprachunkundige Journalisten beachten und in seine Erwägungen einbeziehen, um die Chancengleichheit realitätsnah und nicht nur formal zu gewährleisten (BVerfG NStZ-RR 2020, 350). Das gilt aber nicht für die »allgemeine Öffentlichkeit« oder Beobachter von NGOs, weil hier die Pressefreiheit nicht berührt ist (BVerfG, Beschl. v. 18.08.2020 – 1 BvR 1919/20).

2 **B. Geltungsbereich.** Die Norm gilt unmittelbar für die vom Geltungsbereich des GVG umfasste ordentliche Gerichtsbarkeit einschließlich der Angelegenheiten der freiwilligen Gerichtsbarkeit. Sie ist auch in anderen Gerichtsbarkeiten anwendbar (§ 9 Abs. 2 ArbGG, § 55 VwGO, § 61 Abs. 1 SGG, § 52 Abs. 1 FGO).

3 **C. Deutsche Sprache.** »Deutsch« ist die deutsche Hochsprache (Kissel/*Mayer* § 184 Rn. 1;), also **Hochdeutsch** (Wieczorek/Schütze/*Schreiber* ZPO § 184 Rn. 3), im Schriftverkehr die deutsche Schriftsprache (MüKo-ZPO/*Zimmermann* § 184 Rn. 2). Maßgeblich für den amtlichen Sprachgebrauch sind die Vorgaben der Kommission für die deutsche Rechtschreibung nach Art. III der Wiener Absichtserklärung vom 1.7.1996 (BAnz Nr. 205a v. 31.10.1996). Daher sind **Genderzeichen** wie der Asterisk (das hochgestellte *), der Unterstrich oder der Binnendoppelpunkt **unzulässig** (offengelassen vom LAG Schleswig-Holstein, Beschl. v. 22.06.2021 – 3 Sa 37 – öD/21). Alle Prozessbeteiligten, und nicht nur eine intellektuelle Elite, sollen sich auf die wesentlichen rechtlichen Inhalte konzentrieren können. Daher muss die zur Kommunikation vor Gericht verwendete Sprachform aus sich heraus verständlich (VGH Kassel NJW 1984, 2429), lesbar und vorlesbar sein, was die genannten Genderformen nicht gewährleisten (vgl. *Bauer* Rechtliche Maßgaben für geschlechtergerechte Sprache, S. 217; *Bachmann* NJW 2018, 1648 [1651]). Zulässig ist dagegen die Verwendung des generischen *Maskulinums, Femininums oder Neutrums*, die weiterhin dem allgemeinen Sprachgebrauch und Sprachverständnis entsprechen (BGHZ 218, 96 [105 f.]; *Zuck* FS Plagemann, S. 681 [685]) und den Vorzug haben, auch diverse Menschen einzubeziehen. Selbst das GG verwendet diese Sprachformen (BVerfG, Beschl. v. 26.05.2020 – 1 BvR 1074/18, Rn. 5; *Kowalski* NJW 2020, 2229 [2233]). Die Kommunikation in einem deutschen **Dialekt** oder in **Mundart** ist ausnahmsweise zulässig, sofern alle Verfahrensbeteiligten diesen beherrschen (Graf/*Walther* § 184 Rn. 2; KK-StPO/*Diemer* § 184 Rn. 1; Baumbach/Lauterbach/Anders/Gehle/*Becker* ZPO § 184 Rn. 2; weitergehend LR/*Wickern* § 184 Rn. 2; MüKo-StPO/*Oğlakcıoğlu* § 184 Rn. 9; Zöller/*Lückemann* ZPO § 184 Rn. 1). Ist dies nicht der Fall, ist die Mundart wie eine Fremdsprache zu behandeln (Wieczorek/Schütze/*Schreiber* ZPO § 184 Rn. 3). Es muss nach § 185 verfahren werden.

4 **I. Verhandlung.** Die mündliche Verhandlung, egal welcher Art, ist grds. auf Deutsch durchzuführen. Davon kann nach § 185 Abs. 2 abgesehen werden, wenn alle Verfahrensbeteiligten der fremden Sprache mächtig sind (§ 185 Rdn. 13).

5 **II. Äußerungen des Gerichts. Schriftliche** Äußerungen des Gerichts sind allesamt zwingend auf Hochdeutsch zu verfassen. Dies umfasst den gesamten Schriftverkehr, u.a. Urteile, Beschlüsse, Verfügungen, Belehrungen und Ladungen, aber auch die Sitzungsniederschrift (Thomas/Putzo/*Hüßtege* ZPO § 184 Rn. 1; Prütting/*Neff* ZPO § 184 Rn. 3). Gleiches gilt für den maßgeblichen Teil der Anklageschriften und der Strafbefehle (BGH HRRS 2012 Nr. 36). Diese Äußerungen bedürfen zur Wirksamkeit ggü. sprachunkundigen Personen auch nicht der Beifügung einer Übersetzung (BVerfGE 64, 135 [151]; BGH NJW-RR 1996, 387 [388]; BayObLG NStZ 1996, 248 [249]). Die gegenteilige Aufforderung in **Nr. 181 Abs. 2 RiStBV** bindet nur die StA und nicht das Gericht (BVerfGE 64, 135 [150]; Meyer-Goßner/*Schmitt* § 184 Rn. 3). Jedoch ist es aus rechtsstaatlichen Gründen jedenfalls im Strafverfahren geboten, eine Übersetzung einzuholen oder einen Dolmetscher für die mündliche Übersetzung beizuziehen (BVerfGE 40, 95 [99]; Meyer-Goßner/*Schmitt* § 184 Rn. 3). Das ergibt sich aus **Art. 6 Abs. 3 lit. a EMRK**, wonach der Angeschuldigte den Anspruch hat, in einer ihm verständlichen Sprache über die Anklage unterrichtet zu werden (LR/*Wickern* § 184 Rn. 6 f.). Geschieht dies nicht, so ist **Wiedereinsetzung** in den vorigen Stand zu gewähren (BVerfGE 40, 95 [100]; KK-StPO/*Diemer* § 184 Rn. 2). Auch im Rechtshilfeverkehr mit dem Ausland gilt § 184, sodass das Original in deutscher Sprache zu verfassen ist (BGHSt 32, 342 [344]; Kissel/*Mayer* § 184 Rn. 18; Graf/*Walther* § 184 Rn. 5; a.A. MüKo-ZPO/*Zimmermann* § 184 Rn. 2).

6 Die Äußerungen des Gerichts müssen **verständlich** sein. Dies hindert die Verwendung von gebräuchlichen – auch fremdsprachigen – Fremdwörtern und Fachausdrücken nicht (Wieczorek/Schütze/*Schreiber* ZPO § 184 Rn. 4; HK-StPO/*Schmidt* § 184 Rn. 1; OLG Hamm NStZ-RR 2010, 348: lateinische medizinische Termini). So werden im Kontext von Sexualstraftaten englische Begriffe wie doggy style und blow job allgemein verstanden, weswegen sie statthaft sind (BGH NJW 2018, 2139). Gleiches gilt für Anglizismen oder Latinismen

im ökonomischen Kontext, wie Default Swap oder *cum-ex*-Geschäfte (vgl. MüKo-StPO/*Oğlakcıoğlu* § 184 Rn. 10). Unzulässig ist eine Äußerung, die nicht ohne ein Fremdwörterlexikon verstanden werden kann oder auch für Sachkundige unverständlich ist. Entscheidungen, die im Gesamten unverständlich sind, sind solchen ohne Gründe gleichzustellen und bilden einen absoluten Revisionsgrund nach § 338 Nr. 7 StPO (MüKo-ZPO/*Zimmermann* § 184 Rn. 3). Rechtschreib- und Grammatikregeln binden den Richter nicht, sind aber ein *nobile officium* (Baumbach/Lauterbach/Anders/Gehle/*Becker* ZPO § 184 Rn. 3).

III. Eingaben an das Gericht. Eingaben an das Gericht sind auf Hochdeutsch zu verfassen. **Fremdsprachige Eingaben** sind unbeachtlich und entfalten keine verfahrensrechtliche Wirkung, wahren mithin keine Fristen (Meyer-Goßner/*Schmitt* § 184 Rn. 2; Zöller/*Lückemann* ZPO § 184 Rn. 3; Prütting/*Neff* ZPO § 184 GVG Rn. 6; Baumbach/Lauterbach/Anders/Gehle/*Becker* ZPO § 184 Rn. 4; a.A. VGH Bayern NJW 1976, 1048; LR/*Wickern* § 184 Rn. 16). Dies gilt auch für Eingaben in einer gebräuchlichen oder dem Richter verständlichen Fremdsprache (Meyer-Goßner/*Schmitt* § 184 Rn. 2). Allerdings genügt es grds., wenn einer fremdsprachigen Eingabe eine deutsche Übersetzung beigelegt wird (Kissel/*Mayer* § 184 Rn. 6; MüKo-ZPO/*Zimmermann* § 184 Rn. 7). Ist eine Form vorgeschrieben, muss die Übersetzung dieser Form entsprechen. Das Nachreichen einer Übersetzung nach Fristablauf reicht nicht aus (Kissel/*Mayer* § 184 Rn. 6; a.A. LG Berlin JR 1961, 384). Ggf. kann Wiedereinsetzung gewährt werden, wenn der Sprachunkundige ohne eigenes Verschulden verhindert war, die Übersetzung innerhalb der Frist beizubringen, z.B. wenn die Abfassung in deutscher Sprache nicht rechtzeitig möglich war (BVerfGE 40, 95 [100]; BVerfG NVwZ 1992, 1080; NVwZ-RR 1996, 120). Das Gericht hat im Rahmen seiner **Fürsorgepflicht** soweit möglich vom fremdsprachigen Inhalt Kenntnis zu nehmen und den Einreichenden unter Fristsetzung darauf hinzuweisen, dass die Eingabe in deutscher Sprache vorgelegt werden muss (Meyer-Goßner/*Schmitt* § 184 Rn. 2; Graf/*Walther* § 184 Rn. 4). Eingaben von **Untersuchungsgefangenen** darf das Gericht nicht unbeachtet lassen, sondern muss diese bearbeiten oder übersetzen lassen (Kissel/*Mayer* § 184 Rn. 9). Gleiches soll für Erklärungen zum **Rechtsmittelverzicht** gelten (vgl. BGH NStZ 2000, 553). Beide Ausnahmen lassen sich stimmig nicht begründen. Sie folgen insb. nicht aus **Art. 6 Abs. 3 lit. e EMRK**, der nur das Recht auf die unentgeltliche Bereitstellung eines Dolmetschers, nicht aber auch auf Eingaben in fremder Sprache statuiert. Zu Eingaben in Blindenschrift vgl. § 191a Rdn. 5. 7

Der Grundsatz der Unbeachtlichkeit fremdsprachiger Eingaben hat durch das Urteil des EuGH in der Rs. C-216/14 (NJW 2016, 303 – Covaci) eine wesentliche Einschränkung erfahren. Art. 3 Abs. 1 der **RL 2010/64/EU** gewährleistet dem Beschuldigten die Übersetzung aller Unterlagen, die wesentlich für die Wahrnehmung seiner Verteidigungsrechte sind. Art. 3 Abs. 2 der RL setzt dabei nur Mindeststandards. Der EuGH folgert aus Art. 3 Abs. 1 der RL, dass eine fremdsprachige Eingabe dann **von Amts wegen** der **Übersetzung** bedarf, wenn es sich um ein wesentliches Dokument zur Wahrung der Verteidigungsrechte handelt. Welche Dokumente wesentlich sind, entscheiden die Mitgliedstaaten (Art. 3 Abs. 3 der RL). Für fristgebundene Rechtsbehelfe oder Rechtsmittelrücknahmen in fremder Sprache wird dies zu bejahen sein (Meyer-Goßner/*Schmitt* § 184 Rn. 2a; a.A. hinsichtlich des Einspruchs *Zündorf* NStZ 2017, 41 [42]). In der Konsequenz dieser Übersetzungspflicht wahrt bereits der Eingang der fremdsprachigen Schrift eine laufende Frist (*Böhm* NJW 2016, 306). Diese Ausnahme vom Grundsatz der Unbeachtlichkeit soll nach richtiger Ansicht, für die schon § 187 Abs. 2 S. 5 streitet, nur den nichtverteidigten Beschuldigten betreffen, weil verteidigte Beschuldigte einen grundsätzlichen Anspruch auf Dolmetscherleistungen im Verkehr mit dem Verteidiger haben (vgl. § 187 Rdn. 4) und daher keiner zusätzlichen Unterstützung mehr bedürfen (BGH NStZ-RR 2018, 57 [58]; BGH, NStZ 2017, 601 [602]; Kissel/*Mayer* § 184 Rn. 9; Meyer-Goßner/*Schmitt* § 184 Rn. 2a; a.A. wohl Graf/*Walther*, § 187 Rn. 3). 8

Für **Beweismittel** gilt § 184 nicht. Das Gericht kann eine Übersetzung anfordern oder mit Blick auf den Amtsermittlungsgrundsatz des § 244 Abs. 2 StPO von Amts wegen eine solche veranlassen (Kissel/*Mayer* § 184 Rn. 8). Fremdsprachige Urkunden dürfen in ihrer Originalbezeichnung in die Liste der Beweismittel aufgenommen werden (BGH HRRS 2012 Nr. 36, Rn. 38). 9

IV. Internationale Verträge und Rechtsakte. Supranationale und internationale Verträge und Rechtsakte durchbrechen den Grundsatz der deutschen Gerichtssprache. Anträge, die unter §§ 1 Abs. 1, 4 Abs. 3, 25 Abs. 1 AVAG oder § 16 Abs. 3 IntFamRVG fallen, sind wirksam. Das Gericht kann lediglich die Beibringung einer autorisierten Übersetzung verlangen (§ 4 Abs. 3 AVAG). Art. 105 Abs. 4 Genfer Abkommen über Kriegsgefangene verlangt, dass Kriegsgefangenen Schriftstücke in einer deren verständlichen Sprache bekannt gegeben werden müssen. 10

11 **V. Sorbische Sonderregelung.** Bereits durch den Einigungsvertrag wurde den Sorben (Wenden) das Recht eingeräumt, in ihren Heimatkreisen vor Gericht **Sorbisch** (Ober- und Niedersorbisch) zu sprechen. Die Regelung wurde in § 184 Satz 2 übernommen. Damit erfüllt Deutschland Art. 9 der Europäischen Charta der Regional- oder Minderheitensprachen des Europarates (BGBl. 1998 II, S. 1314). Die Sorben können in Teilen der Landkreise Görlitz, Bautzen, Spree-Neiße, Dahme-Spreewald, Oberspreewald-Lausitz und der kreisfreien Stadt Cottbus (vgl. § 3 SächsSorbG, § 3 SWG [Brandenburg] sowie die jew. Anlagen hierzu) die sorbische Sprache auch bei Eingaben an das Gericht benutzen. Das gilt in unionsrechtskonformer Auslegung auch für alle nicht-sorbischen Personen (EuGH NStZ 1999, 315 [Bickel und Franz]; EuGH EuZW 2014, 393 [394] [Ulrike Elfriede Grauel Rüffer/Katerina Pokorná]; MüKo-StPO/*Oğlakcıoğlu*, § 184 Rn. 16). Sind alle Beteiligten des Sorbischen mächtig, kann nach § 185 Abs. 2 sogar auf Sorbisch verhandelt werden, anderenfalls muss ein Dolmetscher hinzugezogen werden. Äußerungen des Gerichts ergehen trotzdem auf Deutsch.

§ 185 [Dolmetscher]

(1) [1]Wird unter Beteiligung von Personen verhandelt, die der deutschen Sprache nicht mächtig sind, so ist ein Dolmetscher zuzuziehen. [2]Ein Nebenprotokoll in der fremden Sprache wird nicht geführt; jedoch sollen Aussagen und Erklärungen in fremder Sprache, wenn und soweit der Richter dies mit Rücksicht auf die Wichtigkeit der Sache für erforderlich erachtet, auch in der fremden Sprache in das Protokoll oder in eine Anlage niedergeschrieben werden. [3]In den dazu geeigneten Fällen soll dem Protokoll eine durch den Dolmetscher zu beglaubigende Übersetzung beigefügt werden.

(1a) [1]Das Gericht kann gestatten, dass sich der Dolmetscher während der Verhandlung, Anhörung oder Vernehmung an einem anderen Ort aufhält. [2]Die Verhandlung, Anhörung oder Vernehmung wird zeitgleich in Bild und Ton an diesen Ort und in das Sitzungszimmer übertragen.

(2) Die Zuziehung eines Dolmetschers kann unterbleiben, wenn die beteiligten Personen sämtlich der fremden Sprache mächtig sind.

(3) In Familiensachen und in Angelegenheiten der freiwilligen Gerichtsbarkeit bedarf es der Zuziehung eines Dolmetschers nicht, wenn der Richter der Sprache, in der sich die beteiligten Personen erklären, mächtig ist.

Übersicht

1 **A. Normzweck.** Die Norm schützt den Anspruch auf rechtliches Gehör und ein faires Verfahren für diejenigen Beteiligten, die der nach § 184 vorgegebenen deutschen Gerichtssprache nicht mächtig sind (EGMR NJW 1979, 1091; BVerfG NJW 2004, 50 [51]; NJW 1983, 2762 [2765]; Thomas/Putzo/*Hüßtege* ZPO § 185 Rn. 1).

2 **B. Dolmetscher. I. Anwendungsbereich.** § 185 ist auf alle **Verhandlungen** anzuwenden, in denen eine mündliche Verständigung notwendig ist. Hierunter fallen nicht nur die Hauptverhandlung, sondern sämtliche Verfahren vor einem Richter, Rechtspfleger oder Urkundsbeamten der Geschäftsstelle sowie das Vollstreckungsverfahren (Kissel/*Mayer* § 185 Rn. 2 f.; *Katholnigg* § 185 Rn. 1). § 187 ist für die Hinzuziehung eines Dolmetschers nicht einschlägig (BGH NJW 2017, 3797). **Art. 6 Abs. 3 lit. e EMRK** gewährleistet überdies die Beiordnung eines Dolmetschers zur Vorbereitung der Verteidigung und im Ermittlungsverfahren (BVerfG NJW 2004, 50 [51]; BGHSt 46, 178 [183]; OLG Celle NStZ 2011, 718; *Pfeiffer* § 259 StPO Rn. 1; vgl. auch § 187). § 186 gilt zwar nicht für das Bußgeldverfahren. Die Überlegungen zum fairen Verfahren sind aber auch auf dieses übertragbar (NK-WSS/*von Galen*/*Maas* § 46 OWiG Rn. 8).

3 **Beteiligte** sind alle Verfahrensbeteiligten im weiteren Sinne. Hierzu zählen Verteidiger und Beistände, Beschuldigter, Nebenkläger, Zeugen, Sachverständige und Parteien des Zivilprozesses einschließlich Nebenintervenienten und Streithelfern (MüKo-ZPO/*Zimmermann* § 185 Rn. 3).

4 **II. Entscheidung über die Hinzuziehung.** Ist eine Person nicht in der Lage, der Verhandlung zu folgen, ist ***zwingend*** *ein Dolmetscher* hinzuzuziehen. Ein Verzicht auf die Bestellung eines Dolmetschers ist nicht möglich (KK-StPO/*Diemer* § 185 Rn. 4; Meyer-Goßner/*Schmitt* § 185 Rn. 4; a.A. BVerwG NVwZ 1983, 668 f.).

Ob eine Person sprachkundig ist, entscheidet das Gericht nach pflichtgemäßem Ermessen (BayObLG NStZ-RR 2005, 178; Baumbach/Lauterbach/Albers/Hartmann/*Hartmann* § 185 Rn. 6), wobei bereits Zweifel an der Sprachkundigkeit die Hinzuziehung notwendig machen (*Katholnigg* § 185 Rn. 1; OLG Celle NStZ 2015, 720). Ist eine Person der deutschen Sprache **teilweise mächtig**, beurteilt das Tatgericht Umfang und Erforderlichkeit der Hinzuziehung (BGHSt 3, 285 [286]; BGH NStZ 2002, 275 [276]). Dabei spielt auch die verfahrensrechtliche Stellung des Beteiligten (Angeklagter – lediglich Zeuge) eine Rolle (AnwK-StPO/*Püschel* § 185 Rn. 3). In der Konsequenz kann teilweise ohne Anwesenheit eines Dolmetschers verhandelt werden. 5

Einen **Anspruch** auf einen Dolmetscher haben nach Art. VII Abs. 9 lit. f NATO-Truppenstatut Mitglieder einer Stationierungstruppe. Er ergibt sich ferner für das Strafverfahren in Fällen des § 187 und Art. 6 Abs. 3 lit. e EMRK; beachte nun auch die RL 2010/64/EU über das Recht auf Dolmetscherleistungen und Übersetzungen im Strafverfahren, Abl. EU Nr. L 280 v. 26.10.2010. 6

Die Hinzuziehung des Dolmetschers oder das Absehen hiervon und der Grund hierfür sind im **Protokoll** über die Hauptverhandlung zu vermerken (Kissel/*Mayer* § 185 Rn. 13). Gleiches gilt für die Vereidigung gem. § 189; s. dort Rdn. 5. 7

III. Person des Dolmetschers. Als **Dolmetscher** kommt jede Person infrage, die die deutsche Sprache und die fremde Sprache in hinreichendem Maße beherrscht, um eine Verständigung während der Verhandlung zu ermöglichen (Kissel/*Mayer* § 185 Rn. 16). Einer Ausbildung oder einer staatlichen Prüfung bedarf es nicht. Es kann auch ein Verwandter eines Beteiligten hinzugezogen werden (BVerwG NJW 1984, 2055). Daran ändert auch die Einführung des Gerichtsdolmetschergesetzes (GDolmG; BGBl. I, S. 2121 [2124 ff.], geändert durch das Gesetz zur Fortentwicklung der Strafprozessordnung, BGBl. I, S. 2099 [2109 f.]) nichts (vgl. BT-Drs. 19/14747, S. 45; 19/27654, S. 122 ff.). Der Dolmetscher ist Hilfsperson des Gerichts und nicht Sachverständiger (BGHSt 4, 154). Er ist damit wie das Gericht der Wahrheitsermittlung verpflichtet und hat objektiv zu übertragen. Das hat vollständig und wortgetreu zu geschehen, ein Ermessen oder Beurteilungsspielraum steht ihm nicht zu (BGH HRRS 2018 Nr. 884 Rn. 22). Eine Übertragung i.S.d. Verteidigung wäre unzulässig (unzutreffend *Kranjčić* NStZ 2011, 657 [662]), ebenso wenig sind Mitleidsbekundungen für Täter oder Opfer angebracht, weil sie die Unparteilichkeit infrage stellen (*Jäger* JA 2019, 310; fragwürdig BGH HRRS 2018 Nr. 884 Rn. 23). Die Stellung als gerichtliche Hilfsperson unterscheidet ihn vom **Übersetzer**, welcher schriftlich außerhalb einer Verhandlung zwischen Sprachen überträgt (Meyer-Goßner/*Schmitt* § 185 Rn. 2). Nach § 191 gelten aber die Regeln zur Ablehnung von Sachverständigen analog. Die **Auswahl** des Dolmetschers liegt im Ermessen des Gerichts und ist unanfechtbar (LR/*Wickern* § 185 Rn. 13). Dem sich aufdrängenden Problem, wie das Gericht – in der Praxis übernimmt das die Geschäftsstelle – dessen Sachkunde selbst beurteilen können soll (*Wenske* FS Schlothauer, S. 287 [291 ff.]), versucht das GDOlmG zu begegnen. 8

IV. Übersetzung. Der Dolmetscher hat dem Sprachunkundigen alle **Erklärungen** ihrem wesentlichen Inhalt nach zugänglich zu machen. **Entscheidungen** (nicht aber die volle Begründung), Auflagen, Fragen, Anträge und entscheidungserhebliche Erklärungen müssen wörtlich übertragen werden. Dies gilt auch für den Anklagesatz. Für die Schlussvorträge gilt § 259 StPO. Bei der Übersetzung **ins Deutsche** ist stets die wörtliche Übertragung erforderlich (Kissel/*Mayer* § 185 Rn. 11; SK-StPO/*Frister* § 185 Rn. 12; zur theoretischen Fragwürdigkeit dieses Postulats *Kranjčić* NStZ 2011, 657 [659]). Zur falschen Übersetzung s. § 189 Rdn. 9. 9

V. Dolmetscher per Videokonferenz. Der mit Gesetz vom 25.04.2013 (BGBl. I, S. 935) eingefügte Abs. 1a ermöglicht es dem Gericht, den Dolmetscher via Videokonferenz in das Verfahren einzubinden, etwa bei seltenen Sprachen, bei denen der Dolmetscher weit entfernt wohnt (Thomas/Putzo/*Hüßtege* ZPO § 184 Rn. 3). Dadurch kann die persönliche Anwesenheit des Dolmetschers bei Anhörungen, Vernehmungen und auch in der Hauptverhandlung ersetzt werden (Meyer-Goßner/*Schmitt* § 185 GVG Rn. 8a). Während gegen die Anwendung bei Anhörungen und Vernehmungen keine durchgreifenden Bedenken bestehen, ist bei Anwendung von Abs. 1a im Rahmen der Hauptverhandlung Zurückhaltung geboten (Meyer-Goßner/*Schmitt* § 185 GVG Rn. 8a). Denn gerade in der Hauptverhandlung ist die Gewährleistung einer direkten und vertraulichen Kommunikation zwischen Angeklagtem und Verteidiger, vermittelt durch den Dolmetscher, von entscheidender Bedeutung, um die Rechte des Angeklagten im Verfahren zu wahren. An dieser Prämisse ist die Ermessenentscheidung des Gerichts auszurichten (BT-Drs. 17/12418, S. 14; SK-StPO/*Frister* § 185 Rn. 12a). Ein Anspruch auf Einsatz der Videokonferenztechnik besteht ausweislich des Wortlauts der Norm nicht. Ebenso wenig benötigt das Gericht aber eine Zustimmung der Beteiligten (SK-StPO/*Frister* § 185 Rn. 12a). Die Norm gilt nicht für das staatsanwaltschaftliche oder polizeiliche Verfahren; hier ist der Einsatz von Videokonferenztechnik ohnehin bereits möglich (Meyer-Goßner/*Schmitt* § 185 GVG Rn. 8a). Zu Einzelheiten zur tatsächlichen Durchführung der Videokonferenz vgl. SK-StPO/*Frister* § 185 Rn. 12b. 10

11 **VI. Kosten.** Die Dolmetscherkosten sind Verfahrenskosten, die dem Verurteilten im Straf- und Bußgeldverfahren aber wegen Art. 6 Abs. 3 lit. e EMRK nicht auferlegt werden können (vgl. § 464c StPO; GKG KV 9005). Dies gilt nur, sofern diese Kosten durch die Sprachunkundigkeit des Beschuldigten bedingt sind, also nicht bei den Kosten, die allein für die Übertragung der Aussagen fremdsprachiger Zeugen entstehen (Kissel/*Mayer* § 185 Rn. 21).

12 **C. Protokoll.** Das Protokoll ist in jedem Fall auf Deutsch zu führen. Dies folgt aus **Abs. 1 Satz 2.** Soweit der Richter es für erforderlich hält, können Aussagen und Erklärungen zusätzlich in fremder Sprache protokolliert oder als Anlage beigelegt werden. Dies kann der Fall sein, wenn es auf den genauen Wortlaut in der fremden Sprache ankommt. Der Dolmetscher soll erforderlichenfalls eine beglaubigte Übersetzung beifügen (**Abs. 1 Satz 3**). Erklärungen, Aussagen und Fragen sind entsprechend der Übersetzung des Dolmetschers in das Protokoll aufzunehmen (Kissel/*Mayer* § 185 Rn. 14). Die Verlesung zur Genehmigung gem. § 273 Abs. 3 StPO hat der Dolmetscher zu übersetzen (Kissel/*Mayer* § 185 Rn. 14). Die absolute Beweiskraft des Protokolls nach § 274 StPO gilt nur hinsichtlich der Teilnahme und Tätigkeit des Dolmetschers im Allgemeinen, nicht aber für die exakten Übersetzungen (RGSt 43, 441 [442]).

13 **D. Ausnahmen, Abs. 2 und Abs. 3.** Die Hinzuziehung eines Dolmetschers kann nach Abs. 2 unterbleiben, wenn alle Verfahrensbeteiligten der fremden Sprache mächtig sind. Es wird dann in der fremden Sprache verhandelt. Die praktische Relevanz liegt beim Vorverfahren und bei Vernehmungen außerhalb der Hauptverhandlung. Grundsätzlich wird das nur für Englisch zutreffen können (OLG Celle StraFO 2016, 255 [256]). Das Gericht ist zur Verhandlung in fremder Sprache indes nicht verpflichtet. Entscheidungen und Plädoyers bzw. Anträge sind im Blick auf § 169 auf Deutsch zu halten bzw. zu verkünden (Kissel/*Mayer* § 185 Rn. 9; LR/*Wickern* § 185 Rn. 5).

14 Abs. 3 lässt in **Familiensachen** und Angelegenheiten der **freiwilligen Gerichtsbarkeit** einen über Abs. 2 hinausgehenden Verzicht auf einen Dolmetscher zu.

15 **E. Revision.** Erfolgt eine notwendige Hinzuziehung nicht, ergibt sich ein **absoluter Revisionsgrund** nach § 338 Nr. 5 StPO (BayObLG NStZ-RR 2005, 178 [179]). Kann ein Beteiligter partiell der Verhandlung folgen und ist daher nicht die ununterbrochene Anwesenheit eines Dolmetschers notwendig, greift § 338 Nr. 5 StPO nicht, weil der Dolmetscher dann nicht zu den dort genannten Personen gehört (BGH NStZ 2002, 275 [276]). Die Rüge unzureichender Übersetzungsleistung kann einen relativen Revisionsgrund begründen, bei einer Beeinträchtigung einer sachgerechten Verteidigung auch einen (relativen) Revisionsgrund nach § 338 Nr. 8 StPO (BGH NJW 2017, 3797).

§ 186 [Hör- oder sprachbehinderte Personen]

(1) [1]Die Verständigung mit einer hör- oder sprachbehinderten Person erfolgt nach ihrer Wahl mündlich, schriftlich oder mit Hilfe einer die Verständigung ermöglichenden Person, die vom Gericht hinzuzuziehen ist. [2]Für die mündliche und schriftliche Verständigung hat das Gericht die geeigneten technischen Hilfsmittel bereitzustellen. [3]Die hör- oder sprachbehinderte Person ist auf ihr Wahlrecht hinzuweisen.

(2) Das Gericht kann eine schriftliche Verständigung verlangen oder die Hinzuziehung einer Person als Dolmetscher anordnen, wenn die hör- oder sprachbehinderte Person von ihrem Wahlrecht nach Absatz 1 keinen Gebrauch gemacht hat oder eine ausreichende Verständigung in der nach Absatz 1 gewählten Form nicht oder nur mit unverhältnismäßigem Aufwand möglich ist.

(3) Das Bundesministerium der Justiz und für Verbraucherschutz bestimmt durch Rechtsverordnung, die der Zustimmung des Bundesrates bedarf,

1. **den Umfang des Anspruchs auf Bereitstellung von geeigneten Kommunikationshilfen gemäß den Absätzen 1 und 2,**
2. **die Grundsätze einer angemessenen Vergütung für den Einsatz von Kommunikationshilfen gemäß den Absätzen 1 und 2,**
3. **die geeigneten Kommunikationshilfen, mit Hilfe derer die in den Absätzen 1 und 2 genannte Verständigung zu gewährleisten ist, und**
4. **ob und wie die Person mit Hör- oder Sprachbehinderung mitzuwirken hat.**

Übersicht

A. Grundsätzliches. Die Regelung soll die Integration hör- und sprachbehinderter Personen in das Verfahren verbessern und deren gleichberechtigten und wirksamen Zugang zur Justiz gewährleisten, um deren grundrechtlicher Stellung (Art. 3 Abs. 2 Satz 2, 19 Abs. 4, 20 Abs. 3, 103 Abs. 1 GG) gerecht zu werden (BT-Drs. 14/9266, S. 40; *Burkiczak* NZS 2019, 380). Das geschieht durch die Einführung eines Wahlrechts. Bei Taubstummen bleibt nach Abs. 2 regelmäßig nur die Zuziehung eines Gebärdendolmetschers (s. Nr. 21 Abs. 5 RiStBV). Art. 3 Abs. 3 Satz 2 GG ist durch die verfassungsrechtlichen Prozessmaximen des gerichtlichen Verfahrens (Unmittelbarkeitsprinzip, effektiver Rechtsschutz etc.) beschränkt. Er vermittelt daher keinen umfassenden Anspruch der behinderten Person darauf, die mündliche Verhandlung nach ihren Vorstellungen zu gestalten, sodass im Einzelfall die Vertretung durch einen Bevollmächtigten ausreichen kann (BVerfG NJW 2019, 291). Im Strafverfahren dürfte das indes kaum Bedeutung erlangen. 1

B. Anwendungsbereich. Durch das EMöGG vom 08.10.2017 (BGBl I S. 3546) wurden die Worte »in der Verhandlung« gestrichen, sodass sich die Norm nunmehr auf das gesamte gerichtliche Verfahren bezieht. Strafprozessuale Relevanz ist dieser Änderung nicht beizumessen, weil für das gesamte Strafverfahren ein Anspruch auf einen Dolmetscher nach § 187 Abs. 1 S. 1 bestand. Konsequenterweise wurde der Zusatz »oder der hör- oder sprachbehindert ist« nun in § 187 Abs. 1 S. 1 gestrichen, sodass einheitlich § 186 Platz greift. Die Norm ist auf alle am Verfahren Beteiligten (s. § 185 Rdn. 3) anwendbar, welche hör- oder sprachbehindert sind. **Hör- oder Sprachbehinderung** meint jede, auch nur vorübergehende, durch Krankheit oder genetische Anlage ausgelöste Einschränkung der Hör- bzw. Sprachfähigkeit. Einfache Beeinträchtigungen wie Stottern oder Lispeln sind, sofern eine Verständigung mit den Beteiligten noch möglich ist, nicht vom Begriff der Sprachbehinderung umfasst (MüKo-ZPO/*Zimmermann* § 186 Rn. 3). Zu blinden und sehbehinderten Personen s. § 191a. 2

C. Wahlrecht der behinderten Person. Die behinderte Person hat nach Abs. 1 Satz 1 das **Wahlrecht** zwischen mündlicher und schriftlicher Verständigung sowie der Verständigung mittels einer Hilfsperson. Nach Abs. 1 Satz 3 ist sie vom Gericht auf das Wahlrecht hinzuweisen. Wählt die Person die mündliche oder schriftliche Verständigung, hat das Gericht die technischen Hilfsmittel bereitzustellen, wie z.B. Hörgeräte, Höranlagen oder Schreibmaterial (Abs. 1 Satz 2). Eine **Hilfsperson** muss die Verständigung ermöglichen. Das können Gebärden-, Schrift- oder Oraldolmetscher und sonstige Personen sein, die mit der behinderten Person vertraut sind und deren Kommunikation ermöglichen, etwa durch individuelle Gesten (BT-Drs. 14/9266, S. 40). Ist die Hilfsperson nicht Dolmetscher, muss sie grds. nicht nach § 189 vereidigt werden. Besteht besonderer Anlass, etwa bei Zweifeln an der Richtigkeit der Übertragung, bleibt dies aber nach Ermessen des Gerichts möglich (BGH NJW 1997, 2335 [2336]). Jede Hinzuziehung einer Hilfsperson ist im Protokoll zu vermerken (Kissel/*Mayer* § 186 Rn. 16). Ist eine Verständigung mit der behinderten Person auch mit Hilfsmitteln oder -personen nicht möglich, unterbleibt die Vernehmung. Der gewonnene Eindruck kann aber verwertet werden (RGSt 33, 403 [404]; LR/*Wickern* § 186 Rn. 17). 3

D. Nichtausübung und Grenzen des Wahlrechts. Macht die behinderte Person von ihrem Wahlrecht keinen Gebrauch, kann das Gericht selbst nur die schriftliche Verständigung oder die Hinzuziehung eines Dolmetschers anordnen, Abs. 2 Hs. 1. Gleiches gilt, wenn die Verständigung trotz der Wahl der behinderten Person nicht möglich ist oder diese Wahl im Ausnahmefall unverhältnismäßigen Aufwand erfordert. Das ist restriktiv zu sehen und verlangt etwa außergewöhnlich hohe Kosten und erhebliche Verfahrensverzögerungen (BT-Drs. 14/9266, S. 41; SK-StPO/*Frister* § 186 Rn. 8). Die Frage, ob eine Verständigung nicht möglich ist, hat das Gericht nach pflichtgemäßem Ermessen, auch unter Berücksichtigung des Amtsermittlungsgrundsatzes (Kissel/*Mayer* § 186 Rn. 14), zu beantworten. 4

E. Revision. Das tatrichterliche Ermessen hinsichtlich Abs. 2 ist nur eingeschränkt überprüfbar (MüKo-StPO/*Oğlakcıoğlu* § 186 Rn. 17) und begründet nur hinsichtlich der notwendigen Hinzuziehung eines Dolmetschers einen absoluten Revisionsgrund (s. § 185 Rdn. 15). I.Ü. gilt: Wird trotz Notwendigkeit keine Hilfsperson oder kein Hilfsmittel hinzugezogen, begründet dies keinen absoluten Revisionsgrund. Daran vermag auch die Nichtbeachtung der Wahl der behinderten Person oder die fehlerhafte oder unterlassene Belehrung über das Wahlrecht nichts zu ändern (a.A. MüKo-StPO/*Oğlakcıoğlu* § 186 Rn. 17). Die Aufklärungsrüge bleibt möglich (BGHSt 43, 62 [64]; LR/*Wickern* § 186 Rn. 20). 5

Die durch das EMöGG (vgl. oben Rdn. 2) in Abs. 3 eingefügte **Verordnungsermächtigung**, die einen Gleichlauf zu den Verwaltungsverfahren herstellen soll, ermöglicht es, Details zu Kommunikationshilfen, Mitwirkungspflichten und Vergütungsfragen zu regeln. Sie ist insofern von strafprozessualer Bedeutung, als die Regelungen direkte Auswirkung auf das Vorliegen eines Revisionsgrundes haben können (MüKo-StPO/*Oğlakcıoğlu* § 186 Rn. 3a). Bislang ist noch keine entsprechende Verordnung erlassen worden. 6

§ 187 [Dolmetscher oder Übersetzer für Beschuldigten oder Verurteilten]

(1) [1]Das Gericht zieht für den Beschuldigten oder Verurteilten, der der deutschen Sprache nicht mächtig ist, einen Dolmetscher oder Übersetzer heran, soweit dies zur Ausübung seiner strafprozessualen Rechte erforderlich ist. [2]Das Gericht weist den Beschuldigten in einer ihm verständlichen Sprache darauf hin, dass er insoweit für das gesamte Strafverfahren die unentgeltliche Hinzuziehung eines Dolmetschers oder Übersetzers beanspruchen kann.

(2) [1]Erforderlich zur Ausübung der strafprozessualen Rechte des Beschuldigten, der der deutschen Sprache nicht mächtig ist, ist in der Regel die schriftliche Übersetzung von freiheitsentziehenden Anordnungen sowie von Anklageschriften, Strafbefehlen und nicht rechtskräftigen Urteilen. [2]Eine auszugsweise schriftliche Übersetzung ist ausreichend, wenn hierdurch die strafprozessualen Rechte des Beschuldigten gewahrt werden. [3]Die schriftliche Übersetzung ist dem Beschuldigten unverzüglich zur Verfügung zu stellen. [4]An die Stelle der schriftlichen Übersetzung kann eine mündliche Übersetzung der Unterlagen oder eine mündliche Zusammenfassung des Inhalts der Unterlagen treten, wenn hierdurch die strafprozessualen Rechte des Beschuldigten gewahrt werden. [5]Dies ist in der Regel dann anzunehmen, wenn der Beschuldigte einen Verteidiger hat.

(3) [1]Der Beschuldigte kann auf eine schriftliche Übersetzung nur wirksam verzichten, wenn er zuvor über sein Recht auf eine schriftliche Übersetzung nach den Absätzen 1 und 2 und über die Folgen eines Verzichts auf eine schriftliche Übersetzung belehrt worden ist. [2]Die Belehrung nach Satz 1 und der Verzicht des Beschuldigten sind zu dokumentieren.

(4) Absatz 1 gilt entsprechend für Personen, die nach § 395 der Strafprozessordnung berechtigt sind, sich der öffentlichen Klage mit der Nebenklage anzuschließen.

1 **A. Grundsätzliches.** Die Norm ergänzt die Regelung zu den Sprachmittlern in § 185 für den Strafprozess im Hinblick auf Art. 6 Abs. 3 lit. e EMRK (BT-Drs. 15/1976, S. 19 f.). Sie ermöglicht die Hinzuziehung eines Dolmetschers oder Übersetzers (s. § 185 Rdn. 8) außerhalb von Verhandlungen (vgl. § 185 Rdn. 2). Somit erstrecken sich die Regelungen für Dolmetscher und Übersetzer durch diese Norm auf das **gesamte Strafverfahren**, was durch die Wortwahl Beschuldigter und Verurteilter deutlich wird. Eigenständige Bedeutung hat die Norm nur im Ermittlungs-, Zwischen- und Vollstreckungsverfahren sowie außerhalb der mündlichen Verhandlung, z.B. bei Verteidigergesprächen. Für die Verhandlung richtet sich die Hinzuziehung ausschließlich nach § 185 (BGH NJW 2017, 3797). Abs. 4 erweitert den Anwendungsbereich auf den Nebenklageberechtigten, auf dass das Opfer einer Straftat nicht schlechter als der Beschuldigte steht (MüKo-StPO/*Oğlakcıoğlu* § 187 Rn. 72). Qua § 46 OWiG gilt § 187 auch im Bußgeldverfahren. Durch die Neufassung durch das Gesetz vom 02.07.2013 (BGBl. I, S. 1938) wurde das Verfahren konkretisiert und die Möglichkeit eines Verzichts auf die Übersetzung gesetzlich normiert. Durch das EMöGG v. 08.10.2017 (BGBl. I, S. 3546) wurde die Regelung zu hör- und sprachbehinderten Personen aus Abs. 1 S. 1 gestrichen und der Anwendungsbereich des § 186 auf das gesamte Verfahren ausgedehnt, sodass für diese Personengruppe nunmehr einheitlich § 186 auch im Strafprozess gilt.

2 **B. Hinzuziehung des Dolmetschers. I. Personenkreis.** Die Person muss **Beschuldigter, Verurteilter** oder nach § 395 StPO zum Anschluss als **Nebenkläger** berechtigt sein. Der Beschuldigte ist im untechnischen Sinne zu verstehen und schließt den Angeschuldigten oder Angeklagten ein. Eine Anschlusserklärung nach § 396 StPO muss nicht vorliegen (Graf/*Walther* § 187 Rn. 1), auch eine öffentliche Klage muss noch nicht erhoben sein (LR/*Wickern* § 187 Rn. 4).

3 Die Person darf der deutschen Sprache nicht mächtig sein (vgl. § 185 Rdn. 5). Weigert sich jemand lediglich, auf Deutsch zu kommunizieren, besteht kein Anspruch auf Beiordnung eines Dolmetschers (BGH NJW 2005, 3434 [3435]). Das Gericht hat den Berechtigten auf den bestehenden Anspruch auf Hinzuziehung des Dolmetschers oder Übersetzers und auf die Unentgeltlichkeit hinzuweisen. Dies ist gem. §§ 168 S. 1, 168a, 168b StPO zu dokumentieren (Meyer-Goßner/*Schmitt* § 187 Rn. 4). Der Hinweis ist vor jeder Vernehmung zu wiederholen, solange der Berechtigte keinen Dolmetscher oder Übersetzer in Anspruch nimmt (BT-Drs. 17/12578, S. 10).

II. Erforderlichkeit. § 187 GVG begründet **keine generelle Übersetzungsverpflichtung** (BGHSt 64, 283 [286, Rn. 10]; BGH NStZ-RR 2021, 55). Ein Anspruch auf einen Sprachmittler besteht nur, soweit dies zur Wahrung und Ausübung der strafprozessualen Rechte erforderlich ist. Wann dies der Fall ist, lässt sich nur anhand des konkreten Einzelfalles bestimmen (LR/*Wickern* § 187 Rn. 7; Kissel/*Mayer* § 187 Rn. 14; BT-Drs. 17/12578, S. 11). Die **Erforderlichkeit** ist zu bejahen, wenn Anlass zur Sorge besteht, dass der Beschuldigte mit seinem Verteidiger oder dem Gericht nicht ausreichend kommunizieren kann, also wenn er sich nicht verständlich machen oder deren Äußerungen nicht erfassen kann. Gleiches gilt, wenn er nicht in der Lage ist, den Inhalt von bedeutenden Schriftstücken zu verstehen. Bei der Beurteilung spielen Art und Schwere der vorgeworfenen Tat, Komplexität von Sachverhalt und Rechtslage, Bedeutung und Umfang von Beweisfragen und Umfang vorhandener Sprachkenntnisse eine Rolle. Die Pflicht zur Zuziehung eines Dolmetschers ist unabhängig von der notwendigen Verteidigerbeiordnung nach § 140 StPO (BGHSt 46, 178 [183]). 4

C. Hinzuziehung des Übersetzers. I. Grundsatz. Im Grundsatz sind die Ausführungen zum Dolmetscher, insb. zur Erforderlichkeit, auch für den Übersetzer anzuwenden. Sofern erforderlich, gilt der Grundsatz der vollständigen Übersetzung des Schriftstückes. Es besteht aber keine Pflicht zur Übersetzung der kompletten Ermittlungsakte, wohl aber der wichtigsten, für die Verteidigung erforderlichen Schriftstücke. Nunmehr regelt Abs. 2 exemplarisch und nicht abschließend (BT-Drs. 17/12578, S. 11; *Schneider* StV 2015, 379 [384]) Fälle, in denen die Erforderlichkeit einer vollständigen Übersetzung zu bejahen ist. »Urteil« meint hier die mit Gründen versehene Ausfertigung des Urteils, nicht die Verkündung und Eröffnung des Inhalts in der mündlichen Verhandlung (Meyer-Goßner/*Schmitt* § 187 Rn. 5). Auch in Abwesenheit ergangene Strafbefehle (OLG München StV 2014, 532 [534]) oder Beschlüsse nach § 72 OWiG sollen erfasst sein (BT-Drs. 17/12578, S. 13). Pflichten zur schriftlichen Übersetzung können sich auch aus Normen des Prozessrechts ergeben, wie z.B. aus §§ 114a, 114b StPO bei Haftentscheidungen (BT-Drs. 17/12578, S. 11). Ein Haftbefehl, eine Anklageschrift, ein Strafbefehl und eine Rechtsbehelfsbelehrung sind also schriftlich zu übertragen, sofern keine Übersetzung mitgeliefert wurde (OLG Hamburg NJW 2005, 1135 [1138]; nunmehr direkt dem Abs. 2 Satz 1 zu entnehmen, LG Gießen NStZ-RR 2015, 283; verfehlt LG Ravensburg NStZ-RR 2015, 219; vgl. aber auch Nr. 181 Abs. 2 RiStBV, die die Beifügung einer Übersetzung anmahnt.). Die Übersetzung ist unverzüglich zur Verfügung zu stellen, Abs. 2 Satz 4. Wird dem Angeklagten die Anklageschrift nicht ordnungsgemäß mitgeteilt, so kann dieser die Aussetzung der Hauptverhandlung verlangen, um seine Verteidigung ausreichend vorzubereiten. Darüber ist nach pflichtgemäßem Ermessen zu entscheiden (BGH NStZ 2017, 63 [64]). 5

II. Einschränkung der Übersetzungspflicht. Abs. 2 Sätze 2 bis 5 sehen ein abgestuftes System vor, das die Einschränkung der Übersetzungspflicht regelt. Dieses basiert auf der Ausnahmeregelung des Art. 3 Abs. 4 RL 2010/64/EU. Eine nur auszugsweise Übersetzung ist gem. Abs. 2 Satz 2 zulässig, wenn dadurch die prozessualen Rechte des Betroffenen nicht beeinträchtigt werden, der nicht übersetzte Inhalt also für die Wahrnehmung seiner Rechte unerheblich ist. Auch die auszugsweise Übersetzung ist unverzüglich zur Verfügung zu stellen. 6

Die bloß **mündliche** Übersetzung der Unterlagen oder die mündliche Mitteilung der Zusammenfassung der Unterlagen genügt, wenn schon dadurch die strafprozessualen Rechte des Beschuldigten gewahrt werden. Als Regelbeispiel hierzu nennt Abs. 2 Satz 5 den verteidigten Angeklagten (krit. *Eisenberg* JR 2013, 445). Ob diese Regelung insgesamt dem Bestimmtheitsgrundsatz genügt, mag angesichts der Identität der Tatbestandsmerkmale von Satz 2 und Satz 4 bezweifelt werden, zumal eine Umkehrung des Regel-Ausnahme-Verhältnisses durch diese Offenheit zu befürchten ist (*Berghaus* HRRS 2021, 119). Bei der **Anklageschrift** jedenfalls genügt eine mündliche Übertragung auch bei einem verteidigten Angeklagten den Gewährleistungsrechten des Art. 6 Abs. 3 lit. a EMRK regelmäßig nicht (*Schneider* StV 2015, 379 [382]); nur in tatsächlich und rechtlich einfachsten Fällen kann sich das ausnahmsweise anders darstellen (BGH StV 2015, 345 [346]). Dagegen kann auf eine schriftliche **Urteils**übersetzung verzichtet werden, wenn der Verurteilte das Urteil mit seinem Verteidiger und einem Dolmetscher übersetzen lassen und besprechen kann (BGHSt 64, 283 [287] Rn. 12 f.; OLG Stuttgart StV 2014, 536 [537]; OLG Hamm StV 2014, 534; a.A. *Schneider* StV 2005, 379 [382 f.]). Denn die effektive Verteidigung bleibt gewährleistet. Nur bei spezieller eigener Sachkunde des Angeklagten kann ausnahmsweise die schriftliche Urteilsübersetzung geboten sein, die der deutschen Gerichtspraxis ansonsten fremd ist (BGHSt 64, 283 [287 ff.], Rn. 15 u. 19). Eine mündliche Übersetzung genügt auch für Vollstreckungsentscheidungen (OLG Köln NStZ 2014, 229 [230]) oder Aktenbestandteile (OLG Hamburg StV 2014, 534 [535]). Ein Wahlrecht des Betroffenen zwischen mündlicher und schriftlicher Übersetzung besteht mangels einer § 186 GVG entsprechenden Regelung nicht (LR/*Wickern* § 187 Rn. 16). Ein Anspruch auf die Übersetzung eines **rechtskräftigen** Urteils oder Beschlusses besteht angesichts des klaren Wortlautes nicht, weil der Verurteilte dann keine Verfahrensrechte im Strafverfahren mehr wahrnehmen kann und damit nicht mehr auf die Übersetzungsleistung zur Wahrung seiner Rechte angewiesen 7 ist (BGHSt 63, 192 [197 ff.]; BGH NStZ-RR 2021, 55; Meyer-Goßner/*Schmitt* § 187 Rn. 9a; a.A. MüKo-StPO/*Oğlakcıoğlu* § 184 Rn. 48).

8 **III. Verzicht.** Der Betroffene kann wirksam auf schriftliche Übersetzungen verzichten, wenn er zuvor über seine Rechte aus Abs. 1 und 2 sowie über die Konsequenzen des Verzichts vom Gericht belehrt worden ist. Der Verzicht lässt den Anspruch auf eine mündliche Übersetzung ausweislich des Wortlautes unberührt, bei wichtigen Dokumenten wie der Anklageschrift soll auch der Verzicht auf die mündliche Übersetzung nicht möglich sein (BT-Drs. 17/12578, S. 13). Dem Gericht ist es trotz Verzichts unbenommen, bei Verständigungsschwierigkeiten nach Abs. 1 S. 1 einen Dolmetscher oder Übersetzer hinzuziehen (BT-Drs. 17/12578, S. 13; Meyer-Goßner/*Schmitt* § 187 Rn. 10). Die Belehrung nach Abs. 3 S. 1 und der Verzicht sind zu dokumentieren. In der Hauptverhandlung hat dies im Protokoll zu geschehen (BT-Drs. 17/12578 S. 13).

9 **D. Verfahren und Kosten.** Die **Bestellung** des Dolmetschers oder Übersetzers erfolgt durch das zuständige Gericht grundsätzlich von Amts wegen (OLG Hamburg NJW 2005, 1135 [1138]; Kissel/*Mayer* § 187 Rn. 8 und 10; MüKo-StPO/*Oğlakcıoğlu* § 187 Rn. 74; HK-StPO/*Schmidt* § 187 Rn. 2: durch den Vorsitzenden). Es bleibt der berechtigten Person oder der Staatsanwaltschaft unbenommen, einen entsprechenden Antrag zu stellen (SK-StPO/*Frister* § 187 Rn. 17). Zuständig ist das Gericht, welches mit der Sache befasst ist. Im Ermittlungsverfahren ist diese Zuständigkeit analog § 142 Abs. 3 Nr. 1 StPO (entspricht § 141 Abs. 4 StPO a.F.) zu bestimmen (so nun auch BGH – Ermittlungsrichter – StV 2019, 169 f.; Kissel/*Mayer* § 187 Rn. 8).

10 Das Gericht bestimmt **Art und Umfang** der Hinzuziehung vorab. Dadurch soll sichergestellt werden, dass die betroffene Person nicht vor einem nicht absehbaren Kostenrisiko steht.

11 Die **Dolmetscherkosten** für den Beschuldigten sind Verfahrenskosten und werden von der **Staatskasse** getragen (§ 464c StPO i.V.m. GKG KV 9005 Abs. 4). Kosten der Übersetzung bei Ermittlungsmaßnahmen gegen den Beschuldigten (z.B. TKÜ) dienen nicht dem Ausgleich mangelnder Sprachkenntnisse im gerichtlichen Verfahren und sind daher vom Verurteilten zu tragen (MüKo-StPO/*Oğlakcıoğlu* § 184 Rn. 76). Anderes gilt aber wegen des Grundsatzes des fairen Verfahrens bei der Überwachung von Untersuchungsgefangenen: Hier trägt die Staatskasse die Kosten, sofern sich die Kommunikation in einem angemessenen Rahmen hält (SK-StPO/*Frister* § 187 Rn. 22). Die Kosten beim Nebenklageberechtigten sind Teil der Gerichtskosten und werden als Auslagen (GKG KV 9005) im Fall der Verurteilung vom Verurteilten erhoben (SK-StPO/*Frister* § 187 Rn. 20). Ansonsten werden vom Nebenklageberechtigten wegen Abs. 4 i.V.m. Abs. 1 S. 2 keine Kosten erhoben, soweit die Hinzuziehung zur Wahrung der strafprozessualen Rechte erforderlich war (Meyer-Goßner/*Schmitt* § 187 Rn. 11).

§ 188 [Eid in fremder Sprache]

Personen, die der deutschen Sprache nicht mächtig sind, leisten Eide in der ihnen geläufigen Sprache.

1 Die Norm regelt die Eidesleistung durch sprachunkundige **Zeugen** oder **Sachverständige**. Für Hör- und Sprachbehinderte gilt § 66 StPO bzw. § 483 ZPO.

2 Die **Eidesleistung** erfolgt in der Form, dass der Dolmetscher die vorgeschriebene Eidesformel (§§ 64, 65, 79 StPO) in die dem Sprachunkundigen geläufige Sprache übersetzt und dieser die Eidesformel in dieser Sprache nachspricht (Kissel/*Mayer* § 188 Rn. 1). Er darf dabei eine Bekräftigungsformel seines Landes oder Kulturkreises hinzufügen (Baumbach/Lauterbach/Hartmann/Anders/Gehle/*Becker* § 188 Rn. 1), wobei diese dem Eid nicht widersprechen oder ihn aufheben darf (LR/*Wickern* § 188 Rn. 2). Die Eidesleistung ist mit der Aussprache in der fremden Sprache vollendet, einer Übersetzung des geleisteten Eides in die deutsche Sprache bedarf es nicht (RGSt 45, 304; MüKo-StPO/*Oğlakcıoğlu* § 187 Rn. 3). Jedoch kann sie bei Zweifeln über die geäußerte Eidesformel geboten sein (LR/*Wickern* § 188 Rn. 2).

3 Beherrscht der Dolmetscher die Eidesformel in der fremden Sprache, so muss diese nicht vom Vorsitzenden vorgesprochen werden (RGSt 45, 304). Ist der Vorsitzende selbst der fremden Sprache mächtig, kann er die Eidesformel selbst in dieser Sprache vorsprechen (Meyer-Goßner/*Schmitt* § 188 Rn. 1; a.A. OLG Köln JR 1969, 309).

§ 189 [Dolmetschereid]

(1) [1]Der Dolmetscher hat einen Eid dahin zu leisten:
daß er treu und gewissenhaft übertragen werde.
[2]Gibt der Dolmetscher an, daß er aus Glaubens- oder Gewissensgründen keinen Eid leisten wolle, so hat er eine Bekräftigung abzugeben. [3]Diese Bekräftigung steht dem Eid gleich; hierauf ist der Dolmetscher hinzuweisen.
(2) Ist der Dolmetscher für Übertragungen der betreffenden Art nach dem Gerichtsdolmetschergesetz oder in einem Land nach den landesrechtlichen Vorschriften allgemein beeidigt, so genügt vor allen Gerichten des Bundes und der Länder die Berufung auf diesen Eid.
(3) In Familiensachen und in Angelegenheiten der freiwilligen Gerichtsbarkeit ist die Beeidigung des Dolmetschers nicht erforderlich, wenn die beteiligten Personen darauf verzichten.
(4) [1]Der Dolmetscher oder Übersetzer soll über Umstände, die ihm bei seiner Tätigkeit zur Kenntnis gelangen, Verschwiegenheit wahren. [2]Hierauf weist ihn das Gericht hin.

Übersicht

A. Grundsätzliches. § 189 schreibt eine Vereidigung des Dolmetschers zwingend vor, weil dessen Übertragung der Aussagen und Erklärungen für die Wahrheitsfindung von enormer Bedeutung sind (BGH NStZ 2020, 103; MüKo-StPO/*Oğlakcıoğlu* § 189 Rn. 1; SK-StPO/*Frister* § 189 Rn. 1). Daran ändert auch Abs. 2 nichts, weil auch hier in jedem Einzelfall eine Berufung auf einen Eid erfolgt. Das allgemeine Einverständnis, von der Vereidigung abzusehen, ist unbeachtlich (*Katholnigg* § 189 Rn. 1). Nur bei Familiensachen und Angelegenheiten der freiwilligen Gerichtsbarkeit kann nach Abs. 3 durch alle Beteiligten auf die Vereidigung verzichtet werden, wobei auch hier keine Pflicht des Gerichts zum Verzicht auf die Vereidigung besteht (Kissel/*Mayer* § 189 Rn. 1a). 1

B. Anwendungsbereich. Die Norm gilt nur für den **Dolmetscher**, der nach den §§ 185, 186 GVG bestellt ist (Kissel/*Mayer* § 189 Rn. 1), nicht jedoch für den Dolmetscher nach § 187 GVG (LR/*Wickern* § 189 Rn. 1), weil es hier nicht um kontradiktorische, sondern um rein verteidigungs-interne Dolmetschertätigkeit geht (MüKo-StPO/*Oğlakcıoğlu* § 189 Rn. 10). Auch für Übersetzer (s. § 185 Rdn. 8) gilt die Norm nicht; denn diese werden bei der Übersetzung von Dokumenten als Sachverständige tätig und müssen ggf. den Sachverständigeneid leisten, welcher im Strafprozess im Ermessen des Gerichts steht (§ 79 Abs. 1 StPO). 2

C. Eidesleistung. I. Zeitpunkt. Der Dolmetscher hat einen **Voreid** zu leisten und ist daher nach dem Aufruf der Sache und noch vor Beginn der Übertragung zu vereidigen (BGH MDR 1970, 778). Dies ergibt sich schon aus dem Wortlaut der Eidesformel und dem Zweck der Vereidigung (Rdn. 1). 3

Der Eid gilt grundsätzlich nur für die jeweilige Verhandlung, in der er geleistet wurde. Er erstreckt sich jedoch auf alle Verhandlungstage einer mündlichen Verhandlung (BGH GA 1979, 272; LR/*Wickern* § 189 Rn. 4). Bei der erneuten Zuziehung im selben Verfahren genügt die Berufung auf den bereits in diesem Verfahren geleisteten Eid (BGH GA 1979, 272; BVerwG NJW 1986, 3154 [3156]; Kissel/*Mayer* § 189 Rn. 3). Es reicht jedoch nicht aus, dass der Dolmetscher bereits im Ermittlungsverfahren vereidigt wurde. Wird der Dolmetscher hingegen für verschiedene Strafsachen in derselben Sitzung des Gerichts hinzugezogen, ist er für jede Sache erneut zu vereidigen. Auch im Ermittlungsverfahren ist der Dolmetscher zu vereidigen (BGH StV 1992, 351). 4

II. Eid, Bekräftigung, Protokoll. Der Dolmetscher hat zu schwören, treu und gewissenhaft zu übertragen. Insofern gelten die §§ 63, 64, 72 StPO entsprechend. Die Vereidigung ist eine wesentliche Förmlichkeit der Hauptverhandlung und muss in das **Protokoll** aufgenommen werden, ebenso die Berufung auf den vorher geleisteten Eid. Die erfolgte Vereidigung ist nur durch den Vermerk im Protokoll zu beweisen (§ 274 StPO). 5

Will der Dolmetscher aus Glaubens- oder Gewissensgründen keinen Eid leisten, muss er eine **Bekräftigung** abgeben (Abs. 1 Satz 2). Diese steht dem Eid in der Wirkung gleich (Abs. 2 Satz 3), was wegen § 155 Nr. 1 StGB von Bedeutung ist. Hierauf ist der Dolmetscher hinzuweisen, der Hinweis sollte angesichts der strafrechtlichen Relevanz protokolliert werden (*Katholnigg* § 189 Rn. 2). 6

7 **III. Berufung auf die allgemeine Beeidigung.** Der Dolmetscher kann sich vor allen Gerichten des Bundes und der Länder auch auf eine, im Rahmen eines besonderen Verwaltungsverfahrens durchgeführte (BGH NStZ 2020, 103 f.), **allgemeine Beeidigung** berufen, soweit er nach dem Gerichtsdolmetschergesetz (GDolmG) oder in einem Bundesland nach den landesrechtlichen Vorschriften beeidigt worden ist. Die Möglichkeit der allgemeinen Beeidigung nach Landesrecht läuft mit Wirkung vom 12.12.2024 aus (vgl. Art. 10 Satz 2 des Gesetzes zur Modernisierung des Strafverfahrens v. 10.12.2019, BGBl. I, S. 2124 [2173]). Ab diesem Datum kann sich nur noch auf eine allgemeine Beeidigung nach dem GDolmG berufen werden (BT-Drs. 19/14747, S. 44 f.; Meyer-Goßner/*Schmitt* § 189 Rn. 2; Kissel/*Mayer* § 189 Rn. 7b). Mit dem am 01.07.2021 in Kraft getretenen GDolmG (Art. 6 des Gesetzes zur Modernisierung des Strafverfahrens v. 10.12.2019, BGBl. I, S. 2121 [2124]) werden bundeseinheitliche Standards für die Beeidigung geschaffen, insb. über den Nachweis der erforderlichen Sprachkenntnisse (§ 3 Abs. 2 und § 4 GDolmG) sowie über die weiteren persönlichen Voraussetzungen (§ 3 Abs. 1 GDolmG). Zuständig für die allgemeine Beeidigung ist das jeweilige OLG des Wohnsitzes oder der geschäftlichen Niederlassung des Dolmetschers bzw. das KG (§ 2 GDolmG). Den Ländern verbleibt aber die Befugnis, im Verordnungswege einem LG die Zuständigkeit für die Bezirke mehrerer Landgerichte zuzuweisen. Damit soll der *status quo* einiger Länder, in denen der Präsident des LG, in dessen Bezirk der Dolmetscher seinen Wohnsitz oder seine geschäftliche Niederlassung hat, für die Vereidigung zuständig ist (vgl. z.B. Art. 2 BayDolmG; zu den Ausführungsvorschriften der Länder s. Graf/*Walther* § 189 Rn. 4.1) gewahrt werden. Die Beeidigung ist kraft Gesetzes auf fünf Jahre befristet und kann danach verlängert werden (§ 7 GDolmG). Das GDolmG lässt die Möglichkeit des Gerichts unberührt, den Dolmetscher selbst *(ad hoc)* zu vereidigen, sodass in diesen Fällen weiterhin kein formalisierter Befähigungsnachweis erforderlich ist (BT-Drs. 19/14747, S. 45, vgl. auch § 185 Rdn. 8). Die Beeidigung erfolgt für eine bestimmte Sprache, Gebärdensprache oder für andere Kommunikationstechniken (Graf/*Walther* § 189 Rn. 4). Daher ist der Dolmetscher nicht zur Berufung auf den allgemein geleisteten Eid berechtigt, wenn er in eine andere Sprache überträgt.

8 Die Berufung auf den allgemeinen Eid bedarf einer **ausdrücklichen Erklärung** des Dolmetschers; die bloße Feststellung, Personalien und allgemeine Beeidigung seien gerichtsbekannt, genügt nicht (BGH NStZ 1984, 209 [213]). Es muss vielmehr erkennbar sein, dass der Dolmetscher sich selbst dem vorher geleisteten Eid verpflichtet fühlt. Dazu genügt aber die Angabe, dass er »öffentlich bestellt und vereidigt« ist (BGH bei *Dallinger* MDR 1975, 199). Die Berufung muss, wie auch die Vereidigung, vor Beginn der Tätigkeit erfolgen (LR/*Wickern* § 189 Rn. 9). Hat das Gericht Zweifel an der erfolgten Beeidigung, so unterliegt diese Tatsache dem Freibeweis (OLG Celle StraFO 2016, 255 [256]; Meyer-Goßner/*Schmitt* § 189 Rn. 2); das Gericht kann dann auch selbst vereidigen.

9 **D. Falsche Übersetzung.** Der Eid umfasst die gesamte Übertragung des Dolmetschers in der Verhandlung. Eine vorsätzliche Falschübertragung ist daher ein Meineid nach § 154 StGB (BGHSt 4, 154; Kissel/*Mayer* § 189 Rn. 10). Auch ein fahrlässiger Falscheid (§ 161 StGB), eine Strafvereitelung (§ 258 StGB) oder Begünstigung (§ 257 StGB) sind denkbar.

10 **E. Fehlende Vereidigung.** Die fehlende Vereidigung ist ein Verfahrensfehler, der einen **relativen Revisionsgrund** begründet und der auch nicht durch rügeloses Einlassen oder sonstige Handlungen verwirkt oder geheilt werden kann (OLG Celle StraFO 2016, 255 [256]). Da nicht auszuschließen ist, dass ein Urteil, welches sich in der Begründung auf die Übersetzung der Aussagen durch den unvereidigten Dolmetscher stützt, auf diesem Fehler beruht, wird die fehlende Vereidigung in der Regel die Revision begründen (BGH NStZ 1982, 517; StV 2005, 705; NStZ 2020, 103). Wird der Dolmetscher hingegen erst nach der Übertragung vereidigt (Nacheid statt Voreid), so kann das Urteil nicht an diesem Fehler leiden (BGH NStZ 1981, 69; einschr. hierzu Kissel/*Mayer* § 189 Rn. 4). Halten Gericht und Dolmetscher eine fehlerhafte Vereidigung für rechtswirksam, kann das Urteil nicht auf ihr beruhen (BGH NStZ 1984, 328). Mittlerweile kehrt der BGH das Regel-Ausnahme-Verhältnis um, wenn der Eid offenbar versehentlich unterblieben ist, etwa bei einem Dolmetscher, der jahrelang unbeanstandet übersetzt und sich auch auf seinen »Eid« berufen hat (BGH NStZ 2014, 228, *Ferber* NStZ 2014, 228 [229]). Diese verstärkte Einzelfallbeurteilung ist bedenklich, weil sie die überragende Bedeutung der Übersetzung für die Wahrheitsfindung relativiert.

11 **F. Verschwiegenheit.** Abs. 4 wurde durch Gesetz vom 02.07.2013 (BGBl. I, S. 1938) angefügt und setzt die RL 2010/64/EU um. Die Regelung ist bloße Ordnungsvorschrift und begründet keine neuen Pflichten des Dolmetschers oder Übersetzers; er wird insb. weder Berufsgeheimnisträger noch für den öffentlichen Dienst besonders Verpflichteter (BT-Drs. 17/12578; Meyer-Goßner/*Schmitt* § 189 Rn. 4; HK-StPO/*Schmidt* § 189 Rn. 7). Das Gericht hat trotzdem auf die Ordnungsvorschrift hinzuweisen. Echte Verschwiegenheitspflichten

können sich aber aus anderen bundes- oder landesgesetzlichen Vorschriften ergeben, so z.B. aus Art. 10 BayDolmG, § 9 Abs. 1 Nr. 3 DolmG LSA, § 6 Abs. 1 Nr. 2 DolmG NRW, oder aus berufsrechtlichen Vorgaben.

§ 190 [Urkundsbeamter als Dolmetscher]

[1]Der Dienst des Dolmetschers kann von dem Urkundsbeamten der Geschäftsstelle wahrgenommen werden. [2]Einer besonderen Beeidigung bedarf es nicht.

Übersicht

A. Grundsätzliches. Die Norm regelt als Sondervorschrift die Möglichkeit, den protokollführenden Urkundsbeamten der Geschäftsstelle trotz dessen Beteiligung zur Beurkundung des Verfahrens als Dolmetscher einzusetzen. Hingegen können Richter, Staatsanwalt und Verteidiger wegen der unzulässigen Doppelrolle nicht Dolmetscher sein (Meyer-Goßner/*Schmitt* § 190 Rn. 1; LR/*Wickern* § 191 Rn. 1). 1

B. Person des Urkundsbeamten; Tätigkeit. Der Urkundsbeamte der Geschäftsstelle im Sinne dieser Vorschrift ist nur derjenige, welcher in der Hauptverhandlung tatsächlich das Protokoll führt (Meyer-Goßner/*Schmitt* § 190 Rn. 1). Der Urkundsbeamte, der als Dolmetscher tätig werden soll, muss die Voraussetzungen für sonstige Dolmetscher erfüllen, also der fremden Sprache hinreichend mächtig sein (vgl. § 185 Rdn. 5 und 8). Eine Pflicht zur Übernahme des Dolmetscherdienstes besteht nicht, solange dienstrechtlich nichts anderes bestimmt ist (LR/*Wickern* § 190 Rn. 2). 2

C. Entbehrlichkeit der Beeidigung, Satz 2. Einer besonderen Beeidigung bedarf es nicht; denn der Urkundsbeamte der Geschäftsstelle ist von Amts wegen zur treuen und gewissenhaften Übertragung verpflichtet (Kissel/*Mayer* § 190 Rn. 2). Andere Urkundsbeamten der Geschäftsstelle, die nicht Protokoll führen, oder andere Justizangestellte oder Referendare müssen hingegen nach § 189 GVG vereidigt werden (RGSt 2, 372 [374]). 3

§ 191 [Ausschließung und Ablehnung des Dolmetschers]

[1]Auf den Dolmetscher sind die Vorschriften über Ausschließung und Ablehnung der Sachverständigen entsprechend anzuwenden. [2]Es entscheidet das Gericht oder der Richter, von dem der Dolmetscher zugezogen ist.

Übersicht

A. Grundsätzliches. Die Norm regelt die Ablehnung und Ausschließung des **Dolmetschers** und die Entscheidungskompetenz für diese Frage. Sie verweist dazu auf die Regelungen für Sachverständige. Gleichwohl ist der Dolmetscher kein Sachverständiger, sondern Hilfsperson des Gerichts in einer Rechtsstellung sui generis (vgl. § 185 Rdn. 8). Darüber hinaus ist der Verweis zur **Ausschließung** als Redaktionsversehen zu werten, weil der Ausschluss eines Sachverständigen in den §§ 74 ff. StPO – vom Leichenschauarzt gem. § 87 Abs. 2 Satz 3 StPO abgesehen – nicht vorgesehen ist. Es gelten dann die Gründe, aus denen auch ein Richter ausgeschlossen ist, § 22 Nr. 5 StPO ausgenommen (AnwK-StPO/*Püschel* § 191 Rn. 1; Kissel/*Mayer* § 191 Rn. 2). § 191 gilt nicht für den **Übersetzer**. Dieser kann nur nach § 74 StPO abgelehnt werden, wenn er als Sachverständiger in der Hauptverhandlung auftritt (BGH NJW 2019, 1391). Zweifeln an der ordnungsgemäßen Übersetzung muss das Gericht im Rahmen seiner Aufklärungspflicht nachgehen (BGH NJW 2019, 1391). 1

B. Ausschließung und Ablehnung. I. Gründe. Nach Satz 1 sind die Regelungen zur **Ablehnung** Sachverständiger anwendbar. Die StPO verweist in § 74 Abs. 1 Satz 1 StPO auf die Vorschriften zur Richterablehnung der §§ 24, 25 StPO. Demnach kann ein Dolmetscher abgelehnt werden, wenn er kraft Gesetzes ausgeschlossen ist oder die Besorgnis der Befangenheit besteht. Die Dolmetschertätigkeit im Ermittlungsverfahren stellt für sich keinen Befangenheitsgrund dar (BGH NStZ 2008, 50). Die Bekundung von Mitgefühl für das Opfer soll nach zweifelhafter Rspr. keinen Ablehnungsgrund darstellen, selbst wenn es sich dabei um eine Umarmung handelt (BGH HRRS 2018 Nr. 884 Rn. 23; zutreffend krit. *Jäger* JA 2019, 310 f.). 2

3 Nach § 74 Abs. 1 Satz 2 ist die Vernehmung als **Zeuge** kein Ablehnungsgrund. Dies ist auch auf den Dolmetscher zu übertragen, der zugleich Zeuge und Dolmetscher sein kann (Kissel/*Mayer* § 191 Rn. 3) und seine eigene Aussage selbst dolmetschen darf (Meyer-Goßner/*Schmitt* § 191 Rn. 1; Kissel/*Mayer* § 191 Rn. 3). Entsprechend ist der Ausschließungsgrund des § 22 Nr. 5 StPO beim Dolmetscher nicht relevant.

4 **II. Entscheidung und Wirkung.** Die Entscheidung über die Ablehnung trifft das Gericht. Die Entscheidung ergeht in der Besetzung für die Hauptverhandlung, also ggf. unter Mitwirkung von Schöffen (Kissel/*Mayer* § 191 Rn. 4; LR/*Wickern* § 191 Rn. 7). Die Anhörung des Dolmetschers ist nicht vorgeschrieben, aber eventuell angebracht (BGH NStZ 2008, 50).

5 Ein abgelehnter Dolmetscher darf nicht weiter tätig sein. Seine bisherige Übertragung ist gegenstandslos und darf nicht verwertet werden (BVerwG NJW 1985, 757; MüKo-StPO/*Oğlakcıoğlu* § 191 Rn. 8). Die Aussagen sind mit einem neuen Dolmetscher zu wiederholen, es sei denn, der Ablehnungsgrund kann sich im Einzelfall nicht ausgewirkt haben (AnwK-StPO/*Püschel* § 191 Rn. 3). Die Vernehmung des Dolmetschers über dessen eigene, vorherige Übersetzung ist unstatthaft (LG Köln StV 1992, 460; Meyer-Goßner/*Schmitt* § 191 Rn. 2; a.A. BayObLG NJW 1998, 1505; LR/*Wickern* § 191 Rn. 5).

6 **C. Revision.** Ein Verstoß gegen § 191 stellt einen **relativen Revisionsgrund** dar (LR/*Wickern* § 191 Rn. 8).

§ 191a [Zugänglichmachung von Schriftstücken für blinde oder sehbehinderte Personen]

(1) [1]Eine blinde oder sehbehinderte Person kann Schriftsätze und andere Dokumente in einer für sie wahrnehmbaren Form bei Gericht einreichen. [2]Sie kann nach Maßgabe der Rechtsverordnung nach Absatz 2 verlangen, dass ihr Schriftsätze und andere Dokumente eines gerichtlichen Verfahrens barrierefrei zugänglich gemacht werden. [3]Ist der blinden oder sehbehinderten Person Akteneinsicht zu gewähren, kann sie verlangen, dass ihr die Akteneinsicht nach Maßgabe der Rechtsverordnung nach Absatz 2 barrierefrei gewährt wird. [4]Ein Anspruch im Sinne der Sätze 1 bis 3 steht auch einer blinden oder sehbehinderten Person zu, die von einer anderen Person mit der Wahrnehmung ihrer Rechte beauftragt oder hierfür bestellt worden ist. [5]Auslagen für die barrierefreie Zugänglichmachung nach diesen Vorschriften werden nicht erhoben.

(2) Das Bundesministerium der Justiz und für Verbraucherschutz bestimmt durch Rechtsverordnung, die der Zustimmung des Bundesrates bedarf, unter welchen Voraussetzungen und in welcher Weise die in Absatz 1 genannten Dokumente und Dokumente, die von den Parteien zur Akte gereicht werden, einer blinden oder sehbehinderten Person zugänglich gemacht werden, sowie ob und wie diese Person bei der Wahrnehmung ihrer Rechte mitzuwirken hat.

(3) [1]Elektronische Dokumente sind für blinde oder sehbehinderte Personen barrierefrei zu gestalten, soweit sie in Schriftzeichen wiedergegeben werden. [2]Erfolgt die Übermittlung eines elektronischen Dokuments auf einem sicheren Übermittlungsweg, ist dieser barrierefrei auszugestalten. [3]Sind elektronische Formulare eingeführt (§ 130c der Zivilprozessordnung, § 14a des Gesetzes über das Verfahren in Familiensachen und in den Angelegenheiten der freiwilligen Gerichtsbarkeit, § 46f des Arbeitsgerichtsgesetzes, § 65c des Sozialgerichtsgesetzes, § 55c der Verwaltungsgerichtsordnung, § 52c der Finanzgerichtsordnung), sind diese blinden oder sehbehinderten Personen barrierefrei zugänglich zu machen. [4]Dabei sind die Standards von § 3 der Barrierefreie-Informationstechnik-Verordnung vom 12. September 2011 (BGBl. I S. 1843) in der jeweils geltenden Fassung maßgebend.

Übersicht

1 **A. Grundsätzliches.** Der Normzweck des § 191a entspricht im Wesentlichen dem des § 186 GVG: Die Norm soll die Integration von blinden oder sehbehinderten Personen in das Verfahren ermöglichen und Nachteile beseitigen, die diese Personen im normalen Ablauf des Verfahrens hätten (vgl. § 186 Rdn. 1). Durch das Gesetz vom 10.10.2013 (BGBl. I, S. 3786) wurde die Regelung konkretisiert und ausgeweitet.

2 **B. Anwendungsbereich.** Die Norm betrifft blinde oder sehbehinderte Personen und ist nicht auf den Beschuldigten beschränkt (LR/*Wickern* § 191a Rn. 1; Kissel/*Mayer* § 191a Rn. 3). Sie gilt daher auch für Zeugen oder Sachverständige und für Personen, die mit der Wahrnehmung der Rechte Dritter beauftragt oder dafür bestellt wurden. **Blind** ist eine Person, deren Sehkraft gänzlich fehlt. Dem steht nach § 72 Abs. 5 SGB XII eine Verminderung der Sehkraft auf 2 % gleich. Dieser, auch bei § 226 Abs. 1 Nr. 1 Alt. 1 StGB

angewandte Maßstab (*Fischer* § 226 StGB Rn. 2a), ist auf § 191a übertragbar. **Sehbehinderung** ist die Minderung der Sehkraft auf ein Maß, bei dem die Person das geschriebene Wort auch mithilfe der gängigen Hilfsmittel (z.B. einer Brille) nicht mehr wahrnehmen kann. Dies kann ab einer Minderung der Sehkraft auf 30 % angenommen werden (vgl. vormals § 1 Nr. 4 lit. a EinglHV [BGBl. I 1975, S. 433]).

Nicht von der Norm umfasst sind Verfahrensbeteiligte, die aus beruflichen Gründen am Verfahren teilnehmen, wie z.B. Richter, Gerichtsangestellte oder Staatsanwälte (MüKo-StPO/*Oğlakcıoğlu* § 191a Rn. 8; SK-StPO/*Frister* § 191a Rn. 2, der jedoch auch den Sachverständigen unter diese Regelung fassen will). 3

Die Norm ist nicht auf das gerichtliche Verfahren beschränkt. Sie ist auch auf das Ermittlungs-, Zwischen- und Vollstreckungsverfahren anzuwenden (Meyer-Goßner/*Schmitt* § 191a Rn. 1). 4

C. Kommunikation mit dem Gericht. Die blinde oder sehbehinderte Person kann Dokumente an das Gericht in einer von ihr wahrnehmbaren Form, also z.B. in Blindenschrift, einreichen. Damit können die berechtigten Personen nun auch Verfahrenshandlungen in einer für sie, aber nicht für das Gericht unmittelbar wahrnehmbaren Form vornehmen und z.B. Klage erheben, Beweis antreten oder Rechtsmittel einlegen (BT-Drs. 17/12634, S. 40). Die Einreichung der Dokumente wahrt nach dem Sinn und Zweck der Regelung die maßgeblichen Fristen, und zwar auch dann, wenn das Gericht die Dokumente erst übersetzen lassen muss. 5

D. Zugänglichmachung. Der blinden oder sehbehinderten Person sind die für sie bestimmten gerichtlichen Dokumente auf ihren **Antrag** hin in einer für sie wahrnehmbaren Form zugänglich zu machen. Das BMJ hat mit der **Zugänglichmachungsverordnung** (ZMV, BGBl. I 2007, S. 215) eine nach Abs. 2 vorgesehene Verordnung erlassen. Der Antrag soll eine Angabe über die Form der Zugänglichmachung enthalten (§ 5 S. 2 ZMV). 6

Gerichtliche Dokumente des **Abs. 1** sind neben den herkömmlichen Schriftstücken auch alle elektronischen Dokumente und Aufzeichnungen (Kissel/*Mayer* § 191a Rn. 7 f.). Umfasst sind nicht nur die vom Gericht erstellten Dokumente, sondern alle zur Akte gehörenden Dokumente (LR/*Wickern* § 191a Rn. 9; a.A. Kissel/*Mayer* § 191a Rn. 7). Das zeigt schon der Wortlaut des Abs. 2. Die Dokumente müssen nicht mehr für die berechtigte Person ausdrücklich bestimmt sein, d.h. es kommt nicht mehr darauf an, dass diese der blinden oder sehbehinderten Person nach der einschlägigen Verfahrensordnung bekanntgemacht werden müssen (MüKo-StPO/*Oğlakcıoğlu* § 191a Rn. 11). Der Anspruch erstreckt sich auf sämtliche verfahrensrelevanten Unterlagen (BT-Drs. 17/12634, S. 40). Nach § 2 Abs. 1 S. 2 ZMV werden allerdings Anlagen der Dokumente, die nicht in Schriftform darstellbar sind (Zeichnungen, Behördenakten), vom Bereitstellungsgebot nicht erfasst; s. § 191a Abs. 3 S. 1 a.E. 7

Die berechtigte Person hat gem. § 6 ZMV ein **Wahlrecht**, in welcher Form ihr das Dokument zugänglich zu machen ist. § 3 ZMV regelt die Einzelheiten. Demnach können Dokumente schriftlich, elektronisch, akustisch, mündlich, fernmündlich oder in anderer geeigneter Weise zugänglich gemacht werden. Die schriftliche Zugänglichmachung erfolgt in Blindenschrift oder Großdruck; die elektronische durch Übermittlung des elektronischen Dokuments. Weiter wird auf die Barrierefreie-Informationstechnik-Verordnung (BITV 2.0) verwiesen. Die Person ist über ihr Wahlrecht zu belehren (§ 4 Abs. 2 S. 2 ZMV). Die verpflichtete Stelle (§ 1 Abs. 3 ZMV) hat das Dokument in der vom Berechtigten gewählten Form zur Verfügung zu stellen. Ein Ersetzungsrecht hat sie nicht (BR-Drucks. 915/06, S. 11).

Die Zugänglichmachung erfolgt **zusätzlich** zur normalen Zustellung oder formlosen Mitteilung (§ 2 Abs. 2 ZMV). Für den Lauf von Fristen ist daher nicht die Zugänglichmachung, sondern die Zustellung oder Mitteilung maßgeblich (L R/*Wickern* § 191a Rn. 3). 8

Die Zugänglichmachung erfolgt nur, sofern dies zur Wahrung der Rechte des Berechtigten im Verfahren **erforderlich** ist. Dies ist oftmals bei der Vertretung durch einen sehenden Rechtsanwalt ausgeschlossen (Meyer-Goßner/*Schmitt* § 191a Rn. 1; a.A. nun Kissel/*Mayer* § 191a Rn. 9; SK-StPO/*Frister* § 191a Rn. 3). Weiterhin sind die individuellen Möglichkeiten des Berechtigten maßgeblich (vgl. Kissel/*Mayer* § 191a Rn. 9), über welche das Gericht ggf. den Freibeweis erheben kann. 9

E. Akteneinsicht. Das Recht auf Zugänglichmachung von Dokumenten gilt nunmehr explizit auch im Rahmen der Akteneinsicht für den (gesamten) Akteninhalt, der der Einsicht durch die blinde oder sehbehinderte Person unterliegt (BT-Drs. 17/12634, S. 40). Auch hierfür ist ein Antrag der berechtigten Person erforderlich, der mit dem Antrag auf Akteneinsicht verbunden werden kann. 10

F. Kosten. Nach Abs. 1 S. 2 werden keine Auslagen für die Zugänglichmachung erhoben. Dies schließt auch die Kosten für die Herstellung mit ein (Kissel/*Mayer* § 191a Rn. 12). Anders als beim Dolmetscher werden auch die Kosten für die Zugänglichmachung von Dokumenten an andere Verfahrensbeteiligte (z.B. Zeugen) nicht in Ansatz gebracht (LR/*Wickern* § 191a Rn. 15; vgl. auch § 185 Rdn. 11). 11

Sechzehnter Titel. Beratung und Abstimmung

§ 192 [Gesetzlicher Richter; Ergänzungsrichter]

(1) Bei Entscheidungen dürfen Richter nur in der gesetzlich bestimmten Anzahl mitwirken.

(2) Bei Verhandlungen von längerer Dauer kann der Vorsitzende die Zuziehung von Ergänzungsrichtern anordnen, die der Verhandlung beizuwohnen und im Falle der Verhinderung eines Richters für ihn einzutreten haben.

(3) Diese Vorschriften sind auch auf Schöffen anzuwenden.

Übersicht

1 **A. Grundsätzliches.** Die Vorschrift regelt einen Aspekt des **gesetzlichen Richters** des Art. 101 Abs. 1 S. 2 GG (SK-StPO/*Frister* § 192 Rn. 1), indem – eher deklaratorisch – die an anderer Stelle festgelegten Regelungen zur Besetzung der Spruchkörper bestärkt werden. Um die Durchführung von erkennbar langwierigen Verfahren überhaupt zu ermöglichen und so den Maximen der effektiven Strafrechtspflege und der Beschleunigung Genüge zu tun, wird mit der Beiziehung von Ergänzungsrichtern zugleich eine Ausnahme der strikten Richterbegrenzung postuliert. Damit wird der Gefahr entgegengewirkt, eine zeitaufwendige Verhandlung wegen nachträglicher Verhinderung eines Richters wiederholen zu müssen. Aus demselben Grund gilt die Regelung auch für Schöffen, Abs. 3.

2 Die §§ 192 bis 197 gelten für die **ordentliche streitige Gerichtsbarkeit** des § 12 insgesamt, also neben den Strafsachen auch für bürgerliche Rechtsstreitigkeiten sowie kraft Verweisungen für diverse weitere Gerichtsbarkeiten.

3 **B. Gesetzlich bestimmte Richterzahl, Abs. 1.** Ausdrücklich wird normiert, dass die gesetzlich festgelegte Zahl der an der Entscheidung teilnehmenden Gerichtspersonen **weder über- noch unterschritten** werden darf. Die Zahl ergibt sich je nach Verfahren aus den §§ 22, 25, 29, 76, 78b, 122, 132, 139 und §§ 33, 33a, 33b JGG.

4 Die Regelung gilt für **alle** im Verfahren zu treffenden **Entscheidungen**, nicht nur für diejenigen, mit denen die Instanz abgeschlossen wird (Kissel/*Mayer* § 192 Rn. 3; MüKo-StPO/*Kulhanek* § 192 Rn. 2).

5 **C. Hinzuziehung von Ergänzungsrichtern, Abs. 2.** Die Frage, ob ein Ergänzungsrichter zuzuziehen ist, steht grundsätzlich im **Ermessen des Vorsitzenden** und umfasst auch den Zeitpunkt der Entscheidung (BGH NStZ 2019, 359). Die Entscheidung ist vor Beginn der Hauptverhandlung zu treffen. Das Ermessen ist jedoch begrenzt und die Feststellung einer Verhinderung so lange zurückzustellen, bis die nach § 229 StPO möglichen Fristenhemmungen abgelaufen sind. Ein erkrankter Richter darf erst danach durch den Ergänzungsrichter ersetzt werden, um so das Prinzip des gesetzlichen Richters weitestgehend zu achten (BGH wistra 2016, 370 [371 f. m.w.N.]). Dies gilt nicht, wenn schon von vornherein feststeht, dass eine Fortsetzung der Hauptverhandlung mit dem erkrankten Richter auch nach Ablauf der maximalen Fristenhemmung nicht möglich sein wird. Bei der Entscheidung sind die widerstreitenden Prozessmaximen des gesetzlichen Richters einerseits und der Beschleunigung und Konzentration andererseits zu berücksichtigen. Insb. Letztere können es sachgerecht erscheinen lassen, die Verhinderung alsbald festzustellen (BGH HRRS 2021 Nr. 319 Rn. 12 ff.). Die Entscheidung kann jederzeit widerrufen werden. Dem Vorsitzenden obliegt auch die Feststellung des Verhinderungsfalls. Dabei ist er weder an eine bestimmte Form gebunden noch braucht er die Feststellung ausdrücklich zu treffen (BGHSt 35, 366 [369]). Dennoch ist es empfehlenswert, sie im Protokoll oder den Akten zu vermerken (*Katholnigg* JR 1989, 349).

6 Zulässig ist es, **mehrere** Ergänzungsrichter oder -schöffen zuzuziehen. Ist dies der Fall, so wird im Voraus vom Präsidium festgelegt, für welchen Richter und in welcher Reihenfolge die Ergänzungsperson eintritt (KK-StPO/*Diemer* § 192 Rn. 5; MüKo-StPO/*Kulhanek* § 192 Rn. 3).

7 Aufgrund der oben (Rdn. 1) genannten Funktion ist die Hinzuziehung von Berufsrichtern nur bei Kollegialgerichten mit mehreren Berufsrichtern uneingeschränkt statthaft (LR/*Wickern* § 192 Rn. 8; Kissel/*Mayer* § 192 Rn. 9; weiter SK-StPO/*Frister* § 192 Rn. 6). Beim Schöffengericht mit nur einem Berufsrichter stellte sich nämlich weiter die Frage, wer den Verhinderungsfall feststellen sollte. Für Ergänzungsschöffen gilt diese Überlegung nicht; bei längeren Verfahren vor dem Schöffengericht oder der kleinen Strafkammer kann eine Bestellung von Ergänzungsschöffen durchaus sinnvoll sein.

Der Ergänzungsrichter tritt erst in das Quorum an die Stelle des verhinderten Richters ein, wenn sich die Verhinderung während der bereits begonnenen Verhandlung ergibt. § 192 gilt daher nicht für den Fall, dass ein Richter bereits **vor Beginn der Hauptverhandlung** ausfällt. Bis zum Beginn der Verhandlung wird dieser gem. § 21e Abs. 1 S. 1 durch den nach der Geschäftsverteilung zuständigen Vertreter ersetzt. Ist jedoch ein Schöffe schon vor der Hauptverhandlung verhindert, kann gem. § 48 Abs. 2 auch schon vor der Sitzung ein bereits zugewiesener Ergänzungsschöffe an seine Stelle treten. 8

Gehört der eintretende Richter dem entsprechenden Spruchkörper an, gilt § 21g. Ansonsten bestimmt das Präsidium, welche Richter in welcher **Reihenfolge** als Ergänzungsrichter zuzuziehen sind. § 21e Abs. 1 gilt nicht. Zwar gehört der Ergänzungsrichter schon vor seinem Eintritt zum erkennenden Gericht mit allen Rechten eines Richters. Er darf z.B. Fragen stellen, er darf jedoch weder bei Beratungen anwesend sein noch an Entscheidungen mitwirken (Meyer-Goßner/*Schmitt* § 192 Rn. 3). Daher führt eine Mitwirkung an früheren Verfahren auch nicht zur Ausschließung gem. §§ 23, 31 StPO, solange es nicht zum Verhinderungsfall kommt (BVerfGE 30, 149 [156]; a.A. *Arzt* NJW 1971, 1112 [1116 f.]). 9

Für **Ergänzungsschöffen** gelten die §§ 48, 49, 77, wonach der Schöffe heranzuziehen ist, der zum Zeitpunkt der Anordnung des Vorsitzenden auf der Hilfsschöffenliste steht (LR/*Wickern* § 192 Rn. 11). **Berufs- und Laienrichter** sind **getrennt** zu behandeln, sodass ein Schöffe nicht durch einen Berufsrichter ersetzt werden kann et vice versa (SK-StPO/*Frister* § 192 Rn. 1). 10

Im **Verhinderungsfall des Vorsitzenden** tritt an seine Stelle der geschäftsplanmäßige Vertreter (§ 21f Abs. 2), sofern dieser an der Verhandlung mitwirkt. Anderenfalls wird er durch den nach Dienst oder Geburt ältesten Richter oder den Berichterstatter ersetzt. An den Platz des zum Vorsitzenden aufgerückten Mitgliedes tritt ein Ergänzungsrichter (Meyer-Goßner/*Schmitt* § 192 Rn. 8). 11

D. Revision. Ein Verstoß gegen § 192 stellt einen **absoluten Revisionsgrund** i.S.d. § 338 Nr. 1 StPO dar, wenn in der fehlerhaften Besetzung auch das mit der Revision angefochtene Urteil gefällt wurde (BGH NJW 2002, 1508 [1509]; MüKo-StPO/*Kulhanek* § 192 Rn. 15). Eine nicht ordnungsgemäße Besetzung ist auch dann gegeben, wenn die Verhandlung gem. § 229 StPO vertagt wird, um die Mitwirkung eines verhinderten Richters weiterhin zu ermöglichen (BGH NStZ 1986, 519). Verkennt der Vorsitzende den Rechtsbegriff der Verhinderung, so ist die Nachprüfung auf Willkür beschränkt (BGHSt 47, 220 [222]). Der Besetzungseinwand nach § 222b Abs. 1 StPO ist nicht statthaft (OLG Bremen NStZ 2020, 565 f.). 12

§ 193 [Beratungsgeheimnis]

(1) Bei der Beratung und Abstimmung dürfen außer den zur Entscheidung berufenen Richtern nur die bei demselben Gericht zu ihrer juristischen Ausbildung beschäftigten Personen und die dort beschäftigten wissenschaftlichen Hilfskräfte zugegen sein, soweit der Vorsitzende deren Anwesenheit gestattet.

(2) [1]Ausländische Berufsrichter, Staatsanwälte und Anwälte, die einem Gericht zur Ableistung eines Studienaufenthaltes zugewiesen worden sind, können bei demselben Gericht bei der Beratung und Abstimmung zugegen sein, soweit der Vorsitzende deren Anwesenheit gestattet und sie gemäß den Absätzen 3 und 4 verpflichtet sind. [2]Satz 1 gilt entsprechend für ausländische Juristen, die im Entsendestaat in einem Ausbildungsverhältnis stehen.

(3) [1]Die in Absatz 2 genannten Personen sind auf ihren Antrag zur Geheimhaltung besonders zu verpflichten. [2] § 1 Abs. 2 und 3 des Verpflichtungsgesetzes vom 2. März 1974 (BGBl. I S. 469, 547 – Artikel 42) gilt entsprechend. [3]Personen, die nach Satz 1 besonders verpflichtet worden sind, stehen für die Anwendung der Vorschriften des Strafgesetzbuches über die Verletzung von Privatgeheimnissen (§ 203 Absatz 2 Satz 1 Nummer 2, Satz 2, Absatz 5 und 6, § 205), Verwertung fremder Geheimnisse (§§ 204, 205), Verletzung des Dienstgeheimnisses (§ 353b Abs. 1 Satz 1 Nr. 2, Satz 2, Abs. 3 und 4) sowie Verletzung des Steuergeheimnisses (§ 355) den für den öffentlichen Dienst besonders Verpflichteten gleich.

(4) [1]Die Verpflichtung wird vom Präsidenten oder vom aufsichtsführenden Richter des Gerichts vorgenommen. [2]Er kann diese Befugnis auf den Vorsitzenden des Spruchkörpers oder auf den Richter übertragen, dem die in Absatz 2 genannten Personen zugewiesen sind. [3]Einer erneuten Verpflichtung bedarf es während der Dauer des Studienaufenthaltes nicht. [4]In den Fällen des § 355 des Strafgesetzbuches ist der Richter, der die Verpflichtung vorgenommen hat, neben dem Verletzten antragsberechtigt.

Übersicht

1 **A. Grundsätzliches.** § 193 schützt das **Beratungsgeheimnis** (§§ 43, 45 Abs. 1 Satz 2 DRiG). Das findet seinen Sinn im Schutz der richterlichen Unabhängigkeit (*Schilken* Gerichtsverfassungsrecht Rn. 508) und gewährleistet die freie richterliche Entscheidungsfindung nach § 261 StPO. Die Richter sollen frei und offen diskutieren können, ohne dass Außenstehende von den Auffassungen eines Richters Kenntnis erlangen oder gar Druck ausüben können (BGHSt 41, 119 [121]; SK-StPO/*Frister* § 193 Rn. 2). Daneben wird über § 192 hinaus sichergestellt, dass nur die zur Entscheidung berufenen Richter Einfluss auf jene nehmen.

2 **B. Beratungsgeheimnis.** In der **Beratung** werden alle entscheidungsrelevanten Umstände umfassend erörtert und abgewogen. Sie darf erst beginnen, wenn der Angeklagte mit seinem letzten Wort die mündliche Verhandlung abgeschlossen hat (KK-StPO/*Diemer* § 193 Rn. 2). Gleichwohl sind **vorbereitende** Besprechungen außerhalb der Beratung nicht unzulässig, sofern dessen ungeachtet eine endgültige Beratung stattfindet (BGHSt 17, 337 [339]; LR/*Wickern* § 193 Rn. 6). Ziel ist die Entscheidungsbildung bei den Richtern, um sie in die Lage zu versetzen, über die zu treffende Entscheidung gem. § 194 abstimmen zu können.

3 Die Beratung erfolgt grds. unter **Ausschluss der Öffentlichkeit**. In einfach gelagerten Fällen können sich die Richter auch im Sitzungssaal verständigen (BGHSt 19, 156 [157]; BGH NStZ 1992, 601); etwa durch Zeichen oder Flüstern (Meyer-Goßner/*Schmitt* § 193 Rn. 2 f.). Die abschließende Urteilsberatung hat jedoch immer außerhalb des Sitzungssaals stattzufinden. Das wahrt das Ansehen des Gerichts und vermeidet den verheerenden Eindruck, das Urteil sei bereits angefertigt gewesen (KK-StPO/*Diemer* § 193 Rn. 3). Gleiches gilt für den **Strafrichter beim AG**, der entgegen der häufig geübten Praxis seinen Urteilsspruch ebenfalls außerhalb des Sitzungssaals absetzen sollte.

4 Das Beratungsgeheimnis geht über die **Pflicht zur Amtsverschwiegenheit** (§§ 46, 71 DRiG i.V.m. § 61 BBG und den landesrechtlichen Vorschriften) hinaus. Es besteht keine Möglichkeit der Befreiung (Kissel/*Mayer* § 193 Rn. 7, 9). Offengelegt werden darf weder das Stimmverhältnis der getroffenen Entscheidung noch welcher Richter wie votiert hat (LR/*Wickern* § 193 Rn. 40; MüKo-StPO/*Kulhanek* § 193 Rn. 8 f.). Ein überstimmter Richter darf zwar seine abweichende Ansicht in einem **Sondervotum** schriftlich niederlegen, aufgrund des Beratungsgeheimnisses darf er sie aber nicht verlautbaren (KK-StPO/*Diemer* § 193 Rn. 8). Umstritten ist, ob über den Hergang der Beratung und Abstimmung **Beweis** erhoben werden darf, wenn ein beteiligter Richter persönlich zur Verantwortung gezogen werden soll. Das lehnt die Rspr. zutreffend ab (BGHSt 4, 279 [282]; KK-StPO/*Diemer* § 193 Rn. 7), weil sonst über den Umweg von Disziplinar-, zivilrechtlichen Haftungs- oder Strafverfahren die für den Rechtsstaat unverzichtbare Unabhängigkeit der Gerichte unterminiert werden würde. Das Spruchrichterprivileg des § 339 StGB streitet systematisch für diese Auslegung. Wie sonst bei Auskunfts- und Aussageverweigerungsrechten auch sind entsprechend Abstriche bei der Effektivität der Strafverfolgung hinzunehmen. Denn das Interesse der Allgemeinheit an einer unabhängigen Rechtspflege übersteigt das gegenläufige Interesse an einer Aufklärung im Einzelfall (a.A. SK-StPO/*Frister* § 193 Rn. 12 f.; LR/*Wickern* § 193 Rn. 51 ff.; Kissel/*Mayer* § 193 Rn. 14 f.). Das schließt die **Verwertbarkeit** von freiwilligen Angaben nicht aus.

5 Eine **Durchbrechung** des Beratungsgeheimnisses wird indes allgemein anerkannt, wenn das **Gericht selbst** eine revisionsrechtliche Überprüfung des Abstimmungsverfahrens dadurch ermöglichen möchte, dass es in den Urteilsgründen Verfahrensvorgänge aufnimmt (RGSt 60, 295 [296]; *Katholnigg* § 193 Rn. 9). Konsequenterweise sind in diesem Fall auch dienstliche Erklärungen der beteiligten Richter zugelassen (SK-StPO/*Frister* § 193 Rn. 11).

6 **C. Teilnahme weiterer Personen an der Beratung.** Bei der Beratung sind grds. nur die zur Entscheidung berufenen Richter anwesend. Darüber hinaus dürfen Referendare, die sich in der **juristischen Ausbildung** an demselben Gericht befinden, zugegen sein, sofern sie nicht über die Ausbildung hinaus bspw. als Hilfsstaatsanwalt (§ 142 Abs. 3), Zeuge, Sachverständiger oder aufseiten der Verteidigung mit der Sache befasst sind oder waren (LR/*Wickern* § 193 Rn. 11). Die Einteilung als Protokollführer in der Hauptverhandlung schadet hingegen nicht (RGSt 66, 252 [253]). Nicht zugelassen sind Studenten und Abiturienten, die ein **Praktikum** bei Gericht ableisten (BVerfG NJW 2021, 1156 f.; BGHSt 41, 119 [120 ff.]; OLG Koblenz StraFo 2005, 79; Meyer-Goßner/*Schmitt* § 193 Rn. 5; a.A. *Speiermann* NStZ 1996, 397 f.; Kissel/*Mayer* § 193 Rn. 22 f.). Allerdings stellen Gespräche der Richter mit Verfahrensbeteiligten in einer **Sitzungspause** im Beisein von Jurastudenten keine Beratung dar und fallen aus dem Anwendungsbereich des § 193 heraus (BVerfG NJW 2021, 1156).

7 Durch die Neufassung des § 193 hat der Gesetzgeber ausdrücklich klargestellt (vgl. BT-Drs. 12/6243, S. 9 f.), dass an den obersten Gerichten beschäftigte **wissenschaftliche Hilfskräfte** bei der Beratung anwesend sein dürfen.

8 Soweit vom Vorsitzenden zugelassen, können **ausländische** Richter, Staatsanwälte und Rechtsanwälte bei Beratung und Abstimmung anwesend sein. Dies gilt nicht für ausländische Jurastudenten (Meyer-Goßner/

Schmitt § 193 Rn. 7). Voraussetzung für eine Teilnahme ist aber die zuvor erfolgte Verpflichtung zur Verschwiegenheit gem. Abs. 3 und Abs. 4. Die Verpflichtung erfolgt nicht von Amts wegen, sondern nur auf Antrag des ausländischen Hospitierenden (SK-StPO/*Frister* § 193 Rn. 24; MüKo-StPO/*Kulhanek* § 193 Rn. 12).

D. Revision. Ein Verstoß gegen § 193 stellt einen **relativen Revisionsgrund** i.S.d. § 337 StPO dar (Meyer-Goßner/*Schmitt* § 193 Rn. 8; MüKo-StPO/*Kulhanek* § 193 Rn. 13; für absoluten Revisionsgrund Kissel/*Mayer* § 193 Rn. 33). Ist eine Beratung gänzlich unterblieben, so ist stets anzunehmen, dass das Urteil auf dem Verfahrensverstoß beruht. Waren unberechtigte Personen zugegen, so ist das Urteil nur aufzuheben, wenn nicht auszuschließen ist, dass die Anwesenheit der Personen die Entscheidung beeinflusst hat (BGHSt 18, 331 [332]; LR/*Wickern* § 193 Rn. 27). 9

§ 194 [Leitung der Beratung]

(1) Der Vorsitzende leitet die Beratung, stellt die Fragen und sammelt die Stimmen.

(2) Meinungsverschiedenheiten über den Gegenstand, die Fassung und die Reihenfolge der Fragen oder über das Ergebnis der Abstimmung entscheidet das Gericht.

Übersicht

A. Leitungsbefugnis des Vorsitzenden. Der Vorsitzende legt **Ort, Zeitpunkt und äußere Form** der Beratung fest (SK-StPO/*Frister* § 194 Rn. 4 ff.). Eine Beratung in diesem Sinne kann auch eine Videokonferenz bei gleichzeitiger Ton- und Bildübertragung sein (BGH NJW-RR 2021, 190). Zwar muss sich die Beratung nicht unmittelbar an die mündliche Verhandlung anschließen, jedoch sollte der Vorsitzende bei der Terminierung der Beratung bedenken, dass diese aufgrund der erforderlichen Unmittelbarkeit des Eindrucks in zeitlichem Zusammenhang mit der Verhandlung stehen sollte (Kissel/*Mayer* § 194 Rn. 1). Die Richter sind zur Teilnahme an der Beratung **verpflichtet**. Stellvertretung ist aufgrund der höchstpersönlichen Natur nicht möglich (Kissel/*Mayer* § 194 Rn. 2; SK-StPO/*Frister* § 194 Rn. 11). 1

Grundsätze der Logik sowie die Natur der Sache bestimmen die **Reihenfolge der Fragen**, über die abgestimmt werden muss. So sollten zu Beginn die Prozessvoraussetzungen und -hindernisse erörtert werden, am Ende Entscheidungen über Kosten und Auslagen, evtl. Entschädigungen nach dem StrEG sowie sonstige Entscheidungen gefällt werden (LR/*Wickern* § 194 Rn. 5). Für Abstimmungen zur Schuldfrage gilt als lex specialis § 263 StPO (Kissel/*Mayer* § 194 Rn. 3). 2

B. Stimmabgabe. Die Richter sind auch zur Stimmabgabe verpflichtet. **Stimmenthaltungen** sind grds. unzulässig (KK-StPO/*Diemer* § 194 Rn. 3). Eine bestimmte Form für die Stimmabgabe ist nicht vorgesehen. Sie ist jedoch aufgrund der persönlichen Verantwortung eines jeden Richters offenzulegen (Kissel/*Mayer* § 194 Rn. 4; MüKo-StPO/*Kulhanek* § 194 Rn. 3). **Umlaufverfahren** sind grds. in einfachen Sachen denkbar, sofern es einer Beratung offensichtlich nicht bedarf (LR/*Wickern* § 194 Rn. 21; KG NZWiSt 2021, 74 [76]; a.A. *Mellinghoff* Fragestellung, Abstimmungsverfahren und Abstimmungsgeheimnis im Strafverfahren, 1988, S. 14 ff.; *Papsthart* DRiZ 1971, 18). Die gemeinsame Beratung kann aber von jedem an der Entscheidung beteiligten Richter gefordert werden (Meyer-Goßner/*Schmitt* § 194 Rn. 5). 3

Umstritten ist, ob eine **nachträgliche Änderung** der Stimmabgabe möglich ist, mit der Konsequenz, dass über die entsprechende Frage erneut zu beraten und abzustimmen ist. Teilweise wird vertreten, eine nachträgliche Änderung sei nur bei neuen Gesichtspunkten oder bei Abstimmungsfehlern zulässig, weil die Entscheidungen ansonsten stets mit Unsicherheit behaftet wären (Meyer-Goßner/*Schmitt* § 194 Rn. 4; MüKo-StPO/*Kulhanek* § 194 Rn. 7). Dem wird zu Recht entgegengehalten, dass das beschlossene Urteil bis zur Verkündung lediglich einen unverbindlichen Entwurf darstellt und es deshalb jedem Richter bis zu diesem Zeitpunkt möglich ist, seine Auffassung zu ändern (LR/*Wickern* § 194 Rn. 19; SK-StPO/*Frister* § 194 Rn. 13). Für das BVerfG regelt dies ausdrücklich § 26 Abs. 1 GO des BVerfG. 4

C. Revision. Fehlen Beratung oder Abstimmung gänzlich oder ist auszuschließen, dass sie durchgeführt wurden, ist die Revision begründet (BGHSt 19, 156; BGHSt 37, 141 [144]). Eine angeblich zu kurze Beratung ist dagegen aufgrund des Ermessens des Vorsitzenden (Rdn. 1) nicht revisibel (BGHSt 37, 141 [143]). 5

§ 195 [Pflicht zur Stimmabgabe]

Kein Richter oder Schöffe darf die Abstimmung über eine Frage verweigern, weil er bei der Abstimmung über eine vorhergegangene Frage in der Minderheit geblieben ist.

1 Jeder Richter ist **verpflichtet**, bei sämtlichen zur Abstimmung gestellten Fragen mitzuwirken, selbst wenn er in einer vorangegangenen Frage in der Minderheit geblieben ist. Die Mehrheitsentscheidung bildet den Ausgangspunkt für alle weiteren Abstimmungen (Kissel/*Mayer* § 195 Rn. 1). Etwaige Gewissenskonflikte, in die ein Richter geraten kann, werden dem Justizgewährungsinteresse an einer fortlaufenden, ungestörten Entscheidungsfindung untergeordnet (SK-StPO/*Frister* § 195 Rn. 1).

2 Auch über die Entscheidungsfindung hinaus sind die überstimmten Richter, insb. der überstimmte Vorsitzende, bei der Urteilsverkündung sowie der überstimmte Berichterstatter bei Abfassung der Urteilsgründe zur **Loyalität** verpflichtet. Sie dürfen die Entscheidung der Mehrheit in der Öffentlichkeit nicht desavouieren (SK-StPO/*Frister* § 195 Rn. 5; MüKo-StPO/*Kulhanek* § 195 Rn. 4) und bewusst ein Urteil so absetzen, dass es in der Revision aufgehoben werden kann.

3 Da sämtliche Richter zur **Unterschrift** verpflichtet sind (§§ 275 Abs. 2 StPO, 315 Abs. 1 ZPO), darf auch sie nicht verweigert werden (Kissel/*Mayer* § 195 Rn. 6). Indes bescheinigt sie lediglich das richtige Zustandekommen. Sie darf nicht als Billigung der Entscheidung missverstanden werden (Meyer-Goßner/*Schmitt* § 195 Rn. 2).

§ 196 [Abstimmungsverhältnis]

(1) Das Gericht entscheidet, soweit das Gesetz nicht ein anderes bestimmt, mit der absoluten Mehrheit der Stimmen.

(2) Bilden sich in Beziehung auf Summen, über die zu entscheiden ist, mehr als zwei Meinungen, deren keine die Mehrheit für sich hat, so werden die für die größte Summe abgegebenen Stimmen den für die zunächst geringere abgegebenen so lange hinzugerechnet, bis sich eine Mehrheit ergibt.

(3) [1]Bilden sich in einer Strafsache, von der Schuldfrage abgesehen, mehr als zwei Meinungen, deren keine die erforderliche Mehrheit für sich hat, so werden die dem Beschuldigten nachteiligsten Stimmen den zunächst minder nachteiligen so lange hinzugerechnet, bis sich die erforderliche Mehrheit ergibt. [2]Bilden sich in der Straffrage zwei Meinungen, ohne daß eine die erforderliche Mehrheit für sich hat, so gilt die mildere Meinung.

(4) Ergibt sich in dem mit zwei Richtern und zwei Schöffen besetzten Gericht in einer Frage, über die mit einfacher Mehrheit zu entscheiden ist, Stimmengleichheit, so gibt die Stimme des Vorsitzenden den Ausschlag.

1 Nach § 196 Abs. 1 entscheidet das Gericht grds. mit **absoluter Stimmenmehrheit**. Dies gilt in der Regel für alle richterlichen Beschlussfassungen, z.B. nach den §§ 153 ff. StPO oder § 349 Abs. 2 StPO. Abs. 2 und Abs. 4 regeln näher das Zustandekommen der Mehrheit.

2 Abs. 2 spielt eine Rolle, wenn über **Summen** zu entscheiden ist, wie etwa über Schadensersatz oder Schmerzensgeld im Adhäsionsverfahren oder die Höhe einer Entschädigung nach dem StrEG (LR/*Wickern* § 196 Rn. 5).

3 Der **Stichentscheid** des Vorsitzenden nach Abs. 4 kann bei erweiterten oder reduzierten Spruchkörpern der §§ 29 Abs. 2 und 76 Abs. 2 Bedeutung erlangen. Verfassungsrechtliche Bedenken bestehen gegen diese Regelung nicht, weil kein verfassungsrechtlicher Grundsatz existiert, wonach in einem Kollegialorgan kein Mitglied ein doppeltes Stimmgewicht haben darf (LR/*Wickern* § 196 Rn. 7; SK-StPO/*Frister* § 196 Rn. 6). § 132 Abs. 6 Satz 4 trifft eine entsprechende Regelung für die Großen Senate.

4 Im **Strafverfahren** ist die Sonderregelung des § 263 StPO zu beachten. Bei solchen den Angeklagten belastenden Entscheidungen, wie diejenigen über die Schuld- und Straffrage, ist eine **Zwei-Drittel-Mehrheit** erforderlich. § 263 StPO wird sachlich durch § 196 Abs. 3 ergänzt, der jenseits der Schuldfrage, etwa bei der Strafzumessung, nach dem Prinzip des kleinsten gemeinsamen Nenners verfährt und so das Problem von mehr als zwei Entscheidungsalternativen löst (SK-StPO/*Frister* § 196 Rn. 2 ff.; *Kühne* Rn. 987 f.).

§ 197 [Abstimmungsreihenfolge]

[1]Die Richter stimmen nach dem Dienstalter, bei gleichem Dienstalter nach dem Lebensalter, ehrenamtliche Richter und Schöffen nach dem Lebensalter; der jüngere stimmt vor dem älteren. [2]Die Schöffen stimmen vor den Richtern. [3]Wenn ein Berichterstatter ernannt ist, so stimmt er zuerst. [4]Zuletzt stimmt der Vorsitzende.

Die ratio des § 197 liegt darin, eine möglichst unabhängige Stimmabgabe zu sichern. Unerfahrene Richter wie Laienrichter sollen sich nicht an den älteren Berufsrichtern oder dem Vorsitzenden ausrichten. Systematisch streitet § 197 gegen das Postulat der Rspr., dem Vorsitzenden komme ein **richtunggebender Einfluss** zu (so BGHSt 2, 71 [73]; 8, 17 [18]; BGHZ – GS – 37, 210 [212]; krass BGH StV 2012, 204 [207] »Lenkung der Rechtsprechung«; zutreffend a.A. BGH StV 2012, 209; zum ganzen *Schünemann* ZIS 2012, 1 [4 ff.]). In der Praxis dürfte allerdings der Vorsitzende aufgrund seiner Autorität und der Möglichkeit, in der Beratung Einfluss zu nehmen, nicht unerheblichen Einfluss auf das Abstimmungsverhalten anderer Mitglieder des Spruchkörpers haben. 1

§ 197 gilt nur für **Abstimmungen** (LR/*Wickern* § 197 Rn. 1). Das Dienstalter bestimmt sich nach § 20 DRiG. Richter der niedrigeren stimmen vor denjenigen mit höherer Besoldungsgruppe, Richter auf Probe vor Lebenszeitrichtern; bei gleichem Lebensalter entscheidet das Los (*Katholnigg* § 197 Rn. 2; MüKo-StPO/*Kulhanek* § 197 Rn. 2). Der Vorsitzende stimmt zuletzt. Dies gilt auch, wenn er zugleich Berichterstatter ist. Die Reihenfolge der Vorträge in der **Beratung** bestimmt der Vorsitzende nach § 194. Jedoch empfiehlt es sich auch hier, dass sich der Vorsitzende zunächst zurückhält (KK-StPO/*Diemer* § 197 Rn. 1). Ein Verstoß gegen § 197 kann grds. im Wege der Revision gerügt werden. 2

Siebzehnter Titel. Rechtsschutz bei überlangen Gerichtsverfahren und strafrechtlichen Ermittlungsverfahren

§ 198 [Verzögerungsrüge und Entschädigungsregelung]

(1) Wer infolge unangemessener Dauer eines Gerichtsverfahrens als Verfahrensbeteiligter einen Nachteil erleidet, wird angemessen entschädigt. Die Angemessenheit der Verfahrensdauer richtet sich nach den Umständen des Einzelfalles, insbesondere nach der Schwierigkeit und Bedeutung des Verfahrens und nach dem Verhalten der Verfahrensbeteiligten und Dritter.

(2) Ein Nachteil, der nicht Vermögensnachteil ist, wird vermutet, wenn ein Gerichtsverfahren unangemessen lange gedauert hat. Hierfür kann Entschädigung nur beansprucht werden, soweit nicht nach den Umständen des Einzelfalles Wiedergutmachung auf andere Weise gemäß Absatz 4 ausreichend ist. Die Entschädigung gemäß Satz 2 beträgt 1200 Euro für jedes Jahr der Verzögerung. Ist der Betrag gemäß Satz 3 nach den Umständen des Einzelfalles unbillig, kann das Gericht einen höheren oder niedrigeren Betrag festsetzen.

(3) Entschädigung erhält ein Verfahrensbeteiligter nur, wenn er bei dem mit der Sache befassten Gericht die Dauer des Verfahrens gerügt hat (Verzögerungsrüge). Die Verzögerungsrüge kann erst erhoben werden, wenn Anlass zur Besorgnis besteht, dass das Verfahren nicht in einer angemessenen Zeit abgeschlossen wird; eine Wiederholung der Verzögerungsrüge ist frühestens nach sechs Monaten möglich, außer wenn ausnahmsweise eine kürzere Frist geboten ist. Kommt es für die Verfahrensförderung auf Umstände an, die noch nicht in das Verfahren eingeführt worden sind, muss die Rüge hierauf hinweisen. Anderenfalls werden sie von dem Gericht, das über die Entschädigung zu entscheiden hat (Entschädigungsgericht), bei der Bestimmung der angemessenen Verfahrensdauer nicht berücksichtigt. Verzögert sich das Verfahren bei einem anderen Gericht weiter, bedarf es einer erneuten Verzögerungsrüge.

(4) Wiedergutmachung auf andere Weise ist insbesondere möglich durch die Feststellung des Entschädigungsgerichts, dass die Verfahrensdauer unangemessen war. Die Feststellung setzt keinen Antrag voraus. Sie kann in schwerwiegenden Fällen neben der Entschädigung ausgesprochen werden; ebenso kann sie ausgesprochen werden, wenn eine oder mehrere Voraussetzungen des Absatzes 3 nicht erfüllt sind.

(5) Eine Klage zur Durchsetzung eines Anspruchs nach Absatz 1 kann frühestens sechs Monate nach Erhebung der Verzögerungsrüge erhoben werden. Die Klage muss spätestens sechs Monate nach Eintritt der Rechtskraft der Entscheidung, die das Verfahren beendet, oder einer anderen Erledigung des Verfahrens erhoben werden. Bis zur rechtskräftigen Entscheidung über die Klage ist der Anspruch nicht übertragbar.

(6) Im Sinne dieser Vorschrift ist

1. **ein Gerichtsverfahren jedes Verfahren von der Einleitung bis zum rechtskräftigen Abschluss einschließlich eines Verfahrens auf Gewährung vorläufigen Rechtsschutzes und zur Bewilligung von Prozess- oder Verfahrenskostenhilfe; ausgenommen ist das Insolvenzverfahren nach dessen Eröffnung; im eröffneten Insolvenzverfahren gilt die Herbeiführung einer Entscheidung als Gerichtsverfahren;**
2. **ein Verfahrensbeteiligter jede Partei und jeder Beteiligte eines Gerichtsverfahrens mit Ausnahme der Verfassungsorgane, der Träger öffentlicher Verwaltung und sonstiger öffentlicher Stellen, soweit diese nicht in Wahrnehmung eines Selbstverwaltungsrechts an einem Verfahren beteiligt sind.**

§ 199 [Strafverfahren]

(1) Für das Strafverfahren einschließlich des Verfahrens auf Vorbereitung der öffentlichen Klage ist § 198 nach Maßgabe der Absätze 2 bis 4 anzuwenden.

(2) Während des Verfahrens auf Vorbereitung der öffentlichen Klage tritt die Staatsanwaltschaft und in Fällen des § 386 Absatz 2 der Abgabenordnung die Finanzbehörde an die Stelle des Gerichts; für das Verfahren nach Erhebung der öffentlichen Klage gilt § 198 Absatz 3 Satz 5 entsprechend.

(3) Hat ein Strafgericht oder die Staatsanwaltschaft die unangemessene Dauer des Verfahrens zugunsten des Beschuldigten berücksichtigt, ist dies eine ausreichende Wiedergutmachung auf andere Weise gemäß § 198 Absatz 2 Satz 2; insoweit findet § 198 Absatz 4 keine Anwendung. Begehrt der Beschuldigte eines Strafverfahrens Entschädigung wegen überlanger Verfahrensdauer, ist das Entschädigungsgericht hinsichtlich der Beurteilung der Angemessenheit der Verfahrensdauer an eine Entscheidung des Strafgerichts gebunden.

(4) Ein Privatkläger ist nicht Verfahrensbeteiligter im Sinne von § 198 Absatz 6 Nummer 2.

Übersicht

1 **A. Hintergrund der §§ 198 bis 201 GVG.** Das Gebot der zügigen Durchführung eines Strafverfahrens folgt nach allgemeiner Auffassung aus dem Rechtsstaatsprinzip (BVerfG NStZ 2006, 680) und Art. 6 Abs. 1 EMRK (s. Art. 6 EMRK Rdn. 87 ff.; vgl. auch *Krehl/Eidam* NStZ 2006, 1). Bis Ende 2011 existierte kein allgemeines Verfahren, mit dem Verstöße gegen das Beschleunigungsgebot vor innerstaatlichen Gerichten gerügt werden konnten. Die §§ 198 bis 201 GVG wurden durch das Gesetz über den Rechtsschutz bei überlangen Gerichtsverfahren und strafrechtlichen Ermittlungsverfahren (BGBl. I 2011, S. 2302) sowie durch das Gesetz über die Besetzung der großen Straf- und Jugendkammern in der Hauptverhandlung und zur Änderung weiterer gerichtsverfassungsrechtlicher Vorschriften sowie des Bundesdisziplinargesetzes (BGBl. I 2011, S. 2554) in das GVG eingefügt; sie sind Anfang 2012 in Kraft getreten und haben diese Lücke geschlossen. Mit dem Erlass dieser Vorschriften hat der Gesetzgeber insb. auf die Rspr. des EGMR reagiert, der eine fehlende gesetzliche Regelung hinsichtlich des Umgangs mit Verfahrensverzögerungen im deutschen Recht als **strukturelles Problem** identifiziert hatte (vgl. EGMR Rumpf./. Deutschland, Urt. v. 02.09.2010 – 46344/06, NJW 2010, 3355; s. hierzu auch Art. 6 EMRK Rdn. 95 ff. und *Bäcker* EuGRZ 2011, 222 ff.). In seiner jüngeren Rspr. ordnet der EGMR Verstöße gegen das Beschleunigungsgebot nicht mehr nur als Verletzung des Rechts auf ein faires Verfahren gem. Art. 6 EMRK ein, sondern sieht in diesen Fällen auch Art. 13 EMRK als einschlägig an. Danach sind die Mitgliedsstaaten dazu verpflichtet, auch im Fall eines überlangen Verfahrens die Möglichkeit eines wirksamen innerstaatlichen Rechtsbehelfs sicherzustellen, mit dem Beschwerden gegen überlange Verfahrensdauern bereits innerstaatlich erledigt werden (EGMR Kudla./. Polen, Urt. v. 26.10.2000 – 30210/96, NJW 2001, 2694 [2699], Rn. 146 ff., 155 ff.; EGMR Kirsten./. Deutschland, Urt. v. 15.02.2007 – 19124/02, DVBl 2007, 1161 [1164 ff.], Rn. 53 ff.). Die Verfassungsbeschwerde nach deutschem Recht genügte diesen Anforderungen aus Sicht des EGMR nicht (EGMR Kirsten./. Deutschland, Urt. v. 15.02.2007 – 19124/02, DVBl 2007, 1161 [1164 ff.], Rn. 33 ff.); ebenso wenig wurde eine richterrechtlich geschaffene außerordentliche Untätigkeitsbeschwerde als ausreichend angesehen (EGMR Sürmeli./. Deutschland, Urt. v. 08.06.2006 – 75529/01, NJW 2006, 2389, Rn. 110–112). Neben dieser Entwicklung der Rspr. des EGMR hat aber etwa auch das BVerfG (s. nur BVerfG NJW 2008, 503) die fehlende gesetzliche Ausgestaltung kritisiert und sie durch eine teils großzügige Interpretation der Zulässigkeitsvoraussetzungen einer Verfassungsbeschwerde aufgefangen (vgl. auch *Steinbeiß-Winkelmann* NJW 2008, 1783 m.w.N.).

2 Da in Deutschland ein Rechtsbehelf, wie er vom EGMR gefordert wurde, insb. bei zivil- und verwaltungsgerichtlichen Verfahren nicht etabliert war (EGMR Rumpf./. Deutschland, Urt. v. 02.09.2010 – 46344/06, *NJW 2010, 3355 [3356]*, Rn. 52), sah sich die Bundesregierung **heftiger Kritik seitens des EGMR** ausgesetzt (so schon EGMR Sürmeli./. Deutschland, Urt. v. 08.06.2006 – 75529/01, NJW 2006, 2389, Rn. 103–108;

EGMR Herbst./. Deutschland, Urt. v. 11.01.2007 – 20027/02, NVwZ 2008, 289, Rn. 63–68; EGMR Rumpf./. Deutschland, Urt. v. 02.09.2010 – 46344/06, NJW 2010, 3355 [3357 f.], Rn. 64 ff. m.Anm. *Meyer-Ladewig*, wo dem deutschen Gesetzgeber aufgegeben wurde, spätestens ein Jahr nach Rechtskraft der Entscheidung entsprechende Rechtsbehelfe einzuführen). Als Reaktion auf diese Kritik leitete die Bundesregierung Ende 2010 das Gesetzgebungsverfahren ein (BT-Drs. 17/3802, S. 1 ff.; s. dazu *Steinbeiß-Winkelmann* ZRP 2010, 205 ff. und *Beukelmann* NJW-Spezial 2010, 632 f.), das im Herbst 2011 seinen Abschluss fand (Zwischenbilanz bei *Steinbeiß-Winkelmann/Sporrer* NJW 2014, 177 ff.; s. *Falk/Schütz* FS Rössner, S. 753 [771]). Zur Anwendung der Neuregelung auf bei Inkrafttreten bereits anhängige Verfahren (dazu auch OLG Düsseldorf NJW-RR 2016, 1425) sowie auf überlange Verfahren, die bereits vor Inkrafttreten abgeschlossen waren, jedoch noch Gegenstand einer anhängigen Beschwerde vor dem EGMR sind oder werden können (dazu auch BGH NJW 2014, 218; OLG Frankfurt NJW 2013, 480 f.), vgl. die Übergangsregelung in Art. 23 des Gesetzes über den Rechtsschutz bei überlangen Gerichtsverfahren und strafrechtlichen Ermittlungsverfahren (BGBl. I 2011, S. 2302). Der EGMR hat den deutschen Rechtsbehelf der §§ 198 ff. GVG grds. gebilligt (EGMR Taron./. Deutschland, Urt. v. 29.05.2012 – 53126/07, Rn. 37 ff.; s. aber [jedoch nur im Hinblick auf Art. 8 EMRK] EGMR Kuppinger./. Deutschland, Urt. v. 15.01.2015 – 62198/11, NJW 2015, 1433 [1437], Rn. 139 ff. m.Anm. *Steinbeiß-Winkelmann* NJW 2015, 1437 f.; zu diskutiertem Handlungsbedarf des Gesetzgebers vgl. auch *Lückemann* MDR 2016, 961 [962 ff.]).

B. Überblick über die gesetzliche Regelung. Ein wirksamer innerstaatlicher Rechtsbehelf liegt nach Auffassung des EGMR vor, wenn mit ihm entweder die Verletzung oder ihre Fortdauer verhindert oder angemessene Abhilfe für schon eingetretene Verletzungen erlangt werden kann (EGMR Sürmeli./. Deutschland, Urt. v. 08.06.2006 – 75529/01, NJW 2006, 2389, Rn. 99). Der EGMR überlässt es somit prinzipiell dem Mitgliedstaat, sich für einen präventiven oder für einen kompensatorischen Rechtsbehelf zu entscheiden (*Matusche-Beckmann/Kumpf* ZZP 2010, 173 [179]). Die neue gesetzliche Regelung verknüpft sowohl präventive als auch kompensatorische Elemente (positiv zur Regelung *Falk/Schütz* FS Rössner, S. 753 [773 f.]). Sie geht von einer Kompensation der Rechtsverletzung aufgrund überlanger Verfahrensdauer aus und kennt hierfür zwei Lösungen, die beide in § 198 GVG normiert sind. Dieser führt einerseits eine **Entschädigung in Geld** ein (§ 198 Abs. 1, Abs. 2 Satz 1 GVG) und sieht andererseits eine **Wiedergutmachung auf andere Weise** vor (§ 198 Abs. 2 Satz 2, Abs. 4 GVG). Diese Kompensationslösung (ausführlich und krit. *Althammer/Schäuble* NJW 2012, 1 [2]) wird um ein präventives Element angereichert (*Matusche-Beckmann/Kumpf* ZZP 2010, 173 [185]), indem eine Entschädigung von einer zuvor erhobenen **Verzögerungsrüge** abhängig gemacht wird (§ 198 Abs. 3 GVG; weitergehend *Kotz* ZRP 2011, 85 [86], der einen Rechtsbehelf gegen Verfahrensverzögerungen fordert). 3

Für den Bereich des **Strafverfahrens** – einschließlich des Ermittlungsverfahrens und des Strafvollstreckungsverfahrens (bzgl. Letzterem gilt dies jedenfalls für das gerichtliche Strafvollstreckungsverfahren, vgl. OLG Hamburg NJW-Spezial 2012, 122; nach OLG Koblenz MDR 2017, 519 hingegen nicht für die staatsanwaltschaftliche Tätigkeit im Strafvollstreckungsverfahren) – gilt zwar § 198 GVG grds. ebenso, allerdings enthalten § 199 Abs. 2 bis 4 GVG modifizierende Bestimmungen (vgl. § 199 Abs. 1 GVG). § 200 GVG verteilt die Haftung zwischen Bund und den Ländern danach, wessen Gerichte bzw. Staatsanwaltschaften die Verzögerung zu verantworten haben. Schließlich enthält § 201 GVG eine Regelung zur Geltendmachung des Entschädigungsanspruchs und regelt das Verfahren. 4

C. Die Kompensation unangemessener Verfahrensdauer im Strafrecht. I. Voraussetzungen. Der Entschädigungsanspruch setzt in **formeller** Hinsicht voraus, dass eine Verzögerungsrüge (§ 198 Abs. 3 GVG) erhoben wird. In **materieller** Hinsicht ist erforderlich, dass ein Beschuldigter aufgrund unangemessener Verfahrensdauer einen Nachteil erleidet. 5

1. Formelle Voraussetzung: Verzögerungsrüge (§ 198 Abs. 3 GVG). Gem. § 198 Abs. 3 Satz 1 GVG erfordert der Anspruch auf Entschädigung, dass der Beschuldigte bei dem mit der Sache befassten Gericht (bzw. gem. § 199 Abs. 2 GVG während des Ermittlungsverfahrens bei der betreffenden StA) die Dauer des Verfahrens gerügt hat. Mit der Schaffung dieser Verzögerungsrüge entlässt man die Strafjustiz zwar nicht aus ihrer Verantwortung, das Beschleunigungsgebot nicht nur zum Schutz des Beschuldigten, sondern auch im öffentlichen Interesse zu wahren. Rechte aus einem Verstoß hiergegen kann der Beschuldigte aber nur herleiten, wenn er das erkennende Strafgericht bzw. die StA hierauf hingewiesen hat. Insb. der unverteidigte Beschuldigte wird die entsprechenden Vorschriften jedoch regelmäßig nicht kennen. Richtigerweise muss daher der Beschuldigte über seine Rechte aus einer Verfahrensverzögerung so rechtzeitig informiert werden, dass er sie auch noch Erfolg versprechend geltend machen kann (so v.a. *Beukelmann* NJW-Spezial 2010, 632 [633]). Gerade im Ermittlungsverfahren sind für den (insb. unverteidigten) Beschuldigten Verfahrensver- 6 zögerungen mangels Transparenz des Verfahrens oft nicht ohne Weiteres erkennbar. Insoweit müssen hohe Anforderungen an eine schuldhafte Verletzung der Rügeobliegenheit gestellt werden (so auch BeckOK-StPO/*Graf* § 199 GVG Rn. 9). Die Verzögerungsrüge stellt nicht nur eine tatbestandliche Voraussetzung des Entschädigungsanspruchs dar, sondern gewährleistet auch **vorbeugenden Rechtsschutz** (vgl. auch BeckOK-StPO/*Graf* § 198 GVG Rn. 23). Zwar handelt es sich dabei nicht um einen eigenen Rechtsbehelf (zu der von der Bundesregierung 2005 erwogenen Untätigkeitsbeschwerde etwa *Kotz* ZRP 2011, 85; für sie ist mit der Neuregelung kein Raum mehr; vgl. jeweils zu Strafvollzugssachen OLG Hamburg NStZ 2012, 656; OLG Frankfurt NStZ-RR 2013, 264; KG, Beschl. v. 04.03.2016 – 2 Ws 41/16). Doch liegt in der Verzögerungsrüge auch ein Hinweis an das Gericht, der ihm die drohende Verzögerung des Verfahrens vor Augen führen und es ggf. zur Abhilfe bewegen soll (BT-Drs. 17/3802, S. 16). Mit der Verzögerungsrüge hat der Gesetzgeber zwar keine echte Kombination aus präventiven und kompensatorischen Rechtsbehelfen geschaffen, aber dennoch ein präventives Element etabliert.

7 Unter welchen Umständen eine Verzögerungsrüge erhoben werden kann, regelt das Gesetz in § 198 Abs. 3 Sätze 2–5 GVG für **Verzögerungen durch die Gerichte**. Gem. § 199 Abs. 2 Hs. 1 GVG gelten diese Voraussetzungen für Verzögerungen während des Ermittlungsverfahrens entsprechend **für die Staatsanwaltschaften.**

8 So ist nach § 198 Abs. 3 Satz 2 Hs. 1 GVG die Verzögerungsrüge erst möglich, wenn Anlass zur Besorgnis besteht, dass das Verfahren nicht in einer angemessenen Zeit abgeschlossen wird. Eine zu früh erhobene – also vorsorgliche – Verzögerungsrüge ist unzulässig (vgl. BT-Drs. 17/3802, S. 20). Um »geduldige« Angeklagte nicht zu benachteiligen, soll eine spät erhobene Verzögerungsrüge aber nach der Vorstellung des Gesetzgebers grds. keinen Einfluss auf den Entschädigungsanspruch haben (BT-Drs. 17/3802, S. 21). Dies trägt auch dem Umstand Rechnung, dass angesichts der Bestimmung der Angemessenheit anhand einer Einzelfallabwägung ein definitiver Zeitpunkt nicht zu definieren ist (dazu sogleich Rdn. 12 ff.). Der BGH hat offengelassen, ob die Rüge in einem engen zeitlichen Zusammenhang mit dem Eintreten der in § 198 Abs. 3 Satz 2 GVG bezeichneten Besorgnis geltend gemacht werden muss (Beschl. v. 05.12.2012 – 1 StR 531/12, Rn. 1). Allerdings besteht insoweit die Gefahr, dass die Verzögerungsrüge ihre präventive Funktion nicht mehr erfüllen kann. Wird sie zu spät erhoben, so kann sich dies u.a. auf die Höhe einer angemessenen Entschädigung auswirken (BT-Drs. 17/3802, S. 21). Nachdem eine Verzögerung gerügt wurde, kann eine erneute Rüge danach grds. erst nach Ablauf von 6 Monaten wieder erhoben werden, es sei denn, dass ausnahmsweise eine kürzere Frist geboten ist (§ 198 Abs. 3 Satz 2 Hs. 2 GVG). Diese 6-Monats-Frist korreliert mit der Wartefrist für die Geltendmachung des Entschädigungsanspruchs (vgl. § 198 Abs. 5 Satz 1 GVG, s. auch § 201 Rdn. 2). Sofern die Förderung der Beschleunigung des Verfahrens von Umständen abhängt, die noch nicht in das Verfahren eingeführt worden sind, muss die Rüge nach § 198 Abs. 3 Satz 3 GVG darauf hinweisen. Anderenfalls werden diese Umstände in einem späteren Prozess vor dem Entschädigungsgericht für die Bestimmung der angemessenen Verfahrensdauer nicht berücksichtigt (§ 198 Abs. 3 Satz 4 GVG). § 198 Abs. 3 Satz 5 GVG ordnet an, dass für eine weitere Verzögerung vor einem anderen Gericht eine erneute Rüge zu erheben ist. Gem. § 199 Abs. 2 Hs. 2 GVG gilt dies für Verzögerungen nach Abschluss des Ermittlungsverfahrens entsprechend, d.h. eine Rüge im Ermittlungsverfahren schafft nicht die Anspruchsvoraussetzungen für Verzögerungen im Hauptverfahren.

9 **2. Materielle Voraussetzungen: Nachteil infolge unangemessener Dauer eines Gerichtsverfahrens. a) Nachteil des Betroffenen.** In materieller Hinsicht besteht der Entschädigungsanspruch nur, wenn der **Betroffene** infolge unangemessener Dauer eines Gerichtsverfahrens einen – materiellen oder immateriellen – **Nachteil** erleidet.

10 **b) Verfahrensdauer.** Der Begriff des »**Gerichtsverfahrens**« ergibt sich aus der Legaldefinition des § 198 Abs. 6 Nr. 1 GVG. Er bezeichnet jedes Verfahren von der Einleitung bis zum rechtskräftigen Abschluss und gilt gem. § 199 Abs. 1 GVG auch für das strafrechtliche Ermittlungsverfahren. Der Wortlaut dieser Vorschrift zeigt, dass das Strafverfahren das Verfahren auf Vorbereitung der öffentlichen Klage einschließen soll (»einschließlich«). Gleichwohl behalten Ermittlungsverfahren und anschließendes gerichtliches Strafverfahren (Zwischen- und Hauptverfahren) insoweit ihre selbstständige Bedeutung, als nach einer Verzögerungsrüge bei der StA im Fall einer erneuten Verzögerung im gerichtlichen Verfahren eine weitere Verzögerungsrüge erhoben werden muss (§ 199 Abs. 2 Hs. 2 i.V.m. § 198 Abs. 3 Satz 5 GVG und oben Rdn. 8).

11 Beginn und Ende des Gerichtsverfahrens müssen – wegen der inneren Verknüpfung mit den Vorgaben der EMRK – i.S.d. Art. 6 EMRK verstanden werden (dazu Art. 6 EMRK Rdn. 14). Daher beginnt der relevante Zeitraum mit »**Erhebung der Anklage**« im Sinn dieser Konventionsnorm, d.h. mit der Benachrichtigung über die Einleitung von Ermittlungen aufgrund des Verdachts der Begehung einer Straftat oder mit dem Zeitpunkt, zu dem der Beschuldigte durch Maßnahmen der Strafverfolgung, die gegen ihn aufgrund des Verdachts einer Straftat getroffen werden, ernsthaft betroffen ist (EGMR Pedersen u. Baadsgaard./. Däne-

mark, Urt. v. 17.12.2004 – 49017/99, RJD 2004-XI, Rn. 39). Dafür genügt dem BGH zufolge (NJW 2014, 220 [221], Rn. 17 ff. m.Anm. *Heinisch* NJW 2014, 224 f.) nicht bereits die bloße Anfertigung eines Aktenvermerks, wonach der Betreffende »dringend verdächtig« sei, ebenso wenig die Anforderung eines Zentralregisterauszugs, ein Antrag der StA, den Betroffenen ermittlungsrichterlich als Zeugen zu vernehmen, oder ein Vorhalt vermeintlicher Unwahrheiten mit anschließender Vereidigung in einer Zeugenvernehmung vor dem Ermittlungsrichter. Stattdessen soll es danach auf den Zeitpunkt ankommen, in dem der Betroffene förmlich als Beschuldigter eingetragen und zu den gegen ihn erhobenen Vorwürfen angehört wird. In der Regel endet das Verfahren mit der rechtskräftigen Entscheidung der letzten Instanz (vgl. EGMR Intiba./. Türkei, Urt. v. 24.05.2005 – 42585/98, Rn. 34; s. auch Art. 6 EMRK Rdn. 14). Aufgrund des Abstellens auf die Dauer des gesamten Verfahrens kann eine festgestellte Verzögerung in einem Verfahrensstadium nicht mit einer entsprechenden unangemessenen (Gesamt-) Verfahrensdauer gleichgesetzt werden (s. *Falk/Schütz* FS Rössner, S. 753 [758 f.]).

c) **Unangemessenheit.** Wie sich aus § 198 Abs. 1 Satz 2 GVG ergibt, richtet sich die **Angemessenheit der Verfahrensdauer** nach den Umständen des Einzelfalls, insb. der Schwierigkeit und der Bedeutung des Verfahrens sowie dem Verhalten der Verfahrensbeteiligten und Dritter. § 198 Abs. 1 Satz 2 GVG enthält genau die Abwägungskriterien, die auch der EGMR und das BVerfG regelmäßig zur Bestimmung der angemessenen Verfahrensdauer heranziehen (BT-Drs. 17/3802, S. 18; s. hierzu auch Art. 6 EMRK Rdn. 87 ff.; eingehend *Bub* DRiZ 2014, 94 ff.). Es kommt demnach u.a. auf die Verfahrensführung durch das Gericht, die Schwierigkeit des Verfahrens – bspw. im Hinblick auf seinen Umfang oder eine komplexe Beweiswürdigung – sowie das Verhalten des Beschuldigten (s. aber Rdn. 14) an; auch kann es legitim sein, die schriftlichen Urteilsgründe eines umfangreichen Parallelverfahrens abzuwarten (BGH NJW 2014, 220 [222 f.], Rn. 32 ff. m.Anm. *Heinisch* NJW 2014, 224 f.). Bei der Einbeziehung des Verhaltens des Gerichts muss auch der verfassungsrechtliche (Art. 97 Abs. 1 GG) Grundsatz der richterlichen Unabhängigkeit beachtet werden (BGH NJW 2014, 220; OLG Düsseldorf NJW-RR 2016, 1425 [1427]; Meyer-Goßner/Schmitt/*Schmitt* § 198 GVG Rn. 2; vgl. zur Diskussion »Ökonomisierung versus Unabhängigkeit« *Falk/Schütz* FS Rössner, S. 753 [768 ff.]). 12

Verfahrensbeteiligter ist nach der Legaldefinition des § 198 Abs. 6 Nr. 2 GVG jede Partei und jeder Beteiligte eines Gerichtsverfahrens mit Ausnahme der Verfassungsorgane, der Träger öffentlicher Verwaltung und sonstiger öffentlicher Stellen, soweit diese nicht in Wahrnehmung eines Selbstverwaltungsrechts an einem Verfahren beteiligt sind. Diese Legaldefinition findet auch **in Bezug auf strafrechtliche Verfahren** mit der Maßgabe Anwendung, dass der Begriff »Partei« im Strafprozess nicht passt und es daher auf die »Beteiligten« ankommt. Dabei stellt § 199 Abs. 4 GVG klar, dass ein Privatkläger kein Beteiligter in diesem Sinn ist (krit. Meyer-Goßner/Schmitt/*Schmitt* § 199 GVG Rn. 1). Ansonsten darf der Beteiligtenbegriff allerdings nicht »technisch« verstanden werden, sondern ist – wegen der Schutzrichtung des Beschleunigungsgebots – weit auszulegen. Beteiligte sind daher alle Personen, »die auf den Prozessgegenstand final gestaltend einwirken können« (so BT-Drs. 17/3802, S. 23). Dies ist primär der Beschuldigte (im Bußgeldverfahren der Betroffene), darüber hinaus sind aber z.B. auch der Nebenkläger (§ 395 StPO), der Adhäsionskläger (§ 403 StPO) oder der Einziehungsbeteiligte (§ 431 StPO) erfasst, nicht hingegen Zeugen und Sachverständige. 13

Ein verzögerndes Verhalten des Beschuldigten oder seines Verteidigers darf nur insoweit in die Abwägung eingestellt werden, als der Zeitverlust nicht die notwendige Folge der Wahrnehmung eines dem Beschuldigten bzw. seinem Verteidiger zustehenden Rechtes ist (vgl. Art. 6 EMRK Rdn. 92). 14

Es darf nicht übersehen werden, dass die vom Gesetz geforderte Einzelfallabwägung für den betroffenen Beschuldigten eine Gefahr in sich birgt: Er muss erkennen, ab wann »sein« Gerichtsverfahren unangemessen lang dauert, was angesichts der höchst komplexen Abwägung kaum sicher beantwortbar ist. Nach der Rspr. des BGH darf dabei kein abstrakt-genereller Maßstab i.S.e. Vergleichs der statistischen Verfahrensdauer herangezogen werden (BGH NJW 2014, 1816 [1817 f.]; vgl. zur geringfügig abweichenden Bewertung durch das BSG und den BFH *Falk/Schütz* FS Rössner, S. 753 [759 f.]) Allerdings wäre auch die Alternative – eine starre Fristenlösung – unbefriedigend geblieben und hat sich letztlich zu Recht nicht durchsetzen können. Mit einer solchen Fristenlösung hätten die Vorgaben des EGMR und des BVerfG von vornherein nicht eingehalten werden können (BVerfG EuGRZ 2009, 695 lehnt eine starre Berechnung ausdrücklich ab) und sie hätte zu Entschädigungsklagen nach Ablauf einer solchen Frist geradezu eingeladen (*Steinbeiß-Winkelmann* ZRP 2010, 205 [207] und *Althammer/Schäuble* NJW 2012, 1 [2]). Trotz aller mit der jetzigen Lösung verbundenen Unsicherheiten ist »eine Einzelfallabwägung« – aus menschen- und grundrechtlicher Sicht – einer Fristenlösung überlegen. 15

II. **Rechtsfolge.** Welche Ansprüche einem Beschuldigten als Kompensation für die Rechtsverletzung aufgrund unangemessener Verfahrensdauer konkret zustehen, richtet sich zunächst danach, welche Art von Nachteilen ihm entstanden ist. 16

17 **1. Materielle Nachteile.** Für nachweisbare materielle Nachteile (z.B. erhöhte Verteidigungskosten) wird der Beschuldigte gem. § 198 Abs. 1 GVG in vollem Umfang angemessen »entschädigt« (BT-Drs. 17/3802, S. 19), sodass es sich der Sache nach eher um einen **verschuldensunabhängigen Schadensersatzanspruch** als um eine echte Entschädigung handelt (ausführlich zur Rechtsnatur des Entschädigungsanspruchs aus § 198 GVG *Reiter* NJW 2015, 2554 [2555 ff.]; sich ihm anschließend *Schlick* WM 2016, 485 [487]). Dieser Schadensersatzanspruch tritt neben andere Amtshaftungsansprüche. Für seine Berechnung gelten die §§ 249 ff. BGB (BT-Drs. 17/3802, S. 19; a.A. [ohne entgangenen Gewinn] Prütting/Gehrlein/*Neff* ZPO § 198 GVG Rn. 8; krit. auch *Althammer* JZ 2011, 446 [449] sowie *Schlick* WM 2016, 485 [491]).

18 **2. Immaterielle Nachteile.** Der Eintritt immaterieller Nachteile wird vom Gesetz hingegen **vermutet** (§ 198 Abs. 2 Satz 1 GVG), wenn ein Gerichtsverfahren unangemessen lang gedauert hat. Mit dieser – starken, aber widerlegbaren (EGMR NJW 2007, 1259 [1265]) – Vermutung (s. Prütting/Gehrlein/*Neff* ZPO § 198 GVG Rn. 9; BeckOK-StPO/*Graf* § 198 GVG Rn. 20) orientiert sich der Gesetzgeber an der Rspr. des EGMR; dem Beschuldigten bleibt somit der ansonsten schwer führbare Nachweis grds. erspart (BT-Drs. 17/3802, S. 19). Für immaterielle Nachteile sieht das Gesetz als Kompensation sowohl eine Entschädigung als auch eine Wiedergutmachung vor. Die Wiedergutmachung geht der Entschädigung in Geld allerdings vor, wie sich ausdrücklich aus § 198 Abs. 2 Satz 2 GVG ergibt.

19 **a) Wiedergutmachung durch das erkennende Gericht oder die StA.** Die Formen der »Wiedergutmachung einer Verfahrensverzögerung auf andere Weise« regelt das Gesetz nicht abschließend (vgl. den Wortlaut des § 198 Abs. 4 GVG: »insbesondere«). § 199 Abs. 3 Satz 1 Hs. 1 GVG und § 198 Abs. 4 GVG enthalten deshalb nur zwei Beispiele (BT-Drs. 17/3802, S. 19): Als eine solche Wiedergutmachung kommt danach insb. für das erkennende Strafgericht (oder eine StA) in Betracht, dass es – wie § 199 Abs. 3 Satz 1 Hs. 1 GVG anordnet – die unangemessene Verfahrensdauer zugunsten des Beschuldigten berücksichtigt. Damit billigt der Gesetzgeber die in der Rspr. des BGH entwickelte **Vollstreckungslösung** (BGHSt 52, 125 und Art. 6 EMRK Rdn. 95 ff.) als Kompensation einer unangemessenen Verfahrensdauer und regelt gleichzeitig deren **Vorrang vor etwaigen Entschädigungszahlungen** (*Steinbeiß-Winkelmann* ZRP 2010, 205 [206]). Insoweit hat der Gesetzgeber also inhaltlich keine Neuregelung getroffen, denn in strafrechtlichen Verfahren existierte mit dem Instanzenzug der ordentlichen Gerichtsbarkeit bereits vor dem Inkrafttreten dieser Reform ein Rechtsweg, der den Anforderungen des EGMR insofern gerecht wurde, als die Gerichte eine überlange Verfahrensdauer im Fall von Verurteilungen berücksichtigen konnten (*Kotz* ZRP 2011, 85). Insb. ist die Vollstreckungslösung nicht abhängig von einer rechtzeitigen Verzögerungsrüge (so auch BGH StV 2020, 838; BeckOK-StPO/*Graf* § 199 GVG Rn. 20; LR/*Krauß* § 199 GVG Nachtrag Rn. 19; a.A. *Schäfer/Sander/van Gemmeren* Praxis der Strafzumessung, Rn. 792 ff.; offengelassen von BGH NStZ-RR 2015, 23; s. auch BGH, Beschl. v. 05.12.2012 – 1 StR 531/12). Zwar ließe sich der Wortlaut des § 199 Abs. 1 GVG, der u.a. auch auf § 198 Abs. 3 GVG verweist, so verstehen. § 199 GVG ordnet allerdings nur eine strafrechtlich modifizierte Anwendung des § 198 an. Die gesetzliche Neuregelung sollte im Ergebnis klar zu einer Besserstellung des Beschuldigten führen, eine neu geschaffene Abhängigkeit der Vollstreckungslösung von einer Rügeobliegenheit wäre demgegenüber eine erhebliche Verschlechterung. Es muss daher bei der **von Amts wegen zu berücksichtigenden Verzögerung i.R.d. Vollstreckungslösung** bleiben (BGH StV 2020, 838; so auch BeckOK-StPO/*Graf* § 199 GVG Rn. 20, 22).

20 Neben der Anwendung der Vollstreckungslösung sieht der Gesetzgeber auch weitere Möglichkeiten für eine Wiedergutmachung der Rechtsverletzung durch das erkennende Strafgericht selbst. Dazu zählt er insb. ausdrücklich auch die Möglichkeit, eine **Verwarnung mit Strafvorbehalt** (§ 59 StGB) auszusprechen oder **von Strafe nach § 60 StGB** abzusehen (BT-Drs. 17/3802, S. 24).

21 Akzeptiert man, dass in Extremfällen der Verfahrensverzögerung ein Prozesshindernis eingreift (so v.a. BGHSt 46, 159 [171 f.]; allgemein dazu Art. 6 EMRK Rdn. 99), so erfüllt auch eine gerichtliche **Verfahrenseinstellung mit dieser Begründung** (vgl. etwa OLG Rostock StV 2011, 220: Einstellung nach § 206a Abs. 1 StPO) die Wiedergutmachungsfunktion. Ebenso muss dann Raum für die Anwendung des § 199 Abs. 3 Satz 1 Hs. 1 GVG verbleiben, wenn die StA oder das Gericht gerade aufgrund der (extremen) Verfahrensverzögerung das Ermittlungsverfahren nach §§ 153, 153a StPO einstellt (bedenklich weit aber OLG Frankfurt NJW 2013, 480 [482], wo das erkennende Gericht die Einstellung gem. § 153a Abs. 2 StPO nicht ausdrücklich auf die Verfahrensverzögerung gestützt hatte, dieser Gesichtspunkt vielmehr nur von der StA bei der Erteilung ihrer Zustimmung angesprochen wurde).

22 Ferner kann eine Wiedergutmachung i.S.d. § 199 Abs. 3 GVG auch in Fällen der §§ 154, 154a StPO stattfinden, etwa wenn eine Wiederaufnahme des Verfahrens gem. § 154 Abs. 4 StPO explizit aufgrund der bereits eingetretenen Verfahrensverzögerung abgelehnt wird (insoweit zutr. OLG Frankfurt NJW 2013, 480 [481]).

Scheiden solche Formen der Berücksichtigung einer Verfahrensverzögerung aus, kann auch ihre Feststellung durch das erkennende Gericht eine Wiedergutmachung gem. § 199 Abs. 3 GVG darstellen (für den Fall der Nichtzulassung einer Rechtsbeschwerde in OWi-Sachen s. OLG Düsseldorf NStZ-RR 2015, 90). 23

b) **Wiedergutmachung durch das Entschädigungsgericht.** Da insb. mit der Vollstreckungslösung in einer großen Zahl von Fällen die vom Gesetz im Ergebnis verlangte Kompensation erreicht werden kann, erlangt die in § 198 Abs. 4 GVG allgemein vorgesehene Wiedergutmachung durch die ausdrückliche **Feststellung einer Verletzung** (dazu *Schenke* NJW 2015, 433 ff.) des Rechts auf eine angemessene Verfahrensdauer **durch das Entschädigungsgericht** nur ausnahmsweise Bedeutung. Nur wenn die Vollstreckungslösung nicht greifen kann und andere Formen der Wiedergutmachung durch das erkennende Gericht nicht stattgefunden haben, insb. also wenn der **Beschuldigte freigesprochen** wird oder das **Strafverfahren aus anderen Gründen als der überlangen Verfahrensdauer eingestellt** wird, kann ein Bedarf nach Wiedergutmachung durch eine entsprechende Feststellung seitens des Entschädigungsgerichts bestehen. Das Gesetz regelt in § 198 Abs. 4 Satz 3 GVG zwei denkbare Konstellationen: 24

Gem. Hs. 1 kann das Gericht **in besonders schwerwiegenden Fällen** eine Feststellung der Rechtsverletzung neben der Gewährung einer Entschädigung aussprechen, weil diese die Rechtsverletzung nicht hinreichend zu kompensieren vermag. Da die Höhe der Geldentschädigung aber unter Billigkeitsgesichtspunkten gem. § 198 Abs. 2 Satz 4 GVG angepasst werden kann, kann sich diese Regelung nur auf besonders gelagerte, schwere Sonderfälle beziehen.

§ 198 Abs. 4 Satz 3 Hs. 2 GVG sieht eine Kompensation durch entsprechende Feststellung auch für Fälle vor, in denen die **Voraussetzungen des § 198 Abs. 3 nicht vorgelegen hatten**, etwa weil die Verzögerungsrüge zu früh oder gar nicht erhoben worden war oder weil bestimmte Aspekte des Verfahrens gem. § 198 Abs. 3 Satz 4 GVG präkludiert sind (BT-Drs. 17/3802, S. 22). Für die Feststellung ist kein Antrag erforderlich (§ 198 Abs. 4 Satz 2 GVG).

Bei weniger gravierenden Verstößen kann das Entschädigungsgericht richtiger Ansicht nach durch Feststellung der Rechtsverletzung vermeiden, dass eine Entschädigung zu gewähren ist (so auch *Matusche-Beckmann/Kumpf* ZZP 2011, 173 [187]). Zur Beseitigung von Verstößen im Rahmen eines Strafverfahrens erscheint die bloße Feststellung hingegen aufgrund der besonderen Bedeutung des Strafverfahrens für den Beschuldigten grds. als nicht geeignet. Dementsprechend ordnet auch der Gesetzgeber in seiner Begründung die Bedeutung dieser Lösung eher den »übrigen Verfahrensordnungen« zu (BT-Drs. 17/3802, S. 20). Dies bedeutet: Sofern das erkennende Gericht den Verstoß nicht (etwa durch eine Feststellung) kompensiert hat, bleibt für das Entschädigungsgericht nur, eine Entschädigung auszusprechen, die es jedoch im Einzelfall unter Billigkeitsgesichtspunkten in der Höhe anpassen kann (vgl. § 198 Abs. 2 Satz 2). 25

c) **Entschädigung.** Die Entschädigung ist nach der klaren gesetzlichen Konzeption subsidiär ggü. der unter a) und b) beschriebenen »Wiedergutmachung auf andere Weise«. Nur wenn Letztere nach den Umständen des Einzelfalles nicht ausreicht, kommt eine Entschädigung in Betracht. Dies ist dann der Fall, wenn die Vollstreckungslösung nicht greift, d.h. also z.B. im Fall eines Freispruchs oder einer Verfahrenseinstellung, die nicht aus Gründen der Verfahrensdauer erfolgt oder auch wenn ein Nebenkläger die Verzögerung rügt (*Falk/Schütz* FS Rössner, S. 753 [758]). Eine Einstellung aus Gründen der überlangen Verfahrensdauer kommt nach der Rspr. des BGH nur in ganz »außergewöhnlichen Sonderfällen« in Betracht (vgl. BGHSt 46, 159 [171 f.]). Der Gesetzgeber misst der Entschädigungslösung daneben auch in Jugendstrafsachen Bedeutung bei (BT-Drs. 17/3802, S. 20), in denen der BGH bislang einen Abschlag von der erzieherisch bestimmten Jugendstrafe abgelehnt hat (BGH NStZ 2003, 364 [365] m.Anm. *Rose* NStZ 2003, 588; BGH NStZ-RR 2007, 61; BGH NStZ 2010, 94 [95]; krit. zur Rspr. *Eisenberg/Kölbel* JGG, § 18 Rn. 15 f.). In diesen Fällen ist eine Entschädigung in Geld zu leisten. 26

Die Höhe dieser Entschädigung beträgt gem. § 198 Abs. 2 Satz 3 GVG grds. 1200 € für jedes Jahr der Verzögerung. § 198 Abs. 2 Satz 4 GVG erlaubt es, hiervon aus Billigkeitsgründen sowohl nach oben als auch nach unten abzuweichen. In schwerwiegenden Fällen ist die Feststellung der Rechtsverletzung auch neben einer Entschädigung möglich (§ 198 Abs. 4 Satz 3 Hs. 1 GVG). 27

Für den Fall der Verzögerung des Verfahrens durch ein Strafgericht (und nicht durch die StA) wird das Entschädigungsgericht nach § 199 Abs. 3 Satz 2 GVG hinsichtlich der Beurteilung der Angemessenheit der Verfahrenslänge an eine Entscheidung des Strafgerichts gebunden. Damit beabsichtigt der Gesetzgeber, divergierende Einschätzungen verschiedener Gerichte zu vermeiden (BT-Drs. 17/3802, S. 24). Dies gilt freilich nur, sofern sich das Strafgericht mit der Frage der Verfahrensverzögerung überhaupt auseinandergesetzt hat. 28

§ 200 [Haftung]

Für Nachteile, die auf Grund von Verzögerungen bei Gerichten eines Landes eingetreten sind, haftet das Land. Für Nachteile, die auf Grund von Verzögerungen bei Gerichten des Bundes eingetreten sind, haftet der Bund. Für Staatsanwaltschaften und Finanzbehörden in Fällen des § 386 Absatz 2 der Abgabenordnung gelten die Sätze 1 und 2 entsprechend.

1 § 200 GVG verteilt die **Haftung zwischen Bund und den Ländern** danach, wessen Gerichte bzw. Staatsanwaltschaften die Verzögerung zu verantworten haben. Dementsprechend ist der **Anspruchsgegner** im Fall von Verzögerungen bei Gerichten eines Landes das betreffende Land (Satz 1), im Fall von Gerichten des Bundes der Bund (Satz 2).

2 Für den Fall, dass eine **StA** oder eine Finanzbehörde, die wegen einer Steuerstraftat ermittelt, für die Verzögerung verantwortlich ist, gilt gem. Satz 3 die entsprechende Aufteilung zwischen Bund und Ländern. Kommt es in einem Ermittlungsverfahren, das die Bußgeld- und Strafsachenstelle der Bundesagentur für Arbeit gem. § 386 AO führt, zu Verzögerungen, haftet der Bund, weil diese als Finanzbehörde des Bundes tätig wird. Daran ändert sich nichts, wenn das Verfahren zunächst von der StA geführt wurde; eine gesamtschuldnerische Haftung besteht in diesem Fall nicht (OLG Hamm, Beschl. v. 26.04.2013 – 11 EK 12/13, BeckRS 2013, 08983).

§ 201 [Zuständigkeit, Verfahren]

(1) Zuständig für die Klage auf Entschädigung gegen ein Land ist das Oberlandesgericht, in dessen Bezirk das streitgegenständliche Verfahren durchgeführt wurde. Zuständig für die Klage auf Entschädigung gegen den Bund ist der Bundesgerichtshof. Diese Zuständigkeiten sind ausschließliche.

(2) Die Vorschriften der Zivilprozessordnung über das Verfahren vor den Landgerichten im ersten Rechtszug sind entsprechend anzuwenden. Eine Entscheidung durch den Einzelrichter ist ausgeschlossen. Gegen die Entscheidung des Oberlandesgerichts findet die Revision nach Maßgabe des § 543 der Zivilprozessordnung statt; § 544 der Zivilprozessordnung ist entsprechend anzuwenden.

(3) Das Entschädigungsgericht kann das Verfahren aussetzen, wenn das Gerichtsverfahren, von dessen Dauer ein Anspruch nach § 198 abhängt, noch andauert. In Strafverfahren, einschließlich des Verfahrens auf Vorbereitung der öffentlichen Klage, hat das Entschädigungsgericht das Verfahren auszusetzen, solange das Strafverfahren noch nicht abgeschlossen ist.

(4) Besteht ein Entschädigungsanspruch nicht oder nicht in der geltend gemachten Höhe, wird aber eine unangemessene Verfahrensdauer festgestellt, entscheidet das Gericht über die Kosten nach billigem Ermessen.

1 Abs. 1 benennt das **zuständige Gericht** zur Geltendmachung des Entschädigungsanspruchs. Dieser ist bei Klagen gegen das Land (zum Anspruchsgegner s. § 200 Rdn. 1) bei demjenigen **OLG** geltend zu machen, in dessen Bezirk die Regierung des beklagten Landes ihren Sitz hat (§ 201 Abs. 1 GVG), bei Klage auf Entschädigung gegen den Bund liegt die Zuständigkeit beim **BGH** (§ 201 Abs. 1 Satz 2 GVG). Nach § 201 Abs. 1 Satz 3 GVG sind diese Gerichte jeweils ausschließlich zuständig.

2 Bezüglich des **Verfahrens** zur Geltendmachung des Entschädigungsanspruchs sind die Vorschriften der Zivilprozessordnung über das Verfahren vor den LG im ersten Rechtszug (§§ 253 bis 494a ZPO) nach § 201 Abs. 2 Satz 1 GVG entsprechend heranzuziehen. Die **zeitlichen Anforderungen** an die Klageerhebung sind in § 198 Abs. 5 GVG geregelt. So ist eine Klage frühestens 6 Monate nach Erhebung der Verzögerungsrüge möglich (§ 198 Abs. 5 Satz 1 GVG; zum Sinn dieser Wartefrist s. *Schlick* WM 2016, 485 [492]). Sie muss aber spätestens 6 Monate nach Erledigung des verzögerten Verfahrens erhoben werden (§ 198 Abs. 5 Satz 2 GVG). Nicht ausdrücklich geregelt ist die Frage, ob die Entschädigungsklage auch schon vor Abschluss des verzögerten Verfahrens erhoben werden kann. Sie ist aber zu bejahen (so auch BeckOK-StPO/*Graf* § 198 GVG Rn. 32). Zwar könnte man annehmen, dass es der in § 198 Abs. 3 GVG niedergelegte Präventionsgedanke gebietet, dem Strafgericht oder der StA im Ausgangsverfahren jede Möglichkeit einzuräumen, etwaigen Verstößen gegen das Beschleunigungsgebot selbst abzuhelfen. Dagegen spricht aber, dass der Gesetzgeber in § 198 Abs. 5 Satz 1 GVG hierfür offensichtlich eine sechsmonatige Frist für angemessen und ausreichend erachtet hat und dass § 201 Abs. 3 Satz 2 GVG dem Entschädigungsgericht aufgibt, für diese Fälle das Verfahren über den Entschädigungsanspruch **bis zum Abschluss des Strafverfahrens auszusetzen**, um den im Strafverfahren zu treffenden Entscheidungen nicht vorzugreifen.

3 Gegen die Entscheidung des OLG ist die **Revision** nach Maßgabe des § 543 ZPO zulässig; hinsichtlich der Möglichkeit einer Nichtzulassungsbeschwerde gilt § 544 ZPO entsprechend (§ 201 Abs. 2 Satz 3 GVG). Bis zum 30.06.2018 war dafür allerdings gem. § 26 Nr. 8 EGZPO eine Mindestbeschwer von 20.000 € erforder-

lich; dies gilt auch bei Entschädigungsklagen wegen Verfahrensverzögerungen (BGH, Beschl. v. 25.07.2013 – III ZR 400/12, Rn. 4 ff. [noch zu § 26 Nr. 8 EGZPO a.F., wonach die Mindestbeschwer nur bis zum 31.12.2014 gelten sollte]). Eine derartige Summe dürfte allerdings in der Praxis nur selten erreicht werden, sodass der BGH vor allem durch die Zulassung der Revision durch das OLG befasst werden kann (*Schlick* WM 2016, 485 [492]). Die in § 201 Abs. 3 Satz 1 GVG vorgesehene, grds. fakultativ mögliche Aussetzung des Verfahrens vor dem Entschädigungsgericht ist – wie gesehen – nach § 201 Abs. 3 Satz 2 GVG im Fall des Strafverfahrens (einschließlich des Ermittlungsverfahrens) obligatorisch. Eine Entscheidung über den Entschädigungsanspruch darf vor Abschluss des Strafverfahrens nicht ergehen.

§ 201 Abs. 4 GVG enthält schließlich eine Regelung über die **Kostentragungspflicht**. 4

Konvention zum Schutze der Menschenrecht und Grundfreiheiten (EMRK)

Vom 04.11.1950 (BGBl. 1952 II, S. 685) in der Fassung der Bekanntmachung vom 22.10.2010 (BGBl. II, S. 1198)
(Auszug)

Art. 1 Verpflichtung zur Achtung der Menschenrechte

Die Hohen Vertragsparteien sichern allen Ihrer Hoheitsgewalt unterstehenden Personen die in Abschnitt I bestimmten Rechte und Freiheiten zu.

Englische Fassung

The High Contracting Parties shall secure to everyone within their jurisdiction the rights and freedoms defined in Section I of this Convention.

Französische Fassung

Les Hautes Parties contractantes reconnaissent à toute personne relevant de leur juridiction les droits et libertés définis au titre I de la présente Convention.

Übersicht

1 **A. Grundsätzliches. I. Entstehung.** Um eine Wiederholung der Grausamkeiten des Zweiten Weltkriegs zu verhindern, hatten die Mitglieder des am 05.05.1949 gegründeten Europarats das Ziel, durch die Kodifizierung der rechtlich nicht verbindlichen Allgemeinen Erklärung der Menschenrechte der Vereinten Nationen v. 10.12.1948 einen umfassenden und **rechtlich verbindlichen Schutz der Menschenrechte** zu gewährleisten (umfassend zur Entstehungsgeschichte vgl. Dörr/Grote/Marauhn/*Grote* EMRK, Kap. 1). Dieser »Kernbestand von Rechten« wurde seither durch insgesamt **16 Zusatzprotokolle** ergänzt (allgemein zu den Zusatzprotokollen Rdn. 11). Die EMRK ist ein eigenständiges Vertragswerk der Mitgliedsstaaten des Europarats. In Kraft getreten ist sie am 03.09.1953 nach der Ratifizierung durch zehn Mitgliedsstaaten des Europarats. EMRK und Europarat stehen insofern in einem sehr engen Zusammenhang, als einerseits nur Mitglieder des Europarats (und seit Inkrafttreten des 14. Zusatzprotokolls am 01.06.2010 auch die EU) die EMRK zeichnen können, andererseits ein Staat nur Mitglied im Europarat werden kann, wenn er die EMRK gezeichnet hat (*Satzger* IntEuStrR, § 11 Rn. 7). Momentan umfasst der Europarat 47 Mitglieder.

2 **II. Der Europarat und seine Organe. 1. Europarat.** Im Europarat sind die Mitgliedsstaaten als Völkerrechtssubjekte vertreten. Den Individuen selbst wird keine eigene Rechtsstellung eingeräumt (auch wenn die Gründung des Europarats vor dem Hintergrund erfolgte, Grundrechtsverletzungen wie die im Zweiten Weltkrieg zu vermeiden). Der Einzelne wird durch seinen Staat »mediatisiert« (*Satzger* IntEuStrR, § 11 Rn. 3).

3 **2. Ministerkomitee.** Das Ministerkomitee ist das Entscheidungsorgan des Europarats. Es besteht aus den Außenministern der Europaratsmitglieder bzw. deren ständigen Vertretern und hat die Aufgabe, Maßnahmen und Abkommen zu überprüfen und die Durchführung der Urteile des EGMR zu überwachen (vgl. Art. 46

Rdn. 12). Für seine Beschlüsse – missverständlicherweise trotz ihrer Bindungswirkung »Empfehlungen« genannt – ist in wichtigen Fragen Einstimmigkeit erforderlich (Art. 15 lit. a, Art. 20 lit. a) EuRat).

3. Beratendes Gremium. Beratendes Gremium ist die Parlamentarische Versammlung (Art. 22 bis 35 EuRat), deren 318 Mitglieder durch die nationalen Parlamente gewählt bzw. benannt werden. Die großen Staaten Russland, Türkei, Frankreich, Italien, Großbritannien und Deutschland haben jeweils 18 Stimmen, die kleinsten Mitgliedsländer zwei (s. *Satzger* IntEuStrR, § 11 Rn. 4). 4

III. Rechtsnatur der EMRK. 1. Die EMRK als völkerrechtlicher Vertrag. Die EMRK ist – als Konvention – ein völkerrechtlicher Vertrag i.S.v. Art. 2 Abs. 1 lit. a des Wiener Übereinkommens über das Recht der Verträge (WVRK). Völkervertragsrecht findet somit Anwendung. 5

2. Die Auslegung völkerrechtlicher Verträge im Allgemeinen. Grds. gelten daher die allgemeinen Auslegungsgrundsätze des WVRK (s. *Gleß* Internationales Strafrecht, Rn. 53). Nach **Art. 31 Abs. 1 WVRK** sind Verträge in Übereinstimmung mit der gewöhnlichen, ihren Bestimmungen im Zusammenhang zukommenden Bedeutung und im Lichte ihres Sinns und Zwecks auszulegen – der historischen Auslegung kommt somit von vornherein nur eine ganz untergeordnete, allenfalls ergänzende Bedeutung zu, was durch Art. 32 WVRK unterstrichen wird (*Peters/Altwicker* EMRK, § 2 Rn. 40; *Satzger* JURA 2009, 759 [760]). 6

3. Die Auslegung der EMRK durch den EGMR. a) Der EGMR. Regelungen über den EGMR finden sich in den Art. 19 ff. der Konvention sowie in der Verfahrensordnung des EGMR. In Art. 19 ist die Errichtung des EGMR geregelt. Der EGMR ist somit durch die Konvention geschaffen und daher kein Organ des Europarats, sondern ein Organ der Konvention selbst (näher zum EGMR vgl. Art. 34 Rdn. 1 ff.). 7

b) Auslegungsgrundsätze. Im Vordergrund der Auslegung der EMRK durch den EGMR steht gem. Art. 31 Abs. 1 WVRK die Zielsetzung der EMRK (bestmöglicher Menschenrechtsschutz, einheitliche Mindeststandards). Dazu legt der Gerichtshof die Garantien der EMRK **autonom** aus (vgl. *Gleß* Internationales Strafrecht, Rn. 51; LR/*Esser* EMRK, Einf. Rn. 180); d.h., er bildet eigene Begriffe und Definitionen, um den Mitgliedsstaaten der Konvention die Möglichkeit zu nehmen, sich der Garantien der EMRK durch eigene Begriffsbildung und Definitionen zu entziehen. So hat der EGMR etwa Ordnungswidrigkeiten des deutschen Rechts dem »Strafrecht« i.S.d. EMRK (und den insoweit geltenden Garantien) zugeordnet, obwohl der deutsche Gesetzgeber die Ordnungswidrigkeiten gerade dem strafrechtlichen Kontext entziehen wollte (EGMR Öztürk./. Deutschland, Urt. v. 21.02.1984 – 8544/79, Series A, Rn. 73). 8

Weiterhin bezeichnet der EGMR selbst die EMRK als ein »**living instrument**«, bei deren Auslegung der Wandel wirtschaftlicher, sozialer und ethischer Gegebenheiten zwingend berücksichtigt werden müsse (Meyer-Ladewig/Nettesheim/von Raumer/*Meyer-Ladewig/Nettesheim* EMRK, Einleitung Rn. 24; *Peters/Altwicker* EMRK, § 2 Rn. 41 ff.; *Grabenwarter/Pabel* EMRK, § 5 Rn. 14 ff.; Dörr/Grote/Marauhn/*Cremer* EMRK, Kap. 4 Rn. 35 ff.; *Kempen/Hillgruber* Völkerrecht, 2. Aufl. 2012, § 57 Rn. 59; *Bernhardt* FS Wildhaber, S. 91). Insofern spielt die historische Auslegung im Fall der EMRK eine noch geringere Rolle als üblicherweise bei völkerrechtlichen Verträgen (zur Bedeutung der Urteile des EGMR für Deutschland vgl. Art. 46 Rdn. 7; vgl. *Esser* Auf dem Weg, S. 834 ff.). 9

Im Hinblick auf die grammatische Auslegung ist zu beachten, dass allein der Wortlaut der **authentischen Sprachversionen** der EMRK, also der englische und der französische Text (diese stehen dabei gleichberechtigt nebeneinander) entscheidend ist (vgl. die Schlussbestimmung nach Art. 66). Der deutsche Wortlaut ist eine bloße Übersetzung und gibt den Inhalt der Konventionsgarantien daher nicht authentisch wieder, was bei der Argumentation mit der EMRK stets zu berücksichtigen ist (und weshalb in dieser Kommentierung die authentischen Fassungen der EMRK-Vorschriften jeweils mit abgedruckt sind).

Da das Rechtsschutzsystem der EMRK ggü. dem innerstaatlichen nur subsidiär ist (vgl. Art. 13, 35), gewährt der EGMR den nationalen Behörden und Gerichten bei der Anwendung und Auslegung des nationalen Rechts im Einzelfall einen Einschätzungs- und Beurteilungsspielraum, sog. »margin of appreciation«/»marge d'apprécation« (s. LR/*Esser* EMRK, Einf. Rn. 201).

Zu beachten ist, dass die Rspr. des EGMR generell stark einzelfallbezogen und abwägungsorientiert ist (*von Bernstorff* Der Staat 2011, 165 [167]). 10

IV. Die Zusatzprotokolle. Weitere Gewährleistungen enthalten die mittlerweile insgesamt 16 Zusatzprotokolle zur EMRK (vgl. die Übersicht bei BeckOK-StPO/*Valerius* EMRK, Art. 1 Rn. 3.1.), von denen bislang 14 in Kraft sind (1.–14. Zusatzprotokoll). Die in den Zusatzprotokollen enthaltenen Garantien verpflichten nur die Mitgliedsstaaten, die diese Zusatzprotokolle auch ratifiziert haben. Bei den Zusatzprotokollen kann unterschieden werden (vgl. KK-StPO/*Lohse/Jakobs* EMRK, Vorbem. Rn. 7) zwischen sol- 11

chen, die **zusätzliche materielle Garantien** enthalten (1., 4., 6., 7., 12. und 13. Zusatzprotokoll) und solchen, die **verfahrensrechtliche Normen** beinhalten (übrige Zusatzprotokolle).
Das zuletzt bedeutendste Zusatzprotokoll mit verfahrensrechtlichen Normen war das nach der Ratifikation durch Russland am 01.06.2010 in Kraft getretene **14. Zusatzprotokoll**, welches v.a. eine Entlastung des EGMR und die Möglichkeit eines Beitritts der EU in Art. 59 Abs. 2 n.F. herbeiführen sollte (ausführlich hierzu *Satzger* IntEuStrR, § 11 Rn. 14, 100). In grundrechtlicher Hinsicht ist das wichtigste Zusatzprotokoll das 7. **Zusatzprotokoll** v. 22.11.1984. Dieses regelt in Art. 2 das Recht auf Rechtsmittel in Strafsachen (vgl. Art. 2 des 7. ZP Rdn. 7 ff.), in Art. 4 den Grundsatz »ne bis in idem« (vgl. hierzu Art. 4 des 7. ZP Rdn. 5 ff.). Das 7. ZP wurde von der Bundesrepublik **nicht ratifiziert**, allerdings entsprechen die innerstaatlichen Gewährleistungen den dort aufgestellten Standards.
Die **noch nicht in Kraft befindlichen Zusatzprotokolle** betreffen einerseits die Aufnahme des Subsidiaritätsprinzips und des Beurteilungsspielraums der Mitgliedstaaten in der Präambel der Konvention und intendieren andererseits die Effizienzwahrung des EGMR durch verschiedene Verfahrensänderungen (15. Zusatzprotokoll) bzw. räumen den höchsten mitgliedstaatlichen Gerichten die Möglichkeit ein, den EGMR um ein Gutachten über grundsätzliche Fragen zur Auslegung oder Anwendung der Rechte und Freiheiten der EMRK zu ersuchen (16. Zusatzprotokoll).

12 **B. Geltungsbereich.** Bei der EMRK handelt es sich um eine sog. **geschlossene Konvention**, d.h. es können nur Mitglieder des Europarats und – seit der Ratifizierung des 14. Zusatzprotokolls – die EU beitreten (*Satzger* IntEuStrR, § 11 Rn. 1). Art. 1 regelt den sachlichen und i.V.m. Art. 56 Abs. 1 den räumlichen Geltungsbereich der EMRK. Zu beachten ist, dass Art. 1 nur eine Rahmenvorschrift darstellt, d.h. *per se* kein materielles Recht begründet (EGMR GrK Streletz, Keßler u. Krenz./. Deutschland, Urt. v. 22.03.2001 – 34044/96, 35532/97 u. 44801/98, NJW 2001, 3035 [3041]). Art. 1 kann daher auch nur in Verbindung mit anderen Garantien der Konvention geltend gemacht werden (Meyer-Ladewig/Nettesheim/von Raumer/*Meyer-Ladewig/Nettesheim* EMRK, Art. 1 Rn. 4)

13 **I. Territorialer Geltungsbereich.** Die EMRK bedarf zu ihrer Wirksamkeit im einzelnen Mitgliedsstaat der Ratifikation und der Hinterlegung der Ratifikationsurkunde beim Generalsekretär, vgl. Art. 59 Abs. 1 Satz 2, 3, Abs. 3. Mit Hinterlegung der Ratifikationsurkunde tritt die EMRK für den Unterzeichnerstaat in Kraft und verpflichtet ihn, gem. Art. 1 die Rechte und Freiheiten allen **seiner Hoheitsgewalt unterstehenden Personen** zuzusichern. Unter Hoheitsgewalt versteht man jedes dem Staat völkerrechtlich zurechenbare Handeln seiner Organe und der für diese Organe tätigen Personen, welches sich grds. auf das gesamte Territorium des Staates erstreckt (zu Ausnahmen s. LR/*Esser* EMRK, Art. 1 Rn. 31 ff.). Liegt das Handeln des Organs zwar noch auf dem Territorium des Unterzeichnerstaats, hat dieser jedoch keine Autorität mehr über das entsprechende Gebiet, sodass es faktisch an einer effektiven Kontroll- und Einflussmöglichkeit fehlt, so beschränkt sich der Schutz auf die Verpflichtung, alle diplomatischen, wirtschaftlichen, juristischen und sonstigen Maßnahmen zu ergreifen, die dem Völkerrecht entsprechen (zuletzt EGMR Mozer./. Moldawien und Russland, Urt. v. 23.02.2016 – 11138/10, Rn. 99). Jenseits des eigenen Territoriums greift der Schutz der EMRK ausnahmsweise dann, wenn sich der Betroffene – sei es punktuell (z.B. Festnahme, vgl. EGMR Al-Saadoon, Mufdhi./. Vereinigtes Königreich, Urt. v. 02.03.2010 – 61498/08, Rn. 85), sei es für ein zeitlich und örtlich limitiertes Ausmaß – unter der tatsächlichen Autorität und Kontrolle eines Konventionsstaates befindet (sog. »actual authority and control«-Test bzw. [wohl gleichbedeutend] »effective control«-Test, dazu LR/*Esser* EMRK, Art. 1 Rn. 39; siehe zur »special features«-Doktrin bei extraterritorialen Tötungshandlungen die Kriterien in EGMR GrK Güzelyurtlu u.a./. Zypern und Türkei, Urt. v. 04.04.2017 – 36925/07, Rn. 191 ff.).

14 Soweit ein Staat im Ausland selbst Befehls- und Kommandogewalt über seine Truppen ausübt, muss er insoweit die Rechte der Konvention beachten; bei Missionen unter Nato- oder UN-Mandat soll dies nach der Rspr. des EGMR nicht gelten (vgl. EGMR GrK Behrami u.a./. Frankreich; Saramati./. Frankreich u.a., Urt. v. 02.05.2007 – 71412/01 u. 78166/01, EuGRZ 2007, 522; s. dazu auch EGMR Al-Skeini./. Vereinigtes Königreich, Urt. v. 07.07.2011 – 55721/07 sowie Hirsi Jamaa./. Italien, Urt. v. 23.02.2012 – 27765/09; krit. hinsichtlich der Festnahme von Piraterieverdächtigen am Horn von Afrika vgl. *Esser/Fischer* JR 2010, 513 [515 f.]); gerade im Rahmen der verfahrensrechtlichen Pflichten aus Art. 2 kann allerdings eine »hoheitliche Verbindung« ausnahmsweise auch bei einer Mission unter UN-Mandat zustandekommen, falls dem Mitgliedsstaat aus internationalem sowie nationalem Recht eine Pflicht erwächst, Ermittlungen zu durch eigene Soldaten begangenen Straftaten durchzuführen, vgl. EGMR GrK Hanan./. Deutschland, Urt. v. 16.02.2021 – 4871/16, Rn. 135 ff. in Fortführung von EGMR GrK Güzelyurtlu u.a./. Zypern und Türkei, Urt. v. 04.04.2017 – 36925/07, Rn. 191 ff.

II. Verpflichtete. Verpflichtete der EMRK sind, wie Art. 1 zeigt, die **Mitgliedsstaaten**. Erfasst werden alle Hoheitsakte der Legislative, Judikative und Exekutive. Eine Verletzung der EMRK ist unabhängig von einem Verschulden möglich (LR/*Esser* EMRK, Art. 1 Rn. 45 f., zur Zurechenbarkeit staatlichen Handelns, insb. zwischenstaatlicher Einrichtungen und internationaler Organisationen Rn. 21 ff.; *Grabenwarter/Pabel* EMRK, § 17 Rn. 6 ff.; *Peters/Altwicker* EMRK, § 2 Rn. 17; *Frowein*/Peukert EMRK, Art. 1 Rn. 3; *Satzger* JURA 2009, 759). 15

Eine unmittelbare Verpflichtung von Privatpersonen **(unmittelbare Drittwirkung)** besteht nach herrschender und richtiger Ansicht nicht (*Frowein*/Peukert EMRK, Art. 1 Rn. 16; LR/*Esser* EMRK, Art. 1 Rn. 55; *Grabenwarter/Pabel* EMRK, § 17 Rn. 6; *Satzger* IntEuStrR § 11 Rn. 25; *ders.* JURA 2009, 759; *Fuchs* ZStW 100 [1988], 446 [für Österreich] und *Trechsel* ZStW 100 [1988], 671 [für die Schweiz]). Die Bedeutung der Konventionsgarantien erschöpft sich andererseits nicht in subjektiven Abwehrrechten ggü. den verpflichteten Staaten. Vielmehr kommt es zu einer gewissen Ausstrahlungswirkung auch auf Private. Die EMRK etabliert nämlich eine **objektive Wertordnung** (»constitutional instrument«). Die Vertragsstaaten dürfen daher keinen allgemein konventionswidrigen Zustand dulden und sind grundsätzlich verpflichtet, Maßnahmen zu treffen, um Grundrechtseingriffe durch Private zu verhindern, wobei die Reichweite dieser Schutzpflicht von der jeweiligen Garantie abhängig ist (EGMR Verein gegen Tierfabriken./. Schweiz [Nr. 1], Urt. v. 28.06.2001 – 32772/02, Rn. 45, 46; EGMR Dink./. Türkei, Urt. v. 14.09.2010 – 2668/07, 6102/08, 30079/08, 7072/09 u. 7124/09, Rn. 64 f.). 16

III. Berechtigte. Berechtigte der Garantien der EMRK sind die auf dem Territorium des jeweiligen Konventionsstaats befindlichen und damit der Hoheitsgewalt der Mitgliedsstaaten unterstehenden **natürlichen Personen**. Abgesehen vom Verbot der Auslieferung (Art. 3 des 4. ZP) kommt es auf die Staatsangehörigkeit der Betroffenen nicht an. 17

Auch **juristische Personen sowie sonstige Personenmehrheiten** ohne eigene Rechtspersönlichkeit können Berechtigte i.S.v. Art. 1 sein, sofern es sich bei der fraglichen Garantie nicht um eine solche handelt, die notwendigerweise nur Privatpersonen zugutekommt. Dies gilt auch für juristische Personen des öffentlichen Rechts, sofern sie nicht strukturell dem Staat nahe stehen, also bspw. Kirchen und Universitäten. Insofern besteht durchaus eine Vergleichbarkeit zu Art. 19 Abs. 3 GG (*Satzger* IntEuStrR, § 11 Rn. 23; *Grabenwarter/Pabel* EMRK, § 17 Rn. 5; vgl. *Barden* Grundrechtsfähigkeit gemischt-wirtschaftlicher Unternehmen, 2002, S. 185 ff.). 18

C. Grundprinzipien der EMRK. I. Günstigkeitsprinzip. Art. 53 zeigt, dass der von der EMRK gewährte Grundrechtsschutz nur einen **Mindeststandard** der in jedem Mitgliedsstaat anzuerkennenden Grundrechte darstellt. Daher steht die EMRK Rechten, die über den von ihr gewährten Schutz hinausgehen, sei es aufgrund innerstaatlicher oder völkerrechtlicher Normen, nie entgegen (Meyer-Ladewig/Nettesheim/von Raumer/*Meyer-Ladewig/Renger* EMRK, Art. 53 Rn. 1). 19

II. Subsidiaritätsprinzip. Wie Art. 13 und Art. 35 zeigen, hat das Rechtsschutzsystem der EMRK nur subsidiären Charakter. Die Gewährleistungen der EMRK sind zuallererst durch die innerstaatlichen Behörden und Gerichte zu wahren. Bei der EMRK handelt es sich somit im Grundsatz um ein Kooperationssystem. Ziel der EMRK ist es nicht, gleichförmige demokratische Gesellschaften in ganz Europa herzustellen (*Grabenwarter* EuGRZ 2011, 229 [231]; zum Pluralitätsgebot, vgl. *von Ungern-Sternberg* EuGRZ 2011, 199 ff.), aufgrund dessen räumt der EGMR den Behörden einen weiten Beurteilungsspielraum ein (*Satzger* IntEuStrR, § 11 Rn. 20; zu den prozessualen Auswirkungen des Subsidiaritätsgrundsatzes vgl. Art. 34 Rdn. 11 ff.). 20

D. Die Bedeutung der EMRK für das EU-Recht. Sämtliche Mitgliedsstaaten der EU sind zugleich Mitglieder des Europarats (s. Rdn. 1). Weiterhin wurden durch den Vertrag von Lissabon mit Art. 6 Abs. 2 EUV n.F. sowie dem mit Inkrafttreten des 14. Zusatzprotokolls neu in die Konvention eingefügten Art. 59 Abs. 2 n.F. die Grundvoraussetzungen für einen Beitritt der EU zur EMRK geschaffen (vert. Karpenstein/Mayer/*Mayer* EMRK, Einl. Rn. 154 ff.; *Kizil* JA 2011, 277 ff.; *Obwexer* EuR 2012, 115 ff.; s. zur Bindung Europäischer Polizei- und Strafverfolgungsbehörden an die EMRK LR/*Esser* EMRK, Art. 1 Rn. 118 ff.); die durch das Zusatzprotokoll eingefügte Passage, die ausnahmsweise einem Nicht-Staat einen Beitritt ermöglicht, lautet: Die Europäische Union kann dieser Konvention beitreten. Vor einem Beitritt sind allerdings noch erhebliche Hürden zu überwinden. So bedarf es insb. der Erarbeitung eines (europarechtskonformen) Beitrittsvertrags zwischen der EU und den Konventionsstaaten. Ein derartiges Beitrittsabkommen schien an und für sich realisierbar, eine informelle Arbeitsgruppe (CDDH-EU) hatte dem Ministerkomitee des Europarats bereits einen Entwurf eines solchen Abkommens vorgelegt. Überraschenderweise hat der EuGH in seinem Gutachten (Gutachten vom 18.12.2014 – C-2/13; krit. dazu *Breuer* EuR 2015, 330 ff.; *Wendel* NJW 2015, 921 ff.; s. auch den Überblick zur Argumentation des EuGH bei *Brodowski* ZIS 2016, 106 ff.) bzgl. der Ver- 21 einbarkeit des Entwurfs des Abkommens mit EU-Recht, wozu der Gerichtshof seitens der EU-Kommission gem. Art. 218 Abs. 11 AEUV beauftragt worden war, erhebliche Einwände erhoben, welche einen Beitritt bedauerlicherweise auf absehbare Zeit wohl ausschließen werden. Hintergrund der zurückhaltenden Position des EuGH ist dabei neben einem befürchteten Autonomieverlust für das EU-Recht auch die Besorgnis eines Machtverlustes des EuGH ggü. dem EGMR (vgl. zum Ganzen *Satzger* IntEuStrR, § 11 Rn. 14 m.w.N.).

22 **I. Die Grundrechtecharta der EU.** Besondere Wichtigkeit hat die EMRK bereits jetzt für die Auslegung der GRCh, die mit dem Vertrag von Lissabon rechtsverbindlich in Kraft getreten ist und nach Art. 6 Abs. 1 EUV mit den Verträgen auf einer Stufe steht. Aufgrund des in Art. 51 GRCh definierten Anwendungsbereichs der Charta gilt diese **sowohl für die Organe**, als auch **für die Mitgliedsstaaten, wenn diese Unionsrecht vollziehen.** Die mitgliedstaatliche Bindung versteht der EuGH weit; die durch die Charta garantierten Grundrechte seien immer dann zu beachten, wenn eine nationale Rechtsvorschrift in den Geltungsbereich des Unionsrechts falle. Ob die einschlägigen nationalen Vorschriften zur Umsetzung von EU-Recht erlassen wurden, sei unerheblich. Es komme vielmehr darauf an, ob sie EU-Interessen dienten (EuGH v. 26.02.2013 – Rs. C-617/10, Åkerberg Fransson, NJW 2013, 1415; dazu etwa *Safferling* NStZ 2014, 545 ff.). Bereits die Präambel der Charta verweist auf die EMRK und die Rspr. des EGMR. Weiterhin enthält Art. 52 Abs. 3 GRCh eine »Kohärenzklausel«, wonach die Rechte der Charta die gleiche Bedeutung und Tragweite wie die entsprechenden Garantien der EMRK haben sollen (vert. zum Ganzen *Satzger* IntEuStrR, § 11 Rn. 15 ff.). Schließlich kommt der Rspr. des EGMR auch insofern eine Vorbildwirkung für den EuGH im Hinblick auf die Grundrechte zu, als sie es bewerkstelligt hat, verschiedene Grundrechtsdogmatiken seit Jahrzehnten unter ihrem Dach zu vereinigen (zu den Grundrechtskonzeptionen in der EMRK vgl. *von Ungern-Sternberg* EuGRZ 2011, 199 ff.).

23 **II. Das Verhältnis zwischen EuGH und EGMR.** Mit dem Beitritt der EU zur EMRK ließe sich der bislang zumindest formal bestehende Zuständigkeitskonflikt zwischen dem Grundrechtsschutz durch den EGMR und durch den EuGH im Bereich der Anwendung und Ausführung von EU-Recht durch mitgliedsstaatliche Organe beilegen (*Glauben* DRiZ 2004, 131). Denn ebenso wie die EU-Organe sind auch staatliche Organe, die EU-Recht vollziehen, an die Grundrechte des EU-Rechts und damit (s. auch Art. 51 GRCh) an die EMRK-Gewährleistungen gebunden. Für die Überprüfung der Grundrechtskonformität des Handelns dieser staatlichen Organe ist dann der EuGH zuständig. Da sie aber auch als Organe der Mitgliedsstaaten, die selbst unmittelbar an die EMRK gebunden sind, tätig werden, stellt sich die Frage, ob der EGMR in diesen Konstellationen zuständig sein kann und dementsprechend das von den nationalen Behörden angewandte/ausgeführte Unionsrecht am Maßstab der EMRK zu prüfen ist (dazu allgemein sowie zur Entwicklung der Rspr. der Menschenrechtskommission und des EGMR vgl. *Peters/Altwicker* EMRK, § 4 Rn. 3). Die Rspr. des EGMR der letzten Jahre schien diese Frage – auf praktischem Wege – entschärft zu haben. Zwar seien die Mitgliedstaaten auch dann für das Handeln ihrer Organe im Hinblick auf die Einhaltung der EMRK verantwortlich, wenn sie völkervertraglichen Verpflichtungen (hier: durch den AEUV/EUV) nachkämen. Nach Art. 1 hätten die Vertragsstaaten nämlich für jede Verletzung der von der Konvention geschützten Rechte und Freiheiten ggü. einer ihrer Hoheitsgewalt unterstehenden Person einzustehen (EGMR Bosphorus Hava Yollari Turizm ve Ticaret Anonim Sirketi./. Irland, Urt. v. 30.06.2005 – 45036/98, NJW 2006, 197 [200], Rn. 136). Allerdings sei staatliches Handeln in Erfüllung solcher Verpflichtungen im Rahmen einer internationalen Organisation gerechtfertigt, wenn die Organisation die Grundrechte schützt und dieser Schutz wenigstens als »gleichwertig« zu dem der EMRK anzusehen ist, d.h. als »vergleichbar«, nicht als »identisch«. In diesem Fall besteht eine Vermutung, dass der Staat sich den Anforderungen der EMRK nicht entzogen hat. »Diese Vermutung kann jedoch widerlegt werden, wenn in einem bestimmten Fall anzunehmen ist, dass der Schutz von Konventionsrechten offensichtlich unzureichend ist« (EGMR Bosphorus Hava Yollari Turizm ve Ticaret Anonim Sirketi./. Irland, Urt. v. 30.06.2005 – 45036/98, NJW 2006, 197 [202], Rn. 156; vgl. zu diesbezüglichen Problemen durch das EU-rechtliche Prinzip der gegenseitigen Anerkennung EGMR GrK Avotiņš./. Lettland, Urt. v. 23.05.2016 – 17502/07, Rn. 114 ff.). Den Schutz der Grundrechte im Unionsrecht sieht der EGMR dabei als grundsätzlich »gleichwertig« an. Voraussetzung für das Eingreifen der Gleichwertigkeitsvermutung in diesem Kontext ist erstens, dass der Mitgliedsstaat keinen Handlungsspielraum bei der Anwendung des EU-Rechts hatte, sowie zweitens, dass der Überprüfungsmechanismus des EU-Rechts in Form der Vorlage an den EuGH zur Vorabentscheidung genutzt wurde (EGMR Michaud./. Frankreich, Urt. 06.12.2012 – 12323/11, NJW 2013, 3423 [3426], Rn. 113 ff.). Allerdings hat der EGMR in Bezug auf die zweite Voraussetzung jüngst (und inhaltlich konsequent) Ausnahmen zugelassen, in denen ein Absehen von der Vorlage an den EuGH im Hinblick auf das Eingreifen der Vermutung unschädlich ist: Dies ist dann der Fall, wenn im Einzelfall keine bedeutenden Rechtsfragen bzgl. des EU-Rechts aufgeworfen werden oder der

EuGH bereits entschieden hat, wie das EU-Recht in entsprechenden Konstellation auszulegen ist (EGMR GrK Avotiņš./. Lettland, Urt. v. 23.05.2016 – 17502/07, Rn. 109 ff.).

Das so etablierte **Kooperationsverhältnis** zwischen beiden europäischen Gerichtshöfen erinnert an die Position des BVerfG ggü. dem EuGH, wie ersteres diese in seiner »Solange«-Rechtsprechung (BVerfG NJW 1987, 577) entwickelt hat. Ein solches Kooperationsverhältnis kann zumindest in der Praxis verhindern, dass grundlegende Probleme virulent werden (*Satzger* IntEuStrR, § 11 Rn. 18; s. aber auch *Meyer* ZStW 118 [2016], 1089 [1124 f.]).

Ob der »Gleichwertigkeitstest« auch auf die UN angewandt werden soll, hat der EGMR offengelassen (EGMR GrK Al-Dulimi u. Montana Management Inc./. Schweiz, Urt. v. 21.06.2016 – 5809/08, Rn. 149; die Vorinstanz war noch von einer Anwendung ausgegangen, vgl. EGMR Al-Dulimi u. Montana Management Inc./. Schweiz Urt. v. 26.11.2013 – 5809/08, Rn. 116 ff.).

Die Grenzen eines Kooperationsverhältnisses zwischen EuGH und EGMR zeigt Ersterer in seinem Gutachten zum Beitritt der EU zur EMRK (Gutachten v. 18.12.2014 – C-2/13, Rn. 228 ff.; dazu oben Rdn. 21) auf, in dem der EuGH die Wahrung der Autonomie des EU-Rechts hervorhebt und einer »externen Kontrolle« (insb. auch durch den EGMR) zurückhaltend gegenübersteht. Dennoch hält der EGMR – zumindest vorerst und mit gewissen Einschränkungen – an seiner Bosphorus-Rechtsprechung fest (EGMR GrK Avotiņš./. Lettland, Urt. v. 23.05.2016 – 17502/07, Rn. 101 ff.; vgl. dazu auch *Ress* EuZW 2016, 800: Ein »langsames Aufweichen des Bosphorus-Prinzips« sei folgerichtig) 24

E. Die Bedeutung der EMRK für das deutsche Recht. I. Rang der EMRK im deutschen Rechtssystem – die »Görgülü«-Rechtsprechung des BVerfG. Grundlage für die Ratifikation der EMRK durch Deutschland war das Gesetz v. 07.08.1952, welches gleichzeitig die EMRK in deutsches Recht transformierte. Das Grundgesetz weist gem. Art. 59 Abs. 2 GG völkerrechtlichen Verträgen den Rang des Transformationsgesetzes, mithin den Rang eines einfachen Bundesgesetzes zu. Dennoch kommt der EMRK in der Normenhierarchie nach der im Fall »Görgülü« begründeten Rspr. des BVerfG eine besondere Stellung zu: Es kommt nicht der – eigentlich anwendbare – »lex-posterior«-Grundsatz zum Zuge. Vielmehr sind alle nach dem Transformationsgesetz von 1952 erlassenen Gesetze und das gesamte deutsche Recht infolge des Prinzips **völkerrechtsfreundlicher Auslegung** im Lichte der EMRK zu interpretieren. Soweit Auslegungs- und Abwägungsspielräume bestehen ist daher derjenigen Interpretation der Vorzug zu gewähren, die zu einem konventionskonformen Ergebnis führt. Dies soll **sogar für das Grundgesetz** gelten. Die Verfassung muss daher, wie die einfachen Gesetze, im Lichte der EMRK ausgelegt werden, sofern dies nicht zu einer – von der Konvention selbst nicht gewollten – Einschränkung oder Minderung des Grundrechtsschutzes nach dem Grundgesetz führt (BVerfGE 111, 307 [317]; vgl. *Satzger* JURA 2009, 759; *Quarthal* JURA 2011, 495 ff.; *Pösl* ZJS 2011, 134 [139 ff.]; *Zehetgruber* ZJS 2016, 52 ff.; zur konventionskonformen Auslegung des deutschen Strafprozessrechts vgl. Einleitung Rdn. 28). 25

Dennoch steht die EMRK letztlich in der Normhierarchie unterhalb des Grundgesetzes. Unmittelbar kann daher eine Verletzung der Gewährleistungen der EMRK nicht vor dem BVerfG geltend gemacht werden. Sofern ein Gericht jedoch die Pflicht zur konventionskonformen Auslegung verletzt, verstößt es gegen das Rechtsstaatsprinzip und der Weg zum BVerfG ist im Fall einer damit einhergehenden Grundrechtsverletzung eröffnet (BVerfGE 111, 307 [316]). 26

II. Die Bedeutung der Rspr. des EGMR im nationalen Recht. Nach Art. 46 Abs. 1 wirken die Urteile des EGMR grds. nur *»inter partes«*, also zwischen den am Verfahren beteiligten Parteien (näher hierzu vgl. Art. 46 Rdn. 5). Eine mit § 31 Abs. 1 BVerfGG vergleichbare Vorschrift, wonach auch innerstaatliche Organe an die Entscheidung gebunden sind, enthält die EMRK nicht (*Grabenwarter/Pabel* EMRK, § 16 Rn. 2 ff.; *Frowein* FS Wildhaber, S. 261 [264]). 27

Dennoch ist die Rspr. des EGMR auch von am Verfahren Unbeteiligten zu beachten. Sie dient – nach der »Görgülü«-Rechtsprechung des BVerfG (oben Rdn. 25) – als **Auslegungshilfe** für die Bestimmung von Inhalt und Reichweite von Grundrechten und rechtsstaatlichen Grundsätzen des Grundgesetzes. Dabei spiegelt die Rspr. des EGMR den aktuellen Entwicklungsstand der Konvention als »living instrument«, bei deren Auslegung der Wandel wirtschaftlicher, sozialer und ethischer Gegebenheiten stets zu berücksichtigen seien (BVerfGE 111, 307 [319]), wider (vgl. *Grabenwarter/Pabel* EMRK, § 16 Rn. 8; *Schmalenbach* ZÖR 2004, 213 [224 ff.]; *Papier* EuGRZ 2006, 1 [3]), denn gem. Art. 19 ist der EGMR zur Sicherstellung der Einhaltung der Konvention und damit zu ihrer Auslegung berechtigt und verpflichtet. Nachdem sich sämtliche Mitgliedsstaaten zur Gewährleistung der in der Konvention beschriebenen Rechte verpflichten (Art. 1), geht von den Urteilen des EGMR auch für am Verfahren unbeteiligte Staaten eine Orientierungswirkung aus (*Grabenwarter* JZ 2010, 857 [861]; *Pösl* ZJS 2011, 134 [140]; *Zehetgruber* ZJS 2016, 52 [56 ff.]). 28

29 **Im deutschen Recht** ergibt sich eine derartige Bindung der EGMR-Rechtsprechung aus dem Zustimmungsgesetz i.V.m. dem Rechtsstaatsprinzip, Art. 59 Abs. 2, Art. 20 Abs. 3 i.V.m. Art. 19 Abs. 4 GG.

30 Auch die **Konvention selbst** gebietet eine Bindungswirkung der Rspr. des EGMR für die nationalen Gerichte. So reiche das Recht auf »wirksame Beschwerde« bereits in die institutionelle Gliederung der Staatlichkeit herab, weiterhin gebietet Art. 52 die »wirksame Anwendung aller Bestimmungen der Konvention«, was in einem vom Grundsatz der Gewaltenteilung beherrschten demokratischen Rechtsstaat nur möglich ist, wenn alle Träger hoheitlicher Gewalt einschließlich der deutschen Gerichte an die Gewährleistungen der Konvention gebunden werden (BVerfGE 111, 307 [323]).

31 Diese **Wirkung der Entscheidungen des EGMR ist allerdings begrenzt:** Eine Nichtbeachtung seitens der nationalen Behörden ist dann erlaubt, wenn nur auf diese Weise ein Verstoß gegen tragende Grundsätze der Verfassung abzuwenden ist (BVerfGE 111, 307 [319]).

Art. 2 Recht auf Leben

(1) Das Recht jedes Menschen auf Leben wird gesetzlich geschützt. Niemand darf absichtlich getötet werden, außer durch Vollstreckung eines Todesurteils, das ein Gericht wegen eines Verbrechens verhängt hat, für das die Todesstrafe gesetzlich vorgesehen ist.

(2) Eine Tötung wird nicht als Verletzung dieses Artikels betrachtet, wenn sie durch eine Gewaltanwendung verursacht wird, die unbedingt erforderlich ist, um

a) jemanden gegen rechtswidrige Gewalt zu verteidigen;

b) jemanden rechtmäßig festzunehmen oder jemanden, dem die Freiheit rechtmäßig entzogen ist, an der Flucht zu hindern;

c) einen Aufruhr oder Aufstand rechtmäßig niederzuschlagen.

Englische Fassung.

(1) Everyone´s right to life shall be protected by law. No one shall be deprived of his life intentionally save in the execution of a sentence of a court following his conviction of a crime for which this penalty is provided by law.

(2) Deprivation of life shall not be regarded as inflicted in contravention of this article when it results from the use of force which is no more than absolutely necessary:

a) in defence of any person from unlawful violence;

b) in order to effect a lawful arrest or to prevent the escape of a person lawfully detained;

c) in action lawfully taken for the purpose of quelling a riot or insurrection.

Französische Fassung.

(1) Le droit de toute personne à la vie est protégé par la loi. La mort ne peut être infligée à quiconque intentionnellement, sauf en exécution d´une sentence capitale prononcée par un tribunal au cas où le délit est puni de cette peine par la loi.

(2) La mort n´est pas considérée comme infligée en violation de cet article dans les cas où elle résulterait d´un recours à la force rendu absolument nécessaire:

a) pour assurer la défense de toute personne contre la violence illégale;

b) pour effectuer une arrestation régulière ou pour empêcher l´évasion d´une personne régulièrement détenue;

c) pour réprimer, conformément à la loi, une émeute ou une insurrection.

Übersicht Rdn.

A. Grundsätzliches. I. Das Recht auf Leben. Das Recht auf Leben ist eines der ältesten Grundrechte, welches dem Menschen garantiert wird. Bereits die englische Magna Charta aus dem Jahr 1215 enthielt für jeden freien Mann (»freeman«) ein entsprechendes Recht. Auch die amerikanische Unabhängigkeitserklärung v. 04.07.1776 bezeichnete das Recht auf Leben als eines der naturgegebenen Rechte des Menschen (Dörr/Grote/Marauhn/*Alleweldt* EMRK, Kap. 10 Rn. 1). 1

Die Garantie des »Rechts auf Leben« in Art. 2 Abs. 1 Satz 1 ist eine **Vorschrift von »fundamentaler« Bedeutung**, die zusammen mit Art. 3 einen der Grundwerte der demokratischen Gesellschaften, die den Europarat bilden, verkörpert (EGMR McCann u.a./. Vereinigtes Königreich, Urt. v. 27.09.1995 – 18984/91, Series A324, Rn. 147; BeckOK-StPO/*Valerius* EMRK, Art. 2 Rn. 1). Abs. 1 Satz 2 verbietet die »absichtliche« Tötung von Personen, sofern dies nicht i.R.d. Vollstreckung der Todesstrafe geschieht (zur Abschaffung der Todesstrafe vgl. unten Rdn. 4, 14). Hinsichtlich des Schutzumfanges gilt es dabei eine materiell-rechtliche Pflicht von der verfahrensrechtlichen Pflicht zu unterscheiden. Neben der positiven Pflicht des Staates, aktiv Tötungen zu unterlassen sowie Maßnahmen zum Schutze derer zu ergreifen, die seinem Hoheitsbereich unterliegen, ist von Art. 2 Abs. 1 Satz 1 gleichfalls die Verpflichtung umfasst, nach der Tötung eines Menschen eine effektive amtliche Untersuchung durchzuführen (vgl. EGMR GrK Lopes de Sousa Fernandes./. Portugal, Urt. v. 19.12.2017 – 56080/13, Rn. 164; EGMR Tagayeva u.a./. Russland, Urt. v. 13.04.2017 – 26562/07; s.a. Rdn. 9, 11). Der Katalog des Art. 2 Abs. 2 enthält schließlich **Rechtfertigungsgründe** sowohl für die absichtliche Tötung, als auch für die unabsichtliche Tötung (EGMR Ogur./. Türkei, Urt. v. 20.05.1999 – 21594/93, RJD 1999-III, Rn. 78). Aufgrund der Struktur von Art. 2 bietet sich die klassische Grundrechtsprüfung nach dem auch im deutschen Recht bewährten Muster »Schutzbereich – Eingriff – Rechtfertigung« an.

II. Parallele internationale Instrumente. Zur Mitte des 20. Jahrhunderts wurde auch auf der Ebene des Völkerrechts damit begonnen, einen universellen und umfassenden Schutz des Lebens zu garantieren. Das in erster Linie von zwischenstaatlichen Beziehungen geprägte Völkergewohnheitsrecht beinhaltete einschließlich des Zweiten Weltkriegs lediglich Schutznormen zugunsten des Lebens ausländischer Staatsbürger. In der allerdings rechtlich unverbindlichen **Allgemeinen Erklärung der Menschenrechte** v. 10.12.1948 wurde in Art. 3 dann erstmals ein Recht auf Leben niedergelegt (Dörr/Grote/Marauhn/*Alleweldt* EMRK, Kap. 10 Rn. 3). Art. 2 stellt aber die erste rechtlich verbindliche Kodifikation des Rechts auf Leben dar. Weitere internationale Instrumente zum Schutz menschlichen Lebens sind die vier Genfer Konventionen von 1949, die Konvention über die Verhütung und Bestrafung des Völkermords v. 09.12.1948, Art. 6 IPBPR sowie **Art. 4 AMRK** und **Art. 4 AfrChRMV** (Dörr/Grote/Marauhn/*Alleweldt* EMRK, Kap. 10 Rn. 4). Auf Ebene der EU ist das Recht auf Leben in **Art. 2 der GRCh** aufgenommen; die Grundrechtecharta ist mit dem Vertrag von Lissabon rechtlich verbindlich geworden, für ihre Auslegung ist die Rspr. des EGMR heranzuziehen (vgl. Art. 52 Abs. 3 GRCh). 2

III. Parallelen im nationalen Recht. Das Grundgesetz gewährleistet das Recht auf Leben in **Art. 2 Abs. 2 GG**. Art. 102 GG stellt darüber hinaus ausdrücklich klar, dass die Todesstrafe im deutschen Recht abgeschafft ist. Während aber die EMRK in Art. 2 Abs. 1 Satz 2 und Abs. 2 sowie in Art. 15 Abs. 2 die Ausnahmen vom Tötungsverbot abschließend aufzählt, ist das Grundgesetz mit dem Gesetzesvorbehalt in Art. 2 Abs. 2 GG (»In diese Rechte darf nur aufgrund eines Gesetzes eingegriffen werden«) prima facie erstaunlich offen formuliert (vgl. hierzu: *Jarass*/Pieroth GG, Art. 2 Rn. 95 f.). Allerdings kann die Todesstrafe in Deutschland aufgrund von Art. 2 Abs. 2 Satz 1 i.V.m. Art. 19 Abs. 2 GG – selbst wenn Art. 102 GG abgeschafft würde – nicht wieder eingeführt werden (BGH NJW 1996, 857 [858]). 3

IV. Zusatzprotokolle. Art. 2 wird ergänzt durch das 6. und das 13. Zusatzprotokoll. Durch Art. 1 und 2 des **6. Zusatzprotokolls v. 28.04.1983** wurde die Todesstrafe zu Friedenszeiten abgeschafft, mittlerweile ist dieses Zusatzprotokoll durch fast alle Mitgliedsstaaten (Ausnahme Russland) ratifiziert (vgl. zum endgültigen Ratifikationsstand: http://conventions.coe.int/Treaty/Commun/ChercheSig.asp?NT=114&CM=8&DF=&CL=GER, Stand: September 2019). Art. 1 des **13. Zusatzprotokolls v. 03.05.2002**, in Deutschland in Kraft getreten am 01.01.2005 und aufgrund von Art. 102 GG ohnehin bedeutungslos, verbietet die Anwendung der Todesstrafe auch zu Kriegszeiten. Aserbaidschan und Russland haben das Protokoll nicht unterzeichnet, Armenien hat es nicht ratifiziert (zum aktuellen Stand der Zeich- 4 nung und Ratifizierung des Zusatzprotokolls vgl.: http://conventions.coe.int/Treaty/Commun/ChercheSig.asp?NT=187&CM=3&DF=27/02/2012&CL=GER, Stand: September 2019). Gem. Art. 6 des 6. Zusatzprotokolls und Art. 5 des 13. Zusatzprotokolls stehen die Zusatzprotokolle hierarchisch auf einer Stufe mit der Konvention selbst, Art. 3 des 6. Zusatzprotokolls und Art. 2 des 13. Zusatzprotokolls stellen klar, dass das Verbot der Todesstrafe **notstandsfest** ist, d.h. keinerlei Abweichungen nach Art. 15 zulässig sind.

5 **B. Das Recht auf Leben. I. Schutzbereich. 1. Art. 2 als Abwehrrecht.** Art. 2 ist in erster Linie ein Abwehrrecht des Einzelnen gegenüber dem Staat, welches diesem (bzw. dessen Organen) die vorsätzliche wie auch die fahrlässige Tötung eines Menschen verbietet. Der Schutzbereich umfasst jedenfalls die Tötung geborenen Lebens. Umstritten ist, inwieweit auch das **ungeborene Leben** von Art. 2 umfasst ist. Der weite englische Wortlaut (»everyone«) spricht eher für eine Einbeziehung des ungeborenen Lebens in den Schutzbereich von Art. 2, der französische Wortlaut (»toute personne«) hingegen deutet darauf hin, dass nur das geborene Leben unter Art. 2 zu subsumieren ist. Entsprechend seiner grundsätzlichen Zurückhaltung (vgl. Art. 1 Rdn. 20 und Art. 34 Rdn. 11 ff.) gesteht der EGMR aufgrund der mannigfaltigen medizinischen, philosophischen, religiösen und juristischen Eigenheiten der jeweiligen Mitgliedstaaten, diesen bei der schwierigen Frage des Lebensbeginns einen gewissen Ermessensspielraum zu (EGMR GrK Vo./. Frankreich, Urt. v. 08.07.2004 – 53924/00, RJD 2004-VII, Rn. 82).
Um Art. 2 praktische Wirksamkeit zu verleihen, können sich auch **Angehörige von Opfern** eines Eingriffs in das Recht auf Leben auf Art. 2 berufen (*Meyer-Ladewig* NVwZ 2009, 1532).

6 **2. Sterbehilfe.** Vom Schutz des Art. 2 soll die **negative Freiheit, das Leben zu beenden**, nicht umfasst sein. Nach der Rspr. des EGMR widerspräche dies sowohl dem eindeutigen Wortlaut als auch dem Sinn und Zweck von Art. 2 (EGMR Pretty./. Vereinigtes Königreich, Urt. v. 29.04.2002 – 2346/02, RJD 2002-III, Rn. 39). Daher gelten auch Sterbehilfehandlungen nicht als vom Schutz des Art. 2 umfasst (EGMR Pretty./. Vereinigtes Königreich, Urt. v. 29.04.2002 – 2346/02, RJD 2002-III, Rn. 40; s. aber auch Art. 8 Rdn. 12). Bei der Entscheidung eines Mitgliedstaates, ob er passive Sterbehilfe unter Strafe stellt oder nicht, soll ihm ein Beurteilungsspielraum zustehen (EGMR Lambert./. Frankreich, Urt. v. 05.06.2015 – 46043/14, NJW 2015, 2715 [2721], Rn. 144 ff.; dazu *Schlüter* HRRS 2015, 327 [329 ff.]).

7 **II. Eingriff.** Als Eingriff in Art. 2 gilt jede **staatliche Tötungshandlung**, unabhängig von ihrer Zielgerichtetheit. Auch eine unabsichtliche Tötung stellt daher einen Eingriff dar (*Satzger* IntEuStrR, § 11 Rn. 30 m.w.N.; *Esser* Auf dem Weg, S. 102, 253; BeckOK-StPO/*Valerius* EMRK, Art. 2 Rn. 6; *Safferling* Internationales Strafrecht, § 13 Rn. 45). Klassischerweise liegt ein Eingriff in das Recht auf Leben etwa vor bei Tötung durch Schusswaffengebrauch seitens des Staates, sei es durch die Polizei oder andere Sicherheitskräfte bzw. durch die Armee (Meyer-Ladewig/Nettesheim/von Raumer/*Meyer-Ladewig/Huber* EMRK, Art. 2 Rn. 8 f. m.w. Beispielen; *Esser* Auf dem Weg, S. 103; *Safferling* Internationales Strafrecht, § 13 Rn. 45). Aber auch ein nicht ausreichend organisierter und mangelhaft durchgeführter Antiterroreinsatz zur Befreiung von Geiseln wurde, da bei dem Einsatz zahlreiche Geiseln starben, als Eingriff erachtet (vgl. EGMR Tagayeva u.a./. Russland, Urt. v. 13.04.2017 – 26562/07 u.a., Rn. 562 ff., 584 ff.).

8 **1. Eingriff in Recht auf Leben bei Überleben des Opfers.** Grds. setzt eine Verletzung des Lebensrechts voraus, dass das Opfer **zu Tode kommt**. Allerdings kann **bei einem Überleben** ausnahmsweise doch ein Eingriff in das Recht auf Leben vorliegen. Zum Zwecke der Feststellung einer solchen Verletzung zieht der EGMR dann die Art, das Ausmaß und die Absicht der Gewaltanwendung heran; weiterhin, ob sie das Leben gefährdet hat und wie sich das Verhalten von Vertretern des Staates auf die Gesundheit des Betroffenen ausgewirkt hat, wobei aber nicht unbedingt ein Tötungsvorsatz seitens der Organe des Staates vorgelegen haben muss (EGMR GrK Makaratzis./. Griechenland, Urt. v. 20.12.2004 – 50385/99, Rn. 49, 51, 55).

9 **2. Eingriff durch Verletzung von Schutzpflichten.** Art. 2 konstituiert jedoch nicht nur ein Abwehrrecht des Individuums gegenüber dem Staat, sondern bürdet Letzterem (i.V.m. Art. 1) auch **aktive Schutzpflichten** bzgl. des Lebens der auf seinem Hoheitsgebiet befindlichen Individuen auf. Der Konventionsstaat ist verpflichtet, jedes Leben vor Eingriffen durch Dritte wirksam zu schützen. Ein Eingriff ist daher auch dann anzunehmen, wenn der Staat dieser Schutzpflicht nicht nachkommt. Eine **gesteigerte Schutzpflicht** besteht in Bezug auf Personen, die sich im staatlichen Gewahrsam befinden (EGMR ER u.a./. Türkei, Urt. v. 31.07.2012 – 23016/04, Rn. 66 ff.; EGMR Saoud./. Frankreich, Urt. v. 09.10.2007 – 9375/02, Rn. 98 ff.; s. zu den Anforderungen an die Schutzpflicht EGMR Mitic./. Serbien, Urt. v. 22.01.2013 – 31963/08, Rn. 45 ff.; ebenso bei Militärangehörigen EGMR Mosendz./. Ukraine, Urt. v. 17.01.2013 – 52013/08, Rn. 92). Auch *im Gesundheitssektor* verlangt Art. 2, dass der Staat durch normative Strukturen sowohl bei staatlichen wie privaten Krankenhäusern dafür Sorge trägt, dass angemessene Schritte zur Wahrung des Lebens der Patienten

(unabhängig von deren finanzieller Situation) ergriffen werden und ggf. die dort beruflich Tätigen zur Verantwortung gezogen werden können (EGMR Şentürk./. Türkei, Urt. v. 09.04.2013 – 13423/09, Rn. 81). Im Rahmen von ärztlichen Behandlungsfehlern wird dabei zwischen bloßen medizinischen Nachlässigkeiten und der Verweigerung unterschieden, dem Patienten Zugang zu einer lebensrettenden Notversorgung zu gewähren (EGMR GrK Lopes de Sousa Fernandes./. Portugal, Urt. v. 19.12.2017 – 56080/13, Rn. 168 ff., Rn. 194 ff.).

a) Schaffung abschreckender Sanktionen und einer unabhängigen Gerichtsbarkeit. In strafrechtlicher Hinsicht bedeutet dies zunächst einmal, dass der Gesetzgeber zur Ahndung von Tötungsdelikten **wirksame strafrechtliche Vorschriften** mit abschreckender Wirkung zu erlassen hat (EGMR GrK Mastromatteo./. Italien, Urt. v. 24.10.2002 – 37703/97, RJD 2002-VIII, Rn. 89) und eine unabhängige Gerichtsbarkeit schaffen muss, die diese Kapitaldelikte aufklären und den Schuldigen bestrafen kann (EGMR Calvelli u. Ciglio./. Italien, Urt. v. 17.01.2002 – 32967/96, RJD 2002-I, Rn. 51). 10

b) Ermittlungspflicht des Staates. Weiterhin hat der Staat die nach den Umständen des Falles notwendigen Ermittlungen einzuleiten, und zwar unverzüglich. Diese Verpflichtung trifft die Staaten auch in schwierigen Sicherheitssituationen und bewaffneten Konflikten, etwa auch bei Auslandseinsätzen. Es müssen – trotz aller Hindernisse – jedenfalls alle vernünftigen Schritte unternommen werden, um eine effektive, prompte und unabhängige Untersuchung durchzuführen (vgl. EGMR GrK Al-Skeini u.a./. Vereinigtes Königreich, Urt. v. 07.07.2011 – 55721/07, Rn. 163; zu den Anforderungen an eine effektive Untersuchung zusf. EGMR Tagayeva u.a./. Russland, Urt. v. 13.04.2017 – 26562/07 u.a., Rn. 496 sowie EGMR GrK Hanan./. Deutschland, Urt. v. 16.02.2021 – 4871/16, Rn. 204). Die Anforderungen an die Untersuchungen sind allerdings den praktischen Möglichkeiten vor Ort anzupassen; in bewaffneten Konflikten beschränkt sich die Verpflichtung auf realistisch durchführbare Ermittlungen (EGMR GrK Georgien./. Russland [II], Urt. v. 21.01.2021 – 38263/08, Rn. 327; EGMR GrK Hanan./. Deutschland, Urt. v. 16.02.2021 – 4871/16, Rn. 200). Die Untersuchungen müssen jedenfalls von einer unabhängigen Institution durchgeführt werden und geeignet sein, die relevanten Fakten zu ermitteln. Die Ergebnisse dieser Ermittlungen müssen auf einer gründlichen, objektiven und unparteilichen Analyse beruhen und der Familie des Opfers stets mitgeteilt werden (EGMR Armani da Silva./. Vereinigtes Königreich, Urt. v. 30.03.2016 – 5878/08, Rn. 232 ff.). Die ermittelnde Behörde muss, auch wenn die Tötung von Repräsentanten des Staates begangen wurde, unabhängig und unbefangen sein, d.h. sich nicht ausschließlich auf die Angaben beteiligter Polizisten stützen (EGMR Ogur./. Türkei, Urt. v. 20.05.1999 – 21594/93, RJD 1999-III, Rn. 91 ff.). Die ermittelnden Personen müssen nicht nur hierarchisch und organisatorisch, sondern auch praktisch unabhängig von denjenigen sein, die von den Untersuchungen betroffen sind (EGMR GrK Mocanu u.a./. Rumänien, Urt. v. 17.09.2014 – 10865/09, Rn. 319). Die Ermittlungspflicht beinhaltet es, je nach den Umständen des Einzelfalls etwa, Beweismittel zu sichern in Form von Zeugenaussagen, gerichtsmedizinischen Untersuchungen, Sicherung von Fingerabdrücken oder einer Autopsie einschließlich eines genauen Berichts über Anzeichen von Gewalteinwirkung sowie einer Analyse der Todesursache (vgl. EGMR GrK Jaloud./. Niederlande, Urt. v. 20.11.2014 – 47708/08, Rn. 197 ff.; EGMR Tanli./. Türkei, Urt. v. 10.04.2001 – 26129/95, RJD 2001-III, Rn. 149). Dabei besteht in grenzüberschreitenden Fällen eine Verpflichtung der beteiligten Staaten bei der Sicherung von Beweismitteln zu kooperieren, wobei Art und Umfang der erforderlichen Kooperation vom Einzelfall abhängen (vgl. EGMR Güzelyurtlu u.a./. Zypern und Türkei, Urt. 04.04.2017 – 36925/07, Rn. 283 ff.). Art. 2 stellt zudem eine Kooperationspflicht der Mitgliedsstaaten auf, nach einem unrechtmäßigen Tötungsdelikt die Aufklärung des Sachverhalts gemeinsam voranzutreiben (EGMR Romeo Castaño./. Belgien, Urt. v. 09.07.2019 – 8351/17, Rn. 232). So wurde das Unterlassen des Überstellens eines Terroristen aufgrund eines Europäischen Haftbefehls als Eingriff in die Rechtsposition des Terroropfers und seiner Angehörigen gewertet, wenn die Entscheidung nicht auf einer vollständig ausdifferenzierten Tatsachenbasis ergeht, die den Schluss nahelegt, der Terrorist werde im Zielstaat menschenunwürdig behandelt (ibid. Rn. 88 ff.). Der EGMR kann – im Fall eines Verstoßes gegen die **Pflicht, effektive Ermittlungsmaßnahmen zu ergreifen** – keine weiteren Ermittlungen anordnen – dies würde in der Regel schon aus zeitlichen Gründen keinen Sinn mehr machen, überdies sind seine Urteile nach ohnehin nur feststellender Natur. Vielmehr obliegt es dem die Umsetzung der Urteile überwachenden Ministerkomittee zu entscheiden, welche Maßnahmen seitens des verurteilten Staates konkret zu ergreifen sind (EGMR Giuliani u. Gaggio./. Italien, Urt. v. 24.03.2011 – 23458/02, Rn. 298 ff.; EGMR Finucane./. Vereinigtes Königreich, Urt. v. 01.07.2003 – 29178/95, RJD 2003-VIII, Rn. 89; vert. zum Ganzen *Chevalier-Watts* EJIL 2010, 701 ff.) 11

Darüber hinaus lässt sich aus der Schutzpflicht des Art. 2 sogar eine Pflicht des Konventionsstaats ableiten, **präventive Maßnahmen** zum Schutz seiner Bürger vor Eingriffen Dritter zu ergreifen. Voraussetzung hierfür ist jedoch aufseiten der Behörde die Kenntnis von einer wirklichen und unmittelbaren Lebensgefährdung. Dann muss der Konventionsstaat diejenigen Maßnahmen ergreifen, die ihm möglich sind und die vernünftiger- 12

weise zur Abwehr einer solchen Gefahr erwartet werden können (EGMR Osman./. Vereinigtes Königreich, Urt. v. 28.10.1998 – 23452/94, RJD 1998-VIII, Rn. 115 ff.; EGMR Rantsev./. Zypern und Russland, Urt. v. 07.01.2010 – 25965/04, Rn. 219; EGMR Tagayeva u.a./. Russland, Urt. v. 13.04.2017 – 26562/07 u.a., Rn. 482; s. zu den erforderlichen Maßnahmen EGMR Turluyeva./. Russland, Urt. v. 20.06.2013 – 63638/09, Rn. 90 f.). Bzgl. der konkreten Maßnahmen, die ein Staat in Erfüllung dieser Verpflichtung treffen muss, besteht jedoch ein **Einschätzungsspielraum** (EGMR Saso Gorgiev./. Ehemalige jugoslawische Republik Mazedonien, Urt. v. 19.04.2012 – 49382/06, Rn. 44).
Zur künftig wichtiger werdenden Schutzpflicht der Staaten bzgl. Gesundheit und Leben des Individuums gegenüber dem Klimawandel sowie zu Klimaklagen und Klimastrafrecht s. Art. 8 Rdn. 8.

13 **III. Rechtfertigung.** In Art. 2 Abs. 1 Satz 2, im Katalog des Abs. 2 sowie in Art. 15 Abs. 2 Hs. 1 sind **abschließend** die Gründe aufgezählt, nach denen ein Eingriff in das Recht auf Leben gerechtfertigt werden kann.

14 **1. Todesstrafe.** Der Rechtfertigungsgrund in Art. 2 Abs. 1 Satz 2 hat aufgrund der Abschaffung der Todesstrafe in Friedenszeiten durch das von sämtlichen Konventionsstaaten unterzeichnete 6. Zusatzprotokoll und in Kriegszeiten durch das von nahezu allen Konventionsstaaten unterzeichnete 13. Zusatzprotokoll keine Bedeutung mehr (vgl. oben Rdn. 4).

15 **2. Der Katalog von Art. 2 Abs. 2.** Die Schranke nach Art. 2 Abs. 2 rechtfertigt abschließend die Tötung in drei Fällen, nämlich nach Art. 2 Abs. 2 lit. a) um jemanden gegen rechtswidrige Gewalt zu verteidigen, nach Art. 2 Abs. 2 lit. b) um jemanden rechtmäßig festzunehmen bzw. an der Flucht zu hindern und gem. Art. 2 Abs. 2 lit. c) um einen Aufruhr oder Aufstand rechtmäßig niederzuschlagen. In allen drei Konstellationen ist aufgrund des Wortlauts einerseits eine innerstaatliche gesetzliche Grundlage erforderlich (»rechtmäßig«) und andererseits ist eine besonders strenge **Verhältnismäßigkeits**prüfung (»unbedingt erforderlich«) anzustellen (EGMR GrK Jaloud./. Niederlande, Urt. v. 20.11.2014 – 47708/08, Rn. 199; EGMR GrK Salman./. Türkei, Urt. v. 27.06.2000 – 21986/93, RJD 2000-VII, Rn. 98; EGMR Gülbahar Özer u.a./. Türkei, Urt. v. 02.07.2013 – 44125/06, Rn. 57 ff.).

16 **a) Notwehr oder Nothilfe. aa) Finaler Rettungsschuss durch Polizei.** Gem. Art. 2 Abs. 2 lit. a) kann ein staatlicher Eingriff in das Recht auf Leben gerechtfertigt sein, wenn es gilt, jemanden gegen rechtswidrige Gewalt zu verteidigen. Gemeint sind hiermit Konstellationen der Notwehr und der Nothilfe. Der Eingriff in das Recht auf Leben muss zur Verteidigung eines Menschen unbedingt erforderlich sein. Ein gezielter Todesschuss ist somit unter Anwendung des strengen **Verhältnismäßigkeitsgrundsatzes** nur dann konventionskonform, wenn das Leben anderer Personen in unmittelbarer Gefahr ist und ein Umschlagen der Gefahr in eine Verletzung des Rechts auf Leben nur durch den tödlichen Schuss als letztes Mittel verhindert werden kann (EGMR McCann u.a./. Vereinigtes Königreich, Urt. v. 27.09.1995, Series A324, Rn. 147). Unter diesen Voraussetzungen kann insb. der gezielte Todesschuss zur Rettung von in Lebensgefahr befindlichen Geiseln gerechtfertigt sein (EGMR Andronicou and Constantinou./. Zypern, Urt. v. 09.10.1997 – 25052/94, RJD 1997-VI, Rn. 193).

17 **bb) Wirkung von Art. 2 Abs. 2 lit. a) zwischen Privaten.** Umstritten ist, ob Art. 2 Abs. 2 lit. a) auch Einfluss auf das Verhältnis zwischen Privaten hat, also eine **Einschränkung des Notwehrrechts** nach § 32 StGB bewirkt. Aufgrund des zugrunde zu legenden Wortlauts (»of any person«/»de toute personne«) hätte dies zur Folge, dass eine vorsätzliche Tötung nur zur Abwehr von Gewalt gegen eine Person, nicht aber zum Schutz von Sachwerten – es geht hier in der Regel um bedeutende und wertvolle Sachwerte – erlaubt wäre (so *Frowein*/Peukert EMRK, Art. 2 Rn. 12; *Grabenwarter/Pabel* EMRK, § 20 Rn. 15, die sich beide für die Schaffung von nationalen Rechtfertigungsgründen aussprechen, die den Anforderungen von Art. 2 Abs. 2 lit. a) genügen; a.A. *Fischer* § 32 Rn. 40 m.w.N.). Gegen eine solche Auffassung spricht zunächst, dass Adressaten der Konventionsgarantien gem. Art. 1 grds. nur die Konventionsstaaten, nicht jedoch Private sind (so auch SSW-StGB/*Rosenau* § 32 Rn. 37 m.w.N.). Allenfalls mit der »objektiven Wirkung« der EMRK als »constitutional instrument« könnte hier also argumentiert werden, wobei durchaus zweifelhaft ist, ob sich gerade beim Tötungsverbot des Art. 2 Abs. 1 eine mittelbare Drittwirkung nach dem derzeitigen Stand der Rechtsentwicklung (schon) bejahen lässt (vgl. *Wessels/Beulke/Satzger* AT, Rn. 515). Aus deutscher Sicht ist weiter zu berücksichtigen, dass eine derart eingeschränkte Auslegung vom Wortlaut des § 32 StGB nicht mehr gedeckt ist. Über eine bloße EMRK-konforme Auslegung (so aber *Schramm* Internationales Strafrecht, Kap. 3 Rn. 29) lässt sich hier also keine Lösung finden, da in der wortlautwidrigen einschränkenden Auslegung eines Rechtfertigungsgrundes letztlich eine für den Täter nachteilige Position begründet würde und darin eine Analogie zulasten des Täters gesehen werden müsste, die einen Verstoß gegen Art. 103 Abs. 2 GG darstellt (s. dazu

Wessels/Beulke/Satzger AT, Rn. 394). Wollte man die objektive Wirkung des Art. 2 Abs. 2 lit. a) wirklich so weit verstehen, so müsste § 32 StGB modifiziert werden. Insgesamt hat der Streit in der Praxis – richtiger Ansicht nach – aber ohnehin **kaum Relevanz**. Denn Art. 2 Abs. 2 lit. a) verbietet nur die »absichtliche« Tötung (»intentionally/intentionellement«). Hierfür wird man direkten Vorsatz, in der Regel dolus directus 1. Grades, ggf. auch dolus directus 2. Grades fordern müssen. Bloßer Eventualvorsatz genügt den Anforderungen des Wortlauts nicht (anders *Safferling* Internationales Strafrecht, § 13 Rn. 46). In Fällen von Notwehr zur Verteidigung von Sachwerten geht es dem Verteidiger aber in erster Linie um die Wiedererlangung bzw. den Schutz seines Eigentums, bzgl. der Lebensgefährdung handelt er daher regelmäßig nur mit bedingtem Vorsatz. Aus diesem Grund ist in der Rspr. bisher auch kein Fall bekannt, in dem die EMRK-Konformität des § 32 StGB relevant wurde (SSW-StGB/*Rosenau* § 32 Rn. 37; *Roxin* AT I § 15 Rn. 88; ausführlich zum Ganzen *Satzger* JURA 2009, 759 [762, 763]; *ders.* IntEuStrR, § 11 Rn. 29 ff.).

b) Festnahme und Fluchtverhinderung. Auch bei der Festnahme durch staatliche Organe (auf die Festnahme durch Private ist Art. 2 Abs. 2 lit. b) nicht anwendbar, vgl. KK-StPO/*Lohse/Jakobs* EMRK, Art. 2 Rn. 8, allgemein zu dieser Problematik bei Art. 2 LR/*Esser* EMRK, Art. 2 Rn. 42; Meyer-Goßner/Schmitt/*Schmitt* EMRK, Art. 2 Rn. 4; BeckOK-StPO/*Valerius* EMRK, Art. 2 Rn. 7), die nach dem jeweiligen nationalen Recht rechtmäßig sein muss (»lawful arrest/arrestation régulière«) bzw. der Verhinderung der Flucht einer bereits ordnungsgemäß festgenommenen Person dient, gilt, dass die Tötung Ultima Ratio und bei strenger Betrachtung verhältnismäßig sein muss (EGMR GrK Nachova./. Bulgarien, Urt. v. 06.07.2005 – 43577/98 u. 43579/98, RJD 2005-VII, Rn. 94 ff.). Bei der **Verhältnismäßigkeitsprüfung** ist insb. die Schwere der Straftat des Betroffenen zu berücksichtigen. Sofern es sich bei der Straftat nicht um eine Gewalttat handelt und der Flüchtende auch aus Sicht der festnehmenden Behörde keine Gefahr für Leib und Leben begründet und unbewaffnet ist, scheidet der Rechtfertigungsgrund des Art. 2 Abs. 2 lit. b) selbst auf die Gefahr hin aus, dass der Flüchtige entkommt (EGMR GrK Nachova./. Bulgarien, Urt. v. 06.07.2005 – 43577/98 u. 43579/98, RJD 2005-VII Rn. 95, 107). Eine **absichtliche** Tötung kann ebenfalls nie nach Art. 2 Abs. 2 lit. b) gerechtfertigt sein, denn durch sie kann das Mittel der Festnahme und Fluchtverhinderung nicht erreicht werden, sie ist damit mangels Erforderlichkeit unverhältnismäßig (*Grabenwarter/Pabel* EMRK, § 20 Rn. 16; BeckOK-StPO/*Valerius* EMRK, Art. 2 Rn. 7; *Safferling* Internationales Strafrecht, § 13 Rn. 47; allenfalls in Ausnahmefällen ist die Rechtfertigung eines fast sicher zum Tode führenden Schusswaffengebrauchs denkbar, vgl. *Frowein*/Peukert EMRK, Art. 2 Rn. 13 m.w.N.; *Esser* Auf dem Weg, S. 254). Es können daher nur unabsichtliche Tötungen erforderlich sein i.S.v. Art. 2 Abs. 2 lit. b). 18

c) Unterdrückung eines Aufruhrs oder Aufstands. Schließlich ist die absichtliche Tötung eines Menschen zulässig zur Unterdrückung eines Aufstands oder Aufruhrs. Bisher gibt es kaum Anwendungsfälle zu dieser Konstellation. Die Vorschrift ist anwendbar, wenn aus einer Menschenmenge heraus erhebliche Gewalttaten begangen werden bzw. ihre Begehung droht (Meyer-Ladewig/Nettesheim/von Raumer/*Meyer-Ladewig/Huber* EMRK, Art. 2 Rn. 45). Die Tötung muss zur Wiederherstellung der öffentlichen Ordnung **unabdingbar** sein. Der Schusswaffengebrauch ist dabei jedenfalls Ultima Ratio, zuvor sind mildere Mittel wie Knüppel, Schilder, Wasserwerfer, Gummigeschosse oder Tränengas einzusetzen (EGMR Gülec./. Türkei, Urt. v. 27.07.1998 – 21593/93, RJD 1998-IV, Rn. 71). 19

3. Vorliegen eines Notstandes nach Art. 15 Abs. 2. Schließlich enthält Art. 15 Abs. 2 noch einen Rechtfertigungsgrund für einen Eingriff in Art. 2, nämlich im Zusammenhang mit **rechtmäßigen Kriegshandlungen** (zur Abschaffung der Todesstrafe in Kriegszeiten vgl. oben Rdn. 4, 14). 20

Art. 3 Verbot der Folter

Niemand darf der Folter oder unmenschlicher oder erniedrigender Strafe oder Behandlung unterworfen werden.

Englische Fassung

No one shall be subjected to torture or to inhuman or degrading treatment or punishment.

Französische Fassung

Nul ne peut être soumis à la torture ni à des peines ou traitements inhumains ou dégradants.

Übersicht

1 **A. Grundsätzliches. I. Bedeutung.** Art. 3 schützt einen Grundwert der demokratischen Gesellschaft (EGMR Hellig./. Deutschland, Urt. v. 07.07.2011 – 20999/05, NJW 2012, 2173, Rn. 50). Er enthält eine fundamentale Garantie, da die Folter als Mittel der Erkenntnisgewinnung und der Bestrafung in Europa bis weit in das 20. Jahrhundert hinein durchaus gebräuchlich war. Nach dem Wortlaut von Art. 3 – und klargestellt durch Art. 15 Abs. 2 – sind vom Folterverbot **unter keinen Umständen Ausnahmen zulässig**, selbst bei Bestehen einer unmittelbaren Gefahr für die Existenz Einzelner oder der Gemeinschaft als solcher (Meyer-Ladewig/Nettesheim/von Raumer/*Meyer-Ladewig/Lehnert* EMRK, Art. 3 Rn. 1; BeckOK-StPO/*Valerius* EMRK, Art. 3 Rn. 7; *Esser* Auf dem Weg, S. 374; *Safferling* Internationales Strafrecht, § 13 Rn. 53). Überzeugend begründen lässt sich die Absolutheit des Folterverbots nur über den Schutz der Menschenwürde, welche in der EMRK jedoch nicht explizit erwähnt wird (so überzeugend *Pösl* Das Verbot der Folter in Art. 3 EMRK, S. 72 ff., insb. auch zur Übertragbarkeit der Objektformel des BVerfG, s. u. Rdn. 5).

2 **II. Parallele internationale Instrumente.** Zu Beginn des 20. Jahrhunderts zeigten sich auf dem Gebiet des humanitären Völkerrechts erste Ansätze zu einem internationalen Verbot der Folter. Noch vor dem Ersten Weltkrieg wurde in der Haager Landkriegsordnung von 1907 und nach dem Ersten Weltkrieg in der Genfer Konvention über die Behandlung von Kriegsgefangenen aus dem Jahr 1927 festgelegt, dass Kriegsgefangene menschlich zu behandeln sind (Dörr/Grote/Marauhn/*Bank* EMRK, Kap. 11 Rn. 1). Nach den Gräueltaten des Zweiten Weltkriegs wurde das Folterverbot schließlich in zahlreiche völkerrechtliche Erklärungen und Abkommen aufgenommen. **Art. 5 der Allgemeinen Erklärung der Menschenrechte** war die erste, völkerrechtlich allerdings nicht verbindliche Erklärung des umfassenden Verbots von Folter sowie unmenschlicher und erniedrigender Behandlung oder Strafe. Das erste rechtlich verbindliche Folterverbot wurde auf dem Gebiet des humanitären Völkerrechts durch die **vier Genfer Konventionen v. 12.08.1949** geschaffen. Das erste universell und damit losgelöst von Kriegszuständen verbindliche Verbot wurde schließlich in **Art. 3** festgelegt. Art. 3 nachgebildet wurde **Art. 7 Satz 1 IPbpR.** In Art. 7 Satz 2 IPbpR wird ausdrücklich hervorgehoben, dass niemand ohne seine Einwilligung Objekt medizinischer oder wissenschaftlicher Experimente sein darf. Weitere internationale Übereinkommen, die das Folterverbot in der Form des Art. 3 enthalten, sind **Art. 5 AMRK** und **Art. 5 AfrChRMV**. Auch gewohnheitsrechtlich kann das Folterverbot auf Ebene des Völkerrechts mittlerweile als anerkannt gelten (Dörr/Grote/Marauhn/*Bank* EMRK, Kap. 11 Rn. 4).

3 Ein weiteres, wichtiges internationales Abkommen zur Verhütung von Folter und unmenschlicher oder erniedrigender Behandlung ist die **UN-Folterkonvention** (»Übereinkommen gegen Folter und andere grausame, unmenschliche oder erniedrigende Behandlung oder Strafe«) v. 10.12.1984, die von der Bundesrepublik am 06.04.1990 ratifiziert wurde, sowie das Anfang Januar 2009 in Kraft getretene **Fakultativprotokoll** v. 18.12.2002. Aufgrund des Fakultativprotokolls wurde eine »Bundesstelle zur Verhütung von Folter« eingerichtet, außerdem wurde durch Staatsvertrag der Länder eine »Kommission zur Verhütung von Folter« für den Zuständigkeitsbereich der Länder gegründet. Beide Stellen sollen Inhaftierungseinrichtungen überprüfen, Mängel beanstanden und Verbesserungsvorschläge anbringen (Meyer-Goßner/Schmitt/*Schmitt* EMRK, Art. 3 Rn. 1b).

Auf europäischer Ebene ist schließlich noch das von sämtlichen Mitgliedern des Europarates ratifizierte »**Europäische Übereinkommen zur Verhütung von Folter und unmenschlicher oder erniedriegender Behandlung oder Strafe**« v. 26.11.1987, von der Bundesrepublik ratifiziert mit Gesetz v. 29.11.1989 (BGBl. II 1989, S. 946; LR/*Esser* EMRK, Art. 3 Rn. 8), hervorzuheben. Besonders gefährdet, Opfer von Folter und unmenschlicher oder erniedrigender Strafe zu werden, sind Insassen von Inhaftierungseinrichtungen. Der im Anschluss an dieses Abkommen gegründete Ausschuss (»Committee for the Prevention of Torture and Inhuman or Degrading Treatment or Punishment«, kurz »CPT«) hat Zugang zu allen Anstalten, in denen Personen die Freiheit entzogen wird (vgl. hierzu *Frowein/Peukert* EMRK, Art. 3 Rn. 1; das Abkommen ist einschließlich erläuterndem Bericht abgedruckt in EuGRZ 1989 502 ff.; zu Berichten über Besuche in deutschen Anstalten s. EuGRZ 1993, 329). 4

III. Parallelen im nationalen Recht. Im deutschen Recht gibt es keine ausdrückliche Kodifizierung des Folterverbots, vielmehr lässt sich das Verbot von Folter, unmenschlicher und erniedrigender Behandlung und Strafe aus verschiedenen Artikeln des Grundgesetzes und einfachgesetzlichen Normen ableiten: 5
Verfassungsrechtlich gewährleistet v.a. die **Achtung der Menschenwürde (Art. 1 Abs. 1 GG)** das Verbot der Folter im nationalen Kontext. Danach darf der Mensch nicht zum bloßen Objekt staatlichen Handelns gemacht werden, er darf also auch i.R.d. staatlichen Verbrechensbekämpfung, zu welchen Zwecken auch immer, keiner Behandlung ausgesetzt werden, die seinen sozialen Wert und Achtungsanspruch negiert (Objektformel des BVerfG, vgl. hierzu BVerfGE 9, 89 [95]). Auch das Recht auf körperliche Unversehrtheit (Art. 2 Abs. 2 Satz 1 GG) sowie das in Art. 104 Abs. 1 Satz 2 GG festgelegte Verbot, festgehaltene Personen körperlich oder seelisch zu misshandeln, konkretisieren das Folterverbot auf Ebene des nationalen Verfassungsrechts (LR/*Esser* EMRK, Art. 3 Rn. 15).
Einfachgesetzlich ist das Folterverbot durch Straftatbestände wie §§ 223 ff., 240 ff., 340, 343 StGB, § 7 Abs. 1 Nr. 5, § 8 Abs. 1 Nr. 3, 8, 9 VStGB gewährleistet. In strafprozessualer Hinsicht gewährleisten § 114b StPO (LR/*Esser* EMRK, Art. 3 Rn. 16) und – wenn auch mittelbar, so doch eindeutig – §§ 136a, 69 Abs. 3, 163a Abs. 3 und 4 StPO die Freiheit von Folter, indem § 136a StPO durch Folter oder unmenschliche oder erniedrigende Behandlung erlangte Erkenntnisse für im Prozess nicht verwertbar erklärt.

IV. Notstandsfestigkeit des Folterverbots. Art. 3 garantiert jedem Menschen das absolute und unveräußerliche Recht, weder der Folter noch unmenschlicher oder erniedrigender Behandlung unterworfen zu werden, selbst wenn im Einzelfall noch so schwierige Umstände vorliegen. Diese **absolute Natur des Rechts** aus Art. 3 lässt keinen Raum für Ausnahmen, für das Eingreifen von Rechtfertigungsgründen oder für eine Abwägung, völlig ungeachtet des Verhaltens der betroffenen Person sowie der ihr vorgeworfenen Straftat (st. Rspr., s. nur EGMR GrK Gäfgen./. Deutschland, Urt. v. 01.06.2010 – 22978/05, Rn. 107). Dies gilt auch und gerade für den Fall einer allgemeinen Gefahr für das Leben der Nation aufgrund der Gefahr terroristischer Straftaten (EGMR Labita./. Italien, Urt. v. 06.04.2000 – 26772/95, RJD 2000-IV, Rn. 119). Diese Notstandsfestigkeit des Folterverbots wird nochmals unterstrichen durch Art. 15 Abs. 2, der klarstellt, dass kein Abweichen von der Garantie des Art. 3 möglich ist. 6

B. Das Verbot der Folter. I. Allgemeines. Art. 3 ist zum einen als **Abwehrrecht** des Bürgers gegen den Staat ausgestaltet und schützt so den Bürger vor Folter, unmenschlicher oder erniedrigender Behandlung und Strafe (s. *Pösl* Das Verbot der Folter in Art. 3 EMRK, S. 47). Zum anderen begründet die Vorschrift (i.V.m. Art. 1) auch **positive Handlungspflichten**: Jeder Konventionsstaat hat die Personen in seinem Einflussbereich vor den tatbestandlichen Handlungen – auch durch Privatpersonen – zu schützen (EGMR Cirillo./. Italien, Urt. v. 29.01.2013 – 36276/10, Rn. 35; EGMR, Dordević./. Kroatien, Urt. v. 24.07.2012 – 41526/10, Rn. 93; EGMR A./. Vereinigtes Königreich, Urt. v. 23.09.1998 – 25599/94, RJD 1998-IV, Rn. 22). Insofern muss der Konventionsstaat wirksame Straftatbestände schaffen und ihre Durchsetzung sicherstellen. Besondere Schutzpflichten treffen den Staat, wenn es um Kinder und andere schutzbedürftige Personen geht (EGMR M. u. M./. Kroatien, Urt. v. 03.09.2015 – 10161/13, Rn. 136; LR/*Esser* EMRK, Art. 3 Rn. 27 m.w.N.; BeckOK-StPO/*Valerius* EMRK, Art. 3 Rn. 8); in diesen Fällen hat der Konventionsstaat deren Schutz durch angemessene Maßnahmen sicherzustellen, z.B. dadurch, dass er sie aus dem häuslichen Bereich entfernt und anderweitig unterbringt (EGMR Z u.a./. Vereinigtes Königreich, Urt. v. 01.05.2001 – 29392/95, RJD 2001-V, Rn. 74), oder bei Kenntnis von sexuellen Missbräuchen von Kindern an nicht-staatlichen Grundschulen Mechanismen effektiver staatlicher Kontrollen einrichtet (EGMR GrK O'Keeffe./. Irland, Urt. v. 28.01.2014 – 35810/09, Rn. 168). 7

Obwohl Art. 3 als Abwehrrecht ausgestaltet ist, kommt hier eine schematische Prüfung nach dem Muster »Schutzbereich – Eingriff – Rechtfertigung« nicht in Betracht, da sich Eingriffe eben unter keinen Umständen 8 rechtfertigen lassen. Umso wichtiger ist es daher, den Schutzbereich und die Eingriffsvoraussetzungen genau zu definieren (vgl. *Satzger* IntEuStrR, § 11 Rn. 36 f.; *Safferling* Internationales Strafrecht, § 13 Rn. 53).

9 **II. Eingriff in den Schutzbereich.** Ein Eingriff in den Schutzbereich des Art. 3 ist gegeben, wenn es durch den Staat oder ein ihm zuzurechnendes Organ zu Folter, einer unmenschlichen oder erniedrigenden Strafe oder Behandlung kommt. Dabei besteht eine **implizite Hierarchie**: Die erniedrigende Behandlung ist die schwächste der drei Varianten des Art. 3 – sie ist in der unmenschlichen Behandlung immer mit enthalten. Letztere liegt wiederum auch immer dann vor, wenn die Variante der Folter als schwerste der drei Formen einschlägig ist (LR/*Esser* EMRK, Art. 3 Rn. 55; BeckOK-StPO/*Valerius* EMRK, Art. 3 Rn. 3). Eine trennscharfe Abgrenzung der drei von Art. 3 untersagten Verhaltensformen ist nicht möglich (vgl. *Esser* EuIntStrR, § 9 Rn. 156).

10 **1. Behandlung und Bestrafung. a) Begriff der Behandlung.** Unter einer Behandlung versteht man jedes Tun oder Unterlassen bestimmter Personen in Bezug auf den Betroffenen, welches bei der Folter überdies von der Absicht einer zweckgerichteten, die Menschenwürde bewusst missachtenden Leidenszuführung bestimmt sein muss (LR/*Esser* EMRK, Art. 3 Rn. 28; BeckOK-StPO/*Valerius* EMRK, Art. 3 Rn. 2). Aufgrund dieses weiten Begriffs lassen sich fast sämtliche Verhaltensweisen des Staates unter diesen Begriff subsumieren.

11 **b) Begriff der Bestrafung.** Die Bestrafung stellt letztlich einen Unterfall der Behandlung dar, weshalb sich der EGMR auch nicht um eine gesonderte Definition bemüht. Allerdings erscheint es sinnvoll, die Definition von Art. 7 aufzugreifen (vgl. Art. 7 Rdn. 8; ähnl. LR/*Esser* EMRK, Art. 3 Rn. 29: »Bestrafung [...] umfasst jede von staatlichen Organen als Sanktion für Fehlverhalten angeordnete Zufügung von Leiden, Beschränkungen oder Nachteilen.«).

12 **2. Das Kriterium der Mindestschwere, Beweislast und -maß.** Als gewisser Ausgleich für die fehlende Rechtfertigungsmöglichkeit, muss – nach der Rspr. des EGMR – die Misshandlung ein **gewisses Maß an Schwere** erreichen, um überhaupt als Eingriff in Art. 3 erfasst zu werden. Dies dient dazu, Bagatellfälle auszuscheiden; damit ist keine versteckte Verhältnismäßigkeitsprüfung verbunden (*Pösl* Das Verbot der Folter in Art. 3 EMRK, S. 50). Das Schwerekriterium erlangt darüber hinaus – soweit das Mindestmaß überschritten ist – Bedeutung für die Zuordnung einer Maßnahme zu einer Variante des Art. 3 (s. u. Rdn. 15 ff.).

13 Ob der Eingriff die Mindestschwere erreicht, bestimmt sich nach den Umständen des Einzelfalls, wobei insb. die Dauer der Behandlung, ihre physischen und psychischen Wirkungen sowie Geschlecht, Alter und Gesundheitszustand des Opfers eine Rolle spielen (EGMR Jalloh./. Deutschland, Urt. v. 11.07.2006 – 54810/00, RJD 2006-IX, Rn. 67; EGMR Kudla./. Polen, Urt. v. 26.10.2000 – 30210/96, RJD 2000-XI, Rn. 91; zur abgesenkten Schwelle bei Minderjährigen vgl. EGMR GrK Bouyid./. Belgien, Urt. v. 28.09.2015 – 23380/09, Rn. 110). Nicht überschritten wird nach Ansicht des EGMR die erforderliche Mindestschwere z.B. bei Zwang zu körperlichen Übungen in militärischen Internierungslagern (EGMR Irland./. Vereinigtes Königreich, Urt. v. 29.04.1978 – 5310/71, Series A25, Rn. 181). Bei Betroffenen dagegen, die sich im Polizeigewahrsam befinden oder allgemein von den Strafverfolgungsbehörden konfrontiert werden, ist jede physische Gewalt, die nicht aufgrund des Verhaltens des Betroffenen absolut notwendig ist, als eine Verletzung der Menschenwürde und damit des Art. 3 anzusehen (EGMR Ribitsch./. Österreich, Urt. v. 04.12.1995 – 18896/91, Series A336, Rn. 38). Dies gilt unabhängig von den physischen Folgen beim Betroffenen (bspw. bei einer Ohrfeige, vgl. EGMR GrK Bouyid./. Belgien, Urt. v. 28.09.2015 – 23380/09, Rn. 100 ff.).

14 Zum Nachweis einer Verletzung des Art. 3 muss der Beschwerdeführer geeignete Beweismittel für die behauptete Maßnahme beibringen; bei der Beweiswürdigung verlangt der EGMR, »dass kein vernünftiger Mensch mehr zweifelt«, wobei sich ein solcher Beweis aus einer Mehrzahl von Indizien oder nicht widerlegten Tatsachenvermutungen ergeben kann, die ausreichend beweiskräftig, genau und überzeugend sind (zusf. EGMR Hellig./. Deutschland, Urt. v. 07.07.2011 – 20999/05, NJW 2012, 2173, Rn. 50). Das erforderliche Beweismaß ist damit höher als im deutschen Zivilprozess (vgl. § 286 Abs. 1 ZPO) und ähnelt mehr den Anforderungen des deutschen Strafprozesses (s. *Pösl* Das Verbot der Folter in Art. 3 EMRK, S. 52). Bei Verletzungen, die an Personen im Polizeigewahrsam begangen werden, ergibt sich aus der verwundbaren Lage des Betroffenen und der Schutzpflicht des Staates bzgl. derartiger Personen allerdings eine Vermutung für die vorgeworfenen Tatsachen und daraus folgend eine Entlastungspflicht des Staates (EGMR Salman./. Türkei, Urt. v. 27.06.2000 – 21986/93, Rn. 99 f.; EGMR GrK Gäfgen./. Deutschland, Urt. v. 01.06.2010 – 22978/05, Rn. 92). Dies ist auf sämtliche Konstellationen, in denen die Polizei Kontrolle über den Betroffenen ausübt, zu übertragen (EGMR GrK Bouyid./. Belgien, Urt. v. 28.09.2015 – 23380/09, Rn. 84). Gleichsam liegt die Darlegungslast beim Hoheitsträger, wenn es darum geht, im Rahmen einer bereits bestehenden Freiheitsentziehung in Form der Unterbringung in einer psychiatrischen Einrichtung, die Fixierung eines Patienten zu rechtfertigen (BVerfG, Urt. v. 24.07.2018 – 2 BvR 309/15, 2 BvR 502/16,

NJW 2018, 2619, Rn. 89). Zu den Beweisanforderungen im Zusammenhang mit den Art. 6 Abs. 1 Satz 1 EMRK s. u. Rdn. 49.

3. Der erniedrigende Charakter der Behandlung/Strafe. a) Erniedrigende Behandlung. Eine Behandlung ist erniedrigend, wenn sie beim Opfer Gefühle der Angst, des Schmerzes und der Unterlegenheit erweckt, die geeignet und darauf gerichtet sind, es zu demütigen und möglicherweise seinen körperlichen und moralischen Widerstand zu brechen (EGMR Smith u. Grady./. Vereinigtes Königreich, Urt. v. 27.09.1999 – 33985/96 u. 33986/96, RJD 1999-VI, Rn. 120). Hinsichtlich der **Demütigung** ist auf das subjektive Empfinden des Opfers abzustellen (EGMR Tyrer./. Vereinigtes Königreich, Urt. v. 25.04.1978 – 5856/72, EuGRZ 1979, 162). Im Gegensatz zur unmenschlichen Behandlung sowie zur Folter sind intensive körperliche Schmerzen nicht erforderlich, allerdings muss die durch die Demütigung erzielte Beeinträchtigung seitens des Opfers einen gewissen Schweregrad (vgl. Rdn. 12) überschreiten und ihn in einer Art. 3 widersprechenden Weise in seiner Persönlichkeit treffen (EGMR GrK Öcalan./. Türkei, Urt. v. 12.05.2005 – 46221/99, RJD 2005-IV, Rn. 181). Ein zu berücksichtigender wichtiger Faktor ist dabei eine evtl. vorhandene Absicht des Täters, sein Opfer zu demütigen und zu erniedrigen; selbst wenn eine solche Absicht aber nicht vorliegt, kann eine Behandlung erniedrigend sein (EGMR Stanev./. Bulgarien, Urt. v. 17.01.2012 – 36760/06, Rn. 203). Entscheidend ist, dass die Demütigung über die Wirkungen einer rechtmäßigen Behandlung hinausgeht (so zur Strafe EGMR Kudla./. Polen, Urt. v. 26.10.2000 – 30210/96, RJD 2000-XI, Rn. 92). 15

Eine erniedrigende Behandlung wurde etwa in folgenden Fällen angenommen: Einem Festgenommenen wurde mehrere Tage verwehrt, seine durch Kot verschmutzte Kleidung zu wechseln und sich zu waschen (EKMR Hurtado./. Schweiz, Ber. v. 08.07.1993, EuGRZ 1994, 271); ein Inhaftierter wurde gezwungen, sich in Gegenwart einer weiblichen Aufsichtsperson für eine Leibesvisitation zu entkleiden sowie seine Geschlechtsorgane ohne Handschuhe abtasten zu lassen (EGMR Valasinas./. Litauen, Urt. v. 24.07.2001 – 44558/98, RJD 2002-VIII, Rn. 117); im Fall des Kahlrasierens des Kopfes eines Häftlings (EGMR Yankov./. Bulgarien, Urt. v. 11.12.2003 – 39084/97, RJD 2003-XII, Rn. 120); durch das Einsperren des Angeklagten in einen für die Öffentlichkeit sichtbaren Metallkäfig, ohne dass Anhaltspunkte für eine besondere Gefährlichkeit des Beschuldigten bestanden (EGMR GrK Svinarenko u. Slyadnev./. Russland, Urt. v. 17.07.2014 – 32541/08, Rn. 122). Als erniedrigende (und unmenschliche) Behandlung kommt auch die siebentägige Unterbringung in einer Sicherheitszelle ohne jede Bekleidung in Betracht (EGMR Hellig./. Deutschland, Urt. v. 07.07.2011 – 20999/05, NJW 2012, 2173 Rn. 57). Das Tragen von Handschellen stellt, wenn es sich um ein angemessenes Mittel bei der Inhaftierung handelt, keine Verletzung des Art. 3 dar, wohl aber, wenn das notwendige Maß überschritten wird (z.B. bei polizeilich begleitetem Krankentransport des Beschwerdeführers, s. EGMR Ilievska./. Ehemaliges Jugoslawien jetzt Republik Mazedonien, Urt. v. 07.05.2015 – 20136/11, Rn. 56 ff.). 16

Der EGMR geht jedoch (wohl angesichts der Umstände des konkreten Falles) extrem weit mit der Annahme einer erniedrigenden Behandlung, wenn er sogar das psychische Leiden einer Ehefrau, deren verstorbenem Ehemann rechtswidrig Gewebe entnommen worden war und der mit zusammengeklebten Beinen beerdigt wurde, als erniedrigende Behandlung einstuft. Die Ehefrau hatte erst zwei Jahre nach der Beerdigung von der Gewebeentnahme erfahren (EGMR Elerberte./. Lettland, Urt. v. 13.01.2015 – 61243/08, Rn. 135 ff.). 17

b) Erniedrigende Strafe. Das Verbot erniedrigender Strafen richtet sich sowohl an die Legislative als auch an die Judikative als Organe der Konventionsstaaten. Erniedrigend ist eine angedrohte oder verhängte Strafe nach Ansicht des EGMR dann, wenn die durch sie verursachten Leiden oder Erniedrigungen in dem Sinn unnötig sind, dass sie über die mit jeder rechtmäßigen Bestrafung verbundenen Leiden und Demütigungen deutlich hinausgehen und einen durch die Erfordernisse des Strafvollzugs nicht zu rechtfertigenden **zusätzlichen Leidensdruck** von einer gewissen (Mindest-) Schwere (vgl. Rdn. 12) verursachen (EGMR Tyrer./. Vereinigtes Königreich, Urt. v. 25.04.1978 – 5856/72, Series A26, Rn. 30). Eine derartige Erniedrigung kann zum einen in der Art der Strafe angelegt sein. Selbst leichtere Formen der Prügelstrafe sind danach, sofern diese als staatlich institutionalisierte Gewalt ausgeübt wird, als erniedrigende Behandlung einzustufen (so EGMR Tyrer./. Vereinigtes Königreich, Urt. v. 25.04.1978 – 5856/72, Series A26, Rn. 33 für den Fall von drei Schlägen mit einer Birkenrute). 18

Haftbedingungen stellen, selbst wenn sie nicht darauf abzielen, den Gefangenen zu demütigen oder zu erniedrigen, dann eine erniedrigende Behandlung dar, wenn sie erhebliches psychisches oder physisches Leid verursachen, die Menschenwürde beeinträchtigen oder Gefühle von Demütigung oder Erniedrigung beim Betroffenen erwecken (EGMR Peers./. Griechenland, Urt. v. 19.04.2001 – 28524/95, RJD 2001-III, Rn. 75). Die besonderen Belastungen durch eine humanitäre Notlage – insb. durch die »Flüchtlingskrise« – können diesbezüglich zwar berücksichtigt werden, sie befreien aber nicht von der Verpflichtung menschenwürdiger Haftbedingungen (EGMR GrK Khlaifia u.a./. Italien, Urt. v. 15.12.2016 – 16483/12, Rn. 184 f.; 19

EGMR J.R. u.a./. Griechenland, Urt. v. 25.01.2018 – 22696/16, NVwZ 2018, 1375, Rn. 137). Inhaftierten muss eine angemessene medizinische Versorgung gewährt werden (EGMR Mozer./. Moldawien und Russland, Urt. v. 23.02.2016 – 11138/10, Rn. 178; zur Bestimmung der Angemessenheit insb. bei Kindern s. EGMR Blokhin./. Russland, Urt. v. 23.03.2016 – 47152/06, Rn. 137 ff.), wobei dem Staat bei mehreren geeigneten Behandlungsmethoden ein Ermessensspielraum zustehen soll (EGMR Wenner./. Deutschland, Urt. v. 01.09.2016 – 62303/13, Rn. 61). Einen erniedrigenden Charakter des Strafvollzugs sah der EGMR in der Unterbringung von 22 Gefangenen in einer Zelle von max. 20 qm, konstant brennendem Licht und, neben weiteren Schikanen, völlig unzureichenden hygienischen Verhältnissen, z.B. einer offenen Toilette in einer Ecke der Zelle (EGMR Kalashnikov./. Russland, Urt. v. 15.07.2002 – 47095/99, RJD 2002-VI, Rn. 97 ff.). Eine Zelle mit mehreren Insassen sollte pro Gefangenem mindestens 3 qm Platz zur Verfügung haben. Wird dieses Mindestmaß unterschritten, besteht die starke Vermutung einer Verletzung des Art. 3 (so zuletzt auch das BVerfG, Beschl. v. 01.12.2020 – 2 BvR 1845/18, 2 BvR 2100/18, NJW 2021, 1518, Rn. 49 f.). Der Staat muss zur Widerlegung regelmäßig die folgenden Faktoren kumulativ aufzeigen: (1) kurzer, gelegentlicher und unerheblicher Aufenthalt in der Zelle, (2) Möglichkeit zur Bewegung außerhalb der Zelle, (3) sonstige Angemessenheit der Haftanstalt. Beträgt der persönliche Platz eines Insassen zwischen 3 und 4 qm ist eine Verletzung nur unter Hinzuziehung weiterer unangemessener Haftbedingungen möglich. Auch wenn über 4 qm Platz zur Verfügung stehen, bleibt eine Verletzung aus anderen Aspekten möglich (EGMR GrK Muršić./. Kroatien, Urt. v. 20.10.2016 – 7334/13, Rn. 136 ff.). Bei entsprechender Schwere können derart unzureichende Haftbedingungen sogar eine *unmenschliche* Behandlung darstellen (s. etwa EGMR Mozer./. Moldawien und Russland, Urt. v. 23.02.2016 – 11138/10, Rn. 178 ff.). Keine Verletzung von Art. 3 liegt hingegen in einer unzureichenden Abtrennung von sanitären Einrichtungen zum Rest der Haftzelle, solange nicht weitere Umstände hinzutreten (der EGMR bejahte allerdings einen Verstoß gegen Art. 8, vgl. EGMR Szafrański./. Polen, Urt. v. 15.12.2015 – 17249/12, Rn. 27 f., 34 ff.). Unmenschlich ist die Behandlung auch dann, wenn schlechte Haftbedingungen mit den Einschränkungen einer lebenslangen Freiheitsstrafe einhergehen, da damit das mit der Verbüßung einer Haftstrafe zwangsläufig innewohnende Leiden weit überstiegen werde (EGMR GrK Simeonovi./. Bulgarien, Urt. v. 12.05.2017 – 21980/04, Rn. 94).

20 Die Unterbringung in **Einzelhaft** kann demgegenüber aus verschiedensten Gründen (Gefahr der Fluchtgefahr, der Aggressivität, der Störung der Gefangenengemeinschaft, der Kontaktaufnahme mit organisierten Kriminellen) gerechtfertigt sein, ein Verstoß gegen Art. 3 ist gleichwohl möglich, wenn der Staat keine hinreichende Begründung dafür gibt – wobei der Begründungsaufwand mit der Dauer der Einzelhaft wächst. So wurde die Haft als einziger Insasse eines Gefängnisses über mehr als 19 Jahre bei gleichzeitiger Abschottung desselben als Verstoß gegen Art. 3 bewertet (EGMR Öcalan./. Türkei [Nr. 2], Urt. v. 18.03.2014 – 24069/03, 197/04, 6201/06 u. 10464/07, Rn. 101 ff.). Auch kann die Kombination aus langjähriger Einzelhaft und inakzeptablen Haftbedingungen einen Verstoß gegen Art. 3 begründen (EGMR Harakchiev u. Tolumov./. Bulgarien, Urt. v. 08.07.2014 – 15018/11 u. 61199/12, Rn. 203 ff.).

21 **4. Der unmenschliche Charakter der Behandlung/Strafe. a) Unmenschliche Behandlung.** Eine unmenschliche Behandlung liegt vor, wenn dem Betroffenen schwere und nach den Umständen mit den allgemeinen Geboten der Menschlichkeit schlechthin unvereinbare körperliche oder seelische Qualen oder Leiden von außergewöhnlicher Intensität und Dauer zugefügt werden (EGMR Soering./. Vereinigtes Königreich, Urt. v. 07.07.1989 – 14038/88, Series A161, Rn. 100). Auch hier ist eine **Einzelfallbetrachtung** anzustellen, orientiert zum einen an **objektiven** Faktoren wie Art, Dauer und Schwere der zugefügten Leiden, zum anderen in **subjektiver** Hinsicht an den Motiven des Behandelnden (EGMR Raninen./. Finnland, Urt. v. 16.12.1997 – 20972/92, RJD 1997-VIII, Rn. 55). Eine unmenschliche Behandlung wurde z.B. angenommen in einem Fall, in dem die Handgelenke durch Drähte derart gefesselt wurden, dass sie in die Haut einschnitten und die Füße des Opfers lange Zeit Schnee und Wasser ausgesetzt waren (Meyer-Ladewig/Nettesheim/von Raumer/*Meyer-Ladewig/Lehnert* EMRK, Art. 3 Rn. 23 m.w. Beispielen) oder die Kombination von fünf Techniken (Zwang, mit übergezogener Kapuze unter Lärmeinwirkung lange Zeit in angespannter Körperhaltung an der Wand zu stehen, systematisches Vorenthalten von Schlaf, Essen und Trinken) durch britische Verhörsorgane (EGMR Irland./. Vereinigtes Königreich, Urt. v. 18.01.1978 – 5310/71, Series A25, Rn. 165 ff.). Auch die Zerstörung des Hauses einschließlich Einrichtung aufgrund des Verdachts der Unterstützung einer terroristischen Vereinigung sah der EGMR als unmenschliche Behandlung i.S.v. Art. 3 (EGMR Dulas./. Türkei, Urt. v. 30.01.2001 – 25801/94, Rn. 55) an.

22 Auch die bloße **Androhung von Folter** (zur Definition s.u. Rdn. 27) kann, sofern sie hinreichend real und unmittelbar ist, das nötige Mindestmaß an Schwere (s.o. Rdn. 12) überschreiten und eine unmenschliche *Behandlung* i.S.v. Art. 3 darstellen (EGMR GrK Gäfgen./. Deutschland, Urt. v. 01.06.2010 – 22978/05, NJW 2010, 3145 [3146], Rn. 108; falls die Drohung mit einem noch stärkeren Maß an Ernsthaftigkeit

ausgestoßen wird und beim Opfer intensives psychisches Leid hervorruft, kann sogar die Variante der Folter erfüllt sein). Entscheidende Faktoren für die Einzelfallbetrachtung sind die Situation des von der Drohung Betroffenen (im entschiedenen Fall »Gäfgen« befand sich der Betroffene zum Verhör in einer Polizeistation und aufgrund angelegter Handschellen in einem Stadium äußerster Verwundbarkeit), die Ernsthaftigkeit der Drohung (hier sind vorangegangene Planung der Realisierung sowie die Benennung von Details von Bedeutung), die Zeitspanne über welche die Drohung hinweg aufrechterhalten wurde (im Fall Gäfgen handelte es sich um 10 Minuten) sowie die Wirkung beim Opfer (wobei die spätere Notwendigkeit psychischer Betreuung indiziell sein kann; vgl. EGMR GrK Gäfgen./. Deutschland, Urt. v. 01.06.2010 – 22978/05, NJW 2010, 3145 ff., Rn. 102 ff.; vert. hierzu *Grabenwarter* NJW 2010, 3128 ff.).

b) **Unmenschliche Strafe.** Eine Strafe ist unmenschlich, wenn sie **außer Verhältnis zur Schwere der Tat und der Schuld** des Täters steht (LR/*Esser* EMRK, Art. 3 Rn. 92 m.w.N.). Der EGMR hält eine Verletzung des Art. 3 insoweit nur für »außergewöhnliche und seltene Fälle« denkbar, da den Mitgliedstaaten grundsätzlich ein Ermessen bei der Bemessung der Strafen zukomme. Möglich erscheint ein Konventionsverstoß im Einzelfall daher nur dann, wenn die Strafe »grob unverhältnismäßig«, also wegen ihrer Höhe mit dem Gerechtigkeitsgebot unter keinen Umständen mehr vereinbar ist (vgl. EGMR GrK Vinter./. Vereinigtes Königreich, Urt. v. 09.07.2013 – 66069/09, NJOZ 2014, 1582, Rn. 102). Dies ist v.a. dann der Fall, wenn die Strafe in einem solchen Ausmaß exzessiv ist, dass sie unter keinem Blickwinkel mehr als vernünftige Reaktion des Staates auf den Unrechtsgehalt des durch das Verhalten des Täters verwirklichten Delikts zu werten ist (vgl. OLG Stuttgart NJW 2002, 3188 hinsichtlich der Verhängung einer Freiheitsstrafe von einem Monat bei Diebstahl einer Milchschnitte im Wert von 0,26 €). Die hier zu ziehende Grenze entspricht grds. dem auch im deutschen Recht zu beachtenden Verhältnismäßigkeitsprinzip (Übermaßverbot) i.S.d. Art. 1 Abs. 2, Art. 2 Abs. 2 GG (LR/*Esser* EMRK, Art. 3 Rn. 96 m.w.N.). 23

Im Hinblick auf die Verhältnismäßigkeitsbeurteilung einer Strafe gilt bei der Vollstreckungsübernahme (für Deutschland §§ 48 ff. IRG) und einem diesbezüglichen Umwandlungsverfahren hinsichtlich der Strafe (vgl. § 54 IRG) Besonderes, da die Vollstreckung im Heimatstaat grundsätzlich im Interesse des Verurteilten liegt. Hier darf sich der die Vollstreckung übernehmende Staat nicht über die Vorstellungen einer angemessenen Strafe des verurteilenden Vertragsstaates hinwegsetzen. Eine Verurteilung darf nicht allein deshalb als grob unverhältnismäßig betrachtet werden, weil die Strafe höher ausgefallen ist als im Inland, da die Strafen weltweit (gerade z.B. im Umgang mit Drogendelikten) aufgrund der gesellschaftlichen, politischen, wirtschaftlichen, sozialen und kulturellen Unterschiede stark variieren (EGMR Willcox u. Hurford./. Vereinigtes Königreich, Urt. v. 08.01.2013 – 43759/10, Rn. 78). 24

Wegen des den Mitgliedstaaten zukommenden **Ermessensspielraums** bedeutet die Androhung, die Verhängung und der Vollzug einer lebenslangen Freiheitsstrafe für schwere Delikte keinen Verstoß gegen Art. 3. Probleme sieht der EGMR – in ausdrücklicher Anlehnung an die Rspr. des BVerfG (E 45, 187) – dann, wenn der Verurteilte keine Hoffnung auf Entlassung haben kann. Daher ist in einer Verurteilung eines Erwachsenen zu einer lebenslangen Freiheitsstrafe, die nicht reduziert werden kann, ein Verstoß gegen Art. 3 zu sehen (vgl. EGMR Kafkaris./. Zypern, Urt. v. 12.02.2008 – 21906/04, Rn. 98 f.). Die Strafe ist dann »reduzierbar«, wenn bei der möglichen Überprüfung durch staatliche Behörden und Gerichte eine Abwägung erfolgen kann, ob Änderungen im Leben des Gefangenen so bezeichnend sind und im Strafvollzug so erhebliche Fortschritte zu einer Resozialisierung gemacht wurden, dass die Fortdauer der Haft durch legitime strafrechtliche Gründe nicht mehr gerechtfertigt ist. Besteht eine solche Möglichkeit nicht, ist Art. 3 verletzt (vgl. EGMR GrK Vinter./. Vereinigtes Königreich, Urt. v. 09.07.2013 – 66069/09, NJOZ 2014, 1582, Rn. 119 ff.; EGMR László Magyar./. Ungarn, Urt. v. 20.05.2014 – 73593/10, Rn. 53 ff.). Die Voraussetzungen für die Überprüfungen müssen klar und bestimmt geregelt sein, wobei die nähere Ausgestaltung dem nationalen Gesetzgeber obliegt (EGMR GrK Hutchinson./. Vereinigtes Königreich, Urt. v. 17.01.2017 – 57592/08, Rn. 44 f.). 25

Nach Ansicht des EGMR soll die **Todesstrafe an sich** keinen unmittelbaren Verstoß gegen Art. 3 darstellen (EGMR Soering./. Vereinigtes Königreich, Urt. v. 07.07.1989 – 14038/88, Series A161, Rn. 103; krit. hierzu Dörr/Grote/Marauhn/*Bank* EMRK, Kap. 11 Rn. 75; diff. BeckOK-StPO/*Valerius* EMRK, Art. 3 Rn. 4.1; a.A. LR/*Esser* EMRK, Art. 3 Rn. 95). Jedenfalls kann – auch nach dieser Rspr. – die Todesstrafe aber zumindest **mittelbar** einen Verstoß gegen Art. 3 bewirken, wenn im Vorfeld der Vollstreckung eine unmenschliche oder erniedrigende Behandlung droht, was bei Erwartung des sog. »**Todeszellensyndroms**« der Fall sein kann (EGMR Soering./. Vereinigtes Königreich, Urt. v. 07.07.1989 – 14038/88, Series A161, Rn. 105, zur essenziellen Bedeutung der Entscheidung im Fall Soering, *Grabenwarter* NJW 2017, 3052 f.); in einem solchen Fall fungiert Art. 3 auch als Abschiebungshindernis (vgl. Rdn. 36 f.). Seit Ratifizierung des 6. Zusatzprotokolls, welches neben dem Verbot der Todesstrafe auch ein Auslieferungshindernis beinhaltet, ist dies allerdings nicht mehr entscheidend. 26

27 **5. Begriff der Folter.** Hinsichtlich des Begriffs der Folter orientiert sich der EGMR an der Definition von Art. 1 Abs. 1 der UN-Folterkonvention (vgl. dazu Rdn. 3). Die Folter unterscheidet sich von den zuvor genannten Varianten in objektiver Hinsicht zunächst einmal durch die **Schwere der Handlung** (*Grabenwarter/Pabel* EMRK, § 20 Rn. 42; BeckOK-StPO/*Valerius* EMRK, Art. 3 Rn. 6; *Esser* Auf dem Weg, S. 378). Sie setzt **objektiv** eine unmenschliche Behandlung voraus, die zusätzlich ein sehr schweres und grausames Leiden hervorrufen muss (EGMR Aksoy./. Türkei, Urt. v. 18.12.1996 – 21987/93, RJD 1996-IV, Rn. 64). Es hängt dabei von den Umständen des Einzelfalls ab, ob ein Verhalten aufgrund seiner Schwere die Schwelle zur Folter übersteigt. In Betracht zu ziehen sind dabei die Art und Dauer der Misshandlung, Alter, Geschlecht und Gesundheitszustand des Opfers und die durch die vorgenannten Merkmale konstituierten Folgen beim Opfer (EGMR Irland./. Vereinigtes Königreich, Urt. v. 18.01.1978 – 5310/71, Series A25, Rn. 162). **In subjektiver Hinsicht** verlangt der Folterbegriff, dass die objektiv erforderlichen Schmerzen und das Leid zweckhaft zugefügt werden, insb. mit dem Ziel, ein Geständnis zu erlangen (EGMR Selmouni./. Frankreich, Urt. v. 28.07.1999 – 25803/94, RJD 1999-V, Rn. 96); aber auch andere Zwecke, wie bspw. Einschüchterung oder Bestrafung, können das Vorliegen von Folter begründen. Gerade diese **Zweckhaftigkeit** kann als Unterscheidungskriterium zur unmenschlichen Behandlung herangezogen werden.

28 Die Folter stellt somit eine (objektiv wie subjektiv) **gesteigerte Form der unmenschlichen Behandlung** dar, deren Feststellung durch den EGMR v.a. aus Stigmatisierungsgründen erfolgt (EGMR Irland./. Vereinigtes Königreich, Urt. v. 18.01.1978 – 5310/71, Series A25, Rn. 167: »… attach a special stigma …«).

29 Als Folter angesehen wurden z.B. Fälle des sog. »Palästinensischen Hängens« (die Hände des Opfers werden hinter dem Rücken zusammengebunden, dann wird er so an den Händen hochgezogen, dass diese auch nach dem Ende der Behandlung noch einige Zeit gelähmt sind; EGMR Aksoy./. Türkei, Urt. v. 18.12.1996 – 21987/93, RJD 1996-VI, Rn. 64) oder bei Vergewaltigung eines Festgenommenen durch die Polizei (EGMR Aydin./. Türkei, Urt. v. 25.09.1997 – 23178/94, RJD 1997-VI, Rn. 86).

30 Weiterhin hat der EGMR in seiner Entscheidung »Selmouni« unter Hinweis auf die UN-Folterkonvention betont, dass aufgrund der gestiegenen Menschenrechtsstandards und der Auslegung der EMRK als »**living instrument**« Akte, die früher nur als »unmenschlich« qualifiziert wurden, in Zukunft als Folter beurteilt werden könnten (EGMR Selmouni./. Frankreich, Urt. v. 28.07.1999 – 25803/94, RJD 1999-V, Rn. 101).

31 Somit dürften in Zukunft Sinnberaubungs- und Desorientierungsmethoden wie die »fünf Techniken« (s.o. Rdn. 21; vgl. EGMR Irland./. Vereinigtes Königreich, Urt. v. 18.01.1978 – 5310/71, Series A25, Rn. 94–104, 106, 107, 165–168), die – ohne die physische Integrität anzutasten – zu schweren seelischen Leiden und geistigen Störungen führen und vom EGMR in der Vergangenheit als unmenschliche Behandlung eingestuft wurden, als Folter zu qualifizieren sein (*Frowein/Peukert* EMRK, Art. 3 Rn. 6; *Esser* Auf dem Weg, S. 380).

32 **C. Sonderfälle. I. Medizinisch indizierte bzw. nicht indizierte Eingriffe.** Bei medizinischen Eingriffen ist zu unterscheiden. Sofern eine Maßnahme nach anerkannten medizinischen Grundsätzen **therapeutisch indiziert** ist, kann sie grds. nicht als unmenschlich oder erniedrigend angesehen werden. Dies gilt z.B. für die Zwangsernährung, mit der das Leben eines im Hungerstreik befindlichen Strafgefangenen gerettet werden soll (EGMR Herczegfalvy./. Österreich, Urt. v. 24.09.1992 – 10533/83, Series A244, Rn. 82).

33 Aber auch die **medizinisch nicht indizierte** Entnahme von Blut oder Speichelproben, um Beweise für die Teilnahme an einer Straftat zu erlangen, verstößt nicht grds. gegen Art. 3 (EGMR Jalloh./. Deutschland, Urt. v. 11.07.2006 – 54810/00, RJD 2006-IX, Rn. 70).

34 Bei schwerer wiegenden Eingriffen ist allerdings das Überschreiten der Schwelle zur erniedrigenden bzw. zur unmenschlichen Behandlung durchaus möglich. Entscheidende Kriterien bei der Beurteilung der Mindestschwere sind zunächst die oben genannten (vgl. Rdn. 12), des Weiteren auch die medizinische Beaufsichtigung sowie die tatsächlichen gesundheitlichen Folgen des Eingriffs (EGMR Jalloh./. Deutschland, Urt. v. 11.07.2006 – 54810/00, RJD 2006-IX, Rn. 72–74). Bei der **Verabreichung von Brechmitteln** zur Gewinnung von Beweismitteln im Zusammenhang mit dem Verdacht auf eine Betäubungsmittelstraftat hat der EGMR aufgrund des mit dieser Behandlung verbundenen physischen und psychischen Leids des Betroffenen eine unmenschliche Behandlung bejaht (EGMR Jalloh./. Deutschland, Urt. v. 11.07.2006 – 54810/00, RJD 2006-IX, insb. Rn. 82).

35 **II. Drittwirkung des Folterverbots.** Wie oben (Rdn. 7) bereits erläutert, treffen den Konventionsstaat aufgrund von Art. 3 auch Schutzpflichten ggü. den Personen in seinem Einflussbereich, er hat diese vor Folter, unmenschlicher oder erniedrigender Behandlung – auch durch Privatpersonen – zu schützen (EGMR A./. Vereinigtes Königreich, Urt. v. 29.09.1998 – 25599/94, RJD 1998-VI, Rn. 22).

1. Abschiebung und Auslieferung. Da ein Konventionsstaat auch nicht mittelbar zu einem Verstoß gegen das Folterverbot beitragen darf, konstituiert Art. 3 ein wichtiges **Abschiebungs- und Auslieferungshindernis**. Flankiert wird dieses Hindernis von einer fallbezogenen, gründlichen und sorgfältigen Untersuchungspflicht des ausweisenden Staates bzgl. der Umstände im Zielland (EGMR M.A. u.a./. Litauen, Urt. v. 11.12.2018 – 59793/17, Rn. 114; EGMR A.A./. Schweiz, Urt. v. 05.11.2019 – 32218/17, Rn. 44 ff.). Ein Abschiebungsverbot besteht nicht nur bei drohender Verfolgung durch staatliche Organe, sondern auch bei drohender Folter durch nicht-staatliche Stellen, wie insb. Bürgerkriegsparteien (vgl. EGMR Hirsi Jamaa./. Italien, Urt. v. 23.02.2012 – 27765/09, Rn. 120; EGMR Chahal./. Vereinigtes Königreich, Urt. v. 15.11.1996 – 22414/93, RJD 1996-V, Rn. 74, 107; s.a. *Gless* Internationales Strafrecht, Rn. 99). Um diesbezüglich wirksamen Schutz zu gewährleisten, ist die Existenz eines effizienten und aufschiebend wirkenden Rechtsbehelfs, mit dem sich die betroffene Person gegen die Überstellung wenden kann, zwingende Voraussetzung (EMRK B.A.C./. Griechenland, Urt. v. 13.10.2016 – 11981/15, NVwZ 2018, 557, Rn. 59). Das Abschiebungsverbot geht so weit, dass der abschiebende Staat sogar bei Abschiebung in einen Durchgangsstaat, der ebenfalls Konventionsmitglied ist, sicherstellen muss, dass der Betroffene im Durchgangsstaat Rechtsbehelfe gegen eine weitere Abschiebung (in den Drittstaat) bei den dortigen nationalen Gerichten einlegen kann und ihm die Möglichkeit eines Antrags auf vorläufige Maßnahmen nach Art. 39 EGMR-VerfO zur Verfügung steht (EGMR K.R.S./. Vereinigtes Königreich, Urt. v. 02.12.2008 – 32733/08, NVwZ 2009, 965 [967]). Im Fall einer Auslieferung müssen wesentliche Gründe dafür vorgebracht (oder vom EGMR selbst ermittelt) werden, dass dem Auszuliefernden im ersuchenden Staat eine »echte Gefahr« der Folter oder unmenschlichen oder erniedrigenden Behandlung droht (EGMR Vilvarajah u.a./. Vereinigtes Königreich, Urt. v. 30.10.1991 – 13163/87, 13164/87, 13165/87, 13447/87 u. 13448/87, Series A215, Rn. 103; EGMR M.A. u.a./. Litauen, Urt. v. 11.12.2018 – 59793/17, Rn. 114 mit Fokus auf der Untersuchungspflicht des abschiebenden Staates), wobei auch auf Berichte von internationalen Menschenrechtsschutzvereinigungen, wie etwa Amnesty International, zurückgegriffen werden darf (EGMR Hirsi Jamaa./. Italien, Urt. v. 23.02.2012 – 27765/09, Rn. 118 f.). Die Gefahr strafrechtlicher Verfolgung alleine ist dem allerdings nicht gleichzusetzen (EGMR A.M./. Frankreich, Urt. v. 29.04.2019 – 12148/18, Rn. 130). Vergangene Misshandlungen sind dabei ein Indiz dafür, dass zukünftig – sprich nach der Abschiebung – eine derartige »echte Gefahr« besteht (EGMR J.K. u.a./. Schweden, Urt. v. 23.08.2016 – 59166/12, Rn. 102). Abgesehen von Ländern, in denen dem Auszuliefernden die Todesstrafe droht, verweist der EGMR darauf, dass eine Verletzung des Art. 3 durch Auslieferung unwahrscheinlich ist, wenn es um eine Überstellung an einen Staat geht, der eine lange Tradition der Achtung der Demokratie, der Menschenrechte und der Rechtsstaatlichkeit aufweist (EGMR Čalovskis./. Lettland, Urt. v. 24.07.2014 – 22205/13, Rn. 134). Bestehen im Hinblick auf Rechtsstaatlichkeit und Haftbedingungen Unsicherheiten, so lässt sich ein etwaig bestehendes Auslieferungshindernis durch eine diesbezüglich völkerrechtlich verbindliche Zusicherung seitens des ersuchenden Staats ausräumen (OLG Hamm, Beschl. v. 11.12.2017 – 2 Ausl. 147/17, NJW 2018, 2580, Rn. 19; zu den relevanten Einschränkungen und der Belastbarkeit von Zusicherungen siehe allerdings BVerfG, Beschl. v. 04.12.2019 – 2 BvR 1258/19, 2 BvR 1497/19, NJW Spezial 2019, 536, Rn. 61 ff.). Eine Verletzung von Art. 3 aufgrund der schweren Erkrankung der abzuschiebenden Person lässt sich nur in besonderen Ausnahmefällen annehmen (EGMR D./. Vereinigtes Königreich, Urt. v. 02.05.1997 – 30240/96, RJD 1997-III, Rn. 53 f.; EGMR GrK N./. Vereinigtes Königreich, Urt. v. 27.05.2008 – 26565/05, Rn. 42 ff.). Ein derartiger Ausnahmefall kann etwa dann vorliegen, wenn – insb. weil im Zielstaat kein Zugang zur notwendigen Behandlung möglich ist – durch die Abschiebung eine ernsthafte, baldige und irreversible Gesundheitsverschlechterung eintritt, die zu starken Leiden oder einer erheblichen Verkürzung der Lebensdauer führt (EGMR GrK Paposhvili./. Belgien, Urt. v. 13.12.2016 – 41738/10, Rn. 183). Für den abschiebenden oder ausweisenden Staat erwächst daraus die Verpflichtung, zu prüfen, ob einerseits das aufnehmende Land im Allgemeinen eine medizinische Versorgung gewährleistet, die ausreichend und angemessen ist, die Erkrankung der betreffenden Person zu behandeln und andererseits, inwiefern der Betreffende auch tatsächlich Zugang zu einer solchen Behandlung hat (EMRK GrK, Paposhvili./. Belgien, Urt. v. 13.12.2016 – 41738/10, Rn. 189 f.). 36

Bei minderjährigen, unbegleiteten Flüchtlingen greift eine verstärkte Pflicht des Staates, die Umstände in Asylunterkünften menschenrechtskonform auszugestalten; eine dem entgegenstehende Behandlung ist erniedrigend im Sinne von Art. 3 (EGMR Khan./. Frankreich, Urt. v. 28.02.2019 – 12267/16, Rn. 73).

Art. 3 ist durch stete Erweiterung der Verantwortlichkeit der Mitgliedsstaaten für aufenthaltsbeendende Maßnahmen im Allgemeinen für fast alle mitgliedsstaatlichen Ordnungen mittlerweile zu einer Art Asylgrundrecht herangewachsen (so *Grabenwarter* EuGRZ 2011, 229 [231]; s. insb. auch EGMR GrK M.S.S./. Belgien und Griechenland, Urt. v. 21.01.2011 – 30696/09, EuGRZ 2011, 243 ff. m.Anm. *von Arnauld* EuGRZ 2011, 238 ff.; zu Beweislastfragen bzgl. des Asylrechts vgl. EGMR F.G./. Schweden, Urt. v. 23.03.2016 – 43611/11, Rn. 119 ff.; EGMR J.K. u.a./. Schweden, Urt. v. 23.08.2016 – 59166/12, Rn. 91 ff.). Der EGMR überprüft 37 dabei nicht das Asylrechtssystem des Mitgliedsstaates, sondern nur, ob effektive Garantien gegen eine willkürliche Abschiebung vorhanden sind (EGMR F.G./. Schweden, Urt. v. 23.03.2016 – 43611/11, Rn. 117) bzw. ob nationale Vorkehrungen getroffen wurden, um notwendige Freiheitsbeschränkungen im Rahmen von Asylverfahren menschenwürdig auszugestalten (EGMR GrK Khlaifia u.a./. Italien Urt. v. 15.12.2016 –16483/12, Rn. 163 ff.; z.B. zu einem Zwangsaufenthalt in einer Transitzone EGMR GrK Z.A. u.a./. Russland, Urt. v. 21.11.2019 – 61411/15, Rn. 183 ff.).

38 **2. Ermittlungspflichten des Staates.** Die Schutzpflicht des Staates ggü. den Personen in seinem Einflussbereich umfasst auch, im Fall von glaubhaften Vorwürfen von Folter bzw. unmenschlicher Behandlung, **angemessen zu ermitteln** und diese nötigenfalls **strafrechtlich zu verfolgen** (EGMR Labita./. Italien, Urt. v. 06.04.2000 – 26772/95, RJD 2000-IV, Rn. 130 ff.; zu den Anforderungen dieser Pflicht EGMR Karabet u.a./. Ukraine, Urt. v. 17.01.2013 – 38906/07 u. 52025/07, Rn. 264 ff. sowie EMRK Knox./. Italien, Urt. v. 24.01.2019 – 76577/13, Rn. 136; näher *Pösl* Das Verbot der Folter in Art. 3 EMRK, S. 247 ff.). Dabei muss in gegebenen Fällen – aus Art. 3 i.V.m. Art. 14 – auch untersucht werden, ob rassistische Motive eine Rolle spielten (EGMR Škorjanec./. Kroatien, Urt. v. 28.03.2017 – 25536/14, Rn. 53 ff.). Die Ermittlungspflicht zwingt aber nicht dazu, Straftaten zu verfolgen, die nicht von der Gerichtsbarkeit des Mitgliedsstaates erfasst sind (kein Erfordernis einer »universal jurisdiction«, vgl. EGMR J. u.a./. Österreich, Urt. v. 17.01.2017 – 58216/12, Rn. 114 i.V.m. 123). Die Zahlung einer Entschädigung und die Anerkennung einer Verletzung der Konvention entbinden nicht von der Durchführung der Ermittlungen (EGMR GrK Jeronovičs./. Lettland, Urt. v. 05.07.2016 – 23755/07, Rn. 118). Es müssen – ohne unangemessene Verzögerung – alle vernünftigen Maßnahmen ergriffen werden, um den Sachverhalt in seiner Gesamtheit zu erforschen und Beweise zu sichern (EGMR Y./. Slowenien, Urt. v. 28.05.2015 – 41107/10, Rn. 96; EGMR M. u. M./. Kroatien, Urt. v. 03.09.2015 – 10161/13, Rn. 145, 148). In diesem Zusammenhang können auch **Angehörige** von mittlerweile verschwundenen Folteropfern selbst Opfer einer erniedrigenden oder unmenschlichen Behandlung sein, wenn das von den Angehörigen erlittene Leid die erforderliche Mindestschwere (s.o. Rdn. 12) übersteigt. Auch hier kommt es auf den jeweiligen Einzelfall an, wobei sich der EGMR an der konkreten familiären Nähebeziehung zwischen Angehörigem und originärem Folteropfer, der Frage, ob die Angehörigen Zeugen der Misshandlung wurden sowie dem Bemühen der Angehörigen, Aufklärung über das Schicksal des Familienmitglieds zu erfahren und die darauf folgende Reaktion der nationalen Behörden orientiert (EGMR ER u.a./. Türkei, Urt. v. 31.07.2012 – 23016/04, Rn. 94 ff.; EGMR Magamadova./. Russland, Urt. v. 06.11.2008 – 33185/04, Rn. 105). Diese Faktoren müssen dem Leid der Angehörigen eine Intensität verleihen, die über das bei einer von einem Familienmitglied erlittenen Menschenrechtsverletzung übliche Maß hinausgeht (EGMR Cakici./. Türkei, Urt. v. 08.07.1999 – 23657/94, RJD 1999-VI, Rn. 98). Gerade die Untätigkeit der Behörden kann in derartigen Konstellationen eine Verletzung von Art. 3 ggü. den Angehörigen begründen (EGMR ER u.a./. Türkei, Urt. v. 31.07.2012 – 23016/04, Rn. 96; EGMR Acar./. Türkei, Urt. v. 08.04.2004 – 26307/95, RJD 2004-III, Rn. 238).

39 **3. Beschränkung von Rechtfertigungs- und Entschuldigungsgründen im deutschen Recht.** Die EMRK verpflichtet als völkerrechtlicher Vertrag gem. Art. 1 direkt zwar nur den jeweiligen Konventionsstaat; dennoch kann das Folterverbot mittelbar auch Einfluss auf Privatrechtsverhältnisse haben. Im deutschen Recht bedeutet dies für die Gerichte insb., Rechtfertigungs- und Entschuldigungsgründe EMRK-konform auszulegen.

40 **a) Notwehr.** Art. 3 gebietet bei der Notwehr (§ 32 StGB) auf Ebene der Gebotenheit eine sozialethische Einschränkung des Notwehrrechts in Konstellationen vorzunehmen, in denen Folter, unmenschliche oder erniedrigende Behandlung zur Abwehr eines gegenwärtigen und rechtswidrigen Angriffs (entweder auf eigene Rechtsgüter oder auf die eines Dritten) eingesetzt werden. Aufgrund der absoluten Geltung von Art. 3 entfällt das Rechtsbewährungsprinzip, welches neben dem Selbstschutzgedanken eine tragende Säule der Notwehr darstellt. Folter und unmenschliche/erniedrigende Behandlung können somit **nie durch § 32 StGB gerechtfertigt** sein (LG Frankfurt NJW 2005, 692 [693 f.]; *Perron* FS Weber, S. 143 [150 ff.]; *Hecker* KJ 2003, 210 [214 ff.]; a.A. *Erb* JURA 2005, 24 [26 ff.]; *ders.* NStZ 2005, 593 [598 ff.]; *Fahl* JURA 2007, 743 [748 f.]; vermittelnd *Jerouschek* JuS 2005, 296 [300], der nur unter Privaten eine Geltung von Art. 3 verneint; zur Diskussion s. *Satzger* JURA 2009, 759 [765] m.w.N.). Da sich diese Auslegung noch im Rahmen des Wortlauts des § 32 StGB (»geboten«) hält, liegt kein Verstoß gegen den grds. anwendbaren Art. 103 Abs. 2 GG vor (vgl. *Wessels/Beulke/Satzger* AT, Rn. 397).

41 **b) Rechtfertigender Notstand.** Das zu § 32 StGB Gesagte gilt grds. auch in Bezug auf den rechtfertigenden Notstand (§ 34 StGB). Art. 3 wirkt hier als Korrektiv auf Ebene der Interessenabwägung bzw. insb. bei dem Kriterium der Angemessenheit. Aufgrund der Absolutheit des Folterverbots erweist sich dieses als abwägungsfest und trifft eine klare Gewichtung zugunsten des Gefolterten ungeachtet dessen Vorverhaltens. Folter

und unmenschliche/erniedrigende Behandlung sind damit auch **nicht durch § 34 StGB zu rechtfertigen** (h.M., s. LG Frankfurt NJW 2005, 692 [693 f.]; BVerfG NJW 2005, 656 [657]; SSW-StGB/*Rosenau* § 34 Rn. 34 m.w.N.; a.A. *Erb* FS Selbode, S. 115 f.; *Herzberg* JZ 2005, 323).

c) **Entschuldigender, auch übergesetzlicher Notstand.** Auch Entschuldigungsgründe müssen letztlich aus- 42
scheiden; eine Entschuldigung nach § 35 StGB dürfte in der Regel bereits am Näheverhältnis scheitern (LG Frankfurt NJW 2005, 692 [695]) und selbst bei Annahme eines solchen ist eine Entschuldigung aufgrund der Wertung des Art. 15 Abs. 2 wegen Vorliegens einer zumutbaren Gefahr zu versagen (a.A. *Perron* FS Weber, S. 143 [152]). Beim übergesetzlichen Notstand bietet die Absolutheit des Folterverbots nach Art. 15 Abs. 2 ebenfalls die Lösung für die unlösbare Pflichtenkollision (*Satzger* JURA 2009, 759 [765]; so im Ergebnis auch LG Frankfurt NJW 2005, 692 [695]).

D. Prozessuale Auswirkungen. In strafprozessualer Hinsicht verstößt die **Verwertung** eines unter Verstoß 43
gegen Art. 3 gewonnenen Beweises nicht automatisch auch gegen Art. 3. Vielmehr beurteilt sich die Konventionskonformität der Verwertung im Wege der Gesamtbetrachtung nach dem in **Art. 6 Abs. 1 Satz 1** enthaltenen **Fair-trial-Grundsatz**.

I. Verwertung unmittelbar unter Verletzung von Art. 3 erlangter Beweismittel. 1. Geständnis. Die Ver- 44
wertung eines **unmittelbar aus der Anwendung von Folter, unmenschlicher oder erniedrigender Behandlung** gewonnenen Geständnisses macht den gesamten Prozess in jedem Fall unfair i.S.v. Art. 6 Abs. 1 Satz 1 (EGMR El Haski./. Belgien, Urt. v. 25.09.2012 – 649/08, Rn. 85; EGMR GrK Gäfgen./. Deutschland, Urt. v. 01.06.2010 – 22978/05, NJW 2010, 3145 [3148], Rn. 173).

2. Körperliche Beweismittel. Bei sonstigen (körperlichen) Beweismitteln soll dies nur dann der Fall 45
sein, wenn diese **unmittelbar durch Folter** gewonnen wurden (krit. zur Differenzierung *Pösl* Das Verbot der Folter in Art. 3 EMRK, S. 327), wobei es nicht darauf ankommen soll, ob die Verwertung eines solchen Beweises einen Einfluss auf den Ausgang des Verfahrens hatte (EGMR GrK Gäfgen./. Deutschland, Urt. v. 01.06.2010 – 22978/05, NJW 2010, 3145 [3148], Rn. 166), da andernfalls der »Brutalität unter dem Mantel der Rechtsstaatlichkeit« Vorschub geleistet würde (EGMR Jalloh./. Deutschland, Urt. v. 11.07.2006 – 54810/00, RJD 2006-IX, Rn. 105). Werden körperliche Beweismittel nicht durch Folter, sondern **auf eine andere von Art. 3 verbotene Weise** erlangt, so kommt eine Verletzung des Art. 6 aber nur in Betracht, wenn deren Verwertung Einfluss auf den Schuldspruch hatte (EGMR El Haski./. Belgien, Urt. v. 25.09.2012 – 649/08, Rn. 85; EGMR GrK Gäfgen./. Deutschland, Urt. v. 01.06.2010 – 22978/05, NJW 2010, 3145 [3148], Rn. 178 ff.).

Im Fall Gäfgen wurde etwa kein Verstoß gegen Art. 6 Abs. 1 Satz 1 angenommen, da das durch unmensch- 46
liche Behandlung erlangte Geständnis überhaupt nicht verwertet und seine Verurteilung alleine auf das neue, nach einer qualifizierten Belehrung (s. dazu Einl. Rdn. 286) abgelegte Geständnis in der Hauptverhandlung gestützt wurde (EGMR GrK Gäfgen./. Deutschland, Urt. v. 01.06.2010 – 22978/05, NJW 2010, 3145 [3149], Rn. 179, 187); anders bei der Verwertung eines durch den Einsatz von Brechmitteln gewonnenen Beweismittels, hier wurde ein Verstoß gegen Art. 6 Abs. 1 Satz 1 angenommen (EGMR Jalloh./. Deutschland, Urt. v. 11.07.2006 – 54810/00, RJD 2006-IX, Rn. 105; vgl. § 81a StPO Rdn. 9).

3. Verwendung in Verfahren gegen Dritte. Diese Grundsätze gelten auch dann, wenn die verbotenen 47
Methoden des Art. 3 gegenüber Dritten angewandt werden und die so erlangten Beweismittel gegen den Beschwerdeführer verwertet werden sollen (EGMR El Haski./. Belgien, Urt. v. 25.09.2012 – 649/08, Rn. 85).

II. Verwertung mittelbar unter Verletzung von Art. 3 erlangter Beweismittel. Ob die Verwertung von 48
mittelbar aus einem Verstoß gegen Art. 3 gewonnenen Beweismitteln einen Verstoß gegen Art. 6 Abs. 1 Satz 1 zur Folge hat, ob ein Beweisverbot aus der EMRK wegen Verletzung des Art. 3 also eine »Fernwirkung« erzeugt, hat der EGMR bislang nicht klar beantwortet. Er hat bislang lediglich eine **»starken Vermutung«** für die Unfairness des Verfahrens zum Ausdruck gebracht (EGMR Gäfgen./. Deutschland, Urt. v. 30.06.2008 – 22978/05, EuGRZ 2008, 466 [477], Rn. 105; s. auch EGMR GrK Gäfgen./. Deutschland, Urt. v. 01.06.2010 – 22978/05, NJW 2010, 3145 [3148 ff.], Rn. 173 ff.). Dem Absolutheitsanspruch des Art. 3 EMRK entspricht es, mit der Annahme einer weitgehenden Fernwirkung des Beweisverbots die Wirkung des absoluten Folterverbots effektiv umzusetzen (zur nur ausnahmsweisen Widerlegbarkeit der Vermutung s. *Pösl* Das Verbot der Folter in Art. 3 EMRK, S. 347 ff.).

III. Beweisanforderungen im Hinblick auf eine Verletzung des Fair-trial-Grundsatzes durch Einsatz von 49
Folter etc.. Im Gegensatz zur bisherigen Rspr. in Deutschland (insb. OLG Hamburg im Fall El Motassadeq, NJW 2005, 2326 [2329] zu § 136a; dazu § 136a StPO Rdn. 60) muss die Anwendung von Folter etc.

nicht voll bewiesen sein, verbleibende Zweifel dürfen also nicht zulasten des Beschwerdeführers gehen (zur Kritik an der bisherigen Rspr. s. etwa *Jahn* Gutachten C zum 68. DJT, 2008, C 108 f. m.w.N.). Es genügt vielmehr, wenn dieser ein »reales Risiko« des Foltervorwurfs oder der unmenschlichen Behandlung aufzeigt, wozu ausreiche, dass das Justizsystem des anderen Staates keine echten Garantien einer unabhängigen, unparteiischen und ernsthaften Untersuchung von Foltervorwürfen oder Vorwürfen unmenschlicher oder erniedrigender Behandlung gewähren könne. Hierfür genüge bereits, dass internationale Organisationen und Menschenrechtsorganisationen ein solches attestierten (EGMR El Haski./. Belgien, Urt. v. 25.09.2012 – 649/08, Rn. 86 ff.).

50 Diese Rspr. des EGMR muss dazu führen, dass auch **in Deutschland deutlich geringere Anforderungen an den Nachweis** des Einsatzes von Folter etc. gestellt werden, was bereits deshalb gerechtfertigt ist, weil der Beweis, dass derartige Methoden angewendet wurden, durch systematische Verheimlichung und fachmännische Vermeidung bzw. Beseitigung von Spuren nur sehr schwer möglich ist (s. nur *Schüller* ZIS 2013, 245 [248]; *Satzger* IntEuStrR, § 11 Rn. 47b).

Art. 5 Recht auf Freiheit und Sicherheit

(1) Jede Person hat das Recht auf Freiheit und Sicherheit. Die Freiheit darf nur in den folgenden Fällen und nur auf die gesetzlich vorgeschriebene Weise entzogen werden:

a) rechtmäßige Freiheitsentziehung nach Verurteilung durch ein zuständiges Gericht;

b) rechtmäßige Festnahme oder Freiheitsentziehung wegen Nichtbefolgung einer rechtmäßigen gerichtlichen Anordnung oder zur Erzwingung der Erfüllung einer gesetzlichen Verpflichtung;

c) rechtmäßige Festnahme oder Freiheitsentziehung zur Vorführung vor die zuständige Gerichtsbehörde, wenn hinreichender Verdacht besteht, dass die betreffende Person eine Straftat begangen hat, oder wenn begründeter Anlass zu der Annahme besteht, dass es notwendig ist, sie an der Begehung einer Straftat oder an der Flucht nach der Begehung einer solchen zu hindern;

d) rechtmäßige Freiheitsentziehung bei Minderjährigen zum Zweck überwachter Erziehung oder zur Vorführung vor die zuständige Behörde;

e) rechtmäßige Freiheitsentziehung mit dem Ziel, eine Verbreitung ansteckender Krankheiten zu verhindern, sowie bei psychisch Kranken, Alkohol- oder Rauschgiftsüchtigen und Landstreichern;

f) rechtmäßige Festnahme oder Freiheitsentziehung zur Verhinderung der unerlaubten Einreise sowie bei Personen, gegen die ein Ausweisungs- oder Auslieferungsverfahren im Gange ist.

(2) Jeder festgenommenen Person muss unverzüglich in einer ihr verständlichen Sprache mitgeteilt werden, welches die Gründe für ihre Festnahme sind, und welche Beschuldigungen gegen sie erhoben werden.

(3) Jede Person, die nach Absatz 1 Buchstabe c von Festnahme oder Freiheitsentziehung betroffen ist, muss unverzüglich einem Richter oder einer anderen gesetzlich zur Wahrnehmung richterlicher Aufgaben ermächtigten Person vorgeführt werden; sie hat Anspruch auf ein Urteil innerhalb angemessener Frist oder auf Entlassung während des Verfahrens. Die Entlassung kann von der Leistung einer Sicherheit für das Erscheinen vor Gericht abhängig gemacht werden.

(4) Jede Person, die festgenommen oder der die Freiheit entzogen ist, hat das Recht zu beantragen, dass ein Gericht innerhalb kurzer Frist über die Rechtmäßigkeit der Freiheitsentziehung entscheidet und ihre Entlassung anordnet, wenn die Freiheitsentziehung nicht rechtmäßig ist.

(5) Jede Person, die unter Verletzung dieses Artikels von Festnahme oder Freiheitsentziehung betroffen ist, hat Anspruch auf Schadensersatz.

Englische Fassung.

(1) Everyone has the right to liberty and security of person. No one shall be deprived of his liberty save in the following cases and in accordance with a procedure prescribed by law:

(a) the lawful detention of a person after conviction by a competent court;

(b) the lawful arrest or detention of a person for non-compliance with the lawful order of a court or in order to secure the fulfilment of any obligation prescribed by law;

(c) the lawful arrest or detention of a person effected for the purpose of bringing him before the competent legal authority on reasonable suspicion of having committed an offence or when it is reasonably considered necessary to prevent his committing an offence or fleeing after having done so;

(d) the detention of a minor by lawful order for the purpose of educational supervision or his lawful detention for the purpose of educational supervision or his lawful detention for the purpose of bringing him before the competent legal authority;

(e) the lawful detention of persons for the prevention of the spreading of infectious diseases, of persons of unsound mind, alcoholics or drug addicts or vagrants;

(f) the lawful arrest or detention of a person to prevent his effecting an unauthorised entry into the country or a person against whom action is being taken with a view to deportation or extradition.

(2) Everyone who is arrested shall be informed promptly, in a language which he understands, of the reasons for his arrest and the charge against him.

(3) Everyone arrested or detained in accordance with the provisions of paragraph 1.c of this article shall be brought promptly before a judge or other officer authorised by law to exercise judicial power and shall be entitled to trial within a reasonable time or to release pending trial. Release may be conditioned by guarantees to appear for trial.

(4) Everyone who is deprived of his liberty by arrest or detention shall be entitled to take proceedings by which the lawfulness of his detention shall be decided speedily by a court and his release ordered if the detention is not lawful.

(5) Everyone who has been the victim of arrest or detention in contravention of the provisions of this article shall have an enforceable right to compensation.

Französische Fassung.

(1) Toute personne a droit à liberté et à la sûreté. Nul ne peut être privé de sa liberté, sauf dans les cas suivants et selon les voies légales:

(a) s´il est détenu régulièrement après condamnation par un tribunal compétent;

(b) s´il a fait l´objet d´une arrestation ou d´une détention régulières pour insoumission à une ordonnance rendue, conformément à la loi, par un tribunal ou en vue de garantir l´exécution d´une obligation prescrite par la loi;

(c) s´il a été arrêté et détenu en vue d´être conduit devant l´autorité judiciaire compétente, lorsqu´il y a des raisons plausibles de soupçonner qu´il a commis une infraction ou qu´il y a des motifs raisonnables de croire à la nécessité de l´empêcher de commettre une infraction ou de s´enfuir après l´accomplissement de celle-ci;

(d) s´il s´agit de la détention régulière d´un mineur, décidée pour son éducation surveillée ou de sa détention régulière, afin de le traduire devant l´autorité compétente;

(e) s´il s´agit de la détention régulière d´une personne susceptible de propager une maladie contagieuse, d´un aliéné, d´un alcoolique, d´un toxicomane ou d´un vagabond;

(f) s´il s´agit de l´arrestation ou de la détention régulières d´une personne pour l´empêcher de pénétrer irrégulièrement dans le territoire, ou contre laquelle une procédure d´expulsion ou d´extradition est en cours.

(2) Toute personne arrêtée doit être informée, dans le plus court délai et dans une langue qu´elle comprend, des raisons de son arrestation et de toute accusation portée contre elle.

(3) Toute personne arrêtée ou détenue, dans les conditions prévues au paragraphe 1.c du présent article, doit être aussitôt traduite devant un juge ou un autre magistrat habilité par la loi à exercer des fonctions judiciaires et a le droit d´être jugée dans un délai raisonnable, ou libérée pendant la procédure. La mise en liberté peut être subordonnée à une garantie assurant la comparution de l´intéressé à l´audience.

(4) Toute personne privée de sa liberté par arrestation ou détention a le droit d´introduire un recours devant un tribunal, afin qu´il statue à bref délai sur la légalité de sa détention et ordonne sa libération si la détention est illégale.

(5) Toute personne victime d´une arrestation ou d´une détention dans des conditions contraires aux dispositions de cet article a droit à réparation.

Übersicht

1 **A. Grundsätzliches. I. Recht auf Freiheit und Sicherheit.** Art. 5 garantiert das Recht auf persönliche Freiheit. Sinn und Zweck der Norm ist es, die Einwohner der Konventionsstaaten vor willkürlicher Festnahme und Haft zu schützen; dazu legt Art. 5 Abs. 1 in seinen Buchstaben a)–f) abschließend fest, unter welchen Voraussetzungen der Staat dem Bürger ausnahmsweise die Freiheit entziehen darf. Weiterhin gewährt die EMRK demjenigen, dem die Freiheit entzogen wurde, in Abs. 2 bis 4 besondere Rechte, die ihm in der Haft zustehen. Insofern kommt Art. 5 eine Doppelnatur zu: Art. 5 Abs. 1 schützt zusammen mit den Garantien von Leben und körperlicher Unversehrtheit der Art. 2, 3 und 4 sowie Art. 1 und 2 des 4. Zusatzprotokolls als Abwehrrecht die **persönliche Freiheit** und schafft die Voraussetzungen dafür, dass der Bürger seine persönliche Freiheit sinnvoll in Anspruch nehmen kann (Dörr/Grote/Marauhn/*Dörr* EMRK, Kap. 13 Rn. 1). Art. 5 Abs. 2 bis 4 verleihen dem Bürger dann spezifische **Verfahrensrechte nach einem Freiheitsentzug.** Für den Fall einer Freiheitsentziehung unter Verletzung von Art. 5 Abs. 1 bis 4 gewährt Art. 5 Abs. 5 einen Schadensersatzanspruch, der aufgrund der Inkorporierung der EMRK in die nationalen Rechtsordnungen auch vor nationalen Gerichten eingeklagt werden kann.

Gem. Art. 15 Abs. 1 kann Art. 5 im Kriegsfall oder in anderen Fällen öffentlichen Notstands **Einschränkungen** unterworfen werden; diese Fälle sind jedoch eng auszulegen, was sich auch daran zeigt, dass es seit Langem gängige Rspr. des EGMR ist, die Mitgliedstaaten auch vermeintlichen Terroristen ggü. zur Einhaltung der Garantien des Art. 5 anzuhalten (EGMR Brogan u.a./. Vereinigtes Königreich, Urt. v. 29.11.1988 – 11209/84, Series A145, Rn. 61). Eine Verwirkung nach Art. 17 EMRK aufgrund Missbrauchs scheidet aus (Frowein/*Peukert* EMRK, Art. 5 Rn. 2).

2 **II. Parallele internationale Instrumente.** Der Schutz des Individuums vor willkürlicher Verhaftung in der heutigen Form hat seinen Vorläufer im englischen Verfassungsrecht als Habeas-Corpus-Recht in Art. 39 der **Magna Charta Libertatum** von 1215; 1627 wurde der Grundsatz in die Petition of Rights aufgenommen und schließlich 1679 in der Habeas-Corpus-Akte festgeschrieben (Dörr/Grote/Marauhn/*Dörr* EMRK, Kap. 13 Rn. 2). Unmittelbares Vorbild von Art. 5 sind **Art. 3 und Art. 9 AEMR**, an deren Systematik Art. 5 EMRK anknüpft. In Art. 5 Abs. 1 Satz 1 wurde das »Recht auf (…) Freiheit und Sicherheit der Person« des Art. 3 AEMR in rechtlich verbindlicher Form kodifiziert, in Art. 5 Abs. 1 Satz 2, Abs. 2 bis 5 wurden die Beschränkungsgründe, die Verfahrensregeln und der Schadensersatzanspruch, die in Art. 9 AEMR allgemein in dem Verbot »willkürlicher Verhaftung und Festnahme« enthalten sind, detailliert ausgearbeitet (ausführlich zur Entstehungsgeschichte von Art. 5 Dörr/Grote/Marauhn/*Dörr* EMRK, Kap. 13 Rn. 5). Nahezu wortgleich zu Art. 5 ist **Art. 9 IPBPR**, lediglich anstelle des Katalogs von Art. 5 Abs. 1 Satz 2 tritt bei Art. 9 IPBPR ein

allgemeines Willkürverbot. Aufgrund dessen wird die Rspr. des EGMR zu Art. 5 regelmäßig zur Auslegung von Art. 9 IPBPR herangezogen (Dörr/Grote/Marauhn/*Dörr* EMRK, Kap. 13 Rn. 8).
Art. 6 der GRCh wiederholt nur den Wortlaut von Art. 5 Abs. 1 Satz 1; aufgrund der Kohärenzklausel in Art. 52 Abs. 3 GRCh dürfte Art. 6 gleichwohl nicht hinter dem seinem Wortlaut nach umfassenderen Art. 5 zurückbleiben (vgl. *Satzger* IntEuStrR, § 11 Rn. 15).

III. Parallelen im nationalen Recht. Auf nationaler Ebene finden sich auf verfassungsrechtlicher Ebene parallele Regelungen zu Art. 5 Abs. 1 Satz 1 in **Art. 2 Abs. 2 Satz 2 GG**, zu Art. 5 Abs. 1 Satz 2 in **Art. 104 Abs. 1 Satz 1, Abs. 2 Satz 1, Abs. 3 GG**, wobei Art. 104 Abs. 1 Satz 1 GG im Gegensatz zu Art. 5 Abs. 1 Satz 2 nicht abschließend ist. 3

B. Das Recht auf Freiheit und Sicherheit – Art. 5 Abs. 1. I. Allgemeines. Art. 5 Abs. 1 ist als **Abwehrrecht** des Bürgers gegen den Staat ausgestaltet. Aufgrund dieser Struktur bietet sich eine Prüfung nach dem Schema »Schutzbereich – Eingriff – Rechtfertigung« an, wie sie aus der nationalen Grundrechtsprüfung bekannt ist. 4

II. Schutzbereich. »**Freiheit**« i.S.v. Art. 5 Abs. 1 Satz 1 meint die Bewegungsfreiheit einer Person, nicht jedoch ihre allgemeine Handlungsfreiheit oder gar besondere Freiheitsrechte wie die Gewissens- oder Meinungsfreiheit (LR/*Esser* EMRK, Art. 5 Rn. 8; BeckOK-StPO/*Valerius* EMRK, Art. 5 Rn. 2; *Esser* Auf dem Weg, S. 200; Radtke/Hohmann/*Ambos* StPO, Art. 5 EMRK Rn. 4; *Safferling* Internationales Strafrecht, § 13 Rn. 68). Geschützt wird somit lediglich die Freiheit, den Aufenthaltsort ungehindert von Zwang selbst wählen und verändern zu können (EGMR Engel u.a./. Niederlande, Urt. v. 08.06.1976 – 5100/71, EuGRZ 1976, 221 [224], Rn. 57). Die davon abzugrenzende bloße Einschränkung der Bewegungsfreiheit wird allein durch Art. 2 des 4. Zusatzprotokolls der EMRK geschützt (s. EGMR GrK De Tommaso./. Italien, Urt. v. 23.02.2017 – 43395/09, Rn. 80 ff.), die allgemeine Handlungsfreiheit ist Gegenstand von Art. 8 (Radtke/Hohmann/*Ambos* StPO, Art. 5 EMRK Rn. 3 f.; *Esser* Auf dem Weg, S. 199 f.). 5
Der Begriff der »**Sicherheit**« in Art. 5 Abs. 1 hat nahezu keine eigenständige Bedeutung (vgl. *Gleß* Internationales Strafrecht, Rn. 100); teilweise wird vertreten, dass der Einzelne nicht in ständiger Furcht vor einer willkürlichen Freiheitsentziehung durch den Staat leben soll (LR/*Esser* EMRK, Art. 5 Rn. 11, spricht insoweit von einer verfahrensrechtlichen Bedeutung; BeckOK-StPO/*Valerius* EMRK, Art. 5 Rn. 2; Radtke/Hohmann/*Ambos* StPO Art. 5 EMRK, Rn. 5; *Safferling* Internationales Strafrecht, § 13 Rn. 68 f.).

III. Eingriff. 1. Eingriff in die Freiheit einer Person. Ein Eingriff durch Freiheitsentziehung liegt vor, wenn der Bürger eines Konventionsstaats in objektiver Hinsicht an einem räumlich begrenzten Ort für nicht unerhebliche Zeit untergebracht wird und subjektiv in diese Unterbringung nicht eingewilligt hat (EGMR Storck./. Deutschland, Urt. v. 16.06.2005 – 61603/00, NJW-RR 2006, 308 [310], Rn. 75). Die Länge der Freiheitsentziehung spielt – sobald die Schwelle zur Erheblichkeit überschritten wurde – keine Rolle, auch eine lediglich kurzfristige Freiheitsentziehung stellt einen Eingriff in Art. 5 Abs. 1 Satz 1 dar, der sich an den eng auszulegenden Ausnahmen des Katalogs von Art. 5 Abs. 1 Satz 2 lit. a)–f) messen lassen muss (EGMR Engel u.a./. Niederlande, Urt. v. 08.06.1976 – 5100/71, EuGRZ 1976, 221 [225], Rn. 61–63). 6

a) Freiheitsentziehung und Freiheitsbeschränkung. Eine Freiheits**entziehung** liegt nur dann vor, wenn es zu einer umfassenden, allseitigen Entziehung der körperlichen Bewegungsfreiheit des Betroffenen kommt (LR/*Esser* EMRK, Art. 5 Rn. 24; ähnl. BeckOK-StPO/*Valerius* EMRK, Art. 5 Rn. 4; Radtke/Hohmann/*Ambos* StPO, Art. 5 EMRK Rn. 3; *Esser* Auf dem Weg, S. 200). Abzugrenzen ist die Freiheitsentziehung von der bloßen Freiheits**beschränkung**, wobei maßgeblich auf die besondere Lage des Betroffenen und die Umstände des Einzelfalls wie Art, Dauer, Auswirkungen und die Vollstreckung der fraglichen Maßnahme abzustellen ist (EGMR Guzzardi./. Italien, Urt. v. 06.11.1980 – 7367/76, Series A39, Rn. 92; vgl. auch EGMR GrK De Tommaso./. Italien, Urt. v. 23.02.2017 – 43395/09, Rn. 81 ff.). Entscheidend ist somit letztlich die **Intensität der Maßnahme**, nicht ihre Rechtsnatur (EGMR Amuur./. Frankreich, Urt. v. 25.06.1996 – 19776/92, EuGRZ 1996, 577 [585], Rn. 44 ff.; EGMR J.R. u.a./. Griechenland, Urt. v. 25.01.2018 – 22696/16, NVwZ 2018, 1375, Rn. 83). Neben Haftstrafen, der Unterbringung in die Sicherungsverwahrung (so zuletzt EGMR M./. Deutschland, Urt. v. 17.12.2009 – 19359/05, EuGRZ 2010, 25 [34], Rn. 86 ff.) oder dem staatlich angeordneten Hausarrest (vgl. zuletzt EGMR GrK Buzadji./. Moldawien, Urt. v. 05.07.2016 – 23755/07, Rn. 104 m.w.N.) wurde der gelockerte Vollzug einer Freiheitsstrafe als Freiheitsentziehung angesehen (Frowein/*Peukert* EMRK, Art. 5 Rn. 18). Die Verpflichtung eines Einreisewilligen, sich an einem Flughafen aufzuhalten, stellt an sich eine bloße Freiheitsbeschränkung dar, kann aber bei längerer Dauer zu einer Freiheitsentziehung erstarken (EGMR Amuur./. Frankreich, Urt. v. 25.06.1996 – 19776/92, EuGRZ 1996, 577 [585], Rn. 49). Dies gilt auch dann, wenn er grundsätzlich das Land wieder Richtung eines anderen Staates verlassen könnte; relevante Faktoren sind die (Un-) Begrenztheit der Aufenthaltsdauer, die Verweildauer an 7 sich sowie die Bedingungen in der Transitzone (EGMR R.R. u.a./. Ungarn, Urt. v. 02.03.2021 – 36037/17, Rn. 74; EGMR GrK Z.A. u.a./. Russland, Urt. v. 21.11.2019 – 61411/15, Rn. 136 ff.). Explizit als »Ausnahme« wegen der besonderen Umstände des Einzelfalls wurde auch ein mehrstündiges Einkesseln von Demonstranten und Passanten durch die britische Polizei als bloße Freiheitsbeschränkung eingestuft (Austin u.a./. Vereinigtes Königreich, Urt. v. 15.03.2012 – 39692/09, 40713/09 u. 41008/09, Rn. 68). Auch ein rumänischer Lockdown im Rahmen der COVID 19-Pandemie wurde lediglich als Beschränkung angesehen; der Grad einer Entziehung war aufgrund der fortbestehenden Möglichkeiten des sozialen Austauschs und tatsächlicher körperlicher Bewegung nicht erreicht (EGMR Terheş./. Rumänien, Entsch. v. 13.04.2021 – 49933/20, Rn. 36, »im Interesse des Gemeinwohls«). Gesellschaftspolitische Umstände bilden somit zulässige Entscheidungshilfen im Rahmen von Art. 5.

8 b) **Positive Handlungspflichten des Staates zur Verhinderung von Freiheitsentziehungen.** Art. 5 Abs. 1 Satz 1 gewährt dem Bürger nicht nur Abwehrrechte, sondern erlegt dem Staat auch die **positive Handlungspflicht** auf, die Freiheit seiner Bewohner vor Eingriffen durch Privatpersonen zu schützen. Diese Pflicht trifft den Staat insb., soweit es um die Freiheit schutzbedürftiger Personen wie Jugendlicher oder Kranker geht (EGMR Storck./. Deutschland, Urt. v. 16.06.2005 – 61603/00, NJW-RR 2006, 308 [312], Rn. 102, 103).

9 c) **Kriterien für die staatliche Zurechenbarkeit von Freiheitsentziehungen.** Relevant sind nur **staatliche** Freiheitsentziehungen, also solche, die dem Konventionsstaat zugerechnet werden können. Eine derartige Zurechnung lässt sich grds. auf **drei Arten** etablieren (vgl. hierzu Meyer-Ladewig/Nettesheim/von Raumer/*Meyer-Ladewig/Harrendorf/König* EMRK, Art. 5 Rn. 12; *Esser* Auf dem Weg, S. 255 und EGMR Storck./. Deutschland, Urt. v. 16.06.2005 – 61603/00, NJW-RR 2006, 308 [311], Rn. 89):

(1) Staatliche Behörden oder Stellen haben unmittelbar an der Freiheitsentziehung mitgewirkt.

(2) Der Staat hat seine positive Handlungspflicht, seine Bürger vor Eingriffen Privater in deren Freiheit zu schützen (s.o. Rdn. 8), verletzt.

(3) Der Staat hat seine Verpflichtung aus Art. 1 verletzt, innerstaatliches Recht konventionsgemäß i.S.v. Art. 5 Abs. 1 auszulegen (EGMR Storck./. Deutschland, Urt. v. 16.06.2005 – 61603/00, NJW-RR 2006, 308 [311], Rn. 89, 93).

10 2. **Eingriff in die Sicherheit einer Person.** Ein Eingriff in die Sicherheit einer Person kann bei der Festnahme einer Person durch Repräsentanten eines Staates auf dem Gebiet eines anderen Staates ohne dessen Einverständnis vorliegen, wenn dabei die Souveränität des Gaststaates missachtet wurde, was wiederum vom Festgenommenen als späterem Beschwerdeführer zu beweisen ist (EGMR Stocké./. Deutschland, Urt. v. 19.03.1991 – 11755/85, Series A199, Rn. 167); dieser Beweis muss nicht derart erhärtet sein, dass kein vernünftiger Zweifel mehr bestünde; sofern der Beweis gelingt, obliegt es dem festnehmenden Staat, das Gegenteil zu beweisen, nämlich dass die Souveränität des Gaststaates gewahrt wurde (EGMR GrK Öcalan./. Türkei, Urt. v. 12.05.2005 – 46221/99, NVwZ 2006, 1267 [1268 f.], Rn. 90).

11 **IV. Rechtfertigung. 1. »Rechtmäßige« Freiheitsentziehung auf »gesetzlich vorgeschriebene Weise«.** Die Freiheitsentziehung muss nach allen Varianten des Art. 5 Abs. 1 Satz 2 »rechtmäßig« sein und »in gesetzlich vorgeschriebener Weise« erfolgen. Insofern verweist die Konvention auf **innerstaatliches Recht**. Der EGMR hat aufgrund dieses Wortlauts ausnahmsweise zu prüfen, ob das innerstaatliche Recht eingehalten wurde (EGMR Benham./. Vereinigtes Königreich, Urt. v. 10.06.1996 – 19380/92, RJD 1996-III, Rn. 41; vgl. auch *Satzger* IntEuStrR, § 11 Rn. 49).

12 Zum einen geht es also darum, ob die Freiheitsentziehung eine **rechtliche Grundlage im nationalen Recht** hat. Dementsprechend muss die Freiheitsentziehung im Rahmen eines gesetzlich vorgeschriebenen innerstaatlichen Verfahrens erfolgen (EGMR Stafford./. Vereinigtes Königreich, Urt. v. 28.05.2002 – 46295/99, RJD 2002-IV, Rn. 64).

13 Zum anderen muss das innerstaatliche Gesetz, welches die Zulässigkeit von Freiheitsentziehungen regelt, selbst eine **rechtsstaatlichen Standards entsprechende »Gesetzesqualität«** (»quality of law«) aufweisen. Es muss daher hinreichend zugänglich und präzise sein, um jegliche Gefahr von Willkür zu vermeiden (EGMR Amuur./. Frankreich, Urt. v. 25.06.1996 – 19776/92, EuGRZ 1996, 577 [586], Rn. 50), und für eine Person muss es nach den jeweiligen Umständen des Einzelfalls, falls nötig unter Heranziehung juristischer Beratung, voraussehbar sein, welche Folgen eine bestimmte Handlung nach sich ziehen kann (EGMR Baranowski./. Polen, Urt. v. 28.03.2000 – 28358/95, RJD 2000-III, Rn. 52). Eine gefestigte Rspr., nicht allerdings eine einzelne Entscheidung, kann in Ausnahmefällen eine spezielle gesetzliche Regelung ersetzen (für den Fall der Fortdauer der Sicherungshaft EGMR I.L./. Schweiz, Urt. v. 03.12.2019 – 72939/16, Rn. 48 ff.). Mangels einer in diesem Sinne bestimmten Rechtsgrundlage hat der EGMR in dem Festhalten von Flüchtlingen in

italienischen Erstaufnahmezentren eine Verletzung des Art. 5 Abs. 1 gesehen (EGMR GrK Khlaifia u.a./. Italien, Urt. v. 15.12.2016 – 16483/12, Rn. 97 ff.).

Deshalb darf etwa der zum Zeitpunkt der Verurteilung gültige Anrechnungsmodus für während der Haft erbrachte Arbeitsleistungen nicht einfach nachträglich und unvorhersehbar zum Nachteil des Inhaftierten verändert werden (EGMR del Río Prada./. Spanien, Urt. v. 21.10.2013 – 42750/09, Rn. 123 ff.). Weiterhin muss das innerstaatliche Recht selbst mit der Konvention, insb. mit dem Grundsatz der Rechtssicherheit in Einklang stehen (EGMR Steel u.a./. Vereinigtes Königreich, Urt. v. 23.09.1998 – 24838/94, RJD 1998-VII, Rn. 54). 14

Das Gesetz muss **willkürfrei** auf den konkreten Fall **angewendet** werden (vgl. hierzu v.a. EGMR Winterwerp./. Niederlande, Urt. v. 24.10.1979 – 6301/73, Series A33, Rn. 37). Bei der Beurteilung der Willkürlichkeit der Freiheitsentziehung im Hinblick auf die Zwecke des Art. 5 Abs. 1 ist auch die Geschwindigkeit, mit der eine nicht mehr gültige oder mangelhafte Anordnung der Freiheitsentziehung ersetzt wird, zu berücksichtigen. Deshalb hat der EGMR auch eine Sicherungsverwahrung, bei der die Überprüfung nach § 67e StGB nicht fristgerecht stattgefunden hatte, sondern erst 27 Tage später, als willkürlich eingestuft (EGMR H.W./. Deutschland, Urt. v. 19.09.2013 – 17167/11, Rn. 68 ff.). 15

Gleichfalls relevant für die Rechtmäßigkeit ist die Frage, ob das die Freiheitsentziehung anordnende Organ selbst rechtlich anerkannt ist. So kann unter bestimmten Umständen ein Gericht, das zum Justizapparat einer nicht nach internationalem Recht anerkannten Entität gehört, als zuständiges Gericht angesehen werden, sofern es Teil eines Gerichtssystems ist, das auf einer verfassungsmäßigen und rechtsstaatlichen Grundlage beruht, die eine mit der Konvention vereinbarte Rechtstradition widerspiegelt (EGMR GrK Ilascu u.a./. Moldawien und Russland, Urt. v. 08.07.2004 – 48787/99, Rn. 460). Maßgeblich ist hierbei darauf zu achten, ob das entscheidende Gericht unabhängig, unparteiisch und auf Grundlage des Rechtsstaatsprinzips arbeitet (EGMR Mozer./. Moldawien und Russland, Urt. v. 23.02.2016 – 11138/10, Rn. 144). 16

Schließlich muss einer der in Art. 5 Abs. 1 Satz 2 lit. a)–f) aufgeführten **Haftgründe** vorliegen. 17

2. Der Katalog des Art. 5 Abs. 1 Satz 2 lit. a)–f). Art. 5 Abs. 1 Satz 2 lit. a)–f) enthalten eine **abschließende** Aufzählung der Gründe, bei deren Vorliegen ein Eingriff in das Recht auf Freiheit einer Person zulässig ist. Dabei ist es durchaus möglich, dass eine Freiheitsentziehung aufgrund mehrerer einschlägiger Varianten gerechtfertigt ist, ein Ausschlussverhältnis liegt nicht vor (EGMR Eriksen./. Norwegen, Urt. v. 27.05.1997 – 17391/90, RJD 1997-III, Rn. 76). Hinsichtlich der Handhabung dieser Gründe ist allgemein zu beachten, dass aufgrund des Willkürschutzes der EGMR von einer **engen Auslegung** ausgeht (EGMR Winterwerp./. Niederlande, Urt. v. 24.10.1979 – 6301/73, Series A33, Rn. 37; Guzzardi./. Italien, Urt. v. 06.11.1980 – 7367/76, Series A39, Rn. 96 ff.; Ciulla./. Italien, Urt. v. 22.02.1989 – 11152/84, Rn. 36 ff.). 18

a) Freiheitsentziehung aufgrund richterlicher Verurteilung (Art. 5 Abs. 1 Satz 2 lit. a). Unter **Gericht** versteht der EGMR einen von der Exekutive unabhängigen und überparteilichen Spruchkörper, der die Einhaltung der wesentlichen Verfahrensrechte gewährleistet (vgl. zu dieser autonomen Begriffsdefinition auch Art. 6 Rdn. 18; Radtke/Hohmann/*Ambos* StPO, Art. 5 EMRK Rn. 7; *Safferling* Internationales Strafrecht, § 13 Rn. 71 sowie EGMR Engel u.a./. Niederlande, Urt. v. 08.06.1976 – 5100/71, EuGRZ 1976, 221 [224], Rn. 57). Auch der Begriff der »**Verurteilung**« in Art. 5 Abs. 1 Satz 2 lit. a) wird vom EGMR autonom definiert; er versteht darunter unter Berücksichtigung der französischen Textfassung »condamnation« sowohl die Feststellung der Schuld, nachdem das Vorliegen einer Straftat in der gesetzlich vorgeschriebenen Art und Weise nachgewiesen worden ist (EGMR Guzzardi./. Italien, Urt. v. 06.11.1980 – 7367/76, Series A39, Rn. 100), als auch die Auferlegung einer Strafe oder einer anderen freiheitsentziehenden Maßnahme (EGMR van Droogenbroeck./. Belgien, Urt. v. 24.06.1982 – 7906/77, Series A50, Rn. 35). In letzterem Fall wäre also die Feststellung der Schuld keine Voraussetzung für das Vorliegen einer Verurteilung i.S. dieses Artikels (so wohl LR/*Esser* EMRK, Art. 5 Rn. 60 ff.; Meyer-Goßner/Schmitt/*Schmitt* EMRK, Art. 5 Rn. 2; Meyer-Ladewig/Nettesheim/von Raumer/*Meyer-Ladewig/Harrendorf/König* EMRK, Art. 5 Rn. 9; a.A. aber EGMR Guzzardi./. Italien, Urt. v. 06.11.1980 – 7367/76, Series A39, Rn. 100; EGMR M./. Deutschland, Urt. v. 17.12.2009 – 19359/05, EuGRZ 2010, 25 [34], Rn. 88; *Grabenwarter/Pabel* EMRK, § 21 Rn. 17; *Esser* Auf dem Weg, S. 212). Da Art. 5 Abs. 1 Satz 2 lit. e im Fall fehlender Schuld einen sachnäheren Grund für die Freiheitsentziehung bietet, scheint eine Ausweitung von Art. 5 Abs. 1 Satz 2 lit. a im Fall einer Freiheitsentziehung ohne vorherige Schuldfeststellung nicht nötig (so zu Recht auch Radtke/Hohmann/*Ambos* StPO, Art. 5 EMRK Rn. 8). 19

»**Nach einer Verurteilung**« ist nicht in dem Sinne zu verstehen, dass die Freiheitsentziehung zeitlich unmittelbar im Anschluss an die Verurteilung erfolgt, von ihr abhängt oder kraft dieser Verurteilung angeordnet wird. Vielmehr ist ausreichend, dass zwischen der fraglichen Freiheitsentziehung und der Verurteilung ein hinreichender Kausalzusammenhang besteht (EGMR M./. Deutschland, Urt. v. 17.12.2009 – 19359/05, EuGRZ 20

2010, 25 [34], Rn. 88 m.w.N.). Dieser Kausalzusammenhang wird jedoch mit zunehmendem Zeitablauf schwächer und schließlich durchbrochen, wenn sich eine Entscheidung, keine Freilassung bzw. eine neue Haft anzuordnen, auf Gründe stützt, die mit den Zielen der ursprünglichen Entscheidung nicht vereinbar sind. In derartigen Konstellationen erblickt der EGMR eine willkürliche, nicht nach Art. 5 Abs. 1 Satz 2 lit. a) gerechtfertigte Freiheitsentziehung (EGMR Weeks./. Vereinigtes Königreich, Urt. v. 02.03.1987 – 9787/82, Series A114, Rn. 42). Dabei steigt mit zunehmender Haftdauer auch die Begründungspflicht (LR/*Esser* EMRK, Art. 5 Rn. 74). Eine solche Unterbrechung des Kausalzusammenhangs sieht der EGMR z.B. in der Entscheidung, einen Betroffenen, gegen den die damals max. 10-jährige Sicherungsverwahrung 1986 angeordnet und ab 1991 vollstreckt wurde, nicht gem. § 67d Abs. 1, 3 StGB a.F. nach Ablauf der 10 Jahre zu entlassen, sondern aufgrund einer zwischenzeitlich ergangenen gesetzlichen Abschaffung der Zehnjahresfrist die Fortdauer der Sicherungsverwahrung auf unbegrenzte Dauer anzuordnen, bis keine Gefährlichkeit mehr vorliegt (s. § 67d Abs. 3 StGB n.F. i.V.m. § 2 Abs. 6 StGB; EGMR M./. Deutschland, Urt. v. 17.12.2009 – 19359/05, EuGRZ 2010, 25 [35], Rn. 92 ff.; EGMR Bergmann./. Deutschland, Urt. v. 07.01.2016 – 23279/14, NJW 2017, 1007 [1009], Rn. 104; vert. *Kinzig* NStZ 2010, 233 [235 ff.]; krit. *Windoffer* DÖV 2011, 590 [596 ff.]; dasselbe gilt auch für den Fall der nachträglichen Sicherungsverwahrung i.S.v. § 66b StGB, vgl. EGMR Haidn./. Deutschland, Urt. v. 13.01.2011 – 6587/04, Rn. 88; vert. *Renzikowski* ZJS 2011, 531 ff.; LR/*Esser* EMRK, Art. 5 Rn. 80 ff.). Der EGMR bejaht demgegenüber einen hinreichenden Zusammenhang sowohl im Fall einer Sicherungsverwahrung, wenn sich herausstellt, dass die ursprüngliche Annahme von verminderter Schuldfähigkeit (§ 21 StGB) auf einer rechtlich unzutreffenden Qualifikation beruhte, die allerdings auf einer korrekt ermittelten Tatsachengrundlage basierte, welche jedenfalls eine die Freiheitsentziehung rechtfertigende Persönlichkeitsstörung (unterhalb der Schwelle einer verminderten Schuldfähigkeit) begründet (EGMR Radu./. Deutschland, Urt. v. 16.05.2013 – 20084/07, Rn. 96 ff.), als auch bei Unterbringung in einer psychiatrischen Klinik, wenn das Vollstreckungsgericht zwar der Überzeugung ist, dass die betreffende Person an einer psychischen Störung leide, die spezifische Erkrankung jedoch nicht einzuordnen vermag (EGMR Blühdorn./. Deutschland, Urt. v. 18.02.2016 – 62054/12, NJW 2017, 2396, Rn. 57).

21 Allerdings kann aus diesen Urteilen nicht abgeleitet werden, dass der EGMR das Institut der Sicherungsverwahrung für generell konventionswidrig erachtet (vgl. dazu die anders gelagerte Konstellation in EGMR Grosskopf./. Deutschland, Urt. v. 21.10.2010 – 24478/03, EuGRZ 2011, 20 [24], Rn. 48 ff.; zu den vom Gesetzgeber zu ziehenden Konsequenzen vgl. *Kinzig* NJW 2011, 177 ff.).

22 b) **Ordnungs- und Erzwingungshaft (Art. 5 Abs. 1 Satz 2 lit. b).** Art. 5 Abs. 1 Satz 2 lit. b) rechtfertigt eine Freiheitsentziehung in Fällen, in denen das nationale Recht eine spezifische und konkrete Pflicht aufstellt und für deren Nichtbefolgung als Folge Haft vorsieht (EGMR Engel u.a./. Niederlande, Urt. v. 08.06.1976 – 5100/71, EuGRZ 1976, 221 [227], Rn. 69).

23 Art. 5 Abs. 1 Satz 2 lit. b) **Alt. 1** regelt den Fall der Freiheitsentziehung wegen der **Nichtbeachtung einer rechtmäßigen gerichtlichen Anordnung**. Voraussetzung ist folglich eine gerichtliche Anordnung, z.B. der Zahlung einer Geldbuße oder der Erfüllung von Meldeauflagen. Die gerichtliche Anordnung muss, wie der Wortlaut von Art. 5 Abs. 1 Satz 2 lit. b) zeigt, nach nationalem Recht rechtmäßig sein, was vom EGMR zu prüfen ist (s.o. Rdn. 11). Die Haft darf allein die Durchsetzung der Anordnung bezwecken, keine unverhältnismäßige Länge betragen und muss unmittelbar nach Erfüllung der Anordnung beendet werden (Meyer-Ladewig/Nettesheim/von Raumer/*Meyer-Ladewig/Harrendorf/König* EMRK, Art. 5 Rn. 35).

24 Art. 5 Abs. 1 Satz 2 lit. b) **Alt. 2** regelt die Freiheitsentziehung **zur Erfüllung einer unmittelbar durch Gesetz auferlegten Verpflichtung**. Art. 5 Abs. 1 Satz 2 lit. b) ist nicht als eine Art Generalklausel zur Erfüllung der allgemeinen Bürgerpflicht zu gesetzeskonformem Verhalten zu verstehen (EGMR Lawless./. Irland [Nr. 3], Urt. v. 01.07.1961 – 332/57, Series A3, Rn. 9, 12; EGMR Engel u.a./. Niederlande, Urt. v. 08.06.1976 – 5100/71, EuGRZ 1976, 221 [227], Rn. 69). Vielmehr muss es sich um eine konkrete, aus dem Gesetz klar erkennbare Pflicht handeln (Radtke/Hohmann/*Ambos* StPO, Art. 5 EMRK Rn. 10), wie bspw. bei der Polizei Angaben zur Person zu machen. Die alleinige Nichterfüllung einer solchen Pflicht reicht zur Rechtfertigung einer Freiheitsentziehung nach Art. 5 Abs. 1 Satz 2 lit. b) nicht aus, vielmehr muss eine **Interessenabwägung** zwischen dem Allgemeininteresse an der zwangsweisen Durchsetzung der Verpflichtung und der Freiheit des Betroffenen ein Überwiegen des Allgemeininteresses ergeben. Im Rahmen dieser Abwägung berücksichtigt der EGMR Faktoren wie Art und Zweck der gesetzlichen Verpflichtung, die Dauer der Haft und die Konstitution der in Haft genommenen Person (EGMR Epple./. Deutschland, Urt. v. 24.03.2005 – 77909/01, NVwZ 2006, 797 [798], Rn. 37). Nicht nach Art. 5 Abs. 1 Satz 2 lit. b) Alt. 2 gerechtfertigt ist somit die präventive Inhaftnahme von Hooligans zur Vermeidung (weiterer) Ausschreitungen (EGMR GrK S, V u. A./. Dänemark, Urt. v. 22.10.2018 – 35553/12, 36678/12, 36711/12, NVwZ 2019, 135 Rn. 79 ff.).

Für beide Alternativen gilt, dass der Haftgrund aufgrund von Zweckerreichung entfällt, sobald der Verhaftete die ihm obliegende Pflicht erfüllt hat. 25

Deutsche Normen, die unter Art. 5 Abs. 1 Satz 2 lit. b) fallen, sind z.B. die Ordnungs- und Beugehaft nach §§ 51, 70 Abs. 1 und Abs. 2, 95 Abs. 2 StPO, §§ 380 Abs. 1, 390, 888, 918 ZPO, §§ 177, 178 GVG, § 21 Abs. 3 InsO, die Erzwingungshaft nach § 96 OWiG, die Festhaltung nach §§ 164, 231 Abs. 1 StPO, die Vorführung nach §§ 51 Abs. 1, 134, 230 Abs. 2, 457 Abs. 2 StPO, § 380 Abs. 2 ZPO, § 21 Abs. 3 InsO, die Untersuchungshaft nach §§ 127b Abs. 2, 230 Abs. 2 StPO und die polizeiliche Festnahme von Störern (Meyer-Goßner/Schmitt/*Schmitt* EMRK, Art. 5 Rn. 3; Radtke/Hohmann/*Ambos* StPO, Art. 5 EMRK Rn. 10). 26

c) Vorläufige Festnahme (Art. 5 Abs. 1 Satz 2 lit. c). Art. 5 Abs. 1 Satz 2 lit. c) betrifft in seiner **ersten Variante** die i.R.d. strafrechtlichen Ermittlungsverfahrens vorgenommene Freiheitsentziehung: die Untersuchungshaft. Keine Festnahmen in diesem Sinn sind daher Vorführungen zur Vernehmung nach §§ 51 Abs. 1 Satz 3, 133 Abs. 2, 134, 135, 161a Abs. 1 Satz 2, 163a Abs. 3 Satz 2 StPO (Meyer-Goßner/Schmitt/*Schmitt* EMRK, Art. 5 Rn. 9). 27

Vorausgesetzt werden die Rechtmäßigkeit der Festnahme und das Vorliegen einer Straftat nach nationalem Recht. Weiterhin kommt es auf das Vorliegen eines **hinreichenden Tatverdachts** an. Dazu müssen Anhaltspunkte vorliegen, die den konkreten Verdacht begründen, dass der Festgenommene die Straftat begangen hat. Der Verdacht muss sich dabei noch nicht so weit verdichtet haben, dass die ihn erhärtenden Tatsachen eine Verurteilung rechtfertigten, nicht einmal zur Begründung der Anklageerhebung müssen sie reichen (EGMR Murray./. Vereinigtes Königreich, Urt. v. 28.10.1994 – 14310/88, Rn. 55). Der Sachverhalt muss aber die objektive Vermutung nahelegen, dass die Person die Straftat tatsächlich begangen hat; rechtmäßige Handlungen sind grundsätzlich ungeeignet, diesen Verdacht zu begründen (EGMR Kavala./. Türkei, Urt. v. 10.12.2019 – 28749/18, Rn. 136). Je länger die Untersuchungshaft andauert, desto höhere Anforderungen sind an die Begründung ihrer Fortdauer zu stellen; neben Tatverdacht müssen die verantwortlichen Behörden »stichhaltige« und »ausreichende« Gründe für die Fortdauer angeben und sie müssen das Verfahren mit besonderer Sorgfalt geführt haben (EGMR McKay./. Vereinigtes Königreich, Urt. v. 03.10.2006 – 543/03, NJW 2007, 3699 [3701], Rn. 44). Insgesamt ist der Verdachtsgrad jedoch immer geringer als der nach §§ 112 ff., 127 StPO, sodass dieser Alternative im deutschen Recht keine eigenständige Bedeutung zukommt. 28

In seiner **zweiten Variante** rechtfertigt Art. 5 Abs. 1 Satz 2 lit. c) auch die Freiheitsentziehung, wenn begründeter Anlass zur Annahme besteht, dass sie nötig ist, um die betreffende Person an der künftigen Begehung einer Straftat zu hindern. Diese muss allerdings bereits **hinreichend konkret** und spezifisch sein, insb. hinsichtlich des Orts und der Zeit ihrer Begehung und ihrer Opfer (EGMR Guzzardi./. Italien, Urt. v. 06.11.1980 – 7367/76, Series A39, Rn. 102; bestätigt in EGMR Haidn./. Deutschland, Urt. v. 13.01.2011 – 6587/04, Rn. 94, und – bzgl. präventiv-polizeilichen Handelns – EGMR Schwabe und M.G./. Deutschland, Urt. v. 01.12.2011 – 8080/08 u. 8577/08; vert. zu Letzterem LR/*Esser* EMRK, Art. 5 Rn. 132 ff. m.w.N.). Aufgrund des Wortlauts und des systematischen Zusammenhangs mit Art. 5 Abs. 3 ging der EGMR bisher davon aus, dass allein Freiheitsentziehungen im Kontext einer strafrechtlichen Untersuchung erfasst würden (EGMR Ostendorf./. Deutschland, Urt. v. 07.03.2013 – 15598/08 Rn. 68; Meyer-Goßner/Schmitt/*Schmitt* EMRK, Art. 5 Rn. 4). Die Entziehung der Freiheit allgemein gefährlicher Personen und damit die Fortsetzung der Sicherungsverwahrung bei »Altfällen« nach § 67d Abs. 3 StGB n.F. sollte sich so jedenfalls nicht rechtfertigen lassen (EGMR M./. Deutschland, Urt. v. 17.12.2009 – 19359/05, EuGRZ 2010, 25 [39], Rn. 102). Auch die bloße Tatsache, dass jemand ein international bekannter Terrorist ist, rechtfertigte bisher nicht seine Inhaftierung (EGMR GrK A. u.a./. Vereinigtes Königreich, Urt. v. 19.02.2009 – 3455/05, NJOZ 2010, 1903). Hiervon weicht der EGMR jedoch nun in Abkehr zur bisherigen Rspr. und des gegebenen Wortlauts ab, wenn er die rein präventive Ingewahrsamnahme mit der Vorschrift des Art. 5 Abs. 1 Satz 2 lit. c) Var. 2 als gerechtfertigt ansieht (EGMR GrK S, V u. A./. Dänemark, Urt. v. 22.10.2018 – 35553/12, 36678/12, 36711/12, NVwZ 2019, 135 Rn. 174; krit. *Hoffmann* NVwZ 2019, 141 ff.; vgl. auch das abweichende Sondervotum der Richter *De Gaetano* und *Wojtyczek*, die eine fehlende Kohärenz kritisieren [Rn. 2]). 29

Zweck der Freiheitsentziehung nach Art. 5 Abs. 1 Satz 2 lit. c) muss immer die Vorführung vor die zuständige Gerichtsbehörde sein, also vor einen Richter oder vor eine zur Wahrnehmung richterlicher Aufgaben ermächtigte Person (Meyer-Ladewig/Nettesheim/von Raumer/*Meyer-Ladewig/Harrendorf/König* EMRK, Art. 5 Rn. 42; *Esser* Auf dem Weg, S. 218). Dass eine Freilassung des Festgehaltenen der Vorführung vor einen Richter zuvorkommt, bedeutet jedoch nicht zwingend, dass das Ziel der Freiheitsentziehung nicht Art. 5 30

Abs. 1 Satz 2 lit. c entsprochen hat (EGMR GrK S, V u. A./. Dänemark, Urt. v. 22.10.2018 – 35553/12, 36678/12, 36711/12, NVwZ 2019, 135 Rn. 118).

31 d) **Freiheitsentziehung Minderjähriger (Art. 5 Abs. 1 Satz 2 lit. d).** Der Begriff des »Minderjährigen« i.S.v. Art. 5 Abs. 1 Satz 2 lit. d) ist **autonom** auszulegen (Radtke/Hohmann/*Ambos* StPO, Art. 5 EMRK Rn. 15), wobei bisher nur einmal (noch vor der Kommission) im Fall eines 16-Jährigen darauf hingewiesen wurde, dass die Altersgrenze in keinem Mitgliedsstaat 18 Jahre unterschreitet (Frowein/*Peukert* EMRK, Art. 5 Rn. 73 m.w.N.).

32 Unter dem Begriff »überwachte Erziehung« in der **1. Alt.** des Abs. 1 Satz 2 lit. d) sind rein fürsorgliche Maßnahmen sowie solche des Jugendstrafrechts zu verstehen (Frowein/*Peukert* EMRK, Art. 5 Rn. 74; Radtke/Hohmann/*Ambos* StPO, Art. 5 EMRK Rn. 15). Neben dem Sicherheitsbedürfnis muss auch immer dem **Erziehungsgedanken** ausreichend Beachtung geschenkt werden. Daher ist bei Minderjährigen zwar die kurzfristige Unterbringung in der Untersuchungshaft oder einer anderen, nicht erzieherischen Zwecken dienenden Einrichtung möglich, jedoch muss auch sie den Zweck verfolgen, den Minderjährigen letztlich in ein entsprechendes Heim zu überführen (EGMR Bouamar./. Belgien, Urt. v. 29.02.1988 – 9106/80, Series A129, Rn. 50). Eine längere Unterbringung in einer Strafanstalt ist dagegen nicht mehr von Art. 5 Abs. 1 Satz 2 lit. d Alt. 1 gedeckt, selbst wenn sie zu einer Besserung des Jugendlichen führt (EGMR D. G./. Irland, Urt. v. 16.05.2002 – 39474/98, RJD 2002-III, Rn. 83). Für untergebrachte Jugendliche muss schulische Bildung zum Standard gehören, um Lücken in ihrer Ausbildung zu schließen, selbst wenn sie sich nur für einen begrenzten Zeitraum im Freiheitsentzug befinden (EGMR Blokhin./. Russland, Urt. v. 23.03.2016 – 47152/06, Rn. 170).

33 Die **2. Alt.** des Art. 5 Abs. 1 Satz 2 lit. d) betrifft zum einen Jugendliche, die aufgrund der Begehung einer Straftat für eine »überwachte Erziehung« infrage kommen, zum anderen aber auch solche, die verwahrlosten Familienverhältnissen entstammen und dem schädlichen Umwelteinfluss zum eigenen Schutz entzogen werden sollen. Auch die Unterbringung zum Zwecke der Untersuchung, ob eine überwachte Erziehung angeordnet werden soll, unterfällt der 2. Alt. (Frowein/*Peukert* EMRK, Art. 5 Rn. 75; Radtke/Hohmann/*Ambos* StPO, Art. 5 EMRK Rn. 15; *Esser* Auf dem Weg, S. 801).

34 Zulässig sind somit **im deutschen Recht** die Heimerziehung (§§ 1666, 1666a BGB; §§ 34, 42, 43 SGB VIII; §§ 5, 9, 12 Nr. 2 JGG) und die Vorführung vor Gericht nach § 90 Abs. 2 FamFG (Meyer-Goßner/Schmitt/*Schmitt* EMRK, Art. 5 Rn. 5).

35 e) **Freiheitsentzug bei Kranken und bestimmten Personengruppen (Art. 5 Abs. 1 Satz 2 lit. e).** Der Erlaubnistatbestand des Art. 5 Abs. 1 Satz 2 lit. e) dient in erster Linie dem **Schutz der Allgemeinheit**. Der Schutz der Betroffenen selbst ist demgegenüber subsidiär (KK-StPO/*Lohse/Jakobs* EMRK, Art. 5 Rn. 24).

36 Die **1. Alt.** des Art. 5 Abs. 1 Satz 2 lit. e) setzt voraus, dass die Krankheit eine Gefahr für die öffentliche Gesundheit oder Sicherheit darstellt. Der Freiheitsentzug muss **Ultima Ratio** sein, es darf kein gleich effektives, aber milderes Mittel in Betracht kommen, um den Schutz der Allgemeinheit zu gewährleisten (EGMR Enhorn./. Schweden, Urt. v. 25.01.2005 – 56529/00, NJW 2006, 2313 [2315], Rn. 44). In formeller Hinsicht ist außerdem ein entsprechendes ärztliches Attest erforderlich (EGMR Winterwerp./. Niederlande, Urt. v. 24.10.1979 – 6301/73, Series A33, Rn. 39).

37 Des Weiteren ist ein Freiheitsentzug möglich bei psychisch Kranken und Alkohol- bzw. Rauschgiftkranken. Nach den »Winterwerp-Kriterien« (EGMR Winterwerp./. Niederlande, Urt. v. 24.10.1979 – 6301/73, Series A33, Rn. 37 ff.; zusf. EGMR X./. Finnland, Urt. v. 03.07.2012 – 34806/04, Rn. 148 ff.) ist die Freiheitsentziehung wegen psychischer Krankheit – der Begriff wird weder von der EMRK noch vom EGMR autonom definiert – unter folgenden drei Bedingungen (besonders betont in EGMR GrK Ilnseher./. Deutschland, Urt. v. 04.12.2018 – 10211/12 und 27505/14, Rn. 127) möglich:

38 (1) Die psychische Krankheit, die zentrale Voraussetzung von Art. 5 Abs. 1 Satz 2 lit. e), muss verlässlich nachgewiesen worden sein; insofern ist wiederum ein die Krankheit diagnostizierendes, ärztliches Attest nötig (so auch EGMR Herz./. Deutschland, Urt. v. 12.06.2003 – 44672/98, NJW 2004, 2209 [2210], Rn. 47). Was genau unter einer psychischen Krankheit in diesem Sinne zu verstehen ist, wurde seitens des EGMR bislang nicht abschließend definiert. Den Mitgliedsstaaten wird insoweit ein eigener Beurteilungsspielraum eingeräumt (zuletzt EGMR Stojanovski./. Ehemalige Jugoslawische Republik Mazedonien, Urt. v. 22.10.2009 – 1431/03, Rn. 34 m.w.N.). Sozial abweichendes Verhalten alleine stellt keine psychische Störung in diesem Sinne dar (EGMR Winterwerp./. Niederlande, Urt. v. 24.10.1979 – 6301/73, Series A33, Rn. 37). Dissoziale Persönlichkeitsstörungen sowie Psychopathie können hierunter fallen (EGMR Hutchison Reid./. Vereinigtes Königreich, Urt. v. 20.02.2003 – 50272/99, RJD 2003-IV, Rn. 19).

(2) Die zwangsweise Unterbringung muss notwendig sein, d.h. es darf kein milderes, aber gleich effektives Mittel ersichtlich sein (vgl. auch EGMR Varbanov./. Bulgarien, Urt. v. 05.10.2000 – 31365/96, RJD-X, Rn. 45 f.), und 39

(3) die Unterbringung darf nur so lange andauern, wie die Krankheit die Unterbringung weiter erforderlich macht (EGMR Winterwerp./. Niederlande, Urt. v. 24.10.1979 – 6301/73, Series A33, Rn. 37, 39). 40

Um den Kriterien der Gesetzmäßigkeit und der Verhältnismäßigkeit Genüge zu tun, muss der Betroffene in einem Krankenhaus oder einer ähnlichen Einrichtung untergebracht werden (EGMR Hutchison Reid./. Vereinigtes Königreich, Urt. v. 20.02.2003 – 50272/99, RJD 2003-IV, Rn. 48; vgl. zum Schadensersatz aufgrund der Unterbringung in einer Justizvollzugsanstalt jüngst OLG Nürnberg Urt. v. 12.04.2017 – 4 U 1824/16), eine kurzfristige Unterbringung in einem Gefängnis bis zur Einweisung in eine geeignete Anstalt ist aber zulässig. Die Anordnung der Unterbringung muss in einem speziellen, auf die besondere Personengruppe zugeschnittenen Verfahren erfolgen (Meyer-Goßner/Schmitt/*Schmitt* EMRK, Art. 5 Rn. 6). 41

Im Bereich der **deutschen Sicherungsverwahrung** (dazu allg. SSW-StGB/*Jehle* § 66; zusf. *Meier* Strafrechtliche Sanktionen, 4. Aufl. 2015, S. 345 ff.) spielt lit. e) des Art. 5 Abs. 1 Satz 2 eine zentrale Rolle: Mit seiner Entscheidung zur Sicherungsverwahrung v. 04.05.2011 (zu den Hintergründen *Pösl* ZJS 2011, 132 ff.) hielt das BVerfG nicht nur die Vorschriften über die nachträgliche Anordnung der Sicherungsverwahrung nach § 66b StGB sowie diejenigen für die nachträgliche Verlängerung der Sicherungsverwahrung über die bis 1998 geltende Höchstfrist von 10 Jahren hinaus nach § 67 Abs. 3 Satz 1 i.V.m. § 2 Abs. 6 StGB, sondern sämtliche Vorschriften über die Sicherungsverwahrung für unvereinbar mit Art. 2 Abs. 2 Satz 2 GG i.V.m. Art. 104 Abs. 2 GG sowie Art. 20 Abs. 3 GG und damit für verfassungswidrig (BVerfG NJW 2011, 1931 [1934]; vgl. Anm. *Leipold* NJW-Spezial 2011, 312 f.). Das BVerfG hielt zwar – entgegen dem EGMR – daran fest, dass es sich bei der Sicherungsverwahrung nicht um eine Strafe handele, postulierte aber, dass der hierdurch verursachte schwerwiegende Eingriff in das Freiheitsgrundrecht nur nach Maßgabe strikter Verhältnismäßigkeit zu rechtfertigen sei und der Vollzug einem »Abstandsgebot« zum Strafvollzug gerecht werden müsse (zum Abstandsgebot vgl. auch *Streng* JZ 2017, 507 ff.; zur Konventionswidrigkeit des Vollzuges der Sicherungsverwahrung in Strafanstalten bzgl. sog. »Altfälle« s. auch EGMR Glien./. Deutschland, Urt. v. 28.11.2013 – 7345/12, Rn. 92 ff.). Das BVerfG erklärte die Normen jedoch nicht für nichtig, sondern ordnete ihre Fortgeltung bis zum 31.05.2013 an (BVerfG NJW 2011, 1931 [1945]), wobei während der Übergangsphase im Einzelfall zu prüfen sei, ob die engen, vom BVerfG vorgegebenen Voraussetzungen für die Fortdauer der Sicherungsverwahrung gegeben seien. 42

Mittlerweile ist das deutsche Recht an die Anforderungen des BVerfG und auch des EGMR angepasst worden: 43

- Einerseits wurde am 22.12.2010 ein Gesetz zur Neuordnung des Rechts der Sicherungsverwahrung (BGBl. I, S. 2300) sowie das Gesetz zur **Therapierung und Unterbringung** psychisch gestörter Gewalttäter (ThUG, BGBl. I, S. 2300, 2305) erlassen, wodurch die Anordnung der Sicherungsverwahrung auf schwerste Sexual- und Gewaltdelikte eingeschränkt (vgl. § 66 StGB) und die nachträgliche Sicherungsverwahrung im Wesentlichen abgeschafft wurde (vgl. § 66b StGB).
- Andererseits ist mittlerweile das **Gesetz zur bundesrechtlichen Umsetzung des Abstandsgebots im Recht der Sicherungsverwahrung** vom 05.12.2012 (BGBl. I, S. 2425) in Kraft getreten.

Bei der Überprüfung der Verfassungskonformität des ThUG stellte das BVerfG allerdings fest, dass dessen § 1 Abs. 1 Nr. 1 so auszulegen ist, dass nach dem Grundsatz der Verhältnismäßigkeit unter Berücksichtigung der EMRK bei der Entscheidung über die Therapieunterbringung v.a. der Vertrauensschutz des Betroffenen mit dem gebotenen Gewicht in die Abwägung einzustellen und eine Unterbringung nur dann anzuordnen sei, wenn eine hochgradige Gefahr schwerster Gewalt- oder Sexualstraftaten aus konkreten Umständen in der Person oder dem Verhalten des Untergebrachten abzuleiten ist. Ebenso stellte das Gericht fest, dass das Merkmal der psychischen Störung in § 1 Abs. 1 Nr. 1 ThUG anhand der Rspr. des EGMR zu Art. 5 Abs. 1 Satz 2 lit. e) auszulegen sei (BVerfG Beschl. v. 11.07.2013 – 2 BvR 2302/11). Die nachträgliche Verlängerung der Sicherungsverwahrung eines psychisch Kranken aufgrund der neuen deutschen Regelungen in einer entsprechenden Einrichtung wurde vom EGMR als mit der EMRK vereinbar angesehen (EGMR Bergmann./. Deutschland, Urt. v. 07.01.2016 – 23279/14, NJW 2017, 1007 [1009 ff.], Rn. 103 ff.). Er scheint damit die deutsche Regelung als hinreichend therapieorientiert anzusehen (vgl. *Köhne* NJW 2017, 1013) und folglich die deutschen Gesetzesänderungen zu akzeptieren (*Dörr* JuS 2016, 1144 [1146]; vgl. auch Art. 7 Rdn. 11, 19 f.). 44

Der wenig glückliche Begriff des »**Landstreichers**« schließlich bezeichnet Personen ohne festen Wohnsitz, ohne Mittel zum Unterhalt und ohne regelmäßige Erwerbstätigkeit (Meyer-Ladewig/Nettesheim/von Raumer/*Meyer-Ladewig/Harrendorf/König* EMRK, Art. 5 Rn. 60). 45

46 **f) Abschiebungs- und Auslieferungshaft (Art. 5 Abs. 1 Satz 2 lit. f).** Freiheitsentzug ist auch erlaubt zur Verhinderung der unerlaubten Einreise (1. Var.), sowie zur Auslieferung (2. Var.) und Abschiebung (3. Var.). Hinsichtlich der 2. Var. und 3. Var. ist die einzige Voraussetzung dafür, eine Person z.B. im Transitbereich des Flughafens festzuhalten, dass die zuständige Behörde die Ausweisung angeordnet hat (EGMR Mohd./. Griechenland, Urt. v. 27.04.2006 – 11919/03, Rn. 23). Für die Rechtmäßigkeit der Verbringung von Flüchtlingen in geschlossene Aufnahmezentren oder Unterbringungshaft billigt der EGMR den Staaten grundsätzlich einen weiten Spielraum zu (vgl. EGMR GrK Chahal./. Vereinigtes Königreich, Urt. v. 15.11.1996 – 22414/93, Rn. 118 ff.; EGMR GrK Saadi./. Vereinigtes Königreich, Urt. v. 29.01.2008 – 13229/03, Rn. 64), misst diese jedoch am Willkürverbot (EGMR GrK Chahal./. Vereinigtes Königreich, Urt. v. 15.11.1996 – 22414/93, Rn. 118). Maßgeblich für die Rechtmäßigkeit der Freiheitsentziehung sind insb. deren Redlichkeit sowie eine enge Verknüpfung des mit ihr verfolgten Ziels. Zudem dürfen Ort, Unterbringungsbedingungen und Aufenthaltsdauer nicht unangemessen sein (EGMR J.R. u.a./. Griechenland, Urt. v. 25.01.2018, Rn. 110). Unter dem Aspekt des Art. 5 Abs. 1 Satz 2 lit. f) geht es nicht um die Dauer des Abschiebungs- bzw. Auslieferungsverfahrens (dies ist eine Frage des Art. 6), sondern ob die Dauer der Haft für die Zwecke der Abschiebung bzw. Auslieferung erforderlich waren (EGMR Gallardo Sanchez./. Italien, Urt. v. 24.03.2015 – 11620/07, Rn. 40 ff.). I.R.d. anzustellenden Verhältnismäßigkeitsprüfung berücksichtigt der EGMR, ob es Phasen der Inaktivität der Verfolgungsbehörden gab oder ob die Abschiebehaft evtl. zu lang war; in diesem Fall endet der Rechtfertigungsgrund für die Haft (EGMR GrK Chahal./. Vereinigtes Königreich, Urt. v. 15.11.1996 – 22414/93, RJD 1996-V, Rn. 61). Weiterhin unterzieht der EGMR die Haft selbst einer allgemeinen Willkürkontrolle (Meyer-Ladewig/Nettesheim/von Raumer/*Meyer-Ladewig/Harrendorf/König* EMRK, Art. 5 Rn. 62, 65). Die Einhaltung der nationalen Verfahrensvorschriften schließt dabei nicht automatisch aus, dass aus Sicht der EMRK eine willkürliche Inhaftierung vorliegt (EGMR Gallardo Sanchez./. Italien, Urt. v. 24.03.2015 – 11620/07, Rn. 39). Die bloße Tatsache, dass jemand ein international bekannter Terrorist ist, rechtfertigt nicht seine Inhaftierung, vielmehr muss ein Auslieferungsverfahren im Gange sein (EGMR GrK A u.a./. Vereinigtes Königreich, Urt. v. 19.02.2009 – 3455/05, NJOZ 2010, 1903 [1908], Rn. 170).

47 **V. Kompensation.** Trotz der Existenz eines eigenen Schadensersatzanspruchs in Art. 5 Abs. 5 haben Opfer von Verletzungen ihres Rechts auf Freiheit und Sicherheit auch aus der allgemeinen völkerrechtlichen Wiedergutmachungspflicht, deren Ausfluss Art. 41 darstellt, einen Anspruch auf Wiedergutmachung ihrer Konventionsverletzung (Dörr/Grote/Marauhn/*Cremer* EMRK, Kap. 32 Rn. 74; Radtke/Hohmann/*Ambos* StPO, Art. 5 EMRK Rn. 32). Grds. bleibt dem Mitgliedsstaat die Art und Weise der Kompensation selbst überlassen (EGMR Papamichalopoulos u.a./. Griechenland, Urt. v. 31.10.1995 – 14556/89, Series A330-B, Rn. 34), vorrangig ggü. dem **Geldersatz** ist jedoch, soweit möglich, ein Anspruch auf **Naturalrestitution** (*Grabenwarter* JZ 2010, 857 [860]). Im Fall fortdauernder Konventionsverletzungen trifft den Mitgliedsstaat eine Beendigungspflicht (EGMR GrK Assanidze./. Georgien, Urt. v. 08.04.2004 – 71503/01, NJW 2005, 2207 [2212], Rn. 198). Im Hinblick auf eine konventionswidrige Inhaftierung ist keine andere Alternative als die Freilassung denkbar, um die Konventionsverletzung abzustellen (*Grabenwarter* JZ 2010, 857 [860]; ähnl. auch *Gaede* HRRS 2010, 329 ff.). Dies gilt insb. auch hinsichtlich der Altfälle in der Sicherungsverwahrung (a.A. *Radtke* NStZ 2010, 537 [544 ff.]).

48 **C. Die Verfahrensrechte – Art. 5 Abs. 2 bis 4.** Während in Art. 5 Abs. 1 das Recht auf Freiheit und Sicherheit selbst und die Möglichkeiten seiner erstmaligen Einschränkungen kodifiziert sind, werden in Art. 5 Abs. 2 bis 4 die Rechte des bereits Festgenommenen aufgeführt.

49 **I. Informationsrecht (Art. 5 Abs. 2).** Art. 5 Abs. 2 verpflichtet den Konventionsstaat, dem Betroffenen die **Gründe für die Freiheitsentziehung** mitzuteilen. Art. 5 Abs. 2 gilt für alle Arten der Freiheitsentziehung (*Grabenwarter/Pabel* EMRK, § 21 Rn. 42; *Esser* Auf dem Weg, S. 260; BeckOK-StPO/*Valerius* EMRK, Art. 5 Rn. 7). Art. 5 Abs. 2 steht in engem Zusammenhang mit Art. 5 Abs. 4, denn der Betroffene kann von seinem Recht auf Haftkontrolle nur dann wirksam Gebrauch machen, wenn er die Gründe für seine Freiheitsentziehung kennt (EGMR van der Leer./. Niederlande, Urt. v. 21.02.1990 – 11509/85, Series A170, Rn. 27 f.). Die Unterrichtung, die die wesentlichen Vorwürfe umfassen und in einer für den Betroffenen **verständlichen Sprache** erfolgen muss, kann mündlich geschehen (vgl. EGMR J.R. u.a./. Griechenland, Urt. v. 25.01.2018 – 22696/16, NVwZ 2018, 1375, Rn. 121). Eine Übersetzung, z.B. des Haftbefehls, ist nicht erforderlich (EGMR H.B./. Schweiz, Urt. v. 05.04.2001 – 26899/95, Rn. 47). Die Unterrichtung muss nicht notwendigerweise direkt bei der Vornahme des Freiheitsentzugs, aber jedenfalls unmittelbar anschließend erfolgen (vgl. den Wortlaut »promptly«/»dans le plus court délai«). Bei einer Unterrichtung erst 10 Tage nach Vornahme der Freiheitsentziehung bejahte der EGMR zu Recht einen Verstoß gegen

Art. 5 Abs. 2 (EGMR van der Leer./. Niederlande, Urt. v. 21.02.1990 – 11509/85, Series A170, Rn. 30; LR/*Esser* EMRK, Art. 5 Rn. 180 geht von 24 Stunden aus). Die bloße Information über den rechtlichen Status als Migrant reicht für Art. 5 Abs. 2 nicht aus (EGMR GrK Khlaifia u.a./. Italien, Urt. v. 15.12.2016 – 16483/12, Rn. 118).

II. Vorführungspflicht und Beschleunigungsgebot in Haftsachen (Art. 5 Abs. 3). Art. 5 Abs. 3 regelt das Beschleunigungsgebot in Haftsachen. Gem. Art. 5 Abs. 3 Satz 1 gilt die Norm nur für Festnahmen oder Verhaftungen nach Art. 5 Abs. 1 Satz 2 lit. c). Die Vorschrift beinhaltet in Abs. 3 Satz 1 Hs. 1 eine **Vorführungspflicht** vor den Richter unmittelbar nach der Festnahme. In Abs. 3 Satz 1 Hs. 2 ist das Beschleunigungsgebot für die Zeit der Untersuchungshaft kodifiziert (EGMR McKay./. Vereinigtes Königreich, Urt. v. 03.10.2006 – 543/03, NJW 2007, 3699 [3701], Rn. 31–47; s. zu den Anforderungen nach Art. 5 Abs. 3 EGMR Süleymanozlu./. Türkei, Urt. v. 29.01.2013 – 38283/04, Rn. 21 ff.). Sinn und Zweck von Art. 5 Abs. 3 ist es sicherzustellen, dass der Verhaftete unverzüglich entlassen wird, sobald keine Gründe mehr für eine Haft vorliegen. Eine solche Überprüfung hat in regelmäßigem Abstand durch die Behörden zu erfolgen, ohne dass die festgehaltene Person hierauf hinwirken muss (EMRK GrK Merabishvili./. Georgien, Urt. v. 28.11.2017 – 72508/13, Rn. 234). Sie hat überzeugend auf die Argumente zur Verteidigung des Beschuldigten einzugehen und darf nicht lediglich abstrakte Begründungen anführen (EGMR Hasselbaink./. Niederlande, Urt. v. 09.02.2021 – 73329/16, Rn. 72). Die richterliche Kontrolle ist Ausprägung des bereits in der Präambel aufgeführten Rechtsstaatsprinzips, welches eines der grundlegenden Prinzipien der demokratischen Gesellschaften darstellt (Meyer-Ladewig/Nettesheim/von Raumer/*Meyer-Ladewig/Harrendorf/König* EMRK, Art. 5 Rn. 72). 50

1. Die Vorführungspflicht. a) Prüfung von Amts wegen. Die Prüfung durch den Richter muss von Amts wegen (»shall be brought«/»doit être … traduite«) erfolgen und darf nicht von einem Antrag abhängig gemacht werden; dies ergibt sich auch aus dem systematischen Zusammenhang mit Art. 5 Abs. 4 sowie dem Sinn und Zweck von Art. 5 Abs. 3, der den Betroffenen vor willkürlichen Verhaftungen schützen will, indem die Freiheitsentziehung von unabhängiger Stelle geprüft wird (EGMR Aquilina./. Malta, Urt. v. 29.04.1999 – 25642/94, NJW 2001, 51 [53], Rn. 49). 51

b) »unverzüglich«. Um den Bürger wirksam gegen willkürliche Freiheitsentziehungen zu schützen, muss der Betroffene einer Freiheitsentziehung unverzüglich (»promptly«/»aussitôt«) einem Richter oder einer anderen zur Wahrnehmung richterlicher Aufgaben ermächtigten Person vorgeführt werden. Normalerweise sind ein bis zwei Tage konventionskonform (EGMR Aquilina./. Malta, Urt. v. 29.04.1999 – 25642/94, NJW 2001, 51 [53], Rn. 51), 4 Tage und 6 Stunden sind grundsätzlich ein zu langer Zeitraum, um noch als »unverzüglich« angesehen zu werden (EGMR Brogan u.a./. Vereinigtes Königreich, Urt. v. 29.11.1988 – 11209/84, Series A145, Rn. 59, 62), allerdings kann ein Zeitraum von vier Tagen bei besonderen Schwierigkeiten oder unter ganz besonderen Umständen noch mit der Konvention vereinbar sein (LR/*Esser* EMRK, Art. 5 Rn. 220 m.w.N.). Wurden die Betroffenen schon 18 Tage auf hoher See festgehalten, dann gelten auch zwei Tage als zu lange, wenn sie nach ihrer Ankunft in einem Hafen nicht sofort vor einen Richter gebracht wurden. Dabei bezieht sich die unzulässige Wartezeit auf die zwei Tage im Hafen und nicht auf die fast drei Wochen auf hoher See (EGMR Vassis u.a./. Frankreich, Urt. v. 27.06.2013 – 62736/09, Rn. 59). Insofern ist der vom EGMR für konventionskonform befundene Zeitraum jedenfalls großzügiger als der des § 115 Abs. 2 StPO, der die Vorführung spätestens am nächsten Tag verlangt. Geht es dagegen um eine Festnahme zum Zwecke einer Präventivhaft, kann eine »erheblich kürzere Frist« zur Vorführung vor einen Richter anzunehmen sein, da es sich nicht um eine Untersuchungshaft handelt (EGMR GrK S, V u. A./. Dänemark, Urt. v. 22.10.2018 – 35553/12, 36678/12, 36711/12, NVwZ 2019, 135 Rn. 132). 52

c) Richter oder andere zur Wahrnehmung richterlicher Befugnisse ermächtigte Person. Der in Untersuchungshaft Genommene muss entweder einem **Richter** oder einer anderen zur Wahrnehmung richterlicher Aufgaben befugten Person vorgeführt werden. Entscheidend ist, dass die betreffende Person die Freiheitsentziehung der Sache nach überprüfen kann (EGMR Aquilina./. Malta, Urt. v. 29.04.1999 – 25642/94, NJW 2001, 51 [52], Rn. 43) und dabei **unabhängig** von der Exekutive und von Parteien ist. Letzteres ist v.a. nach objektiven Gesichtspunkten zu beurteilen. Zweifel an der Unabhängigkeit können bestehen, wenn die betreffende Person im darauffolgenden Strafverfahren aufseiten der Strafverfolgungsbehörde auftreten kann (EGMR Hood./. Vereinigtes Königreich, Urt. v. 18.02.1999 – 27267/95, NVwZ 2001, 304 [305], Rn. 57). Die Person muss befugt sein, die Entlassung verbindlich anzuordnen (Meyer-Ladewig/Nettesheim/von Raumer/*Meyer-Ladewig/Harrendorf/König* EMRK, Art. 5 Rn. 78; Radtke/Hohmann/*Ambos* StPO, Art. 5 EMRK Rn. 21). Das Recht auf richterliche Haftprüfung auf Antrag nach Art. 5 Abs. 4 besteht für alle Arten der Haft und steht damit zusätzlich neben der Garantie aus Art. 5 Abs. 3 Satz 1 Hs. 1. 53

54 **2. Das Beschleunigungsgebot.** Daneben enthält Art. 5 Abs. 3 Satz 1 Hs. 2 das Beschleunigungsgebot in Haftsachen. Bereits Art. 6 Abs. 1 Satz 1 enthält zwar ein allgemeines Beschleunigungsgebot, Art. 5 Abs. 3 Satz 1 Hs. 2 ist im Verhältnis zu diesem in seinem begrenzten Anwendungsbereich **spezieller** und **inhaltlich** strenger. Art. 5 Abs. 3 Satz 1 Hs. 2 gewährt dem Betroffenen einen Anspruch auf ein Urteil innerhalb einer angemessenen Frist oder auf Entlassung. Wird im Durchschnitt weniger als einmal die Woche verhandelt, so genügt dies den Anforderungen des Beschleunigungsgebots selbst bei Überlastung des Gerichts nicht (BVerfG, Beschl. v. 11.06.2018 – 2 BvR 819/18, NJW 2018, 2948, Rn. 38). Die Behörden sind daher angehalten, Haftsachen besonders zügig und sorgfältig zu bearbeiten (EGMR GrK Kudla./. Polen, Urt. v. 26.10.2000 – 30210/96, NJW 2001, 2694 [2696], Rn. 110 ff.).

55 **a) Eröffnung des Anwendungsbereichs und Verhältnis zu anderen Vorschriften.** Der Anwendungsbereich von Art. 5 Abs. 3 Satz 1 Hs. 2 reicht von dem Zeitpunkt der **Verhaftung bis zur Entlassung oder Verurteilung** in erster Instanz; dieser Zeitraum ist auch entscheidend, wenn es um die Beurteilung der Zügigkeit geht (EGMR GrK Kudla./. Polen, Urt. v. 26.10.2000 – 30210/96, NJW 2001, 2694 [2696], Rn. 104).

56 Das allgemeine Beschleunigungsgebot nach Art. 6 Abs. 1 Satz 1 besteht vor der Verhaftung, sofern eine strafrechtliche Anklage vorliegt, sowie nach der erstinstanzlichen Verurteilung bis zum Zeitpunkt der letztinstanzlichen Entscheidung fort (vgl. Art. 6 Rdn. 87 ff.) und steht in der Zeit zwischen Verhaftung und erstinstanzlichem Urteil neben Art. 5 Abs. 3 Satz 1 Hs. 2. Im deutschen Recht ergibt sich das Gebot der beschleunigten Bearbeitung von Haftsachen aus Art. 2 Abs. 1 Satz 2, Abs. 2 GG.

57 **b) Angemessenheit des Zeitraums zwischen Verhaftung und erstinstanzlicher Verurteilung.** Ob die Frist zwischen Verhaftung und erstinstanzlicher Verurteilung **angemessen** ist, richtet sich nach den Umständen des Einzelfalls. Der EGMR prüft dabei zunächst die Gründe, die die staatliche Behörde angibt, um zu erklären, dass das öffentliche Interesse das Interesse des Betroffenen an seiner persönlichen Freiheit derart überwiegt, dass es gerechtfertigt erscheint, unter Berücksichtigung der Unschuldsvermutung dem Betroffenen ausnahmsweise die Freiheit zu entziehen (EGMR Cevizovic./. Deutschland, Urt. v. 29.07.2004 – 49746/99, NJW 2005, 3125 [3126], Rn. 37). Das Vorliegen des Verdachts auf eine schwere Straftat alleine genügt nur zu Beginn als alleiniger Haftgrund, zum Zeitpunkt der Entscheidung über den Antrag auf Haftentlassung müssen aus Gründen der Verhältnismäßigkeit über den Wortlaut von lit. c) hinaus konkrete Anhaltspunkte für einen weiteren Haftgrund wie Flucht-, Verdunklungs- oder Wiederholungsgefahr vorliegen (EGMR W./. Schweiz, Urt. v. 26.01.1993 – 14379/88, Series A254-A, Rn. 30; EGMR Cevizovic./. Deutschland, Urt. v. 29.07.2004 – 49746/99, NJW 2005, 3125 [3126], Rn. 37 ff. m.w.N.). Nach neuerer Rspr. müssen derartige Gründe ebenfalls »unverzüglich« (s.o. Rdn. 52) nach der Festnahme, d.h. bereits bei der Vorführung vor den Richter zur ersten Entscheidung über die Anordnung der Untersuchungshaft, dargelegt werden (EGMR GrK Buzadji./. Moldawien, Urt. v. 05.07.2016 – 23755/07, Rn. 102). Je länger die Haft andauert, desto gewichtiger müssen die hierfür genannten Gründe sein. Bei einer Haftdauer von 18 Monaten darf es z.B. nicht mehr ausreichen, allein auf den Tatverdacht und die Fluchtgefahr wegen der Schwere der Tat abzustellen (EGMR Goral./. Polen, Urt. v. 30.10.2003 – 38654/97, Rn. 68; Meyer-Ladewig/Nettesheim/von Raumer/*Meyer-Ladewig/Harrendorf/König* EMRK, Art. 5 Rn. 89 m.w.N.; vert. zu den steigenden Anforderungen an die Haftgründe bei Fortdauer der Haft *Kühne/Esser* StV 2002, 383 [388 f.]; *Esser* Auf dem Weg, S. 290 f.; BeckOK-StPO/*Valerius* EMRK, Art. 5 Rn. 9).

58 Bei der Bestimmung der Angemessenheit dürfen einem Staat notwendige Verzögerungen, die durch **Rechtshilfeersuchen** bedingt sind, nicht angelastet werden; jedoch muss der Staat proaktiv tätig werden, um so das Verfahren zu beschleunigen (z.B. durch Reisen des Gerichts in das entsprechende Land, s. EGMR Ereren./. Deutschland, Urt. v. 06.11.2014 – 67522/09, Rn. 62). Macht der Betroffene von seinen **Verfahrensrechten** Gebrauch, so meint der EGMR, dass die Dauer dieses zusätzlichen Verfahrens dem Staat nicht angelastet werden dürfe (so etwa EGMR Ereren./. Deutschland, Urt. v. 06.11.2014 – 67522/09, Rn. 61; hierzu KK-StPO/*Lohse/Jakobs* EMRK, Art. 5 Rn. 34; *Esser* Auf dem Weg, S. 304 f.). Solange kein Missbrauch der Rechte vorliegt, lässt sich diese Rspr. aber nicht rechtfertigen (vorzugswürdig demgegenüber BGH NStZ 2005, 341). Im Fall **wiederholter Inhaftierung** sind die einzelnen Haftzeiten zu addieren; ein Verstoß gegen Art. 5 Abs. 3 liegt vor, wenn die insgesamt in Haft verbrachte Zeit unangemessen ist (EGMR Smirnov./. Russland, Urt. v. 24.07.2003 – 46133/99, RJD 2003-IX, Rn. 66 ff.). Bei **im Ausland erfolgter Haft** war unklar, ob diese angerechnet wird (abl. Radtke/Hohmann/*Ambos* StPO, Art. 5 EMRK Rn. 23; *Esser* Auf dem Weg, S. 280; dazu auch LR/*Esser* EMRK, Art. 5 Rn. 242); der EGMR scheint die Auslieferungshaft im Ausland mittlerweile zu berücksichtigen (EGMR Cesky./. Tschechische Republik, Urt. v. 06.06.2000 – 33644/96, Rn. 71).

59 Die über die Fortdauer der Haft entscheidenden Gerichte müssen stets auch mildere Maßnahmen wie polizeiliche Meldepflichten oder Entlassung auf Kaution berücksichtigen (Art. 5 Abs. 3 Satz 2 sowie EGMR Wemhof./. Deutschland, Urt. v. 27.06.1968 – 2122/64, Series A7, Rn. 15).

c) Verhältnis zum Beschleunigungsgebot des Art. 6 Abs. 1 Satz 1 und Kompensation. Art. 5 Abs. 3 Satz 1 Hs. 2 ist neben dem in Art. 6 Abs. 1 Satz 1 enthaltenen Beschleunigungsgebot gesondert zu prüfen (Radtke/Hohmann/*Ambos* StPO, Art. 5 EMRK Rn. 25; BeckOK-StPO/*Valerius* EMRK, Art. 5 Rn. 9; *Safferling* Internationales Strafrecht, § 13 Rn. 73). Die Wiedergutmachung eines Verstoßes kann durch eine »ausdrückliche und messbare Minderung der Strafe« erfolgen (EGMR Dzelili./. Deutschland, Urt. v. 10.11.2005 – 65745/01, NVwZ-RR 2006, 513 [515 f.] Rn. 83); dem kann im deutschen Recht durch die Anwendung der Vollstreckungslösung des BGH auch im Hinblick auf Art. 5 Rechnung getragen werden (s. dazu Art. 6 Rdn. 95 ff.). 60

III. Recht auf richterliche Haftkontrolle (Art. 5 Abs. 4). Art. 5 Abs. 4 enthält das Recht auf richterliche Haftkontrolle. Damit wird die Habeas-Corpus-Doktrin in ihrer klassischen Form kodifiziert. Im Verhältnis zu Art. 6 Abs. 1 ist Art. 5 Abs. 4 lex specialis (EGMR Reinprecht./. Österreich, Urt. v. 15.11.2005 – 67175/01, RJD 2005-XII, Rn. 41, 55). 61

1. Anwendungsbereich und Inhalt des Rechts auf richterliche Haftkontrolle. Das Recht auf die Beantragung richterlicher Haftkontrolle beinhaltet den Anspruch, binnen kurzer Frist eine richterliche Entscheidung über die Rechtmäßigkeit der Haft zu erhalten und folglich einen Anspruch auf Haftentlassung, wenn sich die Haft als nicht rechtmäßig erweist (EGMR Baranowski./. Polen, Urt. v. 28.03.2000 – 28358/95, RJD 2000-III, Rn. 68). Der Anspruch besteht für sämtliche Arten von Freiheitsentziehung, sei es Untersuchungshaft, Strafhaft oder Sicherungsverwahrung. Der Betroffene hat aus Art. 5 Abs. 4 ein Recht auf **regelmäßige Haftprüfung** in angemessenen Abständen (EGMR Winterwerp./. Niederlande, Urt. v. 24.10.1979 – 6301/73, Series A33, Rn. 55). In zeitlicher Hinsicht ist der Anwendungsbereich von Art. 5 Abs. 4, nachdem er sich auf »jede Person« und nicht nur den Untersuchungshäftling erstreckt, weiter als der von Art. 5 Abs. 3 und gilt auch nach Entlassung, da Ersterer im Verhältnis zu Letzterem sonst keinen eigenen Anwendungsbereich hätte (Radtke/Hohmann/*Ambos* StPO, Art. 5 EMRK Rn. 27). 62

2. Anforderungen an das Gericht und das Verfahren. a) Allgemeines. Der Antrag des von der Freiheitsentziehung Betroffenen muss von einem von Parteien und Exekutive unabhängigen Gericht (vgl. hierzu Art. 6 Rdn. 23 f.) behandelt werden (EGMR D.N./. Schweiz, Urt. v. 29.03.2001 – 27154/95, RJD 2001-II, Rn. 42). Das Verfahren muss justizförmig sein und den grundlegenden Anforderungen von Art. 6 Abs. 1 Satz 1 genügen (EGMR Winterwerp./. Niederlande, Urt. v. 24.10.1979 – 6301/73, Series A33, Rn. 55; vgl. zu diesen Anforderungen Art. 6 Rdn. 17 ff.). Der Betroffene hat somit ein Recht auf ein kontradiktorisches Verfahren; der Grundsatz der Waffengleichheit ist zu beachten. 63

b) Akteneinsichtsrecht des Verteidigers und des Beschuldigten. Waffengleichheit ist nach Ansicht des EGMR im Haftprüfungsverfahren nicht gegeben, wenn dem Verteidiger der Zugang zu denjenigen Schriftstücken in der Ermittlungsakte versagt wird, deren Kenntnis erforderlich ist, um die Rechtmäßigkeit der Freiheitsentziehung wirksam anzufechten (wegweisend EGMR Lamy./. Belgien, Urt. v. 30.03.1989 – 10444/83, Series A151, Rn. 29). Die insofern maßgeblichen Informationen seien dem Verteidiger daher in entsprechend geeigneter Weise zugänglich zu machen; es reiche nicht aus, den Verteidiger nur mündlich über die in der Akte enthaltenen Tatsachen und Beweismittel zu informieren (EGMR Mooren./. Deutschland, Urt. v. 13.12.2007 – 11364/03, StV 2008, 475 [482] m.w.N.; EGMR Falk./. Deutschland, Urt. v. 11.03.2008 – 41077/04, NStZ 2009, 164; vgl. dazu *Esser/Gaede/Tsambikakis* NStZ 2011, 78 [81 f.]; grundlegend zum Akteneinsichtsrecht des Strafverteidigers in Fällen der Untersuchungshaft und krit. zur Regelung des § 147 Abs. 2 Satz 2 StPO *Beulke/Witzigmann* NStZ 2011, 254 ff.; dazu auch LR/*Esser* EMRK, Art. 5 Rn. 358). Bei terroristischen Straftaten soll aufgrund der besonderen Gegebenheiten derartiger Kriminalität eine reduzierte Information ausreichen können (EGMR Sher u.a./. Vereinigtes Königreich, Urt. v. 20.10.2015 – 5201/11, Rn. 149; zur diesbezüglich divergierenden Rspr. des BVerfG vgl. *Vogel* ZIS 2017, 28 [31 f.]). 64

Über § 147 StPO hinausgehend hat der Betroffene selbst neben seinem Verteidiger ein Recht auf Akteneinsicht (EGMR Foucher./. Frankreich, Urt. v. 18.03.1997 – 22209/93, RJD 1997-II, Rn. 31 ff.), das so weit geht, dass er Einsicht in sämtliche Schriftstücke erhalten muss, die für seinen Antrag wesentlich sind, wobei die Beweislast hierfür beim Beschwerdeführer liegt (EGMR Falk./. Deutschland, Urt. v. 11.03.2008 – 41077/04, NStZ 2009, 164). Dies muss i.R.d. EMRK-konformen Auslegung von § 147 Abs. 2 StPO berücksichtigt werden (Meyer-Ladewig/Nettesheim/von Raumer/*Meyer-Ladewig/Harrendorf/König* EMRK, Art. 5 Rn. 100 m.w.N.; EGMR Mooren./. Deutschland, Urt. v. 09.07.2009 – 11364/03, StV 2010, 490 [492] m.Anm. *Pauly*; sowie ausführlich dazu auch Art. 5 Rdn. 42 ff.). 65

Das Gericht muss seine Entscheidung begründen. Dabei muss es nicht jedes Argument des Antragstellers aufgreifen, jedoch auf alle Tatsachen eingehen, die an der Rechtmäßigkeit der Freiheitsentziehung Zweifel 66 hervorrufen können (EGMR GrK Nikolova./. Bulgarien, Urt. v. 25.03.1999 – 31195/96, NJW 2000, 2883 [2885], Rn. 58).

67 3. **Entscheidungsfrist.** Die Entscheidung des Gerichts muss **innerhalb kurzer Zeit** getroffen werden; maßgeblich ist der Zeitraum zwischen Antragstellung und der Entscheidung durch das Gericht. Entscheidend sind auch hier wieder die Umstände des Einzelfalls (EGMR Sanchez-Reisse./. Schweiz, Urt. v. 21.10.1986 – 9862/82, NJW 1989, 2179 [2181], Rn. 55), wobei v.a. die Art der Freiheitsentziehung und die Komplexität des Falles, aber auch die Verzögerungen durch den Betroffenen bzw. seinen Verteidiger zu berücksichtigen sind (Frowein/*Peukert* EMRK, Art. 5 Rn. 145 f. m.w.N.; *Esser* Auf dem Weg, S. 366; BeckOK-StPO/*Valerius* EMRK, Art. 5 Rn. 11; Radtke/Hohmann/*Ambos* StPO, Art. 5 EMRK Rn. 30), richtigerweise allerdings erst dann, wenn rechtsmissbräuchliches Verhalten vorliegt (s.o. Rdn. 58). Bei der Überprüfung durch ein Verfassungsgericht wird zwar grundsätzlich – je nach Komplexität des Einzelfalls – eine längere Überprüfungsdauer zugestanden, ein Zeitraum von 16 Monaten und 3 Tagen aber als zu lang angesehen (EMRK Şahin Alpay./. Türkei, Urt. v. 20.03.2018 – 16538/17, Rn. 137 ff.). Ein Zeitraum von 8 Monaten und 23 Tagen stellte dagegen keinen Verstoß gegen Art. 5 Abs. 4 dar (EGMR GrK Ilnseher./. Deutschland, Urt. v. 04.12.2018 – 10211/12 und 27505/14, Rn. 265 ff.). Insgesamt muss der Staat dafür sorgen, dass die Entscheidung so schnell wie möglich ergeht, da die Freiheit des Betroffenen auf dem Spiel steht (EGMR Rappacciuolo./. Italien, Urt. v. 19.05.2005 – 76024/01, Rn. 32). Insofern kann ein Konventionsstaat – wie bei Art. 6 Abs. 1 – nicht auf die generelle Überlastung seiner Gerichte verweisen, zumal die Mitgliedstaaten zur Schaffung eines funktionierenden Justizapparats verpflichtet sind (Radtke/Hohmann/*Ambos* StPO, Art. 5 EMRK Rn. 30 und Art. 6 Rn. 13; *Esser* Auf dem Weg, S. 367). Fristen bis zu 14 Tagen sind unbedenklich (Meyer-Ladewig/Nettesheim/von Raumer/*Meyer-Ladewig/Harrendorf/König* EMRK, Art. 5 Rn. 102), eine Frist von 21 Tagen aber zu lang (EGMR Sarban./. Moldawien, Urt. v. 04.10.2005 – 3456/05, Rn. 120). Insofern erscheint die Frist des § 118 Abs. 5 StPO, der zwei Wochen zwischen Antragstellung und mündlicher Verhandlung gestattet, problematisch und im Hinblick auf das Gesamtverfahren wohl als zu lang.

68 **D. Anspruch auf Schadensersatz (Art. 5 Abs. 5).** Art. 5 Abs. 5 gewährt dem Betroffenen einen Anspruch auf Entschädigung gegen den Konventionsstaat, falls die Freiheitsentziehung unter Verletzung eines der Rechte aus Art. 5 Abs. 1 bis 4 stattfand. Eine Verletzung im Sinne des Abs. 5 ist objektiv zu bestimmen und ist nur an der Freiheitsentziehung selbst zu messen, nicht etwa an den daraus resultierenden Haftbedingungen (BGH NJW 2019, 2400, Rn. 23, 25, 34). Der Anspruch ist wegen des Subsidiaritätsgrundsatzes in Art. 35 Abs. 1 **erst bei den nationalen Gerichten geltend zu machen.** Der EGMR ist erst nach Erschöpfung des nationalen Rechtswegs zuständig. Zu beachten ist, dass aufgrund der direkten Bezugnahme auf nationales Recht in Art. 5 Abs. 1 (insb. »rechtmäßig«, s.o. Rdn. 11 f.) auch die Verletzung nationaler Normen den Anspruch aus Art. 5 Abs. 5 begründen kann (EGMR Bouchet./. Frankreich, Urt. v. 20.03.2001 – 33591/96, Rn. 50).

69 Der Anspruch ist **verschuldensunabhängig.** Sofern seine Voraussetzungen vorliegen, das nationale Recht jedoch keinen entsprechenden Anspruch vorsieht, liegt eine Verletzung von Art. 5 Abs. 5 vor, die die Anordnung einer Entschädigung durch den EGMR nach Art. 41 zur Folge haben kann (Meyer-Ladewig/Nettesheim/von Raumer/*Meyer-Ladewig/Harrendorf/König* EMRK, Art. 5 Rn. 108; Radtke/Hohmann/*Ambos* StPO, Art. 5 EMRK Rn. 32).

70 **Im deutschen Recht** wird der Anspruch aufgrund der Umsetzung völkerrechtlicher Verträge nach Art. 59 Abs. 2 GG in einfache Bundesgesetze direkt aus Art. 5 Abs. 5 gewährt (BGHZ 45, 58 [65]). Er umfasst sowohl materielle als auch immaterielle Schäden (BGHZ 122, 268) und ist vor den Zivilgerichten gegen die Anordnungskörperschaft zu richten (OLG München NStZ-RR 1996, 125). Seiner Natur nach ist der Anspruch ein Fall der Gefährdungshaftung des Staates mit deliktsähnlichem Einschlag (BGHZ 45, 58 [66 ff.], und nicht etwa eine dem Amtshaftungsprozess ähnliche Haftungsüberleitung auf den Staat, vgl. BGH NJW 2019, 2400, Rn. 25), sodass sich seine Verjährung nach § 195 BGB richtet (vgl. Meyer-Ladewig/Nettesheim/von Raumer/*Meyer-Ladewig/Harrendorf/König* EMRK, Art. 5 Rn. 113; Radtke/Hohmann/*Ambos* StPO, Art. 5 EMRK Rn. 32). S. zusf. *Brockhaus/Ullrich* StV 2016, 678 ff.

Art. 6 Recht auf ein faires Verfahren

(1) Jede Person hat ein Recht darauf, dass über Streitigkeiten in Bezug auf ihre zivilrechtlichen Ansprüche und Verpflichtungen oder über eine gegen sie erhobene strafrechtliche Anklage von einem unabhängigen und unparteiischen, auf Gesetz beruhenden Gericht in einem fairen Verfahren, öffentlich und innerhalb angemessener Frist verhandelt wird. Das Urteil muss öffentlich verkündet werden; Presse und Öffentlichkeit können jedoch während des ganzen oder eines Teiles des Verfahrens ausgeschlossen werden, wenn dies im Interesse der Moral, der öffentlichen Ordnung oder der nationalen Sicherheit in einer demokratischen

Gesellschaft liegt, wenn die Interessen von Jugendlichen oder der Schutz des Privatlebens der Prozessparteien es verlangen oder – soweit das Gericht es für unbedingt erforderlich hält – wenn unter besonderen Umständen eine öffentliche Verhandlung die Interessen der Rechtspflege beeinträchtigen würde.
(2) Jede Person, die einer Straftat angeklagt ist, gilt bis zum gesetzlichen Beweis ihrer Schuld als unschuldig.
(3) Jede angeklagte Person hat mindestens folgende Rechte:
a) innerhalb möglichst kurzer Frist in einer ihr verständlichen Sprache in allen Einzelheiten über Art und Grund der gegen sie erhobenen Beschuldigungen unterrichtet zu werden;
b) ausreichende Zeit und Gelegenheit zur Vorbereitung ihrer Verteidigung zu haben;
c) sich selbst zu verteidigen, sich durch einen Verteidiger ihrer Wahl verteidigen zu lassen oder, falls ihr die Mittel zur Bezahlung fehlen, unentgeltlich den Beistand eines Verteidigers zu erhalten, wenn dies im Interesse der Rechtspflege erforderlich ist;
d) Fragen an Belastungszeugen zu stellen oder stellen zu lassen und die Ladung und Vernehmung von Entlastungszeugen unter denselben Bedingungen zu erwirken, wie sie für Belastungszeugen gelten;
e) unentgeltliche Unterstützung durch einen Dolmetscher zu erhalten, wenn sie die Verhandlungssprache des Gerichts nicht versteht oder nicht spricht.
Englische Fassung.
(1) In the determination of his civil rights and obligations or of any criminal charge against him, everyone is entitled to a fair and public hearing within a reasonable time by an independent and impartial tribunal established by law. Judgement shall be pronounced publicly but the press and public may be excluded from all or part of the trial in the interest of morals, public order or national security in a democratic society, where the interests of juveniles or the protection of the private life of the parties so require, or to the extent strictly necessary in the opinion of the court in special circumstances where publicity would prejudice the interests of justice.
(2) Everyone charged with a criminal offence shall be presumed innocent until proved guilty according to law.
(3) Everyone charged with a criminal offence has the following minimum rights:
(a) to be informed promptly, in a language which he understands and in detail, of the nature and cause of the accusation against him;
(b) to have adequate time and facilities for the preparation of his defence;
(c) to defend himself in person or through legal assistance of his own choosing or, if he has no sufficient means to pay for legal assistance, to be given it free when the interests of justice so require;
(d) to examine or have examined witnesses against him and to obtain the attendance and examination of witnesses on his behalf under the same conditions as witnesses against him;
(e) to have the free assistance of an interpreter if he cannot understand or speak the language used in court.
Französische Fassung.
(1) Toute personne a droit à ce que sa cause soit entendue équitablement, publiquement et dans un délai raisonnable, par un tribunal indépendant et impartial, établi par la loi, qui décidera, soit des contestations sur ses droits et obligations de caractère civil, soit du bien-fondé de toute accusation en matière pénale dirigée contre elle. Le jugement doit être rendu publiquement, mais l´accès de la salle d´audience peut être interdit à la presse et au public pendant la totalité ou une partie du procès dans l´intérêt de la moralité, de l´ordre public ou de la sécurité nationale dans une société démocratique, lorsque les intérêts des mineurs ou la protection de la vie privée des parties au procès l´exigent, ou dans la mesure jugée strictement nécessaire par le tribunal, lorsque dans des circonstances spéciales la publicité serait de nature à porter atteinte aux intérêts de la justice.
(2) Toute personne accusée d´une infraction est présumée innocente jusqu´à ce que sa culpabilité ait été légalement établie.
(3) Tout accusé a droit notamment à:
(a) être informé, dans le plus court délai, dans une langue qu´il comprend et d´une manière détaillée, de la nature et de la cause de l´accusation portée contre lui;
(b) disposer du temps et des facilités nécessaires à la préparation de sa défense;
(c) se défendre lui-même ou avoir l´assistance d´un défenseur de son choix et, s´il n´a pas les moyens de rémunérer un défenseur, pouvoir être assisté gratuitement par un avocat d´office, lorsque les intérêts de la justice l´exigent;
(d) interroger ou faire interroger les témoins à charge et obtenir la convocation et l´interrogation des témoins à décharge dans les mêmes conditions que les témoins à charge

(e) se faire assister gratuitement d'un interprète, s'il ne comprend pas ou ne parle pas la langue employée à l'audience.

Übersicht

1 **A. Grundsätzliches. I. Bedeutung und Systematik des Art. 6.** Während Art. 7 die materiell-rechtliche Komponente des Rechtsstaatsprinzips enthält, bildet Art. 6 dessen verfahrensrechtliche Ausprägung und ist die in der Praxis sowohl insgesamt als auch im Hinblick auf Deutschland **wichtigste Norm der EMRK**. Im Jahr 2019 betrafen ca. 38 % der festgestellten Verletzungen der EMRK dessen Art. 6 (Annual Report 2020, S. 163, https://www.echr.coe.int/Documents/Annual_report_2020_ENG.pdf [Stand: September 2021]; zu weiteren Daten vgl. auch Rdn. 103).

2 Der **Abs. 1** des Art. 6 gilt sowohl für das Straf- als auch für das Zivilverfahren (zu den Begrifflichkeiten vgl. Rdn. 8, 9); die **Abs. 2 und 3** sind ausschließlich für das Strafverfahren von Bedeutung. Art. 6 garantiert das Recht des Angeklagten auf ein faires Verfahren und zählt als »Magna Charta« (so KK-StPO/*Lohse/Jakobs*

EMRK, Art. 6 Rn. 1) die in erster Linie dem angloamerikanischen Rechtskreis entnommenen Grundsätze des Verfahrens auf, wobei die EMRK nicht die Schaffung eines einheitlichen Verfahrensrechts der Vertragsstaaten intendiert (BGH JR 2011, 170 ff. m.Anm. *Stiebig*).

Art. 6 Abs. 1 normiert allgemein die **Anforderungen an das Gericht und das Verfahren,** Art. 6 Abs. 2 enthält die wichtige **Unschuldsvermutung im Strafverfahren** und Art. 6 Abs. 3 legt **Mindeststandards** fest, die ein rechtsstaatliches Strafverfahren erfüllen muss. Nachdem diese letztlich besondere Aspekte des Rechts auf ein faires Verfahren nach Art. 6 Abs. 1 darstellen, fasst der Gerichtshof die Prüfung der beiden Absätze in aller Regel zusammen (EGMR Haas./. Deutschland, Urt. v. 17.11.2005 – 73047/01, NStZ 2007, 103 [104] m.Anm. *Esser*). 3

II. Parallele internationale Instrumente. Vorbild von Art. 6 Abs. 1 und 3 ist zunächst **Art. 10 AEMR** (Meyer-Ladewig/Nettesheim/von Raumer/*Meyer-Ladewig/Harrendorf/König* EMRK, Art. 6 Rn. 3). **Art. 47 und Art. 48 Abs. 2 GRCh** enthalten ebenfalls Gewährleistungen i.S.v. Art. 6 Abs. 1 und 3, allerdings ist der Anwendungsbereich dieser Garantien im Gegensatz zu Art. 6 nicht auf »zivilrechtliche Ansprüche und Verpflichtungen« bzw. das Vorliegen einer »strafrechtliche(n) Anklage« beschränkt, vielmehr kann sich der Bürger bei jeglicher Verletzung seiner Rechte auf die Verfahrensgarantie berufen. 4

Die Unschuldsvermutung des Art. 6 Abs. 2 findet ihre unmittelbare Grundlage in **Art. 11 Abs. 1 AEMR.** Die Unschuldsvermutung hat, mit leichten Abweichungen im Wortlaut, in **Art. 48 Abs. 1 GRCh** Eingang gefunden.

Art. 14 Abs. 1 bis 3 IPBPR ist eine dem Art. 6 inhaltlich im Wesentlichen vergleichbare Vorschrift.

III. Parallelen im nationalen Recht. Viele Aspekte der Garantien des Art. 6 Abs. 1 und 3 finden ihren Ausdruck im deutschen Recht in **Art. 19 Abs. 4, 101, 103 und Art. 2 Abs. 1 GG i.V.m. dem Rechtsstaatsprinzip** (*Grabenwarter/Pabel* EMRK, § 24 Rn. 3). Auch einfachgesetzlich kommt der Grundsatz des fairen Verfahrens in der deutschen StPO zum Ausdruck. So normiert § 160 Abs. 2 StPO die Pflicht der StA, auch entlastende Umstände zu ermitteln; ebenso sind in diesem Zusammenhang die in den §§ 33, 33a, 136a, 137 ff., 168c, 243 Abs. 5, 265 Abs. 3, 311a, 338 Nr. 8 oder § 356a StPO geregelten Verfahrensrechte des Beschuldigten anzuführen. Dennoch gibt es gerade bei Art. 6 Fälle, in denen die deutsche StPO den Mindestanforderungen der EMRK nicht gerecht wird. Z.B. geht Art. 6 Abs. 3 lit. c (Recht auf effektive Verteidigung) insofern über § 97 Abs. 1 StPO (Beschlagnahmeverbot bzgl. Aufzeichnungen/Korrespondenz zwischen Beschuldigtem und Personenkreis des § 53 Abs. 1 Nr. 1–3b StPO) hinaus, als auch Unterlagen, die sich ein Beschuldigter erkennbar zu seiner eigenen Verteidigung erstellt hat, nicht beschlagnahmt werden können und gegen seinen Widerspruch nicht verwertbar sind (BGHSt 44, 46; BVerfG NJW 2002, 1410). 5

Die in Art. 6 Abs. 2 ausdrücklich festgeschriebene Unschuldsvermutung ist im deutschen Recht nicht explizit erwähnt. Sie gilt allerdings als besondere Ausprägung des Rechtsstaatsprinzips und genießt damit Verfassungsrang (BVerfG NJW 1966, 243 [244]; BVerfG NJW 1987, 2427). 6

B. Das Recht auf ein faires Verfahren. I. Schutzbereich. Seinem bloßen Wortlaut nach ist Art. 6 nur auf Streitigkeiten über »zivilrechtliche Ansprüche« sowie bei Vorliegen einer »strafrechtlichen Anklage« anwendbar. Freilich legt der EGMR diese Begriffe jeweils autonom aus (vgl. hierzu Art. 1 Rdn. 8) und erweitert damit den Anwendungsbereich von Art. 6 erheblich. 7

1. Der Begriff »Streitigkeit über zivilrechtliche Ansprüche«. Aufgrund der autonomen Bestimmung des Begriffs der zivilrechtlichen Streitigkeit umfasst der Schutzbereich von Art. 6 auch viele Konstellationen, die nach nationalen Maßstäben dem öffentlichen Recht bzw. dem Sozialrecht zuzuordnen sind (Meyer-Ladewig/Nettesheim/von Raumer/*Meyer-Ladewig/Harrendorf/König* EMRK, Art. 6 Rn. 5). Entscheidend für die Zuordnung zum Zivilrecht durch den EGMR ist, ob das infrage stehende Verfahren **unmittelbar über materiell-rechtlich wirkende Ansprüche des Betroffenen nach innerstaatlichem Recht entscheidet** (EGMR Roche./. Vereinigtes Königreich, Urt. v. 19.10.2005 – 32555/96, NJOZ 2007, 865 [866 f.], Rn. 116 ff.) bzw. in die Rechte einzelner Personen durch eine allgemeine Regelung eingegriffen wird (EGMR Ferazzini./. Italien, Urt. v. 12.07.2001 – 44759/98, NJW 2002, 3453 [3454], Rn. 23 ff.), ohne dass der Organwalter seitens des Staates hoheitlich handelt (Meyer-Goßner/Schmitt/*Schmitt* EMRK, Art. 6 Rn. 1; zusf. EGMR GrK Baka./. Ungarn, Urt. v. 23.06.2016 – 20261/12, Rn. 102 ff.). Nachdem außerdem der Streitgegenstand nicht zum Kernbereich der öffentlichen Verwaltung gehören darf, sind ausländerrechtliche Streitigkeiten ebenso wenig von Art. 6 umfasst wie Streitigkeiten auf dem Gebiet des Wahlrechts und der Wehrpflicht (KK-StPO/*Lohse/Jakobs* EMRK, Art. 6 Rn. 8). Nach neuerer Rspr. soll es für die Anwendbarkeit des zivilrechtlichen Aspekts von Art. 6 Abs. 1 ausreichen, dass unmittelbare und erhebliche Auswirkungen für ein Privatrecht des Betroffenen möglich sind (EGMR GrK De Tommaso./. Italien, Urt. v. 23.02.2017 – 43395/09, Rn. 151 m.w.N.). Im Hinblick auf das Strafverfahren wird diskutiert, ob das daran privatbeteiligte Tatopfer 8 über die »Streitigkeit über zivilrechtliche Ansprüche« von Art. 6 erfasst wird (vgl. *Helmken* StV 2016, 456 ff. unter Bezug auf EGMR Perez./. Frankreich, Urt. v. 12.02.2004 – 47287/99), was im Hinblick auf die deutsche Nebenklage (§§ 395 ff. StPO) wohl zu verneinen ist, bezüglich des Adhäsionsverfahrens (§§ 403 ff. StPO) jedoch grds. möglich erscheint, sobald ein normatives Vorrangverhältnis der Straf- gegenüber der Ziviljustiz existiert; dies ist aber erst dann der Fall, wenn das Strafgericht den Anspruch bei Vorliegen der Voraussetzungen zuspricht (zu den möglichen Differenzierungen s. *Helmken* StV 2016, 456 [461]).

9 **2. Der Begriff der »strafrechtlichen Anklage«.** Zur notwendig autonomen (s. hierzu *Satzger* LMuR 2021, 1 [7]) Bestimmung des Begriffs der strafrechtlichen Anklage zieht der EGMR die sog. »**Engel-Kriterien**« heran. Dabei wird v.a. die i.R.d. Verfahrens drohende Sanktion genauer betrachtet (st. Rspr. seit EGMR Engel u.a./. Niederlande, Urt. v. 08.06.1976 – 5100/71, 5101/71, 5102/71, 5354/72 u. 5370/72, Series A22, Rn. 82). Unter folgenden Voraussetzungen liegt »Strafrecht« vor:

(1) Bereits das innerstaatliche Recht ordnet die Maßnahme dem Kriminalstrafrecht zu;
(2) die Natur des Vergehens ist in dem Sinne strafrechtlich, dass die Sanktion sowohl präventiven als auch repressiven Charakter hat;
(3) nach Art und Schwere der angedrohten oder verhängten Sanktion liegt Strafrecht dann vor, wenn die Sanktion schwerwiegende Konsequenzen für den Beschuldigten hat.

Grds. werden diese Voraussetzungen **alternativ** behandelt, d.h. es genügt die Erfüllung **eines** der Kriterien, insb. die innerstaatliche Zuordnung zum Strafrecht; sofern die alternative Betrachtung (insb. der Kriterien [2] und [3]) jedoch nicht aussagekräftig ist, nimmt der EGMR oft eine kumulative Betrachtung des zweiten und dritten Kriteriums vor (EGMR Janosevic./. Schweden, Urt. v. 23.07.2002 – 34619/97, ECHR 2002-VII, Rn. 67; EGMR Ziliberberg./. Moldawien, Urt. v. 01.02.2005 – 61821/00, Rn. 31).

10 **a) Zum 1. Kriterium: Die innerstaatliche Zuordnung.** Sofern eine Maßnahme bereits nach innerstaatlichem Recht dem Strafrecht zugeordnet ist, liegt auch Strafrecht nach dem Begriff des EGMR vor (so etwa EGMR Jussila./. Finnland, Urt. v. 23.11.2006 – 73053/01, ECHR 2006-XIV, Rn. 37). Um jedoch den Mitgliedsstaaten die Möglichkeit zu nehmen, sich durch eine eigenständige Bestimmung des Strafrechts den Verpflichtungen von Art. 6 zu entziehen, gilt die Umkehrung nicht. Es liegt also (trotz anderer Einstufung im nationalen Recht) auch dann Strafrecht i.S.d. autonomen Begriffs des EGMR vor, wenn zumindest eines der anderen Kriterien zu bejahen ist.

11 **b) Zum 2. Kriterium: Die Natur der Sanktion.** Die Natur der Zuwiderhandlung ist in dem Sinn » strafrechtlich«, dass der Sanktionstatbestand mit der vorgesehenen Sanktion **zumindest auch repressiven** Charakter hat. Die Natur der Zuwiderhandlung und die Natur der Sanktion sind dabei aufs Engste miteinander verbunden. Repressiv ist eine Sanktion, die einen in der Vergangenheit liegenden Rechtsbruch ausgleicht und damit für die Zukunft verdeutlicht, dass an der gebrochenen Norm festgehalten werden soll. Demgegenüber ist eine Sanktion präventiv, wenn sie in dem Sinn zukunftsgewandt ist, dass sie einen künftig zu befürchtenden Rechtsverstoß verhindern will (vgl. *Satzger* LMuR 2021, 1 [5]). Vermehrt sehen die Gesetzgeber Sanktionen vor, die man mit »naming and shaming« umschreiben kann, so etwa § 40 Abs. 1a Nr. 3 LFGB, der – anknüpfend an den bloßen Verdacht von Verstößen gegen verbraucherschützende Vorschriften – noch vor einer endgültigen behördlichen oder gerichtlichen Entscheidung zu einer Öffentlichkeitsinformation unter Nennung der Firma und des betroffenen Lebens- bzw. Futtermittels verpflichtet, und zwar unabhängig von einer konkret hierdurch hervorgerufenen Gesundheitsgefährdung. Vieles spricht dafür, dass – zumindest in der Ausgestaltung dieser Vorschrift durch das LFGB – eine repressiv wirkende Vorschrift und somit Strafrecht i.w.S. vorliegt (ausf. dazu *Satzger* LMuR 2021, 1 ff. mwN. sowie unten Rdn. 112). Hinsichtlich der Art und Natur des Vergehens ist bzgl. der Beurteilung als Strafrecht neben dem repressiven und präventiven Charakter der Sanktion v.a. auf den Adressatenkreis abzustellen; sofern sich diese an die Allgemeinheit wendet, indiziert dies ihre strafrechtliche Natur (*Grabenwarter/Pabel* EMRK, § 24 Rn. 21; *Esser* Auf dem Weg, S. 59). Auch das Verfahren, im Rahmen dessen die durch die Norm angedrohte Sanktion verhängt wird, besitzt indiziellen Charakter für die Zuordnung zum Strafrecht, so z.B. eine Vernehmung durch die Polizei oder die Zuständigkeit von Strafgerichten (EGMR Ziliberberg./. Moldawien, Urt. v. 01.02.2005 – 61821/00, Rn. 34).

12 **c) Zum 3. Kriterium: Die Art und Schwere der Sanktion.** Eine nach Art und Schwere strafrechtliche Sanktion ist gegeben, wenn sie nicht Schadensersatz zusprechen, sondern abschrecken soll (Meyer-Ladewig/Nettesheim/von Raumer/*Meyer-Ladewig/Harrendorf/König* EMRK, Art. 6 Rn. 27; *Esser* Auf dem Weg, S. 61). Abzustellen ist stets auf die abstrakte maximale Sanktionsdrohung. Wo genau die Grenze verläuft ist uU nicht ganz einfach festzustellen. Für Freiheitsstrafen ist das Schwerekriterium sicherlich zu bejahen, bei Geldstrafen wird dies erst ab einer gewissen Höhe anzunehmen sein, was sich jedoch nur schwer verallgemeinern lässt.

Ein im Fall von Geldbußen gewichtiges Indiz ist, ob ersatzweise Haft vorgesehen ist (EGMR Ziliberberg./. Moldawien, Urt. v. 01.02.2005 – 61821/00, Rn. 34).

Nach Ansicht des EGMR erfüllen Tatbestände des **deutschen Ordnungswidrigkeitenrechts** Art. 6 (EGMR Öztürk./. Deutschland, Urt. v. 21.02.1984 – 8544/79, NJW 1985, 1273) ebenso wie des **Disziplinarrechts**, sofern die Sanktion eine gewisse Schwere überschreitet und eine allgemeine, nicht nur für Personen mit bestimmtem Status (Beispiel: Soldaten, Beamte) geltende Regelung darstellt (EGMR Le Compte u.a./. Belgien, Urt. v. 23.06.1981 – 6878/75 u. 7238/75, NJW 1982, 2714), den erforderlichen Schweregrad. Da **Zwangs- und Beugestrafen** nicht der Repression verbotenen Verhaltens, sondern der Erzwingung einer Pflicht und damit erlaubten und gebotenen Verhaltens dienen, stellen sie ihrer Art nach keine Strafe in diesem Sinne dar (EGMR K./. Österreich, Urt. v. 02.06.1993 – 16002/90, Rn. 38 f.). Die oben (Rdn. 11) genannten Sanktionen des »naming and shaming« haben regelmäßig – gerade bei Unternehmen – erhebliche Reputationsverluste zur Folge, die sich gravierender als finanzielle Einbußen auswirken, was – alternativ (s. Rdn. 9) zur Argumentation über die repressive Wirkung – ebenfalls für die Zuordnung zum Strafrecht spricht (vgl. *Satzger* LMuR 2021, 1 [6]). 13

3. Zeitlicher Anwendungsbereich der »Anklage«. In zeitlicher Hinsicht liegt nach ständiger Rspr. des EGMR (EGMR Deweer./. Belgien, Urt. v. 27.02.1980 – 6903/75, Series A100 Rn. 46) eine »Anklage« vor, sobald ein Individuum von der zuständigen Behörde die amtliche Benachrichtigung erhält, eine Straftat begangen zu haben (EGMR Escoubet./. Belgien, Urt. v. 28.10.1999 – 26780/95, RJD 1999-VII, Rn. 34). Der Schutzbereich von Art. 6 ist somit **von der Bekanntgabe des Schuldvorwurfs im Ermittlungsverfahren bis zum Abschluss des Rechtsmittelverfahrens** eröffnet (*Satzger* IntEuStrR, § 11 Rn. 60; *Esser* EuIntStrR, § 9 Rn. 209; BeckOK-StPO/*Valerius* EMRK, Art 6 Rn. 4; Radtke/Hohmann-StPO/*Ambos* EMRK, Art. 6 Rn. 7). Die Rechte des Art. 6 Abs. 1 stehen somit bereits dem Beschuldigten im Ermittlungsverfahren und nicht erst dem i.S.d. StPO »Angeklagten« zu. 14

4. Erfordernis einer Beschwer. Der Schutzbereich des Art. 6 ist schließlich nur dann eröffnet, wenn eine **Beschwer** vorliegt. Im strafrechtlichen Verfahren ist eine solche insb. im Fall der Verurteilung gegeben (LR/*Esser* EMRK, Art. 6 Rn. 20; *Esser* Auf dem Weg, S. 82; BeckOK-StPO/*Valerius* EMRK, Art. 6 Rn. 3). 15

II. Die Rechte im Einzelnen. Art. 6 Abs. 1 stellt eine Reihe von Mindestrechten auf, auf die sich der Bürger im Strafverfahren (wie auch im Zivilverfahren, zu den Begriffen vgl. Rdn. 8, 9) berufen kann. 16

1. Anforderungen an das Gericht. Art. 6 Abs. 1 S. 1 garantiert zunächst den Zugang zu einem unabhängigen, unparteiischen und auf Gesetz beruhenden Gericht, welches über die bezeichneten Verfahrensgegenstände zu entscheiden hat. Diese Garantie verpflichtet jeden Mitgliedsstaat zum Aufbau und zum Unterhalt eines wirksamen Justizsystems in einer Weise, dass die Gerichte die in Art. 6 Abs. 1 festgelegten Garantien effektiv umsetzen können (Meyer-Ladewig/Nettesheim/von Raumer/*Meyer-Ladewig/Harrendorf/König* EMRK, Art. 6 Rn. 33; BeckOK-StPO/*Valerius* EMRK, Art. 6 Rn. 5; Radtke/Hohmann-StPO/*Ambos* EMRK, Art. 6 Rn. 27). 17

a) Begriff des Gerichts. Auch der Begriff des Gerichts ist im Kontext der EMRK autonom zu bestimmen. Unter einem **Gericht** i.S.v. Art. 6 Abs. 1 sind jedenfalls sämtliche ordentliche Gerichte der Mitgliedsstaaten zu verstehen. Allerdings werden keineswegs nur die »klassischen« Gerichte von diesem Begriff umfasst. Um eine Institution unter den Begriff des »Gerichts« i.S.v. Art. 6 Abs. 1 subsumieren zu können, muss es sich um einen justizförmigen, unabhängigen und unparteiischen Spruchkörper mit konstanter Besetzung handeln, der über Streitigkeiten auf Grundlage von Recht und Gesetz im Rahmen eines gesetzlich geregelten, mit rechtsstaatlichen Garantien versehenen Verfahrens entscheidet (EGMR Belilos./. Schweiz, Urt. v. 29.04.1988 – 10328/83, Series A132, Rn. 64; EGMR Campbell u. Fell./. Vereinigtes Königreich, Urt. v. 28.06.1984 – 7819/77 u. 7878/77, Series A80, Rn. 77). Des Weiteren muss es der entsprechenden Institution erlaubt sein, richterliche Aufgaben wahrzunehmen (EGMR Le Compte u.a./. Belgien, Urt. v. 23.06.1981 – 6878/75 u. 7238/75, NJW 1982, 2714 [2716], Rn. 55) und für die Beteiligten rechtlich verbindliche Entscheidungen zu treffen (EGMR Campbell u. Fell./. Vereinigtes Königreich, Urt. v. 28.06.1984 – 7819/77 u. 7878/77, Series A80, Rn. 80), die hierfür erheblichen Tatsachen selbst zu ermitteln und den so festgestellten Sachverhalt unter die einschlägige Rechtsvorschrift zu subsumieren (*Grabenwarter/Pabel* EMRK, § 24 Rn. 31; Radtke/Hohmann-StPO/*Ambos* EMRK, Art. 6 Rn. 27; *Esser* Auf dem Weg, S. 536, 544, 599). 18

b) »Auf Gesetz beruhend«. Das Gericht muss auf einer **gesetzlichen Grundlage** beruhen. Sinn und Zweck dieses Erfordernisses ist es, die Schaffung von »ad hoc«- also Ausnahmegerichten zu vermeiden (*Grabenwarter/Pabel* EMRK, § 24 Rn. 32; *Esser* Auf dem Weg, S. 596 f.; BeckOK-StPO/*Valerius* EMRK, Art. 6 Rn. 8). 19
Es soll sichergestellt werden, dass in der Demokratie eine von der Exekutive unabhängige, auf Parlamentsgesetz beruhende Judikative existiert (EGMR Coeme u.a./. Belgien, Urt. v. 22.06.2000 – 32492/96, 32547/96, 20

32548/96, 33209/96 u. 33210/96, RJD 2000-VII, Rn. 98). Durch Gesetz müssen v.a. Organisation und sachliche und örtliche Zuständigkeit des Gerichts (EGMR Sokurenko u. Strygun./. Ukraine, Urt. v. 20.07.2006 – 29458/04 u. 29465/04, Rn. 24) und seine Zusammensetzung geregelt sein (EGMR Posokhov./. Russland, Urt. v. 04.03.2003 – 63486/00, RJD 2003-IV, Rn. 39).

21 Auch der Gesetzesbegriff ist **autonom auszulegen.** Ein Gesetz in diesem Sinne ist jede abstrakt-generelle Vorschrift, die aufgrund ihrer erhöhten Bestandskraft Willkür auszuschließen geeignet ist. Zumindest die Gerichtsverfassung muss auf einem Parlamentsgesetz beruhen, andernfalls liegt keine gesetzliche Grundlage in diesem Sinne vor. Auch die Verfassung (EGMR Le Compte u.a./. Belgien, Urt. v. 23.06.1981 – 6878/75 u. 7238/75, NJW 1982, 2714 [2716], Rn. 56) bzw. im innerstaatlichen Recht anwendbares, also ratifiziertes Völkerrecht (EGMR Jorgic./. Deutschland, Urt. v. 12.07.2007 – 74613/01, ECHR 2007-III, Rn. 66 ff.) können eine gesetzliche Grundlage in diesem Sinne bilden.

22 »Auf Gesetz beruhend« bedeutet auch, dass Regelungen über das gerichtliche Mandat sowie von Ausschlussgründen und Gründen für die Ablehnung eines Richters im Einzelfall vom Gesetz getroffen werden müssen (EGMR Coeme u.a./. Belgien, Urt. v. 22.06.2000 – 32492/96, 32547/96, 32548/96, 33209/96 u. 33210/96, RJD 2000-VII, Rn. 98); insoweit übt der EGMR jedoch nur eine Missbrauchskontrolle aus, die sich auf evidente Verstöße beschränkt (EGMR Lavents./. Lettland, Urt. v. 28.11.2002 – 58442/00, Rn. 114).

23 c) **Unabhängigkeit.** Das Gericht muss unabhängig von Exekutive, Legislative, Parteien und Interessenverbänden sein (EGMR Vasilescu./. Rumänien, Urt. v. 22.05.1998 – 27053/95, RJD 1998-III, Rn. 41). Entscheidungen sollen rein nach Recht und Gesetz und ohne Einfluss von außen getroffen werden. Folgende **vier Kriterien** zieht der EGMR kumulativ zur Prüfung der Unabhängigkeit des Gerichts heran (EGMR Findlay./. Vereinigtes Königreich, Urt. v. 25.02.1997 – 22107/93, Reports 1997-I, Rn. 73; EGMR Campbell u. Fell./. Vereinigtes Königreich, Urt. v. 28.06.1984 – 7819/77 u. 7878/77, Series A80, Rn. 78; EGMR Bryan./. Vereinigtes Königreich, Urt. v. 22.11.1995 – 19178/91, Series A335-A, Rn. 37; Maktouf und Damjanović./. Bosnien und Herzegowina, Urt. v. 18.07.2013 – 2312/08 u. 34179/08, Rn. 49):

(1) die Art und Weise der Ernennung der Mitglieder;
(2) die Dauer der Amtszeit der Mitglieder;
(3) das Vorhandensein von Garantien gegen äußere Beeinflussungen;
(4) das äußere Erscheinungsbild – das Gericht muss auch nach außen hin den Eindruck von Unabhängigkeit erwecken.

Die Wichtigkeit des Kriteriums des äußeren Erscheinungsbilds ist nicht zu unterschätzen. Seine Bedeutung ergibt sich daraus, dass das Vertrauen der Bürger in eine unabhängige Judikative gestärkt werden soll. Ein Verstoß gegen die Unabhängigkeit ist daher z.B. angenommen worden, wenn die Richter gleichzeitig von einer der Parteien oder dem Staat abhängige Angehörige des öffentlichen Dienstes bzw. Soldaten sind (EGMR Campbell u. Fell./. Vereinigtes Königreich, Urt. v. 28.06.1984 – 7819/77 u. 7878/77, Series A80, Rn. 76 ff.; EGMR Sramek./. Österreich, Urt. v. 22.10.1984 – 8790/79, Series A84, Rn. 41, 42; EGMR Belilos./. Schweiz, Urt. v. 29.04.1988 – 10328/83, Series A132, Rn. 64 ff.).

24 Die Mitwirkung von Berufsangehörigen als Richter bei Standes- und Berufsgerichten (EGMR Le Compte u.a./. Belgien, Urt. v. 23.06.1981 – 6878/75 u. 7238/75, NJW 1982, 2714 [2716], Rn. 58; zur Problematik der Unabhängigkeit und Wiederwahl von Richtern s. LR/*Esser* EMRK, Art. 6 Rn. 147 ff.) ist grds. ebenso wenig Bedenken ausgesetzt wie die Mitwirkung von ehrenamtlichen Richtern, selbst wenn diese durch Interessenverbände ernannt werden, sofern jeweils deren Unabhängigkeit sichergestellt ist, d.h., gesetzlich festgelegt ist, dass sie keinen Weisungen unterliegen (EGMR Engel u.a./. Niederlande, Urt. v. 08.06.1976 – 5100/71, 5101/71, 5102/71, 5354/72 u. 5370/72, Series A22, Rn. 68; Radtke/Hohmann-StPO/*Ambos* EMRK, Art. 6 Rn. 28; *Grabenwarter/Pabel* EMRK, § 24 Rn. 34 ff.). Die Beteiligung ehrenamtlicher Richter in deutschen Gerichtsverfahren begegnet letztlich keinen Bedenken (Meyer-Ladewig/Nettesheim/von Raumer/*Meyer-Ladewig/Harrendorf/König* EMRK, Art. 6 Rn. 73; *Esser* Auf dem Weg, S. 548 f.). Auch die Einrichtung von Spezialgerichten ist nicht generell verboten (vgl. auch KK-StPO/*Lohse/Jakobs* EMRK Art. 6 Rn. 14; *Esser* Auf dem Weg, S. 545), allerdings begründet der Status der Militärrichter in nationalen Sicherheitsgerichten Zweifel an ihrer Unabhängigkeit, wenn der Beschwerdeführer ein Zivilist ist (EGMR Başkaya u. Okçuoğlu./. Türkei, Urt. v. 08.07.1999 – 23536/94 u. 24408/94, NJW 2001, 1995 [1999], Rn. 79).

25 d) **Unparteilichkeit.** Das Gericht muss unparteiisch sein. Der Beschuldigte soll darauf vertrauen können, einem unbefangenen Richter vorgeführt zu werden. Voraussetzung für die Unparteilichkeit ist zunächst die Unabhängigkeit des Gerichts, sodass die beiden Merkmale in funktionalem Zusammenhang stehen (Frowein/*Peukert* EMRK, Art. 6 Rn. 213) und in der Rspr. des Öfteren gemeinsam behandelt werden (EGMR Miller u.a./. Vereinigtes Königreich, Urt. v. 26.10.2004 – 45825/99, 45826/99 u. 45827/99, Rn. 28).

Ob die Unparteilichkeit des Gerichts gewahrt ist, überprüft der EGMR anhand von **subjektiven und objektiven Kriterien.** Naturgemäß muss in der Praxis von objektiven Umständen auf subjektive Merkmale geschlossen werden (EGMR De Cubber./. Belgien, Urt. v. 26.10.1984 – 9186/80, Series A86, Rn. 25). Daher ist eine eindeutige Trennung zwischen den beiden Kategorien nicht möglich (EGMR Kyprianou./. Zypern, Urt. v. 15.12.2005 – 73797/01, RJD 2005-VIII, Rn. 119). Zumindest folgende Unterscheidung ist jedoch möglich: Während bei der Prüfung der subjektiven Unparteilichkeit auf den konkreten Richter im konkreten Einzelfall abzustellen ist, muss im Fall der objektiven Befangenheit geprüft werden, ob unabhängig vom persönlichen Verhalten des Richters aus Sicht des objektiven Betrachters legitime Zweifel an seiner Unparteilichkeit bestehen (EGMR Kyprianou./. Zypern, Urt. v. 15.12.2005 – 73797/01, RJD 2005-VIII, Rn. 118). Insoweit besteht eine gewisse Parallele zur Unterscheidung zwischen den auf die konkrete Person des Richters abstellenden Ablehnungsgründen (§ 24 StPO) und den – eine abstrakte Gefahr der Parteilichkeit voraussetzenden – Ausschließungsgründen (§§ 22, 23 StPO) des deutschen Prozessrechts (dazu § 22 StPO Rdn. 2; KK-StPO/*Scheuten*, § 22 Rn. 1). 26

Ein **Verzicht** auf die Unparteilichkeit des Richters ist möglich. Voraussetzung hierfür ist jedoch, dass der Verzichtende ausführlich belehrt wurde und die Tragweite seiner Entscheidung in vollem Umfang einzuschätzen vermag; eine bloße Vermutung seitens der Behörden reicht nicht (EGMR Colozza./. Italien, Urt. v. 12.02.1985 – 9024/80, Series A89, Rn. 28). 27

Die **subjektive** Unparteilichkeit wird bis zum Beweis des Gegenteils vermutet (s. nur EGMR Morice./. Frankreich, Urt. v. 23.04.2015 – 29369/10, Rn. 74). Negative Äußerungen des Richters können subjektive Befangenheit ebenso begründen wie Anstrengungen seitens des Richters, dass ihm der Fall zugewiesen wird (EGMR De Cubber./. Belgien, Urt. v. 26.10.1984 – 9186/80, Series A86, Rn. 25). 28

Hinsichtlich des Vorliegens **objektiver** Unparteilichkeit ist zu untersuchen, ob die interne Organisation des Gerichts oder die vom Richter im bisherigen Verfahrensablauf bereits ausgefüllten Funktionen Anlass geben, an seiner Unparteilichkeit zu zweifeln (EGMR De Cubber./. Belgien, Urt. v. 26.10.1984 – 9186/80, Series A86, Rn. 26). Nachdem als Sinn und Zweck der Unparteilichkeit des Richters die Stärkung des Vertrauens nicht nur der Bürger demokratischer Gesellschaften, sondern auch des Beschuldigten selbst in die Gerichte ist, kann bereits die Erschütterung dieses Vertrauens nach dem objektiven Ansatz dazu führen, den Richter aus dem Verfahren zurückzuziehen, sofern seitens des Gerichts auch keine die Zweifel ausschließenden Garantien gegeben werden können (EGMR Piersack./. Belgien, Urt. v. 01.10.1982 – 8692/79, Series A30, Rn. 30). 29

An der objektiven Unparteilichkeit fehlt es nach der Rspr. des EGMR dann, wenn Ermittlungsrichter und Richter der darauffolgenden Hauptverhandlung **personengleich** sind und daher anzunehmen ist, dass sich der Richter schon eine endgültige Meinung zu dem infrage stehenden Sachverhalt gebildet hat (EGMR De Cubber./. Belgien, Urt. v. 26.10.1984 – 9186/80, Series A86, Rn. 29; vgl. hierzu Einl. StPO Rdn. 139 ff.; *Esser* EuIntStrR, § 9 Rn. 213 f.). Entscheidend ist dabei immer der Umfang der Mitwirkung des Richters der Hauptverhandlung im vorausgegangenen Ermittlungsverfahren. Anders beurteilt nämlich der EGMR das Vorliegen objektiver Unparteilichkeit, wenn der Richter der Hauptverhandlung im Vorverfahren/Ermittlungsverfahren lediglich über die Fortsetzung der Untersuchungshaft des Beschuldigten zu entscheiden hatte (EGMR Morel./. Frankreich, Urt. v. 06.06.2000 – 34130/96, RJD 2000-VI, Rn. 45). Auch ist noch keine objektive Unparteilichkeit gegeben, wenn der Richter im abgetrennten Verfahren gegen den Mittäter des Beschuldigten bereits Feststellungen über die Tatbeteiligung des Beschuldigten getroffen hat (EGMR Schwarzenberger./. Deutschland, Urt. v. 10.08.2006 – 75737/01, NJW 2007, 3553 [3554 f.], Rn. 43 ff.). Den Fall eines Befangenheitsantrags wegen Ehe zwischen zwei Richtern betraf das Urteil EGMR Pastörs./. Deutschland, Urt. v. 03.10.2019 – 55225/14, Rn. 58 ff., in dem der Gerichtshof urteilte, dass neben der über den Antrag entscheidenden Person auch andere Umstände für eine Verletzung von Art. 6 ausschlaggebend sind, so etwa die Heilung des Fehlers durch ein höheres Gericht und die Begründetheit des dem Antrag zugrunde liegenden Vorbringens. 30

e) **Recht auf Zugang zu einem solchen Gericht und berechtigte Einschränkungen.** Aufgrund der Bedeutung des Rechts auf ein faires Verfahren in einer Demokratie sind die Mitgliedsstaaten verpflichtet, ihren Bürgern **effektiven Zugang** zu einem unabhängigen und unparteiischen Gericht zu garantieren (EGMR Golder./. Vereinigtes Königreich, Urt. v. 21.02.1975 – 4451/70, Series A18, Rn. 36). Sofern die formellen Voraussetzungen erfüllt sind, hat der Bürger eines Mitgliedsstaates aus Art. 6 Abs. 1 einen Anspruch auf Sachentscheidung (EGMR Gorbachev./. Russland, Urt. v. 15.02.2007 – 3354/02, Rn. 63 f.) und Mitteilung derselben (EGMR Diaz Ochoa./. Spanien, Urt. v. 22.06.2006 – 423/03, Rn. 48) durch ein solches Gericht. Zur Erfüllung dieser **Pflicht** haben die Mitgliedsstaaten zunächst ein **Rechtsschutzsystem zu etablieren**, im Rahmen dessen der Bürger von diesem Zugang auch tatsächlich Gebrauch machen kann (*Satzger* IntEuStrR, § 11 Rn. 61; *Gless* Internationales Strafrecht, Rn. 70; *Esser* Auf dem Weg, S. 535). Dies kann auch die Ein- 31

beziehung und Auslegung von Resolutionen des UN-Sicherheitsrats beinhalten, soweit auf diese eine Konventionsverletzung gestützt wird (vgl. Al-Jedda./. Vereinigtes Königreich, Urt. v. 07.07.2011 – 27021/08, Rn. 76 ff.; zum Umfang gerichtlicher Kontrolle in diesem Kontext s. EGMR GrK Al-Dulimi u. Montana Managment Inc./. Schweiz, Urt. v. 21.06.2016 – 5809/08, Rn. 146 ff.).
Neben dieser Pflicht, aktiv ein Rechtsschutzsystem auf ihrem Territorium zu schaffen, trifft die Mitgliedsstaaten jedoch auch die **Pflicht, nicht** durch Kooperation und Unterstützung Menschenrechtsverletzungen anderer Staaten auf und ausgehend von ihrem Territorium **zu dulden**. So bejahte der Gerichtshof neben (unter anderem) einer Verletzung des Art. 3 auch einen Verstoß gegen Art. 6 Abs. 1 Polens, da es wissentlich und unter Hinnahme eines echten und realen Risikos offenkundiger Rechtsverweigerung zuließ, dass von seinem Staatsgebiet ausgehend Betroffene vom amerikanischen Geheimdienst CIA unter eine andere Jurisdiktion verbracht wurden, wo sie vor Militärkommissionen unter Ausschluss der Garantien eines unparteilichen und unabhängigen, folterfreien Verfahrens gestellt wurden. Ein Verstoß »durch Unterlassen« wurde angenommen, da Polen trotz offensichtlicher Kenntnis der Umstände nichts unternahm und so die Betroffenen einer Rechtsverweigerung aussetzte (EGMR Al Nashiri./. Polen, Urt. v. 24.07.2014, 28761/11, Rn. 551 ff.).

32 Grds. verpflichtet Art. 6 Abs. 1 die Mitgliedsstaaten nicht dazu, einen Instanzenzug, sprich Rechtsmittelgerichte, einzurichten (Meyer-Ladewig/Nettesheim/von Raumer/*Meyer-Ladewig/Harrendorf/König* EMRK, Art. 6 Rn. 59; BeckOK-StPO/*Valerius* EMRK, Art. 6 Rn. 5; Radtke/Hohmann-StPO/*Ambos* EMRK, Art. 6 Rn. 30; *Esser* Auf dem Weg, S. 767). Dies gilt gem. Art. 2 Abs. 1 S. 1 des 7. Zusatzprotokolls jedoch nicht in Strafsachen, hier muss dem Betroffenen eine Überprüfungsinstanz zur Verfügung stehen. Deutschland hat dieses Zusatzprotokoll noch **nicht ratifiziert**, da ein entsprechender Instanzenzug jedoch zur Verfügung steht, liegt hier letztlich kein Problem (s.u. Art. 2 des 7. ZP, Rdn. 1 ff.).

33 Selbstverständlich kann der Zugang zum Gericht **Einschränkungen** unterworfen werden. Von vornherein stellen materiell-rechtliche Regelungen grds. keine derartigen Einschränkungen dar (vgl. EGMR GrK Lupeni Griechisch-Katholische Gemeinde u.a./. Rumänien, Urt. v. 29.11.2016 – 76943/11, Rn. 99 f.). Ansonsten müssen Einschränkungen jedenfalls den Grundsatz der Verhältnismäßigkeit wahren. Ob eine Einschränkung des Zugangs zum Gericht verhältnismäßig ist, beurteilt sich zunächst danach, ob die Einschränkung ein legitimes Ziel verfolgt, weiterhin müssen eingesetztes Mittel und erstrebtes Ziel sich zueinander in einem vernünftigen Verhältnis befinden (EGMR Ashingdane./. Vereinigtes Königreich, Urt. v. 28.05.1985 – 8225/78, Series A93, Rn. 57), also verhältnismäßig i.e.S. sein. Legitimes Ziel ist etwa die Funktionsfähigkeit der Rspr. (EGMR Melnyk./. Ukraine, Urt. v. 28.03.2006 – 23436/03, Rn. 23), aber auch beispielsweise die Wahrung von internationalem Frieden und Sicherheit (EGMR GrK Al-Dulimi u. Montana Managment Inc./. Schweiz, Urt. v. 21.06.2016 – 5809/08, Rn. 133). Zusammengefasst müssen die Einschränkungen ein rechtmäßiges Ziel verfolgen, verhältnismäßig sein und dürfen das Recht nicht derart beeinträchtigen, dass es in seinem Kerngehalt angetastet wird (EGMR Brauer./. Deutschland, Urt. v. 01.09.2016 – 24062/13, Rn. 34).

34 Zu rechtfertigen sind daher Zulässigkeitsvoraussetzungen für Klagen oder für Rechtsmittel wie etwa Fristen, Anwaltszwang, Formvorschriften (EGMR Ashingdane./. Vereinigtes Königreich, Urt. v. 28.05.1985 – 8225/78, Series A93, Rn. 59) oder im Vorfeld zu begleichende Gerichtskosten (s. nur *Esser* EuIntStrR, § 9 Rn. 215). Insb. Rechtsmittelfristen stellen die Funktionsfähigkeit der rechtsprechenden Gewalt und damit auch einen legitimen Zweck sicher und sorgen für Rechtssicherheit (EGMR Melnyk./. Ukraine, Urt. v. 28.03.2006 – 23436/03, Rn. 23). Allerdings dürfen sie den Beschwerdeführer nicht aufgrund ihres Regelungsgehalts an sich bzw. ihrer Anwendung davon abhalten, ein Rechtsmittel einzulegen (EGMR Pérez de Rada Cavanilles./. Spanien, Urt. v. 28.10.1998 – 28090/95, RJD 1998-VIII, Rn. 45). Dies wurde z.B. angenommen für den Fall, dass die Einlegung der Berufung eines erstinstanzlich zu einer Gefängnisstrafe Verurteilten an die Voraussetzung geknüpft war, dass sich dieser innerhalb von fünf Tagen in Haft begab (EGMR Omar./. Frankreich, Urt. v. 29.07.1998 – 24767/94, RJD 1998-V, Rn. 34 ff.). Schließlich dürfen die Fristen nicht zu kurz bemessen sein (z.B. lediglich 5 Tage zur Einlegung einer Revision, EGMR Tricard./. Frankreich, Urt. v. 10.07.2001 – 40472/98, Rn. 29 ff.). Die Wochenfrist des § 341 Abs. 1 StPO ist ausreichend; allerdings kann bei besonderen Umständen die Versagung einer Wiedereinsetzung in den vorigen Stand im Hinblick auf den Zweck der Rechtsmittelfrist unverhältnismäßig sein und damit eine Verletzung von Art. 6 darstellen (EGMR Brauer./. Deutschland, Urt. v. 01.09.2016 – 24062/13, Rn. 36 ff.).

35 **2. Das Recht auf ein faires Verfahren – Art. 6 Abs. 1 S. 1, Abs. 3.** Der dem angloamerikanischen Rechtskreis entlehnte **Begriff des »fair trial«** umschreibt den Grundsatz des fairen Verfahrens in Art. 6 Abs. 1 S. 1. Was unter diesem Recht begrifflich zu verstehen ist und wie weit dieser Grundsatz reicht, wird in der EMRK nicht definiert (umfassend dazu *Gaede* Fairness als Teilhabe, 2007). Der EGMR stellt zu dessen Auslegung auf die Präambel der EMRK ab, die u.a. die Rechtsstaatlichkeit als Teil des gemeinsamen Erbes der europäischen Staaten benennt. Als wesentlichen Aspekt der Rechtsstaatlichkeit bewertet der EGMR die Rechts-

sicherheit (EGMR Ryabykh./. Russland, Urt. v. 24.07.2003 – 52854/99, RJD 2003-IX, Rn. 51; s. auch Einl. StPO Rdn. 77). Rechtsunsicherheit – und damit eine Verletzung des Art. 6 – kann dabei auch durch fortdauernde Divergenzen in der Rspr. geschaffen werden (EGMR GrK Nejdet Şahin u. Perihan Şahin./. Türkei, Urt. v. 20.10.2011 – 13279/05, Rn. 49 ff.; zusf. in EGMR GrK Lupeni Griechisch-Katholische Gemeinde u.a./. Rumänien, Urt. v. 29.11.2016 – 76943/11, Rn. 116). Art. 6 gewährt außerdem das **Recht auf ein kontradiktorisches Verfahren**, was beinhaltet, dass dem Beschuldigten i.R.d. Verfahrens wesentliche Mitwirkungs- und Verfahrensrechte gewährleistet werden (Meyer-Ladewig/Nettesheim/von Raumer/*Meyer-Ladewig/Harrendorf/König* EMRK, Art. 6 Rn. 87 *Esser* EuIntStrR, § 9 Rn. 225; BeckOK-StPO/*Valerius* EMRK, Art. 6 Rn. 11; zu den Anforderungen bei Verfahren gegen Minderjährige vgl. EGMR Blokhin./. Russland, Urt. v. 23.03.2016 – 47152/06, Rn. 195 f., 203; die Ablehnung des Antrags auf Stellungnahme zu den Schlussanträgen des Generalanwalts in Vorabentscheidungsverfahren zum EuGH stellt keine Verletzung des Rechts auf ein kontradiktorisches Verfahren dar, vgl. EGMR Coöperatieve Producentenorganisatie van de Nederlands Kokkolvisserij U.A./. Niederlande, Urt. v. 20.01.2009 – 13645/05, EuGRZ 2011, 11), von denen einige beispielhaft und nicht abschließend in Art. 6 Abs. 3 aufgezählt sind (EGMR Krombach./. Frankreich, Urt. v. 13.02.2001 – 29731/96, RJD 2001-II, Rn. 82). Ziel dessen ist es, »**Waffengleichheit**« zwischen den Beteiligten herzustellen, den Beschuldigten vor gerichtlicher Willkür zu schützen und einen effektiven Anspruch auf rechtliches Gehör zu gewähren (Meyer-Goßner/Schmitt/*Schmitt* EMRK, Art. 6 Rn. 19; *Esser* Auf dem Weg, S. 406 f.; *Gless* Internationales Strafrecht, Rn. 78).

Eine zunächst festgestellte Verletzung eines bestimmten Verfahrensrechts bedeutet nicht automatisch einen Verstoß gegen den Fairnessgrundsatz; vielmehr stellt der EGMR im Anschluss eine **Gesamtwürdigung des Verfahrens (Gesamtbetrachtung)** an, um festzustellen, **ob das Verfahren insgesamt als unfair erscheint** (*Satzger* IntEuStrR, § 11 Rn. 69; *Gless* Internationales Strafrecht, Rn. 85; BeckOK-StPO/*Valerius* EMRK, Art. 6 Rn. 16; ausf. zur Judikatur des EGMR bzgl. des Rechts auf ein faires Verfahren *Jahn* ZStW 127 [2015], 549 [584 ff.]). Im Rahmen der Gesamtbetrachtung sind zahlreiche Faktoren zu berücksichtigen (s. den elfteiligen, nicht abschließenden Katalog in EGMR GrK Ibrahim u.a./. Vereinigtes Königreich, Urt. v. 13.09.2016 – 50541/08, 50571/08, 50573/08, 40351/09, Rn 274). Dabei dürfen die garantierten Rechte des fairen Verfahrens nicht allein deshalb beschränkt werden, weil dem Verdächtigen **terroristische Handlungen** vorgeworfen werden; sehr wohl ist aber das öffentliche Interesse an den Ermittlungen, das wiederum bei terroristischer Kriminalität besonders hoch ist, in die Gesamtwürdigung einzustellen. Eine Verletzung des Kerns der garantierten Rechte kann aber auch nicht durch dieses öffentliche Interesse gerechtfertigt werden (EGMR GrK Ibrahim u.a./. Vereinigtes Königreich, Urt. v. 13.09.2016 – 50541/08, 50571/08, 50573/08, 40351/09, Rn. 252). 36

a) Anwesenheitsrecht und Anspruch auf rechtliches Gehör – Art. 6 Abs. 1 S. 1, Abs. 3 lit. a. Der Beschuldigte ist berechtigt, in der mündlichen Verhandlung anwesend zu sein und an ihr teilzunehmen (EGMR Belziuk./. Polen, Urt. v. 25.03.1998 – 23103/93, RJD 1998-II, Rn. 37; EGMR Colozza./. Italien, Urt. v. 12.02.1985 – 9024/80, Series A89, Rn. 27). Ein Verzicht auf das Anwesenheitsrecht ist möglich. Der Verzicht muss eindeutig sein, wobei er auch stillschweigend, wie z.B. durch Ausbleiben trotz ordnungsgemäßer Ladung, erklärt werden kann (Radtke/Hohmann-StPO/*Ambos* EMRK, Art. 6 Rn. 17). 37

Der Anspruch auf rechtliches Gehör beinhaltet, sich in gerichtlichen Verfahren zu allen erheblichen Tatsachen und Fragen ausreichend äußern und Beweise anbieten zu können (Meyer-Ladewig/Nettesheim/von Raumer/*Meyer-Ladewig/Harrendorf/König* EMRK, Art. 6 Rn. 96; *Esser* Auf dem Weg, S. 406 f.; Radtke/Hohmann-StPO/*Ambos* EMRK, Art. 6 Rn. 10; BeckOK-StPO/*Valerius* EMRK, Art. 6 Rn. 9). Vortrag der Parteien und angebotene Beweise sind durch das Gericht unvoreingenommen und in ausreichendem Maß auf ihre Entscheidungserheblichkeit zu untersuchen (EGMR Kraska./. Schweiz, Urt. v. 19.04.1993 – 13942/88, Series A254-B, Rn. 30). Letztlich wurzelt der Anspruch auf rechtliches Gehör im Willkürverbot; der Beschuldigte soll nicht als Objekt des Verfahrens der Willkür des Gerichts ausgesetzt sein, sondern als Subjekt aktiv am Verfahren mitwirken können (KK-StPO/*Lohse/Jakobs* EMRK Art. 6 Rn. 21; BeckOK-StPO/*Valerius* EMRK, Art. 6 Rn. 9). 38

Zur effektiven Ausübung dieses Rechts und zum Schutz vor Überraschung und Überrumpelung (Radtke/Hohmann-StPO/*Ambos* EMRK, Art. 6 Rn. 10; *ders.* ZStW 115 [2003], 583 [598]; BeckOK-StPO/*Valerius* EMRK, Art. 6 Rn. 36) muss der Beschuldigte gem. Art. 6 Abs. 3 lit. a zunächst **von einer gegen ihn bestehenden Anklage Kenntnis erlangen** (EGMR Brozicek./. Italien, Urt. v. 19.12.1989 – 10964/84, Series A167, Rn. 38 ff.). Die Unterrichtung muss vollständig und in für den Beschuldigten verständlicher Sprache erfolgen, nötigenfalls beinhaltet diese Pflicht, die wesentlichen Elemente, nicht jedoch die gesamte Akte, zu übersetzen (EGMR Kamasinski./. Österreich, Urt. v. 19.12.1989 – 9783/82, Series A168, Rn. 79; vert. zum innerstaatlichen Recht vgl. § 464a StPO Rdn. 8; auf Ebene der europäischen Union vgl. Richtlinie 2010/64/ 39

EU des Europäischen Parlaments und des Rates v. 20.10.2010 über das Recht auf Dolmetschleistungen und Übersetzungen in Strafverfahren, ABlEU 2010 L 280 S. 1 ff.). Eine Unterrichtung ist dann vollständig, wenn dem Beschuldigten sämtliches be- und entlastendes Beweismaterial offengelegt wird (EGMR Edwards./. Vereinigtes Königreich, Urt. v. 16.12.1992 – 13071/87, ÖJZ 1993, 391 [393], Rn. 36; vgl. hierzu im deutschen Strafrecht §§ 136, 201, 265 StPO). Eine besondere Form wird durch Art. 6 Abs. 3 lit. a nicht vorgeschrieben, die Unterrichtung ist also auch mündlich möglich (Meyer-Ladewig/Nettesheim/von Raumer/*Meyer-Ladewig/Harrendorf/König* EMRK, Art. 6 Rn. 223 f.; *Esser* Auf dem Weg, S. 438, 442 f.). Die Unterrichtung muss auch zügig erfolgen. Der Beschuldigte muss über Änderungen sowohl rechtlicher als auch tatsächlicher Gesichtspunkte rechtzeitig unterrichtet werden, damit er genug Zeit hat, seine Verteidigung einzurichten, Art. 6 Abs. 3 lit. b (EGMR Dallos./. Ungarn, Urt. v. 01.03.2001 – 29082/95, RJD 2001-II, Rn. 47). Eine Heilung eines solchen Verstoßes in der Rechtsmittelinstanz ist möglich, sofern das Rechtsmittelgericht umfassend über Tat- und Rechtsfragen entscheiden kann und der Beschwerdeführer ausreichend Zeit hatte, sich gegen die neuen Vorwürfe zu verteidigen (Meyer-Ladewig/Nettesheim/von Raumer/*Meyer-Ladewig/Harrendorf/König* EMRK, Art. 6 Rn. 225; BeckOK-StPO/*Valerius* EMRK, Art. 6 Rn. 37; Radtke/Hohmann-StPO/*Ambos* EMRK, Art. 6 Rn. 53). Zuletzt sind zur Verhinderung von Willkür und zur Einschätzung der Erfolgschance eventueller Rechtsmittel dem Verurteilten die Gründe, auf die sein Schuldspruch gestützt wurde, mitzuteilen (EGMR Hadjianastassiou./. Griechenland, Urt. v. 16.12.1992 – 12945/87, Series A252, Rn. 33; vgl. jüngst zur Entscheidung durch Geschworene EGMR GrK Lhermitte./. Belgien, Urt. v. 29.11.2016 – 34328/09, Rn. 66 ff.).

40 **b) Waffengleichheit – Recht auf ausreichende Vorbereitung der Verteidigung – Art. 6 Abs. 1 S. 1, Abs. 3 lit. b.** Weiterhin wird durch Art. 6 Abs. 1 S. 1 Waffengleichheit im Prozess gewährleistet. Unter **Waffengleichheit** im Strafprozess versteht man, dass jede Prozesspartei den Fall und die Beweismittel unter Bedingungen präsentieren kann, die sie im Vergleich zur anderen Partei in keine nachteilige Position bringen (EGMR Dombo Beheer./. Niederlande, Urt. v. 27.10.1993 – 14448/88, ÖJZ 1994, 464 [465], Rn. 33). Dies beinhaltet auch, dass Angeklagter und StA in gleicher Weise von dem Vortrag und den Beweismitteln der Gegenseite unterrichtet werden (EGMR Brandstetter./. Österreich, Urt. v. 28.08.1991 – 11170/84, 12876/87 u. 13468/87, Series A211, Rn. 67), insoweit ist der Grundsatz der Waffengleichheit mit dem Recht auf **rechtliches Gehör** verschränkt. Die Beweismittel, auf die die StA ihre Anklage stützt, sind dem Beschuldigten mitzuteilen (EGMR Mantovanelli./. Frankreich, Urt. v. 18.03.1997 – 21497/93, RJD 1997-II, Rn. 33). Allerdings können von diesem Grundsatz Ausnahmen gemacht werden, sofern im Rahmen einer Abwägung Interessen wie die nationale Sicherheit, der Schutz Dritter, insb. von Zeugen oder der Schutz des öffentlichen Interesses, verdeckte Ermittler und Ermittlungsmethoden nicht offenzulegen, das Interesse des Beschuldigten, von den Beweismitteln in Kenntnis gesetzt zu werden, überwiegt (vgl. auch EGMR GrK Regner./. Tschechien, Urt. v. 19.09.2017 – 35189/11, Rn. 149). Jedoch muss zum einen die Verteidigung an der entsprechenden Entscheidung ausreichend beteiligt werden (EGMR Fitt./. Vereinigtes Königreich, Urt. v. 16.02.2000 – 29777/96, RJD 2000-II, Rn. 76), zum anderen muss eine solche Einschränkung im Laufe des Verfahrens wieder ausgeglichen werden (EGMR Doorson./. Niederlande, Urt. v. 26.03.1996 – 20524/92, RJD 1996-II, Rn. 72). Sofern die Beweismittel über das ganze Verfahren hinweg nie offenbart wurden und aufgrund ihrer Unbekanntheit der EGMR auch keine Kenntnis von ihnen erlangen konnte, prüft dieser, ob dennoch der Grundsatz der Waffengleichheit gewahrt wurde und genug Sicherungsmechanismen im Prozess vorhanden sind, um die Rechte des Angeklagten zu wahren (EGMR Edwards u. Lewis./. Vereinigtes Königreich, Urt. v. 27.10.2004 – 39647/98 u. 40461/98, RJD 2004-X, Rn. 46).

41 Einen besonderen Ausdruck der Waffengleichheit stellt das **Recht auf ausreichende Vorbereitung der Verteidigung** in Art. 6 Abs. 3 lit. b dar. Grds. soll der Beschuldigte genauso viel Zeit zur Vorbereitung seiner Verteidigung haben wie die staatliche Anklagebehörde zur Vorbereitung der Anklage (Radtke/Hohmann-StPO/*Ambos* EMRK, Art. 6 Rn. 43). Wie viel Zeit dem Beschuldigten und der Verteidigung zur Vorbereitung ihrer Verteidigung zur Verfügung stehen muss, ist abhängig von den Umständen des Einzelfalls, wie etwa der Komplexität des Falles oder dem aktuellen Stand des Verfahrens. So wurden fünf Tage zwischen Eröffnung des Schuldvorwurfs und mündlicher Verhandlung als ausreichend angesehen, weil die Verteidigung keinen Antrag auf Vertagung gestellt hatte (EGMR Campbell u. Fell./. Vereinigtes Königreich, Urt. v. 28.06.1984 – 7819/77 u. 7878/77, Series A80, Rn. 98), genauso wie eine Zeit von drei Wochen für eine Antwort auf einen Schriftsatz von 49 Seiten (EGMR Kremzow./. Österreich, Urt. v. 21.09.1993 – 12350/86, EuGRZ 1995, 537 [540 f.], Rn. 48). Zwei Wochen zur Antwort auf eine Akte von 17.000 Seiten wurden dagegen nicht als ausreichend bewertet (EGMR Öcalan./. Türkei, Urt. v. 12.03.2003 – 46221/99, EuGRZ 2003, 472 [480 f.], Rn. 167). Das Recht auf ausreichende Vorbereitung der Verteidigung betrifft nicht nur die *zur Verfügung stehende Zeit*, sondern auch die Umstände, unter denen der Beschuldigte seine Verteidigung vorbereiten muss. So wurden vom EGMR Haftbedingungen, unter denen es dem Beschuldigten nicht mög-

lich oder zumindest erheblich erschwert war, sich selbst auf »Lesen und Schreiben« zu konzentrieren, als Verletzung von Art. 6 Abs. 3 lit. b gewertet (EGMR Mayzit./. Russland, Urt. v. 20.01.2005 – 63378/00, Rn. 81). Verletzt ist das Recht auf effektive Verteidigung auch dann, wenn das Gericht während einer laufenden Hauptverhandlung wesentliche, ihrer Natur nach nicht geheimhaltungsbedürftige, ergänzende polizeiliche Ermittlungen, deren Ergebnis in der Hauptverhandlung verwertet werden soll, in Auftrag gibt, ohne die Verteidigung hierüber zuvor ausreichend zu informieren und ohne den Versuch zu unternehmen, eine effektive Teilhabe der Verteidigung an den vorgeschriebenen Ermittlungen zu gewährleisten (vgl. BGH JR 2011, 119 ff. m.Anm. *Eisenberg*). Zu beachten ist, dass das Recht auf ausreichende Vorbereitung der Verteidigung mit dem Beschleunigungsgrundsatz in Konflikt geraten kann (ausführlich zum Spannungsverhältnis *Satzger* NJW-Festheft Tepperwien, 2010, 56-61; Radtke/Hohmann-StPO/*Ambos* EMRK, Art. 6 Rn. 43).

c) Akteneinsicht für Verteidiger und Beschuldigten, Art. 6 Abs. 1 S. 1, Abs. 3 lit. a, lit. b. Das fair-trial-Gebot beinhaltet ein Recht auf Akteneinsicht sowohl für den Verteidiger als auch für den Beschuldigten selbst. Zur Vorbereitung der Verteidigung nach Art. 6 Abs. 3 lit. b gehört auch die Einsicht in die Verfahrensakten einschließlich der als Beweismittel amtlich verwahrten Dokumente (LR/*Esser* EMRK, Art. 6 Rn. 635; Frowein/*Peukert* EMRK, Art. 6 Rn. 185; *Grabenwarter/Pabel* EMRK, § 24 Rn. 73). Es handelt sich um das wichtigste **Privileg des Verteidigers** (*Satzger* Gutachten 65. DJT, C 58). Im Fall von großen Mengen an Beweisdaten muss der Verteidiger bereits die Möglichkeit haben, auf die Festlegung von einschränkenden Faktoren zur Beweismaterialminimierung einwirken zu können, und bereits identifizierte und festgelegte Daten muss der Verteidiger in ihrer Beweisrelevanz hinterfragen dürfen (EGMR Sigurður Einarsson u.a./. Island, Urt. v. 04.06.2019 – 39757/15, Rn. 90); EGMR Rook./. Deutschland, Urt. v. 25.07.2019 – 1586/15, Rn. 67, 72). 42

Die den Mitgliedsstaat treffende Unterrichtungspflicht aus Art. 6 Abs. 3 lit. a korrespondiert mit einem **Recht des Beschuldigten** auf umfassende Akteneinsicht (EGMR Öcalan./. Türkei, Urt. v. 12.03.2003 – 46221/99, EuGRZ 2003, 472 [479], Rn. 158 ff.). Das Recht auf Akteneinsicht steht dem Beschuldigten grds. selbst zu, weil er aufgrund seiner Tatsachenkenntnis die für die Verteidigung relevanten Punkte am besten erkennen und so den Prozess effektiv vorbereiten kann (vgl. EGMR Öcalan./. Türkei, Urt. v. 12.03.2003 – 46221/99, EuGRZ 2003, 472 [479], Rn. 161). Insofern bestand früher eine deutliche Diskrepanz zur deutschen Rechtslage und -praxis zum Akteneinsichtsrecht nach § 147 Abs. 1 StPO, wonach grds. nur dem Verteidiger ein (nicht vorbehaltsloses) Akteneinsichtsrecht eingeräumt wurde (s. dazu *Satzger* Gutachten 65. DJT, C 62; vgl. auch LG Mainz NJW 1999, 1271; LR/*Lüderssen/Jahn* § 147 StPO Rn. 8: »Anachronismus«). Mittlerweile gewährt die StPO jedoch in § 147 Abs. 4 StPO n.F. dem Beschuldigten, **der keinen Verteidiger hat**, ein **unmittelbares Recht auf Akteneinsicht**. Abweichend von § 147 Abs. 7 a. F. beschränkt sich der Anspruch nicht mehr auf » Auskünfte und Abschriften« aus den Akten; die Neuregelung macht den Umfang der Einsicht auch nicht mehr davon abhängig, inwieweit »dies zu einer angemessenen Verteidigung erforderlich ist«. Die Beurteilung der Erforderlichkeit für eine angemessene Verteidigung obliegt allein demjenigen, der sich verteidigt. (KK-StPO/*Willnow*, § 147 Rn. 14; im Einzelnen § 147 StPO Rdn. 47 ff.). Demgegenüber hat **der** verteidigte **Beschuldigte** zwar selbst kein Akteneinsichtsrecht, sodass eine sachgerechte Verteidigung voraussetzt, dass sein Verteidiger in der Regel berechtigt, uU sogar verpflichtet ist, ihm zu Verteidigungszwecken mitzuteilen, was er aus den Akten erfahren hat (BGHSt 29, 99). Dies erfasst im Grundsatz auch Informationen über bevorstehende oder bereits angeordnete Zwangsmaßnahmen (OLG Hamburg StV 1991, 551). Unzulässig sind Mitteilungen mit dem ausschließlichen Zweck, den Untersuchungszweck des Verfahrens zu gefährden (z.B. Hinweis auf bevorstehende Verhaftung des Beschuldigten); die bloße Möglichkeit, dass der Beschuldigte Verdunklungsmaßnahmen ergreift, genügt jedoch nicht (KK-StPO/*Willnow*, § 147 Rn. 14; im Einzelnen oben § 147 StPO Rdn. 22 f.). 43

Einschränkungen der Offenlegungspflicht und des Akteneinsichtsrechts aufgrund widerstreitender Interessen wie nationaler Sicherheit, Zeugenschutz oder Gefährdung des Untersuchungszwecks sind natürlich unabdingbar, aber auch nach der EMRK zulässig, zumindest soweit diese »strikt notwendig« sind (vgl. auch unten Rdn. 59 zum Konfrontationsgebot sowie EGMR Jasper./. Vereinigtes Königreich, Urt. v. 16.02.2000 – 27052/95, Rn. 52 u. EGMR Natunen./. Finnland, Urt. v. 31.03.2009 – 21022/04, Rn. 40). 44

d) Nemo tenetur se ipsum accusare – Art. 6 Abs. 1 S. 1. Ein weiterer wichtiger, seitens des EGMR als Kernbereich des Rechts auf ein faires Verfahren (EGMR Murray./. Vereinigtes Königreich, Urt. v. 08.02.1996 – 18731/91, EuGRZ 1996, 587 [590], Rn. 45; Radtke/Hohmann-StPO/*Ambos* EMRK, Art. 6 Rn. 13) eingestufter Ausfluss des Prinzips der Waffengleichheit ist der Grundsatz »nemo tenetur se ipsum accusare« (**niemand ist verpflichtet, sich selbst zu belasten**). Umfassender Schutz vor dem Zwang zur Selbstbelastung bedeutet auch, dass dem Beschuldigten das Recht zu schweigen zusteht, ohne dass er, wenn er davon Gebrauch macht, negative Konsequenzen zu befürchten hätte (zur ausführlichen Diskussion über die Reichweite die- 45 ser Garantie vgl. EGMR O'Halloran u. Francis./. Vereinigtes Königreich, Urt. v. 29.06.2007 – 15809/02, 25624/02, NJW 2008, 3552 inklusive abweichender Meinungen; zum Schweigerecht von Personenverbänden bzw. ihrer Vertreter vgl. § 444 StPO Rdn. 8).

46 Auch dem **deutschen Recht** ist der Grundsatz »nemo tenetur« bekannt; er ist zwar verfassungsrechtlich nicht ausdrücklich geregelt, wird jedoch teilweise als Ausfluss von Art. 2 Abs. 1, Art. 1 Abs. 1 GG, jedenfalls als abgesichert durch das Rechtsstaatsprinzip, Art. 20 Abs. 3 GG, gesehen (NK/*Schild* § 142 StGB Rn. 20; ausführlich zur Diskussion *Bosch* Aspekte, S. 28). Nach Ansicht des Großen Senats in Strafsachen in einer Entscheidung aus dem Jahr 1996 ist dessen Schutzgegenstand die Freiheit von Zwang zur Aussage oder von Zwang zur Mitwirkung am Strafverfahren. Die Freiheit von Irrtum fällt seiner Ansicht nach nicht in den Anwendungsbereich des Grundsatzes (BGHSt 32, 139 [153]), bspw. die Durchführung eines verdeckten Verhörs in der JVA ist eine grds. erlaubte kriminalistische List (BGH NStZ 2010, 527). Die Grenzen zur erlaubten List sind aber überschritten, wenn bei dem in U-Haft sitzenden Häftling die Vorstellung hervorgerufen wird, er könne mit seiner Ehefrau unüberwacht sprechen (BGH NStZ 2009, 519 [521]; umfassend zur kriminalistischen List im Ermittlungsverfahren vgl. *Soiné* NStZ 2010, 596 ff.). Die Befragung eines Beschuldigten durch einen verdeckten Ermittler kann das Recht auf Freiheit zur Selbstbelastung verletzen, wenn der verdeckte Ermittler einen Beschuldigten, der sich zuvor auf sein Aussageverweigerungsrecht berufen hat, unter Ausnutzung eines geschaffenen Vertrauensverhältnisses zu einer Aussage drängt und ihn in einer vernehmungsähnlichen Befragung Äußerungen zum Tatgeschehen entlockt (BGH NStZ 2009, 343 [344]; BGH NStZ 2010, 527 ff.). Die Befragung muss dabei eine Intensität entfalten, dass sie sich als funktionales Äquivalent zu einer staatlichen Vernehmung präsentiert (BGH NJW 2007, 3138 [3141]).

47 **Anders legt der EGMR den Grundsatz »nemo tenetur« aus.** Seiner Ansicht nach ist dessen Anwendungsbereich nicht auf Fälle beschränkt, in denen der Beschuldigte Zwang ausgesetzt oder sein Wille anderweitig überwunden wird. Vielmehr wird die Entscheidung des Beschuldigten, in Polizeibefragungen auszusagen oder zu schweigen, effektiv unterlaufen, wenn die Ermittlungsbehörden Täuschung anwenden, um dem Beschuldigten ein Geständnis oder andere belastende Aussagen zu entlocken, die sie in einer normalen Befragung nicht hätten erlangen können und diese Äußerungen anschließend in den Prozess eingeführt werden (EGMR Allan./. Vereinigtes Königreich, Urt. v. 05.11.2002 – 48539/99, RJD 2002-IX, Rn. 50). Dies heißt jedoch nicht, dass der Einsatz verdeckter Ermittlungspersonen jeglicher Art gänzlich ausgeschlossen ist; sofern die Voraussetzungen ihres Einsatzes geregelt und verfahrensrechtliche Absicherungen gegen Missbrauch gegeben sind, sind sowohl ihr Einsatz als auch die Verwertung ihrer Erkenntnisse grds. erlaubt (EGMR Ramanauskas./. Litauen, Urt. v. 05.02.2008 – 74420/01, Rn. 53 ff.; EGMR Pyrgiotakis./. Griechenland, Urt. v. 21.02.2008 – 15100/06, Rn. 20). Sofern sich der Beschuldigte noch nicht auf sein Aussageverweigerungsrecht berufen hat und auch ansonsten keiner Drucksituation ausgesetzt ist, liegt keine Verletzung des nemo tenetur-Grundsatzes bei Informationserlangung durch Täuschung vor (EGRM Bykov./. Russland, Urt. v. 10.03.2009 – 4378/02, NJW 2010, 213 [216], Rn. 102).

48 **In der Praxis ergeben sich dennoch keine Unterschiede**, denn Konstellationen, die der EGMR als Verletzung des Grundsatzes »Nemo tenetur« ansieht, haben sowohl der 1. Senat des BGH (BGHSt 53, 294 ff.) zuletzt wie auch zuvor der 3. Senat (BGHSt 52, 11 ff.) zumindest als Verstoß gegen den Grundsatz des fairen Verfahrens gewertet und für das deutsche Recht ein Verwertungsverbot für entsprechend gewonnene Beweise angenommen (vgl. zum Ganzen *T. Walter* Europäisierung des Rechts, S. 291 ff.; *Wang* Einsatz Verdeckter Ermittler zum Entlocken des Geständnisses eines Beschuldigten, 2015).

49 Ob das Recht auf Selbstbelastungsfreiheit verletzt ist, beurteilt der EGMR anhand einer auf den Einzelfall bezogenen **Abwägung** folgender Faktoren (erstmalig EGMR Jalloh./. Deutschland, Urt. v. 11.07.2006 – 54810/00, NJW 2006, 3117 [3124], Rn. 117 ff.; bestätigt durch EGMR O'Halloran u. Francis./. Vereinigtes Königreich, Urt. v. 29.06.2007 – 15809/02 u. 25624/02, NJW 2008, 3552, Rn. 55):

(1) Die Art und Schwere des Zwangs zum Zwecke der Beweiserlangung.

(2) Das Gewicht und das öffentliche Interesse an der Verfolgung der Straftat und der Bestrafung des Täters, wobei das vom Täter verwirklichte Unrecht entscheidend ist (hierbei orientiert sich der EGMR wiederum an der zu erwartenden Strafe).

(3) Die Existenz angemessener Verfahrensgarantien, wobei sowohl die den Zwang gestattende Norm als auch die Anfechtungsmöglichkeit hinsichtlich der Zwangsmaßnahme selbst sowie hinsichtlich der Verwertung des hierdurch erlangten Beweises, eine Rolle spielen.

(4) Die tatsächliche Verwertung der so erlangten Beweismittel.

50 Beweismittel, die **unabhängig vom Willen des Beschuldigten** oder sogar durch Zwang gewonnen werden, wie z.B. durch Anordnung erlangte Schriftstücke, Atem-, Blut-, Urin- und Haarproben sowie zur DNA-Analyse dienende Körpergewebeproben (Radtke/Hohmann-StPO/*Ambos* EMRK, Art. 6 Rn. 15), sind grds. nicht vom Schweigerecht umfasst (EGMR Saunders./. Vereinigtes Königreich, Urt. v. 17.12.1996 – 19187/91,

RJD 1996-VI, Rn. 69). Jedoch gibt es auch Ausnahmen von diesem Grundsatz, für die die Abstufung zwischen Folter und unmenschlicher und erniedrigender Behandlung in Art. 3 EMRK eine besondere Rolle spielt (dazu s. Art. 3 Rdn. 43 ff.). So ist nach gefestigter Rspr. ein Verfahren automatisch unfair, wenn belastendes Beweismaterial, egal ob Geständnis oder körperliches Beweismittel, das **direkt durch Folter** erlangt wurde, im Verfahren (1) verwendet wird und (2) das Urteil darauf beruht (EGMR Jalloh./. Deutschland, Urt. v. 11.07.2006 – 54810/00, NJW 2006, 3117 [3123], Rn. 107). Weiter noch ging der EGMR im Fall »Jalloh«, wo er die Verwendung von Beweismitteln, die »nur« durch den als **unmenschliche und erniedrigende Behandlungen** gegen Art. 3 verstoßenden Einsatz von Brechmitteln gewonnen wurden, zum Beweis eines bloßen Verstoßes gegen das BtMG als so schwerwiegend ansah, dass er nach der Gesamtbetrachtung des Einzelfalls das gesamte Verfahren für unfair befand. Dabei ließ er jedoch die Frage, ob dies ab sofort für die Zukunft bei derartigen Verstößen automatisch der Fall sein sollte, ausdrücklich offen (EGMR Jalloh./. Deutschland, Urt. v. 11.07.2006 – 54810/00, NJW 2006, 3117 [3123], Rn. 107 f.; bestätigt durch EGMR Gäfgen./. Deutschland, Urt. v. 01.06.2010 – 22978/05, NJW 2010, 3145 [3148], Rn. 173). Jedenfalls ist auch für den Fall unmenschlicher und erniedrigender Behandlung zur Erlangung eines Geständnisses erforderlich, dass sich die Verletzung auf das Ergebnis des Verfahrens ausgewirkt hat, um einen Verstoß gegen Art. 6 Abs. 1 annehmen zu können (EGMR Gäfgen./. Deutschland, Urt. v. 01.06.2010 – 22978/05, NJW 2010, 3145 [3148], Rn. 173).
Schon wegen des in § 359 Nr. 6 StPO verankerten Wiederaufnahmegrundes des Beruhens eines Urteils auf der Verletzung der EMRK (vgl. hierzu § 359 StPO Rdn. 39) darf die Bedeutung von Art. 6 Abs. 1 S. 1 (und seiner Auslegung durch den EGMR) nicht unterschätzt werden.

e) Verteidigung durch sich selbst oder durch einen Anwalt, Art. 6 Abs. 3 lit. c. Ein weiterer Ausfluss des 51
Prinzips der Waffengleichheit ist das Recht auf Verteidigung durch sich selbst oder durch einen Anwalt. Die Vorschrift enthält genau genommen drei Rechte, nämlich auf **Selbst-, Wahl- und Pflichtverteidigung** (Radtke/Hohmann-StPO/*Ambos* EMRK, Art. 6 Rn. 44; *Esser* Auf dem Weg, S. 450; Einl. StPO Rdn. 162).
Das **Recht auf Selbstverteidigung** beinhaltet ein mit dem Recht auf rechtliches Gehör korrespondierendes 52
Anwesenheitsrecht (Radtke/Hohmann-StPO/*Ambos* EMRK, Art. 6 Rn. 46). Auch im Rahmen der Selbstverteidigung ist allerdings das Erfordernis einer effektiven Verteidigung einzuhalten. Ob eine solche bei einer Selbstverteidigung gewährleistet ist, fällt in den Ermessensbereich des jeweiligen Vertragsstaats (EGMR GrK Correia de Matos./. Portugal, Urt. v. 04.04.2018 – 56402/12, Rn. 123 f.).
Nachdem die Verteidigerbestellung alleine noch keine effektive Verteidigung gewährleistet, bürdet der EGMR 53
dem Gericht sowohl bei Wahl- als auch bei Pflichtverteidigern eine Pflicht zum Einschreiten bei offensichtlichen Mängeln in der Verteidigung auf (EGMR Daud./. Portugal, Urt. v. 21.04.1998 – 22600/93, RJD 1998-II, Rn. 38, 42 f.; *Demko* HRRS 2006, 250 ff.; Radtke/Hohmann-StPO/*Ambos* EMRK, Art. 6 Rn. 45; *Esser* Auf dem Weg, S. 458, 472 f.). So soll der Betroffene mit Art. 6 Abs. 3 lit. c EMRK in den Genuss einer wirksamen Verteidigung kommen; ist dies nicht gewährleistet, ist der Verteidiger u.U. zu ersetzen (vgl. *Arnemann* Defizite der Wiederaufnahme in Strafsachen, 2019, S. 323).
Das **Recht auf Pflichtverteidigung** gewährt bei Mittellosigkeit das Recht, sich unentgeltlich einen Pflichtver- 54
teidiger stellen zu lassen, sofern dies im Interesse der Rechtspflege erforderlich und der Beschuldigte bedürftig ist. Art. 6 Abs. 3 lit. c gewährt keinen endgültigen Anspruch auf einen kostenlosen Verteidiger, vielmehr erlaubt die Vorschrift auch, dass die Staatskasse die Kosten für den Verteidiger vom Beschuldigten einfordert (EKMR EuGRZ 1983, 422 [423]; vgl. auch § 464a StPO Rdn. 6; Radtke/Hohmann-StPO/*Ambos* EMRK, Art. 6 Rn. 47; BeckOK-StPO/*Valerius* EMRK, Art. 6 Rn. 46).
Bzgl. der Person des Verteidigers hat grds. der **Wille des Beschuldigten** Vorrang. Im Interesse der Funktions- 55
fähigkeit der Strafrechtspflege ist es jedoch ausnahmsweise möglich, dessen Wunsch nicht zu entsprechen, wenn relevante und ausreichende Gründe hierfür vorliegen (EGMR Croissant./. Deutschland, Urt. v. 25.09.1992 – 13611/88, Series A237-B, Rn. 29; EGMR GrK Dvorski./. Kroatien, Urt. v. 20.10.2015 – 25703/11, Rn. 79 ff.). Danach kann auch bei Verteidigung durch einen Pflichtverteidiger aufgrund einer Verletzung dieses Willens ein Verstoß gegen Art. 6 Abs. 3 lit. c gegeben sein (s. EGMR GrK Dvorski./. Kroatien, Urt. v. 20.10.2015 – 25703/11, Rn. 92 ff.). Der Anwendungsbereich dieser Garantie erstreckt sich auf das Ermittlungsverfahren und gilt gerade auch für die erste polizeiliche Vernehmung (EGMR Öcalan./. Türkei, Urt. v. 12.05.2005 – 46221/99, ECHR 2005-IV, Rn. 131) bis einschließlich des Revisionsverfahrens.
Damit der Beschuldigte eine realistische Chance auf **effektive Verteidigung** während des ganzen Prozesses 56
hat, muss er grds. bei Verhaftung (EGMR GrK Simeonovi./. Bulgarien, Urt. v. 12.05.2017 – 21980/04, Rn. 121), in jedem Fall aber bei der ersten Vernehmung Zugang zu einem Verteidiger haben können (zur grundlegenden Bedeutung dieses Rechts bei inhaftierten Minderjährigen s. EGMR Blokhin./. Russland, Urt. v. 23.03.2016 – 47152/06, Rn. 198 f.). Daher muss die Ermittlungsbehörde im Fall des Bestehens

von Strafverteidigernotdiensten zu Wochenend- und Nachtzeiten **auf den Notdienst hinweisen** und dem Beschuldigten Kontaktmöglichkeit gewähren (*Corell* StraFo 2011, 34 [36 f.]; zum Bedürfnis der Ausweitung der notwendigen Verteidigung im Ermittlungsverfahren ausführlich *Satzger* Gutachten 65. DJT, C 86 ff.). Die Pflicht zur Belehrung über das Recht auf Verteidigerkonsultation ist auch im deutschen Recht in §§ 136 Abs. 1, 137 Abs. 1 S. 1 StPO enthalten (vgl. BGHSt 38, 372; BGH NStZ 1996, 291; *Pfeiffer* StPO, § 136 Rn. 4; Einl. StPO Rdn. 300 ff. m.w.N.). So darf eine Vernehmung ohne vorherige Konsultation des Verteidigers nur dann fortgesetzt werden, wenn sich der Beschuldigte nach erneuter Belehrung ausdrücklich mit der Fortsetzung einverstanden erklärte und sich die Beamten ernsthaft um Kontaktherstellung bemüht hatten, andernfalls kann es zu einem Beweisverwertungsverbot kommen (KK-StPO/*Diemer* § 136 Rn. 14; BGH NStZ 1996, 291; vert. hierzu *Beulke* NStZ 1996, 257 ff.). Allerdings konstituiert im deutschen Recht die Pflicht zur Belehrung über das Recht auf Verteidigerkonsultation keine Pflicht der Ermittlungsbehörde, den Beschuldigten, der keinen Wunsch auf Zuziehung eines Verteidigers äußert, auf einen vorhandenen anwaltlichen Notdienst hinzuweisen (BGHSt 47, 233). Nur aus »zwingenden Gründen« (z.B. bei »safety interviews« von mutmaßlichen Terroristen) darf die Heranziehung eines Verteidigers zunächst unterbleiben (»compelling reasons test«; begründet in EGMR GrK Salduz./. Türkei, Urt. v. 27.11.2008 – 36391/02, Rn. 55). Hierfür verlangt der Gerichtshof, dass diese Beschränkung nur ausnahmsweise, zeitlich vorübergehend und mit Bezug auf den Einzelfall erfolgt. Zusätzlich muss ein klarer rechtlicher Rahmen bestehen, der auch im Einzelfall angewendet werden muss. Anschließend ist auf einer zweiten Stufe – wie üblich – eine Gesamtabwägung der Fairness des Verfahrens als Ganzes anzustellen, wobei das Nichtvorliegen eines zwingenden Grundes ein starkes Indiz für eine Verletzung des Art. 6 darstellt (EGMR GrK Ibrahim u.a./. Vereinigtes Königreich, Urt. v. 13.09.2016 – 50541/08, 50571/08, 50573/08 u. 40351/09, Rn. 257 ff.; vgl. dazu *Castorf* HRRS 2017, 169 [170 ff.]; bestätigend auch in dem Bemühen um Klarstellung EGMR GrK Beuze./. Belgien, Urt. v. 09.11.2018 –71409/17, Rn. 141 ff.). Dieses Indiz kann etwa dann als widerlegt angesehen werden, wenn durch die Abwesenheit eines Verteidigers keinerlei Nachteil für die Selbstbelastungsfreiheit des Beschuldigten festgestellt werden kann, insb. wenn im Prozess keine Beweise verwendet werden, die in der Zeit ohne Verteidiger erhoben wurden (EGMR GrK Simeonovi./. Bulgarien, Urt. v. 12.05.2017 – 21980/04, Rn. 132 ff.). Für eine effektive Verteidigung ist es für den Verteidiger zudem erforderlich, Zugang zu sämtlichen, für das Verfahren relevanten, Informationen zu erhalten. Dies muss zu Recht auch für den Fall gelten, dass etwaig mitgeteilte Informationen aufgrund der beruflichen Tätigkeit des Beschuldigten der Geheimhaltung unterliegen. So hat der EGMR eine Verletzung des Art. 6 Abs. 3 lit. c in der Ankündigung des Generalstaatsanwalts gesehen, den Beschuldigten nachträglich einer weiteren Strafverfolgung zu unterwerfen, wenn er seinem Anwalt geheime Informationen weitergebe (EGMR M./. Niederlande, Urt. v. 27.10.2017 – 2156/10, Rn. 92).

57 In seiner jüngeren Rspr. hatte sich der EGMR mit **§ 329 Abs. 1 StPO a.F.** und dem Recht auf Verteidigerbeistand nach Art. 6 Abs. 1 3 lit. c zu beschäftigen. Der Gerichtshof hat überzeugend dargelegt, dass die deutsche Regelung, wonach ein Gericht den Berufungsantrag zu verwerfen hat, wenn der Angeklagte bei der Verhandlung unentschuldigt fehlt (und dies selbst dann, wenn der Verteidiger, von dem der Angeklagte sich verteidigen lassen möchte, anwesend ist), gegen den Fair-trial-Grundsatz verstieß. Denn das Recht auf effektive Verteidigung überwiege das staatliche Interesse an der Anwesenheit des Angeklagten in der Verhandlung. Eine Sanktionierung der Abwesenheit bleibe grundsätzlich möglich, dürfe jedoch nicht dazu führen, dass dem Angeklagten alle Verteidigungsmöglichkeiten genommen würden und sein Rechtsmittel ohne Prüfung in der Sache verworfen werde (EGMR Neziraj./. Deutschland, Urt. v. 08.11.2012 – 30804/07, Rn. 54; dazu auch *Esser/Gaede/Tsambikakis* NStZ 2011, 140; *Püschel* StraFo 2012, 15 ff.; Meyer-Goßner/Schmitt/*Schmitt* EMRK, Art. 6 Rn. 20a m.w.N. der darin einen Widerspruch zu den Grundprinzipien der deutschen StPO sieht). Daraus resultiert somit ein »**Recht auf Vertretung**«, was im deutschen Strafprozessrecht im unmittelbaren Spannungsverhältnis zu den anerkannten Prinzipien der Unmittelbarkeit und Mündlichkeit im Prozess steht. Der Angeklagte kann sich durch einen anwesenden, ordnungsgemäß bevollmächtigten und verteidigungsbereiten Prozessvertreter vertreten lassen. Der Prozess muss so geführt werden, als wäre er persönlich anwesend, was auch zu einer – im deutschen Recht bislang unbekannten – Abwesenheitsverurteilung führen kann (*Satzger* IntEuStrR, § 11 Rn. 73a m.w.N.). Dies ist nun auch durch die gesetzliche Neuregelung des § 329 umgesetzt. Damit sind die Argumente, wonach die Vorgaben des EGMR sich nicht mit den Grenzen der Auslegung der StPO vereinbaren ließen (so OLG München NStZ 2013, 358 [359]; krit. auch *Esser* StraFo 2013, 253), hinfällig.

58 Art. 6 Abs. 3 lit. c schützt auch die **Heimlichkeit des Verkehrs zwischen Verteidigung und Beschuldigten** für die Zeit des Ermittlungsverfahrens bis zum Abschluss der Revisionsinstanz (EGMR S./. Schweiz, Urt. v. 28.11.1991 – 12629/87, 13965/88, Series A220, Rn. 58). In welchem Umfang dieses Recht dem Beschuldigten dann gewährt wird, richtet sich nach der Komplexität des Einzelfalls, wobei in einem anspruchs-

vollen Verfahren wegen Terrorismus und zahlreicher anderer Straftaten zwei Verteidigerkonsultationen pro Woche als angemessen erachtet wurden (EGMR Öcalan./. Türkei, Urt. v. 12.03.2003 – 46221/99, EuGRZ 2003, 472 [479], Rn. 154).

f) Das Konfrontationsgebot, Art. 6 Abs. 3 lit. d. Das schließlich bedeutendste Recht aus dem Grundsatz der Waffengleichheit ist das Konfrontationsrecht gem. Art. 6 Abs. 3 lit. d. Dies bedeutet, dass Belastungszeugen mit dem Beschuldigten im Laufe des Verfahrens mindestens einmal zu konfrontieren sind, damit dieser sie ausdrücklich **befragen** und ihre **Glaubwürdigkeit in Zweifel ziehen** kann (EGMR Lüdi./. Schweiz, Urt. v. 15.06.1992 – 12433/86, EuGRZ 1992, 300 [301 f.], Rn. 47; EGMR Van Mechelen u.a./. Niederlande, Urt. v. 23.04.1997 – 21363/93, 21364/93, 21427/93 u. 22056/93, StV 1997, 617). Diese Konfrontation soll in der Regel im Rahmen der öffentlichen Hauptverhandlung erfolgen, kann aber auch schon im Ermittlungsverfahren durchgeführt werden. Der **Begriff des Zeugen** ist in diesem Zusammenhang autonom auszulegen: Erfasst ist jeder Aussagende, also auch der Mitbeschuldigte (*Esser* EuIntStrR, § 9 Rn. 261; krit. zur deutschen Rspr. insoweit *Dehne-Niemann* HRRS 2010, 189 ff.), der vor Gericht oder einer anderen Stelle eine Aussage tätigt, die die wesentliche Grundlage der Verurteilung sein kann (EGMR Engel u.a./. Niederlande, Urt. v. 08.06.1976 – 5100/71, 5101/71, 5102/71, 5354/72 u. 5370/72, Series A22, Rn. 91; ausführlich *Cornelius* NStZ 2008, 244 [247 f.]). 59

In Fortentwicklung der bisherigen Rspr. (insb. EGMR GrK Perna./. Italien, Urt. v. 06.05.2003 – 48898/99, Rn. 29) ist ein ausreichend begründeter Antrag des Angeklagten auf Vernehmung des Zeugen unter Angabe der Relevanz für den jeweiligen Anklagegegenstand Voraussetzung für einen Verstoß gegen das Konfrontationsgebot. Erst wenn die glaubhafte Geltendmachung gelingt, dass der entsprechende Zeuge die Situation des Angeklagten verbessert (»witnesses who can reasonably be expected to strenghten the position of the defence«, Rn. 160), soll in einem zweiten Schritt ein Verstoß gegen das Konfrontationsgebot vorliegen können, wenn das inländische Gericht die Relevanz des Zeugen nicht in angemessener Weise beurteilt oder dessen Nichtberücksichtigung nicht ausreichend begründet hat (EGMR GrK Murtazaliyeva./. Russland, Urt. v. 18.12.2018 – 36658/05, Rn. 159). Damit wurden zwar im Vergleich zum »Perna-Test« die Anforderung an das Verteidigungsvorbringen reduziert (»support his request by explaining why it is important for the witnesses concerned to be heard and their evidence must be necessary for the establishment of the truth« EGMR GrK Perna./. Italien, Urt. v. 06.05.2003 – 48898/99, Rn. 29), die Darlegungslast des Angeklagten verbleibt hingegen hoch. Bereits an der mangelnden Glaubhaftmachung scheitert somit ein Verstoß gegen das Konfrontationsgebot betreffend die Verwehrung des Zugangs zu, der Geheimhaltung unterliegenden Informationen, die geeignet sein könnten, entlastende Zeugen hervorzubringen (EGMR M./. Niederlande, Urt. v. 27.10.2017 – 2156/10, Rn. 111 ff.). 60

Ein Verstoß gegen das Konfrontationsgebot macht das Verfahren jedoch nicht automatisch unfair; auch hier muss wieder eine **Gesamtbetrachtung** vorgenommen werden, nach der beurteilt wird, ob das Verfahren in seiner Gesamtheit noch als fair anzusehen ist oder nicht (vgl. zuletzt EGMR GrK Murtazaliyeva./. Russland, Urt. v. 18.12.2018 – 36658/05, Rn. 167 f.). Diese Prüfung erfolgt in **drei Stufen** (EGMR Edwards u. Lewis./. Vereinigtes Königreich, Urt. v. 27.10.2004 – 39647/98 u. 40461/98, RJD 2004-X, Rn. 52 ff.; ausführlich hierzu auch *Schramm* HRRS 2011, 156 ff.), wobei die Reihenfolge dieser Stufen in der neueren Rspr. des EGMR modifiziert wurde (dazu s. Rdn. 68 f.). **Herkömmlicherweise** wurde wie folgt geprüft (zum nationalen Recht vgl. § 250 StPO Rdn. 18, § 252 StPO Rdn. 17): 61

(1) Erstens, ob ein durch die Rspr. des EGMR **anerkannter Grund für die fehlende Konfrontation** vorliegt; sofern dies bereits nicht der Fall ist, ist das Verfahren in seiner Gesamtheit als unfair zu betrachten; als derartige Gründe akzeptiert der EGMR etwa die sachliche oder rechtliche Unmöglichkeit der Erreichbarkeit eines Zeugen (EGMR Sapunarescu./. Deutschland, Urt. v. 11.09.2006 – 22007/03, StraFo 2007, 107). 62

Der EGMR hat in einem Verfahren gegen Deutschland auch die Vernehmung zweier Belastungszeuginnen, die im Ermittlungsverfahren ohne Konfrontationsmöglichkeit durch den Beschuldigten (ein Pflichtverteidiger wurde nicht bestellt) vernommen wurden und unmittelbar danach in ihre Heimatländer zurückgereist waren, als unerreichbar angesehen, da umfangreiche Bemühungen des deutschen Gerichts – unter Einbeziehung von Rechtshilfeersuchen – teils wegen der Weigerung der Zeuginnen, teils wegen der Blockadehaltung des Gerichts des Heimatstaates der Zeuginnen, erfolglos blieben (EGMR GrK Schatschaschwili./. Deutschland, Urt. v. 15.12.2015 – 9154/10, Rn. 132 ff. m.Anm. *Satzger* Jura [JK] 2016, 1083).

Insb. die Abwesenheit des Zeugen aus Furcht vor Repressalien infolge einer Aussage vor Gericht kann ein Grund für die Einführung der Zeugenaussage ohne Konfrontationsmöglichkeit mit dem Beschuldigten (oder eines Vertreters) sein. Dies gilt jedenfalls, wenn eine Bedrohung unmittelbar auf dem Verhalten des Beschuldigten (oder einem ihm zurechenbaren Verhalten anderer) beruht. Im Fall fehlender direkter Bedrohung muss ermittelt werden, ob ein objektiver Grund zur Furcht besteht und insoweit Beweis erhoben 63 werden. Der Verzicht auf eine Konfrontation durch Absehen von einer Vernehmung vor Gericht darf in jedem Fall nur das letzte Mittel (»measure of last resort«) sein, andere Möglichkeiten (wie Videovernehmung, kommissarische Vernehmung, Abschirmung) sind vorrangig zu nutzen (grundlegend EGMR GrK Al-Khawaja u. Tahery./. Vereinigtes Königreich, Urt. v. 15.12.2011 – 26766/05 u. 22228/06, Rn. 120 ff.).

64 Dieselben Grundsätze gelten auch bei anonymen Zeugen, insb. also bei durch eine Aussage in öffentlicher Hauptverhandlung gefährdeten V-Leuten (EGMR Scholer./. Deutschland, Urt. v. 18.12.2014 – 14212/10, Rn. 60). Im Fall anonymer Zeugen müssen die Behörden, um die Anonymität aufrechtzuerhalten und ggf. auf eine Konfrontation zu verzichten, stichhaltige und ausreichende Gründe für die Notwendigkeit der Geheimhaltung der Identität vorbringen (EGMR Haas./. Deutschland, Urt. v. 17.11.2005 – 73047/01, NStZ 2007, 103 [104] m.Anm. *Esser*), Gründe für die unabdingbare Wahrung der Anonymität liegen vor, wenn die Zeugen aufgrund der Angst vor Repressalien nur durch Garantie ihrer Anonymität zur Aussage veranlasst und so gleichzeitig geschützt werden können. Die Annahme von Repressalien zur Erzwingung der Nichtaussage durch den Beschuldigten liegt dann nahe, wenn die Zeugen bei früherer Gelegenheit und nicht anlässlich der verhandelten Straftat Opfer von Drohung oder Gewalt seitens des Beschuldigten wurden (EGMR Doorson./. Niederlande, Urt. v. 26.03.1996 – 20524/92, RJD 1996-II, Rn. 71; siehe dazu auch das Urteil des EGMR Al-Khawaja u. Tahery./. Vereinigtes Königreich, Urt. v. 15.12.2011 – 26766/05 u. 22228/06, in dem eine Verletzung von Art. 6 Abs. 3 lit. d angenommen wurde). Der Verzicht auf Konfrontation ist aber auch hier immer letztes Mittel (EGMR Scholer./. Deutschland, Urt. v. 18.12.2014 – 14212/10, Rn. 46, 57).

65 Der EGMR hat insb. auch die Schutzbedürftigkeit eines Zeugen als Opfer einer Sexualstraftat (EGMR N.F.B./. Deutschland, Urt. v. 18.10.2001 – 37225/97, RJD 2001-XI, NJW 2003, 2297), die Berufung eines Zeugen auf sein Zeugnisverweigerungsrecht (EGMR Asch./. Österreich, Urt. v. 26.04.1991 – 12398/86, Rn. 16, 31) oder Motive der nationalen Sicherheit (EGMR Edwards u. Lewis./. Vereinigtes Königreich, Urt. v. 27.10.2004 – 39647/98 u. 40461/98, RJD 2004-X, Rn. 53) und die Geheimhaltung von Ermittlungsmethoden der Polizei (KK-StPO/*Lohse/Jakobs* EMRK, Art. 6 Rn. 102; Meyer-Goßner/Schmitt/*Schmitt* EMRK, Art. 6 Rn. 22b ff.) als Gründe für das Fehlen von Konfrontation angesehen.

66 (2) Sofern einer dieser Gründe vorliegt, gelangt der EGMR in seiner herkömmlichen Prüfung zur zweiten Stufe: Er prüft, ob diese Einschränkung der Verteidigungsrechte durch die Justiz **ausreichend kompensiert** wurde (EGMR Doorson./. Niederlande, Urt. v. 26.03.1996 – 20524/92, RJD 1996-II, Rn. 72 f.). Eine Möglichkeit der Kompensation ist die Nachholung der Befragung. Zumindest einmal im Laufe des Prozesses muss dem Beschuldigten oder seinem Verteidiger die Möglichkeit gegeben werden, den Zeugen zu befragen (EGMR Kostovski./. Niederlande, Urt. v. 20.11.1989 – 11454/85, Series A166, Rn. 41; EGMR N.F.B./. Deutschland, Urt. v. 18.10.2001 – 37225/97, RJD 2001-XI, NJW 2003, 2297 [2298]). Ist bereits im Ermittlungsverfahren vorherzusehen, dass der Zeuge in der Hauptverhandlung nicht mehr erreichbar sein wird, ist als Kompensation bereits hier ein Verteidiger zu bestellen (EGMR GrK Schatschaschwili./. Deutschland, Urt. v. 15.12.2015 – 9154/10, Rn. 155). Im deutschen Recht kommt auch die unmittelbare Kompensation durch audiovisuelle Vernehmungsmethoden i.S.v. § 257a StPO in Betracht, allerdings hält der EGMR zumindest eine rein akustische Übertragung für nicht ausreichend (EGMR Van Mechelen u.a./. Niederlande, Urt. v. 23.04.1997 – 21363/93, 21364/93, 21427/93 u. 22056/93, StV 1997, 617). Das Gericht muss dem Zeugen zumindest einen unter Mitwirkung des Angeklagten bzw. dessen Verteidigung vorbereiteten Katalog von Fragen vorlegen (EGMR Lüdi./. Schweiz, Urt. v. 15.06.1992 – 12433/86, EuGRZ 1992, 300 [301 f.], Rn. 47). Dies reicht nicht, wenn die Verurteilung allein oder weit überwiegend auf die Aussage des Zeugen gestützt werden soll, denn ohne persönliche Befragung hat die Verteidigung keine Gelegenheit, die Glaubwürdigkeit des Zeugen in Zweifel zu ziehen (EGMR Van Mechelen u.a./. Niederlande, Urt. v. 23.04.1997 – 21363/93, 21364/93, 21427/93 u. 22056/93, StV 1997, 617 [619], Rn. 55; s. auch *Renzikowski* JZ 1999, 605 ff.; vertiefend zum innerstaatlichen Recht § 250 StPO Rdn. 18). Im Fall der Verwertung der Aussagen anonymer Zeugen ist eine derartige Kompensation gegeben, wenn der Verteidiger die Zeugen in Abwesenheit des Beschuldigten konfrontativ befragen und ihre Glaubwürdigkeit erschüttern kann, ohne dass ihre Identität preisgegeben wird (EGMR Doorson./. Niederlande, Urt. v. 26.03.1996 – 20524/92, RJD 1996-II, Rn. 73).

67 (3) Sofern die Einschränkung der Verteidigungsrechte hinreichend kompensiert wurde, kommt es nach herkömmlicher Prüfung auf dritter Stufe für die Bewahrung der Fairness des Verfahrens auf die Beweiswürdigung an: Die Angaben des nicht (vollständig) konfrontierten Belastungszeugen müssen **mit äußerster Sorgfalt und Zurückhaltung gewürdigt** werden und durch andere Beweismittel erhärtet sein. Das bedeutet, dass die Aussage des unkonfrontiert vernommenen Belastungszeugen grds. nicht die einzige oder maßgebliche Grundlage für die Verurteilung sein darf (»**sole or decisive rule**«; s. nur EGMR GrK Al-Khawaja u. Tahery./. Vereintes Königreich, Urt. v. 15.12.2011 – 26766/05 u. 22228/06, Rn. 119 ff.; EGMR GrK Schatschaschwili./. Deutschland, Urt. v. 15.12.2015 – 9154/10, Rn. 123 f.; s. auch EGMR Haas./. Deutschland,

Urt. v. 17.11.2005 – 73047/01, NStZ 2007, 103 [104] m.w.N. und m.Anm. *Esser*; vgl. zum nationalen Recht § 251 StPO Rdn. 33). Je höher der Beweiswert der zusätzlichen Beweise, desto weniger wahrscheinlich ist die Annahme, die Aussage des nicht konfrontativ befragten Belastungszeugen sei in diesem Sinn maßgeblich (»decisive«; s. nur EGMR GrK Schatschaschwili./. Deutschland, Urt. v. 15.12.2015 – 9154/10, Rn. 123). Die übrigen Beweismittel müssen somit in ihrem Beweiswert die unkonfrontiert zustande gekommene Aussage überwiegen (KK-StPO/*Lohse/Jakobs* EMRK, Art. 6 Rn. 104; *Esser* Auf dem Weg, S. 647, 674).

Von der bisherigen Prüfungsreihenfolge und der strengen »sole or decisive rule« ist der EGMR jedoch in jüngster Zeit **abgerückt** (ausdrücklich in EGMR GrK Schatschaschwili./. Deutschland, Urt. v. 15.12.2015 – 9154/10, Rn. 116, 118; s. dazu auch *Thörnich* ZIS 2017, 39 [43 ff.]). Beruht die Verurteilung ausschließlich oder maßgeblich auf der Aussage des nicht konfrontierten Zeugen, erlaubt der Gerichtshof ein gewisses Maß an Flexibilität – der Beweis vom Hörensagen soll so nicht per se gegen die EMRK verstoßen (s. nur Şandru./. Rumänien, Urt. v. 15.10.2013 – 33882/05, Rn. 59). Jedoch verlangt der Gerichtshof – insoweit übereinstimmend mit der bisherigen zweiten Prüfungsstufe (s. oben Rdn. 66) – **ausreichende Kompensationselemente** für die unterbliebene Konfrontation (sog. »sufficient counterbalancing factors«), bei denen insb. prozessuale Sicherungen eine Rolle spielen sollen (EGMR GrK Al-Khawaja u. Tahery./. Vereintes Königreich, Urt. v. 15.12.2011 – 26766/05 u. 22228/06, Rn. 119, 147; EGMR GrK Schatschaschwili./. Deutschland, Urt. v. 15.12.2015 – 9154/10, Rn. 145). Ob letztlich eine Verletzung des Art. 6 Abs. 1 vorliegt, beurteilt sich dann nach einer **Gesamtbetrachtung**. 68

Bedeutsam ist somit, dass (anders als zuvor) nach der neueren Rspr. eine **ohne Konfrontation** zustande gekommene Aussage auch die **»maßgebliche« (»decisive«) Grundlage für eine Verurteilung sein kann**, wenn hinreichende Kompensationselemente gegeben sind. Im Ergebnis bedeutet dies, dass der Gerichtshof nunmehr die zweite und dritte Stufe des bisherigen Prüfungsmodells vertauscht (s. nur Scholer./. Deutschland, Urt. v. 18.12.2014 – 14212/10, Rn. 46 ff.; so auch *Esser* EuIntStrR, § 9 Rn. 268). 69

g) Dolmetscher, Art. 6 Abs. 3 lit. e. Für Beschuldigte, die der Gerichtssprache nicht mächtig sind, konstituiert Art. 6 Abs. 3 lit. e schließlich die Pflicht des Staates, diesen einen **kostenlosen Dolmetscher** zu stellen. Dieses Recht steht dem Beschuldigten angefangen vom Ermittlungsverfahren (vgl. EGMR Baytar./. Türkei, Urt. v. 14.10.2014 – 45440/04, Rn. 53 ff.) über die Hauptverhandlung bis einschließlich der Rechtsmittelinstanzen zu und erstreckt sich auf sämtliche Erklärungen und Dokumente, die der Beschuldigte kennen muss, um sich effektiv verteidigen zu können (EGMR Luedicke, Belkacem u. Koc./. Deutschland, Urt. v. 28.11.1978 – 6210/73, EuGRZ 1979, 34 [40], Rn. 48). Der Beschuldigte muss den Dolmetscher zur Übersetzung aller maßgeblichen Verfahrenshandlungen der Beteiligten sowie sämtlicher ihm ggü. abgegebenen Erklärungen heranziehen können (BGH NJW 2001, 309; *Esser* Auf dem Weg, S. 509; BeckOK-StPO/*Valerius* EMRK, Art. 6 Rn. 54). Eine schriftliche Übersetzung sämtlicher Urkunden ist nicht erforderlich, die mündliche Übersetzung während der Hauptverhandlung genügt (EGMR Kamasinski./. Österreich, Urt. v. 19.12.1989 – 9783/82, ÖJZ 1990, 412 [413], Rn. 74). Im deutschen Recht ist dieser Pflicht durch § 464c StPO Genüge getan (für das nationale Recht vgl. § 464a StPO Rdn. 7; siehe auch BGH 3 StR 430/19, NJW 2020, 2041), auf EU-Ebene werden dem Beschuldigten durch die Richtlinie 2010/64/EU v. 20.10.2010 über das Recht auf Dolmetschleistungen und Übersetzungen in Strafverfahren (ABlEU 2010 L 280 S. 1 ff.) weitergehende Rechte garantiert. 70

Grds. hat der Angeklagte ungeachtet dessen, ob er verurteilt oder freigesprochen wurde, die Kosten für den Dolmetscher weder im Straf- noch im Bußgeldverfahren zu tragen (EGMR NJW 1979, 1091; der Privatkläger dagegen schon, BVerfG NStZ 1981, 230), es sei denn, ihm wurden im Fall von Freispruch und Säumnis die Kosten der Säumnis nach § 467 Abs. 2 StPO oder im Fall einer Verurteilung die Auslagen des Dolmetschers nach § 464c StPO auferlegt (Meyer-Goßner/Schmitt/*Schmitt* EMRK, Art. 6 Rn. 24; BeckOK-StPO/*Valerius* EMRK, Art. 6 Rn. 57). Die Kosten der Übersetzung von Briefen ausländischer Häftlinge sowie der Überwachung von Besuchen oder eines Telefongesprächs zur Kontrolle und Überwachung dürfen diesen als Verstoß gegen Art. 3 Abs. 1 GG nicht auferlegt werden (BVerfG NJW 2004, 1095 m.w.N.); vielmehr ist alternativ eine Einschränkung des Briefverkehrs anzuordnen (Meyer-Goßner/Schmitt/*Schmitt* EMRK, Art. 6 Rn. 24). 71

h) Verständigung im Strafverfahren (plea bargaining). Der EGMR betrachtet die **Verständigung in Strafverfahren** keineswegs als »unangemessen« (»improper«), vielmehr gehöre das »plea bargaining« heute zu den gemeinsamen Charakteristika der europäischen Strafjustizsysteme; der Vorteil liege darin, die Strafverfolgungsbehörden zu entlasten, die Verfahren zu beschleunigen, Korruption und organisierte Kriminalität effektiver zu bekämpfen und die Strafen zu verringern, was letztlich zu weniger überfüllten Gefängnissen führe (Natsvlishvili u. Togonidze./. Georgien, Urt. v. 29.04.2014 – 9043/05, Rn. 90). Dass der Beschuldigte dabei auf eine Reihe von Prozessrechten verzichte, hält der EGMR für unbedenklich, vorausgesetzt, der Verzicht erfolgt eindeutig und wird von prozessualen Mindestsicherungen begleitet, die ihrer Bedeutung ent- 72 sprechen; außerdem dürfe der Verzicht nicht gegen bedeutende öffentliche Interessen verstoßen (Natsvlishvili u. Togonidze./. Georgien, Urt. v. 29.04.2014 – 9043/05, Rn. 91).

73 Der Gerichtshof konkretisiert diese Anforderungen, indem er zwei Kriterien für eine wirksame Absprache benennt:

– Der Beschuldigte muss, bevor er die Verständigung gänzlich freiwillig akzeptiert, die Tatsachenbasis und die rechtlichen Konsequenzen voll erfassen.
– Der Inhalt der Absprache und die Fairness ihres Zustandekommens müssen hinreichend gerichtlich überprüfbar sein. In diesem Zusammenhang hebt der EGMR die Bedeutung einer schriftlichen Fixierung der Absprache und der Verhandlungen hervor. Für die Fairness spreche eine fehlende Bindungswirkung des zuständigen Gerichts sowie dessen Möglichkeit, die Richtigkeit der Beschuldigungen (zumindest mittels *prima facie* Beweisen) zu überprüfen und die Absprache zum Gegenstand einer öffentlichen Verhandlung zu machen.

74 Mit diesem ersten Urteil des EGMR zur Vereinbarkeit der Verständigungspraxis mit Art. 6 nimmt der Gerichtshof eine sehr verständigungsfreundliche (tendenziell sogar »verständigungsidealisierende«) Haltung ein; er will damit ganz offensichtlich den »modernen« Entwicklungen in den meisten europäischen Ländern nicht im Wege stehen. Es bleibt zu hoffen, dass die bislang rudimentären Anforderungen an konsensuale Elemente im Strafprozess im Hinblick auf die Grundanforderungen der Fairness näher konkretisiert und tendenziell strenger gehandhabt werden. Angesichts des weitgehenden Ausfalls der revisionsgerichtlichen Kontrolle in der Praxis (vgl. nur *Ruhs* Rechtsbehelfe bei Verständigungen, 2018, S. 90 ff., S. 147 ff.) ist indessen zu bezweifeln, dass den Vorgaben des EGMR tatsächlich entsprochen wird (zur Verständigung im deutschen Strafprozess ausführlich FA Strafrecht/*Satzger/Ruhs* 7. Aufl., 8. Teil Kap. 29).

75 **i) Agent provocateur. Unzulässig** ist nach Auffassung des EGMR die **Tatprovokation durch einen polizeilichen Lockspitzel** (sog. agent provocateur). Ein Strafverfahren, bei dem der polizeiliche Lockspitzel den Tatentschluss bei einem an sich noch nicht tatgeneigten Bürger erst hervorruft, also nicht »essentially passive« bleibt (zu dieser Abgrenzung s. EGMR Ramanauskas./. Litauen, Urt. v. 05.02.2008 – 74420/01, Rn. 55), wird vom EGMR stets als von Anfang an unfair i.S.v. Art. 6 Abs. 1 S. 1 angesehen (EGMR Teixeira de Castro./. Portugal, Urt. v. 09.06.1998 – 25829/94, RJD 1998-IV, Rn. 39; Einl. StPO Rdn. 119; *Esser* EuIntStrR, § 9 Rn. 230 ff.).

76 Der BGH, der in seiner früheren Rspr. bereits ein Prozesshindernis für diese Konstellation angenommen hatte (BGH NJW 1981, 1626; vgl. auch BVerfG NJW 1995, 651 für Ausnahmefälle), ging bisher einen anderen Weg: Nicht das Verfahren als solches war unzulässig, sondern die Tatprovokation wurde allein auf Strafzumessungsebene **strafmildernd** berücksichtigt (sog. Strafzumessungslösung; BGHSt 33, 283; 45, 321 m. krit. Anm. *Kudlich* JuS 2000, 951; *Roxin* JZ 2000, 369; zust. *Lesch* JR 2000, 43). Der BGH verwies darauf, dass ein Prozesshindernis anhand klar bestimmbarer Tatsachen und nicht erst durch eine Wertung begründet werden dürfe und dass für die Fälle der Tatprovokation nicht genügend Anhaltspunkte dafür vorlägen, dass der Gesetzgeber von deren Nichtvorliegen das gesamte Verfahren abhängig machen wollte.

77 Diese Rspr. hat in der Literatur teilweise Zustimmung erfahren. Alternativ wurde der Vorschlag vorgebracht, die zum Beschleunigungsgebot entwickelte Vollstreckungslösung (unten Rdn. 95) auf die Konstellation des Lockspitzels zu übertragen (so *Kraatz* JR 2008, 194; *Weber* JR 2008, 36 [38]; abl. *Heghmanns* ZJS 2008, 197 [202]; *Streng* JZ 2008, 979 [985]). Dagegen spricht jedoch, dass die zu berücksichtigende Ansicht des EGMR klar darauf hinausläuft, dass ein öffentliches Interesse an Strafverfolgung die Verwertung von Beweismitteln, die durch polizeiliche Anstiftung gewonnen wurden, nie rechtfertigen kann (EGMR Edwards u. Lewis./. Vereinigtes Königreich, Urt. v. 27.10.2004 – 39647/98 u. 40461/98, RJD 2004-X, Rn. 49). Deshalb darf im Ergebnis eine Bestrafung des zur Tat Provozierten – zumindest in eindeutigen und gravierenden Fällen – unter Berücksichtigung der Vorgaben des EGMR nicht erfolgen: Der EGMR hat zum Ausdruck gebracht, dass für alle Beweise, die das Ergebnis einer Tatprovokation sind, ein **Verwertungsverbot** oder ein Verfahren mit ähnlichen Konsequenzen gelten müsse. Daraus folgte eindeutig, dass der bisher in Deutschland praktizierte Strafabschlag (ebenso wie die alternative Vollstreckungslösung) diesen Vorgaben keinesfalls gerecht wird (s. nur EGMR Furcht./. Deutschland, Urt. v. 23.10.2014 – 54648/09, Rn. 64 m.Anm. *Satzger* Jura [JK] 2015, 660; so auch *Esser* EuIntStrR, § 9 Rn. 233; *Satzger* IntEuStrR, § 11 Rn. 79 m.w.N.).

78 Schon in der Folge des Furcht-Urteils hatte der BGH seine **Rspr. geändert** (BGHSt 60, 276; s. dazu *Mitsch* NStZ 2016, 57 f.; *Jäger* JA 2016, 308 ff.; *Eisenberg* NJW 2016, 98; *Jahn/Kudlich* JR 2016, 54 ff.; *Eidam* StV 2016, 129 ff.) und so der Entscheidung Rechnung getragen. Die Strafzumessungslösung hat er verworfen, jedoch offengelassen, ob eine rechtswidrige Tatprovokation **stets** eine Verfahrenseinstellung aufgrund eines endgültigen Verfahrenshindernisses zur Folge haben müsse oder ob nicht vielmehr eine »abgestufte Lösung«, abhängig von der Schwere der Menschenrechtsverletzung, in Betracht komme. Doch auch diese

Lösung ist mit der EMRK nicht vereinbar: Jüngst hat der EGMR der Strafzumessungslösung und der »abgestuften Lösung« explizit eine Absage erteilt; in der Rechtssache EGMR Akbay u.a./. Deutschland, Urt. v. 15.10.2020 – 40495/15, 37273/15, 40913/15, Rn. 124 bemängelte der EGMR die deutsche Rechtsprechungsänderung als nicht fair genug im Sinne des Art. 6 und ordnete die Differenzierungen der deutschen Rspr. als künstlich ein. Ein endgültiges Verfahrenshindernis scheint der einzig praktizierbare Weg zu sein, EMRK-konform einer rechtsstaatswidrigen Tatprovokation zu begegnen (siehe *Hübner* HRRS 2020, 443 ff.; *Klaus* ZIS 2021, 388 ff.).

Zuzugeben ist, dass sich ein Prozesshindernis nach deutschem Recht angesichts der bisherigen – durchaus beachtlichen – Argumente des BGH nicht ohne Schwierigkeiten begründen lässt. Richtig erscheint es daher, dass die Vorgaben des EGMR ihre Auswirkung im **materiellen** Recht haben: Regelmäßig ist davon auszugehen, dass die Provokation durch den Staat als derart gravierend anzusehen ist, dass ein noch so hoher materieller Strafabschlag kein faires Verfahren gewährleisten kann. Der Abschied von der Strafzumessungslösung ist daher begrüßenswert. Allein die Annahme eines ungeschriebenen **Schuldausschließungsgrundes** erscheint daher als ein praktikabler und mit der EMRK in Einklang stehender Weg (so, allerdings nur für Extremfälle, *Beulke/Swoboda* StPO, Rn. 288; SK-StPO/*Paeffgen* Anh zu § 206a Rn. 28; Lackner/*Kühl* StGB, Vorbemerkung § 32 Rn. 33; zu den verschiedenen vorgeschlagenen Lösungswegen vgl. *Schmidt* ZIS 2017, 56 [59 ff.]; ausführlich zur Problematik LR/*Esser* EMRK, Art. 6 Rn. 258 ff.). 79

j) **Beweisverwertung.** Zusammenfassend ist hinsichtlich der Verwertung konventionswidrig erlangter Beweise zu beachten, dass aus Art. 6 **keine Beweisverwertungsverbote** herrühren, sondern der EGMR nur im Rahmen seiner Gesamtbetrachtung des Verfahrens überprüft, ob das Verfahren trotz der Verwertung des konventionswidrig erlangten Beweises **insgesamt fair** ist (st. Rspr.; vgl. statt vieler EGMR Haas./. Deutschland, Urt. v. 17.11.2005 – 73047/01, NStZ 2007, 103 [104] m.w.N. und m.Anm. *Esser*; Radtke/Hohmann-StPO/*Ambos* EMRK, Art. 6 Rn. 53; BeckOK-StPO/*Valerius* EMRK, Art. 6 Rn. 14; *Esser* Auf dem Weg, S. 184). Dabei kann das öffentliche Interesse an der Ermittlung gegen das Interesse des Einzelnen, dass die ihn belastenden Beweismittel rechtmäßig erlangt wurden, abgewogen werden (EGMR Prade./. Deutschland, Urt. v. 03.03.2016 – 7215/10, Rn. 35 m. krit. Anm. *Byczyk* HRRS 2016, 509 ff.). Nur wenn die Verurteilung zumindest entscheidend auf der konventionswidrig erlangten Zeugenaussage beruht, ist das Verfahren insgesamt unfair und verstößt gegen Art. 6 Abs. 1 (EGMR Doorson./. Niederlande, Urt. v. 26.03.1996 – 20524/92, ÖJZ 1996, 715 [717], Rn. 76). Es besteht somit im Grundsatz die Möglichkeit zur Verwertung konventionswidrig erlangter Beweise, sofern diese zum einen mit größter Vorsicht erfolgt (EGMR Doorson./. Niederlande, Urt. v. 26.03.1996 – 20524/92, ÖJZ 1996, 715 [717], Rn. 76) und zum anderen die Verurteilung auf eine möglichst breite Beweisbasis gestützt wird (ausführlich hierzu *Ambos* ZStW 115 [2003], 583 [612 ff.] m.w.N.; *Esser* Auf dem Weg, S. 184; zur Ausnahme hiervon bei der Verwertung von durch Folter erlangten Beweismitteln vgl. oben Rdn. 50). 80

3. Die Öffentlichkeit des Verfahrens. a) Der Öffentlichkeitsgrundsatz: Öffentliche Verhandlung und öffentliche Urteilsverkündung. Der in Art. 6 Abs. 1 S. 1 kodifizierte Öffentlichkeitsgrundsatz stellt ein weiteres für den demokratischen Rechtsstaat eminent wichtiges Verfahrensrecht dar. Dieser erfüllt mehrere Zwecke: Er schützt die unmittelbar am Verfahren Beteiligten vor Geheimjustiz, er soll das Vertrauen der Bürger in die Justiz gewährleisten und weiterhin durch Erzeugung von Transparenz die Verfahrensfairness sicherstellen (EGMR Malhous./. Tschechien, Urt. v. 12.07.2001 – 33071/96, Rn. 55; EGMR Diennet./. Frankreich, Urt. v. 26.09.1995 – 18160/91, Series A325-A, Rn. 33). Zum Grundsatz ferner Einl. StPO Rdn. 76. 81

Zeitlich erfasst diese Garantie sowohl die mündliche Verhandlung selbst als auch die Verkündung des Urteils; personell gibt sie nicht nur den unmittelbar am Prozess Beteiligten, sondern jedermann, insb. auch den Medien, das Recht auf Zugang zur Verhandlung (*Grabenwarter/Pabel* EMRK, § 24 Rn. 87; *Esser* Auf dem Weg, S. 707, 752; BeckOK-StPO/*Valerius* EMRK, Art. 6 Rn. 18 f.; zur Übertragung der Verhandlung durch die Medien in diesem Kontext vgl. *Kreicker* ZIS 2017, 85 [96 f.]). Die Öffentlichkeitsgarantie ist gewahrt, wenn die Öffentlichkeit Informationen über Zeit und Ort der Verhandlung bekommen kann und die entsprechende Räumlichkeit für die Öffentlichkeit leicht zugänglich ist. Grds. ist dieser Anforderung durch das Abhalten der Verhandlung in einem Gerichtssaal Genüge getan, anders, wenn der Prozess in einem der Öffentlichkeit grds. nicht zugänglichen Gefängnis abgehalten wird. In einem solchen Fall muss der Mitgliedsstaat aktiv Maßnahmen ergreifen, die gewährleisten, dass Öffentlichkeit und Medien ausreichend über die Örtlichkeit informiert sind und effektiver Zugang gewährleistet wird (EGMR Riepan./. Österreich, Urt. v. 14.11.2000 – 35115/97, RJD 2000-XII, Rn. 29). Aus der Öffentlichkeitsgarantie wird auch der **Anspruch auf mündliche Verhandlung** hergeleitet (s. etwa EGMR Madaus./. Deutschland, Urt. v. 09.06.2016 – 44164/14, Rn. 22), im Strafverfahren kann eine Nichtbeachtung des Grundsatzes der Öffentlichkeit in der ersten Tatsacheninstanz nur durch vollständige erneute Durchführung des Verfahrens einschließlich der Beweisaufnahme geheilt 82 werden (EGMR Riepan./. Österreich, Urt. v. 14.11.2000 – 35115/97, RJD 2000-XII, Rn. 40). Allein die Durchführung der Revisionsinstanz unter Berücksichtigung des Grundsatzes der Öffentlichkeit genügt nicht, da in der Revision lediglich eine nochmalige rechtliche Überprüfung des Urteils stattfindet (EGMR Gautrin u.a./. Frankreich, Urt. v. 20.05.1998 – 21257/93, 21258/93, 21259/93 u. 21260/93, RJD 1998-III, Rn. 42).

83 Um dem Erfordernis der **öffentlichen Verkündung eines Urteils** Genüge zu tun, muss das Urteil nicht notwendigerweise den Parteien mündlich bekannt gemacht werden; es genügt, wenn es diesen zugestellt wird und die Öffentlichkeit die Möglichkeit hat, das Urteil bei der Geschäftsstelle des Gerichts einzusehen (EGMR Axen./. Deutschland, Urt. v. 08.12.1983 – 8273/78, Series A72, Rn. 29 ff.). Auch wenn ein Beschluss des BGH nach § 349 Abs. 2 StPO ergeht, soll demnach der Öffentlichkeitsgrundsatz gewahrt sein (KK-StPO/*Lohse/Jakobs* EMRK, Art. 6 Rn. 25; Meyer-Goßner/Schmitt/*Schmitt* EMRK, Art. 6 Rn. 6; *Esser* Auf dem Weg, S. 753 f.; BeckOK-StPO/*Valerius* EMRK, Art. 6 Rn. 19).

84 Das deutsche Strafbefehlsverfahren (§§ 407 ff. StPO) wird als mit der Öffentlichkeitsgarantie vereinbar betrachtet (EGMR Strasser./. Österreich, Urt. v. 25.09.2001 – 37261/97, ÖJZ 2002, 37).

85 b) **Ausschluss der Öffentlichkeit.** Art. 6 Abs. 1 S. 2 Hs. 2 zeigt, dass der Grundsatz der Öffentlichkeit der Verhandlung nicht absolut gilt, sondern eingeschränkt werden kann (zu den dort genannten Gründen, die in der Rspr. des EGMR bisher keine Bedeutung erlangt haben, vgl. Frowein/*Peukert* EMRK, Art. 6 Rn. 198). Die hier genannten Gründe werden durch die deutschen Vorschriften der §§ 171a und 171b GVG vollständig abgedeckt (§ 171b GVG Rdn. 1; s. zur begrenzten Zulassung von Journalisten zu einer Hauptverhandlung EGMR Axel Springer AG./. Deutschland – 44585/10, NJW 2013, 521).

86 Folgende **Voraussetzungen** müssen bei einem Ausschluss der Öffentlichkeit stets gegeben sein (in Anschluss an *Grabenwarter/Pabel* EMRK, § 24 Rn. 93):

1. Verfolgung eines der in Art. 6 Abs. 1 S. 2 genannten Ziele,
2. Eignung des Öffentlichkeitsausschlusses zur Erreichung dieses Ziels,
3. angemessenes Verhältnis zwischen den Gründen für den Ausschluss der Öffentlichkeit und dem öffentlichen Interesse an öffentlicher Verhandlung, wobei hier auch die Konventionsrechte anderer Prozessteilnehmer zu berücksichtigen sind,
4. Ausschluss als das relativ mildeste Mittel; d.h. zu prüfen ist, ob den verfolgten Zielen durch andere Mittel als dem Ausschluss der Öffentlichkeit in gleich effektiver Art und Weise gedient werden kann.

87 **4. Verhandlung in angemessener Frist.** Ein weiteres, überaus wichtiges Verfahrensrecht ist der **Beschleunigungsgrundsatz**. Der Grundsatz dient in seiner subjektiven Ausprägung v.a. dem Interesse des Beschuldigten, die mit dem Strafverfahren notwendig einhergehenden Belastungen zeitlich so weit wie möglich zu begrenzen (Meyer-Goßner/Schmitt/*Schmitt*, Einl. Rn. 160; BeckOK-StPO/*Valerius* EMRK, Art. 6 Rn. 21). Daneben wird mittlerweile das Beschleunigungsgebot aber auch als ein dem öffentlichen Interesse dienender, nicht zur Disposition der Verfahrensbeteiligten stehender objektiver Verfahrensgrundsatz verstanden (BVerfG NStZ 2006, 680 [681]; *Satzger* NJW-Festheft Tepperwien, 2010, 56 [60] m.w.N.). Beschwerdeberechtigt sind im Strafverfahren neben dem Angeklagten auch Zivilparteien (EGMR Quemar./. Frankreich, Urt. v. 01.02.2005 – 69258/01, Rn. 25), sodass sich in Deutschland auch Verletzte oder Erben, die i.R.d. Strafverfahrens einen Anspruch über § 403 StPO geltend machen, auf den Beschleunigungsgrundsatz berufen können (s. zum Beschleunigungsgebot auch Einl. StPO Rdn. 68 f.; ausführlich auch *Liebhart* NStZ 2017, 254 ff.).

88 a) **Relevanter Zeitraum.** Die Dauer eines Strafverfahrens ist die Zeitspanne zwischen der Erhebung der Anklage i.S.v. Art. 6 Abs. 1, also der Benachrichtigung über die Einleitung von Ermittlungen aufgrund des Verdachts der Begehung einer Straftat oder dem Zeitpunkt, zu dem der Beschuldigte durch Maßnahmen der Strafverfolgung, die gegen ihn aufgrund des Verdachts einer Straftat getroffen werden, ernsthaft betroffen ist (EGMR Pedersen u. Baadsgaard./. Dänemark, Urt. v. 17.12.2004 – 49017/99, RJD 2004-XI, Rn. 39) und der abschließenden Entscheidung der letzten Instanz; die Strafe muss abschließend festgesetzt sein (EGMR Intiba./. Türkei, Urt. v. 24.05.2005 – 42585/98, Rn. 34). Als Ende des entsprechenden Zeitraums kann auch die Einstellung des Verfahrens gewertet werden, wenn anzunehmen ist, dass der Beschuldigte nicht mehr länger ernsthaft betroffen ist (für den Fall, dass der Beschuldigte aus psychiatrischen Gründen nicht verhandlungsfähig ist, EGMR T.K. u. S.E./. Finnland, Urt. v. 31.05.2005 – 38581/97, Rn. 26). Im Wiederaufnahmeverfahren ist deshalb über die Zulässigkeit des Antrags innerhalb angemessener Frist zu entscheiden (*Arnemann* Defizite der Wiederaufnahme in Strafsachen, 2019, S. 101, S. 127). Auch ein Verfahren vor einem Verfassungsgericht unterfällt dem Beschleunigungsgebot (Peter./. Deutschland, Urt. v. 04.09.2014 – *68919/10, Rn. 38; s. auch* *Esser* *EuIntStrR, § 9 Rn. 234).*

b) Kriterien zur Bestimmung der angemessenen Verfahrensdauer. Eine fixe zeitliche Grenze, ab der ein Verstoß gegen das Beschleunigungsgebot vorliegt, gibt es nicht. Vielmehr beurteilt der EGMR die Frage, ob ein Zeitraum angemessen ist, nach den Umständen des Einzelfalls, und zwar anhand folgender **vier Kriterien** (EGMR Bock./. Deutschland, Urt. v. 29.03.1989 – 11118/84, Series A150, Rn. 38; EGMR Gast u. Popp./. Deutschland, Urt. v. 25.02.2000 – 29357/95, NJW 2001, 211 [212], Rn. 70; EGMR Borobar./. Rumänien, Urt. v. 29.01.2013 – 5663/04, Rn. 80 ff.; zuletzt in EGMR GrK Satakunnan Markkinapörssi Oy u. Satamedia Oy./. Finnland, Urt. v. 27.06.2017 – 931/13, Rn. 209; EGMR Chiarello./. Deutschland, Urt. v. 20.06.2019 – 497/17, Rn. 45 sowie EGMR Polyakh u.a./. Ukraine, Urt. v. 17.10.2019 – 58812/15 et al., Rn. 174): 89

(1) Die **Bedeutung der Sache für den Beschwerdeführer**: Dabei sind insb. Haftsachen von hoher Bedeutung und bedürfen einer raschen Behandlung. Hier ist jedoch auch Art. 5 Abs. 3 zu beachten (vgl. Art. 5 Rdn. 56 f.). Solange der Häftling in Untersuchungshaft ist, gelten Art. 5 Abs. 3 und Art. 6 Abs. 1 nebeneinander. Nach Entlassung aus der Untersuchungshaft bestimmt sich die Angemessenheit nur noch nach Art. 6 Abs. 1. Der zeitliche Anwendungsbereich von Art. 5 Abs. 3 ist somit erheblich kürzer, andererseits die »Angemessenheit der Verfahrensdauer« regelmäßig strenger zu bemessen als in Art. 6 Abs. 1 (s. auch *Satzger* IntEuStrR, § 11 Rn. 67). 90

(2) Die **Komplexität des Falles**: Ein längerer Zeitraum ist angemessen, wenn in tatsächlicher und rechtlicher Hinsicht besondere Schwierigkeiten bestehen (EGMR Intiba./. Türkei, Urt. v. 24.05.2005 – 42585/98, Rn. 34 für den Fall eines Steuerstrafverfahrens mit vielen Beschuldigten). 91

(3) Das **Verhalten des Beschwerdeführers**: Ein verzögerndes Verhalten des Beschwerdeführers kann eine längere Dauer rechtfertigen; jedoch darf es dem Beschwerdeführer nicht als »Verzögerung« angelastet werden, wenn er von ihm zur Verfügung stehenden Rechtsmitteln Gebrauch macht. Eine aktive Zusammenarbeit mit den Strafverfolgungsbehörden kann nicht verlangt werden (EGMR Eckle./. Deutschland, Urt. v. 15.07.1982 – 8130/78, Series A51, Rn. 82). Verzögerndes Verhalten der Verteidigung ist dem Beschwerdeführer zuzurechnen (EGMR Pedersen u. Baadsgaard./. Dänemark, Urt. v. 17.12.2004 – 49017/99, RJD 2004-XI, Rn. 49), schließt jedoch nicht per se aus, einen Konventionsverstoß trotzdem zu bejahen (EGMR Foti u.a./. Italien, Urt. v. 10.12.1982 – 7604/76, 7719/76, 7781/77 u. 7913/77, Series A56, Rn. 56 ff.). 92

(4) Das **Verhalten der Behörden**: Jede längere Untätigkeit der Strafverfolgungsbehörden kann für eine unangemessen lange Verfahrensdauer sprechen, selbst wenn das Verfahren an sich nicht sehr lange gedauert hat (EGMR Marpa Zeeland B.V. u. Metal Welding B.V./. Niederlande, Urt. v. 09.11.2004 – 46300/99, RJD 2004-X, Rn. 61 bei einer Dauer von 6 Jahren und 9 Monaten für drei Instanzen). Weiterhin obliegt es den Mitgliedsstaaten der EMRK, ein Justizsystem zu schaffen, innerhalb dessen die Gerichte ihrer Verpflichtung aus Art. 6 Abs. 1 nachkommen können, was auch die Fähigkeit zur Entscheidung innerhalb angemessener Frist mit einschließt (EGMR Philis./. Griechenland [Nr. 2], Urt. v. 27.06.1997 – 19773/92, RJD 1997-IV, Rn. 40). Insofern vermag dauerhafte Überbelastung der Gerichte eine überlange Verfahrensdauer nicht zu rechtfertigen. Eine Abhilfemaßnahme bei Unterbesetzung kann z.B. die Bestellung von Ergänzungsschöffen darstellen (EGMR Cevizovic./. Deutschland, Urt. v. 29.07.2004 – 49746/99, NJW 2004, 3125). Nach Ansicht des BVerfG ist die aufgrund der Revisionsentscheidung entstehende zusätzliche Verfahrensdauer dann bei der Berechnung der Verfahrensverzögerung zu berücksichtigen, wenn das Revisionsgericht einen Fehler korrigieren muss, der offensichtlich den Tatgerichten anzulasten ist (BVerfG NJW 2006, 672 [673]; krit. hierzu KK-StPO/*Lohse/Jakobs* EMRK, Art. 6 Rn. 39). 93

Der BGH bezieht darüber hinaus auch Schwere und Art des Tatvorwurfs, Umfang und Schwierigkeit des Verfahrens, Art und Weise der Ermittlungen sowie Ausmaß der mit dem Andauern des Verfahrens verbundenen Belastung für den Beschuldigten in die Abwägung ein (KK-StPO/*Lohse/Jakobs* EMRK, Art. 6 Rn. 30; *Schramm* Internationales Strafrecht, Kap 3 Rn. 42; näher BGHSt 46, 159 [168 ff.]) und »versubjektiviert« (Radtke/Hohmann-StPO/*Ambos* EMRK, Art. 6 Rn. 24) insofern die Prüfung, ob ein Verstoß gegen das Beschleunigungsgebot vorliegt. 94

c) Folgen eines Verstoßes gegen das Beschleunigungsgebot – Vollstreckungslösung und Kompensation. Mit der Entscheidung des Großen Senats des BGH GSt 1/07 v. 17.01.2008 (BGHSt 52, 124 ff.) wurde die bislang im Fall rechtsstaatswidriger Verfahrensverzögerung angewendete »Strafzumessungslösung« durch die sog. »Vollstreckungslösung« ersetzt. Ein wesentlicher Grund hierfür war die Rspr. des EGMR zur Möglichkeit der Kompensation von Konventionsverstößen, wonach ein Wegfall der Opferstellung dann in Betracht kommt, wenn 95

(1) die Verletzung des Konventionsverstoßes ausdrücklich anerkannt wird und
(2) eine angemessene Wiedergutmachung geleistet wird (EGMR Dzelili./. Deutschland, Urt. v. 10.11.2005 – 65745/01, StV 2006, 479, Rn. 103).

96 Die früher praktizierte **Strafzumessungslösung** (ausführlich dazu SSW-StGB/*Eschelbach*, § 46 Rn. 53 ff.; BeckOK-StPO/*Valerius* EMRK, Art. 6 Rn. 25) versagte jedenfalls dort, wo eine Milderung der Strafe und damit eine Wiedergutmachung des Konventionsverstoßes nicht möglich war, z.B. bei einer absoluten Strafdrohung (wie etwa »lebenslängliche Freiheitsstrafe« in § 211 StGB) oder im Fall eines gesetzlich starr angeordneten Strafrahmens, sowie in Fällen, in denen die gesetzliche Mindeststrafe schuldangemessen erschien, aber nicht mehr gemildert werden konnte (s. nur *Redeker/Busse* in: Schäfer, Praxis der Strafzumessung, 2008, Teil 3 Rn. 442a; *Satzger* Jura [JK] 9/08, StGB § 46/4). Daher griff der Große Senat des BGH zur sog. »**Vollstreckungslösung**«: Für den EMRK-Verstoß durch rechtsstaatswidrige Verfahrensverzögerung erfolgt kein Abzug bei der Strafe mehr, für die davon zu trennenden Aspekte der langen Zeitspanne von der Tat bis zum Urteil und der langen Verfahrensdauer als solche soll es aber bei einer strafmildernden Berücksichtigung im Rahmen einer Gesamtbewertung aller Umstände bleiben. Für den Konventionsverstoß selbst soll dann – in Analogie zu § 51 Abs. 1 S. 1, Abs. 4 S. 2 StGB – in der Urteilsformel selbst festgestellt werden, dass ein bezifferter Teil der verhängten Strafe als vollstreckt gilt (BGHSt 52, 124 ff.).

97 In Anwendung der Vollstreckungslösung (ausführlich hierzu SSW-StGB/*Eschelbach* § 46 Rn. 56 ff.) stellt das Tatgericht in den Urteilsgründen zunächst Ursache, Art und Ausmaß der Verzögerung fest. Dies kann – bei wenig erheblichen Verzögerungen – bereits als Kompensation genügen. Entscheidend ist allein, dass die Feststellung in hinreichender Deutlichkeit erfolgt (BGHSt 52, 124; krit. *Esser* EuIntStrR, § 9 Rn. 258). Anschließend werden, wie üblich, in den Urteilsgründen die jeweils schuldangemessenen Einzelstrafen bestimmt und die hieraus zu bildende Gesamtstrafe festgesetzt. Sofern die bloße Feststellung der rechtsstaatswidrigen Verzögerung aufgrund ihrer Schwere zur Kompensation nicht genügt und dem Beschuldigten überdies eine Entschädigung zusteht, muss das Gericht festlegen, welcher genau zu beziffernde Teil der Strafe als vollstreckt gilt (KK-StPO/*Lohse/Jakobs* EMRK, Art. 6 Rn. 37; BeckOK-StPO/*Valerius* EMRK, Art. 6 Rn. 27; Radtke/Hohmann-StPO/*Ambos* EMRK, Art. 6 Rn. 26 Fn. 103; krit. hierzu LR/*Esser* EMRK, Art. 6 Rn. 356 der die bloße Feststellung der Verzögerung als Kompensation für konventionswidrig hält). Diese Anrechnung ist im Fall einer Gesamtstrafenbildung allein auf die tenorierte Gesamtstrafe vorzunehmen, indem in der Urteilsformel ein bezifferter Teil der verhängten (Gesamt-) Strafe als im Wege der Kompensation für die überlange Verfahrensdauer für vollstreckt erklärt wird (BGH NJW 2008, 860 [866]). Zu beachten ist, dass nicht schematisch die Länge der Verfahrensverzögerung von der Dauer der Strafe zu subtrahieren ist, sondern eine Einzelfallbetrachtung anhand der Kriterien durchgeführt werden muss, die bereits zur generellen Beurteilung der Angemessenheit eines Verfahrenszeitraums herangezogen werden (zur Höhe der Kompensation in der Praxis vgl. *Liebhart* NStZ 2017, 254 [261]).

98 Die Vollstreckungslösung ist nicht ohne Kritik geblieben (zusf. SSW-StGB/*Eschelbach* § 46 Rn. 56 ff.). So wird der Beschuldigte insoweit schlechter gestellt, als dass durch diese – den Konventionsverstoß formal nicht strafreduzierend berücksichtigende – Lösung eine Strafaussetzung zur Bewährung erschwert wird (s. nur *Salditt* StraFo 2007, 513; *Scheffler* ZIS 2008, 269 [273]) und auch bei der Festsetzung von Nebenfolgen der Strafe (z.B. Verlust des Beamtenstatus) nicht ohne Folgen bleibt (vgl. *I. Roxin* StV 2007, 14 [18]). Allerdings hat der EGMR die Vollstreckungslösung als mit der Konvention vereinbar erklärt (EGMR Kaemena u. Thöneböhm./. Deutschland, Urt. v. 22.01.2009 – 45749/06 u. 51115/06, Rn. 86 f.).

99 **d) Der Verstoß gegen das Beschleunigungsgebot als Verfahrenshindernis.** Nach der Rspr. des BGH führen Verstöße gegen das Beschleunigungsgebot grundsätzlich **nicht zu einem Verfahrenshindernis** (BGHSt 21, 81; 24, 239; 27, 274), weil Prozesshindernisse regelmäßig an objektiv feststellbaren Tatsachen anknüpfen und hier nur eine Gesamtabwägung der Umstände des Einzelfalls mit Blick auf die dem Verfahren zugrunde liegende Beschuldigung und das Maß des Verschuldens die Tatsache und das Gewicht des Verstoßes ergebe (BGHSt 46, 159 [171 f.]; in diese Richtung auch BVerfG NJW 2003, 2897). Konsequenterweise sieht der BGH nur in »ganz außergewöhnlichen Sonderfällen« Raum für ein Prozesshindernis, wenn für eine solche Abwägung aufgrund des Gewichts des Verstoßes schlichtweg kein Raum bleibt und jede Fortführung des Verfahrens den Grundrechtsverstoß nur vertiefen würde (BGHSt 46, 159 [171 f.]; so zuvor schon OLG Karlsruhe NJW 1972, 1907 [1909]; OLG Stuttgart NJW 1967, 508 [510]; OLG Koblenz NJW 1972, 404; BVerfG NJW 1984, 967; zust. *Hillenkamp* NJW 1989, 2841 [2842 f.]; *Schroth* NJW 1990, 29 [31]; *Ostendorf/Radke* JZ 2001, 1094 ff. SK-StPO/*Rogall* Vor §§ 133 ff. Rn. 121; s. auch Einl. StPO Rdn. 74).

100 **e) Der Beschleunigungsgrundsatz als Einschränkung der Rechte des Beschuldigten.** In jüngerer Zeit wurde das Beschleunigungsgebot seitens der deutschen Rspr. in Verkennung seiner Hauptschutzrichtung herangezogen, um Beschuldigtenrechte einzuschränken; *Tepperwien* (NStZ 2009, 1 [7]) bezeichnet die »Beschleunigung über alles« treffend als »Danaergeschenk« für den Beschuldigten. So wurde etwa das **Recht auf Wahl des Verteidigers** nach Art. 6 Abs. 3 lit. c insofern eingeschränkt, als dass ein Pflichtverteidiger bestellt wird, wenn der Wahlverteidiger bei einem Fortsetzungstermin verhindert ist (BGH NStZ-RR 2007, 81).

Weiterhin zieht die Rspr. das Beschleunigungsgebot mittlerweile auch dazu heran, um Beweisanträge leichter 101
aufgrund von Verschleppungsabsicht nach §§ 244 Abs. 3 S. 2 Var. 6, 245 Abs. 2 S. 2 Var. 5 StPO ablehnen zu können (grundlegend zur Entwicklung dieser Rspr *Satzger* NJW-Festheft Tepperwien, 2010, 56 ff. m.w.N.; vgl. auch *Gaede* NJW 2009, 608 ff.). Nach BGH NStZ 2007, 659 ff. kann der Vorsitzende die übrigen Verfahrensteilnehmer unter **Fristsetzung zur Stellung von Beweisanträgen** auffordern. Sofern nach Fristablauf Beweisanträge gestellt werden, bedarf es einer substanziierten Begründung seitens des Beweisantragstellers, warum der Antrag erst nach der Frist gestellt wurde (BGH NStZ 2007, 659 [660]). Sofern nach der Überzeugung des Gerichts kein nachvollziehbarer Anlass für die verfristete Antragstellung besteht und § 244 Abs. 2 StPO zu keiner weiteren Sachaufklärung drängt, kann wegen der Verfristung davon ausgegangen werden, dass der Antrag nur mit dem Zweck der Verschleppungsabsicht gestellt wurde (BGH NStZ 2007, 659 [661]). In einer Folgeentscheidung präzisierte der 1. Senat die Anforderungen: Das Verfahren müsse mindestens zehn Hauptverhandlungstage andauern, weiterhin seien die Verfahrensbeteiligten vor ihrer Setzung über die Folgen der Fristversäumnis zu belehren und die Fristsetzung sei nach § 273 Abs. 3 S. 1 StPO zu protokollieren (BGH NJW 2009, 605 [607]). Das BVerfG (StV 2010, 113 ff.) hält diese Vorgehensweise für verfassungskonform.

Problematisch an dieser »Fristsetzungslösung« ist das klare Verbot einer Präklusionsfrist für Beweisanträge 102
durch § 246 Abs. 1 StPO. Mit einer »richterlichen Rechtsfortbildung« lässt sich die »Fristsetzungslösung« nicht rechtfertigen, es liegt vielmehr ein Verstoß gegen den Vorbehalt des Gesetzes vor (*Jahn* StV 2009, 663 [668 ff.]). Darüber hinaus soll das Beweisantragsrechts als Verfahrensrecht dem Beschuldigten gerade die Möglichkeit geben, auf die Beweisaufnahme einzuwirken. Der Beschleunigungsgrundsatz dient seinerseits in erster Linie den Interessen des Beschuldigten (s.o. Rdn. 87) und soll dessen Belastungen durch das Strafverfahren begrenzen. Wenden die Gerichte den Beschleunigungsgrundsatz aber an, um Rechte des Beschuldigten zu beschneiden, reichen sie – bildlich gesprochen – eine sie treffende Pflicht zur zügigen Verfahrenserledigung an den Beschuldigten weiter, der Beschleunigungsgrundsatz wird somit pervertiert (*Satzger* NJW-Festheft Tepperwien, 2010, 56 [61]; ebenso *Eidam* JZ 2009, 318 [320]; anders *Gössel* ZIS 2007, 557 [560]; vert. zur Problematik *Franke* StV 2010, 433 ff.).

f) **Restriktive Auslegung von Art. 6 durch parallele Anwendung von Art. 13.** Quantitativ machten im Jahr 103
2018 die Verletzungen des Art. 6 den relativ größten Anteil der vom EGMR erlassenen Urteile aus (24,10 %, s. Rdn. 1). Im Jahr 2018 wurden 190 Verletzungen des Art. 6 wegen Missachtung des Fair-trial-Grundsatzes und 106 Verletzungen des Gebots zur Verhandlung in angemessener Frist festgestellt. Betrachtet man den Zeitraum von 1959 bis 2018, so wird sehr deutlich, dass die Feststellungen einer Verletzung von Art. 6 mit Abstand die häufigste Grundlage einer Verurteilung durch den Gerichtshof sind (4505 Fälle wegen Verletzung des Fair-trial-Grundsatzes, 5778 Fälle wegen Verletzung des Beschleunigungsgebots). Im Hinblick auf Deutschland ergibt sich klar, dass v.a. Verletzungen des Beschleunigungsgebots (102 Verurteilungen zwischen 1959 und 2018) das Schwergewicht der Konventionsverstöße der Bundesrepublik ausmachten (Annual Report 2018, S. 176 ff.; http://www.echr.coe.int/Documents/Annual_report_2016_ENG.pdf [Stand: September 2021]).

Diese derzeitige »**Verfahrensflut wegen überlanger Verfahrensdauer**« versucht der EGMR durch seine 104
geänderte Rspr. zu Art. 13 einzudämmen (s. auch Radtke/Hohmann-StPO/*Ambos* EMRK, Art. 6 Rn. 2). Art. 13 beinhaltet das Recht auf wirksame innerstaatliche Beschwerde im Fall der Verletzung eines Rechts aus der Konvention. Bislang betrachtete der EGMR Art. 6 als alle Verfahrensgarantien umfassende Schutznorm. Wegen des ggü. Art. 13 strengeren Maßstabs sah er deshalb in Art. 6 die lex specialis zu Art. 13 (EGMR Kamasinski./. Österreich, Urt. v. 19.12.1989 – 9783/82, ÖJZ 1990, 412 [413], Rn. 110 und *Ambos* NStZ 2002, 628 [629] Fn. 22; Radtke/Hohmann-StPO/*Ambos* EMRK, Art. 6 Rn. 2). Diese Rspr. hat der EGMR mittlerweile aufgegeben: Er wendet Art. 13 nun neben Art. 6 an. Dies hat die wichtige Folge, dass **auch im Fall eines überlangen Verfahrens die Möglichkeit eines innerstaatlichen Rechtsbehelfs gegeben sein muss** (EGMR Kudla./. Polen, Urt. v. 26.10.2000 – 30210/96, NJW 2001, 2694 [2699], Rn. 146 ff.). Auf diese Weise werden die Mitgliedsstaaten dazu veranlasst wirksame innerstaatliche Rechtsbehelfe zu schaffen, sodass Beschwerden gegen überlange Verfahrensdauern bereits innerstaatlich erledigt werden (EGMR Kudla./. Polen, Urt. v. 26.10.2000 – 30210/96, NJW 2001, 2694 [2699], Rn. 148, 155 ff.; EGMR Kirsten./. Deutschland, Urt. v. 15.02.2007 – 19124/02, DVBl. 2007, 1161 [1164 ff.], Rn. 53 ff.; im Detail zu diesem »strukturellen Problem« in mehreren Mitgliedsstaaten vgl. § 199 GVG Rdn. 1). In Deutschland wurde Anfang 2012 durch das Gesetz über den Rechtsschutz bei überlangen Gerichtsverfahren und strafrechtlichen Ermittlungsverfahren v. 24.11.2011 in den §§ 198–201 GVG ein neuartiger innerstaatlicher Rechtsschutz gegen überlange Verfahren eingeführt, der – nach Erhebung einer Verzögerungsrüge – auf Gewährung einer angemessenen Entschädigung in Geld gerichtet ist (ausführlich s. die Kommentierung zu §§ 198, 199 GVG Rdn. 5 ff.).

105 g) **Revision.** Nicht unproblematisch – und früher auch innerhalb des BGH umstr. (s. nur das Anfrageverfahren BGH NStZ 2004, 639) – ist, ob die Art. 6 Abs. 1 S. 1 verletzende überlange Verfahrensdauer i.R.d. Revision mit der Verfahrensrüge oder der Sachrüge geltend zu machen ist. Es hat sich durchgesetzt (s. BGHSt 49, 342; BGH NJW 2006, 1073), dass grds. eine **Verfahrensrüge** erforderlich ist. Insoweit müssen sämtliche Tatsachen benannt werden, die die überlange Verfahrensdauer begründen (KK-StPO/*Lohse/Jakobs* EMRK, Art. 6 Rn. 40; BeckOK-StPO/*Valerius* EMRK, Art. 6 Rn. 30).

106 Wenn sich allerdings bereits aus den Urteilsgründen die Voraussetzungen einer solchen Verzögerung ergeben, muss das Revisionsgericht auf **Sachrüge** eingreifen; ebenso, wenn sich bei der auf Sachrüge veranlassten Prüfung, namentlich anhand der Urteilsgründe, ausreichende Anhaltspunkte ergeben, die das Tatgericht zur Prüfung einer solchen Verfahrensverzögerung drängen mussten, sodass ein sachlich-rechtlich zu beanstandender Erörterungsmangel vorliegt (BGHSt 49, 342; BGH NJW 2006, 1073; Meyer-Goßner/Schmitt/*Schmitt* EMRK, Art. 6 Rn. 9g m.w.N.; BeckOK-StPO/*Valerius* EMRK, Art. 6 Rn. 30).

107 Eine nach dem tatrichterlichen Urteil eingetretene Verfahrensverzögerung hat das Revisionsgericht auf eine zulässige Revision hin von Amts wegen zu berücksichtigen (BGH NStZ 2001, 52; NStZ-RR 2005, 320; KK-StPO/*Lohse/Jakobs* EMRK, Art. 6 Rn. 38; Meyer-Goßner/Schmitt/*Schmitt* EMRK, Art. 6 Rn. 9a m.w.N.).

108 Sofern das Tatgericht in rechtsfehlerhafter Weise eine Kompensation nicht durchgeführt hat und das Verfahren i.R.d. Revision zurückverwiesen wird, erstreckt sich die Aufhebung nicht auf frühere Mitangeklagte, die keine Revision eingelegt haben (zutr. Radtke/Hohmann-StPO/*Ambos* EMRK, Art. 6 Rn. 26). Die Voraussetzungen des § 357 StPO sind nicht erfüllt, weil dieser einen Verstoß gegen materielles Recht verlangt (KK-StPO/*Gericke* § 357 Rn. 5) und die Verletzung von Art. 6 Abs. 1 einen bloßen Verfahrensverstoß bedeutet.

109 **C. Die Unschuldsvermutung. I. Allgemeines.** Die Unschuldsvermutung ist von elementarer Bedeutung für jedes am Schuldprinzip ausgerichtete Strafrechtssystem; sie ist ebenfalls Ausfluss des Rechtsstaatsprinzips (BVerfG NJW 1967, 2151 [2153]). Die Unschuldsvermutung garantiert jedermann das Recht, nicht als einer Straftat schuldig bezichtigt oder behandelt zu werden, bevor seine Schuld gerichtlich festgestellt ist (EGMR Poncelet./. Belgien, Urt. v. 30.03.2010 – 44418/07, NJW 2011, 1789 [1790], Rn. 51; zur Unschuldsvermutung in der Rspr. des EGMR vgl. *Barrot* ZJS 2010, 701 ff.; ferner Einl. StPO Rdn. 63).

110 Die Unschuldsvermutung weist somit eine **doppelte Schutzrichtung** auf: Sie soll verhindern, dass jemand vor Gericht als schuldig behandelt wird, obwohl seine Schuld noch nicht in einem gesetzlich geregelten Verfahren festgestellt wurde und dass die Öffentlichkeit vorzeitig von der Schuld des Angeklagten ausgeht (EGMR Allenet de Ribemont./. Frankreich, Urt. v. 10.02.1995 – 15175/89, Rn. 41). Der Schuldnachweis muss sowohl dem materiellen, als auch prozessualem innerstaatlichem Recht entsprechen (*Grabenwarter/Pabel* EMRK, § 24 Rn. 140; EGMR Allen./. Vereinigtes Königreich, Urt. v. 12.07.2013 – 25424/09, Rn. 92 ff.). Der gesetzliche Nachweis der Schuld kann demnach erst durch rechtskräftiges Urteil erbracht werden (EGMR Minelli./. Schweiz, Urt. v. 25.03.1983 – 8660/79, Series A62, Rn. 37; vert. zur Unschuldsvermutung in der Rspr. des EGMR *Barrot* ZJS 2010, 701 ff.). Eine Verletzung der Unschuldsvermutung ist deshalb zwar auch dann denkbar, wenn im Urteil gegen einen Mitbeschuldigten Formulierungen enthalten sind, die den Eindruck eines Schuldspruchs auch bzgl. eines anderen Mitverdächtigen erwecken, gegen den aber noch kein Verfahren eingeleitet worden ist. Ein Verstoß gegen Art. 6 Abs. 2 liegt nur insoweit nicht vor, als die Feststellungen im Hinblick auf weitere Verdächtige unabdingbar für die Aburteilung des Angeklagten ist (insb. bei komplexen Verfahren, die eine Mehrzahl von Personen betreffen), wobei das Gericht durch die verwendeten Formulierungen deutlich machen soll, dass damit keinerlei Vorverurteilung verbunden ist (EGMR Karaman./. Deutschland, Urt. v. 27.02.2014 – 17103/10, Rn. 63 ff. m.Anm. *Esser* FS Paeffgen, S. 503 ff.). Ausgehend hiervon wird vertreten, dass die Unschuldsvermutung durch die Verbescheidung einer strafbaren Amtspflichtverletzung im Wiederaufnahmebeschluss nach § 370 Abs. 2 StPO verletzt sein kann (vgl. *Ruhs* Rechtsbehelfe bei Verständigungen, 2018, S. 368 ff.).

111 **II. Schutzbereich. 1. Zeitlicher und sachlicher Anwendungsbereich.** Die Unschuldsvermutung gilt nur im Bereich der strafrechtlichen Anklage. Der Schutzbereich reicht damit **zeitlich** von der amtlichen Benachrichtigung des Beschuldigten, eine Straftat begangen zu haben, bis zur Rechtskraft der Aburteilung (EGMR Poncelet./. Belgien, Urt. v. 30.03.2010 – 44418/07, NJW 2011, 1789 [1790], Rn. 50; BVerfG NJW 1973, 202 [232] und oben Rdn. 9). Sie gilt auch im Rahmen eines staatsanwaltlichen Einstellungsbeschlusses, der so formuliert werden muss, dass zwar die Gründe der Einstellung (z.B. Verjährung) und der bestehende Tatverdacht ersichtlich werden, der jedoch nicht die persönliche Meinung des Staatsanwaltes wiedergeben darf oder in der Wortwahl (»schamlose Weise«, »allermindestens«) geeignet ist, den Betroffenen in der Öffentlichkeit als überführten Täter darzustellen (EGMR Peltereau-Villeneuve./. Schweiz, Urt. v. 28.10.2014 – 60101/09, Rn. 35 ff.). Auch im Verfahren über den Widerruf der Strafaussetzung – § 56f StGB sowie § 26 JGG – gilt die Unschuldsvermutung (EGMR El Kaada./. Deutschland, Urt. v. 12.11.2015 – 2130/10, NJW

2016, 3645 [3646], Rn. 37), weshalb eine Reform dieser Normen gefordert wird (*Esser* NStZ 2016, 697 [704 f.]). Im Bereich der Kosten hat die Unschuldsvermutung auch über den (rechtskräftigen) Verfahrensabschluss hinaus Bedeutung.

In **sachlicher** Hinsicht erfasst die Unschuldsvermutung auch einen **Freispruch.** Da die Urteilsbegründung mit dem Tenor ein Ganzes bildet und von diesem nicht trennbar ist (EGMR Adolf./. Österreich, Urt. v. 26.03.1982 – 8269/78, Series A49, Rn. 38 f.), kann folglich auch ein Freispruch des Beschuldigten dessen Unschuldsvermutung verletzen, wenn im Urteil der Eindruck erweckt wird, der Angeklagte sei tatsächlich schuldig; nicht ausreichend ist hingegen die bloße Beschreibung eines verbleibenden Tatverdachts (EGMR Cleve./. Deutschland, Urt. v. 15.01.2015 – 48144/09, NJW 2016, 3225 [3226 f.], Rn. 36, 41, 53 m.Anm. *Satzger* Jura [JK] 2016, 111; dazu auch *Rostalski* HRRS 2015, 315 ff.; *Stuckenberg* StV 2016, 5 ff.; *Ahlbrecht* StV 2016, 257 ff.; *Penkuhn/Brill* JuS 2016, 682 [684]). Diese Abgrenzung ist im Einzelfall freilich schwer zu treffen, als Kriterien zieht der Gerichtshof v.a. die vom Gericht verwendete Sprache und »Natur und Zusammenhang« des Verfahrens, in dem die Aussage getätigt wurde, heran, um den »wahren Gehalt der relevanten Formulierung« (»true sense of the impugned statements«) zu ermitteln. (dazu und zur Kritik am konkreten Fall *Satzger* Jura [JK] 2016, 111; *Stuckenberg* StV 2016, 5 f.; zu Kriterien der Abgrenzung vgl. *Rostalski* HRRS 2015, 315 [323 f.]). Der BGH hat diese Rspr. in einer darauffolgenden Entscheidung ausdrücklich berücksichtigt, eine Anwendbarkeit im konkreten Fall jedoch aufgrund des Freispruchs aus rechtlichen und nicht aus tatsächlichen Gründen verneint (Fall Mollath: BGH NJW 2016, 728 [730 f.] m. zust. Anm. *Michalke*; krit. dazu *Jahn* JuS 2016, 180 [182]; *Grosse-Wilde/Stuckenberg* StV 2016, 784 [785 f.] sehen im konkreten Fall einen Freispruch aus tatsächlichen Gründen; siehe hierzu auch BGH 4 StR 608/19, StV 2020, 454, Rn. 5). Eine derartige Unterscheidung lässt sich der EGMR Rspr. allerdings nicht entnehmen (vgl. *Grosse-Wilde/Stuckenberg* StV 2016, 784 [787 f.]). Kommt es im Ausgangsverfahren zu einem Freispruch des Angeklagten, im Berufungsverfahren dagegen zu einer Verfahrenseinstellung aufgrund von Verjährung, ohne dass auf den Freispruch eingegangen wird, so liegt gleichfalls eine Verletzung der Unschuldsvermutung vor (EGMR GrK G.I.E.M. S.R.L. u.a./. Italien, Urt. v. 28.06.2018 – 1828/06, Rn. 316 ff.). 112

Angesichts der weiten, autonomen Bestimmung des Begriffs »strafrechtliche Anklage« durch den EGMR muss die Unschuldsvermutung auch für moderne Sanktionen gelten, die nicht dem klassischen Strafrecht zugeordnet werden, aber nach den Engel-Kriterien strafrechtlicher Natur sind. Zu nennen ist das immer populärer werdende »**naming and shaming**« in verschiedenen Rechtsgebieten (s. insb. zu §§ 60b, c, d KWG *Irmscher,* Öffentlichkeit als Sanktion, passim; dazu bereits oben Rdn. 11). V.a. dann, wenn – wie dies in § 40 Abs. 1a S. 2 Nr. 3 LFGB geregelt ist – eine Öffentlichkeitsinformation über einen (angeblich tatsächlich) begangenen Verstoß gegen gesetzliche Vorschriften nur aufgrund eines Verdachtes und der Höhe eines zu erwarteten Bußgelds im (noch nicht bestands-/rechtskräftig) abgeschlossenen Verfahren zwingend vorgeschrieben ist, ist die Unschuldsvermutung eröffnet und richtiger Ansicht nach auch verletzt (a.A. – ohne die Unschuldsvermutung auch nur anzusprechen! – BVerfG NJW 2018, 2109; wie hier etwa *Hamm* NJW 2018, 2100 ff.; *Roffael/Wallau* ZLR 2019, 4). Die Anforderungen des LFGB bleiben insoweit deutlich hinter den Öffentlichkeitsinformationen in anderen Gesetzen zurück (s. § 57 GWG oder § 124 Abs. 2 S. 2 GWG).

2. Adressatenkreis. Aufgrund des zeitlichen Anwendungsbereichs der Unschuldsvermutung wendet sich diese nicht nur an den **Strafrichter**, der das Strafverfahren unvoreingenommen eröffnen muss und während seiner gesamten Amtsausübung nicht von der vorgefassten Meinung ausgehen darf, der Beschuldigte habe die ihm vorgeworfene Tat begangen (EGMR Poncelet./. Belgien, Urt. v. 30.03.2010 – 44418/07, NJW 2011, 1789 [1790], Rn. 51); besonders die bereits im Ermittlungsverfahren tätigen **Strafverfolgungsbehörden** sind ebenfalls an die Unschuldsvermutung gebunden (EGMR Daktaras./. Litauen, Urt. v. 10.10.2000 – 42095/98, RJD 2000-X, Rn. 42; zuletzt EGMR Poncelet./. Belgien, Urt. v. 30.03.2010 – 44418/07, NJW 2011, 1789 [1790], Rn. 53 ff.), was allerdings Ermittlungs- und Strafverfolgungsmaßnahmen nicht ausschließt, da diese ja nur an einen Verdacht anknüpfen und auf die Klärung des Tatvorwurfs gerichtet sind (BVerfGE 82, 106 [115]; BeckOK-StPO/*Valerius* EMRK, Art. 6 Rn. 33; s. auch unten Rdn. 117). Die Ermittlungsbehörden sind auch durchaus befugt, öffentlich zu erklären, genügend Beweise für eine Anklageerhebung zu haben, allerdings dürfen sie nicht darüber hinaus gehen und behaupten, dass diese für eine Verurteilung ausreichen (EGMR Daktaras./. Litauen, Urt. v. 10.10.2000 – 42095/98, RJD 2000-X, Rn. 44), diese Entscheidung obliegt allein dem Gericht. 113

Angesichts der Weite des Begriffs »strafrechtliche Anklage« müssen auch diejenigen **Behörden** und Verwaltungseinheiten, die zur Verhängung einer solchen Strafe i.w.S. tätig werden, grds. an die Unschuldsvermutung gebunden sein. Dies ist für die Sanktion des »naming and shaming«, welche in der Regel von Behörden ausgeht, bedeutsam (s. oben Rdn. 112).

114 Die **Medien** sind durch die EMRK nicht unmittelbar verpflichtet; allerdings können sich aus der Konvention Schutzpflichten für die Vertragsstaaten ergeben, wonach gesetzliche Regelungen zum Schutz des guten Rufes und der Rechte anderer geschaffen werden müssen (s. *Esser* EuIntStrR, § 9 Rn. 273). Aus der Unschuldsvermutung entspringt auch eine Verpflichtung des Staates, die Presse mittels sorgfältiger Informationspolitik (*Grabenwarter/Pabel* EMRK, § 24 Rn. 143; LR/*Esser* EMRK, § 6 Rn. 485 ff.) zu einer Berichterstattung über anhängige Strafverfahren in der gebotenen Sachlichkeit zu veranlassen (Frowein/*Peukert* EMRK, Art. 6 Rn. 270 m.w.N.; *Esser* Auf dem Weg, S. 715).

115 Auch die **Legislative** ist an die Unschuldsvermutung gebunden, praktisch relevant wird diese Bindung besonders bei der Aufhebung der Immunität von parlamentarischen Abgeordneten (EGMR Butkevicius./. Litauen, Urt. v. 26.03.2002 – 48297/99, RJD 2002-II, Rn. 53).

116 **III. Vereinbarkeit staatlichen Verhaltens mit den Vorgaben von Art. 6 Abs. 2. 1. Beweislastverteilung.** Aus der Unschuldsvermutung ergibt sich grds., dass die **Beweislast bei den Ermittlungsbehörden** liegt und Zweifel stets zugunsten des Angeklagten gewertet werden müssen (EGMR Barberà, Messegué u. Jabardo./. Spanien, Urt. v. 06.12.1988 – 10590/83, Series A146, Rn. 77). Dennoch sind Normen, die unter bestimmten Voraussetzungen eine **Vermutung für die Schuld des Angeklagten** aufstellen, nicht grds. mit Art. 6 Abs. 2 unvereinbar; vielmehr sind im Einzelfall das Gewicht der drohenden Sanktion, der Grad der Einschränkung der Verteidigung durch die Vermutung sowie die Kompetenz des Gerichts zur effektiven Beweiswürdigung und Bewertung der Schuld des Angeklagten zu berücksichtigen (EGMR Salabiaku./. Frankreich, Urt. v. 07.10.1988 – 10519/83, Series A141-A, Rn. 28; *Grabenwarter/Pabel* EMRK, § 24 Rn. 141).

117 **2. Strafverfolgungsmaßnahmen, insb. Untersuchungshaft und Beschlagnahme.** Ermittlungs- und Strafverfolgungsmaßnahmen stehen der Unschuldsvermutung selbstverständlich nicht entgegen, da diese ja nur an einen Verdacht anknüpfen und auf die Klärung des Tatvorwurfs gerichtet sind (BVerfGE 82, 106 [115]; BeckOK-StPO/*Valerius* EMRK, Art. 6 Rn. 33). Schon aus Art. 5 Abs. 1 lit. c kann man ersehen, dass die Unschuldsvermutung auch die Anordnung von Untersuchungshaft nicht ausschließt. Entscheidungen, die die Fortdauer der Haft betreffen, müssen die Haftgründe und damit eben Feststellungen enthalten, die auf die Täterschaft oder Tatbeteiligung des Betroffenen und die zu erwartende Strafe hinweisen oder auf die Gefahr, dass er weitere strafbare Handlungen begeht; solange diese Feststellungen erkennbar nur auf Verdachtsgründen beruhen, liegt keine Verletzung von Art. 6 Abs. 2 vor (Frowein/*Peukert* EMRK, Art. 6 Rn. 275). Dasselbe gilt für das »Einfrieren« von Vermögen im Fall des Verdachts, dass dieses aus mafiösen Strukturen stammt (EGMR Yaşar Kemal Gökçeli./. Türkei, Urt. v. 04.03.2003 – 27215/95 u. 36194/97, Rn. 46).

118 **3. Verwertung einer noch nicht rechtskräftig abgeurteilten weiteren Straftat.** Umstritten ist, inwiefern die Unschuldsvermutung der Verwertung noch nicht rechtskräftig abgeurteilter Straftaten entgegensteht. Für deren Berücksichtigung beim **Widerruf der Strafaussetzung zur Bewährung** (s. § 56f StGB) spricht sich in Deutschland zwar die noch h.M. (BVerfG NStZ 1987, 118; OLG Düsseldorf StV 1993, 430; *Stree* NStZ 1992, 153; aber ausdrücklich offengelassen von BVerfG NJW 2005, 817) aus, wenn das Widerrufsgericht fest von der Tatbegehung überzeugt ist. Mit dem EGMR ist dies jedoch abzulehnen, denn zwar geht es in erster Linie um eine Korrektur der für jede Strafaussetzung erforderlichen günstigen Legal- und Kriminalprognose. Mit einem Widerruf zieht das Gericht allerdings eine strafrechtlich relevante Konsequenz aus einer weiteren, nicht abschließend bewiesenen Straftat. Die daraus folgenden Nachteile für den Betroffenen haben Strafcharakter, sodass die Unschuldsvermutung verletzt ist (so EGMR Böhmer./. Deutschland, Urt. v. 03.10.2002 – 37568/97, NJW 2004, 43 [45]; i.E. ebenso *Peglau* NStZ 2004, 248; LR/*Esser* EMRK, Art. 6 Rn. 518; SSW-StGB/*Claus* § 56f Rn. 12). In einer jüngeren Entscheidung hat nun das OLG Hamm festgestellt, dass ein Verstoß gegen Art. 6 Abs. 2 anzunehmen sei, wenn eine Strafvollstreckungskammer im Rahmen eines Antrags auf gerichtliche Entscheidung feststellt, dass der Betroffene eine bestimmte Straftat begangen habe, diese aber noch nicht abgeurteilt und auch vom Betroffenen nicht gestanden worden ist und der Betroffene deswegen mit Disziplinarmaßnahmen belegt wurde (OLG Hamm NStZ 2013, 174). Diese überzeugende Argumentation fügt sich konsequent in das generell weite Verständnis des EGMR vom Begriff der Strafe ein (s. Art. 7 Rdn. 8). Ob demgegenüber etwas anderes gelten kann, wenn der Verurteilte ein glaubhaftes Geständnis vor dem Widerrufsgericht abgelegt hat (so BVerfG NJW 2005, 817; zust. SSW-StGB/*Claus* § 56f Rn. 12) ist zweifelhaft, da auch ein Geständnis die Unschuldsvermutung nicht außer Kraft setzen kann (so auch Lackner/Kühl/*Heger* StGB, § 56f Rn. 3a; *Seher* ZStW 118 [2006], 101 [149, 157]; für die Einstellung nach § 153 StPO auch *Schott* StV 2016, 450 [452]).

119 Erst recht müssen diese Einwände gegen die Verwertung einer noch nicht rechtskräftig abgeurteilten weiteren Straftat **bei der Strafzumessung** erhoben werden, da das Mehr an Strafe, das auf Grundlage einer anderen, noch nicht rechtskräftig abgeurteilten Tat ausgesprochen wird, eine Verhängung von Strafe im Wider-

spruch zur Unschuldsvermutung darstellt (so auch OLG Dresden StV 2007, 639; SSW-StGB/*Eschelbach* § 46 Rn. 135; *Stuckenberg* StV 2007, 655 [662 f.]; anders aber BVerfG, Beschl. v. 05.04.2010 – 2 BvR 366/10; BGH NJW 1987, 660 [661]).

4. Anspruch auf Entschädigung und Kosten, nachfolgender Zivilprozess. Für den Fall der Einstellung des Strafverfahrens oder des Freispruchs folgt aus der Unschuldsvermutung **kein Anspruch** des Angeklagten auf Entschädigung für erlittene, aufgrund dringenden Tatverdachts und Haftgrunds jedoch rechtmäßige Untersuchungshaft (Frowein/*Peukert* EMRK, Art. 6 Rn. 272; *Esser* Auf dem Weg, S. 760; BeckOK-StPO/*Valerius* EMRK, Art. 6 Rn. 34; Radtke/Hohmann-StPO/*Ambos* EMRK, Art. 6 Rn. 38). 120

Im Fall von Freispruch, Ablehnung der Eröffnung des Hauptverfahrens bzw. Verfahrenseinstellung ist »kostenrechtliche Folge der Unschuldsvermutung« (so § 467 StPO Rdn. 1) § 467 Abs. 1 StPO (grundsätzliche Kostentragungspflicht der Staatskasse). Die Unschuldsvermutung verbietet es jedoch nicht, dem Freigesprochenen unter Beachtung des Grundsatzes der Verhältnismäßigkeit seine Kosten und Auslagen gem. § 467 Abs. 3 bis 5 StPO aufzuerlegen (EGMR Englert./. Deutschland, Urt. v. 25.08.1987 – 10282/83, Series A123, Rn. 39, 41; s. auch *Schramm* Internationales Strafrecht, Kap. 3 Rn. 46). 121

Die Unschuldsvermutung ist jedoch verletzt, wenn die Einstellungsentscheidung oder die Kostenentscheidung bei Freispruch oder Einstellung eine direkte oder indirekte Schuldfeststellung in Form entsprechender Sachverhaltsgestaltung enthalten oder erklärt wird, dass der Beschuldigte im Fall der Fortführung des Verfahrens auf jeden Fall verurteilt worden wäre, also eine Feststellung der Schuld erfolgt (EGMR Minelli./. Schweiz, Urt. v. 25.03.1983 – 8660/79, Series A62, Rn. 38, 40). Anders ist dies zu beurteilen für den Fall einer Einstellung nach § 153a StPO (vgl. § 153a StPO Rdn. 1; *Esser* Auf dem Weg, S. 758; BeckOK-StPO/*Valerius* EMRK, Art. 6 Rn. 34). 122

Anders beurteilt der EGMR ebenfalls bloße **Schuldprognosen** seitens des Gerichts im Fall von Kostenentscheidungen. Sofern das Gericht z.B. formuliert, dass nach den Ausführungen im erstinstanzlichen Urteil eine Verurteilung erheblich wahrscheinlicher als ein Freispruch ist, sieht der EGMR eine bloße Prognose, jedoch keine die Unschuldsvermutung verletzende Feststellung gegeben und verneint einen Verstoß gegen Art. 6 Abs. 2 (EGMR Englert./. Deutschland, Urt. v. 25.08.1987 – 10282/83, Series A123, Rn. 34 ff.; zur Auffassung, dass in einem solchen Fall zur Vermeidung eines Verstoßes gegen Art. 6 Abs. 2 die Hauptverhandlung bis zur Schuldspruchreife durchgeführt werden solle vgl. § 467 StPO Rdn. 25). Dasselbe gilt für eine Kostenentscheidung basierend auf einer – auch schweren – Verdächtigung des Beschuldigten, bei der aber gerade keine Schuldzuweisung stattfindet (EGMR Demjanjuk./. Deutschland, Urt. v. 24.01.2019 – 24247/15, Rn. 40). 123

Die Möglichkeit, einen Freigesprochenen wegen der infrage stehenden Tat zivilrechtlich zu verurteilen, bleibt von Art. 6 Abs. 2 unberührt, jedoch darf in den Urteilsgründen eine strafrechtliche Verantwortlichkeit nicht bejaht werden (Frowein/*Peukert* EMRK, Art. 6 Rn. 274). Die **zivilrechtliche Verurteilung** verstößt außerdem dann nicht gegen die Unschuldsvermutung, wenn Straf- und Zivilprozess klar unterscheidbar sind und insb. im Zivilprozess geringere Anforderungen an die Beweislast gestellt werden, als dies im Strafprozess der Fall ist (EGMR Ringvold./. Norwegen, Urt. v. 11.02.2003 – 34964/97, RJD 2003-II, Rn. 36 ff.; zur erforderlichen Verbindung der Verfahren s. EGMR Allen./. Vereinigtes Königreich, Urt. v. 12.07.2013 – 25424/09, Rn. 99 ff., 119 ff.); in diesem Fall ist bereits der Anwendungsbereich von Art. 6 Abs. 2 nicht eröffnet (siehe jedoch EGMR Fleischner./. Deutschland, Urt. v. 03.10.2019 – 61985/12, Rn. 59 ff. für einen Fall der differenzierten Untersuchung des Zuschreibens strafrechtlicher Verantwortlichkeit durch einen – sich missverständlich ausdrückenden – Zivilrichter). 124

5. Auslieferung an Drittstaaten. Schließlich verbietet Art. 6 Abs. 2 einem Konventionsstaat den Vollzug eines Urteils eines Drittstaats bzw. Auslieferung an einen Drittstaat zur Vollstreckung eines dort ergangenen Urteils, wenn jenes unter Verstoß gegen die Unschuldsvermutung zustande gekommen ist. Insoweit unterliegt der jeweilige Mitgliedsstaat der **Pflicht zur Prüfung**, ob das Verfahren des Drittstaats an keiner offenkundigen Rechtsverletzung leidet, mitunter sogar, ob den Anforderungen von Art. 6 Genüge getan wurde (*Matscher* FS Kollhosser, Bd. II 2004, S. 427 [431 ff.]; vgl. auch *Gless* Internationales Strafrecht, Rn. 69). Wegen des Grundsatzes der gegenseitigen Anerkennung gelten im Anwendungsbereich des Rahmenbeschlusses 2002/584/JI v. 13.06.2002 über den **Europäischen Haftbefehl** und die Übergabeverfahren zwischen den Mitgliedstaaten (ABlEU L 190 v. 18.07.2002; zusf. dazu *Satzger* IntEuStrR, § 10 Rn. 26 ff.) Besonderheiten. 125

Art. 7 Keine Strafe ohne Gesetz

(1) Niemand darf wegen einer Handlung oder Unterlassung verurteilt werden, die zur Zeit ihrer Begehung nach innerstaatlichem oder internationalem Recht nicht strafbar war. Es darf auch keine schwerere als die zur Zeit der Begehung angedrohte Strafe verhängt werden.

(2) Dieser Artikel schließt nicht aus, dass jemand wegen einer Handlung oder Unterlassung verurteilt oder bestraft wird, die zur Zeit ihrer Begehung nach den von den zivilisierten Völkern anerkannten allgemeinen Rechtsgrundsätzen strafbar war.

Englische Fassung.

(1) No one shall be held guilty of any criminal offence on account of any act or omission which did not constitute a criminal offence under national or international law at the time when it was committed. Nor shall a heavier penalty be imposed than the one that was applicable at the time the criminal offence was committed.

(2) This article shall not prejudice the trial and punishment of any person for any act or omission which, at the time when it was committed, was criminal according to the general principles of law recognised by civilised nations.

Französische Fassung.

(1) Nul ne peut être condamné pour une action ou une omission qui, au moment où elle a été commise, ne constituait pas une infraction d´après le droit national ou international. De même il n´est infligé aucune peine plus forte que celle qui était applicable au moment où l´infraction a été commise.

(2) Le présent article ne portera pas atteinte au jugement et à la punition d´une personne coupable d´une action ou d´une omission qui, au moment où elle a été commise, était criminelle d´après les principes généraux de droit reconnus par les nations civilisées.

Übersicht

1 **A. Grundsätzliches. I. Abs. 1 – Gesetzlichkeitsprinzip.** Art. 7 Abs. 1 sichert – in Ergänzung zu Art. 6, der sich der verfahrensrechtlichen Seite widmet – die materiell-rechtliche Komponente des Rechtsstaatsprinzips (*Grabenwarter/Pabel* EMRK, § 24 Rn. 145) und enthält das auch im nationalen Recht verankerte **Gesetzlichkeitsprinzip** (näher zum nationalen Recht vgl. Rdn. 3). Die Vorschrift ist, indem sie vor willkürlicher Verfolgung, Verurteilung und Bestrafung schützt (EGMR Streletz, Kessler u. Krenz./. Deutschland, Urt. v. 22.03.2001 – 34044/96, 35532/97 u. 44801/98, RJD 2001-II, Rn. 50; KK-StPO/*Lohse/Jakobs* EMRK, Art. 7 Rn. 1; *Safferling* Internationales Strafrecht § 13 Rn. 58), grundlegend für das materielle Strafrecht und daher gem. Art. 15 Abs. 2 **notstandsfest** (wie auch Art. 3 und Art. 4).

2 **II. Parallele internationale Instrumente.** Wortgleiches Vorbild zu Art. 7 Abs. 1 ist **Art. 11 Abs. 2 AEMR** (Meyer-Ladewig/Nettesheim/von Raumer/*Meyer-Ladewig/Harrendorf/König* EMRK, Art. 7 Rn. 2). Eine gleichlautende Vorschrift findet sich außerdem in **Art. 15 Abs. 2 IPBPR**. Auch in der GRCh werden die Gewährleistungen von Art. 7 Abs. 1 übernommen, wobei **Art. 49 GRCh** in zwei Aspekten über Art. 7 Abs. 1 hinausgeht: Zum einen wird nach Art. 49 Abs. 1 Satz 3 GRCh für den Fall, dass nach Tatbegehung durch Gesetz eine mildere Strafe eingeführt wird, bestimmt, dass diese dann auch zu verhängen ist; zum anderen ist in Art. 49 Abs. 3 GRCh ein allgemeiner Verhältnismäßigkeitsgrundsatz in Bezug auf das Strafmaß normiert, der für den Fall, dass keine Freiheitsstrafe verhängt wird und damit auch keine Freiheitsgrundrechte betroffen sind, eine eigenständige Bedeutung hat (*Grabenwarter/Pabel* EMRK, § 24 Rn. 146).

III. Parallele nationale Instrumente. Das Gesetzlichkeitsprinzip ist auch im nationalen Recht in **Art. 103 Abs. 2 GG, §§ 1, 2 Abs. 2 StGB** eine grundlegende strafrechtliche Garantie von Verfassungsrang (ausführlich SSW-StGB/*Satzger* § 1; *Safferling* Internationales Strafrecht § 13 Rn. 58). Zwar ist § 1 StGB wortgleich zu Art. 103 Abs. 2 GG und insoweit nur deklaratorischer Natur (MüKo-StGB/*Schmitz* § 1 Rn. 2); die Spitzenstellung im StGB verdeutlicht dennoch, von welch herausragender Wichtigkeit der Grundsatz im deutschen Strafrecht ist. Vier Ausformungen lassen sich unterscheiden (*Satzger* JuS 2004, 943; *ders.* Jura 2016, 154 [155]; *Roxin* AT I § 5 Rn. 7; SK-StGB/*Rudolphi* § 1 Rn. 5): 3

- das Verbot von strafbegründendem Gewohnheitsrecht (vgl. zum Völkergewohnheitsrecht Rdn. 7);
- das Bestimmtheitsgebot;
- das Analogieverbot;
- das Rückwirkungsverbot; Letzteres findet eine einfachgesetzliche Ausgestaltung in § 2 StGB.

IV. Abs. 2 – Ausnahmen. Art. 7 Abs. 2 enthält eine **Ausnahme vom Rückwirkungsverbot**; diese wurde im Hinblick auf die Problematik rückwirkender Strafen bei den Verfahren vor dem Nürnberger Internationalen Militärgerichtshof (vgl. *Satzger* IntEuStrR § 13 Rn. 5 ff.; *Safferling* Internationales Strafrecht § 13 Rn. 66) in die Norm aufgenommen. Das Verbot der Rückwirkung von Strafgesetzen sollte keinen Gesetzen entgegengehalten werden können, die gegen oder nach dem Ende des 2. Weltkriegs zur Ahndung von Kriegsverbrechen, Verrat und Kollaboration mit dem Feind erlassen worden waren (*Frowein*/Peukert EMRK, Art. 7 Rn. 11; vgl. auch EGMR GrK Vasiliauskas./. Litauen, Urt. v. 20.10.2015 – 47143/06, Rn. 188 f.). Die Ausnahmeregel gestattet die rückwirkende Bestrafung extremen Unrechts im Sinn der Radbruch´schen Formel (*Esser* EuIntStrR, § 9 Rn. 291; s. zur Auslegung des Art. 7 Abs. 2 EGMR GrK Maktouf u. Damjanović./. Bosnien und Herzegowina, Urt. v. 18.07.2013 –2312/08 u. 34179/08, Rn. 72). 4

Bei der Ratifizierung der EMRK am 05.12.1952 hatte die Bundesrepublik Deutschland allerdings eine Erklärung abgegeben, wonach sie Art. 7 nur in den Grenzen des Art. 103 Abs. 2 GG anwenden werde. Zweifelhaft ist jedoch, ob darin wirklich ein völkerrechtlicher Vorbehalt i.S.d. Art. 2 Nr. 1 lit. d) WVRK gesehen werden konnte (so aber ausdrücklich der Wortlaut des Ratifikationsgesetzes [BGBl. II 1954, S. 14], welches von »Vorbehalt« gem. Art. 64 spricht). Die Erklärung war nämlich nicht darauf gerichtet, das Mindestschutzniveau des Art. 7 zu untergraben, ein Mehr an Gewährleistungen lässt Art. 53 aber jederzeit zu. Die gegen die sog. »Nürnberg-Klausel« gerichtete Erklärung, ob Vorbehalt oder nicht, war daher in jedem Fall überflüssig (so zu Recht LR/*Esser* EMRK, Art. 7 Rn. 6). Sie brachte nur eine aus heutiger Sicht wenig verständliche »Missbilligung« des Art. 7 Abs. 2 zum Ausdruck (*Jescheck* NJW 1954, 785; so auch Meyer-Goßner/Schmitt/*Schmitt* EMRK, Art. 7 Rn. 2 und LR/*Esser* EMRK, Art. 7 Rn. 6). Jedenfalls wurde der »Vorbehalt« am 05.12.2001 mit Erklärung ggü. dem Generalsekretär des Europarats zurückgenommen (BGBl. 2003 II, S. 1580). Dahinter stand nicht zuletzt die Erwägung, dass Deutschland auch im Hinblick auf den im Vergleich zu Art. 7 Abs. 1 inhaltlich identischen Art. 15 Abs. 2 IPBPR keinen derartigen Vorbehalt erklärt hatte. 5

B. Anwendungsbereich. I. Allgemeines. Im Wesentlichen enthält Art. 7 die Grundsätze **»nullum crimen sine lege«** und **»nulla poena sine lege«**. Hieraus folgt, dass das Gesetz die Voraussetzungen für die Strafbarkeit eines Verhaltens regeln muss und nur ein Gesetz eine Strafe androhen darf (*Frowein*/Peukert EMRK, Art. 7 Rn. 2). Daraus wird wiederum – abgesehen von den Ausnahmekonstellationen des Abs. 2 – das **Verbot der rückwirkenden Anwendung** eines Strafgesetzes zum Nachteil des Angeklagten auf vor Inkrafttreten des Gesetzes begangene Straftaten sowie das **Verbot strafbegründender Analogie** hergeleitet (st. Rspr. seit EGMR Kokkinakis./. Griechenland, Urt. v. 25.05.1993 – 4307/88, Series A260-A, Rn. 52). Aus der Rspr. des EGMR, wonach richterliche Rechtsfortbildung nur in den Grenzen der Vorhersehbarkeit möglich sein soll, wird außerdem die Normierung des **Grundsatzes der Gewaltenteilung** in den Mitgliedsstaaten der EMRK herausgelesen (*Grabenwarter/Pabel* EMRK, § 24 Rn. 145). 6

II. Schutzbereich. 1. Der Begriff »Recht«. Der Begriff »Recht«(»law«, »droit«) in Art. 7 Abs. 1 hat dieselbe Bedeutung wie das Wort »Gesetz« in anderen Vorschriften der EMRK, z.B. in Art. 8 Abs. 2, 9 Abs. 2, 10 Abs. 2, 11 Abs. 2 (vgl. EGMR S.W./. Vereinigtes Königreich, Urt. v. 22.11.1995 – 20166/92, Series A335-B, Rn. 35). Die englische und die französische Fassung nehmen hier überhaupt keine begriffliche Unterscheidung vor, was diese Aussage belegt. Der Terminus beinhaltet damit sowohl Gesetze als auch ungeschriebenes Recht in den Common-Law-Staaten (EGMR S.W./. Vereinigtes Königreich, Urt. v. 22.11.1995 – 20166/92, Series A335-B, Rn. 35; EGMR C.R./. Vereinigtes Königreich, Urt. v. 22.11.1995 – 20190/92, Series A335-C, Rn. 33). Indem Art. 7 auch das Völkerrecht als Grundlage der Strafbarkeit nennt, kann im Unterschied zum nationalen Recht (vgl. Rdn. 3 und SSW-StGB/*Satzger* § 1 Rn. 3, 28 ff.) selbst Völkergewohnheitsrecht ohne Rücksicht auf die Umsetzung in innerstaatliches Recht zur Begründung der Strafbarkeit eines Bürgers des Mitgliedsstaats herangezogen werden (*Satzger* JuS 2004, 943, [944 f.]; LR/*Esser* EMRK, Art. 7 Rn. 13). 7

8 2. **Der Begriff der Strafe.** Wie in anderen Normen der EMRK ist auch in Art. 7 Abs. 1 der Begriff der Strafe **autonom** auszulegen. Wie bereits im Kontext des Art. 6 EMRK ausführlich dargestellt, zieht der EGMR auch hier zur Feststellung, ob eine Maßnahme als Strafe zu qualifizieren ist, *alternativ* folgende Kriterien heran (st. Rspr. seit EGMR Welch./. Vereinigtes Königreich, Urt. v. 09.02.1995 – 17440/90, Serie A 307-A, Rn. 28, vgl. insb. zur Bedeutung der ersten Voraussetzung auch EGMR NJW 2017, 1007 [1011]):

(1) Verhängung der Maßnahme im Anschluss an eine Verurteilung wegen einer Tat, die das nationale Recht dem Strafrecht zuordnet;

(2) Strafcharakter der Maßnahme im Hinblick auf (repressive) Natur und Zweck, z.B. die Haftstrafe;

(3) Schwere der Maßnahme, wobei dies nie das alleinige Kriterium zur Bejahung der Strafe i.S.v. Art. 7 sein kann.

Damit ist insb. die Schuld des Täters keine unabdingbare Voraussetzung für die Charakterisierung einer Sanktion als »Strafe«. Der Strafbegriff des BVerfG im Rahmen von Art. 103 Abs. 2 GG ist demgegenüber ein anderer. Das BVerfG versteht unter Strafe eine staatliche Maßnahme, die eine missbilligende Reaktion auf ein rechtswidriges, schuldhaftes Verhalten darstellt und ein Übel verhängt, welches dem Schuldausgleich dient (BVerfG NJW 2004, 739 [744]; zusf. s. *Pösl* ZJS 2011, 133).

9 3. **Anwendungsfälle.** Die autonome Bestimmung des Begriffs der Strafe hat zur Folge, dass Maßnahmen, die nach nationalem Strafrecht nicht als »Strafen« beurteilt werden, vom EGMR durchaus unter den Begriff der Strafe subsumiert werden können und damit an den Maßstäben des Art. 7 Abs. 1 gemessen werden müssen.

10 a) **Beschlagnahme/Einziehung von Taterträgen.** Mit Wirkung zum 01.07.2017 traten in Deutschland die neuen Vorschriften zur **Einziehung von Taterträgen**, §§ 73 ff. StGB, in Kraft (zu Zweifeln des BGH an der Verfassungsmäßigkeit der Übergangsregelung des § 316h EGStGB, der die Vorschriften der Vermögensabschöpfung auf Fälle vor dem 01.07.2017 erstreckt, vgl. BGH, Beschl. v. 07.03.2019 – 3 StR 129/18; a.A. OLG München, Urt. v. 19.07.2018 – 5 OLG 15 Ss 539/17, die Zweifel sind nun aber verfassungsgerichtlich aus dem Weg geräumt, vgl. BVerfG, Beschl. v. 10.02.2021 – 2 BvL 8/19, NJW 2021, 1222 unter eingehender Befassung mit der EGMR-Rspr.). Dabei scheint die deutsche Rspr. auch bei neuer Rechtslage weiterhin daran festhalten zu wollen, die Einziehung als Maßnahme eigener Art und nicht als »Strafe« zu qualifizieren (vgl. BGH NStZ 2018, 400 [400]; OLG Köln StV 2019, 56 [56]; zust. *Müller-Metz* NStZ 2018, 400 [401]; a.A. LG Kaiserslautern, StV 2018, 333 m. krit. Bespr. *Saliger/Schörner* StV 2018, 388). Der EGMR hat die **Beschlagnahme von Grundstücken** im italienischen Recht, welche – trotz Normierung im italienischen Strafgesetzbuch und Verhängung im Rahmen eines Strafprozesses – nach dortigem Recht nur als Verwaltungsmaßnahme eingestuft wird, vom EGMR gleichwohl als »Strafe« i.S.v. Art. 7 Abs. 1 qualifiziert, gerade weil sie aus Anlass einer Straftat und im Rahmen eines Strafprozesses verhängt wurde und letztlich von strafender Natur ist (EGMR Sud Fondi SRL./. Italien, Urt. v. 20.01.2009 – 78909/01, Rn. 115; vgl. kürzlich auch EGMR GrK G.I.E.M. S.R.L. u.a./. Italien, Urt. v. 28.06.2018 – 1828/06, Rn. 214 ff.). Dementsprechend hat der EGMR eine Verletzung des Art. 7 darin gesehen, dass eine Beschlagnahme eines Grundstücks angeordnet wurde, nachdem das Strafverfahren wegen Verjährung eingestellt worden war – also ohne Schuldspruch endete (Varvara./. Italien, Urt. v. 29.10.2013 – 17475/09, Rn. 36 ff.). Ein aktuelles Urteil aus Straßburg schlägt aber ebenfalls den deutschen Weg ein und spricht eingezogenen Taterträgen den Strafcharakter ab, solange sie in einem gesonderten Verfahren angeordnet wurden und einen eher bereicherungsrechtsähnlichen Charakter aufweisen (EGMR Ulemek./. Serbien, Urt. v. 02.02.2021 – 41680/13, Rn. 46 ff.). Gleichermaßen kann keine »Strafe« vorliegen, falls der präventive Charakter im Vordergrund steht (EGMR Balsamo./. San Marino, Urt. v. 08.10.2019 – 20319/17, 21414/17, Rn. 59). Zusammenfassend kommt es also für die Qualifikation als Strafe stark auf die Voraussetzungen der Einziehung von Taterträgen im jeweiligen Mitgliedstaat an; nur wenn der repressive und pönale Charakter, der auf den Grad der Schuld des Einzelnen abzielt, im Vordergrund steht, liegt eine Strafe vor.

Daraus lässt sich für das deutsche Recht durchaus vertreten, dass auch die Einziehung von Taterträgen im Einzelfall bzgl. Art. 7 als »Strafe« einzuordnen sein kann (zum Streit bzgl. des innerstaatlichen Charakters s. NK-StGB/*Saliger* Vor §§ 73 ff. Rn. 5; Schönke/Schröder/*Eser/Schuster* Vor §§ 73 ff. Rn. 12 ff. m.w.N.; noch zur alten Rechtslage s. nur NK-StGB/*Herzog* Vor §§ 73 ff. Rn. 5). Insoweit wäre dessen Anordnung ohne vorheriger Feststellung der persönlichen Verantwortung des Betroffenen konventionswidrig.

11 b) **Sicherungsverwahrung.** Auch die im deutschen Recht als »Maßregel der Besserung und Sicherung« (vgl. § 61 Nr. 3 StGB), und damit nicht als »Strafe« charakterisierte Sicherungsverwahrung wird vom EGMR als »Strafe« i.S.v. Art. 7 Abs. 1 betrachtet (EGMR M./. Deutschland, Urt. v. 17.12.2009 – 19359/04, EuGRZ 2010, 25 ff., Rn. 124 ff.; bestätigt durch EGMR Kallweit./. Deutschland, Urt. v. 13.01.2011 – 17792/07, EuGRZ 2011, 255, [262], Rn. 66 ff.; EGMR Mautes./. Deutschland, Urt. v. 13.01.2011 – 20008/07;

EGMR Schummer./. Deutschland, Urt. v. 13.01.2011 – 42225/07). Im Hinblick auf den vom EGMR verwendeten Strafbegriff erscheint dies konsequent (so zu Recht *Pösl* ZJS 2011, 144 f.; zur Kritik s. nur *Windoffer* DÖV 2011, 590 [596 ff.]). Zur Maßnahme der Unterbringung s. § 2 ThUG, welcher einen Abstand zur Vollstreckung der Strafhaft formuliert (s. zum Abstandsgebot *Streng* JZ 2017, 507 ff.) und damit die (vorübergehende) Unterbringung der – aufgrund der Rspr. des EGMR – aus der Sicherungsverwahrung zu entlassenden Straftäter ermöglicht (zur Verfassungsmäßigkeit der Vorschrift BVerfGE 134, 33 ff.). Auch nach der gesetzlichen Neuregelung sieht der EGMR die Sicherungsverwahrung grds. noch als »Strafe« an (EGMR Bergmann./. Deutschland, Urt. v. 07.01.2016 – 23279/14, NJW 2017, 1007 [1013], Rn. 181). Eine Ausnahme hiervon ist jedoch für Fälle zu machen, in denen die Sicherungsverwahrung zum Ziel der Behandlung einer psychischen Störung in einer gerade hierfür vorgesehenen Einrichtung mit entsprechendem Personal erfolgt (EGMR Bergmann./. Deutschland, Urt. v. 07.01.2016 – 23279/14, NJW 2017, 1007 [1013], Rn. 153 ff., 182 m.Anm. *Köhne* NJW 2017, 1013 f. und *Dörr* JuS 2016, 1144 [1146]). Auch verbesserte Unterbringungsbedingungen sowie erweiterte Bewegungsfreiheiten führen dazu, dass die Sicherungsverwahrung nicht als Strafe angesehen wird (EGMR GrK Ilnseher./. Deutschland, Urt. v. 04.12.2018 – 10211/12 und 27505/14, Rn. 220).

c) Sonstige Sanktionsformen. Art. 7 Abs. 1 gilt nicht für sog. Ehrengerichtsverfahren (Meyer-Goßner/ Schmitt/*Schmitt* EMRK, Art. 7 Rn. 1). Geldbußen i.S.d. OWiG sind dagegen Strafen i.S.v. Art. 7 Abs. 1 (EGMR Öztürk./. Deutschland, Urt. v. 21.02.1984 – 8544/79, NJW 1985, 1273 m.Anm. *Schroth* EuGRZ 1985, 557). Problematisch sind Disziplinarstrafen, hier wird der Strafcharakter zumindest für Maßnahmen bejaht, deren Verhängung nach Art und Höhe der Sanktion einer strafrechtlichen Anklage i.S.v. Art. 6 Abs. 1 gleichkommt (LR/*Esser* EMRK, Art. 7 Rn. 29 m.w.N.; *Safferling* Internationales Strafrecht § 13 Rn. 59; vgl. dazu Art. 6 Rdn. 9 ff.). Disziplinarstrafen im Kontext professioneller Sportverbände fallen aufgrund ihres umgrenzten Adressatenkreises sowie in Ermangelung einer Straftat nicht unter den menschenrechtlichen Begriff der Strafe (EMRK Platini./. Schweiz, Entsch. v. 11.02.2020 – 526/18, Rn. 48). 12

III. Die Vereinbarkeit staatlichen Verhaltens mit den Vorgaben des Art. 7 Abs. 1. Der EGMR prüft im Rahmen von Art. 7 niemals die korrekte Anwendung der nationalen Strafvorschrift. Der EGMR legt bei der Prüfung der Gewährleistungen des Art. 7 Abs. 1 auch nicht das Schema »Schutzbereich – Eingriff – Rechtfertigung« zugrunde (*Satzger* IntEuStrR § 11 Rn. 28). Vielmehr überprüft der Gerichtshof lediglich die Vereinbarkeit des staatlichen Verhaltens mit Art. 7 Abs. 1, ob also zur Tatzeit eine den Anforderungen von Art. 7 Abs. 1 genügende nationale Vorschrift bestand und ob die verhängte Strafe sich innerhalb der Grenzen dieser Norm bewegt (*Safferling* Internationales Strafrecht § 13 Rn. 61). 13

1. Der Bestimmtheitsgrundsatz – Zugänglichkeit des Rechts und Vorhersehbarkeit der Bestrafung. In seiner Ausprägung als **Bestimmtheitsgebot** richtet sich das Gesetzlichkeitsprinzip zunächst an den Gesetzgeber in den Konventionsstaaten (im Hinblick auf Sanktionen auf Ebene der EU [damals noch EG] vgl. *Satzger* JuS 2004, 943 [947 ff.]). Für jede Strafe muss eine rechtlich hinreichend bestimmte Grundlage existieren. Abgestellt wird auf das geschriebene Recht, im Hinblick auf die Common-Law-Staaten genügt allerdings auch ungeschriebenes Recht, sofern der entsprechende Tatbestand aufgrund der Rspr. feststeht und der Strafrahmen klar umgrenzt ist (*Frowein*/Peukert EMRK, Art. 7 Rn. 3; *Safferling* Internationales Strafrecht § 13 Rn. 61). Der Gesetzgeber wird von Art. 7 Abs. 1 hinsichtlich der Festlegung eines Straftatbestandes keineswegs eingeschränkt. Entscheidend ist lediglich, dass das Recht dem Bürger **zugänglich** ist und er die Möglichkeit einer Bestrafung **vorhersehen** kann und die Formulierung der Strafnorm keinen Raum für willkürliche Anwendung gibt (EGMR Streletz, Kessler u. Krenz./. Deutschland, Urt. v. 22.03.2001 – 34044/96, 35532/97 u. 44801/98, RJD 2001-II, Rn. 50; vgl. zu diesbezüglichen Fragen im Hinblick auf den Genozid EGMR GrK Vasiliauskas./. Litauen, Urt. v. 20.10.2015 – 47143/06, Rn. 167 ff. sowie EGMR Drélingas./. Litauen, Urt. v. 12.03.2019 – 28859/16, Rn. 105 m. Bespr. bei *Ambos* NStZ 2020, 397 ff.). Hinsichtlich des notwendigen Grads an Bestimmtheit und damit der Vorhersehbarkeit der strafrechtlichen Verurteilung wird auf die Ex-ante-Perspektive des konkret Betroffenen abgestellt (EGMR K.A. u. A.D./. Belgien, Urt. v. 17.02.2005 – 42758/98 u. 45558/99, Rn. 51 ff.). Der hinreichenden Bestimmtheit steht die Auslegungsbedürftigkeit nicht entgegen. Die Auslegung obliegt den nationalen Gerichten, die eine solche auch zum Nachteil des Beschuldigten vornehmen können (s. nur *Esser* EurIntStrR, § 9 Rn. 285). Die Strafgerichte tragen mit ihrer Rspr. zur schrittweisen Fortentwicklung des Strafrechts bei; jedoch muss diese Fortentwicklung vernünftigerweise vorhersehbar, willkürfrei und mit dem Wesen der Tat vereinbar sein (vgl. EGMR GrK Scoppola./. Italien [Nr. 2], Urt. v. 17.09.2009 – 10249/03, Rn. 100). 14

Maßgebliche Faktoren, die bei der **Beurteilung der Vorhersehbarkeit** in Betracht gezogen werden müssen, sind der Inhalt des betreffenden Gesetzes, der Anwendungsbereich desselben sowie Anzahl und Status der 15

Adressaten (s. z.B. Varvara./. Italien, Urt. v. 29.10.2013 – 17475/09, Rn. 34; vgl. auch Meyer-Ladewig/Nettesheim/von Raumer/*Meyer-Ladewig/Harrendorf/König* EMRK, Art. 7 Rn. 16; *Safferling* Internationales Strafrecht § 13 Rn. 62). Dabei ist zu beachten, dass eine hinreichende Vorhersehbarkeit nicht zwingend daran scheitert, dass zur Auslegung der Norm Rechtsrat eingeholt werden muss. Es kommt hier vielmehr auf die Zumutbarkeit der Einholung eines solchen Rats nach den Umständen des Einzelfalls an. Insb. wenn der Betroffene einen Beruf ausübt, der ihn ohnehin zu umfangreicheren Vorsichtsmaßnahmen anhält, kann die Einholung von Rechtsrat zur Auslegung einer Norm zumutbar sein (EGMR Cantoni./. Frankreich, Urt. v. 15.11.1996 – 17862/91, RJD 1996-V, Rn. 35 zum Verkauf medizinischer Produkte). Kann der Bürger nicht klar zwischen der Bedeutung einer Strafdrohung und der Praxis der Strafvollstreckung (in concreto: nur 20-jährige Inhaftierung bei lebenslanger Freiheitsstrafe) unterscheiden, bleibt das Recht hinter den Anforderungen des Art. 7 zurück (EGMR Kafkaris./. Zypern, Urt. v. 12.02.2008 – 21906/04, Rn. 150). Es ist für den Bürger unvorhersehbar, mit welcher Bestrafung er rechnen muss, wenn der Staatsanwaltschaft ein völlig freies Ermessen hinsichtlich des Gerichtes zusteht, bei dem es Anklage erhebt und je nach Gericht unterschiedliche Strafrahmen zur Anwendung kommen (EGMR Camilleri./. Malta, Urt. v. 22.01.2013 – 42931/10, Rn. 40 ff.; hierzu und zur Bedeutung für bewegliche Zuständigkeiten im deutschen Recht *F. Zimmermann* FS Beulke, S. 1091 [1097 ff.]).

16 2. **Das Rückwirkungsverbot.** Das an die Rspr. gerichtete **Verbot rückwirkender Bestrafung** ergibt sich unmittelbar aus dem Wortlaut von Art. 7 Abs. 1. Demnach darf niemand wegen einer Handlung oder einer Unterlassung verurteilt werden, die zur Zeit ihrer Begehung nach nationalem oder internationalem Recht nicht strafbar waren. Zum **innerstaatlichen** Recht gehört dabei auch EU-Recht sowie Völkerrecht, welches als Bestandteil innerstaatlichen Rechts bei der Auslegung eines nationalen Straftatbestandes zu berücksichtigen ist (*Grabenwarter/Pabel* EMRK, § 24 Rn. 152 f.; *Safferling* Internationales Strafrecht § 13 Rn. 65). **Internationales Recht** meint in diesem Zusammenhang Tatbestände des Völkerstrafrechts, wie Kriegsverbrechen oder Verbrechen gegen die Menschlichkeit.

17 Die Bestrafung von fortgesetzten Handlungen, die z.T. vor, teilweise nach Inkrafttreten eines Straftatbestandes begangen werden, verstößt nicht gegen das Rückwirkungsverbot, wenn sich aus der Anklage oder zumindest dem Strafurteil klar ergibt, dass sie sich jeweils auch auf später begangene Taten erstrecken (EGMR Ecer u. Zeyrek./. Türkei, Urt. v. 27.02.2001 – 29295/95 u. 29363/95, RJD 2001-II, Rn. 31 ff.).

18 Das Rückwirkungsverbot bezieht sich nicht nur auf die anzuwendenden Tatbestände, sondern auch auf die Strafen. Für eine Verletzung des Art. 7 genügt es dabei, dass bei Anwendung des zur Tatzeit gültigen Strafgesetzes eine niedrigere Strafe hätte verhängt werden können, auch wenn die vom Gericht auf Grundlage eines späteren Gesetzes verhängte Strafe sowohl vom Strafrahmen des Tatzeitgesetzes wie des vom Gericht angewandten Gesetzes fällt (EGMR GrK Maktouf u. Damjanović./. Bosnien und Herzegowina, Urt. v. 18.07.2013 –2312/08 u. 34179/08 Rn. 70). Eine dafür notwendige Gegenüberstellung der beiden Gesetzesfassungen darf nur *in concreto* erfolgen und muss sich strikt an der sich jeweils ergebenden Bestrafung orientieren (EGMR GrK Gutachten gem. Protokoll 16 auf Antrag Armeniens vom 29.05.2020 – P16-2019-001, Rn. 91).

19 Bedeutsam ist das Rückwirkungsverbot für Deutschland im Hinblick auf die **nachträgliche Verhängung der Sicherungsverwahrung.** Die Sicherungsverwahrung wird vom EGMR v.a. aufgrund der Ähnlichkeit im Vollzug sowohl in rechtlicher als auch in tatsächlicher Hinsicht, aber auch aufgrund der Schwere der Maßnahme grundsätzlich unter den Begriff der Strafe subsumiert (vgl. oben Rdn. 11). Folglich gilt das Rückwirkungsverbot des Art. 7 Abs. 1 auch für die Sicherungsverwahrung. Ihre nachträgliche Verhängung nach § 66b Abs. 1 StGB i.d.F. von 2004 sowie der Wegfall der Höchstbefristung von 10 Jahren bei der primären Sicherungsverwahrung und die Anordnung ihrer Fortdauer in vor 1998 abgeurteilten Fällen über die 10-Jahres-Höchstfrist hinaus nach § 67d Abs. 3 StGB i.V.m. § 2 Abs. 4 StGB i.d.F. von 1998 verstoßen somit konsequenterweise gegen das Rückwirkungsverbot (EGMR M./. Deutschland, Urt. v. 17.12.2009 – 19359/04, EuGRZ 2010, 25 ff., Rn. 135; instruktiv zu den Hintergründen s. *Pösl* ZJS 2011, 132 ff. m.w.N.; zur Reaktion des BVerfG vgl. BVerfG NJW 2011, 1931 ff.; zu den möglichen weiteren Auswirkungen des Urteils *Bachmann/Goeck* NJ 2010, 457 ff.). Soweit die Sicherungsverwahrung nach neuer (deutscher) Rechtslage und in den Grenzen der neuen Rspr. des EGMR aus Sicht der EMRK bereits keine Strafe mehr darstellt (vgl. oben Rdn. 11), ist eine nachträgliche Verhängung bzw. Verlängerung nicht mehr gänzlich ausgeschlossen.

20 Das BVerfG hielt allerdings an seinem abweichenden Strafbegriff aus dem Jahr 2004 (BVerfG NJW 2004, 739 [744]) fest (s. BVerfG NJW 2011, 1931 [1942]). Die Wertung der Urteile des EGMR zu Art. 7 Abs. 1 berücksichtigte das BVerfG jedoch i.R.d. Prüfung des allgemeinen Vertrauensgrundsatzes aus Art. 20 Abs. 3 GG und bei Prüfung der Verhältnismäßigkeit des mit der Sicherungsverwahrung einhergehenden Eingriffs in Art. 2 Abs. 2, 104 Abs. 2 GG (BVerfG NJW 2011, 1931 [1934 ff.]; s. dazu *Dessecker* ZIS 2011, 706 ff.).

Aufgrund dessen erachtete das BVerfG das derzeitige System der Sicherungsverwahrung als verfassungswidrig; jedoch erklärte es die Normen nicht für nichtig, sondern ordnete ihre Fortgeltung bis zum 31.05.2013 an (BVerfG NJW 2011, 1931 [1945]). Allerdings rückte das BVerfG im Hinblick auf die Prüfung der Verhältnismäßigkeit der Fortdauer der Sicherungsverwahrung bei Altfällen den Schutz des Vertrauens der Verwahrten auf Freilassung nach Ablauf der früheren 10-Jahres-Höchstfrist wegen der Wertung des Art. 7 in die Nähe eines absoluten Vertrauensschutzes, wobei obendrein noch die Erwägungen von Art. 5 Abs. 1 Satz 2 zu berücksichtigen seien (*Peglau* NJW 2011, 1924 [1925]). Aufgrund dessen hielt es eine rückwirkend angeordnete oder verlängerte Sicherungsverwahrung nur dann noch für zulässig, wenn (1) das Abstandsgebot zum Strafvollzug gewahrt werde, (2) die Gefahr schwerster Gewalt- oder Sexualstraftaten aus konkreten Umständen in der Person oder dem Verhalten des Verwahrten abzuleiten sei und (3) die Voraussetzungen von Art. 5 Abs. 1 Satz 2 erfüllt seien (BVerfG NJW 2011, 1931 [1936]; näher zur Verhältnismäßigkeitsprüfung der Sicherungsverwahrung von Altfällen vgl. Art. 5 Rn. 41 ff.).

Verfahrensvorschriften fallen nicht unter das Rückwirkungsverbot des Art. 7 (LR/*Esser* EMRK, Art. 7 Rn. 33; *Safferling* Internationales Strafrecht § 13 Rn. 59). Gleiches gilt für die nachträgliche Aufhebung oder Verlängerung von Verjährungsfristen, da hierdurch keine Strafbarkeit begründet wird, sondern diese zum Tatzeitpunkt ja bereits bestand (EGMR G./. Frankreich, Urt. v. 27.09.1995 – 15312/89, Serie A 325-B, Rn. 26 f.; EGMR Coëme u.a./. Belgien, Urt. v. 22.06.2000 – 32492/96, 32547/96, 32548/96, 33209/96 u. 33210/96, RJD 2000-VII, Rn. 144; LR/*Esser* EMRK, Art. 7 Rn. 33 m.w.N.). Für Verjährungsmodifikationen im Hinblick auf bereits verjährte Taten kann dies allerdings nicht gelten (offengelassen von EGMR Coëme u.a./. Belgien, Urt. v. 22.06.2000 – 32492/96, 32547/96, 32548/96, 33209/96 u. 33210/96, RJD 2000-VII, Rn. 149 f.; zur insoweit durchaus parallelen Problematik im deutschen Recht s. BVerfGE 25, 269). 21

Eine Ausweitung hat Art. 7 Abs. 1 jedoch im Hinblick auf strafvollstreckungsrechtliche Fragen erhalten: Dem zu einer langen Haftstrafe Verurteilten wurde im Gegenzug für seine mehrjährige Arbeitsleistung während der Haft eine Verkürzung der Freiheitsstrafe zugesagt. Einige Wochen vor dem (früheren) Haftentlassungstermin erfolgte eine Rechtsprechungsänderung seitens des höchsten spanischen Gerichts, derzufolge die Entlassung erst nach der vollständigen Verbüßung der langjährigen Haftstrafe möglich war. Der EGMR monierte einen Verstoß gegen Art. 7 Abs. 1 und Art. 5 Abs. 1, da der Beschwerdeführer die Rechtsprechungsänderung nicht vorhersehen konnte. Durch die mehrjährige Arbeit sei ein Vertrauen auf Haftverkürzung entstanden, welches durch die Rechtsprechungsänderung unter Verletzung der Konvention zunichte gemacht worden sei (EGMR Del Río Prada./. Spanien, Urt. v. 21.10.2013 – 42750/09). 22

Unter Verweis auf die GRCh (Art. 49 Abs. 1) liest der EGMR neuerdings – entgegen früherer Rspr. – auch den **Lex-mitior-Grundsatz** in Art. 7 hinein. Danach darf also nicht nur eine strengere Strafvorschrift nicht rückwirkend angewendet werden, sondern es muss auch ein milderes Strafgesetz rückwirkend zur Anwendung gelangen (EGMR Scoppola./. Italien, Urt. v. 17.09.2009 – 10249/03, NJOZ 2010, 2726 [2730], Rn. 109; s. *Polakiewicz* ZEuS 2010, 12; zu möglichen Auswirkungen auf Art. 103 Abs. 2 GG vgl. *Bohlander* StraFo 2011, 169 ff.). 23

3. Das Analogieverbot. An die Rspr. richtet sich das **Verbot der Begründung einer Strafbarkeit mittels Analogie** zulasten des Täters. Der EGMR legt in dieser Hinsicht einen großzügigen Maßstab an: Solange richterliche Rechtsfortbildung widerspruchsfrei ist (Dörr/Grote/Marauhn/*Kadelbach* EMRK, Kap. 15 Rn. 25 m.w.N.), den Kern des Straftatbestands nicht verlässt und damit die Entwicklung des Strafrechts vernünftigerweise **vorhersehbar** ist, soll kein Verstoß gegen das Analogieverbot vorliegen (EGMR Streletz, Kessler u. Krenz./. Deutschland, Urt. v. 22.03.2001 – 34044/96, 35532/97, 44801/98, RJD 2001-II, Rn. 50). 24

Die Verurteilung von Mitgliedern der DDR-Führung aufgrund der Verwendung von Minen und Selbstschussanlagen sowie des **Schießbefehls an der innerdeutschen Grenze** befand der EGMR als in diesem Sinne vorhersehbar. § 27 Abs. 2 GrenzG-DDR sei insofern nicht als »Rechtfertigung« anzusehen, weil diese einfachgesetzliche Norm einerseits im Widerspruch zu den in der DDR-Verfassung verankerten Grundrechten stand und andererseits für die Verantwortlichen erkennbar ein Verstoß gegen höherrangiges Völkerrecht vorlag (zur völkerrechtlichen Modifikation der Radbruch'schen Formel s. *Grabenwarter/Pabel* EMRK, § 24 Rn. 158). Der EGMR unterstreicht, dass die von den Verantwortlichen selbst geschaffene, die ureigensten Grundsätze des Rechtssystems der DDR wissentlich missachtende Staatspraxis nicht unter den Begriff des »Rechts« i.S.v. Art. 7 Abs. 1 subsumierbar ist und so auch keinen Rechtfertigungsgrund darstellen kann (EGMR Streletz, Kessler u. Krenz./. Deutschland, Urt. v. 22.03.2001 – 34044/96, 35532/97 u. 44801/98, RJD 2001-II, Rn. 87 f.). 25

Auch die strafrechtliche **Verurteilung eines Mauerschützen** selbst wegen Totschlags ist nach Ansicht des EGMR vorhersehbar i.S.v. Art. 7 Abs. 1. Auch der einfache Soldat könne sich aufgrund der zu unterstellenden Kenntnis des einfachen Gesetzes- und Verfassungsrechts der DDR nicht auf eine Rechtfertigung aufgrund von 26

Befehlen berufen, die diesen Rechtsgrundsätzen offensichtlich widersprechen (EGMR K.-H. W./. Deutschland, Urt. v. 22.03.2001 – 37201/97, NJW 2001, 3042, Rn. 75).

27 **4. Das Erfordernis einer »mens rea«.** Als weitere materielle Voraussetzung zur Verhängung einer Strafe scheint der EGMR in Art. 7 Abs. 1 zumindest eine Form von **Verantwortlichkeitsgrundsatz** zu verorten. Jedenfalls liest der EGMR aus den Worten »guilty« (in Abs. 1) bzw. »coupable« (in Abs. 2) in der jeder Auslegung zugrunde zu legenden englischen bzw. französischen Fassung der EMRK (vgl. hierzu Art. 1 Rdn. 9) heraus, dass ein voluntatives und ein kognitives Element seitens des Täters vorhanden sein müssen, um auf eine Verantwortlichkeit für die Tat schließen zu können (EGMR Sud Fondi u.a./. Italien, Urt. v. 20.04.2009 – 78909/01, Rn. 116). Dieses Erfordernis ist nicht mit dem nationalen Schuldprinzip gleichzusetzen (so wohl *Schramm* Internationales Strafrecht, Kap. 3 Rn. 30), vielmehr dürfte hier das Konzept einer »mens rea«, wie es aus dem angloamerikanischen Rechtskreis bekannt ist, zum Tragen kommen.

Art. 8 Recht auf Achtung des Privat- und Familienlebens

(1) Jede Person hat das Recht auf Achtung ihres Privat- und Familienlebens, ihrer Wohnung und ihrer Korrespondenz.

(2) Eine Behörde darf in die Ausübung dieses Rechts nur eingreifen, soweit der Eingriff gesetzlich vorgesehen und in einer demokratischen Gesellschaft notwendig ist für die nationale oder öffentliche Sicherheit, für das wirtschaftliche Wohl des Landes, zur Aufrechterhaltung der Ordnung, zur Verhütung von Straftaten, zum Schutz der Gesundheit oder der Moral oder zum Schutz der Rechte und Freiheiten anderer.

Englische Fassung.

(1) Everyone has the right to respect for his private and family life, his home and his correspondence.

(2) There shall be no interference by a public authority with the exercise of this right except such as is in accordance with the law and is necessary in a democratic society in the interests of national security, public safety or the economic well-being of the country, for the prevention of disorder or crime, for the protection of health or morals, or for the protection of the rights and freedoms of others.

Französische Fassung.

(1) Toute personne a droit au respect de sa vie privée et familiale, de son domicile et de sa correspondance.

(2) Il ne peut y avoir ingérence d'une autorité publique dans l'exercice de ce droit que pour autant que cette ingérence est prévue par la loi et qu'elle constitue une mesure qui, dans une société démocratique, est nécessaire à la sécurité nationale, à la sûreté publique, au bien-être économique du pays, à la défense de l'ordre et à la prévention des infractions pénales, à la protection de la santé ou de la morale, ou à la protection des droits et libertés d'autrui.

Übersicht Rdn.

A. Grundsätzliches. I. Allgemeines. Durch Art. 8 werden vier Rechte geschützt – das Recht auf Privatleben, das Recht auf Familienleben, die Wohnung und die Korrespondenz. Zusammenfassend geht es dem Art. 8 um den **Schutz des Freiheitsraumes des Einzelnen**, welcher unabdingbar ist für die Möglichkeit zur freien Entfaltung der Persönlichkeit (*Grabenwarter/Pabel* EMRK, § 22 Rn. 1; *Safferling* Internationales Strafrecht § 13 Rn. 92). Das Recht auf persönliche Lebensgestaltung, dessen modernes Verständnis durch das aufstrebende liberale Bürgertum der Neuzeit entwickelt wurde (Dörr/Grote/*Marauhn/Thorn* EMRK, Kap. 16 Rn. 2), fand – ebenso wenig wie Ehe und Familie – in den Menschenrechtserklärungen und Verfassungen des 18. und 19. Jahrhunderts Erwähnung. Am fortschrittlichsten war noch die Weimarer Reichsverfassung, die sich als erste in ihren Art. 119 bis 122 WRV mit dem Schutz von Ehe und Familie befasste (Dörr/Grote/*Marauhn/Thorn* EMRK, Kap. 16 Rn. 5). 1

II. Parallele internationale Instrumente. Auf internationaler Ebene wurde der Schutz der Privatsphäre und der Familie zum ersten Mal in **Art. 12 AEMR** in unverbindlicher Form festgeschrieben. In verbindliche Form gegossen wurde dieser Schutz dann in Europa in **Art. 8** sowie in Amerika in **Art. 11 Abs. 2 AMRK**. **Art. 17 IPBPR** geht über Art. 8 einerseits insofern hinaus als er neben den in Art. 8 genannten Rechtsgütern auch noch Ehre und Ruf erwähnt. Die GRCh schützt das Recht auf Achtung des Privat- und Familienlebens in Art. 7 GRCh, der Schutz persönlicher Daten wird darüber hinaus in Art. 8 GRCh gewährt (vert. LR/*Esser* EMRK, Art. 8 Rn. 4 ff.). 2

III. Parallelen im nationalen Recht. Im Grundgesetz ist keine speziell die Privatsphäre schützende Garantie enthalten. Die vier in Art. 8 enthaltenen Gewährleistungen finden sich in verschiedenen Artikeln des Grundgesetzes wieder. Das Recht auf Unverletzlichkeit der Wohnung ist in **Art. 13 GG** gewährleistet, die Korrespondenz wird von **Art. 10 GG**, Ehe und Familie von **Art. 6 GG** geschützt. Das »Privatleben«, wie es von Art. 8 genannt wird, ist im deutschen Recht Teil des allgemeinen Persönlichkeitsrechts in **Art. 2 Abs. 1 i.V.m. Art. 1 Abs. 1 GG**. Dieses beinhaltet auch das Recht auf freie Entfaltung der Persönlichkeit, welches in seinem von Art. 1 Abs. 1 GG geschützten, für den Staat unantastbaren Kernbereich ein Mindestmaß an Freiraum für private Lebensführung garantiert (BVerfGE 101, 361 [382]). 3

Einfachgesetzliche Ausprägungen des Schutzes der Privatsphäre sind die §§ 100a ff. StPO. 4

IV. Notstandsfestigkeit. Bei Krieg oder öffentlichem Notstand ist Art. 8 in den Grenzen von Art. 15 Abs. 1 **einschränkbar** (vgl. hierzu Art. 15 Rdn. 1; zu den Rechtfertigungsgründen von Art. 8 Abs. 2 vgl. Rdn. 26 ff.). 5

B. Schutzbereich. Die einzelnen von Art. 8 Abs. 1 gewährten Rechte sind grds. als **Abwehrrechte** konzipiert. Die vier garantierten Rechte überschneiden sich zwar teilweise, sodass sich eine exakte Abgrenzung manchmal schwierig gestaltet. Dennoch sind die einzelnen Schutzbereiche zu definieren, allein schon, um ihren Einfluss auf die nationale Rechtsordnung richtig einordnen zu können. Art. 8 hat zwar schwerpunktmäßig im Gebiet des Familienrechts und des öffentlichen Rechts Bedeutung, jedoch ist er auch für das Strafrecht nicht ohne Relevanz. Im Folgenden sollen die für das Strafrecht bedeutsamen Elemente besprochen werden, die v.a. durch Abhörmaßnahmen, aber auch durch Zeugnisverweigerungsrechte berührt werden. 6

Daneben erwachsen dem Konventionsstaat aus Art. 8 Abs. 1 auch **Schutzpflichten**. Es ist Aufgabe des Staates, Normen zu erlassen, die es Opfern von Eingriffen in Art. 8 Abs. 1 ermöglichen, gerichtlich gegen derartige Maßnahmen vorzugehen (Meyer-Ladewig/Nettesheim/von Raumer/*Meyer-Ladewig/Nettesheim* EMRK, Art. 8 Rn. 3; *Safferling* Internationales Strafrecht § 13 Rn. 92). Weiterhin hat der Staat Sorge zu tragen, dass es auch unter Privaten zu keiner Verletzung von Art. 8 Abs. 1 kommt (s. zur Überwachung des Arbeitnehmers durch den Arbeitgeber EGMR GrK Bărbulescu./. Rumänien, Urt. v. 05.09.2017 – 61496/08, Rn. 110 ff. sowie zuletzt EGMR GrK López Ribalda u.a./. Spanien, Urt. v. 17.10.2019 – 1874/13, 8567/13, Rn. 111). Insofern muss er Strafvorschriften erlassen, die die in Art. 8 Abs. 1 genannten Güter schützen und Sorge dafür tragen, dass im Fall einer Verletzung dieser Vorschriften eine solche ausermittelt und geahndet wird (EGMR M.C./. Bulgarien, Urt. v. 04.12.2003 – 39272/98, RJD 2003-XII, Rn. 153; vgl. auch EGMR Dordević./. Kroatien, Urt. v. 24.07.2012 – 41526/10, Rn. 151 ff.). 7

Eine wichtige moderne Entwicklung sind **Klimaklagen**, die ihre Grundlage in der Einforderung von Lebens- und Gesundheitsschutz gegenüber Staaten, die sich international (v.a. Pariser Abkommen und 2° bzw. 1,5°C-Ziel) zu Klimaschutz verpflichtet haben. Basierend auf Art. 8 i.V.m. Art. 2 und 14 haben hier Individuen in aufsehenerregenden Individualbeschwerden den Weg zum EGMR gesucht. V.a. das Verfahren von sechs portugiesischen Kindern gegen 33 Länder (darunter Deutschland) ist zu erwähnen, da der EGMR zu erkennen gegeben hat, dass es diesem Verfahren wegen der Wichtigkeit und Dringlichkeit der aufgeworfenen Fragen Priorität einräumen werde (EGMR Duarte Agostinho u.a./.Portugal u.a. – 39371/20). Dies entspricht dem Erfolg innerstaatlicher Klimaklagen in jüngster Zeit (s. etwa das Urteil des Hoge Raad v. 13.01.2020, ECLI:NL:HR:2019:2007) und dem spektakulären Beschluss des BVerfG v. 24.03.2021 (NJW 2021, 1723). 8

Bei Durchsetzung dieser Schutzpflicht könnte – gerade im Zusammenhang mit der zu erreichenden und aufrechtzuerhaltenden Klimaneutralität – künftig auch ein nationales **Klimastrafrecht** eine zunehmende Rolle spielen (s. dazu *Satzger/v. Maltitz* ZStW 2020, 1 ff.). So mag die bisher praktizierte »margin of appreciation«-Doktrin des EGMR bzgl. konkreter Umsetzungsmaßnahmen der Mitgliedsstaaten im Umweltrecht (siehe z.B. EGMR Vilnes u.a./. Norwegen, Urt. v. 05.12.2013 – 52806/09, 22703/10, Rn. 220) in Anbetracht der besonderen Stellung des Rechtsguts »Klima« in Zukunft (gewichtige) Anpassungen erfahren.

9 **Träger der Rechte** des Art. 8 Abs. 1 sind in erster Linie natürliche Personen, jedoch können sich auch juristische Personen auf Art. 8 Abs. 1 berufen, soweit sie selbst Träger der dort genannten Rechte (insb. Schutz der Wohnung und Schutz der Korrespondenz) sein können (Radtke/Hohmann/*Ambos* StPO Art. 8 EMRK Rn. 2; LR/*Esser* EMRK, Art. 8 Rn. 14, 17; *Safferling* Internationales Strafrecht § 13 Rn. 92).

10 Aufgrund der Struktur von Art. 8 bietet sich eine Prüfung nach dem auch im deutschen Recht bewährten Muster »Schutzbereich – Eingriff – Rechtfertigung« an, wobei Art. 8 Abs. 1 den Schutzbereich definiert und Art. 8 Abs. 2 abschließend die Rechtfertigungsgründe aufzählt.

11 **I. Das Recht auf Achtung des Privatlebens.** Eine abschließende Definition des Privatlebens ist nicht möglich, insgesamt wird der Begriff und damit der Schutzbereich von Art. 8 Abs. 1 Alt. 1 **weit gefasst**. Nach Ansicht des EGMR umfasst der Schutzbereich jedenfalls eine Sphäre, innerhalb derer das Individuum die Entfaltung und die Entwicklung seiner Persönlichkeit anstreben kann, was auch die Möglichkeit beinhaltet, Beziehungen verschiedenster, einschließlich sexueller Art zu anderen Menschen aufzunehmen (EGMR P.G. u. J.H./. Vereinigtes Königreich, Urt. v. 25.09.2001 – 44787/98, RJD 2001-IX, Rn. 56). Erfasst wird hiervon auch das Recht seine Abstammung zu kennen (EGMR Röman./. Finnland, Urt. v. 29.01.2013 – 13072/05, Rn. 43) oder auch die Entscheidung, was mit eigenen Embryonen geschehen soll (EGMR Parrillo./. Italien, Urt. v. 27.08.2015 – 46470/11, NJW 2016, 3705 [3708], Rn. 149 ff.). Auch Kontakte und Aktivitäten aus dem Berufs- und Arbeitsleben unterfallen dem Begriff des Privatlebens (EGMR Niemietz./. Deutschland, Urt. v. 16.12.1992 – 13710/88, Series A251-B, Rn. 29).

12 Auch die körperliche, psychische und soziale Integrität wird vom EGMR unter den Begriff des Privatlebens subsumiert (EGMR Pretty./. Vereinigtes Königreich, Urt. v. 29.04.2002 – 2346/02, RJD 2002-III, Rn. 61; zum Recht am eigenen Bild vgl. EGMR Hannover./. Deutschland, Urt. v. 24.06.2004 – 59320/00, RJD 2004-VI, Rn. 50; zahlreiche weitere Beispiele bei Meyer-Ladewig/Nettesheim/von Raumer/*Meyer-Ladewig/Nettesheim* EMRK, Art. 8 Rn. 10 ff.). Weiterhin sieht der EGMR auch die frei gebildete Entscheidung, wie und zu welchem Zeitpunkt eine Person ihr Leben beenden möchte vom Privatleben umfasst (EGMR Haas./. Schweiz, Urt. v. 20.01.2011 – 31322/07, NJW 2011, 3773 [3774], Rn. 51; umfassend bezugnehmend BVerfG, Urt. v. 26.02.2020 – 2 BvR 2347/15, NStZ 2020, 528, Rn. 303).

13 **II. Das Recht auf Achtung des Familienlebens. 1. Begriff der Familie.** Der EGMR stellt bei der Beurteilung des Vorliegens einer Familie nach Art. 8 Abs. 1 Alt. 2 darauf ab, ob in tatsächlicher Hinsicht **enge persönliche Beziehungen** bestehen. Für das Verhältnis zwischen zwei Erwachsenen kommt es daher nicht darauf an, ob eine Ehe im juristischen Sinn besteht oder nicht. Das enge persönliche Verhältnis muss jedoch über eine übliche gefühlsmäßige Bindung hinausgehen, subjektiv muss die **Intention** vorhanden sein, **das Leben gemeinsam zu verbringen** (EGMR GrK K. u. T./. Finnland, Urt. v. 12.07.2001 – 25702/94, RJD 2001-VII, Rn. 150), wofür bspw. das Vorhandensein eines gemeinsamen Kindes spricht (EGMR Yilmaz./. Deutschland, Urt. v. 17.04.2003 – 52853/99, NJW 2004, 2147 [2148], Rn. 38). Entstammt das Kind einer Ehe im Rechtssinne, so besteht zwischen ihm und seinen Eltern automatisch ein derart enges Band, welches die Beziehungen unter den Schutzbereich von Art. 8 Abs. 1 Alt. 2 fallen lässt und welches nur ausnahmsweise reißen kann (EGMR Gül./. Schweiz, Urt. v. 19.02.1996 – 23218/94, RJD 1996-I, Rn. 32). Anders ist dies bei nichtehelichen Kindern – hier ist grds. ein Zusammenleben mit den Eltern Voraussetzung für ein derartiges Band. Ausnahmsweise können jedoch auch geringfügigere Indizien, wie die Anwesenheit des Vaters bei der Geburt oder unregelmäßige Besuche, ausreichen, sofern sich daraus ein Interesse des natürlichen Vaters an seinem Kind ersehen lässt (EGMR Lebbink./. Niederlande, Urt. v. 01.06.2004 – 45582/99, RJD 2004-IV, Rn. 39). Auch die Verbindung eines nicht leiblichen Kindes zu seinem nur vermeintlichen Vater, der dieses im Glauben, das Kind stamme von ihm, mit großgezogen hat, wird im Regelfall unter Art. 8 fallen (EGMR Nazarenko./. Russland, Urt. v. 16.07.2015 – 39438/13, Rn. 66 f.). In der Rechtssache EGMR Evers./. Deutschland, Urt. v. 28.05.2020 – 17895/14, Rn. 55 hat der EGMR klargestellt, dass der Schutzbereich des Familienlebens dann nicht eröffnet ist, wenn sich Beziehungsstrukturen aufgrund staatlicher Reaktion auf eine strafbare Handlung ändern (Kontaktverbot nach sexuellem Missbrauch der geistig behinderten Tochter). **Gleichgeschlechtliche Beziehungen** hat der Gerichtshof bislang nur unter dem Begriff des Privatlebens erfasst. In Anbetracht der – bei der Auslegung zu berücksichtigenden – aktuellen gesellschaftlichen Entwicklungen in den Mitgliedsstaaten (so etwa auch das in Deutschland zum 01.10.2017 in Kraft getretene Gesetz zur

Einführung des Rechts auf Eheschließung für Personen gleichen Geschlechts) bezieht er gleichgeschlechtliche Beziehungen nun in den Begriff der Familie mit ein, wenn es sich um eine stabile Partnerschaft handelt (EGMR Schalk u. Kopf./. Österreich, Urt. v. 24.06.2010 – 30141/04, EuGRZ 2010, 445, Rn. 94 f.; *Grabenwarter/Pabel* EMRK, § 22 Rn. 16).

2. Reichweite des Schutzbereichs. Art. 8 Abs. 1 Alt. 2 gewährt ein **Recht auf Zusammenleben bzw. auf persönliche Kontakte** zwischen den Familienmitgliedern. Sofern die Eltern getrennt oder geschieden sind und daher nicht mehr zusammenleben, reißt dieses Band zwischen ihnen, im Verhältnis zu ihren Kindern besteht es weiterhin fort (EGMR Ciliz./. Niederlande, Urt. v. 11.07.2000 – 29192/95, RJD 2000-VIII, Rn. 59, 60). 14

III. Das Recht auf Achtung der Wohnung. Auch der Begriff der Wohnung in Art. 8 Abs. 1 Alt. 3 wird **autonom** und nicht zuletzt aufgrund des französischen Wortlauts »domicile« **weit ausgelegt** (EGMR Sallinen./. Finnland, Urt. v. 27.09.2005 – 50882/99, Rn. 70). Entscheidend sind die Umstände im Einzelfall, namentlich ausreichende und andauernde Verbindungen zu einem bestimmten Ort (EGMR Prokopovich./. Russland, Urt. v. 18.11.2004 – 58255/00, RJD 2004-XI, Rn. 36); unter den Begriff fallen daher neben Miet- und Eigentumswohnungen auch gewerbliche Räume (wie bspw. eine Anwaltskanzlei EGMR Niemietz./. Deutschland, Urt. v. 16.12.1992 – 13710/88, Series A251-B, Rn. 29; EGMR Kolesnichenko./. Russland, Urt. v. 09.04.2009 – 19856/04, NJW 2010, 2109 ff.) oder sogar Wohnwagen (EGMR Buckley./. Vereinigtes Königreich, Urt. v. 25.09.1996 – 20348/92, RJD 1996-IV, Rn. 34). 15

IV. Das Recht auf Achtung der Korrespondenz. Unter Korrespondenz i.S.v. Art. 8 Abs. 1 Alt. 4 versteht man zunächst **schriftliche Mitteilungen**, also Briefwechsel, sowie **sonstige Kommunikationsformen**, die innerstaatlich vergleichbar geregelt und geschützt sind wie die Post, also in den meisten Konventionsstaaten auch Telefonverkehr (EGMR Lüdi./. Schweiz, Urt. v. 15.06.1992 – 12433/86, Series A238, Rn. 39). In personaler Hinsicht werden alle an der Korrespondenz teilnehmenden Personen geschützt, des Weiteren auch der Inhalt sowie die Tatsache, dass es überhaupt zu einer Korrespondenz gekommen ist (LR/*Esser* EMRK, Art. 8 Rn. 153; Radtke/Hohmann/*Ambos* StPO Art. 8 EMRK Rn. 14; *Esser* Auf dem Weg, S. 146). 16

C. Eingriff. Aufgrund des weiten Schutzbereichs von Art. 8 Abs. 1 Alt. 1 stellt eine Vielzahl staatlicher Verhaltensweisen einen Eingriff in Art. 8 Abs. 1 Alt. 1 dar. Nachdem Teil des Privatlebens auch die physische Integrität ist, können auch Maßnahmen, die nicht den für Art. 3 erforderlichen Schweregrad (vgl. dazu Art. 3 Rdn. 12) erreichen, unter Art. 8 Abs. 1 subsumiert werden (EGMR Storck./. Deutschland, Urt. v. 16.06.2005 – 61603/00, RJD 2005-V, Rn. 164). 17

I. Eingriff durch staatliches Handeln. 1. Eingriff in das Recht auf Achtung des Privatlebens. Da auch die körperliche, psychische und soziale Integrität unter den Begriff des Privatlebens zu subsumieren ist, liegt ein Eingriff auch bei nur geringfügigen **Beeinträchtigungen der körperlichen Unversehrtheit** vor, bspw. bei Zwangsuntersuchungen wie Blutentnahmen unter ärztlicher Aufsicht (EGMR Y.F./. Türkei, Urt. v. 22.07.2003 – 24209/94, RJD 2003-IX, Rn. 33). Auch die fachgerechte, jedoch gegen den Willen erfolgende medizinische Behandlung stellt einen Eingriff in Art. 8 Abs. 1 Alt. 1 dar (EGMR Storck./. Deutschland, Urt. v. 16.06.2005 – 61603/00, RJD 2005-V, Rn. 144). Auch die präventive Speicherung von DNA-Proben und Fingerabdrücken Verdächtiger die aber keiner Straftat schuldig gesprochen worden sind, sieht der EGMR als Eingriff in das Recht auf Achtung des Privatlebens (EGMR S. u. Marper./. Vereinigtes Königreich, Urt. v. 04.12.2008 – 30562/04 u. 30566/04, EuGRZ 2009, 299 [308 f.], Rn. 77, 85, 86; vgl. zur Aufbewahrung erkennungsdienstlicher Unterlagen zu präventiven Zwecken nach nationaler Rechtslage § 81b StPO Rdn. 15). Ebenso kann durch eine willkürliche Verweigerung bzw. Entziehung der Staatsangehörigkeit das Privatleben verletzt werden (EGMR Ramadan./. Malta, Urt. v. 21.06.2016 – 76136/12, Rn. 84 ff.). 18

Die Durchsuchung einer Anwaltskanzlei (EGMR Niemietz./. Deutschland, Urt. v. 16.12.1992 – 13710/88, Series A251-B, Rn. 29) stellt ebenso einen Eingriff in das Privatleben i.S.v. Art. 8 Abs. 1 Alt. 1 dar wie heimliche Tonbandaufnahmen in einer Polizei- und Gefängniszelle (EGMR P.G. u. J.H./. Vereinigtes Königreich, Urt. v. 25.09.2001 – 44787/98, RJD 2001-IX, Rn. 59, 60). Dasselbe gilt natürlich für Tonbandaufnahmen in Privathäusern und -wohnungen (EGMR Bykov./. Russland, Urt. v. 10.03.2009 – 4378/02, Rn. 82) und für staatliche Telefonüberwachungen, auch wenn diese mithilfe einer Privatperson erfolgen, die auf Betreiben der Polizei tätig wird (EGMR A./. Frankreich, Urt. v. 23.11.1993 – 14032/88, Series A277, Rn. 36; das Abhören von Telefonaten ist auch vom Begriff der Korrespondenz i.S.d. Alt. 4 erfasst, EGMR GrK Zakharov./. Russland, Urt. 04.12.2015 – 47143/06, Rn. 173). Zu beachten ist, dass nicht abgewartet werden muss, bis es zur tatsächlichen Überwachung kommt; die Privatsphäre kann vielmehr schon bei Erlass von Regelungen und Gesetzen beeinträchtigt werden, die das Abhören ermöglichen und dadurch das Recht des Betroffenen auf Privatsphäre schmälern (LR/*Esser* EMRK, Art. 8 Rn. 18; ebenso Radtke/Hohmann/*Ambos* StPO Art. 8 19

EMRK Rn. 15; *Esser* Auf dem Weg, S. 317). Der Bürger muss letztendlich nicht nachweisen, dass er gezielt von Überwachungsmaßnahmen betroffen ist bzw. war, sondern ist direkt durch die Regelung betroffen, wenn erstens der Betroffene vom potenziellen Personenkreis der Regelung erfasst wird, entweder weil er zur Zielgruppe der Regelung gehört oder weil diese sämtliche Nutzer von Telekommunikation betrifft; sowie zweitens auf nationaler Ebene keine effektiven Rechtsbehelfe zur Verfügung stehen. Gibt es hingegen derartige Rechtsbehelfe, so muss der Betroffene nachweisen, dass er der konkreten Gefahr von Überwachungen ausgesetzt ist (EGMR GrK Zakharov./. Russland, Urt. 04.12.2015 – 47143/06, Rn. 171; vgl. auch bereits EGMR Kennedy./. Vereinigtes Königreich, Urt. v. 18.05.2010 – 26839/05, Rn. 124).

20 2. **Eingriff in das Recht auf Achtung des Familienlebens.** Auch ein Eingriff in das Familienleben kommt durch vielerlei staatliche Verhaltensweisen in Betracht. Die für das Strafrecht relevanten Hauptanwendungsfälle sind **Abschiebung oder Ausweisung von Straftätern** (EGMR Yilmaz./. Deutschland, Urt. v. 17.04.2003 – 52853/99, NJW 2004, 2147 ff.; vgl. hierzu Rdn. 33; EGMR Ukaj./. Schweiz. Urt. v, 24.06.2014 – 32493/08). Die Einschränkung von Besuchen Familienangehöriger wie bspw. durch eine Trennscheibe oder die Beschränkung auf zwölf einstündige Besuche pro Jahr stellt einen Eingriff in das Familienleben dar (EGMR Boyle u. Rice./. Vereinigtes Königreich, Urt. v. 27.04.1988 – 9659/82 u. 9658/82, Series A131, Rn. 74) ebenso wie die Inhaftierung in einem Tausende von Kilometern vom Heimatort des Verurteilten entfernten Gefängnis (EGMR Khodorkovskiy u. Lebedev./. Russland, Urt. v. 25.07.2013 – 11082/06 u. 13772/05, Rn. 835 ff.; dazu unten Rdn. 34). Ebenfalls stellt es einen Eingriff dar, wenn das Besuchsrecht von Untersuchungshäftlingen strenger geregelt ist als das von Häftlingen, die eine Freiheitsstrafe absitzen (EGMR V./. Litauen Urt. v. 09.07.2013 – 42615/06).

21 3. **Eingriff in das Recht auf Wohnung.** Ein Eingriff in das Recht auf Wohnung liegt im Zusammenhang mit Strafrecht klassischerweise bei einer Durchsuchung vor (EGMR Niemietz./. Deutschland, Urt. v. 16.12.1992 – 13710/88, Series A251-B, Rn. 31 f.). Keine Wohnung ist jedoch der Haftraum; bei einer Durchsuchung kann aber das Privatleben betroffen sein (vgl. *Esser* EuIntStrR, § 9 Rn. 326).

22 4. **Eingriff in das Recht auf Achtung der Korrespondenz.** In strafrechtlicher Hinsicht kommt als Eingriff in das Recht auf Achtung der Korrespondenz v.a. die Überwachung der Korrespondenz des Gefangenen allgemein (EGMR Silver u.a./. Vereinigtes Königreich, Urt. v. 25.03.1983 – 5947/72, 6205/73, 7052/75, 7061/75, 7107/75, 7113/75 u. 7136/75, Series A61, Rn. 84), insb. aber auch derjenigen mit seinem Verteidiger in Betracht (EGMR Erdem./. Deutschland, Urt. v. 05.07.2001 – 38321/97, RJD 2001-VII, Rn. 54). Anspruch auf eine bestimmte Art der Kommunikation mit dem Verteidiger soll jedoch nicht bestehen. So liegt kein Verstoß gegen Art. 8 Abs. 1 vor, wenn dem Verteidiger eine Kommunikation per E-Mail an die allgemeine Haftanstaltsadresse mit seinem Mandanten verweigert wird und er stattdessen auf die Möglichkeit eines Briefes, Anrufes oder persönlichen Besuchs verwiesen wird (EGMR Helander./. Finnland Urt. v. 10.09.2013 – 10410/10, Rn. 48 ff.).

23 Ein (nicht gerechtfertigter) Eingriff sowohl in das Recht auf Korrespondenz als auch in das Recht auf Familienleben wurde darin gesehen, dass ein in der Türkei inhaftierter Kurde eine Erlaubnis einholen musste, um mit seinen kurdischsprachigen Familienangehörigen nicht auf Türkisch, sondern in seiner Muttersprache telefonieren zu dürfen (Nusret Kaya u.a./. Türkei, Urt. v. 22.04.2014 – 43750/06, Rn. 49).

24 **II. Eingriff durch staatliches Nichthandeln – Verstoß gegen Schutzpflichten.** Ein Eingriff kann weiterhin vorliegen, wenn der Staat gegen eine aus Art. 8 Abs. 1 hervorgehende Schutzpflicht verstößt. Der EGMR hat die von einem Konventionsstaat aufrechterhaltene Rechtslage, wonach eine Vergewaltigung nur bei nachgewiesenem physischen Widerstand des Opfers strafbar war, als einen derartigen Verstoß gewertet; zum effektiven Schutz der körperlichen Integrität des Opfers sei die Bestrafung und Verfolgung eines jeden nichteinverständlichen Sexualakts erforderlich, ohne dass es auf körperlichen Widerstand ankomme (EGMR M.C./. Bulgarien, Urt. v. 04.12.2003 – 39272/98, RJD 2003-XII, Rn. 166).

25 Insb. für die Korrespondenz stellt Art. 8 Abs. 1 Alt. 4 Schutzpflichten auf. So müssen die Konventionsstaaten das Post- und Fernmeldegeheimnis durch legislative und administrative Maßnahmen effektiv schützen, da dem Einzelnen keine Möglichkeiten zur Verfügung stehen, diesen Schutz selbst zu gewährleisten (*Frowein/* Peukert EMRK, Art. 8 Rn. 49). Zwar kommt den Vertragsstaaten bei der Umsetzung dieser Maßnahmen ein weiter Ermessensspielraum zu, insb. Verhältnismäßigkeitsgebot und Willkürverbot müssen dabei aber stets beachtet werden (EGMR GrK Bărbulescu./. Rumänien, Urt. v. 05.09.2017 – 61396/08, Rn. 119 ff.).

26 **D. Rechtfertigung. I. Allgemeines.** Art. 8 Abs. 2 führt abschließend die Gründe auf, bei deren Vorliegen ein Eingriff in Art. 8 Abs. 1 gerechtfertigt ist. Die im Wortlaut vorgezeichnete Prüfungsreihenfolge erinnert stark an die Schrankenprüfung aus dem nationalen Verfassungsrecht.

II. Eingriffsgrundlage. Der Eingriff muss zunächst **gesetzlich vorgesehen** sein. Es muss also eine ausreichende gesetzliche Eingriffsgrundlage im innerstaatlichen Recht bestehen. Formal muss es sich um geschriebenes Recht handeln, welches von den Gerichten zur Auslegung herangezogen wird (EGMR Buck./. Deutschland, Urt. v. 28.04.2005 – 41604/98, RJD 2005-IV, Rn. 37). Des Weiteren muss das Gesetz für den Bürger vorhersehbar, zugänglich und frei von Willkür sein (EGMR Rekvényi./. Ungarn, Urt. v. 20.05.1999 – 25390/94, RJD 1999-III, Rn. 59; vert. Meyer-Ladewig/Nettesheim/von Raumer/*Meyer-Ladewig/Nettesheim* EMRK, Art. 8 Rn. 104 ff.; Radtke/Hohmann/*Ambos* StPO EMRK, Art. 8 Rn. 18; *Esser* Auf dem Weg, S. 115, 151, 318 f.). 27

Hinsichtlich der Überwachung der Korrespondenz zwischen Verteidiger und Gefangenem ist § 148 StPO zulässige Eingriffsgrundlage im deutschen Recht (EGMR Erdem./. Deutschland, Urt. v. 05.07.2001 – 38321/97, RJD 2001-VII, Rn. 65 ff.). Betreffend die GPS-Überwachung in Ermittlungsverfahren wegen mehrfachen Mordversuchs und zur Verhinderung weiterer Sprengstoffanschläge lag mit § 100c Abs. 1 Nr. 1 lit. b) StPO a.F. ebenfalls eine ausreichende Eingriffsgrundlage in das Recht auf Privatleben vor (EGMR Uzun./. Deutschland, Urt. v. 02.09.2010 – 35623/05, EuGRZ 115, 121 ff., Rn. 64 ff.). 28

Im Fall von Abhörmaßnahmen muss das Gesetz sowohl die verfahrenstechnischen als auch die materiellen Voraussetzungen genau benennen, unter welchen solche Maßnahmen angeordnet werden können, was bspw. auch die Behandlung der zufälligen Gesprächspartner des Abgehörten umfasst (EGMR Amann./. Schweiz, Urt. v. 16.02.2000 – 27798/95, RJD 2000-II, Rn. 58). Da geheime Abhörmaßnahmen regelmäßig auch einer Prüfung durch die Öffentlichkeit nicht zugänglich sind, müssen auch der Umfang des Ermessens und die Art seiner Ausübung bestimmt sein (EGMR Bykov./. Russland, Urt. v. 10.03.2009 – 4378/02, Rn. 78; zusf. zur Rechtfertigung derartiger Abhörmaßnahmen EGMR GrK Zakharov./. Russland, Urt. 04.12.2015 – 47143/06, Rn. 227 ff.). Auch Abhörmaßnahmen durch eine Privatperson stellen, sofern sie dem Staat – wie bspw. im Fall der Einschaltung eines V-Manns – zurechenbar sind, einen Eingriff dar, der den Anforderungen von Art. 8 Abs. 2 genügen muss (EGMR A./. Frankreich, Urt. v. 23.11.1993 – 14032/88, Series A277-B, Rn. 36; vert. *Satzger* IntEuStrR § 11 Rn. 92 f.; *Esser* Auf dem Weg, S. 148 f.). 29

III. Zweck. Weiterhin muss der Eingriff einen oder auch mehrere der in Art. 8 Abs. 2 genannten Zwecke verfolgen. Diese Voraussetzung stellt keine echte Schranke dar, da der EGMR stets eine solche Zweckverfolgung als gegeben betrachtet. Die eigentliche Schwelle ist daher die Prüfung der »Notwendigkeit« (Meyer-Ladewig/Nettesheim/von Raumer/*Meyer-Ladewig/Nettesheim* EMRK, Art. 8 Rn. 109). 30

IV. Notwendigkeit des Eingriffs. Ein Eingriff ist notwendig, wenn er einem dringenden sozialen Bedürfnis entspricht, um das berechtigte Ziel zu erreichen und die angewendeten Mittel verhältnismäßig sind (Meyer-Ladewig/Nettesheim/von Raumer/*Meyer-Ladewig/Nettesheim* EMRK, Art. 8 Rn. 110; Radtke/Hohmann/*Ambos* StPO EMRK, Art. 8 Rn. 22; *Esser* Auf dem Weg, S. 115 f., 160 ff.). Dabei ist stets auch ein Ermessensspielraum des Staates zu berücksichtigen, dessen Weite vom konkreten Einzelfall abhängt (vgl. für Kriterien, wann ein weiter und wann ein enger Spielraum anzulegen ist EGMR GrK Dubská u. Krejzová./. Tschechien, Urt. v. 15.11.2016 – 28859/11 u. 28473/12, Rn, 178 f. m.w.N.). Von überragend wichtiger Bedeutung ist das Kindeswohl, welches grundsätzlich verlangt, dass die Verbindung des Kindes mit seiner Familie aufrechterhalten wird; eingreifende Maßnahmen dürfen allerdings nicht alleine das Kindeswohl berücksichtigen, sondern müssen die Intensität des Entzugs der Bindungen mit der leiblichen Familie angemessen abwägen (EGMR GrK Strand Lobben u.a./. Norwegen, Urt. v. 10.09.2019 – 37283/13, Rn. 207 ff.). Aus strafrechtlicher Sicht sind folgende Einzelfälle von Bedeutung: 31

1. Hausdurchsuchungen. Bei der Verhältnismäßigkeitsprüfung hat der EGMR die Schwere der Straftat, aufgrund derer die Durchsuchung veranlasst wurde, die Art und Weise der Durchsuchung, ob zum Zeitpunkt der Durchsuchung schon anderweitige Beweise vorhanden waren, die Vorkehrungen, die getroffen wurden, um die Folgen der Durchsuchung für den Betroffenen möglichst zu begrenzen, sowie die möglichen Auswirkungen auf den Ruf des Betroffenen berücksichtigt (EGMR Buck./. Deutschland, Urt. v. 28.04.2005 – 41604/98, RJD 2005-IV, Rn. 45; beim Verdacht auf terroristische Straftaten ist eine weitreichendere Durchsuchung möglich EGMR Sher u.a./. Vereinigtes Königreich, Urt. v. 20.10.2015 – 5201/11, Rn. 174; für die Durchsuchung von Anwaltskanzleien vgl. *Dörr* JuS 2011, 185 ff.). Ist nach nationalem Recht kein Richtervorbehalt vorgesehen, muss jedenfalls eine effektive gerichtliche Ex-post-facto-Kontrolle existieren, die sicherstellt, dass **keine Willkürmaßnahmen** ergriffen werden (vgl. EGMR Delta Pekárny./. Tschechische Republik, Urt. v. 02.10.2014 – 97/11, Rn. 82 ff.). 32

2. Abschiebung und Ausweisung. Bei der Abschiebung und Ausweisung von Straftätern hat der Konventionsstaat die Gewährleistungen des Art. 8 Abs. 1 Alt. 2 zu beachten. Bei der Prüfung der Notwendigkeit der Abschiebung führt der EGMR eine Interessenabwägung durch. Entscheidende Abwägungsfaktoren sind 33 dabei die Achtung des Familienlebens und die Intensität der familiären Bande des Abzuschiebenden bzw. Auszuweisenden auf der einen Seite, und insb. die Schwere der Straftat auf der anderen Seite (EGMR Yilmaz./. Deutschland, Urt. v. 17.04.2003 – 52853/99, NJW 2004, 2147 [2148], Rn. 46). Der EGMR prüft dabei, ob nationale Gerichte und Behörden die gesamte Tatsachenbasis zugrunde gelegt und eine vertretbare Abschiebungsentscheidung getroffen haben (EGMR Narjis./. Italien, Urt. v. 14.02.2019 – 57433/15, Rn. 41 ff). Bei kranken Personen ist zu berücksichtigen, inwieweit diese aufgrund ihres Gesundheitszustands auf familiäre Unterstützung angewiesen sind (EGMR GrK Paposhvili./. Belgien, Urt. v. 13.12.2016 – 41738/10, Rn. 223 f.).

34 3. **Besuchsrecht von Strafgefangenen.** Die Erforderlichkeit eines Eingriffs in das Besuchsrecht von Familienangehörigen von Strafgefangenen und damit in das Familienleben ist ebenfalls im Rahmen einer **Interessenabwägung** festzustellen, wobei der EGMR den nationalen Behörden einen gewissen Grad an Ermessen einräumt (EGMR Boyle u. Rice./. Vereinigtes Königreich, Urt. v. 27.04.1988 – 9659/82 u. 9658/82, Series A131, Rn. 74). Beim Besuch durch Familienangehörige muss grundsätzlich die Möglichkeit bestehen mit diesen zu kommunizieren, ohne dass ein Gefängniswärter anwesend ist und mithört (EGMR Mozer./. Moldawien und Russland, Urt. v. 23.02.2016 – 11138/10, Rn. 195). Der Schutz der Sicherheit der Inhaftierten und die Vermeidung von Überbelegung von Gefängnissen kann dann nicht als hinreichende Rechtfertigung für den Vollzug der Freiheitsstrafe in einem weit vom Wohnort entfernten Gefängnis angesehen werden, wenn die Beschränkung der Besuchsmöglichkeiten demgegenüber unverhältnismäßig groß ist (Khodorkovskiy u. Lebedev./. Russland, Urt. v. 25.07.2013 – 11082/06 u. 13772/05, Rn. 846 ff.).

35 4. **Korrespondenz des Gefangenen mit dem Verteidiger.** Die Korrespondenz von Gefangenen mit dem Verteidiger darf kontrolliert werden, wenn Grund zur Annahme besteht, dass der Brief etwas Verbotenes enthält, wobei der **Grundsatz der Verhältnismäßigkeit** gebietet, dass der Brief grds. nicht gelesen wird. Hierzu sollten geeignete Vorkehrungen getroffen werden, wie bspw. die Öffnung des Briefs in Gegenwart des Gefangenen. Nur in Ausnahmefällen darf die Korrespondenz zwischen dem Gefangenem und dem Verteidiger gelesen werden. Die Behörden müssen den begründeten Verdacht hegen, dass das Privileg der Geheimhaltung missbraucht wird und der Inhalt des Briefes entweder die Sicherheit des Gefängnisses oder die Sicherheit Dritter gefährdet oder der Brief auf andere Weise von krimineller Natur ist, wobei auch hier wieder die Umstände des Einzelfalls entscheidend sind (EGMR Campbell./. Vereinigtes Königreich, Urt. v. 25.03.1992 – 13590/88, Series A233, Rn. 48).

36 5. **Speicherung von DNA-Proben und Fingerabdrücken.** Die pauschale und unterschiedslose Aufbewahrung von Fingerabdrücken, Zellproben und DNA-Profilen verdächtiger, aber keiner Straftat schuldig gesprochener Personen stellt nach Auffassung des EGMR einen **unverhältnismäßigen Eingriff** in das Recht auf Achtung des Privatlebens dar und kann nicht als in einer demokratischen Gesellschaft notwendig angesehen werden (EGMR S. u. Marper./. Vereinigtes Königreich, Urt. v. 04.12.2008 – 30562/04 u. 30566/04, EuGRZ 2009, 299 [313], Rn. 125). Zulässig ist die präventive Aufbewahrung, wenn ihre Dauer zeitlich begrenzt ist und sich die Dauer der zeitlichen Begrenzung an Kriterien wie in erster Linie der Schwere der Straftat, derer der Betroffene ursprünglich verdächtigt wurde, oder dem Alter des mutmaßlichen Straftäters orientiert (EGMR S. u. Marper./. Vereinigtes Königreich, Urt. v. 04.12.2008 – 30562/04 u. 30566/04, EuGRZ 2009, 299 [312], Rn. 119; zur Problematik öffentlicher Sexualstraftäterdateien unter Blickwinkel von Art. 8 vgl. *Anders* JR 2011, 190 [194 ff.]).

37 Eine Speicherung der DNA-Profile in einer zentralen Datenbank zur Erleichterung der Aufklärung künftiger Straftaten wurde demgegenüber vom EGMR dann nicht bemängelt, wenn diese Profile von Personen stammen, die wegen gravierender Straftaten verurteilt wurden und Sicherungen wie die des § 81g StPO vorgesehen sind (EGMR Peruzzo u. Martens./. Deutschland, Urt. v. 04.06.2013 – 7841/08, 57900/12, Rn. 41 ff.).

38 6. **GPS-Überwachung.** Die Anordnung einer GPS-Überwachung für einen relativ kurzen Zeitraum (z.B. vorwiegend an Wochenenden über einen Zeitraum von etwa 3 Monaten) im Rahmen eines Ermittlungsverfahrens, welches sehr schwere Straftaten wie mehrfachen versuchten Mord an Politikern und Beamten durch Sprengstoffexplosionen zum Gegenstand hat, und obendrein künftige, gleichartige Taten verhindern will, ist – sofern weniger einschneidende Mittel zuvor erfolglos waren – bzgl. der verfolgten Ziele verhältnismäßig und damit »in einer demokratischen Gesellschaft notwendig« (EGMR Uzun./. Deutschland, Urt. v. 02.09.2010 – 35623/05, NJW 2011, 1333 [1338], Rn. 80).

39 7. **Einschränkungen der Bewegungsfreiheit infolge UN-Sicherheitsratsbeschlüssen zur Terrorismusbekämpfung.** Als **unverhältnismäßige Beschränkung der Rechte aus Art. 8** wurde angesehen, dass einem italienischen Staatsangehörigen, der in einer vollständig in der Schweiz gelegenen italienischen Enklave wohnte,

seitens der Schweiz über 6 Monate hinweg der Grenzübertritt untersagt und so der persönliche Kontakt mit seiner Familie praktisch unmöglich gemacht wurde. Der Umstand, dass diese Beschränkungen auf bindenden UN-Sicherheitsratsresolutionen zur Terrorismusbekämpfung beruhten, hinderte den EGMR nicht daran, die Schweiz zu verurteilen. Unabhängig von der Rangordnung zwischen den Verpflichtungen aus der Europäischen Menschenrechtskonvention und der Charta der Vereinten Nationen sah der Gerichtshof zu Recht den Verstoß darin, dass die Schweiz sich nur auf die bindende Natur des UN-Sicherheitsratsbeschlusses berufen hatte und nicht darlegen konnte, dass sie versucht hatte, alles zu tun, um die kollidierenden Verpflichtungen in Einklang zu bringen (EGMR Nada./. Schweiz, Urt. v. 12.09.2012 – 10593/08, Rn. 197).

Art. 15 Abweichen im Notstandsfall

(1) Wird das Leben der Nation durch Krieg oder einen anderen öffentlichen Notstand bedroht, so kann jede Hohe Vertragspartei Maßnahmen treffen, die von den in dieser Konvention vorgesehenen Verpflichtungen abweichen, jedoch nur, soweit es die Lage unbedingt erfordert und wenn die Maßnahmen nicht im Widerspruch zu den sonstigen völkerrechtlichen Verpflichtungen der Vertragspartei stehen.
(2) Aufgrund des Absatzes 1 darf von Artikel 2 nur bei Todesfällen infolge rechtmäßiger Kriegshandlungen und von Artikel 3, Artikel 4 Absatz 1 und Artikel 7 in keinem Fall abgewichen werden.
(3) Jede Hohe Vertragspartei, die dieses Recht auf Abweichung ausübt, unterrichtet den Generalsekretär des Europarats umfassend über die getroffenen Maßnahmen und deren Gründe. Sie unterrichtet den Generalsekretär des Europarats auch über den Zeitpunkt, zu dem diese Maßnahmen außer Kraft getreten sind und die Konvention wieder volle Anwendung findet.
Englische Fassung.
(1) In time of war or other public emergency threatening the life of the nation any High Contracting Party may take measures derogating from its obligations under this Convention to the extent strictly required by the exigencies of the situation, provided that such measures are not inconsistent with its other obligations under international law.
(2) No derogation from Article 2, except in respect of deaths resulting from lawful acts of war, or from Articles 3, 4 (paragraph 1) and 7 shall be made under this provision.
(3) Any High Contracting Party availing itself of this right of derogation shall keep the Secretary General of the Council of Europe fully informed of the measures which it has taken and the reasons therefor. It shall also inform the Secretary General of the Council of Europe when such measures have ceased to operate and the provisions of the Convention are again being fully executed.
Französische Fassung.
(1) En cas de guerre ou en cas d´autre danger public menaçant la vie de la nation, toute Haute Partie contractante peut prendre des mesures dérogeant aux obligations prévues par la présente Convention, dans la stricte mesure où la situation l´exige et à la condition que ces mesures ne soient pas en contradiction avec les autres obligations découlant du droit international.
(2) La disposition précédente n´autorise aucune dérogation à l´article 2, sauf pour le cas de décès résultant d´actes licites de guerre, et aux articles 3, 4 (paragraphe 1) et 7.
(3) Toute Haute Partie contractante qui exerce ce droit de dérogation tient le Secrétaire général du Conseil de l´Europe pleinement informé des mesures prises et des motifs qui les ont inspirées. Elle doit également informer le Secrétaire général du Conseil de l´Europe de la date à laquelle ces mesures ont cessé d´être en vigueur et les dispositions de la Convention reçoivent de nouveau pleine application.

Übersicht

A. Grundsätzliches. I. Allgemeines. Auch wenn der deutsche Text nur davon spricht, dass ein Mitgliedsstaat bei Vorliegen der Voraussetzungen des Art. 15 von Verpflichtungen der EMRK »abweichen« kann, so ist damit gemeint, dass der Staat die Konvention in gewissem Umfang **außer Kraft setzen** kann (EGMR 1

Brannigan u. McBride./. Vereinigtes Königreich, Urt. v. 26.05.1993 – 14553/89 u. 14554/89, Series A258-B, Rn. 38 ff.: »derogation«).

2 Ausnahmetatbestände für die staatliche Existenz bedrohende Konstellationen wurden erstmals im Zuge der französischen Revolution in der »**Loi Martiale**« v. 21.10.1789 und einer Verordnung der verfassungsgebenden Versammlung v. 08.07.1791 geschaffen; im Anschluss daran fanden Notstandsnormen auch Eingang in Verfassungen der im 19. Jahrhundert zahlreichen deutschen Länder und schließlich auch in Art. 68 der Verfassung des deutschen Kaiserreichs (vgl. Dörr/Grote/Marauhn/*Krieger* EMRK, Kap. 8 Rn. 1). In der **Weimarer Reichsverfassung** gestattete Art. 48 Abs. 2 WRV den Erlass von diversen, die Grundrechte einschränkenden Notverordnungen, von denen die »Verordnung des Reichspräsidenten zum Schutz von Volk und Staat« (sog. Reichstagsbrandverordnung) v. 28.02.1933 (RGBl. I S. 83) wohl die bekannteste ist, die trotz ihrer Verfassungswidrigkeit auch nach Maßstäben der WRV als »Parallelverfassung« gilt (vert. zur Reichstagsbrandverordnung *Bickenbach* JuS 2008, 199 ff.).

3 Jenseits einer formellen Abweichung i.S.d. Art. 15 berücksichtigt der EGMR bei der Auslegung der EMRK, die auch bei internationalen bewaffneten Konflikten anwendbar bleibt, zusätzlich das humanitäre Völkerrecht, insb. auch die in der Dritten und Vierten Genfer Konvention enthaltenen Grundlagen für die Internierung von Kriegsgefangenen bzw. von gefährlichen Personen neben Art. 5. Die in Art. 5 enthaltenen prozeduralen Sicherungen finden dann in einer für die Situation in internationalen bewaffneten Konflikten angepassten Weise Anwendung, die – auch wenn hinter den üblichen Anforderungen des Art. 5 zurückbleibend – keine Abweichung i.S.d. Art. 15 darstellen (EGMR GrK Hassan./. Vereinigtes Königreich, Urt. v. 16.09.2014 – 29750/09, Rn. 96 ff.; EGMR GrK Russland./. Georgien [II], Urt. v. 21.01.2021 – 38263/08, Rn. 92 ff.).

4 **II. Parallele internationale Instrumente.** Art. 15 findet keine Entsprechung in der Allgemeinen Erklärung der Menschenrechte; parallele internationale Instrumente finden sich in **Art. 4 IPBPR, Art. 27 AMRK** oder **Art. 4 der Arabischen Charta der Menschenrechte**. Auch in den Verfassungen diverser europäischer Länder, bspw. Griechenland und Frankreich, finden sich Normen, die den Staatsnotstand und ein mögliches Abweichen von den grundrechtlichen Gewährleistungen erlauben (Dörr/Grote/Marauhn/*Krieger* EMRK, Kap. 8 Rn. 3).

5 **III. Parallelen im nationalen Recht.** Im Grundgesetz ist kein allgemeiner Notstandstatbestand enthalten. Spezifische Möglichkeiten zum Abweichen im Notstandsfall bieten qualifizierte Gesetzesvorbehalte wie bspw. Art. 11 Abs. 2 GG (vert. Maunz/Dürig/*Durner* GG, Art. 11 Rn. 126 ff.).

6 **IV. Anwendung in der Praxis.** Bislang hat sich noch kein Konventionsstaat auf Art. 15 Abs. 1 **Alt. 1** (Bedrohung der Nation durch Krieg) berufen, um ein Abweichen von den seitens der Konvention auferlegten Verpflichtungen zu begründen. Soweit ersichtlich, wurde in allen Fällen, in denen sich ein Konventionsstaat bislang auf Art. 15 berief, auf dessen Abs. 1 **Alt. 2** abgestellt (Bedrohung der Nation durch einen anderen öffentlichen Notstand): Dabei ging es zumeist um Großbritannien und Irland hinsichtlich der Terrorismusbekämpfung in Nordirland bzw. um die Türkei bzgl. der Bekämpfung der PKK; nur einmal war auch Griechenland (EKMR *»Griechenland«*, YB 12 [1969], Rn. 29 ff.) betroffen.

7 **B. Notstand. I. Notstandslage.** Nachdem sich bislang noch kein Konventionsstaat auf die Bedrohung des Lebens der Nation durch einen Krieg berufen hat, hat der EGMR bislang nur die **Voraussetzungen des anderen öffentlichen Notstands** geklärt (zu einer möglichen Definition s. LR/*Esser* EMRK, Art. 15 Rn. 2 m.w.N.). Ein solcher liegt vor (1) bei einer außergewöhnlichen Krisensituation oder einem Notfall, welcher die gesamte Nation betrifft und (2) eine Bedrohung für das organisierte Leben der Gemeinschaft darstellt, aus der sich der Staat zusammensetzt (EGMR Lawless./. Irland, Urt. v. 01.07.1961 – 332/57, Series A3, Rn. 28).

8 Die Kommission stellte später als zusätzliche Voraussetzungen auf, dass der Notstand (3) gegenwärtig sein oder unmittelbar bevorstehen muss und (4) die Krise oder Gefahr derart ungewöhnlich sein muss, dass ihr mit den gewöhnlichen von der EMRK zur Aufrechterhaltung der öffentlichen Sicherheit oder Ordnung zur Verfügung gestellten Instrumenten nicht beizukommen ist (EKMR »*Griechenland*«, YB 12 [1969], Rn. 153). Nicht notwendig ist, dass das gesamte Hoheitsgebiet des Konventionsstaats bedroht ist, ausreichend ist ein lokaler Konflikt oder dass der Notstand auf die gesamte Bevölkerung ausstrahlt (*Grabenwarter/Pabel* EMRK, § 2 Rn. 10).

9 Da die nationalen Behörden mit den innerstaatlichen Gegebenheiten naturgemäß besser vertraut sind als der durchschnittliche Richter am EGMR, billigt dieser ersteren einen umfangreichen **Beurteilungsspielraum** zu (EGMR A.u.a./. Vereinigtes Königreich, Urt. v. 19.02.2009 – 3455/05, Rn. 173).

II. Unbedingte Erforderlichkeit. Diese Lage muss es unbedingt erforderlich machen, von den Ver- 10
pflichtungen durch die Konvention abzuweichen. Der EGMR prüft dabei die konkret infrage stehende Maßnahme auf ihre **Verhältnismäßigkeit**. Zunächst muss ein konkreter Zusammenhang zwischen der Notlage und der infrage stehenden Maßnahme bestehen. Weiterhin beachtet der EGMR i.R.d. Verhältnismäßigkeitsprüfung v.a. das Recht, von dem abgewichen wird, die Dauer des Notstands und die Umstände, die ihn verursacht haben (EGMR Brannigan u. McBride./. Vereinigtes Königreich, Urt. v. 26.05.1993 – 14553/89 u. 14554/89, Series A258-B, Rn. 43).

III. Kein Widerspruch zu sonstigen völkerrechtlichen Verpflichtungen. Art. 15 Abs. 1 fordert weiterhin, 11
dass der Konventionsstaat durch die Maßnahmen nicht gegen seine völkerrechtlichen Verpflichtungen verstößt. Hier ist insb. der IPbpR von Relevanz.

IV. Unterrichtungspflicht (Art. 15 Abs. 3). Weiterhin trifft den Konventionsstaat, der einen Notstand aus- 12
ruft, nach Art. 15 Abs. 3 die Pflicht, **den Generalsekretär des Europarats zu informieren.** Eine Zeit von zwölf Tagen zwischen dem Erlass des Gesetzes und Information des Generalsekretärs einschließlich Begründung sah der EGMR als ausreichend an (EGMR Lawless./. Irland, Urt. v. 01.07.1961 – 332/57, Series A3, Rn. 47), die Kommission dagegen einen Zeitraum von vier Monaten als verspätet (EKMR »*Griechenland*«, YB 12 [1969], Rn. 78 ff.).

V. Beispiele. 1. Notstandslage. Ein solcher Notstand wurde bejaht im Fall **»Ireland«**. Zwischen Januar 13
und Juli 1971 kam es zu 304 Terroranschlägen in Nordirland mit insgesamt 31 toten Soldaten und Zivilisten. Daraufhin wurden 2300 Angehörige der katholischen Bevölkerungsgruppe ohne gerichtliche Beteiligung festgenommen und verhört. Der EGMR hielt in diesem Fall die Abweichung von Art. 5 Abs. 3 für nach Art. 15 Abs. 1 gerechtfertigt (EGMR Irland./. Vereinigtes Königreich, Urt. v. 18.01.1978 – 5310/71, Series A25, Rn. 202 ff.). Ein Notstand wurde auch bejaht für die Situation Großbritanniens nach dem 11.09.2001 und den Bombenanschlägen in der Londoner U-Bahn v. 07.07.2005 (EGMR A.u.a./. Vereinigtes Königreich, Urt. v. 19.02.2009 – 3455/05, Rn. 175 ff.).
Auch für den gescheiterten Putschversuch vom 15.07.2016 rief die Türkei am 21.07.2016 den nationalen Notstand aus. Obgleich dieser ursprünglich lediglich für drei Monate erklärt wurde, wurde er insgesamt sieben Mal bis Juli 2018 verlängert. Eine Entscheidung zu dessen Verhältnismäßigkeit traf der EGMR jedoch nicht, auch wenn er konstatierte, dass den Staaten in dieser Hinsicht kein uneingeschränkter Ermessensspielraum zukomme (EMRK Şahin Alpay./. Türkei, Urt. v. 20.03.2018 – 16538/17, Rn. 75).

2. Erforderlichkeit. Im Fall »Aksoy« hielt der EGMR eine 14-tägige Einzelhaft ohne gerichtliche Vorführung 14
als Abweichung von Art. 5 Abs. 3 für nicht erforderlich (EGMR Aksoy./. Türkei, Urt. v. 18.12.1996 – 21987/93, RJD 1996-VI, Rn. 84).

C. Notstandsfeste Rechte. In Art. 15 Abs. 2 sind schließlich noch die **notstandsfesten Rechte** aufgezählt, 15
für das Strafrecht besonders relevant sind dabei Art. 3 (vgl. hierzu Art. 3 Rdn. 6), Art. 7 (vgl. hierzu Art. 7 Rdn. 1) und Art. 2 (vgl. hierzu Art. 2 Rdn. 4 ff.).

Art. 18 Begrenzung der Rechtseinschränkungen

Die nach dieser Konvention zulässigen Einschränkungen der genannten Rechte und Freiheiten dürfen nur zu den vorgesehenen Zwecken erfolgen.

Englische Fassung

The restrictions permitted under this Convention to the said rights and freedoms shall not be applied for any purpose other than those for which they have been prescribed.

Französische Fassung

Les restrictions qui, aux termes de la présente Convention, sont apportées auxdits droits et libertés ne peuvent être appliquées que dans le but pour lequel elles ont été prévues.

Übersicht

1 **A. Grundsätzliches. I. Bedeutung und Allgemeines.** Nachdem Art. 18 zunächst ein »eher verstecktes Dasein« (*Frowein*/Peukert EMRK, Art. 18 Rn. 2) geführt hat, ist die grundsätzliche Bedeutung dieser Vorschrift erst in den letzten Jahren, insb. durch die prominenten Fälle von **Khodorkovskiy** und **Tymoshenko** erkannt worden. Denn Art. 18 bringt nicht nur die Selbstverständlichkeit zum Ausdruck, dass ein Eingriff, der die Anforderungen eines Schrankenvorbehalts eines Menschenrechts nicht erfüllt, konventionswidrig ist (vgl. Karpenstein/Mayer/*Karpenstein/Johann* EMRK, Art. 18 Rn. 2). Ziel von Art. 18 ist es vielmehr, **Machtmissbrauch** (»détournement de pouvoir« oder »abuse/misuse of power«) zu **verhindern**. Es wird klargestellt, dass Einschränkungen nur zu den vorgesehenen Zwecken erfolgen dürfen. Damit sollen Eingriffe, die zwar bei formaler Betrachtung als den Vorgaben der Konvention entsprechend angesehen werden könnten, die aber der Sache nach konventionswidrige Ziele (insb. solche politischer Natur) verfolgen, verhindert werden. Werden durch die Beschränkungen oder Maßnahmen des Mitgliedsstaats mehrere Zwecke verfolgt, die aber weder ausschließlich redlicher noch allein missbräuchlicher Natur sind, stellt der EGMR den jeweiligen Umständen des Einzelfalles entsprechend darauf ab, welcher vorgesehene Zweck vorherrschend war (EMRK GrK Merabishvili./.Georgien, Urt. v. 28.11.2017 – 72508/13, Rn. 305 ff.; so auch EMRK GrK Navalnyy./. Russland, Urt. v. 15.11.2018 – 29580/12, Rn. 165 ff).

Dabei ist bei andauernden oder wiederkehrenden Beschränkungen ständig neu zu überprüfen, ob der Zweck die Maßnahme rechtfertigt. Beim Vorliegen mehrerer Zwecke kann sich dabei im Laufe der Zeit die Gewichtung der einzelnen Ziele verschieben (EMRK GrK Merabishvili./. Georgien, Urt. v. 28.11.2017 – 72508/13, Rn. 351; EMRK GrK Navalnyy./. Russland, Urt. v. 15.11.2018 – 29580/12, Rn. 171; vgl. EGMR Yunusova u. Yunusov./. Aserbaidschan (II), Urt. v. 16.07.2020 – 68817/14, Rn. 186 ff.; EGMR Khadija Ismayilova./. Aserbaidschan (II), Urt. v. 27.02.2020 – 30778/15, Rn. 112 ff.; EGMR Ibrahimov u. Mammadov./. Aserbaidschan, Urt. v. 13.02.2020 – 63571/16 u.a., Rn. 150).

2 **II. Parallele internationale und nationale Instrumente.** Art. 18 findet seine Entsprechung in Art. 30 AMRK und Art. 31 Abs. 2 der Europäischen Sozialcharta (Pabel/Schmahl/*Steiger* IntKomm EMRK, Art. 18 Rn. 4). In anderen internationalen Instrumenten findet sich indes kein Pendant zu Art. 18. Ebenfalls gibt es im nationalen Recht keine ausdrückliche Kodifizierung, die dieser Vorschrift gleicht.

3 **B. Begrenzung der Einschränkung von EMRK-Rechten. I. Dogmatische und systematische Einordnung.** Die allermeisten EMRK-Garantien sind als **Abwehrrechte** (sog. »negative Rechte«) gegenüber dem Staat ausgestaltet, wobei ihnen, bis auf wenige Ausnahmen (insb. Art. 3 und Art. 7), kein absoluter, sondern relativer Charakter zukommt (s. nur *Pösl* Das Verbot der Folter in Art. 3 EMRK, S. 41 f.). Eingriffe in die jeweiligen Schutzbereiche lassen sich daher im Rahmen unterschiedlicher Schranken rechtfertigen, vorausgesetzt der Staat verfolgt hierdurch ein **legitimes Ziel**, der Eingriff ist **verhältnismäßig** und der **Kernbereich** der Konventionsgarantie wird **nicht angetastet** (*Satzger/Zimmermann/Eibach* EuCLR 2014, 91 [104]). Dies gilt indes nach Maßgabe von Art. 18 dann nicht, wenn neben dem vorgesehenen Zweck auch eine andere zweckfremde Motivation (sog. »**improper motivation**«, vgl. EGMR Khodorkovskyi u. Lebedev./. Russland, Urt. v. 25.07.2013 – 11082/06 u. 13772/05, Rn. 908) verfolgt wird.

Daraus, dass die Vorschrift selbst den Bezug zu anderen Konventionsgarantien herstellt, schließt der EGMR in st. Rspr. zu Recht, dass eine Verletzung des Art. 18 **niemals isoliert** festgestellt werden kann, sondern immer nur i.V.m. dem Recht, in das aus unlauteren Gründen eingegriffen wurde (EGMR Gusinskiy./. Russland, Urt. v. 19.05.2004 – 70276/01, Rn. 73; EGMR Lutsenko./. Ukraine, Urt. v. 03.07.2012 – 6492/11, Rn. 105; EGMR Tymoshenko./. Ukraine, Urt. v. 30.04.2013 – 49872/11, Rn. 294). Da sich der Zweck des Art. 18 jedoch nicht darin erschöpft, den Umfang der Vorbehaltsklauseln klarzustellen, sondern darüber hinaus das Verbot ausspricht, die vertraglichen Rechte und Freiheiten zu konventionswidrigen Zielen zu beschränken, kann eine Verletzung des Art. 18 auch dann gegeben sein, wenn die mit ihm verbunden geprüfte Vorschrift nicht verletzt wurde (EMRK GrK Merabishvili./. Georgien, Urt. v. 28.11.2017 – 72508/13, Rn. 288).

4 Auf dieser Grundlage nimmt Art. 18 nach traditionellem Verständnis (nur) die Funktion einer sog. »**Schranken-Schranke**« ein (vgl. auch Roca/*Santolaya* Europe of Rights, 2012, S. 527). Die Vorschrift würde dementsprechend nur eine Rolle spielen, wenn ein Eingriff grundsätzlich durch eine in der Konvention vorgesehene Beschränkungsmöglichkeit gedeckt ist. In einem zweiten Schritt wäre dann zu prüfen, ob die Maßnahme die Grenzen der zulässigen Beschränkung sprengt. Dazu kommt es in erster Linie auf die Motivation des eingreifenden Staates bzw. der für ihn handelnden Personen an. Wenn es etwa infolge eines formell nicht zu

beanstandenden Haftbefehls zu einer prinzipiell zulässigen Freiheitsentziehung kommt, dieser Haftbefehl aber vorrangig dazu **instrumentalisiert** worden ist, politische oder sonstige Widersacher auszuschalten oder zumindest in ihrem Wirkungskreis einzuschränken, so ließe sich erst über die Schranken-Schranke des Art. 18 eine Verletzung des Art. 5 Abs. 1 begründen. Allerdings verfolgt der Staat in derartigen Fällen bereits kein legitimes Ziel im Sinne der Verhältnismäßigkeitsprüfung. Nach traditioneller Lesart würde Art. 18 also nur nochmals klarstellen und hervorheben, dass dies Grundlage und Voraussetzung jeder Beschränkung einer EMRK-Garantie ist. **Die Vorschrift wäre dann weitgehend überflüssig**, weil der Verhältnismäßigkeitsgrundsatz als solcher in der EMRK anerkannt ist und sich nach st. Rspr. des EGMR nicht in einer einzelnen Vorschrift manifestiert (s. nur EGMR Soering./. Vereinigtes Königreich, Urt. v. 07.07.1989 – 14038/88, Rn. 89). Auch der EGMR hat deshalb zwischenzeitlich anerkannt, dass es in solchen Fällen eines Rückgriffs auf Art. 18 als Schranken-Schranke nicht bedarf (EGMR Lutsenko./. Ukraine, Urt. v. 03.07.2012 – 6492/11, Rn. 62).

Ebenso wenig verbietet Art. 18 es den Staaten, in der Konvention vorgesehene Schranken der garantierten Rechte und Freiheiten **extensiv auszulegen** oder im Wege der **Analogie** auf andere Fälle auszudehnen, da ein solches Verbot den Charakter der EMRK als »living instrument« (s. nur EGMR Tyrer./. Vereinigtes Königreich, Urt. v. 25.04.1978 – 5856/72, Rn. 31) verkennen und einer flexiblen Anwendung der Konvention entgegenstehen würde (a.A. LR/*Esser* EMRK, Art. 18 Rn. 2). 5

Stattdessen ist der Gerichtshof dazu übergegangen, Art. 18 eine **selbstständige Funktion** zuzuerkennen, welche über die Rolle einer bloßen »Schranken-Schranke« hinausgeht: Erstmals formulierte er in seiner ersten Khodorkovskiy-Entscheidung, dass ein Verstoß gegen Art. 18 sich von der Verletzung anderer Konventionsgarantien unterscheide (EGMR Khodorkovskiy./. Russland, Urt. v. 31.05.2011 – 5829/04, Rn. 254). Wenig später bejahte er eine Verletzung von Art. 18 i.V.m. Art. 5, nachdem er zuvor bereits bei isolierter Betrachtung eine Verletzung des Art. 5 festgestellt hatte (EGMR Lutsenko./. Ukraine, Urt. v. 03.07.2012 – 6492/11, Rn. 108 ff.; s. dazu *Satzger/Zimmermann/Eibach* EuCLR 2014, 91 [100 f.]). Daran zeigt sich, dass ein Verstoß gegen Art. 18 vom Gerichtshof als zusätzliche, noch schwerwiegendere Rechtsverletzung verstanden wird. Die Vorschrift lässt sich deshalb nun als **Verkörperung des grundlegenden Verbots rechtsmissbräuchlicher staatlicher (insb. strafrechtlicher) Verfolgung** verstehen. Ein derartiges Verbot ist nicht bereits durch die Existenz des in Art. 6 verankerten »fair trial«-Grundsatzes gewährleistet, schon deshalb nicht, weil dessen Schutzbereich in zeitlicher Hinsicht erst von der Bekanntgabe des Schuldvorwurfes im Ermittlungsverfahren an eröffnet ist (s. Art. 6 Rdn. 14; *Satzger* IntEuStrR § 11 Rn. 60) und somit für viele maßgeblich politisch motivierte und instrumentalisierte Strafverfahren zu spät greift. Die eigenständige Funktion von Art. 18 liegt richtiger Ansicht nach in der besonders **stigmatisierenden Wirkung**, die einer auf diese Konventionsvorschrift gestützten Verurteilung innewohnt (ausführlich zum Ganzen *Satzger/Zimmermann/Eibach* EuCLR 2014, 91 [111 ff.]; in diese Richtung auch EGMR Tymoshenko./.Ukraine [concurring opinion], Urt. v. 30.04.2013 – 49872/11, S. 69 ff.): Ein EGMR-Urteil, mit dem ein Verstoß gegen Art. 18 festgestellt wird, besagt, dass der Staat nicht nur (wie in der Regel) versehentlich konventionswidrig gehandelt hat, sondern dass er sich vorsätzlich über elementare Prinzipien pluralistischer und demokratischer Gesellschaften hinweggesetzt hat. Insoweit ist es nicht damit getan, die Verletzung einzelner Konventionsgarantien gerichtlich festzustellen. Vielmehr kann der EGMR durch die Feststellung einer Verletzung des Art. 18 den **vorsätzlichen und systemischen Machtmissbrauch** aufzeigen und zu einer entsprechend aussagekräftigen Verurteilung gelangen (*Satzger/Zimmermann/Eibach* EuCLR 2014, 91 [112], sowie 248 [249 ff.]; EGMR Tymoshenko./. Ukraine [concurring opinion], Urt. v. 30.04.2013 – 49872/11, S. 69 ff.). 6

II. Anwendungsbereich. Der Anwendungsbereich von Art. 18 ist noch nicht endgültig geklärt. Dabei geht es um die Frage, bei welchen Arten von Konventionsgarantien eine Verletzung von Art. 18 überhaupt relevant werden kann. Dies ist insb. deshalb bedeutsam, weil Art. 18 bislang in der Praxis nur in Verbindung mit Art. 5 eine Rolle gespielt hat. 7

1. Relative Rechte. Die große Mehrheit der Garantien im ersten Abschnitt der Konvention, der mit »Rechte und Freiheiten« überschrieben ist, begründet nur relative Rechte und ist deshalb grundsätzlich einschränkbar. Art. 18 findet auf all diese relativen Rechte in der Konvention Anwendung. Hierfür spricht bereits dessen systematische Stellung: Art. 18 bildet den Schlussstein dieses ersten Abschnitts. Seine systematische Stellung legt also die Folgerung nahe, dass Art. 18 für sämtliche dieser Konventionsgarantien Geltung beansprucht. Ansonsten hätte der Inhalt des Art. 18 in die einzelnen Vorschriften, auf die er Anwendung finden soll, inkorporiert werden müssen. Überdies wird dieses systematische Argument auch durch teleologische Erwägungen gestützt, da Machtmissbrauch, der von Art. 18 verhindert werden soll, nicht nur in Verbindung mit Art. 5, sondern auch mit anderen Konventionsgarantien auftreten kann (*Satzger/Zimmermann/Eibach* EuCLR 2014, 248 [259 f.]). Um diesen Gesichtspunkten Rechnung zu tragen, ist Art. 18 **auf alle relativen Konventionsgarantien** gleichermaßen anzuwenden. 8

9 **2. Absolute Rechte.** Darüber hinaus muss Art. 18 aber auch für absolute Rechte, also für grundsätzlich nicht einschränkbare Garantien wie diejenigen des Art. 3 oder des Art. 7, gelten (*Satzger/Zimmermann/Eibach* EuCLR 2014, 248 [260 f.]; a.A. Pabel/Schmahl/*Steiger* IntKomm EMRK, Art. 18 Rn. 29): Angesichts des klaren Wortlauts, der von *zulässigen Einschränkungen* spricht und somit eigentlich voraussetzt, dass die betreffende Garantie überhaupt einschränkbar ist, kann dies allerdings nur über eine **analoge Anwendung** geschehen. Eine vergleichbare Situation wie bei relativen Rechten besteht bei jenen nämlich insofern, als viele staatliche Handlungen bereits aus ihrem Schutzbereich ausgeklammert werden. Die für eine analoge Anwendung darüber hinaus notwendige planwidrige Regelungslücke ist darin zu erblicken, dass ansonsten gerade besonders schwere politisch motivierte Konventionsverstöße nicht dem Schutzbereich des Art. 18 unterfielen. So könnte ein Staat, der gegen politische Gegner mit Folter vorgeht (Art. 3) oder eindeutig nicht strafwürdiges Verhalten zum Anlass strafrechtlicher Ermittlungen nimmt (Art. 7), nicht über Art. 18 und dessen besonders stigmatisierende Wirkung zur Rechenschaft gezogen werden. Dieses Bedürfnis entfällt auch nicht deshalb, weil die vom EGMR anerkannte Verletzung einer absoluten Konventionsgarantie *per se* als äußerst schwerwiegender Verstoß zu werten ist. Erst durch die Hinzuziehung von Art. 18 kann die hinter der Verletzung stehende Motivation des Staates verdeutlicht werden, der nicht »nur« eine absolute Konventionsgarantie verletzt hat, sondern darüber hinaus den staatlichen Machtapparat dazu missbraucht hat, unter dem Deckmantel der Strafrechtspflege gegen politische oder sonstige Gegner vorzugehen.

10 **C. Beweislast.** Auch im Rahmen einer behaupteten Verletzung von Art. 18 trifft die **Beweislast grundsätzlich den Beschwerdeführer** (EGMR Khodorkovskiy./. Russland, Urt. v. 31.05.2011 – 5829/04, Rn. 257; EGMR Khodorkovskyi u. Lebedev./. Russland, Urt. v. 25.07.2013 – 11082/06 u. 13772/05, Rn. 903). Daran ändern auch missverständliche Stellungnahmen (insb. in EGMR Cebotari./. Moldawien, Urt. v. 13.02.2008 – 35615/06, Rn. 53) nichts. Zwar darf nicht übersehen werden, dass der Nachweis für den Beschwerdeführer im konkreten Fall mit ganz erheblichen Schwierigkeiten verbunden sein dürfte. Gleichwohl genügt es nicht, dass der Beschwerdeführer einen bloßen Anscheinsbeweis (»prima facie evidence«) führt, in diesem Fall geht also die Beweislast nicht auf den Staat über. Vielmehr bleibt die Beweislast auch dann beim Beschwerdeführer, wenn er aussagekräftige Indizien für eine »improper motivation« darlegen konnte. Dem Gerichtshof zufolge besteht folglich **zugunsten jedes Staates die Vermutung, er habe in gutem Glauben gehandelt** (»presumption of good faith«, s. EGMR Khodorkovskiy./. Russland, Urt. v. 31.05.2011 – 5829/04, Rn. 254). Hiervon rückt der EGMR erst ab, wenn das Gegenteil bewiesen wurde. Der Grund hierfür liegt in der stigmatisierenden Wirkung, die eine Feststellung der Verletzung von Art. 18 mit sich bringt. Einerseits muss ein solch gewichtiger Vorwurf auf besonders stichhaltigen Beweisen fußen und nicht nur darauf, dass es dem verklagten Staat nicht gelingt, die gegen ihn vorgebrachten Indizien zu entkräften. Zum anderen dient die vom Beschwerdeführer zu tragende Beweislast auch dazu, einer möglichen inflationären Verwendung von Art. 18 und einer damit einhergehenden Unterminierung der stigmatisierenden Wirkung eines solchen Verstoßes frühzeitig zu begegnen (*Satzger/Zimmermann/Eibach* EuCLR 2014, 248 [253]).

11 Allerdings darf es nicht unter allen Umständen und ohne jede Ausnahme bei dieser einseitigen Beweislastverteilung bleiben. Eine **Abweichung** ist geboten, soweit der Beschwerdeführer sonst gar nicht in der Lage wäre, die behauptete Verletzung von Art. 18 nachzuweisen. Dies ist insb. dann der Fall, wenn es maßgeblich auf die subjektiven Motive der staatlichen Akteure ankommt, welche der Sphäre des Beschwerdeführers entzogen sind. Die wahren Motive, die »hidden agenda«, kann er dann nur aus den Umständen und dem Kontext des Falles ableiten. Natürlich ist insoweit ein sehr hohes Maß an Substanziierung erforderlich. Ist dieses Maß jedoch erreicht, sollte von einem *prima facie* Beweis ausgegangen werden mit der Folge, dass die Beweislast auf den Staat übergeht (*Satzger/Zimmermann/Eibach* EuCLR 2014, 248 [253 ff.]; in diese Richtung ebenfalls EGMR Tymoshenko./. Ukraine [concurring opinion], Urt. v. 30.04.2013 – 49872/11, S. 69 [70 f.]).

12 **D. Beweisanforderungen. I. Was ist zu beweisen?.** Ein Strafverfahren gegen einen Politiker oder eine politisch aktive Person macht aus diesem Verfahren noch nicht automatisch ein »politisches Verfahren«, da auch Individuen von herausragendem politischen Status in einer Gesellschaft nicht gegenüber strafrechtlicher Verfolgung immun sind (vgl. EGMR Khodorkovskiy./. Russland, Urt. v. 31.05.2011 – 5829/04, Rn. 258). Der Beschwerdeführer muss nach der Rspr. des EGMR beweisen, dass der gesamte Justizapparat *ab initio* missbraucht wurde und die Behörden dabei arglistig und in krasser Missachtung (»blatant disregard«) der Konvention vorgegangen sind (EGMR Khodorkovskiy./. Russland, Urt. v. 31.05.2011 – 5829/04, Rn. 260). Ein bloßer Verstoß gegen den Geist der Konvention (»spirit of the convention«) genügt indes nicht (anders noch EGMR Lutsenko./. Ukraine, Urt. v. 03.07.2012 – 6492/11, Rn. 108). Die Beweisanforderungen und die Anforderungen an die Substanziierung des Vorwurfs sind daher sehr hoch, keinesfalls genügt der bloße Verdacht einer Zweckentfremdung des Strafverfahrens (EGMR Khodorkovskiy./. Russland, Urt. v. 31.05.2011 –

5829/04, Rn. 257). Dies ist angesichts der autonomen Rolle von Art 18 (s.o. Rdn. 6) und der mit der Feststellung seiner Verletzung einhergehenden Stigmatisierungswirkung durchaus konsequent.

Damit besteht jedoch die Gefahr, dass es die hohen Anforderungen an die Beweisführung dem Beschwerdeführer praktisch beinahe unmöglich machen, diesen gerecht zu werden (vgl. EGMR Tymoshenko./. Ukraine [concurring opinion], Urt. v. 30.04.2013 – 49872/11, S. 69 [71 f.]; s.a. die Kritik seitens des Beschwerdeführers in: EGMR Khodorkovskiy./. Russland, Urt. v. 31.05.2011 – 5829/04, Rn. 892). Damit würde die schützende Funktion des Art. 18 in der Praxis aber weitgehend verloren gehen. Um diesem Einwand Rechnung zu tragen, muss es demnach genügen, wenn der Beschwerdeführer glaubhaft geltend machen kann, dass seine **(strafrechtliche) Verfolgung im Widerspruch zu fundamentalen Konventionsprinzipien und anerkannten Werten pluralistischer und demokratischer Gesellschaften** steht (*Satzger/Zimmermann/Eibach* EuCLR 2014, 248 [252]). Dies ist insb. dann der Fall, wenn er aufzeigen kann, dass das (Straf-) Justizsystem pervertiert worden ist, um politische Gegner auszuschalten (wie in EGMR Lutsenko./. Ukraine, Urt. v. 03.07.2012 – 6492/11 und EGMR Tymoshenko./. Ukraine, Urt. v. 30.04.2013 – 49872/11) oder um andere nicht mit den Zwecken eines Strafverfahrens vereinbarte Ziele zu erreichen (wie in EGMR Gusinskiy./. Russland, Urt. v. 19.05.2004 – 70276/01). 13

II. Wie muss Beweis erbracht werden?. Nur in Ausnahmefällen wird es möglich sein, die strafverfahrensfernen, politischen Zwecke der staatlichen Organe mittels direkten Beweises (»**direct proof**«) zu belegen. So konnte der Beschwerdeführer im Fall Gusinskiy eine Vereinbarung vorlegen, in der explizit die Freilassung des Beschwerdeführers vom Verkauf seines Unternehmens abhängig gemacht worden war (vgl. EGMR Gusinskiy./. Russland Urt. v. 19.05.2004 – 70276/01). Normalerweise wird der Staat in den hier interessierenden Fällen jedoch gerade alles daransetzen, derartige Beweisstücke zu vermeiden oder zu vernichten, sodass ähnliche Konstellationen nur selten vorkommen werden. 14

Der EGMR hat – allerdings in sehr engen Grenzen – auch einen indirekten Beweis (»**indirect proof**«) zugelassen. Hierfür muss der Beschwerdeführer Tatsachen vorbringen, aus denen sich ergibt, dass die vom Staat vorgebrachten Gründe (für die Einschränkung einer EMRK-Garantie) nicht seinen wirklichen Motiven entsprechen, sondern eine »hidden agenda« existiert. Offen für **Indizienbeweise** (»contextual evidence«), z.B. in Gestalt eines konzertierten Vorgehens gegen Oppositionspolitiker oder in Form von Berichten seitens Nichtregierungsorganisationen oder Gerichtsentscheidungen anderer Staaten, ist der Gerichtshof bislang aber nur, soweit das Verfahren gegen den Betroffenen aufgrund der Art der Straftat eine **direkte Beziehung zu dessen politischen Aktivitäten** aufweist (s. die Deutung bei *Satzger/Zimmermann/Eibach* EuCLR 2014, 248 [256 f.]). Nur dann könne ein Verfahren »*ab initio*« politisch ausgerichtet sein; ansonsten sei ein rein strafrechtlicher – nicht politisch eingefärbter – Kern des Verfahrens jedenfalls nicht auszuschließen (s. EGMR Khodorkovskyi u. Lebedev./. Russland, Urt. v. 25 07.2013 – 11082/06 u. 13772/05, Rn. 906). 15

Dieser Ansatz ist jedoch zu eng. Über die Fälle hinaus, in denen die vorgeworfene Straftat einen politischen Charakter aufweist (weil sie im Amt begangen sein oder wenigstens einen Bezug zu politischen Aktivitäten haben soll), muss es dem Beschwerdeführer auch bei Verfahren, die eine **Häufung verfahrensrechtlicher Mängel** aufweisen, möglich sein, aus diesem Gesamtkontext den Beweis für eine »hidden agenda« zu erbringen. Denn gerade der Staat, der ein strafverfahrensfremdes Ziel verfolgt, wird alles tun, um dieses Ziel zu erreichen, was dann in einer Vielzahl von Konventionsverletzungen zum Ausdruck kommt (ausführlich *Satzger/Zimmermann/Eibach* EuCLR 2014, 248 [258]). 16

E. Rechtsfolgen eines Verstoßes gegen Art. 18 EMRK. Bislang hat der EGMR eine Verletzung von Art. 18 nur in solchen Fällen festgestellt, in denen bereits eine Verletzung von Art. 5 vorlag, also bereits eine Freiheitsentziehung als solche konventionswidrig war. Eine allgemeingültige Aussage über die Praxis des EGMR lässt sich daher (noch) nicht treffen. Die dennoch zu erkennende Tendenz, bei Verstößen gegen Art. 18 dem Opfer **keine Entschädigung i.S.v. Art. 41** zuzusprechen, ist mit der Funktion einer Feststellung einer Verletzung des Art. 18, so wie sie hier herausgearbeitet wurde, vereinbar, da eine monetäre Kompensation weder dem primären Interesse des Antragsstellers entspricht noch der stigmatisierenden Wirkung einer Verurteilung auf Grundlage des Art. 18 gerecht wird. 17

Die für den Beschwerdeführer relevante **Feststellung des ihm gegenüber verübten staatlichen Unrechts** kommt vielmehr zum einen bereits im Urteilsspruch selbst zum Ausdruck, da nach hier vertretener Ansicht ja gerade dessen stigmatisierende Wirkung den Beschwerdeführer rehabilitiert und typischerweise vor weiteren (strafrechtlichen) Verfolgungen schützt. Darüber hinaus muss der durch Art. 18 angezeigte Missbrauch staatlicher Macht allerdings auch **Folgen für die nationalen (Straf-) Verfahren** haben, auf denen der Verstoß gegen Art. 18 basierte: Diese haben ihren Anspruch auf Akzeptanz verwirkt und sind in der Folge als nichtig anzusehen; waren die Vorwürfe gegen den Beschwerdeführer nicht gänzlich unbegründet, bedarf es zu ihrer Überprüfung eines komplett neuen Verfahrens (*Satzger/Zimmermann/Eibach* EuCLR 2014, 248 [264]). 18

Art. 34 Individualbeschwerden

Der Gerichtshof kann von jeder natürlichen Person, nichtstaatlichen Organisation oder Personengruppe, die behauptet, durch eine der Hohen Vertragsparteien in einem der in dieser Konvention oder den Protokollen dazu anerkannten Rechte verletzt zu sein, mit einer Beschwerde befasst werden. Die Hohen Vertragsparteien verpflichten sich, die wirksame Ausübung dieses Rechts nicht zu behindern.

Englische Fassung

The Court may receive applications from any person, non-governmental organisation or group of individuals claiming to be the victim of a violation by one of the High Contracting Parties of the rights set forth in the Convention or the Protocols thereto. The High Contracting Parties undertake not to hinder in any way the effective exercise of this right.

Französische Fassung

La Cour peut être saisie d´une requête par toute personne physique, toute organisation non gouvernementale ou tout groupe de particuliers qui se prétend victime d´une violation par l´une des Hautes Parties contractantes des droits reconnus dans la Convention ou ses Protocoles. Les Hautes Parties contractantes s´engagent à n´entraver par aucune mesure l´exercice efficace de ce droit.

Übersicht

1 **A. Grundsätzliches. I. Der Europäische Gerichtshof für Menschenrechte (EGMR). 1. Allgemeines.** Die Art. 19 bis 51 sowie die Verfahrensordnung des EGMR (VerfO) beinhalten die Regelungen über den EGMR. Der EGMR ist damit kein Organ des Europarats, sondern ein **Organ der Konvention** selbst (s. Art. 1 Rdn. 7). Durch das 11. Zusatzprotokoll v. 01.11.1998 wurde der EGMR zum Vollgericht und einziges Entscheidungsorgan bzgl. der Verletzung von Menschenrechten (Meyer-Ladewig/Nettesheim/von Raumer/*Meyer-Ladewig/Nettesheim* EMRK, Einleitung Rn. 9), während allerdings die Durchführung der Urteile den Mitgliedsstaaten selbst überlassen bleibt und lediglich durch das Ministerkomitee überwacht wird (s. Art. 46 Rdn. 12). Nahezu einer Kapitulation gleich kommt in diesem Zusammenhang die krit. zu betrachtende (vgl. hier auch die gemeinsam verfasste ablehnende Stellungnahme der Richter Yudkicska, Sajó, Bianku, Karakas, De Gaetano, Lafranque und Motoc) Entscheidung des EGMR, die Nichtvollziehung von Urteilen im Fall Burmych gegen die Ukraine sowie 12.143 weiteren Fällen, die in sachlicher Hinsicht dem Piloturteil Ivanov./.Ukraine nachfolgen, nicht weiter auf die Verletzung von Menschenrechten überprüfen zu wollen. Indem der Gerichtshof zu dem Schluss kommt, dass dem Ziel der Konvention nicht gedient sei, all jene Fälle weiterhin im Einklang mit der bisher angewandten Praxis zu behandeln (EGMR GrK Burmych u.a./.Ukraine, Urt. v. 01.12.2017 – 46852/13, Rn. 199), versäumt er es mit dieser Entscheidung nicht nur, auf zahlreiche Menschenrechtsverletzungen in der Ukraine zu reagieren, sondern ruft vielmehr Fragen an seiner eigenen Rolle sowie seinem Verhältnis zum Ministerkomitee hervor.

Art. 34 ist nicht nur eine verfahrensrechtliche Norm, sondern selbst eine Garantie mit Menschenrechtsbezug; es kann deshalb abstrakt von anderen EMRK-Normen eine Verletzung des Art. 34 gerügt werden. Dieses

Verfahren hat dann keine bestimmten Zulässigkeitsvoraussetzungen (EGMR Mehmet Ali Ayhan u.a./.Türkei, Urt. v. 04.06.2019 – 4536/06, 53282/07, Rn 38 ff.).

2. Der Aufbau des EGMR. Gem. Art. 19 Satz 2 ist der EGMR ein **ständiger Gerichtshof**. Nach Art. 20 stellt jeder Vertragsstaat einen Richter. Gewählt werden die Richter nach Art. 22 von der Parlamentarischen Versammlung des Europarats aus einer Liste von drei Richtern, die seitens des Konventionsstaats vorgeschlagen werden. Nach Art. 23 n.F. werden die Richter einmalig auf 9 Jahre gewählt, wobei ihre Amtszeit automatisch mit Vollendung des 70. Lebensjahres endet. Seit Inkrafttreten des 14. Zusatzprotokolls, das neben dem EU-Beitritt (vgl. hierzu Art. 1 Rdn. 1[illegible]) v.a. eine Entlastung des EGMR beinhaltet, arbeitet der EGMR gem. Art. 26 Abs. 1 n.F. in Einzelrichterbesetzung, in Ausschüssen mit drei, in Kammern (nach der Begrifflichkeit der VerfO in »Sektionen«) mit sieben und in der Großen Kammer mit 17 Richtern. 2

II. Das Verfahren vor dem EGMR. 1. Die Verfahrensarten. Die bei Weitem häufigste Verfahrensart vor dem EGMR ist die **Individualbeschwerde** nach Art. 34 (daneben existiert die **Staatenbeschwerde** nach Art. 33 und das **Gutachten** nach Art. 47, welches von der Großen Kammer zu erstellen ist). Diese Möglichkeit eines jeden Einzelnen, sich nach der Erschöpfung des nationalen Rechtswegs an den EGMR zu wenden, wurde durch das 11. Zusatzprotokoll zwingend eingeräumt. Allein im Jahr 2005 wurden etwa 41.000 Individualbeschwerden beim EGMR eingelegt; bis zum Jahr 2009 war diese Zahl auf über 57.000 Beschwerden jährlich gestiegen. Während 2013 noch 65.800 Individualbeschwerden erhoben wurden, erfolgte 2014 (56.250) und 2015 (40.550) ein deutlicher Rückgang. Seitdem schwankt die Zahl mit 53.500 Beschwerden im Jahr 2016, 63.400 im Jahr 2017 und »bloß« 43.100 im Jahr 2018 und 41.700 im Jahr 2020 (vgl. zu den Zahlen https://www.echr.coe.int/Documents/Annual_report_2014_ENG.pdf, S. 165; https://www.echr.coe.int/Documents/Annual_report_2016_ENG.pdf, S. 191; https://www.echr.coe.int/Documents/Annual_report_2018_ENG.pdf, S. 172 sowie https://www.echr.coe.int/Documents/Annual_report_2020_ENG.pdf, S. 155 [jew. zuletzt abgerufen am 10.03.2022]). 3

Ende 2016 waren noch 79.750 Individualbeschwerden beim Gerichtshof anhängig, was einen deutlichen Anstieg um 23 % gegenüber dem Vorjahr (64.850 Beschwerden) bedeutet. Derzeit ist dieser Wert auf 62.000 anhängige Fälle gesunken (http://www.echr.coe.int/Documents/Annual_report_2016_ENG.pdf, S. 191; https://www.echr.coe.int/Documents/Annual_report_2020_ENG.pdf, S. 155 [jew. zuletzt abgerufen am 10.03.2022]).

Die meisten Individualbeschwerden sind allerdings unzulässig (im Jahr 2016: 36.579, s. http://www.echr.coe.int/Documents/Annual_report_2016_ENG.pdf, S. 191 [zuletzt abgerufen am 10.03.2022]). Bei zulässigen Beschwerden ergeht am Ende ein Urteil in Form eines Feststellungsurteils (vgl. Art. 46 Rdn. 4), 2016 wurden 1.926 Beschwerden durch Urteil entschieden (http://www.echr.coe.int/Documents/Annual_report_2016_ENG.pdf, S. 191 [zuletzt abgerufen am 10.03.2022]). Insgesamt kommt es nur bei einem kleinen Teil aller Beschwerden zur Feststellung einer Konventionsverletzung: 2016 wurde 829 Mal ein Konventionsverstoß festgestellt (s. http://www.echr.coe.int/Documents/Annual_report_2016_ENG.pdf, S. 201 [zuletzt abgerufen am 10.03.2022]).

2. Der Verfahrensgang bei der Individualbeschwerde. Mit Eingang des »ersten Schreibens« des Beschwerdeführers bei der Kanzlei wird eine Akte mit Aktenzeichen angelegt und die Beschwerde durch den Präsidenten des Gerichtshofs einer der fünf Sektionen zugeteilt. Der Sektionspräsident bestimmt einen Richter als Berichterstatter, der – ggf. nach Einforderung weiterer Auskünfte – darüber entscheidet, ob sich ein Ausschuss oder die Kammer mit der Sache befasst. Ist die Beschwerde offensichtlich unzulässig, wird sie unmittelbar dem **Einzelrichter** zugewiesen. Dieser kann sie bei offensichtlicher Unzulässigkeit ohne Weiteres für unzulässig erklären oder aus dem Register streichen (Art. 27 Abs. 1). Gem. Art. 27 Abs. 2 sind keine Rechtsmittel gegen derartige Entscheidungen möglich. Zulässige Beschwerden leitet der Einzelrichter nach Art. 27 Abs. 3 zur weiteren Prüfung an einen Ausschuss oder eine Kammer weiter. 4

Der **Ausschuss**, der die Beschwerde für offensichtlich unzulässig hält, kann diese wie der Einzelrichter für unzulässig erklären oder aus dem Register streichen (Art. 28 Abs. 1 lit. a). Der Ausschuss kann die Beschwerde aber auch für zulässig erklären und, wenn die zugrunde liegende Frage durch gefestigte Rspr. des EGMR geklärt ist, über die Begründetheit entscheiden (Art. 28 Abs. 1 lit. b). 5

Die **Kammer** entscheidet gem. Art. 29 Abs. 1 über alle nicht endgültig vom Einzelrichter oder den Ausschüssen entschiedene Beschwerden. Sie entscheidet über die Zulässigkeit und Begründetheit, wobei die Entscheidung über die Zulässigkeit gesondert ergehen kann, vgl. Art. 29 Abs. 1 Satz 2.

Die **Große Kammer** ist nach Art. 31 lit. a in zwei Fällen für Individualbeschwerden zuständig: einmal im Fall der Divergenzabgabe durch die zuständige Kammer nach Art. 30 und Art. 72 Abs. 1 Satz 1 VerfO sowie, und das ist die praktisch weitaus bedeutsamere Variante, im Fall des Antrags auf Verweisung an die Große 6

Kammer nach Art. 43 Abs. 1 durch eine der Parteien innerhalb einer Frist von 3 Monaten nach Urteil der Kammer (zum Antrag auf Verweis an die große Kammer vgl. Art. 43 Rdn. 1 ff.).

7 **3. Gütliche Einigung.** Jederzeit während des Verfahrens ist eine gütliche Einigung zwischen den Parteien möglich, das entsprechende Verfahren ist formlos und vertraulich. Kommt eine solche Einigung zustande, wird diese dem Ministerkomitee des Europarats zugeleitet, der die Durchführung überwacht (Art. 39). Bei Nichtbeachtung kann der EGMR die Wiedereintragung der Beschwerde in das Register beschließen (Art. 43 Abs. 5 VerfO). Der EGMR kann allerdings das Verfahren – trotz formal erzielter Einigung – fortsetzen, wenn er der Ansicht ist, dass dies angezeigt ist, insb. weil die Achtung der Menschenrechte eine Fortsetzung des Verfahrens erfordert (vgl. Art. 39 Abs. 1).

8 **4. Vorläufige Maßnahmen (»interim measures«).** Mangels aufschiebender Wirkung der Individualbeschwerde erlangen vorläufige Maßnahmen eine wichtige Bedeutung, insb. wenn dem Beschwerdeführer – wie häufig bei Auslieferung oder Abschiebung – irreparable Nachteile drohen (vgl. nur *Esser* EuIntStrR, § 9 Rn. 34). Nach Art. 39 VerfO kann die zuständige Kammer bzw. – vor deren Zusammentreten – ihr Präsident vorläufig Maßnahmen »empfehlen«, wobei es sich jedoch um völkerrechtlich verbindliche Maßnahmen handelt. Der Verstoß gegen diese »interim measures« bedeutet eine Verletzung des Art. 34 Satz 2, der selbst wiederum mit der Individualbeschwerde geltend gemacht werden kann (*Esser* EuIntStrR, § 9 Rn. 37).

9 **III. Gerichtssprache.** Verhandlung wie Korrespondenz erfolgen grds. in einer der beiden Amtssprachen des EGMR, also auf **Englisch oder Französisch.** Der Beistand bzw. der zur Selbstvertretung berechtigte Beschwerdeführer muss eine dieser Amtssprachen hinreichend verstehen (Art. 36 Abs. 5 lit. a VerfO). Der Kammerpräsident kann – hiervon abweichend – den Gebrauch einer der Amtssprachen eines Konventionsstaates erlauben.

10 **B. Zulässigkeit der Individualbeschwerde.** Die Zulässigkeitsvoraussetzungen der Individualbeschwerde sind in Art. 35 der Konvention sowie in Art. 36, 45, 47, 49, 52 bis 57 und 59 der VerfO geregelt.

11 **I. Subsidiaritätsprinzip – Erschöpfung des innerstaatlichen Rechtswegs.** Es ist grds. die Aufgabe der innerstaatlichen Gerichte, den ausreichenden Menschenrechtsschutz sicherzustellen. Wie sich aus Art. 35 Abs. 1 und Art. 13 ergibt, muss zunächst der **innerstaatliche Rechtsweg erschöpft** sein. Das Rechtsschutzsystem der EMRK hat somit nur subsidiären Charakter.

12 Mit **Rechtsbehelfen** sind solche gemeint, die effektiv und zugänglich sind, was bedeutet, dass ineffektive Rechtsbehelfe wie Gegenvorstellungen, Gnadengesuche oder Petitionen an das Parlament nicht genutzt werden müssen (Frowein/*Peukert* EMRK, Art. 35 Rn. 26; vgl. auch jüngst EGMR Škorjanec./.Kroatien, Urt. v. 28.03.2017 – 25536/14, Rn. 46 ff.). In Deutschland beinhaltet die Erschöpfung des innerstaatlichen Rechtswegs auch die Anrufung des BVerfG (KK-StPO/*Lohse/Jakobs* EMRK, Art. 46 Rn. 7). Bei sämtlichen innerstaatlichen Rechtsbehelfen muss der Beschwerdeführer die einschlägigen Form- und Fristvorschriften gewahrt haben. Sofern er solche missachtet hat, liegt ein Fall der Nichterschöpfung des innerstaatlichen Rechtswegs und damit ein Verstoß gegen das Subsidiaritätsprinzip vor. Behandelt das innerstaatliche Gericht die Klage des Beschwerdeführers trotz des Verfahrensfehlers in der Sache, ist das Subsidiaritätsprinzip dagegen nicht verletzt (ausführlich *Grabenwarter/Pabel* EMRK, § 13 Rn. 38). Das Subsidiaritätsprinzip gebietet auch, innerstaatliche Entschädigungsverfahren zu nutzen, wenn diese – aufgrund bereits durch nationale Gerichte anerkannte Unrechtmäßigkeit staatlichen Handelns – Aussicht auf Erfolg versprochen hätten, die deshalb ausreichend Rechtsschutz darstellen und immer auch bereits eine Verletzung der spezifischen Menschenrechtsgarantie bestätigen (EGMR Klinkel./.Deutschland, Urt. v. 11.12.2018 – 47156/16, Rn. 29).

13 Der Subsidiaritätsgrundsatz gebietet außerdem, dass die in der Beschwerde **erhobenen Rügen bereits i.R.d. innerstaatlichen Rechtswegbeschreitung geltend gemacht** wurden (EGMR Augusto./.Frankreich, Urt. v. 11.01.2007 – 71665/01, Rn. 37 ff.). Dies hat der Gerichtshof zwar grds. von Amts wegen zu prüfen (Frowein/*Peukert* EMRK, Art. 35 Rn. 8), jedoch muss nach Art. 47 Abs. 1 lit. f, Abs. 2 lit. a VerfO der Beschwerdeführer die entsprechenden Informationen vorlegen. Eine ausdrückliche Berufung auf die EMRK ist allerdings nicht notwendig; es genügt, wenn sich der Beschwerdeführer auf inhaltlich identische Rechte beruft (EGMR Azinas./.Zypern, Urt. v. 28.04.2004 – 56679/00, RJD 2004-III, Rn. 38 ff.), wobei es ausreicht, wenn der Beschwerdeführer die behauptete Rechtsverletzung zumindest in der letzten Instanz vorträgt und sich deren Prüfungskompetenz noch hierauf erstreckt (*Grabenwarter/Pabel* EMRK, § 13 Rn. 37).

14 **II. Parteibezogene Prozessvoraussetzungen. 1. Partei- und Prozessfähigkeit. a) Natürliche Personen.** Natürliche Personen sind als Berechtigte der Konvention (vgl. Art. 1 Rdn. 17) stets parteifähig, insb. kommt es dabei nicht auf ihre Geschäftsfähigkeit (s. EGMR Winterwerp./.Niederlande, Urt. v. 24.10.1979 –

6301/73, Series A33, Rn. 36 ff.) und Staatsangehörigkeit (EGMR Ahmed./.Österreich, Urt. v. 17.12.1996 – 25964/94, RJD 1996-VI, Rn. 8, 31) an.
Eine natürliche Person ist grds. auch prozessfähig; ist der Beschwerdeführer beschränkt geschäftsfähig oder geschäftsunfähig, wird er von der entsprechenden sorge- bzw. vertretungsberechtigten Person vertreten (EGMR Marckx./.Belgien, Urt. v. 13.06.1979 – 6833/74, Series A31, Rn. 1).

b) Juristische Personen. Gem. Art. 34 sind außerdem auch **nicht-staatliche** Organisationen oder Personengruppen parteifähig. Die Begriffe sind autonom auszulegen, ob es sich nach innerstaatlichem Recht um ein Gebilde mit oder ohne eigene Rechtspersönlichkeit handelt, spielt keine Rolle. Entscheidend ist alleine, dass das geltend gemachte Konventionsrecht seiner Natur nach auf derartige Personenmehrheiten und juristische Personen anwendbar ist (vgl. Art. 1 Rdn. 18). 15
Nicht parteifähig sind hingegen **staatliche** Stellen oder Organisationen sowie juristische Personen des öffentlichen Rechts, sofern sie staatliche Aufgaben wahrnehmen. Dies gilt – wie im deutschen Verfassungsrecht – nur insoweit nicht, als sie dem Staat – trotz organisatorischer Zuordnung – in einem bestimmten grundrechtlich geschützten Bereich wie ein Privater gegenüberstehen (z.B. Rundfunkanstalten, Kirchen, Universitäten).

2. Postulationsfähigkeit/Vertretung. Bei Einlegung der Beschwerde selbst bedarf der Beschwerdeführer nicht der Vertretung durch einen Rechtsanwalt, vgl. Art. 36 Abs. 1 VerfO. Sobald die Beschwerde der Vertragspartei zugestellt ist, hat er jedoch einen **Rechtsbeistand** zu benennen und sich in der mündlichen Verhandlung von diesem vertreten zu lassen, sofern der Kammerpräsident nichts anderes bestimmt, Art. 36 Abs. 2, Abs. 3 VerfO. 16

III. Beschwerdebefugnis – Opfereigenschaft. Grundsätzlich setzt die Beschwerdebefugnis voraus, dass der Beschwerdeführer durch das staatliche Handeln oder Unterlassen selbst, gegenwärtig und unmittelbar in einem Recht der EMRK oder der Zusatzprotokolle verletzt worden ist. Nach Art. 34 hat der Beschwerdeführer zu behaupten, selbst Opfer der Verletzung eines seiner Konventionsrechte geworden zu sein. Popularklagen sind somit ausgeschlossen (statt vieler EGMR Le Mailloux./.Frankreich, Entsch. v. 05.11.2020 – 18108/20, Rn. 11). Der Begriff »Opfer« ist dabei autonom auszulegen und bezeichnet eine Person, die von der streitigen Handlung oder dem streitigen Unterlassen direkt betroffen ist (EGMR GrK Brumarescu./.Rumänien, Urt. v. 28.10.1999 – 28342/95, RJD 1999-VII, Rn. 50). 17

1. Beschwer bei unmittelbarer Selbstbetroffenheit. Bei einer vom staatlichen Verhalten **unmittelbaren Betroffenheit**, wenn sich also die Maßnahme gegen den Beschwerdeführer selbst gerichtet hat, ist die Beschwer unproblematisch zu bejahen (Meyer-Ladewig/Nettesheim/von Raumer/*Meyer-Ladewig/Kulick* EMRK, Art. 34 Rn. 26). Ein Gesetz allein kann dabei in der Regel noch keine Opfereigenschaft begründen, vielmehr bedarf es eines staatlichen Vollzugsaktes, damit eine Person »betroffen« ist. Nur ausnahmsweise, wenn etwa eine Person erst gegen ein Gesetz verstoßen müsste, um einen angreifbaren Vollzugsakt auszulösen, der sie dann der Gefahr der Strafverfolgung aussetzt, wird die Person bereits durch das Gesetz selbst unmittelbar betroffen (*Esser* EuIntStrR, § 9 Rn. 64). 18

2. Beschwer bei mittelbarer Betroffenheit, insb. bei Versterben des unmittelbar Betroffenen. Eine nur mittelbare Betroffenheit genügt grds. nicht zur Begründung der Opfereigenschaft des Beschwerdeführers. Allerdings gilt dies nach der Rspr. des EGMR nicht uneingeschränkt, insb. dann nicht, wenn es um die Fortsetzung oder Einlegung einer Individualbeschwerde geht, die die Geltendmachung der Verletzung eines **verstorbenen Opfers** betrifft. 19
Mit dem Tod des Beschwerdeführers erlöschen zwar grds. dessen Rechte aus der Konvention. Sofern die Individualbeschwerde jedoch **noch** vom unmittelbaren Opfer selbst eingeleitet wurde, dessen Tod dann aber während des Verfahrens eintrat, kann dieses von den Erben oder nahen Verwandten des Beschwerdeführers fortgesetzt werden, wenn sie entweder selbst ein berechtigtes Interesse an der Fortsetzung haben (EGMR Jecius./.Litauen, Urt. v. 31.07.2000 – 34578/97, RJD 2000-IX, Rn. 41) oder die Rechtssache von allgemeiner Bedeutung ist, die Beschwerde also eine Angelegenheit von allgemeinem Interesse im Hinblick auf die »Achtung der Menschenrechte« ist (s. Art. 37 Abs. 1 a.E.; zusf. Ergezen./.Türkei, Urt. v. 08.04.2014 – 73359/10, Rn. 29).
Enger sieht der EGMR die Beschwerdebefugnis einer Person, die die Individualbeschwerde im Hinblick auf ein **bereits verstorbenes unmittelbares Opfer** erhebt. Hier unterscheidet der EGMR zwischen der jeweils einschlägigen Garantie. Eine Beschwerdebefugnis wird grds. nur bei übertragbaren (»transferable«) Rechten in Betracht gezogen. Bei nicht übertragbaren Rechten fehlt es an der Beschwer, sodass der EGMR etwa die Beschwerdebefugnis einer Tochter für den vor Einlegung der Individualbeschwerde verstorbenen Vater im Hinblick auf eine Verletzung von dessen Rechten aus Art. 9 und 10 abgelehnt hat (EGMR Fairfield 20

u.a./.Vereinigtes Königreich, Entscheidung v. 08.03.2005 – 24790/04). Andererseits hat der Gerichtshof die Beschwerdebefugnis eines (nahen) Verwandten bei behaupteter Verletzung anderer (übertragbarer) Rechte des Verstorbenen, z.B. Art. 2 und 3 (vgl. EGMR Bazorkina./.Russland, Entscheidung v. 15.09.2005 – 69481/01; EGMR Salman./.Türkei, Urt. v. 27.06.2000 – 21986/93, RJD 2000-VII, Rn. 1, 75, 76) sowie Art. 5, 6 und 8 angenommen, wenn die Beschwerde eine Angelegenheit von allgemeinem Interesse (vgl. Art. 37 Abs. 1 a.E.) betrifft oder der Beschwerdeführer als Erbe ein berechtigtes eigenes (moralisches Rehabilitations-) Interesse an der Verfolgung der Beschwerde hat oder weil sich direkte Auswirkungen auf die eigenen Rechte des Beschwerdeführers ergeben (vgl. EGMR Centre for Legal Resources on Behalf of Valentin Câmpeanu./.Rumänien Urt. v. 17.07.2014 – 47848/08, Rn. 98; EGMR GrK Micallef./.Malta, Urt. v. 15.10.2009 – 17056/06, Rn. 44 ff., EMRK Akbay u.a./.Deutschland, Urt. v. 15.10.2020 – 40495/15 u.a., Rn. 73 ff.). Beachtenswert ist eine signifikante Ausdehnung der Beschwerdebefugnis (s. *Schlüter* HRRS 2015, 327 [329]) durch eine jüngere Entscheidung des EGMR, in der eine mittelbare Betroffenheit angenommen wurde, obwohl der unmittelbar Betroffene noch lebte, dessen Tod aber mit hoher Wahrscheinlichkeit bevorstand (EGMR Lambert./.Frankreich, Urt. v. 05.06.2015 – 46043/14, NJW 2015, 2715 [2719], Rn. 115).

21 Unter **nahen Verwandten** versteht der EGMR Eltern, Kinder und Ehegatten (EGMR Deweer./.Belgien, Urt. v. 27.02.1980 – 6903/75, Series A35, Rn. 37), nicht jedoch Neffen (EGMR Scherer./.Schweiz, Urt. v. 25.03.1994 – 17116/90, Series A287, Rn. 31). Unter dem Begriff Erben sind zum einen die nach nationalem Recht als Erben festgestellten Personen zu verstehen, aber auch solche, deren Erbenstellung nach innerstaatlichem Recht noch nicht festgestellt ist, die aber ihre Erbenstellung glaubhaft machen können (EGMR Malhous./.Tschechische Republik, Urt. v. 12.07.2001 – 33071/06, Rn. 1).

22 **Ein berechtigtes Interesse** liegt zunächst vor, wenn durch die Konventionsverletzung ein materieller Schaden entstanden ist, z.B. wenn der Beschwerdeführer einen Anspruch auf Entschädigung nach Art. 41 hat (EGMR Jecius./.Litauen, Urt. v. 31.07.2000 – 34578/97, RJD 2000-IX, Rn. 41). Der Erbe bzw. nahe Verwandte muss daher nicht selbst belastet sein, vielmehr reicht es aus, wenn der Schaden unmittelbar im Vermögen des Beschwerdeführers eingetreten ist (m.w.N. und vert. auch zum immateriellen Interesse Frowein/*Peukert* EMRK, Art. 34 Rn. 15 f.). Ein **allgemeines Interesse** an der Fortsetzung der Beschwerde ist gegeben, wenn die Konventionsverletzung auf einer speziellen, fortgesetzten innerstaatlichen Rechtslage oder Rechtspraxis beruht und die Fortsetzung der Beschwerde notwendig ist, um die Konventionswidrigkeit dieser Praxis festzustellen (*Grabenwarter/Pabel* EMRK, § 13 Rn. 9).

23 Ausnahmsweise hat der EGMR auch die Beschwer einer nicht staatlichen Organisation (NGO) bejaht, die den Umständen des Todes eines lebenslang in staatlichen Einrichtungen untergebrachten, HIV-infizierten und geistig stark behinderten Opfers nachgehen wollte. Obwohl kein Näheverhältnis der NGO zu dieser Person bestand und auch keine Bevollmächtigung vorlag, nahm der Gerichtshof eine »de facto«-Vertretung der NGO für den Vertretenen an. Dies erklärt sich nur anhand der besonderen Umstände, weil der Verstorbene keine Verwandten hatte und ohne die NGO somit keine Möglichkeit zur Überprüfung der Konventionskonformität bestanden hätte (EGMR Centre for Legal Resources on Behalf of Valentin Câmpeanu./.Rumänien Urt. v. 17.07.2014 – 47848/08, Rn. 98).

24 **3. Wegfall der Opfereigenschaft.** Ein weiterer Ausfluss des Grundsatzes der Subsidiarität ist die Möglichkeit, dass die **Opfereigenschaft nachträglich wegfällt**; die Beschwer ist dann nicht mehr gegenwärtig. Der in Art. 13 festgeschriebene Grundsatz des Vorrangs der staatlichen Behörden und Gerichte bei der Durchsetzung der EMRK umfasst nämlich auch die Wiedergutmachung für bereits erfolgte Verstöße gegen die Konvention (EGMR GrK Gäfgen./.Deutschland, Urt. v. 01.06.2010 – 22978/05, Rn. 115). Eine nachträgliche Kompensation hat daher für den EGMR zur Folge, dass die Opfereigenschaft nach Art. 34 verloren geht. Eine dennoch erhobene **Individualbeschwerde** ist dadurch von Beginn an **unzulässig**, eine zunächst zulässige Individualbeschwerde wird im Fall nachträglicher Kompensation unzulässig bzw. im Fall vorangegangener Entscheidung jedenfalls unbegründet (*Satzger* IntEuStrR § 11 Rn. 22). Die Frage, ob jemand noch Opfer eines fortdauernden Konventionsverstoßes sein kann, ist daher in allen Stadien des Verfahrens relevant (EGMR Siliadin./.Frankreich, Urt. v. 26.10.2005 – 73316/01, RJD 2005-VII, Rn. 61).

25 Allgemeine staatliche Maßnahmen zur Vermeidung vergleichbarer Konventionsverstöße in der Zukunft reichen zu einer Kompensation nicht aus, vielmehr müssen folgende Voraussetzungen **kumulativ** erfüllt sein:
- der beklagte Staat muss den Eingriff aufheben und den Verstoß ausdrücklich oder der Sache nach **anerkennen** und
- der beklagte Staat muss den Konventionsverstoß **angemessen wiedergutmachen** (EGMR Eckle./.Deutschland, Urt. v. 15.07.1982 – 8130/78, Series A51, Rn. 66). Die Zahlung von Schadensersatz spielt in diesem Zusammenhang nur eine untergeordnete Rolle (*Esser* NStZ 2008, 660).

26 Im Fall von Art. 3 hält der EGMR zur Kompensation eines Verstoßes die Verfolgung und Bestrafung der Täter für notwendig, eine »Verurteilung unter Strafvorbehalt« (vgl. § 59 StGB) genügt dabei nicht (EGMR GrK Gäfgen./.Deutschland, Urt. v. 01.06.2010 – 22978/05, NJW 2010, 3145 [3146 f.], Rn. 119, 129).

27 In Strafsachen ist zur Kompensation weiterhin die Minderung der Strafe in Betracht zu ziehen (EGMR Amuur./.Frankreich, Urt. v. 25.06.1996 – 19776/92, RJD 1996-III, Rn. 36; EGMR Dalban./.Rumänien, Urt. v. 28.09.1999 – 28114/95, RJD 1999-VI, Rn. 44; EGMR GrK Zullo Ernestina./.Italien, Urt. v. 29.03.2006 – 64897/01, Rn. 73), wobei eine klare Grenze, ab welcher Minderung die Opfereigenschaft entfällt, abstrakt kaum gezogen werden kann.

28 **IV. Form.** Nach Art. 45 Abs. 1 der VerfO muss die Beschwerde **schriftlich** eingereicht und vom Beschwerdeführer bzw. seinem Stellvertreter **unterzeichnet** werden. Zu beachten ist, dass auch juristische Personen beschwerdeberechtigt sind, sofern sie sich auf das in Betracht kommende Grundrecht berufen können (vgl. Art. 1 Rdn. 18). Nach Art. 45 Abs. 2 Satz 1 VerfO kann eine Beschwerde auch von einer Personengruppe oder einer nicht staatlichen Organisation (NGO) eingereicht werden, wobei die zur Vertretung dieser Gruppe oder Organisation vertretungsberechtigten Personen zu unterzeichnen haben. Ob die Personen zur Unterzeichnung berechtigt sind, kann inzident von der zuständigen Kammer geprüft werden. Sofern die Beschwerde im Fall von Abs. 1 oder Abs. 2 von einem Stellvertreter eingereicht wird, muss dieser nach Art. 45 Abs. 3 i.V.m. Art. 36 der VerfO eine schriftliche Vollmacht vorlegen.

29 **V. Inhalt. Art. 47 Abs. 1 VerfO** regelt, was eine Beschwerde zu beinhalten hat. Die Parteien, also der Beschwerdeführer und der Konventionsstaat, sind ebenso genau zu bezeichnen wie der eventuelle Vertreter des Beschwerdeführers. Die zur Prüfung der Einhaltung des Kriteriums der Rechtswegerschöpfung nach Art. 35 Abs. 1 notwendigen Informationen müssen übermittelt werden (vgl. Rdn. 11 ff.). Schließlich muss eine kurze Darstellung des Sachverhalts sowie der behaupteten Konventionsverletzung enthalten sein. Weiterhin erfordert Art. 47 Abs. 3 VerfO, dass der Beschwerdeführer Kopien aller einschlägigen Unterlagen, v.a. der entsprechenden Urteile, die sich auf den Beschwerdegegenstand beziehen, beifügt.

30 **VI. Frist.** Gem. Art. 35 Abs. 1 beträgt die **Beschwerdefrist 6 Monate** nach dem Ergehen der endgültigen innerstaatlichen Entscheidung. Durch das von Deutschland bereits ratifizierte 15. Zusatzprotokoll (welches für sein Inkrafttreten aber die Ratifikation sämtlicher Vertragsstaaten erfordert) wird diese Frist auf 4 Monate verkürzt. Der Fristbeginn beurteilt sich nach nationalem Recht, d.h. die Frist beginnt grds. nicht mit der Verkündung, sondern mit der Zustellung des letztinstanzlichen Urteils (EGMR Worm./.Österreich, Urt. v. 29.08.1997 – 22714/93, RJD 1997-V, Rn. 33). Die Verkündung eines Urteils ist nur dann der für den Fristbeginn ausschlaggebende Zeitpunkt, wenn die Beschwerde aufgrund überlanger Verfahrensdauer (vgl. hierzu Art. 5 Rdn. 54 ff. und Art. 6 Rdn. 87 ff.) erfolgt, weil zur Beurteilung der Verfahrensdauer nur die Verfahrenslänge, nicht aber die Kenntnis des Inhalts der Entscheidung erforderlich ist (Frowein/*Peukert* EMRK, Art. 35 Rn. 39). Sofern die nationale Rechtsordnung eine Zustellung nicht vorsieht, beginnt die Beschwerdefrist, wenn die Parteien tatsächlich Kenntnis vom Urteil erlangen (EGMR Papachelas./.Griechenland, Urt. v. 25.03.1999 – 31423/96, RJD 1999-II, Rn. 30). Die Frist endet an dem Tag des sechsten darauffolgenden Monats, der dem Tag der Zustellung bzw. Kenntnisnahme entspricht. Fällt der letzte Tag der Frist auf einen Samstag, Sonntag oder Feiertag, ändert dies nichts am Fristablauf (EGMR GrK Sabri Güneş./.Türkei, Urt. v. 29.06.2012 – 27396/96, Rn. 46 ff.; Meyer-Ladewig/Nettesheim/von Raumer/*Meyer-Ladewig/Peters* EMRK, Art. 35 Rn. 31; *Grabenwarter/Pabel* EMRK, § 13 Rn. 40; a.A. für Feiertage KK-StPO/*Lohse/Jakobs* EMRK, Art. 46 Rn. 8; Frowein/*Peukert* EMRK, Art. 35 Rn. 44). Nach Art. 47 Abs. 6 VerfO ist zur Wahrung der Beschwerdefrist das Datum maßgeblich, an dem der Beschwerdeführer den Beschwerdegegenstand – sei es auch nur in zusammenfassender Darlegung – mitteilt, wobei in der heutigen Praxis auf das Datum des Poststempels abgestellt wird (vgl. Art. 47 Abs. 6 lit. a 2. HS; *Grabenwarter/Pabel* EMRK, § 13 Rn. 44).

31 **VII. Unzulässigkeitsgründe nach Art. 35 Abs. 2, Abs. 3.** Darüber hinaus zählen Art. 35 Abs. 2 und Abs. 3 weitere Unzulässigkeitsgründe auf.

32 **1. Einlegen einer anonymen Beschwerde.** Der Unzulässigkeitsgrund von Art. 35 Abs. 2 lit. a, Einlegen einer anonymen Beschwerde, spielt in der Praxis kaum eine Rolle (jedoch dazu Meyer-Ladewig/Nettesheim/von Raumer/*Meyer-Ladewig/Peters* EMRK, Art. 35 Rn. 32; EGMR Sindicatul Păstorul cel Bun./.Rumänien, Urt. v. 09.07.2013 – 2330/09, Rn. 68 ff.).

33 **2. Wiederholte Beschwerde.** Art. 35 Abs. 2 lit. b kommt einem Unzulässigkeitsgrund wegen entgegenstehender Rechtskraft gleich. Dabei werden jedoch auch Beschwerden bei anderen internationalen Instanzen einbezogen. Als solche kommen insb. Ausschüsse nach den UN-Menschenrechtspakten in Betracht (Meyer-

Ladewig/Nettesheim/von Raumer/*Meyer-Ladewig/Peters* EMRK, Art. 35 Rn. 37). Entscheidend ist jeweils, dass **derselbe Beschwerdegegenstand betroffen** ist, wobei die Beschwerde auch in diesem Fall zulässig ist, wenn sie neue Tatsachen enthält.

34 **3. Unvereinbarkeit mit der Konvention/offensichtliche Unbegründetheit/Rechtsmissbrauch.** Diese Unzulässigkeitsgründe finden sich in Art. 35 Abs. 3 lit. a. **Unvereinbarkeit** mit der Konvention oder einem Zusatzprotokoll meint die Unzulässigkeit aufgrund Unzuständigkeit des EGMR. Eine Individualbeschwerde kann persönlich, zeitlich, örtlich oder sachlich unvereinbar sein. Persönliche Unvereinbarkeit ergibt sich aus mangelnder Aktiv-/Passivlegitimation, zeitliche Unvereinbarkeit liegt vor, wenn der Verstoß vor Inkrafttreten der EMRK bzw. des Zusatzprotokolls stattgefunden hat, örtlich, falls der Staat keine Hoheitsgewalt auf dem entsprechenden Gebiet ausübt und schließlich sachlich, wenn keine Gewährleistung der EMRK betroffen ist (vert. *Grabenwarter/Pabel* EMRK, § 13 Rn. 53 ff.).

35 **Offensichtliche Unbegründetheit** nimmt der EGMR an, wenn keine Beweismittel vorgelegt wurden bzw. der Vortrag unsubstanziiert ist, aber auch, wenn der Beschwerdeführer außerhalb der in der EMRK zugelassenen Ausnahmen (vgl. Art. 5 Rdn. 11 f.) die Verletzung innerstaatlichen Rechts und nicht der Konvention rügt (EGMR Edwards./.Vereinigtes Königreich, Urt. v. 16.12.1992 – 13071/87, Series A247-B, Rn. 34).

36 Der Unzulässigkeitsgrund des **Rechtsmissbrauchs** wird nur dann herangezogen, wenn der EGMR die besondere Missbilligung des Verhaltens des Beschwerdeführers zum Ausdruck bringen will (EGMR GrK Akdivar./.Türkei, Urt. v. 16.09.1996 – 21893/93, RJD 1996-IV, Rn. 53 f.).

37 **4. Unerheblichkeit des Nachteils.** Schließlich wurde durch das 14. Zusatzprotokoll in Art. 35 Abs. 3 lit. b noch eine **Erheblichkeitsklausel** eingefügt, der Beschwerdeführer muss also einen »significant disadvantage« erlitten haben. Damit wird das Prinzip *»de minimis non curat praetor«* explizit aufgenommen, welches es dem Gericht ermöglichen soll, sich auf die unter menschenrechtsschutzrelevanten Gesichtspunkten zentralen Fälle zu konzentrieren. Der EGMR geht davon aus, dass es sich um ein flexibles, nicht abschließend definierbares Kriterium handelt, sodass die Frage, wann ein Nachteil erheblich ist, nur einzelfallabhängig bestimmt werden kann, wobei ein vermögenswerter Nachteil, der nicht einmal (umgerechnet) den Wert eines Euro erreicht, jedenfalls als unerheblich eingestuft wird (EGMR Korolev./.Russland, Entscheidung v. 01.07.2010 – 25551/05; vgl. auch EGMR El Kaada./.Deutschland, Urt. v. 12.11.2015 – 2130/10, NJW 2016, 3645 [3646], Rn. 38 ff. und dazu *Esser* NStZ 2016, 697 [698 f.]).

38 **VIII. Entscheidung über die Zulässigkeit.** Der EGMR kann eine Beschwerde gesondert für zulässig erklären, vgl. Art. 54a Abs. 2 VerfO. Er entscheidet über die Zulässigkeit nicht durch Urteil, sondern durch eine **Entscheidung** (»decision«), nach deutscher Terminologie vergleichbar einem Beschluss. Sofern neue Tatsachen auftauchen, kann der EGMR eine Beschwerde, auch nachdem er sie zunächst für zulässig erklärt hat, nachträglich für unzulässig erklären (EGMR Cisse./.Frankreich, Urt. v. 09.04.2002 – 51346/99, RJD 2002-III, Rn. 5, Tenor).

39 **C. Begründetheit.** Eine Individualbeschwerde ist begründet, wenn der EGMR eine **Konventionsverletzung feststellen** kann. Aufgrund des oben bereits erwähnten Subsidiaritätsprinzips hat der EGMR nur einen reduzierten Prüfungsmaßstab, d.h. er ist **keine Superrevisionsinstanz** und überprüft daher grds. nicht die korrekte Anwendung innerstaatlichen Rechts (EGMR Garcia Ruiz./.Spanien, Urt. v. 21.01.1999 – 30544/96, RJD 1999-I, Rn. 28; s.a. *Safferling* Internationales Strafrecht § 13 Rn. 115). Eine **Ausnahme** von diesem Grundsatz gilt nur insoweit, als die EMRK direkt auf nationales Recht verweist, wie bspw. bei der Rechtmäßigkeit der Freiheitsentziehung nach Art. 5 Abs. 1 Satz 2 lit. a (EGMR Benham./.Vereinigtes Königreich, Urt. v. 10.06.1996 – 19380/92, RJD 1996-III, Rn. 41).

Art. 41 Gerechte Entschädigung

Stellt der Gerichtshof fest, dass diese Konvention oder die Protokolle dazu verletzt worden sind, und gestattet das innerstaatliche Recht der Hohen Vertragspartei nur eine unvollkommene Wiedergutmachung für die Folgen dieser Verletzung, so spricht der Gerichtshof der verletzten Partei eine Entschädigung zu, wenn dies notwendig ist.

Englische Fassung

If the Court finds that there has been a violation of the Convention or the Protocols thereto, and if the internal law of the High Contracting Party concerned allows only partial reparation to be made, the Court shall, if necessary, afford just satisfaction to the injured party.

Französische Fassung

Si la Cour déclare qu'il y a eu violation de la Convention ou de ses Protocoles, et si le droit interne de la Haute Partie contractante ne permet d'effacer qu'imparfaitement les conséquences de cette violation, la Cour accorde à la partie lésée, s'il y a lieu, une satisfaction équitable.

Übersicht

A. Grundsätzliches. Urteile des EGMR haben keine kassatorische, sondern nur feststellende Wirkung (klarstellend EGMR Hauschildt./.Dänemark, Urt. v. 24.05.1989 – 10486/83, Series A154, Rn. 54; vgl. zur Wirkung der Urteile des EGMR »inter partes« Art. 46 Rdn. 5 ff. und zur Wirkung auf andere Staaten Art. 1 Rdn. 11). Art. 41 bildet insofern eine **echte Ausnahme**, da er ermöglicht, einen Staat bei Vorliegen der genannten Voraussetzungen zu einer Leistung zu verurteilen. 1

B. Voraussetzungen. Unter folgenden formellen und materiellen Voraussetzungen hat der Beschwerdeführer einen Anspruch auf gerechte Entschädigung (ausführlich Meyer-Ladewig/Nettesheim/von Raumer/*Meyer-Ladewig/Brunozzi* EMRK, Art. 41 Rn. 3 ff). 2

I. Formelle Voraussetzung – genau bezifferter und belegter Antrag. In formeller Hinsicht muss der Beschwerdeführer – zumindest im Regelfall – eine gerechte Entschädigung **beantragen**. Nur bei der Verletzung von absoluten Rechten (z.B. bei Art. 3) spricht der Gerichtshof eine Entschädigung ohne Antrag zu. Der Antrag ist nach Art. 60 VerfO im Schriftsatz über die Begründetheit geltend zu machen und **exakt zu beziffern**; er ist mit entsprechenden Nachweisen und Belegen zu versehen (Meyer-Ladewig/Nettesheim/von Raumer/*Meyer-Ladewig/Brunozzi* EMRK, Art. 41 Rn. 39, 40). 3

II. Materielle Voraussetzungen. 1. Verletzung der Konvention oder der Protokolle. Zunächst muss der Gerichtshof eine Verletzung der Konvention oder eines der Protokolle **festgestellt** haben. 4

2. Unvollkommene innerstaatliche Wiedergutmachung. Zweitens muss die Möglichkeit der innerstaatlichen Wiedergutmachung unzureichend sein. Unter »**vollkommener Wiedergutmachung**« versteht der EGMR die Wiederherstellung des früheren Zustands (EGMR GrK Iatridis./.Griechenland, Urt. v. 19.10.2000 – 31107/96, RJD 2000-XI, Rn. 32). Auch eine im Konventionsstaat vorgesehene Entschädigung in Geld kann den Anspruch nach Art. 41 ausschließen, sofern sie tatsächlich gewährt wird. Falls sie nicht gewährt wird, obwohl innerstaatlich grds. ein Anspruch auf Entschädigung besteht, kann der EGMR dennoch eine gerechte Entschädigung nach Art. 41 zusprechen, da es nach dem langjährigen Prozedere, um überhaupt zu einer Entscheidung des EGMR zu gelangen, dem Bedürfnis einer effektiven Durchsetzung des Schutzes der Menschenrechte widersprechen würde, erneut den innerstaatlichen Rechtsweg zu beschreiten (EGMR Papamichalopoulos./.Griechenland, Urt. v. 31.10.1995 – 14556/89, Series A330-B, Rn. 40). 5

3. Vorliegen eines Schadens. Drittens muss aufseiten des Beschwerdeführers ein materieller oder immaterieller Schaden gegeben sein. 6

a) Materieller Schaden. »Materieller Schaden« ist die tatsächlich durch die Konventionsverletzung direkt und eindeutig verursachte Einbuße an Vermögenswerten (Meyer-Ladewig/Nettesheim/von Raumer/*Meyer-Ladewig/Brunozzi* EMRK, Art. 41 Rn. 9). Bspw. kann ein solcher Schaden bei überlanger Verfahrensdauer angenommen werden, wenn der Beschwerdeführer hierdurch Gelegenheiten verstreichen lassen musste, die er bei einer Art. 6 Abs. 1 entsprechenden Ausgestaltung des Verfahrens hätte wahrnehmen können (EGMR Pammel./.Deutschland, Urt. v. 01.07.1997 – 17820/91, RJD 1997-IV, Rn. 78). 7

b) Immaterieller Schaden. Auch im Fall psychologischer Wirkungen der Konventionsverletzung, wie dem Gefühl von Ungewissheit, Furcht oder sonstigen gewichtigen Besorgnissen, also immateriellen Schäden, gewährt der EGMR Schadensersatz nach Art. 41 Im Fall von Folter wird der Schadensersatz als Schmerzensgeld gewährt (EGMR Kalashnikov./.Russland, Urt. v. 15.07.2002 – 47095/99, RJD 2002-VI, Rn. 142). Bei 8 unangemessen langer Verfahrensdauer, aber auch bei nicht rechtzeitiger Vorführung vor einen Haftrichter (entgegen Art. 5 Abs. 4), dient er als Ausgleich für die Ungewissheit, der sich der Betroffene ausgesetzt sah (EGMR Magalhaes Pereira./.Portugal, Urt. v. 26.02.2002 – 44872/98, RJD 2002-I, Rn. 66; zum Ganzen Meyer-Ladewig/Nettesheim/von Raumer/*Meyer-Ladewig/Brunozzi* EMRK, Art. 41 Rn. 11 f.).

9 c) **Art und Höhe der Entschädigung.** Im Grundsatz ist vom Vorrang der **Naturalrestitution** auszugehen – der Staat wird mittels Urteil verpflichtet, die Konventionsverletzung abzustellen und den Zustand vor der Verletzung wieder herzustellen (EGMR Papamichalopoulos./.Griechenland, Urt. v. 31.10.1995 – 14556/89, Series A330-B, Rn. 34).
Sofern Naturalrestitution nicht möglich ist, entscheidet der EGMR bei Ersatz materieller Schäden nach billigem Ermessen, wobei er sich bspw. bei Beschädigung einer Sache an der eingetretenen Wertminderung orientiert (Meyer-Ladewig/Nettesheim/von Raumer/*Meyer-Ladewig/Brunozzi* EMRK, Art. 41 Rn. 21).
Im Fall des Ersatzes immaterieller Schäden entscheidet der EGMR im Einzelfall, wobei die Beträge grds. sehr niedrig sind (beispielhafte Aufzählung bei Meyer-Ladewig/Nettesheim/von Raumer/*Meyer-Ladewig/Brunozzi* EMRK, Art. 41 Rn. 24).

10 d) **Kosten und Auslagen.** Kosten und Auslagen werden dem Beschwerdeführer als Schadensersatz im Rahmen von Art. 41 dann erstattet, wenn sie (EGMR GrK Iatridis./.Griechenland, Urt. v. 19.10.2000 – 31107/96, RJD 2000-XI, Rn. 54):
(1) tatsächlich entstanden sind,
(2) notwendig waren, um die festgestellte Konventionsverletzung abzuwenden oder zu beseitigen *und*
(3) der Höhe nach angemessen sind.

11 4. **Kausalität zwischen Konventionsverletzung und Schaden.** Weiterhin muss der Schaden gerade auf der Konventionsverletzung beruhen. Problematisch ist dies insb. in Fällen von Verletzungen von Art. 5 und 6; entscheidend ist in derartigen Konstellationen nämlich, ob der Beschwerdeführer dieselben Einbußen auch bei Wahrung der Garantien der Art. 5 und 6 erlitten hätte (EGMR GrK Hood./.Vereinigtes Königreich, Urt. v. 18.12.1999 – 27267/95, RJD 1999-I, Rn. 85 ff.), wobei der EGMR keine Spekulationen über den Ausgang des Verfahrens bei Einhaltung der Rechte anstellen kann (EGMR GrK Comingersoll S.A./.Portugal, Urt. v. 06.04.2000 – 35382/97, RJD 2000-IV, Rn. 29 ff.) und nur in begrenztem Rahmen die Kausalität in diesen Fällen bejaht hat (Beispiele bei Frowein/*Peukert* EMRK, Art. 41 Rn. 17 ff.).

12 Auch Kosten und Auslagen werden nicht ersetzt, wenn sie unabhängig von der Konventionsverletzung ohnehin entstanden wären (EGMR Görgülü./.Deutschland, Urt. v. 26.02.2004 – 74969/01, NJW 2004, 3397 [3401], Rn. 68).

13 5. **Notwendigkeit einer Entschädigung.** Weiterhin muss die Entschädigung **notwendig** sein. Durch diese Klausel wird dem EGMR ein Ermessen eingeräumt, im Rahmen dessen er entscheiden kann, ob eine Entschädigung wirklich notwendig ist. Der EGMR verneint dies meist, wenn die Opfer selbst sich nicht untadelig verhalten haben (so bspw. bei Tötung von Terroristen, die Bombenanschläge geplant hatten, EGMR McCann u.a./.Vereinigtes Königreich, Urt. v. 27.09.1995 – 18984/91, Series A324, Rn. 219; Meyer-Ladewig/Nettesheim/von Raumer/*Meyer-Ladewig/Brunozzi* EMRK, Art. 41 Rn. 29 m.w.N.).

Art. 43 Verweisung an die Große Kammer

(1) Innerhalb von drei Monaten nach dem Datum des Urteils der Kammer kann jede Partei in Ausnahmefällen die Verweisung der Rechtssache an die Große Kammer beantragen.
(2) Ein Ausschuss von fünf Richtern der Großen Kammer nimmt den Antrag an, wenn die Rechtssache eine schwerwiegende Frage der Auslegung oder Anwendung dieser Konvention oder der Protokolle dazu oder eine schwerwiegende Frage von allgemeiner Bedeutung aufwirft.
(3) Nimmt der Ausschuss den Antrag an, so entscheidet die Große Kammer die Sache durch Urteil.
Englische Fassung.
(1) Within a period of three months from the date of the judgment of the Chamber, any party to the case may, in exceptional cases, request that the case be referred to the Grand Chamber.
(2) A panel of five judges of the Grand Chamber shall accept the request if the case raises a serious question affecting the interpretation or application of the Convention or the Protocols thereto, or a serious issue of general importance.
(3) If the panel accepts the request, the Grand Chamber shall decide the case by means of a judgment.
Französische Fassung.

(1) Dans un délai de trois mois à compter de la date de l´arrêt d´une chambre, toute partie à l´affaire peut, dans des cas exceptionnels, demander le renvoi de l´affaire devant la Grande Chambre.
(2) Un collège de cinq juges de la Grande Chambre accepte la demande si l´affaire soulève une question grave relative à l´interprétation ou à l´application de la Convention ou de ses Protocoles, ou encore une question grave de caractère général.
(3) Si le collège accepte la demande, la Grande Chambre se prononce sur l´affaire par un arrêt.

Übersicht

A. Grundsätzliches. Ausnahmsweise kann nach dem Urteil der Kammer die Verweisung der Rechtssache an die Große Kammer beantragt werden. Die Große Kammer ist daher **nicht als Rechtsmittelinstanz** zu verstehen, denn Art. 43 zeigt, dass normalerweise die Kammerurteile die endgültigen Urteile sein sollen (Meyer-Ladewig/Nettesheim/von Raumer/*Meyer-Ladewig/Brunozzi* EMRK, Art. 43 Rn. 2). 1

B. Voraussetzungen für eine Verweisung an die Große Kammer. I. Vorliegen eines Kammerurteils. Eine Verweisung ist nur möglich, wenn zuvor ein Urteil der Kammer ergangen ist. Sofern ein Einzelrichter oder ein Ausschuss eine Beschwerde durch Entscheidung (»decision«, vgl. hierzu Art. 34 Rdn. 38) bereits als unzulässig abgewiesen hat, ist ein Antrag auf Verweisung an die Große Kammer unstatthaft. In Betracht kommt in Fällen, in denen bereits in der Zulässigkeit über eine schwerwiegende Frage der Auslegung zu entscheiden ist, nur eine Divergenzvorlage nach Art. 30, die dann aber von Amts wegen geschehen muss. 2

II. Formgerechter Antrag. Die Verweisung erfolgt auf Antrag einer der beiden Parteien. Der Antrag muss schriftlich an die Kanzlei gerichtet werden und nach Art. 43 Abs. 2 die schwerwiegende Frage beinhalten, deren Klärung ausnahmsweise die Anrufung der Großen Kammer rechtfertigt (vgl. Art. 73 Abs. 1 VerfO; *Frowein*/Peukert EMRK, Art. 43 Rn. 1). 3

III. Frist. Der Antrag auf Verweisung muss **innerhalb von 3 Monaten** seit Datum des Urteils, also nicht ab Verkündung, gestellt werden; hierzu müssen die Parteien natürlich über das Datum des Urteils in Kenntnis gesetzt werden (Meyer-Ladewig/Nettesheim/von Raumer/*Meyer-Ladewig/Brunozzi* EMRK, Art. 43 Rn. 5). 4

IV. Vorliegen einer schwerwiegenden Frage der Auslegung/Anwendung der Konvention oder eines Protokolls – schwerwiegende Frage von allgemeiner Bedeutung. Schließlich muss eine schwerwiegende Frage der Auslegung oder der Anwendung der Konvention oder eines Protokolls oder eine solche Frage von allgemeiner Bedeutung der Klärung bedürfen. Eine **schwerwiegende Frage der Auslegung** liegt vor, wenn die Rechtssache grundsätzliche Bedeutung hat oder das Urteil der Kammer von einem früheren Urteil abweicht (Meyer-Ladewig/Nettesheim/von Raumer/*Meyer-Ladewig/Brunozzi* EMRK, Art. 43 Rn. 8). 5

Eine **schwerwiegende Frage der Anwendung der Konvention** liegt vor, wenn ein Urteil der Kammer eine erhebliche Änderung innerstaatlicher Rechtsvorschriften bzw. Rechtspraxis bedeutet (Meyer-Ladewig/Nettesheim/von Raumer/*Meyer-Ladewig/Brunozzi* EMRK, Art. 43 Rn. 8). 6

Das Kriterium der **schwerwiegenden Frage von allgemeiner Bedeutung** stellt einen Auffangtatbestand dar, dessen praktische Bedeutung die Rspr. erst noch klären muss. 7

C. Entscheidung über den Antrag. Die Entscheidung über den Antrag auf Verweisung wird gem. Art. 43 Abs. 2, Abs. 3 durch einen Ausschuss von fünf Richtern der Großen Kammer getroffen (zur Zusammensetzung s. Art. 24 Abs. 5 VerfO). Der Ausschuss entscheidet nach Lage der Akten (Art. 73 Abs. 2 Satz 1 VerfO) in nicht öffentlicher Sitzung (Art. 22 Abs. 1 VerfO) mit Mehrheit der Stimmen (Art. 23 VerfO). Eine ablehnende Entscheidung bedarf keiner Begründung (Art. 73 Abs. 2 Satz 3 VerfO), mit ihr wird nach Art. 44 Abs. 2 lit. c das Urteil der Kammer rechtskräftig. Falls der Ausschuss den Antrag annimmt, wird die Sache an die Große Kammer verwiesen, diese entscheidet durch endgültiges Urteil (Art. 43 Abs. 3 i.V.m. Art. 44 Abs. 1). 8

Art. 46 Verbindlichkeit und Durchführung der Urteile

(1) Die Hohen Vertragsparteien verpflichten sich, in allen Rechtssachen, in denen sie Partei sind, das endgültige Urteil des Gerichtshofs zu befolgen.
(2) Das endgültige Urteil des Gerichtshofs ist dem Ministerkomitee zuzuleiten; dieses überwacht seine Durchführung.
(3) Wird die Überwachung der Durchführung eines endgültigen Urteils nach Auffassung des Ministerkomitees durch eine Frage betreffend die Auslegung dieses Urteils behindert, so kann das Ministerkomitee den Gerichtshof anrufen, damit er über diese Auslegungsfrage entscheidet. Der Beschluss des Ministerkomitees, den Gerichtshof anzurufen, bedarf der Zweidrittelmehrheit der Stimmen der zur Teilnahme an den Sitzungen des Komitees berechtigten Mitglieder.
(4) Weigert sich eine Hohe Vertragspartei nach Auffassung des Ministerkomitees, in einer Rechtssache, in der sie Partei ist, ein endgültiges Urteil des Gerichtshofs zu befolgen, so kann das Ministerkomitee, nachdem es die betreffende Partei gemahnt hat, durch einen mit Zweidrittelmehrheit der Stimmen der zur Teilnahme an den Sitzungen des Komitees berechtigten Mitglieder gefassten Beschluss den Gerichtshof mit der Frage befassen, ob diese Partei ihrer Verpflichtung nach Absatz 1 nachgekommen ist.
(5) Stellt der Gerichtshof eine Verletzung des Absatzes 1 fest, so weist er die Rechtssache zur Prüfung der zu treffenden Maßnahmen an das Ministerkomitee zurück. Stellt der Gerichtshof fest, dass keine Verletzung des Absatzes 1 vorliegt, so weist er die Rechtssache an das Ministerkomitee zurück; dieses beschließt die Einstellung seiner Prüfung.

Englische Fassung.
(1) The High Contracting Parties undertake to abide by the final judgment of the Court in any case to which they are parties.
(2) The final judgment of the Court shall be transmitted to the Committee of Ministers, which shall supervise its execution.
(3) If the Committee of Ministers considers that the supervision of the execution of a final judgment is hindered by a problem of interpretation of the judgment, it may refer the matter to the Court for a ruling on the question of interpretation. A referral decision shall require a majority vote of two-thirds of the representatives entitled to sit on the Committee.
(4) If the Committee of Ministers considers that a High Contracting Party refuses to abide by a final judgment in a case to which it is a party, it may, after serving formal notice on that Party and by decision adopted by a majority vote of two-thirds of the representatives entitled to sit on the Committee, refer to the Court the question whether that Party has failed to fulfil its obligation under paragraph 1.
(5) If the Court finds a violation of paragraph 1, it shall refer the case to the Committee of Ministers for consideration of the measures to be taken. If the Court finds no violation of paragraph 1, it shall refer the case to the Committee of Ministers, which shall close its examination of the case.

Französische Fassung.
(1) Les Hautes Parties contractantes s´engagent à se conformer aux arrêts définitifs de la Cour dans les litiges auxquels elles sont parties.
(2) L´arrêt définitif de la Cour est transmis au Comité des Ministres qui en surveille l´exécution.
(3) Lorsque le Comité des Ministres estime que la surveillance de l´exécution d´un arrêt définitif est entravée par une difficulté d´interprétation de cet arrêt, il peut saisir la Cour afin qu´elle se prononce sur cette question d´interprétation. La décision de saisir la Cour est prise par un vote à la majorité des deux tiers des représentants ayant le droit de siéger au Comité.
(4) Lorsque le Comité des Ministres estime qu´une Haute Partie contractante refuse de se conformer à un arrêt définitif dans un litige auquel elle est partie, il peut, après avoir mis en demeure cette partie et par décision prise par un vote à la majorité des deux tiers des représentants ayant le droit de siéger au Comité, saisir la Cour de la question du respect par cette partie de son obligation au regard du paragraphe 1.
(5) Si la Cour constate une violation du paragraphe 1, elle renvoie l´affaire au Comité des Ministres afin qu´il examine les mesures à prendre. Si la Cour constate qu´il n´y a pas eu violation du paragraphe 1, elle renvoie l´affaire au Comité des Ministres, qui décide de clore son examen.

Übersicht

A. Grundsätzliches. Verfahrensrechtlich ist Art. 46 eine Vorschrift von zentraler Bedeutung, denn sie regelt die Verbindlichkeit und Durchführung der Urteile des EGMR. 1

I. Entwicklung und Zusatzprotokolle. Erst durch das 11. Zusatzprotokoll wurden die (vormals in Art. 53, 54 a.F. enthaltenen) Vorschriften in Art. 46 Abs. 1 und 2 integriert. Mit dem 14. Zusatzprotokoll, welches am 01.06.2010 in Kraft getreten ist, wurden die Abs. 3 bis 5 angefügt. 2

II. Rechtskraft der Urteile des EGMR. Die Urteile der Kammern des EGMR erwachsen nach Maßgabe von Art. 42 i.V.m. Art. 44 Abs. 2 in **formelle** Rechtskraft. Die Urteile der Großen Kammer werden nach Art. 44 Abs. 1 mit Verkündung formell rechtskräftig. Die **materielle** Rechtskraft der Urteile ergibt sich aus der in Art. 46 Abs. 1 geregelten Bindungswirkung. 3

B. Die Urteile des EGMR. I. Die Urteilsart. Wie aus Art. 41 hervorgeht, sind die Urteile des EGMR Feststellungsurteile (vgl. *Gleß* Internationales Strafrecht, Rn. 49; *Satzger* IntEuStrR, § 11 Rn. 104). Festgestellt wird nur das Vorliegen einer Konventionsverletzung im zur Entscheidung vorliegenden Verhältnis Bürger-Staat. Insofern kommt den Urteilen **keinerlei kassatorische Wirkung** zu (s. nur *Safferling* Internationales Strafrecht, § 13 Rn. 126). Mit dem Urteil wird in erster Linie eine Konventionsverletzung angeprangert, subjektiver Rechtsschutz wird allenfalls mittelbar durch die Verpflichtung der Mitgliedsstaaten zur Befolgung der Urteile gewährt (s. dazu gleich Rdn. 6 ff.). Ein Leistungsurteil ergeht nur insofern, als einem Verletzten eine gerechte Entschädigung zugesprochen wird (vgl. hierzu Art. 41 Rdn. 1). 4

II. Die Bindungswirkung »inter partes«. Die Urteile des EGMR wirken i.R.d. durch die Prozessparteien und den Streitgegenstand gezogenen Grenzen grds. personell wie sachlich nur »inter partes« (Meyer-Ladewig/Nettesheim/von Raumer/*Meyer-Ladewig/Brunozzi* EMRK, Art. 46 Rn. 13; zu den Auswirkungen eines Urteils auf nicht am konkreten Prozess beteiligte Mitgliedsstaaten vgl. Art. 1 Rdn. 12 ff.). 5

1. Die Vorgaben der Konvention. Nach Art. 46 Abs. 1 verpflichten sich die Vertragsparteien, im Fall einer Verurteilung das **Urteil zu befolgen**. Nach dem auch dem Völkervertragsrecht bekannten Prinzip »pacta sunt servanda« hat die konkret betroffene Konventionspartei daher konventionswidrige Hoheitsakte aufzuheben und so die Konventionsverletzung zu beenden, ihre Folgen zu beseitigen und sicherzustellen, dass es in Zukunft zu keiner gleichartigen Konventionsverletzung kommt (vgl. z.B. EGMR Gudmundur Andri Ástráðsson./.Island, Urt. v. 01.12.2020 – 26374/18, Rn. 311). Die **Wahl der Mittel** bleibt dabei unter Vorbehalt der Überwachung durch den Ministerrat dem Mitgliedsstaat selbst überlassen. Ein Recht auf Wiederaufnahme eines abgeschlossenen Verfahrens im Allgemeinen existiert nicht (EGMR GrK Moreira Ferreira./.Portugal, Urt. v. 11.07.2017 – 19867/12, Rn. 60). Entscheidend ist, dass den Vorgaben des Urteils entsprochen wird (EGMR Görgülü./.Deutschland, Urt. v. 26.02.2004 – 74969/01, NJW 2004, 3397 [3400 f.], Rn. 46). 6

2. Die Umsetzung im deutschen Recht. Aufgrund des formalen Rangs der EMRK als einfaches Bundesgesetz (vgl. Art. 1 Rdn. 25 f.) ist der durch die EMRK institutionalisierte EGMR an und für sich nicht höherrangig als die nationalen Gerichte, die Urteile des EGMR wurden daher früher auch in der betreffenden Sache selbst lediglich als Auslegungshilfe herangezogen (vgl. *Glauben* DRiZ 2004, 131). Das BVerfG trat dem jedoch in seiner **»Görgülü-Entscheidung«** entschieden entgegen. Die Bindungswirkung der Urteile des EGMR erstrecke sich danach auf sämtliche staatlichen Organe in Deutschland und verpflichte sie, im Rahmen ihrer Zuständigkeit und ohne Verstoß gegen die Bindung an Recht und Gesetz (Art. 20 Abs. 3 GG) einen fortdauernden Konventionsverstoß zu beenden und einen konventionsmäßigen Zustand wiederherzustellen. Ein Verstoß gegen Art. 20 Abs. 3 GG liege bereits dann vor, wenn eine Entscheidung des EGMR im Rahmen bloßer methodischer Gesetzesauslegung nicht berücksichtigt werde (BVerfGE 111, 307 [323 ff.]). 7

Trotz des in dieser Rspr. des BVerfG zum Ausdruck kommenden, im Grundgesetz in Art. 25 Satz 2, 24 Abs. 2, Abs. 3, 26 GG angelegten Prinzips der Völkerrechtsfreundlichkeit ist eine **umfassende Beachtlichkeit der Urteile des EGMR nicht erreichbar**: Die konkret betroffene und handelnde Behörde kann von der EGMR-Rechtsprechung abweichen, wenn nur auf diese Weise ein Verstoß gegen tragende Grundsätze des GG abzuwenden ist, wobei sich die handelnde Behörde mit der Entscheidung erkennbar auseinandergesetzt und ihre Nichtanwendung nachvollziehbar begründet haben muss (BVerfGE 111, 307 [329]). 8

Im Fall der Konventionsverletzung durch ein Strafurteil ist im deutschen Recht insb. die **Wiederaufnahme des Verfahrens nach § 359 Nr. 6 StPO** von Bedeutung (vgl. hierzu § 359 StPO Rdn. 39). Sofern das Strafgericht 9 erneut über die Sache zu entscheiden hat, muss es die Entscheidung des EGMR nach den oben genannten Grundsätzen berücksichtigen (BVerfGE 111, 307 [326]).

10 Auch im Hinblick auf Urteile des BVerfG führt ein Urteil des EGMR trotz Fehlens einer derart klaren Regelung zur Durchbrechung der Rechtskraft. Das Prozesshindernis entgegenstehender Rechtskraft entfällt nämlich, wenn später rechtserhebliche Änderungen der Sach- und Rechtslage eintreten (st. Rspr., vgl. BVerfGE 82, 198 [207 ff.]; 87, 341 [346]; 109, 64 [84]). Wegen des Prinzips der Völkerrechtsfreundlichkeit des Grundgesetzes sucht das BVerfG bei der Auslegung des Grundgesetzes Interpretationsspielräume zu nutzen und Konventionsverstöße zu vermeiden. Insofern stehen die Entscheidungen des EGMR einer rechtserheblichen Änderung gleich (BVerfG NJW 2011, 1931 [1934]; vgl. auch *Satzger* JK 11/11, StGB § 67d).

11 **III. Orientierungswirkung »erga omnes«.** Wegen der »inter partes«-Wirkung der Urteile des EGMR fehlt ihnen zwar die Bindungswirkung »erga omnes«. Allerdings geht von ihnen jedenfalls eine **faktische Orientierungswirkung** für innerstaatliche Parallelfälle und sogar für am Verfahren unbeteiligte Staaten aus (*Schmalenbach* ZÖR 2004, 213 [224 ff.]; *Grabenwarter* JZ 2010, 857 [860]). Grund für diese Orientierungswirkung ist, dass der EGMR nach Art. 19 zur Sicherstellung der Einhaltung der Konventionsgarantien, und damit zu ihrer Auslegung berechtigt und verpflichtet ist. In seiner Rspr. findet sich somit der aktuelle Stand der EMRK in ihrer Eigenschaft als Werteordnung und »living instrument« wieder (*Pösl* ZJS 2011, 132 [134]; krit. mittlerweile zu diesem Begriff *Grabenwarter* EuGRZ 2011, 229 [230]), sodass jeder Vertragsstaat in vergleichbaren Konstellationen mit einer Verurteilung rechnen muss.
Für innerstaatliche Parallelfälle im verurteilten Vertragsstaat wird über diese faktische Orientierungswirkung hinaus mit guten Gründen sogar eine **rechtliche Bindungswirkung** des Urteils angenommen, wenn also andere Personen, die der Hoheitsgewalt des verurteilten Staates unterstehen, in vergleichbare Konstellationen wie der obsiegende Beschwerdeführer geraten. Diese Wirkung wird aus Art. 1 abgeleitet, wonach die Vertragsstaaten generell zur Beachtung der Konvention verpflichtet sind (s. nur *Esser* EuIntStrR, § 9 Rn. 116 f.).

12 **C. Die Überwachung der Urteile durch das Ministerkomitee.** Nach Art. 46 Abs. 2 bis 5 ist die Durchführung des Urteils vom Ministerkomitee (vgl. Art. 1 Rdn. 3) zu überwachen (zum Ablauf vgl. Meyer-Ladewig/Nettesheim/von Raumer/*Meyer-Ladewig/Brunozzi* EMRK, Art. 46 Rn. 44 ff.). Sofern Fragen hinsichtlich der Auslegung des Urteils auftreten, ist nach Art. 46 Abs. 3 zu verfahren. Die Interaktion des Ministerkomitees mit den zu überwachenden Mitgliedsstaaten ist auf der Internetseite des Europarats (http://www.coe.int/t/cm/subsidiaryGroups_en.asp [Stand: Mai 2022]) dokumentiert.

13 **D. Durchsetzung der Urteile.** Sofern ein Mitgliedsstaat dem Urteil des EGMR nicht Folge leistet, kann das Urteil **nicht zwangsweise durchgesetzt** werden. Insofern fehlt es dem EGMR, dem Ministerkomitee sowie dem Europarat sowohl an rechtlichen als auch an tatsächlichen Mitteln.
Seit Inkrafttreten des 14. Zusatzprotokolls gilt jedoch **Art. 46 Abs. 4**: Danach befasst das Ministerkomitee zunächst den EGMR mit der Prüfung, ob der Mitgliedsstaat seiner Verpflichtung aus dem Urteil nachgekommen ist. Sollte das nicht der Fall sein, wird die Sache nach Art. 46 Abs. 5 S. 1 vom Gerichtshof an das Ministerkomitee zur Prüfung der zu ergreifenden Maßnahmen zurückverwiesen. Das Ministerkomitee erlässt daraufhin Resolutionen. Im Fall »Ilascu./.Moldawien und Russland« forderte das Ministerkomitee die Mitgliedsstaaten des Europarats am 10.05.2006 mittels Interimsresolution dazu auf, Maßnahmen zu erlassen, um Russland zu einer Freilassung des Opfers zu bringen (*Frowein*/Peukert EMRK, Art. 46 Rn. 22). Weitere Maßnahmen können dahin gehen, dass dem betreffenden Konventionsstaat nach Art. 8 der Satzung des Europarats sein Sitz im Europarat zeitweise entzogen wird – was im Fall des Tschetschenienkonflikts mit Russland vorübergehend der Fall war. Äußerstenfalls könnte – quasi als *ultima ratio* – der Staat aus dem Europarat ausgeschlossen werden.

14 Andere Konventionsstaaten können auf die Nichtbefolgung eines Urteils eine **Staatenbeschwerde** nach Art. 33 stützen (zum Ganzen Meyer-Ladewig/Nettesheim/von Raumer/*Meyer-Ladewig/Brunozzi* EMRK, Art. 46 Rn. 54).

Art. 2 des 7. ZP zur Rechtsmittel in Strafsachen

(1) Wer von einem Gericht wegen einer Straftat verurteilt worden ist, hat das Recht, das Urteil von einem übergeordneten Gericht nachprüfen zu lassen. Die Ausübung dieses Rechts und die Gründe, aus denen es ausgeübt werden kann, richten sich nach dem Gesetz.

(2) Ausnahmen von diesem Recht sind für Straftaten geringfügiger Art, wie sie durch Gesetz näher bestimmt sind, oder in Fällen möglich, in denen das Verfahren gegen eine Person in erster Instanz vor

dem obersten Gericht stattgefunden hat oder in denen eine Person nach einem gegen ihren Freispruch eingelegten Rechtsmittel verurteilt worden ist.
Englische Fassung.
(1) Everyone convicted of a criminal offence by a tribunal shall have the right to have his conviction or sentence reviewed by a higher tribunal. The exercise of this right, including the grounds on which it may be exercised, shall be governed by law.
(2) This right may be subject to exceptions in regard to offences of a minor character, as prescribed by law, or in cases in which the person concerned was tried in the first instance by the highest tribunal or was convicted following an appeal against acquittal.
Französische Fassung.
(1) Toute personne déclarée coupable d'une infraction pénale par un tribunal a le droit de faire examiner par une juridiction supérieure la déclaration de culpabilité ou la condamnation. L'exercice de ce droit, y compris les motifs pour lesquels il peut être exercé, sont régis par la loi.
(2) Ce droit peut faire l'objet d'exceptions pour des infractions mineures telles qu'elles sont définies par la loi ou lorsque l'intéressé a été jugé en première instance par la plus haute juridiction ou a été déclaré coupable et condamné à la suite d'un recours contre son acquittement.

Übersicht Rdn.

A. Grundsätzliches. I. Allgemeines. Nach Art. 2 des 7. Zusatzprotokolls v. 22.11.1984 hat jeder im Rahmen eines Strafverfahrens Verurteilte das Recht auf **Überprüfung des Urteils durch ein höherinstanzliches Gericht** und damit ein Recht auf eine **zweite Instanz.** Insofern geht das Zusatzprotokoll über Art. 6 Abs. 1 hinaus, welcher lediglich den Zugang zu einem Gericht (vgl. hierzu Art. 6 Rdn. 18 ff.), jedoch keine Rechtsmittelinstanz gewährt (s. dazu Art. 6 Rdn. 38; *Grabenwarter/Pabel* EMRK, § 24 Rn. 169). 1
Zu beachten ist, dass es sich beim 7. Zusatzprotokoll um ein Fakultativprotokoll (vgl. Art. 1 Rdn. 11) handelt. Die Bundesrepublik Deutschland hat dieses zwar unterzeichnet, aber auch mehr als 30 Jahre später immer noch nicht ratifiziert, wobei der Hintergrund darin zu sehen ist, dass nach Art. 1 bei der Ausweisung von Ausländern bestimmte verfahrensrechtliche Schutzvorschriften zu gewährleisten sind (*Esser* in: Hochmayr, »Ne bis in idem« in Europa, S. 27 [28, Fn. 7]; vgl. aber auch BT-Drs. 18/11866, S. 6; 18/4881, S. 6). Daher konnte das 7. Zusatzprotokoll (insgesamt) **in Deutschland bislang nicht in Kraft** treten (zum aktuellen Ratifikationsstand des 7. ZP vgl. https://www.coe.int/en/web/conventions/full-list/-/conventions/treaty/117/signatures?module=treaty-detail&treatynum=117 [zuletzt abgerufen am 10.03.2022]).

II. Parallele internationale Instrumente. Ein paralleles internationales Instrument ist **Art. 14 Abs. 5 IPBPR,** beide Vorschriften entsprechen sich inhaltlich weitestgehend. 2

III. Parallelen im nationalen Recht. Parallelen im nationalen Recht gibt es nicht, insb. gewährt Art. 19 Abs. 4 GG kein Recht auf einen Instanzenzug (Maunz/Dürig/*Schmidt-Aßman* GG, Art. 19 Rn. 179). Insofern geht Art. 2 Abs. 1 des 7. Zusatzprotokolls über die Gewährleistungen des GG hinaus. 3

IV. Einschränkungsmöglichkeiten. Das Recht auf eine zweite Instanz kann auf zwei verschiedene Wege eingeschränkt werden. 4

1. Ungeschriebener Vorbehalt verhältnismäßiger Beschränkungen. Zunächst wird seitens der Rspr. analog zur Beschränkung des Rechts auf Zugang zum Gericht nach Art. 6 Abs. 1 Satz 1 (s. Art. 6 Rdn. 33 ff.) ein ungeschriebener Vorbehalt verhältnismäßiger Beschränkungen angenommen, die auf die Verfolgung eines legitimen Ziels bei Wahrung des Wesensgehalts gerichtet sind (EGMR Gurepka./.Ukraine, Urt. v. 06.09.2005 – 61406/00, Rn. 59; *Grabenwarter/Pabel* EMRK, § 24 Rn. 172 m.w.N.). Verfahrenstechnisch wurde bspw. ein der Rechtsmittelinstanz vorgeschaltetes Verfahren »leave to appeal« – eine Zulassungsprüfung – als zulässig eingestuft (*Frowein*/Peukert EMRK, Art. 2 des 7. ZP Rn. 2). 5

2. Geschriebene Ausnahmen. Weiterhin zählt Art. 2 Abs. 2 des 7. Zusatzprotokolls Ausnahmen auf, die von dem Recht auf eine zweite Instanz gemacht werden können. 6

Straftaten von geringfügiger Art (Art. 2 Abs. 2 Alt. 1) dürften v.a. Ordnungswidrigkeiten umfassen. Entscheidend ist die vom Gesetz vorgesehene Strafandrohung. Seitens der Kommission wurde eine Ordnungsstrafe als geringfügig in diesem Sinne eingestuft (Meyer-Ladewig/Nettesheim/von Raumer/*Meyer-Ladewig/Harrendorf/König* EMRK, Art. 2 des 7. ZP Rn. 5 m.w.N.). Als nicht geringfügig wurde dagegen eine angedrohte Freiheitsstrafe betrachtet. Der Ausschluss des Rechtswegs in einem solchen Fall verstieß daher gegen Art. 2 Abs. 1 des 7. Zusatzprotokolls (EGMR Grecu./.Rumänien, Urt. v. 30.11.2006 – 75101/01, Rn. 82).
Die Ausnahme nach Art. 2 Abs. 2 Alt. 2 des 7. Zusatzprotokolls – kein Rechtsmittel nach Entscheidung des höchsten Gerichts als erste Instanz – erscheint logisch. In diesem Fall ist der Instanzenzug erschöpft und der Weg zum EGMR somit eröffnet.
Art. 2 Abs. 2 Alt. 3 des 7. Zusatzprotokolls (Verurteilung nach Freispruch in der ersten Instanz) betrifft schließlich solche Fälle, in denen seitens der Anklage Rechtsmittel erhoben wurde (*Grabenwarter/Pabel* EMRK, § 24 Rn. 173).

7 **B. Rechtsmittel in Strafsachen. I. Schutzbereich.** Für die Eröffnung des Schutzbereichs von Art. 2 des 7. Zusatzprotokolls ist es notwendig, dass der Betroffene von einem Gericht wegen einer **strafbaren Handlung** verurteilt wurde. Bzgl. der Verurteilung wegen einer strafbaren Handlung ist auf die zu Art. 6 Abs. 1 (strafrechtliche Anklage) entwickelten Kriterien zurückzugreifen (s. Art. 6 Rdn. 9 ff.; *Frowein*/Peukert EMRK, Art. 6 Rn. 1).

8 **II. Anspruch auf zweite Instanz.** Bei dem Gericht muss es sich um ein übergeordnetes Gericht handeln, die entsprechenden Rechtsmittel müssen also **Devolutiveffekt** aufweisen (Meyer-Ladewig/Nettesheim/von Raumer/*Meyer-Ladewig/Harrendorf/König* EMRK, Art. 2 des 7. ZP Rn. 3). Ob es zu einer Überprüfung durch ein höheres Gericht kommt, darf dabei nicht allein vom Ermessen der Strafverfolgungsbehörde abhängen. Wie Art. 2 Abs. 1 Satz 2 zeigt, wird dem Konventionsstaat aber ein weiter Gestaltungsfreiraum bzgl. der Ausgestaltung sowohl des Gerichts als auch des Rechtsmittelverfahrens eingeräumt (s. *Esser* EuIntStrR, § 9 Rn. 339, 341), vorausgesetzt es handelt sich nicht um ein insoweit ineffektives Rechtsmittel, dessen Ausgestaltung allein dem Ermessen der innerstaatlichen Behörden überlassen bleibt, weil kein einzuhaltendes Verfahren und keine Fristen vorgeschrieben sind (EGMR Kakabadze./.Georgien, Urt. v. 02.10.2012 – 1484/07, Rn. 94 ff.). Es reicht aber aus, dass das Gericht auf die Prüfung des materiellen Rechts beschränkt ist und keine neue Tatsacheninstanz darstellt (EGMR Pesti u. Frodl./.Österreich, Entscheidung v. 18.01.2000 – 27618/95 u. 27619/95, RJD 2000-I, Rn. 4). Auch eine *reformatio in peius* ist nicht ausgeschlossen (*Esser* EuIntStrR, § 9 Rn. 339).

9 Eine Verletzung dieses Rechts sah der EGMR richtigerweise darin, dass ein Angeklagter in Frankreich von der einzigen Tatsacheninstanz in Abwesenheit verurteilt worden war und eine rechtliche Überprüfung des Abwesenheitsurteils durch den Kassationsgerichtshof kraft Gesetzes generell ausgeschlossen war (EGMR Krombach./.Frankreich, Urt. v. 13.02.2001 – 29731/96, RJD 2001-II, Rn. 100).
Da der EGMR den Verständigungen im Strafprozess (plea bargaining) im Grundsatz positiv gegenübersteht und diese weitestgehend mit einem Verzicht des Beschuldigten auf seine davon tangierten Rechte rechtfertigt, nimmt er – zumindest dann, wenn bestimmte grundlegende verfahrensrechtliche Sicherungen eingehalten werden – keinen Verstoß gegen Art. 2 des 7. Zusatzprotokolls an (EGMR Natsvlishvili u. Togonidze./.Georgien, Urt. v. 29.04.2014 – 9043/05, Rn. 90 ff.); ebenso wenig liegt ein Verstoß gegen Art. 6 Abs. 1 vor (dazu s. bereits Art. 6 Rdn. 71).

10 Insgesamt ist die Bedeutung der Garantie des Art. 2 Abs. 1 des 7. Zusatzprotokolls aufgrund des weiten Gestaltungsspielraums für den Gesetzgeber sowie der geschriebenen und ungeschriebenen Ausnahmetatbestände aber als gering einzustufen (so auch *Frowein*/Peukert EMRK, Art. 2 des 7. ZP Rn. 4).

Art. 4 des 7. ZP zur Recht, wegen derselben Sache nicht zweimal vor Gericht gestellt oder bestraft zu werden

(1) Niemand darf wegen einer Straftat, wegen der er bereits nach dem Gesetz und dem Strafverfahrensrecht eines Staates rechtskräftig verurteilt oder freigesprochen worden ist, in einem Strafverfahren desselben Staates erneut verfolgt oder bestraft werden.
(2) Absatz 1 schließt die Wiederaufnahme des Verfahrens nach dem Gesetz und dem Strafverfahrensrecht des betreffenden Staates nicht aus, falls neue oder neu bekannt gewordene Tatsachen vorliegen oder das vorausgegangene Verfahren schwere, den Ausgang des Verfahrens berührende Mängel aufweist.
(3) Von diesem Artikel darf nicht nach Art. 15 der Konvention abgewichen werden.
Englische Fassung.

(1) No one shall be liable to be tried or punished again in criminal proceedings under the jurisdiction of the same State for an offence for which he has already been finally acquitted or convicted in accordance with the law and penal procedure of that State.
(2) The provisions of the preceding paragraph shall not prevent the reopening of the case in accordance with the law and penal procedure of the State concerned, if there is evidence of new or newly discovered facts, or if there has been a fundamental defect in the previous proceedings, which could affect the outcome of the case.
(3) No derogation from this article shall be made under Article 15 of the Convention.
Französische Fassung.
(1) Nul ne peut être poursuivi ou puni pénalement par les juridictions du même Etat en raison d´une infraction pour laquelle il a déjà été acquitté ou condamné par un jugement définitif conformément à la loi et à la procédure pénale de cet Etat.
(2) Les dispositions du paragraphe précédent n´empêchent pas la réouverture du procès, conformément à la loi et à la procédure pénale de l´Etat concerné, si des faits nouveaux ou nouvellement révélés ou un vice fondamental dans la procédure précédente sont de nature à affecter le jugement intervenu.
(3) Aucune dérogation n´est autorisée au présent article au titre de l´article 15 de la Convention.

Übersicht

A. Grundsätzliches. I. Allgemeines. Art. 4 des 7. Zusatzprotokolls v. 22.11.1984 trat am 01.11.1988 nach Ratifikation durch sieben Konventionsstaaten in Kraft. Dort wird der Grundsatz *»ne bis in idem (crimen iudicetur)«* – das Verbot der Doppelbestrafung – kodifiziert. Bereits im Jahr 1791 wurde dieses Verbot als Grundfreiheit in die französische Verfassung aufgenommen. Als 5. Amendment erlangte das Verbot des »double jeopardy« auch in den USA Verfassungsrang (Dörr/Grote/Marauhn/*Kadelbach* EMRK, Kap. 29 Rn. 1). Der Grundsatz dient der Rechtssicherheit und dem Schutz des Einzelnen vor staatlicher Willkür. 1

Zu beachten ist, dass es sich beim 7. Zusatzprotokoll um ein Fakultativprotokoll (vgl. Art. 1 Rdn. 11) handelt. Deutschland hat dieses unterzeichnet, aber mangels Ratifikation ist es **in Deutschland bislang nicht in Kraft** getreten (s. dazu bereits Art. 2 des 7. ZP, Rdn. 1; zum aktuellen Ratifikationsstand des 7. ZP vgl. https://www.coe.int/en/web/conventions/full-list/-/conventions/treaty/117/signatures?module=treaty-detail&treatynum=117 [zuletzt abgerufen am 10.03.2022]). 2

II. Parallele internationale Instrumente. Vorbild von Art. 4 des 7. Zusatzprotokolls ist Art. 14 Abs. 7 IPBPR, beide Normen verbieten die mehrfache Verfolgung und Ahndung derselben Straftat **innerhalb desselben Staates** (Dörr/Grote/Marauhn/*Kadelbach* EMRK, Kap. 29 Rn. 2), wobei in Art. 14 Abs. 7 IPBPR ausdrücklich die Möglichkeit eines Wiederaufnahmeverfahrens nicht vorgesehen ist. Gleichwohl wird einhellig vertreten, dass »außergewöhnliche Umstände« (General Comments 13/27 v. 12.04.1984, § 19) eine Wiederaufnahme rechtfertigen können (LR-*Esser* EMRK, Art. 6 Rn. 1022; *Ruhs* Rechtsbehelfe bei Verständigungen, S. 188). Auf der Ebene **zwischen zwei Staaten** hat Art. 4 des 7. Zusatzprotokolls keine Bedeutung, auch im Völkerrecht gibt es bislang keinen derartigen allgemeinen Grundsatz (BVerfGE 75, 1 [15 f., 24 ff.]). Auf zwischenstaatlicher Ebene gilt das Doppelbestrafungsverbot daher nur bei Bestehen entsprechender bi- oder multilateraler Abkommen (SSW-StGB/*Satzger* Vor §§ 3 bis 7 Rn. 21). In dieser Hinsicht sind in Europa Art. 54 SDÜ sowie der nach Inkrafttreten des Vertrags von Lissabon rechtsverbindliche Art. 50 GRCh einschlägig, die es grds. verbieten, jemanden, der bereits in einem Unionsstaat bestraft wurde, nochmals wegen derselben Straftat in einem anderen EU-Mitgliedstaat zu verfolgen und zu bestrafen (ausführlich dazu Art. 50 GRCh/Art. 54 SDÜ Rdn. 1 ff.). Aufgrund der Kohärenzklausel in Art. 52 Abs. 3 GRCh darf die Bedeutung der Rspr. des EGMR zu Art. 4 des 7. Zusatzprotokoll bei der Auslegung von Art. 50 GRCh nicht unterschätzt werden (so auch *Esser* in: Hochmayr, »Ne bis in idem« in Europa, S. 27 [62 f.]). 3

III. Parallelen im nationalen Recht. Im nationalen Recht ist der Grundsatz *»ne bis in idem«* in Art. 103 Abs. 3 GG niedergelegt (vgl. Einl. StPO Rdn. 100 f.). Wie auch Art. 103 Abs. 3 GG verfolgt Art. 4 des 7. Zusatzprotokolls das Ziel, nach Aburteilung des Täters Rechtssicherheit zu schaffen (Dörr/Grote/Marauhn/*Kadelbach* EMRK, Kap. 29 Rn. 4). 4

5 **IV. Notstandsfestigkeit.** Nach Art. 4 Abs. 3 des 7. Zusatzprotokolls kann der Grundsatz *»ne bis in idem«* auch im Fall von Notstand i.S.v. Art. 15 nicht eingeschränkt werden (näher EGMR GrK Mihalache./. Rumänien, Urt. v. 08.07.2019 – 54012/10, Rn. 47 ff.).

6 **B. »Ne bis in idem«.** Der in Art. 4 Abs. 1 des 7. Zusatzprotokolls niedergeschriebene Grundsatz *»ne bis in idem«* ist Ausdruck der **materiellen Rechtskraft.** Er verbietet, durch rechtskräftige Entscheidung abgeschlossene Strafverfahren zu wiederholen (EGMR Gradinger./. Österreich, Urt. v. 23.10.1995 – 15963/90, Series A328-C, Rn. 53). Von der Wortwahl her stellt Art. 4 Abs. 1 des 7. Zusatzprotokolls im Unterschied zu Art. 103 Abs. 3 GG mehr auf den verfahrensrechtlichen Aspekt ab, kommt jedoch auch ohne einen Bezug zur Tat nicht aus (Dörr/Grote/Marauhn/*Kadelbach* EMRK, Kap. 29 Rn. 5). Voraussetzung für die *»ne-bis-in-idem«*-Wirkung ist die formelle Rechtskraft, die Entscheidung darf also nicht mehr mit Rechtsmitteln angreifbar sein (EGMR Nikitin./. Russland, Urt. v. 20.07.2004 – 50178/99, RJD 2004-VIII, Rn. 37; ausführlich zu den Voraussetzungen des Art. 4 Abs. 1 des 7. ZP *Esser* in: Hochmayr, »Ne bis in idem« in Europa, S. 27 [30 ff.]). Das Vorliegen einer Verurteilung bzw. eines Freispruchs ist nach den tatsächlichen Auswirkungen auf die Situation des Betroffenen zu beurteilen und nicht streng rechtsdogmatisch zu verstehen (EGMR GrK Mihalache./. Rumänien, Urt. v. 08.07.2019 – 54012/10, Rn. 95, 97). Eine richterliche Intervention ist gerade nicht Voraussetzung.

7 **I. Vorliegen einer oder mehrerer Taten.** Da nicht zweimal in derselben Sache entschieden werden können soll, kommt es maßgeblich auf den **Tatbegriff** an, also darauf, ob es sich um eine oder mehrere Taten handelt. Dies bestimmt der EGMR konsequent in autonomer Weise. Als Faustregel kann man auch hier die im deutschen Recht gebräuchliche Abgrenzung zwischen Tateinheit (§ 52 StGB) und Tatmehrheit (§ 53 StGB) heranziehen (vgl. § 264 StPO Rdn. 9 ff.).

8 In Anlehnung an den Begriff der **Tateinheit** (i.S.d. § 52 StGB) kann von »einer Tat« i.d.S. gesprochen werden, wenn jemand wegen derselben Handlung aufgrund derselben Vorschriften bzw. aufgrund unterschiedlicher, in ihren wesentlichen Elementen aber identischen Vorschriften bestraft wird (so bspw. bei Grundtatbestand und Qualifikation; vgl. EGMR Sailer./. Österreich, Urt. v. 06.06.2002 – 38237/97, Rn. 25; EGMR Fischer./. Österreich, Urt. v. 29.05.2001 – 37950/97, Rn. 25). In Annäherung an die Rspr. des EuGH zu Art. 54 SDÜ (vgl. Art. 50 GRCh/Art. 54 SDÜ Rdn. 18 ff.) favorisiert der EGMR mittlerweile (zusf. zu den bis dahin existierenden Ansätzen vgl. EGMR GrK Zolotukhin./. Russland, Urt. v. 10.02.2009 – 14939/03, Rn. 70 ff.) eine **faktenorientierte Betrachtung** (*»idem factum«;* vgl. *Jung* GA 2010, 472 [474 f.]; anders noch EGMR Oliveira./. Schweiz, Urt. v. 30.07.1998 – 25711/94, RJD 1998-VII, Rn. 25–29). Ein Ansatz, der die juristische Prüfung zum Maßstab machte (*»idem crimen«)*, würde den Schutzbereich von Art. 4 des 7. Zusatzprotokolls zu sehr einengen, statt die Garantie praktisch und effektiv werden zu lassen (EGMR GrK Zolotukhin./. Russland, Urt. v. 10.02.2009 – 14939/03, Rn. 80). Eine Tat in diesem Sinne ist somit die **Gesamtheit tatsächlicher Umstände, an denen derselbe Beschuldigte beteiligt ist und die hinsichtlich Ort und Zeit nicht trennbar sind** und die nachgewiesen werden müssen, um eine Verurteilung zu erreichen oder zumindest ein Ermittlungsverfahren in Gang zu bringen (EGMR GrK Zolotukhin./. Russland, Urt. v. 10.02.2009 – 14939/03, Rn. 84; EGMR Grande Stevens./. Italien, Urt. v. 04.03.2014 – 18640/10, Rn. 221).

9 Sofern nach zunächst erfolgter Verhängung einer Strafe später eine schwerere Strafe verhängt wird und die zuvor ergangene geringere Strafe aufgehoben und durch den neuen Strafausspruch ersetzt wird, soll kein Verstoß gegen *»ne bis in idem«* vorliegen (EGMR Fischer./. Österreich, Urt. v. 29.05.2001 – 37950/97, Rn. 26 ff., für den Fall der Bestrafung von Trunkenheit am Steuer zunächst mit einem Bußgeld und anschließendem Strafverfahren wegen fahrlässiger Tötung in Trunkenheit).
Bei **Tatmehrheit** (i.S.d. § 53 StGB) dagegen kann jede einzelne Tat Gegenstand eines eigenen Strafverfahrens sein (Dörr/Grote/Marauhn/*Kadelbach* EMRK, Kap. 29 Rn. 20).

10 **II. Urteil und Strafbefehl.** Nicht nur das Endurteil, sondern auch der Strafbefehl (§§ 407 ff. StPO; dazu § 407 StPO Rdn. 1 ff.) ist als »conviction« bzw. »condamnation« i.S.v. Art. 4 Abs. 1 des 7. Zusatzprotokolls anzusehen, da er innerstaatlich eingeschränkte Rechtskraftwirkung auslöst (vgl. § 373a StPO Rdn. 1 ff.).

11 **III. Freispruch und Verfahrenseinstellung.** Art. 4 Abs. 1 des 7. Zusatzprotokolls gilt auch bei rechtskräftigem Freispruch. Der EGMR hat bislang noch nicht entschieden, ob auch eine Verfahrenseinstellung unter den Begriff des »acquittal« bzw. »acquittement« zu subsumieren ist. Entscheidend dürfte die der jeweiligen Art der Einstellung zukommende Rechtskraft sein (LR-*Esser* EMRK, Art. 6 Rn. 1031; zur selben Problematik im Kontext des Art. 54 SDÜ vgl. Art. 50 GRCh/Art. 54 SDÜ Rdn. 18 ff.; vgl. auch *Esser* EuIntStrR, § 9 Rn. 345). Im Fall der Einstellung nach § 170 Abs. 2 StPO können die Ermittlungen jederzeit wieder aufgenommen werden, also bestehen keine der Rechtskraft auch nur nahekommenden Wirkungen, sodass sicherlich kein Verstoß gegen Art. 4 Abs. 1 des 7. Zusatzprotokolls bei erneuten Ermittlungen gegeben sein wird.

Auch einer Einstellung nach § 154 Abs. 1 StPO kommt anerkanntermaßen keine verfahrensbeendende Wirkung zu, sodass auch hier kein »acquittal« bzw. »acquittement« i.S.v. Art. 4 Abs. 1 des 7. Zusatzprotokolls zu erkennen ist (*Satzger* JK 1/10, StPO § 52 Abs. 1/4). Dasselbe dürfte auch für die Einstellung nach § 154 Abs. 2 StPO gelten, auch wenn der gerichtliche Einstellungsbeschluss nach dieser Norm unter gewissen Voraussetzungen sogar Rechtskraft erlangt (BGHSt 30, 197 [198]; vert. hierzu *Satzger* FS Schöch, S. 913 [924 ff.]). 12

Anders dürfte die Einstellung gegen Auflagen unter Zustimmung des Gerichts nach § 153a Abs. 1 StPO zu bewerten sein. Dabei kommt es zu einem rechtskräftigen Verfahrensabschluss (BVerfGE 65, 377, [380 ff.]), sodass anzunehmen ist, dass die erneute Einleitung einer Strafverfolgung einen Verstoß gegen Art. 4 Abs. 1 des 7. Zusatzprotokolls begründen würde (vgl. *Esser* in: Hochmayr, »Ne bis in idem« in Europa, S. 27 [33]). Für Einstellungen nach § 153 Abs. 2 StPO müsste dann im Rahmen der beschränkten Rechtskraftwirkung (vgl. BGHSt 48, 331 [333 ff.]) entsprechendes gelten (LR-*Esser* EMRK, Art. 6 Rn. 1031). 13

IV. Straftat und Strafverfahren vs. Verwaltungssanktionen(verfahren). Der Begriff der Straftat ist ebenso wie der des Strafverfahrens so weit wie im Kontext des Art. 6 und 7 zu verstehen (s. dort Art. 6 Rdn. 9 ff.; Art. 7 Rdn. 8). Dementsprechend wird auch die Verhängung einer **Verwaltungssanktion** häufig als »Strafe« im Sinn von Art. 4 des 7. Zusatzprotokolls anzusehen sein (EGMR GrK Mihalache./. Rumänien, Urt. v. 08.07.2019 – 54012/10, Rn. 56). Das hat erhebliche Folgewirkungen für diejenigen Rechtsordnungen, in denen es üblich ist, bestimmte Verstöße **sowohl mit Verwaltungssanktionen als auch mit Kriminalstrafen zu ahnden**. Diese Praxis verstößt nämlich nach den vom EGMR konsequent angewandten Grundsätzen gegen Art. 4 des 7. Zusatzprotokolls, sodass für dasselbe Verhalten nur **entweder** die Verwaltungssanktion **oder** die Kriminalstrafe verhängt werden kann (grundlegend EGMR Grande Stevens./. Italien, Urt. v. 04.03.2014 – 18640/10, Rn. 22 ff.; zu den Konsequenzen, insb. im Hinblick auf die Umsetzung von EU-Recht s. nur *Gargantini* Journal of Financial Regulation 2015, 149 [156 ff.]). Eine Verletzung des Art. 4 des 7. Zusatzprotokolls liegt jedoch dann nicht vor, wenn zwischen dem Verwaltungs- und dem Strafverfahren ein hinreichender inhaltlicher und zeitlicher Kontext besteht und die spezifische Gesetzgebung ein einheitliches Sanktionsregime bzgl. der betreffenden Straftat erkennen lässt (für den Bereich der Steuerhinterziehung EGMR A. u. B./. Norwegen, Urt. v. 15.11.2016 – 24130/11 u. 29758/11, Rn. 117 ff.; vgl. auch zum Verhältnis der *Ne-bis-in-idem*-Rspr. des EGMR zu der des EuGH in NJW 2013, 1415 – Åkerberg Fransson die Dissenting Opinion von Richter Pinto de Albuquerque zu diesem EGMR Urteil, Rn. 15, 67, 80; ferner die am 20.03.2018 ergangenen Urteile des EuGH zur Auslegung von Art. 50 GRCh im Lichte von Art. 4 des Protokolls Nr. 7 zur EMRK in den Rs. Luca Menci [C-524/15], Garlsson Real Estate SA [C-537/16] und Enzo Di Puma [C-596/16]). 14

C. Spätere Wiederaufnahmeverfahren. Art. 4 Abs. 2 des 7. Zusatzprotokolls erlaubt die Wiederaufnahme des Verfahrens sowohl zulasten, aber auch zugunsten des Angeklagten **bei Bekanntwerden neuer Tatsachen oder schwerwiegender Mängel** (ausführlich EGMR GrK Mihalache./. Rumänien, Urt. v. 08.07.2019 – 54012/10, Rn. 131 ff.). Die Wiederaufnahmegründe der §§ 359, 362 StPO entsprechen damit den auch in Art, 4 Abs. 2 des 7. Zusatzprotokolls enthaltenen Wiederaufnahmeumständen (vgl. *Arnemann* Defizite der Wiederaufnahme in Strafsachen, S. 355). Die nationalen Vorschriften der §§ 362 ff., 373a StPO sind als konventionskonform zu beurteilen, auch die Einleitung von Ermittlungen durch Polizei und StA ist trotz vorangegangenen Freispruchs erlaubt, wenn Gründe für eine Wiederaufnahme zutage gefördert werden sollen (vgl. Dörr/Grote/Marauhn/*Kadelbach* EMRK, Kap. 29 Rn. 36–38; a.A. *Ruhs* Rechtsbehelfe bei Verständigungen, S. 190 f., mit Verweis darauf, dass § 362 Nr. 3 StPO einen sog. absoluten Wiederaufnahmegrund festschreibt, der ohne Rücksicht auf ein »Berühren« des Verfahrens zur Durchbrechung der Rechtskraft führt; ebenso bereits *Bohn* Die Wiederaufnahme des Strafverfahrens zugunsten des Angeklagten vor dem Hintergrund neuer Beweise, S. 106). Dabei müssen für das Betreiben einer Wiederaufnahme zulasten des Freigesprochenen jedoch sachliche Gründe bestehen, die die Staatsanwaltschaft zur weiteren Strafverfolgung berechtigen (vgl. *Arnemann* Defizite der Wiederaufnahme in Strafsachen, S. 81 f.). Eine umfassende Ermittlungspflicht zum Vorliegen von (günstigen) Wiederaufnahmegründen ist demgegenüber im nationalen Recht abzulehnen (vgl. *Arnemann* Defizite der Wiederaufnahme in Strafsachen, S. 41 ff.). 15

Mit dem Gesetz zur Wiederherstellung der materiellen Gerechtigkeit vom 24.06.2021 wurde § 362 der deutschen StPO dahin gehend reformiert, dass – aufgrund eines angeblich »unerträglichen Gerechtigkeitsverstoßes« – bei nicht verjährbaren Straftaten (also insb. bei Mord und Verbrechen nach dem VStGB) bei Auftauchen neuer Beweismittel doch eine Wiederaufnahme zuungunsten des Verurteilten möglich sein soll. Dies überzeugt nicht, vielmehr liegt hierin ein nicht zu rechtfertigender Paradigmenwechsel, der richtiger und verbreiteter Ansicht nach in Deutschland bereits im Widerspruch zu Art. 103 Abs. 3 GG steht (so überzeugend z.B. *Ruhs* ZRP 2021, 88 mwN). 16

EU-Grundrechtecharta und Schengener Durchführungsübereinkommen

Art. 50 Recht, wegen derselben Straftat nicht zweimal strafrechtlich verfolgt oder bestraft zu werden

Niemand darf wegen einer Straftat, derentwegen er bereits in der Union nach dem Gesetz rechtskräftig verurteilt oder freigesprochen worden ist, in einem Strafverfahren erneut verfolgt oder bestraft werden.

Art. 54 Verbot der Doppelbestrafung

Wer durch eine Vertragspartei rechtskräftig abgeurteilt worden ist, darf durch eine andere Vertragspartei wegen derselben Tat nicht verfolgt werden, vorausgesetzt, dass im Fall einer Verurteilung die Sanktion bereits vollstreckt worden ist, gerade vollstreckt wird oder nach dem Recht des Urteilsstaats nicht mehr vollstreckt werden kann.

Übersicht Rdn.

1 **A. Grundsätzliches. I. Bedeutung der Vorschriften.** Art. 50 GRCh entstammt der Europäischen Grundrechtecharta, die seit dem Inkrafttreten des Vertrags von Lissabon am 01.12.2009 rechtlich verbindliches Primärrecht der EU darstellt (vgl. Art. 6 Abs. 1 EUV). Demgegenüber ist Art. 54 SDÜ im Schengener Durchführungsübereinkommen enthalten, das 1990 als völkerrechtliches Übereinkommen zwischen fünf EU-Mitgliedstaaten (darunter Deutschland) geschlossen und schließlich durch den Vertrag von Amsterdam mit Wirkung zum 01.05.1999 in das Recht der EU überführt wurde. Art. 50 GRCh und Art. 54 SDÜ bestimmen die Geltung des Ne-bis-in-idem-Grundsatzes **auf zwischenstaatlicher Ebene in der EU (horizontales ne-bis-in-idem**; zur Einbeziehung des internen Doppelbestrafungsverbots in den Schutzbereich des Art. 50 GRCh s. nur Callies/Ruffert/*Blanke* Art. 50 GRCh Rn. 1). Anders als es die amtliche Überschrift des 3. Kap. des SDÜ vermuten lässt (krit. bereits Schomburg/Lagodny/Gleß/Hackner/*Schomburg* IRhSt, Art. 54 SDÜ Rn. 10; *ders.* StV 1997, 383 [384]), schließen die Vorschriften nicht nur eine **mehrmalige Bestrafung**, sondern bereits die **nochmalige Verfolgung** aus. Die v.a. für das Kartellrecht höchst bedeutsame Frage nach der Zulässigkeit einer mehrfachen Sanktionierung durch europäische und nationale Behörden (**vertikales ne-bis-in-idem**) hatte der EuGH ursprünglich unter Hinweis auf das unterschiedliche Sachrecht bejaht (EuGH Slg. 1969, 1, Rn. 11 – Walt Wilhelm./. Bundeskartellamt; vgl. auch EuGH Slg. 2007, I-3921 – SGL Carbon: Zulässigkeit doppelter Bebußung durch die Kommission und US-amerikanische Kartellbehörden; s. zur Bindungswirkung der Charta auch EuGH NJW 2013, 1415 – Åkerberg Fransson hinsichtlich des Mehrwertsteuerrechts; dazu auch *Bucher* ZEuS 2016, 203 ff.). Ein Abrücken von dieser Rspr. wird allerdings nicht nur in der Entscheidung Aalborg Portland u.a. (EuGH Slg. 2004, I-123) und den diesen vorausgehenden Ausführungen von Generalanwalt Colomer (EuGH Slg. 2004, I-230, Rn. 256 ff.) gesehen (*Böse* EWS 2007, 202 [203] m.w.N.). Ihr dürfte auch durch die Reform des europäischen Kartellrechts (s. VO [EG] 1/2003; ABl. 2003 L 1/1) der Boden entzogen worden sein, da seitdem die Kommission und die nationalen Kartellbehörden ein European Competition Network (ECN) bilden und (weitestgehend) identisches Wettbewerbsrecht anwenden. Deshalb muss auch insoweit der Ne-bis-in-idem-Grundsatz eingreifen (s. ausführlich *Th. Streinz* JURA 2009, 412 ff.; *Klees* WuW 2006, 1226; *Soltész/Marquier* EuZW 2006, 102 ff.; *Kruck* Der Grundsatz ne bis in idem, S. 257 ff.). Nachdem der Vertrag von Lissabon richtiger Ansicht zufolge der Union nunmehr auch (punktuell) die Kompetenz zur Schaffung supranationalen Strafrechts verleiht (*Satzger* IntEuStrR, § 8 Rn. 18 ff.), dürfte in Zukunft insoweit Entsprechendes auch für das

Verhältnis zwischen einer Strafverfolgung auf »europäischer« und nationaler Ebene gelten (vgl. auch Meyer/*Eser* Charta der Grundrechte, Rn. 16a).

II. Anwendungsbereich und Einschränkungen gem. Art. 55 SDÜ. Der **persönliche Anwendungsbereich** der Vorschriften beschränkt sich nicht auf Unionsbürger; sie gelten vielmehr für alle in der Union vor Gericht stehenden Personen. Ebenso wenig greift der Ne-bis-in-idem-Grundsatz lediglich zugunsten natürlicher Personen ein. Ne bis in idem soll die Freizügigkeitsrechte (nach Verurteilung in einem Staat) garantieren; die Freizügigkeitsrechte stehen aber nicht nur natürlichen Personen zu. Deshalb hat Art. 54 SDÜ auch Bedeutung für Strafverfahren gegen Unternehmen. Dies gilt auch dann, wenn gegen ein Unternehmen als Drittbeteiligten gewinnabschöpfende Maßnahmen betrieben werden sollen. So erwog bspw. das LG Darmstadt (Urt. v. 14.05.2007 – 712 Js 5213/04–9 KLs, Rn. 168 ff. [WKRS 2007, 49782]) die Anwendung von Art. 54 SDÜ zugunsten eines Unternehmens, gegen das in Italien Abschöpfungsmaßnahmen ergriffen worden waren und gegen das nunmehr der Verfall angeordnet werden sollte (dazu *Rönnau* FS Volk, S. 583 ff.; *Rübenstahl/Schilling* HRRS 2008, 492 ff.; *Schuster/Rübenstahl* wistra 2008, 201 f.; s. ferner zur Ne-bis-in-idem-Problematik bei Sanktionen gegen Unternehmen *Kappel/Ehling* BB 2011, 2115 ff., v.a. zur Frage, ob Art. 54 SDÜ auch für Unternehmen gilt). 2

In **zeitlicher Hinsicht** hängt die Anwendbarkeit von Art. 50 GRCh/Art. 54 SDÜ nicht davon ab, ob die beiden Vorschriften im Erstverfolgerstaat zum Zeitpunkt der Erstentscheidung in Kraft waren, sondern einzig davon, ob sie zum Zeitpunkt der zweiten Entscheidung im Erst- und Zweitverfolgerstaat Geltung beanspruchen (EuGH Slg. 2006, I-2333, Rn. 18 ff. – Van Esbroeck; BGH NJW 2014, 1025 [1026], Rn. 9; OLG Saarbrücken StV 1997, 359). Auch ist es unerheblich, ob das SDÜ bzw. die GRCh im Tatortstaat Geltung beansprucht (EuGH Slg. 2008, I-9425, Rn. 29 – Bourquain). 3

Der **räumliche Geltungsbereich** der beiden Vorschriften ist nicht identisch: Seit der Überführung des SDÜ in die (ehemalige) dritte Säule der Union durch das Protokoll zur Einbeziehung des Schengen-Besitzstandes in den Rahmen der EU (ABl. 1997 C 340/93) gelten die Art. 54 ff. SDÜ für alle EU-Mitgliedstaaten, daneben außerdem für die assoziierten Staaten Island, Norwegen, Schweiz und Liechtenstein (*Ambos* Int. Strafrecht § 9 Rn. 34; vgl. dazu auch *Hackner* NStZ 2011, 425 f.; zur Anwendbarkeit auf Auslieferungen an Drittstaaten vgl. zudem OLG Frankfurt a. M. NStZ-RR 2020, 288). Dagegen ist die Grundrechtecharta in den assoziierten Staaten des SDÜ nicht, sowie in Polen nur teilweise (s. Protokoll Nr. 30 zum Vertrag von Lissabon, ABl. 2007 C 306/156 ff.) verbindlich. 4

Der Anwendungsbereich des Verbots der Doppelbestrafung wird durch die **Ausnahmen hiervon gem. Art. 55 SDÜ** nicht unerheblich eingeschränkt. Die Vorschrift gestattete es bei der Annahme, Ratifikation oder Genehmigung zu erklären, dass das Verbot der Doppelbestrafung gem. Art. 54 SDÜ in bestimmten Fällen nicht gelten soll. Diese Möglichkeit bestand allerdings nur bis zur Übernahme des SDÜ in den Rechtsrahmen der Union (*Anagnostopoulos* FS Hassemer, S. 1121 [1127] m.w.N.; zur Weitergeltung solcher Vorbehalte sowie des Art. 55 insgesamt auch nach Inkrafttreten des Art. 50 GRCh, s. Rdn. 16). Deutschland hat von dieser Möglichkeit – zumindest teilweise – Gebrauch gemacht (BGBl. 1994 II, S. 631): 5

- Danach bewirkt eine Aburteilung in einem anderen Mitgliedstaat keinen Strafklageverbrauch, wenn die Tat *ganz oder teilweise* auf deutschem Hoheitsgebiet begangen worden ist, vgl. **Art. 55 Abs. 1 lit. a SDÜ**. Eine wichtige Gegenausnahme begründet allerdings der 2. Halbs., wonach ein Strafklageverbrauch doch eintritt, wenn auch der Staat der ersten Aburteilung einen territorialen Bezug zu der Tat hat. Auf Basis des weit verstandenen Territorialitätsprinzips wird die Jurisdiktion des Erstverfolgerstaats aber häufig ihren Grund darin haben, dass dieser (bei grenzüberschreitenden Taten) *zumindest einen Tatort* auf seinem Staatsgebiet bejaht. Auch wenn die Bundesrepublik diese Gegenausnahme in ihre Vorbehaltserklärung nicht explizit aufgenommen hat, ist davon auszugehen, dass sich Deutschland den europarechtlichen Begrenzungen nicht entziehen wollte (s. auch BeckOK-StPO/*Inhofer* SDÜ, Art. 55 Rn. 3). Überdies wird man eine Vorbehaltserklärung rechtlich nur im Rahmen des durch Art. 55 Abs. 1 lit. a SDÜ geschaffenen Freiraums anerkennen können. Die Gegenausnahme des 2. Halbs. gilt somit auch für die Bundesrepublik, was auch der Sichtweise der deutschen Gerichte entspricht (BGH NStZ 2001, 557 [558]; NStZ-RR 2007, 179).
- Ferner hat die Bundesrepublik eine Liste von Delikten aufgestellt, die sie als »gegen die Sicherheit des Staates oder andere gleichermaßen wesentliche Interessen [...] gerichtete Straftat[en]« erachtet, **Art. 55 Abs. 1 lit. b SDÜ**. Die aufgeführten Tatbestände gehen über die klassischen Staatsschutzdelikte der §§ 80, 80a, 81–83, 84–90b, 94–100a, 109–109k StGB deutlich hinaus und umfassen u.a. auch Straftaten nach §§ 129 und 129a StGB sowie nach dem Außenwirtschafts- und Kriegswaffenkontrollgesetz. Damit reichen die Ausnahmen deutlich weiter, als es erforderlich wäre, insb. weil sie nicht darauf abstellen, inwieweit die erste Aburteilung das besondere Strafverfolgungsinteresse Deutschlands bereits berücksichtigt (s. hierzu

und insgesamt zur Auslegung und Problematik des Art. 55 SDÜ *F. Zimmermann* Strafgewaltkonflikte in der Europäischen Union, S. 267 ff., 278 ff.).
- Von der Möglichkeit, auch Straftaten dem Anwendungsbereich des Art. 54 SDÜ zu entziehen, die ein Bediensteter unter Verletzung seiner Amtspflichten begeht (**Art. 55 Abs. 1 lit. c SDÜ**), hat Deutschland jedoch keinen Gebrauch gemacht.

Soweit nach dem Gesagten die Ausnahmen gem. Art. 55 Abs. 1 SDÜ greifen und eine zweite Aburteilung durch deutsche Gerichte möglich ist, muss eine bereits erlittene Strafe gem. § 51 Abs. 3 und 4 StGB angerechnet werden, vgl. Art. 56 SDÜ.

6 **III. Die Notwendigkeit eines zwischenstaatlichen ne-bis-in-idem in der EU.** Das Verbot der Doppelbestrafung gilt jedenfalls in Deutschland (zur Rechtslage in anderen europäischen Staaten s. *Mansdörfer* Das Prinzip des ne bis in idem, S. 57 ff.) gem. Art. 103 Abs. 3 GG nur rechtsordnungsintern, sodass nur Entscheidungen inländischer (nicht aber ausländischer oder supranationaler) Instanzen einen Strafklageverbrauch bewirken (BVerfGE 12, 62 [66]; 75, 1 [18 ff.]; s. auch Einl. StPO Rdn. 100 f. und *Schramm* Internationales Strafrecht, Kap. 4 Rn. 25). Ebenfalls einen lediglich innerstaatlichen Geltungsbereich des Ne-bis-in-idem-Grundsatzes fordern **Art. 14 Abs. 7 IPBPR** sowie Art. 4 des ohnehin nicht von allen EU-Mitgliedstaaten unterzeichneten bzw. ratifizierten 7. **Zusatzprotokolls zur EMRK**, der eine erneute Verfolgung oder Bestrafung »in einem Strafverfahren desselben Staates« verbietet.

7 Die praktische Notwendigkeit einer zwischenstaatlichen Ausgestaltung des Ne-bis-in-idem-Prinzips zumindest auf europäischer Ebene (für eine Anerkennung als internationales Menschenrecht der XVI. AIDP-Kongress, s. *Vogel* ZStW 110 [1998], 973 ff.) lässt sich heute kaum mehr bestreiten. Die Internationalisierung der Kriminalität wie ihrer Bekämpfung bringt ein stark erhöhtes Risiko mit sich, in mehreren Staaten wegen derselben Tat strafrechtlich verfolgt zu werden. Hinzu kommt eine immer weitere Ausdehnung der nationalen Strafgewalten, die teils gerade von EU-Rechtsakten gefordert wird (für Deutschland etwa nachzuvollziehen am Beispiel des § 6 Nr. 8 StGB), aber auch zwangsläufig mehr als einen nationalen Strafanspruch auslösen. Solange jeder Mitgliedstaat über ein eigenes Strafanwendungsrecht verfügt und keine eindeutige Zuständigkeitsverteilung für die Durchführung von Strafverfahren in Europa aufgestellt wird (s. den Lösungsvorschlag bei *F. Zimmermann* Strafgewaltkonflikte in der Europäischen Union, S. 369 ff.; s. auch *Böse/Meyer/Schneider* Conflicts of Jurisdiction in Criminal Matters in the European Union Volume 2, S. 381 ff.), ist die Gefahr einer Doppelbestrafung also in den Harmonisierungsaktivitäten des Unionsgesetzgebers von vornherein angelegt (*Satzger* IntEuStrR, § 10 Rn. 54). Gerade weil die (auch nur latente) Möglichkeit einer Mehrfachverfolgung innerhalb der Union in krassem **Widerspruch zu den unionsrechtlichen Grundfreiheiten** (s. *Heger* HRRS 2008, 413 [414 f.]) wie auch **zu elementaren Justizgrundrechten** steht, die in einem einheitlichen Strafrechtsraum geachtet werden müssen (*F. Zimmermann* Strafgewaltkonflikte in der Europäischen Union, S. 214 ff., 222 ff.), bleibt neben der Geltung des Ne-bis-in-idem-Grundsatzes auch eine strafanwendungsrechtliche Lösung zur Vermeidung von Strafgewaltkonkurrenzen wünschenswert (s. auch *Anagnostopoulos* FS Hassemer, S. 1121 [1137 ff.]). Einen zumindest ersten – wenngleich zu schwachen – Ansatz stellt der EU-Rahmenbeschluss zur Vermeidung von Kompetenzkonflikten (ABl. 2009 Nr. L 328/42) dar (krit. hierzu auch *Anagnostopoulos* FS Hassemer, S. 1121 [1139 f.]; *F. Zimmermann* Strafgewaltkonflikte in der Europäischen Union, S. 310 ff.; vgl. dazu ferner *Hecker* ZIS 2011, 60 ff. sowie *Böse/Meyer* ZIS 2011, 336 ff. allgemein zur Frage der Beschränkung nationaler Strafgewalten; Sieber/Brüner/Satzger/von Heintschel-Heinegg-EuStrR/*Sieber* 2. Aufl. 2014, Einf. Rn. 223 ff. und Sieber/Brüner/Satzger/von Heintschel-Heinegg-EuStrR/*Eser* 2. Aufl. 2014, § 36 insb. Rn. 70 ff.).

8 **Im Ergebnis** kommt dem zwischenstaatlichen ne-bis-in-idem somit neben einer **objektiven**, auf die Vermeidung völkerrechtlicher Implikationen und der Ressourcenverschwendung durch mehrfach durchgeführte Ermittlungen angelegten Aufgabe (dazu *Böse* GA 2003, 744 [750 ff.]; *ders.* EWS 2007, 202 [205]; *Hecker* Eur. Strafrecht § 13 Rn. 6) v.a. eine **individualschützende Funktion** zu.

9 Auf internationaler Ebene waren zunächst das bereits im Jahr 1970 i.R.d. Europarats entstandene Europäische Übereinkommen über die internationale Geltung von Strafurteilen (ETS Nr. 70) sowie das 1987 geschlossene (und mit Art. 54 bis 58 SDÜ weitgehend übereinstimmende) Übereinkommen zwischen den Mitgliedstaaten der Europäischen Gemeinschaften über das Verbot der doppelten Strafverfolgung (EG Ne-bis-in-idem-Übereinkommen, BGBl. II 1998, S. 2227 f.) am mangelnden Ratifizierungswillen der (meisten) europäischen Staaten gescheitert. Erst Art. 54 SDÜ v. 19.06.1990 (in Kraft getreten am 26.03.1995; deutsches Zustimmungsgesetz in BGBl. II 1993, S. 1010) brachte den Durchbruch für ein zwischenstaatliches ne-bis-in-idem und stellt zudem einen der wenigen beschuldigtenfreundlichen Anwendungsfälle des Prinzips der gegenseitigen Anerkennung justizieller Entscheidungen in Strafsachen zwischen den EU-Mitgliedstaaten

dar (*Gleß* ZStW 116 [2004], 352 [362 ff.]; *Satzger* FS Roxin II, S. 1515 [1520]; vgl. dazu auch *Safferling* Internationales Strafrecht, § 12 Rn. 77 ff.).

Allerdings gilt **Art. 54 SDÜ** heute lediglich im Rang europäischen **Sekundärrechts** (*Burchard/Brodowski* StraFo 2010, 179 ff.; *Radtke/Busch* NStZ 2003, 285; *Satzger* IntEuStrR, § 10 Rn. 56, 57a; vgl. auch EuGH Slg. 2003, I-1345, Rn. 3 ff. – Gözütok/Brügge). Demgegenüber gehört **Art. 50 GRCh** seit dem Inkrafttreten des Vertrags von Lissabon (zum 01.12.2009) gem. Art. 6 Abs. 1 Hs. 2 EUV zum **Primärrecht.** In Form eines Justizgrundrechts wird durch ihn ein zwischenstaatliches Doppelbestrafungsverbot statuiert. 10

IV. Verhältnis von Art. 54 SDÜ zu Art. 50 GRCh. Art. 54 SDÜ und Art. 50 GRCh gelten grds. nebeneinander. Dies ist keine Selbstverständlichkeit. Die GRCh gilt zwar gem. Art. 51 Abs. 1 GRCh für die Organe der Mitgliedstaaten nur »bei der Durchführung des Rechts der Union«, was aber im Anwendungsbereich des zwischenstaatlichen ne-bis-in-idem wegen des Zusammenhangs mit dem Prinzip der gegenseitigen Anerkennung der Fall ist (ausführlich *Burchard/Brodowski* StraFo 2010, 179 [181 f.]; *Satzger* IntEuStrR, § 10 Rn. 56). Art. 54 SDÜ bleibt seinerseits auch nach Inkrafttreten der Charta geltendes Recht (s. Art. 9 Protokoll Nr. 36 über die Übergangsbestimmungen, ABl. 2008 C 115/322). 11

Allerdings **unterscheiden** sich die beiden Vorschriften nicht nur in ihrem räumlichen Anwendungsbereich (s.o. Rdn. 4). Auffällig ist daneben, dass in Art. 50 GRCh das in Art. 54 Hs. 2 SDÜ vorausgesetzte **Vollstreckungselement** fehlt. Auch die **Einschränkungen gem. Art. 55 SDÜ** finden in der GRCh keine Entsprechung. 12

Dies erklärt, warum heftig diskutiert wurde, in welchem Verhältnis die beiden Vorschriften zueinander stehen. Der EuGH hat die Frage im Wesentlichen (s. aber Rdn. 16) dahin gehend beantwortet, dass **Art. 54 SDÜ weiterhin anzuwenden** und damit das Vollstreckungselement zu beachten ist (EuGH, Urt. v. 27.05.2014, Rs. C-129/14 PPU, Rn. 54 ff. – Spasic m. abl. Anm. *Meyer* HRRS 2014, 269 ff.; *Gaede* NJW 2014, 2990 ff.; *Böse* in: Hochmayr [Hrsg.], »Ne bis in idem« in Europa, S. 171 ff.; *Zöller* GA 2016, 325 [332 ff.]; positiver hingegen *Eckstein* JR 2015, 421 [428]; *Pauckstadt-Maihold* FS v. Heintschel-Heinegg, S. 359 [362]; vgl. zum Ganzen auch *Duesberg* ZIS 2017, 66 ff.). Diese Sichtweise des EuGH verdient Zustimmung: Entgegen einer schon zuvor im Schrifttum anzutreffenden Auffassung (*Anagnostopoulos* FS Hassemer, S. 1121 [1137]; *Heger* ZIS 2009, 408; *ders.* HRRS 2008, 413 [415]; *Riechling* StV 2010, 237; *Hackner* NStZ 2011, 425 [429]; *Zöller* FS Krey, S. 501 [519 f.]) ist nämlich eine Konkretisierung von Art. 50 GRCh durch Art. 54 SDÜ – und damit die **Beibehaltung des Vollstreckungselements** – zulässig. Wie sich aus Art. 52 Abs. 1 GRCh ergibt, der gleichsam die »Schranken-Schranken« (v.a. Wesensgehaltsgarantie, Verhältnismäßigkeit) für Eingriffe in den Schutzbereich aller Grundrechte formuliert, ist Art. 50 GRCh als justizielles Grundrecht einer (auch einschränkenden) Konkretisierung durch sekundärrechtliche Regelungen zugänglich. Art. 54 SDÜ fungiert mit seinem zusätzlichen Vollstreckungselement als eine derartige »Schrankenbestimmung« zu Art. 50 GRCh (s. EuGH, Urt. v. 27.05.2014, Rs. C-129/14 PPU, Rn. 55 ff. – Spasic; so bereits *Hecker* Eur. Strafrecht § 13 Rn. 69; *Satzger* IntEuStrR, § 10 Rn. 57b; *ders.* FS Roxin II, S. 1515 [1524]; *Esser* EuIntStrR, § 7 Rn. 43; grundlegend *Burchard/Brodowski* StraFo 2010, 179 [180 ff.]; s. hierzu den Beschl. des BVerfG v. 15.12.2011 – 2 BvR 148/11; eine »funktionale Betrachtung« vertritt – allerdings ohne hinreichende rechtliche Fundierung – *Safferling* Internationales Strafrecht, § 12 Rn. 84 f.; vermittelnd *Duesberg* ZIS 2017, 66 [69 ff.]). Bestätigt wird dieser Befund von den amtlichen Erläuterungen zu Art. 50 GRCh (ABl. 2007 C 303/31), die ebenfalls davon ausgehen, dass die durch Art. 54 bis 58 SDÜ bewirkten Einschränkungen des Ne-bis-in-idem-Grundsatzes von Art. 52 Abs. 1 GRCh abgedeckt werden (darauf abstellend EuGH, Urt. v. 27.05.2014, Rs. C-129/14 PPU, Rn. 54 – Spasic). Schließlich macht das Festhalten am Vollstreckungselement auch teleologisch zumindest so lange Sinn, wie ein einheitlicher europäischer (Straf-) Rechtsraum mit der Abstimmung der einzelnen Anerkennungsinstrumente (noch) nicht erreicht ist (so richtig EuGH, Urt. v. 27.05.2014, Rs. C-129/14 PPU, Rn. 65 ff. – Spasic; vgl. bereits *Satzger* FS Roxin II, S. 1515 [1522, 1532]). 13

Die Frage nach der Fortgeltung des Vollstreckungserfordernisses in Art. 54 SDÜ hat insb. in Deutschland ungeahnte Praxisrelevanz erlangt. So hatten sich in jüngerer Vergangenheit deutsche Gerichte wiederholt mit Morden ehemaliger SS- bzw. Wehrmachtsangehöriger während des Zweiten Weltkriegs zu befassen (BGHSt 56, 11; BGH, Beschl. v. 01.12.2010, 2 StR 420/10; vorausgehend LG Aachen StV 2010, 237 m.Anm. *Burchard/Brodowski* StraFo 2010, 180 f.; vgl. auch LG München I, Urt. v. 11.08.2009). In beiden Fällen waren die Täter hierfür nach Kriegsende im jeweiligen Tatortstaat verurteilt worden, hatten sich jedoch durch Flucht der Bestrafung entzogen. Die deutschen Gerichte verneinten jeweils – im Ergebnis zutreffend (Rdn. 13) – einen grenzüberschreitenden Strafklageverbrauch gem. Art. 54 SDÜ aufgrund des nicht vorliegenden Vollstreckungselements. Sie nahmen damit die inzwischen auch vom EuGH eingenommene Position vorweg. 14

Festzuhalten bleibt freilich, dass die Gerichte zu Unrecht eine Vorlage an den EuGH zur Klärung dieser Auslegungsfrage versäumt haben. Zumindest der BGH wäre hierzu gem. Art. 267 Abs. 3 AEUV verpflichtet gewesen (s.u. Rdn. 43; das BVerfG sah zumindest die Schwelle zur Willkür und damit zu einer Verletzung 15 des Art. 101 Abs. 1 Satz 2 GG noch nicht als überschritten an, NJW 2012, 1202 [1203]). Wie nicht zuletzt die zwischenzeitlich ergangene Entscheidung der Großen Kammer des EuGH in der Rs. Spasic zeigt, war die Berufung des BGH auf die »Klarheit der Rechtslage« und damit auf die sog. »acte-clair-Doktrin« verfehlt, da deren enge Voraussetzungen (s. *Streinz* Europarecht, Rn. 639) angesichts der völligen Neuheit dieser Frage und der heftigen wissenschaftlichen Diskussion nicht vorlagen (ausführlich zur Verletzung der Vorlagepflicht *Satzger* FS v. Heintschel-Heinegg, S. 387 ff.; sowie *ders.* FS Roxin II, S. 1515 [1525 f.]).

16 Eine andere – durch den EuGH in der Rs. Spasic allerdings nicht geklärte – Frage ist, ob die in **Art. 55 SDÜ vorgesehenen Vorbehalte** (s. dazu Rdn. 5) weiterhin Geltung beanspruchen (die diesbezügliche Vorlagefrage des OLG Hamburg hat der EuGH in der Rs. Kossowski offengelassen, vgl. NJW 2016, 2939, Rn. 30, 55; Generalanwalt *Bot* ging in seinen Schlussanträgen zur Rs. Kossowski von einer Ungültigkeit des Vorbehalts aus, BeckRS 2015, 82067, Rn. 32 ff.). Dem steht nach dem in Rdn. 13 Gesagten jedenfalls nicht das Fehlen einer Vorbehaltsmöglichkeit in Art. 50 GRCh entgegen. Schon vor Inkrafttreten der GRCh gingen außerdem – entgegen teils vertretener Ansicht (*Hecker* Eur. Strafrecht § 13 Rn. 66 f.; *Anagnostopoulos* FS Hassemer, S. 1121 [1127 f.]) – sowohl die Kommission (s. Grünbuch über Kompetenzkonflikte und den Grundsatz ne-bis-in-idem, KOM [2005] 696 endg.) als auch Generalanwältin *Sharpston* (Schlussanträge v. 05.12.2006, Rs. C-367/05, Rn. 63, 65 – Kraaijenbrink) von der Weitergeltung der Vorbehalte auch nach der Übernahme des Schengen-Acquis in den Besitzstand der Union aus (ebenso *Böse* EWS 2007, 202 [208 m. Fn. 70]; *F. Zimmermann* Strafgewaltkonflikte in der Europäischen Union, S. 268; *Liebau* »Ne bis in idem« in Europa, S. 127 m.w.N.), sodass auch eine künftige, auf dieser Linie liegende Judikatur durchaus möglich erscheint.

17 **B. Erläuterungen. I. Grundprobleme der Auslegung.** Die Auslegung des somit nach wie vor maßgeblichen Art. 54 SDÜ bereitet(e) in der Praxis schon aufgrund der unterschiedlichen Sprachfassungen (*Schomburg* StV 1997, 383 [384]: »Terminologielosigkeit«) und der Verschiedenartigkeit der strafprozessualen Systeme enorme Schwierigkeiten. Das SDÜ hatte drei authentische Sprachfassungen (Deutsch, Französisch, Niederländisch). Seit der Überführung des Schengen-Besitzstands in das Recht der EU (s. Rdn. 1) sind nach allgemeinen unionsrechtlichen Grundsätzen (s. nur EuGH Slg. 1996, I-5105 – Lubella; zur Anwendbarkeit auf das SDÜ ausführlich *Thym* NStZ 2003, 334 [335]) **die Sprachfassungen sämtlicher Mitgliedstaaten gleichermaßen verbindlich** und bei der Auslegung zu beachten (so auch BGH NStZ 1998, 149 [151]; *Hecker* Eur. Strafrecht § 13 Rn. 30; *ders.* StV 2001, 306; *Vogel/Norouzi* JuS 2003, 1061; *Hackner* NStZ 2011, 425 [426]). Anfangs oblag die Auslegung des Art. 54 SDÜ auch allein den nationalen Gerichten, was zu einer stark divergierenden, inhaltlich teils wenig überzeugenden Entscheidungspraxis führte (Beispiele bei *Satzger* IntEuStrR, § 10 Rn. 58). Die jetzige Auslegungspraxis des EuGH (s. hierzu *F. Zimmermann* Strafgewaltkonflikte in der Europäischen Union, S. 257 ff.; *Mertens* NStZ-RR 2010, 265; s. auch *Anagnostopoulos* FS Hassemer, S. 1121 [1123 ff.]; *Satzger* FS Roxin II, S. 1515 [1526 ff.]) erlangt daher besondere Bedeutung. Ein offensiver Umgang der nationalen Gerichte mit ihren Vorlagemöglichkeiten (s. Rdn. 43) ist daher grds. wünschenswert, steht jedoch im immanenten Spannungsverhältnis zum Beschleunigungsgebot (s. Art. 6 EMRK Rdn. 87 ff.). Die Einführung eines Eilvorabentscheidungsverfahrens für Vorabentscheidungsersuchen, die den Raum der Freiheit, der Sicherheit und des Rechts betreffen (s. § 23a Satzung EuGH i.V.m. Art. 107 ff. VerfO EuGH; dazu *Hackspiel* in: von der Groeben/Schwarze/Hatje, Europäisches Unionsrecht, 2015, Art. 23a Satzung EuGH Rn. 1 ff.), ist zu begrüßen; darüber hinaus ist aber die Einrichtung eines gesonderten, auf spezifisch strafrechtliche Fragen spezialisierten Spruchkörpers beim EuGH zu befürworten (so die Forderung von *Hecker* Eur. Strafrecht § 13 Rn. 22; *Lagodny* NStZ 2006, 109 f.; *Schomburg* NJW 2000, 340 [341]; 1833 [1839]; *ders.* EuGRZ 2000, 101 [118]).

18 **II. Rechtskräftige Aburteilung wegen einer Straftat. 1. Das Merkmal der Aburteilung.** Der (deutsche) Wortlaut scheint zunächst das **Erfordernis eines Urteils**, zumindest aber einer gerichtlichen Entscheidung im ersten Verfolgerstaat aufzustellen (»abgeurteilt« in Art 54 SDÜ, ähnlich »verurteilt« in Art. 50 GRCh; so BGH NStZ 1998, 149 [151 f.] m.Anm. *v.d. Wyngaert/Lagodny*; BayObLG StV 2001, 263; *Stein* Zum europäischen ne bis in idem, S. 468 ff.; *Vogel* FS Schroeder, S. 877 [888]; OLG Hamburg wistra 1996, 193 [195]; offengelassen von BGH NJW 1999, 3124 m.Anm. *Bohnert/Lagodny* NStZ 2000, 636; *Hackner* NStZ 2011, 425 [428 f.]). Angesichts der europaweiten Verbreitung außergerichtlicher Erledigungsakte für strafrechtliche Verfahren würde eine Beschränkung auf formell-judizielle Entscheidungen den Ne-bis-in-idem-Grundsatz freilich stark in seiner Wirksamkeit beschneiden (*Hecker* Eur. Strafrecht § 13 Rn. 33; *Lagodny* NStZ 1997, 265 [266]; *Radtke/Busch* NStZ 2003, 284).

19 Vor diesem Hintergrund überzeugt jedenfalls im Grundsatz die **tendenziell beschuldigtenfreundliche weite Auslegung** des EuGH. So erachtete der Gerichtshof in seinem »Meilenstein-Urteil« (*Anagnostopoulos* FS Hassemer, S. 1121 [1123]) in der Rs. Gözütok/Brügge (EuGH Slg. 2003, I-1345, Rn. 31; dazu *Kudlich* JA 2004, 193; *Vogel/Norouzi* JuS 2003, 1059; *Kühne* JZ 2003, 305; *Stein* NJW 2003, 1162; *dies.* Zum europäi-

schen ne bis in idem, S. 75 f.; *Radtke/Busch* NStZ 2003, 281; *Thym* NStZ 2003, 334; *Mansdörfer* StV 2003, 313; Vorlagebeschluss: OLG Köln NStZ 2001, 558) die Umstände, dass die Entscheidung ohne richterliche Mitwirkung und nicht in Form eines Urteils erging, lediglich als »verfahrensrechtliche und formale Gesichtspunkte« (krit. *Stein* NJW 2003, 1163). Demgegenüber betonte der Gerichtshof die Bedeutung des Ne-bis-in-idem-Grundsatzes für die Schaffung eines »Raums der Freiheit, der Sicherheit und des Rechts«, in dem der freie Personenverkehr zu gewährleisten sei (s. auch EuGH NJW 2016, 2939, Rn. 44 ff. – Kossowski). Damit eine Aburteilung i.S.d. Art. 54 SDÜ vorliegt, muss es sich bei der Erstentscheidung folglich nur um eine verfahrensbeendende Entscheidung einer zur Mitwirkung an der Strafrechtspflege berufenen Behörde – nicht notwendigerweise eines Gerichts! – handeln (EuGH Slg. 2003, I-1345, Rn. 28 – Gözütok/Brügge; zusf. zu den weiteren Anforderungen an eine »rechtskräftige Aburteilung« bei nicht-richterlichen Einstellungsverfügungen *Vogel/Norouzi* JuS 2003, 1059 [1061], zu abweichenden Konzeptionen zusf. *Ambos* Int. Strafrecht § 10 Rn. 174 m.w.N.).

20 Dementsprechend hat der Gerichtshof zumindest einer **staatsanwaltlichen Verfahrenseinstellung** strafklageverbrauchende Wirkung beigemessen, durch die »das dem Beschuldigten vorgeworfene unerlaubte Verhalten **geahndet** wird«, im konkreten Fall nach Zahlung eines Geldbetrages einer niederländischen »transactie« sowie einer Einstellung nach § 153a StPO (EuGH Slg. 2003, I-1345, Rn. 28 ff. – Gözütok/Brügge; zust. *Hecker* Eur. Strafrecht § 13 Rn. 30; abl. *Ambos* Int. Strafrecht § 10 Rn. 180; *Radtke/Busch* NStZ 2003, 283; hinsichtlich einer »transactie« nach belgischem Recht bereits zuvor für Strafklageverbrauch LG Hamburg wistra 1995, 358; 1996, 359; a.A. OLG Hamburg wistra 1996, 193; offengelassen von BGH StV 1999, 244 m. zust. Anm. *Schomburg*; dazu auch *Hecker* JA 2000, 15; s. auch jüngst zu einem Einstellungsbeschluss der polnischen StA EuGH NJW 2016, 2939, Rn. 38 f. – Kossowski). Ein Element der Ahndung lässt sich freilich nicht zwingend nur bei der Zahlung eines Geldbetrags bejahen, sondern bspw. auch bei andersartigen Auflagen und Weisungen i.S.d. § 153a StPO, ebenso wie im Fall der Berücksichtigung ausgeschiedener Taten nach § 154 StPO i.R.d. Strafzumessung (dazu § 154 StPO Rdn. 19); allerdings ist für den Eintritt eines Strafklageverbrauchs dann stets noch zu prüfen, ob diese Entscheidung in Rechtskraft i.S.d. Art. 54 SDÜ erwachsen ist (dazu Rdn. 25 ff.).

21 Da Art. 54 SDÜ von »Aburteilung«, nicht aber von »Verurteilung« spricht, kommt es nicht darauf an, ob durch die Entscheidung die Begehung der dem Beschuldigten angelasteten Tat festgestellt wird. Vielmehr bewirkt insb. auch ein **Freispruch** einen Strafklageverbrauch, und zwar unabhängig davon, ob er aus rechtlichen oder aus tatsächlichen Gründen erfolgt (EuGH Slg. 2006, I-9327, Rn. 54 ff. – van Straaten m.Anm. *Kühne* JZ 2007, 247; dazu auch *Mitsilegas* EU Criminal Law, S. 146 ff.; EuGH Slg. 2006, I-9245, Rn. 24 ff. – Gasparini; BGHSt 46, 307 [309]; BGH NStZ 1999, 579 [580]; NStZ-RR 2007, 179). Inwieweit dies auch für nicht-gerichtliche Entscheidungen gilt, die einem richterlichen Freispruch ähneln, hat der EuGH bislang nur in sehr begrenztem Umfang entschieden. In der Rs. Miraglia (EuGH Slg. 2005, I-2009, Rn. 30) stellte er das Erfordernis einer **sachlichen Würdigung des Falles** auf, sodass eine Verfahrenseinstellung dann keinen Strafklageverbrauch herbeiführen soll, wenn die StA ohne inhaltliche Prüfung des Tatvorwurfs beschlossen habe, die Strafverfolgung nur deshalb nicht fortzusetzen, weil in einem anderen Mitgliedstaat die Strafverfolgung wegen derselben Tat eingeleitet worden sei. Hierüber hinausgehend lässt sich jedenfalls das Erfordernis einer Ahndungswirkung (EuGH Slg. 2003, I-1345, Rn. 29 – Gözütok/Brügge) in diesen Fällen nicht sinnvoll aufrechterhalten (so auch *Hochmayr* in: dies. [Hrsg.] »Ne bis in idem« in Europa, S. 89 [103 f.]); in dieser Konstellation dürfte stattdessen die Frage nach der Rechtskraft der Entscheidung (Rdn. 25 ff.) zusätzlich an Gewicht gewinnen.

22 Ebenso wenig wie auf die Frage nach einem Schuldspruch kommt es darauf an, ob die Erstentscheidung **in Abwesenheit** des Betroffenen erging (EuGH Slg. 2008, I-9425, Rn. 34 ff. – Bourquain; vgl. hierzu auch BGH, NJW 2011, 1014 ff.). Allerdings muss sich die Erstentscheidung stets direkt gegen **dieselbe Person** wie das Nachfolgeverfahren richten, sodass bspw. eine Sanktion gegen eine wirtschaftlich dem Beschuldigten zuzurechnende juristische Person nicht dessen spätere Verfolgung als natürliche Person (wohl aber eine solche des Verbands) ausschließt (so bereits BGH StV 1999, 244 [245 f.]; zu Art. 50 GRCh jetzt auch EuGH Urt. v. 05.04.2017 – C 217/15 u. 350/15, juris, Rn. 17 ff. – Orsi).

23 **2. Die strafrechtliche Natur der Sanktion bzw. des Verfahrens.** Nach den o.g. Grundsätzen muss die Entscheidung zwar in einem Strafverfahren ergehen, jedoch legt der EuGH – wie der EGMR – ein **autonomes, weites Verständnis der Strafe und des Strafverfahrens** zugrunde. Die strafrechtliche Natur prüft der EuGH explizit (s. EuGH, Urt. v. 05.06.2012, Rs. C-489/10, Rn. 36 ff. – Bonda; EuGH, Urt. v. 20.03.2018, Rs. C-537/16, Rn. 28 ff. – Carlsson Real Estate m.Anm. El-Ghazi JZ 2020, 115; EuGH, Urt. v. 20.03.2018, Rs.C-596/16, C-597/16, Rn. 38 – Di Puma und Zecca m.Anm. El-Ghazi JZ 2020, 115) in Anlehnung an die sog. Engel-Kriterien des EGMR (s. dazu Art. 6 EMRK Rdn. 9 ff.; s. auch *Esser* EuIntStrR, § 7 Rn. 24)

anhand der folgenden drei Merkmale: (1) der rechtlichen Einordnung der Zuwiderhandlung im innerstaatlichen Recht, (2) der Art der Zuwiderhandlung und (3) der Art und des Schweregrads der angedrohten Sanktion (speziell zu Steuerzuschlägen vgl. EuGH NJW 2013, 1415, Rn. 32 ff. – Åkerberg Fransson; zuvor bereits EuGH, Urt. v. 05.06.2012, Rs. C-489/10, Rn. 37 – Bonda; s. auch *F. Zimmermann* Strafgewaltkonflikte in der Europäischen Union, S. 272 ff.; zum diesbezüglichen Lösungsansatz des EGMR vgl. Art. 4 des 7. ZP zur EMRK Rdn. 14). Somit ist ein Strafklageverbrauch durchaus auch dann möglich, wenn die (nach deutschem Recht) strafbare Handlung im Erstverfolgerstaat lediglich als Verwaltungsübertretung gehandhabt und die abschließende Entscheidung durch eine Verwaltungsbehörde vorgenommen wird (abw. für ein österreichisches Straferkenntnis aber BayObLG StV 2001, 263; dazu abl. *Anagnostopoulos* FS Hassemer, S. 1121 [1132]; *Hecker* Eur. Strafrecht § 13 Rn. 30; *Kniebühler* Transnationales »ne bis in idem«, S. 270 ff.; *Mansdörfer* Das Prinzip des ne bis in idem, S. 173).

24 Eine gerichtliche Entscheidung im deutschen **Ordnungswidrigkeitsverfahren** ergeht nach diesen Grundsätzen in einem Strafverfahren, sodass ihr strafklageverbrauchende Wirkung zuzubilligen ist (vgl. dazu § 84 Abs. 2 OWiG; vgl. auch *Hecker* Eur. Strafrecht § 13 Rn. 64; *ders.* StV 2001, 306 [310]; *Kniebühler* Transnationales »ne bis in idem«, S. 252 ff.; zu behördlichen Bußgeldbescheiden vgl. *Böse* EWS 2007, 202 [209]). Dasselbe wird für die in einigen Mitgliedstaaten verbreiteten, einem Strafverfahren vorgeschalteten »Vergleiche« zwischen Beschuldigten einer Zoll- oder Steuerstraftat und den zuständigen Zoll- bzw. Steuerbehörden zu gelten haben (dazu *Anagnostopoulos* FS Hassemer, S. 1121 [1130 f.]).

25 3. **Anforderungen an die Rechtskraft der Erstentscheidung.** Rechtskräftig ist die Erstentscheidung, wenn sie die Strafklage endgültig verbraucht (EuGH Slg. 2003, I-1345, Rn. 30 – Gözütok/Brügge). Dies prüft der EuGH **anhand des nationalen Rechts** des Erstverurteilungsstaats (zuletzt EuGH NJW 2014, 3010, Rn. 36 – M sowie EuGH NJW 2016, 2939, Rn. 35 – Kossowski; zuvor schon besonders deutlich EuGH Slg. 2010, I-11477, Rn. 46 – Mantello; näher hierzu Rdn. 29). Ohne Weiteres einschlägig sind auf dieser Grundlage Art. 50 GRCh/Art. 54 SDÜ bei richterlichen Entscheidungen, die nach dem nationalen Recht an die Stelle eines Urteils treten, etwa Strafbefehle gem. §§ 407 ff. StPO (s. auch für den Fall eines kroatischen Strafbefehls BGH NJW 2014, 1025 [1026], Rn. 11 m.Anm. *Hecker* StV 2014, 459 ff.).
Ausgeschlossen ist eine Anwendung des Ne-bis-in-idem-Prinzips umgekehrt jedenfalls dann, wenn das nationale Recht des Erstverfolgerstaats keinen (auch keinen partiellen) Strafklageverbrauch vorsieht, so etwa im Fall einer Anordnung des vorläufigen Ruhens des Verfahrens durch die (im Fall slowakische) Polizei (EuGH Slg. 2008, I-11039, Rn. 35 f. – Turanský; dazu *Anagnostopoulos* FS Hassemer, S. 1121 [1133 f.]; *Rübenstahl/Bastian* ELR 2009, 71). Aus demselben Grund steht eine Einstellung nach § 170 Abs. 2 StPO – ganz wie auf nationaler Ebene – einem neuen Verfahren nicht im Weg (OGH [Oberster Gerichtshof der Republik Österreich] JBl. 2005, 328; zust. Schomburg/Lagodny/Gleß/Hackner/*Schomburg* IRhSt, Art. 54 SDÜ Rn. 12). Zwar ist dieses **auf das nationale Recht abstellende Verständnis** aufgrund der autonomen Auslegung des Unionsrechts (Rdn. 23) nicht zwingend, doch gebieten in diesen Fällen weder der Gedanke des individuellen Vertrauensschutzes noch derjenige der gegenseitigen Anerkennung einen transnationalen Strafklageverbrauch. Zum entsprechenden Umkehrschluss – zwingende Übernahme des Strafklageverbrauchs nach dem Recht des Erstverfolgerstaates – s.u. Rdn. 29.

26 Besonders schwierig zu beantworten ist die Frage, ob und ggf. in welchem Umfang auch solche Entscheidungen einen grenzüberschreitenden Strafklageverbrauch bewirken, die nur eine **beschränkte Rechtskraft** begründen. Der EuGH hat dies im Fall einer »ordonnance de non-lieu« des belgischen Kassationsgerichtshofs bejaht, die zur Folge hatte, dass nach belgischem Recht eine Fortführung des Verfahrens nur aufgrund neuer Tatsachen und Beweismittel möglich gewesen wäre (EuGH NJW 2014, 3010 – M m.Anm. *Burchard* HRRS 2015, 26 ff.; a.A. zu einer »ordonnance de non-lieu« durch einen französischen Ermittlungsrichter noch BGH StV 1999, 378 m. abl. Anm. *Kühne*; s. auch *Bohnert/Lagodny* NStZ 2000, 636 f.). Der Gerichtshof hat hieraus eine europaweit beschränkte Rechtskraft abgeleitet: Kein anderer Mitgliedstaat dürfe Verfahren wegen der Tat einleiten; sollten neue Tatsachen bekannt werden oder neue Beweismittel auftauchen, so könne allein Belgien, also der Staat der ersten Aburteilung, das Verfahren fortführen (EuGH NJW 2014, 3010, Rn. 40 – M; zust. *Gaede* NJW 2014, 2990 [2992]). Diese Argumentation ist insoweit stimmig als ansonsten die Gerichte des Zweitverfolgerstaates das Prozessrecht des Erstverfolgerstaates anwenden müssten. Das hätte nicht nur zur Folge, dass sie zu beurteilen hätten, ob bekanntgewordene Tatsachen im Sinn des Rechts des Erstverfolgerstaates »neu« sind. Dass noch weitaus komplexere Fragen auftreten könnten, zeigt sich etwa, wenn nach einer Einstellung in Deutschland gem. § 153a Abs. 1 Satz 5 StPO die Gerichte eines Zweitverfolgerstaates darüber befinden müssten, ob die neuen Tatsachen oder Beweise ein Verhalten *nach deutschem Recht* vom »Vergehen« zum »Verbrechen« i.S.v. § 12 Abs. 1 StGB heraufstufen (so zutr. *Burchard* HRRS 2015, 26 [30]).

Die – gleichwohl nicht unproblematische – Folge dieser Rspr. liegt darin, dass sie zu einer **Zuständigkeitskonzentration** beim Erstverfolgerstaat führt (so richtig *Burchard* HRRS 2015, 26 [29 f.]) und somit das mit Art. 54 SDÜ etablierte Prioritätsprinzip weiter verfestigt. Dieses führt keineswegs immer zu sachgerechten Ergebnissen (vgl. *F. Zimmermann* Strafgewaltkonflikte in der Europäischen Union, S. 281 ff.; zum Bedarf nach einer echten EU-Zuständigkeitsordnung in Strafsachen bereits Rdn. 7). Die vom EuGH nun begründete (faktische) Zuständigkeitskonzentration kann sogar voreilig die Jurisdiktion eines »falschen«, zur Strafverfolgung ungeeigneten Mitgliedstaats begründen und zementieren (s. *Burchard* HRRS 2015, 26 [31]). 27

Inwieweit der EuGH diese Linie verallgemeinern wird, bleibt abzuwarten. Die Vielgestaltigkeit der Entscheidungen, die nach nationalem Recht – im weitesten Sinne – eine (beschränkte) Rechtskraft zur Folge haben können, mahnt hier allerdings zur Vorsicht. Wegen ihrer nur sehr begrenzten Bindungswirkung darf etwa eine staatsanwaltliche Verfahrenseinstellung nach § 153 Abs. 1 StPO – entgegen einer früheren Entscheidung des Tribunal de Première Instance Eupen (wistra 1999, 479) – ebenso wie eine Einstellung nach § 154 StPO (dazu OLG Nürnberg StV 2010, 233) nicht als »rechtskräftige Aburteilung« angesehen werden. Gleiches wurde angenommen für die vormalige Ablehnung der Auslieferung im Rechtshilfeverfahren (BVerfG, Beschl. v. 28.07.2008, 2 BvR 1347/08, HRRS 2008 Nr. 1014). Problematisch sind aber auch die Fälle richterlicher Einstellungen nach den §§ 153 ff. StPO und einer richterlichen Verwerfung eines Klageerzwingungsantrages nach § 174 StPO (bei Letzterem für Strafklageverbrauch OLG Innsbruck NStZ 2000, 663; zust. *Jagla* Ne bis in idem i.R.d. EU, S. 122; abl. *Appl* GS Vogler, S. 109 [116]; ausführlich zum gesamten Problemkreis *Kniebühler* Transnationales »ne bis in idem«, S. 238 ff.). 28

Festzuhalten bleibt somit, dass es wünschenswert erscheint, einen **zuverlässigen europäischen Maßstab** dafür zu definieren, wann eine Entscheidung in Rechtskraft ergangen ist. Diesen Maßstab kann – gerade in Anbetracht der uneinheitlichen Rspr. nationaler Gerichte – **nur der EuGH** schaffen, er ist dieser Forderung aber bislang nicht nachgekommen (vgl. auch *Anagnostopoulos* FS Hassemer, S. 1121 [1128]). Insb. das von ihm herangezogene Kriterium der Verfahrensbeendigung sollte nicht überbewertet werden, da der Gerichtshof hier lediglich eine (formell) rechtskräftige Verfahrensbeendigung voraussetzt, ohne sich umfänglich zu deren materiellen Voraussetzungen zu äußern. Soweit der EuGH allein dem Strafklageverbrauch nach dem Recht des Erstverfolgerstaates Bedeutung beimisst (EuGH Slg. 2010, I-11477, Rn. 46 – Mantello; ähnlich auch Schomburg/Lagodny/Gleß/Hackner/*Schomburg* IRhSt, Art. 54 SDÜ Rn. 43 ff.; *ders.* StV 1997, 383 [385]; *Hecker* Eur. Strafrecht § 13 Rn. 33 ff.), liegt dies durchaus in der Logik des Prinzips der gegenseitigen Anerkennung justizieller Entscheidungen, darf in dieser Pauschalität aber doch nicht das letzte Wort sein. Da auch der Terminus der »rechtskräftigen Aburteilung« – gerade wegen seiner Verschränkung mit dem autonomen Tatbegriff (Rdn. 30 f.), der ja die Reichweite der Rechtskraft bestimmt – ein europäischer ist und damit **autonom auszulegen** bleibt, soll der **Rechtslage am Ort der ersten Entscheidung** zwar **eine** – durchaus **starke – indizielle Bedeutung** beigemessen werden (*Satzger* FS Roxin II, S. 1515 [1534]). Gewisse europäische Mindestanforderungen sind als Korrektiv in echten Ausnahmefällen – als eine Art »ordre public« – unabdingbar. Dem Charakter des Verbots der Doppelbestrafung als grenzüberschreitendes Justizgrundrecht entsprechend wird hierbei insb. zu berücksichtigen sein, inwieweit die Erstentscheidung **ausnahmsweise kein schutzwürdiges Vertrauen** aufseiten des Betroffenen darauf geweckt hat, dass er weitere Strafverfolgung nicht zu befürchten habe. Kriterien dafür können bspw. sein, welche Instanz die Erstentscheidung gefällt hat, ob sie zum Ausdruck bringt, dass der Beschuldigte die Tat (evtl. auch nur wahrscheinlich) begangen hat oder umgekehrt gerade nicht, ob sie einzig Beweisproblemen geschuldet war, ob sie mit einer Sanktion einherging und wie hoch die Hürden für eine Fortführung des Verfahrens sind (ausführlich zu entspr. Kriterien *Hochmayr* in: dies. [Hrsg.], »Ne bis in idem« in Europa, S. 89 [102 ff.]; für ein Abstellen darauf, ob eine weitere Verfolgung nur aufgrund neuer Tatsachen oder Beweismittel möglich wäre, *Ambos* Int. Strafrecht § 10 Rn. 181; zuvor bereits *Bohnert/Lagodny* NStZ 2000, 639 f.). Ganz in die hier vorgezeichnete Richtung weist nun auch der EuGH in der Rs. Kossowski (NJW 2016, 2939 ff.; zu Folgefragen des Urteils *Gaede* NJW 2016, 2942; *Wegner* HRRS 2016, 396 [400 ff.]). Im betreffenden Fall war die Strafklage nach einem Einstellungsbeschluss der polnischen Staatsanwaltschaft unter Zugrundelegung polnischen Rechts endgültig verbraucht. Dennoch nahm der EuGH keine »rechtskräftige Aburteilung« an, da bei der Auslegung des Art. 54 SDÜ im Lichte von Art. 3 Abs. 2 EUV nicht nur die Personenfreizügigkeit beachtet werden müsse, sondern auch die Notwendigkeit, die Verhütung und Bekämpfung der Kriminalität im Raum der Freiheit, der Sicherheit und des Rechts zu fördern. Der EuGH sieht dabei das Prinzip der gegenseitigen Anerkennung nicht mehr als »prämissenlos« an (so *Gaede* NJW 2016, 2942). Dem ist nach dem oben Gesagten grds. zuzustimmen, da hier der Sonderfall vorliegt, dass der Einstellungsbescheid ausdrücklich ohne Sachentscheidung erging. Ein solcher Beschluss gibt dem Betroffenen dann aber ausnahmsweise – trotz Strafklageverbrauch im Staat der Einstellung – keine belastbare Basis, in eine ausbleibende weitere Strafverfolgung zu vertrauen (ebenso *Gaede* NJW 2016, 2942). Der EuGH erkennt somit, wie auch hier grds. gefordert, an, dass es selbst bei einer prinzi- 29 piellen Anerkennung des Strafklageverbrauchs nach nationalem Recht als entscheidendes Kriterium darüber hinaus gewisse europäische Mindestanforderungen (i.S.e. ordre public für Ausnahmefälle) – hier: der aus der Rs. Miraglia (EuGH Slg. 2005, I-2009, Rn. 30) bekannten Prüfung in der Sache – bei der Bestimmung der Rechtskraft bedarf (dies war in der früheren Rspr. bereits angelegt *Wegner* HRRS 2016, 396 [400]). Die »rechtskräftige Aburteilung« ist folglich nach dem EuGH **zweistufig** zu prüfen: Sie ist dann gegeben, wenn

– erstens das Verfahren nach nationalem Recht die Strafklage verbraucht (dazu Rdn. 25) und
– zweitens der Beschuldigte darauf vertrauen darf, dass keine weitere Sachentscheidung ergeht, insb. wenn eine Prüfung in der Sache stattgefunden hat (dazu Rdn. 21; s. auch *Wegner* HRRS 2016, 396 [401 f.] und jetzt auch BGH NStZ 2017, 174 [176]). Diese zweite Stufe wird allerdings nur in wirklichen Ausnahmefällen als Korrektiv zur Verneinung der Rechtskraft i.S.d. europäischen ne-bis-in-idem führen.

Der EuGH befindet sich damit auf dem Weg zu einer einheitlicheren Anwendung des Doppelbestrafungsverbots (*Hecker* JuS 2016, 1133 [1135]). Eine derartige Prüfung in der Sache fehlt nach Ansicht des BGH bei der Einstellung eines Verfahrens zur Kompensation einer überlangen Verfahrensdauer (BGH NStZ 2017, 174 [176 f.] m. abl. Anm. *Wegner* StV 2017, 227 ff.). Die Beurteilung einer Einstellung nach § 170 Abs. 2 StPO = (dazu oben Rdn. 25) ändert sich durch das EuGH-Urteil nicht (*Kottek* wistra 2016, 355 [356 f.]).

30 **III. Dieselbe Tat.** Bei Schaffung von Art. 54 SDÜ wurde allgemein vermutet, dass der Begriff der »Tat« die größten Auslegungsschwierigkeiten bereiten würde (Grützner/Pötz/Kreß/*Grotz* Art. 54 SDÜ Fn. 1). Fern liegt dies angesichts divergierender nationaler »Tat«-Konzeptionen nicht (ausführlich *Jagla* Ne bis in idem i.R.d. EU, S. 176 ff.; *Kniebühler* Transnationales »ne bis in idem«, S. 105 ff.). In den hierzu erfolgten EuGH-Entscheidungen lässt sich ein **autonomes, extensives Tatverständnis** nachzeichnen. So hat sich der Gerichtshof in der Rs. Van Esbroeck (EuGH Slg. 2006, I-2333 m.Anm. *Kühne* JZ 2006, 1018 ff.; bestätigt in EuGH, Urt. v. 28.09.2006, Rs. C-467/04, Rn. 54 ff. – Gasparini; EuGH, Urt. v. 18.07.2007, Rs. C-367/05, Rn. 26 ff. – Kraaijenbrink; EuGH Slg. 2007, I-6442, Rn. 29 ff. – Kretzinger; s. auch *Dannecker* FS Kohlmann, S. 593 [604]; *Heger* HRRS 2008, 416 f.; *Satzger* JK 9/06 SDÜ Art. 54/1; *Zehetgruber* JR 2015, 184 [185 f.]; *Duesberg* Der Tatbegriff in §§ 3 und 9 Abs. 1 StGB, 2017, S. 199 ff.; BGH NStZ-RR 2016, 290 [291]; BGH NStZ-RR 2020, 122) einer **prozessualen, von materiellen Tatbeständen und geschützten Interessen gelösten Betrachtungsweise** angeschlossen. Einziges maßgebendes Kriterium sei »die Identität der materiellen Tat, verstanden als Vorhandensein eines Komplexes konkreter, unlösbar miteinander verbundener Umstände«, und zwar »in zeitlicher und räumlicher Hinsicht sowie nach ihrem Zweck« (EuGH Slg. 2006, I-2333, Rn. 36, 38). Der EuGH stützt sich dabei zum einen auf eine teleologische Auslegung (s. bereits oben Rdn. 19), die i.S.d. Freizügigkeit ein weites Verständnis des Art. 54 SDÜ erforderlich mache. Zum anderen begründet er seine Lösung von der materiell-rechtlichen Beurteilung in den beteiligten Staaten damit, dass es auf nationale Straftatbestände aufgrund des dem Prinzip der gegenseitigen Anerkennung immanenten »gegenseitigen Vertrauens« der Mitgliedstaaten nicht ankommen könne. In der Rs. Van Esbroeck wurden entsprechend der Linie des EuGH die Ausfuhr von Betäubungsmitteln aus einem Staat und deren damit einhergehende Einfuhr in einen anderen Staat als einheitliche Tat gewürdigt (so zuvor bereits BGHSt 46, 307 ff.), wobei – wie auch in einer späteren Entscheidung (EuGH Slg. 2006, I-9245, Rn. 32 – Gasparini) – die Letztentscheidungskompetenz des nationalen Vorlagegerichts betont wurde. In der Sache hat der EuGH diese Rspr. in der Rs. Van Straaten (s. Rdn. 21) bestätigt und auch die Existenz unterschiedlicher Tatbeteiligter und -mittel in den beiden gerichtsrelevanten Sachverhalten für unerheblich erklärt (krit. *Kühne* JZ 2007, 247).

31 Für die Anwendung auf **juristische Personen** fehlen bislang nähere Ausführungen der Rspr. zum relevanten Tatbegriff (wenig aussagekräftig insoweit EuGH, Urt. v. 05.04.2017, Rs. C-217/15 and C-350/15 – Orsi and Baldetti. Das Unternehmen muss im Ergebnis jedenfalls ebenso wie eine natürliche Person behandelt werden, nur eben »mit vielen Armen und Beinen«, die jeweils an unterschiedlichen Orten und zu unterschiedlichen Zeiten Handlungen für das Unternehmen ausführen. Dann handelt immer das Unternehmen in Umsetzung des im Unternehmen gefassten Entschlusses. Dieses »Bild« verdeutlicht, dass die Vielzahl der einzelnen für das Unternehmen auf verschiedenen Ebenen erbrachten Handlungen eine Einheit bilden, jedenfalls insoweit als der Zurechnungszusammenhang (i.S.v. Art. 30 OWiG) nicht unterbrochen ist. Daher muss der Tatbegriff aus objektiver Unternehmenssicht bestimmt werden: Die Tat »des Unternehmens« sind daher nicht die einzelnen Akte einer oder mehrerer Leitungspersonen oder deren Untergebener. Vielmehr ist insgesamt danach zu fragen, welche gem. § 30 OWiG zurechenbaren Verhaltensweisen (welcher natürlichen Person auch immer) für das Unternehmen objektiv ein »einheitliches geschichtliches Ereignis« bzw. in den Worten des EuGH einen »Komplex konkreter unlösbar miteinander verbundener Umstände« darstellen.

32 Der **Rspr. des EuGH** lassen sich allerdings auch gewisse Bemühungen um eine **Einschränkung des Tatbegriffs** entnehmen. Diesen dürfte v.a. deswegen praktische Relevanz zukommen, weil sich gerade im Bereich der transnational operierenden organisierten Drogenkriminalität die Begleitdelikte häufig in weitem zeit-

lichen und räumlichen Abstand voneinander abspielen: In der Rs. Kraaijenbrink (EuGH Slg. 2007, I-6619, Rn. 29) hat der Gerichtshof seinen extensiven Tatbegriff zumindest insoweit etwas relativiert, als er klargestellt hat, dass allein ein »Gesamtvorsatz« noch nicht ausreicht, um mehrere Teilakte zu einer »Tat« zu verbinden. In der Rs. Mantello (EuGH Slg. 2010, I-11477, Rn. 42 ff. m.Anm. *Lampe* juris PR extra 2011, 82 ff.), in der der EuGH sich für eine parallele Auslegung des Tatbegriffs i.S.v. Art. 54 SDÜ und »derselben Handlung« i.S.v. Art. 3 Nr. 2 Rahmenbeschluss über den Europäischen Haftbefehl (Abl. 2002 L 190/1) ausgesprochen hat, war erstmals zu klären, ob ein einzelnes Organisationsdelikt »dieselbe Tat« darstellt wie die zeitgleiche Organisationsmitgliedschaft. Der Sache nach wich der EuGH der Frage aus, indem er sie mit derjenigen nach einer rechtskräftigen Aburteilung vermischte. Dazu formulierte der Gerichtshof sehr weitgehend, dass sich die Frage, ob ein Urteil rechtskräftig sei, »nach dem Recht des Mitgliedstaats (bestimme), in dem dieses Urteil erlassen wurde« (EuGH Slg. 2010, I-11477, Rn. 46 – Mantello; zur Kritik s. *Satzger* FS Roxin II, S. 1515 [1534]). In concreto hinderte somit die rechtskräftige Aburteilung wegen eines einzelnen **Organisationsdelikts** nicht eine weitere Strafverfolgung wegen der Organisationsmitgliedschaft. Im Ergebnis wurden also in diesem Einzelfall die Tatidentität und die rechtskräftige Aburteilung beide anhand des nationalen Rechts des Mitgliedstaats geprüft, in dem die erste Aburteilung ergangen war. Das steht mit der sonstigen Rspr. des EuGH nicht in Einklang (Rdn. 30), erklärt sich jedoch wohl aus zwei Besonderheiten: Erstens war im konkreten Fall über die Vollstreckung eines Europäischen Haftbefehls zu entscheiden und der einschlägige Rahmenbeschluss stellt maßgeblich auf das Recht des ausstellenden Mitgliedstaats ab. Zweitens waren der Staat der ersten Aburteilung und der Staat, der nun die Überstellung für ein weiteres Verfahren begehrte, identisch (jeweils Italien). Die Entscheidung lässt sich deshalb wohl nicht eins zu eins auf Art. 54 SDÜ übertragen. Sollte ein vergleichbarer Fall vor dem Hintergrund der Ne-bis-in-idem-Vorschriften zu entscheiden sein, wird man nicht umhinkommen, den europäischen Tatbegriff weiterzuentwickeln, etwa durch eine ergänzende Berücksichtigung des äußeren Erscheinungsbildes der in Rede stehenden Verhaltensweisen (vgl. *F. Zimmermann* Strafgewaltkonflikte in der Europäischen Union, S. 263 ff.).

Auch wenn Entscheidungen, die den **Tatbegriff des § 264 StPO** (s. dort Rdn. 1 ff.) als maßgeblich ansahen (so noch LG Hannover NStZ-RR 2004, 378 [380]), methodisch mittlerweile überholt sind, dürfte sich der europarechtliche Tatbegriff **im Ergebnis** kaum von dem der StPO unterscheiden. Im Vergleich zu dem vom EGMR geprägten Tatbegriff der EMRK (s. Art. 4 des 7. ZP, Rdn. 7 ff.) dürften sich ebenfalls kaum Divergenzen feststellen lassen (*Anagnostopoulos* FS Hassemer, S. 1121 [1136 f.]). Nichtsdestotrotz bleibt die **nationale Rspr.** auch weiterhin erkennbar um eine restriktive Linie bemüht. So verlangte das OLG Köln (Beschl. v. 28.10.2009, 6 AuslA 77/09) im Fall eines Umsatzsteuerkarussells unter Beteiligung mehrerer Personen für eine einheitliche Tat, dass die fraglichen einzelnen Hinterziehungshandlungen von denselben Personen bzgl. derselben Waren ausgeführt wurden. Der **BGH** hat sich in seiner Folgeentscheidung zum Kretzinger-Urteil des EuGH (Rdn. 30) im Ergebnis am weiten Verständnis des EuGH orientiert (ebenso OLG München NJW 2007, 788 f.), jedoch eine für den Tatbegriff relevante Zäsur für Fälle einer einheitlichen Schmuggelfahrt bei einer wesentlichen Unterbrechung, einem längeren Zwischenlagern der Schmuggelware oder für den Fall, dass der genaue Ablauf der Fahrt zu deren Beginn noch nicht feststeht, angenommen (BGH NJW 2008, 2931 m.Anm. *Rübenstahl*; dazu auch *Heger* HRRS 2008, 413; *Kische* wistra 2009, 162; *Bender* wistra 2009, 179). Das OLG München hatte – auch unter Berufung auf den weiten Tatbegriff des EuGH – die Schaffung und Ausnutzung von Organisationsstrukturen kraft Organisationsherrschaft zur Begehung einer Vielzahl von Betrugshandlungen in verschiedenen Mitgliedstaaten als eine einheitliche Tat angesehen (OLG München NJW 2007, 412). Außerdem hat sich der BGH dazu geäußert, in welchem Verhältnis die rechtskräftige Aburteilung wegen eines Dauerdelikts zu einer (schwereren) Tat steht, die im gleichen Zeitraum begangen wurde (BGH NJW 2014, 1025, Rn. 12 ff. m.Anm. *Hecker* StV 2014, 461): Der Betroffene war in Kroatien wegen illegalen Waffenbesitzes rechtskräftig abgeurteilt worden. Der BGH hielt eine Bestrafung u.a. wegen einer in Deutschland mit diesen Waffen begangenen Geiselnahme weiterhin für möglich, weil hierin eine andere Tat liege. Dies ist auf der Grundlage der vom EuGH aufgestellten Kriterien für die Tatidentität, insb. desjenigen eines zeitlich-räumlichen Zusammenhangs, überzeugend; gleichwohl wäre zur Klärung dieser so noch nicht entschiedenen Frage eine Vorlage an den EuGH wünschenswert gewesen (ebenso *Zehetgruber* JR 2015, 184 [189 ff.]; s. auch Rdn. 15). 33

Offen ist bislang die Frage nach dem Verhältnis des weiten Tatbegriffs (und des damit einhergehenden Strafklageverbrauchs nach Art. 54 SDÜ) zu den **Grenzen der Jurisdiktionsbefugnis im Erstverfolgerstaat.** Dabei ist vorwegzuschicken, dass immer dann, wenn ein Staat nach seinem Strafanwendungsrecht eine einheitliche Straftat umfassend aburteilen könnte, dies aber – aus welchen Gründen auch immer – nur unter gewissen Aspekten tut (z.B. aus einer vom Täter kraft Organisationsherrschaft geschaffenen und unterhaltenen europaweiten Betrugsstruktur nur Betrugstaten gegenüber eigenen Staatsangehörigen aburteilt, s. dazu OLG München NJW 2007, 412), die gesamte Tat i.S.d. Art. 54 SDÜ (im Beispiel: die einheitlich als mittelbarer Täter 34 europaweit verübte Betrugstat) als abgeurteilt gilt. Eher problematisch (dazu s. *Böse* EWS 2007, 202 [207 f.]; *Kühne* JZ 2006, 1019 [1020 f.]) ist die Frage dann, wenn das nationale (Strafanwendungs-) Recht des Erstverfolgerstaates dessen Aburteilungsbefugnis rechtlich beschränkt, so z.B. wenn eine Bestrafung dort nur im Hinblick auf geschädigte inländischer Rechtsgüter möglich ist. Es ließe sich dann damit argumentieren, dass eine Rechtskraft i.S.v. Art. 54 SDÜ nur insoweit eintreten könne, wie auch die Sachentscheidungsbefugnis des Erstgerichts kraft nationalem Strafanwendungsrecht reicht. Die Folge wäre, dass eine abermalige Verurteilung wegen derselben Tat unter den vom Erstgericht nicht berücksichtigbaren Aspekten möglich bliebe. Dem ist aber zu widersprechen. Der vom EuGH entwickelte Tatbegriff ist gerade losgelöst von materiell-rechtlichen Tatbeständen und Schutzrichtungen entwickelt worden, um die Freizügigkeitsrechte des Verurteilten in dem von den Mitgliedstaaten gebildeten einheitlichen Rechtsraum zu garantieren und zu wahren. Zumindest soweit im Erstverfolgerstaat eine (grobe) inhaltliche Prüfung des zugrunde liegenden Sachverhalts erfolgte (s. die Miraglia-Entscheidung, Rdn. 21), darf der einmal Abgeurteilte davon ausgehen, dass er innerhalb der EU wegen der Tat nicht nochmals vor Gericht gestellt wird, sodass auch in diesem Fall von einer Aburteilung bezüglich der gesamten Tat i.S.d. Art. 54 SDÜ auszugehen ist. Die sich insoweit ergebenden (und nicht zu leugnenden) Lücken, die aus dem engen Strafanwendungsrecht des Erstverfolgerstaates folgen können, sind dabei die unvermeidbare Folge des Ne-bis-in-idem-Konzepts auf EU-Ebene und als solche hinzunehmen. Die Situation stellt sich letztlich vergleichbar mit derjenigen dar, in der das Recht des Erstverfolgerstaates im Hinblick auf den Besonderen Teil des Strafrechts hinter dem des Zweitverfolgerstaates zurückbleibt, sodass Letzterer die bereits im Erstverfolgerstaat abgeurteilte Tat nicht nochmals – unter anderen rechtlichen Aspekten – aburteilen kann.

Hält man die nach Art. 55 SDÜ eingelegten Vorbehalte weiterhin für anwendbar (s.o. Rdn. 16), so ist allerdings zu berücksichtigen, dass hierdurch in gewissem Umfang eine erneute Verfolgung durch einen anderen Mitgliedstaat möglich bleibt (insb. zur Reichweite des deutschen Vorbehalts s. Rdn. 5).

35 **IV. Vollstreckungselement.** Das Vollstreckungselement des Art. 54 SDÜ, das – wie gesehen (s. Rdn. 12 ff.) – auch nach dem Inkrafttreten des Art. 50 GRCh relevant bleibt, enthält drei Varianten: Die Sanktion ist bereits vollstreckt worden, wird gerade vollstreckt oder kann nach dem Recht des Urteilsstaates nicht mehr vollstreckt werden.

36 **1. »Bereits vollstreckt ist«.** Diese Variante greift ein, wenn die Vollstreckung abgeschlossen ist, also eine Freiheitsstrafe oder sonstige freiheitsentziehende Maßnahme verbüßt, eine Bewährung beendet (zutr. Schomburg/Lagodny/Gleß/Hackner/*Schomburg* IRhSt, Art. 54 SDÜ Rn. 29; *ders.* StV 1997, 383 [384]; ausführlich *Safferling* Internationales Strafrecht, § 12 Rn. 102 f.), eine Geldstrafe bezahlt oder eine sonstige Auflage oder Weisung erfüllt ist. Bei der kumulativen Verhängung mehrerer Sanktionen (z.B. Geldstrafe neben Freiheitsstrafe) ist diese Variante nur einschlägig, wenn alle Sanktionen vollstreckt sind (EuGH, Urt. v. 27.05.2014, Rs. C-129/14 PPU, Rn. 80 ff. – Spasic). Hingegen stellt – wie der EuGH in der Kretzinger-Entscheidung (Slg. 2007, I-6442, Rn. 49 ff.; dem folgend BGH NJW 2008, 2931 [2934]) festgehalten hat – eine (i.R.d. Strafzumessung anzurechnende) Untersuchungshaft keine »Vollstreckung« dar. Dies ergibt sich bereits daraus, dass die Untersuchungshaft unabhängig von einer späteren Verurteilung verhängt und vollstreckt wird.

37 **2. »Gerade vollstreckt wird«.** Eine Sanktion wird »gerade vollstreckt«, wenn mit der **Strafvollstreckung begonnen wurde, diese aber noch nicht abgeschlossen** ist, so z.B. wenn eine Freiheitsstrafe verbüßt wird, Raten einer Geldstrafe abgezahlt werden usw. Zu Recht hat der EuGH angenommen, dass eine zur Bewährung ausgesetzte Freiheitsstrafe »gerade vollstreckt« wird, sobald das Urteil vollstreckbar geworden ist und solange die Bewährungszeit dauert (EuGH Slg. 2007, I-6442, Rn. 42 – Kretzinger; ebenso BGHSt 46, 187; BGH NJW 2008, 2931 [2933]; *Ambos* Int. Strafrecht § 10 Rn. 190; *Hecker* Eur. Strafrecht § 13 Rn. 44; Schomburg/Lagodny/Gleß/Hackner/*Schomburg* IRhSt, Art. 54 SDÜ Rn. 30; *ders.* StV 1997, 383 [384]; a.A. OLG Saarbrücken StV 1997, 359). Eine andere Entscheidung würde zu einer Schlechterstellung des nur zu einer Bewährungsstrafe verurteilten Täters führen, wenn er wegen seiner (gewöhnlich weniger schwerwiegenden) Tat anders als ein ohne Bewährung Verurteilter nicht in den Genuss des Strafklageverbrauchs käme. »Gerade vollstreckt« wird freilich nicht nur eine anfängliche Bewährungsstrafe, sondern auch eine (noch laufende) Bewährung nach Teilverbüßung und Reststrafenaussetzung.

38 Ob eine Strafe »gerade vollstreckt wird«, wenn bei mehreren **kumulativ verhängten Sanktionen** (z.B. Geldstrafe neben Freiheitsstrafe; dazu bereits o. Rdn. 36) nur mit der Vollstreckung einer Teilsanktion begonnen wurde, ist problematisch. Entschieden wurde vom EuGH, dass das Vollstreckungselement nicht vorliegt, wenn eine Geldstrafe bezahlt ist, die daneben verhängte, nicht zur Bewährung ausgesetzte Freiheitsstrafe aber nie angetreten wurde (EuGH, Urt. v. 27.05.2014, Rs. C-129/14 PPU, Rn. 83 f. – Spasic; ebenso für genau diese Konstellation bereits *Satzger* FS Roxin II, S. 1515 [1531 f.]). Allerdings sollte dies nicht dahin

gehend verallgemeinert werden, dass stets die Vollstreckung aller Teilsanktionen begonnen haben muss, um einen Strafklageverbrauch gem. Art. 54 SDÜ auszulösen: Man wird bei kumulativen Sanktionen vielmehr die »Gesamtsanktion« wertend betrachten müssen, wobei im Hinblick auf deren »Kern« (in der Regel die Freiheitsstrafe) das Vollstreckungselement erfüllt sein muss (s. *Satzger* FS Roxin II, S. 1515 [1531 f.]). Ausgeschlossen ist eine erneute Strafverfolgung somit, wenn zwar eine Geldstrafe noch nicht beglichen ist, aber mit der Vollstreckung einer daneben zusätzlich verhängten Freiheitsstrafe begonnen wurde – unabhängig davon, ob diese zur Bewährung ausgesetzt wurde (vgl. Rdn. 37; für den letztgenannten Fall ebenso *Ambos* Int. Strafrecht § 10 Rn. 190; *Hecker* Eur. Strafrecht § 13 Rn. 45; a.A. OLG Saarbrücken StV 1997, 359).

Soweit gegen den Täter noch **Maßregeln der Sicherung und Besserung** vollstreckt werden, hängt die anwendbare Variante maßgeblich vom Begriff der Sanktion ab. Fasst man unabhängig vom nationalen Vorverständnis mit dem vom EGMR geprägten Strafbegriff der EMRK hierunter auch die Sicherungsverwahrung (s. Art. 7 EMRK Rdn. 11, 19), so wird auch gegen einen Verwahrten die Strafe »gerade vollstreckt«. 39

3. »Nicht mehr vollstreckt werden kann«. Die Variante erfasst **Fälle der Vollstreckungsverjährung, Amnestien und Begnadigungen** (bzgl. solcher »politischer« Vollstreckungshindernisse a.A. Generalanwalt Colomer in seinen Schlussanträgen zu EuGH Slg. 2008, I-9425, Rn. 82 f. – Bourquain; dagegen *Satzger* IntEuStrR, § 10 Rn. 72). In der Rs. Bourquain hat der EuGH außerdem entschieden, dass eine Verurteilung auch dann »nicht mehr vollstreckt werden kann«, wenn eine Vollstreckung im Urteilsstaat zu keinem Zeitpunkt möglich war (im Ausgangsfall, weil eine Vollstreckung nur nach einer nochmaligen Verhandlung in Anwesenheit des beim Ersturteil abwesenden Angeklagten möglich gewesen wäre). Der Gerichtshof stützte sich hierbei abermals (s. bereits Rdn. 30) darauf, dass Art. 54 SDÜ einerseits eine individualschützende Komponente enthalte und möglichst weitgehend die Freizügigkeit des Betroffenen sichern wolle, andererseits aber auch vom Gedanken des Vertrauens und der gegenseitigen Anerkennung justizieller Entscheidungen der Mitgliedstaaten untereinander lebt. 40

Nach Ansicht des OLG München (StV 2001, 495; zust. *Hecker* Eur. Strafrecht § 13 Rn. 47 ff.; *ders.* StV 2002, 71 ff.) kann eine Freiheitsstrafe auch dann »nicht mehr vollstreckt werden«, wenn der Täter nach Verbüßung eines Teils der Strafe aus dem Hoheitsgebiet des vollstreckenden Staates mit der Auflage ausgewiesen wird, innerhalb einer Frist von 5 Jahren nicht mehr einzureisen, da ansonsten die auferlegte Reststrafe zu verbüßen sei. 41

V. Rechtsfolgen. Wie auch Art. 103 Abs. 3 GG (s. Rdn. 6) begründen Art. 50 GRCh/Art. 54 SDÜ nicht lediglich ein (materiell-rechtliches) Bestrafungsverbot, sondern ein **Verfahrenshindernis** und stehen somit jedweder weiteren Strafverfolgung entgegen (Meyer/*Eser* Charta der Grundrechte Rn. 10; Schomburg/Lagodny/Gleß/Hackner/*Schomburg* IRhSt, Art. 54 SDÜ Rn. 5; *Esser* EuIntStrR, § 7 Rn. 33; s. zuletzt EuGH, Urt. v. 12.5.2021, Rs. C-505/19, Rn. 78 – WS v. Bundesrepublik Deutschland; ebenso EuGH, Urt. v. 22.3.2022, Rs. C-151/20, Rn. 62 – Bundeswettbewerbsbehörde v. Nordzucker AG). Dies bedeutet, dass die StA bzw. spätestens das Gericht das Verfahren nach § 170 Abs. 2 Satz 1 bzw. §§ 206a Abs. 1, 260 Abs. 3 StPO einzustellen hat (s. BGH NJW 2008, 2931 [2933]; vgl. auch Rdn. 21). 42

Ist das (Instanz-) Gericht im Zweifel hinsichtlich der Voraussetzungen von Art. 50 GRCh/Art. 54 SDÜ, so ergibt sich die **Möglichkeit einer Vorlage an den EuGH** nunmehr direkt aus Art. 267 Abs. 2 AEUV. Soweit letztinstanzliche Gerichte entscheiden, sind sie zur Vorlage **verpflichtet** (Art. 267 Abs. 3 AEUV; s. auch *Wegner* StV 2017, 227 [229] zur Nichtvorlage in der Entscheidung BGH NStZ 2017, 174 [177]). Da die Staatsanwaltschaften keine »Gerichte« i.S.v. Art. 267 AEUV sind, können sie – soweit die Auslegungsfrage Entscheidungsrelevanz erlangt – nur Anklage erheben und auf eine Vorlage durch das Gericht hinwirken. Entsprechend kann auch die Verteidigung eine solche Vorlage durch das Gericht nur anregen. 43

Stichwortverzeichnis

Fett gedruckte Zahlen = Paragraph; Magere Zahlen = Randnummer